Glöckner · v. Berg (Hrsg.)
Fachanwaltskommentar Bau- und Architektenrecht

Fachanwaltskommentar Bau- und Architektenrecht

Herausgegeben von

Prof. Dr. Jochen Glöckner
LL.M. (USA), Universität Konstanz

und

Henning v. Berg
Rechtsanwalt und Fachanwalt für Bau- und Architektenrecht, Köln

Werner Verlag 2011

Zitiervorschlag: Glöckner/v. Berg/*Bearbeiter*, § xy Rdn. xy

Bibliografische Information Der Deutschen Bibliothek

Die Deutsche Bibliothek verzeichnet diese Publikation in der Deutschen Nationalbibliografie; detaillierte bibliografische Daten sind im Internet über http://dnb.d-nb.de abrufbar.

ISBN 978-3-8041-1831-7

www.wolterskluwer.de
www.werner-verlag.de

Alle Rechte vorbehalten.
© 2011 by Wolters Kluwer Deutschland GmbH, Luxemburger Straße 449, 50939 Köln.
Werner – eine Marke von Wolters Kluwer Deutschland.

Das Werk einschließlich aller seiner Teile ist urheberrechtlich geschützt. Jede Verwertung außerhalb der engen Grenzen des Urheberrechtsgesetzes ist ohne Zustimmung des Verlages unzulässig und strafbar. Das gilt insbesondere für Vervielfältigungen, Übersetzungen, Mikroverfilmungen und die Einspeicherung und Verarbeitung in elektronischen Systemen.

Verlag und Autoren übernehmen keine Haftung für inhaltliche oder drucktechnische Fehler.

Umschlagkonzeption: Martina Busch, Grafikdesign, Fürstenfeldbruck
Satz: WMTP Wendt-Media Text-Processing GmbH, Birkenau
Druck und Weiterverarbeitung: L.E.G.O. S.p.A. – Lavis, Italy

Gedruckt auf säurefreiem, alterungsbeständigem und chlorfreiem Papier.

Vorwort

Die Bedeutung des Baurechts für die Rechtspraxis ist kaum zu überschätzen. Ihr entspricht ein erhebliches Maß an Spezialisierung, die jedoch vor allem im Bürgerlichen Gesetzbuch, welches dem Bauvertrag nur in vier Vorschriften des Werkvertragsrechts Sonderregelungen widmet, unzureichend berücksichtigt ist. Zum Teil finden sich relevante Vorschriften in Regelungswerken verwaltungsrechtlicher Provenienz, wie der Makler- und Bauträgerverordnung, zum Teil in Vergütungsordnungen für Freiberufler. In der Vergangenheit erlangte vor allem die Verkehrsdurchsetzung der Vergabe- und Vertragsordnung für Bauleistungen (VOB) überragende Bedeutung. Die Spezialisierung stellt aber nicht allein die Homogenität und Kohärenz der Rechtsordnung auf die Probe, sondern hat sich mit der Aufhebung der AGB-rechtlichen Privilegierung der VOB/B außerhalb ihres Einsatzes gegenüber Unternehmern u.ä. zunehmend zum praktischen Problem entwickelt. Hinzu kommt, dass das bauvertragsrechtliche Mängelhaftungsregime seit der Schuldrechtsmodernisierung weniger denn je als besondere »Gewährleistung« zu begreifen ist, die einem gesetzlich geregelten Schuldvertragstyp entspringt, sondern in das allgemeine Leistungsstörungsrecht integriert ist. Trotz wiederholter Überarbeitung hat die VOB/B diese Entwicklung nicht nachvollzogen.

Mit der Vorlage eines Fachanwaltskommentars Baurecht wird insoweit ein zweifaches Ziel verfolgt: Zum einen soll dem Praktiker buchstäblich ein Werkzeug in die Hand gegeben werden, das einerseits die durch das innere System vorgegebenen Regelungsstrukturen zugrundelegt und vermittelt, andererseits die vertraute Erschließung von Quellen sowie deren Erläuterung über das äußere System der einschlägigen Rechtsnormen gestattet. Zum anderen soll ausgehend von der Leitbildfunktion der allgemein geltenden Rechtsnormen – im Privatrecht namentlich des Bürgerlichen Gesetzbuchs – einer Partikularisierung des Baurechts entgegengewirkt werden.

Der Schwerpunkt der Darstellung liegt dabei den Bedürfnissen der Praxis folgend auf dem privaten Baurecht. Insoweit wird die bürgerlich-rechtliche Risikoordnung für Bauverträge umfassend auf der Grundlage des modernisierten Schuldrechts dargestellt. Bauvertragsrechtliche Grundfragen werden dort erörtert, wo sie strukturell angesiedelt sind – bei den Regelungen des Allgemeinen Teils des Bürgerlichen Gesetzbuches bzw. des Allgemeinen Schuldrechts. Die Vergabe- und Vertragsordnung für Bauleistungen (VOB) wird allein insoweit erläutert, als sie die auch im Bürgerlichen Recht Geltung beanspruchenden Regelungen weitergehend konkretisiert oder von diesen abweicht. Zur Bewältigung grenzüberschreitender Baustreitigkeiten wurden Abschnitte zur Internationalen Zuständigkeit sowie zum Internationalen Privatrecht aufgenommen. Das Vergütungsrecht der Architekten wird nur soweit behandelt, als dies für das Verständnis des Gesamtsystems der werkvertraglichen Vergütung sinnvoll erscheint.

Das öffentliche Baurecht unter Einbeziehung des Vergaberechts wird angesichts der Weite und Vielschichtigkeit der Regelungen zunächst allein in den Grundzügen und nur dort vertieft dargestellt, wo verwaltungsrechtliche Vorfragen zivilrechtliche Rechtsfolgen nach sich ziehen.

Die Herausgeber danken in erster Linie dem Verlag und der Lektorin, Frau *Bettina Walter*, ohne deren tatkräftige Unterstützung das ehrgeizige Projekt nicht hätte verwirklicht werden können. Sie danken aber auch allen Mitarbeitern, die bei der Koordination mitgewirkt haben, namentlich Frau ass.iur. *Grete Langjahr*, Universität Konstanz. Für alle an der Erstellung Beteiligten war das Ziel, ein Produkt zu schaffen, welches den Erwartungen der Nutzer gerecht wird. Sollte dies gelegentlich nicht gelungen sein, so bitten die Herausgeber um Hinweise, Verbesserungsvorschläge und Anregungen an lehrstuhl-gloeckner@uni-konstanz.de.

Im August 2011

Jochen Glöckner *Henning v. Berg*

Bearbeiterverzeichnis

Prof. Dr. Martin Ahrens
Universität Göttingen

Torsten Bork
Rechtsanwalt, Fachanwalt für Bau- und Architektenrecht, CBH Rechtsanwälte, Köln

Dr. Christian Brand
Akademischer Rat, Fachbereich Rechtswissenschaft, Universität Konstanz

Dr. Patrick Bruns
Rechtsanwalt, Rechtsanwälte Dr. Bruns & Heidemann, Baden-Baden

Dr. Petra Christiansen-Geiss
Rechtsanwältin, Hecker Werner Himmelreich Rechtsanwälte, Köln

Hans Achim Dören
Rechtsanwalt, Fachanwalt für Bau- und Architektenrecht, Jennißen Harren Rechtsanwälte, Köln

Dr. Sven Donner
Rechtsanwalt, KNH Rechtsanwälte, Berlin

Dr. Daniel Fingerle
Rechtsanwalt, Fachanwalt für Bau- und Architektenrecht, Dr. Fingerle Rechtsanwälte, Leipzig

Dr. Bastian Fuchs, LL.M.
Rechtsanwalt, Fachanwalt und Lehrbeauftragter für Bau- und Architektenrecht (Universität der Bundeswehr München), TOPJUS Rechtsanwälte, München

Prof. Dr. Jochen Glöckner, LL.M. (USA)
Universität Konstanz

Dr. Jörg Gollnick
Rechtsanwalt, Fachanwalt für Insolvenzrecht und FA für Steuerrecht, Heidland Werres Diederichs, Köln

Prof. Dr. Rainer Hausmann
Universität Konstanz

Kerstin Irl, LL.M. Eur.
Rechtsanwältin, Fachanwältin für Bau- und Architektenrecht, Ulbrich § Kollegen, Würzburg

Ralf Kemper
Rechtsanwalt, KNH Rechtsanwälte, Berlin

Roland Kesselring
Rechtsanwalt, Fachanwalt für Bau- und Architektenrecht, Dresden

Dr. Martin Kessen, LL.M. (UT)
Richter am OLG, Köln

Prof. Dr. Petra Kirberger
Rechtsanwältin, Fachanwältin für Bau- und Architektenrecht, Kirberger & Partner, Dresden/Siegen

Dr. Andreas Koenen
Rechtsanwalt, Fachanwalt für Bau- und Architektenrecht, Lehrbeauftragter für Baurecht (Universitäten Marburg und Duisburg-Essen), Koenen Rechtsanwälte, Essen

Bearbeiterverzeichnis

Dr. Philipp Kraus
Rechtsanwalt, Kraus Sienz & Partner | Rechtsanwälte, München

Dr. Matthias Krist
Rechtsanwalt, Fachanwalt für Verwaltungsrecht, Lehrbeauftragter für Vergaberecht (FH Koblenz), KDU Krist Deller & Partner Rechtsanwälte, Koblenz

Jarl-Hendrik Kues, LL.M.
Rechtsanwalt, Fachanwalt für Bau- und Architektenrecht,
Leinemann & Partner Rechtsanwälte, Berlin

Ass. iur. Grete Langjahr
Wissenschaftliche Mitarbeiterin, Konstanz

Bernhard Locher
Richter, Landgericht Ravensburg

Volker Lubojanski
Rechtsanwalt, Fachanwalt für Bau- und Architektenrecht, Ulbrich § Kollegen, Würzburg

Dr. Eva Luig
Rechtsanwältin, KNH Rechtsanwälte, Berlin

Uwe Luz
Rechtsanwalt, Ulbrich § Kollegen, Würzburg

Jörg Mayr
Rechtsanwalt, Heidland Werres Diederichs, Köln

Jürgen F.J. Mintgens
Rechtsanwalt, Fachanwalt für Bau- und Architektenrecht, GTW Rechtsanwälte, Düsseldorf

Nils Mrazek
Rechtsanwalt, Fachanwalt für Bau- und Architektenrecht, CBH Rechtsanwälte, Köln

Volker Nitschke
Rechtsanwalt und Notar, KNH Rechtsanwälte, Berlin

Dr. Georg Rehbein
Vorsitzender Richter (Baukammer), Landgericht Köln

Dr. Tassilo Schiffer
Rechtsanwalt, Fachanwalt für Verwaltungsrecht, CBH Rechtsanwälte, Köln

Dr. Nicolas Schill
Rechtsanwalt, Fachanwalt für Bau- und Architektenrecht, Steiger, Schill & Kollegen, Staufen

Dr. Andreas Schmidt
Rechtsanwalt, Fachanwalt für Bau- und Architektenrecht,
SMNG Rechtsanwaltsgesellschaft mbH, Frankfurt am Main

Markus Vogelheim
Rechtsanwalt, Fachanwalt für Bau- und Architektenrecht, CBH Rechtsanwälte, Köln

Henning v. Berg
Rechtsanwalt, Fachanwalt für Bau- und Architektenrecht, Heidland Werres Diederichs, Köln

Dr. Thomas Waldner
Rechtsanwalt, Fachanwalt für Bau- und Architektenrecht, Ulbrich § Kollegen, Würzburg

Dr. Helmut Weingarten
Rechtsanwalt, Fachanwalt für Bau- und Architektenrecht,
Hecker Werner Himmelreich Rechtsanwälte, Köln

Dr. Karlheinz Wohnseifer
Vorsitzender Richter am Landgericht a.D., Köln

Dr. Alexander Zahn
Rechtsanwalt, Fachanwalt für Bau- und Architektenrecht, Dipl. Betriebswirt (BA),
Koeble – Donus – Fuhrmann – Locher – Schotten – Zahn Rechtsanwälte, Reutlingen

Prof. Christian Zanner
Rechtsanwalt, Fachanwalt für Bau- und Architektenrecht, Wollmann & Partner GbR, Berlin

Inhaltsübersicht

Einleitung I	Das Baurecht in der anwaltlichen Praxis	1
Einleitung II	Europarechtliche Grundlagen	5
Einleitung III	BGB- und VOB-Vertrag	17
Einleitung IV	Verhältnis privates und öffentliches Baurecht	22
Einleitung V	Baurecht und Verbraucherschutz	24
Rom I-VO	Anwendbares Recht	39
BGB	Bürgerliches Gesetzbuch (Auszug)	71
VOB/B	Vergabe- und Vertragsordnung für Bauleistungen (VOB) Teil B – Allgemeine Vertragsbedingungen für die Ausführung von Bauleistungen – DIN 1961	1277
IntZust	Internationale Zuständigkeit – Bauprozess	1561
ZPO	Zivilprozessordnung (Auszug)	1609
InsO	Insolvenzordnung (Auszug)	1735
MaBV	Verordnung über die Pflichten der Makler, Darlehens- und Anlagenvermittler, Anlageberater, Bauträger und Baubetreuer (Makler- und Bauträgerverordnung – MaBV)	1767
BauFordSiG	Gesetz über die Sicherung der Bauforderungen (Bauforderungs-sicherungsgesetz – BauFordSiG)	1809
BauGB	Baugesetzbuch (Auszug)	1853
BauO NRW	Bauordnung für das Land Nordrhein-Westfalen (Landesbauordnung – BauO NRW) (Auszug)	1907
VergabeR	Vergabeverfahren und Vergaberechtsschutz	1947
HOAI	Verordnung über die Honorare für Architekten- und Ingenieurleistungen (Honorarordnung für Architekten und Ingenieure – HOAI) (Auszug)	2009

Inhaltsverzeichnis

Vorwort	V
Bearbeiterverzeichnis	VII
Inhaltsübersicht	XI
Abkürzungsverzeichnis	XXV
Literaturverzeichnis	XXXI

Teil A: Einleitung 1

Einleitung I: Das Baurecht in der anwaltlichen Praxis 1
Einleitung II: Europarechtliche Grundlagen 5
Einleitung III: BGB- und VOB-Vertrag 17
Einleitung IV: Verhältnis privates und öffentliches Baurecht 22
Einleitung V: Baurecht und Verbraucherschutz 24

Teil B: Zivilrecht 39

Teil I: Rom I-VO – Anwendbares Recht 39

Teil II: Bürgerliches Gesetzbuch (BGB) (Auszug) 71

§ 119	Anfechtbarkeit wegen Irrtums	71
§ 120	Anfechtbarkeit wegen falscher Übermittlung	83
§ 121	Anfechtungsfrist	85
§ 122	Schadensersatzpflicht des Anfechtenden	87
§ 123	Anfechtbarkeit wegen Täuschung oder Drohung	90
§ 124	Anfechtungsfrist	107

Titel 3: Vertrag 109

Vor. zu §§ 145–163 BGB		109
§ 145	Bindung an den Antrag	115
§ 146	Erlöschen des Antrags	119
§ 147	Annahmefrist	128
§ 148	Bestimmung einer Annahmefrist	130
§ 149	Verspätet zugegangene Annahmeerklärung	133
§ 150	Verspätete und abändernde Annahme	133
§ 151	Annahme ohne Erklärung gegenüber dem Antragenden	138
§ 152	Annahme bei notarieller Beurkundung	140
§ 153	Tod oder Geschäftsunfähigkeit des Antragenden	140
§ 154	Offener Einigungsmangel; fehlende Beurkundung	141
§ 155	Versteckter Einigungsmangel	144
§ 156	Vertragsschluss bei Versteigerung	145
§ 157	Auslegung von Verträgen	149

Titel 4: Bedingung und Zeitbestimmung 155

§ 158	Aufschiebende und auflösende Bedingung	155

Inhaltsverzeichnis

§ 159	Rückbeziehung	157
§ 160	Haftung während der Schwebezeit	157
§ 161	Unwirksamkeit von Verfügungen während der Schwebezeit	157
§ 162	Verhinderung oder Herbeiführung des Bedingungseintritts	158
§ 163	Zeitbestimmung	159

Titel 5: Vertretung und Vollmacht 160
Vor. zu §§ 164 ff. 160

§ 164	Wirkung der Erklärung des Vertreters	162
§ 165	Beschränkt geschäftsfähiger Vertreter	171
§ 166	Willensmängel; Wissenszurechnung	172
§ 167	Erteilung der Vollmacht	175
§ 168	Erlöschen der Vollmacht	182
§ 169	Vollmacht des Beauftragten und des geschäftsführenden Gesellschafters	184
§ 170	Wirkungsdauer der Vollmacht	185
§ 171	Wirkungsdauer bei Kundgebung	185
§ 172	Vollmachtsurkunde	185
§ 173	Wirkungsdauer bei Kenntnis und fahrlässiger Unkenntnis	185
§ 174	Einseitiges Rechtsgeschäft eines Bevollmächtigten	191
§ 175	Rückgabe der Vollmachtsurkunde	193
§ 176	Kraftloserklärung der Vollmachtsurkunde	194
§ 177	Vertragsschluss durch Vertreter ohne Vertretungsmacht	194
§ 178	Widerrufsrecht des anderen Teils	202
§ 179	Haftung des Vertreters ohne Vertretungsmacht	203
§ 180	Einseitiges Rechtsgeschäft	208
§ 181	Insichgeschäft	210

Titel 6: Einwilligung und Genehmigung 213

§ 182	Zustimmung	213
§ 183	Widerruflichkeit der Einwilligung	214
§ 184	Rückwirkung der Genehmigung	215
§ 185	Verfügung eines Nichtberechtigten	217

Abschnitt 5: Verjährung 218
Vor. zu §§ 194 ff. BGB 218

Titel 1: Gegenstand und Dauer der Verjährung 219

§ 194	Gegenstand der Verjährung	219
§ 195	Regelmäßige Verjährungsfrist	222
§ 196	Verjährungsfrist bei Rechten an einem Grundstück	224
§ 197	Dreißigjährige Verjährungsfrist	226
§ 199	Beginn der regelmäßigen Verjährungsfrist und Verjährungshöchstfristen	229
§ 200	Beginn anderer Verjährungsfristen	236
§ 201	Beginn der Verjährungsfrist von festgestellten Ansprüchen	236
§ 202	Unzulässigkeit von Vereinbarungen über die Verjährung	237

Titel 2: Hemmung, Ablaufhemmung und Neubeginn der Verjährung 239

§ 203	Hemmung der Verjährung bei Verhandlung	239
§ 204	Hemmung der Verjährung durch Rechtsverfolgung	245
§ 205	Hemmung der Verjährung bei Leistungsverweigerungsrecht	264
§ 206	Hemmung der Verjährung bei höherer Gewalt	264

§ 209	Wirkung der Hemmung	265
§ 212	Neubeginn der Verjährung	266
§ 213	Hemmung, Ablaufhemmung und erneuter Beginn der Verjährung bei anderen Ansprüchen	267
Titel 3:	**Rechtsfolgen der Verjährung**	**268**
§ 214	Wirkung der Verjährung	268
§ 215	Aufrechnung und Zurückbehaltungsrecht nach Eintritt der Verjährung	269
§ 216	Wirkung der Verjährung bei gesicherten Ansprüchen	270
§ 217	Verjährung von Nebenleistungen	270
§ 218	Unwirksamkeit des Rücktritts	271
Buch 2:	**Recht der Schuldverhältnisse**	**271**
Abschnitt 1:	**Inhalt der Schuldverhältnisse**	**271**
Titel 1:	**Verpflichtung zur Leistung**	**271**
§ 241	Pflichten aus dem Schuldverhältnis	271
§ 249	Art und Umfang des Schadensersatzes	279
§ 250	Schadensersatz in Geld nach Fristsetzung	279
§ 251	Schadensersatz in Geld ohne Fristsetzung	279
§ 252	Entgangener Gewinn	279
§ 253	Immaterieller Schaden	279
§ 254	Mitverschulden	280
§ 255	Abtretung der Ersatzansprüche	280
§ 275	Ausschluss der Leistungspflicht	307
§ 276	Verantwortlichkeit des Schuldners	333
§ 278	Verantwortlichkeit des Schuldners für Dritte	351
§ 280	Schadensersatz wegen Pflichtverletzung	354
§ 281	Schadensersatz statt der Leistung wegen nicht oder nicht wie geschuldet erbrachter Leistung	387
§ 282	Schadensersatz statt der Leistung wegen Verletzung einer Pflicht nach § 241 Abs. 2	400
§ 283	Schadensersatz statt der Leistung bei Ausschluss der Leistungspflicht	404
§ 284	Ersatz vergeblicher Aufwendungen	407
§ 285	Herausgabe des Ersatzes	422
§ 286	Verzug des Schuldners	428
§ 287	Verantwortlichkeit während des Verzugs	438
§ 288	Verzugszinsen	439
§ 289	Zinseszinsverbot	439
§ 290	Verzinsung des Wertersatzes	439
§ 291	Prozesszinsen	439
§ 292	Haftung bei Herausgabepflicht	439
Titel 2:	**Verzug des Gläubigers**	**443**
§ 293	Annahmeverzug	443
§ 294	Tatsächliches Angebot	444
§ 295	Wörtliches Angebot	444
§ 296	Entbehrlichkeit des Angebots	444
§ 297	Unvermögen des Schuldners	444
§ 298	Zug-um-Zug-Leistungen	444
§ 299	Vorübergehende Annahmeverhinderung	444
§ 300	Wirkungen des Gläubigerverzugs	451
§ 301	Wegfall der Verzinsung	451

Inhaltsverzeichnis

§ 302	Nutzungen	451
§ 303	Recht zur Besitzaufgabe	451
§ 304	Ersatz von Mehraufwendungen	451

Abschnitt 2: Gestaltung rechtsgeschäftlicher Schuldverhältnisse durch Allgemeine Geschäftsbedingungen 455

§ 305	Einbeziehung allgemeiner Geschäftsbedingungen in den Vertrag	455
§ 305a	Einbeziehung in besonderen Fällen	466
§ 305b	Vorrang der Individualabrede	467
§ 305c	Überraschende und mehrdeutige Klauseln	468
§ 306	Rechtsfolgen bei Nichteinbeziehung und Unwirksamkeit	473
§ 306a	Umgehungsverbot	479
§ 307	Inhaltskontrolle	480
§ 308	Klauselverbote mit Wertungsmöglichkeit	493
§ 309	Klauselverbote ohne Wertungsmöglichkeit	501
§ 310	Anwendungsbereich	515

Abschnitt 3: Schuldverhältnisse aus Verträgen 530
Titel 1: Begründung, Inhalt und Beendigung 530
Untertitel 1: Begründung 530

§ 311	Rechtsgeschäftliche und rechtsgeschäftsähnliche Schuldverhältnisse	530
§ 311a	Leistungshindernis bei Vertragsschluss	553
§ 311b	Verträge über Grundstücke, das Vermögen und den Nachlass	562

Untertitel 3: Anpassung und Beendigung von Verträgen 583

§ 313	Störung der Geschäftsgrundlage	583

Titel 2: Gegenseitiger Vertrag 600

§ 320	Einrede des nicht erfüllten Vertrags	600
§ 321	Unsicherheitseinrede	600
§ 322	Verurteilung zur Leistung Zug-um-Zug	601
§ 323	Rücktritt wegen nicht oder nicht vertragsgemäß erbrachter Leistung	607
§ 324	Rücktritt wegen Verletzung einer Pflicht nach § 241 Abs. 2	613
§ 325	Schadensersatz und Rücktritt	615
§ 326	Befreiung von der Gegenleistung und Rücktritt beim Ausschluss der Leistungspflicht	617
§ 339	Verwirkung der Vertragsstrafe	628

Abschnitt 5: Übertragung einer Forderung 644

§ 398	Abtretung	644
§ 399	Ausschluss der Abtretung bei Inhaltsänderung oder Vereinbarung	644
§ 400	Ausschluss bei unpfändbaren Forderungen	644
§ 401	Übergang der Neben- und Vorzugsrechte	644
§ 402	Auskunftspflicht; Urkundenauslieferung	644
§ 403	Pflicht zur Beurkundung	644
§ 404	Einwendungen des Schuldners	645
§ 405	Abtretung unter Urkundenvorlegung	645
§ 406	Aufrechnung gegenüber dem neuen Gläubiger	645
§ 407	Rechtshandlungen gegenüber dem bisherigen Gläubiger	645
§ 408	Mehrfache Abtretung	645
§ 409	Abtretungsanzeige	646
§ 410	Aushändigung der Abtretungsurkunde	646

§ 411	Gehaltsabtretung	646
§ 412	Gesetzlicher Forderungsübergang	646
§ 413	Übertragung anderer Rechte	646

Abschnitt 7: Mehrheit von Schuldnern und Gläubigern 661

§ 420	Teilbare Leistung	661
§ 421	Gesamtschuldner	661
§ 422	Wirkung der Erfüllung	675
§ 423	Wirkung des Erlasses	675
§ 424	Wirkung des Gläubigerverzugs	675
§ 425	Wirkung anderer Tatsachen	675
§ 426	Ausgleichungspflicht, Forderungsübergang	684

Titel 9: Werkvertrag und ähnliche Verträge 695
Untertitel 1: Werkvertrag 695

Vor. zu §§ 631 ff.		695
§ 631	Vertragstypische Pflichten beim Werkvertrag	740
§ 632	Vergütung	775
§ 632a	Abschlagszahlungen	860
§ 633	Sach- und Rechtsmangel	882
§ 634	Rechte des Bestellers bei Mängeln	926
§ 634a	Verjährung der Mängelansprüche	945
§ 635	Nacherfüllung	961
§ 636	Besondere Bestimmungen für Rücktritt und Schadensersatz	984
§ 637	Selbstvornahme	988
§ 638	Minderung	1007
§ 639	Haftungsausschluss	1017
§ 640	Abnahme	1020
§ 641	Fälligkeit der Vergütung	1050
§ 642	Mitwirkung des Bestellers	1065
§ 643	Kündigung bei unterlassener Mitwirkung	1084
§ 644	Gefahrtragung	1087
§ 645	Verantwortlichkeit des Bestellers	1092
§ 646	Vollendung statt Abnahme	1109
§ 647	Unternehmerpfandrecht	1109
§ 648	Sicherungshypothek des Bauunternehmers	1115
§ 648a	Bauhandwerkersicherung	1125
§ 649	Kündigungsrecht des Bestellers	1138
§ 650	Kostenanschlag	1155
§ 651	Anwendung des Kaufrechts	1168

Titel 13: Geschäftsführung ohne Auftrag 1181

Vor. zu §§ 677 ff.		1181
§ 677	Pflichten des Geschäftsführers	1183
§ 678	Geschäftsführung gegen den Willen des Geschäftsherrn	1186
§ 679	Unbeachtlichkeit des entgegenstehenden Willens des Geschäftsherrn	1188
§ 680	Geschäftsführung zur Gefahrenabwehr	1189
§ 681	Nebenpflichten des Geschäftsführers	1190
§ 682	Fehlende Geschäftsfähigkeit des Geschäftsführers	1191

Inhaltsverzeichnis

§ 683	Ersatz von Aufwendungen	1191
§ 684	Herausgabe der Bereicherung	1194
§ 685	Schenkungsabsicht	1196
§ 686	Irrtum über die Person des Geschäftsherrn	1197
§ 687	Unechte Geschäftsführung	1197
Titel 16: Gesellschaft		**1199**
Vor. zu §§ 705 ff.		1199
§ 705	Inhalt des Gesellschaftsvertrags	1203
§ 706	Beiträge der Gesellschafter	1218
§ 707	Erhöhung des vereinbarten Beitrags	1218
§ 708	Haftung der Gesellschafter	1221
§ 709	Gemeinschaftliche Geschäftsführung	1222
§ 710	Übertragung der Geschäftsführung	1222
§ 711	Widerspruchsrecht	1222
§ 712	Entziehung und Kündigung der Geschäftsführung	1222
§ 713	Rechte und Pflichten der geschäftsführenden Gesellschafter	1223
§ 714	Vertretungsmacht	1226
§ 715	Entziehung der Vertretungsmacht	1227
§ 716	Kontrollrecht der Gesellschafter	1227
§ 717	Nichtübertragbarkeit der Gesellschafterrechte	1227
§ 718	Gesellschaftsvermögen	1228
§ 719	Gesamthänderische Bindung	1228
§ 720	Schutz des gutgläubigen Schuldners	1228
§ 721	Gewinn- und Verlustverteilung	1228
§ 722	Anteile am Gewinn und Verlust	1228
§ 723	Kündigung durch Gesellschafter	1230
§ 724	Kündigung bei Gesellschaft auf Lebenszeit oder fortgesetzter Gesellschaft	1231
§ 725	Kündigung durch Pfändungspfandgläubiger	1231
§ 726	Auflösung wegen Erreichens oder Unmöglichwerdens des Zweckes	1231
§ 727	Auflösung durch Tod eines Gesellschafters	1231
§ 728	Auflösung durch Insolvenz der Gesellschaft oder eines Gesellschafters	1231
§ 729	Fortdauer der Geschäftsführungsbefugnis	1232
§ 730	Auseinandersetzung; Geschäftsführung	1235
§ 731	Verfahren bei Auseinandersetzung	1235
§ 732	Rückgabe von Gegenständen	1236
§ 733	Berichtigung der Gesellschaftsschulden; Erstattung der Einlagen	1236
§ 734	Verteilung des Überschusses	1236
§ 735	Nachschusspflicht bei Verlust	1236
§ 736	Ausscheiden eines Gesellschafters, Nachhaftung	1236
§ 737	Ausschluss eines Gesellschafters	1237
§ 738	Auseinandersetzung beim Ausscheiden	1237
§ 739	Haftung für Fehlbetrag	1237
§ 740	Beteiligung am Ergebnis schwebender Geschäfte	1237
Titel 20: Bürgschaft		**1240**
§ 765	Vertragstypische Pflichten bei der Bürgschaft	1240
§ 766	Schriftform der Bürgschaftserklärung	1249

§ 767	Umfang der Bürgschaftsschuld	1249
§ 768	Einreden des Bürgen	1251
§ 769	Mitbürgschaft	1252
§ 770	Einreden der Anfechtbarkeit und der Aufrechenbarkeit	1252
§ 771	Einrede der Vorausklage	1253
§ 772	Vollstreckungs- und Verwertungspflicht des Gläubigers	1253
§ 773	Ausschluss der Einrede der Vorausklage	1253
§ 774	Gesetzlicher Forderungsübergang	1254
§ 775	Anspruch des Bürgen auf Befreiung	1256
§ 776	Aufgabe einer Sicherheit	1257
§ 777	Bürgschaft auf Zeit	1257
Titel 27: Unerlaubte Handlungen		**1259**
§ 823	Schadensersatzpflicht	1259
§ 831	Haftung für den Verrichtungsgehilfen	1259

Teil III: Vergabe- und Vertragsordnung für Bauleistungen (VOB) Teil B – Allgemeine Vertragsbedingungen für die Ausführung von Bauleistungen – DIN 1961 1277

§ 1	Art und Umfang der Leistung	1277
§ 2	Vergütung	1288
§ 3	Ausführungsunterlagen	1341
§ 4	Ausführung	1344
§ 5	Ausführungsfristen	1360
§ 6	Behinderung und Unterbrechung der Ausführung	1376
§ 7	Verteilung der Gefahr	1387
§ 8	Kündigung durch den Auftraggeber	1393
§ 9	Kündigung durch den Auftragnehmer	1416
§ 10	Haftung der Vertragsparteien	1421
§ 11	Vertragsstrafe	1426
§ 12	Abnahme	1427
§ 13	Mängelansprüche	1443
§ 14	Abrechnung	1471
§ 15	Stundenlohnarbeiten	1480
§ 16	Zahlung	1496
§ 17	Sicherheitsleistung	1533
§ 18	Streitigkeiten	1550

Teil IV: Bauprozessrecht 1561

Teil 1: Internationale Zuständigkeit 1561

Teil 2: Zivilprozessordnung (Auszug) 1609

Einleitung		1609
§ 17	Allgemeiner Gerichtsstand juristischer Personen	1609
§ 29	Besonderer Gerichtsstand des Erfüllungsortes	1610
§ 29b	Besonderer Gerichtsstand bei Wohnungseigentum	1613
§ 33	Besonderer Gerichtsstand der Widerklage	1613

Inhaltsverzeichnis

§ 36	Gerichtliche Bestimmung der Zuständigkeit	1617
Titel 3:	**Vereinbarungen über die Zuständigkeit der Gerichte**	**1618**
§ 38	Zugelassene Gerichtsstandsvereinbarung	1618
Abschnitt 2: Parteien		**1622**
Titel 1:	**Parteifähigkeit; Prozessfähigkeit**	**1622**
§ 50	Parteifähigkeit	1622
§ 51	Prozessfähigkeit, gesetzliche Vertretung, Prozessführung	1625
Titel 2:	**Streitgenossenschaft**	**1625**
§ 59	Streitgenossenschaft bei Rechtsgemeinschaft oder Identität des Grundes	1625
§ 60	Streitgenossenschaft bei Gleichartigkeit der Ansprüche	1625
§ 61	Wirkung der Streitgenossenschaft	1627
§ 62	Notwendige Streitgenossenschaft	1628
§ 66	Nebenintervention	1630
§ 67	Rechtsstellung des Nebenintervenienten	1632
§ 68	Wirkung der Nebenintervention	1634
§ 70	Beitritt des Nebenintervenienten	1635
§ 71	Zwischenstreit über Nebenintervention	1636
§ 72	Zulässigkeit der Streitverkündung	1636
§ 73	Form der Streitverkündung	1640
§ 74	Wirkung der Streitverkündung	1641
§ 100	Kosten bei Streitgenossen	1644
§ 101	Kosten einer Nebenintervention	1645
§ 142	Anordnung der Urkundsvorlegung	1647
Buch 2: Verfahren im ersten Rechtszug		**1649**
Abschnitt 1: Verfahren vor den Landgerichten		**1649**
Titel 1: Verfahren bis zum Urteil		**1649**
§ 253	Klageschrift	1649
§ 254	Stufenklage	1652
§ 256	Feststellungsklage	1653
§ 263	Klageänderung	1657
§ 264	Keine Klageänderung	1657
§ 287	Schadensermittlung; Höhe der Forderung	1659
Titel 2: Urteil		**1661**
§ 300	Endurteil	1661
§ 302	Vorbehaltsurteil	1662
§ 416	Beweiskraft von Privaturkunden	1665
Titel 12: Selbständiges Beweisverfahren		**1666**
Vor. zu §§ 485 ff.		1666
§ 485	Zulässigkeit	1670
§ 486	Zuständiges Gericht	1675
§ 487	Inhalt des Antrages	1678
§ 490	Entscheidung über den Antrag	1681
§ 491	Ladung des Gegners	1683
§ 492	Beweisaufnahme	1688
§ 493	Benutzung im Prozess	1693
§ 494	Unbekannter Gegner	1696

| § 494a | Frist zur Klageerhebung | 1698 |

Buch 3: Rechtsmittel 1704
Abschnitt 1: Berufung 1704

§ 511	Statthaftigkeit der Berufung	1704
§ 529	Prüfungsumfang des Berufungsgerichts	1707
§ 530	Verspätet vorgebrachte Angriffs- und Verteidigungsmittel	1709
§ 531	Zurückgewiesene und neue Angriffs- und Verteidigungsmittel	1710
§ 533	Klageänderung; Aufrechnungserklärung; Widerklage	1713

Buch 5: Urkunden und Wechselprozess 1715

§ 592	Zulässigkeit	1715
§ 593	Klageinhalt; Urkunden	1717
§ 598	Zurückweisung von Einwendungen	1717
§ 756	Zwangsvollstreckung bei Leistung Zug um Zug	1718
§ 767	Vollstreckungsabwehrklage	1722
§ 887	Vertretbare Handlungen	1726

Teil V: Insolvenzordnung (Auszug) 1735
Zweiter Abschnitt: Erfüllung der Rechtsgeschäfte. Mitwirkung des Betriebsrats 1735

| § 103 | Wahlrecht des Insolvenzverwalters | 1735 |

Teil C: Öffentliches Baurecht 1767

Teil I: Verordnung über die Pflichten der Makler, Darlehens- und Anlagenvermittler, Anlageberater, Bauträger und Baubetreuer (Makler- und Bauträgerverordnung – MaBV) 1767

Einleitung 1767

§ 1	Anwendungsbereich	1768
§ 2	Sicherheitsleistung, Versicherung	1771
§ 3	Besondere Sicherungspflichten für Bauträger	1776
§ 4	Verwendung von Vermögenswerten des Auftraggebers	1792
§ 5	Hilfspersonal	1793
§ 6	Getrennte Vermögensverwaltung	1793
§ 7	Ausnahmevorschrift	1795
§ 8	Rechnungslegung	1799
§ 9	Anzeigepflicht	1800
§ 10	Buchführungspflicht	1800
§ 11	Informationspflicht und Werbung	1803
§ 12	Unzulässigkeit abweichender Vereinbarungen	1803
§ 13	(weggefallen)	1803
§ 14	Aufbewahrung	1803
§ 15	(weggefallen)	1804
§ 16	Prüfungen	1804
§ 17	Rechte und Pflichten der an der Prüfung Beteiligten	1804
§ 18	Ordnungswidrigkeiten	1805
§ 19	Anwendung bei grenzüberschreitender Dienstleistungserbringung	1805

Inhaltsverzeichnis

Teil II: Gesetz über die Sicherung der Bauforderungen (Bauforderungssicherungsgesetz – BauFordSiG) 1809
Vor. zu §§ 1, 2 BauFordSiG 1809
Erster Abschnitt: Allgemeine Sicherungsmaßregeln 1813
§ 1 1813
§ 2 1835

Teil III: Planungs- und Ordnungsrecht 1851
Vorbemerkung 1851

Teil 1: Baugesetzbuch (BauGB) (Auszug) 1853
Vierter Abschnitt: Zusammenarbeit mit Privaten; vereinfachtes Verfahren 1853
§ 11 Städtebaulicher Vertrag 1853
§ 12 Vorhaben- und Erschließungsplan 1858
Dritter Teil: Regelung der baulichen und sonstigen Nutzung; Entschädigung 1867
Erster Abschnitt: Zulässigkeit von Vorhaben 1867
§ 29 Begriff des Vorhabens; Geltung von Rechtsvorschriften 1867
§ 30 Zulässigkeit von Vorhaben im Geltungsbereich eines Bebauungsplans 1871
§ 31 Ausnahmen und Befreiungen 1875
§ 33 Zulässigkeit von Vorhaben während der Planaufstellung 1883
§ 34 Zulässigkeit von Vorhaben innerhalb der im Zusammenhang bebauten Ortsteile 1887

Teil 2: Bauordnung für das Land Nordrhein-Westfalen (Landesbauordnung – BauO NRW) (Auszug) 1907
1. Teil: Allgemeine Vorschriften 1907
§ 1 Anwendungsbereich 1907
§ 6 Abstandflächen 1913
§ 73 Abweichungen 1935
§ 75 Baugenehmigung und Baubeginn 1939

Teil IV: Vergabeverfahren und Vergaberechtsschutz 1947
A. Grundstrukturen des Vergaberechts einschließlich des vergaberechtlichen Rechtsschutzes nach dem Vierten Teil des Gesetzes gegen Wettbewerbsbeschränkungen (Vergabe öffentlicher Aufträge – §§ 97 ff. GWB) 1948
I. Die Zweiteilung in nationales und europäisches Vergaberecht 1948
1. Überblick über die Entwicklung 1948
2. Wesentliche Strukturen des nationalen Vergaberechts 1949
3. Wesentliche Strukturen des Europäischen Vergaberechts 1952
II. Die Grundzüge des Vergabeverfahrens nach dem vierten Teil des GWB 1953
1. § 97 GWB 1954
2. § 98 GWB 1961
3. § 99 GWB 1965

III.	Bieterrechtsschutz im Vergabeverfahren	1970
1.	Nationale Vergabeverfahren	1970
2.	Europaweite Vergabeverfahren	1973
B.	**Vergabeverfahren und Bauvertrag**	**1987**
I.	Besonderheiten des Vertragsschlusses im Vergabeverfahren	1987
1.	Unterschiede zum herkömmlichen Vertragsabschluss	1987
2.	Maßgebliche Vorgaben für den Vertragsabschluss nach der VOB/A	1988

Teil D: Verordnung über die Honorare für Architekten- und Ingenieurleistungen (Honorarordnung für Architekten und Ingenieure – HOAI) (Auszug) 2009

Teil 1: Allgemeine Vorschriften ... 2009

§ 1	Anwendungsbereich	2009
§ 2	Begriffsbestimmungen	2012
§ 3	Leistungen und Leistungsbilder	2016
§ 4	Anrechenbare Kosten	2021
§ 5	Honorarzonen	2025
§ 6	Grundlagen des Honorars	2027
§ 7	Honorarvereinbarung	2029
§ 8	Berechnung des Honorars in besonderen Fällen	2036
§ 9	Berechnung des Honorars bei Beauftragung von Einzelleistungen	2037
§ 10	Mehrere Vorentwurfs- oder Entwurfsplanungen	2039
§ 11	Auftrag für mehrere Objekte	2040
§ 12	Planausschnitte	2042
§ 13	Interpolation	2043
§ 14	Nebenkosten	2043
§ 15	Zahlungen	2044
§ 16	Umsatzsteuer	2047

Stichwortverzeichnis ... 2049

Abkürzungsverzeichnis

a.A.	anderer Ansicht
a.a.O.	am angegebenen Ort
Abs.	Absatz
AcP	Archiv für die civilistische Praxis
a.E.	am Ende
a.F.	alte Fassung
AG	Amtsgericht, Auftraggeber
AGB	Allgemeine Geschäftsbedingungen
AGB-Gesetz bzw. AGBG	Gesetz zur Regelung des Rechts der Allgemeinen Geschäftsbedingungen
AHaftpflichtVB	Allgemeine Haftpflichtversicherungsbedingungen
AHB	Allgemeine Versicherungsbedingungen für die Haftpflicht-Versicherung
ALR	Preußisches Allgemeines Landrecht
Alt.	Alternative
a.M.	anderer Meinung
AN	Auftragnehmer
Anh.	Anhang
AnwBl.	Anwaltsblatt (Zeitschrift)
AO	Abgabenordnung
AöR	Archiv für öffentliches Recht
AR	Arbeit und Recht (Zeitschrift)
ArbGG	Arbeitsgerichtsgesetz
ArchBR	Archiv für Bürgerliches Recht
Arge	Arbeitsgemeinschaft
ATV	Allgemeine Technische Vertragsbedingungen
AÜG	Arbeitnehmerüberlassungsgesetz
Aufl.	Auflage
AVB	Allgemeine Vertragsbedingungen
BAG	Bundesarbeitsgericht, auch amtliche Sammlung der Entscheidungen des Bundesarbeitsgerichts
BAnz.	Bundesanzeiger
BauGB	Baugesetzbuch
BauPG	Bauproduktengesetz
BaupreisVO	Baupreisverordnung
BauR	Baurecht, Zeitschrift für das gesamte öffentliche und zivile Baurecht
BauRB	Der Baurechtsberater (Zeitschrift)
BaustellV	Baustellenverordnung
BayObLG	Bayerisches Oberstes Landesgericht
BayVBl.	Bayerische Verwaltungsblätter (Zeitschrift)
BayVGH	Bayerischer Verwaltungsgerichtshof
BB	Der Betriebs-Berater (Zeitschrift)
BBB	BundesBauBlatt
Bd.	Band
Beck PersGes-HB	Beck'sches Handbuch der Personengesellschaften
Beil.	Beilage
Beschl. v.	Beschluss vom
Betrieb	Der Betrieb (Zeitschrift)
BGB	Bürgerliches Gesetzbuch
BGBl.	Bundesgesetzblatt
BGH	Bundesgerichtshof
BGHSt	Amtliche Sammlung der Entscheidungen des Bundesgerichtshofes in Strafsachen
BGHZ	Amtliche Sammlung der Entscheidungen des Bundesgerichtshofes in Zivilsachen
BHO	Bundeshaushaltsordnung

Abkürzungsverzeichnis

BImSchG	Bundes-Immissionsschutzgesetz
BKR	Zeitschrift für Bank- und Kapitalmarktrecht; Baukoordinierungsrichtlinie
BLB	Bauleistungsbuch
BlGBW	Blätter für Grundstücks-, Bau- und Wohnungsrecht (Zeitschrift) bis 1991
BrBp	Baurecht und Baupraxis (Zeitschrift)
BR-Drucks.	Bundesratsdrucksache
BReg.	Bundesregierung
BStBl.	Bundessteuerblatt
BT-Drucks.	Bundestagsdrucksache
BTR	Der Bauträger (Zeitschrift)
BTV	Besondere Technische Vertragsbedingungen
BVB	Besondere Vertragsbedingungen
BVerwG	Bundesverwaltungsgericht
BVerwGE	Amtliche Sammlung der Entscheidungssammlung des Bundesverwaltungsgerichts
BW	Bauwirtschaft (Zeitschrift)
bzw.	beziehungsweise
c.i.c.	culpa in contrahendo (Verschulden bei Vertragsschluss)
DAB	Deutsches Architektenblatt (Zeitschrift)
DB	Der Betrieb (Zeitschrift)
ders.	derselbe
d.h.	das heißt
DIN	Deutsches Institut für Normung e.V.
Diss.	Dissertation
DJ	Deutsche Justiz (Zeitschrift)
DNA	Deutscher Normenausschuss
DNotZ	Deutsche Notar-Zeitschrift
DÖV	Die Öffentliche Verwaltung (Zeitschrift)
DRiZ	Deutsche Richterzeitung (Zeitschrift)
DVA	Deutscher Vergabe- und Vertragsausschuss
DVBl.	Deutsches Verwaltungsblatt
DWW	Deutsche Wohnungswirtschaft (Zeitschrift)
EG	Europäische Gemeinschaften
EKStG	Einkommensteuergesetz
EN	Europäische Normen
ErgBd.	Ergänzungsband
ETB	Einheitliche Technische Baubestimmungen
EU	Europäische Union
EuGH	Europäischer Gerichtshof
EuZW	Europäische Zeitschrift für Wirtschaftsrecht
EWG	Europäische Wirtschaftsgemeinschaft
EWiR	Entscheidungen zum Wirtschaftsrecht (Zeitschrift)
EWR	Europäischer Wirtschaftsraum
FS	Festschrift
FG	Festgabe
GBl.	Gesetzblatt
GE	Das Grundeigentum (Zeitschrift)
GewA	Gewerbearchiv (Zeitschrift)
GewO	Gewerbeordnung
GG	Grundgesetz
GMBl.	Gemeinsames Ministerialblatt des Bundesministers für Wirtschaft und Finanzen
GmSOGB	Gemeinsamer Senat der obersten Gerichtshöfe des Bundes

GrundE	Das Grundeigentum (Zeitschrift)
GRUR	Gewerblicher Rechtsschutz und Urheberrecht (Zeitschrift)
GSB	Gesetz zur Sicherung von Bauforderungen
GU	Generalunternehmer
GVBl.	Gesetz- und Verordnungsblatt
GVG	Gerichtsverfassungsgesetz
GWB	Gesetz gegen Wettbewerbsbeschränkungen
HGB	Handelsgesetzbuch
HGrG	Haushaltsgrundsätzegesetz
HK	Heidelberger Kommentar
h.M.	herrschende Meinung
HO	Handwerksordnung
HOAI	Verordnung über die Honorare für Architekten- und der Ingenieurleistungen
HpflG	Haftpflichtgesetz
HRR	Höchstrichterliche Rechtsprechung
Hs.	Halbsatz
IBR	Immobilien und Baurecht (Zeitschrift)
i.d.F. v.	in der Fassung vom
i.E.	im Ergebnis
insbes.	insbesondere
InsO	Insolvenzordnung
ISO	Internationale Organisation für Normung
JMBl. NW	Justizministerialblatt für das Land Nordrhein-Westfalen
JR	Juristische Rundschau (Zeitschrift)
JurBüro	Das juristische Büro (Zeitschrift)
JuS	Juristische Schulung (Zeitschrift)
JW	Juristische Wochenschrift (Zeitschrift)
JZ	Juristenzeitung (Zeitschrift)
KG	Kammergericht; Kommanditgesellschaft
KPB	Kübler/Prütting/Bork, Kommentar zur InsO
KTA	Kerntechnischer Ausschuss
KTS	Konkurs-, Treuhand- und Schiedsgerichtswesen, Zeitschrift für Insolvenzrecht
LBO	Landesbauordnung
LG	Landgericht
lit.	litera (Buchstabe)
MaBV	Makler- und Bauträgerverordnung
m. Anm. v.	mit Anmerkung von
MBl.	Ministerialblatt
MDR	Monatsschrift für Deutsches Recht (Zeitschrift)
MinBlFin.	Ministerialblatt des Bundesfinanzministers
MitBl.	Mitteilungsblatt
MittBayNot	Mitteilungen des Bayerischen Notarvereins, der Notarkasse und der Landesnotarkammer Bayern, herausgegeben vom Bayerischen Notarverein e.V., München
MüKo	Münchener Kommentar
MüKo-BGB	Münchener Kommentar zum Bürgerlichen Gesetzbuch
MüKo-Inso	Münchener Kommentar zur Insolvenzordnung
MüKo-StGB	Münchener Kommentar zum Strafgesetzbuch
MüKo-ZPO	Münchener Kommentar zur Zivilprozessordnung
MünchHdb. GesR 1	Münchener Handbuch des Gesellschaftsrechts, Band 1
m.w.N.	mit weiteren Nachweisen

Abkürzungsverzeichnis

NdsRpfl.	Niedersächsische Rechtspflege (Zeitschrift)
n.F.	neue Fassung
NJW	Neue Juristische Wochenschrift (Zeitschrift)
NJW-RR	NJW-Rechtsprechungsreport Zivilrecht (Zeitschrift)
Nr.	Nummer
NVwZ	Neue Zeitschrift für Verwaltungsrecht
NVwZ-RR	Neue Zeitschrift für Verwaltungsrecht, Rechtsprechungsreport
NW	Nordrhein-Westfalen
NZBau	Neue Zeitschrift für Baurecht und Vergaberecht
NZV	Neue Zeitschrift für Verkehrsrecht
OLG	Oberlandesgericht, zugleich Sammlung der Rechtsprechung der Oberlandesgerichte
OLGR	OLG-Report, Zivilrechtsprechung der Oberlandesgerichte
OLGZ	Entscheidungen der Oberlandesgerichte in Zivilsachen
OVG	Oberverwaltungsgericht
PG	Prütting/Gehrlein, ZPO-Kommentar
ProdHG	Produkthaftungsgesetz
pVV	positive Vertragsverletzung
PWW	Prütting/Wegen/Weinreich, BGB-Kommentar
RBBau	Richtlinien des Bundesministers für Raumordnung, Bauwesen und Städtebau für die Durchführung von Bauaufgaben des Bundes im Zuständigkeitsbereich der Finanzbauverwaltungen
RdA	Recht der Arbeit (Zeitschrift)
Rdn.	Randnummer (intern)
RG	Reichsgericht
RGBl.	Reichsgesetzblatt
RGRK	Kommentar der Reichsgerichtsräte zum BGB, herausgegeben von Mitgliedern des Bundesgerichtshofes
RGZ	Amtliche Entscheidungssammlung des Reichsgerichts in Zivilsachen
RIW	Recht der internationalen Wirtschaft (Zeitschrift)
Rn.	Randnummer
Rpfleger	Der Deutsche Rechtspfleger (Zeitschrift)
RVO	Reichsversicherungsordnung
S.	Seite; Satz
SchwarzarbG	Gesetz zur Bekämpfung der Schwarzarbeit
SFHK, S/F/H/K	Schäfer/Finnern/Hochstein/Korbion, Rechtsprechung zum privaten Baurecht
SKR	Vergabebestimmungen nach der EG-Sektorenrichtlinie
Slg.	Sammlung (der Rechtsprechung des EuGH)
StGB	Strafgesetzbuch
st.Rspr.	ständige Rechtsprechung
TS	Technische Spezifikationen
UrhG	Urheberrechtsgesetz
Urt. v.	Urteil vom
UWG	Gesetz gegen unlauteren Wettbewerb
VDI	Verein Deutscher Ingenieure
VerbrKrG	Gesetz über Verbraucherkredite
VergabeR	Zeitschrift für das gesamte Vergaberecht
VergVO	Vergabeverordnung
VerkMitt.	Verkehrsrechtliche Mitteilungen (Zeitschrift)
VersPrax	Versicherungspraxis (Zeitschrift)
VersR	Versicherungsrecht (Zeitschrift)

VG	Verwaltungsgericht
VgRÄG	Vergaberechtsänderungsgesetz
VgV	Vergabeverordnung
v.H.	von Hundert
VHB	Vergabe- und Vertragshandbuch für die Baumaßnahmen des Bundes (VHB), herausgegeben vom Bundesministerium für Verkehr, Bau und Stadtentwicklung
VK	Vergabekammer
VOB	Vergabe- und Vertragsordnung für Bauleistungen
VOB/A	Vergabe- und Vertragsordnung für Bauleistungen, Teil A
VOB/B	Vergabe- und Vertragsordnung für Bauleistungen, Teil B
VOB/C	Vergabe- und Vertragsordnung für Bauleistungen, Teil C
VOL	Vergabe- und Vertragsordnung für Leistungen
Vor.	Vorbemerkung
VRS	Verkehrsrechtssammlung (Zeitschrift)
VÜA	Vergabeüberwachungsausschuss
VVG	Versicherungsvertragsgesetz
VW	Versicherungswirtschaft (Zeitschrift)
VwGO	Verwaltungsgerichtsordnung
VwVfG	Verwaltungsverfahrensgesetz
WEG	Gesetz über das Wohnungseigentum und das Dauerwohnrecht
WEZ	Zeitschrift für Wohnungseigentumsrecht
WM	Wertpapiermitteilungen (Zeitschrift)
WRP	Wettbewerb in Recht und Praxis (Zeitschrift)
WuM	Wohnungswirtschaft und Mietrecht (Zeitschrift)
WuW	Wirtschaft und Wettbewerb (Zeitschrift)
z.B.	zum Beispiel
ZfA	Zeitschrift für Arbeitsrecht
ZfBR	Zeitschrift für deutsches und internationales Baurecht
ZfIR	Zeitschrift für Immobilienrecht
ZfS	Zeitschrift für Schadensrecht
Ziff.	Ziffer
ZIP	Zeitschrift für Wirtschaftsrecht
ZMR	Zeitschrift für Miet- und Raumrecht
ZPO	Zivilprozessordnung
ZRP	Zeitschrift für Rechtspolitik; Beilage zur Neuen Juristischen Wochenschrift
ZSW	Zeitschrift für das gesamte Sachverständigenwesen
ZuSEG	Gesetz über die Entschädigung von Zeugen und Sachverständigen
ZVB	Zusätzliche Vertragsbedingungen
ZVersWiss	Zeitschrift für die gesamte Versicherungswissenschaft
ZVgR	Zeitschrift für deutsches und internationales Vergaberecht
ZZP	Zeitschrift für Zivilprozess

Literaturverzeichnis

Althaus/Heindl (Hrsg.)	Der öffentliche Bauauftrag, Handbuch für den VOB-Vertrag, IBR Print & Online (www.ibr-online.de), Stand 08.11.2010;
Amann/Brambring/Hertel (Hrsg.)	Vertragspraxis nach neuem Schuldrecht, 2. Aufl., 2002;
Anwaltkommentar BGB	Heidel/Hüßtege/Mansel/Noack (Hrsg.), Band 1: Allgemeiner Teil und EGBGB, 2005; Dauner-Lieb/Heidel/Ring (Hrsg.), Band 2, Teilband 2: §§ 611 bis 853, 2005;
Bamberger/Roth (Hrsg.)	Kommentar zum Bürgerlichen Gesetzbuch, 2. Aufl., 2008;
Basty	Der Bauträgervertrag, 6. Aufl., 2009;
Battis/Krautzberger/Löhr	Baugesetzbuch, 11. Aufl., 2009;
Baumbach/Hopt (Hrsg.)	Handelsgesetzbuch: HGB, 33. Aufl. 2008; 34. Aufl., 2010;
Baumbach/Lauterbach/Albers/Hartmann	ZPO-Kommentar, 69. Aufl., 2011;
Baumgärtel/Laumen	Handbuch der Beweislast im Privatrecht, Band 1 (AT, SchuldR), 2. Aufl., 1991;
Baumgärtel/Laumen/Prütting	Handbuch der Beweislast, BGB SchR-BT Teil II, §§ 611–811, 3. Aufl., 2009;
Bechtold	GWB, 6. Aufl., 2010;
Beck'sches Notarhandbuch	Brambring/Jerschke (Hrsg.), 5. Aufl., 2009;
Beck'sches Handbuch der Personengesellschaften	Müller/Hoffmann (Hrsg.), 3. Aufl., 2009;
Beck'scher VOB-Kommentar Verdingungsordnung für Bauleistungen Teil A	Motzke/Pietzcker/Prieß (Hrsg.), 2001;
Beck'scher VOB- und Vergaberechts-Kommentar – VOB Teil B	Ganten/Jagenburg/Motzke (Hrsg.), 2. Aufl., 2008;
Beck'scher VOB-Kommentar Teil C	Englert/Katzenbach/Motzke (Hrsg.) 2. Aufl., 2008;
Berger/Fuchs	Einführung in die HOAI – Basiswissen Architektenrecht, 2009;
Bergmeister/Reiß	MaBV für Bauträger, Handbuch der Makler- und Bauträgerverordnung für die Gewerbetreibenden und deren Prüfer, 4. Aufl., 2003;
Beuthien	Zweckerreichung und Zweckstörung im Schuldverhältnis, 1969;
Birr	Verjährung und Verwirkung, 2. Aufl., 2006;
Blank	Bauträgervertrag, 3. Aufl., 2006;
BMJ (Hrsg.)	Gutachten und Vorschläge zur Überarbeitung des Schuldrechts, Bd. I, 1981;
Boeddinghaus/Hahn/Schulte	Bauordnung für das Land Nordrhein-Westfalen, Loseblatt, Stand 66. Aufl., 2009;
Bork	Allgemeiner Teil des Bürgerlichen Gesetzbuches, 3. Aufl., 2011;
Brockhaus	Enzyklopädie in 24 Bänden, 20. Aufl., 1996–1999;
Brox/Walker	Allgemeiner Teil des BGB, 32. Aufl., 2008;
Bruns	Forderungsdurchsetzung am Bau, 2005;
Burchardt/Pfülb (Hrsg.)	ARGE-Kommentar, 4. Aufl., 2006;
Daub/Piel/Soergel/Steffani	Kommentar zur VOB, Band 2, 1976;

Literaturverzeichnis

Dauner-Lieb/Konzen/Schmidt (Hrsg.)	Das neue Schuldrecht in der Praxis, 2003;
Deckers	Das neue Forderungssicherungsgesetz, 2009;
Dernburg	Das bürgerliche Recht des Deutschen Reichs und Preußens, Bd. 2, 2. Abteilung: Die Schuldverhältnisse nach dem Rechte des Dt. Reichs und Preußens, 1903;
Duden	Das Bedeutungswörterbuch, 4. Aufl., 2010;
Emmerich	BGB Schuldrecht Besonderer Teil, 12. Aufl., 2009;
Enneccerus/Lehmann	Recht der Schuldverhältnisse, 14. Aufl., 1954;
Enneccerus/Nipperdey	Allgemeiner Teil des Bürgerlichen Gesetzbuches, 14. Aufl., 1960;
Englert/Motzke/Wirth (Hrsg.)	Baukommentar, 2. Aufl., 2009;
Enseleit/Osenbrück	HOAI-Praxis: Anrechenbare Kosten für Architekten und Tragwerksplaner, 4. Aufl., 2006;
Erman/Westermann (Hrsg.)	Bürgerliches Gesetzbuch, 12. Aufl., 2008;
Ernst/Zinkahn/Bielenberg/Krautzberger (Hrsg.)	BauGB, Loseblatt, 2011;
Finkelnburg/Ortloff/Kment	Öffentliches Baurecht, Band 2, 6. Aufl., 2011;
Fischer	Die Regeln der Technik im Bauvertragsrecht, 1985;
Flume	Allgemeiner Teil des Bürgerlichen Rechts, 1977;
Franke/Kemper/Zanner/Grünhagen (Hrsg.)	VOB Kommentar, 4. Aufl., 2010;
Friauf (Hrsg.)	Kommentar zur Gewerbeordnung – GewO, Loseblattsammlung;
Gädtke/Temme/Heintz/Czepuck	Bauordnung NRW, 11. Aufl., 2008;
Ganten	Pflichtverletzung und Schadensrisiko im privaten Baurecht, 1974;
Gitter/Schmitt	Sozialrecht. Ein Studienbuch, 5. Aufl., 2001;
Glatzel/Hofmann/Frikell	Unwirksame Bauvertragsklauseln, 11. Aufl., 2008;
Grziwotz (Hrsg.)	MaBV, Kommentar zur Makler- und Bauträgerverordnung, 2006;
Grziwotz/Koeble (Hrsg.)	Handbuch Bauträgerrecht, 2004;
Haft/Schlieffen (Hrsg.)	Handbuch der Mediation, 2. Aufl., 2008;
Hagelberg	Kommentar zum Reichsgesetz über die Sicherung der Bauforderungen, 1911;
Hagenloch	Handbuch zum Gesetz über die Sicherung der Bauforderungen, 1991;
Hansen/Nitschke/Brock	Bauträgerrecht, Planung – Finanzierung – Vertrag – Abwicklung, 2006;
Heck	Grundriss des Schuldrechts, 1958;
Heidland	Der Bauvertrag in der Insolvenz von Auftraggeber und Auftragnehmer, 2. Aufl., 2003;
Heiermann/Riedl/Rusam (Hrsg.)	Handkommentar zur VOB – VOB Teile A und B, Rechtsschutz im Vergabeverfahren, 11. Aufl., 2008;
Heiermann/Zeiss/Kullack/Blaufuß (Hrsg.)	juris Praxiskommentar Vergaberecht, 2. Aufl., 2008;
Herberger/Martinek/Rüßmann/Weth	juris Praxiskommentar BGB – Band 2.1 Schuldrecht §§ 241 bis 432, 4. Aufl., 2008;
Hereth/Naschold/Ludwig	Kommentar zur VOB, 1960;
Herig	Praxiskommentar VOB Teile A B C, 4. Aufl., 2008;
Hofmann/Koppmann	Die neue Bauhandwerkersicherung, 5. Aufl., 2009;
Huber/Faust	Schuldrechtsmodernisierung, 2002;

Immenga/Mestmäcker (Hrsg.)	Wettbewerbsrecht, 4. Aufl., 2008;
Ingenstau/Korbion (Hrsg.)	VOB Kommentar, 17. Aufl., 2010;
Jacob/Brauns	Der Industrieanlagen-Konsortialvertrag, 2006;
Jagenburg/Schröder	Der ARGE Vertrag, 2. Aufl., 2008;
Jauernig (Hrsg.)	Kommentar zum Bürgerlichen Gesetzbuch, 13. Aufl., 2009;
Junker/Beckmann/Rüßmann	Juris Praxiskommentar BGB, 3. Aufl., 2006; Band 2, 4. Aufl., 2008;
Kaiser	Mängelhaftung in Baupraxis und -prozess, 7. Aufl., 1992;
Kapellmann/Messerschmidt (Hrsg.)	VOB Teile A und B – Vergabe- und Vertragsordnung für Bauleistungen mit Vergabeverordnung (VgV), 3. Aufl., 2010;
Kapellmann/Schiffers	Vergütung, Nachträge und Behinderungsfolgen beim Bauvertrag, Band 1, 5. Aufl., 2006; Band 2, 4. Aufl., 2006;
Kersten/Bühling (Hrsg.)	Formularhandbuch und Praxis der Freiwilligen Gerichtsbarkeit, 22. Aufl., 2008;
Kleine-Möller/Merl (Hrsg.)	Handbuch des privaten Baurechts, 4. Aufl., 2009;
Kniffka (Hrsg.)	IBR-Online-Kommentar Bauvertragsrecht, Stand 23.07.2011;
Kniffka/Koeble	Kompendium des Baurechts – Privates Baurecht und Bauprozess, 3. Aufl., 2008;
Knöringer	Die Assessorklausur im Zivilprozess, 12. Aufl., 2008;
Koeble/Grziwotz (Hrsg.)	Rechtshandbuch Immobilien Bd. 1: Bauen und Finanzieren, 19. Aufl., 2010;
Köhler/Lorenz	Schuldrecht I-Allgemeiner Teil, 21.Aufl., 2010;
Köhler/Bornkamm	Gesetz gegen den unlauteren Wettbewerb: UWG, PAngV, UKlaG, 29. Aufl., 2011;
Koller	Die Risikozurechnung bei Vertragsstörungen in Austauschverträgen, 1979;
Korbion (Hrsg.)	Baurecht, 2005;
Korbion/Locher/Sienz	AGB und Baurichtungsverträge, 4. Aufl., 2006;
Korbion/Mantscheff/Vygen (Hrsg.)	HOAI – Honorarordnung für Architekten und Ingenieure, 7. Aufl., 2009;
Korbion/Mantscheff/Vygen (Hrsg.)	HOAI – Honorarordnung für Architekten und Ingenieure, Aktualisierungsband zur 7. Auflage (HOAI-Novelle 2009), 2010;
Kreft (Hrsg.)	Insolvenzordnung, 5. Aufl., 2008;
Kreß	Lehrbuch des besonderen Schuldrechts, 1934;
Krist	Die Neuordnung des Vergaberechtsschutzes unterhalb der EU-Auftragsschwellenwerte – ein Modell de lege ferenda, 2000;
Kuffer/Wirth (Hrsg.)	Handbuch des Fachanwalts für Bau- und Architektenrecht, 3. Aufl., 2011;
Kuhn/Uhlenbruck	Konkursordnung, 11. Aufl. 1994;
Kulartz/Kus/Portz (Hrsg.)	Kommentar zum GWB-Vergaberecht, 2. Aufl., 2009;
Kübler/Prütting/Bork (Hrsg.)	InsO, Kommentar zur Insolvenzordnung, Stand 5/11 (44.Lfg.);
Langenfeld (Hrsg.)	Münchener Vertragshandbuch, Band 5, Bürgerliches Recht I, 6. Aufl., 2008;
Larenz	Lehrbuch des Schuldrechts: Allgemeiner Teil, Band 1, 14. Aufl.,1987;
Larenz	Lehrbuch des Schuldrechts: Besonderer Teil, Band 2, Halbband 1, 13. Aufl., 1986;
Larenz/Wolf	Allgemeiner Teil des Bürgerlichen Rechts, 9. Aufl., 2004;
Leinemann (Hrsg.)	Das neue Vergaberecht, 2. Aufl., 2010;
Leinemann (Hrsg.)	Die Vergabe öffentlicher Aufträge, 4. Aufl., 2007;
Leinemann (Hrsg.)	Kommentar zur VOB Teil B, 4. Aufl., 2010;

Literaturverzeichnis

Locher	Das private Baurecht, 7. Aufl., 2005;
Locher/Koeble/Frik (Hrsg.)	Kommentar zur HOAI: Mit einer Einleitung in das Recht der Architekten und Ingenieure, 10. Aufl., 2009;
Löffelmann/Fleischmann	Architektenrecht, 5. Aufl., 2007;
Lorenz/Riehm	Lehrbuch zum neuem Schuldrecht, 2002;
Marcks	MaBV, Makler- und Bauträgerverordnung mit § 34c GewO und MaBVwW, Kom-mentar, 8. Aufl., 2009;
Maser	Baurecht nach BGB und VOB/B, IBR Print & Online (www.ibr-online.de), Stand 25.08.2009;
Maurer	Allgemeines Verwaltungsrecht, 18. Aufl., 2011;
Medicus	Allgemeiner Teil des BGB, 10. Aufl., 2010;
Medicus	Bürgerliches Recht, 22. Aufl., 2009;
Medicus	Schuldrecht I, 19. Aufl., 2010;
Messerschmidt/Voit (Hrsg.)	Privates Baurecht, 2008;
Micklitz	Bauverträge mit Verbrauchern und die VOB Teil B, 2005;
Motzke/Preussner/Kehrberg/Kesselring (Hrsg.)	Die Haftung des Architekten, 9. Aufl., 2008;
Motzke/Wolff (Hrsg.)	Praxis der HOAI, 3. Aufl., 2004;
Münchener Handbuch des Gesellschaftsrechts	Band 1, 3. Aufl., 2009;
Münchener Kommentar zum Bürgerlichen Gesetzbuch	Allgemeiner Teil, 5. Aufl., 2006; BGB, Schuldrecht Besonderer Teil II, 4. Aufl., 2005;
Münchener Kommentar zum Strafgesetzbuch	Band 6/1 – Nebenstrafrecht II, 2010;
Münchener Kommentar zur Insolvenzordnung	2. Aufl., 2008;
Münchener Kommentar zum Lauterkeitsrecht	2006;
Münchener Kommentar zur Zivilprozessordnung	3. Aufl., 2008;
Musielak (Hrsg.)	Kommentar zur Zivilprozessordnung: ZPO, 7. Aufl., 2009;
Nicklisch/Weick	VOB Verdingungsordnung für Bauleistungen Teil B, 3. Aufl., 2004;
Nerlich/Römermann (Hrsg.)	Insolvenzordnung Stand Januar 2011, 21. Ergänzungslieferung;
Palandt	Bürgerliches Gesetzbuch, 70. Aufl., 2011;
Pause	Bauträgerkauf und Baumodelle, 4. Aufl., 2004;
Planck (Hrsg.)	Kommentar zum Bürgerlichen Gesetzbuch und Einführungsgesetz, 4. Aufl., 1913–1930;
Pott/Dahlhoff/Kniffka/Rath	HOAI, 8. Aufl., 2006;
Prieß	Handbuch des europäischen Vergaberechts, 3. Aufl., 2005;
Prütting/Gehrlein (Hrsg.)	ZPO-Kommentar, 2. Aufl., 2010;
Prütting/Wegen/Weinreich (Hrsg.)	BGB-Kommentar, 5. Aufl., 2010;
Rehbein	Auftraggeberanordnung und Risikoverteilung beim Bauwerkvertrag und VOB-Vertrag – unter besonderer Berücksichtigung der Mängelgewährleistung, 2007;
Reich	Nachbarrechtsgesetz Nordrhein-Westfalen, 2006;
RGRK	Das Bürgerliche Gesetzbuch mit besonderer Berücksichtigung der Rechtsprechung des Reichsgerichts und des Bundesgerichtshofs, Band II, 4. Teil (§§ 631–811), 12. Aufl., 1978;

Rosenberg/Schwab/Gottwald	Zivilprozessrecht, 17. Aufl., 2010;
Saenger (Hrsg.)	Handkommentar zur ZPO, 4. Aufl., 2011;
Schalk	Handbuch Nebenangebote, 1. Aufl., 2009;
Schlachter/Ohler (Hrsg.)	Europäische Dienstleistungsrichtlinie, 2008;
Schlechtriem/Schmidt-Kessel	Schuldrecht Allgemeiner Teil, 7. Aufl., 2011;
Schlichter/Stich/Driehaus/Paetow (Hrsg.)	Berliner Kommentar zum Baugesetzbuch, 17-Lfg., September 2010;
Schliemann (Hrsg.)	Die Abrechnung der Architekten- und Ingenieurleistungen, 2004;
Schmalzl/Lauer/Wurm	Haftung des Architekten- und Bauunternehmers, 5. Aufl., 2006;
Schmidt (Hrsg.)	Hamburger Kommentar zum Insolvenzrecht, 3. Aufl., 2009;
Schmitz	Sicherheiten für die Bauvertragsparteien, IBR-Online Kommentar, Stand 21.04.2011;
Schmitz	Die Bauinsolvenz, 5. Aufl., 2011;
Schröder	Der Bauträgervertrag in der notariellen Praxis, 2004;
Schulze/Dörner/Ebert (Hrsg.)	Bürgerliches Gesetzbuch Handkommentar, 5. Aufl., 2007;
Schrödter (Hrsg.)	Baugesetzbuch, 7. Aufl., 2008;
Soergel (Hrsg.)	Bürgerliches Gesetzbuch, 13. Aufl., 2002;
Siegburg	Die Bauwerksicherungshypothek, 1989;
Siegburg	Handbuch der Gewährleistung beim Bauvertrag, 4. Aufl., 2000;
Staudinger (Hrsg.)	Kommentar zum Bürgerlichen Gesetzbuch: §§ 90–133 BGB, 2004; §§ 631–651 BGB, 2008
Stein/Jonas (Hrsg.)	Kommentar zur Zivilprozessordnung, 22. Aufl., 2003;
Thode/Kuffer (Hrsg.)	Praxishandbuch Architektenrecht, 2004;
Thomas/Putzo (Hrsg.)	Zivilprozessordnung, 31. Aufl., 2010;
Uhlenbruck (Hrsg.)	Insolvenzordnung: InsO, 13. Aufl., 2010;
Ulmer/Brander/Hensen (Hrsg.)	ABG-Recht Kommentar, 11. Aufl., 2011;
Ulrich	Selbständiges Beweisverfahren mit Sachverständigen, 2. Aufl., 2008;
v. Berg/Vogelheim/Wittler (Hrsg.)	Entwickeln Planen Bauen, Rechtswissen für die Bau- und Immobilienpraxis, 2010;
v. Heymann/Wagner/Rösler	MaBV für Notare und Kreditinstitute, Handbuch der Makler- und Bauträgerverordnung, 2000;
Vygen	Bauvertragsrecht nach VOB, 5. Aufl., 2007;
Vygen/Joussen	Bauvertragsrecht nach BGB und VOB, 4. Aufl., 2008;
Weise	Sicherheiten im Baurecht: Praxishandbuch, 1999;
Werner/Pastor	Der Bauprozess, 12. Aufl., 2008; 13. Aufl., 2011;
Weyand	Praxiskommentar Vergaberecht, Stand 18.03.2010;
Weyand	Vergaberecht 2009, IBR-Online-Kommentar, Stand 18.03.2010
Wieczorek/Schütze (Hrsg.)	Zivilprozessordnung und Nebengesetze, Großkommentar 3. Aufl., 1994 ff.;
Wieacker	Privatrechtsgeschichte der Neuzeit unter besonderer Berücksichtigung der deutschen Entwicklung, 2. Aufl., 1967;
Willenbruch/Bischoff (Hrsg.)	Kompaktkommentar Vergaberecht, 2008;
Wussow	Das gerichtliche Beweissicherungsverfahren in Bausachen, 2. Aufl., 1981
Zöller (Hrsg.)	Zivilprozessordnung, 28. Aufl., 2010;

Teil A: Einleitung

Einleitung I: Das Baurecht in der anwaltlichen Praxis

1. Vorbemerkung

Die stetig steigenden Anforderungen an die Bearbeitung baurechtlicher Sachverhalte – sei es durch Richter, Rechtsanwälte oder Juristen in Rechtsabteilungen – ist weniger einem Anstieg der Bautätigkeit in Deutschland und Europa geschuldet als der allgemein zu beobachtenden Spezialisierung auf bestimmte Rechtsgebiete als Folge immer komplizierterer, speziellerer und umfangreicherer gesetzlicher Regelungen und der dazu ergehenden Rechtsprechung. Diese freilich ist auch das Ergebnis immer komplexerer Bauverträge, der Einflussnahme auf das Baurecht durch deutsches und europäisches Vergaberecht wie auch der bedauerlichen Tendenz auf Auftraggeber- wie Auftragnehmerseite, durch (vermeintlich) »optimierte« Verträge das Beste (leider häufig = das Kostengünstigste) für sich selbst »herauszuholen«. Gleichwohl sollten sich das Baurecht und damit auch die dort tätigen Juristen, nur als Vehikel für Planung und Realisierung von Bauvorhaben als wichtigem Bestandteil der Wirtschaftsleistung insgesamt bzw. dem wirtschaftlichen Erfolg des am Bau Beteiligten verstehen und nicht zum Selbstzweck mutieren.

Gerade im vorprozessualen Beratungsstadium, insbesondere im Zuge der Vertragsanbahnung, sollte das Augenmerk also auf den wirtschaftlichen Erfolg der Baumaßnahme gerichtet sein. Dazu gehört es, ein Vertragswerk zu entwickeln, das die wechselseitigen Chancen und Risiken angemessen berücksichtigt. Dem Kooperationsgedanken gebührt dabei besondere Beachtung, weil die Parteien oft über Monate, manchmal über Jahre zusammenarbeiten müssen, um ihre Ziele zu erreichen. Deshalb sollten Teil, zumindest jedes größeren Bauvertrages, auch Verfahrensregeln sein, mit deren Hilfe Krisensituationen schnell und verbindlich geregelt werden können, um Nachteile von allen am Bau Beteiligten fernzuhalten. Nur wenn ein Bauvertrag ausgewogen ist, d.h. die Risiken angemessen verteilt und ein auskömmlicher Preis verhandelt ist, bestehen gute Aussichten, dass die Baudurchführung nicht von wechselseitigen Behinderungsanzeigen, Nachtragsforderungen und -zurückweisungen, Kündigungen oder gar der Insolvenz des einen oder gar beider gestört wird.

2. Der Begriff des Baurechts

»Baurecht« ist nach dem Verständnis der Juristen ein nicht näher definierter Oberbegriff für die Gesamtheit der Rechtsnormen, die aus unterschiedlichen Blickwinkeln mit dem Bauen zu tun haben und es beeinflussen. Es teilt sich in die beiden großen Bereiche des öffentlichen und des privaten Baurechts auf, wobei das Vergaberecht öffentlich-rechtliche und privatrechtliche Elemente enthält. Jedenfalls ist das Baurecht derart breit gestreut, dass in der Praxis der anwaltlichen Tätigkeit kaum jemand zu finden sein dürfte, der alle Bereiche gleichermaßen abdeckt. Immerhin beschäftigen sich gleich mehrere Gerichtszweige mit den Kernbereichen des Baurechts, nämlich die Zivilgerichte, die Verwaltungsgericht und die Vergabekammern mit den Vergabesenaten bei den Oberlandesgerichten. Damit sind auch sogleich zumindest zwei Fachanwaltschaften mit dem Baurecht befasst, nämlich diejenige für Bau- und Architektenrecht und diejenige für Verwaltungsrecht.

a) Öffentliches Baurecht

Hierher gehören zunächst das gesamte Bauplanungsrecht, das im Wesentlichen aufgrund Art. 74 Nr. 18; Art. 75 Nr. 4 GG der Regelungskompetenz des Bundes unterfällt, und das weitgehend in den Zuständigkeitsbereich der Länder fallende Bauordnungsrecht mit seinen vielfältigen Nebengesetzen wie BauprüfVO, HochhausVO, GaragenVO, VerkaufsstättenVO, VersammlungsstättenVO etc. einschließlich Denkmalschutz u.ä. Ebenfalls in die Bundeszuständigkeit fallen die für das

Bauen wichtigen Regelungen zur Umweltverträglichkeit, dem Naturschutz, dem Immissionsschutz, dem Bodenschutz- und Wasserrecht und dem Gewerberecht, insbesondere der Makler- und BauträgerVO. Häufig vergessen wird in diesem Zusammenhang, dass auch das Preisrecht der Architekten und Ingenieure dem Öffentlichen (Preis-)Recht zuzuordnen ist.[1] Schließlich spielen steuerliche Aspekte aus dem EStG und dem UStG nicht selten eine Rolle. Und nicht zuletzt sind auch Haftungsnormen aus dem Sozialversicherungsrecht, z.B. für nicht abgeführte Beiträge zur Sozialversicherung, ebenso von Relevanz wie das Gesetz gegen Schwarzarbeit.

b) Privates Baurecht

5   Im Bereich des privaten Baurechts ist die Bandbreite nicht geringer. Neben den grundlegenden gesetzlichen Reglungen in den §§ 631 ff. BGB spielen hier alle Bereiche des allgemeinen und besonderen Schuldrechts eine große Rolle, z.B. (1) bei der gerade bei Bauverträgen immer wieder sehr schwierigen Frage, wie Preis- und Leistungsvereinbarungen auszulegen sind, (2) ob von den Bauvertragsparteien verwendete Vertragsklauseln den Regeln über die Allgemeinen Geschäftsbedingungen zu unterwerfen sind und was daraus bejahendenfalls folgt, (3) in Zusammenhang mit dem Schadensrecht einschließlich Vorteilsausgleichung oder (4) bei der Gesamtschuld zwischen mehreren am Bau Beteiligten (Bauherr/Planer/Bauaufsichtsführender/Generalunternehmer/Nachunternehmer/Baustofflieferant usw.). Aber auch das Bürgschaftsrecht und deliktische Ansprüche sind von erheblicher Bedeutung genau so wie das Nachbarrecht, das gesamte Immobilienrecht und das Versicherungsrecht. Eine herausgehobene Bedeutung kommt neben diesen gesetzlichen Bestimmungen der VOB/B als standardisierten Allgemeinen Vertragsbedingungen zu, die gleichermaßen bei der Vergabe öffentlicher Bauaufträge Anwendung findet wie sie in der Privatwirtschaft vereinbart wird.

6   Einen zunehmenden Einfluss übt das Europarecht aus, denn immer mehr Richtlinien der Europäischen Union haben unmittelbare oder zumindest mittelbare Auswirkungen auf das Zivilrecht, insbesondere die Verbraucherschutzbestimmungen.[2]

c) Vergaberecht

7   Das Vergaberecht umfasst alle Vorschriften, die dem öffentlichen Auftraggeber bei der Beschaffung von Waren und Dienstleistungen sowie bei der Vergabe von Bauleistungen eine bestimmte Verhaltens- und Verfahrensweise aufgeben. Es regelt das Rechtsverhältnis zwischen öffentlichem Auftraggeber und Bieter bis zum Zeitpunkt der Zuschlagserteilung. Kodifikation hat das Vergaberecht inzwischen in den §§ 97 f. GWB erfahren und ist dabei sehr stark geprägt von europarechtlichen Bestimmungen. In der Praxis von großer Relevanz sind dabei auch die VergabeV und die Allgemeinen Bestimmungen für die Vergabe von Bauleistungen, VOB Teil A.

d) Bauprozessrecht

8   Neben dem materiellen Recht spielt das Verfahrensrecht in der Praxis eine wichtige Rolle. Das gilt allerdings mehr für das private Baurecht als für das öffentliche Baurecht. Bei ersterem sind Mediation und Schiedsgerichtswesen seit Jahren im Vordringen befindlich, was mehrere Ursachen hat. Zum einen haben beide Partien ein erhebliches Interesse an der Qualifikation des Gerichtes, zum anderen laufen Verfahren vor staatlichen Gerichten nicht selten so lange, dass der Schwebezustand zumindest für eine Prozesspartei existenzielle Probleme aufwirft oder Bauvorhaben nachhaltig ins Stocken geraten, was zu unübersehbaren Folgeschäden führen kann.

9   Einen Sonderstatus hat auch hier das Vergaberecht, bei dem zwischen dem Primärrechtsschutz nach dem GWB (Rügeverpflichtung nach § 107 Abs. 3 GWB → Nachprüfungsverfahren nach

---

1 V. Berg/Vogelheim/Wittler/*Vogelheim*, Rn. 329.
2 Z.B. Verbraucherschutzrichtlinie und Verbrauchsgüterkaufrichtlinie.

§§ 102 f. GWB → Beschwerdeverfahren nach §§ 116 f. GWB) einerseits und dem Sekundärrechtsschutz andererseits zu unterscheiden ist.

Bei vielen Landgerichten wie auch einigen Oberlandesgerichten sind für die Zivilsachen Baukammern bzw. Bausenate eingerichtet, um auch auf der Ebene der Judikative durch Spezialisierung die notwendige Qualität sicherzustellen. Für den Bundesgerichtshof ist das schon immer eine Selbstverständlichkeit: zuständig u.a. für Bausachen ist dort der VII. Zivilsenat. Auch bei den Verwaltungsgerichten berücksichtigt die Geschäftsverteilung in aller Regel, dass Fachkenntnisse gebündelt werden. Für die Vergabekammern und -senate gilt dies ohnehin.

3. Die Wirtschaftskraft des Bauens

Welche Bedeutung das Baurecht für die anwaltliche Praxis hat, lässt sich recht gut an den bauwirtschaftlichen Kennzahlen ablesen: Im Jahr 2009 waren in der deutschen Bauindustrie in knapp 74.000 Betrieben noch ca. 705.000 Personen tätig, die einen Umsatz von ca. 85.4 Mrd. € netto erwirtschafteten. Im Jahr 1999 beschäftigte die Branche noch rd. 1.1 Mio. Menschen mit einem Umsatz von ca. 105 Mrd. € netto.[3] Nach jahrelanger Preisstagnation mit insbesondere in den Jahren 1996 bis 2003 negativen Preissteigerungsraten hat sich die Preisentwicklung am Bau seit 2004 mit z.T. beachtlichen Werten wieder normalisiert. 2006 und 2007 stiegen die Preise im Bauhauptgewerbe immerhin um 6,4 bzw. 3,6 %, 2009 bedingt durch die allgemeine und globale Wirtschaftskrise dann nur noch – aber immerhin entgegen deflationärer Tendenzen in anderen Branchen – um 0,6 %.[4] Das bedeutet, dass der Preisdruck am Bau grundsätzlich hoch bleibt, was einige Auftraggeber veranlasst, den Auftragnehmern nicht mehr auskömmliche Preise abzuverlangen. Eine der Folgen dieser zweifelhaften Vorgehensweise ist neben dem Qualitätsproblem mancher Auftragnehmer die beängstigend hohe Anzahl an Insolvenzverfahren über das Vermögen von Bauunternehmern. Die Insolvenzrate liegt hier um 50 % oberhalb derjenigen, die Unternehmen in Deutschland insgesamt aufweisen, nämlich bei immerhin 1,5 % aller Baubetriebe gegenüber 1 % sämtlicher Unternehmen. Die starke Insolvenzwelle zwischen 1997 und 2005 mit jährlich ca. 8.000 bis 9.000 Insolvenzen am Bau hat sich allerdings von 2007 bis 2009 auf ca. 5.000 Insolvenzen jährlich verringert.[5] Gleichwohl sind die ökonomischen Schäden durch Bauinsolvenzen immens, fallen doch nicht nur Banken und Lieferanten aus und verlieren viele Mitarbeiter ihre Anstellung, sondern geraten dadurch auch viele Auftraggeber, darunter etliche private »Häuselbauer«, in z.T. existenzvernichtende Zwangslagen. Auch das ein Grund mehr, ein ausgewogenes wirtschaftliches Verhältnis zwischen Leistung und Gegenleistung zu schaffen, um den Bauvertrag möglichst ungestört und damit zum wirtschaftlichen Wohl aller am Bau Beteiligten durchzuführen.

4. Anforderungen an den Baurechtler

Der Fächerkanon des Fachanwaltes für Bau- und Architektenrecht gem. § 14a FAO schreibt vor, welche besonderen Kenntnisse nachzuweisen sind, nämlich (1) im Bauvertragsrecht, (2) im Recht der Architekten und Ingenieure, (3) im Recht der Vergabe von öffentlichen Bauaufträgen, (4) im öffentlichen Baurecht und (5) die Besonderheiten der Verfahrens- und Prozessführung.

Das ist freilich nur die halbe Wahrheit dessen, womit der Baurechtler in der täglichen Praxis konfrontiert wird, denn die Basis jeder Rechtsanwendung ist zunächst der Sachverhalt, den es zu würdigen gilt. Das trifft zwar auf alle Rechtsgebiete zu, allerdings führt die Komplexität des Bauens häufig zu entsprechend komplizierten Sachverhalten, auch weil die Bautechnik eine erhebliche

---

3 Ausgewählte Zahlen für die Bauwirtschaft, Statistisches Bundesamt, Feb. 2010 (21.05.2010).
4 Ausgewählte Zahlen für die Bauwirtschaft, Statistisches Bundesamt, Feb. 2010 (21.05.2010).
5 Insolvenzen im deutschen Bauhaupt- und Ausbaugewerbe, Hauptverband der Deutschen Bauindustrie e.V., Stand 09.03.2010.

Rolle spielt. Wer sich also mit Baurecht beschäftigt, muss sich auf die Technik einlassen und sie verstehen, weil er sie sonst nicht vermitteln kann bzw. zu falschen Schlüssen gelangt.

14 Zudem sind insbesondere im Bereich der sog. Nachträge, seien sie durch geänderte oder zusätzliche Leistungen oder durch Bauzeitverzögerungen verursacht, Kenntnisse aus dem Bereich der Baubetriebslehre unverzichtbar, weil ohne sie zu den Anspruchsgrundlagen nicht schlüssig vorgetragen werden kann.

5. Die Entwicklung des Baurechts

15 Weil die Bautätigkeit in Deutschland weiterhin ein wichtiger Wirtschaftsfaktor bleibt, gerät das Baurecht naturgemäß in den Blick der Lobbyisten in Berlin. Resultat ist, dass der Gesetzgeber in den vergangenen Jahren neben vielen sinnvollen, z.T. durch die EU erzwungenen Änderungen (Schuldrechtsmodernisierungsgesetz) auch Vorschriften in Kraft gesetzt hat, deren Bewährung in der Rechtspraxis nicht zu erwarten ist und die deshalb z.T. schon wieder aufgehoben wurden.[6] Andere Novellierungsprojekte, wie die zum 01.09.2009 in Kraft getretene HOAI, sind bereits wieder in der Überarbeitung. Gleichzeitig arbeitet der Deutsche Baugerichtstag an einem völlig neu konzeptionierten »Bauvertragsrecht«, um den Anforderungen der Praxis unter Berücksichtigung der Rechtssprechung des Bundesgerichtshofes zum Werkvertragsrecht Rechnung zu tragen. Immerhin soll nach dem Koalitionsvertrag der derzeitigen CDU/FDP-Regierung ein neues Bauvertragsrecht Gesetz werden.[7]

---

[6] So wurde der mit Wirkung zum 01.05.2000 eingeführte § 641a BGB – Fertigstellungsbescheinigung – wegen Praxisuntauglichkeit schon zum 31.12.2008 wieder aufgehoben.
[7] Vgl. Textziffer 1755–1759 des Koalitionsvertrages der CDU/CSU/FDP-Koalition vom 26.10.2009.

Einleitung II: Europarechtliche Grundlagen

Schrifttum
Armgardt Das Constructionvertragsrecht des Draft Common Frame of References aus der Sicht des deutschen Werkvertragsrechts und der VOB/B, NZBau 2009, 12; *Busch* Architekten im Binnenmarkt: Harmonisierung von Vertragsrecht und Ordnungsrahmen für Dienstleistungen in der Europäischen Union, in: Jahrbuch junger Zivilrechtswissenschaftler (JJZW) 2007, Recht und Wirtschaft, S. 293 ff.; DCFR Study Group on a European Civil Code/Research Group on EC Private Law (Acquis Group), Draft Common Frame of Reference (DCFR), Full Edition. Principles, Definitions and Model Rules of European Private Law, v. Bar/Clive (Hrsg.), 2009; *Däubler-Gmelin* Die Entscheidung für die so genannte Große Lösung bei der Schuldrechtsreform – Zum Entwurf eines Gesetzes zur Modernisierung des Schuldrechts, NJW 2001, 2281; *Frieling* Die EG-Richtlinie über missbräuchliche Klauseln in Verbraucherverträgen und ihr Einfluß auf das private Bau- und Architektenrecht, BauR 1994, 154; *Glöckner* Die Rolle des EFTA-Gerichtshofs in der europäischen Rechtsentwicklung und seine Rechtsprechung zum Vergaberecht (Teil 1), EUROPA kompakt 1999, 175 ff., (Teil 2), EUROPA kompakt 1999, 186 ff.; *Häuser* Das Schicksal des BGB im Prozess der Europäisierung des Zivilrechts. Vom Bürgerlichen Gesetzbuch (BGB) zum Europäischen Zivilgesetzbuch (EU-ZGB)?, in: Festschrift der Juristenfakultät zum 600jährigen Bestehen der Universität Leipzig, 2009, S. 373; *Jansen/Zimmermann* Was ist und wozu DCFR?, NJW 2009, 3401; *Harke* Römisches Recht, 2008; *Locher* Die Richtlinie 93/13/EWG des Rates über missbräuchliche Klauseln in Verbraucherverträgen und ihre Bedeutung für das Baurecht, BauR 1993, 379; *Pfeiffer* Europäische Perspektiven des Bauvertragsrechts, BauR 2010, 1294; *Pfeiffer/Hess/Huber* Rechtsvergleichende Untersuchung zu Kernfragen des Privaten Bauvertragsrechts in Deutschland, England, Frankreich, den Niederlanden und der Schweiz, 2008; *Pick* Der Entwurf des Schuldrechtsmodernisierungsgesetzes, in: Schulze/Schulte-Nölke (Hrsg.), Die Schuldrechtsreform vor der Hintergrund des Gemeinschaftsrechts, 2001; *Schlachter/Ohler* Europäische Dienstleistungsrichtlinie, 2008; *Schmidt-Kessel* Europäisches Kollisionsrecht für Dienstleistungen, in: Reichelt/Rechberger/Jud (Hrsg.), Kollisionsrecht, Zivilrecht und Zivilverfahrensrecht im Lichte der gemeinschaftsrechtlichen Reformen, 2008, S. 97; *Schulte-Nölke* Arbeiten an einem europäischen Vertragsrecht – Fakten und populäre Irrtümer, NJW 2009, 2161.

Während manche Rechtsgebiete inzwischen inhaltlich vollständig oder weitgehend aus dem Europarecht gespeist werden, und formal nationale Gesetze nur noch Umsetzungsakte supranationaler Regelungsanordnungen sind, ist vor allem das Bauvertragsrecht von solchen Harmonisierungsakten weitgehend unberührt geblieben. »Weitgehend« bedeutet indes, dass durchaus spillover-Effekte von Harmonisierungsmaßnahmen auf anderen Gebieten, etwa dem Verbrauchsgüterkauf, das Bauvertragsrecht beeinflussen. 1

Hinzu kommt, dass die Abstinenz des Europäischen Gesetzgebers auf dem Gebiet des Bauvertragsrechts durch erhebliche Aktivität auf dem Gebiet des Fremdenrechts kompensiert wird (»asymmetrische Harmonisierung«[1]). Im folgenden wird daher zunächst der unionsrechtliche Begriff der Dienstleistungen geklärt (I.), anschließend werden die unionsrechtlichen Vorgaben im Hinblick auf die Internationale Zuständigkeit (II.) und das anwendbare Recht (III.) angerissen, bevor Ansatzpunkte einer unionsweiten Harmonisierung des materiellen Bauvertragsrechts (IV.) dargestellt werden. Abschließend werden die fremden- (V.) und vergaberechtlichen (VI.) Vorgaben zusammengefasst. 2

I. Bauverträge i.w.S. als Dienstleistungen im europarechtlichen Sinne

Die weitaus meisten der im privaten Baurecht relevanten Vertragstypen (insb. Bauverträge, Generalunter- bzw. -übernehmervertrag, Subunternehmervertrag, Architektenvertrag, Projektsteuerungsvertrag, Controllingvertrag) haben Dienstleistungen im Sinne des Art. 56 AEUV (ex-Art. 49 EG) zum Gegenstand. Dienstleistungen im Sinne der Verträge sind gem. Art. 57 AEUV (ex-Art. 50 3

---

1 *Busch*, JJZW 2007, 293, 296.

EG) Leistungen, die in der Regel gegen Entgelt erbracht werden, soweit sie nicht den Vorschriften über den freien Waren- und Kapitalverkehr und über die Freizügigkeit der Personen unterliegen.

4   Als Produktfreiheit steht die Dienstleistungsfreiheit der Freiheit des Warenverkehrs gem. Art. 34 AEUV (ex-Art. 28 EG) näher als den Freizügigkeitsrechten (Arbeitnehmer, Art. 45 Abs. 1 AEUV [ex-Art. 39 EG], Niederlassung, Art. 49 AEUV [ex-Art. 43 EG]). Am deutlichsten wird dies, wenn ausschließlich die Dienstleistung die Grenze überschreitet (sog. Korrespondenzdienstleistung), was im baurechtlichen Kontext am ehesten bei der Planungsleistung des Architekten relevant sein kann. Für die Mehrheit aller Dienstleistungen ist es demgegenüber unabdingbar, dass sich entweder der Dienstleister zur Erbringung der Dienstleistung (»aktive Dienstleistungsfreiheit«) oder aber deren Empfänger, um in ihren Genuss zu gelangen (»passive Dienstleistungsfreiheit«), über die Grenze bewegt. Insoweit wird eine besondere Nähe zur Niederlassungsfreiheit und damit den Freizügigkeitsrechten begründet.[2]

5   Wegen seiner freihandelsorientierten Teleologie sind dem europarechtlichen Dienstleistungsbegriff Kategorien wie die Erfolgsbezogenheit zunächst gleichgültig. Es ist eine Aufgabe der Rechtsentwicklung der nächsten Jahre, Fundamentalunterscheidungen, an welche seit über 2000 Jahren zivilrechtlichen Folgen geknüpft werden,[3] in die im Entstehen begriffene Europäische Privatrechtsordnung zu überführen.[4]

II. Internationale Zuständigkeit

6   Wenngleich die Harmonisierung des materiellen Bauvertragsrechts wenig gediehen ist, ist doch das Verfahren seiner prozeduralen Koordinierung inzwischen vollständig europarechtlich geregelt: Für grenzüberschreitende Streitigkeiten in Zivil- und Handelssachen regelt die sog. Brüssel-Verordnung (EuGVVO)[5] sowohl die Internationale Zuständigkeit als auch Fragen der Anerkennung von Gerichtsentscheidungen. Im einzelnen vgl. dazu die Ausf. von *Hausmann*, Int. Zust.

III. Anwendbares Recht

7   Für vertragliche Ansprüche aus grenzüberschreitenden Bauverträgen hält die sog. Rom I-Verordnung,[6] für außervertragliche Ansprüche die sog. Rom II-Verordnung[7] universell geltende Kollisionsnormen bereit. Im einzelnen vgl. die Ausf. von *Hausmann*, EGBGB Rdn. 4 f., 9 f., 43, 82 f.

IV. Harmonisierung des materiellen Bauvertragsrechts

8   Die Sachrechtsharmonisierung ist demgegenüber wie bereits angedeutet nur mäßig entwickelt.[8] Selbst vom berüchtigten *piecemeal approach*, der problemorientierten Harmonisierung rechtlicher Teilaspekte, ist das Bauvertragsrecht bislang weitgehend verschont worden.

---

2   Vgl. in diesem Zusammenhang die Regelungsstruktur der Richtlinie 2006/123/EG des Europäischen Parlaments und des Rates vom 12. Dezember 2006 über Dienstleistungen im Binnenmarkt, ABl. 2006 Nr. L 376/36, die in den Art. 9 ff. Regelungen über die Niederlassungsfreiheit der Dienstleistungserbringer trifft und in den Art. 16 ff. reine Dienstleistungen regelt.
3   Seit der Entwicklung von Untergattungen der *locatio conductio*, dazu etwa *Harke*, § 9 Rn. 1 ff.; *Schmidt-Kessel*, in: Reichelt/Rechberger/Jud, S. 97, 99.
4   Vgl. etwa in diesem Sinne EuGH v. 25.02.2010, Rs. C-381/08 – Car Trim, noch nicht in Slg., Rn. 30 ff.
5   Verordnung (EG) Nr. 44/2001 des Rates vom 22. Dezember 2000 über die gerichtliche Zuständigkeit und die Anerkennung und Vollstreckung von Entscheidungen in Zivil- und Handelssachen, ABl. 2001 Nr. L 12/1.
6   Verordnung (EG) Nr. 593/2008 des Europäischen Parlaments und des Rates vom 17. Juni 2008 über das auf vertragliche Schuldverhältnisse anzuwendende Recht (Rom I), ABl. 2008 Nr. L 177/6.
7   Verordnung (EG) Nr. 864/2007 des Europäischen Parlaments und des Rates vom 11. Juli 2007 über das auf außervertragliche Schuldverhältnisse anzuwendende Recht (Rom II), ABl. 2007 Nr. L 199/40.
8   Eine Zusammenfassung der gescheiterten Versuche partieller Harmonisierung des materiellen Baurechts liefert *Busch*, JJZW 2007, 293, 306 f.

1. Verbrauchsgüterkaufrichtlinie

Den gleichsam nächstgelegenen Einschlag markiert die Verbrauchsgüterkaufrichtlinie[9] aus dem Jahr 1999. Dem Umstand, dass kaum ein Umsatzgeschäft dem Kauf von Verbrauchsgütern phänotypisch so weit entfernt ist wie ein auf Errichtung eines Gebäudes gerichteter Vertrag, ist es wohl zu verdanken, dass die Verbrauchsgüterkaufrichtlinie und ihre Vorgaben nur selten auf den Radarschirmen der Baujuristen erschienen.

Anlass dafür hätten allerdings die Ausführungen des Bundesgesetzgebers aus Anlass der Schuldrechtsmodernisierung geben können. Nicht allein nahm der Gesetzgeber die Pflicht zur Umsetzung der Verbrauchsgüterkaufrichtlinie zum Anlass, das gesamte Kaufrecht den neuen Vorgaben anzupassen und zugleich das allgemeine Leistungsstörungsrecht zu reformieren (sog. große Lösung),[10] sondern er führte aus, dass in Verfolgung dieses Anliegens auch die Rechtsregelungen im Kauf- und Werkvertragsrecht weitgehend einander angenähert werden sollten.[11] Wegen dieses ausdrücklich geäußerten gesetzgeberischen Willens, die zwingenden Vorgaben der Verbrauchsgüterkaufrichtlinie im Kaufrecht überschießend umzusetzen und die werkvertraglichen Vorschriften so weit als möglich anzugleichen, haben eben diese Vorgaben auch für das Werkvertragsrecht Relevanz bekommen.

Hinzu kommt, dass gem. Art. 1 Abs. 4 Verbrauchsgüterkaufrichtlinie auch Verträge über die Lieferung herzustellender oder zu erzeugender Verbrauchsgüter als Kaufverträge im Sinne dieser Richtlinie gelten. Die Einfügung der Vorschrift durch das Europäische Parlament mag auf die Gefahr zurückzuführen sein,[12] dass der Rechtsverkehr auf der Flucht vor den zwingenden Haftungsvorgaben der Verbrauchsgüterkaufrichtlinie auf werkvertragliche Geschäftsmodelle zurückgreifen könnte. Auch die Bedeutung dieser unschuldigen Vorschrift schien lang unklar, bis der Bundesgerichtshof im Jahr 2009 feststellte, was sich der Richtlinie – und § 651 BGB! – ohne weiteres entnehmen lässt: »Kaufrecht ist auf sämtliche Verträge mit einer Verpflichtung zur Lieferung herzustellender oder zu erzeugender beweglicher Sachen anzuwenden, also auch auf Verträge zwischen Unternehmern. ... Verträge, die allein die Lieferung von herzustellenden beweglichen Bau- oder Anlagenteilen zum Gegenstand haben, sind nach Maßgabe des § 651 BGB nach Kaufrecht zu beurteilen. Die Zweckbestimmung der Teile, in Bauwerke eingebaut zu werden, rechtfertigt keine andere Beurteilung«.[13] Aus der Perspektive des Europarechts wurde diese Annahme in der Entscheidung *Car Trim* des EuGH bestätigt.[14] Weite Bereiche des autonomen (Bau-)Werkvertragsrechts werden nunmehr kaufrechtlichen und damit mittelbar europäischen Regelungen unterworfen.

---

9 Richtlinie 1999/44/EG des Europäischen Parlaments und des Rates vom 25. Mai 1999 zu bestimmten Aspekten des Verbrauchsgüterkaufs und der Garantien für Verbrauchsgüter, ABl. 1999 Nr. L 171/12.
10 Vgl. *Däubler-Gmelin*, NJW 2001, 2281 f.; *Pick*, in: Schulze/Schulte-Nölke (Hrsg.), S. 25, 26.
11 Entwurf eines Gesetzes zur Modernisierung des Schuldrechts v. 14.05.2001, BT-Drucks. 14/6040, S. 261.
12 Art. 1 Abs. 4 Verbrauchsgüterkaufrichtlinie wurde von der Europäischen Kommission im Anschluss an den Änderungsvorschlag 17 des Europäischen Parlaments im Geänderten Vorschlag der Kommission für eine Richtlinie des Europäischen Parlaments und des Rates vom 31.03.1998 über den Verbrauchsgüterkauf und -garantien, KOM (98) 217 endg., S. 3, übernommen. Eine Begründung dafür findet sich auch im Bericht von Frau *Kuhn* v. 26.01.1998 über den Vorschlag für eine Richtlinie des Europäischen Parlaments und des Rates über den Verbrauchsgüterkauf und -garantien (KOM(95)0520 – C4-0455/96 – 96/0161(COD)), Ausschuss für Umweltfragen, Volksgesundheit und Verbraucherschutz, A4-0029/98, nicht.
13 BGH v. 23.07.2009, VII ZR 151/08, BGHZ 182, 140, LS 1, 2.
14 EuGH v. 25.02.2010, Rs. C-381/08 – Car Trim, noch nicht in Slg., Rn. 38.

2. Klauselrichtlinie

12 Eine Querschnittsmaterie europäischer Provenienz beschlägt auch das Bauvertragsrecht insgesamt:[15] Es ist die Klauselkontrolle auf der Grundlage der Richtlinie 93/13,[16] wie sie in den §§ 305 ff. BGB umgesetzt ist (vgl. dazu die Erläuterungen von *Luz*, § 305 ff.) Ihre Folgen sind allerdings durchaus ambivalent: Während sie die Anwendung der Inhaltskontrolle jedenfalls für Verbraucher-Bauverträge harmonisiert, beeinträchtigt sie zugleich die Entwicklung des Bauvertragsrechts durch Musterverträge. Ähnlich wie die VOB/B als Sonderbauvertragsrechtsordnung im Bereich von Verbraucherverträgen letztlich an der AGB-Kontrolle gescheitert ist,[17] müssten dieselben Anforderungen der Einzelkontrolle der Klauseln insbesondere auf die Abweichung vom gesetzlichen Leitbild an Musterverträge gestellt werden, wie sie etwa ersichtlich in dem vom BMELV in Auftrag gegebenen Gutachten favorisiert werden.[18] »Öffnungsmöglichkeiten« hat der Bundesgerichtshof immerhin aufgezeigt, indem er auf eine hinreichende Repräsentanz von Verbraucherinteressen bei der Erstellung der vertraglichen »Sonderbauordnung« hingewiesen hat.[19]

3. Technische Rahmenbedingungen

13 Technische Rahmenbedingungen betreffen zwar im Ausgangspunkt zunächst das regulatorische Umfeld. Es ist aber nicht zu verkennen, dass sie über den »Stand der Technik« etwa im deutschen Recht im Rahmen des Mangelbegriffs unmittelbar vertragsrechtliche Relevanz erhalten. Im Europäischen Rahmen sind die technischen Anforderungen in erheblichem Maße harmonisiert worden. Technische Produktanforderungen sind nach dem seit 1985 verfolgten »Neuen Harmonisierungsansatz«[20] in einem zweistufigen Regelungsmodell angeglichen worden, in welchem die Europäischen Regelungen nur noch Grundparameter im Gesetzgebungsverfahren festlegen und deren Ausfüllung dem Europäischen Komitee für Normung (CEN) überlassen. Im Baubereich ist vor allem die Bauprodukten-Richtlinie[21] relevant, die in Art. 3 Abs. 1 i.V.m. Anh. I sieben Grundanforderungen aufstellt: (1) mechanische Festigkeit und Standsicherheit, (2) Brandschutz, (3) Hygiene, Gesundheit und Umweltschutz, (4) Sicherheit und Barrierefreiheit bei der Nutzung, (5) Schallschutz, (6) Energieeinsparung und Wärmeschutz sowie (7) nachhaltige Nutzung der natürlichen Ressourcen.

14 Anwendungsnormen sind demgegenüber weniger weitgehend überlagert. Diesbezüglich erarbeitet das Europäische Komitee für Normung sog. Eurocodes: Noch auf der Grundlage von Art. 100 EWGV beschloss die Europäische Kommission bereits 1975 ein Aktionsprogramm zur Beseitigung von Handelshemmnissen im Baubereich. In den 1980er Jahren entstand so die erste Generation der Eurocodes für den konstruktiven Ingenieurbau. 1989 wurde diese Aufgabe an CEN übertragen. Die Eurocodes sollen als die Grundlage europäisch einheitlicher Bezugsdokumente gelten:
– für den Nachweis der wesentlichen Anforderungen mechanische Festigkeit und Standsicherheit sowie die Bemessung im Brandfall nach der Bauprodukten-Richtlinie,

---

15 Vgl. bereits *Locher*, BauR 1993, 379; *Frieling*, BauR 1994, 154.
16 Richtlinie 93/13/EWG des Rates vom 5. April 1993 über missbräuchliche Klauseln in Verbraucherverträgen, ABl. 1993 Nr. L 95/29.
17 Vgl. BGH v. 24.07.2008, VII ZR 55/07, BauR 2008, 1603, zur Privilegierung bei Verwendung im Ganzen.
18 *Pfeiffer/Hess/Huber*, S. 132.
19 BGH v. 24.07.2008, VII ZR 55/07, BauR 2008, 1603 Rn. 28.
20 Vgl. das Weißbuch der Kommission an den Europäischen Rat »Vollendung des Binnenmarkts«, KOM (85) 310 endg., S. 6 Rn. 13; und die Entschließung des Rates v. 07.05.1985 über eine neue Konzeption auf dem Gebiet der technischen Harmonisierung und der Normung, ABl. 1985 Nr. C 136/1.
21 Die Richtlinie 89/106/EWG des Rates vom 21. Dezember 1988 zur Angleichung der Rechts- und Verwaltungsvorschriften der Mitgliedstaaten über Bauprodukte, ABl. 1989 Nr. L 40/12 wurde aufgehoben und abgelöst durch die Verordnung (EU) Nr. 305/2011 des Europäischen Parlaments und des Rates zur Festlegung harmonisierter Bedingungen für die Vermarktung von Bauprodukten v. 09.03.2011, ABl. 2011 Nr. L 88/5.

- als Vertragsgrundlagen für Ingenieur- und Bauleistungen,
- als gemeinsame Grundlage für die harmonisierten Produktnormen und europäischen technischen Zulassungen für Produkte.

Die Eurocodes betreffen Grundlagen (0), Einwirkungen (1), Betonbau (2), Stahlbau (3), Verbundbau (4), Holzbau (5), Mauerwerksbau (6), Grundbau (7), Erdbeben (8) und Aluminiumbau (9). Alle 58 Eurocode-Teile sind inzwischen veröffentlicht.

Als erstes sind die von der Europäischen Kommission an CEN übergebenen Dokumente als Europäische Vornormen (ENV) erschienen, die über die sogenannten Nationalen Anwendungsdokumente zur probeweisen Anwendung bauaufsichtlich bekannt gemacht wurden mit so genannten »boxed values« zur Berücksichtigung nationaler Unterschiede in Bezug auf Bauarten, Sicherheitsanforderungen und klimatische Gegebenheiten. In einem zweiten Schritt begannen im Jahre 1997 die Arbeiten zur Überführung dieser Vornormen in Europäische Normen (EN). In ihnen sollen die sich aus den Stellungnahmen zu den Vornormen ergebenden technischen Änderungen bzw. Ergänzungen in die Europäischen Normen übernommen werden. Diese EN werden als DIN EN übernommen und die Nationalen Anwendungsdokumente (NAD) werden durch so genannte Nationale Anhänge (NA) ersetzt, die national festzulegenden Parameter (früher »boxed values«) werden dort aufgelistet. Soweit möglich, soll den im jeweiligen Eurocode angegebenen empfohlenen Werten gefolgt werden.[22]

Nicht zu leugnen ist aber, dass heute noch und im Hinblick auf die – teils notwendigerweise – unterschiedlichen Nationalen Anhänge auch in Zukunft die technischen Normen abweichen (werden). An dieser Stelle hilft nur Sorgfalt im Umgang mit der Ausschreibung; ggf. Information über die geltenden Anforderungen an den Stand der Technik. Die Last der zusätzlichen Information mag gemindert werden durch die Freude, dass im Zielstaat eventuell niedrigere Anforderungen an die Leistungserbringung gestellt werden, was zu Einsparungen führen kann.

4. Entwurf eines Gemeinsamen Referenzrahmens (Common Frame of Reference)

Den anspruchsvollsten Ansatz der Rechtsharmonisierung verfolgen die Arbeiten an einem Gemeinsamen Referenzrahmen (*Common Frame of Reference*), die bislang zu einem Entwurf für Prinzipien, Definitionen und Modellregeln eines Europäischen Privatrechts (im folgenden: DCFR) geführt haben.[23] Der zweite von sechs Bänden, in welchen die umfangreiche Studie veröffentlicht ist, widmet sich Dienstverträgen (Part C. *Services*), wobei auch hier ein offener Dienstleistungsbegriff, der demjenigen des Vertrags über die Arbeitsweise der EU entspricht (vg. dazu o.), gewählt wurde, IV-C. – 1:101 Abs. 1 DCFR. Erfolgsbezogene (Werk-)Verträge werden *a priori* nicht getrennt, dafür werden Bauverträge (*contracts for construction*) ausdrücklich als Dienstverträge benannt, IV-C. – 1:101 Abs. 2 DCFR. Auch der Architektenvertrag wird erfasst.[24] Dass verschiedene der erfassten Dienstleistungen erfolgsbezogen erbracht werden, wird zwar wiedergegeben,[25] aber nicht kommentiert.

Im Ersten Kapitel des Abschnitts werden allgemeine Regeln entwickelt, die von einer Vermutung der Entgeltlichkeit (IV-C. – 2:101 DCFR) über die Niederlegung vorvertraglicher (IV-C. – 2:102 DCFR) und vertragsbegleitender (2:108 DCFR) Warnpflichten, Kooperationspflichten (IV-C. – 2:103 DCFR), die Berechtigung zum Einsatz von Subunternehmern (IV-C. – 2:104 DCFR) und den Sorgfaltsstandard (IV-C. – 2:105 DCFR) reichen, bevor die Möglichkeit dargestellt wird,

---

22 Vgl. dazu http://ec.europa.eu/enterprise/construction/internal/essreq/eurocodes/eurointro_en.htm (site zul. besucht am 05.05.2011).
23 Principles, Definitions and Model Rules of European Private Law. Draft Common Frame of Reference (DCFR). Full Edition. Prepared by the Study Group on a European Civil Code and the Research Group on EC Private Law (Acquis Group), v. Bar/Clive (Hrsg.), 2009.
24 DCFR, Bd. 2, S. 1597.
25 DCFR, Bd. 2, Note 3, S. 1599.

dass die Dienstleistung auf die Erreichung eines besonderen Erfolges gerichtet sein kann (IV-C. – 2:106 DCFR): Der Unternehmer schuldet die Erreichung eines besonderen Erfolges danach in zwei Fällen: (1) Der Kunde äußert vor Vertragsschluss ausdrücklich, dass er ein besonderes Ziel anstrebt, und der Dienstleister widerspricht nicht. (2) Der Kunde strebt zwar ein besonderes Ziel an, äußert dies aber bei Vertragsschluss nicht. In letzterem Fall ist der Dienstleister nur dann zur Erreichung dieses Erfolgs verpflichtet, wenn der Dienstleiter vernünftigerweise davon ausgehen musste, dass der Kunde dieses Ziel anstrebte und der Kunde keinen Grund zu der Annahme hatte, dass erhebliche Risiken der Erreichung dieses Ziels entgegenstanden. Die Erläuterungen bezeichnen diesen Zugang als Kompromiss, welcher der Unangemessenheit der Anwendung einer rein dienstvertraglichen (allein Einhaltung der verkehrserforderlichen Sorgfalt geschuldet) bzw. rein werkvertraglichen (erfolgsbezogenen) Haftung auf alle Arten von Dienstverträgen Rechnung trägt.[26] Verloren geht bei einer solchen einzelfallbezogenen Betrachtung indes zum einen die Rechtssicherheit, zum anderen die Möglichkeit, durch die werkvertragliche Qualifikation eine Grundlage wirksamen Verbraucherschutzes zu schaffen. Ob der Vorteil, bösgläubigen Bestellern die Möglichkeit zu nehmen, Risiken bezüglich der Erfolgserreichung auf einen gutgläubigen Unternehmer abzuwälzen,[27] den Verlust an Rechtssicherheit rechtfertig, erscheint fragwürdig. Tatsächlich auftretende Problemfälle ließen sich wohl einfacher über vorvertragliche Informationspflichten (hier: des Bestellers) lösen.

20   In weiteren Regelungen wird ein allgemeines Anweisungsrecht des Kunden begründet (IV-C. – 2:107 DCFR: innerhalb des Vertrages; 2:109 DCFR: außerhalb des Vertrages). Dem korrespondiert eine Pflicht des Kunden, den Dienstleister auf eine drohende Verfehlung des zu bewirkenden Erfolges hinzuweisen (IV-C. – 2:110 DCFR). Schließlich hat der Kunde ein Kündigungsrecht (IV-C. – 2-111 DCFR).

21   Das dritte Kapitel beschäftigt sich mit Bauverträgen, wobei Bauverträge allerdings allein Verträge umfassen, die auf körperliche Bauleistungen gerichtet sind. Architektenverträge werden wohl nicht erfasst (IV-C. – 3:301 DCFR); sie unterfallen den Regeln über *design services*. Verträge, die auf Baumaßnahmen an der Substanz gerichtet sind, werden zwar ebenfalls erfasst, sind aber nur schwer von »Bearbeitungsverträgen« (*processing*) abzugrenzen.[28] Die Sonderregelungen für Bauverträge umfassen eine Konkretisierung der Kooperationspflicht des Kunden (IV-C. – 3:102 DCFR), wobei allerdings nicht ganz klar wird, ob hierin eine bloße Obliegenheit oder eine echte Rechtspflicht zu erkennen ist. Für den Bauunternehmer (*constructor*) wird demgegenüber eine Pflicht begründet, Schaden von der Struktur abzuwenden (IV-C. – 3:303 DCFR). Auch diese Regelung erscheint nicht zwingend, besteht doch zum einen eine allgemeine Sorgfaltspflicht, die auch Schutzpflichten umfasst, und trägt der Bauunternehmer ohnehin das Risiko bis zu einem später bestimmten Zeitpunkt (dazu sogl.).

22   Eine grundlegende Vorschrift regelt die vertragsgemäße Beschaffenheit. Der Entwurf stellt die Regelungsmodelle einer erfolgsbezogenen Gewährleistungshaftung sowie einer verfahrensbezogenen Haftung für die Einhaltung verkehrserforderlicher Sorgfaltspflichten dar, um sich zunächst für eine erfolgsbezogene Haftung zu entscheiden, welche an die Eignung für den Verwendungszweck (*fitness for purpose*) anknüpft. Wenig überzeugend wird allerdings dem Bauunternehmer die Möglichkeit der Entlastung gem. III. – 3:104 DCFR gewährt. Durch sie wird die Folge erfolgsbezogener Verpflichtung weitgehend negiert. Im übrigen sieht die Vorschrift die Entlastung des Bauunternehmers vor, wenn Mängel auf Anweisungen des Kunden zurückgehen, und der Bauunternehmer seine Warnpflicht erfüllt (IV-C. – 3:104 Abs. 3 DCFR).

23   In einer Sondervorschrift wird ein Inspektionsrecht des Kunden begründet. Wenn der Vertrag die Vorlage bzw. Genehmigung von verwendeten Werkzeugen oder Materialien verlangt, so folgt da-

---

26   DCFR, Bd. 2, Comment C, S. 1656.
27   Diesen Umstand hebt *Armgardt*, NZBau 2009, 12, 13, allerdings ebenfalls zweifelnd, hervor.
28   DCFR, Bd. 2, Comment F, S. 1702. Ähnliche Einschätzung von *Armgardt*, NZBau 2009, 12, 15.

raus, dass der Bauunternehmer nicht mit dem Bau fortfahren darf, bevor die Genehmigung vorliegt (IV-C. – 3:105 DCFR).

Der Entwurf trennt die Übergabe der Kontrolle (*transfer of control*) von der Abnahme (*acceptance*). Der Bauunternehmer hat bereits einen Anspruch auf Übergabe der Kontrolle, wenn die Struktur bereits hinreichend vollständig ist, um die Kontrolle zu übergeben. Ausdrücklich werden insoweit bereits teilfertiggestellte Bauwerke erfasst.[29] Die Kontrollübergabe kann nur dann verweigert werden, wenn die zu übergebende Struktur mangelhaft ist (IV-C. – 3:106 DCFR). Eine der Folgen der Kontrollübergabe ist die Fälligkeit der entsprechenden Teilzahlung (IV-C. – 3:107 DCFR), eine andere der Gefahrübergang (IV-C. – 3:108 DCFR).

Für die künftige Rechtsentwicklung wird vor allem maßgebend sein, wie weitgehend die bewährte Erfolgshaftung im Werkvertragsrecht für Bauverträge erhalten werden kann. Sie begründet nicht allein, dass der Kunde vom Übergang der Leistungsgefahr in weitem Umfang geschützt wird und bildet die Grundlage für wirksame Mängelansprüche, sondern führt auf dem Wege der »Verlängerung« durch Prüfungs- und Bedenkenhinweispflichten selbst dann zu einem wirksamen Schutz, wenn eigene Vorgaben des Kunden sich als Leistungshindernisse erwiesen haben. Im Ausgangspunkt lassen sich diese Grundannahmen im Entwurf eines Gemeinsamen Referenzrahmens zwar wiederfinden. Es ist aber unübersehbar, dass sie an mehreren Stellen erheblich eingeschränkt werden. Dies beginnt bei der Grundvoraussetzung der Erfolgshaftung: Für den Kunden wäre wohl ersichtlich, dass etwa der Baugrund die Erreichung eines von ihm angestrebten Ziels in Frage stellt. Es läge in derselben Logik, die diesbezügliche Erfolgsverschaffungspflicht des Unternehmers einzuschränken. Ähnliche Verschiebungen in der Risikoverteilung lösen die Regelungen über die Reichweite der Warnpflichten des Unternehmers aus: Gemäß Art. IV-C. – 3:104 Abs. 3, IV-C – 2:108 DCFR unterliegt der Bauunternehmer nur einer Warnpflicht, d.h. er hat den Kunden auf Risiken hinzuweisen, derer er gewahr wird. Es fehlt allerdings an der Begründung einer vorgelagerten Prüfungspflicht. Daneben endet die Warnpflicht bereits, wenn vom Kunden nur vernünftigerweise erwartet werden kann, die Risiken zu kennen.

Im Rahmen des Stockholmer Programms hat der Europäische Rat bekräftigt, dass der Gemeinsame Referenzrahmen für ein europäisches Vertragsrecht ein nicht verbindliches Paket von Grundprinzipien, Begriffsbestimmungen und Mustervorschriften sein sollte, das von den Gesetzgebern auf Unionsebene herangezogen werden solle, um mehr Kohärenz und Qualität im Gesetzgebungsprozess zu gewährleisten. Die Kommission wurde zugleich ersucht, einen Vorschlag für einen Gemeinsamen Referenzrahmen vorzulegen.[30] Den ersten Schritt dazu hat die Kommission getan, indem sie eine Expertengruppe eingesetzt[31] und eine Konsultation eingeleitet[32] hat. Die Ergebnisse der Konsultation haben den Harmonisierungselan indes erheblich gebremst. Die Harmonisierungsbemühungen beschränken sich inzwischen weitgehend auf den Gegenstand der ursprünglich geplanten Verbraucherrechte-Richtlinie.[33]

---

29 DCFR, Bd. 2, Comment C, S. 1739.
30 Rat der Europäischen Union v. 02.12.2009, Das Stockholmer Programm – Ein offenes und sicheres Europa im Dienste und zum Schutz der Bürger, Dok.-Nr. 17024/09, S. 32 f.
31 Beschluss 2010/233/EU der Kommission vom 26. April 2010 zur Einsetzung einer Expertengruppe für einen gemeinsamen Referenzrahmen im Bereich des europäischen Vertragsrechts, ABl. 2010 Nr. L 105/109.
32 Grünbuch der Kommission v. 01.07.2010, Optionen für die Einführung eines Europäischen Vertragsrechts für Verbraucher und Unternehmen, KOM (2010) 348 endg.
33 Vorschlag der Kommission v. 08.10.2008 für eine Richtlinie des Europäischen Parlaments und des Rates über Rechte der Verbraucher, KOM (2008) 614 endg. Vgl. insoweit die Machbarkeitsstudie der Expertengruppe, A European contract law for consumers and businesses: Publication of the results of the feasibility study carried out by the Expert Group on European contract law for stakeholders' and legal practitioners' feedback, abrufbar unter http://ec.europa.eu/justice/contract/files/feasibility-study_en.pdf (site zul. besucht am 07.06.2011).

V. Fremdenrecht

27 Es wurde bereits darauf hingewiesen, dass bei Bauverträgen eine erhebliche Überlagerung durch das Europarecht vor allem im Bereich des Fremdenrechts feststellbar ist:[34] Es mögen Melde- oder gar Zulassungspflichten bestehen. Hinzu tritt das Gewerberecht: Die Wahrnehmung besonderer Aufgaben mag an eine bestimmte Qualifikation ihrer Erbringer geknüpft sein, die wiederum durch bestimmte Titel oder Abschlüsse nachzuweisen ist. Zu denken ist nicht zuletzt an praktische Hindernisse, durch welche ausländische Marktteilnehmer benachteiligt werden: Verlangt der Besteller etwa eine Erfüllungsbürgschaft eines inländischen Kreditinstituts, so sind ausländische Anbieter im Nachteil, da ihre Hausbank, von der regelmäßig ihre Bürgschaften gestellt werden, diese Voraussetzung nicht erfüllen wird. Werden Baumaterialien eingeführt, so mögen Zölle zu entrichten sein. Wenn die Umsatzsteuersysteme nicht harmonisiert sind, so ist ggf. eine Einfuhrumsatzsteuer zu entrichten. Hat nun der ausländische Bauunternehmer im Interesse eines flüssigen Bauablaufs mehr Baumaterialien mitgebracht, so muss er den Überschuss, für den bereits die Einfuhrumsatzsteuer bezahlt wurde, wieder re-importieren. Selbst wo Erstattungsmöglichkeiten bestehen, wird der Aufwand erheblich sein.

1. Marktintegration innerhalb der EU

a) Primärrecht

28 Es stellt seit jeher ein Ziel der europäischen Gesetzgebung dar, die Kosten grenzüberschreitender Wirtschaftstätigkeit für aktive Marktbürger soweit wie möglich zu reduzieren. Die Interpretation der in Art. 56 AEUV (ex-Art. 49 EG) niedergelegten Dienstleistungsfreiheit als Beschränkungsverbot, das unter dem Vorbehalt der verhältnismäßigen Berücksichtigung »zwingender Erfordernisse des Gemeinwohls« steht, wie es die *Gebhard*-Rechtsprechung[35] entwickelt hat, bildete den ersten Schritt zur weitreichenden Überwindung mitgliedstaatlicher Normen, welche die grenzüberschreitende Erbringung von Dienstleistungen behindern.

29 Durch die unmittelbare Anwendung der Dienstleistungsfreiheit werden mit dieser nicht vereinbare nationale Regelungen im sogenannten Anwendungsvorrang verdrängt. Dieser Rechtsschutz durch sog. Negativ-Integration reicht so weit, dass der Europäische Gesetzgeber ältere Richtlinien aufgehoben hat.[36]

b) Sekundärrecht

aa) Dienstleistungsrichtlinie

30 Die Dienstleistungsrichtlinie[37] erweiterte die Öffnung des Dienstleistungsmarktes. Sie ist am 28.12.2006 in Kraft getreten und war gem. Art. 44 Abs. 1 bis zum 28.12.2009 umzusetzen. Sie erfasst die Dienstleistungen des Baugewerbes,[38] unterwirft diese jedoch unterschiedlichen Regelungen, je nachdem ob sie in Ausübung der Dienstleistungs- oder Niederlassungsfreiheit erbracht werden. Bei Eingriffen in die Dienstleistungsfreiheit sollte die Dienstleistungsrichtlinie ursprünglich den zugunsten von behindernden Regelungen des Zielstaats geltenden Vorbehalt zwingender

---

34 Exemplarisch für den Architektenvertrag *Busch*, in: JJZW 2007, 293, 302 ff.
35 EuGH v. 30.11.1995, Rs. C-55/94 – Gebhard, Slg. 1995, I-4165.
36 Vgl. Richtlinie 2007/24/EG des Europäischen Parlaments und des Rates vom 23. Mai 2007 zur Aufhebung der Richtlinie 71/304/EWG des Rates zur Aufhebung der Beschränkungen des freien Dienstleistungsverkehrs auf dem Gebiet der öffentlichen Bauaufträge und bei öffentlichen Bauaufträgen, die an die Auftragnehmer über ihre Agenturen oder Zweigniederlassungen vergeben werden, ABl. 2007 Nr. L 154/22.
37 Richtlinie 2006/123/EG des Europäischen Parlaments und des Rates vom 12. Dezember 2006 über Dienstleistungen im Binnenmarkt, ABl. 2006 Nr. L 376/36.
38 Schlachter/Ohler/*Streinz/Leible*, Art. 4 Rn. 3.

Erfordernisse des Allgemeininteresses überwinden, indem generell angeordnet werden sollte, dass der Dienstleistungserbringer nur die in seinem Sitzstaat geltenden Regelungen zu beachten habe, sog. »Herkunftslandprinzip«.[39] Diese Anordnung wurde erheblich kritisiert und ließ sich im Ergebnis politisch nicht durchsetzen. Was letztlich bleibt, ist eine positiv-rechtliche Ausfüllung der durch die EuGH-Rechtsprechung zur Dienstleistungsfreiheit entwickelten Grundsätze, Art. 16 Abs. 1 Dienstleistungsrichtlinie.[40] Allerdings führt die ausdrückliche Regelung in Art. 16 Abs. 1 lit. b Dienstleistungsrichtlinie, wonach allein Gründe der öffentlichen Ordnung, der öffentlichen Sicherheit, der öffentlichen Gesundheit oder des Schutzes der Umwelt geeignet sind, Einschränkungen zu rechtfertigen, zum Ausschluss der breiten Rechtfertigungsmöglichkeit auf der Grundlage zwingender Gründe des Allgemeininteresses (die eine Einschränkung der Niederlassungsfreiheit nach wie vor gestatten, vgl. Art. 15 Abs. 3 lit. b Dienstleistungsrichtlinie). Insbesondere der Verbraucher- oder Anlegerschutz, dem etwa die Erlaubnispflicht für Bauträger gilt, rechtfertigt Einschränkungen daher nicht.[41] Da die Erlaubnis für Bauträger nicht an eine besondere Qualifikation anknüpft, greifen die Art. 17 Nr. 6 Dienstleistungsrichtlinie i.V.m. den Vorschriften des Titels II der Richtlinie 2005/36 über die Anerkennung beruflicher Qualifikationen nicht ein. Das Regelungskonzept der Dienstleistungsrichtlinie gestattet gem. Art. 23 Abs. 1 allein die Begründung einer Berufshaftpflichtversicherungspflicht im Fall des bei Bauträgerverträgen unter Aufhebung der zeitlichen Verbindung der beiderseitigen Erfüllungspflichten zu bejahenden besonderen Risikos für die finanzielle Sicherheit des Dienstleistungsempfängers.

Klargestellt wurde insbesondere in Art. 16 Abs. 2 der Richtlinie, dass verschiedene Anforderungen der Mitgliedstaaten an EWR-ausländische Dienstleister unzulässig sind. Dazu gehören die Pflicht, im Zielstaat eine Niederlassung zu unterhalten, Genehmigungs- und Registerpflichten, Zwangsmitgliedschaften in Berufsvereinigungen und -verbänden, besondere Ausweispflichten, Anforderungen betreffend die Verwendung von Ausrüstungsgegenständen und Materialien, die integraler Bestandteil der Dienstleistung sind, es sei denn, diese Anforderungen sind für den Schutz der Gesundheit und die Sicherheit am Arbeitsplatz notwendig, oder Beschränkungen der Möglichkeit zur Erlangung finanzieller Unterstützung, die auf der Tatsache beruhen, dass der Dienstleistungserbringer in einem anderen Mitgliedstaat niedergelassen ist, oder aufgrund des Ortes, an dem die Dienstleistung erbracht wird. 31

Eine Ausnahme von der Anwendung des Herkunftslandprinzips macht Art. 17 Nr. 12 Dienstleistungsrichtlinie für die Anforderung notarieller Mitwirkung. Daneben sind gem. Art. 18 Dienstleistungsrichtlinie Ausnahmen allein in Einzelfällen möglich. 32

Aus der Formulierung der Art. 9 ff. Dienstleistungsrichtlinie geht zwar nicht zwingend hervor, doch legen die Ausführungen in den Begründungserwägungen (EGr. 5, 36) sowie die Überschrift des Kapitels III nahe, dass die Art. 9–15 Dienstleistungsrichtlinie allein für diejenigen Fälle Anwendung finden, in welchen die Dienstleistungserbringer sich im Mitgliedstaat, in welchem die Dienstleistung erbracht wird, niederlassen.[42] Wegen der vertieften Integration des Diensteanbieters in das soziale Umfeld im Zielstaat werden weitergehende Anforderungen der Mitgliedstaaten für zulässig gehalten, wenn die Niederlassungsfreiheit betroffen ist.[43] Für die »Aufnahme und Ausübung einer Dienstleistungstätigkeit« bleiben insbesondere Genehmigungserfordernisse gem. Art. 9 zulässig, unterliegen aber strengen Anforderungen: Die allgemeinen Bestandteile der Gebhard-Formel, wonach behindernde Regelungen zulässig sind, wenn (1) sie nicht diskriminieren, 33

---

39 Art. 16 Abs. 1 des Vorschlages der Kommission vom 25.02.2004, KOM [2004] 2 endg. Ausf. Schlachter/Ohler/*Streinz/Leible*, Einl. Rn. 40 ff.
40 Schlachter/Ohler/*Streinz/Leible*, Einl. Rn. 64 m.w.N. in Fn. 206.
41 Vgl. GD Binnenmarkt und Dienstleistungen, Handbuch zur Umsetzung der Dienstleistungsrichtlinie, 2007, abrufbar unter http://ec.europa.eu/internal_market/services/docs/services-dir/guides/handbook_de.pdf (site zul. besucht am 05.05.2011); Schlachter/Ohler/*Streinz/Leible*, Einl. Rn. 7, 64.
42 Schlachter/Ohler/*Streinz/Leible*, Einl. Rn. 2.
43 Vgl. EuGH v. 25.07.1991, Rs. C-76/90 – Säger, Slg. 1991, I-4221 Rn. 13.

(2) ein zwingendes Interesse des Allgemeinwohls besteht und sie (3) geeignet und erforderlich sind,[44] werden ergänzt um die Elemente, welche die Rechtsprechung des EuGH bereits im Zusammenhang mit die Niederlassungs- und Kapitalverkehrsfreiheit betreffenden Fällen entwickelt hat:[45] Genehmigungsregeln müssen nämlich darüber hinausgehend (4) klar und unzweideutig, (5) objektiv, d.h. nicht an subjektive Wertungsmerkmale anknüpfend, sein, (6) im Voraus bekannt gemacht sowie (7) transparent und zugänglich sein, Art. 10 Abs. 2. Doppelkontrollen sind verboten, Art. 10 Abs. 3 Dienstleistungsrichtlinie.[46]

34 Soweit die Dienstleistung mit einer Niederlassung verbunden ist, untersagt Art. 14 Dienstleistungsrichtlinie die Anknüpfung des Genehmigungsverfahrens an Anforderungen, die direkt oder indirekt auf der Staatsangehörigkeit oder dem satzungsmäßigen Sitz beruhen, Residenzpflichten des Dienstleistungserbringers, seiner Beschäftigten, der Gesellschafter oder der Mitglieder der Geschäftsführung oder Kontrollorgane, Verbote von Mehrfachniederlassungen, Beschränkungen der Wahlfreiheit des Dienstleistungserbringers zwischen einer Hauptniederlassung und einer Zweitniederlassung, wirtschaftlichen Bedarfsprüfungen im Einzelfall, eine direkte oder indirekte Beteiligung von konkurrierenden Marktteilnehmern an der Erteilung von Genehmigungen oder dem Erlass anderer Entscheidungen der zuständigen Behörden, die Pflicht, finanzielle Sicherheiten zu stellen, sowie Registrierungspflichten.

35 Ganz allgemein werden die Mitgliedstaaten verpflichtet, die für Aufnahme und Ausübung einer Dienstleistungstätigkeit erforderlichen Formalitäten zu vereinfachen, Art. 5 Abs. 1 S. 2 Dienstleistungsrichtlinie. Zu diesem Zweck haben die Mitgliedstaaten auch »einheitliche Ansprechpartner« zu benennen, über welche alle Verfahren und Formalitäten, die für die Aufnahme ihrer Dienstleistungstätigkeiten erforderlich sind, insbesondere Erklärungen, Anmeldungen oder die Beantragung von Genehmigungen bei den zuständigen Behörden, abgewickelt werden können, Art. 6 Abs. 1 Dienstleistungsrichtlinie. Ergänzt wird diese Verfahrensvereinfachung durch eine Pflicht der Mitgliedstaaten, Informationen zu den Anforderungen, Verfahren, Zuständigkeiten etc. bereitzuhalten, Art. 7 Abs. 1 Dienstleistungsrichtlinie.

bb) Arbeitnehmer-Entsende-Richtlinie

36 Auch gem. Art. 3 Abs. 1 S. 2 lit. a Dienstleistungsrichtlinie werden die Zulässigkeitsvoraussetzungen für den grenzüberschreitenden Einsatz von Arbeitnehmern durch den Dienstleister ausschließlich durch die sog. Arbeitnehmer-Entsende-Richtlinie[47] geregelt.

cc) Berufsanerkennungsrichtlinie

37 Im Hinblick auf erforderliche Befähigungsnachweise greift die Berufsanerkennungsrichtlinie[48] ein, die bis zum 20.10.2007 umzusetzen war. Bis zu deren Umsetzung bedurfte es einer sog. »EWR-Anerkennung«, die auf Antrag unter bestimmten Voraussetzungen erteilt wurde. Fehlte es an diesen Voraussetzungen, so konnte immer noch ein individueller Befähigungsnachweis erbracht werden. Im Fall einer verzögerten Umsetzung der Richtlinie droht neben der Direktwirkung der Richtlinie die Staatshaftung für legislatives Unrecht.

---

44 EuGH v. 30.11.1995, Rs. C-55/94 – Gebhard, Slg. 1995, I-4165 Rn. 37.
45 EuGH v. 23.09.2003, Rs. C-452/01 – Ospelt, Slg. 2003, I-9743 Rn. 34.
46 Schlachter/Ohler/*Streinz/Leible*, Einl. Rn. 65.
47 Richtlinie 96/71/EG des Europäischen Parlaments und des Rates vom 16. Dezember 1996 über die Entsendung von Arbeitnehmern im Rahmen der Erbringung von Dienstleistungen, ABl. 1997 Nr. L 18/1.
48 Richtlinie 2005/36/EG des Europäischen Parlaments und des Rates vom 7. September 2005 über die Anerkennung von Berufsqualifikationen, ABl. 2005 Nr. L 255/22.

2. Marktintegration im Europäischen Wirtschaftsraum (EWR)

Das Abkommen über den Europäischen Wirtschaftsraum enthält vergleichbare Vorschriften über den freien Handel mit Waren (Art. 13 EWRA) und Dienstleistungen (Art. 36 ff. EWRA), die vom EFTA-Gerichtshof in gleicher Weise interpretiert werden wie die Grundfreiheiten des Gemeinschaftsrechts.[49] Der *acquis communautaire* des sich weiterentwickelnden sekundären Gemeinschaftsrechts wird regelmäßig nachgeführt. Zu diesem Zweck verweist im hier relevanten Bereich Art. 36 Abs. 2 EWRA auf Annex X, in welchen inzwischen die Dienstleistungsrichtlinie aufgenommen wurde. Im Hinblick auf das Arbeitsrecht verweist Art. 68 EWRA auf Annex XVIII, welcher die Arbeitnehmer-Entsenderichtlinie für entsprechend anwendbar erklärt. 38

3. Schweiz

a) Freizügigkeit, Dienstleistungsfreiheit

Die Schweiz ist weder Mitglied der EU noch des EWR. Der bereits verhandelte EWR-Beitritt scheiterte durch das Referendum am 6. Dezember 1992. Der Freihandel zwischen der Schweiz und den Mitgliedstaaten der Gemeinschaft wird durch das Freihandelsabkommen von 1972 sowie die im Anschluss an den gescheiterten Beitritt verhandelten Bilateralen Abkommen geregelt, die im Jahr 1999 abgeschlossen wurden und am 1. Juni 2002 in Kraft getreten sind (»Bilaterale Abkommen I«). Bereits am 17. Juni 2002 wurden neue Verhandlungen in weiteren sechs Sektoren, darunter auch Dienstleistungen sowie das Schengener Abkommen, aufgenommen (»Bilaterale Abkommen II«). Am 25. Juni 2004 wurden die Bilateralen Abkommen II paraphiert und am 1. Oktober desselben Jahres unterzeichnet. Am 1. April 2006 trat das parallel geschlossene Abkommen über die Ausdehnung der Personenfreizügigkeit zur Einbeziehung der neuen Mitgliedstaaten in Kraft, das 2009 weitergeführt und auf Bulgarien und Rumänien ausgedehnt wurde. 39

Die bilateralen Abkommen über eine Beteiligung der Schweiz an der Sicherheits-, Justiz- und Asyl-Zusammenarbeit von Schengen/Dublin wurden im Oktober 2004 unterzeichnet und im Juni 2005 genehmigt. Am 01.03.2008 traten die Abkommen in Kraft. 40

Mit dem Freizügigkeitsabkommen Schweiz-EU wurden die Grundregeln des freien Personenverkehrs, wie sie innerhalb der EU zur Anwendung kommen, schrittweise zwischen der Schweiz und der EU eingeführt. Staatsangehörige der Schweiz und der EU-Staaten haben danach das Recht, Arbeitsplatz bzw. Aufenthaltsort innerhalb der Staatsgebiete der Vertragsparteien frei zu wählen, wenn sie über einen gültigen Arbeitsvertrag verfügen, selbständig erwerbend sind oder ausreichende finanzielle Mittel nachweisen können und krankenversichert sind. Ergänzt wird der freie Personenverkehr durch die gegenseitige Anerkennung der Berufsdiplome sowie durch die Koordinierung der nationalen Sozialversicherungssysteme. 41

Das Abkommen legt Übergangsfristen fest, während dieser Zuwanderungsbeschränkungen aufrechterhalten werden dürfen. Die Kontingentsregelungen für die 15 »alten« EU-Staaten sowie für Malta und Zypern wurden jedoch am 31. Mai 2007 aufgehoben. Das Freizügigkeitsabkommen wurde für eine erstmalige Periode von sieben Jahren abgeschlossen. Vor Ablauf des Abkommens wird die Schweiz in Form eines referendumsfähigen Bundesbeschlusses über die Weiterführung des Abkommens beschließen. 42

Parallel zur Einführung der Freizügigkeit wurden am 1. Juni 2004 die flankierenden Massnahmen gegen Lohn- und Sozialdumping in Kraft gesetzt, damit das in der Schweiz geltende Lohn- und Sozialniveau nicht missbräuchlich unterschritten wird. 43

Von besonderer Bedeutung ist die Liberalisierung des Grundverkehrs. Der Erwerb von Immobilien als Erstwohnsitz oder zur gewerblichen Nutzung ist ohne weiteres zulässig. Nach einem Evaluationsbericht der Schweizer Behörden erlebte die Schweiz eine erhebliche Zunahme der Immi- 44

---

49 Vgl. dazu bereits *Glöckner*, EUROPA kompakt 1999, 175 ff., (Teil 2), EUROPA kompakt 1999, 186 ff.

grationen aus der EU, vor allem aus Deutschland, da zahlreiche Grenzgänger sich nunmehr in der Schweiz niederließen. Vor allem die Arbeitnehmer-Entsendung hat erheblich zugenommen.[50]

45 Ein Bestandteil des Freizügigkeitsabkommens (FZA) ist die Erleichterung der Erbringung grenzüberschreitender Dienstleistungen. Zu diesem Zweck ordnet das Abkommen im Kern an, dass Dienstleistungserbringern das Recht eingeräumt wird, Dienstleistungen im Hoheitsgebiet der jeweils anderen Vertragspartei zu erbringen, deren tatsächliche Dauer 90 Arbeitstage pro Kalenderjahr nicht überschreitet.

VI. Vergaberecht

46 Einen Gutteil des Gesamtvolumens größerer Bauaufträge, bei welchen erhöhte Transaktionskosten am ehesten gerechtfertigt sein können, machen öffentliche Aufträge aus. An dieser Stelle wird das allgemeine Vergabeverfahren durch rechtliche Vorgaben an die Auftragsvergabe überlagert: Die vier Vergabe- bzw. Rechtsschutzrichtlinien werden inhaltlich ihrerseits weitgehend durch die Mitgliedschaft der EU im General Procurement Agreement unter dem Dach der WTO-Abkommen determiniert. Vgl. dazu die Erläuterungen von *Krist*, Vergaberecht.

---

[50] Vgl. dazu Integrationsbüro EDA/EVD, Faktenblätter Bilaterale Abkommen Schweiz – Europäische Union, S. 17 ff., abrufbar unter http://www.europa.admin.ch/dienstleistungen/00553/index.html?lang=de (site zul. besucht am 05.05.2011).

Einleitung III: BGB- und VOB-Vertrag

Schrifttum
Gralla/Sundermeier »Unvollständige Verträge« in der Baupraxis – Grenzen einer vollkommenen Bausoll-Definition und Reformbedarf der VOB, Jahrbuch Baurecht 2008, 87 f.; *Jagenburg* 100 Jahre »Kölner VOB/B« Professor Hermann Korbion zur Verleihung des deutschen Baurechtspreises am 02. November 1988, BauR 1989, 17 f.; *Joussen* VOB 2006 – Änderungen der VOB Teil B, BauR 2006, 1366 f.; *Markus* Die neue VOB/B 2006: Nach der Novelle ist vor der Novelle, NJW 2007, 545; *Oberhauser* Störungen des Leistungsgefüges – durch Einwirkungen der Vertragsparteien und durch sonstiges Baugeschehen, BauR 2010, 308 f.; »Verdient« die VOB/B 2002 die Privilegierung durch das BGB?, Jahrbuch Baurecht 2003, 1 f.; *Schäfer/Finnern* Rechtsprechung der Bauausführung.

Nicht selten stellt der nach der rechtlichen Beurteilung eines bauvertraglichen Problems aus dem Bereich des Privaten Baurechts Befragte als erstes die Rückfrage, ob es sich »um einen BGB- oder einen VOB/B-Vertrag handele«. Hintergrund dafür ist ein rein praktischer Ansatz, der nicht dazu führen darf, das Verhältnis beider Regelungswerke zueinander aus dem Blick zu verlieren. Es gilt nämlich – natürlich! – der **Grundsatz: Jeder VOB/B-Vertrag ist zunächst ein BGB-Werkvertrag, der durch die Einbeziehung der VOB/B bestimmte Ergänzungen und Abänderungen erfährt.** Anstelle der VOB/B könnte dies genauso gut jedes andere Bedingungswerk des Auftraggebers oder Auftragnehmers oder eines Interessenverbandes sein.[1] Die obige Fragestellung ist also nur vordergründig weichenstellend und darf niemals dazu führen, dass bei der Beurteilung eines »VOB/B-Vertrages« das Werkvertragsrecht der §§ 631 f. BGB aus dem Auge verloren wird. Es ist deshalb wichtig, sich den Regelungswert der VOB/B im Gefüge des gesetzlichen Bauvertragsrechts zu vergegenwärtigen.

1. Historie

Die »Vergabe- und Vertragsordnung für Bauleistungen (VOB)« besteht aus drei Teilen, nämlich
- Teil A als den »Allgemeinen Bestimmungen für die Vergabe von Bauleistungen«,
- Teil B als den »Allgemeinen Vertragsbedingungen für die Ausführung von Bauleistungen« und
- Teil C als den »Allgemeinen Technischen Vertragsbedingungen für Bauleistungen«.

Von Interesse soll an dieser Stelle nur Teil B sein.

Die »Verdingungsordnung für Bauleistungen«, wie die VOB bis zu ihrer Umbenennung in »Vergabe- und Vertragsordnung für Bauleistungen« im Jahr 2002 hieß, wurde im Jahr 1926 nach einer längeren Periode der Rechtsentwicklung, die wohl ab den 1830er Jahren mit dem Eisenbahnbau begann,[2] in Kraft gesetzt. Sie hat zwar im Laufe der Jahre eine Vielzahl von kleineren Korrekturen erfahren, u.a. anlässlich des Inkrafttretens des Gesetzes zur Modernisierung des Schuldrechts,[3] sich aber in ihren Grundaussagen nicht verändert, selbst wenn immer wieder Reformbedarf angemeldet wurde und wird.[4]

2. Entstehungsgrund

Die VOB in ihrer Gesamtheit ist zunächst der fiskalisch geprägten Erkenntnis geschuldet, dass jedenfalls bei der Vergabe von öffentlichen Aufträgen nur ein einheitliches und transparentes Verfahren zu einer verlässlichen Preisfindung und qualitätsorientierten Bauleistung führt. Ihr Teil B gestaltet das zivilrechtliche Verhältnis zwischen Auftraggeber und Auftragnehmer (in der Termi-

---

1 Wobei die VOB/B gewisse AGB-rechtliche Privilegierungen genießt; dazu unten Rdn. 8.
2 *Jagenburg*, BauR 1989, 17f.
3 BGBl. I, S. 42.
4 *Joussen*, BauR 2006, 1366; *Markus*, NJW 2007, 545; Gralla/*Sundermeier*, Jahrbuch Baurecht 2008, 131.

nologie des BGB: Besteller und Unternehmer) über die gesetzlichen Regelungen der §§ 631 ff. BGB hinaus aus bzw. ändert diese ab.

Ziel dieser Vertragsbedingung war und ist es, die wechselseitigen Interessen von Auftraggeber und Auftragnehmer angemessen zu berücksichtigen und damit den Anforderungen kleiner wie großer Bauvorhaben gerecht zu werden, die vom BGB bis heute nicht abgebildet werden (können?). Trotz vieler Unkenrufe hat die VOB/B bis heute in der Praxis in Deutschland (freilich nicht bei »internationalen Bauvorhaben«) eine überragende Bedeutung. Ob sie diesen Status verliert, wenn innerhalb des BGB ein Bauvertragsrecht geschaffen wird, wie das z.B. der Deutsche Baugerichtstag in Hamm seit Jahren forciert,[5] bleibt abzuwarten. Jedenfalls würden wohl durch umfangreiche gesetzliche Regelungen etliche neue Leitbilder geschaffen, die zumindest unter AGB-Gesichtspunkten die Anwendung der VOB/B stark beeinflussen dürften, soweit sie ihr nicht entsprechen.

3. Rechtsnatur

5 Es ist seit ehedem anerkannt, dass die VOB und damit auch ihr Teil B weder Gesetz noch Rechtsverordnung ist.[6] Es handelt sich um Allgemeine Vertragsbedingungen, die der öffentliche Auftraggeber seinen Verträgen zwingend zugrunde legen muss,[7] deren Geltung aber auch alle anderen Vertragsparteien miteinander vereinbaren können. Wie die VOB/B – insbesondere gegenüber Verbrauchern – wirksam in den Vertrag einbezogen wird[8] und in welchen Fällen sie an den Regelungen über Allgemeine Geschäftsbedingungen gem. §§ 305 f. BGB zu messen ist,[9] muss jeweils nach dem Einzelfall beurteilt werden.

6 Jedenfalls ist die VOB/B selbst innerhalb der Bauwirtschaft weder als Gewohnheitsrecht noch als Handelsbrauch anzusehen.[10] Auch ist sie nicht geeignet, eine gewerbliche Verkehrssitte zu begründen.[11] Nur umgekehrt ist allenfalls bei einzelnen Regelungen denkbar, dass sie, weil sie Verkehrssitte sind, Aufnahme in die VOB/B gefunden haben. Ob eine Verkehrssitte vorliegt, beurteilt sich ausschließlich nach allgemeinen Regeln, also danach, ob sich bereits eine »Gewohnheit und Gepflogenheit im Bauvertragswesen«[12] herausgebildet hat.

4. VOB/B als Allgemeine Geschäftsbedingung

7 Als Allgemeine Vertragsbedingung ist die VOB/B in steter Gefahr, nach den Grundsätzen der §§ 305 f. BGB als Allgemeine Geschäftbedingung mit z.T. gravierenden Folgen qualifiziert zu werden. Eine isolierte Inhaltskontrolle dürfte bei etlichen Vorschriften zur Feststellung ihrer Unwirksamkeit führen.[13]

a) Privilegierung bei Vereinbarung der VOB/B als Ganzes

8 Bis zur Schuldrechtsmodernisierung genoss die VOB/B jedenfalls dann, wenn sie als ganzes einbezogen war, die Privilegierung des AGBG, so dass ihre einzelnen Regelungen nicht an den §§ 9 ff.

---

5 Vgl. Die Empfehlungen des deutschen Baugerichtstags, Arbeitskreis I – Bauvertragsrecht, unter www.baugerichtstag.de.
6 BGH, Urt. v. 24.02.1954, Az. II ZR 74/53, Schäfer/*Finnern* Z 2.0 Bl. 3.
7 Unterhalb der Schwellenwerte gem. § 2 VgV durch behördliche Selbstbindung bzw. haushaltsrechtliche Vorgaben, darüber qua Gesetz, §§ 97 f. GWB.
8 Vgl. die Kommentierung zu § 305 BGB Rdn. 30.
9 Vgl. die Kommentierung zu § 310 BGB Rdn. 14 ff.
10 Ingenstau/Korbion/*Vygen*, Einleitung Rn. 40; *Herig*, Allgem. Einf. Rn. 35.
11 Differenzierend nach den einzelnen Vorschriften Ingenstau/Korbion/*Vygen* Einleitung Rn. 42.
12 *Vygen*, a.a.O., Rn. 42.
13 Zuletzt für § 16 Nr. 5 Abs. 3 VOB/B a.F. entschieden von BGH, Urt. v. 20.08.2009, VII ZR 212/07, BauR 2009, 1736; vgl. i.Ü. die Kommentierung zu den jeweiligen Vorschriften der VOB/B.

AGBG zu messen waren. Ob das seit dem 01.01.2002 weiterhin gilt, ist umstritten.[14] Der Gesetzgeber jedenfalls hat durch die Einführung des § 310 Abs. 1 S. 3 BGB zum 01.01.2009[15] für den gewerblichen Bereich die Privilegierung der VOB/B, soweit sie als ganzes vereinbart ist, kodifiziert.

b) Folgen inhaltlicher Abänderungen

Nach inzwischen ständiger Rechtsprechung des Bundesgerichtshofs führt jedenfalls jede inhaltlich Veränderung des Regelungsgehaltes der VOB/B zum Verlust der Privilegierung mit der Folge der umfassenden Inhaltskontrolle.[16] Die früher vom Bundesgerichtshof vertretene Kerngehaltslehre[17] ist ausdrücklich aufgegeben. Eine Ausnahme hiervon macht z.B. das OLG Brandenburg,[18] das in der Verlängerung der Gewährleistungsfrist von 4 auf 5 Jahre gem. § 13 Nr. 4 VOB/B a.F. keinen solchen Eingriff sieht. Denn bei § 13 Abs. 4 Nr. 1 VOB/B handelt es sich um eine sog. Öffnungsklausel, die Veränderungen gerade erlaubt.[19] Die Veränderung selbst allerdings muss dann der ABG-Kontrolle standhalten.[20]

9

c) Keine Privilegierung bei Verwendung gegenüber Verbrauchern

Der Bundesgerichtshof hat zwischenzeitlich klargestellt, dass immer dann, wenn ein Verbraucher i.S.d. § 13 BGB Verwendungsgegner ist, jede einzelne Bestimmung der VOB/B an den Regelungen der §§ 305 f. BGB zu messen ist, selbst wenn die VOB/B als Ganzes in den Vertrag einbezogen ist.[21]

10

5. »Abgrenzung« zum BGB-Vertrag

a) Abweichungen vom Gesetz

Auch wenn jeder VOB/B-Vertrag aus den o.g. Erwägungen[22] immer auch und zuvorderst ein BGB-Vertrag ist, können durch die VOB/B – unter dem Vorbehalt der AGB-Festigkeit – wesentliche Kerngedanken des BGB-Werkvertragsrechts verändert werden. Neben den sehr weitreichenden Anordnungsrechten gem. § 1 Abs. 3 und Abs. 4 VOB/B, deren Inhalt i.E. streitig ist,[23] sind dies beispielsweise die – teilweise damit korrespondierenden – Vergütungsregelungen in § 2 Abs. 3, 5 und 6 VOB/B, die Gefahrtragungsregel in § 7 VOB/B, das Sonderkündigungsrecht bei Insolvenz nach § 8 Abs. 2 VOB/B oder der Anspruch auf Abschlagszahlungen gem. § 16 Abs. 1 VOB/B.

11

b) Nachbildung allgemeiner Grundsätze

Daneben formuliert die VOB/B dasjenige aus, was die Rechtsprechung durch Rückgriff auf Treu und Glauben gem. § 242 BGB für den BGB-Werkvertrag entwickelt hat.

12

---

14 Zum Meinungsstand vgl. v. Berg/Vogelheim/Wittler/*Wittler*, Rn. 591; dafür z.B. *Leupertz*, Jahrbuch Baurecht 2004, 42; dagegen: z.B. *Oberhauser*, Jahrbuch Baurecht 2003, 1.
15 Art. 1 FoSiG vom 23.10.2008, BGBl. I, 2022.
16 BGH, Urt. v. 22.01.2004, VII ZR 419/02, BauR 2004, 668.
17 BGH, Urt. v. 31.01.1991, VII ZR 291/88, BauR 1991, 331.
18 OLG Brandenburg, Urt. v. 08.11.2007, 12 U 30/07, IBR 2008, 320.
19 Vgl. zu den Einzelheiten Ingenstau/Korbion/*Wirth*, § 13 Abs. 4 Rn. 25.
20 v. Berg/Vogelheim/Wittler/*Wittler*, Rn. 589.
21 BGH, Urt. v. 24.07.2008, VII ZR 55/07, BauR 2008, 1603.
22 Vgl. oben Rdn. 1.
23 Vgl. dazu *Oberhauser*, BauR 2010, 308.

aa) Kooperationspflichten

13 Dazu gehören z.B. die bauvertraglichen Kooperationspflichten,[24] z.B. § 2 Abs. 5 VOB/B: *»Die Vereinbarung* (eines neuen Preises) *soll vor der Ausführung getroffen werden«*, die insbesondere dann von Bedeutung sind, wenn während des laufenden Bauvorhabens zwischen den Vertragsparteien Differenzen über die Bauumstände oder die Vergütung auftreten und die sie dazu verpflichten, zwecks Wahrung der berechtigten wechselseitigen Interessen ernsthaft über Lösungsmöglichkeiten zu verhandeln.

bb) Prüfungs- und Hinweispflichten

14 Dasselbe gilt für die in § 4 Abs. 3 VOB/B niedergelegte Pflicht des Auftragnehmers, in begründeten Fällen den Auftraggeber auf Bedenken gegen die vorgesehene Art der Ausführung hinzuweisen. Auch bei dieser auf Prüfung und Aufklärung gerichteten Pflicht handelt es sich um einen allgemeinen, aus Treu und Glauben hergeleiteten Grundsatz, der in besonderem Maße für die Bauvertragsparteien gilt.[25] Hier wie dort ist der Zweck, vom Vertragspartner Schaden abzuwenden.[26]

c) Ausfüllung der VOB/B durch die Vertragspartner

15 Dass die Vertragsparteien bei Geltung »nur« des BGB-Werkvertragsrechts eine Reihe zusätzlicher Absprachen treffen sollten, ist wohl angesichts der relativ geringen Regelungsdichte innerhalb der §§ 631 ff. BGB offensichtlich, so z.B. Vereinbarungen über (1) Abschlagszahlungen (§ 632a BGB ist in der Praxis viel zu eng), (2) Sicherheitsleistungen (die das BGB nur für den Vergütungsanspruch des Unternehmers gem. §§ 648, 648a BGB vorsieht, nicht aber für Vertragserfüllung durch den Unternehmer und seine Gewährleistung) oder (3) den Umgang mit ändernden und zusätzlichen Anordnungen durch den Besteller (die das BGB grundsätzlich nicht vorsieht).

16 Auch bei Einbeziehung der VOB/B besteht allerdings zusätzlicher Regelungsbedarf. Die VOB/B selbst enthält konkrete Aufforderungen an die Parteien, bestimmte Sachverhalte ausdrücklich zu regeln. Dazu gehören beispielsweise
– die ausdrückliche Vereinbarung eines Sicherheitseinbehalts gem. § 17 Abs. 1 Nr. 1 VOB/B: *»Wenn Sicherheitsleistung vereinbart ist, ...«*,
– die Erbringung von Stundenlohnarbeiten i.S.d. § 15 VOB/B: *»Stundenlohnarbeiten werden nur vergütet, wenn sie als solche vor ihrem Beginn ausdrücklich vereinbart worden sind.«* – vgl. § 2 Abs. 10 VOB/B oder
– die Vereinbarung einer Vertragsstrafe i.S.d. § 11 VOB/B: *»Wenn Vertragsstrafen vereinbart sind, ...«*.

6. Ausblick für die VOB/B

17 Aufgrund der oben dargestellten,[27] sich laufend verschärfenden Rechtsprechung zur Anwendung der §§ 305 f. BGB auf die VOB/B und den immer strengeren Anforderungen an deren einzelne Klauseln steht allerdings zu befürchten, dass die VOB/B in der Praxis an Bedeutung verliert, jedenfalls so lange, wie sich die Verwender der VOB/B in der Praxis nicht entschließen können, diese als Ganzes, also ohne Veränderungen, zu vereinbaren oder – dem Kooperationsgedanken des Baurechts folgend noch viel besser[28] – beide als Verwender der VOB/B auftreten, so dass die AGB-Kontrolle entfällt.[29]

---

24 BGH, Urt. v. 28.10.1999, VII ZR 393/98, BauR 2000, 409.
25 BGH, Urt. v. 08.11.2007, VII ZR 183/05, BauR 2008, 344.
26 BGH, Urt. v. 23.10.1986, VII ZR 48/85, BauR 1987, 79.
27 Vgl. oben Rdn. 9.
28 Ingenstau/Korbion/*Vygen*, Einl. Rn. 27.
29 BGH, Urt. v. 17.02.2010, VIII ZR 67/09, NJW 2010, 1131.

Die Vertragsparteien werden i.Ü. um so eher auf die gesetzlichen Regelungen der §§ 631 f. BGB zurückgreifen können und vielleicht müssen, als der Gesetzgeber seinen Entschluss,[30] ein Bauvertragsrecht einzuführen, umsetzt. Denn dann wird hoffentlich einerseits eine Balance zwischen Auftraggeber- und Auftragnehmerinteressen gefunden sein, andererseits die wechselseitigen Kooperations- und Treuepflichten ihre notwendige, praxisorientierte Konkretisierung gefunden haben, ohne die ein »moderner« Bauvertrag nicht – ökonomisch und juristisch – erfolgreich abgewickelt werden kann. Erst wenn dieses Ziel erreicht ist, droht der VOB/B die Bedeutungslosigkeit.

---

30 Vgl. Textziffer 1755–1759 des Koalitionsvertrages der CDU/CSU/FDP Regierung vom 26.10.2009.

Einleitung IV: Verhältnis privates und öffentliches Baurecht

1 Dem traditionellen Zugang des deutschen Rechts entspricht eine deutliche kategorielle Trennung von öffentlichem und privatem Baurecht. Auch in der Sache scheint eine klare Abgrenzung durchführbar: Dem privaten Baurecht geht es in erster Linie um die vertragsrechtliche Beurteilung von (Bau-)Werkverträgen und damit um die Abgrenzung von Individualinteressen, während das öffentliche Recht sich unter den Kategorien des Bauplanungs- und Bauordnungsrechts mit der Vereinbarkeit von Individualrechten (Eigentum) und Allgemeininteressen zu beschäftigen hat. Dieser Trennung folgen die juristische Ausbildung, die rechtswissenschaftliche Bearbeitung sowie selbst die Ausgestaltung der Rechtswege.

2 Bereits die Behandlung in größeren, auf das Baurecht – oder weiter: das gewerbliche Immobilienrecht – spezialisierten Anwaltskanzleien zeigt jedoch, dass es eines übergreifenderen Ansatzes bedarf. Für die Projektentwicklung sind städtebauliche Verträge ebenso bedeutend wie die Finanzierung oder die vertragsrechtliche Abbildung der Realisierung. Dementsprechend zahlreich sind die »Brücken«, die beide Rechtsgebiete miteinander verbinden: So mag die mangelnde Genehmigungsfähigkeit eines Vorhabens zur rechtlichen Unmöglichkeit eines auf seine Umsetzung gerichteten Vertrages führen. Mangelnde Nutzbarkeit aufgrund öffentlich-rechtlicher Normen begründet einen Mangel i.S.d. § 633 Abs. 1 BGB. Die Begründung einer Gefahr für Dritte wird es ausschließen, einen Unternehmer von seiner Haftung auf der Grundlage einer Anweisung des Bestellers zu befreien. Der Verstoß gegen öffentlich-rechtliche Vorschriften kann auch Anlass zu deliktsrechtlicher Haftung nach § 823 Abs. 2 BGB geben. Im Bauträgerrecht haben die gewerberechtlichen Regelungen der MaBV mannigfaltige Folgen für die Wirksamkeit eines Vertrages, die von der Anfechtbarkeit wegen einer mangelnden Zulassung des Bauträgers[1] über die Unwirksamkeit eines Teilzahlungsplans[2] bis zu den bereicherungsrechtlichen Konsequenzen für die Rückabwicklung[3] reichen.

3 Vollends verschmolzen sind privat- und öffentlich-rechtliche Normen im Bereich des Vergaberechts: Der Archetypus des für die Vergabe öffentlicher Aufträge geltenden Normsystems kann in der VOB/A erkannt werden. Bei der eigentlichen Vergabeentscheidung und den sie steuernden Normen handelt es sich zunächst um öffentlich-rechtliche Normen. Spätestens bei der Umsetzung der Vergabeentscheidung durch Abschluss eines privatrechtlichen Vertrages ändert sich das Regime jedoch. Die Verwaltungsgerichte haben einer Zugrundelegung der sog. Zweistufentheorie zwar die Gefolgschaft verweigert,[4] was angesichts der inzwischen unstreitigen Grundrechtsbindung der öffentlichen Vergabestellen[5] an dem allgemeinen Befund aber nichts ändert. Ausschreibung einschl. Leistungsbeschreibung und darauf abgegeben Angebote haben im Rahmen des geregelten Vergabeverfahrens eine ganz eigenständige Funktion, indem sie zunächst die Vergleichbarkeit der Angebote gewährleisten und die notwendige Transparenz im Vergabewettbewerb gewährleisten sollen. Gleichwohl mutieren sie für den anschließenden Vertragsschluss zur *invitatio ad offerendum* mit für das Vertragsangebot und die vertragliche Beschaffenheit maßgeblichen Angaben. Das Vergabeverfahren ist u.U. einem besonderen Nachprüfungsverfahren unterworfen. Kommt es dadurch zu Verzögerungen bei der Ausführung, so muss die Vertragsrechtsordnung adäquate Rechtsfolgen bereithalten.[6] Droht der Zweck des Vergaberechts durch sog.

---

1 *Pause*, Rn. 58.
2 BGH v. 22.12.2000, VII ZR 310/99, NJW 2001, 818 Rn. 27 ff.; v. 22.03.2007, VII ZR 268/05, BauR 2007, 1235 Rn. 20 ff.
3 BGH v. 22.03.2007, VII ZR 268/05, BauR 2007, 1235 Rn. 31 ff.
4 BVerwG v. 02.05.2007, 6 B 10/07, NJW 2007, 2275 Rn. 4 ff.
5 BVerfG v. 03.06.2006, 1 BvR 1160/03 – Vergaberecht, NJW 2006, 3701; BVerwG v. 02.05.2007, 6 B 10/07, NJW 2007, 2275 Rn. 8 ff.
6 Vgl. BGH v. 11.05.2009, VII ZR 11/08, BauR 2009, 1131.

de-facto Vergaben vereitelt zu werden, so muss wiederum die Vertragsrechtsordnung angepasst werden, vgl. nunmehr § 101b GWB. Vertieft zum Vergaberecht vgl. die Ausführungen von *Krist*, Vergaberecht.

Dem Plan des Kommentars folgend werden die nachfolgenden Erläuterungen die formale Trennung der Rechtsgebiete nachvollziehen. Gleichwohl wurde besonderer Wert darauf gelegt, dass insbesondere diejenigen Fragen des öffentlichen Baurechts, die unmittelbar privatrechtliche Folgen nach sich ziehen, besonders deutlich und anschaulich entwickelt werden. Im übrigen konnte im gegebenen Rahmen keine umfassende und zugleich wissenschaftlich vertiefte Darstellung des Bauplanungs- und -ordnungsrechts geleistet werden. Eine Zusammenfassung der maßgeblichen Grundlagen unter Vertiefung besonders privatrechtsrelevanter Fragen liefert u. *Schiffer*, Planungs- u. OrdnungsR. 4

Einleitung V: Baurecht und Verbraucherschutz

Schrifttum
Angele Überschuldung privater Haushalte 2006, Wirtschaft und Statistik 10/2007; *Armgardt* Verbraucherschutz und Wettbewerbsrecht – unwirksame AGB-Klauseln im Licht der neueren Rechtsprechung zum UWG und zur UGP-Richtlinie, WRP 2009, 122; *Basty* Verbraucherschutz im Bauträgervertrag – Eigenheimerwerb ohne Risiko?, DNotZ 2002 Sonderheft, 118; *Blank* Einzelfragen des Bauträgervertragsrechts und ihre Darstellung gegenüber dem Verbraucher, NotBZ 2006, 126; *ders.* Ein kritischer Blick auf das neu gefasste Bauträgermerkblatt – Bedarf es einer Stärkung der Rechte des Verbrauchers im Bauträgervertrag, BauR 2010, 4; *Damm* Privatautonomie und Verbraucherschutz – Legalstruktur und Realstruktur von Autonomiekonzepten, VersR 1999, 129; *Drexl* Die wirtschaftliche Selbstbestimmung des Verbrauchers. Eine Studie zum Privat- und Wirtschaftsrecht unter Berücksichtigung gemeinschaftsrechtlicher Bezüge, 1998; *Endres/Lüdeke* Produktsicherheit, 2001; *Esser/Kratzenberg/Schmucker/Thode* Arbeitskreis V – Empfehlen sich gesetzliche Regelungen zum Schutze des Verbrauchers im Bauvertragsrecht?, BauR 2006, 1620; *Fezer* Plädoyer für eine offensive Umsetzung der Richtlinie über unlautere Geschäftspraktiken in das deutsche UWG – Originärer Verbraucherschutz durch Lauterkeitsrecht als Paradigma der europäischen Rechtsharmonisierung, WRP 2006, 781; *Fleischer* Vertragsschlussbezogene Informationspflichten im Gemeinschaftsprivatrecht, ZEuP 2000, 772; *Frieling* Die EG-Richtlinie über missbräuchliche Klauseln in Verbraucherverträgen und ihr Einfluss auf das private Bau- und Architektenrecht, BauR 1994, 154; *Glöckner* Der gegenständliche Anwendungsbereich des Lauterkeitsrechts nach der UWG-Novelle 2008 – ein Paradigmenwechsel mit Folgen, WRP 2009, 1175; *Grundmann* Europäisches Handelsrecht – vom Handelsrecht des laissez faire im Kodex des 19. Jahrhunderts zum Handelsrecht der sozialen Verantwortung, ZHR 163 (1999), 635; *Keßler* Lauterkeitsschutz und Wettbewerbsordnung – zur Umsetzung der Richtlinie 2005/29/EG über unlautere Geschäftspraktiken in Deutschland und Österreich, WRP 2007, 714; *Kramer* Zur Konzeption des Konsumentenschutzrechts, KritV 1986, 270; *Locher* Die Richtlinie 93/13/EWG des Rates über missbräuchliche Klauseln in Verbraucherverträgen und ihre Bedeutung für das Baurecht, BauR 1993, 379; *Magnuson* Consumerism and the Emerging Goals of New Society, in: Consumerism, Viewpoints from Business, Government and the Public Interest, Gaedeke/Etcheson (Hrsg.), 1972; *Martinek* Unsystematische Überregulierung und kontraintentionale Effekte im Europäischen Verbraucherschutzrecht oder: Weniger wäre mehr, in: Systembildung und Systemlücken in Kerngebieten des Europäischen Privatrechts, Grundmann (Hrsg.), 2000, S. 511; *Meyer* Instruktionshaftung, 1992; *Micklitz* Divergente Ausgangsbedingungen des Verbraucherrechts in West und Ost, in: Rechtseinheit oder Rechtsvielfalt in Europa? Rolle und Funktion des Verbraucherrechts in der EG und den MOE-Staaten, Hans-W. Micklitz (Hrsg.), 1996, S. 3.; *ders.* Perspektiven eines Europäischen Privatrechts. Ius commune praeter legem, ZEuP 1998, 253; *ders.* Legitime Erwartungen als Gerechtigkeitsprinzip des europäischen Privatrechts, in: Law and diffuse interests in the European Legal Order. Recht und diffuse Interessen in der Europäischen Rechtsordnung. Liber amicorum Norbert Reich, Ludwig Krämer u.a. (Hrsg.), 1997 (zit. FS Reich), S. 245; *Niemöller* Das Verbraucherleitbild in der deutschen und europäischen Rechtsprechung, 1999; *Pause* Der Bauträgervertrag nach dem modernisierten BGB, BTR 2002, 7; *Peifer* Die Zukunft der irreführenden Geschäftspraktiken, WRP 2008, 556, 557; *Peters* Regelungsbedarf im Baurecht, NZBau 2010, 211; *Schäfer/Conzen* Praxishandbuch Immobilien-Investitionen, 2. Aufl., 2011; *Schäfer/Ott* Lehrbuch der ökonomischen Analyse des Zivilrechts, 4. Aufl., 2005; *Schirmbacher* Musterhafte Widerrufsbelehrung – Neuerungen und kein Ende, BB 2009, 1088; *Stauder* Europäisches Konsumentenrecht – eine Einführung, JKR 1995, 76; *Steinbeck* Richtlinie über unlautere Geschäftspraktiken – Irreführende Geschäftspraktiken – Umsetzung in das deutsche Recht, WRP 2006, 632; *van den Bergh* Wer schützt die europäischen Verbraucher vor dem europäischen Verbraucherschutz?, in: Effiziente Verhaltenssteuerung und Kooperation im Zivilrecht, Ott/Schäfer (Hrsg.), 1997, S. 77; *Wagner* Der Bauträgervertrag und die Verbraucherschutzrichtlinie, ZfBR 2004, 317; *Walter* Grundlagen und Reichweite des Transparenzgebotes bei Wettbewerbshandlungen, 2008.

A. Verbraucherschutz und Verbraucherrecht

I. Entwicklung zum modernen Verbraucherrecht

1   Verbraucherschutz im weiteren Sinne hat eine lange Geschichte. Man muss nicht bis zur Gesetzgebung *Hammurabis* zurückgehen, der eine drakonische Frühform der Produkthaftung im Be-

reich der Erstellung von Bauwerken statuierte.¹ Der Grundsatz »Kauf bricht nicht (Wohnraum-) Miete« ging als § 571 in das ansonsten liberal geprägte Bürgerliche Gesetzbuch von 1900 (nunmehr § 566 BGB) ein und wurde häufig als »Tropfen sozialen Öls« bezeichnet.² Wie beim übrigen »sozialen Mietrecht«³ handelt es sich auch dabei jedenfalls nach der praktischen Wirkung der Norm um eine Verbraucherschutzvorschrift – gewerbliche Mieter »wohnen« nicht (vgl. aber § 578 BGB)! Bereits sechs Jahre vor dem Inkrafttreten des Bürgerlichen Gesetzbuchs wurde in Deutschland das erste echte Verbraucherschutzgesetz erlassen: das Abzahlungsgesetz von 1894.

Gleichwohl ist der Verbraucherschutz im engeren Sinne ein modernes Phänomen. Bei den genannten Frühformen des Verbraucherschutzes handelt es sich tatsächlich um sozialrechtliche Regelungen im weitesten Sinne,⁴ mit denen aus gesellschaftspolitischen Erwägungen einem Bedürfnis nach Schutz besonders bedürftiger Personen entsprochen werden sollte. 2

Als Geburtsdatum des modernen Verbraucherschutzes gilt das Jahr 1962, in dem *John F. Kennedy* seine Verbraucherbotschaft⁵ präsentierte.⁶ Seitdem hat der Verbraucherschutz eine enorme gesellschaftspolitische Bedeutung erlangt.⁷ Seine Auswirkungen auf die traditionelle Rechtsdogmatik sind kaum zu übersehen. Die Grundgedanken der »konsumeristischen« Bewegung⁸ wurden sehr schnell in Westeuropa rezipiert.⁹ Im Gefolge des Zusammenbruchs staatssozialistischer Wirtschaftsordnungen in Mittel- und Osteuropa hat auch dort eine intensive Diskussion zu Verbraucherpolitik und Verbraucherschutz eingesetzt.¹⁰ 3

Die erste Phase stürmischen Ausbaus der Verbraucherrechte fällt in Deutschland zeitlich, aber auch im Hinblick auf die maßgeblichen politischen Initiativen mit der Regierungszeit der sozialliberalen Koalition unter *Willy Brandt* und *Helmut Schmidt* (1969–1982) zusammen. Nicht zuletzt darauf mag es zurückzuführen sein, dass das Verbraucherrecht im deutschen Recht vordringlich als »Schutz«-Recht, als Ausdruck sozialstaatlicher Verantwortung für die Belange eines partikularen, bedürftigen und am Markt strukturell unterlegenen Verbrauchers verstanden wurde.¹¹ 4

Das Europäische Verbraucherrecht verfolgt demgegenüber seit jeher eine andere Stoßrichtung:¹² Mit der Schaffung einheitlicher Verbraucherrechtsstandards will die Union in erster Linie den Binnenmarkt funktionsfähig gestalten (vgl. die Struktur der Gesetzgebungskompetenz in Art. 169 Abs. 2 lit. a AEUV; ex-Art. 153 EG). Sein Funktionieren verlangt nämlich, dass auch der Verbraucher die neu geschaffenen Freiheiten aktiv nutzt. Der Verbraucher wird aber nur dann zu ei- 5

---

1 Col. XIXa.2. Z. 63: § 229: »Der Baumeister, der durch schuldhaften Bau den Einsturz des Hauses und hierdurch den Tod des Hauseigners verursacht, wird mit dem Tode bestraft«, abgedr. bei *J. Kohler/F.E. Peiser*, Hammurabis Gesetz, Band I: Übersetzung. Juristische Wiedergabe. Erläuterung, 1904, S. 64.
2 Vgl. nur *Wieacker*, Privatrechtsgeschichte der Neuzeit unter besonderer Berücksichtigung der deutschen Entwicklung, 2. Aufl., 1967, S. 470 m.w.N., zur Geschichte des Begriffs.
3 Z.B. das Erfordernis eines berechtigten Interesses für die Ausübung des ordentlichen Kündigungsrechts gem. §§ 573 BGB, der besondere Kündigungsschutz bei unzumutbarer Härte gem. § 574 BGB bzw. der Mieterschutz in der Zwangsvollstreckung gem. § 721 ZPO.
4 *Gitter/Schmitt*, Sozialrecht. Ein Studienbuch, 5. Aufl., 2001, Rn. 2.
5 Message to the Congress of 15 March 1962, abgedr. in *v. Hippel*, Verbraucherschutz, 3. Aufl., 1986, S. 281 ff.
6 *Magnuson*, S. 3; *Kramer*, KritV 1986, 270; *Micklitz*, in: Rechtseinheit oder Rechtsvielfalt, S. 3, 4.
7 Zur psychologischen Dimension der »ersten Phase« der Verbraucherbewegung, die durch eine Solidarisierung der Massen mit einzelnen mutigen Kämpfern gegen übermächtige Industrieunternehmen geprägt wurde, vgl. *Magnuson*, S. 3, 4 ff.
8 Vgl. die zeitgenössischen Beiträge in: Consumerism. Viewpoints from Business, Government and the Public Interest, Gaedeke/Etcheson (Hrsg.), 1972.
9 *Kramer*, KritV 1986, 270 Fn. 1.
10 Vgl. die Beiträge in: Rechtseinheit oder Rechtsvielfalt in Europa? Rolle und Funktion des Verbraucherrechts in der EG und den MOE-Staaten, Hans-W. Micklitz (Hrsg.), 1996.
11 *Micklitz*, ZEuP 1998, 253, 257, 259.
12 Vgl. dazu *Micklitz*, in: FS Reich, S. 245, 246 ff.

nem aktiven »europäischen« Verbraucher, wenn er darauf vertrauen kann, bei seinen grenzüberschreitenden Konsum-Aktivitäten hinreichend abgesichert zu sein (sog. »*consumer confidence*«). Besonders deutlich machen das die Begründungserwägungen der ersten[13] und zweiten[14] Verbraucherkreditrichtlinie, der Pauschalreiserichtlinie,[15] der Klauselrichtlinie,[16] der Time-Sharing-Richtlinie,[17] der Fernabsatzrichtlinien,[18] der Verbrauchsgüterkaufrichtlinie[19] sowie künftig wohl der Verbraucherrechte-Richtlinie.[20] Dem europäischen Verbraucherrecht geht es demgemäß um den Schutz des universellen, auf dem Binnenmarkt agierenden und entsprechend aufgeschlossenen Verbrauchers.[21] Maßgebend sollen dabei die legitimen Erwartungen der Wettbewerber und der Verbraucher als wechselseitige Verhaltenserwartungen sein.[22]

II. Erscheinungsformen des Verbraucherrechts

6 Es ist üblich geworden, zwischen *marktkomplementärem* und *marktkompensierendem* Verbraucherschutz zu unterscheiden. Marktkomplementäre Maßnahmen sollen die Stellung des Verbrauchers am Markt – etwa durch objektive Information[23] – stärken. Marktkompensatorische Maßnahmen sollen dagegen strukturelle Ungleichgewichtslagen ausgleichen.[24] Z.T. wird daneben der Begriff des *konstitutiven* Verbraucherschutzes verwendet, der die Aufgabe hat, die Voraussetzungen dafür zu schaffen, dass Selbstbestimmung am Markt überhaupt möglich ist.[25] Gemeint ist damit der Schutz des Wettbewerbs, der – sein Funktionieren vorausgesetzt – vermag, ein Machtgefälle zwischen den Vertragsparteien zu egalisieren. Konstitutive Elemente der Selbstbestimmung sind Privatautonomie und Wettbewerbsfreiheit, die sich wechselseitig bedingen. Verbraucherrecht trägt insoweit zur Gewährleistung materialer Vertragsfreiheit bei. Materiale Vertragsfreiheit ist unabdingbare Voraussetzung für einen funktionsfähigen Wettbewerb und damit die Wettbewerbsordnung insgesamt.

---

13 Richtlinie 87/102/EWG des Rates vom 22. Dezember 1986 zur Angleichung der Rechts- und Verwaltungsvorschriften der Mitgliedstaaten über den Verbraucherkredit, ABl. 1987 Nr. L 42/48.
14 Richtlinie 2008/48/EG des Europäischen Parlaments und des Rates vom 23. April 2008 über Verbraucherkreditverträge und zur Aufhebung der Richtlinie 87/102/EWG des Rates, ABl. 2008 Nr. L 133/66 EGr. 8.
15 Richtlinie 90/314/EWG des Rates vom 13. Juni 1990 über Pauschalreisen, ABl. 1990 Nr. L 158/59.
16 Richtlinie 93/13/EWG des Rates vom 5. April 1993 über missbräuchliche Klauseln in Verbraucherverträgen, ABl. 1993 Nr. L 95/29.
17 Richtlinie 94/47/EG des Europäischen Parlaments und des Rates vom 26. Oktober 1994 zum Schutz der Erwerber im Hinblick auf bestimmte Aspekte von Verträgen über den Erwerb von Teilzeitnutzungsrechten an Immobilien, ABl. 1994 Nr. L 280/83, EGr. 2.
18 Richtlinie 97/7/EG des Europäischen Parlaments und des Rates vom 20. Mai 1997 über den Verbraucherschutz bei Vertragsabschlüssen im Fernabsatz – Erklärung des Rates und des Parlaments zu Artikel 6 Absatz 1 – Erklärung der Kommission zu Art. 3 Abs. 1 erster Gedankenstrich, ABl. 1997 Nr. L 144/19 EGr. 2 ff.; Richtlinie 2002/65/EG des Europäischen Parlaments und des Rates vom 23. September 2003 über den Fernabsatz von Finanzdienstleistungen an Verbraucher und zur Änderung der Richtlinie 90/619/EWG des Rates und der Richtlinien 97/7/EG und 98/27/EG, ABl. 2002 Nr. L 271/16, EGr. 2–4.
19 Richtlinie 1999/44/EG des Europäischen Parlaments und des Rates vom 25. Mai 1999 zu bestimmten Aspekten des Verbrauchsgüterkaufs und der Garantien für Verbrauchsgüter, ABl. 1999 Nr. L 171/12 EGr. 5.
20 EGr. 6 der Richtlinie des Europäischen Parlaments und des Rates über Rechte der Verbraucher, in der Fassung der legislativen Entschließung des Europäischen Parlaments v. 23.06.2011, P7_TA-PROV (2011) 293.
21 *Micklitz*, ZEuP 1998, 253, 258 ff.; *Martinek*, in: Systembildung und Systemlücken, S. 511, 515.
22 *Micklitz*, in: FS Reich, S. 245, 247.
23 Bisweilen wird der marktkompensatorische Verbraucherschutz gar mit dem sog. »Informationsmodell« gleichgesetzt, vgl. *Damm*, VersR 1999, 129, 137.
24 *Stauder*, JKR 1995, 76, 78.
25 *Drexl*, S. 9.

Bereits ein Überblick über den Bestand des Europäischen Verbraucherrechts macht deutlich, dass der marktkomplementäre Verbraucherschutz durch Informationsverschaffung innerhalb des Unionsrechts eine dominierende Stellung einnimmt. Nahezu alle Verbraucherrechtsrichtlinien konstituieren Pflichtangaben (Verbraucherkredit-, Fernabsatz-, Pauschalreise-, Time-Sharing-Richtlinie) und Informationspflichten. Selbst das Transparenzgebot in der Klauselrichtlinie lässt sich als Ausprägung des Informationsgebots verstehen. Insbesondere die Kommission gewährt der Verbraucherinformation den Vorrang vor anderen verbraucherpolitischen Aktionen.[26]

7

Die Pflichtangaben und Informationsgebote in den Verbraucherrechtsrichtlinien verfolgen zunächst eine mikrojuristische Schutzrichtung,[27] d.h. sie dienen der Herstellung realer Entscheidungsfreiheit.[28] Im Interesse der einzelnen Nachfrager sollen sie für Markttransparenz sorgen und damit zugleich wettbewerbsfördernd wirken. Insoweit haben Informationsregeln daneben eine zweite, makrojuristische Funktion:[29] Sie unterstützen die Ordnungsfunktion des Privatrechts, indem sie die Geschäftsabläufe effizienter machen und durch eine Senkung der Transaktionskosten zur Wohlstandsmehrung beitragen.[30]

8

Auf die Gewährung marktkompensatorischen Verbraucherschutzes wird innerhalb der Verbraucherrechtsrichtlinien nur subsidiär zurückgegriffen.[31] Als Beispiele können die Inhaltskontrolle von missbräuchlichen Klauseln gemäß der Klauselrichtlinie, die Niederlegung schuldrechtlicher Mindeststandards in der Pauschalreise- und Verbrauchsgüterkaufrichtlinie sowie die Begründung von Widerrufsrechten in der Haustürgeschäfterichtlinie, in den Fernabsatzrichtlinien und inzwischen in der Verbraucherkreditrichtlinie genannt werden.

9

B. Verbraucherschutz bei Bauverträgen

I. Wirtschaftliche Bedeutung

Es ist bekannt, dass insbesondere vermögende Investoren in erheblichem Umfang in Immobilien investieren: Eine Studie der Kommerz Financial Management aus den Jahren 1999–2001 ergab, dass rund 6.800 Kunden mit einem Vermögen von 1,5–2 Mio. € im Schnitt 58,1 % ihres Vermögens in Immobilien investiert hatten.[32] Doch selbst im Durchschnitt ist davon auszugehen, dass über 50 % des Gesamtvermögens privater deutscher Haushalte in Immobilien angelegt sind. Als langlebige Investitionsgüter sind Immobilien zwar nicht im strengen Sinne Verbrauchsgüter: Sie werden nicht konsumiert, sondern es wird in sie investiert. Legt man aber der Abgrenzung die Verwendung zu privaten, nichtgewerblichen Zwecken zugrunde, so lassen sich durchaus diejenigen Immobilieninvestitionen abgrenzen, die zur Eigennutzung vorgenommen werden. Sie beanspruchen typischerweise die finanzielle Leistungsfähigkeit der Erwerber in einem erheblichen Umfang. Scheitert ein solcher Erwerb, so führt dies nicht selten zur privaten Überschuldung. Die Überschuldung privater Haushalte wurde für das Jahr 2006 zu annähernd 40 % auf persönliche Schicksalsereignisse wie Arbeitslosigkeit (29,6 %), Trennung/Scheidung (13 %), Erkrankung/Unfall/Sucht (8,6 %) oder unmittelbar eine gescheiterte Immobilienfinanzierung (3,8 %) zurückgeführt.[33] Versicherungen gegen existenzielle Risiken wie Erwerbsunfähigkeit oder Arbeitslosigkeit

10

---

26 Zur Bedeutung der Verbraucherinformation vgl. die Mitteilung der Kommission v. 31.10.1995 – Verbraucherpolitische Prioritäten 1996–1998, KOM (95) 519 endg., S. 3, 5. Vgl. auch *Grundmann*, ZHR 163 (1999), 635, 676.
27 *Fleischer*, ZEuP 2000, 772, 784.
28 *Drexl*, S. 26 ff.
29 *Fleischer*, ZEuP 2000, 772, 778.
30 Vgl. dazu *Schäfer/Ott*, S. 498 ff.
31 *Drexl*, S. 282 ff., 302, entwickelt diesbezüglich insgesamt eine Rangfolge von konstitutivem und kompensatorischem Verbraucherschutz. Ähnlich *Martinek*, in: Systembildung und Systemlücken, S. 511, 515.
32 Vgl. *Schäfer/Conzen*, S. 262.
33 *Angele*, Überschuldung privater Haushalte 2006, Wirtschaft und Statistik 10/2007, 948, 953.

lassen erhebliche Lücken, da die Versicherungsleistungen eine Rückführung der meist erheblichen Kredite nicht gestatten.

II. Bestehende Elemente des Verbraucherschutzes bei Bauverträgen

11 Trotz der womöglich elementareren Risiken, die wie gesehen bis zum Verlust der bürgerlichen Existenz durch eine einzige wirtschaftliche Fehlentscheidung führen, haben weder das deutsche noch das Europäische Verbraucherrecht für das Bauvertragsrecht den Regelungen der Verbrauchsgüterkaufrichtlinie vergleichbare Vorschriften geschaffen. Gegenwärtig bleibt es bei der Anwendung allgemein gültiger Regelungen sowie partiell eingreifender Sondervorschriften.

1. Werkvertragliche Qualifikation, funktionaler Mangelbegriff, Prüfungs- und Bedenkenhinweispflicht, Mängelansprüche

12 Das Fundament des Verbraucherschutzes wird im Bauvertragsrecht zunächst durch die werkvertragliche Qualifikation der wesentlichen, auf die Erbringung von Bauleistungen gerichteten Vertragsformen gelegt. Mit ihr geht die strenge Pflicht zur Bewirkung eines geschuldeten Erfolges einher. Der Anwendungsbereich der physikalischen Unmöglichkeit ist schmal; die uneingeschränkte Pflicht zur Bewirkung des geschuldeten Erfolges lässt nur wenig Raum für die Einrede der Unzumutbarkeit gem. §§ 275 Abs. 2, 635 Abs. 3 BGB. Selbst die Mitwirkung des Bestellers am Mangel durch die Bereitstellung ungeeigneter Pläne ändert im Ausgangspunkt nichts an der Erfolgsverschaffungspflicht des Unternehmers. Von einem Risikoübergang wird nur ausgegangen, wenn der Werkunternehmer im Hinblick auf seine ureigene Erfolgsverschaffungspflicht die Stoffe oder Anweisungen des Bestellers daraufhin geprüft hat, ob sie die Möglichkeit der Erfolgserreichung einschränken, und den Besteller auf allfällige Bedenken hingewiesen hat.[34]

13 Mit der werkvertraglichen Qualifikation ist weiter die Konkretisierung der Pflichtverletzung durch die nicht mangelhafte Leistung gem. § 633 Abs. 1 BGB verbunden. Die Zugrundelegung eines funktionalen Mangelbegriffs und die Annahme, dass selbst konkrete, auf die Leistungsbeschreibung des Bestellers zurückgehende Vereinbarungen über die Beschaffenheit des Werks diese Mindestverpflichtung im Regelfall nicht einschränken,[35] sowie die Annahme, dass bei allen Stufen des Sachmangelbegriffs auch stets die Einhaltung der anerkannten Regeln der Technik umfasst ist,[36] gestattet einen weitreichenden Schutz berechtigter Qualitätserwartungen des Bestellers.

14 Versäumt der Werkunternehmer die Prüfung der Stoffe oder Anweisungen des Bestellers im Hinblick auf deren Eignung, die Mangelfreiheit der von ihm, dem Unternehmer, geschuldeten Leistung zu gewährleisten, so behält die Erfolgsverschaffungspflicht den Vorrang. Bedarf es allerdings zur Bewirkung des geschuldeten Erfolgs Leistungen, die nicht Grundlage der ursprünglichen Preisvereinbarung waren, so ist der Unternehmer zur Nacherfüllung nur Zug-um-Zug gegen einen Kostenzuschuss in Höhe derjenigen Kosten verpflichtet, welche dem Besteller entstanden wären, wenn der Fehler rechtzeitig bemerkt worden wäre (»Sowieso-Kosten«). Eine ungerechtfertigte Bereicherung des Bestellers wird somit vermieden; geschützt wird er allerdings insoweit, als zum einen dem Werkunternehmer die Möglichkeit genommen wird, den Besteller durch die Notwendigkeit eines Änderungsvertrages zu erpressen, und der Besteller zum anderen nicht die u.U. erheblichen Kosten der nachträglichen Änderung des Werks zu tragen hat.

15 Das Bestehen einer Bedenkenhinweispflicht wird universell bejaht. Es spielt insoweit keine Rolle, ob es sich bei dem Besteller um einen Verbraucher oder im Rahmen seiner Erwerbstätigkeit handelnden Marktteilnehmer hat, ob er über Fachkenntnisse verfügt oder nicht. Erkenntnisse der In-

---

34 Krit. dazu *Peters*, NZBau 2010, 211, 213.
35 BGH v. 08.11.2007, VII ZR 183/05, BGHZ 174, 110.
36 Vgl. nur PWW/*Leupertz*, § 633 Rn. 23.

formationsökonomik werden allerdings insoweit berücksichtigt, als das Bestehen einer Informationsasymmetrie bei der Intensität der Hinweispflicht berücksichtigt wird.[37]

Über die bloße Bedenkenhinweispflicht hinaus, die sich erst bei bestehender Kenntnis von Bedenken begründenden Umständen zugunsten des Bestellers auswirkt, wird dem Unternehmer beim Werkvertrag zugleich eine Prüfungspflicht auferlegt, die Ausdruck einer von der Rechtsordnung konstituierten originären Detailplanungspflicht des Unternehmers ist: Weil er für die Bewirkung des von ihm geschuldeten Erfolges einzustehen hat, wird ihm einerseits ein originärer Freiraum belassen, innerhalb dessen er das geschuldete Werk zu erstellen hat. Andererseits bleibt es seine Pflicht, die Möglichkeit der Erreichung dieses Erfolges auch im Fall der Mitwirkung von Vorgaben des Bestellers zu überprüfen. Die Prüfungspflicht ist annähernd unendlich – sie »verdünnt« sich lediglich mit dem Verlust der Fähigkeit des Unternehmers, die Eignung der Vorgaben des Bestellers zu beurteilen, was nur im Einzelfall zum Wegfall führt.[38]

Liegt demgemäß ein Mangel vor, so sorgt § 634 BGB innerhalb der im Regelfall auskömmlichen Fristen des § 634a BGB für adäquate Rechtsbehelfe des Bestellers.

2. AGB-Kontrolle

Abgesichert werden diese Regelungen durch die ebenfalls universell eingreifende, doch im Bereich von Verbraucherbauverträgen gem. § 310 Abs. 3 BGB verschärfte Kontrolle Allgemeiner Geschäftsbedingungen.[39] Von erheblicher Bedeutung ist insoweit das Klauselverbot in § 309 Nr. 8 lit. b BGB, das sich insbesondere auf Werkleistungen bezieht. Beachtung verdient, dass die Rechtsprechung den Begriff der »neuen« Herstellung bei Immobilienerwerbsverträgen weit auslegt. Vgl. dazu insb. *Luz*, Erläuterungen zu §§ 305 ff.

3. Verbraucherkredit

Von eingeschränkter Wirkung ist demgegenüber der besondere Verbraucherschutz durch die §§ 491a ff. BGB. Bauverträge selbst sind keine Verbraucherdarlehensverträge. In Betracht kommt allenfalls die Anwendung der verbraucherkreditrechtlichen Schutzvorschriften im Fall drittfinanzierter Geschäfte, wenn die Voraussetzungen des § 358 Abs. 3 BGB erfüllt sind. Was bei Kaufgeschäften über Kraftfahrzeuge, Möbel, Elektroartikel, im Versandhandel oder Baumarkt weitgehend üblich geworden ist, nämlich die Bereithaltung von Finanzierungsmöglichkeiten durch die Verkäufer, und die Anwendung von § 358 Abs. 3 S. 2 BGB gestattet, ist bei »einfachen« Bauverträgen bis heute eher unüblich. Allein im Bereich des Bauens aus einer Hand werden Austauschvertrag und Darlehen regelmäßig enger geführt. In diesen Fällen schließt indes § 358 Abs. 3 S. 3 BGB die Annahme verbundener Geschäfte regelmäßig aus, wenn nämlich die Bauleistung im Rahmen des Erwerbs eines Grundstücks oder grundstücksgleichen Rechts erfolgt. Seit dem Verbraucherkreditrichtlinien-Umsetzungsgesetz wird die weitere Behandlung von Immobiliardarlehensverträgen in § 503 BGB geregelt.

4. Haustürgeschäft, Fernabsatz, elektronischer Geschäftsverkehr

Der Anwendungsbereich der Regelungen in §§ 312 ff. BGB ist weit genug, um auch als Haustürgeschäft, im Fernabsatz oder im elektronischen Rechtsverkehr geschlossene Bauverträge zu erfassen. Dem steht bei Haustürgeschäften nicht entgegen, dass die maßgebliche Richtlinie[40] Verträge über den Bau von Immobilien von ihrem Anwendungsbereich ausschließt, weil ihr Art. 8 den

---

37 OLG Stuttgart v. 26.02.2010, 9 U 164/08, anhängig beim BGH XI ZR 66/10; Kleine-Möller/*Merl*, § 15 Rn. 137.
38 Vgl. etwa Kleine-Möller/*Merl*, § 15 Rn. 137 m.w.N.
39 Vgl. bereits *Locher*, BauR 1993, 379; *Frieling*, BauR 1994, 154.
40 Richtlinie 85/577/EWG des Rates vom 20. Dezember 1985 betreffend den Verbraucherschutz im Falle von außerhalb von Geschäftsräumen geschlossenen Verträgen, ABl. 1985 Nr. L 372/31.

Mitgliedstaaten gestattet, günstigere Verbraucherschutzmaßnahmen zu erlassen. Eine solche für den Verbraucher günstigere Regelung enthält § 312 BGB, mit dem der Anwendungsbereich dieser Vorschrift weiter gefasst wird, als es die Richtlinie vorsieht.[41]

21 Selbst auf Bauträgerverträge, die in einer Haustürsituation veranlasst werden, findet nach der Rechtsprechung das Widerrufsrecht gem. § 312 Abs. 1 BGB Anwendung.[42] Wegen des Ausschlusses des Widerrufsrechts in § 312 Abs. 3 Nr. 3 BGB hat diese Annahme bei ordnungsgemäß beurkundeten Bauträgerverträgen nur eingeschränkte Bedeutung. Ein Anwendungsbereich verbleibt dem Widerrufsrecht immerhin in der Konstellation des vom BGH entschiedenen Falles, in welcher die ordnungsgemäße Beurkundung gerade unterblieben war, die Nichtigkeitsfolge des § 125 BGB aber durch Heilung gem. § 311b Abs. 1 S. 2 BGB ausgeschlossen wurde.

5. Makler- und Bauträgerverordnung

22 Die gesetzliche Regelung des Werkvertrages begründete in der ursprünglichen Fassung des § 640 BGB bei der typischerweise zeitlich gestreckten Erfüllungsphase eine erhebliche Vorleistungspflicht des Bauträgers. In der Vergangenheit haben Bauträger diese Pflicht in großem Umfang auf die Auftraggeber abgewälzt. Problematisch ist das weniger unter dem Gesichtspunkt der kalkulierbaren Finanzierungslast des Auftraggebers[43] als dem des Insolvenzrisikos des Bauträgers.

23 Vor dem Hintergrund zahlreicher Ausfälle von Auftraggebern Ende der 1960er und -70er Jahre des letzten Jahrhunderts erließ der Gesetzgeber im Jahr 1974 die Makler- und Bauträgerverordnung (MaBV), mit welcher dieses Risiko zum einen durch eine präventive Kontrolle der Bauträgertätigkeit (Erlaubnispflicht) sowie zum anderen durch die durch verschiedene Voraussetzungen eingeschränkte Möglichkeit des Bauträgers, vor der Fertigstellung Zahlungen entgegenzunehmen, minimiert werden sollte. Der Konstruktionsfehler der MaBV besteht in ihrer gewerberechtlichen Ausgestaltung.

III. Risiken beim Bau oder Erwerb von Immobilien

24 *Risiken für den Besteller bzw. Immobilienerwerber* entstehen auf drei Ebenen: An erster Stelle ist die Erfüllungsebene zu beachten: Erhält der Besteller bzw. Erwerber, wofür er bezahlt? Insbesondere: Erhält er für sein gutes Geld auch eine gute »Ware«? An zweiter Stelle entsteht für den Besteller bzw. Erwerber das Verwendungsrisiko: Die Immobilie wird für einen bestimmten Nutzungszweck erstellt oder erworben. Kann die Immobilie wirtschaftlich genutzt werden? Schließlich ist das Finanzierungsrisiko zu beachten. Kann der Besteller bzw. Erwerber die wirtschaftlichen Lasten aus dem Vertrag tragen? Dabei geht es zum einen um das eigentliche Finanzierungsrisiko, d.h. die Fähigkeit des Bestellers, die geschuldete Vergütung zum Zeitpunkt ihrer Fälligkeit zu entrichten, zum anderen um die Einschätzung seiner wirtschaftlichen Leistungsfähigkeit über den gesamten Zeitraum der Rückzahlung von bei Erwerbsverträgen typischerweise erforderlichen Krediten.

25 Bei *verschiedenen Bauvertragsformen* entstehen die Risiken in unterschiedlichen Konstellationen: Bei einem klassischen Bauvorhaben ist das Erfüllungsrisiko für den Bauherrn beschränkt: Er erwirbt ein Grundstück und schließt anschließend selbständige Verträge mit Architekten, Sonderfachleuten und verschiedenen Bauunternehmern. Zur Zahlung ist er im Regelfall nur im Anschluss an die mängelfreie Werkerstellung verpflichtet, vgl. § 641 Abs. 1 BGB. § 632a BGB trägt dem Sicherungsbedürfnis des Bestellers ebenfalls umfassend Rechnung. Das Finanzierungsrisiko des Bauherrn ist dafür erheblich, da die Kostenkontrolle Schwierigkeiten bereitet.[44]

---

41 BGH v. 19.11.1998, VII ZR 424/97, BauR 1999, 257 (Bau eines Wintergartens); v. 22.03.2007, VII ZR 268/05, BauR 2007, 1235, Rn. 13 m.w.N.
42 BGH v. 22.03.2007, VII ZR 268/05, BauR 2007, 1235.
43 Ähnliche Wertung nunmehr in BGH v. 27.05.2010, VII ZR 165/09, Rn. 25, 27.
44 Zur Problematik der Haftung des Architekten bei Bausummenüberschreitung vgl. z.B. BGH v. 16.12.1993, VII ZR 115/92, NJW 1994, 856, 857; OLG Köln v. 12.01.2007, 19 U 128/06, BauR

Anders entwickeln sich die Risiken beim Bauträgervertrag: Hier ist zwar das Finanzierungsrisiko 26
weitergehend beherrschbar, da der Erwerbsvertrag über einen Fest- und Pauschalpreis geschlossen
wird. Dafür riskiert der Erwerber, etwa in der Insolvenz des Bauträgers nicht die versprochene
Leistung zu erhalten.

Wieder anders stellt sich die Situation im Fall des Erwerbs einer gebrauchten, älteren Immobilie 27
dar. Durch den vereinbarten Kaufpreis ist auch hier das Finanzierungsrisiko beschränkt; wegen
der möglichen Mängel und der typischerweise erfolgenden – wirksamen – Freizeichnung des Verkäufers von der Mängelhaftung verbleibt hier jedoch das Erfüllungsrisiko in erheblichem Umfang
beim Käufer.

IV. Risikominimierung durch klassische Instrumente des Verbraucherschutzes

1. Informationspflichten

Die klassischen Instrumente des Verbraucherschutzes vermögen im Hinblick auf jene Schutz- 28
lücken nur wenig weiterzuhelfen: Der komplementäre Verbraucherschutz durch Verbraucherinformation soll eine strukturelle Unterlegenheit des Verbrauchers ausgleichen (vgl. o. Rdn. 6).
Die aus der Informationsökonomik gewonnenen Erkenntnisse machen allerdings deutlich, dass
bei Bauverträgen Informationspflichten nicht unbedingt geeignete Instrumente des Verbraucherschutzes sind: Klassische Bereiche des Verbraucherrechts sind von einer starken Informationsasymmetrie geprägt: Der Unternehmer verfügt ohne weiteres über Informationen, welche sich der
Verbraucher erst mühsam beschaffen muss. Aus der Sicht des Verbrauchers rechtfertigen sich allerdings die Transaktionskosten zur Gewinnung der Information nicht (sog. rationale Apathie).

Beim Immobilienerwerb ist das anders. Angesichts der hohen in Rede stehenden Beträge rechtfer- 29
tigen sich durchaus auch höhere Kosten der Informationsbeschaffung. Überdies würden die Kosten der Information durch eine auf den gewerblichen Bauträger verlagerte Aufklärungspflicht
nicht minimiert. Weiter wird hinreichende, und in ihrer Qualität der Aufklärung durch eine Vertragspartei überlegene, Information über die rechtliche Gestaltung und deren Risiken durch die
erforderliche notarielle Belehrung beim Immobilienerwerbs- und Bauträgervertrag verschafft. Ein
besonderes Problem entsteht daraus, dass über die in der Praxis vielleicht bedeutenderen Risikofaktoren (dazu sogl.) überhaupt nicht belehrt werden kann. Dennoch stellt die Rechtsordnung
unterschiedlich wirkende Informationsgebote auf:

a) Informationspflichten in der Werbung

Für die Baubranche haben werberechtliche, insbesondere lauterkeitsrechtliche, Regelungen in der 30
Vergangenheit soweit ersichtlich nur eine bescheidene Bedeutung gehabt. Andere Branchen, namentlich der Online-Vertrieb, haben demgegenüber bereits seit Jahren mit einer Verrechtlichung
der kommerziellen Kommunikation zu tun. Vor allem unzureichende Belehrungen über Widerrufsrechte,[45] in jüngerer Zeit aber auch die Verwendung unwirksamer AGB,[46] geben Anlass und
Gelegenheit zu für die nicht rechtskonform Handelnden schmerzhaften, weil gem. §§ 12, 8
Abs. 1, 3 Nr. 1, 3 i.V.m. 4 Nr. 11 UWG gebührenpflichtigen Abmahnungen. Der Anwendungsbereich der lauterkeitsrechtlichen Vorschriften ist seit der UWG-Novelle von 2008 durch den
Übergang von der »Wettbewerbshandlung« auf die »geschäftliche Handlung« gem. § 2 Abs. 1

2008, 697; OLG Karlsruhe v. 24.07.2007, 8 U 93/06 (Nichtzulassungsbeschwerde zurückgewiesen v. BGH v. 19.06.2008, VII ZR 172/07).

45 Vgl. dazu *Schirmbacher*, BB 2009, 1088. Nunmehr wird die Problematik durch die Neuregelung in § 360 Abs. 1 S. 1 BGB entschärft.

46 Vgl. etwa BGH v. 31.03.2010, I ZR 34/08 – Gewährleistungsausschluss im Internet, WRP 2010, 1475; *Armgardt*, WRP 2009, 122, 127.

Nr. 1 UWG gewachsen: Geschäftliche Handlungen im Sinne des Gesetzes können nunmehr gem. § 2 Abs. 1 Nr. 1 UWG auch noch bei und nach Vertragsschluss vorgenommen werden.[47]

31 Weil die Annahme europaweit konsensfähig war (vgl. EGr. 14 S. 2 der Richtlinie über unlautere Geschäftspraktiken;[48] im folgenden: UGP-Richtlinie), dass der Verkehr jedenfalls bei für den Vertragszweck wesentlichen Informationen vom Werbenden deren Offenlegung erwartet und aus ihrem Fehlen anderweitige Schlüsse zieht, regeln Art. 7 Abs. 1, 2 UGP-Richtlinie, dass ein diesbezügliches Unterlassen der Irreführung gleichzustellen ist. Dem Verweis in Art. 7 Abs. 1 auf die Vereitelung der »informierten geschäftlichen Entscheidung« ist nicht zu entnehmen, dass das bloße Fehlen bestimmter Information die Unlauterkeit begründen soll. Gemäß EGr. 14 S. 2 sollen durch die getrennte Regelung irreführender Handlungen und Unterlassungen in den Art. 6, 7 UGP-Richtlinie insgesamt sämtliche irreführenden Praktiken erfasst werden. In EGr. 14 S. 1 wird jedoch deutlich gemacht, dass der Mangel an Information *per se* noch nicht die Unlauterkeit begründet: Vielmehr sollen sämtliche Praktiken umfasst werden, welche den Verbraucher durch Täuschung von der informierten Entscheidung abhalten. Dieser strukturelle Zusammenhang macht das fortbestehende Erfordernis einer Fehlvorstellung auch bei der Täuschung durch Unterlassen deutlich.[49] Anders als bei der gescheiterten Verordnung über Verkaufsförderungsmaßnahmen[50] sollten durch die UGP-Richtlinie keine originären Informationspflichten geschaffen werden. Deutlich wird dies durch die Anbindung des Art. 7 an die Irreführung gem. Art. 5 Abs. 4 lit. a, 6 UGP-Richtlinie. Die Anknüpfung der Informationspflicht an eine Irreführung wird auch durch die Entwicklung einer Theorie gestufter Informationspflichten gestützt,[51] die sich in der Regelung des Art. 7 Abs. 3 UGP-Richtlinie erkennen lässt. Der Werbeadressat erwartet schließlich nur mediums- bzw. verhandlungsstandskonforme Informationen: Je großvolumiger das eingesetzte Werbematerial (eine schmale Zeitungsanzeige oder ein 20seitiger Werbeprospekt), je höher der selbstgesetzte Anspruch des kommerziellen Kommunikationsakts, je fortgeschrittener das Verhandlungsverhältnis, desto mehr steigen die schutzwürdigen Erwartungen des Adressaten und desto näher wird liegen, dass eine Nichtinformation einen Irrtum begründet.

32 Wenngleich also den Ausgangsregelungen der Richtlinie keine selbständigen und vom Bestehen einer Irreführungsgefahr unabhängigen lauterkeitsrechtlichen Informationspflichten zu entnehmen sind,[52] gehen die detaillierten Regelungen der Art. 7 Abs. 4, 5 UGP-Richtlinie doch erheblich über das Maß hinaus, das § 5 Abs. 2 S. 2 UWG 2004 vorsah.[53] Der Gesetzgeber hat daher mit gutem Grund entschieden, die weitreichenden Vorgaben in § 5a Abs. 2–4 UWG zu überneh-

---

47 Vgl. dazu *Glöckner*, WRP 2009, 1175.
48 Richtlinie 2005/29/EG des Europäischen Parlaments und des Rates vom 11. Mai 2005 über unlautere Geschäftspraktiken im binnenmarktinternen Geschäftsverkehr zwischen Unternehmen und Verbrauchern und zur Änderung der Richtlinie 84/450/EWG des Rates, der Richtlinien 97/7/EG, 98/27/EG und 2002/65/EG des Europäischen Parlaments und des Rates sowie der Verordnung (EG) Nr. 2006/2004 des Europäischen Parlaments und des Rates (Richtlinie über unlautere Geschäftspraktiken), ABl. 2005 Nr. L 149/22.
49 *Steinbeck*, WRP 2006, 632, 636. A.A. *Fezer*, WRP 2006, 781, 786 ff.; MüKo-UWG/*Micklitz*, 2006, Einl F 200; *Keßler*, WRP 2007, 714, 720 f.
50 Mitteilung der Kommission vom 02.10.2001 über Verkaufsförderung im Binnenmarkt, KOM (2001) 546 endg. Der Vorschlag wurde 2006 zurückgezogen, vgl. Vorschläge der Kommission, die auf ihre allgemeine Relevanz, auf ihre Auswirkungen auf die Wettbewerbsfähigkeit sowie auf sonstige Folgen überprüft und daraufhin zurückgezogen wurden, ABl. 2006 Nr. C 64/3.
51 Vgl. dazu *Steinbeck*, WRP 2006, 632, 635. Ähnlich *Walter*, S. 311 ff.: Theorie des dynamischen Transparenzgebotes.
52 *Walter*, S. 128.
53 *Steinbeck*, WRP 2006, 632, 635. Nach *Fezer* ist Art. 7 der Richtlinie »Ausdruck eines Paradigmenwechsels im europäischen Wettbewerbsrecht, dessen Politikansatz ein Informationsmodell des lauterkeitsrechtlichen Verbraucherschutzes ist«, WRP 2006, 781, 787. Nach *Keßler* konstituiert die Norm durch die Begründung marktbezogener Informationspflichten die Funktionsbedingungen einer »*workable competition*«, WRP 2007, 714, 721. Vgl. hierzu ausf. MüKo-UWG/*Micklitz* EG D Rn. 18 ff., EG F Rn. 199.

men.⁵⁴ Insbesondere die in Art. 7 Abs. 4 UGP-Richtlinie genannten Informationen, die bei Aufforderungen zum Kauf zu verschaffen sind, scheinen auf den ersten Blick nicht in ein Modell zu passen, das keine selbständigen Informationspflichten begründet. Begründungserwägung 14 S. 3 UGP-Richtlinie bezeichnet sie als »Basisinformationen«. Sie betreffen die Identität des Anbieters (lit. b), die wesentlichen Merkmale des Produkts (lit. a) sowie die Zahlungs-, Liefer- und Leistungsbedingungen (lit. d), den Preis (lit. c) und schließlich das Bestehen etwaiger Rücktritts- oder Widerrufsrechte (lit. e).

Gesetzgebungstechnisch, aber auch in der Sache, handelt es sich indes um Konkretisierungen der »wesentlichen Informationen« gem. Art. 7 Abs. 1 UGP-Richtlinie, die der Durchschnittsverbraucher benötigt, um eine informierte Entscheidung zu treffen. Das ist besonders gut nachzuvollziehen im Hinblick auf die »wesentlichen Merkmale des Produkts« (lit. a). Mit der Konkretisierung in Art. 7 Abs. 4 UGP-Richtlinie ist eine Verdichtung von Informationspflichten verbunden, wenn Werbeangaben sich auf konkrete Vertragsschlüsse hin konkretisieren. Zu begrüßen sind solche Pflichten, wenn sie die Transaktionsaufwendungen der Beteiligten reduzieren, indem sie etwa weitere Kontaktaufnahmen (zur Ermittlung des Anbieters, der konkreten Konditionen etc.) überflüssig machen. 33

Angaben über die wesentlichen Merkmale des Produkts werden lediglich bei Aufforderungen zum Kauf geschuldet. Die Aufforderung zum Kauf wird in Art. 2 lit. i UGP-Richtlinie als »kommerzielle Kommunikation, die die Merkmale des Produkts und den Preis in einer Weise angibt, die den Mitteln der verwendeten kommerziellen Kommunikation angemessen ist und den Verbraucher dadurch in die Lage versetzt, einen Kauf zu tätigen«, definiert. Ein Exposé, erst recht eine Baubeschreibung, die Vertragsbestandteil wird, wird jedenfalls bereits als Aufforderung zum Kauf zu verstehen sein. 34

Der deutsche Gesetzgeber hat die Vorgaben des Art. 7 Abs. 4 UGP-Richtlinie in § 5a Abs. 3 UWG umgesetzt. Als Folge der gebotenen richtlinienkonformen Auslegung ist die Formulierung »werden Waren oder Dienstleistungen … angeboten« im Sinne der Definition der »Aufforderung zum Kauf« in Art. 2 lit. i UGP-Richtlinie zu verstehen, welche an »Produkte« anknüpft. Diesbezüglich stellt Art. 2 lit. c UGP-Richtlinie klar, dass zu den Waren auch Immobilien zählen. Von der Regelung in § 5a Abs. 3 UWG und der darin aufgestellten Pflicht, alle wesentlichen Merkmale in einem dem Kommunikationsmittel angemessenen Umfang zu beschreiben, werden daher im Grundsatz auch geschäftliche Handlungen im Zuge der Werbung und des Vertriebs von Immobilien durch Bauträger oder Generalunternehmer erfasst. 35

So stellt sich vornehmlich für Bauträgerverträge die Frage, welche Merkmale der beworbenen Immobilie als wesentlich zu betrachten sind. Ein strukturelles Argument wird von der Informationsökonomik bereitgestellt: Die Informationsverarbeitungsfähigkeit jedes Verbrauchers ist beschränkt. Ein *information overload* hilft dem zu schützenden Verbraucher nichts. Unternehmen werden jedoch eine selbständige lauterkeitsrechtliche Pflicht zur Information tendenziell mit »Sicherheitsreserve« erfüllen, um ein lauterkeitsrechtliches Haftungsrisiko auszuschließen.⁵⁵ Damit kommt es zu einer Überflutung mit Information, die zum absehbaren Ausschluss ihrer Wahrnehmung durch die Verbraucher führt.⁵⁶ Das spricht zunächst dafür, die obligatorisch zu verschaffenden wesentlichen Informationen auf wenige Schlüsseldaten zu beschränken. Nicht jede Information, die für den Verbraucher von Interesse ist, betrifft zugleich ein wesentliches Merkmal im Sinne 36

---

54 Begründung Regierungsentwurf, BT-Drucks. 16/10145, 17.
55 Dieses Phänomen wird in der Diskussion um Informationspflichten zur Gewährleistung von Produktsicherheit bzw. zur Vermeidung von Produkthaftung verwandt, vgl. dazu *Meyer*, S. 262 ff.; *Endres/Lüdeke*, S. 201.
56 *van den Bergh*, S. 77, 85; *Niemöller*, S. 11. Eine vermeintliche Ablösung des Irreführungsverbots durch ein Informationsgebot sollte daher nicht als Errungenschaft der Informationsökonomik bezeichnet werden, so *Peifer*, WRP 2008, 556, 557.

von § 5a Abs. 3 UWG. Die Lärmexponiertheit einer angebotenen Wohnung in Innenstadtlage mag bei natürlicher Betrachtung für die Kaufentscheidung wesentlich sein. In Abwesenheit besonderer Umstände wird die Information darüber aber nicht geschuldet, weil der Verbraucher nicht erwartet, darüber informiert zu werden.[57]

37 Wenn eine Werbung für den Kaufentschluss wichtige Merkmale nennt, so muss diesbezüglich auf eine gewisse Vollständigkeit geachtet werden.[58] Insoweit sind Informationspflichten unter Heranziehung des Ingerenzgedankens zu begründen, wo erst das eigene geschäftliche Verhalten eine spezifische Intransparenz schafft. So hat der BGH angenommen, dass Koppelungsangebote missbräuchlich sein können, wenn die Gefahr besteht, dass die Verbraucher über den Wert des tatsächlichen Angebots, namentlich über den Wert der angebotenen Zusatzleistung, unzureichend informiert werden.[59] Mangelnde Information kann auf diese Weise durchaus die Unlauterkeit einer an sich nicht irreführenden geschäftlichen Handlung begründen.

b) Informationspflichten im Bauträgervertrag

38 In der Vergangenheit wurden immer wieder für Bauverträge im allgemeinen und Bauträgerverträge im besonderen Pflichtinformationen bzw. Mindestangaben in der Baubeschreibung etc. angemahnt.[60] Auch auf der rechtsgeschäftlichen Ebene sollte aus strukturellen Gründen der Versuchung widerstanden werden, jegliche Offenheit des Bauvertrages unter das Damoklesschwert der Intransparenz zu stellen. Dem steht bereits das gesetzgeberische Modell des Werkvertrages entgegen: Funktional definierte Werke und globale Leistungsbeschreibungen sind nicht etwa unerwünschte Randerscheinungen, sondern stehen im Kern des Regelungsmodells des Werkvertrags, in welchem der Unternehmer lediglich, aber stets, einen besonderen Erfolg schuldet, für dessen Erreichung er eine originäre Verantwortung trägt.[61] Wird dieser Erfolg näher definiert, so kommt es doch nur zu einer schrittweisen Konkretisierung der geschuldeten Leistung. Selbst in jeder Position eines Leistungsverzeichnisses bleibt die in der Position enthaltene und beschriebene Leistung abstrakt im Hinblick auf zahlreiche Einzelfragen. Eine Leistungsbeschreibung, die gleichsam den genetischen Code des geschuldeten Werks enthält und damit zugleich alle seine Eigenschaften umfasst, ist allenfalls theoretisch denkbar. Vor diesem Hintergrund wäre es eine unlösbare Auf-

---

57 Köhler/*Bornkamm*, § 5a UWG Rn. 32.
58 Köhler/*Bornkamm*, § 5a UWG Rn. 31.
59 BGH v. 11.03.2004, I ZR 161/01, Rn. 15 m.w.N. In diesem Sinne kann bereits EuGH v. 15.12.1982, Rs. 286/81 – Oosthoek, Slg. 1982, 4575, Rn. 18, 20, interpretiert werden, in welchem der EuGH ein Zugabenverbot im Hinblick auf die transparenzschädigende Wirkung von Koppelungsangeboten als gerechtfertigt anerkannte.
60 Vgl. Arbeitskreis Schuldrechtsmodernisierungsgesetz des Instituts für Baurecht Freiburg e.V. (IfBF), Baurechtlicher Ergänzungsentwurf zum Schuldrechtsmodernisierungsgesetz, abrufbar unter »http://www.ifbf. de/downloads/arbeitskreis.pdf (site zul. besucht am 20.07.2010), E § 5 Abs. 2 lit. a, Begr. S. 14: Durch die Informationspflicht soll erreicht werden, dass der Verbraucher ausreichend Gelegenheit erhält, sich fachkundig beraten zu lassen. Ähnlich Verbraucherzentrale Bundesverband e.V., Stellungnahme zum Reformbedarf im Bereich des Bauvertragsrechts unter dem Gesichtspunkt des Verbraucherschutzes v. 15.04.2005, abrufbar unter http://vzbv.de/mediapics/stellungnahme_bmj_reformbedarf_2005.pdf (site zul. besucht am 20.07.2010), S. 5 ff.: umfassende und eindeutige Beschreibung der zu erbringenden Leistungen, wobei die Beschreibungsmerkmale in einer Rechtsverordnung geregelt werden sollen. Der Deutsche Baugerichtstag 2006 empfahl zwar mit knapper Mehrheit, keine gesetzliche Baubeschreibungspflicht zu begründen, mit großer Mehrheit aber die Vornahme eines Rechtsvergleichs mit anderen europäischen Rechtsordnungen, http://www.heimann-partner.com/dbgt/mp-content/user_upload/dateien/ empfehlungen.pdf (site zul. besucht am 20.07.2010). Diesen Rechtsvergleich gab das Bundesamt für Ernährung, Landwirtschaft und Verbraucherschutz in Auftrag: Abschlussbericht vom 24.10.2008 abrufbar unter http://www.bmelv.de/cae/servlet/contentblob/380374/publicationFile/21897/Heft520.pdf (site zul. besucht am 20.07.2010).
61 Sie spiegelt sich etwa bei der Tenorierung von Nacherfüllungsurteilen wider, vgl. *Werner/Pastor*, Rn. 2094.

gabe, abstrakt Trennlinien zwischen unter Verbraucherschutzgesichtspunkten gebotener Konkretheit und Information einerseits und legitimer »Restoffenheit« andererseits zu ziehen.

Tatsächlich handelt es sich bei schlicht »offenen« Baubeschreibungen allein um Risikogeschäfte, die keinen Zugriff mithilfe des Transparenzgebots oder einer daraus abgeleiteten Informationspflicht gebieten. Soweit der Erwerber ohne weiteres erkennt, dass Aspekte des geschuldeten Werks nicht näher beschrieben sind und der Bauträger insoweit allein gem. § 633 Abs. 2 Nr. 2 BGB am Maßstab der üblichen Beschaffenheit bzw. der Eignung zur gewöhnlichen Verwendung festgehalten werden kann, mag er im Vorfeld die von ihm mit dem Werk verfolgten Verwendungsabsichten offenlegen und so die erweiterte Haftung gem. § 633 Abs. 2 Nr. 1 BGB auslösen oder auf nähere Klärung derjenigen Beschaffenheiten dringen, an denen ihm gelegen ist. Weder steigen durch ein solches Verfahren die Transaktionskosten nennenswert, noch wird der Verbraucher von der Geltendmachung seiner Rechte abgehalten.

2. Ius cogens

Es gibt auch nur wenige Ansatzpunkte für die Gewährung eines weiterreichenden kompensatorischen Verbraucherschutzes. Durch die Ausgestaltung der Mängelansprüche beim Kauf- und Werkvertrag entsprechend dem Modell der Verbrauchsgüterkaufrichtlinie gelangen Erwerber von Immobilien von Haus aus in den Genuss einer umfassenden Ausstattung mit Mängelansprüchen. Anders als beim Verbrauchsgüterkauf gem. § 475 BGB sind die betreffenden Regelungen zwar nicht zwingend, sondern können vertraglich abbedungen werden, doch ist der Anwendungsbereich der AGB-Kontrolle weit.[62] Die AGB-rechtliche Privilegierung von einschränkenden Regelungen in der VOB/B wurde für Verbraucherverträge aufgegeben.[63] Die AGB-Kontrolle sorgt für einen weitgehenden Schutz des Bestellers bzw. Erwerbers neuer Immobilien. Bei älteren Immobilien besteht demgegenüber ein schutzwürdiges Interesse des Verkäufers, nicht weitergehend zu haften.

3. Widerrufsrechte

Zu den weiteren Methoden, kompensatorischen Verbraucherschutz zu gewähren, zählt die Einräumung von Widerrufsrechten. Diese Widerrufsrechte dienen vor allem dem Schutz vor Übereilung. Eines solchen Schutzes bedarf es allerdings gerade bei Immobilienerwerbsverträgen nicht. Wegen der erheblichen wirtschaftlichen Bedeutung solcher Verträge lassen sich die Verbraucher–Erwerber kaum in derselben Weise zu unüberlegten Entschlüssen hinreißen wie in einer Haustürsituation oder bei der Aufnahme eines Verbraucherdarlehens.

4. Verbleibende Schutzlücken

a) Leistungs- und Preistransparenz

Eine wettbewerblich erwünschte Vergleichbarkeit der Angebote könnte auf dem speziellen, durch den Wettbewerb von Unikaten gekennzeichneten Markt für Bauleistungen kaum erreicht werden. Bei in hohem Maße individuellen Leistungen, wie sie insbesondere Bauträgerverträgen zugrunde liegen, werden auch konkretere Baubeschreibungen nicht für verbesserte Vergleichbarkeit auf dem Markt sorgen. Vor diesem Hintergrund sollte davon ausgegangen werden, dass jedenfalls die für den Erwerber »offensichtliche Offenheit« der Baubeschreibung nicht den Vorwurf der Intransparenz begründet.[64] Für die Intransparenz im Rechtssinne bedarf es einer besonderen Wirkweise, einer Camouflage, welche den Erwerber gerade davon abhält, vor Vertragsschluss auf eine aus seiner Sicht erforderliche Definition des Leistungsprogramms hinzuwirken oder aber nach Vertrags-

---

62 Grundlegend BGH v. 11.10.1984, VII ZR 248/83, NJW 1985, 852.
63 BGH v. 24.07.2008, VII ZR 55/07, BGHZ 178, 1.
64 Vgl. bereits *Pause*, BTR 2002, 7, 9.

schluss seine Rechte geltend zu machen. Aus diesem Grund ist weder *de lege lata* eine selbständige Informationspflicht in Bauträgerverträgen anzunehmen, noch sollte sie *de lege ferenda* begründet werden.

43 Erwägenswert ist demgegenüber eine verbraucherfreundlich und lebensnah strukturierte Standardisierung im Hinblick auf typischerweise vom Verbraucher-Erwerber berücksichtigte Kriterien (z.B. Wohnfläche,[65] Schallschutz,[66] Energieverbrauch,[67] Allergieklassen[68]). Auf solche Standard-Parameter ließen sich auf gesetzlicher Grundlage spezielle Informationspflichten beziehen, welche dem Gebot der Rechtssicherheit nicht widersprechen, den Wettbewerb fördern sowie den Informationsaufwand von Bauträger und Erwerber minimieren.

44 Um unliebsame Überraschungen zu vermeiden, kann auch daran gedacht werden, vertragliche Preisgestaltungsregelungen für den Fall nachträglicher Vertragsänderungen bei Sonderwünschen vorzuschreiben bzw. den Verbraucher-Besteller begünstigende Reserveregelungen im Fall des Fehlens solcher Vereinbarungen zu schaffen.

b) Erfüllungsrisiko bei Bauträgerverträgen

45 Der hier nur skizzenhaft wiedergegebene Überblick hat deutlich gemacht, dass insbesondere das Erfüllungsrisiko mit juristischen Mitteln weitgehend beherrschbar ist: Bei entsprechender vertraglicher Ausgestaltung bestehen die für den Schutz der Erwerberinteressen erforderlichen Ansprüche nicht nur auf dem Papier, sondern sind auch durchsetzbar. Lücken sind immerhin beim Erwerb vom Bauträger im Hinblick auf die Möglichkeit von dessen Insolvenz zu erkennen. Hier könnte wohl nur eine Insolvenzausfallversicherung oder eine andere Form der Erfüllungssicherung durch den Bauträger[69] helfen.

c) Verwendungs- und Finanzierungsrisiko

46 Insbesondere die »Schrottimmobilien«-Saga hat zunächst deutlich gemacht, dass die allgemeinen zivilrechtlichen Instrumente ungeeignet sind, adäquaten Rechtsschutz bei bestimmten drittfinanzierten Immobilienerwerbsvertragstypen zu gewähren. So stellt sich die Frage, ob die weitreichende Befreiung von Realkreditverträgen von den Vorschriften über verbundene Geschäfte gem. § 358 Abs. 3 S. 3 BGB unbedingt zweckmäßig ist.

47 Besonders schwierig erscheint die Risikokontrolle im Hinblick auf die Verwendungsgefahr und die Finanzierungsgefahr. Die Entwicklung des künftigen Bedarfs ist nur schwer einzuschätzen. Das beginnt bei der familiären und beruflichen Entwicklung des Erwerbers und erstreckt sich bis hin zu möglichen Fehleinschätzungen der künftigen Leistungsfähigkeit als Folge ebensolcher Ereignisse. Im Hinblick auf die Finanzierungsgefahr tritt die mögliche Fehleinschätzung der aktuellen Marktsituation (was ist der objektive Marktwert der erworbenen Immobilie?) sowie die Fehleinschätzung der künftigen Marktentwicklung hinzu. Die meisten Risikofaktoren sind insoweit kaum zu beherrschen. Zu denken ist etwa an die gesundheitliche Entwicklung des Erwerbers, seine persönlichen Beziehungen (Scheidung), die Entwicklung des Arbeitsmarkts oder die gesamt-

---

65 Die Wohnflächenverordnung v. 25. November 2003, BGBl. I S. 2346, gilt nur für Mietwohnraum im Zusammenhang mit dem Wohnraumförderungsgesetz. Zu anderen Berechnungsgrundlagen vgl. *Koeble*, in: Rechtshandbuch Immobilien, Bd. I Kap. 20 Rn. 17f ff.
66 Vgl. demgegenüber die wertlose DIN 4109, BGH v. 14.06.2007, VII ZR 45/06, BauR 2007, 1570; BGH v. 04.06.2009, VII ZR 54/07, BauR 2009, 1288.
67 Vgl. insoweit bereits der Zwang zur Vorlage des Energieausweises bei der Veräußerung auf der Grundlage der EnergieeinsparVO.
68 Vgl. »http://www.bmelv.de/SharedDocs/Standardartikel/Ernaehrung/SichereLebensmittel/Allergien/Handlungsfeld7.html« (site zul. besucht am 20.07.2010).
69 Vgl. zu letzterer die Empfehlung 2 des AK V des Baugerichtstages 2010, »http://www.heimann-partner.com/dbgt/mp-content/user_upload/dateien/3dbgtempfehlung.pdf« (site zul. besucht am 09.07.2010).

wirtschaftliche Entwicklung. All diese Umstände treten mittel- und längerfristig ein und lassen sich zu einem gegebenen Erwerbszeitpunkt nur schwer vorhersagen. Insbesondere ein an eine zweiwöchige Frist gebundenes Widerrufsrecht könnte wenig helfen.[70]

V. Alternativen oder Ergänzungen zum Verbraucherschutz durch Privatrecht

Die voranstehenden Ausführungen sollten keineswegs zeigen, dass es beim Immobilienerwerb keines Verbraucherschutzes bedürfte – im Gegenteil! Sie sollten auch nicht suggerieren, dass es keine Möglichkeiten gäbe, den bestehenden Verbraucherschutz in bestimmten Bereichen zu verbessern. Vielmehr sollte gezeigt werden, dass es sich beim Verbraucherschutz mit klassisch verbraucherrechtlichen Instrumenten um eine Stellschraube mit Feingewinde handelt. 48

An dieser Stelle schließt sich die Betrachtung, die mit der Einordnung des Verbraucherschutzes durch Privatrecht in die Gesamtwirtschaftsordnung begann: Vor allem das Verwendungs- und das Finanzierungsrisiko wirken sich erst als Folge der Unveräußerlichkeit bzw. des Verlustes bei der Weiterveräußerung der Immobilie aus. In einer der oben beschriebenen existenzbedrohenden Situationen kann die Immobilie zum Stein am Hals des Ertrinkenden werden. Ob er sich dieser Last entledigen kann, hängt maßgebend davon ab, wie marktgängig die erworbene Immobilie ist. Dafür sind zum Teil Marktgegebenheiten relevant, die vom Gesetzgeber nicht zu beeinflussen sind wie insbesondere die Ausgestaltung der Immobilie, die Marktsituaton am Ort ihrer Belegenheit oder die gesamte Marktentwicklung (Konjunktur, Demografie etc.). 49

Abgesehen davon sind es jedoch vor allem die Transaktionskosten, die im Fall einer kurzfristigen Veräußerung aus Sicht des weiterveräußerungswilligen Erwerbers wieder eingebracht werden müssen, sich aber am Markt häufig nicht durchsetzen lassen. In Deutschland werden für gewöhnlich 10–12 % des Kaufpreises als Nebenkosten angegeben, die sich auf die vom Grundbuchamt für die Eintragung erhobene Gebühr, die Beurkundungsgebühr des Notars, die Grunderwerbssteuer sowie eventuell die Maklerkosten erstrecken. Für Nordamerika werden demgegenüber lediglich Transaktionskosten in Höhe von 1,5–6 % genannt. 50

An dieser Stelle soll angeregt werden, durch eine gezielte Reduktion der Transaktionskosten dem Immobilienmarkt zu mehr Fluktuation zu verhelfen, und durch diese Verbesserung den Verbraucherschutz im Hinblick auf die nicht beherrschbaren Risiken zu verbessern. Ansatzpunkte für eine Reduktion dieser Kosten gibt es reichlich: Die Vergütung des Grundstücksmaklers mit unter Umständen zwei mal 3 % des Kaufpreises erscheint im Hinblick auf die von ihm zu erbringende Leistung und seine beschränkte Haftung unangemessen. Auch die Grunderwerbssteuer in Höhe von 3,5 % (in Berlin, Hamburg und Sachsen-Anhalt gar 4,5 %) des Kaufpreises ist als Umsatzsteuer auf private Veräußerungen systemwidrig. Bei den für den Grundbucheintrag erhobenen Gebühren stellt sich die Frage nach deren Verhältnis zum tatsächlich betriebenen Verwaltungsaufwand. 51

Es bleiben schließlich die Kosten der notariellen Beurkundung. Wie oben bereits dargestellt wurde, entsteht aus der Einschaltung des Notars und den Bestandteilen der eigentlichen Beurkundung ein hoher Mehrwert insbesondere für Verbraucher. Dem stehen jedoch vergleichsweise hohe Kosten gegenüber. Die deutschen Notare zählen zum Teil zu den besten Juristen des Landes. Es stellt sich indes die Frage, ob der Einsatz so hochqualifizierter Juristen bei der Beurkundung von Immobilienerwerbsverträgen stets erforderlich ist. Insoweit könnte darüber nachgedacht werden, ein Standardverfahren in Verbindung mit Standardregelungen für Immobilienerwerbs- bzw. Bauträgerverträge zu erstellen, deren Verwendung den Einsatz minderqualifizierter Gewährspersonen, etwa Rechtspflegern, rechtfertigt und damit zugleich eine Absenkung der Beurkundungsgebühren gestattet. 52

---

[70] *Peters*, NZBau 2010, 211, 215. Auch der Baugerichtstag 2010 lehnte die Begründung eines Widerrufsrechts mit überwältigender Mehrheit ab, Empfehlung 10 AK I »http://www.heimann-partner.com/dbgt/mp-content/user_upload/dateien/3dbgtempfehlung.pdf« (site zul. besucht am 09.07.2010).

Teil B: Zivilrecht

Teil I: Rom I-VO – Anwendbares Recht

Schrifttum
Aicher/Korinek Rechtsfragen des nationalen und internationalen Industrieanlagenbaus (1991); *Bitterich* Vergaberechtswidrig geschlossene Verträge und internationales Vertragsrecht, IPRax 2010, 465; *Böckstiegel* u.a. (Hrsg.) Vertragsgestaltung und Streiterledigung in der Bauindustrie und im Anlagenbau (1984); *Britton* Choice of Law in Construction Contracts, – The View from England, Int. Constr. L. Rev. 19 (2002) 242; *Bunni* The FIDIC Form of Contract ²(1997); *Burr* European Construction Contract (Loseblatt 1994 ff.); *Christie* The Law Governing an International Construction Contract, Int. Constr. L. Rev. 24 (2007), 252; *Dünnweber* Vertrag zur Errichtung einer schlüsselfertigen Industrieanlage im internationalen Wirtschaftsverkehr (1984); *Fischer* Grenzüberschreitende Architektenverträge, in: FS Werner (2005), 23; *Freitag* Grenzüberschreitende Bau- und Planerverträge, in: *Messerschmidt/Voit* (Hrsg.), Privates Baurecht (2008), 458; *Garcimartín* Alférez, The Rome I Regulation, EuLF 2008 I, 61; *Glavinis* Le contrat international de construction (1993); *Hauschka/Schranke* Bauprojekte im Ausland, BauR 2005, 1550; *Heide* Patent- und Know-how-Lizenzen in internationalen Anlagenprojekten, GRUR Int. 2004, 913; *Hök* Neues zum Internationalen Privatrecht des Bauvertrages, ZfBR 2000, 7; *ders.* Internationales und Europäisches Baurecht, ZfBR 2002, 430; *ders.* Handbuch des internationalen und ausländischen Baurechts (2005); *ders.* Zur Absicherung der Verpflichtungen aus einem FIDIC-Bauvertrag durch Bankgarantien und Bürgschaften in der internationalen Praxis, ZfBR 2003, 527; *ders.* Internationales Vergaberecht der Weltbank für Bau und Anlagenbau auf der Grundalge von FIDIC und FNAA-Musterverträgen, ZfBR 2004, 731; *ders.* Zur Sprachregelung in den FIDIC-Verträgen, ZfBR 2005, 332; *ders.* Zum Sitz des Rechtsverhältnisses beim internationalen Bau- und Architektenvertrag, ZfBR 2006, 741; *ders.* Neues europäisches Internationales Baurecht, ZfBR 2008, 741; *ders.* FIDIC Verträge im Lichte der Unidroit-Prinzipien als Vertragsstatut, ZfBR 2008, 115; *van Houtte* International Subcontracting, Int. Constr. L. Rev. 8 (1991), 301; *Jayme* Der Subunternehmervertrag im deutsch-französischen Rechtsverkehr, IPRax 1985, 372; *ders.* Komplexe Langzeitverträge und IPR, IPRax 1987, 63; *ders.* BOT-Projekte – Problem der Rechtswahl, in: *Nicklisch* (Hrsg.), Rechtsfragen privatfinanzierter Projekte – Nationale und internationale BOT-Projekte (1994), 65; *Kilian/Müller* Öffentlich-rechtliches Preisrecht als Eingriffsnorm iS des Art. 34 EGBGB, IPRax 2003, 436; *Kondring* Das französische Subunternehmergesetz als Eingriffsnorm, RIW 2009, 118; *Lagarde* La sous-traitance en droit international privé, in: *Gavalda* (Hrsg.), La sous-traitance de marchés de travaux et de services (1978), 186; *W. Lorenz* Verträge über im Ausland zu erbringende Bauleistungen, IPRax 1995, 329; *Mallmann* Neue FIDIC-Standardbedingungen für Bau- und Anlagenverträge, RIW 2000, 532; *ders.* Bau- und Anlagenbauverträge nach den FIDIC-Standardbedingungen (2002); *Markowsky* Der Bauvertrag im internationalen Rechtsverkehr (1997); *Martin* International Construction Contracts, Comp. L. Yb. 15 (1993), 313; *Martiny* Anwendbares Recht für internationale Bauverträge, BauR 2008, 241; *Nicklisch* Privatautonomie und Schiedsgerichtsbarkeit bei internationalen Bauverträgen, RIW 1991, 89 ff.; *ders.* Werkverträge, insbesondere Bau- und Anlagenverträge, in: *Kronke/Melis/Schnyder* (Hrsg.), Handbuch Internationales Wirtschaftsrecht (2005), 203–216; *von Oppca* Der internationale Industrieanlagenvertrag (2001); *Pocar* Quelques remarques sur la loi applicable au contrat de sous-traitance, Études de droit international en l'honneur de P. Lalive (1993), 155; *Pulkowski* Internationale Zuständigkeit und anwendbares Recht bei Streitigkeiten aus grenzüberschreitenden Bauverträgen, IPRax 2001, 306; *ders.* Subunternehmer und internationales Privatrecht (2004); *Reithmann* Bauträgervertrag und Bauherren-Modell im IPR, FS Ferid (1988), 363; *Rémery* Remarques sur le conflit de lois applicables au droit international de construction d'immeuble, D. S. 1985, 255; *Steves* Der Industrieanlagenvertrag – Ausgewählte Probleme des Kollisionsrechts (2007); *Thode* Die Bedeutung des neuen internationalen Schuldvertragsrechts für grenzüberscheitende Bauverträge, ZfBR 1989, 43; *ders.* Erfüllungs- und Gewährleistungssicherheiten in innerstaatlichen und grenzüberschreitenden Bauverträgen, Zeitschrift für Immobilienrecht 4 (2000), 3; *ders.* Werkvertrag, Bauvertrag, Anlagenvertrag, Architektenvertrag, in: *Reithmann/Martiny* (Hrsg.), Internationales Vertragsrecht (2010), 586–605; *Thode/Wenner* Internationales Architekten- und Bauvertragsrecht (1998); *Triebel/Balthasar* Auslegung englischer Vertragstexte unter deutschem Vertragsstatut, NJW 2004, 2189; *United Nations Commission on International Trade Law* Legal Guide on Drawing Up International Contracts for the Construction of Industrial Works (1988); *Vetter* Akzessorische Anknüpfung von Subunternehmerverträgen bei internationalen Bau- und Industrieanlagen-Projekten?, NJW 1987, 2124; *ders.* Kollisionsrechtliche Fragen bei grenzüberschreitenden Subunternehmerverträgen im Industrieanlagenbau, ZVglRWiss 87 (1988),

248; *Wenner* Internationale Architektenverträge, insbesondere das Verhältnis Schuldstatut – HOAI, BauR 1993, 257; *ders.* Die HOAI im internationalen Rechtsverkehr, RIW 1998, 173; *ders.* Die objektive Anknüpfung grenzüberschreitender Verträge im deutschen internationalen Anlagen- und Bauvertragsrecht, FS Mantscheff (2000), 205; *ders.* Internationales Kollisionsrecht der HOAI und EG-rechtliche Folgen, ZfBR 2003, 421; *ders.* Das Internationale Schuldvertragsrecht in der Praxis des VII. Zivilsenats des BGH, FS Thode (2005), 661; *Wagner* Der Grundsatz der Rechtswahl und das mangels Rechtswahl anwendbare Recht (Rom I-VO), IPRax 2008, 377; *Wiegand* Das anwendbare materielle Recht bei internationalen Bauverträgen, in: Böckstiegel (Hrsg.), Vertragsgestaltung und Streiterledigung in der Bauindustrie und im Anlagenbau (1984), 59.

Übersicht

		Rdn.
A.	**Allgemeines**	1
I.	Rechtsquellen	1
	1. Rom I-Verordnung über das auf vertragliche Schuldverhältnisse anzuwendende Recht von 2008	1
	a) Sachlicher Anwendungsbereich	3
	b) Räumlicher und zeitlicher Anwendungsbereich	6
	c) Verhältnis zu anderen Rechtsquellen	9
	d) Auslegung	11
	2. Internationale Standardbedingungen	12
II.	Überblick über die Anknüpfung von Bau- und Architektenverträgen nach Art. 3 ff. Rom I–VO	13
B.	**Das Vertragsstatut von internationalen Bauverträgen**	19
I.	Rechtswahl	19
	1. Erklärungen der Rechtswahl	21
	a) Ausdrückliche Erklärung (Art. 3 Abs. 1 S. 2, 1. Alt. Rom I–VO)	22
	b) Stillschweigende Erklärung (Art. 3 Abs. 1 S. 2, 2. Alt. Rom I–VO)	23
	c) Nachträgliche Erklärung (Art. 3 Abs. 2 Rom I–VO)	26
	2. Zustandekommen und Wirksamkeit der Rechtswahl (Art. 3 Abs. 5 i.V.m. Art. 10 Rom I–VO)	27
	a) Zustandekommen und materielle Wirksamkeit	27
	b) Form der Rechtswahl	28
	3. Modalitäten der Rechtswahl	29
	4. Schranken der Rechtswahl	33
II.	Objektive Anknüpfung	38
	1. Grundsatz	38
	2. Die Systematik des Art. 4 Rom I–VO	39
	3. Prüfungsreihenfolge	43
	4. Der Bauvertrag als Dienstleistungsvertrag i.S.v. Art. 4 Abs. 1 lit. b Rom I–VO	44
	a) Der Begriff der Dienstleistung	44
	b) Grundsatzanknüpfung an den gewöhnlichen Aufenthalt des Bauunternehmers	45

		Rdn.
	c) Ausweichklausel	47
III.	Sonderregeln für Verbraucherverträge	49
	1. Allgemeines	49
	2. Anwendungsbereich	51
	a) Persönlicher Anwendungsbereich	52
	b) Sachlicher Anwendungsbereich	53
	c) Situativer Anwendungsbereich	55
	3. Inhalt des Verbraucherschutzes	57
	a) Objektive Anknüpfung	57
	b) Beschränkung der Rechtswahl	58
IV.	Eingriffsnormen	60
	1. Begriff	61
	2. Inländische und ausländische Eingriffsnormen	62
	a) Inländische Eingriffsnormen	62
	b) Ausländische Eingriffsnormen	63
V.	Die Reichweite des Vertragsstatuts	64
	1. Einigung und materielle Wirksamkeit	65
	a) Grundsatz	66
	b) Sonderanknüpfung	67
	2. Form des Vertrages	68
	3. Stellvertretung	74
	4. Kernbereich des Vertragsstatuts	75
	5. Verschulden bei Vertragsverhandlungen	82
	a) Außervertragliches Schuldverhältnis	82
	b) Anknüpfung	84
	6. Sonstiges	85
C.	**Besondere Vertragsgestaltungen**	86
I.	Architektenvertrag	86
	1. Anknüpfung	86
	2. Eingriffsnormen	88
II.	General- und Subunternehmervertrag	91
	1. Anknüpfung	92
	2. Eingriffsnormen	94
III.	Anlagenvertrag	95
IV.	Bauträgervertrag	96
	1. Anknüpfung	96
	2. Eingriffsnormen	97

A. Allgemeines

I. Rechtsquellen

1. Rom I-Verordnung über das auf vertragliche Schuldverhältnisse anzuwendende Recht von 2008

Grundlage des internationalen Vertragsrechts in der Europäischen Union war bis vor kurzem das am 12.06.1980 in Rom unterzeichnete »Übereinkommen über das auf vertragliche Schuldverhältnisse anzuwendende Recht« (EVÜ), das am 01.04.1991 in Kraft getreten war. EVÜ). Während das Übereinkommen in den meisten Vertragsstaaten mit seinem völkerrechtlichen Inkrafttreten unmittelbare innerstaatliche Geltung mittels eines Transformationsgesetzes erlangt hat, wurde in der Bundesrepublik Deutschland ein Sonderweg beschritten. Denn hier wurde das EVÜ nicht zu unmittelbar innerstaatlich anwendbarem Recht transformiert, sondern es wurde mit kleinen Veränderungen durch das bereits zum 01.09.1986 in Kraft getretene Gesetz zur Neuregelung des IPR in das Einführungsgesetz zum BGB (Art. 3 Abs. 1 S. 1 und Abs. 2 S. 2, 6 S. 1, 11 Abs. 2–4, 12 S. 1, 27–37) inkorporiert.[1]

Aufgrund ihrer durch den Amsterdamer Vertrag erweiterten Kompetenzen (vgl. Art. 61, 65 EG; jetzt: Art. 81 AEUV) hat die EG-Kommission das EVÜ inzwischen – nach dem Vorbild der Umwandlung des EuGVÜ von 1968 in die EG-Verordnung Nr. 44/2001 (EuGVVO)[2] und parallel zur Verabschiedung der EG-Verordnung Nr. 864/2007 über das auf außervertragliche Schuldverhältnisse anzuwendende Recht (»Rom II«) vom 11.07.2007[3] – in eine EG-Verordnung überführt. Die EG-Verordnung Nr. 593/2008 über das auf vertragliche Schuldverhältnisse anzuwendende Recht (»Rom I«) vom 17.06.2008[4] ist nach ihrem Art. 29 am 17.12.2009 in Kraft getreten. Gleichzeitig hat der deutsche Gesetzgeber die Art. 27–37 EGBGB – mit Ausnahme von Art. 29a EGBGB, der als Art. 46a EGBGB aufrechterhalten wurde – aufgehoben.[5] Die Harmonisierung des internationalen Vertragsrechts in der Europäischen Union soll den Ausgang von Rechtsstreitigkeiten aus Schuldverträgen vorhersehbarer machen und den Anreiz zum »forum shopping« nehmen.

a) Sachlicher Anwendungsbereich

Art. 1 Anwendungsbereich

(1) Diese Verordnung gilt für vertragliche Schuldverhältnisse in Zivil- und Handelssachen, die eine Verbindung zum Recht verschiedener Staaten aufweisen.

Sie gilt insbesondere nicht für Steuer- und Zollsachen sowie verwaltungsrechtliche Angelegenheiten.

(2) Vom Anwendungsbereich dieser Verordnung ausgenommen sind:
a) der Personenstand sowie die Rechts-, Geschäfts- und Handlungsfähigkeit von natürlichen Personen, unbeschadet des Artikels 13;
b) Schuldverhältnisse aus einem Familienverhältnis oder aus Verhältnissen, die nach dem auf diese Verhältnisse anzuwendenden Recht vergleichbare Wirkungen entfalten, einschließlich der Unterhaltspflichten;
c) Schuldverhältnisse aus ehelichen Güterständen, aus Güterständen aufgrund von Verhältnissen, die nach dem auf diese Verhältnisse anzuwendenden Recht mit der Ehe vergleichbare Wirkungen entfalten, und aus Testamenten und Erbrecht;

---

1 Vgl. näher *Martiny*, in: Reithmann/Martiny[7] Rn. 4 ff.
2 Zur EuGVVO näher unten in Teil IV.1 Rdn. 2.
3 ABl. EU 2007 Nr. L 199, S. 40; *Jayme/Hausmann*[15] Nr. 101.
4 ABl. EU 2008 Nr. L 177, S. 6; *Jayme/Hausmann*[15] Nr. 80; dazu näher *Martiny*, in: Reithmann/Martiny[7] Rn. 35 ff.
5 Gesetz v. 25.06.2009, BGBl. I, 2401.

d) Verpflichtungen aus Wechseln, Schecks, Eigenwechseln und anderen handelbaren Wertpapieren, soweit die Verpflichtungen aus diesen anderen Wertpapieren aus deren Handelbarkeit entstehen;
e) Schieds- und Gerichtsstandsvereinbarungen;
f) Fragen betreffend das Gesellschaftsrecht, das Vereinsrecht und das Recht der juristischen Personen, wie die Errichtung durch Eintragung oder auf andere Weise, die Rechts- und Handlungsfähigkeit, die innere Verfassung und die Auflösung von Gesellschaften, Vereinen und juristischen Personen sowie die persönliche Haftung der Gesellschafter und der Organe für die Verbindlichkeiten einer Gesellschaft, eines Vereins oder einer juristischen Person;
g) die Frage, ob ein Vertreter die Person, für deren Rechnung er zu handeln vorgibt, Dritten gegenüber verpflichten kann, oder ob ein Organ einer Gesellschaft, eines Vereins oder einer anderen juristischen Person diese Gesellschaft, diesen Verein oder diese juristische Person gegenüber Dritten verpflichten kann;
h) die Gründung von »Trusts« sowie die dadurch geschaffenen Rechtsbeziehungen zwischen den Verfügenden, den Treuhändern und den Begünstigten;
i) Schuldverhältnisse aus Verhandlungen vor Abschluss eines Vertrags;
j) ...

(3) Diese Verordnung gilt unbeschadet des Artikels 18 nicht für den Beweis und das Verfahren.

4 Der in Art. 1 normierte **sachliche Anwendungsbereich** der Rom I-VO stimmt weitgehend mit jenem des EVÜ überein. Die Vorschriften der Verordnung sind nach Art. 1 Abs. 1 auf vertragliche Schuldverhältnisse in **Zivil- und Handelssachen** anzuwenden. Der Begriff der »Zivil- und Handelssachen« und seine Abgrenzung zu öffentlich-rechtlichen Streitigkeiten entspricht der Regelung in Art. 1 Abs. 1 EuGVVO.[6] Vorausgesetzt wird ferner, dass es sich um einen Sachverhalt handelt, der eine Verbindung zum Recht verschiedener Staaten aufweist. Dafür genügt es – vorbehaltlich von Art. 3 Abs. 3 und 4 Rom I-VO – bereits, wenn die Parteien für einen reinen Inlandssachverhalt ein fremdes Recht wählen.[7]

5 **Ausgeschlossen** ist die Anwendung der Verordnung nach ihrem Art. 1 Abs. 2 lit. a auf Angelegenheiten, die den Personenstand sowie – vorbehaltlich des Art. 13 – die Geschäftsfähigkeit von natürlichen Personen betreffen. Sie gilt ferner nicht für vertragliche Schuldverhältnisse auf dem Gebiet des Familien- und Erbrechts einschließlich des Unterhaltsrechts und des ehelichen Güterrechts (lit. b, c). Auf dem Gebiet des internationalen Baurechts ist vor allem von Bedeutung, dass die Verordnung nicht für Verpflichtungen aus Wertpapieren (z.B. Wechsel, Schecks; lit. d), Gerichtsstands- und Schiedsvereinbarungen (lit. e), gesellschaftsrechtliche Fragen (lit. f), Fragen der gesetzlichen oder rechtsgeschäftlichen Stellvertretung (lit. g), »Trusts« (lit. h) und Schuldverhältnisse aus culpa in contrahendo (lit. i), sowie – vorbehaltlich des Art. 18 – für Beweis- und Verfahrensfragen (Art. 1 Abs. 3) gilt.[8]

b) Räumlicher und zeitlicher Anwendungsbereich

6 Der **räumliche Anwendungsbereich** der Rom I-VO entspricht demjenigen des EG-Vertrages idF des Vertrages von Lissabon. Die Verordnung gilt damit im europäischen Hoheitsgebiet aller Mitgliedstaaten der EU mit Ausnahme von Dänemark.[9] Entgegen dem Erwägungsgrund (45) zur Verordnung nimmt auch das Vereinigte Königreich an der Verordnung teil.

7 Die Verordnung erfasst nach ihrem Art. 2 als sog. »**loi uniforme**« jeden Schuldvertrag, der von einem Gericht eines Mitgliedstaates zu beurteilen ist, auch wenn nach Art. 3 ff. das Recht eines Drittstaats anzuwenden ist. Dies gilt auch dann, wenn der Vertrag überhaupt keinen Bezug zu ei-

---

6 Dazu näher in Teil IV.1 Rdn. 6 ff.
7 Palandt/*Thorn*, Art. 3 Rn. 4; *Martiny*, in: Reithmann/Martiny[7] Rn. 45.
8 Zu den Auschlusstatbeständen näher *Martiny*, in Reithmann/Martiny[7] Rn. 51 ff.
9 Vgl. Art. 1 Abs. 4 und Erwägungsgrund (46) zur Verordnung.

nem Mitgliedstaat der EU aufweist.[10] Auch internationale Bauverträge zwischen Parteien, die ihren Sitz in Drittstaaten haben, oder welche die Errichtung eines Bauwerks in einem Drittstaat zum Gegenstand haben, werden daher von Gerichten der Mitgliedstaaten nach den Kollisionsnormen der Rom I-VO beurteilt.

In zeitlicher Hinsicht beansprucht die Rom I-VO **keine Rückwirkung**, sondern ist nach ihrem Art. 28 in den Mitgliedstaaten nur auf Verträge anzuwenden, die ab dem 17.12.2009 geschlossen worden sind. Für **Dauerschuldverhältnisse** (z.B. Miet-, Arbeitsverträge) gilt aber, auch wenn sie vor Inkrafttreten der Rom I-VO geschlossen wurden, ab dem 17.12.2009 das Kollisionsrecht der Verordnung. Im Übrigen bleibt es für die vor dem 17.12.2009 geschlossenen Verträge bei der Geltung der Art. 27–37 EGBGB.

c) Verhältnis zu anderen Rechtsquellen

Nach ihrem Art. 23 berührt die Rom I-VO nicht die Anwendung der Kollisionsnormen für vertragliche Schuldverhältnisse auf besonderen Gebieten, die **in anderen Rechtsakten der Europäischen Union** (Verordnungen, Richtlinien) oder in dem in Ausführung von EU-Richtlinien harmonisierten innerstaatlichen Recht enthalten sind oder sein werden. Dazu gehören insbesondere die Kollisionsnormen, die in Richtlinien auf dem Gebiet des **Verbraucherschutzes** enthalten sind.[11]

Die Rom I-VO lässt schließlich nach ihrem Art. 25 Abs. 1 auch die Anwendung von **internationalen Übereinkommen** unberührt, denen ein oder mehrere Mitgliedstaaten angehören und die Kollisionsnormen für vertragliche Schuldverhältnisse enthalten. Gehören dem Übereinkommen jedoch nur zwei oder mehrere Mitgliedstaaten der Verordnung an, so hat die Verordnung gemäß Art. 25 Abs. 2 in den Beziehungen dieser Mitgliedstaaten zueinander Vorrang vor dem Übereinkommen.

d) Auslegung

Wie andere EU-Verordnungen auf dem Gebiet des internationalen Privat- und Verfahrensrechts ist die Rom I-VO **autonom**, d.h. losgelöst von den Regeln des nationalen Rechts der Mitgliedstaaten, auszulegen.[12] Die einheitliche Auslegung der Verordnung in den Mitgliedstaaten wird durch das Vorabentscheidungsverfahren vor dem EuGH gemäß Art. 277 AEUV sichergestellt.

2. Internationale Standardbedingungen

Das internationale Bauvertragsrecht wird ferner in erheblichem Umfang durch die die von der International Federation of Consulting Engineers (**FIDIC**) ausgearbeiteten Standardbedingungen und -formulare dominiert.[13] Zu unterscheiden sind in der derzeit geltenden Fassung von 1999:
- »Conditions of Contract for Construction for Building and Engineering Works Designed by the Employer: The Construction Contract« (»Red Book«)
- »Conditions of Contract for Plant and Design-Build for Electrical and Mechanical Plant and for Building and Engineering Works Designed by the Contractor: The Plant and Design/Build Contract« (Yellow Book«)

---

10 *Garcimartín Alférez*, EuLF 2008 I, 61, 62.
11 Vgl. *Martiny*, in: Reithmann/Martiny⁷ Rn. 22, 72. Zu deren Umsetzung siehe Art. 46b EGBGB.
12 *Martiny*, in: Reithmann/Martiny⁷ Rn. 37 f.
13 Vgl. *Mallmann*, RIW 2000, 532 ff.; *ders.*, Bau- und Anlagenbauverträge nach den FIDIC-Standardbedingungen (2002); *Hök*, Einführung in das Recht der FIDIC-Baubedingungen, ihre Handhabung und Streitbeilegung, in: FIDIC Red Book 2 (2006) 7 ff.; *Nicklisch*, in: Kronke/Melis/Schnyder (Hrsg.) Teil C Rn. 345 ff.; zu den verschiedenen Bedingungen siehe auch *Thode*, in: Reithman/Martiny⁷ Rn. 1087; MüKo/*Martiny*, Art. 4 Rn. 39.

- Conditions of Contract for EPC/Turnkey Projects: The EPC/Turnkey Contract (»Silver Book«)
- »Short Form of Contract – The Short Form« (»Green Book«)

Die FIDIC-Bedingungen enthalten allerdings keine eigenständige Bestimmung des auf Bau und Werkverträge anwendbaren Rechts, sondern legen den Parteien in Klausel 1.4 lediglich nahe, eine ausdrückliche Rechtswahl zu treffen.[14] Die Bedingungen beruhen in weiten Teilen auf den Vorstellungen des englischen Common Law und führen deshalb zu erheblichen Auslegungsproblemen, wenn die Parteien deutsches Recht oder das Recht einer anderen kontinentaleuropäischen Rechtsordnung vereinbart haben.

II. Überblick über die Anknüpfung von Bau- und Architektenverträgen nach Art. 3 ff. Rom I-VO

13 Die Problematik des internationalen Schuldvertragsrechts im allgemeinen – und damit auch des internationalen Werk- und Bauvertragsrechts – liegt in der Wahl des richtigen Anknüpfungspunktes. In Betracht kommen dafür beispielsweise der (Wohn-)Sitz oder gewöhnliche Aufenthalt des Schuldners, der Abschluss- oder Erfüllungsort des Vertrages, die Belegenheit des Bauwerks (lex rei sitae), das Recht am Gerichtsort (lex fori) oder – nach der Lehre von der geringsten Störung – das Recht jener Partei, die von der Anwendung des fremden Rechts härter betroffen würde als der Gegner.

Nach den Art. 3 und 4 Rom I-VO wird das anwendbare Recht in **drei Stufen** ermittelt:
- (1) Ausdrückliche Rechtswahl der Parteien (Art. 3 Abs. 1 S. 2, 1. Alt.)
- (2) Stillschweigende Rechtswahl der Parteien (Art. 3 Abs. 1 S. 2, 2. Alt.)
- (3) Objektive Anknüpfung nach der »engsten Verbindung«, wobei diese für die wichtigsten Vertragstypen gesetzlich konkretisiert wird (Art. 4).[15]

14 **Besondere Kollisionsnormen** sieht die Verordnung in ihren Art. 5–8 für die Anknüpfung von Beförderungs-, Verbraucher-, Versicherungs- und Arbeitsverträgen vor. Im internationalen Baurecht kann vor allem die Anknüpfung von Verbraucherverträgen nach Art. 6 Bedeutung erlangen. Danach wird zum Schutze des Verbrauchers als der schwächeren Vertragspartei die Parteiautonomie eingeschränkt und der objektive Schwerpunkt des Vertragsverhältnisses am gewöhnlichen Aufenthaltsort des Verbrauchers lokalisiert.[16]

15 Dem Problem der **Sonderanknüpfung zwingender Vorschriften** wirtschafts- oder sozialpolitischen Gehalts (sog. »Eingriffsnormen«) ist Art. 9 Rom I-VO gewidmet. Die Vorschrift definiert den Begriff der Eingriffsnorm in ihrem Abs. 1 und lässt in ihrem Abs. 2 die Anwendung der Eingriffsnormen der lex fori durch das angerufene Gericht in jedem Falle zu. Die Möglichkeit, auch zwingenden Vorschriften dritter Staaten, mit denen der Sachverhalt eine enge Verbindung aufweist, Wirkung zu verleihen, besteht hingegen nach Abs. 3 nur in engen Grenzen.[17]

16 Die **Reichweite des Vertragsstatuts** und seine Abgrenzung von konkurrierenden Statuten sind in den Art. 10–18 für die wichtigsten Aspekte des internationalen Schuldvertragsrechts geregelt, nämlich für das Zustandekommen und die materielle Wirksamkeit des Vertrages, für seine Form, Auslegung, Erfüllung und die Folgen der Nichterfüllung, für Verjährungs- und Beweisfragen sowie für die Forderungsabtretung, den gesetzlichen Forderungsübergang, die mehrfache Haftung und die Aufrechnung.[18]

---

14 Vgl. *Thode/Wenner* Rn. 43 ff.
15 Dazu näher unten Rdn. 19 ff., Rdn. 38 ff.
16 Dazu näher unten Rdn. 49 ff.
17 Dazu näher unten Rdn. 60 ff.
18 Dazu näher unter Rdn. 64 ff.

Art. 20 Rom I-VO schließt auf dem Gebiet des internationalen Vertragsrechts **Rück- und Weiterverweisungen** aus, indem er die in der Verordnung vorgesehenen Verweisungen unabhängig davon, ob sie auf einer Vereinbarung der Parteien oder auf Gesetz beruhen, als Sachnormverweisungen qualifiziert.[19] Sinn der mit dem bisherigen Art. 35 Abs. 1 EGBGB übereinstimmenden Vorschrift ist es, die Bestimmung des anwendbaren Rechts nicht mit der Prüfung fremder Kollisionsnormen zu belasten und die Rechtswahl der Parteien zu respektieren. 17

Art. 21 Rom I-VO enthält einen **Vorbehalt zugunsten des »ordre public«** der lex fori. Danach ist die Anwendung einer durch die Verordnung bezeichneten materiellen Norm eines anderen Mitgliedstaats oder eines Drittstaats ausgeschlossen, wenn sie zu einem Ergebnis führen würde, das mit der öffentlichen Ordnung des Gerichtsstaates offensichtlich nicht zu vereinbaren wäre. Da das Schuldrecht weitgehend dispositiver Natur ist, sind Verstöße gegen den »ordre public« jedoch selten. 18

B. Das Vertragsstatut von internationalen Bauverträgen

I. Rechtswahl

Art. 3 Freie Rechtswahl

(1) Der Vertrag unterliegt dem von den Parteien gewählten Recht. Die Rechtswahl muss ausdrücklich erfolgen oder sich eindeutig aus den Bestimmungen des Vertrages oder aus den Umständen des Falles ergeben. Die Parteien können die Rechtswahl für ihren ganzen Vertrag oder nur für einen Teil desselben treffen.

(2) Die Parteien können jederzeit vereinbaren, dass der Vertrag nach einem anderen Recht zu beurteilen ist als dem, das zuvor entweder aufgrund einer früheren Rechtswahl nach diesem Artikel oder aufgrund anderer Vorschriften dieser Verordnung für ihn maßgebend war. Die Formgültigkeit des Vertrags im Sinne des Artikels 11 und Rechte Dritter werden durch eine nach Vertragsschluss erfolgende Änderung der Bestimmung des anzuwendenden Rechts nicht berührt.

(3) Sind alle anderen Elemente des Sachverhalts zum Zeitpunkt der Rechtswahl in einem anderen als demjenigen Staat belegen, dessen Recht gewählt wurde, so berührt die Rechtswahl der Parteien nicht die Anwendung derjenigen Bestimmungen des Rechts dieses anderen Staates, von denen nicht durch Vereinbarung abgewichen werden kann.

(4) Sind alle anderen Elemente des Sachverhalts zum Zeitpunkt der Rechtswahl in einem oder mehreren Mitgliedstaaten belegen, so berührt die Wahl des Rechts eines Drittstaats durch die Parteien nicht die Anwendung der Bestimmungen des Gemeinschaftsrechts – gegebenenfalls in der von dem Mitgliedstaat des angerufenen Gerichts umgesetzten Form –, von denen nicht durch Vereinbarung abgewichen werden kann.

(5) Auf das Zustandekommen und die Wirksamkeit der Einigung der Parteien über das anzuwendende Recht finden die Artikel 10, 11 und 13 Anwendung.

Art. 3 Abs. 1 Rom I-VO I kodifiziert den auf dem Gebiet des internationalen Schuldvertragsrechts schon zuvor in allen Mitgliedstaaten anerkannten gewohnheitsrechtlichen Grundsatz der Parteiautonomie: 19

Danach unterliegen internationale Bauverträge – wie sonstige Werkverträge – primär dem von den Parteien (ausdrücklich oder stillschweigend) gewählten Recht.[20] Die Rechtswahl wird durch einen kollisionsrechtlichen Verweisungsvertrag vorgenommen, dessen Zustandekommen Art. 3 Abs. 5 Rom I-VO regelt. Kraft der Parteiautonomie sind die Parteien in der Lage, auch zwingen- 20

---

19 Vgl. dazu näher *Martiny*, in: Reithmann/Martiny[7] Rn. 217 ff.
20 *Thode*, in: Reithmann/Martiny[7] Rn. 1081; zum bisherigen Recht *Thode/Wenner* Rn. 28 ff; *Kartzke*, ZfBR 1994, 1, 4 m.w.N.

de Normen derjenigen Privatrechtsordnung, die ohne Rechtswahl auf den Vertrag anzuwenden wäre, auszuschalten. Von der kollisionsrechtlichen ist die **materiellrechtliche Verweisung** zu unterscheiden, durch die Vorschriften einer bestimmten Rechtsordnung zum Vertragsinhalt gemacht werden. Eine solche materiellrechtliche Verweisung ist nur in den durch die zwingenden Vorschriften des Vertragsstatuts gezogenen Grenzen zulässig. Im Zweifel ist eine Verweisung jedoch kollisionsrechtlich zu verstehen.[21]

1. Erklärungen der Rechtswahl

21 Die Rechtswahl kann nach Art. 3 Abs. 1 S. 2 Rom I-VO ausdrücklich oder stillschweigend getroffen werden.

a) Ausdrückliche Erklärung (Art. 3 Abs. 1 S. 2, 1. Alt. Rom I-VO)

22 Eine ausdrückliche Rechtswahl ist in einem grenzüberschreitenden Bauvertrag dringend zu empfehlen.[22] Sie kann nicht nur durch Individualabrede erfolgen, sondern findet sich häufig auch in **Allgemeinen Geschäftsbedingungen** oder Formularverträgen. In der Praxis wird meist das Recht des Auftraggebers vereinbart.[23] Soll sich die Rechtswahl nicht nur auf vertragliche Ansprüche beziehen, sondern auch auf Ansprüche aus culpa in contrahendo[24] und aus unerlaubter Handlung,[25] so ist dies durch eine entsprechend weite Formulierung der Rechtswahlklausel (z.B.: »für alle Rechtsstreitigkeiten, die sich aus dem Vertrag ergeben oder mit ihm in Zusammenhang stehen«) kenntlich zu machen.

b) Stillschweigende Erklärung (Art. 3 Abs. 1 S. 2, 2. Alt. Rom I-VO)

23 Die Parteien brauchen ihre Rechtswahl nicht ausdrücklich zu treffen, sondern können sie auch stillschweigend (konkludent) vornehmen. Die Anforderungen an eine stillschweigende Rechtswahl sind durch die Rom I-VO erhöht worden. Denn es reicht nicht mehr – wie nach Art. 3 Abs. 1 S. 2 EVÜ/Art. 28 Abs. 1 S. 2 EGBGB – aus, dass sie sich »mit hinreichender Sicherheit« feststellen lässt; sie muss sich vielmehr »eindeutig« aus den Bestimmungen des Vertrages oder den Umständen des Falles ergeben.[26] Ein hypothetischer oder vermuteter Parteiwille genügt folglich nicht.[27] Lässt sich kein auf die Wahl eines bestimmten Rechts gerichteter tatsächlicher Wille der Parteien feststellen, wird gem. Art. 4 Rom I-VO objektiv angeknüpft.

24 **Anhaltspunkte** für eine stillschweigende Rechtswahl sind insbesondere:[28]
– die Vereinbarung eines einheitlichen (ausschließlichen) Gerichtsstandes für sämtliche Streitigkeiten zwischen den Parteien;[29]
– die Vereinbarung eines institutionellen Schiedsgerichts mit ständigem Sitz in einem bestimmten Land;

---

21 *Martiny*, in: Reithmann/Martiny[7] Rn. 87.
22 *Hök*, MDR 2003, 672 ff.; *Martiny*, BauR 2008, 241, 242.
23 *Wiegand*, in: Böckstiegel (1984), 59, 60; *Nicklisch*, RIW 1991, 89; *Thode*, in: Reithmann/Martiny[7] Rn. 1084.
24 Dazu näher unten Rdn. 82 ff.
25 Eine vor Eintritt des schadensbegründenden Ereignisses getroffene Rechtswahl für Ansprüche aus unerlaubter Handlung ist nach Art. 14 Abs. 1 lit. b Rom II-VO allerdings nur zulässig, wenn beide Parteien einer kommerziellen Tätigkeit nachgehen. Zur Auslegung dieser Schranke näher MüKo/*Junker*, Art. 14 Rn. 21 ff.
26 Vgl. *Thode*, in: Reithmann/Martiny[7] Rn. 1084.
27 *Wagner*, IPRax 2008, 377, 378.
28 Vgl. zu diesen Indizien allg. *Martiny*, in: Reithmann/Martiny[7] Rn. 115 ff.; Palandt/*Thorn*, Art. 3 Rn. 7; Staudinger/*Magnus* (2011), Art. 3 Rn. 70 ff.; *Steinle*, Konkludente Rechtswahl und objektive Anknüpfung nach altem und neuem deutschen internationalen Vertragsrecht, ZVglRW 93 (1994) 300, 310 ff.
29 Vgl. Erwägungsgrund (12) zur Rom I-VO.

- die Vereinbarung eines einheitlichen Erfüllungsorts für sämtliche Vertragspflichten beider Parteien;
- die Bezugnahme auf Vorschriften eines bestimmten Rechts im Vertragstext;
- die Verwendung von AGB oder Formularen, die auf einem bestimmten Recht aufbauen;
- die Bezugnahme auf frühere zwischen den Parteien geschlossene Verträge, für die eine Rechtswahl getroffen wurde;
- die Abwicklung gleichartiger Verträge zwischen den Parteien nach einem bestimmten Recht.

Für sich allein keine ausreichende Grundlage für eine stillschweigende Rechtswahl sind hingegen die vereinbarte Vertragssprache, die vereinbarte Währung für Zahlungsverpflichtungen[30] und der Abschlussort des Vertrages. Diese Indizien können allerdings eine auf andere Umstände gestützte konkludente Rechtswahl verstärken.

In **internationalen Bauverträgen** haben die deutschen Gerichte eine stillschweigende Rechtswahl insbesondere angenommen, 25
- wenn beide Parteien sich in der außergerichtlichen und gerichtlichen Korrespondenz ausschließlich auf das deutsche Recht bezogen und außerdem die deutsche Sprache als Vertragssprache gewählt hatten;[31]
- wenn die Geltung der VOB/B und der deutschen DIN-Vorschriften für den Bauvertrag vereinbart war;[32]

Gleiches muss gelten, wenn der Vertrag sich inhaltlich stark an die VOB anlehnt.[33] Die Bezugnahme auf nationale technische Standards allein genügt jedoch für eine stillschweigende Rechtswahl nicht;[34] ebensowenig der Hinweis auf das am Ort des Bauwerks geltende öffentliche Bauplanungs- oder Bauordnungsrecht, weil dieses ohne Rücksicht auf das von den Parteien als Vertragsstatut gewählte Recht zur Anwendung kommt.[35]

c) Nachträgliche Erklärung (Art. 3 Abs. 2 Rom I-VO)

Die Rechtswahl kann nicht nur im Augenblick des Vertragsabschlusses, sondern auch zu einem 26 späteren Zeitpunkt erfolgen. Eine bereits getroffene Rechtswahl kann daher nach Art. 3 Abs. 2 S. 1 Rom I-VO auch jederzeit geändert werden.[36] Die nachträgliche Rechtswahl kann ebenfalls ausdrücklich oder stillschweigend getroffen werden, und zwar selbst noch **im Prozess,** wenn z.B. beide Parteien sich in ihrem Vorbringen übereinstimmend auf deutsches Werkvertragsrecht stützen.[37] Die beiderseitige Behandlung der Sache im Prozess nach in- oder ausländischem Recht ist jedoch nur dann als stillschweigende Rechtswahl zu werten, wenn die Parteien ein entsprechendes Erklärungsbewusstsein haben.[38] Durch die Neufassung von Art. 3 Abs. 1 S. 2 Rom I-VO sind die Anforderungen an eine nachträgliche stillschweigende Rechtswahl durch Verhalten im Prozess

---

30 BGH, 14.01.1999 – VII ZR 19/88, BauR 1999, 631, 632; dazu *Pulkowski*, IPRax 2001, 306 ff.; *Wenner*, EWiR 1999, 353; Brandenburgisches OLG 29.11.2000 – 13 U 110/00, BauR 2001, 820.
31 OLG Düsseldorf, 29.07.2006 – 23 U 9/05, BauR 2006, 1192; dazu *Hök*, IBR 2006, 367.
32 BGH, 14.01.1999 (Fn. 30); BGH, 10.04.2003 – VII ZR 314/01, NJW 2003, 2605 = BauR 2004, 1472; zust. *Martiny*, BauR 2008, 241, 242 und in Reithmann/*Martiny*[7] Rn. 125; Staudinger/*Magnus* (2011), Art. 3 Rn. 90 und Art. 4 Rn. 348; vgl. idS schon früher BGH, 05.05.1988 – VII ZR 119/87, BGHZ 104, 268, 270; OLG Köln, 23.02.1983 – 16 U 136/82, IPRspr. 1983 Nr. 133; *Thode/Wenner* Rn. 84.
33 OLG Hamm, 20.01.2004 – 21 U 102/02, BauR 2004, 1472; *Martiny*, BauR 2008, 241, 242.
34 *Wenner*, in: FS Thode (2005) 661, 664.
35 *Thode/Wenner* Rn. 89. Vgl. dazu auch unten IV.1 Rdn. 61.
36 *Wagner*, IPRax 2008, 377, 380; *Martiny*, in: Reithmann/Martiny[7] Rn. 130.
37 OLG Düsseldorf, 29.07.2006 – 23 U 9/05, BauR 2006, 1192; ferner BGH, 04.05.2004 – XI ZR 40/03, NJW 2004, 2523, 2524.
38 *Wenner*, BauR 1993, 257, 260; *Thode/Wenner* Rn. 99; Palandt/*Thorn*, Art. 3 Rn. 8; *Martiny*, in: Reithmann/Martiny[7] Rn. 121 ff. m.w.N.; vgl. auch BGH, 05.10.1993 – XI ZR 200/92, NJW 1994, 187, 188.

weiter verschärft worden.[39] Eine nachträgliche Rechtswahl wirkt im Zweifel auf den Zeitpunkt des Vertragsschlusses zurück.[40] Die Formgültigkeit des Vertrages gem. Art. 11 Rom I-VO und nach dem bisherigen Vertragsstatut entstandene Rechte Dritter bleiben jedoch unberührt (vgl. Art. 3 Abs. 2 S. 2 Rom I-VO).[41]

2. Zustandekommen und Wirksamkeit der Rechtswahl (Art. 3 Abs. 5 i.V.m. Art. 10 Rom I-VO)

a) Zustandekommen und materielle Wirksamkeit

27 Das Zustandekommen und die materielle Wirksamkeit der Rechtswahl unterliegen grundsätzlich dem von den Parteien gewählten Recht. Art. 3 Abs. 5 i.V.m. Art. 10 Abs. 1 Rom I-VO verweisen insofern auf die für den Hauptvertrag geltenden Bestimmungen. Das gewählte Vertragsstatut – und nicht etwa die lex fori – entscheidet daher insbesondere über die Einbeziehung von Rechtswahlklauseln in AGB.[42] Über die Anforderungen an eine stillschweigende Rechtswahl befindet hingegen nicht das als Vertragsstatut gewählte Recht; maßgebend sind vielmehr allein die Kriterien des Art. 3 Abs. 1 S. 2, 2. Alt. Rom I-VO. Beruft sich eine Vertragspartei darauf, dass sie einer im Vertrag enthaltenen Rechtswahlklausel nicht zugestimmt habe, so ist neben dem gewählten Recht unter den Voraussetzungen des Art. 10 Abs. 2 Rom I-VO auch das Recht am gewöhnlichen Aufenthaltsort dieser Partei anzuwenden.

b) Form der Rechtswahl

28 Grundsätzlich schreibt die Verordnung für die Rechtswahl keine besondere Form vor. Insbesondere bedarf der Verweisungsvertrag nicht der Form des abgeschlossenen Hauptvertrages; Verweisungs- und Hauptvertrag sind vielmehr voneinander unabhängig.[43] Die Rechtswahl kann deshalb auch zur Maßgeblichkeit eines Rechts führen, nach dem der Hauptvertrag (form-)nichtig ist. Im Übrigen verweist Abs. 3 Abs. 5 auf Art. 11 Rom I-VO; dementsprechend reicht es aus, wenn entweder die Formerfordernisse des Vertragsstatuts oder jene des Ortsrechts für den Verweisungsvertrag eingehalten werden.[44]

3. Modalitäten der Rechtswahl

29 Grundsätzlich unterstellt eine Rechtswahl den gesamten Vertrag einem einheitlichen Recht. Den Parteien ist es jedoch nach Art. 3 Abs. 1 S. 2 Rom I-VO erlaubt, ihre Rechtswahl auf einen **Teil des Vertrages** – z.B. auf die Frage der Gewährleistung – zu beschränken, während der Vertrag im Übrigen nach Art. 4 Abs. 1 Rom I-VO objektiv anzuknüpfen ist. Ferner können sie auch unterschiedliche Rechtsordnungen für verschiedene Teile desselben Vertrages vereinbaren. Voraussetzung für eine solche »dépeçage« ist jedoch, dass die Teilfragen abtrennbar sind und bei der Anwendung unterschiedlicher Rechtsordnungen keine widersprüchlichen Ergebnisse eintreten.[45] Im Regelfall wird eine solche Vertragsspaltung freilich von den Parteien nicht gewünscht sein.

---

39 *Thode*, in: Reithmann/Martiny[7] Rn. 1089 a.E.
40 BGH, 22.01.1997 – VIII ZR 339/95, IPRax 1998, 479 m. Anm. *Spickhoff* 462; Palandt/*Thorn*, Art. 3 Rn. 11; *Martiny*, in: Reithmann/Martiny[7] Rn. 130 m.w.N.; **a.A.** (Wirkung ex nunc) OLG Frankfurt, 13.02.1993 – 16 U 299/88, IPRspr. 1992 Nr. 31; LG Essen, 20.06.2001 – 44 O 144/00, RIW 2001, 943.
41 *Martiny*, in: Reithmann/Martiny[7] Rn. 132 f.
42 BGH, 26.10.1993 – XI ZR 42/93, BGHZ 123, 380, 383 f; *Martiny*, in: Reithmann/Martiny[7] Rn. 263; Palandt/*Thorn*, Art. 3 Rn. 9; Staudinger/*Hausmann* (2011) Art. 10 Rn. 80 m.w.N.
43 *Martiny*, in: Reithmann/Martiny[7] Rn. 91.
44 Dazu näher unten Rdn. 68 ff.
45 Dazu näher *Martiny*, in: Reithmann/Martiny[7] Rn. 94 f.; vgl. auch – Vertragsspaltung nach Art. 4 Abs. 1 S. 2 EVÜ (Art. 28 Abs. 1 S. 2 EGB) – EuGH 06.10.2009, Rs. C-133/08 – *Intercontainer Interfrigo SC* – IPRax 2010, 236 Rn. 43 ff. m. Anm. *Rammeloo* 215.

Die Parteien können auch eine **neutrale Rechtsordnung** wählen, die keine objektive Beziehung 30
zum Vertragsverhältnis aufweist.[46] So können etwa ein deutscher Besteller und ein italienischer
Bauunternehmer österreichisches oder schweizerisches Recht als das auf ihren Bauvertrag anwendbare Recht vereinbaren.

Der Verweisungsvertrag kann auch **unter einer aufschiebenden oder auflösenden Bedingung** ge- 31
schlossen werden (sog. »floating-choice-of-law-clause«). So ist eine Vereinbarung möglich, dass
in jedem der beiden Staaten, in denen die Vertragspartner ihren Sitz haben, geklagt werden darf und
das angerufene Gericht dann jeweils sein eigenes Sachrecht anwenden soll. Dies hat zur Folge,
dass das anwendbare Recht bis zu einem späteren Verfahren unbestimmt bleibt; bis dahin muss
demgemäß nach Art. 4 Rom I-VO das objektive Vertragsstatut entscheiden. Die Formgültigkeit
des Vertrages und entstandene Rechte Dritter bleiben auch in diesem Falle unberührt.

Wird ein internationaler Bau- oder Anlagenvertrag mit einem staatlichen Partner abgeschlossen 32
und das Recht des staatlichen Partners als Vertragsstatut vereinbart, so kann dieser das anwendbare Recht nachträglich – u.U. sogar rückwirkend – zu Lasten des privaten Werkunternehmers
ändern. Um sich hiergegen abzusichern, hat sich in der internationalen Vertragspraxis die Vereinbarung von sog. **Versteinerungsklauseln** (»freezing clauses«) oder **Stabilisierungsklauseln** (»stabilization clauses«) eingebürgert.[47]

4. Schranken der Rechtswahl

Ohne Rücksicht auf eine von den Parteien getroffene Rechtswahl gelten kraft Sonderanknüpfung 33
nach Art. 9 Abs. 2 Rom I-VO die **Eingriffsnormen** des deutschen Rechts. Darüber hinaus kann
gemäß Art. 9 Abs. 3 Rom I-VO den Eingriffsnormen des Staates Wirkung verliehen werden, in
dem der Vertrag erfüllt werden soll oder erfüllt worden ist.[48]

Für Bauverträge mit **Verbrauchern** schränkt Art. 6 Abs. 2 S. 2 Rom I-VO die Parteiautonomie 34
dadurch ein, dass die zwingenden Vorschriften des am gewöhnlichen Aufenthaltsort des Verbrauchers geltenden Rechts zusätzlich Anwendung finden, soweit sie den Verbraucher begünstigen.[49]

Auch wenn der **Sachverhalt keine Auslandsberührung** aufweist, ist eine Rechtswahl nicht grund- 35
sätzlich ausgeschlossen; sie darf jedoch nicht die Anwendung jener Bestimmungen berühren, die
nach dem Recht des Staates, zu dem der Vertrag allein Beziehungen aufweist, zwingend sind. Sinn
und Zweck des Art. 3 Abs. 3 Rom I-VO ist es also, in reinen Inlandsfällen eine Umgehung von
zwingendem inländischen Recht durch Wahl einer ausländischen Rechtsordnung zu verhindern.
Die Rechtswahl hat also dann nur materiellrechtliche, keine kollisionsrechtliche Wirkung.[50] So
kann etwa dem deutschen Bauunternehmer in einem reinen Inlandsfall der Anspruch auf die Sicherung nach § 648a BGB nicht durch Vereinbarung eines ausländischen Vertragsstatuts entzogen
werden. Eine hinreichende Auslandsberührung wird bei einem internationalen Bauvertrag dadurch hergestellt, dass das Bauvorhaben im Ausland durchgeführt wird oder der Bauunternehmer
seinen gewöhnlichen Aufenthalt im Ausland hat; die Vereinbarung eines ausländischen Gerichtsstands oder Schiedsgerichts reicht hingegen ebenso wenig aus wie die ausländische Staatsangehörigkeit eines Vertragspartners.[51]

Weist der Sachverhalt einen hinreichenden **Bezug zum Recht eines oder mehrerer EU-Mitglied-** 36
staaten auf, so berührt die Wahl des Rechts eines Drittstaats gemäß Art. 3 Abs. 4 Rom I-VO auch

---

46 OLG München 18.12.1985 – 7 U 4049/84, IPRspr. 1985 Nr. 35; *Martiny*, BauR 2008, 241, 242; *ders.*,
   in: Reithmann/Martiny[7] Rn. 93 m.w.N.
47 Dazu näher *Martiny*, in: Reithmann/Martiny[7] Rn. 106 ff.
48 Dazu näher unten IV., Rdn. 60 ff.
49 Dazu näher unten III., Rdn. 49 ff.
50 *Garcimartín Alférez*, EuLF 2008 I, 61, 64 f.
51 *Garcimartín Alférez*, EuLF 2008 I, 61, 65; *Thode/Wenner* Rn. 168 f.

nicht die Anwendung der zwingenden Bestimmungen des Gemeinschafts- bzw. Unionsrechts. Die Regelung entspricht der bekannten »Ingmar«-Entscheidung des EuGH[52] zur Handelsvertreter-Richtlinie und dient der Durchsetzung unionsrechtlicher Standards gegenüber dem gewählten drittstaatlichen Recht. EU-Richtlinien gelten in diesem Fall mit dem Inhalt, wie sie im Gerichtsstaat umgesetzt worden sind, und nicht mit dem Inhalt, wie sie in dem Mitgliedstaat implementiert wurden, dessen Recht bei Fehlen einer Rechtswahl nach Art. 4 Rom I-VO anzuwenden wäre.[53]

37 Während der Vorschlag der EG-Kommission für die Rom I-VO von 2005 auch die Wahl von »auf internationaler oder Gemeinschaftsebene anerkannten Grundsätzen und Regeln des materiellen Vertragsrechts« zugelassen hatte, fehlt eine entsprechende Vorschrift im endgültigen Verordnungstext. Daraus folgt, dass die Verweisungen der Rom I-VO stets **nur auf staatliches Recht** gerichtet sein können.[54] Zwar stellt Erwägungsgrund (13) klar, dass die Verordnung die Parteien nicht daran hindert, in ihrem Vertrag auf ein nicht-staatliches Regelwerk – wie z.B. die »UNIDROIT Principles of International Commercial Contracts« oder die »Principles of European Contract Law« – Bezug zu nehmen. Die materiell-rechtliche Verweisung auf solche Grundsätze bedarf jedoch stets der Ergänzung durch die Wahl eines staatlichen Rechts zur Beurteilung der dort nicht geregelten Fragen und erlaubt keine Abweichung von den zwingenden Vorschriften dieses Rechts. Für den Fall, dass die EU das materielle Vertragsrecht vereinheitlichen sollte, kann der diesbezügliche Rechtsakt allerdings den Parteien auch die Möglichkeit eröffnen, diese vereinheitlichten Regeln mittelbar zu wählen (Erwägungsgrund (14) zur Rom I-VO).

II. Objektive Anknüpfung

Art. 4 Mangels Rechtswahl anzuwendendes Recht

(1) Soweit die Parteien keine Rechtswahl gemäß Artikel 3 getroffen haben, bestimmt sich das auf den Vertrag anzuwendende Recht unbeschadet der Artikel 5 bis 8 wie folgt:
  a) Kaufverträge über bewegliche Sachen unterliegen dem Recht des Staates, in dem der Verkäufer seinen gewöhnlichen Aufenthalt hat.
  b) Dienstleistungsverträge unterliegen dem Recht des Staates, in dem der Dienstleister seinen gewöhnlichen Aufenthalt hat.
  c) Verträge, die ein dingliches Recht an unbeweglichen Sachen sowie die Miete oder Pacht unbeweglicher Sachen zum Gegenstand haben, unterliegen dem Recht des Staates, in dem die unbewegliche Sache belegen ist.
  ...

(2) Fällt der Vertrag nicht unter Absatz 1 oder sind die Bestandteile des Vertrags durch mehr als einen der Buchstaben a bis h des Absatzes 1 abgedeckt, so unterliegt der Vertrag dem Recht des Staates, in dem die Partei, welche die für den Vertrag charakteristische Leistung zu erbringen hat, ihren gewöhnlichen Aufenthalt hat.

(3) Ergibt sich aus der Gesamtheit der Umstände, dass der Vertrag eine offensichtlich engere Verbindung zu einem anderen als dem nach Absatz 1 oder 2 bestimmten Staat aufweist, so ist das Recht dieses anderen Staates anzuwenden.

(4) Kann das anzuwendende Recht nicht nach Absatz 1 oder 2 bestimmt werden, so unterliegt der Vertrag dem Recht des Staates, zu dem er die engste Verbindung aufweist.

---

52 EuGH 09.11.2000, Rs. C-381/98 – *Ingmar* – Slg. 2000 I, 9325 = NJW 2001, 2007.
53 *Garcimartín Alférez*, EuLF 2008 I, 61, 65; *Martiny*, in: Reithmann/Martiny[7] Rn. 139.
54 *Martiny*, BauR 2008, 241, 242.

1. Grundsatz

Bei Fehlen einer ausdrücklichen oder konkludenten Rechtswahl ist das auf einen internationalen Bauvertrag anwendbare Recht nicht anhand des hypothetischen (subjektiven) Parteiwillens, sondern nach Art. 4 Rom I-VO im Wege einer objektiven Anknüpfung zu ermitteln. Die objektive Anknüpfung ist auch dann erforderlich, wenn die Parteien lediglich eine Teilrechtswahl (Art. 3 Abs. 1 S. 3 Rom I-VO) getroffen haben oder die erklärte Rechtswahl unwirksam ist. Die Grenze zwischen der objektiven Anknüpfung nach Art. 4 und einer stillschweigenden Rechtswahl nach Art. 3 Abs. 1 S. 2 Rom I-VO ist allerdings fließend.

38

2. Die Systematik des Art. 4 Rom I-VO

Art. 4 Rom I-VO weicht in seinem Aufbau und seiner Systematik deutlich von der Vorgängernorm in Art. 4 EVÜ/Art. 28 EGBGB ab. Die Vorschrift listet in ihrem Abs. 1 insgesamt **acht Vertragstypen** auf, für welche die objektive Anknüpfung im Interesse der Rechtssicherheit und der leichteren Handhabung ausdrücklich bestimmt wird.[55] Dabei wird für Warenkauf- und Dienstleistungsverträge an den gewöhnlichen Aufenthaltsort derjenigen Vertragspartei angeknüpft, welche die vertragscharakteristische Leistung erbringt (lit. a, b), für Verträge, die ein dingliches Recht an unbeweglichen Sachen zum Gegenstand haben, hingegen an den Belegenheitsort der unbeweglichen Sache (lit. c).

39

Art. 4 Abs. 2 Rom I-VO enthält eine **Auffangregel** für die Vertragstypen, die entweder nicht in Art. 4 Abs. 1 aufgelistet sind oder die – als gemischte Verträge – Elemente mehrerer der in Art. 4 Abs. 1 genannten Vertragstypen kombinieren. Für sie gilt das Recht des Staates, in dem die Partei, welche die charakteristische Leistung zu erbringen hat, ihren gewöhnlichen Aufenthalt hat.

40

Die Anknüpfungen nach Art. 4 Abs. 1 und 2 werden durch die **Ausweichklausel** in Art. 4 Abs. 3 Rom I-VO ausnahmsweise verdrängt, wenn sich aus der Gesamtheit der Umstände ergibt, dass der Vertrag eine offensichtlich engere Verbindung zum Recht eines anderen Staates als des von den Absätzen 1 und 2 bestimmten aufweist.

41

Kann das anwendbare Recht nach Art. 4 Abs. 1 oder 2 nicht bestimmt werden, z.B. weil sich eine vertragscharakteristische Leistung nur einer Partei nicht feststellen lässt, so unterliegt der Vertrag nach Art. 4 Abs. 4 Rom I-VO hilfsweise dem Recht des Staates, zu dem er die **engste Verbindung** hat.

42

3. Prüfungsreihenfolge

Für die Ermittlung des objektiven Vertragsstatuts nach Art. 4 Rom I-VO ergibt sich daher folgende Prüfungsreihenfolge:

43

a) Greifen spezialgesetzliche Regelungen – z.B. Art. 6 Rom I-VO für Verbraucherverträge – ein? Ist dies der Fall, so verdrängen sie die allgemeinen Vorschriften des Art. 4 Rom I-VO.

Wenn nicht:

b) Entspricht der geschlossene Vertrag einem der in Art. 4 Abs. 1 normierten Vertragstypen? Ist dies der Fall, so ist die speziell für diesen Vertragstyp getroffene Anknüpfungsregel anzuwenden, es sei denn es besteht eine offensichtlich engere Verbindung zu einem anderen Staat.

Wenn nicht:

c) Lässt sich bestimmen, welche der Vertragsparteien die für den Vertrag charakteristische Leistung erbringt? Ist dies der Fall, so gilt das Recht am gewöhnlichen Aufenthalt dieser Vertragspar-

---

[55] Vgl. Palandt/*Thorn*, Art. 4 Rn. 1 f.; MüKo/*Martiny*, Art. 4 Rn. 16.

tei, Art. 4 Abs. 2 Rom I-VO, es sei denn, es besteht eine offensichtlich engere Verbindung zu einem anderen Staat.

Wenn nicht:

d) Das Vertragsstatut ist mit Hilfe des allgemeinen Kriteriums der »engsten Verbindung« zu ermitteln, Art. 4 Abs. 4 Rom I-VO.

e) Ergibt sich in den Fällen (b) oder (c) aus der Gesamtheit der Umstände, dass der Vertrag eine offensichtlich engere Verbindung zu einem anderen als dem in Art. 4 Abs. 1 oder 2 bestimmten Staat aufweist, so ist das Recht dieses anderen Staates anzuwenden, Art. 4 Abs. 3 Rom I-VO.

4. Der Bauvertrag als Dienstleistungsvertrag i.S.v. Art. 4 Abs. 1 lit. b Rom I-VO

a) Der Begriff der Dienstleistung

44 Der Begriff der Dienstleistung in Art. 4 Abs. 1 lit. b Rom I-VO ist im Interesse einer einheitlichen Auslegung in allen Mitgliedstaaten nicht nach dem nationalen Recht der lex fori oder der lex causae, sondern – ebenso wie in Art. 15 EuGVVO[56] – **autonom** zu interpretieren.[57] Insoweit kann insbesondere auf den Dienstleistungsbegriff in Art. 57 AEUV Bezug genommen werden, der auch gewerbliche und handwerkliche Tätigkeiten als Dienstleistungen definiert. Es besteht daher Einigkeit darüber, dass auch Werkverträge eine Dienstleistung i.S.v. Art. 4 Abs. 1 lit. b Rom I-VO zum Gegenstand haben.[58] Obwohl internationale Bau- und Anlagenverträge gegenüber einfachen Werkverträgen in vielerlei Hinsicht besondere Strukturelemente aufweisen,[59] gilt für sie insoweit nichts anderes.[60] Die Abgrenzung zwischen Dienst- und Werkverträgen im deutschen BGB ist in diesem Zusammenhang irrelevant.

b) Grundsatzanknüpfung an den gewöhnlichen Aufenthalt des Bauunternehmers

Art. 19 Gewöhnlicher Aufenthalt

(1) Für die Zwecke dieser Verordnung ist der gewöhnliche Aufenthalt von Gesellschaften, Vereinen und juristischen Personen der Ort ihrer Hauptverwaltung.

Der gewöhnliche Aufenthalt einer natürlichen Person, die im Rahmen der Ausübung ihrer beruflichen Tätigkeit handelt, ist der Ort ihrer Hauptniederlassung.

(2) Wird der Vertrag im Rahmen des Betriebs einer Zweigniederlassung, Agentur oder sonstigen Niederlassung geschlossen oder ist für die Erfüllung gemäß dem Vertrag eine solche Zweigniederlassung, Agentur oder sonstige Niederlassung verantwortlich, so steht der Ort des gewöhnlichen Aufenthalts dem Ort gleich, an dem sich die Zweigniederlassung, Agentur oder sonstige Niederlassung befindet.

(3) Für die Bestimmung des gewöhnlichen Aufenthalts ist der Zeitpunkt des Vertragsschlusses maßgebend.

---

56 Vgl. Erwägungsgrund (17) zur Rom I-VO; zum Begriff der »Dienstleistung« in der EuGVVO näher Teil IV.1 Rdn. 42 ff.
57 MüKo/*Martiny*, Art. 4 Rn. 17.
58 MüKo/*Martiny*, Art. 4 Rn. 36; *Thode*, in: Reithmann/Martiny[7] Rn. 1081; Palandt/*Thorn*, Art. 4 Rn. 8; ebenso zu Art. 13 Abs. 1 Nr. 3 EuGVÜ/Art. 15 Abs. 1 EuGVVO: BGH 26.10.1993 – XI ZR 42/93, NJW 1994, 262, 263; OLG Düsseldorf, 30.01.2004 – 23 U 70/03, IHR 2004, 108; *Thode/Wenner* Rn. 177 f.
59 Vgl. dazu *Nicklisch*, in: Kronke/Melis/Schnyder (Hrsg.), Teil C Rn. 336 ff.
60 Für kollisionsrechtliche Gleichbehandlung von Bauverträgen mit Werkverträgen im allg. MüKo/*Martiny*, Art. 4 Rn. 40; *Thode*, in: Reithmann/Martiny[7] Rn. 1084; *Markowsky*, S. 40 ff.

Angeknüpft wird daher – wie schon bisher im Rahmen von Art. 4 Abs. 2 EVÜ/Art. 28 Abs. 2 EGBGB[61] – grundsätzlich an den gewöhnlichen Aufenthaltsort des Bauunternehmers, weil er die für den Bauvertrag charakteristische Leistung erbringt.[62] Der in Art. 4 Abs. 1 und 2 verwendete Begriff des »gewöhnlichen Aufenthalts« wird für die Zwecke der Rom I-VO in deren Art. 19 näher konkretisiert: 45

Die in Art. 19 verwendeten Begriffe der Haupt- oder Zweigniederlassung sind autonom in Anlehnung an Art. 60 EuGVVO auszulegen.[63] Für den Regelfall, dass der Bauunternehmer als Gesellschaft organisiert ist, kommt es daher auf den Ort von deren Hauptverwaltung, d.h. auf den **effektiven Verwaltungssitz**,[64] an. Dies gilt – vorbehaltlich der Ausweichklausel in Art. 4 Abs. 3 Rom I-VO (Rdn. 47 f.) – auch dann, wenn das Bauwerk in einem vom gewöhnlichen Aufenthaltsort des Bauunternehmers verschiedenen Staat errichtet wird. Insbesondere ist das Statut des Bauvertrages dann nicht etwa nach Art. 4 Abs. 1 lit. c Rom I-VO zu bestimmen; denn der Bauvertrag hat weder ein dingliches Recht an unbeweglichen Sachen noch die Miete oder Pacht an unbeweglichen Sachen zum Gegenstand.[65] Wird der Vertrag allerdings mit einer Niederlassung des Bauunternehmers im Belegenheitsstaat des Grundstücks abgeschlossen oder durch eine solche Niederlassung erfüllt, so ist nach Art. 19 Abs. 2 Rom I-VO auf den Ort abzustellen, an dem sich diese Niederlassung befindet; es gilt also dann die lex rei sitae.[66] Ein bloßes Baubüro auf der Baustelle ohne hinreichende eigene Ausstattung und Organisation genügt hierfür freilich nicht.[67] 46

c) Ausweichklausel

Die speziellen Anknüpfungen nach Art. 4 Abs. 1 Rom I-VO wie auch die hilfsweise Anknüpfung an den gewöhnlichen Aufenthaltsort der Partei, welche die vertragscharakteristische Leistung erbringt, nach Art. 4 Abs. 2 Rom I-VO sind allerdings nicht zwingend. Bestrebungen, diese Anknüpfungen aus Gründen der Rechtssicherheit als abschließend auszugestalten, haben sich im Gesetzgebungsverfahren nicht durchsetzen können. Wie schon Art. 4 Abs. 5 S. 2 EVÜ/Art. 28 Abs. 5 EGBGB sieht daher auch Art. 4 Abs. 3 Rom I-VO eine sog. »Ausweichklausel« vor. Danach ist in Fällen, in denen der Vertrag nach der Gesamtheit der Umstände eine offensichtlich engere Verbindung zu einem anderen als dem nach den Absätzen 1 oder 2 bestimmten Staat aufweist, das Recht dieses anderen Staates anzuwenden. Im Interesse der Rechtssicherheit ist von dieser Ausweichklausel jedoch nur **zurückhaltend** Gebrauch zu machen. Erforderlich ist, dass der Schwerpunkt des Vertrages eindeutig in einem anderen als dem von Art. 4 Abs. 1 oder 2 Rom I- 47

---

61 BGH, 25.02.1999 – VII ZR 408/97, JW 1999, 2442, 2443 = BauR 1999, 677; dazu zust. *Pulkowski*, IPRax 2001, 306 ff. und *Wenner*, EWiR 1999, 505 f.; Brandenburgisches OLG, 29.11.2000 – 13 U 110/00, BauR 2001, 820; KG, 28.05.1999 – 21 U 1947/99, IPRax 2000, 405; öst. OGH, 07.09.1994, IPRax 1995, 326 m. zust. Anm. *W. Lorenz* 329; *Markowsky*, S. 40 ff.; *Wenner*, in: FS Mantscheff (2000), 205 ff.; *Martiny*, BauR 2008, 241, 243; *Nicklisch*, in: Kronke/Melis/Schnyder (Hrsg.), Teil C Rn. 332; Soergel/*v. Hoffmann*, Art. 28 EGBGB Rn. 209; ebenso zu Werkverträgen im allg. OLG Schleswig, 04.06.1992 – 2 U 78/91, IPRax 1993, 95 m. Anm. *Vollkommer*, 79; OLG Nürnberg, 18.02.1993 – 12 U 1663, 92, CR 1993, 553 m. Anm. *Bartsch*; OLG Hamm, 03.12.1993 – 12 U 18/92, IPRax 1995, 104, 105; LG Berlin, 28.09.1995 – 30 O 206/95, IPRax 1996, 416 m. Anm. *Rüssmann*; *Jayme*, in: FS Pleyer (1986), 371, 376; *von Bar*, IPR II Rn. 496.
62 MüKo/*Martiny*, Art. 4 Rn. 40; *Thode*, in: Reithmann/Martiny[7] Rn. 1084; Palandt/*Thorn*, Art. 4 Rn. 10; Staudinger/*Magnus* (2011), Art. 4 Rn. 349.
63 Palandt/*Thorn*, Art. 19 Rn. 2.
64 *Martiny*, in: Reithmann/Martiny[7] Rn. 209; MüKo/*Martiny*, Art. 19 Rn. 4; vgl. zum effektiven Verwaltungssitz näher *Hausmann*, in: Reithmann/Martiny[7] Rn. 5081 ff.
65 *Thode*, in: Reithmann/Martiny[7] Rn. 1084; *Martiny*, BauR 2008, 241, 243; Staudinger/*Magnus* (2011), Art. 4 Rn. 350; *Christie*, Int. Constr. L. Rev. 24 (2007) 343, 355; *Glavinis* Rn. 646; ebenso schon zum früheren Recht *Wiegand*, in: Böckstiegel (1984) 59, 85 ff.
66 *Martiny*, BauR 2008, 241, 243.
67 *Wenner*, in: FS Thode (2005) 661, 666.

VO bezeichneten Staat liegt.[68] Die Neufassung bringt dies durch die Hinzufügung des Wortes »offensichtlich« zum Ausdruck.[69]

48 In Bezug auf **internationale Bauverträge** war schon unter Geltung von Art. 4 EVÜ/Art. 28 EGBGB umstritten, ob dem am Ort des zu errichtenden Bauwerks geltenden Recht mit Hilfe der Ausweichklausel zur Anwendung verholfen werden kann, wenn der Bauunternehmer seinen gewöhnlichen Aufenthalt in einem anderen Staat hat. Während man sich vor allem in England[70] und Frankreich[71] für eine solche Anknüpfung an den Ort der Bauausführung ausgesprochen hat, lehnte die h.M. in Deutschland[72] und Österreich[73] es unter Geltung von Art. 28 EGBGB ab, von der Grundsatzanknüpfung an den gewöhnlichen Aufenthalt des Bauunternehmers allein deshalb abzuweichen, weil das Bauwerk in einem anderen Staat zu errichten war. Daran ist aus Gründen der Rechtssicherheit und im Hinblick auf den Ausnahmecharakter der Ausweichklausel in Art. 4 Abs. 3 auch unter Geltung der Rom I-VO festzuhalten.[74] Eine generelle Abweichung von der Grundregel in Art. 4 Abs. 1 zugunsten einer Anknüpfung an den Erfüllungsort des Vertrages kommt also auch bei Bauverträgen nicht in Betracht.[75]

III. Sonderregeln für Verbraucherverträge

Art. 6 Verbraucherverträge

(1) Unbeschadet der Artikel 5 und 7 unterliegt ein Vertrag, den eine natürliche Person zu einem Zweck, der nicht ihrer beruflichen oder gewerblichen Tätigkeit zugerechnet werden kann (»Verbraucher«), mit einer anderen Person geschlossen hat, die in Ausübung ihrer beruflichen oder gewerblichen Tätigkeit handelt (»Unternehmer«), dem Recht des Staates, in dem der Verbraucher seinen gewöhnlichen Aufenthalt hat, sofern der Unternehmer

a) seine berufliche oder gewerbliche Tätigkeit in dem Staat ausübt, in dem der Verbraucher seinen gewöhnlichen Aufenthalt hat, oder

b) eine solche Tätigkeit auf irgendeiner Weise auf diesen Staat oder auf mehrere Staaten, einschließlich dieses Staates, ausrichtet

und der Vertrag in den Bereich dieser Tätigkeit fällt.

(2) Ungeachtet des Absatzes 1 können die Parteien das auf einen Vertrag, der die Anforderungen des Absatzes 1 erfüllt, anzuwendende Recht nach Artikel 3 wählen. Die Rechtswahl darf jedoch nicht dazu führen, dass dem Verbraucher der Schutz entzogen wird, der ihm durch diejenigen Bestimmungen gewährt wird, von denen nach dem Recht, das nach Absatz 1 mangels einer Rechtswahl anzuwenden wäre, nicht durch Vereinbarung abgewichen werden darf.

---

68 Vgl. in diesem Sinne schon zur Ausweichklausel in Art. 4 Abs. 5 S. 2 EVÜ EuGH 06.10.2009, Rs. C-133/08 – *Intercontainer Interfrigo SC* – IPRax 2010, 236 Rn. 60 ff. m. Anm. *Rammeloo* 215.
69 *Garcimartín Alférez*, EuLF 2008 I, 61, 70.
70 Ennstone Building Products Ltd. v. Stanger Ltd. (2002), 2 All E.R. (Comm.) 479 (CA); dazu *Mankowski*, Die Ausweichklausel des Art. 5 EVÜ und das System des EVÜ, IPRax 2003, 464 ff.
71 Cass. civ. 15.06.1982, Clunet 1983, 602 m. krit. Anm. *Kahn* = D.S. 1983 I.R. 150 m. zust. Anm. *Audit*; (Errichtung eines Hotels in Korsika durch deutsche Architekten) Trib. gr. inst. Poitiers 22.12.1999, Rev. crit. 2001, 670 m. zust. Anm. *Rémy-Corlay*; *Rémery*, D.S. 1985 Chron. 258 ff.; *Glavinis* Rn. 646 f.; ebenso in der deutschen Literatur *Hök*, ZfBR 2006, 741, 746 f.
72 BGH, 25.02.1999 – VII ZR 408/97, BauR 1999, 677 = IPRax 2001, 36 m. zust. Anm. *Pulkowski* 306; Brandenburgisches OLG, 29.11.2000 – 13 U 110/00, BauR 2001, 820 m. Anm. *Ehlers*; ebenso *Thode*, ZfBR 1989, 43, 47; *Kartzke*, ZfBR 1994, 1; W. *Lorenz*, IPRax 1995, 329, 331; *Thode/Wenner* Rn. 280 ff.; *W. Lorenz*, IPRax 1995, 331.
73 OGH, 07.09.1994, IPRax 1995, 326 m. zust. Anm. *W. Lorenz* (Bauarbeiten durch deutschen Bauunternehmer in Wien).
74 MüKo/*Martiny*, Art. 4 Rn. 40; *Thode*, in: Reithmann/Martiny[7] Rn. 1084; Staudinger/*Magnus* (2011), Art. 4 Rn. 350.
75 *Martiny*, BauR 2008, 241, 244.

(3) Sind die Anforderungen des Absatzes 1 Buchstabe a oder b nicht erfüllt, so gelten für die Bestimmung des auf einen Vertrag zwischen einem Verbraucher und einem Unternehmer anzuwendenden Rechts die Artikel 3 und 4.

(4) Die Absätze 1 und 2 gelten nicht für:
a) Verträge über die Erbringung von Dienstleistungen, wenn die dem Verbraucher geschuldeten Dienstleistungen ausschließlich in einem anderen als dem Staat erbracht werden müssen, in dem der Verbraucher seinen gewöhnlichen Aufenthalt hat;
b) ...
c) Verträge, die ein dingliches Recht an unbeweglichen Sachen oder die Miete oder Pacht unbeweglicher Sachen zum Gegenstand haben, mit Ausnahme der Verträge über Teilzeitnutzungsrechte an Immobilien im Sinne der Richtlinie 94/47/EG;[76]

...

1. Allgemeines

Wird ein Bauvertrag vom Bauherrn zu privaten Wohnzwecken geschlossen, so kommt auch eine Anwendung der Sonderregeln zur Anknüpfung von Verbraucherverträgen in Art. 6 Rom I-VO in Betracht:[77] 49

Nach Art. 6 Abs. 1 Rom I-VO wird aus Gründen des kollisionsrechtlichen Schutzes des Verbrauchers als der schwächeren Vertragspartei grundsätzlich an das Recht des Staates angeknüpft, in dem der Verbraucher einen gewöhnlichen Aufenthalt hat, sofern der Vertrag mit diesem Staat hinreichend eng verbunden ist. Ferner darf dem Verbraucher der Schutz nach dem zwingenden Recht seines Aufenthaltsstaats auch durch eine Rechtswahl nicht entzogen werden (Art. 6 Abs. 2 Rom I-VO). Darüber hinaus gelten auch für die Form von Verbraucherverträgen Sonderregeln (Art. 11 Abs. 4 Rom I-VO). Vorrang vor Art. 6 hat Art. 9 Rom I-VO; vor allem inländische Eingriffsnormen setzen sich gemäß Art. 9 Abs. 2 Rom I-VO auch gegenüber dem von Art. 6 Rom I-VO zur Anwendung berufenen Recht am gewöhnlichen Aufenthalt des Verbrauchers durch. 50

2. Anwendungsbereich

Der durch Art. 6 Rom I-VO gewährleistete kollisionsrechtliche Verbraucherschutz gilt nur, soweit der persönliche, sachliche und räumliche Anwendungsbereich der Vorschrift eröffnet ist. 51

a) Persönlicher Anwendungsbereich

Art. 6 Rom I-VO gilt nur für Verträge, an denen auf einer Seite ein Verbraucher beteiligt ist. »Verbraucher« i.S.v. Art. 6 Abs. 1 Rom I-VO sind nur **natürliche Personen**, die den Vertrag zu einem Zweck abgeschlossen haben, der nicht ihrer beruflichen oder gewerblichen Tätigkeit zugerechnet werden kann.[78] Über diese Zurechnung der Leistung zum beruflichen/gewerblichen oder privaten Lebensbereich entscheiden die dem Schuldner objektiv erkennbaren Umstände des Geschäfts, nicht der innere Wille des Leistungsempfängers.[79] Demnach dienen Verträge von Gewerbetreibenden und Freiberuflern im Zweifel geschäftlichen oder beruflichen Zwecken. Gleiches gilt für Verträge, die ihrer Art nach einen Bezug zur beruflichen Tätigkeit des Erwerbers/Bestellers haben, es sei denn, dieser macht den privaten Verwendungszweck dem Vertragspartner gegenüber deut- 52

---

76 ABl. EG 1994 Nr. L 280, S. 83.
77 BGH, 30.03.2006 – VII ZR 249/04, ZfBR 2006, 462; Staudinger/*Magnus* (2011), Art. 4 Rn. 351.
78 Zu dem entsprechenden Verbraucherbegriff in Art. 13 Abs. 1 EuGVÜ/15 Abs. 1 EuGVVO siehe EuGH, 20.01.2005, Rs. C–464/01 – *Gruber/BayWA AG*, Slg. 2005 I, 439 = NJW 2005, 653, 654 (Rn. 31 ff.); EuGH, 20.01.2005, Rs. C–27/02 – *Engler/Janus Versand*, Slg. 2005 I, 481 = NJW 2005, 811, 812 Rn. 33; BGH, 30.03.2006, BGHZ 167, 83 = NJW 2006, 1672; ferner unten Teil IV.1 Rdn. 58 ff. m.w.Nachw.
79 Vgl. näher *Martiny*, in: Reithmann/Martiny[7] Rn. 1478 f.

lich. Ferner stellt Art. 6 Abs. 1 Rom I-VO klar, dass der kollisionsrechtliche Schutz der Vorschrift nur für sog. B2C (»business to consumer«)-Verträge gilt. Vertragspartner des Verbrauchers muss also ein Unternehmer sein, der beim Vertragsschluss in Ausübung seiner beruflichen oder gewerblichen Tätigkeit gehandelt hat.

Internationale Bauverträge unterliegen daher den Schutzvorschriften des Art. 6 Abs. 1 und 2 Rom I-VO, wenn Bauherr eine natürliche Person ist, die das Bauvorhaben – zumindest überwiegend[80] – zu privaten (Wohn-) Zwecken durchführt.

b) Sachlicher Anwendungsbereich

53 Art. 29 EGBGB beschränkte den kollisionsrechtlichen Verbraucherschutz bisher auf ganz bestimmte Typen von Verbraucherverträgen. Diese mussten die Lieferung beweglicher Sachen oder die Erbringung von Dienstleistungen oder die Finanzierung eines solchen Geschäfts zum Gegenstand haben. Demgegenüber gilt Art. 6 Rom I-VO grundsätzlich für **alle Typen von Verbraucherverträgen**, soweit diese nicht ausdrücklich aus dem sachlichen Anwendungsbereich der Vorschrift ausgeschlossen werden. Die Vorschrift gilt daher grundsätzlich auch für Werk- und Bauverträge.

54 Nach Art. 6 Abs. 4 Rom I-VO verbleibt es allerdings für bestimmte Typen von Verbraucherverträgen bei den allgemeinen Anknüpfungsregeln nach Art. 3, 4 Rom I-VO. Dies gilt nach lit. a insbesondere für Verträge über die **Erbringung von Dienstleistungen,** die ausschließlich in einem vom gewöhnlichen Aufenthaltsstaat des Verbrauchers verschiedenen Staat erbracht werden müssen. Diese Ausnahme gilt auch für Bauverträge.[81] Schließt ein Deutscher daher einen Bauvertrag zur Errichtung oder zum Ausbau eines in Italien erworbenen Ferienhauses mit einem dortigen lokalen Bauunternehmer, so findet Art. 6 Abs. 1 und 2 Rom I-VO wegen Art. 6 Abs. 4 lit. a Rom I-VO keine Anwendung. Entsprechendes gilt nach Art. 6 Abs. 4 lit. c Rom I-VO für Kaufverträge über den Erwerb in- oder ausländischer Immobilien zu privaten Zwecken.

c) Situativer Anwendungsbereich

55 Ein kollisionsrechtlicher Verbraucherschutz ist allerdings nur gerechtfertigt, wenn das vom Verbraucher getätigte Geschäft einen hinreichenden Bezug zu seinem Umweltrecht hat. Hingegen ist der Verbraucher dann nicht schutzwürdig, wenn er sich aus eigenem Antrieb ins Ausland begibt und dort Waren erwirbt oder Dienstleistungen in Anspruch nimmt; denn er führt in einem solchen Fall sein heimatliches Verbraucherschutzrecht nicht im Reisegepäck mit sich. Etwas anderes gilt aber dann, wenn sich der Schwerpunkt des Geschäfts aufgrund bestimmter räumlicher Kriterien in den Aufenthaltsstaat des Verbrauchers verlagert. Auch die Anforderungen an den erforderlichen räumlichen Bezug des Verbrauchervertrags zu dem Staat, in dem der Verbraucher seinen gewöhnlichen Aufenthalt hat, sind in Art. 6 Abs. 1 Rom I-VO neu bestimmt und – in Anlehnung an Art. 15 Abs. 1 EuGVVO[82] – gegenüber den engen Kriterien von Art. 29 Abs. 1 Nr. 1–3 EGBGB deutlich erweitert worden. Ausreichend ist es, dass der Vertrag in den Bereich einer beruflichen oder gewerblichen Tätigkeit fällt, die der Unternehmer entweder in dem Staat ausübt, in dem der Verbraucher seinen gewöhnlichen Aufenthalt hat (lit. a) oder die der Unternehmer aus dem Ausland zumindest auf diesen Staat ausgerichtet hat (lit. b). Nicht mehr erforderlich ist hingegen, dass der Verbraucher die zum Abschluss erforderlichen Rechtshandlungen in seinem Aufenthaltsstaat vorgenommen hat.[83] Ebenso wenig bedarf es einer Werbung oder eines Angebots des Unternehmers im Aufenthaltsstaat des Verbrauchers. Geschützt wird daher auch der **aktive**

---

80 Anders als im Recht der internationalen Zuständigkeit (dazu unten Teil IV.1 Rdn. 59) dürfte es für die Anknüpfung nach Art. 6 Rom I-VO ausreichen, dass der private Zweck überwiegt, vgl. Palandt/*Thorn*, Art. 6 Rn. 5.
81 *Thode*, in: Reithmann/Martiny[7] Rn. 1083.
82 Vgl. dazu unten Teil IV.1 Rdn. 63 ff.
83 *Mankowski*, IHR 2008, 142.

Verbraucher, der zum Vertragsschluss ins Ausland reist sowie der Verbraucher, der über das Internet mit einem im Ausland sitzenden Unternehmer kontrahiert. Wegen der Einzelheiten wird auf Teil IV.1 Rdn. 63 ff. verwiesen.

Ein **Bauvertrag** mit einem Verbraucher wird jedoch nicht schon dann i.S.v. Art. 6 Abs. 1 Rom I-VO im Rahmen einer vom Bauunternehmer im Wohnsitzstaat des Verbrauchers ausgeübten oder auf diesen Staat ausgerichteten beruflichen oder gewerblichen Tätigkeit geschlossen, wenn der Bauunternehmer erst aufgrund des geschlossenen Vertrages verpflichtet ist, eine berufliche oder gewerbliche Tätigkeit zum Zwecke der Erstellung des Bauwerks im Wohnsitzstaat des Verbrauchers zu entfalten.[84] Der Bezug zum Wohnsitzstaat des Verbrauchers muss von ihm vielmehr bereits im Zuge der Vertragsanbahnung hergestellt worden sein. 56

3. Inhalt des Verbraucherschutzes

a) Objektive Anknüpfung

Haben die Parteien von der Möglichkeit einer Rechtswahl gemäß Art. 3 Rom I-VO keinen Gebrauch gemacht oder ist die von ihnen getroffene Rechtswahl nach dem dafür maßgeblichen Recht (Art. 3 Abs. 5 i.V.m. Art. 10 Rom I-VO) unwirksam, so unterliegt der zu privaten Zwecken geschlossene Bauvertrag bei Vorliegen der in Art. 6 Abs. 1 lit. a oder lit. b Rom I-VO genannten räumlichen Bezugspunkte – abweichend von Art. 4 Abs. 1 und 2 Rom I-VO – nicht dem Recht des Staates, in dem der Bauunternehmer seinen Sitz oder gewöhnlichen Aufenthalt hat, sondern dem Recht des Staates, in dem der **Verbraucher seinen gewöhnlichen Aufenthalt** hat, Art. 6 Abs. 1 Rom I-VO. Nach diesem Recht beurteilen sich alle mit dem Abschluss, der Wirksamkeit und der Abwicklung des Vertrages zusammenhängenden Fragen (vgl. Art. 10–12 Rom I-VO); es bestimmt damit insbesondere auch über den Umfang des gewährten Verbraucherschutzes. Die Bedeutung dieser objektiven Anknüpfung für Verbraucherverträge betont der Verordnungsgeber dadurch, dass er sie – anders als bisher in Art. 29 Abs. 2 EGBGB – in Art. 6 Abs. 1 Rom I-VO an den Anfang der Vorschrift stellt. 57

b) Beschränkung der Rechtswahl

Der ursprüngliche Vorschlag der EG-Kommission, die Rechtswahl bei Verbraucherverträgen gänzlich auszuschließen, um die praktischen Schwierigkeiten eines Günstigkeitsvergleichs zwischen dem gewählten Recht und dem Recht am gewöhnlichen Aufenthalt des Verbrauchers zu vermeiden (vgl. Art. 6 Rom I-VO idF des Entwurfs vom 15.12.2005), hat sich in den Schlussberatungen nicht durchgesetzt. Art. 6 Abs. 2 Rom I-VO hält die Zulässigkeit einer Rechtswahl für Verbraucherverträge vielmehr in den schon bisher geltenden Schranken aufrecht. Die Neufassung vermeidet allerdings in diesem Zusammenhang den Begriff der »zwingenden Bestimmungen«, der in der Verordnung nur noch für die international zwingenden (Eingriffs-) Normen des Art. 9 verwendet wird. Grundsätzlich sind die Parteien eines Verbrauchervertrages also, auch wenn dieser die Anforderungen des Art. 6 Abs. 1 Rom I-VO erfüllt, nicht daran gehindert, ein anderes Recht als das dort bestimmte Recht des Staates, in dem der Verbraucher seinen gewöhnlichen Aufenthalt hat, zu wählen, Art. 6 Abs. 2 S. 1 Rom I-VO. 58

Die Rechtswahl darf jedoch nicht dazu führen, »dass dem Verbraucher der Schutz entzogen wird, der ihm durch diejenigen Bestimmungen gewährt wird, von denen nach dem Recht, das nach Abs. 1 mangels Rechtswahl anzuwenden wäre, nicht durch Vereinbarung abgewichen werden darf,« Art. 6 Abs. 1 S. 2 Rom I-VO. Das zwingende Verbraucherschutzrecht im Staat des gewöhnlichen Aufenthalts des Verbrauchers – z.B. im Hinblick auf Widerrufsrechte oder das Verbot von Haftungsbeschränkungen in AGB – kommt danach auch künftig nur zur Anwendung, wenn im Rahmen eines **Günstigkeitsvergleichs** festgestellt wird, dass es den Verbraucher im konkreten Fall 59

---

[84] BGH, 30.03.2006 – VII ZR 249/04, ZfBR 2006, 462.

stärker schützt als das gewählte Recht.[85] Das Aufenthaltsrecht bestimmt aber nur den Mindestschutz des Verbrauchers; es lässt also einen weitergehenden Schutz nach dem gewählten Recht unberührt.

IV. Eingriffsnormen

Art. 9 Eingriffsnormen

(1) Eine Eingriffsnorm ist eine zwingende Vorschrift, deren Einhaltung von einem Staat als so entscheidend für die Wahrung seines öffentlichen Interesses, insbesondere seiner politischen, sozialen oder wirtschaftlichen Organisation, angesehen wird, dass sie ungeachtet des nach Maßgabe dieser Verordnung auf den Vertrag anzuwendenden Rechts auf alle Sachverhalte anzuwenden ist, die in ihren Anwendungsbereich fallen.

(2) Diese Verordnung berührt nicht die Anwendung der Eingriffsnormen des Rechts des angerufenen Gerichts.

(3) Den Eingriffsnormen des Staates, in dem die durch den Vertrag begründeten Verpflichtungen erfüllt werden sollen oder erfüllt worden sind, kann Wirkung verliehen werden, soweit diese Eingriffsnormen die Erfüllung des Vertrags unrechtmäßig werden lassen. Bei der Entscheidung, ob diesen Eingriffsnormen Wirkung zu verleihen ist, werden Art und Zweck dieser Normen sowie die Folgen berücksichtigt, die sich aus ihrer Anwendung oder Nichtanwendung ergeben würden.

60 Sowohl die Geltung des von den Parteien gewählten wie des nach Art. 4, 6 Rom I-VO objektiv bestimmten Vertragsstatuts kann durch Eingriffsnormen der lex fori oder eines dritten Staates eingeschränkt werden:

1. Begriff

61 Während EVÜ und EGBGB den Begriff »zwingende Vorschriften« gleichermaßen für nur national wie international zwingende Normen verwendeten, bezeichnet die Rom I-VO die letzteren ausdrücklich als »Eingriffsnormen« und definiert sie in ihrem Art. 9 Abs. 1. Charakteristisch für eine »Eingriffsnorm« ist danach, dass sie nicht nur private Belange der einen oder anderen Vertragspartei schützt, sondern öffentliche Interessen verfolgt.[86] Dies trifft typischerweise auf Vorschriften zu, welche die Kontrolle des Kapital-, Waren- und Dienstleistungsverkehrs zum Gegenstand haben, wie z.B. Ein- und Ausfuhrverbote, Kartellverbote, Devisen- und Währungsbestimmungen, Vorschriften über die Produktsicherheit, den Arbeits-, Kultur- und Umweltschutz. Auf dem Gebiet des Bau- und Architektenrechts sind insbesondere die **Vorschriften des öffentlichen Baurechts**, z.B. Genehmigungserfordernisse und Sicherheitsstandards,[87] sowie die Honorarordnung für Architekten und Ingenieure (HOAI) als Eingriffsnormen i.S.v. Art. 9 Abs. 1 Rom I-VO zu qualifizieren.[88] Demgegenüber sind Vorschriften, die nur den Schutz einer Partei eines Bauvertrags betreffen, auch wenn sie – wie z.B. der Anspruch des Bauunternehmers auf eine Bauhandwerkersicherung nach § 648a BGB – nach nationalem Recht zwingend sind, keine Eingriffsnormen i.S.v. Art. 9 Rom I-VO; sie werden vielmehr durch die wirksame Wahl eines anderen Rechts ausgeschaltet.[89]

---

85 *Garcimartín Alférez*, EuLF 2008 I, 61, 74; *Mankowski*, IHR 2008, 140; *Martiny*, in: Reithmann/Martiny[7] Rn. 4206; Palandt/*Thorn*, Art. 6 Rn. 8.
86 Vgl. zum Begriff der »Eingriffsnormen« näher *Freitag*, in: Reithmann/Martiny[7] Rn. 510 ff.; Palandt/*Thorn*, Art. 9 Rn. 5; ferner BGH, 13.12.2005 – NJW 2006, 762 m. Aufs. *Weller* 1247 = IPRax 2006, 272 m. Anm. *Pfeiffer* 238; *Thode/Wenner* Rn. 204 ff.
87 Vgl. *Martiny*, BauR 2008, 241, 248; *Thode*, in: Reithmann/Martiny[7] Rn. 1085; Staudinger/*Magnus* (2011), Art. 4 Rn. 354.
88 Vgl. zur HOAI näher unten C.I.2 Rdn. 89 f. m. ausf. Nachw.
89 Vgl. *Thode/Wenner* Rn. 163.

2. Inländische und ausländische Eingriffsnormen

a) Inländische Eingriffsnormen

In Übereinstimmung mit Art. 34 EGBGB (= Art. 7 Abs. 2 EVÜ) berühren die Art. 3 ff. Rom I-VO gemäß Art. 9 Abs. 2 Rom I-VO nicht die Anwendung der nach dem Recht des Gerichtsstaates geltenden Eingriffsnormen. Daraus folgt, dass der angerufene Richter die **Eingriffsnormen seines eigenen Rechts** unabhängig davon anzuwenden hat, ob inländisches oder ausländisches Recht Vertragsstatut ist. Maßgebend ist allein der räumlich-persönliche Anwendungswille der jeweiligen Eingriffsnorm. Dieser wird teilweise in der Eingriffsnorm selbst festgelegt; ansonsten ist er aus dem Zweck der Norm zu entnehmen. Dabei spielt auch der **Inlandsbezug** des Falles eine gewichtige Rolle: Er muss umso stärker sein, je schwächer das Gewicht der durch die zwingende Vorschrift geschützten öffentlichen Interessen ist.[90] Die Vergaberegeln in §§ 97 ff. GWB dürfen als inländische Eingriffsnormen i.S.v. Art. 9 Abs. 2 Rom I-VO anzusehen sein, sofern die Voraussetzungen des § 130 Abs. 2 GWB erfüllt sind.[91]

62

b) Ausländische Eingriffsnormen

Art. 7 Abs. 1 EVÜ ermöglichte die Berücksichtigung international **zwingender Vorschriften des Rechts ausländischer Staaten**, auch wenn dieses Recht nicht Vertragsstatut war, sofern der Sachverhalt zum Recht des betreffenden ausländischen Staates eine hinreichend enge Verbindung aufwies. Vor deutschen Gerichten konnte von dieser Möglichkeit indessen wegen des von der Bundesrepublik Deutschland gegen die Vorschrift erklärten Vorbehalts (Art. 22 Abs. 1 lit. a EVÜ) nicht in Betracht. Da gegenüber Vorschriften in einer EG-Verordnung die Einlegung von Vorbehalten durch einzelne Mitgliedstaaten nicht in Betracht kommt, ließ sich die Regelung in Art. 7 Abs. 1 EVÜ zur umfassenden Berücksichtigung ausländischer Eingriffsnormen in der Rom I-VO nicht durchsetzen. Als Kompromiss wurde die Vorschrift des Art. 9 Abs. 3 Rom I-VO neu eingefügt. Danach kann den – vom Vertragsstatut abweichenden – Eingriffsnormen des Staates, in dem die durch den Vertrag begründeten Verpflichtungen erfüllt werden sollen oder erfüllt worden sind, Wirkung verliehen werden, soweit diese Eingriffsnormen die Erfüllung des Vertrages unrechtmäßig werden lassen.[92] Gedacht ist insbesondere an Import- oder Exportverbote (z.B. Waffenembargos) der lex loci solutionis. In einem Bauprozess vor inländischen Gerichten können daher – trotz Geltung deutschen Vertragsstatuts – die Eingriffsnormen am ausländischen Ort der Bauerrichtung berücksichtigt werden, soweit sie der Erfüllung des Vertrages entgegenstehen. Die ausländischen Eingriffsnormen sind allerdings nicht in jedem Fall anzuwenden; ihnen »kann« vielmehr nur »Wirkung verliehen« werden, wobei Art und Zweck dieser Normen sowie die Folgen zu berücksichtigen sind, die sich aus ihrer Anwendung oder Nichtanwendung ergeben würden (Art. 9 Abs. 3 S. 2 Rom I-VO).

63

V. Die Reichweite des Vertragsstatuts

Art. 10 Einigung und materielle Wirksamkeit

(1) Das Zustandekommen und die Wirksamkeit des Vertrags oder einer seiner Bestimmungen beurteilen sich nach dem Recht, das nach dieser Verordnung anzuwenden wäre, wenn der Vertrag oder die Bestimmung wirksam wäre.

(2) Ergibt sich jedoch aus den Umständen, dass es nicht gerechtfertigt wäre, die Wirkung des Verhaltens einer Partei nach dem in Absatz 1 bezeichneten Recht zu bestimmen, so kann sich diese Par-

---

90 Vgl. *Freitag*, in: Reithmann/Martiny[7] Rn. 563 f.
91 OLG Düsseldorf, BauR 2008, 1503; *Freitag*, in: Reithmann/Martiny[7] Rn. 613; Staudinger/*Magnus* (2011), Art. 4 Rn. 354; dazu auch *Bitterich*, IPRax 2010, 465 ff.
92 Zur Auslegung von Art. 9 Abs. 3 Rom I-VO näher *Freitag*, in: Reithmann/Martiny[7] Rn. 631 ff.

tei für die Behauptung, sie habe dem Vertrag nicht zugestimmt, auf das Recht des Staates ihres gewöhnlichen Aufenthalts berufen.

64 Die Reichweite des Vertragsstatuts und dessen Abgrenzung zu anderen Statuten (z.B. Formstatut, Geschäftsfähigkeitsstatut, lex fori) ist in den Art. 10–18 Rom I-VO geregelt.

1. Einigung und materielle Wirksamkeit

65 Das (hypothetische) Vertragsstatut regelt zunächst das Zustandekommen und die materielle Wirksamkeit eines internationalen Bauvertrags:

a) Grundsatz

66 Das Zustandekommen der zu einem Vertragsschluss erforderlichen Willenseinigung und die materielle Wirksamkeit des Vertrages beurteilen sich gemäß Art. 10 Abs. 1 Rom I-VO nach dem Recht, das den Vertrag beherrschen würde, wenn er wirksam geschlossen worden wäre. Maßgebend ist also das nach Art. 3 ff. Rom I-VO ermittelte Vertragsstatut.[93] Im Falle einer Rechtswahl sind ferner unter den Voraussetzungen der Art. 3 Abs. 3 und 4, 6 Abs. 2 S. 2 auch die zwingenden Vorschriften des kraft objektiver Anknüpfung maßgebenden Vertragsstatuts zu beachten. Der Grundsatz des Art. 10 Abs. 1 Rom I-VO gilt insbesondere für die Voraussetzungen des Vertragsschlusses (Angebot und Annahme, Dissens, Bedingungen, Willensmängel) und die Nichtigkeit wegen Gesetzes- oder Sittenverstoßes oder wegen anfänglicher Unmöglichkeit. Ferner gehören auch die Einbeziehung und Inhaltskontrolle von Allgemeinen Geschäftsbedingungen hierher.[94]

b) Sonderanknüpfung

67 Zwar unterliegt die Frage, ob die Parteien sich überhaupt über den Abschluss des Vertrages geeinigt haben, grundsätzlich dem Statut des beabsichtigten Bauvertrages. Nach Art. 10 Abs. 2 Rom I-VO kann sich aber jede Partei für die Behauptung, sie habe diesem Vertrag nicht zugestimmt, auf das Recht des Staates ihres gewöhnlichen Aufenthaltsorts berufen. Voraussetzung dieser ergänzenden Sonderanknüpfung für den zum Vertragsschluss erforderlichen Konsens ist, dass
– das von Art. 3 ff. Rom I-VO bestimmte Vertragsstatut ein anderes Recht ist als das Recht des gewöhnlichen Aufenthalts der betroffenen Partei,
– der Vertrag nach dem Vertragsstatut sowie nach den kraft Sonderanknüpfung zu beachtenden zwingenden Vorschriften etwaiger weiterer Rechte wirksam geschlossen ist und
– es nach den gesamten Umständen des Einzelfalles, insbesondere den bisherigen Gepflogenheiten der Parteien unbillig wäre, das Vorliegen einer Zustimmung der betroffenen Partei ausschließlich an dem ihr unbekannten Vertragsstatut zu messen.[95]

Praktische Bedeutung hat die Sonderanknüpfung nach Art. 10 Abs. 2 Rom I-VO insbesondere für die Frage, ob das bloße **Schweigen** einer Partei, etwa auf ein kaufmännisches Bestätigungsschreiben oder auf die von der anderen Partei in Bezug genommenen AGB, als Zustimmung zu werten ist. Die ergänzende Anwendung des Aufenthaltsrechts beschränkt sich allerdings auf die Frage, ob zwischen den Parteien der zum Vertragsschluss erforderliche Konsens erzielt wurde. Die Sonderanknüpfung gilt hingegen **nicht** für Fragen der materiellen Wirksamkeit des Vertrages und damit auch nicht für etwaige Widerrufs-, Rücktritts- oder Kündigungsrechte (z.B. bei Haustür- oder Fernabsatzgeschäften).[96]

---

[93] Vgl. Staudinger/*Hausmann* (2011), Art. 10 Rn. 33 ff.; Brandenburgisches OLG, 25.05.2000 – 12 U 159/99, BauR 2002, 119 Rn. 28 (zu Art. 31 EGBGB).

[94] Zu Einzelheiten Staudinger/*Hausmann* (2011), Art. 10 Rn. 15 ff.; *Martiny*, in: Reithmann/Martiny[7] Rn. 261 ff., 299 ff.

[95] Zur Sonderanknüpfung nach Art. 10 Abs. 2 Rom I-VO siehe eingehend Staudinger/*Hausmann* (2011), Art. 10 Rn. 43 ff.; *Martiny*, in Reithmann/Martiny[7] Rn. 268 ff.

[96] Staudinger/*Hausmann* (2011), Art. 10 Rn. 50 ff.

2. Form des Vertrages

Art. 11 Form

(1) Ein Vertrag, der zwischen Personen geschlossen wird, die oder deren Vertreter sich zum Zeitpunkt des Vertragsschlusses in demselben Staat befinden, ist formgültig, wenn er die Formerfordernisse des auf ihn nach dieser Verordnung anzuwendenden materiellen Rechts oder die Formerfordernisse des Rechts des Staates, in dem er geschlossen wird, erfüllt.

(2) Ein Vertrag, der zwischen Personen geschlossen wird, die oder deren Vertreter sich zum Zeitpunkt des Vertragsschlusses in verschiedenen Staaten befinden, ist formgültig, wenn er die Formerfordernisse des auf ihn nach dieser Verordnung anzuwendenden materiellen Rechts oder die Formerfordernisse des Rechts eines der Staaten, in denen sich eine der Vertragsparteien oder ihr Vertreter zum Zeitpunkt des Vertragsschlusses befindet, oder die Formerfordernisse des Rechts des Staates, in dem eine der Vertragsparteien zu diesem Zeitpunkt ihren gewöhnlichen Aufenthalt hatte, erfüllt.

(3) Ein einseitiges Rechtsgeschäft, das sich auf einen geschlossenen oder zu schließenden Vertrag bezieht, ist formgültig, wenn es die Formerfordernisse des materiellen Rechts, das nach dieser Verordnung auf den Vertrag anzuwenden ist oder anzuwenden wäre, oder die Formerfordernisse des Rechts des Staates erfüllt, in dem dieses Rechtsgeschäft vorgenommen worden ist oder in dem die Person, die das Rechtsgeschäft vorgenommen hat, zu diesem Zeitpunkt ihren gewöhnlichen Aufenthalt hatte.

(4) Die Absätze 1, 2 und 3 des vorliegenden Artikels gelten nicht für Verträge, die in den Anwendungsbereich von Artikel 6 fallen. Für die Form dieser Verträge ist das Recht des Staates maßgebend, in dem der Verbraucher seinen gewöhnlichen Aufenthalt hat.

(5) Abweichend von den Absätzen 1 bis 4 unterliegen Verträge, die ein dingliches Recht an einer unbeweglichen Sache oder die Miete oder Pacht einer unbeweglichen Sache zum Gegenstand haben, den Formvorschriften des Staates, in dem die unbewegliche Sache belegen ist, sofern diese Vorschriften nach dem Recht dieses Staates

a) unabhängig davon gelten, in welchem Staat der Vertrag geschlossen wird oder welchem Recht dieser Vertrag unterliegt, und

b) von ihnen nicht durch Vereinbarung abgewichen werden darf.

Die Form eines internationalen Bauvertrages wird nach Art. 11 Rom I-VO gesondert angeknüpft: 68

Die Formgültigkeit eines Bauvertrages, der zwischen Personen geschlossen wird, die sich zum Zeitpunkt des Vertragsschlusses in demselben Staat befinden, beurteilt sich gem. Art. 11 Abs. 1 Rom I-VO **alternativ** nach dem – gem. Art. 3 ff. Rom I-VO bestimmten – Vertragsstatut oder nach dem Recht am Ort des Vertragsschlusses. Wird der Vertrag auf der einen oder anderen Seite durch **Vertreter** geschlossen, so kommt es darauf an, dass sich der den Vertrag schließende Vertreter in demselben Staat wie der Vertragspartner (oder dessen Vertreter) befindet. Diese Anknüpfung ist nicht zwingend; die Parteien können daher im Rahmen ihrer Parteiautonomie eine abweichende Anknüpfung vereinbaren (z.B. die alternative Anwendung des Ortsrechts ausschließen). Die Qualifikation der »Formerfordernisse« – in Abgrenzung zu den materiellrechtlichen Erfordernissen eines gültigen Vertragsschlusses – ist **autonom** vorzunehmen. 69

Befinden sich die Parteien oder deren Vertreter im Zeitpunkt des Vertragsschlusses **in verschiedenen Staaten**, so reicht es gem. Art. 11 Abs. 2 Rom I-VO für die Formgültigkeit des Vertrages aus, wenn entweder die Formerfordernisse des Vertragsstatuts oder diejenigen des Rechts eines der Staaten, in denen sich eine der Vertragsparteien oder ihr Vertreter zum Zeitpunkt des Vertragsschlusses befindet, oder die Formerfordernisse des Rechts des Staats, in dem eine der Vertragsparteien zu diesem Zeitpunkt ihren gewöhnlichen Aufenthalt hatte, erfüllt sind. 70

Entsprechend sind **einseitige Rechtsgeschäfte**, die sich – wie z.B. die Anfechtung, der Rücktritt, der Widerruf oder die Kündigung – auf einen geschlossenen oder zu schließenden Bauvertrag beziehen, gem. Art. 11 Abs. 3 Rom I-VO formgültig, wenn entweder die Formerfordernisse des Ver- 71 tragsstatuts oder die Formerfordernisse des Rechts des Staates erfüllt werden, in dem das einseitige Rechtsgeschäft vorgenommen worden ist oder in dem die Person, die das Rechtsgeschäft vorgenommen hat, zu diesem Zeitpunkt ihren gewöhnlichen Aufenthalt hat.

72 Die vorgenannten Regeln des Art. 11 Abs. 1–3 gelten gemäß Art. 11 Abs. 4 Rom I-VO nicht für **Verbraucherverträge** i.S.v. Art. 6 Rom I-VO. Für diese bestimmt sich vielmehr auch die Form nach dem Recht des Staates, in dem der Verbraucher seinen gewöhnlichen Aufenthalt hat.

73 Abweichend von Art. 11 Abs. 1–4 Rom I-VO wird das Formstatut für Verträge über **dingliche Rechte an einem Grundstück** bestimmt. Maßgebend sind hierfür nach Art. 11 Abs. 5 Rom I-VO die zwingenden Formvorschriften des Staates, in dem das Grundstück belegen ist; dies gilt allerdings nur unter der Voraussetzung, dass die jeweilige lex rei sitae eine ausschließliche Geltung dieser Formvorschriften beansprucht. Dies ist in Deutschland nicht der Fall; § 311b BGB gilt deshalb nur, soweit deutsches Recht nach Art. 11 Abs. 1–4 die Form des Vertrages beherrscht. Art. 11 Abs. 5 Rom I-VO gilt allerdings nur für grundstücksbezogene **Schuldverträge**, nicht für sachenrechtliche Grundstücksverfügungen. Für letztere bleibt es bei der Geltung des autonomen Kollisionsrechts. Im deutschen Recht gilt für sie gem. Art. 11 Abs. 4 i.V.m. Art. 43 Abs. 1 EGBGB hinsichtlich der Form in jedem Falle die lex causae, d.h. das jeweilige Belegenheitsrecht des Grundstücks.

3. Stellvertretung

74 Ebenfalls gesondert angeknüpft werden Fragen der gewillkürten Stellvertretung. Diese wurden aus dem sachlichen Anwendungsbereich der Rom I-VO ausdrücklich ausgeklammert (Art. 1 Abs. 2 lit. g) und unterliegen weiterhin den Regeln des nationalen IPR der Mitgliedstaaten. Über Erteilung, Gültigkeit, Auslegung und Umfang einer Vollmacht zum Abschluss eines internationalen Bauvertrags entscheidet nach in Deutschland ganz h.M. das Recht des Landes, in dem der Vertreter von ihr mit Willen des Vollmachtgebers tatsächlich Gebrauch macht (**Wirkungsland**).[97] Schließt der vom deutschen Besteller beauftragte Architekt daher den Bauvertrag mit dem italienischen Bauunternehmer vereinbarungsgemäß an dessen Sitz in Italien ab, so beurteilt sich die Vollmacht des Architekten nach italienischem Recht. Vor der unerwünschten Geltung ausländischen Rechts für die Vollmacht kann sich der deutsche Auftraggeber allerdings dadurch schützen, dass er diese ausdrücklich dem deutschen Recht unterstellt.[98]

4. Kernbereich des Vertragsstatuts

Art. 12 Geltungsbereich des anzuwendenden Rechts

(1) Das nach dieser Verordnung auf einen Vertrag anzuwendende Recht ist insbesondere maßgebend für
a) seine Auslegung,
b) die Erfüllung der durch ihn begründeten Verpflichtungen,
c) die Folgen der vollständigen oder teilweisen Nichterfüllung dieser Verpflichtungen, in den Grenzen der dem angerufenen Gericht durch sein Prozessrecht eingeräumten Befugnisse, einschließlich der Schadensbemessung, soweit diese nach Rechtsnormen erfolgt,
d) die verschiedenen Arten des Erlöschens der Verpflichtungen sowie die Verjährung und die Rechtsverluste, die sich aus dem Ablauf einer Frist ergeben,
e) die Folgen der Nichtigkeit des Vertrages.

---

97 Vgl. Grundlegend BGH, 09.12.1964 – VIII ZR 304/62, BGHZ 43, 21, 26 = NJW 1965, 487; dazu näher *Hausmann*, in: Reithmann/Martiny[7] Rn. 5441 ff. m. ausf. Nachw.
98 Zur Zulässigkeit einer Rechtswahl für die Vollmacht und ihren Schranken vgl. näher *Hausmann*, in: Reithmann/Martiny[7] Rn. 5445 ff.

(2) In Bezug auf die Art und Weise der Erfüllung und die vom Gläubiger im Falle mangelhafter Erfüllung zu treffenden Maßnahmen ist das Recht des Staates, in dem die Erfüllung erfolgt, zu berücksichtigen.

Hinsichtlich der Vertragswirkungen wird der Anwendungsbereich des Vertragsstatuts in Art. 12 Rom I-VO näher bestimmt. Nach dem Vertragsstatut beurteilen sich Inhalt und Umfang der vertraglichen Rechte und Pflichten der Parteien, ihre Erfüllung und die Konsequenzen ihrer Nichterfüllung. Art. 12 Abs. 1 Rom I-VO enthält insofern nur eine beispielhafte Aufzählung. 75

Nach Art. 12 Abs. 1 lit. a Rom I-VO entscheidet das Vertragsstatut über die **Auslegung** des Vertrages. Dies schließt nicht aus, auch Rechtsvorstellungen des Landes zu berücksichtigen, in dessen Sprache der Vertrag abgefasst ist.[99] Soweit ausländisches Recht den Vertrag beherrscht, haben deutsche Gerichte dessen Inhalt nach § 293 ZPO von Amts wegen zu ermitteln. 76

Art. 12 Abs. 1 lit. b Rom I-VO weist auch den Inhalt und die **Erfüllung** der beiderseitigen Vertragspflichten dem Vertragsstatut zu. Dazu zählen etwa die Zeit und der Ort der Leistung, die Zulässigkeit von Teilleistungen und der Leistung durch Dritte, aber auch die Zuordnung zu einem bestimmten Vertragstyp, z.B. die Qualikation eines Vertrages über den Bau und anschließenden Verkauf eines schlüsselfertigen Hauses als Kauf- oder Werkvertrag. Auch der Anspruch des Bauunternehmers auf Einräumung einer **Sicherungshypothek** ist – als Folge der Vorleistungspflicht des Bauunternehmers – vertraglich zu qualifizieren.[100] Ist zur Erfüllung des Vertrages wegen Geltung des Trennungsprinzips – wie im deutschen Recht – ein gesondertes Rechtsgeschäft erforderlich, so unterliegt dieses eigenem Recht; demgemäß gilt für die Abtretung einer Forderung Art. 14 Rom I-VO, für die Übereignung der verkauften Sache hingegen das autonome Kollisionsrecht (vgl. Art. 43 Abs. 1 EGBGB: lex rei sitae). 77

Soweit es um die **Art und Weise der Erfüllung** geht, modifiziert Art. 12 Abs. 2 Rom I-VO die Regel des Abs. 1 lit. b dahin, dass das Recht am vertraglichen Erfüllungsort zu »berücksichtigen« ist. Die Vorschriften dieses Rechts ergänzen also die Regeln des Vertragsstatuts, soweit sie die Pflichten der Parteien im Zusammenhang mit der Erfüllung einschränken oder erweitern. Praktische Bedeutung hat dies insbesondere für Untersuchungs- und Rügepflichten des Gläubigers im Falle mangelhafter Erfüllung (vgl. im deutschen Recht § 377 HGB), aber auch für Feiertagsregelungen.[101] Hingegen handelt es sich bei den vom Bauunternehmer zu beachtenden Sicherheitsstandards nicht um Erfüllungsmodalitäten i.S.v. Art. 12 Abs. 2 Rom I-VO; maßgebend ist vielmehr – soweit nicht Art. 9 Rom I-VO eingreift – das Vertragsstatut.[102] 78

Nach Art. 12 Abs. 1 lit. c Rom I-VO beherrscht das Vertragsstatut auch die Folgen der vollständigen oder teilweisen Nichterfüllung, d.h. von **Leistungsstörungen**. Dies betrifft etwa die Voraussetzungen und Rechtsfolgen des Verzuges, der Unmöglichkeit, der positiven Vertragsverletzung und des Wegfalls der Geschäftsgrundlage; ferner ist der maßgebende Verschuldensbegriff, die Haftung für Erfüllungsgehilfen, der Rücktritt vom Vertrag und die Schadensersatzpflicht dem Vertragsstatut zu entnehmen.[103] Für die Schadensbemessung gilt dies jedoch nur, soweit das Vertragsstatut hierfür materielle Vorschriften bereithält; in jedem Fall sind die Regeln des Verfahrensrechts der jeweiligen lex fori (z.B. für die Schadensbemessung vor deutschen Gerichten: § 287 ZPO) zu beachten. Auch die im Bauvertragsrecht wichtige Frage der Zulässigkeit und der Wirkungen von **Vertragsstrafeversprechen** beurteilt sich nach dem Vertragsstatut. 79

---

99 *Martiny*, in: Reithmann/Martiny[7] Rn. 310.
100 OLG Köln, 29.04.1983 – 9 U 221/82, IPRax 1985, 161 m. Anm. *Schröder* 145; *Martiny*, BauR 2008, 241, 248; *Thode*, in: Reithmann/Martiny[7] Rn. 1086. Zur Frage der schuld- oder sachenrechtlichen Qualifikation des Werkunternehmerpfandrechts (z.B. nach § 647 BGB) vgl. *Kartzke*, ZfBR 1993, 205, 206 f.; Staudinger/*Magnus* (2011) Art. 4 Rn. 353.
101 *Martiny*, BauR 2008, 241, 248.
102 *Thode*, in: Reithmann/Martiny[7] Rn. 1085.
103 Zu Einzelheiten *Martiny*, in: Reithmann/Martiny[7] Rn. 321 ff. m.w.N.

80 Dieses regelt ferner nach Art. 12 Abs. 1 lit. d Rom I-VO die verschiedenen Arten des **Erlöschens von Vertragspflichten**, insbesondere durch Erfüllungssurrogate. Für die **Aufrechnung** enthält allerdings Art. 18 Rom I-VO eine Sonderregelung; danach entscheidet über ihre Voraussetzungen und Wirkungen das Recht der Hauptforderung, die zum Erlöschen gebracht werden soll. Ferner weist die Vorschrift auch den Rechtsverlust durch Fristablauf und **Verjährung**[104] einer vertraglichen Forderung dem Vertragsstatut zu. Dieses entscheidet daher über die maßgebende Verjährungsfrist, deren Hemmung oder Unterbrechung. Schließlich unterliegt dem Vertragsstatut auch die Verwirkung vertraglicher Forderungen.

81 Nach Art. 12 Abs. 1 lit. e Rom I-VO sind auch die **Folgen der Nichtigkeit eines Vertrages** nach dem Vertragsstatut zu beurteilen. Dies gilt insbesondere für die Rückgewähr bereits erbrachter Leistungen. Dabei ist es gleichgültig, ob die Folgen der Nichtigkeit vom Vertragsstatut als vertragliches oder – wie im deutschen Recht (§ 812 BGB) – als gesetzliches Schuldverhältnis ausgestaltet sind.

5. Verschulden bei Vertragsverhandlungen

Art. 12 Verschulden bei Vertragsverhandlungen

(1) Auf außervertragliche Schuldverhältnisse aus Verhandlungen vor Abschluss eines Vertrages, unabhängig davon, ob der Vertrag tatsächlich geschlossen wurde oder nicht, ist das Recht anzuwenden, das auf den Vertrag anzuwenden ist oder anzuwenden wäre, wenn er geschlossen worden wäre.

(2) Kann das anzuwendende Recht nicht nach Absatz 1 bestimmt werden, so ist das anzuwendende Recht
   a) das Recht des Staates, in dem der Schaden eingetreten ist, unabhängig davon, in welchem Staat das schadensbegründende Ereignis oder indirekte Schadensfolgen eingetreten sind, oder
   b) wenn die Parteien zum Zeitpunkt des Eintritts des schadensbegründenden Ereignisses ihren gewöhnlichen Aufenthalt in demselben Staat haben, das Recht dieses Staates, oder
   c) wenn sich aus der Gesamtheit der Umstände ergibt, dass das außervertragliche Schuldverhältnis aus Verhandlungen vor Abschluss eines Vertrages eine offensichtlich engere Verbindung mit einem anderen als dem in den Buchstaben a oder b bezeichneten Staat aufweist, das Recht dieses anderen Staates.

a) Außervertragliches Schuldverhältnis

82 Die in Deutschland h.M. unterwarf bisher auch die Haftung aus **culpa in contrahendo** grundsätzlich dem Statut des angebahnten Vertrages entsprechend Art. 32 Abs. 1 Nr. 3 EGBGB. Teilweise wurde auch zwischen der Verletzung von Aufklärungs- und Beratungspflichten einerseits und von Obhuts- und Erhaltungspflichten andererseits unterschieden, wobei nur für erstere das Vertragsstatut, für letztere hingegen das Deliktsstatut maßgebend sein sollte. Der EuGH hat die culpa in contrahendo für die Zwecke der EuGVVO als Delikt i.S.d. Art. 5 Nr. 3 EuGVVO qualifiziert und eine Klage im Gerichtsstand des vertraglichen Erfüllungsorts abgelehnt, weil es an einer »freiwillig eingegangenen Verpflichtung« fehle. Dem hat sich der europäische Gesetzgeber angeschlossen und hat die culpa in contrahendo in Art. 12 der Rom II-VO als außervertragliches Schuldverhältnis VO geregelt.

83 Die Rom I-VO ist nach Art. 1 Abs. 2 lit. i auf die culpa in contrahendo nicht anwendbar. Der Begriff des »Verschuldens bei Vertragsverhandlungen« ist im Rahmen von Art. 12 Rom II-VO **autonom** auszulegen; er umfasst insbesondere die Verletzung von Aufklärungs- und Offenlegungspflichten, aber auch den treuwidrigen Abbruch von Vertragsverhandlungen.

---

104 Vgl. dazu Brandenburgisches OLG, 29.11.2000 – 13 U 110/00, BauR 2001, 820 und 25.05.2000 – 12 U 159/99, BauR 2002, 119, 122.

b) Anknüpfung

Die Auswirkungen der Qualifikation der culpa in contrahendo als außervertragliches Schuldverhältnis sind freilich begrenzt, weil diese – in Ermangelung einer auf sie bezogenen spezifischen Rechtswahl (Art. 14 Rom II-VO) – dennoch gem. Art. 12 Abs. 1 Rom II-VO grundsätzlich **vertragsakzessorisch** angeknüpft wird. Maßgebend ist daher das nach Art. 3 ff. Rom I-VO zu bestimmende Vertragsstatut; dies gilt nach dem ausdrücklichen Wortlaut des Art. 12 Abs. 1 Rom II-VO unabhängig davon, ob der Vertrag tatsächlich zustande gekommen ist. Ist dies nicht der Fall oder ist der Vertrag aus anderen Gründen unwirksam, so ist auf das Statut des intendierten Vertrages (hypothetisches Vertragsstatut) abzustellen.[105] Nur wenn dieses ausnahmsweise nicht ermittelt werden kann, greifen die Hilfsanknüpfungen nach Art. 12 Abs. 2 Rom II-VO ein.

84

6. Sonstiges

Besondere Anknüpfungsregeln enthält die Rom I-VO ferner für **die Forderungsabtretung**, den **gesetzlichen Forderungsübergang**, die **mehrfache Haftung**, die **Aufrechnung** und **Beweisfragen** in den Art. 14–18. Insoweit ergeben sich allerdings für internationale Bauverträge keine Besonderheiten, so dass auf die allgemeine Literatur zum internationalen Vertragsrecht verwiesen werden kann. Soweit mehrere Baubeteiligte – wie häufig – nach dem maßgebenden Vertragsstatut als Gesamtschuldner haften, bestimmt sich auch der Regress zwischen diesen Gesamtschuldnern gem. Art. 16 Rom I-VO nach dem Statut, das für die Verpflichtung des in Anspruch genommenen Schuldners gegenüber dem Bauherrn maßgeblich ist.[106]

85

C. Besondere Vertragsgestaltungen

I. Architektenvertrag

1. Anknüpfung

Für die Anknüpfung von Architektenverträgen gelten die zuvor unter B. dargestellten Grundsätze zur Anknüpfung von internationalen Bau- und Werkverträgen nach der Rom I-VO weithin entsprechend. Der Grundsatz der kollisionsrechtlichen Parteiautonomie ermöglicht den Parteien auch hier, das Vertragsstatut gem. Art. 3 Abs. 1 Rom I-VO durch **Rechtswahl** zu bestimmen.[107] Die Rechtswahl nach Art. 3 Abs. 1 S. 2 Rom I-VO kann auch konkludent erfolgen.[108] Sie kann insbesondere darin liegen, dass in dem Architektenvertrag auf das materielle Dienst- oder Werkvertragsrecht oder sonstige (z.B. technische) Vorschriften eines bestimmten Staates Bezug genommen wird, die den Inhalt der vom Architekten geschuldeten Leistung konkretisieren.[109] Ferner kann auch die in dem gleichzeitig geschlossenen Werkvertrag mit dem Bauunternehmer getroffene Rechtswahl dafür sprechen, dass der Architektenvertrag dem gleichen Recht unterstehen soll.[110] Demgegenüber reicht der bloße Hinweis auf die Geltung von Vorschriften des deutschen öffentlichen Baurechts oder auf die HOAI für eine stillschweigende Wahl des deutschen Rechts nicht aus, soweit diese Vorschriften als zwingende Eingriffsnormen i.S.v. Art. 9 Rom I-VO ohne Rücksicht auf das Vertragsstatut Anwendung erheischen.[111]

86

---

105 Vgl. *Lüttringhaus*, Das internationale Privatrecht der culpa in contrahendo nach den EG-Verordnungen »Rom I« und »Rom II«, RIW 2008, 193 ff.
106 Vgl. dazu näher Staudinger/*Hausmann* (2011) Art. 16 Rn. 5 ff.; MüKo/*Martiny*, Art. 16 Rn. 3 ff.; zum bisherigen Recht *Thode/Wenner* Rn. 385 f.
107 BGH, 27.02.2003 – VII ZR 169/02, NJW 2003, 2020; *Thode*, in: Reithmann/Martiny[7] Rn. 1089; *Fischer*, in: FS Werner (2005) 23, 25 ff.; *Martiny*, BauR 2008, 241, 247.
108 Zu den einzelnen Indizien für eine stillschweigende Rechtswahl siehe oben B.I.1 Rdn. 24 f.
109 BGH, 07.12.2000 – VII ZR 404/99, BauR 2001, 979.
110 BGH, a.a.O. (vorige Fn.); zust. zu einer solchen akzessorischen Anknüpfung *Martiny*, BauR 2008, 241, 247.
111 BGH, a.a.O. (Fn.); zust. *Thode*, in: Reithmann/Martiny[7] Rn. 1089. Vgl. zur HOAI auch unten Rdn. 89 f.

87 In Ermangelung einer Rechtswahl gilt für Architektenverträge gem. Art. 4 Abs. 1 lit. b Rom I-VO das **Recht am gewöhnlichen Aufenthaltsort des Architekten**, weil dessen Dienstleistung den Vertrag charakterisiert.[112] Dies entsprach bereits der h.M. zum bisherigen Recht (Art. 28 Abs. 2 EGBGB);[113] insbesondere reicht es für eine Anwendung der Ausweichklausel nach Art. 4 Abs. 3 Rom I-VO nicht aus, dass der Architekt die Planung für ein Bauwerk vornimmt, das nicht in dem durch Art. 19 Rom I-VO bezeichneten Staat seines gewöhnlichen Aufenthalts liegt.[114] Anders kann es liegen, wenn der Architekt die Arbeiten in erheblichem Umfang an einen Architekten im Baustellenland delegiert oder weitere gewichtige Umstände für eine engere Beziehung des Architektenvertrages zum Recht der Belegenheit des Bauwerks sprechen.[115] Beschränkt sich die Tätigkeit des Architekten allerdings im Wesentlichen auf die Bauüberwachung, die er von einem Büro im Baustellenland aus entfaltet, so unterliegt der Vertrag nach Art. 4 Abs. 1 lit. b i.V.m. Art. 19 Abs. 2 Rom I-VO dem dortigen Recht.[116] Unter den Voraussetzungen des Art. 6 Rom I-VO kann auch der Architektenvertrag als Verbrauchervertrag zu qualifizieren sein.[117]

2. Eingriffsnormen

88 Die zwingenden Vorschriften des deutschen Bauordnungsrechts und die hier zwingend geltenden Qualitäts- und Sicherheitsstandards hat der Architekt im Falle der Errichtung des Bauwerks im Inland Art. 9 Abs. 2 Rom I-VO auch dann zu beachten, wenn der Architektenvertrag ausländischem Recht unterliegt.[118] Inwieweit er auch nicht zwingende, aber übliche technische Standards – wie die DIN-Normen – einzuhalten hat, bestimmt sich dagegen nach dem Vertragsstatut.[119]

89 Als international zwingendes Preisrecht, das unabhängig von dem durch Rechtswahl bestimmten Vertragsstatut des Architektenvertrages zur Anwendung komme, hat der BGH die Vorschriften der bis 2009 geltenden **HOAI** gewertet.[120] Dies gelte insbesondere für die **Mindestsatzfiktion** in Art. 4 Abs. 4 HOAI; denn sie solle zur Begrenzung des Mietanstiegs beitragen und einen ruinösen Preiswettbewerb zwischen den Architekten ausschalten. Die Regelung diene damit nicht dem Interessenausgleich zwischen den Vertragsparteien, sondern dem Mieterschutz sowie der Ausgestaltung der Berufstätigkeit von Architekten und Ingenieuren. Diese Ziele der Mindestsatzregelung seien bei grenzüberschreitenden Architektenverträgen nur erreichbar, wenn diese unabhängig von dem jeweils berufenen Vertragsstatut gelte. Voraussetzung sei lediglich, dass die Architektenleistung für ein im Inland belegenes Bauwerk erbracht werden solle.[121] Die zwingende Durchsetzung der HOAI gegenüber Architekten mit Sitz in einem anderen Mitgliedstaat war allerdings bei Binnenmarktsachverhalten mit der Dienstleistungsfreiheit des EG-Vertrages kaum vereinbar;[122] des-

---

112 MüKo/*Martiny*, Art. 4 Rn. 36; *Thode*, in: Reithmann/Martiny[7] Rn. 1090; Staudinger/*Magnus* (2011) Art. 4 Rn. 358.
113 Brandenburgisches OLG, 25.05.2000 – 12 U 159/99, BauR 2002, 119, 121 f.; LG Kaiserslautern, 05.05.1987 – 2 S 123/84, IPRax 1987, 368 m. Anm. *Mezger* 346; *Fischer*, in: FS Werner (2005) 23, 28 ff.; *Thode/Wenner* Rn. 276 ff.; *Martiny*, BauR 2009, 241, 247.
114 *Thode*, in: Reithmann/Martiny[7] Rn. 1089; **a.A.** aber Trib. gr. inst. Poitiers 22.12.1999, Rev. crit. 2001, 670 m. zust. Anm. *Rémy-Corlay* (Planung und Bauaufsicht durch deutschen Architekten bez. eines französischen Bauvorhabens); *Glavinis* Rn. 644.
115 *Wenner*, BauR 1993, 257, 260.
116 *Thode*, in: Reithmann/Martiny[7] Rn. 1090 a.E.
117 BGH, 30.03.2006 – VII ZR 294/04, NJW 2006, 1072; dazu oben Rdn. 49 ff.
118 Vgl. oben Rdn. 62.
119 *Thode*, in: ReithmannMartiny[7] Rn. 1094.
120 BGH, 27.02.2003, BGHZ 154, 110 = NJW 2003, 2020; dazu *Wenner*, ZfBR 2003, 419; ders., BauR 1993, 257, 263 ff.; *Thode/Wenner* Rn. 90, 240 ff.; *Kilian/Müller*, IPRax 2003, 436.
121 BGH, a.a.O., BGHZ 154, 110, 115 im Anschluss an *Wenner*, RIW 1998, 173, 174 ff.; zust. *Fetsch*, NZBau 2005, 71, 74 f.; *Freitag*, in Reithmann/Martiny[7] Rn. 576; **a.A.** *Kilian/Müller*, IPRax 2003, 436 ff.; *Quack*, ZfBR 2003, 419, *Spickhoff*, in: Bamberger/Roth, Art. 54 EGBGB Rn. 20 f.
122 Vgl. *Quack*, ZfBR 2003, 419 f.; *Freitag*, in Reithmann/Martiny[7] Rn. 577 f. m. ausf. Nachw.

halb wurde auch der Charakter der Mindest- und Höchstsätze der HOAI als Eingriffsnormen i.S.v. Art. 9 Rom I-VO in Frage gestellt.[123]

Seit Inkrafttreten der neuen HOAI 2009 stellt sich diese Problematik für internationale Architektenverträge nur noch in stark abgeschwächter Form. Denn die HOAI 2009 gilt gem. ihrem § 1 nur noch für die Berechnung der Entgelte für die Leistungen von Architekten und Ingenieuren mit **Sitz im Inland**. Damit trägt die Honorarordnung den Anforderungen der EG-Dienstleistungsrichtlinie vom 12.12.2006[124] Rechnung, die zum 28.12.2009 umzusetzen war.[125] Als Folge der Neuregelung können Architekten mit Sitz in einem anderen EU-Mitgliedstaat ihre Leistungen auch in Deutschland erbringen, ohne an die Mindest- und Höchstsätze der HOAI 2009 gebunden zu sein. Ob die darin liegende Benachteiligung von Architekten mit Sitz im Inland mit der verfassungsrechtlich gewährleisteten Berufsfreiheit (Art. 12 GG) vereinbar ist, wird allerdings bezweifelt.[126] Jedenfalls beansprucht auch die HOAI 2009 keine Geltung für Bauvorhaben im Ausland, weil die mit ihr verfolgten Zwecke dort ohnehin nicht durchgesetzt werden können. Dies gilt auch dann, wenn die Architektenleistungen vom Inland aus erbracht werden können.[127] Die HOAI enthält daher keine Eingriffsnormen i.S.v. Art. 9 Rom I-VO mehr, sondern setzt sich gegenüber einem ausländischen Vertragsstatut nur noch unter den Voraussetzungen des Art. 3 Abs. 3 Rom I-VO (reiner Inlandsfall) durch. 90

II. General- und Subunternehmervertrag

Vor allem bei größeren Bauprojekten erbringt der Bauunternehmer, der den Vertrag mit dem Auftraggeber schließt, die übernommenen Bauarbeiten nur teilweise selbst (Generalunternehmer) oder er beschränkt sich sogar darauf, den Einsatz der von ihm eingesetzten Subunternehmer im Rahmen eines sog. Management Contracting zu koordinieren und zu überwachen (Generalübernehmer). Es handelt sich mithin um mehrstufige Vertragsverhältnisse, die auch für die Zwecke des Kollisionsrechts unterschieden werden müssen. 91

1. Anknüpfung

Auch für den **Generalunternehmervertrag** gelten die allgemeinen Ausführungen zur Anknüpfung von Bauverträgen unter B. entsprechend. Für die objektive Anknüpfung kommt es auf die Leistung des Generalunternehmers, nicht auf die Leistung der Subunternehmer an; maßgebend ist daher der Ort der Hauptverwaltung des Generalunternehmers i.S.v. Art. 19 Abs. 1 Rom I-VO.[128] 92

Der **Subunternehmervertrag** kann durch ausdrückliche Rechtswahl dem für den Hauptunternehmer geltenden Recht unterstellt werden;[129] eine solche akzessorische Anknüpfung wird sich zur Vermeidung von Komplikationen empfehlen, wenn die Vergütung des Subunternehmers davon abhängt, dass zuvor der Hauptunternehmer vom Auftraggeber bezahlt wurde. Für diesen Fall kommt auch eine stillschweigende Rechtswahl bezüglich des Subunternehmervertrags in Anlehnung an das Statut des Hauptvertrages in Betracht.[130] Auch bei Fehlen einer Rechtswahl kann der enge Zusammenhang zwischen Subunternehmer- und Hauptvertrag u.U. eine akzessorische 93

---

123 *Martiny*, BauR 2008, 241, 249; *Kilian/Müller*, IPRax 2003, 436 f.; MüKo/*Martiny*, Art. 4 Rn. 37; *Spickhoff*, in: Bamberger/Roth, Art. 34 EGBGB Rn. 21; Staudinger/*Magnus* (2002) Art. 34 EGBGB Rn. 94, 321.
124 Richtlinie 2006/123/EG über Dienstleistungen im Binnenmarkt, ABl. EU 2006 Nr. L 376, S. 36.
125 *Thode*, in: Reithmann/Martiny[7] Rn. 1096 ff.
126 Krit. *Thode*, in; Reithmann/Martiny[7] Rn. 1099.
127 Staudinger/*Magnus*, Art. 4 Rn. 360.
128 *Martiny*, BauR 2008, 241, 244.
129 *Vetter*, NJW 1987, 2125; MüKo/*Martiny*, Art. 4 Rn. 38.
130 Dafür *Piroddi*, Yb. Pr. Int. L. 2005, 290 ff.; vgl. auch *Vetter*, NJW 1987, 2125 ff.; *Pulkowski*, S. 136 ff; zurückhaltend hingegen *Thode/Wenner* Rn. 95 f.

Anknüpfung mit Hilfe der Ausweichklausel in Art. 4 Abs. 3 Rom I-VO rechtfertigen.[131] Im Regelfall dürfte freilich die Leistung des Subunternehmers den Vertrag stärker prägen als der Zusammenhang mit dem Hauptvertrag, so dass nach Art. 4 Abs. 1 lit. b Rom I-VO auf das Recht am gewöhnlichen Aufenthaltsort des Subunternehmers abzustellen ist.[132] Dies erscheint auch deshalb gerechtfertigt, weil der Subunternehmer auf das Vertragsstatut des Hauptvertrages idR keinen Einfluss hat und durch die Geltung des für den Hauptvertrag vereinbarten Rechts (z.B. eines Entwicklungslandes) stark benachteiligt werden kann, obwohl er seine Leistung nur im Inland für einen häufig ebenfalls inländischen Generalunternehmer erbringt.[133] Eine Anknüpfung an den Ort des Bauwerks mit Hilfe der Ausweichklausel in Art. 4 Abs. 3 Rom I-VO scheidet auch insoweit regelmäßig aus.[134]

2. Eingriffsnormen

94 Besondere Probleme wirft im Zusammenhang mit internationalen Subunternehmerverträgen die Anknüpfung des insbesondere von manchen romanischen Rechten (Frankreich, Italien)[135] eingeräumten **Direktanspruchs** des Subunternehmers gegen den Besteller auf, der insbesondere im Fall der Insolvenz des Generalunternehmers praktische Bedeutung erlangt. Vertreten wird sowohl eine akzessorische Anknüpfung an das Statut des Generalunternehmervertrags[136] wie an das Statut des Subunternehmervertrags.[137] Teilweise wird der Direktanspruch auch nur gewährt, wenn beide Rechte ihn übereinstimmend vorsehen (kumulative Anknüpfung).[138] Die französische Rechtsprechung setzt den Direktanspruch des Subunternehmers gegen den Bauherrn nach dem Gesetz von 1975 für Bauvorhaben in Frankreich inzwischen als Eingriffsnorm i.S.v. Art. 9 Rom I-VO durch.[139]

III. Anlagenvertrag

95 Spezifische Kollisionsregeln für Anlagenverträge (»turnkey contracts«), bei denen sich der Auftragnehmer verpflichtet, eine ganz Industrieanlage zu entwerfen, zu errichten und in Betrieb zu nehmen, wurden bisher nicht entwickelt.[140] In Anbetracht des erheblichen wirtschaftlichen Volumens solcher Verträge wird in der Praxis stets eine ausdrückliche Rechtswahl getroffen;[141] dabei werden vor allem staatliche Auftraggeber meist ihr eigenes Recht durchsetzen. Gilt danach nicht das Recht des Staates, in dem die Anlage zu errichten ist, so wird der Auftragnehmer allerdings regelmäßig verpflichtet, die zwingenden Vorschriften am Anlageort einzuhalten. Der Frage nach der objektiven Anknüpfung von Anlagenverträgen kommt daher eher theoretische Bedeutung zu.

---

131 Dafür schon *Jayme*, in: FS Pleyer (1986) 371, 377.
132 *Thode*, in: Reithmann/Martiny[7] Rn. 1082; MüKo/*Martiny*, Art. 4 Rn. 38; ebenso zum früheren Recht *Vetter*, NJW 1987, 2125, 2126 ff; *Martiny*, BauR 2008, 241, 245; Erman/*Hohloch*, Art. 28 EGBGB Rn. 39.
133 Zutr. *Nicklisch*, NJW 1985, 2368 f.; *Thode*, in Reithmann Martiny[7] Rn. 1082. Vgl. auch BGH, 25.02.1999 – VII ZR 408/97, BauR 1999, 677.
134 *Martiny*, BauR 29008, 241, 245; a.A. aber App. Colmar 16.03.2006, J.C.P. 2006.IV.2963.
135 Zur »sous-traitance« nach dem französischen Gesetz vom 21.12.1975 vgl. *Kühnel/Langer*, RIW 1977, 610 ff.; *Niggemann*, Haftung und Haftungsbegrenzung bei Werk- und Anlagenverträgen nach französischem Recht, RIW 1998, 192 ff. *Thode*, in: Reithmann/Martiny[7] Rn. 1082.
136 *Pulkowski*, S. 229 ff., 321 f.; *Thode*, in: Reithmann/Martiny[7] Rn. 1082.
137 Dafür – vorbehaltlich der Zulassung durch die lex fori – *Piroddi*, Yb. Priv. Int. L. 2005, 322; zurecht krit. *Martiny*, BauR 2008, 241, 245.
138 Dafür *Jayme*, in: FS Pleyer (1986) 371, 378; *Thode/Wenner*, Rn. 177 f.
139 Cass. Ch. Mixte 30.11.2007, Clunet 2008, 1073 m. Anm. *Perreau-Saussine* = D. 2008, 5 m. Anm. *Boyault/Lemaire* 753; dazu *Kondring* RIW 2009, 118 ff.; anders noch Cass. civ. 23.01.2007, D. 2007, 2008 m. Anm. *Borysewicz/Loncle*; dazu *Martiny*, BauR 2008, 241, 246.
140 *Thode*, in: Reithmann/Martiny[7] Rn. 1088 m.w.N.
141 *Dünnweber*, S. 144 f.; MüKo/*Martiny*, Art. 4 Rn. 42; Erman/*Hohloch*, Art. 28 EGBGB Rn. 39.

Grundsätzlich gilt auch insoweit das allgemein zu Bauverträgen Gesagte,[142] d.h. es gilt das Recht am Sitz des Anlagenbauers nach Art. 4 Abs. 1 lit. b Rom I-VO.[143] Eine Anwendung des Rechts am Errichtungsort der Anlage über Art. 4 Abs. 3 Rom I-VO kann allerdings bei Vorliegen besonderer Umstände in Betracht gezogen werden.

IV. Bauträgervertrag

1. Anknüpfung

Charakteristisch für den Bauträgervertrag ist es, dass der Vertragspartner des Erwerbers nicht nur Bauleistungen auf einem bereits im Eigentum des Bauherrn stehenden Grundstück zu erbringen hat. Er ist vielmehr darüber hinaus verpflichtet, dem Erwerber auch das Eigentum an dem zu bebauenden Grundstück zu verschaffen. Diese Eigentumsverschaffungspflicht prägt aber den Bauträgervertrag so stark, dass es gerechtfertigt erscheint, ihn als Schuldvertrag über ein dingliches Recht an einer unbeweglichen Sache i.S.v. Art. 4 Abs. 1 lit. c Rom I-VO zu qualifizieren. Maßgebend ist daher auch für Bauträgerverträge – in Ermangelung einer (zulässigen) Rechtswahl nach Art. 3 Rom I-VO – nicht das Recht am gewöhnlichen Aufenthaltsort des Bauträgers, sondern das Recht des Staates, in dem das zu bebauende Grundstück belegen ist.[144]

96

2. Eingriffsnormen

Im deutschen Recht ergibt sich aus der auf § 34c GewO beruhenden Makler- und Bauträger-Verordnung (MaBV) für den Veräußerer eine Verpflichtung zur Sicherstellung des Erwerbers. Diese wird überwiegend als international zwingend i.S.v. Art. 34 EGBGB/Art. 9 Rom I-VO angesehen; sie soll daher für Bauträger mit gewerblicher Niederlassung im Inland auch dann gelten, wenn das zu bebauende Grundstück im Ausland belegen ist.[145] Demgegenüber dürfte die MaBV nur verbraucherschützenden Charakter haben, jedenfalls aber nur für Bauvorhaben im Inland gelten, für diese allerdings auch, soweit sie von ausländischen Bauträgern durchgeführt werden.[146]

97

---

142 Vgl. oben B.II Rdn. 38 ff.
143 So OLG Hamm, 25.11.1992, OLGRspr. 1993, 161; *Martiny*, BauR 2008, 241, 247; *Thode*, in: Reithmann/Martiny[7] Rn. 1088; ebenso – allerdings gestützt auf Art. 4 Abs. 1 lit. a Rom I-VO – Staudinger/*Magnus* (2011), Art. 4 Rn. 356.
144 *Martiny*, BauR 2008, 241, 246; MüKo/*Martiny*, Art. 4 Rn. 100; Staudinger/*Magnus* (2011), Art. 4 Rn. 103.
145 OLG Hamm, 07.12.1977, NJW 1977, 1594 m. Anm. *Dörner* 2032; *Reithmann*, in: FS Ferid (1988) 381 = ZfBR 1988, 162, 163 f.
146 So auch *Martiny*, Inländische gewerbe-, berufs- und preisrechtliche Vorschriften als international zwingende Normen, in: FS Heldrich (2005) 907, 922 f.; *ders.*, BauR 2008, 241, 246; *Freitag*, in: Reithmann/Martiny[7] Rn. 581.

Teil II: Bürgerliches Gesetzbuch (BGB)

v. 18.08.1896 (RGBl. S. 195) i.d.F. der Bekanntmachung vom 02.01.2002 (BGBl. I S. 42, 2909, 2003 S. 738), zuletzt geändert durch Gesetz vom 24.07.2010 (BGBl. I S. 977)

(Auszug)

(...)

§ 119 Anfechtbarkeit wegen Irrtums

(1) Wer bei der Abgabe einer Willenserklärung über deren Inhalt im Irrtum war oder eine Erklärung dieses Inhalts überhaupt nicht abgeben wollte, kann die Erklärung anfechten, wenn anzunehmen ist, dass er sie bei Kenntnis der Sachlage und bei verständiger Würdigung des Falles nicht abgegeben haben würde.

(2) Als Irrtum über den Inhalt der Erklärung gilt auch der Irrtum über solche Eigenschaften der Person oder der Sache, die im Verkehr als wesentlich angesehen werden.

Schrifttum
Benedict Anmerkung zu BGH VII ZR 87/04, EWiR 2006, 361 f.; *Brox* Die Einschränkung der Irrtumsanfechtung, 1960; *Canaris* Die Vertrauenshaftung im deutschen Privatrecht, 1971; *Dunz* Betrag als Eigenschaft der Forderung, NJW 1964, 1214 f.; *Fleckner/Vollmuth* Geschäfte zu nicht marktgerechten Preisen (Mistrades) im außerbörslichen Handel, WM 2004, 1263 ff.; *Fleischer* Der Kalkulationsirrtum, RabelsZ 65 (2001), 264 ff.; *Lindacher* Rechte des vorleistungspflichtigen Verkäufers bei anfänglicher Kreditunwürdigkeit des Käufers, MDR 1977, 797 ff.; *Pawlowski* Die Kalkulationsirrtümer – Fehler zwischen Motiv und Erklärung, JZ 1997, 741 ff.; *Schöpflin* Anmerkung zu BGH X ZR 17/97, JA 1999, 89 ff.; *Singer* Der Kalkulationsirrtum – ein Fall für Treu und Glauben?, JZ 1999, 342 ff.; *Spindler* Irrtümer bei elektronischen Willenserklärungen, JZ 2005, 791 ff.; *Toussiant* Zur Anfechtungsmöglichkeit des Bieters bei Angebotsabgabe, ZfIR 2006, 124 ff.; *Wieacker* Die Methode der Auslegung des Rechtsgeschäfts, JZ 1967, 385 ff.; *Wieser* Der Kalkulationsirrtum, NJW 1972, 708 ff.

Übersicht

	Rdn.
A. Bedeutung	1
I. Anfechtbarkeit	1
II. Anfechtungsgründe	2
III. Abdingbarkeit	3
B. Anwendungsbereich	4
I. Privatrecht	4
1. BGB	4
2. Verdingungsordnungen	7
3. Arbeitsrecht	9
4. Sonstiges	10
II. Prozesshandlungen	11
III. Öffentliches Recht	12
C. Abgrenzung	13
I. Auslegung	13
II. Falsa demonstratio	14
III. Dissens	15
IV. Bewusste Unkenntnis	16
1. Unterzeichnung ungelesener Urkunden	17
2. AGB	18
3. Blankounterschrift	19
V. Empfängerirrtum	20
D. Voraussetzungen	21
I. Willenserklärung	21
II. Erklärungsirrtum, § 119 Abs. 1 Alt. 2	24
III. Inhaltsirrtum, § 119 Abs. 1 Alt. 1	25
1. Allgemeines	25
2. Verlautbarungsirrtum	26
3. Identitätsirrtum	27
4. Rechtsfolgeirrtum	28
a) Anfechtbar	29
b) Nicht anfechtbar	30
5. Kalkulationsirrtum	31
a) Verdeckter Kalkulationsirrtum	32
b) Offener Kalkulationsirrtum	33
c) Einzelfälle	34
IV. Eigenschaftsirrtum, § 119 Abs. 2	37
1. Einordnung	37
2. Eigenschaften	38
3. Verkehrswesentlichkeit	39

	Rdn.		Rdn.
4. Verkehrswesentliche Eigenschaften einer Person	40	V. Motivirrtum	44
5. Verkehrswesentliche Eigenschaft einer Sache	41	VI. Kausalität	45
		E. Beweislast	46

A. Bedeutung

I. Anfechtbarkeit

1   Weicht bei einer Willenserklärung der Wille unbewusst von der Erklärung ab, muss der Erklärende als Ausdruck seiner Selbstverantwortung im Interesse des Verkehrsschutzes die Erklärung so gegen sich gelten lassen, wie sie der Empfänger gem. §§ 133, 157 BGB verstehen durfte. Da eine privatautonome Gestaltung von Rechtsverhältnissen voraussetzt, dass die erklärten Rechtsfolgen mit dem wirklichen Willen übereinstimmen, soll der Erklärende nicht in jedem Fall an seiner irrtümlichen Erklärung festgehalten werden. Die irrtumsbehaftete Willenserklärung ist wirksam, aber anfechtbar, d.h. der Erklärende kann sie rückwirkend vernichten.

II. Anfechtungsgründe

2   In einem mehrphasigen Modell mit vier gesetzlich geregelten Kategorien entlang den Stadien einer wirksamen Willenserklärung ermöglichen die §§ 119, 120 BGB eine Anfechtbarkeit der Erklärung wegen Irrtums. Der bei der Willensbildung eingetretene Motivirrtum ist als Folge der Selbstverantwortung grds. unerheblich, argumentum e contrario zu den geregelten Fällen.[1] Ausnahmsweise ist er als Eigenschaftsirrtum nach § 119 Abs. 2 BGB beachtlich (Rdn. 37 ff.); außerdem §§ 1949 Abs. 1, 2078 f., 2281 BGB. Sodann können beim Inhaltsirrtum der Wille sowie die Vorstellung über das Erklärte und dessen rechtlich maßgebende Bedeutung auseinanderfallen, § 119 Abs. 1 Alt. 1 BGB (Rdn. 25 ff.). Beim Erklärungsirrtum liegt eine fehlerhafte Erklärungshandlung vor, § 119 Abs. 1 Alt. 2 BGB (Rdn. 24). Wird schließlich bei der Beförderung das Erklärte ggü dem Gewollten verändert, berechtigt für diesen Übermittlungsirrtum § 120 BGB zur Anfechtung. Zwei weitere Fälle sind mit der Anfechtung wegen arglistiger Täuschung oder widerrechtlicher Drohung in § 123 Abs. 1 BGB geregelt. Systematisch abw. wird damit die Freiheit der Willensentschließung geschützt.

III. Abdingbarkeit

3   Durch Individualvereinbarung kann die Irrtumsanfechtung abbedungen werden.[2] Einschränkungen durch AGB verstoßen gegen § 307 Abs. 2 Nr. 1 BGB.[3] Erweiterungen durch Mistradeklauseln sind individualvertraglich zulässig,[4] in AGB unzulässig, wenn sie § 121 BGB ausschließen.[5]

B. Anwendungsbereich

I. Privatrecht

1. BGB

4   §§ 119, 120 BGB gelten für alle Willenserklärungen, sofern keine Sonderregelungen eingreifen. Für die anfängliche, aber erst nach Vertragsschluss erkennbare, und die nachträgliche Zahlungs-

---

[1] *Medicus*, AT Rn. 744.
[2] MüKo-BGB/*Kramer*, § 119 Rn. 141.
[3] BGH, 28.04.1983, VII ZR 259/82, NJW 1983, 1671.
[4] BGH, 25.05.2002, XI ZR 239/01, NJW-RR 2002, 1344.
[5] Schleswig-Holstein. OLG, 09.01.2004, 5 U 130/03, ZIP 2004, 1846; *Fleckner/Vollmuth*, WM 2004, 1268 ff.

unfähigkeit enthält § 321 BGB eine Sonderregelung. I.Ü. ist eine Anfechtung nicht ausgeschlossen.[6]

Sind die Voraussetzungen der **kaufrechtlichen Sachmängelgewährleistung** erfüllt, kommt nur eine Anfechtung nach §§ 119 Abs. 1, 123 BGB in Betracht. Eine Anfechtung wegen Eigenschaftsirrtums ist sowohl für den Käufer, der auf die Rechte aus den §§ 437 ff. BGB beschränkt ist, als auch für den Verkäufer ausgeschlossen, der sich nicht seiner weitergehenden Haftung entziehen darf.[7] Das Anfechtungsrecht bleibt ausgeschlossen, auch wenn die Gewährleistungsrechte verjährt[8] oder wirksam abbedungen[9] bzw. vom Haftungsausschluss gem. § 56 S. 3 ZVG erfasst sind.[10] Vor Gefahrübergang lässt die Rechtsprechung eine Anfechtung des Käufers nach Abs. 2 auch dann zu, wenn er ausnahmsweise bereits die Gewährleistungsregeln geltend machen darf.[11] Dem ist zu widersprechen, da sonst das Nacherfüllungsrecht des Verkäufers und § 442 Abs. 1 S. 2 BGB umgangen werden können.[12] Stellt die Eigenschaft dagegen keinen Sachmangel dar, wie eine höherwertige als die vereinbarte Beschaffenheit, bleibt das Anfechtungsrecht unberührt.[13] Dies gilt auch, wenn eine Eigenschaft (Baujahr eines Gebrauchtwagens) nicht zur Vertragsgrundlage gemacht wird.[14]

5

Für die **werkvertragliche Gewährleistung** nach §§ 634 ff. BGB gilt Entsprechendes. Eine Anfechtung ist nach den §§ 119 Abs. 1, 123 BGB prinzipiell möglich, i.R.v. § 119 Abs. 2 BGB bleibt zu unterscheiden. Rechte des Bestellers, die sich wegen eines Mangels i.S.v § 633 Abs. 2, 3 BGB ergeben, stellen gegenüber dem Eigenschaftsirrtum abschließende Regelungen dar. Dies beruht im Wesentlichen auf dem zur kaufrechtlichen Sachmängelgewährleistung angestellten Überlegungen. So soll durch § 121 Abs. 2 BGB nicht die wesentlich kürzere Verjährungsfrist aus § 634a BGB umgangen werden können.[15] Zudem geht auch das Werkvertragsrecht vom Vorrang der Nacherfüllung aus, der durch eine Anfechtung unterlaufen werden könnte. Daher kann sich der Unternehmer nicht durch Anfechtung der Rechte des Bestellers nach §§ 634 ff. BGB entziehen. Dieser Grundsatz gilt nicht uneingeschränkt. Ausnahmsweise kann die Anfechtung zuzulassen sein, falls anzunehmen ist, dass der Besteller auf die Geltendmachung seiner Rechte verzichtet.[16]

6

2. Verdingungsordnungen

Wegen der normativen Vergleichbarkeit der §§ 4 Abs. 7, 13 Abs. 5 **VOB/B** mit den §§ 634 ff. BGB ist in ihrem Anwendungsbereich ebenfalls ein Anfechtungsausschluss für Eigenschaftsirrtümer anzunehmen.[17] Nach § 13 Abs. 4 Nr. 1 S. 1 HS. 1 VOB/B gilt eine Verjährungsfrist von vier Jahren, soweit im Vertrag nicht eine abweichende Regelung getroffen wurde. Demgegenüber führt ein Anfechtungsrecht nach § 119 Abs. 2 BGB wegen der zehnjährigen Frist aus § 121 Abs. 2 BGB ebenfalls zu verlängerten Auftraggeberrechten. § 634 BGB und § 13 Abs. 5 VOB/B unterscheiden sich allerdings in ihrem Regelungsgehalt. So gewährt § 13 Abs. 5 Nr. 1 S. 1 VOB/B zwar den Nacherfüllungsanspruch, schränkt aber die Sekundärrechte deutlich ein. Ein

7

---

6 Soergel/*Hefermehl*, § 119 Rn. 42; MüKo-BGB/*Kramer*, § 119 Rn. 129; a.A. *Flume*, AT, § 24 Nr. 4.
7 BGH, 08.06.1988, VIII ZR 135/87, NJW 1988, 2598.
8 RG, 11.03.1932, II 307/31, RGZ 135, 341.
9 BGH, 15.01.1975, VIII ZR 80/73, BGHZ 63, 376 f.; OLG Sachsen-Anhalt 13.05.2003, 11 U 82/02, IBR 2003, 505.
10 BGH, 18.10.2007, V ZB 44/07, WM 2007, 2330 Tz. 9.
11 BGH, 14.12.1960, V ZR 40/60, BGHZ 34, 37.
12 Bamberger/Roth/*Wendtland*, § 119 Rn. 8; s.a. *Flume*, AT, § 24 Nr. 3.
13 BGH, 08.06.1988, VIII ZR 135/87, NJW 1988, 2598.
14 BGH, 26.10.1978, VII ZR 202/76, NJW 1979, 161.
15 Messerschmitt/Voit/*Drossart*, § 634 Rn. 7.
16 BGH, 08.12.1966, VII ZR 114/64, NJW 1967, 719.
17 Messerschmitt/Voit/*Oberhauser*, Teil N Rn. 19; Ingenstau/Korbion/*Vygen*, VOB/B Vor §§ 8 und 9 Rn. 38; *Locher*, Das private Baurecht Rn. 242 m.w.N.

Rücktrittsrecht, wie in § 634 Nr. 3 BGB, wird nicht erwähnt, das Minderungsrecht nach § 13 Abs. 6 VOB/B weist einen enger umgrenzten Anwendungsbereich gegenüber §§ 634 Nr. 3, 323, 638 BGB auf und Schadenersatzansprüche bestehen nur i.R.v. § 13 Abs. 7 VOB/B. Die Nacherfüllung besitzt daher eine überragende Bedeutung, weswegen der Anwendungsausschluss mit einem argumentum a fortiori zu übertragen ist.

8   Auch nach der **VOL/A und B** ausgeschriebene Verträge sind nicht gem. § 119 Abs. 2 BGB anfechtbar. Dies ist mit der Parallele zur VOB/B und den Regeln der §§ 634 ff. BGB zu begründen. Gem. § 13 VOL/A, § 14 Nr. 3 VOL/B richtet sich die Verjährungsfrist nach dem BGB. Die Präambel weist als Anwendungsbereich der VOL/B insbes. Dienst-, Kauf-, Werk- sowie Werklieferungsverträge aus. Ansprüche aus diesen Verträgen verjähren gem. §§ 438 Abs. 1 Nr. 3, 651, 634a Abs. 1, 611 i.V.m. §§ 195, 199 BGB in kürzerer Zeit als der zehnjährigen Frist aus § 121 Abs. 2 BGB. Ebenso kann aus § 14 Nr. 2 lit. a VOL/B wegen der erforderlichen Fristsetzung ein Stufenverhältnis zwischen der Nachleistung und einem Selbstvornahmerecht entnommen werden. Daraus lässt sich der Vorrang der Nacherfüllung ableiten, der als Argument gegen die Anfechtbarkeit wegen Eigenschaftsirrtums dient. Die Anfechtungsrechte aus §§ 119 Abs. 1, 123 BGB bleiben unberührt.

3. Arbeitsrecht

9   Auf den Abschluss eines Arbeitsvertrags gerichtete Willenserklärungen können grds. angefochten werden (s.a. Rdn. 40). Auf die Anfechtungsfrist aus § 121 Abs. 1 S. 1 BGB wendet das BAG § 626 Abs. 2 BGB entspr. an.[18] In Vollzug gesetzte Arbeitsverhältnisse sind entgegen § 142 Abs. 1 BGB grds. nur ex nunc anfechtbar.[19] Ist das Arbeitsverhältnis außer Funktion gesetzt oder wird aufgrund einer Erkrankung keine Arbeitsleistung erbracht, wirkt die Anfechtung auf den Zeitpunkt zurück, von dem an keine Arbeitsleistung mehr erbracht wird.[20]

4. Sonstiges

10 In Funktion gesetzte Gesellschaftsverträge können nicht rückwirkend angefochten werden.[21] Für Vergleiche enthält § 779 BGB eine vorrangige Regelung. Nur soweit dessen Voraussetzungen nicht gegeben sind, ist der Vergleich anfechtbar.[22] Damit wird eine Anfechtbarkeit wegen Irrtums nach § 119 BGB ausgeschlossen, sofern sich der Irrtum auf einen streitigen oder ungewissen Punkt bezieht, dessen Erledigung gerade Inhalt des Vergleichs sein sollte.[23] Vergleichsgrundlage und -gegenstand sind zu unterscheiden.[24]

II. Prozesshandlungen

11 Auf einseitige Prozesshandlungen der Parteien sind die Anfechtungstatbestände nicht anwendbar. Ein Irrtum über die Sach- und Rechtslage ist ohnehin ein unbeachtlicher Motivirrtum.[25] Zudem ermöglicht eine Auslegung nach den wohlverstandenen Interessen des Handelnden[26] eine Korrektur. Anfechtbar sind dagegen Prozessverträge und insbes. Prozessvergleiche,[27] aber auch Schieds-

---

18 BAG, 21.02.1991, 2 AZR 449/90, NZA 1991, 722.
19 BAG, 16.09.1982, 2 AZR 228/80, NJW 1984, 446.
20 BAG, 11.03.1999, 2 AZR 507/98, NZA 1999, 587 f.
21 BGH, 23.04.1954, I ZRR 139/53, BGHZ 13, 323 f.
22 PWW/*Brödermann*, § 779 Rn. 26.
23 *Kleine-Möller*, § 12 Rn. 186.
24 BGH, 21.12.2006, VII ZR 275/05, NJW 2007, 838 Tz. 11.
25 OLG Celle, 29.11.1968, 2 U 18/68, NJW 1971, 145 f.
26 BGH, 10.03.1994, IX ZR 152/93, NJW 1994, 1538.
27 BGH, 19.05.1999, XII ZR 210/97, NJW 1999, 2804.

verträge²⁸ und die in Baukonflikten vergleichsweise wichtigen und häufig angenommenen Mediationsvergleiche.²⁹ Registeranmeldungen stellen unanfechtbare Verfahrenshandlungen dar.³⁰

III. Öffentliches Recht

Auf öffentlich-rechtliche Verträge sind gem. § 62 S. 2 VwVfG die Irrtumsregeln entspr. anzuwenden. Auch verwaltungsrechtliche Erklärungen des Bürgers sind danach anfechtbar.³¹ Grenzen setzt § 110 BauGB.³² Eine entspr. Anwendung der §§ 119 ff. BGB auf Verwaltungsakte ist dagegen ausgeschlossen.³³ 12

C. Abgrenzung

I. Auslegung

Ergibt die Auslegung, dass das Gewollte, also nicht das irrtümlich Erklärte, als Erklärungsinhalt gilt,³⁴ scheidet eine Anfechtung aus. Hat der Erklärungsempfänger den Irrtum erkannt, gilt das Gewollte.³⁵ 13

II. Falsa demonstratio

Verstehen die Parteien die Erklärung abw. von ihrer eindeutigen Wortbedeutung, gilt die Erklärung nach dem Grundsatz falsa demonstratio non nocet im übereinstimmend gemeinten Sinn.³⁶ Bei diesem Sonderfall der Auslegung ist eine Anfechtung ausgeschlossen. 14

III. Dissens

Während sich beim Irrtum Wille und Erklärung nicht decken, stimmen beim versteckten Dissens zwei Willenserklärungen – auch nach ihrer Auslegung – nicht überein. Da eine Fehlvorstellung über die Erklärung des anderen Teils herrscht, ist eine Anfechtung ausgeschlossen. 15

IV. Bewusste Unkenntnis

Gibt der Erklärende eine Erklärung mit dem Bewusstsein ab, ihre Bedeutung nicht zu kennen und ohne sich eine Vorstellung über ihren Inhalt zu machen, liegt keine zur Anfechtung berechtigende unbewusste Abweichung von Wille und Erklärung vor.³⁷ 16

1. Unterzeichnung ungelesener Urkunden

Wer eine Urkunde ungelesen und in Kenntnis ihrer Rechtserheblichkeit, aber ohne Bewusstsein ihres Inhalts unterschreibt, kann i.d.R. nicht anfechten.³⁸ Grds. gilt dies auch für der deutschen 17

---

28 BGH, 21.11.1966, VII ZR 174/65, BB 1967, 97.
29 Vgl. *Hafl/Schlieffen*, § 22.
30 BayObLG, 09.11.1989, BReg 3 Z 17/89, DB 1990, 169.
31 OVG Rheinland-Pfalz, 21.12.1983, 2 A 50/83, DVBl 1984, 282; nicht aber eine Baulast VGH Mannheim 13.06.1984, 3 S 696/84, NJW 1985, 1723.
32 BVerwG, 29.03.2006, 4 B 1/06, BRS 68 Nr. 212.
33 Erman/*Palm*, § 119 Rn. 3.
34 BGH, 26.04.1978, VIII ZR 236/76, BGHZ 71, 247.
35 BGH, 22.02.1995, IV ZR 58/94, NJW-RR 1995, 859.
36 BGH, 21.01.1994, VII ZR 174/92, NJW 1994, 1528; PWW/*Ahrens*, § 133 Rn. 21.
37 BGH, 02.11.1967, II ZR 46/65, DB 1967, 2115.
38 BGH, 11.07.1968, II ZR 157/65, NJW 1968, 2103; 26.05.1999, VIII ZR 141/98, NJW 1999, 2664, 2665; 15.01.2002, I ZR 98/01, NJW 2002, 956, 957.

Sprache Unkundige,[39] Lese- und Schreibunkundige[40] und denjenigen, der den Erklärungsinhalt nicht verstanden hat.[41] Zu erwägen ist aber ein Anspruch aus §§ 280 Abs. 1, 311 Abs. 2 Nr. 1, 241 Abs. 2 BGB. Besaß der Erklärende eine – wenn auch unzutreffende – Vorstellung über den Erklärungsinhalt, kommt eine Anfechtung in Betracht.[42] Ein Irrtum gem. § 119 Abs. 1 Alt. 2 BGB liegt vor, wenn Urkunden verwechselt werden. Ein Irrtum nach § 119 Abs. 1 Alt. 1 BGB liegt vor, falls eine unrichtige Vorstellung herrscht,[43] weil etwa eine im notariellen Vertrag eingefügte Klausel beim Verlesen überhört[44] oder eine vom Gegner angefertigte Urkunde in der irrigen Annahme unterzeichnet wird, sie stimme mit den Vertragsverhandlungen überein, obwohl sie abw. Erklärungen beinhaltet.

2. AGB

18 Für die Unterzeichnung ungelesener AGB gelten im Wesentlichen die gleichen Grundsätze. Eine Anfechtung kommt nur bei einer falschen Vorstellung in Betracht.[45] Für überraschende Klauseln gilt § 305c BGB.

3. Blankounterschrift

19 Wird eine Blankounterschrift geleistet und das Blankett abredewidrig ausgefüllt, liegen die Voraussetzungen der Irrtumsanfechtung an sich vor (Erklärungsirrtum). Nach dem Gedanken aus § 172 Abs. 2 BGB ist die Anfechtung ggü. einem gutgläubigen Dritten ausgeschlossen.[46]

V. Empfängerirrtum

20 Versteht der Empfänger eine Willenserklärung falsch (Angebot), scheidet eine Irrtumsanfechtung dieser Erklärung aus, weil der Empfänger nichts erklärt hat. Gibt der Empfänger eine auf das missverstandene Angebot bezogene (Annahme)Erklärung ab, kann er diese Erklärung nach § 119 Abs. 1 Alt. 1 BGB anfechten.

D. Voraussetzungen

I. Willenserklärung

21 Alle Arten von Willenserklärungen sind nach den §§ 119 ff. BGB anfechtbar, also einseitige,[47] mehrseitige,[48] empfangsbedürftige, nicht empfangsbedürftige, ausdrückliche und konkludente Erklärungen.[49] Der Irrtum kann bereits bei der invitatio ad offerendum erfolgt sein.[50] Maßgebender Zeitpunkt ist die Abgabe der Willenserklärung. Auf geschäftsähnliche Handlungen sind die §§ 119 ff. BGB grds. entspr. anwendbar.[51] Soweit die Formen des Nacherfüllungsanspruchs, aber

---

39 BGH, 10.03.1983, VII ZR 302/82, BGHZ 87, 114; OLG Köln, 01.07.1998, 27 U 6/98, VersR 2000, 244.
40 LG Köln, 16.04.1986, 10 O 10/86, WM 1986, 822.
41 OLG Köln, 01.07.1998, 27 U 6/98, VersR 2000, 244.
42 BGH, 27.10.1994, IX ZR 168/93, NJW 1995, 191.
43 MüKo-BGB/*Kramer*, § 119 Rn. 54.
44 BGH, 28.04.1978, V ZR 107/76, BGHZ 71, 263.
45 BGH, 27.10.1994, IX ZR 168/93, NJW 1995, 190.
46 BGH, 20.11.1990, XI ZR 107/89, BGHZ 113, 53; 29.02.1996, IX ZR 153/95, NJW 1996, 1469.
47 BGH, 06.12.1988, XI ZR 81/88, BGHZ 106, 163; 03.12.1997, XII ZR 6/96, NJW 1998, 532.
48 BayObLG, 16.03.2000, 2Z BR 168/99, NJW-RR 2000, 1036.
49 BGH, 27.10.1953, I ZR 111/52, BGHZ 11, 5; OLG Oldenburg, 27.09.2006, 4U 25/06, NJW-RR 2007, 268 (Einstellen bei eBay).
50 BGH, 26.01.2005, VII ZR 79/04, NJW 2005, 977.
51 Vgl. BGH, 06.12.1988, XI ZR 81788, BGHZ 106, 163; a.A. Erman/*Palm*, § 119 Rn. 27.

auch die Rechtsbehelfe des Gewährleistungsrechts in elektiver Konkurrenz stehen, ist eine Anfechtung ausgeschlossen.

Fingiert das Gesetz **Schweigen** als Ablehnung, vgl. §§ 108 Abs. 2 S. 2, 177 Abs. 2 S. 2, 415 Abs. 2 S. 2, 451 Abs. 1 S. 2 BGB, ist eine Anfechtung ausgeschlossen.[52] Besitzt das Schweigen dagegen die Bedeutung einer Willenserklärung, so nach den §§ 416 Abs. 1 S. 2, 455 S. 2, 516 Abs. 2 S. 2, 1943, s.a. § 545 BGB und § 362 HGB, ist es von zwei Sonderfällen abgesehen anfechtbar. Unanfechtbar ist der Irrtum über die rechtliche Bedeutung des Schweigens bzw. auf ein kaufmännisches Bestätigungsschreiben auch nicht wegen eines Unterschieds zwischen Vereinbarung und Bestätigungsschreiben,[53] anders bei falsch verstandenem Inhalt des Bestätigungsschreibens.[54] Ein nichtiges Rechtsgeschäft kann angefochten werden.[55] Realakte sind nicht anfechtbar. 22

Die Bedeutung des fehlenden **Erklärungsbewusstseins** ist umstritten. Z.T. wird darin ein konstitutives Element der Willenserklärung gesehen, weshalb bei einem mangelnden Erklärungsbewusstsein eine Anfechtung ausscheiden soll.[56] Mit der neueren Rechtsprechung und inzwischen überwiegenden Literatur[57] ist eine Anwendbarkeit von § 119 Abs. 1 Alt. 1 BGB zu bejahen. 23

II. Erklärungsirrtum, § 119 Abs. 1 Alt. 2

Bei diesem Irrtum in der Erklärungshandlung (Irrung) stimmt der äußere Erklärungstatbestand nicht mit dem Willen des Erklärenden überein. Er verspricht, verschreibt[58] oder vergreift sich, verwendet also unbewusst ein falsches Erklärungszeichen, so auch bei einer Urkundenverwechselung (Rdn. 17) oder Blankounterschrift (Rdn. 19). Eine veraltete oder falsche Preisliste berechtigt nicht zur Anfechtung.[59] Wird bei einer **elektronisch übermittelten Erklärung** ein falscher Icon angeklickt, liegt ein Erklärungsirrtum vor, ebenso bei unzutreffender Eingabe eines Buchungscodes[60] oder einem fehlerhaften Datentransfer aufgrund eines Softwarefehlers.[61] Beruht eine fehlerhafte automatisierte Willenserklärung auf unzutreffenden Daten, liegt ein Kalkulationsirrtum vor.[62] Dagegen soll aber ein Erklärungsirrtum gegeben sein, wenn eine fehlerhafte Angabe auf einem Übertragungsfehler bei der Überarbeitung der Preisangaben beruht.[63] 24

III. Inhaltsirrtum, § 119 Abs. 1 Alt. 1

1. Allgemeines

Beim Inhaltsirrtum stimmt der äußere Tatbestand der Erklärung mit dem Willen des Erklärenden überein, doch irrt sich dieser über die rechtliche Bedeutung oder Tragweite seiner Erklärung.[64] Subjektiv misst der Erklärende seiner Erklärung eine andere Bedeutung zu, als ihr objektiv zukommt. Der Irrtum muss eine Willenserklärung betreffen, nicht die irrtümliche Leistung auf eine 25

---

52 Bamberger/Roth/*Wendtland*, § 119 Rn. 3.
53 BGH, 07.07.1969, VII ZR 104/67, NJW 1969, 1711; 07.10.1971, VII ZR 177/69, NJW 1972, 45.
54 PWW/*Brinkmann*, § 148 Rn. 6.
55 MüKo-BGB/*Busche*, § 142 Rn. 12.
56 *Canaris*, § 34 I Nr. 6; *Wieacker*, JZ 1967, 389.
57 BGH, 06.07.1984, IX ZR 66/83, BGHZ 91, 329; 02.11.1989, IX ZR 197/88, 109, 177; MüKo-BGB/*Kramer*, § 119 Rn. 95 ff.; *Larenz/Wolf*, AT § 36 Rn. 25 f., 81 ff.; *Bork*, AT Rn. 596.
58 OLG Oldenburg, 30.10.2003, 8 U 136/03, NJW 2004, 168; 27.09.2006, 4 U 25/06, NJW-RR 2007, 268; OLG Frankfurt, 07.12.1979, 10 U 75/79, BauR 1980, 578 ff.
59 LG Bremen, 24.05.1991, 9 S 63/91, NJW 1992, 915.
60 AG Bad Homburg, 04.07.2001, 2 C 677/01 – 21, 2 C 677/01, NJW-RR 2002, 1282.
61 BGH, 26.01.2005, VIII ZR 79/04, NJW 2005, 976 f. = JZ 2005, 791 m. Anm. *Spindler*.
62 AG Lahr, 21.12.2004, 5 C 245/04, NJW 2005, 991 ff.
63 OLG Brandenburg, 23.03.2005, 4 U 158/04, BauR 2005, 1066.
64 BGH, 26.05.1999, VIII ZR 141/98, NJW 1999, 2665.

nicht bestehende Forderung.⁶⁵ Grds. kann sich der Irrtum auf alle rechtlich relevanten Elemente der Willenserklärung beziehen. Zur Unterzeichnung ungelesener Urkunden Rdn. 17.

2. Verlautbarungsirrtum

26 Der Erklärende misst dem Erklärungstatbestand eine andere Bedeutung zu, als ihm aus der objektiven Empfängerwahrnehmung zukommt. Dies kommt bei der fehlerhaften Verwendung fach- oder fremdsprachlicher Ausdrücke bzw. der Verwechslung von Maß-, Gewichts- und Münzeinheiten in Betracht. Schulbeispiel ist die Verwechslung von Mengen- und Maßeinheiten bei der Bestellung von 25 Gros (= 3600) Rollen Toilettenpapier in der irrigen Annahme, 25 große Rollen zu ordern.⁶⁶

3. Identitätsirrtum

27 Hier richtet sich die Erklärung an eine andere bestimmte Person oder auf einen anderen bestimmten Gegenstand, als der Erklärende wollte. Statt Rechtsanwalt R 1 erteilt der Auftraggeber dem namensgleichen Rechtsanwalt R 2 das Mandat. Richtet sich die Erklärung dagegen an die gemeinte Person oder bezieht sie sich auf den gemeinten Gegenstand, besitzen diese jedoch andere Qualitäten, als vom Erklärenden gewünscht, liegt ein Eigenschaftsirrtum vor. Wie vorgestellt wird Rechtsanwalt R 1 beauftragt, doch ist dieser nicht Fachanwalt für Arbeitsrecht, sondern für Familienrecht.

4. Rechtsfolgeirrtum

28 Über die Rechtsfolgen irrt sich der Erklärende, wenn das Rechtsgeschäft nicht die gewollte, sondern eine davon wesentlich verschiedene andere Rechtsfolge nach sich zieht.⁶⁷ Ein Irrtum über die Rechtsfolgen ist als Inhaltsirrtum beachtlich, wenn die Rechtsfolge (unmittelbarer) Inhalt der rechtsgeschäftlichen Erklärung geworden ist. Als bloßer Motivirrtum ist dagegen der Irrtum über eine sich aus dem Gesetz ergebende Folge unbeachtlich.⁶⁸ Die im Einzelnen oft schwierige Abgrenzung wird von der Rechtsprechung auch danach getroffen, ob das Geschäft außer der erstrebten Wirkung andere nicht erkannte und nicht gewollte mittelbare Nebenfolgen bringt, die nicht zur Anfechtung berechtigen.⁶⁹

a) Anfechtbar

29 Ein beachtlicher Inhaltsirrtum liegt vor, falls der Verkäufer irrtümlich annimmt, ein vereinbarter Ausschluss der Rechtsmängelhaftung erfasse auch die Sachmängelhaftung.⁷⁰ Ebenso bei Löschung der erstrangigen Hypothek in der Annahme, die drittrangige Hypothek rücke auf,⁷¹ bei erstrangiger Hypothekenbestellung, die an 2. Stelle erfolgen sollte,⁷² auch beim Vergleichsschluss des Versicherungsnehmers mit der Versicherung in der fehlerhaften Annahme, weitere Ansprüche des Geschädigten seien ausgeschlossen,⁷³ anders wenn der Versicherer nicht beachtet, dass ein Vergleich die Ansprüche gegen einen anderen Versicherer unberührt lässt.⁷⁴

---

65 BGH, 25.03.2003, XI ZR 224/02, NJW-RR 2003, 923.
66 LG Hanau, 30.06.1978, 1 O 175/78, NJW 1979, 721.
67 RG, 03.06.1916, V 70/16, RGZ 88, 284.
68 BGH, 10.07.2002, VIII ZR 199/01, NJW 2002, 3103; *Larenz/Wolf*, AT § 36 Rn. 75.
69 BGH, 29.11.1996, BLw 16/96, NJW 1997, 653; 05.07.2006, IV ZB 39/05, NJW 2006, 3355.
70 *Brox/Walker*, AT Rn. 423.
71 RG, 03.06.1916, V 70/16, RGZ 88, 286.
72 RG, 21.10.1916, V 204/16, RGZ 89, 33 f.
73 OLG Zweibrücken, 14.07.1976, 1 U 238/75, VersR 1977, 806 f.
74 OLG Hamm, 13.06.1997, 20 U 74/96, VersR 1998, 1440.

b) Nicht anfechtbar

Ein unbeachtlicher Motivirrtum liegt vor, wenn der in das Geschäft eines Einzelkaufmanns Eintretende nicht die persönliche Haftung für bestehende Schulden des bisherigen Inhabers kennt.[75] Ebenso bei Unkenntnis der Gewährleistungsregeln bzw. bei fehlerhaften Vorstellungen über die Rechtsnatur des Vertrags und der für den Vertragstyp geltenden Garantiehaftung,[76] beim Irrtum über das Bestehen eines gesetzlichen Rücktritts- bzw. Widerrufsrechts[77] oder bei Fehlvorstellungen eines Bieters über den Umfang der nach den Versteigerungsbedingungen bestehen bleibenden Rechte.[78] Weitere Fälle bei PWW/*Ahrens*, § 119 Rn. 30.

30

5. Kalkulationsirrtum

Beim Kalkulationsirrtum (Berechnungsirrtum) irrt der Erklärende entweder bei einem Rechnungsfaktor (Aufmaß, Währungskurs) oder bei der Berechnung und dem Ergebnis (Werklohn, Kaufpreis). Dieser Willensmangel berührt vor allem die Grenzziehung zwischen Motiv- sowie Inhaltsirrtum und ist in seinen Rechtsfolgen umstritten.[79]

31

a) Verdeckter Kalkulationsirrtum

Gibt der Erklärende lediglich das Ergebnis seiner Berechnungen, nicht aber deren Grundlagen bekannt, liegt ein interner oder verdeckter Kalkulationsirrtum vor, der als Motivirrtum rechtlich unbeachtlich ist.[80] Für diesen Irrtum trägt der Erklärende das Risiko.[81] Dies gilt auch, wenn der Erklärungsempfänger den Irrtum hätte erkennen können, aber nicht erkannt hat[82] und sogar, wenn der Erklärungsempfänger den Irrtum positiv erkannte.[83] Der Vertragsschluss bildet den für die Kenntnis maßgebenden Zeitpunkt. Sofern ein Angebotsverfahren nach VOB durchgeführt wird, ist auf den Zeitpunkt der Zuschlagserteilung abzustellen.[84] Besteht der Empfänger auf der Vertragsdurchführung, obwohl er den Irrtum kannte oder er sich der Kenntnisnahme treuwidrig verschlossen hat, kann eine unzulässige Rechtsausübung (§ 242 BGB) vorliegen, falls die Vertragsdurchführung dem Erklärenden schlechthin unzumutbar ist, etwa weil er dadurch in wirtschaftliche Schwierigkeiten geriete.[85] Im Fall eines erkannten schwerwiegenden Kalkulationsfehlers besteht eine Hinweis- und sonst nach den §§ 280 Abs. 1, 311 Abs. 2 Nr. 1, 241 Abs. 2 BGB eine Schadensersatzpflicht.[86]

32

b) Offener Kalkulationsirrtum

Beim externen (offenen) Kalkulationsirrtum wird die Kalkulation erkennbar zum Gegenstand der Vertragsverhandlungen gemacht, weil der verlangte oder angebotene Preis erkennbar als durch eine bestimmte Kalkulation zustande gekommen bezeichnet wird. Das RG hat diesen Fall als In-

33

---

75 RG, 12.06.1911, II 67/11, RGZ 76, 440.
76 OLG Karlsruhe, 06.05.1988, 14 U 269/85, NJW 1989, 907 (Miete).
77 BGH, 10.07.2002, VIII ZR 199/01, NJW 2002, 3103.
78 BGH, 05.05.2008, V ZB 150/07, NJW 2008, 2444.
79 *Schöpflin*, JA 1999, 89.
80 BGH, 25.03.2003, XI ZR 224/02, BGHZ 154, 281; BGH, 28.02.2002, I ZR 318/99, NJW 2002, 2312 f.; *Pawlowski*, JZ 1997, 741; a.A. *Birk*, JZ 2002, 449 f.
81 BGH, 19.12.1985, VII ZR 188/84, BauR 1986, 334, 335; OLG Köln, 06.07.1994, 11 U 57/94, BauR 1995, 98, 99; zu öffentlichen Ausschreibungen nach VOB OLGR Naumburg, 22.11.2004, 1 U 56/04, 2005, 224 f.; LG Traunstein, 30.03.1998, 3 O 2071/97, BauR 1998, 1258 f.
82 BGH, 13.07.1995, VII ZR 142/94, NJW-RR 1995, 1360.
83 BGH, 07.07.1998, X ZR 17/97, BGHZ 139, 181.
84 *Weyand*, § 97 GWB Rn. 791.
85 BGH, 07.07.1998, X ZR 17/97, BGHZ 139, 184 f.
86 BGH, 15.09.2000, V ZR 420/98, NJW 2001, 285.

haltsirrtum qualifiziert.[87] Dies ist abzulehnen, weil eine einseitige Kalkulation – wie jedes Motiv – nicht durch Mitteilung zum Erklärungsinhalt wird.[88] Die Behandlung hängt vom jeweiligen Einzelfall ab. Ergibt die Auslegung, dass die Parteien nicht auf einen Endbetrag, sondern eine Berechnungsmethode oder Einzelpreise abstellen wollten, gilt nach dem Grundsatz falsa demonstratio non nocet der richtig berechnete Preis.[89] Dazu muss die Kalkulation Grundlage der Willenserklärung des Vertragspartners werden.[90] Wird eine evident unrichtige Rechnung mitgeteilt, ohne den Fehler selbst erkennen zu lassen, ist die perplexe Erklärung nichtig.[91] Haben sich die Parteien gemeinschaftlich geirrt, können die Grundsätze über das Fehlen der Geschäftsgrundlage (§ 313 BGB) anzuwenden sein. Schließlich kann eine unzulässige Rechtsausübung vorliegen oder eine Schadensersatzpflicht eintreten.

c) Einzelfälle

34 **Grundlegend**: BGHZ 139, 177 ff. mit Anm. *Singer*, JZ 99, 342 ff.; ablehnend: *Fleischer*, RabelsZ 65 (2001), 264 ff.; 289 f., Zum **Bauvertrag**: Beim Pauschalvertrag für gemeinsamen Irrtum in der Preiskalkulation BGH, NJW-RR 95, 842; irrtümliches Nichtaufführen von Materialkosten OLG Brandenburg, BauR 05, 1066; zum Verhältnis der Auslegung zum Kalkulationsirrtum, wenn der Anbietende ein unerkannt unvollständiges Angebot abgegeben hat BGH, BauR 06, 514, 517 mit Anm. *Benedict*, EWiR 06, 361 f.; *Toussiant*, ZfIR 06, 124 ff.

35 Nach **VOB**: Zur Angebotsprüfung nach § 16 Abs. 3, 6 VOB/A BGHZ 139, 177 ff. = BauR 98, 1089 ff.; OLG Köln, BauR 95, 98 f.; die Anfechtung eines abgegebenen Gebotes führt zum Ausscheiden aus dem Vergabeverfahren, weil sonst ein Verstoß gg. § 14 Abs. 2 VOB/A vorliegt[92] und das Angebot unvollständig wäre, §§ 16 Abs. 1 Nr. 1 lit. c, 13 Abs. 1 Nr. 3 VOB/A;[93] eine Änderung des (angeblich) irrig ermittelten Preises ist unzulässig.[94] Auch während der Bindefrist, § 10 Abs. 5, 7 VOB/A, angefochtene Angebote können vom Auftraggeber den Zuschlag erhalten.[95] Grenzen setzt dem unter engen Voraussetzungen § 242 BGB wegen unzulässiger Rechtsausübung.[96] Die vom BGH in BGHZ 139, 177 ff. festgelegten Grundsätze sollen auch i.R.v. § 2 Abs. 3 VOB/B gelten.[97] Bei erheblichem Ungleichgewicht zwischen Leistung und Gegenleistung kann ausnahmsweise eine Anpassung über das Institut der Störung der Geschäftsgrundlage erfolgen.[98] Sofern der Zuschlagsempfänger den Vertrag nicht erfüllt, begründet dies Schadensersatz-

---

87 RG, 09.11.1906, II 173/06, RGZ 64, 268; 15.12.1920, V 348/20, RGZ 101, 108, Silber-Fall; RGZ 105, 407, Rubel-Fall; RGZ 116, 18, Börsenkurs-Fall.
88 *Larenz/Wolf*, AT § 36 Rn. 65; *Medicus*, AT Rn. 758; jetzt BGH, 07.07.1998, X ZR 17/97, BGHZ 139, 180, ggf. unzulässige Rechtsausübung; a.A. für erkannten offenen Kalkulationsirrtum Anfechtung analog § 119 Abs. 1 BGB *Wieser*, NJW 1972, 709 f.; analog § 119 Abs. 2 BGB MüKo-BGB/*Kramer*, § 119 Rn. 88.
89 OLG Frankfurt, 25.05.2000, 16 U 182/99, WM 2001, 565; LG Aachen, 14.07.1981, 4 O 2/81, NJW 1982, 1106; LG Kleve, NJW 1991, 1066.
90 BGH, 20.03.1981, V ZR 71/80, NJW 1981, 1552.
91 *Medicus*, AT Rn. 759.
92 OLG Bamberg, 19.09.1997, 6 U 30/97, BauR 1998, 1252, 1255; *Schäfer*, in: Motzke/Pietzcker/Prieß, VOB/A, § 23 Rn. 25.
93 VK Nordbayern, 12.12.2001, Az. 320. VK-3194-41/01, zitiert nach Juris.
94 VHB Bund, § 25 VOB/A Nr. 5.2.
95 OLGR Naumburg, 22.11.2004, 1 U 56/04, 2005, 224 f. = BauR 2005, 174 f.; ähnlich BGH, 19.12.1985, VII ZR 188/84, BauR 1986, 334 ff.; OLG Nürnberg, 30.05.1996, 13 U 3675/95, NJW-RR 1998, 595 f.
96 OLGR Koblenz, 05.12.2001, 1 U 2046/98, 2002, 90 ff. = BauR 2002, 1136; sowie Kapellmann/Messerschmitt/*Dähne*, § 25 A Rn. 62 ff.
97 Kapellmann/Messerschmitt/*Kapellmann*, § 2 VOB/B Rn. 163.
98 OLG Düsseldorf, 07.11.1995, 21 U 12/95, NJW-RR 1996, 1420; OLG Schleswig-Holstein, 19.12.2003, 14 U 63/03, BauR 2005, 1186 f.

ansprüche aus den §§ 5 Abs. 4, 6 Abs. 6, 8 Abs. 3 Nr. 2 VOB/B.[99] Unzulässig ist das nachträgliche Ändern von Positionen (auch im Einvernehmen mit dem Auftraggeber), die einem Kalkulationsirrtum unterlagen, weil dies einen Verstoß gg. § 15 Abs. 3 VOB/A darstellte.[100] Nach neuer Rspr. zu Mischkalkulationen[101] können die eben dargestellten Grundsätze zum unanfechtbaren Kalkulationsirrtum durch Mischkalkulationen umgegangen werden (zur Mischkalkulation als Lösungsmöglichkeit vom Vertrag trotz Kalkulationsirrtums *Stemmer*, ZfBR 06, 132).

I.R.d. Vergabeverfahren nach **VOF/VOL**: gem. § 23 Abs. 1, 2 VOF setzt die Teilnahme am Vergabeverfahren nach VOF die Berechtigung zur Berufsbezeichnung nach Landesgesetz (bspw. § 1 Abs. 1 NArchG, §§ 4, 1 NIngG) voraus. Gem. §§ 24 Abs. 1, 10 Abs. 1, 12, 13 VOF basiert die Entscheidung über die Auftragserteilung auf der nachgewiesenen Eignung des Bewerbers. Wegen des personalen Bezugs der Vergabe sind Kalkulationsirrtümer denklogisch ausgeschlossen. Auch lässt das Verfahrensdesign mit den Nachweisen nach §§ 12, 13 VOF es als unwahrscheinlich ansehen, dass sich der Auftraggeber über die fachliche Eignung des Bewerbers in einem Eigenschaftsirrtum befindet. Dies schließt ein Anfechtungsrecht jedoch für diesen Fall nicht aus. Ebenso steht dem Auftraggeber bei Manipulationen des Bewerbers an seinen Nachweisen ein Anfechtungsrecht aus § 123 BGB zu. 36

IV. Eigenschaftsirrtum, § 119 Abs. 2

1. Einordnung

Beim Eigenschaftsirrtum stimmen Wille und Erklärung überein, während die Vorstellung des Erklärenden von der Wirklichkeit abweicht. Da der Irrtum bei der Willensbildung eingetreten ist, handelt es sich um einen ausnahmsweise beachtlichen Motivirrtum,[102] der wie ein Inhaltsirrtum zur Anfechtung berechtigt. Um den Anwendungsbereich von § 119 Abs. 2 BGB zu begrenzen, nimmt die Lehre vom geschäftlichen Eigenschaftsirrtum einen beachtlichen Irrtum nur an, wenn sich das Rechtsgeschäft auf die Sache oder Person als eine solche mit bestimmten Eigenschaften bezieht.[103] Die gesetzlich geforderte Verkehrswesentlichkeit wird auf diese Weise unzulässig durch eine Vertragswesentlichkeit substituiert.[104] 37

2. Eigenschaften

Eigenschaften sind die natürlichen Beschaffenheitsmerkmale sowie die tatsächlichen und rechtlichen Verhältnisse sowie Beziehungen einer Person oder Sache zur Umwelt, soweit diese nach der Verkehrsanschauung Bedeutung für die Wertschätzung oder Verwendbarkeit besitzen.[105] Die Beziehungen zur Umwelt müssen in der Sache oder Person selbst angelegt sein, von ihr ausgehen, sie bezeichnen[106] und nicht nur ganz vorübergehend sein. 38

3. Verkehrswesentlichkeit

Allein vom Erklärenden vorgestellte Gesichtspunkte berechtigen nicht zur Anfechtung, denn die Eigenschaft muss im Verkehr als wesentlich angesehen werden. Dabei ist die Verkehrswesentlichkeit nicht abstrakt, sondern ausgehend vom Inhalt und den Umständen des Rechtsgeschäfts zu 39

---

99 OLGR Naumburg, 22.11.2004, 1 U 56/04, 2005, 224, 225.
100 BGH, 06.02.2002, X ZR 185/99, BauR 2002, 1082 f.; OLG Düsseldorf, 30.04.2002, Verg 3/02, VergabeR 2002, 528 f.
101 BGH, 18.05.2004, X ZB 7/04, BGHZ 159, 186.
102 AnwK/*Feuerborn*, § 119 Rn. 63.
103 *Flume*, AT § 24 Nr. 2 lit. b; *Medicus*, AT Rn. 770.
104 *Bork*, AT Rn. 864.
105 BGH, 14.12.1960, V ZR 40/60, BGHZ 34, 41; 18.11.1977, V ZR 173/76, BGHZ 70, 48; 22.09.1983, VII ZR 43/83, BGHZ 88, 245.
106 BGH, 18.11.1977, V ZR 173/76, BGHZ 70, 48.

bestimmen.107 Lassen sich aus dem Geschäft keine konkreten Anhaltspunkte ableiten, ist allein auf objektive Kriterien abzustellen.108

4. Verkehrswesentliche Eigenschaften einer Person

40 Vorrangig geht es um Eigenschaften des Erklärungsgegners, ggf. eines Dritten oder des Erklärenden.109 Abzustellen ist auf die natürlichen Persönlichkeitsmerkmale sowie solche tatsächlichen und rechtlichen Verhältnisse, die infolge ihrer Beschaffenheit und vorausgesetzten Dauer nach den Anschauungen des Verkehrs Einfluss auf die Wertschätzung der Person im konkreten Rechtsverhältnis ausüben.110 Mangelnde Zahlungsfähigkeit des Darlehensnehmers berechtigt grds. zur Anfechtung.111 Fehlende Eintragung in die Handwerkerrolle112 bzw. fehlende Zuverlässigkeit bei einem auf vertrauenswürdige Zusammenarbeit angelegten Vertrag113 können zur Anfechtung berechtigen. Ebenso kann ein Werkvertrag angefochten werden, wenn ein Betrieb die Bezeichnung Fachbetrieb führt, aber die Ausübung des Gewerbes zum Zeitpunkt des Vertragsschlusses lange ruhte.114 Zur Architekteneigenschaft siehe § 123 Rdn. 13.

5. Verkehrswesentliche Eigenschaft einer Sache

41 Als Sachen i.S.v. § 119 Abs. 2 BGB gelten nicht nur körperliche Gegenstände gem. § 90 BGB, sondern auch Sachgesamtheiten und unkörperliche Gegenstände (Rechte). Zu beachten ist die Konkurrenz mit den Gewährleistungsregeln (Rdn. 6). Eigenschaften (dazu oben Rdn. 38) sind die wertbildenden Faktoren, nicht aber der Wert oder Preis eines Gegenstands als solcher.115

42 **Wesentliche Eigenschaften** sind – nach Maßgabe des Rechtsgeschäfts – Grenzen, Umfang, Lage, Bebaubarkeit und gewerbliche Nutzbarkeit eines Grundstücks.116 Zu den Eigenschaften gehören auch die Höhe einer rechtsgeschäftlich erworbenen Forderung,117 die Überschuldung des Nachlasses oder seine Belastung mit wesentlichen, auch im rechtlichen Bestand ungeklärten Forderungen.118

43 Nicht zu den wesentlichen Eigenschaften gehören das Eigentum an einer Sache,119 beim Aktienerwerb oder Kauf von Gesellschaftsanteilen die Eigenschaften des Unternehmens.120 Die rechtlichen Verhältnisse einer Hypothek sind keine Eigenschaft des Grundstücks, die Verhältnisse des Grundstücks keine der Hypothek.121 Eigenschaften anderer Sachen kommen also nur in Betracht, wenn auch diese Sache vom Rechtsgeschäft umfasst ist.

V. Motivirrtum

44 Der Irrtum bei den Beweggründen oder Erwartungen einer Erklärung ist als Motivirrtum grds. unbeachtlich. Ausnahmen bestehen im Erbrecht, §§ 2078 Abs. 2, 2079, 2308 BGB. Ein Aner-

---

107 BGH, 22.09.1983, VII ZR 43/83, BGHZ 88, 246.
108 Erman/*Palm*, § 119 Rn. 43.
109 BAG, 06.02.1992, 2 AZR 408/91, NJW 1992, 2174.
110 BAG, 21.02.1991, 2 AZR 449/90, NJW 1991, 2726.
111 BayObLG, 21.07.1988, BReg 3 Z 54/88, DB 1988, 1846; *Lindacher*, MDR 1977, 797; zur Ausnahme des § 321 BGB s. o. Rdn. 4.
112 OLG Hamm, 09.01.1990, 26 U 21/89, NJW-RR 1990, 523.
113 BGH, 19.12.1968, II ZR 138/67, WM 1969, 292.
114 OLG Nürnberg, 16.04.1984, 3 U 578/84, BauR 1985, 322 f.
115 BGH, 18.12.1954, II ZR 296/53, BGHZ 16, 57.
116 BGH, 14.12.1960, V ZR 40/60, BGHZ 34, 41.
117 *Dunz*, NJW 1964, 1214; a.A. BGH, 14.11.1962, V ZR 66/61, WM 1963, 253.
118 BGH, 08.02.1989, IVa ZR 98/87, BGHZ 106, 363.
119 BGH, 14.12.1960, V ZR 40/60, BGHZ 34, 41.
120 Erman/*Palm*, § 119 Rn. 48.
121 RG, 22.11.1935, V 77/35, RGZ 149, 239.

kenntnis kann nicht angefochten werden, weil die Verpflichtung nicht besteht,[122] ebenso der Irrtum über den Geldwert bzw. die Kaufkraft des Geldes,[123] bzw. der Irrtum über die vom Vergleich erfassten Ansprüche.[124] Der gemeinschaftliche Irrtum wird überwiegend nach den Grundsätzen einer Störung der Geschäftsgrundlage behandelt.[125]

VI. Kausalität

Der Irrtum muss für die Willenserklärung ursächlich gewesen sein. Unter Anlegung eines objektiven Maßstabs ist zu fragen, wie gerade dieser Erklärende bei verständiger Würdigung des Falls gehandelt hätte.[126] Dass der Irrende keine wirtschaftlichen Nachteile erleidet, ist im Regelfall, aber nicht notwendig ein Anhaltspunkt.[127] Die Erheblichkeit fehlt, wenn die Abgabe der Willenserklärung rechtlich geboten ist[128] oder sich der Irrtum lediglich auf unwesentliche Nebenpunkte bezieht.[129]   45

E. Beweislast

Wer sich auf die Rechtsfolgen der Irrtumsanfechtung beruft, hat die Voraussetzungen des Anfechtungsrechts nachzuweisen.[130] Hinsichtlich der Kausalität sind Tatsachen darzulegen und zu beweisen, die den Schluss darauf zulassen, dass die fehlerhafte Willenserklärung bei Kenntnis der Sachlage und verständiger Würdigung des Falls nicht abgegeben worden wäre.[131] Bei einem Kalkulationsirrtum muss nach der aktuellen Rechtsprechung des BGH[132] die Unzumutbarkeit der Auftragserfüllung substantiiert dargelegt werden, insbes. auch in Bezug auf etwaige Korrekturversuche, die sich nicht alleine in der Mitteilung des Fehlers erschöpfen dürfen.[133]   46

§ 120 Anfechtbarkeit wegen falscher Übermittlung

Eine Willenserklärung, welche durch die zur Übermittlung verwendete Person oder Einrichtung unrichtig übermittelt worden ist, kann unter der gleichen Voraussetzung angefochten werden wie nach § 119 eine irrtümlich abgegebene Willenserklärung.

Schrifttum
Fritzsche/Malzer Ausgewählte zivilrechtliche Probleme elektronisch signierter Willenserklärungen DNotZ 1995, 3 ff.; *Marburger* Absichtliche Falschübermittlung und Zurechnung von Willenserklärungen AcP 173 (1973), 137 ff.; *Medicus* Anmerkung zu BGH X ZR 17/97 EWir 1998, 871 f.; *Ultsch* Zugangsprobleme bei elektronischen Willenserklärungen NJW 1997, 3007 ff.

A. Zweck

Schaltet der Erklärende eine Person oder Einrichtung zur Übermittlung seiner Willenserklärung ein und wird die Erklärung unrichtig übermittelt, stimmt der äußere Erklärungstatbestand nicht   1

---

122 RG, 28.10.1937, IV 127/37, RGZ 156, 74; BGH, 12.07.1967, VIII ZR 180/65, WM 1967, 825.
123 RG, 11.07.1925, V 130/25, RGZ 111, 260.
124 OLG Celle, 29.11.1968, 2 U 18/68, NJW 1971, 145.
125 Vgl. § 313 BGB; a.A. *Brox*, §§ 5 III, 10 IV Nr. 2 ff. (ergänzende Vertragsauslegung).
126 BGH, 08.06.1988, VIII ZR 135/87, NJW 1988, 2599; BAG, 21.02.1991, 2 AZR 449/90, NJW 1991, 2726.
127 BGH, 08.06.1988, VIII ZR 135/87, NJW 1988, 2599.
128 OLG München, 24.01.1985, 6 U 2640/84, WRP 1985, 238.
129 RG, Recht 1915 Nr. 2214.
130 RG, 05.12.1908, I 44/08, RGZ 70, 90.
131 RG, JW 1905, 525; OLG Düsseldorf, 09.06.1994, 13 U 173/92, NJW-RR 1995, 1396.
132 BGH, 07.07.1998, X ZR 17/97, BGHZ 139, 177 ff.
133 S. *Medicus*, EWiR 1998, 872.

mit dem Willen des Erklärenden überein. Deswegen stellt die Vorschrift den Übermittlungsirrtum mit dem Erklärungsirrtum nach § 119 Abs. 1 Alt. 2 BGB gleich. Da der Absender die Übermittlungsgefahr schafft und beeinflussen kann, ist es im Interesse des Verkehrsschutzes gerechtfertigt, das Vertrauen des Empfängers zu schützen und den Erklärenden für das Risiko der Übermittlungsform einstehen zu lassen.

B. Voraussetzungen

I. Willenserklärung

2 Die Willenserklärung des Absenders muss fehlerhaft übermittelt, von der Mittelsperson also eine fremde Willenserklärung befördert worden sein. Ein wirksamer Widerruf der Willenserklärung schließt § 120 BGB aus.[1] Es genügt eine durch die Aktivierung einer falschen Funktion bei einem Dienstleister fehlerhaft erstellte invitatio ad offerendum, auf die sich die Annahmeerklärung bezieht.[2] Da der Vertreter keine fremde Erklärung übermittelt, sondern eine eigene abgibt, kann keine Anfechtung nach § 120 BGB, sondern eine gem. § 166 Abs. 1 BGB erfolgen. Eine fernmündliche Erklärung ist gem. § 119 BGB zu behandeln.

II. Übermittlungsperson oder -einrichtung

3 Der Erklärende muss sich einer Mittelsperson oder Institution bedient haben. Als Personen kommen Boten oder Dolmetscher[3] und als Einrichtungen Post- oder Telegrafendienste, Internetprovider[4] und alle anderen Organisationen oder Dienstanbieter in Betracht, die fremde Willenserklärungen an einen Adressaten übermitteln. Die Person oder Einrichtung muss vom Erklärenden verwendet, d.h. eingesetzt sein. Auf eine unrichtige Übermittlung durch den Empfangsboten ist § 120 BGB nicht anwendbar. Dieses Risiko trägt der Empfänger, der nicht nach § 120 BGB anfechten kann, weil er keine Erklärung abgibt. Bei der Verfälschung einer E-Mail oder SMS auf dem Transportweg trägt der Absender das Verfälschungsrisiko, nach dem Eingang in der Mailbox der Empfänger.[5] Hat der Erklärende keinen Boten eingeschaltet, sondern geriert sich ein Dritter als Bote (Scheinbote), liegt keine Willenserklärung des Absenders vor. Dies gilt grds. auch bei manipulierten E-Mails, es sei denn, der Erklärende muss sich diese zurechnen lassen.

III. Unbewusst unrichtige Übermittlung

4 Über den Wortlaut von § 120 BGB hinaus, muss die die Erklärung unbewusst unrichtig übermittelt worden sein. Dann ist auch ein völlig veränderter Inhalt oder ein anderer Empfänger unschädlich. Auf eine bewusst unrichtige Übermittlung ist § 120 BGB nicht anwendbar,[6] ggf. kommt aber eine Haftung des Absenders aus Rechtsscheingesichtspunkten in Betracht. Die §§ 177 ff. BGB sind analog anwendbar.[7] Genehmigt der Absender nicht, haftet der Bote entspr. § 179 BGB.

---

1 BGH, 21.05.2008, IV ZR 238/06, NJW 2008, 2702 Tz. 34.
2 OLG Frankfurt, 20.11.2002, 9 U 94/02, MDR 2003, 677; OLG Hamm, 12.01.2004, 13 U 165/03, NJW 2004, 2601.
3 BGH, 19.11.1962, VIII ZR 229/61, WM 1963, 166.
4 OLG Frankfurt, 20.11.2002, 9 U 94/02, MDR 2003, 677; *Fritzsche/Malzer*, DNotZ 1995, 13.
5 *Ultsch*, NJW 1997, 3009.
6 BGH, 21.05.2008, IV ZR 238/06, NJW 2008, 2702 Tz. 35; OLG Koblenz, 11.02.1993, 5 U 459/92, BB 1994, 820; Bamberger/Roth/*Wendtland*, § 120 Rn. 5; Soergel/*Hefermehl*, § 120 Rn. 4; a.A. *Marburger*, AcP 173, 143 ff.; AnwK/*Feuerborn*, § 120 Rn. 6.
7 OLG Oldenburg, 19.01.1978, 1 U 88/77, NJW 1978, 951.

IV. Unkenntnis des Empfängers

Bei Kenntnis des Adressaten liegt eine falsa demonstratio vor.[8] 5

C. Rechtsfolgen

Die Willenserklärung ist in der Frist des § 121 BGB anfechtbar. Der Anfechtende haftet nach 6
§ 122 BGB, der Bote oder die Einrichtung nach dem jeweiligen Innenverhältnis, s.a. §§ 40 f. TKG, § 7 TKV. Bei bewusst unrichtiger Übermittlung ist eine deliktische Haftung sowohl ggü dem Absender als auch dem Empfänger möglich, ggf. aber auch nach §§ 280 Abs. 1, 3, 282, 311 Abs. 2, 241 Abs. 2.

D. Beweislast

Macht der Erklärende eine unverfälschte Übermittlung geltend, muss er darlegen und beweisen, 7
dass die Erklärung unverfälscht in den Empfangsbereich des Adressaten gelangt ist. Will der Absender anfechten, muss er die zur Anfechtung berechtigenden Tatsachen beweisen. Entspr. gilt, wenn er sich auf eine bewusst verfälschte Erklärung beruft.[9]

§ 121 Anfechtungsfrist

(1) Die Anfechtung muss in den Fällen der §§ 119, 120 ohne schuldhaftes Zögern (unverzüglich) erfolgen, nachdem der Anfechtungsberechtigte von dem Anfechtungsgrund Kenntnis erlangt hat. Die einem Abwesenden gegenüber erfolgte Anfechtung gilt als rechtzeitig erfolgt, wenn die Anfechtungserklärung unverzüglich abgesendet worden ist.

(2) Die Anfechtung ist ausgeschlossen, wenn seit der Abgabe der Willenserklärung 10 Jahre verstrichen sind.

Der Anfechtungsberechtigte kann frei entscheiden, ob er das Gestaltungsrecht ausübt. Um die da- 1
raus resultierende Rechtsunsicherheit zu begrenzen, bestimmt § 121 Abs. 1, 2 BGB im allg. Verkehrsschutzinteresse Ausschlussfristen, nach deren Ablauf das Anfechtungsrecht erlischt. Im Gerichtsverfahren ist die Einhaltung der Frist von Amts wegen zu berücksichtigen.[1]

A. Ausschlussfrist des § 121 Abs. 1
I. Kenntnis des Anfechtungsgrunds

Die Anfechtungsfrist beginnt mit der positiven Kenntnis des Anfechtungsberechtigten von einem 2
Irrtum nach den §§ 119, 120 BGB.[2] Bei mehreren Anfechtungsgründen laufen je einzelne kenntnisabhängige Fristen,[3] ebenso bei mehreren Anfechtungsberechtigten. Gekannt werden müssen die tatsächlichen Voraussetzungen eines Irrtums nach den §§ 119 f. BGB, nicht das Anfechtungsrecht und die Anfechtungsfrist.[4] Eine vollständige Überzeugung ist nicht erforderlich. Es genügt, falls der Berechtigte einen Irrtum als ernsthaft möglich erkennt, bzw. sich ohne besondere Mühe die zur restlichen Aufklärung erforderlichen Angaben verschaffen kann.[5] Grds. besteht keine

---

8 Erman/*Palm*, § 119 Rn. 4.
9 Bamberger/Roth/*Wendtland*, § 120 Rn. 9.
1 RG, 20.12.1924, V 233/23, RGZ 110, 34.
2 RG, 24.10.1931, V 284/30, RGZ 134, 32.
3 Vgl. BGH, 11.10.1965, II ZR 45/63, NJW 1966, 39.
4 RG, 24.10.1931, V 284/30, RGZ 134, 32; BayObLG, 27.06.1996, 1Z BR 148/95, NJW-RR 1997, 74; zum Rechtsirrtum Rdn. 4.
5 BGH, 23.06.1967, V ZR 10/66, DB 1967, 1806; BayObLG, 22.12.1997, 1Z BR 138/97, NJW-RR 1998, 798; KG Berlin, 16.03.2004, 1 W 120/01, NJW-RR 2004, 942 f.

Nachforschungspflicht. Bei ernsthaften Zweifeln, etwa aufgrund einer zuverlässigen Mitteilung, kann der Berechtigte verpflichtet sein, die Bedenken auszuräumen.[6] Ggf. muss er eine auf die Auslegung des Rechtsgeschäfts bezogene und deswegen zulässige Eventualanfechtung erklären.[7] **Kennen müssen** aufgrund einfacher Zweifel, bloßer Vermutungen oder Verdachtsgründe **genügt nicht.**[8] Die Kenntnis des (Wissens)Vertreters muss sich der Anfechtungsberechtigte nach § 166 Abs. 1 BGB zurechnen lassen.[9]

II. Unverzüglich

3   Die Anfechtung gem. § 121 Abs. 1 S. 1 BGB muss unverzüglich, d.h. ohne schuldhaftes Zögern erfolgen. Diese Legaldefinition gilt für das bürgerliche Recht, §§ 111 S. 2, 149 S. 1, 174 S. 1, 230 Abs. 3, 318 Abs. 2, 352, 353, 374 Abs. 2, 384 Abs. 2, 396 Abs. 1, 410 Abs. 1, 469 Abs. 1, 536c Abs. 1, 543 Abs. 2 S. 3, 625, 650 Abs. 2, 663, 727 Abs. 2, 777 Abs. 1, 789, 960 Abs. 2, 961, 965 Abs. 1, 978 Abs. 1, 1042, 1160 Abs. 2, 1166, 1218 Abs. 2, 1220 Abs. 2, 1241, 1285 Abs. 2, 1799 Abs. 1, 1831, 1894, 1909 Abs. 2, 1980 Abs. 1, 2045, 2146 Abs. 1, 2215 Abs. 1, 2259 Abs. 1, 2384 BGB, ebenso im Zweifel bei einer Verwendung in AGB[10] oder bei geschäftsähnlichen Handlungen;[11] entspr. Anwendung bei nachträglicher Tilgungsbestimmung gem. § 366 Abs. 1 BGB.[12] Ebenso gilt sie in allen anderen Rechtsbereichen, §§ 377 Abs. 1 HGB, 92 Abs. 1 AktG, 107 Abs. 3 GWB,[13] § 2 Abs. 8 Nr. 2 S. 2 VOB/B,[14] § 9 Abs. 1 S. 1 HS. 2 MuSchG,[15] 216 Abs. 2, 269 Abs. 3 S. 3 ZPO, 295 Abs. 1 Nr. 3 InsO, 23 Abs. 2 VwVfG, 37b, 140 SGB III, 91 Abs. 5 SGB IX, 118 Abs. 1 SGB XII; 68b Abs. 1 StGB, auch im Tarifrecht;[16] zur Ablehnung eines Sachverständigen nach § 406 ZPO siehe KG Berlin, BauR 05, 754; 06, 157; OLGR Naumburg 07, 702; Saarländ. OLG, NJW-RR 08, 1087.

4   Unverzüglich verlangt keine sofortige, sondern eine unter den gegebenen Umständen und bei Berücksichtigung der Interessen der Gegenseite alsbald mögliche und zumutbare Erklärung.[17] Der Anfechtungsberechtigte darf den Anfechtungsgrund prüfen und Rechtsrat einholen.[18] Abzustellen ist auf die konkreten Verhältnisse des Einzelfalls, wobei eine Dauer von mehr als drei Wochen ab Kenntnis regelmäßig nicht unverzüglich ist,[19] im Zweifel nicht in Klageschrift,[20] abgekürzt bei Verwendung elektronischer Medien. Ein Rechtsirrtum kann entschuldigen, doch gilt ein strenger Verschuldensmaßstab.[21] Auf die Anfechtung des Arbeitsverhältnisses nach § 119 BGB wendet das

---

6   Staudinger/*Singer*, § 121 Rn. 6.
7   BGH, 15.05.1968, VIII ZR 136/66, NJW 1968, 2099; 11.12.1978, II ZR 4/78, NJW 1979, 765.
8   BGH, 26.04.1973, III ZR 116/71, WM 1973, 751; BAG, 16.09.1982, 2 AZR 228/80, NJW 1984, 447.
9   BGH, 04.05.1983, VIII ZR 94/82, NJW 1983, 2035.
10 BGH, 23.06.1994, VII ZR 163/93, NJW-RR 1994, 1109; OLG Hamm, 25.08.2003, 35 W 15/03, NJW-RR 2004, 58.
11 RG, 01.03.1911, III 79/10, RGZ 75, 357.
12 BGH, 11.05.2006, VII ZR 261/04, NJW 2006, 2847; 24.01.2008, VII ZR 17/07, NJW 2008, 985 Tz. 14.
13 OLG Düsseldorf, 13.04.1999, Verg 1/99, NJW 2000, 145; OLG Brandenburg, 11.05.2000, Verg 1/00, NZBau 2001, 226; OLG Sachsen-Anhalt, 25.01.2005, 1 Verg 22/04, ZfBR 2005, 415.
14 AG Brandenburg, 09.10.2001, 32 C 384/00, BauR 2002, 478 f.
15 BAG, 20.05.1988, 2 AZR 739/87, DB 1988, 2107.
16 LAG Köln, 02.02.1983, 5 Sa 1122/82, DB 1983, 1771.
17 RGZ 124, 118; BGH, 24.01.2008, VII ZR 17/07, NJW 2008, 985 Tz. 18.
18 OLG Oldenburg, 30.10.2003, 8 U 136/03, NJW 2004, 168.
19 OLG Hamm, 09.01.1990, 26 U 21/89, NJW-RR 1990, 523; OLG Brandenburg, 23.03.2005, 4 U 158/04, BauR 2005, 1066 – acht Wochen; Saarländ. OLG, 27.07.2005, 1 U 515/04, NJOZ 2006, 1702, 1704 – sieben Monate.
20 BAG, 19.04.2007, 2 AZR 208/06, NZA 2007, 1227 Tz. 18.
21 RG, 12.10.1936, IV 137/36, RGZ 152, 232.

BAG die zweiwöchige Frist des § 626 Abs. 2 BGB entspr. an,[22] doch kann die Frist kürzer sein.[23] Als allg. Maßstab für unverzügliches Handeln ist § 626 Abs. 2 BGB ungeeignet.

III. Anfechtung unter Abwesenden, § 121 Abs. 1 S. 2

Als empfangsbedürftige Willenserklärung wird die Anfechtung mit dem Zugang wirksam. Da ein unverzügliches Handeln primär von den Verhältnissen des Anfechtungsberechtigten bestimmt ist, nimmt Abs. 1 S. 2 die Dauer der Übermittlung davon aus und lässt eine unverzügliche Absendung genügen. Das Verzögerungsrisiko trägt der Empfänger, doch darf der Anfechtende keinen besonders umständlichen oder verzögerlichen Übermittlungsweg wählen. Das Verlustrisiko bleibt beim Absender.[24] Eine Wiederholung ist nur in der Frist des § 121 Abs. 1 S. 1 BGB wirksam. Erforderlich ist eine Absendung an den Anfechtungsgegner. Nicht ausreichend ist eine Anfechtung in der bei Gericht eingereichten Klageschrift.[25] § 167 ZPO ist unanwendbar.

B. Ausschlussfrist des § 121 Abs. 2

Unabhängig von der Kenntnis des Anfechtungsberechtigten erlischt die Frist zehn Jahre nach Abgabe (nicht Zugang) der Willenserklärung. Zudem muss die Anfechtungserklärung dem Anfechtungsgegner vor Ablauf der zehnjährigen Frist zugehen. § 121 Abs. 1 S. 2 BGB ist nicht entspr. anwendbar.[26] Die Frist kann weder unterbrochen noch gehemmt werden.[27]

C. Beweislast

Wer sich auf die Rechtsfolgen einer Irrtumsanfechtung beruft, hat Abgabe und Zugang der Erklärung zu beweisen. Wer sich auf eine Verspätung beruft, regelmäßig also der Anfechtungsgegner, muss den Zeitpunkt der Kenntnis des Anfechtenden beweisen.[28] Wer die Folgen der Anfechtung geltend macht, grds. also der Anfechtende, muss die unverzügliche Anfechtung beweisen.[29]

§ 122 Schadensersatzpflicht des Anfechtenden

(1) Ist eine Willenserklärung nach § 118 nichtig oder auf Grund der §§ 119, 120 angefochten, so hat der Erklärende, wenn die Erklärung einem anderen gegenüber abzugeben war, diesem, andernfalls jedem Dritten den Schaden zu ersetzen, den der andere oder der Dritte dadurch erleidet, dass er auf die Gültigkeit der Erklärung vertraut, jedoch nicht über den Betrag des Interesses hinaus, welches der andere oder der Dritte an der Gültigkeit der Erklärung hat.

(2) Die Schadensersatzpflicht tritt nicht ein, wenn der Beschädigte den Grund der Nichtigkeit oder der Anfechtbarkeit kannte oder infolge von Fahrlässigkeit nicht kannte (kennen musste).

Schrifttum
Derleder Sachmängel- und Arglisthaftung nach neuem Schuldrecht, NJW 2004, 969 ff.; *Früh* Bürgerliches Recht in der Fallbearbeitung, JuS 1995, 125 ff.; *Höpfner* Vertraglicher Schadensersatz trotz Anfechtung, NJW 2004, 2865; *Toussaint* Zur Anfechtungsmöglichkeit des Bieters bei Angebotsabgabe, ZfIR 2006, 129.

---

22 BAG, 14.12.1979, 7 AZR 38/78, NJW 1980, 1303.
23 BAG, 21.02.1991, 2 AZR 449/90, NJW 1991, 2726.
24 Bamberger/Roth/*Wendtland*, § 121 Rn. 9.
25 BGH, 11.10.1974, V ZR 25/73, NJW 1975, 39.
26 AnwK/*Feuerborn*, § 121 Rn. 17.
27 MüKo-BGB/*Kramer*, § 121 Rn. 10.
28 BGH, 04.05.1983, VIII ZR 94/82, NJW 1983, 2035; BAG, 14.12.1979, 7 AZR 38/78, NJW 1980, 1303.
29 OLG München, 16.11.1987, 3 W 3109/87, NJW-RR 1988, 498.

§ 122 BGB Schadensersatzpflicht des Anfechtenden

A. Normzweck

1 § 122 BGB schützt das Vertrauen auf die Gültigkeit einer nach § 118 BGB nichtigen oder gem. §§ 119, 120 BGB wirksam angefochtenen Willenserklärung. Als Korrektiv der Nichtigkeit ist eine auf dem Veranlassungsprinzip[1] beruhende verschuldensunabhängige Schadensersatzpflicht normiert.

B. Voraussetzungen

2 Die Schadensersatzpflicht erfordert eine gem. § 118 BGB nichtige oder durch Anfechtung nach den §§ 119, 120 BGB rückwirkend vernichtete Willenserklärung. Auf andere Nichtigkeitsgründe, wie § 105 Abs. 1 BGB, oder Anfechtungsrechte, z.B. § 123 Abs. 1 BGB, ist § 122 BGB nicht anwendbar. § 2078 Abs. 3 BGB schließt § 122 BGB bei der Anfechtung einer letztwilligen Verfügung aus. Entspr. gilt für die Anfechtung eines Erbvertrags.[2] § 122 BGB enthält nicht den allg. Rechtsgedanken, dass derjenige, der auf die Wirksamkeit einer Willenserklärung vertraut hat und vertrauen durfte, einen Schadensersatzanspruch gegen denjenigen besitzt, aus dessen Sphäre ein Grund für die Unwirksamkeit einer Willenserklärung resultiert.[3]

3 Eine entspr. Anwendung ist möglich, falls der unrichtige Anschein einer Willenserklärung ohne den auf die Abgabe einer solchen Erklärung gerichteten Handlungs- oder Geschäftswillen vorliegt. Dies gilt etwa wenn die vorbereitete, aber noch nicht abgegebene Willenserklärung, z.B. durch wohlmeinende Dritte, dem Empfänger übermittelt wird, der auf ihren Bestand vertraut.[4] Wird die Erklärung wegen mangelnden Erklärungsbewusstseins angefochten (§ 119 Rdn. 23), ist § 122 BGB anwendbar.[5] Auf die vorsätzliche Falschübermittlung eines Boten kann § 122 BGB nicht entspr. herangezogen werden (§ 120 Rdn. 4).

C. Schadensersatzanspruch

I. Berechtigter

4 Ersatzberechtigt ist bei einer empfangsbedürftigen Willenserklärung nur der Empfänger, bei einer amtsempfangsbedürftigen oder nicht empfangsbedürftigen Willenserklärung jeder betroffene Dritte. Geschützt wird allein, wer auf die Gültigkeit der Erklärung vertraut hat und darauf vertrauen durfte. Hat bei einer Zwangsversteigerung der Meistbietende sein Gebot angefochten, muss er dem Gläubiger des Grundstückseigentümers den im Vertrauen auf die Wirksamkeit des Gebots entstandenen Schaden ersetzen.[6]

II. Umfang

5 Der Anspruch ist auf den Ersatz des Vertrauensschadens (negatives Interesse) gerichtet. Der Berechtigte ist so zu stellen, wie er stünde, wenn die Willenserklärung nicht abgegeben worden wäre.[7] Zu ersetzen sind nutzlose Aufwendungen, die im Vertrauen auf die Gültigkeit des Geschäfts erbracht wurden, und der durch den unterlassenen Abschluss eines anderen Geschäfts entgangene Gewinn.[8] Hat der Ersatzberechtigte im Vertrauen auf die Wirksamkeit der Erklärung an den Anfechtenden geleistet, kann er das Geleistete nach § 122 Abs. 1 BGB zurückfordern. Der Anspruch

---

1 BGH, 14.03.1969, V ZR 8/65, NJW 1969, 1380.
2 OLG München, 05.06.1997, 19 U 5421/96, NJW 1997, 2331.
3 AnwK/*Feuerborn*, § 122 Rn. 4; zu weit MüKo-BGB/*Kramer*, § 122 Rn. 4.
4 PWW/*Ahrens*, § 130 Rn. 7; Bamberger/Roth/*Wendtland*, § 122 Rn. 3.
5 BGH, 07.06.1984, IX ZR 66/83, BGHZ 91, 329.
6 BGH, 17.04.1984, VI ZR 191/82, NJW 1984, 1950.
7 RG, 15.01.1943, VII 104/42, RGZ 170, 284.
8 BGH, 17.04.1984, VI ZR 191/82, NJW 1984, 1950.

konkurriert mit § 812 BGB, gestattet aber keine Berufung auf den Wegfall der Bereicherung.[9] Für die prozessuale Kostenerstattung ist zu differenzieren (str.). Wurde die Anfechtung vorprozessual erklärt, richtet sich die Erstattung der Prozesskosten nach den §§ 91 ff. ZPO. Ist die Anfechtung im Prozess erklärt worden, geht § 122 BGB den §§ 91 ff. ZPO vor, ggf. ist sofort anzuerkennen.[10]

III. Begrenzung

Der Ersatz des Vertrauensschadens ist durch das Erfüllungsinteresse begrenzt.[11] Dies ist nach dem Zustand zu bemessen, der bei Gültigkeit der Erklärung und einer ordnungsgemäßen Erfüllung eingetreten wäre.   6

D. Ausschluss der Ersatzpflicht

Die Ersatzpflicht ist ausgeschlossen, wenn der Geschädigte den Grund der Nichtigkeit oder Anfechtbarkeit kannte oder kennen musste, § 122 Abs. 2 BGB (Legaldefinition, z.B. §§ 123 Abs. 2, 142 Abs. 2, 169, 173, 179 Abs. 3, 694 BGB). In Kenntnis handelt der Erklärende nach § 119 BGB nur, wenn ihm zwar der Irrtum, nicht aber der wahre Wille des Anfechtenden bekannt war.[12] Kennenmüssen liegt bei einer auf Fahrlässigkeit beruhenden Unkenntnis vor. Jede Fahrlässigkeit genügt.[13] Da insoweit § 254 BGB verdrängt wird, ist das Kennenmüssen eng auszulegen.[14] Sind die Voraussetzungen von § 122 Abs. 2 BGB nicht erfüllt, kann der Ersatzanspruch nach § 242 BGB ausgeschlossen sein.[15] Bei schuldloser Mitverursachung des Nichtigkeits- oder Anfechtungsgrunds ist § 254 BGB entspr. anzuwenden.[16] Es besteht die Schadensminderungspflicht gem. § 254 Abs. 2 BGB.[17] Für die Verjährung des Ersatzanspruchs gilt § 195 BGB.   7

E. Ersatzanspruch aus §§ 280 Abs. 1, Abs. 3, 282, 311 Abs. 2, 241 Abs. 2 BGB

Der verschuldensunabhängige Anspruch aus § 122 Abs. 1 BGB steht einer Haftung nach den §§ 280 Abs. 1, 3, 282, 311 Abs. 2, 241 Abs. 2 BGB nicht entgegen.[18] Die Begrenzung des § 122 Abs. 1 BGB auf das Erfüllungsinteresse ist nicht auf die neuen Haftungsregeln übertragbar. Durch eine Anfechtung wird ein vertraglicher Schadensersatzanspruch ausgeschlossen.[19]   8

F. Beweislast

Wer den Schadensersatzanspruch geltend macht, muss die Nichtigkeit der Erklärung nach § 118 BGB oder die wirksame Anfechtung gem. §§ 119, 120 BGB sowie die Anspruchsberechtigung, die Kausalität und Schadenshöhe beweisen. Der Anspruchsgegner ist für die Überschreitung des Erfüllungsinteresses und den Ausschluss der Ersatzleistung nach § 122 Abs. 2 BGB beweispflichtig.[20]   9

---

9 Erman/*Palm*, § 122 Rn. 5.
10 Staudinger/*Singer*, § 122 Rn. 13; a.A. BGH, 14.06.1961, V ZR 200/59, NJW 1962, 1671; OLG Celle, 06.10.1971, 9 U 89/71, OLGZ 1972, 194 f.
11 RG, 15.01.1943, VII 104/42, RGZ 170, 284.
12 MüKo-BGB/*Kramer*, § 122 Rn. 10.
13 RG, 10.12.1913, V 303/13, RGZ 83, 353.
14 *Medicus*, AT Rn. 785; s.a. BGH, 24.11.2005, VII ZR 87/04, BauR 2006, 514: »Missverständlichkeit der Ausschreibung« als Indiz; ablehnend: *Toussaint*, ZfIR 2006, 129.
15 RG, 25.02.1913, III 403/12, RGZ 81, 398 f., vom Anfechtungsgegner verursachter Irrtum; OLG München, 15.11.2002, 19 W 2631/02, NJW 2003, 367.
16 BGH, 14.03.1969, V ZR 8/65, NJW 1969, 1380; a.A. Staudinger/*Schiemann*, § 254 Rn. 13.
17 RG, 22.01.1927, I 25/26, RGZ 116, 19.
18 Bamberger/Roth/*Wendtland*, § 122 Rn. 12; a.A. *Früh*, JuS 1995, 126.
19 *Höpfner*, NJW 2004, 2865; a.A. *Derleder*, NJW 2004, 970.
20 Baumgärtel/Laumen/*Laumen*, Handbuch der Beweislast im Privatrecht, § 122 Rn. 2 f.

§ 123 Anfechtbarkeit wegen Täuschung oder Drohung

(1) Wer zur Abgabe einer Willenserklärung durch arglistige Täuschung oder widerrechtlich durch Drohung bestimmt worden ist, kann die Erklärung anfechten.

(2) Hat ein Dritter die Täuschung verübt, so ist eine Erklärung, die einem anderen gegenüber abzugeben war, nur dann anfechtbar, wenn dieser die Täuschung kannte oder kennen musste. Soweit ein anderer als derjenige, welchem gegenüber die Erklärung abzugeben war, aus der Erklärung unmittelbar ein Recht erworben hat, ist die Erklärung ihm gegenüber anfechtbar, wenn er die Täuschung kannte oder kennen musste.

Schrifttum

Derleder s. Lit. § 122; *Grigoleit* Abstraktion und Willensmängel – Die Anfechtbarkeit des Verfügungsgeschäfts, AcP 199 (1999), 379 ff.; *ders.* Neuere Tendenzen zur schadensrechtlichen Vertragsaufhebung, NJW 1999, 900 ff.; *Höpfner* s. Lit. § 122; *Lorenz* Vertragsaufhebung wegen culpa in contrahendo – Schutz der Entscheidungsfreiheit oder des Vermögens, ZIP 1998, 1053 ff.; *Martis* Finanzierte Fondsbeitritte und Grundstücksgeschäfte – Aktuelle Entwicklungen im Überblick, MDR 2007, 373 ff.; *Müggenborg* Der Kauf von Altlastgrundstücken nach der Schuldrechtsmodernisierung, NJW 2005, 2810 ff.; *Schöpflin* s. Lit. § 122; *ders.* Rechtsprechung Zivilrecht, JA 1998, 356 ff.; *Staudinger* Die Zukunft der Schrottimmobilien nach der EuGH – Entscheidung vom 25.10.2005, NJW 2005, 3521 ff.; *Stemmer* Vergabe und Vergütung bei misch- und auffällig hoch oder niedrig kalkulierten Einheitspreisen, ZfBR 2006, 132 ff.

Übersicht

		Rdn.			Rdn.
A.	Normzweck	1	D.	Widerrechtliche Drohung	30
B.	Anwendungsbereich	2	I.	Drohung	30
C.	Arglistige Täuschung	4		1. Übel	31
I.	Täuschungshandlung	4		2. Abhängigkeit vom Willen des Drohenden	32
	1. Grundsatz	4			
	2. Positives Tun	5	II.	Kausalität	33
	3. Unterlassen	8	III.	Widerrechtlichkeit	34
	a) Grundsätze	8		1. Widerrechtliches Mittel	35
	b) Fallgruppen	9		2. Widerrechtlicher Zweck	36
	c) Einzelfälle	13		3. Inadäquanz von Mittel und Zweck	37
II.	Pflichtwidrigkeit	20	IV.	Subjektiver Tatbestand	38
III.	Irrtum	21	E.	Rechtsfolgen	39
IV.	Kausalität	22	F.	Konkurrenzen	41
V.	Arglist	23	I.	Anfechtungstatbestände	41
VI.	Täuschung durch Dritte	24	II.	Sittenwidrigkeit	42
	1. Grundsatz	24	III.	Vorvertragliche Pflichtverletzung, § 311 Abs. 2	43
	2. § 123 Abs. 2 S. 1	25			
	a) Person des Dritten	25	IV.	Gewährleistungsrecht	44
	b) Bösgläubigkeit	28	V.	Unerlaubte Handlungen	45
	3. § 123 Abs. 2 S. 2	29	G.	Beweislast	46

A. Normzweck

1 § 123 BGB schützt die rechtsgeschäftliche Entschließungsfreiheit.[1] Die von der Privatautonomie vorausgesetzte rechtsgeschäftliche Selbstbestimmung ist nur zu verwirklichen, wenn sich die Willensbildung frei von Täuschung und Zwang vollzieht.[2] Dem Verkehrsschutz wird differenzierend Rechnung getragen. Der Getäuschte oder Bedrohte kann entscheiden, ob er die Erklärung gelten lassen oder anfechten will. Ein durch Täuschung oder Drohung zustande gekommenes Rechts-

---

1 BGH, 24.10.1968, II ZR 214/66, BGHZ 51, 147.
2 Bamberger/Roth/*Wendtland*, § 123 Rn. 1.

geschäft ist deswegen noch nicht sittenwidrig.³ Während eine arglistige Täuschung nur zur Anfechtung berechtigt, wenn die Täuschung gerade vom Geschäftsgegner begangen wurde oder er die Täuschung kennen musste, § 123 Abs. 2 BGB, kommt es für die widerrechtliche Drohung nicht darauf an, von wem sie begangen wurde.

B. Anwendungsbereich

Die Vorschrift gilt für alle Arten von Rechtsgeschäften.⁴ Maßgebender Zeitpunkt ist die Abgabe der Willenserklärung. Verfügungsgeschäfte sind anfechtbar, wenn sie selbst auf einer Täuschung beruhen.⁵ Tatsachenerklärungen, wie der Widerruf ehrverletzender Behauptungen, sind unanfechtbar.⁶ Für Versicherungsverträge gelten die §§ 19 ff. VVG. Gesellschaftsverträge sind auch unter den Voraussetzungen des § 123 BGB grds. nur mit Wirkung ex nunc anfechtbar, anders aber bei einer besonders gravierenden Täuschung oder Drohung.⁷ Zum öffentlichen Recht und Prozessrecht vgl. § 119 Rdn. 11 f. Ein im Voraus vertraglich **vereinbarter Ausschluss der Anfechtbarkeit** nach § 123 BGB ist unwirksam, wenn die Täuschung vom Geschäftspartner oder einer Person verübt wird, die nicht Dritter i.S.v. § 123 Abs. 2 BGB ist.⁸

Auf ein nach § 123 BGB angefochtenes **Arbeitsverhältnis** ist die Ausschlussfrist des § 626 Abs. 2 BGB nicht entspr. anzuwenden.⁹ Bei einem in Vollzug gesetzten Arbeitsverhältnis wirkt die Anfechtung des Getäuschten oder Bedrohten entgegen § 142 Abs. 1 BGB grds. nur ex nunc.¹⁰ Ist das Arbeitsverhältnis außer Funktion gesetzt oder wird aufgrund einer Erkrankung keine Arbeitsleistung erbracht, wirkt die Anfechtung auf den Zeitpunkt zurück, von dem an keine Arbeitsleistung mehr erbracht wird.¹¹

C. Arglistige Täuschung

I. Täuschungshandlung

1. Grundsatz

Die Täuschung verlangt wie nach § 263 StGB, dass der Täuschende beim Getäuschten einen Irrtum hervorruft, aufrechterhält oder bestärkt, indem er falsche Tatsachen vorspiegelt bzw. wahre Tatsachen entstellt oder unterdrückt.¹² Im Gegensatz zum strafrechtlichen Betrug ist weder eine Bereicherungsabsicht des Täuschenden noch eine Schädigung des Getäuschten erforderlich.¹³ Die Täuschung kann durch positives Tun (Rdn. 5 ff.) oder Unterlassung (Rdn. 8 ff.) erfolgen und muss pflichtwidrig (Rdn. 20) sowie arglistig (Rdn. 23) geschehen. Die Anfechtung ist ausgeschlossen, wenn die Rechtslage des Getäuschten durch die Täuschung nicht mehr beeinträchtigt ist.¹⁴

---

3 PWW/*Ahrens*, § 138 Rn. 4.
4 Vgl. § 119 Rdn. 21, zum Schweigen dort Rdn. 22; zur Abdingbarkeit OLG Hamm, 19.01.2006, 27 U 101/05, NJW-RR 2006, 980 f.
5 *Grigoleit*, AcP 199, 404 f., 419.
6 BGH, 18.01.1952, I ZR 87/51, NJW 1952, 417.
7 BGH, 12.05.1954, II ZR 167/53, BGHZ 13, 322 f.
8 BGH, 17.01.2007, VIII ZR 37/06, NJW 2007, 1058 Tz. 18.
9 BAG, 19.05.1983, 2 AZR 171/81, BB 1984, 534.
10 BAG, 16.09.1982, 2 AZR 228/80, NJW 1984, 446; a.A. MüKo-BGB/*Kramer*, § 123 Rn. 3.
11 BAG, 11.03.1999, 2 AZR 507/98, NZA 1999, 587 f.
12 BGH, 13.05.1957, II ZR 56/56, NJW 1957, 988; AnwK/*Feuerborn*, § 123 Rn. 23.
13 OLG Köln, 18.11.2003, 9 U 32/03, VersR 2004, 907.
14 BGH, 30.06.2000, V ZR 149/99, NJW 2000, 2894.

2. Positives Tun

5 Eine **Täuschung durch Vorspiegeln oder Entstellen** von Umständen muss sich auf objektiv nachprüfbare Angaben beziehen.[15] Zu eng ist es, allein auf Tatsachen abzustellen. Die Täuschung muss sich auf objektiv nachprüfbare Umstände beziehen, die als wahr oder falsch bezeichnet werden können, sofern diese Einfluss auf den Entschluss des Erklärenden haben. Subjektive Werturteile oder marktschreierische Anpreisungen genügen nicht.[16] Auf eine Offenbarungspflicht kommt es nicht an. Werden Angaben getätigt, müssen diese wahr sein.[17] Nicht erfasst werden rein subjektive Werturteile[18] oder Vermutungen ohne sachlichen Gehalt, die von einem verständigen Menschen nicht ernst genommen werden.[19]

6 Die Täuschung kann sich auf äußere Umstände wie **wertbildende Merkmale** des Vertragsgegenstands beziehen. Bei **Immobilien** kann getäuscht werden über den Baubeginn,[20] ihre Finanzierung aus Erträgen und Steuervorteilen[21] bzw. öffentlich-rechtliche Nutzungsverbote oder Beschränkungen.[22] Eine Täuschung kann durch unzutreffende Angaben über die **Preisgestaltung** erfolgen, etwa bei der Bezeichnung eines überhöhten Preises als ordentlichen Preis bzw. Freundschaftspreis,[23] als günstigen Preis verbunden mit der Herkunftsangabe aus Malernachlass,[24] eines oberhalb der Herstellerempfehlung liegenden Preises als Sonderpreis[25] oder bei Nennung eines unrichtigen Einstandspreises bzw. der Verdienstspanne. Getäuscht werden kann über **sonstige** – nicht notwendig verkehrswesentliche – Eigenschaften des Gegenstands oder Umstände des Geschäfts, wie die Qualität einer Ferienwohnung beim Timesharing,[26] die Rechtsverfolgungsaussichten bei einer abgetretenen Forderung,[27] den Namen, die berufliche Stellung oder Qualifikation des Geschäftspartners, die Gewährleistung von Kundendienst und Wartung,[28] die Entgeltlichkeit und Laufzeit einer Adressbucheintragung[29] oder über die Anerkennung eines Ausbildungsabschlusses.[30] Ggf. kann durch die Äußerung einer – bewusst unrichtigen – Rechtsansicht getäuscht werden.[31]

7 Die Täuschung kann sich auf innere Umstände beziehen, wie die Absichten des Anfechtungsgegners. Ebenso kann sie auch **konkludent** erfolgen,[32] etwa über die i.R.e. Unterrichtsvertrags zu erwerbende Qualifikation.[33] Ist ein Sachmangel offenbart, wird damit ggf. erklärt, dass die Sache keine weiteren Mängel aufweist.[34] Wer ein Geschäft auf Kredit tätigt, erklärt seine Absicht, bei

---

15 MüKo-BGB/*Kramer*, § 123 Rn. 15.
16 BGH, 26.01.1951, I ZR 8/51, BGHZ 3, 273; BGH, 19.09.2006, XI ZR 204/04, BGHZ 169, 109 Tz. 24; BGH, 19.06.2007, XI ZR 142/05, NJW 2007, 3200 Tz. 26; BAG, 11.11.1993, 2 AZR 467/93, NJW 1994, 1364; *Baumbach/Hefermehl*, UWG § 5 Rn. 227.
17 BGH, 20.01.1964, VIII ZR 103/62, NJW 1964, 811.
18 BAG, 11.11.1993, 2 AZR 467/93, NJW 1994, 1364.
19 Staudinger/*Singer/von Finkenstein*, § 123 Rn. 7.
20 BGH, 19.06.2007, XI ZR 142/05, NJW 2007, 3200 Tz. 26.
21 KG, 01.04.1997, 7 U 5782/95, NJW 1998, 1082.
22 BGH, 16.10.1987, V ZR 170/86, NJW-RR 1988, 394; BGH, 25.02.1988, VII ZR 152/87, NJW-RR 1988 1290 f.
23 OLG Saarbrücken, 07.10.1980, 2 U 13/80. OLGZ 1981, 248.
24 OLG Hamm, 12.06.1992, 29 U 63/91, NJW-RR 1993, 628.
25 OLG Frankfurt, 12.05.1982, 17 U 273/81, DAR 1982, 294.
26 OLG Düsseldorf, 21.10.1994, 14 U 158/93, NJW-RR 1995, 686.
27 BGH, 23.05.2001, VIII ZR 51/00, VIZ 2001, 487.
28 BGH, 08.11.1979, III ZR 115/78, NJW 1980, 784.
29 BGH, 22.02.2005, X ZR 123/03, NJW-RR 2005, 1083.
30 OLG Frankfurt, 09.03.2005, 2 U 99/04, NJW-RR 2005, 1145; s.a. Rdn. 7.
31 Vgl. KG, 15.03.1971, 12 U 1317/70, OLGZ 1972, 261.
32 BGH, 12.07.2001, IX ZR 360/00, NJW 2001, 3332.
33 AG Kaiserslautern, 24.01.1997, 9 C 829/96, NJW-RR 1997, 1073; s.a. Rdn. 6.
34 OLG Köln, 11.06.1986, 2 U 199/85, OLGZ 1987, 229.

Fälligkeit zu leisten und seine Annahme, hierzu in der Lage zu sein. Selbst eigene Zweifel daran begründen noch keine Täuschung.[35] Der Hinweis auf besonders hohe Gewinnmöglichkeiten bei einem Geschäft kann irreführend sein, wenn beim Geschäftspartner der unzutreffende Eindruck erweckt wird, er werde ebenfalls entspr. Gewinne erzielen.[36]

3. Unterlassen

a) Grundsätze

Jede Partei hat ihre Interessen grds. selbst wahrzunehmen.[37] Eine Täuschung durch Unterlassen (Verschweigen) erfolgt deshalb nur, wenn eine Offenbarungspflicht hinsichtlich des verschwiegenen Umstands besteht.[38] Die Verletzung einer gesetzlichen Aufklärungspflicht, §§ 312c Abs. 1, 312e Abs. 1 Nr. 2, 482 Abs. 2, 492 Abs. 2 S. 5 BGB sowie §§ 15 ff., 32 ff., 37b ff. WpHG,[39] kann eine Täuschungshandlung begründen.[40] Überwiegend sind Offenbarungspflichten rechtsgeschäftlich begründet. Arglistig verschweigt, wer sich bewusst ist, dass ein bestimmter Umstand für die Entschließung seines Vertragspartners erheblich ist, nach Treu und Glauben diesen Umstand mitzuteilen verpflichtet ist und ihn nicht offenbart.[41] Eine Offenbarungspflicht setzt vielfach ein Informationsgefälle zwischen den Geschäftspartnern voraus.[42] Mangelnde Lebens- oder Geschäftserfahrung kann Aufklärungspflichten begründen[43] und deren Umfang beeinflussen.[44] Eine allg. Pflicht zur Aufklärung aller für den Geschäftspartner relevanten Umstände besteht nicht.[45] Ungünstige Eigenschaften einer Person oder Sache müssen grds. nicht ungefragt offenbart werden.[46] Wer den Mangel einer Kaufsache mit der im eigenen Interesse gebotenen Aufmerksamkeit selbst feststellen kann, darf keine Aufklärung erwarten.[47] Eine Aufklärungspflicht über die Absicht, den Partner bei weiteren Geschäften schädigen zu wollen, besteht nicht.[48] Nimmt der Aufklärungspflichtige an, der Partner sei informiert, fehlt zwar nicht die Täuschung, ggf. aber die Arglist.[49] Bei Geschäften mit spekulativem Charakter muss grds. über die Umstände aufgeklärt werden, die das Geschäft als spekulativ kennzeichnen oder den Ertrag beeinflussen.[50] Dies gilt insbes. ggü. geschäftlich unerfahrenen Personen.[51]

8

---

35 OLG Köln, 27.01.1967, Ss 586/66, NJW 1967, 741; verkürzt Staudinger/*Singer/von Finckenstein*, § 123 Rn. 8; Palandt/*Ellenberger*, § 123 Rn. 4.
36 OLG Bamberg, 14.05.1969, 1 U 24/69, MDR 1971, 44.
37 BGH, 28.06.2006, XII ZR 50/04, NJW 2006, 2618 Tz. 28.
38 BGH, 04.03.1998, VIII ZR 378/96, NJW-RR 1998, 1406; BAG, 11.11.1993, 2 AZR 467/93, NJW 1994, 1364.
39 Vgl. BGH, 12.03.2002, XI ZR 258/01, NJW 2002, 1943; OLG München, 22.03.2001, 19 U 5045/00, NJW-RR 2001, 1416.
40 Vgl. Erman/*Saenger*, § 485 Rn. 16; Bamberger/Roth/*Schmidt-Räntsch*, § 312c Rn. 48, eher für § 119.
41 BGH, 13.07.1988, VIII ZR 224/87, NJW 1989, 764; 25.10.2007, VII ZR 205/06, NJW-RR 2008, 258 Tz. 20.
42 OLG Brandenburg, 07.12.1995, 5 U 58/95, NJW-RR 1996, 726.
43 BGH, 20.02.1967, III ZR 134/65, BGHZ 47, 210 f.; BGH, 07.10.1991, II ZR 194/90, NJW 1992, 302.
44 BGH, 28.06.2006, XII ZR 50/04, NJW 2006, 2618 Tz. 27.
45 BGH, 12.11.2002, XI ZR 3/01, NJW 2003, 426.
46 OLG München, 26.10.1966, 7 U 1530/66, NJW 1967, 158.
47 BGH, 20.10.2000, V ZR 285/99, NJW 2001, 64.
48 OLG Hamm, 07.10.2004, 27 U 72/03, NZG 2005, 212 f.
49 BGH, 26.01.1996, V ZR 42/94, NJW-RR 1996, 690.
50 BGH, 16.02.1981, II ZR 179/80, BGHZ 80, 82 ff; BGH, 16.11.1993, XI ZR 214/92, BGHZ 124, 154; BGH, 19.05.1998, XI ZR 286/97, NJW 1998, 2676.
51 Zur strukturellen Überlegenheit Staudinger/*Singer/von Finckenstein*, § 123 Rn. 11.

b) Fallgruppen

9 Für die Aufklärungspflichten sind insbes. folgende Fallgruppen herausgebildet: Auf gezielte **Fragen** muss grds. richtig und vollständig geantwortet werden.[52] Will der Gefragte nicht antworten, darf er keine unvollständigen Angaben machen, sondern muss die Antwort verweigern. Ein konkreter Verdacht hinsichtlich der erfragten Umstände ist mitzuteilen.[53] Einer Nachfrage gleichzustellen sein können bestimmte Anforderungsmerkmale in einer Ausschreibung, Leistungsbeschreibung oder einem Inserat.[54]

10 Eine Offenbarungspflicht besteht grds., wenn ein **besonderes Vertrauensverhältnis** zwischen Erklärendem und Erklärungsempfänger existiert.[55] In Betracht kommen eine besondere persönliche, familiäre oder gesellschaftsrechtliche Verbundenheit,[56] ein Dauerschuldverhältnis mit persönlicher Vertrauensbeziehung,[57] länger währende Vertragsverhandlungen mit Angaben, die sich vor Vertragsschluss als unrichtig herausstellen[58] und besondere Geschäftsbeziehungen,[59] aber auch besondere Fachkenntnisse, wie im Wertpapierhandel,[60] von Banken,[61] beim Auftritt als Fachberater[62] oder bei einem Architekten.[63]

11 Der Erklärende ist über **erkennbar besonders wichtige Umstände** aufzuklären, die für seine Entschließung von ausschlaggebender Bedeutung sind,[64] insbes. wenn sie den Vertragszweck vereiteln oder gefährden können.[65] Ist bei der Übernahme von Dienst- oder Werkleistungen eine bestimmte Qualifikation als verkehrsüblich zu erwarten, muss über deren Fehlen aufgeklärt werden.[66] Der Verkäufer eines Grundstücks muss auf eine geplante tief greifende Verkehrsumgestaltung hinweisen, die den Vertragszweck gefährdet.[67] Die eigene wirtschaftliche Bedrängnis ist nicht allg., sondern nur dann zu offenbaren, wenn der Vertragszweck bedroht ist.[68] Zweifel an der Leistungsfähigkeit genügen nicht. Es muss zu erwarten sein, dass die Leistung nicht erbracht wird.

12 I.Ü. kann sich eine Aufklärungspflicht ergeben, wenn sie nach **Treu und Glauben** und den Anforderungen des Verkehrs aufgrund einer Gesamtwürdigung zu erwarten ist.[69] Über die Gebührenhöhe hat der RA nicht allg., aber u.U. dann aufzuklären, wenn sie das vom Auftraggeber erstrebte Ziel wirtschaftlich sinnlos macht.[70]

---

52 BGH, 11.06.1979, VIII ZR 224/78, BGHZ 74, 392; 29.06.1977, VIII ZR 43/76, NJW 1977, 1915; 02.12.1986, VIII ZR 345/85, WM 1987, 138; BAG, 11.11.1993, 2 AZR 467/93, NJW 1994, 1364.
53 OLG Bremen, 21.12.1979, 4 U 177/79c, DAR 1980, 373.
54 LG Stuttgart, 02.07.1992, 16 S 137/92, NJW-RR 1992, 1360.
55 BGH, 07.10.1991, II ZR 194/90, NJW 1992, 302.
56 BGH, 07.10.1991, II ZR 194/90, NJW 1992, 300.
57 BGH, 31.01.1979, I ZR 77/77, MDR 1979, 730.
58 BGH, 13.07.1983, VIII ZR 142/82, NJW 1983, 2492.
59 BGH, 28.04.1954, II ZR 279/53, BGHZ 13, 200.
60 BGH, 16.02.1981, II ZR 179/80, BGHZ 80, 82 ff.
61 RG, 07.07.1925, II 494/24, RGZ 111, 234 f.; Staudinger/*Singer/von Finkenstein*, § 123 Rn. 20.
62 LG Berlin, 17.10.1988, 51 S 287/87, NJW-RR 1989, 505.
63 BGH, 07.06.1978, V ZR 46/75, MDR 1978, 1009.
64 BGH, 28.04.1971, VIII 258/69, NJW 1971, 1799; 08.12.1997, II ZR 236/96, 1998, 1316.
65 BGH, 02.03.1979, V ZR 157/77, NJW 1979, 2243; 13.07.1988, VIII ZR 224/87, 1989, 764; 08.12.1999, I ZR 230/97, NJW 2000, 2498; BGH, 04.03.1998, VIII ZR 378/96, NJW-RR 1998, 1406.
66 Architekt: OLG Düsseldorf, 05.02.1993, 22 U 235/92, NJW-RR 1993, 1175; OLG Nürnberg, 12.09.1997, 6 U 2235/96, NJW-RR 1998, 1714; eingehend Rdn. 13.
67 OLG Frankfurt, 07.02.2001, 17 U 143/99, NJW-RR 2002, 523.
68 BGH, 21.06.1974, V ZR 15/73, NJW 1974, 1506; BAG, 24.09.1974, 3 AZR 589/73, NJW 1975, 709.
69 BGH, 26.02.1992, VIII ZR 89/91, BGHZ 117, 283; BGH, 13.07.1983, VIII ZR 142/82, NJW 1983, 2494; BGH, 22.11.1996, V ZR 196/95, NJW-RR 1997, 270.
70 BGH, 02.07.1998, IX ZR 63/97, NJW 1998, 3487.

c) Einzelfälle

Architektenvertrag: Grundsätzlich gewährt ein unterlassener Hinweis auf eine fehlende Architekten- oder Ingenieurseigenschaft[71] bei Vertragsschluss ein Anfechtungsrecht,[72] jedoch nicht, wenn nach Ausbildung und Erfahrung das zur Eintragung erforderliche Maß an Qualifikation erfüllt wird,[73] ebenso, wenn die fehlende Eintragung schützenswerte Interessen des Bauherrn nicht berührt[74] oder es an einem Interesse des Bauherrn insgesamt fehlt.[75] Auch berechtigen weder Vorstrafen eines Geschäftsführers der beauftragten GmbH noch dessen fehlende Architekteneigenschaft zur Anfechtung, sofern zumindest ein eingetragener Architekt bei der GmbH angestellt ist.[76] Scheidet der letzte eingetragene Architekt aus einer Diplom-Ingenieur und Partner-GbR aus, besteht für den verbleibenden Partner keine Aufklärungspflicht, weil sich aus der Bezeichnung der GbR ergebe, nicht nur aus Architekten zu bestehen.[77] Allerdings muss wenigstens ein Architekt angestellt sein.

13

Bürgschaft: Auf das Bürgschaftsrisiko, d.h. die Wahrscheinlichkeit der Inanspruchnahme des Bürgen, oder die Kreditwürdigkeit des Hauptschuldners muss der Gläubiger den Bürgen nicht hinweisen.[78] **Darlehen:** Eine allg. Pflicht zur Risikoaufklärung besteht nicht, auch nicht über ein finanziertes Bauherrenmodell,[79] anders bei einem konkreten Wissensvorsprung über ein finanziertes Vorhaben.[80] Auskunft über Mahnverfahren und Aufklärung über Zwangsvollstreckung kann zu erteilen sein.[81] Die Folgen einer unterlassenen Aufklärung über das Widerrufsrecht beim Verbraucherdarlehen sind zu beachten.[82]

14

Kaufvertrag: Der Verkäufer hat den Käufer auf solche Umstände hinzuweisen, die Voraussetzung für eine sachgerechte Benutzung sind. Wesentliche Mängel einer Kaufsache dürfen nicht verschwiegen werden,[83] bei besonders schwerwiegenden Mängeln genügt bereits ein Verdacht.[84]

15

Immobilien: Hinzuweisen ist auf Einsturzgefahr,[85] die Kontaminierung mit Altöl oder anderen Altlasten sowie auf einen Altlastenverdacht,[86] den Verdacht einer Nutzung als wilde Müllkippe,[87] die Benutzung als Deponie,[88] als ungesichertes Lager für Chemikalien,[89] auch als Gaswerk mit

16

---

71 Erwerb nach Landesrecht, zumeist durch Eintragung in Architekten- oder Ingenieursliste z.B. § 1 Abs. 1 NArchG, §§ 4, 1 NIngG.
72 *Wirth*, in: Korbion/Mantscheff/Vygen, HOAI, Einf. Rn. 131 f.; OLG Stuttgart, 15.06.1977, 13 U 44/77, BauR 1979, 259; 1997, 681; OLG Nürnberg, 12.09.1997, 6 U 2235/96, BauR 1998, 1273 f.
73 OLG Düsseldorf, 07.10.1980, 21 U 30/80, BauR 1982, 86 f.
74 Weil bauvorlageberechtigt: OLG Hamburg, 16.08.1996, 14 U 112/93, OLGR 1996, 306 f.; OLG Sachsen-Anhalt, Urt. v. 23.03.2005 – Az. 6 U 155/00 – Kenntniserlangung nach Abschluss des Bauvorhabens und einjähriger bestimmungsgemäßer Nutzung – Juris Rn. 60.
75 OLG Stuttgart, 17.12.1996, 10 U 130/96, BauR 1997, 681.
76 OLG Düsseldorf, 12.02.1996, 22 U 134/95, BauR 1996, 574.
77 OLG Düsseldorf, 10.05.2005, I-21 U 131/04, 21 U 131/04, BauR 2006, 156.
78 BGH, 22.10.1987, IX ZR 276/86, NJW 1988, 3205; OLG Köln, 14.03.1990, 11 U 210/89, NJW-RR 1990, 756.
79 BGH, 18.04.2000, XI ZR 193/99, NJW 2000, 2353.
80 BGH, 11.02.1999, IX ZR 352/97, NJW 1999, 2032 f.
81 Saarländ. OLG, 13.07.2006, 8 U 425/05 – 119, 8 U 425/05, WM 2006, 2251.
82 EuGH, 25.10.2005, C-350/03, NJW 2005, 3554; *Staudinger*, NJW 2005, 3522.
83 BGH, 08.12.1989, V ZR 246/87, NJW 1990, 975.
84 BGH, 10.07.1963, V ZR 66/62, LM § 463 BGB Nr. 8.
85 BGH, 08.12.1989, V ZR 246/87, NJW 1990, 975.
86 BGH, 20.10.2000, V ZR 285/99, NJW 2001, 64; *Müggenborg*, NJW 2005, 2816.
87 BGH, 12.07.1991, V ZR 121/90, NJW 1991, 2900; BGH, 19.03.1992, III ZR 16/90, NJW 1992, 1954 f.
88 BGH, 03.03.1995, V ZR 43/94, NJW 1995, 1550.
89 LG Stuttgart, 11.03.2003, 15 O 433/02, NJW-RR 2003, 1315.

§ 123 BGB   Anfechtbarkeit wegen Täuschung oder Drohung

Verkokungsanlage,[90] den Umfang der Geruchsbelästigungen nahe liegender Klärwerke[91] oder nicht über eine längere Zeit zurückliegende bordellähnliche Nutzung.[92] Aufzuklären ist über den Verdacht von Trocken- oder Nassfäule,[93] erhebliche Mängel des Abwasserabflusses,[94] das Fehlen eines notwendigen Hochwasserschutzes,[95] die mögliche Verwendung von Asbest-Zement-Platten bei älteren Wohnhäusern,[96] schikanöses Verhalten eines Nachbarn,[97] den verwesenden Leichenfund des vorherigen Eigentümers;[98] beim Kauf eines Mietobjekts über die mangelnde Bonität eines Mieters[99] bzw. erhebliche Zahlungsrückstände eines Mieters,[100] eine Mietpreisbindung beim Verkauf einer Eigentumswohnung als Vermögensanlage,[101] die Heranziehung eines Grundstücks für Planungsvorhaben der Kommune,[102] die Ausweisung als Landschaftsschutzgebiet,[103] eine fehlende Baugenehmigung,[104] öffentlich-rechtliche Nutzungsbeschränkungen,[105] eine fehlende Zustimmung des Nachbarn zur Bebauung,[106] Feuchtigkeitsschäden, auch nach einem evtl. erfolglosen Sanierungsversuch,[107] nicht aber solche, die wegen eines Jahrhundertregens eingetreten sind,[108] auf einen erheblichen Holzbockbefall,[109] **nicht** aber die Gefahr von Hausschwamm, wenn der Käufer die dafür maßgebenden Umstände kennt,[110] bspw. weil darüber im notariell beglaubigten Kaufvertrag aufgeklärt wurde,[111] nicht auf Risse im Estrich,[112] auch nicht auf die Eigenschaft als Fertighaus, sofern der Käufer darauf nicht ersichtlich Wert gelegt hat.[113] Keine Aufklärungspflicht besteht über fachlich einwandfrei durchgeführte Schwarzarbeiten.[114] Zudem muss nicht über Umstände aufgeklärt werden, die vom Käufer bei einer Besichtigung visuell wahrnehmbar sind,[115] oder solche, die der üblichen Bauart und -weise zum Errichtungszeitpunkt entsprechen,[116] soweit über diese Einigkeit herrscht. Bei einem auf Steuerersparnis angelegten Im-

---

90 A.A. BGH, 14.10.1993, III ZR 156/92, NJW 1994, 254.
91 BGH, 10.07.1987, V ZR 236/85, NJW-RR 1988, 10.
92 OLG Hamm, 20.01.2000, 22 U 122/99, NJW-RR 2000, 1183.
93 BGH, 10.07.1963, V ZR 66/62, LM § 463 BGB Nr. 8; BGH, 07.06.1978, V ZR 46/75, BauR 1979, 85.
94 OLG Koblenz, 12.10.1989, 5 U 535/89, NJW-RR 1990, 149.
95 BGH, 08.11.1991, V ZR 193/90, NJW-RR 1992, 334.
96 BGH, 27.03.2009, V ZR 30/08, NJW 2009, 2120 Tz. 8; LG Hannover, 25.05.1998, 20 O 83/97, MDR 1998, 1474 f.
97 BGH, 22.02.1991, V ZR 299/89, NJW 1991, 1675.
98 OLG Celle, 18.09.2007, 16 U 38/07, ZMR 2008, 133.
99 BGH, 31.01.2003, V ZR 389/01, NJW-RR 2003, 701.
100 OLG Celle, 21.11.1997, 4 U 174/96, NJW-RR 1999, 280 f.
101 Vgl. BGH, 19.12.1997, V ZR 112/96, NJW 1998, 898.
102 BGH, 06.02.1976, V ZR 44/74, WM 1976, 401.
103 OLG Oldenburg, 23.05.2002, 8 U 246/01, NJW-RR 2003, 448.
104 BGH, 02.03.1979, V ZR 157/77, NJW 1979, 2243; 30.04.2003, V ZR 100/02, NJW 2003, 2381.
105 BGH, 10.06.1988, V ZR 125/87, NJW-RR 1988, 1290, 1291; Brandenburg. OLG, 04.05.2009, 5 W 23/08 – zitiert nach Juris: Rn. 11.
106 OLG Koblenz, 11.12.2001, 3 U 1642/00, NJW-RR 2003, 119.
107 BGH, 05.03.1993, V ZR 140/91, NJW 1993, 1704; Saarländ. OLG, 08.08.2008, 4 U 90/08 – 33, 4 U 90/08, NJW-RR 2009, 66.
108 OLG Düsseldorf, 12.02.2001, 9 U 219/00, BauR 2002, 1296.
109 BGH, 09.10.1964, V ZR 109/62, NJW 1965, 34; KG, 23.02.1989, 12 2500/88, NJW-RR 1989, 972.
110 BGH, 07.02.2003, V ZR 25/02, NJW-RR 2003, 772.
111 Hans. OLG Hamburg, 29.08.2008, 6 U 47/08, ZMR 2009, 131.
112 OLG München, 14.02.1997, 14 U 573/96, BB 1997, 961.
113 OLG Celle, 10.05.2007, 8 U 11/07, OLGR 2007, 461, 462; OLG Frankfurt, 01.08.2005, 19 W 26/05, NJW-RR 2005, 1721.
114 BGH, 02.03.1979, V ZR 157/77, NJW 1979, 2243; OLG Celle, 13.06.1997, 4 U 90/96, MDR 1997, 927.
115 LG Coburg, 02.07.2007, 14 O 582/06, BauR 2007, 1942.
116 OLG Brandenburg, 27.11.2008, 5 U 98/07, NJOZ 2009, 819, 822.

mobilienkauf, vielfach gerichtet auf den Erwerb einer Schrottimmobilie (s.a. Rdn. 17), kann eine Hinweispflicht auf die steuerlichen Auswirkungen des Erwerbs bestehen.[117] Wird der Immobilienkaufvertrag vor dem Darlehensvertrag geschlossen, erfolgt durch eine beim Abschluss des Darlehensvertrages unterbliebene Widerrufsbelehrung keine Täuschung.[118] Das den Immobilienkauf finanzierende Kreditinstitut muss aufklären, wenn es das eigene wirtschaftliche Wagnis auf den Kunden verlagert und diesen bewusst mit einem Risiko belastet, das über die mit dem zu finanzierenden Vorhaben normalerweise verbundenen Gefahren hinausgeht.[119] Über die Unangemessenheit des Kaufpreises hat es ausnahmsweise aufzuklären, falls es von einer sittenwidrigen Übervorteilung des Käufers durch den Verkäufer auszugehen hat, insb. wenn der Wert der Leistung knapp doppelt so hoch wie der Wert der Gegenleistung ist.[120]

Immobilienfonds: Der Erwerb einer Beteiligung an einem Immobilienfonds kann bei einer arglistigen Täuschung über die steuerliche Förderung, die Rentabilität oder die Wiederverkaufsmöglichkeiten angefochten werden.[121] Aufklärungspflichten der finanzierenden Bank bestehen nur unter besonderen Voraussetzungen, etwa bei einem erkennbaren konkreten Wissensvorsprung vor dem Darlehensnehmer,[122] etwa auf eine verdeckte Innenprovision, durch die der Preis knapp doppelt so hoch ist wie der Wert des Fondsanteils,[123] bei einer erkannten arglistigen Täuschung des Verkäufers,[124] bei Überschreiten der Rolle des Kreditgebers und bei einer schwerwiegenden Interessenkollision.[125] Der Vermittler einer mittels Prospekt vertriebenen Kapitalanlage ist verpflichtet, den Anleger auf eine Innenprovision von mehr als 15 % des Erwerbspreises hinzuweisen.[126] Beim institutionellen Zusammenwirken der kreditgebenden Bank mit dem Verkäufer oder Vertreiber des finanzierten Objekts, z.B. durch eine Vertriebsvereinbarung oder -absprache bzw. einen Rahmenvertrag, wird widerleglich vermutet, dass die Bank von einer arglistigen Täuschung des Anlegers durch evident unrichtige Angaben des Verkäufers oder Vertreibers Kenntnis hatte.[127] Die Grundsätze gelten auch bei einem verbundenen Geschäft, wenn die außerhalb des Verbunds stehenden Fondsinitiatoren oder Gründungsgesellschafter die arglistige Täuschung begangen haben und mit ihnen institutionalisiert zusammengewirkt wurde.[128] Zurückzugewähren ist das Abfindungsguthaben.[129] War die Täuschung auch für den Abschluss eines damit verbundenen Darlehensvertrags kausal, kann auch dieser angefochten werden.[130] Wird der Immobilienkaufvertrag vor dem Darlehensvertrag geschlossen, erfolgt durch eine beim Abschluss des Darlehensvertrags unterbliebene Widerrufsbelehrung keine Täuschung.[131]

---

117 BGH, 27.11.1998, V ZR 344/97, NJW 1999, 638.
118 BGH, 16.05.2006, XI ZR 6/04, NJW 2006, 2101 f.
119 BGH, 15.11.2006, XII ZR 120/04, NJW 2007, 2395 Tz. 19.
120 BGH, 16.05.2006, XI ZR 6/04, BGHZ 168, 1 Tz. 47; BGH, 15.11.2006, XII ZR 120/04, NJW 2007, 2396 Tz. 41.
121 BGH, 25.04.2006, XI ZR 106/05, NJW 2006, 1956.
122 BGH, 03.06.2008, XI ZR 131/07, NJW 2008, 2572 Tz. 12; BGH, 29.04.2008, XI ZR 221/07, NJW-RR 2008, 1226 Tz. 14.
123 BGH, 16.05.2006, XI ZR 6/04, BGHZ 168, 1 Tz. 41, 47.
124 BGH, 17.10.2006, XI ZR 205/05, NJW-RR 2007, 257 Tz. 16.
125 BGH, 16.05.2006, XI ZR 6/04, NJW 2006, 2099 Tz. 41; BGH, 03.06.2008, XI ZR 131/07, NJW 2008, 2572 Tz. 12; *Martis*, MDR 2007, 378.
126 BGH, 05.06.2007, XI ZR 348/05, NJW 2007, 2407 Tz. 18.
127 BGH, 16.05.2006, XI ZR 6/04, BGHZ 168, 1 Tz. 51; 169, 109 Tz. 23; BGH 03.06.2008, XI ZR 131/07, NJW 2008, 2572 Tz. 20; BGH, 03.06.2008, XI ZR 319/06, NJW 2008, 2576 Tz. 16.
128 BGH, 21.11.2006, XI ZR 347/05, NJW 2007, 1127 Tz. 29.
129 BGH, 21.07.2003, II ZR 387/02, NJW 2003, 2823.
130 BGH, 25.04.2006, XI ZR 106/05, NJW 2006, 1957.
131 BGH, 16.05.2006, XI ZR 6/04, NJW 2006, 2102 f.

18 **Maklervertrag:** Ein Makler muss auf einen Provisionsanspruch gegen den Kreditgeber hinweisen, wenn er auch gegen den Darlehensnehmer einen Provisionsanspruch erwerben will.[132] **Mietvertrag:** Die Nutzbarkeit im vertraglich vorgesehenen Sinne muss gesichert sein. Daher muss der Vermieter über Beeinträchtigungen aufklären, z.B. über die nicht vorhandene und nicht zu gewährende bauordnungsrechtliche Genehmigung der dauerhaften Souterrain-Nutzung.[133] Bei einer Untervermietung ist auf erhebliche Mietrückstände im Hauptmietverhältnis hinzuweisen,[134] ebenso auf die Eröffnung eines Insolvenzverfahrens,[135] auf eine mögliche Eigenbedarfskündigung kann hinzuweisen sein,[136] Nebenkosten sind realistisch anzugeben.[137] Ein Autovermieter muss einen Unfallgeschädigten aufklären, wenn er diesem einen Tarif anbietet, der deutlich über dem Normaltarif liegt und das Risiko einer nicht vollständigen Versicherungszahlung besteht.[138] **Vergleich:** Die Täuschung kann die Vergleichsgrundlage oder andere Punkte betreffen.[139] Wird einem Vergleichsschluss eine Organisationsbeschreibung zugrunde gelegt, ist darin auf Sicherheitsmängel hinzuweisen.[140] **Versicherungsvertrag:** Vgl. § 22 VVG; verletzt der Versicherungsnehmer arglistig die Anzeigeobliegenheit, besteht keine Nachfrageobliegenheit des Versicherers.[141] Beim Abschluss eines Feuerversicherungsvertrags ist auf eine konkrete Brandstiftungsdrohung hinzuweisen,[142] zur Täuschung bei einer Vermögensschadenshaftpflichtversicherung für Organe,[143] über gefahrerhebliche Umstände i.S.d. §§ 16 f. VVG a.F. entsprechend §§ 19, 22 f. VVG.[144] Zur Aufklärungspflicht über Vorerkrankungen beim Abschluss eines Krankenversicherungsvertrags,[145] eines Berufsunfähigkeitsversicherungsvertrags,[146] über Laborwerte bei Lebensversicherung,[147] zur Kündigung einer Vorversicherung.[148] Beantwortet der Privatkunde einen umfassenden Fragenkatalog, muss er i.d.R. keine weiteren Umstände offenbaren.[149] Antwort auf eine im Singular gestellte Frage in Einzahl.[150]

19 **Werk- und Werklieferungsverträge/Bauvertrag:** Aufzuklären ist über mögliche Bedenken gegen die Brauchbarkeit einer neuen Technik,[151] die Herstellung eines Kellergeschosses samt Schutz mittels »schwarzer« statt »weißer Wanne«,[152] ebenso über das Entfernen einer Vertragsklausel betreffend der Sicherung gegen das Insolvenzrisiko.[153] Auch trägt ein Generalübernehmer das Kal-

---

132 OLG Stuttgart, 26.05.1981, 6 U 20/81, NJW 1982, 1599; OLG Frankfurt, 18.05.1988, 17 U 83/87, NJW-RR 1988, 1199.
133 BGH, 06.08.2008, XII ZR 67/06, NJW 2009, 1266, 1267 Tz. 25.
134 OLG Köln, 17.12.1998, 1 U 42/98, NJW-RR 1999, 883.
135 LG Bonn, 16.11.2005, 6 T 312/05, 6 S 226/05, NJW-RR 2006, 382.
136 BVerfG, 14.02.1989, 1 BvR 308/88, 1 BvR 336/88, 1 BvR 356/88, 1 BvR 308, 336, 356/88, NJW 1989, 972.
137 OLG Düsseldorf, 03.02.2000, 10 U 197/98, ZMR 2000, 605.
138 BGH, 28.06.2006, XII ZR 50/04, NJW 2006, 2618 Tz. 29; BGH, 10.01.2007, XII ZR 72/04, NJW 2007, 1447 Tz. 15; BGH, 07.02.2007, XII ZR 125/04, 2181 Tz. 11.
139 BGH, 19.05.1999, XII ZR 210/97, NJW 1999, 2804.
140 BGH, 08.12.1999, I ZR 230/97, NJW 2000, 2498.
141 BGH, 15.03.2006, IV ZA 26/05, VersR 2007, 96.
142 KG, 06.03.1998 6 U 3077/96, NJW-RR 1999, 100.
143 OLG Düsseldorf, 23.08.2005, I-4 U 140/04, 4 U 140/04, NJW-RR 2006, 1260.
144 BGH, 07.02.2007, IV ZR 5/06, NJW-RR 2007, 826.
145 BGH, 26.10.1994, IV ZR 151/93, NJW-RR 1995, 217; Saarländ. OLG, 05.12.2001, 5 U 568/01-39, VersR 2003, 891.
146 OLG Karlsruhe, 07.04.2005, 12 U 391/04, NJW-RR 2006, 464.
147 KG, 29.09.2006, 6 U 18/06, VersR 2007, 933.
148 OLG Köln, 24.10.2006, 9 U 5/06, VersR 2007, 101.
149 BGH, 25.03.1992, IV ZR 55/91, BGHZ 117, 386.
150 OLG Celle, 13.02.2006, 8 W 9/06, NJW-RR 2006, 682.
151 BGH, 24.09.1992, VII ZR 213/91, BB 1993, 27.
152 OLG Celle, 26.03.2008, 7 U 89/07, BauR 2009, 667.
153 OLG Sachsen-Anhalt, 25.10.2006, 6 U 28/06, BauR 2007, 1285.

kulationsrisiko für ein Großprojekt, wenn er ein Pauschalangebot abgibt, obwohl die nähere Planung noch nicht durchgeführt wurde, sich danach aber eine erhebliche Unterdeckung ergibt.[154] Ein durch Täuschung über den Auftragsgegenstand erwirktes niedrigeres Zweitgebot des gleichen Anbieters kann angefochten werden.[155] Das Fehlen der Eintragung in die Handwerksrolle berechtigt dagegen nicht zur Anfechtung wegen arglistiger Täuschung, wenn es zwar nicht offenbart wurde, der Besteller aber auf die berufsrechtliche Qualifikation weniger Wert als auf die fachgerechte Montage gelegt hat.[156] Ebenso ist keine Anfechtbarkeit anzunehmen, wenn vom Erfordernis der eigenen Leistungserbringung nach § 4 Abs. 8 Nr. 1 S. 1 VOB/B mittels Subunternehmer(n) abgewichen und dies dem Auftraggeber nicht bekannt gegeben wird, weil es branchenüblich ist.[157] Wird abweichend vom Verbot der Mischkalkulation aus §§ 16 Abs. 1 Nr. 1 lit. b, 13 Abs. 1 Nr. 3 VOB/A nach BGHZ 159, 186 wegen Unkenntnis des Auftraggebers der Zuschlag erteilt, kann eine arglistige Täuschung des Anbieters vorliegen, wenn er sich durch verschiedene Angebotsberechnungen eine doppelte Zuschlagschance ermöglicht hat.[158] Nicht so, wenn der Bieter eine Position in seiner Berechnung übersehen hat, auf Nachfrage aber sein Gebot bestehen lassen möchte.[159]

II. Pflichtwidrigkeit

Eine vorsätzliche Täuschung verstößt grds. gegen (vor)vertragliche Pflichten und die Anforderungen eines redlichen Rechtsverkehrs. Ausnahmsweise ist die Täuschung bei einer falschen Antwort auf eine unzulässige Frage nicht pflichtwidrig. Der Tatbestand des § 123 Abs. 1 Alt. 1 BGB wird insoweit um das ungeschriebene Merkmal der Pflichtwidrigkeit ergänzt. 20

III. Irrtum

Ein Irrtum liegt bei einer unbewussten Fehlvorstellung über die Wirklichkeit vor und zwar auch dann, wenn der Irrende die Täuschung nicht erkannt hat, aber hätte erkennen können.[160] Erkennt der Getäuschte die Wahrheit, fehlt es an einem Irrtum.[161] 21

IV. Kausalität

Erforderlich ist eine doppelte Kausalität. Zunächst muss ein Ursachenzusammenhang zwischen Täuschungshandlung und Irrtum vorliegen. Dieser besteht, wenn der Täuschende den Irrtum unterhält oder die Täuschung den Irrtum mitverursacht hat,[162] nicht aber bei einer Selbsttäuschung.[163] Außerdem muss der Irrtum für die Abgabe der Willenserklärung kausal sein, falls etwa der Getäuschte die Willenserklärung nicht oder mit einem anderen Inhalt abgegeben hätte.[164] Dafür sind Umstände ausreichend, die Einfluss auf die Entschließung besitzen.[165] 22

---

154 OLG Düsseldorf, 25.02.2003, 21 U 44/02, I-21 U 44/02, BauR 2003, 1572, 1574.
155 OLG Bamberg, 07.11.2005, 4 U 59/05, BauR 2007, 538 f.
156 LG Görlitz, 05.10.1993, 1 O 0315/93, NJW-RR 1994, 117, 119; anders, wenn bes. Wert auf Meisterbetrieb gelegt wird s. OLG Hamm, 09.01.1990, 26 U 21/89, NJW-RR 1990, 523; zur möglichen Nichtigkeit des Werkvertrages PWW/*Ahrens*, § 134 Rn. 44.
157 OLG Celle, 12.02.2007, 7 U 156/06, BauR 2008, 103.
158 *Kuffer*, in: Heiermann/Riedl/Rusam, HK-VOB B, § 2 Rn. 118; zur Eröffnung neuartiger Lösungsmöglichkeiten des Bieters im Rahmen eines Kalkulationsirrtum siehe *Stemmer*, ZfBR 2006, 132; s.a. § 119 Rdn. 35. Zur Grenze des Verbots der Mischkalkulation bei OLG Rostock, 08.03.2006, 17 Verg 16/05, ZfBR 2006, 388: Baustellengemeinkosten.
159 OLG Brandenburg, 20.03.2007, Verg W 12/06, BauR 2008, 147.
160 BGH, 23.04.1997, VIII ZR 212/96, NJW 1997, 1847.
161 BAG, 18.10.2000, 2 AZR 380/99, NJW 2001, 1885.
162 KG, 27.05.1964, I Ss 87/64 (37/64), JR 1964, 350.
163 BGH, 06.06.1974, II ZR 114/72, WM 1974, 1023.
164 BGH, 22.01.1964, VIII ZR 103/62, NJW 1964, 811.
165 BGH, 12.05.1995, V ZR 34/94, NJW 1995, 2362.

V. Arglist

23 Die Täuschung muss arglistig geschehen. Arglist i.S.d. Vorschrift bedeutet Vorsatz. Der Vorsatz muss sich auf die Täuschung, Irrtumserregung und Kausalität beziehen.[166] Bedingter Vorsatz ist ausreichend.[167] Der Täuschende muss die Unrichtigkeit seiner Angaben kennen oder für möglich halten.[168] Es genügt das Bewusstsein, dass der Erklärende seine Erklärung ohne die Täuschung möglicherweise nicht oder nicht mit dem vereinbarten Inhalt abgegeben hätte.[169] Der Täuschende handelt dagegen nicht arglistig, wenn die Fehlerhaftigkeit seines Handelns naheliegt, er aber darauf vertraut, der Umstand werde nicht vorliegen.[170] Arglistig handelt auch, wer zu Fragen von erkennbar maßgeblicher Bedeutung für den Kontrahenten ohne hinreichende Grundlage – sich als unzutreffend erweisende – **Erklärungen ins Blaue** hinein abgibt.[171] Ein Schädigungsvorsatz oder eine Bereicherungsabsicht ist nicht erforderlich.[172] Auch die Täuschung in wohlmeinender Absicht ist arglistig, denn auf die Intention kann es beim Schutz der freien Willensentschließung nicht ankommen.[173]

VI. Täuschung durch Dritte

1. Grundsatz

24 Auf einer arglistigen Täuschung beruhende nicht empfangsbedürftige Willenserklärungen können unabhängig davon angefochten werden, wer den Erklärenden getäuscht hat. Bei empfangsbedürftigen Willenserklärungen ist dagegen die Anfechtbarkeit wegen einer Täuschung im Interesse des Verkehrsschutzes beschränkt. Hat ein Dritter die Täuschung verübt, kann die Willenserklärung nach § 123 Abs. 2 S. 1 BGB nur angefochten werden, wenn der Erklärungsempfänger die Täuschung kannte oder kennen musste.[174] Scheitert danach das Anfechtungsrecht an der Gutgläubigkeit des Erklärungsempfängers, eröffnet § 123 Abs. 2 S. 2 BGB ein Anfechtungsrecht, wenn ein anderer aus der Erklärung unmittelbar ein Recht erworben hat und dieser Begünstigte die Täuschung kannte oder kennen musste.

2. § 123 Abs. 2 S. 1

a) Person des Dritten

25 **Vorbemerkung.** Ggü. einem bösgläubigen Erklärungsempfänger ist die Willenserklärung stets anfechtbar. Es kommt nicht darauf an, ob der Täuschende Dritter oder dem Geschäftskreis des Empfängers zuzurechnen ist. Anders ggü. einem gutgläubigen Erklärungsempfänger.[175] Maßgebend ist, ob der Täuschende Dritter ist. Im Interesse eines weitgefassten Anfechtungsrechts wird hier die Stellung als Dritter restriktiv interpretiert.

---

166 BGH, 19.05.1999, XII ZR 210/97, NJW 1999, 2806.
167 BGH, 07.06.2006, VIII ZR 209/05, BGHZ 168, 69.
168 BGH, 11.05.2001, V ZR 14/00, NJW 2001, 2327.
169 BGH, 08.12.1997, II ZR 236/96, NJW 1998, 1316; BGH, 08.12.1999, I ZR 230/97, NJW 2000, 2499.
170 Erman/*Palm*, § 123 Rn. 28.
171 BGH, 28.11.1978, VI ZR 257/77, BGHZ 74, 392; BGH, 07.06.2006, VIII ZR 209/05, NJW 2006, 2839 Tz. 13; 06.11.2007, XI ZR 322/03, 2008, 644 Tz. 49.
172 BGH, 21.06.1974, V ZR15/73, NJW 1974, 1506; BGH, 08.12.1999, I ZR 230/97, NJW 2000, 2499.
173 MüKo-BGB/*Kramer*, § 123 Rn. 9; Bamberger/Roth/*Wendtland*, § 123 Rn. 19; *Medicus*, AT Rn. 789; a.A. BGH, 14.07.1954, II ZR 190/53, BB 1954, 785; Palandt/*Ellenberger*, § 123 Rn. 11.
174 BGH, 06.07.1978, III ZR 63/76, NJW 1978, 2144; BGH, 20.11.1995, II ZR 209/94, NJW 1996, 1051.
175 Erman/*Palm*, § 123 Rn. 33 f.

Dritter i.S. der Vorschrift ist der Außenstehende,[176] der am Geschäft unbeteiligt ist und dessen 26
Verhalten sich der Erklärungsempfänger nicht zurechnen lassen muss. Täuscht der Schuldner den
Sicherungsgeber, verfolgt er als Dritter eigene Interessen und steht nicht im Lager des Sicherungs-
nehmers,[177] ebenso wenn der Darlehensnehmer die Person täuscht, die eine Mithaftung übernimmt.[178] Wer den Vertragsschluss wie ein Makler vermittelt, kann Dritter sein,[179] ebenso wer
den Vertragsschluss aus eigenem Antrieb anbahnt,[180] anders aber, wenn ein Vermittler/Makler die
Verhandlungen für den Erklärungsempfänger führt.[181] Eine Vertragsübernahme – Zustimmung
des Vermieters zum Mieterwechsel – kann von der im Vertrag verbleibenden Partei nur angefochten werden, wenn die ausscheidende und die eintretende Partei entweder selbst getäuscht hat oder
bösgläubig war.[182]

Kein Dritter ist ein am Vertragsschluss Beteiligter, dessen Verhalten dem des Erklärungsempfän- 27
gers gleichzusetzen ist.[183] Gesetzliche und rechtsgeschäftliche Vertreter, beauftragte Verhandlungsführer und Verhandlungsgehilfen ohne Abschlussvollmacht sind keine Dritten.[184] Andere am Zustandekommen eines Geschäfts Beteiligte sind keine Dritten, wenn sie wegen ihrer engen
Beziehung zum Erklärungsempfänger als dessen Vertrauensperson erscheinen.[185] Abzustellen ist
darauf, ob der Täuschende bei einer funktionellen Betrachtungsweise auf der Seite des Erklärungsempfängers steht.[186] Dies gilt für den vollmachtlosen Vertreter dessen Handeln genehmigt
wurde,[187] den Vertragspartner des Erklärungsempfängers,[188] den Schuldner als Beauftragten des
Gläubigers im Verhältnis zum Bürgen[189] und den Strohmann.[190] Beim finanzierten Kauf kann
die Täuschung des Veräußerers der Bank zuzurechnen sein, wenn sie aus Sicht des Darlehensnehmers (Erwerbers) als Handlung des Kreditgebers erscheint.[191] Beim verbundenen Geschäft muss
sich die das Anlagegeschäft finanzierende Bank die Täuschung des Vermittlers über das An-
lageobjekt zurechnen lassen.[192] Der Vermittler sowohl einer Fondsbeteiligung als auch eines
Darlehens ist für die kreditgebende Bank kein Dritter.[193] Beim Leasingvertrag ist der die Vorver-
handlung führende Hersteller oder Händler kein Dritter des Leasinggebers.[194] I.R.e. Auffangtat-

---

176 BAG, 15.05.1997, 2 AZR 43/96, NZA 1998, 34.
177 BGH, 14.11.1962, V ZR 66/61, WM 1963, 252.
178 LG Ulm, 05.09.1983, 2 O 265/83, WM 1984, 28.
179 BGH, 17.11.1960, VII ZR 115/59, BGHZ 33, 309; zum Versicherungsvertreter aber OLG Hamm, 18.01.1974, 20 U 297/73, VersR 1974, 562 f.
180 BGH, 20.11.1995, II ZR 209/94, NJW 1996, 1051.
181 Vgl. BGH, 24.11.1995, V ZR 40/94, NJW 1996, 451.
182 BGH, 03.12.1997, XII ZR 6/96, NJW 1998, 533.
183 BGH, 20.11.1995, II ZR 209/94, NJW 1996, 1051.
184 BGH, 20.02.1967, III ZR 40/66, BGHZ 47, 230 f.; BGH, 20.11.1995, II ZR 209/94, NJW 1996, 1051.
185 BGH, 06.07.1978, III ZR 63/76, NJW 1978, 2145; BGH, 01.06.1989, III ZR 261/87, NJW 1989, 2880; BGH, 08.12.1989, V ZR 259/87, NJW 1990, 1662.
186 Soergel/*Hefermehl*, § 123 Rn. 32; a.A. MüKo-BGB/*Kramer*, § 123 Rn. 23 f., Maßstab insbes. § 278 BGB.
187 BGH, 17.11.1978, V ZR 210/74, WM 1979, 237.
188 OLG Koblenz, 11.12.2001, 3 U 1642/00, NJW-RR 2003, 120.
189 BGH, 20.06.1962, V ZR 209/60, NJW 1962, 1907 f; nicht Verhandlungsanstoß BGH, 09.04.1992, IX ZR 145/91, NJW-RR 1992, 1006.
190 Bamberger/Roth/*Wendtland*, § 123 Rn. 22.
191 BGH, 06.07.1978, III ZR 63/76, NJW 1978, 2145, s.a. § 358 BGB. Zur Zurechnung der Haustürsituation BGH 19.09.2006, XI ZR 242/05, NJW 2007, 364 Tz. 11.
192 BGH, 25.04.2006, XI ZR 106/05, BGHZ 167, 239 Tz. 29; BGH, 19.06.2007, XI ZR 142/05, NJW 2007, 3200 Tz. 25.
193 BGH, 25.04.2006, XI ZR 106/05, NJW 2006, 1957; BGH, 05.06.2007, XI ZR 348/05, NJW 2007, 2407 Tz. 14.
194 BGH, 28.09.1988, VIII ZR 160/87, NJW 1989, 288.

bestands kann schließlich die Eigenschaft als Dritter nach Billigkeitsgesichtspunkten entspr. der Interessenlage zu verneinen sein.[195]

b) Bösgläubigkeit

28 Hat ein Dritter getäuscht, besteht ein Anfechtungsrecht nur, wenn der Erklärungsempfänger die Täuschung kannte oder kennen musste. Jede Fahrlässigkeit genügt.[196] Anhaltspunkten für eine Täuschung muss der Erklärungsempfänger ggf. nachgehen (BGH NJW-RR 92, 1006).

3. § 123 Abs. 2 S. 2

29 Erwirbt eine andere Person aus dem Rechtsgeschäft unmittelbar ein Recht, kann die Erklärung auch dem Begünstigten ggü. angefochten werden, wenn dieser die Täuschung kannte oder kennen musste. Sollte ein Anfechtungsrecht nach § 123 Abs. 2 S. 1 BGB ausscheiden, kann auf diese Weise die Anfechtung eröffnet sein. Hauptanwendungsfall ist der Vertrag zugunsten Dritter, der anfechtbar ist, wenn der Dritte getäuscht hat,[197] so etwa der Lebensversicherungsvertrag, bei dem der Versicherer als Versprechender seine Erklärung ggü. dem Begünstigten anfechten darf, doch bleibt die Verpflichtung ggü. dem Versprechensempfänger bestehen. § 139 BGB ist insoweit unanwendbar.[198] Die Täuschung kann durch den Begünstigten als Dritten oder einen Außenstehenden als Vierten begangen sein.

D. Widerrechtliche Drohung

I. Drohung

30 Drohung ist das Inaussichtstellen eines künftigen Übels, auf dessen Eintritt der Drohende Einfluss zu haben vorgibt.[199] Durch die Drohung muss der Erklärende in die von § 124 Abs. 2 S. 1 Alt. 2 BGB vorausgesetzte Zwangslage gebracht sein.[200] Die Drohung kann versteckt durch einen Hinweis auf nachteilige Folgen oder konkludent erfolgen.[201] Das Ausnutzen einer Zwangslage berechtigt nicht zu einer Anfechtung analog § 123 BGB.[202] Die Drohung kann von einem Dritten ausgehen,[203] denn die Beschränkung des Anfechtungsrechts aus § 123 Abs. 2 BGB gilt hier nicht.[204] Der drohende Vorgesetzte muss nicht kündigungsberechtigt sein.[205]

1. Übel

31 Als Übel genügt jeder Nachteil, unabhängig davon, ob er materieller oder ideeller Natur ist oder sich auf den Erklärenden bzw. eine andere Person bezieht.[206] Ebenso wird die angedrohte Ausübung vertraglicher Gestaltungsrechte erfasst, so die Kündigung eines Darlehens[207] oder Arbeits-

---

195 BGH, 06.07.1978, III ZR 63/76, NJW 1978, 2145; BGH, 08.12.1989, V ZR 259/87, NJW 1990, 1662; BGH, 20.11.1995, II ZR 209/94, NJW 1996, 1051.
196 S.a. § 122 Rdn. 7.
197 BGH, 30.03.2006, I ZR 123/03, NJW-RR 2006, 1212.
198 AnwK/*Feuerborn*, § 123 Rn. 71; aber OLG Hamm, 27.05.1987, 20 U 335/86, VersR 1988, 459.
199 BGH, 14.06.1951, IV ZR 42/50, BGHZ 2, 295; BGH, 07.06.1988, IX ZR 245/86, NJW 1988, 2600 f.; BAG, 06.12.2001, 2 AZR 396/00, NZA 2002, 732.
200 AnwK/*Feuerborn*, § 123 Rn. 75.
201 BGH, 07.06.1988, IX ZR 245/86, NJW 1988, 2601.
202 BGH, 07.06.1988, IX ZR 245/86, NJW 1988, 2601.
203 BGH, 23.09.1966, VI ZR 9/65, NJW 1966, 2401.
204 Staudinger/*Singer/von Finkenstein*, § 123 Rn. 60.
205 BAG, 15.12.2005, 6 AZR 197/05, NZA 2006, 841 Tz. 16.
206 BGH, 23.09.1957, VII ZR 403/56, BGHZ 25, 218 f.; BGH, 07.06.1988, IX ZR 245/86, NJW 1988, 2601.
207 BGH, 16.01.1997, IX ZR 250/95, NJW 1997, 1981.

vertrags.²⁰⁸ Auf das Gewicht des Übels kommt es nicht an, doch sind bei der Drohung mit Lappalien erhöhte Anforderungen an den Kausalitätsnachweis zu stellen.²⁰⁹

2. Abhängigkeit vom Willen des Drohenden

Beim Bedrohten muss der Eindruck hervorgerufen werden, der Eintritt des Übels sei vom Willen des Drohenden abhängig. Ausreichend ist eine nicht ernstlich gemeinte Drohung, die der Erklärende für ernst hält und halten soll.²¹⁰ Das Ausnutzen eines bestehenden Übels²¹¹ oder einer objektiven Zwangslage²¹² genügt nicht. Beim Hinweis auf ein bestehendes Übel oder ein Risiko liegt eine unerhebliche Warnung vor.²¹³

II. Kausalität

Der Erklärende muss durch die Drohung zur Abgabe der Willenserklärung bestimmt worden sein. Ohne Drohung darf die Willenserklärung überhaupt nicht, nicht mit diesem Inhalt oder nicht zu dieser Zeit abgegeben worden sein.²¹⁴ Eine Abwägung der mit der Willenserklärung verbundenen Vor- und Nachteile schließt eine Anfechtbarkeit nicht aus, wenn die Drohung jedenfalls für die Abgabe mitursächlich war,²¹⁵ anders wenn die Willenserklärung aufgrund selbstbestimmter Überlegung, nach aktivem Verhandeln oder Einholung von Rechtsrat abgegeben wurde.²¹⁶ Ein Mitverschulden des Anfechtenden hindert die Anfechtung nicht.²¹⁷

III. Widerrechtlichkeit

Eine Drohung ist widerrechtlich, wenn das angedrohte Mittel, der erstrebte Zweck oder das Verhältnis zwischen beiden (Mittel-Zweck-Relation) widerrechtlich ist.²¹⁸ Liegt ein Rechtfertigungsgrund vor, ist die Erklärung nicht anfechtbar.²¹⁹

1. Widerrechtliches Mittel

Eine Drohung ist widerrechtlich, wenn das angedrohte Mittel (Verhalten) gegen die Rechtsordnung verstößt, weil es strafbar, rechts- oder sittenwidrig ist. Widerrechtlich ist die Drohung mit einem Vertragsbruch,²²⁰ selbst wenn eine wirksame und fällige Forderung durchgesetzt werden soll.²²¹ Die Drohung eines Richters mit nachteiligem Urteil bei Ablehnung eines Vergleichs, soll rechtswidrig sein.²²² Grds. rechtmäßig ist die Drohung mit von der Rechtsordnung zugelassenen

---

208 BAG, 06.12.2001, 2 AZR 396/00, NZA 2002, 732 f.; BAG, 15.12.2005, 6 AZR 197/05, NZA 2006, 841 Tz. 15.
209 MüKo-BGB/*Kramer*, § 123 Rn. 41.
210 BGH, 06.05.1982, VII ZR 208/81, NJW 1982, 2301.
211 BGH, 14.06.1951, IV ZR 42/50, BGHZ 2, 287, 295, Suizidgefahr eines Dritten.
212 BGH, 26.06.1952, III ZR 305/51, BGHZ 6, 351.
213 Staudinger/*Singer/von Finkenstein*, § 123 Rn. 63.
214 BGH, 14.06.1951, IV ZR 42/50, BGHZ 2, 287, 299; BAG, 15.12.2005, 6 AZR 197/05, NZA 2006, 841 Tz. 19.
215 Erman/*Palm*, § 123 Rn. 59.
216 BGH, 06.06.1974, II ZR 114/72, WM 1974, 1023; BAG, 28.11.2007, 6 AZR 1108/06, NZA 2008, 348 Tz. 59.
217 BGH, 23.04.1997, VIII ZR 212/96, NJW 1997, 1847.
218 BGH, 23.09.1957, VII ZR 403/56, BGHZ 25, 220; BGH, 19.04.2005, X ZR 15/04, NJW 2005, 2767; BAG, 22.10.1998, 8 AZR 475/97, NJW 1999, 2061.
219 AnwK/*Feuerborn*, § 123 Rn. 83.
220 BGH, 12.07.1995, XII ZR 95/93, NJW 1995, 3053.
221 Bamberger/Roth/*Wendtland*, § 123 Rn. 29.
222 BGH, 06.07.1966, Ib ZR 83/64, NJW 1966, 2399; BAG, 12.05.2010, 2 AZR 544/08, NZA 2010, 1250 Tz. 25 ff.; a.A. *Schneider*, NJW 1966, 2399.

und in der Situation objektiv zu erwägenden Rechtsbehelfen,[223] z.B. Zurückbehaltungsrecht, Rechtsstreit,[224] Zwangsvollstreckung,[225] Insolvenzantrag, Kündigung,[226] Strafanzeige[227] oder Boykottaufruf im Arbeitskampf.[228] Es müssen weder eine Bedenkzeit noch ein Widerrufsrecht[229] eingeräumt werden.[230] Die Verfolgung von Rechten ist selbst dann berechtigt, wenn das Recht nicht existiert, falls ein guter Glaube oder ein berechtigtes Interesse besteht.[231]

2. Widerrechtlicher Zweck

36 Selbst wenn das Druckmittel rechtmäßig ist, kann die Drohung aufgrund des subjektiv angestrebten rechts- oder sittenwidrigen Zwecks widerrechtlich sein. Es genügt aber nicht, dass der Drohende keinen Anspruch auf den erstrebten Erfolg hat.[232] Der Erfolg selbst muss rechtswidrig sein.[233] Zumeist wird die Willenserklärung bereits nach §§ 134, 138 BGB nichtig sein.[234] Die Ankündigung einer Mandatsniederlegung ohne Sonderhonorar ist rechtmäßig.[235]

3. Inadäquanz von Mittel und Zweck

37 Sind weder Mittel noch Zweck rechtswidrig, kann dennoch der Einsatz des Mittels für den konkreten Zweck zu missbilligen sein. I.R.d. erforderlichen Gesamtwürdigung ist zu prüfen, ob der Drohende an der Erreichung des erstrebten Erfolgs ein berechtigtes Interesse hat und ob die Drohung ein angemessenes Mittel darstellt.[236] Zu missbilligen ist die Drohung, ein Haus nur zu übergeben, wenn der Bedrohte eine Sonderzahlung anerkennt und auf Vorbehalte verzichtet.[237] Eine **Klageandrohung** muss grds. selbst bei einer unbegründeten Klage hingenommen werden, anders bei unlauterer Prozessführung, die etwa nur der Verzögerung dient.[238] Bei Drohung mit einer **Strafanzeige** ist darauf abzustellen, ob ein innerer Zusammenhang zwischen der anzuzeigenden Tat und dem verfolgten Interesse besteht. Nicht widerrechtlich ist die Drohung, wenn der Bedrohte zur Ersatzleistung wegen seiner verübten Straftat angehalten werden soll.[239] Die Drohung des ArbG mit Strafanzeige, um den ArbN zur Unterzeichnung eines Schuldanerkenntnisses zu veranlassen, ist bei begründetem Verdacht nicht unangemessen.[240] Grds. inadäquat ist die Drohung mit einer Strafanzeige gegen Dritte, etwa Familienangehörige,[241] außer der Dritte war an der Tat beteiligt.[242] Eine zufällig bekannt gewordene Straftat darf nicht genutzt werden, um

---

223 BGH, 19.04.2005, X ZR 15/04, NJW 2005, 2768; aber unten Rdn. 37.
224 BGH, 11.12.1980, III ZR 38/79, BGHZ 79, 143 f.
225 BGH, 12.07.1984, III ZR 8/84, WM 1984, 1249.
226 BGH, 19.04.2005, X ZR 15/04, NJW 2005, 2768.
227 BGH, 23.09.1957, VII ZR 403/56, BGHZ 25, 219; BAG, 22.10.1998, 8 AZR 475/97, NJW 1999, 2061.
228 BAG, 19.10.1976, 1 AZR 611/75, NJW 1977, 318.
229 Dazu BAG, 27.11.2003, 2 AZR 135/02, NJW 2004, 2403.
230 BAG, 30.09.1993, 2 AZR 268/93, NJW 1994, 1022.
231 BGH, 19.04.2005, X ZR 15/04, NJW 2005, 2768.
232 BGH, 16.01.1997, IX ZR 250/95, NJW 1997, 1981.
233 BGH, 23.09.1957, VII ZR 403/56, BGHZ 25, 220.
234 *Larenz/Wolf*, AT § 37 Rn. 37.
235 BGH, 12.01.1978, III ZR 53/76, DB 1978, 1174; BGH, 04.07.2002, IX ZR 153/01, NJW 2002, 2775, anders zur Unzeit.
236 BGH, 23.09.1957, VII ZR 403/56, BGHZ 25, 220; BGH, 04.11.1982, VII ZR 11/82, NJW 1983, 385; BAG, 27.11.2003, 2 AZR 135/03, NJW 2004, 2402.
237 BGH, 06.05.1982, VII ZR 208/81, NJW 1982, 2301.
238 BGH, 11.12.1980, III ZR 38/79, BGHZ 79, 143 f.
239 BGH, 23.09.1957, VII ZR 403/56, BGHZ 25, 220 f.; BGH, 06.02.1963, VIII ZR 158/62, WM 1963, 512.
240 BAG, 22.10.1998, 8 AZR 457/97, NJW 1999, 2061.
241 OLG Karlsruhe, 11.01.1991, 14 U 251/89, VersR 1992, 704.
242 BGH, 16.03.1973, V ZR 38/71, WM 1973, 575.

andere zivilrechtliche Ansprüche durchzusetzen.²⁴³ Die Drohung eines ArbG mit (außer)ordentlicher **Kündigung** ist rechtswidrig, wenn die Kündigung jeder Grundlage entbehrt und ein verständiger ArbG sie nicht in Erwägung gezogen hätte.²⁴⁴ Wurde die Kündigung vor den Verhandlungen über einen Aufhebungsvertrag ausgesprochen, fehlt eine Drohung.²⁴⁵ Bei einer angedrohten Verdachtskündigung muss sich der ArbG bemüht haben, die Verdachtsmomente aufzuklären.²⁴⁶ **Sonstiges:** Eine angedrohte Presseberichterstattung ist nicht zu missbilligen, wenn der Pressebericht selbst nicht zu missbilligen ist.²⁴⁷ **Vergleich:** Ein vom (ersuchten) Richter erweckter Anschein, ein Urteil sei schon unabänderlich beschlossen, berechtigt zur Anfechtung wegen Drohung.²⁴⁸

IV. Subjektiver Tatbestand

Vom Drohenden muss bezweckt werden, den Bedrohten zur Abgabe einer Willenserklärung zu veranlassen. Voraussetzung ist ein vorsätzliches Handeln, d.h. der Drohende muss den Bedrohten bewusst in eine Zwangslage versetzen wollen.²⁴⁹ Nicht erforderlich ist die Absicht, den Bedrohten zu schädigen oder die Drohung zu verwirklichen.²⁵⁰ Umstritten ist, ob hinsichtlich der Widerrechtlichkeit subjektive Anforderungen erfüllt sein müssen. Die Rspr. verlangt, dass der Drohende die Umstände kennt, welche die Anstößigkeit begründen bzw. eine auf Fahrlässigkeit beruhende Unkenntnis.²⁵¹

38

E. Rechtsfolgen

Die auf einer arglistigen Täuschung oder widerrechtlichen Drohung beruhende Willenserklärung ist anfechtbar. Eine Teilanfechtung trennbarer Teile des Rechtsgeschäfts ist zulässig. Eine Fehleridentität, bei welcher der Anfechtungsgrund Verpflichtungs- und Verfügungsgeschäft erfasst,²⁵² kommt in Betracht, wenn der täuschungsbedingte Irrtum oder die Zwangslage noch bei der Verfügung bestehen. Die Anfechtung ist ausgeschlossen, falls die Rechtslage des Getäuschten durch die Handlung nicht oder nicht mehr betroffen ist,²⁵³ insbes. wenn der Anfechtungsgrund seine Bedeutung für das Rechtsgeschäft verloren hat.²⁵⁴ Abzustellen ist dafür auf den Zeitpunkt der Abgabe der Anfechtungserklärung, nicht des Zugangs.²⁵⁵ Ein zeitweiliger Fortfall des Anfechtungsgrunds ist unschädlich.²⁵⁶

39

Wird ein Vertragsschluss durch Täuschung über die Eigenschaft als eingetragener Architekt erwirkt, steht dem Getäuschten ein Anfechtungsrecht zu. Hat der (täuschende) Vertragspartner aber bereits Architekenleistungen erbracht und ist dem Vermögen des Auftraggebers tatsächlich ein Vorteil zugeflossen (Verwertung), so sind in die Rückabwicklung nach Bereicherungsrecht aufsei-

40

---

243 BAG, 22.10.1998, 8 AZR 457/97, NJW 1999, 2061.
244 BAG, 21.03.1996, 2 AZR 543/95, NZA 1996, 1031; BGH, 28.11.2007, 6 AZR 1108/06, NZA 2008, 348 Tz. 48.
245 BAG, 23.11.2006, 6 AZR 394/06, NJW 2007, 1831 Tz. 40.
246 BAG, 21.03.1996, 2 AZR 543/95, NJW 1997, 678.
247 BGH, 19.04.2005, X ZR 15/04, NJW 2005, 2769 f.
248 BGH, 06.07.1966, Ib ZR 83/64, NJW 1966, 2399.
249 BGH, 22.11.1995, XII ZR 227/94, NJW-RR 1996, 1283; BAG, 15.12.2005, 6 AZR 197/05, NZA 2006, 841 Tz. 17; a.A. *Larenz/Wolf*, AT § 37 Rn. 43.
250 Bamberger/Roth/*Wendtland*, § 123 Rn. 35.
251 BGH, 23.09.1957, VII ZR 403/56, BGHZ 25, 224 f.; BGH, 20.06.1962, VIII ZR 249/61, JZ 1963, 318; a.A. *Medicus*, AT Rn. 820.
252 BGH, 08.03.1972, VIII ZR 40/71, BGHZ 58, 257, 258.
253 BGH, 30.06.2000, V ZR 149/99, NJW 2000, 2894.
254 OLG Frankfurt, 04.06.1986, 9 U 101/85, NJW-RR 1986, 1206; BAG, 18.09.1987, 7 AZR 507/86, NZA 1988, 731.
255 BGH, 30.06.2000, V ZR 149/99, NJW 2000, 2894.
256 BGH, 11.03.1992, VIII ZR 291/90, NJW 1992, 2348.

ten des Täuschenden die Mindestsätze der HOAI einzustellen.[257] Dies soll nicht gelten, wenn im Vertrag eine niedrigere Vergütung als die Mindestsätze der HOAI vereinbart wurde.[258] Wegen der Leistungsbezogenheit der HOAI gelten die eben dargestellten Grundsätze auch, wenn der Leistungserbringer nicht die zur Führung der Berufsbezeichnung notwendigen Anforderungen erfüllt.[259] Siehe zum Ganzen *Vygen*, in: Korbion/Mantscheff/Vygen, HOAI, § 1 Rn. 16 f.

F. Konkurrenzen

I. Anfechtungstatbestände

41 Eine Anfechtung wegen arglistiger Täuschung und widerrechtlicher Drohung schließen sich nicht aus,[260] ebenso wenig eine Anfechtung nach § 123 Abs. 1 BGB und nach § 119 BGB.[261]

II. Sittenwidrigkeit

42 Eine Täuschung (oder Drohung) allein begründet noch keine Sittenwidrigkeit gem. § 138 BGB. Dazu bedarf es weiterer Umstände.[262]

III. Vorvertragliche Pflichtverletzung, § 311 Abs. 2

43 Eine Täuschung oder Drohung führt vielfach zu Schadensersatzansprüchen aus vorvertraglichen Pflichtverletzungen, §§ 280 Abs. 1, 2, 282, 241, 311 Abs. 2 BGB. Umstritten ist, ob auch bei fahrlässigen Handlungen eine Befreiung von der Vertragspflicht erreicht werden kann. Dies wird vor allem von der st. Rspr. bejaht.[263] Die Verstärkung der vorvertraglichen Pflichten und § 282 BGB rechtfertigen es nach neuem Recht, einen solchen Schadensersatzanspruch bei fahrlässigen Pflichtverletzungen zuzulassen.

IV. Gewährleistungsrecht

44 Die Gewährleistungsrechte, insbes. die §§ 633 ff. BGB, schließen § 123 BGB nicht aus.[264] Mit der Anfechtung entfällt die Grundlage eines gewährleistungsrechtlichen Schadensersatzanspruchs.[265]

V. Unerlaubte Handlungen

45 Das Anfechtungsrecht aus § 123 BGB konkurriert oft mit Ansprüchen aus §§ 823 Abs. 2 (i.V.m. §§ 240, 263 StGB), 826 BGB. Diese Ansprüche sind i.d.R. auf das negative Interesse gerichtet.[266] Das positive Interesse kann nur beim Nachweis verlangt werden, dass der Vertrag ohne den Anfechtungstatbestand zu günstigeren Bedingungen geschlossen worden wäre.[267]

---

257 BGH, 05.11.1981, VII ZR 216/80, BauR 1982, 83, 85; BGH, 23.06.1994, VII ZR 167/93, BauR 1994, 651, 654; OLG Hamm, 08.06.1984, 25 U 188/83, BauR 1986, 710; einschränkend OLG Hamm, 20.03.1985, 26 U 120/84, NJW-RR 1986, 449, 450.
258 BGH, 22.05.1997, VII ZR 290/95, BGHZ 136, 1 – BauR 1997, 677; OLG Nürnberg, 12.09.1997, 6 U 2235/96, NJW-RR 1998, 1713, 1714.
259 *Wirth*, in: Korbion/Mantscheff/Vygen, HOAI, Einf. Rn. 369.
260 BGH, 22.11.1995, XII ZR 227/94, NJW-RR 1996, 1281.
261 BGH, 09.10.1980, VII ZR 332/79, BGHZ 78, 221.
262 BGH, 14.12.1987, II ZR 166/87, NJW 1988, 903.
263 Etwa BGH, 31.01.1962, VIII ZR 120/60, NJW 1962, 1198; BGH, 26.09.1997, V ZR 29/96, NJW 1998, 303; BGH, 04.07.2002, IX ZR 153/01, NJW 2002, 2775; BGH, 18.09.2001, X ZR 107/00, NJW-RR 2002, 309 f.; s.a. *Lorenz*, ZIP 1998, 1055; a.A. *Grigoleit*, NJW 1999, 900; s.a. *Schöpflin*, JA 1998, 356.
264 BGH, 14.10.1971, VII ZR 313/69, BGHZ 57, 146; BGH, 02.02.1990, V ZR 266/88, BGHZ 110, 222; BGH, 12.11.1957, VIII ZR 311/56, NJW 1958, 177; s.a. § 119 Rdn. 6.
265 *Höpfner*, NJW 2004, 2865; a.A. *Derleder*, NJW 2004, 970.
266 BGH, 25.11.1997, VI ZR 402/96, NJW 1998, 984.
267 RG, 10.11.1921, VI 195/21, RGZ 103, 159; BGH 12.10.1995, I ZR 172/93, DB 1969, 878.

G. Beweislast

Wer sich auf die Rechtsfolgen der Anfechtung nach § 123 BGB beruft, hat die Voraussetzungen des Anfechtungsrechts nachzuweisen.[268] Bei einer Täuschung durch arglistiges Verschweigen ist der bedingte Vorsatz i.S.e. Fürmöglichhaltens zu beweisen.[269] Der Gegner hat zunächst vorzutragen, wo, wann und wie die Aufklärung erfolgt ist.[270] Für die Kausalität einer arglistigen Täuschung genügt es, dass der Getäuschte Umstände nachweist, die für seinen Entschluss von Bedeutung sein konnten und dass die arglistige Täuschung bei der Art des Rechtsgeschäfts Einfluss auf die Entschließung haben kann.[271] Der Gegner hat zu beweisen, dass die Erklärung auch bei erfolgter Aufklärung abgegeben worden wäre.[272] Macht der Drohende die Adäquanz seines Verhaltens geltend, muss er nach den Grundsätzen der sekundären Beweislastverteilung die objektive Vertretbarkeit seines Standpunkts beweisen.[273]

46

§ 124 Anfechtungsfrist

(1) Die Anfechtung einer nach § 123 anfechtbaren Willenserklärung kann nur binnen Jahresfrist erfolgen.

(2) Die Frist beginnt im Falle der arglistigen Täuschung mit dem Zeitpunkt, in welchem der Anfechtungsberechtigte die Täuschung entdeckt, im Falle der Drohung mit dem Zeitpunkt, in welchem die Zwangslage aufhört. Auf den Lauf der Frist finden die für die Verjährung geltenden Vorschriften der §§ 206, 210 und 211 entsprechende Anwendung.

(3) Die Anfechtung ist ausgeschlossen, wenn seit der Abgabe der Willenserklärung 10 Jahre verstrichen sind.

A. Normzweck

Im Interesse des Verkehrsschutzes wird die Anfechtbarkeit nach § 123 BGB durch Ausschlussfristen begrenzt. Da der Getäuschte und der Bedrohte stärkeren Schutz als der Irrende verdienen, sieht § 124 BGB längere Anfechtungsfristen als § 121 BGB vor. Beim Vorliegen besonderer Umstände kann aber das Anfechtungsrecht bereits zuvor verwirkt sein.[1]

1

B. Anwendungsbereich

Die Ausschlussfristen bestehen für die Anfechtungsrechte aus § 123 BGB und zwar auch, wenn ein Dritter Anfechtungsgegner ist.[2] Sonderregeln enthalten die §§ 318 Abs. 2, 2082 BGB.

2

C. Ausschlussfrist, § 124 Abs. 1

I. Allgemeines

Die Anfechtung nach § 123 BGB muss gem. § 124 Abs. 1 BGB binnen einer Jahresfrist erfolgen, die nach §§ 197 Abs. 1, 188 Abs. 2 BGB zu berechnen ist, Verwirkung nur bei ganz besonderen

3

---

268 BGH, 13.05.1957, II ZR 56/56, NJW 1957, 988; BGH, 20.10.2000, V ZR 285/99, NJW 2001, 65.
269 BGH, 11.05.2001, V ZR 14/00, NJW 2001, 2327; BGH, 31.10.2002, V ZR 100/02, NJW 2003, 755.
270 BGH, 20.10.2000, V ZR 285/99, NJW 2001, 65.
271 BGH, 12.05.1995, V ZR 43/94, NJW 1995, 2362.
272 BGH, 05.07.1973, VII ZR 12/73, BGHZ 61, 120.
273 BGH, 19.04.2005, X ZR 15/04, NJW 2005, 2768.
1 BGH, 28.04.1971, VIII 258/69, NJW 1971, 1800.
2 Motive I, 209; a.A. *Flume*, AT § 27 Nr. 3.

Umständen.[3] Die Anfechtungserklärung muss vor Fristablauf zugegangen sein. Einen Sonderfall bildet § 110 BauGB.[4]

II. Beginn

1. Empfangsbedürftige Willenserklärungen

4 Bei arglistiger Täuschung beginnt die Frist, sobald der Getäuschte die Täuschung gem. § 124 Abs. 2 S. 1 Alt. 1 BGB entdeckt, also Kenntnis vom Irrtum und dem arglistigen Verhalten[5] erlangt hat.[6] Fahrlässige Unkenntnis oder ein Verdacht genügen nicht,[7] doch müssen nicht alle Einzelheiten bekannt sein.[8] Bei einer widerrechtlichen Drohung beginnt die Frist mit dem Ende der Zwangslage, § 124 Abs. 2 S. 1 Alt. 2 BGB, also mit Eintritt des Übels, auch durch Dritthandlung, oder wenn mit dem Eintritt des Übels nicht mehr zu rechnen ist.[9]

2. Nicht empfangsbedürftige Willenserklärungen

5 Der Fristbeginn ist hier gesetzlich nicht geregelt.[10] Anfechtbarkeit und Anfechtungsgegner müssen bekannt sein.[11]

III. Hemmung

6 Die Ausschlussfrist des § 124 Abs. 1 BGB ist aufgrund der nach § 124 Abs. 2 S. 2 BGB entspr. anzuwendenden §§ 206, 210, 211 BGB bei höherer Gewalt, fehlender Geschäftsfähigkeit oder im Erbfall gehemmt.

D. Ausschlussfrist, § 124 Abs. 3

7 Spätestens mit Ablauf von zehn Jahren nach Abgabe – nicht Zugang – der Willenserklärung erlischt das Anfechtungsrecht. Die Frist kann weder unterbrochen noch gehemmt werden.

E. Folgen

8 Mit Fristablauf ist das Anfechtungsrecht ausgeschlossen. Im Prozess ist dies von Amts wegen zu berücksichtigen. Nur unter ganz besonderen Umständen kann es auf der Basis von § 242 BGB nach Fristablauf geltend gemacht werden.[12] Schadensersatzansprüche aus § 311 Abs. 2, 3 BGB, die auf Vertragsaufhebung gerichtet sein können, bleiben bestehen,[13] ebenso die aus unerlaubter Handlung, die als Einrede nach § 853 BGB geltend gemacht werden können.[14]

---

3 BAG, 28.11.2007, 6 AZR 1108/06, NZA 2008, 348 Tz. 45.
4 BVerwG, 29.03.2006, 4 B 1/06, BRS 68 Nr. 212.
5 RG, 12.01.1907, I 254/06, RGZ 65, 89.
6 Staudinger/*Singer/von Finkenstein*, § 124 Rn. 4.
7 BGH, 26.04.1973, III ZR 116/71, WM 1973, 751.
8 RG, 09.04.1938, VI 295/37, JW 1938, 2202.
9 RG, 13.04.1905, VI 282/04, RGZ 60, 374; RG, 21.09.1917, III 151/17, BGHZ 90, 411.
10 Motive I, 209.
11 AnwK/*Feuerborn*, § 124 Rn. 7.
12 BGH, 11.07.1968, II ZR 157/65, NJW 1969, 604.
13 BGH, 24.10.1996, IX ZR 4/96, NJW 1997, 254; BGH, 18.09.2001, X ZR 107/00, NJW-RR 2002, 309; str, vgl. § 123 Rdn. 43.
14 BGH, 29.01.1969, IV ZR 518/68, NJW 1969, 605.

F. Beweislast

Wer sich auf den Fristablauf beruft, trägt die Beweislast, i.d.R. also der Anfechtungsgegner.[15] Er muss auch die für die Kenntnis der arglistigen Täuschung maßgebenden Umstände beweisen.[16]   9

(...)

Titel 3: Vertrag

Vor. zu §§ 145–163 BGB

Schrifttum

Baßmann/Flury/Langneff Die Rechtsprechung des VII. Zivilsenats zum Bauvertrags- und Architektenrecht im Jahr 2008 – Teil 1, BauR 2009, 425; *Dreher/Hoffmann* Die schwebende Wirksamkeit nach § 101b I GWB, NZBau 2010, 201; *Fuchs* Der Dreiklang aus Werkerfolg, Leistungsbeschreibung und Mehrvergütungsanspruch, BauR 2009, 404; *Gralla/Sundermeier* »Unvollständige Verträge« in der Baupraxis – Grenzen einer vollkommenen Bausoll-Definition und Reformbedarf der VOB, in Kapellmann/Vygen, Jahrbuch Baurecht 2008; *Leinemann* Zu Inhalt und Umfang des Vergabeverfahrensrisikos, BauR 2009, 1032; *Markus* Ansprüche des Auftragnehmers nach wirksamer Zuschlagserteilung bei »unklarer Leistungsbeschreibung« des Auftraggebers, in Kapellmann/Vygen, Jahrbuch Baurecht 2004, S. 1; *Neuenfeld* Die Rechtsprechung des Jahres 2009 zum Architekten- und Ingenieurvertragsrecht – Teil 1, NZBau 2010, 477; *Pauly* Zu Wesen und Umfang der Mehrvergütungsansprüche des Auftragnehmers im Falle eines nach verlängerter Zuschlagsfrist erteilten Zuschlags, BauR 2009, 560; *Roquette/Schweiger* Die Mär vom Vorbehalt – Kein Ausschluss von Bauzeitansprüchen durch Abschluss von Nachtragsvereinbarungen BauR 2008, 734; *Rothfuchs* Der Anspruch auf bauzeitverlängerungsbedingte Mehrvergütung trotz vereinbarten neuen Preises den zugrunde liegenden technischen Nachtrag betreffend und diesbezüglich nicht erklärten Vorbehaltes, BauR 2007, 469; *Schröder* Die elektronische Auktion nach § 101 VI 1 GWB – Rückkehr des Lizitationsverfahrens?, NZBau 2010, 411; *Sass* Bausoll, Vertragssoll und der »offene« Inhalt von Bauverträgen, in Kapellmann/Vygen, Jahrbuch Baurecht 2007, S. 35.

Übersicht

	Rdn.			Rdn.
A. Vertragsfreiheit	1		1. Allgemeines	13
B. Vertragsverhandlungen und Vertragsschluss	7		2. Beschränkung der Abschlussfreiheit	18
C. Abbruch von Vertragsverhandlungen	12		3. Bedeutung des Vergaberechts für Vertragsschluss und Vertragsauslegung	22
D. Bauverträge der öffentlichen Hand	13			
I. Einwirkungen des Vergaberechts	13	II.	Formvorschriften	25

A. Vertragsfreiheit

Die §§ 145 ff. BGB betreffen das Zustandekommen von Verträgen (Vertragsschluss), nicht jedoch deren Inhalt. Sie gelten als Bestandteil des Allgemeinen Teils des BGB auch für das Zustandekommen von Werkverträgen nach BGB und nach VOB/B.   1

Den Bestimmungen des BGB liegt die **Vertragsfreiheit** als wichtigste Ausprägung der Privatautonomie zugrunde. Sie garantiert den Baubeteiligten, frei darüber zu entscheiden, ob überhaupt und mit wem (Abschlussfreiheit), mit welchem Inhalt (Inhaltsfreiheit) und wie (Formfreiheit) eine vertragliche Bindung eingegangen werden soll.[1]   2

---

15 OLG Nürnberg, 26.10.2000, 8 U 282/00, VersR 2001, 1368.
16 BGH, 11.03.1992, VIII ZR 291/90, NJW 1992, 2347 f.
1 PWW/*Brinkmann*, vor §§ 145 ff. Rn. 13; ausführlich Erman/*Armbrüster*, Vor § 145 Rn. 26 ff.

3 Die **Abschlussfreiheit** gilt – vorbehaltlich der Besonderheiten der Vergabe öffentlicher Aufträge – uneingeschränkt auch für die Anbahnung des Bauvertrags. Allerdings kann nach Abschluss eines VOB-Vertrags aus den Bestimmungen der §§ 1 Abs. 3, 1 Abs. 4 VOB/B ein Kontrahierungszwang für den Auftragnehmer resultieren. Ist die VOB/B zwischen den Vertragspartnern wirksam vereinbart, führt die Ausübung der dort geregelten Leistungsbestimmungsrechte zu einer automatischen Änderung des Vertragsinhalts bzw. einer Vertragserweiterung, die den Auftragnehmer unmittelbar verpflichten (faktischer Abschusszwang).[2] Die damit verbundene Einschränkung der Vertragsfreiheit ist nur durch die zugrunde liegende Vereinbarung der Parteien (Einbeziehung der VOB/B) und die korrespondierenden Vergütungsansprüche gemäß § 2 Nr. 5 bzw. § 2 Nr. 6 VOB/B zu rechtfertigen.

4 Die **Inhalts- bzw. Gestaltungsfreiheit** ermöglicht es den Partnern eines Bauvertrages, den Vertrag nach ihren individuellen Bedürfnissen und Zielen festzulegen. Hierzu gehört die Möglichkeit, auf Allgemeine Vertragsbedingungen (wie z.B. die VOB/B) oder sonstige Vertragsmuster zurückzugreifen. Machen die Bauvertragspartner – wie häufig – von ihrer Gestaltungsfreiheit nur punktuell und unvollständig Gebrauch, greifen subsidiär die gesetzlichen Regelungen, insbesondere die Bestimmungen des Werkvertragsrechts gem. §§ 631 bis 651 BGB bzw. die Regelungen der Honorarordnung für Architekten und Ingenieure (HOAI). Hiervon ist die fehlende Einigung über *essentialia negotii* (sog. Totaldissens) und der Dissens über Nebenabreden zu unterscheiden (vgl. hierzu die Auslegungsregeln der §§ 154, 155 BGB).

5 Die **grundsätzliche Formfreiheit** erlaubt es den Vertragspartnern eines Bau- bzw. Architektenvertrages, den Vertrag mündlich zu schließen und auch sonstige Erklärungen in der Bauabwicklung (z.B. Kündigungen, Mangelbeseitigungsverlangen, etc.) mündlich vorzunehmen. Ist die VOB/B Vertragsgrundlage, ist allerdings für bestimmte Erklärungen die Schriftform zu beachten (vgl. § 8 Abs. 5 VOB/B für die Kündigung durch den Auftraggeber; § 9 Abs. 2 S. 1 VOB/B für die Kündigung durch den Auftragnehmer; § 13 Abs. 5 Nr. 1 S. 1 VOB/B für das Verlangen nach Mangelbeseitigung). Beschränkungen der Formfreiheit ergeben sich bei Verträgen über Grundstücke nach § 311b Abs. 1 BGB. Sobald die Bauleistung mit der Veräußerung des Baugrundstücks verknüpft wird, ist auch der Bauvertrag beurkundungsbedürftig, jedenfalls, wenn beide Teile eine rechtliche Einheit bilden sollen.[3] Eine Beurkundungspflicht für den Bauvertrag besteht demgegenüber nicht, wenn das Grundstück ohne Rücksicht darauf erworben wird, ob, wie und von wem es bebaut wird.[4]

6 Den Vorteilen der grundsätzlichen Formfreiheit (schnelle und unkomplizierte vertragliche Bindung) stehen gewichtige Nachteile gegenüber. So ist der Inhalt eines mündlich geschlossenen Bauvertrages beispielsweise in Bezug auf die »vereinbarte Beschaffenheit« (§ 633 Abs. 2 S. 1 BGB), die Leistungszeit (vgl. § 271 BGB, § 5 VOB/B) oder die Vergütung (Pauschalpreis, Einheitspreis, Aufwand?) bei einer mündlichen Absprache kaum noch eindeutig feststellbar und der Bauvertrag entsprechend streitanfällig. Vor allem wegen der Beweisbarkeit des Vertragsinhaltes sind daher schriftliche Bauverträge, die die Vermutung der Richtigkeit und Vollständigkeit haben,[5] vorzugswürdig.

B. Vertragsverhandlungen und Vertragsschluss

7 Aufträge kommen durch Angebot und Annahme zustande. Die §§ 145 ff. BGB sehen einen Vertragsschluss durch zwei kongruente, d.h. deckungsgleiche Willenserklärungen vor (Konsensprinzip). In Anbetracht der Komplexität der Bauleistungen und der Vergütungsabreden ist die

---

[2] *Vygen/Joussen*, Rn. 122.
[3] BGH, 06.11.1980, VII ZR 12/80, BauR 1981, 67, 68: wenn beide Verträge »miteinander stehen und fallen sollen«.
[4] *Kniffka/Koeble*, Kompendium des Baurechts, S. 155 (Rn. 14).
[5] BGH, 19.03.1980, VIII ZR 183/79, NJW 1980, 1680, 1681.

Festlegung der Deckungsgleichheit der Willenserklärung unter Umständen schwierig. Zur Wirksamkeit eines Vertrages ist Voraussetzung, dass die tatsächlich vereinbarten Regelungen zumindest die *essentialia negotii* des Typus »Werkvertrag« festlegen bzw. diese bestimmbar sind.

Angebot und Annahme sind – außerhalb der öffentlichen Auftragsvergabe – in der Regel keine singulären Ereignisse, sondern Ausgangspunkt bzw. Schlusspunkt eines Verhandlungsprozesses. Die in der Baupraxis gängigen Hilfsmittel wie Angebotsanforderung, Baubeschreibung nebst Leistungsverzeichnis, Angebot, Verhandlungsprotokoll, Auftragsschreiben, Werkvertrag, etc. zeigen, dass sich beide Vertragspartner häufig an den Vertragsinhalt und die Vergütung erst herantasten. Eine endgültige Bindung soll in diesen Fällen erst im Moment des Abschlusses der Vertragsverhandlungen entstehen (vgl. § 311 Abs. 1 BGB). 8

Allerdings entsteht bereits durch die Aufnahme der Vertragsverhandlungen gem. § 311 Abs. 2 Nr. 1 BGB ein Schuldverhältnis mit wechselseitigen Pflichten nach § 241 Abs. 2 BGB. Mit der Anbahnung des Vertrags gewährt der eine Teil im Hinblick auf eine rechtsgeschäftliche Beziehung dem anderen Teil die Möglichkeit, auf seine Rechte, Rechtsgüter und Interessen einzuwirken. Die schuldhafte Verletzung vorvertraglicher Pflichten kann Schadensersatzansprüche auslösen. 9

Eine Bindung an Zwischenergebnisse der Verhandlungen, wie es § 145 BGB nahelegt, kann allenfalls über Zwischenvereinbarungen erreicht werden.[6] Der im Vorfeld von Großprojekten gelegentlich verwendete *Letter of Intent* stellt regelmäßig nur die rechtlich nicht verbindliche Fixierung der Verhandlungsposition des Absenders dar.[7] Demgegenüber kann mit einem **Vorvertrag** die Verpflichtung zum späteren Abschluss eines Hauptvertrags – und insoweit ein vertraglicher Kontrahierungszwang – begründet werden. Vorverträge sind schuldrechtliche Vereinbarungen, durch die für beide Teile oder auch nur einen von ihnen die Verpflichtung begründet wird, demnächst einen anderen schuldrechtlichen Vertrag, den Hauptvertrag zu schließen. Die Bindungswirkung eines Vorvertrags für einen anschließenden Bau- oder Architektenvertrag (»Vorwerkvertrag«) setzt voraus, dass die Werkleistung, die Vergütung und alle von den Vertragsparteien als wesentlich angesehenen Nebenabreden bestimmt oder zumindest bestimmbar sind.[8] 10

Bevollmächtigt ein Bauherr einen Architekten, für ein bestimmtes Bauvorhaben die erforderlichen Verhandlungen mit den zuständigen Behörden und Stellen sowie den Nachbarn zu führen und Rückfragen im Baugenehmigungsverfahren zu erledigen, und verpflichtet er sich, dem Architekten die Architektenleistungen für dieses Bauvorhaben auf Grundlage eines noch abzuschließenden Architektenvertrags zu übertragen, so kommt damit lediglich ein Vorvertrag zustande, der eine Bindung des Bauherrn im Sinne einer Verpflichtung zum Abschluss des Architektenvertrags nur dann begründet, wenn er sich tatsächlich zur Durchführung des Bauvorhabens entschließt.[9] 11

C. Abbruch von Vertragsverhandlungen

Die Aufnahme und Durchführung von Vertragsverhandlungen begründet noch keine Verpflichtung zum Vertragsabschluss. Auch nach länger andauernden Verhandlungen über einen Bauvertrag kann ein Verhandlungspartner sich grundsätzlich ohne rechtliche Nachteile von den Verhandlungen zurückziehen.[10] Wenn aber ein Verhandlungspartner bei dem anderen Teil zurechenbar das berechtigte Vertrauen geweckt hat, der Vertrag werde mit Sicherheit zustande kommen und er dann die Vertragsverhandlungen ohne triftigen Grund abbricht, so kommt ein Schadensersatzanspruch aus § 311 Abs. 2 i.V.m. § 241 Abs. 2 BGB wegen des Abbruchs der 12

---

6 PWW/*Brinkmann*, vor § 145 ff. Rn. 45.
7 Palandt/*Ellenberger*, Einf v. § 145 Rn. 18.
8 BGH, 30.04.1992, VII ZR 159/91, BauR 1992, 531, 532; *Werner/Pastor*, Rn. 632; Thode/Wirth/Kuffer/ *Schwenker*, § 5 Rn. 1.
9 BGH, 17.12.1987, VII ZR 307/86, BGHZ 102, 384, 389/390.
10 BGH, 07.12.2000, VII ZR 360/98, BauR 2001, 623.

Vertragsverhandlungen in Betracht.[11] Beruft sich eine Gemeinde beim Abbruch der Vertragsverhandlungen gegenüber einem privaten Vorhabenträger auf ihre Planungshoheit, so stellt dies grundsätzlich einen triftigen Grund dar, solange sich die Gemeinde im Rahmen ihres Planungsermessens hält.[12] Ein zu einer Haftung der Gemeinde aus *culpa in contrahendo* führendes schuldhaftes Verhalten kommt demnach nur in Betracht, wenn die Gemeinde das in Aussicht gestellte Bebauungsplanverfahren wegen außerhalb der Bauleitplanung liegenden Gründen einstellt.

D. Bauverträge der öffentlichen Hand

I. Einwirkungen des Vergaberechts

1. Allgemeines

13 Das Vergaberecht umfasst die Regeln und Vorschriften, die dem öffentlichen Auftraggeber eine bestimmte Vorgehensweise beim Einkauf von Waren, Bauleistungen und Dienstleistungen vorschreiben. Es wird – soweit es nicht unmittelbar für den zivilrechtlichen Vertragsschluss von Bedeutung ist – unter Teil C, Vergabeverfahren, dieses Fachanwaltskommentars näher erläutert.

14 Bei Bauverträgen mit öffentlichen Auftraggebern, denen ein Vergabeverfahren vorausgeht, werden die §§ 145 ff. BGB durch die vergaberechtlichen Regelungen, insbesondere §§ 97 ff. GWB und die Allgemeinen Bestimmungen für die Vergabe von Bauleistungen (VOB/A, Fassung 2009),[13] überlagert und ergänzt. Diese konkretisieren für öffentliche Auftraggeber die Phase der Vertragsanbahnung durch spezielle Verfahrensvorschriften. Besonderheiten der Vergabe öffentlicher Bauaufträge liegen beispielsweise in der grundsätzlichen Verpflichtung zur Anwendung förmlicher Vergabeverfahren (Vorrang des offenen Verfahrens bzw. der öffentlichen Ausschreibung gem. § 101 Abs. 7 S. 1 GWB bzw. § 3 Abs. 2 VOB/A), in Vorgaben für den Inhalt der Vergabeunterlagen und der Leistungsbeschreibung (v.a. § 7 VOB/A), in der Durchführung eines Eröffnungstermins und in der Geltung des Verhandlungsverbots bei Ausschreibungen (§ 15 Abs. 3 VOB/A).

15 Durch die Einleitung eines Vergabeverfahrens und die Beteiligung der Unternehmen entsteht ein **vertragsähnliches Vertrauensverhältnis**, d.h. ein Schuldverhältnis im Sinne von § 311 Abs. 2 Nr. 1 BGB mit Pflichten nach § 241 Abs. 2 BGB. Dies gilt unabhängig von den Regelungen des GWB auch bei Ausschreibungen unterhalb der EU-Schwellenwerte. Mit der starken rechtlichen Durchdringung und Formalisierung der Vertragsanbahnung bei der Vergabe öffentlicher Aufträge geht eine Konkretisierung der gemäß § 241 Abs. 2 BGB bestehenden Verhaltens- und Rücksichtnahmepflichten einher. Im Rahmen eines Vergabeverfahrens nach VOB/A kann ein Bieter grundsätzlich darauf vertrauen, dass das Vergabeverfahren nach den einschlägigen Vorschriften des Vergaberechts abgewickelt wird.[14] Wird der Bieter in seinem schutzwürdigen Vertrauen enttäuscht, hat er einen Anspruch auf Erstattung des ihm hierdurch entstandenen Schadens aus den Rechtsgrundsätzen der *culpa in contrahendo*[15] (vgl. §§ 311 Abs. 2, 241 Abs. 2, 280 BGB).

16 Das Ausschreibungsverfahren ist seinem Gegenstand nach ein Wettbewerbsverfahren, bei dem sich die unter Umständen beträchtlichen Aufwendungen der Bieter für die Erstellung der Angebotskosten nur beim Gewinner amortisieren, während sie bei den übrigen Teilnehmern regelmäßig kompensationslos verloren sind.[16] Ein Verstoß gegen bieterschützende Bestimmungen zum Nachteil eines nachrangigen Bewerbers wird regelmäßig nicht kausal für den bei ihm durch

---

11 BGH, 22.02.1989, VIII ZR 4/88, ZIP 1989, 514.
12 BGH, 18.05.2006, III ZR 396/04, BauR 2006, 1876.
13 Vergabe- und Vertragsordnung für Bauleistungen (VOB) Teil A: Allgemeine Bestimmungen für die Vergabe von Bauleistungen – Ausgabe 2009 – v. 31.07.2009, BAnz. Nr. 155a S. 10.
14 BGH, 01.08.2006, X ZR 146/03, BauR 2007, 120.
15 BGH, 08.09.1998, X ZR 48/97, BauR 1998, 1232, 1233; BGH 26.10.1999, X ZR 30/98, NJW 2000, 661, 662.
16 BGH, 27.06.2007, X ZR 34/04, VergabeR 2007, 752 (Tz. 13).

die Angebotsaufwendungen zu verzeichnenden Vermögensverlust sein. Daher wird ein Anspruch auf Ersatz des negativen Interesses grundsätzlich nur in Betracht kommen, wenn der Bieter den Zuschlag erhalten hätte.[17] Allerdings kann dieser Schadensersatzanspruch im Einzelfall sogar das positive Interesse umfassen, wenn der ausgeschriebene Auftrag tatsächlich erteilt worden ist und der übergangene Bieter nachweist, dass er bei ordnungsgemäßer Abwicklung den Auftrag hätte erhalten müssen.[18] Oberhalb der EU-Schwellenwerte kann der Unternehmer, der ohne den Vergabeverstoß eine echte Chance gehabt hätte, den Auftrag zu erhalten, einen Anspruch auf Ersatz des Vertrauensschadens zudem – verschuldensunabhängig[19] – auf § 126 GWB stützen. Dieser erfasst die Kosten der Vorbereitung des Angebots oder der Teilnahme an einem Vergabeverfahren. Weitergehende Ansprüche auf Schadensersatz bleiben unberührt (§ 126 S. 2 GWB).

Aufgrund der detaillierten und stark formalisierten Vorgaben für Ausschreibungen ist der öffentliche Auftraggeber – im Gegensatz zum privaten Einkäufer von Bauleistungen – einem beträchtlichen Risiko von Schadensersatzansprüchen der nicht berücksichtigten Bewerber ausgesetzt, wenn er die einschlägigen Verfahrensbestimmungen nicht beachtet. 17

2. Beschränkung der Abschlussfreiheit

Bei der Vergabe öffentlicher Bauaufträge schränken die vergaberechtlichen Regelungen die Abschlussfreiheit des öffentlichen Auftraggebers insoweit ein, als sie den rechtlichen Rahmen sowie den Weg zur Auswahl des Vertragspartners und zur Ermittlung des wirtschaftlichsten Angebots vorgeben. Anders als der private Nachfrager ist der öffentliche Auftraggeber an die elementaren Vergabeprinzipien Wettbewerb,[20] Transparenz[21] und Gleichbehandlung der Teilnehmer an einem Vergabeverfahren[22] gebunden. Ferner regelt § 97 Abs. 5 GWB für europaweite Vergabeverfahren, dass der Zuschlag auf das wirtschaftlichste Angebot **erteilt wird**. Schließlich räumt § 97 Abs. 7 GWB den Bietern einen Anspruch darauf ein, dass der Auftraggeber die Bestimmungen über das Vergabeverfahren einhält. Daraus wird zum Teil gefolgert, dass eine Ausschreibung einen **mittelbaren Abschlusszwang** gegenüber dem Anbieter mit dem wirtschaftlichsten Angebot begründet, wenn das Vergabeverfahren aufgrund gesetzlicher Verpflichtung (d.h. auf Grundlage der §§ 97 ff. GWB) erfolgt.[23] 18

Allerdings ist der öffentliche Auftraggeber nach allgemeiner Auffassung selbst dann **nicht** verpflichtet, den Zuschlag überhaupt zu erteilen, wenn ein annahmefähiges Angebot vorliegt und keine Gründe für eine Aufhebung der Ausschreibung nach § 17 VOB/A bestehen.[24] Den Regeln der VOB/A, insbesondere auch § 17 VOB/A kann nämlich **kein allgemeiner Anspruch auf Erteilung des Zuschlags** entnommen werden.[25] Dass der öffentliche Auftraggeber das einmal eingeleitete Verfahren nur aus den in § 17 VOB/A genannten Gründen aufheben darf, bedeutet in diesem Zusammenhang nur, dass er bei einer Aufhebung aus anderen Gründen zum Schadensersatz verpflichtet sein kann. Das »ob« des Vertragsschlusses verbleibt damit – ungeachtet etwaiger Schadensersatzansprüche der Bieter – der Entscheidungsfreiheit des Auftraggebers. 19

Hält der öffentliche Auftraggeber aber an seiner Vergabeabsicht fest, können die Regelungen des GWB und der VOB/A für den öffentlichen Auftraggeber eine Verpflichtung zur Annahme des be- 20

---

17 BGH, 27.06.2007, a.a.O.
18 BGH, 03.04.2007, X ZR 19/06, VergabeR 2007, 750; BGH 01.08.2006, X ZR 115/04, VergabeR 2007, 73; BGH, 03.06.2004 X ZR 30/03, VergabeR 2004, 604.
19 BGH, 27.11.2007, X ZR 18/07, VergabeR 2008, 219.
20 Vgl. § 97 Abs. 1 GWB, § 2 Abs. 1 Nr. 2 VOB/A.
21 Vgl. § 97 Abs. 1 GWB, § 2 Abs. 1 Nr. 1 VOB/A.
22 Vgl. § 97 Abs. 2 GWB, § 2 Abs. 2 VOB/A.
23 Palandt/*Ellenberger*, Einf v. § 145 Rn. 9 a.E.
24 Ingenstau/Korbion/*von Wietersheim*, § 18 VOB/A Rn. 7; Willenbruch/Bischoff/*Fett*, § 28 VOB/A, Rn. 3.
25 BGH, 08.09.1998, X ZR 48/97, BauR 1998, 1232, 1236/1237.

dingungsgemäßen, vollständigen und gleichzeitig wirtschaftlichsten Angebots eines geeigneten Bieters begründen. Dies gilt jedenfalls dann, wenn eine Beendigung des Verfahrens auf andere Weise als durch Zuschlag, etwa durch Einstellung des Verfahrens oder Aufhebung, nicht im Raum steht.[26] Insoweit wird die Frage, *mit wem* der öffentliche Auftraggeber bei fortbestehender Beschaffungsabsicht zu kontrahieren hat, vergaberechtlich determiniert.

21 Bei europaweiten Vergabeverfahren wird die Abschlussfreiheit des öffentlichen Auftraggebers schließlich durch das mit einem Nachprüfungsverfahren verbundene Zuschlagsverbot (§ 115 Abs. 1 GWB) vorläufig und durch eine Entscheidung der Vergabekammer (§ 114 Abs. 1 GWB) bzw. des Oberlandesgerichts (§ 123 GWB) unter Umständen endgültig beschränkt, beispielsweise durch die Entscheidung der Vergabekammer, das vom Auftraggeber zuvor ausgewählte Angebot von der Wertung auszuschließen.

3. Bedeutung des Vergaberechts für Vertragsschluss und Vertragsauslegung

22 Auch außerhalb seines unmittelbaren Anwendungsbereichs ist das Vergabeverfahrensrecht für die zivilrechtliche Beurteilung des Inhalts von Bauverträgen mit der öffentlichen Hand von Bedeutung. So sind bei der Auslegung von Leistungsverzeichnissen, die auf der Grundlage einer Ausschreibung nach VOB/A Vertragsinhalt geworden sind, besondere Auslegungsgrundsätze zu beachten. Bei möglichen Auslegungszweifeln darf der Bieter eine Ausschreibung als den Anforderungen der VOB/A entsprechend verstehen.[27] Ein verzögerter Zuschlag in einem öffentlichen Vergabeverfahren soll regelmäßig so auszulegen sein, dass er sich auch auf wegen Zeitablaufs längst hinfällig gewordene Fristen und Termine bezieht und diese vertragsgegenständlich werden.[28] Erklärungen der Bieter im formalisierten Vergabeverfahren müsse man regelmäßig so verstehen, dass sie im Einklang mit den vergaberechtlichen Bestimmungen stehen.[29] Das Zuschlagsschreiben eines öffentlichen Auftraggebers, das einen gegenüber der Ausschreibung und dem Angebot des Bieters geänderten Baubeginn enthält, könne danach nicht zwingend als Ablehnung des Angebots verbunden mit einem neuen Antrag im Sinne von § 150 Abs. 2 BGB gesehen werden, sondern als Vorschlag einer Einigung über eine neue Bauzeit.[30]

23 Zudem wirkt das Vergaberecht in manchmal überraschender Weise auf den Bestand von Bauverträgen ein. So kann ein zivilrechtlich wirksam abgeschlossener Bauvertrag unwirksam werden, weil der öffentliche Auftraggeber beim vorangegangenen europaweiten Vergabeverfahren seine Informations- und Wartepflicht gem. § 101a GWB verletzt hat und ein Mitbewerber die Unwirksamkeit des Vertragsschlusses innerhalb der Fristen des § 101b GWB in einem Nachprüfungsverfahren geltend macht. Dies erfährt der (vermeintlich) erfolgreiche Bieter unter Umständen erst, nachdem er bereits Dispositionen für die Ausführung des Auftrags getroffen hat oder er die Werkleistung bereits teilweise oder gar vollständig erbracht hat. Da der Vertrag in einem solchen Fall *ex tunc* unwirksam ist, besteht die Verpflichtung zur Rückabwicklung nach bereicherungsrechtlichen Grundsätzen.[31] Das Risiko einer späteren Unwirksamkeit des zunächst nur schwebend wirksamen[32] Vertrags ist auch dann gegeben, wenn der öffentliche Auftraggeber den Auftrag unmittelbar an ein Unternehmen erteilt hat, ohne andere Unternehmen am Vergabeverfahren zu beteiligen (sog. *de facto-Vergabe*, vgl. § 101 Abs. 1 Nr. 2 GWB).

---

26 BayObLG 05.11.2002, Verg 22/02, VergabeR 2003, 186, 192 f.
27 BGH, 09.01.1997, VII ZR 259/95, BauR 1997, 466.
28 BGH, BauR 2009, 1131, 1135 (Rz. 37).
29 BGH, BauR 2009, 1131, 1133 (Rz. 20).
30 BGH, 22.07.2010, VII ZR 213/08, ibr-online, Rz. 16.
31 *Dreher/Hoffmann*, NZBau 2010, 201, 206.
32 *Dreher/Hoffmann*, NZBau 2010, 201, 205; Bechtold/*Otting*, GWB, § 101b, Rn. 2; so auch OLG München, Beschl. v. 13.08.2010, Verg 10/10 i.V.m Hinweis v. 21.07.2010.

Ferner ist ein Vertragsabschluss durch Zuschlag nichtig, wenn er erfolgt, nachdem die Vergabekammer den öffentlichen Auftraggeber über einen Antrag auf Nachprüfung in Textform informiert hat (vgl. § 115 Abs. 1 GWB). Solange das Vergabeverfahren gem. § 115 GWB ausgesetzt ist, gilt – unabhängig von subjektiven Umständen – ein gesetzliches Verbot der Zuschlagserteilung.[33] Das automatische Zuschlagsverbot dient der effektiven Durchsetzung des Primärrechtsschutzes. Die schriftliche Erteilung des Zuschlags, die zivilrechtlich die Annahme des Angebots darstellt, ist eine Willenserklärung, die gemäß § 130 Abs. 1 Satz 1 BGB des Zugangs bedarf, um wirksam zu werden. Maßgeblicher Zeitpunkt für die Wirksamkeit der Zuschlagserteilung ist daher der Zugang der Erklärung bei dem Bieter. Erst ab diesem Zeitpunkt ist der Vertrag geschlossen und das Vergabeverfahren beendet.[34] Wird der Auftraggeber gem. § 115 Abs. 1 GWB informiert, darf er den Zuschlag nicht mehr erteilen. Ein zu diesem Zeitpunkt bereits abgesendeter, aber noch nicht zugegangener Zuschlag ist gem. § 134 BGB nichtig.[35]

24

II. Formvorschriften

Der Zuschlag als Annahme des Angebots eines Bieters muss vom zuständigen Vertretungsorgan des öffentlichen Auftraggebers erteilt werden. Dabei ist zwischen der internen Willensbildung (Zuschlagsentscheidung zu Gunsten eines bestimmten Bieters) und dem Vollzug der Entscheidung mit Außenwirkung (Zugang des Zuschlags = Zuschlagserteilung) zu unterscheiden. Bei Bauverträgen der öffentlichen Hand, insbesondere der Gemeinden, ist das jeweilige Landesrecht zu beachten, welches besondere Formvorschriften enthält.

25

Für die Baupraxis bedeutsam sind die Regelungen der Gemeindeordnungen, wonach Verpflichtungserklärungen der Gemeinden in der Regel der Schriftform, der eigenhändigen Unterzeichnung durch ein oder zwei bestimmte Organwalter und z.T. weiterer Förmlichkeiten bedürfen. Nach allgemeiner Meinung handelt es sich hierbei nicht um Formvorschriften gemäß § 125 BGB, da den Ländern insoweit keine Gesetzgebungskompetenz zusteht.[36] Es handelt sich mithin um Zuständigkeitsregelungen (Vertretungsregelungen), deren Beachtung Voraussetzung dafür ist, dass die Gemeindeorgane wirksam als Vertreter handeln können. Ihre Nichteinhaltung führt zur Anwendung der §§ 177 ff. BGB. Diese Zuständigkeitsregelungen sind auch bei der Ausübung der Leistungsbestimmungsrechte des öffentlichen Auftraggebers nach § 1 Abs. 3 und § 1 Abs. 4 VOB/B zu beachten.[37]

26

(…)

§ 145 Bindung an den Antrag

Wer einem anderen die Schließung eines Vertrages anträgt, ist an den Antrag gebunden, es sei denn, dass er die Gebundenheit ausgeschlossen hat.

---

33 Bechtold/*Otting*, GWB, § 115, Rn. 5.
34 BayObLG, 09.09.2004, Az. Verg 18/04, VergabeR 2005, 126 f.; VK Rheinland-Pfalz, 20.09.2005, VK 17/05, II. 1. A, m.w.N.; Ingenstau/Korbion/*von Wietersheim*, VOB/A, § 18 Rn. 26.
35 BayObLG, a.a.O.
36 Palandt/*Ellenberger*, BGB, § 125 Rn. 14.
37 BGH, 27.11.2003, VII ZR 346/01, BauR 2004, 495, 497: Die Leistungsänderung gem. § 1 Nr. 4 VOB/B ist ein Verpflichtungsgeschäft i.S. der Kommunalgesetze für Städte, Gemeinden und Landkreise, so dass die Kommune durch eine Erklärung des zuständigen Bürgermeisters oder Landrats immer nur dann wirksam verpflichtet werden kann, wenn die in den Kommunalgesetzen der Bundesländer geregelten Voraussetzungen für eine wirksame Vertretung beachtet worden sind.

§ 145 BGB Bindung an den Antrag

A. Anforderungen an den Antrag

1 Der Abschluss des Bauvertrages und des Architektenvertrages erfolgt nach den allgemeinen Regelungen des BGB, setzt also zunächst einen Antrag (im allgemeinen Sprachgebrauch »Angebot«) als einseitige, empfangsbedürftige Willenserklärung eines Teiles voraus.

2 Das Angebot, welches zum Vertragsabschluss führen soll, muss so bestimmt und eindeutig sein, dass die Annahme durch ein einfaches »Ja« erfolgen kann.[1] Das Angebot ist als Grundlage eines späteren Vertrages nur dann wirksam, wenn es – aus dem objektiven Empfängerhorizont – hinreichend bestimmt, eindeutig und verständlich ist, so dass die bloße Zustimmung des Empfängers den Vertrag zustande kommen lässt. Dem Angebot müssen sich daher entweder unmittelbar oder durch Auslegung zumindest die prägenden Elemente (*essentialia negotii*) des beabsichtigten Vertrages entnehmen lassen.[2] Die Vollständigkeit des Angebots ist dabei keine unabdingbare Voraussetzung. Solange der Vertragstypus sich aus dem Angebot ergibt, können Lücken durch die Anwendung der dispositiven Bestimmungen unter Umständen geschlossen werden. Beim Bauvertrag muss das Angebot daher keine Aussage zur Vergütung enthalten, da nach Maßgabe des § 632 Abs. 1 und Abs. 2 BGB die übliche Vergütung geschuldet wird.

3 Hinsichtlich der Bestimmtheit geht die VOB/A über die Anforderungen des BGB hinaus. Ein konkludentes oder schlüssiges Angebot ist im Vergabeverfahren nicht möglich. Sämtliche Bestandteile und Details des Angebots müssen klar und eindeutig formuliert sein. Insbesondere muss der Bewerber sämtliche Erklärungen und Preise abgeben, die der Auftraggeber verlangt hat (vgl. § 13 VOB/A). Änderungen an den Vergabeunterlagen sind unzulässig. § 13 VOB/A und die besonderen Anforderungen in den Vergabeunterlagen verschärfen daher die Voraussetzungen für ein wirksames und zuschlagfähiges Angebot im Vergabeverfahren.

B. Rechtsbindungswille

4 Die Bindungswirkung gemäß § 145 Hs. 1 BGB setzt voraus, dass der Antragende den Willen zu einer rechtlichen Bindung hat und dieser Wille im Antrag zum Ausdruck kommt. Entscheidend ist dabei der objektive Erklärungswert des Angebots. Ohne einen solchen Rechtsbindungswillen liegt lediglich eine Aufforderung zur Angebotsabgabe (*invitatio ad offerendum*) vor. Wenn also – wie in der Baupraxis üblich – der Auftraggeber bzw. der von ihm beauftragte Architekt dem Bauunternehmer ein Leistungsverzeichnis übermittelt, so handelt es sich hierbei nur um eine Aufforderung zur Abgabe eines Angebots und nicht um einen Antrag i.S.v. § 145 BGB.

5 Im Bereich der öffentlichen Auftragsvergabe übersendet der Auftraggeber den Bietern die Vergabeunterlagen, die aus dem Anschreiben (Aufforderung zur Angebotsabgabe), gegebenenfalls Bewerbungsbedingungen und aus den Vertragsunterlagen bestehen (vgl. § 8 Abs. 1 VOB/A). Das Anschreiben muss dabei diejenigen Angaben enthalten, die außer den Vertragsunterlagen für den Entschluss zur Abgabe eines Angebots notwendig sind, sofern diese nicht bereits veröffentlicht wurden (vgl. § 8 Abs. 2 Nr. 1 VOB/A). Die Abgabe der Vergabeunterlagen (Anschreiben und Vertragsunterlagen) an die Bewerber stellt daher ein typisches Beispiel für eine *invitatio ad offerendum* dar, da dem Auftraggeber zu diesem Zeitpunkt der Wille zu einer rechtlichen Bindung fehlt. Erst mit der Bearbeitung der Vergabeunterlagen durch den Unternehmer, insbesondere der Eintragung der geforderten Erklärungen und Preise entsteht ein Angebot i.S.d § 145 BGB, welches allerdings vom Bewerber stammt, der durch die Abgabe des Angebots zum Bieter wird.

C. Rechtsfolgen des Antrags

6 Der Antrag, der die oben genannten Voraussetzungen erfüllt, ist für den Antragenden **bindend**. Unter Anwesenden beginnt die Bindungswirkung mit der Wahrnehmung durch den Erklärungs-

---

1 Palandt/*Heinrichs*, § 145 Rn. 1; KG, 25.10.1994, 7 U 1582/94, KGR 1994, 244.
2 PWW/*Brinkmann*, § 145 Rn. 4.

empfänger,³ unter Abwesenden mit dem Zugang des Antrags (§ 130 Abs. 1 S. 1 BGB). Die Bindung endet erst, wenn ein Erlöschenstatbestand vorliegt (§ 146 BGB).

Eine Besonderheit gilt für die öffentliche Auftragsvergabe insoweit, als ein Bieter sein bindendes Angebot bis zum Ablauf der Angebotsfrist in Textform zurückziehen kann (vgl. § 10 Abs. 3 VOB/A). Abweichend von § 130 Abs. 1 S. 2 BGB, wonach eine Willenserklärung nicht wirksam wird, wenn dem Anderen vor dem Zugang oder gleichzeitig ein Widerruf zugeht, kann ein Antrag des Bieters im Vergabeverfahren noch nach dem Zugang des schriftlichen Angebots aber vor Ablauf der Angebotsfrist widerrufen werden. Die Angebotsfrist läuft erst dann ab, wenn der Verhandlungsleiter im Eröffnungstermin mit der Öffnung der Angebote beginnt (§ 10 Abs. 2 VOB/A). 7

▶ **Beispiel**

Bei einer öffentlichen Ausschreibung ist der Eröffnungstermin für den 10.10., 10.00 Uhr festgesetzt. Ein Bauunternehmer hatte bereits am 06.10. sein schriftliches Angebot per Post versandt, welches am 08.10. dem öffentlichen Auftraggeber zugegangen ist. Am Vormittag des 10.10. bemerkt der Bieter bei einer nachträglichen Durchsicht seines Angebots, dass ihm ein gravierender Kalkulationsfehler unterlaufen ist. Um 10.02 Uhr schickt er ein Fax an den öffentlichen Auftraggeber, in dem er auf seinen Kalkulationsfehler hinweist und erklärt, dass ein Angebot ungültig sei. Das Fax geht um 10.03 Uhr in der Bauabteilung des öffentlichen Auftraggebers ein. Um 10.10 Uhr beginnt der Verhandlungsleiter mit der Öffnung der Angebote, wobei auch das Angebot des Bauunternehmers geöffnet wird. Aufgrund der Sonderregeln der §§ 10 Abs. 3 und 10 Abs. 2 VOB/A ist das Angebot (noch) rechtzeitig zurückgezogen worden. Auch wenn der Eröffnungstermin auf 10.00 Uhr festgelegt war, läuft die Angebotsfrist erst mit der tatsächlichen Öffnung des ersten Angebots im Eröffnungstermin ab, so dass das Angebot bis zu diesem Zeitpunkt zurückgezogen werden konnte.

D. Ausschluss der Bindungswirkung

Aus § 145 2. Hs. BGB ergibt sich, dass der Antragende im Antrag die Gebundenheit an seinen Antrag ausschließen kann. Die Ausschlusserklärung muss bereits mit dem Antrag verknüpft sein. Verwendet der Antragende Freiklauseln, die die Bindung des Angebots im Ganzen in Frage stellen (z. B. »freibleibend« oder »unverbindlich« oder »ohne Obligo«), so fehlt dem Antrag in der Regel schon der erforderliche Rechtsbindungswille, so dass lediglich eine Aufforderung zur Abgabe eines Angebots vorliegt.⁴ Diese kann jedoch den Erklärenden zur Ablehnung eines hierauf angegebenen Angebots verpflichten, wenn er nicht gebunden sein will.⁵ Eine Freiklausel mit dem Inhalt »freibleibend entsprechend unserer Verfügbarkeit« kann demgegenüber auch als Widerrufsvorbehalt zu verstehen sein.⁶ 8

In der Baupraxis hat die Möglichkeit des Ausschlusses der Bindungswirkung eher untergeordnete Bedeutung. So ist es denkbar, dass ein Bieter zur gleichen Zeit zwei Großobjekte anbietet, er jedoch aufgrund seiner freien Kapazitäten nur eines der beiden Objekte ausführen kann. In diesem Falle bestünde die Möglichkeit, dass er die Annahme des einen Auftrags für den Fall ausschließt, dass er den anderen Auftrag vorher erhält und dies auch bereits mit seinem Angebot erklärt.⁷ 9

Bei Vergabeverfahren kann die Bindungswirkung nicht ausgeschlossen werden, da hiermit die Vergleichbarkeit der Angebote beeinträchtigt würde. Nach § 16 Abs. 1 Nr. 1b i.V.m. § 13 Abs. 1 Nr. 5 VOB/A sind Angebote auszuschließen, in denen der Bieter Änderungen an den Vergabe- 10

---

3 Palandt/*Ellenberger*, § 130 Rn. 2 und 14.
4 BGH, 02.11.1995, X ZR 135/93, NJW 1996, 919, 920.
5 RG, 03.06.1921, III 481/20, RGZ 102, 227, 229.
6 BGH, 08.03.1984, VII ZR 177/82, NJW 84, 1885, 1886.
7 *Vygen/Joussen*, Bauvertragsrecht nach VOB und BGB, Rn. 164.

unterlagen vorgenommen hat. Der teilweise oder vollständige Ausschluss der Bindungswirkung des Angebots stellt eine solche unzulässige Änderung an den Vergabeunterlagen mit der Folge des zwingenden Angebotsausschlusses dar.

E. Sonstige Wirkungen eines bindenden Angebots

11 Zwischen dem Empfänger eines bindenden Angebots – im Bauvertrag typischerweise der Auftraggeber – und dem Antragenden (i.d.R. der Bauunternehmer) entsteht ein vorvertragliches Vertrauensverhältnis, welches den Antragenden verpflichtet, den Zugang der Annahme nicht zu vereiteln (§ 162 BGB analog) und den Auftraggeber ggfs. auf den verspäteten Zugang der Annahme hinzuweisen (§ 149 BGB). Auch muss der Antragende den anderen Teil über zwischenzeitliche Leistungshindernisse informieren. Anderenfalls haftet er auch bei unverschuldeten Leistungshindernissen auf das negative Interesse aus *culpa in contrahendo*. Schließlich ist der Antragende verpflichtet, den Zweck des Vertrages nicht durch Zerstörung des Vertragsgegenstands oder anderweitige vertragliche Bindung zu gefährden oder zu vereiteln.[8] Aus der Bindung entsteht also ein gegenseitiges Vertrauensverhältnis mit beiderseitigen Sorgfaltspflichten. Wird der angebotene Gegenstand vom Antragenden schuldhaft zerstört, steht der Gegenpartei analog § 160 BGB ein Schadensersatzanspruch zu, der nach herrschender Meinung das negative Interesse abdeckt.[9]

F. Kosten des Angebots

12 Der Aufwand für die Erstellung des Angebots gehört zu den üblichen Vorarbeiten eines Vertragsschlusses. Für die hierdurch entstehenden Kosten kann der Antragende grundsätzlich keine Vergütung verlangen. Dies gilt für die Ausarbeitung eines Angebots auf Basis einer Leistungsbeschreibung des Auftraggebers (Auspreisung eines blanko zur Verfügung gestellten Leistungsverzeichnisses) ebenso wie für die eigenständige Erarbeitung (nebst vorangehender Projektierung) eines Angebots, welches einen besonderen Aufwand und eine besondere Fachkunde erfordert.[10]

13 Ein Anspruch auf Erstattung der Kosten für Angebotsplanung, Zeichnungen, Berechnungen, Kostenermittlungen, Einholung von Nachunternehmerangeboten, Angabe von Einzelpreisen, Baustellenbesichtigungen zur Erstellung des Angebots, etc. kommt nur in Betracht, wenn zuvor eine entsprechende Vergütungsvereinbarung über exakt diese Kostenbestandteile getroffen worden ist. Dem liegt die Erwägung zugrunde, dass es der Unternehmer bei arbeitsintensiven Angeboten vor Erstellung bzw. vor Abgabe des Angebots selbst in der Hand hat, eine entsprechende Vereinbarung über die Vergütung der Angebotsbearbeitung herbeizuführen oder eben kein Angebot abzugeben. Der Bauunternehmer kann daher eine Vergütung für seinen Antrag nur verlangen, wenn er nachweisen kann, dass die Angebotsbearbeitung gegen Vergütung vereinbart wurde. Dementsprechend regelt § 632 Abs. 3 BGB, dass ein Kostenanschlag im Zweifel nicht zu vergüten ist. Bei Bauunternehmen fallen die Angebotsbearbeitungskosten regelmäßig unter die Allgemeinen Geschäftskosten (AGK), die in der Regel als Zuschlagssatz kalkuliert und über die Vergütung innerhalb tatsächlich geschlossener Verträge wieder kompensiert werden. Nach vorbezeichneten Grundsätzen hat die Rechtsprechung eine Bezahlung von Angebotsbearbeitungskosten bzw. Projektierungskosten regelmäßig abgelehnt.[11]

14 Dem Unternehmer, der zum Zwecke der Ausarbeitung eines Angebots intensive Vorarbeiten erbringen muss, die über das übliche Maß hinausgehen, ist im Einzelfall daher zu empfehlen, vor Beginn solcher Planungs- und Projektierungsarbeiten (z.B. bei einer Heizungsanlage einschließ-

---

8 PWW/*Brinkmann*, § 145 Rn. 14.
9 Palandt/*Ellenberger*, § 145 Rn. 3.
10 Palandt/*Sprau*, § 632 Rn. 10.
11 OLG Hamm, 28.10.1974, 17 U 169/74, BauR 1975, 418, 419; BGH, 12.07.1979, VII RZ 154/78, NJW 1979, 2202, 2203; OLG Düsseldorf, 13.03.1991, 19 U 47/90, BauR 1991, 613, 614.

lich Wärmebedarfsberechnung) eine Vereinbarung mit dem anderen Teil über eine Entschädigung dieses Aufwands herbeizuführen.

Für Vergabeverfahren öffentlicher Auftraggeber regelt § 8 Abs. 8 VOB/A, dass für die Bearbeitung des Angebots keine Entschädigung gewährt wird. Wenn allerdings der Auftraggeber verlangt, dass der Bewerber Entwürfe, Pläne, Zeichnungen, statische Berechnungen, Mengenberechnungen oder andere Unterlagen zum Zwecke der Bewerbung bzw. des Angebots ausarbeitet, so ist einheitlich für alle Bieter in der Ausschreibung eine angemessene Entschädigung festzusetzen. Diese Entschädigung steht jedem Bieter zu, der ein der Ausschreibung entsprechendes Angebot mit den geforderten Unterlagen rechtzeitig eingereicht hat (§ 8 Abs. 8 Nr. 1 S. 2 u. S. 3 VOB/A 2009).[12] Bereits für die entsprechende Bestimmung der VOB/A 2006 (§ 20 Nr. 2 VOB/A 2006) galt, dass sich die Norm nur an den Auftraggeber richtet und keine selbständige Anspruchsgrundlage für Entschädigungs- oder Vergütungsansprüche darstellt. Nur dann, wenn der Auftraggeber seiner Verpflichtung gem. § 8 Abs. 8 S. 2 VOB/A nachgekommen ist und eine Entschädigung festgesetzt wurde, besteht ein entsprechender Zahlungsanspruch. Für den Fall, dass der öffentliche Auftraggeber gegen seine Verpflichtung gem. § 8 Abs. 8 S. 2 u. S. 3 VOB/A 2009 verstößt, bleibt den Bewerbern bei EU-Ausschreibungen lediglich die Möglichkeit einer Verfahrensrüge gem. § 107 GWB und eines Nachprüfungsverfahrens für den Fall der Nichtabhilfe. Unterhalb der Schwellenwerte, d.h. bei rein nationalen Vergabeverfahren kann eine Verletzung des § 8 Abs. 8 Nr. 1 S. 2 VOB/A auch keine Schadensersatzansprüche begründen, weil die Bewerber wissen (müssen), dass für die Bearbeitung des Angebots bei Vergabeverfahren keine Entschädigung gewährt wird, wenn dies nicht ausdrücklich anderweitig in den Vergabeunterlagen geregelt wurde.

Anders kann es sich verhalten, wenn Dienste eines Architekten in Anspruch genommen werden, beispielsweise wenn ein Architekt zur Erbringung von Planungsleistungen aufgefordert wird.[13] In diesen Fällen muss der Auftraggeber mit einer Vergütungspflicht rechnen, insbesondere, wenn er den Vorentwurf später sogar verwertet oder Anpassungen verlangt. Die Vergütung richtet sich in diesem Fall nach der HOAI, wobei insoweit die Abgrenzung zur bloßen Akquise problematisch sein kann.

§ 146 Erlöschen des Antrags

Der Antrag erlischt, wenn er dem Antragenden gegenüber abgelehnt oder wenn er nicht diesem gegenüber nach den §§ 147–149 rechtzeitig angenommen wird.

Übersicht	Rdn.		Rdn.
A. Ablehnung des Antrags	1	2. Unmittelbarer zeitlicher Zusammenhang	24
B. Ablauf der Annahmefrist	6		
C. Widerruf vor Annahme	7	3. Formale Anforderungen	25
D. Annahme des Antrags	10	4. Weitgehende Kongruenz..........	27
E. Kaufmännisches Bestätigungsschreiben .	17	5. Redlichkeit des Absenders.........	28
I. Allgemeines	17	IV. Rechtsfolgen	29
II. Persönlicher Anwendungsbereich.......	20	F. Akquisition und Vertragsschluss	30
III. Voraussetzungen	23		
1. Vorangegangene Vertragsverhandlungen.........................	23		

---

12 Die Bestimmung entspricht § 20 Nr. 2 VOB/A Ausgabe 2006.
13 OLG Düsseldorf, 20.08.2001, 23 U 214/00, NZBau 2002, 279, 280: Projektierung; OLG Celle, 20.02.2003, 14 U 195/02, BauR 2004, 361, 362; OLG Düsseldorf, 13.08.1996, 22 U 212/95, NJW-RR 1998, 1317, 1319, 1320; OLG Frankfurt, 20.09.2005, 22 U 210/02, BauR 2006, 1922, 1923.

§ 146 BGB Erlöschen des Antrags

A. Ablehnung des Antrags

1 Die ausdrückliche oder konkludente Ablehnung eines Antrags lässt diesen erlöschen. Hiervon zu unterscheiden ist das bloße Schweigen auf einen Antrag, welches – abgesehen vom Fall des kaufmännischen Bestätigungsschreibens – keine Willenserklärung, also weder eine Annahme des Antrags noch dessen Ablehnung darstellt.

2 Die Ablehnung des Antrags ist eine empfangsbedürftige Willenserklärung.[1] Sie ist auch bei formbedürftigen Verträgen formfrei. Auch die Annahme eines Antrags mit Änderungen stellt eine Ablehnung mit der Folge des Erlöschens des Antrags dar (§ 150 Abs. 2 BGB). Verlangt der Adressat des Antrags eine Verlängerung der Annahmefrist, so ist hierin auch dann nicht zwangsläufig eine Ablehnung des Antrags zu sehen, wenn er gleichzeitig den Wunsch nach Nachverhandlungen äußert. Vielmehr kann das Verlangen besserer Vertragsbedingungen bedeuten, dass das Angebot notfalls auch in der unterbreiteten Fassung angenommen werden wird oder sich der Annehmende die Entscheidung bis zum Ablauf der Annahmefrist noch vorbehalten will. Im Zuge einer wertenden Betrachtung des gesamten Verhaltens des Empfängers des Antrags einschließlich der begleitenden Umstände ist zu prüfen, ob das ursprüngliche Angebot tatsächlich abgelehnt und durch ein neues Angebot ersetzt werden sollte oder ob es lediglich um eine Verlängerung der Annahmefrist ging.[2]

3 Die die Formulierung in einem Zuschlagsschreiben eines öffentlichen Auftraggebers, mit der er einen neuen – gegenüber dem Angebot geänderten – Baubeginn angibt und gleichzeitig um Vorlage eines Bauzeitenplans bittet, kann als vorbehaltlose und unveränderte Annahme des ursprünglichen Angebots, verbunden mit dem Vorschlag einer Einigung über eine neue Bauzeit ausgelegt werden.[3] Eine solche Auslegung entspricht dem Bedürfnis eines im öffentlichen Vergabeverfahren nach VOB/A ausschreibenden Auftraggebers, der ein gewichtiges Interesse an einem sicheren, von ihm durch den Zuschlag bestimmten Vertragsabschluss mit dem Bieter hat, dessen Angebot sich im Vergabeverfahren als das wirtschaftlichste erwiesen hat. Zudem ist es dem öffentlichen Auftraggeber bei Ausschreibungen verwehrt, Nachverhandlungen über den Inhalt der Angebote zu führen (§ 15 Abs. 3 VOB/A). Die Auslegung als Annahme unter Änderungen und damit als Ablehnung verbunden mit einem neuen Angebot (§ 150 Abs. 2 BGB) widerspricht dieser vergaberechtlich geprägten Interessenlage und ist nur dann möglich, wenn eine derartige Änderung im Zuschlagsschreiben klar und eindeutig zum Ausdruck kommt.

4 Im Vergabeverfahren der öffentlichen Hand stellt die **Aufhebung** der Ausschreibung die pauschale Ablehnung aller eingegangenen Angebote dar, mit der Folge, dass diese mit Zugang der Aufhebungsmitteilung erlöschen. Das Vergabeverfahren wird im Regelfall durch Erteilung des Zuschlags beendet (vgl. § 18 VOB/A 2009). Ausnahmsweise darf der Auftraggeber ein eingeleitetes Ausschreibungsverfahren rechtmäßig aufheben, wenn eine der in § 17 Abs. 1 VOB/A geregelten Voraussetzungen vorliegt. Hieraus folgt jedoch kein Kontrahierungszwang für den öffentlichen Auftraggeber für den Fall, dass die Voraussetzungen des § 17 Abs. 1 VOB/A nicht vorliegen.[4] Der VOB kann nach ihrem Wortlaut und Regelungszusammenhang ein allgemeiner Anspruch auf Erteilung des Zuschlags in allen Fällen, in denen ein Aufhebungsgrund nach § 17 Abs. 1 VOB/A nicht gegeben ist, **nicht** entnommen werden. Allein die Ausschreibung löst einen solchen Anspruch nicht aus. Dass der öffentliche Auftraggeber das einmal eingeleitete Verfahren nur aus den in § 17 Abs. 1 VOB/A genannten Gründen aufheben darf, bedeutet zunächst nur, dass er bei ei-

---

[1] Palandt/*Ellenberger*, § 146 Rn. 1.
[2] OLG Celle 11.02.2009, 3 U 204/08, NJW-RR 2009, 1150, 1151, 1152.
[3] BGH, 22.07.2010, VII ZR 213/08, ibr-online, Rz. 16, 24.
[4] BGH, 18.02.2003, X ZB 43/02, VergR 2003, 313 ff. = NZBau 2003, 293 ff.; BGH, 05.11.2002, X ZR 232/00, VergR 2003, 163 ff. = NZBau 2003, 168 f.; BGH, 16.12.2003, X ZR 282/02, VergR 2004, 480 ff. sowie BGH, 08.09.1998, BauR 1998, 1232 ff. = NJW 1998, 3636, 3639 f., 3643.

ner Aufhebung aus anderen Gründen zum Schadensersatz verpflichtet sein kann.[5] Auch die VOB/A 2009 schließt die Privatautonomie des öffentlichen Auftraggebers nicht völlig aus. Ein »Anspruch auf den Zuschlag« wird durch die VOB/A nicht begründet.

Bei europaweiten Vergabeverfahren hat der Auftraggeber die betroffenen Bieter, deren Angebote nicht berücksichtigt werden sollen, über den Namen des Unternehmens, dessen Angebot angenommen werden soll, über die Gründe der vorgesehenen Nichtberücksichtigung ihres Angebots und über den frühesten Zeitpunkt des Vertragsschlusses unverzüglich in Textform zu informieren. Fraglich ist, ob eine derartige Vorinformation bereits eine Ablehnung der Angebote der dergestalt informierten Bieter bedeutet. Hiergegen spricht, dass mit der Informationspflicht des § 101a GWB die interne Vergabeentscheidung lediglich zum Zwecke des effektiven Rechtsschutzes der unterlegenen Bewerber/Bieter transparent gemacht werden soll. Allerdings beinhaltet das Informationsschreiben unmissverständlich die Erklärung gegenüber den Adressaten, dass der Auftraggeber deren Angebote ablehnt. Denkbar ist es, die Information gemäß § 101a GWB als aufschiebend bedingte Ablehnung des Antrags zu werten. Die aufschiebende Bedingung besteht dabei im Ablauf der Wartefrist gem. § 101a Abs. 1 S. 3–5 GWB. Dies ergibt sich auch aus dem Wortlaut der Information, wonach nur über die beabsichtigte Zuschlagserteilung informiert wird. 5

B. Ablauf der Annahmefrist

Der Ablauf der Annahmefrist stellt den Hauptfall für das Erlöschen eines Antrags dar. Die Annahmefristen sind in §§ 147–149, § 151 S. 2 sowie § 152 S. 2 BGB geregelt. 6

C. Widerruf vor Annahme

Da die Bindung an einen Antrag erst mit Zugang des Antrags beginnt, gilt insoweit § 130 Abs. 1 S. 2 BGB. Der Antrag wird daher nicht wirksam, wenn dem Erklärungsempfänger vorher oder gleichzeitig ein Widerruf zugeht. Entscheidend für die Widerrufsmöglichkeit ist der Zeitpunkt des Zugangs, d.h. der Zeitpunkt, zu dem die Willenserklärung so in den Bereich des Empfängers gelangt ist, dass dieser unter normalen Verhältnissen die Möglichkeiten hatte, vom Inhalt der Erklärung Kenntnis zu nehmen. Dass der Empfänger zunächst den Antrag zur Kenntnis nimmt, ist unschädlich, wenn der Widerruf gleichzeitig oder vorher zugegangen ist. 7

Bei öffentlichen Ausschreibungen kommt es für den Widerruf nicht auf den Zugang, sondern auf den Eröffnungstermin an. Nach § 14 VOB/A ist bei Ausschreibungen für die Öffnung und Verlesung (Eröffnung) der Angebote ein Eröffnungstermin abzuhalten, in dem nur die Bieter und ihre Bevollmächtigten zugegen sein dürfen. Bis zu diesem Termin sind die zugegangenen Angebote auf dem ungeöffneten Umschlag mit Eingangsvermerk zu versehen und unter Verschluss zu halten. Die Angebotsfrist läuft (erst) ab, sobald im Eröffnungstermin der Verhandlungsleiter mit der Öffnung der Angebote beginnt. Bis zum Ablauf der Angebotsfrist können Angebote in Textform zurückgezogen werden (§ 10 Abs. 2 Abs. 3 VOB/A). Dies bedeutet, dass der Anbieter bei einer öffentlichen oder beschränkten Ausschreibung sein Angebot auch noch nach dem Zugang beim öffentlichen Auftraggeber widerrufen kann, und zwar bis zur Öffnung des ersten Angebots im Eröffnungstermin (vgl. § 145 Rdn. 7). Zu berücksichtigen ist, dass der Widerruf bei Ausschreibungen nicht mündlich, sondern nur in Textform möglich ist. 8

Daneben ist ein Widerruf auch nach Zugang eines Angebots möglich, wenn das entsprechende Angebot unter Ausschluss der Bindungswirkung erfolgte, soweit eine Freiklausel verwendet wurde, die als Widerrufsvorbehalt zu verstehen ist. Weitere Erlöschensgründe ergeben sich aus § 153 BGB (Tod oder Geschäftsunfähigkeit des Antragenden) und § 156 BGB (Abgabe eines Übergebots bei einer Versteigerung oder Schluss der Versteigerung ohne Erteilung des Zuschlags). 9

---

5 BGH, 08.09.1998, BauR 1998, 1232, 1237.

D. Annahme des Antrags

10 Das BGB regelt die Vertragsannahme nur andeutungsweise, und zwar durch Regelungen zur Annahmefrist (§§ 147–149 BGB), zu verspäteten und abändernden Annahmen (§ 150 BGB), zur Entbehrlichkeit einer Annahmeerklärung (§ 151 BGB) und zur Annahme bei notarieller Beurkundung (§ 152 BGB).

11 Ebenso wie das Angebot ist auch die Annahme eine einseitige, empfangsbedürftige Willenserklärung, deren Zugang den Vertrag entstehen lässt. So wie der Antrag so bestimmt bzw. so bestimmbar sein muss, dass die Annahme durch ein einfaches »Ja« erfolgen kann, muss korrespondierend hierzu die Annahme den Antrag uneingeschränkt bejahen. Eine Annahme unter Änderungen (Erweiterungen, Einschränkungen, etc.) gilt als Ablehnung (§ 150 Abs. 2 BGB).

12 Im Vergaberecht wird die Annahme eines bestimmten Bieterangebots als Zuschlag bezeichnet (vgl. § 18 VOB/A). In der VOB/A bedeutet der Zuschlag – ähnlich wie in § 156 BGB für den Vertragsschluss bei Versteigerung – die Annahme eines Vertragsangebots. Mit der Zuschlagserteilung, d.h. mit dem Zugang des Zuschlags beim erfolgreichen Bieter wird das Vergabeverfahren abgeschlossen und der Vertrag begründet. Ein wirksam erteilter Zuschlag kann auch im vergaberechtlichen Nachprüfungsverfahren nicht mehr aufgehoben werden (§ 114 Abs. 2 S. 1 GWB). Bei europaweiten Vergabeverfahren muss der öffentliche Auftraggeber die Informations- und Wartepflicht des § 101a GWB beachten. Verstöße gegen § 101a GWB führen dazu, dass der Vertrag nur schwebend wirksam ist und die Unwirksamkeit des Vertrages im Nachprüfungsverfahren innerhalb von 30 Kalendertagen ab Kenntnis des Verstoßes geltend gemacht werden kann (§ 101b GWB). Nachdem der erfolgreiche Bieter nicht weiß, ob der öffentliche Auftraggeber die Informations- und Wartepflicht gegenüber den nicht berücksichtigten Bewerbern/Bietern ordnungsgemäß erfüllt hat, bleibt für ihn das Risiko, dass der ihm erteilte Zuschlag bei Verstößen gegen § 101a GWB von Anfang an unwirksam ist.[6] Ferner ist der erteilte Zuschlag unwirksam, wenn vor Zugang der Annahmeerklärung beim erfolgreichen Bieter der Auftraggeber von der Vergabekammer über einen Antrag auf Nachprüfung informiert worden ist (§ 115 Abs. 1 GWB). Da der Zuschlag als zivilrechtliche Annahmeerklärung erst mit Zugang beim erfolgreichen Bieter wirksam wird, kann es vorkommen, dass das Zuschlagsverbot gem. § 115 Abs. 1 GWB eintritt, nachdem der öffentliche Auftraggeber seine Annahmeerklärung (z.B. per Post) auf den Weg gegeben hat und bevor diese Annahme dem Empfänger zugeht. Auch in diesem Fall ist der Zuschlag unwirksam, zumindest dann, wenn der Nachprüfungsantrag des Mitbewerbers erfolgreich ist. Fraglich ist, ob der nach Information der Vergabekammer über den Antrag auf Nachprüfung erteilte Zuschlag wiederholt werden muss, wenn sich der Nachprüfungsantrag letztlich als unzulässig oder unbegründet erweist. Nachdem § 115 Abs. 2 GWB ein gesetzliches Verbot normiert, dass im Falle der Verletzung zur Nichtigkeit gem. § 134 GWB führt, wird das verbotswidrige Rechtsgeschäft wiederholt werden müssen. Dabei kann im Einzelfall fraglich sein, ob der erfolgreiche Bieter noch an sein Angebot gebunden ist.

13 Die Annahme kann auch **konkludent bzw. stillschweigend** erfolgen, soweit sie nicht formbedürftig ist. In der Baupraxis liegt ein schlüssiges Verhalten häufig in der Aufnahme der Arbeiten durch den Auftragnehmer, in der Entgegennahme der Bauleistung durch den Auftraggeber, gegebenenfalls in Verbindung mit Abschlagszahlungen. Aus der reinen Entgegennahme der per Telefax übermittelten Architektenleistung kann dagegen noch nicht auf einen Annahmewillen geschlossen werden.[7]

14 Die Qualifizierung eines Verhaltens als schlüssige Annahmeerklärung setzt das Bewusstsein voraus, dass für das Zustandekommen des Vertrages zumindest möglicherweise noch eine Erklärung erforderlich ist.[8] Der Erklärende muss also zumindest noch Zweifel an dem Zustandekommen

---

6 OLG München, Beschl. v. 13.08.2010, Verg 10/10. VergabeR 2011, 111 m. Anm. *Waldner*.
7 BGH, 24.06.1999, VII ZR 196/98, NJW 1999, 3554, 3555.
8 BGH, 29.11.1994, XI ZR 175/93, NJW 1995, 953.

des Vertrages haben. So kann die Zahlung des Kaufpreises dann nicht als eine auf Abschluss des Kaufvertrages gerichtete Willenserklärung ausgelegt werden, wenn beide Parteien bei Zahlung des Kaufpreises von einem wirksamen Vertragsschluss ausgingen und in der Zahlung lediglich die Erfüllung des *vermeintlich* zustande gekommenen Vertrages sahen.[9]

Ohne Erklärungsbewusstsein und ohne Rechtsbindungswillen können einem tatsächlichen Verhalten (wie z.B. einer Zahlung) nur ausnahmsweise die Wirkungen einer Willenserklärung beigelegt werden, wenn dies zum Schutz des redlichen Rechtsverkehrs erfolgt und ein Zurechnungsgrund vorliegt. Ein solcher Zurechnungsgrund ist gegeben, wenn ein sich in missverständlicher Weise Verhaltender bei Anwendung der im Verkehr erforderlichen Sorgfalt hätte erkennen und vermeiden können, dass die in seinem Verhalten liegende Äußerung nach Treu und Glauben und der Verkehrssitte als Willenserklärung aufgefasst werden durfte, und wenn der Empfänger sie auch tatsächlich so verstanden hat. Diese Grundsätze gelten insbesondere auch für schlüssiges Verhalten ohne Erklärungsbewusstsein. Soll ein bestimmtes Verhalten als Willenserklärung rechtliche Folgen haben, muss der sich Äußernde fahrlässig bei dem Erklärungsempfänger das Vertrauen auf einen bestimmten Erklärungsinhalt seines Verhaltens geweckt haben.[10] 15

Eine konkludente Annahme kommt nach Vertragsabschluss auch in Bezug auf Vertragsänderungen oder Vertragserweiterungen in Betracht. Fordert der Besteller zusätzliche Leistungen und unterbreitet der Werkunternehmer hierfür ein Nachtragsangebot, kann eine konkludente Annahme des Nachtragsangebots dadurch zum Ausdruck kommen, dass der Besteller die Leistungen abfragt und entgegennimmt, ohne dem Nachtragsangebot zu widersprechen. Dies ist jedenfalls dann anzunehmen, wenn der Besteller dem Nachtragsangebot erst widerspricht, nachdem die zusätzliche Leistung ausgeführt worden ist.[11] Lässt der Auftraggeber die mit einem Nachtrag angebotenen Arbeiten widerspruchslos durchführen, kann das die Annahme des Nachtragsangebots darstellen und zu einer Bindung an den angebotenen Preis führen, wenn nach Treu und Glauben ein Widerspruch gegen das Nachtragsangebot geboten gewesen wäre, zum Beispiel wenn dem Nachtragsangebot einverständliche und alle wichtigen Punkte betreffende Vorverhandlungen vorausgegangen sind.[12] 16

E. Kaufmännisches Bestätigungsschreiben

I. Allgemeines

Von dem Grundsatz, dass Schweigen nicht als Zustimmung gilt, stellt das kaufmännische Bestätigungsschreiben eine wichtige Ausnahme dar. Die Grundsätze über das Bestätigungsschreiben gehen auf den Rechtsverkehr unter Kaufleuten zurück (Handelsbrauch, § 346 HGB). Die Wirkung der widerspruchslosen Hinnahme des Bestätigungsschreibens beruht auf Gewohnheitsrecht. Ein solches Bestätigungsschreiben hat den Zweck, den Inhalt einer zuvor mündlich, telefonisch oder elektronisch (z.B. per E-Mail) getroffenen Vereinbarung schriftlich festzuhalten. In diesem Sinne hat das Bestätigungsschreiben die Bedeutung einer reinen **Beweisurkunde**.[13] 17

Darüber hinaus kann das Bestätigungsschreiben eine **rechtsgestaltende Wirkung** haben, indem es den Inhalt eines Vertrages abweichend von den Vorverhandlungen verbindlich festlegt bzw. einen Vertragsschluss überhaupt erst begründet. Diese Wirkungen treten nur dann ein, wenn der Empfänger das Bestätigungsschreiben widerspruchslos hinnimmt. Durch sein Schweigen wird der Vertrag nach Maßgabe des Bestätigungsschreibens geändert oder ergänzt. War zuvor noch kein Vertrag geschlossen, kommt er mit dem sich aus der Bestätigung ergebenden Inhalt zustande.[14] Schweigen 18

---

9 BGH, 11.06.2010, V ZR 85/09, ibr-online.
10 BGH, 29.11.1994, XI ZR 175/93, NJW 1995, 953.
11 KG 21.10.2008, 7 U 169/07, IBR 2009, 7 (*Berding*).
12 OLG Jena, 12.01.2006, 1 U 921/04, BauR 2006, 1897.
13 Baumbach/*Hopt*, HGB, 33. Aufl. 2008, § 346 Rn. 17.
14 Palandt/*Ellenberger*, § 147 Rn. 8; BGHZ 11, 3, BGH, 27.10.1953.

auf das Bestätigungsschreiben gilt in diesem Fall als Zustimmung. Das Schweigen ist dabei keine Willenserklärung, sondern steht nur in seinen Wirkungen einer Willenserklärung gleich.

19 Ein Widerspruch muss unverzüglich (§ 121 BGB) erklärt werden, i.d.R. binnen ein bis zwei Tagen. Ein Widerspruch mehr als eine Woche nach Zugang der Bestätigung wird als zu spät angesehen. Bei einfachen Verträgen mit übersichtlichen Vorverhandlungen kann auch ein Widerspruch nach drei Tagen schon zu spät sein.[15]

II. Persönlicher Anwendungsbereich

20 Während das kaufmännische Bestätigungsschreiben als Handelsbrauch ursprünglich nur zwischen Kaufleuten beachtlich war, gelten die Grundsätze inzwischen für alle Personen, die in größerem Umfang selbständig beruflich am Markt tätig sind.

21 Der **Empfänger** eines Bestätigungsschreibens muss damit nicht notwendig Kaufmann im handelsrechtlichen Sinne sein. Es genügt, wenn er in größerem Umfang selbständig beruflich am Markt tätig ist und die Handlungen nicht dem Privatbereich zuzuordnen sind.[16] Danach können folgende Personenkreise Empfänger eines Bestätigungsschreibens sein, sofern das bestätigte Geschäft zu den kaufmännischen bzw. Berufsgeschäften des Bestätigungsempfängers gehört: Grundstücksmakler,[17] Architekt,[18] Insolvenzverwalter,[19] Bauträger mit eigenem Baubüro, Grundstücks-GbR (jedenfalls bei einem größeren Bauvorhaben, das Ausmaß eines gewerblichen Bauvorhabens erreicht).[20] Auch eine Behörde im fiskalischen Tätigkeitskreis kann nach den Gegebenheiten des Einzelfalles Adressat eines solchen Bestätigungsschreibens sein.[21] Gegenüber einem Kleinhandwerker sind die Grundsätze aber nicht anwendbar.[22]

22 Möglicher **Absender** eines Bestätigungsschreibens ist jeder, der ähnlich wie ein Kaufmann am Rechtsverkehr teilnimmt. Insoweit ist der persönliche Anwendungsbereich für Empfänger und Absender identisch.[23]

III. Voraussetzungen

1. Vorangegangene Vertragsverhandlungen

23 Dem Bestätigungsschreiben müssen mündliche oder telefonische Vertragsverhandlungen bzw. Verhandlungen per Telefax/E-Mail vorangegangen sein, die nach Auffassung des Absenders des Bestätigungsschreibens zu einem Vertragsschluss geführt haben. Für derartige Vorverhandlungen ist der Bestätigende beweispflichtig.[24] Ist bereits eine schriftliche (§ 126 BGB) Fixierung erfolgt, geht ein nachfolgendes Bestätigungsschreiben ins Leere. Gleiches gilt, wenn der Empfän-

---

15 BGH, 20.11.1961, VIII ZR 126/60, NJW 1962, 246, 247; weitere Nachweise: Baumbach/*Hopt*, HGB, 33. Aufl. 2008, § 346, Rn. 25.
16 OLG Brandenburg, 24.06.2009, 4 U 137/08, BauR 2009, 1484 (LS).
17 BGH, 26.06.1963, VIII ZR 61/62, BGHZ 40, 42, 43.
18 BGH, 11.10.1973, VII ZR 96/72, WM 73, 1376; OLG Brandenburg, 24.06.2009, 4 U 137/08, BauR 2009, 1484.
19 BGH, 25.02.1987, VIII ZR 341/86, NJW 1987, 1940, 1941.
20 OLG Brandenburg, a.a.O.; OLG Oldenburg, 18.07.2006, 12 U 18/06, BauR 2007, 1742.
21 BGH, 19.02.1964, Ib ZR 203/62, NJW 1964, 1223.
22 OLG Frankfurt a.M., 08.02.1966, 5 U 124/65, MDR 66, 512; OLG Düsseldorf, 11.08.1981, 21 U 25/81, MDR 81, 1022, 1023.
23 OLG Koblenz, 26.06.2006, 12 U 685/05, NJW-RR 2007, 813, 814; a.A. Baumbach/*Hopt*, HGB, 33. Aufl. 2008, § 346 Rn. 19, wonach Absender des Bestätigungsschreibens auch ein Verbraucher sein könne.
24 BGH, 27.09.1989, VIII ZR 245/88, NJW 1990, 386; OLG Schleswig, 18.03.2004, 11 U 137/02, IBR-online.

ger der Bestätigung den Vertragsabschluss von seiner schriftlichen Annahme abhängig gemacht hatte.[25]

2. Unmittelbarer zeitlicher Zusammenhang

Das kaufmännische Bestätigungsschreiben muss den Vorverhandlungen unmittelbar folgen. Je größer die Zeitspanne zwischen (vermeintlichem) Abschluss der Vorverhandlungen und Bestätigungsschreiben, desto schwieriger wird für den Empfänger die Prüfung, ob das Bestätigungsschreiben den Inhalt der mündlichen Vorverhandlungen zutreffend widergibt. Zwar muss das kaufmännische Bestätigungsschreiben nicht unverzüglich nach den Vorverhandlungen verfasst und versandt werden. Ein enger zeitlicher Bezug zu den Vorverhandlungen ist gleichwohl erforderlich. Ein Abstand von drei Wochen entspricht dem nicht mehr.[26]

24

3. Formale Anforderungen

Die Bezeichnung des Schreibens (z.B. als Auftragsbestätigung, Bestätigungsschreiben oder kaufmännisches Bestätigungsschreiben) ist nicht entscheidend, obwohl Auftragsbestätigung und Bestätigungsschreiben unterschiedliche rechtliche Bedeutung haben. Während bei der Auftragsbestätigung gerade noch kein vorheriger (mündlicher) Vertragsschluss vorliegt und ein Angebot erst durch die Auftragsbestätigung angenommen werden soll, gibt das Bestätigungsschreiben lediglich den Inhalt eines aus Sicht des Bestätigenden bereits geschlossenen Vertrages wieder. Für die Wirkungen des kaufmännischen Bestätigungsschreibens kommt es nicht auf die Bezeichnung des Schreibens an, sondern auf den Bestimmungszweck.[27] Aus dem Schreiben muss sich mit der erforderlichen **Eindeutigkeit**[28] ergeben, dass der Verfasser hiermit den Abschluss eines Vertrages und den Inhalt der vorangegangenen Vereinbarungen dokumentieren und verbindlich festlegen will.[29] Hieran fehlt es regelmäßig bei einem bloßen Aktenvermerk oder einem Besprechungsprotokoll. Allerdings muss sich der Vertretene, der auf Einladung zu einem Termin zur Verhandlung über einen bereits geschlossenen Vertrag einen Vertreter ohne Vertretungsmacht entsendet, dessen Erklärungen nach den zum kaufmännischen Bestätigungsschreiben entwickelten Grundsätzen zurechnen lassen, wenn er den im über die Verhandlung erstellten Protokoll enhaltenen und unterschriebenen Erklärungen des Vertreters nicht unverzüglich nach Zugang des Protokolls widerspricht.[30]

25

Auch der Umstand, dass der Absender sein Schreiben nicht als Bestätigungsschreiben, sondern als Auftragsbestätigung bezeichnet hat, hindert nicht daran, es als kaufmännisches Bestätigungsschreiben im Rechtssinne aufzufassen.[31] Der Umstand, dass der Absender in seinem Schreiben um eine Gegenbestätigung bittet, schließt das Vorliegen eines kaufmännischen Bestätigungsschreibens nicht von vornherein aus. Welche Bedeutung dem Schweigen auf ein Schreiben, das kaufmännische Vereinbarungen wiedergibt, beizumessen ist, wenn um Gegenbestätigung gebeten wurde, lässt sich nicht allgemein entscheiden, sondern ist im Einzelfall zu prüfen.[32] Die Bitte um

26

---

25 BGH, 28.09.1970, VIII ZR 164/88, NJW 1970, 2104; OLG Schleswig, 18.03.2004, 11 U 137/02 für den Fall, dass der *Absender* in seinen allgemeinen Geschäftsbedingungen geregelt hat, dass ein Vertrag mit dem Absender erst zustande kommt, wenn an ihn gerichtete Aufträge von der Hauptverwaltung des Absenders schriftlich bestätigt werden.
26 OLG München, 09.11.1994, 7 U 3261/94, BB 1995, 172.
27 Baumbach/*Hopt* HGB, 33. Aufl. 2008, § 376 Rn. 21.
28 KG 31.10.2008, 7 U 169/07, ibr-online (B. II. 2. b).
29 Palandt/*Heinrichs*, BGB, 69. Aufl. 2010, § 147 Rn. 13; BGH, 14.12.2000, I ZR 213/98, NJW-RR 2001, 1044, 1045.
30 BGH, 27.01.2011, VII ZR 186/09; IBR 2011, 190.
31 BGH, 09.07.1970, VII ZR 70/68, BGHZ 54, 236; OLG Koblenz, 26.06.2006, 12 U 685/05, NJW-RR 2007, 813, 814.
32 BGH, 24.10.2006, X ZR 124/03, BauR 2007, 375, 377; BGH, 18.03.1964, VIII ZR 281/62, NJW 1964, 1269, 1270.

Gegenbestätigung kann nämlich auch nur den Zweck haben, einen Zugangsnachweis zu erhalten.[33]

4. Weitgehende Kongruenz

27 Das Bestätigungsschreiben entfaltet keine Rechtswirkung, wenn es vom tatsächlichen Verhandlungsergebnis derart abweicht, dass der Absender verständigerweise nicht mit dem Einverständnis des Empfängers rechnen konnte. Art und Umfang der Abweichungen sind objektiv zu beurteilen. Die Beweislast für gravierende Abweichungen bzw unzumutbare neue Bedingungen trägt der Empfänger.[34] Dieser muss schlüssig vortragen und beweisen, dass die Vorverhandlungen einen gänzlich anderen Inhalt hatten.[35] Im Ergebnis muss also der Empfänger den Nachweis einer erheblichen Abweichung des Bestätigungsschreibens des Absenders vom Inhalt der vorangegangenen Gespräche erbringen.

5. Redlichkeit des Absenders

28 Schließlich geht das Bestätigungsschreiben ins Leere, wenn der Absender das Verhandlungsergebnis bewusst unrichtig oder entstellt wiedergibt, also arglistig handelt.[36] Der Bestätigende muss sich dabei die Kenntnis seines Vertreters zurechnen lassen (§ 166 Abs. 1 BGB).[37] Die Arglist des Bestätigenden muss vom Empfänger nachgewiesen werden.

IV. Rechtsfolgen

29 Will der Empfänger den Inhalt des Schreibens nicht gegen sich gelten lassen, muss er rechtzeitig widersprechen. Der Widerspruch muss unverzüglich, d.h. ohne schuldhaftes Zögern erfolgen (vgl. § 121 Abs. 1 S. 1 BGB). Anderenfalls bestimmt das widerspruchslos entgegengenommene Bestätigungsschreiben den Inhalt des Vertrages auch dann, wenn es gegenüber dem mündlich Vereinbarten ergänzende oder klarstellende Bestimmungen enthält.[38]

F. Akquisition und Vertragsschluss

30 In der Regel geht dem Vertragsabschluss eine mehr oder weniger intensive Phase der Vertragsanbahnung voraus. Gerade bei Architektenleistungen ist die Abgrenzung zwischen Akquise (als Bestandteil der Vertragsanbahnung) und vergütungspflichtiger Architektentätigkeit (auf Grundlage eines bereits geschlossenen Vertrages) schwierig.

31 Die bloße Andienung von Planungsleistungen durch den Architekten und die widerspruchslose Entgegennahme solcher Leistungen begründet noch keinen Werkvertrag. Mit anderen Worten kann aus dem bloßen Tätigwerden des Architekten allein der Abschluss eines Vertrages nicht hergeleitet werden. Für den Abschluss des Architektenvertrages ist der Architekt beweispflichtig.[39] Wird ein Architekt demnach auf Veranlassung des Bauherrn vor Abschluss eines in Aussicht genommenen Vertrages tätig, muss geprüft werden, ob ihm ein Auftrag erteilt, oder ob er ohne vertragliche Verbindung akquisitorisch tätig ist. Die HOAI regelt diese Frage nicht, da sie öffentliches Preisrecht darstellt und keine vertraglichen Regelungen.[40] Auch die Vermutung des § 632

---

33 BGH, 24.10.2006, X ZR 124/03; BauR 2007, 375, 377.
34 BGH, 24.09.1952, II ZR 305/51, 7, 190; BGH, 17.09.1987, VII ZR 155/86, 101, 365; BGH, 25.02.1987, VIII ZR 341/86, NJW 1987, 1942; BGH, 08.02.2001, III ZR 268/00, NJW-RR 2001, 680; OLG Koblenz, 26.06.2006, 12 U 685/05, NJW-RR 2007, 813.
35 OLG Koblenz, 26.06.2006, 12 U 685/05, NJW-RR 2007, 813.
36 BGH, 26.06.1963, VIII ZR 61/62, BGHZ 40, 42, 45; Palandt/*Ellenberger*, § 147 Rn. 15.
37 Palandt/*Ellenberger*, § 145 Rn. 15; BGHZ 93, 343.
38 BGH, 24.09.1952, II ZR 305/51, BGHZ 7, 187.
39 BGH, 05.06.1997, VII ZR 124/96, BauR 1997, 1060.
40 BGH, a.a.O.

Abs. 1 BGB, wonach eine Vergütung als vereinbart gilt, wenn die Herstellung des Werks den Umständen nach nur gegen eine Vergütung zu erwarten ist, ersetzt nicht die Auftragserteilung, sondern setzt vielmehr einen bereits erteilten Auftrag voraus. Nur wenn der Auftrag nachweislich erteilt ist, greift die Vermutung des § 632 Abs. 1 BGB. Gerade bei persönlicher Bekanntschaft zwischen Architekt und Bauherr und im Rahmen der Leistungsphasen I bis IV finden sich die meisten Streitfälle zur Frage, ob ein verbindlicher Architektenvertrag geschlossen worden ist.[41]

Im Einzelfall kann jedoch bereits in der bloßen Entgegennahme von Architektenleistungen (z.B. Erstellung von Leistungsbeschreibungen und Leistungsverzeichnissen) eine Annahme liegen, wenn ein entsprechender Wille des Empfängers festgestellt werden kann. Dies ist der Fall, wenn der Empfänger der Leistungen diese tatsächlich auch verwendet, beispielsweise indem er die vom Architekten erstellten Leistungsbeschreibungen und Leistungsverzeichnisse den Fachfirmen zur Angebotsabgabe weiterleitet oder er ein vom Architekten gefertigtes Baugesuch unterschreibt und einreichen lässt. In der Entgegennahme und Verwendung der gewünschten Leistung ist in diesen Fällen der Abschluss eines verbindlichen Architektenvertrages zu sehen.[42] 32

Da Architektenleistungen erfahrungsgemäß nur entgeltlich erbracht werden,[43] hat der Architekt im Prozess darzulegen und zu beweisen, dass und welche Leistungen er ausgeführt hat. Ferner hat er in ausreichender Weise die Umstände darzutun und zu beweisen, wonach der Empfänger der Leistungen deren Erbringung nur gegen Vergütung erwarten konnte. Behauptet der Auftraggeber einen »unentgeltlichen Freundschaftsdienst« bzw. dass der Architekt die Erbringung der Leistung bis zur Genehmigungsplanung ohne Vergütung versprochen habe, so muss er dies darlegen und beweisen.[44] Dabei kann von einer geringen Dauer der zwischen den Parteien geführten Gespräche über den Planungsauftrag und der aus Sicht des Auftraggebers nur geringen Intensität der ausgeführten Planungsleistungen nicht auf einen Verzicht des Architekten auf Honorar geschlossen werden.[45] 33

Zusammenfassend rechtfertigt das Tätigwerden des Architekten alleine noch nicht die Annahme eines Vertragsschlusses. Ob ein Vertrag abgeschlossen oder nur ein Gefälligkeitsverhältnis begründet wurde, hängt vom beiderseitigen rechtsgeschäftlichen Bindungswillen der Vertragspartner ab. Entscheidend ist dabei nicht der innere Wille des Architekten, sondern, ob der Leistungsempfänger aus dem Handeln des Leistenden nach Treu und Glauben mit Rücksicht auf die Verkehrssitte auf einen solchen Willen schließen durfte. Maßgebend ist, wie sich dem objektiven Betrachter das Handeln des Leistenden darstellte. Indizien für einen solchen Bindungswillen sind die wirtschaftliche Bedeutung der Angelegenheit, das erkennbare Interesse des Begünstigten und die jedenfalls dem Leistenden erkennbare Gefahr, in der der Leistungsempfänger durch eine fehlerhafte Leistung geraten kann.[46] Die Übertragung einer Bauvoranfrage impliziert häufig die Übertragung der Leistungsphasen I und II des § 15 HOAI (alt) bzw. § 3 Abs 4 Nr. 1 u. 2 HOAI 2009, weil ohne die entsprechenden Grundleistungen in der Regel eine Bauvoranfrage nicht gestellt werden kann.[47] Erteilt der Bauherr dem Architekten die Vollmacht, die Genehmigungsfähigkeit der Planungslösung in seinem Auftrag beim Bauordnungsamt abzuklären, dokumentiert der Bauherr in 34

---

41 OLG Karlsruhe, Beschl. v. 17.02.2010, 8 U 143/09; OLG Celle 17.02.2010, 14 U 138/09, IBR 2010, 214.
42 BGH, Beschl. v. 11.10.2007, VII ZR 143/06, NJW-RR 2008, 110, 111; OLG Karlsruhe, Beschl. v. 17.02.2010, 8 U 143/09, IBR-online.
43 BGH, 09.04.1987, VII ZR 266/86, BauR 1987, 454 = NJW 1987, 2742.
44 BGH, 24.06.1999, VII ZR 196/99, NJW 1999, 3554, 3555; OLG Karlsruhe 17.02.2010, 8 U 143/09, IBR-online.
45 OLG Karlsruhe, Beschl. v. 17.02.2010, 8 U 143/09.
46 BGH, 29.02.1996, VII ZR 90/94, BauR 1996, 570; OLG Celle 17.02.2010, 14 U 138/09, IBR-online.
47 OLG München, 26.06.2006, 13 U 1630/06, BauR 2007, 1436, 1437.

der Regel seinen Willen zum Abschluss eines Architektenvertrags.[48] Umfangreiche Architektenleistungen werden regelmäßig nur gegen Entgelt erbracht. Für die Unentgeltlichkeit der Leistung liegt die Beweislast beim Auftraggeber. Die Umstände, nach denen Architektenleistungen nur gegen eine Vergütung zu erwarten sind, muss der Architekt darlegen und beweisen. Die Vereinbarung einer Unentgeltlichkeit unterfällt der Beweislast des Auftraggebers.[49]

35 Der **Umfang** einer Beauftragung (stufenweise Beauftragung oder Vollauftrag?) ist durch Auslegung zu ermitteln. Dies gilt insbesondere bei mündlich abgeschlossenen Verträgen. Hierbei müssen alle Verhandlungen, Gespräche, Schreiben und sonstige Umstände berücksichtigt werden, die zum Vertragsabschluss geführt haben. Gerade bei Architektenleistungen stellt sich die Frage, ob der Bauherr beabsichtigte, das Bauvorhaben undbedingt durchzuführen und insoweit bereits einen Vollauftrag erteilt hat. Ohne solche konkreten Umstände, die vom Architekten vorzutragen und zu beweisen sind, besteht keine Vermutung für einen Gesamtauftrag.[50] Eine solche Vermutung besteht auch dann nicht, wenn unstrittige bereits die Leistungsphasen I bis III beauftragt und erbracht waren. Grundsätzlich darf der Architekt nur jeweils diejenigen Leistungen erbringen, die nach dem Stand der Planung und des Bauvorhabens erforderlich sind.[51] Allerdings beinhaltet der Auftrag, den Bauantrag zu stellen, neben der Leistungsphase IV in der Regel auch die Beauftragung der Leistungsphasen I bis III, da diese die notwendigen Vorleistungen für die Erstellung des Bauantrags beinhalten. Wenn also die Baugenehmigung erreicht werden sollte, ist neben der Leistungsphase IV (Genehmigungsplanung) auch die Vorplanung, Entwurfsplanung und Genehmigungsplanung zu vergüten (Leistungsphasen I bis III), soweit diese vom Architekten erbracht wurden.[52] Gleiches gilt bei Übertragung der Leistungsphasen II und III, welche auch die Leistungsphase I als notwendige Voraussetzung umfassen.[53]

§ 147 Annahmefrist

(1) Der einem Anwesenden gemacht Antrag kann nur sofort angenommen werden. Dies gilt auch von einem mittels Fernsprechers oder einer sonstigen technischen Einrichtung von Person zu Person gemachten Antrag.

(2) Der einem Abwesenden gemachte Antrag kann nur bis zu dem Zeitpunkt angenommen werden, in welchem der Antragende den Eingang der Antwort unter regelmäßigen Umständen erwarten darf.

A. Einführung

1 Die Annahme eines Antrags muss nach Maßgabe der §§ 147 bis 149 BGB **rechtzeitig** erfolgen. Die verspätete Annahme eines Antrags gilt als neuer Antrag (§ 150 Abs. 1 BGB). Vereitelt der Empfänger einen rechtzeitigen Zugang (zum Beispiel durch Weigerung der Entgegennahme der schriftlichen Annahmeerklärung oder durch Abschalten des Telefaxgerätes, obwohl dieses als Kommunikationsmedium vereinbart und benutzt worden war) muss sich der Empfänger so behandeln lassen, als sei die Erklärung rechtzeitig zugegangen.[1] Hinsichtlich der Annahmefristen unterscheidet das Gesetz zwischen Anträgen unter Anwesenden und Anträgen gegenüber Abwe-

---

48 OLG Naumburg, 22.02.2005, 11 U 247/01, 207.
49 OLG Köln, 25.01.2006, 11 U 57/03, IBR 2007, 141.
50 BGH, 04.10.1979, VII ZR 319/78, BauR 1980, 84 = NJW 1980, 122.
51 OLG Düsseldorf, 30.04.1985, 23 U 208/84, BauR 1986, 469, 471.
52 OLG Düsseldorf, 15.06.1982, 12 U 18/82, BauR 1982, 597, 598; OLG Düsseldorf, 28.05.1999, 22 U 248/98, BauR 2000, 915; KG, 05.03.1996, 6 U 7391/95, BauR 1996, 892.
53 OLG Düsseldorf, 11.02.2000, 22 U 133/99, BauR 2000, 908, 909.
1 MüKo/*Kramer*, § 147 Rn. 9.

senden (§ 147 BGB). In beiden Fällen ist die Bestimmung einer Annahmefrist möglich, die der Regelung des § 147 BGB vorgeht (§ 148 BGB).

B. Anträge unter Anwesenden (§ 147 Abs. 1 BGB)

Zu Anträgen unter Anwesenden gehören neben dem direkten Gespräch auch weitere »von Person zu Person« gemachte Anträge, soweit ein unmittelbar wirkendes Kommunikationsmittel verwendet wird. Hierzu gehören neben Telefongesprächen auch Videokonferenzen und elektronische Chats.[2] Erklärungen mittels Telefax oder E-Mail sind Erklärungen unter Abwesenden, weil die Abgabe der Willenserklärung nicht mit der Kenntnisnahme unmittelbar zusammen fällt und keine sofortige Reaktion des Empfängers möglich ist. 2

Wird der mündliche Antrag gleichzeitig mit einem schriftlichen Angebot unterlegt, so stellt sich die Frage, ob es sich um einen Antrag unter Anwesenden oder einen Antrag unter Abwesenden handelt (Beispiel: Der Bauunternehmer findet sich zu Verhandlungen beim Auftraggeber ein und unterbreitet diesem unter Bezugnahme auf ein mitgebrachtes schriftliches Angebot ein mündliches Angebot). Die Beantwortung der Frage hängt davon ab, ob das schriftliche Angebot zur sofortigen Durchsicht und Entscheidung vorgelegt wird oder ob der schriftliche Antrag zur weiteren Prüfung übergeben wird. Mit der Übergabe und Überlassung eines schriftlichen Antrags soll regelmäßig die Einräumung einer angemessenen Annahmefrist verbunden sein.[3] Unter Anwesenden muss das Angebot »sofort« angenommen werden. Ein Zögern des Empfängers führt dazu, dass das Angebot erlischt, und zwar ohne Rücksicht darauf, ob er das Zögern zu vertreten hat. 3

C. Anträge unter Abwesenden (§ 147 Abs. 2 BGB)

Die gesetzliche Annahmefrist für Anträge unter Abwesenden setzt sich zusammen aus der Zeit für die Übermittlung des Antrags an den Empfänger, dessen Bearbeitungs- und Überlegungszeit sowie aus der Zeit für die Übermittlung der Antwort an den Antragenden.[4] Die Zeiträume für die Übermittlung von Antrag und Annahme spielen in Anbetracht der modernen Kommunikationsmedien (Telefax, E-Mail) eine untergeordnete Rolle. Vorrangig kommt es daher auf die Bearbeitungs- und Überlegungszeit an. Aus den drei Abschnitten ist eine Gesamtfrist zu berechnen. Bei der Bestimmung des Zeitraums für die Übermittlung der Antwort ist das vom Antragenden für das Angebot gewählte Kommunikationsmittel von Bedeutung. Wird das Angebot per E-Mail oder per Telefax versendet, so steht auch für die Übermittlung der Annahme nur ein entsprechend kurzer Zeitraum zur Verfügung. Ein Antrag per Fax soll daher spätestens innerhalb von zwei Geschäftstagen angenommen werden müssen.[5] Wie lange die Bearbeitungs- und Überlegungszeit ist, hängt von den Umständen des Einzelfalls ab und unterliegt tatrichterlichem Ermessen. Verzögerte Umstände, die der Antragende kannte oder kennen musste, gehören zu den »regelmäßigen Umständen« und führen zu einer angemessenen Fristverlängerung.[6] 4

Unterbreitet der Antragende sein Angebot kurz vor Beginn des Betriebsurlaubs des Antragsempfängers, so verlängert sich die Bearbeitungs- und Überlegungszeit des Erklärungsempfängers um die Dauer des Betriebsurlaubs, wenn der Antragende aufgrund der Vorgespräche Kenntnis vom Betriebsurlaub hatte oder haben musste.[7] Gleiches gilt bei Anträgen gegenüber Unternehmen oder Körperschaften, bei denen eine Beschlussfassung durch ein zuständiges Organ erforderlich ist (z.B. Gemeinderat; ehrenamtlicher Vorstand eines Vereins, der lediglich in größeren Zeitabstän- 5

---

2 Palandt/*Ellenberger*, § 147 Rn. 5; PWW/*Brinkmann*, § 148 Rn. 14.
3 BGH, 17.09.1984, II ZR 23/84, NJW 1985, 196, 197; OLG Frankfurt, 23.07.1997, 23 U 228/96, NJW-RR 1998, 566, 567.
4 BGH, 02.11.1995, X ZR 135/93, NJW 1996, 919, 921.
5 LG Wiesbaden, 03.06.1997, 8 S 406/96, NJW-RR 1998, 1435, 1436.
6 Palandt/*Ellenberger*, § 147 Rn. 7.
7 Palandt/*Ellenberger*, a.a.O.

den zusammen kommt). In diesen Fällen sind die mit der Beschlussfassung verbundenen zusätzlichen Zeiträume zu berücksichtigen und führen zu einer Verlängerung der gesetzlichen Annahmefrist.

§ 148 Bestimmung einer Annahmefrist

Hat der Antragende für die Annahme des Antrags eine Frist bestimmt, so kann die Annahme nur innerhalb der Frist erfolgen.

A. Vom Antragenden gesetzte Annahmefrist (§ 148 BGB)

I. Allgemeines

1 Der Antragende kann selbst die Frist bestimmen, innerhalb der sein Angebot angenommen werden muss. Setzt er eine Annahmefrist, so ist diese maßgebend und bestimmt zugleich die Dauer der Bindung an sein Angebot (Bindefrist).

2 Die Fristsetzung bedarf der Form des Antrags. Ist der Antrag selbst formfrei, kann die Fristsetzung auch konkludent geschehen oder sich aus den Umständen ergeben. In der Baupraxis wird die Annahmefrist regelmäßig bereits im Zuge der Aufforderung zur Angebotsabgabe durch den Auftraggeber (Erklärungsempfänger des Angebots) vorgegeben. In der Vorgabe einer Zuschlagsfrist in einer Ausschreibung kann eine Fristbestimmung für die Annahme des im Rahmen der Ausschreibung abgegebenen Angebots gesehen werden.[1]

3 Soweit der Erklärungsempfänger sich durch AGB eine Frist für die Annahme oder Ablehnung eines Angebots einräumen lässt, ist die Klausel an § 308 Nr. 1 BGB zu messen. Danach ist in Allgemeinen Geschäftsbedingungen eine Bestimmung unwirksam, durch die sich der Verwender unangemessen lange oder nicht hinreichend bestimmte Fristen für die Annahme oder Ablehnung eines Angebots vorbehält. Das Klauselverbot des § 308 Nr. 1 BGB setzt voraus, dass die Annahmefrist vom Verwender als Antragsempfänger festgesetzt wird. Unangemessen lang ist dabei eine Frist, die wesentlich über die gesetzliche Annahmefrist des § 147 II BGB einschließlich einer sachlich gebotenen Überlegungszeit hinausgeht.[2] Eine Klausel, mit der sich ein Bauträger ausbedingt, den Antrag des Erwerbers auf Abschluss des Bauträgervertrages binnen einer Frist von 10 Wochen anzunehmen, ist unwirksam, weil die Frist unangemessen lang ist.[3] An die Stelle einer unwirksamen Annahmefristklausel tritt gem. § 306 II BGB die gesetzliche Regelung des § 147 BGB. Für ein notarielles Kaufvertragsangebot über eine Eigentumswohnung wird eine Frist von maximal vier bis sechs Wochen als angemessen erachtet.[4]

4 Bei finanzierten und beurkundungsbedürftigen Verträgen, deren Abschluss eine Bonitätsprüfung voraussetzt, kann der Eingang der Annahmeerklärung regelmäßig innerhalb eines Zeitraums von vier Wochen erwartet werden.[5] Die in einem Angebot vorgegebene Bindefrist von vier Monaten und drei Wochen für den Käufer beeinträchtigt diesen unangemessen lange in seiner Dispositionsfreiheit und ist daher nach § 308 Nr. 1 BGB unwirksam. Sofern eine Bindungsfrist wesentlich über den in § 147 Abs. 2 BGB bestimmten Zeitraum hinausgeht, liegt nur dann keine unangemessene Beeinträchtigung vor, wenn der Verwender hierfür ein besonderes, schutzwürdiges Interesse geltend machen kann.

---

[1] OLG Saarbrücken, 21.03.2006, 4 U 51/05-79, NZ Bau 2006, 462, 463 für § 19 VOL/A Fassung 2006.
[2] BGH, 13.09.2000, VIII ZR 34/00, NJW 2001, 303.
[3] OLG Dresden, 26.06.2003, 19 U 512/03, BauR 2005, 559, 560, Revision nicht zugelassen, BGH, Beschl. v. 13.05.2004, VII ZR 370/03, IBR 2004, 372 (red. Ls.).
[4] OLG Dresden, 26.06.2003, 19 U 512/03, BauR 2005, 559, 560; BGH, 11.06.2010, V ZR 85/09, ibr-online (4 Wochen).
[5] BGH, 11.06.2010, VII ZR 95/09 IMR 2010, 342.

II. Bindefristen in Vergabeverfahren

1. Regelungen der VOB/A

Bei der Vergabe von Bauleistungen durch öffentliche Auftraggeber enthält § 10 VOB/A Regelungen zur Zuschlagsfrist und zur Bindefrist (§ 10 Abs. 5–8 VOB/A). Der öffentliche Auftraggeber muss in seinen Vergabeunterlagen zum einen die Zuschlagsfrist bestimmen (§ 10 Abs. 6 VOB/A) und zum anderen vorsehen, dass der Bieter bis zum Ablauf der Zuschlagsfrist an sein Angebot gebunden ist (Bindefrist, § 10 Abs. 7 VOB/A). Während die Zuschlagsfrist regelt, innerhalb welcher Frist der Auftraggeber die Angebotswertung durchführen wird, betrifft die Bindefrist den Zeitraum, während dessen der Bieter sich an seinem Angebot festhalten lassen muss. Die VOB/A geht dabei von einem Gleichlauf der beiden Fristen aus, der dadurch erzielt wird, dass der Auftraggeber in den Vergabeunterlagen die Angebotsbindung in Abhängigkeit von der Zuschlagsfrist regelt (§ 10 Abs. 7 VOB/A).

Nach § 10 Abs. 6 VOB/A soll die Zuschlagsfrist **so kurz wie möglich** und nicht länger bemessen werden, als der Auftraggeber für eine zügige Prüfung und Wertung der Angebote (§ 16 VOB/A) benötigt. Eine längere Zuschlagsfrist als 30 Kalendertage soll dabei nur in begründeten Fällen festgelegt werden. Das Ende der Zuschlagsfrist ist durch Angabe des Kalendertags zu bezeichnen.

2. Angemessenheit der Bindefrist

Nach Auffassung des Bundesgerichtshofs bedarf es in Vergabeverfahren der VOB/A einer Prüfung der Bindungsfrist am Maßstab des § 308 Nr. 1 BGB (§ 10 Nr. 1 AGBG a.F.) nicht.[6] Denn der Auftraggeber ist im Vergabeverfahren nach der VOB/A nach Treu und Glauben ohnehin gehalten, Bindungsfristen nur aus hinreichenden und gegebenenfalls nachprüfbaren Gründen vorzusehen. Im Ergebnis bedeutet dies, dass keine unangemessenen Fristen vorgesehen werden können. Danach ist ein öffentlicher Auftraggeber **nach Treu und Glauben** an die Vorgabe des § 10 Abs. 6 VOB/A gebunden. Wenn er ohne besondere Gründe im Sinne von § 10 Abs. 6 Satz 2 VOB/A eine längere als die 30tägige Bindungsfrist verlangt, kann er sich treuwidrig zu seinem eigenen Verhalten in Widerspruch setzen. Denn es wäre ein nicht tragbarer Verstoß gegen Treu und Glauben, allgemein und öffentlich für das Ausschreibungsverfahren die Grundsätze von § 10 VOB/A (§ 19 VOB/A 2006) zu formulieren, während man tatsächlich anders verfährt. Die öffentlichen Auftraggeber erklären in § 10 Abs. 6 VOB/A, sie seien bei der Bemessung von Bindungsfristen zu einer zügigen Prüfung von Angeboten bereit, unter dieser Vorgabe sei eine Bindungsfrist von 30 Kalendertagen angemessen und eine längere Frist nur aus besonderen Gründen erforderlich. Dies dürfen die beteiligten Kreise (Anbieter) nach Treu und Glauben als Grundlage der Verhandlungen verstehen, weswegen die Auftraggeber nach Treu und Glauben hieran gebunden sind.[7] Insoweit misst der Bundesgerichtshof der VOB/A eine mittelbare Rechtswirkung durch Konkretisierung der Grundsätze von Treu und Glauben, vor allem in der Form des treuwidrig widersprüchlichen Verhaltens bei.

Maßgebend für die Beurteilung der Angemessenheit der Bindefrist sind dabei die Umstände des Einzelfalls, die beispielsweise in den Besonderheiten der internen Willensbildung einer Selbstverwaltungskörperschaft von der Struktur einer Gemeinde liegen können. So ist die Beteiligung von ehrenamtlich Tätigen, in beschließenden Gremien tagenden Organen der Willensbildung erforderlich. Anders als bei staatlichen Behörden sind solche Gremien bei Kommunen nicht ständig präsent, sondern weitgehend auf turnusmäßige Sitzungen verwiesen. Hinzu kommt, dass die Träger der Willensbildung letztlich nicht Fachleute sind, was wiederum einen erhöhten Kontrollbedarf auf Übereinstimmung mit gesetzlichen Vorschriften hervorruft.[8] Setzt der Auftraggeber

---

6 BGH, 21.11.1991, VII ZR 203/90, BauR 1992, 221, 223.
7 BGH, 21.11.1991, VII ZR 203/90, BauR 1992, 221, 222.
8 BGH, 21.11.1991, VII ZR 203/90, BauR 1992, 221, 222/223.

§ 148 BGB Bestimmung einer Annahmefrist

treuwidrig eine unangemessen lange Frist an, gilt nicht ersatzweise die Frist von 30 Tagen des § 10 Abs. 6 VOB/A 2009, sondern die gesetzliche Regelung des § 147 II BGB. Es ist dann also noch im Einzelfall zu bestimmen, innerhalb welcher Frist der Zuschlag zu erwarten war.

3. Beweislast

9 Zunächst ging der Bundesgerichtshof davon aus, der Auftraggeber darlegen und beweisen müsse, dass eine längere Frist als 30 Tage unter Berücksichtigung der Vorgaben des § 10 Abs. 6 VOB/A angemessen (und nicht treuwidrig) sei.[9] In Abkehr von dieser Entscheidung hat der Bundesgerichtshof im Jahr 2006 zu § 12 VOB/A 2006 (§ 9 Abs. 5 VOB/A 2009) entschieden, dass es Sache des **Auftragnehmers** sei, die Voraussetzungen vorzutragen, die es rechtfertigen, die Durchsetzung einer Vertragsstrafe im Einzelfall an Treu und Glauben scheitern zu lassen. Demnach soll die Beweislast für ein treuwidriges Verhalten – und damit für die Festsetzung einer unangemessen langen Frist – der Auftragnehmer tragen.[10]

B. Bindefristverlängerungen bei Ausschreibungen

10 Einfache Bindefristverlängerungen durch einen Bieter haben nur die Bedeutung, dass das ursprüngliche Vertragsangebot inhaltlich konserviert und die rechtsgeschäftliche Bindungsfrist an das Angebot gem. § 148 BGB, zugleich Bindefrist gem. § 10 Abs. 7 VOB/A verlängert werden soll. Aussagen dazu, was vertraglich zu gelten hat, wenn die in der Ausschreibung und in dem Angebot enthaltenen Ausführungsfristen nicht mehr eingehalten werden können, sind damit nicht verbunden. Insbesondere ändert der Bieter mit einer Bindefristverlängerung nicht sein Angebot hinsichtlich der Ausführungstermine ab.[11]

11 Bei der **Auslegung von Erklärungen zur Bindefristverlängerung** ist zu berücksichtigen, dass diese regelmäßig so zu verstehen sind, dass sie im Einklang mit den vergaberechtlichen Bestimmungen stehen.[12] Eine Änderung des Angebots in dem Sinne, dass der Bieter mit der Bindefristverlängerung neue Ausführungsfristen und evtl. eine Anpassung der Vergütung aufgrund hierdurch entstehender Mehrkosten anbieten würde, stünde im Widerspruch zu den vergaberechtlichen Grundsätzen. Nach § 13 Abs. 1 Nr. 5 VOB/A[13] sind Änderungen an den Vergabeunterlagen unzulässig. Ein Verstoß hiergegen führt zum zwingenden Ausschluss nach § 16 Abs. 1 Nr. 1b VOB/A.[14] Es kann nicht davon ausgegangen werden, dass ein Bieter eine Erklärung mit einer (stillschweigenden) Änderung an den Vergabeunterlagen abgegeben habe, und damit riskierte, aus dem Vergabeverfahren ausgeschlossen zu werden.[15] Dies gilt in der Regel selbst dann, wenn der Bieter im Zusammenhang mit einer Bindefristverlängerung erklärt, er behalte sich im Falle verschobener Ausführungsfristen und hierdurch erhöhter Kosten die Geltendmachung einer Mehrvergütung vor. Denn dies bedeutet im Zweifel nicht, das Angebot modifizieren zu wollen, sondern nur, gegebenenfalls mögliche Ansprüche aus dem später abgeschlossenen, nach den Vergabebedingungen zustande gekommenen Vertrag auch geltend machen zu wollen.[16] Nach dem maßgeblichen objektiven Empfängerhorizont des Erklärungsempfängers kann das ohne ausdrückliche Ergänzungen oder Änderungen abgegebene Angebot des Bieters auch bei Bindefristverlängerungen im Er-

---

9 BGH, 21.11.1991, a.a.O.
10 BGH, 30.03.2006, VII ZR 44/05, BauR 2006, 1128, 1130.
11 BGH, 11.05.2009, VII ZR 11/08, BGHZ 181, 47, 52; BGH, 26.11.2009, VII ZR 131/08, BauR 2010, 455; BGH, 22.07.2010, VII ZR 213/08, RZ 14, ibr-online.
12 BGH, 11.11.1993, VII ZR 47/93, BauR 1994, 236.
13 § 21 Nr. 1 Abs. 3 VOB/A Ausgabe 2006.
14 § 25 Nr. 1 Abs. 1b VOB/A Ausgabe 2006.
15 BGH, 11.05.2009, VII ZR 11/08, BauR 2009, 1131, 1134, Rz. 25.
16 BGH, 11.05.2009, a.a.O.

gebnis nur so verstanden werden, dass es die Bedingungen der Ausschreibung auch für den Fall einer verzögerten Vergabe akzeptiert.[17]

§ 149 Verspätet zugegangene Annahmeerklärung

Ist eine dem Antragenden verspätet zugegangene Annahmeerklärung der Gestalt abgesendet worden, dass sie bei regelmäßiger Beförderung ihm rechtzeitig zugegangen sein würde, und musste der Antragende dies erkennen, so hat er die Verspätung dem Annehmenden unverzüglich nach dem Empfang der Erklärung anzuzeigen, sofern es nicht schon vorher geschehen ist. Verzögert er die Absendung der Anzeige, so gilt die Annahme als nicht verspätet.

A. Allgemeines

§ 149 BGB regelt einen Sonderfall der rechtzeitigen Annahme im Sinne von § 146 BGB. Unter den Voraussetzungen der Bestimmung wird eine nach Ablauf der Annahmefrist zugegangene Annahme als rechtzeitig behandelt, so dass sie den Vertragsschluss bewirkt. 1

B. Voraussetzungen

Der Annehmende muss auf der einen Seite seine Annahmeerklärung so rechtzeitig abgesendet haben, dass sie dem Antragenden bei regelmäßiger Beförderung rechtzeitig zugegangen wäre. Die Verspätung des Zugangs durfte für ihn daher nicht vorhersehbar sein.[1] Auf der anderen Seite muss dem Empfänger bei Anwendung der im Verkehr erforderlichen Sorgfalt die Rechtzeitigkeit der Absendung erkennbar gewesen sein (z.B. durch Poststempel, Aufgabevermerk).[2] 2

Wenn der Antragende es unter diesen Voraussetzungen unterlässt, dem Annehmenden die Verspätung unverzüglich nach dem Empfang der Annahmeerklärung anzuzeigen oder verzögert er die Absendung der Anzeige, so gilt die Annahme als nicht verspätet. Es wird somit ein rechtzeitiger Zugang der Annahmeerklärung fingiert, so dass der Vertrag zustande kommt. Kommt der Antragende dem gegenüber seiner Anzeigeobliegenheit gemäß § 149 S. 1, 2. HS. BGB nach, bleibt es bei der Rechtsfolge des § 146 BGB, d.h. der Antrag ist erloschen. Die verspätete Annahme ist dann als neuer Antrag zu behandeln (§ 150 Abs. 1 BGB). 3

§ 150 Verspätete und abändernde Annahme

(1) Die verspätete Annahme eines Antrags gilt als neuer Antrag.

(2) Eine Annahme unter Erweiterungen, Einschränkungen oder sonstigen Änderungen gilt als Ablehnung verbunden mit einem neuen Antrag.

A. Grundsätzliches

Häufig werden Angebote nicht innerhalb der Angebotsfrist oder nicht unverändert angenommen. Die Bestimmung regelt, welche rechtlichen Folgen die verspätete oder abändernde Annahme hat. § 18 VOB/A hält für die Vergabe öffentlicher Aufträge eine die Bestimmung des § 150 BGB ergänzende Regelung bereit. 1

---

17 BGH, 11.05.2009, VII ZR 11/08, BauR 2009, 1131, 1132, Rz. 16.
1 Staudinger/*Bork*, § 149 Rn. 4.
2 BGH, 24.03.1988, III ZR 21/87, NJW 1988, 2106, 2107.

B. Verspätete Annahme, § 150 Abs. 1

2 Die Annahme nach Ablauf der vom Antragenden gesetzten (§ 148 BGB) bzw. gesetzlichen (§ 147 BGB) Annahmefrist kann nicht zum Vertragsschluss führen, da das korrespondierende Angebot nach § 146 BGB erloschen ist. Gleichwohl bleibt die verspätete Annahme nicht ohne Rechtswirkungen. § 150 Abs. 1 BGB vermutet widerleglich, dass die verspätete Annahmeerklärung als neuer Antrag gelten soll.[1] Dieser neue Antrag muss wiederum alle Voraussetzungen eines Antrags erfüllen (inhaltlich bestimmt oder zumindest bestimmbar, Rechtsbindungswillen, kein Ausschluss der Bindung, vgl. Kommentierung zu § 145 BGB). Hinsichtlich der Annahmefrist gelten die Bestimmungen der §§ 145–149 BGB.

3 Da im Fall der lediglich verspäteten Annahme keine Differenzen über den Inhalt des beabsichtigten Vertrages bestehen, wird man hinsichtlich des Zugangs der Annahme des neuen Angebots regelmäßig § 151 S. 1, 1. Alt. BGB heranziehen können, wonach der Zugang der Annahmeerklärung ausnahmsweise entbehrlich ist.[2]

4 Nach § 18 Abs. 1 VOB/A ist der Zuschlag im Vergabeverfahren nach VOB/A möglichst bald, mindestens aber so rechtzeitig zu erteilen, dass dem Bieter die Erklärung noch vor Ablauf der Zuschlagsfrist (§ 10 Abs. 5–8 VOB/A) zugeht. Wird der Zuschlag verspätet erteilt, so ist der Bieter bei Erteilung des Zuschlags aufzufordern, sich unverzüglich über die Annahme zu erklären (§ 18 Abs. 2 VOB/A). Vergaberechtlich ist ein Angebot jedoch auch noch nach Ablauf der Bindefrist zuschlagsfähig. Zwar hat der Ablauf der Bindefrist zur Folge, dass der Bieter an sein Angebot nicht mehr gebunden ist und ein verspäteter Zuschlag nach § 150 Abs. 1 BGB als (neues) Angebot der Vergabestelle zu werten ist. Gleichwohl ist der öffentliche Auftraggeber bereits aus haushaltsrechtlichen Gründen gehalten, auch auf ein gemäß § 146 BGB erloschenes Angebot eines Bieters gemäß § 150 Abs. 1 BGB und § 18 Abs. 2 VOB/A beim Bieter nachzufragen, ob ein Vertragsschluss nach Maßgabe des sachlichen Inhalts des erloschenen Angebots noch möglich sei und dem Bieter den Abschluss eines Vertrages mit diesem Inhalt anzubieten. Die übrigen Bieter können nicht darauf vertrauen, dass ein Vertragsschluss wegen des Ablaufs der Bindefrist unterbleibt.[3] Angebote bleiben damit auch nach Ablauf der Bindefrist *vergaberechtlich* zuschlagsfähig, wenn der Bieter einer (nachträglichen) Bindefristverlängerung zustimmt bzw. auf die als neues Angebot geltende verspätete Zuschlagserteilung des Auftraggebers seinerseits die Annahme erklärt.[4]

C. Annahme unter Änderungen, § 150 Abs. 2 BGB

I. Allgemeines

5 Nimmt der Empfänger des Angebots dieses nicht so an, wie es ihm gemacht worden ist, sondern nur mit Modifizierungen, bedeutet dies rechtlich, dass er das Vertragsangebot ablehnt und gleichzeitig ein neues, geändertes Vertragsangebot unterbreitet. Das ursprüngliche Angebot ist damit erledigt. Auf die Bedeutung bzw. Wesentlichkeit der *»Erweiterungen, Einschränkungen oder sonstigen Änderungen«* kommt es nicht an, so dass auch Ergänzungen in unbedeutenden Nebenpunkten die Rechtsfolge des § 150 Abs. 2 BGB herbeiführen.[5] Auch geringfügige, unwesentliche Änderungsvorschläge gegenüber dem unterbreiteten Vertragsangebot führen dazu, dass es für das Zustandekommen des Vertrags einer neuen Erklärung des Vertragspartners bedarf. Eine modifizierte Annahme liegt auch dann vor, wenn der Annehmende (erstmals) auf seine AGB verweist.

---

1 Staudinger/*Bork*, § 150 Rn. 1.
2 Bamberger/Roth/*H.-W. Eckert*, 150 Rn. 3; Ehrmann/*Armbrüster*, § 150 Rn. 1.
3 OLG Düsseldorf, 14.05.2008, Verg 17/08, IBR 2009, 288.
4 BGH, 28.10.2003, X ZR 248/02, VergabeR 2004, 190, 191.
5 BGH, 18.10.2000, XII ZR 179/98, NJW 2001, 221, 222.

II. Änderung

Ob die Annahme Änderungen enthält, muss im Wege der Auslegung (§§ 133, 157 BGB) ermittelt werden. Die Änderung muss für den anderen Teil **klar und eindeutig** zum Ausdruck kommen. Für den Empfänger der Annahme muss erkennbar sein, dass die Annahme mit einer Änderung des Antrags verbunden ist.[6] Will der Empfänger eines Vertragsangebotes mit seiner Annahmeerklärung durch beigefügte Formulare vom Antrag des Anbietenden abweichen, muss er dies ebenfalls unzweideutig zum Ausdruck bringen. Allein die Beifügung eines vom Inhalt des Antrags abweichenden Formulars genügt nicht.[7] Nimmt der Auftraggeber das Angebot des Auftragnehmers auf Abschluss eines Bauvertrages mit der verbindlichen und eindeutigen Maßgabe an, dass eine neue Bauzeit festgelegt wird, gilt das als Ablehnung, verbunden mit einem neuen Antrag auf Abschluss des Vertrages mit im Übrigen unveränderten Bedingungen. Dieser (neue) Antrag kann dadurch angenommen werden, dass der Auftragnehmer mit dem Auftraggeber einen auf die neue Bauzeit abgestimmten Bauzeitenplan vereinbart.[8]

III. Besonderheiten im Vergabeverfahren

Besonderheiten gelten wiederum bei der Vergabe öffentlicher Aufträge. Erfolgt der Zuschlag dort – z.B. aufgrund eines Nachprüfungsverfahrens – mit veränderter Bauzeit oder veränderten Fertigstellungsterminen, so stellt der Zuschlag eine Ablehnung verbunden mit einem neuen Antrag dar. Diesen geänderten Antrag des Auftraggebers kann der Bieter/Unternehmer nun seinerseits ablehnen (Folge: Erlöschen des geänderten Angebots des Auftraggebers), unverändert annehmen (Folge: Vertragsschluss) oder modifiziert annehmen (mit der erneuten Folge des § 150 Abs. 2 BGB). Ein Verstoß gegen das vergaberechtliche Nachverhandlungsverbot des § 15 Abs. 3 VOB/A soll in diesem Fall nicht vorliegen, da sich die Bestimmung nur auf die Zeit zwischen dem Eröffnungstermin gemäß § 14 VOB/A und der Erteilung des Zuschlags nach § 18 VOB/A bezieht und nicht auf die Zeit nach Zuschlagserteilung.[9]

Nach anderer Auffassung ist eine wesentliche Modifizierung des Angebots durch Zuschlag regelmäßig eine unzulässige Nachverhandlung i.S.v. § 15 Abs. 3 VOB/A und kann zu Schadensersatzansprüchen führen.[10] Relevante Änderungen liegen vor, wenn einzelne Leistungen (z.B. Änderung, Wegfall oder Hinzufügung von LV-Positionen), Ausführungsfristen[11] (Verschiebung, Verkürzung oder Verlängerung der Bauzeit, neue Zwischenfristen), Zahlungsbedingungen (z.B. Skonto,[12] Nachlass, Zahlungsplan, etc.) oder andere Vertragsbedingungen (z.B. einzelne Regelungen der VOB/B wie beispielsweise Abbedingung des § 2 Abs. 3 VOB/B im Zuschlagsschreiben) inhaltlich geändert werden.

Eine inhaltliche Änderung liegt demgegenüber nicht vor, wenn sich der Auftraggeber eine losweise Vergabe an verschiedene Bieter vorbehält. Es steht ihm dann frei, von dem Vorbehalt in der Form Gebrauch zu machen, dass er losweise vergibt, oder dass er eine Gesamtvergabe vornimmt. Keine inhaltliche Änderung liegt vor, wenn sich der Auftraggeber in den Vertragsunterlagen z.B. die datumsmäßige Festlegung von Ausführungsfristen ausdrücklich vorbehalten hat.[13] Die kalendermäßige Bestimmung der Leistungszeit nach § 284 Abs. 2 BGB (a.F.) kann auch einseitig durch eine Partei erfolgen (vgl. § 315 BGB).[14]

---

6 OLG Celle, 04.03.2004, 14 U 226/03, NJW-RR 2004, 1165, 1166.
7 BGH, 18.11.1982, 7 ZR 223/80, WM 1983, 313 = BauR 1983, 252.
8 BGH, 24.02.2005, VII ZR 141/03, BauR 2005, 857, 861.
9 OLG Hamm, 05.12.2006, 24 U 58/05, BauR 2007, 878, 880.
10 Ingenstau/Korbion, VOB, 17. Aufl., § 18 VOB/A, Rn. 24.
11 BGH, 24.02.2005, VII ZR 141/03, BauR 2205, 857; OLG München, 06.07.1993, 13 U 6930/92, IBR 1995, 369 (*Schelle*).
12 OLG Hamm, 14.02.2009, 26 U 118/91, BauR 1992, 779.
13 Ingenstau/Korbion, VOB, § 18 VOB/A, Rn. 24.
14 BGH, 15.02.2005, ZR 87/04, NJW 2005, 1772.

§ 150 BGB Verspätete und abändernde Annahme

10 Keine Änderung liegt schließlich vor, wenn mit der Zuschlagserteilung die Entscheidung für Alternativ- oder Bedarfspositionen trifft, die bereits Bestandteil des Angebots waren. Bei der öffentlichen Auftragsvergabe ist dabei zu berücksichtigen, dass Bedarfspositionen grundsätzlich nicht in die Leistungsbeschreibung aufzunehmen sind (§ 7 Abs. 1 Nr. 4 VOB/09).

11 § 150 Abs. 2 BGB gilt auch für den sog. **modifzierten Zuschlag** in Vergabeverfahren nach VOB/A.[15] Allerdings sind auch dort die Grundsätze von Treu und Glauben zu beachten. Sie erfordern, dass der Empfänger eines Vertragsangebots, wenn er von dem Vertragswillen des Anbietenden abweichen will, dies in der Annahmeerklärung **klar und unzweideutig** zum Ausdruck bringt. Erklärt der Vertragspartner seinen vom Angebot abweichenden Vertragswillen nicht hinreichend deutlich, so kommt der Vertrag zu den Bedingungen des Angebots zustande.[16] Auch in den Fällen, in denen zum Zeitpunkt der Zuschlagserteilung aufgrund von Verzögerungen im Vergabeverfahren die ursprünglich vorgesehen Ausführungsfristen bereits abgelaufen oder jedenfalls offensichtlich nicht mehr einzuhalten sind, ist der Zuschlag regelmäßig so auszulegen, dass er sich auch auf wegen Zeitablaufs obsolet gewordene Fristen und Termine bezieht.[17] Denn nur mit diesem Verständnis kann das wesentliche Ziel des Vergabeverfahrens, es mit einem Vertragsschluss zu beenden, mit Sicherheit erreicht werden. Würde man den Zuschlag trotz der obsolet gewordenen Fristen als Annahme unter Abänderungen ansehen, hätte es der Bieter in der Hand zu entscheiden, ob das bis dahin ordnungsgemäß durchgeführte Vergabeverfahren letztlich vergeblich war und ob ein Vertrag zustande kommt oder nicht. Außerdem ist es dem öffentlichen Auftraggeber verwehrt, mit den Bietern über Änderungen der Angebote und Preise zu verhandeln (§ 15 Abs. 3 VOB/A). Eine Änderung des Angebots liegt auch vor, wenn die Bauzeit abweichend von den Ausschreibungsbedingungen bestimmt werden soll. Verstößt der öffentliche Auftraggeber gegen das Nachverhandlungsverbot, führt dies zwar nicht zum Ausschluss des Angebots. Allerdings wäre eine Wertung der Änderung verboten.[18] Da einem Auftraggeber nicht unterstellt werden könne, gegen das Nachverhandlungsverbot verstoßen zu wollen, kann in einem Zuschlag, der dem Wortlaut nach das ursprüngliche Angebot akzeptiert, keine stillschweigende Anfrage nach Veränderung der angebotenen Ausführungsfrist gesehen werden. Im Ergebnis soll der Zuschlag auf ein Angebot, dem zwischenzeitlich obsolet gewordene Fristen und Termine zugrundeliegen, keinen Fall des § 150 Abs. 2 BGB darstellen.[19]

12 Die eindeutige und verbindliche Festlegung einer vom Angebot abweichenden Bauzeit im Zuschlagsschreiben gilt nach § 150 Abs. 2 BGB als Ablehnung des Antrags verbunden mit einem neuen Angebot.[20] Allerdings ist der Zuschlag in einem Vergabeverfahren nach VOB/A regelmäßig so auszulegen, dass er sich auch auf wegen Zeitablaufs obsolet gewordene Fristen und Termine bezieht.[21] Der unverändert geschlossene Vertrag ist sodann an die neuen Bauzeitumstände anzupassen. Insoweit ist bereits im geschlossenen Vertrag die Verpflichtung angelegt, über die neuen Umstände zu verhandeln, eine Einigung herbeizuführen und gegebenenfalls auch den Preis anzupassen. Neue, einseitige Angaben zur Bauzeit im Zuschlagsschreiben können als Hinweise im Hinblick auf diesen Mechanismus ausgelegt werden.[22]

---

15 BGH, 24.02.2005, VII ZR 141/03, BauR 2005, 857, 860 f.; OLG Hamm, 05.12.2006, 24 U 58/05, BauR 2007, 878, 879.
16 BGH, 11.08.1982, VII ZR 223/80, BauR 1983, 252, 253; BGH, 11.05.2009, VII ZR 11/08, BauR 2009, 1131, 1135, RZ 35.
17 BGH, 11.05.2009, VII ZR 11/08, BauR 2009, 1131, 1135, RZ 37.
18 BGH, 06.02.2002, X ZR 185/99, BauR 2002, 1082; BGH, 11.05.2009, VII ZR 11/08, BauR 2009, 1131, 1135.
19 BGH, 22.07.2010, VII ZR 213/08, ibr-online, Rz. 18 ff.
20 BGH, 24.02.2005, VII ZR 141/03, BGHZ 162, 259, 268 f.; BGH, 11.05.2009, VII ZR 11/08, BauR 2009, 1131, RZ 33 m.w.N.
21 BGH, 11.05.2009, VII ZR 11/08, BauR 2009, 1131.
22 BGH, 22.07.2010, VII ZR 213/08, ibr-online, Rz. 32.

IV. Uneingeschränkte Annahme mit Ergänzungs- oder Änderungsangebot

Die Wirkung des § 150 Abs. 2 BGB tritt ein, ohne dass dies den Erklärenden bewusst sein muss, so dass die irrige Vorstellung der Parteien, sie seien sich einig, unbeachtlich ist.[23] Von der modifizierenden Annahme i.S.v. § 150 Abs. 2 BGB ist der Fall zu unterscheiden, dass der Annehmende – für den Vertragspartner erkennbar – zwar Ergänzungen vorschlägt, aber gleichzeitig klar zum Ausdruck bringt, dass er bei einem Beharren des Antragenden auf dem ursprünglichen Angebot dieses Angebot in der ursprünglichen Form in jedem Fall annimmt und nicht an seinen Änderungsvorschlägen festhält. Es handelt sich dann um eine uneingeschränkte Annahme, verbunden mit einem Ergänzungs- oder Änderungsangebot. Ob eine derartige Erklärung des Annehmenden so zu verstehen ist, ist im Wege der **Auslegung** zu ermitteln.[24] Das Bemühen des Antragsempfängers, den Antragenden zur Modifizierung seines Angebots zu bewegen, muss daher nicht zwingend eine als Ablehnung des Antrags geltende abändernde Annahme darstellen, wenn dies auch aus Sicht des Antragenden nicht als Ablehnung des Angebots verstanden werden konnte. Vielmehr kann das Verlangen besserer Vertragsbedingungen bedeuten, dass das Angebot notfalls auch in der unterbreiteten Fassung angenommen wird oder sich der Annehmende die Entscheidung bis zum Ablauf der Annahmefrist noch vorbehalten will. Hierzu ist eine wertende Betrachtung des gesamten Verhaltens des Antragsempfängers einschließlich der begleitenden Umstände nach §§ 133, 157 BGB vorzunehmen.[25]

Bei der Vergabe nach VOB/A kann der Zuschlag zur Wahrung der Transparenz im Wettbewerb und des Gleichheitsgebots nur auf das unveränderte Angebot des Bieters erfolgen. Ein Zuschlagsschreiben eines öffentlichen Auftraggebers, welches in Folge einer verzögerten Vergabe und überholten Ausführungsfristen neue Angaben zur Bauzeit enthält, stellt bei interessengerechter und im Zweifel vergaberechtskonformer Auslegung keine vergaberechtlich unzulässige Neuverhandlung anderer Vertragsbedingungen dar, sondern nur einen »Hinweis« des Auftraggebers darauf, dass eine neue Bauzeit aufgrund der veränderten Umstände für notwendig erachtet wird.[26] Die Besonderheiten und der rechtliche Rahmen für Vergabeverfahren öffentlicher Auftraggeber sind bei der Auslegung von Annahmeerklärungen des Auftraggebers zu berücksichtigen. Dementsprechend kann die Angabe eines Baubeginns und die Anforderung eines Bauablaufplans im Zuschlagsschreiben auch die **vorbehaltslose und unveränderte Annahme** des ursprünglichen Angebots des Bieters darstellen, verbunden mit dem **Vorschlag** einer Einigung über eine neue Bauzeit. In diesem Fall tritt die Rechtsfolge des § 150 Abs. 2 BGB nicht ein.

V. Annahme des geänderten Angebots

Gerade bei Änderungen wird man auf den Zugang der Annahme des geänderten Angebots seltener verzichten können, als im Fall des § 150 Abs. 1 BGB.[27] Bloßes Schweigen kann ausnahmsweise ausreichen, wenn der andere Teil nach Treu und Glauben verpflichtet ist, seine etwaige Ablehnung alsbald zu erklären, hierzu gehören die Fälle einer geringfügig oder erkennbar unverschuldeten Verspätung,[28] ferner der gesetzliche Fall des § 149 BGB oder im Falle einer nur unwesentlichen Änderung in der Annahme.[29]

---

23 OLG Hamm, 21.05.1996, 29 U 166/95, NJW-RR 1996, 1454.
24 BGH, 13.10.1982, VIII ZR, 155/81, WM 1982, 1329, 1330; BGH vom 18.10.2000, XII ZR 179/98, NJW 2001, 221, 222.
25 OLG Celle, 11.02.2009, 3 U 204/08, IBR 2009, 1280.
26 BGH, 22.07.2010, VII ZR 213/08, ibr-online, Rz. 24.
27 PWW/*Brinkmann*, § 150, Rn. 3.
28 BGH, 31.01.1951, II ZR 46/50, NJW 1951, 313.
29 BGH, 06.02.1956, II ZR 21/55, DB 1956, 474.

16 Allerdings bleibt es bei dem Grundsatz, dass Schweigen im Rechtsverkehr grundsätzlich keine Zustimmung ist.[30] Soweit hiervon Ausnahmen gemacht werden, gilt dies insbesondere nicht in Bezug auf außergewöhnliche und besonders bedeutsame Geschäfte.[31] Während es bei einer verspäteten Annahmeerklärung (§ 150 Abs. 1 BGB) – auch in Fällen der §§ 147, 148 BGB – regelmäßig naheliegt, das Schweigen des Empfängers als konkludente Annahme zu werten, ist dies bei einer Annahme mit Änderungen nicht der Fall, sofern nicht Umstände vorliegen, die die Möglichkeit einer Änderung der sachlichen Entscheidung des Empfängers nahelegen.[32] Derartige Umstände müssen jedoch konkret überprüft und festgestellt werden.

17 Auch für den Fall einer modifizierten Annahme eines Vertragsangebots ist an dem Grundsatz festzuhalten, dass Schweigen nicht als Zustimmung, also nicht als Annahme eines neuen Vertragsantrags gilt.[33] Vor diesem Grundsatz können nur beim Vorliegen ganz besonderer Umstände Ausnahmen zugelassen werden. Zu differenzieren ist dabei nach dem Schweigen des ursprünglichen Antragstellers auf den in der verspäteten Annahme liegenden neuen Antrag einerseits und dem Schweigen des ursprünglichen Antragstellers auf eine Annahme unter Erweiterungen, Einschränkungen oder sonstigen Erklärungen. Während das Schweigen des ursprünglichen Antragstellers auf den in der verspäteten Annahme liegenden neuen Antrag jedenfalls dann als Einverständnis zum Vertragsschluss gewertet werden kann, wenn keine Umstände vorliegen, die die Möglichkeit einer Änderung seiner sachlichen Entschließung nahelegen, wird diese Voraussetzung regelmäßig dann fehlen, wenn die Annahmeerklärung nicht nur verspätet wurde (§ 150 Abs. 1 BGB), sondern unter Erweiterungen, Einschränkungen oder sonstigen Änderungen abgegeben war (§ 150 Abs. 2 BGB). In diesem Fall kann der Vertrag durch das Schweigen nur zustande kommen, wenn die in der Annahmeerklärung liegenden Änderungen so beschaffen sind, dass sie nicht die Möglichkeit nahelegen, der ursprüngliche Antragsteller werde wegen dieser Abweichungen von seinem Vertragsangebot seine sachliche Entschließung ändern.[34]

§ 151 Annahme ohne Erklärung gegenüber dem Antragenden

Der Vertrag kommt durch die Annahme des Antrags zustande, ohne dass die Annahme dem Antragenden gegenüber erklärt zu werden braucht, wenn eine solche Erklärung nach der Verkehrssitte nicht zu erwarten ist oder der Antragende auf sie verzichtet hat. Der Zeitpunkt, in welchem der Antrag erlischt, bestimmt sich nach dem aus dem Antrag oder den Umständen zu entnehmenden Willen des Antragenden.

A. Allgemeines

1 Die Vertragsannahme ist eine einseitige, empfangsbedürftige Willenserklärung. Sie wird erst mit ihrem Zugang beim Empfänger wirksam (§ 130 Abs. 1 Satz 1 BGB). Die §§ 151, 152 BGB machen hiervon eine Ausnahme. Soweit die Voraussetzungen des § 151 Satz 1 BGB vorliegen, genügt die Annahme im Sinne einer »unzweideutigen Betätigung des Annahmewillens«.[1] Die Erklärung der Annahme gegenüber dem Antragenden ist entbehrlich.

2 Während bei der konkludenten bzw. stillschweigenden Annahme das schlüssige Verhalten beim Antragenden in der Form ankommen muss, dass dieser nach dem objektiven Empfängerhorizont

---

30 BGH, 04.04.1951, II ZR 52/50, BGHZ 1, 353, 355; BGH, 26.09.1973, VIII ZR, BGHZ 61, 282, 285.
31 BGH, 01.06.1994, XII ZR 227/92, NJW-RR 1994, 1163, 1165.
32 BGH, 06.03.1986, III ZR 234/84, NJW 1986, 1807, 1809.
33 BGH, 29.09.1955, II ZR 210/54, BGHZ 18, 212, 216.
34 BGH, 06.02.1956, II ZR 21/55, DB 1956, 474.
1 Palandt/*Ellenberger*, § 151 Rn. 1.

das Verhalten als Annahmeerklärung auffassen darf, geht es bei § 151 BGB darum, dass die ausdrückliche oder konkludente Annahme ausnahmsweise nicht empfangsbedürftig ist.

B. Voraussetzungen

I. Betätigung des Annahmewillens

Unter den Voraussetzungen des § 151 Satz 1 BGB wird nur die Verlautbarung der Vertragsannahme gegenüber dem Antragenden entbehrlich, nicht aber die Annahme als solche. Auch in diesem Falle ist daher ein als Willensbetätigung zu wertendes, nach außen hervortretendes Verhalten des Angebotsempfängers erforderlich, das vom Standpunkt eines unbeteiligten objektiven Dritten aufgrund aller äußeren Indizien auf einen wirklichen Annahmewillen schließen lässt.[2] In der Regel erfolgt die Manifestation des Annahmewillens durch schlüssige Handlung, insbesondere durch Erfüllungs- oder Gebrauchshandlungen.[3] In welchen Handlungen eine ausreichende Betätigung des Annahmewillens zu finden ist, kann grundsätzlich nur in Würdigung des konkreten Einzelfalls entschieden werden. Dabei ist mangels Empfangsbedürftigkeit der Willensbetätigung nicht auf den Empfängerhorizont (§ 157 BGB), sondern darauf abzustellen, ob das Verhalten des Angebotsadressaten vom Standpunkt eines unbeteiligten objektiven Dritten aufgrund aller äußeren Indizien auf einen »wirklichen Annahmewillen« (§ 133 BGB) schließen lässt.[4]

3

II. Verzicht oder Verkehrssitte

1. Verzicht

Der Verzicht auf die Erklärung der Annahme gegenüber dem Antragenden nebst Zugang ist auch stillschweigend möglich, z.B. durch Übersendung einer Auftragsbestätigung, die in Wahrheit ein Angebot darstellt.[5]

4

2. Verkehrssitte

Eine Annahmeerklärung ist nach der Verkehrssitte im Allgemeinen bei unentgeltlichen Zuwendungen und bei für den Antragsempfänger lediglich vorteilhaften Rechtsgeschäften nicht zu erwarten (vgl. insoweit das Vorbild des § 516 Abs. 2 BGB). So ist etwa für die Annahme eines selbständigen Garantieversprechens,[6] eines Schuldbeitritts,[7] oder einer Bürgschaft[8] eine ausdrückliche oder konkludente Erklärung gegenüber dem Antragenden nicht erforderlich. Gleiches gilt für das mit einem abstrakten Schuldanerkenntnis verbundene Angebot zur Abtretung einer Forderung.[9]

5

C. Zeitpunkt des Erlöschens des Antrags

Auch bei einer Annahme durch bloße Betätigung des Annahmewillens im Sinne von § 151 Satz 1 BGB muss diese Annahme fristgemäß erfolgen. Die Frist ist entweder dem Antrag selbst (wenn der Antragende die Länge der Frist im Antrag bestimmt hat) oder nach dem aus den Umständen zu entnehmenden Willen des Antragenden zu ermitteln. Insoweit gilt § 151 Satz 2 BGB und nicht § 147 Abs. 2 BGB. Der Vertrag kommt mit der objektiv erkennbaren Betätigung des Annahmewillens zustande, unabhängig davon, ob und wann der Antragende hiervon Kenntnis erlangt.

6

---

[2] BGH, 14.10.2003, XI ZR 101/02, NJW 2004, 287, 288.
[3] Palandt/*Ellenberger*, § 151 Rn. 2.
[4] BGH, 12.10.1999, XI ZR 24/99, NJW 2000, 276, 277; BGH, 07.05.1979, II ZR 210/78, BGHZ 74, 352, 356; BGH, 28.03.1990, VIII ZR 258/89, BGHZ 97, 111, 101.
[5] Palandt/*Ellenberger*, 69. Aufl. 2010, § 151 Rn. 3.
[6] BGH, 23.03.1988, VIII ZR 58/87, BGHZ 104, 82, 85 m.w.N.
[7] BGH, 28.10.1993, VII ZR 192/92, BauR 1994, 131, 133.
[8] BGH, 06.05.1997, IX ZR 136/96, NJW 1997, 2233.
[9] BGH, 12.10.1999, XI ZR 24/99, NJW 2000, 276, 277.

D. Konkludente Annahme von Nachtragsangeboten

7 Soweit keine Form vorgeschrieben ist, können Willenserklärungen stets auch durch schlüssiges Verhalten abgegeben werden.[10] Fordert der Besteller zusätzliche Leistungen und unterbreitet der Bauunternehmer hierfür ein Nachtragsangebot, so kann eine konkludente Annahme dieses Nachtragsangebots dadurch zum Ausdruck kommen, dass der Besteller die Leistungen abruft und entgegennimmt, ohne dem Nachtragsangebot zu widersprechen. Dies ist jedenfalls dann anzunehmen, wenn der Besteller dem Nachtragsangebot erst widerspricht, nachdem die zusätzliche Leistung ausgeführt worden ist.[11] Insbesondere wenn ein Nachtragsangebot im Anschluss an Vertragsverhandlungen erfolgte, in denen nach dem Empfängerhorizont des Unternehmers über die wesentlichen Vertragsbedingungen bereits Einigkeit erzielt worden war, ist der Auftraggeber nach Treu und Glauben gem. § 242 BGB verpflichtet, seinen abweichenden Willen (z.B. gegen die Höhe der Einheitspreise) zu äußern. Lässt er die angebotene Werkleistung ausführen, ohne den im Nachtragsangebot aufgeführten Einheitspreis zu beanstanden, ist diese Entgegennahme der Werkleistungen als stillschweigende Annahme zu werten.[12]

§ 152 Annahme bei notarieller Beurkundung

Wird ein Vertrag notariell beurkundet, ohne dass beide Teile gleichzeitig anwesend sind, so kommt der Vertrag mit der nach § 128 erfolgten Beurkundung der Annahme zustande, wenn nicht ein anderes bestimmt ist. Die Vorschrift des § 151 S. 2 findet Anwendung.

1 Nach § 128 BGB genügt es bei einer durch Gesetz vorgeschriebenen notariellen Beurkundung eines Vertrages (vgl. z.B. § 311b I, III, V 2, § 873 II BGB), wenn zunächst der Antrag und sodann die Annahme des Antrags von einem Notar beurkundet wird (Möglichkeit einer sukzessiven Beurkundung an verschiedenen Orten durch verschiedene Notare). Für diesen Fall regelt § 152 BGB, dass die notariell beurkundete Annahme nicht empfangsbedürftig ist und der Vertrag bereits mit der Beurkundung der Annahme – ohne Rücksicht auf deren Zugang – zustande kommt. Wie sich aus dem Wortlaut ergibt, ist § 152 BGB (auch konkludent) abdingbar. Aus dem Umstand, dass der Antragende im Antrag eine bestimmte Annahmefrist setzt, ergibt sich im Zweifel, dass er bis zum Ablauf der Annahmefrist Klarheit haben will. Dies setzt wiederum den Zugang der Annahmeerklärung voraus.[1] In diesem Fall muss die Annahme dem Antragenden innerhalb der Frist zugehen oder er muss von ihr zuverlässig Kenntnis erlangen.[2]

§ 153 Tod oder Geschäftsunfähigkeit des Antragenden

Das Zustandekommen des Vertrags wird nicht dadurch gehindert, dass der Antragende vor der Annahme stirbt oder geschäftsunfähig wird, es sei denn, dass ein anderer Wille des Antragenden anzunehmen ist.

1 Das einem Angebot zugrundeliegende wirtschaftliche Ziel entfällt nicht zwangsläufig mit dem Tod des Antragenden. Ebenso wie es auf die Wirksamkeit einer Willenserklärung ohne Einfluss ist, wenn der Erklärende nach der Abgabe (und vor Zugang) stirbt oder geschäftsunfähig wird

---

10 BGH, 18.06.1980, VIII ZR 119/79, NJW 1980, 2245, 2246 m.w.N.; BGH, 10.11.1983, VII ZR 175/82, WM 1984, 243.
11 KG, 31.10.2008, 7 U 169/07, IBR 2009, 7 *(Berding)*; ebenso OLG Thüringen, 12.01.2006, 1 U 921/04, BauR 2006, 1897.
12 OLG Jena, 12.01.2006, 1 U 921/04, BauR 2006, 1897; BGH, 08.06.2006, VII ZR 37/06 Nichtzulassungsbeschwerde zurückgenommen.
1 BGH, 16.09.1988, U ZR 77/87, NJW-RR 89, 199.
2 Palandt/*Ellenberger*, § 152 Rn. 2.

(§ 130 Abs. 2 BGB) bleibt der zugegangene Antrag im Zweifel weiter annahmefähig, auch wenn der Antragende vor der Annahme stirbt oder geschäftsunfähig wird. In diesem Fall muss die Annahme gegenüber dem Erben oder dem gesetzlichen Vertreter erklärt werden.

Etwas anderes gilt nach § 153 2. Hs. BGB, wenn ein anderer Wille des Antragenden anzunehmen ist. Dies kann der Fall sein, wenn es um die Erbringung persönlicher Leistungen geht. Nicht geregelt ist der Fall, dass der Antragsempfänger nach Zugang des Antrags, aber vor Abgabe der Annahmeerklärung stirbt. In diesem Fall ist durch Auslegung zu ermitteln, ob der Antrag auch für die Erben des Antragsempfängers gelten soll oder ob der Antragende nur mit dem (verstorbenen oder geschäftsunfähig gewordenen) Antragsempfänger persönlich kontrahieren wollte. 2

§ 154 Offener Einigungsmangel; fehlende Beurkundung

(1) Solange nicht die Parteien sich über alle Punkte eines Vertrages geeinigt haben, über die nach der Erklärung auch nur einer Partei eine Vereinbarung getroffen werden soll, ist im Zweifel der Vertrag nicht geschlossen. Die Verständigung über einzelne Punkte ist auch dann nicht bindend, wenn eine Aufzeichnung stattgefunden hat.

(2) Ist eine Beurkundung des beabsichtigten Vertrages verabredet worden, so ist im Zweifel der Vertrag nicht geschlossen, bis die Beurkundung erfolgt ist.

A. Allgemeines

Der Vertragsschluss setzt einen Konsens, d.h. übereinstimmende (»kongruente«) Willenserklärungen voraus. Haben sich die Parteien noch nicht über alle Punkte eines Vertrages geeinigt, so ist zu unterscheiden: 1

Betrifft die fehlende Einigung vertragswesentliche Fragen (essentialia negotii), wie Vertragsparteien, Vertragstypus, Leistung und Gegenleistung, so ist ein Vertrag von vornherein nicht geschlossen und § 154 BGB nicht einschlägig. Zu der Frage, ob ein solcher »logischer Dissens« vorliegt, ist zu prüfen, ob sich die offenen Punkte unter Umständen durch dispositives Gesetzesrecht (vgl. insbesondere § 632 BGB für das Werkvertragsrecht), durch ergänzende Vertragsauslegung oder durch § 315 ff. BGB schließen lassen.[1] Kann die Lücke über vertragswesentliche Punkte auf diese Weise nicht geschlossen werden, ist ein Vertrag nicht zustande gekommen. Die Auslegungsvorschrift des § 154 Abs. 1 Satz 1 BGB spielt in diesem Falle keine Rolle. 2

Betrifft die unvollständige Einigung der Parteien lediglich Nebenpunkte des Vertrages oder Vertragslücken, die durch Heranziehung des dispositiven Rechts oder durch ergänzende Vertragsauslegung geschlossen werden können, gilt die Auslegungsregel des § 154 Abs. 1 S. 1 BGB. 3

Von § 155 BGB unterscheidet sich § 154 Abs. 1 Satz 1 BGB dadurch, dass hier die unvollständige Einigung zumindest einer Partei bewusst ist (daher »offener Einigungsmangel«). 4

B. Auslegungsregel des § 154 Abs. 1 Satz 1 BGB

Fehlt es an einer Einigung über Nebenpunkte des Vertrages, über die nach der Erklärung auch nur einer Partei eine Vereinbarung getroffen werden soll, so ist der Vertrag »im Zweifel« noch gar nicht geschlossen. Dies führt dann dazu, dass auch eine Einigung (»Verständigung«) über andere Punkte des beabsichtigten Vertrages nicht bindend ist, und zwar auch dann nicht, wenn die Punkte, über die Konsens bestand, aufgezeichnet worden sind (»Punktation«). 5

Für die Anwendung des § 154 Abs. 1 BGB kommt es nicht darauf an, ob die noch ungeregelten Punkte objektiv wesentlich sind oder nicht. Ausreichend ist, dass eine Partei – gegebenenfalls 6

---
1 BGH, 06.12.2001, III ZR 296/00, NJW 2002, 817, 818.

§ 154 BGB   Offener Einigungsmangel; fehlende Beurkundung

durch schlüssiges Verhalten – erkennbar gemacht hat, sie halte eine Einigung über einen Punkt für erforderlich.[2] § 154 Abs. 1 Satz 1 BGB ist dem gegenüber **unanwendbar**, wenn sich die Parteien trotz der noch offenen Punkte erkennbar vertraglich binden wollten, wobei die begonnene Vertragsdurchführung Anzeichen für den Bindungswillen und zugleich Indiz dafür sein kann, wie die Lücke nach der Vorstellung der Parteien geschlossen werden sollte.[3] Bezieht sich die Lückenhaftigkeit des Vertrages auf die Höhe der Vergütung, so ist, wenn eine Bindung gleichwohl gewollt ist, diese Lücke entweder über eine ergänzende Vertragsauslegung, oder über die (gegebenenfalls entsprechende) Anwendung einer gesetzlichen Regelung (vgl. § 612 Abs. 2, § 632 Abs. 2 BGB) zu schließen.[4]

7   Es bestehen dabei keine durchgreifenden Bedenken, die insoweit entwickelten Grundsätze auch bei der Frage heranzuziehen, ob trotz fehlender Einigung über die Provisionshöhe vom Abschluss eines (entgeltlichen) Maklervertrags ausgegangen werden kann.[5] Das Vorliegen des Bindungswillens hat in erster Linie der Tatrichter zu prüfen. Haben die Parteien die Höhe des Entgelts nicht geregelt, sind bei Dienst- und Werkverträgen die §§ 612 Abs. 2, 632 Abs. 2 BGB heranzuziehen, bei sonstigen Verträgen die §§ 315 ff. BGB.[6] Die Zweifelsregel des § 154 Abs. 1 BGB gilt im Ergebnis nicht, wenn zwischen den Parteien ein erkennbarer Bindungswille besteht und sich der Dissens lediglich auf nicht essentielle Nebenabreden beschränkt, die durch Auslegung, namentlich dispositives Recht, zu schließen sind.[7] Ein solcher Bindungswille beider Parteien ist dabei dann anzunehmen, wenn bei Dauerschuldverhältnissen die Parteien in beiderseitigem Einvernehmen mit der Durchführung des noch unvollständigen Vertrages beginnen.[8] Dabei ist ein Architektenvertrag von der Interessenlage her einem klassischen Dauerschuldverhältnis wie dem Mieter- oder Handelsvertretervertrag angesichts der längere Zeit in Anspruch nehmenden und über verschiedene Stufen zu verwirklichenden Leistungsbeziehungen der Parteien zumindest vergleichbar. Wenn die Parteien trotz offenem Dissenses über Nebenabreden Architektenleistungen abrufen bzw. erbringen, die vom Auftraggeber sodann weiter übernommen werden, liegt darin ein Rechtsbindungswille, insbesondere wenn das Bauvorhaben schließlich aufgrund der Planungsleistungen des Architekten durchgeführt wird.[9]

8   Erfolgt im Vergabeverfahren nach VOB/A der Zuschlag aufgrund von Verzögerungen durch ein Nachprüfungsverfahren nicht innerhalb der ursprünglich vorgesehenen Zuschlags- und Bindefrist, so werden die ausgeschriebenen Fristen und Termine auch dann Vertragsinhalt, wenn diese nicht mehr eingehalten werden können. Der so zustande gekommene Bauvertrag ist allerdings ergänzend dahin auszulegen, dass die Bauzeit unter Berücksichtigung der Umstände des Einzelfalls und der vertragliche Vergütungsanspruch in Anlehnung an die Grundsätze des § 2 Nr. 5 VOB/B anzupassen sind.[10] Nach einem solchen Vertragsschluss kann es bei den vereinbarten Fristen nicht verbleiben, da diese aus tatsächlichen Gründen bereits gegenstandslos sind. Ein ersatzloser Wegfall entspricht jedoch nicht dem Willen der Parteien, weil sie im Vertrag Regelungen zur zeitlichen

---

2   Palandt/*Ellenberger*, § 154 Rz. 1.
3   BGH, 24.02.1983, I ZR 14/81, NJW 1983, 1727, 1728 dort Ziff. II 2 m.w.N.; BGH, 30.09.1992, VIII ZR 196/91, BGHZ 119, 283, 288; OLG Stuttgart, 05.05.2010, 3 U 79/09, ibr-online *(Schwenker)*; OLG Jena, 09.01.2008, 2 U 413/07, BGH, 24.03.2009, VII ZR 20/08 (Nichtzulassungsbeschwerde zurückgewiesen), IBR 2009, 392 *(Eich)*.
4   BGH, 20.06.1997, V ZR 39/96, NJW 1997, 2671, 2672; BGH, 06.12.2001, III ZR 296/00, NJW 2002, 817, 818.
5   BGH, 06.12.2001, III ZR 296/00, NJW 2002, 817, 818.
6   BGH, 02.04.1964, KZR 10/62, BGHZ 41, 271, 275; BGH, 19.01.1993, VIII 81/82, NJW 1983, 1777.
7   BGH, NJW 1997, 2671; OLG Jena, 09.01.2008, 2 U 413/07, IBR 2009, 392.
8   BGH, 24.02.1989, I ZR 14/81, NJW 1983, 1727, 1728; OLG Jena, 09.01.2008, 2 U 413/07, IBR 2009, 392.
9   OLG Jena, 09.01.2008, 2 U 413/07, IBR 2009, 392.
10 BGH, 11.05.2009, VII ZR 11/08, BauR 2009, 1131.

Durchführung vereinbart haben. Das Verhalten der Parteien ist in diesen Fällen dahin auszulegen, dass sie den Vertrag zwar bereits bindend schließen, über neue, dem eingetretenen Zeitablauf Rechnung tragende Fristen jedoch noch eine Einigung herbeiführen wollten. Die Auslegungsregel des § 154 Abs. 1 Satz 1 BGB greift in einem solchen Fall nicht, sofern sich die bestehende Vertragslücke ausfüllen lässt. Fehlen hierfür geeignete dispositive Gesetzesvorschriften, sind die Grundsätze der **ergänzenden Vertragsauslegung** anzuwenden.[11]

Kein wirksamer Vertrag liegt wegen eines offenen Einigungsmangels vor, wenn sich die Parteien eines Fertighausvertrages noch nicht auf das Baugrundstück, auf dem das Fertighaus errichtet werden soll und über Ausstattungsdetails geeinigt haben.[12] Werden in einem Werkvertrag über den Bau eines Hauses als wesentliche Bestandteile des Auftrags die »anliegenden und unterschriebenen Planskizzen« aufgeführt und liegt ein Plan an, der nicht unterschrieben ist und dessen Maße auch nicht mit den im Text genannten Außenmaßen übereinstimmen, so fehlt die Einigung der Parteien über einen wesentlichen Vertragsbestandteil (nämlich die Bauleistung), so dass der Vertrag nicht zustande gekommen ist.[13] Bei Werkverträgen gehört zu den wesentlichen Vertragsbestandteilen Art und Umfang der Leistung, so dass bei fehlender Einigung hinsichtlich des Umfangs der Leistung ein Vertrag nicht zustande kommt, soweit die fehlende Einigung bzw. der Widerspruch auch nicht durch Auslegung aufgelöst werden kann. 9

Gleiches gilt, wenn sich die Parteien eines Fertighausvertrages noch nicht über die Ausgestaltung und den Preis einer Einliegerwohnung im Untergeschoss geeinigt haben. Sofern keine greifbaren Anknüpfungspunkte vorliegen, wie die Einliegerwohnung im Einzelnen herzustellen gewesen und welche Vergütung hierfür geschuldet wäre, kommt auch eine Auslegung des Vertrages gem. § 157 BGB oder die Heranziehung der Bestimmungen des dispositiven Rechts nicht in Betracht.[14] 10

C. Beurkundung

Haben die Parteien eine Beurkundung des Vertrages (z.B. notarielle Beurkundung des Vertrages) (Vereinbarung der Schriftform gem. § 127 Satz 1 BGB oder notarielle Beurkundung) vereinbart, genügt die vollständige Willenseinigung zum Vertragsschluss im Zweifel nicht. Wenn die Beurkundung nur zu Beweiszwecken erfolgen soll, ist § 154 Abs. 2 BGB dem gegenüber nicht anwendbar. Für einen solchen Willen müssen konkrete Anhaltspunkte vorliegen.[15] Auch hier kann die einvernehmliche Aufnahme der Vertragsdurchführung die Zweifel beseitigen.[16] 11

D. Beweislast

Wer den Vertragsabschluss trotz fehlender Einigung über alle Punkte behauptet, hat dies zu beweisen. Gleiches gilt für die Verbindlichkeit von Teilabreden. Wer bei einem formfreien Vertrag eine Beurkundungsabrede behauptet, muss diese beweisen. Ist die Formabrede unstrittig oder bewiesen, muss die Behauptung, diese sei nur zu Beweiszwecken verabredet worden, von demjenigen bewiesen werden, der sich auf die Wirksamkeit des Vertrages beruft.[17] Wer bei einem schriftlich abgeschlossenen Vertrag behauptet, dass darüber hinaus noch weitere Punkte geregelt werden sollten, trägt insoweit die Beweislast. Urkunden, auch solche die nur zu Beweiszwecken errichtet wurden, tragen die Vermutung der Richtigkeit und Vollständigkeit, wenn feststeht, dass die Urkunde echt ist.[18] 12

---

11 BGH, 11.05.2009, VII ZR 11/08, BauR 2009, 1131, 1136, Rz. 44.
12 OLG Frankfurt, 23.10.2006, 16 U 91/06, BauR 2007, 1245.
13 OLG Koblenz, 10.12.2001, 13 U 727/01, NJW RR 2002, 890, 891.
14 OLG Zweibrücken, 02.09.2009, 1 U 57/09, IBR 2009, 689 *(Langguth)*.
15 BGH, 14.03.1991, I ZR 201/89, NJW RR 91, 1053, 1055.
16 OLG Jena, 09.01.2008, 2 U 413/07, Ziff. II, 2, ibr-online.
17 Palandt/*Ellenberger*, § 154 Rn. 6.
18 Palandt/*Ellenberger*, § 125 Rn. 21.

§ 155 Versteckter Einigungsmangel

Haben sich die Parteien bei einem Vertrag, den sie als geschlossen ansehen, über einen Punkt, über den eine Vereinbarung getroffen werden sollte, in Wirklichkeit nicht geeinigt, so gilt das Vereinbarte, sofern anzunehmen ist, dass der Vertrag auch ohne eine Bestimmung über diesen Punkt geschlossen sein würde.

A. Allgemeines

1 Die Bestimmung regelt den sogenannten »versteckten Dissens«, also den Fall, dass die Vertragspartner sich vermeintlich über alle Punkte eines Vertrages geeinigt haben, obwohl tatsächlich ein Punkt ungeregelt geblieben ist. Wie auch beim offenen Dissens (§ 154 BGB) ist § 155 BGB nicht einschlägig, wenn es bereits an einer Einigung über eine vertragswesentliche Frage (*essentialia negotii*) fehlt (sogenannter »Totaldissens«). Bei einem versteckten Dissens über Nebenpunkte gilt der unvollständige Vertrag, wenn sich ein dahingehender Parteiwille feststellen lässt.

B. Voraussetzungen

I. Fehlende Einigung über einen Punkt

2 Ein versteckter Einigungsmangel ist nur gegeben, wenn die Erklärungen der Parteien sich ihrem Inhalt nach nicht decken. Es genügt nicht, dass die Parteien Verschiedenes (innerlich) gewollt haben.[1] Vor der Feststellung eines Dissenses liegt daher die Auslegung der beiderseitigen Erklärungen gemäß §§ 133, 157 BGB. Ist der Inhalt der beiderseitigen Erklärungen objektiv deckungsgleich, liegt kein Dissens vor. Das Angebot der Erbringung von Bauleistungen ist gemäß §§ 133, 157 BGB aus dem objektiven Empfängerhorizont unter Berücksichtigung von Treu und Glauben und der Verkehrssitte zu beurteilen.[2] Bei Unklarheiten über nicht von vornherein in Übereinstimmung zu bringende Vertragserklärungen (z.B. Abweichungen zwischen Leistungsbeschreibung und Plänen zum Angebot) hat sich die Auslegung zunächst an demjenigen Teil zu orientieren, der die Leistung konkret beschreibt. Dabei kommt dem Wortlaut der Leistungsbeschreibung gegenüber etwaigen Plänen jedenfalls dann eine vergleichsweise große Bedeutung zu, wenn damit die Leistung im Einzelnen genau beschrieben wird, während die Pläne sich nicht im Detail an dem angebotenen Bauvorhaben orientieren.[3] Erst im Ergebnis dieser Auslegung kann entschieden werden, ob es tatsächlich an einer Einigung fehlt.

3 Stimmt trotz abweichendem Erklärungsinhalt der innere Wille der Parteien überein, besteht kein Dissens.[4] Hat eine Vertragspartei den von der objektiven Erklärungsbedeutung abweichenden wirklichen Willen der anderen Partei erkannt, kommt ebenfalls ein Vertrag mit dem wirklichen Willen zustande. Der insgeheime Vorbehalt, den anderen Teil an dem objektiven Sinn seiner Erklärung festzuhalten, ist gemäß § 116 BGB unbeachtlich.[5]

II. Irrtümliche Annahme der Einigung

4 § 155 BGB setzt voraus, dass die Parteien irrtümlich davon ausgehen, alle Punkte, über die zumindest nach dem Wunsch einer Partei eine Vereinbarung getroffen werden sollte, geregelt zu haben. Ein solcher vermeintlicher Konsens liegt vor, wenn die Parteien einen regelungsbedürftigen

---

[1] BGH, 31.05.1961, VIII ZR 28/60, NJW 1961, 1668, 1669; BGH, 03.12.1992, III ZR 30/91, NJW 1993, 1798, 1799.
[2] BGH, 25.02.1999, VII ZR 8/98, BauR 1999, 668.
[3] BGH, 11.03.1999, VII ZR 179/98, BauR 1999, 897; BGH, 05.12.2002, VII ZR 342/01, BauR 2003, 388.
[4] Palandt/*Ellenberger*, § 156, Rn. 3.
[5] Palandt/*Ellenberger*, a.a.O.

Punkt übersehen oder vergessen haben oder sie Erklärungen abgeben, die – unbemerkt – voneinander abweichen.

III. Mutmaßlicher Wille der Geltung des Vereinbarten

Hätten die Parteien den Vertrag mutmaßlich auch dann geschlossen, wenn ihnen zum Zeitpunkt der Einigung der offen gebliebene Punkt bewusst gewesen wäre, so ist das Vereinbarte ausnahmsweise verbindlich. Maßgeblich ist der mutmaßliche Parteiwille. Für die Anwendbarkeit des § 632 Abs. 2 BGB hinsichtlich der Höhe der Vergütung ist kein Raum, wenn es gerade wegen eines versteckten Dissenses der Parteien bezüglich der Vergütungsabrede nicht zum Abschluss eines Werkvertrags gekommen ist. Ein Dissens über die Höhe der Vergütung wird folglich durch § 632 Abs. 2 BGB nicht behoben. Vielmehr sind die Auswirkungen dieses Dissenses nach § 155 BGB zu beurteilen. Nur wenn sich bei Anwendung des § 155 BGB die Wirksamkeit des Vertrages ergibt, bestimmt sich die Höhe der Vergütung nach § 632 Abs. 2 BGB. Wollen die Parteien den Werkvertrag mit unterschiedlichen Vergütungsbeträgen abschließen, ist § 632 Abs. 2 BGB nur anwendbar, wenn nach § 154, 155 BGB ein Vertrag anzunehmen ist.[6] Hier wird zu differenzieren sein: Während bei einem offenen Dissens den Parteien bewusst ist, dass die Höhe der Vergütung noch nicht geregelt ist, ist dies beim versteckten Dissens gerade nicht der Fall. Wird der Werkvertrag trotz des offenen Dissenses begonnen und abgewickelt, so lässt sich die Lücke nur interessengerecht durch die gesetzliche Regelung des § 632 Abs. 2 BGB füllen, falls keine anderweitige Parteivereinbarung zustande kommt. In diesem Fall sind sich beide Seiten der Lücke und der Möglichkeit der Lückenfüllung bewusst. 5

Demgegenüber hat der Besteller beim versteckten Dissens gerade dokumentiert, dass er eine niedrigere Vergütung zahlen wollte, so dass für die Frage, ob die Parteien den Vertrag auch ohne eine Vergütungsvereinbarung geschlossen hätten, die Höhe einer üblichen Vergütung zu berücksichtigen ist. Wenn auch diese nicht dem (missverständlich) erklärten Willen des Bestellers entsprach, ist der Werkvertrag wegen des fehlenden Konsenses nicht zustande gekommen. 6

C. Rechtsfolgen

Liegen die Voraussetzungen des § 155 BGB vor, so gilt das Vereinbarte. Soweit Einigungslücken verbleiben, sind diese durch Rückgriff auf das dispositive Recht oder durch ergänzende Vertragsauslegung auszufüllen.[7] Bei einem versteckten Dissens über die Einbeziehung von Allgemeinen Geschäftsbedingungen ist im Zweifel die Gültigkeit des Vertrages zu bejahen, wenn der Vertrag im beiderseitigen Einvernehmen ganz oder teilweise ausgeführt wird bzw. mit seiner Durchführung begonnen wird. 7

Wer sich trotz eines Dissenses auf das Zustandekommen des Vertrages beruft, muss ebenso wie bei § 154 BGB die Umstände beweisen, aus denen sich ein entsprechender Wille der Parteien ergibt.[8] 8

§ 156 Vertragsschluss bei Versteigerung

Bei einer Versteigerung kommt der Vertrag erst durch den Zuschlag zustande. Ein Gebot erlischt, wenn ein Übergebot abgegeben oder die Versteigerung ohne Erteilung des Zuschlags geschlossen wird.

---

6 Palandt/*Sprau*, § 632 Rn. 13, OLG Bremen, 29.10.2008, 1 U 47/08, NJW-RR 2009, 668, a.A. PWW/*Leupertz*, § 632 Rn. 2.
7 Palandt/*Ellenberger*, § 155 Rn. 5.
8 MüKo/Kramer, § 155 Rn. 17.

§ 156 BGB Vertragsschluss bei Versteigerung

A. Allgemeines

1 Die Versteigerung ist ein **öffentlicher Verkauf**, bei dem für eine vom Versteigerer angebotene Leistung durch Konkurrenz der Bieter eine möglichst hohe Gegenleistung erzielt werden soll.[1] Die Veranstaltung der Versteigerung stellt zunächst nur eine Einladung an die Bieter dar, ein Vertragsangebot zu machen (*invitatio ad offerendum*).[2] Antrag und Annahme erfolgen gem. § 156 S. 1 BGB in Form von **Gebot** und **Zuschlag**. Es handelt sich hierbei um Willenserklärungen, die nach den allgemeinen Regeln (z.B. in Bezug auf Auslegung, Anfechtung, Stellvertretung) zu behandeln sind. Der Bieter ist nach § 145 BGB an sein Gebot gebunden. § 156 S. 2 BGB regelt – neben § 146 BGB und abweichend von § 147 BGB – das Erlöschen des Gebots.

2 Etwaige Versteigerungsbedingungen und das auf dieser Grundlage abgegebene Gebot mit Zuschlag legen den Inhalt des Vertrages fest. § 156 ist **dispositives Recht**,[3] so dass Versteigerungsbedingungen – innerhalb der Grenzen der §§ 305 ff. BGB – abweichende Regelungen enthalten können.[4]

3 § 156 S. 1 BGB begründet **keinen Anspruch** des Bieters **auf den Zuschlag**. Der Versteigerer ist also nicht verpflichtet, dem Meistbietenden den Zuschlag zu erteilen.[5] Vielmehr erlischt das Angebot, wenn die Versteigerung ohne Erteilung des Zuschlags geschlossen wird.

B. Anwendungsbereich

4 Die Bestimmung findet Anwendung auf alle freiwilligen und gesetzlich vorgesehenen Versteigerungen des Privatrechts (z.B. §§ 383 ff. BGB, 753, 1235 ff. BGB; §§ 373 II, 376 III, IV, 389 HGB), einschließlich der freiwilligen Versteigerung von Grundstücken. Allerdings müssen Gebot und Zuschlag in diesem Fall notariell beurkundet werden (§ 311b Abs. 1 S. 1 BGB). Der Umstand, dass der Zuschlag als nicht empfangsbedürftige Willenserklärung ausgestaltet ist, ändert nichts an der Formbedürftigkeit einer Grundstücksversteigerung.[6]

5 Gemäß § 817 Abs. 1 S. 3 ZPO gilt § 156 BGB auch für die Zwangsversteigerung beweglicher Sachen entsprechend, nicht aber für die Zwangsversteigerung von Grundstücken (vgl. die Sonderregelungen in §§ 71 ff. ZVG).

C. Internet-Auktionen

6 Bei Internet-Auktionen erfolgt der Vertragsschluss nicht nach § 156 BGB, sondern nach Maßgabe der §§ 145 ff. BGB,[7] da es sich hierbei nicht um Versteigerungen im Rechtssinne handelt. Es fehlt bei Internet-Auktionen regelmäßig an einem Zuschlag durch den Auktionator, mit dem dieser das Gebot eines Bieters annimmt. Aus diesem Grunde ist in diesen Fällen das Widerrufsrecht des Verbrauchers nicht nach § 312d Abs. 4 Nr. 5 BGB ausgeschlossen.[8]

Anders als bei einer klassischen Versteigerung ist bei einer Internet-Auktion die ins Internet gestellte Offerte nicht bloß eine *invitatio ad offerendum*, sondern eine auf den Abschluss eines Vertrages gerichtete Willenserklärung, und zwar in Form einer **vorweg erklärten Annahme des Höchstangebots**.[9] Mit der Festlegung der Laufzeit der Internet-Auktion bestimmt der Anbieter gem. § 148 BGB eine Frist für die Annahme seines Angebots durch den Meistbietenden. Die ver-

---

[1] Staudinger/*Bork*, § 156 Rn. 1.
[2] BGH, 24.04.1998, V ZR 197/97, BGHZ 138, 339, 342.
[3] BGH, 20.04.1998, a.a.O., 343; BGH, 07.11.2001, VIII ZR 13/01, NJW 2002, 363, 364.
[4] Bamberger/Roth/*Eckert*, § 156 Rn. 1.
[5] MüKo/*Kramer*, § 156 Rn. 5 a.E.
[6] BGH, 20.04.1998, a.a.O., 342.
[7] BGH, 07.11.2001, VIII ZR 13/01, NJW 2002, 363, 364; BGH, 03.11.2004, VIII ZR 375/03, NJW 2005, 53, 55.
[8] BGH, 03.11.2004, a.a.O.
[9] BGH, 07.11.2001, a.a.O.

tragliche Bindung der Vertragspartner beruht nicht auf dem Ablauf dieser Frist, sondern auf ihren – innerhalb der Laufzeit der Auktion wirksam abgegebenen – Willenserklärungen, wobei die Einstellung der Ware/Leistung nebst Bestimmung der Laufzeit der Auktion das Angebot und die Abgabe des Höchstgebots die Annahme des befristeten Angebots darstellt.[10]

Zwar werden die Allgemeinen Geschäftsbedingungen des Auktionsportals zwar nicht als solche rechtsgeschäftlich in die Vertragsverhältnisse der Beteiligten einbezogen. Sie sind jedoch Grundlage für die Auslegung ihrer Erklärungen. Verständnislücken können unter Rückgriff auf die durch die Anerkennung der Allgemeinen Geschäftsbedingungen begründeten wechselseitigen Erwartungen der Auktionsteilnehmer und deren gemeinsames Verständnis über die Funktionsweise der Online-Auktion geschlossen werden.[11] Daher liegt ein echter Antrag im Sinne von § 145 BGB vor, wenn sich ein entsprechender Erklärungswert aus den von allen Beteiligten zur Kenntnis genommenen Teilnahmebedingungen der Internet-Auktion ergibt.[12] 7

Bei einer **Online-Versteigerung von Handwerksleistungen** bewirken die Allgemeinen Geschäftsbedingungen (AGB) des Auktionsportals, dass der ein Gebot abgebende Handwerker die Einstellung der Auktion durch den Auftraggeber von seinem Empfängerhorizont aus so verstehen konnte, dass dieser im Voraus mit einem Zustandekommen des Vertrags nach den Regeln der AGB einverstanden war.[13] Eine Regelung, nach der bereits im Zeitpunkt des Auktionsendes ein Vertrag mit dem – bei Einstellung der Auktion noch ungewissen – günstigsten Bieter unmittelbar zustande kommt, ist unbedenklich, weil sie der Willenserklärung des Einstellenden keinen anderen Inhalt gibt als sie aus sich heraus hätte.[14] Dies soll erst Recht gelten, wenn dem Einstellenden nach Auktionsende noch ein Zeitraum von zwei Wochen eingeräumt wird, einen anderen Bieter der Auktion anstelle des günstigsten als Vertragspartner auszuwählen. Zwar mag das Risiko, sich im Voraus verbindlich auf einen noch unbekannten Vertragspartner einzulassen, bei einem Werkvertrag bedeutsamer sein als bei einer Kaufauktion. Es besteht aber kein Grund, den potentiellen Auftraggeber einer Werkleistung dieses Risiko nicht aus freien Stücken eingehen zu lassen. Bauleistungen und andere Werkleistungen werden am normalen Markt in so großem Umfang angeboten, dass ein faktischer Zwang, sich auf eine Vergabe im Rahmen einer Internetauktion und auf die damit verbundenen Risiken einzulassen, nicht ersichtlich ist.[15] Dementsprechend kann ein Werkvertrag über die Erbringung von Handwerksleistungen auch durch eine Auktion im Internet wirksam zustande kommen. 8

D. Ausschreibungen nach VOB/A

Für Ausschreibungen nach VOB/A gilt § 156 BGB nicht.[16] Anwendbar sind hier die Regeln über den Vertragsschluss unter Abwesenden, überlagert durch die vergaberechtlichen Bestimmungen (§§ 97 ff. GWB, VOB/A, VOL/A, VOF, VgV). 9

Seit dem am 24.04.2009 in Kraft getretenen Gesetz zur Modernisierung des Vergaberechts[17] sieht das deutsche Vergaberecht die Möglichkeit **elektronischer Auktionen** vor (vgl. § 101 Abs. 6 S. 1 GWB). Danach dient die elektronische Auktion der »elektronischen Ermittlung des wirtschaftlichsten Angebots«. Neben der elektronischen Auktion wurde auch das so genannte dynamische elektronische Beschaffungsverfahren gemäß § 101 Abs. 6 S. 2 GWB eingeführt. Konkretisierende Regelungen zur Abwicklung der in § 101 Abs. 6 S. 1 GWB genannten elektronischen Auktion in 10

---

10 BGH, 03.11.2004, a.a.O.
11 BGH, 07.11.2001, a.a.O.; OLG Hamm, 27.02.2007, 21 W 8/07, BauR 2007, 1048.
12 Erman/*Arnbrüster*, § 145 Rn. 7 a.E.
13 OLG Hamm, 27.02.2007, 21 W 8/07, BauR 2007, 1048, 1049.
14 BGH, 03.11.2001, a.a.O., S. 365.
15 OLG Hamm, Beschl. v. 27.02.2007, 21 W 8/07, BauR 2007, 1048, 1049.
16 Vgl. MüKo-BGB/*Kramer*, § 156 Rn. 2 a.E.
17 BGBl. I 2009, 790.

der VOB/A, VOL/A, VOF oder in der Vergabeverordnung (VgV) fehlen bislang.[18] Insoweit ist derzeit lediglich ein Rückgriff auf die Vorgaben in Art. 1 Abs. 7, Art. 54 der Vergabekoordinierungsrichtlinie (VKR)[19] bzw. Art. 1 Abs. 6, Art. 56 der Sektorenkoordinierungsrichtlinie (SKR)[20] möglich. Diesen detailgenauen Bestimmungen kommt unmittelbare Wirkung zu.[21]

11 Mit dem Verfahren einer mündlichen **Versteigerung von Aufträgen** (sog. Lizitation) hat man in Deutschland – vor dem Übergang zum Submissionsverfahren im 19. Jahrhundert – schlechte Erfahrungen gemacht. Kennzeichnend für die »Absteigerung« waren ein ruinöser Preiskampf und die Gefahr der Abgabe übereilter Angebote mit unauskömmlichen Preisen. Vergleichbare Nachteile sowie Qualitätseinbußen bei der beauftragten Leistung könnten daher ebenfalls anzutreffende Begleiterscheinungen solcher »inverser Auktionen« im Sinne von § 101 Abs. 6 S. 1 GWB sein.

12 Von der elektronischen Auktion zu unterscheiden ist die »**Online-Vergabe**« von Bau- oder Lieferleistungen. Bei der digitalen Vergabe wird die elektronische Datenverarbeitung in allen Schritten des Vergabeverfahrens durchgängig eingesetzt. Die Online-Vergabe spielt sich innerhalb der Regelungen der VOB/A bzw. VOL/A ab, die bereits mit den Ausgaben 2002 und 2006[22] für den digitalen Vergabeprozess geöffnet wurden. Die Allgemeinen Bestimmungen für die Vergabe von Bauleistungen (VOB/A Ausgabe 2009) sehen beispielsweise vor, dass der Auftraggeber auch elektronisch übermittelte Angebote zulassen kann (vgl. § 13 Abs. 1 Nr. 1 S. 1 und S. 3 VOB/A). Die Angebote sind zu kennzeichnen und bis zur Öffnung des ersten Angebots im Eröffnungstermin verschlüsselt aufzubewahren (vgl. § 13 Abs. 1 Nr. 2, § 14 Abs. 1 S. 3 VOB/A). Der Eingang eines elektronischen Angebots auf der Vergabeplattform wird dem Nutzer nach vollständiger Übertragung und Abgabe der Vertragsunterlagen durch eine Quittung mit Zeitstempel bestätigt. Ein Angebot, das ausweislich des Zeitstempels vor Ablauf der Angebotsfrist auf der Vergabeplattform eingegangen ist, wegen einer Funktionsstörung der Vergabeplattform im Eröffnungstermin aber nicht verlesen werden konnte, wird entsprechend § 14 Abs. 6 VOB/A wie ein rechtzeitig vorliegendes Angebot behandelt.

13 Bei der Online-Vergabe von Bauleistungen sind die jeweiligen Allgemeinen Geschäftsbedingungen des Betreibers der Vergabeplattform zu berücksichtigen.[23] Die Benutzungsvereinbarung zwischen Plattformbetreiber und Bewerber/Bieter ist Grundlage für die Nutzung der Plattform. Zwar entfalten solche Geschäftsbedingungen keine unmittelbare Wirkung für die über die Vergabeplattform durchgeführten Vergabeverfahren, da diese durch die VOB/A bzw. die VOL/A geregelt werden. Auch obliegt die Verantwortung für die ordnungsgemäße Durchführung des einzelnen

---

18 Zur möglichen Ausgestaltung der oberflächlichen Regelung des § 101 Abs. 6 S. 1 GWB und zum Auktionsverlauf: *Schröder*, NZBau 2010, 411.
19 Richtlinie 2004/18/EG des Europäischen Parlaments und des Rats v. 31.03.2004 zur Koordinierung der Verfahren zur Vergabe öffentlicher Bauaufträge, Lieferaufträge und Dienstleistungsaufträge, ABlEU Nr. L 134 v. 30.04.2004, S. 114; nach der Definition in Art. 1 Abs. 7 VKR ist eine elektronische Auktion ein »iteratives Verfahren, bei dem mittels einer elektronischen Vorrichtung nach einer ersten vollständigen Bewertung der Angebote jeweils neue, nach unten korrigierte Preise und/oder neue, auf bestimmte Komponenten der Angebote abstellende Werte vorgelegt werden, und das eine automatische Klassifizierung dieser Angebote ermöglicht. Folglich dürfen bestimmte Bau- und Dienstleistungsaufträge, bei denen eine geistige Leistung zu erbringen ist – wie z.B. die Konzeption vor Bauarbeiten –, nicht Gegenstand von elektronischen Auktionen sein.«.
20 Richtlinie 2004/17/EG des Europäischen Parlaments und des Rates v. 31.03.2004 zur Koordinierung der Zuschlagerteilung durch Auftraggeber im Bereich der Wasser-, Energie- und Verkehrsversorgung sowie der Postdienste, ABlEU Nr. L 134 v. 30.04.2004, S. 1.
21 *Schröder*, NZBau 2010, 411, 412.
22 Vergabe- und Vertragsordnung für Bauleistungen (VOB) Teil A: Allgemeine Bestimmungen für die Vergabe von Bauleistungen, Ausgabe 2006, in der Fassung der Bekanntmachung vom 20.03.2006, BAnz. Nr. 94a S. 9.
23 Vgl. die Allgemeinen Geschäftsbedingungen »Online-Vergabe von Bauleistungen« der Obersten Baubehörde im Bayerischen Staatsministerium des Innern (OBB), Stand 01.08.2010.

Vergabeverfahrens ausschließlich der Vergabestelle, die sich der Vergabeplattform für das betreffende Vergabeverfahren bedient. Gleichwohl finden sich dort auch Regeln betreffend Leistungsstörungen aus dem Bereich der Vergabeplattform und deren Folgen für das Vergabeverfahren.[24] Funktionsstörungen der Plattform können zur Verschiebung des Eröffnungstermins, zur Anwendung des § 14 Abs. 6 VOB/A oder zur Aufhebung der Ausschreibung gem. § 17 Abs. 1 Nr. 3 VOB/A führen.

§ 157 Auslegung von Verträgen

Verträge sind so auszulegen, wie Treu und Glauben mit Rücksicht auf die Verkehrssitte es erfordern.

Übersicht	Rdn.			Rdn.
A. Allgemeines	1		1. Allgemeines	14
B. Einfache Auslegung	2		2. VOB/A-konforme Auslegung	15
I. Grundsatz	2		3. Zuschlag nach verzögertem Vergabe-	
II. Wortlaut und objektive Empfängersicht	3		verfahren	16
III. Begleitumstände	9	VI.	Werkerfolg und Leistungssoll	19
IV. Widersprüche	13	C.	Ergänzende Vertragsauslegung	21
V. Besonderheiten bei Verträgen aufgrund von Vergaben nach VOB/A	14			

A. Allgemeines

Üblicherweise werden die §§ 133, 157 BGB im Zusammenhang mit der Auslegung gemeinsam zitiert. Die Auslegung einzelner Willenserklärungen (z.B. Antrag und Annahme) regelt § 133 BGB, in dem er die Erforschung des wirklichen Willens verlangt und eine reine Buchstabeninterpretation verbietet. Dem gegenüber betrifft § 157 BGB die Auslegung von Verträgen als erfolgreiche Verknüpfung kongruenter Willenserklärungen. Mit »Treu und Glauben« und der Rücksicht auf die Verkehrssitte soll der objektiven Erklärungsbedeutung Geltung verschafft werden. Bei der Vertragsauslegung sind beide Auslegungsregeln, die sich gegenseitig beeinflussen, gemeinsam anzuwenden. So sind als empfangsbedürftige Willenserklärungen nicht nur nach dem wirklichen Willen, sondern auch nach ihrer objektiven Erklärungsbedeutung (»Empfängerhorizont«) auszulegen. Gleichzeitig ist bei der Vertragsauslegung ein übereinstimmender Wille der Parteien gegenüber einem abweichenden objektiven Verständnis vorrangig.[1] Hinsichtlich der zu § 133 BGB entwickelten Auslegungsgrundsätze wird auf die dortigen Kommentierungen verwiesen. Zu unterscheiden ist zwischen der einfachen Auslegung und der ergänzenden Vertragsauslegung. 1

B. Einfache Auslegung

I. Grundsatz

Für die einfache (»erläuternde«) Auslegung gelten die unbestimmten Rechtsbegriffe von Treu und Glauben und Verkehrssitte als Auslegungsmaßstäbe. Mit dem Hinweis auf Treu und Glauben (§ 242 BGB) wird zum Ausdruck gebracht, dass die Auslegung den berechtigten Interessen beider Parteien angemessen Rechnung tragen soll (**interessengerechte Auslegung**).[2] Sind mehrere Aus- 2

---

24 So etwa § 5 der Allgemeinen Geschäftsbedingungen »Online-Vergabe von Bauleistungen« der Obersten Baubehörde im Bayerischen Staatsministerium des Innern (OBB), Stand 01.08.2010.
1 HK-BGB/*Dörner*, § 157 Rz. 1.
2 BGH, 22.07.2010, VII ZR 213/08, Rz. 13; BGH, 07.11.2001, VIII ZR 213/00, NJW 2002, 506; BGH, 09.07.2001, II ZR 229/99, NJW 2002, 747, 748; BGH, 31.10.1995, XI ZR 6/95, NJW 1996, 248; BGH, 08.06.1994, VIII ZR 103/93, NJW 1994, 2228, 2229.

legungen denkbar, ist derjenigen der Vorzug zu geben, bei der eine vertragliche Regelung praktische Bedeutung gewinnt und sich nicht als sinnlos erweist.[3] Bei empfangsbedürftigen Willenserklärungen ist nicht der innere Wille des Erklärenden, sondern der durch normative Auslegung zu ermittelnde **objektive Erklärungswert** seines Verhaltens maßgeblich.[4]

II. Wortlaut und objektive Empfängersicht

3   In der Baupraxis geht es häufig darum, ob bestimmte Leistungen bereits Gegenstand des ursprünglichen Vertrages waren oder diese zusätzlich bzw. in geänderter Form ausgeführt wurden. Für die Abgrenzung zwischen unmittelbar vertraglich geschuldeten und zusätzlichen Leistungen ist auf den Inhalt der Leistungsbeschreibung abzustellen. Es kommt also darauf an, ob die Leistungsbeschreibung die zusätzlich berechneten Leistungen ganz oder teilweise bereits erfasst hat.[5]

4   Leistungsbeschreibungen sind nach den Grundsätzen der Vertragsauslegung, also insbesondere nach §§ 133, 157 BGB auszulegen. Dabei ist nicht am Buchstaben zu haften (vgl. § 133 BGB), sondern ein Sinn zu ermitteln, wie er sich für einen verständigen Empfänger der Erklärungen unter Berücksichtigung von Verkehrssitte und Treu und Glauben (§ 157 BGB) ergibt (objektive Empfängersicht).[6]

5   Ausgangspunkt der einfachen Auslegung ist also der **Wortlaut des Vertrages**. Dabei kommt dem Wortlaut einer Leistungsbeschreibung gegenüber etwaigen Plänen jedenfalls dann eine vergleichsweise große Bedeutung zu, wenn dort die Leistung im Einzelnen genau beschrieben wird, während die Pläne sich nicht im Detail an dem angebotenen Bauvorhaben orientieren.[7]

6   Das Verständnis des Wortlauts hängt maßgeblich davon ab, wem gegenüber die Erklärung abgegeben wird. Bei Leistungsbeschreibungen handelt es sich regelmäßig um technisch spezialisierte Texte, die für technische Fachleute formuliert werden. Daher ist das allgemein sprachliche Verständnis der Aussagen jedenfalls dann nicht von Bedeutung, wenn die verwendete Formulierung von den angesprochenen Fachleuten in einem spezifischen technischen Sinn verstanden wird (§ 133 BGB) oder wenn für bestimmte Aussagen Bezeichnungen verwendet werden, die in den maßgeblichen Fachkreisen verkehrsüblich sind oder für deren Verständnis und Verwendung es gebräuchliche technische Regeln (z.B. DIN-Normen) gibt (§ 157 BGB).[8] Für das technische Verständnis bauvertraglicher Regelungen und für das nach der Verkehrssitte maßgebliche Verständnis kann Sachverständigenbeweis angeboten werden.[9]

7   Bei der Auslegung Allgemeiner Technischer Vertragsbedingungen (ATV) kommt der Verkehrssitte eine maßgebliche Bedeutung zu, wenn die betreffende ATV in ihrem Wortlaut nicht eindeutig ist und auf der Sinn und Zweck der Regelung einen eindeutigen Regelungsgehalt nicht erkennen lässt. In diesem Fall ist es unter Umständen veranlasst, zur Ermittlung der notwendigen tatsächlichen Grundlagen für die Auslegung der ATV Beweis darüber zu erheben, wie die betreffende ATV im Baugewerbe verstanden werden. Diese Beweisfrage kann auch durch ein Gutachten eines Bausachverständigen beantwortet werden.[10] Gleichzeitig hat der Bundesgerichtshof die Funktion des Sachverständigen dahingehend eingeschränkt, das für die Beurteilung bedeutsame Fachwissen

---

3   BGH, 21.09.2001, V ZR 14/01, NJW 2002, 440; BGH, 07.03.2005, II ZR 194/03, NJW 2005, 2618, 2619.
4   BGH, 05.10.1961, VII ZR 207/60, BGHZ 36, 30, 33.
5   BGH, 23.06.1994, VII ZR 163/93, BauR 1994, 625, 626.
6   BGH, 09.02.1995, VII ZR 143/93, BauR 1995, 538, 539.
7   BGH, 05.12.2002, VII ZR 342/01, BauR 2003, 388; BGH, 11.03.1999, VII ZR 179/98, BauR 1999, 897.
8   BGH, 23.06.1994, VII ZR 193/93, BauR 1994, 625, 626.
9   BGH, 09.01.1997, VII ZR 259/95, BauR 1997, 466; BGH, 17.06.2004, VII ZR 75/03, BauR 2004, 1438, 1440; BGH, 09.02.1995, VII ZR 143/93, BauR 1995, 538.
10 BGH, 17.06.2004, VII ZR 75/03, BauR 2004, 1438, 1439/1440.

zu vermitteln, also etwa Fachsprache und Üblichkeiten, vor allem wenn sie sich zu einer Verkehrssitte im Sinne von § 157 BGB verdichtet haben.[11] Eine sachverständige Begutachtung als solche muss – neben allen übrigen maßgeblichen Umständen des Einzelfalls – vom Gericht selbst gewürdigt werden.[12]

Nicht ausgesprochene Einschränkungen des Wortlauts einer vertraglichen Regelung können nur zum Tragen kommen, wenn sie nach dem objektiven Empfängerhorizont verstanden werden mussten. Dies ist denkbar, wenn nach der Verkehrssitte ein Wortlaut in einem bestimmten Sinn oder sogar gegen seinen eigentlichen Wortsinn verstanden wird.[13] 8

III. Begleitumstände

Im Anschluss an die Ermittlung des Wortsinns unter Zugrundelegung des objektiven Empfängerhorizonts sind die außerhalb der jeweiligen Erklärung liegenden Begleitumstände, insbesondere die sonstigen vertraglichen Regelungen in die Auslegung einzubeziehen, soweit sie einen Schluss auf den Sinngehalt der Erklärung zulassen. 9

Das von der vereinbarten Vergütung erfasste Leistungssoll ergibt sich aus dem **gesamten Vertragswerk**. Dazu gehören beispielsweise die allgemeine Baubeschreibung, Vorbemerkungen zur Leistungsbeschreibung, das Leistungsverzeichnis, konkret einbezogene Pläne, Allgemeine Geschäftsbedingungen (wie VOB/B, BVB, ZVB, WBVB, etc.). Auch die Allgemeinen Technischen Vertragsbedingungen für Bauleistungen (VOB/C) sind bei der Auslegung eines VOB-Vertrages zu berücksichtigen (vgl. § 1 Abs. 1 S. 2 VOB/B). Dies gilt insbesondere für die Abgrenzung, welche Leistung von der vertraglich vereinbarten Vergütung erfasst sind und welche Leistungen zusätzlich zu vergüten sind.[14] 10

Bei der Auslegung von allgemeinen technischen Vertragsbedingungen (ATV) ist das objektive Verständnis der beteiligten Verkehrskreise zu berücksichtigen. Die Abrechnungsregelungen der ATV (dort Abschn. 4 mit der Differenzierung von Nebenleistungen und besonderen Leistungen) enthalten vertragsrechtliche Regelungen. Sie nehmen Einfluss auf die Art der Abrechnung (vgl. § 14 Abs. 2 Satz 2 VOB/B). Dadurch bestimmen sie auch den Preis für die erbrachte Leistung. Sie sind wegen ihrer vertragsrechtlichen Bedeutung Allgemeine Geschäftsbedingungen und daher nach objektiven Maßstäben so auszulegen, wie an den geregelten Geschäften typischerweise beteiligte Verkehrskreise sie verstehen können und müssen.[15] Werden die ATV in Verträgen zwischen Bauunternehmern vereinbart, ist das den Wortlaut sowie den Sinn und Zweck der Regelung berücksichtigende, redliche Verständnis der Vertragspartner des Baugewerbes maßgebend. 11

Neben der VOB/C sind jedoch auch beim VOB-Vertrag bei der Vertragsauslegung alle weiteren Vertragsumstände heranzuziehen. Zu den in diesem Sinne berücksichtigungsfähigen Umständen gehören beispielsweise die konkreten Verhältnisse des Bauwerks, dessen Funktionen, die technische sowie qualitative Ausstattung und der Zuschnitt eines Gebäudes.[16] 12

IV. Widersprüche

Die Leistungsbeschreibung eines Bauvertrages ist als sinnvolles Ganzes auszulegen. Es gibt dabei keinen grundsätzlichen Vorrang des Leistungsverzeichnisses vor den Vorbemerkungen. Konkret 13

---

11 BGH, 09.02.1995, VII ZR 143/93, BauR 1995, 538, 539; BGH, 23.06.1994, VII ZR 163/93, BauR 1994, 625.
12 BGH, 09.02.1995, VII ZR 143/93, BauR 1995, 538, 539.
13 Vgl. *Kniffka*, IBR-Online-Kommentar Bauvertragsrecht 2010, Rn. 578.
14 BGH, 27.07.2006, VII ZR 202/04, BauR 2006, 2040, 2042/2043, in Klarstellung zu BGH, 28.02.2002, VII ZR 376/00, BauR 2002, 935 (Randkappen).
15 BGH, 17.06.2004, VII ZR 75/03, BauR 2004, 1438, 1439.
16 BGH, 22.04.1993, VII ZR 118/92, BauR 1993, 595, 596/597.

auf das Bauvorhaben bezogenen Vorbemerkungen kann bei der Auslegung der Leistungsbeschreibung größeres Gewicht zukommen als nicht genügend angepassten Formulierungen eines Standardleistungsverzeichnisses.[17]

V. Besonderheiten bei Verträgen aufgrund von Vergaben nach VOB/A

1. Allgemeines

14 Wenn dem Vertrag eine Ausschreibung nach VOB/A vorangeht, wird das für die Auslegung der Ausschreibung maßgebliche Verständnis der Leistungsbeschreibung mit dem Zuschlag Inhalt des Werkvertrags. Die Ausschreibung nach VOB/A ist ein den Vertragsabschluss vorbereitendes Verfahren, bei dem von den beteiligten Kreisen zu erwarten ist, dass sie die Regeln des Verfahrens kennen und sich auf sie als Grundlage der Vertragsverhandlungen einstellen.[18] Deshalb ist für die Auslegung der Leistungsbeschreibung in diesen Fällen der **objektive Empfängerhorizont**, also die Sicht der Bieter maßgebend. Abzustellen ist dabei nicht auf den einzelnen Bieter, sondern auf den angesprochenen Empfängerkreis insgesamt. Denn nach den Regelungen der VOB/A ist die Ausschreibung auf das möglichst einheitliche Verständnis des Empfängerkreises hin zu formulieren.[19] Ferner soll mit der VOB/A eine gleiche und faire Wettbewerbssituation der Bieter gewährleistet werden. Daraus folgt, dass ein allgemeines Verständnis für die Auslegung prägend ist. Bei der danach maßgeblichen Auslegung aus der Sicht eines im Voraus nicht übersehbaren Kreises von Erklärungsempfängern kommt dem **Wortlaut** der Erklärung **besondere Bedeutung** zu.[20] Der Wortlaut der Ausschreibung kann somit einer restriktiven Auslegung ebenso entgegenstehen wie einer extensiven Auslegung einer Formulierung der Leistungsbeschreibung.[21] Aufgrund der Besonderheiten einer Ausschreibung nach VOB/A bedarf es für eine Auslegung entgegen oder abweichend vom Wortlaut der Leistungsbeschreibung einer besonderen Begründung. Daneben sind auch die Umstände des Einzelfalls, also z.B. die konkreten Verhältnisse des Bauwerks, die Verkehrssitte sowie Treu und Glauben zu berücksichtigen.[22]

2. VOB/A-konforme Auslegung

15 Führt die Auslegung nach diesen Grundsätzen nicht zu einem eindeutigen Ergebnis, verbleiben also echte Auslegungszweifel, so ist die Auslegungsvariante zu wählen, bei der die Leistungsbeschreibung den Anforderungen der VOB/A entsprechen würde. Die Anforderungen an die Leistungsbeschreibung ergeben sich aus § 7 VOB/A, wobei wesentliche Grundsätze in § 7 Abs. 1 VOB/A formuliert sind. So regelt § 7 Abs. 1 Nr. 3 VOB/A, dass dem Auftragnehmer kein ungewöhnliches Wagnis aufgebürdet werden darf für Umstände und Ereignisse, auf die er keinen Einfluss hat und deren Einwirkung auf die Preise und Fristen er nicht im Voraus schätzen kann. Kann beispielsweise ein Leistungsverzeichnis u.a. auch in einer Weise verstanden werden, dass dem Bieter kein ungewöhnliches Wagnis zugemutet wird, so darf der Bieter die Ausschreibung in diesem – mit den Anforderungen der VOB/A übereinstimmenden – Sinne verstehen.[23] Der nach VOB/A ausschreibende öffentliche Auftraggeber muss sich in diesen Fällen nach Treu und Glauben daran festhalten lassen, dass er nach seinem eigenen Bekunden (§ 7 VOB/A) seinen Auftrag-

---

17 BGH, 11.03.1999, VII ZR 179/98, BauR 1999, 897, 898.
18 BGH, 22.04.1993, VII ZR 118/92, BauR 1993, 595, 596.
19 Vgl. § 7 Abs. 1 Nr. 1 VOB/A: »Die Leistung ist eindeutig und so erschöpfend zu beschreiben, dass alle Bewerber die Beschreibung im gleichen Sinne verstehen müssen und ihre Preise sicher und ohne umfangreiche Vorarbeiten berechnen können.«
20 BGH, 22.04.1993, VII ZR 118/92, BauR 1993, 595, 596.
21 BGH, 09.01.1997, VII ZR 259/95, BauR 1997, 466 (Bodenpositionen).
22 BGH, 11.11.1993, VII ZR 47/93, BauR 1994, 236, 237; BGH, 22.04.1993, VII ZR 118/92, BauR 1993, 595, 596.
23 BGH, 09.01.1997, VII ZR 259/95, BauR 1997, 466 (Bodenpositionen); BGH, 11.11.1993, VII ZR 47/93, BauR 1994, 236, 238 (Wasserhaltung II).

nehmern kein ungewöhnliches Wagnis zumuten will. Zwar ist dadurch nicht ausgeschlossen, dass auch ein ungewöhnliches Wagnis Vertragsinhalt werden kann.[24] **Im Zweifelsfalle** muss sich der öffentliche Auftraggeber aber gefallen lassen, dass die Empfänger seiner Erklärungen, auf deren objektiviertes Verständnis es letztlich ankommt, ein solches Wagnis nicht ohne Weiteres zu erwarten brauchen und dass es dann gegebenenfalls auch nicht Vertragsinhalt wird. Dies bedeutet nicht, dass die VOB/A als primär an den Auftraggeber gerichtetes Regelwerk für die Vertragsanbahnung im Außenverhältnis unmittelbar Vertragspflichten begründen würde.[25] § 7 VOB/A (entspricht § 9 VOB/A Ausgabe 2006) kann lediglich im Zuge der Auslegung das »Zünglein an der Waage« spielen, wenn trotz Ausschöpfung aller Erkenntnismöglichkeiten Auslegungszweifel verbleiben.

3. Zuschlag nach verzögertem Vergabeverfahren

Bei einem auf dem Vergabeverfahren der VOB/A beruhenden Vertragsschluss ist die Ausschreibung so zugrunde zu legen, wie sie der maßgebliche Empfängerkreis, also die potentiellen Bieter, verstehen mussten. Mit anderen Worten, ist der objektive Empfängerhorizont der potentiellen Bieter Grundlage der Auslegung.[26]

16

Erfolgt der Zuschlag nach Verzögerungen im Vergabeverfahren, ist er gleichwohl regelmäßig so auszulegen, dass er sich auch auf wegen Zeitablaufs obsolet gewordene Fristen und Termine bezieht.[27] Bei der Auslegung von Erklärungen im formalisierten Vergabeverfahren ist zu berücksichtigen, dass diese regelmäßig so zu verstehen sind, dass sie im Einklang mit den vergaberechtlichen Bestimmungen stehen.[28] Wenn der Wortlaut der Erklärung diesem Erfordernis ohne weiteres genügt, kann ihr deshalb nicht ein weiterer, stillschweigender Inhalt beigemessen werden, der vergaberechtlich bedenklich wäre. Ein Zuschlag im öffentlichen Vergabeverfahren ist aufgrund seiner Besonderheiten so auszulegen, dass er sich auch auf wegen Zeitablaufs obsolet gewordener Fristen und Termine bezieht.[29]

17

Dies soll im Zweifel sogar dann gelten, wenn der Auftraggeber im Zuschlagsschreiben eine neue Bauzeit erwähnt.[30] Denn im Rahmen des auch für den modifizierten Zuschlag geltenden § 150 Abs. 2 BGB sind die Grundsätze von Treu und Glauben anzuwenden. Diese fordern, dass der Empfänger eines Vertragsangebots, wenn er von dem Vertragswillen des Anbietenden abweichen will, dies in der Annahmeerklärung klar und unzweideutig zum Ausdruck bringt. Erklär der Vertragspartner seinem vom Angebot abweichenden Vertragswillen nicht deutlich, so kommt der Vertrag zu den Bedingungen des Angebots zustande.[31] Die Entscheidung des BGH v. 22.07.2010 zeigt, welchen Einfluss das vorangegangene Vergabeverfahren auf die Auslegung der Vertragserklärungen, insbesondere den Zuschlag des öffentlichen Auftraggebers hat. Obwohl in dem betreffenden Fall der Auftraggeber im Zuschlagsschreiben einen neuen Baubeginn angegeben und den Auftragnehmer aufgefordert hatte, einen Bauablaufplan zur Prüfung vorzulegen, gleichzeitig um schriftliche Auftragsbestätigung gebeten hatte (vgl. insoweit § 18 Abs. 2 VOB/A), hat der BGH einen unveränderten Zuschlag angenommen und den zusätzlichen Angaben des Auftraggebers

18

---

24 BGH, 09.04.1992, VII ZR 129/91, BauR 1992, 759 (Wasserhaltung I).
25 Grundlegend BGH, 21.11.1991, VII ZR 203/90, BauR 1992, 221; BGH, 11.11.1993, VII ZR 47/93, BauR 1994, 236, 238.
26 BGH, 11.11.1993, VII ZR 47, 93, BauR 1994, 236, 237; BGH, 23.06.1994, VII ZR 1963/93, BauR 1994, 625, 626; BGH, 09.01.1997, VII ZR 259/95, BauR 1997, 466.
27 BGH, 11.05.2009, VII ZR 11/08, BauR 2009, 1131, 1133.
28 BGH, 11.11.1993, VII ZR 47/93, BauR 1994, 236; BGH, 11.05.2009, VII ZR 11/08, BauR 2009, 1131, 1133.
29 BGH, 11.05.2009, VII ZR 11/08, BauR 2009, 1131, 1135, Rn. 37.
30 BGH, 22.07.2010, VII ZR 213/08, IBR-Online, Rn. 24.
31 BGH, 18.11.1982, VII ZR 223/80, BauR 1983, 252, 253; BGH, 11.05.2009, VII ZR 11/08, BauR 2008, 1131, 1135, Rn. 35.

nach dem Grundsatz einer nach beiden Seiten interessengerechten und im Zweifel vergaberechtskonformen Auslegung lediglich die Bedeutung eines »Vorschlags über den neuen Baubeginn« beigemessen. Es wird hieraus die Tendenz der höchstrichterlichen Rechtsprechung erkennbar, die Bestimmungen der VOB/A verstärkt bei der Auslegung von Erklärungen der Vertragsparteien eines VOB-Vertrages zu berücksichtigen, sofern dem Vertragsschluss ein Vergabeverfahren nach VOB/A vorangegangen ist.

VI. Werkerfolg und Leistungssoll

19 Von der Frage, welche Leistungen von der vertraglichen Vergütung abgedeckt sind und welche nicht (»Leistungssoll«), ist die Frage zu unterscheiden, welches Ergebnis und welche Qualitäten der Unternehmer schuldet (Werkerfolg).[32] Der Bundesgerichtshof hat hierzu mehrfach entschieden, dass der Unternehmer selbst dann an die werkvertragliche Erfolgshaftung gebunden ist, wenn sich die durch das Leistungsverzeichnis festgelegte Ausführungsart aus nicht in seine Risikosphäre fallenden Gründen nachträglich als unzureichend erweist.[33] Sind die für die Erreichung des Bauerfolgs (objektiv) erforderlichen Leistungen nicht vollständig und fachgerecht erbracht, so ist sein Gewerk mangelhaft und der Unternehmer kann Sachmängelrechte nach Maßgabe des § 634 Nr. 1 BGB geltend machen.[34]

20 Bei der Auslegung des geschuldeten Werkerfolgs sind die anerkannten Regeln der Technik von erheblicher Bedeutung. Der Besteller kann redlicherweise erwarten, dass das Werk zum Zeitpunkt der Fertigstellung und Abnahme diejenigen Qualitäts- und Komfortstandards erfüllt, die auch vergleichbare andere zeitgleich fertiggestellte und abgenommene Bauwerke erfüllen. Der Unternehmer sichert üblicherweise stillschweigend bei Vertragsschluss die Einhaltung dieses Standards zu. Es kommt deshalb im Allgemeinen auf den Stand der anerkannten Regeln der Technik zur Zeit der Abnahme an.[35] In aller Regel enthalten die Vorbemerkungen wesentliche Angaben, die zum Verständnis der Bauaufgabe und zur Preisermittlung erforderlich sind. Diese Angaben sind in Verbindung mit dem Leistungsverzeichnis und auch anderen vertraglichen Unterlagen als **sinnvolles Ganzes** auszulegen. Bei der Auslegung ist das Gebot zu beachten, die Leistung eindeutig und dementsprechend widerspruchsfrei so zu beschreiben, dass die Preise sicher kalkuliert werden können. Daher hat sich die Auslegung zunächst an demjenigen Teil der Leistungsbeschreibung zu orientieren, der die Leistung konkret auf das Bauvorhaben bezogen beschreibt. Dies kann im Einzelfall eine Position im Leistungsverzeichnis, aber auch eine Passage in den Vorbemerkungen sein, je nachdem, wo die Arbeitsschritte genau(er) beschrieben sind.[36]

C. Ergänzende Vertragsauslegung

21 Weist der Bau- bzw. Architektenvertrag eine bewusste (vgl. § 154 BGB) oder versehentliche (vgl. § 155 BGB) bereits bei Vertragsschluss bestehende oder durch unvorhergesehene Entwicklungen entstandene[37] Regelungslücke i.S. einer planwidrigen Unvollständigkeit auf, so ist – wenn der Vertrag entgegen den Auslegungsregeln der §§ 154, 155 BGB gleichwohl als geschlossen gilt – zunächst auf dispositive Gesetzesbestimmungen zurückzugreifen oder – falls dies nicht möglich ist – die Lücke durch eine ergänzende Vertragsauslegung auf der Grundlage des hypothetischen Parteiwillens zu schließen.[38] Entscheidend ist dann, auf welche Weise redliche und verständige Parteien die offen gebliebene Frage bei Kenntnis der Lücke unter Berücksichtigung des Vertragszwecks

---

32 *Motzke*, NZBau 2002, 641 ff., 646, 647.
33 BGH, Urt. v. 16.07.1998, VII ZR 350/96, BauR 1999, 37.
34 *Leupertz*, BauR 2005, 775, 785.
35 BGH, 14.05.1998, VII ZR 184/97, BauR 1998, 872.
36 BGH, 11.03.1999, VII ZR 179/98, BauR 1999, 897, 898.
37 BGH, 01.06.1994, XII ZR 227/92, NJW RR 94, 1163, 1165.
38 BGH, 30.09.1952, I ZR 31/52, BGH, Z 7, 231, 235, BGH, 22.04.1953, II ZR 143/52, BGHZ 9, 273, 278.

und einer sachgemäßen Abwägung ihrer beiderseitigen Interessen nach Treu und Glauben geregelt hätten.[39] Dabei kommt es auf den Zeitpunkt an, zu dem die Auslegung erfolgt. Ausgangspunkt für die Vertragsergänzung sind der Vertragszweck und die im Vertrag von den Parteien vorgenommenen Interessenbewertungen[40] auf deren Grundlage der Vertrag »zu Ende gedacht« werden muss. Die ergänzende Vertragsauslegung darf sich dabei nicht über die vom Parteiwillen gezogenen Grenzen hinwegsetzen. Die zu schließende Lücke muss dabei innerhalb des vertraglichen Rahmens liegen. Die sich aus dem Vertrag ergebenden Rechten und Pflichten der Parteien dürfen nicht erweitert werden.[41]

Eine ergänzende Vertragsauslegung scheidet aus, wenn eine vorhandene Lücke durch verschiedene alternative Auslegungen geschlossen werden kann und der Vertrag keine Anhaltspunkte dafür bietet, welche Alternative die Parteien gewählt hätten.[42] Vorrangig vor der ergänzenden Vertragsauslegung ist die Schließung einer Vertragslücke durch dispositives Gesetzesrecht. Etwas anderes gilt nur dann, wenn ein Rückgriff auf dispositive Bestimmungen dem wirklichen oder mutmaßlichen Parteiwillen widerspricht.[43] 22

Titel 4: Bedingung und Zeitbestimmung

§ 158 Aufschiebende und auflösende Bedingung

(1) Wird ein Rechtsgeschäft unter einer aufschiebenden Bedingung vorgenommen, so tritt die von der Bedingung abhängig gemachte Wirkung mit dem Eintritt der Bedingung ein.

(2) Wird ein Rechtsgeschäft unter einer auflösenden Bedingung vorgenommen, so endigt mit dem Eintritt der Bedingung die Wirkung des Rechtsgeschäfts; mit diesem Zeitpunkt tritt der frühere Rechtszustand wieder ein.

A. Allgemeines

Bedingungen i.S.v. §§ 158 ff. sind Nebenbestimmungen zu einem Rechtsgeschäft, durch die die Wirkungen des Rechtsgeschäft an ein zukünftiges, ungewisses Ereignis geknüpft werden. Demgegenüber handelt es sich um eine Befristung gemäß § 163 BGB, wenn die Rechtsfolgen von einem bestimmten Datum oder einem bestimmten Ereignis abhängen sollen, dessen Eintritt sicher ist. Große Bedeutung haben Bedingungen bei Sicherungsgeschäften (z.B. Kaufpreiszahlung als aufschiebende Bedingung beim Eigentumsvorbehalt). 1

B. Arten

§ 158 BGB unterscheidet zwischen aufschiebenden und auflösenden Bedingungen. D.h. danach, welche Wirkungen die Bedingung auf das Rechtsgeschäft haben. So können die Wirkungen des Rechtsgeschäfts mit Eintritt der Bedingung eintreten (Suspensivbedingung, § 158 Abs. 1) oder mit diesem Zeitpunkt enden (Resulutivbedingung, § 158 Abs. 2). 2

---

39 BGH, 29.04.1982, III ZR 154/80, BGHZ 84, 1, 7; BGH, 01.02.1984, VIII ZR 54/83, BGHZ 90, 69, 77; BGH, 11.10.2005, XI ZR 395/04, NJW 06, 54, 55.
40 BGH, 12.01.2001, V ZR 373/99, BGHZ 146, 280, 284.
41 BGH, 01.02.1984, VIII ZR 54/83, BGHZ 90, 69, 77; BGH, 13.11.1996, IV ZR 62/96, NJW 97, 521, 522; BGH, 10.07.1963, VIII ZR 204/61, BGHZ 40, 103 = NJW 1963, 2071, 2075; BGH, 25.06.1980, VIII ZR 260/79, BGHZ 77, 301, 304.
42 BGH, 17.01.1974, VII ZR 146/72 = NJW 74, 646, 647, BGHZ 62, 90; BGH, 01.02.1984, VIII ZR 54/83, BGHZ 90, 69, 75, BGH, 20.07.2005, VIII ZR 397/03, NJW-RR 2005, 1619, 1621.
43 BGH, 01.02.1984, VIII ZR 54/83, BGHZ 90, 75; BGH, 19.03.1975, VIII ZR 262/73, NJW 75, 1116, 1117; BGH, 03.11.1999, VIII ZR 269/98, BGHZ 2000, 1110, 1114.

3 Das mit der Bedingung verknüpfte Ereignis kann ein bestimmtes Verhalten eines Beteiligten eines Dritten oder ein anderer Tatbestand sein. Die Ungewissheit des Ereignisses kann sich sowohl auf das »ob« als auch auf das »wann« beziehen.[1] Geht es um ein künftiges gewisses Ereignis, handelt es sich um eine Befristung gemäß § 163 BGB.

C. Schwebezustand

4 Das Rechtsgeschäft (z.B. der Vertrag), welches unter einer aufschiebenden Bedingung steht, ist ungeachtet des Bedingungseintritts bereits vollendet. Lediglich die Rechtsfolgen sind bis zum Eintritt des Ereignisses hinausgeschoben. Die Wirksamkeit des Rechtsgeschäfts beurteilt sich daher nach dem Zeitpunkt seiner Vornahme. Der Anspruch aus dem aufschiebend bedingten Rechtsgeschäft beginnt frühestens mit dem Eintritt der Bedingung, da erst zu diesem Zeitpunkt der Anspruch entsteht. Durch die aufschiebende Bedingung kann ein Anwartschaftsrecht entstehen, die als gesicherte Erwerbsvorstufe nach den Regeln des Vollrechts übertragen, beerbt oder gepfändet werden kann.[2]

D. Skontovereinbarungen

5 Skonto ist ein Preisnachlass, der dem Käufer oder Besteller bei Zahlung innerhalb einer bestimmten Frist eingeräumt wird. Hierfür ist eine entsprechende Vereinbarung erforderlich, die sich rechtlich als ein aufschiebend bedingter Teilerlass darstellt.[3]

6 Eine Skontovereinbarung kann auch konkludent zustande kommen.[4] Für die Rechtzeitigkeit der Zahlung, d.h. für den Bedingungseintritt kommt es vorbehaltlich einer abweichenden Vereinbarung auf die Vornahme der Leistungshandlung an,[5] nicht auf den Eintritt des Leistungserfolgs. Dies hat zur Folge, dass bei einer vereinbarungsgemäßen Zahlung durch Verrechnungsscheck dessen rechtzeitige Absendung genügt.[6]

7 Für den Skontoabzug ist erforderlich, dass der Schuldner die Forderung in der berechtigten Höhe befriedigt. Der Skontoabzug entfällt daher, wenn der Schuldner wegen Mängeln einen zu hohen Betrag einbehält oder ohne jegliche Begründung Abzüge vornimmt.[7]

E. Beweislast

8 Den Eintritt einer aufschiebenden Bedingung hat derjenige zu beweisen, der aus dem Rechtsgeschäft Rechte herleiten will. Gleiches gilt für auflösende Bedingungen.

9 Derjenige, der aus einem Vertrag Rechte herleiten will, muss nicht nur den Vertrag selbst, sondern auch dessen Unbedingtheit beweisen, wenn diese streitig ist (Klageleugnungstheorie).[8] Dementsprechend trägt der Architekt nicht nur die Beweislast für den Abschluss eines Architektenvertrages über entgeltliche Architektenleistungen, sondern auch die Beweislast dafür, dass der Vertragsschluss nicht unter einer aufschiebenden Bedingung geschlossen wurde.[9]

---

1 PWW/*Brinkmann*, § 158 Rn. 3.
2 HK-BGB/*Dörner*, § 158 Rn. 10.
3 BGH, 11.02.1998, VIII ZR 287/97, NJW 1998, 1302.
4 OLG Frankfurt, 16.02.2001, 24 U 128/99, NJW-RR 2001, 1634.
5 BGH, 11.02.1998, VIII ZR 287/97, NJW 1998, 1302; OLG Saarbrücken, 20.08.1997, 1 U 14/97 – 17, 1 U 14/97, NJW-RR 1998, 1664.
6 BGH, 11.02.1998, VIII ZR 287/97, NJW 1998, 1302.
7 OLG Düsseldorf, 08.09.2000, 22 U 25/00, NJW-RR 2000, 1691.
8 BGH, 10.06.2002, II ZR 68/00, NJW 2002, 2862; NJW 1985, 497; für den Architektenvertrag: OLG München, 15.04.2008, 9 U 4609/07.
9 OLG München, 15.04.2008, 9 U 4609/07, BauR 2009, 1461.

§ 159 Rückbeziehung

Sollen nach dem Inhalt des Rechtsgeschäfts die an den Eintritt der Bedingung geknüpften Folgen auf einen früheren Zeitpunkt zurückbezogen werden, so sind im Falle des Eintritts der Bedingung die Beteiligten verpflichtet, einander zu gewähren, was sie haben würden, wenn die Folgen in dem früheren Zeitpunkt eingetreten wären.

Ausgangspunkt für das Verständnis der Bestimmung ist, dass der Eintritt der Bedingung grundsätzlich nicht auf den Zeitpunkt des Vertragsschlusses oder einen anderen früheren Zeitpunkt zurückwirkt. Eine Bedingung nach § 158 BGB wirkt grundsätzlich nur *ex nunc*, kann also im Falle des späteren Eintritts der Bedingung nicht zu Wirkungen auch für die Vergangenheit führen.[1]
§ 159 BGB regelt eine Ausnahme hiervon insoweit, dass die Vertragspartner vereinbaren können, sich so zu stellen, als wenn die Folgen des Bedingungseintritts bereits zum früheren Zeitpunkt eingetreten wären. Diese Rückbeziehung hat allerdings lediglich schuldrechtliche Wirkung.[2]

§ 160 Haftung während der Schwebezeit

(1) Wer unter einer aufschiebenden Bedingung berechtigt ist, kann im Falle des Eintritts der Bedingung Schadensersatz von dem anderen Teil verlangen, wenn dieser während der Schwebezeit das von der Bedingung abhängige Recht durch sein Verschulden vereitelt oder beeinträchtigt.

(2) Den gleichen Anspruch hat unter denselben Voraussetzungen bei einem unter einer auflösenden Bedingung vorgenommenen Rechtsgeschäft derjenige, zu dessen Gunsten der frühere Rechtszustand wieder eintritt.

Die Bestimmung gewährt dem bedingt Berechtigten einen Schadensersatzanspruch, wenn der andere Teil das von der Bedingung abhängige Recht vor Eintritt der Bedingung schuldhaft beeinträchtigt. Gleiches gilt für denjenigen, der vom Eintritt einer auflösenden Bedingung profitieren würde (§ 160 Abs. 2 BGB).

Unabhängig davon ergibt sich für bedingte Verpflichtungsgeschäfte ein Ersatzanspruch auch aus dem allgemeinen Rücksichtnahmegebot gemäß § 241 Abs. 2 i.V.m. § 280 Abs. 1 BGB. Diese Pflichten bestehen auch schon vor Unbedingtheit des Leistungsanspruchs, so dass § 160 BGB insoweit nur deklaratorische Bedeutung hat.[1]

§ 161 Unwirksamkeit von Verfügungen während der Schwebezeit

(1) Hat jemand während einer aufschiebenden Bedingung über einen Gegenstand verfügt, so ist jede weitere Verfügung, die er während der Schwebezeit über den Gegenstand trifft, im Falle des Eintritts der Bedingung insoweit unwirksam, als sie die von der Bedingung abhängige Wirkung vereiteln oder beeinträchtigen würde. Einer solchen Verfügung steht eine Verfügung gleich, die während der Schwebezeit im Wege der Zwangsvollstreckung oder der Arrestvollziehung oder durch den Insolvenzverwalter erfolgt.

(2) Dasselbe gilt bei einer auflösenden Bedingung von den Verfügung desjenigen, dessen Recht mit dem Eintritt der Bedingung endigt.

---

1 BGH, 26.09.1996, I ZR 194/95, BGHZ 133, 331, 334.
2 PWW/*Brinkmann*, § 159, Rn. 2.
1 Palandt/*Heinrichs*, § 159 Rn. 1.

§ 162 BGB Verhinderung oder Herbeiführung des Bedingungseintritts

(3) Die Vorschriften zugunsten derjenigen, welche Rechte von einem Nichtberechtigten herleiten, finden entsprechende Anwendung.

1 Nach dieser Bestimmung sind Zwischenverfügungen zum Schutz des aufschiebend bedingten Erwerbers unwirksam. Wichtigstes Beispiel ist dabei die Übereignung unter Eigentumsvorbehalt. § 161 Abs. 2 BGB betrifft den umgekehrten Fall der auflösenden Bedingung und schützt denjenigen, der mit Eintritt der auflösenden Bedingung wieder Rechtsinhaber ist.[1] Insoweit ist eine Einziehung oder ein Erlass der Forderung durch den auflösend bedingten Rechtsinhaber unwirksam.

2 § 160 Abs. 3 regelt den Schutz des gutgläubigen Zwischenerwerbers und verweist insoweit auf die Bestimmungen über den gutgläubigen Rechtserwerb vom Nichtberechtigten (vgl. §§ 932, 936, 892, 893, 1032, 1207 BGB, § 366 HGB).

§ 162 Verhinderung oder Herbeiführung des Bedingungseintritts

(1) Wird der Eintritt der Bedingung von deren Partei, zu deren Nachteil er gereichen würde, wider Treu und Glauben verhindert, so gilt die Bedingung als eingetreten.

(2) Wird der Eintritt der Bedingung von der Partei, zu deren Vorteil er gereicht, wider Treu und Glauben herbeigeführt, so gilt der Eintritt als nicht erfolgt.

1 In Ausprägung des Grundsatzes von Treu und Glauben (§ 142 BGB) fingiert § 162 Abs. 1 BGB den Eintritt und § 142 Abs. 2 BGB den Ausfall einer Bedingung, wenn er von einer Partei treuwidrig verhindert bzw. treuwidrig herbeigeführt wurde. § 162 BGB enthält den allgemeinen Rechtsgedanken, dass derjenige, der treuwidrig eine für ihn günstige Lage herbeiführt, hieraus keinen Vorteil ziehen darf.[1]

2 Die Bestimmung ist nur bei Vorliegen einer echten Bedingung (Zufalls- oder Potestativbedingung) anwendbar, nicht jedoch bei einer vereinbarten Wollensbedingung.[2] Bei einer Wollensbedingung ist der Bedingungseintritt in die Willkür einer Partei gestellt, so dass deren Verhalten nicht treuwidrig sein kann.[3] Die Vorschrift ist bei Rechtsbedingungen, wie beispielsweise der Erteilung einer öffentlich-rechtlichen Genehmigung nicht unmittelbar anwendbar.[4] Allerdings sind die Parteien nach § 242 BGB verpflichtet, bei der Erteilung der Genehmigung mitzuwirken. Wird etwa ein Bauvertrag von der Erteilung einer Baugenehmigung abhängig gemacht, so muss sich der Bauherr aktiv um diese Baugenehmigung bemühen. Zwar ist der Unternehmer in bestimmten Umfang mitwirkungspflichtig. Entscheidend ist aber, dass der Bauherr das Genehmigungsverfahren überhaupt einleiten und angemessen fördern muss.[5]

3 Wird ein Bauträgervertrag, der ein Rücktrittsrecht des Erwerbers enthält, durch einen Vertrag ohne Rücktrittsrecht ersetzt, kann sich der Bauträger in Anwendung der §§ 162, 242 BGB, nicht auf den Wegfall des Rücktrittsrechts berufen, wenn er erkannt hatte, dass der Erwerber weiterhin von einem Rücktrittsrecht ausging und er ihn über dessen Wegfall nicht aufgeklärt hat.[6]

4 Ob die Beeinflussung eines Geschehensablaufs treuwidrig ist, ist aufgrund einer umfassenden Würdigung des Verhaltens der den Bedingungseintritt beeinflussenden Vertragspartei nach Anlass, Zweck und Beweggrund unter Berücksichtigung aller Umstände des Einzelfalls, insbesondere

---

1 BGH, 29.02.1956, VI ZR 202/55, BGHZ 20, 127, 133.
1 BGH, 12.10.1990, V ZR 202/89, NJW-RR 1991, 177, 178.
2 Palandt/*Heinrichs*, § 161 Rn. 1.
3 PWW/*Brinkmann*, § 162 Rn. 2.
4 PWW/*Brinkmann*, § 162 Rn. 2.
5 OLG Naumburg, 14.09.1999, 1 U 78/99, IBR 2000, 532 (*Schabel*).
6 OLG Celle v. 21.01.2010, V U 118/09, BauR 2010, 953.

des Inhalts des Rechtsgeschäfts festzustellen.⁷ Wird ein Vertrag über einen Bausatz zur Selbstmontage einer Solarheizungsanlage unter der aufschiebenden Bedingung der Gewährung von Solarförderungsmitteln durch das Bundesamt für Wirtschaft und Ausfuhrkontrolle geschlossen und stellt der Käufer keinen Fördermittelantrag, um den Bedingungseintritt und das Wirksamwerden des Kaufvertrags zu verhindern, so stellt dies im Einzelfall kein treuwidriges Verhindern des Bedingungseintritts dar, wenn der Verkäufer seinerseits vorvertragliche Aufklärungspflichten verletzt hat und der Käufer deswegen die Rückgängigmachung des Kaufvertrages hätte verlangen können.⁸

Bei öffentlichen Ausschreibung ist der Fall eines vom Erklärungsempfänger (Auftraggeber) positiv erkannten Kalkulationsirrtums nach dem Rechtsgedanken des § 162 BGB auch der Fall gleichzusetzen, dass der Auftraggeber die positive Kenntnis treuwidrig vereitelt hat. Denn es macht rechtlich keinen Sinn, ob jemand positive Kenntnis von etwas hat oder ob er sich – aus Rechtsgründen – so stellen lassen muss, als ob dies der Fall sei.⁹ Insoweit kann es der positiven Kenntnis eines Kalkulationsirrtums im Einzelfall gleichzustellen sein, wenn sich der Erklärungsempfänger einer solchen Kenntnis treuwidrig verschließt, indem er naheliegende Rückfragen unterlässt. Ein Rückgriff auf § 162 BGB ist auch hinsichtlich der Frage möglich, ob und inwieweit nach Treu und Glauben eine Obliegenheit einer Partei angenommen werden kann, einen ihr nachteiligen Umstand, nämlich positive Kenntnis, durch entsprechende Erkundigungen herbeizuführen. Es ist im Einzelfall zu prüfen, ob es die betreffende Partei versäumt hat, eine gleichsam auf der Hand liegende, durch einfache Nachfrage zu realisierende Erkenntnismöglichkeit wahrzunehmen und letztlich das sich Berufen auf die Unkenntnis als Förmelei erscheint, weil jeder andere in dieser Lage die Kenntnis gehabt hätte. Gleichwohl ist der Rechtsgedanke aus § 162 BGB in solchen Fällen nur mit äußerster Zurückhaltung heranzuziehen.¹⁰ 5

Die Beweislast für die Vereitelung des Verdingungseintritts trägt derjenige, der sich auf die treuwidrige Vereitelung beruft.¹¹ Hat der Auftragnehmer die Gewährung eines Nachlasses an eine Bedingung geknüpft, muss der Auftraggeber, der den Nachlass realisieren möchte, darlegen und beweisen, dass der Bedingungseintritt vom Auftragnehmer treuwidrig vereitelt wurde. 6

§ 163 Zeitbestimmung

Ist für die Wirkung eines Rechtsgeschäfts bei dessen Vornahme ein Anfangs- oder ein Endtermin bestimmt worden, so finden im ersteren Falle, die für die aufschiebende, im letzteren Falle, die für die auflösende Bedingung geltenden Vorschriften der §§ 158, 160, 161 entsprechende Anwendung.

Die Befristung stellt ebenso wie die Bedingung eine vertragliche Nebenabrede dar, die die Wirkungen des Rechtsgeschäftes von einem zukünftigen Ereignis abhängig macht. Der Unterschied zur Bedingung liegt darin, dass bei der Befristung der Eintritt des zukünftigen Ereignisses gewiss ist, lediglich der Zeitpunkt des Eintritts ist ungewiss. 1

Die Wirkung eines befristeten Rechtsgeschäfts treten daher mit einem unter Umständen vorgesehenen Anfangstermin ein und enden zu dem unter Umständen vorgesehenen Endtermin (§ 158 BGB analog). Die für Bedingungen geltenden Regelungen der §§ 158, 160 und 161 sind entsprechend anwendbar. 2

---

7 BGH, 16.09.2005, V ZR 244/04, WM 2005, 2287, II.1 m.w.N.; BGH, 13.06.2007, VIII ZR 236/06, BauR 2007, 1729, 1732.
8 BGH, 13.06.2007, VIII ZR 236/06, BauR 2007, 1729, 1733.
9 BGH, 07.07.1998, X ZR 17/97, NJW 1998, 3192, 3193.
10 BGH, 07.07.1998, a.a.O., 3192, 3195.
11 KG, 11.02.2003, 27 U 430/01, BauR 2004, 1345 (Ls.) = IBR 2004, 358.

Vor. zu §§ 164 ff. BGB

Titel 5: Vertretung und Vollmacht

Vor. zu §§ 164 ff.

Schrifttum
Brandt Die Vollmacht des Architekten zur Abnahme von Unternehmerleistungen, BauR 1972, 69; *Brych* Zivilrechtliche Aspekte des Bauherrenmodells, DB 1978, 1589; *ders.* Die Bevollmächtigung des Treuhänders im Bauherrenmodell, in: Festschrift für Korbion, 1986, S. 1; *von Craushaar* Zur vertraglichen Eigenhaftung des Baubetreuers als Vertreter des Bauherren, in: Festschrift für von Caemmerer, 1978, S. 87; *ders.* Die Vollmacht des Architekten zur Anordnung und Vergabe von Zusatzarbeiten, BauR 1982, 421; *Crezelius* Zivilrechtliche Beziehungen beim Bauherren-Modell – BGH, NJW 1980, 992, JuS 1981, 494; *Doerry* Bauträgerschaft und Baubetreuung in der Rechtsprechung des Bundesgerichtshofs, ZfBR 1980, 166; *ders.* Bauträgerschaft, Baubetreuung und Bautreuhandschaft sowie Prospekthaftung bei Baumodellen in der Rechtsprechung des Bundesgerichtshofs, WM 1991, Sonderbeilage Nr. 8; *Dören* Die Erteilung von Aufträgen durch den bauleitenden Architekten und die Rechtsfolgen bei fehlender Architektenvollmacht, Jahrbuch Baurecht 2003, 131; *Dzingel* Die Vollmacht des Architekten, BauR 2004, 115; *Jagenburg* Die Vollmacht des Architekten, BauR 1978, 180; *Kaiser* Der Umfang der Architektenvollmacht, ZfBR 1980, 263; *Keldungs* Die Vollmacht des Architekten zur Vergabe von Zusatzaufträgen, in: Festschrift Vygen, 1999, S. 208; *Locher/Korbion* Baubetreuungs- und Bauträgerrecht, 4. Aufl., 1985, § 6; *Meissner* Vertretung und Vollmacht in den Rechtsbeziehungen der am Bau Beteiligten, BauR 1987, 497; *Neuhaus* Die Vollmacht des Architekten; BrBp 2004, 54; *ders.* Die Vollmacht des Bauleiters, BrBp 2004, 188; *Pauly* Zur Frage des Umfangs der Architektenvollmacht, BauR 1985, 1143; *Pfeiffer* Vertretungsprobleme bei Verträgen mit Bauträgern, NJW 1974, 1449; *Quack* Die »originäre« Vollmacht des Architekten, BauR 1995, 441; *Schmalzl* Die Vollmacht des Architekten, MDR 1977, 622; *Wolfensberger/Langhein* Das System der Baubetreuung im Zwielicht, BauR 1960, 498.

1 Das Stellvertretungsrecht nach den §§ 164 ff. BGB hat im privaten Baurecht eine erhebliche Bedeutung,[1] während die VOB dazu nur wenige die Stellvertretung von baubeteiligten Personen betreffende Regelungen beinhaltet.[2] Typische Stellvertretungsfragen ergeben sich vornehmlich aus der Vergabe von Bauaufträgen durch den Architekten, den Unternehmereinsatzformen des Generalüber-/-unternehmers, Hauptunternehmers und der Bau-ARGE, dem Tätigwerden von Baubetreuern, Bauträgern und Bautreuhändern, der gesellschaftsrechtlichen Struktur baubeteiligter Personen und der internen Verwaltungsorganisation von Auftraggebern der öffentlichen Hand.[3]

2 Die wichtigste Erscheinungsform der Stellvertretung im Bereich des privaten Baurechts ist die Architektenvollmacht. Wie der Architekt schließt auch der Baubetreuer (vgl. die Legaldefinition in § 34c Abs. 1 S. 1 Nr. 4b GewO) die Verträge zum Zwecke der ihm obliegenden Durchführung des Bauvorhabens typischerweise stellvertretend für den betreuten Bauherrn, der durch das rechtsgeschäftliche Handeln des Baubetreuers unmittelbar berechtigt und verpflichtet wird.[4] Der Baubetreuer schuldet im Allgemeinen nicht selbst Bauleistungen, sondern vergibt zur Bauerrichtung im fremden Namen des Bauherren Aufträge an baubeteiligte Dritte.[5] Die Betreuungsverträge sehen i.d.R. entsprechende Regelungen vor, nach denen der Baubetreuer Verträge im Namen und für Rechnung des Bauherrn abschließt.[6] Bei Einschaltung eines Baubetreuers kommen Vertragsbeziehungen mit am Bau beteiligten Dritten somit wie bei dem klassischen Bau mit einem

---

[1] *Meissner*, BauR 1987, 497.
[2] *Meissner*, BauR 1987, 497, 500 ff.
[3] *Meissner*, BauR 1987, 497.
[4] BGH, Urt. v. 13.02.1975, Az. VII ZR 78/73, NJW 1975, 869, 870; BGH, Urt. v. 20.11.1980, Az. VII ZR 289/79, BauR 1981, 188, 189; OLG Hamm, Urt. v. 27.09.1991, Az. 26 U 31/91, NJW-RR 1992, 153, 154; *Werner/Pastor* Rn. 1090; Ingenstau/Korbion, Anhang 3 Rn. 307; *Doerry* ZfBR 1980, 166 f.; *Wolfensberger/Langhein*, BauR 1980, 498.
[5] OLG Hamm, Urt. v. 27.09.1991, Az. 26 U 31/91, NJW-RR 1992, 153, 154.
[6] *Werner/Pastor*, Rn. 1090.

Vor. zu §§ 164 ff. BGB

Architekten ausschließlich mit dem Bauherrn als Auftraggeber zustande.[7] Dass der Betreuer den betreuten Bauherrn unmittelbar berechtigen und verpflichten kann und dieser somit das Bauherrenrisiko trägt, gilt als das charakteristische Merkmal der Baubetreuung in Abgrenzung zur Bauträgerschaft.[8] Es bedarf der Feststellung im konkreten Einzelfall, ob der Architekt oder Baubetreuer tatsächlich im fremden Namen des Bauherrn gehandelt hat und dass dieser den für ihn handelnden Architekten bzw. Baubetreuer zum Abschluss des Vertrages wirksam bevollmächtigt hat, damit die Willenserklärung dem Bauherrn gemäß § 164 Abs. 1 S. 1 BGB zugerechnet werden kann.[9]

Dagegen schließt der Generalunter-/-übernehmer, von Mischsonderformen abgesehen, bei denen der Übernehmer die Bauaufträge an die Nachunternehmer ausnahmsweise im Namen des Bauherrn vergibt,[10] die Verträge mit den Nachunternehmern i.d.R. im eigenen Namen und ist daher der einzige Vertragspartner des Bauherrn.[11] Auch der Bauträger (vgl. die Legaldefinition in § 34c Abs. 1 S. 1 Nr. 4a GewO) wird üblicherweise im eigenen Namen für eigene oder fremde Rechnung tätig.[12] Dass der Erwerber (Bauherr) im Unterschied zu der Bauerrichtung aufgrund mehrerer Verträge mit am Bau Beteiligten nur einen Vertragspartner und insoweit die Stellung eines Generalunternehmers hat, ist charakteristisch für den Erwerb vom Bauträger.[13] 3

Von dem Generalunternehmer zu unterscheiden ist die Unternehmereinsatzform des Haupt- und Nebenunternehmers, bei der der Hauptunternehmer von dem Bauherrn beauftragt wird, neben der von ihm selbst zu erbringenden Leistung einen weiteren Unternehmer (Nebenunternehmer) mit der Bauausführung zu beauftragen. Charakteristisch ist die Doppelstellung des Hauptunternehmers: dieser ist bezüglich seines eigenen Leistungsteils Auftragnehmer des Bauherrn und Auftraggeber der von ihm in diesem Bereich zum Einsatz gebrachten Nachunternehmer; hinsichtlich der dem Nebenunternehmer übertragenen Leistungen ist er bevollmächtigter Vertreter des Bauherrn, der selbst als Auftraggeber in unmittelbare Vertragsbeziehung zum Nebenunternehmer tritt.[14] 4

In Bauherren-, Ersterwerber- und Bauträgermodellen wird häufig ein Bautreuhänder eingesetzt, der für den Bauherrn tätig wird und die an sich dem Bauherrn obliegenden Aufgaben wahrzunehmen hat.[15] Beim geschlossenen Immobilienfonds hat der Treuhandkommanditist eine vergleichbare Funktion und Rechtsstellung.[16] Grund für die Zwischenschaltung eines Treuhänders ist neben steuerlichen und betriebswirtschaftlichen Effekten, dass der Baubetreuer nach §§ 2, 7 MaBV 5

---

7 Ingenstau/Korbion, Anhang 3 Rn. 305; *Kniffka/Koeble*, Teil 11 Rn. 24.
8 *Locher/Koeble*, Rn. 13; *Werner/Pastor*, Rn. 1090; *Doerry*, WM 1991, Sonderbeil. Nr. 8, 1, 4.
9 S. dazu § 164 Rdn. 7 ff. und § 167 Rdn. 7 ff.
10 OLG Köln, Urt. v. 10.06.1975, Az. 15 U 6/75, BauR 1976, 288, 289; LG Dresden, Urt. v. 27.03.2001, Az. 43 S 003/00, BauR 2001, 1917; Ingenstau/Korbion, Anhang 3, Rn. 182.
11 BGH, Urt. v. 13.12.1973, Az. VII ZR 200/71, BauR 1974, 134 f.; BGH, Urt. v. 27.06.2002, Az. VII ZR 272/01, BauR 2002, 1544, 1546; OLG Hamm, Urt. v. 27.09.1991, Az. 26 U 31/91, NJW-RR 1992, 153, 154; *Kniffka/Koeble*, Teil 11 Rn. 33; *Werner/Pastor*, Rn. 1051; Ingenstau/Korbion, Anhang 3 Rn. 155, 165, 172; *Meissner*, BauR 1987, 497, 500.
12 S. § 164 Rdn. 11.
13 BGH, Urt. v. 21.03.2002, Az. VII ZR 493/00, BGHZ 150, 226 = BauR 2002, 1385, 1388; *Pause*, Bauträgerkauf und Baumodelle, 4. Aufl. 2004, Rn. 1009.
14 BGH, Urt. v. 13.12.1973, Az. VII ZR 200/71, BauR 1974, 343; *Werner/Pastor*, Rn. 1060; Ingenstau/Korbion, Anhang 3 Rn. 283; *Meissner*, BauR 1987, 497, 500.
15 BGH, Urt. v. 06.11.1986, Az. VII ZR 131/86, BauR 1987, 103 ff.; 1988, 99 f.; BGH, Urt. v. 19.11.1987, Az. VII ZR 39/87, BGHZ 102, 220 = BauR 1988, 103 ff.; BGH, Urt. v. 24.03.1988, Az. VII ZR 232/86, BauR 1988, 502 f.; BGH, Urt. v. 02.03.1994, Az. VIII ZR 14/93, BauR 1994, 380 ff.; Ingenstau/Korbion, Anhang 3, Rn. 461 ff.; *Werner/Pastor*, Rn. 1448; *Locher/Koeble*, Rn. 554; *Pause*, a.a.O. (Fn. 13) Rn. 1426 ff.; *Brych*, FS Korbion, S. 1 ff.; *Koeble*, FS Korbion, S. 215 ff.; *Kürschner*, ZfBR 1988, 2 ff.; *Reithmann*, BB 1984, 681 ff.; *Doerry*, WM 1991, Sonderbeil. Nr. 8, S. 1, 6 ff.
16 *Pause*, a.a.O. (Fn. 13) Rn. 1136.

Sicherheit zu leisten hat, während der Bautreuhänder hierzu grundsätzlich nicht verpflichtet ist.[17] Der Bautreuhänder hat je nach Vertragsgestaltung unterschiedliche Aufgaben. Zu unterscheiden sind der Kontotreuhänder, der Mittelverwendungstreuhänder und der heute gebräuchliche Basistreuhänder, der als Zentralfigur der neueren Bauherrenmodelle und verlängerter Arm des Bauherrn neben dem Zahlungsverkehr mit dem Abschluss sämtlicher für das Bauvorhaben erforderlicher Verträge und der gesamten rechtsgeschäftlichen Abwicklung beauftragt ist.[18] Die Aufgaben des Basistreuhänders sind vielfältig: Sie reichen vom Grundstückskauf über die Begründung der Bauherrengemeinschaft, den Abschluss des Baubetreuungsvertrages sowie der Finanzierungsvermittlungs- und Darlehensverträge bis zur Durchführung der Abnahme und der Vermietung des fertig gestellten Objekts.[19] Bei der Bautreuhandschaft überträgt der Bauherr (Treugeber) seine Rechte und Ansprüche im Gegensatz zur echten Treuhand nicht auf den Bautreuhänder; er bevollmächtigt den Bautreuhänder vielmehr nur und bleibt daher selbst Rechtsträger.[20] Abweichend von dem sonstigen Treuhandbegriff ist daher nicht entscheidend, dass der Treuhänder in eigenem Namen handelt.[21] Wesentliches Merkmal der Bautreuhandschaft ist vielmehr, dass der Bautreuhänder von dem Initiator des Modells und den übrigen Beteiligten rechtlich unabhängig ist und ausschließlich die Interessen des Auftraggebers (Bauherrn; Ersterwerbers) gewissenhaft wahrzunehmen hat.[22] Damit ist der Treuhänder zwar im Innenverhältnis zu Wahrnehmung der Interessen des Bauherrn verpflichtet, nach außen geht seine Rechtsmacht aber insofern darüber hinaus, als er zum Abschluss von Verträgen zum Zwecke der Durchführung des Bauvorhabens schlechthin bevollmächtigt ist.[23] Besondere Probleme können sich daraus ergeben, dass eine Person, die keine Erlaubnis zur Besorgung fremder Rechtsangelegenheiten nach Art. 1 § 1 RBerG (jetzt: § 3 RDG) besitzt, die Funktion des Treuhänders übernimmt.

§ 164 Wirkung der Erklärung des Vertreters

(1) Eine Willenserklärung, die jemand innerhalb der ihm zustehenden Vertretungsmacht im Namen des Vertretenen abgibt, wirkt unmittelbar für und gegen den Vertretenen. Es macht keinen Unterschied, ob die Erklärung ausdrücklich im Namen des Vertretenen erfolgt oder ob die Umstände ergeben, dass sie in dessen Namen erfolgen soll.

(2) Tritt der Wille, in fremdem Namen zu handeln, nicht erkennbar hervor, so kommt der Mangel des Willens, im eigenen Namen zu handeln, nicht in Betracht.

(3) Die Vorschriften des Absatzes 1 finden entsprechende Anwendung, wenn eine gegenüber einem anderen abzugebende Willenserklärung dessen Vertreter gegenüber erfolgt.

Übersicht	Rdn.		Rdn.
A. **Begriff, dogmatische Grundlagen und Abgrenzung**....................	1	I. Zulässigkeit der Stellvertretung........	3
B. **Voraussetzungen wirksamer Stellvertretung**..........................	3	II. Eigene wirksame Willenserklärung des Vertreters........................	4
		III. Handeln im Namen des Vertretenen ...	5

---

17 BGH BauR 1988, 103, 105; *Pause*, a.a.O. (Fn. 13) Rn. 1127, 1139; *Brych*, in: FS Korbion, S. 1, 3 f.; *Doerry*, WM 1991 Sonderbeil. Nr. 8, S. 1, 7.
18 *Pause*, a.a.O. (Fn. 13) Rn. 1139 f.; Ingenstau/Korbion, Anhang 3, Rn. 461; *ders.*, in: FS Korbion, S. 215 f.
19 OLG Koblenz OLGR 2004, 210, 211; *Locher/Koeble*, Rn. 554; *Pause*, a.a.O. (Fn. 13), Rn. 1130, 1140, 1176 ff.; *Evers*, NJW 1983, 1652; *Brych*, in: FS Korbion, S. 1, 5.
20 *Schniewind*, BB 1982, 2014, 2016; *ders.*, BB 1983, 2196, 2201; *Brych*, in: FS Korbion, S. 1, 12; *Koeble*, in: FS Korbion, S. 215.
21 *Reithmann*, BB 1984, 681, 682.
22 *Pause*, a.a.O. (Fn. 13), Rn. 1141 ff.; *Reithmann*, BB 1984, 681, 682; *Koeble*, in: FS Korbion, S. 215, 216; *Doerry*, WM 1991 Sonderbeil. Nr. 8, S. 1.
23 Vgl. BGH, WM 1964, 318.

	Rdn.		Rdn.
1. Allgemeine Auslegungsgrundsätze ...	6	d) Auftragsvergabe durch den Hausverwalter...................	12
2. Bautypische Besonderheiten	7	e) Auftragsvergabe durch Ehegatten .	13
a) Auftragsvergabe durch den planenden und bauleitenden Architekten	7	3. Das unternehmensbezogene Rechtsgeschäft	14
b) Auftragsvergabe durch den Baubetreuer...................	8	IV. Vertretungsmacht	15
aa) Ausdrückliche Nennung des Bauherrn als Auftraggeber ...	8	1. Allgemeines	15
bb) Bloßes Handeln in der Funktion des Baubetreuers	9	2. Formen und Umfang der Vertretungsmacht	16
cc) Handeln für die »anonyme« Bauherrengemeinschaft	10	3. Fälle des Missbrauchs der Vertretungsmacht	18
c) Auftragsvergabe durch den Generalunter-/-übernehmer und Bauträger	11	C. Rechtsfolgen wirksamer Stellvertretung.	19
		D. Eigengeschäft des Stellvertreters	21
		E. Passive Stellvertretung	22
		F. Beweislast	23

A. Begriff, dogmatische Grundlagen und Abgrenzung

Das Recht der direkten (unmittelbaren, offenen) Stellvertretung ist in den §§ 164 ff. BGB geregelt. 1
Der Begriff der direkten Stellvertretung erfasst das rechtsgeschäftliche Handeln im Namen des Vertretenen, das bewirkt, dass die Rechtsfolgen unmittelbar in der Person des Vertretenen eintreten.
§ 164 Abs. 1 BGB stellt eine Zurechnungsnorm für die Rechtsfolgen von Willenserklärungen dar.
Im Bereich des Stellvertretungsrechts gilt nach der h.M. das **Repräsentationsprinzip**, d.h. der Vertreter bildet grundsätzlich allein stellvertretend den Vertretenen den rechtsgeschäftlichen Willen, während die Rechtsfolgen ausschließlich in der Person des Vertretenen eintreten.[1] Grundlegende Bedeutung hat zudem das **Offenkundigkeitsprinzip**, nach dem die direkte Stellvertretung zum Schutz des Vertragspartners und im Interesse der Rechtsklarheit gemäß Abs. 2 offen zu legen ist.[2]

Die Stellvertretung i.S.d. §§ 164 ff. BGB ist abzugrenzen von anderen Formen rechtsgeschäftlichen Handelns für andere wie die mittelbare Stellvertretung, Ermächtigung, Treuhand, Botenschaft etc.[3] Die Rechtsstellung des Bautreuhänders ist nicht als echte Treuhand zu qualifizieren, sondern als rechtsgeschäftliche Vollmachtstreuhand, bei der ausnahmsweise die Vollmacht eingesetzt wird, um die Zwecke der Treuhand zu erreichen und die §§ 164 ff. BGB uneingeschränkt Anwendung finden.[4, 5] 2

B. Voraussetzungen wirksamer Stellvertretung

I. Zulässigkeit der Stellvertretung

Die Stellvertretung ist im rechtsgeschäftlichen Bereich grundsätzlich uneingeschränkt zulässig. Eine Ausnahme gilt nur für sog. höchstpersönliche Rechtsgeschäfte.[6] Im Bereich des privaten Baurechts dürften rechtsgeschäftliche oder gesetzliche Vertretungsverbote sowie solche, die sich aus der Natur des Vertretergeschäfts ergeben, praktisch nicht vorkommen.[7] 3

---

1 MüKo-BGB/*Schramm,* vor § 164 Rn. 67; Palandt/*Ellenberger,* Einf. zu § 164 Rn. 2.
2 PWW/*Frensch,* § 164 Rn. 29; Palandt/*Ellenberger,* Einf. v. § 164 Rn. 2.
3 PWW/*Frensch,* § 164 Rn. 2 ff.
4 BGH WM 1964, 318; PWW/*Frensch,* § 164 Rn. 7.
5 *Schniewind,* BB 1983, 1983, 2201; *Koeble,* in: FS Korbion, S. 215.
6 PWW/*Frensch,* § 164 Rn. 26.
7 Zu den Rechtsfolgen eines Verstoßes gegen ein Vertretungsverbot vgl. PWW/*Frensch,* § 164 Rn. 27.

II. Eigene wirksame Willenserklärung des Vertreters

4   § 164 Abs. 1 S. 1 setzt – in Abgrenzung zur Botenschaft – eine eigene[8] wirksame Willenserklärung des Vertreters i.S.d. §§ 116 ff. BGB voraus. Auf rechtsgeschäftsähnliche Handlungen (z.B. Mahnung, Fristsetzung, Ablehnungsandrohung[9]) finden die §§ 164 ff. BGB entsprechende Anwendung.[10]

III. Handeln im Namen des Vertretenen

5   Damit die Rechtsfolgen nicht bei dem Vertreter selbst, sondern in der Person des Vertretenen eintreten, ist es erforderlich, dass der Vertreter gemäß Abs. 1 S. 1 im Namen des Vertretenen handelt (sog. Offenkundigkeitsprinzip). Eine Ausnahme von dem Offenkundigkeitsprinzip bildet das **Geschäft für den, den es angeht**.[11] Diese Rechtsfigur hat im privaten Baurecht jedoch keine praktische Bedeutung, weil es einem Bauunternehmer i.d.R. nicht gleichgültig ist, wer sein Vertragspartner ist.[12, 13]

1. Allgemeine Auslegungsgrundsätze

6   Der Vertreter muss die Willenserklärung nicht ausdrücklich im Namen des Vertretenen abgeben, es genügt vielmehr, wenn sich aus den Umständen ergibt, dass er im fremden Namen des Vertretenen handelt.[14] Ob der Erklärende in eigenem oder fremdem Namen handelt, ist in Zweifelsfällen durch Auslegung vom Empfängerhorizont her zu ermitteln. Für die Auslegung gelten die Grundsätze der §§ 133, 157 BGB und die Auslegungsregel des Abs. 1 S. 2, die entsprechend heranzuziehen ist, wenn mehrere Vertretene in Betracht kommen und ungewiss ist, in wessen Namen der Vertreter gehandelt hat.[15] Hiernach kommt es darauf an, wie sich die Erklärung nach Treu und Glauben mit Rücksicht auf die Verkehrssitte für einen objektiven Betrachter in der Lage des Erklärungsempfängers darstellt.[16] Der innere Wille des Erklärenden ist nicht maßgebend.[17] Bei der Auslegung sind die gesamten Umstände des Einzelfalles zu berücksichtigen, insbesondere die dem Rechtsverhältnis zugrunde liegenden Lebensverhältnisse, die Interessenlage, der Geschäftsbereich, dem der Erklärungsgegenstand zugehört, und die typischen Verhaltensweisen.[18] Das nachträgliche Verhalten der am Rechtsgeschäft Beteiligten kann nur in dem Sinne berücksichtigt werden, dass es Rückschlüsse auf deren tatsächlichen Willen und tatsächliches Verständnis im maßgeblichen Zeitpunkt des Zugangs der Erklärung zulässt.[19] Tritt der Wille, in fremdem

---

[8] Zur Abgrenzung zwischen Stellvertretung und Botenschaft s. PWW/*Frensch*, § 164 Rn. 18.
[9] PWW/*Frensch*, § 164, Rn. 28f.
[10] PWW/*Frensch*, § 164 Rn. 28 f.
[11] PWW/*Frensch*, § 164 Rn. 36 ff.
[12] BGH, Urt. v. 18.11.1977, Az. VII ZR 150/75, BGHZ 67, 334 = BauR 1977, 58, 59; BGH, Urt. v. 17.01.1980, Az. VII ZR 42/78, BGHZ 76, 86 = BauR 1980, 262, 264.
[13] Ingenstau/Korbion/*Keldungs*, § 2 VOB/B Rn. 28.
[14] BGH, Urt. v. 17.12.1987, Az. VII ZR 299/86, BauR 1988, 215, 216; BGH, Urt. v. 07.06.2001, Az. I ZR 49/99, NJW-RR 2002, 20, 22; BGH, Urt. v. 03.05.2006, Az. VIII ZR 183/05, TranspR 2006, 315, 316.
[15] BGH, Urt. v. 17.12.1987, Az. VII ZR 299/86, BauR 1988, 215, 216; BGH, Urt. v. 12.07.2000, Az. VIII ZR 99/99, NJW 2000, 3344, 3345; BGH, Urt. v. 03.05.2006, Az. VIII ZR 183/05, TranspR 2006, 315, 316; Ingenstau/Korbion/*Keldungs*, § 2 VOB/B Rn. 28; *Kniffka/Koeble*, 11. Teil Rn. 28.
[16] BGH, Urt. v. 17.12.1987, Az. VII ZR 299/86, BGH BauR 1988, 215, 216; BGH, Urt. v. 07.06.2001, Az. I ZR 49/99, NJW-RR 2002, 20, 22; *Werner/Pastor*, Rn. 1066; Ingenstau/Korbion/*Keldungs*, § 2 VOB/B Rn. 28; *Meissner*, BauR 1987, 497, 499.
[17] BGH, Urt. v. 12.07.2000, Az. VIII ZR 99/99, NJW 2000, 3344, 3345.
[18] BGH, Urt. v. 17.12.1987, Az. VII ZR 299/86, BGH BauR 1988, 215, 216; BGH, Urt. v. 07.06.2001, Az. I ZR 49/99, NJW-RR 2002, 20, 22; BGH, Urt. v. 03.05.2006, Az. VIII ZR 183/05, TranspR 2006, 315, 316.
[19] BGH, Urt. v. 07.12.2006, Az. VII ZR 166/05, BauR 2007, 574, 575.

Namen zu handeln, nicht erkennbar hervor, so wird der Erklärende nach Abs. 2 selbst berechtigt und verpflichtet.[20] Wird ein Gutachter für einen Bauherren im Zuge einer Mangelbeseitigung tätig und leitet der Bauherr ein Nachtragsangebot an den Gutachter zur Prüfung weiter, so bedeutet dies im Falle der Anordnung durch den Gutachter keine Annahme des Nachtragsangebots.[21] Vereinbart der Bauherr mit dem Baustofflieferanten ausdrücklich die Zahlung, so ist dies als Zahlungsabsprache anzusehen. Diese kann nicht dahingehend gewertet werden, dass der Bauherr hierdurch keine Verpflichtungen eingehen wollte.[22] Eine Bezugnahme auf den Hauptauftrag des Eigentümers einer Immobilie in Zusatzaufträgen durch den Mieter stellt ein Indiz für ein Handeln in fremdem Namen dar. Unsicherheiten über den Auftraggeber von solchen Zusatzleistungen in sale-and-lease-back-Konstellationen gehen nicht zu Lasten des Unternehmers.[23]

2. Bautypische Besonderheiten

a) Auftragsvergabe durch den planenden und bauleitenden Architekten

Streitig ist, ob der planende und bauleitende Architekt bereits aufgrund seiner Funktion im Zweifel im fremden Namen des Bauherrn und nicht im eigenen Namen handelt. Diese Frage wurde bislang im Schrifttum und in der instanzgerichtlichen Rechtsprechung überwiegend bejaht.[24] Dagegen genügt es nach der neueren Rechtsprechung des BGH für ein Handeln im Namen des Bauherrn nicht, wenn der Architekt unter Angabe seiner Berufsbezeichnung, aber ohne Vertretungszusatz einen Bauauftrag erteilt.[25] Jedenfalls wenn der Architekt selbst Grundstückseigentümer ist und z.B. als Bauträger Bauleistungen zu erbringen hat, handelt er im Zweifel im eigenen Namen.[26] Das Gleiche gilt, wenn er den Bauauftrag zur Beseitigung vermeintlicher eigener Planungsfehler vergibt.[27] Stellt sich später heraus, dass es sich in Wahrheit um einen Fehler bei der Bauausführung handelt, zu dessen Beseitigung der Unternehmer dem Bauherrn gegenüber verpflichtet war, steht dem Werklohnanspruch des Unternehmers gegen den Architekten der Einwand der unzulässigen Rechtsausübung gemäß § 242 BGB (dolo agit) entgegen.[28] Auch bei der Beauftragung eines Statikers unter Einschaltung eines Architekten kann nicht ohne Weiteres davon ausgegangen werden, dass vertragliche Beziehungen nur zwischen dem Bauherrn und dem Statiker begründet werden.[29] Beachtlich ist weiter, dass die Unterzeichnung von Montageberichten durch den mit umfassender Vollmacht ausgestatteten Vertreter des Auftraggebers im Allgemeinen ein deklaratorisches Schuldanerkenntnis für die darin enthaltenen Stundenlohnarbeiten und das dabei verbaute Baumaterial durch den Bauunternehmer enthält. Der Bauherr kann in diesem Zusammenhang die Unrichtigkeit der Montageberichte nachträglich nur geltend machen, wenn

---

20 BGH, Urt. v. 27.10.2005, Az. III ZR 71/05, NJW-RR 2006, 109, 110 Tz. 16; BGH, Urt. v. 07.12.2006, Az. VII ZR 166/05, BauR 2007, 574, 575.
21 OLG Düsseldorf, Urt. v. 25.11.2008, Az. 23 U 12/08, IBR 2010, 1070.
22 OLG Brandenburg, Urt. v. 22.12.2009, Az. 6 U 82/08, IBR 2010, 1052.
23 KG, Urt. v. 17.06.2008, Az. 6 U 163/06; BGH, Beschl. v. 04.06.2009, Az. VII ZR 150/08 (Nichtzulassungsbeschwerde zurückgewiesen), beide in IBR 2009, 1323.
24 OLG Köln, Urt. v. 09.08.1995, Az. 19 U 246/94, BauR 1996, 254, 255; OLG Köln, Urt. v. 18.06.1999, Az. 19 U 211/98, NJW-RR 1999, 1615 = ZfBR 2000, 101, 102 = BauR 2000, 303; 934 (Leitsatz); OLG Brandenburg, Urt. v. 22.11.2001, Az. 12 U 65/01, BauR 2002, 476 f. = BauR 2002, 1606 (Leitsatz); *Werner/Pastor*, Rn. 1035; Staudinger/*Schilken*, § 164 Rn. 2; Erman/*Palm*, § 164 Rn. 5a; MüKo-BGB/*Schramm*, § 164 Rn. 26; Bamberger/Roth/*Habermeier*, § 164 Rn. 28; *Keldungs*, IBR 2000, 84; *Meissner*, BauR 1987, 497, 501.
25 BGH, Urt. v. 07.12.2006, Az. VII ZR 166/05, BauR 2007, 574 f.
26 *Meissner*, BauR 1987, 497, 501; *Keldungs*, IBR 2000, 84.
27 OLG Hamm, Urt. v. 18.03.1986, Az. 21 U 130/85, BauR 1987, 468; *Werner/Pastor*, Rn. 1067; Ingenstau/Korbion/*Keldungs*, § 2 VOB/B Rn. 28.
28 OLG Hamm, Urt. v. 18.03.1986, Az. 21 U 130/85, BauR 1987, 468, 469; *Werner/Pastor*, Rn. 1069; Ingenstau/Korbion/*Keldungs*, § 2 VOB/B Rn. 28.
29 *Werner/Pastor*, Rn. 1067; *Locher/Koeble*, Rn. 126; a.A. OLG Köln BauR 1986, 717.

ihm der Nachweis gelingt, dass die Angaben in den Berichten nicht zutreffen und dass er dies bei Unterzeichnung weder wusste noch damit rechnen konnte.[30]

b) Auftragsvergabe durch den Baubetreuer

aa) Ausdrückliche Nennung des Bauherrn als Auftraggeber

8   Kommt der von dem Baubetreuer zum Zwecke der Durchführung des Bauvorhabens abgeschlossene Vertrag nach seinem ausdrücklichen Wortlaut mit dem Bauherrn oder der Bauherrengemeinschaft als Auftraggeber, vertreten durch den Baubetreuer, zustande, handelt der Baubetreuer nach der ständigen Rechtsprechung des BGH grundsätzlich im fremden Namen der Bauherren (Erwerber) und nicht im eigenen Namen.[31] Der eindeutige Wortlaut des Vertrages wäre nur dann nicht maßgebend, wenn ihm der gegenteilige übereinstimmende Wille der Vertragsschließenden entgegenstände, dass Auftraggeber allein der Baubetreuer sein soll.[32] Das ist insbesondere beim Bauherrenmodell im Hinblick auf die angestrebte steuerliche Anerkennung der Bauherreneigenschaft des Erwerbers i.d.R gerade nicht der Fall.[33] Die entgegenstehende Ansicht, aus der wirtschaftlichen Funktion der Baubetreuung ergebe sich das Fehlen des ernsthaften Willens des Baubetreuers zum Handeln im fremden Namen,[34] verdient keine Zustimmung.[35] Ferner stehen weder die Vereinbarung eines einheitlichen pauschalen Gesamtpreises noch die Abwicklung des Rechnungs- und Zahlungsverkehrs durch den Baubetreuer dessen Handeln im fremden Namen des Bauherrn entgegen.[36] Aus dem Umfang des Bauvorhabens und der damit verbundenen großen Zahl der zu erwartenden Bauherren lässt sich ebenso wenig wie aus der Nennung des Bauträgers in einer Schiedsgerichtsklausel der übereinstimmende Wille der Vertragsschließenden herleiten, dass nicht die ausdrücklich als Vertragspartner genannten Bauherren sein sollen, sondern ausschließlich der Baubetreuer Auftraggeber des Unternehmers hinsichtlich der Bauleistung.[37]

bb) Bloßes Handeln in der Funktion des Baubetreuers

9   Wenn der Erklärende bloß in der Funktion des Baubetreuers handelt und als solcher ohne Vertretungszusatz in der Vertragsurkunde bezeichnet ist, genügt das dagegen für ein Handeln im fremden Namen des Bauherrn nicht, weil hierdurch der Vertretungswille noch nicht erkennbar im Sinne des Abs. 2 BGB hervortritt.[38]

---

30 KG, Urt. v. 20.03.2009, Az. 7 U 161/08, IBR 2009, 1225; BGH, Urt. v. 28.09.1970, Az. VII ZR 228/68, BauR 1970, 239; BGH, Urt. v. 17.04.2009, Az. VII ZR 164/07, IBR 2009, 336; KG, Urt. v. 09.08.2002, Az. 7 U 203/01, BauR 2003, 726; OLG Oldenburg, Urt. v. 30.10.2003, Az. 8 U 55/03, IBR 2005, 415 = BGH, Beschl. v. 31.03.2005, Az. VII ZR 334/03 (Nichtzulassungsbeschwerde zurückgewiesen).
31 BGH, Urt. v. 18.11.1977, Az. VII ZR 150/75, BGHZ 67, 334 = BauR 1977, 58 ff.; BGH, Urt. v. 17.01.1980, Az. VII ZR 42/78, BGHZ 76, 86 = BauR 1980, 262, 263 ff.; BGH, Urt. v. 16.06.1983, Az. VII ZR 115/81, BauR 1983, 457; BGH, Urt. v. 08.12.1988, Az. VII ZR 242/87, BauR 1989, 213, 214; BGH, Urt. v. 02.07.1987, Az. IX ZR 94/86, NJW 1987, 3255; *Werner/Pastor*, Rn. 1093; Ingenstau/Korbion, Anhang 3 Rn. 308; *Kniffka/Koeble*, 11. Teil Rn. 27; Staudinger/*Schilken*, § 164 Rn. 2; *Doerry*, ZfBR 1980, 166, 168 ff.
32 BGH BauR 1977, 58; 1980, 262, 263.
33 BGH BauR 1977, 58, 60; 1980, 262, 265. Zur steuerlichen Behandlung s. BFH ZfBR 1990, 83 ff.
34 LG Arnsberg NJW 1978, 1588.
35 Ingenstau/Korbion, Anhang 3 Rn. 308; *Crezelius* NJW 1987, 2158 f.; zur architektenähnlichen Vertreterstellung des Baubetreuers s. bereits Einl. vor § 164 Rdn. 2.
36 BGH, Urt. v. 18.11.1977, Az. VII ZR 150/75, BauR 1977, 58, 59 f.
37 BGH, Urt. v. 17.01.1980, Az. VII ZR 42/78, BauR 1980, 262, 263 ff.
38 OLG Karlsruhe, Die Justiz 1964, 11, 12; *Werner/Pastor*, Rn. 1092; *Locher/Koeble*, Rn. 131.

cc) Handeln für die »anonyme« Bauherrengemeinschaft

Dem Handeln im fremden Namen gemäß Abs. 1 S. 1 steht es grundsätzlich nicht entgegen, wenn 10 der Vertretene bei Vertragsschluss **nicht benannt** oder noch **nicht bestimmt** ist.[39] Unerheblich ist daher, ob alle Mitglieder der Bauherrengemeinschaft bei Abschluss des Vertrages bereits feststehen und in dem Vertrag namentlich bezeichnet sind.[40] Für die erforderliche Bestimmbarkeit der vertretenen Bauherren genügt es vielmehr, wenn die Bauherrengemeinschaft durch die genaue örtliche Bezeichnung des Bauvorhabens anhand der abgeschlossenen Erwerbs- und Betreuungsverträge ermittelt werden kann.[41] Der Baubetreuer kann somit auch als Vertreter der künftigen Bauherrengemeinschaft handeln.[42] Schließt der Baubetreuer im Namen der von ihm betreuten Bauherren Verträge, werden diese auch dann Vertragspartner, wenn sie erst später der Bauherrengemeinschaft beitreten. Daneben kann sich eine Eigenhaftung des Baubetreuers aus einer von ihm übernommenen Höchstpreisgarantie ergeben.

c) Auftragsvergabe durch den Generalunter-/-übernehmer und Bauträger

Der Generalunternehmer beauftragt die Nachunternehmer von Sonderformen abgesehen typi- 11 scherweise im eigenen Namen.[43] Eine Klausel in einem Generalunternehmervertrag, wonach der Generalunternehmer berechtigt ist, Aufträge im Namen des Bauherrn zu vergeben, ist so überraschend, dass sie unwirksam ist, § 305c Abs. 1 BGB.[44] Auch der Bauträger handelt im Gegensatz zum Baubetreuer gewöhnlich im eigenen Namen.[45] Die Stellung als Bauträger schließt es aber nicht aus, dass dieser im Einzelfall ausnahmsweise im fremden Namen des Bauherrn handelt.[46] Erteilt der Geschäftsführer einer Bauträgergesellschaft, der zugleich noch Geschäftsführer einer namensgleichen Baugesellschaft ist, ohne Gesellschaftszusatz den Bauauftrag, ist die Bauträgergesellschaft als Vertragspartnerin anzusehen, wenn ihr schon früher in dieser Form gleichartige Aufträge erteilt wurden.[47] Die einem Bauträger von Erwerbern von Wohnungseigentum erteilte Vollmacht zu ihrer Vertretung gegenüber dem Grundbuchamt ist im Zweifel im Außenverhältnis eng auszulegen. Wird eine Vollmacht zum Zwecke der Änderung der Teilungserklärung erteilt und mit Bindungen im Innenverhältnis ausgestattet, umfasst diese in aller Regel nicht die Befugnis, auch Dienstbarkeiten zu bestellen, selbst wenn die Vollmacht dem Grundbuchamt gegenüber als »Generalvollmacht« bezeichnet ist.[48]

d) Auftragsvergabe durch den Hausverwalter

Eine weitere Frage war, ob der Hausverwalter auch ohne ausdrückliche Nennung des Eigentümers 12 und Offenlegung seiner Vertreterstellung in eigenem oder fremdem Namen des Grundstückeigen-

---

39 PWW/*Frensch*, § 164 Rn. 42 ff.
40 BGH, Urt. v. 18.11.1977, Az. VII ZR 150/75, BauR 1977, 58, 59; BGH, Urt. v. 17.01.1980, Az. VII ZR 42/78, BauR 1980, 262, 263; BGH, Urt. v. 16.06.1983, Az. VII ZR 115/81, BauR 1983, 457; BGH, Urt. v. 04.12.1986, Az. VII ZR 197/85, BauR 1987, 225, 226; BGH, Urt. v. 02.07.1987, Az. IX ZR 94/86, NJW 1987, 3255; a.A. *Pfeiffer*, NJW 1974, 1449, 1453.
41 BGH NJW-RR 1987, 1233.
42 BGH, Urt. v. 04.12.1986, Az. VII ZR 197/85, BauR 1987, 225, 226.
43 BGH, Urt. v. 27.06.2002, Az. VII ZR 272/01, BauR 2002, 1544, 1546; ausnahmsweise für ein Handeln in fremdem Namen des Bauherrn OLG Köln, Urt. v. 10.06.1975, Az. 15 U 6/75, BauR 1976, 288, 289; LG Dresden, Urt. v. 27.03.2001, Az. 43 S 3/00, BauR 2001, 1917.
44 BGH, Urt. v. 27.06.2002, Az. VII ZR 272/01, IBR 2003, 1544.
45 BGH, Urt. v. 13.02.1975, Az. VII ZR 78/73, NJW 1975, 869, 870; BGH, Urt. v. 20.11.1980, Az. VII ZR 289/79, BauR 1981, 188; OLG Hamm, Urt. v. 27.09.1991, Az. 26 U 31/91, NJW-RR 1992, 153; *Werner/Pastor*, Rn. 1096; Ingenstau/Korbion, Anhang 3 Rn. 317; *Locher/Koeble* Rn. 17; Staudinger/*Schilken* § 164 Rn. 2; Erman/*Palm*, § 167 Rn. 32b; Bamberger/Roth/*Habermeier*, § 164 Rn. 26; *Doerry*, ZfBR 1980, 166; ders., WM 1991 Sonderbeil. Nr. 8, S. 1, 3.
46 OLG Nürnberg MDR 1960, 923; *Locher/Koeble*, Rn. 126.
47 OLG Koblenz, Urt. v. 20.10.2003, Az. 12 U 418/02, BauR 2004, 520 f.
48 OLG München, Beschl. v. 27.04.2009, Az. 34 Wx 22/09, IBR 2009, 457.

tümers handelt. Überwiegend wurde in der instanzgerichtlichen Rechtsprechung und im Schrifttum vertreten, dass es bei dem Abschluss von Werkverträgen für ein Handeln des Hausverwalters im fremden Namen des Eigentümers des Hausgrundstücks genügt, wenn dem Vertragspartner bekannt war, dass der Auftraggeber in seiner Funktion als Hausverwalter auftritt.[49] Das gelte jedenfalls dann, wenn der Auftrag über kleinere Reparaturen und Instandsetzungen, wie sie im Rahmen normaler Unterhaltung des Hauses anfielen, hinausgeht.[50] Gegen die Annahme, dass der Hausverwalter im Zweifel für den Grundstückeigentümer handelt, wenn es um den Abschluss eines Werkvertrages geht, wurden in der Rechtsprechung aber auch Bedenken vorgebracht.[51] Der BGH hat dazu klargestellt, dass die Vergabe von Bauleistungen durch den Hausverwalter, soweit sich aus den Umständen (§ 164 Abs. 1 S. 2 BGB) nichts anderes ergibt, i.d.R. für deren Auftraggeber, gewöhnlich den Eigentümer vorgenommen wird; vorausgesetzt, dem Auftragnehmer der Werkleistungen wurde die Eigenschaft des Erklärenden als Hausverwalter offen gelegt. Auf den Umfang der vergebenen Arbeiten kommt es dagegen nicht an.[52] Ein Eigengeschäft des Hausverwalters kann aber vorliegen, wenn der Hausverwalter mit dem Abschluss des Vertrages Aufgaben erfüllt, die ihm typischerweise zur eigenverantwortlichen Erfüllung übertragen sind.[53] Das Gleiche gilt, wenn früher entsprechende Verträge als Eigengeschäfte abgewickelt wurden.[54] Das OLG Saarbrücken hat aber beispielsweise einen Hausverwalter für die Erfüllung (Zahlung der Gebühren) eines Energielieferungsvertrags verantwortlich gesehen, weil dieser beim Abschluss des Vertrags für eine WEG nicht offengelegt hatte, für die WEG zu handeln.[55] Das OLG war der Ansicht, dass ein Verwalter beim Abschluss eines Versorgungsvertrags auch in eigenem Namen handeln könne. Wenn sich im Wortlaut kein Anhaltspunkt für ein Vertreterhandeln finde, so lasse sich ein Handeln im Namen der WEG nicht lediglich aus der Interessenlage der Parteien ableiten.

e) **Auftragsvergabe durch Ehegatten**

13   Ob der Auftraggeber bei Vertragsschluss auch im Namen seines Ehegatten handelte, hängt von einer Auslegung seiner Erklärung im Einzelfall ab.[56] Werden die unmittelbar in einen Auftrag über eine Reparatur der gemeinsamen Ehewohnung mündenden Vertragsverhandlungen von beiden Ehegatten geführt, handelt der vertragsschließende Ehegatte bei der Vertragsunterzeichnung auch im Namen des anderen Ehegatten, wenn dieser nicht deutlich gemacht hat, dass er nicht Vertragspartner werden will.[57] Gleiches gilt, wenn beide Ehegatten in der Vertragsurkunde als Vertragspartner aufgeführt sind.[58] Bei Geschäften zur angemessenen Deckung des Lebensbedarfs der Familie kann sich die Mitverpflichtung des Ehegatten auch aus § 1357 BGB ergeben.[59]

---

49 KG, WM 1984, 254, 255; OLG Brandenburg ZMR 1997, 598, 599 f.; Staudinger/*Schilken*, § 164 Rn. 2; MüKo-BGB/*Schramm*, § 164 Rn. 26.
50 KG, Urt. v. 10.07.1996, Az. VIII ZR 213/95, NJW-RR 1996, 1523; OLG Düsseldorf, Urt. v. 29.02.2000, Az. 5 U 121/99, BauR 2000, 1210, 1211; Ingenstau/Korbion/*Keldungs*, § 2 VOB/B Rn. 28.
51 OLG Düsseldorf NJW-RR 1993, 885 f.
52 BGH, Urt. v. 08.01.2004, Az. VII ZR 12/03, BauR 2004, 843, 844; *Werner/Pastor*, Rn. 1035; *Kniffka/Koeble*, 5. Teil Rn. 25.
53 OLG Düsseldorf, Urt. v. 29.02.2000, Az. 5 U 121/99, BauR 2000, 1210, 1211; MüKo-BGB/*Schramm*, § 164 Rn. 26; Bamberger/Roth/*Habermeier*, § 164 Rn. 26.
54 OLG Düsseldorf NJW-RR 1993, 885f.; MüKo-BGB/*Schramm*, § 164 Rn. 26.
55 OLG Saarbrücken, Urt. v. 31.10.2006, Az. 4 U 612/05, MDR 2007, 582 = IMR 2007, 1067.
56 Erman/*Palm*, § 164 Rn. 5a.
57 OLG Düsseldorf, Urt. v. 05.12.2000, Az. 21 U 68/00, BauR 2001, 954, 955.
58 Vgl. für den Abschluss eines Mietvertrages OLG Düsseldorf, Urt. v. 24.08.1999, Az. 24 U 93/98, ZMR 2000, 210; OLG Oldenburg ZMR 1991, 268; OLG Schleswig NJW-RR 1993, 274; Bamberger/Roth/*Habermeier*, § 164 Rn. 26.
59 *Werner/Pastor*, Rn. 1035; *Kniffka/Koeble*, 5. Teil Rn. 25; für eine Anwendung des § 1357 BGB auf den Abschluss eines Werkvertrages zur Beseitigung eines Wasserschadens im Umfang von rund 20.000,00 DM OLG Düsseldorf, Urt. v. 05.12.2000, Az. 21 U 68/00, BauR 2001, 954, 955 f.; auf den

3. Das unternehmensbezogene Rechtsgeschäft

Für diese Art von Geschäften gilt nach der Rechtsprechung die Auslegungsregel, dass bei Geschäften nach dem übereinstimmenden Willen der Beteiligten im Zweifel der Inhaber eines Unternehmens und nicht der für das Unternehmen Tätige als Vertragspartei zu betrachten sein soll.[60] Als bautypisches Beispiel kann ein Architektenauftrag für einen Auftragnehmer sein, der Eigentümer eines zu überplanenden Grundstücks ist, genannt werden.[61]

14

IV. Vertretungsmacht

1. Allgemeines

§ 164 Abs. 1 S. 1 BGB regelt, dass eine in fremdem Namen abgegebene Willenserklärung für und gegen den Vertretenen wirkt, wenn der Vertreter im Rahmen der ihm übertragenen Vertretungsmacht handelt. Handelt der Stellvertreter außerhalb seiner Vertretungsmacht, kommen die §§ 177 ff. BGB in Betracht, wenn nicht § 170 ff. BGB oder die Grundsätze der Anscheins- bzw. Duldungsvollmacht[62] herangezogen werden können oder der Vertretene nachträglich das Rechtsgeschäft des Stellvertreters genehmigt. Die Vertretungsmacht beschreibt die Kompetenz des Stellvertreters nach außen hin (das rechtliche »Können« in Abgrenzung zu dem im Innenverhältnis zwischen Vertretenem und Vertreter definiertem rechtlichen »Dürfen«).[63]

15

2. Formen und Umfang der Vertretungsmacht

Die Vertretungsmacht kann sich aufgrund Gesetzes, Rechtsgeschäfts oder einer organschaftlichen Stellung ergeben. Gesetzliche Vertretungsmacht ergibt sich beispielsweise, wenn der Vertretene selbst nicht (oder nur eingeschränkt) selbst tätig werden kann, z.B. die elterliche Sorge für minderjährige Kinder, die Stellung eines Betreuers, Pflegers oder Vormunds. Eine rechtsgeschäftliche Vertretungsmacht ergibt sich aufgrund eines zugrunde liegenden Geschäfts zwischen einem Vertretenen und dessen Vertreter. Spezielle Fälle hierzu sind beispielsweise die Prokura (§§ 48 ff. HGB) oder die Prozessvollmacht (§§ 81 ff. ZPO). Eine organschaftliche Vertretungsmacht ist im Falle juristischer Personen anzutreffen. Klassische Beispiele sind die Geschäftsführer einer GmbH oder die Vorstände einer AG. Die Reichweite der verschiedenen Formen der Vertretungsmacht ist unterschiedlich bemessen. Während sie sich im Falle der gesetzlichen Vertretungsmacht aus dem Gesetz ergibt (z.B. §§ 1629, 1793 im Falle eines Kindes/Mündels), ergibt sich in den Fällen der rechtsgeschäftlichen Vertretungsmacht der Umfang derselben aus der Vereinbarung der Beteiligten. Im Fall der organschaftlichen Vertretungsmacht ergibt sich deren Umfang zum einen aus den gesetzlichen Vorschriften (z.B. § 35 Abs. 1 GmbHG), zum anderen aus den zugrunde liegenden gesellschaftsrechtlichen Bestimmungen der Satzung bzw. des Gesellschaftsvertrags.

16

In diesem Zusammenhang ist hinsichtlich des Umfangs der Vertretungsmacht die Frage ebenfalls beachtlich, ob von mehreren Stellvertretern jeder einzeln oder mehrere oder nur alle gemeinsam die Stellvertretung wirksam ausüben können. Dies kann weiter danach differenziert werden, wer Rechtsgeschäfte ausüben kann, und zum anderen, welche Art und Qualität von Rechtsgeschäften ausgeübt werden dürfen.[64]

17

Abschluss eines Werkvertrages zur Beseitigung von Brandschäden in Höhe von ca. 18.0000,00 DM OLG Düsseldorf, Urt. v. 16.01.2001, Az. 21 U 87/00, BauR 2001, 956 f.; gegen eine Anwendung des § 1357 BGB auf den Abschluss eines Bauvertrages über ein Wohnhaus BGH, Urt. v. 29.09.1988, Az. VII ZR 186/87, BauR 1989, 77, 78.

60 BGH, Urt. v. 05.02.2007, Az. II ZR 84/05, WM 2007, 833; BGH, Urt. v. 04.04.2000, Az. XI ZR 152/99, NJW 2000, 2984.
61 OLG Köln, Urt. v. 18.06.1999, Az. 19 U 211/98, NJW-RR 1999, 1615.
62 OLG Koblenz, Urt. v. 29.04.2009, Az. 1 U 1148/08 abrufbar auf www.ibr-online.de.
63 PWW/*Frensch*, § 164 Rn. 49.
64 Im Einzelnen dazu: PWW/*Frensch*, § 164 Rn. 60 ff. m.w.N.

3. Fälle des Missbrauchs der Vertretungsmacht

18 Wie bereits ausgeführt, ist das Risiko, ob ein im Innenverhältnis (also zwischen Vertreter und Vertretenem) pflichtwidriges Verhalten (z.B. durch Überschreiten der Geschäftsführungsbefugnis) im Außenverhältnis die Wirksamkeit des vorgenommenen Rechtsgeschäfts beeinflusst, im Zweifel dem Risikobereich des Vertretenen zuzurechnen.[65] Ein Anderes kommt dann in Betracht, wenn schwerwiegende Fälle des Missbrauchs der Vertretungsmacht gegeben sind. Dies kann z.B. der Fall sein, wenn eine Kollusion vorliegt, also das bewusste und arglistige Zusammenwirken des Vertreters mit dem Geschäftspartner zu Lasten des Vertretenen, durch das der Vertretene geschädigt würde. Ein solches Rechtsgeschäft wäre nach § 138 BGB nichtig.[66] Ein anderer Fall wäre, wenn – unterhalb der Kollusion – dem Geschäftspartner der Missbrauch der Vertretungsmacht evident auffallen muss, was an strenge Voraussetzungen zu knüpfen ist. Es müssen sich Verdachtsmomente ergeben, so dass sich bei dem Vertragspartner der Missbrauch der Vertretungsmacht des Stellvertreters quasi aufdrängen muss.[67] Als Rechtsfolge wird sich nach der Rechtsprechung der Vertretene auf § 242 BGB berufen können, so dass er das Rechtsgeschäft nicht gegen sich gelten lassen muss. Er kann aber analog §§ 177 ff. BGB eine Genehmigung erteilen und damit gegebenenfalls doch noch in den Genuss der Vorteile des Geschäfts kommen. Zur Vertretung einer Gesellschaft bürgerlichen Rechts ist grundsätzlich das Handeln aller Gesellschafter erforderlich, wenn der Gesellschaftsvertrag nichts Abweichendes regelt. Ein Geschäftspartner kann sich nach Treu und Glauben auf die Vertretungsmacht nicht berufen, wenn es sich ihm aufdrängen musste, dass der Vertreter pflichtwidrig zum Nachteil des Vertretenen handelte.[68] Denkbar ist in diesem Zusammenhang auch ein Schadensersatzanspruch des Vertretenen gegen den Vertreter aus § 280 Abs. 1 BGB.[69]

C. Rechtsfolgen wirksamer Stellvertretung

19 Im Verhältnis zwischen dem Vertretenen und dem Vertragspartner treten die Rechtswirkungen durch die Stellvertretung nach dem o.g. Repräsentationsprinzip bei dem Vertretenen unmittelbar und ohne Verzögerung, nicht bei dem Stellvertreter ein. Dies gilt z.B. bei Verträgen sowohl für die Erfüllungsansprüche wie auch für etwaige Mängelrechte oder Schadensersatzansprüche. Auch etwaige Anfechtungsrechte kommen in der Person des Vertretenen in Betracht. Auf der anderen Seite muss sich der Vertretene das Verhalten seines Vertreters zurechnen lassen, so z.B. in dem Fall einer arglistigen Täuschung des Geschäftspartners.[70] Schließlich wird der Vertreter durch die erteilte Vertretungsmacht nicht an eigenem rechtsgeschäftlichem Handeln gehindert. Er kann sich allenfalls im Innenverhältnis schadensersatzpflichtig gegenüber dem Vertretenen machen.

20 Im Verhältnis zwischen dem Stellvertreter und dem Dritten sind grundsätzlich keine Rechtsfolgen anzunehmen, wenn nicht der Stellvertreter zum Beispiel zusätzlich eine eigene Haftung vereinbart hat (z.B. wenn er eine Bürgschaft erklärt hat).[71]

D. Eigengeschäft des Stellvertreters

21 Erklärt der Stellvertreter nicht, in fremdem Namen zu handeln, kann er nach § 164 Abs. 2 BGB selbst Vertragspartei sein.[72]

---

65 BGH, Urt. v. 29.06.1999, Az. XI ZR 277/98, NJW 1999, 2883.
66 BGH, Urt. v. 27.06.2008, Az. V ZR 83/07, WM 2008, 1703; BGH, Urt. v. 14.06.2000, Az. VIII ZR 218/99, NJW 2000, 2896.
67 PWW/*Frensch*, § 164 Rn. 70 m.w.N.
68 KG, Urt. v. 01.06.2007, Az. 21 U 1/02, IBR 2008, 140.
69 Näher dazu: PWW/*Frensch*, § 164 Rn. 73.
70 BGH, NJW 2006, 1586; BGH, 17.04.1986, Az. III ZR 246/84, NJW-RR 1987, 59.
71 BGHZ 104, 100; BGH, Urt. v. 29.01.1997, Az. VIII ZR 356/95, WM 1997, 1431.
72 Näher: PWW/*Frensch*, § 164 Rn. 80 f.

E. Passive Stellvertretung

Nach § 164 Abs. 3 BGB ist eine Entgegennahme einer Willenserklärung durch einen Stellvertreter möglich. Regelmäßig ist die aktive Stellvertretung einhergehend mit der passiven Stellvertretung nach § 164 Abs. 3 BGB.[73] Mangelt es einem Vertreter an der aktiven Vertretungsmacht, liegt regelmäßig auch keine passive Vertretungsmacht vor. Anders kann dies hinsichtlich des Umfangs der Vertretungsmacht sein.[74] Hat der Auftraggeber einen Dritten (»Projektsteuerer«) mit der Durchführung eines Vergabeverfahrens beauftragt und ist dieser während des Vergabeverfahrens wiederholt gegenüber den Bietern als Ansprechpartner »an Stelle« des Auftraggebers aufgetreten, kann es zur Wahrung der Rügefrist nach § 107 Abs. 3 GWB genügen, wenn die Rüge beim beauftragten Dritten erhoben wird. Dies gilt insbesondere, wenn der Projektsteuerer die Vorabinformationen nach § 101a GWB versendet und die Adressaten gegenüber dem Projektsteuerer den Empfang bestätigen sollen.[75]

F. Beweislast

Wer sich auf ein Vertretergeschäft beruft, hat das Handeln in fremdem Namen zu beweisen.[76] Wer sich bei unternehmensbezogenen Geschäften darauf beruft, mit dem Inhaber des Geschäfts abgeschlossen zu haben, muss nachweisen, dass das Geschäft erkennbar auf das Unternehmen bezogen war.[77] Wenn die Vertretungsmacht streitig ist, empfiehlt sich im Zweifel eine Streitverkündung[78] an den Stellvertreter, um etwaige Regressansprüche sicherzustellen.[79]

§ 165 Beschränkt geschäftsfähiger Vertreter

Die Wirksamkeit einer von oder gegenüber einem Vertreter abgegebenen Willenserklärung wird nicht dadurch beeinträchtigt, dass der Vertreter in der Geschäftsfähigkeit beschränkt ist.

Es genügt grundsätzlich, wenn der Vertreter eine beschränkte Geschäftsfähigkeit aufweisen kann. Geschäftsunfähige können keinen rechtserheblichen Willen bilden.[1] Haben sie als Vertreter Erklärungen abgegeben, so sind diese nach § 105 Nr. 1 BGB nicht wirksam. Allerdings kann ihr Handeln gegebenenfalls den Vertretenen nach Rechtsscheinsgrundsätzen zugerechnet werden.[2] Handelt ein Vertreter, der in der Geschäftsfähigkeit beschränkt ist, ohne Vertretungsmacht, so stellt ihn das Gesetz von einer Haftung frei, § 179 Abs. 3 S. 2 BGB. Durch die Regelung des § 165 BGB können auch Personen, die in der Geschäftsfähigkeit beschränkt sind, zu Vertretern bestellt werden. Gesetzliche Einschränkungen gibt es insbesondere bei GmbH-Geschäftsführern (§ 6 Abs. 2 S. 1 GmbHG) sowie Vorständen einer Aktiengesellschaft (§§ 76 Abs. 3, 100 Abs. 1 S. 1 AktG). Bautypische Spezifika sind hier nicht angezeigt.

---

73 BGH, Urt. v. 28.11.2001, Az. VIII ZR 38/01, NJW 2002, 1041.
74 BGH, Urt. v. 11.12.1990, Az. VI ZR 151/90, NJW-RR 1991, 857.
75 VK Sachsen, Beschl. v. 01.04.2010, Az. 1/SVK/007-10, IBR 2010, 523.
76 BGH, Urt. v. 04.04.2000, Az. XI ZR 152/99, NJW 2000, 2984.
77 BGH, Urt. v. 13.10.1994, Az. IX ZR 25/94, NJW 1995, 43; PWW/*Frensch*, § 164 Rn. 85.
78 Ähnlich: OLG Frankfurt, Urt. v. 08.10.2008, Az. 7 U 261/06; BGH, Beschl. v. 24.03.2009, Az. VII ZR 220/08 (Nichtzulassungsbeschwerde zurückgewiesen), beide in IBR 2009, 458.
79 Näher dazu: PWW/*Frensch*, § 164 a.a.O.
1 BGH, Urt. v. 09.02.1970, Az. II ZR 137/69, BGHZ 53, 215.
2 BGH, Urt. v. 01.07.1991, Az. II ZR 292/90, BGHZ 115, 81.

§ 166 Willensmängel; Wissenszurechnung

(1) Soweit die rechtlichen Folgen einer Willenserklärung durch Willensmängel oder durch die Kenntnis oder das Kennenmüssen gewisser Umstände beeinflusst werden, kommt nicht die Person des Vertretenen, sondern die des Vertreters in Betracht.

(2) Hat im Falle einer durch Rechtsgeschäft erteilten Vertretungsmacht (Vollmacht) der Vertreter nach bestimmten Weisungen des Vollmachtgebers gehandelt, so kann sich dieser in Ansehung solcher Umstände, die er selbst kannte, nicht auf die Unkenntnis des Vertreters berufen. Dasselbe gilt von Umständen, die der Vollmachtgeber kennen musste, sofern das Kennenmüssen der Kenntnis gleichsteht.

A. Begriff, dogmatische Grundlagen und Abgrenzung

1 Das Recht der Stellvertretung (§§ 164 ff. BGB) sieht bekanntlich vor, dass die Erklärungen und sonstigen Handlungen des Stellvertreters für und gegen den Vertretenen gelten sollen. Dabei bildet allerdings der Stellvertreter grundsätzlich den rechtsgeschäftlichen Willen, so dass etwaige Willensmängel oder Kenntnisse bzw. das Kennenmüssen in der Person des Stellvertreters maßgeblich sind. Dies ist der Grundsatz des § 166 Abs. 1 BGB. Eine Ausnahme davon macht § 166 Abs. 2 BGB, wenn der Stellvertreter auf ausdrückliche Weisung seines Geschäftsherrn tätig wird. Dann kommt es ausnahmsweise doch auf die etwaigen Willensmängel bzw. das Wissen bzw. Wissenmüssen des Vertretenen selbst an.

B. Berücksichtigung von Willensmängeln und Wissen des Stellvertreters, § 166 Abs. 1 BGB

I. Anwendungsbereich

2 § 166 Abs. 1 BGB kommt auf alle Vertretungsformen zur Anwendung. Somit fallen neben der gesetzlichen auch die rechtsgeschäftliche[1] und die organschaftliche Vertretung[2] in den Anwendungsbereich des Abs. 1. Des Weiteren gilt Abs. 1 für Unterbevollmächtigte[3] und im Fall einer nachträglichen Genehmigung bei zunächst vollmachtlosen[4] Vertretern.[5] Liegt ein Fall der Gesamtvertretung vor, sind Willensmängel und Wissen bzw. Wissenmüssen jedes Vertreters beachtlich.[6]

II. Willensmängel des Stellvertreters

3 Willensmängel betreffen die Fälle der §§ 116 ff. BGB. Dabei kommt es z.B. bei einem Scheingeschäft oder einer Täuschung oder Drohung auf die Person des Vertreters an.[7] Hat hingegen der Vertreter eine arglistige Täuschung vorgenommen, so ist § 123 BGB beachtlich, entweder weil der Vertreter selbst arglistig war oder weil zwar der Vertreter gutgläubig war, der Geschäftsherr aber arglistig war und die Vornahme des Rechtsgeschäfts durch den Vertreter veranlasst hat.[8]

---

[1] BGH, Urt. v. 10.10.1962, Az. VII ZR 3/62, BGHZ 38, 65.
[2] BGH, Urt. v. 06.04.1964, Az. II ZR 75/62, BGHZ 41, 282; BGH, Urt. v. 28.01.2000, Az. V ZR 402/98, NJW 2000, 1405.
[3] BGH, Urt. v. 01.03.1984, Az. IX ZR 34/83, NJW 1984, 1953.
[4] BGH, Urt. v. 29.03.2000, Az. VIII ZR 81/99, NJW 2000, 2272.
[5] Näher: Palandt/*Ellenberger,* § 166 Rn. 2; PWW/*Frensch,* § 166 Rn. 2.
[6] BGH, Urt. v. 13.10.2000, Az. V ZR 349/99, NJW 2001, 359 (bei Einzelvertretung ist ein Willensmangel oder Wissen des Vertreters dem Geschäftsherrn nur zuzurechnen, wenn der Vertreter das Geschäft vorgenommen hat oder aber eine Pflicht zur Weitergabe der Informationen bestanden hat, vgl. PWW/*Frensch,* § 166 Rn. 2 m.w.N.).
[7] BGH, Urt. v. 24.10.1968, Az. II ZR 214/66, BGHZ 51, 141; RGZ 106, 204.
[8] Vgl. PWW/*Frensch,* § 166 Rn. 4 m.w.N.

III. Kennen und Kennenmüssen

Auf die Person des Vertreters ist nach § 166 Abs. 1 BGB auch dann abzustellen, wenn die Kenntnis oder das Kennenmüssen (siehe zum Begriff § 122 Abs. 2 BGB) bestimmter Umstände für das Geschäft wesentlich ist. Dies gilt insbesondere bei subjektiven Tatbestandsmerkmalen wie z.B. im Rahmen des § 138 BGB, bei der Kenntnis von Mängeln[9] oder Bösgläubigkeit.[10] Ein Berufen auf die Zurechnungsvorschrift des § 166 Abs. 1 BGB kann ausnahmsweise gegen § 242 BGB verstoßen und damit ausgeschlossen sein, wenn ein Fall der Kollusion[11] vorliegt oder der Dritte dem Geschäftsherrn den Vertreter quasi »aufgedrängt« hat.[12] Beachtlich ist, dass neben geschäftlichem Wissen des Vertreters auch darüber hinaus gehendes, privates Wissen des Vertreters zu berücksichtigen ist, § 166 Abs. 1 BGB differenziert insoweit nicht. Dies gilt aber nur hinsichtlich eines an einer Willenserklärung beteiligten Vertreters.[13] Nach der Rechtsprechung muss der Geschäftsherr sich Erklärungen des Vertreters zurechnen lassen, z.B. in Form eines deklaratorischen Schuldanerkenntnisses durch Unterzeichnung eines Stundenlohnzettels.[14]

4

Eine analoge Anwendung des § 166 Abs. 1 BGB kommt im Fall des sogenannten »Wissensvertreters« in Betracht. Ein solcher liegt vor, wenn ein Vertreter ohne Vertretungsmacht für den Geschäftsherrn tätig wird, z.B. durch eine Person, die in den Betrieb des Geschäftsherrn eingebunden ist, um in seinem Bereich Aufgaben in eigener Verantwortung auszuführen.[15] Dabei kommt es nach der Rechtsprechung nicht auf eine rechtsgeschäftliche Vertretungsmacht an, sondern darauf, dass der Vertretene dem Wissensvertreter die Möglichkeit gibt, eigenständig für den Vertretenen tätig zu sein. Beachtlich in diesem Zusammenhang ist, dass sich die Wissenszurechnung regelmäßig nur auf das »geschäftliche« Wissen des Wissensvertreters erstreckt. Eine Ausnahme ist dann anzunehmen, wenn beispielsweise unter Würdigung der Gesamtumstände eine Weitergabe von Informationen in einem arbeitsteiligen Prozess zu organisieren gewesen wäre. Andernfalls wäre bei einer arbeitsteiligen Organisation der Geschäftsherr in der für ihn vorteilhaften Situation, dass infolge der Aufteilung bestimmte Informationen nur bei bestimmten Personen vorhanden sind und dementsprechend gegebenenfalls eine Wissenszurechnung nicht zustande kommen würde. Dies soll aber dem Geschäftsherrn insofern nicht zum Vorteil gereichen, dass er sich gegenüber dem Dritten hierauf berufen und damit eine Wissenszurechnung analog § 166 Abs. 1 BGB verhindern kann.[16] Als Wissensvertreter ist ein Hausverwalter für den Verkäufer der Immobilie regelmäßig ebensowenig zuzurechnen wie ein Makler oder ein Finanzierungsvermittler.[17] Der BGH hat zur Frage der Verpflichtung zur Informationsspeicherung und dem Informationsabruf festgestellt, dass auch bei konkreter Nachfrage nach einer Altlastenbelastung eines zum Verkauf stehenden Grundstücks die veräußernde Gemeinde nicht verpflichtet ist, sämtliche Akten aus der Nachbarbebauung des Grundstücks über einen Zeitraum der letzten 30 Jahre auf einschlägige Hinweise zu untersuchen.[18] Anders sah dies das OLG Karlsruhe in einem Fall einer finanzierenden Bank: Diese sei ausnahmsweise zur Risikoaufklärung hinsichtlich der Darlehensverwendung

5

---

9 OLG Celle, Urt. v. 06.10.2005, Az. 6 U 58/05, IBR 2007, 19.
10 PWW/*Frensch*, § 166, Rn. 5 m.w.N.; BGH, Urt. v. 08.11.1991, Az. V ZR 260/90, NJW 1992, 899; BGH, Urt. v. 26.09.2000, Az. X ZR 94/98, NJW 2001, 360.
11 Vgl. § 164 Rdn. 18.
12 PWW/*Frensch*, § 166 Rn. 6; BGH, Urt. v. 28.01.2000, Az. V ZR 402/98, NJW 2000, 1405.
13 BGH, WM 1995, 830.
14 KG, Urt. v. 20.03.2009, Az. 7 U 161/08, IBR 2009, 1225.
15 BGH, Urt. v. 24.01.1992, Az. V ZR 262/90, BGHZ 117, 104; Palandt/*Ellenberger*, § 166 Rn. 6 f. und PWW/*Frensch*, § 166 Rn. 12 ff., jeweils m.w.N.
16 BGH, Urt. v. 15.04.1997, Az. XI ZR 105/96, BGHZ 135, 202; BGH, 26.06.2007, Az. XI ZR 277/05, NJW 2007, 2989.
17 Zu den Einzelheiten vgl. PWW/*Frensch*, § 166 Rn. 16 ff.; Palandt/*Ellenberger*, § 166 Rn. 6 ff.
18 BGH, Urt. v. 01.10.1999, Az. V ZR 218/98, NJW 1999, 3777; ähnlich zum amtsinternen Informationsaustausch: OLG Saarbrücken, Urt. v. 31.01.2006, Az. 4 U 423/04, IBR 2006, 1523.

verpflichtet, wenn sie gegenüber dem Darlehensnehmer einen Wissensvorsprung hinsichtlich einer das zu erwerbende Grundstück betreffenden erheblichen Altlastenproblematik habe.[19]

6   In einem anderen Fall entschied das OLG Hamm, dass eine Bauvertragspartei sich die Kenntnis eines vollmachtlosen Gehilfen zurechnen lassen muss, wenn sie diesem wissentlich und willentlich die eigenverantwortliche Verhandlungsführung überlassen habe (Wissensvertreter). Ein Wissensvertreter könne danach auch sein, wer die Verhandlungen nur als Subunternehmer des von der Vertragspartei beauftragten Architektenbüros führe.[20]

7   Bei einer juristischen Person kommt es bezüglich der subjektiven Voraussetzungen des § 199 Abs. 1 Nr. 2 BGB auf die Kenntnis oder grob fahrlässige Unkenntnis ihrer zur Vertretung befugten Organe an. Diese müssen sich nach dem OLG Düsseldorf in entsprechender Anwendung des § 166 Abs. 1 BGB das Wissen derjenigen Bediensteten zurechnen lassen, die mit dem Aufgabenbereich, dem der Anspruch unterfällt, betraut sind. Beauftragt die juristische Person einen Dritten mit der Wahrnehmung bestimmter Aufgaben (z.B. die Rechnungsprüfung durch einen Architekten), so ist dessen Kenntnis dem zur Vertretung berufenen Organ der juristischen Person zuzurechnen, wenn der Dritte in umfassender Weise und selbständig die Angelegenheiten der juristischen Person wahrnimmt oder gerade zur Wahrnehmung dieser Interessen gegenüber dem Vertragspartner eingeschaltet wurde.[21]

8   Beachtlich ist die Wissenszurechnung in einer anderen baurechtlich typischen Konstellation: Grundsätzlich obliegt einem Bauunternehmer nach § 4 Abs. 3 VOB/B eine Prüf- und vor allem die Bedenkenhinweispflicht, wenn er hinsichtlich der vorgesehenen Art der Ausführung, der von dem Auftraggeber beigestellten Stoffe oder Vorleistungen anderer Unternehmer Bedenken hat. Damit kann sich der Unternehmer seiner Mangelhaftung unter Umständen entledigen, § 13 Abs. 3 VOB/B.[22] In der Rechtsprechung ist weiter anerkannt, dass eine solche Bedenkenmitteilung entfallen kann, wenn der Auftraggeber bereits über die Bedenken informiert ist. Hierzu hat das OLG Köln entschieden, dass die Prüf- und Bedenkenhinweispflicht entfallen kann, wenn der Auftraggeber ausdrücklich oder stillschweigend das Risiko eines Mangeleintritts übernommen hat. Dann hafte der Unternehmer trotz unterbliebener Bedenkenanzeige für spätere Mängel ausnahmsweise nicht. Eine stillschweigende Risikoübernahme hat das Gericht angenommen, wenn sich der Auftragnehmer darauf verlassen könne, dass der fachkundige Auftraggeber selbst oder durch seinen bauleitenden Vertreter (Architekt oder Sonderfachmann) ein bestimmtes Risiko erkannt und bewusst in Kauf genommen habe.[23] Dieses Ergebnis ist dogmatisch sicherlich grundsätzlich richtig, allerdings ist eine Wissenszurechnung vom Unternehmer, der sich auf diese Weise seiner Mängelhaftung entledigen will, nur schwerlich nachzuweisen. Eine solche Vorgehensweise kann sicherlich der Fachanwalt für Baurecht nicht empfehlen. Der sicherste Weg ist im Regelfall der konkrete Bedenkenhinweis.

9   Ein arglistiges Verschweigen von Mängeln durch einen Nachunternehmer kann einem Generalunternehmer zurechenbar sein, wenn er einen Bauleiter zur Objektüberwachung eingesetzt hatte, dieser Mangel aber bei der Kontrolle der Leistung vom Bauleiter infolge weiter geführter Arbeiten nicht zu bemerken war.[24]

---

19   OLG Karlsruhe, Urt. v. 15.07.2008, Az. 17 U 4/07, WM 2008, 1870 = IMR 2009, 134.
20   OLG Hamm, Urt. v. 28.04.2009, Az. 19 U 167/08, IBR 2009, 503.
21   OLG Düsseldorf, Urt. v. 08.05.2007, Az. 23 U 163/06, BauR 2007, 1753 = IBR 2007, 1240.
22   Vgl. *Fuchs*, in: Jahrbuch Baurecht 2009, S. 50.
23   OLG Köln, Urt. v. 16.01.2007, Az. 3 U 214/05, IBR 2007, 242.
24   BGH, Urt. v. 12.10.2006, Az. VII ZR 272/05, BauR 2007, 114 = IBR 2006, 667; ähnlich: OLG Karlsruhe, Urt. v. 29.12.2005, Az. 19 U 125/04, IBR 2006, 327; OLG Oldenburg, Urt. v. 31.08.2004, Az. 12 U 63/04, IBR 2006, 20.

C. Berücksichtigung von Wissen des Vertretenen, § 166 Abs. 2 BGB

Abweichend von dem Grundsatz in Abs. 1 stellt § 166 Abs. 2 BGB auf das Kennen bzw. Kennenmüssen des Vertretenen selbst ab. Die Vorschrift gilt grundsätzlich für alle Formen der rechtsgeschäftlichen Vertretung. Der maßgebliche Zeitpunkt der Kenntnis ist derjenige der Erteilung der Weisung an den Vertreter. Es kommt im Falle einer nachträglichen Genehmigung entscheidend auf die Kenntnis des Vertretenen zum Zeitpunkt der Genehmigung an.[25] 10

§ 166 Abs. 2 BGB setzt eine Weisung des Geschäftsherrn an den Vertreter voraus. Dieser Begriff ist weit auszulegen. Nach der Rechtsprechung reicht es aus, wenn der Vertretene den Vertreter zur Vornahme des Geschäfts veranlasst hat.[26] Lässt der Vertretene den Vertreter »sehenden Auges« handeln, obwohl er einschreiten könnte, ist dies nach der Rechtsprechung wie eine Weisung zu behandeln.[27] 11

Eine analoge Anwendung des § 166 Abs. 2 BGB kommt nach der Rechtsprechung entgegen dem Wortlaut der Vorschrift in Betracht, wenn in der Person des Geschäftsherrn Willensmängel vorliegen, durch welche der Geschäftsherr zur Erteilung der Weisung veranlasst wurde.[28] Die analoge Anwendung kommt aber dann nicht in Betracht, wenn der Vertretene nicht schutzwürdig erscheint.[29] Dies kann z.B. dann der Fall sein, wenn eine Nachtragsvereinbarung abgeschlossen werden soll, bei der die Vertragsparteien wissen, dass die Vergütung durch den öffentlichen Auftraggeber unter grober Verletzung der Grundsätze sparsamer und wirtschaftlicher Haushaltsführung erfolgt. Eine solche Vereinbarung ist dann unter Umständen auch als nichtig gem. § 138 BGB anzusehen.[30] 12

§ 167 Erteilung der Vollmacht

(1) Die Erteilung der Vollmacht erfolgt durch Erklärung gegenüber dem zu Bevollmächtigenden oder dem Dritten, dem gegenüber die Vertretung stattfinden soll.

(2) Die Erklärung bedarf nicht der Form, welche für das Rechtsgeschäft bestimmt ist, auf das sich die Vollmacht bezieht.

Übersicht	Rdn.			
A. Begriff	1	D.	Die Grundsätze der Anscheins- und Duldungsvollmacht	14
B. Vollmachtserteilung	2	I.	Allgemeine Grundsätze	14
I. Allgemeines	2	II.	Duldungs- und Anscheinsvollmacht des Architekten	16
II. Form der Vollmachtserteilung	3			
C. Umfang der Vollmacht	6	III.	Duldungs- und Anscheinsvollmacht des Bauträgers/Baubetreuers	18
I. Allgemeine Grundsätze	6			
II. Architektenvollmacht	7	E.	Vollmacht des Geschäftsbesorgers/Treuhänders bei »Schrottimmobilien«	19
1. Ausdrückliche Vollmacht des Architekten	10	F.	Rechtsfolgen	20
2. Originäre Vollmacht des Architekten	11	G.	Beweislast	21
III. Vollmacht des Bauträgers/Baubetreuers	13			

---

25 RGZ 128, 116; BGH, BB 1965, 435.
26 BGH, Urt. v. 10.10.1962, Az. VIII ZR 3/62, BGHZ 38, 68; BAG, NJW 1997, 1941.
27 BGH, Urt. v. 21.06.1968, Az. V ZR 32/65, BGHZ 50, 364; BGH, Urt. v. 24.10.1968, Az. II ZR 214/66, BGHZ 51, 145.
28 BGH, Urt. v. 02.05.2000, Az. XI ZR 150/99, NJW 2000, 2268; BGH, Urt. v. 24.10.1968, Az. II ZR 214/66, BGHZ 51, 141; PWW/*Frensch*, § 166 Rn. 10 f.; Palandt/*Ellenberger*, § 166 Rn. 12.
29 OLG Celle, Urt. v. 05.08.2009, Az. 14 U 37/09, IBR 2009, 1282.
30 OLG Jena, Urt. v. 17.01.2007, Az. 2 U 1091/05, BauR 2008, 1901; BGH, Beschl. v. 19.06.2008, Az. VII ZR 22/07 (Nichtzulassungsbeschwerde zurückgewiesen), BauR 2008, 1901 = IBR 2008, 500.

§ 167 BGB Erteilung der Vollmacht

A. Begriff

1 Die Vollmacht ist legaldefiniert in § 166 Abs. 2 BGB und stellt eine durch Rechtsgeschäft eingeräumte Vertretungsmacht[1] dar. Sie ist von dem ihr zugrunde liegenden Rechtsgeschäft im Regelfall unabhängig.[2]

B. Vollmachtserteilung

I. Allgemeines

2 Eine Vollmacht wird durch eine einseitige empfangsbedürftige Willenserklärung des Bevollmächtigenden erteilt.[3] Diese Erklärung kann sich an den Bevollmächtigten (sog. Innenvollmacht) oder an einen (oder ggf. auch an mehrere) Dritte, denen gegenüber die Vollmacht wirken soll (sog. Außenvollmacht), richten, § 167 Abs. 1 BGB.

II. Form der Vollmachtserteilung

3 Eine Vollmachtserteilung kann grundsätzlich formfrei vorgenommen werden, § 167 Abs. 2 BGB. Dies gilt nach dem Wortlaut der Vorschrift sogar dann, wenn das Vertretergeschäft einer Form bedarf. Die Vollmacht kann auch durch schlüssiges Verhalten erteilt werden, wobei gegebenenfalls im Zuge einer etwaig erforderlichen Auslegung der Vollmacht die Grundsätze der §§ 133, 157 BGB zur Anwendung kommen: Bei der Innenvollmacht kommt es auf das vernünftige Verständnis des Bevollmächtigten hinsichtlich der Bevollmächtigungserklärung an, bei einer Außenvollmacht auf das vernünftige Verständnis des oder der Dritten bezüglich der Erklärung des Bevollmächtigenden.

4 Ausnahmen von dem Grundsatz der hier kommentierten Norm im Gesetz bestehen zahlreiche, z.B. §§ 1484 Abs. 2, 1945 Abs. 3 BGB.[4] Neben den gesetzlichen Vorschriften wird der Wortlaut des § 167 Abs. 2 BGB von der Rechtsprechung auch in anderen Fällen teleologisch reduziert, in denen die Schutz- und Warnfunktion der Schriftform angezeigt ist, z.B. bei Grundstücksveräußerungen (§ 311b Abs. 1 S. 1 BGB) oder bei der sofortigen Unterwerfung unter die Zwangsvollstreckung.[5] Ist die Vollmacht nicht formwirksam erteilt (sofern das notwendig ist), so ist sie gem. § 125 S. 1 BGB nichtig. Dann können aber die unten noch näher erläuterten Grundsätze der Rechtsscheinhaftung in Betracht kommen. Ansonsten gelten die §§ 177 ff. BGB.

5 Soweit Mängel an der Vollmacht auftreten, gelten die allgemeinen Grundsätze wie bei anderen Rechtsgeschäften auch. Insofern kann z.B. auch eine Anfechtung in Betracht kommen.[6] Mängel an dem zugrundeliegenden Rechtsgeschäft beeinflussen grundsätzlich die Vollmacht nicht, da insoweit das Abstraktionsprinzip gilt.[7] Etwas anderes kann gelten, wenn beide Rechtsgeschäfte an demselben Mangel leiden,[8] oder nach § 139 BGB ausnahmsweise ein einheitliches Geschäft[9] vorliegt. Folge hiervon kann sein, dass beide Rechtsgeschäfte nichtig sind, dann aber wiederum die Grundsätze der Anscheins- und Duldungsvollmacht in Betracht kommen können.

---

1 Dazu: § 164 Rdn. 15 ff.
2 BayObLG, Urt. v. 14.03.1996, Az. 2 Z BR 121/95, NJW-RR 1996, 848; PWW/*Frensch*, § 167 Rn. 4.
3 BGH, Urt. v. 05.12.2006, Az. XI ZR 341/05, NJW-RR 2007, 1202.
4 Vgl. dazu noch weiter: PWW/*Frensch*, § 167 Rn. 9 f.; Palandt/*Ellenberger*, § 167 Rn. 2, je m.w.N.
5 BGH, Urt. v. 18.11.2003, Az. XI ZR 332/02, NJW 2004, 844.
6 Vgl. dazu PWW/*Frensch*, § 167 Rn. 15 ff.; Palandt/*Ellenberger*, § 167 Rn. 3 f., jeweils m.w.N.
7 OLG Hamm, NJW 1992, 1175.
8 BGH, Urt. v. 11.10.2001, Az. III ZR 182/00, NJW 2002, 66; 2006, 987.
9 BGH, Urt. v. 08.11.1984, Az. III ZR 132/83, NJW 1985, 730; BGH, Urt. v. 18.09.2001, Az. XI ZR 321/00, NJW 2001, 3774.

C. Umfang der Vollmacht

I. Allgemeine Grundsätze

Allgemeine Grundsätze zur Vertretungsmacht finden sich bereits bei den Kommentierungen zu § 164 BGB.[10] Im Regelfall definiert der Vollmachtgeber auch den Umfang der rechtsgeschäftlich erteilten Vertretungsmacht. Dies kann auch durch dem Vertrag beigegebene Allgemeine Geschäftsbedingungen geschehen.[11] Aus dem Gesetz ergeben sich schließlich gewisse Einschränkungen, so z.B. §§ 49 ff. HGB; 60 ff. VVG. Besteht keine eindeutige Vollmacht, sind die Grundsätze der §§ 133, 157 BGB heranzuziehen. Bei der insoweit vorzunehmenden Auslegung ist wichtig, wem gegenüber die Bevollmächtigung jeweils ausgesprochen wurde.[12] Bei Zweifeln ist der engere Rahmen der Bevollmächtigung anzunehmen.[13] Schließlich kann noch zwischen verschiedenen Formen der erteilten Vollmacht in »Spezialvollmachten« (z.B. für einen Architekten oder Projektbeauftragten bezogen auf ein spezifisches Bauvorhaben), »Gattungsvollmachten« (anknüpfend an bestimmte Tätigkeiten) oder »Generalvollmachten« (umfassender Natur, aber auch dies in Grenzen) differenziert werden. Wird die Vertretungsmacht auf Verfügungen bis zu einem bestimmten Betrag begrenzt, so ist nach dem BGH damit regelmäßig auch die Begrenzung für Verpflichtungsgeschäfte gemeint.[14] Regelmäßig ist weiter anzunehmen, dass das auf einer Baustelle tätige Personal (Polier, Baufacharbeiter) nicht dazu berechtigt ist, den Bauherrn oder einen Bauunternehmer rechtsgeschäftlich zu vertreten. Dazu bedürfte es konkreter Anhaltspunkte, wie z.B. die Führung der Korrespondenz oder Abschluss von Sub-Verträgen (der Bauleiter hingegen kann durchaus vertretungsberechtigt für das Bauunternehmen sein, wenn er beispielsweise Baumaterialien eigenständig bestellen und die Abrechnung des Lieferanten prüfen und freigeben kann).[15]

6

II. Architektenvollmacht

Die Bevollmächtigung eines Architekten kann ausdrücklich oder durch schlüssiges Verhalten, ggf. auch stillschweigend, erfolgen.[16] Beauftragt ein Architekt einen Bauunternehmer, ist regelmäßig davon auszugehen, dass er dabei den Bauherrn vertritt.[17] Dabei kommt es letztlich auf den objektiven Erklärungsgehalt aus Sicht des beteiligten Dritten bei vernünftiger Würdigung an.[18] In einer Entscheidung aus dem Jahre 2006 hat der BGH festgestellt:

7

»*Erteilt ein Architekt unter Angabe der Berufsbezeichnung ohne Vertretungszusatz einen Bauauftrag, lässt dies nicht ohne weiteres auf eine Vertreterstellung des Architekten schließen. Bei der Auslegung eines Rechtsgeschäfts kann das nachträgliche Verhalten der Partei nur in der Weise berücksichtigt werden, dass es Rückschlüsse auf ihren tatsächlichen Willen und ihr tatsächliches Verhalten im Zeitpunkt der Abgabe der Erklärung zulassen kann.*«[19]

Ausnahmsweise kann die Auslegung dazu führen, dass eine direkte Beauftragung des Bauunternehmers durch den Architekten erfolgt ist. Dies ist zum Beispiel dann der Fall, wenn der Architekt den Unternehmer mit Leistungen beauftragt, die nur deswegen notwendig werden, weil Fehler in den Planungs- und Überwachungsleistungen des Architekten aufgetreten sind.[20] Weiter kann es so sein, dass der Architekt zum Beispiel an einen Sonderfachmann, z.B. einen Planer für

8

---

10 § 164 Rdn. 15 ff.
11 BGH, Urt. v. 10.02.1999, Az. IV ZR 324/97, NJW 1999, 1633.
12 Siehe dazu Rdn. 2; auch: Palandt/*Ellenberger*, § 167 Rn. 5 m.w.N; PWW/*Frensch*, § 167 Rn. 27 f.
13 OLG Köln, Urt. v. 31.03.2000, Az. 19 U 128/99, NJW-RR 2001, 652.
14 BGH, Urt. v. 13.05.2004, Az. VII ZR 301/02, IBR 2004, 492.
15 BGH, Urt. v. 27.11.2003, Az. VII ZR 53/03, IBR 2004, 119, 125.
16 OLG Düsseldorf, Urt. v. 18.10.1994, Az. 21 U 92/94, BauR 1995, 257.
17 MüKo-BGB/*Schramm*, § 164 Rn. 25.
18 BGH, Urt. v. 17.12.1987, Az. VII ZR 299/86, BauR 1988, 215.
19 BGH, Urt. v. 07.12.2006, Az. VII ZR 166/05, BauR 2007, 574 = IBR 2007, 199.
20 OLG Hamm, Urt. v. 18.03.1986, Az. 21 U 130/85, BauR 1987, 468; *Werner/Pastor*, Rn. 1067.

§ 167 BGB Erteilung der Vollmacht

statische Fragen oder einen Baugrundgutachter gesondert einen Auftrag erteilt, wenn der Architekt also quasi als »Generalplaner« gegenüber dem Bauherrn auftritt und die Detailplanungen an »Subplaner« vergibt.[21]

9 Handelt ein Architekt ohne entsprechende Bevollmächtigung, so kommt ggf. eine Rechtsscheinhaftung nach den Grundsätzen der Anscheins- und Duldungsvollmacht in Betracht (vgl. dazu u. Rdn. 16 f.). Kommt auch hiernach und nach den §§ 170 ff. BGB keine Vertretungsmacht zustande, so kann der nicht bevollmächtigte Architekt dem Dritten gegenüber im Rahmen des § 179 BGB zur Haftung verpflichtet sein. Dies gilt dann nicht, wenn der Dritte die mangelnde Vollmacht kennt oder kennen muss. Dieser Aspekt ist immer wieder Gegenstand von rechtlichen Auseinandersetzungen, obwohl die Bauwirtschaft diesen Problembereich eigentlich längst – eingehend – kennen sollte. Allerdings muss der Unternehmer nur dann konkret nachfragen, wenn er ernsthaft an der Vollmacht des Architekten zweifeln muss.[22] »Vertritt« beispielsweise ein Architekt entgegen dem klaren Wortlaut des Bauvertrags zwischen Gemeinde und Bauunternehmer die Gemeinde und erteilt er in diesem Zusammenhang zusätzliche Aufträge, so kann man von dem Unternehmen verlangen, dass es sich mit seinen Forderungen direkt an den Bauherrn wendet und die Vollmachtssituation entsprechend hinterfragt.[23] Erkennt allerdings der Bauherr das Vorgehen seines Architekten in dem vorstehenden Fall, so darf man von dem Bauherrn ebenso erwarten, dass er darüber dem Unternehmen Kunde gibt und ihm somit die Möglichkeit einräumt, klare Verhältnisse zu schaffen. Auf der anderen Seite wird eine entsprechende Pflicht des Bauherrn auch seinem Architekten gegenüber bejaht, damit dieser seine Haftung nach § 179 BGB beschränken kann.[24]

1. Ausdrückliche Vollmacht des Architekten

10 Kann der Architekt eine ausdrückliche Vollmacht des Bauherrn oder eines anderen Geschäftsherrn vorweisen, so kann er sich in deren Rahmen rechtsverbindlich für den Geschäftsherrn bewegen. Der Wille des Geschäftsherrn muss daraus aber eindeutig hervorgehen.[25] Die häufig anzutreffende Bezeichnung des Architekten als des Bauherrn »bevollmächtigter Vertreter« ist nach der Rechtsprechung nicht als umfassende Vollmacht auszulegen; sie lässt vielmehr den konkreten Rahmen der Vollmacht gerade offen.[26] Die Rechtsprechung geht des Weiteren davon aus, dass eine dem Architekten erteilte Vollmacht regelmäßig eng auszulegen ist. So umfasse die Vollmacht zur rechtsgeschäftlichen Abnahme noch keine weitergehenden Vereinbarungen zu Mängelhaftungsfristen, Vertragsstrafen, etc.[27] Die Vollmacht des Architekten, Bauaufträge zu vergeben, darf nicht dazu gebraucht werden, eigene Fehler zu beseitigen.[28] Weiter kann der Bauherr eine Vollmacht auch entsprechend beschränken.[29]

2. Originäre Vollmacht des Architekten

11 Ein weiteres, regelmäßig vorkommendes Moment ist die sogenannte »originäre Vollmacht« des Architekten: In der Beauftragung eines bauleitenden Architekten mit der Durchführung eines

---

21 OLG Köln, BauR 1986, 717; *Werner/Pastor*, a.a.O.
22 OLG Düsseldorf, Urt. v. 08.05.1984, Az. 23 U 190/83, BauR 1985, 339; OLG Frankfurt, S/F/H Nr. 6 zu § 179 BGB.
23 OLG Stuttgart, Urt. v. 31.05.2002, Az. 5 U 98/01, IBR 2004, 407.
24 BGH, Urt. v. 26.04.2001, Az. VII ZR 222/99, BauR 2001, 1412; *Werner/Pastor*, Rn. 1071.
25 *Werner/Pastor*, Rn. 1079 m.w.N.
26 BGH, Urt. v. 10.11.1977, Az. VII ZR 252/75, BauR 1978, 139; BGH, Urt. v. 12.06.1975, Az. VII ZR 195/73, BauR 1975, 358; a.A.: *Werner/Pastor*, a.a.O.
27 OLG Düsseldorf, Urt. v. 08.09.2000, Az. I-22 U 47/00, BauR 2001, 845 (Ls.); *Werner/Pastor*, Rn. 1080, m.w.N.
28 *Werner/Pastor*, Rn. 1080.
29 OLG Köln, Urt. v. 03.04.1992, Az. 19 U 191/91, NJW-RR 1992, 915.

Bauvorhabens liege danach im Zweifel auch die Erteilung einer Vollmacht, die üblicherweise auf von dem Architekten für den Bauherrn getätigte Geschäfte wie z.B. die Vergabe von Bauleistungen beschränkt sei.[30] In weiteren Entscheidungen des BGH wurde dies dahin konkretisiert, dass der Architekt Zusatzaufträge vergeben könne, wenn sich diese im Verhältnis zu den Gesamtleistungen in geringem Umfang bewegen würden.[31] Diese Rechtsprechung wird zu Recht erheblich kritisiert.[32] Insbesondere sei danach unklar, welcher Umfang als noch »geringer Umfang« zu bewerten sei. Vor allem bei großen Baumaßnahmen sei auch ein »geringer« Prozentsatz von z.B. 5 % eine durchaus erhebliche, gegebenenfalls sogar sechs- oder siebenstellige Summe. Weiter wird gegen diese Rechtsprechung angeführt, dass sie im Ergebnis nicht erforderlich sei, weil wichtige und dringende Anordnungen des Architekten häufig nach den Grundsätze der §§ 677 ff. BGB gelöst werden oder die Grundsätze der Anscheins- und Duldungsvollmacht fruchtbar gemacht werden können.[33]

In zahlreichen Einzelentscheidungen sind die Grenzen und Inhalte der originären Architektenvollmacht definiert worden.[34] Hierunter fallen nach der Rechtsprechung unter anderen die Aufnahme eines Aufmaßes,[35] die Entgegennahme von Regiezetteln,[36] die Entgegennahme von Erklärungen nach § 4 Abs. 1 und 3, § 3 Abs. 3 VOB/B[37] sowie des Weiteren die Entgegennahme von Hinweisen und Erklärungen, die insbesondere in technischem Zusammenhang mit der Bauleistung stehen.[38] Zahlreiche rechtsgeschäftliche Erklärungen fallen hingegen nicht unter die originäre Architektenvollmacht,[39] wie z.B. die Veränderung der vertraglichen Vereinbarungen,[40] die Vergabe von Aufträgen an Sonderplaner oder Bauhandwerker[41] oder Erklärungen bzgl. der Mängelhaftungsansprüche.[42] Auch ein rechtsgeschäftliches Anerkenntnis hinsichtlich der Schlussrechnung ist nicht von der Vollmacht umfasst.[43]

12

III. Vollmacht des Bauträgers/Baubetreuers

Die Baubetreuung im engeren (Baubetreuung) und weiteren Sinne (Bauträger) sind weitere Formen der Zusammenarbeit zwischen einem Bauherrn, einem Bauunternehmen und einem Dritten, der wiederum in »vermittelnder« Funktion auftritt.[44] Bei der engeren Baubetreuung ist regelmäßig davon auszugehen, dass der Betreuer wie ein Architekt für den Bauherrn auftritt und diesen bei Vertragsabschlüssen vertritt.[45] Der BGH wendet seine Architektenrechtsprechung insoweit auch auf den Baubetreuer an.[46] Bei Bauträgereigenschaft des Vertreters liegt der Fall regelmäßig

13

---

30 BGH, Urt. v. 10.11.1977, Az. VII ZR 252/75, NJW 1978, 995; BB, 1963, 111; *Werner/Pastor*, Rn. 1073 m.w.N.
31 BGH, Urt. v. 12.06.1975, Az. VII ZR 195/73, BauR 1975, 358; BGH, Urt. v. 20.04.1978, Az. VII ZR 67/77, BauR 1978, 314.
32 Eine gute Zusammenfassung der wichtigsten Argumente und des Meinungsstands findet sich bei *Werner/Pastor*, Rn. 1074 f. m.w.N.
33 *Werner/Pastor*, Rn. 1075 aE.
34 Eine praxisgerechte Auflistung findet sich bei *Werner/Pastor*, Rn. 1077 f.
35 OLG Oldenburg, OLG-Report 2003, 440 = BauR 1997, 523 (Ls.).
36 *Werner/Pastor*, Rn. 1078.
37 BGH, Urt. v. 10.11.1977, Az. VII ZR 252/75, BauR 1978, 139.
38 BGH, Urt. v. 20.11.1986, Az. VII ZR 332/85, BauR 1987, 218; OLG Köln, SFH Nr. 1 zu § 13 Nr. 7 VOB/B.
39 KG, Urt. v. 29.04.2008, Az. 7 U 108/07, BauR 2009, 107.
40 OLG Düsseldorf, VersR 1982, 1147.
41 OLG Düsseldorf, Urt. v. 28.06.1996, Az. 22 U 256/95, BauR 1997, 337.
42 *Werner/Pastor*, Rn. 1077.
43 BGH, Urt. v. 14.10.2004, Az. VII ZR 190/03, NJW-RR 2005, 246.
44 Eingehend dazu: *Werner/Pastor*, Rn. 1089 ff.
45 *Werner/Pastor*, Rn. 1090, m.w.N.
46 BGH, Urt. v. 16.06.1983, Az. VII ZR 115/81, BauR 1983, 457; *Werner/Pastor*, Rn. 1091.

so, dass der Bauträger auf einem eigenen Grundstück Bauleistungen auf eigene oder fremde Rechnung (hier sind verschiedenste Konstruktionen denkbar) vornehmen lässt.[47]

D. Die Grundsätze der Anscheins- und Duldungsvollmacht

I. Allgemeine Grundsätze

14 Ganz allgemein ist hier anzumerken, dass die Person, welche einer (gutgläubigen) dritten Person gegenüber den Anschein einer Bevollmächtigung setzt, sich so behandeln lassen muss, als ob sie den vermeintlich Bevollmächtigten tatsächlich mit einer Vollmacht ausgestattet hätte.[48] Eine Anscheinsvollmacht ist anzunehmen, wenn der Vertretene das Handeln des vermeintlichen Vertreters zwar nicht kennt, also auch nicht duldet, aber aus Sicht des Erklärungsgegners bei pflichtgemäßer Sorgfalt hätte bemerken und verhindern können.[49] Bei der Duldungsvollmacht hingegen nimmt der Vertretene das Tun des Scheinvertreters bewusst zur Kenntnis und lässt dies wissentlich geschehen. Ein Dritter muss dies dahingehend verstehen können, dass der Scheinvertreter mit Vertretungsmacht ausgestattet ist.[50] Eine konkludente Vollmacht ist schließlich noch dahingehend abzugrenzen, dass der Vertretene im Fall der Duldungsvollmacht keinen rechtsgeschäftlichen Willen hat, sondern eine reine Rechtsscheinhaftung in Betracht kommt.[51] In beiden Fällen der Anscheins- und Duldungsvollmacht muss der Vertretene einen Rechtsscheinstatbestand setzen, auf den sich der Dritte auch verlässt. Darüber hinaus muss das Verhalten des Vertreters auf eine ordnungsgemäße Bevollmächtigung schließen lassen. Häufig ist dies dann anzunehmen, wenn der Scheinvertreter mehrmals oder über eine längere Dauer als Vertreter des Vertretenen auftritt, z.B. indem er Geschäftskorrespondenz bearbeitet oder der Bauherr den Architekten in über eine Vollmacht hinausgehenden Tätigkeiten nicht einschränkt.[52] Im Rahmen der Anscheinsvollmacht bedarf es einer Zurechnung des Rechtsscheins zu dem Vertretenen in der Form, dass er bei sorgfältiger Würdigung das Auftreten des vermeintlichen Vertreters hätte erkennen und einschreiten können.[53] Bei der Duldungsvollmacht ist überdies positive Kenntnis des Vertretenen hinsichtlich des Vorgehens des Scheinvertreters erforderlich.[54] In beiden Fällen muss der Dritte gutgläubig (analog § 173 BGB) sein, es darf ihm also das Fehlen einer Vollmacht nicht bekannt oder grob fahrlässig unbekannt sein. Weiter muss in beiden Fällen eine Kausalität des Rechtsscheins für das Verhalten des Dritten zum Zeitpunkt der Vornahme des Rechtsgeschäfts vorliegen.[55]

15 Im Hinblick auf die Rechtsfolgen kommt es jeweils auf den Umfang der Rechtsscheinvollmacht an. Jedenfalls kann sich der Vertretene nicht auf das Fehlen der Bevollmächtigung des Vertreters berufen. Die Rechtsscheinvollmacht hat insofern dieselbe Bedeutung wie die rechtsgeschäftlich erteilte Vollmacht.[56] Wenn ein Vertreter sich also auf die Grundsätze der Rechtsscheinvollmacht berufen kann, scheitert nach der Rechtsprechung ein Anspruch gegen ihn aus § 179 BGB.[57] Liegen die Voraussetzungen einer Duldungsvollmacht vor, so kann eine als Bauleiter bezeichnete Person für ein Bauunternehmen rechtswirksam Verpflichtungen begründen, auch wenn eine schriftliche Vertragsklausel das Gegenteil aussagt. Dann kommt es auf die tatsächlichen Umstände vor Ort an.[58]

---

47 Näher dazu: *Werner/Pastor*, Rn. 1095 ff.; ebenso zu Bauherrenmodellen, Rn. 1098 f.
48 BGH, WM 2004, 1231.
49 BGH, Urt. v. 21.06.2005, Az. XI ZR 88/04, WM 2005, 1520.
50 BGH, Urt. v. 10.01.2007, Az. VIII ZR 380/04, NJW 2007, 987.
51 BGH, Urt. v. 13.07.1973, Az. V ZR 16/73, NJW 1973, 1789.
52 BGH, BauR 2009, 197.
53 BGH, Urt. v. 16.11.1987, Az. II ZR 92/87, NJW 1988, 1199.
54 BGM, Urt. v. 21.06.2005, Az. XI ZR 88/04, WM 2005, 1520.
55 BGH, Urt. v. 20.01.1983, Az. VII ZR 32/82, NJW 1983, 1308.
56 BGH, Urt. v. 20.01.1983, Az. VII ZR 32/82, NJW 1983, 1308.
57 H.M.: BGH, a.a.O.
58 OLG Jena, Urt. v. 09.10.2007, Az. 5 U 684/06, BauR 2008, 1899; BGH, Beschl. v. 19.06.2008, Az. VII ZR 193/07, BauR 2008, 1899 = IBR 2008, 632.

II. Duldungs- und Anscheinsvollmacht des Architekten[59]

Wie oben bereits beschrieben, muss der Bauherr das Handeln des Architekten nicht kennen, um bereits eine Anscheinsvollmacht zu setzen. Er hätte aber Kenntnis nehmen und die Rechtsscheinwirkung verhindern können. Nach der Rechtsprechung reicht es noch nicht aus, wenn der Bauherr den Architekten als solchen lediglich bestellt hat. Weitere Indizien müssen hinzutreten, wie z.B. das Schweigen des Geschäftsherrn auf (ggf. auch vergütungsrelevanten) Schriftverkehr zwischen Architekt und Bauunternehmer, den der Bauherr in Abschrift jeweils auch erhält.[60] Ein anderer Fall kann sein, wenn der Bauherr den Architekten zu rechtsrelevanten Verhandlungen, z.B. über Mängelansprüche und deren Abwicklung oder zu abschließenden Zahlungsverhandlungen entsendet, oder dem Architekten die Vertragsverhandlungen mit dem Unternehmer überlässt[61] oder ihm völlig freie Hand einräumt, ohne sich selbst um den Bau zu kümmern.[62] Dann kann regelmäßig davon ausgegangen werden, dass ein solcher Rechtsschein gesetzt wird.[63]

16

Bei der Duldungsvollmacht des Architekten muss dem Bauherrn positiv bekannt sein, dass der Architekt ohne Vollmacht, aber mit entsprechender »Außenwirkung« auftritt und der Bauherr muss dies positiv dulden. Ein klassischer Fall in dieser Hinsicht ist die widerspruchslose Bezahlung von durch den nicht bevollmächtigten Architekten erteilten Zusatzaufträgen.[64] Leitet ein Bauherr hingegen ein Nachtragsangebot an seinen beauftragten Ingenieur zur Prüfung weiter und gibt dann der Ingenieur dies frei, so bedeutet dies noch keine Anordnung des Bauherrn gegenüber dem Unternehmern: Der Vertreter müsste im Namen und mit Vollmacht des Bauherrn gehandelt haben. Da dies nicht der Fall war, lag keine wirksame Stellvertretung vor.[65]

17

III. Duldungs- und Anscheinsvollmacht des Bauträgers/Baubetreuers

Auch hier gilt, dass im Falle mangelnder Vollmacht des Bauträgers oder Baubetreuers die o.g. Grundsätze der Ancheins- und Duldungsvollmacht herangezogen werden können. Scheitert auch dies, so kommt § 179 BGB in Betracht. Eine Rechtsscheinvollmacht ist alleine aus der Bezeichnung eines »Baubetreuers« noch nicht abzuleiten.[66] Die Bezeichnung, der Betreuer sei bevollmächtigt, »*alle betreffenden Maßnahmen für den Bauherrn zu treffen*«, kann nach dem BGH noch keine (Rechtsschein-) Vollmacht begründen.[67]

18

E. Vollmacht des Geschäftsbesorgers/Treuhänders bei »Schrottimmobilien«

Nach ständiger Rechtsprechung ist in den Fällen, in welchen ein Kapitalanleger[68] einem Treuhänder/Geschäftsbesorger eine umfassende Vollmacht zur Abwicklung des Grunderwerbs oder Fondbeitritts gegeben hat, die Nichtigkeit des ohne Erlaubnis abgeschlossenen Geschäftsbesorgungsvertrags mit der Nichtigkeit der Abwicklungsvollmacht verbunden, Art. 1 § 1 Abs. 1 RBerG i.V.m. § 134 BGB.[69] Dabei ist nach der Rechtsprechung zu differenzieren, ob eher eine wirtschaftliche Tätigkeit den Schwerpunkt darstellt oder eine unzulässige, da erlaubnispflichtige,

19

---

59 Eingehend dazu auch: *Kniffka*, ibr-online-Kommentar, § 631 Rn. 155 ff., Stand: 23.07.2010.
60 OLG Stuttgart, Urt. v. 13.04.1994, Az. 9 U 320/93, BauR 1994, 789; BGH, SFH Z 2.310 Bl. 4; *Werner/Pastor*, Rn. 1086.
61 BGH, Urt. v. 02.12.1982, Az. VII ZR 63/82, BauR 1983, 165.
62 KG, Urt. v. 10.10.2006, Az. 21 U 75/04, BauR 2008, 97.
63 *Werner/Pastor*, Rn. 1087; OLG Nürnberg, Urt. v. 26.02.1999, Az. 6 U 3167/98, BauR 2000, 730; OLG Brandenburg, Urt. v. 27.08.2002, Az. 11 U 15/99, BauR 2003, 542.
64 *Werner/Pastor*, Rn. 1084; OLG Hamburg, Urt. v. 29.09.1995, Az. 6 U 105/95, BauR 1996, 256; OLG Brandenburg, Urt. v. 22.11.2001, Az. 12 U 65/01, BauR 2002, 476.
65 OLG Düsseldorf, Urt. v. 25.11.2008, Az. 23 U 13/08, IBR 2010, 1080.
66 *Werner/Pastor*, Rn. 1092.
67 BGH, Urt. v. 26.01.1978, Az. VII ZR 50/77, BauR 1978, 220; *Werner/Pastor*, a.a.O.
68 Eingehend zu der ganzen Thematik: PWW/*Frensch*, § 167 Rn. 21–25.
69 BGH, Urt. v. 20.01.2009, Az. XI ZR 487/07, WM 2009, 542.

Klärung rechtlicher Aspekte.[70] Die Folge einer solchen Nichtigkeit der erteilten Vollmacht wäre sodann die schwebende Unwirksamkeit aller von dem Treuhänder vorgenommenen Rechtsgeschäfte, wenn nicht, je nach Konstellation, eine »rettende« Anscheins- und Duldungsvollmacht oder die §§ 171 f. BGB in Betracht kommen kann. Eine solche Ausnahme (bei den §§ 171 f. BGB) kann in Betracht kommen, wenn die Vollmacht im Original oder in notarieller Ausfertigung bei der Vornahme des Vertretergeschäfts vorgelegen hatte. Die Ausnahmen einer Anscheins- und Duldungsvollmacht hingegen sind nach der Rechtsprechung sehr selten anzunehmen: Da die Parteien häufig die Unwirksamkeit der Vollmacht und der darauf basierenden Rechtsgeschäfte nicht (er-)kennen, kommt regelmäßig eine Genehmigung nicht in Betracht. Auch die fortgesetzte (oder vollständige) Darlehensrückführung ist grundsätzlich kein Schuldanerkenntnis des Käufers.[71] So kann sich der Darlehensnehmer grundsätzlich auf die Unwirksamkeit berufen, ohne sich dem Einwand der unzulässigen Rechtsausübung (§ 242 BGB) ausgesetzt zu sehen. Dies kann dann einschränkend gesehen werden, wenn der Darlehensnehmer besondere zusätzliche Vertrauenstatbestände gesetzt hat, wie z.B. der gesonderte Abschluss einer Zwischenfinanzierungsvereinbarung oder ein eigenständiger Kontoeröffnungsantrag des Darlehensnehmers mit anschließender vollständiger Rückführung der Darlehen, oder vergleichbare Umstände.

F. Rechtsfolgen

20 Liegt eine wirksame (rechtsgeschäftliche oder Rechtsschein-) Vollmacht des Vertreters vor, so hat der Vertreter Vertretungsmacht und kann gem. § 164 Abs. 1 BGB den Geschäftsherrn verpflichten. Der Geschäftsherr bleibt aber vollständig handlungsfähig, d.h. der Vollmacht kann insoweit keine einschränkende Bedeutung gegen den Geschäftsherrn zukommen.[72]

G. Beweislast

21 Derjenige, der sich auf ein Vertretergeschäft berufen will, muss die wirksame Vertretung auch beweisen (Grundsatz). Wenn keine wirksame rechtsgeschäftliche Bevollmächtigung nachgewiesen werden kann, kann der Anspruchsteller sich auf Rechtsscheinvollmacht berufen, muss dann aber die tatsächlichen Voraussetzungen einer Anscheins- oder Duldungsvollmacht vortragen und unter Beweis stellen.[73] Mangelnde Gutgläubigkeit des Dritten muss der Vertretene nachweisen, ebenso die mangelnde Zurechenbarkeit. Wie immer trifft die Nachweispflicht für Missbrauchsfälle[74] denjenigen, der sich darauf beruft.

§ 168 Erlöschen der Vollmacht

Das Erlöschen der Vollmacht bestimmt sich nach dem ihrer Erteilung zugrunde liegenden Rechtsverhältnis. Die Vollmacht ist auch bei dem Fortbestehen des Rechtsverhältnisses widerruflich, sofern sich nicht aus diesem ein anderes ergibt. Auf die Erklärung des Widerrufs findet die Vorschrift des § 167 Abs. 1 entsprechende Anwendung.

A. Normzweck

1 § 168 BGB regelt – allerdings sehr unvollständig – das Erlöschen der Vollmacht. Regelmäßig gibt bereits die Vollmacht selbst Auskunft über die Voraussetzungen ihres Erlöschens, z.B. kann eine Vollmacht befristet oder mit Bedingungen versehen sein. Wenn mit der Vollmacht bestimmte Geschäfte ausgeführt werden sollen, erlischt die Vollmacht mit deren Abschluss bzw. mit dem end-

---

[70] BGH, Urt. v. 27.05.2008, Az. XI ZR 149/07, WM 2008, 1266; PWW/*Frensch*, § 167 Rn. 21 ff.
[71] PWW/*Frensch*, a.a.O.
[72] BGHZ 3, 358; Palandt/*Ellenberger*, § 167 Rn. 15.
[73] BGH, Urt. v. 20.01.1983, Az. VII ZR 32/82, BGHZ 86, 273.
[74] BGH, Urt. v. 13.01.1983, Az. III ZR 88/81, NJW 1983, 2018; PWW/*Frensch*, § 167 Rn. 57.

gültigen Scheitern derartiger Geschäfte. Weiter ist ein einseitiger Verzicht des Bevollmächtigten denkbar.[1] Ansonsten kommen die in § 168 S. 1 BGB genannten Gründe für ein Erlöschen der Vollmacht in Betracht, nämlich die Rahmenbedingungen des zugrunde liegenden Rechtsverhältnisses.

B. Tatbestandsvoraussetzungen

I. Erlöschen der Vollmacht unter Berücksichtigung des zugrunde liegenden Rechtsverhältnisses

Nach § 168 S. 1 BGB hängt das Erlöschen der Vollmacht von dem zugrunde liegenden Rechtsverhältnis ab. Im Falle des Todes, des Verlusts der Rechtspersönlichkeit und vergleichbarer Zustände auf Seiten des Bevollmächtigten endet regelmäßig die Vollmacht. Anders ist dies im Grundsatz, wenn diese Zustände auf Seiten des Vollmachtgebers eintreten: Dann wird nicht automatisch ein Erlöschen der Vollmacht anzunehmen sein, sondern diese Vollmacht auszulegen sein. Im Falle der Insolvenz des Vollmachtgebers gilt § 117 InsO, der das Vermögen schützen soll.[2]

II. Widerruf der Vollmacht

Nach § 168 S. 2 BGB ist auch bei Fortbestehen des zugrunde liegenden Rechtsverhältnisses ein Widerruf einer Vollmacht zulässig, sofern das Rechtsverhältnis ein anderes nicht regelt. Dies bedeutet, dass grundsätzlich ein Widerruf uneingeschränkt möglich ist. Der Widerruf ist eine einseitige empfangsbedürftige Willenserklärung. Er kann gegenüber dem Bevollmächtigten, einem dritten Geschäftspartner oder durch öffentliche Bekanntmachung (§ 171 Abs. 2 BGB) erklärt (und ggf. nach § 174 BGB zurückgewiesen) werden.

III. Unwiderruflichkeit

Ausnahmsweise kann eine Vollmacht unwiderruflich sein, dann scheitert sowohl der Widerruf als auch die Kraftloserklärung gem. § 176 Abs. 3 BGB. Eine Unwiderruflichkeit setzt eine solche Vereinbarung in dem zugrunde liegenden Rechtsverhältnis im Regelfall voraus. Insofern müsste z.B. der Bauherr seinen Architekten im Rahmen dieses Vertrags unwiderruflich bevollmächtigen, seinen Bauherrn verbindlich in Nachtragsverhandlungen zu vertreten und dabei die erforderlichen bindenden Erklärungen für den Bauherrn abzugeben. Im Ergebnis bedeutet dies also, dass die Parteien durch Vertrag eine solche Unwiderruflichkeit vereinbaren können. Wenn die Bevollmächtigung im Interesse des Bevollmächtigten[3] oder im Wesentlichen zu seinem Nutzen besteht, liegen Indizien vor, die eine Auslegung in die Richtung der »Unwiderruflichkeit« unterstützen. Dies ist zum Beispiel dann der Fall, wenn ein Bauträger zu Schaffung von Wohnungseigentum bevollmächtigt wird.[4] Liegt hingegen eine Generalvollmacht mit einem solchen Ausschluss der Widerruflichkeit (gegebenenfalls sogar noch ohne zugrunde liegendes Rechtsverhältnis) vor, so ist der vereinbarte Ausschluss nach der Rechtsprechung unwirksam.[5] Eine solche Unwirksamkeit des Ausschlusses der Widerruflichkeit hat aber regelmäßig nur zur Folge, dass eben der Ausschluss unwirksam ist, die Vollmacht insgesamt aber bestehen bleibt, § 139 BGB. Schließlich kann eine unwiderrufliche Vollmacht aus wichtigem Grund, z.B. bei grober Pflichtverletzung des Bevollmächtigten, widerrufen werden.[6]

---

1 PWW/*Frensch,* § 168 Rn. 16; Palandt/*Ellenberger,* § 168 Rn. 1 m.w.N.
2 Nähere Einzelheiten dazu in PWW/*Frensch,* § 168 Rn. 3 ff.; Palandt/*Ellenberger,* § 168 Rn. 2–4, jeweils m.w.N.
3 BGH, NJW-RR 1991, 441.
4 BayObLG, NJW-RR 2002, 444.
5 BGH, Urt. v. 09.03.1990, Az. V ZR 244/88, BGHZ 110, 367.
6 BGH, Urt. v. 12.05.1969, Az. VII ZR 15/67, WM 1969, 1009; BGH, Urt. v. 08.02.1985, Az. V ZR 32/84, WM 1985, 646.

IV. Widerrufserklärung

5 Der Widerruf muss wirksam erklärt werden. Wird er wiederum durch einen Bevollmächtigten, z.B. einen neuen Vertreter des ursprünglichen Vollmachtgebers oder dessen nun eingeschalteten Rechtsanwalt, erklärt, so ist § 174 BGB zu beachten. Dementsprechend muss eine Originalvollmacht des neuen Bevollmächtigten der Widerrufserklärung beigefügt werden, um nicht eine unverzügliche Zurückweisung nach § 174 S. 1 BGB zu riskieren.

V. Verzicht des Bevollmächtigten

6 Weiter kann der Bevollmächtigte selbst auf die Vollmacht verzichten. Das gilt selbst dann, wenn er im Innenverhältnis gegenüber dem Vollmachtgeber zur Dienstleistung verpflichtet bliebe.[7]

C. Rechtsfolgen

7 Eine Vollmacht kann erlöschen einerseits nach Inhalt der Vollmacht, somit insbesondere durch Befristung (§ 163 BGB) oder Bedingung (§ 158 II BGB), ferner auch durch Zweckerreichung.[8] Andererseits kann eine Vollmacht auch gem. § 168 S. 1 BGB nach Maßgabe des Grundgeschäfts erlöschen. Danach erlischt die Vollmacht, sofern die Vollmacht keine hiervon abweichende Regelung enthält, mit Beendigung des Grundverhältnisses (z.B. Auftrag oder Geschäftsbesorgung).[9] Ausserdem kann ein Erlöschensgrund in der Person des Bevollmächtigten vorliegen. Handelt es sich bei dem Grundverhältnis um einen Auftrag oder eine Geschäftsbesorgung und verstirbt der Bevollmächtigte, so erlischt im Zweifel bereits das Grundgeschäft gem. §§ 673, 675 BGB und damit über § 168 S. 1 BGB auch die Vollmacht. In gefahrträchtigen Situationen gilt dies ausnahmsweise nicht, hier hat der Erbe die Besorgung fortzusetzen.[10]

§ 168 BGB legt weiter fest, dass grundsätzlich ein Widerruf einer Vollmacht möglich ist. Ausnahmsweise ist dies dann nicht möglich (was zur Unwirksamkeit des Widerrufs führt), wenn eine Unwiderruflichkeit einer Vollmacht vereinbart wurde oder aber aus dem Inhalt der Vollmacht ein solches im Wege der Auslegung abgeleitet werden kann.

D. Beweislast

8 Wer sich auf das Erlöschen der Vollmacht beruft, muss nachweisen, dass das Rechtsgeschäft erst vorgenommen wurde, als die Vollmacht bereits erloschen war und dass die Vollmacht erloschen ist. Ist das Erlöschen der Vollmacht hingegen unstreitig, so muss derjenige, der sich auf eine wirksame Stellvertretung beruft, nachweisen, dass das Rechtsgeschäft vor dem Erlöschen abgeschlossen wurde.[11]

§ 169 Vollmacht des Beauftragten und des geschäftsführenden Gesellschafters

Soweit nach den §§ 674, 729 die erloschene Vollmacht eines Beauftragten oder eines geschäftsführenden Gesellschafters als fortbestehend gilt, wirkt sie nicht zugunsten eines Dritten, der bei der Vornahme eines Rechtsgeschäfts das Erlöschen kennt oder kennen muss.

1 Sofern es sich bei dem zugrunde liegenden Verhältnis entweder um ein Auftragsverhältnis (§§ 662 ff. BGB) oder um ein Gesellschaftsverhältnis (§§ 705 ff. BGB) handelt, kann eine Fortwirkung einer bereits erloschenen Vollmacht fingiert werden, §§ 674, 729 BGB. Dies gilt nach

---

7 PWW/*Frensch*, § 168 Rn. 16.
8 Palandt/*Heinrichs*, § 168 Rn. 1.
9 PWW/*Frensch*, § 168 Rn. 3.
10 MüKo-BGB/*Schramm*, § 168 Rn. 6.
11 PWW/*Frensch*, § 168 Rn. 17.

§ 169 BGB aber dann nicht, wenn der Dritte, der mit dem nicht mehr Bevollmächtigten in Kontakt steht, das Erlöschen der Vollmacht kennt oder kennen müsste. Die Vorschrift soll den Vertretenen vor ungewollten Bindungen schützen.[1]

§ 169 BGB ist nur auf Innenvollmachten ausgerichtet. Im Falle von Außenvollmachten, die also entsprechend nach außen kommuniziert wurden, sind die §§ 170 ff. BGB vorrangig anzuwenden, hilfsweise sind auch die Grundsätze der Anscheins- und Duldungsvollmacht heranzuziehen.[2]

§ 170 Wirkungsdauer der Vollmacht

Wird die Vollmacht durch Erklärung gegenüber einem Dritten erteilt, so bleibt sie diesem gegenüber in Kraft, bis ihm das Erlöschen von dem Vollmachtgeber angezeigt wird.

Kommentierung siehe § 173.

§ 171 Wirkungsdauer bei Kundgebung

(1) Hat jemand durch besondere Mitteilung an einen Dritten oder durch öffentliche Bekanntmachung kundgegeben, dass er einen anderen bevollmächtigt habe, so ist dieser auf Grund der Kundgebung im ersteren Falle dem Dritten gegenüber, im letzteren Falle jedem Dritten gegenüber zur Vertretung befugt.

(2) Die Vertretungsmacht bleibt bestehen, bis die Kundgebung in derselben Weise, wie sie erfolgt ist, widerrufen wird.

Kommentierung siehe § 173.

§ 172 Vollmachtsurkunde

(1) Der besonderen Mitteilung einer Bevollmächtigung durch den Vollmachtgeber steht es gleich, wenn dieser dem Vertreter eine Vollmachtsurkunde ausgehändigt hat und der Vertreter sie dem Dritten vorlegt.

(2) Die Vertretungsmacht bleibt bestehen, bis die Vollmachtsurkunde dem Vollmachtgeber zurückgegeben oder für kraftlos erklärt wird.

Kommentierung siehe § 173.

§ 173 Wirkungsdauer bei Kenntnis und fahrlässiger Unkenntnis

Die Vorschriften des § 170, des § 171 Abs. 2 und des § 172 Abs. 2 finden keine Anwendung, wenn der Dritte das Erlöschen der Vertretungsmacht bei der Vornahme des Rechtsgeschäfts kennt oder kennen muss.

Übersicht	Rdn.
A. Allgemeine Anmerkungen, Normzweck.	1
B. Tatbestandsvoraussetzungen	2
I. Tatbestandsvoraussetzungen des § 170 BGB	2
1. Wirksam erteilte Außenvollmacht	2
2. Nachträgliches Erlöschen der Außenvollmacht	3
II. Tatbestandsvoraussetzungen des § 171 BGB	4
1. Kundgabe einer Vollmachtserteilung	4
2. Besondere Mitteilung an eine dritte Person	5
3. Öffentliche Bekanntmachung	6

---

[1] Vgl: PWW/*Frensch*, § 169 Rn. 1 m.w.N.
[2] MüKo-BGB/*Schramm*, § 169 Rn. 4.

§§ 170–173 BGB

		Rdn.			Rdn.
III.	Tatbestandsvoraussetzungen des § 172 BGB	7	1.	Maßgeblicher Gegenstand der Kenntnis bzw. der fahrlässigen Unkenntnis	12
	1. Vollmachtsurkunde	7	2.	Kenntnis	13
	2. Aushändigung der Vollmachtsurkunde	9	3.	Fahrlässige Unkenntnis	14
	3. Vorlage der Vollmachtsurkunde	11	4.	Maßgeblicher Zeitpunkt	15
IV.	Tatbestandsvoraussetzungen des § 173 BGB	12	C.	Rechtsfolgen	16
			D.	Beweislast	19
			E.	Blankettvollmacht	20

A. Allgemeine Anmerkungen, Normzweck

1 Die §§ 170–173 BGB schützen das Vertrauen eines gutgläubigen Partners in den Bestand einer nach außen hin kommunizierten Vollmacht. Die Gutgläubigkeit bemisst sich dabei nach § 173 BGB. Auf diese Weise wird eine Rechtsscheinhaftung normiert.[1] Anders als bei § 170 BGB kommen die §§ 171 f. BGB nur auf Innenvollmachten zur Anwendung. Des Weiteren kommen die §§ 171 f. BGB auch dann zur Anwendung, wenn die Vollmacht überhaupt nicht erteilt wurde, der Rechtsschein nach außen aber gesetzt wurde (hier durch Überreichung einer Urkunde), dass eine Vollmacht erteilt wurde. Gleiches gilt, falls die erteilte Vollmacht von der beurkundeten Vollmacht inhaltlich abweichen sollte. Mit §§ 171 f. BGB soll der Rechtsverkehr, der sich gutgläubig auf eine Urkunde verlässt, geschützt werden.[2] Hierunter fallen auch die Verkäufe von sogenannten »Schrottimmobilien«, die regelmäßig zu nichtigen Vollmachten führten.[3] Wer hingegen zum Zeitpunkt der Vornahme des Rechtsgeschäfts die mangelnde Vertretungsmacht positiv kennt oder kennen müsste, wird als bösgläubig eingestuft und kommt nicht in den Genuss der Rechtsscheinsvorschriften der §§ 170–172 BGB. Neben dem Erlöschen der Vertretungsmacht ist § 173 BGB auch anwendbar, soweit es um eine nicht, nicht wirksam erteilte oder inhaltlich veränderte Vollmacht geht.[4]

B. Tatbestandsvoraussetzungen

I. Tatbestandsvoraussetzungen des § 170 BGB

1. Wirksam erteilte Außenvollmacht

2 Zunächst ist § 170 BGB nur anzuwenden, wenn der Vertretene (z.B. der Bauherr) dem Vertreter (z.B. Bauleiter oder Architekt) wirksam eine Außenvollmacht erteilt hat. Dieses Tatbestandsmerkmal ist für die Fälle der §§ 171 f. BGB nicht erforderlich. Letztlich geht es also um das Vertrauen auf das Fortbestehen einer einmal (wirksam) erteilten Vollmacht.

2. Nachträgliches Erlöschen der Außenvollmacht

3 Die wirksam erteilte Vollmacht muss nachträglich erlöschen, gleich aus welchem Grund. Wenn die Vollmacht nicht (wirksam) erteilt wurde, kommt § 170 BGB nicht zur Anwendung. § 170 BGB gilt entsprechend, wenn die Vollmacht geändert oder limitiert werden soll.[5]

---

1 Vgl. PWW/*Frensch*, § 171 Rn. 1; Palandt/*Ellenberger*, § 170 Rn. 1.
2 BGH, Urt. v. 27.05.2008, Az. XI ZR 149/07, WM 2008, 1266; BGH, Urt. v. 23.01.2007, Az. XI ZR 44/06, WM 2007, 639; BGH, Urt. v. 02.05.2000, Az. XI ZR 108/99; XI ZR 150/99; XI ZR 143/99, NJW 2000, 2270; BGH, Urt. v. 08.11.1984, Az. III ZR 132/83, NJW 1985, 730.
3 Vgl. BGH, Urt. v. 28.03.2006, Az. XI ZR 239/04, NJW 2006, 2118; BGH, Urt. v. 17.06.2005, Az. V ZR 78/04, NJW 2005, 2983; Palandt/*Ellenberger*, § 172 Rn. 1, m.w.N.
4 BGH, Urt. v. 02.05.2000, Az. XI ZR 108/99; XI ZR 150/99; XI ZR 143/99, NJW 2000, 2270; BGH, Urt. v. 08.11.1984, Az. III ZR 132/83, NJW 1985, 730.
5 RG, JW 15, 998; Palandt/*Ellenberger*, § 170 Rn. 2.

II. Tatbestandsvoraussetzungen des § 171 BGB

1. Kundgabe einer Vollmachtserteilung

Der Vertretene muss nach außen hin kundtun, er habe eine andere Person als seinen Vertreter mit einer Vollmacht ausgestattet. Dabei handelt es sich um eine rechtsgeschäftsähnliche Handlung, die §§ 104 ff. BGB sind entsprechend anwendbar. Der Kundgebende muss voll geschäftsfähig sein.[6] Der spätere Geschäftspartner, zu dessen Gunsten § 171 Abs. 1 BGB herangezogen werden soll, muss die Kundgabe positiv zur Kenntnis genommen haben. Dies wird unterstellt, wenn entweder ihm eine Mitteilung zugegangen ist oder aber eine öffentliche Bekanntmachung stattgefunden hat. Die Kundgabe ist nach §§ 119 ff. BGB anfechtbar.[7] Der Rechtsschein nach § 171 BGB kann nicht stärker wirken als eine wirksam erteilte Vollmacht.[8]

4

2. Besondere Mitteilung an eine dritte Person

Eine solche Mitteilung liegt vor, wenn ausdrücklich (in Schriftform oder mündlich) oder konkludent einer dritten Person die Vollmachterteilung an den Vertreter kommuniziert wird und der Dritte dies positiv zur Kenntnis nimmt. Der Dritte muss über die Person des Vertreters und den Umfang der Vollmacht informiert und gutgläubig (sonst § 173 BGB) sein. An einer solchen nach außen erfolgenden Kundgabe fehlt es regelmäßig, wenn zwar der Architekt als Vertreter des Bauherrn auf der Baustelle agiert, aber der Bauherr z.B. den Bauunternehmen gegenüber nicht explizit kundgegeben hat, dass er sich an die Erklärungen des Architekten gebunden fühlt. Dann ist § 171 BGB nicht einschlägig und es kommen allenfalls die Grundsätze der Duldungs- oder Anscheinsvollmacht zur Anwendung.[9]

5

3. Öffentliche Bekanntmachung

Eine solche öffentliche Bekanntmachung ist regelmäßig an eine unbestimmte Anzahl von Personen gerichtet, z.B. im Wege einer Zeitungsanzeige, einer Eintragung in das Handelsregister[10] oder in vergleichbarer Form. Die Anmeldung beim Gewerberegister hingegen ist nicht ausreichend für § 171 Abs. 1 BGB.[11]

6

III. Tatbestandsvoraussetzungen des § 172 BGB

1. Vollmachtsurkunde

Während bei § 171 BGB der Vertretene nach außen hin kundtun muss, er habe eine andere Person als seinen Vertreter mit einer Vollmacht ausgestattet, wird dies im Rahmen des § 172 Abs. 1 BGB dadurch ersetzt, dass eine Vollmachtsurkunde von dem Vertretenen in den Rechtsverkehr gegeben wird und dann die Urkunde einem Dritten vorgelegt wird. Bei der Aushändigung handelt es sich um eine rechtsgeschäftsähnliche Handlung. Die §§ 104 ff. BGB sind entsprechend anwendbar. Der Urkundenersteller muss voll geschäftsfähig sein.[12] Die Vorschriften der §§ 119 ff. BGB sind ebenfalls anwendbar.[13]

7

Eine Vollmachtsurkunde ist ein unterzeichnetes oder mit einem notariell beglaubigten Handzeichen des Vollmachtgebers versehenes Dokument, in welchem der Vollmachtgeber die Person des Bevollmächtigten exakt bezeichnet und des Weiteren den Umfang der Vertretungsmacht aus-

8

---

[6] BGH, NJW 1977, 622; BGH, Urt. v. 03.02.2004, Az. XI ZR 125/03, BB 2004, 683.
[7] Vgl. PWW/*Frensch,* § 171 Rn. 2.
[8] PWW/*Frensch* a.a.O.; Palandt/*Ellenberger,* § 171 Rn. 1, jeweils m.w.N.
[9] Vgl. § 167 Rdn. 14 f.; weiter: OLG Hamburg, Urt. v. 29.09.1995, Az. 6 U 105/95, BauR 1996, 256.
[10] RGZ 133, 233.
[11] OLG Hamm, NJW 1985, 1846.
[12] BGH, NJW 1977, 622; BGH, Urt. v. 03.02.2004, Az. XI ZR 125/03, BB 2004, 683.
[13] Vgl. PWW/*Frensch,* § 171 Rn. 2.

führt.[14] Die Urkunde muss weiter echt sein, das bedeutet, sie muss von der Person stammen, deren Unterschrift als Aussteller die Urkunde trägt.[15]

2. Aushändigung der Vollmachtsurkunde

9 Die Vollmachtsurkunde muss durch den Aussteller willentlich in den Rechtsverkehr gebracht werden, um dort gebraucht zu werden. Hierzu ist es erforderlich, dass die Vollmachtsurkunde in Urschrift oder Ausfertigung vorgelegt wird. Eine Durchschrift, also eine im Durchschreibeverfahren hergestellte Urkunde, kann nach höchstrichterlicher Rechtsprechung diesen Anforderungen genügen.[16] Wohingegen eine beglaubigte Abschrift oder Fotokopie nach ständiger Rechtsprechung des BGH nicht diese Voraussetzung erfüllt.[17] Auf abhanden gekommene Vollmachtsurkunden ist § 172 BGB hingegen nicht anwendbar.[18]

10 Wenn der Architekt als Vertreter des Bauherrn auf der Baustelle auftritt, aber der Bauherr ihn nicht durch eine Urkunde bevollmächtigt hat, ihn verpflichtend zu binden, ist § 172 BGB nicht einschlägig und es kommen allenfalls die Grundsätze der Duldungs- und Anscheinsvollmacht zur Anwendung.[19]

3. Vorlage der Vollmachtsurkunde

11 Eine Vollmachtsurkunde ist vorgelegt, wenn sie der sinnlichen Wahrnehmung des (gutgläubigen, da sonst § 173 BGB) Vertragspartners unmittelbar zugänglich gemacht wird.[20] Die Urkunde muss bei Abschluss eines Geschäfts vorliegen, eine spätere Vorlage reicht in der Regel nicht aus.[21] Die Urkunde kann als Original oder als Ausfertigung,[22] ggf. auch als Durchschrift,[23] vorgelegt werden. Die Urkunde gilt als vorgelegt unabhängig davon, ob der Vertragspartner von dem Inhalt Kenntnis nimmt. Auch kommt es nicht darauf an, dass der Vertragspartner durch die Vorlage der Urkunde zu dem Geschäftsabschluss veranlasst wurde. Ein Nachweis einer solchen Veranlassung ist nicht erforderlich.[24] Auch in bauwettbewerbsrechtlichen Fallkonstellationen kann die Vorlage einer entsprechenden Vollmacht erforderlich sein; dies ist dann anhand der vorstehenden Grundsätze vorzunehmen. Im Falle des Fehlens der erforderlichen Vollmacht kann z.B. bei einseitigen Rechtsgeschäften eine Zurückweisung nach § 174 BGB drohen.[25]

IV. Tatbestandsvoraussetzungen des § 173 BGB

1. Maßgeblicher Gegenstand der Kenntnis bzw. der fahrlässigen Unkenntnis

12 Es kommt im Rahmen des § 173 BGB auf das Kennen oder Kennenmüssen des Wegfalls oder Fehlens der Vertretungsmacht an sich an. Es kommt hingegen nicht auf ein Kennen oder Kennenmüssen der den Mangel der Vertretungsmacht begründenden Umstände im Einzelnen an.[26]

---

14 RGZ 124, 386; PWW/*Frensch*, § 172 Rn. 2 m.w.N.
15 BSozG, NVwZ 1983, 768; Palandt/*Ellenberger*, § 172 Rn. 2.
16 BGH, Urt. v. 25.04.2006, Az. XI ZR 219/04, NJW 2006, 1957.
17 BGH, Urt. v. 14.05.2002, Az. XI ZR 155/01, NJW 2002, 2325; BGH, Urt. v. 25.03.2003, Az. XI ZR 227/02, NJW 2003, 2091; BGH, Urt. v. 16.03.2004, Az. XI ZR 60/03, NJW 2004, 2090; a.A. zur beglaubigten Kopie: OLG Karlsruhe, Urt. v. 13.06.2005, Az. 1 U 22/05, ZIP 2005, 1633.
18 BGH, Urt. v. 30.05.1975, Az. V ZR 206/73, BGHZ 65, 13.
19 Vgl. § 167 Rdn. 14 f.
20 BGH, Urt. v. 20.04.2004, Az. XI ZR 164/03, NJW 2004, 2745; BGH, Urt. v. 04.12.2007, Az. XI ZR 227/06, NJW 2008, 845.
21 BGH, Urt. v. 27.05.2008, Az. XI ZR 149/07, NJW 2008, 3355.
22 BGH, Urt. v. 20.03.2007, Az. XI ZR 362/06; eine bloße Abschrift reicht nicht aus.
23 BGH, Urt. v. 10.10.2006, Az. XI ZR 265/05, WM 2007, 108.
24 BGH, Urt. v. 05.12.2006, Az. XI ZR 341/05, WM 2007, 440.
25 OLG Nürnberg, Beschl. v. 04.01.1991, Az. 3 W 3523/90, IBR 1992, 214.
26 BGH, Urt. v. 26.02.2008, Az. XI ZR 74/06, WM 2008, 683.

Der Vertragspartner muss dementsprechend aus den ihm bekannten Informationen den Schluss ziehen (können), dass eine Vollmacht nicht gegeben ist.[27]

2. Kenntnis

Kenntnis im Sinne des § 173 BGB meint das positive Wissen des Geschäftspartners um die oben benannten Umstände.

3. Fahrlässige Unkenntnis

Ebenfalls in den Anwendungsbereich des § 173 BGB fällt die Konstellation einer fahrlässigen Unkenntnis des Geschäftspartners (Dritter) bezüglich einer nicht bestehenden Vollmachtsituation. Irrtümer können indes nur bei Vorwerfbarkeit zu Bösgläubigkeit führen. Hierbei ist, wie immer bei einer Fahrlässigkeitsprüfung, auf die im Verkehr übliche Sorgfalt abzustellen. Ein privater Bauherr wird gegebenenfalls einen etwas niedrigeren Sorgfaltsmaßstab zu beachten haben als ein gewerblicher Bauträger oder Baubetreuer oder eine finanzierende Bank,[28] wobei hier stets zu prüfen ist, ob die Beteiligten gegebenenfalls vor dem Bekanntwerden einer neuen Rechtsprechung zu diesem Aspekt von einer anderen Rechtslage ausgegangen waren. Die Nichtigkeit einer privatschriftlichen Vollmacht zum Grundstückserwerb muss nach der Rechtsprechung aber ein Verkäufer einer Eigentumswohnung erkennen, so dass er als bösgläubig im Sinne des § 173 BGB anzusehen ist und sich nicht auf eine vorgelegte Vollmacht nach § 172 Abs. 1 BGB berufen konnte.[29] Hingegen hat beispielsweise das OLG Köln entschieden, dass derjenige, der einen Vertreter in eine wichtige Baubesprechung entsendet, in der es – was vorher bereits allgemein bekannt war – auch um rechtsgeschäftliche Aspekte gehen sollte, sich nicht auf die mangelnde Vollmacht des Entsandten oder gegebenenfalls auf eine Bösgläubigkeit der anderen Vertragspartner, die an der Besprechung teilgenommen hatten, berufen kann.[30]

4. Maßgeblicher Zeitpunkt

Der maßgebliche Zeitpunkt des Kennens bzw. Kennenmüssens ist derjenige des rechtsgeschäftlichen Handelns des Vertreters. Der gute Glaube muss auch noch bei Zugang der Vertretererklärungen vorliegen.[31] Hingegen muss der gute Glaube nicht durchweg bis zur Vollendung des Rechtsgeschäfts vorliegen.[32]

C. Rechtsfolgen

Solange die wirksam erteilte Außenvollmacht nicht durch Anzeige Dritten gegenüber außer Kraft gesetzt wird, bleibt sie nach § 170 BGB in Kraft. Damit werden Dritte geschützt, die sich hierauf verlassen hatten. Auch eine Eintragung in das Handelsregister (und damit Kundgabe der Außerkraftsetzung) kann problematisch sein, wenn der Vertretene duldet, dass der bisherige Vertreter mit Wissen des Vertretenen weiterhin als ein solcher Vertreter agiert, denn dann wird dem Vertretenen die Erklärung des scheinbaren Vertreters zugerechnet.[33]

---

27 PWW/*Frensch*, § 173 Rn. 3.
28 BGH, Urt. v. 25.04.2006, Az. XI ZR 29/05, BGHZ 167, 223; BGH, Urt. v. 28.09.2000, Az. IX ZR 279/99, BGHZ 145, 265.
29 BGH, Urt. v. 04.12.2007, Az. XI ZR 227/06, NJW 2008, 845.
30 OLG Köln, Urt. v. 22.04.1994, Az. 19 U 250/93, IBR 1994, 365.
31 BGH, Urt. v. 18.09.2001, Az. XI ZR 321/00, BauR 2002, 143 (Ls.) = IBR 2001, 700.
32 Str.: Palandt/*Ellenberger*, § 173 Rn. 2; MüKo-BGB/*Schramm*, § 173 Rn. 4; a.A.: PWW/*Frensch*, § 173 Rn. 4.
33 OLG Frankufrt, Urt. v. 07.10.2005, Az. 24 U 71/05, BauR 2006, 419 = IBR 2006, 1108; vgl. auch BGH, Urt. v. 29.10.2003, Az. IV ZR 122/02, BauR 2004, 1995 = IBR 2005, 56.

17 Sofern eine Vollmacht nicht (wirksam) erteilt wurde, kommen zugunsten der Dritten die Grundsätze der Duldungs- und Anscheinsvollmacht hilfsweise in Betracht. Der Vertrauensschutz nach § 170 BGB endet mit Zugang der Anzeige; auf eine konkrete Kenntnisnahme durch den Dritten kommt es nach überwiegender Auffassung nicht an.[34]

§ 171 Abs. 1 BGB regelt einen Rechtschein infolge von entweder einer besonderen Mitteilung an bestimmte Dritte oder aber einer allgemeinen öffentlichen Bekanntmachung an eine nicht bestimmte Anzahl dritter Personen. Die vorbeschriebene Vertretungsmacht besteht so lange fort, bis sie durch entsprechend gegenteiligen Akt widerrufen wird, § 171 Abs. 2 BGB.[35] Der Vertrauensschutz nach § 171 Abs. 1 BGB endet mit Zugang der Benachrichtigung bzw. Vollzug der öffentlichen Bekanntmachung. Auf eine konkrete Kenntnisnahme durch den Dritten kommt es nicht an.[36] Der Vertrauensschutz endet auch, falls Bösgläubigkeit vorliegt, § 173 BGB, oder mit Eröffnung des Insolvenzverfahrens, § 117 InsO.

18 Streng ging der BGH mit Fragen der Gutgläubigkeit bei Banken in Bauträgermodellen um: Wenn Verstöße gegen das Rechtsberatungsgesetz entsprechende Geschäftsbesorgungsverträge und in diesem Zusammenhang erteilte Vollmachten nichtig werden ließen, konnten sich die Banken wiederholt auch nicht auf Rechtscheingrundsätze berufen, um die bereits vollzogenen Verträge zu retten.[37] Anders lag die Situation dann, wenn die Bank im Streitfall zeigen konnte, dass ihr entweder eine Vollmacht vorlag (dann § 172 BGB) oder aber eine entsprechende Benachrichtigung vorlag.[38] Gelingt dieser Nachweis hingegen nicht, so entfällt auch der Rechtschein nach §§ 171 f. BGB.[39] Für die Frage der Gutgläubigkeit kommt es nach dem Wortlaut des Gesetzes nicht auf die Kenntnis oder das Kennenmüssen der den Mangel an der Vertretungsmacht begründenden Umstände an, sondern auf die Kenntnis oder das Kennenmüssen der Vertretungsmacht selbst.[40]

§ 172 Abs. 1 BGB regelt einen Rechtschein infolge der Vorlage einer Vollmachtsurkunde.[41] Die Vertretungsmacht besteht so lange fort, bis entweder die Vollmachtsurkunde dem Vollmachtgeber zurückgegeben wird oder aber für kraftlos erklärt wird, § 172 Abs. 2 BGB. Der Vertrauensschutz nach § 172 Abs. 1 BGB endet mit Besitzerlangung der Urkunde durch den Dritten. Der Rückgabeanspruch des Vollmachtgebers ergibt sich aus § 175 BGB. Die Kraftloserklärung ist in § 176 BGB geregelt. Solange der Vertreter im Besitz der Vollmachtsurkunde ist, wird der Fortbestand der Vollmacht unterstellt.[42] Weiter kann der Vertretene durch Erklärungen nach § 171 Abs. 2 BGB den Rechtsschein beseitigen.[43] Der Vertrauensschutz endet auch, falls Bösgläubigkeit vorliegt, § 173 BGB, oder mit Eröffnung des Insolvenzverfahrens, § 117 InsO.

§ 173 BGB regelt, wann ein Rechtschein nach den §§ 170–172 BGB in Betracht kommt. Ist der Dritte bösgläubig, so kann er sich nicht auf den Rechtschein berufen. Der Vertrauensschutz endet auch mit Eröffnung des Insolvenzverfahrens, § 117 InsO.

D. Beweislast

19 Wer sich darauf beruft, eine einmal wirksam erteilte Außenvollmacht sei kraftlos geworden, muss den Wegfall des Rechtsscheins beweisen, somit also den Zugang der entsprechenden Anzeige bei

---

34 PWW/*Frensch*, § 170 Rn. 4.
35 Vgl. OLG Frankfurt, Urt. v. 07.10.2005, Az. 24 U 71/05, BauR 2006, 419 (Ls.) = IBR 2006, 1108.
36 PWW/*Frensch*, § 171 Rn. 6 m.w.N.
37 BGH, Urt. v. 14.05.2002, Az. XI ZR 155/01, NJW 2002, 836 = IBR 2002, 419 und 420; anders in: BGH, Urt. v. 18.03.2003, Az. XI ZR 188/02, BauR 2003, 1269 = IBR 2003, 1065.
38 BGH, Urt. v. 25.04.2006, Az. XI ZR 29/05, NJW 2006, 1952 = IMR 2006, 1039.
39 BGH, Urt. v. 27.05.2008, Az. XI ZR 409/06, NJW-RR 2008, 1224 = IBR 2008, 1281.
40 BGH, Urt. v. 15.11.2005, Az. XI ZR 375/04, IMR 2006, 1081.
41 BGH, Urt. v. 15.11.2005, Az. XI ZR 375/04, IMR 2006, 1081.
42 OLG Frankfurt, RPfleger 1972, 306; Palandt/*Ellenberger*, § 172 Rn. 4.
43 PWW/*Frensch*, § 172 Rn. 6 m.w.N.

dem betroffenen Dritten. Alternativ müsste die Bösgläubigkeit des Dritten dargetan und bewiesen werden, dann würde § 173 BGB eingreifen. Der Rechtsschein endet auch gem. § 117 InsO nach Eröffnung des Insolvenzverfahrens.

Wer sich auf eine wirksame Vollmachterteilung im Innenverhältnis beruft, muss die Kundgabe nach § 171 Abs. 1 BGB beweisen. Wer sich auf eine widerrufene Vollmacht berufen will (in der Regel der Vertretene), muss die erfolgreiche Vornahme eines Widerrufs in Form einer besonderen Mitteilung oder mittels öffentlicher Bekanntmachung nachweisen. Alternativ müsste die Bösgläubigkeit des Dritten dargetan und bewiesen werden, dann würde § 173 BGB eingreifen und der Rechtschein des § 171 BGB entfallen.

Wer aus der Rechtscheinsregelung des § 172 Abs. 1 BGB Rechte gegen den Vollmachtgeber ableiten will, muss die Echtheit der Urkunde und die Vorlage der Urkunde[44] durch den Vertreter beweisen.[45] Kann der Unternehmer beispielsweise keine adäquate Bevollmächtigung des Architekten durch den Bauherrn nachweisen, so scheitert er häufig mit zusätzlichen Vergütungsansprüchen im Werklohnprozess.[46] Der Vertretene muss das Abhandenkommen der Urkunde beweisen, nicht der Vertragspartner das Aushändigen der Urkunde. Der Vertretene muss auch beweisen, dass die Rechtsscheinvollmacht erloschen ist.

Die Bösgläubigkeit des Dritten bei § 173 BGB muss derjenige beweisen, der als Vertretener keine rechtliche Bindung einer Vertretererklärung gegen sich gelten lassen will.

E. Blankettvollmacht

Eine Sondervollmacht bildet die sogenannte »Blankettvollmacht«. Hierauf sind die oben stehenden Grundsätze zu § 172 BGB entsprechend anzuwenden. Wer freiwillig eine Urkunde mit seiner Unterschrift aus der Hand gibt und die Ausfüllung einem Dritten überlässt, muss im Zweifel den gegebenenfalls abredewidrig eingetragenen Inhalt einem gutgläubigen Dritten gegenüber als seine Willenserklärung gegen sich gelten lassen und kann auch nicht nach § 119 BGB eine Anfechtung erklären.[47]

20

§ 174 Einseitiges Rechtsgeschäft eines Bevollmächtigten

Ein einseitiges Rechtsgeschäft, das ein Bevollmächtigter einem anderen gegenüber vornimmt, ist unwirksam, wenn der Bevollmächtigte eine Vollmachtsurkunde nicht vorlegt und der andere das Rechtsgeschäft aus diesem Grunde unverzüglich zurückweist. Die Zurückweisung ist ausgeschlossen, wenn der Vollmachtgeber den anderen von der Bevollmächtigung in Kenntnis gesetzt hatte.

A. Normzweck

Da einseitige Rechtsgeschäfte ohne Vertretungsmacht zur Nichtigkeit derselben führen, § 180 S. 1 BGB, ist es für den Erklärungsempfänger von Bedeutung, ob der Vertreter das einseitige Rechtsgeschäft wirksam vornehmen kann. Insoweit kann der Dritte nach § 174 S. 1 BGB schnell klare Verhältnisse schaffen, so entsteht keine Ungewissheit über die Wirksamkeit eines einseitigen Rechtsgeschäfts, welches von einem Vertreter durchgeführt wurde.[1]

1

---

44 BGH, Urt. v. 27.05.2008, Az. XI ZR 409/06, WM 2008, 1258 = IBR 2008, 1281.
45 OLG Köln, Urt. v. 05.02.2007, Az. 13 U 200/06, WM 2007, 1119.
46 OLG Hamburg, Urt. v. 29.09.1995, Az. 6 U 105/95, BauR 1996, 256 = IBR 1996, 335; Näheres zur Architektenvollmacht in der Kommentierung zu § 167 Rdn. 7 ff.
47 BGHZ 40, 68, 304; BGH, Urt. v. 29.02.1996, Az. IX ZR 153/95, NJW 1996, 1467.
1 Dazu auch: BAG, Urt. v. 20.09.2006, Az. 6 AZR 82/06, NZA 2007, 377; PWW/*Frensch,* § 174, Rn. 1.

B. Tatbestandsvoraussetzungen

I. Einseitige Rechtsgeschäfte

2 § 174 S. 1 BGB verweist auf einseitige Rechtsgeschäfte. Hierunter fallen alle einseitigen empfangsbedürftigen Willenserklärungen. Die Vorschrift ist analog auf rechtsgeschäftsähnliche Handlungen anzuwenden. In den Anwendungsbereich fallen Mahnungen,[2] Kündigungen,[3] Abmahnungen,[4] Fristsetzungen,[5] Mängelrüge nach § 13 Abs. 5 Nr. 1 S. 2 VOB/B,[6] und weitere einseitige Rechtsgeschäfte.[7] Auf Botenerklärungen ist § 174 BGB entsprechend anzuwenden.[8] Auch auf Erklärungen eines ARGE-Geschäftsführers kann § 174 S. 1 BGB angewendet werden:

> »Eine namens einer Gesellschaft des bürgerlichen Rechts von einem alleinvertretungsberechtigten Gesellschafter abgegebene einseitige empfangsbedürftige Willenserklärung kann von dem Empfänger gemäß § 174 Satz 1 BGB zurückgewiesen werden, wenn ihr weder eine Vollmacht der anderen Gesellschafter, noch der Gesellschaftsvertrag oder eine Erklärung der anderen Gesellschafter beigefügt ist, aus der sich die Befugnis des handelnden Gesellschafters zur alleinigen Vertretung der Gesellschaft ergibt.«[9]

3 Auf gesetzliche Vertreter ist § 174 BGB nicht anzuwenden.[10] Weiter ist § 174 BGB nicht auf vergaberechtliche Rügen nach § 107 Abs. 3 GWB anwendbar.[11]

II. Nichtvorlage der Vollmachtsurkunde

4 Die Vollmachtsurkunde muss in Originalschrift oder in Ausfertigung vorgelegt werden.[12] Eine beglaubigte Abschrift oder Faxkopie[13] reichen nicht aus. Im Zweifel wäre die erteilte und vorgelegte Vollmacht auch in inhaltlicher Hinsicht auszulegen. Dabei ist zu klären, ob z.B. die ARGE-Geschäftsführung neben den üblichen Geschäften auch zur Kündigung eines Nachunternehmers nach § 8 Abs. 3 VOB/B berechtigt ist, wenn dieser zum Beispiel mangelhaft oder nur verzögert arbeitet und entsprechenden Aufforderungen auf Mangelbeseitigung (§ 4 Abs. 7 VOB/B) oder Einhaltung der Termine (§ 5 Abs. 3 und 4 VOB/B) nicht in angemessener Frist nachkommt.[14]

III. Unverzügliche Zurückweisung durch den Dritten

5 Der Dritte, dem gegenüber das einseitige Rechtsgeschäft vorgenommen wurde, muss das Rechtsgeschäft unverzüglich (§ 121 BGB) zurückweisen. Die Zurückweisung ist selbst eine einseitige

---

2 BGH, Urt. v. 25.11.1982, Az. III ZR 92/81, NJW 1983, 1542.
3 BGH, Urt. v. 09.11.2001, Az. LwZR 4/01, NJW 2002, 1194 = IBR 2002, 256; OLG Brandenburg, Urt. v. 03.11.2004, Az. 4 U 61/02, BauR 2005, 441 (Ls.) = IBR 2005, 1144.
4 OLG Nürnberg, Urt. v. 04.01.1991, Az. 3 W 3523/90, NJW-RR 1991, 1393.
5 BGH, Urt. v. 17.10.2000, Az. X ZR 97/99, NJW 2001, 289; PWW/*Frensch*, § 174 Rn. 2; Palandt/*Ellenberger*, § 174 Rn. 2 m.w.N.
6 LG Berlin, Urt. v. 07.09.2009, Az. 6 O 231/07, IBR 2009, 1366.
7 OLG Nürnberg, Beschl. v. 04.01.1991, Az. 3 W 3523/90, NJW-RR 1991, 1393 = IBR 1992, 214.
8 BGH, Urt. v. 10.10.2006, Az. KZR 26/05, WM 2007, 313.
9 BGH, Urt. v. 09.11.2001, Az. LwZR 4/01, IBR 2002, 256.
10 BGH, Urt. v. 09.11.2001, Az. LwZR 4/01, NJW 2002, 1194; BAG, Urt. v. 20.09.2006, Az. 6 AZR 82/06, NZA 2007, 377; BAG, Urt. v. 08.11.2007, Az. 2 AZR 425/06, NZA 2008, 471.
11 VK Bund, Beschl. v. 05.09.2001, Az. VK1 – 23/01, IBR 2002, 216; VK Baden-Württemberg, Beschl. v. 21.12.2004, Az. 1 VK 83/04, abrufbar bei www.ibr-online.de; VK Saarland, Beschl. v. 09.03.2007, Az. 3 VK 01/2007, IBR 2007, 522.
12 Vgl. dazu §§ 170–173 Rdn. 9.
13 OLG Hamm, Urt. v. 26.10.1990, Az. 20 U 71/90, NJW 1991, 1185; OLG Frankfurt, Urt. v. 16.09.1990, Az. 24 U 236/89, NJW 1991, 1185 = IBR 1992, 38.
14 Palandt/*Ellenberger*, § 174 Rn. 5.

empfangsbedürftige Willenserklärung, die selbst nach § 174 S. 1 BGB zurückgewiesen werden könnte. Sie ist auch zu begründen: Der Dritte muss sich auf das Fehlen der Vollmachtsurkunde in seiner Zurückweisung berufen.[15] Für die »Unverzüglichkeit« gelten die üblichen, bei § 121 BGB kommentierten, Grundsätze. In der Regel sind drei Arbeitstage problemlos noch als »unverzüglich« einzustufen, zwei Wochen[16] hingegen werden nur selten noch als »unverzüglich« angenommen werden können.[17]

C. Rechtsfolgen

Weist der Dritte unverzüglich und wirksam (ggf. auch unter Vollmachtsnachweis) das Rechtsgeschäft zurück, so ist das von dem Vertreter vorgenommene Rechtsgeschäft von Anfang an unheilbar, also auch nicht genehmigungsfähig, nichtig. Die §§ 177 ff. BGB sind gem. § 180 S. 1 BGB nicht anwendbar.[18]

6

D. Ausschluss des Zurückweisungsrechts, § 174 S. 2 BGB

Das Zurückweisungsrecht des Dritten nach § 174 S. 1 BGB ist ausgeschlossen, wenn der Vollmachtgeber den Dritten von der Bevollmächtigung in Kenntnis gesetzt hat. Es muss sich dabei um eine bewusste und zumindest auch an den Dritten gerichtete Information der Bevollmächtigung durch den Vertretenen handeln, wobei hier auch eine konkludente Information in Betracht kommen kann.[19] Der Dritte muss keine eigenen Nachforschungen über die Bevollmächtigung anstellen. Allerdings kann es ausreichend sein, wenn der Vertreter eine solche Stellung innehat, mit welcher üblicherweise eine Vollmacht der konkreten Art verbunden ist.[20] Schließlich kann noch ein Ausschluss des Zurückweisungsrechts nach § 242 BGB (*venire contra factum proprium*) in Betracht kommen, wenn der Vertreter zuvor beispielsweise die gesamte Korrespondenz geführt hatte und auch alleine aufgetreten war und der Vertretene dies gegen sich gelten ließ. Ähnlich liegt der Fall, wenn der Vertreter schon seit längerem alle Geschäfte für den Vertretenen in einer länger währenden Geschäftsbeziehung mit dem Dritten abgewickelt hat und der Vertretene dies uneingeschränkt gebilligt hat, ohne jemals eine Vollmachtsurkunde einzufordern.[21]

7

E. Beweislast

Die Beweislast für die unverzügliche Zurückweisung trägt, wer sich darauf beruft, also in der Regel der Dritte, welcher das einseitige Rechtsgeschäft zurückweist.[22] Wer sich auf die Wirksamkeit des Rechtsgeschäfts beruft, muss die wirksame Bevollmächtigung, die Vorlage der Vollmachtsurkunde sowie den Ausschluss des Zurückweisungsrechts nach § 174 S. 2 BGB oder nach § 242 BGB beweisen.

8

§ 175 Rückgabe der Vollmachtsurkunde

Nach dem Erlöschen der Vollmacht hat der Bevollmächtigte die Vollmachtsurkunde dem Vollmachtgeber zurückzugeben; ein Zurückbehaltungsrecht steht ihm nicht zu.

---

15 Vgl. OLG Brandenburg, Urt. v. 29.08.2007, Az. 4 U 11/07, abrufbar auf www.ibr-online.de.
16 Ebenso: OLG Frankfurt, Urt. v. 07.08.2007, Az. 7 U 228/01, BGH, Beschl. v. 24.04.2008, Az. VII ZR 226/07 (Nichtzulassungsbeschwerde zurückgewiesen), IBR 2008, 447.
17 Hingegen ist ein solcher Einwand nach 13 Monaten in der Berufungsinstanz zu spät: OLG Düsseldorf, Urt. v. 07.09.2006, Az. 10 U 30/06, IMR 2007, 1002.
18 BAG, NZA-RR 2007, 571.
19 PWW/*Frensch*, § 174 Rn. 5.
20 BGH, Urt. v. 20.10.2008, Az. II ZR 107/07, WM 2008, 2252.
21 KG, Urt. v. 21.11.1997, Az. 5 U 5398/97, BB 1998, 607; BGH, Urt. v. 20.10.2008, Az. II ZR 107/07, WM 2008, 2252; OLG München, Urt. v. 04.08.1995, Az. 21 U 5934/94, NJW-RR 1997, 904.
22 BGH, Urt. v. 27.10.2000, Az. V ZR 172/99, NJW 2001, 220.

§ 176 BGB Kraftloserklärung der Vollmachtsurkunde

1 § 175 BGB soll die unberechtigte und ggf. missbräuchliche Weiterverwendung einer Vollmachtsurkunde verhindern.¹ Der Herausgabeanspruch umfasst Originalurkunden und Ausfertigungen, jedoch keine Abschriften oder Kopien. Ist eine Vollmacht nicht oder nicht wirksam erteilt worden, so ist § 175 BGB analog anzuwenden. Dies gilt auch, wenn sich die Urkunde im Besitz eines Dritten befindet. Haben mehrere Personen eine Vollmacht gemeinsam erteilt und widerruft nur eine dieser Personen, so ist § 175 BGB dahingehend anzuwenden, dass die Urkunde vorzulegen ist, um einen Einschränkungsvermerk darauf vorzunehmen.² Dies gilt auch, wenn mehrere in einer Urkunde zusammengefasste Vollmachten erlöschen.³ Dem Rückgabeanspruch steht gem. dem zweiten Halbsatz kein wie auch immer geartetes (auch nicht aus § 985 BGB) Zurückbehaltungsrecht entgegen.⁴

§ 176 Kraftloserklärung der Vollmachtsurkunde

(1) Der Vollmachtgeber kann die Vollmachtsurkunde durch eine öffentliche Bekanntmachung für kraftlos erklären; die Kraftloserklärung muss nach den für die öffentliche Zustellung einer Ladung geltenden Vorschriften der Zivilprozessordnung veröffentlicht werden. ²Mit dem Ablauf eines Monats nach der letzten Einrückung in die öffentlichen Blätter wird die Kraftloserklärung wirksam.

(2) Zuständig für die Bewilligung der Veröffentlichung ist sowohl das Amtsgericht, in dessen Bezirk der Vollmachtgeber seinen allgemeinen Gerichtsstand hat, als auch das Amtsgericht, welches für die Klage auf Rückgabe der Urkunde, abgesehen von dem Wert des Streitgegenstands, zuständig sein würde.

(3) Die Kraftloserklärung ist unwirksam, wenn der Vollmachtgeber die Vollmacht nicht widerrufen kann.

1 Durch die Vorschriften des § 176 BGB ergibt sich für den Vollmachtgeber die Möglichkeit, eine Vollmachtsurkunde außer Kraft zu setzen, ohne den Bevollmächtigten hierzu zu benötigen. Es ist lediglich die Mitwirkung des Amtsgerichts notwendig, das die öffentliche Bekanntmachung im FGG-Verfahren bewilligen muss. Dabei werden die Voraussetzungen der Kraftloserklärung nicht geprüft. Die Veröffentlichung ergibt sich aus § 186 Abs. 2 ZPO. In einer Kraftloserklärung nach § 176 BGB ist gleichzeitig ein Widerruf der Vollmacht nach § 168 S. 2 BGB zu erkennen. Eine Kraftloserklärung ist nicht unwirksam, wenn die Vollmacht nicht widerrufen werden kann, § 176 Abs. 3 BGB. Dies ist dann der Fall, wenn gem. § 168 S. 2 BGB die Vollmacht als solche als unwiderrufliche gestaltet wurde.¹

§ 177 Vertragsschluss durch Vertreter ohne Vertretungsmacht

(1) Schließt jemand ohne Vertretungsmacht im Namen eines anderen einen Vertrag, so hängt die Wirksamkeit des Vertrags für und gegen den Vertretenen von dessen Genehmigung ab.

(2) Fordert der andere Teil den Vertretenen zur Erklärung über die Genehmigung auf, so kann die Erklärung nur ihm gegenüber erfolgen; eine vor der Aufforderung dem Vertreter gegenüber erklärte Genehmigung oder Verweigerung der Genehmigung wird unwirksam. Die Genehmi-

---

1 KG, NJW 1957, 755.
2 BGH, Urt. v. 29.09.1989, Az. 198/87, NJW 1990, 507.
3 OLG München, Urt. v. 30.04.2009, Az. 33 Wx 81/09, NJW-RR 2009, 1379.
4 OLG Köln, MDR 1993, 512; sofern die Voraussetzungen der Hinterlegung nach § 372 BGB gegeben sind, kann die Rückgabepflicht entsprechend erfüllt werden, vgl. KG, NJW 1957, 755.
1 Vgl. Kommentierung zu § 168 Rdn. 4.

gung kann nur bis zum Ablauf von zwei Wochen nach dem Empfang der Aufforderung erklärt werden; wird sie nicht erklärt, so gilt sie als verweigert.

Übersicht	Rdn.		Rdn.
A. Allgemeine Anmerkungen, Normzweck.	1	b) Adressaten und Zeitpunkt der Genehmigung	13
B. Tatbestandsvoraussetzungen	3	c) Form der Genehmigung; Teilgenehmigung	15
I. »Jemand«	3		
II. »Ohne Vertretungsmacht«	4	d) Besonderheiten bei öffentlichen Auftraggebern	16
1. Allgemein	4		
2. Sonderproblem: Öffentliche Auftraggeber	5	2. Möglichkeiten der Genehmigung	17
		a) Ausdrückliche Genehmigung	17
3. Sonderfälle des Vertragsabschlusses ohne Vertretungsmacht	7	b) Schlüssige bzw. konkludente Genehmigung	18
III. »Im Namen eines anderen«	8		
IV. »Wirksamkeit des Vertrages«	9	VI. Aktive Feststellung der Genehmigungswilligkeit, § 177 Abs. 2 BGB	21
V. Genehmigung des Vertrages durch den Vertretenen	10	C. Rechtsfolgen	22
1. Allgemeines zur Genehmigung	11	D. Beweisfragen	23
a) Begriff	12		

A. Allgemeine Anmerkungen, Normzweck

Die §§ 177–179 BGB zählen mit zu den im Baualltag wichtigsten Regelungen des Allgemeinen Schuldrechts: Häufig treten nämlich im Zuge der von Hektik und Eile, aber auch von technischen Notwendigkeiten bestimmten Bauarbeiten Situationen auf, in denen unverzüglich Entscheidungen getroffen, insb. aber Verträge z.B. zu Beton- und Baumateriallieferungen geschlossen, aber auch unaufschiebbare Bauvertragsänderungen vorgenommen werden müssen. Ist zu diesem Zeitpunkt der Bauherr bzw. Auftraggeber nicht greifbar und besteht auch für den Architekten oder Baubetreuer keine ausdrückliche Spezialvollmacht, dann kann entweder dem Grundsatz, wonach »Beton fließen muss« nicht nachgekommen werden – d.h. die Baustelle kommt möglicherweise sogar zum Stillstand –, oder es kommt zum Handeln eines Vertreters ohne Vertretungsmacht. Aus Gründen letztlich des Selbstbestimmungsrechts des Vertretenen – auch unter Berücksichtigung des Art. 2 GG – sehen deshalb die Regelungen zur Vertretung ohne Vertretungsmacht den Grundsatz der Verweigerung in Form der Fiktion (Abs. 2, Satz 2, 2. HS.) vor. Den Ausgleich dazu gibt dann § 178 BGB dem »Vertragspartner«, der seinerseits »bis zur Genehmigung« nicht endgültig an die vorgesehenen Vertragsregelungen gebunden ist, mithin den Vertrag in dieser Schwebespanne ohne Begründung widerrufen kann (was häufig in der Baupraxis übersehen wird, wenn etwa »Vertragsreue« auftritt). Die Zeche bezahlt im Falle nicht erfolgender Genehmigung dann nach § 179 BGB der nicht vertretungsberechtigte »Jemand«, wie er in § 177 Abs. 1 BGB einleitend generalisierend bezeichnet wird, da eine Vertreterrolle mangels Genehmigung nie bestanden hat. 1

Allerdings werden von der Rechtsprechung die Hürden für die Annahme einer »Genehmigung« und damit das Handeln als Vertreter i.S.d. §§ 164 Abs. 1, 177 Abs. 1 BGB nicht sehr hoch gestellt: Durch die Grundstücksbezogenheit von Bauleistungen in Verbindung mit z.B. einer Eigentümerstellung kommt häufig die Annahme einer konkludenten oder stillschweigenden Genehmigung durch die Entgegennahme bzw. Nichtverhinderung von Bauleistungen in Betracht.[1] Ein mögliches Korrektiv für – mangels Vertretungsmacht und Genehmigung durch den Vertretenen – vertragslos erbrachte Leistungen ist jedoch im Bauvertragsrecht stets die Geschäftsführung ohne Auftrag (GoA) gem. §§ 677 ff. BGB, die auch ausdrücklich im Rahmen von Vergütungsansprü- 2

---

[1] OLG Celle, Urt. v. 25.11.2009, Az. 14 U 21/09, IBR 2010, 1107 (Handwerksleistung); BGH, Urt. v. 23.06.2005, Az. VII ZR 144/03, NZBau 2005, 592 = IBR 2005, 459 (Projektsteuerer).

chen bei vertragslosen Leistungen in § 2 Abs. 8 Nr. 3 VOB/B beim VOB-Vertrag angeführt wird. Im Hinblick auf die besonderen Voraussetzungen zur Bejahung des Vorliegens einer GoA sowie die sonstigen einschränkenden Regelungen (vgl. dazu *Irl*, §§ 677 ff. BGB) ist mit Blick auf die Schadensersatzpflicht des »Vertreters ohne Vertretungsmacht« nach § 179 BGB dessen Interesse stets, eine Genehmigung herbei zu führen: Diese kann ausdrücklich, aber auch stillschweigend bzw. konkludent erfolgen (dazu unten). Die Kunst des Baujuristen besteht dabei in der Darlegung und Beweisführung hinsichtlich aller Umstände, die eine Genehmigungswirkung auslösen konnten.

B. Tatbestandsvoraussetzungen

I. »Jemand«

3   Die offene Formulierung »Jemand« für die Person, die sich als Vertreter geriert, ohne eine Vertretungsmacht zu besitzen, ist gerade im Baurecht sehr hilfreich: Häufig treten hier Mitarbeiter wie z.B. Bauleiter, Poliere und auch geschäftsbeschränkte Auszubildende als Vertreter ihres Unternehmens oder Angestellte von Bauherrn sowie eingeschaltete Architekten und Ingenieure als »Vertreter« im Zuge der Abwicklung von Bauvorhaben auf. Umfasst wird zudem eine fehlende Organstellung (z.B. Vorstand, Geschäftsführer) sowie auch der Fall, dass eine juristische Person (z.B. GmbH, AG, Genossenschaft) z.B. als Nachunternehmer für den Hauptunternehmer mit dem Bauherrn einen Vertrag ohne Vertretungsmacht schließen will.

II. »Ohne Vertretungsmacht«

1. Allgemein

4   Vertretung ohne Vertretungsmacht liegt vor, wenn im Verhältnis zwischen dem »Vertreter« und dem »Vertretenen« entweder schon keine Vollmacht bzw. diese unwirksam erteilt wurde oder eine ursprünglich bestehende Vollmacht vor dem Vertretungsfall wieder in Wegfall gekommen ist, etwa durch Anfechtung oder Widerruf. Ohne Vertretungsmacht handelt auch, wer eine ihm erteilte Vollmacht überschreitet – wobei es dabei ohne Belang ist, ob dies mit Wissen oder unbewusst geschieht – oder nicht vor hatte, diese anzuwenden. Schließlich ist auch eine missbrauchte Vollmacht gem. § 164 BGB »keine Vollmacht«, so dass insoweit ebenso die Regelung des § 177 BGB gilt.[2]

2. Sonderproblem: Öffentliche Auftraggeber

5   Städte, Gemeinden, Landkreise, Zweckverbände, öffentlich-rechtliche Körperschaften, Bezirke, die Bundesländer und die Bundesrepublik Deutschland selbst unterliegen hinsichtlich ihrer Vertretung strengen gesetzlichen Vorschriften. Dementsprechend findet sich für jeden öffentlichen Auftraggeber eine klare, aber nicht immer einfach zu findende, »Vertretungsordnung«, die oftmals in Kaskaden aufgebaut ist. So etwa wird die Bundesrepublik Deutschland bei Straßenbauarbeiten zunächst durch das zuständige Ministerium und dieses wiederum durch die örtlich zuständige Autobahndirektion vertreten. Städte und Gemeinden wiederum werden nach außen hin durch den (Ober-)Bürgermeister vertreten, der im Innenverhältnis wiederum kommunalrechtlichen Schranken hinsichtlich seiner Zuständigkeiten unterworfen wird. Gleiches gilt für Ausschüsse, während das Stadt- oder Gemeinderatsgremium insoweit selbstständiges und – nach außen – unbeschränktes Organ der Kommune ist, das nur intern der kommunalrechtlichen Aufsicht unterliegt.

6   Das Problem bei öffentlichen Auftraggebern, die zu den Hauptauftraggebern für die Bauwirtschaft zählen, liegt deshalb häufig in der Nicht- oder Missachtung dieser Vertretungsregelungen[3]

---

2   BGH, Urt. v. 06.05.1999, Az. VII ZR 132/97, NJW 1999, 2266, 2268.
3   Vgl. z.B. für die BRD: Anordnung über die Vertretung der Bundesrepublik Deutschland im Geschäftsbereich des Bundesministers des Innern sowie über das Verfahren bei der Vertretung (Vertretungsordnung

durch z.B. Behördenvertreter, Bauamtsleiter, Stadtdirektoren, Werks- und Betriebsleiter sowie durch Architektur- und Ingenieurbüros. Im Zuge des Baufortschritts haben diese oft – auch zur Vermeidung von Bauunterbrechungen und damit einhergehenden Stillstandskosten – Anordnungen zu treffen, die in rechtlicher Hinsicht als Vertragsänderungen zu qualifizieren sind. Oftmals fehlt jedoch die Legitimation durch entsprechende Ausschuss- bzw. Ratsbeschlüsse, die in der regelmäßig nur sehr kurzen Zeitspanne, die für eine Entscheidung und entsprechende Anordnung nur zur Verfügung steht, schon aus formalen Gründen (z.B. Ladungsfristen, Sitzungspausen) keine Entscheidung und damit auch Vollmacht herbeiführen können. Dieses Dilemma würde bei konsequenter Anwendung des Wortlautes von § 179 BGB auch zu einer Haftung den Bauhandwerkern und -unternehmern gegenüber führen, die im Falle einer nachträglich nicht erfolgenden Genehmigung durch den Stadt- oder Gemeinderat etwa vertragslose (Mehr-)Leistungen erbracht haben. Allerdings hat hier die Rechtsprechung – wie unten zu § 179 BGB darzustellen ist – einen deutlichen Riegel vorgeschoben: Von Auftragnehmern erwartet die Rechtsprechung, dass diese die Vertretungsregelungen öffentlicher Auftraggeber kennen müssen, mithin entfalle gem. § 179 Abs. 3 S. 1 BGB die Haftung des Vertreters ohne Vertretungsmacht.[4]

3. Sonderfälle des Vertragsabschlusses ohne Vertretungsmacht

Im Bereich des Bauwesens kommen auch Sonderfälle vor, für die von der Rechtsprechung eine entsprechende Anwendung der §§ 177 ff. BGB erfolgt. So etwa für den Fall, dass jemand als Vertreter für eine (noch) nicht existierende juristische Person (z.B. GmbH, AG) einen Bauvertrag für ein Bürogebäude abschließt und gerade nicht für die Gründungsgesellschaft aufgetreten ist[5] oder bei einer erst zu gründenden Bauherrengemeinschaft[6] für diese schon ein Bauvertrag abgeschlossen wird.[7] 7

III. »Im Namen eines anderen«

Erforderlich ist stets, dass der Vertreter ohne Vertretungsmacht ausdrücklich oder jedenfalls nachvollziehbar *im Namen eines anderen* »einen Vertrag« abschließt, selbst wenn es diesen »anderen« (noch) nicht gibt. Andernfalls liegt immer ein Eigengeschäft des vermeintlichen Vertreters vor, wie sich aus § 164 Abs. 2 BGB ergibt. 8

IV. »Wirksamkeit des Vertrages«

Wirksam ist ein Vertrag dann, wenn die für den jeweiligen Vertragstyp maßgeblichen formellen und materiellen Voraussetzungen vorliegen – also nicht alleine dann, wenn der Vertretene die in § 177 Abs. 1 BGB genannte »Genehmigung« erteilt. Dies wird in der Baupraxis manchmal übersehen: Sobald und solange vertragliche oder gesetzliche Formerfordernisse bestehen, z.B. hinsichtlich der Schriftform, § 126 BGB, elektronischen Form, § 126a BGB, Textform, § 126b BGB, vereinbarten Form, § 127 BGB, notariellen Beurkundung, § 128 BGB, oder öffentlichen Beglaubigung, § 129 BGB, ist zur Wirksamkeit des Vertrages auch die Einhaltung dieser Bestimmungen notwendig. 9

V. Genehmigung des Vertrages durch den Vertretenen

Dreh- und Angelpunkt des § 177 BGB ist die Genehmigung: Wird diese wirksam erteilt, so wird der ursprünglich ohne Vertretungsmacht geschlossene Vertrag *ex tunc* voll umfänglich rechtswirk- 10

BMI) BMIVertrAnO; s. insb. die Gemeinde- und Landkreisordnungen der Länder, wonach die Gemeinden von den Bürgermeistern und die Landkreise von den Landräten vertreten werden.
4 BGH, Urt. v. 25.01.2001, Az. I ZR 323/98, NJW 2001, 2626.
5 BGH, Urt. v. 07.05.1984, Az. II ZR 276/83, BGHZ 91, 148.
6 BGH, Urt. v. 19.11.2008, Az. IV ZR 293/05, BGHZ 105, 283.
7 Zu weiteren Sonderfällen mit entspr. Anwendung der §§ 177 ff. BGB vgl. die einschlägigen BGB-Kommentare.

§ 177 BGB Vertragsschluss durch Vertreter ohne Vertretungsmacht

sam und zwar nur zwischen den Vertragsparteien, während der Vertreter aus dem Vertragsanbahnungskreis völlig ausscheidet, mithin auch keinerlei Rechtsbeziehungen mehr zu dem Vertragspartner des Vertretenen bestehen können.

1. Allgemeines zur Genehmigung

11 In der Baupraxis finden sich mehrere Möglichkeiten der Genehmigung, wobei die sog. stillschweigende oder konkludente Genehmigung zu den häufigsten Streitigkeiten führt. Problematisch ist zusätzlich, dass – entgegen der Regel »Wer schreibt, der bleibt!« – oftmals mündlich erteilte Genehmigungen nicht schriftlich festgehalten oder wenigstens in Form eines kaufmännischen Bestätigungsschreibens bestätigt werden und so bei späterem Streit die Beweislast eine maßgebliche Rolle spielt.

a) Begriff

12 Der Begriff der Genehmigung wird in § 184 Abs. 1 BGB legaldefiniert als »nachträgliche Zustimmung«. Eine Zustimmung (umgangssprachlich auch Befürwortung, Bejahung, Geschehenlassen etc.) liegt vor, wenn das Einverständnis des Vertretenen mit dem vom Vertreter vorgenommenen Rechtsgeschäft festgestellt werden kann. Dies ist nicht immer einfach, wie die Baupraxis zeigt. So kann im bloßen Zusehen des Bauherrn bei den Bauarbeiten ein Einverständnis mit den erbrachten Leistungen nur unter weitergehenden Voraussetzungen angenommen werden (dazu unten).

b) Adressaten und Zeitpunkt der Genehmigung

13 Gem. § 182 Abs. 1 BGB können sowohl der Vertreter ohne Vertretungsmacht als auch die andere Vertragspartei Adressat der Genehmigung sein. Eine zeitliche Einschränkung, bis zu welchem Datum die Genehmigung erklärt werden muss, gibt es dabei im Grundsatz nicht. Jedoch ist im Rahmen des § 177 BGB – und deshalb für das Baugeschehen von großer Bedeutung – die Möglichkeit einer raschen Klärung für den Vertragspartner, der sich in Unsicherheit über die Wirksamkeit eines Vertrages befindet (etwa für eine Fußbodengestaltung, die ein Architekt für den Bauherrn in Auftrag gegeben hat), gegeben: Gem. § 177 Abs. 2 BGB kann der potentielle Vertragspartner den Vertretenen zur Erklärung über das Ob einer Genehmigung auffordern. Unabhängig von einer eventuell vom Vertretenen gegenüber dem vollmachtslosen Vertreter schon erklärten Genehmigung – aber auch Verweigerung – wird mit dem Zugang der Aufforderung eine zweiwöchige Erklärungsfrist in Lauf gesetzt. Wird innerhalb dieser zwei Wochen nach Empfang der Aufforderung zur Erklärung über die Genehmigung diese nicht erteilt, so gilt die endgültige Verweigerungsfiktion: Der Vertrag ist dann nicht zustande gekommen. An dieser Stelle werden dann die Regelungen nach §§ 677 ff. BGB zur auftragslosen Geschäftsführung oder auch nach den §§ 812 ff. BGB zur ungerechtfertigten Bereicherung und manchmal auch der §§ 823 ff. hinsichtlich Schadensersatzansprüchen von besonderem Interesse für alle Beteiligten oder Betroffenen.

14 Das Widerrufsrecht des anderen Teils gem. § 178 BGB, das »bis zur Genehmigung des Vertrags« besteht, wird durch eine Aufforderung nach § 177 Abs. 2 BGH während des Zweiwochenlaufs der Genehmigungsfrist nicht eingeschränkt. D.h., der potentielle Vertragspartner kann trotz Genehmigungsaufforderung auch »bis zur Genehmigung« den Vertrag jederzeit selbst widerrufen und damit Klarheit für sich schaffen. Ein *venire contra factum proprium* liegt in einem solchen Verhalten nicht begründet. Zum einen ist der Wortlaut insoweit eindeutig, zum anderen können sich gerade während des schnelllebigen Baugeschehens Veränderungen ergeben, die ein Festhalten an einer möglichen Bindung bei Genehmigung durch den Vertretenen auch kurzfristig nicht mehr zumutbar erscheinen lässt. Dies gilt insbesondere im Zusammenhang mit Winterbaumaßnahmen: Stellt sich unvermutet früh und gerade in der »Bedenkzeit« von zwei Wochen der Winter ein, so kann etwa das Zuwarten auch nur von zwei Wochen für den Betonbauer oder Pfahlhersteller, dem vom Architekten Zusatzleistungen ohne Vertretungsmacht übertragen werden sollen,

nicht mehr von Interesse sein. Deshalb muss ein Widerruf in jedem Fall gem. § 178 BGB jederzeit und auch in der »Genehmigungsaufforderungsfrist« von zwei Wochen möglich sein.

c) Form der Genehmigung; Teilgenehmigung

Die Genehmigung stellt eine empfangsbedürftige Willenserklärung dar, §§ 102 ff.; 182 ff. BGB, die keinerlei Form bedarf, § 182 Abs. 2 BGB. Sie kann also mündlich, schriftlich und auch konkludent (dazu unten) durch Schweigen oder bestimmte Handlungen erteilt werden. Denn die – etwa beim Grundstückskauf – notwendige Form (notarielle Urkunde) muss zwangsläufig schon der Vertreter ohne Vertretungsmacht eingehalten haben, da andernfalls bereits kein genehmigungsfähiger Vertragsschluss vorliegt. Die Genehmigung kann auch durch einen Vertreter des Vertretenen (oder dessen Rechtsnachfolger bzw. Erben) erfolgen – allerdings immer nur hinsichtlich des gesamten Vertrags, nicht jedoch für Teile davon. Eine »Rosinen«-Möglichkeit besteht damit nicht, vielmehr gilt »Ganz-oder-gar-nicht«. Die Parteien können jedoch bei einem teilbaren Geschäft einvernehmlich eine Teilgenehmigung und damit ein Teilwirksamwerden vereinbaren.

15

d) Besonderheiten bei öffentlichen Auftraggebern

In der Baupraxis scheitern Bauverträge mit öffentlichen Bauherren oftmals an der Nichtberücksichtigung landesrechtlicher oder sonstiger Schriftform-Vorschriften. Diese werden von der Rechtsprechung im Hinblick auf die fehlende Kompetenz der Länder zum Erlass derartiger Regelungen nicht als Formvorschriften (vgl. § 125 BGB), sondern als Vertretungsmacht-Festlegungen behandelt, so dass der Weg zu den §§ 177 ff. BGB eröffnet wird.[8] Allerdings darf sich eine Kommune nicht (mehr) auf einen Formverstoß berufen, wenn das nach dem Kommunalrecht zuständige Organ den Abschluss des Vertrages nachträglich beschlossen hat,[9] § 242 BGB.

16

2. Möglichkeiten der Genehmigung

a) Ausdrückliche Genehmigung

Erteilt der Vertretene ausdrücklich schriftlich oder mündlich die Genehmigung des vom Vertreter ohne Vertretungsmacht abgeschlossenen Vertrages, so ergeben sich in der Baupraxis keine Probleme – sofern der Nachweis dieser Genehmigung im Streitfall gelingt. Nachdem oft zwischen Bauleistung und Baustreitbeginn, jedenfalls aber dem Zeitpunkt einer Zeugeneinvernahme viele Monate und manchmal auch Jahre liegen, muss die Genehmigung schriftlich fixiert und bewahrt werden. Der Handschlag allein ist in der Bauwirtschaft heute nichts mehr wert: Zu sehr gehen die Interessen auseinander und viele Streitigkeiten ins Geld!

17

b) Schlüssige bzw. konkludente Genehmigung

Den in der Baupraxis bedeutsamsten Genehmigungsfall stellt das schlüssige bzw. konkludente Verhalten des Vertretenen im Zusammenhang mit Bauverträgen aller Art dar. So etwa, wenn Angehörige ohne Vollmacht Aufträge unterzeichnen und der Vertretene nachweisbar die sich aus dem Auftrag ergebenden Leistungen vor Ort mit verfolgt.[10] Oder ein Bauherr die Handlungen des Projektsteuerers nicht zurückweist.[11] Dies gilt auch für die häufigen Fälle des vollmachtlos handelnden Architekten[12] sowie der Kündigungsandrohung nach § 648a BGB bzw. §§ 8; 5

18

---

[8] BGH, Urt. v. 20.01.1994, Az. III ZR 158/82, NJW 1994, 1528.
[9] BGH, Urt. v. 10.05.2001, Az. III ZR 111/99, NJW 2001, 2628.
[10] OLG Celle, Urt. v. 25.11.2009, Az. 14 U 21/09, IBR 2010, 1107 (Auftragsunterzeichnung durch im Haus lebenden Sohn).
[11] BGH, Urt. v. 23.06.2005, Az. VII ZR 144/03, NZBau 2005, 592 (Ls.) = IBR 2005, 459.
[12] OLG Stuttgart, Urt. v. 31.05.2002, Az. 5 U 98/01, IBR 2004, 407; OLG Hamburg, Urt. v. 25.04.2001, Az. 13 U 38/00, IBR 2001, 491.

VOB/B.[13] Aus der umfangreichen Judikatur zum vollmachtlosen Handeln Baubeteiligter, insb. Architekten, Projektsteuerer, Ingenieurbüros, Baubetreuer, lassen sich die wesentlichen Ansatzpunkte zur Bejahung bzw. Verneinung einer konkludenten Genehmigung wie folgt herausarbeiten:

19 Grundsatz: Eine Genehmigung liegt vor, wenn der Vertretene dem Vertragspartner gegenüber zum Ausdruck bringt, dass er dessen Handeln billigt und das abgeschlossene Rechtsgeschäft gegen sich gelten lassen will. Die Genehmigung kann insoweit auch durch schlüssiges Handeln erfolgen; Voraussetzung ist lediglich, dass der Vertretene die mögliche Deutung seines Verhaltens als Genehmigung bei Anwendung pflichtgemäßer Sorgfalt hätte erkennen können. Die fehlende Vollkaufmannseigenschaft steht dem nicht entgegen.[14] Letztlich kommt es immer auf eine Gesamtwürdigung aller Umstände an.[15]

20 Gerade bei der rechtlichen Beurteilung des Gesamtverhaltens eines Vertretenen im Hinblick auf eine möglicherweise erfolgte konkludente Genehmigung ist im Baurecht besondere Findigkeit des Baujuristen gefordert. Er muss – wie auch die zahlreichen einschlägigen Urteile aufzeigen – eine breite Palette möglicher Genehmigungsindizien herausarbeiten; sich nur auf ein oder zwei Argumente zu stützen bedeutet insoweit im Baurecht einen Kunstfehler! Indizien für eine schlüssige Genehmigung können – meist in kumulativer Form – sein:
 – Entgegennahme der Bauleistungen ohne Widerspruch
 – Leistung von Abschlagszahlungen
 – Eigentümerstellung
 – Objektives Interesse an dem Erhalt der Bauleistung
 – Aufforderung zur Übergabe von Mängelhaftungsbürgschaften
 – Erteilung von bestimmten, weitreichenden Vollmachten
 – Rechnungsprüfungsvorgänge
 – Ansprechpartner-Rolle
 – Dauer der Leistungserbringung
 – Höhe der Abschlags- oder Vorauszahlungen
 – Keine Zurückweisung von Mahnungen mit dem Hinweis, nicht Vertragspartner zu sein
 – Text von Schreiben, aber auch Bürgschaften, aus denen sich die Vertragsparteien ergeben und dennoch keine Korrektur erfolgt
 – Bezahlung der Schlussrechnung
 – Streit über Abschlags- bzw. Schlussrechnungsinhalt bzw. -höhe

VI. Aktive Feststellung der Genehmigungswilligkeit, § 177 Abs. 2 BGB

21 Nachdem bei der Bauabwicklung »Zeit« gleich »Geld« ist, mithin Ungewissheit über die Wirksamkeit von Verträgen für die andere Vertragspartei meist untragbar oder jedenfalls mit nachteiligen Folgen verbunden ist, kommt § 177 Abs. 2 BGB eine besondere Bedeutung im Baurecht zu. Denn durch Anwendung dieser Abklärungsmöglichkeit wird der Vertretene gezwungen, relativ schnell klarzustellen, ob er die Genehmigung erteilt oder verweigert. Gibt er keine Antwort und ist die Zweiwochenfrist verstrichen, so ist automatisch der Vertragsschluss *ex tunc* unwirksam. Insoweit regelt dann § 179 BGB die Folgen für den vollmachtslosen Vertreter (s. dort). Wird die Genehmigungserklärung – formlos – erteilt, so kann dies nach erfolgter Aufforderung nur noch gegenüber dem »anderen Teil«, nicht aber mehr auch gegenüber dem Vertreter, wie § 182 Abs. 1 BGB es ermöglicht, erfolgen. Mehr noch: Es gilt nach § 177 Abs. 2, S. 1, 2. HS. BGB weder eine Genehmigung noch Verweigerung der Genehmigung mehr, die vor der Aufforderung durch den

---

13 BGH, Urt. v. 28.11.2002, Az. VII ZR 270/01, BauR 2003, 299 (Ls.) = BauR 2003, 381= BB 2003, 332 (Ls.) = DB 2003, 553 = EWiR 2003, 149 (Ls.) = MDR 2003, 263 = NJW-RR 2003, 303 = NZBau 2003, 153 = WM 2003, 1428 = ZfBR 2003, 250 = ZfIR 2003, 175 (Ls.).
14 OLG Celle, Urt. v. 25.11.2009, Az. 14 U 21/09, IBR 2010, 1107.
15 BGH, Urt. v. 23.06.2005, Az. VII ZR 144/03, IBR 2005, 459.

»anderen Teil« vom Vertretenen unmittelbar gegenüber dem vollmachtlosen Vertreter ausgesprochen war: Das Rad wird also zurück gedreht und der Vertretene erhält eine neue Überlegungsfrist. Hat er z.b. gegenüber dem Vertreter bereits die Genehmigung erklärt, so wäre zwar der Vertrag *ex tunc* wirksam geworden, jedoch gilt dies ausdrücklich nicht, wenn vom Recht zur Erklärungsforderung Gebrauch gemacht wird. Dann ist – verständlicherweise – der Vertretene wieder in seiner Entscheidung frei, da die Genehmigung (oder Verweigerung), die nur gegenüber dem Vertreter erfolgt war, noch nicht nach außen gewirkt hat. Ein Vertreter kann deshalb einmal so und – abschließend nach Aufforderung zur Erklärung – anders entscheiden. Das Pendant dazu für den »anderen Teil« findet sich – wie oben erläutert – in § 178 BGB. Danach kann der potentielle Vertragspartner »bis zur Genehmigung« den Vertragsabschluss sowohl gegenüber dem Vertretenen als auch dem Vertreter widerrufen – auch wenn er zur Erklärung nach § 177 Abs. 2 BGB aufgefordert hat.

C. Rechtsfolgen

Schließt ein Vertreter ohne Vertretungsmacht für einen Vertretenen einen Vertrag ab, so ist dieses Rechtsgeschäft zunächst schwebend unwirksam. Diese Unwirksamkeit bleibt solange bestehen, bis entweder eine Genehmigung erfolgt ist oder der Vertretene die Genehmigung verweigert bzw. der andere Teil von seinem Widerrufsrecht gem. § 178 BGB Gebrauch gemacht hat. Erfolgt die (ausdrückliche oder konkludente) Genehmigung – gleich in welcher Form –, so wird der Vertrag mit dem gesamten Inhalt, der zwischen dem vollmachtlosen Vertreter und dem anderen Teil vereinbart wurde, wirksam. Dabei dient die Genehmigung als Umwandlungsinstrument für das vollmachtlose Handeln: Ab dem Zeitpunkt der Genehmigung gilt, dass der Vertreter mit Vollmacht gehandelt hat – und zwar ex tunc, § 184 BGB. Damit ergeben sich auch für das Innenverhältnis zwischen Vertretenem und Vertreter oft entscheidende Rechtsfolgen: Im Regelfall bedeutet die Genehmigung auch die Zustimmung zur Geschäftsführung im Innenverhältnis gem. § 684 S. 2 BGB und der Vertretene wird zugleich Geschäftsherr. Dies kann bei Vertragsverhältnissen, die aus anderen Gründen unwirksam oder anfechtbar sind, von Bedeutung sein.[16]

22

D. Beweisfragen

Es gelten zunächst die allgemeinen Beweisgrundsätze: Wer einen für ihn günstigen Sachverhalt vorträgt, muss ihn im Streitfall beweisen. Im Rahmen des § 177 BGB hat in Bausachen regelmäßig »der andere Teil«, also der Bauunternehmer oder -handwerker, oft auch der Architekt, ein Interesse daran darzulegen und zu beweisen, dass der Vertreter des Bauherrn bei der Erteilung von Aufträgen entweder mit Vollmacht gehandelt oder der Bauherr nachträglich die Genehmigung des Vertrages erteilt hatte. Soll die Verweigerungsfiktion nach § 177 Abs. 2 BGB helfen, so muss der Zugang der Aufforderungserklärung an den richtigen Adressaten und der Zeitpunkt nachgewiesen werden. Hier hilft der Einwurf-Einschreibebrief und noch besser der Bote mit Zugangsprotokoll (Datum, Ort, Uhrzeit, Name). Wer behauptet, dass die Genehmigung innerhalb der Zweiwochenfrist des § 177 Abs. 2 BGB zugegangen ist, muss dies ebenso beweisen,[17] wie derjenige den Beweis zu führen hat, dass eine Verweigerung erfolgt ist, der die Unwirksamkeit vorträgt. Nicht bewiesen werden muss das Fehlen einer Vertretungsmacht, wie sich schon aus § 179 Abs. 1 BGB ergibt: Danach muss nämlich der Vertreter seine Vollmacht nachweisen.[18]

23

---

16 Ausführlich dazu: MüKo-BGB/*Schramm*, § 177 Rn. 43 ff.
17 PWW/*Frensch*, § 177 Rn. 13.
18 BGH, Urt. v. 27.10.1968, Az. II ZR 103/86, BGHZ 99, 50 (52); OLG Düsseldorf, Urt. v. 29.11.1991, Az. 22 U 149/91, NJW 1992, 1176.

§ 178 Widerrufsrecht des anderen Teils

Bis zur Genehmigung des Vertrags ist der andere Teil zum Widerruf berechtigt, es sei denn, dass er den Mangel der Vertretungsmacht bei dem Abschluss des Vertrags gekannt hat. Der Widerruf kann auch dem Vertreter gegenüber erklärt werden.

A. Allgemeine Anmerkungen, Normzweck

1 Die schwebende Unwirksamkeit eines Vertrages, der mit einem vollmachtlosen Vertreter geschlossen wurde (vgl. § 177 BGB) führt in der Baupraxis häufig deshalb zur Notwendigkeit schneller Klarstellung der vertraglichen Situation, weil Personal und Material, aber auch – und meistens sehr kostenaufwändig – Geräte und Maschinen gebunden werden. So kosten große Dumper, Lader, Bagger, Kräne, Bohrgeräte, Schlitzwandgeräte, Tunnelbohrmaschinen oder Gleisbauanlagen vielstellige Beträge pro Tag des Stillstands. Der »andere Teil«, mithin der potentielle Vertragspartner, der auf die Wirksamkeit des geschlossenen Vertrages vertraut hat, weil ihm beim Abschluss des Vertrages der Mangel der Vertretungsmacht nicht bekannt war, soll deshalb jederzeit bis zur Genehmigung durch den Vertretenen die Möglichkeit haben, den Vertragsabschluss zu widerrufen.

2 Diese Möglichkeit zum Widerruf stellt zugleich den Ausgleich dafür her, dass es dem Vertretenen vorbehalten bleibt, trotz interner Genehmigung oder auch Verweigerung der Genehmigung gegenüber dem vollmachtlosen Vertreter seine Meinung zum Wirksamwerden des Vertrages dann noch zu ändern, wenn er gem. § 177 Abs. 2 BGB vom anderen Teil zu einer diesbezüglichen Erklärung aufgefordert wird.

B. Tatbestandsvoraussetzungen

I. »Bis zur Genehmigung«

3 Ab dem Zeitpunkt, in dem der andere Teil die Genehmigung zur Kenntnis genommen hat oder diese ihm zugestellt wurde, ist der Widerruf ausgeschlossen. Ohne Belang ist allerdings, ob der Vertretene schon gegenüber dem Vertreter eine Genehmigungserklärung abgegeben hat, wie § 177 Abs. 2 BGB zeigt. Deshalb ist es wichtig, den exakten Zugang nach Datum und Uhrzeit nachzuweisen: Wer zuerst kommt, mahlt bekanntlich zuerst!

II. Widerruf nur durch den anderen Teil

4 Nach dem Wortlaut eindeutig steht ein Widerrufsrecht nur dem »anderen Teil« zu. Dies ist der Ausgleich für die Möglichkeit, die der Vertretene hat: Verweigerung der Genehmigung.

III. Widerruf gegenüber dem Vertretenen oder dem Vertreter möglich

5 Im Hinblick auf die – gerade bei großen Bauvorhaben – manchmal schwierige Ermittlung bzw. Erreichbarkeit des Vertretenen (z.B. Investor aus dem Ausland), gibt § 178 BGB dem anderen Teil nicht nur die Möglichkeit des Widerrufs gegenüber dem Vertretenen, sondern direkt auch gegenüber dem Vertreter mit Wirkung auch gegen den Vertretenen.

IV. Keine Kenntnis von Mangel der Vertretungsmacht

6 Hatte der andere Teil zum Zeitpunkt des Vertragsabschlusses mit dem Vertreter ohne Vertretungsmacht Kenntnis vom Mangel der Vertretungsmacht, so gewährt das Gesetz ihm keine Dispositionsfreiheit durch eine Widerrufsmöglichkeit mehr. Denn er musste dann von der schwebenden Unwirksamkeit wissen und deshalb mit einer Bindung im Falle einer Genehmigung durch den Vertretenen gem. § 177 Abs. 2 BGB rechnen. Kenntnis gibt damit nur noch dem Vertretenen die Freiheit ja oder nein zum Vertrag zu sagen.

C. Rechtsfolgen

Mit dem Widerruf wird der Vertrag unwirksam und kann auch durch eine noch so zeitnahe Ge- 7
nehmigung nicht wieder aufleben: Der Zugang des Widerrufs entweder beim Vertretenen oder
beim Vertreter bedeutet damit das finale Ende dieses Vertragsverhältnisses.

D. Beweisfragen

Wird die Unwirksamkeit eines Vertrages wegen des Widerrufs nach § 178 BGB behauptet, so 8
muss der Beweis dazu geführt werden, dass der Widerruf vor einer Genehmigung erfolgt und
dem Vertretenen oder Vertreter zugegangen ist. Will schließlich der Vertreter z.B. aus Gründen
der Schadensabwendung nach § 179 BGB den Widerruf aus der Welt schaffen, so muss er beweisen, dass der andere Teil vom Mangel der Vertretungsmacht Kenntnis hatte. Denn dies wäre eine
für ihn dann günstige Behauptung, für die er die Beweislast trägt.

§ 179 Haftung des Vertreters ohne Vertretungsmacht

(1) Wer als Vertreter einen Vertrag geschlossen hat, ist, sofern er nicht seine Vertretungsmacht
nachweist, dem anderen Teil nach dessen Wahl zur Erfüllung oder zum Schadensersatz verpflichtet, wenn der Vertretene die Genehmigung des Vertrags verweigert.

(2) Hat der Vertreter den Mangel der Vertretungsmacht nicht gekannt, so ist er nur zum Ersatz
desjenigen Schadens verpflichtet, welchen der andere Teil dadurch erleidet, dass er auf die Vertretungsmacht vertraut, jedoch nicht über den Betrag des Interesses hinaus, welches der andere
Teil an der Wirksamkeit des Vertrags hat.

(3) Der Vertreter haftet nicht, wenn der andere Teil den Mangel der Vertretungsmacht kannte
oder kennen musste. Der Vertreter haftet auch dann nicht, wenn er in der Geschäftsfähigkeit beschränkt war, es sei denn, dass er mit Zustimmung seines gesetzlichen Vertreters gehandelt hat.

A. Allgemeine Anmerkungen, Normzweck

§ 179 BGB normiert eine gesetzliche Garantiehaftung in Form einer Vertrauenshaftung: Wer als 1
Vertreter auftritt und Verträge nicht für sich, sondern für andere abschließt, muss dafür einstehen,
wenn der Vertretene den Vertrag im Nachhinein nicht genehmigt. Den Kopf aus dieser Schlinge
zu befreien ist trotz einiger Einschränkungen gerade im Baubereich schwierig. Denn meist handelt es sich um »Standard-Probleme«, die durch die Besonderheiten des Baugeschehens aus-, aber
von den Beteiligten nicht immer richtig gelöst werden: Architekten überschreiten ihre Vollmachten, Bauleiter beauftragen ohne Vollmacht Nachunternehmer oder Projektsteurer greifen in Vertragskonstellationen ein, ohne dazu berechtigt zu sein. Sehr häufig handeln auch Mitarbeiter oder
Organe von öffentlichen Auftraggebern ohne entsprechende Legitimation. Dementsprechend ist
die Judikatur umfangreich und die Kommentierung in den maßgeblichen BGB-Kommentaren
ausführlich. Für den Baubereich wichtig ist besonders die Frage, wann »der andere Teil den Mangel der Vertretungsmacht kannte oder kennen musste«, wie § 179 Abs. 3 BGB vorgibt: Dann
nämlich ist die Haftung des Vertreters ausgeschlossen. Der Fall hingegen, dass ein beschränkt Ge-
schäftsfähiger als Vertreter bei einer Bauabwicklung auftritt, kommt in der Praxis nicht vor.

B. Tatbestandsvoraussetzungen

I. Grundsatz: Haftung des Vertreters, § 179 Abs. 1 BGB

Hat ein Vertreter ohne Nachweis einer bestehenden Vertretungsmacht einen Vertrag geschlossen, so 2
haftet er auch ohne Verschulden »dem anderen Teil« nach dessen Wahl entweder auf Erfüllung des
Vertrages oder aber auf Schadensersatz, wenn der Vertretene nicht die Genehmigung gem. §§ 177,
182, 184 BGB erteilt, sondern diese verweigert. Insoweit bedarf es keiner ausdrücklichen Erklä-

rung, vielmehr genügt die gesetzliche Fiktion nach § 177 Abs. 2, S. 2, 2. HS. BGB: Danach gilt die Genehmigung als verweigert, wenn sich der Vertretene nicht binnen der 2-Wochen-Frist nach Erklärungsaufforderung durch den anderen Teil äußert. Der BGH[1] formuliert zur Haftung:

> »§ 179 Abs. 1 BGB ordnet eine Garantiehaftung an, die dem Vertreter ohne nachgewiesene Vertretungsmacht das verschuldensunabhängige Risiko auferlegt, seine – zumindest stillschweigend erfolgte – Erklärung, er habe die für den abgeschlossenen Vertrag erforderliche Vertretungsmacht, sei richtig (z.B. BGH, Urt. v. 02.02.2000 – VIII ZR 12/99, NJW 2000, 1407). Das hat zur Folge, daß der Vertragsgegner grundsätzlich auf die behauptete Vertretungsmacht vertrauen darf (z.B. BGH, Urt. v. 10.05.2001, Az.: III ZR 111/99, BGHZ 147, 381).«

II. Wahlmöglichkeit: Erfüllung oder Schadensersatz

3   Besteht eine Haftung des Vertreters, weil die Genehmigung des Vertrages verweigert wurde und auch kein Haftungsausschluss- bzw. Einschränkungsgrund gem. § 179 Abs. 2 oder 3 BGB vorliegt, dann stehen »dem anderen Teil« nach freier Wahl alternativ Erfüllungs- oder Schadensersatzansprüche zu.

III. Ausnahme: Unkenntnis vom Mangel der Vertretungsmacht, § 179 Abs. 2 BGB

4   Der Strohhalm einer Haftungsbegrenzung auf das sog. negative Interesse (auch: Vertrauensinteresse) wegen Unkenntnis des Mangels der Vertretungsmacht rettet im Bauvertragsrecht praktisch nicht. Denn sowohl Architekten, Ingenieure und Bauleiter kennen mindestens vom Studium des Baurechts her die Bedeutung und den Inhalt notwendiger Vollmachten, wenn sie als Sachwalter des Bauherrn bzw. Vertreter ihrer Unternehmung Verträge abschließen. Gleiches gilt für die Organe und Mitarbeiter öffentlicher Auftraggeber, deren Ausbildung in jedem Falle auch die Vertretungsregelungen und Befugnisgrenzen beinhaltet. Eine Unkenntnis kann damit zwar behauptet, aber nur in absoluten Ausnahmefällen nachvollziehbar dargelegt und bewiesen werden.

IV. Ausnahme: Kenntnis des anderen Teils, § 179 Abs. 3 BGB

5   Der Haftungsausschlussgrund »Kenntnis« – gleich ob tatsächlich vorhanden oder fahrlässig nicht bestehend – wird in Baustreitigkeiten häufig eingewendet. Denn hier ergeben sich oftmals Situationen und Lebenserfahrungen, die per se eine Kenntnis fehlender Vertretungsmacht nahelegen: So tragen Architekten, die ohne entsprechende Spezialvollmachten im Zuge von Bauarbeiten Zusatzaufträge erteilen stets vor, der Bauunternehmer – dem gegenüber der Bauherr eine Genehmigung und damit auch Zahlung verweigert – habe wissen müssen, dass ein Architekt ohne entsprechende Vollmacht keine zusätzlichen Leistungen vergeben dürfe. Dementsprechend ist die Rechtsprechung hier oft gefordert. Zu den wesentlichen Vorgaben des BGH zählen dabei:

6   »*Der Vorwurf fahrlässiger Unkenntnis des Mangels der Vertretungsmacht, die nach § 179 Abs. 3 »BGB die Haftung des vollmachtlosen Vertreters entfallen lässt (BGHZ 147, 381 s.o.), kommt deshalb nur in Betracht, wenn der Vertragsgegner beim Vertragsschluss (Schramm in: Münchner Kommentar BGB, 4. Aufl., § 179 Rn. 43) entweder tatsächlich Zweifel an dem Bestand oder dem notwendigen Umfang der erforderlichen Vertretungsmacht hatte oder es jedenfalls erkennbare Umstände gab, die ihn insoweit hätten zweifeln lassen müssen. Ein Vertrauen des Vertragsgegners auf die behauptete Vertretungsmacht ist dann nicht mehr schutzwürdig (BGHZ 147, 381 s.o.).*«[2]

7   *Für das »Kennenmüssen« im Sinne des § 179 Abs. 3 Satz 1 BGB kommt es darauf an, ob die Unkenntnis auf Fahrlässigkeit beruht (vgl. § 122 Abs. 2 BGB). Danach führt zwar nach § 179 Abs. 3 Satz 1 BGB jede Fahrlässigkeit zum Ausschluss der Haftung. Eine Außerachtlassung der im Verkehr erforderlichen Sorgfalt liegt aber nur vor, wenn die Umstände des Falles den Vertragspartner ver-*

---

1 BGH, Urt. v. 09.11.2004, Az.: X ZR 101/03, IBR 2005, 127; NJW-RR 2005, 268.
2 BGH, Urt. v. 09.11.2004, Az.: X ZR 101/03, IBR 2005, 127; NJW-RR 2005, 268.

anlassen müssen, sich danach zu erkundigen, ob der Vertreter die zumindest stillschweigend behauptete Vertretungsmacht tatsächlich hat (vgl. BGH, Urt. v. 09.10.1989 – II ZR 16/89 – NJW 1990, 387, 388). Weil im Interesse der Verkehrssicherheit in § 179 Abs. 1 BGB eine gesetzliche Garantenhaftung vorgesehen ist, darf der Vertragsgegner grundsätzlich auf die behauptete Vertretungsmacht vertrauen, ohne zu Nachforschungen über deren Bestand und Umfang verpflichtet zu sein. Nur wenn er Anhaltspunkte für eine fehlende Vertretungsmacht hat und diesen Bedenken nicht nachgeht, ist er nicht schutzwürdig (vgl. BGH Urt. v. 20.10.1988, Az.: VII ZR 219/87, BGHZ 105, 283, 285 f.; BGH, Urt. v. 2. Februar 2000 – VIII ZR 12/99 – NJW 2000, 1407, 1408).[3]

V. Sonderfall: Öffentlicher Auftraggeber und vollmachtloser Vertreter

Im Hinblick auf die Tatsache, dass der größte Teil aller Bauprojekte im Wege öffentlicher Auftragsvergabe durchgeführt werden und deshalb sehr häufig Vertretungsprobleme auftreten, hat die Rechtsprechung Entscheidungshilfen entwickelt, die im Rahmen des § 179 BGB von großer Bedeutung sind. Denn Verträge mit öffentlichen Körperschaften kann man nur über deren Organ bzw. Vertreter schließen. Zum Schutz der Körperschaften sind die Vertreter an strenge Form- und Vertretungsvorschriften gebunden, die z.B. für Gemeinden und Kreise länderspezifisch geregelt und daher für den Außenstehenden nicht ohne weiteres nachvollzieh- bzw. -lesbar sind. Aus diesen Gründen hat die Rechtsprechung einige Grundregeln zum Umgang mit diesen Problemen herausgearbeitet:

1. Haftung des Organs als vollmachtloser Vertreter

Zunächst steht nicht in Frage, dass § 179 Abs. 1 BGB nicht nur im Bereich rechtsgeschäftlich erteilter Vollmacht gilt, sondern auch in Fällen anzuwenden ist, in denen Organe die ihnen gesetzten Vertretungsbefugnisse überschreiten.[4] Ergibt sich jedoch eine Unwirksamkeit deshalb, weil Formvorschriften nicht eingehalten worden sind, dann ist § 179 BGB etwa gegenüber einem Bürgermeister nicht anwendbar. Dies begründete der BGH umfassend und unter Abwägung der Interessenlagen u.a. wie folgt:

»Bei der danach gebotenen wertenden Betrachtung gewinnen Gesichtspunkte die Oberhand, die letztlich gegen die Anwendbarkeit des § 179 Abs. 1 BGB auf die hier vorliegende Fallkonstellation sprechen: Der Schutz der Gemeinde vor übereilten und unüberlegten Verpflichtungserklärungen des Bürgermeisters kann, weil dem Landesgesetzgeber insoweit die Gesetzgebungskompetenz fehlt, nicht unmittelbar durch Einführung einer Formvorschrift erreicht werden; er wird vielmehr durch Verknüpfung des Formerfordernisses mit der Vertretungsregelung bewirkt. Das würde im Falle der Anwendung des § 179 Abs. 1 BGB bei Nichtbeachtung der Form zur persönlichen Haftung des Bürgermeisters führen, während sonst im rechtsgeschäftlichen Verkehr der Vertreter einer natürlichen Person oder einer juristischen Person des Privatrechts beim Abschluss eines formfehlerhaften Geschäfts nicht nach der genannten Vorschrift haftet. Damit würde der Kompetenzmangel, der die Einbeziehung einer für notwendig erachteten Formvorschrift in die Vertretungsregelung veranlasst, zum Auslöser einer Ungleichbehandlung, die unter dem von der Sache her allein maßgeblichen Gesichtspunkt des haftungsrechtlichen Vertrauensschutzes der inneren Rechtfertigung entbehrt. Der Senat hält deshalb dafür, dass die angesprochene Verletzung des § 54 Abs. 1 BWGO die scharfe, am Erfüllungsinteresse orientierte Vertrauenshaftung des grundsätzlich allein vertretungsberechtigten Organs nach § 179 Abs. 1 BGB nicht rechtfertigt und dass kein Anlass besteht, den Vertragsgegner besser zu stellen, als sei dem rechtsgeschäftlich bevollmächtigten Vertreter einer natürlichen Person

---

[3] BGH, Urt. v. 10.05.2001, Az.: III ZR 111/99, IBR 2001, 522; BauR 2001, 1415; BGHZ 147, 381; NJW 2001, 2626.
[4] BGH, Urt. v. 20.06.1952, Az.: V ZR 34/51, BGHZ 6, 330 (333); BGH, Urt. v. 15.06.1960, Az.: V ZR 191/58, BGHZ 32, 375 (381).

oder einer juristischen Person des Privatrechts ein die Wirksamkeit des Geschäfts beeinträchtigender Formfehler unterlaufen.«[5]

2. Kein Handeln ohne Vertretungsmacht bei Vorbehalt aufsichtsrechtlicher Genehmigung

10 Schließt ein gesetzlich, satzungsgemäß oder in sonstiger Weise ordnungsgemäß bestellter Vertreter (z.B. der Bürgermeister einer Stadt) einen Bauvertrag ab, hängt dieser jedoch noch von der Genehmigung der Aufsichtsbehörde oder von Zuschussgebern ab und wird diese Genehmigung verweigert, dann handelt der Vertreter nicht ohne Vertretungsmacht, so dass eine Haftung aus § 179 BGB nicht hergeleitet werden kann. Denn – so für den Fall einer notwendigen kommunalaufsichtlichen Genehmigung der BGH:

> »Das Erfordernis der Genehmigung durch die Kommunalaufsicht ... führt nicht zu einer Einschränkung der Vertretungsbefugnis des Bürgermeisters. Anders als bei einem Vertretungsmangel kann das Fehlen einer Genehmigung ... nicht durch die Genehmigung der von dem Bürgermeister vertretenen Gemeinde geheilt werden. Soweit bestimmte Rechtsgeschäfte der Gemeinde – ... – der kommunalaufsichtlichen Genehmigung bedürfen – und bis zu deren Erteilung (schwebend) unwirksam sind –, ist vielmehr eine Beschränkung der Rechtsmacht der Gemeinde, sich selbständig rechtsgeschäftlich verpflichten zu können, anzunehmen. Diesbezüglich ist weder die unmittelbare noch die entsprechende Anwendung des Vertretungsrechts (§§ 177 ff. BGB) eröffnet.«[6]

3. Kommunalrechtliche Formerfordernisse bei Änderungsanordnungen und Zusatzleistungen

11 Die Erklärung gem. § 1 Abs. 3 bzw. Abs. 4 VOB/B kann von einem Dritten für den Auftraggeber nur wirksam im Rahmen einer gesetzlichen oder rechtsgeschäftlichen Vertretungsmacht abgegeben werden.[7] Eine kommunale Gebietskörperschaft kann deshalb durch eine Erklärung gemäß § 1 Abs. 3 oder 4 VOB/B den vertraglichen Leistungsumfang wirksam nur erweitern und einen zusätzlichen Vergütungsanspruch des Auftragnehmers gem. § 2 Abs. 6 VOB/B begründen, wenn der Landrat bzw. Bürgermeister als vertretungsberechtigtes Organ oder sein Stellvertreter die Erklärung abgegeben hat, und die nach der jeweiligen Kommunalordnung für eine wirksame Verpflichtung der Kommune erforderlichen Voraussetzungen vorliegen.[8] Entsprechendes gilt bei anderen öffentlichen Auftraggebern, die in der Regel interne Vertretungsregelungen aufgestellt haben. Es obliegt damit den Vertragspartnern, sich stets über die vorliegende Legitimation – z.B. durch Verlangen nach einer Abschrift des Protokolls oder Sitzungsniederschrift – zu informieren. Dennoch werden Auftragnehmer auch bei fehlender Vertretungsmacht nicht rechtlos gestellt. Denn die Rechtsprechung eröffnet viele Wege, um dennoch Geld zu erhalten, so etwa über § 2 Abs. 8 VOB/B oder die Regelungen zur GoA, §§ 677 ff. BGB, und auch §§ 812 ff. BGB, wobei der Einwand der Entreicherung bei einem öffentlichen Auftraggeber praktisch nicht möglich ist.

4. Vollmachtsumfang eines Bauleiters

12 Der »Mann an der Front« bei der Ausführung von Bauvorhaben aller Art ist im Regelfall seitens des Bauunternehmers der Bauleiter. Dementsprechend wird er täglich mit einer Vielzahl von Entscheidungen, darunter auch Vertragsabschlüssen, konfrontiert. Sehr schnell kann ein Bauleiter damit in den Haftungsbereich des § 179 kommen. Deshalb hat die Rechtsprechung dazu – unter Heranziehung der Grundsätze, die für Architekten gelten – klare Vorgaben gemacht:

---

[5] BGH, Urt. v. 10.05.2001, Az.: III ZR 111/99, IBR 2001, 522; BauR 2001, 1415; BGHZ 147, 381; NJW 2001, 2626.
[6] BGH, Urt. v. 04.12.2003, Az.: III ZR 30/02, BGHZ 157, 168; IBR 2005, 1132.
[7] BGH, Urt. v. 14.07.1994, Az.: VII ZR 186/93, BauR 1994, 760; ZfBR 1995, 15.
[8] S. dazu die lehrbuchmässig abgefasste Entscheidung des BGH, Urt. v. 27.11.2003, Az.: VII ZR 346/01, BauR 2004, 495; NJW-RR 2004, 449; NZBau 2004, 207; IBR 2004, 121 (*Englert*).

Die Position ... als Bauleiter bei dem Bauvorhaben ... gibt für sich genommen keinen hinreichenden Ansatz für eine rechtsgeschäftlich – ... – erteilte Befugnis zur Anordnung und Vergabe von Zusatzarbeiten. ... Nach herrschender Auffassung in Rechtsprechung und Literatur kann aus der Tatsache, dass ein Architekt im Rahmen eines Bauvorhabens bestellt wurde, nicht ohne weiteres auf eine weitreichende Vollmachtserteilung geschlossen werden (OLG Düsseldorf, 648; Werner/Pastor, Der Bauprozess, 9. Aufl. 1999, Rn. 1082). Soweit teilweise dem Architekten eine »originäre« Vollmacht resultierend aus seiner Bestellung zugesprochen wird, ist dies lediglich im Sinne einer Mindestvollmacht zu verstehen, die hinsichtlich ihrer Reichweite grundsätzlich eng auszulegen ist und demnach ohne besondere Umstände nicht auch die Berechtigung umfasst, rechtsgeschäftliche Erklärungen abzugeben, die dem Bauherrn erhebliche Verpflichtungen auferlegen.[9]

5. Berufshaftpflichtversicherung des Architekten für Handeln ohne Vertretungsmacht

Häufig verteidigt sich ein Bauherr gegen einen streitigen Werklohnanspruch des Bauunternehmers erfolgreich damit, dass der dem Anspruch zugrunde liegende Auftrag nicht durch ihn, sondern durch den Architekten ohne Vertretungsmacht erteilt worden sei. Nimmt daraufhin der Bauunternehmer den Architekten als Vertreter ohne Vertretungsmacht gemäß § 179 Abs. 1 BGB auf Erfüllung in Anspruch, stellt sich die Frage, ob der Architekt hierfür im Rahmen seiner Berufshaftpflichtversicherung Deckungsschutz genießt. 13

In der Berufshaftpflichtversicherung ist gemäß Ziffer 1.1 BBR A die gesetzliche Haftpflicht des Versicherungsnehmers für die Folgen von Verstößen bei der Ausübung der im Versicherungsschein beschriebenen Tätigkeiten/Berufsbilder versichert. Der Begriff »gesetzliche Haftpflicht« wird in § 1 Ziffer 1.1 AHB weitergehend definiert als die »Inanspruchnahme des Versicherungsnehmers aufgrund gesetzlicher Haftpflichtbestimmungen privatrechtlichen Inhalts«. Es stellt sich daher die Frage, ob überhaupt ein Versicherungsfall im Sinne dieser Bestimmung vorliegt, da es sich bei dem »Erfüllungsanspruch« im Sinne des § 179 Abs. 1 BGB nicht um die »gesetzliche Haftpflicht« des Architekten als Versicherungsnehmer handeln könnte. Allerdings wird der Geschäftsgegner nach der Rechtsprechung des BGH[10] nicht Vertragspartner des Vertreters. Es entsteht jedoch kraft Gesetzes zwischen ihm und dem Vertragsgegner ein Schuldverhältnis, das den gleichen Inhalt hat wie der für den Vertretenen geschlossene Vertrag. Demnach handelt es sich also bei dem geltend gemachten Anspruch des Bauunternehmers um einen Erfüllungsanspruch aus einem gesetzlichen Schuldverhältnis, für den gemäß § 1 Ziffer 1.2 AHB kein Versicherungsschutz besteht. 14

Anders kann die Sachlage sein, wenn der Architekt – obwohl der Bauherr dies nicht wünschte – einen Nachtragsauftrag gegenüber dem Bauunternehmer erteilt und der Bauherr sodann erfolgreich auf Werklohn in Anspruch genommen wird. Wenn hier der Bauherr der Auffassung ist, dass er die Leistung nicht verwerten könne und daher keinen Nutzen von der Leistung habe, kann er möglicherweise den Architekten erfolgreich auf Schadenersatz in Anspruch nehmen. Für diesen Schaden bestünde dann Versicherungsschutz. 15

C. Rechtsfolgen

Soweit eine Haftung des Vertreters ohne Vertretungsmacht besteht, liegt ein Wahlschuldverhältnis vor, so dass die §§ 262 ff. BGB anzuwenden sind. Entscheidet sich der andere Teil dahingehend, Erfüllung zu verlangen, so entsteht zwischen ihm und dem Vertreter ein gesetzliches Schuldverhältnis mit dem Inhalt, der durch den unwirksamen Vertrag bestimmt wird und einen gesetzlichen Anspruch begründet.[11] Besteht jedoch Unmöglichkeit der Erfüllung, so beschränkt sich das Recht nach § 179 BGB alleine auf Schadensersatz. Fordert der andere Teil sogleich Schadensersatz, so richtet sich dieser Anspruch nach den allgemeinen Vorgaben des BGB. 16

---

9 OLG Düsseldorf, Urt. v. 29.02.2000, Az.: 5 U 10/99, BauR 2000, 891.
10 BGH, Urt. v. 20.11.1970, Az.: IV ZR 1188/68, NJW 1970, 241; NJW 1971, 430.
11 BGH, Urt. v. 19.11.2003, Az.: XIII ZR 68/00, NJW 2004, 774.

D. Beweisfragen

17 Will der andere Teil Erfüllungs- oder Schadensersatzansprüche durchsetzen, so hat er darzulegen und zu beweisen, dass der Vertreter für einen Vertretenen mit ihm einen Vertrag abgeschlossen und der Vertretene die Genehmigung verweigert hat. Hinsichtlich des Fehlens einer Vertretungsmacht hingegen gibt § 179 Abs. 1 BGB durch die Formulierung »sofern er nicht seine Vertretungsmacht nachweist« unmissverständlich vor, dass der Vertreter den Beweis dafür erbringen muss, dass er zum Zeitpunkt des Vertragsabschlusses über eine wirksame Vollmacht verfügt hat, nicht aber muss der andere Teil den Beweis fehlender Vollmacht führen. Es liegt also ein Fall der Beweislastumkehr vor. Der Vertreter muss zudem darlegen und beweisen, dass er keine Kenntnis von der fehlenden Vollmacht hatte, wenn er sich auf das Haftungsprivileg des § 179 Abs. 2 BGB stützen will.

§ 180 Einseitiges Rechtsgeschäft

Bei einem einseitigen Rechtsgeschäft ist Vertretung ohne Vertretungsmacht unzulässig. Hat jedoch derjenige, welchem gegenüber ein solches Rechtsgeschäft vorzunehmen war, die von dem Vertreter behauptete Vertretungsmacht bei der Vornahme des Rechtsgeschäfts nicht beanstandet oder ist er damit einverstanden gewesen, dass der Vertreter ohne Vertretungsmacht handele, so finden die Vorschriften über Verträge entsprechende Anwendung. Das Gleiche gilt, wenn ein einseitiges Rechtsgeschäft gegenüber einem Vertreter ohne Vertretungsmacht mit dessen Einverständnis vorgenommen wird.

A. Allgemeine Anmerkungen, Normzweck

1 Ein einseitiges Rechtsgeschäft enthält nur eine einseitige Willenserklärung, die vom Erkärenden dem anderen Teil gegenüber zum Ausdruck gebracht und in dessen Zugangsbereich kommen muss, um Rechtswirkungen zu entfalten. Beispiele für einseitige Rechtsgeschäfte sind Anfechtung, Rücktritt, Aufrechnung, Kündigung oder Widerruf. In der Baupraxis ist die Teil- oder Gesamtkündigung eines Bauvertrages, aber auch die Aufrechnung mit z.B. Schadensersatzansprüchen gegen Werklohnansprüche häufig der Fall – und ebenso oft Stein des Anstoßes bzw. Anlass für Streit. Denn in vielen Fällen werden die Fallstricke des § 180 BGB übersehen bzw. – auf der anderen Seite – ausgenützt: Erfolgt z.B. eine Bauvertragskündigung durch den Architekten oder den Rechtsanwalt, ohne dass dazu vom Bauherrn eine spezielle Originalvollmacht der Kündigung nachweisbar beigefügt wird und weist der Bauunternehmer diese Kündigung unverzüglich zurück, so liegt keine wirksame Kündigung – mit manchmal tatsächlich und finanziell gravierenden Folgen für den Kündigenden vor.

2 Der Normzweck des § 180 BGB ergibt sich aus der Notwendigkeit, dass gerade bei einseitigen Rechtsgeschäften sofortige Gewissheit – im Gegensatz zu schwebender Unwirksamkeit – erforderlich ist: Es wäre z.B. nicht nachvollziehbar, über die Tatsache, ob eine Kündigung eines Bauvertrages ausgesprochen worden ist, im Unklaren zu bleiben.[1] Gleiches gilt für geschäftsähnliche Handlungen wie Abmahnungen oder Fristsetzungen: Auch hier muss der Vertretene letztlich selbst tätig werden oder eine ausdrückliche Vollmacht erteilen, die im Original vorzulegen ist.

B. Tatbestandsvoraussetzungen

3 § 180 BGB unterscheidet zwischen widerspruchslosen einseitigen Rechtsgeschäften und solchen, die vom Adressaten beanstandet werden.

---

[1] Nicht zu verwechseln mit der Frage, ob eine – jederzeit mögliche – ordentliche oder aber eine wirksame außerordentliche (fristlose) Kündigung vorliegt; beim Bauvertrag ist jederzeit die Kündigung möglich, offen sind dann nur die Folgen nach § 649 BGB bzw. § 8 VOB/B (auf Auftraggeberseite) bzw. § 9 VOB/B (Auftragnehmer).

I. Einseitiges Rechtsgeschäft

Im Bereich des Bauwesens kommen hier in erster Linie die Teilkündigung und die Kündigung eines Bauvertrages, die Anfechtung und die Aufrechnung in Betracht. »Einseitig« bedeutet, dass der Adressat der Erklärung diese so hinnehmen muss, wie sie ihm gegenüber abgegeben wird. Mithin ist alleine der Erklärende »Herr« des Geschehens – und dementsprechend werden an die Vertretungsmacht und deren Nachweis entsprechend hohe Anforderungen durch das Gesetz und die Rechtsprechung gestellt. Unter einem einseitigen Rechtsgeschäft versteht die Rechtsprechung in entsprechender Anwendung des § 180 auch geschäftsähnliche Handlungen wie etwa Abmahnungen, Fristsetzungen oder Kündigungsandrohungen, wie sie etwa in § 648a BGB erfolgen.

II. Vertretung ohne Vertretungsmacht unzulässig

Mit dieser Formulierung wird der Grundsatz vorgegeben: Ohne Vertretungsmacht kann keine Kündigung, Anfechtung, Mahnung oder Kündigungsandrohung erfolgen, vielmehr ist dieses Rechtsgeschäft per se im Grundsatz nichtig. Allerdings führt die Vorgabe von Satz 1 nur dann zur Unwirksamkeit des einseitigen Rechtsgeschäfts, wenn nicht der Adressat der Erklärung mit dieser entweder einverstanden ist oder er nicht die fehlende Vollmacht beanstandet. Andernfalls ist § 177 BGB als eine der »Vorschriften über Verträge« entsprechend anzuwenden, wie § 180 S. 2 BGB vorgibt. Dies bedeutet, dass trotz der im ersten Satz vorgegebenen Unzulässigkeit der Vornahme des einseitigen Rechtsgeschäfts durch einen Vertreter ohne Vertretungsmacht das Procedere nach § 177 BGB ablaufen, mithin der Vertretene trotz der Unzulässigkeit z.B. eine Kündigung genehmigen kann. Diese Möglichkeit besteht jedoch nur solange, bis der Adressat seinerseits die fehlende Vollmacht beanstandet hat. Ist dies der Fall, dann ist – bildlich ausgedrückt – der Schuss danebengegangen und der Vertretene muss zur Erreichung seines Zieles nochmals z.B. eine Kündigung oder Mahnung aussprechen. Dies kann gravierende Folgen durch den Zeitlauf mit sich bringen.

III. Einverständnis bzw. Nichtbeanstandung des einseitigen Rechtsgeschäfts

Ist der Adressat des einseitigen Rechtsgeschäfts, das durch einen vollmachtlosen Vertreter vorgenommen wird, mit der Willenserklärung einverstanden oder beanstandet er nicht, dass diese von einem vollmachtlosen Vertreter abgegeben wurde, so verdient er keinen weiteren Schutz. Insbesondere kann dem Adressaten auch nicht – wie *Schramm* ausführt[2] – ein Widerrufsrecht gem. § 178 BGB zustehen: Da der Empfänger der einseitigen Willenserklärung keine eigene Erklärung abgegeben hat, kann er eine solche auch nicht widerrufen. Zudem bedarf es einer solchen Hilfskonstruktion nicht. Denn bis zur Genehmigung durch den Vertretenen kann der Adressat jederzeit die fehlende Vollmacht beanstanden. Will ein Vertreter deshalb klare Verhältnisse schaffen, muss er möglichst zeitnah zum einseitigen Rechtsgeschäft, das ein vollmachtloser Vertreter für ihn getätigt hat, dieses gegenüber dem Adressaten nachweisbar genehmigen.

IV. Gesetzlich vorgegebene Rechtswirkung einer Kündigungsandrohung und Gesamtvertretung

In der Baupraxis von Bedeutung ist besonders die Sicherstellung von Zahlungen. Dies kann durch Anwendung des § 648a BGB geschehen, allerdings sind hierzu ebenfalls die Vertretungsregeln exakt zu beachten, zumal wenn Gesamtvertretungsverhältnisse vorliegen, wie ein maßgebendes Urteil des BGH zeigt:

»*Die Fristsetzung mit Kündigungsandrohung ist eine Willenserklärung, der nach fruchtlosem Fristablauf Gestaltungswirkung zukommt, weil danach die beiderseitigen Erfüllungsansprüche erlöschen*

---

[2] MüKo-BGB/*Schramm*, § 181 Rn. 13.

(vgl. BGH, Urt. v. 29. Mai 1991 – VIII ZR 214/90, BGHZ 114, 360, 366). Sie kann deshalb nur durch einen bevollmächtigten Vertreter wirksam abgegeben werden.

Gesamtvertretung verlangt die Mitwirkung der dafür bestimmten Gesamtvertreter. Es reicht aus, dass ein Gesamtvertreter nach außen handelt, wenn er intern die Zustimmung des anderen Gesamtvertreters dazu hat (Schramm in: Münchner Kommentar BGB, 4. Aufl., § 164 Rn. 86 f.; RGZ 81, 325 ff.).

Es besteht darüber hinaus die Möglichkeit, daß ein Gesamtvertreter eine Erklärung allein abgibt und der andere Gesamtvertreter diese Erklärung nachträglich analog § 177 Abs. 1 BGB – gegebenenfalls i.V.m. § 180 Satz 2 BGB – genehmigt (BGH, Urt. v. 10. Juli 2001 – VI ZR 206/00, NJW 2001, 3183). Eine derartige Genehmigung kommt jedoch bei einer Erklärung, mit der eine Frist gesetzt wird, nicht uneingeschränkt in Betracht. Hat die Fristsetzung Gestaltungswirkung dadurch, dass nach Fristablauf die gegenseitigen Verpflichtungen aus dem Vertrag erlöschen, muss die Genehmigung jedenfalls bis zum Ablauf der gesetzten Frist erfolgen (BGH, Urt. v. 29. Mai 1991 – VIII ZR 214/90, BGHZ 114, 360, 366; Urt. v. 22. Oktober 1999 – V ZR 401/98, BGHZ 143, 41, 46). Eine nach Fristablauf erteilte Genehmigung der Erklärung eines vollmachtlosen Vertreters ist wirkungslos (BGH, Urt. v. 15. April 1998 – VIII ZR 129/97, NJW 1998, 3058, 3060).«[3]

C. Rechtsfolgen

8 Beanstandet der Adressat die bestehende Vollmacht, z.B. weil sie nur in Kopie und nicht im Original bzw. in notariell beglaubigter Form der Kündigung oder sonstigem einseitigen Rechtsgeschäft beigefügt war, so ist das einseitige Rechtsgeschäft nichtig. In der Praxis wird diese Möglichkeit der Zunichtemachung von Kündigungen und anderen einseitigen Rechtsgeschäften oft übersehen.

9 Ist hingegen der andere Teil mit dem Handeln des Vertreters ohne Vertretungsmacht einverstanden oder beanstandet er dessen fehlende Vertretungsmacht nicht, dann muss der Vertretene entsprechend § 177 Abs. 1 BGB die Genehmigung erklären, um den dann schwebenden Unwirksamkeitszustand zu beenden. Diese Genehmigung ist jedoch nur bis zur Beanstandung möglich, mithin ist oft Eile geboten. Dies gilt insb. auch bei Mängelrügen: Werden diese vom Vertreter ohne Vertretungsmacht ausgesprochen, so ist die Genehmigung nur innerhalb der vom Vertreter gesetzten Mängelbeseitigungsfrist möglich.

D. Beweisfragen

10 Soweit der Vertretene geltend machen will, dass ein einseitiges Rechtsgeschäft, z.B. eine Kündigung oder Mahnung, das von einem vollmachtlosen Vertreter vorgenommen war, Wirksamkeit erlangte, hat er zu beweisen, dass der Adressat das Geschäft nicht oder nicht rechtzeitig – vor einer Genehmigung – beanstandet hat oder dass er damit einverstanden war. Im Übrigen muss, wer sich auf die Ausnahmen nach § 180 S. 2 bzw. 3 BGB beziehen will, das Vorliegen von deren Voraussetzungen darlegen und beweisen.

§ 181 Insichgeschäft

Ein Vertreter kann, soweit nicht ein anderes ihm gestattet ist, im Namen des Vertretenen mit sich im eigenen Namen oder als Vertreter eines Dritten ein Rechtsgeschäft nicht vornehmen, es sei denn, dass das Rechtsgeschäft ausschließlich in der Erfüllung einer Verbindlichkeit besteht.

---

3 BGH, Urt. v. 28.11.2002, Az.: VII ZR 270/01, IBR 2003, 72; BauR 2003, 381; NJW-RR 2003, 303; NZBau 2003, 153; ZfBR 2003, 250.

A. Allgemeine Anmerkungen, Normzweck

Das Insichgeschäft, also die Beteiligung eines Vertreters auf allen Seiten eines Rechtsgeschäfts, z.B. 1
als Auftraggeber- und Auftragnehmervertreter zugleich (etwa als Geschäftsführer einer Bauträgerfirma und auch der beauftragten Baufirma) oder auch nur Vertreter einer Partei, die mit dem Vertreter persönlich ein Rechtsgeschäft abschließt, kommt im Baubereich sehr häufig vor. Die rechtliche Trennung hat oft steuerliche oder haftungsrechtliche Gründe. Ein Interessenkonflikt der unmittelbar Beteiligten besteht nicht: Häufig sollen Vermögensbestandteile nur von der »linken Tasche in die rechte Tasche« bewegt werden, so etwa bei der Ein-Mann-GmbH, als dessen Geschäftsführer der Vertreter von sich selbst ein Grundstück zu Bauzwecken erwirbt. Insoweit finden sich standardmäßige Formulierungen in den Gesellschaftsverträgen oder notariellen Urkunden, wonach eine »Befreiung von den Bestimmungen des § 181 BGB erteilt wird«, wobei diese Regelung solange eine reine Rechts-Floskel darstellt, als keine wahre Interessenkollision eintreten kann. Denn letztlich dient § 181 BGB nur der Vermeidung von Kollisionsfällen. Sobald und solange jedoch eine unterschiedliche Interessenlage zwischen dem Vertretenen oder den Vertretenen bzw. dem Vertreter, der mit sich selbst als Vertreter eines anderen ein Rechtsgeschäft abschließen möchte, besteht, ist eine Vertretung nicht möglich, soweit nicht jeder der Vertretenen diese Art der Vertretung gestattet hat. Liegt aber eine Gestattung vor, so können Missbräuche der Vertretungsmacht nur über die von der Rechtsprechung dazu aufgestellten Regeln gelöst werden (dazu unten).

B. Tatbestandsvoraussetzungen

I. Vertreterstellung und Rechtsgeschäft

§ 181 BGB setzt voraus, dass jemand entweder als Vertreter für einen Vertretenen mit sich selbst 2
ein Rechtsgeschäft abschließt oder im Wege der sog. Mehrfachvertretung zwei- oder mehrfach als Vertreter für andere auftritt und für diese untereinander Rechtsgeschäfte tätigt, wobei dies auch einseitige Rechtsgeschäfte sein können (z.B. kündigt der Geschäftsführer als Vertreter einer Immobilienfirma GmbH einer Bauunternehmung GmbH, dessen Geschäftsführer er ebenso ist). Dabei gelten die §§ 164 ff. BGB.

II. Grundsatz: Kein Insichgeschäft

§ 181 BGB verbietet im Grundsatz jedes Insichgeschäft, lässt jedoch die Ausnahme dann zu, 3
wenn eine Gestattung vorliegt. Bei Mehrfachvertretung muss diese Gestattung von allen Vertretenen vorliegen.

III. Ausnahme: Gestattung

Es steht jedem Vertretenen frei, im Vertrauen auf die Integrität des Vertreters diesem Insich- 4
geschäfte zu gestatten. In der Baupraxis werden solche Gestattungen jedoch im Regelfall nur bei wirtschaftlicher Identität erteilt, da die Gefahr des Missbrauchs zu groß ist.

IV. Missbrauch der Vertretungsmacht

Ergeben sich bei nach dem Gesagten ausnahmsweise gestatteten Insichgeschäften Konstellationen, 5
bei denen die Interessen des Vertretenen verletzt werden, so sind die Regelungen der Rechtsprechung zum Missbrauch der Vertretungsmacht zur Lösung von Problemen heranzuziehen. Eine hilfreiche Entscheidung hat dazu das OLG Düsseldorf getroffen:

»Missbrauch der Vertretungsmacht meint den Fall, dass der Vertreter im Außenverhältnis von seiner Vertretungsmacht unter Überschreitung seiner Befugnisse im Innenverhältnis Gebrauch macht. Nach ständiger Rechtsprechung des Bundesgerichtshofs (in letzter Zeit etwa BGH, 16.12.2005, Az.: 23 U 104/04, NJW 2004, 2517) hat grundsätzlich der Vertretene das Risiko eines Vollmachtsmissbrauchs zu tragen; den Vertragspartner trifft keine Prüfungspflicht, ob und inwieweit der Vertreter

im Innenverhältnis gebunden ist, von seiner nach außen unbeschränkten Vertretungsmacht nur begrenzten Gebrauch zu machen. Der Vertretene ist gegen einen erkennbaren Missbrauch der Vertretungsmacht im Verhältnis zum Vertragspartner nur dann geschützt, wenn der Vertreter von seiner Vertretungsmacht in ersichtlich verdächtiger Weise Gebrauch gemacht hat, so dass beim Vertragspartner begründete Zweifel bestehen müssen, ob nicht ein Treueverstoß des Vertreters gegenüber dem Vertretenen vorliege. Notwendig ist dabei eine massive Verdachtsmomente voraussetzende objektive Evidenz des Missbrauchs (BGH, a.a.O., sowie BGH, Urt. v. 25.10.1994, Az. XI ZR 239/93, BGHZ 127, 239, 241 = NJW 1995, 250; BGH, Urt. v. 29.06.1999, Az. XI ZR 277/98, NJW 1999, 2883; BGH, Urt. v. 19.04.1994, Az. XI ZR 18/93, NJW 1994, 2082; BGH, Urt. v. 28.04.1992, Az. XI ZR 164/91, NJW-RR 1992, 1135).

Liegt auf Seiten des Vertreters ein Missbrauch der Vertretungsmacht vor und hat der Geschäftsgegner dies erkannt oder grob fahrlässig die Augen davor verschlossen, steht dem Vertretenen der Einwand aus Treu und Glauben (§ 242 BGB) gegen die Wirksamkeit des Geschäfts zu (BGH, Urt. v. 05.11.2003, Az. VIII ZR 218/01, NJW-RR 2004, 247, 248; BGH, Urt. v. 30.01.2002, Az. IV ZR 23/01, NJW 2002, 1497; BGH, Urt. v. 31.01.1991, Az. VII ZR 291/88, BGHZ 113, 315 = NJW 1991, 1812 = BauR 1991, 331; BGH, Urt. v. 25.03.1968, Az. II ZR 208/64, BGHZ 50, 112 = NJW 1968, 1379). Ein Geschäftsgegner, der den Missbrauch der Vertretungsmacht erkannte oder dem sich aufgrund der Umstände aufdrängen musste, dass der Vertreter die ihm eingeräumte Vertretungsmacht missbraucht, ist nämlich in seinem Vertrauen auf den Bestand der Vertretungsmacht nicht schutzwürdig (BGH, Urt. v. 31.01.1991, Az. VII ZR 291/88, BGHZ 113, 315 = NJW 1991, 1812 = BauR 1991, 331 m. w. Nachw.). Bei einem kollusiven Zusammenwirken des Vertreters mit dem Vertragspartner zum Nachteil (»hinter dem Rücken«) des Vertretenen nimmt der Bundesgerichtshof Nichtigkeit des Geschäfts gemäß § 138 BGB an (BGH, Urt. v. 15.11.2003, Az. VIII ZR 218/01, NJW-RR 2004, 247, 248; BGH, Urt. v. 30.01.2002, Az. IV ZR 23/01, NJW 2002, 1497, 1498; BGH, Urt. v. 17.05.1988, Az. VI ZR 233/87, NJW 1989, 26; s. auch OLG Hamm, Urt. v. 18.11.1996, Az. 31 U 42/96, NJW-RR 1997, 737, 738). Dasselbe gilt (erst recht) bei einem missbräuchlichen Insichgeschäft (BGH, Urt. v. 28.02.2002, Az. VII ZR 455/00, NJW 2002, 1488).«[1]

C. Rechtsfolgen

6 Insichgeschäfte sind nicht kraft Gesetzes verboten, § 181 BGB beschränkt nur die Vertretungsmacht und gibt durch die eintretende schwebende Unwirksamkeit damit allen Vertretenen die Möglichkeit, an dem Rechtsgeschäft durch Genehmigung in entsprechender Anwendung des § 177 BGB festzuhalten. Dazu müssen – bei Mehrfachvertretung – alle Vertretenen ausdrücklich die Genehmigung den anderen Vertretenen gegenüber erklären; selbst der Vertreter, der als Vertreter eines anderen mit sich selbst ein Rechtsgeschäft abgeschlossen hat, muss seine persönliche Genehmigung dem Vertretenen nochmals mitteilen, wenn dieser seinerseits ihm gegenüber das Rechtsgeschäft genehmigt.

D. Beweisfragen

7 Nachdem die Unzulässigkeit von Insichgeschäften den Regelfall bildet, muss jeder, der sich auf die Wirksamkeit entgegen dem Grundsatz berufen will, darlegen und beweisen, dass die Ausnahme-Voraussetzungen, so etwa eine oder mehrere Gestattungen bzw. die Erfüllung nur einer Verbindlichkeit, vorliegen.

---

1 OLG Düsseldorf, Urt. v. 16.12.2005, Az. 23 U 104/04, IBR 2007, 1115.

Titel 6: Einwilligung und Genehmigung

§ 182 Zustimmung

(1) Hängt die Wirksamkeit eines Vertrages oder eines einseitigen Rechtsgeschäfts, das einem anderen gegenüber vorzunehmen ist, von der Zustimmung eines Dritten ab, so kann die Erteilung sowie die Verweigerung der Zustimmung sowohl dem einen als dem anderen Teil gegenüber erklärt werden.

(2) Die Zustimmung bedarf nicht der für das Rechtsgeschäft bestimmten Form.

(3) Wird ein einseitiges Rechtsgeschäft, dessen Wirksamkeit von der Zustimmung eines Dritten abhängt, mit Einwilligung des Dritten vorgenommen, so finden die Vorschriften des § 111 Satz 2, 3 entsprechende Anwendung.

A. Normzweck

Unter »Zustimmung« im Sinne der §§ 182 ff. BGB versteht man einerseits die vor Abschluss eines Rechtsgeschäfts erteilte Einverständniserklärung, genannt Einwilligung (§ 183) und andererseits die nachträglich erteilte Einverständniserklärung, genannt Genehmigung (§ 184), wobei es sich jeweils um eine einseitige empfangsbedürftige Willenserklärungen handelt.[1] Erst durch die Zustimmung wird das Rechtsgeschäft in der Art wirksam, in der es abgeschlossen wurde.[2] Die Zustimmung dient u.a. dem Zweck der Aufsicht, so z.B. bei Rechtsgeschäften von beschränkt Geschäftsfähigen (§§ 106 ff.) und unter Betreuung stehenden Personen (§ 1903).[3] Außerdem dient sie dem Zweck die rechtlich geschützten Interessen des Zustimmungsberechtigten zu wahren, so z.B. bei dem Zustimmungserfordernis des Vertretenen zum Rechtsgeschäft eines Vertreters ohne Vertretungsmacht (§ 177).[4]   1

B. Zustimmungserklärung

I. Voraussetzungen der Zustimmung

Nach § 182 Abs. 2 BGB ist die Zustimmungserklärung grundsätzlich[5] formfrei,[6] solange das Gesetz nicht eine Abweichung hiervon vorgibt.[7] Die Zustimmung kann ferner ausdrücklich oder konkludent erklärt werden. Von einer konkludenten Zustimmung ist dann auszugehen, wenn das Geschäft von dem Zustimmungsberechtigten als gültig angesehen wird.[8] Die konkludente Zustimmung des Bauherrn[9] ist auch dann zu bejahen, wenn z.B. der Bauherr vom streitgegenständlichen Bauvertrag, der von einem vollmachtlosen Vertreter abgeschlossen wurde, Kenntnis hat und diesen widerspruchslos hinnimmt, obwohl der Vertragspartner jederzeit hätte über die fehlende Vollmacht des Vertreters informiert werden können.[10] Bloßes Schweigen dagegen kann nicht als   2

---

1 PWW/*Frensch*, § 182 Rn. 3.
2 Palandt/*Ellenberger*, Einf v § 182 Rn. 4.
3 *Bork*, Rn. 1692 (mit weiteren gesetzlich normierten Beispielen).
4 PWW/*Frensch*, § 182 Rn. 1 (mit weiteren gesetzlich normierten Beispielen).
5 OLG Düsseldorf, Urt. v. 08.05.2007, Az. 24 U 128/06, IMR 2008, 121; OLG Karlsruhe, Beschl. v. 24.07.2007, Az. 17 Verg 6/07, NZBau 2008, 544 = IBR 2007, 1309.
6 Keine teleologische Reduktion wie bei § 167 BGB, siehe BGH, Urt. v. 02.04.2004, Az. V ZR 107/03, NJW 2004, 2382 f.
7 Gesetzliche Ausnahmen der Formfreiheit der Zustimmung finden sich in: §§ 1516 I 2, 1517 I 2, 2120 BGB und 71 II ZVG.
8 BGH WM 90, 1573, 1575.
9 OLG Celle, Urt. v. 17.12.1998, Az. 22 U 265/97, BauR 2000, 289 = IBR 2000, 282.
10 OLG Düsseldorf, Urt. v. 11.03.2005, Az.: 22 U 112/04.

Zustimmungserklärung gewertet werden.[11] Außerdem finden die Vorschriften zur Anscheins- und Duldungsvollmacht entsprechende Anwendung.[12] Bei einer Vertragsübernahme eines Dauerschuldverhältnisses kann auch bereits die Annahme der Ratenleistung durch den neuen Vertragspartner als Zustimmung interpretiert werden.[13]

3 Diese Grundsätze sind auch im Vergaberecht anwendbar, es kann somit kein vergaberechtlicher Ausschluss erfolgen, wenn ein vollmachtloser Vertreter eine Erklärung im Rahmen des Vergabeverfahrens abgibt.[14]

4 Richtiger Adressat der Zustimmungserklärung ist bei einer einseitig empfangsbedürftigen Willenserklärung sowohl der Erklärende als auch der Erklärungsempfänger. Bei Verträgen kann gegenüber jeder Vertragspartei die Zustimmung erklärt werden. Bei nicht empfangsbedürftigen Willenserklärungen kann die Zustimmung nur gegenüber dem Erklärenden erfolgen.[15] Die Zustimmung des Bauherrn zur Beauftragung von Sonderfachleuten durch den Architekten kann z.B. sowohl gegenüber dem Architekten als auch gegenüber dem Sonderfachmann erklärt werden.[16]

II. Verweigerung der Zustimmung

5 Auch die in § 182 Abs. 1 BGB neben der Zustimmung ausdrücklich genannte Verweigerung derselben stellt eine empfangsbedürftige Willenserklärung dar, welche formfrei ist und gegenüber beiden Parteien des Rechtsgeschäfts erklärt werden kann.[17] Die Verweigerung bezweckt die endgültige Unwirksamkeit des Rechtsgeschäfts.

6 Hierbei ist zu beachten, dass die Verweigerung der zwei verschiedenen Arten der Zustimmung der §§ 182 ff. BGB auch jeweils unterschiedliche Wirkungen entfaltet: Bei der Verweigerung der (vorherigen) Einwilligung ist der Zustimmungsberechtigte noch nicht gebunden, da er gem. § 183 BGB analog die Verweigerung widerrufen oder das Rechtsgeschäft nachträglich genehmigen kann. Anders bei der Verweigerung der Genehmigung: Diese ist aus Gründen der Rechtssicherheit unwiderruflich und führt zur endgültigen Unwirksamkeit des Rechtsgeschäfts.[18]

C. Beweislast

7 Nach den allgemeinen Grundsätzen muss derjenige den Beweis führen, für den die zu beweisende Tatsache günstig ist. Hier trägt also derjenige, der sich auf ein zustimmungsbedürftiges Rechtsgeschäft beruft, die Beweislast für die Voraussetzungen einer wirksamen Zustimmung. Derjenige, der sich auf die Unwirksamkeit der Zustimmung beruft muss demnach den Beweis führen, dass eine bereits erteilte Zustimmung aufgrund einer davor erfolgten endgültigen Genehmigungsverweigerung oder wegen sonstiger Gründe unwirksam ist.[19]

§ 183 Widerruflichkeit der Einwilligung

Die vorherige Zustimmung (Einwilligung) ist bis zur Vornahme des Rechtsgeschäfts widerruflich, soweit nicht aus dem ihrer Erteilung zugrunde liegenden Rechtsverhältnis sich ein anderes ergibt. Der Widerruf kann sowohl dem einen als dem anderen Teil gegenüber erklärt werden.

---

11 PWW/*Frensch,* § 182 Rn. 4.
12 Palandt/*Ellenberger,* § 182 Rn. 3.
13 OLG Hamm, Urt. v. 09.02.2010, Az. 19 U 127/09, IMR 2010, 391.
14 OLG Karlsruhe, Urt. v. 24.07.2007, Az. 17 Verg 6/07, NZBau 2008, 544 = IBR 2007, 1309.
15 PWW/*Frensch,* § 182 Rn. 5; *Bork,* Rn. 1699.
16 OLG Celle, Urt. v. 17.12.1998, Az. 22 U 265/97, BauR 2000, 289 = IBR 2000, 282.
17 PWW/*Frensch,* § 182 Rn. 8; Palandt/*Ellenberger,* § 182 Rn. 4.
18 BGH, Urt. v. 17.03.2008, Az. II ZR 239/06, NJW-RR 2008, 1488.
19 PWW/*Frensch,* § 182 Rn. 11.

A. Allgemeine Anmerkungen

Der Widerruf ist – gleich der Zustimmung selbst – eine empfangsbedürftige Willenserklärung.[1]

Die Einwilligung ist grundsätzlich frei widerruflich.[2] Der Widerruf der Einwilligung ist allerdings nur bis zur Vornahme des Rechtsgeschäfts möglich (siehe Satz 1), wobei hier auf die wirksame Vornahme abgestellt wird. Dies gilt auch bei baulichen Veränderungen (im WEG-Recht), obwohl es sich bei baulichen Veränderungen nicht um ein Rechtsgeschäft handelt. Hierzu entschied das OLG Düsseldorf,[3] dass in einer WEG ein Eigentümer seine Einwilligung zu einer baulichen Veränderung (Bau von Balkonen) grundsätzlich widerrufen kann, solange der Eigentümer, der die bauliche Veränderung durchführen wollte, noch keine Dispositionen zur Verwirklichung der Baumaßnahme getroffen hat.

Die Rechtsfolge des wirksamen Widerrufs ist das Erlöschen der Einwilligung. Eine erneute Einwilligung durch den Zustimmungsberechtigten ist jederzeit möglich. Der Zustimmungsberechtigte kann daneben auch nach Vornahme des Rechtsgeschäfts seine Zustimmung durch Genehmigung erteilen. Ausnahmen von diesem Grundsatz sind ausdrücklich im Gesetz als »unwiderruflich« aufgeführt, z.B. § 876 S. 3 Hs. 2 BGB.[4] Weiter kann die Widerruflichkeit ausdrücklich oder konkludent durch Rechtsgeschäft ausgeschlossen werden. Außerdem ist ein Ausschluss des Widerrufs wegen wichtigen Grundes in den Grenzen des § 138 BGB möglich.[5]

Neben dem Widerruf kann die Einwilligung z.B. auch durch wirksame Bedingung (§ 158 BGB) oder Befristung (§ 163 BGB) erlöschen.[6]

§ 184 Rückwirkung der Genehmigung

(1) Die nachträgliche Zustimmung (Genehmigung) wirkt auf den Zeitpunkt der Vornahme des Rechtsgeschäfts zurück, soweit nicht ein anderes bestimmt ist.

(2) Durch die Rückwirkung werden Verfügungen nicht unwirksam, die vor der Genehmigung über den Gegenstand des Rechtsgeschäfts von dem Genehmigenden getroffen werden oder im Wege der Zwangsvollstreckung oder der Arrestvollziehung oder durch den Insolvenzverwalter erfolgt sind.

A. Normzweck

Vgl. hierzu die Kommentierung zu § 182 BGB. Anzumerken ist darüber hinausgehend, dass eine konkludente Genehmigung im Baurecht z.B. in der Schlusszahlung des Auftraggebers erkannt wird oder darin, dass sich der Auftraggeber im Prozess auf das Rechtsgeschäft beruft, für welches er als zustimmungsberechtigt gilt.[1]

B. Genehmigung, § 184 Abs. 1 BGB

I. Vor der Genehmigung

Das ohne Einwilligung vorgenommene zustimmungsbedürftige Rechtsgeschäft ist bis zu dem Zeitpunkt, zu welchem eine Erklärung des Zustimmungsberechtigten über die Genehmigung

---

1 PWW/*Frensch,* § 183 Rn. 1.
2 Palandt/*Ellenberger,* § 183 Rn. 1.
3 OLG Düsseldorf, Urt. v. 10.03.2006, Az. I-3 Wx 16/06, IMR 2006, 161.
4 Weitere gesetzlich normierte Ausnahmen der Widerruflichkeit sind aufgezählt in: PWW/*Frensch* sowie Palandt/*Ellenberger,* § 183 Rn. 2.
5 BGHZ 1977, 397.
6 Mit weiteren Erlöschensgründen: PWW/*Frensch,* § 183 Rn. 4 und Palandt/*Ellenberger,* § 183 Rn. 3.
1 OLG Schleswig, Urt. v. 03.05.2005, Az. 3 U 116/03, sowie Praxishinweis IBR 2006, 1025.

§ 184 BGB Rückwirkung der Genehmigung

noch möglich ist, schwebend unwirksam.² Nicht mehr möglich ist die Erklärung der Genehmigung z.B. nach Ablauf der Zuschlags- und Bindefrist im Vergabeverfahren, wenn ein nichtbevollmächtigter Vertreter des Auftraggebers eine mündliche Auftragserteilung vor Ablauf der o.g. Frist abgegeben hat und diese erst nach Ablauf der o.g. Frist vom Auftraggeber bestätigt wurde.³ Damit war das zustimmungsbedürftige Rechtsgeschäft nur bis zum Ablauf dieser Fristen schwebend unwirksam und nach Ablauf der Fristen unwirksam. Auch eine nachträgliche Genehmigung eines Angebots durch die anderen Gesellschafter einer Bietergemeinschaft kann ausgeschlossen sein: Es kommt darauf an, dass das Angebot klar zugeordnet werden kann. Ist dies nicht eindeutig, kann eine Genehmigung dies regelmäßig nicht heilen.⁴

II. Rückwirkung der Genehmigung

3 Außer bei Gestaltungserklärungen⁵ wird das zustimmungsbedürftige Rechtsgeschäft (Verpflichtungs- oder Verfügungsgeschäft) grundsätzlich durch die Genehmigung des Zustimmungsbedürftigen rückwirkend wirksam.⁶ Einschränkungen dieser Rückwirkung *ex tunc* (d.h. es wird auf den Zeitpunkt des Abschlusses des Rechtsgeschäfts abgestellt) können sich aber aus dem Gesetz ergeben. So führt z.B. die Genehmigung bzgl. der Verjährung nur zu einer *ex nunc*-Wirkung, d.h. es wird auf den Zeitpunkt der Genehmigung des Rechtsgeschäfts abgestellt.⁷ Da es sich bei § 184 Abs. 1 BGB um eine dispositive Vorschrift handelt, ist eine abweichende Parteivereinbarung zur Rückwirkung der Genehmigung möglich.⁸

4 Hat beispielsweise der Bauherr nachträglich die Abrechnungsvereinbarungen seines Architekten akzeptiert, indem er entsprechend dieser Vereinbarungen (zum Teil) bezahlt, und hat sich der Bauherr im Prozess gegen den Bauunternehmer sogar auf die Vereinbarung des Architekten berufen, so genehmigt er unter Umständen nachträglich eine Vereinbarung, für deren Abschluss der Architekt nicht bevollmächtigt war.⁹

III. Unwiderruflichkeit der Genehmigung

5 Die Genehmigung¹⁰ sowie die Verweigerung¹¹ derselben sind als rechtsgestaltende Erklärungen stets unwiderruflich und bedingungsfeindlich,¹² jedoch können diese bei Vorliegen der Voraussetzungen der §§ 119 ff. BGB angefochten werden.

C. Zwischenverfügungen, § 184 Abs. 2 BGB

6 Diese Vorschrift sorgt dafür, dass Verfügungen sowie Zwangsverfügungen, die der Genehmigende zwischen der Vornahme des zustimmungsbedürftigen Rechtsgeschäfts und dessen Genehmigung macht oder die gegen ihn ergehen, wirksam bleiben und somit die Rechte Dritter geschützt werden. Diese Vorschrift erfordert ferner nicht, dass der Dritte gutgläubig ist, d.h. es ist unbeachtlich, ob der Dritte von der schwebenden Unwirksamkeit des Rechtsgeschäfts wusste.¹³

---

2 PWW/*Frensch*, § 184 Rn. 1.
3 OLG Naumburg, Urt. v. 28.09.2001, Az. 1 Verg 6/01, NZBau 2002, 168.
4 Vgl. VK Bremen, Beschl. v. 28.10.2003, Az. VK 16/03, IBR 2004, 91.
5 BGHZ 114, 361/366.
6 Palandt/*Ellenberger*, § 184 Rn. 2.
7 Weitere Ausnahmen der ex tunc Wirkung der Genehmigung finden sich sowohl in PWW/*Frensch*, § 184 Rn. 6 als auch in Palandt/*Ellenberger*, § 184 Rn. 2.
8 PWW/*Frensch*, § 184 Rn. 5.
9 OLG Schleswig, Urt. v. 03.05.2005, Az. 3 U 116/03, BauR 2006, 155 (Ls.) = IBR 2006, 1025.
10 BGHZ 40, 164.
11 BGH, Urt. v. 01.10.1999, Az. V ZR 168/98, NJW 1999, 3704.
12 PWW/*Frensch*, § 184 Rn. 2.
13 Palandt/*Ellenberger*, § 184 Rn. 5.

§ 185 Verfügung eines Nichtberechtigten

(1) Eine Verfügung, die ein Nichtberechtigter über einen Gegenstand trifft, ist wirksam, wenn sie mit Einwilligung des Berechtigten erfolgt.

(2) Die Verfügung wird wirksam, wenn der Berechtigte sie genehmigt oder wenn der Verfügende den Gegenstand erwirbt oder wenn er von dem Berechtigten beerbt wird und dieser für die Nachlassverbindlichkeiten unbeschränkt haftet. In den beiden letzteren Fällen wird, wenn über den Gegenstand mehrere miteinander nicht in Einklang stehende Verfügungen getroffen worden sind, nur die frühere Verfügung wirksam.

A. Normzweck

§ 185 BGB findet ausschließlich auf Verfügungen des Nichtberechtigten im eigenen Namen Anwendung. Für Verfügungen in fremdem Namen finden dagegen ausschließlich die §§ 164 ff. BGB Anwendung. Bei Absatz 1 und Absatz 2 Fall 1 ergibt sich die Wirksamkeit der Verfügung aus der Zustimmung des Berechtigten, wohingegen sich die Wirksamkeit der Verfügung bei Absatz 2 Fall 2 und 3 daraus ergibt, dass der Verfügende den Gegenstand erwirbt oder von dem Berechtigten beerbt wird und dieser für die Nachlassverbindlichkeiten unbeschränkt haftet. 1

Eine Verfügung wird als Rechtsgeschäft definiert, das unmittelbar darauf gerichtet ist, ein bestehendes Recht zu verändern, zu übertragen oder aufzuheben, mit anderen Worten auf ein bestehendes Recht einzuwirken.[1] Damit sind die Übereignung von Sachen nach §§ 929 ff. BGB, die Forderungsabtretung nach §§ 398 ff. BGB und die Sach- und Rechtsverpfändung Hauptanwendungsfälle in diesem Sinne.[2] Zu beachten ist, dass § 185 BGB auf Verpflichtungsgeschäfte[3] und Verfügungen von Todes wegen[4] nicht anwendbar ist. 2

Nichtberechtigter im Sinne des § 185 ist derjenige, der über einen Gegenstand verfügt, obwohl er nicht oder nicht die alleinige, dafür erforderliche Verfügungsmacht innehat.[5] Nichtberechtigter ist demnach z.B.[6] der Zedent, der die gleiche Forderung zum zweiten Mal abtritt[7] oder der Mit- oder Gesamthandseigentümer, der allein über eine Sache der Mit- oder Gesamteigentümer verfügt.[8] 3

B. Varianten

I. Einwilligung, § 185 Abs. 1 BGB

Für die Einwilligung zur Verfügung wird auf die Kommentierung zu §§ 182, 183 BGB verwiesen. Die Abgrenzung zur Vollmacht hängt nicht von der Bezeichnung der Parteien ab, sondern ist abhängig von Sinn und Zweck der jeweiligen Erklärung. Im Einzelfall wird dies durch Auslegung gem. §§ 133, 157 BGB ermittelt.[9] Durch die Einwilligung des Berechtigten wird der Nichtberechtigte zur Verfügung ermächtigt. Beispiele für diese Verfügungsermächtigung sind der verlängerte Eigentumsvorbehalt und die Verkaufskommission gem. §§ 383 ff. HGB.[10] 4

---

1 BGHZ 75, 226; BGH, Urt. v. 04.05.1987, Az. II ZR 211/86, BGHZ 101, 24, 26.
2 PWW/*Frensch,* § 185 Rn. 2.
3 BGH, Urt. v. 03.12.1998, Az. III ZR 288/96, NJW 1999, 1026 f.
4 RG 111, 251.
5 Palandt/*Ellenberger,* § 185 Rd. 5.
6 Weitere Beispiele zum Nichtberechtigten finden sich bei Palandt/*Ellenberger,* § 185 Rn. 5/5a und PWW/*Frensch,* § 185 Rn. 3.
7 BGH, Urt. v. 11.07.1990, Az. VIII ZR 219/89, NJW 1990, 2680.
8 BGHZ 19, 138 f.
9 Palandt/*Ellenberger,* § 185 Rn. 7.
10 PWW/*Frensch,* § 185 Rn. 8.

Vor. zu §§ 194 ff. BGB

II. Genehmigung, § 185 Abs. 2 Fall 1 BGB

5 Für die Genehmigung zur Verfügung wird auf die Kommentierung zu §§ 182, 184 BGB verwiesen.

III. Konvaleszenz, § 185 Abs. 2 Fall 2 und 3 BGB

6 Für die Verfügung, die nach Abs. 2 Fall 2 und 3 wirksam wird, gilt keine Rückwirkung.[11] Tritt der Erwerb im Zeitraum der potentiellen Rückschlagsperre der §§ 88, 89 InsO auf, so kann auch der Erwerbende gegebenenfalls nachteilig betroffen sein, z.B. der Bauhandwerker, der sich eine Sicherungshypothek hat eintragen lassen.[12]

7 Für den Fall der Kollision mehrerer Verfügungen (Abs. 2 Satz 2) gilt das Prioritätsprinzip. Das bedeutet aber im Umkehrschluss auch, dass sich nicht widersprechende Verfügungen nebeneinander möglich sind.

(...)

Abschnitt 5: Verjährung

Vor. zu §§ 194 ff. BGB

Schrifttum

Brambring Schuldrechtsreform und Grundstückskaufvertrag, DNotZ 2001, 904; *Dollmann* Verjährung von Regressansprüchen im Innenverhältnis, GmbHR 2004, 1330; *Drasdo* Rechtsfolgen des Verstoßes gegen MaBV-Normen, NSW 2007, 2741; *Eidenmüller* Zur Effizienz der Verjährungsregeln im geplanten Schuldrechtsmodernisierungsgesetz, JZ 2001, 283; *Faber* Hemmung der Verjährung durch werkvertragliche Nacherfüllung, NJW 2008, 1910; *Feldmann* Ist der Neubeginn der Verjährung auch durch Anerkenntnis nach Verjährungseintritt möglich?, IBR 2009, 251; *Gay* Der Beginn der Verjährungsfrist bei Bürgschaftsforderungen, NJW 2005, 2535; *Grams* Zur neuen Regelverjährung des Erfüllungsanspruchs auf die Bauleistung, BauR 2002, 1461; *Gsell* Schuldrechtsreform: Die Übergangsregelungen für die Verjährungsfristen, NJW 2002, 1297; *Heinrichs* Entwurf eines Schuldrechtsmodernisierungsgesetzes: Neuregelung des Verjährungsrechts, BB 2001, 1417; *Heß* Das neue Schuldrecht – In-Kraft-Treten und Übergangsregelungen, NJW 2002, 253; *Klein/Moufang/Koos* Ausgewählte Fragen zur Verjährung, BauR 2009, 333; *Leenen* Die Neuregelung der Verjährung, JZ 2001, 552; *Lenkeit* Das modernisierte Verjährungsrecht, BauR 2002, 196; *Mankowski/Höpker* Die Hemmung der Verjährung bei Verhandlungen gem. § 203; *Mansel* Die Neuregelung des Verjährungsrechts, NJW 2002, 89; *Mankowski/Höpker* Die Hemmung der Verjährung bei Verhandlungen gem. § 203 BGB, MDR 2004, 721; *May* Die Gewährleistungsbürgschaft im Bauvertrag – das von den Bauvertragsparteien Vereinbarte ist stets das vom Bürgen Geschuldete, BauR 2007, 187; *Niemöller* Verjährungsrecht nach der Schuldrechtsreform, Festschrift für Kraus (2003), 137; *Ott* Das neue Schuldrecht – Überleitungsvorschriften und Verjährung, MDR 2001, Sonderheft, S. 1; *ders.* Die Auswirkungen der Schuldrechtsreform und andere aktuelle Fragen des Bauträgerrechts, NZBau 2003, 233; *Pause* Auswirkungen der Schuldrechtsmodernisierung auf den Bauträgervertrag, NZBau 2002, 648; *Rieble* Verjährung »verhaltener« Ansprüche – am Beispiel der Vertragsstrafe, NJW 2004, 2270; *Rohlfing* Grob fahrlässige Unkenntnis und Beginn der Regelverjährung bei Alt- bzw. Überleitungsfällen, MDR 2006, 721; *Schmitz* Sicherheiten für die Bauvertragsparteien, IBR-Online-Kommentar; *Schmitz/Vogel* Die Sicherung von bauvertraglichen Ansprüchen durch Bürgschaft nach der Schuldrechtsreform, ZfIR 2002, 509; *Schulte-Nölke/Hawxwell* Zur Verjährung von vor der Schuldrechtsreform entstandenen Ansprüchen, NJW 2005, 2117; *Schulze-Hagen* Schiedsgerichtsverfahren und Verjährungshemmung, IBR 2007, 1292; *Schulze-Hagen* Die Vertragserfüllungsbürgschaft, BauR

---

11 BGH NJW 1962, 1344 f.
12 BGH, Urt. v. 19.01.2006, Az. IX ZR 232/04, WM 2006, 580 = IBR 2006, 1353; ähnlich: OLG München, Urt. v. 17.05.2006, Az. 27 U 77/05, IBR 2006, 397.

2007, 170; *Trapp/Werner* Herausgabe von Vertragserfüllungs- und Gewährleistungsbürgschaften, BauR 2008, 1209; *Vogel* »Verjährung und Insolvenzverfahren« – am Beispiel der Insolvenz des Auftraggebers, BauR 2004, 1365; *von Rintelen* Probleme und Grenzen der Vollstreckungsunterwerfung in der notariellen Urkunde, RNotZ 2001, 2; *Weyer* § 639 II BGB a.F. durch § 203 BGB n.F. ersetzt, nicht ersatzlos weggefallen, NZBau 2002, 366; *Weyer* Selbstständiges Beweisverfahren und Verjährung von Baumängelansprüchen nach künftigem Recht, BauR 2001, 1807; *Witt* Schuldrechtsmodernisierung 2001/2002 – Das neue Verjährungsrecht, JuS 2002, 105; *Zerhausen* »Der Dritte« im baurechtlichen Schiedsverfahren, in: FS für Thode, S. 355; *Zimmermann/Leenen/Mansel/Ernst* Finis litium? Zum Verjährungsrecht nach dem Regierungsentwurf eines Schuldrechtsmodernisierungsgesetzes, JZ 2001, 684.

Die Kommentierung erläutert allein die Bestimmungen des BGB in der seit dem 01.01.2002 geltenden Fassung. Nach Artikel 229 § 6 EGBGB finden diese Regelungen auf alle Ansprüche, die sich aus dem BGB ergeben und auf alle Ansprüche, die in anderen Gesetzen geregelt sind und ganz oder in dem von dem Gesetz bestimmten Umfang dem Verjährungsregime des BGB unterliegen, Anwendung. Gemäß Artikel 229 § 6 Abs. 1 S. 1 EGBGB unterfallen auch noch laufende Verjährungen dem neuen Verjährungsrecht. Ist die Verjährung nach neuem Recht länger als nach bisherigem Recht, bleibt es bei der bisherigen Regelung. Verjährt ein Anspruch nach neuem Recht schneller als nach altem Recht, gilt das neue Recht. Dies gilt nach Artikel 229 § 6 Abs. 4 EGBGB nicht, wenn nach der alten Verjährungsfrist die Verjährung früher eingetreten wäre als bei neuem Fristbeginn und Anwendung des neuen Rechts. Die Neubeginn- und Hemmungstatbestände gelten nach altem Recht, wenn der Lauf der Verjährungsfrist bereits vor dem 01.01.2002 begonnen hat. Dies gilt nur für Tatbestände, welche nach altem Recht die Verjährung unterbrachen. Für diese greift dann die Hemmung. Die neuen Hemmungstatbestände gelten ab dem 01.01.2002 und haben keine Rückwirkung.[1] Allein Ansprüche, die bereits verjährt sind, bleiben verjährt. Ob ein Anspruch am Stichtag bereits verjährt war, beurteilt sich nach altem Recht.[2]

Titel 1: Gegenstand und Dauer der Verjährung

§ 194 Gegenstand der Verjährung

(1) Das Recht, von einem anderen ein Tun oder Unterlassen zu verlangen (Anspruch), unterliegt der Verjährung.

(2) Ansprüche aus einem familienrechtlichen Verhältnis unterliegen der Verjährung nicht, soweit sie auf die Herstellung des dem Verhältnis entsprechenden Zustandes für die Zukunft oder auf die Einwilligung in eine genetische Untersuchung zur Klärung der leiblichen Abstammung gerichtet sind.

A. Zweck der Verjährung

Die Regelung über die Verjährung dient dem Rechtsfrieden und der Rechtssicherheit.[1] Nach Ablauf einer gewissen Zeit soll der Schuldner nicht mehr in Anspruch genommen werden können. Anderenfalls käme es für den Schuldner durch den Zeitablauf zu erheblichen Beweisproblemen.

---

1 OLG Düsseldorf, Urt. v. 25.02.2005 – I-22 U 79/04, 22 U 79/04, IBR 2006, 130; OLG Oldenburg, Urt. v. 28.02.2006 – 12 U 85/05, ZfBR 2007, 343. Im Übrigen *Mansel*, NJW 2002, 89, 90; *Gsell*, NJW 2002, 1297; *Heinrichs*, BB 2001, 1417, 1422; *Heß*, NJW 2002, 253; *Leenen*, JZ 2001, 552; *Niemöller*, FS Krauss, 137; *Ott*, MDR Sonderheft 1 ff.; *Rohlfing*, MDR 2006, 721; *Schulte-Nölke/Hawxwell*, NJW 2005, 2117; *Witt*, JuS 2002, 105; *Zimmermann/Leenen/Mansel/Ernst*, JZ 2001, 684.
2 Zur Rechtslage vor der Schuldrechtsmodernisierung vgl. Palandt/*Heinrichs*, 61. Aufl., 2002, §§ 194 ff.
1 BGH, Urt. v. 08.12.1992 – X ZR 123/90, NJW-RR 1993, 1059; Jauernig/*Jauernig*, § 194 Rn. 6.

Der Gläubiger dagegen ist hinreichend durch die Möglichkeit geschützt, rechtzeitig verjährungshemmende oder -unterbrechende Maßnahmen zu ergreifen.[2]

B. Materiell-rechtliche Ansprüche

2 Entsprechend dem Gesetzeswortlaut unterliegen der Vorschrift nur Ansprüche. Der Begriff des Anspruchs wird in Abs. 1 als ein Recht, von einem anderen ein Tun oder Unterlassen zu verlangen, definiert. Ein materiell-rechtlicher Anspruch im Sinne der Regelung liegt vor, wenn er sich gegen einen oder mehrere Schuldner richtet.[3]

3 Der prozessuale Anspruch, der einen Streitgegenstand bildet, unterliegt nicht der Verjährung des § 194 Abs. 1 BGB. Er enthält zwar im Regelfall einen materiell-rechtlichen Anspruch, ist aber mit diesem nicht identisch. Der prozessuale Anspruch bestimmt sich vielmehr nach dem Klageantrag, in dem sich die vom Kläger in Anspruch genommene Rechtsfolge konkretisiert, und dem Lebenssachverhalt, aus dem der Kläger die begehrte Rechtsfolge herleitet.[4] Im Gegensatz zu einem materiell-rechtlichen Anspruch richtet sich der prozessuale Anspruch gerade nicht ausschließlich gegen einen privaten Gegner.[5] Von der Verjährung wird zudem nicht das prozessuale Klagerecht erfasst, da es auf Erlangung einer gerichtlichen Entscheidung gerichtet ist.

C. Nicht der Verjährung unterliegende Rechte

I. Unverjährbare Ansprüche

4 Trotz der Regelung, dass Ansprüche der Verjährung unterliegen, gibt es Ansprüche, die von der Verjährung ausgenommen sind. Durch ausdrückliche gesetzliche Regelung sind beispielsweise die in Absatz 2 genannten familienrechtlichen Ansprüche, sowie Ansprüche aus § 758 BGB (Aufhebung der Gemeinschaft), der Anspruch auf Berichtigung des Grundbuchs (§ 898 BGB), die Ansprüche aus eingetragenen Rechten (§ 902 BGB) und die in § 924 BGB aufgezählten nachbarrechtlichen Ausgleichsansprüche unverjährbar. Im Gegensatz zu den sich hieraus ergebenden Ansprüchen sind Dauerschuldverhältnisse als solche unverjährbar.[6]

II. Gestaltungsrechte

5 Ebenfalls nicht der Verjährung unterliegen Gestaltungsrechte, also die Befugnis, durch einseitige Erklärung ein Recht aufzuheben, zu ändern oder zu begründen. Beispielhaft angeführt seien hier nur das Recht zur Anfechtung eines Rechtsgeschäfts nach § 119 BGB oder § 123 BGB, sowie das Kündigungsrecht und das (gesetzliche oder vertragliche) Rücktrittsrecht. Gleichwohl bestehen häufig zu beachtende Ausschlussfristen (z.B. § 124 BGB). Bei der Ausübung eines Rechts zur Minderung und zum Rücktritts ist die Regelung des § 218 BGB zu berücksichtigen, die im Werkvertragsrecht über die Verweisung des § 634a Abs. 4 S. 1, Abs. 5 BGB Anwendung findet (vgl. dazu u. § 218 BGB Rn. 1).[7]

---

2 *Eidenmüller*, JZ 2001, 283.
3 Palandt/*Ellenberger*, § 194 Rn. 1.
4 BGH, Urt. v. 26.09.2000 – VI ZR 279/99, NJW 2001, 157; BGH, Beschl. v. 27.09.1993 – II ZB 5/93, NJW-RR 1994, 61 (h.M. »zweigliedriger Streitgegenstandsbegriff«).
5 Thomas/Putzo/*Reichold*, Einl. II Rn. 11 ff.
6 BGH, Urt. v. 26.06.2008 – I ZR 221/05, NZBau 2008, 765; Palandt/*Ellenberger*, § 194 Rn. 7; *Schwenker*, IBR 2008, 655.
7 *Weyer*, IBR 2002, 408; BGH, Urt. v. 15.11.2006 – VIII ZR 3/06 (zum kaufrechtlichen Rücktrittsrecht), IBR 2008, 20.

III. Einreden

Desgleichen werden selbständige Einreden nicht von der Verjährung erfasst. Eine Einrede ist selbständig, wenn sie lediglich den gegnerischen Anspruch eingrenzt und nicht aus einem eigenen Gegenanspruch abgeleitet wird (z.B. die Stundung).[8] Die unselbständigen Einreden hingegen werden aus einem eigenständigen Gegenanspruch abgeleitet und unterliegen der Verjährung.[9] Maßgebend ist die Verjährung des zu Grunde liegenden Anspruchs. Ausgenommen hiervon sind unselbständige Einreden, für die es gesetzliche Sonderregelungen gibt, z.B. das in § 634a Abs. 4 S. 2 BGB normierte Zurückbehaltungsrecht. Danach kann der Auftraggeber die Zahlung des Werklohns verweigern, wenn er auf Grund des Rücktritts bzw. Minderungsrechts dazu berechtigt gewesen wäre, auch wenn die Mängelrechte bereits verjährt sind. Ausgenommen von dieser Regelung sind weiter die Einreden aus den §§ 273, 320 BGB. Der Schuldner kann die Einrede des nicht erfüllten Vertrages auch noch nach der Verjährung seines Anspruchs erheben werden, wenn dieser vor dem Eintritt der Verjährung entstanden und mit dem Anspruch des Gläubigers synallagmatisch verknüpft war.[10] Das Zurückbehaltungsrecht nach § 273 BGB ist durch die Verjährung des Anspruchs nicht ausgeschlossen. Es gilt § 215 BGB, vgl. *Schill* § 215 BGB Rn. 2.

6

IV. Absolute Rechte

Absolute Rechte (z.B. das Eigentum, das Namensrecht, das Persönlichkeitsrecht, das Urheberrecht) sind unverjährbar, da es sich nicht um Ansprüche handelt. Ansprüche aus der Verletzung von absoluten Rechten unterliegen demgegenüber der Verjährung. Der Besitz selbst stellt zwar kein absolutes Recht dar, aber das Recht zum Besitz kann zu einer dauerhaften Befugnis führen.[11] Der Käufer eines Grundstücks bleibt daher nach dessen Übergabe gegenüber dem Verkäufer (Eigentümer) auch dann zum Besitz berechtigt, wenn der (noch nicht erfüllte) Anspruch auf Übereignung verjährt ist.[12]

7

V. Obliegenheiten

Bei Obliegenheiten als solchen handelt es sich ebenfalls nicht um Ansprüche, so dass diese der Verjährung nicht unterliegen.

8

VI. Öffentlich-rechtliche Ansprüche

Öffentlich-rechtliche Ansprüche verjähren grundsätzlich nach den Verjährungsvorschriften des öffentlichen Rechts.[13] Lediglich in den Fällen, in denen es keine Spezialvorschriften des öffentlichen Rechts gibt, kommt eine analoge Anwendung der §§ 194 ff. BGB in Betracht.[14]

9

D. Beweislast

Entsprechend den allgemeinen Darlegungs- und Beweislastregeln hat derjenige, der sich auf den Eintritt der Verjährung beruft, deren Voraussetzungen darzulegen und zu beweisen.[15] Insbesondere hat im Werkvertragsrecht die Partei, die sich auf Verjährung beruft, auch den Zeitpunkt, zu dem die Verjährung eingetreten sein soll, mithin die Abnahme der Werkleistung, zu beweisen.[16]

10

---

[8] Palandt/*Ellenberger*, § 194 Rn. 6.
[9] Jauernig/*Jauernig*, § 194 Rn. 2.
[10] BGH, Urt. v. 19.05.2006 – V ZR 40/05, NZBau 2006, 645.
[11] Palandt/*Ellenberger*, § 194 Rn. 4; Bamberger/Roth/*Henrich*, Edition 16 (01.02.2010), § 194, Rn. 29.
[12] BGH, Urt. v. 02.03.1984 – V ZR 102/83, DNotZ 1984, 686.
[13] *Stumpf*, NVwZ 2003, 1198 ff.; *Dötsch*, DÖV 2004, 377 ff.
[14] Dazu MüKo-BGB/*Grothe*, § 195 Rn. 14.
[15] BGH, Urt. v. 20.05.2003 – X ZR 57/02, NZBau 2003, 559; OLG Düsseldorf, Urt. v. 06.08.2004 – 22 U 135/03, IBR 2005, 469; *Kniffka/Koeble*, 6. Teil Rn. 77; *Werner/Pastor*, Rn. 2345.
[16] BGH, Urt. v. 15.11.1973 – VII ZR 110/71, BauR 1974, 67.

§ 195 Regelmäßige Verjährungsfrist

Die regelmäßige Verjährungsfrist beträgt 3 Jahre.

A. Anwendungsbereich

I. Vertragliche und gesetzliche Ansprüche

1. Vertragliche Ansprüche

1 Sofern weder gesetzlich noch privatrechtlich etwas Abweichendes bestimmt ist, gilt grundsätzlich für alle vertraglichen Ansprüche die in § 195 BGB niedergelegte regelmäßige Verjährungsfrist von drei Jahren.[1] Die Regelverjährung ist insbesondere für vertragliche Erfüllungsansprüche und Schadensersatzansprüche bedeutsam; darüber hinaus gilt sie aber auch für Ersatz-, Neben- und Hilfsansprüche.[2] Hinsichtlich der werkvertraglichen Mängelansprüche findet sich dagegen eine Sonderreglung der Verjährung in § 634a BGB. Die Verjährungsfrist des § 195 BGB findet aber u.a. Anwendung auf Schadensersatzansprüche des Auftraggebers, die nicht auf einem Mangel der ausgeführten Leistung beruhen, sondern allein in der Verletzung reiner Nebenpflichten begründet sind. Dies ist beispielsweise der Fall, wenn der Auftragnehmer im Zuge der Ausführung von Werkleistungen einem Dritten einen Schaden zufügt. Sollte der Auftraggeber von dem geschädigten Dritten in Anspruch genommen werden, stellt dieses einen Schaden dar, der ausschließlich in einer Nebenpflichtverletzung begründet ist und einen unmittelbaren Anspruch des Auftraggebers aus § 280 Abs. 1 i.V.m. § 241 Abs. 2 BGB begründet.[3] Ein solcher Anspruch unterliegt der Verjährung des § 195 BGB und nicht der des § 634a BGB.[4] Die dreijährige Regelfrist gilt im Übrigen auch für selbständige Ansprüche aus einer Bürgschaft.[5] Gleiches gilt für den Anspruch des Unternehmers auf Rückzahlung des Vorschusses auf Mängelbeseitigungskosten.[6] Der Verjährung nach § 195 BGB unterliegen ferner die Ansprüche des Gläubigers aus dem durch den Rücktritt vom Vertrag entstehenden Rückgewährschuldverhältnis,[7] ebenso der Anspruch des Bestellers bei Überzahlung nach § 638 Abs. 4 BGB.[8] Dies führt dazu, dass der Besteller am letzten Tag der in § 634a Abs. 1 BGB niedergelegten Verjährungsfristen für die werkvertraglichen Mängelrechte den Rücktritt oder die Minderung erklären kann und dann für die gerichtliche Geltendmachung weitere drei Jahre ab Jahresende Zeit hat (§ 634a Abs. 1, Abs. 5, § 218 BGB). Schließlich unterliegt der bereicherungsrechtliche Rückzahlungsanspruch von öffentlichen Auftraggebern gegenüber dem überbezahlten Bauunternehmer der Frist des § 195 BGB.[9] Auch Ansprüche aus unerlaubter Handlung unterliegen grundsätzlich der Regelung des § 195 BGB.[10] Mit Urt. v. 09.03.2010 hat das OLG Karlsruhe entschieden, dass Schadensersatzansprüche aus Planungs- und Überwachungsfehlern der Regelverjährung auch dann unterliegen sollen, wenn bei einem Ar-

---

1 Palandt/*Ellenberger*, § 195 Rn. 2; Jauernig/*Jauernig*, § 195 Rn. 1.
2 MüKo-BGB/*Grothe*, § 195 Rn. 5 ff.; Jauernig/*Jauernig*, § 195 Rn. 2; Messerschmidt/Voit/*Drossart*, § 634a Rn. 6; zu den Ersatz-, Neben- und Hilfsansprüchen siehe MüKo-BGB/*Grothe*, § 195 Rn. 38 ff.
3 OLG Naumburg, Urt. v. 20.10.2006 – 10 U 46/06, OLG-Report 2007, 679; BGH, Urt. v. 26.10.2006 – VII ZR 133/04, NZBau 2007, 108.
4 OLG Zweibrücken, Urt. v. 04.12.2008 – 4 U 137/07; MüKo-BGB/*Busche*, § 634 Rn. 12; *Kniffka/Koeble*, 12. Teil Rn. 497; Messerschmidt/Voit/*Drossart*, § 634a Rn. 6.
5 KG, Urt. v. 13.07.1998 – 22 U 2238/97, NJW-RR 1999, 1206; OLG Celle, Urt. v. 10.09.2008 – 14 U 2/08, Beck RS 2008, 20873; BGH, Urt. v. 28.01.2003 – XI ZR 243/02, DNotZ 2004, 45.
6 BGH, Urt. v. 14.01.2010 – VII ZR 213/07, NZBau 2010, 236; MüKo-BGB/*Busche*, § 634 Rn. 9 m.w.N.
7 BGH, Urt. v. 15.11.2006 – VIII ZR 3/06, DStR 2007, 214; BGH, Urt. v. 15.11.2006 – VIII ZR 3/06, NJW 2007, 674.
8 Siehe zum vergleichbaren § 441 Abs. 4 BGB: BGH, Urt. v. 15.11.2006 – VIII ZR 3/06, NJW 2007, 674.
9 OLG Dresden, Urt. v. 14.06.2006 – 6 U 2321/05, BauR 2007, 400.
10 Palandt/*Ellenberger*, § 195 Rn. 4.

chitektenvertrag keine Abnahme erklärt worden ist.[11] Diese Auffassung ist aber abzulehnen: Mit der gesetzlichen Wertung des § 634a BGB wäre es schwerlich zu vereinbaren, dass ein Bauherr, der die Abnahme (noch) nicht erklärt hat, der kurzen Verjährung des § 195 BGB unterliegt, während derjenige, der die Abnahme erklärt, die längere Verjährung des § 634a BGB erhält. Vielmehr ist bei hängen gebliebenen Architektenverträgen die Regelung des § 634a Abs. 1 BGB entsprechend anzuwenden, wobei bezüglich des Beginns der Verjährungsfrist auf die Vollendung der Leistungen bzw. auf das Wirksamwerden einer Kündigung abzustellen ist.[12]

2. Ansprüche aus gesetzlichen Schuldverhältnissen

Für gesetzliche Schuldverhältnisse gilt ebenfalls die regelmäßige Verjährungsfrist. Dies sind insbesondere Ansprüche aus ungerechtfertigter Bereicherung,[13] aus Geschäftsführung ohne Auftrag[14] und der Ausgleichsanspruch des Gesamtschuldners nach § 426 Abs. 1 BGB.[15] Dieser Ausgleichsanspruch wird im Übrigen nicht davon berührt, dass der Anspruch des Gläubigers gegen einen anderen Gesamtschuldner verjährt ist.[16]

II. Konkurrierende Ansprüche

Bei konkurrierenden Ansprüchen, wenn also aus einem Sachverhalt unterschiedliche Ansprüche hergeleitet werden,[17] verjährt jeder Anspruch grundsätzlich selbständig nach seiner eigenen Verjährungsregelung.[18] Die jeweils kürzeste Verjährungsfrist ist allerdings vorrangig und erfasst auch die konkurrierenden Ansprüche, wenn anderenfalls der Zweck der kurzen Verjährungsfrist vereitelt werden würde.[19] Im werkvertraglichen Bereich treten häufig neben die Mängelansprüche des § 634 BGB Schadensersatzansprüche aus unerlaubter Handlung, die aber grundsätzlich ebenfalls der Regelung des § 195 BGB unterliegen.[20] Bei Ansprüchen aus §§ 280 Abs. 1, 241 Abs. 2 BGB (positive Vertragsverletzung) oder aus Verschulden bei Vertragsverhandlungen, §§ 311 Abs. 2, 241 Abs. 2 BGB, ist zu unterscheiden: Steht die Pflichtverletzung im Zusammenhang mit einem Mangel, gilt die Regelung des § 634a BGB, anderenfalls die Regelung des § 195 BGB.[21] Letzteres ist beispielsweise der Fall, wenn der Auftragnehmer im Zuge der Ausführung von Werkleistungen einem Dritten einen Schaden zufügt. Sollte der Auftraggeber von dem geschädigten Dritten in Anspruch genommen werden, stellt dies einen Schaden dar, der ausschließlich auf einer Nebenpflichtverletzung beruht und einen unmittelbaren Anspruch des Auftraggebers gegen den

---

11 OLG Karlsruhe, Urt. v. 09.03.2010 – 19 U 100/09 (nicht rechtskräftig), IBR 2010, 282.
12 Siehe dazu auch OLG Stuttgart, Urt. v. 30.03.2010 – 10 U 87/09 (nicht rechtskräftig), IBR 2010, 283 und OLG Düsseldorf, Urt. v. 18.12.2009 – 23 U 187/08 (nicht rechtskräftig), **IBR 2010, 701**. Das OLG Stuttgart hat zur Klärung der Rechtsfrage, ob auf derartige Ansprüche die kürzere Regelverjährungsfrist des § 195 BGB Anwendung findet, die Revision zugelassen.
13 BGH, Beschl. v. 19.03.2008 – III ZR 220/07, IBR 2008, 318.
14 BGH, Urt. v. 20.04.1967 – VII ZR 326/64, NJW 1967, 1959; OLG Rostock, Beschl. v. 07.04.2009 – 3 W 31/08, IMR 2010, 108; Palandt/*Sprau*, § 677 Rn. 15.
15 BGH, Teilurteil vom 25.11.2009 – IV ZR 70/05, NJW 2010, 435 (Ausgleichsanspruch des Gesamtschuldners).
16 BGH, Urt. v. 09.07.2009 – VII ZR 109/08, NZBau 2010, 45 (Ausgleichsanspruch des Gesamtschuldners), NZBau 2010, 45.
17 BGH, Urt. v. 12.12.1991 – I ZR 212/89, NJW 1992, 1679; MüKo-BGB/*Grothe*, § 195 Rn. 44.
18 BGH, Urt. v. 08.06.2004 – X ZR 283/02, NJW 2004, 3420.
19 BGH, Urt. v. 24.05.1976 – VII ZR 10/74, NJW 1976, 1505.
20 Palandt/*Ellenberger*, § 195 Rn. 4; MüKo-BGB/*Grothe*, § 195 Rn. 55; MüKo-BGB/*Busche*, § 634 Rn. 13; Messerschmidt/Voit/*Drossart*, § 634a Rn. 6; a.A. *Mansel*, NJW 2002, 89, 95.
21 MüKo-BGB/*Busche*, § 634a Rn. 11; Palandt/*Sprau*, § 634 Rn. 9.

§ 196 BGB   Verjährungsfrist bei Rechten an einem Grundstück

Auftragnehmer aus § 280 Abs. 1 i.V.m. § 241 Abs. 2 BGB begründet.[22] Ein solcher Anspruch unterliegt der Verjährung des § 195 BGB und nicht der des § 634a BGB.[23]

B. Sonderregelungen

4 Die Mängelansprüche des Käufers verjähren in den in § 438 BGB normierten Zeiträumen. Für werkvertragliche Mängelansprüche greift die Regelung in § 634a BGB. In einer neueren Entscheidung hat der VII. Zivilsenat des Bundesgerichtshofs noch eine grundlegende Entscheidung zu den vor der Schuldrechtsreform 2002 geltenden Gewährleistungsregelungen getroffen:[24] Die werkvertraglichen Gewährleistungsansprüche des Bestellers unterliegen auch dann der Verjährungsregelung des § 638 Abs. 1 S. 1 BGB a.F., wenn sie vor der Abnahme entstanden sind. Die Verjährungsfrist beginnt dabei erst zu laufen, wenn die Abnahme erfolgt oder endgültig verweigert wird. Mit dieser Entscheidung gibt der BGH seine bisherige Ansicht auf, dass derartige Ansprüche der Regelverjährung nach § 195 BGB unterliegen.[25] Ob diese Grundsätze auch auf die nach der Reform geltenden werkvertraglichen Mängelrechte anwendbar sind, lässt der VII. Zivilsenat ausdrücklich offen. Nach Ansicht des BGH wird entscheidend für die Beantwortung sein, ob dem Besteller auch im Rahmen des § 634 BGB, ebenso wie vor dem 01.01.2002, die Mängelrechte bereits vor der Abnahme zustehen.[26]

§ 196 Verjährungsfrist bei Rechten an einem Grundstück

Ansprüche auf Übertragung des Eigentums an einem Grundstück sowie auf Begründung, Übertragung oder Aufhebung eines Rechts an einem Grundstück oder auf Änderung des Inhalts eines solchen Rechts sowie die Ansprüche auf Gegenleistung verjähren in zehn Jahren.

A. Leistungs- und Gegenleistungsansprüche

1 Der Anwendungsbereich der Regelung ergibt sich aus dem Gesetzeswortlaut: Ansprüche auf Übertragung des Eigentums an einem Grundstück nach §§ 925, 873 BGB, Ansprüche auf Begründung, Übertragung, Aufhebung oder Inhaltsänderung eines Rechts an Grundstücken sowie Ansprüche auf die Gegenleistung. Für den letztgenannten Anspruch ist allerdings Voraussetzung, dass die Ansprüche in einem synallagmatischen Verhältnis stehen. Nach dem Verständnis des BGH ist diese Wechselbezüglichkeit allerdings nicht auf vertragliche Ansprüche beschränkt, sondern kann auch bei gesetzlichen Ansprüchen vorliegen.[1] § 196 BGB findet auch auf Rückabwicklungsansprüche aus einem nichtigen Grundstückskaufvertrag Anwendung. In der zitierten Entscheidung des BGH wird ausdrücklich klargestellt, dass § 196 BGB zudem die bereicherungsrechtlichen Rückzahlungsansprüche erfasst. Anderenfalls »ließe sich, wie vom Gesetzgeber angestrebt, nicht erreichen, dass die Ansprüche beider Parteien einer gleich langen Verjährungsfrist von zehn Jahren unterliegen«.[2] Im Gegensatz zum Anspruch auf Rückabwicklung der Verfügung unterläge der bereicherungsrechtliche Rückzahlungsanspruch der Regelverjährung des § 195 BGB. Die überwiegende Auffassung in der Literatur stimmt mit der Ansicht des BGH überein

---

22 BGH, Urt. v. 26.10.2006 – VII ZR 133/04, NZBau 2007, 108; OLG Naumburg, Urt. v. 20.10.2006 – 10 U 46/06, OLG-Report 2007, 679.
23 OLG Zweibrücken, Urt. v. 04.12.2008 4 U 137/07; MüKo-BGB/*Busche*, § 634 Rn. 12; *Kniffka/Koeble*, 12. Teil Rn. 497; Messerschmidt/Voit/*Drossart*, § 634a Rn. 6.
24 BGH, Urt. v. 08.07.2010 – VII ZR 171/08, BauR 2010, 1778; BGH, Urt. v. 08.07.2010 – VII ZR 171/08 mit Analyse von *Weyer* vom 25.08.2010 in werner-baurecht.de.
25 Vgl. nur BGH, Urt. v. 30.09.1999 – VII ZR 162/97, BauR 2000, 128.
26 BGH, Urt. v. 08.07.2010 – VII ZR 171/08, BauR 2010, 1778, 1783.
 1 BGH, Urt. v. 25.01.2008 – V ZR 118/07, NJW-RR 2008, 745; zu Sekundärleistungsansprüchen siehe Bamberger/Roth/*Henrich*, BeckOK BGB, Edition 18 (01.08.2010), § 196 Rn. 3, 13.
 2 BGH, Urt. v. 25.01.2008 – V ZR 118/07, NJW-RR 2008, 745.

und will ebenfalls die Regelung des § 196 BGB anwenden.[3] Diese Ansicht überzeugt und spiegelt den Willen des Gesetzgebers wider, der mit der Einführung der zehnjährigen Verjährungsfrist insbesondere den Besonderheiten von Verträgen Rechnung tragen wollte, die Grundstücke und/oder Rechte an Grundstücken zum Gegenstand haben.[4] Der zur Erfüllung führende Leistungserfolg hängt nicht allein von der Leistungshandlung des Schuldners, sondern im Regelfall auch von der Mitwirkung des Grundbuchamtes oder anderer staatlicher Stellen ab. Es könnte sich die erforderliche Eintragung ins Grundbuch verzögern, eine notwendige Teilungsvermessung nicht schleunig zu erreichen sein, die vom Finanzamt zu erteilende steuerliche Unbedenklichkeitsbescheinigung noch ausstehen und nicht zuletzt braucht das Grundbuchamt selbst Zeit zur Prüfung. Die Interessenlage bei Rückabwicklungsansprüchen unterscheidet sich nicht wesentlich von der bei den Erfüllungsansprüchen. Aus diesen Gründen ist es überzeugend, die Frist des § 196 BGB auch auf Rückabwicklungsansprüche aus einem nichtigen Grundstückskaufvertrag anzuwenden.

Heftig umstritten ist darüber hinaus die Frage, ob der Vergütungsanspruch eines Bauträgers von der Verjährungsfrist des § 196 BGB oder von der regelmäßigen Verjährungsfrist des § 195 BGB erfasst wird. Vor der Schuldrechtsmodernisierung verjährte der vereinbarte Vergütungsanspruch entsprechend der Rechtsprechung des BGH nach § 196 Abs. 1 Nr. 1 BGB a.F. in zwei Jahren.[5] Eine klärende Entscheidung des BGH zu dieser Frage ist noch nicht ergangen. In der Literatur wird diese Frage kontrovers diskutiert: Zum Teil wird danach differenziert, ob die Vergütung für das Grundstück und die Werkleistung im Vertrag getrennt ausgewiesen werde – entsprechend der vertraglichen Trennung sollen dann die für den jeweiligen Vertrag maßgeblichen Verjährungsfristen herangezogen werden.[6] Der überwiegende Teil der Literatur lehnt eine derartige Differenzierung zwar ab und geht von einer einheitlichen Verjährung des Vergütungsanspruchs des Bauträgers aus. Doch wird teilweise die Auffassung vertreten, dass der Vergütungsanspruch der dreijährigen Regelverjährung des § 195 BGB unterliege.[7] Die überwiegende Ansicht in der Literatur bevorzugt aber die Anwendung des § 196 BGB.[8] Zur Begründung wird darauf verwiesen, dass auch die Bauleistung als wesentlicher Bestandteil des Grundstücks übereignet werde und der anfallende Vergütungsanspruch hiermit übereinstimme.[9] Der letztgenannten Auffassung ist zuzustimmen, da nur die in § 196 BGB enthaltene Frist von zehn Jahren die Besonderheiten der Ansprüche auf Übertragung des Eigentums an Grundstücken hinreichend berücksichtigt. Der Verjährungsbeginn richtet sich nach der hier vertretenen Auffassung nach § 200 BGB, anderenfalls nach § 199 Abs. 1 BGB.

B. Ansprüche auf Besitzübertragung

Bei Ansprüchen auf Besitzübertragung ist streitig, ob § 195 BGB oder § 196 BGB analog Anwendung finden soll. Dieser Streit ist indes praktisch kaum von Bedeutung, da die Besitzverschaffung regelmäßig der Eigentumsübertragung zeitlich vorgeht.[10]

---

3 Dazu nur Palandt/*Ellenberger*, BGB § 196 Rn. 5; Jauernig/*Jauernig*, § 196 Rn. 5; MüKo-BGB/*Grothe*, § 196 Rn. 7; Bamberger/Roth/*Henrich*, BeckOK BGB, Edition 18 (01.08.2010), § 196 Rn. 3.
4 BT–Drs. 14/6040, 105.
5 BGH, Urt. v. 12.10.1978 – VII ZR 288/77, NJW 1979, 156; BGH, Urt. v. 05.11.1987 – VII ZR 364/86, NJW 1988, 483.
6 *Amann*, DNotZ 2002, 94, 116.
7 *Grziwotz/Koeble*, 4.Teil Rn. 118; *Ott*, NZBau 2003, 233, 234.
8 *Pause*, NZBau 2002, 648, 650; Palandt/*Ellenberger*, § 196 Rn. 4; *Basty*, Rn. 251.
9 *Pause* NZBau 2002, 648, 650; *Basty*, Rn. 251.
10 Jauernig/*Jauernig*, § 196 Rn. 6. Die Anwendung des § 196 BGB analog bejahend: Bamberger/Roth/*Henrich*, BeckOK BGB, Edition 18 (01.08.2010), § 196 Rn. 9; a.A. Palandt/*Ellenberger*, § 196 Rn. 6.

§ 197 Dreißigjährige Verjährungsfrist

(1) In 30 Jahren verjähren, soweit nicht ein anderes bestimmt ist,
1. Herausgabeansprüche aus Eigentum, anderen dinglichen Rechten, den §§ 2018, 2130 und 2362 sowie die Ansprüche, die der Geltendmachung der Herausgabeansprüche dienen,
2. (weggefallen)
3. rechtskräftig festgestellte Ansprüche,
4. Ansprüche aus vollstreckbaren Vergleichen oder vollstreckbaren Urkunden,
5. Ansprüche, die durch die im Insolvenzverfahren erfolgte Feststellung vollstreckbar geworden sind, und
6. Ansprüche auf Erstattung der Kosten der Zwangsvollstreckung.

(2) Soweit Ansprüche nach Absatz 1 Nr. 3 bis 5 künftig fällig werdende regelmäßig wiederkehrende Leistungen zum Inhalt haben, tritt an die Stelle der Verjährungsfrist von 30 Jahren die regelmäßige Verjährungsfrist.

A. Herausgabeansprüche aus Eigentum und anderen dinglichen Rechten

1 Die Verjährungsfrist gilt nur für den Herausgabeanspruch aus § 985 BGB sowie den Herausgabeanspruch des Pfandgläubigers aus den §§ 1231, 1251 Abs. 1 BGB und den Herausgabeanspruch aus § 1036 Abs. 1 BGB und aus § 562b Abs. 2 S. 1 BGB.[1] Nicht der Verjährung nach § 197 Abs. 1 Nr. 1 BGB unterliegen demgegenüber Ansprüche auf Beseitigung und Unterlassung, auf Herausgabe gezogener Nutzungen und auf Grund von Pflichtverletzungen sowie Ansprüche aus anderen absoluten Rechten als dem Eigentum.[2] Nach allgemeiner Meinung ist § 197 Abs. 1 Nr. 1 BGB auf Ansprüche aus Besitz (§§ 861, 1007 BGB) ebenfalls nicht anwendbar, da der Besitz kein dingliches Recht ist.[3]

B. Rechtskräftig festgestellte Ansprüche

I. Urteile

2 Die Regelung erfasst alle Vorbehalts- und Endurteile, insbesondere Säumnis-, Freistellungs- und Feststellungsurteile. Sie gilt auch für ausländische Urteile, soweit sie in der Bundesrepublik Deutschland anerkannt werden. Es kommt auch nicht darauf an, ob es sich um Urteile der ordentlichen Gerichtsbarkeit handelt, da auch Urteile der besonderen Gerichtsbarkeiten von der Regelung des § 197 Abs. 1 Nr. 3 BGB umfasst sind. Mit umfasst sind im Übrigen Schiedssprüche nach § 1055 ZPO, Vollstreckungsbescheide und Kostenfestsetzungsbeschlüsse. Nicht erfasst sind hingegen Zwischen- und Grundurteile: Hier liegt noch keine endgültige Entscheidung über den Anspruch vor.

II. Kostenvorschuss

3 Umstritten ist, inwieweit die Regelung des § 197 Abs. 1 Nr. 3 BGB auch für den Nachforderungsanspruch zur Anwendung kommt, wenn ein Titel über den Kostenvorschussanspruch vorliegt. Das OLG Nürnberg vertritt die Auffassung, dass es sich bei dem Anspruch auf Nachforderung nicht um eine bereits titulierte Forderung im Sinne dieser Regelung handelt. Vielmehr sei der Anspruch auf Kostenvorschuss ein vorweggenommener und abzurechnender Anspruch auf Erstattung der Ersatzvornahmekosten. Das Vorschussurteil stehe einem Urteil über einen Teilanspruch gleich, dem keine Rechtskraft in Bezug auf die Nachforderung zukomme. Daher sei die

---

1 Bamberger/Roth/*Henrich*, § 197 Rn. 6.
2 MüKo-BGB/*Grothe*, § 197 Rn. 6.
3 Palandt/*Ellenberger*, § 197 Rn. 3.

30-jährige Verjährungsfrist nur auf den titulierten Vorschussanspruch anwendbar. Der Anspruch auf Nachforderung verjähre nach den allgemeinen Vorschriften.[4]

Der BGH hat dieses Urteil mit Urt. v. 25.09.2008 aufgehoben und für Rechtssicherheit gesorgt. Danach enthält ein Vorschussurteil die Feststellung, dass der Auftragnehmer verpflichtet ist, die voraussichtlichen Mangelbeseitigungskosten zu tragen. Dies bezieht sich nicht nur auf einen weiteren Vorschuss, sondern ebenso auf die den gezahlten Vorschuss übersteigenden Selbstvornahmekosten.[5] Nach Auffassung des BGH wird durch die Vorschussklage ein einheitlicher Anspruch auf Ersatz der voraussichtlichen Mangelbeseitigungskosten geltend gemacht. Von der Klage und dem Titel seien daher alle Beträge umfasst, die zur Beseitigung des Mangels sachlich erforderlich sind. Die Wirkung der Vorschussklage ist danach nicht auf den eingeklagten Betrag beschränkt. Abgedeckt werden auch spätere Erhöhungen.[6] Hieraus folgt, dass das Vorschussurteil auch ein Feststellungsurteil enthält. Die Titulierung eines Kostenvorschussanspruchs muss daher so verstanden werden, dass mit der Titulierung auch die Nachschusspflicht des Auftragnehmers für den Fall festgestellt wird, dass der ausgeurteilte Vorschuss nicht ausreicht. Für den noch nicht bezifferten Teil des Vorschussanspruchs beträgt daher die Verjährungsfrist ebenfalls 30 Jahre. 4

C. Ansprüche aus vollstreckbaren Vergleichen oder vollstreckbaren Urkunden

I. Anwendungsbereich

Unter die Regelung fallen vollstreckbare Vergleiche und vollstreckbare Urkunden. Voraussetzung ist jeweils, dass sich der Schuldner wirksam der Zwangsvollstreckung unterworfen hat. Dies ist insbesondere beim Bauträgervertrag häufig fraglich. Der BGH hatte in den zurückliegenden Jahren mehrfach über die Wirksamkeit einer Zwangsvollstreckungsunterwerfung des Erwerbers zu entscheiden. Im Jahr 1998 erklärte der BGH eine Regelung für unwirksam, in der sich der Erwerber der Zwangsvollstreckung in sein gesamtes Vermögen unterworfen hatte und durch die zugleich der Notar ermächtigt worden war, dem Bauträger auf Verlangen ohne besonderen Nachweis eine vollstreckbare Ausfertigung der Urkunde zu erteilen.[7] Im Jahr 2001 entschied der BGH, dass eine Vollstreckungsunterwerfung des Auftraggebers (bei einem Generalunternehmervertrag) unter Verzicht auf den Nachweis der Fälligkeit des Anspruchs gegen § 9 AGBG a.F. (§ 307 BGB), verstößt.[8] 5

II. Zwangsvollstreckungsunterwerfung

Auf Grund dieser Rechtssprechung stellt sich die Frage, inwieweit Regelungen zur Zwangsvollstreckungsunterwerfung wirksam vereinbart werden können. Ob derartige Regelungen überhaupt noch notwendig sind, ist indes zweifelhaft, da nach der Schuldrechtsmodernisierung ein praktisches Bedürfnis für Zwangsvollstreckungsunterwerfungen nur noch in geringem Umfang vorhanden sein dürfte. Der Grund für die häufigen Zwangsvollstreckungsunterwerfungen in Bauträgerverträgen war die vor der Schuldrechtsmodernisierung geltende zweijährige Verjährungsfrist für den Vergütungsanspruch des Bauträgers. Über den Umweg der Zwangsvollstreckungsunterwerfung suchte man eine Verlängerung der Verjährungsfrist auf 30 Jahre zu erreichen. Dies ist jedoch nicht mehr erforderlich, weil der Vergütungsanspruch des Bauträgers nach der hier vertretenen Ansicht ohnehin der zehnjährigen Frist des § 196 BGB unterliegt. Ferner kann gemäß § 202 Abs. 2 BGB mittlerweile auch eine Verlängerung der Verjährungsfrist vereinbart werden. 6

---

4 OLG Nürnberg, Urt. v. 30.10.2007 – 1 U 1757/07, BauR 2008, 2049.
5 BGH, Urt. v. 25.09.2008 – VII ZR 204/07, NZBau 2009, 120, 121.
6 BGH, Urt. v. 25.09.2008 – VII ZR 204/07, NZBau 2009, 120, 121.
7 BGH, Urt. v. 22.10.1998 – VII ZR 99/97, NJW 1999, 51.
8 BGH, Urt. v. 27.09.2001 – VII ZR 388/00, DNotZ 2002, 878.

7 Zu der Frage, ob eine Zwangsvollstreckungsunterwerfung unter Nachweisverzicht zulässig sein soll, hat die Literatur umfangreiche Gestaltungsvorschläge und Meinungen hervorgebracht.[9] Unter anderem wird die Auffassung vertreten, dass die Erteilung der vollstreckbaren Ausfertigung an die Vorlage einer Fertigstellungsbescheinigung gemäß § 641a BGB a.F. geknüpft werden könne.[10] Das OLG Bamberg hat eine Unterwerfungsklausel mit dem Nachweis des Bautenstandes entsprechend § 641a BGB a.F. für wirksam angesehen.[11] Im Rahmen von Vertragsgestaltungen dürften derartige Klauseln unzulässig sein, da nach Aufhebung des § 641a BGB durch das Forderungssicherungsgesetz dessen Leitbildcharakter entfällt. Bei der Fertigstellungsbescheinigung handelt es sich nämlich um ein Privatgutachten. Nach der Rechtsprechung des BGH stellt ein in einem selbständigen Beweisverfahren eingeholtes schriftliches Sachverständigengutachten kein zulässiges Beweismittel im Urkundenprozess dar, soweit dadurch der Beweis durch Sachverständige ersetzt werden soll.[12] Zur Beurteilung der Zwangsvollstreckungsunterwerfungen mit Nachweisverzicht wurde in der Vergangenheit auf die Klagen im Urkundenprozess abgestellt, da die Vollstreckungsunterwerfung dem Urkundenprozess in Voraussetzungen und Folgen durchaus vergleichbar ist. Da ein im selbständigen Beweisverfahren eingeholtes schriftliches Gutachten im Urkundenprozess kein hinreichendes Beweismittel ist, kann auch die Vorlage einer Fertigstellungsbescheinigung nicht wirksam zur Voraussetzung einer erleichterten Zwangsvollstreckung gemacht werden.[13]

8 Generell gilt, dass Klauseln unwirksam sind, in denen sich der Auftraggeber der sofortigen Zwangsvollstreckung in sein gesamtes Vermögen unterwirft und nach denen der Notar dem Auftragnehmer eine vollstreckbare Ausfertigung erteilen darf, wenn der jeweilige Baufortschritt durch den bauleitenden Architekten oder den Bauleiter bestätigt wird. Derartige Klauseln verstoßen nämlich als allgemeine Geschäftsbedingung gegen § 307 Abs. 1 i.V.m. § 632a BGB, wonach grundsätzlich der Unternehmer vorleistungspflichtig ist. Der Besteller wird durch die Bestätigung des betreffenden Bautenstandes durch den bauleitenden Architekten oder den Bauleiter nicht ausreichend geschützt, da diese im Regelfall im Lager des Auftragnehmers stehen.[14] Deswegen wird im Ergebnis lediglich eine Vollstreckungsunterwerfung unter Verzicht auf den Nachweisverzicht wirksam zu vereinbaren sein. Dann muss der Nachweis des betreffenden Bautenstandes in der Form der §§ 795, 726 Abs. 1 ZPO erfolgen. Dies wird weder dem Auftragnehmer noch dem Bauträger gelingen. Ihnen bleibt immerhin der Vorteil, dass der Anwendungsbereich des § 197 Abs. 1 Nr. 4 BGB eröffnet ist.

III. Außergerichtliche Vergleiche

9 Nicht zu den vollstreckbaren Vergleichen im Sinne der Regelung gehören außergerichtliche Vergleiche. Vor dem Schuldrechtsmodernisierungsgesetz wurden diese zwar im Rahmen der §§ 194 ff. BGB als vollstreckbare Vergleiche angesehen. Dies ist vor dem Hintergrund zu sehen, dass Vereinbarungen über die Verlängerung der Verjährungsfristen vor dem 01.01.2002 nicht möglich waren. Auf Grund der Regelung des § 202 BGB ist dies nun möglich, so dass der Sinn und Zweck der vorherigen Rechtsprechung ersatzlos entfallen ist.

D. Ansprüche, die durch die im Insolvenzverfahren erfolgte Feststellung vollstreckbar geworden sind

10 Geregelt sind die Ansprüche aus den §§ 178 Abs. 3, 201 Abs. 2, 215 Abs. 2 Satz 2, 257 InsO. Vollstreckbar sind die Ansprüche, wenn das Insolvenzverfahren aufgehoben oder eingestellt wurde.

---

9 *Von Rintelen,* RNotZ 2001, 2, 31 ff. m.w.N.
10 *Basty,* Rn. 707; *Grziwotz/Koeble,* Handbuch Bauträgerrecht, S. 444.
11 OLG Bamberg, Urt. v. 13.03.2008 – 1 U 189/07, NJW 2008, 2928.
12 BGH, Urt. v. 18.09.2007 – XI ZR 211/06, BauR 2008, 392.
13 Dazu *Basty,* Rn. 714.
14 OLG München, Urt. v. 03.02.2009 – 9 U 3417/08, BauR 2009, 988; *Basty,* Rn. 710.

E. Ansprüche auf Erstattung der Kosten der Zwangsvollstreckung

Die Regelung dient nur der Klarstellung, da bereits der Anspruch auf Erstattung von Prozess- und Zwangsvollstreckungskosten durch das Urteil dem Grunde nach festgestellt wird (§ 788 Abs. 1 ZPO).[15]

11

F. Wiederkehrende Leistungen

Ausgenommen von der 30-jährigen Verjährungsfrist sind Ansprüche nach § 197 Abs. 1 Nr. 3 bis 6 BGB, soweit sie wiederkehrende Leistungen zum Gegenstand haben. Für diese gilt die regelmäßige Verjährungsfrist. Unter wiederkehrenden Leistungen sind Renten, Überbaurenten, Notwegrenten und Leistungen aus Reallasten zu verstehen. Der Verjährungsbeginn richtet sich nach § 199 BGB.[16]

12

(...)

§ 199 Beginn der regelmäßigen Verjährungsfrist und Verjährungshöchstfristen

(1) Die regelmäßige Verjährungsfrist beginnt, soweit nicht ein anderer Verjährungsbeginn bestimmt ist, mit dem Schluss des Jahres, in dem
1. der Anspruch entstanden ist und
2. der Gläubiger von den den Anspruch begründenden Umständen und der Person des Schuldners Kenntnis erlangt oder ohne grobe Fahrlässigkeit erlangen müsste.

(2) Schadensersatzansprüche, die auf der Verletzung des Lebens, des Körpers, der Gesundheit oder der Freiheit beruhen, verjähren ohne Rücksicht auf ihre Entstehung und die Kenntnis oder grob fahrlässige Unkenntnis in 30 Jahren von der Begehung der Handlung, der Pflichtverletzung oder dem sonstigen, den Schaden auslösenden Ereignis an.

(3) Sonstige Schadensersatzansprüche verjähren
1. ohne Rücksicht auf die Kenntnis oder grob fahrlässige Unkenntnis in 10 Jahren von ihrer Entstehung an und
2. ohne Rücksicht auf ihre Entstehung und die Kenntnis oder grob fahrlässige Unkenntnis in 30 Jahren von der Begehung der Handlung, der Pflichtverletzung oder dem sonstigen, den Schaden auslösenden Ereignis an.

Maßgeblich ist die früher endende Frist.

(3a) Ansprüche, die auf einem Erbfall beruhen oder deren Geltendmachung die Kenntnis einer Verfügung von Todes wegen voraussetzt, verjähren ohne Rücksicht auf die Kenntnis oder grob fahrlässige Unkenntnis in 30 Jahren von der Entstehung des Anspruchs an.

(4) Andere Ansprüche als die nach den Absätzen 2 bis 3a verjähren ohne Rücksicht auf die Kenntnis oder grob fahrlässige Unkenntnis in 10 Jahren von ihrer Entstehung an.

(5) Geht der Anspruch auf ein Unterlassen, so tritt an die Stelle der Entstehung die Zuwiderhandlung.

Übersicht	Rdn.		Rdn.
A. Entstehen des Anspruchs	1	a) BGB-Werkvertrag	3
I. Fälligkeit des Werklohns	1	b) VOB/B–Werkvertrag	4
1. Prüfbare Schlussrechnung	3		

---

15 BGH, Beschl. v. 23.03.2006 – V ZB 189/05, NJW 2006, 1962.
16 Müko-BGB/*Grothe*, § 197 Rn. 26 ff.

§ 199 BGB   Beginn der regelmäßigen Verjährungsfrist und Verjährungshöchstfristen

		Rdn.			Rdn.
	c) Forderungen aus Abschlagsrechnungen	5	B.	**Kenntnis der den Anspruch begründenden Umstände und der Person des Schuldners**	14
	2. Vergütungsanspruch des Bauträgers	6	I.	Anspruchbegründende Umstände	14
	3. Honoraransprüche der Architekten/Ingenieure/Projektsteuerer	8	II.	Person des Schuldners	21
II.	Ansprüche aus Bürgschaften	9	III.	Grob fahrlässige Unkenntnis	22
III.	Gesamtschuldnerausgleichsanspruch, § 426 Abs. 1 BGB	12	C.	**Verjährungsbeginn**	23
IV.	Ausgleichsanspruch aus übergangenem Recht nach § 426 Abs. 2 BGB	13	D.	**Höchstfristen**	24

A. Entstehen des Anspruchs

I. Fälligkeit des Werklohns

1   Der Werklohnanspruch wird nach § 641 Abs. 1 BGB mit Abnahme der Werkleistungen fällig. Soweit Teilabnahmen vereinbart sind oder ein Anspruch auf Teilabnahme besteht, wird der für den abgenommenen Teil vereinbarte Werklohn zur Zahlung fällig. Soweit eine Vergütung für die teilabgenommenen Werkleistungen nicht vereinbart ist, kann der Vergütungsanspruch auch nicht fällig werden, da die gesetzliche Regelung eine »bestimmte« Vergütung fordert. Eine Bestimmbarkeit reicht nicht aus.[1] Die Abnahme ist auch bei einem gekündigten Werkvertrag Fälligkeitsvoraussetzung des Werklohnanspruchs.[2]

2   Von diesem Grundsatz der erforderlichen Abnahme zur Begründung der Fälligkeit hat die Rechtsprechung folgende Ausnahmen anerkannt:
– Endgültige Leistungsverweigerung des Auftraggebers.[3]
– Berechtigte Abnahmeverweigerung des Auftraggebers.[4]
– Bestehen eines Abrechnungsverhältnisses:[5] Dies sind diejenigen Fälle, in denen der Auftraggeber auf Zahlung gerichtete Gewährleistungsansprüche geltend macht, in denen der Auftraggeber keine Nacherfüllung verlangt oder der Rücktritt oder die Minderung wirksam erklärt wurde oder Schadensersatz wegen eines Mangels geltend gemacht wird.
– Den dem Unternehmer nach den §§ 648a Abs. 5 S. 1, 634 Abs. 1 BGB zustehenden Vergütungsanspruch, soweit die Nachfrist fruchtlos abgelaufen ist:[6] In diesem Fall könnte zwar auch darauf abgestellt werden, dass es sich um einen Fall der vorzeitigen Beendigung des Vertrages handele und insoweit die Abnahme Voraussetzung für die Fälligkeit des Vergütungsanspruchs sei. Das Kammergericht hat aber zu Recht darauf abgestellt, dass nach der Regelung des § 648a Abs. 5 S. 1 BGB nach fruchtlosem Ablauf der Nachfrist der Auftragnehmer nicht mehr verpflichtet ist, den Vertrag zu erfüllen. Bei einer Kündigung hingegen beendet erst die Abnahme das Erfüllungsstadium des gekündigten Vertrages.

Im Übrigen wird auf § 641 BGB Rdn. 9 ff. verwiesen.

---

1 *Kniffka*, IBR Online-Kommentar, § 641 Rn. 3.
2 BGH, Urt. v. 11.05.2006 – VII ZR 146/04, BauR 2006, 1294; Messerschmidt/Voit/*Drossart*, § 641 Rn. 79.
3 BGH, Urt. v. 15.05.1990 – X ZR 128/88, NJW 1990, 3008.
4 BGH, Urt. v. 10.06.1999 – VII ZR 170/98, NJW-RR 1999, 1246.
5 BGH, Urt. v. 22.09.2005 – VII ZR 117/03, NZBau 2005, 685.
6 KG, Urt. v. 06.12.2006 – 7 U 296/05, BauR 2007, 1746.

1. Prüfbare Schlussrechnung

a) BGB-Werkvertrag

Die Erteilung einer prüfbaren Schlussrechnung bzw. einer Rechnung ist für den Eintritt der Fälligkeit nicht erforderlich.[7] Nach der gesetzlichen Regelung genügt hierfür die Abnahme. Im Regelfall wird zur schlüssigen Darlegung der Werklohnforderung allerdings eine prüfbare Abrechnung vorzulegen sein. Dies ist bedeutsam für die Durchsetzbarkeit der Forderung, nicht aber für den Beginn der Verjährung.

3

b) VOB/B–Werkvertrag

Bei Vereinbarung der VOB/B wird der Vergütungsanspruch nach § 16 Abs. 3 Nr. 1 VOB/B zwei Monate nach Erteilung der prüfbaren Schlussrechnung fällig. Ausnahme hiervon ist die Konstellation, dass der Auftraggeber die Schlussrechnung vor Ablauf der Zwei-Monats-Frist geprüft und das Prüfergebnis dem Auftragnehmer mitgeteilt hat.[8] Hinsichtlich der Anforderung an die Prüfbarkeit der Rechnung wird auf § 641 BGB Rdn. 19 ff. verwiesen.

4

c) Forderungen aus Abschlagsrechnungen

Allgemein anerkannt ist, dass die Ansprüche aus Abschlagsrechnungen selbstständig verjähren.[9] Für die Beurteilung des Verjährungsbeginns ist auch hier die Fälligkeit der Abschlagsforderung maßgeblich. Letztere wird unter den Voraussetzungen des § 632a BGB zur Zahlung fällig, vgl. § 632a Rdn. 37 ff. Bei Geltung der VOB/B werden Ansprüche auf Abschlagszahlungen nach § 16 Abs. 1 Nr. 3 VOB/B binnen 18 Werktagen nach Zugang einer prüffähigen Aufstellung zur Zahlung fällig,[10] vgl. § 632 Rdn. 230, 243.

5

2. Vergütungsanspruch des Bauträgers

Ohne eine von der gesetzlichen Regelung abweichende Regelung im Vertrag wird die Vergütungsforderung des Bauträgers mit der Abnahme nach § 641 BGB zur Zahlung fällig. Im Regelfall werden die Regelungen der MaBV vereinbart. Nach § 3 Abs. 1 S. 1 Nr. 1 MaBV ist Voraussetzung für die Fälligkeit der Vergütung die Rechtswirksamkeit des Vertrages, das Vorliegen der zur Rechtswirksamkeit des Vertrages erforderlichen Genehmigungen, die Rechtswirksamkeit der Genehmigungen, das Vorliegen der Bestätigung des Notars über die Rechtswirksamkeit des Vertrages und der fruchtlose Ablauf eines eventuell vertraglich vereinbarten Rücktrittsrechts zu Gunsten des Bauträgers. Nach § 3 Abs. 1 S. 1 Nr. 2 MaBV ist weiter Voraussetzung, dass zu Gunsten des Erwerbers eine Vormerkung gemäß § 883 BGB an der vereinbarten Rangstelle im Grundbuch eingetragen ist oder die Sicherungen nach § 7 MaBV vorliegen. Weitere Voraussetzung ist nach § 3 Abs. 1 S. 1 Nr. 3 i.V.m. S. 2 bis 5 MaBV die Sicherung der Lastenfreistellung durch entsprechende Freigabeversprechen oder durch einen Rangrücktritt des Grundpfandrechts hinter die Auflassungsvormerkung des Erwerbers.[11] Alternativ ist die Grundschuldübernahme durch den Erwerber oder die Übergabe einer Löschungsbewilligung oder Pfandfreigabe des Gläubigers gegenüber dem Notar möglich. Weitere Fälligkeitsvoraussetzung ist nach § 3 Abs. 1 S. 1 MaBV, dass die baurechtlichen Voraussetzungen gegeben sind. Dies bedeutet im Regelfall, dass die Baugenehmigung erteilt ist. Bei genehmigungsfreien Bauvorhaben reicht die förmliche Bestätigung der zuständigen Behörde über die Genehmigungsfreiheit aus. Weiter hat, soweit erforderlich, eine Zweckentfremdungsgenehmigung vorzuliegen. Soweit diese oben genannten Voraussetzungen vorliegen, wird der Vergütungsanspruch entsprechend der Regelung in § 3 Abs. 2 MaBV zur Zahlung fällig.

6

---

7 BGH, Urt. v. 18.12.1980 – VII ZR 41/80, BauR 1981, 199; dazu *Werner/Pastor*, Rn. 1836 ff.
8 BGH, Urt. v. 22.04.1982 – VII ZR 191/81, BGHZ 83, 382.
9 BGH, Urt. v. 05.11.1998 – VII ZR 191/97, NJW 1999, 713.
10 *Kapellmann/Messerschmidt*, § 16 Rn. 143.
11 *Blank*, Rn. 163.

Maßgeblich für die Fälligkeit ist der jeweilige tatsächliche Bautenstand, der der jeweiligen Rate entsprechen muss.

7 Im Bauträgervertrag sind von der MaBV abweichende Regelungen gemäß § 134 BGB i.V.m. § 12 MaBV nichtig.[12] Es gilt dann die gesetzliche Regelung, wobei § 632a BGB keine Anwendung findet.[13]

3. Honoraransprüche der Architekten/Ingenieure/Projektsteuerer

8 Die Fälligkeit der Honorarforderung des Architekten/Ingenieurs/Projektsteuerers setzt die vertragsgemäße Leistungserbringung, die Erstellung einer prüffähigen Honorarschlussrechnung und die Überreichung der Schlussrechnung voraus. Die Fälligkeit des Honorars hängt entgegen § 641 BGB nicht von der Abnahme ab. Soweit die Honorarschlussrechnung nicht prüffähig ist, wird die Fälligkeit spätestens angenommen, wenn eine Frist von zwei Monaten nach Überreichung der Honorarschlussrechnung abgelaufen ist, ohne dass der Auftraggeber substantiierte Einwendungen gegen die Prüffähigkeit vorgebracht hat.[14] Soweit sich der Auftraggeber auf die fehlende Prüffähigkeit beruft, obwohl die Honorarschlussrechnung prüffähig ist, tritt die Fälligkeit ein, wenn dieser Umstand für den Architekten erkennbar nach außen zu Tage tritt. Diese Rechtsprechung führt in der Konsequenz dazu, dass einer nachträglichen Erhöhung der Schlussrechnung möglicherweise die Einrede der Verjährung entgegensteht. Wird beispielsweise in Höhe der Honorarschlussrechnung durch Klageerhebung die Verjährung gehemmt, so tritt diese Hemmung nur in Höhe der Honorarschlussrechnung ein. Bei einer nachträglichen Erhöhung der Schlussrechnung kann die weitergehende Forderung bereits verjährt sein, da die Hemmung nur in Höhe der ursprünglichen Forderung eingetreten ist.[15] Ohne Erteilung einer Honorarschlussrechnung tritt keine Fälligkeit und somit keine Verjährung des Honoraranspruches ein.[16] Dies gilt dann nicht, wenn der Auftraggeber dem Architekten/Ingenieur/Projektsteuerer eine angemessene Frist zur Rechnungserstellung gesetzt hat. Nach Fristablauf muss sich der Architekt/Ingenieur/Projektsteuerer so behandeln lassen, als sei die Schlussrechnung in angemessener Frist gestellt worden.[17]

II. Ansprüche aus Bürgschaften

9 Der BGH hat mit Urt. v. 29.01.2008 die umstrittene Frage geklärt, wann die Fälligkeit der Forderung aus einer selbstschuldnerischen Bürgschaft eintritt. Der BGH hat entschieden, dass die Fälligkeit der Forderung aus einer selbstschuldnerischen Bürgschaft eintritt mit der Fälligkeit der Hauptschuld und diese nicht von einer Leistungsaufforderung des Gläubigers abhängig ist, sofern die Parteien nichts anderes vereinbart haben.[18] Dies wird damit begründet, dass die gesetzliche Regelung eine Leistungsaufforderung des Gläubigers nicht vorsieht. Vielmehr entsteht nach der gesetzlichen Regelung der Anspruch des Gläubigers gegen den Bürgen gleichzeitig mit der Hauptforderung. Anderenfalls würde dem Gläubiger die Möglichkeit verbleiben, den Verjährungsbeginn beliebig hinauszuzögern. Gleiches gilt bei Bürgschaften auf erstes Anfordern.[19]

10 Bei Gewährleistungsbürgschaften ist umstritten, wann der Zahlungsanspruch aus der Bürgschaft fällig wird. Eine Meinung in der Literatur vertritt die Auffassung, dass eine Fälligkeit des Zahlungsanspruchs erst eintritt, wenn der Auftraggeber (Bürgschaftsgläubiger) nach fruchtlosem Ablauf einer zur Nacherfüllung gesetzten Frist den Auftragnehmer (Hauptschuldner) auf Zahlung in

---

12 BGH, Urt. v. 22.03.2007 – VII ZR 268/05, DNotZ 2007, 925.
13 *Drasdo,* NJW 2007, 2741.
14 BGH, Beschl. v. 29.07.2003 – 10 B 1057/03, BauR 2004, 316.
15 OLG Hamm, Urt. v. 29.04.2008 – 24 U 99/06, BeckRS 2009, 06387.
16 KG, Urt. v. 16.03.2007 – 6 U 48/06, NJOZ 2008, 376.
17 *Thode/Wirth/Kuffer,* § 28, Rn. 30, *Korbion/Mantscheff/Vygen,* S. 446, *Locher/Koeble/Frick,* S. 90.
18 BGH, Urt. v. 29.01.2008 – XI ZR 160/07, NZBau 2008, 377.
19 *Schmitz,* Sicherheiten für Bauvertragsparteien, Rn. 240; *Gay,* NJW 2005, 2535.

Anspruch nimmt.[20] Das OLG Köln hat mit Urt. v. 14.12.2005 ebenfalls die Auffassung vertreten, dass erst die Bezifferung des Zahlungsanspruchs zur Fälligkeit des Anspruchs aus der Bürgschaft führt.[21] Die Gegenauffassung nimmt die Fälligkeit des Zahlungsanspruchs aus der Bürgschaft an, wenn der Auftraggeber eine angemessene Frist zur Mangelbeseitigung gesetzt hat und diese fruchtlos abgelaufen ist.[22] Diese Auffassung ist zutreffend, da es sich bei dem Anspruch aus der Bürgschaft nicht um einen verhaltenen Anspruch handelt. Der Bürge ist nicht gehindert, auch ohne Anforderung mit befreiender Wirkung zu leisten. Des Weiteren entsteht der auf Zahlung gerichtete Anspruch bereits mit fruchtlosem Ablauf einer zur Nachbesserung gesetzten Frist.[23] Dies kann im Ergebnis dazu führen, dass der Anspruch aus der Gewährleistungsbürgschaft vor Ende der Gewährleistungsfrist verjährt[24] und der Anspruch aus der Bürgschaft unterschiedlich, je nach Mangelsymptom, verjähren kann.

Auf Grund dieser rechtlichen Gegebenheiten wird hinsichtlich der Fälligkeit vertraglich vielfach vereinbart, dass die Geltendmachung des Anspruchs aus der Bürgschaft Fälligkeitsvoraussetzung ist. Weiter wird häufig vereinbart, dass die Forderung gegen den Bürgen nicht vor der Forderung gegen den Hauptschuldner verjährt. Zur Wirksamkeit von Allgemeinen Geschäftsbedingungen, die die Verjährung erleichtern sollen, wird auf § 309 BGB Rdn. 46 ff. und § 202 BGB Rdn. 8 verwiesen. 11

III. Gesamtschuldnerausgleichsanspruch, § 426 Abs. 1 BGB

Umstritten ist, wann der Ausgleichsanspruch nach § 426 Abs. 1 BGB entsteht. Nach einer Auffassung entsteht dieser Anspruch erst mit der Erfüllung des Gläubigeranspruchs. Dies wird damit begründet, dass ansonsten der Ausgleichsanspruch verjährt sein kann, bevor überhaupt eine Zahlung an den Gläubiger erfolgt und vom Ausgleichsberechtigten die Zahlung verlangt werden könnte. Weiter wird dies damit begründet, dass der Ausgleichsanspruch ein Zahlungsanspruch sei, der nur dann entstehen könne, wenn der Ausgleichsberechtigte seinerseits gezahlt habe.[25] Nach zutreffender und gefestigter Rechtsprechung entsteht der Anspruch nach § 426 Abs. 1 BGB hingegen bereits zu dem Zeitpunkt, in dem die mehreren Ersatzpflichtigen dem Geschädigten ersatzpflichtig werden. Der BGH hat zuletzt nochmals mit Urt. v. 09.07.2009 ausgeführt, dass der Ausgleichsanspruch bereits mit der Begründung der Gesamtschuld entsteht, also in dem Zeitpunkt, in dem der Gläubiger erstmals seinen Anspruch geltend machen kann.[26] Mit weiterem Urt. v. 18.06.2009 hat der BGH ausgeführt, dass der Ausgleichsanspruch unter Gesamtschuldnern unabhängig von seiner Ausprägung als Mitwirkungs-, Befreiungs-, oder Zahlungsanspruch einer einheitlichen Verjährung unterliegt und dass er auch in den Fällen, in denen er auf Zahlung gerichtet ist, mit der Begründung der Gesamtschuld im Sinne des § 199 BGB entsteht.[27] Dies wird damit begründet, dass Mitwirkungs-, Befreiungs- und Zahlungsanspruch nur unterschiedliche Ausprägungen des Ausgleichsanspruchs nach § 426 Abs. 1 BGB sind. Ferner würde bei Zugrundelegung der Auffassung, dass erst die Zahlung den Anspruch entstehen lasse, dies dazu führen, dass der Ausgleichsberechtigte die Verjährung des Ausgleichsanspruchs durch Hinausschieben der Erfüllung der Gesamtschuld beliebig verzögern könne. 12

---

20 *Schulze-Hagen*, BauR 2007, 170, 185; *Trapp/Werner* BauR 2008, 1209.
21 OLG Köln, Urt. v. 14.12.2005 – 11 U 109/05, NJOZ 2006, 2372.
22 *Klein*, BauR 2009, 333, 339; *Schmitz/Vogel*, ZfIR 2002, 509, 519 ff.; *May*, BauR 2007, 187, 194 ff.; OLG Frankfurt, Urt. v. 11.12.2007 – 10 U 154/06, NJOZ 2008, 1742.
23 LG Konstanz, Urt. v. 30.04.2009 – 2 O 27/09, IBR 2009, 455.
24 OLG Karlsruhe, Urt. v. 20.11.2007 – 17 U 89/07, MDR 2008, 459.
25 *Dollmann*, GmbHR 2004, 1330.
26 BGH, Urt. v. 09.07.2009 – VII ZR 109/08, NZBau 2010, 45.
27 BGH, Urt. v. 18.06.2009 – VII ZR 167/08, NZBau 2010, 43.

IV. Ausgleichsanspruch aus übergangenem Recht nach § 426 Abs. 2 BGB

13 Der Anspruch aus übergegangenem Recht verjährt nach diesem Recht.[28] Dies bedeutet, dass der Anspruch des Gesamtschuldners, der bereits geleistet hat, in der Frist verjährt, die für den übergangenen Anspruch gilt. Dies ist im Regelfall die Frist des § 634a BGB, soweit keine abweichende vertragliche Regelung vereinbart wurde. Im Übrigen wird auf die Ausführungen zu § 426 Rdn. 12 f. verwiesen.

B. Kenntnis der den Anspruch begründenden Umstände und der Person des Schuldners

I. Anspruchbegründende Umstände

14 Kenntnis von anspruchsbegründenden Umständen setzt die Kenntnis der zu Grunde liegenden Tatsachen voraus. Kenntnis von Tatsachen ist gleichzusetzen mit Kenntnis der anspruchsbegründenden Tatsachen.[29] Aus Sinn und Zweck des § 199 BGB ergibt sich, dass der Anspruchsinhaber als Laie in der Lage sein muss, aus diesen Tatsachen die entsprechenden Schlüsse zu ziehen. Zu den anspruchsbegründenden Tatsachen gehören auch innere Tatsachen des Anspruchsgegners. Innere Tatsachen des Schuldners kann der Gläubiger naturgemäß nicht kennen, so dass hier die Kenntnis derjenigen äußeren Umstände maßgeblich ist, die einen Rückschluss auf die inneren Tatsachen zulassen.[30] Nicht notwendig ist, dass der Gläubiger die naturwissenschaftlichen Kausalverläufe kennen muss. Kenntnis in diesem Sinne liegt daher vor, wenn der Gläubiger auf Grund der ihm bekannten Tatsachen den Anspruch im Wege der Klage mit hinreichender Aussicht auf Erfolg geltend machen kann. Ausreichend ist die Feststellungsklage.[31] Eine riskante Klage reicht nicht aus.

15 Umstritten ist, inwieweit der Gläubiger auch Kenntnis von technischen Normen haben muss. Eine Meinung in der Literatur verlangt, dass ohne Kenntnis von DIN-Normen der Gläubiger nicht die Erfolgschancen seiner Klage einschätzen kann. Aus diesem Grund gehöre die Kenntnis von DIN-Normen zu den notwendigen Tatsachen im Sinne des § 199 BGB.[32] Eine andere Auffassung sieht dies als zu weitgehend an, da maßgeblich sei, ob der Gläubiger auf Grund der ihm bekannten Tatsachen sich, soweit erforderlich, auch entsprechend beraten lassen könne.[33] Letzterer Auffassung ist zuzustimmen, da bei technischen Normen keine anderen Grundsätze gelten können als bei der Frage, ob eine rechtliche Beurteilung und Würdigung zu der Tatsachenkenntnis gehört. Die rechtliche Beurteilung ist richtigerweise nicht notwendig. Bei technischen Normen kann dann aber nichts anderes gelten, da die technischen Normen keine Tatsachen der anspruchsbegründenden Norm beinhalten, sondern aus den technischen Normen eine Schlussfolgerung erst gezogen wird, ähnlich wie bei rechtlichen Normen. Im Einzelfall hat die Rechtsprechung folgende Grundsätze hinsichtlich der Kenntnis im Sinne des § 199 BGB entwickelt:

16 Mit Beschl. v. 19.03.2008 hat der BGH für Bereicherungsansprüche entschieden, dass eine zutreffende rechtliche Würdigung für das Vorliegen der erforderlichen Kenntnis im Sinne des § 199 Abs. 1 Nr. 2 BGB nicht erforderlich ist. Genügend ist die Kenntnis der den Ersatzanspruch begründenden tatsächlichen Umstände. Dies gilt nur dann nicht, wenn die Rechtslage derart unübersichtlich und zweifelhaft ist, dass selbst ein rechtskundiger Dritter nicht zuverlässig diese Rechtslage einschätzen kann.[34]

17 Ebenfalls mit Urt. v. 23.09.2008 hat der BGH zu der Kenntnis bei Bereicherungsansprüchen entschieden, dass ausnahmsweise in Fällen unsicherer, zweifelhafter Rechtslage wegen der Rechtsunkenntnis des Gläubigers die Verjährung erst mit der objektiven Klärung der Rechtslage beginnt.

---

28 *Motzke/Preussner/Kehrberg/Kesselring*, S. 905.
29 BGH, Urt. v. 17.10.1995 – VI ZR 246/94, NJW 1996, 117, 118.
30 BGH, Urt. v. 27.11.1963 – I b ZR 49/62, NJW 1964, 493, 494.
31 Palandt/*Ellenberger*, § 199 Rn. 27.
32 Bamberger/Roth/*Spindler*, § 199 Rn. 25.
33 Erman/*Schmidt-Räntsch*, § 199 Rn. 18a.
34 BGH, Beschl. v. 19.03.2008 – III ZR 220/07, NJW-RR 2008, 1237.

Der BGH hat im einzelnen ausgeführt, dass ein Gläubiger, der einen Bereicherungsanspruch aus § 812 Abs. 1 S. 1 Alternative 1 BGB geltend macht, Kenntnis von den anspruchsbegründenden Umständen hat, wenn er von der Leistung und von dem Fehlen des Rechtsgrundes, das heißt von den Tatsachen, aus denen dessen Fehlen folgt, weiß. Zu den tatsächlichen Umständen eines Bereicherungsanspruchs gehören auch die Tatsachen, aus denen das Fehlen eines Rechtsgrundes der Leistung folgt.[35]

Bei dem Ausgleichsanspruch eines Gesamtschuldners nach § 426 Abs. 1 BGB hat der BGH mit Urt. v. 18.06.2009 entschieden, dass es für die Kenntnis erforderlich ist, dass der Ausgleichsberechtigte Kenntnis von den Umständen hat, die einen Anspruch des Gläubigers gegen den Ausgleichsverpflichteten begründen, von denjenigen, die einen Anspruch des Gläubigers gegen ihn selbst begründen, sowie von denjenigen, die das Gesamtschuldverhältnis begründen, und schließlich von den Umständen, die im Innenverhältnis eine Ausgleichspflicht begründen.[36] 18

Schwierig ist die Frage, ob bei Ansprüchen von Wohnungseigentümergemeinschaften auf die Kenntnis des Verwalters abgestellt werden kann. Hier gilt im Grundsatz, dass der Verwalter die rechtsfähige Wohnungseigentümergemeinschaft vertritt. Aus diesem Grund ist die Kenntnis des Verwalters vom Bestehen des Anspruchs der Wohnungseigentümergemeinschaft dieser auch zuzurechnen. Dies gilt nur dann nicht, wenn der Verwalter und der Schuldner bewusst zum Nachteil des Vertretenen zusammenwirken.[37] 19

Bei (öffentlich-rechtlichen) Körperschaften ist fraglich, auf wessen Kenntnis abzustellen ist. Grundsätzlich denkbar ist, dass auf das vertretungsberechtigte Organ der öffentlich-rechtlichen Körperschaft abgestellt wird oder aber auf die für die Durchsetzung des Anspruchs zuständige Fachabteilung bzw. deren Leiter. Ebenso wird auch die Auffassung vertreten, dass aus Verkehrsschutzgründen das Aktenwissen in seiner Verfügbarkeit regelmäßig der öffentlich-rechtlichen Körperschaft zuzurechnen ist. Der BGH hat mit Urt. v. 12.05.2009 entschieden, dass bei Behörden und öffentlichen Körperschaften die Kenntnis vorliegt, wenn der zuständige Bedienstete der verfügungsberechtigten Behörde Kenntnis vom Schaden und der Person des Ersatzpflichtigen erlangt. Verfügungsberechtigt in diesem Sinne sind solche Behörden, denen die Entscheidungskompetenz für die zivilrechtliche Verfolgung von Schadenersatzansprüchen zukommt, wobei die behördliche Zuständigkeitsverteilung zu respektieren ist.[38] Mit Urt. v. 08.05.2008 hat der BGH grundsätzlich zu den Rückzahlungsansprüchen der öffentlich-rechtlichen Körperschaften auf Grund von Überzahlungen festgestellt, dass die subjektiven Voraussetzungen in der Regel erfüllt sind, wenn der Auftraggeber das Leistungsverzeichnis, das Aufmaß und die Schlussrechnung kennt und aus diesen eine vertragswidrige Abrechnung und Massenermittlung ohne Weiteres ersichtlich sind.[39] Damit ist klargestellt, dass hinsichtlich der Kenntnis nicht auf Prüfungsergebnisse von Rechnungshöfen abgestellt werden kann, sondern die Kenntnis der zur Rechnungsprüfung berufenen Mitarbeiter der öffentlichen Hand maßgeblich ist. Dies hat das OLG Celle mit Urt. v. 07.05.2009 bestätigt, indem auf die Kenntnis der mit der Rechnungsprüfung beauftragten Mitarbeiter abgestellt wurde.[40] 20

II. Person des Schuldners

Nach ganz allgemeiner Meinung ist die Kenntnis des Namens und der Anschrift des Schuldners erforderlich.[41] Ausgenommen von diesem Grundsatz sind Ansprüche aus dem Gesichtspunkt der 21

---

35 BGH, Urt. v. 23.09.2008 – XI ZR 262/07, NJW-RR 2009, 547.
36 BGH, Versäumnis-Urt. v. 18.06.2009 – VII ZR 167/08, NJW 2010, 60:
37 OLG München, Beschl. v. 07.02.2007 – 34 Wx 129/06, NJW-RR 2007, 1097.
38 BGH, Urt. v. 12.05.2009 – VI ZR 294/08, NJW-RR 2009, 1471.
39 BGH, Urt. v. 08.05.2008 – VII ZR 106/07, BauR 2008, 1303.
40 OLG Celle, Beschl. v. 07.05.2009, 17 w 6/09, NJW 2009, 2336.
41 BGH, Urt. v. 06.03.2001 – VI ZR 30/00, NJW 2001, 1721.

Amts- und Notarhaftung. Bei der Amtshaftung muss Kenntnis über das vorsätzliche Handeln des Beamten vorliegen. Bei der Notarhaftung muss Kenntnis darüber bestehen, dass eine anderweitige Ersatzmöglichkeit nicht besteht.

III. Grob fahrlässige Unkenntnis

22 Nach der gesetzlichen Regelung steht die grob fahrlässige Unkenntnis der positiven Kenntnis gleich. Zum Begriff der groben Fahrlässigkeit wird auf § 276 Rdn. 83 ff. verwiesen. Weitere spezifische Entscheidungen zu der Frage der groben Fahrlässigkeit im privaten Baurecht sind mit Ausnahme eines Urteils des LG Hannover vom 20.07.2007 nicht veröffentlicht. Das LG Hannover hatte die Frage zu entscheiden, wann grob fahrlässige Unkenntnis hinsichtlich eines Schadenersatzanspruchs gegenüber einem Privat-Gutachter vorliegt. Nach Auffasung des LG Hannover ist grobe Fahrlässigkeit anzunehmen, wenn sich dem Gläubiger förmlich die anspruchsbegründenden Umstände aufdrängen müssen und er weitere verfügbare Informationsquellen gleichwohl nicht nützt. An einen Unternehmer sind nach Auffassung des LG Hannover höhere Anforderungen als an einen Verbraucher zu stellen. Daher hätte nach Auffassung des LG Hannover der Auftraggeber das Privatgutachten kritisch hinterfragen müssen und es nicht einfach zur Seite legen dürfen.[42]

C. Verjährungsbeginn

23 Die gesetzliche Regelung über den Beginn der Verjährung gilt nur für den erstmaligen Beginn. Soweit auf Grund von einer Hemmung oder einer Unterbrechung die Verjährungsfrist neu zu berechnen ist, ist die für den jeweiligen Tatbestand maßgebliche Regelung anzuwenden.

D. Höchstfristen

24 Für die in § 199 Abs. 2 genannten höchstpersönlichen Rechtsgüter beträgt die Höchstfrist der Verjährung 30 Jahre. Bei Verletzung anderer Rechtsgüter beträgt die Höchstfrist 10 Jahre. Für sämtliche anderen Ansprüche beträgt die Höchstfrist ebenfalls 10 Jahre.

§ 200 Beginn anderer Verjährungsfristen

Die Verjährungsfrist von Ansprüchen, die nicht der regelmäßigen Verjährungsfrist unterliegen, beginnt mit der Entstehung des Anspruchs, soweit nicht ein anderer Verjährungsbeginn bestimmt ist. § 199 Abs. 5 findet entsprechende Anwendung.

Kommentierung siehe § 201.

§ 201 Beginn der Verjährungsfrist von festgestellten Ansprüchen

Die Verjährung von Ansprüchen der in § 197 Abs. 1 Nr. 3 bis 6 bezeichneten Art beginnt mit der Rechtskraft der Entscheidung, der Errichtung des vollstreckbaren Titels oder der Feststellung im Insolvenzverfahren, nicht jedoch vor der Entstehung des Anspruchs. § 199 Abs. 5 findet entsprechende Anwendung

1 Der Anwendungsbereich ist im Regelfall für Ansprüche aus den §§ 196, 197 Abs. 1 Nr. 1 und 2 und 548 Abs. 1 Satz 2 BGB eröffnet. Zu den Voraussetzungen für das Entstehen des Anspruchs wird auf die Ausführungen in § 199 Rdn. 4 ff. verwiesen. Der Regelung aus § 200 BGB gehen die in §§ 438, 479, 634a, 651g Abs. 2 BGB enthaltenen Sondervorschriften vor.[1]

---

42 LG Hannover, Urt. v. 20.07.2007 – 4 O 360/06, IBR 2008, 1241, 1262.

1 Palandt/*Ellenberger*, § 200 Rn. 1.

§ 201 BGB regelt die sogenannte Titelverjährung. Danach beginnt die Verjährungsfrist für gerichtliche Entscheidung mit der formellen Rechtskraft der Entscheidung. Die Verjährung für vollstreckbare Vergleiche beginnt mit der gerichtlichen Protokollierung oder der notariellen Beurkundung. Bei angemeldeten Ansprüchen zur Insolvenztabelle beginnt die Verjährung mit der Feststellung im Rahmen der §§ 178, 201 Abs. 2, 215 Abs. 2, 257 InsO.

§ 202 Unzulässigkeit von Vereinbarungen über die Verjährung

(1) Die Verjährung kann bei Haftung wegen Vorsatzes nicht im Voraus durch Rechtsgeschäft erleichtert werden.

(2) Die Verjährung kann durch Rechtsgeschäft nicht über eine Verjährungsfrist von 30 Jahren ab dem gesetzlichen Verjährungsbeginn hinaus erschwert werden.

A. Vereinbarung über die Verjährungsfrist und den Lauf der Verjährung

I. Vereinbarungen

Der Beginn, die Hemmung, die Ablaufhemmung, der Neubeginn und die Länge der Verjährungsfrist sowie ein Verjährungsverzicht können vereinbart werden.[1] Die Vereinbarungen können vor, mit oder nach Vertragsschluss getroffen werden. Formvorschriften sind nicht zu beachten. Ausgenommen sind Regelungen in allgemeinen Geschäftsbedingungen gegenüber Verbrauchern. Die 5-jährige Frist nach § 634a S. 1 Nr. 2 BGB kann nicht verkürzt werden, vgl. § 309 Rdn. 46 ff. Im kaufmännischen Verkehr gilt die Regelung des § 307, es wird auf die Ausführungen zu § 307 Rdn. 19 und § 310 Rdn. 7 ff. verwiesen.

II. Einseitige Rechtsgeschäfte/Verzicht auf die Einrede der Verjährung

Änderungen der gesetzlichen Verjährung können auch durch einseitiges Rechtsgeschäft erfolgen, beispielsweise im Rahmen des § 657 BGB. Ebenfalls kann der Schuldner durch einseitige Erklärung auf die Einrede der Verjährung verzichten. Dies ist auch vor Ablauf der Verjährung möglich. Der BGH hat zu § 225 a.F. ausgeführt, dass eine Verzichtserklärung des Schuldners auf die Einrede der Verjährung nur die Wirkung hat, dass der Schuldner sich nach Treu und Glauben nicht auf die Verjährung berufen kann, solange er den Gläubiger durch den Verzicht von der rechtzeitigen Erhebung einer Klage abgehalten hat. Dies ist vor dem Hintergrund zu sehen, dass nach § 225 S. 1 BGB a.F. der Verzicht auf die Erhebung der Verjährungseinrede unwirksam war und insoweit ein Verstoß gegen Treu und Glauben angenommen werden musste, um die Rechte des Gläubigers zu wahren. Nach der jetzigen Regelung besteht auf Grund der Möglichkeit der Verlängerung der Verjährung bis zu einer Obergrenze von 30 Jahren hierfür kein Bedürfnis mehr.[2]

Zu beachten ist, dass allein mit dem Abschluss eines Schiedsgutachtervertrags nicht angenommen werden kann, dass damit eine Verzichtserklärung auf die Einrede der Verjährung verbunden ist. Eine derartige Auslegung kommt nur in Betracht, wenn der Schuldner vom Eintritt der Verjährung weiß oder mit ihr rechnet.[3]

Ein ohne zeitliche Einschränkung ausgesprochener Verzicht auf die Einrede der Verjährung ist dahin zu verstehen, dass er auf die 30-jährige Maximalfrist des § 202 Abs. 2 BGB begrenzt ist, soweit sich aus der Auslegung der Erklärung nichts Abweichendes ergibt.[4] Zu beachten ist, dass durch den Verzicht auf die Einrede der Verjährung die Haftung des Bürgen nicht erweitert wer-

---

1 *Mansel*, NJW 2002, 89, 96.
2 BGH, Urt. v. 09.11.2006 – VII ZR 151/054, BauR 2007, 429.
3 OLG Dresden, Beschl. v. 17.10.2007 – 8 U 0445/07, IBR 2008, 484.
4 BGH, Urt. v. 18.09.2007 – XI ZR 447/06, NZBau 2008, 62.

den kann. Unerheblich ist, ob im Zeitpunkt der Erklärung des Verjährungsverzichts durch den Hauptschuldner die Hauptschuld bereits verjährt war oder nicht.[5] Dies ist konsequent und entspricht der Regelung des § 768 Abs. 2 BGB. Die Haftung des Bürgen kann nicht einseitig zu seinen Lasten erweitert werden.

B. Verkürzung der Verjährungsfristen

I. Nichtigkeit

5 Verkürzungen der Verjährungsfristen sind nichtig, soweit sie die Haftung wegen Vorsatz betreffen und im Voraus getroffen werden. Dies folgt aus dem Gedanken des § 276 Abs. 3 BGB. Da über § 278 S. 2 BGB die Regelung des § 276 Abs. 3 BGB nicht für vorsätzliches Verhalten von Erfüllungsgehilfen gilt, wird die Auffassung vertreten, dass im Rahmen des § 202 Abs. 1 BGB die Nichtigkeit einer derartigen Vereinbarung nicht gilt, wenn ein vorsätzliches Verhalten des Erfüllungsgehilfen gegeben ist.[6]

II. Abnahmezeitpunkt

6 Die Verkürzung der Verjährungsfrist wird häufig vertragsrechtlich so gestaltet, dass der Zeitpunkt der Abnahme vorverlegt wird oder der Beginn der Verjährungsfrist vor die Abnahme gelegt wird oder direkt eine kürzere Verjährungsfrist vereinbart wird. Denkbar ist weiter, dass die Regelungen über die Hemmung und den Neubeginn der Verjährung abweichend von der gesetzlichen Regelung gestaltet werden.

III. Allgemeine Geschäftsbedingungen

7 Nach § 310 Abs. 1 BGB kann die Verjährungsfrist in allgemeinen Geschäftsbedingungen für Ansprüche aus § 634 Nr. 1, 2 und 4 BGB nicht verkürzt werden. Dies gilt auch für den Kostenvorschussanspruch und gegenüber Kaufleuten.[7] Weiter sind generelle Verjährungsverkürzungen in allgemeinen Geschäftsbedingungen, mit denen Verjährungsfristen für Mängelansprüche verkürzt werden, unwirksam, wenn nicht eine Ausnahme für die Verletzung von Leben, Gesundheit und vorsätzliche oder grob fahrlässige Pflichtverletzungen gemacht wird.[8] Gleiches gilt für eine Beschränkung der Sachmängelhaftung auf Nacherfüllung, selbst wenn ein Recht auf Rücktritt und Minderung zwar vorgesehen, aber an unangemessen scharfe Voraussetzungen geknüpft ist, wie etwa eine einvernehmliche Fristsetzung, das fehlende Betreiben der Nachbesserung – unabhängig von deren Erfolg – oder eine bestimmte Intensität der Mängel.[9] Die Entscheidung erging zwar zum alten Schuldrecht, ist auf die neue Rechtslage indes übertragbar. Weiter sind Regelungen über die Verkürzung der Verjährungsfristen für Schadenersatzansprüche aufgrund vorsätzlichen Handelns des Schädigers unabhängig von der Kenntnis des Geschädigten unwirksam.[10] Bei einer Beauftragung des Architekten (Leistungsphase 1 bis 9) sind allgemeine Geschäftsbedingungen des Architekten unwirksam, in denen die Verjährungsfrist für sämtliche Ansprüche bereits mit Abnahme des Bauwerks zu laufen beginnt.[11] Gleiches gilt für die Regelung, wonach die Verjährungsfrist bereits mit Übergabe (statt mit Abnahme) beginnt.[12]

---

5 BGH, Urt. v. 18.09.2007 – XI ZR 447/06, NZBau 2008, 62.
6 Erman/*Schmidt-Räntsch*, § 202 Rn. 8.
7 BGH, Urt. v. 09.04.1981 – VII ZR 262/80, BauR 1981, 390.
8 BGH, Urt. v. 26.02.2009 – Xa ZR 141/07, NJW 2009, 1486.
9 OLG Düsseldorf, Urt. v. 09.11.2008 – 5 U 9/08, MDR 2009, 863.
10 OLG München, Beschl. v. 08.11.2006 – 34 Wx 45/06, NJW 2007, 227.
11 KG, Urt. v. 12.02.2004 – 4 U 162/02, NZBau 2004, 337.
12 BGH, Urt. v. 15.04.2004 – VII ZR 130/03, DNotZ 2004, 786.

C. Verlängerung der Verjährung

§ 202 Abs. 2 BGB beschränkt eine Verlängerung der Verjährungsfrist auf 30 Jahre. Innerhalb dieser Grenzen sind Individualvereinbarungen möglich. In allgemeinen Geschäftsbedingungen kann die Verlängerung in den Grenzen des § 307 BGB vereinbart werden. § 309 Nr. 8b ff. BGB sieht nur ein Klauselverbot für die Verkürzung vor. In der Rechtsprechung anerkannt ist, dass eine Verjährungsfrist von 10 Jahren und einem Monat für Flachdacharbeiten in allgemeinen Geschäftsbedingungen wirksam vereinbart werden kann.[13] Für sämtliche Werkleistungen ist dies indes unangemessen, da es eine wesentliche Abweichung von der Regelfrist darstellt.[14] Der BGH hat mit Urt. v. 15.02.2005 entschieden, dass in allgemeinen Geschäftsbedingungen eines Baumarktbetreibers, die zum Abschluss von Kaufverträgen mit Lieferanten verwendet werden, die Klauseln »falls keine abweichende Vereinbarung geschlossen wurde, beträgt die Verjährung für Mängelansprüche 36 Monate ab Gefahrübergang« wirksam vereinbart werden kann.[15] Unwirksam ist eine Vereinbarung, wonach Rückforderungsansprüche wegen zu viel bezahlten Honorars (beim Architektenvertrag) innerhalb von zwei Jahren seit der Zuvielzahlung verjähren.[16]

8

D. Garantie

Fraglich ist, ob in Garantieverträgen eine Laufzeit von über 30 Jahren wirksam vereinbart werden kann. Der BGH hat mit Urt. v. 26.06.2008 entschieden, dass es sich bei einem selbstständigen Garantievertrag um ein unverjährbares Dauerschuldverhältnis handelt. Lediglich die aus dem Garantievertrag erwachsenden Ansprüche unterliegen der Verjährung. Aus diesem Grund kann in einem selbstständigen Garantievertrag eine Garantiedauer von 40 Jahren wirksam vereinbart werden.[17]

9

Titel 2: Hemmung, Ablaufhemmung und Neubeginn der Verjährung

§ 203 Hemmung der Verjährung bei Verhandlung

Schweben zwischen dem Schuldner und dem Gläubiger Verhandlungen über den Anspruch oder die den Anspruch begründenden Umstände, so ist die Verjährung gehemmt, bis der eine oder andere Teil die Fortsetzung der Verhandlung verweigert. Die Verjährung tritt frühestens drei Monate nach dem Ende der Hemmung ein.

Übersicht	Rdn.			Rdn.
A. Verhandlungen	1		4. Beweisverfahren	12
I. Begriff	1		5. Schiedsstelle	13
1. Symptomtheorie	2	II.	Ende der Verhandlungen	14
2. Einzelfälle	3		1. Grundsatz	14
3. Parteien der Verhandlung	8		2. Einschlafen der Verhandlung	15
a) Vertragsparteien	8		3. Aufnahme neuer Verhandlungen	17
b) Nachunternehmer	9	B.	Ablaufhemmung	18
c) Bürgen	10	C.	Darlegungs- und Beweislast	19
d) Haftpflichtversicherung	11	D.	Umfang der Hemmung	20

---

13 BGH, Urt. v. 09.05.1996 – VII ZR 259/94, BauR 1996, 707.
14 OLG Köln, Urt. v. 29.04.1988 – 19 U 298/87, BauR 1989, 376.
15 BGH, Urt. v. 05.10.2005 – VIII ZR 16/05, NJW 2006, 47.
16 OLG Naumburg, Urt. v. 21.12.2006 – 2 U 15/06, BauR 2008, 124.
17 BGH, Urt. v. 26.06.2008 – I ZR 221/05, GRUR 2008, 915.

§ 203 BGB Hemmung der Verjährung bei Verhandlung

A. Verhandlungen

I. Begriff

1 Nach ganz einhelliger Auffassung ist der Begriff der »Verhandlungen« weit auszulegen.[1] Es genügt jeder Meinungsaustausch über den Schadensfall zwischen dem Berechtigten und dem Verpflichteten, wenn nicht sofort und eindeutig jeder Ersatz abgelehnt wird. Verhandlungen schweben schon dann, wenn der in Anspruch Genommene Erklärungen abgibt, die dem vermeintlich Berechtigten die Annahme gestatten, der Verpflichtete lasse sich auf Erörterungen über die Berechtigung ein. Nicht erforderlich ist, dass der Verpflichtete eine Bereitschaft zum Entgegenkommen oder eine Vergleichsbereitschaft signalisiert.[2]

1. Symptomtheorie

2 Bei einem Werkmangel genügt für die Geltendmachung der Rechte des Auftraggebers und die Hemmung der Verjährung der Hinweis auf die bloßen Mangelerscheinungen. Der Auftraggeber braucht die Mangelursachen nicht anzugeben und wenn er dies doch tut, so müssen die Angaben nicht zutreffend sein.[3] Mit Blick auf die Rechtsprechung des BGH zur Symptomtheorie ist es nur konsequent, dass es auch im Rahmen des § 203 BGB ausreicht, wenn die Symptome des Mangels gerügt werden. Damit ist keine Beschränkung auf die vom Auftraggeber angegebenen Stellen oder die von ihm bezeichneten oder vermuteten Ursachen verbunden. Ausgehend von der Symptomrechtsprechung sind sämtliche Ursachen des bezeichneten Mangels und Symptoms von der dann eintretenden Hemmung umfasst. Es ist daher auch unerheblich, wenn der Auftraggeber davon ausgeht, dass es sich bei den Symptomen gar nicht um einen Mangel handelt. Somit genügt jeglicher Meinungsaustausch mit dem Auftragnehmer über das angezeigte Mangelsymptom. Der Auftraggeber muss durch diesen Meinungsaustausch lediglich erkennen können, dass sich der Auftragnehmer auf eine Erörterung über die Berechtigung seiner Mängelanzeige einlässt.

2. Einzelfälle

3 Nach Auffassung des OLG Düsseldorf soll ein Meinungsaustausch im Sinne des § 203 BGB nicht vorliegen, wenn Auftraggeber und Auftragnehmer einvernehmlich davon ausgehen, dass ein Bedienungsfehler vorliegt. Voraussetzung für die Anwendbarkeit der Vorschrift sei es, dass der Auftraggeber klarstellt, dass er einen Anspruch geltend macht und worauf er diesen stützt; wenn der Auftraggeber jedoch davon ausgehe, dass kein Mangel vorliegt, mache er auch keinen Anspruch geltend.[4] Diese Auffassung ist abzulehnen, da es ausreichend ist, dass Symptome geschildert werden. Der Auftraggeber muss weder eine Verantwortlichkeit noch eine Ursächlichkeit benennen. Dies gilt auch im Rahmen des § 203 BGB.

4 Ein Verhandeln im Sinne des § 203 liegt nicht vor, wenn der Auftragnehmer auf Mängelrügen des Auftraggebers nicht reagiert. Gleiches gilt, wenn der Auftragnehmer es ablehnt, eine Verjährungsverzichtserklärung abzugeben oder Schadensersatz zu leisten.[5] Hingegen tritt eine Hemmung ein, wenn Auftragnehmer und Auftraggeber gemeinsam die Mängelrüge überprüfen, selbst dann, wenn sich der Auftragnehmer ausdrücklich gegen Gewährleistungsansprüche des Auftraggebers verwahrt. Hieraus lässt sich nämlich noch nicht erkennen, ob die Verhandlungen durch den Auftragnehmer abgebrochen sind.[6]

---

[1] *Mankowski/Höpker*, MDR 2004, 721 ff.; *Weyer*, NZBau 2002, 366, 368; *Birr*, S. 73; *Korbion*, Teil 21 Rn. 274.
[2] BGH, Urt. v. 26.10.2006 – VII ZR 194/05, BauR 2007, 380.
[3] BGH, Urt. v. 30.10.2007 – X ZR 101/06, BauR 2008, 514.
[4] OLG Düsseldorf, Urt. v. 15.08.2006 – 21 U 143/05, BauR 2006, 1946.
[5] OLG Düsseldorf, Urt. v. 25.09.2007 – 21 U 163/06, BauR 2008, 1466.
[6] BGH, Urt. v. 15.04.2004 – VII ZR 129/02, BauR 2004, 1142.

Gibt der Auftragnehmer auf Wunsch des Auftraggebers eine Verjährungsverzichtserklärung ab, so bedeutet dies nicht unbedingt einen Meinungsaustausch im Sinne des § 203 BGB. Aus der Verjährungsverzichtserklärung kann nämlich nicht geschlossen werden, dass sich der Auftragnehmer auf eine Erörterung über die Berechtigung des Anspruchs einlässt. Vielmehr soll dem Auftraggeber möglicherweise nur Gelegenheit gegeben werden, die Berechtigung seiner Mängelrüge zu überprüfen.[7] Der BGH hat mit Urt. v. 17.02.2004 entschieden, dass eine Erklärung über den Verzicht auf die Einrede der Verjährung auch nicht ausschließt, dass Verhandlungen geführt werden. Klargestellt wurde, dass die nach Erklärung eines Verjährungsverzichts bestehende Möglichkeit, die Einrede der unzulässigen Rechtsausübung zu erheben, für sich genommen nicht zu einer Hemmung der Verjährung führt. Daraus kann aber eben nicht gefolgert werden, dass ein solcher Verzicht den Eintritt der Verjährungshemmung wegen der Aufnahme von Verhandlungen ausschließt.[8]

5

Ein Meinungsaustausch liegt auch dann vor, wenn ein widerruflicher Vergleich zwischen den Parteien geschlossen wird.[9] Gleiches gilt, wenn der Schuldner mitteilt, dass er die Angelegenheit seiner Haftpflichtversicherung gemeldet habe.[10] Weiterhin liegt ein Meinungsaustausch vor, wenn eine Schiedsgutachtervereinbarung geschlossen wird.[11] Dies gilt insbesondere für den Fall, dass der Auftragnehmer dem Auftraggeber vorschlägt, ein Gutachten über die Mängel einzuholen.[12] Wendet sich der Auftraggeber an die Haftpflichtversicherung des Architekten/Ingenieurs und tritt in Verhandlungen mit ihr, so hat das auch gegenüber dem Versicherungsnehmer eine Verjährungshemmung zur Folge.[13]

6

In der Vornahme von Mangelbeseitigungsarbeiten durch den Unternehmer ist zwar kein Verhandeln im Sinne des § 203 BGB zu sehen, weil kein Meinungsaustausch zwischen den Parteien stattfindet. Die Regelung des § 203 S. 1 BGB ist aber analog anzuwenden, da die Durchführung von Mangelbeseitigungsarbeiten sogar weiter geht als der bloße Meinungsaustausch.[14] Unerheblich ist, ob die Mangelbeseitigungsarbeiten möglich und erfolgversprechend sind. Für die Hemmung ist es auch unbeachtlich, wenn der Auftragnehmer erklärt, dass er die Arbeiten ohne Anerkennung einer Rechtspflicht und/oder aus Kulanz und/oder aus Gefälligkeit durchführt. Die Regelung des § 203 BGB stellt allein auf das tatsächliche Verhalten ab. Zu der Frage, ob in der Vornahme von Mangelbeseitigungsarbeiten ein Anerkenntnis des Auftragnehmers zu sehen ist, wird auf die Ausführungen u. § 212 Rdn. 2 f. verwiesen.

7

3. Parteien der Verhandlung

a) Vertragsparteien

Verhandlungen sind grundsätzlich mit dem Vertragspartner zu führen. Ebenfalls erfasst sind allerdings Verhandlungen zwischen dem Geschädigten und der Versicherung, ferner Verhandlungen mit einem bevollmächtigten Vertreter des Geschädigten. Fraglich ist, inwieweit die Verjährung von Ansprüchen gegenüber einem Architekten/Ingenieur gehemmt ist, wenn sich dieser zur Prüfung des Gewerks eines Rohbauunternehmers auf die Baustelle begibt und er damit rechnen muss, dass der Besteller von ihm auch die Prüfung des eigenen Werks erwartet. Das OLG München hat eine Verjährungshemmung gegenüber einem Tragwerksplaner angenommen, der an zwei Ortsterminen teilgenommen hatte und schriftlich vom Auftraggeber auf Risse hingewiesen wor-

8

---

7 Vgl. OLG Düsseldorf, Urt. v. 14.10.2003 – 23 U 222/02, IBR 2004, 200.
8 BGH, Urt. v. 17.02.2004 – VI ZR 429/02, MDR 2004, 809.
9 BGH, Urt. v. 04.05.2005 – VIII ZR 93/04, MDR 2005, 1153.
10 BGH, Urt. v. 01.02.2007 – IX ZR 180/04, NJW-RR 2007, 1358.
11 BGH, Urt. v. 15.04.1999 – VII ZR 415/97, BauR 1999, 1019.
12 BGH, Urt. v. 26.10.2006 – VII ZR 194/05, BauR 2007, 380.
13 BGH, Urt. v. 27.01.2005 – VII ZR 158/03, BauR 2005, 705.
14 Zutreffend *Faber*, NJW 2008, 1910 ff.

den war.[15] Vorausgegangen war ein Schreiben des Auftraggebers, in dem letzterer den Tragwerksplaner zu einer Stellungnahme zu den Rissen aufgefordert hatte. In jener Konstellation war also anzunehmen, dass der Tragwerksplaner durch den Auftraggeber eventuell auch in Anspruch genommen werden würde.

b) Nachunternehmer

9   Umstritten ist, inwieweit eine Verjährungshemmung eintritt, wenn ein Nachunternehmer eine Mängelüberprüfung oder Mangelbeseitigung durchführt. Zu unterscheiden ist, ob der Hauptunternehmer Kenntnis von der Mangelüberprüfung oder Mangelbeseitigung durch den Nachunternehmer hat und welche vertragliche Regelung getroffen ist. Enthält der Werkvertrag keine Regelung hinsichtlich der Geltendmachung von Gewährleistungsansprüchen direkt gegenüber dem Nachunternehmer und hat der Hauptunternehmer keine Kenntnis von der Mangelüberprüfung oder der Mangelbeseitigung, so liegt kein Verhandeln im Sinne des § 203 BGB vor, so dass die Verjährung der Ansprüche des Auftraggebers gegen den Hauptunternehmer nicht gehemmt ist. Enthält der Werkvertrag dagegen eine Regelung, nach der sich der Auftraggeber beim Vorliegen von Mängeln direkt an den Nachunternehmer wenden muss und hat der Hauptunternehmer Kenntnis von der Mangelüberprüfung bzw. Mangelbeseitigung durch den Nachunternehmer, so liegt ein Verhandeln im Sinne des § 203 BGB vor mit der Folge der Verjährungshemmung. Grund hierfür ist die vertragliche Regelung, die dazu führt, dass sich der Hauptunternehmer das Verhalten des Nachunternehmers zurechnen lassen muss.[16] Enthält der Werkvertrag zwischen dem Auftraggeber und dem Hauptunternehmer die Regelung, dass sich der Auftraggeber bei Mängeln direkt an den Nachunternehmer zu wenden hat und erlangt der Hauptunternehmer von der Mangelüberprüfung/Mangelbeseitigung durch den Nachunternehmer keine Kenntnis, so gilt dieser Grundsatz entsprechend. Aus einer solchen vertraglichen Regelung ergibt sich keine Verpflichtung des Auftraggebers, den Hauptunternehmer über eine Mängelüberprüfung bzw. Mängelbeseitigung durch den Nachunternehmers zu informieren, um ein Verhandeln im Sinne des § 203 BGB zu erreichen. Vielmehr erklärt der Hauptunternehmer durch eine entsprechende vertragliche Regelung eindeutig, dass er mit der Abwicklung von Gewährleistungsmängeln nichts zu tun haben möchte und dass er sich insoweit das Verhalten des Nachunternehmers zurechnen lässt.

c) Bürgen

10 Verhandlungen im Sinne des § 203 zwischen dem Gläubiger und dem Schuldner bewirken auch eine Hemmung der Verjährung gegenüber dem Bürgen. Das begründet der BGH damit, dass es vom Gesetzgeber erkennbar so beabsichtigt sei. § 768 Abs. 2 BGB solle den Bürgen nur in den Fällen schützen, in denen der Hauptschuldner durch sein rechtsgeschäftliches Handeln ohne Mitwirkung des Bürgen eine neue Verjährungsfrist schaffe oder die bestehende Verjährungsfrist verlängere. Ein Meinungsaustausch im Sinne des § 203 BGB stelle indes kein rechtsgeschäftliches Handeln dar, so dass § 768 Abs. 2 BGB nicht zur Anwendung komme. Letzteres wird weiter damit begründet, dass der Verzicht auf die Einrede der Verjährung für den Bürgen einen Einredeverlust bedeutet, wohingegen das Verhandeln lediglich dazu führt, dass der Bürge die Einrede der Verjährung der Hauptschuld erst später geltend machen kann. Dies könne für den Bürgen sogar vorteilhaft sein, da die Verhandlungen möglicherweise zu einer erheblichen Reduzierung der Hauptschuld führen. Scheinverhandlungen muss sich der Bürge nicht entgegenhalten lassen.[17] Die Auffassung des BGH wird nicht geteilt. § 203 BGB verlangt ein Verhandeln im jeweiligen Vertragsverhältnis. Aus der Regelung des § 768 Abs. 2 BGB kann nicht der Umkehrschluss gezogen werden, dass ein tatsächliches Verhalten des Schuldners sich unmittelbar auf das Vertragsver-

---

15 OLG München, Urt. v. 12.12.2007 – 27 U 17/07, BauR 2009, 273.
16 OLG Oldenburg, Urt. v. 12.02.2008 – 12 U 42/07, IBR 2008, 571.
17 BGH, Urt. v. 14.07.2009 – XI ZR 18/08, BauR 2009, 1747; BGH, Urt. v. 26.01.2010 – XI ZR 12/09, IBR 2010, 207.

hältnis zwischen dem Gläubiger und dem Bürgen auswirkt. Ferner stellt die Verjährungshemmung für den Bürgen auch den Verlust der Einrede der Verjährung dar, da er diese in der verjährten Zeit (ohne die Verhandlung) nicht erheben kann. Aus diesem Grund kann ein Verhandeln im Sinne des § 203 BGB zwischen dem Schuldner und dem Gläubiger keine Auswirkungen auf den Lauf der Verjährungsfrist gegenüber dem Bürgen haben. Es stellt auch einen Wertungswiderspruch dar, dass die Erklärung des Schuldners, auf die Einrede der Verjährung zu verzichten nach der Rechtsprechung des BGH keine Auswirkungen auf den Bürgen hat, jedoch ein Meinungsaustausch zur Hemmung der Verjährung auch gegenüber dem Bürgen führt.[18] Wenn schon der Verzicht auf die Einrede der Verjährung gegenüber dem Bürgen wirkungslos ist, so muss dies erst recht für ein Verhandeln im Sinne des § 203 BGB gelten.

d) Haftpflichtversicherung

Der Versicherer hat aufgrund der Regelung des § 5 Nr. 7 AHB unbeschränkte Verhandlungsvollmacht für den Versicherungsnehmer.[19] Aus diesem Grund hemmen Verhandlungen zwischen der Versicherung und dem Geschädigten auch die Verjährung von Ansprüchen gegenüber dem Versicherten. Will die Versicherung von dieser Vollmacht nur eingeschränkt Gebrauch machen, so muss dies dem Verhandlungspartner deutlich erkennbar gemacht werden.[20]

4. Beweisverfahren

Zu keiner Hemmung der Verjährung der Werklohnforderung führt ein selbstständiges Beweisverfahren, das Mängel der Werkleistungen zum Gegenstand hat.[21] Der Auftragnehmer muss zur Hemmung der Verjährung seiner Werklohnforderung immer eigenständige Maßnahmen ergreifen.

5. Schiedsstelle

Die Anrufung der Schiedsstelle nach § 18 Abs. 2 VOB/B stellt einen Meinungsaustausch im Sinne des § 203 BGB dar und führt zur Hemmung.[22]

II. Ende der Verhandlungen

1. Grundsatz

Die Hemmung endet, wenn die Verhandlungen beendet sind. Dies ist der Fall, wenn eine der Parteien eindeutig zu erkennen gibt, dass keine weiteren Verhandlungen mehr stattfinden sollen. Nicht ausreichend ist dafür, dass der Schuldner seine Einstandspflicht verneint, wenn er nicht zugleich klar und eindeutig den Abbruch der Verhandlungen zum Ausdruck bringt.[23] Aus der tatsächlichen Beendigung von Mangelbeseitigungsarbeiten lässt sich nicht die Erklärung ableiten, dass der Mangel beseitigt sei oder die Fortsetzung seiner Beseitigung verweigert werde.[24] Beendet wird die Hemmung bei durchgeführter Mangelbeseitigung, wenn entweder der Auftraggeber bestätigt, dass die Mängel beseitigt sind oder der Auftragnehmer den Auftraggeber um Bestätigung bittet, dass die Mängel beseitigt sind.[25] Dies gilt nicht, wenn die Parteien vereinbart haben, dass die Mängelbeseitigungsarbeiten nicht abgenommen werden sollen oder wenn der Auftragnehmer eine förmliche Abnahme verlangt. Die Hemmung endet dann erst mit der förmlichen Abnah-

---

18 Vgl. BGH, Urt. v. 18.09.2007 – XI ZR 447/06, IBR 2008, 25.
19 BGH, Urt. v. 11.10.2006 – IV ZR 329/05, NJW 2007, 69.
20 OLG Düsseldorf, Urt. v. 02.07.2009 – 5 U 170/08, IBR 2010, 240; OLG Frankfurt, Beschl. v. 16.09.2009 – 7 U 257/08, IBR 2010, 178.
21 OLG Saarbrücken, Urt. v. 17.08.2005 – 1 U 621/04-191, 1 U 621/04, NJW-RR 2006, 163.
22 BGH, Urt. v. 28.02.2002 – VII ZR 455/00, BauR 2002, 979.
23 BGH, Urt. v. 30.06.1998 – VI ZR 260/97, NJW 1998, 2819.
24 BGH, Urt. v. 20.04.1989, VII ZR 334/87, BauR 1989, 603.
25 OLG Düsseldorf, Urt. v. 28.07.1993 – 22 U 29/93, NJW-RR 1994, 283.

me.²⁶ Bei Geltung der VOB/B endet die Hemmung erst mit Abnahme der Mangelbeseitigungsarbeiten.²⁷

2. Einschlafen der Verhandlung

15 Schwierig sind die Fälle zu beurteilen, in denen die Verhandlungen einschlafen und nicht eindeutig bestimmbar ist, wann das Ende der Verhandlungen vorliegt. In der Entwurfsbegründung zur Neuregelung des § 203 BGB hat der Gesetzgeber hierzu folgendes ausgeführt:

> »In der Diskussion der verschiedenen Modelle hat sich gezeigt, dass insbesondere das Ende der Verhandlungen bei einem schlichten »Einschlafen« der Gespräche ohne eindeutige Erklärung eines Beteiligten über das Ende seiner Verhandlungsbereitschaft als problematisch angesehen wird. Auch diesbezüglich wird von einer gesetzlichen Festschreibung abgesehen und die Lösung im Einzelfall der Rechtssprechung überlassen, so wie es auch bei dem bisherigen § 852 Abs. 2 BGB der Fall ist. Dieser hat auch für den Fall des Einschlafens eine befriedigende Lösung gefunden: Schlafen die Verhandlungen ein, so endet die Hemmung nach dem bisherigen § 852 Abs. 2 BGB in dem Zeitpunkt, in dem der nächste Schritt nach Treu und Glauben zu erwarten gewesen wäre.²⁸ Dies gilt auch hier.²⁹«

16 Richtig ist, dass die Rechtsprechung zu § 852 Abs. 2 BGB a.F. zum Ende der Verhandlungen übernommen werden kann, da der Wortlaut des § 203 BGB hinsichtlich der Beendigung der Verhandlungen wortwörtlich übernommen wurde. Der BGH hat dies mit Beschl. v. 06.11.2008 ausdrücklich bestätigt. Danach endet die Hemmung der Verjährung auch dann, wenn die Verhandlungen der Parteien einschlafen. Die entwickelten Grundsätze in § 852 Abs. 2 BGB a.F. sind auf das neue Verjährungsrecht zu übertragen.³⁰ Nach der Rechtsprechung ist ein Abbruch der Verhandlungen in diesem Sinne anzunehmen, wenn der Berechtigte den Zeitpunkt versäumt, zu dem eine Antwort auf die letzte Anfrage des Ersatzpflichtigen spätestens zu erwarten gewesen wäre, falls die Verhandlungen mit verjährungshemmender Wirkung hätten fortgesetzt werden sollen. Die obergerichtliche Rechtsprechung hat dies in Einzelfällen konkretisiert. So ist nach Auffassung des Oberlandesgerichts Zweibrücken ein Abbruch der Verhandlungen nach einem Monat anzunehmen, wenn dem Schädiger eine Frist gesetzt wurde oder wenn der Schädiger eine Prüfung der Ansprüche angekündigt und der Anspruchsteller keine Nachfrage mehr gehalten hatte.³¹ Das Kammergericht hat die gleiche Auffassung vertreten. Danach kann in der Regel erwartet werden, dass spätestens nach Ablauf eines Monats nach Zugang eines Schreibens eine Reaktion erfolgt. Ist dies nicht der Fall, sind die Verhandlungen zwischen den Parteien und damit auch die Hemmung der Verjährung beendet.³²

3. Aufnahme neuer Verhandlungen

17 Trotz beendeter Verhandlungen und Ende der Verjährungshemmung kann durch Wiederaufnahme der Verhandlungen ein neuer Hemmungstatbestand geschaffen werden.³³

B. Ablaufhemmung

18 Nach § 203 S. 2 BGB tritt die Verjährung frühestens drei Monate nach dem Ende ihrer Hemmung ein. Die Ablaufhemmung hat nur dann Bedeutung, wenn die nach Ende der Hemmung verbleibende Verjährungsfrist kürzer als drei Monate ist. Andernfalls hat der Auftraggeber nach

---

26 OLG Düsseldorf, Urt. v. 23.07.1993 – 23 U 204/92, BauR 1993, 747.
27 BGH, Urt. v. 25.09.2008 – VII ZR 32/07, BauR 2008, 2039.
28 BGH, Urt. v. 07.01.1986 – VI ZR 203/84, NJW 1986, 1337, 1338.
29 BT-Drucks. 14/6040, Seite 112, zu S. 1, IV.
30 BGH, Urt. v. 06.11.2008 – IX ZR 158/07, IBR 2009, 66.
31 OLG Zweibrücken, Urt. v. 24.05.2007 – 4 U 104/06, IBR 2007, 548.
32 KG, Urt. v. 23.11.2007 – 7 U 114/07, IBR 2008, 649.
33 BGH, Urt. v. 08.05.2001 – VI ZR 208/00, NJW-RR 2001, 1168.

dem Ende der Hemmung mehr als drei Monate Zeit, um weitere verjährungshemmende Maßnahmen zu treffen. Nach Auffassung von *Lenkeit* ist die Drei-Monats-Frist daher nach oben offen.[34] Dies ist aber nach dem eindeutigen Wortlaut der Regelung nicht der Fall, da die Ablaufhemmung auf drei Monate begrenzt ist.[35]

C. Darlegungs- und Beweislast

Nach allgemeinen Grundsätzen hat der Auftraggeber den Beginn der Hemmung darzulegen und zu beweisen. Der Auftragnehmer hat das Ende der Hemmung (Ende der Verhandlungen) darzulegen und zu beweisen.[36]

19

D. Umfang der Hemmung

Durch die Verhandlungen wird der Anspruch gehemmt, der Gegenstand der Verhandlungen ist.

20

§ 204 Hemmung der Verjährung durch Rechtsverfolgung

(1) Die Verjährung wird gehemmt durch
1. die Erhebung der Klage auf Leistung oder auf Feststellung des Anspruchs, auf Erteilung der Vollstreckungsklausel oder auf Erlass des Vollstreckungsurteils,
2. die Zustellung des Antrags im vereinfachten Verfahren über den Unterhalt Minderjähriger,
3. die Zustellung des Mahnbescheids im Mahnverfahren oder des Europäischen Zahlungsbefehls im Europäischen Mahnverfahren nach der Verordnung (EG) Nr. 1896/2006 des Europäischen Parlaments und des Rates vom 12. Dezember 2006 zur Einführung eines Europäischen Mahnverfahrens,[1]
4. die Veranlassung der Bekanntgabe des Güteantrags, der bei einer durch die Landesjustizverwaltung eingerichteten oder anerkannten Gütestelle oder, wenn die Parteien den Einigungsversuch einvernehmlich unternehmen, bei einer sonstigen Gütestelle, die Streitbeilegungen betreibt, eingereicht ist; wird die Bekanntgabe demnächst nach der Einreichung des Antrags veranlasst, so tritt die Hemmung der Verjährung bereits mit der Einreichung ein,
5. die Geltendmachung der Aufrechnung des Anspruchs im Prozess,
6. die Zustellung der Streitverkündung,
7. die Zustellung des Antrags auf Durchführung eines selbständigen Beweisverfahrens,
8. den Beginn eines vereinbarten Begutachtungsverfahrens,
9. die Zustellung des Antrags auf Erlass eines Arrests, einer einstweiligen Verfügung oder einer einstweiligen Anordnung, oder, wenn der Antrag nicht zugestellt wird, dessen Einreichung, wenn der Arrestbefehl, die einstweilige Verfügung oder die einstweilige Anordnung innerhalb eines Monats seit Verkündung oder Zustellung an den Gläubiger dem Schuldner zugestellt wird,
10. die Anmeldung des Anspruchs im Insolvenzverfahren oder im Schifffahrtsrechtlichen Verteilungsverfahren,
11. den Beginn des schiedsrichterlichen Verfahrens,
12. die Einreichung des Antrags bei einer Behörde, wenn die Zulässigkeit der Klage von der Vorentscheidung dieser Behörde abhängt und innerhalb von drei Monaten nach Erledigung des Gesuchs die Klage erhoben wird; dies gilt entsprechend für bei einem Gericht oder bei einer in Nummer 4 bezeichneten Gütestelle zu stellende Anträge, deren Zulässigkeit von der Vorentscheidung einer Behörde abhängt,

---

34 *Lenkeit*, BauR 2002, 196, 219.
35 Vgl. *Weier*, NZBau 2002, 366, 370.
36 BGH, Urt. v. 30.10.2007 – X ZR 101/06, BauR 2008, 514.
1 ABl. EU Nr. L 399 S. 1.

13. die Einreichung des Antrags bei dem höheren Gericht, wenn dieses das zuständige Gericht zu bestimmen hat und innerhalb von drei Monaten nach Erledigung des Gesuchs die Klage erhoben oder der Antrag, für den die Gerichtsstandsbestimmung zu erfolgen hat, gestellt wird, und
14. die Veranlassung der Bekanntgabe des erstmaligen Antrags auf Gewährung von Prozesskostenhilfe oder Verfahrenskostenhilfe; wird die Bekanntgabe demnächst nach der Einreichung des Antrags veranlasst, so tritt die Hemmung der Verjährung bereits mit der Einreichung ein.

(2) Die Hemmung nach Absatz 1 endet sechs Monate nach der rechtskräftigen Entscheidung oder anderweitigen Beendigung des eingeleiteten Verfahrens. Gerät das Verfahren dadurch in Stillstand, dass die Parteien es nicht betreiben, so tritt an die Stelle der Beendigung des Verfahrens die letzte Verfahrenshandlung der Parteien, des Gerichts oder der sonst mit dem Verfahren befassten Stelle. Die Hemmung beginnt erneut, wenn eine der Parteien das Verfahren weiter betreibt.

(3) Auf die Frist nach Absatz 1 Nr. 9, 12 und 13 finden die §§ 206, 210 und 211 entsprechende Anwendung.

Übersicht	Rdn.		Rdn.
A. Hemmungstatbestände	1	1. Art des Verfahrens	36
I. Erhebung der Klage	1	2. Beginn der Hemmung	37
1. Art der Klage	1	3. Umfang der Hemmung	41
2. Erhebung der Klage	2	XI. Prozesskostenhilfeverfahren	42
3. Gegenstand der Hemmung	3	1. Antrag	42
II. Mahnbescheid	5	2. Beginn der Hemmung	44
1. Antrag	5	B. Dauer der Hemmung, § 204 Abs. 2 S. 1 BGB	45
2. Gewährleistungsansprüche	7	I. Klage	46
3. Abschlagsforderungen	8	II. Mahnverfahren	48
4. Zustellung	9	III. Güteantrag	49
III. Güteantrag	10	IV. Aufrechung	50
1. Gütestelle	10	V. Streitverkündung	51
2. Stelle des Auftraggebers	12	VI. Selbständiges Beweisverfahren	52
IV. Aufrechnung	14	1. Beendigung durch Gutachten	52
1. Prozessaufrechnung	14	2. Einwendungen gegen das Gutachten	54
2. Umfang der Hemmung	15	3. Mündliche Anhörung des Sachverständigen	55
V. Streitverkündung	16	4. Unbrauchbarkeit des Gutachtens	56
1. Zulässigkeit	16	5. Angemessener Zeitraum	57
2. Vorgreiflichkeit	17	6. Beendigung bei mehreren Mängeln	58
3. Grund der Streitverkündung	18	VII. Begutachtung	60
4. Beitritt	19	VIII. Einstweiliger Rechtschutz	61
5. Rechtsstreit	20	IX. Insolvenzverfahren	62
VI. Selbständiges Beweisverfahren	21	1. Beendigung des Verfahrens	62
1. Zustellung	21	2. Beendigung bei bestrittener Forderung	63
2. Parteien	22	X. Schiedsgerichtliches Verfahren	64
3. Umfang der Hemmung	24	XI. Prozesskostenhilfeantrag	65
VII. Begutachtung	28	C. Ende der Hemmung durch Verfahrensstillstand, § 204 Abs. 2 S. 2 BGB	66
1. Art der Begutachtung	28	I. Ruhen des Verfahrens	67
2. Umfang der Hemmung	29	1. Verhalten der Parteien	67
3. Beginn der Hemmung	30	2. Triftiger Grund	68
VIII. Einstweiliger Rechtschutz	31	II. Weitere Gründe des Stillstandes	69
1. Anwendungsbereich	31	D. Erneute Hemmung	70
2. Beginn der Hemmung	32	E. Weitere Hemmungsgründe	72
IX. Insolvenzverfahren	33		
1. Insolvenzforderung	33		
2. Voraussetzungen für die Anmeldung	34		
X. Schiedsrichterliches Verfahren	36		

A. Hemmungstatbestände

I. Erhebung der Klage

1. Art der Klage

Die Leistungsklage hemmt die Verjährung. Hierzu gehört auch die Stufenklage. Die Geltendmachung des Auskunftsanspruchs reicht für die Hemmung der Verjährung aus.[2] Ebenso hemmt auch die Klage auf künftige Leistung die Verjährung, ebenso die Klage auf Freistellung und die Widerklage. Die positive Feststellungsklage führt ebenfalls zur Hemmung der Verjährung, nicht hingegen die negative Feststellungsklage. Weiter hemmt auch im Rahmen der Leistungsklage ein hilfsweise geltend gemachter Anspruch die Verjährung.[3] Die Klage muss den Anforderungen des § 253 Abs. 2 ZPO genügen. Zwingend erforderlich ist die Unterschrift, da die Klage anderenfalls unwirksam ist. In einem Anwaltsprozess muss sie auch von einem zugelassenen Rechtsanwalt unterschrieben sein.[4] Die Hemmung tritt auch bei einer unzulässigen, unbegründeten oder unschlüssigen Klage ein.[5] Erforderlich ist aber, dass der Streitgegenstand bestimmt werden kann. Hierzu gehört zwingend, dass erkennbar ist, wer Kläger und wer Beklagter sein soll. Zwingend erforderlich ist, dass der Berechtigte gegen die Verpflichteten Klage erhebt. Dies ist nach allgemeinen Grundsätzen der Gläubiger. Durch eine Prozessstandschaft wird die Verjährungshemmung gleichfalls herbeigeführt. Fehlt die Ermächtigung zunächst und wird die Klageerhebung erst nachträglich genehmigt, so wirkt die durch die nun wirksame Klageerhebung durch den Prozessstandschafter begründete Hemmung allerdings nicht auf den Zeitpunkt der Klageerhebung zurück. Die Ermächtigung muss im Rahmen der Klage offengelegt werden, da anderenfalls nicht erkennbar ist, welcher Anspruch Gegenstand des Verfahrens und der Hemmung sein soll. Beim gesetzlichen Forderungsübergang und bei Forderungsabtretungen vor Klageerhebung kann nur die Klage des Zedenten die Verjährung hemmen. Bei den im Baustoffhandel häufig vorkommenden Sicherungsabtretungen besteht im Regelfall eine Einziehungsermächtigung des Zedenten. Der Zedent kann dann durch seine Klage die Verjährung hemmen und muss Zahlung an den Zessionar verlangen. Bei der Geltendmachung von Gewährleistungsansprüchen, die mehreren Personen gemeinschaftlich zustehen, hemmt auch die Klage eines einzelnen die Verjährung; dies auch dann, wenn er Leistungen an sich selbst verlangt, soweit er hierzu von den anderen ermächtigt ist.[6] Die Klage des Gläubigers gegen den Bürgen hemmt die Verjährung der Hauptforderung im Regelfall nicht. Die Bürgschaftsklage kann aber ausnahmsweise die Verjährung der Hauptforderung hemmen, wenn der Hauptschuldner zum Zeitpunkt der Klageerhebung als Rechtsperson untergegangen und die Hauptschuld noch nicht verjährt ist.[7] Dies wird damit begründet, dass in diesem Zeitrahmen eine die Verjährung der Hauptforderung hemmende Klage gegen den Hauptschuldner nicht mehr möglich ist. Dies bedeutet, dass der Gläubiger, solange der Hauptschuldner existent ist, immer verjährungshemmende Maßnahmen gegenüber dem Hauptschuldner ergreifen muss, um dem Bürgen die Einrede der Verjährung zu nehmen.

1

2. Erhebung der Klage

Gemäß § 253 Abs. 1 ZPO erfolgt die Erhebung der Klage durch Zustellung der Klageschrift. Die Einreichung beim Gericht bewirkt die Anhängigkeit der Klage. Die Zustellung bewirkt die Rechtshängigkeit. Mängel bei der Zustellung werden geheilt, wenn entweder der Beklagte auf die Zustellung verzichtet oder rügelos verhandelt. Maßgeblicher Zeitpunkt ist derjenige, in dem das Rügerecht verloren gegangen ist. Gemäß § 167 ZPO tritt die Hemmung der Verjährung bereits

2

---

[2] BGH, Urt. v. 27.01.1999 – XII ZR 113/97, NJW 1999, 1101.
[3] BGH, Urt. v. 07.05.1997 – VIII ZR 253/96, BB 1997, 1383.
[4] A.A. Bamberger/Roth/*Henrich*, § 204 Rn. 12.
[5] BGH, Urt. v. 02.07.1998, NJW 1998, 3486, 3488.
[6] BGH, Urt. v. 21.03.1985 – VII ZR 148/83, BGHZ 94, 117.
[7] BGH, Urt. v. 14.07.2009 – XI ZR 18/08, ZfBR 2009, 774, 775.

mit Eingang der Klage bei Gericht ein, wenn die Zustellung demnächst erfolgt. Ob sie demnächst erfolgt ist, wird davon abhängig gemacht, ob der Kläger, im Rahmen des Zumutbaren, alles für eine alsbaldige Zustellung getan hat und der Rückwirkung keine schutzwürdigen Belange des Gegners entgegenstehen.[8] Beruhen die Zustellungsverzögerungen auf einem Verhalten des Klägers, wird eine Rückwirkung verneint, wenn mehr als 14 Tage vergangen sind, ohne dass der Kläger die Zustellungsmängel beseitigt hat. Bei einem vom Gericht angeforderten Kostenvorschuss (drei Gerichtsgebühren) muss der Kläger daher innerhalb von 14 Tagen diesen Vorschuss einzahlen, damit die Zustellung der Klage als demnächst im Sinne von § 167 ZPO angesehen wird.[9] Beruhen die Zustellungsverzögerungen auf dem Geschäftsbetrieb der Justiz, wird, je nach Einzelfall, eine wesentlich längere Zeitspanne als »demnächst« i.S.d. § 167 ZPO angesehen. In diesen Fällen ist zwingend zu beachten, dass der Kläger verpflichtet ist, bei Gericht nachzufragen, warum die Zustellung ausbleibt.[10] Beruht die Zustellungsverzögerung auf einem Verhalten des Beklagten, wird eine Rückwirkung im Sinne des § 167 BGB nicht ausgeschlossen. Der Kläger muss in diesen Fällen in einem zumutbaren Zeitrahmen notfalls die öffentliche Zustellung beantragen. Die Beweislast für eine Zustellung »demnächst« trägt der Kläger.

3. Gegenstand der Hemmung

3 Durch die Klage wird die Verjährung des streitgegenständlichen Anspruchs gehemmt. Bestimmt wird dieser Klageanspruch durch den Klageantrag und den Lebenssachverhalt.[11] Bei Teilklagen wird auch nur eine Hemmung der Verjährung für den geltend gemachten Teilbetrag erreicht. Dies gilt auch dann, wenn der Teilbetrag mit dem gesamten Lebenssachverhalt begründet ist und eine Klageerweiterung vorbehalten wird.

4 Abzugrenzen von einer Teilklage sind Klagen, die einen bezifferten Betrag zum Gegenstand haben, wenn aus dem Sachverhalt zu entnehmen ist, dass insgesamt der sich aus diesem Sachverhalt ergebende Betrag geltend gemacht werden soll. Dies sind insbesondere Klagen auf Schadenersatz auf Grundlage von Sachverständigengutachten oder Kostenvoranschlägen. Stellt sich bei derartigen Klagen im Rahmen des Verfahrens heraus, dass der geltend gemachte Betrag zu niedrig ist, so steht einer Klageerweiterung auf Grund desselben Lebenssachverhaltes die Einrede der Verjährung nicht entgegen. Die Hemmung der Verjährung umfasst auch diesen weiteren Betrag. Dies wird vom BGH damit begründet, dass der gesamte Anspruch rechtshängig gemacht wurde und den Streitgegenstand bildet.[12] Dem ist im Ergebnis zuzustimmen, da diese Konstellation vergleichbar ist mit der Erhebung einer Kostenvorschussklage. Die Kostenvorschussklage umfasst auch denjenigen Betrag, der über dem bezifferten Kostenvorschussanspruch zu einem späteren Zeitpunkt zusätzlich geltend zu machen ist.[13] Die gleiche Wertung hat auch im Rahmen von Werklohnklagen zu erfolgen, bei denen sich im Rahmen des Verfahrens herausstellt, beispielsweise durch ein Sachverständigengutachten, dass die bisherige Massenermittlung des Auftragnehmers zu niedrig ist und ihm ein höherer Werklohnanspruch zusteht. Anders wiederum, wenn der Auftragnehmer zur Reduzierung des Kostenrisikos lediglich einen Teilbetrag aus der Werklohnforderung geltend macht: In diesen Fällen tritt hinsichtlich des nicht rechtshängig gemachten Anspruchs keine Hemmung der Verjährung ein.[14] Bei Klage auf Zahlung der Ersatzvornahmekosten gilt dagegen, dass letztere bei Klageerhebung feststehen müssen und erkennbar keine vorläufige Forderung geltend gemacht wird. Wird dabei ein Teil der Ersatzvornahmekosten unberücksichtigt gelassen, so

---

[8] BGH, Urt. v. 27.05.1999 – VII ZR 24/98, NJW 1999, 3125.
[9] BGH, Urt. v. 16.01.2009 – V ZR 74/08, NJW 2009, 999.
[10] Zöller/*Greger*, § 167 Rn. 10.
[11] Musielak/*Foerste*, § 253 Rn. 25; Zöller/*Greger*, § 253, Rn. 13.
[12] BGH, Urt. v. 19.02.1982 – V ZR 251/80, BauR 1982, 398.
[13] BGH, Urt. v. 10.11.1988 – VII ZR 140/87, BauR 1989, 81.
[14] BGH, Urt. v. 09.01.2008 – XII ZR 33/06, BeckRS 2008, 02883.

unterliegt diese »vergessene Forderung« eigenständig der Verjährung. Für sie tritt keine Verjährungshemmung ein.[15]

II. Mahnbescheid

1. Antrag

Ein Mahnbescheidsantrag hemmt die Verjährung entsprechend den Grundsätzen über die Klage. Es ist unerheblich, ob das Mahnverfahren zulässig und das angerufene Gericht zuständig ist. Die Voraussetzungen des § 690 Nr. 1 bis 3 ZPO sind jedoch zwingend einzuhalten, weil sonst kein wirksamer Mahnbescheid vorliegt. Demnach muss zur Hemmung der Verjährung der Mahnbescheid den geltend gemachten Anspruch hinreichend individualisieren. Dafür ist es notwendig, aber auch ausreichend, dass der Mahnbescheid Grundlage eines der materiellen Rechtskraft fähigen Vollstreckungstitels sein kann und für den Schuldner erkennbar ist, welcher Anspruch geltend gemacht wird. Er muss in der Lage sein, zu beurteilen, ob und in welchem Umfang er sich zur Wehr setzen will. Bei der Geltendmachung von Werklohnforderungen reicht eine Bezugnahme auf Rechnungen nur dann aus, wenn dem Schuldner die Rechnungen vorliegen. Liegen die Rechnungen dem Auftraggeber nicht vor oder kann der Auftragnehmer nicht nachweisen, dass der Auftraggeber die Rechnung erhalten hat, so liegt keine hinreichende Individualisierung und damit auch keine Hemmung der Verjährung vor.[16] Dies gilt nicht, wenn bereits aus der Bezeichnung im Mahnbescheidsantrag (Anspruch aus Werkvertrag/Werklieferungsvertrag) für den Auftraggeber keine Zweifel bestehen können, dass mit dem Mahnbescheid ein Restwerklohnanspruch aus diesem Bauvertrag geltend gemacht werden soll. Dies ist der Fall, wenn ansonsten zwischen den Parteien keine weiteren rechtlichen Beziehungen und Verträge bestehen.[17] Bei einer Mehrzahl von Forderungen ist jede Einzelforderung zu bezeichnen. Eine Bezugnahme auf Rechnungen reicht wiederum nur aus, wenn dem Auftraggeber die Rechnungen vorliegen. Die Zustellung eines Mahnbescheids, mit dem ein Teilbetrag aus mehreren Einzelforderungen geltend gemacht wird, hemmt die Verjährung nicht, wenn eine genaue Aufschlüsselung der Einzelforderung unterblieben ist und die Individualisierung erst nach Ablauf der Verjährungsfrist im anschließenden Streitverfahren nachgeholt wird.[18]

Für die Frage, ab wann die Verjährung gehemmt wird, kommt es auf den Zeitpunkt der Zustellung des Mahnbescheids an. Eine rückwirkende Heilung durch eine nachträgliche Individualisierung der Forderung nach Ablauf der Verjährungsfrist ist nicht möglich.

2. Gewährleistungsansprüche

Schwierigkeiten bereitet die Geltendmachung von Mängelansprüchen mit Hilfe eines Mahnbescheids. Die Schwierigkeiten resultieren zum einen aus den Mahnbescheidsformularen selbst, die eine hinreichende Individualisierung des Anspruchs bei komplexen Mängelansprüchen nicht ermöglichen. Zum anderen lassen sich komplexe Mängelansprüche durch kurze Bezeichnungen nicht ausreichend individualisieren. Möglich wird dies im Regelfall nur dann sein, wenn im Mahnbescheid auf ein dem Schuldner vorliegendes Sachverständigengutachten oder eine gemeinsame Mängelfeststellung abgestellt werden kann. Der Schuldner muss jedenfalls immer erkennen können, in welcher Höhe er für welchen Mangel in Anspruch genommen werden soll. Vollkommen unerheblich ist, dass die Vordrucke für die Mahnverfahren in den einzelnen Ländern im Regelfall keine Möglichkeit bieten, Mängelansprüche im Einzelnen zu individualisieren.

---

15 BGH, Urt. v. 02.05.2002 – III ZR 135/01, NJW 2002, 2167.
16 BGH, Urt. v. 06.11.2007 – X ZR 103/05, BeckRS 2007, 65248.
17 BGH, Urt. v. 06.12.2001 – VII ZR 183/00, BauR 2002, 469.
18 BGH, Urt. v. 21.10.2008 – XI ZR 466/07, NJW 2009, 56.

3. Abschlagsforderungen

8 Werden Abschlagsforderungen in einem Mahnbescheid geltend gemacht, so wird damit nicht die Verjährung der Schlussrechnungsforderung gehemmt. Dies führt nach Erstellung der Schlussrechnung dazu, dass ein auf die Abschlagsrechnungen bezogener Mahnbescheid unbegründet ist. Im Rahmen dieser Schlussrechnung sind die Forderungen aus den Abschlagsrechnungen nur unselbständige Rechnungsposten. Hieraus hat das OLG Dresden den Schluss gezogen, dass ein auf Abschlagsrechnungen bezogener Mahnbescheid die Verjährung der Schlussrechnungsforderung hemmt.[19] Dem ist nicht zu folgen, da sich nach allgemeinen Grundsätzen eine auf Abschlagsrechnungen bezogene Verjährungshemmung nicht auf die Schlussrechnung erstrecken kann, da zwei unterschiedliche Forderungen vorliegen, die jeweils selbständig verjähren. Das OLG Dresden folgert dies aus der Rechtsprechung des BGH, dass ein Übergang von einer Abschlagszahlungs- auf eine Schlusszahlungsklage keine Klageänderung darstellt. Dies verkennt indes, dass die Verjährungshemmung unabhängig von der Frage einer Klageänderung isoliert zu beurteilen ist. Die Forderung aus den Abschlagsrechnungen sind im Rahmen der Schlussrechnung nur unselbständige Rechnungsposten, mehr nicht. Teilschlussrechnungen verjähren ebenfalls selbständig.[20]

4. Zustellung

9 Im Unterschied zur Zustellung der Klage, die »demnächst« zu erfolgen hat, um eine Hemmung ab dem Zeitpunkt der Anhängigkeit zu begründen, darf bei der Zustellung des Mahnbescheides ein längerer Zeitraum verstreichen: Der BGH stellt darauf ab, ob ein nachlässiges Verhalten der Partei zu einer nicht nur geringfügigen Verzögerung der Zustellung beigetragen hat.[21] Eine geringfügige Verzögerung ist nach der Rechtsprechung des BGH nicht mehr gegeben, wenn das nachlässige Verhalten zu einer Verzögerung von mehr als einem Monat geführt hat.[22] Im Unterschied zum Klageverfahren gilt im Mahnverfahren die Regelung des § 691 Abs. 2 ZPO, nach der die Wirkung der Verjährungshemmung mit der Einreichung oder Anbringung des Antrags auf Erlass des Mahnbescheides eintritt, wenn innerhalb eines Monats seit der Zustellung der Zurückweisung des Antrags Klage eingereicht und diese demnächst zugestellt wird. Hieraus leitet ein Teil der Rechtsprechung ab, dass im Rahmen des § 167 ZPO die Regelung des § 691 Abs. 2 ZPO bei der Wertung herangezogen werden kann.[23] Dem ist der BGH nicht gefolgt. Mit Beschl. v. 28.02.2008 hat der BGH entschieden, dass zwar die für die Beurteilung der rechtzeitigen Zustellung des Mahnbescheids ausreichende Frist an die Monatsfrist des § 691 Abs. 2 ZPO angeglichen wird. Hierdurch soll jedoch nur vermieden werden, dass im Falle der Mangelhaftigkeit des Mahnantrags der Antragsteller von der Berichtigung absieht und Klage erhebt, wenn er durch die Behebung des Mangels Gefahr läuft, dass der berichtigte Mahnbescheid nicht innerhalb von zwei Wochen zugestellt wird. Die zeitliche Grenze für geringfügige Verzögerungen kann aber nicht generell – so auch nicht für die Zustellung der Klageschrift – an Hand der Regelung des § 691 Abs. 2 ZPO bestimmt werden. Die Regelung des § 691 Abs. 2 ZPO ist auf die Fälle beschränkt, in denen sich die Zustellung des Mahnbescheids durch ein nachlässiges Verhalten des Antragstellers verzögert. Eine Übertragung dieser Wertung auf dem Antragsteller zurechenbare Verzögerungen nach Zustellung des Mahnbescheids und nach Aufforderung zur Zahlung der weiteren Gerichtskosten ist nicht gerechtfertigt. Es sind vielmehr die allgemein für § 167 ZPO geltenden Grundsätze anzuwenden.[24]

---

19 OLG Dresden, Urt. v. 25.07.2008 – 12 U 137/08, IBR 2008, 716.
20 OLG Stuttgart, Urt. v. 03.05.2007 – 19 U 13/05, BeckRS 2008, 21728.
21 BGH, Urt. v. 27.04.2006 – I ZR 237/03, NJW-RR 2006, 1436.
22 BGH, Urt. v. 21.03.2002 – VII ZR 230/01, NJW 2002, 2794.
23 OLG Brandenburg, Urt. v. 18.07.2007 – 4 U 164/06, BeckRS 2008, 09616.
24 BGH, Beschl. v. 28.02.2008 – III ZB 76/07, NJW 2008, 1672, 1673.

III. Güteantrag

1. Gütestelle

Die Hemmung durch einen Güteantrag tritt bei Güteanträgen bei einer durch die Landesjustizverwaltung anerkannten Gütestelle und anderen Gütestellen im Sinne des § 15a Abs. 3 EGZPO ein. Bei den anderen Gütestellen tritt die Verjährungshemmung nur ein, wenn die Anrufung der Gütestelle einvernehmlich erfolgt. Bei Gütestellen der Industrie- und Handelskammern, der Handwerkskammern oder der Innungen wird unwiderleglich vermutet, dass der Einigungsversuch einvernehmlich erfolgt, wenn ein Verbraucher den Güteantrag stellt. Da eine Zustellung im Regelfall durch die Verfahrensordnungen und die Landesjustizgesetze nicht vorgesehen ist, tritt die Verjährungshemmung mit der Bekanntgabe des Güteantrags ein. Im Übrigen gelten die gleichen Grundsätze hinsichtlich der Bekanntgabe »demnächst« und hinsichtlich der Individualisierung des Anspruchs wie beim Antrag auf Erlass eines Mahnbescheides. Gütestellen im Sinne des § 1a Abs. 3 EGZPO sind anerkannte Verfahren der Mediation und der Streitschlichtung, wie etwa nach der SOBau.

In welcher Form die Einreichung des Güteantrags zu erfolgen hat, richtet sich nach den jeweiligen Verfahrensordnungen der Gütestelle. Im Regelfall nicht ausreichend ist die Einreichung eines Güteantrags per E-Mail, da diese Form nicht der Schriftform des § 126 BGB genügt. Hierfür ist eine qualifizierte elektronische Signatur notwendig, vgl. § 126a BGB.

2. Stelle des Auftraggebers

Eine weitere Gütestelle im Sinne des § 204 Abs. 1 Nr. 4 BGB ist bei Geltung der VOB/B die der auftraggebenden Stelle unmittelbar vorgesetzte Stelle. Explizit ist in § 18 Abs. 2 Nr. 1 VOB/B geregelt, dass bei Meinungsverschiedenheiten der Auftragnehmer zunächst die der auftraggebenden Stelle unmittelbar vorgesetzte Stelle anrufen soll. Nach § 18 Abs. 2 Nr. 2 VOB/B wird mit dem Eingang des schriftlichen Antrags auf Durchführung des Verfahrens nach § 18 Abs. 2 Nr. 1 VOB/B die Verjährung des in dem Antrag geltend gemachten Anspruchs gehemmt. Die Verjährungshemmung endet drei Monate nach Zugang des schriftlichen Bescheides der unmittelbar vorgesetzten Stelle oder nach Mitteilung einer der Parteien, dass sie das Verfahren nicht weiter betreiben will.

Daneben enthält die Regelung des § 18 Abs. 3 VOB/B die Möglichkeit, ein Verfahren zur Streitbeilegung zu vereinbaren. Bei Vereinbarung eines derartigen Verfahrens ist die Regelung des § 204 Abs. 1 Nr. 4 BGB anwendbar.

IV. Aufrechnung

1. Prozessaufrechnung

Voraussetzung für die Anwendbarkeit der Regelung ist eine Prozessaufrechnung. Der Aufrechnende hat entweder im Prozess aufzurechnen oder im Prozess vorzutragen, dass bereits außerprozessual aufgerechnet wurde. Bedeutung hat die Aufrechnung und die sich hieraus ergebende Verjährungshemmung nur, wenn die Aufrechnung ohne Erfolg geblieben ist. Eine Hemmung kann nur in Höhe des Klageanspruchs eintreten. Auch der Kläger kann durch Erklärung einer Aufrechnung die Hemmung der Verjährung einer Forderung erreichen: Dies ist der Fall, wenn der Kläger im Prozess hilfsweise die Aufrechnung gegenüber einer Forderung des Beklagten erklärt, die dieser primär zur Aufrechnung gegen die Klageforderung gestellt hat.[25] Unerheblich ist, dass über die Aufrechnung überhaupt eine gerichtliche Entscheidung ergehen kann. § 204 Abs. 1 Nr. 5 BGB stellt allein darauf ab, dass der Gläubiger die Durchsetzung seines Anspruchs aktiv betreibt und dem Schuldner seinen Rechtsverfolgungswillen so deutlich macht, dass dieser sich darauf einrich-

---

25 BGH, Urt. v. 10.04.2008 – VII ZR 58/07, BauR 2008, 1305.

ten muss, auch noch nach Ablauf der ursprünglichen Verjährungsfrist in Anspruch genommen zu werden. Aus diesem Grund ist auch die unzulässige Aufrechnung geeignet, die Hemmung herbeizuführen.[26] Macht der Schuldner eine abgetretene Forderung gegenüber dem Zessionar durch Aufrechnung mit einer ihm gegen den Zedenten zustehenden Forderung prozessual geltend, tritt die Hemmung der Verjährung gegenüber dem Zedenten ein.[27] Zwar wird hier der Rechtsverfolgungswille gegenüber dem Zedenten nicht erklärt, doch ergibt sich aus dem Zweck des § 406 BGB, dass der Schuldner gegenüber dem Neugläubiger nicht ungünstiger gestellt werden soll als er gegenüber dem alten Gläubiger stünde.[28]

2. Umfang der Hemmung

15 Der BGH hat nochmals mit Urt. v. 20.03.2009 klargestellt, dass die Verjährungshemmung nach § 204 Abs. 1 Nr. 5 BGB voraussetzt, dass sich die Aufrechnung gegen eine Forderung richtet, die Gegenstand des Rechtsstreits ist. Hinsichtlich des die Hauptforderung übersteigenden Teils der Gegenforderung ist dies nicht der Fall.[29]

V. Streitverkündung

1. Zulässigkeit

16 Eine Hemmung der Verjährung tritt durch eine zulässige Streitverkündung ein. Erste Voraussetzung ist, dass die Streitverkündung dem Streitverkündungsempfänger zugestellt wird. Die Zustellung hat nach § 73 S. 2 ZPO von Amts wegen zu erfolgen. Streitig ist, ob eine förmliche Zustellung zu erfolgen hat. Aus § 166 Abs. 2 ZPO in Verbindung mit § 73 ZPO ergibt sich, dass die Streitverkündung förmlich zuzustellen ist. Anders sieht dies das OLG Karlsruhe, das zu § 204 Abs. 1 Nr. 7 BGB ausgeführt hat, dass auch eine formlose Bekanntgabe ausreichend ist. Begründet wird dies damit, dass die Verjährung früher auch durch den bloßen Zugang eines Schriftstücks nach § 187 ZPO a.F. unterbrochen werden konnte. Auch könne ein Beklagter, dem die Klage nicht wirksam zugestellt worden sei, gemäß § 295 ZPO mit der Wirkung verzichten, dass die Verjährung mit der Übergabe des Schriftstücks rückwirkend als gehemmt gelte. Aus diesem Grund würden keine Bedenken dagegen bestehen, nicht nur die förmliche Zustellung unter die Regelung des § 204 Abs. 1 Nr. 7 zu subsumieren. Andere Entscheidungen stellen darauf ab, dass die Regelung des § 73 ZPO eine Amtszustellung vorsieht und § 204 Abs. 1 Nr. 6 BGB ebenfalls eine förmliche Zustellung vorsieht.[30] Richtigerweise ist auf die förmliche Zustellung abzustellen, da § 204 Abs. 1 Nr. 6 diese Zustellung ausdrücklich vorsieht.

2. Vorgreiflichkeit

17 Neben der förmlichen Zustellung muss die Streitverkündung zulässig im Sinne des § 72 ZPO sein. Dies ist der Fall, wenn ein Fall der Vorgreiflichkeit in diesem Sinne vorliegt. Zweck des § 72 Abs. 1 ZPO ist, den Streitverkünder davor zu bewahren, die wegen der materiell-rechtlichen Verknüpfung der gegen verschiedene Schuldner gerichteten Ansprüche notwendigen Prozesse alle zu verlieren, obwohl er zumindest einen gewinnen müsste. Unzulässig ist die Streitverkündung daher wegen solcher Ansprüche, die nach Lage der Dinge von vorn herein sowohl gegenüber dem Beklagten des Vorprozesses als auch gegenüber dem Dritten geltend gemacht werden können, für die also aus Sicht des Streitverkünders zum Zeitpunkt der Streitverkündung eine gesamtschuldnerische Haftung des Beklagten und des Dritten in Betracht kommt.[31] Steht aber zum Zeitpunkt

---

26 BGH, Urt. v. 24.03.1982 – IV a ZR 303/80, NJW 1982, 1516.
27 BGH, Urt. v. 10.04.2008 – VII ZR 58/07, BauR 2008, 1305.
28 BGH, Urt. v. 10.04.2008 – VII ZR 58/07, BauR 2008, 1305, 1307.
29 BGH, Urt. v. 20.03.2009 – V ZR 208/07, NZM 2009, 838.
30 LG Rostock, Urt. v. 09.02.2007 – 4 O 185/06, IBR 2007, 660.
31 BGH, Urt. v. 06.12.2007 – IX ZR 143/06, NJW 2008, 519.

der Streitverkündung bereits fest, dass der Anspruch gegen den einen Schuldner unabhängig von dem gegen den anderen besteht, ist eine verjährungsrechtliche Privilegierung des Gläubigers nicht gerechtfertigt. Soweit also eine gesamtschuldnerische Haftung des Beklagten und des Streitverkündeten in Betracht kommt, ist eine Streitverkündung mit der Folge der Verjährungshemmung unzulässig, vgl. zu der Frage des Vorliegens eines Gesamtschuldverhältnisses § 421 BGB Rdn. 8 ff., 36 ff. Bei einer alternativen Schuldnerschaft des Beklagten und des Streitverkündungsempfängers ist die Streitverkündung hingegen zulässig. Dies sind diejenigen Fälle in denen alternativ statt des Beklagten ein Dritter als Schuldner in Betracht kommt. Denkbar ist dies beispielsweise in denjenigen Fällen, in denen entweder der Vertreter oder der Vertretene als Vertragspartner in Betracht kommt. Die Abgrenzung zwischen einer möglichen Gesamtschuldnerschaft und einer alternativen Schuldnerschaft ist häufig nicht einfach, da eine alternative Haftung auch dann vorliegt, wenn die Haftung des einen von mehreren Gesamtschuldnern begrenzt ist, weil dieser dem Berechtigten dessen Mitverschulden entgegen halten kann, aber in Höhe des Ausfalls die unbeschränkte Haftung des anderen Gesamtschuldners zum Zuge kommt. Bei Werklohnforderungen im Verhältnis Nachunternehmer/Hauptunternehmer und Hauptunternehmer/Generalunternehmer scheidet eine Streitverkündung bei Vergütungsansprüchen aus. Bei gleichartigen Werklohnansprüchen aus gleichartigen Vertragsverhältnissen liegt ein gestuftes Auftragsverhältnis vor, das jedoch keine Ansprüche aus Alternativverhältnissen darstellt. In den unterschiedlichen Vertragsverhältnissen kann es nämlich durchaus zu unterschiedlichen Vergütungsansprüchen kommen. Die verschiedenen Vertragsverhältnisse sind nicht so miteinander verknüpft, dass entweder nur der eine oder der andere Anspruch gegeben sein kann.

3. Grund der Streitverkündung

Die Hemmung der Verjährung tritt nur dann ein, wenn die Streitverkündungsschrift den Grund der Streitverkündung angibt. Nach § 73 S. 1 ZPO hat die Partei zum Zwecke der Streitverkündung einen Schriftsatz einzureichen, in dem der Grund der Streitverkündung und die Lage des Rechtsstreits anzugeben sind. Angegeben werden muss daher das Rechtsverhältnis, aus dem sich der Anspruch gegen den Streitverkündungsempfänger ergeben soll. Dieses Rechtsverhältnis ist unter Angabe der tatsächlichen Grundlagen so zu bezeichnen, dass der Streitverkündungsempfänger prüfen kann, ob er dem Rechtsstreit beitreten soll. Deutlich werden muss der Rechtsverfolgungswille desjenigen, der den Streit verkündet. Ohne diese Angaben tritt keine Verjährungshemmung ein, auch nicht durch rügelose Einlassung nach einem erfolgten Streitbeitritt in der mündlichen Verhandlung.[32]

4. Beitritt

Für die Frage der Hemmung der Verjährung ist es unerheblich, ob der Streitverkündete beigetreten ist. Geprüft wird die Zulässigkeit der Streitverkündung erst im Folgeprozess.[33]

5. Rechtsstreit

Eine zulässige Streitverkündung erfordert ferner einen Rechtsstreit. Rechtsstreit in diesem Sinne ist ein anhängiges selbständiges Beweisverfahren,[34] ein einstweiliges Verfügungsverfahren sowie das Arrestverfahren, nicht dagegen ein Schiedsverfahren.[35] Bei einer zulässigen Streitverkündung hat der Streitverkündungsempfänger die Möglichkeit zu weiteren Streitverkündungen, die dann ihrerseits zur Hemmung der Verjährung in diesen Vertragsverhältnissen führen, vgl. § 72 Abs. 2 ZPO.

---

32 BGH, Urt. v. 06.12.2007 – IX ZR 143/06, NJW 2008, 519.
33 BGH, Urt. v. 08.10.1981 – VII ZR 341/80, NJW 1982, 281, 282.
34 BGH, Urt. v. 05.12.1996 – VII ZR 108/95, BauR 1997, 347.
35 *Zerhusen*, Festschrift für Thode, 355, 362 ff.

VI. Selbständiges Beweisverfahren

1. Zustellung

21 Erforderlich für den Eintritt der Hemmung der Verjährung ist die förmliche Zustellung des Antrags auf Durchführung eines selbständigen Beweisverfahrens. Die §§ 485 ff. ZPO enthalten keine Regelung, wonach der Antrag auf Einleitung des selbständigen Beweisverfahrens förmlich zugestellt werden muss. Aus diesem Grund ist durch den Antragsteller die förmliche Zustellung zu beantragen, um die Hemmung der Verjährung herbeiführen zu können.[36] Im Rahmen der förmlichen Zustellung gilt die Regelung des § 167 ZPO, so dass auch eine Zustellung »demnächst« ausreichend sein kann.

2. Parteien

22 Antragsteller des selbständigen Beweisverfahrens kann jeder sein, der die Voraussetzungen zur Einleitung eines selbständigen Beweisverfahrens nach §§ 485 ff. ZPO erfüllt. Antragsgegner ist diejenige Person, die vom Antragsteller als Antragsgegner bezeichnet wird.

23 Zur Hemmung der Verjährung ist es grundsätzlich notwendig, dass der Antragsteller Inhaber des Anspruchs ist. Bei Mängeln am Gemeinschaftseigentum einer Wohnungseigentümergemeinschaft ist dagegen jeder einzelne Wohnungseigentümer auch ohne besondere Ermächtigung durch die Gemeinschaft befugt, zur Feststellung am gemeinschaftlichen Eigentum aufgetretener Mängel ein Beweissicherungsverfahren zu beantragen mit der Folge einer Hemmung der Verjährung zugunsten aller Wohnungseigentümer.[37]

3. Umfang der Hemmung

24 Eindeutig tritt die Hemmung der Verjährung ein, wenn der Gläubiger Antragsteller des selbständigen Beweisverfahrens ist. Umstritten ist, ob das gleiche gilt, wenn der Schuldner Antragsteller ist. Der Gesetzgeber wollte die bisher in § 477 Abs. 2 BGB a.F. und § 639 Abs. 1 BGB a.F für Gewährleistungsansprüche aus Kauf- und Werkvertrag vorgesehene Regelung als allgemeine Regelung kodifizieren.[38] Nach Ansicht von *Weyer* soll lediglich der Antrag des Gläubigers die Hemmung der Verjährung zur Folge haben.[39] Dem hält *Kniffka* entgegen, dass sich für diese Wertung im Gesetz kein Anhalt finden lasse. Vielmehr werde personenneutral auf einen Antrag auf Durchführung eines selbständigen Beweisverfahrens abgestellt. Sinnvoll sei es daher, auch dem Antrag des Unternehmers, die Mangelfreiheit feststellen zu lassen, Hemmungswirkung zukommen zu lassen, da ein der Verhandlung im Sinne des § 203 BGB vergleichbarer Sachverhalt vorliege. Der Gläubiger könne gegen einen solchen Hemmungstatbestand auch nichts einzuwenden haben, da ihm dieser zu Gute komme. Anderenfalls sei der Auftraggeber gezwungen, entweder selbst ein selbständiges Beweisverfahren einzuleiten, um die Verjährung zu hemmen, oder, soweit das Rechtsschutzinteresse hierfür fehlt, Klage einzureichen.[40]

25 Der Überlegung *Weyers* ist nicht zuzustimmen und sie lässt sich auch nicht mit der bisherigen Rechtsprechung des BGH in Übereinstimmung bringen. Der BGH hat zuletzt entschieden, dass die Hemmung der Verjährung nur für Ansprüche eintritt, auf die sich die Beweissicherung bezieht. Bei einem Beweisverfahren, das Mängel zum Gegenstand hat, ist es daher folgerichtig, dass die Hemmung der Verjährung für diese Ansprüche eintritt, unabhängig davon, ob der Antragsteller der Schuldner oder der Gläubiger dieser Ansprüche ist.[41] Folgerichtig hemmt auch ein selb-

---

36 *Weyer*, BauR 2001, 1807, 1810; *Lenkeit*, BauR 2002, 215 ff.
37 BGH, Urt. v. 11.10.1979 – VII ZR 247/78, BauR 1980, 69.
38 BT-Drucks. 14/6040, S. 114, zu Nr. 7.
39 *Weyer*, BauR 2001, 1807, 1811.
40 Kniffka/*Schulze-Hagen*, IBR-Online-Kommentar, Stand 16.07.2010, § 634a Rn. 141.
41 BGH, Urt. v. 29.01.2008 – XI ZR 160/07, NZBau 2008, 377.

ständiges Beweisverfahren, dessen Gegenstand Mängel sind, die Verjährung des Vergütungsanspruchs des Unternehmers nicht.[42] Zu begründen ist dies zum einen mit der Fortschreibung der alten Rechtslage, zum anderen mit dem Grundsatz, dass nur die Verjährung der streitgegenständlichen Ansprüche gehemmt wird.

Die Möglichkeit der Verjährungshemmung durch Einleitung eines selbständigen Beweisverfahrens zur Feststellung der Mangelfreiheit soll nach *Kniffka* auch für den Fall gelten, dass der Unternehmer noch Vergütungsansprüche geltend machen kann, gegen die der Auftraggeber mit Gewährleistungsansprüchen aufrechnet. Denn letztlich gehe es nicht um die Frage, ob der Unternehmer trotz Aufrechnung noch Gläubiger ist. Nichts anderes sei aber dann zu beurteilen, wenn der bereits vollständig bezahlte Unternehmer das selbständige Beweisverfahren beantragt.[43] Dem ist indes nicht zu folgen, da der Auftraggeber dann regelmäßig Gefahr liefe, dass er durch Einleitung eines selbständigen Beweisverfahrens, wozu er möglicherweise zum Zwecke der Hemmung der Verjährung gezwungen ist, gleichzeitig die Hemmung der Verjährung der Vergütungsforderung des Unternehmers herbeiführt. Der Unternehmer käme dadurch in den Genuss einer Verjährungshemmung, die er durch eigenes Handeln unter Umständen nicht hätte herbeiführen können. Deswegen verbleibt es bei dem Grundsatz, dass der Unternehmer zur Hemmung seines Vergütungsanspruchs eigene Maßnahmen ergreifen muss. Dies ist auch nicht unbillig, da er nicht gehindert ist, den Ausgang des selbständigen Beweisverfahrens abzuwarten. Er selbst kann am besten beurteilen, inwieweit die Behauptungen des Auftraggebers zutreffend sind oder nicht. Es ist ihm daher auch möglich zu beurteilen, ob er seinen Vergütungsanspruch durchsetzen kann.

26

Die Hemmungswirkung durch Einleitung des selbständigen Beweisverfahrens tritt wie auch bei der Klage selbst dann ein, wenn der Antrag inhaltliche Mängel aufweist oder sogar unzulässig ist.[44] Dies gilt aber dann nicht, wenn der Gegenstand des Verfahrens nicht hinreichend konkretisiert ist, weil ansonsten für den Antragsgegner nicht erkennbar wird, welchen Rechtsverfolgungswillen der Antragsteller hat und was Gegenstand des Verfahrens sein soll.

27

VII. Begutachtung

1. Art der Begutachtung

Nach Sinn und Zweck der Regelung soll eine Hemmung eintreten, wenn beide Parteien eine streitige Frage begutachten lassen wollen. Dies sind in erster Linie Begutachtungen hinsichtlich der Höhe der Vergütung, der Abrechnung, dem Vorhandensein von Mängeln oder auch Fragen hinsichtlich der Bauzeit, der Verschiebung der Bauzeit und der sich hieraus ergebenden Ansprüche. Die Vereinbarung der Begutachtung kann bereits im zu Grunde liegenden Werkvertrag getroffen werden oder bei Entstehen der Streitigkeit selbst. Keine Begutachtung in diesem Sinne liegt vor, wenn der Auftragnehmer seine Leistungen selbst begutachtet oder gemeinsam mit dem Auftraggeber. Die Hemmung wird in diesem Fall aber über § 203 BGB bewirkt.

28

2. Umfang der Hemmung

Der Umfang der Hemmung richtet sich nach dem zu begutachtenden Sachverhalt und den hieraus in Betracht kommenden Ansprüchen, die sich aus der Begutachtung ergeben können.

29

3. Beginn der Hemmung

Die Hemmung beginnt bei Vereinbarung eines Begutachtungsverfahrens bereits im Vertrag mit der Mitteilung einer Partei, dass das vereinbarte Verfahren durchgeführt werden solle. Im Übrigen

30

---

42 OLG Saarbrücken, Urt. v. 17.08.2005 – 1 U 621/04-191, NZBau 2006, 714.
43 *Kniffka*, IBR-Online-Kommentar, Stand 26.05.2009, § 634a Rn. 136.
44 BGH, Urt. v. 22.01.1998 – VII ZR 204-96, NJW 1998, 1305, 1306.

beginnt die Hemmung der Verjährung mit dem Abschluss der Vereinbarung über die Begutachtung zwischen den Parteien.

VIII. Einstweiliger Rechtsschutz

1. Anwendungsbereich

31   Die Neuregelung dieses Hemmungstatbestandes zielt in erster Linie auf wettbewerbsrechtliche Unterlassungsansprüche ab, da hier im Regelfall Ansprüche Verfahrensgegenstand sind, über die vorläufig entschieden wird. Im Baurecht wird sich der Anwendungsbereich auf den Anspruch aus § 648 Abs. 1 BGB (Eintragung einer Vormerkung auf Bestellung der Hypothek zur Sicherung einer Forderung des Auftragnehmers aus dem Vertrag durch einstweilige Verfügung) und auf Unterlassungsansprüche auf Grund einer drohenden Inanspruchnahme aus einer Bürgschaft reduzieren. Im Rahmen des § 648 BGB wird bei Beantragung einer einstweiligen Verfügung die Verjährung des Anspruchs auf Eintragung der Bauhandwerkersicherungshypothek gehemmt. Bei Unterlassungsansprüchen auf Grund einer drohenden Inanspruchnahme aus einer Bürgschaft stellt sich die Frage, inwieweit der Anspruch auf Herausgabe der Bürgschaft gehemmt wird, beispielsweise wenn der Bürgschaftsvertrag unwirksam oder nichtig ist. Rechtsfolge hiervon ist, dass der Hauptschuldner einen Anspruch auf Rückgabe des Erlangten gemäß § 812 Abs. 1 S. 1 Alt. 1 BGB hat (also auf Rückgabe der Bürgschaft oder auf Einwilligung in die Auszahlung des auf einem Sperrkonto hinterlegten Betrages). Im Rahmen eines derartigen einstweiligen Verfügungsverfahrens wird zugleich – wenn auch nur vorläufig – über diesen Anspruch entschieden, so dass in diesem Umfang auch die Hemmung der Verjährung eintritt.

2. Beginn der Hemmung

32   Die Hemmung beginnt, wie bei der Klage, mit der Zustellung des Antrags auf Erlass einer einstweiligen Verfügung oder eines Arrests. In den Fällen, in denen ohne mündliche Verhandlung entschieden wird, tritt die Hemmung bereits mit der Einreichung des Antrags ein, wenn die Entscheidung des Gerichts innerhalb eines Monats seit Verkündung oder Zustellung an den Gläubiger dem Schuldner zugestellt wird. Wird diese Frist überschritten, tritt keine Hemmung ein.

IX. Insolvenzverfahren

1. Insolvenzforderung

33   Nach dem Wortlaut der Regelung löst die Anmeldung von Ansprüchen im Insolvenzverfahren die Hemmung aus. Dies betrifft nach § 174 Abs. 1 InsO nur Insolvenzforderungen.[45] Die Anmeldung der Forderung hat schriftlich (§ 174 Abs. 1 S. 1 InsO) und erst nach der Eröffnung des Insolvenzverfahrens zu erfolgen, vorherige Anmeldungen führen zu keiner Hemmung. Nach § 174 Abs. 1 S. 2 sollen der Anmeldung der Forderung die Urkunden, aus denen sich die Forderung ergibt, in Abdruck beigefügt werden.

2. Voraussetzungen für die Anmeldung

34   Nach § 174 Abs. 2 InsO sind bei der Anmeldung der Grund und der Betrag der Forderung anzugeben, sowie die Tatsachen, aus denen sich nach Einschätzung des Gläubigers ergibt, dass ihr eine vorsätzlich begangene unerlaubte Handlung des Schuldners zu Grunde liegt. Dadurch wird – wie im Mahnverfahren – die Forderung hinreichend konkretisiert. Zu verlangen ist, dass hypothetisch eine Vollstreckung der angemeldeten Forderung möglich wäre. Bei fehlender Individualisierung tritt keine Hemmung der Verjährung ein.

---

45   Hierzu *Vogel*, BauR 2004, 1365.

Streitig ist, inwieweit der Forderungsanmeldung weitergehende Unterlagen beizufügen sind. Gefordert wird zum Teil, dass diejenigen Unterlagen beigefügt werden, die es dem Insolvenzverwalter ermöglichen, eine Schlüssigkeitsprüfung anzustellen.[46] Die gegenteilige Auffassung verweist auf die Regelung des § 174 Abs. 1 S. 2 InsO und die Möglichkeit, die Unterlagen nachzureichen, soweit dies der Insolvenzverwalter fordert.[47] Unter Berücksichtigung der Rechtsprechung zu den Voraussetzungen der Verjährungshemmung durch Beantragung eines Mahnbescheides kann die Hemmung der Verjährung nicht davon abhängig gemacht werden, dass Unterlagen beigefügt werden, die eine Schlüssigkeitsprüfung ermöglichen. Weitergehende Voraussetzungen für die Anmeldung der Insolvenzforderung lassen sich weder dem Gesetzestext noch der Gesetzesbegründung entnehmen. Zwingend erforderlich ist aber die ausreichende Individualisierung der Forderung.[48] Der BGH hat zu dieser Frage zwar noch nicht Stellung genommen, entschieden hat der BGH aber, dass die Feststellung der titulierten Forderung zur Insolvenztabelle die Vorlage des Originaltitels weder im Prüfungstermin noch im Feststellungsrechtsstreit voraussetzt. Der BGH führt aus, dass auch in den Fällen, in denen überhaupt keine Belege beigefügt werden, dies die Wirksamkeit der Forderungsanmeldung nicht berührt. Rechtsfolge der fehlenden Unterlagen ist lediglich, dass der Gläubiger damit rechnen muss, dass der Insolvenzverwalter oder sonstige Gläubiger die Forderung bestreiten.[49] Erfolgt die Forderungsanmeldung nicht entsprechend den obigen Grundsätzen, kann der Mangel der Anmeldung im Verfahren noch geheilt werden. Erst ab dem Zeitpunkt der Heilung der Mängel wird die Verjährung gehemmt.

35

X. Schiedsrichterliches Verfahren

1. Art des Verfahrens

Schiedsrichterliche Verfahren in diesem Sinne sind Verfahren durch Schiedsgerichte, auf die sich die Parteien geeinigt haben. Demgemäß hängt der Beginn des schiedsgerichtlichen Verfahrens von der jeweiligen Verfahrensordnung des vereinbarten Schiedsgerichts ab.

36

2. Beginn der Hemmung

Abweichend von den sonstigen Hemmungstatbeständen beginnt die Hemmung der Verjährung erst durch den Beginn des schiedsgerichtlichen Verfahrens. Im Rahmen der Geltung der §§ 1042 ff. ZPO beginnt das schiedsrichterliche Verfahren mit dem Tag, an dem der Beklagte den Antrag, die Streitigkeit einem Schiedsgericht vorzulegen, empfangen hat, § 1044 S. 1 ZPO. Da eine förmliche Zustellung nicht vorgesehen ist, ist der Beginn der Hemmung der Verjährung unter Umständen nur mit Schwierigkeiten feststellbar. Den Parteien ist zu empfehlen, eine abweichende Reglung über den Beginn des Verfahrens zu vereinbaren, beispielsweise die Geltung des § 167 ZPO. Eine analoge Anwendung des § 167 ZPO scheidet aus.[50] Um die Hemmung eintreten zu lassen, muss der Vorlegungsantrag die Voraussetzungen des § 1044 S. 2 ZPO erfüllen. Dies bedeutet, dass die Parteien angegeben werden müssen und ebenso der Streitgegenstand verbunden mit dem Hinweis auf die Schiedsvereinbarung.

37

Bei Vereinbarung der Schiedsgerichtsordnung der Deutschen Institution für Schiedsgerichtbarkeit (DIS) beginnt das schiedsgerichtliche Verfahren nach § 6.1 der Schiedsgerichtsordnung mit Zugang der Klage bei einer DIS Geschäftsstelle.

38

Nach der Schiedsgerichtsordnung der Arbeitsgemeinschaft Baurecht im Deutschen Anwaltsverein (SOBau) beginnt das Verfahren gemäß § 15 Abs. 3 SOBau mit dem Vorschlag des Schiedsrichters durch denjenigen, der das Verfahren anruft.

39

---

46 MüKo-BGB/*Grothe*, § 204 Rn. 46, Braun/*Kießner* § 174 Rn. 22.
47 *Frege/Keller/Riedel*, Insolvenzrecht, Rn. 1559.
48 Vgl. auch *Vogel*, BauR 2004, 1365 f.
49 BGH, Urt. v. 01.12.2005 – IX ZR 95/04, NZI 2006, 173.
50 *Schulze-Hagen*, IBR 2007, 1292.

40 Nach der Schiedsgerichtsordnung für das Bauwesen (SGOBau) beginnt das Verfahren nach § 2 Abs. 2 der Schiedsgerichtsordnung an dem Tage, an dem die Benachrichtigung über die Einleitung des Schiedsgerichtsverfahrens dem Beklagten zugegangen ist.

3. Umfang der Hemmung

41 Es gelten die gleichen Grundsätze wie bei einer Klage vor den ordentlichen Gerichten. Der unzulässige, unstatthafte oder unbegründete Schiedsantrag hemmt ebenfalls die Verjährung. Der Umfang der Hemmung bestimmt sich nach den Ansprüchen, die im schiedsgerichtlichen Verfahren geltend gemacht werden.

XI. Prozesskostenhilfeverfahren

1. Antrag

42 Die Hemmung der Verjährung wird durch den erstmaligen Antrag auf Gewährung von Prozesskostenhilfe erreicht. Gegenstand der Hemmung ist derjenige Anspruch, der mit der beabsichtigten Klage geltend gemacht wird. Die Einschränkung auf den erstmaligen Antrag wurde durch den Gesetzgeber aufgenommen, da weitere Voraussetzungen, im Vergleich zur früheren Rechtslage und Rechtsprechung, nicht geschaffen werden sollten. Im Regierungsentwurf wird dies wie folgt begründet:

> »Nicht erforderlich ist, – wie nach der gegenwärtigen Rechtsprechung – die Hemmung außer von dem bloßen Prozesskostenhilfeantrag davon abhängig zu machen, dass der Antrag ordnungsgemäß begründet, vollständig, von den erforderlichen Unterlagen begleitet und von der subjektiven Ansicht der Bedürftigkeit getragen ist. Diese Einschränkungen sind erforderlich, wenn man die Hemmung durch Antrag auf Prozesskostenhilfe aus dem geltenden § 203 Abs. 2 herleitet und die Unfähigkeit, die erforderlichen Vorschüsse zu leisten, als höhere Gewalt ansieht, die auch durch zumutbare Maßnahmen nicht überwunden werden kann. Im Rahmen einer gesetzlichen Neuregelung erscheint es nicht angebracht, zum Nachteil des Bedürftigen für den Prozesskostenhilfeantrag besondere Anforderungen gesetzlich vorzugeben. Auf solche Vorgaben wird auch bei den in den übrigen Nummern genannten Hemmungstatbeständen verzichtet und die Frage der Mindestanforderungen der Rechtsprechung überlassen.
>
> Der insbesondere aus der Kostenfreiheit des Prozesskostenhilfeverfahrens resultierenden Missbrauchsgefahr begegnet der Entwurf dadurch, dass nur dem erstmaligen Antrag Hemmungswirkung zuerkannt wird. So ist es ausgeschlossen, dass sich der Gläubiger hinsichtlich eines Anspruchs durch gestaffelte Prozesskostenhilfeanträge eine mehrfache Verjährungshemmung verschafft«.[51]

43 Die Hemmung der Verjährung wird damit bereits durch die Antragsstellung erreicht. Es muss weder eine Begründung erfolgen, noch müssen die erforderlichen Unterlagen vollständig sein. Erforderlich ist gemäß der Wertung des Gesetzgebers bei den anderen Hemmungstatbeständen, dass der geltend gemachte Anspruch, für den Prozesskostenhilfe beantragt wird, hinreichend konkretisiert wird. Ebenso muss der Schuldner bezeichnet werden.

2. Beginn der Hemmung

44 Die Hemmung beginnt mit der Veranlassung der Bekanntgabe des Antrags auf Gewährung von Prozesskostenhilfe. Ausnahmsweise tritt die Hemmung der Verjährung bereits mit der Einreichung des Antrags ein, wenn die Bekanntgabe demnächst nach der Einreichung des Antrags veranlasst wird. Soweit das Gericht die Bekanntgabe nicht veranlasst, tritt auch die Hemmung der Verjährung nicht ein.[52]

---

51 BT-Drucks. 14/6040, S. 116, zu Nummer 14.
52 BGH, Urt. v. 24.01.2008 – IX ZR 195/06, NJW 2008, 1939.

B. Dauer der Hemmung, § 204 Abs. 2 S. 1 BGB

Nach dem Wortlaut der gesetzlichen Regelung scheint der Zeitraum der Hemmung einfach zu berechnen zu sein. In der Praxis ist die Berechnung des Zeitraums demgegenüber mit erheblichen Schwierigkeiten verbunden. Die Dauer der Hemmung ist nach dem jeweilgen Hemmungstatbestand und den entsprechenden Voraussetzungen zu berechnen.

I. Klage

Ein Klageverfahren ist rechtskräftig abgeschlossen, wenn es durch ein Endurteil (auch Teil- oder Vorbehaltsurteil) beendet wird. Kein rechtskräftiger Abschluss ist die Verkündung eines Grundurteils, da über die Höhe noch nicht entschieden ist. Gleiches gilt hinsichtlich eines Zwischenurteils.

Eine anderweitige Beendigung des Verfahrens stellen die Klagerücknahme, der gerichtliche Vergleich, die Berufungsrücknahme bzw. deren Zurückweisung durch Beschluss oder die Verwerfung der Berufung als unzulässig dar.[53]

II. Mahnverfahren

Im Mahnverfahren stellt der rechtskräftige Vollstreckungsbescheid ein rechtskräftiges Urteil dar. Das Mahnverfahren ist nach § 696 Abs. 1 ZPO beendet, wenn das Verfahren an das Streitgericht abgegeben wird oder der Antrag rechtskräftig zurückgewiesen wird. Im Übrigen gilt auch hier, wie bei der Klage, dass die Rücknahme des Antrags eine Beendigung darstellt, die an der bewirkten Hemmung jedoch nichts ändert. Wird kein Widerspruch erhoben und unterlässt es der Antragsteller, binnen einer sechsmonatigen Frist ab Zustellung des Mahnbescheids den Erlass eines Vollstreckungsbescheids zu beantragen, so entfällt die Wirkung des Mahnbescheids, § 701 S. 1 ZPO. Dieselbe Wirkung tritt auch ein, wenn der Vollstreckungsbescheid zwar rechtzeitig beantragt, der Antrag aber zurückgewiesen wird, § 701 S. 2 ZPO. Die Hemmung, die durch die Zustellung des Mahnbescheids bewirkt wurde, fällt indes nicht weg. Vielmehr ist das Verfahren mit Wegfall des Mahnbescheids beendet. Eine erneute Hemmung kann nicht eintreten.

III. Güteantrag

Ein Güteverfahren wird durch Einigung, durch Rücknahme des Güteantrags, durch Zurückweisung des Antrags als unzulässig oder durch die Erteilung der Erfolglosigkeitsbescheinigung beendet (vgl. im Einzelnen die Ausführungsgesetze der Bundesländer).

IV. Aufrechung

Bei der Aufrechnung liegt eine rechtskräftige Entscheidung vor, wenn über die Klage rechtskräftig entschieden ist. Bei Klagerücknahme liegt eine anderweitige Erledigung vor, die mit Wirksamkeit der Klagerücknahme als beendet angesehen werden muss. Schließlich kann eine anderweitige Beendigung auch durch Erklärung des Aufrechnenden erfolgen, dass er die Forderung nicht mehr aufrecht erhält.

V. Streitverkündung

Es gelten die gleichen Grundsätze wie bei der Klage. Hierauf wird verwiesen.

---

53 BT-Drucks. 14/6040, S. 118.

VI. Selbständiges Beweisverfahren

1. Beendigung durch Gutachten

52 Das selbständige Beweisverfahren endet mit Zugang des Sachverständigengutachtens an die Parteien, sofern weder das Gericht in Ausübung des ihm nach § 411 Abs. 4 S. 2 ZPO eingeräumten Ermessens eine Frist zur Stellungnahme gesetzt hat, noch die Parteien innerhalb eines angemessenen Zeitraums ihre Einwendungen gegen das Gutachten, die Begutachtung betreffende Anträge und Ergänzungsfragen mitgeteilt haben.[54]

53 Erfolgt eine Fristsetzung des Gerichts zur Stellung der Anträge auf Anhörung des Gutachters oder auf weitere Begutachtung, so ist das Verfahren nach Fristablauf beendet, wenn keine Anträge eingehen.[55] Dieser Zeitpunkt kann exakt bestimmt werden. Wird durch das Gericht jedoch keine Frist gesetzt, so kommt es darauf an, ob die Parteien innerhalb eines angemessenen Zeitraums nach Erhalt des Gutachtens Einwendungen erhoben haben. Erfolgen keine Einwendungen der Parteien, so wird der Zeitpunkt der Beendigung des Verfahrens nicht unter Berücksichtigung eines angemessenen Zeitraumes bestimmt. Es erfolgt lediglich eine rückschauende Betrachtung.

2. Einwendungen gegen das Gutachten

54 Erfolgen Einwendungen der Parteien innerhalb einer angemessenen Frist, so wird das Verfahren fortgeführt und eine Beendigung liegt nicht vor. Gleiches gilt, wenn die Parteien ihre Einwendungen nicht innerhalb eines angemessen Zeitraums erheben, das Gericht sie aber gleichwohl nicht zurückweist, sondern das Verfahren seinen Fortgang nimmt. Werden die Einwendungen der Parteien nicht innerhalb einer angemessenen Frist vorgebracht und weist das Gericht sie deswegen zurück, so ist das Verfahren mit Übersendung des Gutachtens beendet.

3. Mündliche Anhörung des Sachverständigen

55 Bei einer mündlichen Anhörung des Sachverständigen ist das selbständige Beweisverfahren nach dieser mündlichen Anhörung und Verlesen des Sitzungsprotokolls beendet, da die Beweissicherung dann sachlich erledigt ist. Die sachliche Erledigung wird durch rückschauende Betrachtung beurteilt. Danach ist die Beweissicherung spätestens mit Verlesen des Sitzungsprotokolls oder dessen Vorlage zur Durchsicht erledigt.[56] Abzustellen ist nicht auf die Übermittlung des Protokolls, da letztere außerhalb der Beweisaufnahme liegt und nicht zu dem Beweisverfahren gehört.[57] Dies gilt jedenfalls dann, wenn nach der mündlichen Anhörung des Sachverständigen innerhalb angemessener Frist keine weiteren Einwendungen der Parteien vorgebracht werden. Es gelten die obigen Ausführungen entsprechend. Die bloße Ankündigung von Beweisanträgen reicht hierfür jedenfalls nicht aus.[58]

4. Unbrauchbarkeit des Gutachtens

56 Die Beendigung des Verfahrens wird auch nicht dadurch in Frage gestellt, dass das Gutachten unzureichend oder unbrauchbar ist und der Gutachter die aufgeworfenen Fragen nicht beantwortet hat. Der BGH begründet dies damit, dass der Zeitpunkt der Verjährung nicht eindeutig bestimmt werden könnte, wenn die Beendigung des selbständigen Beweisverfahrens davon abhinge, ob der Gutachter die Beweisfragen umfassend und ergiebig beantwortet hat. Das Verfahren ist mithin beendet, wenn der Gutachter sich zu den gestellten Beweisfragen geäußert hat.

---

54 BGH, Urt. v. 20.02.2002 – VII ZR 228/00, BauR 2002, 1115.
55 Dazu Zöller/*Greger*, § 411 Rn. 4e; BGH, Beschl. v. 25.10.2005 – V ZR 241/04, NJW-RR 2006, 428.
56 BGH, Urt. v. 03.12.1992 – VII ZR 86/92, NJW-RR 1993, 666.
57 BGH, Urt. v. 16.02.1973 – I ZR 74/71, BGHZ 60, 212, 213.
58 BGH, Beschl. v. 24.03.2009 – VII ZR 200/08, NZBau 2009, 598.

5. Angemessener Zeitraum

Die Länge des »angemessenen Zeitraums« hängt von den Umständen des Einzelfalls ab (Umfang des Gutachtens, Schwierigkeit der technischen Materie). Bei umfangreichen und/oder schwierigen Gutachten ist eine Frist von 4 Monaten als angemessen anzusehen.[59]

57

6. Beendigung bei mehreren Mängeln

Folge der Beendigung des Beweisverfahrens durch die Gutachtenserstattung ist, dass bei mehreren Mängeln die Verjährung des einzelnen Mangels nur so lange gehemmt ist, wie dessen Untersuchung betrieben wird. Unerheblich ist, wie lange das Gesamtverfahren dauert. Das bedeutet, dass die Hemmung der Verjährung für jeden Mangel gesondert und selbständig zu beurteilen ist.[60] Bei verschiedenen Mängeln im selbständigen Beweisverfahren und verschiedenen Gutachten zu diesen Mängeln ist demnach auf die einzelnen Gutachtenserstattungen abzustellen. Soweit verschiedene Mängel durch einen Gutachter und in einem Gutachten beurteilt und hinsichtlich einzelner Mängelpunkte innerhalb der gesetzten oder in angemessener Frist Einwendungen erhoben werden, so stellt sich die Frage, ob hinsichtlich jener Mängel, die nicht mehr Gegenstand von Einwendungen der Parteien sind, das Verfahren als beendet anzusehen ist. Das OLG Hamm hat die Auffassung vertreten, dass jeder Mangel für sich genommen betrachtet werden muss. Nach Auffassung des OLG Hamm führt die Fortsetzung des selbständigen Beweisverfahrens zu einem bestimmten Mangelpunkt nicht zu einer Hemmung der Verjährung auch hinsichtlich anderer, davon nicht mehr betroffener Mängel, selbst wenn diese insgesamt Gegenstand des Verfahrens sind bzw. waren.[61] Der BGH hat diese Fallkonstellation noch nicht entschieden. Der Auffassung des OLG Hamm ist im Ergebnis zuzustimmen, da die Beurteilung der Beendigung des Verfahrens nicht davon abhängig sein kann, ob mehrere Gutachter tätig sind oder verschiedene Gutachten zu einzelnen Mängelpunkten erstattet werden. Maßgeblich ist allein, ob das Verfahren hinsichtlich des einzelnen Mangels beendet ist oder nicht.

58

Im Übrigen wird das Verfahren durch Antragsrücknahme oder Zurückweisung des Antrags auf Einleitung des selbständigen Beweisverfahrens beendet. Kein Fall der Beendigung des Verfahrens ist die Nichteinzahlung des Kostenvorschusses. Es liegt dann ein Nichtbetreiben des Verfahrens vor.[62]

59

VII. Begutachtung

Die Beendigung der Begutachtung richtet sich nach der Vereinbarung der Parteien. Haben die Parteien hierüber keine Vereinbarung getroffen, so ist die Begutachtung mit der Mitteilung des Ergebnisses der Begutachtung beendet.

60

VIII. Einstweiliger Rechtschutz

Im einstweiligen Rechtschutz ist das Verfahren als beendet anzusehen, wenn eine einstweilige Verfügung oder ein Arrest erlassen und kein Widerspruch eingelegt wird. Im Fall des Widerspruchs endet das Verfahren erst mit rechtskräftiger Entscheidung. In den Fällen, in denen der Antrag dem Verfügungsgegner nicht zugestellt wurde, muss der Verfügungsberechtigte den Arrest oder die einstweilige Verfügung innerhalb eines Monats nach Verkündung oder Zustellung auch dem

61

---

59 *Werner/Pastor*, Rn. 114 m.w.N.
60 OLG Dresden, Beschl. v. 27.11.2008 – 9 U 1128/08, IBR 2009, 61; OLG München, Urt. v. 13.02.2007 – U 4100/06, BauR 2007, 1095.
61 OLG Hamm, Urt. v. 16.12.2008 – 21 U 117/08, NJOZ 2009, 1196.
62 OLG Frankfurt, Beschl. v. 23.07.2004 – 1 W 48/04, NJOZ 2005, 243; a.A. OLG Dresden, Beschl. v. 31.07.2003 – 7 W 0934/03, IBR 2004, 173; OLG Koblenz, Beschl. v. 06.02.2004 – 5 W 82/04, DS 2005, 35.

Verfügungsgegner zustellen. Daneben endet das einstweilige Verfügungsverfahren mit Zurückweisung der beantragten Verfügung.

IX. Insolvenzverfahren

1. Beendigung des Verfahrens

62 Das Insolvenzverfahren endet durch Aufhebung oder Einstellung, die öffentlich bekannt gemacht werden muss, §§ 200 Abs. 2, 215 Abs. 1, 258 Abs. 3 InsO.

2. Beendigung bei bestrittener Forderung

63 Umstritten ist, ob bei einem Bestreiten der Insolvenzforderung durch den Insolvenzverwalter nicht mit dem Bestreiten der Forderung eine Beendigung anzunehmen ist. *Vogel* vertritt die Auffassung, dass die Hemmungswirkung bereits 6 Monate nach Abschluss des Forderungsanmeldeverfahrens endet. Dieses Verfahren endet, wenn der anmeldende Insolvenzgläubiger vom Insolvenzgericht durch Tabellenauszug darüber informiert wird, dass der Insolvenzverwalter die angemeldete Forderung bestritten hat. Die Beendigung des eingeleiteten Verfahrens beziehe sich auf das vom konkreten Gläubiger eingeleitete Verfahren, und dies sei das Forderungsanmeldeverfahren, nicht das Insolvenzverfahren. Daher müsse der Gläubiger, sofern der Insolvenzverwalter die Forderung bestritten habe, bei drohender Verjährung binnen der 6-monatigen Frist entscheiden, ob er Feststellungsklage zur Insolvenztabelle erhebe.[63] Die Rechtsprechung ist dieser Argumentation nicht gefolgt. Nach der Rechtsprechung endet die Hemmung der Verjährung auf Grund der Anmeldung der Forderung im Insolvenzverfahren erst mit dem Ende des Insolvenzverfahrens, nicht schon mit dem Zugang der Mitteilung des Insolvenzverwalters über das Bestreiten der Forderung, weil es ein spezielles Forderungsanmeldungsverfahren nicht gebe, dieses vielmehr Teil des Insolvenzverfahrens sei und auch der Gesetzeswortlaut nur den Begriff »Insolvenzverfahren« verwende. Des Weiteren ergibt sich aus den Gesetzesmaterialien, dass die bisherige Regelung übernommen werden sollte, wonach die Unterbrechung mit dem Ende des Insolvenzverfahrens endete.[64] Dieser Auffassung ist nicht zuletzt deshalb zu folgen, weil kein Bedürfnis besteht, die Hemmung zu einem früheren Zeitpunkt enden zu lassen, da der Insolvenzgläubiger am Verteilungsverfahren auf Grund des Bestreitens der Forderung nicht teilnimmt und auch die Möglichkeit, nach Aufhebung des Verfahrens seine Forderung gegen den Schuldner unbeschränkt geltend zu machen, im Regelfall wirtschaftlich wertlos ist.

X. Schiedsgerichtliches Verfahren

64 Beendet wird das Verfahren durch Übersendung des Schiedsspruchs, einen Beschluss des Schiedsgerichts nach § 1056 Abs. 2 ZPO oder einen Schiedsvergleich. Ferner kann es durch Rücknahme oder Erledigung beendet werden.

XI. Prozesskostenhilfeantrag

65 Das Verfahren wird mit rechtskräftiger Entscheidung über den Prozesskostenhilfeantrag, durch Vergleich im Prozesskostenhilfeverfahren oder durch Rücknahme des Antrags beendet.

C. Ende der Hemmung durch Verfahrensstillstand, § 204 Abs. 2 S. 2 BGB

66 Das Verfahren kommt zum Stillstand, wenn notwendige Verfahrenshandlungen nicht mehr vorgenommen werden. An die Stelle der Beendigung des Verfahrens tritt die letzte Verfahrenshandlung der Parteien, des Gerichts oder der sonst mit dem Verfahren befassten Stelle. Die Regelung greift nicht ein, wenn das Gericht unter Verstoß gegen die Prozessförderungspflicht untätig bleibt.

---

63 *Vogel*, BauR 2004, 1365, 1367.
64 KG, Urt. v. 24.10.2006 – 7 U 6/06, BauR 2007, 547.

I. Ruhen des Verfahrens

1. Verhalten der Parteien

Kommt das Verfahren auf Grund des Verhaltens der Parteien zum Stillstand (Ruhen des Verfahrens), so endet die Hemmung der Verjährung mit der letzten Verfahrenshandlung. Dies ist entweder die Antragstellung oder das Nichtverhandeln oder Nichterscheinen im Termin. Es wird gelegentlich die Auffassung vertreten, dass bei einem Beschluss nach § 251 ZPO kein Stillstand des Verfahrens eintritt, da eine solche Maßnahme unter verjährungsrechtlichen Aspekten nur sinnvoll ist, wenn die Parteien die Hemmungswirkung des Verfahrens trotz des Stillstandes aufrecht erhalten wollen, sonst bräuchten sie nichts zu veranlassen.[65] Dieser Auffassung ist indes nicht zu folgen, da das Nicht-Betreiben des Verfahrens von den Parteien abhängig ist, und nicht beiden Parteien unterstellt werden kann, dass sie weiterhin die Hemmung der Verjährung aufrecht erhalten wollen.[66]

2. Triftiger Grund

Dies gilt nicht, wenn das Nicht-Betreiben des Verfahrens auf einem triftigen Grund beruht.[67] Als triftiger Grund kann es angesehen werden, wenn die Parteien das Verfahren aus Gründen, die im Verantwortungsbereich des Gerichts liegen, nicht weiter betreiben, beispielsweise wenn der Ausgang des Rechtsmittelverfahrens gegen ein Teilurteil erhebliche Bedeutung für den noch nicht entschiedenen Verfahrensteil hat, und die Parteien deshalb auf Anraten des Gerichts erst das Berufungsverfahren abwarten;[68] ferner wenn der Ausgang eines Strafverfahrens abgewartet wird.[69] Kein triftiger Grund ist es, wenn ein Musterprozess abgewartet werden soll.[70]

II. Weitere Gründe des Stillstandes

Das Verfahren kommt auch ohne die Anordnung eines Ruhens des Verfahrens zum Stillstand, wenn beide Parteien oder eine der Parteien es nicht weiter betreibt und hierfür kein triftiger Grund vorliegt. Dies ist beispielsweise der Fall, wenn Anträge nicht gestellt werden, nach vorausgegangenem Mahnverfahren der Anspruch nicht begründet wird, bei einer Stufenklage nach Erteilung der Auskunft der Hauptanspruch nicht begründet wird oder erforderliche Kostenvorschüsse nicht einbezahlt werden.[71] Das Verfahren kommt weiter zum Stillstand, wenn außergerichtlich Vergleichsgespräche geführt werden und aus diesem Grund das Verfahren nicht seinen Fortgang nimmt.[72] Gleiches gilt, wenn der Unternehmer, der seine Werklohnforderung einklagt, auf einen Vergleichsvorschlag und die Bitte des Gegners, nicht zu terminieren, schweigt, sich aber aus den gesamten Umständen ergibt, dass eine weitere Förderung des Verfahrens von einer Erklärung des Unternehmers abhängig sein soll.[73]

D. Erneute Hemmung

Wird das Verfahren weiter betrieben, beginnt die Hemmung erneut. Damit gemeint ist die 6-Monatsfrist.[74] Ein erneutes Betreiben ist jede Handlung der Partei, die geeignet ist, den Prozess wie-

---

65 Erman/*Schmidt-Räntsch*, § 204 Rn. 55.
66 LG Karlsruhe, Urt. v. 11.02.2009 – 1 S 91/07, IBR 2009, 304.
67 BGH, Urt. v. 18.10.2000 – XII ZR 85/98, NJW 2001, 218.
68 BGH, Urt. v. 07.12.1978 – VII ZR 278/77, NJW 1979, 810, 811.
69 BGH, Urt. v. 12.10.1999 – VI ZR 19/99, NJW 2000, 132.
70 BGH, Urt. v. 21.02.1983 – VIII ZR 04/82, NJW 1983, 2496, 2497.
71 OLG Frankfurt, Beschl. v. 23.07.2004 – 1 W 48/04, IBR 2005, 66.
72 BGH, Urt. v. 16.03.2009 – II ZR 32/08, NJW 2009, 1598.
73 BGH, Urt. v. 27.01.2005 – VII ZR 238/03, BauR 2005, 868.
74 A.A. *Lenkeit,* BauR 2002, 214.

der in Gang zu setzen,[75] so zum Beispiel Antrag auf Terminsbestimmung, Verweisungsantrag, Zahlung weiterer Gerichtskosten.

71 Unterbrechungen nach den §§ 239 bis 245 ZPO und Aussetzungen nach den §§ 148, 246 ff. ZPO stellen keinen Stillstand des Verfahrens dar.[76]

E. Weitere Hemmungsgründe

72 Aus § 771 BGB ergibt sich ein weiterer Hemmungstatbestand. Danach ist, wenn der Bürge die Einrede der Vorausklage erhebt, die Verjährung des Anspruchs des Gläubigers gegen den Bürgen gehemmt, bis der Gläubiger eine Zwangsvollstreckung gegen den Hauptschuldner ohne Erfolg versucht hat.

§ 205 Hemmung der Verjährung bei Leistungsverweigerungsrecht

Die Verjährung ist gehemmt, solange der Schuldner auf Grund einer Vereinbarung mit dem Gläubiger vorübergehend zur Verweigerung der Leistung berechtigt ist.

Kommentierung siehe § 206.

§ 206 Hemmung der Verjährung bei höherer Gewalt

Die Verjährung ist gehemmt, solange der Gläubiger innerhalb der letzten sechs Monate der Verjährungsfrist durch höhere Gewalt an der Rechtsverfolgung gehindert ist.

A. Anwendungsbereich

1 Von der Regelung des § 205 BGB sind ausschließlich die vertraglich vereinbarten Leistungsverweigerungsrechte, nicht dagegen die gesetzlichen nach §§ 273, 320 BGB umfasst.[1] Bei einer anfänglichen Stundung kommt § 205 BGB ebenfalls nicht zur Anwendung, da die Verjährung auf Grund der fehlenden Fälligkeit nicht beginnt. In einer nachträglichen Stundung liegt regelmäßig ein Anerkenntnis, was zum Neubeginn der Verjährung führt. § 205 BGB gelangt zur Anwendung, wenn die Verjährungsfrist kürzer ausfällt als die Stundung.[2] Der nachfolgende § 206 BGB regelt Fälle, in denen innerhalb der letzten 6 Monate der Verjährungsfrist höhere Gewalt vorlag, wobei diese nicht andauernd vorgelegen haben muss.

B. Vereinbarung, § 205 BGB

2 Es muss eine Vereinbarung vorliegen, die den Schuldner, wenn auch nur vorübergehend, zur Leistungsverweigerung berechtigt und dem Gläubiger untersagt, seine Forderung gerichtlich geltend zu machen oder einen bereits rechtshängigen Prozess weiter zu betreiben (*pactum de non petendo*). Neben einer ausdrücklichen Vereinbarung kommt auch ein Stillhalteabkommen durch konkludentes Verhalten in Betracht.[3] Dies wurde angenommen bei einer Schiedsgutachterabrede, wenn der Haftpflichtversicherer mit dem Geschädigten eine Verhandlungspause vereinbart, um die weitere Entwicklung des Schadens abzuwarten.[4] Kein Stillhalteabkommen stellt es dar, wenn die

---

75 BGH, Urt. v. 12.10.1999 – VI ZR 19/99, NJW 2000, 132, 133.
76 BGH, Urt. v. 24.01.1989 – XI ZR 75/88, NJW 1989, 1729.
1 Palandt/*Ellenberger*, § 205 Rn. 1.
2 Palandt/*Ellenberger*, § 205 Rn. 2.
3 MüKo-BGB/*Grothe*, § 205 Rn. 5.
4 BGH, Urt. v. 26.10.1989 – VII ZR 75/89, NJW 1990, 1231; BGH, Urt. v. 20.01.1998 – VI ZR 59/97, NJW 1998, 1137, 1138.

Parteien übereinstimmend das Ruhen des Verfahrens beantragen.[5] Vor der Schuldrechtsmodernisierung wurde auch die Vereinbarung der Bauvertragsparteien über die Anrufung der VOB-Schiedsstelle als Stillhalteabkommen bewertet.[6] Insoweit wird nunmehr § 204 Abs. 1 Nr. 4 BGB angewendet.

Das Führen von Vertragsverhandlungen beinhaltet kein Stillhalteabkommen. Die Verjährung wird in diesem Fall nach § 203 BGB gehemmt. Dies kann nur anders beurteilt werden, wenn die Parteien eine Verhandlungspause vereinbaren. 3

C. Höhere Gewalt, § 206 BGB

Höhere Gewalt liegt vor, wenn der Gläubiger verhindert ist, seine Forderung (gerichtlich) geltend zu machen und dies auf einem Ereignis beruht, das er auch bei äußerster, billigerweise zu erwartender Sorgfalt nicht voraussehen und verhüten konnte.[7] Schuldloses Verhalten an sich reicht nicht aus. Es muss ein unabwendbares äußeres Ereignis vorliegen. Das geringste Verschulden schließt den Tatbestand aus.[8] Das Verschulden eines gesetzlichen Vertreters oder Prozessbevollmächtigten wird dem Gläubiger zugerechnet.[9] 4

Fehlende Rechtskenntnis und Rechtsirrtümer sind keine Fälle höherer Gewalt, es sei denn die Rechtsauskunft wurde durch die zuständige Amtsperson erteilt.[10] Auch der Stillstand der Rechtspflege ist ein Unterfall höherer Gewalt.[11] 5

D. Dauer der Hemmung

Die Hemmung beginnt, sobald höhere Gewalt innerhalb der 6-Monatsfrist vorliegt. Die Dauer berechnet sich nach § 209 BGB. 6

(…)

§ 209 Wirkung der Hemmung

Der Zeitraum, während dessen die Verjährung gehemmt ist, wird in die Verjährungsfrist nicht eingerechnet.

Die Hemmung der Verjährung führt dazu, dass der Zeitraum, während dessen der Hemmungstatbestand erfüllt ist, nicht in die Verjährungszeit eingerechnet wird. Die Verjährungszeit verlängert sich um die Zeit der Hemmung. Die Verjährungshemmung beginnt mit dem Tag, an dem ihr Grund entsteht. Sie endet mit dem Wegfall des Grundes. Die Tage des Entstehens und des Wegfalls des Hemmungsgrundes werden nicht mitgezählt. 1

Die Hemmung und der Neubeginn der Verjährung nach § 212 BGB können zusammenfallen. 2

(…)

---

5 LG Karlsruhe, Urt. v. 11.02.2009 – 1 S 91/07, IBR 2009, 304.
6 BGH, Urt. v. 28.02.2002 – VII ZR 455/00, BauR 2002, 979.
7 BGH, Urt. v. 21.02.1973 – VIII ZR 212/71, NJW 1973, 698, 699.
8 BGH, Urt. v. 07.05.1997 – VIII ZR 253/96, NJW 1997, 3164.
9 BGH, Urt. v. 07.05.1997 – VIII ZR 253/96, NJW 1997, 3164.
10 BGH, Urt. v. 21.10.1999 – III ZR 319/89, NJW 2000, 422, 424.
11 Palandt/*Ellenberger*, § 206 Rn. 4.

§ 212 Neubeginn der Verjährung

(1) Die Verjährung beginnt erneut, wenn
1. der Schuldner dem Gläubiger gegenüber den Anspruch durch Abschlagszahlung, Zinszahlung, Sicherheitsleistung oder in anderer Weise anerkennt oder
2. eine gerichtliche oder behördliche Vollstreckungshandlung vorgenommen oder beantragt wird.

(2) Der erneute Beginn der Verjährung infolge einer Vollstreckungshandlung gilt als nicht eingetreten, wenn die Vollstreckungshandlung auf Antrag des Gläubigers oder wegen Mangels der gesetzlichen Voraussetzungen aufgehoben wird.

(3) Der erneute Beginn der Verjährung durch den Antrag auf Vornahme einer Vollstreckungshandlung gilt als nicht eingetreten, wenn dem Antrag nicht stattgegeben oder der Antrag vor der Vollstreckungshandlung zurückgenommen oder die erwirkte Vollstreckungshandlung nach Absatz 2 aufgehoben wird.

A. Anerkenntnis durch Abschlagszahlung, Zinszahlung, Sicherheitsleistung

1   Für den Neubeginn der Verjährungsfrist durch ein Anerkenntnis genügt jedes – auch rein tatsächliche – Verhalten des Schuldners gegenüber dem Gläubiger, aus dem sich das Bewusstsein vom Bestehen des Anspruchs unzweideutig ergibt und das deswegen das Vertrauen des Gläubigers begründet, dass sich der Schuldner nicht nach Ablauf der Verjährungsfrist alsbald auf Verjährung berufen werde.[1] Beim Anerkenntnis handelt es sich um eine geschäftsähnliche Handlung, die Geschäftsfähigkeit voraussetzt.[2] Nach Abs. 1 Nr. 1 erkennt der Schuldner u.a. durch Zahlung einer Abschlagsrechnung oder Sicherheitsleistung den Anspruch an. Dies gilt nicht, wenn die Zahlung nur erfolgt, um den Auftragnehmer zur Weiterarbeit zu bewegen.

B. Anerkenntnis in anderer Weise

I. Nacherfüllung

2   Bedeutung gewinnt die Regelung bei der Durchführung von Nacherfüllungsarbeiten. Im Regelfall stellt die Nacherfüllung ein Anerkenntnis dar. Maßgeblich ist dabei allerdings, dass sie nicht nur aus Kulanz oder zur gütlichen Beilegung eines Streits, sondern in dem Bewusstsein durchgeführt wurde, zur Nacherfüllung verpflichtet zu sein.[3] Ob die Durchführung von Nacherfüllungsarbeiten als Anerkenntnis ausgelegt werden kann, ist unter Berücksichtigung von Umfang, Dauer und Kosten der ausgeführten Arbeiten zu beurteilen.[4] Die Erklärung, einen Mangel beseitigen zu wollen, stellt ebenfalls ein Anerkenntnis dar. Allein die Zusage, Mängel im Zuge eines in Aussicht gestellten neuen Auftrags zu beseitigen, den der Auftraggeber aber anderweitig vergibt, begründet indes weder ein Anerkenntnis noch einen Verzicht auf die Einrede der Verjährung.[5]

3   Ein Neubeginn der Verjährung durch ein Anerkenntnis, beispielsweise durch Ausführung von Nacherfüllungsarbeiten, ist nach der Rechtsprechung nur möglich, wenn der zu Grunde liegende Anspruch noch nicht verjährt ist.[6] Teilweise wird dagegen die Auffassung vertreten, dass ein Neubeginn der Verjährung nach Sinn und Zweck der Verjährungsvorschriften auch nach Ablauf der Verjährungsfrist eintreten könne. Der Schuldner habe ja die Möglichkeit, die Verjährungseinrede zu erheben, wenn er die Wirkung der Verjährung herbeiführen wolle. Zeige der Schuldner durch

---

1   BGH, Urt. v. 20.06.2002 – IX ZR 444/00, NJW 2002, 2872, 2873.
2   Palandt/*Ellenberger*, § 212 Rn. 2.
3   BGH, Urt. v. 30.03.1978 – VII ZR 78/77, BauR 1978, 303; *Werner/Pastor*, Rn. 2432.
4   OLG Frankfurt, Urt. v. 25.08.2008 – 16 U 200/07, IBR 2009, 143.
5   OLG Naumburg, Urt. v. 28.03.2007 – 6 U 83/06, BauR 2008, 111.
6   OLG Frankfurt, Urt. v. 25.08.2008 – 16 U 200/07, IBR 2009, 143; OLG Celle, Urt. v. 07.05.2009 – 5 U 163/08, IBR 2009, 569.

sein Verhalten, dass er sich des Bestehens der Schuld bewusst sei, dann schaffe er gegenüber dem Besteller einen Vertrauenstatbestand, dass er sich nicht auf Verjährung berufen werde. Es sei nicht erkennbar, dass Gesichtspunkte des Schuldnerschutzes oder solche des Rechtsfriedens einem Neubeginn der Verjährung nach Ablauf der Verjährungsfrist entgegenstünden.[7] Diese Auffassung übersieht indes, dass das Anerkenntnis konkludent durch ein tatsächliches Verhalten erklärt wird, und der Unternehmer im Regelfall nicht prüft, ob die rechtlichen Voraussetzungen der Durchsetzbarkeit von Ansprüchen gegen ihn erfüllt sind. Insbesondere wird er den Lauf der Verjährungsfristen nicht im Detail prüfen. An die Einrede der Verjährung wird im Zweifel überhaupt nicht gedacht. Außerdem steht es den Parteien frei, die Durchführung der Nacherfüllungsarbeiten durch den Unternehmer zu vereinbaren, obwohl die entsprechenden Ansprüche verjährt sind. In diesem Fall handelt der Auftragnehmer in dem Bewusstsein, dass er zu nichts verpflichtet ist und kann die dadurch eintretenden Rechtsfolgen auch selbst bestimmen.

II. Anerkenntnis durch Haftpflichtversicherung

Erkennt der Haftpflichtversicherer den Anspruch des Geschädigten an, dann beginnt die Verjährung auch zu Lasten des versicherten Schädigers erneut, und zwar selbst dann, wenn der Haftpflichtversicherer den Schaden nicht vollständig übernimmt (Selbstbehalt/Deckungssumme).[8]   4

C. Zeitpunkt des Neubeginns

Die neue Verjährungsfrist beginnt mit den Nacherfüllungsarbeiten bzw. mit deren Beendigung.[9] Bei Geltung der VOB/B läuft die 4-jährige Frist. Bei Vereinbarung der VOB/B und einer 5-jährigen Frist beginnt die 5-jährige Frist neu zu laufen.[10]   5

D. Umfang des Neubeginns der Verjährung

Bei Mängelansprüchen umfasst ein Anerkenntnis alle sich aus der Mangelursache ergebenden Ansprüche.   6

E. Vollstreckungshandlung

Der Neubeginn erfolgt nicht erst mit Abschluss des Vollstreckungsverfahrens, sondern bereits im Moment der Antragstellung bzw. der Vornahme der Vollstreckungshandlung. Der Aufhebung der Vollstreckungshandlung stehen die Rücknahme des Antrags und die Ablehnung des Antrags gleich. Der Neubeginn entfällt dann rückwirkend.   7

§ 213 Hemmung, Ablaufhemmung und erneuter Beginn der Verjährung bei anderen Ansprüchen

Die Hemmung, die Ablaufhemmung und der erneute Beginn der Verjährung gelten auch für Ansprüche, die aus demselben Grunde wahlweise neben dem Anspruch oder an seiner Stelle gegeben sind.

A. Prozessualer Anspruch

Die Regelung erfasst den Anspruch im Sinne des Prozessrechts, unabhängig davon, ob er aus einer oder aus mehreren Anspruchsgrundlagen des materiellen Rechts hergeleitet wird.[1] Es soll verhin-   1

---

7 *Feldmann*, IBR 2009, 251.
8 BGH, Urt. v. 11.10.2006 – IV ZR 329/05, NJW 2007, 69.
9 BGH, Urt. v. 23.11.1989 – VII ZR 313/88, BauR 1990, 212.
10 BGH, Urt. v. 13.01.2005 – VII ZR 15/04, BauR 2005, 710.
1 BGH, Urt. v. 23.03.1999 – VI ZR 101-98, NJW 1999, 2110 zu § 209 BGB a.F.

dert werden, dass andere Ansprüche, die auf dasselbe Interesse gerichtet sind, verjähren. Ansonsten müsste der Gläubiger im gerichtlichen Verfahren Hilfsanträge stellen. Gemeint sind also Ansprüche, die von vornherein wahlweise neben dem geltend gemachten Anspruch gegeben sind oder auf welche der Gläubiger hätte übergehen können. Nicht erfasst sind dagegen diejenigen Ansprüche, die der Gläubiger nebeneinander geltend machen könnte.

B. Gewährleistungsklagen

2 Bei Gewährleistungsklagen gilt die Regelung immer nur für die verschiedenen Ansprüche auf Grund desselben Mangels. So hemmt die Klage auf Nacherfüllung die Verjährung aller anderen Ansprüche wegen dieses Mangels (Kostenerstattung, Vorschuss, Rücktritt, Minderung oder Schadenersatz statt der Leistung). Die Verjährung eines Anspruchs auf Ersatz von Mangelfolgeschäden aus § 280 Abs. 1 BGB wird durch eine Kostenvorschussklage oder eine Klage auf Nacherfüllung dagegen nicht gehemmt. Es liegt kein gleiches wirtschaftliches Interesse vor, ebenso ist eine wahlweise Geltendmachung nicht möglich.[2] Wahlweise Ansprüche sind Erfüllungs- und Schadenersatzansprüche nach § 179 BGB oder die Vertragsstrafe an Stelle der Erfüllung. Die Rechtsprechung hat bisher noch keine Kasuistik zu § 213 BGG entwickelt. In Zweifelsfällen sollte bei gerichtlichen Verfahren ein Hilfsantrag gestellt werden.

Titel 3: Rechtsfolgen der Verjährung

§ 214 Wirkung der Verjährung

(1) Nach Eintritt der Verjährung ist der Schuldner berechtigt, die Leistung zu verweigern.

(2) Das zur Befriedigung eines verjährten Anspruchs Geleistete kann nicht zurückgefordert werden, auch wenn in Unkenntnis der Verjährung geleistet worden ist. Das Gleiche gilt von einem vertragsmäßigen Anerkenntnis sowie einer Sicherheitsleistung des Schuldners.

A. Leistungsverweigerungsrecht

I. Einrede

1 Der Eintritt der Verjährung führt nicht zum Erlöschen der Forderung, sondern zu einem dauerhaften Leistungsverweigerungsrecht. Die Verjährung ist einredeweise geltend zu machen, der Schuldner muss sich also im Prozess auf sie berufen. Streitig war zurückliegend, inwieweit der Schuldner die Einrede der Verjährung erstmalig in der Berufungsinstanz einlegen kann. Der Große Senat für Zivilsachen hat mit Beschl. v. 23.06.2008 entschieden, dass die im Berufungsrechtszug erstmalig erhobene Verjährungseinrede unabhängig von den Voraussetzungen des § 531 Abs. 2 S. 1 Nr. 1, 2, 3 ZPO zuzulassen ist, wenn die Erhebung der Verjährungseinrede und die den Verjährungseintritt begründenden tatsächlichen Umstände zwischen den Prozessparteien unstreitig sind.[1] Unter neuen Angriffs- und Verteidigungsmitteln im Sinne des § 531 ZPO ist lediglich streitiges und damit beweisbedürftiges Vorbringen zu verstehen. Nicht beweisbedürftiges Vorbringen einer Partei hat das Berufungsgericht seiner Entscheidung ohne Weiteres zu Grunde zu legen. Für unstreitige Einreden gilt dieser Grundsatz ebenfalls.

2 Die Einrede der Verjährung muss nicht ausdrücklich eingelegt werden. Der Schuldner muss aber erkennen lassen, dass er die Leistung auf Grund der seit dem Entstehen der Forderung verstrichenen Zeit verweigern will. In dem Berufen auf eine Verwirkung des Anspruchs kann im Einzelfall

---

2 *Lenkeit*, BauR 2002, 220.
1 BGH, Beschl. v. 23.06.2008 – GSZ 1/08, NJW 2008, 3434.

auch die Erhebung der Verjährungseinrede liegen.² In einer Entscheidung aus dem Jahre 2009 hat der BGH dieses allerdings bei einer anwaltlich vertretenen Partei nicht angenommen.³ Der Schuldner kann auf die Einrede der Verjährung verzichten, vgl. o. § 202 Rdn. 2.

II. Unzulässige Rechtsausübung

Ausgeschlossen ist die Erhebung der Verjährungseinrede, wenn dies eine unzulässige Rechtsausübung darstellen würde. Vor dem Schuldrechtsmodernisierungsgesetz wollte die Rechtsprechung mit dem Institut der unzulässigen Rechtsausübung unbillige Härten ausgleichen. So war es dem Schuldner u.a. nach Treu und Glauben verwehrt, sich auf die Einrede zu berufen, wenn er dem Gläubiger Grund zu der Annahme gegeben hatte, dass sein Anspruch auch ohne Prozess vollständig befriedigt werden würde.⁴ Nach dem Schuldrechtsmodernisierungsgesetz werden kaum mehr Tatbestände vorhanden sein, die es notwenig erscheinen lassen, auf eine unzulässige Rechtsausübung abzustellen, da vielfach Hemmungstatbestände vorliegen werden.⁵ 3

B. Ausschluss der Rückforderung

Vorausgesetzt wird eine freiwillige Leistung des Schuldners. Die Regelung ist nicht anwendbar, wenn wegen einer Forderung vollstreckt worden ist; in diesem Fall steht dem Schuldner ein Rückforderungsanspruch zu.⁶ Dies gilt auch, wenn der Schuldner mit einer Ablösungszahlung die vom Gläubiger angedrohte Zwangsvollstreckung abwenden will oder er die Leistung unter Druck erbringt. Die gleichen Grundsätze gelten hinsichtlich des Anerkenntnisses sowie der Sicherheitsleistung. Bei Zahlung auf vorläufig vollstreckbare Urteile ist § 214 Abs. 2 BGB nicht anwendbar. Eine solche Zahlung ist als unter Vorbehalt erbrachte Leistung anzusehen (Vorbehalt einer Rückforderung).⁷ 4

§ 215 Aufrechnung und Zurückbehaltungsrecht nach Eintritt der Verjährung

Die Verjährung schließt die Aufrechnung und die Geltendmachung eines Zurückbehaltungsrechts nicht aus, wenn der Anspruch in dem Zeitpunkt noch nicht verjährt war, in dem erstmals aufgerechnet oder die Leistung verweigert werden konnte.

A. Aufrechnung

Bei einer Aufrechnung mit einem Kostenvorschussanspruch oder einem Anspruch auf Schadenersatz oder Kostenerstattung ist streitig, ob der Anspruch bereits in unverjährter Zeit fällig gewesen sein muss. Erforderlich hierfür wäre dann eine Mangelanzeige mit Fristsetzung.¹ Aus § 387 BGB könnte dieser Schluss gezogen werden. Danach muss die zur Aufrechnung gestellte Gegenforderung voll wirksam und fällig sein.² Der BGH hat zu § 390 S. 2 BGB a.F. bereits entschieden, dass eine Fälligkeit der Forderung, mit der aufgerechnet werden soll, nicht notwendig ist, wenn die gegenseitigen Ansprüche in unverjährter Zeit miteinander synallagmatisch verknüpft waren, wenn also der Anspruch des Gläubiger – unabhängig von seiner Fälligkeit – entstanden war, bevor der Anspruch des Schuldner verjährte.³ Das Leistungsverweigerungsrecht in unverjähr- 1

---

2 Palandt/*Ellenberger*, § 214 Rn. 3.
3 BGH, Urt. v. 21.04.2009 – XI ZR 148/08, NJW-RR 2009, 1040.
4 MüKo-BGB/*Grothe*, Vorb. §§ 194 ff. Rn. 19.
5 MüKo-BGB/*Grothe*, Vorb. §§ 194 ff. Rn. 16.
6 BGH, Urt. v. 05.10.1993 – XI ZR 180/92, NJW 1993, 3318.
7 BGH, Hinweisbeschluss vom 19.11.2008 – X ZR 39/08, BeckRS 2008, 264111.
1 Kleine-Möller/*Merl*, § 15 Rn. 1245.
2 BGH, Beschl. v. 20.06.1951 – GS Z 1/51, NJW 1951, 599.
3 BGH, Urt. v. 19.05.2006 – V ZR 40/05, NJW 2006, 2773.

ter Zeit entsteht bereits mit dem Vorhandensein des Mangels und der Mangelanzeige. Eine Fristsetzung ist nicht notwendig. Aus diesem Grund reicht es aus, wenn in unverjährter Zeit die Mangelanzeige an den Auftragnehmer übersandt worden ist.[4] Im Umkehrschluss ergibt sich, dass bei denjenigen Forderungen, die nicht im Synallagma stehen, eine Fälligkeit der Forderung, mit der aufgerechnet werden soll, in unverjährter Zeit gegeben sein muss. Bei Forderungen, die wegen vorbehaltloser Annahme der Schlusszahlung nach § 16 Nr. 3 Abs. 2 S. 1 VOB/B nicht mehr geltend gemacht werden können, ist die Regelung entsprechend anzuwenden.[5]

B. Zurückbehaltungsrecht

2 Der Aufrechnungslage gleichgestellt ist das Zurückbehaltungsrecht aus den §§ 273, 320 BGB. Hierdurch wird der Schuldner geschützt, eine eigene Verpflichtung erfüllen zu müssen, ohne die eigentlich von den Parteien vereinbarte Gegenleistung verlangen zu können, die ursprünglich einmal seiner eigenen Leistung vollgültig gegenüber gestanden hatte.[6] Unerheblich ist, ob der Auftraggeber den Mangel in unverjährter Zeit angezeigt oder den Auftragnehmer zur Nacherfüllung aufgefordert hat. Das Zurückbehaltungsrecht des § 273 BGB fordert eine Fälligkeit in unverjährter Zeit, das aus § 320 BGB demgegenüber nicht, da der Gegenanspruch als Folge der synallagmatischen Verknüpfung bereits bei Eintritt der Verjährung entstanden ist.

§ 216 Wirkung der Verjährung bei gesicherten Ansprüchen

(1) Die Verjährung eines Anspruchs, für den eine Hypothek, eine Schiffshypothek oder ein Pfandrecht besteht, hindert den Gläubiger nicht, seine Befriedigung aus dem belasteten Gegenstand zu suchen.

(2) Ist zur Sicherung eines Anspruchs ein Recht verschafft worden, so kann die Rückübertragung nicht auf Grund der Verjährung des Anspruchs gefordert werden. Ist das Eigentum vorbehalten, so kann der Rücktritt vom Vertrag auch erfolgen, wenn der gesicherte Anspruch verjährt ist.

(3) Die Absätze 1 und 2 finden keine Anwendung auf die Verjährung von Ansprüchen auf Zinsen und andere wiederkehrende Leistungen.

Kommentierung siehe § 217.

§ 217 Verjährung von Nebenleistungen

Mit dem Hauptanspruch verjährt der Anspruch auf die von ihm abhängenden Nebenleistungen, auch wenn die für diesen Anspruch geltende besondere Verjährung noch nicht eingetreten ist.

1 Die Regelung des § 216 BGB entspricht dem § 223 BGB a.F. Auf Grund des fehlenden Erlöschens der Forderung trotz Eintritts der Verjährung, bleiben die akzessorischen Sicherungsrechte erhalten. Die Regelung führt dazu, dass der Sicherungsgeber dem Gläubiger die Verjährung der Hauptforderung nicht entgegen halten kann. Von der Regelung nicht umfasst, ist die Bürgschaft, da der Bürge die dem Schuldner zustehende Einrede der Verjährung selbstständig geltend machen kann, auch wenn der Schuldner selbst auf sie verzichtet (vgl. § 768 Abs. 1 S. 1, Abs. 2 BGB). Ebensowenig gilt die Regelung für die Vormerkung.

---

[4] *Kniffka*, IBR-Online Kommentar, Stand 26.05.2009, § 634a Rn. 172.
[5] *Werner/Pastor*, Rn. 2570.
[6] BGH, Urt. v. 15.12.1969 – VII ZR 148/67, NJW 1970, 561.

Nebenleistungen i.S.d. § 217 BGB sind Zinsen, Nutzungen, Früchte und Kosten. Auf Ansprüche aus Vertragsstrafe, die neben einem Schadenersatzanspruch geltend gemacht werden, ist die Regelung nicht anzuwenden, da der Vertragsstrafenanspruch selbstständig neben dem Hauptanspruch steht und keine von dem Hauptanspruch abhängige Nebenleistung darstellt.[1] Der Vertragsstrafenanspruch verjährt in der Frist des § 195 BGB.[2] 2

§ 218 Unwirksamkeit des Rücktritts

(1) Der Rücktritt wegen nicht oder nicht vertragsgemäß erbrachter Leistung ist unwirksam, wenn der Anspruch auf die Leistung oder der Nacherfüllungsanspruch verjährt ist und der Schuldner sich hierauf beruft. Dies gilt auch, wenn der Schuldner nach § 275 Abs. 1 bis 3, § 439 Abs. 3 oder § 635 Abs. 3 nicht zu leisten braucht und der Anspruch auf die Leistung oder der Nacherfüllungsanspruch verjährt wäre. § 216 Abs. 2 Satz 2 bleibt unberührt.

(2) § 214 Abs. 2 findet entsprechende Anwendung.

Die Regelung soll verhindern, dass nach Ablauf der Verjährungsfrist des § 634a BGB der Rücktritt erklärt werden kann. Grund für die Regelung ist, dass der Rücktritt als Gestaltungsrecht nicht der Verjährung unterliegt. Der Rücktritt ist unwirksam, wenn der Anspruch auf Erfüllung oder Nacherfüllung im Zeitpunkt des Rücktritts verjährt ist und der Schuldner sich hierauf beruft. Die Erhebung der Einrede ist zeitlich nicht befristet. Der Schuldner kann bis zum Schluss der mündlichen Verhandlung die Einrede der Verjährung des Nacherfüllungsanspruchs erheben. 1

Maßgeblich ist die Frage, ob der hypothetische Nacherfüllungsanspruch bei Ausübung des Gestaltungsrechts verjährt ist, nicht aber der Zeitpunkt der gerichtlichen Geltendmachung von Ansprüchen gemäß den §§ 346 ff. BGB aus dem durch den Rücktritt entstehenden Rückgewährschuldverhältnis. Die Ansprüche aus dem Rücktritt verjähren in der regelmäßigen Verjährungsfrist nach §§ 195, 199 BGB.[1] 2

Die Regelung gilt auf Grund der Verweisung in § 634a Abs. 4 S. 2 BGB auch für die Minderung. 3

(...)

Buch 2: Recht der Schuldverhältnisse

Abschnitt 1: Inhalt der Schuldverhältnisse

Titel 1: Verpflichtung zur Leistung

§ 241 Pflichten aus dem Schuldverhältnis

(1) Kraft des Schuldverhältnisses ist der Gläubiger berechtigt, von dem Schuldner eine Leistung zu fordern. Die Leistung kann auch in einem Unterlassen bestehen.

(2) Das Schuldverhältnis kann nach seinem Inhalt jeden Teil zur Rücksicht auf die Rechte, Rechtsgüter und Interessen des anderen Teils verpflichten.

---

1 Palandt/*Ellenberger*, § 217 Rn. 1, wendet auf verhaltene Ansprüche dagegen § 217 BGB analog an.
2 *Rieble*, NJW 2004, 2270.
1 BGH, Urt. v. 15.11.2006 – VII ZR 3/06, NJW 2007, 674.

§ 241 BGB Pflichten aus dem Schuldverhältnis

Schrifttum

Grieger Die Kooperationspflicht der Bauvertragspartner im Bauvertrag: Anmerkung zu BGH, BauR 2000, 409 ff.; *Schlapka* Kooperationsmodell ein Weg aus der Krise, BauR 2001, 1646; *Schwarze* Auswirkungen der bauvertraglichen Kooperationsverpflichtung, BauR 2004, 895 ff.; *Virneburg* Wann kann der Auftragnehmer die Arbeit wegen verweigerter Nachträge einstellen? – Risiken einer Vermeidungsstrategie, ZfBR 2004, 419 ff.; *Vygen* Leistungsverweigerungsrecht des Auftragnehmers bei Änderungen des Bauentwurfs gemäß § 1 Nr. 3 VOB/B oder Anordnung von zusätzlichen Leistungen gemäß § 1 Nr. 4 VOB/B?, BauR 2005, 431 ff.

Übersicht	Rdn.		Rdn.
A. Einführung	1	III. Schutz des Unternehmers und der Unternehmerleistung	17
B. Das baurechtliche Kooperationsgebot	2	E. Nebenleistungspflichten des Unternehmers	20
C. Leistungsbezogene, nicht-leistungsbezogene Nebenpflichten und Obliegenheiten	9	I. Allgemeine Schutzpflicht	20
		II. Aufklärung	21
D. Nebenleistungspflichten des Bestellers	12	III. Rechnungslegung	22
I. Aufklärung	12	IV. Einweisung und Übergabe von Unterlagen	25
II. Unterlassen unberechtigter Mängelrügen	14		

A. Einführung[1]

1 § 241 Abs. 1 BGB ist eine gesetzliche Bestimmung, die für sich gesehen keine Rechtswirkungen auszulösen vermag. Sie benennt lediglich mit den Leistungs- und Unterlassungspflichten (§ 241 Abs. 1 BGB) und den Rücksichtnahmepflichten (§ 241 Abs. 2 BGB) die beiden Grundtypen von Pflichten, die sich theoretisch aus einem Schuldverhältnis ergeben können.[2] Diese Nebenpflichten[3] ergeben sich aber nicht unmittelbar aus § 241 BGB, sondern aus dem jeweils konkreten Schuldverhältnis, dessen Ausgestaltung dem besonderen Schuldrecht und den Vertragsparteien überlassen ist.[4]

B. Das baurechtliche Kooperationsgebot

2 Der Bundesgerichtshof hat anlässlich von Entscheidungen zu VOB-Bauverträgen ein **allgemeines Prinzip** der sich aus dem Bauvertrag ergebenden Nebenpflichten entwickelt, welches unter dem Stichwort »**Kooperationsgebot**« bekannt geworden ist.[5] Die Pflicht der Bauvertragsparteien zu einem fairen Umgang und zur Kooperation miteinander, ist aus verschiedenen Vorschriften der VOB/B abzuleiten. Zum einen aus §§ 2 Abs. 5 S. 2 und Abs. 6 Nr. 2 VOB/B, die den Parteien aufgeben, eine Einigung über geänderte oder zusätzliche Vergütungsansprüche vor der Ausführung der Arbeiten zu treffen.[6] Zum anderen wird in der Literatur auf § 18 Abs. 4 VOB/B hingewiesen, der den Parteien ebenfalls aufgibt, Streitfälle möglichst einvernehmlich zu lösen und ihre Interessen nicht sofort mit dem Druckmittel der Leistungsverweigerung durchzusetzen.[7] Von der Rechtsprechung[8] ist das Kooperationsgebot insbesondere anhand von Fällen entwickelt worden, in denen der Unternehmer gemeint hat, die Arbeiten einstellen zu können, oder sich der Besteller der Verhandlung über Nachtragsforderungen komplett verweigert hat und es infolgedessen zu einer Kündigung des Vertrags gekommen ist. Das Kooperationsgebot geht jedoch weiter:

---

1 Ich danke Frau ref. jur Karolin Engl für die Hilfe bei der Erstellung des Fußnotenapparates.
2 Palandt/*Heinrichs*, § 241 Rn. 1.
3 Abgrenzung zur vertraglichen Hauptpflicht siehe § 631 BGB Rdn. 136 ff.
4 Staudinger/*Olzen* (2009), § 241 Rn. 1–2.
5 BGH, 28.10.1999 – VII ZR 393/98, BGHZ 143, 89 = BauR 2000, 409.
6 BGH, a.a.O.
7 BGH, a.a.O.; OLG Celle, 25.10.2001 – 14 U 74/00, BauR 2003, 890; *Vygen*, BauR 2005, 431; *Kniffka*, IBR-Online-Kommentar, Bauvertragsrecht, § 631 BGB Rn. 509.
8 Vgl. *Kniffka*, IBR-Online-Kommentar, Bauvertragsrecht, § 631 BGB Rn. 185 und 596 m.w.N.

Zunächst folgt aus dem Kooperationsgebot für beide Parteien die Pflicht zur **Verhandlungsbereit-** 3
schaft bei Nachträgen. Dieses Prinzip ist in § 2 Abs. 5 S. 2 VOB/B und § 2 Abs. 6 Nr. 2 S. 2 VOB/B kodifiziert. Es gilt aber auch beim BGB-Werkvertrag, bei dem in Ermangelung einer der VOB/B entsprechenden gesetzlichen Regelung die Bereitschaft der Parteien zur Änderung der Leistungspflicht und Vergütung noch deutlich mehr ausgeprägt sein muss.

Insofern folgt aus dem Kooperationsgebot zunächst, dass der Besteller sich einer Nachtragsforde- 4
rung des Unternehmers nicht von vornherein verschließen und jedwedes Gespräch darüber ablehnen darf. Geschieht dies gleichwohl, hat der Unternehmer ein auf die zusätzliche bzw. geänderte Leistung beschränktes **Leistungsverweigerungsrecht**.[9] Das Leistungsverweigerungsrecht folgt in einem solchen Fall aus § 320 BGB, der es dem vorleistungspflichtigen Vertragspartner (Unternehmer) nicht zumutet, die Vorleistung zu erbringen, wenn der Besteller von vornherein nicht dazu bereit ist, gegenzuleisten.[10] Für den Fall einer gerichtlichen Auseinandersetzung wird allerdings der Unternehmer darzulegen und nachzuweisen haben, dass ihm für die angeblich zusätzliche bzw. geänderte Leistung tatsächlich ein Recht auf zusätzliche Vergütung oder Vergütungsanpassung zustand.[11]

Äußert sich der Besteller indes zu dem unterbreiteten Nachtrag und weist er die Vergütungsforde- 5
rung argumentativ zurück, unterliegt auch der Unternehmer einer erhöhten Kooperationspflicht. Sind die Einwendungen des Bestellers nicht von vornherein von der Hand zu weisen oder offenkundig unsinnig, ergibt sich aus Treu und Glauben (§ 242 BGB) sowie aus § 18 Abs. 4 VOB/B eine Beschränkung des Leistungsverweigerungsrechts dahingehend, dass der Unternehmer jedenfalls zunächst versuchen muss, die Einwendungen des Bestellers zu widerlegen und eine Einigung herbeizuführen, bevor er die Leistung verweigert oder gar eine Kündigung des Bauvertrags einleitet.[12] Ähnlich wird nach § 242 BGB und § 18 Abs. 4 VOB/B der Fall zu behandeln sein, wenn der Besteller die Nachtragsforderung stellt, eine Verhandlung über sie verweigert und versucht, dem Besteller die Höhe des Nachtrags gleichsam zu diktieren. Fordert der Besteller in diesem Fall die Aufnahme von Verhandlungen über Grund und Höhe des Nachtrags, kann der Unternehmer das Verhalten des Bestellers jedenfalls nicht so verstehen, dass er von vornherein nicht bereit ist, die Gegenleistung zu erbringen.[13] Auch hier gebietet das Kooperationsgebot wenigstens, eine Einigung über die Nachtragshöhe und den Grund der Nachträge zu versuchen.

Das Kooperationsgebot erfordert auch die **Verhandlungsbereitschaft der Parteien bei Differenzen** 6
über die Ausführungsweise. Sind die Parteien uneins darüber, welche Leistungspflichten den Unternehmer treffen, hält auch hier die VOB/B Regularien bereit, deren Grundprinzipien über § 242 BGB auch im BGB-Bauvertrag gelten. Zunächst gilt, dass der Auftragnehmer die Leistung unter eigener Verantwortung auszuführen hat (§ 4 Abs. 2 Nr. 1 S. 1 VOB/B). Gleichzeitig ist der Besteller befugt, Anordnung zu treffen, die zur vertragsgemäßen Ausführung der Leistung notwendig sind (§ 4 Abs. 1 Nr. 3 VOB/B). Geschieht dies, treffen den Unternehmer wiederum Hinweispflichten (§§ 4 Abs. 1 Nr. 4 und 4 Abs. 3 VOB/B), die dazu führen können, dass der Unternehmer von der Gewährleistung frei wird (§ 13 Abs. 3 VOB/B). Aus dem Umstand, dass das Anordnungsrecht nach § 4 Abs. 1 Nr. 3 VOB/B nur unter Wahrung der dem Unternehmer zuste-

---

9 BGH, 24.06.2004 – VII ZR 271/01, BauR 2004, 1613 = NZ Bau 2004, 612; BGH, 13.03.2008 – VII ZR 194/06, NJW 2008, 2106 = NZ Bau 2008, 437; OLG Brandenburg, 19.10.2005 – 4 U 151/04, BauR 2006, 529; OLG Jena, 22.03.2005 – 8 U 318/04, BauR 2005, 1161, 1171; OLG Düsseldorf, 25.04.1995 – 21 U 192/94, BauR 1995, 706; OLG Düsseldorf, 27.06.1995 – 21 U 219/94, BauR 1996, 115; OLG Düsseldorf, 14.09.2001 – 22 U 37/01, BauR 2002, 484; OLG Celle, 25.10.2001 – 14 U 74/00, BauR 2003, 890; OLG Dresden, 21.11.1997 – 7 U 1905/97, BauR 1998, 565.
10 BGH, 16.05.1968 – VII ZR 40/66, BGHZ 50, 175.
11 *Virneburg*, ZfBR 2004, 419, 420.
12 *Kniffka*, IBR-Online-Kommentar, Bauvertragsrecht, § 631 BGB Rn. 508.
13 OLG Celle, 04.11.1998 – 14a (6) U 195/97, BauR 1999, 262.

henden Leitung getroffen werden kann, also inhaltlich beschränkt ist,[14] folgt ebenfalls, dass sich die Parteien über die geschuldete Art der Ausführung und insbesondere den Umstand, ob eine **leistungsbestätigende Anordnung** i.S.d. § 4 Abs. 1 Nr. 3 VOB/B oder eine **leistungsändernde Anordnung** i.S.d. § 1 Abs. 3 VOB/B vorliegt, zunächst auseinandersetzen und versuchen müssen, eine einvernehmliche Lösung zu finden.

7 Das Kooperationsgebot gebietet dem Besteller zudem, die **Rechnungen rechtzeitig zu prüfen**. Die Pflicht zur Rechnungsprüfung, also die Rückmeldung gegenüber dem Unternehmer über die Höhe der für berechtigt gehaltenen Vergütung, hat der BGH anlässlich eines Rechtsstreits über Architektenhonorar entwickelt, sich zur Begründung der Prüffrist von 2 Monaten an der an sich nicht anwendbaren VOB/B orientiert und damit das Kooperationsgebot zu einem übergreifenden bauwerkvertraglichen Prinzip erhoben. Der BGH führt aus, dass es mit Treu und Glauben (§ 242 BGB) und dem auch nach Erbringung der Vorleistung des Werkunternehmers fortwirkenden Kooperationsgebot nicht zu vereinbaren sei, wenn der Besteller die Beurteilung der Prüffähigkeit der Rechnung hinausschiebt, um diese später in Frage zu stellen. Der Unternehmer kann nach Treu und Glauben (§ 242 BGB) davon ausgehen, dass der Besteller Einwände gegen die Prüffähigkeit der Rechnung alsbald vorbringt und damit die ordnungsgemäße Abrechnung seinerseits fördert.[15] Kooperiert der Besteller nicht und teilt er dem Unternehmer grundlos nicht mit, ob die Rechnung so angenommen und geprüft wird bzw. was der Prüfung an Hinderungsgründen entgegensteht, kann er sich später nicht mehr darauf berufen, die Rechnung sei nicht prüffähig gewesen.[16] Bei dem Zeitraum, der dem Besteller bleibt, um die Rechnung des Architekten zu prüfen, hat sich der BGH an § 16 Abs. 3 Nr. 1 VOB/B orientiert und die dort normierte Zwei-Monats-Frist für angemessen angesehen.[17] Mit einer weiteren Entscheidung hat der BGH das gleiche Prinzip auf VOB-Bauverträge erweitert.[18] Das OLG Dresden hat die vorstehende Rechtsprechung dann auch auf einen BGB-Werkvertrag angewendet.[19]

8 Ein weiterer Ausfluss des Kooperationsgebots ist die Pflicht des Bestellers zur **Mitwirkung am gemeinsamen Aufmaß** und zur Teilnahme und Mitwirkung an gemeinsamen Leistungsfeststellungen (§ 4 Abs. 10 VOB/B). In § 14 Abs. 2 VOB/B ist bestimmt, dass die für die Abrechnung notwendigen Feststellungen »möglichst gemeinsam vorzunehmen« sind. Diese Feststellungen sind für den Unternehmer von großer Bedeutung, da er nur damit seine Abschlags- und die Schlussrechnung richtig aufstellen kann. In diesem Zusammenhang normiert die VOB/B zwar keine vertragliche Verpflichtung des Bestellers, am gemeinsamen Aufmaß mitzuwirken. Unterlässt er dies aber grundlos, so kann sich aus der fehlenden Kooperation eine **Umkehr der Darlegungs- und Beweislast** ergeben. Nimmt der Unternehmer dann einseitig Aufmaß, kommt es darauf an, ob dieses später unproblematisch überprüft werden kann. Ist dies der Fall, verbleibt die Darlegungs- und Beweislast für die abgearbeiteten Massen bzw. die abgerechneten Leistungsstände zunächst beim Unternehmer.[20] Kann das Aufmaß indes nicht mehr oder nicht mehr mit zumutbarem Aufwand nachgeprüft werden, so ändert sich die Darlegungs- und Beweislast, und der Besteller muss darlegen und beweisen, dass die Mengen und Leistungsstände geringer sind als in der Rechnung des Unternehmers angegeben.[21]

---

14 Ingenstau/Korbion/*Oppler*, B § 4 Abs. 1 Rn. 77 ff.
15 BGH, 27.11.2003 – VII ZR 288/02, BauR 2004, 316 = NZ Bau 2004, 216.
16 *Vogelheim*, in: Berg/Vogelheim/Wittler, Rn. 415 ff.
17 BGH, 27.11.2003 – VII ZR 288/02, BauR 2004, 316 = NZ Bau 2004, 216.
18 BGH, 23.09.2004 – VII ZR 173/03, BauR 2004, 1937 = NZ Bau 2005, 40.
19 OLG Dresden, 14.10.2005 – 18 U 2297/04, IBR 2007, 16; BGH, 12.10.2006, VII ZR 257/05 (Nichtzulassungsbeschwerde zurückgewiesen).
20 Brandenburgisches OLG, 16.03.1999 – 11 U 107/98, BauR 2001, 1450, 1454.
21 OLG Celle, 28.08.2002 – 22 U 159/01, BauR 2002, 1863 = NZ Bau 2002, 675.

C. Leistungsbezogene, nicht-leistungsbezogene Nebenpflichten und Obliegenheiten

Das BGB unterscheidet in § 241 BGB zwischen leistungsbezogenen und nicht-leistungsbezogenen Nebenpflichten. Die **leistungsbezogenen Nebenpflichten** ergeben sich unmittelbar aus dem Schuldverhältnis, mithin beim Bauvertrag aus vertraglichen Vereinbarungen, die außerhalb des vertraglichen Synallagmas[22] stehen. Typische leistungsbezogene Nebenpflichten befinden sich in der VOB/B und formen die Leistungspflichten der Vertragsparteien aus. So ergibt sich beispielsweise aus § 4 Abs. 1 VOB/B, dass der Auftraggeber neben den vertraglichen Hauptpflichten (Zahlung des Werklohns und Abnahme) bestimmte Aufsichtspflichten hat wie auch die Pflicht, die Planung beizustellen und die erforderlichen Genehmigungen zu beschaffen. Aus § 4 Abs. 2 VOB/B beispielsweise ergibt sich, dass der Auftragnehmer für seine eigene Organisation und die Erfüllung aller gesetzlichen Vorgaben, die für seine Arbeitnehmer von Bedeutung sind, zuständig ist.

Daneben betreffen die **nicht-leistungsbezogenen Nebenpflichten** solche Aufgaben, die mit der versprochenen Werkleistung nicht unmittelbar in Zusammenhang stehen. Sie betreffen im Wesentlichen allgemeine Schutz- und Rücksichtnahmepflichten auf die Rechte, Rechtsgüter und Interessen des jeweils anderen Vertragsteils.

Es ist die vertragliche Hauptpflicht des Unternehmers, das geschuldete Werk herzustellen und dem Besteller zu verschaffen.[23] Dies kann der Unternehmer im Regelfall nicht ohne die **Mitwirkung des Bestellers** schaffen. Dieser muss bei einem Unternehmer, der die Bauleistung erbringt, die Planung beistellen. Oder bei einer offenen Leistungsbeschreibung die vom Unternehmer an ihn herangetragenen Fragen beantworten und Entscheidungen treffen. Bei der Mitwirkung des Unternehmers handelt es sich aber um keine Haupt- oder Nebenpflicht sondern um eine bloße **Obliegenheit**.[24] Unterlässt der Besteller mithin die erforderliche Mitwirkung, macht er sich deshalb keinesfalls schadensersatzpflichtig sondern muss »nur« gem. § 642 BGB eine angemessene Entschädigung zahlen.

D. Nebenleistungspflichten des Bestellers

I. Aufklärung

Den Besteller trifft gegenüber dem Unternehmer eine Aufklärungspflicht, wenn der Besteller bemerkt, dass der Unternehmer bei der Kalkulation oder der Ausführung des Bauvorhabens ersichtlich von falschen Voraussetzungen ausgeht. Im Rahmen der Anwendbarkeit der VOB/A ist dies in § 6 Abs. 6 Nr. 1–3 VOB/A unmittelbar geregelt, die die wirtschaftlichen Interessen und das wirtschaftliche Überleben des Unternehmers im Blickpunkt haben und den Besteller zur Aufklärung und Fürsorge verpflichten. Aber auch außerhalb der VOB/A folgt aus § 311 Abs. 2 BGB i.V.m. § 241 Abs. 2 BGB, dass bereits während der Vertragsverhandlung erkannte **Irrtümer der anderen Partei** aufzuklären sind. Ein Indiz für einen solchen Kalkulationsirrtum kann ein ungewöhnlich niedriger Preis sein[25] oder beispielsweise sich ein aus der technischen Erläuterung der beabsichtigten Baumaßnahme offenbarender Irrtum des anbietenden Unternehmers.

Zu weit geht allerdings die Vorstellung, dass der Besteller den Unternehmer über die eigene wirtschaftliche Lage und die **Finanzierbarkeit des Vorhabens** aufzuklären habe.[26] Denn dies würde ei-

---

22 Vgl. § 631 Rdn. 26.
23 Vgl. § 631 Rdn. 136.
24 Vgl. § 642 BGB Rdn. 3, *Wirth/Willner* in: Englert/Motzke/Wirth, Baukommentar, BGB, § 631 Rn. 683.
25 *Wirth/Willner* in: Englert/Motzke/Wirth, Baukommentar, BGB, § 631 Rn. 671.
26 So aber *Wirth/Willner* in: Englert/Motzke/Wirth, Baukommentar, BGB, § 631 Rn. 672 unter Berufung auf OLG Düsseldorf, 27.01.1976 – 24 U 35/75, NJW 1977, 1064.

ne im Geschäftsverkehr zu weit gehende Offenbarungspflicht auslösen, ohne dass der zukünftige Vertragspartner daran ein entsprechendes Interesse gezeigt hat. Zu weitgehend erscheint zudem der Ansatz, irgendwelche Aufklärungsleistungen über die Finanzierbarkeit des Vorhabens bereits zu Beginn des Vergabeverfahrens zu fordern, denn der Besteller kann zu Beginn des Vergabeverfahrens oftmals nicht wissen, ob das Bauvorhaben unter den noch zu ermittelnden Preisen finanzierbar ist.

II. Unterlassen unberechtigter Mängelrügen

14 Ob der Besteller aus einer vertraglichen Nebenpflicht heraus **unberechtigte Mängelrügen** zu unterlassen hat, ist umstritten. Die Verletzung einer vertraglichen Nebenpflicht wird man annehmen können, wenn der Besteller vermeintliche Mängel rügt, obgleich er positiv weiß, dass der Unternehmer den Mangel nicht verursacht hat oder aus anderen Gründen für ihn nicht verantwortlich ist.[27] Der BGH lässt für einen Schadenersatzanspruch infolge einer entsprechenden Nebenpflichtverletzung genügen, dass der Besteller erkannt oder fahrlässig nicht erkannt hat, dass ein Mangel nicht vorliegt, sondern die Ursache für die von ihm beanstandete Erscheinung in seinem eigenen Verantwortungsbereich liegt.[28] Dazu verlangt der BGH, dass der Besteller vor Inanspruchnahme des Unternehmers im Rahmen seiner Möglichkeiten sorgfältig prüft, ob die in Betracht kommenden Ursachen für das Symptom, hinter dem er einen Mangel vermutet, in seiner eigenen Sphäre liegen.[29]

15 Im Ergebnis geht eine vertragliche Nebenpflicht, nach der der Besteller unberechtigte Mängel nicht einmal fahrlässig rügen darf, zu weit. Soweit der Besteller in seiner Mängelrüge die Mangelerscheinungen nach der Symptomtheorie des BGH[30] zutreffend beschreibt, ist der Unternehmer nicht mehr schutzwürdig.[31] Denn dann kann der Unternehmer selbst und ohne weitere Untersuchungen, Ortstermine u.Ä. feststellen, ob er für die beschriebenen Symptome gewährleistungspflichtig sein könnte oder nicht. Genauso wie die Mängelbeseitigung als solche Sache des Unternehmers ist, kann er auf Grund einer wahrheitsgemäßen und von falschen Vorwürfen freien Mitteilung des Bestellers selbst entscheiden, ob er zur eigenen Absicherung zusätzliche Untersuchungen vornimmt, Fragen stellt oder sich um die Mängelrüge nicht weiter kümmert.

16 Rügt der Besteller einen »Mangel« unberechtigterweise, kann er wegen des Verstoßes gegen eine vertragliche Nebenpflicht **Schadensersatz** schulden.[32] Es entsteht mithin **kein Werklohnanspruch** des Unternehmers gegen den Bestellers wegen etwaiger vorgenommener Untersuchungen oder der Beseitigung des von dort nicht zu verantwortenden Mangels. Dies ist nur dann der Fall, wenn in den vor Ausführung der Arbeiten abgegeben Erklärungen ein Vertragsschluss liegt oder einer solcher durch schlüssiges Verhalten zustande gekommen ist.[33]

III. Schutz des Unternehmers und der Unternehmerleistung

17 Den Besteller trifft aus § 618 BGB analog die Pflicht, die Baustelle so einzurichten und zu unterhalten, dass keine Gefahren für die Gesundheit des Unternehmers und seiner Mitarbeiter entstehen können.[34] Eine entsprechende Verpflichtung gilt auch im Verhältnis des Hauptunternehmers

---

27 OLG Düsseldorf, 18.12.1998 – 22 U 148/98, BauR 1999, 919.
28 BGH, 23.01.2008 – VIII ZR 246/06, BauR 2008, 671.
29 BGH, 23.01.2008 – VIII ZR 246/06, BauR 2008, 671; im Sinne einer Differenzierung, welcher Kenntnisstand dem Besteller zuzurechnen ist auch: LG Leipzig 04.11.2005 – 05HK O 2727/05, BauR 2006, 576.
30 BGH, 26.03.1992 – VII ZR 258/90; BauR 1992, 503.
31 Im Ergebnis auch: *Wirth/Willner* in: Englert/Motzke/Wirth, Baukommentar, BGB, § 631 Rn. 678.
32 BGH, 23.01.2008 – VIII ZR 246/06, BauR 2008, 671.
33 LG Kassel, 01.02.2008 – 12 S 2/06, IBR 2008, 209.
34 OLG Düsseldorf, 21.10.1994 – 22 U 33/94, NJW-RR 1995, 403.

zum Nachunternehmer. Soweit der Besteller der sich aus § 618 BGB analog ergebenden Pflicht genügt hat, ist eine tägliche Kontrolle der Baustelle allerdings nicht erforderlich.[35]

Den Besteller hat aber nicht die Pflicht, die vom Unternehmer erbrachte Leistung zu schützen oder zu versichern (Bauleistungsversicherung). Das BGB normiert vielmehr, dass der Unternehmer bis zur Abnahme die Gefahr im Hinblick auf die von ihm erbrachten Leistungen trägt (§ 644 BGB), wozu § 4 Abs. 5 VOB/B ergänzend flankierende Schutzpflichten des Unternehmers aufführt. Will der Unternehmer diese Gefahr nicht tragen, steht es ihm frei, seinerseits die Bauleistungen zu versichern.[36] 18

Der Besteller ist auch nicht zur Bauaufsicht verpflichtet.[37] Insbesondere kann dem Besteller bei Werkmängeln daher nicht vom Unternehmer entgegen gehalten werden, der Besteller oder die von ihm eingesetzten Architekten und Ingenieure[38] hätten den Unternehmer nicht ausreichend beaufsichtigt und davon abgehalten, Fehler zu machen. 19

E. Nebenleistungspflichten des Unternehmers

I. Allgemeine Schutzpflicht

Der Unternehmer hat die Pflicht, vom Besteller zur Verfügung gestelltes Eigentum (Grundstück, Baumaterialien usw.) pfleglich zu behandeln und Beschädigungen zu vermeiden. So ist der Unternehmer beispielsweise verpflichtet, selbständig zu prüfen, ob eine befestigte Hoffläche mit schwerem Baugerät befahren werden kann.[39] Auch drohende Schäden aus Witterungseinflüssen muss der Unternehmer abwehren,[40] wobei im Einzelfall aus § 4 Abs. 5 Satz 2 und 3 VOB/B gefolgert werden kann, dass dem Unternehmer derlei Schutzmaßnahmen gesondert zu vergüten sind. 20

II. Aufklärung

Auch den Unternehmer können bei Vertragsverhandlungen bereits Aufklärungspflichten treffen. Insbesondere wenn sich der Unternehmer für den Fall einer Auftragserteilung verpflichtet, anderen am Bau Beteiligten – Architekten oder Baubetreuer – **Provisionen** zu zahlen, hat er den Besteller darüber unaufgefordert aufzuklären.[41] Die Aufklärungspflicht besteht auch dann, wenn beide Vertragsteile entgegengesetzte Interessen verfolgen. Denn es ist davon auszugehen, dass der Unternehmer die Provision in den Angebotspreis einkalkuliert und der Besteller die Bauleistung damit zu teuer erhält. Aus der Verletzung dieser Nebenpflicht können Schadenersatzansprüche des Bestellers gegen den Unternehmer folgen, die in Höhe der gezahlten Provisionen bestehen.[42] 21

III. Rechnungslegung

Im BGB ist keine Vorschrift enthalten, die den Unternehmer verpflichtet, seine Leistungen abzurechnen. Vielmehr wird der Werklohn mit der Abnahme fällig (§ 641 Abs. 1 Satz 1 BGB) ohne 22

---

35 Wie vor.
36 Die von diesen Ausführungen abweichende Entscheidung des BGH zum Schürmann-Bau (BauR 1997, 1021), ist ein gesondert begründeter Ausnahmefall, in dem sich der Unternehmer ausnahmsweise auf vom Besteller veranlasste Schutzmaßnahmen verlassen durfte. Die in dem Urteil enthaltenen Ausführungen beruhen auf einer besonderen Situation und erscheinen nicht verallgemeinerungsfähig.
37 BGH, 16.10.1997 – VII ZR 64/96, BauR 1997, 1021.
38 Der bauaufsichtführende Architekt/Ingenieur ist insoweit nicht Erfüllungsgehilfe des Bauherrn, weshalb dem Bauherrn etwaiges Verschulden des bauaufsichtführenden Architekt/Ingenieurs nicht über § 278 BGB zugerechnet werden kann.
39 OLG Düsseldorf, 22.11.1991 – 22 U 132/91, BauR 1992, 377.
40 OLG Düsseldorf, 20.06.2000 – 21 U 209/99, BauR 2000, 1344 (Notdach bei Dachsanierung).
41 BGH, 14.03.1991 – VII ZR 342/89, BauR 1991, 478.
42 OLG Stuttgart, 16.06.2005 – 13 U 226/04, BauR 2007, 420; OLG München, 16.04.2007 – 9 U 3865/06, MDR 2007, 1037.

dass es einer Abrechnung bedarf. Allerdings ist der Unternehmer aus steuerrechtlichen Gründen in den meisten Fällen verpflichtet, eine qualifizierte Rechnung zu stellen.

23 Bei einem VOB/B-Werkvertrag wird der Werklohn gemäß §§ 14 Abs. 1, 16 Abs. 3 VOB/B erst 2 Monate nach Vorlage der prüffähigen Schlussrechnung fällig. Dazu flankierend normiert § 14 Abs. 3 VOB/B die Nebenleistungspflicht zur Erstellung der Schlussrechnung und enthält in § 14 Abs. 4 VOB/B eine Sanktion, wenn der Unternehmer seiner Nebenleistungspflicht nicht genügt.

24 Beim BGB-Werkvertrag folgt eine Nebenleistungspflicht zur Abrechnung jedenfalls dann, wenn die Parteien Abschlags- oder Vorauszahlungen vereinbart haben und der Unternehmer derlei Zahlungen vereinnahmt[43] oder wenn der Unternehmer Abschläge gemäß § 632a BGB angefordert und erhalten hat. Unabhängig von der Nebenleistungspflicht zur Abrechnung bleibt es hinsichtlich der Fälligkeit des Werklohns bei der Reglung in § 641 Abs. 1 Satz 1 BGB.[44] Allerdings wird dem Besteller ein Zurückbehaltungsrecht für den Fall zugestanden, dass der Unternehmer den Werklohn verlangt, ohne eine Abrechnung vorgelegt zu haben.[45]

IV. Einweisung und Übergabe von Unterlagen

25 Zum Verschaffen des versprochenen Werkes gehört die **Einweisung des Bestellers** und die Aufklärung über mögliche Gefahren.[46] Die Nebenleistungspflicht zur Einweisung hängt von der erbrachten Werkleistung ab und ist naturgemäß bei einer technischen Anlage größer als bei einem Einfamilienhaus oder nur handwerklichen Arbeiten. Bedient sich der Unternehmer zur Erfüllung dieser Leistungspflicht vorgefertigter Bedienungsanleitungen, Handbüchern usw. hat er sich darin enthaltene Fehler über § 278 BGB zurechnen zu lassen.[47]

26 Soweit nach den öffentlich-rechtlichen Vorschriften die Vorlage von **Unternehmerbescheinigungen** vorgeschrieben ist, hat der Unternehmer die Nebenleistungspflicht, diese auszuhändigen.[48] Das *OLG Rostock* hat dies für einen **Holzschutznachweis** nach DIN ebenfalls so gesehen.[49]

27 Darüber hinaus ist der Unternehmer ohne entsprechende vertragliche Vereinbarung nicht verpflichtet, dem Besteller von ihm oder Dritten gefertigte **Pläne, Berechnungen und sonstige Dokumentationen** zukommen zu lassen. Eine solche vertragliche Vereinbarung findet sich in § 3 Abs. 5 VOB/B, dem sich aber kein allgemeines, auf den BGB-Bauvertrag anwendbares Prinzip ableiten lässt, dass der Unternehmer jedwede für den Besteller interessante Unterlage heraus zu geben habe.

(…)

---

43 BGH, 24.01.2002 – VII ZR 196/00, BauR 2002, 938.
44 OLG Dresden, 14.10.2005 – 18 U 2297/04, IBR 2007, 16.
45 OLG Köln, 05.07.1973 – 10 W 17/73, NJW 1973, 2111.
46 OLG Köln, 28.12.1994 – 2 U 25/93, IBR 1995, 427.
47 OLG Düsseldorf, 25.02.2003 – 23 U 35/02; NJW-RR 2004, 672.
48 OLG Köln, 06.08.1999 – 19 U 176/98, NZBau 2000, 78 zu § 66 Abs. 2 BauO NW.
49 OLG Rostock, 15.02.1995 – 2 U 59/94; NJW-RR 1995, 1422. Das OLG entnimmt Verpflichtung zur Lieferung einer Holzschutzbescheinigung den allgemein anerkannten Regeln der Technik, hier der DIN 68800 Teil 3 Abschn. 10. Die sich daraus ergebende Verpflichtung stuft das Gericht als Nebenleistungspflicht ein.

§ 249 Art und Umfang des Schadensersatzes[1]

(1) Wer zum Schadensersatz verpflichtet ist, hat den Zustand herzustellen, der bestehen würde, wenn der zum Ersatz verpflichtende Umstand nicht eingetreten wäre.[2]

(2) Ist wegen Verletzung einer Person oder wegen Beschädigung einer Sache Schadensersatz zu leisten, so kann der Gläubiger statt der Herstellung den dazu erforderlichen Geldbetrag verlangen.[3] Bei der Beschädigung einer Sache schließt der nach S. 1 erforderliche Geldbetrag die Umsatzsteuer nur mit ein, wenn und soweit sie tatsächlich angefallen ist.[4]

Kommentierung siehe § 255.

§ 250 Schadensersatz in Geld nach Fristsetzung[5]

Der Gläubiger kann dem Ersatzpflichtigen zur Herstellung eine angemessene Frist mit der Erklärung bestimmen, dass er die Herstellung nach dem Ablauf der Frist ablehne. Nach dem Ablauf der Frist kann der Gläubiger den Ersatz in Geld verlangen, wenn nicht die Herstellung rechtzeitig erfolgt; der Anspruch auf die Herstellung ist ausgeschlossen.

Kommentierung siehe § 255.

§ 251 Schadensersatz in Geld ohne Fristsetzung[6]

(1) Soweit die Herstellung nicht möglich oder zur Entschädigung des Gläubigers nicht genügend ist, hat der Ersatzpflichtige den Gläubiger in Geld zu entschädigen.

(2) Der Ersatzpflichtige kann den Gläubiger in Geld entschädigen, wenn die Herstellung nur mit unverhältnismäßigen Aufwendungen möglich ist. Die aus der Heilbehandlung eines verletzten Tieres entstandenen Aufwendungen sind nicht bereits dann unverhältnismäßig, wenn sie dessen Wert erheblich übersteigen.

Kommentierung siehe § 255.

§ 252 Entgangener Gewinn[7]

Der zu ersetzende Schaden umfasst auch den entgangenen Gewinn. Als entgangen gilt der Gewinn, welcher nach dem gewöhnlichen Lauf der Dinge oder nach den besonderen Umständen, insbesondere nach den getroffenen Anstalten und Vorkehrungen, mit Wahrscheinlichkeit erwartet werden konnte.

Kommentierung siehe § 255.

§ 253 Immaterieller Schaden[8]

(1) Wegen eines Schadens, der nicht Vermögensschaden ist, kann Entschädigung in Geld nur in den durch das Gesetz bestimmten Fällen gefordert werden.[9]

---

1 Neugefasst durch Bek. v. 02.01.2002 I 42.
2 Früher Satz 1 gem. Art. 2 Nr. 1 lit. a, G. v. 19.07.2002, I 2674, MwSt 01.08.2002.
3 Früher Satz 2 gem. Art. 2 Nr. 1 lit. b, G. v. 19.07.2002, I 2674, MwSt 01.08.2002.
4 Eingef. durch Art. 2 Nr. 1 lit. c, G. v. 19.07.2002, I 2674 mWv 01.08.2002.
5 Neugefasst durch Bek. v. 02.01.2002, I 42.
6 Neugefasst durch Bek. v. 02.01.2002, I 42.
7 Neugefasst durch Bek. v. 02.01.2002, I 42.
8 Neugefasst durch Bek. v. 02.01.2002, I 42.
9 Früher einziger Text gem. Art. 2 Nr. 2 lit. a G. v. 19.07.2002, I 2674 mWv 01.08.2002.

(2) Ist wegen einer Verletzung des Körpers, der Gesundheit, der Freiheit oder der sexuellen Selbstbestimmung Schadensersatz zu leisten, kann auch wegen des Schadens, der nicht Vermögensschaden ist, eine billige Entschädigung in Geld gefordert werden.[10]

Kommentierung siehe § 255.

§ 254 Mitverschulden[11]

(1) Hat bei der Entstehung des Schadens ein Verschulden des Beschädigten mitgewirkt, so hängt die Verpflichtung zum Ersatz sowie der Umfang des zu leistenden Ersatzes von den Umständen, insbesondere davon ab, inwieweit der Schaden vorwiegend von dem einen oder dem anderen Teil verursacht worden ist.

(2) Dies gilt auch dann, wenn sich das Verschulden des Beschädigten darauf beschränkt, dass er unterlassen hat, den Schuldner auf die Gefahr eines ungewöhnlich hohen Schadens aufmerksam zu machen, die der Schuldner weder kannte noch kennen musste, oder dass er unterlassen hat, den Schaden abzuwenden oder zu mindern. Die Vorschrift des § 278 findet entsprechende Anwendung.

Kommentierung siehe § 255.

§ 255 Abtretung der Ersatzansprüche[12]

Wer für den Verlust einer Sache oder eines Rechts Schadensersatz zu leisten hat, ist zum Ersatz nur gegen Abtretung der Ansprüche verpflichtet, die dem Ersatzberechtigten auf Grund des Eigentums an der Sache oder auf Grund des Rechts gegen Dritte zustehen.

Schrifttum

Aengenvoort Der Mangel als Vorteil? – Vorteilsausgleichung in der Nachunternehmerkette, BauR 2008, 16; *Däubler* Neues Schuldrecht – ein erster Überblick –, NJW 2001, 3729; *Jansen* Die Begrenzung des »kleinen Schadensersatzanspruchs« im Baurecht, BauR 2007, 800; *Weyer* Werkvertragliche Mängelhaftung nach neuem Recht: Weitere Probleme beim Schadensersatz, Jahrbuch BauR 2005, 3.

Übersicht	Rdn.		Rdn.
A. Einführung	1	1. Haftungsbeschränkung durch Zurechnungszusammenhang	26
B. Schaden	4	2. Vergleich zwischen Hauptauftragnehmer und Hauptauftraggeber	27
I. Der Begriff des Schadens	4		
1. Differenzhypothese	5	3. Grenzen der Zurechnung bei Mietausfallschäden	29
2. Unmittelbarer und mittelbarer Schaden	6	IV. Mehrere Ursachen	31
3. Positives und negatives Interesse	8	D. Schadensberechnung	33
II. Naturalrestitution und Geldersatz	10	I. Konkrete/abstrakte Schadensberechnung	33
1. Geldersatz als Regelfall im Werkvertragsrecht	10	1. Konkrete Schadensberechnung	33
2. Ausnahme: Naturalrestitution	12	2. Abstrakte Schadensberechnung	37
III. Drittschadensliquidation	15	II. Kleiner/großer Schadensersatz	38
C. Kausalität	20	1. Kleiner Schadensersatz	39
I. Äquivalente Kausalität	21	a) Minderung des Verkehrswertes	40
II. Adäquate Kausalität	22	b) Mangelbeseitigungsaufwand	41
III. Schutzzweck der Norm	24	c) Frustrierungsschaden	42

---

[10] Eingef. durch Art. 2 Nr. 2 lit. b G. v. 19.07.2002, I 2674 mWv 01.08.2002.
[11] Neugefasst durch Bek. v. 02.01.2002, I 42.
[12] Neugefasst durch Bek. v. 02.01.2002, I 42.

		Rdn.
	d) Nicht gezahlter Werklohn als Abzugsposten	43
	e) Veräußerung des Bauwerks	45
	f) Umsatzsteuer	46
	2. Großer Schadensersatz	47
	a) Fertigstellung des Bauwerks durch Drittunternehmer	51
	b) Rückabwicklung des Bauträgervertrages	56
	3. Besonderheiten beim VOB-Vertrag, § 13 Abs. 7 VOB/B	65
E.	Mangelfolgeschäden	66
I.	Nutzungsausfall	70
	1. Gewerbliche Nutzung eines Bauwerks	71
	2. Private Nutzung eines Bauwerks	72
	3. Berechnung des Schadens	75
II.	Mietausfallschaden	77
III.	Sachverständigen-/Anwaltskosten	80
IV.	Merkantiler und technischer Minderwert	84
V.	Personenschäden	86
F.	Schadensminderung	87
I.	Vorteilsausgleichung	88

		Rdn.
	1. Nutzungen	90
	2. Abzug alt für neu	91
	3. Vorteilsausgleichung in einer bauvertraglichen Leistungskette	94
	4. Steuerliche Vorteile	95
	5. Durchführung des Vorteilsausgleichs .	96
II.	Sowiesokosten	98
III.	Mitverantwortlichkeit für das Entstehen des Schadens	104
	1. Mitverschulden des Bestellers, § 254 Abs. 1 BGB	104
	2. Schadensminderungspflicht, § 254 Abs. 2 BGB	106
	a) Erfüllungsgehilfen, § 278 BGB . .	112
	b) Erfüllungsgehilfen des Bestellers . .	113
	c) Erfüllungsgehilfen des Unternehmers	117
G.	Prozessuales	120
I.	Darlegungs- und Beweislast	120
II.	Mitverschulden	122
III.	Beweis des ersten Anscheins	125
IV.	Schlüssiger Vortrag zum Schaden	126
V.	Maßgeblicher Zeitpunkt für die Bemessung des Schadensersatzes	127

A. Einführung

Die §§ 249 ff. BGB enthalten selbst keine Anspruchsgrundlage, sondern setzen eine solche voraus. Sie regeln Inhalt und Umfang der Schadensersatzpflicht. Gegenstand der §§ 249 ff. BGB ist also nicht die Haftungsbegründung, sondern die Haftungsausfüllung (Schadensrecht). 1

Die §§ 249 ff. BGB sind auf sämtliche Schadensersatzansprüche anwendbar, und zwar unabhängig davon, ob diese schuldrechtlich bzw. vertraglich, deliktisch oder durch eine Gefährdungshaftung begründet werden. Soweit ein Ausgleichsanspruch jedoch nicht auf Schadensersatz, sondern auf angemessenen Ausgleich (§ 906 Abs. 2 S. 2 BGB) oder »angemessene Entschädigung« (§ 642 BGB) gerichtet ist, sind die §§ 249 ff. BGB grundsätzlich nicht anwendbar. 2

Für die Höhe des Schadensersatzes gilt der Grundsatz der Totalreparation. Auch bei leichtester Fahrlässigkeit hat der Schädiger demzufolge den gesamten Schaden zu ersetzen, und zwar unabhängig von seiner eigenen wirtschaftlichen Leistungsfähigkeit. Während z.B. im Arbeitsrecht Einschränkungen des Prinzips der Totalreparation gelten (Haftungsbeschränkung für betriebliche Arbeit, § 611 BGB), gibt es derartige Beschränkungen im Werk- bzw. Bauvertragsrecht nicht. 3

B. Schaden

I. Der Begriff des Schadens

Schaden ist jede Einbuße, die jemand infolge eines bestimmten Ereignisses an seinen Lebensgütern – Leben, Gesundheit, Ehre, Eigentum oder Vermögen – erleidet. Ein Schaden liegt auch in der Belastung mit einer Verbindlichkeit. Somit umfasst der Schadensbegriff des BGB sowohl ein vermögenswertes, als auch ein rein ideelles Interesse. Dies wird aus § 253 BGB abgeleitet. Dieser sog. natürliche Schadensbegriff hilft jedoch in aller Regel nicht weiter, insbesondere nicht bei der Kernfrage des Schadensrechts, ob ein bestimmter Nachteil ein zu ersetzender Schaden ist. 4

1. Differenzhypothese

5 Ausgangspunkt für den Schadensbegriff ist deshalb nach h.M. die sog. Differenzhypothese.[13] Danach liegt der Schaden in der Differenz zwischen der tatsächlich durch das Schadensereignis geschaffenen und der unter Ausscheidung des Ereignisses gedachten Güterlage. Die Differenzhypothese erfordert darüber hinaus die Kausalität zwischen dem haftungsbegründenden Ereignis und einer dadurch eingetretenen Vermögensminderung: So ist nur eine Vermögensminderung, die durch das haftungsbegründende Ereignis verursacht ist (d.h. ohne dieses nicht eingetreten wäre), als ersatzfähiger Schaden einzustufen.[14] Schließlich muss auch der Schutzweck der Haftungsnorm und die Ausgleichsfunktion des Schadensersatzes wertend einfließen, oder anders ausgedrückt: Die Differenzmethode wird durch die Rechtsprechung im Einzelfall, aber auch für ganze Fallgruppen, durch eine teleologische Reduktion eingeschränkt.[15]

2. Unmittelbarer und mittelbarer Schaden

6 Während der unmittelbare Schaden beim verletzten Recht oder Rechtsgut selbst eintritt und beim Geldersatz die Reparatur- und Wiederbeschaffungskosten umfasst – zum unmittelbaren Schaden gehört auch der verbleibende technische oder merkantile Minderwert –, sind unter mittelbaren Schäden (Vermögensfolgeschäden) die durch das schädigende Ereignis verursachten sonstigen Einbußen (z.B. entgangener Gewinn, Nutzungsausfall oder entgangene Zinseinnahmen aufgrund zeitweiliger Unverkäuflichkeit des mangelhaften Bauwerks)[16] zu verstehen.

7 Bei Anwendbarkeit der §§ 249 ff. BGB ist eine solche Differenzierung jedoch ohne Bedeutung, da der Ersatzanspruch sowohl mittelbare als auch unmittelbare Schäden umfasst. Allerdings werden die Ersatzpflichten für mittelbare Schäden häufig – insbesondere in Allgemeinen Geschäftsbedingungen – ausgeschlossen.

3. Positives und negatives Interesse

8 Gesetzlich vorgegeben ist die Unterscheidung von Nichterfüllungs- und Vertrauensschaden (positivem und negativem Interesse). Sieht das Gesetz Schadensersatz statt der Leistung vor (z.B. § 280 Abs. 1, 3 BGB i.V.m. §§ 281 bis 283 BGB), ist grundsätzlich das volle Erfüllungsinteresse zu ersetzen (positives Interesse). Danach ist der Gläubiger wertmäßig so zu stellen, als hätte der Schuldner ordentlich erfüllt (vgl. § 280 Rdn. 81 ff.).[17]

9 Ist dagegen gem. §§ 122, 179 Abs. 2 BGB oder aus unerlaubter Handlung Schadenersatz wegen Nichtzustandekommen eines wirksamen Rechtsgeschäft zu leisten, geht die Haftung auf den Vertrauensschaden (negatives Interesse). Danach ist der Geschädigte so zu stellen, wie er stehen würde, wenn er nicht auf die Gültigkeit des Geschäfts vertraut hätte. Das negative Interesse ist in der Regel, aber nicht notwendigerweise, niedriger als das positive Interesse.

II. Naturalrestitution und Geldersatz

1. Geldersatz als Regelfall im Werkvertragsrecht

10 Aus § 249 Abs. 1 BGB ergibt sich zwar der Vorrang der Naturalrestitution, wonach vorrangig Schadensbeseitigung in Natur verlangt werden kann; im Werk- bzw. Bauvertragsrecht ist das Re-

---

13 BGH, Urt. v. 29.04.1958, VI ZR 82/57, BGHZ 27, 181, 183; BGH, Urt. v. 10.12.1986, VIII ZR 349/85, BGHZ 99, 182, 196.
14 BGH, Urt. v. 10.12.1986, VIII ZR 349/85, BGHZ 99, 182, 196.
15 Vgl. BGH, Urt. v. 09.07.1986, GSZ 1/86, BGHZ 98, 212, 217; Staudinger/*Schiemann*, § 249 Rn. 7.
16 *Merl*, in: Kleine-Möller/Merl, § 15 Rn. 943; vgl. hierzu Rdn. 66 ff.
17 Bamberger/Roth/*Grüneberg*, Vor § 249 Rn. 15.

gel-/Ausnahmeverhältnis jedoch umgekehrt: Schadensersatz in Geld stellt im Werkvertragsrecht die Regel und nicht die Ausnahme dar.

Dies ergibt sich daraus, dass der Mangel bereits ein Schaden[18] ist. Wäre der Anspruch auf Mangelbeseitigung als Naturalrestitution ausgestaltet, wäre der Schadensersatzanspruch auf mangelfreie Herstellung, somit auf Erfüllung, gerichtet. Verlangt der Gläubiger jedoch statt der Leistung Schadensersatz, ist der Erfüllungsanspruch ausgeschlossen (§ 281 Abs. 4 BGB). Deshalb kann der Besteller als Schadensersatz im Sinne des § 249 BGB – von wenigen Ausnahmen abgesehen (s.u.) – nur den geldwerten Ausgleich verlangen.[19] 11

2. Ausnahme: Naturalrestitution

Der Unternehmer ist allerdings dann – und zwar im Rahmen der in § 254 Abs. 2 BGB normierten Schadensminderungspflicht – berechtigt, Naturalleistung anzubieten, wenn dies dem Besteller zuzumuten ist.[20] In Fällen der Architektenhaftung (§§ 634 Nr. 4, 280 Abs. 1 und 3, 281 BGB) kann dies sogar dazu führen, dass der Architekt nicht nur seine eigene mangelfreie Leistung anbieten darf, sondern auch die Bauausführung, die aufgrund seiner eigenen mangelhaften (Planungs-)Leistung mangelhaft ist.[21] 12

Schadensbeseitigung in Natur ist auch dann geltend zu machen, wenn der Schaden an Teilen der baulichen Anlage auftrat, deren Herstellung nicht zum werkvertraglichen Pflichtenprogramm des Unternehmers gehört und auch sonst nicht von seiner Mangelbeseitigungspflicht umfasst ist.[22] Von dem im Werk- bzw. Bauvertragsrecht geltenden Grundsatz, dass Schadensersatz in Geld zu leisten ist, wird somit dann eine Ausnahme gemacht, wenn es um Folgeschäden geht.[23] Dies gilt beispielsweise bei der Verunreinigung von Scheiben und bei mangelhaften Arbeiten am Fensterrahmen, wenn der Einbau der Scheiben nicht zum Leistungsumfang des den Rahmeneinbau schuldenden Unternehmers gehört.[24] 13

Der Besteller schuldet zudem auch dann Naturalrestitution, wenn das Werk völlig untauglich ist und der Besteller zur Minderung »auf Null« berechtigt (vgl. dazu § 638 BGB Rdn. 27) ist.[25] Nicht nur bei §§ 634 Nr. 4, 280 Abs. 1 und 3, 281 BGB, sondern auch bei § 13 Nr. 7 Abs. 3 S. 1 VOB/B kann der Auftraggeber in dieser Situation die Beseitigung der mangelhaften Leistung verlangen.[26] 14

III. Drittschadensliquidation

Grundsätzlich ist der Anspruch des Ersatzberechtigten auf den von ihm selbst erlittenen Schaden beschränkt.[27] Die wichtigste Ausnahme hiervon stellt die Drittschadensliquidation dar. Bei ihr hat sich der eingetretene Schaden – aufgrund einer Sonderverbindung zwischen dem ersatzberechtigten und einem Dritten – auf Letzteren verlagert. 15

---

18 BGH, Urt. v. 27.06.2002, VII ZR 238/01, BauR 2003, 123.
19 Vgl. auch BGH, Urt. v. 22.07.2004, VII ZR 275/03, BauR 2004, 1617.
20 Hier sind allerdings zu Lasten des Unternehmers strenge Maßstäbe anzusetzen: Staudinger/*Peters*, § 634 Rn. 126; *Kaiser*, Mängelhaftung, Rn. 124.
21 Vgl. BGH, Urt. v. 15.06.1978, VII ZR 15/78, BauR 1978, 498; BGH, Urt. v. 09.04.1981, VII ZR 263/79, BauR 1981, 395, 396; Ingenstau/Korbion/*Wirth*, B § 13 Nr. 7 Rn. 121.
22 Ingenstau/Korbion/*Wirth*, B § 13 Nr. 7 Rn. 120; *Locher*, Privates Baurecht, Rn. 281.
23 *Riedl*, in: Heiermann/Riedl/Rusam, B § 13 Rn. 192 f.; Nicklisch/Weick/*Nicklisch*, § 13 Rn. 228, 251; *Kohler*, in: Beck'scher VOB-Kommentar, B § 13 Nr. 7 Rn. 119.
24 Vgl. Ingenstau/Korbion/*Wirth*, B § 13 Nr. 7 Rn. 120.
25 *Kohler*, in: Beck'scher VOB-Kommentar, B § 13 Nr. 7 Rn. 120; Nicklisch/Weick/*Nicklisch*, § 13 Rn. 227, 251.
26 Nicklisch/Weick/*Nicklisch*, § 13 Rn. 252.
27 BGH, Urt. v. 19.06.1952, III ZR 295/51, NJW 1952, 1249.

16 Gläubiger des Schadensersatzanspruchs ist im Rahmen der Drittschadensliquidation nicht der Geschädigte, sondern der unmittelbar Verletzte – im Werk- bzw. Bauvertragsrecht der Vertragspartner des Schädigers. Hierdurch unterscheidet sich die Drittschadensliquidation vom Vertrag mit Schutzwirkung für Dritte. Denn bei der Drittschadensliquidation wird der Schaden zur Anspruchsgrundlage, beim Vertrag mit Schutzwirkung für Dritte hingegen die Anspruchsgrundlage zum Schaden gezogen.[28] Dadurch kommt es beim Vertrag mit Schutzwirkung für Dritte zu einer erheblichen Risikoerhöhung, während die Drittschadensliquidation lediglich zu einer Schadensverlagerung führt.

17 Der Inhaber, d.h. der Gläubiger des Schadensersatzanspruchs (Vertragspartner des Schädigers) kann auf Leistung an sich oder an den Geschädigten klagen.[29] Er kann den geschädigten Dritten auch ermächtigen, seinen Schaden im eigenen Namen einzuziehen.[30] Aufgrund der Sonderbeziehung zum Gläubiger kann der geschädigte Dritte allerdings in der Regel Abtretung des Schadensersatzanspruchs verlangen (§ 285 BGB).

18 Gegen den Willen des Gläubigers kann der verletzte Dritte den Anspruch nicht geltend machen,[31] wobei der Nachweis, dass der Gläubiger mit der Verfolgung des Anspruchs nicht einverstanden ist oder gar auf den Anspruch verzichtet hat, dem Schädiger obliegt.[32]

19 Der Dritte muss alle Einwendungen, die der Schädiger gegen den ursprünglichen Gläubiger hat, gegen sich gelten lassen, insbesondere dessen etwaiges Mitverschulden sowie vereinbarte Haftungsbeschränkungen. Wie bei der Abtretung nach §§ 404 ff. BGB sind auch das Verschulden des Dritten (§ 254 BGB) oder dessen Hilfspersonen (§ 278 BGB) sowie Haftungsbeschränkungen von Schädiger und Drittem zu berücksichtigen.[33]

C. Kausalität

20 Wie oben bereits erwähnt,[34] muss das Verhalten des Schädigers für den Schaden kausal, der Schaden also durch das zum Schadensersatz verpflichtende Ereignis verursacht worden sein. Während im Rahmen der haftungsbegründenden Kausalität geprüft werden muss, ob zwischen dem Verhalten des Schädigers und der eingetretenen Rechtsgutverletzung ein Ursachenzusammenhang besteht, umfasst die haftungsausfüllende Kausalität, um die es im Rahmen des Schadensrechts geht (§§ 249 ff. BGB), den Ursachenzusammenhang zwischen der Rechtsgutverletzung und dem entstandenen Schaden.

I. Äquivalente Kausalität

21 Nach der Bedingungs- bzw. Äquivalenztheorie liegt ein Kausalzusammenhang vor, wenn das Verhalten des in Anspruch genommenen nicht hinweg gedacht werden kann, ohne dass damit der Erfolg entfiele (*condicio-sine-qua-non*). Die Äquivalenztheorie legt allerdings sowohl für die Haftungsbegründung als auch für die Haftungsausfüllung nur die Mindestkriterien für die Kausalität fest, die weiter durch die Adäquanz und den Schutzzweck der Norm eingeschränkt werden.

II. Adäquate Kausalität

22 Ersatz des Schadens kann der Geschädigte nur verlangen, wenn das Ereignis – im Baurecht in aller Regel der Mangel – den vom Geschädigten geltend gemachten Schaden adäquat kausal ver-

---

28 MüKo-BGB/*Oetker*, § 249 Rn. 277 m.w.N.
29 BGH, Urt. v. 20.04.1989, I ZR 154/87, NJW 1989, 3099; BGH, Urt. v. 29.02.1996, III ZR 4/95, NJW-RR 1996, 724.
30 BGH, Urt. v. 26.09.1957, II ZR 267/56, NJW 1957, 1838.
31 RGZ 115, 419, 426; BGH, Urt. v. 10.05.1984, I ZR 52/82, NJW 1985, 2411, 2412.
32 BGH, Urt. v. 04.12.1997, IX ZR 41/97, NJW 1998, 1864, 1865.
33 BGH, Urt. v. 25.11.1971, VII ZR 37/70, NJW 1972, 289.
34 Vgl. hierzu Rdn. 5 (Differenzhypothese).

ursacht hat. Mit dieser teleologischen Reduktion[35] soll eine Abgrenzung zu den Kausalverläufen erreicht werden, die dem Verantwortlichen billigerweise nicht mehr zugerechnet werden können.[36] Zur Umschreibung der Adäquanz verwendet die Rechtsprechung unterschiedliche Formen, die in der Sache kaum voneinander abweichen: Eine Ursache ist – positiv formuliert – dann adäquat, wenn das Ereignis im Allgemeinen geeignet ist, einen Erfolg dieser Art herbeizuführen oder wenn wenigstens die Wahrscheinlichkeit für den Erfolg und Eintritt erheblich erhöht worden ist.[37] Negativ formuliert ist ein Ereignis dann nicht mehr adäquat kausal, wenn es seiner Natur nach für die Entstehung des Schadens irrelevant ist und nur durch eine Verkettung außergewöhnlicher Umstände den Erfolg herbeigeführt hat.[38] Hieraus ergibt sich die gängige Formel, wonach eine Bedingung dann adäquat ist, wenn das schadensbegründende Ereignis im Allgemeinen und nicht nur unter den besonderen nach dem gewöhnlichen Verlauf der Dinge außer Betracht zu lassenden Umständen geeignet ist, einen Erfolg dieser Art herbeizuführen.[39]

Die Frage der Adäquanz einer Bedingung beurteilt sich aufgrund einer objektiven Prognose vom ex-ante-Standpunkt des Schädigers. Auf die individuelle Einsicht und Voraussicht des Schädigers kommt es – anders als beim Verschulden – nicht an. Bei der Beurteilung der Adäquanz sind somit alle zur Zeit des Eintritts der Begebenheit dem optimalen Beobachter erkennbaren Umstände, die dem Urheber der Bedingung noch darüber hinaus bekannten Umstände sowie das gesamte zur Verfügung stehende Erfahrungswissen zu berücksichtigen.[40] 23

III. Schutzzweck der Norm

Vor diesem Hintergrund wird die Adäquanz der Bedingung (i.d.R. des Mangels) für einen dem Auftraggeber bzw. Besteller entstandenen Schaden in Frage gestellt, wenn dessen Verhalten mitursächlich für den geltend gemachten Schaden ist. Das sind insbesondere die Fälle, in denen der Auftraggeber bzw. Besteller den Schaden durch eine selbständige Willensentscheidung mit beeinflusst oder in denen er sich mit einem Dritten über die geltend gemachte Schadenssumme vergleicht. 24

Zu denken ist an den Fall, dass der Hauptauftragnehmer sich mit dem Hauptauftraggeber wegen eines Mangels auf eine Schadenssumme vergleicht und diesen Betrag anschließend vom Nachunternehmer als mangelbedingten Folgeschaden geltend macht. Auch gehören dazu die Fälle, in denen sich der Besteller/Vermieter mit dem Mieter zur Abgeltung der Folgekosten (z.B. zusätzliche Heizkosten oder entgangener Gewinn) vergleicht und den im Vergleich vereinbarten Betrag als Folgeschaden geltend macht. Zwar kann in solchen Fällen die adäquate Verursachung nicht ohne Weiteres verneint werden, da ohne den Mangel der Vergleich nicht geschlossen worden wäre. Allerdings stellt sich hier die Frage, inwieweit die geltend gemachten Beträge noch dem Schädiger zugerechnet werden können. 25

1. Haftungsbeschränkung durch Zurechnungszusammenhang

Der geltend gemachte Schaden muss der Art und seiner Entstehung nach unter den Schutzzweck der verletzten Norm fallen. Unter dem Stichwort »Haftungsbeschränkung durch Zurechnungszusammenhang« hat die Rechtsprechung folgende Grundsätze entwickelt: 26

---

35 Vgl. hierzu BGH, Urt. v. 09.07.1986, GSZ 1/86, BGHZ 98, 212, 217; Staudinger/*Schiemann*, § 249 Rn. 7.
36 BGH, Urt. v. 27.01.1981, VI ZR 204/79, BGHZ 79, 259, 261; BGH, Urt. v. 04.07.1994, II ZR 126/93, NJW 1995, 126, 127; MüKo-BGB/*Oetker*, § 249a Rn. 111 ff.
37 BGH, Urt. v. 19.11.1971, ZR 100/69, BGHZ 57, 245, 255.
38 BGH, Urt. v. 18.07.1972, 1 BvL 32/70; 1 BvL 25/71, NJW 1972, 1941.
39 BGH, Urt. v. 14.10.1971, VII ZR 313/69, BGHZ 57, 137, 141 = NJW 1972, 66; BGH, Urt. v. 09.10.1997, III ZR 4/97, BGHZ 137, 11, 19.
40 BGH, Urt. v. 23.10.1951, I ZR 31/51, BGHZ 3, 261, 266.

- Die adäquate Zurechnung eines Schadens steht unter dem Vorbehalt des Schutzzwecks der Norm. Eine Schadensersatzpflicht besteht danach nur, wenn der geltend gemachte Schaden aus dem Bereich der Gefahren stammt, zu deren Abwendung die verletzte Norm erlassen oder die verletzte vertragliche Pflicht übernommen worden ist. Die Schadensersatzpflicht hängt demzufolge davon ab, ob das übertretene Gesetz oder die Vertragspflicht überhaupt den Schutz des Einzelnen bezweckt und der Verletzte gegebenenfalls zu dem geschützten Personenkreis gehört.
- Zum anderen muss Zweck der Verbotsnorm der Schutz des verletzten Rechtsguts sein.
- Schließlich muss Zweck der Verbotsnorm der Schutz des Rechtsguts gerade gegen die vorliegende Schädigungsart sein.

2. Vergleich zwischen Hauptauftragnehmer und Hauptauftraggeber

27 Unter dieser Maßgabe stellt sich im Fall des Vergleichs zwischen Hauptauftragnehmer und Hauptauftraggeber die Frage, ob die Vergleichssumme dem Schädiger (als Folgeschaden) zugerechnet werden kann. Die Tatsache, dass der vereinbarte Vergleichsbetrag nicht exakt dem vom Hauptauftraggeber geltend gemachten Schaden entspricht, ändert grundsätzlich nichts daran, dass der Vergleichsbetrag ein adäquat kausaler Folgeschaden ist. Problematisch und im Einzelfall zu entscheiden ist lediglich, ob und inwieweit der gezahlte Vergleichsbetrag ein Schaden ist, der dem Schädiger nach dem Schutzzweck der Norm auch zuzurechnen ist. Im Ausgangsfall dürfte der Hauptunternehmer jedenfalls dann berechtigt sein, den Vergleichsbetrag als Schaden ersetzt zu verlangen, wenn es sich um einen vor Gericht geschlossenen Vergleich handelt und dieser auf einem gerichtlichen Vorschlag beruht.[41]

28 Ob der Abschluss eines Vergleichs, der den Schaden erst herbeiführt, dem Schädiger zugerechnet werden kann oder vielmehr den rechtlichen Zusammenhang unterbricht, hängt von den Umständen des Einzelfalls ab. Dabei dürfte es auf die Erfolgsaussichten des Geschädigten im Falle einer gerichtlichen Entscheidung und dessen Interesse an einer raschen Streitbeendigung ankommen.[42] Zudem dürften auch die Risiken bei der Sachaufklärung durch den Geschädigten eine wesentliche Rolle spielen und den in Anspruch genommenen Hauptunternehmer im Zweifelsfall berechtigen, einem Vergleich zuzustimmen, der diese Risiken angemessen abdeckt. Deutliche Abweichungen von dem tatsächlichen Schaden führen allerdings zu einer Unterbrechung des Zurechnungszusammenhangs.[43]

3. Grenzen der Zurechnung bei Mietausfallschäden

29 In einem vom BGH am 27.09.2007 entschiedenen Fall ging es darum, dass der Besteller/Vermieter sich auf Vorschlag des Mieters mit diesem im Rahmen einer »Vergleichs- und Nachtragsvereinbarung« wegen der »strukturbedingt schwierigen Situation« zur »Stabilisierung des Klinikbetriebs« auf eine zum Teil rückwirkende Mietminderung für fünf Jahre und Zahlung eines Einmalbetrags für »einzelne bauliche Maßnahmen« gegen Verlängerung des Mietvertrags um weitere 10 Jahre einigte, wobei der Einmalbetrag – begrenzt auf die vereinbarte Höhe – nur auf Verwendungsnachweis des Mieters zu zahlen war. Der Besteller/Vermieter und der Mieter vereinbarten ferner, die noch offenen selbständigen Beweisverfahren über Mängel nicht mehr weiter zu betreiben. Der Besteller/Vermieter klagte anschließend gegen den Generalunternehmer auf mängelbedingten Schadensersatz nach § 635 BGB in Höhe der vereinbarten Einmalzahlung und der vereinbarten Mietminderung.

---

41 Vgl. BGH, Urt. v. 07.03.2002, VII ZR 41/01, BauR 2002, 1086.
42 Ebd. unter Verweis auf BGH, Urt. v. 19.05.1988, III ZR 32/87, NJW 1989, 99 und v. 07.01.1993, IX ZR 199/91, NJW 1993, 1587.
43 Zur Bedeutung eines solchen Vergleichs im Rahmen des Vorteilsausgleichs vgl. Rdn. 94.

Der BGH hob die Entscheidung des OLG Hamburg auf, das den Generalunternehmer in voller Höhe verurteilt hatte. Der Unternehmer habe dem Besteller zwar auch Mietminderungen als Schaden zu ersetzen, die auf Mängel der Werkleistung zurückzuführen seien, und zwar auch dann, wenn der Schaden bzw. die Zahlung auf einer Einigung zwischen Besteller/Vermieter und Mieter beruhe. Voraussetzung sei jedoch, dass die vereinbarte Reduzierung der Miete auf vom Unternehmer zu vertretenden Mängeln beruht und dem Unternehmer auch der Höhe nach zuzurechnen ist. Maßgeblich kam es in dem vom BGH entschiedenen Fall somit darauf an, ob und in welchem Umfang die vereinbarte Mietreduzierung allein auf von dem Unternehmer zu vertretende Mängel zurückzuführen ist. Dies ist allerdings eine Frage der – vom Bestseller darzulegenden und nachzuweisenden – Kausalität und nicht des Zurechnungszusammenhangs (Schutzzweck der Norm), wobei die Grenzen zwischen Kausalität und Zurechnungszusammenhang allerdings fließend sind. In ähnlich gelagerten Fällen kann die Kausalität durchaus gegeben sein uns sich die entscheidende Frage bei der Zurechnung stellen. Diese könnte in einem vergleichbaren Fall dann nicht mehr gegeben sein, wenn eine mangelbedingte Zahlung ohne nähere Prüfung erfolgt und sich später herausstellt, dass die Zahlung deutlich überhöht ist.

IV. Mehrere Ursachen

Beruht der Schaden auf mehreren Ursachen und sind diese von verschiedenen Baubeteiligten gesetzt worden, haften diese als Gesamtschuldner. Dabei sind alle Ursachen gleichwertig. Eine Differenzierung zwischen wichtigen und weniger wichtigen Ursachen erfolgt nicht (daher: Äquivalenztheorie).[44] Haben zwei Ereignisse den Schaden herbeigeführt, von denen jedes auch allein den Schaden herbeigeführt hätte, bedarf die *condicio-sine-qua-non*-Formel einer normativen Einschränkung, da derselbe Schaden auch eingetreten wäre, wenn ein einzelnes schädigendes Ereignis hinweggedacht würde. Um zu vermeiden, dass jeder Schädiger die Verantwortung auf den jeweils anderen abwälzen kann und der Geschädigte leer ausgeht, werden in den Fällen der so genannten konkurrierenden Kausalität bzw. Doppelkausalität beide Schadensereignisse im Rechtssinne ursächlich, wenn sie zwar einzeln, aber nicht gemeinsam hinweggedacht werden können, ohne dass der Erfolg wegfällt.[45]

Der Ausschluss der Zurechnung bei mehreren Verursachern geschieht im Außenverhältnis vielmehr auf andere Weise (kein Verschulden; Adäquanz; Schutzzweck der Norm). Dementsprechend ist eine Gewichtung der Verursachung lediglich für den Schadensausgleich im Innenverhältnis (zwischen den Schädigern) von Belang. Der auch bei mehreren Verursachern erforderliche Zurechnungszusammenhang ist allerdings bereits dann gegeben, wenn die Handlung des Schädigers den Schaden nicht allein, sondern nur im Zusammenwirken mit dem Handeln eines anderen herbeigeführt hat, sog. Gesamtkausalität oder kumulative Kausalität.[46]

D. Schadensberechnung

I. Konkrete/abstrakte Schadensberechnung

1. Konkrete Schadensberechnung

Der Schaden ist grundsätzlich konkret zu berechnen. Maßgeblich ist dabei die tatsächlich eingetretene Vermögensminderung und die ausbleibende Vermögensmehrung. Der Besteller hat Anspruch auf die Kosten, die vor diesem Hintergrund als sicher entstehend geschätzt werden können.

---

44 BGH, Urt. v. 10.05.1990, IX ZR 113/89, NJW 1990, 2882, 2883.
45 BGH, Urt. v. 21.05.1992, III ZR 14/91, BGHZ 118, 263, 267.
46 BGH, Urt. v. 10.05.1990, IX ZR 113/89, NJW 1990, 2882, 2883; BGH, Urt. v. 20.11.2001, VI ZR 77/00, NJW 2002, 504, 505 (für Dauerschäden); BGH, Urt. v. 16.05.2002, VII ZR 81/00, NJW 2002, 2708, 2709.

34 Insofern unterscheidet sich der Schadensersatzanspruch vom Anspruch auf Vorschuss. Beim Vorschussanspruch kann hingenommen werden, dass ein Betrag ausgeurteilt wird, der möglicherweise wegen der mit einer Schätzung verbundenen Ungewissheit mehr oder weniger deutlich über den tatsächlichen Kosten liegt, denn der Vorschuss wird nach durchgeführter Mangelbeseitigung abgerechnet. Im Gegensatz hierzu ist der Besteller nicht verpflichtet, einen im Wege des Schadensersatzes nach den Mängelbeseitigungskosten berechneten Betrag abzurechnen. Vor diesem Hintergrund muss gewährleistet sein, dass dem Besteller kein Überschuss verbleibt, denn darauf hat er keinen Anspruch. Es kann also bei einer Schätzungsbandbreite regelmäßig nur der untere Betrag ausgeurteilt werden.

35 Streitig ist, wie der Schaden berechnet wird, wenn im Zeitpunkt der letzten mündlichen Verhandlung ein Gutachten über die voraussichtlichen Mängelbeseitigungskosten vorliegt, der Besteller den Mangel jedoch zu geringeren Kosten hat beseitigen lassen. Nach Auffassung des OLG Hamm[47] geht die Kostenminderung jedenfalls dann zu Lasten des Unternehmers bzw. Schädigers, wenn diese auf einem geschickten Verhandeln des Bestellers oder auf einer Reduzierung des für die Mängelbeseitigung notwendigen Leistungsspektrums beruht. Wenn die Schätzung des Sachverständigen dem objektiven Marktpreis entspricht, soll es deshalb in diesem Fall bei den von ihm ermittelten Kosten bleiben.

36 Als Mindestschaden dürfte der Beschädigte in dieser Konstellation jedenfalls den objektiven Wert (Verkehrswert) des beschädigten oder zerstörten Vermögensgutes fordern. Dies ergibt sich für den Fall der Beschädigung aus § 249 Abs. 2 S. 1 BGB, und für den Fall der Zerstörung oder Entziehung aus der Differenzhypothese.[48]

2. Abstrakte Schadensberechnung

37 Die abstrakte Schadensberechnung ist für entgangenen Gewinn zulässig (§ 252 S. 2 BGB), wobei es sich systematisch um eine Beweiserleichterung handelt.

II. Kleiner/großer Schadensersatz

38 Der Geschädigte kann – dies gilt für § 13 Abs. 7 VOB/B ebenso wie für die §§ 634 Nr. 4, 280 Abs. 1 und 3 BGB i.V.m. § 281 BGB oder § 283 BGB – zwischen zwei Methoden der Schadensberechnung, dem »kleinen« und dem »großen« Schadensersatzanspruch, wählen. Beim »kleinen« Schadensersatz entscheidet sich der Geschädigte dafür, die mangelhafte Leistung zu behalten; er liquidiert lediglich den Betrag, der zur Herstellung der mangelhaften Leistung erforderlich ist, und verlangt Ersatz für etwaige weitere Schäden. Lehnt der Geschädigte die erbrachte Leistung hingegen vollständig ab und verlangt – wie in den meisten Konstellationen – die Beseitigung des bereits erbrachten Werkes (»großer« Schadensersatz), kann er das volle Erfüllungsinteresse, d.h. die Kosten der Neuherstellung sowie etwaige noch verbleibende weitere Schäden, geltend machen.[49]

1. Kleiner Schadensersatz

39 Wählt der Besteller den »kleinen« Schadensersatz, der in § 281 Abs. 1 BGB als Regelfall vorgesehen ist und bei Bauverträgen weitaus häufiger vorkommt als der »große« Schadensersatz, kann er den durch die mangelhafte Ausführung verursachten Schaden verlangen. Der Anspruch besteht dann in dem Umfang, in dem das Werk nicht oder nicht wie geschuldet erbracht worden ist. Der Erfüllungsanspruch bleibt also – soweit die Leistung wie geschuldet erbracht worden ist – bestehen. Dabei ist nach wohl herrschender Meinung gleichgültig, ob der nicht erfüllte Teil (d.h. der

---

47 OLG Hamm, Urt. v. 06.12.2005, 21 U 66/05, BauR 2006, 704.
48 Einzelheiten *Kniffka*, IBR-Online-Kommentar, § 636 Rn. 65.
49 BGH, Urt. v. 05.05.1958, VII ZR 130/57, BGHZ 27, 215; BGH, BB 1963, 995; BGH, Urt. v. 11.07.1991, VII ZR 301/90, BauR 1991, 744.

Mangel) erheblich ist.[50] Dies ergibt sich bereits aus der Regelung selbst, wonach lediglich der große Schadensersatz ausgeschlossen ist, wenn die Pflichtverletzung unerheblich ist (§ 281 Abs. 1 S. 3 BGB).[51]

a) Minderung des Verkehrswertes

Der Besteller, der das mit Baumängeln behaftete Werk weder reparieren noch sanieren, sondern 40 es im mangelbehafteten Zustand erhalten oder veräußern will – was nicht zum Verlust des Schadensersatzanspruchs führt (siehe unten) –, kann seinen Schadensersatzanspruch auf die Geltendmachung der Minderung des Verkehrswertes des Bauwerkes beschränken, die die Bauleistung durch den oder die vom Unternehmer zu vertretenden Baumängel erfahren hat. Eine solche Wertminderung kann der Besteller auch verlangen, wenn er zwar, was Tatbestandsvoraussetzung des § 638 BGB ist, eine Reparatur/Sanierung der mangelhaften Bauleistung beabsichtigt, er aber die (voraussichtlichen) Mängelbeseitigungskosten (noch) nicht darlegen kann oder möchte. Berechnet wird die Minderung so, dass der Besteller die Differenz zwischen dem Verkehrswert mit und ohne Mangel auf dem Grundstücksmarkt ermittelt. Dabei ist der Berechnungsmodus des § 638 Abs. 3 BGB zu berücksichtigen.[52]

b) Mangelbeseitigungsaufwand

Alternativ kann der Besteller als Schadensersatz den für die Mängelbeseitigung – und damit gegebenenfalls auch für eine Neuherstellung des Werkes[53] – erforderlichen Geldbetrag verlangen.[54] 41 Insoweit wird der Schaden nach dem Aufwand berechnet, der zur vertragsgemäßen Herstellung des Werkes erforderlich ist.[55] Dazu gehören alle Kosten, die nach § 637 Abs. 1 BGB erstattet würden. Die Erforderlichkeit des Betrages richtet sich somit nach den gleichen Grundsätzen, die für die erforderlichen Aufwendungen im Rahmen der Ersatz- bzw. Selbstvornahme gelten.[56] Er umfasst also außer den Kosten der eigentlichen Mängelbeseitigung auch die Kosten sämtlicher Vor- und Nacharbeiten[57] sowie alle weiteren Kosten wie die einer notwendigen Hotelunterbringung[58] oder der Anmietung einer Ersatzwohnung bis zur Nachbesserung eines selbst genutzten Hauses[59] sowie einer notwendigen Auslagerung von Möbeln.[60] Muss die Leistung wegen Unbrauchbarkeit – beispielsweise bei falsch imprägnierten Holzteilen[61] – beseitigt werden, gehören zum Schadensersatz auch die Kosten des Abrisses/Ausbaus, des Abtransports und der Lagerung/Vernichtung der betroffenen Bauteile.[62] Der Anspruch selbst entsteht bereits vor Behebung des

---

50 A.A. *Sienz*, in: Wirth/Sienz/Englert, S. 38.
51 So auch *Kniffka*, IBR-Online-Kommentar, § 636 Rn. 59 m.w.N.
52 Vgl. BGH, Urt. v. 05.10.1961, VII ZR 146/60, BB 1961, 1216; BGH, Urt. v. 15.12.1994, VII ZR 246/93, BauR 1995, 388.
53 OLG Bamberg, Urt. v. 22.11.2004, 4 U 50/02, IBR 2006, 197.
54 BGH, Urt. v. 27.03.2003, VII ZR 443/01, BGHZ 154, 301; BGH, Urt. v. 10.04.2003, VII ZR 251/02, BauR 2003, 1211; BGH, Urt. v. 29.07.2003, X ZR 160/01, BauR 2003, 1884.
55 BGH, Urt. v. 27.03.2003, VII ZR 443/01, BGHZ 154, 301; BGH, Urt. v. 10.04.2003, VII ZR 251/02, BauR 2003, 1211; BGH, Urt. v. 10.03.2005, VII ZR 321/03, BauR 2005, 1014; BGH, Urt. v. 28.06.2007, VII ZR 8/06, BGHZ 173, 83.
56 OLG Celle, Urt. v. 11.12.2003, 6 U 105/03, BauR 2004, 1018; *Kohler*, in: Beck'scher VOB-Kommentar, B § 13 Nr. 7 Rn. 123; *Siegburg*, Gewährleistung, Rn. 1313, 1184.
57 BGH, Urt. v. 10.04.2003, VII ZR 251/02, BauR 2003, 1211.
58 BGH, Urt. v. 10.04.2003, VII ZR 251/02, BauR 2003, 1211.
59 BGH, Urt. v. 28.11.1966, VII ZR 79/65, NJW 1967, 340.
60 OLG Celle, Urt. v. 29.11.2001, 13 U 78/01, BauR 2003, 403.
61 OLG Saarbrücken, Urt. v. 03.12.1985, 2 U 141 u. 185/83 sowie 61/84, NJW-RR 1987, 470.
62 Ingenstau/Korbion/*Wirth*, B § 13 Nr. 7 Rn. 104.

Mangels.[63] Da der zur Mangelbeseitigung erforderliche Geldbetrag dem Besteller zudem unabhängig davon zusteht, ob er die Mängel beseitigen lassen will oder nicht,[64] ist der Geschädigte auch nicht verpflichtet, den tatsächlich entstandenen Aufwand zu belegen.[65] Der Besteller muss sich auch nicht auf eine mit geringeren Kosten verbundene Ersatzlösung bzw. die Abgeltung eines – wegen der nicht vertragsgemäßen Nachbesserung verbleibenden – Minderwerts verweisen lassen; denn zu den zu ersetzenden notwendigen Aufwendungen für die Mängelbeseitigung gehören all diejenigen Kosten, die der Besteller bei verständiger Würdigung für erforderlich halten darf.[66] Dazu genügt es, dass der Besteller diese Kosten schätzt und im Prozess die Einholung eines Sachverständigengutachtens als Beweis anbietet.[67] Hat der Besteller einen Drittunternehmer mit der Mängelbeseitigung beauftragt, ohne dass ihm ein Auswahlverschulden zur Last fällt, muss der schadenersatzpflichtige Unternehmer die daraus entstandenen Kosten auch dann ersetzen, wenn der Drittunternehmer unnötige Arbeiten ausführt oder überhöhte Arbeitszeiten in Ansatz bringt.[68] Lediglich für ein ungewöhnlich grobes Fehlverhalten des mit der Schadensbeseitigung beauftragten Drittunternehmers muss der schadenersatzpflichtige Unternehmer nicht einstehen.[69]

c) Frustrierungsschaden

42 Auch Frustrierungsschäden hat der Schädiger dem Geschädigten zu ersetzen. Darunter sind Aufwendungen zu verstehen, die vor dem schädigenden Ereignis – also nicht kausal – im Hinblick auf die beschädigte Sache bzw. das mangelbehaftete Werk getätigt und nunmehr nutzlos geworden sind.[70]

d) Nicht gezahlter Werklohn als Abzugsposten

43 Wurde der Werklohn noch nicht vollständig bezahlt, ist dies bei der Schadensberechnung als Abzugsposten zu berücksichtigen. Dies kann, da der – nach den Mängelbeseitigungskosten berechnete – Schadensersatzanspruch unabhängig vom Wert des mangelhaften Werks geltend gemacht werden kann, dazu führen, dass der Besteller für das mangelhafte Werk letztlich nichts bezahlt.[71] Maßgebend ist nämlich einzig und allein, welcher Betrag zur Mangelbeseitigung erforderlich ist.

44 Eine Einschränkung könnte dieses Ergebnis allerdings über die Regelung des § 251 Abs. 2 BGB erfahren. Denn eine entsprechende Anwendung dieser Norm könnte dazu führen, dass der nach den Mängelbeseitigungskosten berechnete Schadensersatz mit dem Argument verweigert werden kann, dass dieser unverhältnismäßig hoch ist.[72] Insoweit wird teilweise auf die zu § 635 Abs. 3

---

63 BGH, Urt. v. 08.11.1973, VII ZR 86/73, BGHZ 61, 369; BGH, Urt. v. 10.04.2003, VII ZR 251/02, BauR 2003, 1211.
64 BGH, Urt. v. 10.04.2003, VII ZR 251/02, BauR 2003, 1211; BGH, Urt. v. 29.07.2003, X ZR 160/01, BauR 2003, 1884.
65 OLG Hamm, Urt. v. 06.12.2005, 21 U 66/05, BauR 2006, 704.
66 BGH, Urt. v. 27.03.2003, VII ZR 443/01, BGHZ 154, 301.
67 BGH, Urt. v. 28.11.2002, VII ZR 136/00, NJW 2003, 1038; BGH, Urt. v. 08.05.2003, VII ZR 407/01, BauR 2003, 1247; bestätigt zuletzt durch BGH, Urt. v. 20.05.2010, V ZR 201/09.
68 OLG Karlsruhe, Urt. v. 19.10.2004, 17 U 107/04, BauR 2005, 879.
69 OLG Düsseldorf, Urt. v. 04.06.1993, 22 U 13/93, BauR 1993, 739; *Merl* in,: Kleine-Möller/Merl, § 15 Rn. 933.
70 Bamberger/Roth/*Grüneberg*, Vor § 249 Rn. 12.
71 Vgl. hierzu BGH, Urt. v. 10.03.2005, VII ZR 321/03, BauR 2005, 1014; zur Kritik *Jansen*, BauR 2007, 800, 801 m.w.N. sowie *Kniffka*, IBR-Online-Kommentar, § 636 Rn. 66 m.w.N.
72 BGH, Urt. v. 26.10.1972, VII ZR 181/71, BGHZ 59, 365; BGH, Urt. v. 06.11.1986, VII ZR 97/85, BGHZ 99, 81; BGH, Urt. v. 27.03.2003, VII ZR 443/01, BGHZ 154, 301 zu § 635 BGB a.F.; OLG Karlsruhe, Urt. v. 07.11.2001, 7 U 87/97, BauR 2003, 98 zu § 635 BGB a.F.; *Siegburg*, Gewährleistung, Rn. 1311 f.; *Kohler*, in: Beck'scher VOB-Kommentar, B § 13 Nr. 7 Rn. 29; a.A. OLG Düsseldorf, Urt. v. 28.06.2002, 5 U 61/01, BauR 2002, 1860.

BGB entwickelten Grundsätze, wenn auch mit der Maßgabe, dass bei einer verschuldensabhängigen Haftung deutlich strengere Anforderungen gelten müssen, abgestellt.[73] Eine Unverhältnismäßigkeit der Mängelbeseitigungskosten kommt deshalb nur in Ausnahmefällen und nur dann in Betracht, wenn es für den Unternehmer schlichtweg unzumutbar ist, von dem Besteller in nicht sinnvoller Weise gemachte Aufwendungen zu tragen.[74]

e) Veräußerung des Bauwerks

Veräußert der Besteller das Bauwerk, bevor er den zur Mängelbeseitigung erforderlichen Geldbetrag erhalten hat, oder wird das Bauwerk zuvor zwangsversteigert, erlischt der nach den Mängelbeseitigungskosten berechnete Anspruch nicht.[75] Dies gilt grundsätzlich auch dann, wenn der Besteller z.B. als Bauträger nicht oder nur eingeschränkt von dem Erwerber in Anspruch genommen wird. Im vorgenannten Fall muss dieser sich jedoch dasjenige anrechnen lassen, was er dadurch erlangt, dass er von seinem Besteller nicht oder nicht in vollem Umfang in Anspruch genommen wird.[76] Insofern kann ein Bauträger seine Mängelrechte gegenüber den ausführenden Unternehmen nicht mehr durchsetzen, wenn er von den Erwerbern – z.B. wegen Verjährung – nicht mehr in Anspruch genommen werden kann.[77] Ob und inwieweit ein Vorteil, den der Bauträger erlangt, nach Treu und Glauben an den Nachunternehmer weitergegeben werden muss, ist allerdings eine Frage des Einzelfalls.[78] Eine Vorteilsausgleichung findet z.B. nicht statt, wenn dies zu einer insolvenzrechtlichen Benachteiligung anderer Gläubiger führen würde[79] oder im Fall des insolventen Generalunternehmers, in dem diesem bzw. dem Verwalter ohne Fristsetzung und damit unter Entziehung des Nachbesserungsrechts des Subunternehmers das Recht zur Minderung (§ 13 Abs. 6 VOB/B, § 638 BGB) zugestanden würde.[80] Im Ergebnis dürfte nichts anderes für einen in dieser Konstellation geltend gemachten Schadensersatzanspruch gelten.[81]

f) Umsatzsteuer

In Abkehr seiner früheren Rechtsprechung hat der BGH mit Urt. v. 22.07.2010[82] entschieden, dass die Umsatzsteuer auf voraussichtliche Mängelbeseitigungsaufwendungen als Schadensersatz nicht verlangt werden kann, solange der Mangel nicht tatsächlich beseitigt worden ist. § 249 Abs. 2 S. 2 BGB sei zwar auf Schadensersatzansprüche im Werkvertragsrecht nicht anwendbar, enthalte jedoch eine gesetzliche Wertung für vergleichbare Fälle. Der Besteller erhält folglich den Bruttobetrag lediglich nach Mängelbeseitigung. Er ist allerdings im Werkvertragsrecht insofern ausreichend geschützt, als dass er ebenfalls einen auch die Umsatzsteuer umfassenden Vorschussanspruch (§ 637 Abs. 3 BGB) geltend machen kann, der allerdings zur Mängelbeseitigung verwendet werden muss.

---

73 So auch *Kniffka*, IBR-Online-Kommentar, § 636 Rn. 66.
74 BGH, Urt. v. 27.03.2003, VII ZR 443/01, BGHZ 154, 301; BGH, Urt. v. 10.03.2005, VII ZR 321/03, BauR 2005, 1014.
75 BGH, Urt. v. 24.05.1973, VII ZR 92/71, BGHZ 61, 28; BGH, Urt. v. 08.11.1973, VII ZR 86/73, BGHZ 61, 369; BGH, Urt. v. 12.05.1980, VII ZR 228/79, BGHZ 77, 134; BGH, Urt. v. 06.11.1986, VII ZR 97/85, BGHZ 99, 81; BGH, Urt. v. 04.05.2001, V ZR 435/99, BGHZ 147, 320; BGH, Urt. v. 22.07.2004, VII ZR 275/03, BauR 2004, 1617; BGH, Urt. v. 28.06.2007, VII ZR 81/06 u. VII ZR 8/06, BGHZ 173, 83; OLG Hamm, Urt. v. 11.07.1995, 21 U 206/94, IBR 1996, 59.
76 BGH, Urt. v. 28.06.2007, VII ZR 81/06, BGHZ 173, 83.
77 BGH, Urt. v. 28.06.2007, VII ZR 81/06, BGHZ 173, 83 unter Aufgabe der älteren Rechtsprechung, Urt. v. 24.03.1977, VII ZR 319/75, BauR 1977, 277; OLG Frankfurt v. 28.03.2001, 17 U 98/99, Revision nicht angenommen, BGH, VII ZR 167/01; vgl. zum Vorteilsausgleich auch Rdn. 88 ff.
78 Vgl. *Aengenvoort*, BauR 2008, 16, 22.
79 BGH, Urt. v. 16.09.1993, IX ZR 255/92, NJW 1994, 49.
80 BGH, Urt. v. 10.08.2006, IX ZR 28/05, BGHZ 169, 43.
81 Zum Vorteilsausgleich vgl. auch Rdn. 88 ff.
82 BGH, Urt. v. 22.07.2010, VII ZR 176/09.

2. Großer Schadensersatz

47 Wählt der Besteller den »großen« Schadensersatz, kann er nach § 281 Abs. 1 BGB – wenn er dem Unternehmer erfolglos eine angemessene Frist zur Leistung oder Nacherfüllung bestimmt hat – statt der ganzen Leistung Schadensersatz verlangen. Dies gilt allerdings nur dann, wenn der Mangel erheblich ist. Der Besteller hat danach Anspruch darauf, so gestellt zu werden, als wäre der Vertrag ordnungsgemäß erfüllt worden, wobei von diesem Schadensersatzanspruch auch die Schäden umfasst sind, die durch eine Nacherfüllung hätten verhindert werden können und sollen.

48 Bei der Wahl des »großen« Schadensersatzes wählt der Geschädigte also eine Berechnungsmethode, die es verbietet, ihm die Vorteile aus der Nutzung zu belassen. Denn mit der Rückabwicklung will er nicht so gestellt werden, als hätte er das Objekt behalten. Etwas anderes gilt nur, wenn der »große« Schadensersatz als Schadensersatz wegen Nichterfüllung auf das positive Interesse gerichtet ist.

49 Einerseits wird dem Unternehmer damit die Möglichkeit eröffnet, die Nacherfüllungshandlung selbst vorzunehmen. Andererseits erhält er Gelegenheit, weitere, durch Nacherfüllung vermeidbare Schäden zu verhindern. Zu dem »großen« Schadensersatz gehören somit nicht nur die Mangelbeseitigungskosten, sondern auch andere Schäden, die nur ersetzt verlangt werden können, wenn der Erfüllungsanspruch ausgeschlossen ist. Lediglich Schäden, die unabhängig von der Nacherfüllung entstehen bzw. bereits entstanden sind, werden nach § 280 Abs. 1 BGB ersetzt. Erfüllungsanspruch und Schadensersatz statt der Leistung (wegen Nichterfüllung) können nämlich nicht nebeneinander bestehen.

50 Auf den Anspruch auf Schadensersatz statt der ganzen Leistung sind die Schadensersatzregelungen des allgemeinen Schuldrechts (§§ 249 ff. BGB) anwendbar, demnach auch die Differenztheorie. In Bausachen kommt der Schadensersatz statt der ganzen Leistung vor allem in zwei Varianten vor:

a) Fertigstellung des Bauwerks durch Drittunternehmer

51 Lässt der Besteller das Werk anderweitig fertig stellen, berechnet sich der Schadensersatz nach den Mehrkosten der anderweitigen Fertigstellung und allen weiteren Schäden, die durch die Nichterfüllung entstanden sind. Von den Kosten des Drittunternehmers ist bei dieser Schadensberechnung der Werklohn des ursprünglich tätig gewesenen Bauunternehmers (Schädiger) abzuziehen.[83]

52 Der nach neuerer Rechtsprechung in dieser Konstellation anzunehmende Untergang des Werklohnanspruchs (s.o.) ist insoweit von Bedeutung, als dass der Unternehmer auch dann keine Vergütung mehr verlangen kann, wenn die Kosten der Errichtung des Werkes durch einen Drittunternehmer den Werklohn nicht erreichen. Anders als beim »kleinen« Schadensersatzanspruch findet beim »großen« Schadensersatz also keine Aufrechnung des Schadensersatzanspruches mit dem Werklohnanspruch statt.

53 Wie beim »kleinen« Schadensersatz (s.o.) kann auch der »große« Schadensersatz ausgeschlossen sein, wenn die Aufwendungen für die Neuerrichtung eines Werkes – einschließlich der Aufwendungen für die Entfernung des mangelhaften Werkes – unverhältnismäßig sind (§ 251 Abs. 2

---

[83] Während nach früherer Rechtsprechung der Besteller, falls er den Werklohn noch nicht bezahlt hatte, im Wege des Schadensersatzes lediglich Befreiung von der Verbindlichkeit verlangen konnte (BGH, Urt. v. 05.05.1958, VII ZR 130/57, BGHZ 27, 215; BGH, Urt. v. 06.05.1968, VII ZR 33/66, BGHZ 50, 160, 164; BGH, Urt. v. 19.01.1978, VII ZR 175/75, BauR 1978, 224), geht der BGH nun davon aus, dass das berechtigte Verlangen nach »großem« Schadensersatz – jedenfalls vor der Abnahme – dazu führt, dass der Werklohnanspruch untergeht (BGH, Urt. v. 29.06.2006, VII ZR 86/05, NJW 2006, 2912) und insofern auch keine Befreiung mehr verlangt werden muss. Hat der Besteller den Vergütungsanspruch bereits erfüllt, kann dieser den Werklohn zurückfordern (vgl. BGH, Urt. v. 08.01.1959, VIII ZR 174/57, BGHZ 29, 148, zu § 463 BGB; BGH, Urt. v. 19.01.1978, VII ZR 175/75, BGHZ 70, 240; *Merl* in: Kleine-Möller/Merl, § 15 Rn. 969).

BGB). Aufgrund der Tatsache, dass der »große« Schadensersatzanspruch allerdings ein Verschulden voraussetzt, ist hier ein strengerer Maßstab anzulegen (s.o.). So liegt nicht schon deshalb eine Unverhältnismäßigkeit vor, wenn das zurückgenommene Bauwerk – oder Teile davon – für den Unternehmer nicht mehr verwertbar ist.[84] Vielmehr kommt es darauf an, ob der mit der Neuerrichtung herbeigeführte Erfolg den Aufwand rechtfertigt.

Die in diesem Zusammenhang geltenden Grundsätze hat der für Bausachen zuständige VII. Zivilsenat in Ergänzung einer Entscheidung aus dem Jahre 1972[85] für den »großen« Schadensersatz wie folgt festgehalten: Maßgebend für die Anwendbarkeit des § 251 Abs. 2 BGB sei der »gesamte Aufwand für die Entfernung des mangelhaften Werkes und die Herstellung eines neuen Werkes«. Die Aufwendungen für die Beseitigung des Werkmangels seien nur dann unverhältnismäßig, »wenn der damit in Richtung auf die Beseitigung des Mangels erzielte Erfolg oder Teilerfolg bei Abwägung aller Umstände des Einzelfalls in keinem vernünftigen Verhältnis zur Höhe des dafür gemachten Geldaufwandes steht«. In einem solchen Fall würde es Treu und Glauben widersprechen, wenn der Besteller diese Aufwendungen dem Unternehmer anlasten könnte.[86] 54

Neben den Aufwendungen für die Neuerrichtung des Werkes (einschließlich der Aufwendungen für die Entfernung des mangelhaften Werkes) kann der Besteller Ersatz aller weiteren (Folge-)Schäden verlangen,[87] die ihm infolge der Nichterfüllung entstanden sind (z.B. Nutzungsausfall; s.o.). 55

b) Rückabwicklung des Bauträgervertrages

Art und Umfang der Vorteilsausgleichung spielen insbesondere bei der Rückabwicklung des Bauträgervertrages eine große Rolle. Auch hierbei muss sich der Geschädigte allerdings – wie auch beim »kleinen« Schadensersatz – die Vorteile anrechnen lassen, die ihm durch das schadensstiftende Ereignis zugeflossen sind. 56

Verlangt der Erwerber im Wege des »großen« Schadensersatzes die Rückabwicklung des Bauträgervertrages, hat der Bauträger alle Vermögensschäden zu ersetzen. Dazu gehören beim Erwerb eines vom Bauträger zu bebauenden Grundstücks der Erwerbspreis, die Kosten der Finanzierung des Erwerbspreises,[88] die Erwerbsnebenkosten (z.B. der Maklerlohn) sowie sonstige Aufwendungen. Denn der Erwerber kann Ausgleich dafür verlangen, dass nach Rückgabe des Objekts seinen Aufwendungen kein entsprechender Gegenwert gegenübersteht. 57

Der ausgebliebene Gegenwert bemisst sich dabei grundsätzlich nach der Höhe der Aufwendungen zur Erlangung der Gegenleistung sowie sämtlicher Kosten, die den Erwerber allein aufgrund des Umstands trafen, dass er Empfänger der mangelhaften Gegenleistung wurde. 58

Nach der Differenzmethode bedeutet dies einen rechnerischen Vergleich zwischen dem im Zeitpunkt der Schadensberechnung vorhandenen Vermögen des Geschädigten und dem Vermögen, das er bei ordnungsgemäßer Erfüllung des Vertrages gehabt hätte. Hier kommen die allgemeinen Grundsätze der Schadenszurechnung (vgl. Rdn. 20 ff.) und der Vorteilsausgleichung (vgl. Rdn. 88 ff.) zur Anwendung. Soweit die Nichterfüllung des Vertrages zu adäquat kausalen Vorteilen für den Geschädigten geführt hat und deren Anrechnung nach Sinn und Zweck der Schadensersatzpflicht entspricht, d.h. den Geschädigten nicht unzumutbar belastet und den Schädiger nicht unbillig begünstigt, sind die Vorteile bei dem Vermögensvergleich zu berücksichtigen. 59

---

84 BGH, Urt. v. 29.06.2006, VII ZR 86/05, BauR 2006, 1736.
85 BGH, Urt. v. 26.10.1972, VII ZR 181/71, BGHZ 59, 365, 366.
86 BGH, Urt. v. 29.06.2006, VII ZR 86/05, BauR 2006, 1736; BGH, Urt. v. 26.10.1972, VII ZR 181/71, BGHZ 59, 365.
87 Der Anspruch nach § 281 Abs. 1 BGB umfasst auch Folgeschäden: *Däubler*, NJW 2001, 3729, 3731; *Kniffka*, IBR-Online-Kommentar, § 636 Rn. 75.
88 BGH, Urt. v. 12.03.2009, VII ZR 26/06, BauR 2009, 1140.

60 Zu diesen in die Differenzrechnung einzustellenden Vorteilen gehört auch der Wert der von dem Geschädigten vor der Rückgabe der mangelhaften Gegenleistung aus dieser gezogenen Nutzungen.[89] Diese Vorteile sind z.B. nach der Miete zu berechnen, wenn der Erwerber die Eigentumswohnung vermietet hat.[90] Auch in dem Fall, in dem der Erwerber das Objekt selbst bewohnt hat, soll der Nutzungsvorteil grundsätzlich nach dem üblichen Mietzins berechnet werden.

61 Anders soll dies – nach der Rechtsprechung des V. Zivilsenats – dann zu beurteilen sein, wenn sich der Erwerber darauf beschränkt, den Leistungsaustausch rückgängig zu machen und Ersatz der Vertragskosten zu verlangen. In diesem Fall soll als Nutzungsvorteil die abnutzungsbedingte, zeitanteilig linear zu berechnende Wertminderung der Immobilie anzurechnen sein.[91]

62 Nach der Rechtsprechung des VII. Zivilsenats hingegen soll bei der Rückabwicklung des Erwerbs von vermietetem Wohnungseigentum zwar ebenfalls der Nutzungsvorteil nach dem objektiven Mietwert zu bemessen sein.[92] Im Fall der Eigennutzung soll demgegenüber jedoch die zeitanteilig linear ermittelte, nach § 287 ZPO zu schätzende Wertminderung des erworbenen Objekts und nicht der übliche Mietzins maßgeblich sein.[93] Im Extremfall kann ein Vorteilsausgleich ganz ausscheiden, wenn die Vorteile der Nutzung des mangelhaften Werks durch die mängelbedingte Minderung des Mietwerts mehr als aufgewogen werden.[94]

63 Im Rahmen des Vorteilsausgleichs muss sich der Erwerber jedoch nicht nur die Nutzungsvorteile, sondern auch die entstandenen und ihm verbleibenden Steuervorteile bei der vorzunehmenden Saldierung der Vor- und Nachteile anrechnen lassen.[95]

64 Eine Vorteilsausgleichung findet allerdings nicht allein deshalb statt, weil unter dem Strich noch ein Vorteil für den Erwerber verbleibt, wenn der Erwerber (z.B. durch den Ansatz der Werbungskosten) mehr Steuern erspart hat, als er durch den Rückfluss zahlen muss. Eine Ausnahme von diesem Grundsatz gilt jedoch dann, wenn der Schädiger Umstände darlegt, auf deren Grundlage dem Geschädigten auch nach einer Anrechnung der aus der Ersatzleistung resultierenden Steuerlast außergewöhnlich hohe Steuervorteile verbleiben.[96]

3. Besonderheiten beim VOB-Vertrag, § 13 Abs. 7 VOB/B

65 Nach § 13 Abs. 7 Nr. 3 S. 1 VOB/B ist dem Auftraggeber nur der Schaden an der baulichen Anlage zu ersetzen, zu deren Herstellung, Instandsetzung oder Änderung die Leistung dient. Damit ist der Schadenersatzanspruch auf den Schaden an der baulichen Anlage begrenzt, geht mithin nicht auf Ersatz des gesamten Schadens.[97] Ein »großer« Schadenseratz kann somit grundsätzlich nicht verlangt werden. Vielmehr muss der Auftraggeber das mangelhafte Werk behalten, kann es also nicht als Ganzes zurückweisen. Eine Ausnahme besteht allerdings für den Fall, dass die Bauleistung infolge schwerwiegender Mängel völlig unbrauchbar ist. Sind diese Mängel nicht anders als durch Abriss und Neuherstellung zu beseitigen, kann der Besteller den dafür erforderlichen

---

89 BGH, Urt. v. 31.03.2006, V ZR 51/05, BGHZ 167, 108, 111; BGH, Urt. v. 12.03.2009, VII ZR 26/06, BauR 2009, 1140.
90 BGH, Urt. v. 09.02.2006, VII ZR 228/04, BauR 2006, 828; BGH, Urt. v. 12.03.2009, VII ZR 26/06, BauR 2009, 1140.
91 BGH, Urt. v. 31.03.2006, V ZR 51/05, BGHZ 167, 108.
92 BGH, Urt. v. 09.02.2006, VII ZR 228/04, BauR 2006, 828; BGH, Urt. v. 12.03.2009, VII ZR 26/06, BauR 2009, 1140.
93 BGH, Urt. v. 06.10.2005, VII ZR 325/03, BGHZ 164, 235.
94 OLG Hamm, Urt. v. 19.09.2002, 21 U 21/02, BauR 2003, 1733.
95 Zu den steuerrechtlichen Einzelheiten bei der Rückabwicklung des Bauträgervertrages vgl. BGH, Urt. v. 19.06.2008, VII ZR 215/06, BauR 2008, 1450 sowie unten Rdn. 95.
96 BGH, Urt. v. 19.06.2008, VII ZR 215/06, BauR 2008, 1450; BGH, Urt. v. 30.11.2007, V ZR 284/06, BauR 2008, 569.
97 Vgl. hierzu *Koenen*, in: Beck'scher Online-Kommentar VOB/B (Hrsg. Jansen/Preussner), § 13 Rn. 37, 90 ff., 101 ff.

Betrag als Kosten für die Mangelbeseitigung gemäß § 13 Abs. 7 Nr. 3 S. 1 VOB/B einfordern, was einem Schadenersatz wegen Nichterfüllung des gesamten Vertrags – jetzt Schadenersatz statt der ganzen Leistung, §§ 280 Abs. 3, 281 Abs. 1 S. 3 BGB – gleichkommt.[98]

E. Mangelfolgeschäden

Zu den Folgeschäden, deren Ersatz verlangt werden kann, gehören die Schäden, die am Bauwerk eingetreten sind. Dabei gilt die Haftung nicht nur für Unternehmer, sondern auch für Architekten und Ingenieure, die ebenfalls für Folgeschäden aufgrund einer fehlerhaften Planung und/oder Bauaufsicht haften, die sich infolge ihrer Fehlleistung bereits im Bauwerk verkörpert haben (§ 280 BGB).[99] Bei einer fehlerhaften Feuchtigkeitsisolierung[100] oder einem fehlerhaft verlegten Estrich[101] gehören beispielsweise zu den Mangelfolgeschäden die Schäden an der Wand, den Tapeten und dem Teppichfußboden.

66

Zudem hat der Geschädigte Anspruch auf Ersatz der – nach altem Recht so bezeichneten – entfernten Mangelfolgeschäden. Dabei handelt es sich um Folgen eines Mangels, die nicht mehr im unmittelbaren Zusammenhang mit dem Mangel stehen, wie z.B. Brandschäden nach mangelhafter Leistung,[102] Sachschäden nach Absturz eines nicht ordnungsgemäß befestigten Regals[103] oder aufgrund auslaufenden Wassers,[104] Einbruchsfolgen nach fehlerhaftem Einbau einer Alarmanlage,[105] oder auch Folgen eines Unfalls wegen fehlerhaft montierter Anzeigegeräte.[106]

67

Als Folgeschäden kommen auch die Kosten für die Anmietung einer Ersatzwohnung[107] sowie des entgangenen Gewinns (§ 252 BGB) während der Mangelhaftigkeit oder Mängelbeseitigung in Betracht.[108] Dies gilt konkret für den entgangenen Gewinn aufgrund mangelbedingten Mietausfalls.[109]

68

Ebenso können als Mangelfolgeschäden Kosten eines Sachverständigen geltend gemacht werden, soweit diese nicht bereits den Mängelbeseitigungskosten zugeordnet werden können, also z.B. Kosten für die Begutachtung des Mangels und Feststellung der Mängelbeseitigungskosten.[110]

69

I. Nutzungsausfall

Nutzungsausfall – ebenfalls ein Mangelfolgeschaden – kommt in Betracht, wenn der Besteller das vom Schädiger errichtete Bauwerk infolge des Mangels nicht nutzen kann. Maßgeblich sind in diesem Zusammenhang die Grundsätze, die der Große Senat des Bundesgerichtshofs im Jahre

70

---

98 OLG München, Urt. v. 12.01.1999, 13 U 6012/97, IBR 2000, 114; *Merl* in: Kleine-Möller/Merl, § 15 Rn. 967; *Siegburg*, Gewährleistung, Rn. 1302.
99 BGH, Urt. v. 11.10.2007, VII ZR 65/06, BauR 2007, 2083.
100 BGH, Urt. v. 15.03.1990, VII ZR 311/88, BauR 1990, 466.
101 BGH, Urt. v. 10.04.2003, VII ZR 251/02, BauR 2003, 1211.
102 BGH, Urt. v. 13.04.1972, VII ZR 4/71, BGHZ 58, 305; BGH, Urt. v. 17.05.1982, VII ZR 199/81, BauR 1982, 489.
103 BGH, Urt. v. 22.03.1979, VII ZR 133/78, BauR 1979, 321.
104 BGH, Urt. v. 18.04.2002, VII ZR 70/01, IBR 2002, 368.
105 BGH, Urt. v. 25.06.1991, X ZR 4/90, BGHZ 115, 32.
106 BGH, Urt. v. 08.12.1992, X ZR 85/91, NJW 1993, 923.
107 BGH, Urt. v. 28.11.1966, VII ZR 79/65, BGHZ 46, 238.
108 BGH, Urt. v. 10.06.1976, VII ZR 129/74, BGHZ 67, 1; BGH, Urt. v. 08.06.1978, VII ZR 164/77, BGHZ 72, 31; BGH, Urt. v. 16.03.2000, VII ZR 461/98, BauR 2000, 1190.
109 BGH, Urt. v. 27.09.2007, VII ZR 80/05, BauR 2007, 2052 (Mietausfall für den Vermieter einer Klinik); mängelbedingte Mehraufwendungen: BGH, Urt. v. 12.03.1992, VII ZR 266/90, BauR 1992, 504; vgl. auch zur »Kausalität«.
110 BGH, Urt. v. 22.10.1970, VII ZR 71/69, BGHZ 54, 352, 358; BGH, Urt. v. 16.10.1984, X ZR 86/83, BGHZ 92, 308, 310; BGH, Urt. v. 13.09.2001, VII ZR 392/00, BauR 2002, 86.

1986 aufgestellt hat.[111] Danach kann der zeitweise Verlust der Nutzungsmöglichkeit von Sachen, auf deren ständige Verfügbarkeit die eigenwirtschaftliche Lebenshaltung des Menschen angewiesen ist, ein Vermögensschaden sein, wenn die Sache – infolge eines deliktischen Eingriffs in das Eigentum – vorübergehend nicht benutzt werden kann, wobei der Ersatz der verlorenen Nutzungsmöglichkeit den Fällen vorbehalten bleiben soll, in denen sich die Funktionsstörung typischerweise auf die materielle Lebenshaltung signifikant auswirkt.

1. Gewerbliche Nutzung eines Bauwerks

71 Bei gewerblich genutzten Bauwerken können lediglich entgangener Gewinn (§ 252 BGB) sowie die Kosten für eine Ersatznutzung verlangt werden, nicht hingegen der Ersatz für »entgangene Nutzungen«.

2. Private Nutzung eines Bauwerks

72 Wie bereits erwähnt, ist nach den vom Großen Senat aufgestellten Grundsätzen erforderlich, dass die Sache infolge eines deliktischen Eingriffs in das Eigentum vorübergehend nicht genutzt werden kann. Allerdings kann bei einem privat, d.h. vom Eigentümer selbst bewohnten Bauwerk, nicht nur der auf einem deliktischem Eingriff beruhende Nutzungsausfall einen ersatzfähigen Schaden darstellen. Vielmehr gilt dies auch dann, wenn der Schaden auf einer werkvertraglichen Pflichtverletzung beruht (§§ 634 Nr. 4, 280 BGB).[112] Dies setzt jedoch voraus, dass die Wohnung für die Lebenshaltung von zentraler Bedeutung ist, was nach der Rechtsprechung nur dann der Fall ist, wenn der Bauherr das Haus selbst bewohnt. Denn auf die ständige Verfügbarkeit des bewohnten Hauses ist der Eigentümer für seine eigenwirtschaftliche Lebenshaltung angewiesen; sie ist typischerweise von zentraler Bedeutung für seine Lebenshaltung. Dies ist nicht der Fall, wenn der Besteller das Haus vermietet.[113]

73 Weiter muss die Nutzungsbeeinträchtigung erheblich sein. So hat der Geschädigte in der Regel nur dann Anspruch auf Ersatz des Nutzungsausfalls, wenn das Bauwerk bzw. Haus überhaupt nicht nutzbar ist, nicht hingegen, wenn eine – infolge von Feuchtigkeit unbenutzbare – Einliegerwohnung einem erwachsenen Sohn lediglich als Zweitwohnung dient.[114]

74 Sind nur einzelne Zimmer nicht bewohnbar, kommt ein Schadensersatzanspruch wegen Nutzungsausfall nur dann in Betracht, wenn die Störung der Nutzung so nachhaltig war, dass sie objektiv dem Entzug der Nutzung nahe kommt, der Betroffene also bei vernünftiger Betrachtung sich eine Ersatzwohnung hätte beschaffen dürfen.[115] Vor dem Hintergrund dieser Grundsätze hat die Rechtsprechung folgende Fallgruppen entschieden:
– Nutzungsausfall für eine erworbene, aber infolge eines Baumangels nicht nutzbare Tiefgarage kann ein ersatzfähiger Mangelfolgeschaden sein.[116]
– Demgegenüber hat die Nutzung einer Garage keine zentrale Bedeutung für die Lebenshaltung, wenn das Fahrzeug in zumutbarer Entfernung außerhalb der Garage abgestellt werden kann.[117]
– Anspruch auf Ersatz eines Nutzungsausfalls besteht auch nicht für ein infolge eines Baumangels vorübergehend nicht nutzbares Schwimmbad.[118]

---

111 BGH, Urt. v. 09.07.1986, GSZ 1/86, BGHZ 98, 212.
112 Vgl. hierzu BGH, Urt. v. 28.02.1980, VII ZR 183/79, BGHZ 76, 179; BGH, Urt. v. 16.09.1987, IV ZR 27/86, BGHZ 101, 325.
113 BGH, Urt. v. 31.10.1986, V ZR 140/85, BauR 1987, 318.
114 BGH, Urt. v. 21.02.1992, V ZR 268/90, BGHZ 117, 260.
115 BGH, Urt. v. 05.03.1993, V ZR 87/91, NJW 1993, 1793; OLG Düsseldorf, Urt. v. 14.06.1991, 22 U 293/90, BauR 1992, 96: nicht für baurechtswidrig errichteten Hobbykeller.
116 BGH, Urt. v. 10.10.1985, VII ZR 292/84, BGHZ 96, 124.
117 BGH, Urt. v. 05.03.1993, V ZR 87/91, NJW 1993, 1793.
118 BGH, Urt. v. 28.02.1980, VII ZR 183/79, BauR 1980, 271.

- Auch für eine nicht nutzbare Terrasse und einen nicht nutzbaren Garten gibt es keinen Nutzungsausfall.[119] Dasselbe gilt für einen nicht nutzbaren Balkon.[120]
- Demgegenüber ist für – erst nach Jahren beseitigte – Schallschutzmängel einer Einzimmerwohnung[121] und für lang anhaltende Geruchsbelästigungen nach erfolgter Parkettversiegelung in Wohn- und Schlafzimmer[122] eine Nutzungsentschädigung bejaht worden.

3. Berechnung des Schadens

Wie der Nutzungsausfall konkret berechnet wird, ist zwar nicht geklärt, orientiert sich jedoch an den erwähnten, im Jahre 1986 vom Großen Senat entwickelten Maßstäben.[123] Ausgangspunkt ist danach ein marktüblicher Mietzins für das nicht genutzte Haus bzw. die nicht genutzte Wohnung abzüglich 75
- einer etwaig durch die Vermietung erzielten Gewinnspanne und
- nicht anfallender Kosten bei privater Nutzung.

Andere Berechnungsmethoden – z.B. Kapitalverzinsung für ein Finanzierungsdarlehen zzgl. der Aufwendungen zur Erhaltung der Nutzungsfähigkeit und anderer laufender Kosten sowie zzgl. eines Altersminderwerts für die Zeit der Gebrauchsentziehung – werden ebenfalls angewandt. Selbst eine Berechnung, nach der der Minderwert infolge des Mangels bei endgültiger Unbenutzbarkeit errechnet wird und sodann der Zeitanteil für die vorübergehende Unbenutzbarkeit bestimmt wird, hat der für Bausachen zuständige VII. Senat für zulässig gehalten.[124] 76

II. Mietausfallschaden

Wie bereits erwähnt,[125] ist der Mietausfall des Vermieters ein vom Schädiger zu ersetzender Mangelfolgeschaden. Da diese Schäden eng und unmittelbar mit dem geltend gemachten Baumangel zusammenhängen, kann deren Ersatz auch beim VOB-Vertrag ersetzt verlangt werden, da es sich insoweit um Schäden an der baulichen Anlage handelt (§ 13 Abs. 7 Nr. 3 S. 1 VOB/B).[126] Das gilt auch für Prozesskosten aus Streitigkeiten um Mietausfälle.[127] Dabei setzt der Anspruch auf Ersatz des Mietausfallschadens – wie alle Mangelfolgeschäden – nicht den fruchtlosen Ablauf einer nach § 13 Abs. 5 Nr. 2 VOB/B bzw. §§ 636, 637 Abs. 1, 281 Abs. 2 BGB gesetzten Mängelbeseitigungsfrist voraus, weil diese Schäden einer Nachbesserung nicht zugänglich sind.[128] 77

Der Ersatzanspruch bezieht sich auf den Mietausfall bis zum Ende der Mängelbeseitigung.[129] Dies gilt beispielsweise bei einem Mietausfall infolge wiederholten Ausfalls einer mangelhaft installierten elektrischen Anlage in einem Operationsraum,[130] infolge einer fehlenden Nutzungs- 78

---

119 BGH, Urt. v. 05.03.1993, V ZR 87/91, NJW 1993, 1793.
120 OLG Saarbrücken, Urt. v. 26.09.2006, 4 U 525/05, BauR 2007, 738.
121 OLG Stuttgart, Urt. v. 25.07.2000, 10 U 36/2000, BauR 2001, 643.
122 OLG Köln, Urt. v. 17.12.2002, 3 U 66/02, IBR 2003, 241.
123 BGH, Urt. v. 09.07.1986, GSZ 1/86, BGHZ 98, 212.
124 BGH, Urt. v. 10.10.1985, VII ZR 292/84, BGHZ 96, 124.
125 Vgl. oben Rdn. 68.
126 BGH, Urt. v. 24.11.1969, VII ZR 177/67, BauR 1970, 48; BGH, Urt. v. 25.09.2003, VII ZR 357/02, BauR 2003, 1900; BGH, Urt. v. 22.07.2004, VII ZR 232/01, BauR 2004, 1653; a.A. *Kohler*, in: Beck'scher VOB-Kommentar, B § 13 Nr. 7 Rn. 140: Mietausfallschäden liegen außerhalb des auf die Gebrauchstauglichkeit der mangelhaften baulichen Anlage selbst bezogenen Schutzbereichs der Schadensersatzhaftung gem. § 13 Abs. 7 Nr. 3 S. 1 VOB/B.
127 BGH, Urt. v. 25.09.2003, VII ZR 357/02, BauR 2003, 1900.
128 BGH, Urt. v. 16.03.2000, VII ZR 461/98, BauR 2000, 1190; vgl. auch *Weyer*, Jahrbuch BauR 2005, 3, 12 ff.
129 BGH, Urt. v. 28.11.1966, VII ZR 79/65, NJW 1967, 340; BGH, Urt. v. 08.06.1978, VII ZR 161/77, BauR 1978, 402; BGH, Urt. v. 25.09.2003, VII ZR 357/02, NJW 2003, 3766.
130 BGH, Urt. v. 16.10.1984, X ZR 86/83, BGHZ 92, 308, für § 635 BGB.

möglichkeit einer Lagerhalle bis zur Nachbesserung des verlegten Estrichs[131] oder infolge fehlerhafter Belichtung einer Tennishalle.[132]

79 Die Haftung bzw. die Kausalität kann sogar so weit gehen, dass der Mietausfall eines Vermieters zu ersetzen ist, der diesem dadurch entsteht, dass über das Vermögen eines Mieters (eines Fitnessstudios) aufgrund eines Kundenrückgangs infolge von Baumängeln bzw. damit in Zusammenhang stehender Sanierungsarbeiten das Insolvenzverfahren eröffnet wird und der Vermieter dadurch überhaupt keine Mieteinnahmen mehr erzielt.[133]

III. Sachverständigen-/Anwaltskosten

80 Nach herrschender Ansicht können auch Kosten von Gutachten[134] und sonstigen Beweiserhebungen einschließlich eines nicht zu einem Hauptverfahren führenden Beweisverfahrens gemäß den §§ 485 ff. ZPO,[135] soweit diese zur Ermittlung von Mängeln und Schäden erforderlich sind, sowie auch die Kosten eines – auf ein fehlerhaftes Beweissicherungsgutachten hin – gegen einen anderen Baubeteiligten erfolglos geführten Rechtsstreits[136] eingefordert werden.[137]

81 Dies gilt jedenfalls dann, wenn eine Sachaufklärung durch die günstigere Beiziehung eines Fachbetriebs oder eigener Fachkräfte wegen Art und Umfang des vermuteten Mangels und Schadens als nicht ausreichend erscheint. Wäre eine günstigere Sachaufklärung ausreichend, könnte die Beauftragung eines Gutachters gegen die Schadensminderungspflicht des Bestellers verstoßen und den Schadensersatzanspruch des Bestellers gemäß § 254 Abs. 2 BGB mindern.[138] Durfte ein Gutachter hingegen herangezogen werden, umfasst der Schadensersatzanspruch auch die Kosten einer etwaig unnötig intensiven Untersuchung durch den Sachverständigen.[139]

82 Da der Schadenersatzanspruch wegen Gutachterkosten bzw. außergerichtlicher Anwaltskosten als Mangelfolgeschaden neben dem Mängelbeseitigungsanspruch entsteht, ist insoweit eine Fristsetzung entbehrlich.[140]

83 Soweit das eingeholte Privatgutachten allerdings der Prozessvorbereitung und/oder der Unterstützung der Partei im Prozess dient, können die dafür aufgewandten Beträge auch Kosten des Rechtsstreits im Sinne des § 91 ZPO sein.[141] Dann sind sie im Kostenfestsetzungsverfahren auszugleichen; für eine Schadenersatzklage würde insoweit das Rechtsschutzinteresse fehlen.[142]

IV. Merkantiler und technischer Minderwert

84 Verbleibt trotz ordnungsgemäßer Nachbesserung ein merkantiler Minderwert, so ist dieser als Mangelfolgeschaden nach § 280 Abs. 1 BGB zu ersetzen.[143] Ein solcher verbleibt dann, wenn

---

131 BGH, Urt. v. 20.12.1990, VII ZR 302/89, BauR 1991, 212.
132 BGH, Urt. v. 12.03.1992, VII ZR 266/90, BauR 1992, 504.
133 OLG Stuttgart, Urt. v. 17.06.2004, 7 U 148/03, IBR 2005, 1217, Nichtzulassungsbeschwerde zurückgewiesen durch BGH, Urt. v. 31.03.2005.
134 BGH, Urt. v. 13.09.2001, VII ZR 392/00, BauR 2002, 86; OLG Stuttgart, Urt. v. 18.10.2007, 7 U 69/07, BauR 2008, 1036; OLG Brandenburg, Urt. v. 09.04.2008, 4 U 102/07, BauR 2008, 1191.
135 BGH, Urt. v. 14.03.1996, VII ZR 34/95, BGHZ 132, 189.
136 OLG Hamm, Urt. v. 13.05.2004, 21 U 172/03, BauR 2005, 140.
137 BGH, Urt. v. 22.10.1970, VII ZR 71/69, NJW 1971, 99.
138 *Merl* in: Kleine-Möller/Merl, § 15 Rn. 947.
139 Vgl. Ingenstau/Korbion/*Wirth*, B § 13 Nr. 7 Rn. 108.
140 BGH, Urt. v. 13.09.2001, VII ZR 392/00, BauR 2002, 86; BGH, Urt. v. 27.02.2003, VII ZR 338/01, BGHZ 154, 119; vgl. auch oben.
141 BGH, Urt. v. 17.12.2002, VI ZB 56/02, BGHZ 153, 235; BGH, Urt. v. 23.05.2006, VI ZB 7/05, NJW 2006, 2415.
142 *Siegburg*, Gewährleistung, Rn. 1215 ff.
143 BGH, Urt. v. 19.09.1985, VII ZR 158/84, BauR 1986, 103.

trotz ordnungsgemäßer Nachbesserung bei einem großen Teil der Allgemeinheit – vor allem wegen des Verdachts verborgen gebliebener Schäden – eine den Preis beeinflussende Abneigung gegen den Erwerb besteht, und diese Abneigung den Verkaufswert mindert.[144]

Kann der Mangel nur unter Inkaufnahme eines technischen Minderwerts beseitigt werden, d.h. wird die technische Brauchbarkeit der Leistung dadurch beeinträchtigt, dass ihre Funktionsfähigkeit, Lebensdauer oder Gebrauchssicherheit herabgesetzt wird oder erhöhte Aufwendungen für Betrieb und/oder Unterhalt erbracht werden müssen, kann auch dieser technische Minderwert nach § 280 Abs. 1 BGB ersetzt verlangt werden. 85

V. Personenschäden

Auch Personenschäden sind als Mangelfolgeschäden zu ersetzen. Wird der Besteller beispielsweise durch eine mangelhafte Leistung verletzt, hat der Besteller Anspruch auf Schmerzensgeld (§ 253 Abs. 2 BGB).[145] Für schuldhaftes, vertragswidriges Verhalten seiner Arbeiter oder Nachunternehmer haftet der Unternehmer stets auf Schmerzensgeld, wenn dadurch der Besteller verletzt wurde. 86

F. Schadensminderung

Der Anspruch auf Schadensersatz kann unter den Gesichtspunkten der Vorteilsausgleichung (1.), des Abzugs von Sowiesokosten (2.) und der Mitverantwortlichkeit für das Entstehen des Schadens (3.) gemindert sein. 87

I. Vorteilsausgleichung

Hat das zum Schadensersatz verpflichtende Ereignis neben den Nachteilen auch Vorteile gebracht, stellt sich die Frage, ob diese zu Gunsten des Schädigers auf den Schadensersatzanspruch anzurechnen sind. Da Vorschriften zur Vorteilsausgleichung fehlen, orientiert sich die Rechtsprechung vor dem Hintergrund der Tatsache, dass der anzurechnende Vorteil eine Art Komplementärbegriff zum Schaden ist, insoweit an den Maßstäben, die im Zusammenhang mit der Zurechnungen des Schadens entwickelt worden sind, so dass die Vorteilsausgleichung im Wesentlichen von folgenden zwei Voraussetzungen abhängig ist: 88
1. Zwischen dem schädigenden Ereignis und dem Vorteil muss ein adäquater Kausalzusammenhang bestehen.
2. Darüber hinaus muss die Anrechnung des Vorteils aus Sicht des Geschädigten zumutbar sein; sie muss dem Zweck des Schadensersatzes entsprechen und darf den Schädiger nicht unbillig entlasten.

Übereinstimmung besteht – ungeachtet aller Meinungsverschiedenheiten im Detail – darin, dass die Frage der Vorteilsanrechnung nach Fallgruppen gelöst werden muss. Versagt die Einteilung im konkreten Einzelfall, werden wieder die allgemeinen Kriterien der Rechtsprechung herangezogen. 89

1. Nutzungen

Ist ein Vertragsverhältnis rückabzuwickeln, sind die vom Geschädigten gezogenen Nutzungen im Wege der Vorteilsausgleichung anzurechnen.[146] Dies gilt allerdings – quasi spiegelbildlich zu überpflichtgemäßen Ersparnissen – nicht für durch die Verhältnisse erzwungene, objektiv unzumutbare Nutzungen.[147] 90

---

144 BGH, Urt. v. 11.07.1991, VII ZR 301/90, BauR 1991, 744.
145 § 253 Abs. 2 BGB gilt für Beschädigungen seit dem 01.08.2002 (Art. 229 § 8 Abs. 1 EGBGB). Dies hat zur Folge, dass auch bei Verletzungshandlungen durch Erfüllungs-/Verrichtungsgehilfen der Entlastungsnachweis nach § 831 BGB möglich ist.
146 BGH, Urt. v. 02.07.1962, VIII ZR 12/61, NJW 1962, 1909.
147 OLG Saarbrücken, Urt. v. 03.12.1985, 2 U 141 und 185/83 sowie 61/84, NJW-RR 1987, 471.

2. Abzug alt für neu

91 Wird eine gebrauchte Sache durch eine neue oder ein mangelhaftes durch ein neu hergestelltes Werk ersetzt, kann dies beim Geschädigten zu einem Wertzuwachs führen. So verlängert sich z.B. im Fall einer erst nach vielen Jahren durchgeführten Mängelbeseitigung die Lebensdauer der Werkleistung deutlich und der Besteller erspart Renovierungskosten. Auch wenn der Vorteil hier – anders als in den Fällen »echter« Vorteilsausgleichung – nicht durch die Verletzung selbst eintritt, sondern erst durch die Ersatzleistung, ist nach ganz herrschender Auffassung beides vergleichbar. Ähnlich wie bei der Fallgruppe der »Nutzungen« muss jedoch berücksichtigt werden, dass dieser Wertzuwachs dem Geschädigten aufgedrängt wird. Für einen »Abzug neu für alt« müssen deshalb folgende drei Voraussetzungen vorliegen:
– Durch die Schadensbeseitigung muss eine messbare Vermögensmehrung eingetreten sein.
– Zudem muss sich die Werterhöhung für den Geschädigten wirtschaftlich günstig auswirken.
– Schließlich muss die Vorteilsanrechnung dem Geschädigten zumutbar sein und im Einklang mit dem Schutzzweck der verletzten Norm stehen.

92 So kommt z.B. eine Anrechnung bei Nachbesserungsarbeiten nicht in Betracht, wenn die Vorteile ausschließlich auf einer Verzögerung der Mängelbeseitigung beruhen und sich der Besteller jahrelang mit einem fehlerhaften Werk begnügen musste.[148] Der Unternehmer kann sich nämlich keine Vorteile dadurch »erarbeiten«, dass er die begründeten Mängelansprüche nicht erfüllt.[149] Hat der Unternehmer zwar nicht die Mangelbeseitigung verweigert, jedoch während des Nutzungszeitraums eine Mangelbeseitigung nicht herbeizuführen vermocht, gilt nichts anderes.[150]

93 Nach diesen Grundsätzen kann ein Vorteilsausgleich ausnahmsweise geboten sein, wenn – trotz später Mängelbeseitigung – keine Gebrauchsnachteile eintreten, etwa weil sich die Mängel erst verhältnismäßig spät auswirken.[151] Auch kann in Ausnahmefällen ein Vorteilsausgleich geboten sein, wenn durch die Mangelbeseitigung auch andere Schäden, die nichts mit dem geltend gemachten Mangel zu tun haben, ebenfalls beseitigt werden.[152]

3. Vorteilsausgleichung in einer bauvertraglichen Leistungskette

94 Steht im Rahmen einer werkvertraglichen Leistungskette – z.B. aufgrund eines Vergleichs – fest, dass der Hauptunternehmer von seinem Besteller wegen Mängeln am Werk nicht mehr in Anspruch genommen wird, so kann er nach dem Rechtsgedanken der Vorteilsausgleichung unter Umständen gehindert sein, seinerseits Ansprüche wegen dieser Mängel gegen seinen Nachunternehmer geltend zu machen.[153]

---

148 BGH, Urt. v. 17.05.1984, VII ZR 169/82, BGHZ 91, 206, 215; OLG Hamm, Urt. v. 29.06.1994, 12 U 169/93, NJW-RR 1996, 272.
149 Vgl. BGH, Urt. v. 17.05.1994, VII ZR 169/82, BGHZ 91, 206; BGH, Urt. v. 15.06.1989, VII ZR 14/88, BGHZ 108, 65; KG, Urt. v. 19.09.1977, 16 U 1652/76, BauR 1978, 410; OLG Köln, Urt. v. 04.11.1992, 11 U 82/92, NJW-RR 1993, 533; OLG Karlsruhe, Urt. v. 17.12.1999, 9 U 185/98, IBR 2001, 479; OLG Karlsruhe, Urt. v. 29.05.2000, 9 U 185/98, BauR 2002, 93; OLG Karlsruhe, Urt. v. 01.03.2005, 17 U 114/04, BauR 2005, 1485; OLG Düsseldorf, Urt. v. 30.09.2002, I-21 U 29/02, IBR 2003, 672.
150 *Zahn*, in: Beck'scher VOB-Kommentar, B § 13 Rn. 50.
151 BGH, Urt. v. 17.05.1984, VII ZR 169/82, BGHZ 91, 206; BGH, Urt. v. 13.09.2001, VII ZR 392/00, BauR 2002, 86; OLG Düsseldorf, Urt. v. 11.12.2001, 21 U 92/01, BauR 2002, 802.
152 Vgl. BGH, Urt. v. 29.10.1970, VII ZR 14/69, BauR 1971, 60; BGH, Urt. v. 17.05.1984, VII ZR 169/82, NJW 1984, 2458.
153 BGH, Urt. v. 28.06.2007, VII ZR 8/06 u. VII ZR 81/06, BGHZ 173, 83; BGH, Urt. v. 10.07.2008, VII ZR 16/07, BauR 2008, 1877.

4. Steuerliche Vorteile

Bedingte Steuerersparnisse des Geschädigten sind dem Schädiger gut zu bringen. Dies gilt allerdings nur dann, wenn der Zweck der Steuervergünstigung nicht der Entlastung entgegensteht.[154]

95

5. Durchführung des Vorteilsausgleichs

Da der auszugleichende Vorteil in der Regel in Geld oder einem Geldwert besteht, wird er vom Ersatzanspruch abgezogen, ohne dass es einer Gestaltungserklärung des Schädigers bedarf. Es handelt sich folglich um den Fall einer Anrechnung und nicht um eine Aufrechnung, so dass ein gesetzliches oder vertragliches Aufrechnungsverbot unbeachtlich ist.[155] Der Vorteil ist deshalb auch dann anzurechnen, wenn der Geschädigte ihn aus eigenem Entschluss nicht realisiert.[156]

96

Sind Ersatzanspruch und Vorteil nicht gleichartig oder ist die Durchsetzung des durch die Schädigung erlangten Anspruchs gegen einen Dritten (z.B. den Versicherer) unsicher bzw. dem Geschädigten auf eigene Kosten nicht zumutbar, muss der Geschädigte den Vorteil Zug um Zug gegen Erfüllung des Ersatzanspruchs herausgeben.[157] Besteht der Vorteil in einem Anspruch gegen einen Dritten, muss dieser abgetreten werden.[158]

97

II. Sowiesokosten[159]

Der zur Mangelbeseitigung verpflichtete Unternehmer trägt grundsätzlich die Kosten der Mangelbeseitigung. Erlangt der Besteller allerdings – außerhalb bestehender vertraglicher Verpflichtungen des Unternehmers – Vorteile, so sind diese wegen ihres engen Zusammenhangs mit dem entstandenen Nachteil auszugleichen.[160] Dabei erfolgt eine Anrechnung in der Regel dann, wenn diese Vorteile bzw. die ersparten Aufwendungen des Geschädigten nicht auf einem überpflichtgemäßen Verzicht des Geschädigten beruhen. Die Kosten sind dann auf den Preisstand zum geschuldeten Zeitpunkt zu beziehen.[161] Eine Anrechnung scheidet hingegen aus, wenn der Geschädigte die Sowiesokosten auf einen Dritten hätte abwälzen können.[162]

98

Der hier bestehende Vorteil liegt darin, dass der Besteller durch die Mangelbeseitigung ein mangelfreies Werk zu einem Preis erhält, der bei vertragsgerechtem Verhalten der Parteien höher gewesen wäre.[163] Hätte also der gewünschte Erfolg nur durch die Vergabe von Zusatzaufträgen oder eines anderen, teureren Auftrages erreicht werden können, so muss der Besteller diese zusätzlichen

99

---

154 St. Rspr.; vgl. nur BGH, Urt. v. 15.11.1994, VI ZR 194/93, BGHZ 127, 391, 397; BGH, Urt. v. 28.09.1999, VI ZR 165/98, NJW 1999, 3711, 3712.
155 RGZ 54, 137, 140; BGH, Urt. v. 02.07.1962, VIII ZR 12/61, NJW 1962, 1909.
156 BGH, Urt. v. 10.10.1996, IX ZR 294/95, NJW 1997, 251.
157 BGH, Urt. v. 12.05.1958, II ZR 103/57, BGHZ 27, 241, 248; BGH, Urt. v. 08.11.2001, IX ZR 64/01, NJW 2002, 292, 294.
158 BGH, Urt. v. 20.11.1992, V ZR 279/91, BGHZ 120, 261, 268; BGH, Urt. v. 26.06.1997, IX ZR 233/96, NJW 1997, 2946, 2148.
159 Bei der Frage der Sowiesokosten geht es darum, ob und inwieweit ein Schaden in einer rechtlich dem Unternehmer zurechenbaren Weise verursacht worden ist. Daran fehlt es unter dem Gesichtspunkt des Rechtswidrigkeitszusammenhangs, namentlich bei den Sowiesokosten (*Kohler*, in: Beck'scher VOB-Kommentar, B § 13, Nr. 7, Rn. 91). Zum Begriff der Sowiesokosten vgl. OLG Frankfurt, Urt. v. 05.04.2000, 13 U 46/98, IBR 2001, 500; BGH, Beschl. v. 26.07.2001, VII ZR 215/00, IBR 2001, 500 (Revision nicht angenommen).
160 BGH, Urt. v. 12.10.1989, VII ZR 140/88, BauR 1990, 84.
161 BGH, Urt. v. 08.07.1993, VII ZR 176/91, BauR 1993, 722.
162 BGH, Urt. v. 18.01.1990, VII ZR 171/88, BauR 1990, 84.
163 BGH, Urt. v. 17.05.1984, VII ZR 169/82, BGHZ 91, 206, 210.

Kosten tragen.¹⁶⁴ Denn der Unternehmer darf nicht mit den Kosten belastet werden, um die das Werk – bei ordnungsgemäßer Ausführung – ohnehin teurer geworden wäre.

100 Hintergrund der zu den Sowiesokosten ergangenen Rechtsprechung ist die Tatsache, dass die Erfolgshaftung des Unternehmers (Erfolgs-Soll) über den vertraglichen Leistungsumfang (geschuldetes Bau-Soll) hinausgeht. Denn der Unternehmer entgeht seiner werkvertraglichen Erfolgshaftung nicht allein dadurch, dass die zum Erreichen des Erfolgs-Soll erforderliche Leistung nicht vereinbart war. Andererseits soll der Unternehmer aber auch nicht mit den Kosten dieser zusätzlichen, nicht vertraglich vereinbarten Maßnahmen belastet werden. Daraus folgt, dass für den Fall, dass im Rahmen der Mangelbeseitigung Leistungen zu erbringen sind, die zwar nicht vertraglich geschuldet, jedoch zur mangelfreien Leistungserbringung von Anfang an erforderlich waren und vom Besteller zusätzlich hätten beauftragt werden müssen,¹⁶⁵ der Unternehmer für die zusätzlichen, nicht durch den Werklohn abgegoltenen Leistungen zusätzlichen Werklohn in Form der Sowiesokosten erhält.¹⁶⁶ Dies ist selbst dann der Fall, wenn die zur Beseitigung des Mangels erforderlichen Arbeiten ursprünglich beauftragt waren, dann jedoch vom Besteller oder einvernehmlich von beiden Vertragsparteien aus dem Leistungsumfang – unter Reduzierung der Vergütung – herausgenommen worden sind.¹⁶⁷

101 Hat der Unternehmer hingegen einen bestimmten Erfolg zu einem bestimmten Preis versprochen, bleibt er an seine Zusage selbst dann gebunden, wenn sich die beabsichtigte Ausführungsart erst nachträglich als unzureichend erweist oder aufwändigere Maßnahmen erforderlich werden.¹⁶⁸

102 Um die Sowiesokosten beziffern zu können, sind daher die Kosten zu ermitteln, die bei Befolgung des mit der Mangelbeseitigung vorgesehenen Konzepts entstanden wären, wobei auf den Preisstand der seinerzeit ordnungsgemäßen Errichtung abzustellen ist. Hierdurch werden die Vertragsparteien so gestellt, wie sie bei vertragsgerechtem Verhalten gestanden hätten. Soweit sich die Kalkulation des Unternehmers nach einem Leistungsverzeichnis des Bestellers gerichtet hat oder die Bauvertragspartner eine bestimmte Ausführungsart zum Vertragsgegenstand gemacht haben, umfasst deshalb der vereinbarte Werklohn allein die vereinbarte Herstellungsart.¹⁶⁹ Demzufolge bleibt ein Unternehmer, der einen bestimmten Erfolg zu einem bestimmten Preis versprochen hat, an seine Zusage selbst dann gebunden, wenn sich nachträglich herausstellt, dass die beabsichtigte Ausführungsart unzureichend ist und aufwendigere Maßnahmen erforderlich sind. In diesem Fall kann der Unternehmer etwaige Mehrkosten dem Besteller nicht als Sowiesokosten der Mängelbeseitigung entgegen halten.¹⁷⁰

---

164 BGH, Urt. v. 22.03.1984, VII ZR 50/82, BGHZ 90, 344; BGH, Urt. v. 13.09.2001, VII ZR 392/00, BauR 2002, 86; BGH, Urt. v. 25.01.2007, VII ZR 41/06, BauR 2007, 700.
165 BGH, Urt. v. 12.10.1989, VII ZR 140/88, BauR 1990, 84; BGH, Urt. v. 14.11.1989, IX R 197/84, NJW 1990, 729; BGH, Urt. v. 13.09.2001, VII ZR 392/00, BauR 2002, 86; BGH, Urt. v. 25.01.2007, VII ZR 41/06, BauR 2007, 700, 702; BGH, Urt. v. 08.11.2007, VII ZR 183/05, BauR 2008, 511.
166 BGH, Urt. v. 17.05.1984, VII ZR 169/82, BauR 1984, 510, 512; BGH, Urt. v. 27.07.2006, VII ZR 202/04, BGHZ 168, 368; BGH, Urt. v. 25.01.2007, VII ZR 165/05, BauR 2007, 700.
167 OLG Braunschweig, Urt. v. 20.12.2007, 8 U 134/06, BauR 2008, 1323.
168 BGH, Urt. v. 17.05.1984, VII ZR 169/82, BGHZ 92, 206; BGH, Urt. v. 20.11.1986, VII ZR 360/85, BauR 1987, 207; OLG Hamm, Urt. v. 25.09.2003, 21 U 8/03, BauR 2004, 868; *Merl* in,: Kleine-Möller/Merl, § 15 Rn. 779; *Werner/Pastor*, Rn. 1563.
169 Vgl. BGH, Urt. v. 17.05.1984, VII ZR 169/82, BGHZ 91, 206; BGH, Urt. v. 16.07.1998, VII ZR 350/96, BGHZ 139, 244.
170 BGH, Urt. v. 17.05.1984, VII ZR 169/82, BGHZ 91, 206; BGH, Urt. v. 20.11.1986, VII ZR 360/85, BauR 1987, 207; BGH, Urt. v. 30.06.1994, VII ZR 116/93, BGHZ 126, 326; zu den einzelnen Fallgruppen vgl. *Koenen*, in: Beck'scher Online-Kommentar, B § 13 bes. Rn. 71.1 (Details).

Vor der Nachbesserung hat der Unternehmer allerdings weder Anspruch auf Zahlung noch auf Zusage eines Kostenzuschusses, sondern lediglich Anspruch auf Sicherheitsleistung in angemessener Höhe.[171]

III. Mitverantwortlichkeit für das Entstehen des Schadens

1. Mitverschulden des Bestellers, § 254 Abs. 1 BGB

Bei der Höhe des Schadens ist ein etwaiges Mitverschulden zu berücksichtigen (§ 254 Abs. 1 BGB).[172] Ein solches trifft den Besteller beispielsweise dann, wenn er selbst auf dem Gewerk seines Unternehmers aufbaut, indem er weitere Bauleistungen erbringt, dessen Leistung jedoch ungeprüft übernimmt.[173]

Bei der Festlegung der Beteiligungsquote zwischen dem Verschulden des Unternehmers und dem des Bestellers sind sämtliche Umstände des Einzelfalls zu berücksichtigen. Dies gilt namentlich für die Sachkunde der Beteiligten, etwaiges Spezialwissen, den Grad des Verschuldens sowie die Verantwortlichkeit als Erstverursacher.[174]

2. Schadensminderungspflicht, § 254 Abs. 2 BGB

Der Schadensersatzanspruch kann sich auch dann mindern, wenn der Besteller bei der Entstehung des baumangelbedingten Schadens seine nach § 254 Abs. 2 BGB obliegende Schadensminderungspflicht verletzt hat. Hiernach obliegen dem Besteller, als dem durch einen Baumangel Geschädigten, drei Obliegenheiten:
– Er muss den Besteller warnen, wenn durch den zu Tage getretenen Baumangel ein außergewöhnlich hoher Schaden entstehen kann bzw. entsteht.
– Ferner muss der Besteller Mangel- und/oder Mangelfolgeschäden gänzlich abwenden oder zumindest mindern.
– Schließlich hat er Schäden entschieden entgegenzuwirken, rechtzeitig Sicherungsmaßnahmen zu ergreifen und bereits eingetretene Schäden in ihren Auswirkungen zu begrenzen.

Nach der Rechtsprechung des Bundesgerichtshofs[175] setzt § 254 Abs. 2 BGB nicht die Verletzung einer besonderen Rechtspflicht voraus, sondern umfasst jeden Verstoß gegen Treu und Glauben (§ 242 BGB), mithin auch ein Unterlassen derjenigen Maßnahmen, die ein ordentlich und verständiger Mensch ergreifen müsste, um Schaden von sich abzuwenden. Es ist deshalb im Rahmen der Schadensminderungspflicht darauf abzustellen, welche Maßnahmen ein sorgfältiger und verständiger Mensch in der gegebenen Situation ergriffen hätte.

Die Schadensminderungspflicht nach § 254 Abs. 2 S. 1 BGB zwingt den Besteller jedoch nicht, bei der von ihm beabsichtigten Mangelbeseitigung in jedem Fall den billigsten Unternehmer zu beauftragen. Vielmehr kann er einen zuverlässigen Unternehmer seines Vertrauens wählen, auch wenn dieser seinen Sitz in einiger Entfernung vom Ort der Leistung hat. Ebenso darf der Besteller unter dem Blickwinkel des § 254 Abs. 2 BGB die Art der Nachbesserung grundsätzlich dem Drittunternehmer überlassen, ohne sie später dem Unternehmer gegenüber rechtfertigen zu müssen.

In den oben bereits angesprochenen Fällen eines Mietausfallschadens ist zu prüfen, inwieweit dem Besteller ein Mitverschulden im Sinne von § 254 Abs. 2 BGB vorzuwerfen ist, wenn dieser den Mangel bei drohendem und stetig steigendem Mietausfallschaden nicht im Wege der Selbst-

---

171 Vgl. BGH, Urt. v. 22.03.1984, VII ZR 50/82, BGHZ 90, 344; OLG Hamm, Urt. v. 14.11.1989, 24 U 183/88, BauR 1991, 756.
172 Vgl. hierzu OLG Hamburg, Urt. v. 07.07.2000, 12 U 65/98, NJW-RR 2001, 1534.
173 BGH, Urt. v. 10.04.2003, VII ZR 314/01, BGHZ 154, 378.
174 *Merl* in: Kleine-Möller/Merl, § 15 Rn. 774.
175 BGH, Urt. v. 13.12.1951, III ZR 227/93, NJW 1994, 2947.

vornahme beseitigen lässt, zumal die Beseitigung des Mangels eine eigene mietvertragliche Verpflichtung des Vermieters bzw. Bestellers darstellt. Nach der Rechtsprechung darf der Besteller jedenfalls nicht auf unabsehbare Zeit dem stetigen Schadenszuwachs tatenlos zusehen, sondern muss sich – im Rahmen des Zumutbaren – um baldmögliche Mangelbeseitigung und damit Vermietbarkeit bemühen, wenn er Mietausfall fordern will.[176]

110 Inwieweit eine Mängelbeseitigung zumutbar ist, obwohl der Unternehmer sie nicht vornimmt und auch die dazu erforderlichen Mittel nicht zur Verfügung stellt, hängt von den Umständen des Einzelfalles ab. Zu den in diesem Zusammenhang maßgeblichen Kriterien gehört die finanzielle Leistungsfähigkeit des Bestellers. Ist diese nicht gegeben, scheidet ein (Mit-)Verschulden in der Regel aus. Anders dürfte der Fall allerdings zu bewerten sein, wenn ihm die Eingehung von Verbindlichkeiten im Rahmen eines kaufmännischen Betriebs zugemutet werden kann und diese üblich sind (z.B. Belastung eines Kreditrahmens). Beruht die Verzögerung der Mängelbeseitigung allerdings darauf, dass zunächst umfassend und zeitaufwändig aufgeklärt werden muss, welche Maßnahmen zur Mangelbeseitigung erforderlich sind, wird ein Zuwarten dem Schädiger zumutbar sein und ein Mitverschulden nicht in Betracht kommen.[177]

111 Ob und inwieweit dem Besteller zugemutet werden kann, durch Beseitigung eines streitigen Mangels Gefahr zu laufen, dass dieser nicht mehr – durch Sachverständigenbeweis – gerichtlich festgestellt werden kann, ist allerdings eine Frage des Einzelfall. Der Besteller sollte deshalb nicht nur die Risiken und Chancen sorgfältig abwägen, sondern vor allem auch die gegen die Verletzung einer Schadensminderungspflicht sprechenden Gesichtspunkte sorgfältig dokumentieren. Entscheidet er sich für die Mangelbeseitigung, muss er vor der Sanierung die Beweise (für die Mangelhaftigkeit) sichern, sei es in Form eines selbständigen Beweisverfahrens, das jedoch in aller Regel viel zu zeitaufwändig ist, oder durch ein Privatgutachten, wobei der Gutachter als sachverständiger Zeuge in Betracht kommt. Entscheidet sich der Besteller hingegen dafür, auf die Beweissicherung zu warten, sollte er von Anbeginn auf den – absehbaren – Einwand des Mitverschuldens vorbereitet sein und Gründe für das Zuwarten dokumentieren.

a) Erfüllungsgehilfen, § 278 BGB

112 Das Handeln von Erfüllungsgehilfen ist gemäß § 254 Abs. 2 S. 2 BGB zurechenbar. Erfüllungsgehilfe in diesem Sinne ist, wer nach den tatsächlichen Gegebenheiten des Falles mit dem Willen des Schuldners bei der Erfüllung einer diesem obliegenden Verbindlichkeit als seine Hilfsperson tätig wird.

b) Erfüllungsgehilfen des Bestellers

113 Nach § 254 Abs. 2 S. 2 BGB hat der Besteller für Vorsatz oder Fahrlässigkeit seiner Erfüllungsgehilfen einzustehen. Insofern gilt bei einem objektiv pflichtwidrigen Verhalten eines Erfüllungsgehilfen die widerlegbare Vermutung, dass der Erfüllungsgehilfe schuldhaft gehandelt hat. Ob ein Dritter als Erfüllungsgehilfe des Bestellers anzusehen ist, bestimmt sich danach, welche Pflichten der Besteller gegenüber dem Unternehmer übernommen hat, denn nur in diesem Rahmen bedient sich der Unternehmer des Dritten zur Erfüllung seiner Verbindlichkeit.

114 Vor diesem Hintergrund ist der mit Planungsleistungen beauftragte Architekt Erfüllungsgehilfe des Bestellers in seinem Verhältnis zu Bauunternehmer. Erfüllungsgehilfen des Architekten gegenüber dem Bauherrn sind wiederum die vom Architekten zur Erfüllung seiner Vertragspflichten eingesetzten Sonderfachleute.[178] Dagegen sind beispielsweise die vom Besteller mit der Bauauf-

---

[176] BGH, Urt. v. 26.10.1972, VII ZR 181/71, BGHZ 59, 365.
[177] Vgl. BGH, Urt. v. 20.12.1973, VII ZR 153/71, BauR 1974, 205; BGH, Urt. v. 27.04.1995, VII ZR 14/94, BauR 1995, 692; vgl. dazu Praxishinweis von *Weyer*, IBR 1995, 368.
[178] BGH, Urt. v. 19.12.1996, VII ZR 233/95, BauR 1997, 488.

sicht beauftragten Personen im Vertragsverhältnis zu dem mit der Planung beauftragten Architekten nicht Erfüllungsgehilfen des Bestellers.[179]

Auch in dem Fall, in dem der Besteller Schadensersatz gegenüber dem Architekten wegen Mängeln am Bauwerk aufgrund einer fehlerhaften Planung geltend macht, ist ein etwaiges Verschulden des ausführenden Unternehmers wegen unterlassenen Hinweises dem Besteller nicht zuzurechnen.[180]

115

Kein Erfüllungsgehilfe ist die vom Besteller eingesetzte Bauaufsicht im Verhältnis zum Unternehmer.[181] Auch der Vorunternehmer ist regelmäßig kein Erfüllungsgehilfe des Bauherrn gegenüber dem Nachunternehmer.[182]

116

c) Erfüllungsgehilfen des Unternehmers

Die Haftung für Erfüllungsgehilfen gilt auch im umgekehrten Fall: So haftet der Unternehmer gegenüber dem Besteller auch für dessen Erfüllungsgehilfen. Der Materiallieferant (des Unternehmers) ist allerdings regelmäßig nicht dessen Erfüllungsgehilfe, denn der Unternehmer ist gegenüber dem Besteller nur verpflichtet, aus von ihm zu besorgendem Material das Werk zu erstellen. In diesen Fällen kann der Unternehmer also regelmäßig nur wegen Verletzung seiner Pflicht, den Lieferanten sorgfältig auszuwählen und das Material auf seine Eignung zu prüfen, haften. Eine Drittschadensliquidation scheidet ebenso aus wie die Annahme eines Vertrags mit Schutzwirkung zu Gunsten Dritter.[183]

117

Dass der Materiallieferant in der Regel kein Erfüllungsgehilfe des Unternehmers ist, hat der BGH in einem Fall des Einbaus defekter Heizungsventile entschieden.[184] Der Besteller könne nämlich nicht erwarten, so die Begründung, dass der Unternehmer an der eigentlichen Ventilproduktion beteiligt sei. Etwas anderes soll allerdings dann gelten, wenn der Unternehmer im Verhältnis zum Besteller ausnahmsweise auch zur Herstellung des Materials – und nicht nur zu dessen Beschaffung – verpflichtet ist. Folgerichtig geht das OLG Karlsruhe daher davon aus, dass bei der Erstellung von Rohbauarbeiten und bei der diesbezüglichen Anlieferung von Fertigbeton der anliefernde Unternehmer als Erfüllungsgehilfe des Rohbauunternehmers anzusehen sei. Nach dem Bauvertrag sei der Rohbauarbeiter zwar nur mit »Rohbauarbeiten« beauftragt gewesen. Die Produktion des Betons sei jedoch nach der Verkehrssitte und im Hinblick auf die Tatsache, dass sie zumindest in der jüngeren Vergangenheit typischerweise noch vom Rohbauunternehmer selbst erbracht wurde, dessen Pflichtenkreis zuzuordnen.[185]

118

Den entscheidenden Unterschied zum typischen Lieferanten sieht das OLG allerdings darin, dass der Fertigbeton keine fertige Ware, sondern nach Menge und Qualität unter Berücksichtigung der Erfordernisse des konkreten Bauvorhabens hergestellt wird. Bei der Lieferung von Fertigteilen dürfte etwas ähnliches gelten.[186] Im Gegensatz zu dem Materiallieferanten sind Subunternehmer regelmäßig im Pflichtenkreis des Unternehmers tätig und deshalb auch Erfüllungsgehilfen.[187]

119

---

179 OLG Düsseldorf, Urt. v. 22.06.2004, I-21 U 225/03, BauR 2005, 128.
180 OLG Hamburg, Urt. v. 10.03.2004, 4 U 105/01, BauR 2005, 1120 (Ls.), Nichtzulassungsbeschwerde zurückgewiesen, BGH, Urt. v. 31.03.2005, VII ZR 125/04, IBR 2005, 337; zur Architektenhaftung bei Detailplanung durch Spezialunternehmen vgl. OLG Celle, Urt. v. 18.10.2006, 7 U 69/06, BauR 1458.
181 BGH, Urt. v. 18.04.2002, VII ZR 70/01, NJW-RR 2002, 1175.
182 BGH, Urt. v. 21.10.1999, VII ZR 185, 98, BGHZ 143, 32.
183 BGH, Urt. v. 10.07.1963, VIII ZR 204/61, BGHZ 40, 91, 102; zur Drittschadensliquidation; vgl. auch Bamberger/Roth/*Voit*, § 636 Rn. 50.
184 BGH, Urt. v. 09.02.1978, VII ZR 84/77, BauR 1978, 304.
185 OLG Karlsruhe, Urt. v. 27.02.1997, 11 U 31/96, BauR 1997, 847.
186 Vgl. OLG Stuttgart, Urt. v. 09.10.1996, 1 U 32/95, BauR 1997, 317, allerdings dort offen gelassen.
187 Bamberger/Roth/*Voit*, § 636 Rn. 50.

G. Prozessuales

I. Darlegungs- und Beweislast

120 Sofern keine Sonderregelungen bestehen, hat der Geschädigte die Beweislast für die objektiven und subjektiven Voraussetzungen des Schadensersatzanspruchs, d.h. den haftungsbegründenden und den haftungsausfüllenden Tatbestand. Seine Beweislast wird jedoch durch gesetzliche und richterrechtliche Beweiserleichterungen gemildert. So finden sich gesetzliche Beweisregeln z.B. in § 280 Abs. 1 S. 2 BGB oder § 286 Abs. 4 BGB. Ebenfalls enthält das Schadensersatzrecht in § 252 S. 2 BGB eine Beweiserleichterung für den Geschädigten.

121 Nach der Rechtsprechung des Bundesgerichtshofs[188] gilt darüber hinaus für die Feststellung der haftungsausfüllenden Kausalität – im Gegensatz zur haftungsbegründenden Kausalität – nicht der Strengbeweis des § 286 ZPO, sondern die Beweiserleichterungen des § 287 ZPO. Danach ist das Beweismaß geringer. So genügt für die richterliche Überzeugung eine Wahrscheinlichkeit. Zugleich erleichtert § 287 ZPO aber auch die Darlegungslast für den Geschädigten, so dass die Klage nicht schon wegen eines lückenhaften Vortrags zum Schaden abgewiesen werden darf, solange dafür greifbare Anhaltspunkte vorhanden sind.[189] Für die von ihm behauptete Ursächlichkeit zwischen objektiver Pflichtverletzung, Baumangel und Schaden kann sich der Besteller im Übrigen auf den Anscheinsbeweis berufen.[190]

II. Mitverschulden

122 Beruft sich der Unternehmer auf ein Mitverschulden des Bestellers (§ 254 BGB) beim Entstehen des Baumangels, obliegt diesem die entsprechende Beweislast.[191] Dies gilt ebenfalls, wenn der Unternehmer die Verletzung einer Schadensminderungspflicht (§ 254 Abs. 2 BGB) rügt.

123 Dabei erfolgt die Ermittlung der Verletzung der Obliegenheit seitens des Geschädigten i.S.v. § 254 Abs. 2 BGB nach der Rechtsprechung zwar mittels des Strengbeweises (§ 286 ZPO), bei der Kausalitätsfrage, d.h. bei der Ermittlung, welchen Einfluss die Obliegenheitsverletzung auf den Umfang des zu ersetzenden Schadens gehabt hat, wendet diese jedoch die für die Haftung der ausfüllenden Kausalität maßgebliche Vorschrift des § 287 ZPO an.

124 Vor diesem Hintergrund hat der Unternehmer als Schädiger darzulegen und gegebenenfalls zu beweisen, dass und inwieweit der geschädigte Besteller einen nach den Grundsätzen der Vorteilsausgleichung auszugleichenden Vermögensvorteil erlangt hat. Dies gilt auch dann, wenn der Besteller die Mangelbeseitigung selbst durchgeführt hat.

III. Beweis des ersten Anscheins

125 Der Anscheinsbeweis ist eine Hilfe für die beweisbelastete Partei, nimmt ihr jedoch nicht – wie die Beweislastumkehr – die Beweislast selbst. Vielmehr besagt dieser, dass in den Fällen, in denen ein Sachverhalt feststeht, der nach der Lebenserfahrung auf eine bestimmte Ursache oder auf einen bestimmten typischen Geschehensablauf hinweist, diese Ursache oder dieser Ablauf, wenn der Fall das Gepräge des üblichen und gewöhnlichen trägt, als bewiesen anzusehen ist.[192] Das Verschulden des Malers entfällt danach, wenn dieser vorzutragen und nachzuweisen in der Lage ist, dass die Ursache für das Abblättern der Farbe etwa auf Leistungen eines Vorunternehmers (z.B. Putzarbeiten) beruht, wobei der Unternehmer eine etwaige Verletzung seiner Prüfungs- und

---

[188] BGH, Urt. v. 05.11.1992, IX ZR 12/92, NJW 1993, 734.
[189] BGH, Urt. v. 05.11.1992, IX ZR 12/92, NJW 1993, 734.
[190] Vgl. BGH, Urt. v. 28.09.1972, VII ZR 121/71, BauR 1973, 51; MüKo-BGB/*Soergel*, § 635 BGB a.F. Rn. 100.
[191] *Merl*, in: Kleine-Möller/Merl, § 15 Rn. 522, § 22 Rn. 452.
[192] Bamberger/Roth/*Grüneberg*, Vor § 249 Rn. 138 m.w.N.

Hinweispflicht auszuräumen hat.[193] Bei Schadensersatzansprüchen wegen einer vertraglichen Pflichtverletzung tritt hinsichtlich des Verschuldens des Schädigers eine echte Umkehr der Beweislast ein (§§ 280 Abs. 1 S. 2, 286 Abs. 4 BGB).

IV. Schlüssiger Vortrag zum Schaden

Mit Beschl. v. 20.05.2010 hat der BGH nochmals bestätigt, dass ein Bauherr nicht verpflichtet ist, Mängelbeseitigungskosten vorprozessual durch ein Privatgutachten zu ermitteln.[194] Es genügt vielmehr, wenn er die Kosten schätzt und für den Fall, dass der Schuldner die Kosten bestreitet, ein Sachverständigengutachten als Beweismittel anbietet. Ins Einzelne gehende Sanierungspläne oder Kostenvoranschläge könnten von ihm nicht verlangt werden.[195] Für einen Schadensersatzanspruch, der nach den Kosten für die Beseitigung eines Mangels bemessen werden könne, gelte nichts anderes. 126

V. Maßgeblicher Zeitpunkt für die Bemessung des Schadensersatzes

Für die Bemessung des Schadensersatzes der Höhe nach ist materiell-rechtlich der Zeitpunkt der Erfüllung (Sanierung), verfahrensrechtlich der Zeitpunkt der letzten mündlichen Tatsachenverhandlung maßgeblich.[196] 127

(...)

§ 275 Ausschluss der Leistungspflicht[1]

(1) Der Anspruch auf Leistung ist ausgeschlossen, soweit diese für den Schuldner oder für jedermann unmöglich ist.

(2) Der Schuldner kann die Leistung verweigern, soweit diese einen Aufwand erfordert, der unter Beachtung des Inhalts des Schuldverhältnisses und der Gebote von Treu und Glauben in einem groben Missverhältnis zu dem Leistungsinteresse des Gläubigers steht. Bei der Bestimmung der dem Schuldner zuzumutenden Anstrengungen ist auch zu berücksichtigen, ob der Schuldner das Leistungshindernis zu vertreten hat.

(3) Der Schuldner kann die Leistung ferner verweigern, wenn er die Leistung persönlich zu erbringen hat und sie ihm unter Abwägung des seiner Leistung entgegenstehenden Hindernisses mit dem Leistungsinteresse des Gläubigers nicht zugemutet werden kann.

(4) Die Rechte des Gläubigers bestimmen sich nach den §§ 280, 283 bis 285, 311a und 326.

Schrifttum
Arnold Die vorübergehende Unmöglichkeit nach der Schuldrechtsreform, JZ 2002, 866; *Bitterich* Tücken des Vertragsschlusses nach prüfungsbedingt verzögertem Vergabeverfahren, NZBau 2007, 354; *Canaris* Die einstweilige Unmöglichkeit der Leistung, in: Festschrift für Ulrich Huber, Baums/Wertenbruch (Hrsg.), 2006, S. 143; *ders.* Die Reform des Rechts der Leistungsstörungen, JZ 2001, 499; *Dauner-Lieb/Dötsch* § 326 Abs. 2 S. 2 BGB (analog) bei der Selbstvornahme, NZBau 2004, 233; *Eusani* Selbstvornahme des Bestellers trotz

---

193 *Merl*, in: Kleine-Möller/Merl, § 15 Rn. 522, § 22 bes. Rn. 452.
194 BGH, Beschl. v. 20.05.2010, V ZR 201/09.
195 BGH, Urt. v. 14.01.1999, VII ZR 19/98, BauR 1999, 631; BGH, Urt. v. 28.11.2002, VII ZR 136/00, BauR 2003, 385; BGH, Urt. v. 08.05.2003, VII ZR 407/01, BauR 2003, 1247.
196 BGH, Urt. v. 06.11.1986, VII 97/85, BGHZ 99, 81, 86; OLG Hamm, Urt. v. 24.01.1993, 21 U 148/92, BauR 1993, 738.
1 Amtlicher Hinweis: Diese Vorschrift dient zum Teil auch der Umsetzung der Richtlinie 1999/44/EG des Europäischen Parlaments und des Rates vom 25. Mai 1999 zu bestimmten Aspekten des Verbrauchsgüterkaufs und der Garantie für Verbrauchsgüter (ABl. EG Nr. L 171 S. 12).

§ 275 BGB   Ausschluss der Leistungspflicht

Leistungsverweigerungsrecht des Unternehmers bei verweigerter Sicherheitsleistung gem. § 648a BGB nach Abnahme, NZBau 2006, 676; *Glöckner* Die Umsetzung der Verbrauchsgüterkaufrichtlinie in Deutschland und ihre Konkretisierung durch die Rechtsprechung, JZ 2007, 652; *Gröning* Vergaberechtliche Bewältigung nachprüfungsbedingter Bauzeitverschiebungen und dadurch verursachter Preiserhöhungen, BauR 2004, 199; *Gsell* Rechtskräftiges Leistungsurteil und Klage auf Schadensersatz statt der Leistung, JZ 2004, 110; *Huber* Die Schadensersatzhaftung des Verkäufers wegen Nichterfüllung der Nacherfüllungspflicht und die Haftungsbegrenzung des § 275 Abs. 2 BGB neuer Fassung, in: Festschrift für Peter Schlechtriem, Schwenzer/Hager (Hrsg.), 2003, S. 521; *Katzenstein* Der Schadensersatz statt der Leistung nach §§ 280 Abs. 1 und 3, 281 bis 283 BGB, Jura 2005, 217; *Kähler* Zur Entmythisierung der Geldschuld, AcP 206 (2006), 805; *Kohler* Bestrittene Leistungsunmöglichkeit und ihr Zuvertretenhaben bei § 275 BGB – Prozesslage und materielles Recht, AcP 205 (2005), 93; *Lorenz* Schadensersatz wegen Pflichtverletzung – ein Beispiel für die Überhastung der Kritik an der Schuldrechtsreform, JZ 2001, 742; *ders.* Rücktritt, Minderung und Schadensersatz wegen Sachmängeln im neuen Kaufrecht: Was hat der Verkäufer zu vertreten?, NJW 2002, 2497; *Löhnig* Die Voraussetzungen des Leistungsverweigerungsrechts nach § 275 Abs. 2 BGB, ZGS 2005, 459; *Medicus* Der Regierungsentwurf zum Recht der Leistungsstörungen, ZfBR 2001, 507; *Oechsler* Praktische Anwendungsprobleme des Nacherfüllungsanspruchs, NJW 2004, 1825; *Peukert* § 326 Abs. 1 S. 2 BGB und die Minderung als allgemeiner Rechtsbehelf, AcP 205 (2005), 430; *Schmidt-Recla* Echte, faktische, wirtschaftliche Unmöglichkeit und Wegfall der Geschäftsgrundlage, in: Humaniora, Medizin – Recht – Geschichte, Festschrift für Adolf Laufs, Kern u.a. (Hrsg.), 2006, S. 641; *Sienz* Die Neuregelung im Werkvertragsrecht nach dem Schuldrechtsmodernisierungsgesetz, BauR 2002, 181; *Soergel* Mängelansprüche bei vorzeitiger Vertragsbeendigung wegen höherer Gewalt, in: Festschrift für Hermann Korbion, Pastor (Hrsg.), 1986, S. 427; *Steiger* Keine Schäden trotz fehlender frostsicherer Gründung: Mängelbeseitigung unverhältnismäßig?, IBR 2007, 132; *Teichmann* Strukturveränderungen im Recht der Leistungsstörungen nach dem Regierungsentwurf eines Schuldrechtsmodernisierungsgesetzes, BB 2001, 1485; *Voit* Die Änderungen des allgemeinen Teils des Schuldrechts durch das Schuldrechtsmodernisierungsgesetz und ihre Auswirkungen auf das Werkvertragsrecht, BauR 2002, 145; *Wertenbruch* Die Anwendung des § 275 auf Betriebsstörungen beim Werkvertrag, ZGS 2003, 53; *v. Wilmowsky* Die Anspruchs- und Rechtsgrundlagen des neuen Schuldrechts, JUS 2002, Beilage zu Heft 1, 1; *Wolber* Erstattung von »Regiekosten« als Schadensersatz nur nach HOAI?, IBR 2007, 260; *Zimmer* Das neue Recht der Leistungsstörung, NJW 2002, 1.

Übersicht

	Rdn.
A. Allgemeines	1
I. Überblick	1
II. Anwendungsbereich	2
III. Regelung der Leistungsgefahr	4
IV. Folgen	5
1. Primäre Leistungspflicht des Schuldners	6
2. Gegenleistungspflicht bei gegenseitigen Verträgen	9
3. Ansprüche auf sekundärer Ebene	10
B. Unmöglichkeit gem. § 275 Abs. 1 BGB	11
I. Gleichbehandlung der verschiedenen Arten der Unmöglichkeit	11
II. Objektive Unmöglichkeit	12
1. Naturgesetzliche (physikalische) Unmöglichkeit	14
2. Juristische Unmöglichkeit	18
3. Absolutes Fixgeschäft	22
4. Zweckerreichung bzw. -fortfall	26
a) Zweckerreichung	26
b) Zweckfortfall/Wegfall des Leistungssubstrats	28
c) Nicht aber Zweckstörung, -vereitelung	31
III. Subjektive Unmöglichkeit	32
1. Geldschulden	33
2. Erfolgsverschaffungspflicht des Werkunternehmers und subjektive Unmöglichkeit	35
C. Leistungsverweigerungsrecht nach § 275 Abs. 2 und 3 BGB	38
I. Grob unverhältnismäßiger Aufwand, § 275 Abs. 2 BGB	38
1. Praktische Unmöglichkeit	38
2. Voraussetzungen	39
a) Leistungsinteresse des Gläubigers	41
b) Aufwand des Schuldners	42
c) Grobes Missverhältnis	43
3. Abgrenzungen	46
a) § 635 Abs. 3 BGB	47
b) Wirtschaftliche Unmöglichkeit als Wegfall der Geschäftsgrundlage	51
II. Persönliche Unzumutbarkeit, § 275 Abs. 3 BGB	55
D. Vorübergehende Unmöglichkeit	56
E. Teilunmöglichkeit	62
I. Teil- oder Gesamtunmöglichkeit	62
II. Qualitative Unmöglichkeit als Teilunmöglichkeit	65
III. Rechtsfolgen für die primäre Leistungspflicht des Schuldners	72

	Rdn.		Rdn.
1. Fortbestehen der Resterfüllungspflicht	72	II. Einwendung und Einrede	81
2. Teilunmöglichkeit und Gesamtvernichtung der primären Erfüllungsansprüche	74	III. § 275 BGB im Prozess	84
		1. Einwendung nach § 275 Abs. 1 BGB nach Klageerhebung	86
F. Unmöglichkeit im VOB/B-Bauvertrag	76	2. Einrede nach § 275 Abs. 2, 3 BGB nach Klageerhebung	88
G. Beweislast und prozessuale Fragen	79	3. Kostenreduzierung durch Klagerücknahme § 269 ZPO	89
I. Beweislast	79		

A. Allgemeines[2]

I. Überblick

Die Unmöglichkeit der Leistungserbringung durch den Schuldner stellt im Rahmen des Systems der Leistungsstörungen die größtmögliche Abweichung von einer ordnungsgemäßen Erfüllung dar.[3] Bei Eingreifen einer der drei Tatbestände des § 275 BGB wird der Schuldner verschuldensunabhängig von seiner Leistungspflicht frei:[4] Nach § 275 Abs. 1 BGB entfällt die Leistungspflicht *ex lege*, wenn die Leistung für den Schuldner oder für jedermann unmöglich ist. Demgegenüber steht dem Schuldner in den Fällen des § 275 Abs. 2 und 3 BGB ein Leistungsverweigerungsrecht zu. Der Schuldner kann die Leistungserbringung verweigern, wenn diese nur mit unverhältnismäßig großem Aufwand erreicht werden kann oder die Leistungserbringung im Fall der Verpflichtung zur persönlichen Leistung aus sonstigen persönlichen Umständen unzumutbar ist. 1

II. Anwendungsbereich

Der Anwendungsbereich des § 275 BGB erstreckt sich auf alle Schuldverhältnisse, gleich ob sie gesetzlicher oder vertraglicher Natur sind.[5] § 275 BGB regelt das Schicksal der Primärleistungspflicht, weshalb sich die Anwendung auf Leistungspflichten beschränkt. § 275 BGB gilt demgemäß auch für den Nacherfüllungsanspruch nach § 635 BGB als modifiziertem Primärleistungsanspruch.[6] Haupt- und Nebenleistungspflichten werden gleichermaßen erfasst.[7] Nicht in den Anwendungsbereich des § 275 BGB fallen demgegenüber nicht leistungsbezogene Nebenpflichten wie Schutzpflichten oder sonstige verhaltensbezogene Pflichten nach § 241 Abs. 2 BGB.[8] 2

Bei dinglichen Ansprüchen gilt § 275 BGB im Hinblick auf die Naturalerfüllung des Anspruchs.[9] Eine Unmöglichkeit gemäß § 275 BGB ist daher etwa bei Instandhaltungspflichten aus einer Grunddienstbarkeit oder bei Leistungspflichten aus einer Reallast denkbar.[10] Die jüngere Rechtsprechung bejaht auch die Anwendbarkeit des § 275 BGB auf den Beseitigungsanspruch gem. § 1004 BGB.[11] Für § 985 BGB sollen dagegen vorrangig die §§ 987 ff. BGB gelten und eine Anwendung des § 275 BGB ausschließen.[12] Ist dem Anspruchsgegner eine Herausgabe des Gegen- 3

---

2 Für die wertvolle Unterstützung bei der Vorbereitung und Erstellung des Manuskripts danke ich Herrn Richter am LG *Bernhard Locher* sowie Frau ass. iur. *Grete Langjahr*.
3 *Schmidt-Recla*, in: FS Laufs, S. 641, 643.
4 Jauernig/*Stadler*, § 275 Rn. 1; Erman/*Westermann*, § 275 Rn. 1.
5 BGH v. 30.05.2008, V ZR 184/07, NJW 2008, 3122, 3123; MüKo-BGB/*Ernst*, § 275 Rn. 11; Jauernig/*Stadler*, § 275 Rn. 2; Palandt/*Grüneberg*, BGB § 275 Rn. 3.
6 BT-Drucks. 14/6040, 265; Kniffka/*Krause-Allenstein*, IBR-Online-Kommentar, § 635 Rn. 40; *Sienz*, BauR 2002, 181, 187; Palandt/*Sprau*, BGB § 635 Rn. 8; Palandt/*Grüneberg*, BGB § 275 Rn. 3.
7 Bamberger/Roth/*Unberath*, § 275 Rn. 18; Palandt/*Grüneberg*, BGB § 275 Rn. 3.
8 Bamberger/Roth/*Unberath*, § 275 Rn. 18; Palandt/*Grüneberg*, BGB § 275 Rn. 3.
9 MüKo-BGB/*Ernst*, § 275 Rn. 15; Erman/*Westermann*, § 275 Rn. 2.
10 Staudinger/*Löwisch*, (2004) Vorb. zu §§ 275–278 Rn. 18; Palandt/*Grüneberg*, BGB § 275 Rn. 3.
11 BGH v. 30.05.2008, V ZR 184/07, NJW 2008, 3122, 3123.
12 Bamberger/Roth/*Unberath*, § 275 Rn. 18; Palandt/*Bassenge*, BGB § 985 Rn. 13.

standes unmöglich geworden, weil er den Besitz an der Sache verloren hat, so scheidet ein Anspruch aus § 985 BGB unabhängig von der Frage nach einer Anwendbarkeit des § 275 BGB bereits auf der Tatbestandsebene aus.[13] Der Zeitpunkt des Eintritts der Unmöglichkeit ist für die Abgrenzung des Anwendungsbereichs unerheblich, weil § 275 BGB nach geltendem Recht sowohl für die anfängliche als auch für die nachträgliche Unmöglichkeit der Leistungserfüllung gilt.[14]

III. Regelung der Leistungsgefahr

4 § 275 BGB stellt neben den §§ 326, 446, 447, 644 BGB die wichtigste Gefahrtragungsnorm dar: Die Leistungsgefahr teilt sich zwischen Gläubiger und Schuldner auf,[15] wobei der Schuldner die Leistungsgefahr bis zur Grenze der in § 275 BGB niedergelegten Tatbestände trägt. Im Fall der Befreiung des Schuldners von der Leistungspflicht nach einem der drei in § 275 BGB niedergelegten Tatbestände geht die Leistungsgefahr auf den Gläubiger über, weil er seinen Erfüllungsanspruch nicht mehr durchsetzen kann. Leistungshindernisse, welche die Leistungserbringung nicht gem. § 275 Abs. 1 BGB tatsächlich unmöglich oder gem. § 275 Abs. 2 und 3 BGB unzumutbar machen, belasten demgegenüber den Schuldner, der zur Erfüllung verpflichtet bleibt.

IV. Folgen

5 An das Vorliegen der Voraussetzungen des § 275 BGB werden Rechtsfolgen geknüpft, die nicht nur die Leistungspflicht und die im Synallagma stehenden Gegenleistungspflichten auf der Primärebene betreffen, sondern auch auf sekundärer Ebene relevant werden. Sie werden im Einzelnen dort erläutert. Im Hinblick auf die teleologische Auslegung der in § 275 BGB geregelten Tatbestände bedarf es jedoch des steten Bewusstseins sämtlicher Konsequenzen:

1. Primäre Leistungspflicht des Schuldners

6 Bei der Unmöglichkeit i.e.S. gem. § 275 Abs. 1 BGB wird der Schuldner kraft Gesetzes von seiner Leistungspflicht befreit. Er bleibt jedoch stets nach Treu und Glauben verpflichtet, dem Gläubiger die Unmöglichkeit anzuzeigen,[16] damit dieser die gebotenen (vgl. dazu Rdn. 87) Dispositionen treffen kann. Wenn die Leistungserbringung nachträglich wieder möglich wird, lebt die Leistungspflicht zwar nicht auf; immerhin kann der Schuldner im Einzelfall aber nach § 242 BGB zur Wiederbegründung des Schuldverhältnisses verpflichtet sein.[17]

7 Die Tatbestände des § 275 Abs. 2 und 3 BGB gewähren demgegenüber allein ein Leistungsverweigerungsrecht des Schuldners. Die Differenzierung wird damit begründet, dass in den dort geregelten Fällen eine Erfüllung grundsätzlich möglich sei. Dem Schuldner solle deshalb die Möglichkeit eingeräumt werden, sich die Vergütung – um etwa seine besondere Leistungsfähigkeit zu beweisen[18] – durch überobligationsmäßige Leistungen zu verdienen.[19]

8 Das Leistungsverweigerungsrecht nach § 275 Abs. 2 und 3 BGB muss gegenüber dem Gläubiger geltend gemacht werden (vgl. dazu im einzelnen Rdn. 81 ff.). Der Schuldner wird bei Vorliegen der Voraussetzungen einer faktischen Unmöglichkeit nach § 275 Abs. 2 BGB oder bei Unzumutbarkeit der persönlichen Leistungserbringung nach § 275 Abs. 3 BGB erst mit Erhebung einer entsprechenden Einrede von seiner Leistungspflicht befreit.[20]

---

13 Erman/*Westermann*, § 275 Rn. 2; MüKo-BGB/*Ernst*, § 275 Rn. 13.
14 MüKo-BGB/*Ernst*, § 275 Rn. 7.
15 MüKo-BGB/*Ernst*, § 27 Rn. 26; AnwK/*Dauner-Lieb*, § 275 Rn. 20.
16 Palandt/*Grüneberg*, BGB § 275 Rn. 31; Bamberger/Roth/*Unberath*, § 275 Rn. 60.
17 Bamberger/Roth/*Unberath*, § 275 Rn. 60.
18 *Medicus*, ZfBR 2001, 507, 508.
19 Medicus/*Lorenz*, SchuldR I, Rn. 427.
20 Bamberger/Roth/*Unberath*, § 275 Rn. 61; Erman/*Westermann*, § 275 Rn. 34. A.A. *Teichmann*, BB 2001, 1485, 1487.

2. Gegenleistungspflicht bei gegenseitigen Verträgen

Nach §§ 275 Abs. 4, 326 bestimmt die Unmöglichkeit der Leistungspflicht das Schicksal der im Synallagma stehenden Gegenleistungspflichten. Nach der durch § 326 Abs. 1 Satz 1 BGB niedergelegten Regel entfällt mit der Leistungspflicht auch die Gegenleistungspflicht.

3. Ansprüche auf sekundärer Ebene

§ 275 Abs. 4 BGB stellt in Überwindung der Dogmatik des alten Rechts klar, dass die Unmöglichkeit der Leistung keine Entscheidung über das Bestehen sekundärer Ansprüche präjudiziert. Die Schadens- und Aufwendungsersatzansprüche des Gläubigers gem. §§ 280 Abs. 1, 3, 283, 311a Abs. 2, 284 BGB setzen jedoch stets ein Vertretenmüssen des Schuldners voraus (zum Verhältnis werkvertraglicher Erfolgshaftung und der Möglichkeit einer Haftungsverschärfung durch Garantieübernahme gem. § 276 Abs. 1 BGB vgl. *Zanner*, § 276 BGB Rdn. 99). Die Bedeutung der Unmöglichkeit besteht im Wesentlichen im fehlenden Fristsetzungserfordernis für den Anspruch auf Schadensersatz statt der Leistung, für die Ausübung des Rücktrittsrechts und für den Minderungsanspruch (vgl. dazu § 283 BGB Rdn. 2). An die Stelle des untergegangenen Leistungsanspruchs kann ferner der Herausgabeanspruch auf das Surrogat nach § 285 BGB treten.

B. Unmöglichkeit gem. § 275 Abs. 1 BGB

I. Gleichbehandlung der verschiedenen Arten der Unmöglichkeit

Seit der Schuldrechtsmodernisierung muss nicht mehr zwischen anfänglicher und nachträglicher, subjektiver und objektiver, zu vertretender und nicht zu vertretender Unmöglichkeit unterschieden werden.[21] Alle Arten der »wirklichen« Unmöglichkeit werden von § 275 Abs. 1 BGB erfasst[22] und im Hinblick auf den primären Erfüllungsanspruch gleichbehandelt.[23] Der Unterscheidung zwischen anfänglicher und nachträglicher Unmöglichkeit bedarf es allein im Hinblick auf die unterschiedliche Begründung von Schadensersatzansprüchen: Für die anfängliche Unmöglichkeit ist § 311a Abs. 2 BGB anzuwenden, während für die nachträgliche Unmöglichkeit die §§ 280 Abs. 1, 3, 283 BGB gelten.

II. Objektive Unmöglichkeit

Ein Fall der objektiven Unmöglichkeit liegt vor, wenn die geschuldete Leistung von niemandem, d.h. weder vom Schuldner noch von einem Dritten erbracht werden kann.[24] Der Begriff der objektiven Unmöglichkeit ist nach dem Willen des Gesetzgebers eng auszulegen.[25] Insbesondere die sog. praktische Unmöglichkeit (vgl. dazu Rdn. 38) wird nicht von § 275 Abs. 1 BGB erfasst.

Nach älterer Praxis wurde die Unmöglichkeit abgelehnt, wenn zwar die ursprüngliche Erfüllungsart unmöglich geworden war, der Schuldner aber in anderer Weise seine Leistung erbringen konnte und diese Form der Erfüllung beiden Parteien zumutbar war.[26] Die damals erfassten Sachverhalte fallen nach neuem Schuldrecht indes wohl eher in den Anwendungsbereich der Störung der Geschäftsgrundlage nach § 313 BGB.[27]

---

21 *Lorenz/Riehm*, § 6 Rn. 293; BT-Drucks. 14/6040, 128.
22 Palandt/*Grüneberg*, BGB § 275 Rn. 4–6; AnwK/*Dauner-Lieb*, § 275 Rn. 28; *Emmerich*, § 3 Rn. 21.
23 *Lorenz/Riehm*, § 6 Rn. 293; *Canaris*, JZ 2001, 499, 499, 500.
24 Jauernig/*Stadler*, § 275 Rn. 12; Palandt/*Grüneberg*, BGB § 275 Rn. 13; *Emmerich*, § 3 Rn. 19. Insoweit kann auch von einer generellen Unerfüllbarkeit gesprochen werden, z.B. OLG München NJW-RR 2005, 616; Palandt/*Grüneberg*, BGB § 275 Rn. 13.
25 BT-Drucks. 14/6040, 129.
26 BGH v. 25.10.1962, VII ZR 57/61, NJW 1963, 49; OLG München v. 26.05.2004, 7 U 3802/02, NJW-RR 2005, 616. Vgl. auch Palandt/*Grüneberg*, BGB § 275 Rn. 13; Kapellmann/Messerschmidt/*Lederer*, § 7 VOB/B Rn. 20.
27 BT-Drucks. 14/6040, 130.

§ 275 BGB Ausschluss der Leistungspflicht

1. Naturgesetzliche (physikalische) Unmöglichkeit

14 Die Leistungspflicht des Schuldners entfällt, wenn der Leistungserbringung zwingend die Grundgesetze der Natur oder jedenfalls der aktuelle Stand von Technik und Wissenschaft entgegenstehen.[28] Die naturgesetzliche Unmöglichkeit führt dazu, dass die Leistung für jedermann aus tatsächlichen Gründen unerbringlich ist.[29] Unter diese Kategorie fällt beispielsweise die völlige Zerstörung des geschuldeten Gegenstandes. Mit dem stetigen Zuwachs der technischen Möglichkeiten schrumpft der Anwendungsbereich der physikalischen Unmöglichkeit.

15 Von erheblicher praktischer Bedeutung ist insoweit allerdings, dass der physischen Vernichtung eine Veränderung des Leistungsgegenstandes gleichgestellt wird, wenn aus ihr wirtschaftlich ein völlig anderer Gegenstand hervorgeht.[30] Wird ein mit einer Villa aus der Gründerzeit bebautes Hausgrundstück verkauft, so führt ein die Villa zerstörender Brand zwar nicht zur Unmöglichkeit der Übereignung des Grundstücks, und selbst das Gebäude könnte neu erstellt werden; die zu übereignende Sache hat jedoch ihren Charakter in beiden Fällen irreparabel verloren. Die Lieferung eines zwischenzeitlich veralteten Softwarepakets, welches vom Käufer als gewerblichem Zwischenhändler nicht mehr weiterverkauft werden kann, hat für den Käufer keinen wirtschaftlichen Wert mehr, weshalb eine Erfüllung des Kaufvertrages unmöglich geworden ist.[31] Einen wirtschaftlich völlig anderen Gegenstand kann auch ein gebrauchter Pkw darstellen, der aufgrund einer gravierenden Verschlechterung nach Vertragsschluss nicht mehr fahrbereit ist.[32] Die Verschlechterung oder Veränderung des Leistungsgegenstandes, die nicht mit einer Zerstörung desselben gleichgestellt werden können, stellen demgegenüber in der Regel eine nicht vertragsgemäße Leistung und damit einen Sachmangel dar, weshalb der Anwendungsbereich der Mängelrechte eröffnet wird.[33] Soweit die Behebung des Sachmangels für den Schuldner unmöglich ist, kann ein Fall der qualitativen Unmöglichkeit vorliegen (vgl. Rdn. 65 ff.), welcher sich allein auf den Nacherfüllungsanspruch bezieht.

16 Verspricht der Werkunternehmer eine Leistung, die technisch nicht umgesetzt werden kann, so liegt im Ausgangspunkt ebenfalls objektive Unmöglichkeit vor.[34] Es war unter der Geltung des alten Rechts allerdings anerkannt, dass § 306 BGB a.F. im Hinblick auf die Erfolgsverschaffungspflicht des Werkunternehmers einschränkend auszulegen war.[35] Nur wenn das herzustellende Werk im Grundsatz nicht realisierbar war (z.B. Herstellung eines *perpetuum mobile*), kam § 306 BGB a.F. mit der Folge der Nichtigkeit des Vertrages zur Anwendung.[36] Nach altem Recht musste der Tatbestand der objektiven anfänglichen Unmöglichkeit eng ausgelegt werden, um einer mit der Nichtigkeitsfolge verbundenen Entrechtung des Gläubigers zu begegnen. Nach geltendem Recht besteht die Gefahr der Nichtigkeit indes nicht mehr, vgl. § 311a Abs. 1 BGB.

17 Unter dem geltenden Recht hat sich die Problematik auf die Verteilung der Leistungsgefahr (vgl. bereits Rdn. 4) verlagert: Bei Annahme der physikalischen Unmöglichkeit werden Ansprüche auf Nacherfüllung oder Kostenerstattung ausgeschlossen. Bei Kenntnis oder zu vertretender Unkenntnis der anfänglichen Unmöglichkeit wird ein Schadensersatzanspruch gem. § 311a Abs. 2 BGB begründet. Zur Reichweite der Unmöglichkeit vgl. Rdn. 62 ff.; zur Frage einer möglichen Garantieübernahme vgl. *Zanner*, § 276 BGB Rdn. 96 ff.

---

28 Bamberger/Roth/*Unberath*, § 275 Rn. 22; Palandt/*Grüneberg*, BGB § 275 Rn. 14.
29 *Emmerich*, § 3 Rn. 22.
30 OLG Oldenburg v. 04.06.1975, 2 U 51/75, NJW 1975, 1788; Staudinger/*Löwisch/Caspers*, § 275 Rn. 12 f.; Jauernig/*Stadler*, § 275 Rn. 13; AnwK/*Dauner-Lieb*, § 275 Rn. 30.
31 OLG Frankfurt v. 04.07.1997, 24 U 215/96, NJW 1998, 84.
32 OLG Oldenburg v. 04.06.1975, 2 U 51/75, NJW 1975, 1788.
33 Staudinger/*Löwisch/Caspers*, § 275 Rn. 58.
34 Kniffka/*Jansen/von Rintelen*, IBR-Online-Kommentar, § 631 Rn. 216.
35 BGH v. 09.07.1970, VII ZR 70/68, NJW 1970, 2021, 2022; v. 16.07.1998, VII ZR 350/96, BauR 1999, 37; Palandt/*Heinrichs*, 60. Auflage, BGB § 306 Rn. 14.
36 *Voit*, BauR 2002, 145, 149.

2. Juristische Unmöglichkeit

Von der objektiven Unmöglichkeit nach § 275 Abs. 1 BGB wird auch die juristische oder rechtliche Unmöglichkeit erfasst. Juristische Unmöglichkeit kann in verschiedenen Konstellationen auftreten. So entfällt die Leistungspflicht wegen juristischer Unmöglichkeit, wenn der geschuldete Leistungserfolg rechtlich bereits eingetreten ist. Das ist beispielsweise der Fall, wenn der Käufer bereits Eigentümer des Kaufobjektes ist. Insbesondere beim Werkvertrag, bei dem sich die Leistungspflicht von vornherein auf die Herbeiführung des Erfolges beschränkt, kann die Unmöglichkeit wegen Leistungsbewirkung in Betracht kommen. Insoweit überschneidet sich die Fallgruppe der rechtlichen Unmöglichkeit mit derjenigen der Zweckerreichung (vgl. Rdn. 26 ff.). 18

Für die baurechtliche Praxis ist darüber hinausgehend das Institut der juristischen Unmöglichkeit von erheblicher Bedeutung, wo und wenn der zu bewirkende Rechtserfolg von der Rechtsordnung nicht anerkannt wird oder dem Eintritt des Leistungserfolges ein dauerndes Rechtshindernis entgegensteht.[37] Die Verpflichtung zur Ausführung eines Bauvertrages entfällt etwa, wenn das Bauvorhaben nicht genehmigungsfähig ist.[38] Ein dauerndes Rechtshindernis steht der Verpflichtung zur Bestellung eines Erbbaurechts an einem Grundstück entgegen, wenn das Grundstück nach einem Bebauungsplan nicht bebaut werden darf.[39] Setzt ein Mietvertrag einen baurechtlich unzulässigen Umbau voraus, so ist die vertragsgemäße Erfüllung des Mietvertrages juristisch unmöglich.[40] Dasselbe gilt für die entgeltliche Gestattung von Handlungen, die dem Gemeingebrauch zuzuordnen sind,[41] z.B. die gegen Gebühr übernommene Verpflichtung zur Befreiung von einem Bauverbot, obwohl kein Bauverbot besteht.[42] 19

Die endgültige Versagung einer erforderlichen behördlichen Genehmigung für die Durchführung des Erfüllungsgeschäfts stellt einen weiteren Fall der nachträglichen rechtlichen Unmöglichkeit dar.[43] Von der Unmöglichkeit der Erfüllung zu unterscheiden ist allerdings die Nichtigkeit des verpflichtenden Rechtsgeschäfts etwa als Folge einer verweigerten Genehmigung oder auf der Grundlage von § 134 BGB. 20

Bei der Eröffnung des Insolvenzverfahrens über das Vermögen des Bestellers liegt kein Fall der juristischen Unmöglichkeit der Nacherfüllungspflicht des Unternehmers vor. Der Insolvenzverwalter kann deshalb nicht die angebotene Mangelbeseitigung durch den Werkunternehmer mit der Begründung ablehnen, dass die Nacherfüllungspflicht nach § 275 Abs. 1 BGB untergegangen sei.[44] Die nach der Insolvenzordnung angestrebte gleichmäßige Befriedung der Insolvenzgläubiger wird durch die Nacherfüllung nicht beeinträchtigt.[45] 21

3. Absolutes Fixgeschäft

Objektive Unmöglichkeit liegt schließlich vor, wenn bei einem absoluten Fixgeschäft die Leistung nach Fristablauf ausbleibt.[46] Ist eine fristgemäße Leistung für die Parteien oder für den Inhalt der 22

---

[37] BGH v. 16.10.2007, XI ZR 132/06, NJW 2008, 1070, 1071; MüKo-BGB/*Ernst*, § 275 Rn. 41; Palandt/*Grüneberg*, BGB § 275 Rn. 16; Jauernig/*Stadler*, § 275 Rn. 15.
[38] BGH v. 21.12.2000, VII ZR 17/99, BauR 2001, 785, 788; OLG Frankfurt v. 01.02.1989, 17 U 224/87, NJW-RR 1989, 981, 982; OLG Köln v. 14.06.1996, 19 U 8/96, BauR 1997, 307, 308; *Voit*, BauR 2002, 145, 151.
[39] BGH v. 20.12.1985, V ZR 263/83, BauR 1986, 319, 320.
[40] BGH v. 25.11.1998, XII ZR 12/97, NJW 1999, 635.
[41] MüKo-BGB/*Ernst*, § 275 Rn. 41; *Emmerich*, § 3 Rn. 27.
[42] RG v. 27.02.1912, VII 409/11, RGZ 78, 427, 431.
[43] BGH v. 28.01.1997, XI ZR 42/96, NJW-RR 1997, 686, 688. Einzelheiten zur juristischen Unmöglichkeit bei genehmigungsbedürftigen Geschäften bei MüKo-BGB/*Ernst*, § 275 Rn. 57 ff.
[44] OLG Düsseldorf v. 28.01.2005, 23 U 150/04, BauR 2005 1342.
[45] OLG Düsseldorf v. 28.01.2005, 23 U 150/04, BauR 2005 1342, 1343; a.A. AG München v. 10.06.1998, 221 C 11940/98, BauR 1999, 175, 176.
[46] BGH v. 25.01.2001, I ZR 287/98, NJW 2001, 2878; Erman/*Westermann*, § 275 Rn. 10.

Leistungspflicht so wesentlich, dass bei einer Verzögerung eine komplett andere Leistung vorliegen würde, so wird die geschuldete Leistungserbringung durch bloßen Zeitablauf unmöglich.[47] Wegen dieser einschneidenden Rechtsfolge ist Zurückhaltung bei der Annahme eines absoluten Fixgeschäftes geboten. Meist überwiegt das Interesse der Vertragsparteien an einer verspäteten Leistungserbringung. Im Regelfall ist auch dem Gläubiger eher damit gedient, den Erfüllungsanspruch zu behalten.

23 Bei Bauverträgen wird die Verzögerung der Bauausführung im Regelfall nicht zur Unmöglichkeit führen, selbst wenn die Bestimmung der Leistungszeit zu den wesentlichen Vertragsmodalitäten gehört, weil das Leistungsinteresse des Bestellers an der Werkleistung auch im Fall der Verzögerung bestehen bleibt.[48] Bei komplexen Bauvorhaben, bei denen andere Gewerke auf den vom Schuldner verzögert erbrachten aufbauen, kann dem Gläubiger das gem. § 323 Abs. 2 Nr. 2 BGB ohne Mahnungserfordernis bestehende Rücktrittsrecht zur Wahrung seiner Interessen genügen (vgl. § 323 BGB Rdn. 6 ff.). Eine einseitige Erklärung des Bestellers, dass sein Leistungsinteresse von der Rechtzeitigkeit der Leistungserbringung abhänge, genügt nicht für die Annahme eines relativen Fixgeschäfts.[49] Wo demgemäß ein erhebliches praktisches Bedürfnis an einer fristgemäßen Leistung besteht, ist eine vertragliche Vereinbarung unumgänglich, um Zweifeln an einem Bestehen eines relativen Fixgeschäfts nach § 323 Abs. 2 Nr. 2 BGB vorzubeugen. Zu den Einzelheiten der Voraussetzungen des relativen Fixgeschäftes vgl. § 323 BGB Rdn. 9. Auch über die Geltendmachung von Schadensersatz kann der Besteller die Folgen einer Verspätung der Bauleistung kompensieren. Die Frage, ob im Fall eines relativen Fixgeschäfts eine Fristsetzung nach § 281 Abs. 2 BGB für den Schadensersatz statt der Leistung oder nach § 286 Abs. 2 Nr. 4 BGB für den Anspruch auf Ersatz des Verzögerungsschadens entbehrlich ist, wird kontrovers diskutiert (vgl. § 281 BGB Rdn. 36).

24 Von absoluten Fixgeschäften kann immerhin insbesondere bei anlassbezogenen Zweckgewerken ausgegangen werden. Wird etwa einem Vertrag über die Erschließung eines Grundstücks durch Anschluss an das Wasser-, Abwasser- und Stromnetz zugrundegelegt, dass das Grundstück aus Anlass einer Ausstellung zur Errichtung eines Ausstellungpavillons auf einer Messe genutzt werden soll, so führt das Verstreichen des Messetermins zur Unmöglichkeit. Ein weiteres Beispiel für die Annahme eines Fixgeschäfts im Rahmen eines Werkvertrages ist der Druck und die Auslieferung von Einladungen für eine termingebundene Veranstaltung.[50]

25 Auch soweit danach ein absolutes Fixgeschäft zu bejahen ist, bedürfen die Voraussetzungen der Säumnis sorgfältiger Prüfung.[51] Minimale Verspätungen müssen nicht zur Unmöglichkeit führen. Währt im Beispielsfall die Ausstellung zwei Monate, so wird eine geringfügige Verzögerung vielleicht Schadensersatzansprüche begründen, kaum aber die Unmöglichkeit stützen.

4. Zweckerreichung bzw. -fortfall

a) Zweckerreichung

26 Von Zweckerreichung wird gesprochen, wenn der Leistungserfolg ohne Tätigwerden des Schuldners infolge anderer Umstände eintritt.[52] Der Schuldner kann zwar die Leistungshandlung weiter

---

47 MüKo-BGB/*Ernst*, § 275 Rn. 46; *Emmerich*, § 4 Rn. 5.
48 BayOLG v. 15.07.2002, Verg 15/02, NZBau 2002, 689, 691; *Bitterich*, NZBau 2007, 354, 357; *Gröning*, BauR 2004, 199, 206.
49 Messerschmidt/Voit/*Moufang*, § 636 Rn. 42.
50 OLG Düsseldorf v. 08.12.2000, 22 U 104/00, NJW-RR 2002, 633.
51 Vgl. Bamberger/Roth/*Grothe*, § 323 Rn. 26, für das relative Fixgeschäft nach § 323 Abs. 2 Nr. 2 BGB: Bei Berücksichtigung des Grundsatzes nach Treu und Glauben kann eine geringfügige Verzögerung der Leistungserbringung unerheblich sein. Dieser Gedanke kann auch auf das absolute Fixgeschäft übertragen werden, wobei der Charakter des absoluten Fixgeschäfts entsprechend berücksichtigt werden muss. Ähnlich bereits RG v. 13.04.1927, I 371/26, RGZ 117, 354, 356 ff.
52 Palandt/*Grüneberg*, BGB § 275 Rn. 18; Jauernig/*Stadler*, § 275 Rn. 13.

vornehmen; den bereits eingetretenen Erfolg kann er aber nicht mehr »bewirken«. Die nunmehr allgemeine Ansicht behandelt deshalb die Fälle der Zweckerreichung als Fälle der Unmöglichkeit nach § 275 Abs. 1 BGB.[53]

Wegen Zweckerreichung wird der Werkunternehmer von seiner Leistungspflicht frei, wenn das abzureißende Haus von selbst einstürzt. Im Rahmen einer unbefugten Selbstvornahme nach § 635 BGB wird die Mangelbeseitigung als geschuldeter Leistungserfolg ohne Zutun des Schuldners herbeigeführt, weshalb die Verpflichtung des Schuldners zur Mängelbeseitigung gem. § 275 Abs. 1 BGB entfällt.[54] Im Verhältnis mehrerer Unternehmer mit sich überschneidenden Nacherfüllungspflichten sollte demgegenüber nicht von der Unmöglichkeit durch Zweckerreichung ausgegangen werden, soweit eine gesamtschuldnerische Verpflichtung bejaht wird. Hier geht der Nacherfüllungsanspruch des Bestellers gegen konkurrierend verpflichtete Unternehmer aufgrund der Gesamterfüllungswirkung gem. § 422 BGB unter (vgl. § 422 BGB Rdn. 6) bzw. lebt als Regressanspruch fort. 27

b) Zweckfortfall/Wegfall des Leistungssubstrats

Ein Lehrbuchbeispiel für die Zweckerreichung ist das Freischleppen eines Schiffs, das vor dem Eintreffen des Schleppers durch die Flut freikommt. Mit Zweckfortfall bezeichnet man demgegenüber den Fall, in welchem das freizuschleppende Schiff vor der Leistungsbewirkung sinkt. Auch auf die Fälle des Zweckfortfalls werden im Hinblick auf die Eingrenzung der spezifischen Leistung (z.B. Freischleppen dieses Schiffs) die Unmöglichkeitsregeln angewendet. Damit wird zugleich das Vertretenmüssen maßgeblich für die Risikotragung. Wichtig ist insoweit die Bestimmung des Verantwortungsbereichs des Gläubigers auf der Grundlage besonderer Gefahrtragungsregelungen im Rahmen der verschiedenen Vertragsarten.[55] Für den Werkvertrag weist § 645 Abs. 1 BGB dem Besteller das Risiko für Leistungshindernisse zu, welche aus dem von ihm zu stellenden Leistungssubstrat oder seinen Anweisungen zur Ausführung entstehen.[56] 28

Verpflichtet sich der Werkunternehmer zu Arbeiten an einem bestimmten Haus, so ist der Leistungserfolg nicht mehr herbeizuführen, wenn das Haus vorher abbrennt oder von einer Flut zerstört wird. Die Leistung des Werkunternehmers ist wegen Wegfalls des Leistungssubstrats unmöglich geworden. 29

Unter dem Gesichtspunkt des Zweckfortfalls ist die Unmöglichkeit nach § 275 Abs. 1 BGB allerdings nur bei solchen Leistungshindernissen zu bejahen, die eine Herbeiführung des Leistungserfolgs dauerhaft ausschließen.[57] Bei vorübergehenden Leistungshindernissen sind die Regelungen des Gläubigerverzugs anzuwenden.[58] 30

c) Nicht aber Zweckstörung, -vereitelung

Die Fälle der sog. Zweckstörung oder Zweckvereitelung werden demgegenüber nicht von § 275 Abs. 1 BGB erfasst. Bei ihnen kann der nach dem Vertrag geschuldete Leistungserfolg zwar vom Schuldner noch bewirkt werden (z.B. Verschaffung von Besitz und Eigentum am Brautkleid). Aufgrund außerhalb des Vertrages liegender Umstände (z.B. Auflösung der Verlobung) hat der 31

---

53 Bamberger/Roth/*Unberath*, § 275 Rn. 41.
54 Staudinger/*Peters/Jacoby*, § 635 Rn. 7; AnwK/*Dauner-Lieb*, § 275 Rn. 33; *Dauner-Lieb/Dötsch*, NZBau 2004, 233, 235. A.A. *Eusani*, NZBau 2006, 676, 679; *Oechsler*, NJW 2004, 1825, 1826.
55 Palandt/*Grüneberg*, BGB § 275 Rn. 19; MüKo-BGB/*Ernst*, § 275 Rn. 151.
56 MüKo-BGB/*Ernst*, § 275 Rn. 151, 157.
57 Staudinger/*Löwisch/Caspers*, § 275 Rn. 26; MüKo-BGB/*Ernst*, § 275 Rn. 152; *Emmerich*, § 24 Rn. 16. A.A. die früher herrschende Meinung, die in den Fällen des Zweckfortfalls Gläubigerverzug annahm, Palandt/*Grüneberg*, BGB § 275 Rn. 19.
58 MüKo-BGB/*Ernst*, § 275 Rn. 152.

Gläubiger jedoch kein Interesse mehr an dem geschuldeten Erfolg.[59] Die Störung betrifft allein den vom Gläubiger verfolgten weiteren Verwendungszweck, weshalb dieser allein das Verwendungsrisiko zu tragen hat.[60] Der Gläubiger kann sich deshalb nicht auf Unmöglichkeit berufen, sondern allenfalls bei Vorliegen der Voraussetzungen des § 313 BGB auf den Wegfall der Geschäftsgrundlage. Zur deutlicheren sprachlichen Abgrenzung von relevantem Zweckfortfall und irrelevanter Zweckvereitelung sollte bei letzterer besser von Verwendungszweckstörung gesprochen werden.

III. Subjektive Unmöglichkeit

32 Subjektive Unmöglichkeit (Unvermögen) liegt vor, wenn zwar der Schuldner unter keinen Umständen zur Leistungserbringung in der Lage ist, ein Dritter den geschuldeten Leistungserfolg aber herbeiführen könnte. In § 275 Abs. 1 BGB wird die subjektive der objektiven Unmöglichkeit formal gleichgestellt, doch ist der Anwendungsbereich der Vorschrift bei individuell eingreifenden Leistungshindernissen eng, weil nicht § 275 Abs. 1, sondern § 275 Abs. 2 BGB eingreift, wenn der Schuldner die Leistung nur mit unverhältnismäßigem Aufwand erbringen könnte.[61] Insbesondere bei Beschaffungs- oder Herstellungsproblemen sind die Einrede der §§ 275 Abs. 2, 439 Abs. 3, 635 Abs. 3 BGB oder die Vertragsanpassung wegen Wegfalls der Geschäftsgrundlage nach § 313 BGB in Erwägung zu ziehen. Subjektive Unmöglichkeit kann auf tatsächliche oder rechtliche Leistungshindernisse zurückgehen.

1. Geldschulden

33 Die von der Leistungspflicht befreiende Wirkung des § 275 BGB betrifft nach allgemeiner Meinung den gewöhnlichen Zahlungsanspruch (sog. Geldsummenschulden, z.B. §§ 433 Abs. 2, 535 Abs. 2, 633 Abs. 1 BGB) nicht.[62] »Geld muss man haben«. Das gilt unabhängig von der umstrittenen Frage, ob die Geldsummenschuld als Gattungsschuld oder als Wertverschaffungsschuld zu qualifizieren ist.[63] Es liegt folglich keine subjektive Unmöglichkeit vor, wenn der Schuldner keine Mittel zur Begleichung seiner Zahlungsverpflichtung hat.[64] Begründet wird dies zum einen mit einer generellen Einschränkung des Anwendungsbereichs von § 275 BGB im Hinblick auf Geldsummenschulden,[65] zum anderen mit dem Argument, dass die Unmöglichkeit tatbestandlich ausgeschlossen sei, weil Geld immer existiere.[66] Letzteres Argument ist allerdings nicht stichhaltig, da § 275 Abs. 1 BGB die subjektive der objektiven Unmöglichkeit gleichsetzt. Tatsächlich führen systematische Erwägungen dazu, Geldsummenschulden von der Anwendung des § 275 BGB auszunehmen: Die Durchsetzbarkeit von Geldsummenschulden wird nicht durch § 275 BGB, sondern allein durch das Zwangsvollstreckungs- bzw. Insolvenzrecht begrenzt.[67]

34 Für Geldherausgabeschulden (z.B. §§ 667, 675, 681, 812 BGB) bleibt § 275 BGB demgegenüber anwendbar.[68] Bei der Geldherausgabeschuld ist der Schuldner zur Herausgabe von bestimmtem empfangenem Geld verpflichtet,[69] weshalb Unmöglichkeit vorliegen kann, wenn dieses be-

---

59 Palandt/*Grüneberg*, BGB § 275 Rn. 20; *Emmerich*, § 24 Rn. 26.
60 MüKo-BGB/*Ernst*, § 275 Rn. 160; *Emmerich*, § 24 Rn. 26.
61 BT-Drucks. 14/6040, 129; Palandt/*Grüneberg*, BGB § 275 Rn. 23; MüKo-BGB/*Ernst*, § 275 Rn. 52.
62 Palandt/*Grüneberg*, BGB § 275 Rn. 3; MüKo-BGB/*Ernst*, § 275 Rn. 13; *Lorenz/Riehm*, § 6 Rn. 315; *Kähler*, AcP 206 (2006), 805, 821 ff.
63 BT-Drucks. 14/6040, 132; *Lorenz/Riehm*, § 6 Rn. 315.
64 *Kähler*, AcP 206 (2006), 805, 821; Erman/*Westermann*, § 275 Rn. 2.
65 Palandt/*Grüneberg*, BGB § 275 Rn. 3; MüKo-BGB/*Ernst*, § 275 Rn. 13; Erman/*Westermann*, § 275 Rn. 2.
66 *Lorenz/Riehm*, § 6 Rn. 315.
67 Palandt/*Grüneberg*, BGB § 275 Rn. 3; MüKo-BGB/*Ernst*, § 275 Rn. 13; *Lorenz/Riehm*, § 6 Rn. 315.
68 Palandt/*Grüneberg*, BGB § 275 Rn. 3; Erman/*Westermann*, § 275 Rn. 2.
69 *Medicus*, Schuldrecht I, § 18 Rn. 188.

stimmte Geld verloren gegangen oder sonst untergegangen ist. Unmöglichkeit wird auch für die selten praxisrelevanten Fälle von Geldschulden in Gestalt eines absoluten Fixgeschäfts oder bei der Vereinbarung einer bestimmten Finanzierungsquelle angenommen.[70]

2. Erfolgsverschaffungspflicht des Werkunternehmers und subjektive Unmöglichkeit

Subjektive Unmöglichkeit liegt nicht schon dann vor, wenn die Nacherfüllung den Werkunternehmer wirtschaftlich überfordert,[71] der Werkunternehmer seinen Betrieb aufgibt bzw. veräußert oder sein Produktionsprogramm ändert.[72] Vor allem bei der Frage der Nacherfüllungspflicht des Werkunternehmers nach § 635 BGB wird darüber hinausgehend diskutiert, ob es der subjektiven Unmöglichkeit entgegensteht, wenn der Schuldner mit seinem Betrieb den geschuldeten Erfolg nicht (mehr) herbeiführen kann, er sich zur Erfüllung seiner Leistungspflicht ggf. eines Dritten bedienen kann und dazu auch verpflichtet ist.[73] Dieselbe Frage ist indes bereits im Hinblick auf die Primärleistungspflicht zu beantworten. Die den Übergang von der Erfüllungs- zur Nacherfüllungsphase regelmäßig einleitende Abnahme rechtfertigt keine unterschiedliche Behandlung: Nach einer Ansicht kann sich der Werkunternehmer nicht auf die subjektive Unmöglichkeit berufen.[74] Aufgrund der Erfolgsbezogenheit des Werkvertrages sei er zur Einschaltung eines Dritten verpflichtet, wenn er selbst nicht in der Lage sei, das vertragsgemäße Werk herzustellen.[75] Unmöglichkeit liege folglich nur dann vor, wenn kein Dritter die Leistung erbringen könne. Die Gegenansicht hält dagegen die subjektive Unmöglichkeit der Leistungserbringung durch den Werkunternehmer für möglich[76] und begründet dies mit der Gleichstellung der subjektiven mit der objektiven Unmöglichkeit nach § 275 Abs. 1 BGB[77] sowie einer mangelnden Verpflichtung des Werkunternehmers zur Einschaltung eines Dritten.[78] Streitentscheidend ist demgemäß, ob eine solche Pflicht besteht.

Insoweit ist zu differenzieren: Es gibt Erfolge, die durch die Persönlichkeit und damit die Person 36 des Schuldners identifiziert werden, z.B. die Anfertigung eines Portraits, das Schreiben eines Romans, oder die Produktion einer CD durch einen Künstler. Hier führt das Unvermögen des Künstlers zugleich zur Unmöglichkeit. In den weitaus meisten Fällen dienen allerdings Klauseln, in denen die persönliche Leistungserbringung durch den Schuldner vereinbart wird, indem etwa der Einsatz von Subunternehmern oder Mitarbeitern bei konkreten Leistungsbestandteilen ausgeschlossen wird, allein dazu, das Interesse des Gläubigers zu sichern, dass eine Leistung, für deren Erbringung er den individuellen Schuldner für besonders geeignet hält, auch von diesem ausgeführt wird. Ein solches Interesse kann beispielsweise vorliegen, wenn besondere Anforderungen an Handwerker, Bauingenieure, Architekten oder spezialisierte Gutachter gestellt werden.[79] Will der Unternehmer in solchen Fällen Dritte in die Erfüllung einschalten, so muss der Besteller sich darauf zwar nicht einlassen. Ist der Schuldner aber zur persönlichen Leistungserbringung außerstande, so erschiene es ganz unangemessen, den Besteller durch die Annahme der subjektiven Un-

---

70 *Kähler*, AcP 206 (2006), 805, 823 ff.
71 Staudinger/*Peters/Jacoby*, § 635 Rn. 7.
72 OLG Köln v. 27.01.1971, 2 U 79/69, BauR 1971, 129, 130 m. Anm. *Jagenburg*; Staudinger/*Peters/Jacoby*, § 635 Rn. 7. A.A. MüKo-BGB/*Busche*, § 635 Rn. 28; Palandt/*Sprau*, BGB § 635 Rn. 8.
73 Vgl. AnwK/*Dauner-Lieb*, § 275 Rn. 35.
74 OLG Köln v. 27.01.1971, 2 U 79/69, BauR 1971 129, 130 m. Anm. *Jagenburg*. Vgl. dazu auch Bamberger/Roth/*Voit*, § 635 Rn. 13; AnwK/*Raab*, § 635 Rn. 27; Messerschmidt/Voit/*Moufang*, § 635 Rn. 108; Korbion/*Frank*, Teil 20, Rn. 298; *Siegburg*, Teil 1 D, Rn. 1065.
75 Messerschmidt/Voit/*Moufang*, § 635 Rn. 108.
76 Palandt/*Sprau*, BGB § 635 Rn. 8; MüKo-BGB/*Busche*, § 635 Rn. 26; PWW/*Leupertz*, § 635 Rn. 7; Staudinger/*Peters/Jacoby*, § 635 Rn. 7; *Wertenbruch*, ZGS 2003, 53, 55 ff.
77 PWW/*Leupertz*, § 635 Rn. 7.
78 *Wertenbruch*, ZGS 2003, 53, 59.
79 Kniffka/*Krause-Allenstein*, IBR-Online-Kommentar, § 635 Rn. 62; MüKo-BGB/*Busche*, § 631 Rn. 71.

möglichkeit u.U. zu entrechten. Vorzugswürdig erscheint es in solchen Fällen, die Pflicht zur persönlichen Leistung zur Disposition des Gläubigers zu stellen. Selbst von einer vereinbarten Pflicht zur persönlichen Leistungserbringung kann daher nicht ohne weiteres auf den Eintritt subjektiver Unmöglichkeit geschlossen werden. Beim Fehlen einer entsprechenden Vereinbarung sollte ebenso wenig dem Recht des Schuldners, die Leistung durch einen Dritten erbringen zu lassen, ohne weiteres eine korrespondierende Pflicht entnommen werden.

37 Eine generelle Beschaffungspflicht folgt auch nicht aus der Erfolgsbezogenheit der werkvertraglichen Leistungspflicht des Unternehmers. Gegen einen derart kategorischen Ausschluss spricht schon die Formulierung von § 635 Abs. 3 BGB. Eine sachgerechte Lösung dieser Problematik sollte am Einzelfall anknüpfen: Im Regelfall muss der Werkunternehmer die Leistung nach § 631 BGB nicht persönlich erbringen, da die Herstellung eines Bauwerkes nicht persönlicher Natur ist und auch von Dritten durchgeführt werden kann.[80] Ausnahmsweise kann die Leistungspflicht durch die speziellen Fähigkeiten des Werkunternehmers wie seine künstlerische Veranlagung oder besondere Fachkompetenz maßgeblich geprägt sein, so dass ein Dritter eben nicht »dieselbe Leistung« erbringen würde (vgl. bereits o.).[81] Im Regelfall kann der Unternehmer aber, wenn es ihm persönlich unmöglich ist, die Leistung zu erbringen, einen Dritten beauftragen, um seiner Pflicht aus dem Vertrag nachzukommen. Da die Parteien des Werkvertrags die persönliche Leistungserbringung im Interesse des Unternehmers auch konkludent vereinbaren können, ist der Vertrag auszulegen. Insbesondere ist auf Art und Umfang der Leistungspflichten abzustellen. Gehen bei umfangreichen und komplexen Vorhaben die Parteien ohnehin davon aus, dass Teile der geschuldeten Leistung von Subunternehmern zu erbringen sind, so wird auch im Übrigen eine Pflicht, nötigenfalls Dritte in die Erfüllung einzubeziehen, zu bejahen sein. Insbesondere bei Werkverträgen mit »Einmann-Unternehmern«, die eine stark persönlich geprägte Leistung erbringen und deren Kalkulation erkennbar nicht die Finanzierung des Gewinnanteils Dritter umfasst, sollte die Möglichkeit der subjektiven Unzumutbarkeit demgegenüber offen gehalten werden.

C. Leistungsverweigerungsrecht nach § 275 Abs. 2 und 3 BGB

I. Grob unverhältnismäßiger Aufwand, § 275 Abs. 2 BGB

1. Praktische Unmöglichkeit

38 Der Anwendungsbereich von § 275 Abs. 2 BGB erfasst insbesondere die Fallgruppen der früher sogenannten »faktischen« oder auch »praktischen« Unmöglichkeit.[82] Bei faktischer Unmöglichkeit darf ein vernünftiger Gläubiger die physikalisch bzw. technisch noch erbringbare Leistung nicht erwarten, weil hierfür ein in Ansehung des Leistungsinteresses des Gläubigers unverhältnismäßiger Aufwand erforderlich wäre.[83] Ein Bestehen des Gläubigers auf der Leistungserbringung erschiene rechtsmissbräuchlich.[84]

2. Voraussetzungen

39 Als den (physikalisch gerade nicht ausgeschlossenen!) Erfüllungsanspruch des Gläubigers einschränkende Norm ist § 275 Abs. 2 BGB eng auszulegen. Die für das Eingreifen der §§ 251 Abs. 2, 439 Abs. 3, 635 Abs. 3 BGB erforderliche Unverhältnismäßigkeit muss nach ganz h.M. überschritten werden.[85] Der »Sondernormcharakter« des § 275 Abs. 2 BGB[86] errichtet eine hohe

---

80 Messerschmidt/Voit/*von Rintelen*, § 631 Rn. 86; MüKo-BGB/*Busche*, § 631 Rn. 71.
81 *Wertenbruch*, ZGS 2003, 53, 54; Messerschmidt/Voit/*von Rintelen*, § 631 Rn. 87.
82 Bamberger/Roth/*Unberath*, § 275 Rn. 53; Jauernig/*Stadler*, § 275 Rn. 24; *Medicus*, ZfBR 2001, 507, 508.
83 BT-Drucks. 14/6040, 129; *Emmerich*, § 3 Rn. 46.
84 AnwK/*Dauner-Lieb*, § 275 Rn. 38, MüKo-BGB/*Ernst*, § 275 Rn. 70; Lorenz/Riehm, Rn. 310.
85 MüKo-BGB/*Ernst*, § 275 Rn. 70.
86 Palandt/*Grüneberg*, BGB § 275 Rn. 27; Bamberger/Roth/*Unberath*, § 275 Rn. 55.

Schwelle und gestattet allein, extreme Ausnahmefälle zu erfassen.[87] Wegen dieser hohen Anforderungen wird dem Leistungsverweigerungsrecht nach § 275 Abs. 2 BGB nur eine geringe praktische Relevanz zugesprochen.[88] Im Werkvertragsrecht soll bei einer unverhältnismäßigen Erschwerung der Mängelbeseitigung daher § 635 Abs. 3 BGB zur Anwendung gebracht werden, weil diese Vorschrift geringere Anforderungen stelle und ebenfalls den Schuldner von seiner Leistungspflicht befreie (dazu sogl. Rdn. 47 ff.).[89]

Bezugspunkte der Unverhältnismäßigkeit sind weder der Umfang der bereits geleisteten und noch zu leistenden Arbeiten noch der kalkulierte Gewinn und die Kosten der Erfüllungshandlungen, sondern allein das objektive Leistungsinteresse des Gläubigers und der Aufwand des Schuldners zur vertragsgemäßen Leistungserbringung.[90] Das führt dazu, dass praktisch jedes eine Minimalschwelle überschreitende und gemessen an den im Vertrag zum Ausdruck gebrachten Zwecken nachvollziehbar begründete Leistungsinteresse des Gläubigers das Leistungsverweigerungsrecht ausschließt. 40

a) Leistungsinteresse des Gläubigers

Das Leistungsinteresse des Gläubigers bezieht sich auf den Erhalt der Leistung in Natur und umfasst sowohl das materielle als auch das immaterielle Interesse an der geschuldeten Leistung.[91] Dem Inhalt des Vertrages und dem Zweck der Leistung kommt bei der Bewertung des Gläubigerinteresses maßgebliche Bedeutung zu.[92] Das materielle Leistungsinteresse bestimmt sich nach den Grundsätzen der Schadensberechnung beim Schadensersatzanspruch statt der Leistung.[93] Soweit die Kosten für ein Deckungsgeschäft, Folgeschäden oder der entgangene Gewinn einer Weiterveräußerung als Folge der Nichterfüllung als Schaden ersatzfähig wären, wird dadurch die Untergrenze des Leistungsinteresses markiert.[94] Doch auch immaterielle Schäden und ideelle Motive fließen in die Zumutbarkeitserwägungen ein.[95] 41

b) Aufwand des Schuldners

Der Aufwand des Schuldners setzt sich aus allen Aufwendungen in Geld, Tätigkeiten oder sonstiger persönlicher Anstrengungen zusammen, die für die Erbringung der geschuldeten Leistung bzw. die Nacherfüllung erforderlich sind.[96] Der Werkunternehmer kann die Nacherfüllung nicht verweigern, wenn er das grobe Missverhältnis zwischen Aufwand und Gläubigerinteresse auf die hohe Belastung durch Mangelfolgeschäden stützt.[97] Kosten aus der Beseitigung von Mangelfolgeschäden dürfen zur Berechnung des Aufwands zur Nacherfüllung nicht hinzugezogen werden, weil durch die Beseitigung von Folgeschäden nicht das eigentliche Leistungsinteresse des Gläubigers erfüllt wird. 42

---

87 Palandt/*Grüneberg*, BGB § 275 Rn. 27; Bamberger/Roth/*Unberath*, § 275 Rn. 52; Jauernig/*Stadler*, § 275 Rn. 24.
88 MüKo-BGB/*Ernst*, § 275 Rn. 70; Messerschmidt/Voit/*Moufang*, § 635 Rn. 121.
89 Palandt/*Grüneberg*, BGB § 275 Rn. 28.
90 BT-Drucks. 14/6040, 130.
91 MüKo-BGB/*Ernst*, § 275 Rn. 79, 80; AnwK/*Dauner-Lieb*, § 275 Rn. 43.
92 Jauernig/*Stadler*, § 275 Rn. 25; AnwK/*Dauner-Lieb*, § 275 Rn. 43.
93 Erman/*Westermann*, § 275 Rn. 25; MüKo-BGB/*Ernst*, § 275 Rn. 79.
94 AnwK/*Dauner-Lieb*, § 275 Rn. 43.
95 Erman/*Westermann*, § 275 Rn. 25; Jauernig/*Stadler*, § 275 Rn. 25; *Löhnig*, ZGS 2005, 459, 460.
96 BT-Drucks. 14/6040, 130; Bamberger/Roth/*Unberath*, § 275 Rn. 55; Kniffka/*Krause-Allenstein*, IBR-Online-Kommentar, § 635 Rn. 51.
97 BGH v. 07.03.2002, VII ZR 1/00, 1540, BauR 2002, 1536, 1540; Palandt/*Grüneberg*, BGB § 275 Rn. 28; Messerschmidt/Voit/*Moufang*, § 635 Rn. 123.

c) Grobes Missverhältnis

43 Ein Leistungsverweigerungsrecht steht dem Schuldner nach § 275 Abs. 2 Satz 1 BGB nur zu, wenn das Leistungsinteresse des Gläubigers und der erforderliche Leistungsaufwand des Schuldners in grobem Missverhältnis stehen. Ein grobes Missverhältnis liegt vor, wenn eine – gemessen an den Grundsätzen von Treu und Glauben – untragbare Belastung des Schuldners[98] die Leistungserbringung unmöglichkeitsähnlich erscheinen lässt.[99]

44 Nach § 275 Abs. 2 Satz 1 BGB gibt vor allem der Inhalt des zugrundeliegenden Schuldverhältnisses Aufschluss darüber, inwiefern der Schuldner das Risiko der Leistungserfüllung übernommen hat und welche Anstrengungen er deshalb auf sich nehmen muss, um seine Pflichten zu erfüllen.[100] Bei Bauverträgen führt demgemäß die werkvertragliche Qualifikation zu einer weiteren Konkretisierung. Denn nach der Risikoverteilung im Werkvertragsrecht trägt der Werkunternehmer das Erfüllungsrisiko ohne Rücksicht auf den dazu erforderlichen Aufwand.[101] Er ist bis zur Grenze des Wegfalls der Geschäftsgrundlage zur Herstellung des Werks verpflichtet.[102] Die Nacherfüllung kann deshalb nicht wegen zu hoher Kosten verweigert werden, außer der Besteller hat ein geringes objektives Interesse an einem vertragsgemäßen Werk und die Mangelbeseitigung erfordert einen unverhältnismäßig großen Aufwand.[103] Das Recht zur Verweigerung der Nacherfüllung in Form des Neubaus wurde in dem Fall bestätigt, in dem ein Werkunternehmer eine Garagenzufahrtsmauer ohne frostsichere Betonzusatzgründung hergestellt hatte, sich aber nach drei Jahren keinerlei Mängelerscheinungen gezeigt hatten und auch in Zukunft nicht zu vermuten waren.[104] Die werkvertragsspezifische Risikoübernahme zeigt sich auch bei der Übernahme eines Pauschalpreisvertrages durch den Werkunternehmer. In die Zumutbarkeitsabwägung nach § 275 Abs. 2 BGB können nur nachträgliche und unvorhersehbare Leistungserschwernisse einfließen.[105] Auch das Erfordernis zusätzlicher Aufwendungen aufgrund der Verschlechterung des Baugrunds führt nicht zu einem Leistungshindernis, wenn der Werkunternehmer das Baugrundrisiko übernommen hat und kein extrem gelagerter Ausnahmefall vorliegt.[106]

45 Hat der Schuldner das Leistungshindernis nicht verschuldet, so soll dies nach § 275 Abs. 2 Satz 2 BGB in der Zumutbarkeitsabwägung berücksichtigt werden und zu einer Herabsetzung der Anforderungen an das Leistungsverweigerungsrecht führen.[107] Dieser für den Schuldner günstige Umstand kann im Werkvertragsrecht jedenfalls nicht gelten, weil der Werkunternehmer nach § 644 BGB das volle Herstellungsrisiko trägt.[108] Umgekehrt werden aber Vorsatz oder grobe Fahrlässigkeit des Schuldners die Anforderungen an die Unzumutbarkeit erhöhen.[109] Es ist eine Gesamtabwägung notwendig, bei welcher der Grad des Verschuldens entscheidend ins Gewicht fallen kann, die es im Einzelfall jedoch auch erlaubt, dem Unternehmer die Berufung auf die Un-

---

98 Bamberger/Roth/*Unberath*, § 275 Rn. 55; MüKo-BGB/*Ernst*, § 275 Rn. 70.
99 Messerschmidt/Voit/*Moufang*, § 635 Rn. 121; MüKo-BGB/*Ernst*, § 275 Rn. 70.
100 Bamberger/Roth/*Unberath*, § 275 Rn. 55; Erman/*Westermann*, § 275 Rn. 25; MüKo-BGB/*Ernst*, § 275 Rn. 87; *Huber*, in: FS Schlechtriem, S. 521, 553.
101 BGH v. 04.07.1996, VII ZR 24/95, BauR 1996, 858, 859; v. 06.12.2001, VII ZR 241/00, BauR 2002, 613, 616.
102 *Huber*, in: FS Schlechtriem, S. 521, 553; BGH v. 04.07.1996, VII ZR 24/95, BauR 1996, 858, 859.
103 BGH v. 04.07.1996, VII ZR 24/95, BauR 1996, 858, 859; v. 10.11.2005, VII ZR 64/04, BauR 2006, 377, 378.
104 OLG Celle v. 01.06.2006, 6 U 233/05, BauR 2007, 728, m. Anm. *Steiger*, IBR 2007, 132; *Wolber*, IBR 2007, 260.
105 *Voit*, BauR 2002, 145, 158.
106 *Voit*, BauR 2002, 145, 158.
107 Krit. im Hinblick darauf, dass im Fall des Verschuldens immerhin Schadensersatzansprüche begründet werden, MüKo-BGB/*Ernst*, § 275 Rn. 101 ff.
108 AnwK/*Dauner-Lieb*, § 275 Rn. 52; *Huber*, in: FS Schlechtriem, S. 521, 553 ff., 556.
109 BGH v. 10.04.2008, VII ZR 214/06, BauR 2008, 1140, 1141; v. 16.04.2009, VII ZR 177/07, BauR 2009, 1151, 1152, noch zu § 633 Abs. 2 BGB a.F.

verhältnismäßigkeit des Aufwandes selbst dann zu gestatten, wenn er das Leistungshindernis vorsätzlich herbeigeführt hat.[110]

3. Abgrenzungen

Schwierigkeiten bereitet vor allem die Abgrenzung des Leistungsverweigerungsrechts gem. § 275 Abs. 2 BGB zu den §§ 251 Abs. 2, 313, 635 Abs. 3 BGB, die ebenfalls auf dem Rechtsgedanken des Rechtsmissbrauchsverbots beruhen. 46

a) § 635 Abs. 3 BGB

Namentlich die Abgrenzung des Leistungsverweigerungsrechts bezüglich der Nacherfüllung wegen Unzumutbarkeit nach § 275 Abs. 2 BGB und wegen Unverhältnismäßigkeit nach § 635 Abs. 3 BGB fällt schwer: Auf der einen Seite stellt § 635 Abs. 3 BGB das darin begründete Leistungsverweigerungsrecht bereits sprachlich (»unbeschadet«) ausdrücklich neben die in § 275 Abs. 2 und 3 BGB begründeten und scheint damit, auf eine inhaltliche Verschiedenheit hinzuweisen. Eine weitergehende Definition der in § 635 Abs. 3 BGB genannten »unverhältnismäßigen Kosten« enthält das Gesetz indes nicht.[111] Die Gesetzgebungsmaterialien legen auf der anderen Seite entgegen dem Wortlaut des § 635 Abs. 3 BGB nahe, die zu § 633 Abs. 2 Satz 2 BGB a.F. entwickelten Grundsätze sowohl zur Bestimmung des Anwendungsbereichs des § 275 Abs. 2 BGB als auch bei § 635 Abs. 3 BGB heranzuziehen.[112] Beide Vorschriften dienen schließlich der Konkretisierung des Rechtsmissbrauchsverbots mit der Befreiung des Werkunternehmers von einer sinnlosen und rechtsmissbräuchlichen Forderung der Nacherfüllung.[113] 47

Als einziges ansatzweise taugliches Abgrenzungskriterium ließe sich die Intensität der Unverhältnismäßigkeit heranziehen: Dem Wortlaut nach setzt § 275 Abs. 2 BGB ein grobes Missverhältnis voraus (vgl. dazu Rdn. 43 ff.), wohingegen § 635 Abs. 3 BGB die schlichte Unverhältnismäßigkeit genügen lässt. Die Phase der Unverhältnismäßigkeit nach § 635 Abs. 3 BGB könnte in diesem Sinne als Durchgangsstadium zur Unzumutbarkeit nach § 275 Abs. 2 BGB begriffen werden. In diesem Sinne wurde auch zu § 439 Abs. 3 BGB bereits angemerkt, dass die Kriterien der Anwendung dieselben seien, die in § 275 Abs. 2 BGB genannt würden, die Maßstäbe allerdings graduell niedriger seien.[114] 48

Bedenken gegen eine solche Interpretation bestehen zum einen interessenorientiert im Hinblick auf die sachliche Angemessenheit einer Abwertung der Gläubigerinteressen bei kauf- bzw. werkvertraglichen Erfüllungspflichten, zum anderen im Hinblick auf die europarechtlichen und systematischen Rahmenbedingungen: Werden sowohl § 275 Abs. 2, 3 als auch die §§ 439 Abs. 3 bzw. 635 Abs. 3 BGB auf dasselbe Verbot des Rechtsmissbrauchs gestützt, so stellt sich die grundsätzliche Frage, weshalb die Geltendmachung aufwendig zu erfüllender Leistungsansprüche bei Kauf- und Werkverträgen leichter als rechtsmissbräuchlich zu betrachten sein soll als bei anderen Verträgen. Was im Kaufrecht im Hinblick auf die im Vordergrund stehenden Leistungspflichten (Verschaffung von Besitz und Eigentum, keine Herstellung) nachvollziehbar erscheint, erscheint beim Werkvertrag mit seiner ihm eigenen Erfolgsbezogenheit geradezu abwegig. Dass bei Kauf- und Werkvertrag Minderungsrechte bestehen, ist jedenfalls dann nur ein schwacher Trost für den Gläubiger, wenn der Minderungsanspruch aus der Verringerung des objektiven Verkehrswerts der mangelhaften Leistung berechnet wird, vgl. § 441 Abs. 3, 638 Abs. 3 BGB, und dieser durch den 49

---

110 BGH v. 16.04.2009, VII ZR 177/07, BauR 2009, 1151.
111 Vgl. auch Kniffka/*Krause-Allenstein*, IBR-Online-Kommentar, § 635 Rn. 53.
112 BT-Drucks. 14/6040, 265; Palandt/*Sprau*, BGB § 635 Rn. 10; Messerschmidt/Voit/*Moufang*, § 635 Rn. 110. A.A. Bamberger/Roth/*Voit*, § 635 Rn. 14; MüKo-BGB/*Busche*, § 635 Rn. 29.
113 Kniffka/*Krause-Allenstein*, IBR-Online-Kommentar, § 635 Rn. 53.
114 BT-Drucks. 14/6040, 232.

Mangel u.U. kaum oder gar nicht betroffen ist (zur Minderung nach den Kosten zur Mängelbeseitigung vgl. § 638 BGB Rdn. 14 ff.).

50 Im Übrigen ist das Anliegen des Gesetzgebers zu berücksichtigen, im Rahmen der Schuldrechtsmodernisierung die werk- und kaufrechtlichen Mängelansprüche weitestgehend zu harmonisieren.[115] Die §§ 635 Abs. 3 und 439 Abs. 3 BGB sollten daher unter subjektiv-teleologischen Gesichtspunkten homogen ausgelegt werden. Im Hinblick auf das in § 439 Abs. 3 Satz 3 letzter Hs. BGB ebenfalls geregelte sog. »absolute« Verweigerungsrecht, weil jede Art der Nacherfüllung unverhältnismäßig ist, wurde bereits zu Recht darauf hingewiesen, dass sich die deutsche Regelung ausschließlich als Konkretisierung der durch die Verbrauchsgüterkaufrichtlinie nicht definierten, sondern vorausgesetzten Unmöglichkeit richtlinienkonform interpretieren lässt, da die Verbrauchsgüterkaufrichtlinie die Leistungsverweigerung allein relativ, d.h. im Verhältnis zur jeweils anderen Art, und im Übrigen wegen Unmöglichkeit gestattet.[116] Zusammengenommen legen beide Umstände einen restriktiven Umgang mit den besonderen Leistungsverweigerungsrechten der §§ 439 Abs. 3, 635 Abs. 3 BGB und einen weitgehenden Gleichlauf mit § 275 Abs. 2 BGB nahe.

b) Wirtschaftliche Unmöglichkeit als Wegfall der Geschäftsgrundlage

51 Im Fall der sogenannten »wirtschaftlichen« Unmöglichkeit ist trotz des missverständlichen Sprachgebrauchs nach modernem Verständnis ausschließlich der Anwendungsbereich des § 313 BGB eröffnet. Hier wird lediglich das vertraglich ausgehandelte Verhältnis von Leistung und Gegenleistung (Äquivalenzinteresse) betroffen.[117] Erfordert die vertraglich geschuldete Herstellung des Werks aufgrund nachträglicher Umstände oder aufgrund von beiden Parteien nicht erwarteter Umstände erhöhte Anstrengungen und Aufwendungen, so kommt allein eine Vertragsanpassung nach § 313 BGB in Betracht.[118] In der Zumutbarkeitsabwägung innerhalb des § 275 Abs. 2 BGB wird demgegenüber nicht auf eine Störung des Äquivalenzinteresses abgestellt. Bezugspunkte sind ausschließlich das Gläubigerinteresse an der Leistung einerseits und der Aufwand des Schuldners zur Leistungserbringung andererseits. Typische Leistungshindernisse erhöhen regelmäßig nicht allein den Aufwand des Schuldners zur Leistungserbringung, sondern zugleich und in gleicher Höhe das Leistungsinteresse des Gläubigers.

52 Bisweilen wird vertreten, dass nach dem Vertragsschluss eintretende Umstände, die beim Schuldner zu einem Leistungshindernis führen, zugleich Bezugspunkt für eine Störung der Geschäftsgrundlage nach § 313 BGB und für ein Leistungsverweigerungsrecht nach § 275 Abs. 2 BGB sein können. Ein unzumutbares grobes Missverhältnis nach § 275 Abs. 2 BGB könne erst angenommen werden, wenn das Leistungshindernis nicht durch eine Vertragsanpassung nach § 313 BGB überwunden werden könne.[119] An die flexible Rechtsfolge der Vertragsanpassung nach § 313 Abs. 1 BGB seien demnach geringere Anforderungen zu stellen als an das Leistungsverweigerungsrecht nach § 275 Abs. 2 BGB. Begründeten Umstände ein grobes Missverhältnis nach § 275 Abs. 2 BGB, so liege in der Regel auch eine Störung der Geschäftsgrundlage vor, weshalb dem Schuldner ein Wahlrecht zwischen den beiden Vorschriften zustehe.[120]

---

115 Vgl. z.B. BT-Drucks. 14/6040, 211.
116 Vgl. dazu *Glöckner*, JZ 2007, 652, 663, Nachw. dort. Im Hinblick auf die beschränkte Tragweite von § 439 Abs. 3 S. 3 BGB bestätigend EuGH v. 16.6.2011, verb. Rs. C-65, 87/09 – Gebr. Weber und Putz, Rn. 68 ff.
117 MüKo-BGB/*Ernst*, § 275 Rn. 21; Palandt/*Grüneberg*, BGB § 275 Rn. 29; Kniffka/*Krause-Allenstein*, IBR-Online-Kommentar, § 635 Rn. 56.
118 *Medicus*, ZfBR 2001, 507, 508.
119 Kniffka/*Krause-Allenstein*, IBR-Online-Kommentar, § 635 Rn. 55.
120 MüKo-BGB/*Ernst*, § 275 Rn. 23; Jauernig/*Stadler*, § 275 Rn. 3.

Hier ist zu differenzieren. Richtig ist, dass nachträglich eintretende Umstände zu einer praktischen Unmöglichkeit nach § 275 Abs. 2 BGB führen können. Im Hinblick auf das dann eingreifende Leistungsverweigerungsrecht des Schuldners und die damit u.U. weitgehende »Entrechtung« des Gläubigers kann dieser Umstand, d.h. das Eingreifen des Leistungsverweigerungsrechts, für den Gläubiger den Vertrag seiner Grundlage berauben. Unter Gläubigerschutzgesichtspunkten kann eine Anpassung geboten sein, um dem Schuldner die Flucht in die Unmöglichkeit zu verwehren.

Aus der Perspektive des Schuldners sollten die §§ 275 Abs. 2, 313 BGB jedoch tatbestandlich unterschieden werden: § 275 Abs. 2 BGB erfasst diejenigen Fälle, in welchen der Leistungsaufwand des Schuldners unabhängig vom Leistungsinteresse des Gläubigers wächst. Allein dieses Auseinanderfallen trägt die Begründung des Leistungsverweigerungsrechts über den Gedanken des Rechtsmissbrauchs. Wo immer das Leistungsinteresse des Gläubigers demgegenüber korrelierend zum Leistungsaufwand des Schuldners wächst, kommt dieser Gesichtspunkt *a priori* nicht zur Geltung. Begründet werden kann der Eingriff in das Äquivalenzverhältnis des Vertrages auf der Grundlage von § 313 BGB nur in Fällen, in denen eine absolute Leidensgrenze des Schuldners überschritten wird und auch unter Einbeziehung der werkvertragsspezifischen Erfolgsbezogenheit keine Risikoübernahme durch den Schuldner angenommen werden kann. Da es in diesen Fällen regelmäßig nach § 313 Abs. 3 BGB zu einer Vertragsauflösung kommt, führt die Anwendung des § 313 Abs. 3 BGB oder des § 275 Abs. 2 BGB bezüglich der Primärleistungspflicht allerdings zum selben Ergebnis.[121]

II. Persönliche Unzumutbarkeit, § 275 Abs. 3 BGB

Ist der Schuldner zur persönlichen Erbringung der Leistung verpflichtet, so kann er die Leistungserfüllung gem. § 275 Abs. 3 BGB verweigern, wenn ihm die Leistungserbringung nicht zuzumuten ist. Bei der auch insoweit erforderlichen Abwägung ist das Leistungsinteresse des Gläubigers mit dem Gewicht des Leistungshindernisses für den Schuldner ins Verhältnis zu setzen. Im Rahmen des § 275 Abs. 3 BGB sind an die Unzumutbarkeit ähnlich hohe Anforderungen zu stellen wie im Fall der faktischen Unmöglichkeit nach § 275 Abs. 2 BGB, weshalb auch der Anwendungsbereich des § 275 Abs. 3 BGB nur für extreme Ausnahmefälle eröffnet ist.[122] Bei Bauverträgen hat die Vorschrift geringe Relevanz, weil bei den geschuldeten Bauleistungen des Werkunternehmers in der Regel keine Beschränkung auf die persönliche Leistungserbringung anzunehmen ist.[123] Jedoch kann sich aus der Vertragsgestaltung im Einzelfall eine Verpflichtung zur persönlichen Leistungserbringung ergeben, wenn für die Herbeiführung des Leistungserfolgs gerade die außergewöhnlichen Fähigkeiten des Schuldners erforderlich sind (vgl. Rdn. 35 ff.).

D. Vorübergehende Unmöglichkeit

Vorübergehende Unmöglichkeit liegt bei Werkverträgen vor, wenn das geschuldete Werk aufgrund eines Leistungshindernisses zurzeit nicht fertiggestellt werden kann, nach dem Wegfall des Leistungshindernisses die Erfüllung aber wieder möglich ist.[124]

Die vorübergehende Unmöglichkeit kann zur dauernden Unmöglichkeit mit all ihren Konsequenzen (§§ 275, 326, 283 BGB) umschlagen. Maßgeblich sind die Umstände des Einzelfalls. Nach höchstrichterlicher Rechtsprechung steht die vorübergehende Unmöglichkeit einer dauernden Unmöglichkeit gleich, wenn das zeitweilige Leistungshindernis derart schwer wiegt, dass die Erreichung des Vertragszwecks ernsthaft gefährdet ist und bei einer billigen Abwägung des Inte-

---

121 Palandt/*Grüneberg*, BGB § 313 Rn. 32.
122 AnwK/*Dauner-Lieb*, § 275 Rn. 57.
123 MüKo-BGB/*Busche*, § 631 Rn. 71; Bamberger/Roth/*Voit*, § 631 Rn. 45; *Wertenbruch*, ZGS 2003, 53, 54.
124 AnwK/*Dauner-Lieb*, § 275 Rn. 67.

resses beider Parteien ein Festhalten an dem Bestehen der Primärleistungspflicht nicht zuzumuten ist.[125] Eine Ansicht in der Literatur verlangt eine Abkehr von der Unzumutbarkeitsformel des BGH, weil diese seit der Schuldrechtsmodernisierung nicht mehr erforderlich sei; der Gläubiger werde über die Möglichkeit einer Fristsetzung zum verschuldensunabhängigen Rücktritt nach § 323 Abs. 1 BGB ausreichend geschützt.[126] Die Frage, ob ein Leistungshindernis zu einer dauernden oder nur vorübergehenden Unmöglichkeit führt, sei nach etablierter Praxis[127] nach dem Zeitpunkt des Eintritts des Hindernisses zu beurteilen. Könne der Bauunternehmer das vertraglich geschuldete Werk nicht erstellen, weil etwa die Entscheidung über die Erteilung der Baugenehmigung sich immer wieder verzögere und zudem bei der Behörde Zweifel an der Genehmigungsfähigkeit bestünden, sei der Vertragszweck des Bauvertrages gefährdet. Dem Bauunternehmer könne die Aufrechterhaltung seiner getroffenen Dispositionen und ein weiteres Zuwarten nicht mehr zugemutet werden, weshalb die vorübergehende Unmöglichkeit der Leistungserbringung einer dauernden gleichzustellen sei und folgerichtig der Bauunternehmer von seiner Leistungspflicht nach § 275 Abs. 1 BGB befreit werde.[128]

58 Richtigerweise ist hinsichtlich der Rechtsfolgen zu differenzieren: Während der Dauer einer vorübergehenden Unmöglichkeit oder einer vorübergehenden Unzumutbarkeit der primären Leistungserfüllung kommt § 275 Abs. 1 bis 3 BGB (u.U. analog) zur Anwendung, weshalb jedenfalls die von dem vorübergehenden Leistungshindernis betroffene Pflicht so lange nicht durchsetzbar ist.[129] Folgerichtig ist die auf eine vorübergehend unmögliche Leistung gerichtete Leistungsklage auf alle Fälle als derzeit unbegründet abzuweisen, wenn die Leistungshindernisse zum maßgeblichen Zeitpunkt der letzten mündlichen Verhandlung noch vorliegen.[130] Im Übrigen bleiben die vertraglichen Leistungspflichten aber bestehen. Es besteht kein Anlass, dem Gläubiger den Leistungsanspruch insgesamt zu nehmen. Ebenso wenig geht die Gegenleistungspflicht *ex lege* gem. § 326 BGB unter; so lange die vorübergehende Unmöglichkeit währt, kann der Gläubiger die Gegenleistung freilich auf der Grundlage von §§ 320, 322 BGB zurückbehalten, weil der Leistungsanspruch im Ausgangspunkt weiter besteht.

59 Ebenso selbstredend kann der Gläubiger, wenn er dem Schuldner eine angemessene Frist zur Leistungserbringung gesetzt hat, gem. § 323 BGB (analog) vom Vertrag zurücktreten. Ist unsicher, ob die vorübergehende Unmöglichkeit bereits zu einer dauerhaften wurde, so wird der Gläubiger ebenfalls Frist zur Erfüllung setzen und nach deren erfolglosem Verstreichen vom Vertrag zurücktreten. Die Wirksamkeit seines Rücktritts bestimmt sich folgerichtig entweder nach § 323 BGB oder bei Unmöglichkeit nach § 326 Abs. 5 BGB.

60 Hat der Schuldner die vorübergehende Unmöglichkeit nicht zu vertreten, so hat der Gläubiger keinen Anspruch auf Schadensersatz.[131] Hat der Schuldner demgegenüber die vorübergehende Unmöglichkeit zu vertreten, so bestimmen sich die Rechtsfolgen dieser Art der Unmöglichkeit nach den Regelungen des Verzuges.[132] Nach dem Fälligkeitszeitpunkt kann der Gläubiger im An-

---

125 BGH v. 11.03.1982, VII ZR 357/80, BauR 1882, 273.
126 *Canaris*, in: FS Huber, S. 143, 158; Medicus/*Lorenz*, SchuldR I, Rn. 422.
127 BGH v. 19.10.2007, V ZR 211/06, NJW 2007, 3777, 3779; OLG Karlsruhe v. 14.09.2004, 8 U 97/04, NJW 2005, 989, 990. Vgl. noch zum alten Schuldrecht BGH v. 27.05.1953, VI ZR 230/52, LM BGB § 275 Nr. 3; v. 09.07.1955, VI ZR 108/54, LM BGB § 275 Nr. 7; v. 31.01.1967, V ZR 125/65, BGHZ 47, 48, 50; v. 11.03.1982, VII ZR 357/80, BGHZ 83, 197, 200.
128 Medicus/*Lorenz*, SchuldR I, Rn. 422; *Köhler/Lorenz*, SchuldR I, 2. Kapitel S. 28. A.A. *Canaris*, in: FS Huber, S. 143, 158, der hier ein Problem der Leistungserschwerung sieht und eine Anwendung der Regelung der Störung der Geschäftsgrundlage nach § 313 BGB bevorzugt.
129 Palandt/*Grüneberg*, BGB § 275 Rn. 10; MüKo-BGB/*Ernst*, § 275 Rn. 134; *Canaris*, in: FS Huber, S. 143, 147.
130 MüKo-BGB/*Ernst*, § 275 Rn. 134; *Canaris*, in: FS Huber, S. 143, 147.
131 MüKo-BGB/*Ernst*, § 275 Rn. 136.
132 Bamberger/Roth/*Unberath*, § 75 Rn. 39; *Arnold*, JZ 2002, 866, 869; *Wertenbruch*, ZGS 2003, 53, 59.

schluss an den fruchtlosen Ablauf der Frist zur Leistungserfüllung Ersatz des Verzugsschadens nach §§ 280 Abs. 1, 2, 286 BGB verlangen. Führt die vorübergehende zu einer dauerhaften Unmöglichkeit, so kann der Gläubiger seinen Schadenersatzanspruch nach §§ 280 Abs. 1, 3, 283 BGB geltend machen.

Vor der Fälligkeit hält die entsprechend – die unmittelbare Anwendung wird wegen des Fehlens der Nichterbringung einer fälligen Leistung als Folge der vorübergehenden Unmöglichkeit ausgeschlossen[133] – anzuwendende Vorschrift in § 323 Abs. 4 BGB den Maßstab bereit, ob der Gläubiger zurücktreten oder Schadensersatz statt der Leistung verlangen kann. An dieser Stelle erweitert die Unzumutbarkeitsformel des BGH die Möglichkeiten des Gläubigers. Zwar knüpft die Formel wie § 323 Abs. 4 BGB an die Erfüllungsgefährdung als Leistungsstörung (vgl. dazu § 281 BGB Rdn. 11) an, verlangt aber nicht die Offensichtlichkeit des künftigen Vorliegens der Voraussetzungen für Rücktritt oder Schadensersatz, sondern lässt die Unzumutbarkeit des Festhaltens am Vertrag bei einer billigen Abwägung genügen. Darin ist eine sinnvolle Ergänzung des Regelungsgehalts von § 323 Abs. 4 BGB zu erkennen, da im Fall eines Umstandes, der vorübergehend die Unmöglichkeit der Erfüllung begründet, die künftige Nichterfüllung zumindest indiziert ist. 61

E. Teilunmöglichkeit

I. Teil- oder Gesamtunmöglichkeit

Aus dem Wortlaut des § 275 Abs. 1 BGB (»soweit«) geht hervor, dass sich die Rechtsfolge der Unmöglichkeit auf einen Teil der geschuldeten Leistung beschränken kann. Liegt eine teilbare Leistung vor und kann der Schuldner nur teilweise seiner Leistungsverpflichtung nicht nachkommen, so wird der Schuldner nur in einem der Teilunmöglichkeit entsprechendem Umfang von seiner Leistungspflicht befreit.[134] Diese Grundsätze finden auch auf das Leistungsverweigerungsrecht nach § 275 Abs. 2 und 3 BGB Anwendung.[135] 62

Teilunmöglichkeit setzt damit zunächst eine teilbare Leistung voraus.[136] Unproblematisch liegt Teilunmöglichkeit vor, wenn sich die Leistung des Schuldners auf mehrere Gegenstände bezieht, sei es die Herstellung, Lieferung oder andere Verpflichtungen,[137] oder der Schuldner aus demselben Schuldverhältnis mehrere Pflichten zu erfüllen hat und er sich bezüglich einzelner Pflichten auf die leistungsbefreiende Wirkung des § 275 BGB berufen kann.[138] 63

Bei Unteilbarkeit der Leistung führt die Teilunmöglichkeit demgegenüber zur Unmöglichkeit der Gesamtleistung.[139] Der Teilbarkeit der Leistung können insbesondere technische oder rechtliche Gründe entgegenstehen.[140] Der Unteilbarkeit der Leistung werden darüber hinausgehend von der herrschenden Meinung diejenigen Fälle gleichgestellt, in denen nur die vollständige Leistung dem Vertragszweck entspricht und eine Teilleistung für den Gläubiger sinnlos ist.[141] Tatsächlich ist die Frage nach den Folgen der Teilunmöglichkeit nicht allein tatsächlich, sondern auch normativ zu betrachten, wobei die objektive Zwecksetzung des Vertrages den Maßstab setzt. In diesem Sinne wird etwa die Gesamtunmöglichkeit auch in Fällen bejaht, in denen die Teilerfüllung wirtschaftlich einen anderen Leistungsgegenstand darstellt (vgl. Rdn. 15). Im Hinblick auf die Sondervor- 64

---

[133] AnwK/*Dauner-Lieb*, § 275 Rn. 67.
[134] BGH v. 13.12.1991, LwZR 5/91, NJW 1992, 1036, 1037; Palandt/*Grüneberg*, BGB § 275 Rn. 7; AnwK/*Dauner-Lieb*, § 275 Rn. 64.
[135] MüKo-BGB/*Ernst*, § 275 Rn. 120; Erman/*Westermann*, § 275 Rn. 18.
[136] BGH v. 13.12.1991, LwZR 5/91, NJW 1992, 1036, 1037; MüKo-BGB/*Ernst*, § 275 Rn. 121.
[137] Erman/*Westermann*, § 275 Rn. 18.
[138] MüKo-BGB/*Ernst*, § 275 Rn. 122.
[139] MüKo-BGB/*Ernst*, § 275 Rn. 123; AnwK/*Dauner-Lieb*, § 275 Rn. 64.
[140] MüKo-BGB/*Ernst*, § 275 Rn. 123.
[141] BGH v. 17.02.1995, V ZR 267/93, NJW-RR 1995, 853, 854, noch zum alten Recht; vgl. Palandt/*Grüneberg*, BGB § 275 Rn. 7.

schriften der §§ 281 Abs. 1 S. 2, 3, 323 Abs. 5 BGB darf eine solche »normative« Gesamtunmöglichkeit aufgrund grundlegender Veränderung des Leistungsgegenstandes allerdings nur unter engen Voraussetzungen angenommen werden.

II. Qualitative Unmöglichkeit als Teilunmöglichkeit

65 Die qualitative Unmöglichkeit stellt eine neue Kategorie der Unmöglichkeit dar und ist Folge der Eingliederung der Gewährleistungsrechte von Kauf- und Werkvertrag in das allgemeine Leistungsstörungsrecht sowie der Normierung der Erfüllungstheorie in §§ 433 Abs. 1 Satz 2, 633 Abs. 1 BGB durch die Schuldrechtsreform.[142] Von qualitativer Unmöglichkeit spricht man, wenn die Leistung des Schuldners eine Schlechtleistung darstellt und die gem. §§ 433 Abs. 1 Satz 2, 633 Abs. 1 BGB vertragsgemäße Leistung nach § 275 Abs. 1 BGB unmöglich oder dem Schuldner nach § 275 Abs. 2, 3 BGB nicht zuzumuten ist.[143]

66 Die Problematik der Abgrenzung der allgemeinen Einrede wegen unverhältnismäßigen Aufwandes gem. § 275 Abs. 2 BGB von den kauf- und werkvertraglichen Sonderregelungen in §§ 439 Abs. 3, 635 Abs. 3 BGB (vgl. dazu bereits Rdn. 47 ff.) wird auch an dieser Stelle offensichtlich: Voraussetzung für die qualitative Unmöglichkeit ist eine unbehebbare Schlechtleistung des Schuldners. Stellt sich die Nacherfüllung aufgrund von Leistungshindernissen lediglich als erschwert dar, so liegt noch keine qualitative Unmöglichkeit vor.[144] Von Bedeutung ist die Unterscheidung im Hinblick auf das im Fall der Unmöglichkeit nicht bestehende Fristsetzungserfordernis. Allerdings ist zu beachten, dass es im Fall der Unverhältnismäßigkeit des Aufwandes gem. § 275 Abs. 2 BGB einer Erhebung der Einrede bedarf, um die Befreiung des Schuldners von der primären Leistungspflicht zu bewirken und – bei Vorliegen der weiteren Voraussetzungen – den unmittelbaren Anspruch des Gläubigers auf Schadensersatz statt der Leistung auszulösen. Macht der Schuldner die Unzumutbarkeit geltend, so ist unerheblich, ob er dies gestützt auf §§ 275 Abs. 2 oder 635 Abs. 3 BGB tut, und ob der Einwand berechtigt oder unberechtigt ist: Zum Anspruch auf Schadensersatz statt der Leistung gelangt der Gläubiger entweder über §§ 280 Abs. 1, 3, 283 BGB (im Fall der Unzumutbarkeit gem. § 275 Abs. 2 BGB), über §§ 280 Abs. 1, 3, 281, 636 BGB (im Fall der Unzumutbarkeit gem. § 635 Abs. 3 BGB) oder über §§ 280 Abs. 1, 3, 281 Abs. 1 Alt. 1 BGB (im Fall der unberechtigten Erfüllungsverweigerung).

67 Von erheblicher Bedeutung ist die qualitative Unmöglichkeit im Kauf- und Werkvertrag im Fall eines unbehebbaren Sach- oder Rechtsmangels. Wird der Schuldner von seiner Verpflichtung zur Nacherfüllung nach § 275 Abs. 1 bis 3 BGB frei, so handelt es sich insoweit um einen Fall der qualitativen Unmöglichkeit.

68 Auch die qualitative Unmöglichkeit ist der Teilunmöglichkeit zuzuordnen.[145] Bei einer unbehebbaren Schlechtleistung ist es dem Schuldner nach § 275 BGB unmöglich oder unzumutbar, der Pflicht zur vertragsgemäßen, d.h. auch mangelfreien, vgl. § 633 Abs. 1 BGB, Leistung aus dem Schuldverhältnis nachzukommen.[146] Insoweit kann der Schuldner seine Leistungspflicht nicht in allen Aspekten erfüllen. Die in § 326 Abs. 1 Satz 2 BGB enthaltene Regelung macht immerhin

---

[142] Ähnlich AnwK/*Dauner-Lieb*, § 275 Rn. 65; *Lorenz*, JZ 2001, 742, 743. Gegen den Begriff der qualitativen Unmöglichkeit und deren Qualifizierung als eine neue Kategorie der Unmöglichkeit wendet sich eine Ansicht mit der Begründung, dass der Begriff der qualitativen Unmöglichkeit irreführend sei, weil diese Fallgruppe eigentlich den Ausschluss des Erfüllungsanspruchs betreffe, PWW/*Schmidt-Kessel*, § 275 Rn. 5. Einschränkend ist jedenfalls festzuhalten, dass Fälle qualitativer Unmöglichkeit im Werkvertragsrecht bereits vor der Schuldrechtsmodernisierung auftreten konnten.

[143] AnwK/*Dauner-Lieb*, § 275 Rn. 65; Jauernig/*Stadler*, § 275 Rn. 9; *Lorenz*, JZ 2001, 742, 743; *Peukert*, AcP 205 (2005), 430, 431.

[144] OLG Düsseldorf v. 13.11.1998, 22 U 96/98, BauR 1999, 918.

[145] Erman/*Westermann*, § 275 Rn. 18; Medicus/*Lorenz*, SchR I, Rn. 418; *Emmerich*, § 12 Rn. 32; *Katzenstein*, Jura 2005, 217, 220. A.A. MüKo-BGB/*Ernst*, § 275 Rn. 126.

[146] *v. Wilmowsky*, JuS 2002, Beilage zu Heft 1, 1, 23.

deutlich, dass die qualitative Unmöglichkeit eine Sonderstellung innerhalb der Teilunmöglichkeit einnimmt, indem die für die Teilleistung (hier ist insbesondere die Teilunmöglichkeit gemeint[147]) vorgesehene gesetzliche Minderung nach § 326 Abs. 1 S. 1 Hs. 2 BGB ausgeschlossen wird, wenn ein Fall der qualitativen Unmöglichkeit vorliegt. Aufgrund der Sonderstellung der qualitativen Unmöglichkeit ist diese als »besonders geregelter Unterfall teilweiser Unmöglichkeit« zu qualifizieren.[148]

Im Werkvertrag kann die Nacherfüllung aus tatsächlichen Gründen ausgeschlossen sein. Objektive Unmöglichkeit liegt vor, wenn beispielsweise technische Gründe wie z.B. die absolute Untauglichkeit des Baugrunds für das Vorhaben der Behebung des Mangels entgegenstehen oder die Mangelbeseitigung von der nicht zu erlangenden Genehmigung eines Dritten abhängig ist.[149] Führt der Besteller eigenmächtig die Mangelbeseitigung durch, so wird die Nacherfüllung des Werkunternehmers nach § 275 Abs. 1 BGB wegen Zweckerreichung unmöglich (vgl. o. Rdn. 26). Eine Nacherfüllung mangelhafter Planung oder Bauüberwachung durch den Architekten ist nicht möglich, wenn die Mängel sich schon im Bauwerk niedergeschlagen und verkörpert haben.[150] Von diesem Grundsatz ist abzuweichen, wenn ein Generalunternehmer sowohl mit der eigentlichen Architektenleistung Bauplanung und -überwachung als auch mit der Bauausführung beauftragt wurde.[151] In diesem Fall hat der Besteller auch nach der Fertigstellung des Bauwerks ein Interesse an der Beseitigung von Mängeln, die auf Planungs- oder Überwachungsfehler zurückzuführen sind. Der Generalunternehmer kann sich bezüglich seiner Verpflichtung auf Nacherfüllung nicht auf Unmöglichkeit nach § 275 Abs. 1 BGB berufen. 69

Qualitative Unmöglichkeit kann auch speziell bei zeitgebundenen Werken (absolutes Fixgeschäft) vorkommen. Wird hier zunächst fristgemäß, aber mangelhaft erfüllt, so ist die Nacherfüllung regelmäßig ausgeschlossen, wenn und weil die vertragsgemäße Leistung zu spät käme.[152] 70

Die subjektiv qualitative Unmöglichkeit ist nach den Gegebenheiten des Einzelfalls unter Berücksichtigung der werkvertragsspezifischen Risikoverteilung zu beurteilen (vgl. Rdn. 35 ff.). 71

III. Rechtsfolgen für die primäre Leistungspflicht des Schuldners

1. Fortbestehen der Resterfüllungspflicht

Im Hinblick auf die Sonderregelungen in §§ 281 Abs. 1 S. 2, 3, 323 Abs. 5 BGB kann die Teilunmöglichkeit nur unter engen Voraussetzungen zur Gesamtunmöglichkeit führen. Der Schuldner bleibt im Fall der Teilunmöglichkeit zur (Rest-)Leistung verpflichtet. Nach § 275 BGB wird er lediglich von der Verpflichtung zur vertragsgemäßen Leistung befreit.[153] Ist im Werkvertragsrecht nur ein Teil der Mangelbeseitigung unmöglich, so ist nicht der ganze Nacherfüllungsanspruch nach § 635 BGB betroffen.[154] Der Nacherfüllungsanspruch beschränkt sich dann auf die Herstellung des Zustandes, welcher der vertragsgemäßen Leistung am nächsten kommt.[155] 72

---

147 Staudinger/*Otto/Schwarze*, § 326 Rn. B 48.
148 Medicus/*Lorenz*, SchR I, Rn. 418; *Lorenz*, NJW 2002, 2497, 2498. A.A. MüKo-BGB/*Ernst*, § 275 Rn. 126.
149 Palandt/*Sprau*, BGB § 635 Rn. 8; PWW/*Leupertz*, § 635 Rn. 7.
150 OLG Saarbrücken v. 13.08.2003, 1 U 757/00, IBR 2004, 329; PWW/*Leupertz*, § 635 Rn. 7; Bamberger/Roth/*Voit*, § 635 Rn. 13.
151 OLG Düsseldorf v. 23.08.2002, 22 U 111/01, NZBau 2003, 445; Palandt/*Sprau*, BGB § 635 Rn. 8; PWW/*Leupertz*, § 635 Rn. 7.
152 Palandt/*Sprau*, § 635 Rn. 8; MüKo-BGB/*Busche*, § 635 Rn. 27.
153 MüKo-BGB/*Ernst*, § 275 Rn. 130; Medicus/*Lorenz*, SchR I, Rn. 441.
154 Erman/*Schwenker*, § 635 Rn. 13.
155 OLG Düsseldorf v. 04.08.1992, 23 U 236/91, BauR 1993, 82, 84: Die vom Unternehmer herzustellende Betonbodenplatte wies Risse auf. Eine Mängelbeseitigung durch Herstellung einer zusätzlichen Betonschicht oder das Aufgießen einer Estrichschicht schied aus. Auf die von der Bestellerin begehrte Neuherstellung ging das Gericht nicht ein. Statt dessen bejahte es einen Anspruch auf Mängelbeseitigung

Verbleibende Restmängel können wegen insoweit bestehender qualitativer Teilunmöglichkeit über die Minderung oder einen Schadensersatzanspruch ausgeglichen werden.[156]

73 Die Sinnhaftigkeit der in den §§ 275, 311a Abs. 2 BGB aufgestellten Regel, nach welcher der Unternehmer im Fall der anfänglichen qualitativen Unmöglichkeit von seiner Pflicht zur Herstellung des Werkes unter Einhaltung sämtlicher Qualitätsanforderungen befreit ist, wird in der Literatur in Frage gestellt, weil das vertragsmäßig zu erstellende Werk erst durch die einzelnen Qualitätsmerkmale konkretisiert und bestimmt werde.[157] Der Gesetzgeber hat aber mit der Verweisung des § 634 Nr. 4 BGB auf § 311a BGB klargestellt, dass das Rechtsinstitut der anfänglichen qualitativen Unmöglichkeit auch im Werkvertrag Anwendung findet.[158]

2. Teilunmöglichkeit und Gesamtvernichtung der primären Erfüllungsansprüche

74 Für die Frage, welche Voraussetzungen für den Rücktritt nach § 323 BGB oder den Schadensersatz statt der ganzen Leistung nach § 281 BGB gelten, ist die Abgrenzung zwischen den Formen der Teilunmöglichkeit maßgeblich. Die Vorschriften zu Rücktritt und Schadensersatz weisen insoweit eine parallele Struktur auf. Zu Rücktritt und Schadensersatz statt der ganzen Leistung gelangt der Gläubiger im Fall der quantitativen Teilunmöglichkeit nur dann, wenn er kein Interesse an der Teilleistung hat (§§ 323 Abs. 5 S. 1, 281 Abs. 1 S. 2 BGB), während im Fall der qualitativen Teilunmöglichkeit lediglich eine Erheblichkeitsschwelle überschritten sein muss, vgl. §§ 323 Abs. 5 S. 2, 281 Abs. 1 S. 3 BGB. Ist dies der Fall und macht der Gläubiger von seinem Rücktrittsrecht Gebrauch bzw. begehrt er Schadensersatz statt der ganzen Leistung, so erlischt sein primärer Erfüllungsanspruch nach allgemeinen Grundsätzen bzw. gem. § 281 Abs. 4 BGB.

75 Die Unterscheidung von qualitativer und quantitativer Teilunmöglichkeit im allgemeinen Leistungsstörungsrecht wird durch die Verweisung des § 283 S. 2 BGB auf die Regelungen des § 281 Abs. 1 S. 2 und 3 BGB deutlich.[159] Die Vorschrift für den Rücktritt im Fall der Teilunmöglichkeit, § 323 Abs. 5 BGB, weist dieselbe Struktur auf und knüpft an dieselben Anforderungen an: Ein zur Rückabwicklung führender Schadensersatzanspruch statt der ganzen Leistung sowie der Rücktritt sind im Fall der qualitativen Teilunmöglichkeit ausgeschlossen, wenn die leistungsstörende Pflichtverletzung unerheblich ist, §§ 283 S. 2, 281 Abs. 1 S. 3 BGB, §§ 326 Abs. 5, 323 Abs. 5 S. 2 BGB. Die *ratio* dieser Einschränkung ist in dem Anliegen zu erkennen, die Rückabwicklung wegen ihrer gesamtökonomischen Folgen soweit als möglich zu verhindern: Die Rückabwicklung ist ineffizient, weil sie das Erfüllungsinteresse keiner Vertragspartei befriedigt und allein weitere Transaktionskosten verursacht. Ganz in diesem Sinne machen Art. 46 Abs. 2 CISG den Anspruch auf Ersatzlieferung und Art. 49 Abs. 1 lit. a, 51 Abs. 2 CISG das Auflösungsrecht des Käufers von »wesentlichen Vertragsverletzungen« abhängig. Artikel 3 Abs. 6 Verbrauchsgüterkaufrichtlinie verlangt für das Recht auf Vertragsauflösung ebenfalls, dass die Vertragswidrigkeit nicht nur geringfügig ist.

F. Unmöglichkeit im VOB/B-Bauvertrag

76 Grundsätzlich finden die gesetzlichen Bestimmungen zur anfänglichen und nachträglichen Unmöglichkeit neben den Regelungen der VOB/B Anwendung.[160] Jedoch ist der Anwendungsbereich stark begrenzt, weil auf die gesetzlichen Bestimmungen nur zurückgegriffen werden kann,

---

durch Vergießen und Verpressen der Risse mit Epoxydharz. Messerschmidt/Voit/*Moufang*, § 635 Rn. 105; Bamberger/Roth/*Voit*, § 634 Rn. 5, § 635 Rn. 13; Staudinger/*Peters/Jacoby*, § 635 Rn. 7; Erman/*Schwenker*, § 635 Rn. 13.

156 Staudinger/*Peters/Jacoby*, § 635 Rn. 7.
157 MüKo-BGB/*Ernst*, § 311a Rn. 77.
158 Wie MüKo-BGB/*Ernst*, § 311a Rn. 76, 77, selbst feststellt.
159 Ähnlich *Emmerich*, § 12 Rn. 32.
160 Ingenstau/Korbion/*Vygen*, Vorb. §§ 8 und 9 VOB/B, Rn. 30; *Soergel*, in: FS Korbion, S. 427, 435.

wenn sich bezüglich der vorliegenden Rechtsfrage in der VOB/B keine Regelung findet.[161] Ist die Unmöglichkeit auf das mangelhafte Werk zurückzuführen – also in den Fällen der qualitativen Unmöglichkeit (vgl. dazu Rdn. 65 ff.) –, so greift vor der Abnahme § 4 Nr. 7 VOB/B ein. Der Werkunternehmer kann danach auch vor der Abnahme die Nachbesserung nach § 13 Abs. 6 VOB/B verweigern, wenn die Nachbesserung unzumutbar wäre oder einen unverhältnismäßig großen Aufwand erfordern würde.[162] Die Regelungen der Unmöglichkeit nach § 275 Abs. 1 BGB oder des unverhältnismäßigen Aufwandes nach § 275 Abs. 2 BGB sind in diesen Fällen nicht anwendbar.[163] Nach der Abnahme des Werkes beschränken sich die Ansprüche zudem auf das hergestellte Werk und es können nur noch die Mängelrechte nach §§ 634 ff. BGB und § 13 Nr. 5–7 VOB/B geltend gemacht werden.[164] Zusammenfassend gilt, dass die Regelung des § 275 BGB im VOB/B-Vertrag nur zur Anwendung kommt, wenn das Leistungshindernis nicht auf einen Mangel zurückgeht.[165]

Im Verhältnis zu Verbrauchern ist jede Klausel der VOB/B einer uneingeschränkten AGB-Kontrolle zu unterwerfen. Insoweit stellt sich zunächst die Frage, ob mit der Anknüpfung des Verweigerungsrechts vor Abnahme an die Unzumutbarkeit oder Unverhältnismäßigkeit gem. § 13 Abs. 6 VOB/B vom Leitbild des § 275 BGB abgewichen wird, vgl. § 307 Abs. 2 Nr. 1 BGB. Im Hinblick auf die obigen Ausführungen zum Begriff der Unverhältnismäßigkeit ist dies wohl nicht der Fall, wenn und soweit die Unzumutbarkeit bzw. Unverhältnismäßigkeit in § 13 Abs. 6 VOB/B in Entsprechung zu §§ 275 Abs. 2, 635 Abs. 3 BGB ausgelegt werden. 77

Anders ist die Einschränkung des Nacherfüllungsanspruchs nach Abnahme auf das hergestellte Werk zu beurteilen. 1985 gelangte der Bundesgerichtshof zu der Einsicht, dass die Abnahme keineswegs – wie vordem angenommen – eine in dem Sinne konkretisierende Wirkung hat, dass nur noch Mängelbeseitigung, nicht aber Neuherstellung (so bereits die zum alten Recht gängige Diktion) verlangt werden könne.[166] Die in jener Entscheidung aufgeführten Gründe für die Gleichsetzung gelten noch heute und tragen die Entscheidung des Gesetzgebers, den Anspruch auf Nacherfüllung gleichberechtigt *sub specie* Mängelbeseitigung oder Neuherstellung zu gewähren, vgl. § 635 Abs. 1 BGB. Es ist allein Folge der typisch werkvertraglichen Verantwortung des Unternehmers für das Bewirken des geschuldeten Erfolges, dass abweichend von der kaufvertraglichen Regelung dem Unternehmer ein Wahlrecht gewährt wird.[167] Dem Besteller geschieht nichts Böses, steht dieses Wahlrecht des Unternehmers doch unter der Prämisse, dass der geschuldete Erfolg bewirkt wird. Im Übrigen greift bei Unzumutbarkeit der gewählten Form der Nacherfüllung für den Besteller § 242 BGB ein. Allein die absolute Unverhältnismäßigkeit der Nacherfüllung rechtfertigt gem. § 635 Abs. 3 BGB die Verweigerung der Nacherfüllung in ihren Ausprägungen. Es kann nicht angenommen werden, dass jegliche Neuherstellung eines bereits abgenommenen Werks diese Schwelle erreicht. Jede darüber hinausreichende Beschränkung der Rechte des Verbraucher-Auftraggebers bedeutet aber eine signifikante Abweichung vom gesetzlichen Leitbild und ist daher gem. § 307 Abs. 2 Nr. 1 BGB unwirksam, da der Unternehmer in erster Linie verpflichtet ist, das mangelhafte Werk durch die Nacherfüllung mangelfrei zu machen, wobei ihm die Kosten der Nacherfüllung zur Last fallen. Von dieser Verpflichtung kann er sich nicht durch Allgemeine Geschäftsbedingungen befreien. 78

---

161 *Soergel*, in: FS Korbion, S. 427, 435.
162 Kapellmann/Messerschmidt/*Weyer*, § 13 VOB/B Rn. 312 ff.
163 Ingenstau/Korbion/*Vygen*, Vorb. §§ 8 und 9 VOB/B, Rn. 30; Kuffer/Wirth/*Oberhauser*, 3. Kap. A Rn. 22.
164 Ingenstau/Korbion/*Vygen*, Vorb. §§ 8 und 9 VOB/B, Rn. 30; Kuffer/Wirth/*Oberhauser*, 3. Kap. A Rn. 22.
165 Kuffer/Wirth/*Oberhauser*, 3. Kap. A Rn. 22; *Soergel*, in: FS Korbion, S. 427, 435.
166 BGH v. 10.10.1985, VII ZR 303/84, NJW 1986, 711, 712 f.
167 MüKo-BGB/*Busche*, § 635 Rn. 10.

G. Beweislast und prozessuale Fragen

I. Beweislast

79 Im Rahmen der Leistungsklage des Gläubigers auf die Primärleistung trägt der Schuldner für die anspruchsvernichtenden Tatsachen, welche eine Unmöglichkeit der Leistungserbringung nach § 275 Abs. 1 BGB begründen, die Darlegungs- und Beweislast.[168] Auch für sämtliche Umstände, welche die Einrede nach § 275 Abs. 2 und 3 BGB tragen, obliegt dem Schuldner die Beweislast.[169] Soweit das Vertretenmüssen bereits im Zusammenhang des Leistungsverweigerungsrechts nach § 275 Abs. 2 S. 2 BGB relevant ist, richtet sich die Beweislastverteilung nach allgemeinen Grundsätzen, d.h. der Schuldner, der sich auf mangelndes Vertretenmüssen beruft, hat dies zu beweisen. Überdies wendet die h.M. diesbezüglich § 280 Abs. 1 Satz 2 BGB analog an.[170] Beruft sich allerdings der Gläubiger etwa auf vorsätzliches Verhalten des Schuldners, um die Anforderungen an die Unverhältnismäßigkeit zu heben (vgl. dazu Rdn. 45), so hat er dies darzulegen und zu beweisen. Die Beweislast für das Gläubigerinteresse ist zwischen dem Schuldner und dem Gläubiger aufzuteilen: Grundsätzlich muss der Schuldner, der sich auf die Unverhältnismäßigkeit beruft, den Umfang des Gläubigerinteresses darlegen und beweisen. Diesen Nachweis des konkreten Leistungsinteresses des Gläubigers wird der Schuldner mangels Einblick in die wirtschaftliche und private Sphäre des Gläubigers in der Regel kaum führen können. Dem Schuldner kommen jedoch insoweit die Grundsätze der sekundären Darlegungslast zu gute. Der Schuldner muss folglich nur den Marktwert seiner geschuldeten Leistung darlegen und beweisen. Wenn der Gläubiger sich auf ein den objektiven Marktwert übersteigendes Leistungsinteresse beruft, ist er diesbezüglich zur Beweisführung verpflichtet.[171]

80 Begehrt der Gläubiger Schadensersatz statt der Leistung gem. §§ 280 Abs. 1 und 3, 283 BGB, so gehört die Befreiung von der Leistungspflicht nach § 275 BGB demgegenüber zum anspruchsbegründenden Tatbestand und ist deshalb vom Gläubiger zu beweisen (vgl. dazu § 283 BGB Rdn. 10 f.). Eine eigentliche Handlungsoption stellt dieses Vorgehen nur in den Fällen des § 275 Abs. 1 BGB sowie in denjenigen Fällen dar, in denen der Schuldner die ihm aus § 275 Abs. 2, 3 BGB zustehende Einrede bereits vorprozessual erhoben hat. Anderenfalls riskiert der Gläubiger, dass der Schuldner die Schadensersatzklage durch seine überobligationsmäßige Leistungsbereitschaft zu Fall bringt. Anstatt über außerhalb seiner Sphäre befindliche Umstände, welche die Unmöglichkeit oder Unzumutbarkeit begründen, vorzutragen und zu beweisen, tut der Gläubiger besser, auf das Vorliegen der Voraussetzungen der §§ 280 Abs. 3, 281 BGB hinzuwirken und anschließend dazu vorzutragen: Die Fristsetzung enthebt den Gläubiger ab dem Fristablauf von der Notwendigkeit festzustellen, weshalb nicht geleistet wurde, und gestattet ihm vorher, ggf. auf der Grundlage einer Erfüllungsverweigerung gem. § 281 Abs. 2 Alt. 1 BGB sein Ziel weiterzuverfolgen.

II. Einwendung und Einrede

81 Die Befreiung des Schuldners von seiner Leistungsverpflichtung nach § 275 Abs. 1 BGB erfolgt kraft Gesetzes und stellt somit eine rechtsvernichtende Einwendung dar, welche stets zu prüfen ist, wenn die sie stützenden tatsächlichen Umstände in den Prozess eingeführt wurden.[172] Demgegenüber ist das Leistungsverweigerungsrecht nach § 275 Abs. 2, 3 BGB als Einrede im tech-

---

168 Palandt/*Grüneberg*, BGB § 275 Rn. 34; MüKo-BGB/*Ernst*, § 275 Rn. 162; *Kohler*, AcP 205 (2005), 93, 95.
169 *Repgen*, in: Baumgärtel/Laumen/Prütting, § 275 Rn. 13.
170 AnwK/*Dauner-Lieb*, § 275 Rn. 69; MüKo-BGB/*Ernst*, § 275 Rn. 162.
171 AnwK/*Dauner-Lieb*, § 275 Rn. 69; MüKo-BGB/*Ernst*, § 275 Rn. 162.
172 OLG Koblenz v. 11.01.2008, 10 U 385/07, NJW-RR 2008, 1232, 1233; Palandt/*Grüneberg*, BGB § 275 Rn. 31; Bamberger/Roth/*Unberath*, § 275 Rn. 60.

nischen Sinne ausgestaltet.¹⁷³ Der Schuldner wird nicht kraft Gesetzes von seiner Leistungsverpflichtung befreit, vielmehr muss er das ihm zustehende Leistungsverweigerungsrecht geltend machen. Der Schuldner ist nicht zur Erhebung der Einrede verpflichtet, sondern er kann darüber autonom entscheiden.

An die Erhebung der Einrede nach § 275 Abs. 2, 3 BGB dürfen indes nicht allzu strenge Anforderungen gestellt werden. Die Einrede muss nicht ausdrücklich mit Bezug zur Vorschrift des § 275 BGB erhoben werden. Sie ist auch dann zu beachten, wenn aus dem gesamten Verhalten des Schuldners zweifelsfrei hervorgeht, dass er sich aufgrund der Leistungshindernisse oder der Unzumutbarkeit der Leistung auf sein Leistungsverweigerungsrecht berufen möchte.¹⁷⁴ 82

Die leistungsbefreiende Rechtsfolge der Einrede wirkt bei ordnungsgemäßer Erhebung auf den Zeitpunkt der das Leistungsverweigerungsrecht begründenden Umstände zurück.¹⁷⁵ Folgerichtig ist der Verzug der Leistungspflicht des Schuldners schon bei Vorliegen der tatbestandlichen Voraussetzungen der Einrede ausgeschlossen, soweit der Schuldner spätestens im Prozess die Einrede erhebt.¹⁷⁶ Die Erhebung der Einrede nach § 275 Abs. 2, 3 BGB stellt trotz der Rückwirkung ein nachträgliches erledigendes Ereignis dar (vgl. Rdn. 88). 83

III. § 275 BGB im Prozess

Werden die Tatsachen bestritten, welche zu einer Befreiung von der Leistungspflicht nach § 275 BGB führen, so muss darüber innerhalb des anhängigen Verfahrens Beweis erhoben werden. Seit der Schuldrechtmodernisierung und der Neufassung des § 283 BGB ist selbst im Falle jedenfalls feststehenden Verschuldens keine Verurteilung zur Leistung ohne Beweiserhebung mit der Folge der Fortsetzung des Streits im Vollstreckungsverfahren im Rahmen eines ersatzweisen Schadensersatzanspruchs mehr zulässig.¹⁷⁷ 84

Droht dem Kläger aufgrund der Befreiung des Beklagten von seiner Leistungspflicht nach § 275 BGB die Abweisung der auf Erfüllung gerichteten Klage, so stehen ihm verschiedene prozessuale Möglichkeiten zur Verfügung, hierauf zu reagieren, um sein Klagebegehren in Form eines Schadensersatzanspruchs durchzusetzen, eine Klageabweisung zu verhindern oder zumindest den Kosten des Rechtsstreits zu entgehen. Hierfür muss zum einen zwischen der rechtsvernichtenden Einwendung nach § 275 Abs. 1 BGB und den Leistungsverweigerungsrechten nach § 275 Abs. 2, 3 BGB sowie zum anderen nach dem Zeitpunkt des Auftretens des Leistungshindernisses unterschieden werden: 85

1. Einwendung nach § 275 Abs. 1 BGB nach Klageerhebung

Trägt der beklagte Schuldner einen bereits bei Klageerhebung vorliegenden Sachverhalt, welcher eine Unmöglichkeit der eingeklagten Leistungsverpflichtung nach § 275 Abs. 1 BGB begründet, erstmals nach Klageerhebung vor, ohne dass der Vortrag nach § 296 ZPO als verspätet zurückzuweisen ist, so ist die Klage kostenpflichtig als unbegründet abzuweisen, § 91 ZPO. Der Kläger hat in dieser prozessualen Situation allein die Möglichkeit, über eine Klageänderung nach §§ 263, 264 Nr. 3 ZPO auf der Sekundärebene mit dem Schadensersatzanspruch nach §§ 280 Abs. 1, 3, 283 BGB sein positives Interesse (Erfüllungsinteresse) geltend zu machen.¹⁷⁸ Die Zulässigkeit der 86

---

173 Palandt/*Grüneberg*, BGB § 275 Rn. 32; Bamberger/Roth/*Unberath*, § 275 Rn. 60; Erman/*Westermann*, § 275 Rn. 34. A.A. *Teichmann*, BB 2001, 1485, 1487.
174 MüKo-BGB/*Ernst*, § 275 Rn. 97; Erman/*Westermann*, § 275 Rn. 34.
175 MüKo-BGB/*Ernst*, § 275 Rn. 98; Erman/*Westermann*, § 275 Rn. 35; Jauernig/*Stadler*, § 275 Rn. 32. A.A. Staudinger/*Otto/Schwarze*, § 283 Rn. 56.
176 MüKo-BGB/*Ernst*, § 275 Rn. 98; Erman/*Westermann*, § 275 Rn. 35; *Lorenz/Riehm*, Rn. 321.
177 Palandt/*Grüneberg*, BGB § 275 Rn. 34; MüKo-BGB/*Ernst*, § 275 Rn. 165; Bamberger/Roth/*Unberath*, § 275 Rn. 66.
178 *Kohler*, AcP 205 (2005), 93, 100.

Klageänderung ergibt sich (zumindest analog) aus § 264 Nr. 3 ZPO.[179] Unter das Tatbestandsmerkmal der neuen Sachlage im Sinn dieser Vorschrift fällt auch die erstmalige Kenntnis von der Unmöglichkeit der Leistungserbringung, auch wenn die die Unmöglichkeit begründenden Tatsachen bereits bei Klageerhebung vorlagen.[180] Einschränkend wird allerdings vorausgesetzt, dass der Kläger seine Unkenntnis nicht verschuldet hat.[181] Dieses Vorgehen hat aber nur dann Aussicht auf Erfolg, wenn die Voraussetzungen der §§ 280 Abs. 1, 3, 283 BGB, insbesondere das Vertretenmüssen des Schuldners, vorliegen.

87 Fehlt es daran, so bleibt immerhin das Kosteninteresse des Klägers bestehen. Eine Erledigungserklärung bewahrt den Kläger nicht vor einer negativen Kostenfolge, weil die eingeklagte Forderung bereits zum Zeitpunkt des Eintritts der die Unmöglichkeit begründenden Umstände untergegangen ist. Es liegt kein Fall einer nachträglichen Erledigung vor. Dem Kläger bleibt nur der Rückgriff auf einen materiell-rechtlichen Schadensersatzanspruch aus § 280 Abs. 1 BGB wegen Verletzung des vertraglichen Treueverhältnisses: Der beklagte Schuldner ist aus Treu und Glauben verpflichtet, dem Kläger anzuzeigen, dass er aufgrund der Unmöglichkeit nicht zur Leistung in der Lage ist.[182] Der Kläger kann so gegebenenfalls von einer aussichtslosen Rechtsverfolgung absehen. Unterlässt der beklagte Schuldner schuldhaft diese Anzeige der Unmöglichkeit, so sind dem Kläger die Rechtsverfolgungskosten als kausaler Schaden zuzusprechen. Der Kläger kann den materiell-rechtlichen Kostenerstattungsanspruch entweder in einem neuen Prozess geltend machen oder im anhängigen Rechtsstreit mit einer ebenfalls nach §§ 263, 264 Nr. 3 ZPO zulässigen Klageänderung vom unbegründeten Erfüllungsanspruch auf den materiell-rechtlichen Kostenerstattungsanspruch übergehen.[183] In einer Ausnahme zu § 253 ZPO kann der Klageantrag unbeziffert gestellt werden, beispielhaft:

> »Es wird festgestellt, dass der Beklagte verpflichtet ist, dem Kläger die gerichtlichen und außergerichtlichen Kosten zu erstatten, die ihm in diesem Verfahren entstanden sind und noch entstehen werden.«[184]

2. Einrede nach § 275 Abs. 2, 3 BGB nach Klageerhebung

88 Der beklagte Schuldner wird mit der Erhebung der Einrede wegen Unzumutbarkeit der Leistungserbringung nach § 275 Abs. 2, 3 BGB von seiner Leistungspflicht frei. Hat der beklagte Schuldner die das Eintreten des befreienden Leistungshindernisses begründenden Umstände zu vertreten, so kann der Kläger wiederum im Wege der Klageänderung, §§ 263, 264 Nr. 3 ZPO auf den Schadensersatzanspruch nach §§ 280 Abs. 1 und 3, 283 BGB übergehen.[185] Sind dessen Voraussetzungen nicht erfüllt, so kann der Kläger den Rechtsstreit einseitig für erledigt erklären. Die Erhebung der Einrede stellt trotz deren Rückwirkung ein nachträgliches erledigendes Ereignis dar,[186] weshalb der beklagte Schuldner nach § 91 ZPO die Kosten des Rechtsstreits zu tragen hat, wenn im Zeitpunkt der Erledigung die Klage zulässig und begründet war, wobei im Hinblick auf die Begründetheit nicht auf die die Einrede begründenden Umstände, sondern auf die erhobene

---

179 MüKo-ZPO/*Becker-Eberhard*, § 264 Rn. 34.
180 *Rosenberg/Schwab/Gottwald*, § 99 Rn. 16; MüKo-ZPO/*Becker-Eberhard*, § 264 Rn. 34; *Kohler*, AcP 205 (2005), 93, 100.
181 Zöller/*Greger*, § 264 Rn. 5, lässt die Klageänderung nach § 264 Nr. 3 ZPO sogar bei fahrlässiger Unkenntnis der Unmöglichkeit bei Klageerhebung zu.
182 Palandt/*Grüneberg*, BGB § 275 Rn. 31.
183 Baumbach/*Hartmann*, Übers. § 91, Rn. 45; Musielak/*Wolst*, Vorb. § 91 Rn. 15.
184 Musielak/*Wolst*, Vorb. § 91 Rn. 15.
185 MüKo-BGB/*Ernst*, § 275 Rn. 166; *Kohler*, AcP 205 (2005), 93, 100, *Gsell*, JZ 2004, 110, 120. Zur Begründung der Anwendung des § 264 Nr. 3 ZPO vgl. Rdn. 86.
186 MüKo-BGB/*Ernst*, § 275 Rn. 166; AnwK/*Dauner-Lieb*, § 275 Rn. 69, verweist auf die Rechtsprechung des BGH zur Aufrechnung (BGH v. 17.07.2003, IX ZR 268/02, NJW 2003, 3134, 3135); *Kohler*, AcP 205 (2005), 93, 101. A.A. Erman/*Westermann*, § 275 Rn. 34.

Einrede, die erst den geltend gemachten Anspruch hindert, abzustellen ist. Wurde die Einrede demgegenüber schon vor Klageerhebung erhoben, so wird bei einseitiger Erledigungserklärung die Klage auf Feststellung der Erledigung kostenpflichtig abgewiesen.[187] Der Kläger kann bei Zweifeln, ob der Schuldner nach § 275 Abs. 2, 3 BGB von seiner Leistungsverpflichtung frei geworden ist, den Streit in der Hauptsache für erledigt erklären und hilfsweise den ursprünglichen Primäranspruch aufrechterhalten.[188] Die Frage, ob die einseitige Erledigung hilfsweise erklärt werden kann, ist demgegenüber umstritten.[189] Nach zutreffender Ansicht kann die Erledigungserklärung nicht hilfsweise erklärt werden, weil das Gericht nicht im Hauptantrag die Klage für unbegründet abweisen kann und den Rechtsstreit zugleich im Hilfsantrag für erledigt erklären kann.[190]

3. Kostenreduzierung durch Klagerücknahme § 269 ZPO

Haben die oben aufgezeigten Verteidigungsstrategien keine Aussicht auf Erfolg, weil die Voraussetzungen des Schadensersatzes nicht vorliegen oder die Leistungsbefreiung des Schuldners vor Klageerhebung dem Kläger bekannt war, so stellt die Klagerücknahme nach § 269 ZPO das einzige prozessuale Mittel dar, um die negativen Kostenfolgen im Fall einer drohenden Klageabweisung zu verringern.

89

§ 276 Verantwortlichkeit des Schuldners

(1) Der Schuldner hat Vorsatz und Fahrlässigkeit zu vertreten, wenn eine strengere oder mildere Haftung weder bestimmt noch aus dem sonstigen Inhalt des Schuldverhältnisses, insbesondere aus der Übernahme einer Garantie oder eines Beschaffungsrisikos, zu entnehmen ist. Die Vorschriften der §§ 827 und 828 finden entsprechende Anwendung.

(2) Fahrlässig handelt, wer die im Verkehr erforderliche Sorgfalt außer Acht lässt.

(3) Die Haftung wegen Vorsatzes kann dem Schuldner nicht im Voraus erlassen werden.

Übersicht	Rdn.			Rdn.
A. Überblick	1		bb) Rechtskenntnisse	20
B. **Vorsatz**	4		cc) Allgemein anerkannte Regeln der Technik	35
I. Allgemein	4		dd) Verkehrssicherungspflichten	48
II. Definition	6		2. Erkennbarkeit	80
C. **Fahrlässigkeit**	8		3. Vermeidbarkeit	82
I. Allgemein	8	III.	Grobe Fahrlässigkeit	83
II. Einfache Fahrlässigkeit	9	D.	**Haftungsverschärfung**	89
1. Sorgfaltsmaßstab	9	I.	Gesetz	89
a) Objektiv abstrakter Maßstab	9	II.	Vertrag	93
b) Modifikation des Sorgfaltsmaßstabes	13		1. Individualvertrag	93
c) Konkretisierung des Sorgfaltsmaßstabes	15		a) Garantie	96
			b) Beschaffungsrisiko	101
aa) Fachkenntnisse	15		2. AGB	111

---

187 Vgl. Zöller/*Vollkommer*, § 91a Rn. 44, 45.
188 Musielak/*Wolst*, § 91a Rn. 31.
189 Gegen eine hilfsweise Erledigungserklärung BGH v. 08.02.1989, IVa ZR 98/87, NJW 1989, 2885, 2886; Musielak/*Wolst*, § 91a Rn. 31; Zöller/*Vollkommer*, § 91a Rn. 35; MüKo-ZPO/*Lindacher*, § 91a Rn. 80. A.A. BGH v. 07.11.1974, III ZR 115/72, NJW 1975, 539, 540; *Thomas/Putzo*, § 91a Rn. 32.
190 Musielak/*Wolst*, § 91a Rn. 31; Zöller/*Vollkommer*, § 91a Rn. 35.

§ 276 BGB   Verantwortlichkeit des Schuldners

A. Überblick

1 § 276 BGB ist die zentrale Zurechnungsnorm für eine objektive Pflichtwidrigkeit im Zivilrecht. Die Norm kommt immer dann zum Tragen, wenn das Gesetz ein Vertretenmüssen ausdrücklich vorsieht. Hauptanwendungsfall ist der Anspruch auf Schadensersatz wegen einer Pflichtverletzung im Schuldverhältnis nach den §§ 280 ff. BGB und § 6 Nr. 6 VOB/B. Weitere Vorschriften sind die §§ 275 Abs. 2 S. 1, 287, 309 Nr. 8a, 311a Abs. 2, 323 Abs. 6, 645 Abs. 1 BGB. Entgegen dem ausdrücklichen Wortlaut des § 276 Abs. 1 BGB findet die Norm nicht nur auf den Schuldner Anwendung. Sofern es nach den §§ 323 Abs. 6, 326 Abs. 2 S. 1 BGB auf ein Vertreten der Leistungsstörung durch den Gläubiger ankommt, ist § 276 BGB unmittelbar anwendbar.[1]

2 Die Anwendbarkeit des § 276 BGB erstreckt sich auch auf das Deliktsrecht. In den §§ 823 ff. BGB wird jedoch anstelle des Begriffs des Vertretenmüssens, der des Verschuldens verwendet. Auch außerhalb des BGB erlaubt sich ein Zugriff auf § 276 BGB. § 10 Nr. 1 VOB/B enthält eine Verweisung auf die §§ 276, 278 BGB.

3 Dem § 276 Abs. 1 BGB liegt das Verschuldensprinzip zu Grunde. Der Schuldner hat nur eigenes Verschulden zu vertreten und zwar in der Form von Vorsatz oder Fahrlässigkeit. Eine Haftung für das Verhalten Dritter enthält § 276 BGB nicht. Insoweit greifen § 278 BGB für das Verhalten eines Erfüllungsgehilfen oder gesetzlichen Vertreters, § 831 für den Verrichtungsgehilfen und § 31 BGB (analog) bei juristischen Personen und Personengesellschaften. Haftungsmilderungen- und verschärfungen sind sowohl vom Gesetz vorgesehen als auch vertraglich vereinbar.

B. Vorsatz

I. Allgemein

4 In der baurechtlichen Praxis hat die Verschuldensform des Vorsatzes wenig Bedeutung. Denn eine Haftung erfolgt in der Regel bereits bei einfacher bzw. qualifizierter Fahrlässigkeit.

5 Eine Abgrenzung wäre lediglich im Hinblick auf § 276 Abs. 3 BGB für den Fall des Ausschlusses einer vorsätzlichen Handlung von Bedeutung.

II. Definition

6 Vorsätzlich handelt, wer mindestens mit der Möglichkeit einer Schädigung durch sein Handeln rechnet und sie billigend in Kauf nimmt.[2]

7 In der VOB/B ist der Begriff Vorsatz im Hinblick auf Schadensersatzansprüche in § 6 Nr. 6 S. 1 erwähnt, wonach entgangener Gewinn nur bei Vorsatz oder grober Fahrlässigkeit geltend gemacht werden kann.

C. Fahrlässigkeit

I. Allgemein

8 Nach § 276 Abs. 2 BGB handelt fahrlässig, wer die im Verkehr erforderliche Sorgfalt außer Acht lässt. Voraussetzungen für den Fahrlässigkeitsvorwurf sind der Verstoß gegen den Sorgfaltsmaßstab sowie die Erkennbarkeit und Vermeidbarkeit des pflichtwidrigen Erfolges. Das Gesetz unterscheidet zwischen einfacher und grober Fahrlässigkeit. Grobe Fahrlässigkeit liegt bei einem objektiv schweren und subjektiv nicht entschuldbaren Verstoß gegen die Anforderungen der im Verkehr erforderlichen Sorgfalt vor.[3] In allen anderen Fällen ist von einfacher Fahrlässigkeit auszugehen. Als

---

1 MüKo-BGB/*Grundmann*, § 276 BGB Rn. 36.
2 BGH, NJW-RR 2009, 1207.
3 BGH, NJW 1972, 150; BGH, NJW 1988, 909.

Grundform der Fahrlässigkeit ist sie immer dann heranzuziehen, wenn eine strengere oder mildere Haftung weder bestimmt noch aus den Umständen des Schuldverhältnisses zu entnehmen ist.[4]

II. Einfache Fahrlässigkeit

1. Sorgfaltsmaßstab

a) Objektiv abstrakter Maßstab

Die im Verkehr anzuwendende erforderliche Sorgfalt bestimmt sich nach einem objektiv abstrakten Maßstab. Erforderlich ist die Sorgfalt, die von einem besonnenen und gewissenhaften Angehörigen des in Betracht kommenden Verkehrskreises im Zeitpunkt des zu beurteilenden Verhaltens erwartet werden kann.[5] 9

Abzustellen ist auf das Maß an Fähigkeiten, Umsicht und Sorgfalt, das von den Angehörigen der betreffenden Berufsgruppe bei der Erledigung des entsprechenden Geschäfts typischerweise verlangt werden kann. Bei den am Bau Beteiligten kommt es darauf an, welche Anforderungen an einen ordentlichen und besonnenen, d.h. den durchschnittlichen Kriterien entsprechenden Bauunternehmer, Bauherren oder Architekten zu stellen sind. 10

Der objektive Sorgfaltsmaßstab findet seine Grundlage im Vertrauensschutz. Der Rechtsverkehr darf darauf vertrauen, dass der Vertragspartner die für die Durchführung des Rechtsgeschäfts erforderlichen Kenntnisse und Fähigkeiten besitzt.[6] 11

Der Schuldner kann sich daher nicht durch persönliche Veranlagungen oder konkrete Umstände des Einzelfalls entlasten. Krankheits- und altersbedingte Ausfallerscheinungen,[7] fehlende Verstandskräfte, Geschicklichkeit oder Körperlichkeit[8] bleiben unberücksichtigt. Bei Ermüdungen besteht eine gebotene Selbstbeobachtung und Selbstkontrolle. Der Auftragnehmer hat sich zu fragen, ob er nach seinen körperlichen und geistigen Fähigkeiten noch in der Lage ist, den Erfordernissen zu genügen.[9] Eine seelische Belastung kann berücksichtigt werden, wenn die Umstände nachvollziehbar sind und bei einer objektiven Betrachtungsweise einem Menschen zeitweise die Fähigkeit zur besonnen Handlungsweise nehmen, wie bei der Besorgnis um das Wohl eines Angehörigen.[10] 12

b) Modifikation des Sorgfaltsmaßstabes

Eine Modifikation der Anforderungen an die erforderliche Sorgfaltspflicht erfolgt durch die Berücksichtigung der beruflichen Qualifikation und Stellung des Schuldners innerhalb der Berufsgruppe. An einen Berufsanfänger können nicht die gleichen Voraussetzungen gestellt werden wie an einen Auftragnehmer mit langjähriger Berufserfahrung. Dem Auftraggeber muss bewusst sein, dass der Anfänger nicht über dieselbe Umsicht und Routine verfügt.[11] Bei einem Berufsanfänger ist daher nicht auf den allgemeinen Standard abzustellen, sondern auf die von ihm vorauszusetzenden Kenntnisse und Erfahrungen.[12] 13

Im Gegensatz zu den individuellen Schwächen des Schuldners, erhöhen Spezialkenntnisse die Anforderungen an den Sorgfaltsmaßstab. Rühmt sich der Auftragnehmer mit besonderen beruflichen Qualifikationen, so muss er sich an diesen messen lassen.[13] 14

---

4 MüKo-BGB/*Grundmann*, § 276 BGB Rn. 51.
5 BGH, NJW 1994, 2232; BGH, NJW 1988, 909; BGH, NJW 1972, 150.
6 OLG Oldenburg, IBR 2008, 1191; Palandt/*Heinrichs*, § 276 Rn. 15.
7 BGH, NJW 1988, 909.
8 Palandt/*Heinrichs*, § 276 Rn. 15; *Unberath*, in: Beck Online Kommentar, § 276 Rn. 21.
9 BGH, NJW 1988, 909.
10 VersR 1981, 939; MDR 1985, 919; *Unberath*, in: Beck Online Kommentar, § 276 Rn. 21.
11 *Unberath*, in: Beck-Online Kommentar, § 276 Rn. 23.
12 BGH, NJW 1988, 2298.
13 BGH, NJW 1990, 2461; Palandt/*Heinrichs* § 276 Rn. 15; MüKo-BGB/*Grundmann*, § 276 Rn. 56.

c) Konkretisierung des Sorgfaltsmaßstabes

aa) Fachkenntnisse

15 Ein Fachmann hat dafür einzustehen, dass er die erforderlichen Fachkenntnisse besitzt, die zur Durchführung der ihm übertragenden Aufgaben erforderlich sind.[14] Diese werden von ihm auf Grund seiner langjährigen Erfahrung erwartet.[15] Die objektive Betrachtungsweise schließt eine Berufung auf individuell fehlende Kenntnisse und Erfahrungen aus.[16] Ein Fachmann kann sich nicht auf eine unzureichende Ausbildung berufen. Der Umstand, dass an der Universität die notwendigen Fachkenntnisse nicht vermittelt wurden, ist irrelevant.[17] Sofern er nicht über die notwendigen Kenntnisse verfügt, darf er sich vertraglich nicht zur Erbringung der Leistungen verpflichten.

16 Zudem hat er sich kontinuierlich fortzubilden. Ihm obliegt die Verpflichtung die Entwicklung des technischen Fortschritts unter Heranziehung zugänglicher Informationsquellen, wie der einschlägigen Fachliteratur, zu verfolgen und in seine Arbeit einfließen zu lassen.[18]

17 Die Anforderungen an das branchenübliche Wissen werden in der Rechtsprechung hoch angesetzt.

▶ **Beispiel**

18 Das OLG Hamm[19] erwartet von einem Bauunternehmer, dass dieser den Unterschied zwischen Recyclingmaterial und Hausverbrennungsasche erkennt und den Bauherren auf das Quellrisiko der Asche hinweist. Dem Urteil liegt der Sachverhalt zugrunde, dass der Bauherr die Errichtung einer Tennisanlage beabsichtigte. Nachdem er zunächst plante, den Unterbau für den Boden mit ungebundenem Mineralgemisch zu erstellen, entschloss er sich später zur Verwendung von Recyclingmaterial. Ein beauftragtes Straßen- und Tiefbauunternehmen erstellte den Boden. Auf diesem brachte der Generalunternehmer eine Trag- und Deckenschicht auf. Nach Fertigstellung traten Unebenheiten im Hallenboden auf. Nachträglich stellte sich heraus, dass das Recyclingmaterial Hausmüllverbrennungsasche war. Der Generalunternehmer hätte bei näherer Betrachtung aufgrund einer bloßen Sichtprüfung auffallen müssen, dass kein unbedenkliches mineralisches Recycling-Material vorlag. Die dunkle Färbung des Materials, der erhöhte Anteil von Feinmaterial und die für die Hausmüllverbrennungsasche typischen Bestandteile waren an der Oberfläche deutlich sichtbar.

▶ **Beispiel**

19 Ein Fachunternehmen für Heizungs-, Lüftungs- und Klimatechnik hat zu erkennen, dass für Umkleideräume in einem Schwimmbad eine separate Lüftungsanlage erforderlich ist.[20] Die Auftragnehmerin beauftragte den Auftragnehmer mit dem Einbau der Lüftungsanlage nach den Plänen eines Fachplaners. Wegen eines unzureichenden Lüftungskonzepts herrschte in den Umkleideräumen eine hohe Luftfeuchte. Die Belüftung von Umkleidekabinen stellt eine grundlegende, an keine speziellen Normen oder Richtlinien gebundene Aufgabe dar. Ein fachlich kompetentes Unternehmen hätte erkennen müssen, dass für Umkleiden eine eigene Zuluftzuführung erforderlich gewesen wäre.

---

14 BGH, BauR 2003, 1613.
15 BGH, NJW 1956, 787; Ingenstau/Korbion/*Wirth*, § 10 Abs. 1 VOB/B Rn. 11.
16 BGH, BauR 1974, 125.
17 BGH, BauR 2003, 1613.
18 OLG Zweibrücken, IBR 2007, 264; OLG Köln, BauR 1997, 831; Ingenstau/Korbion/*Oppler*, § 10 Abs. 1 VOB/B Rn. 11; Kappellmann/Messerschmidt/*Merkens*, § 4 VOB/B Rn. 56; *Pastor*, in: Werner/Pastor Rn. 1463.
19 OLG Hamm, BauR 2003, 101.
20 LG Rottweil, IBR 2008, 148.

bb) **Rechtskenntnisse**

(1) **Bauplanender Architekt**

Schuldet der Architekt die Erbringung einer dauerhaft genehmigungsfähigen Planung, so werden Kenntnisse auf dem Gebiet des Bauordnungs- und Bauplanungsrechts vorausgesetzt.[21] Die Pflicht ist nicht bereits dann erfüllt, wenn eine Baugenehmigung erteilt wird. Erforderlich ist, dass diese rechtmäßig und nicht rücknehmbar ist.[22]

Vom Architekten werden umfangreiche Kenntnisse des Bauordnungsrechts verlangt. Hierzu zählen unter anderem der sichere Umgang mit Brandschutzvorschriften und die Berechnung von Abstandsflächen.[23] Die bestehende Behördenpraxis hat der Architekt zu kennen.[24]

Unsicherheit bei der Beurteilung von bauplanungsrechtlichen Voraussetzungen trägt der Architekt. Verpflichtet er sich, eine genehmigungsfähige Planung nach § 34 BauGB oder § 35 BauGB zu erstellen, so hat er seine Planung so zu erstellen, dass sie als zulässig im Sinne der einschlägigen Norm beurteilt werden kann.[25] Vor dem Hintergrund der in den Normen verwendeten unbestimmten Rechtsbegriffe, kann die Zulässigkeit von Bauvorhaben nicht in allen Fällen zuverlässig beurteilt werden. Zwar eröffnen die Normen keinen Ermessensspielraum, jedoch hängt die Beantwortung der Frage, ob sich ein Bauvorhaben beispielsweise gemäß § 34 Abs. 1 BauGB in die nähere Umgebung einpasst, von verschiedenen Faktoren ab, die die Behörde bei ihrer Beurteilung abwägen muss. Das hieraus resultierenden Risiko rechtfertigt es jedoch nicht, den Architekten im Verhältnis zum Bauherren von seiner vertraglichen Verpflichtung zur Erbringung einer genehmigungsfähigen Planung freizustellen. Der Architekt hat seine Planung so zu erstellen, dass sie als zulässig im Sinne der §§ 34, 35 BauGB beurteilt werden kann.[26]

Besteht der Bauherr in Kenntnis der Genehmigungsrisiken dennoch auf die entsprechende Planung, so ist es interessengerecht, den Architekten von der Haftung für die Genehmigungsfähigkeit der Planung freizustellen. Die Parteien können vertraglich vereinbaren, dass und in welchen Punkten die zu erstellende Planung nicht genehmigungsfähig sein muss.[27] Dies ist zur Sicherung des Vergütungsanspruchs des Architekten ratsam. Aufgrund der Erfolgsbezogenheit des Bauvertrages erhält der Architekt keine Vergütung, wenn das Bauvorhaben nach seiner Genehmigungsplanung nicht genehmigt wird.

An einen konkludenten Haftungsschluss stellt der BGH hohe Anforderungen.[28] Dem Bauherren muss das Risiko der Genehmigungsversagung bekannt sein und er muss sich bewusst über die Vorschriften des öffentlichen Baurechts hinwegsetzen oder diese bis an die Grenze des Möglichen ausreizen wollen. Der Auftragnehmer trägt für das entsprechende Bewusstsein als innere Tatsache die Darlegungs- und Beweislast.[29] Die bloße Kenntnis von den Genehmigungsrisiken reicht nicht aus, das Genehmigungsrisiko auf den Bauherren zu verlagern, sofern der Einheitsarchitektenvertrag keine Regelung hierzu enthält.[30] Die Kenntnis vom Genehmigungsrisiko bietet keine hinreichende Grundlage für die Annahme, dass die Parteien von den gesetzlichen Bestimmungen abweichen wollen.

---

21 BGH, NVwZ 1992, 911; KG, BauR 2006, 1928; OLG Stuttgart, BauR 2004, 552.
22 BGH, NVwZ 1992, 911; BGH, IBR 1999, 326; KG, BauR 1999, 1474; KG, BauR 2006, 1928.
23 *Bönker*, NZBau 2003, 80, 84.
24 OLG München, BauR 1992, 534.
25 BGH, NJW 1999, 3556.
26 BGH, 1999, 3556.
27 BGH, IBR 2002, 671; BGH, NJW 1999, 3556.
28 BGH, NJW 1999, 3556.
29 KG, BauR 2002, 111.
30 BGH, IBR 2002, 671.

25 Auch aus der verbindlichen Vorgabe des Maßes der baulichen Nutzung und dem Wunsch des Auftraggebers nach einer den Anweisungen entsprechenden Planung, hat das Kammergericht[31] nicht als ausreichend für die Begründung einer konkludenten Vereinbarung angesehen. Jeder Bauherr habe Vorgaben zu machen, damit die Planung nicht an seinen Bedürfnissen vorbeigeht. Zur planerischen Umsetzung dieser Vorgaben bediene er sich gerade eines sachkundigen Architekten.

26 Die Vertragsparteien können ausdrücklich vereinbaren, dass die Genehmigungsfähigkeit im Rahmen der Erbringung der Architektenleistung keine Rollen spielen soll. Bei einem Einheitsarchitektenvertrag ist die konkrete Beschränkung der Leistungsverpflichtung des Architekten aus der Leistungsphase § 33 S. 2 Nr. 4, S. 3, § 38 Abs. 1 S. 2 Nr. 4, Abs. 2 HOAI n.F. i.V.m. Anlage 11 (§ 15 Abs. 2 Nr. 4 HOAI n.F.) erforderlich. Erreicht werden kann dies durch die Beauftragung mit dem Versuch der Erlangung einer Baugenehmigung. Der geschuldete Erfolg besteht dann allein im Versuch, d.h. der Beantragung der Baugenehmigung. Voraussetzung ist, dass der Architekt den Auftraggeber unter Ablehnung der eigenen Haftung ausreichend auf etwaige Bedenken hinsichtlich der Genehmigung hinweist und ihn über zu erwartende Schwierigkeiten belehrt. Zudem ist ein Hinweis auf die Möglichkeit der Beantragung eines Vorbescheides erforderlich. Wenn weniger aufwendige Architektenleistungen genügt hätten, darf der Architekt den Bauherren nicht mit Kosten für eine Genehmigungsplanung belasten.[32]

27 Für eine individualrechtliche Haftungsbegrenzung ist die von *Bönker*[33] entworfene Formulierung empfehlenswert:

> »*Der Architekt hat den Auftraggeber darauf hingewiesen, dass die Planung möglicherweise nach § 34 Abs. 1 BauGB nicht dauerhaft genehmigungsfähig ist, weil sich das Vorhaben nach dem Maß der baulichen Nutzung nicht in die Eigenart der näheren Umgebung einfügt. Der Architekt hat den Auftraggeber ferner auf die Möglichkeit einer Bauvoranfrage zur Klärung der Genehmigungsfähigkeit der Planung hingewiesen. Der Auftraggeber wünscht jedoch auch in Anbetracht der ihm bekannten Risiken die Einleitung des Baugenehmigungsverfahrens. Soweit die für das Vorhaben erforderliche Baugenehmigung auf Grund der dem Auftraggeber bekannten Risiken nicht erteilt oder nachträglich aufgehoben wird, haftet der Architekt dem Auftraggeber nicht.*«

28 Ratsam ist es, in die Vereinbarung explizit die Umstände für das Genehmigungsrisiko aufzunehmen, d.h. warum sich das Bauvorhaben nicht nach § 34 Abs. 1 BauGB in die nähere Umgebung einfügt oder kein privilegiertes Bauvorhaben nach § 35 Abs. 1 BauGB vorliegt. Dies dient der Sicherung des Architekten vor dem Vorwurf des Bauherrn, dass die der Verweigerung der Baugenehmigung konkret zugrunde liegenden Umstände vom Architekten gerade nicht erwähnt wurden.

29 Eine andere Möglichkeit bietet die gestufte Beauftragung.[34] In dem dem BGH vorgelegten Fall beauftragte der Bauherr den Architekten zunächst nur mit den Leistungsphasen 1 bis 3 des § 15 Abs. 2 HOAI n.F. Vier Monate nach Fertigstellung der Entwurfsplanung erfolgte die Beauftragung zur Erstellung der Genehmigungsplanung. Der BGH sprach dem Architekt sein Honorar für die Leistungsphasen 1 bis 3 trotz Verweigerung der Baugenehmigung zu. Die stufenweise Beauftragung begründet jeweils in sich abgeschlossene Architektenverträge über die einzelnen Leistungsphasen. Daraus folgt eine separate vertragliche Beurteilung hinsichtlich des herbeigeführten Erfolges. Für die Beurteilung des Planungsstadiums kommt es demnach nicht auf die tatsächlich erteilte Baugenehmigung an. Ausreichend ist die hinreichende Aussicht auf die Genehmigung.

---

31 KG, BauR 2002, 111.
32 OLG Düsseldorf, NJW-RR 1996, 403; *Korbion*, in: Korbion/Mantscheff/Vygen, Kommentar zu HOAI, § 15 Rn. 113.
33 *Bönker*, NZBau 2003, 80.
34 BGH, IBR 1998, 28.

Die Verpflichtung zur Erstellung einer Genehmigungsplanung beschränkt sich nicht nur auf die Baugenehmigung. Werden weitere notwendige Genehmigungen nicht erteilt, so besteht ein Mangel in der Planung. Ein Vertretenmüssen des Auftragnehmers kommt in Betracht, wenn von ihm Kenntnisse anderer öffentlich-rechtlichen Vorschriften erwartet werden können. Diese Problematik wird in der Rechtsprechung abhängig von der jeweiligen Genehmigung beantwortet. 30

Grundsätzlich kann die Beantwortung schwieriger Rechtsfragen vom Architekten nicht verlangt werden. Der Architekt ist einem Rechtsberater des Bauherren nicht gleichgestellt.[35] Die Verpflichtung des Architekten beschränkt sich in diesen Fällen auf den Hinweis auf die Problematik und den Rat zur Einholung rechtskundiger Hilfe.[36] 31

Als schwierige Rechtsfrage wird die Klärung naturschutzrechtlicher Belange beurteilt.[37] Die Anforderungen an einen Architekten dürfen nicht überspannt werden. Die Problematik naturschutzrechtlicher Belange ist eine Rechtsfrage aus einem Nebengebiet und nicht vergleichbar mit der Berechnung von bauordnungsrechtlichen Abstandsflächen, welche ein Architekt in seiner Berufspraxis ständig durchzuführen hat. 32

Das Oberlandesgericht Düsseldorf[38] fordert vom Architekten Kenntnisse über die Vorschriften des Wasserhaushaltsgesetzes. Die Planung umfasst auch die Prüfung der Zulässigkeit der technischen Konstruktion und der Verwendbarkeit der vorgesehenen Baustoffe. Hierzu gehört auch die Frage, ob der vorhergesehene Baustoff einer Genehmigung nach §§ 2 Abs. 1, 3 Abs. 2, 6 WHG n.F. (§§ 8 Abs. 1, 9 Abs. 2, 12 WHG n.F.) bedarf. Der Auftragnehmer hätte erkennen müssen, dass das Einbringen von Recyclingmaterial bis zu einer Tiefe von 2 m eine Grundwassergefährdung mit sich bringt und daher genehmigungsbedürftig ist. 33

(2) Rechtsdienstleistungsgesetz

Weitaus höhere Anforderungen an die Rechtskenntnisse des Auftragnehmers sind dann zu stellen, wenn er sich nach Rechtsdienstleistungsgesetz (Gesetz über außergerichtliche Rechtsdienstleistungen, RDG) zu Rechtsdienstleistungen verpflichtet. Nach dem RDG sind Rechtsberatungen von Nichtjuristen in größerem Umfang zulässig. Das am 1. Juli 2008 in Kraft getretene Rechtsdienstleistungsgesetz löst das bis dahin geltende Rechtsberatungsgesetz (RBerG) ab. Nach § 5 Abs. 1 RDG sind Rechtsberatungen im Zusammenhang mit einer anderen Tätigkeit, wenn sie als Nebenleistungen zum Berufs- oder Tätigkeitsbild gehören, erlaubt. Ob eine Nebenleistung vorliegt, ist nach ihrem Inhalt, Umfang und sachlichen Zusammenhang mit der Haupttätigkeit unter Berücksichtigung der Rechtskenntnisse zu beurteilen, der für die Haupttätigkeit erforderlich ist. Architekten und Bauunternehmern wird somit die Möglichkeit eröffnet, beispielsweise über Fragen des Baurechts oder der Sachmängelhaftung zu beraten. Vor der Verpflichtung zur Beratung in rechtlichen Angelegenheiten sollte sich ein Architekt oder Bauunternehmer darüber vergewissern, ob er über die hierfür erforderlichen Kenntnisse verfügt. Das Rechtsdienstleistungsgesetz gibt nicht nur die Möglichkeit zur Erweiterung des vertraglichen Inhalts, sondern schafft auch erhebliches Gefährdungspotential für eine vertragliche Haftung. 34

cc) Allgemein anerkannte Regeln der Technik

(1) Begriff

Die Anforderungen an die im Verkehr erforderliche Sorgfalt werden im Baurecht konkretisiert durch die Einhaltung der allgemeinen anerkannten Regeln der Technik. Dies sind diejenigen Prinzipien und Lösungen, die in der Praxis erprobt und bewährt sind und sich bei der Mehrheit 35

---

35 KG, BauR 2006, 1928.
36 OLG Stuttgart, IBR 2006, 682.
37 KG, BauR 2006, 1928.
38 OLG Düsseldorf, IBR 2005, 555.

der Praktiker durchgesetzt haben.[39] Zu den Regeln der Bautechnik zählen DIN-Normen, VDE-Normen (Normen des Verband der Elektrotechnik, Elektronik und Informationstechnik e.V.), ETB (die einheitlich technischen Baubestimmungen), CENELEC Normen (Normen des Europäischen Komitee für elektrotechnische Normung) und CEN Normen (Normen des Europäischen Komitee für Normung).

(2) Vertragliche Einbeziehung

36 Die Pflicht zur Erbringung der vertraglichen Leistung unter Beachtung der allgemein anerkannten Regeln der Technik ergibt sich für Bauverträge nach der VOB/B aus den §§ 4 Nr. 2 Abs. 1 S. 2, 13 Nr. 1 S. 2 VOB/B.

37 Im Werkvertragsrecht des BGB fehlt ein vergleichbarer Hinweis. Die Verpflichtung ergibt sich aus dem Grundsatz von Treu und Glauben gemäß § 242 BGB. Der Auftraggeber darf redlicherweise erwarten, dass das Werk zum Zeitpunkt der Abnahme diejenigen Qualitäts- und Komfortstandards erfüllt, die vergleichbare andere zeitlich fertig gestellte und abgenommene Bauwerke erfüllen.[40] Fehlt eine ausdrückliche vertragliche Vereinbarung, so gelten die anerkannten Regeln der Technik als Mindeststandard konkludent vereinbart.[41]

(3) Vorrang vertraglicher Vereinbarungen

38 Vertragliche Vereinbarungen der Parteien gehen den allgemein anerkannten Regeln der Technik vor. Vereinbaren die Parteien eine bestimmte Beschaffenheit, so ist das Werk unabhängig von den jeweiligen allgemein anerkannten Regeln der Technik mangelhaft, wenn es diese nicht aufweist.[42]

39 Die Ermittlung des Vertragssolls hat in erster Linie durch die Auslegung des Vertrages zu erfolgen. Eine Beschaffenheit kann jedoch auch stillschweigend vereinbart werden. Nicht allein der Vertragstext ist von ausschlaggebender Bedeutung, sondern auch erläuternde und konkretisierende Erklärungen der Vertragsparteien, sonstige vertragsbegleitende Umstände, die konkreten Verhältnisse des Bauwerkes und seines Umfeldes, der qualitative Zuschnitt, der architektonische Anspruch und die Zweckbestimmung des Gebäudes.[43] Im Hinblick auf ein funktionstaugliches und zweckentsprechendes Werk gilt als stillschweigend vereinbart, dass keine zu Spontanbrüchen neigende Scheiben eingebaut werden,[44] einzelne Dachziegel sich nicht lockern und herabfallen[45] und Rohre in einem Schwimmbad korrosionsbeständig sind.[46]

(4) Abbedingung der allgemein anerkannten Regeln der Technik

40 Die Parteien können vereinbaren, dass die geschuldete Leistung hinter den allgemein anerkannten Regeln der Technik zurückbleibt. Eine entsprechende Regelung in einem VOB Bauvertrag bedarf einer ausdrücklichen Vereinbarung. Eine konkludente Vereinbarung kann nur dann angenommen werden, sofern aufgrund gewichtiger Umstände feststeht, dass die Parteien eine von der VOB/B abweichende Regelung wünschen. Mit der Einbeziehung der VOB/B haben sich die Parteien zugleich auf eine Anwendung von §§ 4 Abs. 2 Nr. 1, 13 Abs. 1 VOB/B geeinigt und somit auf die Erbringung der vertraglich geschuldeten Leistung nach den allgemein anerkannten Regeln der

---

39 BVerwG, BauR 1997, 290.
40 BGH, NJW 1998, 2814; OLG Nürnberg, IBR 2005, 586; Ingenstau/Korbion/*Oppler*, § 4 VOB/B Rn. 39.
41 BGH, BauR 1998, 872; OLG Brandenburg, BauR 2002, 1562; OLG Hamm, NJW 1998, 668; OLG Hamm, NJW-RR 1996, 213; Palandt/*Sprau*, § 633 Rn. 6a; BT-Drucks. 14/6040 S. 261.
42 BGH, NJW 1998, 2814.
43 BGH, IBR 2007, 473.
44 OLG Stuttgart, NJW-RR 2007, 1617.
45 OLG Nürnberg, BauR 2005, 1680.
46 KG, BauR 2008, 521.

Technik.[47] Für eine konkludente Vereinbarung müssen hinreichende Anhaltspunkte dafür vorliegen, dass der Auftraggeber das Risiko für die vereinbarte Funktionstauglichkeit erkannte und billigte.[48] Ausreichend ist nicht, dass er es unterließ den Auftragnehmer darauf hinzuweisen, dass er ein funktionstaugliches Werk wünsche. So lehnte der BGH die Pflicht des Auftraggebers ab, dem Auftragnehmer einen besonderen Hinweis bei Vertragsschluss zu geben, dass er ein Dach wünsche, welches stärkeren Regenbelastungen standhält.[49]

Für die Billigung einer eingeschränkten Funktionstauglichkeit ist es nicht ausreichend, dass die Parteien eine bestimmte Ausführungsart vereinbaren, mit der die geschuldete Funktionstauglichkeit nicht erreicht werden kann. Verspricht der Auftragnehmer die Herbeiführung eines bestimmten Erfolges, bleibt er hieran gebunden, auch wenn sich die Ausführungsart als unzureichend erweist.[50] Das Bauwerk ist demnach mangelhaft, auch wenn es nach der vertraglich vereinbarten Ausführungsart erbaut wurde. Ausschlaggebend für die Mangelfreiheit ist allein, dass es die vertragliche oder gewöhnliche Beschaffenheit aufweist, die für den gewöhnlichen Gebrauch erforderlich ist.[51] Zur Vermeidung eines Haftungsrisikos ist es empfehlenswert, dass der Auftragnehmer den Auftraggeber auf das Risiko der Funktionstauglichkeit hinweist und dessen Billigung einholt. Eine schriftliche Fixierung ist vor dem Hintergrund der Darlegungs- und Beweislast des Auftragnehmers im Streitfall ratsam. 41

(5) Beurteilungszeitpunkt

Das Bauwerk muss zum Zeitpunkt der Abnahme den Anforderungen an die allgemeinen anerkannten Regeln der Technik genügen.[52] Maßgeblicher Beurteilungszeitpunkt ist somit nicht der des Vertragsschlusses. Der Auftragnehmer trägt das Risiko der Änderung der allgemein anerkannten Regeln der Technik bis zur Abnahme. Auch wenn eine DIN-Vorschrift bei Abschluss des Vertrages noch nicht in Kraft getreten war, müssen die Beteiligten des Bauvorhabens ihr Inkrafttreten berücksichtigen und schon vorher die Regeln des Handwerks beachten. Die Regeln der Technik haben eine Eigendynamik und entwickeln sich weiter. Die Auftragnehmer müssen sich daher ständig, auch über DIN Normen, informieren.[53] 42

Zweifel in der Wissenschaft ändern nichts an den vom Auftragnehmer zu beachtenden Regeln. Diese allein reichen für eine Änderung der allgemein anerkannten Regeln der Technik nicht aus, da nicht jede wissenschaftliche Diskussion zwangsläufig zu einer Änderung führt.[54] 43

(6) Bedeutung im Beweisrecht

Die allgemein anerkannten Regeln der Technik sind private technische Regelungen mit Empfehlungscharakter.[55] Aus deren Einhaltung darf nicht automatisch auf die Mangelfreiheit des Bauwerkes geschlossen werden.[56] Sie spiegeln nicht zwangsläufig die allgemein anerkannten Regeln der Technik wieder. Der Fortschritt von Wissenschaft und Technik kann diese in ihrer Gültigkeit bereits überholt haben. Bei den Regeln der Technik handelt es sich nicht um starre Regelwerke. Sie unterliegen der Veränderung durch die Entwicklung und den Stand der anerkennenswerten Handhabung der Fachleute. Ihre besondere Bedeutung entfalten die technischen Regelwerke im 44

---

47 BGH, NJW 1998, 3707.
48 KG, IBR 2008, 509.
49 BGH, BauR 2000, 411.
50 BGHZ 91, 206.
51 BGH, BauR 2000, 411; KG, IBR 2008, 509.
52 BGH, NJW 1998, 2814; BGH, NJW-RR 2000, 309; OLG Nürnberg, IBR 2005, 586; Kapellmann/Messerschmidt/*Weyer*, § 13 VOB/B Rn. 41.
53 OLG Zweibrücken, IBR 2007, 264.
54 OLG München, IBR 2007, 612.
55 BGH, BauR 1998, 872: OLG Celle, IBR 2008, 643.
56 Palandt/*Heinrichs*, § 276 Rn. 18.

Beweisrecht. Sie beeinflussen die allgemeinen Darlegungs- und Beweisregeln in zweierlei Hinsicht.

45 Erstens besteht eine widerlegbare Vermutung, dass die schriftlich niedergelegten Regelwerke der anerkannten Technik entsprechen.[57] Beruft sich der Auftraggeber auf den Umstand, dass die vom Auftraggeber zu Grunde gelegten DIN überholt sind, so trägt er hierfür die Beweislast.

46 Zweitens geht von der Einhaltung der Normen oder Vorschriften die Sorgfaltsvermutung aus, dass das Bauwerk den allgemein anerkannten Regeln der Technik entspricht und somit mangelfrei errichtet wurde. Bei der Errichtung von Energieanlagen wird dies in § 49 Abs. 2 EnWG ausdrücklich gesetzlich geregelt.

47 Beachtet der Auftragnehmer die einschlägigen DIN-Vorschriften, so besteht zu seinen Gunsten die widerlegbare Vermutung, dass er das Bauwerk nach den allgemein anerkannten Regeln der Technik erbaute, d.h. keine Pflichtverletzung vorliegt, die der Auftragnehmer zu vertreten hat. Entspricht im umgekehrten Fall eine Bauleistung nicht den Anforderungen einer DIN-Norm, so besteht prima facie der Beweis für die Mangelhaftigkeit.

dd) Verkehrssicherungspflichten

(1) Allgemein

48 Eine Konkretisierung des Sorgfaltsmaßstabes erfolgt durch die allgemeinen Verkehrssicherungspflichten auf der Baustelle. Diese sind mit der im Verkehr üblichen Sorgfalt im Sinne des § 276 Abs. 2 BGB gleichzusetzen.[58] Das Unterhalten von Baumaßnahmen eröffnet eine Gefahrenlage. Diese besteht sowohl für die am Bau Beschäftigen als auch für Dritte, wie Nachbarn, Passanten, Lieferanten. Wer eine Gefahrenlage für Dritte schafft, hat Vorkehrungen zu treffen, die erforderlich und zumutbar sind, um Schädigungen Dritter zu verhindern.[59] Verkehrssicherungspflichten treffen Bauherren, Bauunternehmer als auch Architekten. Von der rechtlich gebotenen Verkehrssicherung werden diejenigen Maßnahmen erfasst, die ein verständiger, umsichtiger, vorsichtiger und gewissenhafter Angehöriger der betroffenen Verkehrskreise für ausreichend halten darf, um andere Personen vor Schäden zu bewahren. Nicht notwendig ist, dass jeder abstrakten Gefahr vorbeugend begegnet werden muss.[60] Sicherungsmaßnahmen sind jedoch umso eher zumutbar, je größer die Gefahr und die Wahrscheinlichkeit ihrer Verwirklichung ist.[61] Art und Umfang der Verkehrssicherungspflichten richten sich nach den tatsächlichen Gegebenheiten auf der Baustelle und den einzelnen auszuführenden Arbeiten.[62]

49 Dem Umstand, dass sich auf der Baustelle nur ein begrenzter Personenkreis, wie die angestellten Handwerker, der Bauherr, der Architekt, befindet, wird dadurch Rechnung getragen, dass *auf* der Baustelle nur eine eingeschränkte Verkehrssicherungspflicht besteht.[63] Die Verkehrssicherungspflicht ist in zweierlei Hinsicht beschränkt:

Zum einen besteht eine Verantwortlichkeit nur gegenüber diesem beschränkten Personenkreis, für welchen der Baustellenverkehr eröffnet ist.

---

57 BVerwG, BauR 1997, 290; OLG Hamm, NJW-RR 1998, 668; OLG Hamm, NJW-RR 1995, 17; *Seibel,* Rn. 150; *Pastor,* in: Werner/Pastor Rn. 1461; *Kniffka,* IBR 1997, 149.
58 MüKo-BGB/*Wagner,* § 823 Rn. 65.
59 BGH, NJW 1990, 1236; BGH, NJW-RR 2002, 525; BGH, NJW-RR 2003, 1459; BGH, NJW 2006, 619.
60 BGH, NJW 2006, 610.
61 BGH, NJW-RR 2003, 1459; BGH, NJW 2006, 2326; BGH, NJW 2007, 762.
62 OLG Hamm, NJW-RR 1996, 1362.
63 BGH, BauR 1985, 237.

Zum anderen richten sich die notwendigen Sicherungsmaßnahmen ihrem Umfang nach nach 50
den Sicherungserwartungen von mit den Gegebenheiten und den üblichen Gefahren einer Baustelle vertrauten Personen.[64]

Die eingeschränkte Verkehrssicherungspflicht besteht jedoch nicht gegenüber Dritten, die die 51
Baustelle befugterweise betreten, wie Besucher. Ihnen gegenüber gelten höhere Anforderungen an
die erforderlichen Sicherheitsmaßnahmen.[65]

(2) Bauherr

Als Veranlasser der Bauarbeiten ist der Bauherr primär verkehrssicherungspflichtig und deliktisch 52
einstandspflichtig.[66] Nach § 4 Nr. 1 S. 1 VOB/B hat der Bauherr für die Aufrechterhaltung der
allgemeinen Ordnung auf der Baustelle zu sorgen. Er hat auf der Baustelle Beschäftigte und Dritte
vor Gefahren zu bewahren, die aus einer unsachgemäßen und gefährlichen Bauausführung stammen.[67] Unter Baustelle ist nicht nur das eigentliche Baugelände zu verstehen. Hierzu zählt vielmehr auch die unmittelbare Umgebung mit den Lager-, Produktions- und Arbeitsstätten. Die
Verkehrssicherungspflichten obliegen den Bauherren während der gesamten Bauzeit.[68]

Art und Ausmaß der dem Bauherren obliegenden Verkehrssicherungspflichten richten sich danach, ob er die Bauüberwachung und Bauausführung persönlich ausführt oder auf einen Dritten 53
delegiert.

Ist der Bauherr ein Eigenbauunternehmer, so obliegt ihm die Verkehrssicherungspflicht in vollem 54
Umfang. Der Bauherr ist ein Eigenbauunternehmer, sofern er die Bauarbeiten und die Bauaufsicht mit oder ohne Hilfskräfte selbst durchführt.

Unterhält der Bauherr Hilfskräfte, so er dafür Sorge zu tragen, dass diese bei Ausführung ihrer Arbeiten keinen Schaden erleiden 55

Die Beachtung der Unfallverhütungsvorschriften ist hierbei von besonderer Bedeutung. 56

▶ **Beispiel**[69]

Ein Bauherr errichtete in eigener Regie ein Reihenhaus mit drei Wohneinheiten. Die Rohbauarbeiten führten Hilfsarbeiter durch. Diese verfügten über keine Kenntnisse im Baugewerbe. 57
Bei der Errichtung der Innenwände für das erste Obergeschoss stürzte ein Arbeiter in einen bis
zum Kellerfußboden reichenden ungesicherten Treppenschacht. Der Hilfsarbeiter erlag seinen
Verletzungen. Der BGH befand, dass der Bauherr nach § 12 Abs. 1 Nr. 5 der Unfallverhütungsvorschriften »Bauarbeiten« (VGB 37) der klagenden Bau-Berufgenossenschaft in der
zum Unfallzeitpunkt geltenden Fassung verpflichtet war, beim »Mauern über die Hand« an Arbeitsplätzen mit mehr als 5 m Absturzhöhe Einrichtungen einzurichten, die ein Abstürzen verhindern. Mangels getroffener Sicherheitsmaßnahmen liegt eine objektive Sorgfaltspflichtverletzung im Sinne von § 276 Abs. 2 BGB vor.

Dritte Personen, wie Mieter, Nachbarn[70] oder Besucher[71] keinen Schaden durch die Baumaßnahmen erleiden. 58

---

64 BGH, BauR 1985, 237; BGH, NJW 2002, 1263.
65 BGH, BauR 1985, 237; BauR 1985, 1078.
66 OLG Schleswig, BauR 2001, 974; OLG Hamm, NJW-RR 1996, 1362; *Müller,* BauR 2002, 1789.
67 OLG Hamm, NJW-RR 1996, 1362; *Müller,* BauR 2002, 1789, 1790; *Pastor,* in: Werner/Pastor Rn. 1852; Kapellmann/Messerschmidt/*Merkens,* § 4 VOB/B Rn. 5.
68 *Riedl/Mansfeld,* in: Heiermann/Riedl/Rusam, § 4 Rn. 7.
69 BGH, BauR 2001, 1749.
70 BGH, BauR 1982, 399; OLG Düsseldorf, BauR 1973, 395.
71 BGH, BauR 1985, 237; OLG Hamm, BauR 2002, 1552.

▶ **Beispiel**[72]

59 Dem Bauherren ist es nicht erlaubt, Baumaterialien auf dem Teil eines Gehweges vor dem Zugang des Ladengeschäfts seines Nachbarn zu lagern. Es wäre seine Pflicht gewesen, das Material unverzüglich auf die Baustelle zu schaffen. Dieses Verhalten stellt einen Eingriff in den eingerichteten und ausgeübten Gewerbebetrieb dar. Der Nachbar hat gegen den Bauherren einen Schadenersatzanspruch nach § 823 Abs. 1 BGB auf entgangenen Gewinn gemäß § 252 BGB.

▶ **Beispiel**[73]

60 Der Bauherr besichtigte mit Bekannten am Samstag den Rohbau des Gebäudes auf der Baustelle. Als die Geschädigte auf die nicht tragfähige Sichtschalung trat, brach diese durch und sie stürzte 2,60 m tief auf den Fußboden im Erdgeschoss. Auf diesem lagerten Stahlmatten und Plastikrohre. Durch den Sturz erlitt die Geschädigte erhebliche Verletzungen. Der BGH urteilte, dass für die Sicherheit von Besuchern allein der Bauherr zuständig ist. Dieser hat den Zugang zur Baustelle eröffnet und muss die Gefahren kennen, denen er seine Besucher aussetzt. Er hat diese von ungesicherten Gefahrenquellen fernzuhalten oder mögliche Vorsichtsmaßnahmen zu treffen bzw. entsprechende Warnungen auszusprechen. Dem Bauunternehmer obliegen dagegen keine zusätzlichen Sicherungspflichten gegenüber den Besuchern. Etwas anderes gilt nur dann, wenn er erkennen konnte, dass der Bauherr es unter Verstoß gegen die ihn treffende Sicherungspflicht duldet, dass Dritte ohne Begleitung Baukundiger freien Zugang zum Rohbau erhalten.

61 Gegenüber anderen, nicht betretungsbefugten Personen genügt der Bauherr seiner Verkehrssicherungspflicht mit dem Anbringen eines Verbotsschildes: »Unbefugten ist das Betreten der Baustelle verboten«.[74]

62 Führt der Bauherr die Baumaßnahmen in Eigenregie durch, dienen die allgemein anerkannten Regeln der Technik zur Bestimmung der dem Bauherren obliegenden Verkehrssicherungspflichten. Zur Bestimmung der nach der Verkehrsauffassung gebotenen Sicherheitsmaßnahmen sind DIN-Normen in besonderer Weise geeignet.[75] Dritte können sich auf die Nichteinhaltung von DIN-Normen berufen. Diese stellen zwar keine drittschützenden Normen dar. Sie sind nicht Bestandteil des materiellen Rechts, sondern Empfehlungen des »Deutschen Institutes für Normung e.V.«.[76] Die Anwendbarkeit ergibt sich vielmehr unter dem Gesichtspunkt des Vertrauensschutzes. DIN-Normen dienen auch der Sicherheit von Menschen und Sachen. Sie enthalten eine umfassende Verkehrssicherungspflicht zur Sicherung des Integritätsinteresses gefährdeter Personen.[77]

63 Bedient sich der Bauherr zur Bauausführung und -überwachung eines Dritten, z.B. eines Bauunternehmers oder eines Architekten, so bleibt er in eingeschränktem Maße verkehrssicherungspflichtig. Seinen Pflichten kann er sich nicht vollumfänglich entziehen. Der Bauherr wird jedoch von seiner Verantwortung insofern befreit, als sich seine Verkehrssicherungspflicht auf Auswahl-, Instruktions-, und Überwachungspflichten des Dritten beschränkt.[78]

64 Die Verkehrssicherungspflicht des Bauherren wird auf den Bauunternehmer übertragen. Eine Übertragung der Verkehrssicherungspflicht ist zulässig, da es sich bei diesen nicht um höchstpersönliche Aufgaben handelt.[79] Einer ausdrücklichen Regelung durch Vertrag bedarf es nicht.

---

72 OLG Düsseldorf, NJW 1961, 1925.
73 BGH, BauR 1985, 237.
74 BGH, NJW 1957, 499; BGH, BauR 1985, 237.
75 BGH, NJW 1988, 2667; BGH, NJW-RR 2002, 525.
76 BGH, NJW-RR 2002, 525.
77 BGH, IBR 1997, 17.
78 OLG Hamm, NJW-RR 1996, 1362; OLG Koblenz, BauR 2000, 907; OLG Schleswig, BauR 2001, 974; Palandt/*Sprau*, § 823 BGB Rn. 191.
79 BayObLG, NJW-RR 2005, 100; OLG Celle, BauR 2006, 388.

Hinsichtlich des Auswahlverschuldens hat der Bauherr seine Pflicht erfüllt, wenn er ein erkennbar zuverlässiges und geeignetes Unternehmen beauftragt. Irrelevant ist es, wenn sich das Unternehmen erst im Laufe der Baumaßnahmen als unzuverlässig erweist. Für die Erkennbarkeit kommt es auf den Zeitpunkt des Vertragsschlusses an. War das Bauunternehmen zur Zeit der Beauftragung als zuverlässig bekannt, so durfte der Bauherr diesem die Aufgaben und deren sachgemäße Durchführung zur eigenverantwortlichen Realisierung übertragen.[80] 65

Die eingeschränkte Verkehrssicherungspflicht enthält eine generelle Überwachungspflicht des Dritten. Der Bauherr kann sich jedoch in der Regel darauf verlassen, dass er der ihm übertragenden Verpflichtung nachkommt.[81] Es ist nicht notwendig, dass er ständig die auf der Baustelle arbeitenden Handwerker beobachtet und kontrolliert.[82] Ausreichend sind stichprobenartige Überwachungen.[83] 66

Etwas anderes gilt jedoch, wenn der Bauherr Zweifel hat, ob der beauftragte Dritte den Gefahren auf der Baustelle in ausreichender Weise Rechnung trägt. Der Bauherr ist in diesem Fall zu einer eingehenden Überwachung und gegebenenfalls zum Einschreiten verpflichtet.[84] 67

Ist die Tätigkeit des beauftragten Unternehmens mit besonderen Gefahren verbunden, die der Bauherr erkannte oder erkennen musste, so ist er verpflichtet, zu überprüfen, ob alle erforderlichen Sicherheitsmaßnahmen getroffen wurden. Die Anforderungen an die Überwachungspflicht sind um so höher, je gefährlicher der Auftrag und je größer das Schutzbedürfnis der von den Gefahren Betroffenen. 68

▶ **Beispiel**

Als besonders gefährlicher Auftrag gilt nach dem OLG Düsseldorf[85] der Abbruch eines Altbaus, der unmittelbar an einen anderen Altbau grenzt. Der völlige Abbruch beeinträchtigt den Halt und die Stütze des Nachbarhauses. Sind die Abbrucharbeiten mit starken Erschütterungen und Stößen mit einer Fallbirne verbunden, kann dies im Nachbarhaus sehr leicht zu Schadensfolgen führen. Die mit dem Abbruch verbundene besondere Gefährlichkeit war auch für einen Laien erkennbar. 69

Von der Erkennbarkeit der Gefährlichkeit ist immer dann auszugehen, wenn gesetzliche Normen existieren, die dieser Gefährdung begegnen wollen. Dies ist der Fall bei einer Vertiefung des Grundstücks gemäß § 909 BGB. Der Bauherr muss sich trotz Beauftragung eines Spezialunternehmens persönlich versichern, dass die ihm obliegenden allgemeinen Verhaltenspflichten erfüllt sind.[86] 70

Konkrete Pflichten zum Erhalt der öffentlichen Ordnung legt die Baustellenverordnung fest. Sie bezweckt die Verbesserung der Sicherheit und des Gesundheitsschutzes der auf der Baustelle Beschäftigen, § 1 Abs. 1 BaustellV. Auf der Rechtsgrundlage des § 19 Arbeitsschutzgesetz ist die Verordnung am 01.07.1998 in Kraft getreten und setzt die EG-Richtlinie 92/57/EWG in nationales Recht um. Wesentliche Maßnahmen nach der Baustellenverordnung ist die Bestellung eines Koordinators, sofern Beschäftigte mehrerer Arbeitgeber auf der Baustelle tätig sind. Vor Errichtung der Baustelle hat der Koordinator einen Sicherheits- und Gesundheitsplan zu erstellen, § 3 Abs. 2 Nr. 2 BaustellV. In diesem sind die in den einzelnen Arbeitsabläufen nach Gewerken gegliederten auftretenden Gefahrenquellen zu ermitteln, die zu berücksichtigenden Vorschriften zu benennen sowie mögliche und gewählte Lösungen zu dokumentieren. Während des Bauvorhabens hat der 71

---

80 BGH, BauR 1982, 399; OLG Celle, BauR 2006, 388.
81 *Pastor*, in: Werner/Pastor Rn. 1853.
82 OLG Koblenz, BauR 2000, 907; OLG Schleswig-Holstein, BauR 2001, 974.
83 *Zanner/Keller*, in: Franke/Kemper/Zanner/Grünhagen, § 4 VOB/B Rn. 126.
84 BGH, BauR 1982, 399; OLG Koblenz, BauR 2000, 907; OLG Schleswig, BauR 2001, 974.
85 OLG Düsseldorf, BauR 1973, 395.
86 OLG Saarbrücken, BauR 1982, 399.

Koordinator u.a. die in § 4 ArbSchG niedergelegten allgemeinen Grundsätze zu beachten und den Sicherheits- und Gesundheitsplan bei erheblichen Änderungen des Bauvorhabens anzupassen, § 3 Abs. 3 Nr. 3 BaustellV. Der Bauherr kann die Aufgaben des Koordinators auch selbst wahrnehmen, § 3 Abs. 1 S. 2 BaustellV.

(3) Bauunternehmer

72 Die Verkehrssicherungspflichten des Unternehmers regelt § 4 Nr. 2 Abs. 1 S. 3 und Abs. 2 S. 1 VOB/B. Danach hat der Auftragnehmer für die Ordnung auf seiner Baustelle zu sorgen und trägt die Verantwortung gegenüber seinen Arbeitnehmern. Sie greift mit Beginn der Bauarbeiten und endet grundsätzlich mit Beendigung der Arbeiten und Räumung der Baustelle.[87] Dies gilt nicht, wenn er die Baustelle in einem verkehrsunsicheren Zustand verlässt.[88] Die Verkehrssicherungspflichten enden dann erst mit Beseitigung der Gefahrenquelle.[89]

73 Für den Erhalt der öffentlichen Ordnung auf der Baustelle ist gesorgt, wenn der Bauunternehmer alle Maßnahmen bei der Erfüllung der ihm obliegenden Arbeiten dahingehend trifft, dass niemand einen Schaden erleidet.[90]

74 Art und Umfang der Verkehrssicherungspflichten ergeben sich u.a. aus den einschlägigen DIN-Vorschriften, Unfallverhütungsvorschriften, der Baustellenverordnung, Landesbauordnung, und Gefahrstoffverordnung.

75 Die Verpflichtung bezieht sich nur auf seinen eigenen Arbeits- und Wirkbereich. Keine Verantwortung besteht für Bereiche, in welchen andere Unternehmen ihre Arbeiten erledigen.[91]

76 Für die Sicherheit seiner Mitarbeiter ist der Unternehmer zuständig.[92] Neben der Einhaltung der allgemeinen Fürsorgepflicht ist er zur Einhaltung der Arbeitsschutzregeln verpflichtet. Diese ergeben sich u.a. aus der BaustellVO, den Unfallverhütungsvorschriften der Bau-Berufsgenossenschaften, dem Arbeitsschutzgesetz, dem Arbeitssicherheitsgesetz und der Arbeitsstättenverordnung.

77 Für Schäden von Arbeitnehmern kann der Bauherr nicht haftbar gemacht werden. Der Grundsatz der Verkehrssicherungspflichten, dass derjenige, der eine Gefahrenquelle schafft, auch die erforderlichen Sicherheitsmaßnahmen treffen muss, greift hier nicht. Für die Einhaltung der Unfallverhütungsvorschriften ist allein der Bauunternehmer zuständig.[93] Dies gilt jedoch nicht, wenn der Bauherr erkennt oder erkennen musste, dass der Bauunternehmer die erforderlichen Sicherheitsmaßnahmen unterlässt.

(4) Architekt

78 Der Architekt trägt wegen von der Baustelle ausgehenden Gefahren die Verkehrssicherungspflicht, soweit er in den Kreis der Verkehrssicherungspflichten des Bauherrn eingetreten ist. Zu beachten ist jedoch, dass zunächst grundsätzlich der Bauherr in erster Linie verpflichtet ist, vgl. oben unter ee). Daher haftet der Architekt in der Regel nur im Hinblick auf die Pflicht, stichprobenweise die ausführenden Unternehmen zu überwachen, sofern dies eine Pflicht des Bauherrn darstellt.[94] Nach der von ihm übernommenen Leistungsphase 8 hat eine Koordinierungspflicht als weitere Grundleistung dafür zu sorgen, dass Einzelgewerke entsprechend dem Baufortschritt so aufeinan-

---

87 *Keller,* in: Franke/Kemper/Zanner/Grünhagen, § 4 VOB/B Rn. 126.
88 OLG Hamm, BauR 1992, 658; OLG Köln, IBR 2003, 542; OLG München, IBR 2005, 203.
89 OLG Köln, BauR 1996, 730; *Pastor,* in: Werner/Pastor Rn. 1849.
90 Ingenstau/Korbion/*Oppler,* § 4 Nr. 2 VOB/B Rn. 7.
91 Ingenstau/Korbion/*Oppler,* § 4 Nr. 2 VOB/B Rn. 10; Kapellmann/Messerschmidt/*Merkens,* § 4 VOB/B Rn. 58; *Zanner/Keller,* in: Franke/Kemper/Zanner/Grünhagen § 4 VOB/B Rn. 120.
92 OLG Düsseldorf, NJW-RR 1999, 318; OLG Schleswig, BauR 2000, 974.
93 OLG Düsseldorf, BauR 1999, 185.
94 OLG Hamm, BauR 1992, 658.

der abgestimmt werden, dass eine Schädigung Einzelner nicht erfolgt. Hierzu OLG Stuttgart[95] zur Frage der Verkehrssicherungspflicht des Architekten für ein sich im Rahmen des Baufortschritts als mangelhaft herausstellendes Baugerüst.

Des Weiteren ist der bauleitende Architekt verpflichtet, erkannte oder erkennbare baustellentypische Gefahrenstellen im Baustellenbereich beseitigen zu lassen.[96]   79

2. Erkennbarkeit

Der Fahrlässigkeitsvorwurf ist nur dann begründet, wenn die Gefahr erkennbar war. Maßgeblicher Zeitpunkt ist der der letzten Handlungsmöglichkeit vor der Gefahrenverwirklichung.[97] Die Erkennbarkeit der Gefahr beurteilt sich nach einer Betrachtungsweise ex ante. Entscheidend ist, ob ein gewissenhafter und besonnener Angehöriger der Berufsgruppe die Gefahr erkennen konnte. Dies ist zumindest dann der Fall, wenn typische Gefahrensignale vorliegen, die auf eine konkrete Gefahr schließen lassen. Hinweise auf typische Risiken sowie Gefahr- und Sicherheitserwartungen können sich aus Sicherheitsvorschriften ergeben.[98] Ergänzend kann auf die Sach- und Fachkunde des jeweiligen Verkehrskreises zurückgegriffen werden.[99]   80

Maßgeblich sind die Umstände und Gegebenheiten des Einzelfalls z.B.: fehlender begehbarer, tragfähiger Boden.[100]   81

3. Vermeidbarkeit

Weitere Voraussetzung für den Fahrlässigkeitsvorwurf ist, dass das Verhalten dem Willen des Handelnden unterworfen, d.h. vermeidbar war.[101] Dabei kommt es jeweils darauf an, ob die Tatbestandsverwirklichung vermieden werden konnte und auch vermieden werden musste. Das heißt, sofern das Vermeiden der Tatbestandsverwirklichung für den Handelnden unzumutbar gewesen ist, war es nicht vermeidbar. Auch hier ist wie oben unter 2. auf das Bezug zu nehmen, was verkehrskreisbezogen als objektiver Standard angesehen werden kann.   82

III. Grobe Fahrlässigkeit

Grobe Fahrlässigkeit setzt einen objektiv schweren und subjektiv nicht entschuldbaren Verstoß gegen die Anforderungen der im Verkehr erforderlichen Sorgfalt voraus. Die Sorgfalt muss in ungewöhnlich hohem Maße verletzt sein, indem dasjenige außer Acht gelassen worden ist, was in der konkreten Situation jeder erkennen musste.[102] Zu der objektiven Pflichtverletzung bedarf es bei der groben Fahrlässigkeit noch einer subjektiv schlechthin unentschuldbaren Pflichtverletzung, die das in § 276 Abs. 1 BGB geregelte Maß übersteigt.[103]   83

Indizien für eine grobe Fahrlässigkeit bilden die allgemein anerkannten Regeln der Technik. Ein Verstoß gegen eine DIN-Norm oder gegen eine Unfallverhütungsvorschrift kann für sich nicht schon eine schwere Verletzung der Sorgfaltspflicht begründen. Etwas anderes gilt jedoch dann, wenn die Unfallverhütungsvorschrift die Arbeitnehmer vor tödlichen Gefahren schützen soll.   84

---

95 OLG Stuttgart, BauR 2006, 1493.
96 OLG Düsseldorf, BauR 1996, 731.
97 *Unberath,* in: BeckOnline Kommentar § 276 Rn. 28.
98 BGH, NJW 2006, 610.
99 MüKo-BGB/*Grundmann,* § 276 Rn. 68.
100 BGH, BauR 1985, 237.
101 MüKo-BGB/*Grundmann,* § 276 Rn. 77.
102 BGH, NJW 2007, 2988; 2001, 2092.
103 BGH, NJW 1988, 1265; BGH, NJW 1992, 2418.

§ 276 BGB Verantwortlichkeit des Schuldners

▶ **Beispiel**[104]

85 Der Bauunternehmer, der ein Reihenhaus in Eigenregie erbaute, beschäftigte zur Erstellung des Rohbaus Hilfsunternehmer. Die einschlägigen Unfallverhütungsvorschriften verlangten vom Bauherrn die Vornahme von Sicherheitsmaßnahmen gegen einen Absturz der Hilfsarbeiter aus einer Höhe von 5 m. Dem kam der Bauherr nicht nach. Der BGH urteilte, dass der Verstoß gegen eine Unfallverhütungsvorschrift, die eindeutige Anweisungen zum Schutz der Arbeitnehmer gegen tödliche Gefahren gibt, regelmäßig eine objektiv schwere Pflichtverletzung darstellt. Hinsichtlich der subjektiven Komponente ist zu unterscheiden, ob der Schädiger unzureichende oder gar keine Sicherungsmaßnahmen getroffen hat. Im letzten Fall kann der objektive Verstoß ein derartiges Gewicht haben, dass der Schluss auf ein subjektiv gesteigertes Verschulden gerechtfertigt ist.

86 Das Gesetz begründet in bestimmten Einzelfällen eine Haftung erst ab Vorliegen von grober Fahrlässigkeit. Dies sind die Fälle der Erbringung einer unentgeltlichen Leistung (§§ 521, 599, 680) als auch die Haftung für eigenübliche Sorgfalt nach § 277 BGB.

87 Im Rahmen der Haftung für die eigenübliche Sorgfalt ist die grobe Fahrlässigkeit die Haftungsgrenze. Von dieser kann der Schuldner nicht befreit werden, § 277 BGB. Anwendungsfälle sind die §§ 346 Abs. 3 S. 1 Nr. 3, 347 Abs. 1 S. 2, 357 Abs. 1, Abs. 3 S. 4, 690, 708, 1359, 1664 BGB. Ein wichtiger Anwendungsbereich ist zudem die Haftung des Arbeitnehmers gegenüber seinem Arbeitgeber. Für Schäden die der Arbeitnehmer während der Arbeitsausführung verursacht, haftet er nur bei Vorliegen von grober Fahrlässigkeit. Die Haftungsbeschränkung gilt jedoch nicht im Außenverhältnis zu einem Dritten. Macht dieser einen Schadenersatzanspruch gegen den Arbeitnehmer als Schädiger nach § 823 Abs. 1 BGB geltend, so kann sich der Arbeitnehmer nicht darauf berufen, er hafte gegenüber seinem Arbeitgeber nur auf grobe Fahrlässigkeit. Gegenüber dem Geschädigten greift der Haftungsmaßstab des § 276 BGB.[105]

88 Bei der Beurteilung, ob der Werkunternehmer die Nacherfüllung wegen unverhältnismäßig hohen Kosten nach § 635 Abs. 3 BGB verweigern kann, ist der Grad des Verschuldens an der Verursachung des Mangels in der Gesamtabwägung zu berücksichtigen.[106] Im Einzelfall ist es dem Unternehmer erlaubt, auch im Falle der vorsätzlichen oder grob fahrlässigen Verursachung sich auf den Einwand der Unverhältnismäßigkeit zu berufen. Der Grad des Verschuldens allein rechtfertig den Entzug der Einrede nicht.[107]

D. Haftungsverschärfung

I. Gesetz

89 Das Gesetz weicht in bestimmten Ausnahmefällen vom allgemeinen Grundsatz des Verschuldensprinzips ab und bestimmt eine verschuldensunabhängige Haftung. Hierzu zählen die verschuldensunabhängige Einstandspflicht und die Gefährdungshaftung.

90 Die verschuldensunabhängige Einstandspflicht erhält im Gewährleistungsrecht der §§ 633 ff. BGB eine besondere Ausprägung. Ein Vertretenmüssen des Mangels bzw. der Nichterbringung der Nacherfüllung ist lediglich im Rahmen des Schadensersatzanspruches gemäß §§ 634 Nr. 4, 280 ff. BGB eine anspruchsbegründende Voraussetzung. Im Rahmen der Nacherfüllung gemäß §§ 634 Nr. 1, 635 BGB und der Minderung gemäß §§ 634 Nr. 3 Alt. 2, 638 BGB kommt es ebenso wie beim Rücktritt vom Vertrag nach §§ 634 Nr. 3 Alt. 1, 346 BGB auf diesen Umstand nicht an.

---

104 BGH, IBR 2001, 515.
105 BGH, NJW-RR 1995, 659.
106 BGH, NJW-RR 2008, 971; BGH, NZBau 2008, 575.
107 BGH, NJW 2009, 2123.

Befindet sich der Werkunternehmer mit seiner vertraglichen Leistung im Verzug, so haftet er gemäß § 287 S. 2 BGB auch für Zufall. Hieraus ergibt sich für den Werkunternehmer eine verschuldensunabhängige Schadenersatzpflicht nach § 280 Abs. 1, 286 BGB bzw. §§ 280 Abs. 1, 283 BGB für während des Verzuges eingetretene Leistungshindernisse. Die Zufallshaftung wird nach § 287 S. 2 HS. 2 BGB ausgeschlossen, wenn der Schaden auch bei rechtzeitiger Leistung eingetreten wäre. Zu seiner Entlastung kann sich der Werkunternehmer auf einen hypothetischen Kausalverlauf berufen, d.h. dass ein anderes Ereignis vorher oder gleichzeitig zum Schadenseintritt geführt hätte. Unberücksichtig bleiben damit alle Umstände nach Schadeneintritt. 91

Eine weitere gesetzlich normierte Form der Haftungsverschärfung ist die Gefährdungshaftung. Sie beruht auf dem Gedanken, dass bestimmte Handlungen ein Gefahrenpotential in sich bergen, jedoch vom Gesetzgeber als nützlich und daher erlaubt angesehen werden. Im BGB ist die Gefährdungshaftung in § 833 geregelt (Tierhalterhaftung). Sondergesetzliche Anspruchsgrundlagen sind unter anderem zu finden in § 7 StVG (Betrieb von Kraftfahrzeugen), § 1 UmweltHG (Betrieb von Anlagen), § 1 ProdHaftG (Inverkehrbringen von fehlerhaften Produkten), § 1 HPflG (Gefährdung durch Betrieb einer Schienenbahn oder Schwebebahn), § 2 HPflG (Gefährdung durch eine Energieanlage). 92

II. Vertrag

1. Individualvertrag

Das in § 276 BGB niedergelegte Verschuldensprinzip kann individualvertraglich abbedungen werden. Zu den vertraglichen Haftungsverschärfungen zählen beispielsweise die Übernahme einer Garantie oder eines Beschaffungsrisikos und die Übernahme der Haftung auch für höhere Gewalt oder Zufall.[108] 93

Die Vertragsfreiheit findet ihre Grenze in den §§ 138, 134 BGB. Eine Haftungsverschärfung ist demnach unwirksam, wenn sie gegen die guten Sitten oder gegen ein Verbotsgesetz verstößt.[109] 94

Eine Haftung wegen Vorsatz kann nicht im Voraus erlassen werden, § 276 Abs. 3 BGB. Gestattet ist jedoch der nachträgliche Verzicht auf einen bereits entstandenen Anspruch.[110] 95

a) Garantie

Bei einer Garantie übernimmt der Werkunternehmer die Gewähr für einen Umstand gegenüber dem Vertragspartner. Sie ist eine zusätzliche Leistung, welche einen verschuldensunabhängigen Schadenersatzanspruch zusichert. Im Werk- und Kaufvertrag ist zwischen der selbstständigen und der unselbstständigen Garantie zu unterscheiden.[111] 96

Eine unselbstständige Garantie ist gegeben, wenn der Unternehmer sich verpflichtet, für einen bestimmten Erfolg im Rahmen des Vertrages einzustehen und zwar auch dann, wenn das Fehlen des zugesicherten Erfolges nicht auf einem von ihm zu vertretenden Umstand beruht.[112] Der Unternehmer haftet auf Schadenersatz nach § 634 Nr. 4, 280 ff. BGB ohne dass es auf ein Verschulden nach § 276 BGB ankommt. 97

Der zugesicherte Erfolg kann sich auf eine bestimmte Beschaffenheit des Werkes beziehen (Beschaffenheitsgarantie) oder darauf, dass diese Beschaffenheit für eine gewisse Zeit hält (Haltbarkeitsgarantie). 98

---

108 *Unberath,* in: Beck-Online Kommentar § 276 BGB Rn. 37.
109 BGH, 1992, 3158; BGH, NJW 1991, 2414.
110 MüKo-BGB/*Grundmann,* § 276 BGB Rn. 182.
111 Kapellmann/Messerschmidt/*Weyer,* § 13 VOB/B Rn. 27.
112 BGH, ZfBR 2000, 98.

99 Mit der Übernahme einer selbstständigen Garantie erweitert der Werkunternehmer seine Haftung zugunsten des Bestellers dahingehend, dass er für einen bestimmten, über die Mangelfreiheit hinausgehenden Erfolg einsteht.[113] Der Erfolg bezieht sich auf ein werkvertragsfremdes Risiko, welches außerhalb des Leistungsgegenstandes liegt.[114] Geschuldet ist demnach ein Erfolg, der erkennbar ein anderer und weiterer ist als die bloße Vertragsmäßigkeit der Leistung.[115] Der Erfolg kann bestehen in der Haltbarkeit eines Materials,[116] Übernahme einer Systemgarantie für die Produktverträglichkeit,[117] Ausschluß einer Gesundheitsgefahr, Baukostengarantie des Architekten,[118] und der Dichtigkeit eines Öltanks.[119] Eine selbstständige Garantie kann regelmäßig nicht für Mangelfolgeschäden übernommen werden, da der Werkunternehmer hierfür bereits nach § 280 Abs. 1, 241 Abs. 2 BGB haftet. Der Umfang der Haftung wird dadurch nicht erweitert.[120]

100 Die Übernahme einer Garantie setzt voraus, dass der Schuldner in vertragsgemäß bindender Weise die Gewähr für das Vorhandensein der vereinbarten Beschaffenheit übernimmt und damit zu erkennen gibt, für alle Folgen des Fehlens einzustehen.[121] Ob und welchen Umfang eine Garantie übernommen wurde, ist durch Auslegung gemäß §§ 133, 157 BGB zu ermitteln. Von entscheidender Bedeutung ist hierbei der Geschäftswille des Unternehmers, d.h. der Wille eine bestimmte Rechtsfolge herbeizuführen. Ob dieser gegeben ist, ist anhand objektiver Kriterien festzustellen. Es kommt nicht darauf an welche Bedeutung der Unternehmer seiner Erklärung beimisst, sondern wie der Vertragspartner sie verstehen durfte (sog. objektiver Empfängerhorizont). Als objektive Kriterien dienen der Wortlaut der Erklärung, die Vorgeschichte der Garantieerklärung sowie die Interessenlage der Beteiligten.[122] An die Annahme einer Garantie sind hohe Anforderungen zu stellen. Zum einen haftet der Werkunternehmer nur bei Verschulden auf Schadenersatz und zum anderen nur für Mangel- und Mangelfolgeschäden und nicht für vertragsfremde Umstände.[123]

b) Beschaffungsrisiko

101 Durch die Übernahme eines Beschaffungsrisikos wird die Verschaffung einer Sache oder Leistung versprochen. Sie kann sich auf eine Stück oder -Gattungssache beziehen.

102 Im Rahmen eines Werkvertrages kann sich die Beschaffungspflicht auf die zur Herstellung des Werkes notwendigen Gegenstände und Materialien beziehen.[124]

103 Ob und in welchen Umfang sich der Werkunternehmer zur Beschaffung eines Produktes auf dem Markt oder zu einer Dienstleistung verpflichtet hat, ist durch Auslegung nach §§ 133, 157 BGB zu bestimmen.

104 Besteht eine Verpflichtung zur Erbringung einer Gattungssache, folgt hieraus das Beschaffungsrisiko (§ 243 Abs. 2 BGB). Der Schuldner bleibt so lange zur Lieferung der Sache verpflichtet, wie sie auf dem Markt zu beschaffen ist.

105 Diese sehr weit reichende Beschaffungspflicht kann in unterschiedlicher Weise eingeschränkt werden.

---

113 Palandt/*Sprau*, § 634 Rn. 26; *Schuhmann*, NZBau 2003, 602.
114 BGH, ZfBR 2000, 98; *Schuhmann*, NZBau 2003, 602.
115 BGH, BauR 1970, 107.
116 BGH, IBR 2008, 655.
117 OLG Karlsruhe, Urt. v. 28.02.2003 – 17 U 71/02.
118 NJW-RR 1995, 1361.
119 BGH, BauR 1986, 437.
120 BGH, BauR 1970, 107.
121 BGH, NJW 2007, 1346.
122 OLG Karlsruhe, Urt. v. 28.02.2003 – 17 U 71/02.
123 Kapellmann/Messerschmidt/*Weyer* § 13 VOB/B Rn. 28.
124 Palandt/*Heinrichs* § 276 Rn. 31.

Der Schuldner kann verpflichtet sein, die Sache nur aus einem bestimmten Vorrat zu leisten (Vorratsschuld). Der Schuldner hat dies bei Vertragsschluss deutlich zu machen.[125] Geht der Vorrat ohne ein Verschulden des Schuldners unter, so entfällt das Beschaffungsrisiko. Ein Schadenersatzanspruch nach §§ 280 Abs. 1, 283 BGB besteht mangels Vertretenmüssens nicht.

106

Die Konkretisierung der Gattungsschuld in eine Stückschuld (§ 243 Abs. 2 BGB) läßt das Beschaffungsrisiko entfallen.

107

Bei subjektiven Leistungshindernissen kann das Beschaffungsrisiko entfallen und an diese Stelle die Verschuldenshaftung treten. Der Schuldner wird in der Regel nur für typische Beschaffungsrisiken einstehen wollen. Zu den persönlichen Leistungshindernissen zählen einschneidende Ereignisse im Leben des Schuldners, wie plötzliche Erkrankungen, Freiheitsentziehung und Vertreibung aus der Heimat.[126] Hat er das subjektive Leistungshindernis nicht zu vertreten, entfällt ein Schadenersatzanspruch.

108

Unvorhersehbare Umstände, die eine Beschaffung für den Schuldner unzumutbar machen lassen das Beschaffungsrisiko entfallen. Zu ihnen zählen beispielsweise die Ablehnung der Belieferung durch den Hersteller[127] und die Nichtlieferung wegen Streik.[128] Zu Art und Ausmaß dieser Umstände kann auf die Regelung des § 275 Abs. 2 BGB zurückgegriffen werden.

109

Die Vertragsparteien können das Risiko der Beschaffung durch vertragliche Vereinbarung begrenzen. Wird der Schuldner im kongruenten Deckungsverhältnis von seinem Lieferanten im Stich gelassen, so kann er sich im kaufmännischen Verkehr durch die Verwendung der Selbstbelieferungsklausel von dem Beschaffungsrisiko gegenüber seinem Gläubiger befreien.[129]

110

2. AGB

Eine Klausel in Allgemeinen Geschäftsbedingungen, wonach eine Haftung auf Schadensersatz/ Vertragsstrafe auch ohne Vorliegen eines Verschuldens/Verzuges zu erfolgen hat, ist unwirksam.[130]

111

(…)

§ 278 Verantwortlichkeit des Schuldners für Dritte

Der Schuldner hat ein Verschulden seines gesetzlichen Vertreters und der Personen, deren er sich zur Erfüllung seiner Verbindlichkeit bedient, in gleichem Umfang zu vertreten wie eigenes Verschulden. Die Vorschrift des § 276 Abs. 3 findet keine Anwendung.

A. Einführung

Grundsätzlich haftet der verantwortliche Vertragspartner beispielsweise auf Schadensersatz (§ 6 Nr. 6 VOB/B) für eigenes Verschulden (§ 276 BGB). § 278 S. 1 BGB stellt eine Zurechnungsnorm dar, die das Verhalten von Hilfspersonen dem eigentlich vertraglich Verpflichteten zurechnet, d.h. dieser auch für das Verschulden einer Hilfsperson/Erfüllungsgehilfen einzustehen hat.

1

---

125 MüKo-BGB/*Grundmann*, § 276 Rn. 179.
126 Palandt/*Heinrichs* § 276 BGB Rn. 32; *Schmidt-Kessel*, in: PWW § 276 Rn. 26.
127 BGH, NJW 1994, 515.
128 *Unberath*, in: BeckOnline Kommentar, § 276 Rn. 42.
129 BGH, NJW-RR 1992, 611; Palandt/*Heinrichs* § 276 Rn. 32; *Unberath*, in: BeckOnline Kommentar, § 276 BGB Rn. 42.
130 OLG Frankfurt, BauR 1999, 5153.

B. Voraussetzungen

I. Vertragsbeziehung

2 Voraussetzungen für eine Anwendung von § 278 BGB ist das Bestehen eines vertraglichen Schuldverhältnisses bzw. eines Sonderrechtsverhältnisses.[1] Im Baurecht üblicherweise der klassische Bauvertrag, Architektenvertrag, Ingenieurvertrag etc.

3 Auch Rechtsbeziehungen aus unwirksamen Verträgen bzw. Vertragsverhandlungen etc. fallen hierunter.

II. Erfüllungsgehilfe

4 Wer mit dem Willen des Schuldners bei der Erfüllung einer Schuldnerverbindlichkeit für diesen tätig wird, ist Erfüllungsgehilfe.[2]

5 Als Erfüllungsgehilfe des Auftraggebers gelten u.a. Architekten, Ingenieure und sonstige Sonderfachleute, deren Unterstützung sich der Auftraggeber zur Erfüllung seiner Verbindlichkeiten gegenüber dem Auftragnehmer bedient. Erfüllungsgehilfen des Auftragnehmers/Generalunternehmers sind u.a. seine Nachunternehmer,[3] auch seine Planer, Ingenieure und Sonderfachleute, sofern ihnen Leistungen in diesem Bereich als Generalunternehmer übertragen worden sind.

6 Der Auftraggeber hat für ein Verschulden beispielsweise einzustehen:
  – wenn der von ihm beauftragte Architekt oder Ingenieur die Ausführungspläne nicht wie mit dem Auftragnehmer vereinbart, rechtzeitig zur Verfügung stellt
  – der Architekt die ihm im Rahmen eines Baugenehmigungsverfahrens auferlegten Aufgaben nicht rechtzeitig oder nicht ordnungsgemäß erfüllt
  – der vom Auftraggeber beauftragte Projektsteuerer oder Architekt die ihm obliegenden Koordinierungspflichten zwischen den einzelnen Gewerken nicht wahrnimmt, sofern entsprechende Vertragstermine bzw. Zwischenfristen vereinbart wurden.

7 Der Auftragnehmer/Generalunternehmer haftet gegenüber dem Auftraggeber beispielsweise in folgenden Fällen:
  – Sofern der von ihm beauftragte Nachunternehmer seine Leistungen nicht fristgerecht bzw. vertragsgerecht erbringt,
  – vom Auftragnehmer gegenüber dem Bauherrn geschuldete Planungsleistungen seitens der von ihm beauftragten Planer nicht rechtzeitig erfolgen.

8 Der Auftragnehmer/Generalunternehmer haftet beispielsweise gegenüber dem Nachunternehmer in folgenden Fällen:
  – Durch vom Bauherrn angeordnete Leistungsänderungen kommt es zu Behinderungen des Subunternehmers[4]
  – der vom Auftragnehmer/Generalunternehmer beauftragte Planer überreicht nicht vereinbarungsgemäß rechtzeitig dem Nachunternehmer die erforderlichen Planunterlagen.

9 Weitere Voraussetzungen für eine Haftung des Vertragspartners bzw. einer Zurechnung gemäß § 278 BGB ist, dass der Erfüllungsgehilfe schuldhaft im Sinne von § 276 BGB gehandelt hat (vgl. hierzu oben § 276 Rdn. 3)

---

[1] MüKo-BGB/*Grundmann,* § 278 Rn. 15.
[2] BGH, NJW 1968, 1569.
[3] OLG Frankfurt, BauR 1999, 49.
[4] Ingenstau/Korbion/*Döring,* B § 6 Abs. 6 Rn. 13.

III. Sonderfall Vorunternehmer

1. Ausgangslage

> **Beispiel**
>
> Der Bauherr beauftragt das Bauunternehmer A mit der Erstellung einer schlüsselfertigen Baugrube und das Bauunternehmen B mit der Erstellung des Rohbaus.
>
> Für den Beginn der Rohbauarbeiten ist ein bestimmter Termin vereinbart. Das Bauunternehmen A stellt die Baugrube durch eigene Versäumnisse nicht rechtzeitig fertig, so dass der Bauunternehmer B nicht wie vereinbart mit den Rohbauarbeiten beginnen kann.

Die Frage, ob dem Bauunternehmer B gegen den Bauherrn ein Schadenersatzanspruch im Sinne von § 6 Nr. 6 VOB/B zusteht, hängt von der Frage ab, ob das Vorunternehmen (Bauunternehmen A) als Erfüllungsgehilfe im Sinne von § 278 BGB des Bauherrn angesehen werden kann.

2. Meinungsstand

Der BGH[5] ist der Auffassung, dass der Vorunternehmer nicht Erfüllungsgehilfe des Bauherrn im Sinne von § 278 BGB sei. Denn ein Schadensersatz nach § 6 Nr. 6 VOB/B setze voraus, dass die Behinderung adäquat-kausal durch Umstände verursacht worden ist, die auf einer schuldhaften Verletzung einer vertraglichen Pflicht eines der Vertragspartner beruhe.[6] Der Auftraggeber verpflichte sich, vertraglich aber regelmäßig nicht gegenüber dem Nachunternehmer die notwendigen Vorarbeiten zu erbringen.

Die Gegenmeinung[7] geht davon aus, dass der Vorunternehmer unter Berücksichtigung der konkreten Vertragsverhältnisse in der Regel als Erfüllungsgehilfe zu behandeln sei. Eine derartige Beurteilung ist zumindest immer dann geboten und demnach der Vorunternehmer Erfüllungsgehilfe des Auftraggebers, wenn dieser in dem mit dem nachfolgenden Unternehmer abgeschlossenen Bauvertrag hinreichend deutlich auch das Risiko der zeitgerechten Erfüllung durch den oder die vorleistenden Unternehmer übernommen hat.

3. Lösung

Zwischenzeitlich hat der BGH mit seiner Entscheidung vom 21.10.1999[8] eine Kehrtwende zur bisherigen Rechtsprechung verzogen. Nunmehr soll auch nach Ansicht des BGH der Auftraggeber gegenüber dem Nachunternehmer für den Schaden, den dieser durch die Bauzeitverzögerung erleidet, unter bestimmten Voraussetzungen haften. Dabei lehnt der BGH allerdings nach wie vor eine Haftung aus § 6 Nr. 6 VOB/B ab. Geändert hat der BGH seine Sichtweise bezüglich eines Anspruchs auf Entschädigung aus § 642 BGB. Nunmehr werden nämlich die Mitwirkungshandlungen des Bestellers weitreichend gesehen. Die Mitwirkungshandlung besteht bei Bauverträgen darin, dass der Besteller das Baugrundstück als für die Leistung des Auftraggebers aufnahmebereit zur Verfügung stellt. Tut er das nicht, gerät er in Annahmeverzug (§§ 293–299 BGB), wenn auch die weiteren Voraussetzungen gegeben sind, also der Schuldner leisten darf, zur Leistung bereit und imstande ist und seine Leistung wie geschuldet dem Gläubiger anbietet.[9]

Weiterhin hat der BGH in seiner neuen Entscheidung[10] klargestellt, dass § 642 BGB nicht von § 6 Nr. 6 VOB/B verdrängt wird.

---

[5] BGH, BauR 1985, 561; BGH, BauR 2000, 722.
[6] BGH, BauR 1997, 1021.
[7] Ingenstau/Korbion/*Döring*, B § 6 Abs. 6 Rn. 16 (m.w.N.).
[8] BGH, BauR 2000, 722.
[9] *Zanner*, in: Franke/Kemper/Zanner/Grünhagen, B § 6 Rn. 92.
[10] BGH, BauR 2000, 722.

16 In der Ergänzung des § 6 Nr. 6 VOB/B um einen neuen S. 2 wird die neue Rechtsprechung zum Einsatz von Vorunternehmen durch den Auftraggeber deutlich gemacht. Damit wird auch klargestellt, dass dem Nachfolgeunternehmer ein verschuldensunabhängiger Entschädigungsanspruch bei Gläubigerverzug nach § 642 BGB besteht.

(...)

§ 280 Schadensersatz wegen Pflichtverletzung[1]

(1) Verletzt der Schuldner eine Pflicht aus dem Schuldverhältnis, so kann der Gläubiger Ersatz des hierdurch entstehenden Schadens verlangen. Dies gilt nicht, wenn der Schuldner die Pflichtverletzung nicht zu vertreten hat.

(2) Schadensersatz wegen Verzögerung der Leistung kann der Gläubiger nur unter der zusätzlichen Voraussetzung des § 286 verlangen.

(3) Schadensersatz statt der Leistung kann der Gläubiger nur unter den zusätzlichen Voraussetzungen des § 281, des § 282 oder des § 283 verlangen.

Schrifttum

Canaris Die Reform des Rechts der Leistungsstörungen, JZ 2001, 499; *ders.* Begriff und Tatbestand des Verzögerungsschadens im neuen Leistungsstörungsrecht, ZIP 2003, 321; *Dauner-Lieb/Dötsch* Schuldrechtsreform: Haftungsgefahren für Zwischenhändler nach neuem Recht, DB 2001, 2535; *Dauner-Lieb* Im Labyrinth der Pflichtverletzungen, Festschrift für Horst Konzen, Dauner-Lieb u.a. (Hrsg.), 2006, S. 63; *Ebert* Das Recht des Verkäufers zur zweiten Andienung und seine Risiken für den Käufer, NJW 2004, 1761; *Fliegner* Der Leistungsbegriff der §§ 280 ff. BGB und Fragen des Haftungsausschlusses, JR 2002, 314; *Folnovic* Sind werkvertragliche Mängelansprüche in der Herstellungsphase des Werks ausgeschlossen?, BauR 2008, 1360; *Grigoleit/Riehm* Kategorien des Schadensersatzes im Leistungsstörungsrecht, AcP 203 (2003), 727; *Gsell* Das Verhältnis von Rücktritt und Schadensersatz, JZ 2004, 643; *Harke* Schadensersatz und Nacherfüllung, ZGS 2006, 9; *Hirsch* Schadensersatz statt der Leistung, Jura 2003, 281; *Jansen* Die Begrenzung des »kleinen Schadensersatzanspruchs« im Baurecht, BauR 2007, 800; *Kannowski* Mangelfolgeschäden vor und nach der Schuldrechtsreform. Das Beispiel außergerichtlicher Anwaltskosten bei Baumängeln, BauR 2003, 170; *Kleine/Scholl* Gläubigerrechte im Schuldrecht, NJW 2006, 3462; *Knütel* Die Schwächen der »konkreten« und »abstrakten« Schadensberechnung und das positive Interesse bei der Nichterfüllung, AcP 202 (2002), 555; *ders.* Wider die Ersatzfähigkeit »fiktiver« Mängelbeseitigungskosten, BauR 2004, 591; *Kohler* Pflichtverletzung und Vertretenmüssen – die beweisrechtliche Konsequenzen des neuen § 280 Abs. 1 BGB, ZZP 2005, 25; *Lorenz* Rücktritt, Minderung und Schadensersatz wegen Sachmängeln im neuen Kaufrecht: Was hat der Verkäufer zu vertreten, NJW 2002, 2497; *ders.* Fünf Jahre neues Schuldrecht im Spiegel der Rechtsprechung, NJW 2007, 1; *Petersen* Die Nacherfüllung, Jura 2002, 461; *Recker* Schadensersatz statt der Leistung – oder: Mangelschaden und Mangelfolgeschaden, NJW 2002, 1247; *Schwab* Das neue Schuldrecht im Überblick, JuS 2002, 1; *Tiedtke/Schmitt* Anwendungsbereich des kaufrechtlichen Schadensersatzes statt der Leistung nach §§ 437 Nr. 3, 280 Abs. 1 und, 281 Abs. 1 BGB, BB 2005, 615; *Weitemeyer* Rentabilitätsvermutung und Ersatz frustrierter Aufwendungen unter der Geltung von § 284 BGB, AcP 205 (2005), 275; *Wiedemann/Müller* Der Ersatz entwerteter Aufwendungen, JZ 1992, 467; *v. Wilmowsky* Pflichtverletzungen im Schuldverhältnis, JuS Beilage zu Heft 1/2002, 1.

Übersicht

		Rdn.
A.	Allgemeines	1
I.	Normzweck	1
II.	Überblick über das Haftungssystem des § 280 BGB	3
III.	Zusammenspiel mit den werkvertraglichen Mängelansprüchen	7
1.	Abgrenzung des Anwendungsbereichs	7
a)	Ansprüche aus dem allgemeinen Leistungsstörungsrecht	8
b)	Schadensersatzansprüche aus Werkmängeln gem. §§ 634 ff. BGB	10

---

[1] Neugefasst durch Bek. v. 02.01.2002 I 42.

		Rdn.			Rdn.
	2. Einzelne Mängelansprüche auf Schadensersatz nach § 634 Nr. 4 BGB ...	13	II.	Vorübergehendes Deckungsgeschäft	75
B.	**§ 280 Abs. 1 BGB als Grundtatbestand für Schadensersatzansprüche**	18	III.	Entgangener Gewinn	76
I.	Schuldverhältnis	18	IV.	Nutzungsausfall.....................	77
	1. Weite Auslegung	18	V.	Mangelfolgeschaden als Verzögerungsschaden?......................	78
	2. Gefälligkeitsverhältnis als schuldrechtliche Sonderverbindung	19	VI.	Rechtsverfolgungskosten.............	80
II.	Pflichtverletzung	24	E.	**Schadensersatz statt der Leistung, § 280 Abs. 3 BGB**	81
	1. Begriff........................	24	I.	Struktur	81
	2. Monolithisches Haftungskonzept....	26	II.	Schadensberechnung bei gegenseitigen Verträgen – Surrogations- und Differenztheorie	84
	a) Nichterfüllung	27	III.	Konkrete Schadensberechnung	88
	b) Verzögerung der Leistung	30		1. Besteller	89
	c) Schlechterfüllung	31		2. Unternehmer/Verkäufer	90
	d) Verletzung von leistungsbezogenen Nebenpflichten	32		3. Maßgeblicher Zeitpunkt für die Berechnung des konkreten Schadens ...	91
	e) Verletzung von nicht leistungsbezogenen Nebenpflichten	37	IV.	Abstrakte Schadensberechnung	92
III.	Pflichtverletzung und Rechtfertigung ...	44		1. Gewinnvermutung als Beweiserleichterung	92
IV.	Vertretenmüssen	45		2. Maßgeblicher Zeitpunkt für die abstrakte Schadensberechnung......	93
V.	Zurechnungszusammenhang	49		3. Rentabilitätsvermutung...........	94
VI.	Verjährung	51		a) Allgemeines	94
VII.	Beweislast.........................	54		b) Reichweite der Rentabilitätsvermutung.....................	97
	1. Objektive Pflichtverletzung.........	54		aa) Vorleistung	97
	a) Nichtleistung	55		bb) Sonstige Aufwendungen und Vertragskosten.............	98
	b) Schlechtleistung	57	V.	Schadensersatz statt der ganzen Leistung.	101
	c) Sonstige Pflichtverletzungen	59		1. Schadensersatz statt der Leistung (»kleiner« Schadensersatz)..........	101
	aa) Beweislastverteilung nach Verantwortungs- und Gefahrenbereichen	60		a) Mangelbedingter Minderwert des Bauwerks	102
	bb) Beweislastverteilung nach Art der Pflichtverletzung........	61		b) Mangelbeseitigungskosten.......	103
	cc) Anscheinsbeweis	63		aa) Umfang	103
	2. Vertretenmüssen	64		bb) Fiktive Mangelbeseitigungskosten	106
	3. Schaden und Kausalität...........	65		2. Schadensersatz statt der ganzen Leistung (»großer« Schadensersatz)......	107
C.	**Schadensersatz »neben der Leistung«, § 280 Abs. 1 BGB**	67		a) Rückabwicklungsschaden	109
I.	Allgemeine Ausprägung des Schadens ...	67		b) Nichterfüllungsschaden.........	111
II.	Mangelfolgeschäden	68		c) Grenzen des Schadensersatzanspruchs, § 251 Abs. 2 BGB....	112
	1. Folgeschäden innerhalb des Werks ...	69			
	2. Typische Mangelfolgeschäden.......	72			
D.	**Verzögerungsschaden, § 280 Abs. 2 BGB**................................	74			
I.	Struktur	74			

A. Allgemeines[2]

I. Normzweck

Mit der Neufassung des § 280 BGB durch die Schuldrechtsmodernisierung wurde ein neuer 1
Grundtatbestand für das Leistungsstörungsrecht geschaffen, der die Schadensersatzhaftung des
Schuldners wegen der schuldhaften Verletzung einer Pflicht aus einem bestehenden Schuldver-

---

[2] Für die wertvolle Unterstützung bei der Vorbereitung und Erstellung des Manuskripts danke ich Herrn Richter am LG *Bernhard Locher* sowie Frau ass. iur. *Grete Langjahr*.

hältnis allgemein regeln soll.[3] Die Pflichtverletzung stellt zugleich den zentralen und einheitlichen Anknüpfungspunkt für das gesamte System des Leistungsstörungsrechts dar. Der Begriff der Pflichtverletzung ist daher weit auszulegen und knüpft an die in § 241 Abs. 1 BGB geregelten Haupt- und Nebenleistungspflichten ebenso wie an die in § 241 Abs. 2 BGB geregelten nicht leistungsbezogenen Pflichten an. Abgesehen von der anfänglichen Unmöglichkeit nach § 311a Abs. 2 BGB und wenigen Spezialvorschriften (z.B. Haftung für Mängel nach §§ 536a, 600, 651f BGB und § 2367 BGB) werden alle Arten von Leistungsstörungen erfasst.[4]

2   Mit der Rechtsgrundverweisung in den §§ 437 Nr. 3, 634 Nr. 4 BGB auf das Haftungssystem der §§ 280 ff. BGB wurde zugleich die Eigenständigkeit des gewährleistungsrechtlichen Schadensersatzanspruchs wegen Mängeln im Kauf- und Werkvertragsrecht aufgegeben und diese Ansprüche in das allgemeine Leistungsstörungsrecht integriert. Die bisher gesetzlich nicht geregelten Rechtsinstitute der *culpa in contrahendo* und der positiven Vertrags-/Forderungsverletzung werden ebenfalls vom allgemeinen Grundtatbestand des § 280 Abs. 1 BGB umfasst.

II. Überblick über das Haftungssystem des § 280 BGB

3   Im System des allgemeinen Leistungsstörungsrechts erfüllt § 280 BGB wichtige Aufgaben als zentrale Anspruchsgrundlage und systemprägende Verweisungsnorm. Neben § 311a Abs. 2 BGB ist § 280 BGB die einzige Anspruchsgrundlage für Schadensersatz aufgrund eines Vertrages oder sonstiger Schuldverhältnisse.[5] Es werden so die grundlegenden Mindestvoraussetzungen für alle Fälle des Schadensersatzes festgelegt.[6] Für diesen Haftungsgrundtatbestand in § 280 Abs. 1 BGB werden das Bestehen eines Schuldverhältnisses, eine Pflichtverletzung und das Vertretenmüssen[7] der Pflichtverletzung vorausgesetzt (vgl. Rdn. 18 ff.).

4   Daneben verweisen die § 280 Abs. 2 und 3 BGB für besondere Arten des geltend gemachten Schadens auf zusätzlich erforderliche Umstände. Alle Schadensersatzansprüche lassen sich nach den Absätzen 1-3 des § 280 BGB in drei Typen einordnen, die sich nach der Art des Schadens und den Anforderungen an die haftungsbegründende Pflichtverletzung unterscheiden. Prägend ist die Unterscheidung zwischen dem Schadensersatz statt der Leistung und dem Schadensersatz neben der Leistung: »Statt der Leistung« heißt freilich nicht, dass der Gläubiger auf die Leistung verzichtet (den sog. großen Schadensersatz nennt das Gesetz Schadensersatz »statt *der ganzen* Leistung«). »Statt der Leistung« bedeutet vielmehr »an die Stelle der Leistung tretend«. Wo das Äquivalenzinteresse des Gläubigers durch eine Pflichtverletzung beeinträchtigt wird, kann es durch die Gewährung von Schadensersatz statt der Leistung gleichsam aufgefüllt werden. Zur Abgrenzung ist maßgeblich, ob der Schaden bei einer pflichtgemäßen Leistung zum Zeitpunkt der Geltendmachung des Anspruchs entfiele, d.h. der Nacherfüllung zugänglich wäre. Soweit das der Fall ist, macht das Gesetz die Geltendmachung eines solchen Schadens gem. § 280 Abs. 3 BGB von den weiteren Voraussetzungen der §§ 281-283 BGB abhängig. Eine Ausnahme von dieser Abgrenzung stellt der Verzögerungsschaden dar. Der Verzögerungsschaden resultiert zwar nicht aus einer Beeinträchtigung des Äquivalenzinteresses des Gläubigers, ist aber sehr wohl einer Nacherfüllung zugänglich. Bei einer Verzögerung der Leistung kann der aus der Verzögerung resultierende Schaden deshalb nach § 280 Abs. 2 BGB ebenfalls nur unter den zusätzlichen Voraussetzungen des § 286 BGB geltend gemacht werden. Alle anderen Fälle des Schadensersatzes, welche sich nicht unter die zusätzlichen Voraussetzungen des § 280 Abs. 2 und 3 BGB oder Spezialvorschriften subsumieren lassen, werden vom allgemeinen Schadensersatzanspruch nach § 280 Abs. 1 BGB er-

---

3   BT-Drucks. 14/6040, 83 ff.
4   Jauernig/*Stadler*, § 280 Rn. 1.
5   BT-Drucks. 14/6040, 135.
6   *Grigoleit/Riehm*, AcP 203 (2003), 727, 729.
7   Insoweit ist allerdings umstritten, ob es sich um eine materielle Haftungsvoraussetzung handelt, oder ob § 280 Abs. 1 S. 2 BGB lediglich die Verteidigung durch einen Entlastungsbeweis gestattet, so PWW/*Schmidt-Kessel*, § 280 Rn. 19.

fasst. Dies sind insbesondere Ansprüche aus positiver Vertragsverletzung, *culpa in contrahendo* oder Ansprüche wegen Mangelfolge- oder Begleitschäden, soweit diese nicht der Nacherfüllung zugänglich sind.

Ob die §§ 281–283 BGB eigene Anspruchsgrundlagen darstellen, ist umstritten.[8] Nach der gesetzgeberischen Konzeption stellt § 280 Abs. 1 BGB die einzige Anspruchsgrundlage dar.[9] Jedenfalls erweitern und modifizieren die zusätzlichen Tatbestandsmerkmale der §§ 281–283 BGB die Mindestvoraussetzungen des Haftungsgrundtatbestandes nach § 280 Abs. 1 BGB, die für alle Schadensersatzansprüche gelten. So stellt das Fristsetzungserfordernis gem. § 281 Abs. 1 S. 1 BGB ein zusätzliches Tatbestandsmerkmal für den Schadensersatzanspruch statt der Leistung nach § 280 Abs. 1 und 3, 281 BGB dar. Darüber hinaus wird durch das zusätzliche Tatbestandsmerkmal der Fristsetzung dem Schuldner die systemprägende Befugnis auf erneute Naturalandienung[10] gewährt und dem Erfüllungsanspruch Vorrang gegenüber dem Schadensersatz statt der Leistung eingeräumt. Die Fristsetzung zur Leistung oder Nacherfüllung stellt für den Schuldner eine letzte Warnung dar und gibt ihm zugleich das Recht und die Möglichkeit, einen Schadensersatzanspruch durch die Vornahme der geschuldeten Leistung abzuwehren.[11] Dieser Grundsatz ist auch für die Abgrenzung zwischen dem Schadensersatz statt der Leistung und neben der Leistung maßgeblich. Es liegt kein Fall des Schadensersatzes statt der Leistung als Leistungssurrogat vor, wenn die Fristsetzung zur Leistung oder Nacherfüllung sinnlos oder nicht sachgerecht erscheint, weil der Schaden hierdurch nicht (mehr) behoben werden kann. Der Schaden liegt außerhalb des vertraglich vereinbarten Verhältnisses der Werte von Leistung und Gegenleistung, dem sog. Äquivalenzinteresse, und kann als Schaden neben der Leistung ersetzt werden.

§ 311a Abs. 2 BGB regelt ausschließlich die anfängliche Unmöglichkeit nach den § 275 Abs. 1 bis 3 BGB. Entgegen § 306 a.F. steht gem. § 311a Abs. 1 BGB die objektive Unmöglichkeit der Leistung bei Vertragsschluss der Wirksamkeit des Vertrages nicht entgegen. Ursprünglich sollte auch dieser Fall von § 280 BGB erfasst werden. Im Gesetzgebungsverfahren wurde jedoch eingewandt, dass vor dem Vertragsschluss noch keine vertraglichen Pflichten bestehen, die verletzt werden könnten.[12] Das trifft zwar zu, doch knüpft die Haftung bei anfänglicher Unmöglichkeit nicht an ein Verhalten vor Vertragsschluss, sondern an den Vertragsschluss in zu vertretender Unkenntnis der mangelnden Fähigkeit, den Vertrag zu erfüllen. Der Gesetzgeber ist der Kritik gleichwohl gefolgt und hat § 311a Abs. 2 BGB als zusätzliche Anspruchsgrundlage, die von den allgemeinen Grundsätzen des § 280 Abs. 1 BGB bezüglich Tatbestand und Rechtsfolge abweicht, eingeführt.[13]

Die Anforderungen an die Entlastung gem. § 311a Abs. 2 S. 2 BGB machen indes deutlich, dass den Anknüpfungspunkt des Verschuldens keineswegs ein vor Vertragsschluss eintretendes Ereignis bildet, sondern vielmehr das Kontrahieren in vorwerfbarer Unkenntnis des Leistungshindernisses. Im Haftungssystem des § 280 BGB könnte dem Schuldner diesbezüglich allerdings lediglich die Verletzung einer vorvertraglichen Informationspflicht vorgeworfen werden,[14] was zu der für diesen Fall unangemessen empfundenen Rechtsfolge des Ersatzes des negativen Interesses führen würde.[15] Als Haftungsgrund des § 311a Abs. 2 BGB wird demgegenüber die Nichterfüllung des nach § 311a Abs. 1 BGB wirksamen Leistungsversprechens (vgl. § 311a BGB Rdn. 5 ff.) betrachtet. Dogmatisch begründen lässt sich das allein mit der Annahme einer beschränkten Garantie für die Leistungsfähigkeit.

---

8 Vgl. *v. Wilmowsky*, JuS 2002 Beilage Heft 1, 3.
9 BT-Drucks. 14/6040, 135; *Dauner-Lieb*, in: FS Konzen, S. 63, 66.
10 *Grigoleit/Riehm*, AcP 203 (2003), 727, 734.
11 *Grigoleit/Riehm*, AcP 203 (2003), 727, 734.
12 BT-Drucks. 14/6040, 165 f.
13 *Grigoleit/Riehm*, AcP 203 (2003), 727, 728.
14 A.A. MüKo-BGB/*Ernst*, § 311a Rn. 4, der im Haftungssystems der §§ 280 ff. BGB keine Regelungslücke erkennt und deshalb den § 311a BGB als *lex specialis* hierzu begreift.
15 BT-Drucks. 14/6040, 165.

III. Zusammenspiel mit den werkvertraglichen Mängelansprüchen

1. Abgrenzung des Anwendungsbereichs

7 Mit der Schuldrechtsmodernisierung wurde das Gewährleistungsrecht im Werkvertrag dem allgemeinen Schuldrecht unterstellt. Einerseits werden die allgemeinen Regelungen durch die Sondervorschriften der §§ 634 ff. BGB modifiziert und um für den Werkvertrag charakteristische Rechtsfolgen ergänzt. Andererseits ist das Leistungsstörungsrecht durch die Rechtsgrundverweisungen in § 634 Nr. 3, 4 BGB integraler Bestandteil der werkvertraglichen Mängelansprüche geworden.

a) Ansprüche aus dem allgemeinen Leistungsstörungsrecht

8 Der Werkunternehmer schuldet gem. § 631 Abs. 1 BGB die Herstellung des versprochenen Werkes und nicht die bloße Leistung einer versprochenen Tätigkeit.[16] Die Verpflichtung zur rechts- und sachmangelfreien Herstellung nach § 633 Abs. 1 BGB unterstreicht die Erfolgsbezogenheit des Werkvertrags. Die Erfüllungspflicht des Werkunternehmers umfasst demnach auch die mangelfreie Herstellung des Werkes oder, anders gewendet: Die Mangelfreiheit gem. § 633 Abs. 2 BGB ist zugleich Bestandteil der primären Erfüllungspflicht des Unternehmers – die primäre Bedeutung der Vorschrift ist in der Konkretisierung des Erfüllungsanspruchs des Bestellers zu erkennen. Die Herstellung eines mangelhaften Werkes stellt eine teilweise Nichterfüllung (vgl. § 275 BGB Rdn. 65 ff.) und damit einen Unterfall der Pflichtverletzung nach § 280 Abs. 1 BGB dar.[17]

9 Die Pflichtverletzung gestattet dem Gläubiger indes nicht, ohne weiteres Schadensersatz statt der Leistung gem. §§ 280 Abs. 1 und 3, 281 BGB zu verlangen oder gem. § 323 BGB vom Vertrag zurückzutreten.[18] Beide Ansprüche setzen nämlich voraus, dass der Gläubiger dem Schuldner eine Frist zur Erfüllung setzt. Diese Fristsetzung ist dem Gläubiger aber erst nach Fälligkeit der Leistungspflicht des Schuldners (vgl. dazu § 281 BGB Rdn. 20) möglich.[19] Immerhin kann er gestützt auf § 633 Abs. 2 BGB die Abnahme des mangelhaften Werks verweigern, da die Leistung nicht »wie geschuldet« angeboten wird (eine Modifikation ergibt sich aus § 640 Abs. 1 S. 2 BGB).

b) Schadensersatzansprüche aus Werkmängeln gem. §§ 634 ff. BGB

10 Die Mängelansprüche im Werkvertrag werden in § 634 BGB aufgelistet und knüpfen an den Mangelbegriff in § 633 BGB an. Sie machen jedoch in weitem Umfang von Rechtsbehelfen des allgemeinen Schuldrechts Gebrauch. Insbesondere § 634 Nrn. 3 1. Alt., 4 BGB werden als Rechtsgrundverweisungen verstanden. Indem der Schadensersatzanspruch nach § 634 Nr. 4 BGB an den Mangelbegriff in § 633 BGB anknüpft, wird aber klargestellt, dass die Mangelhaftigkeit des Werks eine Pflichtverletzung i.S.d. § 280 Abs. 1 BGB begründet.[20] Nichtsdestoweniger enthalten die §§ 634 ff. BGB relevante Sondervorschriften, die durch einen unmittelbaren Rückgriff auf das allgemeine Leistungsstörungsrecht unterlaufen würden. Primär maßgebliches Ereignis ist die Abnahme: Mit der erfolgten Abnahme wandelt sich der primäre Erfüllungsanspruch in den Nacherfüllungsanspruch als modifiziertem Erfüllungsanspruch um, und die allgemeinen Rechtsbehelfe werden durch die Mängelansprüche gem. §§ 634 ff. abgelöst. Nach der Abnahme kann der Besteller ausschließlich die Mängelansprüche aus § 634 BGB geltend machen,[21] und der werkmangelbegründete Schadensersatzanspruch nach §§ 633, 634 Nr. 4 BGB verdrängt den Schadensersatzanspruch nach dem allgemeinen Leistungsstörungsrecht.[22]

---

16 Vgl. nur Staudinger/*Peters/Jacoby*, Vorb. § 631 Rn. 3.
17 MüKo-BGB/*Busche*, § 634 Rn. 2; Palandt/*Sprau*, BGB Vorb. § 633 Rn. 1.
18 Erman/*Schwenker*, § 633 Rn. 21.
19 Erman/*Schwenker*, § 633 Rn. 21; Kniffka/*Krause-Allenstein*, IBR-Online-Kommentar, § 634 Rn. 10.
20 MüKo-BGB/*Busche*, § 634 Rn. 35; Jauernig/*Mansel* § 634 Rn. 1.
21 Palandt/*Sprau*, BGB Vorb. § 633 Rn. 8, § 640 Rn. 11; Erman/*Schwenker*, § 633 Rn. 22.
22 Erman/*Schwenker*, § 633 Rn. 22.

Umstritten ist demgegenüber, ob der Besteller bereits vor der Abnahme neben den allgemeinen Ansprüchen auch auf die Mängelansprüche gem. §§ 634 ff. BGB zurückgreifen kann (vgl. § 634 BGB Rdn. 9 ff.). Für mängelbedingte Schadensersatzansprüche hat diese Problematik wegen der Integration des Gewährleistungsrechts in das allgemeine Leistungsstörungsrechts nur geringe Relevanz: Vor der Abnahme, besser: ohne Abnahme, ersetzt der Schadensersatzanspruch nach dem allgemeinen Leistungsstörungsrecht den werkmangelbedingten Schadensersatzanspruch. Soweit gem. § 280 Abs. 1 BGB das Vertretenmüssen der mangelhaften Leistung vorausgesetzt wird, handelt es sich um eine – allerdings keineswegs neue, vgl. § 635 BGB a.F. – Ausnahme vom Grundsatz der Verschuldensunabhängigkeit der Mängelrechte[23] (früher plastischer:[24] »Gewährleistung«). Modifikationen der allgemeinen Grundsätze hält § 636 BGB in Hinblick auf die Erforderlichkeit der Fristsetzung zur Nacherfüllung bereit. Soweit durch zu vertretende Mängel Schäden verursacht werden, welche einer Nacherfüllung nicht zugänglich sind, gestatten bereits die allgemeinen Vorschriften, auf die Fristsetzung zu verzichten. 11

Unterschiede treten vor allem bei der Verjährung auf: Bei werkmangelbegründeten Schadensersatzansprüchen würde der Lauf der Verjährungsfrist gem. § 634a Abs. 2 BGB erst mit der Abnahme, an der es gerade fehlt, einsetzen. So käme es nie zu einer Verjährung. Leistungsstörungsrechtliche Schadensersatzansprüche verjähren demgegenüber gem. §§ 195, 199 BGB ab der Kenntnis des Gläubigers von den anspruchsbegründenden Umständen. Den Schadensersatzanspruch begründen eine Pflichtverletzung sowie der daraus resultierende Schaden. Von einer Pflichtverletzung durch Erstellung eines mangelhaften Werks kann zwar erst, aber auch bereits ab dem vertraglich vereinbarten Fertigstellungszeitpunkt gesprochen werden. Hat der Besteller zu diesem Zeitpunkt Kenntnis von der Mangelhaftigkeit, was regelmäßig dann der Fall ist, wenn er wegen des Mangels die Abnahme verweigert, und entsteht der Schaden sogleich, so beginnt die regelmäßige Verjährungsfrist zu laufen. Drei Jahre später wäre der leistungsstörungsrechtliche Schadensersatzanspruch verjährt. Weitere Unterschiede können sich aus der Anwendbarkeit von § 636 BGB ergeben. Zur Anwendbarkeit der übrigen Mängelrechte nach § 634 BGB vor der Abnahme oder Fertigstellung vgl. § 634 BGB Rdn. 9 ff. 12

2. Einzelne Mängelansprüche auf Schadensersatz nach § 634 Nr. 4 BGB

Durch die Vereinheitlichung des Leistungsstörungsrechts und die bewusste Harmonisierung der kauf- und werkvertraglichen Mängelansprüche[25] gleichen die Schadensersatzansprüche bei Werkmängeln den Schadensersatzansprüchen bei Mängeln des Kaufobjekts: Schadensersatz statt der Leistung kann nach den verschiedenen Alternativen der §§ 634 Nr. 4, 280 Abs. 1 und 3 BGB gefordert werden: Auch bei Nichterfüllung der Nacherfüllungspflicht hat der Werkunternehmer nach §§ 634 Nr. 4, 280 Abs. 1 und 3, 281 bzw. 283 BGB Schadensersatz zu leisten. Unter diese Alternative fallen insbesondere der Ersatz der Mangelbeseitigungskosten und der Ausgleich des mangelbedingten Minderwerts.[26] Im Fall der nachträglichen Unmöglichkeit der Nacherfüllungspflicht ergibt sich der Schadensersatzanspruch aus §§ 634 Nr. 4, § 280 Abs. 1 und 3, 283 BGB. 13

Wegen der Verzögerung der Nacherfüllung gelten die Voraussetzungen nach §§ 634 Nr. 4, 280 Abs. 1 und 2, 286 BGB für den Schadensersatz neben der Leistung auf Ersatz des Verzögerungsschadens. 14

---

23 BGH v. 10.11.2005, VII ZR 147/04, ZfBR 2006, 153, 154; Messerschmidt/Voit/*Drossart*, J Rn. 12.
24 Bezeichnend allerdings, dass der Vorschlag der Europäischen Kommission v. 08.10.2008 für eine Richtlinie des Europäischen Parlaments und des Rates über Rechte der Verbraucher, KOM (2008) 614 endg., in Art. 25 der deutschen Fassung wieder von »Gewährleistung« spricht.
25 MüKo-BGB/*Busche*, § 634 Rn. 1; *Lorenz*, Schuldrechtsmodernisierung – Erfahrungen seit dem 1. Januar 2002 in E. Lorenz (Hrsg.), Karlsruher Forum 2005, 65.
26 MüKo-BGB/*Busche*, § 634 Rn. 45–47.

15 Obgleich bei sog. Mangelfolgeschäden das Äquivalenzinteresse grundsätzlich nicht betroffen ist, erfasst die Verweisung des § 634 Nr. 4 BGB auf §§ 280 ff. BGB auch diesbezügliche Ansprüche. Die anspruchsbegründende Pflichtverletzung ist die Herstellung bzw. Verschaffung eines mangelhaften Werkes. Alle Schäden, die aus dieser Pflichtverletzung resultieren, werden von § 634 Nr. 4 BGB erfasst.[27]

16 Dazu zählen richtigerweise auch diejenigen Schäden, welche aus der Verzögerung der Verfügbarkeit des mangelfreien Werks resultieren, insb. der sog. Betriebsausfallschaden: Wird ein mangelhaftes Werk erstellt, das wegen der Dauer der Nacherfüllung für einen gewissen Zeitraum schadensbegründend nicht nutzbar ist, so haftet der Unternehmer ohne die besonderen Voraussetzungen der §§ 280 Abs. 2, 286 BGB für diesen Schaden. Der Bundesgerichtshof weist zu Recht auf die mangelnde Fähigkeit des Gläubigers hin, sein Leistungsinteresse durch Vereinbarung einer Leistungszeit zu schützen.[28]

17 Im übrigen ist zu differenzieren: Im Regelfall werden Mangelfolgeschäden der Nacherfüllung nicht zugänglich sein, weshalb sie ohne Fristsetzungserfordernis als Schadensersatz neben der Leistung gem. § 280 Abs. 1 BGB beansprucht werden können. Denkbar ist aber auch, dass von einem bei Gefahrübergang vorliegenden Mangel in der Folge weitere Schäden am Gesamtwerk verursacht werden (im deliktischen Kontext sog. weiterfressende Schäden). Insoweit ist maßgebend, wie weit der Nacherfüllungsanspruch reicht. Erstreckt man den Nacherfüllungsanspruch auch auf ursprünglich mangelfreie Werkteile, die erst später durch einen Mangel gem. § 633 Abs. 2 BGB beschädigt werden, so sind solche Mangelfolgeschäden »statt der Leistung« zu liquidieren (vgl. Rdn. 81).

B. § 280 Abs. 1 BGB als Grundtatbestand für Schadensersatzansprüche

I. Schuldverhältnis

1. Weite Auslegung

18 Die Anwendung des § 280 Abs. 1 BGB verlangt die Verletzung einer Pflicht aus einem Schuldverhältnis. Dieses Tatbestandsmerkmal ist weit auszulegen. Es werden nicht nur vertragliche und gesetzliche Schuldverhältnisse erfasst, sondern auch vertragsähnliche Sonderverbindungen wie das durch die Schuldrechtsmodernisierung gesetzlich geregelte Rechtsinstitut der *culpa in contrahendo*, § 311 Abs. 2, 3 BGB. Im Rahmen von öffentlich-rechtlichen Sonderverbindungen kommt nach ständiger Rechtsprechung § 280 Abs. 1 BGB zur Anwendung, soweit aus der Verbindung dem Schuldrecht vergleichbare Leistungs- oder Schutzpflichten hervorgehen und keine Sonderregelungen entgegenstehen.[29]

2. Gefälligkeitsverhältnis als schuldrechtliche Sonderverbindung

19 Von erheblicher Praxisrelevanz ist die Frage, ob aus einem Gefälligkeitsverhältnis bei fehlerhafter Ausführung der Gefälligkeitsleistung Schadensersatzansprüche begründet werden. Fehlerhafte Gefälligkeitsleistungen lösen auch im Baubereich keineswegs selten Rechtsprobleme aus: Erstellt etwa der Generalunternehmer im eigenen Betrieb eine Detailplanung, um die termingebundene Bauausführung nicht zu gefährden, obwohl die Detailplanung an sich dem Besteller obliegt, so stellt sich die Frage, ob er vertraglich für Fehler dieser Planung haftet. Gibt der bauplanende Architekt bei zufälliger Anwesenheit auf der Baustelle fehlerhafte Anweisungen zur Behebung eines von ihm entdeckten Ausführungsmangels oder übernimmt er gar gefälligkeitshalber die Überwachung der Bauausführung, so hat er mangels Vertrag keinen Vergütungsanspruch, haftet u.U. aber bei Fehlern ohne Haftungsgrenzen und Haftungsversicherungsschutz. Rechtsprechung und

---

27 Messerschmidt/Voit/*Moufang*, § 636 Rn. 126.
28 BGH v. 19.06.2009, V ZR 93/08, BauR 2009, 1585.
29 BGH v. 23.02.2006, III ZR 164/05, NJW 2006, 1121, 1123.

Literatur bejahen gleichwohl unter bestimmten Voraussetzungen eine vertragliche Haftung bei fehlerhaften Gefälligkeitsleistungen. Ihre Begründung stützen sie auf unterschiedliche Lösungsansätze:

Die Rechtsprechung bejahte unter der Geltung des alten Rechts eine vertragsähnliche Haftung für eine fehlerhafte Gefälligkeitsleistung,[30] wenn die Gefälligkeitsleistung objektiv erkennbar von überragender wirtschaftlicher Bedeutung für den Empfänger war (sog. Gefälligkeit mit rechtsgeschäftlichem Charakter[31]). Weil die möglichen Folgen einer fehlerhaften Bauausführungsüberwachung gravierend sind, kommt ihrer faktischen Übernahme durch den Architekten eine so erhebliche Bedeutung zu, dass der Architekt für Fehler nach den Grundsätzen vertraglicher Haftung einzustehen hat.[32] In der Literatur wird vertreten, dass Gefälligkeitsverhältnisse Schutzpflichten und damit Schadensersatzansprüche begründen können.[33]   20

Im Rahmen des geltenden Schuldrechts stellen die §§ 311 Abs. 2 Nr. 3, 241 Abs. 2, 280 Abs. 1 BGB eine Grundlage für Schadensersatzansprüche aus Gefälligkeiten mit rechtsgeschäftlichen Charakter bereit.[34] Die Regelung des § 311 BGB geht über die Kodifikation der typischen Fälle des vorvertraglichen Verschuldens hinaus, wie die Gesetzesmaterialien deutlich machen.[35] Insbesondere die Auffangregelung in § 311 Abs. 2 Nr. 3 BGB sollte entsprechende Fälle erfassen können. Dass auch insoweit aber ein rechtsgeschäftlicher Charakter verlangt wird, macht die Formulierung, welche das Vorliegen »ähnlicher geschäftlicher Kontakte« verlangt, womit auf die Aufnahme von Vertragsverhandlungen und die Vertragsanbahnung bezuggenommen wird. Ein Gefälligkeitsverhältnis mit rechtsgeschäftlichem Charakter liegt vor, wenn die Gefälligkeitsleistung für den Gläubiger eine erhebliche wirtschaftliche Bedeutung hat[36] und damit über eine bloße Gefälligkeit des täglichen Lebens hinausgeht. Zugleich gilt dieses Kriterium auch der Qualifikation des Gefälligkeitsverhältnisses als »ähnlicher geschäftlicher Kontakte« i.S.d. § 311 Abs. 2 Nr. 3 BGB.   21

Unabhängig von der Begründung – *praeter legem* oder im Rahmen von § 311 Abs. 2 Nr. 3 BGB – ist nach Ansicht aller maßgeblich auf den Einzelfall[37] und die wirtschaftliche Bedeutung der Gefälligkeitsleistung abzustellen.[38] Entscheidend ist der konkrete Wille der Parteien.[39] Grundsätzlich entstehen bei einem Gefälligkeitsverhältnis weder vertragliche Primär- noch Sekundäransprüche.[40] Als besonderes Gefälligkeitsverhältnis kann die Akquisition des Architekten angesehen werden.[41] Leistungen in dieser Phase werden nicht aufgrund eines Vertrages, sondern in der Hoffnung auf ein späteres Zustandekommen eines solchen erbracht.[42] Den Baubeteiligten ist die Akquisitionsphase des Architekten als spezielles Werbemittel und deren rechtliche Unverbindlichkeit bekannt. Vergütungsansprüche des Architekten werden deshalb in dieser Phase nicht begründet.[43] Ob es sich bei der Akquisition allerdings um ein Gefälligkeitsverhältnis mit rechtsgeschäft-   22

---

30 BGH v. 11.01.1996, VII ZR 85/95, BauR 1996, 418, 419; OLG Köln v. 28.09.2005, 11 U 16/05, BauR 2006, 156.
31 BGH v. 22.06.1956, I ZR 198/54, BGHZ 21, 102.
32 OLG Köln v. 28.09.2005, 11 U 16/05, BauR 2006, 156, 156.
33 Messerschmidt/Voit/*Messerschmidt*, B Rn. 20; MüKo-BGB/*Kramer*, Einl vor § 241 Rn. 42; wohl auch OLG Koblenz v. 11.01.2008, 10 U 1705/06, NJW-RR 2008, 1613, eine schuldrechtliche Sonderverbindung, welche zur Anwendung §§ 280 Abs. 1 S. 2, 241 Abs. 2 BGB führt, wird auch dann angenommen, wenn eine Nutzungsüberlassung nicht als Leihe, sondern als Gefälligkeit qualifiziert wird.
34 MüKo-BGB/*Emmerich*, § 311 Rn. 75; Erman/*Kindl*, § 311 Rn. 22; AnwK/*Krebs*, § 311 Rn. 92.
35 BT-Drucks. 14/6040, 161 ff.
36 AnwK/*Krebs*, § 311 Rn. 92.
37 BGH v. 22.06.1956, I ZR 198/54, BGHZ 21, 102, 110.
38 MüKo-BGB/*Kramer*, Einl vor § 241 Rn. 42.
39 *Schwenker*, in: Thode/Wirth/Kuffer, § 4 Rn. 95.
40 Palandt/*Grüneberg*, BGB Einl v § 241 Rn. 8; *Schwenker*, in: Thode/Wirth/Kuffer, § 4 Rn. 97.
41 Messerschmidt/Voit/*Thiele*, C Rn. 37.
42 *Schwenker*, in: Thode/Wirth/Kuffer, § 4 Rn. 97.
43 *Schwenker*, in: Thode/Wirth/Kuffer, § 4 Rn. 95.

lichem Charakter handelt, in welchem der Architekt nach §§ 311 Abs. 2, 241 Abs. 2 BGB haftet, ist eine Frage des Einzelfalles. Es ist zu prüfen, ob ein objektiver Beobachter aus der Sicht des Leistungsempfängers dem Verhalten des Leistenden nach Treu und Glauben einen Bindungswillen entnehmen kann. Als Indizien für einen solchen Willen können die wirtschaftliche Bedeutung für die Parteien sowie die Gefahr, die durch eine fehlerhafte Leistung entsteht, gelten.[44]

23 Selbst wo ein Gefälligkeitsverhältnis mit rechtsgeschäftlichem Charakter und eine Pflichtverletzung identifiziert werden, bereitet die Feststellung der angemessenen Rechtsfolge Schwierigkeiten. In § 311 Abs. 2 BGB wird klargestellt, dass allein ein Schuldverhältnis mit Pflichten nach § 241 Abs. 2 BGB entsteht. Leistungspflichten, wie sie in § 241 Abs. 1 BGB geregelt sind, werden gerade nicht begründet. Wo die (nicht bestehenden) Leistungspflichten mit Schutzpflichten koinzidieren, lässt sich die Haftung zwanglos begründen; nicht selten soll aber mithilfe des Schadensersatzanspruchs ein mangels Vertrag nicht geschütztes Erfüllungsinteresse befriedigt werden. Hier stößt die gesetzgeberische Konzeption an ihre Grenzen.

II. Pflichtverletzung

1. Begriff

24 Im Regierungsentwurf zur Schuldrechtsmodernisierung wird die Pflichtverletzung als das Zurückbleiben hinter dem Pflichtenprogramm des Schuldverhältnisses beschrieben.[45] Die Einführung des Begriffs der Pflichtverletzung als zentralem Anknüpfungspunkt für das neue Leistungsstörungsrecht war heftig umstritten. In der Vorbereitung der Schuldrechtsreform wurde noch angestrebt, die »Nichterfüllung« zur Grundkategorie des Leistungsstörungsrechts zu erheben. Auf sie bezieht sich *Huber* in seinem Gutachten zur Überarbeitung des Schuldrechts[46] und das UN-Kaufrecht in Art. 45 Abs. 1, 61 Abs. 1 UN-Kaufrecht.[47] Die Schuldrechtskommission erachtete die Begriffe »Pflichtverletzung« und »Nichterfüllung« als sachlich gleichwertig und wählte den Begriff der Pflichtverletzung, um Missverständnissen vorzubeugen, weil der Verzug, die Schlechtleistung und die Verletzung von Nebenpflichten sprachlich nur schwer zum Begriff der Nichterfüllung passen.[48] Auch der Begriff der Pflichtverletzung ist freilich sprachlich nicht ideal, weil die darin verwendete »Verletzung« auf einen Verschuldensvorwurf schließen lässt, der mit dem objektiven Konzept der Pflichtverletzung indes nicht verbunden ist.[49]

25 Die herrschende Meinung versteht den Begriff der Pflichtverletzung erfolgsbezogen und bejaht eine solche bei jeder Störung des Leistungsinteresses des Gläubigers.[50] Eine in der Literatur vertretene Ansicht verfolgt demgegenüber einen verhaltensbezogenen Begriff der Pflichtverletzung.[51] Die unterschiedlichen Ansätze zeigen sich insbesondere im Rahmen des Schadensersatzes statt der Leistung im Fall der Unmöglichkeit gemäß §§ 280 Abs. 1, 3, 283 BGB: In der Tat scheint die Vorstellung schwierig, dass die Nichterfüllung der Leistung im Fall der Unmöglichkeit die maßgebliche objektive Pflichtverletzung darstellen solle, weil die Anwendung des § 275 BGB den Schuldner ja gerade von seiner Leistungspflicht befreit.[52] Der Gesetzgeber stellt in der Gesetzesbegründung aber klar, dass im Fall der Unmöglichkeit die Pflichtverletzung nach § 280 Abs. 1

---

44 BGH v. 17.05.1971, VII ZR 146/69, NJW 1971, 1404; *Schmalzl/Lauer/Wurm*, Rn. 425.
45 BT-Drucks. 14/6040, 134.
46 *Huber*, in: BMJ (Hrsg.), Gutachten und Vorschläge zur Überarbeitung des Schuldrechts, Bd. I, S. 671, 699 ff.
47 BT-Drucks. 14/6040, 86, 92.
48 BT-Drucks. 14/6040, 133, 134.
49 BT-Drucks. 14/6040, 134.
50 MüKo-BGB/*Ernst*, § 280 Rn. 12; Bamberger/Roth/*Unberath*, § 280 Rn. 20; AnwK/*Dauner-Lieb*, § 283 Rn. 3 ff.
51 *Alpmann* in: jurisPK-BGB, § 283 Rn. 11; *Schwab*, JuS 2002, 1, 3; *Harke*, ZGS 2006, 9, 11.
52 Vgl. AnwK/*Dauner-Lieb*, § 283 Rn. 3; Staudinger/*Otto*, § 280 Rn. C 4.

BGB in der einfachen Nichterfüllung begründet wird.[53] Nur dieser erfolgsbezogene Begriff der Pflichtverletzung führt auf der Ebene der Beweislast zu angemessenen Ergebnissen (vgl. dazu § 283 BGB Rdn. 10 ff.). Zöge man die Umstände, welche die Unmöglichkeit begründen, in den Tatbestand der objektiven Pflichtverletzung, so obläge dem Gläubiger diesbezüglich die Darlegungs- und Beweislast, da § 280 Abs. 1 S. 2 BGB sich nur auf das Vertretenmüssen bezieht. Dem Gläubiger wird der Nachweis der Gründe für die Nichterfüllung der Leistung in der Regel kaum gelingen, weshalb ihm die Prozesslasten nicht auferlegt werden könne, was folglich zu der Notwendigkeit weiterer Beweiserleichterungen führen würde.[54] Die Ansicht des Gesetzgebers ist vorzugswürdig, weil bei einem erfolgsbezogenen Begriff der Pflichtverletzung die Gründe der Nichterfüllung die Frage des Vertretenmüssens der Nichterfüllung betreffen. In konsequenter Anwendung der Beweislastregel in § 280 Abs. 1 S. 2 BGB muss sich der Schuldner von der Vermutung seines Verschuldens entlasten, indem er Gründe für die Nichterfüllung darlegt und im Bestreitensfalle beweist, die keinen Verschuldensvorwurf zulassen. Diese Verteilung der Beweislast entspricht den Regelungen des alten Schuldrechts §§ 282, 285 a.F. BGB. Der Gesetzgeber hat sich für die Beibehaltung und gegen eine Änderung der Beweislastverteilung im Fall der Nichterfüllung ausgesprochen.[55] Ein gewisser dogmatischer Bruch – das subjektive Vertretenmüssen bezieht sich bei der Verletzung erfolgsbezogener Pflichten nicht mehr auf die objektive Pflichtverletzung, welche den Anknüpfungspunkt der Haftung bildet – ist in Kauf zu nehmen.

2. Monolithisches Haftungskonzept

Mit dem Begriff der Pflichtverletzung werden nach dem Willen des Gesetzgebers sämtliche Arten von Leistungsstörungen erfasst.[56] Unterschiedliche Arten von Leistungsstörungen werden rechtlich gleich behandelt. Insbesondere die »sonnengleiche« Stellung der Unmöglichkeit im Zentrum des früheren Leistungsstörungsrechts wurde aufgegeben. Mit den klassischen Kategorien des Leistungsstörungsrechts – Unmöglichkeit, Verzug und Schlechtleistung – ist daher im konzeptionellen Ausgangspunkt kein Erkenntnisgewinn verbunden.[57] Weil aber immerhin im Rahmen der geltend gemachten Schäden (Verzögerungsschaden) und auch der für ihren Ersatz erforderlichen Voraussetzungen (z.B. keine Fristsetzung bei Unmöglichkeit) nach wie vor gewisse Unterschiede bestehen, wurde der nachfolgenden Darstellung gleichwohl die klassische Unterscheidung zugrunde gelegt. Auch ergeben sich Unterschiede im Hinblick auf die Anknüpfungspunkte von Haftung bzw. Vertretenmüssen. 26

a) Nichterfüllung

Der Schaden wegen Nichterfüllung ist in der Regel als Schadensersatz statt der Leistung zu liquidieren. Schadensersatz statt der Leistung kann nur unter den besonderen Voraussetzungen der §§ 280 Abs. 1 und 3, 281–283 BGB verlangt werden. Geht die Nichterfüllung der Leistungspflicht auf die Unmöglichkeit der Leistungspflicht nach § 275 BGB zurück, so liegt eine besondere Form der Pflichtverletzung vor. Schadensersatz statt der Leistung kann in diesem Fall nach §§ 280 Abs. 1 und 3, 283 BGB auch ohne die sinnlose Fristsetzung geltend gemacht werden. Die besondere Situation der Unmöglichkeit der Leistungserbringung wirft allerdings die allgemeine Frage auf, ob der Begriff der Pflichtverletzung erfolgsbezogen oder verhaltensbezogen zu verstehen ist (vgl. Rdn. 25). 27

Fraglich ist, ob im Fall der Nichterfüllung einer Leistungspflicht eine Ersatzpflicht überhaupt unmittelbar auf § 280 Abs. 1 BGB gestützt werden kann. Eine Ansicht[58] lehnt dies ab, vernachläs- 28

---

53 BT-Drucks. 14/6040, 135, 136.
54 AnwK/*Dauner-Lieb*, § 283 Rn. 4.
55 BT-Drucks. 14/6040, 136.
56 BT-Drucks. 14/6040, 92.
57 PWW/*Schmidt-Kessel*, § 280 BGB Rn. 10: Einteilungen lediglich von heuristischem Wert.
58 Palandt/*Grüneberg*, BGB § 280 Rn. 13; Jauernig/*Stadler*, § 280 Rn. 9.

sigt aber wohl, dass auch die Nichterfüllung einer vertraglichen Leistungspflicht nach § 241 Abs. 1 BGB zu einem Schadensersatzanspruch neben der Leistung nach § 280 Abs. 1 BGB führen kann. Bei funktionaler Auslegung kann der Schadensersatz statt der Leistung nur als »Schadensersatz als Leistung« oder »Schadensersatz als Leistungssurrogat« verstanden werden. Nur insoweit ist das Erfordernis der Fristsetzung zur Leistung oder Nacherfüllung sinnvoll. Tritt aufgrund einer (Teil-)Nichterfüllung einer Leistungspflicht ein nicht verzögerungsbedingter Folge- oder Begleitschaden ein, welcher nicht das vertraglich ausgehandelte Verhältnis von Leistung und Gegenleistung betrifft, so kann ein Schadensersatzanspruch neben der Leistung gem. § 280 Abs. 1 BGB begründet werden, wenn der eingetretene Folgeschaden nicht durch die Leistung oder eine Nacherfüllung beseitigt werden kann, also einer Nacherfüllung nicht zugänglich ist.

29 Zudem ist der Anwendungsbereich des § 280 Abs. 1 BGB wegen einer Nichterfüllung eröffnet, wenn man den Fall der Erfüllungsverweigerung als Nichterfüllung qualifiziert. Die ernsthafte und endgültige Verweigerung einer Leistung vor Fälligkeit stellt eine Pflichtverletzung dar. Nach § 280 Abs. 1 BGB kann der dadurch entstandene Begleitschaden, wie zum Beispiel Beratungskosten, als Schadensersatzanspruch neben der Leistung geltend gemacht werden.[59] Der gleiche Ansatz gilt auch für die Vertragsaufsage (vgl. dazu noch § 281 BGB Rdn. 25).[60]

b) Verzögerung der Leistung

30 Der Verzögerungsschaden tritt zwar ebenfalls als Schadensersatz neben die Leistung, kann aber nur bei Vorliegen der zusätzlichen Voraussetzungen der §§ 280 Abs. 2, 286 BGB zugesprochen werden. Wie der Anspruch aus §§ 280 Abs. 1 und 3, 281–283 BGB geht auch der Anspruch auf Ersatz des Verzögerungsschadens nach §§ 280 Abs. 1 und 2, 286 BGB einem Anspruch aus § 280 Abs. 1 BGB als *lex specialis* vor.[61]

c) Schlechterfüllung

31 Eine Schlechterfüllung liegt insbesondere vor, wenn der Schuldner mangelhaft und deshalb nicht wie geschuldet leistet. Die Schlechterfüllung stellt eine Pflichtverletzung dar, die auch als teilweise Nichterfüllung qualifiziert werden kann (für die qualitative Unmöglichkeit als Teilunmöglichkeit vgl. § 275 BGB Rdn. 65 ff.).[62] In Abhängigkeit von der Art des Schadens, welcher durch die Schlechtleistung herbeigeführt wurde, kommen § 280 Abs. 1 BGB oder §§ 280 Abs. 1 und 3, 281 bzw. 283 BGB in Betracht. Dem Schadensersatzanspruch neben der Leistung nach § 280 Abs. 1 BGB kommt bei Schlechtleistungen im Bereich der Mangelfolge- oder Begleitschäden ein selbstständiger Anwendungsbereich zu.

d) Verletzung von leistungsbezogenen Nebenpflichten

32 Leistungsbezogene Nebenpflichten fördern die Hauptleistung beziehungsweise die Erfüllung.[63] Sie fallen unter § 241 Abs. 1 BGB. Ihre Verletzung begründet nach allgemeinem Leistungsstörungsrecht einen Schadensersatzanspruch nach §§ 280 ff. BGB, wenn durch die Pflichtverletzung kein mangelbedingter, sondern ein sonstiger Schaden hervorgeht.[64] Im allgemeinen Leistungsstörungsrecht kommen grundsätzlich die Anspruchsgrundlagen nach § 280 Abs. 1 BGB sowie § 280 Abs. 1 und 3, 281, 283 BGB in Betracht. Eine Abgrenzung erfolgt wie bei der Verletzung einer Hauptleistungspflicht nach der Art des verursachten Schadens.[65] Nach einer anderen Ansicht

---

59 BGH v. 11.12.1975, VII ZR 37/74, BGHZ 65, 372, 375; Jauernig/*Stadler*, § 280 Rn. 17.
60 BGH v. 08.12.1976, VIII ZR 248/75, NJW 1977, 581, 580.
61 Erman/*Westermann*, § 280 Rn. 1; *Canaris*, ZIP 2003, 321.
62 Bamberger/Roth/*Unberath*, § 280 Rn. 22.
63 MüKo-BGB/*Kramer*, § 241 Rn. 19.
64 Erman/*Schwenker*, § 634 Rn. 14.
65 Bamberger/Roth/*Unberath*, § 280 Rn. 18.

kann bei der Verletzung einer leistungsbezogenen Nebenpflicht immer nur §§ 280 Abs. 1 und 3, 281, 283 BGB zur Anwendung kommen.[66] Eine Ausnahme kommt nach dieser Ansicht nur in Betracht, wenn die Verletzung der leistungsbezogenen Nebenpflicht ausschließlich das Integritätsinteresse betrifft. Dafür sei § 280 Abs. 1 BGB die einzige Anspruchsgrundlage. Eine Abgrenzung von leistungsbezogenen und nicht-leistungsbezogenen Nebenpflichten sei in diesem Fall unerheblich.[67] Diese Ansicht erscheint indes übermäßig restriktiv. Es sind durchaus Fälle denkbar, in denen die Verletzung leistungsbezogener Nebenpflichten (z.B. Informationspflichten) Schäden innerhalb des vertraglich geschützten Äquivalenzverhältnisses bewirken, die einer Nacherfüllung nicht zugänglich sind (z.B. mangelnde Information über richtige Verwendung des Werks; durch falsche Verwendung wird Werk beschädigt: die nachgereichte Information hilft nicht!).

Leistungsbezogene Nebenpflichten sind insbesondere Aufklärungs-, Beratungs-, Prüfungs-, Mitwirkungs- oder Verpackungspflichten.[68] Aufklärungs- und Beratungspflichten werden indes nur dann von § 241 Abs. 1 BGB erfasst, wenn sie leistungsbezogen sind. Wo Aufklärung und Information erforderlich sind, um Interessen des Vertragspartners außerhalb seines Leistungsinteresses zu schützen, werden sie von § 241 Abs. 2 BGB erfasst. **33**

Aufklärungs- und Prüfungspflichten sind im Werkvertragsrecht von großer Bedeutung. Aufgrund der Erfolgsbezogenheit des Werkvertrages ist die Prüfungspflicht aber in weiten Bereichen als integraler Teil der Hauptpflicht zur Herstellung eines mangelfreien Werks anzusehen.[69] So muss der Unternehmer die Tauglichkeit und Eignung der vom Besteller gelieferten Materialien für die Herstellung des mangelfreien Werkes prüfen und diesbezügliche Bedenken dem Besteller mitteilen.[70] Führt die Verletzung der Prüfungs- und Bedenkenhinweispflicht zu einem (funktionalen) Sachmangel gem. § 633 BGB, so kann der Besteller nach herrschender Meinung ausschließlich Mängelansprüche geltend machen. **34**

In § 642 BGB werden Mitwirkungspflichten des Bestellers im Werkvertrag gesetzlich geregelt. Bei ihnen handelt es sich unmittelbar allein um Obliegenheiten. Allerdings schließt die Begründung der Mitwirkungspflichten als Obliegenheit nicht aus, in der Mitwirkung weitergehende leistungsbezogene Pflichten zu erkennen.[71] Vor allem bei Bauverträgen wird die Begründung echter Mitwirkungspflichten in weitem Umfang bejaht.[72] Ein Schadensersatzanspruch neben der Leistung aus § 280 Abs. 1 BGB wegen der Verletzung einer dieser Mitwirkungspflichten kann dann neben den Entschädigungsanspruch aus § 642 Abs. 1 BGB treten.[73] **35**

Ausführlich zu den einzelnen leistungsbezogenen Nebenpflichten im Werkvertragsrecht vgl. *Vogelheim* § 241 BGB Rdn. 9 ff. **36**

e) Verletzung von nicht leistungsbezogenen Nebenpflichten

Nicht leistungsbezogene Nebenpflichten gem. § 241 Abs. 2 BGB sind hauptsächlich Schutz- und Rücksichtnahmepflichten und schützen das Integritätsinteresse der anderen Partei.[74] Die Schutzpflichten aus § 241 Abs. 2 BGB leiten sich aus der besonderen Nähebeziehung der Parteien eines Schuldverhältnisses ab. Geschützt wird der Bestand der Rechtsgüter wie Leben, Körper, Gesundheit, Freiheit und Eigentum. Diese Rechtsgüter werden zwar auch von § 823 Abs. 1 BGB ge- **37**

---

66 Staudinger/*Otto*, § 280 C 21; *Werner/Pastor*, 12. Aufl. Rn. 1773; *Recker*, NJW 2002, 1247. A.A. Jauernig/*Stadler*, § 280 Rn. 14; Erman/*Westermann*, § 280 Rn. 13.
67 Staudinger/*Otto*, § 280 Rn. C 21 ff.
68 Palandt/*Grüneberg*, BGB § 280 Rn. 22; Palandt/*Sprau*, BGB § 631 Rn. 14.
69 BGH v. 08.11.2007, VII ZR 183/05, BauR 2008, 344.
70 BGH v. 28.10.1999, VII ZR 115/97, BauR 2000, 262, 263.
71 Palandt/*Sprau*, BGB § 642 Rn. 3.
72 Vgl. Nachw. bei Palandt/*Sprau*, BGB § 642 Rn. 1.
73 Palandt/*Sprau*, BGB § 642 Rn. 5.
74 BT-Drucks. 14/6040, 141; Staudinger/*Otto*, § 280 Rn. C 31.

schützt, weshalb die deliktischen Verkehrssicherungspflichten in einem Vertragsverhältnis zugleich als Schutzpflichten gelten.[75] Sind die deliktsrechtlichen Rechtsfolgen aber unzureichend, so kommt dem vertraglich begründeten Schadensersatzanspruch neben der Leistung der Charakter eines Auffangtatbestandes zu.[76] Nach der Angleichung der Verjährungsvorschriften wird vor allem die Gehilfenhaftung ein Interesse an der vertraglichen Haftung begründen. Von vornherein nicht deliktsrechtlich geschützt ist das Vermögen als solches außerhalb der Sondertatbestände in §§ 823 Abs. 2, 824, 826 BGB.

38 Jede Verletzung nicht leistungsbezogener Pflichten begründet eine Pflichtverletzung nach § 280 Abs. 1 BGB. Eine Zuordnung der verletzten Schutzpflicht innerhalb des weiten Anwendungsbereichs des § 241 Abs. 2 BGB ist deshalb nicht erforderlich.[77]

39 Hat der Schuldner die Pflichtverletzung zu vertreten, so wird unmittelbar, d.h. ohne das Erfordernis einer vorherigen Fristsetzung, ein Anspruch auf Ersatz des aus der Pflichtverletzung resultierenden Schadens begründet. Zuzugeben ist zwar, dass auch die Erfüllung von Schutzpflichten durchsetzbar ist. In Betracht kommen insoweit jedoch nur – wirtschaftlich in diesem Kontext weitestgehend sinnfreie – vorbeugende Klagen.[78] Die bereits eingetretene Pflichtverletzung ist der Nacherfüllung nicht mehr zugänglich: Ist der Bauherr in die nicht ordentlich abgesicherte Grube gefallen, so wird die erlittene Verletzung durch eine anschließende Verkehrssicherung nicht beseitigt.

40 Aufklärungspflichten und Beratungspflichten sind häufig leistungsbezogene Nebenpflichten (Rdn. 33 ff.). Wann sie als Schutzpflicht qualifiziert werden können, hängt von der geschuldeten Hauptleistung ab. Die Abgrenzung von leistungsbezogenen und nicht leistungsbezogenen Nebenpflichten kann im Einzelfall schwierig sein. Eine nicht leistungsbezogene Nebenpflicht liegt vor, wenn ihre Verletzung das Äquivalenzinteresse unberührt lässt. Eine Abgrenzung muss in der Praxis regelmäßig nicht erfolgen, weil sowohl die Verletzung einer leistungsbezogenen als auch einer nicht leistungsbezogenen Nebenpflicht von § 280 Abs. 1 BGB erfasst werden:[79] Für leistungsbezogene Pflichten ist im Rahmen des § 241 Abs. 1 BGB zu differenzieren: Die Verletzung von leistungsbezogenen Nebenpflichten gestattet regelmäßig ebenso wie die Verletzung von nicht leistungsbezogenen Nebenpflichten die unmittelbare Schadensliquidation gem. § 280 Abs. 1 BGB bei Beeinträchtigungen außerhalb des Äquivalenzinteresses. Praxisrelevant ist allein die Frage der Abgrenzung leistungsbezogener Nebenpflichten von einklagbaren (ggf. Neben-) Leistungspflichten. Die Verletzung von Nebenleistungspflichten ist im Regelfall der Nacherfüllung zugänglich (z.B. Auskunft über Verwendbarkeit des Werks, Verschaffung einer Bedienungsanleitung) und führt deshalb nur über §§ 280 Abs. 1 und 3, 281 BGB, d.h. mit Fristsetzung, zum Schadensersatz statt der Leistung.

41 Für nicht leistungsbezogene Nebenpflichten ergibt sich die unmittelbare Ersatzfähigkeit aus dem Regelungskonzept der §§ 280 ff. BGB: Schadensersatz statt der Leistung bei Verletzung von nicht leistungsbezogenen Nebenpflichten kann nur unter den zusätzlichen Voraussetzungen der §§ 280 Abs. 1 und 3, 282 BGB, d.h. bei Unzumutbarkeit für den Gläubiger, begehrt werden (vgl. § 282 BGB Rdn. 9 ff.).

42 Ein Beispiel für das Überlappen von nicht leistungsbezogener und leistungsbezogener Nebenpflicht sowie Nebenleistungspflicht findet sich in § 618 BGB für den Dienstvertrag. Die Vorschrift begründet die Pflicht zur Herstellung eines möglichst gefahrarmen Arbeitsplatzes. Der Rechtsgedanke des § 618 Abs. 1 und 3 BGB findet entsprechend auf das Werkvertragsrecht An-

---

[75] Palandt/*Grüneberg*, BGB § 280 Rn. 28.
[76] Soergel/*Wiedemann* Rn. 484 v. § 275.
[77] Bamberger/Roth/*Unberath*, § 280 Rn. 14.
[78] PWW/*Schmidt-Kessel*, § 241 Rn. 24.
[79] Palandt/*Grüneberg*, BGB § 241 Rn. 8.

wendung,[80] wenn und weil der Werkunternehmer in Räumlichkeiten des Bestellers tätig wird oder die von diesem zur Verfügung gestellten Gerätschaften und Vorrichtungen nützt.[81] Es liegt insoweit eine vergleichbare Situation zum gesetzlich geregelten Anwendungsbereich des § 618 BGB vor. Die physische Integrität des Unternehmers, der sich dem intensiven Einfluss der vom Besteller beherrschten Sphäre aussetzt (vgl. den Rechtsgedanken des § 311 Abs. 2 Nr. 2 BGB) würde im allgemeinen bereits durch die Annahme nicht leistungsbezogener Nebenpflichten (Schutzpflichten) Rechnung getragen. § 618 BGB konkretisiert diese Schutzpflichten zunächst. Zu verbinden ist diese Konkretisierung allerdings mit der Mitwirkungspflicht des Bestellers (vgl. bereits Rdn. 35). Die Verknüpfung der beiderseitigen Interessen über den Ort, an welchem die Dienst- oder Werkleistung vertragsgemäß zu erbringen ist, gestattet die Annahme, dass die Zurverfügungstellung sicherer Räumlichkeiten und Arbeitsmaterialien nicht allein nicht-leistungsbezogenen Pflichten entspringt, sondern in so engem Zusammenhang mit der Erbringung der Dienst- bzw. Werkleistung steht, dass es sich um leistungsbezogene Pflichten gem. Art. 241 Abs. 1 BGB handelt. Bestätigt wird diese Annahme durch die anerkannte Möglichkeit, einzelne Aspekte dieser Pflicht als Nebenleistungspflichten durchzusetzen.

Ausführlich zu den einzelnen nicht leistungsbezogenen Nebenpflichten im Werkvertragsrecht vgl. *Vogelheim*, § 241 BGB Rdn. 9 ff. 43

III. Pflichtverletzung und Rechtfertigung

Im Deliktsrecht ist anerkannt, das aus Gründen überwiegenden oder minderen Interesses an sich haftungsbegründendes Verhalten gerechtfertigt sein kann. Dasselbe gilt für die vertragliche Haftung. Es kann dahingestellt werden, ob allgemein anerkannte Rechtfertigungsgründe bereits auf der Tatbestandsseite das Vorliegen einer Pflichtverletzung ausschließen oder aber eine vom Gesetzgeber nicht ausdrücklich geregelte Prüfungsstufe der Rechtswidrigkeit einzufügen ist. Bei Bauverträgen kann an die Rechtfertigungsgründe der mutmaßlichen Einwilligung gedacht werden, etwa wenn im wohlverstandenen Interesse des Bestellers von einer mangelbegründenden Baubeschreibung abgewichen wird, oder an die rechtfertigende Pflichtenkollision, wenn eine bestimmte, vertraglich geforderte, Bauausführung den Unternehmer in eine öffentlich-rechtliche Haftung oder eine Haftung gegenüber Dritten brächte. 44

IV. Vertretenmüssen

Die vom Gesetzgeber in § 280 Abs. 1 S. 1, 2 BGB gewählte Regelungstechnik ist dem Bürgerlichen Recht durchaus geläufig (vgl. z.B. §§ 831–833 BGB, 18 StVG) und begründet eine widerlegbare Vermutung, dass der Schuldner die Pflichtverletzung zu vertreten hat, mithin eine Beweislastumkehr (vgl. dazu noch Rdn. 64). Die in § 280 Abs. 1 S. 1 BGB unterlassene Aufführung der subjektiven Zurechenbarkeit ist damit zu rechtfertigen, dass auf diese Weise dem Gläubiger ermöglicht wird, ohne Vortrag zum Vertretenmüssen eine schlüssige Klage zu erheben.[82] 45

Das auf diese Weise mittelbar durch § 280 Abs. 1 S. 2 BGB konstituierte Erfordernis des Vertretenmüssens der Pflichtverletzung zählt zu den Mindestvoraussetzungen für alle Schadensersatzansprüche aus § 280 BGB. Auch im Rahmen der im übrigen verschuldensunabhängigen Mängelhaftungsansprüche kann wegen der Verweisung der §§ 437 Nr. 3, 634 Nr. 4 BGB auf die allgemeinen Regelungen des Leistungsstörungsrechts ein Schadensersatzanspruch nur bei Vertretenmüssen geltend gemacht werden. 46

---

80 BGH v. 05.02.1952, GSZ 4/51, BGHZ 5, 62, 65; BGH v. 15.06.1971, VI ZR 262/69, BGHZ 56, 269, 274.
81 Erman/*Belling*, § 618 Rn. 3 m.w.N.
82 PWW/*Schmidt-Kessel*, § 280 Rn. 19.

47 Die Formulierung des »Vertretenmüssens« verweist auf § 276 Abs. 1 S. 1 BGB. Danach hat der Schuldner Vorsatz und Fahrlässigkeit zu vertreten, wenn eine strengere oder mildere Haftung weder bestimmt noch aus dem sonstigen Inhalt des Schuldverhältnisses zu entnehmen ist (vgl. dazu *Zanner*, § 276 BGB Rdn. 8 ff.). Gemäß § 278 BGB hat der Schuldner auch ein Verschulden seiner Erfüllungsgehilfen zu vertreten (vgl. dazu *Zanner*, § 278 BGB Rdn. 4 ff.).

48 Der maßgebliche Zeitpunkt für das Vertretenmüssen ist das Vorliegen aller Voraussetzungen des objektiven Haftungstatbestandes, mithin der Pflichtverletzung.[83] Eine Abgrenzung der verschiedenen Anspruchsalternativen des §§ 280 ff. BGB ist daher für die Bestimmung des maßgeblichen Zeitpunkts erforderlich, soweit der objektive Haftungstatbestand durch den § 280 Abs. 2 und 3 BGB modifiziert wird. Für den Schadensersatzanspruch aus § 280 Abs. 1 BGB ist auf den Zeitpunkt der Pflichtverletzungen abzustellen. Allerdings genügt auch ein später hinzutretendes Vertretenmüssen.[84]

V. Zurechnungszusammenhang

49 Der Anspruch besteht nur, wenn die Pflichtverletzung adäquat kausal für den Schaden war[85] und der Schaden nach seiner Art und seiner Entstehung in den Schutzbereich des § 280 Abs. 1 BGB fällt.[86] Diese Zurechnungskriterien sind zur Einschränkung der weit gefassten äquivalenten Kausalität erforderlich. Besonders bei Mangelfolgeschäden gilt es zu prüfen, ob der Schaden auf den Mangel zurückzuführen ist und damit dem Werkunternehmer zugerechnet werden kann. So wurde bei der Geltendmachung eines Mietausfallschadens die Kausalität verneint, weil der Besteller nicht darlegen konnte, dass der Mietinteressent wegen der gerügten Mangelhaftigkeit des Mietobjekts vom Abschluss des Mietvertrages abrückte.[87] Dem schadensersatzpflichtigen Unternehmer sind diejenigen Schäden nicht zuzurechnen, welche durch ungewöhnlich grobes Fehlverhalten eines zur Mängelbeseitigung vom Besteller beauftragen Drittunternehmers entstanden sind.[88]

50 Fragen zur Adäquanz und Schutzzweck der Norm treten auch in dem nicht ungewöhnlichen Fall auf, in welchem der Hauptunternehmer mit dem Besteller wegen eines Sachmangels einen Vergleich schließt. Den durch Vergleich festgesetzten Betrag möchte der Hauptunternehmer nun als Mangelfolgeschaden vom Nachunternehmer ersetzt bekommen. Der Gläubiger war durch den selbstbestimmten Abschluss des Vergleichs maßgeblich am Ausmaß des konkreten Schadens beteiligt. Problematisch ist nicht die adäquate Kausalität, sondern die Frage, ob die ausgehandelte Vergleichssumme noch ein unter den Schutzzweck der Norm des § 280 Abs. 1 BGB fallender Schaden ist.[89] Wurde der Vergleich vor einem Gericht nach einem Vergleichsvorschlag des Richters abgeschlossen, so liegt ein zurechenbarer Schaden vor.[90] Dies gilt auch, wenn die Vergleichssumme den tatsächlich entstanden Schaden nicht deutlich übersteigt. Der Hauptunternehmer kann aufgrund einer schwierigen Sachverhaltsaufklärung und der dadurch verbundenen Risiken zum Abschluss des Vergleichs befugt sein.[91]

VI. Verjährung

51 Der Schadensersatzanspruch nach § 280 Abs. 1 BGB verjährt regelmäßig nach §§ 195, 199 BGB. Der maßgebliche Zeitpunkt für die Bestimmung des Beginns der Verjährung nach § 199 Abs. 1

---

83 Bamberger/Roth/*Unberath*, § 280 Rn. 32.
84 PWW/*Schmidt-Kessel*, § 280 Rn. 20.
85 BGH v. 17.09.1991, VI ZR 2/91, NJW 1991, 3275.
86 BGH v. 11.11.1999, III ZR 98/99, NJW 2000, 947, 948; BGH v. 11.01.2005, X ZR 163/02, NJW 2005, 1420, 1421.
87 OLG Düsseldorf v. 07.03.1997, 22 U 213/96, BauR 1997, 851, 853.
88 OLG Düsseldorf v. 04.06.1993, 22 U 13/93, BauR 1993, 739, 740; *Werner/Pastor*, Rn. 2203.
89 Kniffka/*Krause-Allenstein*, IBR-Online-Kommentar, § 636 Rn. 46 f.
90 BGH v. 07.03.2002, VII ZR 41/01, BauR 2002, 1086, 1088.
91 Kniffka/*Krause-Allenstein*, IBR-Online-Kommentar, § 636 Rn. 46.

Nr. 1 BGB ist die Anspruchsentstehung, die bei einem Anspruch aus § 280 Abs. 1 BGB mit dem Eintritt des Schadens vorliegt.[92]

Alle Ansprüche, die im Zusammenhang mit einem Werkmangel stehen, verjähren demgegenüber nach der speziellen Regelung für die Mängelrechte im Werkvertrag § 634a BGB. Dies gilt auch für den Anspruch auf Ersatz eines Mangelfolgeschadens nach §§ 634 Nr. 4, 280 Abs. 1 BGB.[93] Vgl. *Schill,* § 634a BGB Rdn. 1. 52

Wenn der Besteller dem Werkunternehmer unentgeltlich ein Gerät zur Herstellung des Werkes überlässt und dieses beschädigt wird, finden für den Anspruch auf Schadensersatz die Verjährungsregeln der §§ 558, 606 BGB entsprechende Anwendung.[94] 53

VII. Beweislast

1. Objektive Pflichtverletzung

Die Beweislastregel des § 280 Abs. 1 S. 2 BGB betrifft allein das Vertretenmüssen der Pflichtverletzung.[95] Der Gläubiger behält demgegenüber im Ausgangspunkt die Beweislast für die objektive Pflichtverletzung des Schuldners.[96] Ältere Entscheidungen zu Verkehrspflichtverletzungen, bei denen ein wesentlicher Vorteil der vertraglichen Haftung in der auch früher anerkannten Beweislastumkehr (ausdr. in § 282 BGB a.F.) erkannt wurde, beruhen zum Teil auf einer unreflektierten Gleichsetzung von Pflichtverletzung und Verschulden.[97] 54

a) Nichtleistung

Im Hinblick auf die ihm bezüglich der Pflichtverletzung obliegende Darlegungs- und Beweislast kommt dem Gläubiger zunächst ein »Konstruktionsfehler« des modernisierten Leistungsstörungsrechts zugute (vgl. bereits Rdn. 25): In Fällen der Nichtleistung fallen Pflichtverletzung und Anknüpfungspunkt des Vertretenmüssens auseinander: Die Pflichtverletzung ist bereits in der Nichtleistung zum Fälligkeitszeitpunkt zu erkennen.[98] Der Gläubiger wird seinen Prozesslasten deshalb gerecht, wenn er vorträgt und ggf. beweist, dass der Schuldner zum Fälligkeitszeitpunkt die Leistung nicht erbracht hat.[99] Im Hinblick auf den Beweis der Nichtleistung als negativer Tatsache kommen ihm die Grundsätze zur sekundären Substantiierungslast[100] zugute, d.h. gesteigerte Ansprüche werden erst gestellt, wenn der Schuldner die Nichtleistung substantiiert bestritten, d.h. regelmäßig: die Leistung behauptet, hat. 55

An dieser Stelle geht die Prozesslast auf den Schuldner über, der darzutun und ggf. zu beweisen hat, weshalb er die Nichtleistung nicht zu vertreten hat. Es trifft zu, dass das subjektive Nicht-Vertretenmüssen an Umstände anknüpft, die gar nichts mit der oben definierten Pflichtverletzung zu tun haben.[101] Mit diesem Systembruch wird man allerdings zu leben haben, da Einigkeit darüber besteht, dass dem Gläubiger nicht auferlegt werden kann, zu den Gründen der Nichtleistung vorzutragen. Rechtfertigen lässt sich der gesetzgeberische Kunstgriff immerhin mit dem Argument, dass im Fall der Nichtleistung durch den Schuldner eine (immerhin widerlegbare) Vermutung einer vorgelagerten Pflichtverletzung aufgestellt werden kann. Dem Gesetzgeber mag vorgehalten 56

---

92 Staudinger/*Otto,* § 280 Rn. G1f.
93 BT-Drucks. 14/6040, 229, Bamberger/Roth/*Unberath,* § 280 Rn. 74. Palandt/*Sprau,* BGB § 634 Rn. 8; Staudinger/*Otto,* § 280 Rn. G 5; Messerschmidt/Voit/*Moufang,* § 636 Rn. 121.
94 BGH v. 19.12.2001, XII ZR 233/99, BauR 2002, 949, 950.
95 BT.-Drs. 14/6040, 136; Palandt/*Grüneberg,* BGB § 280 Rn. 34; PWW/*Schmidt/Kessel,* § 280 Rn. 24.
96 PWW/*Schmidt-Kessel,* § 280 Rn. 24; Palandt/*Grüneberg,* BGB § 280 Rn. 34.
97 Z.B. BGH v. 26.09.1961, VI ZR 92/61, NJW 1962, 31, 32.
98 Jauernig/*Stadler,* § 281 Rn. 5.
99 *Repgen,* in: Baumgärtel/Laumen/Prütting, § 281 Rn. 2.
100 *Laumen,* in: Baumgärtel/Laumen/Prütting, § 3 Rn. 59.
101 Anders wohl PWW/*Schmidt-Kessel,* § 280 Rn. 20.

werden, dass er diese ergänzende Vermutung hinter der Regelung in § 280 Abs. 1 S. 2 BGB verbirgt.

b) Schlechtleistung

57 Soweit gesetzliche Sonderregelungen über die Mängelhaftung bestehen, ist anerkannt, dass der Schuldner bis zum Zeitpunkt des Gefahrübergangs (Übergabe beim Kauf; regelmäßig die Abnahme bzw. Vollendung beim Werkvertrag; Überlassung beim Mietvertrag) die Mangelfreiheit darzulegen bzw. zu beweisen hat.[102] Erst nach diesem Zeitpunkt geht die Beweislast auf den Käufer/Besteller/Mieter über.[103] Insbesondere beim Werkvertrag ist immerhin anerkannt, dass der Besteller, der die Abnahme bzw. Zahlung verweigert, im Hinblick auf § 640 Abs. 1 S. 2 BGB die wesentlichen Mängel bzw. Fehlleistungen konkret benennen muss, wegen derer er die Abnahme verweigert.[104]

58 Die Gründe, welche den Gesetzgeber bewogen haben, bei besonders geregelten Mängelansprüchen die Beweislast für die Vertragsmäßigkeit bis zum Gefahrübergang beim Schuldner zu belassen, gelten entsprechend für Schlechtleistung außerhalb des Anwendungsbereichs besonderer Gewährleistungsvorschriften: Stets hat der Schuldner bis zu diesem Zeitpunkt die Kontrolle über das Leistungssubstrat und kann damit die Vertragsmäßigkeit am besten überprüfen.

c) Sonstige Pflichtverletzungen

59 Für andere Pflichtverletzungen hält das Gesetz jedoch keine Regelungen über die Beweislast bereit. Rechtsprechung und Literatur gelangen auf der Grundlage unterschiedlicher Rechtsgedanken zu Beweiserleichterung zugunsten des Gläubigers. Die Ansichten kommen auch sonst zu überwiegend gleichen Ergebnissen.[105]

aa) Beweislastverteilung nach Verantwortungs- und Gefahrenbereichen

60 Die Rechtsprechung hat bereits zum alten Schuldrecht Grundsätze entwickelt, welche die Beweislastverteilung nach Verantwortungs- oder Gefahrenbereichen bestimmt.[106] Dieser Rechtsgedanke geht zurück auf § 282 BGB a.F. und wurde bei der positiven Vertrags-/Forderungsverletzung angewendet. Heute soll dieser Grundsatz – gegenüber vertraglichen Einschränkungen abgesichert durch § 309 Nr. 12 lit. a BGB – fortgelten.[107] Für alle Vertragstypen, damit auch für den Werk-[108] und Architektenvertrag,[109] gelangt eine Beweislastumkehr zur Anwendung: Wenn der Gläubiger darlegen und beweisen kann, dass nur eine Schadensursache aus dem Verantwortungsbereich des Schuldners in Betracht kommt und die Vertragspflichten des Schuldners den eingetretenen Schaden verhindern sollten, muss der Schuldner beweisen, sich pflichtgemäß verhalten zu haben.[110] Der »Eintritt« in die Beweislastumkehr gelingt bei dem Nachweis, dass der Schaden

---

102 Zum Werkvertrag BGH v. 24.10.1996, VII ZR 98/94, BauR 1997, 129.
103 Zum Werkvertrag vgl. *Messerschmidt*/Voit, § 640 Rn. 88.
104 *Messerschmidt*/Voit, § 640 Rn. 101 m.w.N.
105 MüKo-BGB/*Ernst*, § 280 Rn. 139; Bamberger/Roth/*Unberath*, § 280 Rn. 82.
106 BGH v. 12.10.1967, VII ZR 8/65, BGHZ 48, 310, 312; BGH v. 18.05.1994, XII ZR 188/92, BGHZ 126, 124, 128.
107 Palandt/*Grüneberg*, BGB § 280 Rn. 37; BT-Drucks. 14/6040, 136. A.A. *Kohler*, ZZP 2005, 25, 38, 39; eine grundsätzliche Zulassung der Verteilung der Beweislast nach Gefahrenbereichen sei nicht möglich. Der Gesetzgeber habe bewusst auf eine Regelung zur Umkehr der Beweislast bezüglich der objektiven Pflichtverletzung verzichtet, was aus der Regelung des § 280 Abs. 1 S. 2 BGB hervorgehe, die lediglich die Beweislast bezüglich des Vertretenmüssens der Pflichtverletzung regle.
108 BGH v. 24.02.1983, VII ZR 210/82, NJW 1983, 1731, 1732.
109 BGH v. 23.10.1958, VII ZR 22/58, BGHZ 28, 251, 253.
110 BGH v. 05.03.1993, V ZR 140/91, NJW 1993, 1704, 1706; BGH v. 18.12.1990, VI ZR 169/90, NJW 1991, 1540, 1541.

vom Personal oder Gerät des Schuldners verursacht wurde.[111] Eine räumliche Beschränkung des Gefahrenbereiches ist ebenfalls zu berücksichtigen.[112] Der Grundsatz der Beweiserleichterung nach Gefahrenbereichen ist gleichermaßen auf die Verletzung von Hauptleistungs- und Nebenpflichten anzuwenden.[113]

bb) Beweislastverteilung nach Art der Pflichtverletzung

Die Literatur unterscheidet für die Verteilung der Beweislast seit jeher überwiegend nach leistungs- und verhaltensbezogenen Pflichten und stellt damit auf den Inhalt sowie die Art der verletzen Pflicht innerhalb des konkreten Vertragsverhältnisses ab.[114] Eine objektive Pflichtverletzung wird schon dadurch begründet, dass der Schuldner aufgrund einer Nicht- oder Schlechtleistung den vereinbarten Leistungserfolg nicht oder nicht ordnungsgemäß erbracht hat.[115] Dem entspricht die gesetzliche Regelung im Hinblick auf § 280 Abs. 1 S. 2 BGB bzw. die Abnahmeverweigerung wegen Mängeln (vgl. Rdn. 45). Mit dem Beweis des Nichteintritts des vereinbarten Leistungserfolgs wird zugleich der Beweis für die leistungsbezogene Pflichtverletzung geführt.[116] Der Schuldner trägt eine objektive Einstandsgarantie für das Herbeiführen des vereinbarten Leistungserfolgs.[117] Die subjektive Voraussetzung des Vertretenmüssens wird davon aber nicht betroffen. 61

Bei der Verletzung verhaltensbezogener Pflichten trägt der Gläubiger demgegenüber die volle Beweislast für die objektive Sorgfaltswidrigkeit der Handlung des Schuldners sowie deren Ursächlichkeit für den Schaden.[118] Auch in der Literatur wird anerkannt, dass sich bei der Verletzung verhaltensbezogener Pflichten eine Beweislastumkehr nach den von der Rechtsprechung entwickelten Grundsätzen zur Beweislastverteilung nach Gefahrenbereichen ergeben kann. Insoweit kommt der älteren Rechtsprechung auch im neuen Leistungsstörungsrecht eine wichtige Bedeutung zu.[119] Kann der Gläubiger darlegen und beweisen, dass die Schadensursache im Gefahrenbereich des Schuldners liegt, so trägt der Schuldner die Beweislast, dass er keine objektive Pflichtverletzung begangen hat, die zu der eingetretenen Schädigung geführt hat.[120] 62

cc) Anscheinsbeweis

Der Nachweis einer Pflichtverletzung kann schließlich durch Darlegung und Beweis eines typischen Geschehensablaufs im Rahmen eines Anscheinsbeweises geführt werden. Durch den Beweis der Einsturzgefahr einer Stützmauer aufgrund unzureichender Gründungstiefe und fehlender Drainage gelingt der Anscheinsbeweis für eine Verletzung der Bauaufsicht bei Errichtung durch den Architekten.[121] Freilich begründet nicht jeder Ausführungsfehler des Werkunternehmers zugleich einen Anscheinsbeweis für eine mangelhafte Baubeaufsichtigung des Architekten.[122] 63

---

111 BGH v. 18.06.1985, X ZR 71/84, BauR 1985, 704, 705.
112 Erman/*Westermann*, § 280 Rn. 27.
113 *Repgen*, in: Baumgärtel/Laumen/Prütting, § 280 Rn. 28 ff.
114 Staudinger/*Otto*, § 280 Rn. F 29; MüKo-BGB/*Ernst*, § 280 Rn. 30a, 31a.
115 Palandt/*Grüneberg*, BGB § 280 Rn. 35; Stein/Jonas/*Leipold*, § 286 Rn. 119.
116 Stein/Jonas/*Leipold*, § 286 Rn. 119.
117 *Kohler*, ZZP 2005, 25, 42.
118 MüKo-BGB/*Ernst*, § 280 Rn. 30a, 31a; *Lorenz*, NJW 2007, 1, 2; so auch der BGH für die Haftung auf Schadensersatz nach § 280 Abs. 1 BGB wegen der Verletzung einer Verhaltenspflicht aus einem Bewirtungsvertrag, BGH v. 05.04.2006, VIII ZR 283/05, NJW 2006, 2262, 2263.
119 Palandt/*Grüneberg*, BGB § 280 Rn. 37; Stein/Jonas/*Leipold*, § 286 ZPO Rn. 119.
120 Stein/Jonas/*Leipold*, § 286 ZPO Rn. 119.
121 BGH v. 16.05.2002, VII ZR 81/00, BauR 2002, 1423, 1424.
122 BGH v. 27.11.2008, VII ZR 206/06, BauR 2009, 515; *Werner/Pastor*, Rn. 3072.

2. Vertretenmüssen

64 Anschließend muss der Schuldner gem. § 280 Abs. 1 S. 2 BGB den Entlastungsbeweis führen, dass er die haftungsbegründende Pflichtverletzung nicht zu vertreten hat.[123] Im allgemeinen ist die Bedeutung der Entlastungsmöglichkeit bei der Verletzung nicht leistungsbezogener Pflichten gering: Ist einmal eine Pflichtverletzung bejaht, so wird es sehr schwer fallen, auf der Grundlage des zugrundegelegten objektiven Sorgfaltsstandards (vgl. dazu *Zanner*, § 276 BGB Rdn. 9 ff.) das Vertretenmüssen abzulehnen. Anderes gilt indes bei der Verletzung von Leistungspflichten, da der Gesetzgeber hier bewusst die Anknüpfungspunkte von Pflichtverletzung (Nichtleistung) und Vertretenmüssen getrennt hat (vgl. dazu Rdn. 55).

3. Schaden und Kausalität

65 Schaden und Kausalität gehören zum haftungsbegründenden Tatbestand, weshalb der Gläubiger hierfür beweispflichtig ist. Es gelten jedoch die gleichen Beweiserleichterungen nach Gefahren- und Verantwortungsbereichen wie bei der Pflichtverletzung.[124] Nach § 287 ZPO kann die Höhe des Schadens vom erkennenden Gericht geschätzt werden.[125] Zum Nachweis der Kausalität kann bei Vorliegen eines typischen Geschehensablaufs auch auf den Anscheinsbeweis zurückgegriffen werden.[126]

66 Eine Umkehr der Beweislast hinsichtlich der Ursächlichkeit der Pflichtverletzung für den Schaden kommt insbesondere bei der Verletzung von Aufklärungs- und Beratungspflichten in Betracht.[127] Bei der Verletzung einer Aufklärungspflicht soll der Gläubiger vor einer Beweisnot bei der Beurteilung der hypothetischen Frage, wie er sich bei ordnungsgemäßer Aufklärung verhalten hätte, bewahrt werden.[128] Auf der Grundlage einer Vermutung aufklärungskonformen Verhaltens wird dem Schuldner, der eine Aufklärungspflicht verletzt hat, die Beweislast für das Fehlen der Kausalität auferlegt, d.h. der Schuldner muss beweisen, dass der Schaden auch bei pflichtgemäßem Verhalten, d.h. korrekter Aufklärung eingetreten wäre, weil der Gläubiger der ordnungsgemäßen Aufklärung oder Beratung nicht gefolgt wäre.[129] Die neuere Rechtsprechung nimmt für Verträge mit rechtlichen Beratern keine Beweislastumkehr, sondern einen Anscheinsbeweis für ein aufklärungsgemäßes Verhalten an. Der rechtliche Berater kann ihn daher entkräften, indem er Tatsachen beweist, die für ein atypisches Verhalten des Mandanten sprechen.[130] Dies läuft jedoch dem Zweck aller sonstigen Aufklärungspflichten zuwider, dem Geschäftspartner eine sachgerechte Entscheidung zu ermöglichen. Daher sollte eine Unklarheit aufgrund der Verletzung sonstiger Aufklärungspflichten zu Lasten des Aufklärungspflichtigen gehen.[131]

C. Schadensersatz »neben der Leistung«, § 280 Abs. 1 BGB

I. Allgemeine Ausprägung des Schadens

67 Der Anspruch aus § 280 Abs. 1 BGB führt zu einem Schadensersatzanspruch, der unabhängig neben der (vertragsgemäß oder nicht) erbrachten Leistung steht. Von ihm werden alle Schadenspos-

---

123 Vgl. zum alten Recht, BGH v. 12.03.1987, VII ZR 172/86, NJW 1987, 1938, 1939.
124 Jauernig/*Stadler*, § 280 Rn. 24.
125 BGH v. 28.04.1982, IVa ZR 8/81, NJW 1983, 998, 999.
126 BGH v. 05.11.1996, VI ZR 343/95, BauR 1997, 326, 328.
127 BGH v. 05.07.1973, VII ZR 12/73, BGHZ 61, 118, 121 ff.; BGH v. 14.06.1996, V ZR 85/95, NJW 1996, 2503. A.A. Palandt/*Grüneberg*, BGB § 280 Rn. 39.
128 BGH v. 19.02.1975, VIII ZR 144/73, BGHZ 64, 46, 51, 52.
129 BGH v. 05.07.1973, VII ZR 12/73, BGHZ 61, 118, 122; BGH v. 19.02.1975, VIII ZR 144/73, BGHZ 64, 46, 51, 52; BGH v. 08.06.1978, III ZR 136/76, NJW 1978, 2145, 2148.
130 BGH v. 30.09.1993, IX ZR 73/93, NJW 1993, 3259; BGH v. 10.02.1994, IX ZR 109/93, NJW 1994, 1472, 1475.
131 BGH v. 16.11.1993, XI ZR 214/92, NJW 1994, 512, 514.

ten erfasst, die nicht unter den Schadensersatz statt der Leistung gem. § 280 Abs. 3 oder den Schadensersatz wegen Verzögerung der Leistung gem. § 280 Abs. 2 BGB fallen. Es muss sich um Schäden handeln, bei denen das Erfordernis einer Fristsetzung bzw. einer Mahnung wertungsgemäß nicht sachgerecht erscheint.[132] Wo Nachbesserung oder Ersatzlieferung als Formen der Nacherfüllung einen eingetretenen Schaden nicht (mehr) beseitigen können, bedarf es keiner Fristsetzung.[133] Damit können solche Schäden stets unmittelbar gem. § 280 Abs. 1 BGB ersetzt werden, unabhängig davon, ob sie nach alter Diktion vom Erfüllungsinteresse umfasst sind. Insoweit kann auch von Begleitschäden gesprochen werden.[134]

II. Mangelfolgeschäden

Mangelfolgeschäden im engeren Sinne sind Schäden, die erst auf den Mangel folgen. Als Schadenskategorie bedarf es ihrer, weil der Mangelbegriff an den Zustand von Kaufsache, Werk oder Mietsache zum Zeitpunkt des Gefahrübergangs (Übergabe, Abnahme) bzw. der Überlassung anknüpft. Nach diesem Zeitpunkt eintretende Verschlechterungen begründen keine Mängelansprüche mehr. Fraglich ist allein, inwieweit Ansprüche wegen des anfänglichen Mangels auch die nachfolgenden Verschlechterungen erfassen (vgl. dazu sogl.). Neben diesen Folgeschäden innerhalb der geschuldeten Leistung werden vor allem alle Schadensposten an den von der geschuldeten Leistung abgrenzbaren Rechtsgütern des Bestellers erfasst, welche dessen Integritätsinteresse betreffen.[135] Ein Mangelfolgeschaden kann schließlich unmittelbar im Vermögen des Gläubigers eintreten, wie im Fall des Nutzungsausfallschadens.[136] 68

1. Folgeschäden innerhalb des Werks

In der Sache besteht Einigkeit darüber, dass von § 280 Abs. 1 BGB nur solche Schäden unmittelbar erfasst werden können, die durch eine Nacherfüllung nicht verhindert oder beseitigt werden können, also vom Nacherfüllungsanspruch nicht erfasst sind.[137] Es kann damit auch auf den Sinn oder die Geeignetheit der Fristsetzung zur Nacherfüllung abgestellt werden.[138] So wurde formuliert, dass der Mangelfolgeschaden einen von der Erfüllung unabhängigen Schaden darstelle.[139] Dem kann inhaltlich nicht widersprochen werden. Allerdings ist die Verwendung des Begriffs »Mangelfolgeschaden« zur Umschreibung dieses Zusammenhangs überflüssig, ja irreführend, und sollte unterbleiben. Wie oben dargestellt, können Folgeschäden infolge eines Mangels durchaus an der Kaufsache oder dem Werk selbst auftreten: 69

▶ **Beispiel**

U war verpflichtet, ein Einfamilienhaus zu errichten. Das Dach wurde fahrlässig mangelhaft abgedichtet. Bis zur Abnahme Ende Juli regnete es nicht. Nach anhaltenden Regenfällen im November dringt Wasser durch das undichte Dach ein, durchfeuchtet die Wände und führt so zu einer Putzablösung im Verlauf des Winters. Die bloße Beseitigung des anfänglichen Mangels durch Neuabdichtung des Dachs lässt die Folgen unberührt: Evtl. trocknen die Wände von selbst; der Putz bleibt aber geschädigt.

Dass der Unternehmer bei schuldhafter Pflichtverletzung im Ergebnis haftet, ist unbestritten. In solchen Fällen erscheint es aber im Interesse beider Vertragsparteien angemessen, den Nacherfüllungsanspruch des Bestellers auf die nach der Abnahme eingetretenen Folgeschäden innerhalb des 70

---

132 *Grigoleit/Riehm*, AcP 203 (2003), 727, 751.
133 Palandt/*Grüneberg*, BGB § 280 Rn. 18 m.w.N.
134 Jauernig/*Stadler*, § 280 Rn. 21.
135 Palandt/*Sprau*, BGB § 634 Rn. 8.
136 Kniffka/*Krause-Allenstein*, IBR-Online-Kommentar, § 636 Rn. 49.
137 Messerschmidt/Voit/*Moufang*, § 636 Rn. 136.
138 Bamberger/Roth/*Voit*, § 636 Rn. 61.
139 Kniffka/*Krause-Allenstein*, IBR-Online-Kommentar, § 636 Rn. 40.

Werks auszudehnen.[140] Konsequenterweise muss dasselbe für die Nacherfüllungsbefugnis des Unternehmers gelten. Wird der Nacherfüllungsanspruch auf solche Folgeschäden erstreckt, so ist der eingetretene Schaden durchaus der Nacherfüllung zugänglich.

71 Vor der Schuldrechtsmodernisierung war im Kaufrecht die Abgrenzung von Mangelschäden und Mangelfolgeschäden im Hinblick auf die Gewährung von mängelbedingten Schadensersatzansprüchen (bei Mangelschaden nur bei Arglist, Zusicherung) und im Werkvertragsrecht von nahen und entfernten Mangelfolgeschäden im Hinblick auf die Verjährung erforderlich. Im geltenden Schuldrecht ist diese Abgrenzung entbehrlich, weil alle Mangelfolgeschäden von der Anspruchsgrundlage des Schadensersatzes neben der Leistung nach §§ 634 Nr. 4, 280 Abs. 1 BGB erfasst werden und folglich einheitlich der Verjährungsvorschrift des § 634a BGB unterliegen.[141]

2. Typische Mangelfolgeschäden

72 Die klassischen Mangelfolgeschäden sind Schäden an dem sonstigen Eigentum des Bestellers infolge eines Mangels. Dazu zählen Feuchtigkeitsschäden an Wänden und Teppichböden aufgrund fehlerhafter Isolierung[142] oder Folgeschäden durch fehlerhafte Rohr- und Putzarbeiten.[143] Auch Personenschäden, die durch die mangelhafte Leistung verursacht wurden, stellen Mangelfolgeschäden dar.[144] Unter den Voraussetzungen des § 253 Abs. 2 BGB kann ein angemessenes Schmerzensgeld gefordert werden.[145]

73 Weitere Mangelfolgeschäden[146] sind der entgangene Gewinn, der sich nach der Differenz des Wertes in mangelfreiem Zustand und dem vorgesehenen (Weiter-) Verkaufspreis berechnet;[147] Miete;[148] Zinsverluste;[149] Gutachterkosten zur Feststellung von Mängeln;[150] merkantiler Minderwert, welcher trotz ordnungsgemäßer Nacherfüllung aufgrund des Verdachts verborgen gebliebener Mängel besteht;[151] technischer Minderwert, wenn die Nachbesserung zwangsläufig zu einem technischen Minderwert führt;[152] Rechtsanwalts- und Gerichtskosten;[153] Kosten für ein selbständiges Beweisverfahren.[154]

D. Verzögerungsschaden, § 280 Abs. 2 BGB

I. Struktur

74 Der Gläubiger hat nach §§ 280 Abs. 1 und 2, 286 BGB einen Anspruch auf Ersatz aller auf eine Verzögerung der Leistung zurückgehenden Schäden. Bezüglich Inhalt und Umfang des Schadens-

---

140 Bejahend MüKo-BGB/*Busche*, § 635 Rn. 12; PWW/*Leupertz*, § 635 Rn. 5; ablehnend Jauernig/*Mansel*, § 635 Rn. 4; BGH v. 07.11.1985, VII ZR 270/83, BauR 1986, 211.
141 Palandt/*Sprau*, BGB § 634 Rn. 8; Messerschmidt/Voit/*Moufang*, § 636 Rn. 136. A.A. *Kannowski*, BauR 2003, 170, 178, 179.
142 BGH v. 15.03.1990, VII ZR 311/88, BauR 1990, 466.
143 BGH v. 13.12.1962, II ZR 196/60, NJW 1963, 805.
144 BGH v. 20.01.1972, VII ZR 148/70, NJW 1972, 625, 626.
145 Palandt/*Sprau*, BGB § 636 Rn. 8.
146 Vgl. im Übrigen *Werner/Pastor*, Rn. 2214.
147 Messerschmidt/Voit/*Moufang*, § 636 Rn. 141; AnwK/*Büdenbender*, § 437 Rn. 69.
148 BGH v. 27.01.2005, VII ZR 276/03, BauR 2005, 869, 870; BGH v. 25.09.2003, VII ZR 357/02, BauR 2003, 1900, 1901; BGH v. 06.04.2000, VII ZR 199/97, BauR 2000, 1189, 1190.
149 BGH v. 28.11.1966, VII ZR 79/65, NJW 1967, 340, 341.
150 BGH v. 13.09.2001, VII ZR 392/00, BauR 2002, 86, 87.
151 BGH v. 19.09.1985, VII ZR 158/84, BauR 1986, 103, 104; BGH v. 15.12.1994, VII ZR 246/93, BauR 1995, 388, 389.
152 OLG Düsseldorf v. 10.06.1997, 21 U 188/96 BauR 1998, 126, 128. Messerschmidt/Voit/*Moufang*, § 636 Rn. 156.
153 BGH v. 25.09.2003, VII ZR 357/02, BauR 2003, 1900, 1901.
154 BGH v. 20.12.1984, VII ZR 13/83, BauR 1985, 232, 233.

ersatzanspruchs gilt das allgemeine Schadensrecht nach §§ 249 ff. BGB.[155] Der Gläubiger kann vom Schuldner die Herstellung des Zustandes verlangen, welcher bei rechtzeitiger Leistung des Schuldners bestände. Eine rechtzeitige Leistung des Schuldners liegt vor, wenn sie bis zum Vorliegen eines verzugsbegründenden Tatbestands nach § 286 BGB erbracht wurde.[156] In der Regel ist der Schadensersatzanspruch auf eine Geldzahlung nach § 251 Abs. 1 BGB gerichtet.[157] Typische Verzögerungsschäden sind dem Gläubiger entgangene Vermögensvorteile, welche auf der Verzögerung der geschuldeten Leistungen beruhen. Dies sind Vermögensschäden aus einer nicht möglichen Verwendung der geschuldeten Leistung während des Verzugs sowie Kosten für Aufwendungen zur Einschränkung der entstandenen Verspätungsfolgen. Diese entgangenen Vermögensvorteile können auch einen Schadensersatz statt der Leistung nach § 280 Abs. 3 BGB begründen. Ein Schadensersatz statt der Leistung liegt jedoch nur vor, wenn der Schadensersatzanspruch an die Stelle des Erfüllungsinteresses tritt, weil die Verzögerung der geschuldeten Leistung zu einem Entfallen des konkreten Erfüllungsinteresses führt.[158]

II. Vorübergehendes Deckungsgeschäft

Als Aufwendungen zur Einschränkung von Verspätungsfolgen sind die Kosten für vorübergehende Deckungsgeschäfte zu ersetzen. Beim vorübergehenden Deckungsgeschäft versucht der Gläubiger für die Zeit der Verzögerung, das Ausbleiben der Leistung in einer anderen geeigneter Form zu kompensieren.[159] Bei der Verzögerung der Bauausführung können so beispielsweise Mietkosten für Ersatzmaschinen oder Hotelkosten geltend gemacht werden. Das vorübergehende Deckungsgeschäft ist vom eigentlichen Deckungsgeschäft zu unterscheiden. Das eigentliche Deckungsgeschäft befriedigt endgültig das Erfüllungsinteresse des Gläubigers und tritt an dessen Stelle, weshalb der Ersatz der Kosten des eigentlichen Deckungsgeschäfts als Schadensersatz satt der Leistung in den Anwendungsbereich des § 281 BGB fällt.[160]

75

III. Entgangener Gewinn

Ein entgangener Vermögensvorteil, der direkt auf die nicht mögliche Verwendung der geschuldeten Leistung zurückgeht, stellt einen entgangenen Gewinn dar. Der entgangene Gewinn wird im Rahmen des allgemeinen Schadensrechts ersetzt. Kommt ein Geschäft aufgrund des Verzuges nicht zustande, so kann der Gläubiger den entgangenen Gewinn als Verzögerungsschaden geltend machen. Dies ist auch dann der Fall, wenn der Gläubiger den Entschluss zum Abschluss des Geschäfts erst nach dem Zeitpunkt des Verzugseintritts des Schuldners trifft.[161]

76

IV. Nutzungsausfall

Ob der Nutzungsausfall ein als Verzögerungsschaden zu ersetzender entgangener Vermögensvorteil ist, muss differenziert betrachtet werden. Bei erwerbswirtschaftlicher Nutzung kann der Nutzungsausfall als entgangener Gewinn geltend gemacht werden.[162] Befindet der Werkunternehmer sich mit der Fertigstellung eines Miethauses in Verzug, kann der Besteller die dadurch entgangene Nettomiete als entgangenen Gewinn fordern.[163] Bei einer eigenwirtschaftlichen Nutzung kommt dem Nutzungsausfall nur dann ein Vermögenswert zu, wenn durch die fehlende Gebrauchsmöglichkeit die materielle Lebenshaltung erheblich betroffen ist (vgl. dazu *Koenen*, § 249

77

---

155 Kniffka/*Jansen/van Rintelen*, IBR-Online-Kommentar, § 631 Rn. 244.
156 Erman/*Westermann*, § 280 Rn. 36.
157 Palandt/*Grüneberg*, BGB § 286 Rn. 42.
158 *Grigoleit/Riehm*, AcP 203 (2003), 727, 749.
159 *Grigoleit/Riehm*, AcP 203 (2003), 727, 748.
160 Palandt/*Grüneberg*, BGB § 286 Rn. 41; *Grigoleit/Riehm*, AcP 203 (2003), 727, 737.
161 BGH v. 29.11.1982, II ZR 80/82, NJW 1983, 758.
162 BGH v. 31.10.1986, V ZR 140/85, BauR 1987, 242.
163 BGH v. 14.01.1993, VII ZR 185/91, NJW 1993, 2674, 2675; MüKo-BGB/*Ernst*, § 280 Rn. 125.

BGB Rdn. 70 ff.).[164] Die Ersatzfähigkeit von Deckungsgeschäften bleibt davon unberührt (vgl. Rdn. 75).

V. Mangelfolgeschaden als Verzögerungsschaden?

78 Umstritten ist die Einordnung eines Verzögerungsschadens, wenn die Verzögerung durch nach der Fälligkeit durchgeführte Maßnahmen zur Nacherfüllung bewirkt wird. Diskutiert wurde diese Problematik meist im Zusammenhang mit dem mangelbedingten Betriebsausfallschaden. Die früher herrschende Meinung sah den mangelbedingten Betriebsausfallschaden als Verzugsschaden an.[165] Die heute herrschende Meinung[166] versteht ihn in Übereinstimmung mit dem Gesetzesentwurf zur Schuldrechtsmodernisierung[167] als Mangelfolgeschaden, der bei Werkverträgen nach §§ 634 Nr. 4, 280 Abs. 1 BGB, d.h. ohne das Erfordernis der Fristsetzung, zu ersetzen ist, weil der Schaden primär auf eine Schlechtleistung zurückgeht, und der durch die Nacherfüllung bereits entstandene Schaden einer weiteren Fristsetzung nicht zugänglich ist.[168] Auch wenn der Unternehmer den Mangel sogleich beseitigt, es aber trotzdem während der Mängelbeseitigung zu einem Schaden kommt, kann dieser ohne Mahnung als Mangelfolgeschaden geltend gemacht werden.[169]

79 Treten keine anderen Pflichtverletzungen zu der reinen Verzögerung der Leistung, so können Verzögerungsschäden allein nach den Voraussetzungen der §§ 280 Abs. 1 und 2, 286 BGB ersetzt verlangt werden. Wenn der Schuldner den Mangel nicht zu vertreten hat und ein Anspruch aus §§ 634 Nr. 4, 280 Abs. 1 BGB deshalb ausscheidet, kann gleichwohl unter den Voraussetzungen der §§ 280 Abs. 1 und 2, 286 BGB, d.h. bei Vertretenmüssen der Verzögerung, ein Schadensersatzanspruch begründet werden. Befindet sich der Schuldner bezüglich der weiter bestehenden Nacherfüllungspflicht in Verzug, so können ab Verzugsbeginn auf die Verzögerung der Nacherfüllung zurückgehende Schäden ersetzt werden.[170]

VI. Rechtsverfolgungskosten

80 Rechtsverfolgungskosten stellen eine weitere typische Kategorie eines Verzögerungsschadens dar. Zu den erstattungsfähigen Kosten zählen die Kosten der gerichtlichen Durchsetzung sowie die außergerichtlichen Kosten.[171] Diese Kosten können sowohl über einen materiell-rechtlichen als auch – im Anschluss an ein Gerichtsverfahren – einen prozessualen Kostenerstattungsanspruch ersetzt verlangt werden. Der prozessuale (§§ 91 ff. ZPO) und der materiell-rechtliche Kostenerstattungsanspruch können sich überschneiden; sie bestehen nach Ansicht des BGH nebeneinander.[172] Der materiell-rechtliche Kostenerstattungsanspruch kann jedoch erst dann durch selbstständige Leistungsklage geltend gemacht werden, wenn das den Ersatz der Rechtsverfolgungskosten ermöglichende prozessuale Kostenfestsetzungsverfahren als das weniger aufwändige Verfahren zuvor

---

164 BGH v. 31.10.1986, V ZR 140/85, BauR 1987, 242.
165 Vgl. *Dauner-Lieb/Dötsch*, DB 2001, 2535, 2537; *Petersen*, Jura 2002, 461, 463; *Fliegner*, JR 2002, 314, 322.
166 BGH v. 19.06.2009, V ZR 93/08, BGHZ 181, 317; *Lorenz/Riehm*, Rn. 546 ff.; *Canaris*, ZIP 2003, 321, 326; *Ebert*, NJW 2004, 1761, 1762; *Tiedtke/Schmitt*, BB 2005, 615, 619.
167 BT-Drucks. 14/6040, 225.
168 Kniffka/*Krause-Allenstein*, IBR-Online-Kommentar, § 636 Rn. 96.
169 Kniffka/*Krause-Allenstein*, IBR-Online-Kommentar, § 636 Rn. 97.
170 Messerschmidt/Voit/*Moufang*, § 636 Rn. 131; Bamberger/Roth/*Faust*, § 437 Rn. 54. A.A. *Canaris*, ZIP 2003, 321, 326.
171 Bamberger/Roth/*Unberath*, § 286 Rn. 72; MüKo-BGB/*Ernst*, § 286 Rn. 154; *Grigoleit/Riehm*, AcP 203 (2003), 727, 748.
172 BGH v. 18.05.1966, Ib ZR 73/64, NJW 1966, 1513; v. 24.04.1990, VI ZR 110/89, NJW 1990, 2060; v. 12.12.2006, VI ZR 224/05, NJW 2007, 1458.

ausgeschöpft wurde.[173] Vom materiell-rechtlichen Kostenerstattungsanspruch werden jedoch nur die Kosten einer Rechtsverfolgung nach Verzugseintritt erfasst, weshalb die Kosten der verzugsbegründenden Mahnung nicht ersetzt werden können.[174] Auch die Kosten für die Leistungen eines Inkassobüros sind unter diesen Voraussetzungen grundsätzlich ersatzfähig, wenn es im Zeitpunkt der Beauftragung nicht offenkundig ist, dass der Schuldner zahlungsunfähig oder zahlungsunwillig ist.[175] Die Schadensminderungspflicht nach § 254 BGB gebietet nach der herrschenden Meinung eine Obergrenze der Ersatzpflicht bis zur Höhe der gesetzlichen Gebühren einer Rechtsanwaltsvergütung nach dem RVG.[176]

E. Schadensersatz statt der Leistung, § 280 Abs. 3 BGB

I. Struktur

Der Schadensersatzanspruch statt der Leistung nach §§ 280 Abs. 1 und 3, 281–283 BGB soll nach gängigen Formulierungen im wesentlichen den Schadensersatzanspruch wegen Nichterfüllung nach altem Recht ersetzen.[177] Tatsächlich weichen die Begriffe aber erheblich voneinander ab: Schadensersatz wegen Nichterfüllung bedeutete, dass der Gläubiger so zu stellen sei, wie er bei gehöriger Erfüllung stände.[178] Bei einer solchen Definition werden indes alle Mangelfolgeschäden vom Erfüllungsinteresse umfasst. Nach den nunmehr geltenden Strukturen ist demgegenüber das allein maßgebliche Abgrenzungskriterium, ob der geltend gemachte Schaden der Nacherfüllung zugänglich ist. Vor einer Gleichsetzung der Begriffe Erfüllungsinteresse und Schadensersatz statt der Leistung ist daher dringend zu warnen. Die neue Wortschöpfung wurde zu Recht damit begründet, dass der Schadensersatzanspruch an die Stelle des Leistungsanspruches trete, weshalb auch die Leistung einer Schadensersatzzahlung zur Erfüllung führe und damit keine »Nichterfüllung« vorliege.[179] Des Weiteren ist der Begriff Schadensersatz wegen Nichterfüllung für die Fälle der Teilleistung und Schlechtleistung nach § 281 Abs. 1 S. 2 und 3 BGB nicht sachgerecht.[180] 81

Der Schadensersatz statt der Leistung erfasst alle Schäden, welche auf das endgültige Ausbleiben der Leistung zurückzuführen sind.[181] Durch das Ausbleiben der Leistung ist das Äquivalenzinteresse betroffen. Der Schadensersatzanspruch statt der Leistung verfolgt den Zweck, den Gläubiger im Ergebnis so zu stellen, als hätte der Schuldner seine Leistungspflicht ordnungsgemäß erfüllt.[182] Es gilt das allgemeine Schadensrecht nach §§ 249 ff. BGB (vgl. dazu *Koenen*, § 249 ff.). 82

Bei der Beurteilung der Frage, ob der Schadensersatzanspruch statt der Leistung auch den Schadensersatz neben der Leistung wegen Verzögerung der Leistung nach § 286 BGB oder sonstiger Pflichtverletzungen nach § 280 Abs. 1 BGB erfasst, ist eine zeitliche Abgrenzung erforderlich: Schadenspositionen, die in den Anwendungsbereich des Schadensersatzanspruchs neben der Leistung fallen und während der Zeit des Bestehens der Leistungspflicht entstanden sind, können 83

---

173 BFH v. 22.07.2008, VIII R 8/07.
174 BGH v. 31.10.1984, VIII ZR 226/83, NJW 1985, 320, 324; MüKo-BGB/*Ernst*, § 286 Rn. 156; Palandt/*Grüneberg*, BGB § 286 Rn. 44.
175 OLG München v. 29.11.1974, 19 U 3081/74, NJW 1975, 832.
176 Palandt/*Grüneberg*, BGB § 286 Rn. 46; MüKo-BGB/*Ernst*, § 286 Rn. 157; Erman/*Westermann*, § 286 Rn. 37. A.A. Staudinger/*Löwisch/Feldmann*, § 286 Rn. 229.
177 Palandt/*Grüneberg*, BGB Vorb. § 281 Rn. 1; MüKo-BGB/*Emmerich*, Vorb. § 281 Rn. 3; *Dauner-Lieb/Dötsch*, DB 2001, 2535, 2537; BT-Drucks. 14/6040, 136.
178 Palandt/*Heinrichs*, BGB, 61. Aufl., 2002, § 280 Rn. 5.
179 BT-Drucks. 14/6040, 137.
180 *Hirsch*, Jura 2003, 289. 290.
181 *Lorenz*, NJW 2002, 2497, 2500; *Grigoleit/Riehm*, AcP 203 (2003), 727, 735.
182 BGH v. 27.05.1998, VIII ZR 362/96, NJW 1998, 2901, 2902; BGH v. 13.06.2006, X ZR 167/04, BauR 2006, 1488, 1490; Palandt/*Grüneberg*, BGB § 281 Rn. 17; MüKo-BGB/*Emmerich*, Vorb. § 281 Rn. 7.

nicht in einen Schadensersatzanspruch statt der Leistung nach § 280 Abs. 3 BGB integriert werden.[183] Die Anspruchsgrundlagen sind in ihren Voraussetzungen und Wertungen verschieden.[184] Nach dem Wegfall des primären Leistungsanspruchs nach §§ 275, 281 Abs. 4 oder § 346 BGB kann demgegenüber kein Schadensersatz neben der Leistung mehr verlangt werden, weil es an der Leistungspflicht fehlt.[185] Alle Schadenspositionen, welche erst nach dem Zeitpunkt des Wegfalls des Leistungsanspruchs begründet werden, werden deshalb ab diesem Zeitpunkt über den Schadensersatzanspruch statt der Leistung gem. § 280 Abs. 3 BGB ersetzt.[186] Entscheidend für eine Abgrenzung ist somit der Zeitpunkt des Schadenseintritts unter Berücksichtigung des Bestehens des Leistungsanspruchs. Dies kann dazu führen, dass zur Geltendmachung des gesamten Schadens neben dem Schadensersatzanspruch statt der Leistung zugleich Schadensersatz neben der Leistung gefordert werden muss.[187]

II. Schadensberechnung bei gegenseitigen Verträgen – Surrogations- und Differenztheorie

84 Im Rahmen gegenseitiger Verträge gilt bei der Schadensermittlung die Besonderheit, dass die Gegenleistung des Gläubigers berücksichtig werden muss. Der Schaden kann auf zwei verschiedene Arten berechnet werden, die an das Bestehenbleiben oder Entfallen der Gegenleistungspflicht anknüpfen:

85 Macht der Gläubiger seinen Anspruch auf Schadensersatz statt der Leistung geltend, so ist der Schuldner gem. § 281 Abs. 4 BGB nicht mehr zur Erfüllung verpflichtet. An Stelle des Anspruchs auf Naturalleistung tritt als Surrogat der Schadensersatzanspruch statt der Leistung in Höhe des Wertes der Naturalleistung. Nach der Surrogationstheorie bleibt der Gläubiger aber zu seiner Gegenleistung verpflichtet. Ist – wie regelmäßig – der Gläubiger zur Leistung in Geld verpflichtet, so stehen sich in der Folge zwei Geldforderungen gegenüber, weshalb die Aufrechnung erklärt werden kann. In diesen Fällen tritt nach der Surrogationstheorie das gleiche Ergebnis ein wie nach der sog. Differenztheorie. In allen anderen Fällen stehen sich der Anspruch auf Schadensersatz als Surrogat der geschuldeten Leistung und der Gegenleistungsanspruch gegenüber.

86 Nach der Differenztheorie entfällt neben der Verpflichtung des Schuldners zur Naturalleistung nach § 281 Abs. 4 BGB auch die Verpflichtung des Gläubigers zur Gegenleistung. Der Gläubiger hat von vornherein einen einseitigen Schadensersatzanspruch in der Höhe der Differenz der beiden entfallenen Leistungen. Der Schuldner muss sich zudem etwaige Folgeschäden anrechnen lassen.[188] Eine Aufrechnungserklärung ist nicht erforderlich.

87 Der Gläubiger hat im neuen Schuldrecht nach herrschender Meinung ein freies Wahlrecht zwischen der Schadensberechnung nach der Differenz- oder der Surrogationstheorie.[189] Das wird mit der Neufassung des § 325 BGB begründet, wonach eine Kombination von Schadensersatz und Rücktritt zulässig ist. Die zugleich aus § 325 BGB hervorgehende Wahlmöglichkeit zwischen Schadensersatz und Rücktritt besteht nur bei einer möglichen Heranziehung der Surrogationstheorie.[190] Der Schadensersatz statt der Leistung nach der Differenztheorie kann nur in Verbindung mit dem Rücktritt verlangt werden, weil nur so die Pflicht zur Gegenleistung wirksam auf-

---

183 Palandt/*Grüneberg*, BGB § 281 Rn. 17; MüKo-BGB/*Ernst*, § 280 Rn. 66 ff.; Bamberger/Roth/*Unberath*, § 281 Rn. 35. Im alten Schuldrecht konnte der Gläubiger demgegenüber wahlweise den Verzugsschaden in den Nichterfüllungsschaden integrieren, BGH v. 17.01.1997, V ZR 285/95, NJW 1997, 1231, 1231.
184 Bamberger/Roth/*Unberath*, § 281 Rn. 35; *Grigoleit/Riehm*, AcP 203 (2003), 727, 750.
185 *Grigoleit/Riehm*, AcP 203 (2003), 727, 750.
186 *Kleine/Scholl*, NJW 2006, 3462, 3465; MüKo-BGB/*Ernst*, § 280 Rn. 68, 69.
187 Bamberger/Roth/*Unberath*, § 281 Rn. 35; MüKo-BGB/*Ernst*, § 281 Rn. 115.
188 Palandt/*Grüneberg*, BGB § 281 Rn. 18.
189 Palandt/*Grüneberg*, BGB § 281 Rn. 20; Jauernig/*Stadler*, § 281 Rn. 18; *Emmerich*, § 13 Rn. 28.
190 *Lorenz/Riehm*, Rn. 211.

gehoben werden kann.¹⁹¹ In § 281 Abs. 4 BGB liegt keine dem § 326 BGB a.F. entsprechende das Schuldverhältnis beendende Wirkung. Der Gläubiger verliert das Recht, die Naturalleistung zu fordern, bleibt aber zur Gegenleistung verpflichtet. Das Entfallen der Gegenleistung kann nach neuem Schuldrecht nicht schadensrechtlich begründet werden, sondern unterliegt den Rechtsfolgen des Rücktritts.¹⁹² Wird der Rücktritt nicht ausdrücklich erklärt, so liegt im Verlangen des Schadensersatzes nach der Differenztheorie eine konkludente Rücktrittserklärung.¹⁹³ Die Berechnung nach der Surrogationstheorie kann damit als Abrechnung ohne Rücktritt und die Differenztheorie als Abrechnung neben dem Rücktritt betrachtet werden.¹⁹⁴ Der Gläubiger kann auch unabhängig davon, ob er die Gegenleistung bereits erbracht hat, frei zwischen den zwei Berechnungsmethoden wählen. Nach dem Rücktritt kann der Gläubiger die bereits erbrachte Gegenleistung nach § 346 Abs. 1 BGB zurückverlangen und anschließend nach der Differenztheorie Schadensersatz statt der Leistung verlangen.¹⁹⁵ Will der Gläubiger seine Gegenleistung beim Schuldner belassen, so kann er Schadensersatz statt der Leistung nach der Surrogationstheorie verlangen.

III. Konkrete Schadensberechnung

Der Gläubiger, der einen Anspruch auf Schadensersatz statt der Leistung hat, kann verlangen, wirtschaftlich so gestellt zu werden, wie er stehen würde, wenn der Schuldner den Vertrag ordnungsgemäß erfüllt hätte. Zur Berechnung des Nichterfüllungsschadens bedarf es daher eines Vergleichs zwischen der Vermögenslage, die eingetreten wäre, wenn der Schuldner ordnungsgemäß erfüllt hätte, und der durch die Nichterfüllung tatsächlich entstandenen Vermögenslage. Grundsätzlich ist der Schaden konkret zu ermitteln, also unter Darlegung im einzelnen, wie sich die Vermögenslage bei vertragsgemäßem Verhalten entwickelt hätte und wie sie sich tatsächlich entwickelt hat.¹⁹⁶ Die konkrete Schadensberechnung hat alle Vor- und Nachteile des nicht erfüllten Vertrages zu berücksichtigen.¹⁹⁷ Bezüglich der typischen Schadensposten ist für den (Bau-)Werkvertrag zwischen Besteller und Unternehmer zu unterscheiden: 88

1. Besteller

Der Besteller kann die Mehrkosten eines Deckungsgeschäfts geltend machen. Der Schaden errechnet sich nach der Differenz zwischen vereinbarter Vergütung und Marktwert des Werkes.¹⁹⁸ Die Schadensberechnung anhand eines tatsächlichen vorgenommenen Deckungsgeschäfts erleichtert den Nachweis eines konkreten Schadens.¹⁹⁹ Ein Deckungsgeschäft, das vor dem Ablauf der Nachfrist nach § 281 Abs. 1 S. 1 BGB vorgenommen wurde, kann gleichwohl als Berechnungsgrundlage dienen.²⁰⁰ Der Gläubiger kann aufgrund seiner Schadensminderungspflicht nach 89

---

191 MüKo-BGB/*Ernst*, § 325 Rn. 8; Bamberger/Roth/*Unberath*, § 281 Rn. 32. A.A. Staudinger/*Otto*/ *Schwarze*, § 325 Rn. 27, 36; Palandt/*Grüneberg*, BGB § 281 Rn. 20, hält den Rücktritt nicht für erforderlich, wenn der Gläubiger die Gegenleistung noch nicht erbracht hat.
192 MüKo-BGB/*Ernst*, § 325 Rn. 8; Bamberger/Roth/*Unberath*, § 281 Rn. 31.
193 MüKo-BGB/*Ernst*, § 325 Rn. 22; Bamberger/Roth/*Unberath*, § 281 Rn. 32; Palandt/*Grüneberg*, BGB § 281 Rn. 20; *Gsell*, JZ 2004, 643, 647.
194 *Lorenz/Riehm*, Rn. 211.
195 Palandt/*Grüneberg*, BGB § 281 Rn. 22; *Lorenz/Riehm*, Rn. 211; Nach dem alten Schuldrecht war dies wegen des Ausschlussverhältnisses von Rücktritt und Schadensersatz nicht möglich, §§ 325, 326 BGB a.F.
196 BGH v. 11.02.2009, VIII ZR 328/07, JZ 2010, 44, Rn. 20.
197 BGH v. 25.03.1983, V ZR 168/81, NJW 1983, 1605; BGH v. 25.02.1999, III ZR 155/97, NJW 1999, 3625; Palandt/*Grüneberg*, BGB § 281 Rn. 25.
198 OLG Hamm v. 10.03.1995, 19 U 206/94, VersR 1996, 1119; MüKo-BGB/*Emmerich*, Vorb. § 281 Rn. 81; Palandt/*Grüneberg*, BGB § 281 Rn. 26.
199 Staudinger/*Otto*, § 280 Rn. E 106.
200 BGH v. 27.05.1998, VIII ZR 362/96, NJW 1998, 2901, 2902.

§ 254 Abs. 2 S. 1 BGB zur rechtzeitigen Vornahme des Deckungsgeschäfts[201] sowie dabei zur Einhaltung der erforderlichen Sorgfalt verpflichtet sein.[202] Dem Besteller steht zudem der entgangene Gewinn aus einem geplanten, aber aufgrund der Nichtleistung nicht zustande gekommenen Weiterverkauf zu.[203] Auf den nicht zustande gekommenen Weiterverkauf zurückgehende Vermögenseinbußen, wie nun nutzlos gewordene Aufwendungen, Vertragsstrafen und Schadensersatzansprüche zugunsten der vorgesehenen Abnehmer, sind ebenfalls ersatzfähige Schäden.[204]

2. Unternehmer/Verkäufer

90   Bei der konkreten Berechnung des Schadensersatzes muss aus rechtlichen und tatsächlichen Gründen zwischen dem Unternehmer im Bauvertragsrecht gem. § 631 BGB und dem Verkäufer im Kaufvertrag gem. § 433 BGB oder Werklieferungsvertrag gem. §§ 651, 433 BGB unterschieden werden. Der Verkäufer kann einen Schaden in Gestalt eines Mindererlöses aus einem Deckungsverkauf oder sonstiger zuzüglicher Kosten ersetzt verlangen.[205] Auch der Verkäufer kann dazu verpflichtet sein, bei Berücksichtigung seiner Schadensminderungspflicht ein mögliches Deckungsgeschäft abzuschließen und sorgfältig durchzuführen.[206] Dabei muss auf den Einzelfall abgestellt werden. Bei Bauverträgen ist der Werkunternehmer demgegenüber in der Regel aus rechtlichen und tatsächlichen Gründen nicht in der Lage, einen Deckungsverkauf vorzunehmen. Da die Werkleistung im Bauvertrag eine zur Herstellung eines Gebäudes oder sonstigen Bauwerks eingefügte Sache und damit ein wesentlicher Bestandteil des Gebäudes und damit Grundstücks ist,[207] geht das Eigentum an der gegenständlichen Werkleistung nach § 946 BGB auf den Grundstückseigentümer über. Der Unternehmer, der nicht zugleich Grundstückseigentümer ist, kann demnach über das Substrat seiner Leistung gar nicht ohne Zutun des Grundstückseigentümers verfügen. Zudem ist schwer vorstellbar, dass sich aus tatsächlichen Gründen ein Abnehmer für die auf einem fremden Grundstück erbrachte gegenständliche Werkleistung findet. Der Unternehmer kann nur weiter auf seinen Vergütungsanspruch nach § 631 BGB bestehen.

3. Maßgeblicher Zeitpunkt für die Berechnung des konkreten Schadens

91   Bei der Berechnung ist auf den Zeitpunkt der vorgesehenen Erfüllung und auf den hypothetischen Vermögensstand bei ordnungsgemäßer Erfüllung abzustellen.[208] Wird der Schaden auf der Grundlage eines tatsächlich getätigten Deckungsgeschäfts berechnet, so ist der Zeitpunkt der Vornahme dieses Geschäfts für die Berechnung maßgeblich.[209] Im Rechtsstreit ist auf die Verhältnisse zum Zeitpunkt der letzen mündlichen Verhandlung in der Tatsacheninstanz abzustellen.[210]

---

201 BGH v. 17.01.1997, V ZR 285/95, NJW 1997, 1231, 1232; OLG Nürnberg v. 06.12.2000, 12 U 2953/00, NJW-RR 2002, 47, 48.
202 MüKo-BGB/*Emmerich*. Vorb. § 281 Rn. 82.
203 OLG Köln v. 15.09.1992, 22 U 78/92, NJW-RR 1993, 949; Staudinger/*Otto*, § 280 Rn. E 102. A.A. MüKo-BGB/*Emmerich*, Vorb. § 281 Rn. 84, bei der Möglichkeit der Vornahme eines Deckungsgeschäfts mit auf dem Mark ersatzweise beschaffbarer Ware/Werkleistung.
204 Bamberger/Roth/*Unberath*, § 281 Rn. 37; MüKo-BGB/*Emmerich*, Vorb. § 281 Rn. 79; Palandt/*Grüneberg*, BGB § 281 Rn. 26.
205 BGH v. 24.01.1997, V ZR 294/95, NJW-RR 1997, 654.
206 BGH v. 17.01.1997, V ZR 285/95, NJW 1997, 1231, 1232; Palandt/*Grüneberg*, BGB § 281 Rn. 27.
207 Bamberger/Roth/*Fritzsche*, § 94 Rn. 15, 16.
208 BGH v. 25.02.1999, III ZR 155/97, NJW 1999, 3625, 3626.
209 Palandt/*Grüneberg*, BGB § 281 Rn. 29.
210 BGH v. 23.10.2003, IX ZR 249/02, NJW 2004, 444, 445; OLG Karlsruhe v. 16.06.1971, 1 U 163/70, NJW 1971, 1809, 1810; MüKo-BGB/*Ernst*, § 281 Rn. 67, 85.

IV. Abstrakte Schadensberechnung

1. Gewinnvermutung als Beweiserleichterung

Die abstrakte Schadensberechnung stellt eine Beweiserleichterung für den Gläubiger dar.[211] Für die abstrakte Schadensberechnung ist die auf § 252 S. 2 BGB zurückgehende Vermutung eines branchenüblichen Geschäftsverlaufs zugrundezulegen.[212] Der Gläubiger kann den vermuteten Gewinn aus dem nicht durchgeführten Vertrag als Schadensposten geltend machen.[213] Die Berechnung des abstrakten Schadens erfolgt an einem hypothetischen Deckungsgeschäft oder hypothetischen Weiterveräußerungsgeschäft bei gewöhnlichem Geschäftsverlauf.[214] Die abstrakte Schadensermittlung hat für den Gläubiger den Vorteil, keine vertraulichen Informationen über Geschäftsabschlüsse offen legen zu müssen, um nach der Vornahme eines tatsächlichen Deckungsgeschäfts den konkreten Schaden zu beweisen.[215] Auf die Gewinnvermutung können nur am gewöhnlichen Geschäftsverlauf Beteiligte wie Kaufleute und andere Gewerbetreibende zurückgreifen. Für Privatpersonen ist die abstrakte Schadensberechnung in der Regel ausgeschlossen.[216] Der Gläubiger hat grundsätzlich eine freie Wahlmöglichkeit zwischen abstrakter und konkreter Schadensermittlung.[217] Eine abstrakte Berechnung ist jedoch ausgeschlossen, wenn es dem Schuldner gelingt, die Gewinnvermutung zu widerlegen. Gelingt es dem Schuldner nachzuweisen, dass der Gläubiger zur Vornahme eines Deckungsgeschäfts oder Weiterveräußerungsgeschäfts nicht in der Lage gewesen sei, so muss der Schaden konkret berechnet werden.[218]

92

2. Maßgeblicher Zeitpunkt für die abstrakte Schadensberechnung

Der Gläubiger kann wahlweise auf den Zeitpunkt der Pflichtverletzung oder der Entstehung des Anspruchs abstellen.[219]

93

3. Rentabilitätsvermutung

a) Allgemeines

Ihm Rahmen des Schadensersatzanspruchs statt der Leistung kann der Gläubiger über die Anwendung der sogenannten Rentabilitätsvermutung gewisse Schadenspositionen als Mindestschaden geltend machen. Hierunter fallen ein Geldbetrag in der Höhe der schon erbrachten Gegenleistung (Vorleistung) und die Kosten für Aufwendungen des Gläubigers, die sich wegen des Ausbleibens der Primärleistung nachträglich als nutzlos erweisen. Die Rentabilitätsvermutung stützt sich auf die Annahme, dass Leistung und Gegenleistung grundsätzlich gleichwertig sind[220] und dass der Gläubiger bei einer ordnungsgemäßen Durchführung des Vertrages einen Ertrag erwirtschaftet hätte, der zumindest die Kosten für die erbrachten Aufwendungen deckt.[221] Diese Schadens-

94

---

211 Bamberger/Roth/*Unberath*, § 281 Rn. 40.
212 BGH v. 29.06.1994, VIII ZR 317/93, NJW 1994, 2478.
213 BGH v. 27.05.1998, VIII ZR 362/96, NJW 1998, 2901, 2902; Bamberger/Roth/*Unberath*, § 281 Rn. 40. A.A. *Knütel*, AcP 202 (2002), 555, 570.
214 BGH v. 02.12.1994, V ZR 193/93, NJW 1995, 587, 588; BGH v. 27.05.1998, VIII ZR 362/96, NJW 1998, 2901, 2902; *Emmerich*, § 13 Rn. 39.
215 Palandt/*Grüneberg*, BGB § 281 Rn. 30.
216 BGH v. 18.01.1980, V ZR 110/76, NJW 1980, 1742, 1743; BGH v. 02.12.1994, V ZR 193/93, NJW 1995, 587, 588; Bamberger/Roth/*Unberath*, § 281 Rn. 40; *Emmerich*, § 13 Rn. 39.
217 Palandt/*Grüneberg*, BGB § 281 Rn. 31.
218 MüKo-BGB/*Ernst*, § 281 Rn. 49; Bamberger/Roth/*Unberath*, § 281 Rn. 42.
219 Palandt/*Grüneberg*, BGB § 281 Rn. 34.
220 BGH v. 26.03.1999, 26.03.1999, NJW 1999, 2269; Palandt/*Grüneberg*, BGB § 281 Rn. 23.
221 BGH v. 30.06.1993, XII ZR 136/91, NJW 1993, 2527; BGH v. 25.02.1999, 25.02.1999, NJW 1999, 3625, 3626; zum neuen Schuldrecht OLG Karlsruhe v. 14.09.2004, 8 U 97/04, NJW 2005, 989, 991; MüKo-BGB/*Emmerich*, Vor § 281 Rn. 44; Bamberger/Roth/*Unberath*, § 281 Rn. 44.

berechnung nach der Rentabilitätsvermutung geht auf eine konsequente Anwendung der Differenzhypothese zurück.[222]

95 Die Rentabilitätsvermutung kann vom Schuldner widerlegt werden, indem er darlegt und beweist, dass der Gläubiger auch bei ordnungsgemäßer Durchführung des Vertrags keinen Gewinn zur Deckung der erbrachten Aufwendungen erwirtschaftet hätte.[223] Insofern stellt die Rentabilitätsvermutung lediglich eine Beweiserleichterung dar.[224] Die Rentabilitätsvermutung kann nicht zur Schadensberechnung herangezogen werden, wenn der Vertragsgegner eine ihm frei zustehende Rücktritts- oder Kündigungsmöglichkeit wahrnimmt, weil der Schuldner in diesen Fällen keine hinreichend gesicherte Aussicht auf eine Amortisation der Aufwendungen durch die Vertragsausführung hat.[225]

96 Trotz der Einführung des § 284 BGB im Rahmen der Schuldrechtsmodernisierung kann der Gläubiger nach wie vor über den Schadensersatz statt der Leistung nach der bisherigen Rentabilitätsvermutung den Ersatz von nutzlosen Aufwendungen verlangen,[226] weil durch § 284 BGB die Rechte des Gläubigers nicht beschränkt werden sollten.[227]

b) **Reichweite der Rentabilitätsvermutung**

aa) **Vorleistung**

97 Der Gläubiger kann nach der Rentabilitätsvermutung auch im neuen Schuldrecht seine bereits in Vorleistung erbrachte Gegenleistung als Mindestschaden im Rahmen eines Schadensersatzanspruches statt der Leistung geltend machen.[228] Dieser Grundsatz gilt neben dem Kauf- und Werkvertragsrecht auch bei Miet- und Dienstverträgen.[229] Im Fall einer mangelhaften Werkleistung kann der Besteller eine bereits erbrachte Vergütung bei der Berechnung des Rückabwicklungsschadens als Mindestschaden ansetzen (vgl. Rdn. 94). Der große Schadensersatzanspruch erfasst auch die bereits bezahlte Vergütung als Mindestschaden, wenn diese über dem Wert des vertragsgemäßen mangelfreien Werks liegt.[230] Zur Frage, ob Vorleistungen des Gläubigers auch nach § 284 BGB zurückverlangt werden können, vgl. § 284 BGB Rdn. 16.

bb) **Sonstige Aufwendungen und Vertragskosten**

98 Der Hauptanwendungsbereich der Rentabilitätsvermutung erstreckt sich auf Aufwendungen, die der Gläubiger im Vertrauen auf eine ordnungsgemäße Vertragsdurchführung erbringt und die sich nach dem Ausbleiben der Primärleistung als nutzlos herausstellen. Die Rentabilitätsver-

---

222 BGH v. 30.06.1993, XII ZR 136/91, NJW 1993, 2527; *Lorenz/Riehm*, Rn. 223; *Weitemeyer*, AcP 205 (2005), 275, 276.
223 BGH v. 15.03.1990, I ZR 149/88, NJW 1990, 2543, 2544; BGH v. 30.06.1993, XII ZR 136/91, NJW 1993, 2527, *Emmerich*, § 13 Rn. 34; *Weitemeyer*, AcP 205 (2005), 275, 276.
224 Staudinger/*Otto*, § 280 Rn. E 118; Bamberger/Roth/*Unberath*, § 281 Rn. 46.
225 BGH v. 30.06.1993, XII ZR 136/91, NJW 1993, 2527, 2528; Staudinger/*Otto*, § 280 Rn. E 111; Bamberger/Roth/*Unberath*, § 281 Rn. 46.
226 BGH v. 20.07.2005, VIII ZR 275/04, NJW 2005, 2848; OLG Karlsruhe v. 14.09.2004, 8 U 97/04, NJW 2005, 989, 991; LG Bonn v. 30.10.2003, 10 O 27/03, NJW 2004, 74, 75; *Canaris*, JZ 2001, 499, 517; *Lorenz/Riehm*, Rn. 225; *Emmerich*, § 13 Rn. 32 m.w.N.
227 Staudinger/*Otto*, § 280 Rn. E 115; MüKo-BGB/*Emmerich*, Vor § 281 Rn. 39.
228 OLG Karlsruhe v. 14.09.2004, 8 U 97/04, NJW 2005 989, 991; Palandt/*Grüneberg*, BGB § 281 Rn. 23; MüKo-BGB/*Emmerich*, Vor § 281 Rn. 41. A.A. Bamberger/Roth/*Unberath*, § 281 Rn. 44, hält die Fiktion eines Mindestschadens wegen § 325 BGB nicht mehr für erforderlich. Die Rückforderung der Gegenleistung solle über das Rücktrittsrecht erfolgen.
229 MüKo-BGB/*Emmerich*, Vor § 281 Rn. 42.
230 Messerschmidt/Voit/*Moufang*, § 636 Rn. 149, mit dem Hinweis, dass diese Ansicht in Hinblick auf § 325 BGB bis zu einer höchstrichterlichen Entscheidung zweifelhaft bleibt, weshalb in Überpreisfällen sicherheitshalber zusätzlich der Rücktritt erklärt werden sollte.

mutung soll nach h.M. nicht anwendbar sein, wenn der Gläubiger keine erwerbswirtschaftlichen Ziele verfolgt, weil sich die erbrachten Aufwendungen in diesem Fall mangels materieller Gegenleistung nicht amortisieren können. Verfolge der Gläubiger rein ideelle, konsumtive, spekulative oder marktstrategische Ziele, so könne er sich folglich nicht auf die Beweiserleichterung der Rentabilitätsvermutung stützen.[231] Musterbeispiel für die Unanwendbarkeit der Rentabilitätsvermutung ist der »Stadthallenfall«.[232] Ein eingetragener Verein, der vom Verfassungsschutz als rechtsextrem eingestuft wurde, mietete zur Austragung einer Veranstaltung eine Stadthalle an. Die Gemeinde kündigte vertragswidrig und haftungsbegründend den Mietvertrag. Nach Ansicht des BGH hatte der Verein keinen Anspruch auf Ersatz von Werbekosten für die Veranstaltung, weil er mit der Veranstaltung einen ideellen Zweck verfolgte und die Werbekosten sich auch bei Durchführung der Veranstaltung nicht amortisiert hätten.[233] So verständlich die Entscheidung des BGH im Stadthallenfall sein mag, doch *hard cases make bad law!* Selbstverständlich kann die ökonomische Wertung, dass der Wert einer Leistung für den Gläubiger sich nicht allein aus der vertraglich vereinbarten Gegenleistung ergibt, sondern die Berücksichtigung aller weiterer Kosten gebietet, welche der Gläubiger auf sich nimmt, um in den Genuss der Leistung zu gelangen, auch auf Verträge übertragen werden, die vom Gläubiger zu ideellen oder konsumtiven Zwecken geschlossen werden.

Soweit die Rentabilitätsvermutung aber anwendbar ist, sind Aufwendungen als Schaden ersatzfähig, die sich auf den Vertragsschluss des Geschäfts beziehen, dessen Primärleistung nicht erfüllt wird.[234] Dabei hat der BGH die Ersatzfähigkeit auf alle Vertragskosten ausgedehnt. Hierunter fallen beispielsweise Maklerkosten,[235] Notargebühren[236] und vor allem Kosten der Vertragsdurchführung[237] wie Transport- und Unterbringungskosten, Erschließungs- und Vermessungskosten, Grundsteuer sowie Kosten für Versicherungen. Die Rentabilitätsvermutung erstreckt sich dagegen nicht auf Folgeverträge, welche die Verwendung oder Verwertung der ausgebliebenen Primärleistung betreffen.[238] Vermögensnachteile, welche dem Gläubiger entstehen, weil er die ausgebliebene Leistung als Grundlage für weitere Geschäfte macht, können nicht über die Rentabilitätsvermutung geltend gemacht werden, weil sie nicht das Austauschverhältnis von Leistung und Gegenleistung betreffen. Die Kosten für den Umbau einer Diskothek[239] oder die Kosten des Gläubigers in seiner Funktion als Bauträger[240] stellen keine auf den Abschluss des Grundstückskaufvertrages bezogenen Aufwendungen dar. Für diese Vermögensnachteile kann der Gläubiger sich nur auf einen Schadensersatz statt der Leistung wegen ihm entgangenen Gewinns stützen. Dabei kann er sich auf die Beweiserleichterung des § 252 S. 2 BGB und § 287 ZPO berufen.[241] 99

Zur der die Lücke der Rentabilitätsvermutung schließenden sowie parallelen Anwendung des § 284 BGB vgl. § 284 BGB Rdn. 25. 100

---

231 BT-Drucks. 14/6040, 144; MüKo-BGB/*Emmerich*, Vor § 281 Rn. 39; *Weitemeyer*, AcP 205 (2005), 275, 279.
232 BGH v. 10.12.1986, VIII ZR 349/85, NJW 1987, 831.
233 BGH v. 10.12.1986, VIII ZR 349/85, NJW 1987, 831, 834.
234 BGH v. 22.10.1999, V ZR 401/98, NJW 2000, 506, 508; MüKo-BGB/*Emmerich*, Vor § 281 Rn. 43; Bamberger/Roth/*Unberath*, § 281 Rn. 45.
235 BHG v. 30.06.1993, XII ZR 136/91, NJW 1993, 2527.
236 BGH v. 22.10.1999, V ZR 401/98, NJW 2000, 506, 508.
237 BGH 19.04.1991, V ZR 22/90, NJW 1991, 2277; 2278 ff.; BGH v. 22.10.1999, V ZR 401/98, NJW 2000, 506, 508.
238 MüKo-BGB/*Emmerich*, Vor § 281 Rn. 43; *Weitemeyer*, AcP 205 (2005), 275, 281.
239 BGH 19.04.1991, V ZR 22/90, NJW 1991, 2277, 2279.
240 BGH v. 22.10.1999, V ZR 401/98, NJW 2000, 506, 508.
241 BGH 19.04.1991, V ZR 22/90, NJW 1991, 2277, 2279; BGH v. 22.10.1999, V ZR 401/98, NJW 2000, 506, 508; BGH v. 25.02.1999, III ZR 155/97, NJW 1999, 3625, 3626; *Wiedemann/Müller*, JZ 1992, 467; *Weitemeyer*, AcP 205 (2005), 275, 281.

§ 280 BGB   Schadensersatz wegen Pflichtverletzung

V. Schadensersatz statt der ganzen Leistung

1. Schadensersatz statt der Leistung (»kleiner« Schadensersatz)

101 Der Besteller kann zunächst das mangelhafte Werk bzw. die Teilleistung behalten und zum Ausgleich des mangelbedingten Minderwerts Schadensersatz statt der Leistung verlangen. Dieser kleine Schadensersatz wird nach der Differenztheorie berechnet.[242] Die Höhe des Schadensersatzanspruchs richtet sich wahlweise nach den Mangelbeseitigungskosten oder nach dem mangelbedingten Minderwert des Bauwerks.[243]

a) Mangelbedingter Minderwert des Bauwerks

102 Der mangelbedingte Minderwert errechnet sich anhand der Auswirkung der mangelhaften Beschaffenheit des Werkes auf den Ertrags- und Veräußerungswert des Werkes im Verhältnis zu einer vertragsgemäßen Herstellung.[244] Diese Art der Berechnung ist jedoch meist ungünstig, weil der Minderwert des Werkes im Regelfall niedriger ist als die ersatzfähigen Mängelbeseitigungskosten.[245] Meist wird es deshalb sinnvoller sein, für die Schadensberechnung auf die Mangelbeseitigungskosten abzustellen.

b) Mangelbeseitigungskosten

aa) Umfang

103 Der Besteller kann alle Kosten gelten machen, die zur Beseitigung des Mangels erforderlich sind.[246] Selbst wenn der Unternehmer nach § 635 Abs. 3 BGB eine Nacherfüllung wegen unverhältnismäßig hoher Kosten verweigern dürfte, können diese Kosten als Mängelbeseitigungskosten geltend gemacht werden.[247] Begründet wird diese Ungleichbehandlung mit dem Erfordernis des Vertretenmüssens des Mangels im Rahmen des Schadensersatzanspruchs im Vergleich zu den sonst verschuldensunabhängigen Mängelrechten.[248] Die Grenzen des Schadensersatzanspruchs werden allein durch die allgemeine Regelung in § 251 Abs. 2 BGB bestimmt.[249] Danach kann der Schadensersatzanspruch verweigert werden, wenn die Mängelbeseitigungskosten unverhältnismäßig hoch sind und dem Unternehmer nach Treu und Glauben nicht zugemutet werden können. Dies ist der Fall, wenn der finanzielle Aufwand der Mängelbeseitigung bei Berücksichtigung des Einzelfalls in keinerlei vernünftigem Verhältnis zum erreichten Erfolg steht.[250]

104 Als Mängelbeseitigungskosten kommen alle Kosten in Betracht, die nach § 637 Abs. 1 BGB erstattet werden können.[251] Dazu gehören in erster Linie Arbeits- und Materialkosten.[252] Mängelbeseitigungskosten sind aber auch Nebenkosten wie beispielsweise: Kosten für Gutachten, die

---

242 Bamberger/Roth/*Voit*, § 636 Rn. 52.
243 Messerschmidt/Voit/*Moufang*, § 636 Rn. 163; Kniffka/*Krause-Allenstein*, IBR-Online-Kommentar, § 636 Rn. 61.
244 BGH v. 15.12.1994, VII ZR 246/93, BauR 1995, 388, 389.
245 Kniffka/Koeble/*Kniffka*, 6. Teil Rn. 160.
246 BGH v. 10.04.2003, VII ZR 251/02, BauR 2003, 1211, 1212; BGH v. 10.03.2005, VII ZR 321/03, BauR 2005, 1014, 1014.
247 BGH v. 26.10.1972, VII ZR 181/71, NJW 1973, 138, 139, zu § 633 BGB a.F.; OLG Frankfurt v. 14.04.2005, 15 U 89/99, BauR 2007, 158, 158.
248 Bamberger/Roth/*Voit*, § 636 Rn. 55.
249 Messerschmidt/Voit/*Moufang*, § 636 Rn. 164; Kniffka/*Krause-Allenstein*, IBR-Online-Kommentar, § 636 Rn. 66.
250 BGH v. 06.06.1991, VII ZR 372/89, BauR 1991, 606, 608; BGH v. 10.03.2005, VII ZR 321/03, BauR 2005, 1014, 1015; BGH v. 29.06.2006, VII ZR 86/05, BauR 2006, 1736, 1738.
251 Kniffka/*Krause-Allenstein*, IBR-Online-Kommentar, § 636 Rn. 62; *Vygen/Joussen*, Rn. 1441.
252 BGH v. 27.02.2003, VII ZR 338/01, BauR 2003, 693, 695.

für eine Mängelfeststellung und Mängelbeseitigung erforderlich sind;[253] Hotelkosten des Bestellers für die Dauer der Mängelbeseitigung;[254] Kosten für eine notwendige Auslagerung von Möbeln;[255] zusätzliche Baukosten, welche durch die Störung des Bauablaufs aufgrund der Mangelbeseitigung entstehen;[256] Nutzungsausfall und entgangener Gewinn in Form von Zinsverlusten und entgangene Mieteinnahmen.

Soweit die aufgezählten Schadensposten nicht durch eine ordnungsgemäße Nacherfüllung beseitigt werden können, können sie nach § 280 Abs. 1 BGB geltend gemacht werden. Nur der nach dem Wegfall der Nacherfüllungspflicht nach § 281 Abs. 4 BGB entstandene Mangelfolgeschaden fällt in den Anwendungsbereich des Schadensersatzes statt der Leistung nach §§ 634 Nr. 4, 280 Abs. 1 und 3, 281 BGB.[257]

bb) Fiktive Mangelbeseitigungskosten

Der Besteller ist nicht zur Mängelbeseitigung verpflichtet.[258] Er kann den Schadensersatzanspruch auch über sog. fiktive Mangelbeseitigungskosten, im Regelfall auf der Grundlage eines Sachverständigengutachtens über die erforderlichen Kosten, berechnen.[259] Führt eine Abrechnung über fiktive Mängelbeseitigungskosten zu einer erheblichen Überkompensation und damit zu einer untragbaren Besserstellung des Bestellers, so wird in der Literatur vertreten, dass der Besteller einem Verwendungszwang zur Mängelbeseitigung unterliegt oder zumindest aus Treu und Glauben hierzu verpflichtet ist.[260] Dies widerspricht jedoch der von der Rechtsprechung verfolgten Dispositionsmaxime, wonach der Besteller den Schadensersatzanspruch nicht zur Mängelbeseitigung aufwenden muss.[261] Bei einer Abrechnung auf der Grundlage von fiktiven Mangelbeseitigungskosten steht dem Besteller nach § 249 Abs. 2 S. 2 BGB jedoch nur der Nettoschadensbetrag ohne Umsatzsteuer zu.[262]

2. Schadensersatz statt der ganzen Leistung (»großer« Schadensersatz)

Die Rückabwicklung bereits teilweise erfüllter Verträge wird dem Gläubiger auch (vgl. § 323 Abs. 5 BGB) im Rahmen des Schadensersatzanspruchs nur unter zusätzlichen, aus § 459 BGB a.F. verallgemeinerten, besonderen Hürden gestattet: Bei Teilleistungen bedarf es des Interessenwegfalls gem. § 281 Abs. 1 S. 2 BGB (vgl. dazu § 281 BGB Rdn. 7), bei Schlechtleistungen (»nicht wie geschuldet«) muss der Mangel gem. § 281 Abs. 1 S. 3 BGB nicht nur unerheblich sein. Nur dann kann der Besteller die Teilleistung bzw. das mangelhafte Werk zurückweisen und Schadensersatz statt der ganzen Leistung verlangen. Damit hat der Gesetzgeber dem Umstand Rechnung getragen, dass die Rückabwicklung der unökonomischste aller Rechtsbehelfe ist: Um den Zustand vor Vertragsschluss zu erreichen, werden weitere Transaktionskosten (der Rückabwicklung) angehäuft.

Von diesem früher sog. großen Schadensersatzanspruch werden alle Schäden aufgrund der Nichterfüllung des gesamten Vertrages erfasst. Es gibt verschiedene Ansätze zur Berechnung des Scha-

---

253) BGH v. 27.02.2003, VII ZR 338/01, BauR 2003, 693, 695.
254) BGH v. 10.04.2003, VII ZR 251/02, BauR 2003, 1211, 1213.
255) OLG Celle v. 29.11.2001, 13 U 78/01, BauR 2003, 403, 404.
256) Kuffer/Wirth/*Drossart*, 2. Kap. B. Rn. 160.
257) *Vygen/Joussen*, Rn. 1443; Messerschmidt/Voit/*Moufang*, § 636 Rn. 132, 158.
258) BGH v. 10.04.2003, VII ZR 251/02, BauR 2003, 1211, 1212.
259) BGH v. 10.04.2003, VII ZR 251/02, BauR 2003, 1211, 1212; Messerschmidt/Voit/*Moufang*, § 636 Rn. 165. A.A. *Knütel*, BauR 2004, 591, 592.
260) Kniffka/*Krause-Allenstein*, IBR-Online-Kommentar, § 636 Rn. 65; *Jansen*, BauR 2007, 800, 806.
261) BGH v. 10.03.2005, VII ZR 321/03, BauR 2005, 1014, 1014, 1015; Kniffka/*Krause-Allenstein*, IBR-Online-Kommentar, § 636 Rn. 65.
262) BGH v. 22.07.2010, VII ZR 176/09; bereits *Vygen/Joussen*, Rn. 1444.

densersatzes. Dies hängt davon ab, ob der Besteller die Herstellung des ursprünglichen Zustandes vor Vertragsschluss oder den Zustand im Fall der vertragsgemäßen Erfüllung begehrt.

a) Rückabwicklungsschaden

109 Sieht der Besteller von einer Fertigstellung des Werks ab, so kann er alle Aufwendungen und Schäden, die im Zusammenhang mit der Bauleistung stehen, ersetzt verlangen. Ziel ist es, das Vermögen und die Gegenstände des Gläubigers in den Ausgangszustand vor Vertragsschluss zurückzuversetzen. Der Schadensersatzanspruch auf Ersatz des Rückabwicklungsschadens ist auf das negative Interesse gerichtet.[263] Der Anspruch auf noch nicht bezahlten Werklohn geht mit dem Verlangen des Schadensersatzes unter. Die Zahlung kann folglich vom Besteller verweigert werden.[264] Der bereits erbrachte Werklohn kann als Mindestschaden geltend gemacht werden.[265] Der Unternehmer ist verpflichtet, die mangelhafte Werkleistung zu beseitigen und zu entsorgen oder die hierzu erforderlichen Kosten zu tragen.[266] Auch die Kosten für Bauleistungen im Vorfeld, welche zur Vorbereitung der mangelhaften Werkleistung erforderlich waren, sind ersatzfähige Schadensposten.[267] Ersatzfähig sind auch jene Aufwendungen, die zwar außerhalb des eigentlichen Bauprozesses vorgenommen wurden, aber in Hinblick auf die vertragsgemäße Erfüllung der Werkleistung erbracht wurden. Dies können beispielsweise Finanzierungskosten, Maklerkosten, Grundbuchkosten oder Notarkosten sein.[268]

110 Im Wege des Vorteilsausgleichs muss sich der Besteller jeden Vermögenszuwachs, der auf den Bauvertrag zurückgeht, auf den Schadensersatzanspruch anrechnen lassen, weil er bei der Rückabwicklung nur das negative Interesse ersetzt bekommen kann. Dies gilt insbesondere für Nutzungsvorteile. Vermietet der Besteller das mangelhafte Werk, so muss er sich den Mietzins abzüglich der Erhaltungskosten anrechnen lassen.[269] Bei Eigennutzung des Werkes durch den Besteller bestimmt sich der Nutzungsvorteil nicht nach dem Mietzins, sondern wird zeitanteilig linear aus dem Erwerbspreis ermittelt.[270] Auch Steuervorteile können in einen Vorteilsausgleich einbezogen werden.[271]

b) Nichterfüllungsschaden

111 Der Anspruch auf Ersatz des Nichterfüllungsschadens ist indes – über die Rückabwicklung hinaus – auf das positive Interesse gerichtet. Der Besteller kann alle Kosten verlangen, die für eine vertragsgemäße Herstellung des Werkes erforderlich sind.[272] Dabei sind insbesondere die Kosten von Deckungsgeschäften bzw. Mehrkosten durch die Beauftragung eines Drittunternehmers zu

---

263 Kniffka/*Krause-Allenstein*, IBR-Online-Kommentar, § 636 Rn. 76.
264 BGH v. 29.06.2006, VII ZR 86/05, BauR 2006 1736, 1740; Bamberger/Roth/*Voit*, § 636 Rn. 58; AnwK/*Raab*, § 636 Rn. 51.
265 OLG Düsseldorf 31.03.1995, 22 U 162/94, BauR 1995, 848, 850; Bamberger/Roth/*Voit*, § 636 Rn. 58; Staudinger/*Peters/Jacoby*, § 634 Rn. 147.
266 OLG Düsseldorf 31.03.1995, 22 U 162/94, BauR 1995, 848, 850; Bamberger/Roth/*Voit*, § 636 Rn. 58; Messerschmidt/Voit/*Moufang*, § 636 Rn. 168.
267 OLG Düsseldorf 31.03.1995, 22 U 162/94, BauR 1995, 848, 850.
268 Kniffka/Koeble/*Kniffka*, 6. Teil Rn. 170.
269 BGH v. 06.10.2005, VII ZR 325/03, BauR 2006, 103, 105; BGH v. 09.02.2006, VII ZR 228/04, BauR 2006, 828, 829; MüKo-BGB/*Busche*, § 634 Rn. 42.
270 BGH v. 06.10.2005, VII ZR 325/03, BauR 2006, 103, 105; BGH v. 09.02.2006, VII ZR 228/04, BauR 2006, 828, 829.
271 BGH v. 30.06.1994, VII ZR 116/93, BauR 1994, 776, 779; Kniffka/Koeble/*Kniffka*, 6. Teil Rn. 171; Staudinger/*Peters/Jacoby* § 634 Rn. 148.
272 BGH v. 29.06.2006, VII ZR 86/05, BauR 2006, 1736, 1739; Messerschmidt/Voit/*Moufang*, § 636 Rn. 168.

ersetzen.²⁷³ Im Einzelfall kann der Unternehmer verpflichtet sein, die Abriss- und Beseitigungskosten des mangelhaften Werkes sowie die Kosten für einen Ersatzbau zu tragen.²⁷⁴ Macht der Besteller die Mehrkosten als Schadensersatz geltend, so ist hiervon der noch nicht entrichtete Werklohn des Unternehmers abzuziehen, weil der Werklohnanspruch mit dem Verlangen des großen Schadensersatzes untergegangen ist.²⁷⁵ Der Besteller muss im Fall des Vorliegens von Mehrkosten nachweisen, dass diese zur Herstellung eines vertragsgemäßen Werkes erforderlich sind. Mangelfolgeschäden können ebenfalls mit dem großen Schadensersatz geltend gemacht werden, wenn sie nach dem Wegfall der Naturalleistungspflicht nach § 281 Abs. 4 BGB entstanden sind (vgl. Rdn. 83).

c) **Grenzen des Schadensersatzanspruchs, § 251 Abs. 2 BGB**

Die Grenzen des großen Schadensanspruchs werden durch die allgemeine Schadensnorm des § 251 Abs. 2 BGB²⁷⁶ und nicht durch § 635 Abs. 3 BGB bestimmt.²⁷⁷ Dabei geht es meist um die Frage, ob die Kosten für eine Beseitigung des mangelhaften Werkes und einen Ersatzbau unverhältnismäßig sind. Die Unverhältnismäßigkeit richtet sich nicht nach der Verwertbarkeit des mangelhaften Werkes für den Unternehmer,²⁷⁸ sondern nach dem Erfolg des Ersatzbaus zur Herstellung des vertragsgemäßen Werkes im Verhältnis zum erforderlichen Aufwand.²⁷⁹

112

§ 281 Schadensersatz statt der Leistung wegen nicht oder nicht wie geschuldet erbrachter Leistung¹

(1) Soweit der Schuldner die fällige Leistung nicht oder nicht wie geschuldet erbringt, kann der Gläubiger unter den Voraussetzungen des § 280 Abs. 1 Schadensersatz statt der Leistung verlangen, wenn er dem Schuldner erfolglos eine angemessene Frist zur Leistung oder Nacherfüllung bestimmt hat. Hat der Schuldner eine Teilleistung bewirkt, so kann der Gläubiger Schadensersatz statt der ganzen Leistung nur verlangen, wenn er an der Teilleistung kein Interesse hat. Hat der Schuldner die Leistung nicht wie geschuldet bewirkt, so kann der Gläubiger Schadensersatz statt der ganzen Leistung nicht verlangen, wenn die Pflichtverletzung unerheblich ist.

(2) Die Fristsetzung ist entbehrlich, wenn der Schuldner die Leistung ernsthaft und endgültig verweigert oder wenn besondere Umstände vorliegen, die unter Abwägung der beiderseitigen Interessen die sofortige Geltendmachung des Schadensersatzanspruchs rechtfertigen.

(3) Kommt nach der Art der Pflichtverletzung eine Fristsetzung nicht in Betracht, so tritt an deren Stelle eine Abmahnung.

(4) Der Anspruch auf die Leistung ist ausgeschlossen, sobald der Gläubiger statt der Leistung Schadensersatz verlangt hat.

(5) Verlangt der Gläubiger Schadensersatz statt der ganzen Leistung, so ist der Schuldner zur Rückforderung des Geleisteten nach den §§ 346 bis 348 berechtigt.

---

273 Kniffka/*Krause-Allenstein*, IBR-Online-Kommentar, § 636 Rn. 72; Staudinger/*Peters/Jacoby*, § 634 Rn. 147.
274 BGH v. 29.06.2006, VII ZR 86/05, BauR 2006, 1736, 1739.
275 Kniffka/*Krause-Allenstein*, IBR-Online-Kommentar, § 636 Rn. 72; Kuffer/Wirth/*Drossart*, 2. Kap. B. Rn. 164.
276 BGH v. 29.06.2006, VII ZR 86/05, BauR 2006, 1736, 1738; Bamberger/Roth/*Voit*, § 636 Rn. 58.
277 Bamberger/Roth/*Voit*, § 636 Rn. 58.
278 BGH v. 29.06.2006, VII ZR 86/05, BauR 2006, 1736, 1738.
279 Kniffka/*Krause-Allenstein*, IBR-Online-Kommentar, § 636 Rn. 73.
1 Neugefasst durch Bek. v. 02.01.2002 I 42.

§ 281 BGB Schadensersatz statt Leistung wg. nicht oder nicht wie geschuldet erbrachter Leistung

Schrifttum

Braun Zahlungsansprüche des Käufers bei Schlechtleistung des Verkäufers, ZGS 2004, 423; *Derleder/Zänker* Der ungeduldige Gläubiger und das neue Leistungsstörungsrecht – Das Verhältnis von Fristsetzung, Schadensersatzverlangen und Rücktritt, NJW 2003, 2777; *Herresthal* Der Anwendungsbereich der Regelungen über den Fixhandelskauf (§ 376 HGB) unter Berücksichtigung des reformierten Schuldrechts, ZIP 2006, 883; *Hirsch* Schadensersatz statt der Leistung, Jura 2003, 281; *Jaensch* Der Gleichlauf von Rücktritt und Schadensersatz, NJW 2003, 3613; *Lorenz* Rücktritt, Minderung und Schadensersatz wegen Sachmängeln im neuen Kaufrecht: Was hat der Verkäufer zu vertreten, NJW 2002, 2497; *Schwarze* »Steht und fällt« – Das Rätsel der relativen Fixschuld, AcP 207 (2007), 437; *Schur* Der Anspruch des Käufers auf Schadensersatz wegen eines Sachmangels, ZGS 2002, 243.

Übersicht

	Rdn.		Rdn.
A. Anwendungsbereich	1	1. Erfüllungsverweigerung, § 281 Abs. 2 Alt. 1 BGB	25
B. Voraussetzungen des Schadensersatzanspruchs nach §§ 280 Abs. 1, Abs. 3, 281 BGB	2	2. Vorliegen besonderer Umstände, § 281 Abs. 2 Alt. 2 BGB	30
I. Pflichtverletzung	2	a) »Gefahr im Verzug«	31
1. Fälligkeit	3	b) Schwerwiegende Beeinträchtigung der Vertrauensgrundlage	33
2. Durchsetzbarkeit	5	c) Erfüllungsgefährdung	34
II. Teilleistung, § 281 Abs. 1 S. 2 BGB	6	d) Sinnlose Förmelei – »Selbstmahnung«	35
III. Schlechtleistung, § 281 Abs. 1 S. 3 BGB	9	e) Relatives Fixgeschäft kein besonderer Umstand	36
IV. Erfüllungsgefährdung	11	3. Rechtsfolgen der Entbehrlichkeit der Fristsetzung	37
V. Fristsetzung	12	VII. Vertretenmüssen der Pflichtverletzung	38
1. Inhalt und Rechtsnatur	12	C. Erlöschen des Leistungsanspruchs, § 281 Abs. 4 BGB	39
2. Reichweite	14	D. Beweislast	42
3. Inhalt der Aufforderung zur Erbringung der geschuldeten Leistung	15		
4. Zeitpunkt der Fristsetzung	20		
5. Angemessenheit der Frist	21		
6. Erfolglosigkeit der Frist	23		
7. Abmahnung nach § 281 Abs. 3 BGB	24		
VI. Entbehrlichkeit der Fristsetzung, § 281 Abs. 2 BGB	25		

A. Anwendungsbereich[2]

1 § 281 BGB ermöglicht die Umwandlung von Erfüllungsansprüchen in Schadensersatzansprüche und bezweckt einen Ausgleich der Gläubiger- und Schuldnerinteressen.[3] § 281 BGB ist im Ausgangspunkt auf alle leistungsbezogenen Haupt- und Nebenpflichten aus allen vertraglichen und gesetzlichen Schuldverhältnissen anwendbar.[4] Zu unangemessenen Ergebnissen kann zwar die Anwendung der Norm auf den mietrechtlichen Rückgewähranspruch des § 546 Abs. 2 BGB führen, da ein Verlangen des Vermieters nach Schadensersatz statt der Leistung in diesem Fall einem Zwangskauf der Mietsache durch den Mieter gleichkäme. Solche Missbrauchsfälle sollen aber nach Ansicht des Gesetzgebers durch einen Rückgriff auf § 242 BGB gelöst werden.[5]

---

[2] Für die wertvolle Unterstützung bei der Vorbereitung und Erstellung des Manuskripts danke ich Herrn Richter am LG *Bernhard Locher* sowie Frau ass.iur. *Grete Langjahr*.
[3] Bamberger/Roth/*Unberath*, § 281 Rn. 1; MüKo-BGB/*Ernst*, § 281 Rn. 12.
[4] Bamberger/Roth/*Unberath*, § 281 Rn. 7; Palandt/*Grüneberg*, BGB § 281 Rn. 4.
[5] BT-Drucks. 14/6040, 139; *Emmerich*, § 18 Rn. 13.

B. Voraussetzungen des Schadensersatzanspruchs nach §§ 280 Abs. 1, Abs. 3, 281 BGB

I. Pflichtverletzung

Die Pflichtverletzung im Sinne des § 281 BGB ist identisch mit derjenigen des § 280 Abs. 1 BGB (vgl. dazu § 280 BGB Rdn. 24 ff.); es ergeben sich mithin keine abweichenden Anforderungen.[6] Um der in § 281 Abs. 1 BGB vorausgesetzten Fristsetzung zugänglich zu sein, ist allerdings erforderlich, dass die verletzten Pflichten selbständig durchsetzbar sind, was allein bei Leistungspflichten und den meisten leistungsbezogenen Nebenpflichten gem. § 241 Abs. 1 BGB der Fall sein wird. Solche Pflichten werden nur dann verletzt, wenn korrespondierende Erfüllungsansprüche des Gläubigers fällig und durchsetzbar sind.[7]

1. Fälligkeit

Insoweit ist zu differenzieren. Primär ist auf die vertraglichen Vereinbarungen abzustellen. Sie mögen Pläne für Abschlagszahlungen oder einen Ablaufplan für die Werkerstellung einschließlich einzelner Fälligkeitszeitpunkte für Teilabschnitte des Bauwerks enthalten. Fehlt es an vertraglichen Vereinbarungen, so greift im Hinblick auf die Fälligkeit der Vergütung immerhin § 641 BGB ein. Im Hinblick auf die Werkleistung des Unternehmers bleibt es demgegenüber an sich bei der Regelung des § 271 Abs. 1 BGB, wonach die Leistung sofort zu bewirken ist. Das führt indes bei den komplexen und aufwendigen Vorgängen, die Bauverträgen meist zugrundeliegen, zu unangemessenen Ergebnissen. Aus den Umständen, vorliegend der Art des Schuldverhältnisses, ist daher zu entnehmen, dass der Unternehmer wenngleich nicht auf der Stelle, so doch zügig mit der Leistungserbringung beginnen und eine von der Art des Werks abhängige Zeit zur seiner Erstellung zur Verfügung haben muss.

Ist die Forderung des Gläubigers noch nicht fällig, so kann dieser gleichwohl Schadensersatz statt der Leistung verlangen, wenn das Verhalten des Schuldners eine schuldhafte Erfüllungsgefährdung entsprechend den Voraussetzungen des § 323 Abs. 4 BGB begründet.[8]

2. Durchsetzbarkeit

An der Durchsetzbarkeit fehlt es bereits dann, wenn eine dauernde oder aufschiebende Einrede gegen den Erfüllungsanspruch des Gläubigers lediglich besteht.[9] Allein im Falle eines Zurückbehaltungsrechts nach § 273 BGB wird verlangt, dass der Schuldner die Einrede erhebt.[10]

II. Teilleistung, § 281 Abs. 1 S. 2 BGB

Die Teilleistung als nicht wie geschuldet erbrachte Leistung des Schuldners kann einen Schadensersatzanspruch des Gläubigers statt der Leistung begründen (vgl. zur Teilleistung bereits § 275 BGB Rdn. 62 ff.). Im Werkvertragsrecht ist zwar § 633 Abs. 2 S. 3 BGB zu berücksichtigen, wonach die Herstellung eines Werks in zu geringer Menge einen Sachmangel und damit eine Schlechtleistung darstellt. Nach allgemeiner Auffassung soll diese Regelung aber allein nach der Abnahme die Anwendbarkeit der werkvertraglichen Mängelhaftung begründen, nicht aber im allgemeinen Leistungsstörungsrecht die Anwendung von §§ 281 Abs. 1 S. 2, 323 Abs. 5 S. 1 BGB ausschließen.[11] Gem. § 266 BGB ist der Schuldner zu Teilleistungen nicht berechtigt. Eine Teil-

---

6 PWW/*Schmidt-Kessel*, § 281 Rn. 4.
7 MüKo-BGB/*Ernst*, § 281 Rn. 19.
8 Palandt/*Grüneberg*, BGB § 281 Rn. 8a; PWW/*Schmidt-Kessel*, § 281 Rn. 6. Vgl. im einzelnen § 323 BGB Rdn. 8 ff.
9 Bamberger/Roth/*Unberath*, § 281 Rn. 10; Jauernig/*Stadler*, § 281 Rn. 5; Palandt/*Grüneberg*, BGB § 281 Rn. 8.
10 Bamberger/Roth/*Unberath*, § 281 Rn. 10; MüKo-BGB/*Ernst*, § 281 Rn. 19.
11 MüKo-BGB/*Busche*, § 633 Rn. 31; Palandt/*Sprau*, § 633 Rn. 8.

leistung ist immer dann gegeben, wenn die angebotene Leistung hinter der geschuldeten zurückbleibt.[12] Zweck dieser Vorschrift ist es, den Gläubiger davor zu schützen, dass der Schuldner ihm die geschuldete Leistung nur in Teilen anbietet.[13] Nimmt der Gläubiger die Teilleistung des Schuldners an, so zerfällt der Vertrag in zwei selbstständige Teile,[14] und es wird vermutet, dass der Gläubiger die Teilleistung behalten will:[15] Dem Schuldner steht für seine teilweise Leistung ein entsprechender Teil der Gegenleistung zu; der Gläubiger erhält einen Schadensersatzanspruch statt der Leistung, der auf die ausstehende Teilleistung beschränkt ist (sog. kleiner Schadensersatz[16], vgl. § 280 BGB Rdn. 101 ff.).[17]

7 Will der Gläubiger indes Schadensersatz statt der ganzen Leistung (sog. großer Schadensersatz[18], vgl. § 280 BGB Rdn. 107 ff.) verlangen, so bedarf es nach § 281 Abs. 1 S. 2 BGB eines Fortfalls seines Leistungsinteresses. Dieser Interessefortfall wird objektiv bestimmt; jedoch müssen die besonderen Verhältnisse des Gläubigers berücksichtigt werden.[19] Maßgeblich ist danach, ob das Interesse des Gläubigers an der Gesamtleistung des Schuldners auch dann noch beeinträchtigt ist, wenn er die Teilleistung und den kleinen Schadensersatz erhält.[20] Unbeachtlich ist jedoch, ob die Zwecke, die der Gläubiger mit der Leistung verfolgte, für den Schuldner erkennbar sind.[21] In Einzelfällen kann der Gläubiger bei der Fristsetzung indes wegen § 254 Abs. 2 S. 1 Alt. 1 BGB gezwungen sein, den Schuldner darauf aufmerksam zu machen, dass er bei einem Ausbleiben der Restleistung den großen Schadensersatz geltend machen werde.[22] Bei bloß geringfügigen Leistungsrückständen ist der Gläubiger nach § 242 BGB an der Geltendmachung des großen Schadensersatzes gehindert.[23]

8 Ein Interessefortfall wurde nach diesen Grundsätzen in folgenden Fällen bejaht: Für den Gläubiger ist der eingeschränkte Leistungsaustausch uninteressant, weil es für ihn günstiger ist, im Ganzen neu abzuschließen.[24] Bei Bestellung einer EDV-Anlage bleibt die auf die Bedürfnisse des Bestellers zugeschnittene Software aus.[25] Bei einer komplizierten Maschine fehlen wesentliche Teile.[26]

III. Schlechtleistung, § 281 Abs. 1 S. 3 BGB

9 Unter der nicht wie geschuldet erbrachten Leistung sind vor allem die Teilleistung, für die allerdings in § 281 Abs. 1 S. 2 BGB eine Sonderregelung geschaffen wurde, sowie die Schlechtleistung zu verstehen.[27] Will der Gläubiger wegen einer Schlechtleistung Schadensersatz statt der ganzen Leistung unter Rückgabe des mangelhaften Leistungsgegenstands geltend machen, so ist ihm dies nach § 281 Abs. 1 S. 3 BGB verwehrt, wenn die Pflichtverletzung unerheblich ist. Bei dieser Er-

---

12 MüKo-BGB/*Krüger*, § 266 Rn. 4; PWW/*Zöchling-Jud*, § 266 Rn. 5.
13 Palandt/*Grüneberg*, BGB § 266 Rn. 1; PWW/*Zöchling-Jud*, § 266 Rn. 1.
14 BGH v. 01.02.1962, VII ZR 213/60, BGHZ 36, 316, 318; Bamberger/Roth/*Unberath*, § 281 Rn. 53; Palandt/*Grüneberg*, BGB § 281 Rn. 37.
15 Bamberger/Roth/*Unberath*, § 281 Rn. 54.
16 Vgl. Jauernig/*Stadler*, § 281 Rn. 22; MüKo-BGB/*Ernst*, § 281 Rn. 125.
17 Bamberger/Roth/*Unberath*, § 281 Rn. 53; Palandt/*Grüneberg*, BGB § 281 Rn. 37.
18 Vgl. MüKo-BGB/*Ernst*, § 281 Rn. 125.
19 BGH v. 07.03.1990, VIII ZR 56/89, NJW 1990, 3011, 3013; Bamberger/Roth/*Unberath*, § 281 Rn. 55.
20 MüKo-BGB/*Ernst*, § 281 Rn. 137.
21 Bamberger/Roth/*Unberath*, § 281 Rn. 55.
22 MüKo-BGB/*Ernst*, § 281 Rn. 139.
23 Jauernig/*Stadler*, § 281 Rn. 22.
24 BGH v. 22.05.1990, IX ZR 208, 89, NJW 1990, 2549, 2550; Palandt/*Grüneberg*, BGB § 281 Rn. 38.
25 BGH v. 07.03.1990, VIII ZR 56/89, NJW 1990, 3011, 3013; MüKo-BGB/*Ernst*, § 323 Rn. 204.
26 BGH v. 18.01.1973, VII ZR 183/70, NJW 1973, 456; MüKo-BGB/*Ernst*, § 323 Rn. 204.
27 Bamberger/Roth/*Unberath*, § 281 Rn. 59.

heblichkeitsprüfung ist eine umfassende Interessenabwägung geboten.[28] Die vor dem Schadensersatz statt der ganzen Leistung errichtete besondere Hürde dient der Verhinderung der Rückabwicklung mit ihrer ökonomischen Ineffizienz. Die primäre Frage muss daher darauf gerichtet sein, ob die alternativen Rechtsbehelfe geeignet sind, das Erfüllungsinteresse des Gläubigers zu befriedigen. Maßgeblich sind vor allem der für die Mangelbeseitigung erforderliche Aufwand,[29] die Intensität des Mangels[30] sowie die funktionellen und ästhetischen Beeinträchtigungen durch einen nicht behebbaren Mangel.[31] Auf das Verschulden des Schuldners und dessen Erheblichkeit kommt es hingegen nicht an, vielmehr ist die objektive Störung in Form des Mangels maßgeblich.[32] Anderes gilt nur im Falle der Arglist des Schuldners, die regelmäßig zur Erheblichkeit der Pflichtverletzung führt.[33] Der arglistig Handelnde verdient keinen Schutz. Zu berücksichtigen ist zuletzt, dass nach der Systematik des Gesetzes die Unerheblichkeit die Ausnahme sein muss.[34]

Danach soll die Pflichtverletzung unerheblich sein, wenn die Minderung der Leistungsfähigkeit weniger als 5 % ausmacht[35] oder wenn die Mängelbeseitigungskosten weniger als 10 % der vertraglichen Gegenleistung betragen.[36] Dasselbe gilt, wenn im gekauften Haus einige Fliesen ausgetauscht werden müssen.[37] Beispiele für erhebliche Pflichtverletzungen sind demgegenüber die Nichterfüllung einer Montageverpflichtung;[38] das Fehlen des Benutzerhandbuchs bei der Lieferung von Hard- oder Software.[39] Eine unerhebliche Pflichtverletzung stellt es hingegen dar, wenn im gekauften Haus eine Kellerwand etwas schief ist, selbst wenn dieser Mangel nicht nachgebessert werden kann.[40] 10

IV. Erfüllungsgefährdung

Soweit eine spezifische Erfüllungsgefährdung, namentlich durch ernsthafte und endgültige Erfüllungsverweigerung, erst nach Fälligkeit auftritt, vermögen die allgemeinen Leistungsstörungstatbestände, dem Gläubiger hinreichenden Schutz zu gewähren. Vor dem Zeitpunkt der Fälligkeit versagen diese Tatbestände jedoch. Allein für den Rücktritt hält § 323 Abs. 4 BGB eine Regelung bereit. Zum Teil wird diese Vorschrift analog für Schadensersatzansprüche angewendet, wenn vor Eintritt der Fälligkeit offensichtlich ist, dass die Voraussetzungen des Schadensersatzanspruchs eintreten werden.[41] Richtigerweise ist die Wertung des § 323 Abs. 4 BGB für Schadensersatzansprüche allerdings im Rahmen von § 280 Abs. 3 BGB zur Geltung zu bringen. Dessen Verweisung auf die Tatbestände der §§ 281–283 BGB ist unvollständig: Der vom Gläubiger im Fall der vorzeitigen Erfüllungsverweigerung geltend gemachte Schaden tritt an die Stelle der nicht er- 11

---

28 OLG Nürnberg v. 21.03.2005, 8 U 2366/04, NJW 2005, 2019, 2020; Bamberger/Roth/*Unberath*, § 281 Rn. 67; Palandt/*Grüneberg*, BGB § 281 Rn. 47.
29 OLG Nürnberg v. 21.03.2005, 8 U 2366/04, NJW 2005, 2019, 2020; Bamberger/Roth/*Unberath*, § 281 Rn. 67; Palandt/*Grüneberg*, BGB § 281 BGB Rn. 47.
30 Palandt/*Grüneberg*, BGB § 281 Rn. 47.
31 Bamberger/Roth/*Unberath*, § 281 Rn. 67; Palandt/*Grüneberg*, BGB § 281 Rn. 47.
32 BGH v. 24.03.2006, V ZR 173/05, BauR 2006, 1137; OLG Düsseldorf v. 08.01.2007, I-1 U 177/06, ZGS 2007, 157; MüKo-BGB/*Ernst*, § 281 Rn. 147. A.A. Bamberger/Roth/*Unberath*, § 281 Rn. 67; Palandt/*Grüneberg*, BGB § 281 Rn. 47.
33 BGH v. 24.03.2006, V ZR 173/05, BauR 2006, 1137. A.A. Bamberger/Roth/*Unberath*, § 281 Rn. 67.
34 Bamberger/Roth/*Unberath*, § 281 Rn. 67.
35 OLG Düsseldorf v. 07.09.2005, I-3 U 8/04, 3 U 8/04, NJW 2005, 3504, 3505; Palandt/*Grüneberg*, BGB § 281 Rn. 47.
36 Palandt/*Grüneberg*, BGB § 281 Rn. 47.
37 Palandt/*Grüneberg*, BGB § 323 Rn. 32.
38 BGH v. 22.07.1998, VIII ZR 220/97, NJW 1998, 3197, 3199; Bamberger/Roth/*Unberath*, § 281 Rn. 67.
39 BGH v. 04.11.1992, VIII ZR 165/91, NJW 1993, 461, 462; Bamberger/Roth/*Unberath*, § 281 Rn. 67.
40 Bamberger/Roth/*Unberath*, § 281 Rn. 67.
41 Palandt/*Grüneberg*, BGB § 281 Rn. 8a; PWW/*Schmidt-Kessel*, § 280 Rn. 15.

brachten Leistung; anders als § 281 BGB voraussetzt, kann die Haftung des Schuldners allerdings nicht an die Nicht-Leistung anknüpfen. Die Verweigerung der Erfüllung ist als Pflichtverletzung andererseits durchaus leistungsbezogen, so dass ein Rückgriff auf § 282 BGB ebenfalls ausscheidet. Unmöglich wird die Erfüllung in den meisten Fällen ebenfalls nicht sein. Im Ergebnis muss dem Gläubiger unter den in § 323 Abs. 4 BGB beschriebenen Voraussetzungen auch im Fall der schuldhaften Erfüllungsgefährdung die Möglichkeit zustehen, bereits vor Fälligkeit Schadensersatz statt der Leistung zu begehren.

V. Fristsetzung

1. Inhalt und Rechtsnatur

12 Unter einer Fristsetzung versteht man eine Aufforderung zur Bewirkung der genau bezeichneten Leistung binnen einer hinreichenden Frist.[42] Zwar werden weder eine besondere Form noch ein festgelegter Inhalt verlangt.[43] Im Hinblick auf die weitreichenden Rechtsfolgen werden aber generell strenge Anforderungen gestellt.[44] Aus Beweisgründen ist die Einhaltung der Schriftform anzuraten.[45]

13 Die Fristsetzung ist eine geschäftsähnliche Handlung,[46] auf welche die Vorschriften über Rechtsgeschäfte zumindest analog Anwendung finden.[47] Nach § 130 BGB muss die vom Gläubiger gesetzte Frist daher an den Schuldner gerichtet sein; im Falle einer Schuldnermehrheit muss sie allen Gesamtschuldnern zugehen.[48] Wird die Gläubigerforderung abgetreten, so ist ab diesem Zeitpunkt grundsätzlich der Zessionar zur Fristsetzung zuständig.[49]

2. Reichweite

14 Setzt der Gläubiger eine Frist nach § 281 Abs. 1 Satz 1 BGB, so erfüllt er dadurch zugleich das Fristsetzungserfordernis des § 323 Abs. 1 BGB. Eine zweifache Fristsetzung ist nicht erforderlich.[50] Ferner enthält die Fristsetzung eine Mahnung im Sinne des § 286 Abs. 1 Satz 1 BGB,[51] so dass der Schuldner bei Vorliegen der weiteren Voraussetzungen des § 286 BGB in Verzug gerät.

3. Inhalt der Aufforderung zur Erbringung der geschuldeten Leistung

15 Maßgeblich ist, dass der Schuldner durch die Leistungsaufforderung mit Fristsetzung noch einmal in nachhaltiger Form zur ordnungsgemäßen Erfüllung des Vertrages angehalten und ihm klargemacht wird, dass nach fruchtlosem Ablauf der Frist die Leistung durch ihn abgelehnt werde. Er soll sich entscheiden können, ob er die Folgen mangelnder Erfüllung auf sich nehmen oder durch Tätigwerden innerhalb der Frist von sich abwenden will.[52] Die Aufforderung muss die geforderte Leistung hinreichend bestimmt bezeichnen[53] und für den Schuldner eindeutig in dem Sinne sein,

---

42 Jauernig/*Stadler*, § 281 Rn. 6.
43 PWW/*Schmidt-Kessel*, § 281 Rn. 8.
44 MüKo-BGB/*Ernst*, § 281 Rn. 37.
45 Messerschmidt/Voit/*Moufang*, § 636 Rn. 18.
46 Bamberger/Roth/*Unberath*, § 281 Rn. 14; Palandt/*Grüneberg*, BGB § 281 Rn. 9. A.A. MüKo-BGB/*Ernst*, § 281 Rn. 22, der die Fristsetzung für eine Willenserklärung mit Gestaltungswirkung hält.
47 *Emmerich*, § 18 Rn. 24.
48 BGH v. 21.10.1999, VII ZR 185/98, BauR 2000, 722.
49 MüKo-BGB/*Ernst*, § 281 Rn. 23; Palandt/*Grüneberg*, BGB § 281 Rn. 9.
50 MüKo-BGB/*Ernst*, § 281 Rn. 11.
51 Palandt/*Grüneberg*, BGB § 281 Rn. 7.
52 BGH v. 25.03.2010, VII ZR 224/08, BauR 2010, 909 Rn. 16.
53 BGH v. 25.03.2010, VII ZR 224/08, BauR 2010, 909; *Lorenz/Riehm*, Rn. 196.

dass ihm klargemacht wird, dass es mit Ablauf der Frist »ernst« für ihn wird.[54] Ist das Leistungsverlangen nicht hinreichend bestimmt, so ist die Fristsetzung wirkungslos.[55]

— So lange die Leistung noch nicht zur Abnahme angeboten wurde, bedarf es naheliegenderweise keiner weiteren Konkretisierung: Es genügt vielmehr die bestimmte Aufforderung, die vertragliche Leistung zu bewirken.[56] Wenn die Leistungsaufforderung diesen Zweck jedoch nicht erfüllen kann und ins Leere geht, etwa weil der Unternehmer die Leistung nach seiner Auffassung vollständig erbracht hat und durch die erhobene Rüge nicht erkennen kann, warum der Besteller sie nicht als vertragsgemäß akzeptiert, muss der Besteller die fehlende Funktionalität beanstanden.[57] Dafür genügt es indes, die geforderte Leistung nach ihrem äußeren Erscheinungsbild genau zu beschreiben.[58]

— Im Fall der Schlechtleistung müssen demgegenüber die Mängel so konkret beschrieben werden, dass eine Individualisierung möglich ist.[59] Jedoch braucht der Gläubiger nicht genauer auszuführen, was er im Ergebnis verlangt, soweit sich dies bereits aus dem Vertrag ergibt.[60] Aus diesem Grund ist bei einem Werkvertrag das Verlangen des Bestellers nach Lieferung eines mangelfreien Werks ausreichend, wenn der Besteller aufgrund von Mängeln bereits die Abnahme verweigert hat. Die Aufführung der einzelnen Mängel ist in diesem Fall nicht mehr erforderlich.[61] Liegen mehrere Mängel vor, so treten die Wirkungen der Fristsetzung nur hinsichtlich der Störungen ein, deren Abhilfe in der Aufforderung des Gläubigers an den Schuldner verlangt wird (Prinzip der Einzelbetrachtung).[62]

Ein bloßes Drängen auf Vertragserfüllung genügt nicht,[63] ebenso wenig die bloße Aufforderung an den Schuldner, sich über seine Leistungsbereitschaft zu erklären.[64] Auch der Beginn und das Ende der Frist müssen so bestimmt sein, dass sie für den Schuldner ohne weiteres erkennbar sind.[65] Manche fordern gar, dass die Frist in einer bestimmten Zeiteinheit bemessen wird oder ein bestimmter Tag als Fristende festgelegt wird.[66] Fraglich ist vor diesem Hintergrund, ob die Aufforderung, »sofort«, »umgehend« oder »unverzüglich« zu leisten, ausreicht.[67]

Der BGH[68] lässt es genügen, wenn der Gläubiger durch das Verlangen nach sofortiger, unverzüglicher oder umgehender Leistung oder vergleichbare Formulierungen deutlich macht, dass dem Schuldner für die Erfüllung nur ein begrenzter Zeitraum zur Verfügung steht. Dem Begriff der Fristsetzung lasse sich nicht entnehmen, dass die maßgebliche Zeitspanne nach dem Kalender bestimmt sein müsse oder in konkreten Zeiteinheiten anzugeben sei. Nach den Gesetzesmateria-

---

54 Bamberger/Roth/*Unberath*, § 281 Rn. 14; MüKo-BGB/*Ernst*, § 281 Rn. 31; Palandt/*Grüneberg*, BGB § 281 Rn. 9.
55 MüKo-BGB/*Ernst*, § 281 Rn. 33.
56 BGH v. 25.03.2010, VII ZR 224/08, BauR 2010, 909 Rn. 15; so bereits zum alten Recht BGH v. 07.07.1987, X ZR 23/86, NJW-RR 1988, 310.
57 BGH v. 25.03.2010, VII ZR 224/08, BauR 2010, 909 Rn. 16.
58 Vgl. BGH v. 08.05.2003, BauR 2003, 1247.
59 MüKo-BGB/*Ernst*, § 281 Rn. 33.
60 MüKo-BGB/*Ernst*, § 281 Rn. 33.
61 BGH v. 07.07.1987, X ZR 23/86, NJW-RR 1988, 310 (311); MüKo-BGB/*Ernst*, § 281 Rn. 33.
62 MüKo-BGB/*Ernst*, § 281 Rn. 34.
63 Bamberger/Roth/*Unberath*, § 281 Rn. 14; Palandt/*Grüneberg*, BGB § 281 Rn. 9.
64 BGH v. 09.06.1999, VIII ZR 149/98, NJW 1999, 2884; Messerschmidt/Voit/*Moufang*, § 636 Rn. 18; MüKo-BGB/*Ernst*, § 281 Rn. 32.
65 *Emmerich*, § 18 Rn. 26; MüKo-BGB/*Ernst*, § 281 Rn. 31.
66 MüKo-BGB/*Ernst*, § 323 Rn. 68; Palandt/*Grüneberg*, BGB § 281 Rn. 9. A.A. Jauernig/*Stadler*, § 281 Rn. 6; Staudinger/*Otto* (2004), § 281 Rn. B62.
67 Abl. MüKo-BGB/*Ernst*, § 323 Rn. 68; Staudinger/*Otto/Schwarze*, § 281 Rn. B 43 und § 323 Rn. B 60; bejahend BGH v. 12.08.2009, VIII ZR 254/08, NJW 2009, 3153; Palandt/*Grüneberg*, § 281 Rn. 9; Jauernig/*Stadler*, § 281 Rn. 6 (für Fälle besonderer Dringlichkeit).
68 BGH v. 12.08.2009, VIII ZR 254/08, NJW 2009, 3153 Rn. 10 ff.

lien⁶⁹ solle die Fristsetzung im Übrigen auch nicht zu einer Hürde werden, an der der Käufer aus formalen Gründen scheitere.

18 Problematisch ist das Vorliegen einer wirksamen Fristsetzung im Falle der Zuvielforderung oder der Forderung anderweitig nicht geschuldeter Leistungen: Einer Ansicht zufolge liegt in diesem Fall keine wirksame Fristsetzung vor, weil sich der Gläubiger selbst vertragsuntreu verhalte.[70] Die herrschende Meinung hält demgegenüber auch eine Zuvielforderung für eine wirksame Fristsetzung, wenn der Schuldner die Erklärung des Gläubigers als Aufforderung zur Bewirkung der tatsächlich geschuldeten Leistung verstehen muss und der Gläubiger zur Annahme der gegenüber seinen Vorstellungen geringeren Leistung bereit ist,[71] wobei bei Werkverträgen regelmäßig anzunehmen sein soll, dass der Besteller Nachbesserungen im Zweifel auch dann nicht zurückweisen wird, wenn er meint, mehr verlangen zu können.[72] Unwirksam ist die Fristsetzung jedoch auch nach herrschender Meinung dann, wenn eine weit übersetzte Forderung geltend gemacht wird.[73]

19 Einer Ablehnungsandrohung bedarf es nach geltendem Recht im Gegensatz zu § 326 BGB a.F. nicht mehr.[74] Ebenso wenig ist eine auf die Begründung des Schadensersatzanspruchs gerichtete Absicht des Gläubigers bei der Fristsetzung erforderlich.[75]

4. Zeitpunkt der Fristsetzung

20 Eine Frist kann gem. § 281 Abs. 1 Satz 1 BGB erst nach Fälligkeit der Forderung wirksam gesetzt werden. Setzt der Gläubiger vorher eine Frist, so ist diese unwirksam[76] und bleibt es auch nach dem Eintritt der Fälligkeit,[77] weil die mahnende Wirkung einer verfrühten Fristsetzung verblasst und zum Zeitpunkt der Fälligkeit für den Schuldner nicht mehr präsent sein mag. Vor diesem Hintergrund spricht aber nichts dagegen, die Fristsetzung mit der zur Fälligkeit führenden Erklärung zu verbinden.[78] Auf der anderen Seite muss die Frist nicht unmittelbar nach Fälligkeit gesetzt werden,[79] sondern kann auch deutlich später nachfolgen.

5. Angemessenheit der Frist

21 Die Angemessenheit der Frist bemisst sich zunächst nach den Parteiabreden.[80] Fehlen solche Abreden, so ist auf die Natur des betreffenden Geschäfts und die Interessen der Vertragsparteien im Einzelfall abzustellen.[81] Dabei ist davon auszugehen, dass die Frist umso kürzer sein darf, je höher das Interesse des Gläubigers an einer raschen Leistung ist.[82] Zu beachten ist ferner, dass – nach bereits eingetretener Fälligkeit! – die Frist nicht so bemessen zu werden braucht, dass der Schuldner die noch gar nicht begonnenen Arbeiten fertigstellen kann.[83] Vielmehr muss dem Schuldner

---

69 BT-Drucks. 14/6040, 185.
70 MüKo-BGB/*Ernst*, § 281 Rn. 35.
71 BGH v. 12.08.2009, VIII ZR 254/08, NJW 2009, 3153 Rn. 11; BGH v. 25.06.1999, V ZR 190/98, NJW 1999, 3115, 3116; 05.10.2005, X ZR 276/02, NJW 2006, 769, 771; Bamberger/Roth/*Unberath*, § 286 Rn. 27; Palandt/*Grüneberg*, BGB § 286 Rn. 20.
72 BGH v. 05.10.2005, X ZR 276/02, NJW 2006, 769, 771; Palandt/*Grüneberg*, BGB § 286 Rn. 20.
73 BGH v. 13.11.1990, XI ZR 217/89, NJW 1991, 1286, 1288; Palandt/*Grüneberg*, BGB § 286 Rn. 20.
74 Bamberger/Roth/*Unberath*, § 281 Rn. 13; PWW/*Schmidt-Kessel*, § 281 Rn. 9. Nach MüKo-BGB/*Ernst*, § 281 Rn. 38a, soll indes eine Ablehnungsandrohung in einem Ausnahmefall erforderlich sein.
75 MüKo-BGB/*Ernst*, § 281 Rn. 39.
76 Bamberger/Roth/*Unberath*, § 281 Rn. 18; Jauernig/*Stadler*, § 281 Rn. 6.
77 *Emmerich*, § 18 Rn. 28; MüKo-BGB/*Ernst*, § 281 Rn. 27.
78 *Derleder/Zänker*, NJW 2003, 2777, 2778 Fn. 17; MüKo-BGB/*Ernst*, § 281 Rn. 27.
79 MüKo-BGB/*Ernst*, § 281 Rn. 29.
80 *Emmerich*, § 18 Rn. 31.
81 Bamberger/Roth/*Unberath*, § 281 Rn. 15; Messerschmidt/Voit/*Moufang*, § 636 Rn. 20.
82 MüKo-BGB/*Ernst*, § 323 Rn. 70.
83 BGH v. 10.02.1998, VIII ZR 27/81, NJW 1982, 1279, 1280; OLG Düsseldorf v. 05.07.1991, 22 U 48/91, NJW-RR 1992, 951; *Steingröver*, in: Berg/Vogelheim/Wittler, Rn. 592.

nur soviel Zeit gewährt werden, wie er braucht, um ein bereits begonnenes Werk zu vollenden.[84] Eine angemessene Nachfrist kann daher regelmäßig wesentlich kürzer sein als die vereinbarte Lieferfrist.[85] Die Nachfrist ist keine »Ersatzlieferungsfrist«.[86] Die Angemessenheit der Frist beurteilt sich im Fall der Nachbesserung danach, welcher Zeitaufwand für den Unternehmer erforderlich ist, um unter normalen Geschäftsverhältnissen den gerügten Mangel zu beseitigen. Geht der säumige Unternehmer dabei selbst davon aus, dass der Mangel innerhalb einer kurzen Frist beseitigt werden kann, so muss der Besteller dem Unternehmer keine längere Frist einräumen, als dieser selbst für nötig hält.[87] Wenn sich der Besteller zuvor im Annahmeverzug befunden hat, kann die Länge der Frist indes nicht allein von der für die Mängelbeseitigung erforderlichen Zeit abhängen, sondern ist geräumiger zu bemessen, denn dem Unternehmer ist es nicht zuzumuten, sich dauernd zur Erbringung der noch ausstehenden restlichen Werkleistung bereit zu halten.[88] Das Setzen einer zu kurzen Frist macht diese nicht unwirksam, sondern setzt grundsätzlich eine angemessene Frist in Gang.[89] Anderes gilt jedoch, wenn der Gläubiger die Frist bewusst viel zu kurz bemisst, die Nachfrist nur zum Schein setzt oder zu erkennen gibt, dass er die Leistung keinesfalls annehmen werde: In diesen Fällen ist die Fristsetzung nach § 242 BGB unwirksam.[90]

Nach diesen Voraussetzungen soll eine Frist von vier Wochen bei Lieferung einer Zaunanlage zulässig,[91] beim Kauf von Möbeln indes zu lang sein.[92] Sechs Wochen sollen ferner bei der Lieferung von Fenstern[93] oder Rollläden[94] zu lang sein. Bei besonderer Eilbedürftigkeit soll jedoch eine Frist von zwei Tagen[95] genügen. Einschränkend hierzu muss jedoch der Umfang der vertragsgemäßen Leistung berücksichtigt werden. Solch eine kurze Frist wird bei komplexen Anforderungen an die Mangelbeseitigung kaum geeignet sein, eine Beseitigung der Mängel tatsächlich zu ermöglichen.[96] Jedoch könnte bei besonderer Eilbedürftigkeit ein besonderer Umstand im Sinne des § 281 Abs. 2 Alt. 2 BGB begründet werden.

6. Erfolglosigkeit der Frist

Die Frist ist erfolglos abgelaufen, wenn der Schuldner die Leistungshandlung nicht innerhalb der Frist vornimmt. Gewahrt ist die Frist hingegen, wenn allein der Leistungserfolg erst nach Fristende eintritt.[97]

7. Abmahnung nach § 281 Abs. 3 BGB

Im Falle des § 281 Abs. 3 BGB tritt eine Abmahnung an die Stelle der Fristsetzung. Darunter versteht man eine keiner besonderen Form bedürftige ernsthafte Aufforderung an den Schuldner,

---

84 BGH v. 10.02.1998, VIII ZR 27/81, NJW 1982, 1279, 1280; OLG Düsseldorf v. 05.07.1991, 22 U 48/91, NJW-RR 1992, 951.
85 BGH v. 31.10.1984, VIII ZR 226/83, NJW 1985, 320, 323.
86 BGH v. 06.12.1984, VII ZR 227/83, NJW 1985, 855, 857.
87 BGH v. 20.10.1992, X ZR 107/90, NJW-RR 1993, 309, 310; *Steingröver*, in: Berg/Vogelheim/Wittler, Rn. 592.
88 BGH v. 03.04.2007, X ZR 104/04, BauR 2007, 1410 Rn. 9.
89 BGH v. 12.08.2009, VIII ZR 254/08, NJW 2009, 3153 Rn. 11; Palandt/*Grüneberg*, BGB § 281 Rn. 10. In der Praxis wird hier vielfach eine doppelte Frist gesetzt, vgl. dazu *Steingröver*, in: Berg/Vogelheim/Wittler, Rn. 594, der dies für eine nicht belastbare Lösung hält.
90 BGH v. 21.06.1985, V ZR 134/84, NJW 1985, 2640; Bamberger/Roth/*Unberath*, § 281 Rn. 16.
91 OLG Frankfurt/Main v. 11.12.1980, 6 U 15/80, DB 1981, 884.
92 BGH v. 31.10.1984, VIII ZR 226/83, NJW 1985, 320, 323.
93 BGH v. 06.12.1984, VII ZR 227/83, NJW 1985, 855, 857.
94 Palandt/*Grüneberg*, BGB § 308 Rn. 13.
95 MüKo-BGB/*Ernst*, § 323 Rn. 71.
96 *Steingröver*, in: Berg/Vogelheim/Wittler, Rn. 593.
97 BGH v. 06.02.1954, II ZR 176/53, BGHZ 12, 269; Palandt/*Grüneberg*, BGB § 281 Rn. 12.

weitere Zuwiderhandlungen zu unterlassen.[98] Während der Anwendungsbereich der Fristsetzung die unterbliebene Handlung im Sinne eines positiven Tuns ist, bedarf es der Abmahnung im Fall der geschuldeten Unterlassung.

VI. Entbehrlichkeit der Fristsetzung, § 281 Abs. 2 BGB

1. Erfüllungsverweigerung, § 281 Abs. 2 Alt. 1 BGB

25 An das Vorliegen einer Erfüllungsverweigerung werden mit Rücksicht auf die weitreichenden Folgen hohe Anforderungen gestellt.[99] Die Ablehnung ist eine rechtsgeschäftliche Erklärung, die von dem Unternehmer selbst oder von einem von ihm bevollmächtigten Dritten erklärt werden muss. Inhaltlich ist die Ablehnung an strenge Voraussetzungen geknüpft. Der Unternehmer muss die Nacherfüllung ernsthaft und endgültig verweigern und es muss ausgeschlossen sein, ihn durch die Nachfristsetzung noch umstimmen zu können. Ein bloßes Bestreiten des Mangels oder das Ablehnen der Leistung genügen als solches nicht. Es muss aus der Ablehnung eindeutig hervorgehen, dass der Unternehmer unter keinen Umständen gewillt ist, die Nacherfüllung zu bewirken. Die Weigerung des Schuldners muss somit als sein letztes Wort aufzufassen sein.[100] Für den Gläubiger muss unzweifelhaft sein, dass der Schuldner freiwillig nicht mehr leisten wird.[101] Für die Erfüllungsverweigerung ist unerheblich, ob der Schuldner die Leistung berechtigt verweigert. Ein bestehendes Leistungsverweigerungsrecht wird allerdings häufig bereits das Vorliegen einer durchsetzbaren Pflicht ausschließen, die verletzt werden könnte (vgl. Rdn. 5 ff.).

26 Die Entbehrlichkeit der Fristsetzung wegen Erfüllungsverweigerung darf im Grundsatz allein dann angenommen werden, wenn der Unternehmer die Leistung bereits verweigert hat, bevor der Besteller die Mangelbeseitigung selbst durchführt oder einen Dritten damit beauftragt.[102] Wenn aus dem Verhalten des Unternehmers nach der Mängelbeseitigung allerdings die sichere Folgerung gezogen werden kann, dass der Unternehmer schon vor der Mängelbeseitigung ernsthaft und endgültig die Mängelbeseitigung verweigert hätte, ist die Fristsetzung ebenfalls entbehrlich.[103]

27 Im Fall der Erfüllungsverweigerung vor Fälligkeit ist die Fristsetzung analog § 323 Abs. 4 BGB[104] bzw. analog § 281 Abs. 1, Abs. 2 BGB[105] entbehrlich, da eine solche dann eine bloße Förmelei wäre.[106] Eine davon zu unterscheidende Frage ist es jedoch, ob vor Fälligkeit bereits eine pflichtwidrige Nichterfüllung vorliegt bzw. ob die Haftung tatsächlich an die Nichterfüllung anknüpft oder in der Erfüllungsverweigerung eine selbständige Pflichtverletzung zu erkennen ist (vgl. Rdn. 11).

28 Danach liegt eine Erfüllungsverweigerung vor, wenn der Unternehmer, ohne einen Grund zur fristlosen Kündigung zu haben, die Arbeit erst gar nicht aufnimmt oder sie nach Arbeitsaufnahme grundlos wieder einstellt.[107] Weitere Beispiele für eine Erfüllungsverweigerung sind die Erklärung des Bauunternehmers, die Arbeiten nicht ohne vorherige geologische Untersuchung des Bodens

---

[98] Bamberger/Roth/*Unberath*, § 281 Rn. 29; PWW/*Schmidt-Kessel*, § 281 Rn. 8.
[99] BGH v. 20.09.1996, V ZR 191/95, NJW 1997, 51, 52; v. 15.12.1998, X ZR 90/96, NJW-RR 1999, 560; v. 21.12.2005, VIII ZR 49/05, v. 21.12.2005, VIII ZR 49/05, NJW 2006, 1195, 1197; *Steingröver*, in: Berg/Vogelheim/Wittler, Rn. 598.
[100] BGH v. 18.09.1985, VIII ZR 249/84, NJW 1986, 661; MüKo-BGB/*Ernst*, § 281 Rn. 54.
[101] Bamberger/Roth/*Unberath*, § 281 Rn. 22; *Emmerich*, § 18 Rn. 42.
[102] BGH v. 20.01.2009, X ZR 45/07, BauR 2009, 976, 977.
[103] BGH v. 20.01.2009, X ZR 45/07, BauR 2009, 976, 977 f.
[104] Palandt/*Grüneberg*, BGB § 281 Rn. 8a.
[105] MüKo-BGB/*Ernst*, § 281 Rn. 62.
[106] MüKo-BGB/*Ernst*, § 281 Rn. 62. A.A. *Lorenz*, Karlsruher Forum 2005, S. 86, der einen Anspruch aus § 282 für einschlägig hält und deshalb eine Regelungslücke verneint.
[107] MüKo-BGB/*Ernst*, § 323 Rn. 102.

fortsetzen zu wollen, verbunden mit dem gleichzeitigen Abzug der Maschinen,[108] die Ablehnung der Erfüllung durch den Schuldner unter der Voraussetzung, dass der Gläubiger eine höhere Vergütung bezahle,[109] das hartnäckige Bestreiten des Vorliegens einer Pflichtverletzung,[110] die Stellung eines Klageabweisungsantrags durch den Schuldner,[111] die Erklärung, die Leistung könne erst erbracht werden, nachdem die fiktive angemessene Frist abgelaufen ist,[112] die Erklärung, nur einzelne Mängel, nicht aber alle nachbessern zu wollen, wenn die Sache mit einer Vielzahl von Mängeln behaftet ist[113] sowie das Bestreiten, Vertragspartei zu sein.[114]

Keine Erfüllungsverweigerungen stellen dagegen folgende Fälle dar: Bloße Äußerung rechtlicher Zweifel an der Wirksamkeit des Vertrages durch den Schuldner[115] sowie das Bestreiten des Klageanspruchs,[116] Mitteilung an den Gläubiger, dass unerwartete Schwierigkeiten bei der Leistungserbringung vorliegen,[117] sowie das schlichte Bestreiten eines Mangels.[118] 29

2. Vorliegen besonderer Umstände, § 281 Abs. 2 Alt. 2 BGB

Als Ausnahmetatbestand ist § 281 Abs. 2 Alt. 2 BGB ebenso wie die Vorgängervorschrift des § 326 Abs. 2 BGB a.F. restriktiv auszulegen.[119] Bei der danach erforderlichen Abwägung der Gläubiger- und Schuldnerinteressen ist ein Interessefortfall des Gläubigers zwar nicht erforderlich, aber ausreichend, um das Vorliegen besonderer Umstände bejahen zu können.[120] Unter teleologischen Gesichtspunkten können solche besondere Umstände stets dann bejaht werden, wenn der Gläubiger bei objektiver Betrachtung nicht mehr damit rechnen kann, dass sein Äquivalenzinteresse durch Erfüllung befriedigt wird. Dabei lassen sich vier Fallgruppen identifizieren 30

a) »Gefahr im Verzug«

Liegt ein behebbarer Mangel vor, so ist die Abwägung dann zugunsten des Gläubigers vorzunehmen, wenn aufgrund des Zeitverlusts, der mit der Fristsetzung einhergeht, ein wesentlich größerer Schaden droht als bei einer vom Gläubiger sofort vorgenommen Beseitigung des Mangels[121] (»Gefahr im Verzug«) und der Schuldner entweder für diesen Schaden nicht haftet oder jedenfalls dem Gläubiger nicht zuzumuten ist, entsprechende Ansprüche auf eigenes Risiko durchzusetzen. Keine besonderen Umstände liegen dagegen vor, wenn nur die Aufbewahrung der Ware für den Verkäufer mit Kosten oder Lasten verbunden ist.[122] Ebenso führt die bloße Erforderlichkeit, ein Deckungsgeschäft abzuschließen, noch nicht zur Entbehrlichkeit der Fristsetzung.[123] 31

Bejaht wird die Entbehrlichkeit demgegenüber, wenn der Gläubiger das Werk sofort benötigt, um es selbst zu verwenden oder an etwaige Abnehmer weiterzugeben, sofern die mit der Nachbes- 32

---

108 BGH v. 21.03.1974, VII ZR 139/71, NJW 1974, 1080, 1081; MüKo-BGB/*Ernst*, § 323 Rn. 102.
109 MüKo-BGB/*Ernst*, § 323 Rn. 102.
110 LG Bonn v. 30.10.2003, 10 O 27/03, NJW 2004, 74, 75; LG Aachen v. 26.04.2005, 12 O 493/04, NJW 2005, 2236, 2238; Palandt/*Grüneberg*, BGB § 281 Rn. 14.
111 BGH v. 08.12.1983, VII ZR 139/82, NJW 1984, 1460, 1461; PWW/*Schmidt-Kessel*, § 281 Rn. 13.
112 BGH v. 19.09.1983, VIII ZR 84/82, NJW 1984, 48, 49; v. 12.09.2002, VII ZR 344/01, NJW-RR 2003, 13.
113 OLG Naumburg v. 24.02.2004, 11 U 94/03, NJW 2004, 2022, 2023 f.
114 BGH v. 23.02.2005, VIII ZR 100/04, NJW 2005, 1348, 1349.
115 BGH v. 18.01.1991, V ZR 315/89, NJW 1991, 1822, 1824.
116 BGH v. 18.01.1991, V ZR 315/89, NJW 1991, 1822, 1823 f.
117 Bamberger/Roth/*Unberath*, § 281 Rn. 23.
118 BGH v. 21.12.2005, VIII ZR 49/05, BB 2006, 686, 689.
119 *Emmerich*, § 18 Rn. 47; Messerschmidt/Voit/*Moufang*, § 636 Rn. 44.
120 OLG Celle v. 26.07.2006, 7 U 2/06, ZGS 2006, 428, 429.
121 BGH v. 22.06.2005, VIII ZR 1/05, NJW 2005, 3211; Bamberger/Roth/*Unberath*, § 281 Rn. 26.
122 *Emmerich*, § 18 Rn. 48.
123 BGH v. 11.02.1971, VII ZR 170/69, WM 1971, 615, 617.

serung verbundene Verzögerung nicht nur eine unerhebliche Störung darstellt.[124] Ein Beispiel stellt die Erforderlichkeit kurzfristiger Maßnahmen des Gläubigers dar, um eine drohende behördliche Schließung eines Imbisses zu vermeiden, von dem wegen einer fehlerhaften Abluftanlage erhebliche Geruchsbelästigungen ausgehen;[125] Auch wenn der Schuldner im Falle eines Just-in-time-Vertrags nicht termingerecht leistet, liegt ein die Fristsetzung entbehrlich machender besonderer Umstand vor, denn bei dieser Vertragsgestaltung ist der Käufer auf eine pünktliche Lieferung angewiesen, um seine Produktion aufrecht erhalten zu können.[126]

b) Schwerwiegende Beeinträchtigung der Vertrauensgrundlage

33   Daneben sind vor allem solche Umstände »besondere« i.S.d. § 281 Abs. 2 Alt. 2 BGB, welche das Vertrauen des Gläubigers in die ordnungsgemäße Erfüllung derart beeinträchtigen, dass ihm nicht mehr zugemutet werden kann, den Schuldner erneut mit dem Vertragsgegenstand in Berührung kommen zu lassen. Zwar führt nicht jede arglistige Täuschung zu einer derartigen Störung des Vertragsverhältnisses, dass ein Schadensersatzanspruch (oder Rücktritt, vgl. § 323 Abs. 2 Nr. 3 BGB) ohne vorherige Fristsetzung begründet wird.[127] Hat der Schuldner (Unternehmer) aber bezüglich eines Mangels bei Vertragsabschluss eine Täuschungshandlung begangen, so ist zumindest in der Regel die erforderliche Vertrauensgrundlage für eine Nacherfüllung nicht mehr vorhanden. Der Verkäufer (Unternehmer) hat aufgrund der arglistigen Täuschung das grundsätzlich ihm zustehende Recht zur Nacherfüllung verwirkt.[128] Die Fristsetzung ist daneben wegen besonderer Umstände entbehrlich, wenn das Vertrauen des Bestellers in die ordnungsgemäße Ausführung der Nachbesserung gerade durch den Unternehmer infolge dessen Unzuverlässigkeit vernünftigerweise ausgeschlossen ist.[129]

c) Erfüllungsgefährdung

34   Ferner ist eine Fristsetzung dann sinnlos und deshalb entbehrlich, wenn mit Sicherheit feststeht, dass der Schuldner auch innerhalb einer angemessenen Frist nicht leisten könnte.[130] Der Schutzzweck des Fristsetzungserfordernisses gebietet indes einen restriktiven Umgang mit dieser Annahme.

d) Sinnlose Förmelei – »Selbstmahnung«

35   Eine Mahnung ist schließlich im Falle der sog. Selbstmahnung entbehrlich, d.h. wenn der Schuldner angekündigt hat, die Leistung zu einem bestimmten Termin zu erbringen, dann aber gleichwohl nicht leistet.[131] Eine solche Ankündigung nimmt die Aufforderung zur Leistung vorweg und macht diese überflüssig.

e) Relatives Fixgeschäft kein besonderer Umstand

36   Umstritten ist, ob das Vorliegen eines relativen Fixgeschäfts ein zur Entbehrlichkeit der Fristsetzung führender besonderer Umstand ist. Eine Ansicht bejaht dies[132] mit dem Argument, die Ent-

---

124 BGH v. 26.01.1993, X ZR 90/91, NJW-RR 1993, 560.
125 BGH v. 15.01.2002, X ZR 233/00, BauR 2002, 940, 944.
126 Palandt/*Grüneberg*, BGB § 281 Rn. 15.
127 BGH v. 09.01.2008, VIII ZR 210/06, NJW 2008, 1371, 1372.
128 BGH v. 08.12.2006, V ZR 249/05, NJW 2007, 835, 837; BGH v. 09.01.2008, VIII ZR 210/06, NJW 2008, 1371, 1372 ff.; BGH v. 27.03.2009, V ZR 30/08, NJW 2009, 2120, 2122.
129 BGH v. 08.12.1966, VII ZR 144/64, BGHZ 46, 242, 245.
130 BGH v. 19.09.1983, VIII ZR 84/82, NJW 1984, 48, 49; *Emmerich*, § 18 Rn. 50.
131 Vgl. der Verweis von BGH v. 14.05.2009, IX ZR 63/08, NJW 2009, 2600 Rn. 24, auf BGH v. 17.12.1996, X ZR 74/95, NJW-RR 1997, 622 Rn. 12. Vgl. auch OLG Jena v. 18.04.2007, 7 U 946/06, LSK 2009, 230100; Bamberger/Roth/*Unberath*, § 286 Rn. 37.
132 *Jaensch*, NJW 2003, 3613, 3614 f.; *Herresthal*, ZIP 2006, 883, 884 f.; PWW/*Schmidt-Kessel*, § 281 Rn. 17; Bamberger/Roth/*Unberath*, § 281 Rn. 26.

behrlichkeit der Fristsetzung beim Rücktritt (§ 323 Abs. 2 Nr. 2 BGB) müsse erst recht geeignet sein, den Vorrang der Erfüllung vor dem Schadensersatz zu beseitigen, da der Rücktritt die Aufhebung des Vertrags zur Folge habe und deshalb weiter reiche als die Umwandlung des Erfüllungsanspruchs in einen Schadensersatzanspruch.[133] Die herrschende Meinung folgert demgegenüber im Umkehrschluss aus § 323 Abs. 2 Nr. 2 BGB, dass eine Fristsetzung auch im Falle des relativen Fixgeschäfts erforderlich sei.[134] Dem ist zuzustimmen. Das Fristsetzungserfordernis knüpft nicht etwa an das Begehren von Schadensersatz statt der ganzen Leistung an – insoweit wäre das Interesse betroffen, die Rückabwicklung zu vermeiden –, weshalb die Analogie ausgeschlossen ist. Vielmehr ist davon auszugehen, dass der Gesetzgeber den Schadensersatz als einschneidendere Rechtsfolge wahrgenommen und an höhere Anforderungen geknüpft hat.

3. Rechtsfolgen der Entbehrlichkeit der Fristsetzung

Ist die Fristsetzung nach § 281 Abs. 2 BGB entbehrlich, so kann sogleich mit Eintritt der zu vertretenden Pflichtverletzung Schadensersatz statt der Leistung verlangt werden.[135] Dazu ist der Gläubiger indes nicht verpflichtet: Vielmehr kann er auch weiterhin Erfüllung fordern und seinen etwaigen Verzögerungsschaden nach §§ 280 Abs. 1, Abs. 2, 286 BGB liquidieren.[136]

37

VII. Vertretenmüssen der Pflichtverletzung

Nach § 280 Abs. 1 S. 2 wird das Vertretenmüssen des Schuldners (vgl. dazu § 280 BGB Rdn. 45 ff.) vermutet. Streitig ist der Bezugspunkt des Vertretenmüssens bei § 281 BGB: Einer Ansicht zufolge muss sich das Vertretenmüssen auf die ursprüngliche Pflichtverletzung beziehen.[137] Nach vorzugswürdiger Ansicht genügt daneben ein auf das Verstreichenlassen der gesetzten Frist bezogenes Vertretenmüssen,[138] weil die Pflicht zur vertragsgemäßen Leistung nach der Fristsetzung fortbesteht und mit der Folge der §§ 280 Abs. 1, 3, 281 BGB verletzt werden kann.

38

C. Erlöschen des Leistungsanspruchs, § 281 Abs. 4 BGB

Läuft die Frist nach § 281 Abs. 1 BGB ab, so stehen Erfüllungsanspruch und Schadensersatzanspruch zunächst in elektiver Konkurrenz nebeneinander.[139] Erst das Verlangen des Gläubigers nach Schadensersatz statt der Leistung führt zum Untergang der primären Erfüllungsansprüche. Dieses Verlangen muss den eindeutigen Willen des Gläubigers erkennen lassen, sich von nun an auf den Schadensersatzanspruch beschränken zu wollen; mehrdeutige Erklärungen – insbesondere das schlichte Verlangen von »Schadensersatz«, das auch auf den Ersatz des Schadensersatzes neben der Leistung gerichtet sein kann – genügen dafür nicht.[140]

39

Danach liegt ein Verlangen im Sinne des § 281 Abs. 4 BGB vor, wenn der Gläubiger die Klage auf Schadensersatz statt der Leistung erhebt,[141] nicht aber im Falle der Äußerung, Rechte bis hin zum Schadensersatz geltend zu machen oder dem Hinweis an den Schuldner, mit der Prüfung des Schadensersatzanspruchs sei ein Rechtsanwalt beauftragt worden.[142]

40

---

133 PWW/*Schmidt-Kessel*, § 281 Rn. 17.
134 MüKo-BGB/*Ernst*, § 281 Rn. 59; Jauernig/*Stadler*, § 281 Rn. 10; Palandt/*Grüneberg*, BGB § 281 Rn. 15; *Schwarze*, AcP 207 (2007), 437, 453.
135 *Emmerich*, § 18 Rn. 41; PWW/*Schmidt-Kessel*, § 281 Rn. 11.
136 *Emmerich*, § 18 Rn. 41.
137 *Braun*, ZGS 2004, 423, 426; *Hirsch*, Jura 2003, 289, 293.
138 *Lorenz* NJW 2002, 2497, 2503; *Schur* ZGS 2002, 243; Bamberger/Roth/*Unberath*, § 281 Rn. 12.
139 BGH v. 20.01.2006, V ZR 124/05, NJW 2006, 1198, 1199; Palandt/*Grüneberg*, BGB § 281 Rn. 49. Zu baurechtlichen Besonderheiten vgl. § 636 BGB Rdn. 4 ff.
140 Bamberger/Roth/*Unberath*, § 281 Rn. 49; Jauernig/*Stadler*, § 281 Rn. 15.
141 Begr. BT-Drucks 14/6060, 141; Palandt/*Grüneberg*, BGB § 281 Rn. 50.
142 Bamberger/Roth/*Unberath*, § 281 Rn. 49; Palandt/*Grüneberg*, BGB § 281 Rn. 50.

§ 282 BGB   Schadensersatz statt der Leistung wegen Verletzung einer Pflicht nach § 241 Abs. 2

41   Das Verlangen von Schadensersatz statt der Leistung kann bereits mit der Fristsetzung verbunden werden.[143]

D. Beweislast

42   Die Beweislast für das Vorliegen der Voraussetzungen des §§ 280 Abs. 1, Abs. 3, 281 BGB trägt der Gläubiger. Der Schuldner muss demgegenüber beweisen, dass er die Leistung erbracht hat. Hat der Gläubiger sie als Erfüllung angenommen, so trägt er die Beweislast dafür, dass die Leistung nicht vertragsgemäß war.[144]

§ 282 Schadensersatz statt der Leistung wegen Verletzung einer Pflicht nach § 241 Abs. 2[1]

Verletzt der Schuldner eine Pflicht nach § 241 Abs. 2, kann der Gläubiger unter den Voraussetzungen des § 280 Abs. 1 Schadensersatz statt der Leistung verlangen, wenn ihm die Leistung durch den Schuldner nicht mehr zuzumuten ist.

Schrifttum
Grunewald Die Loslösung vom nicht erwartungsgerechten Vertrag, in: Festschrift für Wiedemann, Wank u.a. (Hrsg.), 2002, S. 75; *Knoche/Höller* Schadensersatz statt der Leistung nach Bewirkung der Hauptleistung, ZGS 2003, 26; *Münch* Die »nicht wie geschuldet« erbrachte Leistung und sonstige Pflichtverletzungen, Jura 2002, 361; *Schwab* Leistungsstörungen im Sukzessivlieferungsvertrag nach neuem Schuldrecht, ZGS 2003, 73.

A. Allgemeines[2]

1   Verletzt der Schuldner subjektiv vorwerfbar eine nicht leistungsbezogene Pflicht gem. § 241 Abs. 2 BGB, so hat der Gläubiger zunächst gem. § 280 Abs. 1 BGB einen Anspruch auf Ersatz des daraus resultierenden Schadens. Dieser kann aus einer Verletzung des Integritätsinteresses resultieren (z.B. bei Verletzung von Schutz- und Obhutspflichten: Der Bauunternehmer beschädigt mit einem Baufahrzeug den Gartenzaun), aber auch in einem bloßen Vermögensschaden bestehen. Neben diesem Anspruch kann der Gläubiger unter den weiteren Voraussetzungen des § 282 BGB über den Schadensersatz statt der Leistung die Mehrkosten aus einem Deckungsgeschäft oder den entgangenen Gewinn als Schaden ersetzt verlangen – oder den geschlossenen Vertrag schlicht liquidieren: Über das eigentliche Ausmaß der Pflichtverletzung hinaus kann sich der Gläubiger vom gesamten Vertrag lösen.[3] Das Lehrbuchbeispiel für ein Eingreifen des Schadensersatzes aus §§ 280 Abs. 1 und Abs. 3, 282 BGB ist der tollpatschige Malermeister, der zwar die geschuldete Malerleistung vertragsgemäß erbringt, aber bei der Ausführung der Arbeiten fortwährend das Mobiliar des Bestellers beschädigt.[4] Eine Unzumutbarkeit i.S.d. § 282 BGB wird durch die erstmalige Beschädigung zwar im Regelfall nicht begründet. Nehmen die Beschädigungen aber ein solches Ausmaß an, dass dem Besteller die weitere Ausführung nicht mehr zugemutet werden kann, so steht dem Besteller ein Schadensersatzanspruch statt der Leistung zu, der beispielsweise den Ersatz von Mehrkosten für einen anderen Maler umfassen kann. Die Wertung des

---

143 *Emmerich*, § 18 Rn. 58. A.A. *Derleder/Zänker*, NJW 2003, 2777, 2779 f., die wegen der Bedingungsfeindlichkeit von gestaltenden Willenserklärungen die Möglichkeit der Verbindung des Schadensersatzverlangens mit der Fristsetzung verneinen. Diese Ansicht wird indes durch § 255 ZPO widerlegt, der gerade von der Möglichkeit dieser Verbindung ausgeht.
144 *Palandt/Grüneberg*, BGB § 281 Rn. 53.
   1 Neugefasst durch Bek. v. 02.01.2002 I 42.
   2 Für die wertvolle Unterstützung bei der Vorbereitung und Erstellung des Manuskripts danke ich Herrn Richter am LG *Bernhard Locher* sowie Frau ass. iur. *Grete Langjahr*.
   3 Vgl. PWW/*Schmidt-Kessel*, § 282 Rn. 2.
   4 BT-Drucks. 14/6040, 141.

Einzelfalls entscheidet, wie viele Schäden der Besteller erdulden muss, bis für ihn die weitere Vertragsdurchführung unzumutbar ist.

Die §§ 280 Abs. 1, 3, 282 BGB gewähren dem Gläubiger Schadensersatz statt der (Primär-) Leistung auch wegen der Verletzung nicht leistungsbezogener Pflichten, obwohl das Leistungsinteresse des Gläubigers von der Pflichtverletzung nicht betroffen ist, weil der Schuldner seine Leistung vertragsgemäß erbracht hat oder diese noch erbringen kann, wie sich aus der Anknüpfung an die Verletzung einer nicht leistungsbezogenen Pflicht ergibt. Der Zweck der Vorschrift besteht darin, dem Gläubiger einen Anspruch auf Schadensersatz statt der (ggf. ganzen) Leistung zu gewähren, wenn ihm die Leistungserbringung des Schuldners wegen der Verletzung einer nicht leistungsbezogenen Pflicht nicht mehr zuzumuten ist.[5]

Im alten Schuldrecht hatte die Vorschrift keine Entsprechung. Rechtsprechung und Literatur bejahten jedoch einen Schadensersatzanspruch wegen Nichterfüllung bzw. ein Rücktrittsrecht, wenn im Fall der positiven Vertragsverletzung der Vertragszweck derart gefährdet wurde, dass dem Gläubiger nach dem Grundsatz von Treu und Glauben ein Festhalten am Vertrag nicht zugemutet werden konnte.[6] Diese Fallgruppe wird seit der Schuldrechtsreform durch die §§ 282, 324 BGB erfasst.[7]

Der Anwendungsbereich des § 282 BGB entspricht dem des § 281 BGB.[8] Praktische Relevanz hat die Vorschrift nur bei gegenseitigen, vertraglichen Schuldverhältnissen.[9] Mangels des Bestehens eines zunächst entstandenen Leistungsanspruchs fallen vorvertragliche Pflichtverletzungen nach § 241 Abs. 2 BGB nicht in den Anwendungsbereich des § 282 BGB.[10] In diesem Vertragsstadium finden ausschließlich §§ 311 Abs. 2, 241 Abs. 2, 280 Abs. 1 BGB Anwendung.[11] Im Fall der Pflichtverletzung nach Erbringung der Hauptleistungspflicht führt die Teleologie des § 282 BGB entgegen einer strengen Wortlautauslegung zu einer Eröffnung des Anwendungsbereichs.[12]

Die Verletzung einer nicht leistungsbezogenen Nebenpflicht aus § 241 Abs. 2 BGB kann auch zu einer Störung des Leistungsinteresses führen, weshalb in diesen Fällen ein Anspruch auf Schadensersatz statt der Leistung sowohl auf § 281 BGB als auch auf § 282 BGB gestützt werden kann.[13] Dies kann dann der Fall sein, wenn der Unternehmer seine Leistungspflicht wiederholt verletzt und der Besteller das Vertrauen in den Unternehmer verliert, dass dieser den Vertrag ordnungsgemäß abwickeln kann.[14]

B. Voraussetzungen des Schadensersatzanspruchs gemäß §§ 280 Abs. 1, 3, 282 BGB

I. Verletzung einer nicht leistungsbezogenen Pflicht

Die Verweisung des § 280 Abs. 3 BGB auf § 282 BGB stellt – über § 280 Abs. 1 BGB hinausgehende – besondere Anforderungen an die haftungsbegründende Pflichtverletzung. Verlangt wird die Verletzung einer nicht leistungsbezogenen Nebenpflicht nach § 241 Abs. 2 BGB.

---

5 Erman/*Westermann*, § 282 Rn. 1.
6 BGH v. 19.02.1969, VIII ZR 58/67, NJW 1969, 975, 976; vgl. Soergel/*Wiedemann*, vor § 275 Rn. 373 ff., 497 ff.; Staudinger/*Otto/Schwarze*, § 282 Rn. 2.
7 BT-Drucks. 14/6040, 142; AnwK/*Dauner-Lieb*, § 282 Rn. 4; Staudinger/*Otto/Schwarze*, § 282 Rn. 2; *Schwab*, ZGS 2003. 73, 75.
8 MüKo-BGB/*Ernst*, § 282 Rn. 3.
9 Erman/*Westermann*, § 282 Rn. 2; Jauernig/*Stadler*, § 282 Rn. 2; MüKo-BGB/*Ernst*, § 282, Rn. 3.
10 BT-Drucks. 14/7052, 186; Jauernig/*Stadler*, § 282 Rn. 2. A.A. MüKo-BGB/*Ernst*, § 282 Rn. 4; *Grunewald*, in: FS Wiedemann, S. 75, 80 ff.
11 Staudinger/*Otto/Schwarze*, § 282 Rn. 10.
12 Bamberger/Roth/*Unberath*, § 282 Rn. 4; PWW/*Schmidt-Kessel*, § 282 Rn. 4; AnwK/*Dauner-Lieb*, § 282 Rn. 18; *Knoche/Höller*, ZGS 2003, 26 ff., stellen auf eine analoge Anwendung des § 282 BGB ab. A.A. Jauernig/*Stadler*, § 282 Rn. 4.
13 Palandt/*Grüneberg*, § 282 Rn. 2; MüKo-BGB/*Ernst*, § 282 Rn. 2; Erman/*Westermann*, § 282 Rn. 1.
14 MüKo-BGB/*Ernst*, § 282 Rn. 2.

§ 282 BGB Schadensersatz statt der Leistung wegen Verletzung einer Pflicht nach § 241 Abs. 2

7   Die Abgrenzung von leistungsbezogenen und nicht leistungsbezogenen Nebenpflichten kann sich in der Praxis als schwierig darstellen. Maßgeblich für die Abgrenzung ist die Leistungsnähe der verletzten Pflicht.[15] Die Leistungsnähe einer Pflicht zeichnet sich dadurch aus, dass im Fall einer Pflichtverletzung das Leistungsinteresse des Gläubigers und nicht ein anderes Interesse, insb. das Integritätsinteresse, betroffen ist.[16]

8   Im Fall der Vertragsaufsage in Form der ernsthaften und endgültigen Erfüllungsverweigerung vor Fälligkeit stützt die herrschende Meinung den Schadensersatzanspruch auf eine analoge Anwendung der §§ 280, Abs. 1 und Abs. 3, 281 BGB[17] (vgl. dazu § 281 BGB Rdn. 25 ff.).

II. Unzumutbarkeit

9   Für den Gläubiger muss die Leistungserbringung durch den Schuldner infolge der Pflichtverletzung nicht mehr zumutbar sein. Die Unzumutbarkeit muss neben der Pflichtverletzung gesondert festgestellt werden.[18] Überdies muss die Verletzung der nicht leistungsbezogenen Nebenpflicht für die Unzumutbarkeit der Leistungserbringung für den Gläubiger ursächlich sein. Aufgrund des Sondernormcharakters von § 282 BGB sind hohe Anforderungen an die Unzumutbarkeit zu stellen.[19] Es handelt sich dabei um eine Wertung des Einzelfalls unter Berücksichtigung der Interessenlage beider Parteien sowie des Grundsatzes von Treu und Glauben.[20] Im Hinblick auf die Funktion der Norm muss der Gefährdung der Erreichung des Vertragszwecks, d.h. der vertragsgemäßen Durchführung des Vertrages unter Einbeziehung sämtlicher Interessen des Bestellers, aus dessen Perspektive, entscheidende Bedeutung beigemessen werden. § 282 BGB ist als Komplementärnorm zu § 281 Abs. 2 Alt. 2 BGB zu begreifen, insoweit durch diese Norm die Entbehrlichkeit der Fristsetzung wegen Vertrauenswegfall erfasst wird (§ 281 BGB Rdn. 33 ff.).[33]

10   Die Schwere der Pflichtverletzung und des Verschuldens (Arglist) haben im Wesentlichen indizielle Bedeutung.[22] Eine einfache Beeinträchtigung des Integritätsinteresses durch die Beschädigung des Eigentums des Bestellers bei Ausführung der Werkleistung durch den Unternehmer begründet regelmäßig keine Unzumutbarkeit i.S.d. § 282 BGB, weil der Schadensersatzanspruch aus § 280 Abs. 1 BGB den eingetretenen Schaden angemessen ausgleicht.[23] Bei einer Vielzahl von Beschädigungen kann aber das Vertrauensverhältnis zwischen Besteller und Unternehmer derart nachhaltig gestört werden, dass ein Festhalten am Vertrag dem Besteller nicht mehr zugemutet werden kann.[24] In die Abwägung sind damit auch der Ausblick auf die weitere Vertragserfüllung und insbesondere der Grad der Gefahr weiterer Pflichtverletzungen einzubeziehen.[25] In diesem Zusammenhang stellt sich auch die Frage nach der Erforderlichkeit einer Abmahnung: Grundsätzlich

---

15 *Emmerich*, § 22 Rn. 18.
16 *Münch*, Jura 2002, 361, 364.
17 MüKo-BGB/*Ernst*, § 281 Rn. 62; AnwK/*Dauner-Lieb*, § 282 Rn. 4; eine Anwendung von § 282 BGB sei jedoch gleichwohl möglich, weil dem Gläubiger im Fall der Vertragsaufsage die Leistung des Schuldners nicht mehr zuzumuten sein dürfte, *Emmerich*, § 12 Rn. 14.
18 PWW/*Schmidt-Kessel*, § 282 Rn. 5; Jauernig/*Stadler*, § 282 Rn. 5.
19 Bamberger/Roth/*Unberath*, § 282 Rn. 3; MüKo-BGB/*Ernst*, § 282 Rn. 2; AnwK/*Dauner-Lieb*, § 282 Rn. 17; *Werner/Pastor*, Rn. 1773.
20 Staudinger/*Otto/Schwarze*, § 282 Rn. 33; Bamberger/Roth/*Unberath*, § 282 Rn. 3.
33 Vgl. BGH v. 09.01.2008, VIII ZR 210/06, NJW 2008, 1371 Rn. 19: »berechtigtes Interesse daran, von einer weiteren Zusammenarbeit … Abstand zu nehmen«.
22 So wird auch für leistungsbezogene Pflichtverletzungen angenommen, dass Arglist die Vertrauensgrundlage nur »in der Regel« erschüttere, BGH v. 09.01.2008, VIII ZR 210/06, NJW 2008, 1371 Rn. 18. Vgl. AnwK/*Dauner-Lieb*, § 282 Rn. 17, Staudinger/*Otto/Schwarze*, § 282 Rn. 33 ff.
23 Vgl. OLG Saarbrücken v. 25.07.2007, 1 U 467/06 – 145, 1 U 467/06, NJW 2007, 3503, 3505.
24 Vgl. Staudinger/*Otto/Schwarze*, § 282 Rn. 34.
25 Erman/*Westermann*, § 282 Rn. 4; AnwK/*Dauner-Lieb*, § 282 Rn. 17.

stellt § 282 BGB kein Abmahnungserfordernis auf.[26] Das Vorliegen einer Abmahnung muss aber im Fall wiederholter bzw. fortwährender Pflichtverletzungen bei der erforderlichen Abwägung entsprechend erschwerend berücksichtigt werden.[27] So kann bei einer einfachen Pflichtverletzung mit einer geringen Schadensfolge die Unzumutbarkeit begründet werden, wenn der Schuldner vom Gläubiger bezüglich der Pflichtverletzung vorher (u.U. mehrmals) erfolglos abgemahnt wurde.[28] Bei gravierenden Pflichtverletzungen ist in Übereinstimmung mit dem Rechtsgedanken des § 281 Abs. 2 Alt. 2 BGB keine vorherige Abmahnung erforderlich.[29]

Im Fall einer gravierenden Pflichtverletzung z.B. in Form der Beschädigung eines sehr wertvollen Mobiliargegenstandes kann bereits die erste Pflichtverletzung ausreichen, um den Schadensersatz statt der Leistung zu begründen. Wird der Schuldner vom Besteller abgemahnt, nicht in den Räumen des Bestellers zu rauchen, so wird sich die Unzumutbarkeit mit der Rechtsfolge der Zurückweisung der Primärleistung und Geltendmachung des Schadensersatzes statt der ganzen Leistung demgegenüber nicht gleich beim ersten weiteren Verstoß begründen lassen.[30] 11

Hat der Schuldner seine Primärleistung bereits teilweise oder gar vollständig erbracht, so ist der Schadensersatz statt der ganzen Leistung nach §§ 280 Abs. 1 und Abs. 3, 282 BGB nur bei Vorliegen des zusätzlichen Tatbestandsmerkmals des Interessenfortfalls an der bisher erbrachten Leistung zu gewähren.[31] Diese Voraussetzungen des Schadensersatzes statt der ganzen Leistung bei bereits teilweise erbrachter und insbesondere vertragsgemäßer Teilleistung wird mit einer entsprechenden Anwendung des § 281 Abs. 1 S. 2 BGB begründet.[32] § 282 BGB findet grundsätzlich nur Anwendung, wenn dem Schuldner die Leistungserbringung durch den Gläubiger für die Zukunft nicht mehr zuzumuten ist.[33] Ihm soll es jedoch möglich sein, auch dann Schadenersatz statt der ganzen Leistung verlangen zu können, wenn der Gläubiger eine Teilleistung bereits erbracht hat, er an dieser jedoch kein Interesse hat. 12

C. Rechtsfolgen

Ist dem Gläubiger infolge der Verletzung einer nicht leistungsbezogenen Pflicht die weitere Vertragsausführung unzumutbar, so steht ihm ein Schadensersatzanspruch statt der Leistung (zum Umfang und zur Berechnung des Schadensersatzes statt der Leistung, vgl. § 280 BGB Rdn. 84 ff.)) zu. Hat der Schuldner bereits eine Teilleistung erbracht und kann der Gläubiger nach den Voraussetzungen des § 281 Abs. 1 Satz 3 BGB Schadensersatz statt der ganzen Leistung verlangen, so hat er die Teilleistung ebenfalls analog § 281 Abs. 5 BGB zurückzugeben.[34] 13

D. Beweislast

Der Gläubiger trägt die Darlegungs- und Beweislast für die Voraussetzungen der §§ 280 Abs. 1 und 3, 282 BGB. Nach § 280 Abs. 1 S. 2 BGB muss der Schuldner sich entlasten und beweisen, dass er die Pflichtverletzung nicht zu vertreten hat. 14

---

26 MüKo-BGB/*Ernst*, § 282 Rn. 6; Bamberger/Roth/*Unberath*, § 282 Rn. 3. A.A. Palandt/Grüneberg, BGB § 282 Rn. 4.
27 Bamberger/Roth/*Unberath*, § 282 Rn. 3.
28 Vgl. AnwK/*Dauner-Lieb*, § 282 Rn. 17; *Lorenz/Riehm*, § 8 Rn. 364.
29 Staudinger/*Otto/Schwarze*, § 282 Rn. 38; Bamberger/Roth/*Unberath*, § 282 Rn. 3.
30 BT-Drucks. 14/7052, 186.
31 Bamberger/Roth/*Unberath*, § 282 Rn. 4; MüKo-BGB/*Ernst*, § 282 Rn. 10; Staudinger/*Otto/Schwarze*, § 282 Rn. 59.
32 MüKo-BGB/*Ernst*, § 282 Rn. 10; Jauernig/*Stadler*, § 282 Rn. 7; Palandt/*Grüneberg*, § 282 Rn. 6.
33 MüKo-BGB/*Ernst*, § 282 Rn. 10.
34 PWW/*Schmidt-Kessel*, § 282 Rn. 6; Staudinger/*Otto/Schwarze*, § 282 Rn. 59; *Knoche/Höller*, ZGS 2003, 26, 33.

§ 283 Schadensersatz statt der Leistung bei Ausschluss der Leistungspflicht[1]

Braucht der Schuldner nach § 275 Abs. 1 bis 3 nicht zu leisten, kann der Gläubiger unter den Voraussetzungen des § 280 Abs. 1 Schadensersatz statt der Leistung verlangen. § 281 Abs. 1 Satz 2 und 3 und Abs. 5 findet entsprechende Anwendung.

Schrifttum

Grundmann Der Schadensersatzanspruch aus Vertrag, System und Perspektiven, AcP 204 (2004), 567; *Kupisch* Schuldrechtsreform und Kunst der Gesetzgebung, NJW 2002, 1401; *Rauscher* Die von beiden Seiten zu vertretende Unmöglichkeit im neuen Schuldrecht, ZGS 2002, 333.

A. Allgemeines[2]

1 Dem Gläubiger steht gem. §§ 280 Abs. 1, 3, 283 BGB ein Schadensersatzanspruch statt der Leistung zu, wenn der Schuldner von seiner Verpflichtung zur Primärleistung gem. § 275 BGB befreit ist und das nachträglich eintretende Leistungshindernis zu vertreten hat. Die Verweisung des § 283 S. 1 BGB auf § 280 Abs. 1 BGB zeigt nach h.M. (vgl. dazu § 280 BGB Rdn. 27 ff.), dass bereits die Nichterfüllung der Leistung wegen Unmöglichkeit eine Pflichtverletzung nach § 280 Abs. 1 BGB darstellt.[3] Für den Schadensersatz statt der Leistung bei Ausschluss der Leistungspflicht gelten über die Verweisung des § 280 Abs. 3 BGB die zusätzlichen Voraussetzungen des § 283 BGB. Nach dem Wortlaut des § 283 BGB lassen sich indes keine zusätzlichen Voraussetzungen feststellen.[4] Die Vorschrift des § 283 BGB wird deshalb als sprachlich völlig missglückt[5] angesehen und zudem mangels eigenen Regelungsgehalts sogar als überflüssig bezeichnet.[6] Bei Unmöglichkeit der Leistungspflicht läge zugleich eine Nichtleistung i.S.d. § 281 BGB mit der Besonderheit der Entbehrlichkeit der Fristsetzung nach § 281 Abs. 2 2. Var. BGB vor.

2 Ein eigener Regelungsgehalt des § 283 BGB ist demgegenüber darin zu erkennen, dass im Fall der Unmöglichkeit unabhängig von § 281 Abs. 1 BGB eine Fristsetzung nicht erforderlich ist.[7] Die einzelfallbezogene Ausnahmeregelung in § 281 Abs. 2 2. Var. BGB wird der Natur der Unmöglichkeit, die zur zwingenden Sinnlosigkeit der Fristsetzung führt, nicht gerecht.

3 Der Anwendungsbereich des § 283 BGB stimmt überwiegend mit dem der §§ 275, 280 BGB überein und erstreckt sich grundsätzlich auf alle Arten von Schuldverhältnissen.[8] Einschränkend hierzu gilt § 283 BGB jedoch nur für Fälle der nachträglichen Unmöglichkeit, bei welchen die Störung erst nach Entstehen des Schuldverhältnisses eintritt.[9] Ist die Leistungsbefreiung des Schuldners auf § 275 Abs. 2 oder 3 BGB zurückzuführen, so kommt es nicht auf den Zeitpunkt der Erhebung der Einrede an, sondern auf die Frage, ob bei Entstehen des Schuldverhältnisses die die Einrede begründenden Umstände vorlagen.[10]

---

1 Neugefasst durch Bek. v. 02.01.2002 I 42.
2 Für die wertvolle Unterstützung bei der Vorbereitung und Erstellung des Manuskripts danke ich Herrn Richter am LG *Bernhard Locher* sowie Frau ass. iur. *Grete Langjahr*.
3 Staudinger/*Otto/Schwarze*, § 283 Rn. 9.
4 AnwK/*Dauner-Lieb*, § 283 Rn. 3; Staudinger/*Otto/Schwarze*, § 283 Rn. 10.
5 *Steingröver* in Berg/Vogelheim/Wittler, Rn. 1212.
6 Bamberger/Roth/*Unberath*, § 283 Rn. 1; PWW/*Schmidt-Kessel*, § 283 Rn. 1; *Kupisch*, NJW 2002, 1401; *Grundmann*, AcP 204 (2004), 567, 579.
7 Staudinger/*Otto/Schwarze*, § 283 Rn. 15.
8 Palandt/*Grüneberg*, BGB § 283 Rn. 3; AnwK/*Dauner-Lieb*, § 283 Rn. 1; MüKo-BGB/*Ernst*, § 283 Rn. 2.
9 OLG Karlsruhe v. 14.09.2004, 8 U 97/04, NJW 2005, 989, 990; MüKo-BGB/*Ernst*, § 283 Rn. 3. A.A. PWW/*Schmidt-Kessel*, § 283 Rn. 3.
10 Erman/*Westermann*, § 283 Rn. 3; Jauernig/*Stadler*, § 283 Rn. 5. A.A. PWW/*Schmidt-Kessel*, § 283 Rn. 3.

B. Voraussetzungen

I. Pflichtverletzung

Die haftungsbegründende Pflichtverletzung des Schadensersatzanspruchs aus §§ 280 Abs. 1 und 3, 283 BGB liegt in der Nichterfüllung aufgrund der Befreiung des Schuldners von seiner Leistungspflicht nach § 275 BGB.[11] Der Begriff der Pflichtverletzung ist nach h.M. erfolgsbezogen zu verstehen (vgl. § 280 BGB Rdn. 25), weshalb neben dem Ausbleiben der Leistungserbringung keine weiteren Anforderungen an die Pflichtverletzung gestellt werden dürfen. **4**

II. Vertretenmüssen

Über die Verweisung des § 283 S. 1 BGB auf § 280 Abs. 1 S. 2 BGB wird das Vertretenmüssen des Schuldners für die Pflichtverletzung widerleglich vermutet. Das Vertretenmüssen bezieht sich allerdings nur auf die tatsächlichen Umstände, welche die Anwendung des § 275 Abs. 1 bis 3 BGB tragen. Insoweit finden die allgemeinen Vorschriften nach §§ 276 ff. BGB Anwendung (vgl. dazu *Zanner*, § 276 BGB).[12] Im Fall der beiderseitig zu vertretenden Unmöglichkeit von Schuldner und Gläubiger kommt § 254 BGB zur Anwendung.[13] Zur umstrittenen Frage der Auswirkung der beiderseitig zu vertretenden Unmöglichkeit auf die Gegenleistungspflicht vgl § 326 BGB Rdn. 16 ff. **5**

C. Quantitative und qualitative Unmöglichkeit, § 283 S. 2 BGB

Durch § 283 S. 2 BGB wird hinsichtlich der quantitativen und qualitativen Unmöglichkeit auf das Regelungskonzept des § 281 S. 2 und S. 3 BGB verwiesen. Beschränkt sich die Unmöglichkeit auf einen Teil der geschuldeten Leistung, so wird der Schuldner gem. § 275 BGB (»soweit«, vgl. dazu § 275 BGB Rdn. 62 ff.) nur von einem Teil seiner Leistungspflicht befreit, weshalb dem Gläubiger nur insoweit, also dem Umfang der Leistungsbefreiung des Schuldners entsprechend, der sogenannte »kleine« Schadensersatz statt der Leistung zusteht. Den »großen« Schadensersatz statt der ganzen Leistung kann er nur unter der zusätzlichen Voraussetzung des Interessefortfalls an der Teilleistung verlangen, §§ 283 S. 2, 281 Abs. 1 S. 2 BGB (zu den Voraussetzungen des Interessefortfalls vgl. § 281 BGB Rdn. 7). **6**

Qualitative Unmöglichkeit liegt vor, wenn die erbrachte Leistung einen Mangel aufweist und der Schuldner von der Pflicht zur Nacherfüllung nach § 275 BGB befreit wurde (vgl. § 275 BGB Rdn. 65 ff.). Auch hier kann der Gläubiger einen durch den unbehebbaren Mangel entstandenen Schaden über den »kleinen« Schadensersatz kompensieren. Der »große« Schadensersatz statt der ganzen Leistung kann gem, §§ 283 S. 2, 281 Abs. 2 S. 3 BGB immerhin verlangt werden, wenn die Pflichtverletzung nicht unerheblich ist (zu den Voraussetzungen der Unerheblichkeit vgl. § 281 BGB Rdn. 9 f.). **7**

Der Gläubiger hat die bereits empfangene Teilleistung gemäß §§ 283 S. 2, § 281 Abs. 5 BGB nach den Vorschriften des Rücktritts §§ 346 ff. BGB zurückzugewähren, wenn er Schadensersatz statt der ganzen Leistung verlangt.[14] **8**

---

11 Palandt/*Grüneberg*, BGB § 283 Rn. 2; AnwK/*Dauner-Lieb*, § 283 Rn. 6; MüKo-BGB/*Ernst*, § 283 Rn. 4.

12 Auch auf die Garantie und die Risikoübernahme eingehend MüKo-BGB/*Ernst*, § 283 Rn. 5 ff.; Jauernig/*Stadler*, § 283 Rn. 7.

13 Bamberger/Roth/*Unberath*, § 283 Rn. 3, Palandt/*Grüneberg*, BGB § 283 Rn. 4; *Rauscher*, ZGS 2002, 333 ff.

14 Staudinger/*Otto/Schwarze*, § 283 Rn. 86; MüKo-BGB/*Ernst*, § 283 Rn. 13; Palandt/*Grüneberg*, BGB § 283 Rn. 5.

D. Rechtsfolgen

9 Die Störung des Leistungsinteresses des Gläubigers soll mit dem Schadensersatz statt der Leistung gemäß §§ 280 Abs. 1, 3, 283 BGB kompensiert werden. Inhaltlich bestimmt sich der Schadensersatzanspruch nach den Grundsätzen des § 281 BGB.[15] Zum Umfang und zur Berechnung des Schadensersatzes insbesondere im Hinblick auf die Einbeziehung der Gegenleistung vgl. § 280 BGB Rdn. 84 ff. Für die Berechnung des Schadensersatzes ist der Zeitpunkt des Eintritts der Unmöglichkeit nach § 275 Abs. 1 BGB oder der Erhebung der Einrede nach § 275 Abs. 2 oder 3 BGB maßgeblich.[16] Der Gläubiger kann ferner wahlweise anstelle des Schadensersatzes statt der Leistung den Ersatz vergeblicher Aufwendungen gemäß § 284 BGB oder die Herausgabe des Surrogats gemäß § 285 BGB verlangen.

E. Beweislast und prozessuale Probleme

10 Nach den allgemeinen Grundsätzen trägt der Gläubiger die Darlegungs- und Beweislast für die Voraussetzungen der §§ 280 Abs. 1 und 3, 283 BGB.[17] Der Gläubiger muss demnach die Voraussetzungen der Leistungsbefreiung des Schuldners nach § 275 BGB beweisen. Die einzelnen Tatbestände des § 275 BGB müssen dabei unterschieden werden. Stützt sich der Gläubiger auf § 275 Abs. 1 BGB, so trägt er die Beweislast für die Nichterfüllung der Leistung sowie für die objektive oder subjektive Unmöglichkeit der Leistungserbringung.[18] Regelmäßig wird der Gläubiger Schwierigkeiten haben, die Unmöglichkeit zu beweisen, weil er nur einen bedingten Einblick in die Sphäre des Schuldners hat.[19] Die Praxis hilft über diese Beweisnot mit verschiedenen Beweiserleichterungen hinweg: So wird z.B. die subjektive Unmöglichkeit indiziert, wenn der Schuldner die an den Gläubiger zu übergebende Sache an einen Dritten veräußert hat.[20] Der Schuldner trägt dann die Beweislast, dass er trotz der Übereignung an einen Dritten seiner Verpflichtung, das Eigentum an den Gläubiger zu übertragen, nachkommen kann.

11 Geht die Leistungsbefreiung auf die Einrede nach § 275 Abs. 2 oder 3 BGB zurück, so obliegt dem Gläubiger sowohl die Darlegungs- und Beweislast bezüglich der Erhebung der Einrede als auch ihrer tatsächlichen Voraussetzungen.[21] Entscheidend für den Prozess ist indes allein die Frage, ob der Schuldner die Einrede tatsächlich erhoben hat: Hat der Schuldner die Einrede erhoben, so kann er sich zwar hinsichtlich der Leistungserbringung auf die Befreiung nach § 275 Abs. 2 und 3 BGB berufen. Auf der Ebene des Schadensersatzes kann er aber nicht zugleich die Voraussetzungen der Einrede bestreiten. Dies würde ein nicht hinnehmbares selbstwidersprüchliches Verhalten darstellen.[22] Im Rahmen des Schadensersatzanspruchs nach §§ 280 Abs. 1 und 3, 283

---

15 Palandt/*Grüneberg*, § 283 Rn. 6; Bamberger/Roth/*Unberath*, § 283 Rn. 6; MüKo-BGB/*Ernst*, § 283 Rn. 9.
16 Erman/*Westermann*, § 283 Rn. 9; Bamberger/Roth/*Unberath*, § 283 Rn. 6, Palandt/*Grüneberg*, BGB § 283 Rn. 6. A.A. Jauernig/*Stadler*, § 283 Rn. 8, die im Fall des § 275 Abs. 2, 3 BGB wegen der Zufälligkeit des Zeitpunkts der Erhebung der Einrede auf den Zeitpunkt des Vorliegens der objektiven Voraussetzungen des Leistungshindernisses abstellt. Die Maßgeblichkeit der objektiven Voraussetzungen ist für die Frage nach der richtigen Anspruchsgrundlage zutreffend. Bei der Berechnung des Schadensersatzanspruches sollte dennoch auf den Zeitpunkt der Befreiung von der Leistungspflicht abgestellt werden, weil der Schuldner, der trotz objektiver Leistungshindernisse die ihm zustehende Einrede nicht erhebt, um die Chancen einer Leistungserfüllung durch überobligationsmäßige Anstrengungen zu nutzen, auch das Risiko negativer Schadensentwicklungen zu tragen hat.
17 Staudinger/*Otto/Schwarze*, § 283 Rn. 88; Bamberger/Roth/*Unberath*, § 283 Rn. 10, Palandt/*Grüneberg*, BGB § 283 Rn. 9.
18 MüKo-BGB/*Ernst*, § 283 Rn. 24; AnwK/*Dauner-Lieb*, § 283 Rn. 4.
19 *Repgen*, in: Baumgärtel/Laumen/Prütting, § 275 Rn. 13.
20 BGH v. 26.03.1999, V ZR 368/97, NJW 1999, 2034, 2035; v. 01.10.1992, V ZR 36/91, NJW 1992, 3224, 3225; MüKo-BGB/*Ernst*, § 283 Rn. 24.
21 MüKo-BGB/*Ernst*, § 283 Rn. 25.
22 Erman/*Westermann*, § 283 Rn. 11; MüKo-BGB/*Ernst*, § 283 Rn. 25.

BGB muss der Gläubiger deshalb nur darlegen und beweisen, dass der Schuldner die Einrede nach § 275 Abs. 2 oder 3 BGB erhoben hat. Kann umgekehrt der Gläubiger nicht darlegen und beweisen, dass der Schuldner die Einrede nicht erhoben hat, so kommt es auf das Vorliegen der die Einrede stützenden Umstände nicht mehr an, weil die Erhebung der Einrede für das Entfallen der Leistungspflicht und das Bestehen des Anspruchs zwingend erforderlich ist.[23]

Gemäß § 280 Abs. 1 S. 2 BGB wird vermutet, dass der Schuldner die Pflichtverletzung zu vertreten hat. Er muss folglich einen Entlastungsbeweis führen. Dem Schuldner obliegt es, sich von der Verschuldensvermutung durch den Beweis der ihm nicht vorwerfbaren Umstände und der Gründe der Unmöglichkeit zu entlasten.[24] 12

Ist die Beweisführung, ob ein Leistungshindernis nach § 275 BGB vorliegt, unsicher, so kann – und sollte! – der Gläubiger dem Schuldner eine Frist setzen und nach fruchtlosem Ablauf der Frist über § 281 BGB Schadensersatz statt der Leistung verlangen.[25] 13

§ 284 Ersatz vergeblicher Aufwendungen[1]

Anstelle des Schadensersatzes statt der Leistung kann der Gläubiger Ersatz der Aufwendungen verlangen, die er im Vertrauen auf den Erhalt der Leistung gemacht hat und billigerweise machen durfte, es sei denn, deren Zweck wäre auch ohne die Pflichtverletzung des Schuldners nicht erreicht worden.

Schrifttum

Arnold/Dötsch Ersatz von Mangelfolgeaufwendungen, BB 2003, 2250; *Canaris* Die Reform des Rechts der Leistungsstörungen, JZ 2001, 499; *ders.* Äquivalenzvermutung und Äquivalenzwahrung im Leistungsstörungsrecht des BGB, in: Festschrift für Herbert Wiedemann, Wank u.a. (Hrsg.), 2002, S. 3; *ders.* Schadensersatz wegen Pflichtverletzung, anfängliche Unmöglichkeit und Aufwendungsersatz im Entwurf des Schuldrechtsmodernisierungsgesetz, DB 2001, 1815; *Derleder* Sachmängel- und Arglisthaftung nach neuem Schuldrecht, NJW 2004, 969; *Graf von Westphalen* AGB-Recht ins BGB – Eine erste »Bestandsaufnahme«, NJW 2002, 12; *Grigoleit* Neuregelung des Ausgleichs »frustrierter« Aufwendungen (§ 284 BGB): Das ausgefallene Musical, ZGS 2002, 122; *Gsell* Aufwendungsersatz nach § 284 BGB, NJW 2006, 125; *Koch* Auswirkungen der Schuldrechtsreform auf die Gestaltung Allgemeiner Geschäftsbedingungen, WM 2002, 2173; *Lorenz* Schuldrechtsreform 2002: Problemschwerpunkte drei Jahre danach, NJW 2005, 1889; *ders.* Nacherfüllungskosten und Schadensersatz nach »neuem« Schuldrecht – was bleibt vom »Dachziegel«-Fall, ZGS 2004, 408; *v. Olshausen* Das Neben-, Nach-, Mit- und Gegeneinander mehrerer Rechte wegen Leistungsstörungen nach dem Schuldrechtsmodernisierungsgesetz, in: Festschrift für Ulrich Huber, 2006, S. 471; *Otto* Die Grundstrukturen des neuen Leistungsstörungsrechts, Jura 2002, 1; *Reim* Der Ersatz vergeblicher Aufwendungen nach § 284 BGB, NJW 2003, 3662; *Stoppel* Der Ersatz frustrierter Aufwendungen nach § 284 BGB, AcP 204 (2004), 81; *Tröger* Der Individualität eine Bresche: Aufwendungsersatz nach § 284 BGB, ZIP 2005, 2238; *Weitemeyer* Rentabilitätsvermutung und Ersatz frustrierter Aufwendungen unter der Geltung von § 284 BGB, AcP 205 (2005), 275.

Übersicht	Rdn.			
A. Allgemeines	1	B.	Voraussetzungen	8
I. Normzweck	1	I.	Bestehen eines Schadensersatzanspruchs statt der Leistung	8
II. Systematische Stellung	2			
III. Anwendungsbereich	4	II.	Vergebliche Aufwendungen	12
IV. Verhältnis zu anderen Anspruchsgrundlagen auf Aufwendungsersatz	6		1. Begriff	12
			2. Vertrauenstatbestand	17

---

23 Erman/*Westermann*, § 283 Rn. 11; MüKo-BGB/*Ernst*, § 283 Rn. 25.
24 AnwK/*Dauner-Lieb*, § 283 Rn. 17.
25 MüKo-BGB/*Ernst*, § 283 Rn. 25; AnwK/*Dauner-Lieb*, § 283 Rn. 5; Palandt/*Grüneberg*, BGB § 283 Rn. 2.
1 Neugefasst durch Bek. v. 02.01.2002 I 42.

§ 284 BGB Ersatz vergeblicher Aufwendungen

		Rdn.				Rdn.
	3. Billigkeit	19		1. Alternativität		25
III.	Zweckverfehlung auch ohne Pflichtverletzung	21		2. Prozessuale Durchführung		26
				3. Ausnahmen		27
C.	**Rechtsfolgen**	24	III.	Mitverschulden		30
I.	Allgemeines	24	D.	**Verjährung**		32
II.	Verhältnis zum Schadensersatz statt der Leistung	25	E.	**Beweislast**		33

A. Allgemeines[2]

I. Normzweck

1 Der Gesetzgeber bezweckt mit der Regelung des § 284 BGB, dem Ersatz frustrierter Aufwendungen einen breiten Anwendungsbereich zu verschaffen.[3] § 284 BGB soll den Aufwendungsersatzanspruch, der im alten Schuldrecht im Rahmen des auf das Erfüllungsinteresse gerichteten Schadensersatzanspruchs allein auf der Grundlage der Rentabilitätsvermutung gewährt wurde, und in der Lesart der Gerichte auf erwerbswirtschaftliche Verträge begrenzt war (vgl. dazu § 280 BGB Rdn. 94 ff.), ausweiten. Aufwendungsersatz kann nun gemäß § 284 BGB grundsätzlich auch bei nicht kommerziellen Verträgen, die beispielsweise dem privaten Konsum oder einem ideellen Zweck dienen, verlangt werden, weil es auf die Rentabilität des Vertrages nicht mehr ankommt.[4] Die neue Regelung des § 284 BGB überwindet die – jedenfalls vermeintliche – Schwäche der Rentabilitätsvermutung, Verträge mit materieller oder immaterieller Zielsetzung hinsichtlich des Aufwendungsersatzanspruchs ungleich zu behandeln. Ein wirtschaftlicher Ansatz erkennt den Normzweck des § 284 BGB in dem Schutz des individuellen Nutzengewinns, welcher durch die vertragsgemäße Primärerfüllung begründet und durch die gemachten Aufwendungen repräsentiert wird.[5] Wäre die Rentabilitätsvermutung in eben diesem Sinn – und damit richtig! – interpretiert worden, so hätte es dieser Norm nicht bedurft.

II. Systematische Stellung

2 Die systematische Stellung des § 284 BGB im Haftungssystem des § 280 BGB ist umstritten und wird allgemein als ungeklärt bezeichnet.[6] Schwierigkeiten bereitet insbesondere die dogmatische Legitimation und Ausrichtung des Anspruchs. Nach nahezu einhelliger Meinung ist § 284 BGB nicht lediglich als Ergänzung der Rentabilitätsvermutung für Verträge mit ideeller Zielsetzung zu verstehen, weil § 284 BGB auch bei erwerbswirtschaftlichen Verträgen zur Anwendung kommt.[7] Der Anspruch aus § 284 BGB kann auch nicht als ein auf den Vertrauensschaden gerichteter Ersatzanspruch verstanden werden,[8] weil § 284 BGB nach der Gesetzesbegründung nur vergebliche Aufwendungen ersetzen und nicht das gesamte negative Interesse schützen soll.[9] Nach verbreiteter Ansicht fallen die nutzlosen Aufwendungen unter den Nichterfüllungsschaden, weshalb § 284

---

[2] Für die wertvolle Unterstützung bei der Vorbereitung und Erstellung des Manuskripts danke ich Herrn Richter am LG *Bernhard Locher* sowie Frau ass. iur. *Grete Langjahr*.
[3] Vgl. *Tröger*, ZIP 2005, 2238.
[4] BT-Drucks. 14/6040, 143; Kniffka/*Krause-Allenstein*, IBR-Online-Kommentar, § 636 Rn. 103; *Reim*, NJW 2003, 3662.
[5] *Tröger*, ZIP 2005, 2238, 2239 ff.
[6] AnwK/*Arnold*, § 284 Rn. 6.
[7] BGH v. 20.05.2005, VIII ZR 275/04, NJW 2005, 2848, 2850; BT-Drucks. 14/6040, 143; AnwK/*Arnold*, § 284 Rn. 3; Palandt/*Grüneberg*, BGB § 284 Rn. 3.
[8] Bamberger/Roth/*Unberath*, § 284 Rn. 1; MüKo-BGB/*Ernst*, § 284 Rn. 6. A.A. *Canaris* JZ 2001, 499, 517; *Derleder*, NJW 2004, 969, 973. Ähnlich, wenn auch kritisch Staudinger/*Otto*, § 284 Rn. 10.
[9] MüKo-BGB/*Ernst*, § 284 Rn. 6, unter Verweis auf BT-Drucks. 14/6040, 144.

BGB zu einem Ausgleich des positiven Interesses führt.[10] Nach dieser Ansicht wird der Schaden nicht dadurch begründet, dass der Gläubiger Aufwendungen im Vertrauen auf die vertragsmäßige Erfüllung der Primärleistung macht, sondern dass der hinter der Aufwendung liegende Zweck wegen einer vom Schuldner zu vertretenden Leistungsstörung nicht erreicht werden kann.[11] Insoweit führt die neue Regelung des § 284 BGB zu einer bis dahin unbekannten Erscheinungsform des Nichterfüllungsschadens, der sich nach der Höhe der Kosten für die Aufwendungen bemisst.[12] Verfolgt der Gläubiger ideelle Ziele, so kann er einen Nichtvermögensschaden in Höhe der gemachten Aufwendungen geltend machen.[13] Die Regelung des § 284 BGB stellt eine Ausnahme von § 253 Abs. 1 BGB dar.[14] Hinsichtlich der Annahme eines Nichterfüllungsschadens wird kritisch angemerkt, dass sich diese Ansicht auf die für eine uferlose Ersatzpflicht stehende Frustrationsthese stütze. Eine Billigung der Frustrationsthese könne über die Auslegung des § 284 BGB hinaus im Schadensrecht eine nicht unerhebliche Rechtsunsicherheit nach sich ziehen.[15]

Die Diskussion um die dogmatische Legitimation des § 284 BGB setzt sich bei der Frage nach der Qualifizierung des § 284 BGB als eigener Anspruchsgrundlage fort. Betrachtet man § 284 BGB als auf den Ersatz des Nichterfüllungsschadens gerichteten Anspruch, so entsteht ein Widerspruch zu der Vorstellung des Gesetzgebers, neben § 280 Abs. 1 BGB und § 311a BGB keine weitere Anspruchsgrundlagen für vertragliche Schadensersatzansprüche zu schaffen.[16] Dennoch wird § 284 BGB verbreitet als eigene Anspruchsgrundlage angesehen.[17] Gegen den Charakter des § 284 BGB als Haftungsausfüllungsnorm spreche der Wortlaut der Norm und die Gesetzesbegründung, welche ausdrücklich klarstelle, dass es sich im Fall frustrierter Aufwendungen nicht um ein Schadensersatzproblem handele, sondern um eine Frage des Aufwendungsersatzes.[18]

III. Anwendungsbereich

§ 284 BGB erfasst gleichermaßen vertragliche wie gesetzliche Schuldverhältnisse.[19] Dabei ist auch unerheblich, ob der Anspruch auf eine Schlecht- oder Nichtleistung zurückgeht, weil § 284 BGB für alle Arten der Leistungsstörung anwendbar ist.[20] Der Aufwendungsersatzanspruch beschränkt sich ferner nicht auf gegenseitige Verträge, sondern kommt auch bei einseitigen Schuldverhältnissen zur Anwendung.[21] Z.B. kann der Eigentümer, der im Vertrauen auf die Erfüllung seines Herausgabeanspruchs Aufwendungen getätigt hat, seinen Ersatzanspruch auf § 284 BGB stützen.[22] Schließlich ist eine Unterscheidung zwischen Verträgen mit kommerzieller oder ideeller Zwecksetzung nicht erforderlich, weil § 284 BGB nicht auf die Zwecksetzung des Vertrages ab-

---

10 Palandt/*Grüneberg*, BGB § 284 Rn. 2; Bamberger/Roth/*Unberath*, § 284 Rn. 1; *Tröger*, ZIP 2005, 2238, 2240.
11 AnwK/*Arnold*, § 284 Rn. 4; *Gsell*, in: Dauner-Lieb/Konzen/Schmidt, S. 321, 336.
12 *Stoppel*, AcP 204 (2004), 81, 86.
13 *Gsell*, in: Dauner-Lieb/Konzen/Schmidt, S. 321, 337.
14 *Canaris*, JZ 2001, 499, 516; MüKo-BGB/*Ernst*, § 284 Rn. 7; Erman/*Westermann*, § 284 Rn. 3.
15 AnwK/*Arnold*, § 284 Rn. 5.
16 BT-Drucks. 14/6040, 135; vgl. AnwK/*Arnold*, § 284 Rn. 7; *Reim*, NJW 2003, 3662, 3663.
17 Staudinger/*Otto*, § 284 Rn. 10; *Reim*, NJW 2003, 3662, 3663; *Weitemeyer*, AcP 205 (2005), 275, 282; differenzierend MüKo-BGB/*Ernst*, § 284 Rn. 8, der eine eigene Anspruchsgrundlage nur bei Verträgen mit ideeller Zwecksetzung annimmt.
18 BT-Drucks. 14/6040, 144.
19 Palandt/*Grüneberg*, BGB § 284 Rn. 3; Staudinger/*Otto*, § 284 Rn. 11; *Stoppel*, AcP 204 (2004), 81, 88.
20 *Canaris*, in: FS Wiedemann, S. 3, 29; Palandt/*Grüneberg*, BGB § 284 Rn. 3.
21 BT-Drucks. 14/6040, 143; MüKo-BGB/*Emmerich*, § 284 Rn. 10a; AnwK/*Arnold*, § 284 Rn. 2; *Canaris*, JZ 2001, 499, 517.
22 Staudinger/*Otto*, § 284 Rn. 11; Bamberger/Roth/*Unberath*, § 284 Rn. 2; Palandt/*Grüneberg*, BGB § 284 Rn. 3. A.A. AnwK/*Arnold*, § 284 Rn. 12, der von einer Beschränkung des § 284 BGB auf rechtsgeschäftliche Leistungspflichten ausgeht.

stellt und der Gläubiger in Fällen beider Kategorien Aufwendungsersatz über § 284 BGB verlangen kann.[23]

5 Grundsätzlich kann der Anspruch auf Aufwendungsersatz gemäß § 284 BGB über einzelvertragliche Vereinbarungen ausgeschlossen werden, weil § 284 BGB kein zwingendes, sondern dispositives Recht darstellt.[24] Die vertragliche Abbedingung des Anspruchs aus § 284 BGB hindert den Gläubiger jedoch nicht, frustrierte Aufwendungen über den Schadensersatz statt der Leistung unter den Voraussetzungen der fortgeltenden Rentabilitätsvermutung (vgl. dazu § 280 BGB Rdn. 99) zu kompensieren.[25] Schwierigkeiten ergeben sich jedoch bei einem Ausschluss des Aufwendungsersatzanspruchs durch AGB. Eine Inhaltskontrolle hat vor allem vor dem Hintergrund des § 309 Nr. 7 BGB zu erfolgen.[26] Für Fälle leichter Fahrlässigkeit kann auf die Grundsätze der sogenannten »Kardinalpflichtenrechtsprechung«[27] zurückgegriffen werden.[28] Nach § 307 Abs. 2 Nr. 2 BGB führt eine Klausel zu einer unangemessen Benachteiligung, wenn wesentliche Pflichten und Rechte eingeschränkt werden und so der Vertragszweck gefährdet wird. Dies ist beispielsweise der Fall, wenn vertragsspezifische Risiken der Haftung entzogen werden.[29] Liegt das vertragsspezifische Haftungsrisiko in der Sinnlosigkeit von Aufwendungen, beispielsweise bei Verträgen mit nicht-erwerbswirtschaftlichem Hintergrund, so wird ein pauschaler Ausschluss des Aufwendungsersatzanspruchs einer AGB-Inhaltskontrolle nicht standhalten.[30]

IV. Verhältnis zu anderen Anspruchsgrundlagen auf Aufwendungsersatz

6 Der Ersatz von Aufwendungen kann neben § 284 BGB auch über andere Anspruchsgrundlagen, die auf den Ersatz des negativen Interesses gerichtet sind, wie beispielsweise die §§ 122, 179 Abs. 2 BGB, verlangt werden.[31] Der Gläubiger kann zudem unverändert Ersatz seiner Aufwendungen über den Schadensersatz statt der Leistung nach den Grundsätzen der Rentabilitätsvermutung geltend machen.[32] Ferner finden Aufwendungen als Rechnungsposten bei der Berechnung des entgangenen Gewinns Berücksichtigung.[33] Denkbar ist auch ein Anspruch auf Aufwendungsersatz aus den §§ 280 Abs. 1, 241 Abs. 2 BGB, wenn dem Schuldner die Schutzpflicht obliegt, den Gläubiger rechtzeitig von Aufwendungen abzuhalten und er diese schuldhaft verletzt hat.[34]

---

23 BGH v. 20.07.2005, VIII ZR 275/09, NJW 2005, 2848, 2850; BT-Drucks. 14/6040, 143; AnwK/*Arnold*, § 284 Rn. 3; Palandt/*Grüneberg*, BGB § 284 Rn. 3.
24 Jauernig/*Stadler* § 284 Rn. 1; AnwK/*Arnold*, § 284 Rn. 48; MüKo-BGB/*Emmerich*, § 284 Rn. 38.
25 MüKo-BGB/*Emmerich*, § 284 Rn. 38.
26 AnwK/*Arnold*, § 284 Rn. 48; Staudinger/*Otto*, § 284 Rn. 14; *Grigoleit*, ZGS 2002, 122, 124. A.A. MüKo-BGB/*Ernst*, § 284 Rn. 38, der eine Anwendung des § 309 Nr. 7 BGB verneint, soweit es um immaterielle Schäden geht.
27 BGH v. 24.10.2001, VIII ZR 1/01, NJW 2002, 673, 674; die Grundsätze der »Kardinalpflichtenrechtsprechung« gelten im neuen Schuldrecht fort, Palandt/*Grüneberg*, BGB § 307 Rn. 33; *Graf von Westphalen*, NJW 2002, 12, 22.
28 Staudinger/*Otto*, § 284 Rn. 14; AnwK/*Arnold*, § 284 Rn. 48; *Graf von Westphalen*, NJW 2002, 12, 23; *Koch*, WM 2002, 2173, 2180; *Grigoleit*, ZGS 2002, 122, 124. A.A. MüKo-BGB/*Ernst*, § 284 Rn. 38.
29 BGH v. 27.09.2000, VIII ZR 155/99, NJW 2001, 292, 302.
30 Staudinger/*Otto*, § 284 Rn. 14; *Grigoleit*, ZGS 2002, 122, 124.
31 MüKo-BGB/*Ernst*, § 284 Rn. 34, *Steingröver*, in: Berg/Vogelheim/Wittler, Rn. 1215; vgl. auch Palandt/*Grüneberg*, BGB § 284 Rn. 2.
32 LG Bonn v. 30.10.2003, 10 O 27/03, NJW 2004, 74, 75; Staudinger/*Otto*, § 284 Rn. 12; MüKo-BGB/*Ernst*, § 284 Rn. 35; *Lorenz/Riehm*, Rn. 225; *Canaris*, JZ 2001, 499, 517. A.A. AnwK/*Arnold*, § 284 Rn. 10; *Stoppel*, AcP 204 (2004), 81, 112.
33 MüKo-BGB/*Ernst*, § 284 Rn. 1, 34.
34 MüKo-BGB/*Ernst*, § 284 Rn. 34; Westermann/*Schultz*, S. 68.

Im Falle des Rücktritts stellt der Anspruch auf Aufwendungsersatz aus § 347 Abs. 2 BGB keine abschließende Spezialregelung dar.³⁵ Neben § 347 Abs. 2 BGB kann der Gläubiger bei Vorliegen der Voraussetzungen Ersatz seiner Aufwendungen nach § 284 BGB oder nach den Grundsätzen der Rentabilitätsvermutung im Rahmen des Schadensersatzanspruchs statt der Leistung verlangen.³⁶ Ein anderer Ansatz würde dazu führen, dass der Gläubiger, der sein Rücktrittsrecht wahrnimmt, schlechter gestellt wäre, als wenn er seinen Aufwendungsersatzanspruch lediglich auf § 284 BGB stützen würde.³⁷ Der Anspruch aus § 284 BGB wird auch umfangmäßig nicht durch § 347 Abs. 2 BGB begrenzt.³⁸

B. Voraussetzungen

I. Bestehen eines Schadensersatzanspruchs statt der Leistung

Aufwendungsersatz gem. § 284 BGB kann nur anstelle von Schadensersatz statt der Leistung verlangt werden. Daraus folgt, dass die Voraussetzungen eines Schadensersatzanspruchs statt der Leistung erfüllt sein müssen. Dem Gläubiger steht folglich ebenfalls kein Aufwendungsersatzanspruch zu, wenn er Erfüllung und gerade keinen Schadensersatz statt der Leistung verlangt.³⁹ Anknüpfungspunkt für den Aufwendungsersatzanspruch sind die Anspruchsgrundlagen auf Schadensersatz statt der Leistung nach dem allgemeinen Leistungsstörungsrecht §§ 280 Abs. 1, 3, 281–283 BGB, § 311a Abs. 2 BGB, der Schadensersatz im Rahmen der Mängelrechte gem. §§ 437 Nr. 3, 634 Nr. 4, 536a BGB sowie sämtliche Anspruchsgrundlagen, die unter Verwendung der Terminologie des alten Schuldrechts einen Schadensersatz wegen Nichterfüllung gewähren, z.B. § 651f BGB.⁴⁰ Auch der sogenannte kleine Schadensersatz im Fall einer Schlechtleistung gemäß § 281 Abs. 1 BGB gibt dem Gläubiger das Wahlrecht, Aufwendungsersatz zu verlangen.⁴¹ Jedoch dürfte der »kleine Aufwendungsersatzanspruch« in der Praxis nur wenig relevant sein, weil der Minderwert des Werkes nicht von § 284 BGB erfasst wird und die Minderung nicht neben dem Aufwendungsersatz erklärt werden kann.⁴² Aus wirtschaftlichen Gesichtspunkten wird der Schadensersatz statt der Leistung unter Einbeziehung der Aufwendungen auf Grundlage der Rentabilitätsvermutung dem Interesse des Gläubigers wohl eher gerecht.

Die Frustrierung von Aufwendungen geht in der Praxis nicht selten auf die Verzögerung der Primärleistung zurück. Unumstritten steht dem Gläubiger ein Aufwendungsersatzanspruch nach § 284 BGB zu, wenn im Fall eines absoluten Fixgeschäftes (vgl. § 275 BGB Rdn. 22 ff.) mit der Verzögerung der Leistung zugleich Unmöglichkeit eintritt, die einen Schadensersatzanspruch statt der Leistung nach §§ 280 Abs. 1 und 3, 283 BGB begründet. Sind die Voraussetzungen eines Schadensersatzanspruchs statt der Leistung jedoch nicht erfüllt, weil keine Unmöglichkeit vorliegt oder die Frist i.S.d. § 281 BGB noch nicht abgelaufen ist, so stellt sich die Frage, ob ein Ersatzanspruch besteht, wenn Aufwendungen durch die reine Verzögerung der Leistung frustriert werden. Aufwendungen, die bei der Erbringung der verspäteten Leistung ein zweites Mal anfallen,

---

35 BGH v. 20.07.2005, VIII ZR 275/09, NJW 2005, 2848, 2849. A.A. Staudinger/*Otto*, § 284 Rn. 26: Der Anspruch aus § 284 BGB sei für Aufwendungen, die mit Besitz oder Eigentum am gelieferten Gegenstand verbunden sind, ausgeschlossen.
36 BGH v. 20.07.2005, VIII ZR 275/04, NJW 2005, 2848, 2849; Staudinger/*Kaiser*, § 347 Rn. 62; Palandt/*Grüneberg*, BGB § 347 Rn. 3.
37 BGH v. 20.07.2005, VIII ZR 275/04, NJW 2005, 2848, 2849; Bamberger/Roth/*Unberath*, § 284 Rn. 21.
38 Kniffka/*Krause-Allenstein*, IBR-Online-Kommentar, § 636 Rn. 101; AnwK/*Arnold*, § 284 Rn. 25; Messerschmidt/Voit/*Moufang*, § 636 Rn. 186; *Stoppel*, AcP 204 (2004), 81, 94.
39 Kniffka/*Krause-Allenstein*, IBR-Online-Kommentar, § 636 Rn. 108.
40 MüKo-BGB/*Ernst*, § 284 Rn. 13; Staudinger/*Otto*, § 284 Rn. 15.
41 Erman/*Westermann*, § 284 Rn. 4; MüKo-BGB/*Ernst*, § 284 Rn. 13; *Stoppel*, AcP 204 (2004), 81, 89. A.A. *v. Olshausen*, in: FS Huber, S. 491.
42 Messerschmidt/Voit/*Moufang*, § 636 Rn. 185.

fallen in den Anwendungsbereich des Anspruchs nach §§ 280 Abs. 1 und 2, 286 BGB, wenn der Schuldner im Zeitpunkt der Erstaufwendungen schon im Verzug war.[43]

▶ **Beispiel**

Um dem Unternehmer die Arbeit an Dach und Fassade zu ermöglichen, muss der Besteller ein Gerüst bereithalten, das in der Innenstadt auf öffentlichem Verkehrsraum errichtet wird und Einschränkungen des Verkehrs verlangt. Insoweit verlangt die Gemeinde aufgrund wirksamer Satzung eine tageweise berechnete Gebühr. Der Unternehmer, der nach dem verbindlichen Zeitplan das Werk zu einem bestimmten Zeitpunkt abzuschließen hat, tritt erst vier Tage nach dem vereinbarten Arbeitsbeginn die Arbeit an und benötigt vier Tage länger.

Ein Rückgriff auf § 284 BGB ist im Hinblick auf die Kosten für die ersten vier Tage nicht erforderlich. Denn im Hinblick auf die Kosten für die weiteren vier Tage nach dem vereinbarten Zeitpunkt des Abschlusses der Arbeiten haftet der Unternehmer gem. §§ 280 Abs. 1, 2, 286 Abs. 2 Nr. 1 BGB. Nach einer in der Literatur vertretenen Ansicht[44] sollen demgegenüber sogenannte »Fixaufwendungen«, d.h. Aufwendungen, die auch bei Nachholung der geschuldeten Leistung vergeblich bleiben, einen Anspruch auf Aufwendungsersatz begründen. Nach dieser Ansicht knüpft § 284 BGB in diesen Fällen an die Vergeblichkeit der Aufwendungen und an die Voraussetzungen des Ersatzes des Verzögerungsschadens gemäß §§ 280 Abs. 1, 2, 286 BGB an. Eine breite Mehrheit der Literatur[45] lehnt solch eine Ausdehnung des Ersatzanspruches mit der Wortlautauslegung des § 284 BGB zu Recht ab: Der Besteller erhält, was geschuldet ist, und die Verzögerung verursacht zwar Aufwendungen, die im Hinblick auf den bezweckten Erfolg zwar vergeblich sind, die der Besteller bei störungsfreier Leistungserbringung aber ebenfalls getätigt hätte. Ein Ersatzanspruch außerhalb der Verzugsvorschriften im Fall reiner Verzögerungsschäden widerspricht der Intention des Gesetzgebers.[46] Schließlich ist zu beachten, dass die Regelung in § 284 BGB ihre Existenz allein der vermeintlichen Regelungslücke verdankt, welche die Rentabilitätsvermutung im Hinblick auf die »ohnehin« entstehenden Aufwendungen beim Ersatz des Erfüllungsinteresses im Fall nicht-gewerblicher Verwendung lässt. Demgegenüber kann beim Verzögerungsschaden von vornherein keine solche Lücke entstehen.

10 Ebensowenig genügt es für den Aufwendungsersatzanspruch gem. § 284 BGB, wenn die Voraussetzungen des Schadensersatzanspruchs gem. § 280 Abs. 1 BGB erfüllt sind.[47] Die sogenannten »Mangelfolgeaufwendungen« wie Personaleinsatz, Materialaufwand oder andere Aufwendungen, welche durch die mangelhafte Leistung des Schuldners frustriert wurden, können deshalb nicht über § 284 BGB geltend gemacht werden. Der Besteller kann vielmehr den Schaden im Rahmen seiner Mängelrechte direkt über den Schadensersatzanspruch neben der Leistung (früher Mangelfolgeschaden) nach §§ 634 Nr. 4 (§ 437 Nr. 3), 280 Abs. 1 BGB liquidieren.[48]

11 Für den Aufwendungsersatzanspruch nach § 284 BGB müssen sämtliche Voraussetzungen eines Schadensersatzanspruchs statt der Leistung vorliegen. Damit wird insbesondere ein Vertretenmüssen der Pflichtverletzung nach § 276 BGB vorausgesetzt.[49] Die verschuldensunabhängigen Sonderregelungen auf Ersatz der Vertragskosten im Kauf- und Werkvertragsrecht nach §§ 637

---

43 Staudinger/*Otto*, § 284 Rn. 17; AnwK/*Arnold*, § 284 Rn. 15; MüKo-BGB/*Ernst*, § 284 Rn. 14.
44 *Gsell*, in: Dauner-Lieb/Konzen/Schmidt, S. 321, 342.
45 *Arnold/Dötsch*, BB 2003, 2250, 2252.
46 BT-Drucks. 14/6040, 136.
47 AnwK/*Arnold*, § 284 Rn. 15; MüKo-BGB/*Ernst*, § 284 Rn. 15. A.A. *Gsell*, in: Dauner-Lieb/Konzen/Schmidt, S. 321, 342.
48 AnwK/*Arnold*, § 284 Rn. 15; MüKo-BGB/*Ernst*, § 284 Rn. 15; *Arnold/Dötsch*, BB 2003, 2250, 2252; vgl. auch die Rechtsprechung zum alten Schuldrecht, die durch einen Mangel nutzlos gewordene Aufwendungen dem Gläubiger als Mangelfolgeschaden ersetzt, OLG Oldenburg JZ 1979, 398.
49 Kniffka/*Krause-Allenstein*, IBR-Online-Kommentar, § 636 Rn. 100; Erman/*Westermann*, § 284 Rn. 4; MüKo-BGB/*Ernst*, § 284 Rn. 13.

Abs. 4, 467 S. 2 BGB a.F. wurden bei der Schuldrechtsmodernisierung »als Fremdkörper« gestrichen[50] und durch § 284 BGB ersetzt. Hingegen ist der Eintritt eines konkreten Schadens nicht erforderlich für die Begründung des Aufwendungsersatzanspruchs, obgleich der Eintritt eines Schadens zum Haftungstatbestand des Schadensersatzanspruchs statt der Leistung gehört. Mit der Vorschrift des § 284 BGB sollten gerade vermeintliche Lücken im Schadensrecht geschlossen werden. Ausreichend ist deshalb, dass ein ersatzfähiges positives Interesse denkbar ist.[51] Liegen abgesehen davon die Voraussetzungen eines Schadensersatzes statt der Leistung nicht vor, so kann mangels einer planwidrigen Regelungslücke § 284 BGB nicht entsprechend herangezogen werden.[52]

II. Vergebliche Aufwendungen

1. Begriff

Aufwendungen werden allgemein definiert als freiwillige Vermögensopfer, die im Interesse eines anderen liegen.[53] Für den Aufwendungsersatzanspruch muss dieser Begriff aufgrund des Regelungszwecks des § 284 BGB insoweit spezifisch weiterentwickelt werden, als auch Aufwendungen im eigenen Interesse des Gläubigers erfasst werden.[54] Auch an die Freiwilligkeit der Aufwendungen dürfen keine hohen Anforderungen gestellt werden, so dass zwingend erforderliche Vorbereitungskosten sowie Aufwendungen nach der Weisung des Schuldners ebenfalls unter den Aufwendungsbegriff fallen.[55] Aufwendungen i.S.d. § 284 BGB sind in der Regel alle (freiwilligen) Vermögensopfer, die vom Gläubiger in Erwartung einer vertragsgemäßen Leistung durch den Schuldner erbracht werden.[56] Aufwendungen können grundsätzlich in Form von Sachaufwendungen, aber auch in der Eingehung von Verbindlichkeiten vorgenommen werden.[57] 12

Die Vergeblichkeit der Aufwendungen wird durch die Nichterreichung des hinter der Aufwendung stehenden Zwecks begründet.[58] Aufwendungen des Bestellers sind in der Regel dann vergeblich, wenn der Besteller die erbrachte Bauleistung zurückgewährt oder eine vertragsgemäße Nutzung nicht möglich ist, weshalb die Aufwendungen nutzlos werden.[59] Wird das Werk vom Besteller tatsächlich genutzt, so wird der Ersatzanspruch mangels Vergeblichkeit der Aufwendungen in der Regel nicht begründet. Liegen die Voraussetzungen des § 284 BGB dann zu einem späteren Zeitpunkt vor, so muss der Gläubiger je nach Dauer der Nutzung eine angemessene Kürzung seines Anspruchs hinnehmen.[60] Insoweit kann auch nur von einer teilweisen (zeitabhängigen) Vergeblichkeit gesprochen werden.[61] 13

Die ersatzfähigen Aufwendungen nach § 284 BGB lassen sich grundsätzlich in zwei Kategorien einordnen: Es kann zwischen Aufwendungen unterschieden werden, die dem Erwerb der Leistung dienen (Erwerbsaufwendungen) und solchen, die zur Verwendung der Leistung gemacht werden (Verwendungsinvestitionen).[62] Zu den Erwerbsaufwendungen gehören im Immobiliensektor ne- 14

---

50 Vgl. BT-Drucks. 14/6040, S. 225; MüKo-BGB/*Ernst*, § 284 Rn. 3, 4; *Reim*, NJW 2003, 3662, 3663.
51 Staudinger/*Otto*, § 284 Rn. 15; MüKo-BGB/*Ernst*, § 284 Rn. 13; *Stoppel*, AcP 204 (2004), 81, 88.
52 BGH v. 15.07.2008, VIII ZR 211/07, NJW 2008, 2837, 2840; Palandt/*Grüneberg*, BGB § 284 Rn. 4.
53 Staudinger/*Otto*, § 284 Rn. 20; AnwK/*Arnold*, § 284 Rn. 18; *Reim*, NJW 2003, 3662, 3663.
54 AnwK/*Arnold*, § 284 Rn. 18; Bamberger/Roth/*Unberath*, § 284 Rn. 11; *Reim*, NJW 2003, 3662, 3663.
55 Staudinger/*Otto*, § 284 Rn. 20; *Otto*, Jura 2002, 1, 9.
56 AnwK/*Arnold*, § 284 Rn. 18; Staudinger/*Otto*, § 284 Rn. 20.
57 MüKo-BGB/*Ernst*, § 284 Rn. 16; Bamberger/Roth/*Unberath*, § 284 Rn. 11; *Stoppel*, AcP 204 (2004), 81, 90.
58 Messerschmidt/Voit/*Moufang*, § 636 Rn. 183.
59 *Vygen/Joussen*, Rn. 1449. Vgl. zum Kaufvertrag BGH v. 20.07.2005, VIII ZR 275/04, NJW 2005, 2848, 2850.
60 Messerschmidt/Voit/*Moufang*, § 636 Rn. 187.
61 Vgl. *Medicus/Lorenz*, Rn. 455 f.
62 MüKo-BGB/*Ernst*, § 284 Rn. 16; Messerschmidt/Voit/*Moufang*, § 636 Rn. 183.

ben Planungs-, Erschließungs- und Finanzierungskosten hauptsächlich die Vertragskosten.[63] Typische Vertragskosten sind Makler- und Notarkosten sowie die Grunderwerbsteuer oder die Eintragungsgebühren.[64] Zu den Vertragskosten zählen aber auch Transport-, Einbau- oder Montagekosten, weil sie notwendigerweise entstehen, wenn der Gläubiger sich den vereinbarten bestimmungsgemäßen Gebrauch der Sache verschaffen will.[65] Lässt ein Käufer von Parkettstäben sich von einem Unternehmer den Boden in seiner Wohnung verlegen und zeigt sich erst nach der Verlegung des Bodens die Mangelhaftigkeit der Parkettstäbe, so steht dem Käufer ein Nacherfüllungsanspruch zu, der bei richtlinienkonformer Auslegung den Ausbau der mangelhaften Parkettstäbe und den Wiedereinbau der mangelfreien, als Ersatz gelieferten Parkettstäbe umfasst.[66] Hat der Käufer diese Maßnahmen im Anschluss an eine fruchtlose Fristsetzung von Dritten durchführen lassen, so kann er die Erstattung der dafür entstandenen Kosten auf der Grundlage von § 439 Abs. 2 BGB verlangen.[67] Abgerundet wird dieser Schutz durch einen Schadensersatzanspruch statt der Leistung gem. §§ 280 Abs. 1, 3, 281 BGB, wenn der Verkäufer seiner Nacherfüllungspflicht schuldhaft nicht nachkommt. Den Schadensersatzanspruch kann der Käufer aber nur alternativ zum Aufwendungsersatzanspruch geltend machen, der ihm gemäß §§ 437 Nr. 3, 284 BGB gegen den Verkäufer in Höhe der Kosten der erstmaligen Bodenverlegung zusteht. Der Käufer hat diese Bodenverlegung im Vertrauen auf die vertragsgemäße mangelfreie Lieferung der Parkettstäbe veranlasst und die darin zu erkennende Aufwendung wurde infolge der Mangelhaftigkeit der Parkettstäbe frustriert. Keine ersatzfähigen Aufwendungen stellen dagegen die Kosten für die Verlegung neuer, mangelfreier Parkettstäbe dar, weil diese Aufwendungen nicht (mehr) im Vertrauen auf die vertragsgemäße Leistung des Verkäufers gemacht wurden, sondern auf die Ersatzlieferung oder den Deckungskauf mangelfreier Parkettstäbe zurückzuführen sind.[68] Allein eine solche Abgrenzung fügt sich mit der vom Gesetzgeber zu Recht vorgesehenen Alternativität von Aufwendungsersatz und Schadensersatz statt der Leistung, denn auch bei vertragsgemäßer Leistung hätte der Käufer die Parkettstäbe einmal auf eigene Kosten verlegt. Ebenfalls keine ersatzfähigen Aufwendungen sind Maßnahmen zur Mangelfeststellung oder Untersuchung des Werks, weil sie gerade nicht im Vertrauen auf die vertragsgemäße Leistung getätigt wurden.[69] Zu den so genannten Verwendungsinvestitionen, die in Hinblick auf die Verwendung der Leistung getätigt werden, gehören beispielsweise Werbemaßnahmen für die Vermietung der zu erbauenden Immobilie oder der Kauf von Einrichtungsgegenständen für die noch zu erbauende Immobilie.[70] Auch Zubehörstücke, die im Vertrauen auf die vertragsgemäße Leistung angeschafft wurden, stel-

---

63 Messerschmidt/Voit/*Moufang*, § 636 Rn. 183. Der BGH behandelt die Vertragskosten nach § 467 S. 2 BGB a.F. im neuen Schuldrecht als Aufwendungen, die allenfalls einen Anspruch aus § 284 BGB begründen, BGH v. 20.07.2005, VIII ZR 275/04, NJW 2005, 2848, 2850.

64 Insoweit spielt die Norm für den Bauträgervertrag eine wichtige Rolle, weil hier oft Investitionen wie Makler-, Notarkosten, Kosten für Grunderwerb sowie Steuern anfallen, welche jedoch wegen der Rückabwicklung nutzlos sind, Kniffka/*Krause-Allenstein*, IBR-Online-Kommentar, § 636 Rn. 101; *Steingröver*, in: Berg/Vogelheim/Wittler, Rn. 1216.

65 Staudinger/*Otto*, § 284 Rn. 25; Palandt/*Grüneberg*, BGB § 284 Rn. 5. Zum Vertragskostenanspruch nach § 467 S. 2 BGB a.F. BGH v. 09.03.1983, VIII ZR 11/82, NJW 1983, 1479, 1480; zum »Dachziegelfall« im neuen Schuldrecht *Lorenz*, ZGS 2004, 408, 409.

66 Vgl. EuGH v. 16.06.2011, verb. Rs. 65, 87/09 – Gebr. Weber und Putz, noch nicht in Slg., Rn. 55 f., 61, vgl. *Weyer*, IBR 2011, 400.

67 Zum Anspruch auf Kostenerstattung EuGH v. 16.06.2011, verb. Rs. 65, 87/09 – Gebr. Weber und Putz, noch nicht in Slg., Rn. 62; zum Anspruchscharakter von § 439 Abs. 2 BGB BGH v. 14.04.2011, VIII ZR 220/10, Rn. 37. Die Nachrangigkeit des Kostenerstattungsanspruchs gegenüber der Nacherfüllung entspricht der Systematik der Verbrauchsgüterkaufrichtlinie.

68 BGH v. 15.07.2008, VIII ZR 211/07, NJW 2008, 2837, 2840; *Lorenz*, NJW 2005, 1889, 1895.

69 Bamberger/Roth/*Unberath*, § 284 Rn. 13; Staudinger/*Otto*, § 284 Rn. 21; BGH v. 20.07.2005, VIII ZR 275/04, NJW 2005, 2848, 2850, im Hinblick auf ein Beweissicherungsgutachten.

70 Messerschmidt/Voit/*Moufang*, § 636 Rn. 183. Den Mechanismus zur Begrenzung des Ersatzanspruches aus § 284 BGB kommt gerade bei Verwendungsinvestitionen eine wichtige Bedeutung in der Praxis zu.

len unabhängig davon, ob sie einer anderweitigen Verwendung zugeführt werden können, ersatzfähige Aufwendungen dar.[71]

Umstritten ist die Frage, unter welchen Voraussetzungen eine ersatzfähige Aufwendung vorliegt, wenn der Gläubiger seine eigene Arbeitsleistung im Vertrauen auf die vertragsgemäße Leistung einsetzt, etwa im Parkettboden-Fall den Boden in Eigenleistung verlegt. Eine Ansicht will in Anlehnung an die Behandlung des Anspruch aus §§ 677, 683 Satz 1, 670 BGB unter Zugrundelegung der Wertung in § 1835 Abs. 3 BGB eine ersatzfähige Aufwendung allein dann annehmen, wenn die ausgeführte Handlung dem Gewerbe oder Beruf des Gläubigers zuzuordnen ist.[72] Nach einer gewichtigen Meinung kann der Gläubiger demgegenüber Aufwendungen über § 284 BGB stets geltend machen, wenn seiner Arbeitsleistung ein Marktwert zukommt.[73] Die Nähe des Aufwendungsersatzanspruchs nach § 284 BGB zum Schadensersatz auf der einen Seite und die fehlende Notwendigkeit des Schutzes vor aufgedrängter Geschäftsführung auf der anderen legen einen Rückgriff auf die offenere Betrachtungsweise nahe.[74] Zudem darf der Gläubiger, der Umbau- oder Montagearbeiten in Eigenleistung durchführt, nicht schlechter gestellt werden als der Gläubiger, der die Leistung an einen Dritten vergibt. Ihm dürfen keine Nachteile aus dem gestörten Leistungsverhältnis verbleiben.[75] Ebenfalls typisch für das Werkvertragsrecht sind Personalkosten des Gläubigers, welche durch die Entgegennahme oder Verarbeitung der geschuldeten Leistung entstehen. Auch diese Kosten sind als ersatzfähige Aufwendungen zu qualifizieren. Der Gläubiger muss jedoch den konkreten Nachweis erbringen, dass er ohne die Leistungsstörung sein Personal hätte anderweitig gewinnbringend einsetzen können. In Anlehnung an die abstrakte Berechnung des Schadensersatzes ist allerdings davon auszugehen, dass der unternehmerische Personaleinsatz mit einer vermuteten und ersatzfähigen Vorteilsgewinnung verbunden ist, was eine tatsächliche Vermutung begründet.[76] 15

Keine ersatzfähigen Aufwendungen sind Schäden des Gläubigers, weil es sich insoweit nicht um freiwillige Vermögensopfer handelt.[77] Das gilt auch für Begleitschäden des Gläubigers, die ohne ein Dazwischentreten einer schuldhaften weiteren Tätigkeit des Schuldners auf eine Handlung des Gläubigers im Vertrauen auf die vertragsgemäße Leistung zurückzuführen sind,[78] wie etwa die Verletzung des Gläubigers bei Vorbereitungsarbeiten zur Entgegennahme der vom Schuldner dann tatsächlich nicht gelieferten Baustoffe. Umstritten ist die Behandlung des entgangen Gewinns, wenn der Besteller im Vertrauen auf die vertragsgemäße Leistung von einem anderweitigen gewinnbringenden Geschäft absieht. Unter Verweis auf die Gesetzesbegründung[79] gewährt die h.M keinen Aufwendungsersatzanspruch, weil § 284 BGB einen tatsächlichen Vermögensverlust voraussetze und nicht auf die Fiktion eines Vermögensverlustes in Form eines entgangenen Gewinns abstelle.[80] Ebenfalls keine Aufwendung stellt die Zahlung der Vergütung dar: Auch wenn im Rahmen der Rentabilitätsvermutung die bereits erbrachte Gegenleistung als Mindestschaden 16

---

[71] BGH v. 20.07.2005, VIII ZR 275/04, NJW 2005, 2848, 2850, jedoch muss sich der Gläubiger eventuell einen gezogenen Nutzungsvorteil anrechnen lassen. Zur Anwendung von § 254 BGB vgl. Rdn. 30.
[72] Jauernig/*Stadler*, § 284 Rn. 4; wegen der Unentgeltlichkeit des Auftrages kann diese Argumentation nicht ohne Weiteres auf § 284 BGB übertragen werden, AnwK/*Arnold*, § 284 Rn. 18.
[73] Palandt/*Grüneberg*, BGB § 284 Rn. 5; Palandt/*Grüneberg*, BGB Vorb v § 249 Rn. 83; MüKo-BGB/*Ernst*, § 284 Rn. 17. Für die generelle Ersatzfähigkeit der eigenen Arbeitsleistung *Reim*, NJW 2003, 3662, 3664.
[74] MüKo-BGB/*Ernst*, § 284 Rn. 17.
[75] Staudinger/*Otto*, § 284 Rn. 28.
[76] Vgl. zu den Einzelheiten der konkreten und abstrakten Berechnung MüKo-BGB/*Ernst*, § 284 Rn. 17a.
[77] Staudinger/*Otto*, § 284 Rn. 20.
[78] Messerschmidt/Voit/*Moufang*, § 636 Rn. 183; AnwK/*Arnold*, § 284 Rn. 22.
[79] BT-Drucks. 14/6040, 143 ff.
[80] Bamberger/Roth/*Unberath*, § 284 Rn. 11; Staudinger/*Otto*, § 284 Rn. 23; Jauernig/*Stadler*, § 284 Rn. 4; Messerschmidt/Voit/*Moufang*, § 636 Rn. 183; *Reim*, NJW 2003, 3662, 3664. A.A. AnwK/*Arnold*, § 284 Rn. 23; MüKo-BGB/*Ernst*, § 284 Rn. 17b.

erfasst wird, geht die h.M. davon aus, dass die Gegenleistung, wie die schon bezahlte Vergütung des Unternehmers, nicht unter den Tatbestand des § 284 BGB fällt.[81] Das ist richtig, weil es sich bei der Zahlung der Vergütung nicht um eine Aufwendung im Vertrauen auf den Erhalt der Leistung handelt, sondern um die Gegenleistung, die bei gegenseitigen Verträgen gem. §§ 320, 323, 346 BGB erforderlich ist, um die Leistung dauerhaft zu erlangen. Der Gläubiger kann demgemäß allein über die Rücktrittsvorschriften gem. §§ 346 ff. BGB oder den Schadensersatz statt der Leistung die bereits erbrachte Gegenleistung herausverlangen.

2. Vertrauenstatbestand

17 Nach § 284 BGB ersatzfähige Aufwendungen müssen im Vertrauen auf den Erhalt der Leistung getätigt worden sein. Diese Begrenzung wirkt sich insbesondere auf den maßgeblichen Zeitpunkt der Vornahme der zu ersetzenden Aufwendung aus. Der Gläubiger kann grundsätzlich nur in der Zeitspanne zwischen Entstehung und Beendigung der Leistungspflicht auf den Erhalt der Leistung vertrauen. Kosten vor Vertragsschluss im Stadium der Vertragsanbahnung wie Kosten der Vertragsverhandlungen oder Kosten nach dem Wegfall der Leistungspflicht sind nicht über § 284 BGB zu ersetzen.[82] Denkbar bleibt in diesen Fällen jedoch ein Anspruch aus vorvertraglichem Verschulden gem. §§ 311 Abs. 2, 241 Abs. 2, 280 Abs. 1 BGB.[83] Ist die Nichterbringung der vertragsgemäßen Leistung für den Gläubiger abzusehen, auch wenn die Leistungspflicht als solche noch besteht, so kommt u.U. § 254 BGB entsprechend zur Anwendung (vgl. § 284 BGB Rdn. 30 f.).[84] Der Gläubiger kann sich auf ein schutzwürdiges Vertrauen auf den Erhalt der Leistung im Rahmen des § 284 BGB nicht berufen, wenn der Schuldner sich noch einseitig über die Erklärung des Rücktritts oder die Ausübung anderer Gestaltungsrechte vom Vertrag lösen kann.[85]

18 Der Vertragsschluss soll für die Ersatzfähigkeit von Aufwendungen aber nicht als starre Grenze angesehen werden. Aus verschiedenen Gründen kann auch vor Vertragsschluss betätigtes Vertrauen bereits schutzwürdig sein. Fraglich ist jedoch, ob es genügt, wenn der Gläubiger bei Vornahme der Aufwendungen darauf vertraut, die gewünschte Leistung auf dem Markt zu erhalten, wie es insbesondere bei austauschbaren Massengeschäften der Fall ist, bei denen der Gläubiger üblicherweise einen inhaltsgleichen Vertrag auf dem Markt hätte abschließen können.[86] Ist dies der Fall, so wird ein vernünftiger Gläubiger bereits vor Abschluss eines solchen Vertrages Aufwendungen tätigen.[87] In diesen Fällen vertraut der Gläubiger nicht direkt auf die Leistungsfähigkeit des Schuldners, sondern auf die Verfügbarkeit der Leistung auf dem Markt.[88] Das allein genügt zwar nicht für das erst ab Vertragsschluss bestehende berechtigte Vertrauen des Schuldners für die von ihm getätigten Aufwendungen. Das Vertrauen in die Verfügbarkeit am Markt ist aber kausal für die Zweckvereitelung der Aufwendung, weil der Gläubiger bei Kenntnis des Leistungshindernisses den Vertrag mit einem Wettbewerber abgeschlossen hätte.[89]

---

81 Jauernig/*Stadler*, § 284 Rn. 8; MüKo-BGB/*Ernst*, § 284 Rn. 16; Erman/*Westermann*, § 284 Rn. 10; Messerschmidt/Voit/*Moufang*, § 636 Rn. 184. A.A. *Stoppel*, AcP 204 (2004), 81, 91 ff.
82 MüKo-BGB/*Ernst*, § 284 Rn. 18; Jauernig/*Stadler*, § 284 Rn. 5; AnwK/*Arnold*, § 284 Rn. 26; *Reim*, NJW 2003, 3662, 3665. A.A. *Stoppel*, AcP 204 (2004), 81, 96 ff.
83 Bamberger/Roth/*Unberath*, § 284 Rn. 15; *Medicus/Lorenz*, Rn. 455c.
84 MüKo-BGB/*Ernst*, § 284 Rn. 18; AnwK/*Arnold*, § 284 Rn. 28.
85 MüKo-BGB/*Ernst*, § 284 Rn. 18; *Stoppel*, AcP 204 (2004), 81, 96.
86 MüKo-BGB/*Ernst*, § 284 Rn. 19; AnwK/*Arnold*, § 284 Rn. 27; hierzu kritisch Staudinger/*Otto*, § 284 Rn. 24.
87 *Gsell*, in: Dauner-Lieb/Konzen/Schmidt, S. 321, 331.
88 *Gsell*, in: Dauner-Lieb/Konzen/Schmidt, S. 321, 331.
89 *Gsell*, in: Dauner-Lieb/Konzen/Schmidt, S. 321, 331; AnwK/*Arnold*, § 284 Rn. 27.

3. Billigkeit

Um eine exzessive Ersatzfähigkeit von Aufwendungen zu verhindern, kann der Gläubiger nur für solche Aufwendungen Ersatz verlangen, die er billigerweise machen durfte.[90] Das Kriterium der Billigkeit stellt eine inhaltliche Beschränkung des Ersatzanspruches mit eigenem Regelungsgehalt dar und ist deshalb nicht als bloßer überflüssiger Hinweis auf § 254 BGB zu verstehen.[91] Für die wohl herrschende Meinung bestimmt sich die Billigkeit der Aufwendung über eine objektive Unverhältnismäßigkeit von Art und Umfang (Kosten) der Aufwendung gegenüber dem Wert der Leistung.[92] Dabei soll die Begrenzung durch das Kriterium der Billigkeit nicht in die Privatautonomie des Gläubigers eingreifen und teurere und luxuriöse Aufwendungen verhindern. Es soll vielmehr die Belastung des Schuldners mit den Kosten dieser unverhältnismäßigen Aufwendungen verhindert werden.[93] Ob eine ganz ungewöhnliche oder unübliche Aufwendung noch als verhältnismäßig anzusehen ist, bleibt eine Frage des Einzelfalls. Von einer unverhältnismäßigen Aufwendung kann z.B. ausgegangen werden, wenn der Besteller die für den Bau seines geplanten Eigenheims, die tatsächlich gescheiterte Durchführung des Vorhabens vorausgesetzt, notwendige Zufahrt für Transportfahrzeuge mit Marmor pflastern lässt.[94] Eine andere Ansicht misst der Vorhersehbarkeit der Aufwendungen für den Schuldner maßgebliche Bedeutung zu. Der Gläubiger könne dann ungewöhnlich hohe Aufwendungen geltend machen, wenn er den Schuldner auf die unüblichen Aufwendungen entsprechend hingewiesen habe.[95] Diese Ansicht wird insoweit kritisiert, dass eine derartige Begrenzung des Ersatzanspruchs dem deutschen Schuldrecht unbekannt sei[96] und die Vorhersehbarkeit für den Schuldner nicht mit der Billigkeit gleichgesetzt werden könne.[97] Tatsächlich ist die Billigkeit nicht mit der Vorhersehbarkeit gleichzusetzen. Dennoch geht die Vorhersehbarkeit in die Billigkeitsentscheidung ein. Wenn also der Gläubiger den Schuldner über besonders gravierende Aufwendungen im Vertrauen auf die Durchführung des Vertrages in Kenntnis setzt, so steigen zugleich die Anforderungen an die Unbilligkeit ihrer Ersatzfähigkeit. Der Schuldner hat die Wahl, in Kenntnis des Haftungsrisikos auf den Vertragsschluss zu verzichten.

Das Gericht muss die Billigkeit der Aufwendungen von Amts wegen beachten. Ist der Aufwendungsersatzanspruch in der Höhe als unbillig anzusehen, so entfällt nicht der ganze Ersatzanspruch. Vielmehr ist der Aufwendungsersatz auf ein zu billigendes Maß zu beschränken.[98]

III. Zweckverfehlung auch ohne Pflichtverletzung

Nach § 284 Hs. 2 BGB ist der Anspruch auf Aufwendungsersatz ausgeschlossen, wenn der hinter der Aufwendung stehende Zweck auch bei einer vertragsgemäßen Leistung des Schuldners nicht erreicht worden wäre. Insoweit wird von einer Zweckverfehlung gesprochen. Zwischen der Vergeblichkeit der Aufwendung und der Pflichtverletzung muss folglich ein Ursachenzusammenhang bestehen.[99] Die Berücksichtigung von hypothetischen Reserveursachen wird in § 284 BGB ausdrücklich gesetzlich normiert.[100] Durch diese Beschränkung des Anspruchs soll verhindert wer-

---

90 Kniffka/*Krause-Allenstein*, IBR-Online-Kommentar, § 636 Rn. 104.
91 MüKo-BGB/*Ernst*, § 284 Rn. 20; AnwK/*Arnold*, § 284 Rn. 30. A.A. Canaris, JZ 2001, 499, 517.
92 Bamberger/Roth/*Unberath*, § 284 Rn. 16; MüKo-BGB/*Ernst*, § 284 Rn. 20; Jauernig/*Stadler*, § 284 Rn. 6; Erman/*Westermann*, § 284 Rn. 7; *Schlechtriem/Schmidt-Kessel*, Rn. 648; *Reim*, NJW 2003, 3662, 3666.
93 MüKo-BGB/*Ernst*, § 284 Rn. 21.
94 So ähnlich *Schlechtriem/Schmidt-Kessel*, Rn. 648; weitere Beispiele für das private Baurecht bei *Steingröver*, in: Berg/Vogelheim/Wittler, Rn. 1216.
95 AnwK/*Arnold*, § 284 Rn. 30; *Gsell*, in: Dauner-Lieb/Konzen/Schmidt, S. 321, 344, *Grigoleit*, ZGS 2002, 122, 124.
96 *Canaris*, JZ 2001, 499, 517.
97 MüKo-BGB/*Ernst*, § 284 Rn. 20.
98 MüKo-BGB/*Ernst*, § 284 Rn. 21.
99 Staudinger/*Otto*, § 284 Rn. 35.
100 Jauernig/*Stadler*, § 284 Rn. 7; *Weitemeyer*, AcP 205 (2005), 275, 285.

den, dass sich die Pflichtverletzung für den Gläubiger als nachträglicher unverdienter Glücksfall darstellt, weil er Aufwendungen ersetzt verlangen kann, die bei vertragsgemäßer Leistung gleichwohl frustriert worden wären.[101]

22 Handelt es sich um einen Vertrag mit erwerbswirtschaftlicher Zielsetzung, so kann der Schuldner sich auch im Hinblick auf den Anspruch aus § 284 BGB darauf berufen, dass das Geschäft für den Gläubiger nicht gewinnbringend gewesen wäre, weshalb die Aufwendungen sich nicht amortisiert hätten. Es handelt sich dabei um die Fortsetzung der Rechtsprechung zur Widerleglichkeit der Rentabilitätsvermutung, welche insoweit auch im Rahmen des § 284 BGB Anwendung findet (zur Widerleglichkeit der Rentabilitätsvermutung vgl. § 280 BGB Rdn. 95).[102] Verfolgt der Gläubiger einen ideellen, konsumtiven, spekulativen oder marktstrategischen Zweck, so soll ihm nicht entgegengehalten werden können, dass das Geschäft nicht (unmittelbar oder mit hinreichender Wahrscheinlichkeit) rentabel sei – das liegt im Wesen solcher Geschäfte.[103] Jedoch ist der Anspruch dann ausgeschlossen, wenn sich eine Zweckvereitelung aus anderen Gründen ergibt.[104] Im »Stadthallenfall«[105] verlangte eine politische Partei Aufwendungsersatz für Werbemaßnahmen bezüglich einer ihrer Veranstaltungen, die abgesagt werden musste, weil der Betreiber der Stadthalle die Überlassung der Stadthalle aus Gründen der öffentlichen Sicherheit verweigert hatte. Wandelt man diesen Fall insoweit ab, dass die Veranstaltung wegen einer Erkrankung des Hauptredners ohnehin abgesagt worden wäre, so steht dem Veranstalter kein Anspruch auf Ersatz der Aufwendungen zu, wenn der Träger der Stadthalle eine Überlassung der Stadthalle verweigert. Die Absage der Veranstaltung stellt eine zwingend zu beachtende Reserveursache dar, welche eine Zweckverfehlung der Aufwendungen des Veranstalters begründet und folglich einen Anspruch aus § 284 BGB ausschließt.[106]

23 Wenn durch die Leistungsstörung lediglich einer von mehreren verfolgten Zwecken verfehlt wird, liegt eine nur teilweise Frustrierung der Aufwendung vor, weshalb es sachgerecht erscheint, von einem entsprechend geminderten oder partiellen Anspruch auszugehen.[107] Eine Zweckvereitelung liegt nicht vor, wenn der Gläubiger den Zweck seiner Aufwendung willentlich umwidmet und so eine Frustrierung abwendet.[108] Stellt der Besteller einen Teil seiner Arbeitskräfte für die Entgegennahme von Baustoffen ab, so ist diese Aufwendung des Bestellers im Fall der unterbleibenden Lieferung der Baustoffe nicht frustriert, wenn diese Arbeitskräfte sonstigen Arbeiten nachgehen, die der Herstellung des Werkes dienen. Ob der Gläubiger in Hinblick auf § 254 BGB zu einer Umwidmung oder sonstigen Maßnahmen zur Abwendung der Frustrierung der Aufwendung verpflichtet ist, vgl. Rdn. 30 f.

C. Rechtsfolgen

I. Allgemeines

24 Der Anspruch des Gläubigers auf Ersatz seiner vergeblichen Aufwendungen ist auf Zahlung von Geld gerichtet.[109] Die Höhe des Anspruchs wird nicht begrenzt, insbesondere nicht durch das po-

---

101 AnwK/*Arnold*, § 284 Rn. 31; *Weitemeyer*, AcP 205 (2005), 275, 285; zum »Glücksfallargument« vgl. auch BT-Drucks. 14/6040, 143 ff.
102 BT-Drucks. 14/6040, 144; Kniffka/*Krause-Allenstein*, IBR-Online-Kommentar, § 636 Rn. 105; MüKo-BGB/*Ernst*, § 284 Rn. 25; *Reim*, NJW 2003, 3662, 3666.
103 BT-Drucks. 14/6040, 144; *Reim*, NJW 2003, 3662, 3666.
104 BT-Drucks. 14/6040, 144; Staudinger/*Otto*, § 284 Rn. 38; Palandt/*Grüneberg*, BGB § 284 Rn. 7; MüKo-BGB/*Ernst*, § 284 Rn. 26.
105 BGH v. 10.12.1986, VIII ZR 349/85, BGHZ 99, 182, 195 ff.
106 Vgl. ferner *Emmerich*, § 13 Rn. 59; Palandt/*Grüneberg*, BGB § 284 Rn. 7.
107 AnwK/*Arnold*, § 284 Rn. 33; *Stoppel*, AcP 204 (2004), 81, 100; *Gsell*, in: Dauner-Lieb/Konzen/Schmidt, S. 321, 329.
108 AnwK/*Arnold*, § 284 Rn. 33; *Gsell*, in: Dauner-Lieb/Konzen/Schmidt, S. 321, 330.
109 Staudinger/*Otto*, § 284 Rn. 44; AnwK/*Arnold*, § 284 Rn. 36; MüKo-BGB/*Ernst*, § 284 Rn. 28.

sitive Interesse.[110] Mit Verlangen des Aufwendungsersatzes verliert der Gläubiger nach dem Rechtsgedanken des § 284 Abs. 4 BGB den primären Erfüllungsanspruch.[111] Auch ohne ausdrückliche gesetzliche Grundlage sieht es der BGH als selbstverständlich an, dass der Gläubiger keinen Ersatz der Aufwendungen verlangen kann, ohne das durch die Aufwendungen Erlangte herauszugeben (vgl. § 281 Abs. 5 BGB).[112] Die schon erbrachte Gegenleistung kann nicht über § 284 BGB, sondern über die Vorschriften des Rücktritts §§ 346, 323, 326 Abs. 5, 325 BGB herausverlangt werden (vgl. Rdn. 16). Der Gläubiger kann gemäß § 325 BGB den Rücktritt erklären und zugleich Aufwendungsersatz verlangen, weil der Aufwendungsersatz an die Stelle des Schadensersatzes statt der Leistung tritt.[113] Eine Kombination ist auch mit § 285 BGB möglich.[114]

II. Verhältnis zum Schadensersatz statt der Leistung

1. Alternativität

Nach dem Wortlaut des § 284 BGB wird der Anspruch auf Aufwendungsersatz allein anstelle des Schadensersatzanspruchs statt der Leistung gewährt. § 284 BGB normiert dadurch eine grundsätzliche Alternativität von Aufwendungsersatz und Schadensersatz statt der Leistung, um eine nicht sachgerechte Überkompensation des Gläubigers zu verhindern.[115] Der Gläubiger soll nicht zugleich über den Schadensersatz statt der Leistung Ausgleich für entgangene Vorteile des Geschäfts begehren können und über den Aufwendungsersatzanspruch die notwendigen Investitionen zur Durchführung des Geschäfts ersetzt bekommen, die er bei einer ordnungsgemäßen Abwicklung des Geschäfts ebenso hätte tragen müssen.[116]

25

2. Prozessuale Durchführung

Die Alternativität der Rechtsbehelfe soll eine Vervielfachung der Haftung verhindern, gerade weil dieselben Positionen häufig entweder als Schaden oder als Aufwendung zu begründen sind.[117] Dem entspricht es, dass keine ausdrückliche Erklärung, Aufwendungsersatz geltend zu machen, erforderlich ist. Insoweit gilt der Grundsatz *iura novit curia*.[118] In der weiteren Konsequenz hat selbst die Berufung auf eine bestimmte Rechtsgrundlage durch den Gläubiger keine bindende Wirkung, weshalb der Gläubiger jederzeit im Rechtsstreit zwischen dem Schadensersatz- und Aufwendungsersatzanspruch wechseln kann.[119]

26

3. Ausnahmen

Eine Ausnahme von der strengen Alternativität von Aufwendungs- und Schadensersatz statt der Leistung wird gefordert für nicht erwerbswirtschaftliche Verträge mit einem materiellen Nicht-

27

---

110 Erman/*Westermann*, § 284 Rn. 9; MüKo-BGB/*Ernst*, § 284 Rn. 28.
111 Staudinger/*Otto*, § 284 Rn. 46; MüKo-BGB/*Ernst*, § 284 Rn. 31.
112 BGH v. 20.07.2005, VIII ZR 275/04, NJW 2005, 2848, 2851; ebenso Bamberger/Roth/*Unberath*, § 284 Rn. 23; *Gsell*, NJW 2006, 125, 127.
113 BGH v. 20.07.2005, VIII ZR 275/04, NJW 2005, 2848, 2849; MüKo-BGB/*Ernst*, § 284 Rn. 16; AnwK/*Arnold*, § 284 Rn. 42. Zum Verhältnis zum Rücktrittsrecht vgl. *Tröger*, ZIP 2005, 2238, 2242.
114 Jauernig/*Stadler*, § 284 Rn. 8; Staudinger/*Otto*, § 284 Rn. 43; AnwK/*Arnold*, § 284 Rn. 41.
115 BGH v. 20.07.2005, VIII ZR 275/04, NJW 2005, 2848, 2851; Palandt/*Grüneberg*, BGB § 284 Rn. 4; Staudinger/*Otto*, § 284 Rn. 1; MüKo-BGB/*Ernst*, § 284 Rn. 29.
116 *Reim*, NJW 2003, 3662, 3667.
117 Vgl. insoweit Jauernig/*Stadler*, § 284 Rn. 8; MüKo-BGB/*Ernst*, § 284 Rn. 31; *Emmerich*, § 13 Rn. 55; *Stoppel*, AcP 204 (2004), 81, 85.
118 Ähnlich (Anspruch sei von Amts wegen zu berücksichtigen) MüKo-BGB/*Ernst*, § 284 Rn. 31; AnwK/*Arnold*, § 284 Rn. 35.
119 Jauernig/*Stadler*, § 284 Rn. 8; MüKo-BGB/*Ernst*, § 284 Rn. 31; AnwK/*Arnold*, § 284 Rn. 35.

erfüllungsschaden neben einem immateriellen Schaden, welcher auf die Frustrierung getätigter Aufwendungen zurückgeht.[120]

▶ Beispiel

Der private Besteller beauftragt einen Unternehmer zu einem unter dem realen Marktwert liegenden Preis, einen gläsernen Wintergarten an sein Wochenendhaus anzubauen. Zur Verschönerung des Wintergartens lässt der Besteller sich für einen Teil der Glasflächen des Wintergartens Folien mit Pflanzenmotiven zum Aufkleben fertigen. Diese Folien führen zu keiner materiellen Wertsteigerung des Wintergartens, sondern verfolgen allein immaterielle Interessen des Bestellers.

Im Fall der Nichterfüllung durch den Unternehmer hat der Besteller verschiedene Schadenspositionen: Einen materiellen Nichterfüllungsschaden (Herstellung unter Marktwert) und davon unabhängige frustrierte Aufwendungen (Folien). In diesen Fällen stehe einer Kombination von Aufwendungs- und Schadensersatz statt der Leistung das Verbot der Doppelkompensation nicht entgegen, weil unterschiedliche Positionen des Leistungsinteresses betroffen seien.[121] Eine solche Ausweitung der Haftung wird jedoch verbreitet als bedenklich kritisiert und zu Recht abgelehnt.[122] Die Kritik wird begründet mit einem Zuwiderlaufen einer solchen Haftungsausweitung auf mittelbare ideelle Interessen mit dem Normzweck des § 284 BGB und der Gesetzessystematik.[123]

28 Eine echte Ausnahme vom Grundsatz der Alternativität ist anzuerkennen bei Vorliegen einer teilbaren Leistung. Hier kann der Gläubiger für einen Teil Schadensersatz statt der Leistung geltend machen und sich hinsichtlich des anderen Teils auf den Aufwendungsersatzanspruch berufen.[124]

29 In keinem alternativen Verhältnis stehen der Aufwendungsersatzanspruch und der Schadensersatzanspruch neben der Leistung gemäß § 280 Abs. 1 BGB[125] und dem Anspruch wegen Verzögerung der Leistung nach §§ 280 Abs. 1 und 2, 286 BGB.[126] Der Besteller kann beispielsweise über §§ 634 Nr. 4, 280 Abs. 1 BGB die Kosten eines Beweissicherungsgutachtens bezüglich eines Sachmangels liquidieren und kumulativ hierzu den Ersatz für Aufwendungen verlangen, die er im Vertrauen auf die vertragsgemäße (mangelfreie) Leistung gemacht hat.[127]

III. Mitverschulden

30 Auf den Aufwendungsersatzanspruch gem. § 284 BGB findet § 254 BGB unmittelbar[128] oder zumindest entsprechend[129] Anwendung. Dabei kommen verschiedene Ansatzpunkte in Betracht. Unstreitig ist § 254 BGB anzuwenden, wenn der Gläubiger die den Anspruch begründende

---

120 Erman/*Westermann*, § 284 Rn. 9; Bamberger/Roth/*Unberath*, § 284 Rn. 6; *Tröger*, ZIP 2005, 2238, 2246; *Gsell*, in: Dauner-Lieb/Konzen/Schmidt, S. 321, 339. Für eine teleologische Reduktion der Alternativität *Canaris*, JZ 2001, 499, 517.
121 *Tröger*, ZIP 2005, 2238, 2246; *Gsell*, in: Dauner-Lieb/Konzen/Schmidt, S. 321, 339.
122 Für eine strenge Alternativität wohl auch BGH v. 20.07.2005, VIII ZR 275/04, NJW 2005, 2848, 2850.
123 MüKo-BGB/*Ernst*, § 284 Rn. 30; Staudinger/*Otto*, § 284 Rn. 19.
124 MüKo-BGB/*Ernst*, § 284 Rn. 30; AnwK/*Arnold*, § 284 Rn. 38; Staudinger/*Otto*, § 284 Rn. 19; *Stoppel*, AcP 204 (2004), 81, 108.
125 BGH v. 20.07.2005, VIII ZR 275/04, NJW 2005, 2848, 2850; Palandt/*Grüneberg*, BGB § 284 Rn. 4; Bamberger/Roth/*Unberath*, § 284 Rn. 7; AnwK/*Arnold*, § 284 Rn. 40; *Reim*, NJW 2003, 3662, 3667. A.A. *Gsell*, NJW, 2006, 125, 126; *Weitemeyer*, AcP 2005 (2005), 275, 287 ff., für Fälle, in welchen die Gefahr einer Doppelkompensation besteht.
126 Bamberger/Roth/*Unberath*, § 284 Rn. 7; MüKo-BGB/*Ernst*, § 284 Rn. 32.
127 BGH v. 20.07.2005, VIII ZR 275/04, NJW 2005, 2848, 2850, für den Anspruch im Kaufvertragsrecht gemäß §§ 437 Nr. 3, 280 Abs. 1 BGB.
128 PWW/*Schmidt-Kessel*, § 284 Rn. 2; *Stoppel*, AcP 204 (2004), 81, 106.
129 Jauernig/*Stadler*, § 284 Rn. 8; AnwK/*Arnold*, § 284 Rn. 44.

Pflichtverletzung mitverschuldet hat.[130] Eine Anwendung des § 254 BGB wird aber auch durch eine Verletzung der Schadensminderungspflicht, die dem Gläubiger grundsätzlich nach den allgemeinen Grundsätzen obliegt, begründet. Ein Anspruch aus § 284 BGB scheint sogar ausgeschlossen, wenn der Gläubiger nach Bekanntwerden der Leistungsstörung trotz bestehender Möglichkeiten, sich von der Aufwendung durch Rücktritt, Widerruf etc. ohne zusätzliche Kosten zu lösen, an ihr festhält.[131] Zumindest eine Minderung des Anspruchs erscheint angemessen, wenn die Leistungsstörung für den Gläubiger absehbar war und er gleichwohl Aufwendungen tätigt.[132]

Umstritten ist die Frage, ob der Gläubiger in Hinblick auf seine Schadensminderungspflicht verpflichtet ist, die Frustrierung seiner getätigten Aufwendungen über eine nachträgliche Umwidmung ihres Verwendungszwecks abzuwenden. Für den BGH ist eine anderweitige Verwendbarkeit der Aufwendung für die Ersatzpflicht ohne Bedeutung.[133] Die Annahme einer generellen Obliegenheit zur Umwidmung[134] würde unzulässig in die wirtschaftliche Handlungsfreiheit des Gläubigers und ist daher nicht als allgemeiner Grundsatz anzusehen.[135] Jedoch kann es in gewissen Fallkonstellationen zumutbar und daher angezeigt sein, dass der Gläubiger solche Dispositionen vornimmt, um seiner Schadensminderungspflicht nachzukommen. Fehlt etwa ein besonderes Leistungsinteresse an der individuellen Leistung des Schuldners, so verbietet bereits § 242 BGB (*venire contra factum proprium*), aus der Nichtleistung des Schuldners Rechte abzuleiten, wenn der Gläubiger es in der Hand hat, sich die ausbleibende Leistung ohne wirtschaftlichen Schaden anderweitig zu beschaffen, indem er etwa ein Deckungsgeschäft tätigt, um den ursprünglichen Zweck der Aufwendung zu erreichen und so eine Frustrierung abzuwenden.[136] Kann der Schuldner diese Umstände dartun, so kommt es zu einem Rückfall der Beweislast auf den Gläubiger, der zu begründen hat, weshalb die Aufwendung doch frustriert wurde und ihm die Vornahme eines Deckungsgeschäfts nicht zumutbar war (dazu sogl.).[137]

D. Verjährung

Der Anspruch aus § 284 BGB unterliegt den Vorschriften der regelmäßigen Verjährung nach §§ 195, 199 BGB. Wird der Aufwendungsersatz im Rahmen der Mängelrechte im Kauf- oder Werkvertragsrecht geltend gemacht, so kommen die § 438 BGB bzw. § 634a BGB zur Anwendung. Maßgeblich für die Anspruchsentstehung und damit den Beginn der regelmäßigen Verjährungsfrist nach § 199 Abs. 1 Nr. 1 BGB ist der Zeitpunkt, ab welchem der Gläubiger berechtigt ist, Schadensersatz statt der Leistung zu verlangen. Der Zeitpunkt der Geltendmachung des Aufwendungsersatzanspruchs ist unerheblich.[138]

E. Beweislast

Dem Gläubiger obliegt die Darlegungs- und Beweislast hinsichtlich aller Voraussetzungen des gemäß § 284 BGB erforderlichen Anspruchs auf Schadensersatz statt der Leistung.[139] Insoweit sei

---

130 AnwK/*Arnold*, § 284 Rn. 44; *Stoppel*, AcP 204 (2004), 81, 106.
131 AnwK/*Arnold*, § 284 Rn. 44; im Ergebnis ebenso *Gsell*, in: Dauner-Lieb/Konzen/Schmidt, S. 321, 330 Fn. 32.
132 AnwK/*Arnold*, § 284 Rn. 44.
133 BGH v. 20.07.2005, VIII ZR 275/04, NJW 2005, 2848, 2850.
134 *Reim*, NJW 2003, 3662, 3666 f.
135 Vgl. MüKo-BGB/*Ernst*, § 284 Rn. 33; *Tröger*, ZIP 2005, 2238, 2246; *Gsell*, in: Dauner-Lieb/Konzen/Schmidt, S. 321, 329, Fn. 31.
136 *Gsell*, NJW 2006, 125, 127; *Stoppel*, AcP 204 (2004), 81, 100; Bamberger/Roth/*Unberath*, § 284 Rn. 18; MüKo-BGB/*Ernst*, § 284 Rn. 33; *Tröger*, ZIP 2005, 2238, 2246.
137 Vgl. *Gsell*, NJW 2006, 125, 127; MüKo-BGB/*Ernst*, § 284 Rn. 33.
138 MüKo-BGB/*Ernst*, § 284 Rn. 39.
139 *Repgen*, in: Baumgärtel/Laumen/Prütting, § 284 Rn. 2; AnwK/*Arnold*, § 284 Rn. 46; MüKo-BGB/*Ernst*, § 284 Rn. 41.

auf die einschlägige Kommentierung zu den §§ 280–283 BGB verwiesen. Des Weiteren muss der Gläubiger beweisen, dass er die Aufwendungen im Vertrauen auf den Erhalt der vertragsgemäßen Leistung gemacht hat.[140] Aus dem klägerischen Vortrag zur Höhe der Aufwendungen werden sich ggf. Anknüpfungspunkte der Unbilligkeit ergeben. Sie wird vom Gericht im Rahmen der Schlüssigkeit der Klage geprüft.[141] Gesonderter Ausführungen zur Billigkeit bedarf es im Regelfall nicht. Bestreitet der Beklagte die Billigkeit, so wird eine sekundäre Behauptungslast des Klägers begründet, der dann substantiiert darzulegen und Beweis anzutreten hat.[142] Nach allgemeinen Grundsätzen kann das Gericht seine Entscheidung über die billigen Aufwendungen gem. § 287 ZPO auf eine Schätzung stützen.[143]

34   Der Schuldner, der sich auf § 284 HS. 2 BGB stützt, muss darlegen und beweisen, dass die Pflichtverletzung nicht zur Frustrierung der Aufwendungen geführt hat, sondern dass diese auf andere, von ihm nicht zu vertretende, Umstände zurückzuführen ist.[144] In der Regel wird dieser Beweis dem Schuldner mangels Einblick in die Sphäre des Gläubigers schwer fallen. Über eine entsprechende Anwendung des § 252 S. 2 BGB bzw. § 287 ZPO soll deshalb das Beweismaß gesenkt werden. In diesem Zusammenhang soll es genügen, wenn der Schuldner dartun kann, dass nach allgemeiner Erfahrung oder nach besonderen Umständen die Zweckerreichung/Amortisierung der Aufwendungen unwahrscheinlich gewesen sei.[145] Die Beweislastumkehr des § 284 HS. 2 BGB umfasst allein den Einwand rechtmäßigen Alternativverhaltens bzw. ausnahmsweise zu berücksichtigender Reserveursachen (vgl. dazu bereits Rdn. 21). Auch beim Schadensersatzanspruch trägt insoweit der Schuldner die Beweislast.[146]

§ 285 Herausgabe des Ersatzes[1]

(1) Erlangt der Schuldner infolge des Umstands, auf Grund dessen er die Leistung nach § 275 Abs. 1 bis 3 nicht zu erbringen braucht, für den geschuldeten Gegenstand einen Ersatz oder einen Ersatzanspruch, so kann der Gläubiger Herausgabe des als Ersatz Empfangenen oder Abtretung des Ersatzanspruchs verlangen.

(2) Kann der Gläubiger statt der Leistung Schadensersatz verlangen, so mindert sich dieser, wenn er von dem in Absatz 1 bestimmten Recht Gebrauch macht, um den Wert des erlangten Ersatzes oder Ersatzanspruchs.

Schrifttum
Ebert Das Recht auf den Eingriffserwerb, ZIP 2002, 2296; *Ernst* Doppelkauf – Ein Panorama, in: Festschrift für Andreas Heldrich, Lorenz u.a. (Hrsg.), 2005, S. 113; *Lehmann/Zschache* Das stellvertretende commodum, JuS 2006, 502; *Löwisch* Herausgabe von Ersatzdienst – Zur Anwendbarkeit von § 285 BGB auf Dienst- und Arbeitsverträge, NJW 2003, 2049; *Reinicke/Tiedtke* Wirkungen des Gewährleistungsausschlusses im Kaufrecht; ZIP 1997, 1093; *Stoll* Vorteilsausgleichung bei Leistungsvereitelung, in: Festschrift für Peter Schlechtriem, Schwenzer/Hager (Hrsg.), 2003, S. 677.

---

140 *Repgen*, in: Baumgärtel/Laumen/Prütting, § 284 Rn. 5; MüKo-BGB/*Ernst*, § 284 Rn. 22; Staudinger/*Otto*, § 284 Rn. 49.
141 Staudinger/*Otto*, § 284 Rn. 51; *Repgen*, in: Baumgärtel/Laumen/Prütting, § 284 Rn. 8.
142 *Huber/Faust*, 4. Kapitel Rn. 32.
143 BGH v. 22.10.1999, V ZR 401/98, NJW 2000, 506, noch zum alten Recht. Staudinger/*Otto*, § 284 Rn. 49; *Repgen*, in: Baumgärtel/Laumen/Prütting, § 284 Rn. 4.
144 MüKo-BGB/*Ernst*, § 284 Rn. 42; Messerschmidt/Voit/*Moufang*, § 636 Rn. 188; *Weitemeyer*, AcP 205 (2005), 275, 285.
145 *Gsell*, in: Dauner-Lieb/Konzen/Schmidt, S. 321, 326; Erman/*Westermann*, § 284 Rn. 11; AnwK/*Arnold*, § 284 Rn. 46; MüKo-BGB/*Ernst*, § 284 Rn. 43.
146 Vgl. *Canaris*, DB 2001, 1815, 1820; *Lorenz/Riehm*, Rn. 229. A.A. *Gsell*, in: Dauner-Lieb/Konzen/Schmidt, S. 321, 323; *Repgen*, in: Baumgärtel/Laumen/Prütting, § 284 Rn. 9.
1 Neugefasst durch Bek. v. 02.01.2002 I 42.

A. Allgemeines[2]

I. Normzweck

Durch die Schuldrechtsmodernisierung wurde der Regelungsgehalt des § 281 BGB a.F. im Wesentlichen in § 285 BGB normiert und auf die Fälle der Unzumutbarkeit nach § 275 Abs. 2 und 3 BGB erweitert.[3] § 285 BGB bezweckt den Ausgleich einer unangemessenen Verteilung von Vermögenswerten, welche auf die Anwendung der Gefahrtragungsregelungen in § 275 BGB zurückzuführen ist.[4] Der Anspruch wird getragen von dem Gedanken der Gerechtigkeit und Billigkeit[5] sowie der Rücksicht auf den vermuteten Parteiwillen.[6] Erhält der Schuldner aufgrund der Befreiung von seiner Leistungsverpflichtung nach § 275 BGB eine Ersatzsache oder einen Ersatzanspruch, so muss er dem Gläubiger dieses sogenannte »*stellvertretende commodum*«[7] herausgeben.

1

II. Anwendungsbereich

Der Anwendungsbereich des § 285 BGB ist grundsätzlich für alle schuldrechtlichen Ansprüche eröffnet, soweit keine vorrangigen Sonderregelungen bestehen, die eine Anwendung des § 285 BGB ausschließen.[8] Vertragliche und gesetzliche Ansprüche werden gleichermaßen erfasst. So ist § 285 BGB anwendbar für Ansprüche aus auftragsloser Geschäftsführung oder für den Rückgewähranspruch aus § 346 Abs. 1 BGB im Fall eines gesetzlichen oder vertraglichen Rücktrittsrechts.[9] Auch für den deliktischen Anspruch kommt § 285 BGB zur Anwendung.[10] Im Bereicherungsrecht stellt § 818 Abs. 1 bis 3 BGB demgegenüber eine vorrangige und abschließende Sonderregelung dar, weshalb bei einem bereicherungsrechtlichen Anspruch § 285 BGB nur im Rahmen der allgemeinen Vorschriften nach §§ 818 Abs. 1, 819 BGB für den Zeitraum nach der Haftungsverschärfung gilt.[11] Auf den dinglichen Herausgabeanspruch aus § 985 BGB findet § 285 BGB keine Anwendung, weil mit den §§ 989, 990 BGB ebenfalls Sonderregelungen bestehen.[12]

2

Vor der Schuldrechtsmodernisierung wurde im Kaufvertragsrecht § 281 BGB a.F. ab dem Zeitpunkt des Gefahrübergangs durch die §§ 459 ff. BGB a.F. verdrängt.[13] Mit der Eingliederung der Mängelrechte im Kauf- und Werkvertragsrecht in das System des allgemeinen Leistungsstörungs-

3

---

2 Für die wertvolle Unterstützung bei der Vorbereitung und Erstellung des Manuskripts danke ich Herrn Richter am LG *Bernhard Locher* sowie Frau ass. iur. *Grete Langjahr*.
3 BT-Drucks. 14/6040, 144; MüKo-BGB/*Emmerich*, § 285 Rn. 2.
4 Palandt/*Grüneberg*, BGB § 285 Rn. 1; Bamberger/Roth/*Unberath*, § 285 Rn. 1; MüKo-BGB/*Emmerich*, § 285 Rn. 2; *Lehmann/Zschache*, JuS 2006, 502. Vgl. zu § 281 BGB a.F. BGH v. 10.02.1988, IVa ZR 249/86, NJW-RR 1988, 902, 903; BGH v. 10.05.2006, XII ZR 124/02, NJW 2006, 2323, 2324.
5 Bamberger/Roth/*Unberath*, § 285 Rn. 1; *Lehmann/Zschache*, JuS 2006, 502.
6 Palandt/*Grüneberg*, BGB § 285 Rn. 2. Vgl. zu § 281 BGB a.F. BGH v. 10.02.1988, IVa ZR 249/86, NJW-RR 1988, 902, 903.
7 Lat. für: »Nutzen«, »Vorteil«.
8 Palandt/*Grüneberg*, BGB § 285 Rn. 3; Jauernig/*Stadler*, § 285 Rn. 3. Vgl. zu § 281 BGB a.F. BGH v. 11.10.1979, VII ZR 285/78, NJW 1980, 178.
9 Bamberger/Roth/*Unberath*, § 285 Rn. 2; MüKo-BGB/*Emmerich*, § 285 Rn. 8, 9; Palandt/*Grüneberg*, BGB § 285 Rn. 3.
10 MüKo-BGB/*Emmerich*, § 285 Rn. 9; Bamberger/Roth/*Unberath*, § 285 Rn. 2. A.A. AnwK/*Dauner-Lieb*, § 285 Rn. 2, die in §§ 249 ff. BGB abschließende Regelungen für den Übergang von der Naturalherstellung zum Schadensersatz erkennt; ebenso Soergel/*Wiedemann*, § 281 a.F. Rn. 5.
11 Staudinger/*Löwisch/Caspers*, § 285 Rn. 14; MüKo-BGB/*Emmerich*, § 285 Rn. 9. Vgl. zu § 281 BGB a.F. BGH v. 11.10.1979, VII ZR 285/78, NJW 1980, 178.
12 AnwK/*Dauner-Lieb*, § 285 Rn. 2; Staudinger/*Löwisch/Caspers*, § 285 Rn. 19. Vgl. zu § 281 BGB a.F. RG v. 28.10.1926, IV 273/26, RGZ 115, 31, 33; BGH v. 11.10.1979, VII ZR 285/78, NJW 1980, 178.
13 BGH v. 13.02.2004, V ZR 225/03, NJW 2004, 1873, 1874; OLG Hamm v. 23.05.2000, 28 U 213/99, MDR 2001, 87, 88; Staudinger/*Löwisch* (2004), § 281 a.F. Rn. 9.

rechts findet § 285 BGB nun uneingeschränkt Anwendung, wenn und soweit der Schuldner von seiner Nacherfüllungsverpflichtung (§§ 437 Nr. 1, 439 BGB oder §§ 634 Nr. 1, 635 BGB) über § 275 BGB sowie § 439 Abs. 3 oder 635 Abs. 3 BGB befreit wird.[14] Bei Vorliegen eines unbehebbaren Mangels kann der Besteller über § 285 BGB Abtretung eines Schadensersatzanspruchs gegen einen Dritten oder im Versicherungsfall Herausgabe der Versicherungssumme verlangen (vgl. Rdn. 12).[15]

4 Vom Regelungsgehalt des § 285 BGB kann durch Vereinbarung abgewichen werden. Soll eine abweichende Vereinbarung in Allgemeinen Geschäftsbedingungen getroffen werden, so ist bei der Inhaltskontrolle § 309 Nr. 7, 8 BGB zu berücksichtigen. In Anbetracht des Gerechtigkeitsgehalts von § 285 BGB darf die Entscheidung, ob Herausgabe des stellvertretenden commodums und/oder Schadensersatz statt der Leistung verlangt wird, nicht auf den Klauselsteller übertragen werden.[16]

B. Voraussetzungen

I. Leistung eines Gegenstandes

5 Nach seinem Wortlaut setzt § 285 BGB voraus, dass der Schuldner zur Leistung eines Gegenstandes verpflichtet war. Unstreitige Beispiele für Gegenstände i.S.d. § 285 BGB sind Sachen, Immaterialgüter, Energie und Rechte.[17] Nach h.M. zu § 281 BGB a.F. wurden Handlungen und Unterlassungen demgegenüber nicht unter dieses Tatbestandsmerkmal subsumiert,[18] weshalb § 281 BGB a.F. nicht auf Werkverträge angewendet wurde.[19] Eine Ansicht in der Literatur will nun § 285 BGB auch auf Dienst- und Werkverträge anwenden, obwohl beim Werkvertrag die Leistungspflicht nicht auf einen Gegenstand, sondern auf die Herstellung des versprochenen Werks gerichtet ist. Diese Ansicht wird mit der ausdrücklichen Verweisung des § 285 BGB auf § 275 Abs. 3 BGB begründet, welcher die persönliche Leistungspflicht des Schuldners und damit in erster Linie Dienst- und Werkverträge betreffe.[20] Eine andere Ansicht hält an der früher h.M. fest und lehnt die Anwendung des § 285 BGB auf Dienst- und Werkverträge mit der Begründung ab, dass es sich bei der Verweisung um ein Versehen des Gesetzgebers handele und der Gesetzgeber mit der Schuldrechtsmodernisierung keine Ausdehnung des Anwendungsbereiches bezweckt habe.[21]

6 Folgt man der früher h.M. und lehnt eine Ausdehnung des § 285 BGB ab, so kann dem Besteller gleichwohl ein Anspruch auf Abtretung von Ansprüchen gegen Dritte oder Herausgabe von erlangten Ersatzleistungen zustehen: Im Wege (ggf. ergänzender) Vertragsauslegung kann etwa einem Werkvertrag die Pflicht des Subunternehmers entnommen werden, der für einen von ihm verursachten Schadensfall von seiner Haftpflichtversicherung eine Entschädigungssumme ausbezahlt bekommen hat, diesen Betrag an den geschädigten Hauptunternehmer weiterzuleiten,[22]

---

14 Staudinger/*Löwisch/Caspers*, § 285 Rn. 16; Jauernig/*Stadler*, § 285 Rn. 3; PWW/*Schmidt-Kessel*, § 285 Rn. 2; vgl. auch AnwK/*Dauner-Lieb*, § 285 Rn. 3.
15 Vgl. Staudinger/*Löwisch/Caspers*, § 285 Rn. 16.
16 Bamberger/Roth/*Unberath*, § 285 Rn. 19; MüKo-BGB/*Emmerich*, § 285 Rn. 39.
17 AnwK/*Dauner-Lieb*, § 285 Rn. 6; Bamberger/Roth/*Unberath*, § 285 Rn. 6; Staudinger/*Löwisch/Caspers*, § 285 Rn. 22.
18 OLG Dresden v. 20.08.1997, 12 U 1040/97, NJW-RR 1998, 373; Soergel/*Wiedemann*, § 281 a.F. Rn. 23.
19 RG v. 04.11.1919, VII 121/19, RGZ 97, 87, 90; OLG Dresden v. 20.08.1997, 12 U 1040/97, NJW-RR 1998, 373; Staudinger/*Löwisch* (2004), § 281 a.F. Rn. 16.
20 Staudinger/*Löwisch/Caspers*, § 285 Rn. 24; *Löwisch*, NJW 2003, 2049, 2050; Bamberger/Roth/*Unberath*, § 285 Rn. 6; PWW/*Schmidt-Kessel*, § 285 Rn. 2; *Ebert*, ZIP 2002, 2296, 2302.
21 MüKo-BGB/*Emmerich*, § 285 Rn. 6; Palandt/*Grüneberg*, BGB § 285 Rn. 5; AnwK/*Dauner-Lieb*, § 285 Rn. 6; vgl. auch *Lehmann/Zschache*, JuS 2006, 502, 504.
22 OLG Dresden v. 20.08.1997, 12 U 1040/97, NJW-RR 1998, 373.

wenn der Hauptunternehmer den entstandenen Schaden behoben hat und deshalb keine unmittelbare Inanspruchnahme des Subunternehmers durch den Bauherrn mehr droht.

II. Wegfall der Leistungspflicht nach § 275 BGB

Voraussetzung für den Anspruch aus § 285 BGB ist die vollständige oder teilweise Befreiung des Schuldners von seiner Pflicht zur Primärerfüllung wegen Unmöglichkeit gem. § 275 Abs. 1 BGB oder Unzumutbarkeit gem. § 275 Abs. 2 oder 3 BGB.[23] In den Fällen des § 275 Abs. 2 oder 3 BGB muss der Schuldner die Einrede der Unzumutbarkeit erhoben haben, weil erst dann die Primärleistungspflicht untergeht (vgl. § 275 BGB Rdn. 8).[24] Der Anspruch aus § 285 BGB besteht unabhängig davon, ob den Schuldner ein Verschulden an dem Umstand trifft, der zur Leistungsbefreiung nach § 275 BGB führt. Ein Anspruch besteht selbst dann, wenn ein Dritter oder der Gläubiger selbst die Unmöglichkeit oder Unzumutbarkeit zu vertreten hat.[25] § 285 BGB ist auch bei anfänglichen Leistungshindernissen anwendbar.[26] Der Gläubiger hat schließlich einen Anspruch aus § 285 BGB auf das Mangelsurrogat, wenn der Schuldner die Nacherfüllung nach § 439 Abs. 3 BGB oder § 635 Abs. 3 BGB verweigert.[27]

III. Empfang eines Ersatzes oder Ersatzanspruchs (Surrogat)

Der Ersatz oder Ersatzanspruch muss beim Schuldner einen Vermögensvorteil bilden, der wirtschaftlich an die Stelle des ursprünglichen Leistungsgegenstandes tritt.[28] Zudem muss zwischen dem Umstand, der zu der Befreiung von der Primärleistungspflicht geführt hat, und dem Empfang des Surrogats ein adäquater Kausalzusammenhang bestehen,[29] wobei eine Mitursächlichkeit genügt.[30] Bei der Frage nach der Adäquanz ist eine wirtschaftliche Betrachtungsweise zu Grunde zu legen.[31] Das *commodum ex negotiatione*, der Erlös aus einer vertragswidrigen Weiterveräußerung, wird als rechtsgeschäftliches Surrogat der nach § 275 BGB untergegangen Leistungsverpflichtung angesehen, weil bei wirtschaftlicher Betrachtung die Übereignung der Sache, § 929 BGB (Umstand, der die Befreiung von der Leistungspflicht begründet) und der Verkauf der Sache § 433 BGB (Umstand, der Erlangung des Surrogats begründet) eine Einheit bilden.[32] Der Anspruch nach § 285 BGB auf Herausgabe des *commodum ex negotiatione* besteht auch dann unbeschränkt, wenn die Gegenleistung des Dritten den Wert des Gegenstandes deutlich übersteigt. Eine Ansicht in der Literatur will den Anspruch auf den Gläubigerschaden begrenzen. Dieser Ansatz ist Folge der dogmatischen Einordnung des § 285 BGB in die Nähe des Rechtsinstituts

---

23 BGH v. 31.10.2007, VIII ZR 278/05, NJW 2008, 989, 991; Staudinger/*Löwisch/Caspers*, § 285 Rn. 27; AnwK/*Dauner-Lieb*, § 285 Rn. 7; MüKo-BGB/*Emmerich*, § 285 Rn. 17.

24 Vertritt man die früher h.M. und lehnt die Anwendbarkeit auf Dienst- und Werkverträge ab, so gilt § 285 BGB entgegen seinem Wortlaut für die Fälle des § 275 Abs. 3 BGB nicht, AnwK/*Dauner-Lieb*, § 285 Rn. 7; MüKo-BGB/*Emmerich*, § 285 Rn. 19.

25 AnwK/*Dauner-Lieb*, § 285 Rn. 7; Staudinger/*Löwisch/Caspers*, § 285 Rn. 28; Palandt/*Grüneberg*, BGB § 285 Rn. 6.

26 Staudinger/*Löwisch/Caspers*, § 285 Rn. 27; Jauernig/*Stadler*, § 285 Rn. 6.

27 Jauernig/*Stadler*, § 285 Rn. 6; PWW/*Schmidt-Kessel*, § 285 Rn. 2.

28 Jauernig/*Stadler*, § 285 Rn. 7; *Lehmann/Zschache*, JuS 2006, 502, 504.

29 Staudinger/*Löwisch/Caspers*, § 285 Rn. 30; Palandt/*Grüneberg*, BGB § 285 Rn. 7; vgl. zu § 281 BGB a.F. BGH v. 10.02.1988, IVa ZR 249/86, NJW-RR 1988, 902, 903. A.A. MüKo-BGB/*Emmerich*, § 285 Rn. 18, und Bamberger/Roth/*Unberath*, § 285 Rn. 8, die einen ursächlichen Zusammenhang genügen lassen wollen.

30 Palandt/*Grüneberg*, BGB § 285 Rn. 7; Erman/*Westermann*, § 285 Rn. 7; *Emmerich*, § 10 Rn. 20.

31 Bamberger/Roth/*Unberath*, § 285 Rn. 10; Jauernig/*Stadler*, § 285 Rn. 7; *Lehmann/Zschache*, JuS 2006, 502, 504.

32 Palandt/*Grüneberg*, BGB § 285 Rn. 7; Staudinger/*Löwisch/Caspers*, § 285 Rn. 37. Vgl. zu § 281 BGB a.F. BGH v. 15.10.2004, V ZR 100/04, NJW-RR 2005, 241; BGH v. 20.11.1992, V ZR 82/91, NJW 1993, 929, 930.

der Vorteilsausgleichung.[33] Nach der überwiegenden Ansicht in der Literatur weist der Anspruch aus § 285 BGB Parallelen zu § 816 BGB auf und wird deswegen als besonderer Fall der Eingriffskondiktion verstanden,[34] weshalb der Schuldner verpflichtet ist, den gesamten Erlös an den Gläubiger herauszugeben.[35]

9 Die für die Praxis wichtigsten Anwendungsfälle des § 285 BGB sind die Ansprüche auf Abtretung von vertraglichen oder deliktischen Schadensersatzansprüchen des Schuldners gegen Dritte wegen Beschädigung des geschuldeten Gegenstandes.[36] Hat der Dritte seine Schadensersatzverpflichtung bereits erfüllt, so hat der Schuldner dieses Surrogat an den Gläubiger herauszugeben.[37] Hat der Schuldner den geschuldeten Gegenstand versichert, so muss er im Versicherungsfall, der die Leistungsbefreiung begründet, die Versicherungssumme als Surrogat an den Gläubiger herausgeben oder den Anspruch gegen die Versicherung abtreten.[38] Die für die Versicherung gezahlten Beiträge kann der Schuldner nicht von der herauszugebenden Versicherungssumme abziehen.[39] Zwar kommen in erster Linie Ansprüche aus Kaskoversicherungen des Schuldners in Betracht, doch ist auch an etwaige Direktansprüche gegen Haftpflichtversicherer des Schädigers zu denken. Weitere Beispiele für ein herauszugebendes Surrogat sind: Entschädigungsansprüche wegen Beschlagnahme oder Enteignung;[40] Ansprüche aus Restitution nach VermG;[41] Versteigerungserlös.[42]

IV. Wirtschaftliche Identität

10 Eine weitere Voraussetzung für den Herausgabeanspruch des stellvertretenden commodums gem. § 285 BGB ist die wirtschaftliche Identität zwischen dem ursprünglich geschuldeten Gegenstand und dem, für den Ersatz erlangt worden ist.[43] Das Surrogat muss nach dem Wortlaut des § 285 BGB nämlich »*für den geschuldeten Gegenstand*« erlangt worden sein.[44] Keinen Anspruch gem. § 285 BGB auf das Surrogat hat der Mieter, wenn der Mietgegenstand zerstört wird und der Vermieter deshalb einen Ersatzgegenstand oder einen Ersatzanspruch (z.B. Anspruch gegen Versicherung) erlangt. In diesem Fall liegen zwei wirtschaftlich verschiedene Gegenstände vor, weil der Gläubiger (Mieter) nur einen Anspruch auf Gebrauchsüberlassung des Vertragsgegenstandes hat und ihm gerade kein Anspruch auf Übertragung des Eigentums an demselben zusteht, für dessen Verletzung die Versicherungsleistung erfolgt.[45] Ferner steht dem Gläubiger auch kein Anspruch

---

33 Staudinger/*Löwisch*/*Caspers*, § 285 Rn. 3; *Stoll*, in: FS Schlechtriem, S. 677, 694 f.
34 MüKo-BGB/*Emmerich*, § 285 Rn. 2; Soergel/*Wiedemann*, § 281 a.F. Rn. 2; *Ebert*, ZIP 2002, 2296, 2301.
35 *Lehmann*/*Zschache*, JuS 2006, 502, 504; *Emmerich*, § 10 Rn. 21; im Ergebnis ebenso *Ernst*, in: FS Heldrich, S. 113, 136. Vgl. zu § 281 BGB a.F. BGH v. 11.10.1979, VII ZR 285/78, NJW 1980, 178.
36 MüKo-BGB/*Emmerich*, § 285 Rn. 20; Staudinger/*Löwisch*/*Caspers*, § 285 Rn. 31.
37 Palandt/*Grüneberg*, BGB § 285 Rn. 7.
38 BGH v. 31.10.2007, VIII ZR 278/05, NJW 2008, 989, 991 (Vollkaskoversicherung Kfz Finanzierungsleasing); vgl. zu § 281 BGB a.F. BGH v. 10.03.1995, V ZR 7/94, NJW 1995, 1737, 1738 (Brandversicherung).
39 AnwK/*Dauner-Lieb*, § 285 Rn. 10; Staudinger/*Löwisch*/*Caspers*, § 285 Rn. 33; MüKo-BGB/*Emmerich*, § 285 Rn. 20.
40 Staudinger/*Löwisch*/*Caspers*, § 285 Rn. 34. Vgl. zu § 281 BGB a.F. RG v. 13.11.1917, II 167/17, RGZ 91, 260, 262; BGH v. 10.02.1988, IVa ZR 249/86, NJW-RR 1988, 902, 903.
41 Vgl. zu § 281 BGB a.F. BGH v. 16.03.2005, IV ZR 272/03, NJW-RR 2005, 953, 954.
42 Vgl. zu § 281 BGB a.F. BGH v. 21.05.1987, IX ZR 77/86, WM 1987, 986.
43 MüKo-BGB/*Emmerich*, § 285 Rn. 24; *Lehmann*/*Zschache*, JuS 2006, 502, 505. Vgl. zu § 281 BGB a.F. BGH v. 10.05.2006, XII ZR 124/02, NJW 2006, 2323, 2325; BGH v. 19.06.1957, IV ZR 214/56, NJW 1957, 1514, 1515.
44 Erman/*Westermann*, § 285 Rn. 8; Jauernig/*Stadler*, § 285 Rn. 9.
45 Jauernig/*Stadler*, § 285 Rn. 9; Staudinger/*Löwisch*/*Caspers*, § 285 Rn. 44; *Lehmann*/*Zschache*, JuS 2006, 502, 505.

auf Gebrauchsüberlassung an dem Ersatzgegenstand zu.[46] Ebenfalls keine Identität liegt im Fall einer Doppelvermietung eines Grundstücks vor, wenn der Erstmieter das Grundstück nicht in der gleichen Weise wie der Zweitmieter nutzen darf (z.B. Nutzung als Parkplatz und Nutzung zum Aufstellen von Marktständen).[47] Der Erstmieter hat in der Folge keinen Anspruch gegen den Vermieter auf Herausgabe des Mietzinses gem. § 285 BGB aus dem anderen Mietverhältnis.

C. Rechtsfolgen

I. Anspruch auf Herausgabe des stellvertretenden commodums

Der Herausgabeanspruch nach § 285 BGB stellt einen Fall der sogenannten schuldrechtlichen Surrogation dar.[48] Über die Geltendmachung des Anspruchs aus § 285 BGB kann der Gläubiger die Herausgabe des Surrogats verlangen. Es tritt gerade keine selbstständige dingliche Surrogation ein.[49] Die Fälligkeit des Anspruchs hängt folglich von seiner Geltendmachung ab.[50] **11**

Der Herausgabeanspruch umfasst grundsätzlich alles, was der Schuldner infolge der Leistungsbefreiung tatsächlich erlangt hat.[51] Der Ersatzanspruch wird nicht begrenzt, wenn der Wert des Surrogats höher ist als der Schaden des Gläubigers (vgl. Rdn. 8). Beispielsweise muss der Schuldner in diesen Fällen die gesamte Versicherungssumme oder den gesamten Veräußerungserlös einschließlich des Geschäftsgewinns herausgeben.[52] Der Schuldner muss auch die aus dem Surrogat gezogenen Nutzungen samt Zinsen herausgeben, wenn ihm bereits die Nutzungen aus dem ursprünglichen Leistungsgegenstand zustanden.[53] Hat der Schuldner selbst hinsichtlich des Surrogats Aufwendungen getätigt, so kann er diese, soweit ihm ein Anspruch auf Aufwendungsersatz aus Bereicherungsrecht oder auftragsloser Geschäftsführung zusteht, in Abzug bringen.[54] **12**

II. Verhältnis zum Schadensersatzanspruch § 285 Abs. 2 BGB

Der Gläubiger hat ein Wahlrecht *(ius variandi)* zwischen dem auf Herausgabe des stellvertretenden commodums gerichteten Anspruch aus § 285 BGB und dem Anspruch auf Schadensersatz statt der Leistung nach §§ 280 Abs. 1 und 3, 283 BGB. Diese beiden Ansprüche stehen in elektiver Konkurrenz zueinander.[55] Der Gläubiger kann selbst nach der rechtskräftigen Verurteilung des Schuldners hinsichtlich eines der beiden Ansprüche noch den anderen Anspruch geltend machen.[56] Erst mit der vollständigen Erfüllung eines Anspruchs oder einer entsprechenden Parteivereinbarung endet das Wahlrecht des Gläubigers.[57] Der Gläubiger kann auch neben dem Anspruch gem. § 285 BGB Schadensersatz statt der Leistung verlangen. Jedoch muss er sich gem. § 285 Abs. 2 BGB den Wert des erlangten Surrogats auf den Schadensersatzanspruch anrechnen lassen. **13**

---

46 AnwK/*Dauner-Lieb*, § 285 Rn. 11; Palandt/*Grüneberg*, BGB § 285 Rn. 8. Vgl. zu § 281 BGB a.F BGH v. 21.11.1952, V ZR 49/51, NJW 1953, 140, 141.
47 AnwK/*Dauner-Lieb*, § 285 Rn. 12; *Emmerich*, § 10 Rn. 24. Vgl. zu § 281 BGB a.F. BGH v. 10.05.2006, XII ZR 124/02, NJW 2006, 2323, 2325.
48 Palandt/*Grüneberg*, BGB § 285 Rn. 9; MüKo-BGB/*Emmerich*, § 284 Rn. 29.
49 Vgl. zu § 281 BGB a.F. RG v. 08.10.1918, VII 164/18, RGZ 94, 20, 23.
50 MüKo-BGB/*Emmerich*, § 284 Rn. 30; AnwK/*Dauner-Lieb*, § 285 Rn. 12.
51 AnwK/*Dauner-Lieb*, § 285 Rn. 12; Bamberger/Roth/*Unberath*, § 285 Rn. 14; Erman/*Westermann*, § 285 Rn. 10. Vgl. zu § 281 BGB a.F. BGH v. 08.03.1991, V ZR 351/89, NJW 1991, 1675, 1676.
52 Jauernig/*Stadler*, § 285 Rn. 11; MüKo-BGB/*Emmerich*, § 284 Rn. 31. A.A. *Löwisch*, NJW 2003, 2051.
53 MüKo-BGB/*Emmerich*, § 284 Rn. 31; Staudinger/*Löwisch/Caspers*, § 285 Rn. 50. Vgl. zu § 281 BGB a.F. BGH v. 27.10.1982, V ZR 24/82, NJW 1983, 929, 930.
54 AnwK/*Dauner-Lieb*, § 285 Rn. 12; Palandt/*Grüneberg*, BGB § 285 Rn. 9; *Lehmann/Zschache*, JuS 2006, 502, 505. Vgl. zu § 281 BGB a.F. BGH v. 07.02.1997, V ZR 107/96, WM 1997, 785, 787.
55 Palandt/*Grüneberg*, BGB § 285 Rn. 10; MüKo-BGB/*Emmerich*, § 284 Rn. 36; AnwK/*Dauner-Lieb*, § 285 Rn. 17.
56 Palandt/*Grüneberg*, BGB § 285 Rn. 10; AnwK/*Dauner-Lieb*, § 285 Rn. 17.
57 MüKo-BGB/*Emmerich*, § 284 Rn. 13; Bamberger/Roth/*Unberath*, § 285 Rn. 16.

Bei der Anrechnung wird der tatsächliche wirtschaftliche Wert der Ersatzforderung im Zeitpunkt der Abtretung und nicht der Nennwert zugrunde gelegt.[58]

D. Verjährung

14 Die Verjährung des Herausgabeanspruchs aus § 285 BGB bestimmt sich nach der Verjährungsfrist des ursprünglichen Erfüllungsanspruchs.[59] Für den Anspruch auf Herausgabe des Mangelsurrogats gelten die speziellen Verjährungsfristen der § 438 BGB bzw. § 634a BGB.[60] Die Verjährungsfrist beginnt mit dem Schluss des Jahres, in welchem der Anspruch entstanden ist, § 199 Abs. 1 BGB.[61] Mit einer Klage auf Leistung wird auch der Anspruch aus § 285 BGB nach § 204 Abs. 1 Nr. 1 BGB gehemmt.[62]

E. Beweislast

15 Der Gläubiger muss nach den allgemeinen Grundsätzen darlegen und beweisen, dass der Schuldner von seiner Leistungspflicht nach § 275 BGB befreit wurde (vgl. § 275 BGB Rdn. 79 f.) und dass der Schuldner einen Ersatzgegenstand bzw. einen Ersatzanspruch erlangt hat. Soweit dem Gläubiger dieser Beweis gelungen ist, steht ihm ein Auskunftsanspruch hinsichtlich der Höhe des Surrogats zu.[63] Da dem Gläubiger der Beweis, dass der Schuldner ein Surrogat erlangt hat, grundsätzlich schwerfallen wird, weil die anspruchsbegründenden Tatsachen in der Regel in der Sphäre des Schuldners zu finden sind, ist es angemessen, dem Schuldner die sekundäre Beweislast aufzubürden, wenn der Gläubiger substantiiert Umstände vorgetragen hat, die bei vernünftiger Betrachtung auf das Erlangen eines Surrogats schließen lassen.[64]

§ 286 Verzug des Schuldners[1]

(1) Leistet der Schuldner auf eine Mahnung des Gläubigers nicht, die nach dem Eintritt der Fälligkeit erfolgt, so kommt er durch die Mahnung in Verzug. Der Mahnung stehen die Erhebung der Klage auf die Leistung sowie die Zustellung eines Mahnbescheids im Mahnverfahren gleich.

(2) Der Mahnung bedarf es nicht, wenn
1. für die Leistung eine Zeit nach dem Kalender bestimmt ist,
2. der Leistung ein Ereignis vorauszugehen hat und eine angemessene Zeit für die Leistung in der Weise bestimmt ist, dass sie sich von dem Ereignis an nach dem Kalender berechnen lässt,
3. der Schuldner die Leistung ernsthaft und endgültig verweigert,

---

58 Staudinger/*Löwisch/Caspers*, § 285 Rn. 57; Erman/*Westermann*, § 285 Rn. 11; *Huber/Faust*, Kap. 6 Rn. 6.
59 AnwK/*Dauner-Lieb*, § 285 Rn. 14; Staudinger/*Löwisch/Caspers*, § 285 Rn. 53; Jauernig/*Stadler*, § 285 Rn. 12; vgl. zu § 281 BGB a.F. BGH v. 10.02.1988, IVa ZR 249/86, NJW-RR 1988, 902, 904. A.A. Palandt/*Grüneberg*, BGB § 285 Rn. 12, der auf die regelmäßige Verjährung abstellt, §§ 195, 199 BGB.
60 Jauernig/*Stadler*, § 285 Rn. 12; AnwK/*Dauner-Lieb*, § 285 Rn. 16; vgl. zu § 281 BGB a.F. BGH v. 08.03.1991, V ZR 351/89, NJW 1991, 1675, 1676; *Reinicke/Tiedtke*, ZIP 1997, 1093, 1097.
61 Staudinger/*Löwisch* (2004), § 285 Rn. 53; Bamberger/Roth/*Unberath*, § 285 Rn. 20.
62 Palandt/*Grüneberg*, BGB § 285 Rn. 12. Vgl. zu § 281 BGB a.F. BGH v. 17.02.2006, V ZR 236/03, NJW-RR 2006, 736, 738.
63 Bamberger/Roth/*Unberath*, § 285 Rn. 21; Erman/*Westermann*, § 285 Rn. 13; vgl. zu § 281 BGB a.F. BGH v. 27.10.1982, V ZR 24/82, NJW 1983, 929, 930.
64 *Repgen*, in: Baumgärtel/Laumen/Prütting, § 285 Rn. 1.
1 Amtlicher Hinweis: Diese Vorschrift dient zum Teil auch der Umsetzung der Richtlinie 2000/35/EG des Europäischen Parlaments und des Rates vom 29. Juni 2000 zur Bekämpfung von Zahlungsverzug im Geschäftsverkehr (ABl. EG Nr. L 200 S. 35).

4. aus besonderen Gründen unter Abwägung der beiderseitigen Interessen der sofortige Eintritt des Verzugs gerechtfertigt ist.

(3) Der Schuldner einer Entgeltforderung kommt spätestens in Verzug, wenn er nicht innerhalb von 30 Tagen nach Fälligkeit und Zugang einer Rechnung oder gleichwertigen Zahlungsaufstellung leistet; dies gilt gegenüber einem Schuldner, der Verbraucher ist, nur, wenn auf diese Folgen in der Rechnung oder Zahlungsaufstellung besonders hingewiesen worden ist. Wenn der Zeitpunkt des Zugangs der Rechnung oder Zahlungsaufstellung unsicher ist, kommt der Schuldner, der nicht Verbraucher ist, spätestens 30 Tage nach Fälligkeit und Empfang der Gegenleistung in Verzug.

(4) Der Schuldner kommt nicht in Verzug, solange die Leistung infolge eines Umstands unterbleibt, den er nicht zu vertreten hat.

Schrifttum

Canaris Begriff und Tatbestand des Verzögerungsschadens im neuen Leistungsstörungsrecht, ZIP 2003, 321; *Ernst* Die Gegenseitigkeit im Vertragsvollzug, AcP 199 (1999), 485; *Glöckner* Leitbild mit Verfalldatum – Zur vorübergehenden Anwendung von § 284 Abs. 3 BGB, BauR 2001, 535; *Grigoleit/Riehm* Die Kategorien des Schadensersatzes im Leistungsstörungsrecht, AcP 203 (2003), 727; *Gsell* EG-Verzugsrichtlinie und Reform der Reform des Verzugsrechts in Deutschland, ZIP 2000, 1861; *Heinrichs* EG-Richtlinie zur Bekämpfung von Zahlungsverzug im Geschäftsverkehr nach dem Entwurf eines Schuldrechtsmodernisierungsgesetzes, BB 2001, 157; *Huber* Das Gesetz zur Beschleunigung fälliger Zahlungen und die europäische Richtlinie zur Bekämpfung von Zahlungsverzug im Geschäftsverkehr, JZ 2000, 957; *Pick* Zur neuen Verzugsregelung für Geldforderungen, ZfIR 2000, 333; *Wilhelm* Mahngebühr aufgrund der Versäumung der in der Rechnung angegebenen Zahlungsfrist, ZIP 1987, 1497.

Übersicht	Rdn.			Rdn.
A. Anwendungsbereich	1	II.	Vorausgehendes Ereignis, § 286 Abs. 2 Nr. 2 BGB	18
B. Struktur	3	III.	Erfüllungsverweigerung, § 286 Abs. 2 Nr. 3 BGB	20
C. Allgemeine Voraussetzungen des Schuldnerverzugs	4	IV.	Besondere Gründe, § 286 Abs. 2 Nr. 4 BGB	21
I. Fälligkeit	4	F.	**Verzug bei Entgeltforderungen, § 286 Abs. 3 BGB**	22
II. Einredefreiheit	6			
III. Verzögerung und Unmöglichkeit	8	G.	**Vertretenmüssen, § 286 Abs. 4 BGB**	27
D. Mahnung	9	H.	**Rechtsfolgen**	32
I. Zeitpunkt der Mahnung	11	I.	Schadensersatz neben der Leistung nach §§ 280 Abs. 1, Abs. 2 und 286 BGB	32
II. Inhalt der Aufforderung zur Erbringung der geschuldeten Leistung	12	I.	**Dauer des Verzugs**	34
III. Mitwirkung des Gläubigers	15	J.	**Beweislast**	36
IV. Leistungsklage, Mahnbescheid	16			
E. **Entbehrlichkeit der Mahnung, § 286 Abs. 2 BGB**	17			
I. Leistungszeit nach Kalender bestimmt, § 286 Abs. 2 Nr. 1 BGB	17			

A. Anwendungsbereich[2]

Die Vorschrift ist im Grundsatz auf alle Schuldverhältnisse anwendbar.[3] Besonderheiten bestehen 1
hingegen bei dinglichen Ansprüchen: Hier ist die Anwendbarkeit des § 286 BGB auf jeden Anspruch gesondert zu prüfen.[4] Da es sich bei dem Grundbuchberichtigungsanspruch des § 894

---

2 Für die wertvolle Unterstützung bei der Vorbereitung und Erstellung des Manuskripts danke ich Frau ass. iur. *Grete Langjahr* sowie Herrn cand.iur. *Florian Mader*.
3 Bamberger/Roth/*Unberath*, § 286 Rn. 4.
4 BGH v. 19.01.1968, V ZR 190/64, NJW 1968, 788; Palandt/*Grüneberg*, BGB § 286 Rn. 4.

BGB sowie dem Anspruch des Vormerkungsberechtigten gem. § 888 BGB lediglich um unselbstständige Hilfsansprüche mit verfahrensrechtlicher Bedeutung handelt, ist § 286 BGB hier unanwendbar.[5] Auch gilt § 286 BGB nicht für den Anspruch aus § 1113 BGB, da der Grundstückseigentümer gem. § 1147 BGB nicht zur Zahlung verpflichtet ist.[6] Auf Ansprüche aus §§ 985 oder 1004 BGB ist § 286 hingegen gem. § 990 Abs. 2 BGB anwendbar.[7]

2 Auf öffentlich-rechtliche Ansprüche kann § 286 BGB angewendet werden, soweit es sich um ein Gleichordnungsverhältnis im Sinne von § 54 ff. VwVfG handelt, das einem zivilrechtlichen Rechtsverhältnis angenähert ist, und im öffentlichen Recht eine Regelungslücke besteht.[8] Im Falle eines klassischen Über- bzw. Unterordnungsverhältnisses wird eine Anwendung des § 286 BGB selbst beim Vorliegen von Geldschulden zu Recht abgelehnt.[9] Hier bedarf es einer verwaltungsrechtlichen Rechtsgrundlage. Insbesondere bei Ansprüchen auf Erschließungsbeiträge oder Entschädigungen für enteignungsgleiche Eingriffe kommt eine analoge Anwendung des § 286 BGB nicht in Betracht.[10]

B. Struktur

3 Die Vorschrift ist stets zusammen mit § 280 Abs. 2 BGB zu lesen. Der Voraussetzungen des § 286 BGB bedarf allein die Geltendmachung des Verzögerungsschadens. Der Verzögerungsschaden ist Schaden, der neben der Leistung liquidiert werden kann.[11] Andererseits ist der Verzögerungsschaden regelmäßig der Fristsetzung, die hier Mahnung heißt, zugänglich. Deshalb hat der Gesetzgeber in Übernahme der bewährten Regelungsstruktur weitgehend an den Erfordernissen des § 284 BGB a.F. festgehalten.[12] Die Parallelen der Regelungen der Mahnungs-/Fristsetzungserfordernisse in den §§ 281 Abs. 1, 2, 286 Abs. 1, 2 sowie 323 Abs. 1, 2 BGB sind offensichtlich. Vor diesem Hintergrund verlangen die Abweichungen besondere Beachtung.

C. Allgemeine Voraussetzungen des Schuldnerverzugs

I. Fälligkeit

4 Der Schuldnerverzug setzt das Bestehen einer fälligen, wirksamen und durchsetzbaren Forderung voraus.[13] Dabei führt eine unberechtigte Erfüllungsverweigerung durch den Schuldner nicht zur Entbehrlichkeit der Fälligkeit.[14] In diesem Fall kann der Gläubiger allerdings bereits vor der Fälligkeit der Leistung unter den Voraussetzungen des § 323 Abs. 4 BGB vom Vertrag zurücktreten (vgl. dazu § 323 BGB Rdn. 11 ff.) oder Schadensersatz statt der Leistung (vgl. § 281 BGB Rdn. 25 ff.) verlangen.[15] Wie bereits unter der Geltung des alten Rechts ist davon auszugehen, dass die unberechtigte Vertragsaufsage eine selbstständige Pflichtverletzung begründet (vgl. dazu § 323 BGB Rdn. 11).

5 Ist der Vertrag wegen Nichteinhaltung der vorgeschriebenen Form zunächst nichtig, wird er danach aber beispielsweise nach § 311b Abs. 1 S. 2 BGB geheilt, so bestimmt sich das Vorliegen ei-

---

[5] BGH v. 19.01.1968, V ZR 190/64, NJW 1968, 788; Bamberger/Roth/*Unberath*, § 286 Rn. 5.
[6] Bamberger/Roth/*Unberath*, § 286 Rn. 5.
[7] LG Frankfurt/Main v. 15.10.2003, 2/1 S 131/03, NJW 2003, 3641; Bamberger/Roth/*Unberath*, § 286 Rn. 5.
[8] Bamberger/Roth/*Unberath*, § 286 Rn. 8; Palandt/*Grüneberg*, BGB § 286 Rn. 5.
[9] BGH v. 13.07.1989, III ZR 64/88, NJW 1989, 2615, 2616; v. 01.10.1981, III ZR 13/80, NJW 1982, 1277; Bamberger/Roth/*Unberath*, § 286 Rn. 8; Palandt/*Grüneberg*, BGB § 286 Rn. 5.
[10] BGH v. 01.10.1981, III ZR 13/80, NJW 1982, 1277; BVerwG v. 17.02.1971, IV C 17.69, NJW 1971, 1148; BVerwG v. 24.11.1977, III C 72.76, DVBl 1978, 608; Bamberger/Roth/*Unberath*, § 286 Rn. 8.
[11] Palandt/*Grüneberg*, BGB § 286, Rn. 41.
[12] BT-Drucks. 14/6040, 145.
[13] Bamberger/Roth/*Unberath*, § 286 Rn. 9, 18.
[14] BGH v. 28.09.2007, V ZR 139/06, NJW-RR 2008, 210; Palandt/*Grüneberg*, BGB § 286 Rn. 13.
[15] BGH v. 28.09.2007, V ZR 139/06, NJW-RR 2008, 210, 211.

ner wirksamen Forderung nach dem Zeitpunkt der Heilung, sodass – bei Vorliegen der weiteren Voraussetzungen – erst ab diesem Zeitpunkt Schadensersatz neben der Leistung verlangt werden kann.[16]

II. Einredefreiheit

Bereits das Bestehen einer Einrede nach §§ 205, 214, 379, 438 Abs. 4, 771, 821, 853, 2014, 2015 BGB schließt die Durchsetzbarkeit der Forderung und damit den Verzugseintritt aus.[17] Lediglich im Falle des Zurückbehaltungsrechts gemäß § 273 BGB muss der Schuldner sich auf die Einrede berufen, weil der Gläubiger ansonsten die Abwendungsbefugnis nach § 273 Abs. 3 BGB nicht wahrnehmen könnte.[18] Gleiches gilt im Falle des Bestehens rechtsvernichtender Einwendungen wie z.B. die der Anfechtung oder des Rücktritts: Erst mit der tatsächlichen Ausübung des Gestaltungsrechts entfällt der Schuldnerverzug rückwirkend.[19] Das Vorliegen der Einrede des § 320 BGB hindert den Eintritt des Schuldnerverzugs, solange der Gläubiger nicht die ihm obliegende Gegenleistung in einer Weise anbietet, die nach §§ 293 ff. BGB den Annahmeverzug begründet.[20] Dabei kann die Gegenleistung auch in der Mahnung konkludent angeboten werden.[21] Aus § 320 Abs. 1 S. 1 BGB und § 322 BGB[22] folgt insoweit, dass die bloße Bereitschaft des Gläubigers zur Leistungserbringung nicht genügt, um den Eintritt des Schuldnerverzugs herbeizuführen.[23]

6

Soweit die Durchsetzung der Forderung von einer behördlichen Genehmigung abhängig ist, tritt der Schuldnerverzug im Falle der Verweigerung der Genehmigung – wie beispielsweise der Nichterteilung einer Baugenehmigung[24] – nicht ein.[25]

7

III. Verzögerung und Unmöglichkeit

Die Leistungserbringung durch den Schuldner muss ferner noch möglich bzw. nachholbar sein.[26] Daran fehlt es bei Vorliegen dauernder Unmöglichkeit, so dass der Schuldnerverzug in diesem Fall *ex nunc* entfällt[27] und §§ 275, 280, 283 sowie 326 BGB Anwendung finden.[28] Der Anspruch auf Schadensersatz statt der Leistung aus §§ 280 Abs. 1, 3, 283 BGB tritt dabei neben den bereits entstandenen Anspruch auf Ersatz des Verzögerungsschadens.[29]

8

---

16 Bamberger/Roth/*Unberath*, § 286 Rn. 10.
17 BGH v. 12.07.1967, VIII ZR 180/65, BGHZ 48, 250; v. 16.03.1988, VIII ZR 184/87, BGHZ 104, 11; Bamberger/Roth/*Unberath*, § 286 Rn. 12; Palandt/*Grüneberg*, BGB § 286 Rn. 10. A.A. *Medicus*, Rn. 395 ff.
18 BGH v. 21.10.2004, III ZR 323/03, NJW-RR 2005, 170; Bamberger/Roth/*Unberath*, § 286 Rn. 14; Palandt/*Grüneberg*, BGB § 286 Rn. 11.
19 BGH v. 06.05.1981, IVa ZR 170/80, NJW 1981, 1729; v. 27.01.1987, VIII ZR 26/86, NJW 1987, 2435, 2436; v. 10.07.1998, V ZR 360/96, NJW 1998, 3268, 3269; Erman/*Hager*, § 286 Rn. 24; Bamberger/Roth/*Unberath*, § 286 Rn. 15.
20 *Ernst*, AcP 199 (1999), 485, 491; Bamberger/Roth/*Unberath*, § 286 Rn. 13.
21 BGH v. 17.04.1991, VIII ZR 12/90, MDR 1991, 1039; Palandt/*Grüneberg*, BGB § 286 Rn. 14.
22 *Emmerich*, § 16 Rn. 710.
23 BGH v. 07.05.1982, V ZR 90/81, NJW 1982, 2242; v. 05.11.1991, VI ZR 145/91, NJW 1992, 556; v. 23.05.2003, V ZR 190/02, NJW-RR 2003, 1318; Bamberger/Roth/*Unberath*, § 286 Rn. 13. Anders noch RG v. 14.12.1929, I 214/29, RGZ 126, 280, 285.
24 BGH v. 21.03.1974, VII ZR 139/71, NJW 1974, 1080.
25 OLG Rostock v. 11.05.1995, 1 U 350/94, NJW 1995, 3127; Bamberger/Roth/*Unberath*, § 286 Rn. 17.
26 BGH v. 09.06.1982, IVa ZR 9/81, NJW 1982, 2238; BAG v. 12.09.1985, 2 AZR 324/84, NJW 1986, 1832; Bamberger/Roth/*Unberath*, § 286 Rn. 20; Palandt/*Grüneberg*, BGB § 286 Rn. 12.
27 Palandt/*Grüneberg*, BGB § 286 Rn. 12.
28 Bamberger/Roth/*Unberath*, § 286 Rn. 20.
29 Palandt/*Grüneberg*, BGB § 286 Rn. 12.

D. Mahnung

9 Gemäß § 286 Abs. 1 BGB setzt der Verzug neben dem Vorliegen einer fälligen und einredefreien Forderung eine Mahnung voraus. Unter einer Mahnung versteht man die an den Schuldner gerichtete Aufforderung des Gläubigers, die geschuldete Leistung zu erbringen.[30] Sie bedarf keiner besonderen Form[31] und kann deshalb auch konkludent erfolgen.[32] Wird in einer Rechnung gegenüber einem Verbraucher ein Zahlungstermin ohne Hinweis auf einen Verzugseintritt oder ähnliche Zusätze genannt, so ist dies nur als Angebot zu einer Stundung oder zu einem *pactum de non petendo* zu interpretieren (vgl. bereits § 281 BGB Rdn. 15 ff. zur Fristsetzung).[33]

10 Die Mahnung ist eine rechtsgeschäftsähnliche Willensäußerung, auf welche die Vorschriften über Rechtsgeschäfte analog anwendbar sind.[34] Der Verzug tritt daher erst mit Zugang der Mahnung beim Schuldner ein, soweit die weiteren Voraussetzungen des § 286 BGB vorliegen.[35] Eine Anfechtung wegen Irrtums über die Rechtsfolgen einer Mahnung kommt nicht in Betracht, weil der Schuldnerverzug als Rechtsfolge kraft Gesetzes eintritt.[36] Auch ein einseitiger Widerruf ist ausgeschlossen.[37] Möglich bleibt indes der Abschluss eines Erlassvertrages, um die bereits eingetretenen Rechtsfolgen der Mahnung wieder zu beseitigen.[38]

I. Zeitpunkt der Mahnung

11 Die vor der Fälligkeit der Forderung ausgesprochene Mahnung ist wirkungslos.[39] Ausnahmen davon werden jedoch bei Sukzessivlieferungsverträgen gemacht: Bei diesen ist es dem Gläubiger – unter der Voraussetzung, dass spätere Mahnungen als zwecklose Wiederholungen erscheinen müssten – erlaubt, nach dem Ausbleiben einer Rate bei deren Fälligkeit die Mahnung auch auf die noch nicht fälligen, späteren Raten zu erstrecken.[40] Entsprechend der Rechtslage bei der Fristsetzung nach § 281 BGB (vgl. § 281 BGB Rdn. 14) ist es stets zulässig, die Mahnung mit der zur Fälligkeit führenden Handlung, typischerweise der Rechnungserstellung, zu verbinden.[41] Weil es sich dabei aber um einen Ausnahmefall handelt, ist der verzugsbegründende Charakter deutlich zum Ausdruck zu bringen.[42]

II. Inhalt der Aufforderung zur Erbringung der geschuldeten Leistung

12 Inhaltlich sind an die Mahnung dieselben Anforderungen wie an die Fristsetzung gem. § 281 Abs. 1 BGB zu stellen: Die Aufforderung an den Schuldner zur Erbringung der geschuldeten Leistung muss bestimmt und eindeutig sein (vgl. bereits § 281 BGB Rdn. 15 ff.).[43] Dabei ist eine Fristsetzung für die Leistung nicht nötig.[44] Setzt der Gläubiger in der Mahnung indes dem

---

30 Bamberger/Roth/*Unberath*, § 286 Rn. 22.
31 Bamberger/Roth/*Unberath*, § 286 Rn. 22.
32 BGH v. 10.03.1998, X ZR 70/96, NJW 1998, 2132; OLG Düsseldorf v. 29.11.1996, 22 U 116/96, NJW-RR 1998, 1749; Bamberger/Roth/*Unberath*, § 286 Rn. 26.
33 BGH v. 25.10.2007, III ZR 91/07, NJW 2008, 50.
34 BGH v. 17.04.1967, II ZR 228/64, NJW 1967, 1800; v. 17.09.1986, IVb ZR 59/85, NJW 1987, 1547; Bamberger/Roth/*Unberath*, § 286 Rn. 22; Erman/*Hager*, § 286 Rn. 30.
35 MüKo-BGB/*Ernst*, § 286 Rn. 46.
36 Bamberger/Roth/*Unberath*, § 286 Rn. 22; MüKo-BGB/*Ernst*, § 286 Rn. 46.
37 *Emmerich*, § 16 Rn. 25.
38 BGH v. 22.03.1995, XII ZR 20/94, NJW 1995, 2032.
39 BGH v. 29.04.1992, XII ZR 105/91, NJW 1992, 1956; Bamberger/Roth/*Unberath*, § 286 Rn. 24.
40 RG v. 11.11.1919, II 135/19, RGZ 97, 133, 136 f.; *Emmerich*, § 16 Rn. 21.
41 BGH v. 12.07.2006, X ZR 157/05, NJW 2006, 3271; v. 25.10.2007, III ZR 91/07, NJW 2008, 50, 51; Bamberger/Roth/*Unberath*, § 286 Rn. 24.
42 BGH v. 25.10.2007, III ZR 91/07, NJW 2008, 50, 51.
43 Bamberger/Roth/*Unberath*, § 286 Rn. 25.
44 Bamberger/Roth/*Unberath*, § 286 Rn. 25; MüKo-BGB/*Ernst*, § 286 Rn. 48.

Schuldner eine Frist zur Bewirkung der Leistung, so wird dies in der Regel zugleich eine Stundung der Leistung bis zum Ende der Frist bedeuten, so dass der Schuldnerverzug erst nach erfolglosem Ablauf der Frist eintreten kann.[45] Auch ist nicht erforderlich, dass der Gläubiger auf die Rechtsfolgen eines Verzugs hinweist.[46] Für den Schuldner muss indes unzweideutig erkennbar sein, dass der Gläubiger die geschuldete Leistung verlangt,[47] weshalb eine bedingte Mahnung[48] oder eine vorsorgliche Geltendmachung ebenso wie die Aufforderung an den Schuldner, sich über seine Leistungsbereitschaft zu erklären,[49] nicht genügen, um den Schuldner in Verzug zu setzen.[50]

Eine wirksame Mahnung liegt daher in folgenden Fällen vor: In einem Schreiben des Gläubigers wird der Verzugseintritt festgestellt;[51] Übersendung eines Antrages auf Gewährung von Prozesskostenhilfe[52] oder wiederholte Übersendung einer Leistungsaufforderung.[53] Keine Mahnung stellt hingegen die erstmalige Zusendung einer Leistungsaufforderung dar.[54] Gleiches gilt für einen Hinweis über den gewünschten Leistungszeitpunkt (»lieferbar binnen einer Woche«). Solche Vermerke sind wegen dem Zweck der Mahnung, den Schuldner zu schützen,[55] lediglich als eingeräumtes Leistungsziel aufzufassen.[56] Aufgrund des § 286 Abs. 3 BGB stellt die Zusendung einer Rechnung ohne ausdrückliche Zahlungsaufforderung ebenso wenig eine Mahnung dar.[57] 13

Im Falle einer Zuvielforderung gilt das zur Fristsetzung nach § 281 BGB Gesagte (vgl. § 281 BGB Rdn. 18) für die Mahnung entsprechend. Fordert der Gläubiger hingegen eine zu geringe Leistung, so tritt Verzug nur hinsichtlich des angemahnten Teils der Leistung, nicht jedoch hinsichtlich der restlichen Schuld, ein.[58] 14

III. Mitwirkung des Gläubigers

Muss der Gläubiger bei der Vornahme der Leistung des Schuldners mitwirken, so löst die Mahnung den Eintritt des Schuldnerverzugs nur aus, wenn der Gläubiger zugleich die erforderliche Mitwirkungshandlung anbietet.[59] Tut der Gläubiger dies nicht, so hat er – und nicht der Schuldner – die Verzögerung der Leistung analog §§ 286 Abs. 4, 326 Abs. 2 BGB zu vertreten.[60] 15

IV. Leistungsklage, Mahnbescheid

Gem. § 286 Abs. 1 S. 2 BGB steht der Mahnung die Erhebung der Leistungsklage bzw. die Zustellung eines Mahnbescheids gleich, wobei der Verzug nach allgemeinen Grundsätzen erst mit 16

---

45 *Emmerich*, § 16 Rn. 18.
46 BGH v. 10.03.1998, X ZR 70/96, NJW 1998, 2132, 2133; Erman/*Hager*, § 286 Rn. 32.
47 BGH v. 10.03.1998, X ZR 70/96, NJW 1998, 2132, 2133; Bamberger/Roth/*Unberath*, § 286 Rn. 25.
48 Erman/*Hager*, § 286 Rn. 35 m.w.N.
49 OLG Düsseldorf v. 29.11.1996, 22 U 116/96, NJW-RR 1998, 1749; OLG Brandenburg v. 25.02.2003, 10 UF 82/02, NJW-RR 2003, 1515; Bamberger/Roth/*Unberath*, § 286 Rn. 25.
50 RG v. 01.02.1911, I 574/09, RGZ 75, 333, 335; BAG v. 26.06.1986, AZR 266/84, DB 1986, 2684; Bamberger/Roth/*Unberath*, § 286 Rn. 25.
51 BGH v. 06.05.1981, IVa ZR 170/80, NJW 1981, 1729; Bamberger/Roth/*Unberath*, § 286 Rn. 26.
52 BGH v. 26.01.1983, IVb ZR 351/81, NJW 1983, 2318, 2320; Bamberger/Roth/*Unberath*, § 286 Rn. 26.
53 Bamberger/Roth/*Unberath*, § 286 Rn. 26.
54 RG v. 07.10.1929, (VII) VI 202/27, RGZ 118, 346, 354; Bamberger/Roth/*Unberath*, § 286 Rn. 26.
55 Bamberger/Roth/*Unberath*, § 286 Rn. 1; *Canaris*, ZIP 2003, 321, 322 f.; *Grigoleit/Riehm*, AcP 203 (2003), 727, 744 ff.
56 Bamberger/Roth/*Unberath*, § 286 Rn. 26. A.A. *Wilhelm*, ZIP 1987, 1497.
57 BGH v. 25.10.2007, III ZR 91/07, NJW 2008, 50; Bamberger/Roth/*Unberath*, § 286 Rn. 26.
58 BGH v. 26.05.1982, IVb ZR 715/80, NJW 1982, 1983, 1985; Bamberger/Roth/*Unberath*, § 286 Rn. 27.
59 BGH v. 23.01.1996, X ZR 105/93, NJW 1996, 1745; v. 10.03.1998, X ZR 70/96, NJW 1998, 2132; v. 22.05.2003, VII ZR 469/01, NJW-RR 2003, 1238, 1239.
60 *Emmerich*, § 16 Rn. 26.

der Zustellung eintritt. Wegen des Normzwecks sind hingegen die Feststellungsklage, die Klage auf künftige Leistung nach §§ 257 ff. ZPO oder die Anmeldung der Forderung im Insolvenzverfahren nicht ausreichend.[61]

E. Entbehrlichkeit der Mahnung, § 286 Abs. 2 BGB

I. Leistungszeit nach Kalender bestimmt, § 286 Abs. 2 Nr. 1 BGB

17 Gem. § 286 Abs. 2 Nr. 1 BGB kommt der Schuldner auch ohne Mahnung in Verzug, wenn die Leistungszeit nach dem Kalender bestimmt ist. Die Leistungszeit kann durch Gesetz, Urteil oder Rechtsgeschäft bestimmt werden.[62] In letzterem Fall ist indes eine vertragliche Vereinbarung erforderlich, sodass eine einseitige Leistungszeitbestimmung durch den Gläubiger nicht genügt.[63] Ist der Vertrag genehmigungsbedürftig, so ist dies unschädlich, solange die Genehmigung vor dem Leistungszeitpunkt erteilt wird.[64] Eine solche Bestimmung der Leistungszeit ist nur dann gegeben, wenn ein bestimmter Kalendertag unmittelbar (z.B. »Lieferung am 10. Mai«) oder mittelbar (z.B. »Lieferung am 10. Tag von heute ab«) festgelegt ist.[65] Ausreichend sind somit die Bestimmungen »im August«;[66] »noch im Laufe des April« (Verzug ab 1. Mai);[67] »Mitte des Monats« (Verzug ab dem 16.);[68] »1. Dekade des Monats« (Verzug ab dem 11.);[69] »8. Kalenderwoche« (Verzug ab Beginn der 9. Kalenderwoche);[70] »bis Ende 2008« (Verzug ab 1. Januar 2009);[71] »Bauzeit von acht Monaten, beginnend am ...«;[72] »drei Wochen nach Ostern«.[73]

II. Vorausgehendes Ereignis, § 286 Abs. 2 Nr. 2 BGB

18 Eine Mahnung ist gem. § 286 Abs. 2 Nr. 2 BGB auch dann entbehrlich, wenn der Leistung ein Ereignis vorauszugehen hat und eine angemessene Zeit für die Leistung in der Weise bestimmt ist, dass sie sich von dem Ereignis an nach dem Kalender berechnen lässt. An das Ereignis werden zwar vom Gesetz keine besonderen Anforderungen gestellt. Zu fordern ist aber, dass das Ereignis der Lebenswirklichkeit angehört, weshalb an reine Rechtsbegriffe, wie z.B. die Fälligkeit, nicht angeknüpft werden kann.[74] Bei dem vorausgehenden Ereignis kann es sich einerseits um einen bestimmten künftigen Umstand handeln, wie beispielsweise den Zeitpunkt der Gegenleistung, die Vertragsbeurkundung oder den Baubeginn.[75] Andererseits kommt aber auch ein dem Leistungsgegenstand fernstehender Umstand in Betracht. Beispiele hierfür stellen die Verabschiedung eines Gesetzes oder ein Naturereignis dar.[76]

19 Gem. § 286 Abs. 2 Nr. 2 BGB muss sich die Frist von dem Ereignis an nach dem Kalender berechnen lassen. Dies ist bei folgenden Vertragsklauseln der Fall: »Zahlung zehn Tage ab Zugang

---

61 Bamberger/Roth/*Unberath*, § 286 Rn. 29; Erman/*Hager*, § 286 Rn. 37.
62 Bamberger/Roth/*Unberath*, § 286 Rn. 30; Palandt/*Grüneberg*, BGB § 286 Rn. 22.
63 BGH v. 25.10.2007, III ZR 91/07, NJW 2008, 50.
64 BGH v. 25.10.2000, VIII ZR 326/99, NJW 2001, 365; Bamberger/Roth/*Unberath*, § 286 Rn. 30; Palandt/*Grüneberg*, BGB § 286 Rn. 22.
65 Bamberger/Roth/*Unberath*, § 286 Rn. 30; MüKo-BGB/*Ernst*, § 286 Rn. 56; Palandt/*Grüneberg*, BGB § 286 Rn. 22.
66 BGH v. 13.01.1999, XII ZR 208/96, NJW-RR 1999, 593, 595.
67 BGH v. 10.02.1982, VIII ZR 27/81, NJW 1982, 1279.
68 BAG v. 05.03.1981, 3 AZR 316/78, WM 1982, 245, 246.
69 BGH v. 19.09.1983, VIII ZR 84/82, NJW 1984, 48, 49.
70 BGH v. 18.04.1996, X ZR 93/94, WM 1996, 1598, 1599.
71 Palandt/*Grüneberg*, BGB § 286 Rn. 22.
72 BGH v. 13.12.2001, VII ZR 432/00, NJW 2002, 1274.
73 MüKo-BGB/*Ernst*, § 286 Rn. 30.
74 Palandt/*Grüneberg*, BGB § 286 Rn. 23; MüKo-BGB/*Ernst*, § 286 Rn. 58.
75 Bamberger/Roth/*Unberath*, § 286 Rn. 34.
76 Bamberger/Roth/*Unberath*, § 286 Rn. 34.

der Rechnung«,[77] »Bezugsfertigkeit ein Jahr nach Baubeginn«,[78] »Fertigstellung binnen 160 Arbeitstagen«[79] oder »binnen acht Wochen ab Beurkundung des Vertrages«.[80] Nicht ausreichend ist dagegen eine Bestimmung, nach der »sofort« nach Lieferung gezahlt werden muss, da in diesem Fall keine angemessene Frist nach dem Kalender gesetzt wird.[81] Die Angemessenheit der Frist ergibt sich vor allem aus den Vorbereitungen, die zur Herstellung der Leistungsbereitschaft erforderlich sind. Dabei ist allerdings zu bedenken, dass der Schuldner sich u.U. schon vor dem Eintreten des Ereignisses auf den Eintritt der Leistungspflicht einstellen kann.[82] Ist die Frist zu kurz bemessen, so gilt eine angemessene Frist.[83]

III. Erfüllungsverweigerung, § 286 Abs. 2 Nr. 3 BGB

Wenn der Schuldner die Leistung ernsthaft und endgültig verweigert, ist eine Mahnung zwecklos.[84] In diesem Fall ist daher eine Mahnung nach § 286 Abs. 2 Nr. 3 BGB entbehrlich. An das Vorliegen einer Erfüllungsverweigerung sind strenge Anforderungen zu stellen.[85] Jedoch muss sich die Endgültigkeit der Erfüllungsverweigerung lediglich auf die hinreichende Sicherheit beziehen, dass der Schuldner nicht rechtzeitig leisten wird, weshalb auch der Fall der angekündigten Leistungsverspätung darunter zu fassen ist. Im Ergebnis ist § 286 Abs. 2 Nr. 3 BGB daher weiter auszulegen als §§ 281 Abs. 2 Alt. 1, 323 Abs. 2 Nr. 1 BGB.[86] Zu Einzelheiten bezüglich der Erfüllungsverweigerung vgl. § 281 BGB Rdn. 25 ff.

20

IV. Besondere Gründe, § 286 Abs. 2 Nr. 4 BGB

Die Generalklausel des § 286 Abs. 2 Nr. 4 BGB überwindet als Ausformung des Gedankens von Treu und Glauben das Mahnungserfordernis in Fällen, in denen unter Abwägung der beiderseitigen Interessen der sofortige Verzugseintritt gerechtfertigt ist.[87] Vgl. dazu ausf. § 281 BGB Rdn. 33.

21

F. Verzug bei Entgeltforderungen, § 286 Abs. 3 BGB

Gemäß § 286 Abs. 3 BGB kommt der Schuldner einer Entgeltforderung spätestens 30 Tage nach Fälligkeit und Zugang einer Rechnung oder gleichwertigen Zahlungsaufforderung automatisch in Verzug, sofern die allgemeinen Verzugsvoraussetzungen vorliegen. Das gilt auch dann, wenn die Fälligkeit der Forderung erst durch die Rechnung begründet wird,[88] wie dies beispielsweise bei § 8 HOAI der Fall ist.[89] Für den Fristbeginn ist § 187 BGB maßgebend; zur Berechnung des Fristendes können die §§ 188, 193 BGB analog angewandt werden.[90] Bei § 286 Abs. 3 BGB handelt es sich nicht um eine abschließende Sonderregelung, sondern um eine die Verzugsbegrün-

22

---

77 Bamberger/Roth/*Unberath*, § 286 Rn. 34.
78 Bamberger/Roth/*Unberath*, § 286 Rn. 34.
79 BGH v. 20.05.1985, VII ZR 324/83, NJW 1986, 2050.
80 BGH v. 25.10.2000, VIII ZR 326/99, NJW 2001, 365.
81 Jauernig/*Stadler*, § 286 Rn. 28; MüKo-BGB/*Ernst*, § 286 Rn. 62; *Heinrichs*, BB 2001, 157 f. A.A. *Huber*, JZ 2000, 957, 961; *Gsell*, ZIP 2000, 1861, 1868.
82 MüKo-BGB/*Ernst*, § 286 Rn. 60.
83 Bamberger/Roth/*Unberath*, § 286 Rn. 34. A.A. MüKo-BGB/*Ernst*, § 286 Rn. 61.
84 Jauernig/*Stadler*, § 286 Rn. 29.
85 Bamberger/Roth/*Unberath*, § 286 Rn. 36.
86 PWW/*Schmidt-Kessel*, § 286 Rn. 19.
87 Bamberger/Roth/*Unberath*, § 286 Rn. 37; PWW/*Schmidt-Kessel*, § 286 Rn. 22.
88 BGH v. 25.10.2007, III ZR 91/07, NJW 2008, 50, 51. Vgl. auch BGH v. 12.07.2006, X ZR 157/05, NJW 2006, 3271.
89 Bamberger/Roth/*Unberath*, § 286 Rn. 38; Jauernig/*Stadler*, § 286 Rn. 33.
90 BGH v. 01.02.2007, III ZR 159/06, NJW 2007, 1581, 1583 f.; PWW/*Schmidt-Kessel*, § 286 Rn. 20; Jauernig/*Stadler*, § 286 Rn. 34.

dung erweiternde Vorschrift.[91] Deshalb kommt der Schuldner einer Entgeltforderung auch dann in Verzug, wenn die Voraussetzungen des § 286 Abs. 2 BGB vorliegen.

23 Bei der Entgeltforderung im Sinne des § 286 Abs. 3 S. 1 BGB muss es sich um eine Geldforderung handeln, die im Gegenseitigkeitsverhältnis zur Leistung des Gläubigers steht.[92] Unter § 286 Abs. 3 S. 1 BGB fallen damit nur Forderungen, die auf Zahlung eines Entgelts für die Lieferung von Gütern oder die Erbringung von Dienstleistungen gerichtet sind,[93] insbesondere also die Werklohnforderung des Unternehmers.[94]

24 Unter einer Rechnung im Sinne des § 286 Abs. 3 S. 1 BGB versteht man eine gegliederte und nachprüfbare Aufstellung über die vom Schuldner geschuldete Gegenleistung für die Lieferung von Waren oder die Erbringung von Dienstleistungen.[95] Inhaltlich gelten für die Rechnung die gleichen Anforderungen wie für die Mahnung[96] (zur Mahnung vgl. Rdn. 12 ff.). Zwar bedarf die Rechnung nicht der Schriftform, indes erfordert der Zweck sowie der Begriff der Rechnung, dass diese dem Schuldner in Form eines Schriftstücks (z.B. Telefax, E-Mail) zugehen muss.[97] Entsprechendes gilt auch für die gleichwertige Zahlungsaufstellung. Durch sie wird lediglich klargestellt, dass der Schuldner auch dann in Verzug gerät, wenn die Mitteilung an diesen zwar die erforderlichen Angaben enthält, nicht jedoch förmlich als »Rechnung« bezeichnet wird.[98]

25 Handelt es sich bei dem Schuldner um einen Verbraucher, so tritt Verzug nach § 286 Abs. 3 BGB nur dann ein, wenn in der Rechnung oder Zahlungsaufstellung ausdrücklich auf die Rechtsfolge des automatischen Verzugseintritts nach Ablauf der Frist von 30 Tagen hingewiesen wurde. Ein Hinweis in den Allgemeinen Geschäftsbedingungen des Unternehmers oder in anderen Schreiben genügt insofern nicht, da § 286 Abs. 3 BGB als Schuldnerschutzvorschrift restriktiv ausgelegt werden muss.[99]

26 Ist der Zeitpunkt des Zugangs der Rechnung oder Zahlungsaufstellung unsicher, so kommt der Schuldner – wenn er nicht Verbraucher im Sinne des § 13 BGB ist – nach § 286 Abs. 3 S. 2 BGB spätestens 30 Tage nach Fälligkeit und Empfang der Gegenleistung in Verzug. Nach seinem eindeutigen Wortlaut findet die Vorschrift jedoch dann keine Anwendung, wenn Uneinigkeit darüber besteht, ob die Rechnung oder Zahlungsaufstellung überhaupt zugegangen ist.[100] In diesem Fall kann der Gläubiger den Verzugseintritt lediglich durch Mahnung begründen.

G. Vertretenmüssen, § 286 Abs. 4 BGB

27 § 286 Abs. 4 BGB entspricht zwar im Kern der Regel des § 280 Abs. 1 S. 2 BGB. Zum einen wird die Norm aber benötigt, um die Verschuldensabhängigkeit der übrigen Verzugsfolgen (§§ 287–292 BGB) zu begründen, zum anderen wird durch sie der zeitliche Anknüpfungspunkt des Verschuldens erweitert: Spätestens ab dem Zeitpunkt der übrigen Verzugsvoraussetzungen haftet der Schuldner bereits als Folge von § 287 BGB unabhängig davon, ob er ein später eintre-

---

91 Bamberger/Roth/*Unberath*, § 286 Rn. 38; MüKo-BGB/*Ernst*, § 286 Rn. 70. Die Vorschrift geht auf Art. 3 Abs. 1 lit. b der Richtlinie 2000/35/EG des Europäischen Parlaments und des Rates vom 29. Juni 2000 zur Bekämpfung von Zahlungsverzug im Geschäftsverkehr, ABl. 2000 Nr. L 200/35, zurück. Diese Richtlinie wurde durch die Richtlinie 2011/7/EU des Europäischen Parlaments und des Rates vom 16. Februar 2011 zur Bekämpfung von Zahlungsverzug im Geschäftsverkehr, ABl. 2011 Nr. L 48/1, abgelöst, welche die maßgebliche Regelung übernommen hat.
92 MüKo-BGB/*Ernst*, § 286 Rn. 75.
93 OLG Celle v. 09.11.2006, 13 U 120/06, NJW-RR 2007, 393; Palandt/*Grüneberg*, BGB § 286 Rn. 27.
94 Bamberger/Roth/*Unberath*, § 286 Rn. 39. Vgl. im Einzelnen BGH v. 21.04.2010, XII ZR 10/08 Rn. 22 ff.
95 *Emmerich*, § 16 Rn. 51.
96 Bamberger/Roth/*Unberath*, § 286 Rn. 42.
97 Bamberger/Roth/*Unberath*, § 286 Rn. 43; MüKo-BGB/*Ernst*, § 286 Rn. 82.
98 MüKo-BGB/*Ernst*, § 286 Rn. 82.
99 *Emmerich*, § 16 Rn. 52.
100 MüKo-BGB/*Ernst*, § 286 Rn. 89. A.A. BT-Drucks. 14/7052, 187.

tendes Leistungshindernis zu vertreten hat.[101] Darüber hinausgehend können Umstände, die erst nach Eintritt der Fälligkeit entstanden sind, die Verhinderung der Leistung nicht mehr entschuldigen, wenn der Schuldner sich hinsichtlich seiner Nichtleistung bei Fälligkeit nicht entlasten kann.[102] § 286 Abs. 4 BGB schafft insoweit einen zusätzlichen Anknüpfungspunkt des Verschuldensvorwurfs: Wenn der Schuldner die Verzögerung der Leistung bzw. die Nichtleistung bei Fälligkeit nicht zu vertreten hat, so haftet er gleichwohl für den Verzögerungsschaden, wenn er den fruchtlosen Ablauf der vom Gläubiger gesetzten Frist zu vertreten hat. Insoweit bezieht sich das Verschulden des § 286 Abs. 4 BGB auf die Nichtleistung bei Vorliegen sämtlicher Verzugsvoraussetzungen, d.h. insbesondere auf die Nichtleistung bei Fristablauf.[103] Was der Schuldner zu vertreten hat, ergibt sich aus §§ 276–278 BGB.

Der Logik des § 280 Abs. 1 S. 2 BGB folgend, trägt der Schuldner auch im Hinblick auf das Vertretenmüssen der Verzögerung die Beweislast. Entlasten kann er sich nur dann, wenn die Leistung aus allgemeinen oder in seiner Person oder der des Gläubigers liegenden Gründen nicht zum vorgesehenen Leistungstermin erbracht werden kann. An die Sorgfalt bezüglich der Rechtzeitigkeit der Leistungserbringung sind hohe Anforderungen zu stellen.[104] Insbesondere der Rechtsirrtum, zur Leistung nicht verpflichtet zu sein, entlastet den Schuldner nur, wenn er entschuldbar ist. Dazu muss die Rechtslage objektiv zweifelhaft[105] sein, und der Schuldner muss sie sorgfältig, ggf. unter Einholung fachkundigen Rats, prüfen.[106] 28

Ein allgemeines Leistungshindernis, das der Schuldner nicht zu vertreten hat, stellen beispielsweise ein befristetes Neubauverbot[107] oder eine nicht vorhersehbare Verzögerung bei der Erteilung einer erforderlichen behördlichen Genehmigung dar.[108] Unter persönlichen Gründen, die den Eintritt des Verzugs ausschließen, ist insbesondere eine schwere Erkrankung des Schuldners zu verstehen, sofern dieser in seiner Person zu leisten hat.[109] Werden die Grundlagen eines Bauzeitplans geändert, ohne dass den Auftragnehmer daran ein Verschulden trifft, so tritt ebenfalls kein Verzug ein.[110] 29

Nicht vom Schuldner ist eine Verzögerung zu vertreten, wenn der Gläubiger die Ursache für die Verzögerung gesetzt hat, indem er etwa den Wohnsitz oder die Bankverbindung ändert, ohne den Schuldner davon in Kenntnis zu setzen. 30

Zu berücksichtigen ist schließlich, dass von keinem Schuldner »zeitlose Sprünge« erwartet werden können. Tatsächlich erschiene es wegen der Zulässigkeit der Verbindung von fälligkeitsbegründender Rechnungstellung und Mahnung (vgl. Rdn. 9 ff., 24) möglich, dass der Geldschuldner unmittelbar in Verzug käme. Der deutsche Gesetzgeber hatte diesem Problem mit dem Gesetz zur Beschleunigung fälliger Zahlungen Rechnung tragen wollen, indem er dem Schuldner unter allen Umständen eine 30tägige Prüfungs- und damit auch Zahlungsfrist ab Rechnungserhalt einräumte.[111] In dieser Form verstieß die Vorschrift allerdings gegen die Zahlungsverzugsrichtlinie[112] und wurde im Rahmen der Schuldrechtsmodernisierung deshalb zu Recht aufgehoben. Dem berechtigten Anliegen ist nunmehr im Rahmen des § 286 Abs. 4 BGB Rechnung zu tragen: 31

---

101 BGH v. 06.12.1995, XII ZR 228/93, NJW-RR 1996, 460.
102 BGH v. 07.03.1989, X ZR 61/87; MüKo-BGB/*Ernst*, § 286 Rn. 104.
103 Bamberger/Roth/*Unberath*, § 286 Rn. 51; MüKo-BGB/*Ernst* § 286 Rn. 103.
104 *Emmerich*, § 16 Rn. 62.
105 Insbesondere, wenn sich bei schwierigen Rechtsfragen noch keine einheitliche Rechtsprechung ausgebildet hat, Vgl. nur BGH v. 19.09.1984, IVa ZR 67/83, VersR 1984, 1137 Rn. 24.
106 Erman/*Hager*, § 286 Rn. 65 m.w.N.
107 BGH v. 09.07.1955, VI ZR 108/54, LM § 275 Nr. 7.
108 Bamberger/Roth/*Unberath*, § 286 Rn. 55; Erman/*Hager*, § 286 Rn. 61.
109 MüKo-BGB/*Ernst*, § 286 Rn. 106.
110 BGH v. 14.01.1999, VII ZR 73/98, NJW 1999, 1108, 1109; Bamberger/Roth/*Unberath*, § 286 Rn. 55.
111 Zur Motivation des § 284 Abs. 3 BGB 2000 vgl. *Pick*, ZfIR 2000, 333.
112 Vgl. dazu *Glöckner*, BauR 2001, 535, 537 ff.

Ist die Mahnung unmittelbar mit der Erklärung verbunden, welche die Fälligkeit herbeiführt, so muss dem Schuldner eine angemessene Frist zugebilligt werden, die Leistung zu erbringen. Dazu gehört bei Geldforderungen auch der erforderliche Zeitraum für die Prüfung der Rechnung.[113]

H. Rechtsfolgen

I. Schadensersatz neben der Leistung nach §§ 280 Abs. 1, Abs. 2 und 286 BGB

32 Kommt der Schuldner in Verzug, so hat der Gläubiger gemäß §§ 280 Abs. 1, Abs. 2 und 286 BGB einen Anspruch auf Ersatz seines Verzögerungsschadens. Zu Details dieses Schadens vgl. § 280 BGB Rdn. 74 ff.

33 Der Schuldner haftet während des Verzugs auch für zufällige Verschlechterungen (vgl. dazu §§ 287 ff. BGB Rdn. 3 ff.) und muss im Falle von Geldschulden Verzugszinsen bezahlen (§§ 287 ff. BGB Rdn. 7 ff.).

I. Dauer des Verzugs

34 Der Verzug nach § 286 Abs. 1 BGB beginnt mit Zugang der Mahnung. Liegen die Voraussetzungen des § 286 Abs. 2 Nr. 1 oder 2 BGB vor, so tritt Verzug mit Ablauf des Tages ein, an dem die Leistung zu erbringen war. Der Verzug nach § 286 Abs. 3 BGB beginnt spätestens mit Ablauf der 30-Tages-Frist.

35 Entfällt eine Voraussetzung des Verzugs, so endet dieser für die Zukunft. Das ist insbesondere dann der Fall, wenn der Schuldner die geschuldete Leistung nachträglich erbringt.[114] Um den Verzug zu beenden, genügt es, die ursprünglich geschuldete Leistung zu erbringen; der dem Gläubiger bereits entstandene, doch dem Schuldner kaum je bekannte Verzögerungsschaden muss nicht zugleich behoben werden.[115] Freilich kann die Nichterfüllung des Anspruchs auf Ersatz des Verzögerungsschadens ihrerseits verzugsbegründend wirken. Das Zinseszinsverbot erfasst gem. § 289 S. 2 BGB den Anspruch auf Ersatz des Verzögerungsschadens nicht. Es bedarf allerdings auch hinsichtlich des Verzögerungsschadens einer Mahnung. Auch der Annahmeverzug beendet den Schuldnerverzug.[116]

J. Beweislast

36 Der Gläubiger hat das Vorliegen der Tatbestandsmerkmale des § 286 BGB zu beweisen, während der Schuldner die Beweislast dafür trägt, dass er die Leistung rechtzeitig erbracht hat bzw. dass der Gläubiger eine ihn treffende Mitwirkungsobliegenheit nicht erbracht hat.[117] Ebenso muss er die Beendigung des Verzugs[118] sowie das Vorliegen der Entschuldigungsgründe des § 286 Abs. 4 BGB[119] darlegen und beweisen.

§ 287 Verantwortlichkeit während des Verzugs[1]

Der Schuldner hat während des Verzugs jede Fahrlässigkeit zu vertreten. Er haftet wegen der Leistung auch für Zufall, es sei denn, dass der Schaden auch bei rechtzeitiger Leistung eingetreten sein würde.

Kommentierung siehe nach § 292.

---

113 Erman/*Hager*, § 286 Rn. 69.
114 Bamberger/Roth/*Unberath*, § 286 Rn. 62.
115 Bamberger/Roth/*Unberath*, § 286 Rn. 62; *Emmerich*, § 17 Rn. 76.
116 BGH v. 03.04.2007, X ZR 104/04, BauR 2007, 1410 Rn. 7.
117 BGH v. 29.01.1969, IV ZR 545/68, NJW 1969, 875 f.; Bamberger/Roth/*Unberath*, § 286 Rn. 82 f.
118 BGH v. 29.01.1969, IV ZR 545/68, NJW 1969, 875 f.
119 Bamberger/Roth/*Unberath*, § 286 Rn. 83.
 1 Neugefasst durch Bek. v. 02.01.2002 I 42.

§ 288 Verzugszinsen[2]

(1) Eine Geldschuld ist während des Verzugs zu verzinsen. Der Verzugszinssatz beträgt für das Jahr fünf Prozentpunkte über dem Basiszinssatz.

(2) Bei Rechtsgeschäften, an denen ein Verbraucher nicht beteiligt ist, beträgt der Zinssatz für Entgeltforderungen acht Prozentpunkte über dem Basiszinssatz.

(3) Der Gläubiger kann aus einem anderen Rechtsgrund höhere Zinsen verlangen.

(4) Die Geltendmachung eines weiteren Schadens ist nicht ausgeschlossen.

Kommentierung siehe nach § 292.

§ 289 Zinseszinsverbot[3]

Von Zinsen sind Verzugszinsen nicht zu entrichten. Das Recht des Gläubigers auf Ersatz des durch den Verzug entstehenden Schadens bleibt unberührt.

Kommentierung siehe nach § 292.

§ 290 Verzinsung des Wertersatzes[4]

Ist der Schuldner zum Ersatz des Wertes eines Gegenstands verpflichtet, der während des Verzugs untergegangen ist oder aus einem während des Verzugs eingetretenen Grund nicht herausgegeben werden kann, so kann der Gläubiger Zinsen des zu ersetzenden Betrags von dem Zeitpunkt an verlangen, welcher der Bestimmung des Wertes zugrunde gelegt wird. Das Gleiche gilt, wenn der Schuldner zum Ersatz der Minderung des Wertes eines während des Verzugs verschlechterten Gegenstands verpflichtet ist.

Kommentierung siehe nach § 292.

§ 291 Prozesszinsen[5]

Eine Geldschuld hat der Schuldner von dem Eintritt der Rechtshängigkeit an zu verzinsen, auch wenn er nicht im Verzug ist; wird die Schuld erst später fällig, so ist sie von der Fälligkeit an zu verzinsen. Die Vorschriften des § 288 Abs. 1 Satz 2, Abs. 2, Abs. 3 und des § 289 Satz 1 finden entsprechende Anwendung.

Kommentierung siehe nach § 292.

§ 292 Haftung bei Herausgabepflicht[6]

(1) Hat der Schuldner einen bestimmten Gegenstand herauszugeben, so bestimmt sich von dem Eintritt der Rechtshängigkeit an der Anspruch des Gläubigers auf Schadensersatz wegen Verschlechterung, Untergangs oder einer aus einem anderen Grunde eintretenden Unmöglichkeit der Herausgabe nach den Vorschriften, welche für das Verhältnis zwischen dem Eigentümer und dem Besitzer von dem Eintritt der Rechtshängigkeit des Eigentumsanspruchs an gelten, so-

---

[2] Amtlicher Hinweis: Diese Vorschrift dient zum Teil auch der Umsetzung der Richtlinie 2000/35/EG des Europäischen Parlaments und des Rates vom 29. Juni 2000 zur Bekämpfung von Zahlungsverzug im Geschäftsverkehr (ABl. EG Nr. L 200 S. 35). Neugefasst durch Bek. v. 02.01.2002 I 42.
[3] Neugefasst durch Bek. v. 02.01.2002 I 42.
[4] Neugefasst durch Bek. v. 02.01.2002 I 42.
[5] Neugefasst durch Bek. v. 02.01.2002 I 42.
[6] Neugefasst durch Bek. v. 02.01.2002 I 42.

weit nicht aus dem Schuldverhältnis oder dem Verzug des Schuldners sich zugunsten des Gläubigers ein anderes ergibt.

(2) Das Gleiche gilt von dem Anspruch des Gläubigers auf Herausgabe oder Vergütung von Nutzungen und von dem Anspruch des Schuldners auf Ersatz von Verwendungen.

Schrifttum
Hirsch Zufälliges Unmöglichwerden während des Schuldnerverzugs (§ 287 Satz 2 BGB), Jura 2003, 42.

A. Verzögerungsschaden[7]

1   Gem. § 280 Abs. 2 BGB kann der Gläubiger bei Vorliegen der Voraussetzungen des Schuldnerverzugs gemäß § 286 BGB seinen Verzögerungsschaden liquidieren. Darunter ist jeder Schaden des Gläubigers zu verstehen, der gerade darauf beruht, dass die Leistung nicht rechtzeitig erbracht wurde. Der Anspruch auf Ersatz des Verzögerungsschadens tritt neben den fortbestehenden Erfüllungsanspruch, d.h. eine Vertragsliquidierung findet nicht statt. Ausführlich zum Verzögerungsschaden vgl. § 280 BGB Rdn. 74 ff.

B. Doppelte Haftungsverschärfung, § 287 BGB

I. § 287 S. 1 BGB

2   Gemäß § 287 S. 1 BGB hat der Schuldner während des Verzuges jede Fahrlässigkeit zu vertreten. Da der Schuldner im Regelfall Vorsatz und Fahrlässigkeit zu vertreten hat, vgl. § 276 Abs. 1 S. 1 BGB, hat diese Vorschrift allein für solche Schuldverhältnisse Bedeutung, bei welchen der Verschuldensmaßstab im Vergleich zu § 276 BGB abgemildert ist (vgl. für die Schenkung § 521 BGB, für die Leihe § 599 BGB und für die Verwahrung § 690 BGB). Weiter überlagert wird die Vorschrift durch die Regelung in § 287 S. 2 BGB, wonach der Schuldner wegen der Leistung ohnehin verschuldensunabhängig haftet, so dass die originäre Bedeutung von § 287 S. 1 BGB auf die Verletzung von Nebenpflichten aus Verträgen, die an sich eine gemilderte Haftung vorsehen, beschränkt ist.[8]

II. § 287 S. 2 BGB

3   § 287 S. 2 BGB statuiert demgegenüber eine ungleich bedeutendere Verschärfung der Haftung des Schuldners während des Verzuges: Der Schuldner haftet auch für Zufall, es sei denn, der Schaden wäre auch bei rechtzeitiger Leistung eingetreten. Unter Zufall versteht man dabei ein Ereignis, das weder vom Schuldner noch vom Gläubiger vorsätzlich oder fahrlässig herbeigeführt wird.[9] Die Änderung des Wortlauts der Vorschrift infolge der Schuldrechtsmodernisierung (Haftung »wegen der Leistung«) macht deutlich,[10] dass § 287 S. 2 BGB nicht nur dann anwendbar ist, wenn die Leistung des Schuldners durch Zufall unmöglich wird. Vielmehr greift die Zufallshaftung auch für andere Leistungshindernisse, wie z.B. die Beschädigung des Leistungsgegenstandes ein.[11] Aus dem Wortlaut des § 287 S. 2 BGB (»wegen der Leistung«) folgt aber, dass der Schuldner nur hinsichtlich seiner Leistungspflichten der verschärften Haftung unterliegt, nicht auch wegen möglicher Verletzungen nicht leistungsbezogener Pflichten im Sinne von § 241 Abs. 2 BGB.[12]

---

[7] Für die wertvolle Unterstützung bei der Vorbereitung und Erstellung des Manuskripts danke ich Frau ass.iur. *Grete Langjahr* sowie Herrn cand.iur. *Florian Mader*.
[8] Palandt/*Grüneberg*, BGB § 287 Rn. 2.
[9] Jauernig/*Stadler*, § 287 Rn. 2.
[10] BT-Drucks. 14/6040, 148. Bereits vor der Schuldrechtsmodernisierung war dies allerdings anerkannt, vgl. Palandt/*Heinrichs*, 61. Aufl., 2002, BGB § 287 Rn. 2 m.w.N.
[11] Jauernig/*Stadler*, § 287 Rn. 3.
[12] Jauernig/*Stadler*, § 287 Rn. 3; *Schulze*, in: Schulze/Dörner/Ebert, § 287 Rn. 3.

Durch den Ausschlussgrund des § 287 S. 2, 2. Halbsatz BGB gesteht das Gesetz dem Schuldner 4 eine Berufung auf ein hypothetisches Schadensereignis zu, wofür der Schuldner allerdings die Beweislast trägt.[13] Danach haftet der Schuldner z.B. nicht, wenn das Schiff, mit dem die Sache bei rechtzeitiger Versendung befördert worden wäre, gesunken ist.[14]

Die Bedeutung von § 287 S. 2 BGB ist bei genauerem Hinsehen überaus unklar. Nach allgemeiner Ansicht soll § 287 S. 2 BGB nur in denjenigen Fällen zum Zuge kommen, in denen zwischen 5 dem Verzug des Schuldners und dem Leistungshindernis kein adäquat kausaler Ursachenzusammenhang besteht.[15] Sei das Leistungshindernis dagegen eine adäquat kausale Folge des Verzugs, so hafte der Schuldner dafür bereits nach §§ 280 Abs. 1, 2 i.V.m. 286 BGB, weil sich das Verschulden nicht auf den zum Bereich der haftungsausfüllenden Kausalität gehörenden Kausalzusammenhang zwischen Verzug und Leistungshindernis zu erstrecken habe.[16] So bleibe als hauptsächlicher Anwendungsfall von § 287 S. 2 BGB der vom Arbeitgeber trotz Mahnung nicht gewährte Urlaub, wenn der Urlaubsanspruch durch Zeitablauf erlösche[17] oder wegen des Todes des Arbeitnehmers nicht mehr gewährt werden könne.[18] Diese Einschätzung erscheint aus mehreren Gründen fragwürdig. Zunächst bedarf es nach dieser Deutung der Vorschrift für eines ihrer Lehrbuchbeispiele, den zufälligen Untergang der Stückschuld im Verzug des Schuldners, gar nicht, da insoweit bereits der verschuldete Verzug die Haftung begründen könnte. Weiter ist die Annahme, dass die Norm eine Haftung für nicht kausal verursachte Schäden begründe, ganz inakzeptabel, handelt es sich dabei doch um einen elementaren Grundsatz des Schadensrechts.[19] Schließlich bestätigen die typischen Lehrbuchbeispiele, doch selbst das genannte Beispiel des untergegangenen Urlaubsanspruchs, deutlich, dass es an der adäquaten Kausalität keinesfalls fehlt: Niemals kann die Verzögerung hinweggedacht werden, ohne dass der Erfolg in Gestalt des Leistungshindernisses (der Unmöglichkeit oder der Beschädigung[20]) entfiele: Hätte der Arbeitgeber den Urlaub pünktlich gewährt, so wäre dem Arbeitnehmer kein Schaden in Gestalt des verlorenen Urlaubsanspruchs entstanden.[21]

Als sinnvoller Deutungsansatz erscheint es, in § 287 S. 2 BGB eine Anordnung des Gesetzgebers 6 zu erkennen, die eine Begrenzung des Zurechnungszusammenhangs[22] im Hinblick auf den Schutzzweck ausschließt: Regelungen über den Leistungszeitpunkt sollen den Gläubiger eben nicht nur im Hinblick auf sein Nutzungsinteresse vor Verzögerungsschäden, sondern auch im Hinblick auf das Substanzinteresse vor Verschlechterungen schützen. Der eigentliche Regelungsgehalt der Norm ist im letzten Halbsatz zu erkennen, der ausdrücklich die Berücksichtigung bestimmter Reserveursachen anordnet.

C. Verzugszinsen, § 288 BGB

Handelt es sich bei der Forderung des Gläubigers um eine Geldforderung, so hat der Schuldner 7 während seines Verzuges Verzugszinsen zu entrichten. Forderungen aus Immobiliardarlehensver-

---

13 *Schulze*, in: Schulze/Ebert/Dörner, § 287 Rn. 5; MüKo-BGB/*Ernst*, § 287 Rn. 3, 6.
14 Jauernig/*Stadler*, § 287 Rn. 2.
15 Palandt/*Grüneberg*, BGB § 287 Rn. 3; Jauernig/*Stadler*, § 287 Rn. 2; MüKo-BGB/*Ernst*, § 287 Rn. 3.
16 Palandt/*Grüneberg*, BGB § 287 Rn. 3; Erman/*Hager*, § 287 Rn. 3; Jauernig/*Stadler*, § 287 Rn. 2.
17 Erman/*Hager*, § 287 Rn. 3.
18 Palandt/*Grüneberg*, BGB § 287 Rn. 3.
19 Zutr. Erman/*Hager*, § 287 Rn. 3.
20 Verkürzt erschiene es demgegenüber, die Kausalität in Bezug auf die konkreten Umstände zu prüfen, die zum Leistungshindernis führen (z.B. der Diebstahl oder Brand).
21 Ebenso *Hirsch*, Jura 2003, 42, 46, der aus diesem Grund allerdings für erforderlich hält, das allgemeine Kausalitäterfordernis aufzugeben und durch die weitergehende Frage zu ersetzen, ob Verzug und das nachfolgende Leistungshindernis »Glieder der gleichen Kausalkette« seien.
22 Ähnlich auch *Hirsch*, Jura 2003, 42, 46, der annimmt, dass in den typischen Fällen des § 287 S. 2 BGB das zufällige Ereignis eine eigene Kausalkette darstelle, die an sich den Zurechnungszusammenhang zum Verzug unterbreche.

§§ 287–292 BGB

trägen gem. § 503 Abs. 1 BGB sind gem. § 503 Abs. 2 BGB nur mit zweieinhalb Prozentpunkten über dem Basiszinssatz zu verzinsen. Im übrigen bemisst sich die Höhe der Verzugszinsen nach dem Basiszinssatz gem. § 247 BGB zuzüglich fünf Prozentpunkten, § 288 Abs. 1 BGB. Der erhöhte Zinssatz von acht Prozentpunkten über dem Basiszinssatz gem. § 288 Abs. 2 BGB setzt demgegenüber voraus, dass zum einen kein Verbraucher an dem Geschäft beteiligt ist, zum anderen, dass es sich um Entgeltforderungen[23] handelt. Anwendbar ist § 288 BGB, selbst wenn der Schuldner mit der Zahlung eines Kostenvorschusses – z.B. nach § 637 Abs. 3 BGB oder § 13 Nr. 5 VOB/B – in Verzug geraten ist. In diesem Fall ist der Gläubiger auch nicht verpflichtet, die Zinsen dem Schuldner bei der späteren Abrechnung gutzuschreiben.[24] Bei Werklohnforderungen erstreckt sich § 288 BGB auch auf die im Rechnungsbetrag enthaltene Umsatzsteuer.[25]

8 Der Zinssatz des § 288 Abs. 1, 2 BGB steht dem Gläubiger als Ersatz seines objektiven Mindestschadens zu. Deshalb ist dem Schuldner der Gegenbeweis, dass dem Gläubiger durch den Verzug ein niedrigerer Zinsschaden als derjenige gem. § 288 Abs. 1, 2 BGB entstanden ist, verwehrt.[26] Einzig für Verbraucherdarlehensverträge gilt gem. § 497 Abs. 1 S. 2 BGB eine Ausnahme zugunsten des Schuldners. Dagegen bleibt es dem Gläubiger gem. § 288 Abs. 3 BGB stets unbenommen, auf anderer Rechtsgrundlage einen höheren Zins oder gem. § 288 Abs. 4 BGB einen weitergehenden Zinsschaden geltend zu machen. Ein solcher Schaden kann entweder im Verlust höherer Anlagezinsen oder darin bestehen, dass der Gläubiger aufgrund des Schuldnerverzugs gezwungen wird, seinerseits Fremdkapital zu einem höheren als dem gesetzlichen Zinssatz aufzunehmen.[27] Im letzteren Fall ist hinsichtlich der Kausalität von Verzug und Schaden der Nachweis des Gläubigers nicht erforderlich, dass die Kreditaufnahme gerade durch den Verzug bedingt ist. Vielmehr genügt es für Kaufleute, dass der Gläubiger darlegt, dass er im Zeitpunkt des Verzugsbeginns Kredit in einer den rückständigen Betrag übersteigenden Höhe in Anspruch genommen hat.[28]

9 Gemäß § 289 S. 1 BGB gilt § 288 Abs. 1 S. 1 BGB nicht für Zinsschulden. Jedoch kann der Gläubiger einer Zinsforderung nach § 289 S. 2 BGB seinen Verzögerungsschaden geltend machen, wenn die Verzugsvoraussetzungen hinsichtlich der Zinsforderung selbstständig vorliegen.[29] Eingeschränkt wird § 289 S. 2 BGB durch die Sonderregelung des § 497 Abs. 2 S. 2 BGB für Verbraucherdarlehensverträge.

10 Zweck des § 290 BGB ist die Gleichstellung des Schuldners einer Geldschuld mit demjenigen Schuldner, der zunächst zur Herausgabe eines Gegenstands verpflichtet war, infolge des Verzugs aber nun zum Wertersatz verpflichtet ist.[30] Die Vorschrift beschränkt sich auf eine Regelung der Zinspflicht, trifft jedoch keine Aussage über die Verpflichtung des Schuldners zum Wertersatz. Diese Verpflichtung sowie der Zeitpunkt der Wertberechnung bestimmen sich vielmehr nach den allgemeinen Vorschriften (z.B. §§ 280, 281, 283 BGB).[31] Die Höhe des Zinsanspruchs ergibt sich aus § 288 BGB, wobei auch die Geltendmachung eines weitergehenden Schadens nicht ausgeschlossen ist.[32]

---

23 Vgl. dazu BGH v. 21.04.2010, XII ZR 10/08 Rn. 22 ff.
24 BGH v. 20.05.1985, VII ZR 266/84, NJW 1985, 2325; Palandt/*Grüneberg*, BGB § 288 Rn. 6.
25 BGH v. 05.12.1990, IV ZR 187/89, NJW-RR 1991, 483, 484.
26 Jauernig/*Stadler*, § 288 Rn. 2; Palandt/*Grüneberg*, BGB § 288 Rn. 4.
27 Jauernig/*Stadler*, § 288 Rn. 9; Palandt/*Grüneberg*, BGB § 288 Rn. 12.
28 BGH v. 12.12.1990, VIII ZR 35/90, NJW-RR 1991, 793, 794; Jauernig/*Stadler*, § 288 Rn. 9.
29 BGH v. 09.02.1993, XI ZR 88/92, NJW 1993, 1260, 1261; Palandt/*Grüneberg*, BGB § 289 Rn. 2.
30 MüKo-BGB/*Ernst*, § 290 Rn. 1.
31 Palandt/*Grüneberg*, BGB § 290 Rn. 1; MüKo-BGB/*Ernst*, § 290 Rn. 2.
32 Palandt/*Grüneberg*, BGB § 290 Rn. 2; MüKo-BGB/*Ernst*, § 290 Rn. 4.

D. Prozesszinsen, § 291 BGB

Gem. § 291 BGB hat der Schuldner einer Geldforderung diese vom Eintritt der Rechtshängigkeit an auch dann zu verzinsen, wenn er sich nicht im Verzug befindet. Gemäß § 286 Abs. 1 S. 2 BGB kommt der Schuldner aber grundsätzlich durch Zustellung der Klage oder des Mahnbescheids in Verzug. Im Regelfall hat der Schuldner daher Verzugszinsen schon wegen § 288 BGB zu entrichten. Die praktische Bedeutung des § 291 BGB ist deshalb gering.[33] Nur die Zustellung einer Leistungsklage oder eines Mahnbescheids begründet den Zinsanspruch nach § 291 BGB, nicht hingegen die Erhebung einer Feststellungsklage.[34]

E. Haftung bei Herausgabepflicht, § 292 BGB

§ 292 BGB begründet eine Mindesthaftung für denjenigen Schuldner, der zur Herausgabe eines Gegenstands verpflichtet ist. Die praktische Bedeutung der Vorschrift ist wegen des Ausschlussgrundes des § 292 Abs. 1 a.E. (»soweit sich nicht aus dem Schuldverhältnis oder dem Verzug des Schuldners zugunsten des Gläubigers ein anderes ergibt«) gering.[35] Denn die Erhebung der Klage führt in der Regel dazu, dass der Schuldner in Verzug gerät, § 286 Abs. 1 S. 2 BGB. Dann ist aber die strengere Haftungsvorschrift des § 287 BGB anwendbar. Bedeutung hat § 292 BGB daher meist nur für Bereicherungsansprüche, vgl. § 818 Abs. 4 BGB.

Voraussetzung für das Eingreifen der Vorschrift ist der Eintritt der Rechtshängigkeit sowie die Verpflichtung des Schuldners zur Herausgabe eines Gegenstands, wobei auch die Verpflichtung zur Rückgabe (z.B. bei Miete oder Leihe),[36] Rückauflassung gemäß § 883 Abs. 2 BGB[37] oder Übergabe nach § 433 Abs. 1 S. 1 BGB[38] umfasst sind. Auf Gattungsschulden ist § 292 BGB indes nicht anwendbar, da die Herausgabepflicht sich nach § 292 Abs. 1 S. 1 BGB auf einen bestimmten Gegenstand beziehen muss.[39]

Liegen die Voraussetzungen des § 292 BGB vor, so gelten die Vorschriften über das Eigentümer-Besitzer-Verhältnis nach Rechtshängigkeit kraft Verweisung. Demzufolge haftet der Schuldner für jedes Verschulden, das zur Folge hat, dass der Gegenstand verschlechtert wird, untergeht oder aus einem anderen Grund nicht herausgegeben werden kann, § 989 BGB. Des Weiteren trifft den Schuldner nach § 292 BGB in Verbindung mit § 987 BGB die Pflicht, nach Rechtshängigkeit gezogene Nutzungen herauszugeben sowie Ersatz für diejenigen Nutzungen zu leisten, die entgegen den Regeln einer ordnungsmäßigen Wirtschaft nicht gezogen wurden. Zuletzt kann der Schuldner für auf den Gegenstand gemachte Verwendungen Ersatz nur in dem in §§ 994 Abs. 2, 995 BGB niedergelegten beschränkten Umfang verlangen.

Titel 2: Verzug des Gläubigers[1]

§ 293 Annahmeverzug[2]

Der Gläubiger kommt in Verzug, wenn er die ihm angebotene Leistung nicht annimmt.

Kommentierung siehe nach § 299.

---

33 Palandt/*Grüneberg*, BGB § 291 Rn. 1; Jauernig/*Stadler*, § 291 Rn. 1.
34 BGH v. 19.12.1984, IVb ZR 51/83, BGHZ 93, 186.
35 Palandt/*Grüneberg*, BGB § 292 Rn. 1; Jauernig/*Stadler*, § 292 Rn. 1.
36 Jauernig/*Stadler*, § 292 Rn. 2.
37 BGH v. 19.05.2000, V ZR 453/99, BGHZ 144, 323, 325.
38 Palandt/*Grüneberg*, BGB § 292 Rn. 3; MüKo-BGB/*Ernst*, § 292 Rn. 4.
39 Palandt/*Grüneberg*, BGB § 292 Rn. 2.
1 Neugefasst durch Bek. v. 02.01.2002 I 42.
2 Neugefasst durch Bek. v. 02.01.2002 I 42.

§ 294 Tatsächliches Angebot[3]

Die Leistung muss dem Gläubiger so, wie sie zu bewirken ist, tatsächlich angeboten werden.

Kommentierung siehe nach § 299.

§ 295 Wörtliches Angebot[4]

Ein wörtliches Angebot des Schuldners genügt, wenn der Gläubiger ihm erklärt hat, dass er die Leistung nicht annehmen werde, oder wenn zur Bewirkung der Leistung eine Handlung des Gläubigers erforderlich ist, insbesondere wenn der Gläubiger die geschuldete Sache abzuholen hat. Dem Angebot der Leistung steht die Aufforderung an den Gläubiger gleich, die erforderliche Handlung vorzunehmen.

Kommentierung siehe nach § 299.

§ 296 Entbehrlichkeit des Angebots[5]

Ist für die von dem Gläubiger vorzunehmende Handlung eine Zeit nach dem Kalender bestimmt, so bedarf es des Angebots nur, wenn der Gläubiger die Handlung rechtzeitig vornimmt. Das Gleiche gilt, wenn der Handlung ein Ereignis vorauszugehen hat und eine angemessene Zeit für die Handlung in der Weise bestimmt ist, dass sie sich von dem Ereignis an nach dem Kalender berechnen lässt.

Kommentierung siehe nach § 299.

§ 297 Unvermögen des Schuldners[6]

Der Gläubiger kommt nicht in Verzug, wenn der Schuldner zur Zeit des Angebots oder im Falle des § 296 zu der für die Handlung des Gläubigers bestimmten Zeit außerstande ist, die Leistung zu bewirken.

Kommentierung siehe nach § 299.

§ 298 Zug-um-Zug-Leistungen[7]

Ist der Schuldner nur gegen eine Leistung des Gläubigers zu leisten verpflichtet, so kommt der Gläubiger in Verzug, wenn er zwar die angebotene Leistung anzunehmen bereit ist, die verlangte Gegenleistung aber nicht anbietet.

Kommentierung siehe nach § 299.

§ 299 Vorübergehende Annahmeverhinderung[8]

Ist die Leistungszeit nicht bestimmt oder ist der Schuldner berechtigt, vor der bestimmten Zeit zu leisten, so kommt der Gläubiger nicht dadurch in Verzug, dass er vorübergehend an der Annahme der angebotenen Leistung verhindert ist, es sei denn, dass der Schuldner ihm die Leistung eine angemessene Zeit vorher angekündigt hat.

---

[3] Neugefasst durch Bek. v. 02.01.2002 I 42.
[4] Neugefasst durch Bek. v. 02.01.2002 I 42.
[5] Neugefasst durch Bek. v. 02.01.2002 I 42.
[6] Neugefasst durch Bek. v. 02.01.2002 I 42.
[7] Neugefasst durch Bek. v. 02.01.2002 I 42.
[8] Neugefasst durch Bek. v. 02.01.2002 I 42.

Schrifttum
Picker Fristlose Kündigung und Unmöglichkeit, Annahmeverzug und Vergütungsgefahr im Dienstvertragsrecht – Teil 2, JZ 1985, 693.

Übersicht

		Rdn.			Rdn.
A.	Anwendungsbereich der §§ 293 ff. BGB	1	III.	Unterlassene Mitwirkungshandlungen des Bestellers, § 295 S. 1 Alt. 2 BGB	16
B.	Gläubigerverzug, § 293 BGB	4	E.	Entbehrlichkeit des mündlichen Angebots bei kalendarisch feststellbarer Leistungszeit, § 296 BGB	19
I.	Voraussetzung	4			
II.	Beginn und Ende des Gläubigerverzuges	6			
C.	Tatsächliches Angebot, § 294 BGB	8			
I.	Tatsächliches Angebot als »Anleistung«	9	F.	Vorübergehendes Unvermögen des Schuldners, § 297 BGB	20
II.	Ordnungsgemäßheit des Angebots	10			
D.	Wörtliches Angebot, § 295 BGB	13	G.	Zug-um-Zug-Leistungen, § 298 BGB	22
I.	Wörtliches Angebot	13	H.	Vorübergehende Annahmeverhinderung, § 299 BGB	24
II.	Annahmeverweigerung, § 295 S. 1 Alt. 1 BGB	15			

A. Anwendungsbereich der §§ 293 ff. BGB[9]

Trotz der etwas missverständlichen Sprache (»Der Gläubiger kommt in Verzug …«) klärt § 293 BGB zum einen, dass auch der Gläubiger, obgleich es an einer Rechtspflicht zur Annahme der Leistung oder zur Vornahme sonstiger Mitwirkungshandlungen fehlen mag, in Verzug kommen kann, zum anderen, dass die Voraussetzungen und Rechtsfolgen des Gläubigerverzugs selbständigen Regelungen unterworfen sind. Sie ergeben sich aus den §§ 293 ff. BGB. 1

Der Wortlaut der §§ 293 ff. BGB bezieht sich vordergründig allein auf die Annahme der Leistung. Es besteht allerdings Einigkeit darüber, dass die Annahme lediglich *pars pro toto* für alle Mitwirkungsobliegenheiten geregelt wird.[10] Als Mitwirkungsobliegenheiten kommen die Ausübung eines Wahlrechts nach § 262 BGB, die Abgabe einer Erklärung nach § 315 Abs. 2 BGB oder die Vornahme von Vorbereitungshandlungen, die Bereitstellung der zu bearbeitenden Stoffe, die Zugänglichmachung des Leistungsortes[11] oder die Herstellung einer mangelfreien Vorleistung[12] in Betracht. 2

Abzugrenzen ist der Gläubigerverzug von der Unmöglichkeit. Aus § 297 BGB folgt, dass ein Annahmeverzug des Gläubigers nur dann eintreten kann, wenn der Schuldner leistungsfähig und leistungsbereit ist.[13] Insbesondere bei Dienst- und Werkverträgen war die Abgrenzung der Unmöglichkeit vom Gläubigerverzug in Fällen der Zweckerreichung bzw. Zweckfortfalls lange Zeit umstritten. So wandte die früher überwiegende Ansicht meist die sog. Abstrahierungsformel an, nach der Gläubigerverzug und nicht Unmöglichkeit vorliegt, wenn – die Mitwirkungshandlung des Gläubigers unterstellt – dem Schuldner die Leistung noch möglich wäre.[14] In jüngerer Zeit hat sich jedoch die Ansicht durchgesetzt, dass die Dauerhaftigkeit des Leistungshindernisses sowie die Nachholbarkeit der Leistung die wesentlichen Abgrenzungskriterien darstellen.[15] Unmöglichkeit ist danach bei Vorliegen eines dauernden Leistungshindernisses anzunehmen, sodass die zunächst ausgefallene Leistung auch nicht mehr durch spätere Handlungen des Schuldners nach- 3

---

9 Für die wertvolle Unterstützung bei der Vorbereitung und Erstellung des Manuskripts danke ich Frau ass. iur. *Grete Langjahr* und Herrn cand. iur. *Florian Mader*.
10 Jauernig/*Stadler*, § 293 Rn. 1; PWW/*Zöchling-Jud*, § 293 Rn. 1.
11 PWW/*Zöchling-Jud*, § 293 Rn. 1. Im einzelnen vgl. die Erläuterungen von *Lubojanski* zu § 642 BGB Rdn. 11.
12 BGH v. 21.10.1999, VII ZR 185/98, BauR 2000, 722, Rn. 24.
13 Vgl. BGH v. 11.04.1957, VII ZR 280/56, BGHZ 24, 96; Palandt/*Grüneberg*, BGB § 293 Rn. 1.
14 *Picker*, JZ 1985, 693, 701.
15 Erman/*Hager*, vor § 293 Rn. 5 m.w.N.

geholt werden kann. Dagegen liegt Gläubigerverzug vor, wenn nur ein vorübergehendes Gläubiger- oder Mitwirkungshindernis besteht.[16] Die Fallkonstellationen der Zweckerreichung und des Zweckfortfalls werden daher nach allgemeiner Ansicht als Fälle der Unmöglichkeit behandelt (vgl. § 275 BGB Rdn. 26 ff.).

B. Gläubigerverzug, § 293 BGB

I. Voraussetzung

4   Stets ist Voraussetzung des Gläubigerverzuges, dass der Gläubiger die ordnungsgemäß angebotene Leistung nicht annimmt oder allgemeiner eine erforderliche Mitwirkungshandlung unterlässt. Dabei ist eine ausdrückliche Verweigerung nicht erforderlich.[17] Keine Rolle spielt ferner, aus welchem Grund der Gläubiger dies unterlässt.[18] Der tatsächlichen Nichtannahme steht es gleich, wenn der Gläubiger die Annahme der Leistung davon abhängig macht, dass der Schuldner vertraglich nicht geforderte weitere Leistungen erbringt.[19]

5   Weil die Annahme bzw. eine eventuell darüber hinausgehende Mitwirkung des Gläubigers lediglich eine Obliegenheit darstellt, aber keine echte Leistungspflicht ist, wird ein Vertretenmüssen des Gläubigers nicht vorausgesetzt (vgl. aber § 299 BGB, dazu Rdn. 24).[20] Daher gerät der Gläubiger z.B. auch dann in Annahmeverzug, wenn er das Angebot infolge eines entschuldbaren Irrtums für nicht ordnungsgemäß hält.[21]

II. Beginn und Ende des Gläubigerverzuges

6   Der Gläubigerverzug beginnt mit der Erfüllung der Voraussetzungen der §§ 293–297 BGB, d.h. regelmäßig in dem Zeitpunkt, in dem der Gläubiger die ihm angebotene Leistung nicht annimmt. Ein Ende findet der Gläubigerverzug dann, wenn eine seiner Voraussetzungen entfällt, regelmäßig indem der Gläubiger annimmt oder die erforderliche Mitwirkungshandlung vornimmt. Im Hinblick auf die Annahme genügt bereits die Bereiterklärung zur Annahme, die sogar konkludent erfolgen kann (z.B. durch Gestattung des Betretens der Baustelle zur Nacherfüllung).[22]

7   Die gem. §§ 304, 615 BGB geschuldeten Beträge muss der Gläubiger dabei nicht mit anbieten.[23] Indes steht dem Schuldner in diesem Falle ein Zurückbehaltungsrecht gem. § 273 BGB zu, dessen Geltendmachung wegen § 298 BGB den Gläubigerverzug erhält.[24] Auch das Erlöschen des Anspruchs des Gläubigers – z.B. infolge einer Unmöglichkeit oder Aufrechnung – führt zur Beendigung des Gläubigerverzugs. Endet der Gläubigerverzug, so tritt seine Wirkung *ex nunc* ein. Aus diesem Grund bleibt die nach § 300 Abs. 2 BGB eingetretene Konkretisierung der Gattungsschuld bestehen.[25]

C. Tatsächliches Angebot, § 294 BGB

8   § 294 BGB verwirklicht das Konzept der Realoblation im BGB. Danach kann der Schuldner den Gläubiger regelmäßig nicht bereits dadurch in Annahmeverzug setzen, dass er sich lediglich zur

---

16 Palandt/*Grüneberg*, BGB § 293 Rn. 5.
17 Palandt/*Grüneberg*, BGB § 293 Rn. 10; Bamberger/Roth/*Unberath*, § 293 Rn. 10.
18 Palandt/*Grüneberg*, BGB § 293 Rn. 10.
19 Bamberger/Roth/*Unberath*, § 293 Rn. 10.
20 BGH v. 11.04.1957, VII ZR 280/56, BGHZ 24, 91, 96; v. 28.06.1994, X ZR 95/92, NJW-RR 1994, 1469, 1470; Jauernig/*Stadler*, § 293 Rn. 4; Bamberger/Roth/*Unberath*, § 293 Rn. 11.
21 BGH v. 28.06.1994, X ZR 95/92, NJW-RR 1994, 1469, 1470.
22 BGH v. 08.07.2004, VII ZR 317/02, BauR 2004, 1616 Rn. 12.
23 Palandt/*Grüneberg*, BGB § 293 Rn. 11.
24 BGH v. 06.12.1997, V ZR 229/90, NJW 1992, 556, 557; Bamberger/Roth/*Unberath*, § 293 Rn. 14.
25 Bamberger/Roth/*Unberath*, § 293 Rn. 16; Palandt/*Grüneberg*, BGB § 293 Rn. 13.

Leistung bereit erklärt. Vielmehr muss er die Leistung dem Gläubiger tatsächlich mit dem geschuldeten Inhalt andienen.[26]

I. Tatsächliches Angebot als »Anleistung«

Das tatsächliche Angebot stellt den Beginn der Leistung des Schuldners dar (»Anleistung«). Es muss so vorgenommen werden, dass der Gläubiger nichts weiter zu tun braucht, als zuzugreifen und die Leistung anzunehmen.[27] Wann diese Voraussetzungen vorliegen, richtet sich nach dem jeweiligen Schuldverhältnis: Bei einer Bringschuld muss die Leistung dem Gläubiger an dessen Wohnsitz tatsächlich angeboten werden. Holschulden werden allgemein § 295 BGB unterworfen, indem die Vorschrift die Obliegenheit zur Abholung als Beispiel für eine Mitwirkungsobliegenheit nennt. Insoweit genügt es bei einer Holschuld, wenn der Gläubiger nach § 295 S. 1 BGB aufgefordert wird, die ausgesonderte Sache abzuholen.[28] Bei einer Schickschuld muss demgegenüber die vom Schuldner abgesandte Ware auch beim Gläubiger ankommen.[29] Bei einem Grundstückskaufvertrag liegt ein tatsächliches Angebot z.B. erst dann vor, wenn der Verkäufer dem Käufer einen Notartermin mitteilt. Kommt der Gläubiger sodann nicht zu dem vereinbarten Termin, so gerät er in Verzug der Annahme.[30]

9

II. Ordnungsgemäßheit des Angebots

Gemäß § 294 BGB muss die Leistung dem Gläubiger so, wie sie zu bewirken ist, also ordnungsgemäß, angeboten werden. Bei dem tatsächlichen Angebot handelt es sich um einen Realakt, weshalb ein Zugang beim Gläubiger gemäß § 130 BGB nicht erforderlich ist.[31] Die Leistung muss am richtigen Ort (§§ 269, 270 BGB) angeboten und nach Art, Güte und Menge dem Inhalt des Schuldverhältnisses entsprechen.[32] Deshalb gerät der Gläubiger nicht in Verzug, wenn er die Annahme einer Teilleistung (§ 266 BGB) oder einer mit Sach- oder Rechtsmängeln behafteten Sache ablehnt. Hat der Besteller einen Anspruch auf Beseitigung einer Vielzahl von Mängeln, so darf er ein Angebot auf Nacherfüllung im Hinblick auf einen geringen Teil der festgestellten Mängel ablehnen, ohne in Annahmeverzug zu kommen.[33]

10

Maßgeblich für das Vorliegen eines ordnungsgemäßen Angebotes ist allein die objektive Sachlage. Daher ist es einerseits unerheblich, ob der Besteller eines Werks, der die Annahme verweigert, einen etwa bestehenden Mangel kannte oder nicht.[34] Stehen dem Besteller andererseits im Hinblick auf den Mangel keine Ansprüche zu, so führt die Verweigerung der Annahme der Sache dazu, dass Gläubigerverzug eintritt.[35] Von erheblicher Bedeutung sind insoweit die §§ 326 Abs. 5, § 640 Abs. 1 S. 2 BGB, die nicht allein die Abnahmepflicht, sondern zugleich die Annahmeobliegenheit erweitern.

11

Differenziert ist die zeitliche Abweichung zu betrachten. Eine Leistung zur Unzeit muss der Gläubiger niemals annehmen. Dazu zählt etwa bei der Warenanlieferung das Angebot außerhalb der regulären Geschäftszeiten.[36] Andererseits kann nicht jede Abweichung von der vereinbarten Leistungszeit ein Annahmeverweigerungsrecht begründen. Ein vorzeitiges Angebot muss angenom-

12

---

26 Erman/*Hager*, § 294 Rn. 2.
27 BGH v. 22.03.1984, VII ZR 286/82, NJW 1984, 1679, 1680; MüKo-BGB/*Ernst*, § 294 Rn. 2.
28 OLG Köln v. 20.10.2001, 3 U 93/01, ZMR 2002, 423; PWW/*Zöchling-Jud*, § 295 Rn. 7.
29 Erman/*Hager*, § 294 Rn. 3 m.w.N.
30 BGH v. 06.12.1997, V ZR 229/90, NJW 1992, 556.
31 Bamberger/Roth/*Unberath*, § 293 Rn. 8; Palandt/*Grüneberg*, BGB § 294 Rn. 2.
32 Bamberger/Roth/*Unberath*, § 294 Rn. 4; Palandt/*Grüneberg*, BGB § 294 Rn. 4.
33 BGH v. 08.07.2004, VII ZR 317/02, BauR 2004, 1616 Rn. 13.
34 Erman/*Hager*, § 294 Rn. 4 m.w.N.
35 Bamberger/Roth/*Unberath*, § 294 Rn. 7.
36 MüKo/*Ernst*, § 294 Rn. 5, § 299 Rn. 5.

men werden, wenn der Anspruch nur »erfüllbar« i.S.d. § 271 Abs. 2 BGB ist;[37] im Fall der verspäteten Leistung ergibt sich aus den Sonderregelungen in §§ 280 ff., 323 ff. BGB, dass der Gläubiger zur Annahme verpflichtet bleibt.[38] Damit ihm aus der verzögerten Leistung keine Nachteile erwachsen, ist § 299 BGB im Fall einer bestimmten Leistungszeit nach deren Ablauf, d.h. bei einer Leistung im Schuldnerverzug, analog anzuwenden.

D. Wörtliches Angebot, § 295 BGB

I. Wörtliches Angebot

13 Gem. § 295 BGB ist in zwei Ausnahmefällen ein tatsächliches Angebot mangels Zumutbarkeit für den Schuldner nicht erforderlich (dazu sogl.). Dann genügt ein wörtliches Angebot, das seinerseits zwar unabdingbar ist,[39] aber auch konkludent erklärt werden kann. Es kann etwa dadurch zum Ausdruck gebracht werden, dass der Auftragnehmer seine Mitarbeiter auf der Baustelle zur Verfügung hält und zu erkennen gibt, dass er bereit und in der Lage ist, seine Leistung zu erbringen.[40]

14 Das wörtliche Angebot ist anders als das tatsächliche Angebot eine rechtsgeschäftsähnliche Handlung, auf welche die §§ 130 ff. BGB Anwendung finden. Stellvertretung ist danach möglich. Dritte können demgegenüber nur im Fall eines Erfüllungsrechts gem. §§ 268, 1150, 1249 BGB ein wörtliches Angebot mit den Folgen des Gläubigerverzuges machen,[41] weil der Gläubiger nicht der Gefahr ausgesetzt werden soll, im Fall eines Widerspruchs des Schuldners sein Verweigerungsrecht gem. § 267 Abs. 2 BGB zu verlieren.[42]

II. Annahmeverweigerung, § 295 S. 1 Alt. 1 BGB

15 Zum einen genügt für die Begründung des Gläubigerverzugs nach § 295 S. 1 Alt. 1 BGB ein wörtliches Angebot, wenn der Gläubiger dem Schuldner erklärt hat, dass er die Leistung nicht annehmen werde. Diese Erklärung des Gläubigers muss eindeutig und bestimmt sein[43] und – da sie eine geschäftsähnliche Handlung darstellt – dem Schuldner zugehen.[44] Eine solche Annahmeverweigerung liegt ebenfalls vor, wenn der Gläubiger den Vertrag als nichtig behandelt oder ihn grundlos kündigt oder anficht.[45] Die Verweigerung muss zeitlich vor dem Angebot erklärt werden[46] und macht das wörtliche Angebot des Schuldners grundsätzlich nicht überflüssig.[47] In Ausnahmekonstellationen kann sich aber aus § 242 BGB die Entbehrlichkeit eines wörtlichen Angebots ergeben, so insbesondere, wenn offenkundig ist, dass der Gläubiger auf seiner Weigerung beharrt. Denn in diesem Fall wäre selbst ein wörtliches Angebot eine leere Förmelei.[48]

III. Unterlassene Mitwirkungshandlungen des Bestellers, § 295 S. 1 Alt. 2 BGB

16 Zum anderen ist ein wörtliches Angebot nach § 295 S. 1 Alt. 2 BGB ausreichend, wenn zur Bewirkung der Leistung eine Handlung des Gläubigers erforderlich ist und diese unterbleibt. Das

---

37 Jauernig/*Stadler*, § 271 Rn. 16; § 294 Rn. 3.
38 Jauernig/*Stadler*, § 294 Rn. 3.
39 Vgl. Jauernig/*Stadler*, § 295 Rn. 1.
40 BGH v. 19.12.2002, VII ZR 440/01, NJW 2003, 1601 Rn. 13.
41 PWW/*Zöchling-Jud*, § 295 Rn. 4 m.w.N.
42 Staudinger/*Löwisch/Feldmann*, § 299 Rn. 5.
43 Bamberger/Roth/*Unberath*, § 295 Rn. 2; Palandt/*Grüneberg*, BGB § 295 Rn. 4.
44 BGH v. 15.10.1998, I ZR 111/96, ZIP 1999, 441, 445.
45 BGH v. 04.07.2002, I ZR 313/99 NJW 2002, 3541, 3542.
46 BGH v. 20.01.1988, IVa ZR 128/86, NJW 1988, 1201; OLG Hamm v. 05.11.1991, 26 U 23/91, NJW-RR 1992, 667, 668.
47 BGH v. 15.11.1996, V ZR 292/95, NJW 1997, 581, 582.
48 BGH v. 09.10.2000, II ZR 75/99, NJW 2001, 287, 288; Palandt/*Grüneberg*, BGB § 295 Rn. 4; Jauernig/*Stadler*, § 295 Rn. 1. A.A. Bamberger/Roth/*Unberath*, § 295 Rn. 3.

Gesetz nennt selbst die Abholung der geschuldeten Sache. Wann eine solche Handlung zur Leistungsbewirkung erforderlich ist, bestimmt sich im übrigen durch Vertragsauslegung bzw. auf der Grundlage des § 242 BGB.[49] Ein Beispiel für eine Mitwirkungshandlung des Gläubigers ist die Abnahme beim Werkvertrag (§ 640 BGB), die allerdings zugleich eine echte Schuldnerpflicht darstellt, was zur Folge hat, dass ihre Unterlassung den Gläubiger unter Umständen zugleich zum Schadensersatz verpflichtet. Insbesondere bei Bauwerkverträgen ist ferner meist bereits zur Vertragsdurchführung selbst eine Mitwirkung des Bestellers (Zurverfügungstellung von Plänen; Baugrund; mangelfreie Vorarbeiten) erforderlich (vgl. dazu die Erläuterungen von *Lubojanski* zu § 642 BGB).

Bei VOB-Bauverträgen ist in solchen Fällen allerdings gem. § 6 Abs. 1 VOB/B eine sog. Behinderungsanzeige erforderlich, wenn der Schuldner wegen hindernder Umstände zur Leistungserbringung nicht imstande ist.[50] Die Behinderungsanzeige ist nur dann entbehrlich, wenn dem Auftraggeber offenkundig die Tatsache und deren hindernde Wirkung bekannt waren. Im BGB-Bauvertrag gilt dasselbe auf der Grundlage einer Nebenpflicht aus dem Bauvertrag.[51] Allein das Schriftformerfordernis ist VOB-spezifisch. 17

Ein ausdrückliches wörtliches Angebot ist im Falle des § 295 S. 1 Alt. 2 BGB gem. § 295 S. 2 BGB nicht zur Begründung des Annahmeverzugs erforderlich, wenn der Schuldner den Gläubiger auffordert, die erforderliche Mitwirkungshandlung vorzunehmen. 18

E. Entbehrlichkeit des mündlichen Angebots bei kalendarisch feststellbarer Leistungszeit, § 296 BGB

§ 296 BGB ergänzt § 295 S. 1 Alt. 2 BGB dahingehend, dass der Gläubiger im Falle eines kalendermäßig bestimmten oder bestimmbaren Tages für seine Mitwirkung automatisch, d.h. ohne vorhergehendes wörtliches Angebot oder Aufforderung im Sinne des § 295 S. 2 BGB, in Annahmeverzug gerät. § 296 S. 1 und 2 BGB stimmen mit § 286 Abs. 2 Nr. 1 und 2 BGB überein, weshalb die dortigen Ausführungen entsprechend gelten (vgl. § 286 BGB Rdn. 17 ff.). Annahmeverzug tritt z.B. ohne weiteres ein, wenn der Gläubiger einen kalendermäßig bestimmten Übergabetermin für eine Mietsache nicht einhält.[52] Zu beachten ist jedoch, dass kalendarisch bestimmte Annahmezeitpunkte vertraglich geändert werden können. So bejahte der BGH eine wirksame Verschiebung des Annahmezeitpunktes auf die Fertigstellung des Gesamtwerks durch ein Schreiben der Gläubigerin, in dem diese zum Ausdruck brachte, dass sie eine solche Verschiebung wünschte und hoffte, »dass Sie mit dieser Regelung einverstanden sind«. In dieser Situation erwartete der BGH von der Schuldnerin einen Widerspruch, um eine entsprechende Verschiebung zu verhindern.[53] 19

F. Vorübergehendes Unvermögen des Schuldners, § 297 BGB

Gem. § 297 BGB ist der Gläubigerverzug allerdings dann ausgeschlossen, wenn der Schuldner selbst zur Zeit des Angebots oder im Falle des § 296 BGB zu der für die Handlung des Gläubigers bestimmten Zeit zur Leistungserbringung nicht imstande ist. § 297 BGB hat allerdings allein für denjenigen Fall Bedeutung, dass der Schuldner lediglich vorübergehend zur Leistung außerstande ist; der Schuldnerverzug überwindet dann den Gläubigerverzug (vgl. § 300 ff. BGB Rdn. 14). Ist es dem Schuldner demgegenüber dauerhaft unmöglich, die Leistung zu erbringen, so finden die Vorschriften über die Unmöglichkeit Anwendung.[54] Ob der Schuldner imstande ist, die Leistung 20

---

49 Für Vertragsauslegung Bamberger/Roth/*Unberath*, § 295 Rn. 4; für § 242 BGB *Emmerich*, § 24 Rn. 47.
50 BGH v. 21.10.1999, VII ZR 185/98, BauR 2000, 722, Rn. 28.
51 Ingenstau/Korbion/*Döring*, § 6 Abs. 1 VOB/B Rn. 4.
52 BGH v. 14.11.1990, VIII ZR 13/90, NJW-RR 1991, 267, 268.
53 BGH v. 11.04.1991, VII ZR 369/89, BauR 1991, 461.
54 Palandt/*Grüneberg*. § 297 BGB Rn. 1; Bamberger/Roth/*Unberath*, § 297 Rn. 2.

zu erbringen, beurteilt sich nach den objektiven Umständen. Die subjektive Einschätzung des Schuldners ist demgegenüber unerheblich.[55] Beispiele für ein Unvermögen sind Krankheit, Ortsabwesenheit oder Inhaftierung des Schuldners.[56]

21 Außer in den Fällen des § 297 BGB ist der Gläubigerverzug gem. § 242 BGB auch dann ausgeschlossen, wenn der Schuldner zu verantworten hat, dass der Gläubiger an der Annahme der Leistung gehindert ist, etwa wenn der Schuldner den Gläubiger durch eine Körperverletzung an der Annahme der Leistung hindert.[57]

G. Zug-um-Zug-Leistungen, § 298 BGB

22 Weitere Fragen wirft insbesondere die Abwicklung gegenseitiger Verträge auf, die in § 298 BGB geregelt sind. Daneben erfasst die Vorschrift alle Fälle, in denen das Zurückbehaltungsrecht (z.B. §§ 255, 273, 410, 785, 797, 1144, 1233 BGB) gem. § 274 Abs. 1 BGB eine Einrede zur Erfüllung Zug-um-Zug begründet, selbst wenn es sich bei der Gegenleistung um eine Nebenpflicht (z.B. § 368 BGB: Quittung, § 371 BGB: Schuldschein) handelt:[58] Nach dieser Vorschrift steht bei Zug-um-Zug-Leistungen das Nichtanbieten der verlangten Gegenleistung durch den Gläubiger der Nichtannahme der Leistung gleich.

23 Vorausgesetzt werden zum einen ein ordnungsgemäßes Angebot der Leistung sowie das Verlangen der Gegenleistung durch den Schuldner. Dann genügt es allerdings, wenn der Gläubiger unterlässt, die verlangte Gegenleistung anzubieten; einer ausdrücklichen Verweigerung der Gegenleistung durch den Gläubiger bedarf es nicht.[59] In welcher Form der Schuldner die Leistung anzubieten hat – tatsächlich oder wörtlich –, bestimmt sich nach den analog anwendbaren §§ 294, 295 BGB.[60] Ein Verschulden des Gläubigers ist nicht erforderlich, jedoch ist § 299 BGB analog anzuwenden.[61] Regelmäßig geht mit dem Gläubigerverzug hinsichtlich der Leistung im Falle des § 298 BGB auch ein Schuldnerverzug mit der Gegenleistung einher, da das Verlangen des Schuldners nach Gegenleistung eine Mahnung im Sinne des § 286 BGB darstellt.[62]

H. Vorübergehende Annahmeverhinderung, § 299 BGB

24 Durch § 299 BGB wird der Grundsatz eingeschränkt, dass der Gläubigerverzug kein Vertretenmüssen voraussetzt, da es dem Gläubiger im Falle nicht bestimmter Leistungszeit bzw. bei vorzeitiger Erfüllbarkeit gem. § 271 Abs. 2 BGB (vgl. Rdn. 5) nicht zugemutet werden kann, sich fortdauernd annahmebereit zu halten. Nach dieser Vorschrift ist in diesen Fällen ein Gläubigerverzug ausgeschlossen, wenn der Gläubiger nur vorübergehend an der Annahme der angebotenen Leistung verhindert ist. Eine vorübergehende Annahmeverhinderung liegt beispielsweise dann vor, wenn der Gläubiger zufällig abwesend oder schwer erkrankt ist.[63] Dagegen ist eine Berufung auf § 299 BGB nach Treu und Glauben ausgeschlossen, wenn der Gläubiger absichtlich die Gründe für die Verhinderung herbeigeführt hat.[64] § 299 BGB greift ferner dann nicht ein, wenn der Schuldner die Leistung eine angemessene Zeit vorher angekündigt hat. Bei der Ankündigung handelt es sich um eine empfangsbedürftige geschäftsähnliche Mitteilung. Gemäß § 242 BGB tritt trotz Vorankündigung ein Annahmeverzug dann nicht ein, wenn dem Gläubiger die Annah-

---

55 BAG v. 29.10.1998, 2 AZR 666/97, NJW 1999, 3432, 3434.
56 BAG v. 23.01.2001, 9 AZR 26/00, NJW 2001, 1964.
57 *Emmerich*, § 24 Rn. 58.
58 Palandt/*Grüneberg*, BGB § 298 Rn. 1.
59 Palandt/*Grüneberg*, BGB § 298 Rn. 2.
60 Palandt/*Grüneberg*, BGB § 298 Rn. 2; Bamberger/Roth/*Unberath*, § 298 Rn. 5.
61 Bamberger/Roth/*Unberath*, § 298 Rn. 5.
62 Palandt/*Grüneberg*, BGB § 298 Rn. 2; Jauernig/*Stadler*, § 298 Rn. 1.
63 Bamberger/Roth/*Unberath*, § 299 Rn. 4.
64 MüKo-BGB/*Ernst*, § 299 Rn. 4.

me nach Treu und Glauben nicht zumutbar ist, z.B. im Falle einer plötzlichen Erkrankung des Gläubigers.[65]

Analog anzuwenden ist die Vorschrift in Fällen bestimmter Leistungszeit, wenn der Schuldner sich bereits im Verzug befindet. Auch in diesen Fällen erscheint es ganz unangemessen, vom Gläubiger zu erwarten, sich ab dem Leistungszeitpunkt in fortlaufender Annahmebereitschaft zu halten, um den mit dem tatsächlichen Angebot eintretenden Gläubigerverzug auszuschließen. 25

§ 300 Wirkungen des Gläubigerverzugs[1]

(1) Der Schuldner hat während des Verzugs des Gläubigers nur Vorsatz und grobe Fahrlässigkeit zu vertreten.

(2) Wird eine nur der Gattung nach bestimmte Sache geschuldet, so geht die Gefahr mit dem Zeitpunkt auf den Gläubiger über, in welchem er dadurch in Verzug kommt, dass er die angebotene Sache nicht annimmt.

Kommentierung siehe nach § 304.

§ 301 Wegfall der Verzinsung[2]

Von einer verzinslichen Geldschuld hat der Schuldner während des Verzugs des Gläubigers Zinsen nicht zu entrichten.

Kommentierung siehe nach § 304.

§ 302 Nutzungen[3]

Hat der Schuldner die Nutzungen eines Gegenstands herauszugeben oder zu ersetzen, so beschränkt sich seine Verpflichtung während des Verzugs des Gläubigers auf die Nutzungen, welche er zieht.

Kommentierung siehe nach § 304.

§ 303 Recht zur Besitzaufgabe[4]

Ist der Schuldner zur Herausgabe eines Grundstücks oder eines eingetragenen Schiffs oder Schiffsbauwerks verpflichtet, so kann er nach dem Eintritt des Verzugs des Gläubigers den Besitz aufgeben. Das Aufgeben muss dem Gläubiger vorher angedroht werden, es sei denn, dass die Androhung untunlich ist.

Kommentierung siehe nach § 304.

§ 304 Ersatz von Mehraufwendungen[5]

Der Schuldner kann im Falle des Verzugs des Gläubigers Ersatz der Mehraufwendungen verlangen, die er für das erfolglose Angebot sowie für die Aufbewahrung und Erhaltung des geschuldeten Gegenstands machen musste.

---

65 Palandt/*Grüneberg*, BGB § 299 Rn. 3.
1 Neugefasst durch Bek. v. 02.01.2002 I 42.
2 Neugefasst durch Bek. v. 02.01.2002 I 42.
3 Neugefasst durch Bek. v. 02.01.2002 I 42.
4 Neugefasst durch Bek. v. 02.01.2002 I 42.
5 Neugefasst durch Bek. v. 02.01.2002 I 42.

§§ 300–304 BGB

A. Kein Schadensersatz, kein Erlöschen der Leistungspflicht[6]

1 Der Gläubigerverzug unterscheidet sich nicht allein hinsichtlich der Voraussetzungen, sondern insbesondere hinsichtlich der Rechtsfolgen vom Schuldnerverzug, welcher die Verzögerung der Erfüllung einer echten Rechtspflicht verlangt. Da der Gläubiger im Regelfall weder zur Annahme der Leistung noch zur Vornahme sonstiger Mitwirkungshandlungen verpflichtet ist, muss er dem Schuldner im Falle eines Annahmeverzugs mangels Pflichtverletzung keinen Schadensersatz leisten.[7] Bei Werkverträgen gewährt § 642 Abs. 1 BGB allenfalls einen Entschädigungsanspruch. Lediglich wenn das Gesetz die Abnahme der Leistung als echte Schuldnerpflicht ausgestaltet hat – wie es bei §§ 433 Abs. 2, 640 Abs. 1 BGB der Fall ist –, kann der Schuldner nach §§ 280 ff. BGB vorgehen, wenn der Gläubiger die Leistung nicht abnimmt. Erst recht führt der Gläubigerverzug zu keiner Befreiung des Schuldners von seiner Leistungspflicht. Allein im Fall der im Annahmeverzug eintretenden Unmöglichkeit wird der Schuldner, allerdings aufgrund von § 275 BGB, von seiner Leistungspflicht frei. Eine Sonderregelung hält § 615 BGB bereit. Die Rücktrittsmöglichkeit ist bei reinen Obliegenheitsverletzungen ebenfalls ausgeschlossen. Im Werkvertragsrecht gewährt § 643 BGB ein Kündigungsrecht.

B. Haftungsmilderung, § 300 Abs. 1 BGB

2 Im Falle des Gläubigerverzugs statuiert zunächst § 300 Abs. 1 BGB eine Haftungsmilderung, die im Rahmen des § 276 BGB zu berücksichtigen ist. Der Schuldner hat ab dem Verzugseintritt (vgl. dazu §§ 293 ff. BGB Rdn. 6 ff.) nur noch Vorsatz und grobe Fahrlässigkeit zu vertreten. Die Vorschrift findet auf alle vertraglichen und gesetzlichen Schuldverhältnisse Anwendung, auch auf dasjenige, das durch Rücktritt begründet wird.[8] Ferner gilt § 300 Abs. 1 BGB für konkurrierende deliktische Ansprüche.[9] Beschränkt ist der Anwendungsbereich der Vorschrift demgegenüber nach dem Gesetzeszweck auf die Haftung wegen Verletzung derjenigen Leistungspflicht, bezüglich deren Erfüllung der Gläubiger in Verzug gekommen ist.[10] Hinsichtlich Verletzungen von Pflichten nach § 241 Abs. 2 BGB bleibt es deshalb auch nach dem Eintritt des Gläubigerverzugs beim allgemeinen Haftungsmaßstab des § 276 Abs. 1.[11]

C. Übergang der Leistungsgefahr, § 300 Abs. 2 BGB

3 Daneben geht gem. § 300 Abs. 2 BGB die Leistungsgefahr[12] auf den Gläubiger einer Gattungsschuld über, wenn dieser in Verzug der Annahme gerät. Danach ist der Schuldner wegen § 275 Abs. 1 BGB nicht verpflichtet, noch einmal zu leisten, wenn die geschuldete Sache durch Zufall oder einfaches Verschulden des Schuldners untergeht oder verschlechtert wird. Die praktische Bedeutung der Vorschrift ist jedoch gering, da im Regelfall die Leistungsgefahr bei Gattungsschulden bereits durch Konkretisierung gemäß § 243 Abs. 2 BGB auf den Gläubiger übergeht.[13] Eigenständige Bedeutung hat § 300 Abs. 2 daher im Wesentlichen in zwei Fällen:

---

6 Für die wertvolle Hilfe bei der Vorbereitung und Erstellung des Manuskripts danke ich Frau ass. iur. *Grete Langjahr* sowie Herrn cand. iur. *Florian Mader*.
7 Palandt/*Grüneberg*, § 293 Rn. 7; § 300 Rn. 1.
8 RG v. 09.12.1903, V 251/03, RGZ 56, 270.
9 OLG Saarbrücken v. 29.06.2001, 1 U 951/00, NJW-RR 2002, 528.
10 BGH v. 14.02.1958, VIII ZR 8/57, LM § 651 Nr. 3.
11 MüKo-BGB/*Ernst*, § 300 Rn. 2.
12 Die Preisgefahr, d.h. die Frage, ob der Schuldner trotz Untergangs der von ihm geschuldeten Sache den Anspruch auf die Gegenleistung behält, richtet sich demgegenüber nach § 326 Abs. 2 BGB, vgl. § 326 BGB Rdn. 6.
13 Bamberger/Roth/*Unberath*, § 300 Rn. 5.

I. Annahmeverzug nach Aussonderung

Der Gläubiger einer Bring- oder Schickschuld ist durch ein wörtliches Angebot gemäß § 295 BGB in Annahmeverzug geraten und der Schuldner hat die Sache ausgesondert.[14] Zu dieser Konstellation kann es entweder kommen, wenn der Gläubiger die Annahme verweigert oder eine erforderliche Mitwirkungshandlung, etwa die Benennung der Versandadresse, unterlässt. Dann kann er durch ein mündliches Angebot bzw. im Beispiel die Aufforderung zur Benennung der Adresse in Annahmeverzug gesetzt werden, obgleich Konkretisierung erst mit der Versendung bzw. Andienung eintritt.[15] Ähnliches gilt, wenn der dem Gläubiger angebotene Geldbetrag nicht angenommen und dem Schuldner auf dem Rückweg gestohlen wird. Wegen § 270 Abs. 1 BGB sind §§ 275 Abs. 1, 300 Abs. 2 BGB und nicht §§ 275 Abs. 1, 243 Abs. 2 BGB anwendbar.[16] Wenn § 243 Abs. 2 BGB vertraglich abbedungen ist, wird darin regelmäßig zugleich eine Abbedingung von § 300 Abs. 2 zu erkennen sein, so dass diese Konstellation kaum zu relevanten Unterschieden führen wird.

II. Annahmeverzug vor Aussonderung

Auch wenn der Gläubiger im Fall der Holschuld durch Aufforderung in Annahmeverzug gesetzt wird, der Schuldner die geschuldete Sache aber noch nicht ausgesondert hat, fehlt es an der Konkretisierung. Man könnte annehmen, dass hier im Fall der Vorratsschuld der Untergang des gesamten Vorrats über § 300 Abs. 2 BGB zu berücksichtigen sei. Im Hinblick auf den Übergang der Leistungsgefahr gem. § 300 Abs. 2 BGB ist jedoch zu verlangen, dass der Schuldner die der Gattung nach geschuldete Sache zumindest ausgesondert hat, um den Gegenstand der Lieferpflicht festzulegen.[17] Einer Bekanntgabe der Konkretisierung bedarf es jedoch nach zutreffender Auffassung nicht;[18] das mündliche Angebot bzw. die Aufforderung zur Vornahme der Mitwirkungshandlung führen zu einem hinreichenden Schutz des Gläubigers.

D. Wegfall der Verzinsung, § 301 BGB

§ 301 BGB ordnet während des Gläubigerverzugs die endgültige[19] Befreiung des Schuldners von der Pflicht, Zinsen auf Geldschulden zu entrichten, an. Die Vorschrift erstreckt sich dabei auf alle Arten von Zinsen. Dagegen entfällt die Verpflichtung zur Entrichtung von Verzugszinsen gemäß § 288 Abs. 1 BGB nicht wegen § 301 BGB, sondern deshalb, weil der Schuldnerverzug mit Eintritt des Gläubigerverzugs endet.[20] § 301 BGB ändert aber nichts daran, dass der Schuldner erhaltene Zinsen als Nutzungen gem. § 302 BGB an den Gläubiger herausgeben muss, falls nach der Art des Schuldverhältnisses eine Pflicht zur Herausgabe von Nutzungen besteht.[21]

E. Beschränkung der Pflicht zur Nutzungsherausgabe, § 302 BGB

Die Vorschrift setzt das Bestehen eines Schuldverhältnisses voraus, das die Verpflichtung zur Herausgabe von Nutzungen begründet (z.B. §§ 292 Abs. 2, 346, 667, 987 Abs. 2, 990 BGB). Sie beschränkt die Herausgabeverpflichtung für die Dauer des Gläubigerverzugs auf tatsächlich gezogene Nutzungen. Nach Treu und Glauben kann eine Berufung des Schuldners auf § 302 BGB ausgeschlossen sein.[22]

---

14 BGH v. 11.06.1975, VIII ZR 83/73, WM 1975, 917, 920.
15 Str. bezügl. Mitwirkungshandlungen, vgl. die Darstellung bei Erman/*Hager*, § 300 Rn. 8 m.w.N.
16 Bamberger/Roth/*Unberath*, § 300 Rn. 6.
17 Erman/*Hager*, § 300 Rn. 9.
18 Staudinger/*Löwisch/Feldmann*, § 300 Rn. 20 m.N. zur Gegenmeinung.
19 Vgl. Palandt/*Grüneberg*, § 301 Rn. 1; Jauernig/*Stadler*, § 301 Rn. 1.
20 Jauernig/*Stadler*, § 301 Rn. 1; § 293 Rn. 9.
21 BGH v. 25.10.1957, I ZR 25/57, NJW 1958, 137, 138.
22 Palandt/*Grüneberg*, § 302 Rn. 1; Bamberger/Roth/*Unberath*, § 302 Rn. 3.

F. Recht zur Besitzaufgabe, § 303 BGB

8   Umfasst die Leistungspflicht, bezüglich deren Annahme der Gläubiger in Verzug kommt, die Verschaffung von Besitz an einer Sache, so kann die Verzögerung der Erfüllung durch den Gläubiger erhebliche Nachteile für den Schuldner mit sich bringen, der zunächst die Kosten für die Lagerung bzw. Aufbewahrung zu tragen hat. – Für Kauf- und Werkverträge wird freilich eine Abnahmepflicht begründet, vgl. §§ 433 Abs. 2, 640 Abs. 1 BGB, deren Verletzung schadensersatzpflichtig macht.

9   Das Entäußerungsinteresse des Schuldners berücksichtigt § 303 BGB zunächst bei Grundstücken und eingetragenen Schiffen und Schiffsbauwerken in der Weise umfassend, dass der Schuldner den Besitz schlicht aufgeben darf. Hat der Schuldner den Besitz des Grundstücks aufgegeben, so erlischt seine Pflicht zur Übertragung des Besitzes sowie seine Haftung für das Schicksal des Grundstücks auf der Grundlage von § 275 BGB,[23] nicht aber eine etwaige Pflicht zur Übereignung des Grundstücks.[24] Der Besitzaufgabe hat freilich eine Androhung vorauszugehen. Sie wird dann nicht für erforderlich gehalten, wenn sie mit einer für den Schuldner unzumutbaren Verzögerung oder unverhältnismäßigen Kosten verbunden ist,[25] etwa wenn eine öffentliche Zustellung erforderlich wäre.[26]

G. Ersatz von Mehraufwendungen, § 304 BGB

10 Im übrigen gewährt § 304 BGB dem Schuldner im Falle des Gläubigerverzugs einen verschuldensunabhängigen Anspruch auf Mehraufwendungen. Ersatzfähig ist der objektiv erforderliche und tatsächlich entstandene Mehraufwand.[27] Zu den Kosten des erfolglosen ersten Angebots zählen beispielsweise Transportkosten oder die Kosten einer Mahnung.[28] Lagergeld[29] oder Versicherungsprämien[30] stellen ebenfalls ersatzfähige Kosten für die Aufbewahrung und Erhaltung des geschuldeten Gegenstands dar. Entsprechend den zur Geschäftsführung ohne Auftrag aufgestellten Grundsätzen steht dem Schuldner ein Entgelt für den Einsatz seiner eigenen Arbeitskraft nur dann zu, wenn die Leistung zu seinem gewerblichen oder beruflichen Tätigkeitsbereich gehört.[31] Wegen dieses Ersatzanspruchs kann der Schuldner ein Zurückbehaltungsrecht nach § 273 BGB geltend machen. Weiter sind §§ 256, 257 BGB anwendbar. Einen weitergehenden Entschädigungsanspruch des Schuldners begründet § 642 BGB für die Verletzung von Mitwirkungsobliegenheiten bei Werkverträgen.

H. Weitere Rechtsfolgen

11 Neben den §§ 300–304 BGB nehmen weitere Vorschriften des BGB Bezug auf den Gläubigerverzug. Zu nennen sind die §§ 264 Abs. 2, 274 Abs. 2, 322 Abs. 2, 323 Abs. 6, 326 Abs. 2, 446 S. 3, 615 BGB sowie die für das private Baurecht bedeutsamen §§ 642 bis 645 BGB.

I. Zusammentreffen von Schuldner- und Gläubigerverzug

I. In einer Person

12 Wo die Pflichten zur Annahme oder zur Vornahme von Mitwirkungshandlungen als Rechtspflichten ausgestaltet sind, können Gläubiger- und Schuldnerverzug nach ihren jeweils eigenen Voraus-

---

23 OLG Düsseldorf v. 21.01.1999, 10 U 32/98, ZMR 1999, 326, 327.
24 Palandt/*Grüneberg*, § 303 Rn. 2; Bamberger/Roth/*Unberath*, § 303 Rn. 6.
25 MüKo-BGB/*Ernst*, § 304 Rn. 3.
26 Staudinger/*Löwisch* (2004), § 303 Rn. 7.
27 BGH v. 14.02.1996, VIII ZR 185/94, NJW 1996, 1464, 1465.
28 Bamberger/Roth/*Unberath*, § 304 Rn. 2.
29 BGH v. 14.02.1996, VIII ZR 185/94, NJW 1996, 1464, 1465.
30 Palandt/*Grüneberg*, § 304 Rn. 2.
31 MüKo-BGB/*Ernst*, § 304 Rn. 2.

setzungen und Rechtsfolgen nebeneinander vorliegen. Insbesondere können etwa bei (Bau-) Werkverträgen der Entschädigungsanspruch des Unternehmers gem. § 642 BGB und etwaige Schadensersatzansprüche gem. §§ 631, 280 Abs. 1 BGB frei konkurrieren.[32] Auch § 6 Nr. 6 VOB/B ist keine abschließende Regelung von Leistungsstörungen, die zu Verzögerungen führen.[33] Allerdings wird dann zu gewährleisten sein, dass nicht derselbe Nachteil doppelt ersetzt wird.

II. In den Personen von Schuldner und Gläubiger

Bei Personenverschiedenheit schließen sich Schuldner- und Gläubigerverzug demgegenüber aus. Das Verhältnis zwischen Schuldner- und Gläubigerverzug ist freilich nicht unproblematisch: Im Ausgangspunkt schließt der Schuldnerverzug den Gläubigerverzug aus, weil es insoweit regelmäßig an dem den Gläubigerverzug begründenden tatsächlichen Angebot fehlen wird. Bietet der Schuldner die Leistung wie geschuldet an, so endet sein Schuldnerverzug und der Gläubigerverzug kann (vgl. aber § 299 BGB) beginnen.[34]

In den Fällen des Gläubigerverzugs gem. §§ 295, 296 BGB sorgt § 297 BGB dafür, dass es beim Schuldnerverzug bleibt. »Zur Zeit des Angebots« kann sich beim Unvermögen des Schuldners zur Leistung nicht auf ein tatsächliches Angebot, sondern allein auf das wörtliche Angebot beziehen. Auch im Fall der Entbehrlichkeit des Angebots bei kalendarischer Festlegung der Leistungszeit und der Erforderlichkeit einer Mitwirkungshandlung des Gläubigers bleibt es, selbst wenn die Mitwirkungshandlung ausbleibt, beim Vorrang des Schuldnerverzugs. Für die Praxis ist dem Besteller freilich zu empfehlen, etwaige erforderliche Mitwirkungshandlungen gleichwohl vorzunehmen, so lange die Verhinderung des Schuldners nicht liquide feststeht.

Abschnitt 2: Gestaltung rechtsgeschäftlicher Schuldverhältnisse durch Allgemeine Geschäftsbedingungen

§ 305 Einbeziehung allgemeiner Geschäftsbedingungen in den Vertrag

(1) Allgemeine Geschäftsbedingungen sind alle für eine Vielzahl von Verträgen vorformulierten Vertragsbedingungen, die eine Vertragspartei (Verwender) der anderen Vertragspartei bei Abschluss eines Vertrages stellt. Gleichgültig ist, ob die Bestimmungen einen äußerlich gesonderten Bestandteil des Vertrags bilden oder in die Vertragsurkunde selbst aufgenommen werden, welchen Umfang sie haben, in welcher Schriftart sie verfasst sind und welche Form der Vertrag hat. Allgemeine Geschäftsbedingungen liegen nicht vor, soweit die Vertragsbedingungen zwischen den Vertragsparteien im Einzelnen ausgehandelt sind.

(2) Allgemeine Geschäftsbedingungen werden nur dann Vertragsbestandteil eines Vertrags, wenn der Verwender bei Vertragsabschluss
1. die andere Vertragspartei ausdrücklich oder, wenn ein ausdrücklicher Hinweis wegen der Art des Vertragsschlusses nur unter unverhältnismäßigen Schwierigkeiten möglich ist, durch deutlich sichtbaren Aushang am Orte des Vertragsschlusses auf sie hinweist und
2. der anderen Vertragspartei die Möglichkeit verschafft, in zumutbarer Weise, die auch eine für den Verwender erkennbare körperliche Behinderung der anderen Vertragspartei angemessen berücksichtigt, von ihrem Inhalt Kenntnis zu nehmen,

und wenn die andere Vertragspartei mit ihrer Geltung einverstanden ist.

---

32 PWW/*Leupertz*, § 642 Rn. 3.
33 BGH v. 21.10.1999, VII ZR 185/98, BauR 2000, 722 Rn. 25.
34 BGH v. 03.04.2007, X ZR 104/04, BauR 2007, 1410 Rn. 7.

§ 305 BGB   Einbeziehung allgemeiner Geschäftsbedingungen in den Vertrag

(3) Die Vertragsparteien können für eine bestimmte Art von Rechtsgeschäften die Geltung bestimmter Allgemeiner Geschäftsbedingungen unter Beachtung der in Absatz 2 bezeichneten Erfordernisse im Voraus vereinbaren.

Schrifttum

Berger/Kleine AGB-Gestaltung und Transparenzgebot, NJW 2007, 3526; *Geck* Die Transparenz der VOB/B für den Verbraucher, ZfBR 2008, 436; *Frikell* Mögliche Auswirkungen der Schuldrechtsreform auf die Rechtsprechung zur »VOB als Ganzes«, BauR 2002, 671; *Graf von Westphalen* Vertragsrecht und AGB-Klauselwerke, Stand März 2009; *Leitzke* Verweigerung der Abnahme, BauR 2009, 146; *Leupertz* Zur Rechtsnatur der VOB – Die Bestimmungen der VOB/B »als Ganzes« sind keine Allgemeinen Geschäftsbedingungen, Jahrbuch Baurecht 2004, 45 ff.; *Preussner* Die VOB/B ist tot! BauR 2002, 1602; *Quack* VOB/B als Ganzes und die Modernisierung der Schuldrechts, ZfBR 2002, 428; *ders.* Zum rechtlichen Gehör in Bausachen, ZfBR 2007, 531; *ders.* Über die Eindeutigkeit von Gesetzen, Vertragstexten und sonstigen Beschreibungen einschließlich der Leistungsbeschreibungen, ZfBR 2009, 411; *ders.* Die gesetzliche »Privilegierung« der VOB/B im neuen Forderungssicherungsgesetz, ZfBR 2009, 211; *Schmidt* Die dynamische Verweisung des Forderungssicherungsgesetzes auf die VOB/B und ihre verfassungsrechtliche Bewertung, ZfBR 2009, 113; *Schulze-Hagen* Übermäßige AGB-Klauseln: Kassation oder Reduktion? BauR 2003, 785; *Schwenker/Wessel* Der Anfang vom Ende der VOB/B? Anmerkung zu BGH, Urt. v. 24.07.2008 – VII ZR 55/07 –, ZfBR 2008, 754; *Sienz* Das Transparenzgebot beim Bauträgervertrag, BauR 2009, 361; *Staudinger* Der Bauträgervertrag auf dem Prüfstand des Gemeinschaftsrechts, DNotZ 2002, 166; *Thode* Die wichtigsten Änderungen im BGB-Werkvertragsrecht: Schuldrechtsmodernisierungsgesetz und erste Probleme – Teil 2, NZBau 2002, 360; *ders.* Transparenzgebot und Bauträgervertrag, ZNotP 2004, 131; *ders.* Die Vormerkungslösung im Bauträgervertrag und die Gestaltungsrechte des Erwerbers, ZNotP 2004, 210; *Vogel* Die VOB/C und das AGB-Gesetz – terra incognita, BauR 2000, 345; *Weyer* Totgesagte leben länger: Die VOB/B und ihre Privilegierung, BauR 2002, 1984.

Übersicht

	Rdn.
A. Allgemeines	1
B. Allgemeine Geschäftsbedingungen, § 305 Abs. 1 BGB	2
I. Vorformulierte Vertragsbedingungen	2
II. Vorformulierung für eine Vielzahl von Verträgen	6
III. Vorformulierung für eine Vielzahl von Verträgen: VOB/B und VOB/C	8
IV. Besonderheit: Mehrfachverwendungsabsicht beim Verbrauchervertrag	12
V. Beweislast	13
VI. Verwendereigenschaft	17
VII. Stellen beim Abschluss des Vertrages	20
VIII. Form und Äußerlichkeit der Vertragsunterlagen	23
IX. Aushandeln/Individualvereinbarung	24
C. Qualifizierte Einbeziehungserfordernisse, § 305 Abs. 2 BGB	28
I. Allgemeines	28
II. Hinweis auf die Allgemeinen Bauvertragsbedingungen und Möglichkeit, von diesen in zumutbarer Weise Kenntnis zu nehmen	30
D. Rahmenvereinbarungen, § 305 Abs. 3 BGB	34

A. Allgemeines

1   Die Verwendung Allgemeiner Geschäftsbedingungen ist bei Bauverträgen die Regel, weil die gesetzlichen Vorschriften für die besonderen Anforderungen des Bauvertrages – jedenfalls bei Bauwerken ab einer nennenswerten Größe – keine hinreichenden Regeln aufweisen und weil die gesetzlichen Vorschriften in der Anwendung unpraktisch sind (man denke nur an Nachträge). Folglich besitzt das AGB-Recht in der Baupraxis eine erhebliche Bedeutung. Die §§ 305 ff. BGB sind allerdings nur auf Verträge anwendbar, die nach dem 31.12.2001 abgeschlossen wurden (Art. 229 § 5 EGBGB). Für vor dem 01.01.2002 abgeschlossene Bauverträge sind die Vorschriften des AGBG einschlägig. Aufgrund der Richtlinie 93/13/EWG über missbräuchliche Klauseln in Verbraucherverträgen[1] sind alle nationalen Rechtsvorschriften, also nicht nur die §§ 305 ff.

---

1 ABl. EG 1993 Nr. L 95/29.

BGB, richtlinienkonform auszulegen. Das gilt auch für gesetzliche Regeln, die vor dem Erlass der Richtlinie in Kraft gesetzt wurden.[2] Auch der BGH sieht eine Verpflichtung zur richtlinienkonformen Auslegung in diesem Sinne stets als gegeben an.[3]

B. Allgemeine Geschäftsbedingungen, § 305 Abs. 1 BGB

I. Vorformulierte Vertragsbedingungen

Vorformulierte Vertragsbedingungen sind sämtliche vorgefertigten Erklärungen des Klauselverwenders, die den Vertragsinhalt regeln sollen.[4] Die Schriftform ist bei allgemeinen Bauvertragsklauseln der Regelfall. Vorformuliert sind daher neben der VOB/B,[5] der VOB/C[6] (vgl. eingehend Rdn. 8 ff.), den »Besonderen Vertragsbedingungen« sowie »Zusätzlichen Vertragsbedingungen für die Ausführung von Bauleistungen, einheitliche Fassung« (vgl. u.a. VHB/Bund, Ausgabe 2008, Herausgegeben vom Bundesministerium für Verkehr, Bau und Stadtentwicklung,) z.B. Klauseln, die Architekten und Ingenieuren von Softwareanbietern für die Erstellung der Vorbemerkungen von Leistungsverzeichnissen bereitgestellt werden. Eine Mindermeinung vertritt die Auffassung, die VOB/B falle nicht unter den Regelungsgehalt des § 305 Abs. 1 BGB, sondern stelle eine Vertragsordnung »sui generis« dar.[7] Das Motiv der Vertreter dieser Mindermeinung, nämlich der VOB/B aufgrund ihres unbestreitbaren Nutzens und ihrer tatsächlichen Bedeutung in der täglichen Baupraxis einen besonderen Stellenwert einzuräumen, wird bei Bau- und Baurechtspraktikern nicht auf Widerspruch stoßen. Allerdings wäre es Sache des Gesetzgebers, dafür zu sorgen, dass eine den besonderen Anforderungen der Baupraxis genügende gesetzliche Grundlage geschaffen wird. Auch die von öffentlichen Auftraggebern verwendeten Zusätzlichen Technischen Vorschriften (z.B. ZTV-Asphalt-StB) enthalten vorformulierte Vertragsbedingungen.[8] Nicht zuletzt fallen wegen § 310 Abs. 3 Nr. 1 bzw. Nr. 2 BGB hierunter im Regelfall auch vorformulierte Vertragsbedingungen, die von Notariaten für Bauträgerverträge zwischen Unternehmern und Verbrauchern formuliert werden.[9] Vorformuliert sind notarielle Vertragsklauseln in Makler- und Bauträgerverträgen insbesondere dann, wenn der Notar im Auftrag des Bauträgers und unter einseitiger Berücksichtigung von dessen Interessen das Vertragsformular entwickelt hat,[10] der Notar also nicht mehr als neutraler Dritter, sondern als »Hausnotar« des Bauträgers gehandelt hat.[11] Bauträger haben in der Regel ein Interesse daran, dass alle von ihnen abgeschlossenen Verträge möglichst inhaltsgleich sind, jedenfalls wenn sie dasselbe Bauvorhaben betreffen.[12] Aus diesem Grund besteht bei Bauträgerverträgen eine generelle Vermutung für das Vorliegen von Allgemeinen Geschäftsbedingungen.[13] Es besteht ein Meinungsstreit darüber, ob eine sog. »Kontrollresistenz« von Vertragsklauseln in Bauträgerverträgen besteht, die lediglich die MaBV in den Vertrag umsetzen.[14] Auch z.B. von einem Ministerium zur Verwendung empfohlene, vorformulierte Vertragstexte fallen unter § 305 BGB.[15]

---

2 EuGH Slg. 2000, I-4941 Erwägung 30 = NJW 2000, 2571 – Océano Grupo.
3 BGH, 05.02.1998, I ZR 211/95, BGHZ 138, 55, 61.
4 BGH, 12.06.2001, XI ZR 274/00, BGHZ 101, 271, 274.
5 BGH, 16.12.1982, VII ZR 92/82, BauR 1983, 161, 162.
6 BGH, 27.07.2006, VII ZR 202/04, BauR 2006, 2040, 2042.
7 *Leupertz*, Jahrb BauR 2004, 45 ff.
8 BGH, 29.04.2004, VII ZR 107/03, BauR 2004, 1288, 1289.
9 MüKo/*Basedow*, § 305 Rn. 24.
10 BGH, 27.09.2009, VII ZR 388/00, BauR 2002, 83, 84.
11 MüKo/*Basedow*, § 305 Rn. 23.
12 *Basty*, Rn. 18.
13 BGH, 14.05.1992, VII ZR 204/90, BauR 1992, 622, 625.
14 *Basty*, Rn. 21.
15 BGH, 20.01.1983, VII ZR 105/81, BGHZ 86, 284, 291.

3   In einer Grauzone befinden sich notarielle Individualverträge, die formelhafte Klauseln – z.B. aus einem Formularbuch – beinhalten. Grundsätzlich finden die §§ 305 ff. BGB hierauf keine Anwendung.[16] Unter bestimmten, engen Voraussetzungen unterzieht die Rechtsprechung derartige Klauseln allerdings einer Inhaltskontrolle nach § 242 BGB.[17] Wird die Sachmängelhaftung in notariellen »Kaufverträgen mit Bauverpflichtung« durch eine formelhafte Klausel ausgeschlossen, wird eine solche Klausel allerdings gem. § 242 BGB als unwirksam angesehen.[18] Streitig ist, ob die vom Bauträger vorformulierten Teilungserklärungen und hierauf beruhende Gemeinschaftsordnungen von Wohnungseigentümergemeinschaften den Vorschriften über die allgemeinen Geschäftsbedingungen unterfallen.[19] Ebenfalls um allgemeine Geschäftsbedingungen handelt es sich bei den Klauseln internationaler Standardverträge, wie z.B. der Orgalime- und FIDIC-Verträge,[20] bei denen es sich um typische, für eine Vielzahl von Verwendungsfällen vorformulierte Vertragswerke handelt.

4   Für das Vorliegen einer vorformulierten Klausel ist nicht etwa die Schriftform zwingende Voraussetzung.[21] Vielmehr genügen auch vom Kunden beim Vertragsschluss mündlich akzeptierte Formulierungen.[22] In Einzelfällen sind sogar mit dem Vertragsabschluss verbundene, stillschweigende Abreden auf AGB-rechtlicher Basis möglich.[23] Vorformuliert sind auch Klauseln, die der Verwender seine Vertreter auswendig lernen lässt mit der Anweisung, die Formulierung bei allen Vertragsschlüssen handschriftlich in den Vertragstext aufzunehmen.[24] Dies kommt z.B. bei Vergabeverhandlungen für Nachunternehmerverträge in Betracht, wenn vom Auftraggeber beispielsweise versucht werden soll, Vertragsstrafen über 5 % der Auftragssumme oder Bürgschaften auf erstes Anfordern durch handschriftliche Eintragungen im Rahmen eines im Übrigen vorformulierten Vertragstexts unterzubringen.

5   Das Erfordernis einer Abgrenzung stellt sich bei sog. unselbständigen und selbständigen Ergänzungen. Um unselbständige Ergänzungen mit AGB-Qualität handelt es sich, wenn die fragliche Formulierung erst durch das Ausfüllen der Textlücke einen Sinn erhält und sich eine Unangemessenheit der Klausel unabhängig vom Inhalt der Ergänzung nur aus deren bereits vorformulierten Inhalt ergeben kann.[25] So verhält es sich beispielsweise bei einer Bauwasserklausel, in die die Höhe des vom Auftragnehmer hinzunehmenden Abzugs eingefügt wird.[26] Selbständige Ergänzungen liegen vor, wenn sich erst durch den individuell in die Lücke eingetragenen Text die Frage der Unangemessenheit ergibt,[27] z.B. wenn die Dauer der Gewährleistungsfrist erst durch die Eintragung bestimmt wird. In diesen Fällen kommt dem eingetragenen Text ein selbständiger Sinngehalt zu, was grundsätzlich gegen einen vorformulierten Vertragstext spricht. Es bedarf dann der gesonderten Prüfung, ob bei der Formularergänzung die Voraussetzungen des § 305 Abs. 1 vorliegen.[28] Kann der Kunde des Klauselverwenders den Inhalt der Lücke nach seiner freien Entscheidung ausfüllen, stellt die Ergänzung keine AGB dar. Selbständige Ergänzungen können aber vor-

---

16 MüKo/*Basedow*, § 305 Rn. 22.
17 BGH, 15.04.1987, VIII ZR 97/86, BGHZ 100, 353, 361.
18 BGH, 17.09.1987, VII ZR 153/86, BauR 1987, 686, 687 f.
19 Zum Streitstand vgl. MüKo/*Basedow*, § 305 Rn. 10 m.v.H.
20 *Hök*, Was sind FIDIC-Verträge?, IBR 2006, 3; *ders.*, FIDIC Design, Build & Operate Form, the Gold Book, ZfBR 2009, 213; *Jaeger/Hök*, FIDIC – A Guide for Practitioners, 2010, S. 43.
21 BGH, 10.03.1999, VIII ZR 204/98, BGHZ 141, 108, 110.
22 BGH, 30.09.1987, IVa ZR 6/86, NJW 1988, 410, 411.
23 BGH, 12.06.2001, XI ZR 274/00, NJW 2001, 2635, 2636 li. Sp.
24 MüKo/*Basedow*, § 305 Rn. 13.
25 MüKo/*Basedow*, § 305 Rn. 15.
26 BGH, 10.06.1999, II ZR 365/98, BauR 1999, 1290, 1291.
27 MüKo/*Basedow*, § 305 Rn. 16.
28 MüKo/*Basedow*, § 305 Rn. 16 m.w.N.

formuliert sein, wenn dem Kunden durch das Formular selbst oder durch den Verwender bestimmte Ausfüllungsalternativen nahe gelegt werden.[29]

II. Vorformulierung für eine Vielzahl von Verträgen

Besondere Vorsicht ist beim Rückgriff auf BGH-Entscheidungen geboten, die zur Frage der Vorformulierung für eine Vielzahl von Verträgen vor dem 24.11.2005 verkündet wurden. Dies beruht auf einem widersprüchlichen Umgang des BGH mit einem ungeschriebenen Erfordernis einer Mehrfachverwendungsabsicht auf Seiten des Verwenders. Nach der ursprünglichen Rechtsprechung des BGH werden vorformulierte Bauvertragsbedingungen nämlich nur dann allgemeine Geschäftsbedingungen, wenn der Verwender im Zeitpunkt des Vertragsabschlusses die Absicht zur Mehrfachverwendung der Klauseln besaß.[30] Eine gewisse Rechtsunsicherheit löste unterdessen das Urteil des BGH vom 04.05.2000 aus,[31] in dem er formulierte, es reiche aus, wenn eine Vertragspartei ein von einem Dritten für eine Vielzahl von Verträgen angefertigtes Formular benutze, auch wenn sie es ihrerseits nur für einen einzigen Vertrag verwende – daraus hätte man schließen können, dass keine Mehrfachverwendungsabsicht notwendig ist. Aus den Entscheidungen des BGH vom 13. und 27.09.2001[32] ergab sich dann jedoch wiederum das klare Erfordernis der eindeutigen Absicht der Mehrfachverwendung in der Person des Verwenders. Ein hinreichendes Indiz für eine Mehrfachverwendungsabsicht des Klauselverwenders liege vor, wenn er seine vorformulierten Bedingungen in mindestens 3 Verträgen zugrunde zu legen beabsichtige. Die Annahme der Mehrverwendungsabsicht werde auch nicht dadurch ausgeschlossen, dass der Kreis der in Betracht kommenden Vertragspartner auf Seiten des Verwenders von vornherein feststehe.[33] Dabei ergebe sich aus der Verwendung formelhafter, nicht auf eine individuelle Vertragslage abgestimmten Formulierungen zu konfliktgefährdeten Sachverhalten ein vom Verwender zu widerlegender Anschein für eine Mehrverwendungsabsicht.[34] Der BGH hat mit der vorbezeichneten Entscheidung die Vermutung, dass ein Bauträgervertrag vom Bauträger gestellte AGB beinhaltet,[35] auf Bauverträge ausgedehnt.[36] In seiner Entscheidung vom 11.12.2003[37] hat der BGH ausgeführt, es komme nicht darauf an, dass die Mehrfachverwendungsabsicht gegenüber verschiedenen Vertragspartnern bestehe, weil sich aus dem Gesetzeswortlaut nicht die einschränkende Auslegung entnehmen lasse, dass eine Verwendung gegenüber verschiedenen Vertragspartnern beabsichtigt sein bzw. vorliegen müsse. Es genüge die Absicht zur mindestens dreimaligen Verwendung gegenüber **einem** Vertragspartner.

6

In seinem Urt. v. 24.11.2005[38] hat der VII. Zivilsenat in Änderung seiner Rechtsprechung formuliert, dass die Einordnung von vorformulierten Vertragsbedingungen als allgemeine Geschäftsbedingungen nicht daran scheitert, dass der Verwender selbst nicht die Absicht einer Mehrfachverwendung hat. Vielmehr liegen allgemeine Geschäftsbedingungen auch dann vor, wenn sie von einem Dritten für eine Vielzahl von Verträgen vorformuliert sind und die Vertragspartei, die die Klausel stellt, diese nur in einem einzigen Vertrag verwenden will.[39] Mit dieser Entscheidung hat der VII. Zivilsenat seine Rechtsprechung zu den Tatbestandsmerkmalen des § 305 Abs. 1 Satz 1 BGB geändert mit der Folge der Erweiterung des Bereichs von Vertragsbestimmungen, die der In-

7

---

29 MüKo/*Basedow*, § 305 Rn. 16 mit Rechtsprechungsnachweisen.
30 BGH, 26.09.1990, VII ZR 318/95, BauR 1997, 123, 124.
31 BGH, 04.05.2000, VII ZR 53/99, BauR 2000, 1182, 1185.
32 BGH, 13.09.2001, VII ZR 487/99, BauR 2001, 1895, 1896 und BGH, 27.09.2001, VII ZR 388/00, BauR 2002, 83, 84.
33 BGH, 27.09.2001, VII ZR 388/00, BauR 2002, 83, 84.
34 BGH, 27.11.2003, VII ZR 53/03, BauR 2004, 488, 490.
35 BGH, 14.05.1992, VII ZR 204/90, BauR 1992, 622.
36 *Sienz*, BauR 2009, 361.
37 BGH, 11.12.2003, VII ZR 31/03, BauR 2004, 674, 675.
38 BGH, 24.11.2005, VII ZR 87/04, BauR 2006, 514, 516.
39 BGH, 24.11.2005, VII ZR 87/04, BauR 2006, 514, 516.

haltskontrolle gem. §§ 307 ff. BGB unterliegen.[40] Im konkret entschiedenen Fall bedeutete dies, dass die von einem Projektleiter als Vorbemerkung zu einer Baustelleneinrichtungsposition vorformulierte Klausel als allgemeine Geschäftsbedingung qualifiziert wurde. Zu Recht weist *Schwenker*[41] darauf hin, dass aufgrund der geänderten Rechtsprechung des VII. Zivilsenats die Bauverträge im Regelfall einer grenzenlosen richterlichen Inhaltskontrolle unterliegen und die Vertragsfreiheit gleichzeitig eingeschränkt wurde. *Schwenker* kritisiert des Weiteren zu Recht, dass die Entscheidung in ihrem zentralen Punkt unbegründet blieb, denn der BGH bezog sich lediglich auf das Urteil des 5. Zivilsenats vom 16.11.1990[42] und auf den Beschl. v. 23.06.2005.[43] Beide Entscheidungen enthalten allerdings keine tragenden Gründe für die mit der Rechtsprechungsänderung verbundene Betrachtungsweise.[44]

III. Vorformulierung für eine Vielzahl von Verträgen: VOB/B und VOB/C

8   Die Regeln der VOB/B sowie – bedingt – der VOB/C sind allgemeine Geschäftsbedingungen. Für die VOB/B ist dies ständige Rechtsprechung.[45] Mittlerweile ist dies zumindest teilweise auch für die VOB/C geklärt. Haben die Bauvertragspartner die Geltung der VOB/B vereinbart, gehören zum gesamten Vertragswerk auch die Allgemeinen Technischen Bestimmungen für Bauleistungen, VOB/C.[46] Zur Problematik der »Staffelverweisung« beim Verbrauchervertrag siehe Rdn. 32.

9   Dies gilt jedoch nicht für alle Abschnitte der VOB/C.[47] Für den jeweiligen Abschnitt »0« der einzelnen Vorschriften der VOB/C mangelt es an einer AGB-Qualität bereits aufgrund des jeweiligen Wortlauts, nach dem die Hinweise für das Aufstellen der Leistungsbeschreibung nicht Vertragsbestandteil werden. Es fehlt also insoweit bereits am Tatbestandsmerkmal des »Stellens« der – im Übrigen durchaus vorformulierten und zu einer Verwendung in einer Vielzahl von Fällen vorgesehenen – Hinweise (§ 305 Abs. 1 Satz 1 BGB). Demgegenüber sind die Formulierungen der Abschnitte 2, 4 und 5 der jeweiligen Vorschriften allgemeine Geschäftsbedingungen.[48]

10 Einer sorgfältigen Differenzierung bedürfen die Regeln im jeweiligen Abschnitt 3. Soweit dort technische Anweisungen oder gar anerkannte Regeln der Technik formuliert sind, wird der Charakter einer allgemeinen Geschäftsbedingung regelmäßig nicht vorliegen. Dies kann im Einzelfall allerdings wieder fraglich werden, wenn die VOB/C die eigentlich ins Auge gefasste Hauptleistungspflicht in Art und Umfang modifiziert.[49] Soweit die Abschnitte 3 Verhaltenspflichten formulieren, handelt es sich um Klauseln mit Regelungs- und Vertragscharakter, bei denen es sich bei Vorliegen der sonstigen Bedingungen um allgemeine Geschäftsbedingungen handeln kann.[50]

---

40 *Schwenker*, IBR 2006, 78.
41 *Schwenker*, IBR 2006, 78.
42 BGH, 16.11.1990, V ZR 217/89, ZfBR 1991, 106.
43 BGH, 23.06.2005, VII ZR 277/04, BauR 2006, 106, 107.
44 Eine eingehende Auseinandersetzung mit diesem Problem erfolgte durch *Schwenker/Thode*, ZfIR 2005, 635 ff. (Anmerkung zu BGH, 23.06.2005, VII ZR 277/04, BauR 2006, 106, 107).
45 Vgl. beispielhaft BGH, 16.12.1982, VII ZR 92/82, BauR 1983, 161, 162.
46 BGH, 27.07.2006, VII ZR 202/04, BauR 2006, 2040, 2042; a.A., soweit aus § 1 Nr. 1 S. 2 VOB/B ein Automatismus gefolgert wird: *Vogel/Vogel*, Beck'scher VOB- und Vergaberechtskommentar, VOB/C, 2. Aufl. 2008, Syst V, Rn. 18 und 22.
47 *Vogel/Vogel*, Beck'scher VOB- und Vergaberechtskommentar, VOB/C, 2. Aufl. 2008, Syst V, Rn. 5 ff. m.w.N.
48 *Vogel/Vogel*, Beck'scher VOB- und Vergaberechtskommentar, VOB/C, 2. Aufl. 2008, Syst V Rn. 6 ff. Für die Abrechnungsregeln ausdrücklich: BGH, 17.06.2004, VII ZR 75/03, BauR 2004, 1438.
49 *Vogel*, BauR 2000, 345, 347.
50 Zum Stand der Diskussion vgl. *Vogel/Vogel*, a.a.O., Rn. 7 ff.

Selbst in der obergerichtlichen Rechtsprechung ist nicht selten der Fehler festzustellen, dass die 11
Regelungen der VOB/B, der VOB/C sowie der VOB/A als Maßstab für die Inhaltskontrolle für
vorformulierte Vertragstexte herangezogen werden.[51]

IV. Besonderheit: Mehrfachverwendungsabsicht beim Verbrauchervertrag

Ohne Bedeutung ist das Merkmal der Mehrfachverwendungsabsicht bei Verbraucherverträgen 12
gem. § 310 Abs. 3 Nr. 2 BGB, da die §§ 305c Abs. 2, 306 sowie 307 bis 309 und Art. 29a
EGBGB auch auf vorformulierte Vertragsbedingungen anzuwenden sind, wenn diese nur zur einmaligen Verwendung bestimmt sind und der Verbraucher keinen Einfluss auf den Inhalt der
Klausel nehmen konnte. Bei Verbraucherverträgen kommt es auf die in Rdn. 6 und 7 diskutierten
Fragen zur Mehrfachverwendungsabsicht also nicht an.

V. Beweislast

Die Beweislast für die Eigenschaft von Bauvertragsklauseln als allgemeine Geschäftsbedingungen 13
trägt der Gegner des Klauselverwenders.[52] Wann Vertragsbedingungen für eine Vielzahl von Verwendungsfällen vorformuliert sind, muss im Einzelfall unter Berücksichtigung aller Umstände geprüft werden.[53] Dabei kann sich aus dem Inhalt und der äußeren Gestaltung der in einem Bauvertrag verwendeten Bedingungen ein vom Verwender zu widerlegender Anschein dafür ergeben,
dass die Bedingungen zur Mehrfachverwendung formuliert worden sind.[54]

Insbesondere beim Bauträgervertrag genügt der Erwerber seiner Darlegungslast für das Vorliegen 14
allgemeiner Geschäftsbedingungen, wenn er einen Bauträgervertrag vorlegen kann, der nach seiner inhaltlichen Gestaltung allem Anschein nach für eine mehrfache Verwendung entworfen und
vom Bauträger gestellt wurde.[55] Dies gilt ausdrücklich auch für Bauverträge.[56] Ein von dem Verwender zu widerlegender Anschein, dass Bauvertragsklauseln zur Mehrfachverwendung vorformuliert sind, kann sich besonders dann ergeben, wenn der Vertrag zahlreiche formelhafte Klauseln
enthält, die nicht auf die individuelle Vertragssituation abgestimmt sind.[57] Die Verwendung einer
Vielzahl von formelhaften Wendungen zur Regelung der typischen, konfliktgefährdeten Sachverhalte in Form von fast ausschließlich den Auftragnehmer belastenden Regelungen rechtfertigen
nach der vorgenannten Entscheidung des BGH den Anschein dafür, dass die Klauseln zur Mehrfachverwendung vorformuliert wurden.

Dass die Beweisführung mitunter nicht ganz einfach ist, zeigt ein Urteil des OLG Köln.[58] In die- 15
sem Verfahren über eine einstweilige Verfügung hatte der Antragsgegner glaubhaft zu machen,
dass allgemeine Geschäftsbedingungen vorliegen. Da nach den dem Gericht vorliegenden und
glaubhaft gemachten Umständen auch eine Individualvereinbarung unter Benutzung üblicher
vorformulierter Muster in Betracht kam, hielt es das Vorliegen von allgemeinen Geschäftsbedingungen für nicht glaubhaft gemacht.

Eine Klausel, die den Verwendungsgegner zur Verschwiegenheit über den Vertragsinhalt verpflich- 16
tet, stellt eine unzulässige Umgehung sowohl des § 305 als auch des § 309 Nr. 12 im Sinne des
§ 306a BGB dar, zumindest, soweit dieses Verbot verwendete AGB betrifft. Mit einer vollumfänglichen Verschwiegenheitsverpflichtung würde der Klauselgegner nämlich außerstande ge-

---

51 Vgl. z.B. OLG Celle, 05.01.1995, 22 U 7/94, IBR 1995, 330, 330.
52 BGH, 26.09.1990, VII ZR 318/95, BauR 1997, 123, 126.
53 BGH, 26.09.1990, VII ZR 318/95, BauR 1997, 123, 124.
54 BGH, 14.05.1992, VII ZR 204/90, BauR 1992, 622, 625 f.; BGH, 24.11.2005, VII ZR 87/04, BauR 2006, 514, 516.
55 BGH, 14.05.1992, VII ZR 204/90, BauR 1992, 622, 625.
56 BGH, 27.11.2003, VII ZR 53/03, BauR 2004, 488, 490.
57 BGH, 27.11.2003, VII ZR 53/03, BauR 2004, 488, 490.
58 OLG Köln, 30.08.2000, 11 U 25/99, BauR 2001, 1105, 1106.

setzt, sich durch Erkundigung bei Dritten darüber zu informieren, ob der Verwender seine allgemeinen Bauvertragsbedingungen mehrfach verwendet. Damit würde eine Beweisführung des Klauselgegners unmöglich.

VI. Verwendereigenschaft

17 Verwender einer Vertragsbedingung ist derjenige Vertragspartner, der der anderen Vertragspartei bei Abschluss eines Vertrages allgemeine Geschäftsbedingungen stellt. § 305 Abs. 1 Satz 1 BGB enthält insoweit eine Legaldefinition. Unmaßgeblich ist hierbei, wer der Verfasser der Vertragsklauseln ist.[59] Nach der vorgenannten Entscheidung ist ein Bauträger Klauselverwender, wenn ein Notar den Bauträgervertrag unter einseitiger Berücksichtigung der Interessen des Bauträgers formuliert hat. Der Bauträger kann selbst dann als Verwender angesehen werden, wenn der Erwerber seinerseits zunächst ein notarielles Kaufangebot unterbreitet, das erst zu einem späteren Zeitpunkt vom Bauträger angenommen wird. Auch bei dieser Art und Weise des Vertragsabschlusses (sog. »Sukzessivbeurkundung«) geht der Inhalt des Klauseltextes gewöhnlich auf einen Vorschlag des Notars zurück.[60] Verwender einer allgemeinen Geschäftsbedingung ist auch der Bauherr, der beispielsweise auf Empfehlung seines beratenden Architekten bestimmte Bauvertragsklauseln in Ausschreibungsunterlagen aufnimmt oder vom Architekten vorformulierte Vertrags- und Ausschreibungstexte übernimmt. Die Verwendereigenschaft scheitert insbesondere nicht daran, dass der Architekt wiederum die Texte aus einer Ausschreibungs-Software übernommen hat. Wesentliches Kriterium ist in diesem Zusammenhang, ob eine der Vertragsparteien die Vertragsklauseln sich als von ihr gestellt zurechnen lassen muss.[61] Dies gilt auch, wenn die Klauseln aus einem Formularbuch oder einer Sammlung von Musterbedingungen stammen.[62] Im Rahmen dieser Zurechnung ist der Schutzzweck der AGB-rechtlichen Vorschriften, die einseitige Ausnutzung der Vertragsgestaltungsfreiheit durch eine Vertragspartei zu verhindern, maßgebend.[63] Der Inhalt und die Formulierung einer Klausel sind für sich allein allerdings zur Beurteilung der Verwendereigenschaft in der Regel nicht aussagekräftig.[64] Ohne Nutzen ist für den Auftraggeber eine immer häufiger anzutreffende, vorformulierte Klausel, nach der Allgemeine Geschäftsbedingungen des Auftragnehmers nicht Vertragsbestandteil werden, allerdings mit Ausnahme der VOB/B, auf deren Geltung sich der Auftragnehmer als Verwender beruft. Der Auftraggeber ist nämlich auch im Sinne der vorgenannten Zurechnung Verwender dieser Klausel, die eine unzulässige Umgehung der §§ 305 ff. beinhaltet (vgl. § 306a BGB Rdn. 3).

18 Die Verwendereigenschaft ist zu Lasten des Bauauftraggebers auch dann anzunehmen, wenn der Auftragnehmer bestimmte Vertragsbedingungen in sein Angebot aufgenommen und damit formal in den Vertragsabschluss eingeführt hat, weil er davon ausging, dass sein Auftraggeber (im entschiedenen Fall eine öffentlich-rechtliche Körperschaft) Verträge nur unter Einbeziehung eigener, bestimmter allgemeiner Geschäftsbedingungen abschließt.[65] Die VOB/B hat allerdings nicht die Geltung eines Handelsbrauchs, weshalb sie nicht automatisch bzw. üblicherweise in der Baubranche unmittelbare Anwendung findet.[66]

19 In der Literatur wird argumentiert, in Abgrenzung zu § 1 Nr. 1 Satz 2 VOB/B gebe es für den BGB-Bauvertrag keine Einbeziehungsregelung hinsichtlich der VOB/C,[67] weshalb es dann einer

---

59 BGH, 24.11.2005, VII ZR 204/90, BauR 1992, 622, 625.
60 BGH, 05.04.1984, VII ZR 21/83, BauR 1984, 392, 394.
61 BGH, 30.06.1994, VII ZR 116/93, BauR 1994, 776, 778.
62 MüKo/*Basedow*, § 305 BGB Rn. 14.
63 BGH, 30.06.1994, VII ZR 116/93, BauR 1994, 776, 778.
64 BGH, 17.02.2010, VIII ZR 67/09, IBR 2010, 253.
65 BGH, 04.03.1997, X ZR 141/95, NJW 1997, 2043, bestätigt mit Urt. v. 09.03.2006, VII ZR 268/04, BauR 2006, 1012, 1013.
66 *Werner/Pastor*, Rn. 1003.
67 *Werner/Pastor*, Rn. 1026 m.w.N.

ausdrücklichen Einbeziehung bedürfe. Andererseits sei zu berücksichtigen, dass die VOB/C nach h.M. anerkannte Regeln der Technik wiedergebe. Insoweit entfalteten die Bestimmungen der VOB/C auch rechtliche Wirkungen beim BGB-Bauvertrag, im Hinblick auf den Sachmangelbegriff des § 633 Abs. 2 Nr. 2 BGB selbst dann, wenn die VOB/C nicht ausdrücklich Bestandteil des Bauvertrages werde. Dies kann m.E. bei konsequenter Anwendung des § 305 Abs. 1 BGB – klar differenzierend – nur insoweit gelten, als die ATV für Bauleistungen (VOB/C) technische Standards formulieren, die als anerkannte Regeln der Technik anzusehen sind. Bestandteile der VOB/C mit dem Charakter von Vertragsregeln bedürfen dagegen der Einbeziehung in den Vertrag nach den Bedingungen des Gesetzes.

VII. Stellen beim Abschluss des Vertrages

Der Verwender hat die allgemeine Geschäftsbedingung der Vertragspartei bei Abschluss des Vertrages »gestellt«, wenn ein Verhandlungspartner die Einbeziehung von vorformulierten Vertragsbedingungen in den Vertrag verlangt, also ein konkretes Einbeziehungsangebot unterbreitet.[68] Von einem Stellen vorformulierter Bedingungen ist nach dieser Entscheidung dann auszugehen, wenn der Klauselverwender eine einseitige Gestaltungsmacht im Hinblick auf die vorformulierten Klauseln in Anspruch genommen hat.[69] Das »Stellen« der Bauvertragsbedingungen setzt also ein einseitiges Verlangen voraus[70] und dass der Gegner des Verwenders auf ihre Ausgestaltung gewöhnlich keinen Einfluss nehmen kann.[71] Das »Stellen« einer Bauvertragsbedingung kann auch durch ein kaufmännisches Bestätigungsschreiben erfolgen. Der BGH hat wiederholt entschieden, dass bei Auftragsbestätigungen in der widerspruchslosen Entgegennahme der Vertragsleistung eine stillschweigende Annahme des Antrags (§ 150 Abs. 2 BGB) insbesondere dann gesehen werden kann, wenn der Klauselverwender deutlich zum Ausdruck gebracht hat, dass er nur unter seinen Bedingungen zur Leistung bereit ist.[72] Wenn ein Besteller die Auftragsbestätigung des Betonlieferanten mit rückseitig aufgedruckten AGB erhalten und daraufhin dessen Betonlieferungen entgegengenommen hat, ohne dem Wunsch des Lieferanten nach Einbeziehung seiner AGB zu widersprechen, können die AGB des Lieferanten Vertragsbestandteil werden.[73] In der Literatur wird teilweise – allerdings ohne Begründung – in Zweifel gezogen, ob dies auch im bauvertraglichen Geschäftsverkehr gelten kann.[74] M.E. besteht kein Anlass dafür, beim bauvertraglichen Geschäftsverkehr andere Maßstäbe anzulegen.

Am »Stellen« fehlt es allerdings, wenn sich die Einbeziehung als das Ergebnis einer freien Entscheidung desjenigen darstellt, der vom anderen Vertragsteil mit dem Verwendungsvorschlag konfrontiert wird. Das ist dann der Fall, wenn es den Vertragspartnern in erster Linie auf die Verwendung eines rechtlich einwandfreien und geeigneten Vertragsmusters ankommt und nicht etwa auf die einseitige Durchsetzung eines Vertragstextes.[75] Sind sich die Bauvertragspartner also darüber einig, dass die VOB/B als geeignetes Vertragsmuster zur Anwendung kommen soll, ist die VOB/B nicht »gestellt« mit der Folge, dass §§ 305 ff. nicht zur Anwendung kommen.

Vorformulierte Bauvertragsbedingungen können auch nachträglich in den Bauvertrag einbezogen werden. Dies setzt selbstverständlich eine rechtsgeschäftliche Einigung voraus, an der es fehlt,

---

68 Palandt/*Grüneberg*, § 305 BGB Rn. 10 mit Hinweis auf BGH, 24.05.1995, XII ZR 172/94, BGHZ 130, 50, 57.
69 BGH, 30.06.1994, VII ZR 116/93, BauR 1994, 777, 778.
70 Ingenstau/Korbion/*Locher/Sienz*, VOB/B, Anhang 1 Rn. 38.
71 BT-Drucks. 7/3919, 15 f.
72 BGH, 22.03.1995, VIII ZR 20/94, NJW 1995, 1671, 1672 re. Sp.
73 BGH, 06.04.2000, IX ZR 122/99, NJW-RR 2000, 1154, 1155 li. Sp.
74 Ingenstau/Korbion/*Locher/Sienz*, VOB/B, Anhang 1 Rn. 43.
75 BGH, 17.02.2010, VIII ZR 67/09, IBR 2010, 253.

wenn sich ein Bauvertragspartner auf die Bestimmungen der VOB/B beruft, indem er z.B. eine Behinderung nach § 6 VOB/B anzeigt.[76]

VIII. Form und Äußerlichkeit der Vertragsunterlagen

23 Es ist unerheblich, ob allgemeine Geschäftsbedingungen in einem dem Vertrag beigehefteten, in sich geschlossenen AGB-Regelwerk enthalten sind oder ob allgemeine Geschäftsbedingungen über mehrere, äußerlich gesonderte Bestandteile eines Vertrages verteilt sind. Eine andere Frage ist, ob sich aus der äußeren Gestaltung der Vertragsunterlagen im Wege der Auslegung eine Rangfolge zwischen verschiedenen, sich möglicherweise widersprechenden Klauseln herleiten lässt und welche Folgen daraus zu ziehen sind. Die Klärung eines solchen Problems hat anhand der allgemeinen Auslegungsregeln zu erfolgen.[77] Allerdings darf das AGB-Regelwerk im Hinblick auf § 307 Abs. 1 S. 2 BGB nicht intransparent sein. Angesichts der oft sehr umfangreichen, aus einer Vielzahl von Verträgen und Vertragsmustern zusammengewürfelten Bauverträge ist der Weg in die Intransparenz nicht weit.

IX. Aushandeln/Individualvereinbarung

24 Nach der ständigen Rechtsprechung des Bundesgerichtshofs liegt eine im einzelnen ausgehandelte allgemeine Bauvertragsbedingung dann vor, wenn der Klauselverwender den in seinen allgemeinen Geschäftsbedingungen enthaltenen, gesetzesfremden Kerngehalt, also die den wesentlichen Inhalt der gesetzlichen Regelung ändernden oder ergänzenden Bestimmungen inhaltlich ernsthaft zur Disposition stellt und dem Verhandlungspartner Gestaltungsfreiheit zur Wahrung eigener Interessen einräumt; mit zumindest der realen Möglichkeit, die inhaltliche Ausgestaltung der Vertragsbedingungen beeinflussen zu können.[78] Die sich aus der Rechtsprechung des BGH ergebenden Anforderungen an eine Individualvereinbarung sind erheblich. So reicht es nicht aus, wenn der sich auf eine Individualvereinbarung berufende Auftraggeber vorträgt, jede einzelne Vertragspassage sei diskutiert und gewünschte Änderungen schriftlich niedergelegt worden, es seien umstrittene Regelungen ausführlich erörtert worden und der Auftragnehmer habe keine Einwendungen erhoben.[79] Das gemeinsame Erörtern und Lesen von Vertragsklauseln ist kein Aushandeln im Sinne der gesetzlichen Regelung.[80] Der Gegner des Klauselverwenders muss vielmehr die Möglichkeit haben, den Inhalt der bauvertraglichen Bedingungen wirklich zu beeinflussen.[81] Dies ist für jede einzelne Vertragsklausel separat zu prüfen. Die Beweislast dafür, dass Vertragsbedingungen im Einzelnen ausgehandelt sind, liegt beim Klauselverwender. Gelangen die Verhandlungspartner nicht zu einer Änderung der vorformulierten Vertragsbedingungen, kann nur in Ausnahmefällen von einem Aushandeln ausgegangen werden, wenn es nach gründlicher Erörterung letztlich doch bei dem gestellten Formulartext verbleibt.[82] Die vom Bundesgerichtshof in seiner ständigen Rechtsprechung hierfür aufgestellten Bedingungen sind in der Realität kaum zu erfüllen. Selbst wenn dem Beweisführenden ein hinreichend substantiierter Vortrag gelingt, muss dieser dann auch noch bewiesen werden, was in den seltensten Fällen erfolgreich sein dürfte.

25 Ein »Aushandeln« kann allerdings vorliegen, wenn der Verwender der allgemeinen Geschäftsbedingungen der anderen Vertragspartei beispielsweise die Alternative anbietet, gegen ein erhöhtes Entgelt eine Angebotsalternative zu vereinbaren.[83]

---

76 Ingenstau/Korbion/*Locher/Sienz*, VOB/B, Anhang 1 Rn. 44.
77 OLG Hamm, 14.07.2005, 21 U 130/04, BauR 2006, 393, 394.
78 BGH, 09.10.1986, VII ZR 210/01, BauR 2003, 870, 874; BGH, 23.01.2003, VII ZR 128/91, BauR 1992, 794, 795; BGH, 25.06.1992, VII ZR 245/85, BauR 1987, 113, 114.
79 OLG Celle, 13.11.2003, 13 U 136/03, IBR 2001, 1.
80 OLG Düsseldorf, 06.04.2006, 5 U 115/05, IBR 2008, 512 (*Schmitz*).
81 OLG Köln, 19.01.2005, 11 U 4/00, IBR 2006, 247.
82 BGH, 09.10.1986, VII ZR 210/01, BauR 2003, 870, 874.
83 BGH, 06.12.2002, V ZR 220/02, BGHZ 153, 148.

An der grundsätzlichen Problematik, dass ein Aushandeln im Streitfalle in den seltensten Fällen 26
substantiiert dargelegt, geschweige denn bewiesen werden kann ändern auch die in den letzten
Jahren verstärkt zur Anwendung gelangten Vergabeverhandlungsprotokolle nichts. Insbesondere
große Generalunternehmer vergeben Nachunternehmerleistungen häufig auf der Grundlage von
Verhandlungsprotokollen. Hierbei handelt es sich um oft seitenlange, vorformulierte Vertragsbedingungen mit in der Regel einer Vielzahl auszufüllender Lücken. Auch im Falle der Verwendung solcher Unterlagen im Rahmen der Vertragsanbahnung besteht nur dann die Chance, sich
auf ein Aushandeln berufen zu können, wenn dem Gegner des Klauselverwenders die reale Möglichkeit eingeräumt wurde, die inhaltliche Ausgestaltung der Vertragsbedingungen zu beeinflussen. Hierbei ist jede Klausel für sich selbst zu betrachten, sodass für den Fall einer tatsächlich ausgehandelten einzelnen Vertragspassage nicht darauf rückgeschlossen werden kann, dass dadurch
der gesamte Vertragstext im Einzelnen ausgehandelt ist.

Sog. »Aushandelnsklauseln« verbessern die Position des AGB-Verwenders nicht. Regelmäßig ist 27
auch eine Klausel, die besagt, dass die Vertragsbedingungen im Einzelnen ausgehandelt seien, vorformuliert und einseitig gestellt, sodass es sich um eine allgemeine Geschäftsbedingung handelt,
die rechtserheblichen Tatsachen eine bestimmte Qualifizierung geben soll. Als allgemeine Geschäftsbedingung unterliegt auch eine solche Klausel der Inhaltskontrolle und verstößt gegen
§ 309 Nr. 12 BGB.[84] Da eine klauselmäßige Aushandelnsbestätigung gegen das Umgehungsverbot nach § 306a BGB verstößt, ist eine derartige allgemeine Vertragsbedingung auch im kaufmännischen Geschäftsverkehr unwirksam. Erst Recht ohne jede Bedeutung ist die Formulierung, dass
es sich bei dem abgeschlossenen Vertrag um einen Individualvertrag handelt (vgl. § 305b Rdn. 3).

C. Qualifizierte Einbeziehungserfordernisse, § 305 Abs. 2 BGB

I. Allgemeines

§ 305 Abs. 2 BGB findet keine Anwendung auf allgemeine Geschäftsbedingungen, die gegenüber 28
einem Unternehmer, einer juristischen Person des öffentlichen Rechts oder einem öffentlichrechtlichen Sondervermögen verwendet werden, § 310 Abs. 1 Satz 1 BGB.

Angesichts der Entscheidung des BGH vom 24.07.2008[85] ist die Einbeziehung der VOB/B auch 29
durch den Auftragnehmer gegenüber einem Verbraucher weiterhin grundsätzlich möglich. Allerdings ist die VOB/B nach der Rechtsprechung des BGH für »Altfälle« und mit Inkrafttreten des
durch das Forderungssicherungsgesetz neuen § 310 Abs. 1 BGB zum 01.01.2009 im Rechtsverhältnis zu einem Verbraucher nicht privilegiert (zur sog. »Privilegierung« der VOB/B siehe § 310
BGB Rdn. 14 ff.). Sie unterliegt, auch wenn sie »als Ganzes« vereinbart ist, vollumfänglich der Inhaltskontrolle.

II. Hinweis auf die Allgemeinen Bauvertragsbedingungen und Möglichkeit, von diesen in zumutbarer Weise Kenntnis zu nehmen

An die Bedingungen für die Einbeziehung Allgemeiner Vertragsbedingungen gegenüber einem 30
Verbraucher, insbesondere der VOB/B in einen Bauvertrag, sind erheblich höhere Anforderungen
zu stellen als bei der Einbeziehung gegenüber einem Unternehmer, was daraus resultiert, dass
§ 305 Abs. 2 Nr. 2 BGB im Geschäftsverkehr mit Unternehmern nicht gilt (§ 310 Abs. 1).
Möchte ein Bauunternehmer seine allgemeinen Geschäftsbedingungen, insbesondere die VOB/B
und die VOB/C zum Bestandteil eines Vertrages mit einem Verbraucher machen, muss er neben
dem Hinweis nach § 305 Abs. 2 Nr. 1 BGB dem Verbraucher den Text der VOB/B bei der Vertragsanbahnung vollumfänglich zur Verfügung stellen, um ihm die Kenntnisnahme des gesamten

---

84 BGH, 28.01.1987, IVa ZR 173/85, BauR 1987, 308, 309.
85 BGH, 24.07.2008, VII ZR 55/07, BauR 2008, 1603, 1605.

§ 305a BGB   Einbeziehung in besonderen Fällen

Textes zu ermöglichen.[86] Es reicht für eine zumutbare Kenntnisnahme im Sinne des § 305 Abs. 2 Nr. 2 BGB indessen nicht aus, einem mit dem Text der VOB/B oder VOB/C nicht oder nur teilweise vertrauten Verhandlungspartner lediglich die Möglichkeit einzuräumen, die Texte anzufordern.[87] Gegenüber einem bauunerfahrenen Auftraggeber wird die VOB/B ebenfalls nicht wirksam einbezogen, wenn das Angebot des Bauhandwerkers lediglich den Hinweis enthält, die VOB könne in seinen Geschäftsräumen eingesehen werden.[88] Es kommt nicht darauf an, ob der Verbraucher als Bauvertragspartner des Klauselverwenders im Baugewerbe bewandert ist.[89]

31 Beim Vertragsabschluss mit einem im Baugewerbe tätigen Verhandlungspartner reicht die einfache Bezugnahme, d.h. der Hinweis gem. § 305 Abs. 2 Nr. 1 BGB auf die VOB/B allerdings aus, weil unterstellt werden kann, dass ihm der Text der VOB/B bekannt ist.[90] Dies gilt auch im Verhältnis zu einem im Baugewerbe nicht bewanderten Unternehmer. Auch insoweit gelten die allgemeinen AGB-rechtlichen Grundsätze. Danach müssen sogar vom Verwender selbst konzipierte AGB für deren Einbeziehung nicht ausgehändigt werden, es sei denn, der Vertragspartner verlangt das. Dies muss erst recht für die für jedermann einfach zu beschaffende VOB/B gelten.[91]

32 Beim Vertragsabschluss mit einem Verbraucher steht die sog. Staffelverweisung über § 1 Nr. 1 Satz 2 VOB/B der Einbeziehung der VOB/C in den Bauvertrag entgegen, denn auch insoweit muss dem Verbraucher die Gelegenheit zur Kenntnis des vollen Textes gegeben werden. Ansonsten kann ein mit Bauangelegenheiten nicht bewanderter Verbraucher nicht umfassend feststellen, welche der vielfältigen Regeln für »seinen« Vertrag bedeutsam sein können. Die Verweisung nach § 1 Abs. 1 Satz 2 VOB/B verstößt dann bei Bauverträgen mit Verbrauchern gegen das Transparenzgebot (§ 307 BGB).[92] Soweit die DIN 18299 ff. anerkannte Regeln der Technik wiedergeben, werden sie jedoch über § 13 Abs. 1 VOB/B und über den Sachmangelbegriff des § 633 Abs. 2 Nr. 2 BGB Vertragsbestandteil,[93] auch wenn die VOB/C als AGB nicht wirksam einbezogen wurde.

33 Für den Bauunternehmer stellt sich die Problematik des § 305 Abs. 2 BGB nicht, wenn der Bauherr zwar Privatmann bzw. Verbraucher, aber selbst Verwender der VOB/B ist, beispielsweise weil er auf der Grundlage einer von seinem Architekten erstellten Leistungsbeschreibung, die auf die Einbeziehung der VOB/B und VOB/C hinweist, zur Abgabe von Angeboten einlädt.

D. Rahmenvereinbarungen, § 305 Abs. 3 BGB

34 § 305 Abs. 3 BGB findet keine Anwendung auf allgemeine Geschäftsbedingungen, die gegenüber einem Unternehmer, einer juristischen Person des öffentlichen Rechts oder einem öffentlich-rechtlichen Sondervermögen verwendet werden, § 310 Abs. 1 Satz 1 BGB. Die Vorschrift erlaubt die Vereinbarung allgemeiner Geschäftsbedingungen beispielsweise für Rahmenvereinbarungen. Derartige Rechtsgeschäfte mit Verbrauchern sind im baurechtlichen Bereich äußerst selten.

§ 305a Einbeziehung in besonderen Fällen

Auch ohne Einhaltung der in § 305 Abs. 2 Nr. 1 und 2 bezeichneten Erfordernisse werden einbezogen, wenn die andere Vertragspartei mit ihrer Geltung einverstanden ist,

---

86 BGH, 14.02.1991, VII ZR 132/90, BauR 1991, 328, 328 sowie BGH, 09.11.1989, VII ZR 16/89, BauR 1990, 205, 207.
87 BGH, 10.06.1999, VII ZR 170/98, BauR 1999, 1186, 1187.
88 OLG Düsseldorf, 23.02.1996, 22 U 194/95, BauR 1996, 712, 712.
89 Ingenstau/Korbion/*Locher/Sienz*, VOB/B, Anhang 1 Rn. 46.
90 BGH, 16.12.1982, VII ZR 92/82, BauR 1983, 161, 163; BGH, 20.10.1988, VII ZR 302/87, BauR 1989, 87.
91 Ingenstau/Korbion/*Locher/Sienz*, VOB/B, Anhang 1 Rn. 46.
92 *Vogel/Vogel*, Beck'scher VOB- und Vergaberechtskommentar, VOB/C, Syst V Rn. 22.
93 *Werner/Pastor*, Rn. 1026.

1. die mit Genehmigung der zuständigen Verkehrsbehörde oder auf Grund von internationalen Übereinkommen erlassenen Tarife und Ausführungsbestimmungen der Eisenbahnen und die nach Maßgabe des Personenbeförderungsgesetzes genehmigten Beförderungsbedingungen der Straßenbahnen, Omnibusse und Kraftfahrzeuge im Linienverkehr in den Beförderungsvertrag,
2. die im Amtsblatt der Bundesnetzagentur für Elektrizität, Gas, Telekommunikation, Post und Eisenbahnen veröffentlichten und in den Geschäftsstellen des Verwenders bereitgehaltenen Allgemeinen Geschäftsbedingungen
   a) in Beförderungsverträge, die außerhalb von Geschäftsräumen durch den Einwurf von Postsendungen in Briefkästen abgeschlossen werden,
   b) in Verträge über Telekommunikations-, Informations- und andere Dienstleistungen, die unmittelbar durch Einsatz von Fernkommunikationsmitteln und während der Erbringung einer Telekommunikationsdienstleistung in einem Mal erbracht werden, wenn die Allgemeinen Geschäftsbedingungen der anderen Vertragspartei nur unter unverhältnismäßigen Schwierigkeiten vor dem Vertragsschluss zugänglich gemacht werden können.

Schrifttum
Vgl. § 305.

Diese Vorschrift regelt erleichterte Einbeziehungsmöglichkeiten für allgemeine Geschäftsbedingungen der Bahn sowie öffentlicher Verkehrsbetriebe sowie von Anbietern für Strom, Gas, Telekommunikation, Post usw. Die Vorschrift ist für Bauvertragsverhältnisse nicht relevant. 1

§ 305b Vorrang der Individualabrede
Individuelle Vertragsabreden haben Vorrang vor Allgemeinen Geschäftsbedingungen.

Schrifttum
Vgl. § 305.

Vorrang vor jeglichen vorformulierten Bauvertragsklauseln haben von den Bauvertragspartnern ausgehandelte, individuelle Vertragsabreden im Sinne des § 305 Abs. 1 Satz 3 BGB. Unbedingten Vorrang genießt in diesem Zusammenhang insbesondere auch die nachträglich, also nach Abschluss des Vertrages unter Einbeziehung von allgemeinen Geschäftsbedingungen getroffene, individuelle Vereinbarung.[1] Vorrang haben also insbesondere Vertragsabreden, die im Einzelnen ausgehandelt sind. Allerdings ist das Vorliegen von allgemeinen Geschäftsbedingungen bei Bauverträgen die Regel. Individualverträge treten allenfalls bei technisch außergewöhnlichen oder besonders großen Bauvorhaben auf. 1

Die Beweislast für das Vorliegen einer Individualabrede liegt auf Seiten dessen, der sich darauf beruft. 2

Der Klauselverwender kann die Vorschrift nicht umgehen, indem er – wiederum durch eine vorformulierte Klausel – die Aussage trifft, der Vertrag sei ausführlich diskutiert und im Einzelnen ausgehandelt, so dass eine Individualvereinbarung vorliege. Derartige Regelungen sind unwirksam.[2] Es reicht im Übrigen auch nicht aus, dass ein Notar die einzelnen Klauseln durchspricht, erläutert und dies im Protokoll bzw. in der Urkunde vermerkt.[3] Macht der AGB-Verwender in 3

---
1 BGH, 21.09.2005, XII ZR 312/02, NJW 2006, 138.
2 BGH, 28.01.1987, IV a ZR 173/85, BauR 1987, 308, 310 f.
3 BGH, 11.10.1984, VII ZR 248/83, BauR 1985, 93, 94.

Punkten, die nicht Gegenstand der Allgemeinen Bauvertragsbedingungen sind, so beispielsweise in der Vergütung oder im Fertigstellungstermin, Zugeständnisse, so begründen diese nicht die Annahme, der Verwender sei ohne Weiteres auch bereit, von seinen sonstigen Bedingungen abzulassen, so dass in einem solchen Fall nicht von einer Individualvereinbarung im Übrigen ausgegangen werden kann.[4] Ein Aushandeln erfordert mehr als ein »Verhandeln« (vgl. auch § 305 BGB Rdn. 24 ff.). Der Klauselverwender muss den in seinen vorformulierten Vertragsbedingungen enthaltenen gesetzesfremden Kerngehalt inhaltlich ernsthaft zur Disposition stellen und dem Vertragspartner eine Gestaltungsfreiheit zur Wahrung eigener Interessen tatsächlich einräumen. Er muss also die tatsächliche Möglichkeit geben, die inhaltliche Ausgestaltung der Vertragsbedingungen zu beeinflussen.[5] Einer Differenzierung zwischen verhandelnden Kaufleuten und Nichtkaufleuten bedarf es indessen nicht. Die Anforderungen an die Individualabrede sind nämlich im kaufmännischen wie im privaten Rechtsverkehr gleich hoch.[6] Welche Kriterien ein Indiz für ein Aushandeln von Individualvereinbarungen bedeuten können, zeigt die Entscheidung des OLG Köln.[7] Beim Abschluss eines Generalübernehmerauftrages hatten die Verhandlungspartner den Vertragsentwurf handschriftlich dahingehend ergänzt, dass der Anspruch des Generalübernehmers auf Einräumung einer Sicherungshypothek gem. § 648 BGB ausgeschlossen wurde. Bis es zum Abschluss des Vertrages kam, war der Vertragsentwurf zwischen beiden Parteien hin und her gegangen und ständig mit Änderungen versehen worden. Das OLG Köln hielt diese Indizien für ausreichend, um eine Individualvereinbarung annehmen zu können. Bauverträge von größeren Bauvorhaben, deren Abschlüsse regelmäßig nach langen Verhandlungsrunden zustande kommen, weisen in der Regel zahlreiche individualvertragliche Vertragspassagen auf.[8]

4 Ein nicht seltenes Problem sind Vertragsklauseln, die von Unternehmen gestellt werden, die nur für ein Bauvorhaben gegründet und betrieben werden. Solche Projektgesellschaften behaupten häufig das Vorliegen eines Individualvertrages mit der Begründung, es liege wegen ihrer Ausrichtung auf ein einziges Bauvorhaben keine Mehrfachverwendungsabsicht vor. Regelmäßig verwenden jedoch die hinter solchen Unternehmen stehenden Konzernmütter oder Inverstoren die entsprechenden Klauseln mehrfach. Der BGH hat sich auch zu solchen Konstellationen bereits geäußert.[9] Danach ist es ausreichend, wenn die Bauvertragsklauseln allgemein zur Mehrfachverwendung vorgesehen sind, also z. B. von einer der als Gesellschafter verbundenen Baugesellschaften benutzt werden sollen oder zum Zwecke der Mehrfachverwendung entworfen worden sind. Denn es genügt, dass eine Vertragspartei ein von einem Dritten für eine Vielzahl von Verträgen angefertigtes Formular benutzt, auch wenn sie es ihrerseits nur für einen einzigen Vertrag verwendet.

§ 305c Überraschende und mehrdeutige Klauseln

(1) Bestimmungen in Allgemeinen Geschäftsbedingungen, die nach den Umständen, insbesondere nach dem äußeren Erscheinungsbild des Vertrags, so ungewöhnlich sind, dass der Vertragspartner des Verwenders mit ihnen nicht zu rechnen braucht, werden nicht Vertragsbestandteil.

(2) Zweifel bei der Auslegung Allgemeiner Geschäftsbedingungen gehen zu Lasten des Verwenders.

Schrifttum
Vgl. § 305.

---

4 OLG Brandenburg, 16.01.2007, 11 U 72/06, IBR 2007, 1209.
5 BGH, 14.04.2005, VII ZR 56/04, BauR 2005, 1154, 1155.
6 OLG Oldenburg, 30.09.2004, 8 U 86/01, BauR 2005, 887, 898.
7 OLG Köln, 19.05.1995, 20 U 199/94, BauR 1996, 272, 274.
8 IBR 1995, 457 (*Schulze-Hagen*).
9 BGH, 04.05.2000, VII ZR 53, 99, BauR 2000, 1182, 1185.

A. Allgemeines

Die dem Wortlaut des § 3 AGBG entsprechende Klausel zielt auf Vertrauensschutz ab.[1] Nach dem Willen des Gesetzgebers soll der Kunde darauf vertrauen dürfen, dass sich die einzelnen Regelungen im Großen und Ganzen im Rahmen dessen halten, was nach den Umständen beim Abschluss des Vertrages erwartet werden kann.[2]

§ 305c Absatz 1 und Absatz 2 BGB betreffen verschiedene Regelungsinhalte. Bei dem Verbot überraschender Klauseln des Absatzes 1 handelt es sich um eine Ergänzung der Einbeziehungsvoraussetzungen des § 305 Abs. 2 BGB, bei Abs. 2 demgegenüber um eine Auslegungsregel.[3] Die Rechtsprechung zum alten Recht kann dabei weitgehend herangezogen werden. Es muss aber zusätzlich stets eine kritische Prüfung dahingehend erfolgen, ob im Hinblick auf das nach der Schuldrechtsreform neue dispositive Recht Änderungen veranlasst sind.[4]

B. Ungewöhnliche Klauseln, § 305c Abs. 1 BGB

I. Anwendungsbereich

Während § 305c Abs. 1 BGB in Individualverfahren ohne Weiteres anwendbar ist, besteht Streit darüber, ob die Vorschrift auch im Verbandsklageverfahren zur Anwendung kommt. Die Literatur ist uneinheitlich.[5] Nach der Rechtsprechung des BGH[6] ist eine Aufgreifbefugnis anzunehmen, wenn eine Bauvertragsklausel gegen allgemein zwingendes Recht verstößt. Dazu zählt auch der Überrumpelungsschutz des § 305c BGB.

II. Effekt der Überrumpelung oder Übertölpelung

Klauseln im Sinne der Vorschrift liegen dann vor, wenn ihnen ein Überrumpelungs- oder Übertölpelungseffekt innewohnt.[7] Ein solcher Effekt ist dann gegeben, wenn die Klausel von den Erwartungen des Vertragspartners deutlich abweicht und mit der dieser den Umständen nach vernünftigerweise nicht zu rechnen braucht. Diese Erwartungen werden dabei von allgemeinen und individuellen Begleitumständen bestimmt. Zu den allgemeinen Begleitumständen zählen der Grad der Abweichung der streitigen Bauvertragsklausel vom dispositiven Gesetzesrecht und die für den Geschäftskreis übliche Gestaltung. Zu den individuellen Begleitumständen gehören der Gang und der Inhalt der Vertragsverhandlungen sowie der äußere Zuschnitt des Vertrages.[8] Die nach der Vorschrift beachtliche Diskrepanz zwischen der maßgebenden Erwartungshaltung des Vertragspartners und dem Inhalt der Klausel kann sich insbesondere aus dem äußeren Zuschnitt der Vertragsurkunde und der Unterbringung der Klausel an unerwarteter Stelle ergeben. Weicht die Klausel von den Erwartungen, die der redliche Verkehr typischerweise an den Vertragsinhalt knüpft so erheblich ab, dass der Vertragspartner hiermit nicht zu rechnen braucht, wird die Bauvertragsklausel nicht Vertragsbestandteil.[9] In den Fokus gerät in diesem Zusammenhang die Einbeziehung der VOB/C über § 1 Abs. 1 S. 2 VOB/B (zur Staffelverweisung siehe § 305 BGB Rdn. 32). Zumindest bei einem im Bau unerfahrenen Kundenkreis wird die Frage der Überrumpelung des Kunden mit den über 60 DIN-Normen der VOB/C diskutiert.[10] *Vogel*[11] weist zutref-

---

1 MüKo/*Basedow*, § 305c Rn. 1.
2 BT-Drucks. 7/3919, 19.
3 Erman/*Roloff*, § 305c Rn. 1.
4 Erman/*Roloff*, § 305c Rn. 1.
5 Zum Streitstand vgl. Bamberger/Roth/*Schmidt*, § 305c Rn. 7.
6 BGH, 03.04.1992, V ZR 83/91, NJW 1992, 1757, 1758 li. Sp.
7 BGH, 01.06.1989, X ZR 78/88, NJW 1989, 2255 re. Sp.
8 BGH, 10.11.1989, V ZR 201/88, NJW 1990, 576, 577 li. Sp.
9 BGH, 15.11.2002, VII ZR 272/01, BauR 2002, 1544, 1546.
10 *Vogel*, BauR 2000, 345, 346, m.w.N.
11 *Vogel*, BauR 2000, 345, 349.

fend darauf hin, dass die Erfassung der vertragsrechtlichen Bedeutung der VOB/C noch in den Kinderschuhen steckt und dass sich allgemeingültige Aussagen kaum treffen lassen. Daran hat sich auch mit der Entscheidung des VII. Zivilsenats vom 27.07.2006[12] nichts geändert, nach der auch die Regeln der VOB/C allgemeine Geschäftsbedingungen sind. (vgl. auch § 305 Rdn. 8 ff.).

III. Prüfungsmuster

5   Ausgehend vom Gesetzestext ergibt sich ein Prüfungsmuster in drei Schritten:[13] Zunächst sind die Vorstellungen und Erwartungen zu ermitteln, die der Kunde vom Inhalt des abgeschlossenen Vertrages nach den Umständen hatte und haben durfte. Als zweiter Schritt ist der Inhalt der strittigen Klausel zu ermitteln und schließlich danach zu fragen, ob die Diskrepanz zwischen den Vorstellungen des Kunden und dem Inhalt der AGB Klausel so groß ist, dass sie als »überraschend« im Sinne des § 305c Abs. 1 BGB angesehen werden kann.

IV. Einbeziehung mehrerer Klauselwerke

6   Ein gerade bei Bauverträgen typisches und regelmäßig vorhandenes Problem ist, dass in den Bauvertrag mehrere Klauselwerke einbezogen werden. So ist es nicht selten, dass der Generalunternehmer im Vertragsverhältnis zum Nachunternehmer den Vertrag, den er mit dem Bauherrn geschlossen hat, zum Vertragsinhalt bestimmt. Investoren machen gegenüber den bauausführenden Unternehmen zuvor abgeschlossene Miet- oder Pachtverträge über Einkaufszentren, Hotels, Industrieanlagen oder Bürokomplexe zum Gegenstand des Bauvertrages. So können sich bereits aus dem Umfang und der Gestaltung des gesamten Bauvertrages beste Voraussetzungen dafür ergeben, dass viele Klauseln nicht Vertragsbestandteil werden, weil der Umfang des Vertragswerks mit zunehmender Seitenstärke die Erkennbarkeit einer eventuell problematischen Klausel für den Gegner des Klauselverwenders erschwert, und der Überraschungseffekt damit verstärkt wird. Einen derartigen Fall hat der BGH am 12.07.2007 entschieden:[14] Ein Generalunternehmer hatte in einer formularmäßigen Klausel in einem gegenüber einem Nachunternehmer verwendeten Vergabeverhandlungsprotokoll auf die Vertragsbedingungen zwischen ihm und dem Bauherrn hingewiesen. Der Vertrag zwischen dem Generalunternehmer und dem Bauherrn sollte nachrangig zum Verhandlungsprotokoll und dem Leistungsverzeichnis gelten. Erst im Generalunternehmervertrag zwischen Bauherrn und dem GU war die streitgegenständliche Klausel zu entdecken, die dem Auftraggeber das Recht einräumte, Teile der Leistung für ihn kostenneutral herausnehmen zu können. Der BGH betrachtete diese Vertragsgestaltung als so ungewöhnlich, dass der Nachunternehmer hiermit nicht zu rechnen brauchte. Die Klausel ist also nicht Vertragsbestandteil geworden.

V. Wesensfremde Klauselteile

7   Dass eine Klausel als überraschend anzusehen ist, wenn sie sich vom Wesen des Vertrages im Übrigen erheblich absetzt, ergibt sich aus der Entscheidung des BGH vom 14.10.2004.[15] Auftraggeber und Auftragnehmer hatten einen Bauvertrag geschlossen, der per handschriftlichem Eintrag als Einheitspreisvertrag bezeichnet wurde, dem ein Leistungsverzeichnis zugrunde lag und in dem die Vergütung für die Bauleistungen als »Einheitspreissumme« bezeichnet wurde. Der Vertrag hatte daher das Gepräge eines Einheitspreisvertrages, weshalb der BGH eine im weiteren Vertragstext enthaltene Klausel mit dem Wortlaut »auch bei einem Einheitspreisvertrag ist die Auftragssumme limitiert« als überraschend wertete. Der Maßstab, der für die maßgeblichen Vorstellungen und Erwartungen des Vertragspartners anzulegen ist, ist derjenige eines redlichen Kunden von durch-

---

12 BGH, 27.07.2006, VII ZR 202/04, BauR 2006, 2040.
13 MüKo/*Basedow*, § 305c Rn. 5.
14 BGH, 12.07.2007, VII ZR 154/06, BauR 2007, 1724, 1726.
15 BGH, 14.01.2004, VII ZR 190/03, BauR 2005, 94, 95.

schnittlicher Geschäftserfahrung, Aufmerksamkeit und Umsicht, die ein solcher im Rahmen der Betrachtung der Vertragsunterlagen aufgebracht hätte.[16]

Eine nicht mehr hinzunehmende Diskrepanz zwischen den Vorstellungen bzw. Erwartungen des Vertragspartners und dem Inhalt einer strittigen AGB-Klausel liegt dann regelmäßig nicht vor, wenn die Bauvertragsklausel keine untypische Abweichung vom Gesetzesrecht beinhaltet. 8

Eine Bauvertragsklausel ist nicht allein deshalb als nicht ungewöhnlich zu betrachten, weil sie in vorformulierten Bauvertragsunterlagen weit verbreitet ist. Da Bauverträge überwiegend von Bautechnikern und Handwerkern verhandelt und abgeschlossen werden, kann ein Überraschungseffekt im Sinne des § 305c Abs. 1 BGB allenfalls für einen kleinen Kreis von Personen entfallen, der mit der bedenklichen Klauselpraxis näher vertraut ist aber nicht Personen, von denen eine eingehendere juristische Kenntnis von der möglicherweise bedenklichen Klauselpraxis nicht erwartet werden kann.[17] 9

C. In dubio contra stipulatorem, § 305c Abs. 2 BGB

I. Anwendungsbereich

Bei § 305c Abs. 2 BGB handelt es sich um eine ergänzende Auslegungsregel für Allgemeine Geschäftsbedingungen, die auf dem Gedanken beruht, dass es Sache des Verwenders ist, sich klar und unmissverständlich auszudrücken.[18] Der sachliche Anwendungsbereich der Vorschrift bezieht sich auf jede Art von Allgemeinen Geschäftsbedingungen.[19] Persönlich ist die Regelung auch im kaufmännischen Geschäftsverkehr anwendbar.[20] 10

II. Grundlagen für die Auslegung

Die Meinungen, wie im Rahmen des § 305c Abs. 2 BGB die Auslegung von AGB-Klauseln vorzunehmen ist, sind uneinheitlich. Ausgangspunkt für Meinungsdifferenzen in der Literatur ist die RL 93/13/EWG, Art. 5, Satz 2 und 3, die Regelung zur Auslegung vorformulierter Klauseln in Verbraucherverträgen enthalten. Artikel 5 Satz 2 RL 93/13/EWG schreibt vor, dass im Rahmen der Inhaltskontrolle von Allgemeinen Geschäftsbedingungen die kundenfreundlichste Auslegung heranzuziehen ist. Art. 5 Satz 3 der Richtlinie beschränkt die Vorgabe dieser Auslegungsweise ausdrücklich auf Individualverfahren, so dass die nach der ständigen Rechtsprechung des BGH vorzunehmende kundenfeindlichste Auslegung von AGB-Klauseln in Verbandsklageverfahren nach dem UKlaG zulässig ist. Die neuere Rechtsprechung und Literatur zur Anwendung des § 305c Abs. 2 BGB im Individualprozess weicht jedoch von diesen Vorgaben der Richtlinie ab, indem wie im Verbandsklageverfahren auch im Individualprozess zunächst von der kundenfeindlichsten Auslegung einer Klausel ausgegangen wird und erst dann, wenn die Klausel nach den §§ 307–309 BGB gleichwohl Bestand hat, die kundenfreundliche Interpretation herangezogen wird.[21] Ob diese Art der Auslegung mit Art. 5 Satz 2 und 3 RL vereinbar ist, wird in Frage gestellt, weil die Richtlinie auf die kundenfreundliche, daher im Zweifel nicht zur Feststellung der Missbräuchlichkeit führende Auslegung abzielt.[22] 11

Gleichwohl wird sowohl von der Rechtsprechung als auch vom überwiegenden Teil der Literatur diese Auslegungsmethode gerechtfertigt, nach der auch im Individualverfahren zunächst die kundenfeindlichste Auslegung herangezogen wird, weil sie im Ergebnis eher zur Beurteilung der 12

---

16 MüKo/*Basedow*, § 305c Rn. 6.
17 BGH, 01.06.1994, XI ZR 133/93, NJW 1994, 2145, 2146.
18 Palandt/*Heinrichs*, § 305c Rn. 18.
19 MüKo/*Basedow*, § 305c Rn. 18 m.w.N.
20 BGH, 19.09.2001, I ZR 343/98, NJW RR 2002, 1027, 1029.
21 BGH, 11.02.1992, XI ZR 151/91, NJW 1992, 1097, 1099.
22 MüKo/*Basedow*, § 305c, Rn. 20.

Klausel als unwirksam führt und damit letztlich die kundenfreundlichste Betrachtungsweise darstellt. Erst wenn sich die strittige Bauvertragsklausel nach jeder in Betracht kommenden Auslegung als wirksam erweist, kommt die dem Kunden günstigste Auslegung zum Tragen.[23] Die herrschende Meinung begründet die Betrachtungsweise insbesondere mit Art. 8 der RL, wonach ein höheres Schutzniveau für die Verbraucher aufgrund nationalen Rechts weiterhin zulässig ist.[24]

III. Grundsatz der objektiven Auslegung

13   Nach ständiger Rechtsprechung ist eine objektive Auslegung vorzunehmen (Grundsatz der objektiven Auslegung). Der Sinngehalt der AGB-Klausel ist nach objektiven Maßstäben, losgelöst von der zufälligen Gestaltung des Einzelfalls und den individuellen Vorstellungen der Vertragsparteien, unter Beachtung ihres wirtschaftlichen Zwecks und der gewählten Ausdrucksweise zu ermitteln.[25] Dabei hat die Auslegung unter Berücksichtigung der Verhältnisse zu erfolgen, wie sie bei den Verwendern der streitigen AGB und dem von ihnen angesprochenen Kundenkreis typischerweise gegeben sind.[26] Auszugehen ist dabei von den durchschnittlichen Interessen, Vorstellungen und Verständnismöglichkeiten redlicher (gedachter) Vertragsparteien, die ihrem Geschäftsverkehr eine allgemeine Grundlage geben wollen.[27] Bei der Auslegung der in Allgemeinen Bauvertragsbedingungen verwandten Begriffe und Ausdrücke ist grundsätzlich diejenige Bedeutung als maßgeblich anzusehen, die ihnen im allgemeinen Sprachgebrauch zukommt.[28] Juristische Fachausdrücke besitzen die Bedeutung, die ihnen in der juristischen Fachsprache beigemessen wird, sofern diese Ausdrücke im allgemeinen Sprachgebrauch nicht vorkommen oder sie dort die gleiche Bedeutung haben wie in der Fachsprache.[29] Hat ein Begriff in der Fachsprache eine andere Bedeutung als im allgemeinen Sprachgebrauch, so ist der allgemein-sprachlichen Bedeutung der Vorrang zu geben.[30] Ein Begriff, der innerhalb eines vorformulierten Bauvertrages mehrfach verwendet wird, ist grundsätzlich für alle Klauseln einheitlich auszulegen.[31]

IV. Besondere Vertragstypen, insbesondere Bauverträge

14   Wird durch streitige Allgemeine Geschäftsbedingungen ein Vertragstyp geregelt, dem in der Regel nicht der allgemeine Geschäftsverkehr, sondern Verhandlungspartner, insbesondere Kaufleute einer bestimmten Branche beteiligt sind, ist den in Allgemeinen Geschäftsbedingungen verwandten, branchenspezifischen Fachausdrücken die fachsprachliche Bedeutung beizulegen und nicht etwa diejenige, die sie in der Umgangssprache haben. Bei der Auslegung technischer Vertragsbedingungen in Bauverträgen kommt dabei der Verkehrssitte maßgebliche Bedeutung zu.[32]

15   Im Gegensatz zur Beurteilung der Klausel nach § 305c Abs. 1 BGB verbietet sich nach dem Grundsatz der objektiven Auslegung eine Berücksichtigung der konkreten, beim Vertragsabschluss maßgeblichen Aspekte und Vorstellungen, die auf Seiten der Bauvertragspartner maßgeblich waren. Haben die Bauvertragspartner einer AGB-Klausel beim Vertragsabschluss übereinstimmend eine bestimmte Bedeutung beigemessen, kann dies bei der Auslegung gleichwohl maßgeblich sein, wenn die beiderseitige Betrachtungsweise so konkret ist, dass sie als Individualabrede angesehen werden kann. In einem solchen Fall ist die einvernehmliche Betrachtung nach § 305b BGB vor-

---

23 BGH, 16.06.2009, XI ZR 145/08, BauR 2009, 1742, 1744.
24 BGH, 29.04.2008, KZR 2/07, BGHZ 176, 244, 250 m.w.N.
25 BGH, 29.10.1956, II ZR 64/56, BGHZ 22, 109, 113.
26 BGH, 19.01.2005, XII ZR 107/01, NJW 2005, 1183.
27 BGH, 29.09.1960, II ZR 25/59, BGHZ 33, 216, 218.
28 MüKo/*Basedow*, § 305c Rn. 25.
29 BGH, 16.04.1952, II ZR 49/51, BGHZ 5, 365, 367 (st. Rspr.).
30 MüKo/*Basedow*, § 305c Rn. 25; zustimmend Palandt/*Grüneberg*, § 305c Rn. 16.
31 BGH, 20.08.2009, VII ZR 212/07, BauR 2009, 1736, 1738.
32 BGH, 17.06.2004, VII ZR 75/03, BauR 2004, 1438.

rangig.³³ So ist z.B. Maßstab für die Auslegung formularmäßiger Architektenverträge die Verständnismöglichkeit eines rechtsunkundigen Durchschnittsbauherrn.³⁴

Voraussetzung für die Anwendung der Unklarheitenregelung nach § 305c Abs. 2 BGB ist die aufgrund der vorstehend dargestellten objektiven Auslegung getroffene Feststellung, dass hinsichtlich des Bedeutungsgehalts der Klausel Zweifel bestehen, die Klausel also nach der objektiven Auslegung zwei- oder mehrdeutig bleibt.³⁵ Bei der Auslegung kommt es insbesondere auf den Wortlaut der Klausel, also die Verständlichkeit der Sprache an.³⁶ So kommt die Unklarheitenregel beispielsweise dann zum Zuge, wenn sich zwei Gewährleistungsregeln in einem Bauträgervertrag widersprechen.³⁷ Für die Auslegung maßgeblich kann auch der systematische Standort der streitigen AGB-Klausel im Vertragsganzen sein.³⁸ Als überraschend hat z.B. das OLG Brandenburg eine Vertragsstrafenklausel angesehen, die vorsah, dass die Vertragsstrafe bereits einen Tag nach Vertragsabschluss verwirkt sein sollte.³⁹

16

§ 306 Rechtsfolgen bei Nichteinbeziehung und Unwirksamkeit

(1) Sind Allgemeine Geschäftsbedingungen ganz oder teilweise nicht Vertragsbestandteil geworden oder unwirksam, so bleibt der Vertrag im Übrigen wirksam.

(2) Soweit die Bestimmungen nicht Vertragsbestandteil geworden oder unwirksam sind, richtet sich der Inhalt des Vertrags nach den gesetzlichen Vorschriften.

(3) Der Vertrag ist unwirksam, wenn das Festhalten an ihm auch unter Berücksichtigung der nach Absatz 2 vorgesehenen Änderung eine unzumutbare Härte für eine Vertragspartei darstellen würde.

Schrifttum
Vgl. § 305 BGB.

Übersicht

		Rdn.				Rdn.
A.	Allgemeines	1		1. Ergänzende Vertragsauslegung	9
B.	Restwirksamkeit, § 306 Abs. 1 BGB	2		2. Teilung von Klauseln	13
C.	**Rückgriff auf dispositives Recht, § 306 Abs. 2 BGB**	6		3. Grenzen der ergänzenden Vertragsauslegung	16
I.	Funktion	6		4. Umgehung der Vorschrift unzulässig	18
II.	Wertungsmaßstab	7			
III.	Grundsatz: Geltungserhaltende Reduktion unzulässig	8	D.	**Restunwirksamkeit bei unzumutbarer Härte, § 306 Abs. 3 BGB**	19
IV.	Aufweichung des Grundsatzes durch die Rechtsprechung	9			

A. Allgemeines

Die Vorschrift regelt in Abgrenzung und als *lex specialis* zu § 139 BGB, dass der abgeschlossene Vertrag grundsätzlich wirksam bleiben soll, auch wenn Allgemeine Geschäftsbedingungen nicht

1

---

33 BGH, 23.01.1991, VIII ZR 122/90, BGHZ 113, 251, 259 und BGH, 29.05.2009, V ZR 201/08, NJW 2002, 2102, 2103.
34 BGH, 09.05.2001, VIII ZR 208/00, BGHZ 102, 384, 389.
35 BGH, 19.05.2005, XII ZR 107/01, NJW 2005, 1183, 1184.
36 BGH, 22.11.2001, VII ZR 150/01, BauR 2002, 467, 468.
37 BGH, 21.03.2002, VII ZR 493/00, BauR 2002, 1385, 1386.
38 Bamberger/Roth/*Schmidt*, § 305c Rn. 30.
39 OLG Brandenburg, 16.01.2007, 11 U 72/06, IBR 2007, 1209 (*Schrammel*).

Vertragsbestandteil wurden oder unwirksam sind (§ 306 Abs. 1 BGB). Weil dies regelmäßig zu Lücken im wirksam verbleibenden Vertragsgefüge führt, regelt die Vorschrift, dass sich der Inhalt des Vertrages subsidiär nach den Vorschriften des dispositiven Gesetzesrechts richtet, die durch die nicht Vertragsbestandteil gewordene oder unwirksame Bauvertragsklausel ursprünglich geändert oder ersetzt werden sollte (§ 306 Abs. 2 BGB). Führt dies zu einer unzumutbaren Härte für eine Vertragspartei, ist der Vertrag insgesamt unwirksam (§ 306 Abs. 3 BGB).

B. Restwirksamkeit, § 306 Abs. 1 BGB

2 Die Vorschrift bringt den Grundsatz zum Ausdruck, dass der Bauvertrag wirksam bleibt, auch wenn Allgemeine Geschäftsbedingungen ganz oder teilweise nicht Vertragsbestandteil wurden oder unwirksam sind. Es kommt nicht darauf an, ob dies dem wirklichen oder hypothetischen Willen der Bauvertragspartner entspricht.[1] Es kommt also ausschließlich auf den objektiven Umstand an, wobei es nach dem Wortlaut des Gesetzes gleichgültig ist, ob lediglich einzelne Klauseln oder der gesamte AGB-Text, der in den Vertrag eingeführt werden sollte, unwirksam ist.

3 Die Wirkung des § 306 Abs. 1 BGB beschränkt sich indessen nicht nur auf diejenigen Fälle, in denen Allgemeine Geschäftsbedingungen aufgrund der Regelungen der §§ 305 ff. BGB nicht Vertragsbestandteil wurden oder unwirksam sind. Vielmehr ist § 306 Abs. 1 BGB auch in denjenigen Fällen anzuwenden, in denen die Allgemeinen Geschäftsbedingungen als solche wegen Verstoßes gegen Formvorschriften (§ 125 BGB) oder das Gesetz (§ 134 BGB) oder deshalb unwirksam sind, weil die Klausel wegen Irrtums oder arglistiger Täuschung erfolgreich angefochten worden ist.[2]

4 In der Literatur wird vertreten,[3] dass ein Vertrag trotz der Regelung des § 306 Abs. 1 BGB insgesamt unwirksam sein kann, wenn er nach dem Wegfall nicht Vertragsbestandteil gewordener oder unwirksamer Klauseln, also der Vertragsrest nicht als vertragliche Einigung der Parteien Bestand haben kann. Diese Literaturmeinung bezieht sich zur Begründung ihrer Auffassung auf Artikel 6 Abs. 1 Halbsatz 2 RL 93/13/EWG, nach der der Vertrag für die Parteien nur bindend ist, wenn er ohne die missbräuchliche Klausel bestehen kann. An letzterem soll es insbesondere in den Fällen fehlen, in denen eine Vielzahl von AGB unwirksam ist und der Vertragstyp im dispositiven Recht gar nicht geregelt ist. Diese Situation stellt sich indessen für den Bau-, Architekten- und Bauträgervertrag nicht, denn für diese Vertragstypen existieren gesetzliche Regelungen. Rechtsprechung hierzu existiert, soweit ersichtlich, nicht.

5 § 306 Abs. 1 BGB ist zwingendes Recht. Die Vorschrift kann nicht durch abweichende AGB abbedungen werden.[4] Allerdings können die Bauvertragspartner individualvertraglich vereinbaren, dass die Unwirksamkeit des Gesamtvertrages vorliegen soll, wenn Allgemeine Geschäftsbedingungen ganz oder teilweise nicht Vertragsbestandteil werden oder wirksam sind.[5] Allerdings empfiehlt sich eine solche Regelung nicht, denn die Unwirksamkeit einer Allgemeinen Geschäftsbedingung eines Bauvertrages wird sich in der Regel erst herausstellen, wenn Streit entsteht. Das wird wiederum erst der Fall sein, wenn die Baustelle bereits weit fortgeschritten oder schon fertig gestellt ist. Eine Rückabwicklung bereits erbrachter gegenseitiger Leistungen in dieser Phase eines Bauvertragsverhältnisses geht im Regelfall mit unlösbaren Problemen einher.

---

1 MüKo/*Basedow*, § 306 Rn. 7.
2 MüKo/*Basedow*, § 306 Rn. 7, mit Hinweis auf OLG Nürnberg 30.07.1986, 9 U 369/86, NJW-RR 1986, 782, 783.
3 MüKo/*Basedow*, § 306 Rn. 8 m.w.N.
4 MüKo/*Basedow*, § 306 Rn. 9.
5 MüKo/*Basedow*, § 306 Rn. 9 m.w.N.

C. Rückgriff auf dispositives Recht, § 306 Abs. 2 BGB

I. Funktion

§ 306 Abs. 2 BGB regelt, wie die nach § 306 Abs. 1 BGB entstehende Vertragslücke zu schließen ist. Maßgeblich ist hierbei, dass durch den Wegfall einer Allgemeinen Geschäftsbedingung überhaupt eine Lücke im Bauvertrag entstanden ist. Nur wenn diese bejaht wird, kommt eine Schließung der Lücke nach der Regelung des § 306 Abs. 2 BGB in Frage.[6]

II. Wertungsmaßstab

Ob eine Lücke vorliegt, die durch das dispositive Gesetzesrecht geschlossen werden muss, ist eine Wertungsfrage, für die es auf den Sinn und Zweck der getroffenen Vertragsabreden und auf die Interessen der typischerweise an Vertragsschlüssen der streitigen Art beteiligten Verkehrskreise ankommt.[7] Keine durch § 306 Abs. 1 BGB ausgelöste Lücke liegt dann vor, wenn ein Bauvertrag abgeschlossen wurde und durch die unwirksame Bauvertragsklausel Punkte geregelt waren, die durch die dispositiven Vorschriften des Werkvertragsrechts nicht behandelt sind. So führte der BGH aus,[8] dass die in einem Formularvertrag über die Errichtung und Veräußerung eines Bauwerks durch eine Hinterlegungsklausel ausgeschlossene Minderung aufgrund der Unwirksamkeit der Hinterlegungsklausel ohne weiteres geltend gemacht werden konnte. Einer Schließung der Vertragslücke bedurfte es daher nicht.

III. Grundsatz: Geltungserhaltende Reduktion unzulässig

In der Literatur ist traditionell umstritten, ob eine nach § 306 Abs. 1 BGB im Bauvertrag auszulösende Lücke dadurch vermieden werden kann, dass die AGB-Klausel auf einen angemessenen Umfang reduziert wird (geltungserhaltende Reduktion).[9] In der Praxis des Bauprozesses kommt es allerdings letztlich auf die ständige Rechtsprechung des BGH an, nach der eine geltungserhaltende Reduktion von vorformulierten Bauvertragsklauseln grundsätzlich nicht in Betracht kommt.[10]

IV. Aufweichung des Grundsatzes durch die Rechtsprechung

1. Ergänzende Vertragsauslegung

Allerdings hat die Rechtsprechung das Verbot der geltungserhaltenden Reduktion – mit zum Teil widersprüchlichen Entscheidungen – aufgeweicht. Als Methode hierfür wird die ergänzende Vertragsauslegung herangezogen. Eine klar erkennbare Abgrenzung, wann eine ergänzende Vertragsauslegung zulässig sein soll und wann nicht, lässt die Rechtsprechung allerdings nicht zu. So hat der Bundesgerichtshof[11] ausgeführt, dass das Berufungsgericht nach Zurückweisung des Rechtsstreits dorthin im Wege der Vertragsauslegung zu überprüfen habe, ob die Bauvertragspartner anstelle der unwirksamen Bauvertragsklausel die VOB/B nachrangig in den Vertragsbedingungen in den Vertrag einbezogen haben. Eine nähere Begründung hierfür lässt die Entscheidung vermissen, obwohl der BGH in einer anderen Entscheidung[12] ausdrücklich ausführte, dass die Unwirksamkeit einer Gewährleistungsklausel in einem Bauvertrag nicht gemäß § 306 Abs. 2 BGB (damals § 6 Abs. 2 AGBG) die uneingeschränkte Geltung der VOB/B zur Folge habe. Vielmehr seien die

---

6 MüKo/*Basedow*, § 306 Rn. 10.
7 MüKo/*Basedow*, § 306 Rn. 10.
8 BGH, 11.10.1984, VII ZR 248/83, BauR 1985, 93, 96.
9 Zum Meinungsstand: MüKo/*Basedow*, § 306 Rn. 12 ff.
10 BGH, 11.10.1984, VII ZR 248/83, BauR 1985, 93 m.w.N., vgl. insbesondere BGH, 17.05.1982, VII ZR 316/81, BGHZ 84, 109, 114 ff.
11 BGH, 27.11.2003, VII ZR 53/03, BauR 2004, 488, 492.
12 BGH, 21.11.1985, VII ZR 22/85, BauR 1986, 200, 201.

§ 306 BGB   Rechtsfolgen bei Nichteinbeziehung und Unwirksamkeit

gesetzlichen Vorschriften maßgeblich. Solange gesetzliche Vorschriften eine entstandene Vertragslücke angemessen zu füllen vermögen, komme eine Ergänzung des Bauvertrages nach den Grundsätzen ergänzender Vertragsauslegung »auf keinen Fall in Betracht«. Die Prüfung, ob die Parteien im Bewusstsein der Unwirksamkeit der Bauvertragsklausel die Geltung der VOB/B ersatzweise vereinbart hätten, verbiete sich daher. Die VOB/B sei jedenfalls keine gesetzliche Vorschrift im Sinne des § 306 Abs. 2 BGB.

10   In einer prominenten Entscheidung hat der BGH die ergänzende Vertragsauslegung einer AGB-Klausel über eine Gewährleistungssicherheit ausgeschlossen. Eine formularmäßig vorgesehene Ablösung des Sicherheitseinbehaltes ausschließlich durch eine Gewährleistungsbürgschaft auf erstes Anfordern kann demnach nicht durch eine ergänzende Vertragsauslegung in der Weise gerettet werden, dass die Ablösung des Gewährleistungseinbehalts durch eine unbefristete selbstschuldnerische Bürgschaft erfolgen kann.[13]

11   Dem gegenüber hat der BGH im Wege der ergänzenden Vertragsauslegung die Sicherungsvereinbarung zur Stellung einer Vertragserfüllungsbürgschaft auf erstes Anfordern dahingehend umgedeutet, dass der gemäß § 6 Abs. 2 AGBG (nunmehr § 306 Abs. 2 BGB) entstandene lückenhafte Vertrag dahingehend auszulegen sei, dass der Bauunternehmer eine unbefristete, selbstschuldnerische Bürgschaft schulde.[14] Die Besonderheit dieser Entscheidung besteht darin, dass die ergänzende Vertragsauslegung vom BGH zeitlich limitiert wurde. Der BGH begründete dies mit einer planwidrigen, von den Vertragsparteien nicht bedachten Unvollständigkeit des Vertrages, von der allerdings nicht mehr ausgegangen werden könne, wenn in den maßgeblichen Verkehrskreisen in Kenntnis der BGH Entscheidung gleichwohl durch AGB eine Vertragserfüllungsbürgschaft auf erstes Anfordern festgelegt werde. Eine Lücke im Sinne des § 6 Abs. 2 AGBG (nunmehr § 306 Abs. 2 BGB), die durch eine solche ergänzende Vertragsauslegung gefüllt werden müsse, sei dann nicht mehr anzunehmen.[15]

12   Auf der Grundlage der BGH-Rechtsprechung, nach der eine geltungserhaltende Reduktion grundsätzlich ausgeschlossen ist, man in Einzelfällen jedoch immer wieder damit rechnen muss, dass der BGH durch die ergänzende Vertragsauslegung Modifikationen vornimmt, ergibt sich folgendes, aus sechs Punkten bestehendes Begründungsmuster für die Vorgehensweise der Rechtsprechung zur ergänzenden Vertragsauslegung:[16]

– Die Bauvertragsklausel wird als unwirksam betrachtet.
– Dadurch entsteht gemäß § 306 Abs. 2 BGB eine vervollständigungsbedürftige Lücke im Vertragssystem der Bauvertragspartner, die nicht durch dispositives Recht geschlossen werden kann, weil es entweder an einer solchen dispositiven Vorschrift mangelt oder das in Frage kommende dispositive Recht keine angemessene, den typischen Interessen des Verwenders und seines Bauvertragspartners Rechnung tragende Lösung bietet.
– Dies hat wiederum eine überschießende Rechtsfolge zur Konsequenz. Es wäre unbillig und widerspräche der Zielsetzung des AGB-Gesetzgebers, dem Vertragspartner des Klauselverwenders aufgrund des einseitig zu dessen Gunsten verschobenen Vertragsgefüges einen Vorteil zukommen zu lassen.
– Die Zulässigkeit einer ergänzenden Vertragsauslegung wird aus §§ 306 Abs. 2 i.V.m. §§ 133, 157 BGB hergeleitet, wobei nicht auf den hypothetischen Willen der konkret beteiligten Bauvertragspartner abzustellen ist, sondern auf die typischerweise beteiligten Verkehrskreise im Rahmen einer objektiv-generalisierenden Betrachtungsweise.
– Eine ergänzende Vertragsauslegung scheidet allerdings dann aus, wenn es mehrere Gestaltungsmöglichkeiten gibt.[17]

---

13 BGH, 14.04.2005, VII ZR 56/04, BauR 2005, 1154.
14 BGH, 04.07.2002, VII ZR 502/99, BauR 2002, 1533.
15 BGH, 04.07.2002, VII ZR 502/99, BauR 2002, 1533, 1535.
16 *Schulze-Hagen*, BauR 2003, 785, 789.
17 BGH, 14.04.2005, VII ZR 56/04, BauR 2005, 1154, 1155.

– Eine ergänzende Vertragsauslegung scheidet auch dann aus, wenn der Verwender der Bauvertragsklausel die von ihm vorgesehene Regelung bei objektiver Betrachtung bewusst abschließend gewählt hat.[18]

2. Teilung von Klauseln

Eine weitere von der Rechtsprechung angewandte Methode zur Entschärfung des Verbotes der geltungserhaltenden Reduktion ist die Teilung einer Bauvertragsklausel in einen inhaltlich zulässigen und einen inhaltlich unzulässigen Teil. Angesichts der jahrelangen konsequenten Rechtsprechung, dass die einer Inhaltskontrolle nicht standhaltende Klausel in ihrer Gesamtheit unwirksam ist, hat der BGH Regeln formulieren müssen, nach denen von diesem Grundsatz abgewichen werden kann. Eine inhaltliche Trennbarkeit soll dann gegeben sein, wenn inhaltlich voneinander trennbare, einzeln aus sich heraus verständliche Regelungen in Allgemeinen Geschäftsbedingungen auch dann Gegenstand einer gesonderten Wirksamkeitsprüfung sein können, wenn sie in einem äußeren sprachlichen Zusammenhang mit anderen, unwirksamen Regelungen stehen.[19]

Verhältnismäßig weitgehend ist die Betrachtungsweise des BGH zur Trennbarkeit einer Vertragsstrafenregelung. Im entschiedenen Fall[20] ließ sich eine Trennung von drei verschiedenen Tatbeständen der Fristüberschreitung nur über die Verweisung aus einer Vertragsstrafengeneralklausel auf drei Tatbestände einer anderen Klausel herleiten. Gleichwohl ging der BGH von einer inhaltlich, optisch und sprachlich getrennt geregelten Vertragsstrafenregelung für die Überschreitung von Einzelfristen und der Gesamtfertigstellungsfrist aus. Für den Fall eines Kontoeröffnungsantrages für die Zwischenfinanzierung eines Fertighausbaus ging der III. Zivilsenat ebenfalls von der Teilbarkeit einer Vertragsklausel aus, wenn Vertragsklauseln keine sprachlich untrennbare Verbindung zulässiger und unzulässiger Tatbestände herbeigeführt haben, bei denen die Ausgrenzung der unzulässigen und die Aufrechterhaltung der zulässigen Teile nur durch eine sprachliche Umgestaltung erreicht werden könnte.[21]

Als nicht teilbar sah der BGH[22] dagegen eine Klausel an, die die Ablösung eines Sicherheitseinbehaltes durch eine Bürgschaft auf erstes Anfordern zum Gegenstand hatte. Obwohl eine inhaltliche Trennbarkeit aufgrund der äußeren Vertragsgestaltung wesentlich einfacher darstellbar gewesen wäre als im vorgenannten, die Vertragsstrafe betreffenden Fall, vertrat der IX. Zivilsenat unter Hinweis auf die Rechtsprechung des VII. Zivilsenats[23] die Auffassung, dass die Klausel nicht teilbar sei. Die Unwirksamkeit aus AGB-rechtlicher Sicht ergäbe sich erst durch die Verknüpfung des beanstandungswürdigen mit dem nicht zu beanstandenden Teil der Allgemeinen Geschäftsbedingungen. Um einzelne BGH-Entscheidungen auf andere Fallkonstellationen übertragen zu können, muss man also äußerst sorgfältig argumentieren.

3. Grenzen der ergänzenden Vertragsauslegung

Mit Blick auf die maßgeblichen Bundestagsdrucksachen ist die ergänzende Vertragsauslegung zum Schließen der sich durch § 306 Abs. 1 BGB ergebenden Lücken als zulässig anzusehen.[24] Hervorzuheben ist allerdings nochmals, dass eine ergänzende Vertragsauslegung dann nicht zulässig ist, wenn gemäß § 306 Abs. 2 BGB Regelungen des dispositiven Gesetzesrechts zur Verfügung stehen. Während dies bei Giro- oder Leasingverträgen nicht der Fall ist[25] sieht das Werkvertrags-

---

18 *Schulze-Hagen*, BauR 2003, 785, 789 ff.
19 BGH, 18.04.1989, X ZR 31/88, BGHZ 107, 185, 190.
20 BGH, 14.01.1999, VII ZR 73/98, BauR 1999, 645.
21 BGH, 28.05.1984, III ZR 63/83, BauR 1984, 514, 517.
22 BGH, 08.03.2001, IX ZR 236/00, BauR 2001, 1093.
23 BGH, 05.06.1997, VII ZR 324/95, BauR 1997, 829.
24 MüKo/*Basedow*, § 306 Rn. 22.
25 MüKo/*Basedow*, § 306 Rn. 23.

recht durchaus dispositive gesetzliche Vorschriften vor, weshalb bei Bauverträgen stets die Prüfung vorgenommen werden muss, ob die nach § 306 Abs. 1 BGB entstandene Vertragslücke durch das dispositive Gesetzesrecht der §§ 631 ff. BGB sinnvoll geschlossen werden kann.

17 Nicht selten sind in Bauverträgen äußerst zahlreiche vorformulierte Bauvertragsbedingungen aufgrund einer AGB-Inhaltskontrolle unwirksam. Viele Auftraggeber, nicht zuletzt auch die öffentliche Hand, konfrontieren ihre Bauvertragspartner mit endlosen Vertragstexten. Diese beinhalten meist zahlreiche Risikoverlagerungen zu Lasten der Auftragnehmerseite im Sinne eines »Rundum sorglos Pakets« zugunsten des Auftraggebers. Bauverträge mit 30 und mehr unwirksamen Klauseln sind keine Seltenheit. Die Schließung zahlreicher Vertragslücken durch die ergänzende Vertragsauslegung kann problematisch oder sogar zum Scheitern verurteilt sein, weil es beim ersatzlosen Fortfall mehrerer Klauseln und dem Schließen von Vertragslücken wegen unwirksamer anderer Klauseln zu einem Vertrag mit einem ganz anderen als dem beabsichtigten Charakter kommen kann.[26] In solchen Fällen kann als *ultima ratio* nur die Annahme der Unwirksamkeit des gesamten Vertrages in Betracht kommen. Da dies bei fortgeschrittenen oder gar bereits beendeten Bauvorhaben fatale Folgen haben kann, liegt in der Gestaltung von Bauverträgen nicht nur eine große Verantwortung, sondern auch ein erhebliches (Haftungs-)Risiko, insbesondere auch für Architekten.[27]

4. Umgehung der Vorschrift unzulässig

18 Salvatorische Klauseln, die die Rechtsfolge des § 306 Abs. 2 BGB vermeiden sollen, sind regelmäßig ebenfalls unwirksam, weil sie gegen das Transparenzgebot verstoßen. Entsprechendes gilt auch für »Ersatz-AGB«, die der Verwender von vornherein nur mit einer subsidiären Geltung für den Fall in den Vertrag einbezieht, dass andere vorformulierte Vertragsklauseln für unwirksam erklärt werden.[28] Dies kann insbesondere für eine subsidiäre Einbeziehung der VOB/B in den Bauvertrag relevant sein, wobei bei einer Beurteilung sorgfältig zu prüfen sein wird, ob die VOB/B ersatzweise für den Fall der Unwirksamkeit von anderweitigen vorformulierten Vertragsklauseln Geltung entfalten soll oder ob die VOB/B von vornherein gleichwertiger Vertragsteil werden soll, wenngleich eventuell unter Anwendung einer Rangfolgeklausel. Es kann nämlich nicht ohne Weiteres durch Auslegung des Parteiwillens angenommen werden, die Bauvertragspartner hätten für den Fall der Unwirksamkeit von Allgemeinen Vertragsbedingungen alternativ die VOB/B vereinbart. Es gilt dann vielmehr das dispositive Gesetzesrecht.[29] Die VOB in ihren Teilen A, B und C ist allerdings keine gesetzliche Vorschrift im Sinn des § 306 Abs. 2 BGB.[30]

D. Restunwirksamkeit bei unzumutbarer Härte, § 306 Abs. 3 BGB

19 Entgegen § 306 Abs. 1 BGB ist der gesamte Bauvertrag als unwirksam anzusehen, wenn auch unter Anwendung des § 306 Abs. 2 BGB eine Situation vorliegt, die für einen Bauvertragspartner eine unzumutbare Härte darstellen würde. Der maßgebliche Zeitpunkt für die Beurteilung, ob eine unzumutbare Härte vorliegt, ist nicht der Zeitpunkt des Vertragsabschlusses, sondern der Zeitpunkt der Geltendmachung der Ansprüche aus dem Vertrag.[31] Ein Beispielsfall für eine solche Situation der Unzumutbarkeit ergibt sich aus der Entscheidung des BGH vom 22.02.2002.[32] Nach dieser Entscheidung liegt eine unzumutbare Härte für eine Vertragspartei dann vor, wenn sich dies aus einer Interessenabwägung ergibt. Bei dieser ist nicht nur die nachteilige Veränderung für

---

26 MüKo/*Basedow*, § 306 Rn. 28.
27 *Locher/Koeble/Frik*, § 33 Rn. 205.
28 MüKo/*Basedow*, § 306 Rn. 29.
29 BGH, 21.11.1985, VII ZR 22/85, BauR 1986, 200, 201.
30 BGH, 18.01.2001, VII ZR 247/98, BauR 2001, 621; BGH, 22.11.2001, VII ZR 150/01, BauR 2002, 467.
31 BGH, 27.06.1995, XI ZR 8/94, BGHZ 130, 115, 122.
32 BGH, 22.02.2002, V ZR 26/01, ZfIR 2002, 363.

den Verwender der vorformulierten Vertragsklauseln sondern auch das berechtigte Interesse seines Vertragspartners an der Aufrechterhaltung des Vertrages maßgeblich. § 306 Abs. 3 BGB ist eine Ausnahme von der Regel des § 306 Abs. 1 BGB. Es müssen daher besondere Gründe vorliegen, wenn die Vorschrift eingreifen soll. Allerdings genügt hierfür nicht schon jeder wirtschaftliche Nachteil des Verwenders. Unzumutbar ist das Festhalten am Vertrag vielmehr nur dann, wenn aufgrund der Unwirksamkeit einer Klausel das Vertragsgleichgewicht grundlegend gestört ist, was eine einschneidende Störung des Äquivalenzverhältnisses voraussetzt. Ergibt sich aus dieser Störung die Feststellung, dass der Verwender den Vertrag ohne die Klausel nicht geschlossen hätte, kann er nicht am Vertrag festgehalten werden.

§ 306 Abs. 3 BGB steht mit der RL 93/13/EWG nicht in Einklang.[33] Die in § 306 Abs. 3 BGB geregelte Unzumutbarkeit verstößt nämlich gegen die Vorgaben der RL,[34] so dass Staatshaftungsansprüche gegen die Bundesrepublik Deutschland ausgelöst werden können, wenn ein Verbraucher von der Vorschrift betroffen wird.[35] Für die Auslegung der Klausel bedeutet dies, dass bei mehreren möglichen Deutungen einer unklaren Klausel die für den Verbraucher günstigste Auslegung maßgeblich ist, denn das sekundäre Gemeinschaftsrecht genießt Vorrang vor dem nationalen Recht. Es ist also die Auslegungsregel der RL maßgeblich.[36]

20

Bei der Zumutbarkeitsbetrachtung ist stets zu berücksichtigen, dass der Verwender der unwirksamen oder nicht zum Vertragsgegenstand gewordenen vorformulierten Bauvertragsklausel die Verantwortung für den AGB Wortlaut und dessen Einbeziehung in den Vertrag trägt und er es sich daher zunächst selbst zuzuschreiben hat, wenn ihm daraus Nachteile entstehen, da sie rechtlich unzulässige Klauseln verwendet hat.[37] Angesichts der erheblichen Probleme, die auch für den Gegner des Klauselverwenders entstehen, wenn ein Bauvertrag bei weit fortgeschrittener oder bereits beendeter Bauleistung entstehen, ist die Zumutbarkeitshürde für den Verwender der Bauvertragsklausel hoch anzusetzen.

21

§ 306a Umgehungsverbot

Die Vorschriften dieses Abschnitts finden auch Anwendung, wenn sie durch anderweitige Gestaltungen umgangen werden.

Schrifttum
Vgl. § 305.

Die Vorschrift hat relativ geringe praktische Bedeutung, obwohl sie über die Regelung der RL 93/13/EWG hinausgeht. Dass die Bestimmungen der §§ 305 bis 306 BGB durch anderweitige Gestaltungen umgangen werden könnten, ist nur in Ausnahmefällen vorstellbar. Diese Vorschriften verwenden nämlich nur unbestimmte Rechtsbegriffe mit der Folge, dass sich bei sachgerechter Interpretation alle Sachverhalte erfassen lassen.[1]

1

Nicht anwendbar ist § 306a BGB auf Individualabreden. Haben die Bauvertragspartner bestimmte Regelungen im Einzelnen ausgehandelt, liegt keine Umgehung von anderweitigen AGB-rechtlichen Vorschriften vor.

2

---

33 BGH, 22.02.2002, V ZR 26/01, IBR 2002, 329 (*Schwenker*).
34 *Thode*, NZBau 2002, 360, 364 li. Sp.
35 MüKo/*Basedow*, § 306 Rn. 5, mit einer detaillierten Darstellung der Problematik.
36 *Thode*, NZBau 2002, 360, 364 li. Sp.
37 MüKo/*Basedow*, § 306 Rn. 31.
 1 MüKo/*Basedow*, § 306, Anlage Nr. 3 m.w.N.

3 Als eine Klausel mit dem Inhalt einer unzulässigen Umgehung ist allerdings eine Regelung zu betrachten, nach der Allgemeine Bauvertragsbedingungen des Auftragnehmers nicht Vertragsbestandteil werden, hiervon allerdings die VOB/B ausgenommen wird, auf deren Geltung sich der Auftragnehmer ausdrücklich beruft. Der Auftraggeber ist nämlich auch im Sinne der vorgenannten Zurechnung Verwender dieser Klausel, die auf eine Umgehung des § 305 BGB abzielt. Der BGH[2] hat auch die formularmäßige Festlegung einer Vorleistungspflicht des Bestellers eines Bauwerks in einem Bauvertrag als Umgehung des § 309 Nr. 2a BGB (§ 11 Nr. 2a AGBG) gewertet. Eine unzulässige Umgehung des § 305 BGB stellt eine vorformulierte Bauvertragsklausel dar, die den Verwendungsgegner zur Verschwiegenheit über den Vertragsinhalt verpflichtet, und zwar zumindest, soweit dieses Verbot verwendete AGB betrifft. Mit einer vollumfänglichen Verschwiegenheitsverpflichtung würde der Klauselgegner nämlich außerstande gesetzt, sich durch Erkundigung bei Dritten darüber zu informieren, ob der Verwender seine allgemeinen Bauvertragsbedingungen mehrfach verwendet. Damit würde eine Beweisführung des Klauselgegners zur Mehrfachverwendung im Sinne des § 305 BGB unmöglich gemacht (vgl. auch § 305 Rdn. 6 und 13 ff.).

4 Soweit die § 308 und 309 BGB umgangen werden sollen, liegt regelmäßig § 307 BGB als Auffangtatbestand vor, sodass auch insoweit das Umgehungsverbot nach § 306a BGB nicht relevant ist.

5 Die Wertung darüber, ob die Voraussetzungen des § 306a BGB erfüllt sind, ist aufgrund einer wirtschaftlichen Betrachtung vorzunehmen, die das gerechtfertigte Interesse der Vertragsparteien an der Wahl der »anderweitigen Gestaltung« gegen den Schutzzweck der Vorschriften abwägt, deren Umgehung in Frage steht.[3]

6 Für die Anwendung des § 306a BGB ist es nicht erforderlich, dass dem Verwender eine Absicht oder ein Bewusstsein der Umgehung nachgewiesen wird. Die Rechtsfolge eines Verstoßes gegen das Umgehungsverbot ist nicht die Unwirksamkeit der Klausel. Es ist vielmehr die Klausel anhand der umgangenen Vorschriften auf ihre Wirksamkeit zu prüfen.[4]

§ 307 Inhaltskontrolle

(1) Bestimmungen in Allgemeinen Geschäftsbedingungen sind unwirksam, wenn sie den Vertragspartner des Verwenders entgegen den Geboten von Treu und Glauben unangemessen benachteiligen. Eine unangemessene Benachteiligung kann sich auch daraus ergeben, dass die Bestimmung nicht klar und verständlich ist.

(2) Eine unangemessene Benachteiligung ist im Zweifel anzunehmen, wenn eine Bestimmung
1. mit wesentlichen Grundgedanken der gesetzlichen Regelung, von der abgewichen wird, nicht zu vereinbaren ist oder
2. wesentliche Rechte oder Pflichten, die sich aus der Natur des Vertrags ergeben, so einschränkt, dass die Erreichung des Vertragszwecks gefährdet ist.

(3) Die Absätze 1 und 2 sowie die §§ 308 und 309 gelten nur für Bestimmungen in Allgemeinen Geschäftsbedingungen, durch die von Rechtsvorschriften abweichende oder diese ergänzende Regelungen vereinbart werden. Andere Bestimmungen können nach Absatz 1 Satz 2 in Verbindung mit Absatz 1 Satz 1 unwirksam sein.

Schrifttum
Vgl. § 305 BGB.

---

2 BGH, 11.10.1984, VII ZR 248/83, BauR 1985, 93, 95.
3 MüKo/*Basedow*, § 306 Rn. 3.
4 MüKo/*Basedow*, § 306 Rn. 3.

Übersicht

		Rdn.
A.	Allgemeines	1
B.	Von der Inhaltskontrolle ausgeschlossene Bauvertragsbedingungen, § 307 Abs. 3 BGB	3
I.	Von Rechtsvorschriften abweichende oder diese ergänzende Regelungen	3
II.	Leistungsbeschreibungen	4
III.	Keine Preiskontrolle	8
IV.	Vergütungsnebenabreden	11
V.	Leistungsbeschreibung, Vergütungsabrede und Transparenzgebot	12
C.	Abweichung vom gesetzlichen Leitbild, § 307 Abs. 2 Nr. 1 BGB	13
D.	Freizeichnung von Kardinalpflichten, § 307 Abs. 2 Nr. 2 BGB	17
E.	Generalklausel, § 307 Abs. 1 BGB	19
I.	Abgrenzung zu §§ 308, 309, 310 BGB	19
II.	Prüfungsmaßstab	20
	1. Interessenabwägung	20
	2. Objektiver Klauselinhalt	21

		Rdn.
	3. Maßstab: Die typischen Interessen der beteiligten Verkehrskreise	22
	4. Preisargument unzulässig	23
	5. Risikoverteilung und Versicherbarkeit	24
	6. Äquivalenzprinzip	25
	7. VOB/B – Sonderstellung, weil von beteiligten Verkehrskreisen aufgestellt – Privilegierung?	27
III.	Transparenzgebot, § 307 Abs. 1 S. 2 BGB	28
	1. Grundsätzliches	29
	2. Beurteilungsmaßstab bei Verbrauchern	32
	3. Beurteilungsmaßstab bei Unternehmern	33
	4. VOB/B und Intransparenz	34
	5. Teilunwirksamkeit intransparenter AGB	35
	6. Beispiele	36

A. Allgemeines

§ 307 ist lex specialis im Verhältnis zu §§ 134, 138 BGB. Soweit Allgemeine Geschäftsbedingungen vorliegen, sind diese also an der Vorschrift des § 307 BGB und auch anhand der §§ 308 und 309 BGB zu beurteilen. Auch § 242 BGB wird von den §§ 307 ff. BGB verdrängt. § 134, 138, 242 BGB sind bei Allgemeinen Geschäftsbedingungen also nur noch insoweit relevant, als diese Vorschriften über den Regelungsgehalt der §§ 307 ff. BGB hinausgehen.[1] Bevor der Anwendungsbereich der §§ 307 ff. BGB eröffnet ist, müssen fünf Voraussetzungen vorliegen: 1

(1) Bei der zu untersuchenden Vertragsformulierung muss es sich um eine Allgemeine Geschäftsbedingung i.S.d. § 305 Abs. 1 oder um der Inhaltskontrolle nach §§ 310 zugängliche Klauseln handeln.
(2) Die allgemeine Bauvertragsbedingung muss nach den allgemeinen Regeln (vgl. §§ 305 ff.) Vertragsbestandteil geworden sein.
(3) Der zu prüfende Klauselinhalt, der gegebenenfalls durch Auslegung zu ermitteln ist, steht fest.
(4) Die Vertragsbedingung ist nicht bereits unbeachtlich, weil sie als überraschende Klausel nicht Vertragsbestandteil wurde.
(5) Es liegt keine Individualabrede vor, die im Verhältnis zur Allgemeinen Geschäftsbedingung von vorrangiger Bedeutung ist (§ 305b BGB).

Erst wenn nach Prüfung der vorgenannten Punkte feststeht, dass es auf die Wirksamkeit der streitigen allgemeinen Bauvertragsbedingung ankommt, ist eine Inhaltskontrolle auf der Grundlage der §§ 307 bis 309 BGB statthaft.[2] Für die Prüfungsreihenfolge gilt, dass nach der Prüfung der Kontrollbeschränkung des § 307 Abs. 3 BGB zunächst eine Kontrolle anhand der Klauselverbote ohne Wertungsmöglichkeit (§ 309 BGB) und danach auf Basis der Klauselverbote mit Wertungsmöglichkeit (§ 308 BGB) und erst zuletzt nach § 307 Abs. 2 und 1 vorzunehmen ist. Innerhalb des § 307 hat die Prüfung zunächst mit Abs. 3 zu beginnen (siehe oben) und sodann nach Abs. 2 und Abs. 1 zu erfolgen.[3] Die Prüfung nach § 307 Abs. 3 ist zu den Bestimmungen der Abs. 1 und 2 vorgreiflich. Die Kommentierung beginnt daher mit Abs. 3. 2

---

1 MüKo/*Kieninger*, Rn. 8 ff. vor § 307.
2 MüKo/*Kieninger*, Rn. 6 vor § 307.
3 Palandt/*Heinrichs*, Rn. 1 v. § 307.

B. Von der Inhaltskontrolle ausgeschlossene Bauvertragsbedingungen, § 307 Abs. 3 BGB

I. Von Rechtsvorschriften abweichende oder diese ergänzende Regelungen

3   Allgemeine Bauvertragsbedingungen unterliegen einer Inhaltskontrolle nur insoweit, als durch sie von Rechtsvorschriften abweichende oder diese Rechtsvorschriften ergänzende Regelungen vereinbart werden sollen. Von vornherein nicht kontrollfähig sind daher Bauvertragsklauseln, die lediglich den Inhalt gesetzlicher Regelungen wiedergeben. Da der BGH wiederholt Anlass zu dem Hinweis hatte, dass es sich bei der VOB/B nicht um eine gesetzliche Vorschrift handelt,[4] sei auch an dieser Stelle darauf hingewiesen, dass die Vorschriften der VOB/B einerseits grundsätzlich als Allgemeine Geschäftsbedingungen kontrollfähig und andererseits kein Prüfungsmaßstab für die Inhaltskontrolle sind. Zur Frage der sog. »Privilegierung« siehe § 310 BGB Rdn. 14 ff.

II. Leistungsbeschreibungen

4   Aus § 307 Abs. 3 BGB geht – wenn auch nicht besonders deutlich – hervor, dass der Inhalt von Leistungsbeschreibungen, insbesondere von Preisvereinbarungen als Unterfall der Leistungsbeschreibung (insoweit siehe Rdn. 6), nicht Gegenstand einer AGB-rechtlichen Inhaltskontrolle sein kann. Die Inhaltskontrolle über den Gegenstand der Hauptleistung ist nach ständiger Rechtsprechung ausgeschlossen.[5] Dieser Aspekt ist für den Bereich des Baurechts besonders hervorzuheben, einerseits weil es bei den Instanzgerichten sehr verbreitet ist, den Inhalt von Leistungsbeschreibungen und Preisvereinbarungen einer Inhaltskontrolle zu unterziehen, andererseits weil die Mehrfachverwendung von Leistungsbeschreibungstexten, z.B. in Form von Standardleistungsbeschreibungen[6] die Regel ist.

5   Der Inhaltskontrolle entzogen sind Abreden, die ihrer Art nach nicht der Regelung durch Gesetz oder andere Rechtsvorschriften unterliegen, sondern von den Vertragspartnern festgelegt werden müssen. Abreden, die Art und Umfang der bauvertraglichen Leistungspflichten unmittelbar regeln, sind vom Anwendungsbereich der §§ 307 bis 309 BGB daher nicht tangiert. Das ist die Konsequenz aus dem im Bürgerlichen Recht geltenden Grundsatz der Vertragsfreiheit. Leistungsbeschreibungen sowie der Inhalt von Leistungsverzeichnissen sind der Inhaltskontrolle im Regelfall entzogen, weil solche Beschreibungen Art, Umfang und Güte der geschuldeten Leistung festlegen, aber die für die Leistung geltenden gesetzlichen Vorschriften unberührt lassen.[7] Der Bundesgerichtshof hat dies ausdrücklich für Bauverträge bestätigt.[8]

6   Gerade bei Bauverträgen ist die notwendige Abgrenzung nicht einfach. Häufig stellt sich die Frage, wann lediglich eine nicht kontrollierbare Leistungsbeschreibung vorliegt und welche Klauseln Modifikationen, Einschränkungen oder Erweiterungen der Leistungspflicht beinhalten, die der Inhaltskontrolle unterliegen. Insbesondere der letztgenannte Aspekt, nämlich der durch AGB formulierten Erweiterung von Leistungspflichten ist bei Bauvertragsverhältnissen von besonderer Relevanz. Viel häufiger als in anderen Geschäftsbereichen werden Allgemeine Geschäftsbedingungen bei Bauverträgen nämlich nicht von den Leistungserbringern sondern von den Bauherren verwendet. Eine Inhaltskontrolle von Standardleistungsbeschreibungen kommt dabei in der Regel nicht in Betracht, auch wenn diese für eine Mehrfachverwendung konzipiert sind.[9] Allerdings ist große Aufmerksamkeit geboten, denn nicht selten enthalten solche Standardleistungskataloge auch For-

---

[4] BGH, 20.04.2000, VII ZR 458/97, BauR 2000, 1498; BGH, 18.01.2001, VII ZR 247/98, BauR 2001, 621.
[5] BGH, 22.11.2000, IV ZR 235/99, NJW 2001, 1132.
[6] Vgl. EDV-Ausschreibungsprogramme für Planer oder die Standardleistungsbücher der öffentlichen Hand sowie Ausschreibungsmuster von Produktherstellern.
[7] BGH, 12.03.1987, VII ZR 37/86, BGHZ 100, 157, 173.
[8] BGH, 26.04.2005, X ZR 166/04, BauR 2005, 1317, 1319.
[9] *Glatzel/Hofmann/Frikell*, S. 71.

mulierungen, die über reine Leistungs- bzw. Preisvereinbarungen hinausgehen. In solchen Fällen kann eine Inhaltskontrolle stattfinden.

Bei der Abgrenzung ist auf den Schutzzweck der AGB-rechtlichen Vorschriften des Gesetzes abzustellen. Durch die Inhaltskontrolle soll der Bauvertragspartner des Verwenders vor einseitig ausbedungener, inhaltlich unangemessener Erweiterung (oder Verkürzung) der vollwertigen Leistung, wie er sie nach Gegenstand und Zweck des Vertrages zu erbringen hat, bzw. erwarten darf, geschützt werden. Dies ergibt sich nicht zuletzt aus § 307 Abs. 2 Nr. 2 BGB, wo als Beispiel unangemessener Benachteiligung gerade eine die Erreichung des Vertragszwecks gefährdende Beeinträchtigung wesentlicher Rechte und Pflichten genannt wird. Die Rechtsprechung hat den Rahmen für die Kontrollfähigkeit von Bauvertragsklauseln weit gespannt. So sind AGB-Regelungen kontrollfähig, die zwar in Bezug zur Hauptleistung stehen, jedoch die Umstände der Leistungserbringung näher ausgestalten.[10] Kontrollfähig sind auch Klauseln, die den Auftragnehmer zu kostenlosen Mehrleistungen verpflichten.[11] Letztlich verbleibt für die der Überprüfung entzogene Leistungsbeschreibung nur der enge Bereich der Leistungsbezeichnungen, ohne deren Vorliegen mangels Bestimmtheit oder Bestimmbarkeit des wesentlichen Vertragsinhalts ein wirksamer Vertrag nicht mehr angenommen werden kann.[12]

III. Keine Preiskontrolle

§ 307 Abs. 3 BGB stellt darüber hinaus sicher, dass eine Kontrolle der vertraglichen oder gesetzlichen Preise nicht stattfindet. Der Grundsatz der Vertragsfreiheit umfasst auch das Recht der Parteien, den Preis für eine Ware oder Dienstleistung frei bestimmen zu können. Preisvereinbarungen für Haupt- und Nebenleistungen stellen deshalb im nicht preisregulierten Markt weder eine Abweichung noch eine Ergänzung von Rechtsvorschriften dar und unterliegen daher grundsätzlich nicht der Inhaltskontrolle.[13] Dies hat der VII. Zivilsenat nochmals ausdrücklich betont, indem er eine allgemeine Bauvertragsklausel, die die Übernahme von Kosten für eine Bauwesenversicherung durch den Auftragnehmer vorsah, als unabhängige Entgeltabrede betrachtete, die nicht der Inhaltskontrolle zu unterziehen ist.[14] Entsprechendes gilt für Bauwasser- und Baustromklauseln[15] sowie für Klauseln, die die Baustelleneinrichtung betreffen.[16] Davon zu unterscheiden ist beispielsweise die vom BGH beurteilte Baureinigungsklausel.[17] Unterlässt der Auftragnehmer die Baureinigung, weist seine Leistung einen Mangel auf. Eine Klausel, die die Erstattung von Baureinigungskosten an den Auftraggeber vorsieht, stellt daher keine Preisvereinbarung dar und ist folglich kontrollfähig.

Es ist generell zu berücksichtigen, dass die Vergütungsvereinbarung beim Abschluss von Bauverträgen im Regelfall eine Individualvereinbarung darstellt, und eine Überprüfung der Preisvereinbarung bereits aus diesem Grunde nicht in Betracht kommt. Es ist im Übrigen der ausdrückliche Wille des Gesetzgebers, dass aufgrund der §§ 307 ff. BGB keine Preiskontrolle stattfindet.[18] Beim Bauvertrag ist die Werklohnabrede einer Inhaltskontrolle nicht zugänglich. Das Gesetz überlässt die Preisbildung den Bauvertragspartnern. Für den Preis selbst fehlt es an einem rechtlichen Kontrollmaßstab. § 632 Abs. 2 BGB scheidet für eine Inhaltskontrolle der Preisabrede aus, da diese Vorschrift lediglich eine sekundäre Regelung für den Fall enthält, dass die Höhe der Vergütung

---

10 Erman/*Roloff*, § 307 Rn. 44.
11 OLG Frankfurt 17.10.1984, 21 U 182/83, BauR 1986, 124.
12 BGH, 12.03.1987, VII ZR 37/86, BGHZ 100, 157, 174.
13 BGH, 10.06.1999, II ZR 365/98, BauR 1999, 1290, 1291.
14 BGH, 06.07.2000, VII ZR 73/00, BauR 2000, 1756.
15 BGH, 10.06.1999, VII ZR 365/98, NJW 1999, 3260.
16 BGH, 17.11.1992, X ZR 12/91, NJW-RR 1993, 430.
17 BGH, 06.07.2000, VII ZR 73/00, BauR 2000, 1756, 1757.
18 BT-Drucks. 7/3919, 22.

nicht bestimmt ist.[19] Kontrollfähig sind allerdings AGB-Klauseln, die das Entgelt unter Abweichung von gesetzlich vorgeschriebenen Preisen festlegen, also beispielsweise wenn die Vergütung eines Architekten unter Abweichung von den maßgeblichen Regelungen (HOAI) vereinbart wird,[20] ebenso wie das Architektenhonorar betreffende Fälligkeitsklauseln.[21] Ebenfalls der Inhaltskontrolle unterworfen sind Klauseln, die dem Verwender ein einseitiges Preisbestimmungsrecht einräumen.[22] Insoweit kommen insbesondere Bauvertragsklauseln in Betracht, nach denen es sich der Auftraggeber vorbehält, die Vergütung für Nachträge einseitig zu bestimmen, wenn sich die Bauvertragspartner hierüber nicht verständigen können.

10 Der Hintergrund der Tatsache, dass der Gesetzgeber auf eine Preiskontrolle verzichtet hat und er insbesondere keinen gesetzgeberischen Einfluss auf die Bildung von »gerechten Preisen« genommen hat, liegt darin, dass die Preisbildung, also die Äquivalenzbestimmung dem mehr oder weniger freien Spiel von Angebot und Nachfrage überlassen wird, weil dies ein wesentliches Element marktwirtschaftlich organisierter Gesellschaftsordnungen ist. Niemand, insbesondere nicht ein Dritter (der Gesetzgeber, ein Gericht oder ein Sachverständiger) vermag zu sagen, welcher genaue Preis für eine Werkleistung angemessen ist.[23]

IV. Vergütungsnebenabreden

11 Der BGH formulierte an dieser Stelle auch die Kriterien für die Unterscheidung einer bloßen Preisnebenabrede. Im Unterschied zur reinen Preisabrede, die nur von den Vertragspartnern getroffen werden und die bei deren Fehlen nicht durch das Gesetz oder andere Rechtsvorschriften ersetzt werden kann, liegen Preisnebenabreden dann vor, wenn bei deren Fehlen an deren Stelle dispositives Gesetzesrecht tritt. Eine Preisnebenabrede liegt z.B. regelmäßig vor, wenn die Bauvertragsklausel zu einer verdeckten Erhöhung oder Verbilligung der eigentlichen Vergütung für die Werkleistung führt.[24]

V. Leistungsbeschreibung, Vergütungsabrede und Transparenzgebot

12 Leistungsbeschreibungen, insbesondere Preisabreden, unterliegen einer Kontrolle nach § 307 BGB allerdings insoweit, als sie dem Transparenzgebot entsprechen müssen. Dies ergibt sich aus § 307 Abs. 3 Satz 2 i.V.m. § 307 Abs. 1 Satz 2 BGB. Angesichts der Tatsache, dass bei der Vertragsgestaltung mit allerlei Definitionen, Rangregelungen oder auch mit ausdrücklichen oder implizierten Auslegungsverboten der Illusion hinterhergelaufen wird, Eindeutigkeit erzielen zu können,[25] erhöht sich die Gefahr, dem Transparenzgebot zum Opfer zu fallen. Beim Bauträgervertrag muss die Leistungsbeschreibung, um dem Transparenzgebot zu entsprechen, für einen verständigen, informierten und kritischen Durchschnittskunden klar und durchschaubar dargestellt sein. Er muss dazu in der Lage sein, die verschiedenen Angebote miteinander zu vergleichen. Die wenigsten Bauträgerverträge erfüllen diese Bedingungen.[26] Dabei ist das Risiko erheblich. Intransparente Leistungsbeschreibungen können zum Fehlen einer Bestimmung der Hauptleistungspflicht im Vertrag und damit zur Unwirksamkeit des gesamten Vertrags führen.[27] Zum Transparenzgebot im Einzelnen, insbesondere zur Bedeutung des sekundären Gemeinschaftsrechts für die Anwendung der Vorschrift vgl. Rdn. 28 ff.

---

19 BGH, 19.11.1991, X ZR 63/90, BGHZ 116, 117, 119.
20 BGH, 30.10.1991, VIII ZR 51/91, BGHZ 115, 391, 395.
21 Ulmer/*Hensen*, Anh. §§ 9–11 AGBG Rn. 117.
22 BGH, 20.07.2005, VIII ZR 121/04, NJW RR 2005, 1496, 1500.
23 *Rüthers*, Rechtstheorie, 4. Auflage 2008, S. 238 f.
24 BGH, 06.07.2000, VII ZR 73/00, BauR 2000, 1756.
25 *Quack*, ZfBR 2009, 411.
26 *Sienz*, BauR 2009, 361, 366 m.w.N.
27 *Thode*, ZNotP 2004, 131.

C. Abweichung vom gesetzlichen Leitbild, § 307 Abs. 2 Nr. 1 BGB

Der Zweck des § 307 Abs. 2 liegt darin, das in § 307 Abs. 1 BGB formulierte Verbot der unangemessenen Benachteiligung des Gegners des Klauselverwenders mit Hilfe von typischen rechtlichen Kriterien zu konkretisieren.[28] Ob dies gelungen ist, wird in der Literatur in Frage gestellt.[29] Zunächst gilt es, die Abweichung von einem gesetzlichen Leitbild gem. § 307 Abs. 2 Nr. 1 BGB als den konkreteren Tatbestand zu prüfen. 13

Ob eine Bauvertragsklausel eine unangemessene Benachteiligung beinhaltet, weil sie mit dem wesentlichen Grundgedanken der gesetzlichen Regelung, von der sie abweicht, nicht zu vereinbaren ist, ist am Ausmaß und an den Auswirkungen der Abweichung vom gesetzlichen Leitbild zu messen.[30] Leitbildcharakter haben dispositive Vorschriften des Gesetzes, soweit sie eine Ausprägung des Gerechtigkeitsgebots darstellen – in Unterscheidung zu dispositivem Recht, das lediglich von Zweckmäßigkeitsgesichtspunkten geprägt ist. Dabei brauchen Grundgedanken eines Rechtsbereichs nicht in Einzelbestimmungen formuliert zu sein. Es reicht aus, dass sie in allgemeinen, am Gerechtigkeitsgedanken ausgerichteten und auf das Rechtsgebiet anwendbaren Grundsätzen ihren Niederschlag gefunden haben.[31] Daraus folgt, dass die Änderung einzelner gesetzlicher Vorschriften, z.B. des Werkvertragsrechts, nicht automatisch zur Änderung der bauvertraglichen Leitbilder führt. Leitbildfunktion hat z.B. auch § 8 Abs. 2 HOAI a.F.,[32] nicht aber die Vorschriften der HOAI generell.[33] Die bloße Abweichung vom Leitbild des Gesetzes allein führt jedoch noch nicht zur Unwirksamkeit der Bauvertragsklausel. Der Grundsatz der Vertragsfreiheit erlaubt es vielmehr, auch solche Pflichten zu beseitigen oder der anderen Partei aufzuerlegen, die nach dem gesetzlichen Leitbild des betreffenden Vertragstyps zu der Hauptleistungspflicht einer bestimmten Bauvertragspartei gehören.[34] Vielmehr muss in der Abweichung vom gesetzlichen Leitbild bzw. im Ausmaß der Abweichung hiervon die unangemessene Benachteiligung liegen.[35] Dabei wiegen Abweichungen von gesetzlichen Vorschriften mit Leitbildcharakter schwerer, wenn diese gesetzliche Vorschrift – in Unterscheidung zu einer bloßen Regelungsabsicht – von einem besonderen Gerechtigkeitsgedanken getragen ist.[36] Die wesentlichen Merkmale für das Leitbild des Bauvertrages sind einerseits die ordnungsgemäße, mangelfreie und zeitgerechte Herstellung des im Bauvertrag versprochenen Werkes und andererseits die Leistung der Vergütung an den Auftragnehmer.[37] 14

Gerade bei der Abwicklung von Bauverträgen werden erhebliche Vermögenswerte eingesetzt, wobei der Tatsache, dass der Auftragnehmer häufig mit hohen Beträgen in Vorleistung gehen muss (Vorleistungspflicht) wesentliche Bedeutung zukommt.[38] Auf der anderen Seite hat das Interesse des Auftraggebers an einem bleibenden Wert des Bauwerks und einer langen, möglichst beanstandungslosen Nutzungsdauer ebenfalls großes Gewicht. 15

Maßstab für die Inhaltskontrolle sind darüber hinaus die allgemein anerkannten Rechtsgrundsätze, d.h. neben dem dispositiven Gesetzesrecht auch alle sonstigen ungeschriebenen Rechtsgrundsätze, Regeln des Richterrechts oder die aufgrund ergänzender Auslegung aus der Natur des Bauvertrages zu entnehmenden Rechte und Pflichten.[39] 16

---

28 BT-Drucks. 7/3919, 23.
29 MüKo/*Kieninger*, § 307 Rn. 59.
30 BGH, 22.12.2005, VII ZB 84/05, BauR 2006, 674, 676.
31 BGHZ 25.06.1991, XI ZR 257/90, BGHZ 115, 38, 42.
32 BGH, 22.12.2005, VII ZB 84/05, BauR 2006, 674, 676.
33 BGH, 24.10.1996, VII ZR 283/95, BauR 1997, 154, 155.
34 BGH, 14.09.1999, X ZR 89/97, BauR 2000, 263, 264.
35 BGH, 06.07.2000, VII ZR 73/00, BauR 2000, 1756.
36 MüKo/*Kieninger*, § 307 Rn. 62 mit Hinweis auf BT-Drucks. 7/5422, 6.
37 Ingenstau/Korbion/*Locher/Sienz*, VOB/B Anhang 1 Rn. 106.
38 Ingenstau/Korbion/*Locher/Sienz*, VOB/B Anhang 1 Rn. 107.
39 BGH, 10.12.1992, I ZR 186/90, BGHZ 121, 13, 18.

D. Freizeichnung von Kardinalpflichten, § 307 Abs. 2 Nr. 2 BGB

17 In der Vorschrift kommt das Verbot der Aushöhlung wesentlicher Vertragspflichten zum Ausdruck, d.h., dass Allgemeine Geschäftsbedingungen dem Bauvertragspartner nicht solche Rechtspositionen nehmen oder einschränken dürfen, die ihm der Vertrag nach seinem Inhalt und Zweck zu gewähren hat.[40] Dabei wird vorausgesetzt, dass die Einschränkung solcher Rechte im Einzelfall auch die Erreichung des Vertragszwecks tatsächlich gefährdet. Im Blick hat die Rechtsprechung hierbei in erster Linie die vertraglichen Hauptpflichten, bei deren wesentlicher Einschränkung durch AGB eine unangemessene Benachteiligung des Klauselgegners naheliegt. Besonders bei Bauverträgen sind häufig Klauseln anzutreffen, die wesentliche Einschränkungen von Rechten und Pflichten in einer Weise darstellen, dass die Erreichung des Vertragszwecks gefährdet wird.[41]

18 Hauptpflicht im Bauvertragsverhältnis ist die vertragsgemäße, mangelfreie Herstellung des Werkes, was die Nachbesserungsverpflichtung des Auftragnehmers einschließt. Zeichnet sich der Auftragnehmer z.B. auch für den Fall einer fehlgeschlagenen Nachbesserung von dieser Verpflichtung frei, ermöglicht er die sanktionslose Vernachlässigung seiner vertraglichen Hauptpflicht und gefährdet damit die Erreichung des Vertragszwecks im Sinne des § 307 Abs. 2 Nr. 2 BGB. Eine derart weitgehende Regelung benachteiligt die Interessen des Klauselgegners unangemessen und ist folglich unwirksam.[42] Ein Wesenszug (die »Natur«) des Bauträgervertrages ist es, dass die Durchführung und Abwicklung des Vertrages durch einen Vertragspartner des Erwerbers, nämlich den Bauträger, gewährleistet sein soll. Es liegt daher eine Gefährdung des Vertragszwecks in einer Klausel, wonach eine Gewährleistung des Bauträgers in jedem Fall insoweit ausgeschlossen ist, als solche – von ihm an den Erwerber abgetretenen – Gewährleistungsansprüche gegen die von ihm beauftragten Handwerksunternehmer bestehen und geltend gemacht werden können. Eine solche Klausel begründet für den Erwerber die Unsicherheit, in welchem Umfang er sich darum bemühen muss, etwaige Ansprüche gegen andere am Bau Beteiligte geltend zu machen. Auch diese Klausel ist unwirksam.[43] Mit der Vorschrift nicht in Einklang stehen häufig Bauvertragsklauseln, die dem Auftragnehmer nicht erkennbare und deshalb unkalkulierbare Risiken aufbürden, wie dies typischerweise bei allgemein gehaltenen Komplettheitsklauseln der Fall ist.[44] In der Praxis tangieren die Auswirkungen solcher Klauseln – wenn sie einer Inhaltskontrolle Stand halten – nicht selten die unternehmerische Existenz des Auftragnehmers.

E. Generalklausel, § 307 Abs. 1 BGB

I. Abgrenzung zu §§ 308, 309, 310 BGB

19 § 307 Abs. 1 und Abs. 2 BGB legen den für die Inhaltskontrolle von AGB maßgeblichen Prüfungsmaßstab fest.[45] Dabei geht der Regelungsinhalt des § 307 BGB über den der §§ 308, 309 BGB hinaus, was darauf beruht, dass diese Vorschriften auf der Grundlage häufig vorkommender vorformulierter Vertragsklauseln eine höheres Maß an inhaltlicher Bestimmtheit besitzen.[46] Diese gesetzliche Konstruktion ergibt eine Prüfungsreihenfolge, nach der zunächst ein Verstoß gegen §§ 308 und 309 BGB abzuklären ist. Verstößt die Bauvertragsklausel gegen § 308 oder § 309 BGB, besteht für eine weitere Prüfung anhand § 307 kein Bedürfnis. Die Klausel ist unwirksam. Führt eine Beurteilung nach §§ 308, 309 BGB nicht zur Unwirksamkeit der Bauvertragsklausel, bleibt aber Raum für eine Prüfung anhand § 307 BGB.[47] Ohne Bedeutung ist dieser Vorbehalt

---

40 BGH, 03.03.1988, X ZR 54/86, BGHZ 103, 316, 324.
41 Ingenstau/Korbion/*Locher/Sienz*, VOB/B Anhang 1 Rn. 108.
42 OLG Saarbrücken 21.03.2002, 4 U 946/93, NJW-RR 1995, 117, 118.
43 BGH, 21.03.2002, VII ZR 493/00, BauR 2002, 1385, 1388.
44 *Vygen*, S. 25.
45 MüKo/*Kieninger*, § 307 Rn. 21.
46 MüKo/*Kieninger*, § 307 Rn. 22.
47 BGH, 24.07.2008, VII ZR 55/07, BauR 2008, 1603, 1608.

zu Gunsten der §§ 308 und 309 allerdings bei Allgemeinen Geschäftsbedingungen, die gegenüber einem Unternehmer, einer juristischen Person des Öffentlichen Rechts oder einem öffentlich-rechtlichen Sondervermögen verwendet werden, § 310 Abs. 1 Satz 1 BGB. Insbesondere im kaufmännischen Geschäftsverkehr entfällt also die vorrangige Betrachtung der §§ 308 und 309 BGB. Den Vorschriften der §§ 308, 309 kommt aber im kaufmännischen Geschäftsverkehr eine indizielle Bedeutung für die Annahme einer unangemessenen Benachteiligung des Klauselgegners zu, d.h. eine unangemessene Benachteiligung im Sinne des § 307 Abs. 1 Satz 1 BGB liegt auch unter Unternehmern dann nahe, wenn die AGB nach den Katalogen der §§ 308, 309 BGB als unwirksam anzusehen wäre.[48] Mittelbar sind die Rechtsgedanken der §§ 308 und 309 BGB also doch für den Rechtsverkehr zwischen Unternehmern bedeutsam.[49] Bei der Prüfung nach § 307 BGB sind neben den in §§ 308 und 309 BGB zum Ausdruck gebrachten Wertungen auch Gesichtspunkte der Transparenz, Regelungsklarheit und Angemessenheit zu beachten.[50] Bei der Wertung ist ggfs. auch die Tatsache zu berücksichtigen, dass der Gesetzgeber bestimmte Klauseln dem zwingenden Klauselverbot ausdrücklich entzogen hat.[51] Es ist unzulässig, aufgrund allgemeiner Überlegungen, die sich nicht aus den Besonderheiten des im Einzelfall zur Beurteilung vorliegenden Vertrages ergeben, über die Generalklausel des § 307 BGB die den §§ 308, 309 BGB zugrunde liegende gesetzgeberische Regelungsabsicht auf den Kopf zu stellen.[52]

II. Prüfungsmaßstab

1. Interessenabwägung

Ob eine entgegen den Geboten von Treu und Glauben unangemessene Benachteiligung des Vertragspartners des Klauselverwenders vorliegt, ist auf Grundlage einer Interessenabwägung zu entscheiden. Zu diesem Zweck sind zunächst die Interessen der in die Klauselstreitigkeit verwickelten Bauvertragspartner zu ermitteln und zu prüfen. Maßstab ist hierbei das Interesse des Verwenders an der Aufrechterhaltung der Bauvertragsklausel und auf der anderen Seite das Interesse des anderen Bauvertragspartners am Wegfall der Klausel. Dabei kommt es darauf an, ob und wie die Bauvertragspartner die von der Klausel betroffenen Vertragsrisiken durch eigenes Handeln minimieren oder beseitigen können und ob die Bauvertragspartner sich durch eigene Vorsorge vor der Verwirklichung von Risiken schützen können.[53] Auf die Beeinträchtigung von Interessen Dritter kommt es jedenfalls dann nicht an, wenn sich Interesse und Verhalten Dritter gegenüber dem Klauselverwender nicht auswirken.[54] § 307 Abs. 1 Satz 1 BGB stellt nämlich ausschließlich auf die schutzwürdigen Interessen der Bauvertragspartner ab. Dem Schutz des Gesetzes unterfällt ausschließlich der Bauvertragspartner des Klauselverwenders. Letzterer kann sich grundsätzlich nicht auf die Unwirksamkeit seiner eigenen Klauseln berufen.[55] Nicht maßgeblich, weil treuwidrig ist es, wenn sich der Klauselverwender im Prozess auf eine Klauselauslegung beruft, die in klarem Widerspruch zu einer früher von ihm vorgenommenen Interpretation steht. Legt ein Verwender seine allgemeinen Bauvertragsbedingungen selbst in einem ganz bestimmten Sinne aus, so kann er mit dem Vorbringen, die Klausel sei richtigerweise anders und einschränkend auszulegen, nicht mehr gehört werden (§ 242 BGB).[56]

20

---

48 BGH, 08.03.1984, VII ZR 349/82, BGHZ 90, 273, 278.
49 Ingenstau/Korbion/*Locher/Sienz*, VOB/B Anhang 1 Rn. 102.
50 BGH, 24.07.2008, VII ZR 55/07, BauR 2008, 1603, 1609.
51 BGH, 24.07.2008, VII ZR 55/07, BauR 2008, 1603, 1608.
52 BGH, 29.04.1987, VIII ZR 251/86, BGHZ 100, 373, 378 f.
53 MüKo/*Kieninger*, § 307 Rn. 33.
54 BGH, 07.10.1981, VIII ZR 214/80, NJW 1982, 178, 180 li. Sp.
55 BGH, 10.05.1990, VII ZR 257/89, BauR 1990, 605.
56 BGH, 16.09.1993, VII ZR 206/92, BauR 1994, 108, 109.

2. Objektiver Klauselinhalt

21 Im Rahmen der Prüfung ist der gesamte Inhalt des Bauvertrages zu berücksichtigen, wobei dies im Zusammenhang mit anderen Bauvertragsklauseln oder auch Individualvereinbarungen des Bauvertrages infolge eines Summierungseffektes zu einer unangemessenen Benachteiligung einer Bauvertragspartei führen kann. Es können also auch zwei oder mehrere, jeweils für sich gesehen unbedenkliche Bauvertragsklauseln in ihrem Zusammenwirken zu einer unangemessenen Benachteiligung des anderen Bauvertragspartners führen.[57] Dabei ist der Klauselinhalt zu objektivieren, d.h., es kommt auf deren tatsächlichen Inhalt an und nicht auf die Handhabung der Klausel im Einzelfall.[58] Eine Ausnahme hiervon ergibt sich allerdings aus § 310 Abs. 3 Nr. 3 BGB, weil bei Verbraucherverträgen auch die den Vertragsabschluss begleitenden Umstände zu berücksichtigen sind. Ein Begriff, der innerhalb eines vorformulierten Bauvertrags mehrfach verwendet wird, ist grundsätzlich für alle Klauseln einheitlich auszulegen.[59]

3. Maßstab: Die typischen Interessen der beteiligten Verkehrskreise

22 Die maßgebliche Betrachtung ist allein die Frage, ob der Inhalt der Formularklausel bei der Art des Bauvertrages allgemein unter Beachtung der typischen Interessen der beteiligten Verkehrskreise eine unangemessene Benachteiligung des Vertragspartners des Verwenders ergibt.[60] Vergleichsweise leicht ist die vorzunehmende Abwägung dann, wenn der Zweck der Klausel aus der Perspektive der typischen Interessen der beteiligten Verkehrskreise nicht billigenswert begründet werden kann. Ist die Klausel jedoch zunächst als billigenswert anzusehen, sind die dem Gegner des Klauselverwenders daraus erwachsenden Nachteile mit dem Klauselzweck abzuwägen. Unangemessen ist eine Benachteiligung des anderen Bauvertragspartners dann, wenn der Verwender missbräuchlich eigene Interessen auf Kosten des Bauvertragspartners durchzusetzen versucht, ohne dessen Interessen hinreichend berücksichtigt zu haben und ohne ihm einen angemessenen Ausgleich zuzugestehen.[61] Dabei erhöht sich das Risiko des Klauselverwenders, dem Vertrag eine unwirksame Klausel zugrunde zu legen, je weiter sich der Klauselinhalt vom Leitbild des Gesetzes entfernt. Ein grundsätzlich billigenswertes Interesse an der Gestaltung von AGB-Klauseln, die vom dispositiven Recht abweichen, liegt regelmäßig im Bestreben nach der Rationalisierung von Geschäftsabläufen.[62] Die für den Gegner des Klauselverwenders sich ergebenden Nachteile müssen jedoch verhältnismäßig und zumutbar sein. Überwiegen die Interessen des Gegners des Klauselverwenders, muss letztere die AGB nicht hinnehmen.[63]

4. Preisargument unzulässig

23 Nach der Rechtsprechung des BGH kann der Verwender einer den Gegner benachteiligenden Vertragsklausel nicht damit gehört werden, den Nachteilen der Klausel stünde eine günstige Vergütung entgegen.[64] Der Bauunternehmer kann sich als Verwender einer AGB seinem Auftraggeber gegenüber also nicht darauf berufen, dass die besonders niedrige Vergütung den mit einer AGB-Klausel verbundenen Nachteil aufwiegt. Die Unzulässigkeit des Preisarguments kann sehr zutreffend damit begründet werden, dass das Gericht im Streitfall zunächst einen »gerechten Preis« ermitteln müsste, wie er bei angemessenen AGB verlangt und bezahlt worden wäre. Sodann wäre zu prüfen, ob der vereinbarte Preis so weit hinter dem »gerechten Preis« liegt, dass dem Kun-

---

57 BGH, 05.04.2006, VIII ZR 163/05, NJW 2006, 2116.
58 BGH, 28.10.1981, VIII ZR 302/80, BGHZ 82, 121, 128.
59 BGH, 20.08.2009, VII ZR 212/07, BauR 2009, 1736, 1738.
60 BGH, 20.04.2000, VII ZR 458/97, BauR 2000, 1498, 1499.
61 BGH, 05.06.1997, VII ZR 324/95, BauR 1997, 829, 830.
62 BGH, 10.01.1996, XII ZR 271/94, NJW 1996, 988.
63 BGH, 16.11.1992, II ZR 184/91, NJW 1993, 2442.
64 BGH, 12.05.1980, VII ZR 166/79, BGHZ 77, 126, 131.

den die Hinnahme der an sich unbilligen Klausel zuzumuten ist.[65] Folgerichtig ergibt sich daraus, dass eine derartige gerichtliche Preisermittlung unzulässig ist, denn der Richter ist kein Preiskommissar und verfügt weder über die Sachkunde noch über die erforderlichen Informationen, die für solche Preisermittlungen und Preisvergleiche erforderlich wären. Unsere marktwirtschaftlich organisierte Gesellschaftordnung hat auf staatlich festgesetzte Preise dort verzichtet, wo der Markt funktioniert und die Preisbildung, also die Äquivalenzbestimmung, dem freien Spiel von Angebot und Nachfrage überlassen.[66]

5. Risikoverteilung und Versicherbarkeit

Im Rahmen der Interessenabwägung kann eine Rolle spielen, dass der Gegner des Klauselverwenders entweder besser oder leichter dazu in der Lage ist, ein vorhandenes Risiko im Baubetrieb oder auf der Baustelle zu kontrollieren oder entsprechende Risiken mit überschaubarem Aufwand zu versichern.[67] Während dies bei Kaskoversicherungen für Fahrzeuge leicht darstellbar sein mag, ist bei Bauverträgen bei einer solchen Betrachtung große Vorsicht geboten. Aufgrund der umfangreichen Verknüpfungen der beiderseitigen Leistungspflichten der Bauvertragspartner und der zahlreichen, bauvertragstypischen Risiken (z.B. Baugrund, Witterung usw.) dürfte das Argument, der andere Bauvertragspartner könne sich gegen entsprechende Risiken unschwer versichern, nur selten Bedeutung besitzen. Man denke nur daran, dass Bauunternehmer häufig und ohne hierzu verpflichtet zu sein, Leistungsverzeichnisse für Nachtragsleistungen erstellen, und dass nach den üblichen Versicherungsbedingungen für eine Haftung für Planungsfehler, die im Rahmen von Verträgen über Bauwerkleistungen gemacht werden, kein oder nur ein sehr eingeschränkter Versicherungsschutz besteht. Erfahrungsgemäß werden Bauunternehmen beim Abschluss von Unternehmenshaftpflichtverträgen nur selten über die Versicherungslücke aufgeklärt, die bestehen kann, wenn ein Unternehmen die Planungs- und Bauverpflichtung gleichzeitig übernimmt.

24

6. Äquivalenzprinzip

Ein in der bauvertraglichen Rechtsprechung sehr häufig herangezogener Beurteilungsmaßstab ist das Äquivalenzprinzip. Danach sind vorformulierte Bauvertragsbedingungen dann unwirksam, wenn sie gegen das für synallagmatische Verträge wesentliche Prinzip der Äquivalenz von Leistung und Gegenleistung verstoßen.[68]

25

Beachtlich ist dabei, dass es nicht darum geht, die Angemessenheit des Verhältnisses von Leistung und Gegenleistung zu beurteilen, die gem. Art. 4 Abs. 2 RL 93/13/EWG und nach § 307 Abs. 3 Satz 1 BGB der Inhaltskontrolle gerade entzogen ist. Der Prüfung sollen vielmehr Klauseln unterliegen, die aufgrund ihrer vermeintlich geringen Bedeutung beim Vertragsschluss keine besondere Beachtung finden, aber bei genauerer Betrachtung zu einer grundlegenden Störung des Gleichgewichts der vertraglichen Rechte und Leistungen führen können.[69] Letztlich verkörpert das Äquivalenzprinzip die Vorstellung beider Bauvertragspartner von der Gleichwertigkeit ihrer Leistungen.[70]

26

7. VOB/B – Sonderstellung, weil von beteiligten Verkehrskreisen aufgestellt – Privilegierung?

Die VOB/B hat in der Vergangenheit in ihrer Eigenschaft als ein von der öffentlichen Verwaltung sowie den Wirtschafts- und Berufsverbänden der Bauindustrie gemeinsam erarbeitetes Klausel-

27

---

65 MüKo/*Kieninger*, § 307 Rn. 42.
66 *Rüthers*, Rechtstheorie, S. 238 f.
67 BGH, 03.03.1988, X ZR 54/86, BGHZ 103, 316, 326 f.
68 BGH, 09.10.1985, VIII ZR 217/84, BGHZ 96, 103, 109; BGH, 12.01.1994, VIII ZR 165/92, BGHZ 124, 351, 353.
69 MüKo/*Kieninger*, § 307 Rn. 50.
70 OLG Dresden, 03.06.2005, 11 U 1967/04, IBR 2006, 94 (*Blank*).

werk insbesondere unter dem Stichwort der »Privilegierung« eine Sonderstellung im Rahmen der Inhaltskontrolle eingenommen. Ob und welche Besonderheiten im Rahmen der Inhaltskontrolle bei Verträgen gelten, in die die VOB/B einbezogen sind, ist im Einzelnen in der Kommentierung zu § 310 Abs. 1 S. 3 (vgl. dort Rdn. 14 ff.) dargestellt.

III. Transparenzgebot, § 307 Abs. 1 S. 2 BGB

28 Das Transparenzgebot der RL 93/13/EWG[71] wurde nicht vollumfänglich im Gesetz verankert. Zwar behaupten sowohl die Formulierung der Gesetzesbegründung[72] als auch zahlreiche Literaturauffassungen, mit dem Inkrafttreten des Schuldrechtsmodernisierungsgesetzes zum 01.01.2002 sei das zuvor bereits in der Rechtsprechung gefestigte gewesene Transparenzgebot im Gesetz verankert worden.[73] Weil die Rechtsprechung in der Zeit vor dem Inkrafttreten des Schuldrechtsmodernisierungsgesetzes nicht stets eine richtlinienkonforme Auslegung des § 8 AGBG vornahm,[74] ist diese Auffassung jedoch unzutreffend.[75] Tatsächlich muss man nach wie vor davon ausgehen, dass die Umsetzung der RL nur unzureichend und damit richtlinienwidrig erfolgte. Darüber hinaus werden die Besonderheiten des Transparenzgebots durch die Regelung des § 307 BGB eher verdeckt als verdeutlicht.[76] Es bedarf daher weiterhin der »Korrektur« des Gesetzeswortlauts durch eine richtlinienkonforme Auslegung. Bei Betrachtung von Art. 4 Abs. 2 der RL darf man nämlich deren Art. 5 Satz 1 nicht aus den Augen verlieren. Danach müssen **alle** schriftlich niedergelegten Klauseln klar und verständlich formuliert werden. Dies beschränkt sich nicht nur auf Verbraucherverträge, sondern gilt für **alle** Formularverträge. Das Transparenzgebot ist im Gesetz nämlich nicht als Sonderverbraucherrecht, sondern als allgemeine Regel für alle Formularverträge geregelt.[77] Die RL sieht zudem keine Privilegierung intransparenter Hauptleistungsklauseln vor.[78] Für den Bauvertrag hat das erhebliche Konsequenzen, denn eine Vielzahl der in der Baupraxis verwendeten AGB-Klauseln, aber auch Leistungsbeschreibungen erfüllen die Anforderungen des Transparenzgebotes nicht.[79] Häufig sind durch die textliche Gestaltung der Bauverträge von Auftraggebern die Risiken und Wagnisse verschleiert, die sie auf den Auftragnehmer verlagern möchten.[80] Sowohl Bauauftraggebern als auch Auftragnehmern ist folglich zu empfehlen, Leistungsbeschreibungen detailliert und übersichtlich aufzustellen.[81]

1. Grundsätzliches

29 Eine allgemeine Bauvertragsbedingung muss aus sich heraus klar, verständlich und durchschaubar sein.[82] Doch das allein reicht nach dem Transparenzgebot nicht aus. Eine Regelung in allgemeinen Bauvertragsbedingungen hält einer Inhaltskontrolle auch dann nicht stand, wenn sie an verschiedenen Stellen in den Bedingungen niedergelegt ist, die nur schwer miteinander in Zusammenhang zu bringen sind, oder wenn der Regelungsgehalt durch die Verteilung auf mehrere Stellen verdunkelt wird.[83] Aufgrund der in Baukreisen weit verbreiteten Handhabung, dass der Umfang der allgemeinen Geschäftsbedingungen häufig wesentlich mehr Raum einnimmt als die eigentliche Leistungsbeschreibung, liegt gerade in Bauverträgen die erhöhte Gefahr, mit dem

---

71 RL 93/13/EWG v. 05.04.1993, ABl. EG 1993 Nr. L 95/29.
72 BT-Drucks. 14/6040, 153.
73 *Sienz*, BauR 2009, 361.
74 Bamberger/Roth/*Schmidt*, § 307 Rn. 50 f.
75 *Thode*, NZBau 2002, 360, 365 li. Sp.
76 *Thode*, NZBau 2002, 360, 366 li. Sp.
77 *Thode*, NZBau 2002, 360, 366 li. Sp.
78 *Thode*, NZBau 2002, 360, 366 li. Sp.
79 *Sienz*, BauR 2009, 361, 362.
80 *Thode*, NZBau 2002, 360, 366 li. Sp.
81 *Thode*, NZBau 2002, 360, 366 re. Sp.
82 BGH, 12.10.1995, I ZR 172, 93, BB 1996, 656 = BauR 1996, 436 (nur LS).
83 BGH, 23.02.2005, IV ZR 273/03, BGHZ 162, 210.

Transparenzgebot in Kollision zu geraten. Das beruht in erster Linie auf dem Umstand, dass die bei Bauverträgen häufig voluminösen Klauselwerke die erhebliche Gefahr in sich bergen, dass bestimmte Klauseln nicht an den systematisch richtigen Stellen stehen, also dort, wo sie der Klauselgegner erwarten darf, sondern – gleichgültig ob absichtlich oder nicht – irgendwo an versteckter bzw. unerwarteter Stelle. Die Folge ist, dass der Klauselgegner entgegen der Forderung des Transparenzgebots die Abweichung der AGB vom dispositiven Recht nicht klar erkennen und folglich der Möglichkeit beraubt ist, die Versicherbarkeit des Risikos zu prüfen.[84]

Es ist umstritten, ob Intransparenz bereits als solche einen eigenständigen Unwirksamkeitsgrund darstellt, oder ob zusätzlich eine inhaltliche Benachteiligung erforderlich ist. *Sienz* belegt, dass bei richtlinienkonformer Auslegung der Vorschrift keine zusätzliche inhaltliche Benachteiligung des Vertragspartners erforderlich ist, um zur Unwirksamkeit der Klausel wegen Intransparenz zu gelangen.[85] Gleiches ergibt sich auch aus dem Wortlaut der Vorschrift (»... kann sich daraus ergeben ...«). Das Transparenzgebot enthält das Gebot, den Klauselinhalt möglichst weitgehend zu konkretisieren (Bestimmtheitsgebot). Treu und Glauben verpflichten den Klauselverwender, die Rechte und Pflichten seines Bauvertragspartners möglichst klar und durchschaubar darzustellen, damit dieser sich bei Vertragsschluss hinreichend über die rechtliche Tragweite der Bauvertragsbedingungen klar werden kann. Das Transparenzgebot verlangt, dass die tatbestandlichen Voraussetzungen und Rechtsfolgen im Bauvertrag so genau beschrieben werden, dass für den Verwender keine ungerechtfertigten Beurteilungsspielräume entstehen. Eine Bauvertragsklausel genügt dem Bestimmtheitsgebot nur dann, wenn sie im Rahmen des rechtlich und tatsächlich Zumutbaren die Rechte und Pflichten des Vertragspartners des Klauselverwenders so klar und präzise wie möglich umschreibt. Der Vertragspartner des Verwenders muss in der Lage sein, seine Rechte und Pflichten ohne fremde Hilfe möglichst klar und einfach festzustellen.[86] Die Klauseln müssen dabei nicht nur verständlich formuliert sein, sondern sie müssen auch die mit ihnen verbundenen Nachteile und Belastungen offenlegen.[87]

Eine Intransparenz im Sinne der Vorschrift kann insbesondere auch auf einer unübersichtlichen äußeren Gestaltung von Allgemeinen Bauvertragsbedingungen beruhen. Unübersichtliche Klauselwerke, Bauvertragsbedingungen, die nachteilige Klauseln verstecken oder verschleiern aber auch die Aufspaltung des Regelungsgehalts auf mehrere Klauseln, so dass sich eine unübersichtliche Rechtssituation ergibt, führen zur Intransparenz und damit zu einer unangemessenen Benachteiligung des Bauvertragspartners des Klauselverwenders.[88] Bei der Verwendung Allgemeiner Geschäftsbedingungen gegenüber unterschiedlichen Verkehrskreisen ist ein gruppentypisch differenzierender Maßstab anzulegen.[89] Allgemeine Geschäftsbedingungen, die noch auf das alte Schuldrecht Bezug nehmen, verstoßen bereits aus diesem Grunde gegen das Transparenzgebot.[90]

2. Beurteilungsmaßstab bei Verbrauchern

Abzustellen ist bei der Bewertung der Transparenz auf die Erwartungen und Erkenntnismöglichkeiten eines durchschnittlichen Vertragspartners des Verwenders im Zeitpunkt des Vertragsabschlusses.[91] Es ist ein durchschnittlicher Verbraucher zugrundezulegen.[92] Rechnet der »durchschnittliche Adressat« bei der Lektüre einer allgemeinen Bauvertragsbedingung aufgrund einer Verschleierung des Ausmaßes der sich für ihn ergebenden vertraglichen Verpflichtungen nicht mit

---

84 *Graf von Westphalen*, Haftungsfreizeichnungsklauseln Rn. 2.
85 *Sienz*, BauR 2009, 361, 362 m. zahlreichen Nachweisen.
86 BGH, 06.12.2007, VII ZR 28/07, BauR 2008, 508.
87 BGH, 24.03.1999, IV ZR 90/98, BGHZ 141, 137.
88 MüKo/*Kieninger*, § 307 Rn. 55.
89 *Berger/Kleine*, NJW 2007, 3526, 3527.
90 OLG Köln, 21.12.2005, 11 U 46/05, BauR 2006, 687, 689.
91 BGH, 26.10.2005, VIII ZR 48/05, BGHZ 165, 12, 22.
92 *Geck*, ZfBR 2008, 436, 438 li. Sp.

einer bestimmten Rechtsfolge, ist die Klausel als intransparent anzusehen.[93] Das mit dem Vertragstyp des Bauträgervertrages verbundene, strukturelle Ungleichgewicht ist in diesem Zusammenhang besonders zu berücksichtigen. Auf der einen Seite steht der erfahrene Unternehmer, auf der anderen Seite der unerfahrene Laie, der die technischen und wirtschaftlichen, aber auch rechtlichen Begrifflichkeiten weder kennt noch durchschauen kann.[94] Die Anforderungen an die Transparenz sind daher bei Bauträgerverträgen besonders hoch zu stellen.[95] Problematisch ist insoweit bereits der Verweis auf DIN-Vorschriften und die Verwendung von Fachausdrücken aus der Bautechnik.[96]

3. Beurteilungsmaßstab bei Unternehmern

33   Im Geschäftsverkehr mit Bauunternehmen ist das Transparenzgebot nicht mit gleicher Strenge wie gegenüber Verbrauchern anzuwenden. Die geringere Schutzbedürftigkeit ergibt sich aus der Regelung des § 310 Abs. 1 BGB.[97] Insbesondere kann bei Unternehmen aufgrund ihrer Geschäftserfahrung sowie aufgrund der Maßgeblichkeit von geschäftlichen Gewohnheiten und Bräuchen in der Baubranche von einer besseren Erkenntnis- und Verständnismöglichkeit ausgegangen werden.[98] Es liegt also eine erhöhte kaufmännische Eigenverantwortlichkeit vor mit der Folge, dass vom Klauselgegner zumutbare Anstrengungen zur Erfassung des Klauselinhalts erwartet werden können.[99] Dabei ist allerdings auch im kaufmännischen Geschäftsverkehr von den Verständnismöglichkeiten eines durchschnittlichen Vertreters des angesprochenen Kundenkreises auszugehen.[100] Bei einem Bauunternehmer ist wiederum ein anderer Maßstab anzulegen als bei einem baufremden Unternehmen. Grundsätzlich unterliegen allerdings auch große Bauunternehmen dem Schutz des § 307 BGB. Der Klauselverwender kann sich nämlich nicht darauf berufen, dass ein Bauunternehmen angesichts seiner Größe und seiner auch rechtlichen Erfahrung nicht schutzbedürftig sei.[101] Es ist zu beachten, dass bei richtlinienkonformer Auslegung auch im kaufmännischen Geschäftsverkehr keine Privilegierung intransparenter Hauptleistungsklauseln stattfindet.[102] Vgl. hierzu Rdn. 28.

4. VOB/B und Intransparenz

34   Auch Klauseln der VOB/B sind vom Transparenzgebot betroffen. *Geck*[103] hat anhand der §§ 8 und 13 VOB/B überzeugend dargestellt, dass die VOB/B in wesentlichen Bereichen gegen das Transparenzgebot verstößt – mit allen Konsequenzen. Angesichts der in der Praxis kaum vorkommenden Fälle, in denen die VOB/B privilegiert ist (vgl. insoweit § 310 BGB Rdn. 14 ff.), reduziert dies die Aussicht der betroffenen Verkehrskreise auf Rechtssicherheit bei Bauverträgen. Allerdings ist das Risiko, bei frei vorformulierten Bauverträgen jenseits des Systems der VOB/B mit dem Transparenzgebot zu kollidieren, noch erheblich höher. Es drängt sich daher aus Gründen unternehmerischer Vernunft auf, zumindest im kaufmännischen Geschäftsverkehr die VOB/B einvernehmlich als Ganzes zu vereinbaren, um den sich aus der Anwendung der §§ 305 ff. BGB ergebenden Unwägbarkeiten zu entgehen.

---

93 BGH, 07.05.2008, XII ZR 5/06, IMR 2008, 267.
94 *Sienz*, BauR 2009, 361, 363.
95 *Sienz*, BauR 2009, 361, 364.
96 *Sienz*, BauR 2009, 361, 367.
97 *Berger/Kleine*, NJW 2007, 3526, 3527 li. Sp.
98 BGH, 07.05.2008, XII ZR 5/06, IMR 2008, 267.
99 *Berger/Kleine*, NJW 2007, S. 3526, 3527 re. Sp.
100 MüKo/*Kieninger*, § 307 Rn. 58.
101 BGH, 27.11.2003, VII ZR 53/03, BauR 2004, 488, 490.
102 *Thode*, NZBau 2002, 360, 366 li. Sp.
103 *Geck*, ZfBR 2008, 436 ff.

5. Teilunwirksamkeit intransparenter AGB

Der BGH lässt eine Teilwirksamkeit einer AGB auch bei teilweise intransparenten Klauseln jedenfalls für den Fall zu, dass sich das Weglassen des intransparenten Klauselteils bei jeder Auslegung ausschließlich zu Gunsten des Gegners des Klauselverwenders auswirkt. Ist also eine Klausel in allgemeinen Geschäftsbedingungen allein wegen eines vom übrigen Klauseltext trennbaren Klammerzusatzes nicht klar und verständlich, so beschränkt sich die Unwirksamkeit wegen Intransparenz auf den Klammerzusatz.[104]

35

6. Beispiele

Intransparent ist eine Vertragsstrafenregelung in einem Formularbauvertrag, wenn lediglich in einer Fußnote auf die Höchstsummenbegrenzung hingewiesen wird.[105] Wenn in einem Bauträgervertrag Angaben zu den Wohnflächen fehlen, also zentrale Beschaffenheitsmerkmale nicht angegeben sind, liegt Intransparenz vor.[106] Ebenso intransparent ist eine Klausel im Bauträgervertrag, nach der der Bauträger berechtigt sein soll, die Vertragsleistung wegen einer nachträglichen Auflage der Baubehörde zu ändern, da aus der Formulierung nicht erkennbar ist, ob dies auch für Änderungen gelten soll, die der Bauträger selbst veranlasst hat.[107] Möchte der Bauträger bzw. dessen Notar die Wirksamkeit einer Änderungsklausel bewahren, muss er die Interessen des Erwerbers im Rahmen der Zumutbarkeit angemessen berücksichtigen, was nur dann der Fall ist, wenn die Klausel triftige Gründe für die Berechtigung des Bauträgers zur Änderung der Bauausführung klar definiert.[108] Nicht gegen das Transparenzgebot verstößt eine Bauvertragsklausel, die vorsieht, dass auch für den Fall, dass in der Auftragssumme Eventualpositionen enthalten sind, diese noch nicht als beauftragt gelten, sondern die Beauftragung durch den Auftraggeber gesondert erfolgt.[109] Zu intransparenten Klauseln der VOB/B siehe Rdn. 34.

36

§ 308 Klauselverbote mit Wertungsmöglichkeit

In Allgemeinen Geschäftsbedingungen ist insbesondere unwirksam
1. (Annahme- und Leistungsfrist) eine Bestimmung, durch die sich der Verwender unangemessen lange oder nicht hinreichend bestimmte Fristen für die Annahme oder Ablehnung eines Angebots oder die Erbringung einer Leistung vorbehält; ausgenommen hiervon ist der Vorbehalt, erst nach Ablauf der Widerrufs- oder Rückgabefrist nach § 355 Abs. 1 und 2 und § 356 zu leisten;
2. (Nachfrist) eine Bestimmung, durch die sich der Verwender für die von ihm zu bewirkende Leistung abweichend von Rechtsvorschriften eine unangemessen lange oder nicht hinreichend bestimmte Nachfrist vorbehält;
3. (Rücktrittsvorbehalt) die Vereinbarung eines Rechts des Verwenders, sich ohne sachlich gerechtfertigten und im Vertrag angegebenen Grund von seiner Leistungspflicht zu lösen; dies gilt nicht für Dauerschuldverhältnisse;
4. (Änderungsvorbehalt) die Vereinbarung eines Rechts des Verwenders, die versprochene Leistung zu ändern oder von ihr abzuweichen, wenn nicht die Vereinbarung der Änderung oder Abweichung unter Berücksichtigung der Interessen des Verwenders für den anderen Vertragsteil zumutbar ist;

---

104 BGH, 18.04.2007, VIII ZR 117/06, NJW-RR 2007, 1286.
105 BGH, 24.02.2005, VII ZR 340/03, BauR 2005, 1015.
106 BGH, 08.01.2004, VII ZR 181/02, BauR 2004, 847.
107 *Sienz*, BauR 2009, 361, 365.
108 BGH, 23.06.2005, VII ZR 200/04, BauR 2005, 1473, 1475.
109 KG 29.11.2004, 23 U 1/02, BauR 2005, 1032.

5. **(Fingierte Erklärungen)** eine Bestimmung, wonach eine Erklärung des Vertragspartners des Verwenders bei Vornahme oder Unterlassung einer bestimmten Handlung als von ihm abgegeben oder nicht abgegeben gilt, es sei denn, dass
    a) dem Vertragspartner eine angemessene Frist zur Abgabe einer ausdrücklichen Erklärung eingeräumt ist und
    b) der Verwender sich verpflichtet, den Vertragspartner bei Beginn der Frist auf die vorgesehene Bedeutung seines Verhaltens besonders hinzuweisen;
6. **(Fiktion des Zugangs)** eine Bestimmung, die vorsieht, dass eine Erklärung des Verwenders von besonderer Bedeutung dem anderen Vertragsteil als zugegangen gilt;
7. **(Abwicklung von Verträgen)** eine Bestimmung, nach der der Verwender für den Fall, dass eine Vertragspartei vom Vertrag zurücktritt oder den Vertrag kündigt,
    a) eine unangemessen hohe Vergütung für die Nutzung oder den Gebrauch einer Sache oder eines Rechts oder für erbrachte Leistungen oder
    b) einen unangemessen hohen Ersatz von Aufwendungen verlangen kann;
8. **(Nichtverfügbarkeit der Leistung)** die nach Nummer 3 zulässige Vereinbarung eines Vorbehalts des Verwenders, sich von der Verpflichtung zur Erfüllung des Vertrags bei Nichtverfügbarkeit der Leistung zu lösen, wenn sich der Verwender nicht verpflichtet,
    a) den Vertragspartner unverzüglich über die Nichtverfügbarkeit zu informieren und
    b) Gegenleistungen des Vertragspartners unverzüglich zu erstatten.

Schrifttum
Vgl. § 305.

Übersicht

		Rdn.			Rdn.
A.	Allgemeines	1	IV.	Änderungsvorbehalt, § 308 Nr. 4 BGB	13
B.	Die einzelnen, bauvertraglich relevanten Klauselverbote	2	V.	Fingierte Erklärungen, § 308 Nr. 5 BGB	17
			VI.	Fiktion des Zugangs, § 308 Nr. 6 BGB	22
I.	Annahme- und Leistungsfrist, § 308 Nr. 1 BGB	2	VII.	Abwicklung von Verträgen, § 308 Nr. 7 BGB	23
II.	Nachfrist, § 308 Nr. 2 BGB	8	VIII.	Nichtverfügbarkeit der Leistung, § 308 Nr. 8 BGB	25
III.	Rücktrittsvorbehalt, § 308 Nr. 3 BGB	9			

A. Allgemeines

1 Die Klauselverbote des § 308 BGB verwenden unbestimmte Rechtsbegriffe, was zur Folge hat, dass die Feststellung der Unwirksamkeit einer Bauvertragsklausel eine richterliche Wertung erfordert. In der Regel handelt es sich bei den Klauselverboten des § 308 BGB um Konkretisierungen des § 307 Abs. 1 BGB oder sie knüpfen an die Rechtsgedanken des § 307 Abs. 2 BGB an.[1] Zur mittelbaren Wirkung der Vorschrift im kaufmännischen Geschäftsverkehr vgl. die Kommentierung bei den einzelnen Klauselverboten sowie § 307 Rdn. 19.

B. Die einzelnen, bauvertraglich relevanten Klauselverbote

I. Annahme- und Leistungsfrist, § 308 Nr. 1 BGB

2 Der Zweck der Klausel besteht darin, den Bauvertragspartner des Klauselverwenders vor einer unangemessenen Benachteiligung zu schützen, die darin liegt, dass sich der Klauselverwender unangemessen lange oder nicht hinreichend bestimmte Fristen für die Annahme oder Ablehnung eines Angebots oder unangemessen lange und nicht hinreichend bestimmte Fristen für die Erbringung

---

1 Palandt/*Grüneberg*, § 308 Rn. 1.

seiner Leistung vorbehält. § 308 Nr. 1 umfasst auch sog. Vertragsabschlussklauseln, die nicht den Inhalt des Bauvertrages, sondern eine Modalität des Vertragsabschlusses betreffen.[2]

Welche Frist angemessen ist, ist nach dem Inhalt und der wirtschaftlichen Bedeutung des Vertrages unter Berücksichtigung der beiderseitigen Interessen und der Verkehrsanschauung zu entscheiden.[3] In das Blickfeld rücken insbesondere die Angebotsbindefristen, die die öffentliche Hand in ihren Ausschreibungsunterlagen formuliert. Nachdem der BGH eine Frist von 2 Monaten und 6 Tagen noch als zulässig angesehen hat,[4] wird die Frist des § 10 Abs. 6 VOB/A (2009) d.h. der frühere § 19 Nr. 2 VOB/A nicht zu beanstanden sein.

Der BGH hat für die Beurteilung von Bindefristen öffentlicher Auftraggeber Leitlinien formuliert.[5] Danach führte die damals maßgebliche Vorschrift des § 19 Nr. 2 VOB/A mit der dort genannten Bindungsfrist von 24 Werktagen nicht zur Unwirksamkeit der Klausel. Es kann allerdings gegen den Grundsatz von Treu und Glauben verstoßen, wenn der öffentliche Auftraggeber ohne besondere Gründe eine längere als die in § 10 Abs. 6 VOB/A formulierte Zuschlagsfrist von 30 Kalendertagen (nach den älteren Fassungen der VOB/A: 24 Werktage) festlegt. Aus der Regelung in § 10 Abs. 6 VOB/A geht hervor, dass die öffentlichen Auftraggeber im Rahmen der dort geregelten Bindefrist die vorliegenden Angebote zügig prüfen können und eine längere Frist nur aus besonderen Gründen als erforderlich angesehen wird. An diese Regelung sind die öffentlichen Auftraggeber nach Treu und Glauben in dem Sinne gebunden, in dem ihn die beteiligten Kreise als Grundlage der Verhandlungen verstehen dürfen. Danach sind die Bindefristen gemäß den Regeln der VOB/A, aktuell des § 10 Abs. 6 VOB/A (2009) keine Höchstfrist. Im Einzelfall kann auch eine längere Frist angemessen sein, wenn auf Seiten des öffentlichen Auftraggebers hierfür besondere Gründe vorliegen. Derartige Gründe vorzutragen und zu beweisen, ist Sache des öffentlichen Auftraggebers. So kann es im Einzelfall dem berechtigten Interesse einer Kommune entsprechen, eine längere Zuschlagsfrist als diejenige von 30 Kalendertagen zu fordern, wenn sie über einen ehrenamtlich tätigen Gemeinderat verfügt, der anders als Behörden nicht ständig präsent ist, weil beispielsweise nur turnusmäßige Sitzungen stattfinden. Auf der anderen Seite ist es staatlichen Stellen zuzumuten, sich so zu organisieren, dass die in der VOB/A geregelten Zuschlagsfristen eingehalten werden können. Im Prinzip geht es allein darum, ob die vorgesehene Frist sachlich begründet werden kann.[6] Als unangemessen lang ist eine Bindungsfrist von 6 Monaten anzusehen, die der Bauträger sich in einem notariell zu beurkundenden Erwerbsangebot vorbehält. Als Maßstab ist § 147 Abs. 2 BGB heranzuziehen. Übersteigt die vom Bauträger ausbedungene Frist den nach § 147 Abs. 2 BGB anzunehmenden Zeitraum erheblich, so ist die Fristbestimmung nur dann wirksam, wenn der Bauträger ein schutzwürdiges Interesse hat, hinter dem das Interesse des Kunden an einem baldigen Wegfall seiner Bindung zurückstehen muss. In der Regel ist bereits eine Annahmefrist von 10 Wochen bei derartigen Bauträgerverträgen unangemessen lang. Beim Kauf einer Eigentumswohnung verstößt eine Bindefrist von mehr als 4 Wochen nach der Auffassung des OLG Dresden regelmäßig gegen § 308 Nr. 1 BGB.[7] Unter Bezugnahme auf diese Entscheidung erklärte der BGH eine Klausel für unwirksam, die eine Angebotsbindefrist von 4 Monaten und 3 Wochen vorsah.[8]

Zum Bestimmtheitsgebot ist nach den allgemeinen Grundsätzen (vgl. § 307 Rdn. 23 ff.) der Maßstab gültig, dass ein Durchschnittskunde ohne Schwierigkeiten und ohne rechtliche Beratung feststellen können muss, wann die Bindung an sein Angebot endet.[9]

---

2 BGH, 11.06.2010, V ZR 85/09, BauR 2010, 1585.
3 Palandt/*Grüneberg*, § 308 Rn. 4.
4 BGH, 21.11.1991, VII ZR 203/90, BauR 1992, 221, 223.
5 BGH, 21.11.1991, VII ZR 203/90, BauR 1992, 221 ff.
6 BGH, 21.11.1991, VII ZR 203/90, BauR 1992, 221, 223.
7 OLG Dresden, 26.06.2003, 19 U 512/03, BauR 2005, 559.
8 BGH, 11.06.2010, V ZR 85/09, BauR 2010, 1585.
9 BGH, 06.12.1984, VII ZR 227/83, MDR 1985, 398.

6   Unzulässig sind insbesondere Bauvertragsklauseln, die den Fristbeginn von Ereignissen außerhalb der Kenntnissphäre des Gegners des Klauselverwenders abhängig machen.[10] Unter den Begriff der »Leistungsfrist« fällt dabei auch die Verpflichtung des Bestellers der Bauleistungen zur Abnahme. Ins Visier geraten zu dieser Problematik die Generalunternehmer, die regelmäßig daran interessiert sind, dem Nachunternehmer gegenüber die Abnahme erst zu erklären, wenn deren eigener Auftraggeber die Abnahme vorgenommen hat. Der BGH hat auch zu dieser Problematik Grundsätze formuliert.[11] Zwar verstößt eine allgemeine Bauvertragsbedingung, die die Abnahme einer Subunternehmerleistung auf einen Zeitpunkt hinaus schiebt, der einige Zeit nach der Fertigstellung der Leistung liegt, nicht grundsätzlich gegen § 308 Nr. 1 BGB. Ein Generalunternehmer kann über ein berechtigtes Interesse verfügen, mit einem Nachunternehmer formularmäßig einen späteren Abnahmezeitpunkt zu vereinbaren. Ausgangspunkt für eine AGB-rechtliche Beurteilung ist allerdings auch insoweit das gesetzliche Leitbild, das in § 640 BGB vorsieht, dass die Abnahme unmittelbar nach Fertigstellung des Werkes zu erklären ist. Kann aber z.B. der Generalunternehmer die vertragsgemäße Beschaffenheit der Nachunternehmerleistung nicht isoliert, sondern nur im Zusammenhang mit einem erst nach dieser Leistung fertig zu stellenden Werk eines anderen Nachunternehmers beurteilen, kann ein berechtigtes Interesse dafür bestehen, den Abnahmezeitpunkt durch eine allgemeine Bauvertragsbedingung hinauszuschieben. Gleiches kann gelten, wenn der Generalunternehmer aus besonderen Gründen daran interessiert ist, die Dauer der Gewährleistungsverpflichtung seines Nachunternehmers deckungsgleich zu seiner eigenen Gewährleistungspflicht gegenüber seinem Auftraggeber auszugestalten. Dann kann es unter eng begrenzten Voraussetzungen zulässig sein, eine Abnahme der Nachunternehmerleistung erst bei Abnahme des Gesamtwerks vorzusehen. Eine solche Klausel hält allerdings der Inhaltskontrolle nicht mehr stand, wenn sie den Nachunternehmer entgegen den Geboten von Treu und Glauben unangemessen benachteiligt. Das ist insbesondere der Fall, wenn der Zeitpunkt der Abnahme ungewiss, insbesondere nicht berechenbar ist, oder wenn die Abnahmewirkung an den Eingang einer Mangelfreiheitsbescheinigung oder Bestätigung des Erwerbers oder an die Abnahme durch eine Behörde geknüpft wird oder aber auch, wenn die Abnahme der Subunternehmerleistung ohne zeitliche Festlegung erst bei vollständiger Erstellung oder Abnahme des gesamten Bauwerks oder Bezugsfertigkeit, beispielsweise der letzten Wohneinheit eines zu errichtenden Wohngebäudes, in Aussicht gestellt wird. Generell unangemessen ist das Hinausschieben des Zeitpunkts der Abnahme dann, wenn diese erst erhebliche Zeit nach der Fertigstellung der Nachunternehmerleistung erfolgen soll. Die Frist von 12 Werktagen gem. § 12 Abs. 1 VOB/B wurde vom BGH gebilligt, ebenfalls die Verdoppelung dieses Zeitraumes auf 24 Arbeitstage.[12] Sehen allgemeine Bauvertragsbedingungen eines Generalunternehmers allerdings vor, dass die fertig gestellte Nachunternehmerleistung 2 Monate nach deren Fertigstellung oder noch später abgenommen wird, weicht dies vom gesetzlichen Leitbild des § 640 BGB zu erheblich ab.[13] Aus der Begründung der vorgenannten Entscheidung geht hervor, dass derartige Klauseln daher auch im kaufmännischen Geschäftsverkehr nach § 307 Abs. 2 BGB unwirksam sind.

7   Nicht hinreichend bestimmt ist eine Lieferfrist, wenn sie z.B. vom Vorliegen der verbindlichen Maße herzustellender Fenster im Lieferwerk abhängig gemacht wird und dies zumindest auch von Ereignissen abhängt, die sich in der Sphäre des Klauselverwenders (Fensterbauer) abspielen.[14]

II. Nachfrist, § 308 Nr. 2 BGB

8   Entsprechend zu Nr. 1 ist auch bei Nr. 2 das Ziel der Vorschrift, den Gegner des Klauselverwenders vor unangemessen langen Fristen zu schützen. Auch Nr. 2 kann gemäß §§ 307 Abs. 2 Nr. 1,

---

10   BGH, 24.03.1988, III ZR 21/87, MDR 1988, 649.
11   BGH, 21.11.1991, VII ZR 203/90, BauR 1989, 322 m.v.N.
12   BGH, 12.12.1982, VII ZR 92/82, BauR 1983, 161, 164.
13   BGH, 23.02.1989, VII ZR 89/87, BauR 1989, 322, 324.
14   BGH, 06.12.1984, VII ZR 227/83, BauR 1985, 192.

310 Abs. 1 BGB im kaufmännischen Geschäftsverkehr angewandt werden.[15] Eine unangemessen lange Nachfrist von sechs Wochen sah der BGH in den Verkaufs- und Lieferungsbedingungen eines Fensterherstellers. Zwar dürfen formularmäßige Nachfristen die »angemessene« Nachfrist des § 323 Abs. 1 BGB überschreiten. Auch sind bei der Prüfung der Frage, ob eine solche Nachfrist unangemessen lang ist, die Besonderheiten des jeweiligen Gewerbezweiges zu berücksichtigen. Eine Nachfrist darf aber nicht zu einer »Ersatzlieferungsfrist« werden oder die Leistungsfrist erheblich verlängern. In der Regel ist der Kunde nämlich an einer alsbaldigen Lieferung interessiert.[16]

III. Rücktrittsvorbehalt, § 308 Nr. 3 BGB

Die Vorschrift soll einer Aushöhlung des Rechtsgrundsatzes »pacta sunt servanda« entgegenwirken, wobei Dauerschuldverhältnisse ausdrücklich von der Regelung ausgenommen sind. 9

Als Beispielfall für eine unwirksame Klausel sind Vertragsbedingungen anzusehen, die es dem Verwender beispielsweise ermöglichen, vom Vertrag zurückzutreten, wenn sich die Lieferung aus einem vom Hersteller nicht zu vertretenden Umstand unangemessen verzögert, insbesondere bei Streik, Aussperrung sowie nicht rechtzeitiger Belieferung durch Zulieferer. Nach der Rechtsprechung des BGH ist ein solcher Rücktrittsvorbehalt sachlich nicht gerechtfertigt und verstößt gegen § 308 Nr. 3 BGB.[17] Ebenfalls unwirksam ist die Bauvertragsklausel eines Bauunternehmers, nach der er dazu berechtigt sein soll, vom Vertrag zurückzutreten, wenn der Klauselgegner keine unwiderrufliche Zahlungsgarantie einer Bank vorlegt.[18] 10

Ob ein Bauvertragsverhältnis als **Dauerschuldverhältnis** anzusehen ist, hängt von den Umständen des Einzelfalls ab. Ob beim Bauvertrag ein Dauerschuldverhältnis vorliegt, muss letztlich nach dem Gesamtumfang der geschuldeten Leistung und der beim Vertragsabschluss zu erwartenden Dauer der Rechtsbeziehung beurteilt werden.[19] So handelt es sich bei einem Subunternehmervertrag über Bewachungsdienstleistungen für eine größere Baustelle um ein Dauerschuldverhältnis.[20] Bei einem Bauvertragsverhältnis über umfangreiche und über sehr geraume Zeit zu erbringende Leistungen liegt ebenfalls ein Dauerschuldverhältnis vor.[21] Entsprechendes gilt dann auch für einen Projektsteuerungsvertrag über ein großes Bauvorhaben.[22] 11

Ein sachlich gerechtfertigter Grund für die Kündigung oder Lösung vom Vertragsverhältnis kann beispielsweise ein vertragswidriges Verhalten des Gegners des Klauselverwenders sein, aber auch falsche Angaben des Kunden des Klauselverwenders über seine Kreditwürdigkeit.[23] 12

IV. Änderungsvorbehalt, § 308 Nr. 4 BGB

§ 308 Nr. 4 BGB regelt in Ergänzung zu Nr. 3 die Begrenzung der Möglichkeiten des Klauselverwenders, die vertraglich versprochene Leistung zu ändern oder von ihr abzuweichen. Es handelt sich auch insoweit um eine Ausprägung des Grundsatzes »pacta sunt servanda«. Nr. 4 gilt auch für Dauerschuldverhältnisse, so dass es keine Einschränkungen bei Bauvertragsverhältnissen gibt. Nr. 4 erfasst auch verdeckte Änderungsvorbehalte, die in Irrtums-, Haftungs-, Ausschluss- und Vollmachtsklauseln versteckt sein könnten.[24] 13

---

15 Palandt/*Grüneberg*, § 308 Rn. 13a.
16 BGH, 06.12.1984, VII ZR 227/83, BauR 1985, 192, 194 f.
17 BGH, 06.12.1984, VII ZR 227/83, BauR 1985, 192, 195.
18 BGH, 16.09.1993, VII ZR 206/92, BauR 1994, 108.
19 Palandt/*Grüneberg*, § 314 Rn. 2.
20 BGH, 29.07.2004, III ZR 293/03, BauR 2004, 1943.
21 BGH, 23.05.1996, VII ZR 140/95, BauR 1996, 704.
22 BGH, 02.09.1999, VII ZR 225/98, BauR 1999, 1469.
23 Palandt/*Grüneberg*, § 308 Rn. 16, 17.
24 Palandt/*Grüneberg*, § 308 Rn. 22.

14 In den Mittelpunkt der Betrachtung rückt auch in diesem Zusammenhang der Bauträgervertrag. Nicht selten sind Bauträger bestrebt, sich beim Abschluss des Vertrages die Möglichkeit vorzubehalten, andere als in der Baubeschreibung genannte Baumaterialien und Baustoffe zu verwenden. Nach dem Grundsatz »pacta sunt servanda« bleiben die Leistungspflichten der Partner eines Bauträgervertrages aber unverändert. In Allgemeinen Geschäftsbedingungen kann ein einseitiges Leistungsänderungsrecht des Bauträgers folglich nur dann als wirksam angesehen werden, wenn die Änderung oder Abweichung ohne Berücksichtigung der Interessen des Verwenders für den anderen Vertragsteil zumutbar ist. Diese Voraussetzung ist nur erfüllt, wenn für die Änderung ein triftiger Grund vorliegt. Dies gilt für Verbraucherverträge nicht zuletzt auch nach Nr. 1k des Anhangs der RL 93/13/EWG, denn Nr. 4 ist richtlinienkonform auszulegen (vgl. Rdn. 1 zu § 305). Eine Klausel muss – soll sie wirksam sein – auch unter Berücksichtigung des Transparenzgebots eindeutig erkennen lassen, dass eine Änderungsbefugnis nur vorliegen soll, wenn triftige Gründe vorliegen. Dabei ist es unverzichtbar, dass die Klausel die triftigen Gründe für das einseitige Leistungsbestimmungsrecht nennt und in ihren Voraussetzungen und Folgen erkennbar die Interessen des Vertragspartners angemessen berücksichtigt.[25] Solche Änderungsklauseln sind in der Regel allgemein formuliert, so dass sie nicht die Teile der Leistungsbeschreibung betreffen, mit denen der Gegenstand der Hauptleistungspflicht unmittelbar festgelegt wird. Vielmehr regeln derartige Klauseln meist die Befugnis, die Leistung zu modifizieren, ganz allgemein. Die Klauseln sind daher nicht nach § 307 Abs. 3 BGB der Inhaltskontrolle entzogen (vgl. § 307 Rdn. 4 ff.).

15 Auch die Vertragsklausel eines Bauträgers, dass Leistungsänderungen zulässig sein sollen, soweit der Gesamtwert des Objekts nicht wesentlich beeinträchtigt werde, ist nach § 308 Nr. 4 BGB unwirksam und verstößt darüber hinaus gegen das Transparenzgebot.[26] Selbst dann, wenn der Bauträger in seiner Änderungsklausel die Gleichwertigkeit der Alternativleistung zusichert, ist die Klausel unwirksam, wenn sie keine klare Regelung beinhaltet, wann ein triftiger Grund für die Leistungsänderung vorliegt. Im Hinblick auf die gebotene Klarheit und Verständlichkeit von Allgemeinen Bauvertragsbedingungen ist es nämlich unverzichtbar, dass eine derartige Klausel die triftigen Gründe für das einseitige Leistungsbestimmungsrecht nennt und in ihren Voraussetzungen und Folgen erkennbar die Interessen des Vertragspartners angemessen berücksichtigt.[27] Das ist z.B. nicht der Fall, wenn in AGB eines Fertighausherstellers ein Leistungsänderungsvorbehalt lediglich aus »bau- und produktionstechnischen Gründen« möglich sein soll.[28]

16 Diese Grundsätze sind selbstverständlich auf alle Bauverträge anzuwenden. So ist auch eine allgemeine Bauvertragsklausel des Bauhandwerkers, die es ihm erlaubt, z.B. kleine Abweichungen in Farbe und Ausführung vorzunehmen, unwirksam, da auch kleine Abweichungen unzumutbar sein können.[29] Als wirksam ist dagegen eine Klausel eines Handwerksbetriebs anzusehen, nach der er sich Abweichungen in Struktur und Farbe gegenüber beispielsweise einem Ausstellungsstück vorbehält, soweit die Abweichung in der Natur der verwendeten Materialien liegt und handelsüblich ist. Insbesondere bei der Verwendung von Naturprodukten wie z.B. Holz und Natursteinen ist dies nicht zu beanstanden.[30] In diesem Falle ist ein triftiger Grund für eine Leistungsabweichung erkennbar und vorhanden.

V. Fingierte Erklärungen, § 308 Nr. 5 BGB

17 Zu den wesentlichen Prinzipien des Privatrechts gehört der Grundsatz, dass Schweigen in der Regel keine Willenserklärung darstellt. Die Vorschrift soll sicherstellen, dass Abweichungen von diesem Grundsatz durch allgemeine Bauvertragsbedingungen nur in engen Grenzen möglich sind.

---

25 BGH, 23.06.2005, VII ZR 200/04, BauR 2005, 1473, 1475.
26 OLG Hamm, 10.02.2005, 21 U 94/04, BauR 2005, 1324.
27 BGH, 23.06.2005, VII ZR 200/04, BauR 2005, 1473, 1475.
28 OLG Celle, 03.07.2008, 13 U 68/08, BauR 2009, 103, 104.
29 OLG Frankfurt, 11.12.1980, 6 U 15/80, DB 1981, 884.
30 BGH, 11.03.1987, Az. VIII ZR 203/86, DB 87, 1417.

Dabei geht es ausschließlich darum, den Gegner des Klauselverwenders vor der Abgabe fingierter Erklärungen zu schützen. Eigenes Schweigen darf der Klauselverwender allerdings ohne Weiteres als Zustimmung fingieren.[31]

Mit dem Inkrafttreten des Forderungssicherungsgesetzes zum 01.01.2009 fiel die in § 308 Nr. 5 a.F. geregelte Privilegierung der §§ 12 Nr. 5 Abs. 1, 12 Nr. 5 Abs. 2 und 15 Nr. 3 S. 5 VOB/B weg. Diese ist nur noch bei Vorliegen der Voraussetzungen des § 310 Abs. 1 S. 3 zu erlangen (vgl. hierzu § 310 BGB Rdn. 21). 18

Tatsachenfiktionen fallen unter § 309 Nr. 12b BGB. § 308 Nr. 5 BGB bezieht sich demgegenüber ausschließlich auf Erklärungen von materiell-rechtlicher Bedeutung.[32] Der in § 16 Abs. 3 Nr. 2 VOB/B geregelte Ausschluss von Nachforderungen (Schlusszahlungseinrede) fällt weder nach dem Wortlaut noch nach dem Sinn unter Nr. 5.[33] Eine wirksame Fiktion ist durch allgemeine Bauvertragsbedingungen nur dann regelbar, wenn dem Vertragspartner des Verwenders eine angemessene Frist zur Abgabe einer ausdrücklichen Erklärung eingeräumt wird und wenn der Klauselverwender sich dazu verpflichtet, den Vertragspartner bei Beginn der Frist auf die vorgesehene Bedeutung seines Verhaltens besonders hinzuweisen. Den Zugang des Hinweises muss der Verwender beweisen. Angesichts der Umständlichkeit, unter denen diese Voraussetzungen erfüllt werden können, dürften wirksame Bauvertragsklauseln über fingierte Erklärungen höchst selten sein, zumal als zusätzliches Wirksamkeitserfordernis nach § 307 BGB ein berechtigtes Interesse an der Erklärungsfiktion bestehen muss.[34] Ist die VOB/B unverändert vereinbart (§ 310 Abs. 1 S. 3 BGB), findet der Rechtsgedanke der Nr. 5 auch im kaufmännischen Geschäftsverkehr – im Rahmen der dort nach § 307 vorzunehmenden Inhaltskontrolle – auf die Erklärungsfiktionen der VOB/B keine Anwendung. 19

Von Nr. 5 ebenfalls unberührt bleiben in diesem Rahmen die handelsrechtlichen Grundsätze über das Schweigen und Untätigbleiben, wobei die strengen Voraussetzungen für diese Ausnahmefälle stets zu beachten sind.[35] So wird ein kaufmännisches Bestätigungsschreiben im Rahmen eines Bauvertragsverhältnisses nicht verbindlich, wenn der Vertragsinhalt bewusst unrichtig wiedergegeben wurde.[36] In der Praxis wird des Weiteren zu beachten sein, dass ein konkretes, individuelles Handeln, also z.B. die Abnahmeverweigerung den Eintritt einer vertraglich vereinbarten Fiktion hindert.[37] 20

Unwirksam ist nach diesen Gesichtspunkten eine Klausel in den zusätzlichen Vertragsbedingungen eines öffentlichen Auftraggebers, wonach bei Fehlen der geforderten Bieterangabe zum vertraglich vorgesehenen Leitfabrikat dieses als vereinbart gilt, auch wenn in der Positionsbeschreibung der Zusatz »oder gleichwertiger Art« vorhanden ist. Bei der nach §§ 307 Abs. 2 Nr. 1, 308 Nr. 5 BGB vorzunehmenden Inhaltskontrolle liegt in einer solchen Klausel ein Verstoß gegen den Grundsatz vor, dass Schweigen in der Regel keine Willenserklärung darstellt.[38] 21

VI. Fiktion des Zugangs, § 308 Nr. 6 BGB

§ 308 Nr. 6 BGB betrifft ausschließlich Zugangsfiktionen.[39] Bereits nach § 309 Nr. 12 BGB sind die Grundsätze der Beweislastverteilung jeder formularmäßigen Änderung entzogen. Nr. 6 mil- 22

---

31 Palandt/*Grüneberg*, § 308 Rn. 25.
32 Palandt/*Grüneberg*, § 308 Rn. 25.
33 BGH, 17.09.1987, VII ZR 155/86, BauR 1987, 694, 696; BGH, 16.12.1982, VII ZR 92/82, BauR 1983, 161, 163.
34 OLG Düsseldorf, 19.11.1987, 6 U 100/87, NJW-RR 88, 886.
35 BGH, 17.09.1987, VII ZR 155/86, BauR 1987, 694, 697.
36 BGH, 25.05.1970, VII ZR 157/68, DB 1970, 1777.
37 *Leitzke*, BauR 2009, 146, 153.
38 OLG Dresden, 06.12.2005, 14 U 1523/05, BauR 2008, 364, 366.
39 Palandt/*Grüneberg*, § 308 Rn. 32.

dert dieses strenge Verbot für Erklärungen ohne besondere Bedeutung, formuliert allerdings gleichzeitig ein Klauselverbot für Erklärungen mit besonderer Bedeutung.[40]

VII. Abwicklung von Verträgen, § 308 Nr. 7 BGB

23 § 308 Nr. 7 BGB ist auf alle Entgeltansprüche anzuwenden, die dem Klauselverwender nach einer gesetzlichen oder vertraglichen Regelung bei vorzeitiger Beendigung des Vertrages zustehen. Ausgenommen von der Regelung sind Schadensersatzansprüche und Vertragsstrafen, für die § 309 Nr. 5 und 6 BGB gelten.[41] Nr. 7 betrifft Vergütungen für die Nutzung oder den Gebrauch der Sache oder eines Rechts,[42] mit baurechtlicher Relevanz allerdings auch Vergütungen für erbrachte Leistungen und den Ersatz von Aufwendungen. Von besonderer Bedeutung sind hierbei die Auftraggeberkündigungen nach § 649 BGB und § 8 Abs. 1 VOB/B.

24 Der Klauselverwender darf zwar grundsätzlich eine Pauschalierung der Vergütung für den Kündigungsfall vornehmen, muss sich jedoch an den Vorgaben der gesetzlichen Anspruchsgrundlage orientieren, wobei auf die typische Sachlage bei vorzeitiger Beendigung des jeweils fraglichen Vertrages abzustellen ist. Prüfungsmaßstab ist jeweils das, was ohne die zu prüfende Klausel geschuldet würde.[43] Bei der Kündigung von Bauverträgen muss sich der Unternehmer in der Regel lediglich die ersparten Aufwendungen sowie einen eventuellen anderweitigen Erwerb anrechnen lassen. Lässt dabei die Klausel in einem Fertighausvertrag eine Schadenspauschale von 10 % zu, ist dies nach ständiger Rechtsprechung des BGH nicht zu beanstanden. Dies gilt auch dann, wenn sich der Klauselverwender eine anderweitige Nachweismöglichkeit für die ihm zustehende Vergütung offen hält.[44] Ein deutlich höherer pauschaler Vergütungsbetrag für den Fall der Vertragskündigung ist bei Fensterbaubetrieben denkbar. Bei der vorzunehmenden typisierenden Betrachtung derartiger Verträge, bei denen sich ein Fensterbaubetrieb zur Herstellung und dem Einbau von Fenstern verpflichtet, liegt der Löwenanteil der Leistung des Fensterbauers im Zusammenbau der Fensterprofile sowie dem Einbau des Fensterglases in die Profile. Regelmäßig fallen daher bereits in der Frühphase des Vertragsverhältnisses in der Werkstatt des Fensterbauers die höchsten Kosten an. Die Rechtsprechung hat daher Vergütungspauschalen in AGBs von 30 % für unbedenklich erachtet.[45] Als unwirksam wurde allerdings eine formularmäßige Pauschalvergütung von 30 % für den Fall der Kündigung eines Vertrages über den Einbau eines Treppenlifts vor Produktionsbeginn angesehen.[46] Unwirksam sind Klauseln von Architekten und sonstigen Planern, die für den Fall der Kündigung des Vertrages eine pauschale Vergütung von 40 % der noch nicht erbrachten Leistungen festgelegt wird.[47] Dies gilt auch im kaufmännischen Geschäftsverkehr.[48]

VIII. Nichtverfügbarkeit der Leistung, § 308 Nr. 8 BGB

25 § 308 Nr. 8 BGB beinhaltet eine Ergänzung zu Nr. 3. Baurechtliche Besonderheiten existieren nicht.

---

40 Palandt/*Grüneberg*, § 308 Rn. 31 ff.
41 OLG Köln, 20.06.1985, 20 U 205/85, NJW RR 1986, 1435.
42 OLG Köln, 20.06.1985, 20 U 205/85, NJW RR 1986, 1435.
43 BGH, 10.03.1983, VII ZR 301/82, BauR 1983, 261, 264.
44 BGH, 27.04.2006, VII ZR 175/05, BauR 2006, 1131, 1132.
45 OLG Braunschweig, 06.04.1979, 2 U 60/78, BB 1979, 856.
46 OLG Hamm, 10.11.2009, 19 U 34/09, IBR 2010, 133 (*Sienz*).
47 BGH, 10.10.1996, VII ZR 250/94, BauR 1997, 156; BGH, 19.02.1998, VII ZR 207/96, BauR 1998, 866.
48 BGH, 27.10.1998, X ZR 116/97, BauR 1999, 167, 170.

§ 309 Klauselverbote ohne Wertungsmöglichkeit

Auch soweit eine Abweichung von den gesetzlichen Vorschriften zulässig ist, ist in Allgemeinen Geschäftsbedingungen unwirksam

1. (Kurzfristige Preiserhöhungen) eine Bestimmung, welche die Erhöhung des Entgelts für Waren oder Leistungen vorsieht, die innerhalb von vier Monaten nach Vertragsschluss geliefert oder erbracht werden sollen; dies gilt nicht bei Waren oder Leistungen, die im Rahmen von Dauerschuldverhältnissen geliefert oder erbracht werden;
2. (Leistungsverweigerungsrechte) eine Bestimmung, durch die
   a) das Leistungsverweigerungsrecht, das dem Vertragspartner des Verwenders nach § 320 zusteht, ausgeschlossen oder eingeschränkt wird oder
   b) ein dem Vertragspartner des Verwenders zustehendes Zurückbehaltungsrecht, soweit es auf demselben Vertragsverhältnis beruht, ausgeschlossen oder eingeschränkt, insbesondere von der Anerkennung von Mängeln durch den Verwender abhängig gemacht wird;
3. (Aufrechnungsverbot) eine Bestimmung, durch die dem Vertragspartner des Verwenders die Befugnis genommen wird, mit einer unbestrittenen oder rechtskräftig festgestellten Forderung aufzurechnen;
4. (Mahnung, Fristsetzung) eine Bestimmung, durch die der Verwender von der gesetzlichen Obliegenheit freigestellt wird, den anderen Vertragsteil zu mahnen oder ihm eine Frist für die Leistung oder Nacherfüllung zu setzen;
5. (Pauschalierung von Schadensersatzansprüchen) die Vereinbarung eines pauschalierten Anspruchs des Verwenders auf Schadensersatz oder Ersatz einer Wertminderung, wenn
   a) die Pauschale den in den geregelten Fällen nach dem gewöhnlichen Lauf der Dinge zu erwartenden Schaden oder die gewöhnlich eintretende Wertminderung übersteigt oder
   b) dem anderen Vertragsteil nicht ausdrücklich der Nachweis gestattet wird, ein Schaden oder eine Wertminderung sei überhaupt nicht entstanden oder wesentlich niedriger als die Pauschale;
6. (Vertragsstrafe) eine Bestimmung, durch die dem Verwender für den Fall der Nichtabnahme oder verspäteten Abnahme der Leistung, des Zahlungsverzugs oder für den Fall, dass der andere Vertragsteil sich vom Vertrag löst, Zahlung einer Vertragsstrafe versprochen wird;
7. (Haftungsausschluss bei Verletzung von Leben, Körper, Gesundheit und bei grobem Verschulden)
   a) (Verletzung von Leben, Körper, Gesundheit) ein Ausschluss oder eine Begrenzung der Haftung für Schäden aus der Verletzung des Lebens, des Körpers oder der Gesundheit, die auf einer fahrlässigen Pflichtverletzung des Verwenders oder einer vorsätzlichen oder fahrlässigen Pflichtverletzung eines gesetzlichen Vertreters oder Erfüllungsgehilfen des Verwenders beruhen;
   b) (Grobes Verschulden) ein Ausschluss oder eine Begrenzung der Haftung für sonstige Schäden, die auf einer grob fahrlässigen Pflichtverletzung des Verwenders oder auf einer vorsätzlichen oder grob fahrlässigen Pflichtverletzung eines gesetzlichen Vertreters oder Erfüllungsgehilfen des Verwenders beruhen;
   die Buchstaben a und b gelten nicht für Haftungsbeschränkungen in den nach Maßgabe des Personenbeförderungsgesetzes genehmigten Beförderungsbedingungen und Tarifvorschriften der Straßenbahnen, Obusse und Kraftfahrzeuge im Linienverkehr, soweit sie nicht zum Nachteil des Fahrgasts von der Verordnung über die Allgemeinen Beförderungsbedingungen für den Straßenbahn- und Obusverkehr sowie den Linienverkehr mit Kraftfahrzeugen vom 27. Februar 1970 abweichen; Buchstabe b gilt nicht für Haftungsbeschränkungen für staatlich genehmigte Lotterie- oder Ausspielverträge;
8. (Sonstige Haftungsausschlüsse bei Pflichtverletzung)
   a) (Ausschluss des Rechts, sich vom Vertrag zu lösen) eine Bestimmung, die bei einer vom Verwender zu vertretenden, nicht in einem Mangel der Kaufsache oder des Werkes be-

stehenden Pflichtverletzung das Recht des anderen Vertragsteils, sich vom Vertrag zu lösen, ausschließt oder einschränkt; dies gilt nicht für die in der Nummer 7 bezeichneten Beförderungsbedingungen und Tarifvorschriften unter den dort genannten Voraussetzungen;
  b) (Mängel) eine Bestimmung, durch die bei Verträgen über Lieferungen neu hergestellter Sachen und über Werkleistungen
     aa) (Ausschluss und Verweisung auf Dritte) die Ansprüche gegen den Verwender wegen eines Mangels insgesamt oder bezüglich einzelner Teile ausgeschlossen, auf die Einräumung von Ansprüchen gegen Dritte beschränkt oder von der vorherigen gerichtlichen Inanspruchnahme Dritter abhängig gemacht werden;
     bb) (Beschränkung auf Nacherfüllung) die Ansprüche gegen den Verwender insgesamt oder bezüglich einzelner Teile auf ein Recht auf Nacherfüllung beschränkt werden, sofern dem anderen Vertragsteil nicht ausdrücklich das Recht vorbehalten wird, bei Fehlschlagen der Nacherfüllung zu mindern oder, wenn nicht eine Bauleistung Gegenstand der Mängelhaftung ist, nach seiner Wahl vom Vertrag zurückzutreten;
     cc) (Aufwendungen bei Nacherfüllung) die Verpflichtung des Verwenders ausgeschlossen oder beschränkt wird, die zum Zwecke der Nacherfüllung erforderlichen Aufwendungen, insbesondere Transport-, Wege-, Arbeits- und Materialkosten, zu tragen;
     dd) (Vorenthalten der Nacherfüllung) der Verwender die Nacherfüllung von der vorherigen Zahlung des vollständigen Entgelts oder eines unter Berücksichtigung des Mangels unverhältnismäßig hohen Teils des Entgelts abhängig macht;
     ee) (Ausschlussfrist für Mängelanzeige) der Verwender dem anderen Vertragsteil für die Anzeige nicht offensichtlicher Mängel eine Ausschlussfrist setzt, die kürzer ist als die nach dem Doppelbuchstaben ff zulässige Frist;
     ff) (Erleichterung der Verjährung) die Verjährung von Ansprüchen gegen den Verwender wegen eines Mangels in den Fällen des § 438 Abs. 1 Nr. 2 und des § 634a Abs. 1 Nr. 2 erleichtert oder in den sonstigen Fällen eine weniger als ein Jahr betragende Verjährungsfrist ab dem gesetzlichen Verjährungsbeginn erreicht wird;
9. (Laufzeit bei Dauerschuldverhältnissen) bei einem Vertragsverhältnis, das die regelmäßige Lieferung von Waren oder die regelmäßige Erbringung von Dienst- oder Werkleistungen durch den Verwender zum Gegenstand hat,
   a) eine den anderen Vertragsteil länger als zwei Jahre bindende Laufzeit des Vertrags,
   b) eine den anderen Vertragsteil bindende stillschweigende Verlängerung des Vertragsverhältnisses um jeweils mehr als ein Jahr oder
   c) zu Lasten des anderen Vertragsteils eine längere Kündigungsfrist als drei Monate vor Ablauf der zunächst vorgesehenen oder stillschweigend verlängerten Vertragsdauer;
   dies gilt nicht für Verträge über die Lieferung als zusammengehörig verkaufter Sachen, für Versicherungsverträge sowie für Verträge zwischen den Inhabern urheberrechtlicher Rechte und Ansprüche und Verwertungsgesellschaften im Sinne des Gesetzes über die Wahrnehmung von Urheberrechten und verwandten Schutzrechten;
10. (Wechsel des Vertragspartners) eine Bestimmung, wonach bei Kauf-, Darlehens-, Dienst- oder Werkverträgen ein Dritter anstelle des Verwenders in die sich aus dem Vertrag ergebenden Rechte und Pflichten eintritt oder eintreten kann, es sei denn, in der Bestimmung wird
    a) der Dritte namentlich bezeichnet oder
    b) dem anderen Vertragsteil das Recht eingeräumt, sich vom Vertrag zu lösen;
11. (Haftung des Abschlussvertreters) eine Bestimmung, durch die der Verwender einem Vertreter, der den Vertrag für den anderen Vertragsteil abschließt,
    a) ohne hierauf gerichtete ausdrückliche und gesonderte Erklärung eine eigene Haftung oder Einstandspflicht oder
    b) im Falle vollmachtsloser Vertretung eine über § 179 hinausgehende Haftung
    auferlegt;

12. (Beweislast) eine Bestimmung, durch die der Verwender die Beweislast zum Nachteil des anderen Vertragsteils ändert, insbesondere indem er
    a) diesem die Beweislast für Umstände auferlegt, die im Verantwortungsbereich des Verwenders liegen, oder
    b) den anderen Vertragsteil bestimmte Tatsachen bestätigen lässt;
    Buchstabe b gilt nicht für Empfangsbekenntnisse, die gesondert unterschrieben oder mit einer gesonderten qualifizierten elektronischen Signatur versehen sind;
13. (Form von Anzeigen und Erklärungen) eine Bestimmung, durch die Anzeigen oder Erklärungen, die dem Verwender oder einem Dritten gegenüber abzugeben sind, an eine strengere Form als die Schriftform oder an besondere Zugangserfordernisse gebunden werden.

Schrifttum
Vgl. § 305.

Übersicht	Rdn.
A. Allgemeines	1
B. Einzelne Klauselverbote	2
I. Kurzfristige Preiserhöhungen, § 309 Nr. 1 BGB	2
II. Leistungsverweigerungsrechte, § 309 Nr. 2 BGB	7
III. Aufrechnungsverbot, § 309 Nr. 3 BGB	11
IV. Mahnung, Fristsetzung, § 309 Nr. 4 BGB	14
V. Pauschalierung von Schadensersatzansprüchen, § 309 Nr. 5 BGB	15
VI. Vertragsstrafe, § 309 Nr. 6 BGB	17
VII. Haftungsausschluss bei Verletzung von Leben, Körper, Gesundheit und bei grobem Verschulden, § 309 Nr. 7 BGB	22
VIII. Sonstige Haftungsausschlüsse bei Pflichtverletzung, § 309 Nr. 8 BGB	27
1. Ausschluss des Rechts, sich vom Bauvertrag zu lösen, § 309 Nr. 8a BGB	28
2. Sonderregeln, insbesondere für Baumängel, § 309 Nr. 8b BGB	30
a) Ausschluss und Verweisung auf Dritte, § 309 Nr. 8b aa BGB	31
b) Beschränkung auf Nacherfüllung, § 309 Nr. 8b bb BGB	35
c) Aufwendungen bei Nacherfüllung, § 309 Nr. 8b cc BGB	39
d) Vorenthalten der Nacherfüllung, § 309 Nr. 8b dd BGB	41
e) Ausschlussfrist für Mängelanzeige, § 309 Nr. 8b ee BGB	42
f) Erleichterung der Verjährung, § 309 Nr. 8b ff BGB	46
IX. Laufzeit bei Dauerschuldverhältnissen, § 309 Nr. 9 BGB	49
X. Wechsel des Vertragspartners, § 309 Nr. 10 BGB	50
XI. Haftung des Abschlussvertreters, § 309 Nr. 11 BGB	53
XII. Beweislast, § 309 Nr. 12 BGB	54
XIII. Form von Anzeigen und Erklärungen, § 309 Nr. 13 BGB	58

A. Allgemeines

Die Klauselverbote der Vorschrift sind Ausprägungen der in § 307 BGB enthaltenen Rechtsgedanken.[1] Die hieraus resultierende Kontrolle zielt auf Klauseln, die mit wesentlichen Rechtsgedanken der Privatrechtsordnung nicht zu vereinbaren sind oder auf eine Aushöhlung von essentiellen Pflichten und Rechten hinauslaufen.[2] In den Fällen des § 310 Abs. 1 BGB, insbesondere im kaufmännischen Geschäftsverkehr, entfalten die Rechtsgedanken des § 307 BGB eine mittelbare Wirkung. Fällt eine Klausel bei Verwendung gegenüber Nichtkaufleuten unter eine der Verbotsnormen des § 309 BGB, so kann dies nämlich ein Indiz dafür sein, dass sie auch im Falle der Verwendung unter Kaufleuten zu einer unangemessenen Benachteiligung des Klauselgegners führt, es sei denn, sie kann wegen der besonderen Interessen und Bedürfnisse des unternehmerischen Geschäftsverkehrs ausnahmsweise als angemessen angesehen werden. Dabei sind die in den Klauselverboten zum Ausdruck kommenden Wertungen zu berücksichtigen, soweit sie übertrag-

---

1 BGH, 24.07.2008, VII ZR 55/07, BauR 2008, 1603, 1608.
2 Palandt/*Grüneberg*, § 309 Rn. 1.

bar sind.³ Was durch § 309 BGB zum Ausdruck gebracht wird, gilt insoweit also ggfs. mittelbar (vgl. auch § 307 BGB Rdn. 19, § 310 BGB Rdn. 7 ff.).

B. Einzelne Klauselverbote

I. Kurzfristige Preiserhöhungen, § 309 Nr. 1 BGB

2 § 309 Nr. 1 BGB verbietet Preis- bzw. Vergütungserhöhungsklauseln jeder Art (pacta sunt servanda). Von dieser Regelung betroffen sind insbesondere Handwerksbetriebe, die kleinere Bauaufträge ausführen, wie z.B. die Sanierung eines Badezimmers oder die Neueindeckung eines Daches, da bei derartigen Kleinaufträgen nicht von einem Dauerschuldverhältnis ausgegangen werden kann (vgl. hierzu auch § 308 BGB Rdn. 11). Von Nr. 1 erfasst werden auch Preisanpassungen im Falle der Erhöhung der Umsatzsteuer.⁴

3 Ist der Bauvertrag als Dauerschuldverhältnis anzusehen, gilt § 309 Nr. 1 BGB nicht. Das heißt allerdings nicht, dass bei Dauerschuldverhältnissen Preisanpassungsklauseln jeglicher Art zulässig wären. Legen die Bauvertragspartner dem Vertrag einen Festpreis zugrunde, gleichgültig, ob im Rahmen eines Einheitspreis- oder Pauschalpreisvertrages, sind die Bauvertragspartner grundsätzlich an den vereinbarten Werklohn gebunden.⁵ Allerdings ergibt sich bereits aus § 309 Nr. 1 BGB, dass ein einseitiges Preisänderungsrecht in Allgemeinen Geschäftsbedingungen nicht generell unzulässig ist. Nicht unter § 309 Nr. 1 BGB fallende Bauvertragsklauseln sind indessen an § 307 BGB zu messen. Die formularmäßig eröffnete Vergütungsänderung muss danach dem Äquivalenzprinzip als der Vorstellung der beiden Bauvertragspartner von der Gleichwertigkeit ihrer Leistungen entsprechen.⁶ Als unwirksam, weil unangemessen, sind in diesem Zusammenhang Vergütungsänderungsvorbehalte anzusehen, die es dem Verwender ermöglichen, über die Abwälzung konkreter Kostensteigerungen hinaus die vereinbarte Festpreisvergütung ohne jede Begrenzung einseitig anzuheben, etwa um einen zusätzlichen Gewinn zu erzielen.⁷ Bei der Betrachtung nach § 307 BGB ist vor allen Dingen bei Verbraucherverträgen die Interessenlage des Bestellers zu berücksichtigen, der in verstärktem Maß durch das Bedürfnis gekennzeichnet ist, den Unternehmer am Festpreis auch wirklich festhalten zu können, weil sich Preiserhöhungen von wenigen Prozentpunkten bei der Größenordnung der Vertragssummen bereits erheblich auswirken können und weil oft die ganze Finanzierung auf den Festpreis ausgerichtet ist und nicht selten auch die Leistungsgrenze des Bestellers darstellt.⁸

4 Die §§ 1 Nr. 3, 1 Nr. 4 VOB/B i.V.m. §§ 2 Nr. 5, 2 Nr. 6 VOB/B stellen keine Preisanpassungsklauseln i.S. der Nr. 1 dar, denn den vorbezeichneten Regelungen liegt die Ausübung des einseitigen Leistungsbestimmungsrechts des Auftraggebers zugrunde.⁹

5 Im Rahmen von Dauerschuldverhältnissen mit Verbrauchern unterliegen Preisanpassungsklauseln nach § 307 BGB sehr straffen Kriterien. Insbesondere muss die Klausel den Grund und den Umfang der Erhöhung konkret festlegen und zumindest bei erheblichen Preissteigerungen ein Kündigungsrecht des Vertragspartners des Verwenders vorsehen.¹⁰

6 Im kaufmännischen Geschäftsverkehr ist aus § 307 BGB kein solch strenger Maßstab herzuleiten. Es ist vielmehr von der Art des konkreten Vertrages, den typischen Interessen der Vertragschließenden und den die jeweilige Klausel begleitenden Regelungen abhängig, ob und in welcher Ausprägung ein einseitiges Preisänderungsrecht des Klauselverwenders formularmäßig wirksam ver-

---

3 BGH, 19.09.2007, VIII ZR 1414/06, BGHZ 174, 1, 4f.
4 BGH, 23.04.1980, VIII ZR 80/79, BGHZ 77, 79, 85.
5 BGH, 20.05.1985, VII ZR 198/84, BauR 1985, 573, 574.
6 BGH, 20.05.1984, VII ZR 198/84, BauR 1985, 573, 574.
7 BGH, 20.05.1984, VII ZR 198/84, BauR 1985, 573, 574.
8 BGH, 20.05.1984, VII ZR 198/84, BauR 1985, 573, 575.
9 BGH, 27.11.2003, VII ZR 346/01, BauR 2004, 495.
10 BGH, 01.02.1984, VIII ZR 54/83, BGHZ 90, 69, 79.

einbart werden kann.[11] Eine im Vergleich zu Verbraucherverträgen großzügigere Betrachtung begründete der BGH beispielsweise damit, dass Unternehmen eingetretene Preiserhöhungen gewöhnlich auf ihre Kunden abwälzen, so dass der Vertragspartner des Klauselverwenders durch Preiserhöhungen gegenüber seinen eigenen Kunden einseitige Preisanpassungen des Klauselverwenders abfedern könne.[12] Diese Betrachtung wird jedoch bei den im Bauwesen regelmäßig anzutreffenden Vertragskonstellationen selten Maßgeblich sein.

II. Leistungsverweigerungsrechte, § 309 Nr. 2 BGB

§ 309 Nr. 2 BGB soll einer Einschränkung des Leistungsverweigerungsrechts nach § 320 BGB sowie des Zurückbehaltungsrechts nach § 273 BGB durch vorformulierte Vertragsklauseln entgegenwirken. Nach dem Wortlaut der Nr. 2 ist § 320 BGB jeglicher Änderung oder Einschränkung durch Allgemeine Geschäftsbedingungen entzogen.[13] Nach ihrem Wortlaut ist die Vorschrift allerdings nicht anwendbar, wenn durch Allgemeine Geschäftsbedingungen eine Vorleistungspflicht des Bauvertragspartners begründet werden soll, denn das Leistungsverweigerungsrecht nach § 320 BGB setzt voraus, dass eine Vorleistungspflicht nicht besteht.[14] Für Klauseln, die eine Vorleistungspflicht begründen, ist § 307 BGB für die Inhaltskontrolle maßgeblich. 7

Auch bei Bauverträgen sind vorformulierte Klauseln, die ein Leistungsverweigerungsrecht des Gegners des Klauselverwenders oder dessen Zurückbehaltungsrecht einschränken, nach Nr. 2 unwirksam. Die Abschlagszahlungen gemäß den Regelungen der §§ 632a BGB und 16 Abs. 1 VOB/B kollidieren nicht mit § 309 Nr. 2 BGB. Diese Regelungen schränken zwar die werkvertragliche Vorleistungspflicht des Bauunternehmers ein, verpflichten den Auftraggeber aber lediglich zur Vergütung bereits erbrachter Leistungen und belässt ihm das Leistungsverweigerungsrecht, soweit die Leistungen des Auftragnehmers mangelhaft sind.[15] Allerdings liegt ein Verstoß gegen Nr. 2 vor, wenn das Recht des Klauselgegners auf eine Sicherheit nach § 632a Abs. 3 BGB eingeschränkt wird.[16] 8

Das Leistungsverweigerungsrecht des Auftraggebers wird allerdings durch übermäßig hohe Abschlagszahlungen in einer gegen Nr. 2 verstoßenden Weise eingeschränkt. Dies ist beispielsweise dann der Fall, wenn der Auftragnehmer in seinen allgemeinen Bauvertragsbedingungen die Zahlung von 70 % der Vergütung bei Anlieferung von Treppen[17] oder von Fenstern[18] fordert. Auch die formularmäßige Klausel eines Bauträgers, dass der Erwerber den gesamten Resterwerbspreis sofort zahlen muss, falls er den Kaufgegenstand ohne Genehmigung des Bauträgers und Übergabeverhandlung in Besitz nimmt, ist nach § 309 Nr. 2 unwirksam.[19] Mit § 309 Nr. 2 kollidieren auch in Bauträgerverträgen vorformulierte Freigabeversprechen mit dem Inhalt, dass nur »vorbehaltlose« oder »bedingungs- und auflagenfreie« Zahlungen die Verpflichtung zur Freistellung auslösen können oder dass vom Erwerber geleistete Zahlungen »keiner Sperre unterliegen dürfen«. Die wörtliche Auslegung derartiger Klauseln führt nämlich zu dem Ergebnis, dass die Durchsetzung von Einwendungen und Einreden erschwert werden kann.[20] Gleiches gilt für eine Bauträgervertragsklausel, nach der das Freigabeversprechen mit dem Anspruch des Bauträgers auf eine Sicherheit verbindet.[21] 9

---

11 BGH, 16.01.1985, VIII ZR 153/83, BGHZ 93, 252, 257.
12 BGH, 27.09.1984, X ZR 12/84, BGHZ 92, 200, 206.
13 Palandt/*Grüneberg*, § 309 Rn. 12.
14 BGH, 12.03.1987, VII ZR 37/86, BGHZ 100, 157, 161.
15 BGH, 11.10.1984, VII ZR 248/83, BauR 1985, 93, 95.
16 *Basty*, Rn. 43.
17 OLG Schleswig-Holstein, 09.03.1994, 9 U 116/93, BauR 1994, 513.
18 OLG Zweibrücken, 04.10.2001, 4 U 115/00, NJW-RR 2002, 274.
19 OLG Koblenz, 10.07.2006, 12 U 711/05, BauR 2007, 930.
20 *Basty*, Der Bauträgervertrag, 6. Aufl. 2009, Rn. 403 m.w.N.
21 BGH, 11.10.1984, VII ZR 248/83, BauR 1985, 93, 95.

10 Im kaufmännischen Geschäftsverkehr können die §§ 273, 320 BGB grundsätzlich in Allgemeinen Geschäftsbedingungen abbedungen werden.[22] Allerdings wird auch in diesem Rahmen das Leitbild des Gesetzes bei einer Inhaltskontrolle nach § 307 Abs. 2 BGB (vgl. § 307 BGB Rdn. 14) keine weitgreifenden Einschränkungen der §§ 320, 273 BGB zulassen.

III. Aufrechnungsverbot, § 309 Nr. 3 BGB

11 § 309 Nr. 3 BGB schließt das formularmäßige Verbot der Aufrechnung mit unbestrittenen oder rechtskräftig festgestellten Forderungen des Bauvertragspartners des Verwenders aus. Unwirksam ist auch eine Bauvertragsklausel, die es ermöglichen soll, ein Aufrechnungsverbot dadurch zu umgehen, dass die Ansprüche einer vom Gesetz nicht anerkannten Verrechnung unterstellt werden. Allerdings ist stets sorgfältig zu prüfen, inwieweit Aufrechnungsverbote den zur Entscheidung stehenden Fall erfassen, einschränkend nach Sinn und Zweck der jeweils getroffenen Regelung ausgelegt werden müssen oder, z.B. mit Rücksicht auf §§ 309 Nr. 3 BGB, 307 Abs. 1 BGB wirksam vereinbart sind.[23]

12 Auch im kaufmännischen Geschäftsverkehr sind Allgemeine Geschäftsbedingungen, die ein Aufrechnungsverbot enthalten, unwirksam (§ 307 Abs. 1 BGB), wenn das formularmäßige Aufrechnungsverbot nicht dem Wortlaut des § 309 Nr. 3 BGB entspricht.[24] Unwirksam ist ebenfalls eine Allgemeine Bauvertragsbedingung, nach der der Schuldner nur mit rechtskräftig festgestellten Forderungen oder solchen, zu denen der Gläubiger im Einzelfall jeweils seine Zustimmung erklärt hat, aufrechnen darf.[25] Gleichermaßen unwirksam ist eine Bauvertragsklausel, nach der der Auftragnehmer den Gewährleistungseinbehalt gegen eine Gewährleistungsbürgschaft ablösen kann, die unter dem Verzicht auf die Einrede der Aufrechenbarkeit abgegeben werden muss. Dies gilt wegen eines gleichzeitigen Verstosses gegen § 307 Abs. 1 S. 1 BGB auch im kaufmännischen Geschäftsverkehr.[26] Dies führt zur Nichtigkeit der gesamten Sicherungsabrede, so dass der Gewährleistungsbürge nicht in Anspruch genommen werden kann. Der BGH hat damit den Meinungsstreit darüber geklärt, dass eine Aufrechterhaltung der Klausel in der Weise, dass die Hauptschuldnerin berechtigt sein könnte, den Sicherheitseinbehalt durch eine selbstschuldnerische, unbefristete Bürgschaft ohne den Verzicht auf die Einreden des § 768 BGB abzulösen, nicht in Betracht kommt.[27]

13 Soweit ersichtlich, wird § 309 Nr. 3 BGB allerdings in den meisten Allgemeinen Bauvertragsbedingungen korrekt umgesetzt. Dazu ist es erforderlich, den Wortlaut des § 309 Nr. 3 BGB, insbesondere die Ausnahmetatbestände der Vorschrift, exakt wiederzugeben.[28]

IV. Mahnung, Fristsetzung, § 309 Nr. 4 BGB

14 § 309 Nr. 4 BGB schützt den Grundsatz, dass Verzug i.d.R. erst nach Mahnung eintritt.[29] Auch im kaufmännischen Geschäftsverkehr braucht der Vertragspartner vernünftigerweise nicht damit zu rechnen, dass in Allgemeinen Geschäftsbedingungen die Obliegenheit zur Nachfristsetzung abbedungen wird. Dies kann nach der Rechtsprechung des BGH im kaufmännischen Geschäftsverkehr formularmäßig nicht wirksam vereinbart werden.[30]

---

22 BGH, 10.10.1991, III ZR 141/90, BGHZ 115, 324, 327.
23 BGH, 23.06.2005, VII ZR 197/03, BauR 2005, 1477, 1478.
24 BGH, 27.01.1993, XII ZR 141/91, NJW-RR 1993, 519, 520; OLG Koblenz, 30.08.2007, 5 U 105/07, IBR 2008, 322 (*Wolber*).
25 BGH, 27.06.2007, XII ZR 54/05, IBR 2007, 1328 (*Schwenker*).
26 BGH, 16.06.2009, XI ZR 145/08, BauR 2009, 1742, 1744.
27 BGH, 16.06.2009, XI ZR 145/08, BauR 2009, 1742, 1746.
28 BGH, 16.01.2003, IX ZR 171/00, NZBau 2003, 377.
29 Palandt/*Grüneberg*, § 309 Rn. 22.
30 BGH, 17.01.1990, VIII ZR 292/88, BGHZ 110, 88, 97 f.

V. Pauschalierung von Schadensersatzansprüchen, § 309 Nr. 5 BGB

§ 309 Nr. 5 BGB regelt vorrangig vor § 308 Nr. 7 BGB (vgl. dort Rdn. 23) allgemeine Bauvertragsklauseln, die Schadensersatzansprüche pauschalieren sollen. Nr. 5a legt fest, dass eine formularmäßig festgelegte Pauschale den in den geregelten Fällen nach dem gewöhnlichen Lauf der Dinge zu erwartenden Schaden oder die gewöhnlich eintretende Wertminderung nicht übersteigen darf. Dies ist beispielsweise nicht der Fall und eine Bauvertragsbedingung daher wirksam, wenn der Verwender einen Zinsanspruch für verzögerte Zahlungen in Höhe der Zinsregelung nach § 16 Nr. 5 Abs. 3, Satz 2 VOB/B (1999) ausbedingt. Aufgrund der zum Zeitpunkt des Vertragsabschlusses maßgeblichen gesetzlichen Zinssätze war im entschiedenen Fall kein Zinsschaden zu erwarten, der denjenigen überstiegen hätte, der nach dem gewöhnlichen Lauf der Dinge zu erwarten war.[31] Es ist bei der Prüfung eine generalisierende Betrachtung vorzunehmen und auf die branchentypischen Umstände abzustellen.[32]

15

Der Rechtsgedanke des § 309 Nr. 5 BGB ist im Rahmen der Inhaltskontrolle nach § 307 BGB auch im kaufmännischen Geschäftsverkehr grundsätzlich zu beachten.[33] Unter Berücksichtigung dieser Grundsätze hielt der BGH a.a.O. die Klausel eines öffentlichen Auftraggebers für wirksam, nach der der Auftragnehmer einen pauschalen Schadensersatz von 3 % der Auftragssumme an die Kommune zu zahlen hat, wenn er aus Anlass der Vergabe des Auftrages nachweislich eine Abrede getroffen hat, die eine unzulässige Wettbewerbsbeschränkung darstellt.[34]

16

VI. Vertragsstrafe, § 309 Nr. 6 BGB

Das Gesetz betrachtet formularmäßige Vertragsstrafenklauseln grundsätzlich als eine unangemessene Benachteiligung des Vertragspartners im Sinne des § 307 Abs. 1 BGB, denn im Regelfall werden dem Gegner des Klauselverwenders durch eine Vertragsstrafenklausel Nachteile aufgebürdet, ohne dass dies durch ein berechtigtes Interesse des Klauselverwenders gerechtfertigt ist.[35] Der Klauselverwender kann seine Interessen durch die Pauschalierung von Schadensersatzansprüchen gem. § 309 Nr. 5 BGB in ausreichendem Umfang sichern.

17

Formularmäßige Vertragsstrafenklauseln sind allerdings nicht völlig verboten. Die Konzeption der Nr. 6 geht zunächst von der Konstellation aus, dass der Klauselverwender eine Sach- oder Dienstleistung zu erbringen hat und der Verwendungsgegner eine Geldleistung. Für diese vertragliche Situation ergibt sich aus Nr. 6 ein Vertragsstrafenverbot für den Fall der Nichtabnahme oder verspäteten Abnahme der Leistung sowie für Fälle des Zahlungsverzuges und für den Fall, dass sich der Gegner des Klauselverwenders vom Vertrag löst. Für den in Bauverträgen häufig anzutreffenden Fall der formularmäßigen Vertragsstrafenklausel des Auftraggebers zu Lasten des Auftragnehmers ist § 309 Nr. 6 BGB also nicht einschlägig.

18

Abweichend von der Regelkonstellation greift Nr. 6 ausnahmsweise auch dann, wenn der Gegner des Klauselverwenders eine Bauleistung schuldet. Es besteht bei allgemeinen Bauvertragsbedingungen des Auftraggebers nämlich ein Klauselverbot für den Fall, dass sich der Verwendungsgegner (= AN) vom Vertrag löst.[36] Solche Fälle sind bei Bauverträgen allerdings selten.

19

In allen sonstigen Fällen des Schuldnerverzuges, also insbesondere bei Nichterfüllung und nicht ordnungsgemäßer Erfüllung sind Vertragsstrafenklauseln nach § 307 Abs. 1 BGB zu werten.[37] Im kaufmännischen Geschäftsverkehr ist § 309 Nr. 6 BGB nicht relevant. § 309 Nr. 6 BGB ist näm-

20

---

31 OLG Hamm, 13.01.1995, 12 U 84/94, BauR 1995, 564.
32 Palandt/*Grüneberg*, § 309 Rn. 26.
33 BGH, 21.12.1995, VII ZR 286/94, BauR 1996, 384, 385.
34 BGH, 21.12.1995, VII ZR 296/94, BauR 1996, 384.
35 Palandt/*Grüneberg*, § 309 Rn. 33.
36 Palandt/*Grüneberg*, § 309 Rn. 37.
37 *Graf von Westphalen*, Vertragsstrafe Rn. 10.

lich auf den Schutz des Verbrauchers zugeschnitten.[38] Auch insoweit ist ausschließlich § 307 BGB zur Inhaltskontrolle heranzuziehen (vgl. hierzu § 339 BGB Rdn. 9).

21 Generell, also auch für § 309 Nr. 6 BGB gilt, dass formularmäßige Vertragsstrafenklauseln, die eine verschuldensunabhängige Verwirkung der Vertragsstrafe vorsehen unzulässig sind.[39] Es liegt im übrigen ein Verstoß gegen § 307 Abs. 2 Nr. 1 BGB vor.[40] Das gilt auch und besonders beim Bauvertrag.[41]

VII. Haftungsausschluss bei Verletzung von Leben, Körper, Gesundheit und bei grobem Verschulden, § 309 Nr. 7 BGB

22 Nach Nr. 7 sind allgemeine Bauvertragsbedingungen unwirksam, wenn der Klauselverwender Schadensersatzansprüche für die schuldhafte Verletzung von Leben, Körper und Gesundheit ausschließt oder begrenzt. Ebenfalls unwirksam sind formularmäßige Bauvertragsklauseln, die für die Verletzung von gesetzlichen Pflichten (z.B. nach § 280 oder § 281 BGB) oder für die Verletzung vertraglicher Pflichten einen Ausschluss oder eine Einschränkung vorsehen. Im Hinblick auf das Bauvertragsverhältnis liegt eine Pflichtverletzung z.B. auch in der Herstellung einer mangelhaften Werkleistung vor.[42] Das sich aus Nr. 7a ergebende Klauselverbot deckt sich mit Anhang Nr. 1a der RL 93/13/EWG, nach der Klauseln, die darauf abzielen oder zur Folge haben, dass die gesetzliche Haftung des Gewerbetreibenden (Klauselverwenders) ausgeschlossen oder eingeschränkt wird, wenn der Verbraucher aufgrund einer Handlung oder Unterlassung des Gewerbetreibenden sein Leben verliert oder einen Körperschaden erleidet, für missbräuchlich erklärt werden können. Es war die Absicht des Gesetzgebers, mit Nr. 7a eindeutig klar zu stellen, dass die Haftung für Körperschäden auch bei leichter Fahrlässigkeit nicht einschränkbar ist.[43] Diese Regelung entspricht der Rechtslage nach altem Recht bei richtlinienkonformer Auslegung des § 9 AGBG und erfasst auch die Verkürzung von Verjährungsfristen.[44]

23 Generell ist darauf hinzuweisen, dass ein Haftungsausschluss für Vorsatz bereits nach § 276 Abs. 3 BGB ausgeschlossen ist. Für sonstige Pflichtverletzungen ermöglicht Nr. 7b einen formularmäßigen Haftungsausschluss für Fälle der einfachen Fahrlässigkeit. Grundsätzlich hat der Verwender von allgemeinen Bauvertragsbedingungen für eigenes grobes Verschulden und dasjenige seiner Angestellten, aber auch für grobes Verschulden seiner Erfüllungsgehilfen einzustehen,[45] ein formularmäßiger Haftungsausschluss ist insoweit nicht zulässig. Ebenfalls weder mit § 309 Nr. 7 noch mit § 307 BGB ist der formularmäßige Ausschluss der Haftung für die Verletzung von sogenannten »Kardinal-« oder Hauptpflichten durch einfache Erfüllungsgehilfen des Klauselverwenders vereinbar.[46]

24 Fraglich kann allerdings bereits die Wirksamkeit der Einbeziehung von Haftungsfreizeichnungs- und Haftungsbegrenzungsklauseln sein, wenn die Bauvertragsklauseln einen salvatorischen Zusatz enthalten im Sinne der Formulierung »soweit gesetzlich zulässig«. Eine solche Klausel kann gegen das Verständlichkeitsgebot nach § 305 Abs. 2 Nr. 1 BGB und gegen die Obliegenheit zur Kenntnisverschaffung nach § 305 Abs. 1 Nr. 2 BGB verstoßen.[47]

---

38 Palandt/*Grüneberg*, § 309 Rn. 38.
39 BGH, 06.12.2007 VII ZR 28/07, BauR 2008, 508, 509.
40 OLG Celle, 25.09.1987, 2 U 267/86, NJW-RR 1988, 946, 947.
41 BGH, 16.07.1998, VII ZR 9/97, BauR 1998, 1094.
42 BT-Drucks. 14/6040, 156 li. Sp.
43 BT-Drucks. 14/6040, 156 li. Sp.
44 BT-Drucks. 14/6040, 156 re. Sp.
45 KG, 11.02.2005, 7 U 252/03, IBR 2005, 547.
46 BGH, 19.01.1984, VII ZR 220/82, BGHZ 89, 363 ff.
47 *Graf von Westphalen*, Haftungsfreizeichnungsklauseln Rn. 7.

Eine Kollision mit dem Gebot der eindeutigen und transparenten Regelung gem. § 307 Abs. 1 S. 2 BGB kann schon bei einem falschen Aufbau der allgemeinen Bauvertragsbedingungen hervorgerufen werden. Steht die Haftungsfreizeichnungs- oder Haftungsbegrenzungsklausel z.B. nicht systematisch an der richtigen Stelle der formularmäßigen Bauvertragsbedingungen und fehlt möglicherweise zudem noch eine entsprechende, klärende Überschrift, wird dem Klauselgegner nicht in ausreichender Klarheit vor Augen geführt, dass zu seinen Lasten eine Risikoverlagerung vorgenommen wurde, scheitert die Klausel am Transparenzgebot.[48]

Die sich aus Nr. 7b sowie § 307 BGB ergebende Grenze für die Wirksamkeit einer allgemeinen Bauvertragsbedingung ist dann erreicht, wenn nach der Bauvertragsklausel die Erreichung des Vertragszwecks im Einzelnen gefährdet ist. Für die mit dem Abschluss des Bauvertrages übernommene Erfolgsgarantie des Auftragnehmers bedeutet dies, dass jegliche formularmäßige Haftungsbegrenzung, die die Erreichung des werkvertraglichen Erfolges in Frage stellt nach § 309 Nr. 7b sowie nach § 307 BGB als unwirksam anzusehen ist. Die Klauselverbote der Nr. 7 sind grundsätzlich auch im Rahmen der Inhaltskontrolle nach § 307 BGB maßgeblich.[49] Abermals ins Blickfeld rückt in diesem Zusammenhang der Bauträgervertrag, in dessen Rahmen eine formularmäßige Haftungsbeschränkung für Mangelfolgeschäden dann als unwirksam anzusehen ist, wenn aufgrund der Einschränkung der Rechte des Klauselgegners die Erreichung des Vertragszwecks im Einzelfall gefährdet ist.[50] Fällt eine allgemeine Bauvertragsklausel bei ihrer Verwendung gegenüber Verbrauchern unter eine Verbotsnorm des § 309 BGB, so ist dies ein Indiz dafür, dass sie auch im Falle ihrer Verwendung gegenüber Unternehmern zu einer unangemessenen Benachteiligung führt, es sei denn, sie kann wegen der besonderen Interessen und Bedürfnisse des unternehmerischen Geschäftsverkehrs ausnahmsweise als angemessen angesehen werden.[51]

VIII. Sonstige Haftungsausschlüsse bei Pflichtverletzung, § 309 Nr. 8 BGB

In Abweichung vom Wortlaut der vom Gesetzgeber gewählten Überschrift regelt Nr. 8 nicht nur Haftungsausschlüsse, sondern allgemein Beschränkungen von Ansprüchen und Rechten des Kunden bei Pflichtverletzungen des Klauselverwenders.[52]

1. Ausschluss des Rechts, sich vom Bauvertrag zu lösen, § 309 Nr. 8a BGB

Eine allgemeine Bauvertragsbedingung, die das Recht des Klauselgegners ausschließt, sich bei einer vom Klauselverwender zu vertretenden Pflichtverletzung vom Bauvertrag zu lösen, ist grundsätzlich unzulässig. Entsprechendes gilt für Regelungen, die das Recht zur Vertragslösung einschränken. Das bedeutet, dass das in § 323 BGB geregelte Rücktrittsrecht nicht durch vorformulierte Bauvertragsbedingungen ausgeschlossen werden kann.

Nr. 8a lässt allerdings grundsätzlich die Möglichkeit offen, eine formularmäßige Einschränkung des Rechts zur Lösung vom Vertrag im Falle von Mängeln der Bauleistung im Sinne des § 636 BGB zu regeln. Allerdings beinhaltet diese Regelung keinen Freibrief, denn unter Nr. 8b beinhaltet das Gesetz umfangreiche Regelungen über die formularmäßige Behandlung von aus Baumängeln resultierenden Pflichten des Auftragnehmers.

2. Sonderregeln, insbesondere für Baumängel, § 309 Nr. 8b BGB

Im Gegensatz zum Rücktrittsrecht nach § 323 BGB ist jenes nach § 636 BGB im Rahmen der Vorgaben der Nr. 8 einschränkbar. Die Erklärung hierfür ergibt sich aus der Tatsache, dass die Rückabwicklung von erbrachten Bauarbeiten meist auf tatsächliche Hindernisse stößt. Viele Leis-

---

48 *Graf von Westphalen*, Haftungsfreizeichnungsklauseln Rn. 3.
49 BGH, 19.09.2007, VIII ZR 141/06, IBR 2008, 22 (*Schwenker*).
50 KG, 11.02.2005, 7 U 252/03, IBR 2005, 547.
51 BGH, 19.09.2007, VIII ZR 141/06, IBR 2008, 22 (*Schwenker*).
52 Palandt/*Grüneberg*, § 309 Rn. 51.

tungen können schlichtweg nicht zurückgewährt werden. (Zur Sondersituation des Bauträgervertrages vgl. Rdn. 33). § 309 Nr. 8b spricht ausdrücklich von »neu hergestellten Werkleistungen«. Neu hergestellt im Sinne der Vorschrift können z.B. ein Wohnhaus oder eine Eigentumswohnung auch dann sein, wenn das Haus oder die Wohnung erst zwei Jahre nach der Errichtung der Wohnanlage veräußert wird. Maßgeblich ist letztlich, dass es sich um eine Erstveräußerung handelt und der Erwerber (Gegner des Klauselverwenders) ein neues Wohnhaus bzw. eine neue Eigentumswohnung erhalten soll.[53] Auf den mehr oder minder zufälligen Zeitpunkt des Vertragsschlusses – in Relation zur Fertigstellung des Gebäudes – kommt es nicht an.[54] Es wäre nicht einsichtig, den Käufer der letzten Wohnung einer großen Wohnungseigentumsanlage – bei ansonsten gleichem Vertragsinhalt – schlechter zu stellen, als den Käufer der ersten Wohnung. Auch bei der Umwandlung eines Altbaus in Eigentumswohnungen kann es sich um eine »neu hergestellte Werkleistung« im Sinne des § 309 Nr. 8b BGB handeln. Voraussetzung ist allerdings, dass nach dem Vertrag eine Herstellungspflicht des Veräußerers besteht, die nach Umfang und Bedeutung mit einer Neuherstellungsverpflichtung vergleichbar ist.[55] Enthält der Vertrag jedoch keine Verpflichtung der Klauselverwenderin zur Durchführung von Bauleistungen, ist § 309 Nr. 8b BGB nicht anwendbar.[56] Das OLG Hamburg[57] hält Nr. 8b auch bei der Veräußerung einer nicht neuen Eigentumswohnung für anwendbar, wenn sich der Verkäufer neben der Lieferung der Kaufsache noch gesondert zu Werkleistungen verpflichtet hat. Allerdings ist Nr. 8b dann nur auf den Vertrag über die selbständigen Herstellungspflichten, nicht aber auf den Kaufvertrag anzuwenden.

a) Ausschluss und Verweisung auf Dritte, § 309 Nr. 8b aa BGB

31 Die Vorschrift macht den gänzlichen Ausschluss der Gewährleistungsrechte nach § 634 BGB durch eine formularmäßige Klausel unmöglich. Das Klauselverbot gilt allerdings auch für die Fälle, in denen die Ausschlussregelung einzelne Teile des Gewährleistungsumfangs erfassen soll. Mit »einzelnen Teilen« meint das Gesetz aber nicht nur materiell vorhandene Bauteile der erbrachten Leistung. Vielmehr hat die Vorschrift auch allgemeine Bauvertragsklauseln im Auge, die z.B. die Gewährleistung für bestimmte Mangelarten oder Mangelursachen ausschließt. Unwirksam ist daher z.B. eine Bauträgervertragsklausel, nach der der Klauselverwender nur dann auf Gewährleistung in Anspruch genommen werden kann, wenn dieser »mit zweifelsfrei begründeter Erfolgsaussicht« den Architekten oder die am Bau beteiligten Handwerker und Unternehmen in Anspruch nehmen kann. Denn für den Fall, dass sich der Bauträger an den übrigen Baubeteiligten nicht schadlos halten kann, ist seine Haftung ausgeschlossen. Das ist mit § 309 Nr. 8b aa BGB nicht vereinbar.[58] Als wirksam wurde eine Architektenvertragsklausel angesehen, nach der die Inanspruchnahme des Architekten wegen mangelnder Bauaufsicht nur möglich sein soll, wenn Schadensersatz vom Bauunternehmer nicht erlangt werden kann. Da Bauunternehmer und Architekt als Gesamtschuldner haften und der Auftraggeber sich aussuchen könne ob und ggfs. welchen Gesamtschuldner er in Anspruch nimmt, liege kein Gewährleistungsausschluss vor.[59] Es ist fraglich, ob dem gefolgt werden kann. Regelmäßig wird ein privater Auftraggeber kurz nach der Errichtung seines Einfamilienhauses wirtschaftlich nicht besonders beweglich sein. Während er bei der nach der Klausel vorrangigen Inanspruchnahme des Bauunternehmers das Insolvenz- und damit auch das Kostenrisiko für den Prozess übernehmen muss, ist der Architekt in der Regel berufshaftpflichtversichert und ein Forderungsausfall für den Klauselgegner daher erheblich unwahrscheinlicher. Problematisch sind wiederum sog. »Quotenhaftungsklauseln«, nach der der Architekt

---

53 BGH, 21.02.1985, VII ZR 72/84, BauR 1985, 314, 315.
54 BGH, 06.05.1982, VII ZR 74/81, BauR 1982, 493, 494.
55 BGH, 21.04.1988, VII ZR 146/87, BauR 1988, 464.
56 BGH, 23.06.1989, V ZR 40/88, BauR 1990, 221.
57 OLG Hamburg, 26.02.1997, 5 U 102/95, BauR 1997, 835, 836.
58 BGH, 02.07.1976, V ZR 185/74, BGHZ 67, 101.
59 OLG Schleswig, 31.01.2007, 9 U 43/06, BauR 2009, 1770.

vom Auftraggeber nur insoweit in Anspruch genommen werden kann, wie er auch im Verhältnis zum gesamtschuldnerisch haftenden Dritten haftbar ist. Weil der Architekt im Falle eines Aufsichtsverschuldens vom Bauherrn nur noch zu einem geringen Teil oder sogar gar nicht in Anspruch genommen werden kann, ist eine derartige Formularklausel unwirksam.[60]

Bau- oder Bauträgervertragsklauseln, mit denen der Verwender Gewährleistungsansprüche gegen sich selbst ausschließt, während er beispielsweise seine eigenen Gewährleistungsansprüche an den Klauselgegner abtritt und ihn auf die Inanspruchnahme seiner Subunternehmer verweist, sind ebenfalls unwirksam. 32

Sieht eine Bau- oder Bauträgervertragsklausel vor, dass der Klauselgegner erst einen Dritten, z.B. einen Subunternehmer erfolglos gerichtlich in Anspruch genommen haben muss, bevor der Klauselverwender gewährleistungspflichtig ist, liegt ebenfalls ein Verstoß gegen Nr. 8b aa vor. Mit der Vorschrift unvereinbar ist eine Klausel über eine subsidiäre Eigenhaftung bereits dann, wenn sie aufgrund ihrer sprachlichen Fassung die Gefahr begründet, dass der Klauselgegner sie dahin versteht, dass im Regelfall die gerichtliche Inanspruchnahme Dritter Voraussetzung für die subsidiäre Haftung des Klauselverwenders ist.[61] Noch enger sind die Grenzen beim Bauträgervertrag gesetzt. Da es zum Wesen des Bauträgervertrags gehört, dass die Durchführung und Abwicklung des Bauvorhabens durch einen Vertragspartner, nämlich den Bauträger gewährleistet wird, ist selbst eine mit Nr. 8b aa noch als vereinbar anzusehende Subsidiaritätsklausel wegen eines Verstoßes gegen § 307 Abs. 2 Nr. 2 BGB unwirksam.[62] Diese Rechtsprechung ist auf den Architektenvertrag nicht übertragbar.[63] 33

Das Verbot eines formularmäßigen Gewährleistungsausschlusses erstreckt sich nach § 307 BGB auch auf den unternehmerischen Geschäftsverkehr.[64] 34

b) Beschränkung auf Nacherfüllung, § 309 Nr. 8b bb BGB

Formularmäßige Bauvertragsklauseln, die den Klauselgegner darauf beschränken, lediglich Nacherfüllung fordern zu können, ohne dass ihm nicht ausdrücklich das Recht vorbehalten wird, beim Fehlschlagen der Nachbesserung zu mindern, sind unwirksam. Bei Bauverträgen ausdrücklich zulässig ist der Ausschluss des Rechts auf Rücktritt vom Vertrag, da die rücktrittsbedingte Rückabwicklung eines Bauvertragsverhältnisses in der Regel auf kaum überwindbare tatsächliche Schwierigkeiten stößt. 35

Mit der Formulierung »Fehlschlagen der Nacherfüllung« wird eine Vielzahl von Konstellationen abgedeckt, in denen es nicht zur Nacherfüllung kommt, so beispielsweise bei deren Unmöglichkeit,[65] bei ernsthafter und endgültiger Verweigerung der Nachbesserung[66] oder bei deren unzumutbaren Verzögerung[67] oder wenn die Nachbesserungsversuche des Bauhandwerkers sachlich und technisch erfolglos waren.[68] Aus der gesetzlichen Formulierung, dass dem Klauselgegner ausdrücklich das Recht vorbehalten werden muss, bei Fehlschlagen der Nacherfüllung zu mindern und außerhalb des reinen Bauvertrages auch vom Vertrag zurückzutreten, ergibt sich, dass der Klauselverwender den Inhalt der Nr. 8b bb im Text seiner Allgemeinen Bauvertragsbedingungen zitieren muss. Ansonsten geht er das Risiko ein, dass nicht von einem ausdrücklichen Vorbehalt i.S.d. Vorschrift ausgegangen wird. 36

---

60 OLG München, 19.11.1987, 24 U 831/86, NJW-RR 1988, 337.
61 BGH, 06.04.1995, VII ZR 73/94, BauR 1995, 542, 543.
62 BGH, 21.03.2002, VII ZR 493/00, BauR 2002, 1385, 1388.
63 *Locher/Koeble/Frik*, Einl. Rn. 240.
64 BGH, 26.06.1991, VIII ZR 231/90, NJW 1991, 2632.
65 BGH, 02.02.1994, VIII ZR 262/92, NJW 94, 1005.
66 BGH, 26.11.1984, VIII ZR 214/83, BGHZ 93, 62.
67 BGH, 26.11.1984, VIII ZR 214/83, BGHZ 93, 62.
68 BGH, 02.02.1994, VIII ZR 262/92, NJW 94, 1005.

37 Besondere Beachtung ist auch in diesem Zusammenhang wiederum dem Bauträgervertrag zu schenken, denn nach der Rechtsprechung des BGH handelt es sich bei den vom Bauträger zu erbringenden Leistungen nicht um Bauleistungen.[69] Dies hat zur Folge, dass dem Klauselgegner beim formularmäßigen Bauträgervertrag das Recht zum Rücktritt vom Vertrag im Falle der fehlgeschlagenen Nacherfüllung stets eingeräumt werden muss, um eine Unwirksamkeit der Vertragsklausel auszuschließen. Diese Grundsätze gelten selbst dann, wenn der Klauselverwender bei einem Erwerbervertrag nicht als Bauträger tätig geworden ist. Es kommt nur auf das Kriterium an, dass der Klauselverwender im Falle der Rückgängigmachung des Vertrages ohne Zerstörung wirtschaftlicher Werte dasjenige zurückerhält, was er geleistet hat. Dann kann der Klauselverwender nämlich kein berechtigtes Interesse am Ausschluss der Rückabwicklung des Vertrages für sich in Anspruch nehmen.[70]

38 Der Rechtsgedanke der Vorschrift gilt im Rahmen der Inhaltskontrolle nach § 307 BGB auch im unternehmerischen Geschäftsverkehr.[71]

c) Aufwendungen bei Nacherfüllung, § 309 Nr. 8b cc BGB

39 Nach § 635 Abs. 2 BGB hat der Unternehmer die zum Zwecke der Nacherfüllung erforderlichen Aufwendungen, insbesondere Transport-, Wege-, Arbeits- und Materialkosten zu tragen. Nr. 8b cc steht einer formularmäßigen Änderung und dieser gesetzlichen Lastenverteilung entgegen. Die Verpflichtung des Bestellers der Bauleistung zur Tragung eventueller Sowiesokosten wird durch die Vorschrift selbstverständlich nicht eingeschränkt.

40 Nr. 8b cc gilt im Rahmen der Inhaltskontrolle nach § 307 BGB auch im kaufmännischen Geschäftsverkehr.[72]

d) Vorenthalten der Nacherfüllung, § 309 Nr. 8b dd BGB

41 Allgemeine Bauvertragsbedingungen des Bauhandwerkers, die es ihm als Klauselverwender ermöglichen sollen, die Nacherfüllung von der vorherigen Zahlung des Werklohns oder eines unverhältnismäßig hohen Teils desselben abhängig zu machen, sind unwirksam. Während die Überschrift des § 309 BGB Klauselverbote »ohne Wertungsmöglichkeit« vorsieht, muss bei Nr. 8b dd im Rahmen der Inhaltskontrolle eine Wertung dahingehend vorgenommen werden, ob die Mangelbeseitigung von der Zahlung eines unverhältnismäßig hohen Werklohnanteils abhängig gemacht wird. Als gesetzliches Leitbild ist hierbei § 641 Abs. 3 BGB zu beachten.

e) Ausschlussfrist für Mängelanzeige, § 309 Nr. 8b ee BGB

42 Nach dem Wortlaut von Nr. 8b ee ist es zulässig, wenn der Verwender Allgemeiner Bauvertragsbedingungen eine Ausschlussfrist für die Anzeige offensichtlicher Mängel festlegt. »Nicht offensichtlich« i.S.d. Vorschrift sind Mängel, die lediglich »erkennbar« sind.[73] Eine vorformulierte Bauvertragsklausel, die lediglich an die Erkennbarkeit eines Mangels anknüpft, ist also unwirksam.

43 Da die Klausel auf die Inhaltskontrolle bei Verträgen im nicht kaufmännischen Geschäftsverkehr abgestimmt ist, kann der Begriff der Offensichtlichkeit des Mangels nur für Bauwerksfehler gelten, die auch für einen Laien ohne Weiteres als solche ins Auge fallen.

44 Im Rahmen der Inhaltskontrolle ist im Hinblick auf die Länge der Ausschlussfrist zu berücksichtigen, dass für eine zeitliche Verkürzung der Mangelrügefrist ausreichende Gründe bestehen müs-

---

69 BGH, 08.11.2001, VII ZR 373/99, BauR 2002, 310, 311.
70 BGH, 28.09.2006, VII ZR 303/04, BauR 2007, 111, 113.
71 BGH, 14.07.1993, VIII ZR 147/92, NJW 1993, 2438.
72 BGH, 09.04.1981, VII ZR 194/80, BauR 1981, 378, 379.
73 BGH, 28.10.2004, VII ZR 385/02, BauR 2005, 381, 384.

sen. Dabei indiziert § 309 Nr. 8b ee BGB, dass dies im Allgemeinen nicht der Fall ist. Der Verlust des Mangelrügerechts mit der Folge des Anspruchsverlustes ist grundsätzlich erst dann zu rechtfertigen, wenn der Auftraggeber zumutbaren, zur redlichen Abwicklung des Vertrages gebotenen Obliegenheiten nicht nachkommt.[74] Eine lediglich zweiwöchige Ausschlussfrist ab Erkennbarkeit eines Mangels benachteiligt den Klauselgegner nach dem Maßstab von 8b ee unangemessen. Setzt eine vorformulierte Bauvertragsklausel also eine unverzügliche Anzeige des Mangels i.S. einer zweiwöchigen Ausschlussfrist voraus, ist die Klausel unwirksam. Die Abwicklung von Gewährleistungsansprüchen im Bauwesen kennt kein herausgehobenes Beschleunigungsinteresse, das es rechtfertigen könnte, dem Auftraggeber beispielsweise laufende Kontrollen während der Gewährleistungsfrist zuzumuten, um innerhalb solch kurzer Fristen jeweils erkennbare Mängel anzuzeigen.[75] Nr. 8b ee besitzt auch im kaufmännischen Geschäftsverkehr eine Indizwirkung. Die vorstehenden Kriterien gelten daher auch im kaufmännischen Geschäftsverkehr im Rahmen der Inhaltskontrolle nach § 307 BGB.[76]

Für nicht offensichtliche Mängel kann eine Rügefrist, die kürzer ist als die gesetzliche Mängelverjährungsfrist (§ 634a BGB!) nicht wirksam vorgesehen werden. 45

f) Erleichterung der Verjährung, § 309 Nr. 8b ff BGB

Die gesetzliche Regelung verbietet allgemeine Bauvertragsbedingungen, die die fünfjährige Verjährungsfrist gem. § 634a Abs. 1 Nr. 2 BGB von fünf Jahren verkürzen sollen. Vom Verbot der Nr. 8b ff sind allerdings auch mittelbare Verschlechterungen erfasst, wie z.B. die Vorverlegung des Verjährungsbeginns[77] und die Nichtberücksichtigung von Hemmungstatbeständen.[78] So ist zum Beispiel die Klausel in einem Architekten-Formularvertrag, wonach Ansprüche des Bauherrn gegen den Architekten innerhalb von zwei Jahren, beginnend mit der Abnahme bzw. Ingebrauchnahme des Bauwerks verjähren, unwirksam. Dies gilt ausdrücklich auch für mittelbare Fristverkürzungen. Die besondere Brisanz der Anknüpfung des Verjährungsbeginns an die Abnahme bzw. Ingebrauchnahme liegt darin, dass bei einem umfassenden Architektenvertrag (»Vollarchitektur«) die Gewährleistungsfrist nach der gesetzlichen Regelung erst mit der Abnahme oder der Vollendung des gesamten Architektenwerks beginnt.[79] 46

Mit dem zum 01.01.2009 in Kraft getretenen Forderungssicherungsgesetz ist die Nichtanwendung der Nr. 8b ff auf Bauverträge, denen die VOB/B als Ganzes zugrunde gelegt war, aufgehoben worden. 47

Die Vorschrift steht auch im kaufmännischen Geschäftsverkehr aufgrund ihrer indiziellen Wirkung bei der Inhaltskontrolle nach § 307 BGB einer formularmäßigen Verkürzung der werkvertraglichen Gewährleistungsfrist entgegen.[80] 48

IX. Laufzeit bei Dauerschuldverhältnissen, § 309 Nr. 9 BGB

Nr. 9 ist für den Bereich des Baurechts ohne besondere Bedeutung. Zwar sind Werkverträge vom Regelungsgehalt der Vorschrift umfasst, allerdings müssen diese Verträge auf die regelmäßige Erbringung von Leistungen gerichtet sein.[81] In Betracht kommen hier beispielsweise Wartungsver- 49

---

74 BGH, 23.02.1984, VII ZR 274/82, NJW 1985, 3016.
75 BGH, 28.10.2004, VII ZR 385/02, BauR 2005, 383, 384.
76 BGH, 28.10.2004, VII ZR 385/02, BauR 2005, 383, 384.
77 BGH, 09.10.1986, VII ZR 245/85, NJW-RR 87, 145; OLG Schleswig, 05.06.2009, 14 U 10/09, IBR 2009, 655 (*Groß*).
78 BGH, 19.02.1992, VIII ZR 65/91, NJW 1992, 1236.
79 BGH, 09.10.1986, VII ZR 245/86, BauR 1987, 113, 115.
80 BGH, 20.04.1993, X ZR 67/92, BGHZ 122, 245 m.w.N.
81 Palandt/*Grüneberg*, § 309 Rn. 79.

träge. Klauselverwender müsste der die Wartungsarbeiten ausführende Handwerker sein. Konstellationen mit einer besonderen baurechtlichen Relevanz sind nicht ersichtlich.

X. Wechsel des Vertragspartners, § 309 Nr. 10 BGB

50 Das Ziel der Regelung ist die Verhinderung von Bauvertragsklauseln, die es dem Verwender ermöglichen, den Eintritt eines Dritten an seiner Stelle in den Bauvertrag vorzusehen. § 309 Nr. 10 BGB betrifft die Übertragung des Vertrages im Ganzen, also die Vertragsübernahme und ist auf die Schuldübernahme entsprechend anzuwenden.[82] Bauvertragsklauseln, die die Vertragsübernahme durch einen Dritten vorsehen bzw. ermöglichen sollen, sind nicht selten. Insbesondere in Bau- und Generalunternehmerverträgen über große Gewerbe-, Industrie- und Hotelbauten finden sich Klauseln, die es dem Auftraggeber ermöglichen sollen, eine Vertragsübernahme durch einen Dritten herbeizuführen. Häufig sollen derartige Objekte an Immobilienanlagegesellschaften veräußert werden, die die baulichen Anlagen wiederum in Immobilienfonds einbringen.

51 Bei derartigen Klauseln handelt es sich nicht selten um Allgemeine Bauvertragsbedingungen. Zwar werden als Klauselverwender auftretende Projektgesellschaften häufig behaupten, es handele sich um eine individuell ausgehandelte Bauvertragsklausel. Soweit Konzernmütter bzw. Investorengesellschaften solche Klauseln verwenden bzw. ihren Tochterunternehmen vorgeben oder zur Verwendung vorschlagen, müssen sich dies die Konzerntöchter entgegenhalten lassen (vgl. § 305b Rdn. 4).

52 Da Nr. 10 auch im Rahmen der Klauselprüfung nach § 307 BGB im unternehmerischen Geschäftsverkehr beachtlich ist,[83] kann sich der Klauselverwender nur dann der Problematik entziehen, wenn er den zur Vertragsübernahme vorgesehenen Dritten namentlich bezeichnet (Nr. 10a) oder dem Klauselgegner die Möglichkeit einräumt, sich im Fall des Vollzugs der Vertragsübernahme vom Vertrag zu lösen (Nr. 10 b). Die Ausübung des Kündigungsrechts darf nicht mit Nachteilen für den Klauselgegner verbunden sein.[84]

XI. Haftung des Abschlussvertreters, § 309 Nr. 11 BGB

53 § 309 Nr. 11 BGB spielt im bauvertraglichen Bereich keine Rolle.

XII. Beweislast, § 309 Nr. 12 BGB

54 § 309 Nr. 12a BGB formuliert ein umfassendes Verbot von formularmäßigen Bestimmungen in Bauverträgen, die die Änderung der Beweislastlage zu Lasten des Klauselgegners vorsehen. Nr. 12a setzt ebenfalls wie die inhaltsgleiche Regelung des § 11 Nr. 15 AGBG eine Abweichung von der sonst geltenden Rechtslage voraus. Ändert sich mit der Wirkung der Bauvertragsklausel die Beweislast zum Nachteil des anderen Vertragsteils, ist die Bestimmung unwirksam.[85] Das ist zum Beispiel bei einer Klausel der Fall, nach der der Verwender nur für *nachweislich* von ihm schuldhaft verursachte Schäden haften soll.[86] Nr. 12a entfaltet über § 307 BGB seine Wirkung auch im kaufmännischen Geschäftsverkehr[87] und schützt den Gegner des Klauselverwenders insbesondere auch vor Allgemeinen Bauvertragsbedingungen, die Änderungen der von der Rechtsprechung entwickelten Beweislastregeln vorsehen. Dem Schutz unterliegt ebenso die formularmäßige Änderung der Grundsätze über den Beweis des ersten Anscheins.[88]

---

82 Palandt/*Grüneberg*, § 309 Rn. 91.
83 BGH, 29.02.1984, VIII ZR 350/82, NJW 85, 53, 54 re. Sp.
84 Palandt/*Grüneberg*, § 309 Rn. 92.
85 BGH, 20.07.2005, VIII ZR 121/04, BGHZ 164, 11 ff.
86 BGH, 15.03.1990, VII ZR 61/89, BauR 1990, 488, 489.
87 BGH, 20.07.2005, VIII ZR 121/04, BGHZ 164, 11 ff.
88 BGH, 08.10.1987, VII ZR 185/86, BGHZ 102, 41 ff.

Nicht von Nr. 12a betroffen ist eine Bauträgervertragsklausel, nach der sich der Erwerber eines 55 noch zu errichtenden Hauses der sofortigen Zwangsvollstreckung in sein gesamtes Vermögen unterwirft, der Unternehmer aber berechtigt ist, sich ohne weitere Nachweise eine vollstreckbare Ausfertigung der Urkunde erteilen zu lassen. Dies beruht darauf, dass der Notar nach dieser Klausel ermächtigt ist, ohne weiteren Nachweis vollstreckbare Ausfertigungen der Urkunde zu erteilen. Es soll also von vornherein ein Titel geschaffen werden, der gerade nicht von dem Nachweis der Fälligkeit abhängt, weshalb es schon an den Voraussetzungen für die Anwendung des § 726 ZPO fehlt. Allerdings verstößt die Klausel gegen § 307 BGB.[89]

Nr. 12b betrifft die in vorformulierten Bauverträgen nicht selten anzutreffenden sogenannten 56 »Aushandelnsklauseln«. Regelmäßig unterliegt eine Klausel, die besagt, dass die Vertragsbedingungen im Einzelnen ausgehandelt seien, der Inhaltskontrolle und verstößt gegen § 309 Nr. 12 BGB.[90] Da auch Nr. 12b mittelbar gem. § 307 BGB im unternehmerischen Geschäftsverkehr Wirkung entfaltet, ist auch eine Bauvertragsklausel unzulässig, nach der der den Vertrag unterzeichnende Unternehmer erklärt, dass ihm die örtlichen Verhältnisse der Baustelle bekannt sind.[91]
Die Klausel enthält eine für den Klauselgegner nachteilige Verschiebung der Beweislast. Erleidet der Unternehmer nämlich im Falle einer unzureichenden Beschreibung der Örtlichkeiten im Leistungsverzeichnis einen Schaden, weil er bestimmte Umstände, die bei Kenntnis der örtlichen Verhältnisse hätten berücksichtigt werden können, in seine Kalkulation nicht einfließen lässt, bewirkt die Klausel, dass der Klauselgegner nunmehr selbst beweisen muss, dass ihn kein Mitverschulden trifft, weil ihm in Abweichung von seiner Erklärung die örtlichen Verhältnisse unbekannt waren.[92] Gleiches gilt für eine Bauvertragsklausel, nach der der Klauselgegner bestätigt, alle Maßangaben seien richtig.[93] Ebenfalls gegen Nr. 12 verstößt eine Bauträgervertragsklausel, nach der ein vom Bauträger beauftragter und von diesem honorierter Sachverständiger für beide Seiten verbindlich über die Abnahme zu befinden hat, wenn sich die Vertragspartner nicht über die Abnahmefähigkeit einigen können. Die Klausel hat nämlich eine Änderung der Beweislastregeln zur Folge, denn der Klauselgegner müsste im Streitfall die Unrichtigkeit der Feststellungen des vom Bauträger beauftragten Sachverständigen beweisen. Der Klauselgegner hat darüber hinaus in diesem Fall keinen Einfluss auf die Sachverständigenauswahl und er darf befürchten, dass der Sachverständige durch die wirtschaftliche Abhängigkeit zur Bauträger die beiderseitigen Interessen nicht objektiv wahrt, weshalb die Klausel auch gegen § 307 Abs. 1 Satz 1 BGB verstößt.

Das Gesetz macht eine ausdrückliche Ausnahme für Empfangsbekenntnisse. Allerdings müssen 57 diese gesondert unterschrieben oder mit einer gesonderten qualifizierten elektronischen Signatur versehen sein.

XIII. Form von Anzeigen und Erklärungen, § 309 Nr. 13 BGB

Zweck von Nr. 13 ist es, den Klauselgegner vor den Rechtsnachteilen durch übersteigerte Form- 58 oder Zugangserfordernisse zu schützen.[94] Nr. 13 ist im kaufmännischen Rechtsverkehr nicht anwendbar.[95]

§ 310 Anwendungsbereich

(1) § 305 Abs. 2 und 3 und die §§ 308 und 309 finden keine Anwendung auf Allgemeine Geschäftsbedingungen, die gegenüber einem Unternehmer, einer juristischen Person des öffent-

---

89 BGH, 27.09.2001, VII ZR 388/00, BauR 2002, 83, 84.
90 BGH, 28.01.1987, IVa ZR 173/85, BauR 1987, 308, 309.
91 OLG Frankfurt, 07.06.1985, 6 U 148/84, NJW-RR 1986, 245.
92 OLG Frankfurt, 07.06.1985, 6 U 148/84, NJW-RR 1986, 245.
93 BGH, 26.05.1986, VII ZR 229/85, NJW 1986, 2574.
94 Palandt/*Grüneberg*, § 309 Rn. 104.
95 Palandt/*Grüneberg*, § 309 Rn. 107.

lichen Rechts oder einem öffentlich-rechtlichen Sondervermögen verwendet werden. § 307 Abs. 1 und 2 findet in den Fällen des Satzes 1 auch insoweit Anwendung, als dies zur Unwirksamkeit von in den §§ 308 und 309 genannten Vertragsbestimmungen führt; auf die im Handelsverkehr geltenden Gewohnheiten und Gebräuche ist angemessen Rücksicht zu nehmen. In den Fällen des Satzes 1 findet § 307 Abs. 1 und 2 auf Verträge, in die die Vergabe- und Vertragsordnung für Bauleistungen Teil B (VOB/B) in der jeweils zum Zeitpunkt des Vertragsschlusses geltenden Fassung ohne inhaltliche Abweichungen insgesamt einbezogen ist, in Bezug auf eine Inhaltskontrolle einzelner Bestimmungen keine Anwendung.

(2) Die §§ 308 und 309 finden keine Anwendung auf Verträge der Elektrizitäts-, Gas-, Fernwärme- und Wasserversorgungsunternehmen über die Versorgung von Sonderabnehmern mit elektrischer Energie, Gas, Fernwärme und Wasser aus dem Versorgungsnetz, soweit die Versorgungsbedingungen nicht zum Nachteil der Abnehmer von Verordnungen über Allgemeine Bedingungen für die Versorgung von Tarifkunden mit elektrischer Energie, Gas, Fernwärme und Wasser abweichen. Satz 1 gilt entsprechend für Verträge über die Entsorgung von Abwasser.

(3) Bei Verträgen zwischen einem Unternehmer und einem Verbraucher (Verbraucherverträge) finden die Vorschriften dieses Abschnitts mit folgenden Maßgaben Anwendung:
1. Allgemeine Geschäftsbedingungen gelten als vom Unternehmer gestellt, es sei denn, dass sie durch den Verbraucher in den Vertrag eingeführt wurden;
2. § 305c Abs. 2 und die §§ 306 und 307 bis 309 dieses Gesetzes sowie Artikel 29a des Einführungsgesetzes zum Bürgerlichen Gesetzbuche finden auf vorformulierte Vertragsbedingungen auch dann Anwendung, wenn diese nur zur einmaligen Verwendung bestimmt sind und soweit der Verbraucher auf Grund der Vorformulierung auf ihren Inhalt keinen Einfluss nehmen konnte;
3. bei der Beurteilung der unangemessenen Benachteiligung nach § 307 Abs. 1 und 2 sind auch die den Vertragsschluss begleitenden Umstände zu berücksichtigen.

(4) Dieser Abschnitt findet keine Anwendung bei Verträgen auf dem Gebiet des Erb-, Familien- und Gesellschaftsrechts sowie auf Tarifverträge, Betriebs- und Dienstvereinbarungen. Bei der Anwendung auf Arbeitsverträge sind die im Arbeitsrecht geltenden Besonderheiten angemessen zu berücksichtigen; § 305 Abs. 2 und 3 ist nicht anzuwenden. Tarifverträge, Betriebs- und Dienstvereinbarungen stehen Rechtsvorschriften im Sinne von § 307 Abs. 3 gleich.

Schrifttum
Vgl. § 305 BGB.

Übersicht	Rdn.		Rdn.
A. Allgemeines	1	IV. Sonderstellung (»Privilegierung«) der VOB/B, § 310 Abs. 1 S. 3 BGB	14
B. Beschränkung des Anwendungsbereichs, § 310 Abs. 1 BGB	2	1. Entwicklung	14
I. Verträge mit Unternehmen und der öffentlichen Hand, § 310 Abs. 1 S. 1 BGB	2	2. Rechtslage vor dem Inkrafttreten des Schuldrechtsmodernisierungsgesetzes zum 01.01.2002	17
1. Anwendungsbereich – Verwendung von AGB gegenüber Unternehmern	2	a) Verträge unter bzw. mit Unternehmern	17
2. Anwendungsbereich – Verwendung von AGB gegenüber der öffentlichen Hand	6	b) Verträge mit Verbrauchern	18
		3. Rechtslage vom 01.01.2002 bis 31.12.2008	19
II. Indirekte Wirkung der §§ 308 und 309 im unternehmerischen Geschäftsverkehr, § 310 Abs. 1 S. 2 1. Halbs. BGB	7	4. Rechtslage seit 01.01.2009	21
		5. Privilegierung der VOB/C?	28
III. Rücksichtnahme auf die Gewohnheiten und Gebräuche bei Bauverträgen, § 310 Abs. 1 S. 2 2. Halbs. BGB	12	6. Ausblick	29
		C. Verträge mit Ver- und Entsorgungsbetrieben, § 310 Abs. 2 BGB	35

		Rdn.			Rdn.
D.	Bauverträge mit Verbrauchern, § 310 Abs. 3 BGB	36	IV.	Zur einmaligen Verwendung bestimmte Bauvertragsbedingungen, § 310 Abs. 3 Nr. 2 BGB	46
I.	Allgemeines	36	V.	Prüfungsmaßstab: Die den Abschluss des Bauvertrages begleitenden Umstände, § 310 Abs. 3 Nr. 3 BGB	48
II.	Bauverträge zwischen Verbrauchern und Unternehmern, § 310 Abs. 3 1. Halbs. BGB	39	E.	Von der Anwendung der §§ 305 ff. ausgeschlossene Vertragstypen, § 310 Abs. 4 BGB	49
III.	»Stellen« der allgemeinen Bauvertragsbedingungen, § 310 Abs. 3 Nr. 1 BGB	43			

A. Allgemeines

Zweck der Vorschrift ist, Sonderbestimmungen für die Anwendung der AGB-rechtlichen Vorschriften für Spezialbereiche zusammenzufassen und die ehemals in §§ 23, 24 und 24a AGBG enthaltenen Regelungen übersichtlicher zu gestalten. In der seit 01.01.2009 geltenden Fassung hat der Gesetzgeber auch eine Aussage zur Anwendung der AGB-rechtlichen Vorschriften auf die VOB/B getroffen (§ 310 Abs. 1 S. 3 BGB). 1

B. Beschränkung des Anwendungsbereichs, § 310 Abs. 1 BGB

I. Verträge mit Unternehmen und der öffentlichen Hand, § 310 Abs. 1 S. 1 BGB

1. Anwendungsbereich – Verwendung von AGB gegenüber Unternehmern

Der persönliche Anwendungsbereich des § 305 Abs. 2 und 3 sowie der §§ 308 und 309 BGB wird durch die Vorschrift eingeschränkt: Allgemeine Bauvertragsbedingungen, die gegenüber einem Unternehmer, gegenüber einer juristischen Person des öffentlichen Rechts oder gegenüber einem öffentlich-rechtlichen Sondervermögen Verwendung finden, unterliegen nicht der Kontrolle nach § 305 Abs. 2 und 3, §§ 308 und 309 BGB. Die Regelungen des BGB über Allgemeine Geschäftsbedingungen gehen damit über die RL 93/13/EWG hinaus. Letztere bezieht sich nämlich nur auf vorformulierte Klauseln, die ein Gewerbetreibender gegenüber einem Verbraucher verwendet.[1] Unter die Schutzfunktion des AGB-Rechts fallen darüber hinaus Verträge, in denen Allgemeine Geschäftsbedingungen gegenüber Unternehmen Verwendung finden. Dieser Effekt realisiert sich in besonderem Maße bei Bauverträgen, denn in aller Regel und im Gegensatz zu anderen Wirtschaftsbereichen tritt durchweg der Auftraggeber als Verwender Allgemeiner Geschäftsbedingungen auf.[2] In § 8 Abs. 3 VOB/A (2009) ist die Verwendung der VOB/B sowie der VOB/C für die öffentlichen Auftraggeber verpflichtend vorgeschrieben. Dies hat zur Folge, dass entgegen der ursprünglichen Absicht des Europäischen Gesetzgebers, den Verbraucherschutz zu stärken, bei Bauverträgen auch Unternehmen in erheblichem Maße unter den Schutzbereich des AGB-Rechts fallen. Dies ist allerdings auch erforderlich, denn in Vertragsverhandlungen über Bauverträge sitzt die Auftraggeberseite im Regelfall aus wirtschaftlicher Sicht am längeren Hebel. Bei Vertragsverhältnissen mit Nachunternehmern ist wiederum der die Allgemeinen Bauvertragsbedingungen verwendende Auftraggeber (Generalunternehmer) im Regelfall wirtschaftlich überlegen. 2

Der Begriff des »Unternehmers« (§ 14 BGB) ist weiter gefasst, als dies früher in § 24 AGBG definiert wurde. Der Begriff des »Unternehmens« ist zwar kein einheitlicher Rechtsbegriff. Er geht allerdings über den kaufmännisch handelnden Unternehmer und sein Handelsgewerbe hinaus und schließt auch sonstige Gewerbetreibende, insbesondere Kleingewerbetreibende sowie andere wirtschaftliche Tätigkeiten mit ein, die herkömmlich nicht als Gewerbe, sondern als freier Beruf ange- 3

---

[1] MüKo/*Basedow*, § 310 Rn. 2.
[2] *Vygen*, S. 24.

sehen werden.³ Allein Maßgeblich ist, ob die Tätigkeit gewerblich bzw. beruflich ist.⁴ Damit fällt grundsätzlich auch der kleinste in der Baubranche tätige Handwerksbetrieb unter den Unternehmerbegriff, aber auch der Architekt.⁵ Hiervon abzugrenzen ist der Unternehmerbegriff der §§ 631 ff. BGB, mit dem der Hersteller (Auftragnehmer) einer Bauleistung gemeint ist. Der Hersteller einer Werkleistung muss nicht zwingend Unternehmer im Sinne des § 14 BGB sein.⁶

4 Da der Verbraucherbegriff nach EU-Recht nur natürliche Personen erfasst (vgl. § 13 BGB), sind die den juristischen Personen gleichgestellten, rechtsfähigen Personengemeinschaften (z.B. OHG, KG, Partnerschaftsgesellschaft, GbR) keine Verbraucher. Aufgrund des eindeutigen Wortlauts des § 13 BGB ist daher bei einer GbR, die einen Bauauftrag erteilt, nicht von deren Verbrauchereigenschaft auszugehen, auch wenn das Bauwerk ausschließlich privaten Zwecken dienen soll.⁷ Bei der BGB-Gesellschaft handelt es sich nämlich nicht um eine natürliche Person.⁸ Da der BGH mittlerweile auch die Wohnungseigentümergemeinschaften als teilrechtsfähig betrachtet,⁹ genießen auch diese nicht den Verbraucherstatus, es sei denn, die Miteigentümer haben sich eindeutig auch persönlich verpflichtet.¹⁰

5 Da öffentliche Auftraggeber nach der Erfahrung von sich aus mit besonderer Skrupellosigkeit unangemessene AGB zu stellen wissen,¹¹ ist die Einbeziehung von Unternehmen in den Schutzbereich des AGB-Rechts besonders geboten. Auch große Bauunternehmen sind vom Schutz des AGB-Rechts nicht ausgenommen.¹²

2. Anwendungsbereich – Verwendung von AGB gegenüber der öffentlichen Hand

6 Zu den öffentlichen Vertragspartnern zählen neben dem Staat und den Gebietskörperschaften insbesondere Personalkörperschaften wie öffentlich-rechtlich organisierte Kammern und Verbände, Hochschulen, Rundfunkanstalten, Sozialversicherungsträger und bestimmte Religionsgemeinschaften sowie Banken auf öffentlich-rechtlicher Basis, z.B. Landesbanken, Sparkassen und die Deutsche Bundesbank.¹³ Da die öffentliche Hand in der Regel selbst Auftraggeber von Bauleistungen und Verwender von Allgemeinen Geschäftsbedingungen ist, besitzt die Regelung insoweit keine besondere praktische Bedeutung.¹⁴

II. Indirekte Wirkung der §§ 308 und 309 im unternehmerischen Geschäftsverkehr, § 310 Abs. 1 S. 2 1. Halbs. BGB

7 § 310 Abs. 1 Satz 2 1. Halbs. BGB stellt klar, dass § 307 Abs. 1 und 2 BGB auch dann anzuwenden sind, wenn allgemeine Bauvertragsbedingungen gegenüber Unternehmern und juristischen Personen des öffentlichen Rechts sowie öffentlich rechtlichen Sondervermögen verwendet werden. Insbesondere wird zum Ausdruck gebracht, dass nach § 307 Abs. 1 und 2 BGB auch Klauseln im Vertragsverhältnis zu Unternehmern und der öffentlichen Hand als unwirksam angesehen werden können, die nach §§ 308 und/oder 309 BGB als unwirksam anzusehen wären. Damit soll einem evtl. aus § 310 Abs. 1 Satz 1 BGB zu ziehenden Umkehrschluss entgegengewirkt werden, der dahin gehen könnte, bei Vertragsverhältnissen mit Verbrauchern nach §§ 308 und 309 BGB als un-

---

3 Baumbach/*Hopt*, Einl. vor § 1 HGB Rn. 31 ff.
4 MüKo/*Micklitz*, vor §§ 13, 14 Rn. 103.
5 Locher/Koeble/*Frik*, Einl. Rn. 237.
6 Palandt/*Ellenberger*, § 14 Rn. 1.
7 MüKo/*Micklitz*, § 13 Rn. 17 f. mit ausführlicher Darstellung der Problematik.
8 BGH, 18.02.2002, II ZR 331/00, NJW 2002, 1207.
9 BGH, 02.06.2005, V ZB 32/05, BauR 2005, 1462, 1464 f.
10 MüKo/*Micklitz*, zu § 13 Rn. 19.
11 MüKo/*Basedow*, zu § 310 Rn. 6.
12 BGH, 27.11.2003, VII ZR 53/03, BauR 2004, 488, 490.
13 MüKo/*Basedow*, zu § 310 Rn. 6.
14 Ingenstau/Korbion/*Locher/Sienz*, VOB/B Anhang 1 Rn. 101.

wirksam anzusehende Klauseln im Geschäftsverkehr mit Unternehmern und der öffentlichen Hand generell als wirksam zu erachten.[15] Zur Wirkung der Rechtsgedanken der §§ 308, 309 BGB im Rahmen der Klauselkontrolle nach § 307 BGB siehe auch § 307 BGB Rdn. 19.

In der Literatur wird in der Vorschrift eine »Ermunterung« der Gerichte gesehen, zu prüfen, ob eine Klausel, die nach § 308 und 309 BGB im Geschäftsverkehr mit Verbrauchern stets unzulässig ist, im konkreten Fall auch im unternehmerischen Geschäftsverkehr, allerdings nach § 307 BGB als unwirksam anzusehen ist.[16] 8

Je nach der Art des Rechtsgeschäfts sowie der inhaltlichen Beschaffenheit der allgemeinen Geschäftsbedingungen kann sich also eine gleichartige AGB-rechtliche Bewertung einer allgemeinen Bauvertragsbedingung ergeben, gleichgültig ob der Gegner des Klauselverwenders ein Verbraucher oder ein Unternehmer ist (sogenannte »Parallelwertung«). Der Anlass zur Vornahme einer Parallelwertung verstärkt sich mit der Zunahme der wirtschaftlichen Abhängigkeit des unternehmerischen Vertragspartners vom Klauselverwender.[17] 9

Je weniger konkrete, baubezogene Geschäftskenntnisse der Gegner des klauselverwendenden Bauunternehmers besitzt, desto stärker ist die Veranlassung zur Parallelwertung. Betreibt der unternehmerische Auftraggeber ein Geschäft, das mit der Baubranche nichts zu tun hat, ist der Bauvertrag gar ein einmaliger Vorgang im Geschäftsleben des Auftraggebers, so unterscheidet er sich letztlich von einem als Verbraucher zu betrachtenden Auftraggeber nur noch geringfügig. Auch in einem solchen Fall liegt eine Parallelwertung also nahe.[18] 10

Eher selten kommt es vor, dass mit dem Bauwesen vertraute Auftraggeber nicht selbst Verwender von allgemeinen Bauvertragsbedingungen sind. Wenn der Ausnahmefall einmal vorliegen sollte, dass gleichwohl der Auftragnehmer allgemeine Bauvertragsbedingungen im Verhältnis zu seinem auch im Bausektor erfahrenen Auftraggeber verwendet, ist eine »Parallelwertung« weniger angezeigt. 11

III. Rücksichtnahme auf die Gewohnheiten und Gebräuche bei Bauverträgen, § 310 Abs. 1 S. 2 2. Halbs. BGB

§ 310 Abs. 1, Satz 2, 2. Halbs. BGB schreibt vor, dass bei der Beurteilung allgemeiner Bauvertragsbedingungen nach § 307 auf die im Handelsverkehr geltenden Gewohnheiten und Gebräuche angemessen Rücksicht zu nehmen ist (vgl. § 307 BGB Rdn. 22). Dabei ist § 310 Abs. 1, Satz 2, 2. Halbs. BGB so zu verstehen, dass die Handelsgebräuchlichkeit einer nicht unter §§ 308 und 309 BGB fallenden Klausel im Wirtschaftsverkehr deren Wirksamkeit indiziert. Dies hat zur Folge, dass dem Gegner des Klauselverwenders die Begründungslast dafür zufällt, dass ihn die Klausel gleichwohl unangemessen benachteiligt. Wäre eine Bauvertragsklausel im Geschäftsverkehr mit einem Verbraucher nach §§ 308, 309 BGB unwirksam, ist diese jedoch im Geschäftsverkehr mit Unternehmen handelsgebräuchlich, so heben sich die beiden Indizwirkungen gegenseitig auf.[19] 12

Ein Handelsbrauch setzt voraus, dass sich eine im Verkehr von Bauunternehmen untereinander verpflichtende Regel herausgebildet hat, die auf einer gleichmäßigen, einheitlichen und freiwilligen tatsächlichen Übung beruht, die sich innerhalb eines angemessenen Zeitraums für vergleichbare Geschäftsvorfälle gebildet hat und der eine einheitliche Auffassung der Beteiligten zugrunde liegt.[20] Nach der vorgenannten Entscheidung können allgemeine Geschäftsbedingungen selbst einen Handelsbrauch wiedergeben. Dies würde allerdings voraussetzen, dass die fragliche Regelung 13

---

15 BT-Drucks. 7/3919, 43 ff.; 7/5422, 14.
16 MüKo/*Basedow*, § 310 Rn. 7.
17 MüKo/*Basedow*, § 310 Rn. 8.
18 MüKo/*Basedow*, § 310 Rn. 8.
19 MüKo/*Basedow*, § 310 Rn. 10.
20 BGH, 25.11.1993, VII ZR 17/93, NJW 1994, 659, 660.

von den kaufmännischen Vertragspartnern ohne besondere Vereinbarung oder Empfehlung freiwillig befolgt wird. Dies ist insbesondere im Hinblick auf die VOB/B und die VOB/C nicht der Fall, weshalb diese auch nicht als Handelsbrauch anzusehen sind.[21]

IV. Sonderstellung (»Privilegierung«) der VOB/B, § 310 Abs. 1 S. 3 BGB

1. Entwicklung

14 Die VOB/B hat in der Vergangenheit in ihrer Eigenschaft als ein von der öffentlichen Verwaltung sowie den Wirtschafts- und Berufsverbänden der Bauindustrie gemeinsam erarbeitetes Klauselwerk insbesondere unter dem Stichwort der »Privilegierung« eine gewisse Sonderstellung eingenommen. Ausgangspunkt für die Einräumung dieser Sonderstellung der VOB/B war § 23 Abs. 2 Nr. 5 AGBG. Nach dieser Vorschrift unterlagen das Fiktionsverbot (§ 10 Nr. 5 AGBG) sowie die Verkürzung der Gewährleistung (§ 11 Nr. 10 lit. f AGBG) nicht der Inhaltskontrolle, wenn die VOB/B Vertragsgrundlage war. Diese Regelungen wurden mit der Schuldrechtsreform in die §§ 308 Nr. 5, 309 Nr. 8b ff. BGB übernommen.[22] Aus diesen Regelungen konnte hergeleitet werden, dass die VOB/B aus der Sicht des Gesetzgebers Allgemeine Geschäftsbedingungen enthielt, die von Gesetzes wegen teilweise »privilegiert« werden sollten. Über die Jahre entwickelte der BGH eine Rechtsprechung, nach der die Allgemeinen Geschäftsbedingungen der VOB/B, soweit diese »als Ganzes« verwendet wurde, einer »isolierten« AGB-rechtlichen Inhaltskontrolle nicht zu unterziehen war.[23] Der VII. Zivilsenat begründete dies damit, dass sich die VOB/B von sonstigen Allgemeinen Geschäftsbedingungen dadurch wesentlich unterscheide, dass sie nicht nur den Vorteil lediglich einer Vertragsseite verfolge. Vielmehr sei die VOB/B unter Beteiligung der Interessengruppen der Besteller wie auch der Unternehmer entwickelt worden und enthalte einen auf die Besonderheiten des Bauvertrages abgestimmten, im Ganzen einigermaßen ausgewogenen Ausgleich der beteiligten Interessen. Die Begründung für die Einräumung einer Sonderstellung für die VOB/B beruhte nach der Rechtsprechung des BGH also auf der Erwägung, dass der vom Vertragswerk der VOB/B im Zusammenwirken sämtlicher Klauseln erstrebte, billige Ausgleich der Interessen gestört würde, wenn aufgrund der AGB-rechtlichen Inhaltskontrolle einzelner Klauseln solche Klauseln für unwirksam erklärt würden, die die Interessen einer Vertragsseite bevorzugen. Folglich sei das Normgefüge der VOB/B als Ganzes zu prüfen. In diesem Rahmen hat der BGH festgestellt, dass dieses bei einer solchen Betrachtungsweise der AGB-rechtlichen Inhaltskontrolle standhält.[24]

15 Über die Jahre ergab sich eine umfangreiche Kasuistik zur Frage, wann und im Rahmen welcher Eingriffe die VOB noch »als Ganzes« vereinbart worden sei. Den vielfältigen Diskussionen hierüber in Rechtsprechung und Literatur hat der VII. Zivilsenat mit dem Urt. v. 22.01.2004[25] ein Ende bereitet, indem er ausführte, dass jegliche vertragliche Abweichung von der VOB/B dazu führe, dass diese nicht als Ganzes vereinbart sei. Es komme insbesondere nicht darauf an, welches Gewicht der Eingriff habe und ob die VOB/B durch diesen in ihrem »Kernbereich« berührt sei. Keine Abweichung sah der BGH im Übrigen in der Vereinbarung einer Gewährleistungsfrist von 5 Jahren gem. § 13 Abs. 4 Nr. 1 VOB/B, weil die »Regelverjährung« nach dieser Vorschrift lediglich als Auffangvorschrift konstruiert ist.[26]

16 Ausgehend von den §§ 10 Nr. 5, 11 Nr. 10 f. AGBG und auf der Grundlage der vorstehend beschriebenen BGH-Rechtsprechung hat sich in der Praxis für die der VOB/B eingeräumte, beson-

---

21 *Werner/Pastor*, Rn. 1003.
22 Mit dem Forderungssicherungsgesetz zum 01.01.2009 aufgehoben und durch § 310 Abs. 1 S. 3 BGB ersetzt.
23 BGH, 16.12.1982, VII ZR 92/82, BauR 1983, 161 (sog. »Kernlehre-Rechtsprechung«).
24 BGH, 16.12.1982, VII ZR 92/82, BauR 1983, 161, 164.
25 BGH, 22.01.2004, VII ZR 419/02, BauR 2004, 668.
26 BGH, 21.03.1991, VII ZR 110/90, BauR 1991, 458, 459.

dere Position der Begriff der »Privilegierung« eingebürgert. Der BGH hat allerdings zuletzt deutlich gemacht,[27] dass sich die Begründung für die sogenannte Privilegierung der VOB/B nicht auf die §§ 23 Abs. 2 Nr. 5, 10 Nr. 5, 11 Nr. 10 f. AGBG bzw. §§ 308 Nr. 5, 309 Nr. 8b ff. BGB stützt. Diese gesetzlichen Vorschriften enthielten keine Aussage, die dies rechtfertigen würde. Vielmehr sei die sogenannte Privilegierung der VOB/B durch richterliche Fortbildung entwickelt worden, um Wertungswidersprüche zu vermeiden, die durch eine Inhaltskontrolle einzelner Bestimmungen hätten entstehen können. Ausgangspunkt für die diesbezügliche Entwicklung der Rechtsprechung sei die oben bereits erwähnte Erwägung gewesen, dass der im Rahmen der VOB/B im Ganzen einigermaßen ausgewogene Ausgleich der beteiligten Interessen gestört würde, wenn aufgrund einer isolierten Inhaltskontrolle einzelner Klauseln der VOB/B bestimmte Regelungen als unwirksam anzusehen wären, weshalb man eine Überprüfung des Normengefüges der VOB/B im Ganzen für zulässig erachtet habe. Bei einer solchen Betrachtungsweise halte die VOB/B einer AGB-rechtlichen Inhaltskontrolle stand. Allerdings sind auch angesichts des Urteils des VII. Zivilsenats vom 24.07.2008 verschiedene Detailfragen weiterhin ungeklärt und die Rechtlage damit weiterhin unklar. Eine systematische Betrachtung erfordert die Differenzierung zwischen verschiedenen Zeiträumen.[28]

2. Rechtslage vor dem Inkrafttreten des Schuldrechtsmodernisierungsgesetzes zum 01.01.2002

a) Verträge unter bzw. mit Unternehmern

In seinem Grundsatzurteil vom 16.12.1982[29] hat der BGH die damals gültige gesetzliche Regelung (§ 23 Abs. 2 Nr. 5 AGBG i.V.m. § 10 Nr. 5 AGBG und § 11 Nr. 10 f. AGBG) in zweifacher Hinsicht modifiziert.[30] Bei der Verwendung der VOB/B gegenüber einem Bauhandwerker gilt für vor dem 01.01.2002 abgeschlossene Bauverträge, dass die einzelnen Vorschriften der VOB/B keiner »isolierten« Inhaltskontrolle unterliegen, wenn die VOB/B »als Ganzes« vereinbart wurde. Die VOB/B ist nur »als Ganzes« vereinbart, wenn inhaltlich nicht von ihr abgewichen wird (vgl. Rdn. 14 ff.). Mit der Entscheidung vom 24.07.2008 hat der BGH diese Rechtsprechung bestätigt. 17

b) Verträge mit Verbrauchern

Der BGH[31] hat klargestellt, dass seine insbesondere durch die Entscheidung vom 16.12.1982[32] geprägte Rechtsprechung nur auf Bauverträge bezogen werden kann, in deren Rahmen die VOB/B gegenüber einem Bauhandwerker bzw. Unternehmer verwendet wird. Die Rechtsprechung des VII. Zivilsenats ist allerdings nicht auf Verträge anwendbar, in denen die VOB/B gegenüber Verbrauchern verwendet wird. Soweit der Entscheidung des Senats vom 16.12.1982 etwas anderes entnommen werden könnte, halte er hieran nicht fest.[33] Im Rechtsverkehr mit Verbrauchern sind die Regeln der VOB/B also als ganz normale Allgemeine Geschäftsbedingungen zu betrachten mit der Folge, dass ihre Klauseln stets der isolierten Inhaltskontrolle unterliegen.[34] Der BGH hat keinen Vertrauensschutz gewährt. Seine Entscheidung erfasst daher alle vor dem 01.01.2002 abgeschlossenen und bisher noch nicht abgewickelten Bauverträge, bei denen die VOB/B gegenüber Verbrauchern Verwendung gefunden hat. 18

---

27 BGH, 24.07.2008, VII ZR 55/07, BauR 2008, 1603.
28 *Thode*, juris PR-PrivBauR 11/2008, Rn. 1.
29 BGH, 16.12.1982, VII ZR 92/82, BauR 1983, 161.
30 *Thode*, juris PR-PrivBauR 11/2008, Rn. 1.
31 BGH, 24.07.2008, VII ZR 55/07, BauR 2008, 1603.
32 BGH, 16.12.1982, VII ZR 92/82, BauR 1983, 161.
33 BGH, 24.07.2008, VII ZR 55/07, BauR 2008, 1603, 1605.
34 Ingenstau/Korbion/*Wirth*, VOB/B vor § 13 Rn. 334.

3. Rechtslage vom 01.01.2002 bis 31.12.2008

19 Die Regelungen des Schuldrechtsmodernisierungsgesetzes sind insoweit missglückt, als sie die Frage offen ließen, ob die VOB/B, sofern sie als Ganzes vereinbart ist, einer isolierten Inhaltskontrolle anhand der §§ 307 ff. BGB entzogen ist.[35] Ob die für den Zeitraum bis 31.12.2001 maßgebliche Rechtsprechung des BGH zur Privilegierung der VOB/B auch auf Bauverträge angewandt werden kann, die nach dem 31.12.2001 abgeschlossen wurden, ist streitig[36] und blieb auch in der Entscheidung vom 24.07.2008 ungeklärt. Im Streit steht insbesondere die Frage, ob bei Bauverträgen, denen die VOB/B als Ganzes zugrundegelegt wurde, nur die Klauseln gem. § 308 Nr. 5b) BGB a.F. und gem. § 309 Nr. 8b) ff) BGB a.F. der Inhaltskontrolle entzogen sind oder ob die VOB/B insgesamt der Inhaltskontrolle entzogen ist.[37] Es wird argumentiert, es seien nur zwei einzelne Klauseln der VOB/B privilegiert, solange die VOB/B als Ganzes vereinbart sei; die Gesetzgebungsmaterialien ließen keine andere Betrachtung zu, auch wenn Ministerialbürokratie die Rechtsprechung des VII. Zivilsenats nicht verstanden habe.[38] Andererseits wird zutreffend[39] darauf hingewiesen, dass der BGH in seiner Leitentscheidung vom 16.12.1982[40] die Privilegierung der VOB/B nicht etwa auf § 23 Abs. 2 Nr. 5 AGBG gestützt habe, sondern auf die Betrachtung, dass die VOB/B im Ganzen einen einigermaßen ausgewogenen Ausgleich der beteiligten Interessen enthält, weshalb es verfehlt wäre, einzelne Bestimmungen der VOB/B einer Inhaltskontrolle zu unterwerfen.[41]

20 Die Rechtslage für den hier fraglichen Zeitraum ist also unsicher, weil die Gesetzeslage nach Inkrafttreten des Schuldrechtsmodernisierungsgesetzes keine Unterscheidung zwischen Verträgen mit Unternehmern und Verbrauchern vornimmt und weil der BGH die Rechtslage insoweit nicht geklärt hat.[42] Die Tatsache, dass der BGH allerdings die Begründung für die Privilegierung der als Ganzes vereinbarten VOB/B nunmehr ausdrücklich von der Regelung des AGBG sowie der §§ 308 Nr. 5b) BGB a.F. und 309 Nr. 8b) ff) BGB a.F. abstrahiert hat (vgl. Rdn. 19), lässt die Begründung dafür zu, dass die VOB/B, soweit sie als Ganzes vereinbart wurde jedenfalls bei Verträgen gegenüber Unternehmen auch für diesen Zeitraum als privilegiert anzusehen ist. Im Umkehrschluss ist dann aber davon auszugehen, dass Verträge mit der Verwendung der VOB/B gegenüber Verbrauchern in diesem Zeitraum nicht in den Genuss der Privilegierung kommen.[43] Sie unterliegen folglich einer uneingeschränkten Inhaltskontrolle.

4. Rechtslage seit 01.01.2009

21 Mit dem Inkrafttreten des Forderungssicherungsgesetzes[44] wurden die Einzelprivilegierungen in §§ 308 Nr. 5 und 309 Nr. 8b BGB aufgehoben und durch § 310 Abs. 1 S. 3 BGB ersetzt. Danach genießt die VOB/B die sogenannte »Privilegierung« nur dann, wenn sie gegenüber den in § 310 Abs. 1 Satz 1 BGB genannten natürlichen oder juristischen Personen, insbesondere Unternehmen sowie öffentlich-rechtlichen Sondervermögen ohne inhaltliche Abweichungen verwendet wird. Keine inhaltliche Abweichung liegt vor, wenn die Bauvertragspartner z.B. aufgrund der Öffnungsklausel des § 13 Abs. 4 Nr. 1 VOB/B (»Ist für die Gewährleistung keine Verjährungsfrist im Vertrag vereinbart ...«) eine von der VOB-Regelung abweichende Gewährleistungsfrist vereinbaren. Die Möglichkeit zur Abweichung sieht die VOB/B ja gerade vor. Es wäre nicht zu begründen, warum bei Nutzung einer von der VOB/B vorgesehenen Option nicht mehr von der Verein-

---

35 BGH, 24.07.2008, VII ZR 55/07, BauR 2008, 1603, 1608.
36 BGH, 24.07.2008, VII ZR 55/07, BauR 2008, 1603, 1605.
37 *Frikell*, BauR 2002, 671.
38 *Preussner*, BauR 2002, 1602.
39 BGH, 24.07.2008, VII ZR 55/07, BauR 2008, 1603, 1606.
40 BGH, 16.12.1982, VII ZR 92/82, BauR 1983, 161.
41 *Weyer*, BauR 2002, 1894.
42 *Thode*, jurisPR-PrivBauR 11/2008, Rn. 1.
43 *Thode*, jurisPR-PrivBauR 11/2008, Rn. 1.
44 BGBl. I 2008, Nr. 48, S. 2022.

barung »als Ganzes« ausgegangen werden sollte. Dies gilt insbesondere für den Fall, dass anstelle der vierjährigen Gewährleistungsfrist nach § 13 Abs. 4 Nr. 1 VOB/B die dem gesetzlichen Leitbild entsprechende Gewährleistungsfrist von fünf Jahren vereinbart wird. Eine Grenze wird man allerdings ziehen müssen, wenn auf Grundlage der Öffnungsklausel so extrem vom Regelungsgehalt der VOB/B abgewichen wird, dass ein in sich ausgewogenes Regelwerk nicht mehr vorliegt. Für öffentliche Auftraggeber enthält § 13 VOB/A Leitgedanken, die für eine solche Grenzziehung maßgeblich sein können.

Im kaufmännischen Geschäftsverkehr kann man auf § 13 VOB/A nicht zurückgreifen. Allerdings wird im Einzelfall zu klären sein, ob die Öffnungsklausel einseitig vom Verwender der VOB/B genutzt wurde oder ob die Bauvertragspartner sich individualvertraglich auf eine konkrete, von der VOB/B abweichende Gewährleistungsfrist verständigt haben. Im letzteren Fall dürfte sich eine weitere Grenzziehung rechtfertigen als bei einer einseitigen Ausnutzung der Öffnungsklausel durch den Verwender. Eine »Inhaltskontrolle« im Rahmen der Nutzung einer Öffnungsklausel kommt dabei nicht in Frage. Vielmehr ist zu berücksichtigen, dass der Gesetzgeber die inhaltliche Ausgewogenheit der VOB/B im Sinne der BGH-Rechtsprechung unterstellt hat und von einer »inhaltlichen Abweichung« ausgegangen werden muss, wenn die Nutzung einer Öffnungsklausel zur Beseitigung dieser Ausgewogenheit führt. Wirken beide Bauvertragspartner »auf Augenhöhe« hieran mit, wird die Schwelle dafür höher liegen als bei einer einseitigen Bestimmung einer erheblich von § 13 Abs. 4 Nr. 1 VOB/B abweichenden Gewährleistungsfrist durch den Verwender. 22

Beruht die Einbeziehung der VOB/B auf dem beiderseitigen Wunsch der Vertragspartner, ist sie nicht »gestellt« (vgl. Rdn. 21 zu § 305), so dass sich die Frage der Privilegierung und damit auch der inhaltlichen Abweichung von vorn herein nicht stellt. 23

Im Rechtsverkehr mit Verbrauchern nimmt die VOB/B indessen keine besondere Stellung ein. Ihre Klauseln sind der Inhaltskontrolle in gleicher Weise zugänglich, wie bei anderen Allgemeinen Geschäftsbedingungen auch. 24

§ 310 Abs. 1 letzter Satz BGB hat also die »Privilegierung« der VOB/B in der Form festgelegt, wie sie sich als Rechtsprechung des Bundesgerichtshofs etabliert hatte.[45] Die Rechtsprechung des VII. Zivilsenats wird durch die zum 01.01.2009 entstandene Gesetzeslage jedoch nicht ersetzt oder überflüssig. Zum einen ist weiterhin die Frage relevant, wann die VOB/B noch »ohne inhaltliche Abweichung« vereinbart ist. Darüber hinaus sind gegen die dynamische Verweisung des Forderungssicherungsgesetzes auf die VOB/B verfassungsrechtliche Bedenken angeklungen, die nicht von vornherein abwegig sind. Insoweit ist von der Einräumung einer »quasi-parlamentarischen Funktion« für den Deutschen Vergabe- und Vertragsausschuss für Bauleistungen (DVA) die Rede.[46] Argumentiert wird damit, dass dem DVA freie Hand bei der zukünftigen Gestaltung der VOB/B gelassen werde, ohne dass sich bei einer gegebenenfalls auch gravierenden nachträglichen Modifikation der VOB/B an der gesetzlich vorgeschriebenen Freistellung etwas ändern würde. Beim DVA handele es sich lediglich um einen nicht rechtsfähigen Verein. Probleme werden sowohl mit dem rechtsstaatlichen Bestimmtheitsgebot (Gebot der Klarheit des Gesetzes), mit dem Publikationsgebot gem. Art. 48 Abs. 1 Satz 1 GG und mit dem Demokratieprinzip (der DVA ist nicht demokratisch legitimiert) gesehen.[47] Nicht überraschend hat der BGH daher im Urt. v. 24.07.2008 Zweifel daran anklingen lassen, ob die dynamische Verweisung des § 310 Abs. 1 letzter Satz BGB wirksam ist.[48] 25

Angesichts dieser verfassungsrechtlichen Problematik gibt die Tatsache, dass die mit dem Urteil des BGH vom 24.07.2008[49] klargestellte Betrachtungsweise den baubeteiligten Verkehrskreisen 26

---

45 *Quack*, ZfBR 2009, 211.
46 *Thode*, jurisPR-PrivBauR 11/2008, Rn. 1.
47 *Schmidt*, ZfBR 2009, 113.
48 *Schwenker/Wessel*, ZfBR 2008, 754, 755 re. Sp.
49 BGH, 24.07.2008, VII ZR 55/07, BauR 2008, 1603.

eine gewisse Rechtssicherheit, denn bei einem eventuellen späteren, durch das BVerfG veranlassten Wegfall des § 310 Abs. 1 letzter Satz BGB wegen Verfassungswidrigkeit würde die BGH-Rechtsprechung quasi »reaktiviert« werden können.

27 Zudem hat der BGH formuliert, dass von den Gerichten für jede Fassung der VOB/B zu prüfen ist, ob deren Klauselwerk ausgewogen ist. Als Voraussetzung dafür muss gewährleistet sein, dass die Bauvertragspartner, denen gegenüber die VOB/B verwendet wird, durch ihre Interessenvertretungen im Vergabe- und Vertragsausschuss vertreten sind und ausreichend Gelegenheit haben, sich in eine ausgewogene, den Bedürfnissen der Bauvertragspartner entsprechende Gestaltung der VOB/B einzubringen.[50]

5. Privilegierung der VOB/C?

28 Wenn man über die AGB-rechtlichen Bedenken der Pauschal- bzw. Staffelverweisung der VOB/B in § 1 Abs. 1 VOB/B hinwegsieht, erscheint es zwingend, dass die Verweisung als solche ebenso privilegiert ist wie die anderen Teile der VOB/B. Die Mitvereinbarung der VOB/C ist Voraussetzung für die Vereinbarung der VOB/B als Ganzes. Oder umgekehrt: Eine mit Abstrichen oder gar nicht vereinbarte VOB/C hindert die gesetzliche Privilegierung der VOB/B gem. § 310 Abs. 1 S. 3 BGB. Damit ist allerdings noch nicht gesagt, dass die VOB/C auch inhaltlich privilegiert ist. Ob dies der Fall ist, ist nicht abschließend geklärt. Man wird nicht annehmen können, dass die in § 310 Abs. 1 S. 3 BGB nicht in Bezug genommene VOB/C quasi »automatisch« privilegiert ist. Insbesondere eine grammatische Auslegung spricht nicht dafür, dass die VOB/C im Gesetzeswortlaut »stillschweigend mitgemeint« sein soll. Soweit die VOB/C vom Gesetzgeber inhaltlich mitprivilegiert werden sollte, geht dies jedenfalls aus dem Wortlaut des Gesetzes nicht hervor.[51]

6. Ausblick

29 Die nach wie vor zumindest in Teilen unklare Rechtslage für Verträge, die vor dem 01.01.2009 abgeschlossen wurden sowie die Regelung des § 310 Abs. 1 S. 3 BGB und die nach der Entscheidung des BGH vom 24.07.2008 zu erwartende weitere Behandlung der VOB/B durch den BGH lässt erwarten, dass die VOB/B erheblich an Bedeutung verlieren wird.[52]

30 Zwar hat der Gesetzgeber zur Verwendung der VOB/B gegenüber Unternehmen seinen Willen nunmehr klar geäußert. Allerdings sind lupenreine »VOB-Verträge« äußerst selten anzutreffen. Selbst viele Vertragsmuster der öffentlichen Hand weisen signifikante inhaltliche Abweichungen auf, was zum Wegfall der Privilegierung führt. Im privatwirtschaftlichen Bereich sind inhaltliche Abweichungen die Regel.

31 Dabei gibt es für den redlichen Bauvertragspartner – solange die VOB/B nicht in Gesetzesform gegossen wird – gute Gründe dafür, die VOB/B in Gänze wirksam zu vereinbaren:

(1) Die VOB/B ist in der praktischen bauvertraglichen Anwendung angesichts der typischen Problemstellungen der Baustellenabwicklung dem Gesetz weit überlegen. Die Auffassung, es wäre kein Unglück, wenn die VOB/B im Orkus des Vergessens landen würde,[53] wird dieser Tatsache nicht gerecht und lässt außer Acht, dass die Praxis angesichts der erheblichen wirtschaftlichen Bedeutung von Bauinvestitionen der Bauherren, aber auch der Vorleistungen der Auftragnehmer auf ein geeignetes und zuverlässiges Regelwerk angewiesen ist. Das Gesetz wir den besonderen Anforderungen bei der Abwicklung von Bauverträgen jedenfalls nicht gerecht.

(2) Die VOB/B erleichtert die Vertragsgestaltung.

---

50 BGH, 24.07.2008, VII ZR 55/07, BauR 2008, 1603, 1606.
51 *Quack*, ZfBR 2009, 211, 212.
52 *Schwenker/Wessel*, ZfBR 2008, 754, 756 li. Sp.
53 *Quack*, ZfBR 2002, 428, 429.

(3) § 310 Abs. 1 S. 3 BGB bietet Rechtssicherheit für Bauverträge, denen die VOB/B ohne inhaltliche Veränderung zugrundegelegt ist.

(4) Auf den Verwender von Allgemeinen Bauvertragsbedingungen lauern hingegen zahllose Gefahren. Angesichts ausufernder Vertragstexte sind insbesondere das Verbot unklarer und überraschender Klauseln sowie das Transparenzgebot der Grund dafür, dass sich der Verwender allgemeiner Bauvertragsbedingungen seiner Sache nie sicher sein kann. Wie die Rechtsprechung mit der Anwendung und Auslegung umfangreicher Bauvertragstexte umgehen wird, ist unkalkulierbar. Bauprozesse sind überdurchschnittlich komplex und unübersichtlich, die Juristenausbildung wenig bis gar nicht auf sie ausgerichtet. Die Gefahr ungerechter Entscheidungen ist – beunruhigenderweise – erheblich, häufig bereits wegen der Verletzung des Anspruchs auf rechtliches Gehör, d.h., die Gerichte befassen sich erst gar nicht vollumfänglich mit der komplexen Bauvertragslage.[54]

Vygen[55] hat daher die Empfehlung ausgesprochen, zur Vermeidung der im Zusammenhang mit der Privilegierung der VOB/B bestehenden Probleme und Unsicherheiten im Sinne einer Kooperationspflicht beim Abschluss des Bauvertrags die VOB/B als Ganzes gemeinsam zur Vertragsgrundlage zu machen. Damit erreiche man, dass §§ 305 ff. BGB gar nicht erst zur Anwendung kommen und das entspreche durchaus dem Sinn und Zweck der VOB/B als einer ausgewogenen Vertragsordnung. Dieser Empfehlung ist zuzustimmen. Die Bauvertragspartner haben es selbst in der Hand, für ein ihren Erfordernissen genügendes Vertragswerk zu sorgen. Dies setzt lediglich den Willen zur Kooperation und zur Fairness voraus und ein Umdenken im Stil, denn diese beiden Voraussetzungen sind in der Praxis nicht sehr weit verbreitet. Weniger selten ist es, dass bei Bauverträgen zwischen General- und Nachunternehmer beide Bauvertragspartner einen Einbeziehungsvorschlag machen.[56] Zumindest in dieser Konstellation sollte es möglich sein, die VOB/B aus beidseitigem Interesse wirksam als Ganzes zu vereinbaren. **32**

Angesichts der zwischen den Bauvertragspartnern bereits im Rahmen des Vertragsabschlusses bestehenden Kooperationspflicht, die auch und besonders bei öffentlichen Aufträgen besteht,[57] wird man § 8 Abs. 3 VOB/A in Verbindung mit § 310 Abs. 1 S. 3 BGB nur so verstehen können, dass der öffentliche Auftraggeber verpflichtet ist, die VOB/B dem Bauvertrag ohne inhaltliche Abweichungen zugrunde zu legen. Jede andere Betrachtung würde dem öffentlichen Auftraggeber die Möglichkeit einräumen, § 8 Abs. 3 VOB/A zu umgehen, was gem. § 8 Abs. 4 Nr. 1 VOB/A grundsätzlich unzulässig ist. § 310 Abs. 1 S. 3 BGB verfolgt indessen das Ziel, die Privilegierung der VOB/B gerade bei Bauverträgen der öffentlichen Hand zu erhalten[58] und ergänzt insoweit die genannten Regeln der VOB/A. **33**

Soweit es den Bauvertragspartnern nicht gelingt, einvernehmlich eine Einbeziehung der VOB/B als Ganzes in den Bauvertrag zu bewirken, werden sich die Gerichte vermehrt AGB-rechtlich mit der VOB/B befassen müssen. Eine Vielzahl divergierender Entscheidungen ist zu erwarten.[59] Dabei wird sich die Überprüfung nicht nur auf die Inhaltskontrolle beschränken. *Thode*[60] hat unter Hinweis auf die Untersuchung von *Geck*[61] in Aussicht gestellt, dass zahlreiche Klauseln der VOB/B jedenfalls in Verträgen mit Verbrauchern infolge fehlender Transparenz von der Rechtsprechung als unwirksam angesehen werden können. **34**

---

54 *Quack*, ZfBR 2007, 531.
55 Ingenstau/Korbion/*Vygen*, VOB/B Einl. Rn. 27.
56 Ingenstau/Korbion/*Locher/Sienz*, VOB/B, Anhang 1 Rn. 38.
57 BGH, 18.12.2008, VII ZR 201/06, BauR 2009, 491, 495 (Wucherentscheidung).
58 BT-Drucks. 16/9787, 17 f.
59 *Schwenker/Wessel*, ZfBR 2008, 754.
60 *Thode*, jurisPR-PrivBauR 11/2008, Rn. 1.
61 *Geck*, ZfBR 2008, 436.

C. Verträge mit Ver- und Entsorgungsbetrieben, § 310 Abs. 2 BGB

35 Die dem früheren § 23 Abs. 1 Nr. 2 AGBG entsprechende Regelung beinhaltet eine Sondervorschrift für die Versorgungswirtschaft. Das Ziel des Gesetzgebers bestand darin, Sonderabnehmer und Tarifkunden gleich ungünstig zu stellen.[62] Die Vorschrift hat für Bauvertragsverhältnisse keine Bedeutung.

D. Bauverträge mit Verbrauchern, § 310 Abs. 3 BGB

I. Allgemeines

36 Die Vorschrift (früher: § 24a AGBG) wurde im Rahmen der Umsetzung der RL 93/13/EWG geschaffen. Die Voraussetzungen und der Maßstab der Inhaltskontrolle der Klauselrichtlinie sind in § 310 Abs. 3 BGB umgesetzt worden.[63] Die Vorschrift ist richtlinienkonform auszulegen,[64] d.h., dass unter mehreren möglichen Interpretationen von § 310 Abs. 3 BGB diejenige maßgeblich ist, die sich am ehesten mit Wortlaut und Zweck der RL vereinbaren lässt.[65] Der Missbrauchsbegriff ist also nicht nach nationalem Recht auszulegen.[66] Wenn die Frage der Missbräuchlichkeit einer Klausel allerdings nicht geklärt werden kann, ohne dass alle den Vertragsschluss begleitenden Umstände berücksichtigt und die Folgen gewürdigt wurden, die die Klausel im Rahmen des auf den Vertrag anwendbaren nationalen Rechts haben kann, liegt es in der Zuständigkeit der nationalen Gerichte, festzustellen, ob eine Vertragsklausel die Missbrauchskriterien der RL 93/13/EWG erfüllt.[67] Nur am Rande ist auf die Selbstverständlichkeit hinzuweisen, dass sämtliche Vorschriften des deutschen AGB-Rechts richtlinienkonform auszulegen sind, soweit sie auf Verbraucherverträge im Sinne von Art. 1 Abs. 1 RL 93/13/EWG bzw. § 310 Abs. 3 Halbsatz 1 BGB angewendet werden. Allerdings lässt das deutsche AGB-Recht den Vertragspartner des AGB-Verwenders oft einen weiterreichenden Schutz angedeihen als die RL.[68]

37 Unternehmer im Sinne der Vorschrift ist jeder Gewerbebetreibende (vgl. § 14 BGB) in weitem Sinne (vgl. Rdn. 2 ff.). Verbraucher ist jede natürliche Person, die ein Rechtsgeschäft zu einem Zweck abschließt, der weder ihrer gewerblichen noch ihrer selbstständigen beruflichen Tätigkeit zugerechnet werden kann (vgl. § 13 BGB). § 310 Abs. 3 BGB bezieht sich nach dem Wortlaut ausschließlich auf Verträge und nicht auf einseitige Rechtsgeschäfte und entspricht damit der Regelung des § 305 Abs. 1 Satz 1 BGB. Die Rechtsprechung zu § 305 Abs. 1 BGB hat allerdings auch einseitige Erklärungen der AGB-Kontrolle unterworfen, wenn der Verwender sie für Erklärungen des Vertragspartners vorformuliert hat.[69] Die Vorschrift bezieht sich auf Verträge aller Art mit der Maßgabe, dass einerseits ein Unternehmer und andererseits ein Verbraucher handeln muss und dass mit § 310 Abs. 4 BGB bestimmte Vertragstypen der Regelung entzogen werden.[70] Die eventuelle Frage des zeitlichen Anwendungsbereichs betrifft allenfalls Bauverträge, die im Jahr des Inkrafttretens des § 24a AGBG (nunmehr § 310 Abs. 3 BGB) oder früher abgeschlossen wurden.[71]

38 Es werden Regelungskonflikte diskutiert, die darauf beruhen, dass § 310 Abs. 1 und Abs. 2 BGB den persönlichen und sachlichen Anwendungsbereich der AGB-Vorschriften regeln, wie er in § 305 Abs. 1 und Abs. 2 BGB umschrieben ist, während der Regelungsgehalt des § 310 Abs. 3

---

62 BT-Drucks. 7/3919, 42.
63 *Thode*, ZNotP 2004, 210, 213.
64 *Thode*, ZNotP 2004, 210, 213.
65 MüKo/*Basedow*, § 310 Rn. 22.
66 *Basty*, DNotZ 2004, 767, 769.
67 EuGH, 01.04.2004, Rs. C-237/02, DNotZ 2004, 767.
68 MüKo/*Basedow*, § 310 Rn. 22.
69 MüKo/*Basedow*, § 310 Rn. 25.
70 MüKo/*Basedow*, § 310 Rn. 26.
71 Ausführliche Darstellung der Problematik bei Altverträgen MüKo/*Basedow*, § 310 Rn. 28.

BGB auch Bauvertragsklauseln betrifft, die von § 305 BGB nicht erfasst werden. Die sich dadurch aufwerfende Frage, ob die Einschränkung gem. § 310 Abs. 1 und Abs. 2 BGB oder aber die Erstreckung nach § 310 Abs. 3 BGB Vorrang genießt, ist im Wege der richtlinienkonformen Auslegung zu beantworten.[72] Dabei ist das Verhältnis zwischen § 310 Abs. 1 und § 310 Abs. 3 BGB einfach, denn Verträge zwischen dem Klauselverwender mit juristischen Personen des öffentlichen Rechts oder mit Unternehmen fallen von vornherein nicht in den Anwendungsbereich der RL, weshalb die Regelung des § 310 Abs. 1 BGB mit der RL nicht in Konflikt geraten kann.[73] Soweit zu § 308 Nr. 5 Halbs. 2 und 309 Nr. 8b ff. BGB a.F. eine aus der RL 93/13/EWG resultierende Konfliktsituation bestand,[74] hat sich dieses Problem durch den Wegfall dieser Vorschriften mit Einführung des Forderungssicherungsgesetzes zum 01.01.2009 erledigt.

II. Bauverträge zwischen Verbrauchern und Unternehmern, § 310 Abs. 3 1. Halbs. BGB

Ein Bauvertrag ist von der Regelung des § 310 Abs. 3 BGB betroffen, wenn er zwischen einem Unternehmer (vgl. hierzu Rdn. 3) und einem Verbraucher im Sinne des § 13 BGB geschlossen wurde. Unter den Begriff des Unternehmers fallen auch Personengesellschaften wie die GbR, die OHG und die KG.[75] Der Unternehmer muss allerdings beim Bauvertragsabschluss in Ausübung seiner gewerblichen oder selbstständigen beruflichen Tätigkeit handeln (§ 14 Abs. 1 BGB). Nur natürliche Personen können Verbraucher sein (§ 13 BGB). Juristische Personen werden also vom Regelungsgehalt der Vorschrift nicht erfasst. Aus § 13 BGB ergibt sich des Weiteren, dass die Verbrauchereigenschaft nur dann gegeben ist, wenn der Bauvertrag zu privaten Zwecken einer natürlichen Person abgeschlossen wird. 39

Die Beweislast für die Verbrauchereigenschaft trägt derjenige, der sich auf den Schutz des § 310 Abs. 3 BGB beruft, regelmäßig also der Verbraucher.[76] Im Bauvertragsverhältnis gelten die üblichen Beweislastregeln. 40

Bei Bauverträgen über Gebäude, die der Besteller einer gemischten Nutzung unterziehen möchte (z.B. Wohnung und Krankengymnastikpraxis) stellt sich die Frage danach, ob es sich hierbei um einen Vertrag zwischen einem Bauunternehmer und einem Verbraucher handelt oder ob § 310 Abs. 3 BGB unmaßgeblich ist. In derartigen Fällen liegt ein Schutzbedürfnis für Personen, die einen Vertrag abschließen, der sich teilweise auch auf ihre beruflich-gewerbliche Tätigkeit bezieht und nur zu einem Teil nicht dieser Tätigkeit zugerechnet werden kann nicht vor. Etwas anderes kann allenfalls gelten, wenn die Verbindung zwischen diesem Vertrag und der beruflich-gewerblichen Tätigkeit des Betroffenen so schwach wäre, dass sie nebensächlich würde und folglich im Zusammenhang des Geschäfts, über dass der Vertrag abgeschlossen wurde, insgesamt betrachtet nur eine ganz untergeordnete Rolle spielte.[77] 41

Kompliziert wird es, wenn der Bauunternehmer mit einem Ehepaar einen Bauvertrag abschließt, nach dem er ein Gebäude mit z.B. einer Krankengymnastikpraxis und einer Wohnung zu errichten hat, wobei die Praxis nur vom Ehemann betrieben wird, sodass für die Ehefrau eine rein private Nutzung des Objektes vorliegt. Weder § 310 Abs. 3 BGB noch die RL geben auf diese Problematik eine Antwort. Bei derartigen Fällen muss eine gesonderte Prüfung der Anwendungsvoraussetzungen des § 310 Abs. 3 BGB im Hinblick auf jeden Mitverpflichteten erfolgen[78] was aber in der Praxis dann Probleme aufwirft, wenn der Bauunternehmer des vorgenannten Beispielsfalls die beiden Ehegatten gesamtschuldnerisch auf Zahlung von Restwerklohn in Anspruch 42

---

72 MüKo/*Basedow*, § 310 Rn. 29.
73 MüKo/*Basedow*, § 310 Rn. 35.
74 MüKo/*Basedow*, § 310 Rn. 33.
75 Baumbach/*Hopt*, § 1 HGB Rn. 8.
76 MüKo/*Basedow*, 310 Rn. 49.
77 EuGH, 20.01.2005, C-464/01, Gruber/BayWa AG, NJW 2005, 653, 654, EGr. 8, 39.
78 MüKo/*Basedow*, § 310 Rn. 51.

nimmt und es um die Frage der Wirksamkeit einer allgemeinen Bauvertragsbedingung geht. M.E. wird sich in diesem Fall die Frage stellen müssen, ob die Ehefrau, die sich im Bauvertrag bewusst und gewollt zur Zahlung von Werklohn auch für den gewerblich genutzten Teil des Gebäudes verpflichtet hat, aus diesem Grund nicht unter den Schutzbereich des § 310 Abs. 3 BGB fällt.

III. »Stellen« der allgemeinen Bauvertragsbedingungen, § 310 Abs. 3 Nr. 1 BGB

43 Das Gesetz formuliert eine Fiktion. Da Allgemeine Geschäftsbedingungen in Verbraucherverträgen in den allermeisten Fällen vom Unternehmer gestellt werden, ist die praktische Bedeutung der Fiktion allerdings gering. Sie führt nur dann zur Erweiterung der AGB-Kontrolle, wenn der Vorschlag zur Einbeziehung der Allgemeinen Bauvertragsbedingungen nicht allein vom Unternehmer ausgeht. Geht die Initiative zur Einbeziehung von Allgemeinen Bauvertragsbedingungen allerdings auf den Vorschlag eines Notars zurück, so gilt der Unternehmer, insbesondere der Bauträger als Verwender.[79] Der BGH hat die Vermutung aufgestellt, dass ein Bauträger erfahrungsgemäß Allgemeine Geschäftsbedingungen verwendet.[80] Als vom Unternehmer gestellt gelten auch Bauvertragsformulierungen, bei denen der Vorschlag zur Einbeziehung von einem Makler herrührt, aber auch bzw. sogar dann, wenn beide Verhandlungspartner die Einbeziehung anregen.[81] Ebenso gilt dies für sog. »Serienkaufverträge«, bei denen der Erwerber ein notariell beurkundetes Kaufangebot unterbreitet, das zu einem späteren Zeitpunkt vom Bauträger angenommen wird. Der BGH geht davon aus, dass der Vertragstext bei Serienkaufverträgen gewöhnlich auf einen Vorschlag des Notars oder ein entsprechendes Formular zurückgeht.[82] Die hauptsächliche praktische Bedeutung der Fiktion besteht darin, dass sie die von neutralen Dritten in den Vertrag eingeführten Vertragsbedingungen so behandelt, als seien sie vom Unternehmer gestellt. Zu dieser Fallkonstellation gehören allerdings nicht diejenigen Fälle, in denen ein privater Auftraggeber, beraten und betreut von einem Architekten auf dessen Empfehlung hin die Einbeziehung der VOB/B in den Bauvertrag verlangt. In diesem Fall gelten die Allgemeinen Geschäftsbedingungen, insbesondere die VOB/B durch den Verbraucher als in den Vertrag eingeführt.

44 Bei allgemeinen Bauvertragsbedingungen in neutralen Vertragsformularen, insbesondere von Notaren, aber auch z.B. von Rechtsanwälten oder anderen Personen, die von beiden Vertragsparteien mit der Ausarbeitung des Bauvertrags beauftragt wurden, gilt der Unternehmer als Verwender.[83] So wird der Bauträger beim Verkauf einer Eigentumswohnung oder eines Reihenhauses selbst dann als Verwender der notariellen Vertragsbedingungen angesehen, wenn der notarielle Vertrag nicht vom Hausnotar des Bauträgers beurkundet wurde (vgl. auch § 305 BGB Rdn. 2). Dass die Klauseln von Bauträgerverträgen, die auf Grundlage der MaBV entwickelt wurden unter die Klauselrichtlinie und damit auch unter § 310 Abs. 3 BGB fallen, ist – nach intensiver Diskussion[84] – geklärt.[85] Die große Mehrheit der Bauträgerverträge sind indessen Verbraucherverträge.[86]

45 Zur Beweislast gelten die allgemeinen Grundsätze. Wenn der Bauunternehmer beweist, dass ein Individualvertrag geschlossen wurde, ist § 310 Abs. 3 Nr. 1 BGB irrelevant. Zunächst hat allerdings der Verbraucher zu beweisen, dass die Tatbestandsvoraussetzungen des § 310 Abs. 3 Nr. 1 BGB vorliegen. Ihm obliegt insbesondere die Darlegungslast dafür, dass der Bauunternehmer den Vertrag in Ausübung seiner gewerblichen und beruflichen Tätigkeit abschloss. Im Übrigen gilt die gesetzliche Vermutung des § 344 Abs. 1 HGB, die der Unternehmer widerlegen muss.[87] Der

---

79 OLG Düsseldorf, 25.07.2003, 23 U 78/02, BauR 2004, 514, 515.
80 BGH, 14.05.1992, VII ZR 204/90, BauR 1992, 353.
81 MüKo/*Basedow*, § 310 Rn. 53.
82 BGH, 05.04.1984, VII ZR 21/83, BauR 1984, 392, 394.
83 MüKo/*Basedow*, § 310 Rn. 57.
84 Vgl. z.B. *Staudinger*, DNotZ 2002, 166 ff. m.w.N.
85 EuGH, 01.04.2004, Rs. C-237/02, DNotZ 2004, 767.
86 *Thode*, ZNotP 2004, 210.
87 Baumbach/*Hopt*, § 344 HGB Rn. 3.

Unternehmer muss hingegen beweisen, dass die allgemeinen Bauvertragsbedingungen vom Auftraggeber in den Vertrag eingeführt wurden. Damit kann er die gesetzliche Fiktion zu Fall bringen. Wegen der beim Bauträgervertrag geltenden Vermutung[88] muss der Bauträger das Vorliegen einer Individualvereinbarung beweisen.[89]

IV. Zur einmaligen Verwendung bestimmte Bauvertragsbedingungen, § 310 Abs. 3 Nr. 2 BGB

Zur Frage, wann vorformulierte Vertragsbedingungen vorliegen, vgl. § 305 BGB Rdn. 3. Es kommt in diesem Zusammenhang nicht auf die Probleme und Fragen zur Mehrfachverwendungsabsicht an (vgl. § 305 BGB Rdn. 6 ff.). In der Literatur wird zu Recht beklagt, dass aufgrund der gesetzlichen Regelung der Unterschied zwischen den für einen Einzelvertrag vorformulierten allgemeinen Bauvertragsbedingungen und dem beispielsweise vom Bauunternehmer vorformulierten Bauvertragsangebot in Form eines klassischen Individualvertrages, das durch ein schlichtes »Ja« angenommen werden kann, bis zur Unkenntlichkeit verschwimmt.[90] In diesen Fällen bleibt dem Bauunternehmer, der tatsächlich ein individuelles, einzelvertragliches Angebot formuliert hat und im Streitfalle von seinem Auftraggeber mit der Behauptung konfrontiert wird, es lägen allgemeine Bauvertragsbedingungen vor, nur die Chance, ein individualvertragliches Aushandeln des Bauvertrages darzustellen und zu beweisen. Soweit der Bauunternehmer allerdings die VOB/B in den Vertrag einbezogen hat oder aber in seinem Vertragsangebot zumindest teilweise Klauselelemente der VOB/B verwendet hat, wird er sich mit einem derartigen Nachweis schwer tun. Auch insoweit rückt der Bauträgervertrag in den Blickpunkt, denn im Zusammenhang mit der Vorschrift stellt sich vor allem die Frage, ob notarielle Einzelverträge der Inhaltskontrolle am Maßstab der §§ 307 ff. BGB unterliegen oder wie vor Einführung der Vorschrift lediglich derjenigen nach § 242 BGB.[91] Nach der RL 93/13/EWG sind auch von dritter Seite vorformulierte Bedingungen bei Einzelverträgen der Inhaltskontrolle unterworfen. Maßgeblich für die Erstreckung der Inhaltskontrolle gem. §§ 307 ff. BGB auf notarielle Einzelverträge ist daher letztlich nur, ob der Unternehmer (nicht der Notar!) die vorformulierten Bedingungen ernstlich zur Disposition gestellt hat.[92] Um die vorformulierten Bauträgervertragsbedingungen ernstlich zur Disposition stellen zu können, müsste der Notar den Verbraucher gewissenhaft belehrt haben, damit dieser den gesetzesfremden Kerngehalt der Vertragsbedingungen erkennt. Nur dann, wenn der Notar seiner Pflicht zur Belehrung und zur Unparteilichkeit gem. §§ 17 BeurkG, 20 BNotO nachkommt, kann eine hinreichende Bereitschaft des Unternehmers zum Aushandeln der Bauvertrags- bzw. Bauträgervertragsbedingungen im Einzelnen angenommen werden,[93] nach einzelnen Stimmen in der Literatur auch dann, wenn der Notar beide Vertragsparteien von der Sachgerechtigkeit der Regelungen überzeugt hat.[94]

46

Die Beweislast ergibt sich aus den allgemeinen Grundsätzen. Demnach hat der Verbraucher zu beweisen, dass die von ihm beanstandete Bauvertragsklausel vorformuliert ist, dass er keine Möglichkeit hatte, auf den Inhalt der Klausel Einfluss zu nehmen und dass die Vorformulierung kausal für den Mangel der Einflussnahme war.[95] Die Prüfung einer solchen Bauvertragsklausel hat sowohl anhand der Unklarheitenregel des § 305c Abs. 2 BGB als auch anhand der §§ 307 bis 309 BGB zu erfolgen. Die Rechtsfolgen der Unwirksamkeit von Bauvertragsklauseln ergeben sich aus § 306 BGB.

47

---

88 BGH, 14.05.1992, VII ZR 204/90, BauR 1992, 622.
89 *Sienz*, BauR 2009, 361, 363.
90 MüKo/*Basedow*, § 310 Rn. 63.
91 MüKo/*Basedow*, § 310 Rn. 64.
92 MüKo/*Basedow*, § 310 Rn. 65.
93 MüKo/*Basedow*, § 310 Rn. 65.
94 *Basty*, Rn. 23.
95 MüKo/*Basedow*, § 310 Rn. 67.

V. Prüfungsmaßstab: Die den Abschluss des Bauvertrages begleitenden Umstände, § 310 Abs. 3 Nr. 3 BGB

48 Zum Prüfungsmaßstab einer allgemeinen Bauvertragsbedingung, die im Rahmen eines Verbrauchervertrages Anwendung findet, gehören auch die den Vertragsschluss begleitenden Umstände. Insoweit ist also nicht nur der objektive Klauselinhalt maßgeblich (vgl. auch § 307 BGB Rdn. 21). In Ergänzung zur althergebrachten generalisierenden Betrachtungsweise ist also eine individuell-konkrete Betrachtung vorzunehmen. Die von der RL 93/13/EWG vorgegebene Betrachtungsweise[96] führt dazu, dass eine aufgrund einer generalisierenden Betrachtung möglicherweise als unwirksam geltende Klausel wegen den beim Abschluss des Bauvertrages begleitenden Umständen als hinnehmbar anzusehen ist. Umgekehrt können natürlich die den Abschluss des Bauvertrages begleitenden Umstände zur Unwirksamkeit einer Bauvertragsklausel führen, die bei einer generalisierenden Betrachtung nicht gegen § 307 BGB verstößt.[97] Aus § 310 Abs. 3 Nr. 3 BGB ergibt sich allerdings nicht die Möglichkeit, das »Preisargument« anzuwenden. Zur grundsätzlichen Unzulässigkeit einer Preiskontrolle im Rahmen AGB-rechtlicher Prüfungen siehe § 307 BGB Rdn. 8. In ausländischer Literatur wird dargestellt, dass ein an sich AGB-rechtlich beanstandenswertes Missverhältnis der beiderseitigen vertraglichen Rechte und Pflichten durch einen besonders günstigen Preis ausgeglichen werden kann.[98] Wie in § 307 BGB Rdn. 8 ff. bereits dargestellt, vermag letztendlich niemand zu sagen, welcher genaue Preis für eine Werkleistung angemessen ist. Gleichermaßen vermag niemand zu sagen, ob ein bestimmter Preis in einem angemessenen Verhältnis zu bestimmten, vorformulierten allgemeinen Bauvertragsbedingungen steht. In der deutschen Rechtsordnung hat der Gesetzgeber aus den dargelegten, rechtstheoretischen Gründen auf eine Preiskontrolle verzichtet. Dies steht zur RL 93/13/EWG nicht in Widerspruch.[99]

E. Von der Anwendung der §§ 305 ff. ausgeschlossene Vertragstypen, § 310 Abs. 4 BGB

49 Für das Bauvertragsrecht ergeben sich aus dieser Vorschrift keine Besonderheiten.

Abschnitt 3: Schuldverhältnisse aus Verträgen

Titel 1: Begründung, Inhalt und Beendigung

Untertitel 1: Begründung

§ 311 Rechtsgeschäftliche und rechtsgeschäftsähnliche Schuldverhältnisse

(1) Zur Begründung eines Schuldverhältnisses durch Rechtsgeschäft sowie zur Änderung des Inhalts eines Schuldverhältnisses ist ein Vertrag zwischen den Beteiligten erforderlich, soweit nicht das Gesetz ein anderes vorschreibt.

(2) Ein Schuldverhältnis mit Pflichten nach § 241 Abs. 2 entsteht auch durch
1. die Aufnahme von Vertragsverhandlungen,
2. die Anbahnung eines Vertrags, bei welcher der eine Teil im Hinblick auf eine etwaige rechtsgeschäftliche Beziehung dem anderen Teil die Möglichkeit zur Einwirkung auf seine Rechte, Rechtsgüter und Interessen gewährt oder ihm diese anvertraut, oder
3. ähnliche geschäftliche Kontakte.

---

96 MüKo/*Basedow*, § 310 Rn. 72.
97 OLG Frankfurt, 17.11.2000, 25 U 226/99, NJW-RR 2001, 780, 781.
98 MüKo/*Basedow*, § 310 Rn. 76.
99 MüKo/*Basedow*, § 310 Rn. 77.

(3) ¹Ein Schuldverhältnis mit Pflichten nach § 241 Abs. 2 kann auch zu Personen entstehen, die nicht selbst Vertragspartei werden sollen. ²Ein solches Schuldverhältnis entsteht insbesondere, wenn der Dritte in besonderem Maße Vertrauen für sich in Anspruch nimmt und dadurch die Vertragsverhandlungen oder den Vertragsschluss erheblich beeinflusst.

Schrifttum
Bruns Zur Dritthaftung aus culpa in contrahendo, ZfBR 2002, 644; *Canaris* Die Reform des Rechts der Leistungsstörungen, JZ 2001, 499 ff.; *Canaris* Die Vermutung »aufklärungsrichtigen Verhaltens« und ihre Grundlagen, in: Festschrift für Walter Hadding, 2004, S. 3–24; *Dähne* Sekundärer Rechtsschutz gegen Vergabeverstöße – Welcher Schaden ist zu ersetzen?, NZBau 2003, 489; *Horn/Graef* Vergaberechtliche Sekundäransprüche – Die Ansprüche aus §§ 125, 126 GWB und dem BGB, NZBau 2005, 505; *Lange* Zur Bedeutung des Anspruchs aus culpa in contrahendo bei unvollständigen, unklaren oder fehlerhaften Leistungsbeschreibungen, z.B. bei unzureichend beschriebenem Baugrund, Festschrift von Craushaar 1997, 271–289; *Konrad* Zur Unterschreitung der Mindestsätze (§ 4 Abs. 2 HOAI), BauR 1989, 653; *Lorenz* Haftungsausfüllung bei der culpa in contrahendo: Ende der »Minderung durch c.i.c.«, NJW 1999, 1001 ff.; *Loritz* Die Reichweite des Schriftformerfordernisses der HOAI bei der Vereinbarung unentgeltlicher Tätigkeiten, BauR 1994, 38; *Lux* Verjährung von Prospekthaftungsansprüchen, NJW 2003, 2966; *Oberhauser* Die Bedeutung von § 9 VOB/A für das Bauvertragsrecht – dargestellt am Bauen im Bestand, BauR 2003, 1110; *Pauly* Architektenrecht – Aufklärungspflichten des Architekten bezüglich der Vergütungspflicht seiner Leistung?, BauR 2000, 808; *Quack* Über die Verpflichtung des Auftraggebers zur Formulierung der Leistungsbeschreibung nach den Vorgaben von § 9 VOB/A – Zur Problematik einer herrschenden Meinung –, BauR 1998, 381; *Quack* Ist § 9 VOB/A wirklich rigoros bieterschützend oder vielleicht doch nicht so sehr?, BauR 2005, 1080; *Quack* Warum § 9 VOB/A keine Anspruchsgrundlage für vertragliche Kompensationsansprüche des erfolgreichen Bieters sein kann, Festschrift Kraus 2003, 211 ff.; *Reinelt* Haftung aus Prospekt und Anlageberatung bei Kapitalanlagefonds, NJW 2009, 1; *Schelle* Schadensersatz wegen rechtswidriger Aufhebung einer Ausschreibung, BauR 1999, 1233; *Theisen* Rechtsfolgen eines Schadensersatzanspruchs aus culpa in contrahendo, NJW 2006, 3102; *Wagner* Haftung der Bieter für Culpa in contrahendo in Vergabeverfahren, NZBau 2005, 436; *Weyer* Die Beratungspflichten des Architekten – insbesondere rechtliche und wirtschaftliche Beratung vor Vertragsabschluss und während der Leistungsphasen 1–4, BauR 1987, 131.

Übersicht

	Rdn.
A. Die Kodifikation der »culpa in contrahendo«	1
B. Verhältnis zu anderen Rechtsinstituten	3
C. Pflichtverletzung im Vorfeld eines Vertragsabschlusses (§ 311 Abs. 2 BGB)	8
I. Die Pflichtverletzung	9
1. Abgrenzung zu § 13 Nr. 3 VOB/B	9
2. Vorvertragliche Offenbarungs-, Hinweis- und Aufklärungspflichten	11
a) Aufklärungspflicht betreffend die Berechtigung, die Bezeichnung »Architekt« und »Ingenieur« zu führen	12
b) Aufklärungspflicht über den Sitz und den Ort der Leistungserbringung beim Abschluss von Architekten- und Ingenieurverträgen	16
c) Aufklärungspflicht betreffend Provisionsabsprachen (»Schmiergeldzahlungen«)	19
d) Aufklärungspflicht betreffend die Honorierung werkvertraglicher Leistungen	20
e) Aufklärungspflicht betreffend »Formvorschriften« beim Vertragsabschluss	24
f) Aufklärungspflichten betreffend den Vertragsgegenstand	26
3. Vorvertragliche Pflichten bei der Erstellung von Leistungsbeschreibungen	27
4. Vorvertragliche Pflichten bei der Durchführung von Vergabeverfahren	29
a) Vergabeverfahren des öffentlichen Auftraggebers	29
b) Vergabeverfahren des privaten Auftraggebers	34
5. Pflichtwidriger Abbruch von Vertragsverhandlungen	35
6. Pflichtwidrige Nichtbeauftragung	38
7. Pflichtwidriger Ausschluss bei einem Architektenwettbewerb	39
8. Obhuts- und Fürsorgepflichten, allgemeine Schutzpflichten	40
II. Im Vorfeld eines Vertragsabschlusses	41

	Rdn.		Rdn.
III. Vertretenmüssen (§ 280 Abs. 1 S. 2 BGB)	45	1. Schadensersatzansprüche aufgrund der Verletzung von Aufklärungspflichten	58
D. Pflichtverletzung durch Dritte (§ 311 Abs. 3 BGB)	47	2. Schadensersatzansprüche aufgrund der Verletzung vergaberechtlicher Vorschriften	64
I. Besonderes persönliches Vertrauen	48		
II. Typisiertes Vertrauen	49		
III. Wirtschaftliches Eigeninteresse	55	II. Vertragsaufhebung	69
E. Die Rechtsfolgen	56	III. Vertragsanpassung	70
I. Bezifferter Schadensersatz	57	F. Beweislast	71

A. Die Kodifikation der »culpa in contrahendo«

1 Der Gesetzgeber hat die von der Rechtsprechung entwickelten Grundsätze zur culpa in contrahendo, die zu Gewohnheitsrecht erstarkt waren,[1] mittels des Schuldrechtsmodernisierungsgesetzes kodifiziert. Da nach Auffassung des Gesetzgebers[2] keine Änderungen der Grundsätze der c.i.c. mit der Kodifikation verbunden sein sollten, kann auf die Rechtsprechung vor Inkrafttreten des Schuldrechtsmodernisierungsgesetzes zurückgegriffen werden. Nach der Gesetzesbegründung sollen die Grundsätze unabhängig davon zum Tragen kommen, ob es später zu einem Vertragsschluss kommt oder nicht.[3]

2 In der baurechtlichen Praxis spielen Aufklärungspflichten beim Abschluss von Architekten- und Ingenieurverträgen sowie beim Abschluss von Bauträgerverträgen eine besondere Rolle. Wichtige vorvertragliche Pflichten bestehen darüber hinaus auch bei Vergabeverfahren.

B. Verhältnis zu anderen Rechtsinstituten

3 Auch wenn die Anfechtungsfristen wegen arglistiger Täuschung abgelaufen sind, ist über §§ 311, 241 Abs. 2 und 280 Abs. 1 BGB die Möglichkeit gegeben, die Erfüllung eines geschlossenen Vertrages zu verweigern.[4] Wird der Vertragspartner beispielsweise über die Architekteneigenschaft getäuscht, kommen sowohl eine Anfechtung/Kündigung als auch Schadensersatzansprüche, gerichtet auf Beseitigung der wirtschaftlichen Folgen des Vertragsabschlusses, in Betracht.[5] Auch der bloß fahrlässig Getäuschte kann den Schadensersatzanspruch geltend machen, der faktisch zur Rückgängigmachung des Vertrages führt.[6]

4 Werkvertragliche Mängelrechte schließen die Anwendung der §§ 311, 241 Abs. 2 und 280 Abs. 1 BGB grundsätzlich aus.[7] Die werkvertraglichen Mängelrechte stellen Sonderregelungen dar, die nicht ohne weiteres durch die Anwendung der allgemeinen Vorschriften unterlaufen werden sollen. Die Einzelheiten sind in der Literatur[8] umstritten. Die Rechtsprechung hat Ausnahmen von diesem Grundsatz, insbesondere bei Vorsatz, zugelassen.[9] Aufgrund der Erfolgsbezogenheit der werkvertraglichen Leistungspflicht scheidet eine Anwendung der §§ 311, 241 Abs. 2 und 280

---

[1] BGH, Urt. v. 11.05.1979 – V ZR 75/78 = NJW 1979, 1983; BGH, Urt. v. 20.06.1952 – V ZR 34/51 = NJW 1952, 1130.
[2] Begr. BT-Drucks. 14/6040 S. 163, zur Aufnahme von Vertragsverhandlungen.
[3] Begr. BT-Drucks. 14/6040 S. 162.
[4] BGH, Urt. v. 11.05.1979 – V ZR 75/78 = NJW 1979, 1983; BGH, Urt. v. 10.01.2006 – XI ZR 169/05 = NJW 2006, 845.
[5] Vgl. Kniffka/Koeble/*Koeble*, Kompendium des Baurechts 3. Aufl., 12.Teil Rn. 57 ff.
[6] Palandt/*Grüneberg*, 68. Aufl., § 311 Rn. 13; MüKo-BGB/*Emmerich*, 5. Aufl., § 311 Rn. 117.
[7] *Werner/Pastor*, 12. Aufl., Rn. 1878 ff.; zum alten Recht: BGH, Urt. v. 27.02.1975 – VII ZR 138/74 = BauR 1976, 59.
[8] Vgl. z.B. Palandt/*Grüneberg*, 68. Aufl., § 311 Rn. 14 f.
[9] Vgl. die Nachweise bei Palandt a.a.O.; BGH, Urt. v. 27.03.2009 – V ZR 30/08 = NJW 2009, 2120 = NZBau 2009, 510, 529.

Abs. 1 BGB jedenfalls insoweit aus, als es um Ansprüche geht, die sich auf die Beschaffenheit des Werkes beziehen. Insoweit haben die werkvertraglichen Mängelrechte Vorrang, die Verletzung von Prüfungs- und Hinweis- bzw. Aufklärungspflichten spielt im Rahmen der Befreiung bei grundsätzlich gegebener verschuldensunabhängiger Haftung eine Rolle (vgl. unten Rdn. 9). Außerhalb dieses Bereiches ist m.E. eine Anwendung der §§ 311, 241 Abs. 2 und 280 Abs. 1 BGB denkbar, z.B. bei Verletzung von Obhuts- und Fürsorgepflichten.

Werden Aufklärungspflichten im Zusammenhang mit der Ausgabe von Wertpapieren verletzt, richtet sich die Haftung ausschließlich nach den speziellen für diese Fälle vorgesehenen Vorschriften (§ 44 ff. BörsG). Gleiches gilt für die Haftung nach § 13 VerkaufsprospektG, das gemäß § 8f Abs. 1 auf geschlossene (Immobilien-)Fonds und Anteile an einem Treuhandvermögen anwendbar ist. Bauherrenmodelle können vom VerkaufsprospektG erfasst werden, nicht jedoch das klassische Bauträgermodell. 5

Die Rechtsprechung hat die Grundsätze zum Verschulden bei Vertragsverhandlungen ausgeweitet und die Prospekthaftung auf Personen erstreckt, die zwar nicht unmittelbar an den Vertragsverhandlungen teilgenommen haben, denen jedoch typisiertes Vertrauen entgegengebracht wird (vgl. unten Rdn. 47 ff.). 6

Die §§ 311, 241 Abs. 2 und 280 Abs. 1 BGB kommen bei Verletzungen von Vorschriften, die dem Schutz der Unternehmen, die sich an Vergabeverfahren beteiligen, dienen, neben § 126 GWB zur Anwendung.[10] 7

C. Pflichtverletzung im Vorfeld eines Vertragsabschlusses (§ 311 Abs. 2 BGB)

Voraussetzung eines Schadensersatzanspruchs nach § 280 Abs. 1 S. 1 BGB ist zunächst, dass es einen Schuldner und damit ein Schuldverhältnis mit Pflichten bereits gibt. Nach § 311 Abs. 2 BGB setzt ein Schuldverhältnis nicht den Abschluss eines Vertrages voraus. Vielmehr entsteht das Schuldverhältnis bereits zu einem früheren, dem Vertragsabschluss vorgelagerten Zeitpunkt. Die Pflichten, die aus diesem Schuldverhältnis erwachsen, ergeben sich aus § 241 Abs. 2 BGB. In allgemeiner Form bestimmt diese Vorschrift, dass jede Vertragspartei zur Rücksicht auf Rechte, Rechtsgüter und Interessen des anderen Teils verpflichtet ist. Durch die Rechtsprechung wurden die einzelnen Pflichten, die dem Vertragspartner obliegen können, herausgearbeitet. 8

I. Die Pflichtverletzung

1. Abgrenzung zu § 13 Nr. 3 VOB/B

Nach § 13 Nr. 3 VOB/B haftet der Auftragnehmer bei Mangelhaftigkeit seiner Leistung (auch dann), wenn der Mangel auf die Leistungsbeschreibung oder auf Anordnungen des Auftraggebers, auf von diesem gelieferte oder vorgeschriebene Stoffe oder Bauteile bzw. Vorleistungen zurückzuführen ist und der Auftragnehmer die ihm nach § 4 Nr. 3 VOB/B obliegende Mitteilung nicht getätigt, d.h. den Auftraggeber auf die für ihn erkennbaren Probleme nicht hingewiesen hat. Diese Grundsätze gelten auch bei Verträgen, in die die Regelungen der VOB/B nicht (wirksam) einbezogen worden sind[11] und spielen auch im Vorfeld von Vertragsabschlüssen im Zusammenhang mit vom Auftraggeber übergebenen Vertragsunterlagen eine Rolle. Ist die Mangelhaftigkeit auf die in § 13 Nr. 3 VOB/B genannten Umstände zurückzuführen, stehen dem Auftraggeber grundsätzlich dennoch die werkvertraglichen Mängelrechte zu. Grund hierfür ist § 631 Abs. 1 BGB, wonach der Unternehmer zur Herstellung »des versprochenen« Werkes verpflichtet ist, in Verbindung mit § 644 Abs. 1 S. 1 BGB, der anordnet, dass der Unternehmer bis zur Abnahme die Leis- 9

---

10 BGH, Urt. v. 27.11.2007 – X ZR 18/07 = ZfBR 2008, 299; BGH, Urt. v. 01.08.2006 – X ZR 146/03 = NZBau 2007, 58.
11 BGH, Urt. v. 23.10.1986 – VII ZR 267/85 = BauR 1987, 86 = NJW 1987, 644.

tungsgefahr trägt. Die Verpflichtung zur praktisch uneingeschränkten Herstellung, auch bei vom Unternehmer unverschuldeter Beschädigung und Untergang des Werkes vor Abnahme (»Erfolgsbezogenheit« des Werkvertrages), führt dazu, dass der Auftragnehmer grundsätzlich auch bei Vorliegen der in § 13 Nr. 3 VOB/B aufgezählten, an sich außerhalb seiner Sphäre liegenden Umstände zur Herbeiführung des werkvertraglichen Erfolges verpflichtet ist. Um diese weitgehende Haftung abzumildern, wurde die Entlastungsmöglichkeit des § 13 Nr. 3 VOB/B eingeführt. Es handelt sich insoweit deshalb nicht um eine haftungsbegründende (Verletzung einer »Nebenpflicht«), sondern um eine haftungsbefreiende[12] Vorschrift.

10 Im Ergebnis begründet die Verletzung der Prüfungs- und Bedenkenhinweispflicht im Bereich der werkvertraglichen Mängelrechte keine Schadensersatzansprüche des Bestellers wegen Verletzung vorvertraglicher Pflichten. Vielmehr kommen ausschließlich die werkvertraglichen Mängelrechte zur Anwendung.[13] Durch Prüfung und Erteilung eines Hinweises kann der Auftragnehmer eine Inanspruchnahme abwenden.

2. Vorvertragliche Offenbarungs-, Hinweis- und Aufklärungspflichten

11 Pflichtwidrig handelt ein Vertragspartner zum Beispiel dann, wenn er durch sein Verhalten erkennbar einen Irrtum des Vertragspartners über einen für die Eingehung oder Abwicklung des Schuldverhältnisses wesentlichen Umstand hervorruft.[14] In der baurechtlichen Praxis spielen diese Grundsätze verschiedentlich eine Rolle.

a) Aufklärungspflicht betreffend die Berechtigung, die Bezeichnung »Architekt« und »Ingenieur« zu führen

12 Aufklärungspflichten können beim Abschluss von Architekten- und Ingenieurverträgen bestehen.[15] Ist der Vertragspartner an sich nicht berechtigt, die Bezeichnung »Architekt« oder »Ingenieur« zu führen, darf er sich nicht so bezeichnen, entsprechende Briefköpfe,[16] Schilder am Büro,[17] täuschende Bezeichnungen im Vertrag[18] oder täuschende Geschäftsbezeichnungen verwenden und muss, wenn hierdurch auf der Gegenseite erkennbar ein falscher Eindruck entstanden ist,[19] von sich aus auf die fehlende Architekten- bzw. Ingenieureigenschaft hinweisen. Gleiches gilt dann, wenn der Vertragspartner zwar berechtigt ist, die Bezeichnung Ingenieur zu führen, es sich jedoch um eine andere Fachrichtung handelt[20] oder wenn Verträge unterzeichnet werden, die mit Architektenvertrag bzw. Ingenieurvertrag überschrieben sind.[21] Allerdings ist in diesen Fällen auch denkbar, dass die Parteien mit dieser Bezeichnung den Inhalt, d.h. die Art der Leistung charakterisieren wollten und es gar nicht auf die personelle Eigenschaft ankam.

13 Verwendet der Vertragspartner in der vorvertraglichen Korrespondenz nicht die Bezeichnung Architekt oder Ingenieur, besteht jedenfalls dann keine Aufklärungspflicht, wenn die tatsächlich geführte Bezeichnung den Tätigkeitsbereich zutreffend wiedergibt und für den Auftragnehmer keine

---

12 BGH, Urt. v. 08.11.2007 – VII ZR 183/05 = NZBau 2008, 109 = NJW 2008, 511.
13 BGH a.a.O.; vgl. auch Messerschmidt/Voit/*von Rintelen*, § 631 Rn. 94.
14 BGH, Urt. v. 09.10.1990 – XI ZR 200/89 = NJW-RR 1991, 170; BGH, Urt. v. 24.02.1994 – IX ZR 227/93 = NJW 1994, 1341; BGH, Urt. v. 10.01.2006 – XI ZR 169/05 = NJW 2006, 845.
15 Vgl. Kniffka/Koeble/*Koeble*, Kompendium des Baurechts 3. Aufl., 12.Teil Rn. 57 ff.
16 Vgl. z.B. OLG Düsseldorf, Urt. v. 05.02.1993 – 22 U 235/92 = BauR 1993, 630 = NJW-RR 1993, 1173.
17 Zu einem derartigen Fall: OLG Köln, Urt. v. 15.01.1980 – 9 U 128/79 = BauR 1980, 372.
18 OLG Naumburg, Urt. v. 08.11.1995 – 6 U 153/95 = BauR 1996, 889 = ZfBR 1996, 322.
19 OLG Düsseldorf, Urt. v. 12.12.1972 – 20 U 157/71 = BauR 1973, 329; OLG Köln, Urt. v. 15.01.1980 – 9 U 128/79 = BauR 1980, 372.
20 Vgl. OLG Nürnberg, Urt. v. 12.09.1997 – 6 U 2235/96 = NJW-RR 1998, 1713.
21 OLG Nürnberg, Urt. v. 12.09.1997 – 6 U 2235/96 = NJW-RR 1998, 1713.

Anhaltspunkte dafür vorliegen, dass der Auftraggeber die Architekten-/Ingenieureigenschaft voraussetzt.[22]

Noch nicht geklärt ist, ob grundsätzlich, unabhängig vom vorvertraglichen Verhalten des Auftragnehmers, eine Aufklärungspflicht besteht. Muss der Auftragnehmer also in jedem Fall von sich aus darauf hinweisen, dass er nicht dazu befugt ist, die entsprechenden Bezeichnungen zu verwenden, ohne dass er Ursachen für eine gegenteilige Annahme seitens des Auftraggebers setzt? M.E. besteht eine derart weitgehende Aufklärungspflicht grundsätzlich nicht. Es ist zunächst Sache jeder Vertragspartei, die für ihre Entscheidung relevanten Umstände aufzuklären. Es besteht auch keine grundsätzliche Pflicht, den jeweiligen Vertragspartner über jegliche Risiken aufzuklären, die mit einem Vertragsabschluss verbunden sind.[23] Gleiches gilt dann, wenn es nicht um konkrete Risiken geht, sondern um Eigenschaften des Vertragspartners. Eine Aufklärungspflicht des Vertragspartner ohne (Mit-)verursachung einer Fehlvorstellung besteht deshalb grundsätzlich nicht, sondern nur,

– wenn es um Umstände geht, die den Vertragszweck vereiteln können,[24] was jedoch im Hinblick auf die Architekten- und Ingenieureigenschaft nicht ohne weiteres denkbar ist oder
– wenn der Vertragspartner ausdrücklich zu erkennen gegeben hat, dass es ihm gerade auf die Architekten- und Ingenieureigenschaft ankommt.

Da es sich in letzterem Fall um einen Umstand handelt, der – für den Auftragnehmer erkennbar – für den Vertragspartner von wesentlicher Bedeutung ist, besteht insoweit auch dann eine Aufklärungspflicht, wenn sein Verhalten nicht ursächlich für eine Fehlvorstellung seitens des Auftraggebers gewesen ist.

Liegt eine Aufklärungspflichtverletzung vor, kann aufgrund mangelnder Kausalität ein Schadensersatzanspruch ausscheiden, nämlich dann, wenn es dem Vertragspartner auf die Architekten- bzw. Ingenieureigenschaft gar nicht ankam und er den Vertrag gerade nicht aufgrund dieser vorgespiegelten Eigenschaften, sondern wegen anderer Umstände, z.B. wegen anderer Qualifikationen oder Referenzen, abgeschlossen hat.[25] Im Rahmen der Kausalität ist auch zu berücksichtigen, ob es dem Vertragspartner gerade auf die formale Berechtigung zur Führung der Bezeichnung ankam (z.B. wegen einer dann zu erwartenden Pflicht-Haftpflichtversicherung) oder auf die hiermit vermutete Qualifikation (Hochschulstudium), was von Bedeutung ist, wenn die Qualifikation an sich vorliegt und lediglich der formale Eintrag in die Architekten-/Ingenieurliste fehlt.[26] Der Umfang der Aufklärungspflicht und die Frage der Kausalität muss in jedem Einzelfall geklärt werden. In der Praxis häufig sind die Fälle, in denen sich der Auftragnehmer als »Architekturbüro«,[27] »Ingenieurbüro« oder »yx-Ingenieure« bezeichnet, der konkret Handelnde zwar nicht berechtigt ist, die Bezeichnung zu führen, jedoch Angestellte oder freie Mitarbeiter über die entsprechende Qualifikation verfügen bzw. Sub-Planer eingeschaltet werden, die sich als Architekt oder Ingenieur bezeichnen dürfen.[28] Entscheidend ist, ob es dem Bauherrn gerade auf die handelnde Person und deren Qualifikation bzw. Eintragung in die Architektenliste ankam und welche Art von Leistungen Gegenstand des Vertrages gewesen sind. Handelt es sich um Leistungen, die nicht oder weni-

---

22 OLG Stuttgart, Urt. v. 17.12.1996 – 10 U 130/96 = BauR 1997, 681.
23 BGH, Urt. v. 15.04.1997 – IX ZR 112/96 = NJW 1997, 3230.
24 BGH, Urt. v. 19.11.1999 – V ZR 321/98 = NJW 2000, 803; BGH, Urt. v. 04.03.1998 – VIII ZR 378/96 = NJW-RR 1998, 1406; BGH, Urt. v. 04.04.2001 – VIII ZR 32/00 = NJW 2001, 2163.
25 Angedeutet in OLG Köln, Urt. v. 15.01.1980 – 9 U 128/79 = BauR 1980, 372 (Kausalität letztlich jedoch bejaht); ähnlich auch OLG Hamm, Urt. v. 16.10.1986 – 24 U 24/86 = BauR 1987, 582.
26 Zu einem derartigen Fall: OLG Düsseldorf, Urt. v. 07.10.1980 – 21 U 30/80 = BauR 1982, 86.
27 Nach den Länder-Architekten- und Ingenieurgesetzen wird das Führen einer derartigen Bezeichnung regelmäßig davon abhängig gemacht, dass die das Büro bildenden Personen zur Führung der Bezeichnung »Architekt« berechtigt sind, ferner gibt es Sondervorschriften für die Partnerschaftsgesellschaft und die Gesellschaft mit beschränkter Haftung.
28 Vgl. hierzu OLG Stuttgart, Urt. v. 17.12.1996 – 10 U 130/96 = BauR 1997, 681.

ger von einer bestimmten Person abhängen und auch von anderen Personen erbracht werden können (z.B. Leistungen bei der Vergabe), kann die Kausalität eher zu verneinen sein als bei Leistungen, die stärker von der jeweiligen Person abhängen (z.B. Entwurfsplanung).[29]

b) Aufklärungspflicht über den Sitz und den Ort der Leistungserbringung beim Abschluss von Architekten- und Ingenieurverträgen

16   Auf Architekten- und Ingenieurverträge, die ab dem 18.08.2009 abgeschlossen wurden, ist die HOAI in der ab diesem Datum geltenden Fassung anzuwenden. Nach § 1 HOAI n.F. sind die Regelungen der Verordnung nur dann anzuwenden, wenn der Auftragnehmer seinen Sitz im Inland hat und die Leistungen vom Inland aus erbracht werden.[30] Sind die preisrechtlichen Regelungen aufgrund der Tatsache, dass der Auftragnehmer seinen Sitz im Ausland hat und/oder die Leistung vom Ausland aus erbracht wird, nicht anwendbar, kann zwischen Auftraggeber und Auftragnehmer wirksam ein Honorar vereinbart werden, das unterhalb der HOAI-Mindestsätze oder oberhalb der HOAI-Höchstsätze liegt. Bei Auftragnehmern mit Sitz im Inland ist dies nicht möglich. Eine derartige Honorarvereinbarung wäre nur in Ausnahmefällen wirksam (§ 7 Abs. 3 HOAI n.F.). Bei abweichender Vereinbarung gelten die Mindestsätze als vereinbart (§§ 7 Abs. 1 und Abs. 6 HOAI). Trotz des Abschlusses einer Honorarvereinbarung unterhalb der Mindestsätze kann der Auftragnehmer deshalb nach Mindestsätzen abrechnen und ist nur in Ausnahmefällen hieran gehindert.

17   Beim Abschluss von Architekten- und Ingenieurverträgen und beim Abschluss einer Honorarvereinbarung können zukünftig Aufklärungspflichten im Hinblick auf den Ort des Sitzes und der Leistungserbringung entstehen. Erweckt der Auftragnehmer im Vorfeld der Beauftragung zu einem unterhalb der Mindestsätze liegenden Honorar beim Auftraggeber den Eindruck, dass er seinen Sitz im Ausland hat und die Leistung von dort aus erbringen wird, trifft dies jedoch objektiv gar nicht zu, kann darin eine Pflichtverletzung des Auftragnehmers liegen. Ob diese allerdings kausal zu einem Schaden des Auftraggebers führt, ist eine andere Frage. Ein Schadensersatzanspruch, berechnet anhand der Differenz zwischen unwirksamer Honorarvereinbarung und Mindestsatz-Honorar, scheidet mangels Kausalität jedenfalls dann aus, wenn der Auftraggeber gar keine andere Möglichkeit zur Vereinbarung eines unterhalb der Mindestsätze liegenden Honorars gehabt hätte. Das ist beispielsweise der Fall, wenn beim ursprünglichen Vertragsabschluss ausschließlich Inlandsbüros als Alternative zur Verfügung standen. Der Schadensersatzanspruch kann jedoch darauf gerichtet sein, so gestellt zu werden, als sei der Vertrag nie abgeschlossen worden (vgl. unten Rdn. 69). Allerdings ist auch in diesem Fall erforderlich, dass Kausalität zwischen der Pflichtverletzung und dem Abschluss des Vertrages gegeben ist. Die Ausführungen zur Kausalität bei nicht berechtigtem Führen der Bezeichnung »Architekt« und »Ingenieur« (vgl. oben Rdn. 12 ff.) gelten entsprechend.

18   Eine Ausnahme gilt m.E. bei arglistigem Handeln des Auftragnehmers. Hat dieser also von vorneherein beabsichtigt, nachträglich – trotz des Abschlusses einer Honorarvereinbarung unterhalb der Mindestsätze – das Mindestsatzhonorar abzurechnen, ist in diesem Fall ausnahmsweise eine Korrektur der preisrechtlichen Vorgaben vorzunehmen und der Auftragnehmer ist an das vereinbarte Honorar aufgrund seiner vorsätzlichen Pflichtverletzung gebunden. Ein vergleichbares Problem ergibt sich bei Aufklärungspflichtverletzungen im Zusammenhang mit den preisrechtlichen Vorschriften der HOAI (vgl. unten Rdn. 20 ff.). Vorrangig ist im Übrigen zunächst zu überprüfen, ob nicht die Grundsätze zur Bindung an eine unwirksame Honorarvereinbarung[31] eingreifen.

---

29 Vgl. auch OLG Hamburg, Urt. v. 16.08.1996 14 U 112/93 = OLGR 1996, 306; OLG Düsseldorf, Urt. v. 10.05.2005 21 U 131/04 = BauR 2006, 156 (LS.) = IBR 2006, 1081.
30 Vgl. hierzu *Koeble/Zahn*, Teil B Rn. 34.
31 Hierzu: *Locher/Koeble/Frik*, HOAI 10. Aufl., § 7 Rn. 108.

c) Aufklärungspflicht betreffend Provisonsabsprachen (»Schmiergeldzahlungen«)

Werden im Vorfeld eines Vertragsabschlusses Provisionsabreden mit den vom Bauherrn eingeschalteten ausschreibenden Architekten und Ingenieuren für den Fall der Auftragserteilung geschlossen, erwachsen hieraus für das ausführende Unternehmen Aufklärungspflichten gegenüber dem Auftraggeber.[32] 19

d) Aufklärungspflicht betreffend die Honorierung werkvertraglicher Leistungen

Aufklärungspflichten über die Höhe der werkvertraglichen Vergütung spielen regelmäßig nur im Bereich des Preisrechts, d.h. im Anwendungsbereich der HOAI, eine Rolle. Ob eine Aufklärungspflicht des Architekten über die Höhe des anfallenden Honorars besteht, ist umstritten.[33] In Ausnahmefällen kann eine derartige Pflicht bestehen, etwa bei einer ausdrücklichen Anfrage durch den Auftraggeber oder wenn seitens des Auftraggebers erkennbar völlig falsche Vorstellungen über die Höhe der anfallenden Kosten vorliegen.[34] Tätigt der Architekt/Ingenieur von sich aus Angaben zum Honorar, müssen diese zutreffend sein. Anderenfalls erwächst hieraus die Pflicht, die falschen Vorstellungen richtig zu stellen. 20

Selbst wenn eine Aufklärungspflicht des Auftragnehmers im Hinblick auf höher liegende Mindestsätze gemäß HOAI bei Abschluss einer die Mindestsätze unterschreitenden Pauschalhonorarvereinbarung bejaht und eine Verletzung derselben unterstellt wird, fehlt es in diesem Fall regelmäßig an der Kausalität bzw. am Schaden seitens des Auftraggebers, da er eine die Mindestsätze unterschreitende Pauschalvereinbarung gar nicht wirksam hätte abschließen können.[35] Etwas anderes kann dann gelten, wenn der Auftraggeber nachweist, dass er eine andere Möglichkeit gehabt hätte, ein Honorar unterhalb der Mindestsätze zu vereinbaren, z.B. durch die Beauftragung eines Büros mit Sitz im Ausland bei gleichzeitiger Leistungserbringung vom Ausland aus (vgl. oben Rdn. 16 ff.). Denkbar ist auch, dass bei einem anderen Auftragnehmer die Voraussetzungen für einen Ausnahmefall gemäß § 7 Abs. 3 HOAI n.F. vorliegen, was die Unterschreitung der Mindestsätze ermöglicht hätte oder bei Beauftragung eines angestellten Architekten oder eines Paketanbieters.[36] 21

Kausalität zwischen Pflichtverletzung und ersatzfähigem Schaden ist jedoch dann gegeben, wenn eine Pflichtverletzung des Auftragnehmers im Hinblick auf die Mitteilung der richtigen Honorarhöhe dazu führt, dass der Auftraggeber im Rahmen einer Fördermaßnahme nur geringere Beträge (nämlich auf Grundlage des niedrigeren Honorars) beantragt, erhält und (nach Vorlage der höheren Schlussrechnung durch den Architekten/Ingenieur) mit einer Nachforderung ausgeschlossen ist. Der Schaden besteht dann in der Differenz zwischen dem erstatteten (geförderten) Betrag und dem Honorar, das der Architekt/Ingenieur auf Grundlage der Mindestsätze fordern kann (§ 7 Abs. 1 und 6 HOAI n.F.). 22

---

32 BGH, Urt. v. 14.03.1991 – VII ZR 342/89 = NJW 1991, 1819 = NJW-RR 1991, 1044; BGH, Urt. v. 16.01.2001 – XI ZR 113/00 = NJW 2001, 1065; OLG Stuttgart, Urt. v. 16.06.2005 – 13 U 226/04 = BauR 2007, 420.
33 Vgl. *Pauly*, BauR 2000, 808 ff.; OLG Karlsruhe, Urt. v. 15.12.1983 – 4 U 129/82 = BauR 1984, 538; OLG Stuttgart, Urt. v. 17.03.1989 – 2 U 147/88 = NJW 1989, 2402; *Locher/Koeble/Frik*, 10. Aufl. § 7 Rn. 103 m.w.N.; *Weyer*, BauR 1987, 131; *Konrad*, BauR 1989, 653; *Loritz*, BauR 1994, 38; OLG Karlsruhe, Urt. v. 15.12.1983 – 4 U 192/82 = BauR 1984, 538; OLG Oldenburg Urt. v. 11.01.1984 – 3 U 176/83 = BauR 1984, 541.
34 OLG Hamm, Urt. v. 11.08.1999 – 12 U 100/98 = NZBau 2000, 389; OLG Köln, Urt. v. 21.08.1997 – 11 U 106/93 = NJW-RR 1994, 340 = BauR 1994, 271.
35 BGH, Urt. v. 21.08.1997 – VII ZR 13/96 = BauR 1997, 1062 = NJW-RR 1997, 1448.
36 Vgl. *Locher/Koeble/Frik*, HOAI 10. Aufl., § 7 Rn. 106.

23 Eine Ausnahme kann auch in Fällen des arglistigen Handelns gelten.[37] Arglistig kann sowohl der Auftragnehmer handeln, beispielsweise dadurch, dass er falsche Angaben zu seinem Sitz und zum Ort der Leistungserbringung oder auch im Hinblick auf die bindenden preisrechtlichen Vorschriften, die ein Mindesthonorar garantieren, tätigt. Arglistig kann aber auch der Auftraggeber handeln, wenn er beispielsweise den Auftragnehmer bei Abschluss einer Honorarvereinbarung oberhalb der Mindestsätze und unterhalb der Höchstsätze von der Einhaltung der Formvorschriften abhält.

e) Aufklärungspflicht betreffend »Formvorschriften« beim Vertragsabschluss

24 Beim Abschluss von Verträgen mit der öffentlichen Hand sind auch im privatrechtlichen Bereich verschiedene »Formvorschriften« (z.B. in der jeweiligen Gemeindeordnung) zu beachten.[38] Sind diese »Formvorschriften« nicht eingehalten, führt dies nicht zur Unwirksamkeit gemäß § 125 BGB, soweit es sich um landesrechtliche Vorschriften handelt. Vielmehr sind die Verträge mangels Vertretungsmacht regelmäßig schwebend unwirksam,[39] wobei sich die Gemeinde auf die Unwirksamkeit nur in besonderen Ausnahmefällen, in denen das an sich zuständige Organ den Vertragsabschluss gebilligt hat, nicht berufen[40] kann. Ist der Vertrag infolge verweigerter Genehmigung endgültig unwirksam, kommt allerdings ein Anspruch aufgrund der Verletzung einer vorvertraglichen Aufklärungspflicht in Betracht. Die Gemeinde kann verpflichtet sein, auf Form- und Genehmigungserfordernisse aufgrund der kommunalrechtlichen Vorschriften hinzuweisen.[41]

25 Scheitert ein Vertrag über ein Grundstück, der an sich nach § 311b Abs. 1 BGB formbedürftig ist, an der Einhaltung der Form, stellt sich ebenfalls die Frage, ob Ansprüche einer Vertragspartei bestehen können. Der Schutzzweck der Formvorschrift, die Entschließungsfreiheit zur Veräußerung und zum Erwerb von Grundstücken zu gewährleisten, verhindert gerade eine Bindung der Verhandlungspartner ohne Einhaltung der Formerfordernisse. Eine Verpflichtung zum Ersatz des Vertrauensschadens kann indirekt Druck zur Erfüllung des Grundstücksgeschäfts ausüben und steht deshalb in Widerspruch zum Schutzzweck. Die Annahme einer Pflichtwidrigkeit als Grundlage für einen Schadensersatzanspruch kommt deshalb nur in Ausnahmefällen in Betracht. Voraussetzung hierfür ist, dass die andere Partei den Formfehler verschuldet hat.[42] Grund dieser Haftung ist, dass der eine Vertragsteil durch sein Verhalten Vertrauen auf das Bestehen oder Zustandekommen eines wirksamen Vertragsverhältnisses erweckt hat und dadurch Veranlassung sowohl zur Nichtausnutzung anderer Gelegenheiten zum Abschluss eines Vertrages als auch zu Aufwendungen gegeben haben kann.[43]

---

37 Vgl. hierzu *Locher/Koeble/Frik*, HOAI 10. Aufl., § 7 Rn. 107; *Kniffka/Koeble*, Kompendium des Baurechts 3. Aufl. 12. Teil Rn. 274; zu Arglistfällen: OLG Stuttgart, Urt. v. 25.02.1981 – 1 U 67/80 = BauR 1981, 404; OLG Hamm, Urt. v. 08.12.1989 – 26 U 219/88 = NJW-RR 1990, 522.
38 Vgl. hierzu Kniffka/Koeble/*Koeble*, Kompendium des Baurechts 3. Aufl., 12. Teil Rn. 40 ff. für Architektenverträge.
39 Da es sich insoweit um Landesrecht handelt, ist § 125 BGB nicht einschlägig, der Landesgesetzgeber hat nicht die Kompetenz zum Erlass privatrechtlicher Formvorschriften: Art. 2 EGBGB i.V.m. Art. 55 EGBGB; BGH, Urt. v. 10.05.2001 – III ZR 111/99 = BGHZ 147, 381 = NJW 2001, 2626 = BauR 2001, 1415.
40 BGH, Urt. v. 10.05.2001 – III ZR 111/99 = BGHZ 147, 381 = NJW 2001, 2626 = BauR 2001, 1415; BGH, Urt. v. 08.06.1973 – V ZR 72/72 = NJW 1973, 1494; BGH, Urt. v. 20.01.1994 – VII ZR 174/92 = NJW 1994, 1528; BGH, Urt. v. 06.07.1995 – III ZR 176/94 = NJW 1995, 3389.
41 BGH, Urt. v. 06.06.2000 – XI ZR 235/99 = NJW 2001, 1065 (LS.); BGH, Urt. v. 10.05.2001 – III ZR 111/99 = BGHZ 147, 381 = NJW 2001, 2626 = BauR 2001, 1415, 1416; BGH, Urt. v. 10.06.1999 – IX ZR 409/97 = BGHZ 142, 51 = NJW 1999, 3335; BGH, Urt. v. 20.09.1984 – III ZR 47/83 = BGHZ 92, 164 = NJW 1985, 1778.
42 BGH, Urt. v. 29.01.1965 – V ZR 53/64 = NJW 1965, 812.
43 BGH, Urt. v. 06.12.1991 – V ZR 311/89 = NJW 1992, 1037; BGH, Urt. v. 12.11.1986 – VIII ZR 280/85 = BGHZ 99, 101 = NJW 1987, 639.

f) Aufklärungspflichten betreffend den Vertragsgegenstand

Im Zusammenhang mit Eigenschaften des Vertragsgegenstandes sind vielfältige Aufklärungspflichtverletzungen denkbar, beispielsweise Geruchsbelästigungen bei einem Grundstückskauf.[44] Allerdings ist stets vorrangig zu prüfen, ob dem Geschädigten nicht kauf- oder werkvertragliche Mängelrechte zustehen. Ist dies nicht der Fall, kommen Schadensersatzansprüche in Betracht (vgl. oben Rdn. 4).[45] Besondere Bedeutung erlangen Schadensersatzansprüche beim vertraglichen Ausschluss von Mängelrechten[46] und bei nachteiligen Umständen, die nicht den unmittelbaren Gegenstand des Werk- oder Kaufvertrages betreffen, sondern es um außerhalb des Werkes oder des Kaufgegenstandes liegende Umstände geht.[47] Zwar kann der Mangel (mit der Folge des Vorrangs der Mängelrechte) eines Werkes nicht nur in einer körperlichen Eigenschaft des Werkes selbst liegen. Er kann sich vielmehr auch aus tatsächlichen, wirtschaftlichen, sozialen und rechtlichen Beziehungen des Werkes zu seiner Umwelt ergeben, wenn diese für die Brauchbarkeit und den Wert des Werkes bedeutsam sind.[48] Diese Beziehungen müssen aber in der Beschaffenheit des Werkes selbst ihren Grund haben; sie dürfen sich nicht erst durch Heranziehung von außerhalb des Werkes liegenden Verhältnissen oder Umständen ergeben.[49] Scheiden Mängelrechte aus, ist Raum für Schadensersatzansprüche. Schadensersatzansprüche können ferner dann Bedeutung erlangen, wenn die Herstellung bestimmter Eigenschaften nach Besitzübergang zugesichert werden und dem Geschädigten Mängelrechte deshalb nicht zustehen.[50]

3. Vorvertragliche Pflichten bei der Erstellung von Leistungsbeschreibungen[51]

Bei Erstellung von Leistungsbeschreibungen ist der öffentliche Auftraggeber nach § 7 Abs. 1 Nr. 3 (§ 9 Nr. 2 a.F.) VOB/A verpflichtet, dem Auftragnehmer nicht bewusst ein außergewöhnliches Wagnis für Umstände und Ereignisse aufzubürden, auf die der Auftragnehmer keinen Einfluss hat und deren Entwicklung auf die Preise und Fristen er nicht im Voraus abschätzen kann.[52] Eine nicht ordnungsgemäße und daher unvollständige Beschreibung einer Leistung in einem Leistungsverzeichnis kann deshalb grundsätzlich Ansprüche wegen vorvertraglicher Pflichtverletzung auslösen,[53] wenn der Auftragnehmer auf die Vollständigkeit und Richtigkeit der Leistungsbeschreibung vertraut hat, vertrauen durfte und deshalb schutzwürdiges Vertrauen in die Einhaltung der Regelungen der VOB/A[54] und der dortigen Festlegung, wonach ungewöhnliche Wagnisse nicht zuzumuten sind, enttäuscht wurde. Das ist dann nicht der Fall, wenn die Leistungsbeschreibung objektiv lückenhaft aufgestellt ist und dies für den Auftragnehmer erkennbar war.[55]

---

44 BGH, Urt. v. 10.07.1987 – V ZR 236/85 = NJW-RR 1988, 10.
45 Vgl. die Beispiele m.w.N. bei *Werner/Pastor,* Rn. 1882.
46 Zu einem derartigen Fall: BGH, Urt. v. 10.07.1987 – V ZR 236/85 = NJW-RR 1988, 10.
47 Zu einem derartigen Fall: BGH, Urt. v. 08.12.1988 – VII ZR 83/88 = NJW 1989, 1793 (Feuerleiter vor Fenster).
48 Vgl. Fn. 47.
49 BGH, Urt. v. 06.06.1986 – V ZR 67/85 = BGHZ 98, 100 = NJW 1986, 2824.
50 BGH, Urt. v. 08.12.2000 – V ZR 484/99 = NJW-RR 2001, 842.
51 Vgl. hierzu Ingenstau/Korbion/*Kratzenberg*, VOB/A, 17. Aufl., § 7 Rn. 11 ff.; *Kniffka/Koeble*, Kompendium des Baurechts 3. Aufl., 5. Teil Rn. 79; *Quack,* in: FS Kraus, S. 193 ff.; *ders.,* BauR 2005, 1080; ausführlich: *Oberhauser,* BauR 2003, 1110; *Lange,* in: FS Craushaar 1997, 271 ff.
52 Kritisch: *Quack,* in: FS Kraus, S. 193 ff.; *ders.,* BauR 2005, 1080.
53 OLG Naumburg, Urt. v. 15.12.2005 – 1 U 5/05 = NZBau 2006, 267; BGH, Urt. v. 01.08.2006 – X ZR 146/03 = NZBau 2007, 58.
54 BGH, Urt. v. 09.01.1997 – VII ZR 259/95 = NJW 1997, 1577 = BauR 1997, 466; BGH, Urt. v. 11.11.1993 – VII ZR 47/93 = BGHZ 124, 64 = NJW 1994, 850 = BauR 1994, 236.
55 BGH, Urt. v. 11.11.1993 – VII ZR 47/93 = BGHZ 124, 64 = NJW 1994, 850 = BauR 1994, 236; BGH, Urt. v. 22.11.1965 – VII ZR 191/63 = NJW 1966, 498; BGH, Urt. v. 25.02.1988 – VII ZR 310/86 =

28 Bei der Auslegung von Verträgen mit privaten Auftraggebern scheidet zwar ein unmittelbarer Rückgriff auf § 7 VOB/A aus.[56] Allerdings kommen Ansprüche des Auftragnehmers auch bei einem privaten Auftraggeber in Betracht, wenn die Angebotsunterlagen, z.B. die Leistungsbeschreibung, schuldhaft falsche oder unvollständige Angaben über solche, dem Auftraggeber bekannte Umstände enthält, die für die Preisermittlung von Bedeutung sind.

4. Vorvertragliche Pflichten bei der Durchführung von Vergabeverfahren

a) Vergabeverfahren des öffentlichen Auftraggebers

29 Nach der Rechtsprechung des Bundesgerichtshofes wird spätestens mit der Anforderung der Ausschreibungsunterlagen durch den Bieter zwischen diesem und dem Ausschreibenden ein vorvertragliches Vertrauensverhältnis begründet.[57] Die Verletzung dieses Vertrauensverhältnisses durch den Ausschreibenden kann nach den Grundsätzen der Haftung für Verschulden bei Vertragsverhandlungen Ersatzansprüche des betroffenen Bieters auslösen.[58] Denkbar sind auch Pflichtverletzungen des Bieters.[59] Welche verfahrensrechtlichen Vorschriften vom Ausschreibenden im konkreten Fall einzuhalten sind, ergibt sich aus den Regelungen des GWB und der Vergabeverordnung sowie der zugehörigen Verdingungsordnungen. Nach § 97 Abs. 7 GWB haben die Bieter einen Anspruch darauf, dass der Auftraggeber die Bestimmungen des Vergabeverfahrens einhält. Spezielle Verfahrensvorschriften sind für Vergaben öffentlicher Aufträge gemäß § 99 GWB durch öffentliche Auftraggeber im Sinne des § 98 GBW vorgesehen, wenn die in § 2 der Vergabeverordnung festgelegten Schwellenwerte überschritten sind. In diesen Fällen sind die a-Paragraphen der VOB/A und VOL/A neben den Basisparagraphen anwendbar. Bei Vergaben unterhalb der Schwellenwerte ergibt sich die Verpflichtung zur Einhaltung bestimmter vergaberechtlicher Verfahrensvorschriften aus den Grundsätzen der Selbstbindung der Verwaltung in Verbindung mit den einschlägigen haushaltsrechtlichen Regelungen, die regelmäßig auf die Verdingungsordnungen (Basisparagraphen der VOB/A und VOL/A) verweisen. Häufig wird im Rahmen der Ausschreibung auch ausdrücklich auf die Anwendung einer Verdingungsordnung hingewiesen, woraus sich die Pflicht zur Einhaltung der dort vorgesehenen Verfahrensvorschriften ergibt. Im Innenverhältnis ordnen häufig Förderbescheide an, die Regelungen der Verdingungsordnungen einzuhalten.

30 Pflichtverletzungen liegen dann vor, wenn die zum Schutz der Bieter vorgesehenen vergaberechtlichen Vorschriften verletzt sind, beispielsweise bei Verletzung aller Vorschriften, die Ausdruck des Gleichbehandlungsgrundsatzes sind. Es ist insoweit eine Vielzahl von pflichtwidrigen Verhaltensweisen denkbar, beispielsweise die Vornahme von Änderungen an den Angebotsunterlagen durch die ausschreibende Stelle während des Ausschreibungsverfahrens und Weitergabe dieser Informationen nur an einen Teil der Bieter. Die Benachteiligung der übergangenen Bieter stellt einen Verstoß gegen die Pflicht zur gegenseitigen Rücksichtnahme und zur Gleichbehandlung aller Bieter bei der Beschreibung der Leistung dar.[60] Gleiches gilt dann, wenn zwar keine Änderungen an den Angebotsunterlagen vorgenommen, jedoch erläuternde Informationen nur einem oder einem Teil der Bieter übermittelt werden.

31 Eine Pflichtverletzung der ausschreibenden Stelle liegt auch, vor, wenn die Bieter nicht über Rügen eines Mitbieters gemäß § 107 GWB informiert werden.[61] Die ausschreibende Stelle muss alle ande-

---

NJW-RR 1988, 785; BGH, Urt. v. 25.06.1987 – VII ZR 107/86 = NJW-RR 1987, 1306 = BauR 1987, 683; OLG Hamm, Urt. v. 03.08.2004 – 21 U 173/03 = BauR 2005, 1183.
56 Vgl. *Quack*, BauR 1998, 381.
57 BGH, Urt. v. 03.04.2007 – X ZR 19/06 = NZBau 2007, 523.
58 BGH, Urt. v. 03.04.2007 – X ZR 19/06 = NZBau 2007, 523; BGH, Urt. v. 26.10.1999 – X ZR 30/98 = NJW 2000, 661 = BauR 2000, 254 = NZBau 2000, 35; BGH, Urt. v. 08.09.1998 – X ZR 48/97 = BGHZ 139, 259 = NJW 1998, 3636 = BauR 1998, 1232.
59 Hierzu *Wagner*, NZBau 2005, 436.
60 BGH, Urt. v. 26.10.1999 – X ZR 30/98 = NJW 2000, 661 = BauR 2000, 254 = NZBau 2000, 35.
61 BGH, Urt. v. 27.06.2007 – X ZR 34/04 = NJW 2008, 366 = NZBau 2007, 727.

ren Bieter informieren und diesen die Entscheidung überlassen, ob weitere Aufwendungen im Hinblick auf das Risiko der Aufhebung der Ausschreibung getätigt werden. Kausal verursachte Schäden liegen im Hinblick auf das negative Interesse allerdings nur bei denjenigen Aufwendungen vor, die nach Eingang der Rüge und Unterlassung der Aufklärung der anderen Bieter getätigt wurden.

Die Annahme einer Pflichtverletzung kommt ferner dann in Betracht, wenn die Vergabestelle eine Ausschreibung aufhebt,[62] ohne dass die hierfür vergaberechtlich vorgesehenen Voraussetzungen (z.B. in § 17 VOB/A n.F. = § 26 VOB/A a.F.) vorliegen.[63] Die Unternehmen, die sich an einer Ausschreibung beteiligen, für die der Ausschreibende die Einhaltung bestimmter vergaberechtlicher Bestimmungen (z.B. der VOB/A) zugesagt hat, können erwarten, dass der Ausschreibende sich im Hinblick darauf bereits im Vorfeld der Ausschreibung entsprechend verhalten hat und deshalb nur Leistungen ausgeschrieben werden, von denen der Ausschreibende bei pflichtgemäßer Ermittlung ihrer voraussichtlichen Kosten annehmen kann, sie mit den hierfür zur Verfügung stehenden Mitteln auch bezahlen zu können.[64] Eine Aufhebung des Vergabeverfahrens führt deshalb regelmäßig dann zu einer Schadensersatzpflicht, wenn die fehlende Finanzierung bei einer mit der gebotenen Sorgfalt durchgeführten Ermittlung des Kostenbedarfs bereits vor der Ausschreibung dem Ausschreibenden hätte bekannt sein müssen.[65] Eine Pflichtverletzung stellt hierbei nicht nur die pflichtwidrige Aufhebung der Ausschreibung dar, sondern bereits die Einleitung der Ausschreibung, ohne die für die Durchführung notwendigen Randbedingungen abgeklärt und insbesondere die Bieter auf diese Unsicherheit hingewiesen zu haben.[66]

32

Verstöße gegen vergaberechtliche Vorschriften können regelmäßig nur zum Ersatz des Vertrauensschadens und nur in Ausnahmefällen zum Ersatz des Erfüllungsinteresses (entgangener Gewinn) führen (vgl. unten).

33

b) Vergabeverfahren des privaten Auftraggebers

Auch der private Auftraggeber kann an die vergaberechtlichen Vorschriften gebunden sein. Diese Bindung entsteht jedoch nur dann, wenn er die Einhaltung der vergaberechtlichen Bestimmungen bei der Ausschreibung ankündigt.[67] In gleicher Weise kann der Auftraggeber auch verpflichtet sein, eigene Regelungen der Vergabe einzuhalten, wenn er dies angekündigt hat.

34

5. Pflichtwidriger Abbruch von Vertragsverhandlungen

Gerade in der baurechtlichen Praxis stellt sich häufig die Frage, ob dem Auftraggeber gegenüber Architekten/Ingenieuren und auch gegenüber ausführenden Unternehmen, die Leistungen im Akquisestadium erbringen, Pflichten obliegen. Nicht selten werden den am Bau Beteiligten im Rahmen der Erstellung von Angeboten Planungsleistungen abverlangt. Werden diese vom Bauherrn verwendet, ohne dass es zu einem Vertragsabschluss kommt, können dem Architekten/Ingenieur und Fachunternehmen zwar Bereicherungsansprüche zustehen. Werden die Leistungen jedoch nicht verwertet, scheiden Bereicherungsansprüche aus. Es kommt dann auf das Bestehen von Schadensersatzansprüchen an.

35

---

62 Vgl. hierzu *Schelle*, BauR 1999, 1233.
63 BGH, Urt. v. 16.12.2003 – X ZR 282/02 = NZBau 2004, 283 = NJW 2004, 2165; liegen die Voraussetzungen für eine Aufhebung vor, gibt es insoweit keine Grundlage für einen Schadensersatzanspruch: BGH, Urt. v. 08.09.1998 – X ZR 99/96 = NJW 1998, 3640 = BauR 1998, 1238 = BGHZ 139, 280.
64 BGH, Urt. v. 05.11.2002 – X ZR 232/00 = NZBau 2003, 168 = BauR 2003, 240.
65 BGH, Urt. v. 08.09.1998 – X ZR 99/96 = BauR 1998, 1238 = NJW 1998, 3640 = BGHZ 139, 280 (teilw. abgedruckt).
66 BGH, Urt. v. 08.09.1998 – X ZR 48/97 = NJW 1998, 3636 = BauR 1998, 1232 = BGHZ 139, 259.
67 BGH, Urt. v. 21.02.2006 – X ZR 39/03 = NJW-RR 2006, 963 = BauR 2006, 1140 = NZBau 2006, 456.

36 Grundsätzlich steht es jeder Vertragspartei aufgrund der Privatautonomie frei, einen Vertrag abzuschließen und Vertragsverhandlungen in jedem Zeitpunkt abzubrechen. Eine Pflichtwidrigkeit stellt der Abbruch von Vertragsverhandlungen deshalb im Regelfall nicht dar. Pflichtwidrig kann das Verhalten nur in Ausnahmefällen sein, wenn besondere Umstände hinzutreten. Derartige Umstände können vorliegen, wenn der Vertragspartner die Vertragsverhandlungen grundlos (ohne triftigen Grund, aus sachfremden Erwägungen) abbricht und er zuvor das Vertrauen des anderen Teils, der Vertrag werde mit Sicherheit zustande kommen, erweckt hat.[68]

37 Da in diesem Fall jedoch eine indirekte Verpflichtung zum Vertragsabschluss begründet wird (um eine Schadensersatzpflicht zu vermeiden), gelten bei formbedürftigen Verträgen Besonderheiten. In diesem Fall stellt auch der Abbruch von Verhandlungen ohne triftigen Grund keine Pflichtwidrigkeit dar.[69] Rückausnahmen hiervon gelten nur in den Fällen, in denen die Grundsätze zur Treuwidrigkeit der Berufung auf einen Formmangel (analog) eingreifen, nämlich dann, wenn die Nichtigkeitsfolge nach den gesamten Umständen mit Treu und Glauben schlechthin nicht zu vereinbaren ist, etwa bei Existenzgefährdung eines Vertragsteils[70] oder wenn die Geltendmachung der Formnichtigkeit (im vorliegenden Zusammenhang das Berufen auf das Abbrechen der Verhandlungen) eine besonders schwere Treupflichtverletzung darstellt,[71] was regelmäßig nur bei vorsätzlichem Handeln der Fall sein kann.[72] Ein derartiger Fall liegt beispielsweise dann vor, wenn eine tatsächlich nicht vorhandene Bereitschaft, einen Vertrag abzuschließen, vorgespiegelt wird.[73]

6. Pflichtwidrige Nichtbeauftragung

38 Aufgrund der Privatautonomie bleibt es dem Bauherrn überlassen, ob und wem er Aufträge erteilt. Eine Einschränkung dieser grundsätzlich bestehenden Freiheit kommt nur in besonderen Fällen in Betracht. Ein derartiger besonderer Fall kann vorliegen, wenn der Bauherr einen Architektenwettbewerb durchführt und anschließend ohne triftigen Grund von einer Beauftragung des Preisträgers absieht.[74] In diesen Fällen ist stets die Qualität der im Rahmen der Auslobung und den Wettbewerbsbedingungen angekündigten Folge des Wettbewerbsgewinns abzuklären. Regelmäßig werden in den Wettbewerbsbedingungen (z.B. GRW) Begriffe verwendet, die bloße Absichtserklärungen darstellen. Aufgrund der Gesamtumstände kann diesen trotz des Wortlautes ein Rechtsbindungswille zu entnehmen sein.[75]

7. Pflichtwidriger Ausschluss bei einem Architektenwettbewerb

39 Pflichtverletzungen im Rahmen eines Architektenwettbewerbs können zu Schadensersatzansprüchen der Teilnehmer führen, beispielsweise bei pflichtwidriger Nichtberücksichtigung des Beitrags eines Teilnehmers. Gleiches gilt auch bei einem pflichtwidrigen Ausschluss eines Teilnehmers.[76]

---

68 BGH, Urt. v. 29.03.1996 – V ZR 332/94 = NJW 1996, 1884; BGH, Urt. v. 07.02.1980 – III ZR 23/78 = NJW 1980, 1683; BGH, Urt. v. 12.06.1975 – X ZR 25/73 = NJW 1975, 1774.
69 BGH, Urt. v. 29.03.1996 – V ZR 332/94 = NJW 1996, 1884.
70 BGH, Beschl. v. 16.02.1954 – V BLw 60/53 = BGHZ 12, 286 = NJW 1954, 1241.
71 BGH, Urt. v. 03.12.1958 – V ZR 28/57 = BGHZ 29, 6 = NJW 1959, 626; BGH, Urt. v. 27.10.1967 – V ZR 153/64 = BGHZ 48, 396 = NJW 1968, 39; BGH, Urt. v. 19.11.1982 – V ZR 161/81 = NJW 1983, 563.
72 BGH, Urt. v. 29.03.1996 – V ZR 332/94 = NJW 1996, 1884.
73 BGH, a.a.O.
74 BGH, Urt. v. 03.11.1983 – III ZR 125/82 = NJW 1984, 1533; *Werner/Pastor*, 12. Aufl., Rn. 1892 m.w.N.
75 BGH, Urt. v. 03.11.1983 – III ZR 125/82 = NJW 1984, 1533.
76 BGH, Urt. v. 23.09.1982 – III ZR 196/80 = NJW 1983, 442; hierzu auch *Werner/Pastor*, 12. Aufl., Rn. 1892 m.w.N.

8. Obhuts- und Fürsorgepflichten, allgemeine Schutzpflichten

In der Rechtssprechung war bereits vor der Kodifikation anerkannt, dass dem Vertragspartner 40
auch allgemeine Schutzpflichten obliegen, die ihn verpflichten, sich so zu verhalten, dass Person,
Eigentum und sonstige Rechtsgüter des anderen Vertragsteils nicht verletzt werden.[77] Obhuts-
und Fürsorgepflichten bestehen während der Abwicklung eines bereits geschlossenen Vertrages
und haben in der baurechtlichen Praxis eine gewisse Bedeutung, z.B. im Rahmen von Besichtigungen von Baustellen. Obhuts- und Fürsorgepflichten treffen den Vertragspartner auch im Vorfeld eines Vertragsabschlusses.[78] Entsprechende Schadensfälle sind jedoch selten.

II. Im Vorfeld eines Vertragsabschlusses

Nach der Gesetzesbegründung soll § 311 Abs. 2 Nr. 1 BGB den von der Rechtsprechung entwickelten Fall der Vertragsverhandlung, beginnend mit der Aufnahme der Verhandlungen, erfassen.[79] Da die Anbahnung eines Vertrages die Aufnahme von Vertragsverhandlungen umfasst, 41
stellt Nr. 2 den Grundtatbestand und Nr. 1 einen speziellen Fall dar.[80]

Um die Aufnahme von Vertragsverhandlungen im Sinne des § 311 Abs. 2 Nr. 1 BGB handelt es 42
sich (erst) dann, wenn beide Seiten aktiv werden. Einseitige Handlungen, wie das werbemäßige
Ansprechen eines potentiellen Vertragspartners, erfüllen die Voraussetzungen der Nr. 1 nicht,[81]
genauso wenig auch unverbindliche Gespräche im Vorfeld eigentlicher Vertragsverhandlungen.
Allerdings wird in diesen Fällen eine Vertragsanbahnung nach Nr. 2 vorliegen.

Die Anbahnung eines Vertrages im Sinne des § 311 Abs. 2 Nr. 2 BGB ist den Vertragsverhandlungen im Sinne der Nr. 1 vorgelagert. Unter das Tatbestandsmerkmal der Vertragsanbahnung 43
fällt beispielsweise die Eröffnung eines Verkehrs zur Ermöglichung rechtsgeschäftlicher Kontakte,
zum Beispiel in Geschäftsräumen. Umstritten ist, ob dies auch dann gilt, wenn die Personen, die
die Räumlichkeiten oder Flächen betreten, dies nicht in der Absicht getan haben, einen Vertrag
abzuschließen.[82] Nach einhelliger Auffassung sind Begleitpersonen vom Schutzbereich jedenfalls
erfasst. Die Kontaktaufnahme im Vorfeld von Vertragsverhandlungen gehört zur Vertragsanbahnung im Sinne der Nr. 2.

Die Grenzen des Anwendungsbereiches des § 311 Abs. 2 Nr. 3 BGB sind unscharf. Aufgrund der 44
Weite des Anwendungsbereiches der Nr. 2 ist eine restriktive Anwendung geboten. Nach der Gesetzesbegründung werden von Nr. 3 Fälle erfasst, bei denen noch kein Vertrag angebahnt, sondern
ein solcher vorbereitet werden soll.[83] Sofern die Ausschreibungen der öffentlichen Hand nicht bereits als Vertragsanbahnung im Sinne der Nr. 2 anzusehen sind, fallen sie jedenfalls unter den Begriff der ähnlichen geschäftlichen Kontakte im Sinne der Nr. 3.[84] Ferner sollen gefälligkeitshalber
erteilte Bankauskünfte unter diese Vorschrift fallen.[85] In besonderen Ausnahmefällen kann ein geschäftlicher Kontakt im Sinne der Nr. 3 auch zu einem Dritten bestehen und eine Schadensersatzpflicht begründen (vgl. auch unten Rdn. 47 ff.).[86]

---

77 BGH, Urt. v. 11.05.1979 – V ZR 75/78 = NJW 1979, 1983.
78 BGH, Urt. v. 02.12.1976 – VII ZR 302/75 = NJW 1977, 376 = BauR 1977, 202.
79 BT-Drucks. 14/6040 S. 163.
80 Vgl. zur Systematik: MüKo-BGB/*Emmerich*, § 311 Rn. 65 ff.
81 MüKo-BGB/*Emmerich*, § 311 Rn. 70.
82 Bejahend: MüKo-BGB/*Emmerich*, § 311 Rn. 72; verneinend: Palandt/*Grüneberg*, 68. Aufl., § 311 Rn. 23.
83 BT-Drucks. 14/6040 S. 163.
84 MüKo-BGB/*Emmerich*, § 311 Rn. 75.
85 *Canaris*, JZ 2001, 499, 520; MüKo-BGB/*Emmerich*, § 311 Rn. 75.
86 MüKo-BGB/*Emmerich*, § 311 Rn. 75; BGH, Urt. v. 20.03.2001 – X ZR 63/99 = NJW 2001, 2716.

III. Vertretenmüssen (§ 280 Abs. 1 S. 2 BGB)

45 Ein Schadensersatzanspruch setzt voraus, dass der Schuldner die Pflichtverletzung zu vertreten hat. Die für spezielle Vertragstypen vorgesehenen Haftungsmilderungen (§§ 521, 690 BGB) gelten nicht nur nach Abschluss des Vertrages, sondern auch im Vorfeld desselben.[87] Die Haftungsmilderungen sind jedoch nicht anzuwenden, wenn es um Pflichtverletzungen geht, die nichts mit dem jeweiligen Vertragsgegenstand zu tun haben.[88]

46 Der Schuldner hat nicht nur eigenes Verschulden, sondern auch das seiner Erfüllungsgehilfen nach § 278 BGB zu vertreten. Nach der Rechtsprechung des Bundesgerichtshofes soll der Personenkreis, für den ein Verhandlungspartner wegen culpa in contrahendo einzustehen hat, der gleiche sein wie bei § 123 Abs. 2 BGB.[89] Damit hat der Schuldner auch für das Verschulden des Handlungsgehilfen einzustehen.[90]

D. Pflichtverletzung durch Dritte (§ 311 Abs. 3 BGB)[91]

47 Neben dem Vertragspartner, dem die Einhaltung von Pflichten vor und bei Vertragsabschluss obliegt, ordnet § 311 Abs. 3 BGB ausdrücklich an, dass ein Schuldverhältnis auch zu Personen entstehen kann, die nicht Vertragspartner sind oder werden sollen. Besteht ein Schuldverhältnis zu diesen Personen, gelten §§ 311 Abs. 1 und Abs. 2 BGB in diesem Verhältnis mit der Folge, dass sich Schadensersatzansprüche auch gegen diese Personen richten können.

I. Besonderes persönliches Vertrauen

48 Beim Abschluss von Verträgen ist es erforderlich, dass der Dritte mehr als das im Geschäftsverkehr übliche Verhandlungsvertrauen in Anspruch nimmt. Es müssen besondere Vertrauenstatbestände betreffend die Seriosität und die Erfüllung des Geschäfts gegeben sein, die der Dritte gerade durch seine Person und Stellung hervorgerufen oder gefördert hat.[92]

II. Typisiertes Vertrauen

49 Im Unterschied zur Inanspruchnahme besonderen persönlichen Vertrauens einzelner Personen hat die Rechtsprechung die Grundsätze der Prospekthaftung außerhalb des normierten Bereiches mit der Inanspruchnahme typisierten Vertrauens begründet. Vertrauen wird insoweit nicht durch bestimmte Verhaltensweisen unmittelbar beim Vertragsabschluss begründet. Vielmehr wird das Vertrauen aus einer Garantenstellung hergeleitet, die kraft Amtes oder Berufes entsteht, auf einer besonderen Fachkunde[93] oder einer allgemein anerkannten und hervorgehobenen wirtschaftlichen Stellung beruht[94] und mit diesem Amt/Beruf die Möglichkeit verbunden ist, auf Inhalt und Gestaltung des Prospektes Einfluss zu nehmen.[95] Vertrauen in diesem Sinne kann auf die Stellung

---

87 Palandt/*Grüneberg*, 68. Aufl., § 311 Rn. 28 (str.).
88 BGH, Urt. v. 20.11.1984 – IVa ZR 104/83 = NJW 1985, 794.
89 BGH, Urt. v. 08.12.1989 – V ZR 259/87 = NJW-RR 1990, 1335 = NJW 1990, 1661.
90 BGH, Urt. v. 08.12.1989 – V ZR 259/87 = NJW-RR 1990, 1335 = NJW 1990, 1661; Palandt/*Grüneberg*, 68. Aufl., § 311 Rn. 28.
91 Vgl. zur Entwicklung im Rahmen des Schuldrechtsmodernisierungsgesetzes: MüKo-BGB/*Emmerich*, 5. Aufl., § 311 Rn. 231 ff.
92 BGH, Urt. v. 24.05.2005 – IX ZR 114/01 = NJW-RR 2005, 1137; BGH, Urt. v. 13.06.2002 – VII ZR 30/01 = NJW-RR 2002, 1309 m.w.N.
93 BGH, Urt. v. 12.05.1986 – II ZR 84/85 = NJW-RR 1986, 1478; BGH, Urt. v. 22.05.1980 – II ZR 209/79 = BGHZ 77, 172 = NJW 1980, 1840 (Rechtsanwälte, Wirtschaftsprüfer).
94 BGH, Urt. v. 22.03.1982 – II ZR 114/81 = BGHZ 83, 222 = NJW 1982, 1514.
95 BGH, Urt. v. 26.09.1991 – VII ZR 376/89 = BGHZ 115, 213 = NJW 1992, 228.

als Initiator und Gründer sowie das Management einer Publikums-KG zurückgeführt[96] werden und sogar auf Personen, die – ohne selbst Vertreter der Gesellschaft zu sein – maßgeblichen Einfluss auf das Management ausüben,[97] insbesondere bei Angaben von Berufen, denen üblicherweise Vertrauen entgegengebracht werden, wenn diese selbst als Gründer oder Gesellschafter beteiligt sind,[98] aber auch dann, wenn diese Personen lediglich aufgrund von im Prospekt abgedruckten Äußerungen[99] Einfluss auf den Willensentschluss der Anleger genommen haben. Auch die bloße Übernahme des Vertriebs kann Grundlage für eine Haftung aufgrund einer Pflichtverletzung als Anlageberater oder Anlagevermittler sein.[100] Anknüpfungspunkt für die Haftung ist nicht nur die unmittelbare Erstellung eines fehlerhaften Prospektes, sondern auch das Unterlassen, die Verbreitung fehlerhafter Prospekte zu verhindern.[101]

Die bloße Namensnennung als Kommanditist und/oder Beiratsmitglied reicht jedenfalls nicht aus. Es müssen weitere vertrauensbegründende Umstände hinzutreten.[102] 50

Vertragliche oder persönliche vorvertragliche Beziehungen zur Anbahnung eines Vertragsverhältnisses kommen zwischen dem Initiator oder ihm gleichstehenden Prospektverantwortlichen und den Anlegern regelmäßig nicht zustande. Die Haftung dieses Personenkreises gründet sich allgemein auf das Vertrauen, das ihm von Anlegern typischerweise entgegengebracht wird.[103] Für derartige Fälle hat die Rechtsprechung das Institut der Prospekthaftung entwickelt, diese zunächst ausdrücklich aus den Grundsätzen zur Haftung wegen Verschuldens bei Vertragsverhandlungen abgeleitet,[104] später jedoch – aufgrund der Anwendung unterschiedlicher Verjährungsfristen – eine Abgrenzung zu den »normalen« Fällen des Verschuldens bei Vertragsverhandlungen (Inanspruchnahme persönlichen Vertrauens) vorgenommen.[105] Diese Prospekthaftung aufgrund typisierten Vertrauens, welche nicht die Anbahnung eines Vertrages bzw. Vertragsverhandlungen zwischen Anleger und der in Anspruch genommener Person oder eine Beteiligung letzterer an den Vertragsverhandlungen voraussetzt, wird in der Literatur als »Prospekthaftung im eigentlichen Sinn«[106] und in der Rechtsprechung des BGH als »Prospekthaftung im engeren Sinn«[107] bezeichnet. 51

---

96 BGH, Urt. v. 16.11.1978 – II ZR 94/77 = BGHZ 72, 382 = NJW 1979, 718 (Haftung der im Prospekt mit dem Beruf genannten Gründergesellschafter, Beirat); BGH, Urt. v. 24.04.1978 – II ZR 172/76 = BGHZ 71, 284 = NJW 1978, 1625 (Geschäftsführer der Komplementär-GmbH); BGH, Urt. v. 31.05.1990 – VII ZR 340/88 = BGHZ 111, 314 = BauR 1990, 612 = NJW 1990, 2461.
97 BGH, a.a.O.; BGH, Urt. v. 06.10.1980 – II ZR 60/80 = BGHZ 79, 337 = NJW 1981, 1449; BGH, Urt. v. 07.12.2009 – II ZR 15/08 = NJW 2010, 1077.
98 BGH, Urt. v. 16.11.1978 – II ZR 94/77 = BGHZ 72, 382 = NJW 1979, 718 (Haftung der im Prospekt mit dem Beruf genannten Gründergesellschafter, Beirat); BGH, Urt. v. 22.05.1980 – II ZR 209/79 = BGHZ 77, 172 = NJW 1980, 1840 (Wirtschaftsprüfer); BGH, Urt. v. 31.05.1990 – VII ZR 340/88 = BGHZ 111, 314 = BauR 1990, 612 = NJW 1990, 2461 (Wirtschaftsprüfer, Steuerberater, Rechtsanwälte).
99 BGH, Urt. v. 31.05.1990 – VII ZR 340/88 = BGHZ 111, 314 = BauR 1990, 612 = NJW 1990, 2461.
100 BGH, Urt. v. 12.02.2004 – III ZR 359/02 = NJW 2004, 1732.
101 BGH, Urt. v. 16.11.1978 – II ZR 94/77 = BGHZ 72, 382 = NJW 1979, 718.
102 BGH, Urt. v. 06.10.1980 – II ZR 60/80 = BGHZ 79, 337 = NJW 1981, 1449.
103 BGH, Urt. v. 26.09.1991 – VII ZR 376/89 = BGHZ 115, 213 = NJW 1992, 228.
104 BGH, Urt. v. 22.03.1982 – II ZR 114/81 = BGHZ 83, 222 = NJW 1982, 1514; BGH, Urt. v. 06.10.1980 – II ZR 60/80 = BGHZ 79, 337 = NJW 1981, 1449.
105 BGH, Urt. v. 01.10.1984 – II ZR 158/84 = NJW 1985, 380; BGH, Urt. v. 14.01.2002 – II ZR 40/00 = NJW 2002, 1711.
106 Kniffka/Koeble/*Koeble*, Kompendium des Baurechts 3. Aufl., 11. Teil Rn. 332.
107 BGH, Urt. v. 12.02.2004 – III ZR 359/02 = NJW 2004, 1732; BGH, Urt. v. 07.09.2000 – VII ZR 443/99 = NJW 2001, 436.

52 Dem steht die »uneigentliche«[108] Prospekthaftung bzw. die »Prospekthaftung im weiteren Sinn« gegenüber,[109] die unmittelbar auf die §§ 311 Abs. 2 und 3 BGB gestützt wird.[110] In diesen Fällen werden Pflichten während oder im Vorfeld des Vertragsabschlusses verletzt, beispielsweise durch Anlageberater (wenn kein eigenständiger Beratungsvertrag vorliegt) und/oder Anlagevermittler.[111] Gleiches gilt für die Fälle, in denen Vertreter (oder auch Vertreter des Vertreters – Geschäftsführer der Komplementär-GmbH[112]) sowie Verhandlungsgehilfen[113] besonderes Vertrauen für sich in Anspruch genommen und die Vertragsverhandlungen hierdurch beeinflusst haben.

53 Die vorstehenden Grundsätze gelten nicht nur bei der Prospektierung im Zusammenhang mit Publikums-KGen,[114] sondern auch bei Bauherren-,[115] modifizierten Bauherren-[116] und Bauträgermodellen.[117]

54 Im Hinblick auf die Verjährungsfristen sind noch nicht alle Fragen von der Rechtsprechung beantwortet und zum Teil auch streitig.[118] Die Rechtsprechung differenziert: Prospekthaftungsansprüche im engeren Sinn in den Fällen der Publikums-KG verjähren nach der Rechtslage vor Inkrafttreten des Schuldrechtsmodernisierungsgesetzes in 6 Monaten ab Kenntnis des Prospektfehlers, spätestens aber 3 Jahre nach dem Erwerb der Kapitalanlage.[119] Diese Grundsätze gelten auch für Prospekthaftungsansprüche, die sich aus dem Beitritt zu einem geschlossenen Immobilienfonds ergeben.[120] In der Literatur wird anstelle der 6-monatigen Frist auf die einjährige Frist der Neufassung des § 46 BörsG hingewiesen und dessen analoge Anwendung vertreten.[121] Für fehlerhafte Angaben in Prospekten, die ab dem 01.07.2002 veröffentlicht wurden, hat sich der BGH bei Prospekthaftungsansprüchen im engeren Sinn dieser Auffassung angeschlossen.[122] Die dreijährige Frist beginnt mit Prospektveröffentlichung. Prospekthaftungsansprüche im weiteren Sinn verjähren in der Regelverjährungsfrist des § 195 BGB.[123] Die Regelverjährungsfrist (und nicht die Frist des § 634a Abs. 1 Nr. 2 BGB) gilt auch für Ansprüche bei einem Bauherren-[124] und

---

108 Kniffka/Koeble/*Koeble*, Kompendium des Baurechts 3. Aufl., 11. Teil Rn. 174.
109 BGH, Urt. v. 12.02.2004 – III ZR 359/02 = NJW 2004, 1732.
110 BGH, Urt. v. 12.02.2004 – III ZR 359/02 = NJW 2004, 1732; Palandt/*Grüneberg* 68. Aufl., § 311 Rn. 71.
111 BGH, Urt. v. 12.02.2004 – III ZR 359/02 = NJW 2004, 1732.
112 BGH, Urt. v. 24.04.1978 – II ZR 172/76 = NJW 1978, 1625.
113 BGH, Urt. v. 12.05.1986 – II ZR 84/85 = NJW-RR 1986, 1478.
114 Hierzu BGH, Urt. v. 15.07.2010 – III ZR 337/08.
115 BGH, Urt. v. 31.05.1990 – VII ZR 340/88 = BGHZ 111, 314 = BauR 1990, 612 = NJW 1990, 2461.
116 BGH, Urt. v. 26.09.1991 – VII ZR 376/89 = BGHZ 115, 213 = NJW 1992, 228.
117 BGH, Urt. v. 07.09.2000 – VII ZR 443/99 = NJW 2001, 436. – Prospekthaftung im engeren Sinn.
118 Vgl. die Darstellung von *Koeble*, in: Kniffka/Koeble, Kompendium des Baurechts 3. Aufl., 11. Teil Rn. 356 ff.
119 BGH, Urt. v. 07.07.2003 – II ZR 18/01 = NJW-RR 2003, 1351; BGH, Urt. v. 08.06.2004 – X ZR 283/02 = NJW 2004, 3420; BGH, Urt. v. 01.10.1984 – II ZR 158/84 = NJW 1985, 380; BGH, Urt. v. 22.03.1982 – II ZR 114/81 = BGHZ 83, 222 = NJW 1982, 1514.
120 BGH, Urt. v. 14.01.2002 – II ZR 40/00 = NJW 2002, 1711; BGH, Urt. v. 18.12.2000 – II ZR 84/99 = NJW 2001, 1203.
121 MüKo-BGB/*Emmerich*, 5. Aufl., 2007, § 311 Rn. 206; Palandt/*Grüneberg*, 68. Aufl., § 311 Rn. 72. Den dort in Bezug genommenen Entscheidungen des BGH ist eine derartige Feststellung jedoch nicht zu entnehmen. Nach *Lux*, NJW 2003, 2967 soll die Regelverjährungsfrist von drei Jahren zur Anwendung kommen.
122 BGH, Urt. v. 07.12.2009 – II ZR 15/08 = NJW 2010, 1077.
123 BGH, Urt. v. 07.07.2003 – II ZR 18/01 = NJW-RR 2003, 1351; BGH, Urt. v. 01.10.1984 – II ZR 158/84 = NJW 1985, 380 (beide Entscheidung zur Rechtslage vor Inkrafttreten des Schuldrechtsmodernisierungsgesetzes); für die Rechtslage nach Inkrafttreten des Schuldrechtsmodernisierungsgesetzes: MüKo-BGB/*Emmerich*, 5. Aufl. 2007, § 311 Rn. 209; *Reinelt*, NJW 2009, 1, 12.
124 BGH, Urt. v. 01.06.1994 – VIII ZR 36/93 = BGHZ 126, 166 = NJW 1994, 2226.

Bauträgermodell.[125] Im Hinblick auf die Haftung von Wirtschaftsprüfern, Rechtsanwälten und Steuerberatern im Zusammenhang mit unrichtigen Prospekten und für diese Berufsgruppen in der Vergangenheit geltenden Sonderregelungen betreffend die Verjährung wurden differenzierende Auffassungen vertreten.[126] Da § 51a WPrO, § 68 StBerG und § 51b BRAO weggefallen sind, kommt eine Anwendung dieser Verjährungsvorschriften jedenfalls zukünftig nicht in Betracht.

III. Wirtschaftliches Eigeninteresse

Dieses Merkmal wurde von der Rechtsprechung zur Haftung des Vertreters oder Verhandlungsgehilfen aus culpa in contrahendo entwickelt.[127] Auch wenn dieses Merkmal im Tatbestand des § 311 Abs. 3 BGB nicht auftaucht, handelt es sich um eine eigenständige Fallgruppe.[128] In § 311 Abs. 3 S. 2 BGB wird ausdrücklich (»insbesondere«) darauf hingewiesen, dass es weitere Umstände zur Begründung eines Schuldverhältnisses zu Dritten geben kann. Das Merkmal des wirtschaftlichen Eigeninteresses muss deshalb nicht kumulativ zur Inanspruchnahme besonderen persönlichen Vertrauens vorliegen, sondern führt zu einer eigenen Fallgruppe.[129] Allerdings ist umstritten, ob das Vorhandensein wirtschaftlichen Eigeninteresses ausreicht oder weitere Umstände hinzukommen müssen.[130] In einigen (älteren) Entscheidungen stellte der BGH nur auf das Vorhandensein wirtschaftlichen Eigeninteresses ab.[131] Diese Auffassung wurde in nachfolgenden Entscheidungen dahingehend eingeschränkt, dass das Vorliegen zusätzlicher Umstände gefordert wurde, die die Annahme rechtfertigen, der Dritte habe »gleichsam in eigener Sache« gehandelt oder es läge »besonderes« wirtschaftliches Eigeninteresse vor.[132] Hierdurch wurde die zunächst weitergehende Einbeziehung des Gesellschafters und/oder Gesellschaftergeschäftsführers einer GmbH/KG in den Kreis der Haftenden wieder begrenzt.[133] Vom BGH wurde die Annahme der Haftung des die Verhandlungen für den (formalen) Vertragspartner führenden Vertreters unter dem Blickwinkel des wirtschaftlichen Eigeninteresses dann für möglich erachtet, wenn der Vertrag mit dem (formalen) Vertragspartner nur zum Schein geschlossen wurde und tatsächlich ausschließlich der Verhandelnde wirtschaftlich profitiert.[134]

E. Die Rechtsfolgen

Nach einer Pflichtverletzung bei Vertragsverhandlungen konnte der Geschädigte bereits vor der Kodifikation durch das Schuldrechtsmodernisierungsgesetz nach ständiger Rechtsprechung nur Ersatz des Vertrauensschadens (negatives Interesse) verlangen,[135] d.h. Ersatz des Schadens, der im

---

125 BGH, Urt. v. 13.11.2003 – VII ZR 26/03 = NJW 2004, 288.
126 Kniffka/Koeble/*Koeble*, Kompendium des Baurechts 3. Aufl., 11. Teil Rn. 357; MüKo-BGB/*Emmerich*, 5. Aufl., § 311 Rn. 208; BGH, Urt. v. 01.06.1994 – VIII ZR 36/93 = BGHZ 126, 166 = NJW 1994, 2226; BGH, Urt. v. 08.06.2004 – X ZR 283/02 = NJW 2004, 3420.
127 Z.B. BGH, Urt. v. 24.05.2005 – IX ZR 114/01 = NJW-RR 2005, 1137 m.w.N.; BGH, Urt. v. 17.09.1954 – V ZR 32/53 = NJW 1954, 1925.
128 MüKo-BGB/*Emmerich*, 5. Aufl., § 311 Rn. 235; *Werner/Pastor*, Rn. 1893.
129 BGH, Urt. v. 17.09.1954 – V ZR 32/53 = NJW 1954, 1925; BGH, Urt. v. 06.06.1994, II ZR 292/91 = NJW 1994, 2220; BGH, Urt. v. 13.06.2002 – VII ZR 30/01 = NJW-RR 2002, 1309.
130 BGH, Urt. v. 06.06.1994, II ZR 292/91 = NJW 1994, 2220.
131 BGH, Urt. v. 23.02.1983 – VIII ZR 325/81 = BGHZ 87, 27 = NJW 1983, 1607; BGH, Urt. v. 27.10.1982 – VIII ZR 187/81 = NJW 1983, 676.
132 BGH, Urt. v. 23.10.1985 – VIII ZR 210/84 = NJW 1986, 586; BGH, Urt. v. 10.03.1986 – II ZR 107/85 = NJW 1986, 3193; BGH, Urt. v. 08.10.1987 – IX ZR 143/86 = NJW-RR 1988, 615; BGH, Urt. v. 06.06.1994 – II ZR 292/91 = NJW 1994, 2220 m.w.N.
133 Vgl. hierzu MüKo-BGB/*Emmerich*, 5. Aufl., § 311 Rn. 247 f.
134 BGH, Urt. v. 13.06.2002 – VII ZR 30/01 = NJW-RR 2002, 1309; kritisch hierzu *Bruns*, ZfBR 2002, 644 ff.
135 BGH, Urt. v. 14.03.1991 – VII ZR 342/89 = BGHZ 114, 87 = NJW 1991, 1819; BGH, Urt. v. 10.06.1999 – IX ZR 409/97 = BGHZ 142, 51 = NJW 1999, 3335.

Vertrauen auf pflichtgemäßes Verhalten des Vertragspartners entstanden ist. Diese Rechtsprechung hat der BGH nach Inkrafttreten des Schuldrechtmodernisierungsgesetzes bestätigt, jedoch gleichzeitig darauf hingewiesen, dass unter besonderen Umständen der Schaden auch das Erfüllungsinteresse umfassen könne.[136]

I. Bezifferter Schadensersatz

57 Die Abgrenzung des Erfüllungs – vom negativen Interesse spielt regelmäßig eine Rolle bei Verletzung von vorvertraglichen Aufklärungs- und Informationspflichten, wenn diese Pflichtverletzungen zum Abschluss eines Vertrages geführt haben sowie bei Schadensersatzansprüchen aufgrund der Verletzung vergaberechtlicher Vorschriften.

1. Schadensersatzansprüche aufgrund der Verletzung von Aufklärungspflichten

58 Der Geschädigte hat bei Erteilung unrichtiger Auskünfte im Vorfeld der Vertragsverhandlungen einen Anspruch auf Ersatz des Schadens, der ihm dadurch entstanden ist, dass er auf die ihm gegebenen unrichtigen Erklärungen vertraut hat. Dieser Schaden ist nicht nach oben hin durch das Erfüllungsinteresse begrenzt.[137] Der Geschädigte ist so zu stellen, wie er bei ordnungsgemäßer Aufklärung stehen würde. Da es verschiedene Möglichkeiten gibt, wie der Geschädigte auf eine ordnungsgemäße Aufklärung reagiert hätte, kann die Schadensberechnung auch unterschiedlich ausfallen. Der Geschädigte hätte möglicherweise Abstand vom Vertragsschluss genommen. Möglicherweise hätte er auch nachverhandelt und einen Vertrag mit anderen Konditionen abgeschlossen. Ferner ist auch unklar, ob sich der Schädiger auf einen Vertrag mit anderem Inhalt eingelassen hätte. Letztlich geht es um die Beweisführung des Geschädigten im Hinblick auf die Kausalität.[138]

59 Die Rechtsprechung hilft dem Geschädigten mit der Vermutung, dass er sich bei ordnungemäßer Information aufklärungsrichtig verhalten hätte.[139] Diese Vermutung setzt jedoch voraus, dass es nur eine bestimmte Möglichkeit »aufklärungsrichtigen« Verhaltens gibt.[140] Etwas anderes gilt dann, wenn es bei ordnungsgemäßer Aufklärung vernünftigerweise nicht nur eine, sondern mehrere Möglichkeiten aufklärungsrichtigen Verhaltens gibt.[141]

60 Grundsätzlich ist der Geschädigte so zu stellen, wie er stehen würde, wenn die fehlende Information oder die Unrichtigkeit der Information bekannt gewesen wäre, d.h. es ist ein Zustand herzustellen, wie er ohne Abschluss des Vertrages bestehen würde. Es ist der Schaden auszugleichen, den der Geschädigte im Vertrauen auf die Gültigkeit des Vertrages erlitten hat (negatives Interesse). Für die Kausalität zwischen (Aufklärungs-)Pflichtverletzung und Schaden spricht die Vermutung aufklärungsrichtigen Verhaltens (vgl. oben Rdn. 59).

61 Im Hinblick auf das hypothetische Verhalten des Geschädigten hilft die Vermutung aufklärungsrichtigen Verhaltens über die Beweisnot zwar hinweg, allerdings stellt sich sofort die Frage, ob ein Vertrag mit den geänderten Konditionen überhaupt zustande gekommen wäre. Verlangt der Ge-

---

136 BGH, Urt. v. 19.05.2006 – V ZR 264/05 = BGHZ 168, 35 = BauR 2006, 1740 = NZBau 2006, 573 = NJW 2006, 3139; kritisch zu diesem Regel-Ausnahme-Verhältnis: *Theisen*, NJW 2006, 3102; BGH, Urt. v. 06.04.2001 – V ZR 394/99 = NJW 2001, 2875.
137 BGH, Urt. v. 25.05.1977 – VIII ZR 186/75 = BGHZ 69, 53 = NJW 1977, 1536; BGH, Urt. v. 28.10.1971 – VII ZR 15/70 = BGHZ 57, 191 = NJW 1972, 95.
138 MüKo-BGB/*Emmerich*, 5. Aufl., § 311 Rn. 268 ff.
139 MüKo-BGB/*Emmerich*, 5. Aufl., § 311 Rn. 269; Darstellung und Analyse der Rechtsprechung bei *Canaris*, 2004, S. 3 ff. BGH, Urt. v. 15.07.2010 – IX ZR 227/09 = NJW 2011, 229; BGH, Urt. v. 31.05.2010 – II ZR 30/09 = NJW 2010, 2506.
140 BGH, Urt. v. 16.11.1993 – XI ZR 214/92 = BGHZ 124, 151 = NJW 1994, 512 = NJW-RR 1994, 504.
141 BGH, Urt. v. 10.05.1994 – XI ZR 115/93 = NJW 1994, 2541; BGH, Urt. v. 11.03.1997 – XI ZR 92/96 = NJW 1997, 2171; BGH, Urt. v. 09.06.1998 – XI ZR 220/97 = NJW-RR 1998, 1271.

schädigte Ersatz des Erfüllungsinteresses, muss er nachweisen, dass bei erfolgter (richtiger) Aufklärung ein für ihn günstigerer Vertrag zu Stande gekommen wäre.[142] Unproblematisch sind die Fälle, in denen nachgewiesen werden kann, dass ein vorteilhafterer Vertrag mit einem Dritten zustande gekommen wäre. Anderes gilt, wenn behauptet wird, es wäre mit dem Schädiger ein Vertrag mit anderem Inhalt abgeschlossen worden. Die Vermutung aufklärungsrichtigen Verhaltens hilft hier nicht weiter, da es nicht nur um das Verhalten des Geschädigten, sondern auch um das Verhalten des Vertragspartners geht, welcher nach erfolgter (hypothetischer) Aufklärung nicht gehindert wäre, den eigenen Entschluss zum Abschluss des Vertrages zu überdenken und gegebenenfalls auch von dem Vertragsabschluss abzusehen. Dafür, dass der Vertragspartner im Einzelfall den Vertrag auch zu für ihn ungünstigeren Bedingungen abgeschlossen hätte, ist der Geschädigte beweispflichtig.[143] Kann der Geschädigte diesen Nachweis führen, ist er so zu stellen, als sei der günstigere Vertrag zustande gekommen.

Eine Besonderheit gilt nach der Rechtsprechung des Bundesgerichtshofes für den Vertrauensschaden beim Abschluss von Kaufverträgen,[144] bei Schmiergeldabreden[145] sowie bei der Beteiligung an einem Bauherrenmodell.[146] In diesen Fällen stellen die Aufwendungen, die der Geschädigte im Vertrauen auf die Richtigkeit der Angaben zuviel getätigt hat, den Vertrauensschaden dar. Rechnerisch ist der Geschädigte dann zwar so zu behandeln, als wäre es ihm bei Kenntnis der wahren Sachlage gelungen, den Vertrag zu einem niedrigeren Preis abzuschließen. Nach der Rechtsprechung geht es in diesem Fall jedoch nur um die Bemessung des verbliebenen Vertrauensschadens und nicht um das Erfüllungsinteresse. Deshalb muss auch nicht nachgewiesen werden, dass sich der andere Teil auf den Abschluss eines derartigen Vertrages eingelassen hätte.[147] Allerdings ist zu beachten, dass die Darlegung und Beweisführung des Geschädigten nur insoweit erleichtert wird, als es um die Verringerung der Gegenleistung als solche geht. Zur Höhe muss der Geschädigte vortragen. Gegebenenfalls ist ein Sachverständigengutachten einzuholen.[148] Ist Gegenstand des Anspruchs demgegenüber das Erfüllungsinteresse, muss vom Geschädigten entweder nachgewiesen werden, dass bei ordnungsgemäßem Verhalten (Aufklärung) des Schädigers

62

---

142 BGH, Urt. v. 04.07.1989 – VI ZR 217/88 BGHZ 108, 200 = NJW 1989, 3095 = NJW-RR 1990, 36; BGH, Urt. v. 24.06.1998 – XII ZR 126/96 = NJW 1998, 2900; BGH, Urt. v. 19.05.2006 – V ZR 264/05 = BGHZ 168, 35 = BauR 2006, 1740 = NJW 2006, 3139.
143 BGH, Urt. v. 19.05.2006 – V ZR 264/05 = BGHZ 168, 35 = BauR 2006, 1740 = NZBau 2006, 573 = NJW 2006, 3139.
144 BGH, Urt. v. 19.05.2006 – V ZR 264/05 = NJW 2006, 3139; BGH, Urt. v. 06.04.2001 – V ZR 394/99 = NJW 2001, 2875; BGH, Urt. v. 11.02.1999 – IX ZR 352/97 = NJW 1999, 2032; BGH, Urt. v. 06.04.2001 – V ZR 394/99 = NJW 2001, 2875; BGH, Urt. v. 25.05.1977 – VIII ZR 186/75 = BGHZ 69, 53 = NJW 1977, 1536; BGH, Urt. v. 26.01.1996 – V ZR 42/94 = NJW-RR 1996, 690; BGH, Urt. v. 14.01.1993 – IX ZR 206/91 = NJW 1993, 1323; BGH, Urt. v. 01.04.1981 – VIII ZR 51/80 = NJW 1981, 2050; BGH, Urt. v. 08.10.1993 – V ZR 146/92 = NJW-RR 1994, 76; BGH, Urt. v. 10.07.1987 – V ZR 236/85 = NJW-RR 1988, 10; BGH, Urt. v. 02.06.1980 – VIII ZR 64/79 = NJW 1980, 2408; BGH, Urt. v. 16.10.1987 – V ZR 153/86 = NJW-RR 1988, 328; BGH, Urt. v. 20.03.1987 – V ZR 27/86 = NJW 1987, 2511; BGH, Urt. v. 05.10.1988 – VIII ZR 222/87 = NJW-RR 1988, 306; BGH, Urt. v. 28.03.1990 – VIII ZR 169/89 = NJW 1990, 1659; BGH, Urt. v. 08.12.1988 – VII ZR 83/88 = NJW 1989, 1793.
145 BGH, Urt. v. 14.03.1991 – VII ZR 342/89 = BGHZ 114, 87 = NJW 1991, 1819.
146 BGH, Urt. v. 27.09.1988 – XI ZR 4/88 = NJW-RR 1989, 150.
147 BGH, Urt. v. 19.05.2006 – V ZR 264/05 = BGHZ 168, 35 = BauR 2006, 1740 = NZBau 2006, 573 = NJW 2006, 3139; BGH, Urt. v. 25.05.1977 – VIII ZR 186/75 = BGHZ 69, 53 = NJW 1977, 1536; BGH, Urt. v. 06.04.2001 – V ZR 394/99 = NJW 2001, 2875; BGH, Urt. v. 26.01.1996 – V ZR 42/94 = NJW-RR 1996, 690; BGH, Urt. v. 14.01.1993 – IX ZR 206/91 = NJW 1993, 1323; BGH, Urt. v. 08.12.1988 – VII ZR 83/88 = NJW 1989, 1793; BGH, Urt. v. 27.09.1988 – XI ZR 4/88 = NJW-RR 1989, 150.
148 BGH, Urt. v. 25.05.1977 – VIII ZR 186/75 = BGHZ 69, 53 = NJW 1977, 1536.

ein für den Geschädigten günstigerer Vertrag zustande gekommen wäre[149] oder dass ihm weitere Erfüllungsschäden entstanden sind. Da die Abgrenzung des negativen vom positiven Interesse teilweise nicht einfach vorzunehmen ist, wird in der Literatur die Unterscheidung kritisiert[150] und daher auch beim negativen Interesse der Nachweis eines hypothetischen Vertragsabschlusses gefordert.[151]

63 Bei Aufklärungspflichtverletzungen kann der Geschädigte – hält er an dem Vertrag fest – den Schaden wie folgt berechnen:
– entweder er verlangt das negative Interesse. Hierzu gehören bei Kauf- und Werkverträgen auch die Aufwendungen, die der Geschädigte aufgrund der Aufklärungspflichtverletzung »zuviel« getätigt hat, ohne dass der Geschädigte nachweisen muss, dass sich der Schädiger grundsätzlich auf einen für den Geschädigten vorteilhafteren Vertrag eingelassen hätte (zur Höhe der Minderung muss der Geschädigte jedoch vortragen) oder
– er verlangt das Erfüllungsinteresse. In diesem Fall muss er nachweisen, dass ein vorteilhafter Vertrag abgeschlossen worden wäre oder ihm Gewinn entgangen ist.

2. Schadensersatzansprüche aufgrund der Verletzung vergaberechtlicher Vorschriften[152]

64 Liegen Pflichtverletzungen des Auftraggebers bei der Vergabe von Aufträgen (während des Ausschreibungsvorgangs) vor, führen diese Pflichtverletzungen regelmäßig nur zur Erstattung des Vertrauensschadens (negatives Interesse), d.h. des Schadens, den der Bieter deshalb erlitten hat, da er auf die Einhaltung der vergaberechtlichen Vorschriften vertraute.[153] Hierzu gehören z.B. Kosten für die Erstellung des Angebotes, Reise- und Übernachtungskosten, die im Zusammenhang mit der Angebotsabgabe stehen. Handelt es sich um einen Verfahrensfehler während des laufenden Verfahrens, kommt grundsätzlich nur ein Anspruch desjenigen Bieters in Betracht, der den Zuschlag erhalten hätte. Die übrigen Bieter hätten ihre Aufwendungen auch bei ordnungsgemäßem Ablauf des Vergabeverfahrens nutzlos getätigt. Es fehlt daher insoweit an der Kausalität. Etwas anderes gilt nur dann, wenn der Bieter gar kein Angebot oder ein solches nur unter anderen Voraussetzungen eingereicht hätte. In einer solchen Fallgestaltung wären die Angebotskosten bei hinweggedachtem Vertrauenstatbestand unabhängig vom Ausgang des Wettbewerbs nicht entstanden. Deshalb kommen bei einer solchen Sachlage auch solche Bieter als Gläubiger eines auf das negative Interesse gerichteten Schadensersatzanspruchs in Betracht, die den Zuschlag nicht erhalten oder keine echte Chance darauf gehabt hätten.[154]

65 Ein Nichterfüllungsschaden (entgangener Gewinn, Deckungsbeiträge) kann nur in Ausnahmefällen verlangt werden,[155] nämlich dann, wenn der Auftrag tatsächlich vergeben wurde[156] und darüber hinaus bei richtiger, d.h. rechtmäßiger Handhabung des Verfahrens, allein dem Gläubiger des Ersatzanspruchs hätte erteilt werden können und dürfen,[157] wobei der Bieter hierfür die Beweis-

---

149 BGH, Urt. v. 19.05.2006 – V ZR 264/05 = NJW 2006, 3139 = BGHZ 168, 35 = BauR 2006, 1740.
150 Vgl. die Nachweise bei MüKo-BGB/*Emmerich*, 5. Aufl., § 311 Rn. 271.
151 *Lorenz,* NJW 1999, 1001, 1002.
152 Vgl. hierzu *Horn/Graef,* NZBau 2005, 505 und *Dähne,* NZBau 2003, 489.
153 BGH, Urt. v. 27.11.2007 – X ZR 18/07 = ZfBR 2008, 299; BGH, Urt. v. 08.09.1998 – X ZR 48/97 = BGHZ 139, 259 = BauR 1998, 1232 = NJW 1998, 3636; BGH, Urt. v. 26.10.1999 – X ZR 30/98 = NJW 2000, 661 = BauR 2000, 254.
154 BGH, Urt. v. 27.11.2007 – X ZR 18/07 = ZfBR 2008, 299; BGH, Urt. v. 27.06.2007 – X ZR 34/04 = NZBau 2007, 727.
155 BGH, Urt. v. 25.11.1992 – VIII ZR 170/91 = BGHZ 120, 281 = NJW 1993, 520.
156 BGH, Urt. v. 01.08.2006 – X ZR 115/04 = NZBau 2006, 797.
157 BGH, Urt. v. 03.04.2007 – X ZR 19/06 = NZBau 2007, 523; BGH, Urt. v. 01.08.2006 – X ZR 115/04 = NZBau 2006, 797; BGH, Urt. v. 06.02.2002 – X ZR 185/99 = NJW 2002, 1952 = BauR 2002, 1082 = NZBau 2002, 344; BGH, Urt. v. 08.09.1998 – X ZR 99/96 = BauR 1998, 1238 = BGHZ 139, 280 = NJW 1998, 3640; BGH, Urt. v. 17.02.1999 – X ZR 101/97 = BauR 1999, 736 = NJW 2000, 137; BGH, Urt. v. 26.10.1999 – X ZR 30/98 = NJW 2000, 661 = BauR 2000, 254.

last trägt.[158] Hätte die Ausschreibung aufgehoben werden können (§ 17 VOB/A n.F., § 26 VOB/A a.F.), was wiederum der Ausschreibende beweisen muss,[159] kann einem Schadensersatzbegehren insoweit der Einwand des rechtmäßigen Alternativverhaltens entgegengehalten werden.[160] Dieser Einwand geht dahin, dass der Auftrag auch bei rechtmäßigem Verhalten des Auftraggebers nicht erteilt worden wäre. Er ist jedoch nur dann beachtlich, wenn nach der Aufhebung und erneuter Ausschreibung der Auftrag nicht dem Schadensersatz begehrenden Bieter, sondern einem anderen Bieter hätte erteilt werden müssen.[161] Bei der Beurteilung, ob der Schadensersatz begehrende Bieter den Auftrag erhalten hätte, ist zu berücksichtigen, ob und inwieweit der Vergabestelle im konkreten Verfahren ein Bewertungsspielraum zustand,[162] auf den sich die Vergabestelle auch im Schadensersatzprozess berufen kann. Voraussetzung dafür, dass der Auftrag an den anspruchstellenden Bieter rechtmäßig hätte erteilt werden können, ist das Vorliegen eines ordnungsgemäßen Angebots desselben. Hätte das Angebot ausgeschlossen werden müssen,[163] zum Beispiel wegen unzulässiger Abänderung der Verdingungsunterlagen oder wegen unvollständiger Angebotsunterlagen, kommt ein Schadensersatzanspruch gerichtet auf das Erfüllungsinteresse nicht in Betracht.[164] Gleiches gilt dann, wenn ein Ausschluss bei Ausübung pflichtgemäßen Ermessens hätte erfolgen können.[165]

Einem Bieter, der bei der Ausschreibung nicht zum Zuge gekommen ist, steht ein Anspruch auf Ersatz des positiven Interesses jedoch nur dann zu, wenn er in berechtigter und schützenswerter Weise darauf vertrauen durfte, bei Beachtung der geltenden Vergaberegeln den Auftrag zu erhalten.[166] Das ist dann nicht der Fall, wenn der Bieter nicht auf die Einhaltung der vergaberechtlichen Vorschriften vertraut hat, da ihm bekannt ist, dass die vergaberechtlichen Vorschriften nicht eingehalten werden.[167] Gleiches gilt dann, wenn der Bieter bei zumutbarer Prüfung hätte erkennen müssen, dass die vergaberechtlichen Vorschriften nicht eingehalten werden oder sich ihm dieser Schluss hätte aufdrängen müssen.[168]

66

Wird eine Ausschreibung unter Verletzung der vergaberechtlichen Vorschriften (§ 17 VOB/A n.F., § 26 VOB/A a.F.) aufgehoben und hätte an sich gar nicht ausgeschrieben werden dürfen, weil beispielsweise die Finanzierung noch gar nicht geklärt gewesen ist, hat jedenfalls der Bieter, der den Zuschlag hätte erhalten müssen, Anspruch auf Ersatz des negativen Interesses.[169] Bei ihm hätten sich die für die Teilnahme am Ausschreibungsverfahren getätigten Aufwendungen amortisiert. Im Hinblick auf die übrigen Bieter führt m.E. der zwar grundsätzlich mögliche Einwand des rechtmäßigen Alternativverhaltens nicht weiter, wenn die Bieter darlegen, dass sie bei Kenntnis dieser Umstände gar nicht am Vergabeverfahren teilgenommen haben. Da die Pflichtverletzung in der Verletzung einer Aufklärungspflicht (und nicht erst in der Verletzung der Vorschrift über die Aufhebung der Ausschreibung) liegt, nämlich die Bieter darüber zu informieren, dass die Durchführung des Vorhabens noch gar nicht gesichert ist, kann die ausschreibende Stelle nicht erfolgreich den Einwand erheben, die Bieter hätten die Kosten für die Teilnahme am Ausschrei-

67

---

158 BGH, Urt. v. 25.11.1992 – VIII ZR 170/91 = BGHZ 120, 281 = NJW 1993, 520.
159 BGH, Urt. v. 25.11.1992 – VIII ZR 170/91 = BGHZ 120, 281 = NJW 1993, 520.
160 BGH, Urt. v. 26.10.1999 – X ZR 30/98 = NJW 2000, 661 = NZBau 2000, 35 = BauR 2000, 254.
161 BGH, Urt. v. 26.10.1999 X ZR 30/98 = NJW 2000, 661 = NZBau 2000, 35 = BauR 2000, 254.
162 BGH, Urt. v. 01.08.2006 – X ZR 115/04 = NZBau 2006, 797.
163 BGH, Urt. v. 07.06.2005 – X ZR 19/02 = NZBau 2006, 57 (Ls.) = BauR 2005, 1618 = NZBau 2005, 709; BGH, Urt. v. 17.02.1999 – X ZR 101/97 = NJW 2000, 137 = BauR 1999, 736.
164 BGH, Urt. v. 03.04.2007 – X ZR 19/06 = NZBau 2007, 523.
165 BGH, Urt. v. 03.04.2007 – X ZR 19/06 = NZBau 2007, 523.
166 BGH, Urt. v. 16.04.2002 – X ZR 67/00 = BauR 2002, 1236 = NJW 2002, 2558 = NZBau 2002, 517; BGH, Urt. v. 12.06.2001 – X ZR 150/99 = NZBau 2001, 637 = NJW 2001, 3698.
167 BGH, Urt. v. 27.06.2007 X ZR 34/04 = NJW 2008, 366 = BGHZ 173, 33 = NZBau 2007, 727; BGH, Urt. v. 01.08.2006 – X ZR 146/03 = NZBau 2007, 58 = BauR 2007, 120.
168 BGH, Urt. v. 03.06.2004 – X ZR 30/03 = NZBau 2004, 517.
169 BGH, Urt. v. 08.09.1998 – X ZR 48/97 = NJW 1998, 3636.

bungsverfahren auch bei rechtmäßigem Verhalten ohne Gegenleistung aufgewandt, da nur einer der Bieter den Auftrag und damit einen Ausgleich seiner Aufwendungen erlangt hätte. Bei ordnungsgemäßem Verhalten und ordnungsgemäßer Aufklärung der Bieter hätten dieselben am Ausschreibungsverfahren möglicherweise nicht teilgenommen und Aufwendungen insoweit auch nicht getätigt. Zumindest kann dieser Einwand vom Bieter vorgebracht werden. Im Rahmen der Beweisführung sind die von der Rechtsprechung entwickelten Grundsätze zur Vermutung aufklärungsrichtigen Verhaltens zu berücksichtigen (vgl. oben).

68 Wird eine Ausschreibung unter Verletzung der vergaberechtlichen Vorschriften aufgehoben und anschließend ein Auftrag an einen Auftragnehmer erteilt, ist stets zu überprüfen, ob die ursprünglich ausgeschriebenen Leistungen Gegenstand dieses Auftrages sind. Hierbei sind die ausgeschriebenen mit den tatsächlich beauftragten Leistungen in wirtschaftlicher Hinsicht zu vergleichen.[170] Kehrt die ausschreibende Stelle nach Aufhebung der Ausschreibung lediglich zu der vor Einleitung des Ausschreibungsverfahrens nachgefragten Leistung zurück, ohne dass diese von der Ausschreibung miterfasst gewesen ist, handelt es sich insoweit nicht um eine Vergabe der ausgeschriebenen Leistungen, die zum Ersatz des positiven Interesses führen könnte.[171]

II. Vertragsaufhebung

69 Ist infolge der Pflichtverletzung durch den Vertragspartner ein Vertrag zustande gekommen, steht dem Geschädigten ein Schadensersatzanspruch zu, der dahin geht, ihn so zu stellen, als sei der Vertrag nie abgeschlossen worden.[172] Ob es sich, genau genommen, tatsächlich um eine Rückgängigmachung des Vertrages handelt oder nur um einen rechnerischen Ausgleich bei unterstellter Rückgängigmachung, muss nicht entschieden werden. Im Ergebnis ist der Geschädigte jedenfalls so zu stellen, wie er stünde, wenn der Vertrag nicht abgeschlossen worden wäre.

III. Vertragsanpassung

70 Eine Vertragsanpassung im eigentlichen Sinn mit einer Abänderung vertraglicher Leistungspflichten ist ausgeschlossen.[173] Allerdings kann bei der Schadensberechnung in besonderen Fällen (vgl. oben Rdn. 62 f.) unterstellt werden, dass es dem Geschädigten gelungen wäre, den Vertrag zu einer verringerten Gegenleistung abzuschließen.[174] Da es insoweit um die Berechnung des Schadens geht und nicht um die Anpassung des Vertrages, muss der Geschädigte auch nicht nachweisen, dass sich der Vertragspartner auf einen Vertragsabschluss zu den veränderten Konditionen eingelassen hätte.[175] Auch wenn die Anpassung des Vertrages im eigentlichen Sinne ausgeschlossen ist, führt eine derartige Schadensberechnung zumindest rechnerisch zu einer Anpassung von Leistungspflichten.

F. Beweislast

71 Nach den allgemeinen Grundsätzen trägt derjenige die Beweislast, der aus den herangezogenen Rechtsvorschriften Vorteile für sich herleitet. Er muss die Voraussetzungen der anspruchsbegründenden Vorschriften beweisen, soweit dort nicht eine andere Beweislastverteilung ausdrücklich angeordnet ist. Der Geschädigte hat deshalb die Aufnahme von Vertragsverhandlungen, die An-

---

170 BGH, Urt. v. 16.12.2003 – X ZR 282/02 = NJW 2004, 2165 = NZBau 2004, 283.
171 BGH, Urt. v. 16.12.2003 – X ZR 282/02 = NJW 2004, 2165 = NZBau 2004, 283.
172 BGH, Urt. v. 31.01.1962 – VIII ZR 120/60 = NJW 1962, 1196; *Grigoleit*, 1997, 184 ff.; *Theisen*, NJW 2006, 3102, 3104.
173 BGH, Urt. v. 19.05.2006 – V ZR 264/05 = BGHZ 168, 35 = NZBau 2006, 573 = BauR 2006, 1740 = NJW 2006, 3139.
174 BGH, Urt. v. 11.02.1999 – IX ZR 352/97 = NJW 1999, 2032; BGH, Urt. v. 19.05.2006 – V ZR 264/05 = BGHZ 168, 35 = NZBau 2006, 573 = BauR 2006, 1740 = NJW 2006, 3139.
175 BGH, Urt. v. 11.02.1999 – IX ZR 352/97 = NJW 1999, 2032; BGH, Urt. v. 19.05.2006 – V ZR 264/05 = BGHZ 168, 35 = NZBau 2006, 573 = BauR 2006, 1740 = NJW 2006, 3139.

bahnung eines Vertrages, ähnliche geschäftliche Kontakte, die Inanspruchnahme besonderen oder typisierten Vertrauens, wirtschaftliches Eigeninteresse des Dritten und die Pflichtverletzung des anderen Teils darzulegen und zu beweisen, darüber hinaus grundsätzlich auch die Kausalität und den eingetretenen Schaden.

Bei Verstößen im Vergabeverfahren hat der übergangene Bieter zu beweisen, dass er – ohne den Verfahrensfehler – den Auftrag erhalten hätte, wenn das positive Interesse verlangt wird. Das negative Interesse kann jedenfalls von demjenigen Bieter verlangt werden, der den Zuschlag – ohne Verfahrensfehler – erhalten hätte, was vom Bieter zu beweisen ist. Andere Bieter müssen beweisen, dass sie bei Kenntnis des Umstandes, dass die vergaberechtlichen Vorschriften nicht eingehalten werden, am Vergabeverfahren nicht teilgenommen hätten. 72

Auch bei Aufklärungspflichtverletzungen liegt die Beweislast für die Kausalität beim Geschädigten. Ihm können jedoch Beweiserleichterungen in Form der Vermutung aufklärungsrichtigen Verhaltens zugute kommen (vgl. oben Rdn. 59). 73

Die Beweislast für das Nicht-Vertretenmüssen liegt nach § 280 Abs. 1 S. 2 BGB beim Schädiger. 74

§ 311a Leistungshindernis bei Vertragsschluss

(1) Der Wirksamkeit eines Vertrags steht es nicht entgegen, dass der Schuldner nach § 275 Abs. 1 bis 3 nicht zu leisten braucht und das Leistungshindernis schon bei Vertragsschluss vorliegt.

(2) Der Gläubiger kann nach seiner Wahl Schadensersatz statt der Leistung oder Ersatz seiner Aufwendungen in dem in § 284 bestimmten Umfang verlangen. Dies gilt nicht, wenn der Schuldner das Leistungshindernis bei Vertragsschluss nicht kannte und seine Unkenntnis auch nicht zu vertreten hat. § 281 Abs. 1 Satz 2 und 3 und Abs. 5 findet entsprechende Anwendung.

Schrifttum

Altmeppen Untaugliche Regeln zum Vertrauensschaden und Erfüllungsinteresse im Schuldrechtsmodernisierungsentwurf, DB 2001, 1399; *Arnold* Die vorübergehende Unmöglichkeit nach der Schuldrechtsreform, JZ 2002, 866; *Ball* Neues Gewährleistungsrecht beim Kauf, ZGS 2002, 49; *Canaris* Schadensersatz wegen Pflichtverletzung, anfängliche Unmöglichkeit und Aufwendungsersatz im Entwurf des Schuldrechtsmodernisierungsgesetzes, DB 2001, 1815; *ders.* Die Reform des Rechts der Leistungsstörungen, JZ 2001, 499; *Dötsch* Neues Leistungsstörungsrecht – Noch einmal: Burra –, ZGS 2002, 160; *Eidenmüller* Rechtskauf und Unternehmenskauf, ZGS 2002, 290; *Hammen* Stellvertretendes commodum bei anfänglicher Unmöglichkeit für jedermann?, in: Festschrift für Walther Hadding zum 70. Geburtstag am 8. Mai 2004, Häuser u.a. (Hrsg.), 2004, S. 41; *Hirsch* Schadensersatz statt der Leistung, Jura 2003, 289; *Katzenstein* Die Nichterfüllungshaftung nach § 311a Abs. 2 BGB, JR 2003, 447; *Lorenz* Einmal Vertretenmüssen – immer Vertretenmüssen? Zum Verhältnis von Fristablauf und Vertretenmüssen beim Schadensersatz statt der Leistung, Festschrift für Ulrich Huber, Baums u.a. (Hrsg.), 2006, S. 423; *Löhnig* Irrtumsrecht nach der Schuldrechtsmodernisierung, JA 2003, 516; *Schwarze* Unmöglichkeit, Unvermögen und ähnliche Leistungshindernisse im neuen Leistungsstörungsrecht, Jura 2002, 73; *Tettinger* Anfänglich oder Nachträglich? Das zwischen Angebot und Vertragsschluss eintretende Leistungshindernis, ZGS 2006, 452; *Windel* Was nie sich fügt, was nie gelingt – Systematisierungsversuche zu § 311a BGB, JR 2004, 265.

Übersicht	Rdn.			Rdn.
A. Allgemeines	1	I.	Wirksamkeit des Vertrages, § 311a Abs. 1 BGB	12
I. Normzweck	1			
II. Anwendungsbereich	3	II.	Verschuldensunabhängige Rechtsfolgen	13
B. Tatbestand	5			
I. Leistungshindernis i.S.d. § 275 BGB	5	III.	Verschuldensabhängige Rechtsfolgen, § 311a Abs. 2 BGB	14
II. Zum Zeitpunkt des Vertragsschlusses	10			
C. Rechtsfolgen	12		1. Schadensersatz statt der Leistung	16

§ 311a BGB   Leistungshindernis bei Vertragsschluss

		Rdn.			Rdn.
	2. Aufwendungsersatz	17	E.	Verhältnis zu anderen Rechtsinstituten	21
	3. Mitverschulden	18	I.	Vorvertragliches Verschulden, §§ 311	
IV.	Verjährung	19		Abs. 2, 241 Abs. 2, 280 Abs. 1	21
D.	Beweislast	20	II.	Irrtumstatbestände	22

A. Allgemeines[1]

I. Normzweck

1 Die Einführung von § 311a BGB im Zuge der Schuldrechtsmodernisierung hat das alte Regelungssystem der §§ 306–309 BGB a.F. abgelöst, das hinsichtlich der Nichtigkeitsfolge und der Begrenzung des Ersatzanspruches auf das negative Interesse bei anfänglicher objektiver Unmöglichkeit als unsachgemäß angesehen wurde.[2] Die Neuregelung in § 311a BGB führt zu mehreren grundlegenden Änderungen. Zunächst steht der Wirksamkeit eines Vertrages gem. § 311a Abs. 1 BGB – anders als nach § 306 BGB a.F. – nicht mehr entgegen, dass die Erfüllung bereits zum Zeitpunkt des Vertragsschlusses objektiv unmöglich war. Andererseits erfasst § 311a Abs. 1 BGB nicht allein die von § 306 BGB a.F. nach h.M. allein erfassten Fälle der anfänglichen objektiven Unmöglichkeit, sondern sämtliche Fälle der Unmöglichkeit oder Unzumutbarkeit gem. § 275 BGB, d.h. sowohl die objektive wie die subjektive. Im Gesetzgebungsverfahren orientierte sich der Gesetzgeber bewusst[3] an Art. 4.102 Principles of European Contract Law[4] und Art. 3.3 UNIDROIT-Principles.[5]

2 Gemäß § 311a Abs. 2 S. 1 BGB steht dem Gläubiger in den Fällen des § 311a Abs. 1 BGB auf der Sekundärebene ein Anspruch auf Schadensersatz statt der Leistung zu, wenn der Schuldner bei Vertragsschluss das Leistungshindernis positiv kannte oder in zu vertretender Weise nicht kannte. Alternativ kann der Gläubiger den Ersatz seiner Aufwendungen nach § 284 BGB verlangen. Im System des allgemeinen Schuldrechts ist § 311a Abs. 2 BGB als eigenständige Anspruchsgrundlage neben § 280 Abs. 1 BGB konzipiert.[6] Auch wenn § 311a Abs. 2 als Sonderregelung inhaltlich § 280 Abs. 1 BGB als zentraler Anspruchsgrundlage gleicht, begründet der in § 311a Abs. 2 S. 2 BGB normierte Verschuldensbezug die Eigenständigkeit der Norm.[7] Auf der Ebene des Vertretenmüssens unterscheiden sich die Sorgfaltspflichten des Schuldners nämlich: Muss er nach Vertragsschluss für die Bewirkung der versprochenen Leistung sorgen, so hat er sich vor Vertragsschluss allein über sein Vermögen zur Leistung zu informieren.[8] Um dieser Besonderheit der anfänglichen Unmöglichkeit gerecht zu werden, stellt der Schadensersatzanspruch gem. § 311a Abs. 2 BGB nicht auf das Verschulden hinsichtlich einer – erst mit Vertragsschluss zu begründenden – Pflichtverletzung ab, sondern setzt die Kenntnis bzw. zu vertretende Unkenntnis des Schuldners bezüglich des Leistungshindernisses voraus. Insoweit wurde – als zweite bedeutende Änderung – die früher geltende uneingeschränkte Garantiehaftung bei anfänglichem Unvermögen aufgegeben, weil das Verschuldensprinzip unter Gerechtigkeitsgesichtspunkten überzeuge.[9] Der Gesetzgeber bezweckt mit der Neuregelung des § 311a Abs. 2 BGB eine weitgehende Gleichbehandlung des Schadensersatzanspruchs in Fällen der anfänglichen und nachträglichen

---

1 Für die wertvolle Unterstützung bei der Vorbereitung und Erstellung des Manuskripts danke ich Herrn Richter am LG *Bernhard Locher* sowie Frau ass.iur. *Grete Langjahr*.
2 BT-Drucks. 14/6040, 164.
3 BT-Drucks. 14/6040, 164 f.
4 Principles of European Contract Law, abgedr. in ZEuP 2000, 675.
5 UNIDROIT-Principles, abgedr. in ZEuP 1997, 890.
6 Palandt/*Grüneberg*, BGB § 311a Rn. 2; PWW/*Medicus*, § 311a Rn. 8; Erman/*Kindl*, § 311a Rn. 6.
7 PWW/*Medicus*, § 311a Rn. 8; Erman/*Kindl*, § 311a Rn. 6; *Repgen*, in: Baumgärtel/Laumen/Prütting, § 311a Rn. 1; *Medicus*, SchuldR I, § 29 Rn. 342.
8 BGH v. 19.10.2007, V ZR 211/06, NJW 2007, 3777, 3780; *Medicus*, SchuldR I, § 29 Rn. 342.
9 BT-Drucks. 14/6040, 165; OLG Karlsruhe v. 14.09.2004, 8 U 97/04, NJW 2005, 989, 990; Palandt/*Grüneberg*, BGB § 311a Rn. 1; *Canaris*, DB 2001, 1815, 1818 f.

Unmöglichkeit, weil der Zeitpunkt des Eintritts der Unmöglichkeit oft vom Zufall abhänge.[10] Die dogmatische Begründung des auf das positive Interesse gerichteten Schadensersatzanspruchs bei anfänglicher Unmöglichkeit ist dagegen nach wie vor umstritten. Einigkeit besteht insoweit, dass die Verletzung von vorvertraglichen Informationspflichten hinsichtlich der eigenen Leistungsfähigkeit höchstens einen Anspruch auf das negative Interesse rechtfertigen könnte.[11] Die überwiegende Meinung erkennt den Haftungsgrund des § 311a Abs. 2 BGB in der bloßen Nichterfüllung des gem. § 311a Abs. 1 BGB wirksamen Leistungsversprechens.[12] Bei Zugrundelegung dieser Ansicht mutet es zwar auf den ersten Blick seltsam an, dass als Pflichtverletzung nicht die Nichtleistung, sondern die Kenntnis oder zu vertretende Unkenntnis des Schuldners von dem anfänglichen Leitungshindernis als Anknüpfungspunkt des Verschuldens heranzuziehen ist. Die Entscheidung des Gesetzgebers, § 311a Abs. 2 BGB in dieser Konzeption zu erlassen, verstößt aber nicht gegen höhere Rechtssätze.[13] Auch in den Fällen nachträglicher Leistungshindernisse ist der Anknüpfungspunkt des Verschuldens ein anderer als die Nichtleistung als Pflichtverletzung (vgl. § 275 BGB Rdn. 12). Nach dieser Interpretation bedürfte es § 311a Abs. 2 BGB freilich nicht als selbständiger Anspruchsgrundlage. Vielmehr ergibt sich die Haftung bereits wegen der Nichterfüllung des gem. § 311a Abs. 1 BGB wirksamen Vertrages auf der Grundlage der §§ 280 ff. BGB. § 311 Abs. 2 BGB stellt immerhin klar, dass der Schuldner mit dem Vertragsschluss nicht allein ein Leistungsversprechen abgibt, sondern auch i.S.d. § 276 Abs. 1 BGB eine Garantie für die Erfüllbarkeit übernommen hat, die allerdings, wie es dem Willen des Gesetzgebers entspricht,[14] nicht mehr uneingeschränkt gilt, sondern – wie es den Anschauungen redlicher Parteien nach Treu und Glauben entspricht – auf den dem Schuldner zum Zeitpunkt des Vertragsschlusses zugänglichen Informationsstand beschränkt ist.

II. Anwendungsbereich

Die Vorschrift gilt für alle schuldrechtlichen Verträge, die Leistungspflichten begründen.[15] Werkverträge sind deshalb gem. § 311a Abs. 1 BGB auch dann wirksam, wenn das Werk vom Schuldner oder niemandem vertragsgemäß hergestellt werden kann. In diesem Fall kommt allerdings der Schadensersatzanspruch aus § 311a Abs. 2 BGB bis zur Abnahme (Übergabe beim Kaufvertrag) direkt zur Anwendung. Nach dem Gefahrübergang kann der Gläubiger einen Anspruch auf Schadensersatz nur im Rahmen der Mängelrechte über die Verweisung des § 634 Nr. 4 BGB (§ 437 Nr. 3 BGB) geltend machen.[16] In einem gleich gelagerten Fall im Mietrecht verdrängt die Sonderregelung in § 536a BGB allerdings § 311a Abs. 2 BGB.[17] Der Anwendungsbereich des § 311a BGB ist auch für einseitige Rechtsgeschäfte eröffnet. Keine Anwendung findet die Regelung auf gesetzliche Schuldverhältnisse, weil den gesetzlichen Schuldverhältnissen des BGB eine anfängliche Unmöglichkeit systembedingt fremd ist.[18] Für das Vermächtnis gilt die Sonderregelung in § 2171 BGB.[19]

3

---

10 BT-Drucks. 14/6040, 164; vgl. auch BGH v. 19.10.2007, V ZR 211/06, NJW 2007, 3777, 3780; Bamberger/Roth/*Gehrlein*, § 311a Rn. 1; AnwK/*Dauner-Lieb*, § 311a Rn. 4.
11 Erman/*Kindl*, § 311a Rn. 6; AnwK/*Dauner-Lieb*, § 311a Rn. 4; *Altmeppen*, DB 2001, 1399, 1400; *Canaris*, JZ 2001, 499, 507.
12 BT-Drucks. 14/6040, 165; MüKo-BGB/*Ernst*, § 311a Rn. 15; Erman/*Kindl*, § 311a Rn. 6; *Canaris*, JZ 2001, 499, 506; *Schwarze*, Jura 2002, 73, 81. A.A. *Katzenstein*, JR 2003, 447, 449 f.
13 MüKo-BGB/*Ernst*, § 311a Rn. 15.
14 BT-Drucks. 14/6040, 165.
15 MüKo-BGB/*Ernst*, § 311a Rn. 15; Bamberger/Roth/*Gehrlein*, § 311a Rn. 2; Erman/*Kindl*, § 311a Rn. 6.
16 Staudinger/*Löwisch*, § 311a Rn. 5; Palandt/*Grüneberg*, BGB § 311a Rn. 3; Bamberger/Roth/*Gehrlein*, § 311a Rn. 4.
17 Bamberger/Roth/*Gehrlein*, § 311a Rn. 2; Jauernig/*Stadler*, § 311a Rn. 2; Palandt/*Grüneberg*, BGB § 311a Rn. 3.
18 Palandt/*Grüneberg*, BGB § 311a Rn. 3; Jauernig/*Stadler*, § 311a Rn. 2.
19 Staudinger/*Löwisch*, § 311a Rn. 9.

4 Die Vorschrift in § 311a BGB ist dispositiv und somit abweichenden Vereinbarungen zugänglich.[20] Die Parteien können beispielsweise die Wirksamkeit des Vertrages unter die Bedingung stellen, dass bei Vertragsschluss die Leistung möglich sein muss, oder dem Gläubiger ein Rücktrittsrecht bei anfänglicher Unmöglichkeit einräumen und so von der Wirksamkeitsanordnung des § 311a Abs. 1 BGB abweichen. Auch die Schadensersatzpflicht aus § 311a Abs. 2 BGB kann vertraglich in den Grenzen des § 276 Abs. 3 BGB ausgeschlossen werden. Bei der Verwendung von Allgemeinen Geschäftsbedingungen muss § 309 Nr. 7 BGB beachtet werden.

B. Tatbestand

I. Leistungshindernis i.S.d. § 275 BGB

5 Die Anwendung des § 311a BGB setzt die Befreiung des Schuldners von seiner Leistungspflicht gem. § 275 BGB voraus. Dabei werden zunächst alle Fälle der tatsächlichen Unmöglichkeit nach § 275 Abs. 1 BGB erfasst.[21] Im Hinblick auf die subjektive Unmöglichkeit sind im Werkvertragsrecht die Besonderheiten im Zusammenhang mit der Erfolgsverschaffungspflicht des Werkunternehmers zu berücksichtigen (vgl. § 275 BGB Rdn. 35 ff.).

6 Die Verweisung des § 311a Abs. 1 BGB umfasst daneben die Befreiungstatbestände des § 275 Abs. 2 und 3 BGB. Hinsichtlich § 275 Abs. 2 BGB stellt sich bei Vorliegen eines anfänglichen Leistungshindernisses die Frage, inwieweit § 275 Abs. 2 S. 2 BGB wörtlich anzuwenden ist. Wegen der fehlenden Pflicht des Schuldners, vor Vertragsschluss seine Leistungsfähigkeit sicherzustellen, kann im Rahmen der Zumutbarkeitsabwägung des § 275 Abs. 2 BGB schlecht darauf abgestellt werden, ob der Schuldner das Leistungshindernis zu vertreten hat.[22] Dem Wesen des anfänglichen Leistungshindernisses entspricht es vielmehr, den Ansatzpunkt des § 311a Abs. 2 S. 2 BGB auf § 275 Abs. 2 S. 2 BGB zu übertragen und die Kenntnis oder zu vertretende Unkenntnis des Schuldners hinsichtlich des Leistungshindernisses bei der erforderlichen Zumutbarkeitsabwägung entsprechend zu berücksichtigen.[23]

7 Die praktische Relevanz des § 311a BGB wird gerade bei Werkverträgen vor allem durch seine Anwendung auf die Fälle der sog. qualitativen Unmöglichkeit (vgl. dazu § 275 BGB Rdn. 65 ff.) begründet.[24] Der Schuldner kann sich hinsichtlich bestimmter Qualitätsaspekte nach Vertragsschluss auf § 275 BGB berufen, wenn ihm eine vertragsgemäße Leistung nicht möglich oder zuzumuten ist.[25] Von erheblicher Bedeutung ist § 311a BGB im Fall der qualitativen Unmöglichkeit in Gestalt des anfänglichen unbehebbaren Sach-[26] oder Rechtsmangels.[27] Im Werkvertragsrecht wird die Sinnhaftigkeit der Anwendung des Rechtsinstituts der anfänglichen qualitativen Unmöglichkeit kritisiert, weil das vertragsmäßig zu erstellende Werk erst durch die einzelnen Qualitätsmerkmale konkretisiert und bestimmt werde.[28] Jedoch hat sich der Gesetzgeber in der Verweisung des § 634 Nr. 4 BGB auf § 311a BGB eindeutig für eine Anwendung ausgesprochen.

---

20 PWW/*Medicus*, § 311a Rn. 27; MüKo-BGB/*Ernst*, § 311a Rn. 102, 103.
21 Staudinger/*Löwisch*, § 311a Rn. 14.
22 Erman/*Kindl*, § 311a Rn. 7; *Huber/Faust*, Kapitel 7 Rn. 7.
23 AnwK/*Dauner-Lieb*, § 311a Rn. 11; Erman/*Kindl*, § 311a Rn. 7; *Huber/Faust*, Kapitel 7 Rn. 7. A.A. MüKo-BGB/*Ernst*, § 311a Rn. 30, der weiter auf ein Vertretenmüssen des Leistungshindernisses abstellt und dies auf die Annahme stützt, dass ein vorvertragliches Verhalten des Schuldners, welches sich auf die Leistungsfähigkeit negativ auswirkt, als vorgreifliche Unsorgfältigkeit hinsichtlich der späteren Leistungspflicht gewertet werden müsse.
24 AnwK/*Dauner-Lieb*, § 311a Rn. 8; Erman/*Kindl*, § 311a Rn. 3.
25 MüKo-BGB/*Ernst*, § 311a Rn. 76; Erman/*Kindl*, § 311a Rn. 3.
26 BGH v. 22.06.2005, VIII ZR 281/04, NJW 2005, 2852, 2854.
27 Vgl. OLG Karlsruhe v. 14.09.2004, 8 U 97/04, NJW 2005, 989, 990.
28 MüKo-BGB/*Ernst*, § 311a Rn. 77.

Grundsätzlich setzt die Anwendung des § 311a BGB eine dauernde Unmöglichkeit voraus. Bei vorübergehender Unmöglichkeit gilt § 311a BGB nur dann, wenn das vorübergehende Leistungshindernis einem andauernden gleichsteht (vgl. dazu bereits § 275 BGB Rdn. 57 ff.).[29] Fehlt es daran, so bleibt der Vertrag trotz Vorliegens eines vorübergehenden Leistungshindernisses wirksam; die Schadensersatzforderung richtet sich dann jedoch nach §§ 280 Abs. 1 und 3, 281 BGB und der Rücktritt nach § 323 BGB mit der Folge des Eingreifens des Fristsetzungserfordernisses.[30] 8

§ 311a BGB ist auch auf die Fälle der §§ 439 Abs. 3 bzw. § 635 Abs. 3 BGB entsprechend anzuwenden. §§ 439 Abs. 3 und § 635 Abs. 3 BGB erfassen die Fälle der Unzumutbarkeit der Nacherfüllung, welche unterhalb der Schwelle des § 275 Abs. 2 und 3 BGB ansetzen. Die Interessenlage ist insoweit vergleichbar, weil es in beiden Fällen um anfängliche Mängel geht, welche nicht der Nacherfüllung zugänglich sind. Dem Gläubiger steht in diesen Fällen zwar grundsätzlich ein Schadensersatzanspruch nach §§ 280 Abs. 1, 3, 281 BGB zu. Diese Rechtsfolge wird aber dem Wesen des anfänglichen Sachmangels nicht gerecht, weil die Exkulpationsmöglichkeit nach § 280 Abs. 1 BGB an das Verschulden bzgl. der Schlechtleistung anknüpft, welches oftmals nicht gegeben ist. Bei einem anfänglichen Mangel liegt der eigentliche Anknüpfungspunkt jedoch nicht im Verschulden der Schlechtleistung, sondern im verschuldeten Nichtwissen der Leistungsfähigkeit. Daher erscheint es vorzugswürdig, dem Schuldner einen Schadensersatzanspruch aus § 311a Abs. 2 S. 1 BGB analog zuzusprechen[31] und somit sämtliche Fälle des anfänglichen Mangels bei ausgeschlossener Nacherfüllung über § 311a BGB zu lösen. Der Schuldner kann sich in diesen Fällen nach § 311a Abs. 2 S. 2 BGB nur exkulpieren, wenn er seine Unkenntnis nicht zu vertreten hat. 9

II. Zum Zeitpunkt des Vertragsschlusses

Die Anwendung des § 311a BGB setzt voraus, dass das Leistungshindernis ein anfängliches ist, d.h. bereits zum Zeitpunkt des Vertragsschlusses vorlag und zudem auch weiterhin vorliegt.[32] Hinsichtlich des Schadensersatzanspruches sind die §§ 311a Abs. 2 BGB einerseits und §§ 280 Abs. 1, 3, 283 BGB andererseits als Anspruchsgrundlagen für anfängliche bzw. nachträgliche Leistungshindernisse voneinander abzugrenzen. Der Zeitpunkt des tatsächlichen Vertragsschlusses ist für diese Abgrenzung selbst dann maßgeblich, wenn die Parteien einvernehmlich den Vertrag rückdatieren.[33] Gleiches trifft auf Verträge zu, die unter einer aufschiebenden Bedingung stehen oder befristet sind. Ein Leistungshindernis nach Vertragsschluss, aber vor Eintritt der Bedingung oder Ablauf der Frist ist als nachträgliches Leistungshindernis zu qualifizieren.[34] Bedarf die Wirksamkeit des Vertrags einer Genehmigung und wird diese verweigert, so ist der Vertrag nichtig und es liegt kein Fall der anfänglichen Unmöglichkeit vor.[35] Ist nur das Erfüllungsgeschäft genehmigungspflichtig, so liegt ebenfalls kein Fall der anfänglichen Unmöglichkeit vor, da die spätere Nichterteilung der Genehmigung als nachträgliche Unmöglichkeit zu behandeln ist. Wurde kurz vor Abschluss des Bauvertrages die Baugenehmigung widerrufen, so liegt ein anfängliches Leistungshindernis vor, weil die Durchführung des Bauvorhabens bereits zum Zeitpunkt des Vertragsschlusses rechtlich unmöglich war.[36] 10

---

29 Bamberger/Roth/*Gehrlein*, § 311a Rn. 3.
30 AnwK/*Dauner-Lieb*, § 311a Rn. 10; MüKo-BGB/*Ernst*, § 311a Rn. 99; *Arnold*, JZ 2002, 866.
31 Vgl. AnwK/*Dauner-Lieb*, § 311a Rn. 12; Erman/*Kindl*, § 311a Rn. 9; MüKo-BGB/*Ernst*, § 311a Rn. 83; *Windel*, JR 2004, 265, 268.
32 Palandt/*Grüneberg*, BGB § 311a Rn. 4; Jauernig/*Stadler* § 311a Rn. 3; *Tettinger*, ZGS 2006, 452. A.A. MüKo-BGB/*Ernst*, § 311a Rn. 36, der auf das Wirksamwerden des Angebots abstellt. Für § 306 BGB a.F. war der Zeitpunkt der Fälligkeit entscheidend.
33 AnwK/*Dauner-Lieb*, § 311a Rn. 13; Bamberger/Roth/*Gehrlein*, § 311a Rn. 3; Palandt/*Grüneberg*, BGB § 311a Rn. 4.
34 Palandt/*Grüneberg*, BGB § 311a Rn. 4; AnwK/*Dauner-Lieb*, § 311a Rn. 13.
35 AnwK/*Dauner-Lieb*, § 311a Rn. 13.
36 *Vygen/Joussen*, Kapitel 7 Rn. 1447.

11 Ist die Leistungsbefreiung des Schuldners auf § 275 Abs. 2 oder 3 BGB zurückzuführen, so kommt es nicht auf den Zeitpunkt der Erhebung der Einrede an, sondern auf die Frage, ob bei Entstehen des Schuldverhältnisses die die Einrede begründenden Umstände vorlagen.[37] Systematische Gründe sprechen gegen eine wörtliche Auslegung des § 311a BGB, welche ein Eingreifen der Rechtsfolge des § 275 BGB fordert und damit im Fall des § 275 Abs. 2, 3 BGB die Erhebung der Einrede vorauszusetzen scheint. Die Erhebung der Einrede vor dem eigentlichen Vertragsschluss würde jedoch in der Regel dem Vertragsschluss entgegenstehen, so dass § 311a BGB bei Unzumutbarkeit der Leistung nach § 275 Abs. 2, 3 BGB nicht zur Anwendung käme.[38]

C. Rechtsfolgen

I. Wirksamkeit des Vertrages, § 311a Abs. 1 BGB

12 Der Vertrag ist trotz eines anfänglichen Leistungshindernisses gem. § 311a BGB wirksam. Eine primäre Leistungspflicht wird jedoch durch den Vertragsschluss nicht begründet, so weit das Leistungshindernis reicht.[39] Ist der Schuldner zur Einhaltung bestimmter Qualitätsstandards verpflichtet und steht schon bei Vertragsschluss fest, dass ihm dies nicht möglich ist, liegt ebenfalls ein Fall des § 311a BGB vor, welcher die Wirksamkeit des Vertrages nicht berührt.[40] Der Vertrag ohne primäre Leistungspflicht ist kein Novum, sondern stellt eine seit langem anerkannte dogmatische Kategorie dar.[41] Liegt das anfängliche Leistungshindernis demgegenüber in einem Verstoß gegen ein Verbotsgesetz i.S.d. § 134 BGB, so ist der Vertrag trotz § 311a Abs. 1 BGB nichtig. Von § 275 BGB verschiedene Unwirksamkeitsgründe wie z.B. §§ 104, 125, 134, 138 BGB finden ebenfalls uneingeschränkt Anwendung.[42] In diesen Fällen bleibt dem Gläubiger nur ein Anspruch auf Schadensersatz nach §§ 311 Abs. 2, 241 Abs. 2, 280 BGB.[43]

II. Verschuldensunabhängige Rechtsfolgen

13 Der gem. § 311a Abs. 1 BGB wirksame Vertrag stellt die Grundlage für Ansprüche auf der Sekundärebene wie den Anspruch auf Herausgabe des Surrogats gem. § 285 BGB oder den Schadensersatzanspruch gem. § 311a Abs. 2 BGB dar.[44] Bei gegenseitigen Verträgen fällt zunächst der Anspruch des Schuldners auf die Gegenleistung nach den allgemeinen Grundsätzen gem. § 326 Abs. 1 BGB weg. Zu den Besonderheiten bei teilweiser und qualitativer Unmöglichkeit vgl. § 326 BGB Rdn. 11 f. Dem Gläubiger steht das Wahlrecht zu, anstelle des Schadensersatzanspruchs nach § 311a Abs. 2 BGB die Herausgabe des stellvertretenden commodums gem. § 285 BGB zu verlangen.[45] Der Anwendung des § 285 BGB steht nicht entgegen, dass der Schuldner das Surrogat bereits vor Vertragsschluss erhalten hat.[46]

III. Verschuldensabhängige Rechtsfolgen, § 311a Abs. 2 BGB

14 Die Ansprüche nach § 311a Abs. 2 BGB setzen neben einem wirksamen Vertrag und einem anfänglichen Leistungshindernis nach § 275 BGB vor allem Vertretenmüssen voraus. Das Vertreten-

---

37 AnwK/*Dauner-Lieb*, § 311a Rn. 15; Erman/*Kindl*, § 311a Rn. 4; Jauernig/*Stadler*, § 311a Rn. 3.
38 AnwK/*Dauner-Lieb*, § 311a Rn. 15.
39 Jauernig/*Stadler*, § 311a Rn. 4; *Canaris*, JZ 2001, 499, 506; vgl. ferner BGH v. 22.06.2005, VIII ZR 281/04, NJW 2005, 2852, 2854.
40 MüKo-BGB/*Ernst*, § 311a Rn. 76, PWW/*Medicus*, § 311a Rn. 6.
41 BT-Drucks. 14/6040, 164; vgl. Erman/*Kindl*, § 311a Rn. 5.
42 Staudinger/*Löwisch*, § 311a Rn. 15; AnwK/*Dauner-Lieb*, § 311a Rn. 16; PWW/*Medicus*, § 311a Rn. 9.
43 Jauernig/*Stadler*, § 311a Rn. 4.
44 BT-Drucks. 14/6040, 164, 165; Erman/*Kindl*, § 311a Rn. 5; *Huber/Faust*, 7. Kapitel Rn. 3; *Canaris*, JZ 2001, 499, 506.
45 BT-Drucks. 14/6040, 165; MüKo-BGB/*Ernst*, § 311a Rn. 38; Palandt/*Grüneberg*, BGB § 311a Rn. 13. A.A. *Hammen*, in: FS Hadding, S. 41, 51.
46 MüKo-BGB/*Ernst*, § 311a Rn. 38.

müssen richtet sich zwar nach den allgemeinen Vorschriften der §§ 276 ff. BGB,[47] muss sich aber nicht auf den Umstand beziehen, welcher zu dem anfänglichen Leistungshindernis geführt hat, sondern allein auf die Kenntnis oder zu vertretende Unkenntnis des Schuldners hinsichtlich des bei Vertragsschluss bestehenden Leistungshindernisses.[48] Bezüglich der zu vertretenden Unkenntnis knüpft das Vertretenmüssen an die Pflicht des Schuldners an, sich über sein Leistungsvermögen zum Zeitpunkt des Vertragsschlusses zu informieren.[49] Die konkreten Anforderungen an die vom Schuldner zu beachtende Sorgfalt werden durch die Umstände des Einzelfalls bestimmt.[50] Beruhen beispielsweise die Einschätzungen des Schuldners hinsichtlich seines Leistungsvermögens auf einem älteren Kenntnisstand, so ist der Schuldner zur Überprüfung und Erneuerung seiner Informationen verpflichtet.[51] Den Werkunternehmer trifft ein Verschulden, wenn er ein Leistungsversprechen bezüglich des Abrisses einer tragenden Wand abgibt und sein Leistungsversprechen bezüglich der tatsächlichen Durchführbarkeit des Vorhabens in Hinblick auf die Statik auf bei ihm vorhandene veraltete Pläne stützt, ohne die Baustelle zu besichtigen oder weitere Informationen einzuholen. Einen Anhaltspunkt für den Umfang der Sorgfaltspflicht gibt die Bedeutung des vom Schuldner abgegebenen Leistungsversprechens für den Gläubiger.[52] Der Schuldner muss sich gem. § 278 BGB das unsorgfältige Verhalten eines Dritten zurechnen lassen, wenn er sich dessen bei der Beurteilung seines Leistungsvermögens als Erfüllungsgehilfen bedient.[53] Auf ein Vertretenmüssen des Schuldners kommt es generell nicht an, wenn er eine entsprechende Garantie oder das Beschaffungsrisiko übernommen hat.[54]

Liegt ein Fall der anfänglichen qualitativen Unmöglichkeit vor, ist der Mangel also von Anfang an nicht behebbar, so reicht allein die Kenntnis oder die zu vertretende Unkenntnis in Hinblick auf den Mangel nicht aus. Das Vertretenmüssen bezieht sich vielmehr auf die anfängliche Unmöglichkeit, den Mangel zu beheben.[55] In der Regel dürfte jedoch die Kenntnis des Mangels genügen, weil dem Schuldner zumindest Fahrlässigkeit vorgeworfen werden kann, wenn er den Mangel irrig für behebbar hält.[56] Der Schuldner muss sich über die Behebbarkeit des Mangels informieren, da er vertraglich zur mangelfreien Leistung verpflichtet ist.[57]

1. Schadensersatz statt der Leistung

Dem Gläubiger steht gem. § 311a Abs. 2 BGB ein Anspruch auf Schadensersatz statt der Leistung zu. Für die Bemessung des Schadensersatzanspruchs können die Grundsätze des § 281 BGB herangezogen werden (vgl. hierzu § 280 BGB Rdn. 85 ff.). Der Anspruch umfasst alle Folgen der anfänglichen Leistungsstörung. Bei anfänglicher qualitativer Unmöglichkeit kann der Gläubiger über § 311a Abs. 2 BGB auch die nach der Terminologie des alten Schuldrechts sogenannten Mangelfolgeschäden ersetzt verlangen. Eine Unterscheidung, inwiefern Schäden einer Fristsetzung zugänglich sind, muss im Rahmen des § 311a Abs. 2 BGB nicht erfolgen,[58] da die Nacherfüllung

---

47 OLG Karlsruhe v. 14.09.2004, 8 U 97/04, NJW 2005, 989, 990; Palandt/*Grüneberg*, BGB § 311a Rn. 9; Bamberger/Roth/*Gehrlein*, § 311a Rn. 8.
48 AnwK/*Dauner-Lieb*, § 311a Rn. 18; Bamberger/Roth/*Gehrlein*, § 311a Rn. 8.
49 Vgl. BGH v. 19.10.2007, V ZR 211/06, NJW 2007, 3777, 3780; *Medicus*, SchuldR I, § 29 Rn. 342.
50 Palandt/*Grüneberg*, BGB § 311a Rn. 9; MüKo-BGB/*Ernst*, § 311a Rn. 51; Erman/*Kindl*, § 311a Rn. 7.
51 MüKo-BGB/*Ernst*, § 311a Rn. 51; AnwK/*Dauner-Lieb*, § 311a Rn. 19.
52 *Emmerich*, § 5 Rn. 17.
53 Bamberger/Roth/*Gehrlein*, § 311a Rn. 8; MüKo-BGB/*Ernst*, § 311a Rn. 60; Palandt/*Grüneberg*, BGB § 311a Rn. 9.
54 Palandt/*Grüneberg*, BGB § 311a Rn. 9; MüKo-BGB/*Ernst*, § 311a Rn. 54, 55.
55 AnwK/*Dauner-Lieb*, § 311a Rn. 19; *Hirsch*, Jura 2003, 289, 298.
56 MüKo-BGB/*Ernst*, § 311a Rn. 84; *Lorenz*, in: FS Huber, S. 431.
57 AnwK/*Dauner-Lieb*, § 311a Rn. 20; vgl. auch Bamberger/Roth/*Faust*, § 437 Rn. 105.
58 Vgl. MüKo-BGB/*Ernst*, § 311a Rn. 65, 89; Palandt/*Grüneberg*, BGB § 311a Rn. 7; Erman/*Kindl*, § 311a Rn. 8; *Ball*, ZGS 2002, 49, 51. A.A. Jauernig/*Stadler*, § 311a Rn. 13; AnwK/*Dauner-Lieb*, § 311a Rn. 25; *Dötsch*, ZGS 2002, 160, 161, welche allesamt den Ersatz von Folgeschäden über § 280 Abs. 1

per definitionem unmöglich ist (vgl. § 283 BGB). Schadensersatz statt der *ganzen* Leistung kann bei anfänglicher qualitativer oder anfänglicher teilweiser Unmöglichkeit über die Verweisung des § 311a Abs. 2 Satz 3 BGB nur bei Vorliegen der weiteren Voraussetzungen des § 281 Abs. 1 Satz 2 bzw. Satz 3 BGB verlangt werden (vgl. § 281 BGB Rdn. 7).

2. Aufwendungsersatz

17 Der Gläubiger kann wahlweise gem. § 311a Abs. 2 S. 1 BGB anstelle des Schadensersatzanspruchs statt der Leistung Ersatz seiner Aufwendungen nach § 284 BGB verlangen.[59] Zu Voraussetzungen und Umfang des Aufwendungsersatzanspruchs gem. § 284 BGB sowie dem Anspruch auf Aufwendungsersatz nach den Grundsätzen der Rentabilitätsvermutung vgl. § 284 BGB Rdn. 8 ff. bzw. § 280 BGB Rdn. 97. Die strenge Alternativität zwischen Schadensersatzanspruch und Aufwendungsersatzanspruch gem. § 284 BGB wird im Rahmen des § 311a Abs. 2 BGB hinsichtlich des Ersatzes von Folgeschäden (vgl. oben) gelockert. Folgeschäden, die nicht vom Erfüllungsinteresse erfasst werden, können neben der Anwendung des § 284 BGB über § 311a Abs. 2 BGB geltend gemacht werden.[60]

3. Mitverschulden

18 Der Schadensersatzanspruch des Gläubigers gem. § 311a Abs. 2 BGB kann über die Anwendung des § 254 BGB entsprechend gemindert werden, wenn der Gläubiger das anfängliche Leistungshindernis kannte oder hätte kennen müssen.[61] Im alten Schuldrecht schloss § 307 Abs. 1 S. 2 BGB a.F. für diese Fälle eine Schadensersatzpflicht des Schuldners aus. Umgekehrt ist in analoger Anwendung von § 442 Abs. 2 S. 2 BGB davon auszugehen, dass selbst grob fahrlässige Unkenntnis des Gläubigers seine Ansprüche nicht mindert, soweit der Schuldner eine Garantie für seine Leistungsfähigkeit übernommen hat. Will der Gläubiger Ersatz seiner Aufwendungen gem. § 284 BGB geltend machen, so entsprechen diese in der Regel nicht den Voraussetzungen der Billigkeit, wenn der Schuldner Kenntnis von der Leistungsstörung hatte.[62]

IV. Verjährung

19 Der Schadensersatzanspruch gem. § 311a Abs. 2 BGB verjährt regelmäßig gem. §§ 195, 199 BGB. Der Zeitpunkt des Vertragsschlusses stellt auch zugleich den maßgeblichen Zeitpunkt für den Beginn der Verjährung nach § 199 Abs. 1 Nr. 1 BGB dar.[63] Findet § 311a Abs. 2 BGB im Rahmen der Mängelrechte im Kauf- oder Werkvertragsrecht Anwendung, so gelten die speziellen Vorschriften der § 438 BGB bzw. § 634a BGB.[64]

BGB regeln, weil über § 311a Abs. 2 BGB nur das Erfüllungsinteresse ersetzt werde. Geht man nach dieser Ansicht über § 280 Abs. 1 BGB vor, ist als Anknüpfungspunkt für das Vertretenmüssen entsprechend § 311a Abs. 2 S. 2 BGB auf die Kenntnis oder zu vertretende Unkenntnis hinsichtlich der Unbehebbarkeit des Mangels abzustellen.

59 OLG Karlsruhe v. 14.09.2004, 8 U 97/04, NJW 2005, 989, 991.
60 MüKo-BGB/*Ernst*, § 311a Rn. 90; Erman/*Kindl*, § 311a Rn. 8.
61 Erman/*Kindl*, § 311a Rn. 10; MüKo-BGB/*Ernst*, § 311a Rn. 68; AnwK/*Dauner-Lieb*, § 311a Rn. 26; wohl auch BT-Drucks. 14/6040, 165. A.A. *Maier-Reimer*, in: Dauner-Lieb/Konzen/Schmidt, S. 291, 304.
62 Staudinger/*Löwisch*, § 311a Rn. 49.
63 MüKo-BGB/*Ernst*, § 311a Rn. 101.
64 PWW/*Medicus*, § 311a Rn. 26; Palandt/*Grüneberg*, BGB § 311a Rn. 11.

D. Beweislast

Dem Gläubiger obliegt grundsätzlich die Darlegungs- und Beweislast zum Vertragsschluss und zum Vorliegen eines anfänglichen Leistungshindernisses.[65] Ausführlich zu Problemen der Beweislast für die einzelnen Befreiungstatbestände des § 275 BGB vgl. § 275 BGB Rdn. 79 f. Der Gläubiger kann den Schwierigkeiten bei der Beweisführung in Hinblick auf die Voraussetzungen des § 275 BGB über eine Fristsetzung und einem anschließenden Vorgehen über §§ 280 Abs. 1, 3, 281 BGB entgehen. Aufgrund der gesetzlich normierten Beweislastumkehr in § 311a Abs. 2 S. 2 BGB trifft den Schuldner die Beweislast für seine Exkulpation.[66] Der Schuldner muss beweisen, dass er weder positive Kenntnis noch fahrlässige Unkenntnis vom anfänglichen Leistungshindernis hatte. Diese Verteilung der Beweislast entspricht der Regelung in § 280 Abs. 1 S. 2 BGB.[67]

20

E. Verhältnis zu anderen Rechtsinstituten

I. Vorvertragliches Verschulden, §§ 311 Abs. 2, 241 Abs. 2, 280 Abs. 1

Sehr umstritten ist die Frage, ob der Gläubiger neben dem Schadensersatzanspruch aus § 311a Abs. 2 BGB auch gem. §§ 311 Abs. 2, 280 Abs. 1, 241 Abs. 2 BGB Ersatz des negativen Interesses wegen der Verletzung einer vorvertraglichen Aufklärungspflicht verlangen kann. Wenn der Gläubiger beispielsweise den Ersatz des Gewinns aus einem lukrativen Alternativgeschäft begehrt, kann der Ersatz des negativen Interesses für den Gläubiger durchaus günstiger als der Schadensersatz statt der Leistung gem. § 311a Abs. 2 BGB sein. Für eine parallele Anwendung spricht, dass die §§ 311 Abs. 2, 241 Abs. 2, 280 Abs. 1 BGB einerseits und § 311a Abs. 2 BGB andererseits sich auf unterschiedliche Haftungsgründe stützen. Erstere knüpfen an ein vorvertragliches Fehlverhalten an; letztere dagegen an die Nichterfüllung. Jedoch setzt § 311a Abs. 2 BGB gleichwohl ein vorvertragliches Fehlverhalten – die mangelnde Prüfung des Leistungsvermögens – voraus, weshalb beide Rechtsinstitute sich insoweit faktisch in ihrem Anwendungsbereich überschneiden.[68] Die wohl überwiegende Meinung geht deshalb davon aus, das § 311a Abs. 2 BGB den Anspruch auf Schadensersatz gem. §§ 311 Abs. 1, 241 Abs. 2, 280 Abs. 1 BGB verdrängt, weil sonst die Wertungsentscheidung des Gesetzgebers, in der Ausgangslage des anfänglichen Leistungshindernisses nur einen Anspruch auf Ersatz des negativen Interesses in den Grenzen des Aufwendungsersatzanspruchs gem. § 284 BGB zuzulassen, unterlaufen werden würde.[69] Dagegen steht dem Gläubiger unstreitig ein Anspruch aus §§ 280 Abs. 1, 241 Abs. 2 BGB zu, wenn der Schuldner erst nach Vertragsschluss das anfängliche Leistungshindernis feststellt und schuldhaft den Gläubiger hiervon nicht unterrichtet.[70]

21

II. Irrtumstatbestände

Der Irrtum des Schuldners über seine Leistungsfähigkeit kann den Tatbestand des Eigenschaftsirrtums gem. § 119 Abs. 2 BGB erfüllen.[71] Eine Anfechtung des Vertrages ist jedoch ausgeschlossen, weil der Schuldner sich nicht über die Anfechtung den Mängelansprüchen oder dem Schadens-

22

---

65 OLG Karlsruhe v. 14.09.2004, 8 U 97/04, NJW 2005, 989, 990; Erman/*Kindl*, § 311a Rn. 10; *Repgen*, in: Baumgärtel/Laumen/Prütting, § 311a Rn. 2.
66 MüKo-BGB/*Ernst*, § 311a Rn. 105; Erman/*Kindl*, § 311a Rn. 10.
67 Palandt/*Grüneberg*, BGB § 311a Rn. 10; Jauernig/*Stadler*, § 311a Rn. 9.
68 *Huber/Faust*, Kapitel 7 Rn. 17.
69 Palandt/*Grüneberg*, § 311a Rn. 14; Jauernig/*Stadler*, § 311a Rn. 11; Erman/*Kindl*, § 311a Rn. 11; *Huber/Faust*, Kapitel 7 Rn. 17. A.A. AnwK/*Dauner-Lieb*, § 311a Rn. 31; *Emmerich*, § 5 Rn. 18. MüKo-BGB/*Ernst*, § 311a Rn. 21, sieht zwar grundsätzlich die c.i.c als verdrängt an, will dem Schuldner aber dann einen Anspruch aus c.i.c zusprechen, wenn dieser bei Ersatz des negativen Interesses besser steht.
70 Erman/*Kindl*, § 311a Rn. 11; Staudinger/*Löwisch*, § 311a Rn. 3. A.A. Palandt/*Grüneberg*, § 311a Rn. 14, der auch in diesem Fall auf § 311a Abs. 2 BGB abstellt.
71 BT-Drucks. 14/6040, 165.

ersatzanspruch des Gläubigers entziehen dürfen soll.[72] Nach einer Ansicht in der Literatur steht dem Gläubiger ein Anspruch auf Ersatz des negativen Interesses gem. § 122 Abs. 1 BGB analog zu, wenn der Schuldner sich nach § 311a Abs. 2 S. 2 BGB erfolgreich exkulpieren kann.[73] Die h.M. lehnt jedoch zu Recht eine analoge Anwendung des § 122 Abs. 1 BGB mangels Vorliegens einer gesetzlichen Regelungslücke ab.[74]

§ 311b Verträge über Grundstücke, das Vermögen und den Nachlass

(1) Ein Vertrag, durch den sich der eine Teil verpflichtet, das Eigentum an einem Grundstück zu übertragen oder zu erwerben, bedarf der notariellen Beurkundung. Ein ohne Beachtung dieser Form geschlossener Vertrag wird seinem ganzen Inhalt nach gültig, wenn die Auflassung und die Eintragung in das Grundbuch erfolgen.

(2) Ein Vertrag, durch den sich der eine Teil verpflichtet, sein künftiges Vermögen oder einen Bruchteil seines künftigen Vermögens zu übertragen oder mit einem Nießbrauch zu belasten, ist nichtig.

(3) Ein Vertrag, durch den sich der eine Teil verpflichtet, sein gegenwärtiges Vermögen oder einen Bruchteil seines gegenwärtigen Vermögens zu übertragen oder mit einem Nießbrauch zu belasten, bedarf der notariellen Beurkundung.

(4) Ein Vertrag über den Nachlass eines noch lebenden Dritten ist nichtig. Das Gleiche gilt von einem Vertrag über den Pflichtteil oder ein Vermächtnis aus dem Nachlass eines noch lebenden Dritten.

(5) Absatz 4 gilt nicht für einen Vertrag, der unter künftigen gesetzlichen Erben über den gesetzlichen Erbteil oder den Pflichtteil eines von ihnen geschlossen wird. Ein solcher Vertrag bedarf der notariellen Beurkundung.

Schrifttum

Bachmayer Mietrecht in der notariellen Praxis, BWNotZ 2004, 25; *Reinicke/Tiedtke* Heilung eines formnichtigen Vorvertrages und ihre Auswirkung auf die Vertragsstrafe, NJW 1982, 1430; *Ludwig* Notarielle Urkunden für die, die es angeht?, DNotZ 1982, 724; *Schmidt* Ehegatten-Miteigentum oder »Eigenheim-Gesellschaft«, AcP 182 (1982), 481; *Ulmer/Löbbe* Zur Anwendbarkeit des § 313 BGB im Personengesellschaftsrecht, DNotZ 1998, 711; *Wolf* Rechtsgeschäfte im Vorfeld von Grundstücksübertragungen und ihre eingeschränkte Beurkundungsbedürftigkeit, DNotZ 1995, 179.

Übersicht		Rdn.			Rdn.
A.	**Zweck der Beurkundung**	1	IV.	Mittelbarer Zwang	18
B.	**Grundstück**	3	V.	Rechtlicher Zusammenhang	25
I.	Grundstück und gleichgestellte Rechte	4	**D.**	**Vertragliche Verpflichtung**	26
II.	Anwartschaftsrechte	5	I.	Alle Vertragsformen	26
III.	Anteile an einer Gesellschaft	6	II.	Gesellschaftsverträge	27
C.	**Übertragung oder Erwerb von Grundstücken**	10	III.	Einseitige Rechtsgeschäfte	28
I.	Gesellschaft	11	IV.	Gestaltungsrechte	29
II.	Unterlassungsverpflichtung	14	V.	Auftrag	31
III.	Bedingte Verpflichtung, Vorverträge	15	**E.**	**Vollmacht**	32
			I.	Formlose Gültigkeit	32

---

[72] BGH v. 08.06.1988, VIII ZR 135/87, NJW 1988, 2598; BT-Drucks. 14/6040, 165, AnwK/*Dauner-Lieb*, § 311a Rn. 28; Palandt/*Grüneberg*, § 311a Rn. 15; *Canaris*, JZ 2001, 499, 506; *Löhnig*, JA 2003, 516, 519.

[73] *Canaris*, JZ 2001, 499, 507.

[74] AnwK/*Dauner-Lieb*, § 311a Rn. 28; Erman/*Kindl*, § 311a Rn. 5; Jauernig/*Stadler*, § 311a Rn. 12; *Windel*, JR 2004, 265, 270; *Eidenmüller*, ZGS 2002, 290, 293.

		Rdn.			Rdn.
II.	Exkurs: § 29 GBO	35	H.	Heilung des Formmangels	56
F.	**Reichweite des Formzwanges**	36	I.	Auflassung	57
I.	Alle Vereinbarungen	36	II.	Grundbucheintragung	59
II.	Andeutungsformel	37	III.	Vorverträge, Auftrag und andere Fälle	60
III.	Grundstücksbezeichnung	39	IV.	Heilungswirkungen	61
IV.	Baubeschreibung, Teilungserklärung, Gemeinschaftsordnung	41	I.	**Beurkundung**	62
V.	Abreden über die Gegenleistung	42	I.	Stellung des Notars	62
VI.	Feststellung der Vertragsparteien	43	II.	Beurkundungsverfahren	64
VII.	Rechtlicher Zusammenhang	44	III.	Prüfungs- und Belehrungspflichten des Notars	69
VIII.	Einseitige Abhängigkeit	46		1. Sachverhaltsaufklärung und Willenserforschung	70
IX.	Vereinbarung mit Dritten	47		2. Belehrung über die rechtliche Tragweite des Geschäfts, insbesondere bei Grundstücksgeschäften	71
X.	Aufhebung des Vertrages	48			
XI.	Änderung des Vertrages	49			
G.	**Nichtigkeit als Rechtsfolge**	54			

A. Zweck der Beurkundung

Die Pflicht zur Beurkundung von Grundstücksverträgen hat fünf Zwecke: Veräußerer und Erwerber sollen vor übereilten Verträgen bewahrt werden (Schutz vor Übereilung), sie sollen auf die Wichtigkeit des Geschäftes hingewiesen werden (Warnfunktion), es soll ihnen die Möglichkeit rechtskundiger Belehrung und Beratung eröffnet werden (Schutzfunktion), der Inhalt der Vereinbarung soll klar und genau festgestellt und die Beweisführung gesichert werden (Beweisfunktion) und schließlich soll die Gültigkeit des Rechtsgeschäftes gewährleistet sein (Gültigkeitsgewähr).[1]   1

Der Schutz der Vertragsparteien ist allerdings nur das gesetzgeberische Motiv für die Formvorschrift, nicht etwa eine tatbestandliche Voraussetzung, so dass weder mit Nützlichkeitserwägungen die Beurkundungspflicht über die gesetzlich festgelegten Fälle hinaus ausgedehnt werden noch wegen des Fehlens der Schutzbedürftigkeit im Einzelfall von der Beurkundung abgesehen werden kann.[2]   2

B. Grundstück

Ein Grundstück muss Gegenstand der Übereignungs- oder Erwerbspflicht aus dem Vertrag sein.   3

I. Grundstück und gleichgestellte Rechte

Das Formerfordernis der Beurkundung gilt für Verträge über die Übereignung eines Grundstückes, über Miteigentumsanteile an einem Grundstück, Wohnungs- und Teileigentum nach dem WEG, vgl. § 4 Abs. 3 WEG, das Erbbaurecht, vgl. § 11 Abs. 2 ErbbauRG und das Gebäudeeigentum nach dem Zivilgesetzbuch der DDR, vgl. Art. 233 § 4 Abs. 1 EGBGB.[3]   4

II. Anwartschaftsrechte

Auch Verträge über die Übertragung des Anwartschaftsrechts auf Eigentumserwerb sind zu beurkunden, da das Anwartschaftsrecht dem Volleigentum weitgehend angenähert ist.[4] Das Anwartschaftsrecht auf Eigentumserwerb an einem Grundstück und damit auch die Pflicht zur Beurkun-   5

---

[1] BGH, Urt. v. 25.03.1983, V ZR 268/81 = BGHZ 87, 153; BGH, Urt. v. 08.10.2004, V ZR 178/03 = NJW 2004, 3626 f.; MüKo-BGB/*Kanzleiter*, § 311b Rn. 1.
[2] BGH, Urt. v. 18.02.1955, V ZR 108/53 = BGHZ 16, 335; BGH, Urt. v. 06.02.1970, V ZR 158/99 = BGHZ 53, 194 f.; BGH, Urt. v. 07.10.1994, V ZR 102/93 = NJW 1994, 3347.
[3] Zu ausländischen Grundstücken vgl. Soergel/*Wolf*, BGB § 313 Rn. 6 ff.
[4] BGH, Urt. v. 30.04.1982, V ZR 104/81 = BGHZ 83, 395, 400.

dung seiner Übertragung entstehen, wenn entweder die Auflassung erklärt ist und der Begünstigte aus der Auflassung selbst einen Antrag auf Eintragung als Eigentümer gestellt hat (nach § 17 GBO ist dieser Antrag bei dem Grundbuchamt vor zeitlich nachfolgenden Anträgen zu erledigen, kann also von dem Verkäufer oder Dritten nicht mehr vereitelt werden) oder wenn nach Auflassung eine Vormerkung zugunsten des Auflassungsempfängers im Grundbuch eingetragen ist.[5] Ist dagegen der Anspruch des Erwerbers auf den Eigentumserwerb noch nicht zu einem Anwartschaftsrecht erstarkt, kann dieser Anspruch formlos abgetreten werden.[6]

III. Anteile an einer Gesellschaft

6 Der Erwerb von Anteilen an einer Gesellschaft, die Eigentümerin von Grundstücken ist, ist nicht formbedürftig,[7] da der Vertrag auf den Erwerb eines Gesellschaftsanteiles und nicht eines Grundstücks gerichtet ist. Die durch den Beitritt zu der Gesellschaft entstehende Mitberechtigung an dem Gesellschaftsgrundstück ist nur gesetzliche Folge des Erwerbs durch Anwachsung gem. § 738 Abs. 1 S. 1 BGB. Gleichermaßen ist der Eigentumsverlust auch nur gesetzliche Folge des Verlusts der Mitgliedschaft. Es besteht selbst dann keine Formbedürftigkeit, wenn die Gesellschaft als Vermögensgegenstand nur Grundeigentum hat.[8]

7 Formfreiheit besteht weiter dann, wenn durch Ausscheiden des vorletzten Gesellschafters das ehemalige Gesellschaftsvermögen zu Alleineigentum des verbliebenen Gesellschafters wird.[9]

8 Der Betritt ist schließlich dann formfrei möglich, wenn die Gesellschaft den Erwerb eines Grundstückes in die Wege geleitet hat, ja sogar wenn dies noch nicht geschehen, sondern lediglich beabsichtigt ist. Der Beitritt ist demgegenüber formpflichtig, wenn der eintretende Gesellschafter sich verpflichtet, später eine bestimmte Wohnung von der Gesellschaft zu Alleineigentum zu erwerben.[10]

9 Soweit von der Literatur die Beurkundungspflicht von gesellschaftsrechtlichen Übertragungsakten im Hinblick auf das Schutzbedürfnis der Gesellschafter erweitert wird,[11] hat sich diese Auffassung nicht durchgesetzt, weil die Zufälligkeit der Ergebnisse mit der Sicherheit des Rechtsverkehrs nicht in Einklang zu bringen ist und entgegen der gesetzgeberischen Wertung den Grundsatz der formfreien Übertragung von Personengesellschaftsanteilen durch die Beurkundungspflicht verdrängen würde.[12]

C. Übertragung oder Erwerb von Grundstücken

10 Der Vertrag muss eine Verpflichtung zur Übertragung oder zum Erwerb von Eigentum an einem Grundstück beinhalten. Ob die Eigentumsänderung durch Auflassung oder durch Zuschlag in der Zwangsversteigerung bzw. bei einer freiwilligen Versteigerung (z.B. Grundstücksauktion) erfolgt, ist belanglos. Erforderlich ist, dass das Rechtsgeschäft zu einer Änderung der Eigentumszuordnung führen soll,[13] sich also bestehende Eigentumsverhältnisse ändern.[14] Zu beurkunden sind daher Vereinbarungen einer Gesamthandsgemeinschaft, zukünftig Bruchteils- oder Allein-

---

5 BGH, Urt. v. 30.04.1982, V ZR 104/81 = BGHZ 83, 395 f.
6 BGH, Urt. v. 30.04.1982, V ZR 104/81 = BGHZ 83, 398 f.
7 Formerfordernisse aus anderen Gesetzen, z.B. § 15 Abs. 3 GmbHG, sind aber zu beachten.
8 BGH, Urt. v. 15.06.1983, IVa ZR 10/82 = NJW 1983, 1100.
9 BGH, Urt. v. 08.01.1990, II ZR 115/89 = NJW 1990, 1171.
10 BGH, Urt. v. 10.04.1978, II ZR 61/77 = NJW 1978, 2505, 2506.
11 *Ulmer/Löbbe*, DNotZ 1998, 711 ff.
12 BGH, Urt. v. 15.06.1983, IVa ZR 10/82 = NJW 1983, 1100.
13 MüKo-BGB/*Kanzleiter*, § 311b Rn. 17.
14 Staudinger/*Wufka*, BGB § 311b Abs. 1 Rn. 3.

eigentum an einem Grundstück zu begründen.[15] Ebenso zu beurkunden ist die Übertragung des Grundstückes von einer Gesamthandsgemeinschaft auf eine andere, selbst wenn völlige Personengleichheit der beteiligten Gesellschafter besteht.[16] Die bloße Belastung von Grundstücken ist dagegen formfrei möglich.[17]

I. Gesellschaft

Die Gründung einer Gesellschaft ist, genauso wie der Beitritt zu ihr (vgl. Rdn. 6 ff.), grundsätzlich nicht formbedürftig.[18] Selbst wenn der Gesellschaftsvertrag den Zweck der Grundstücksgesellschaft lediglich mit Verwaltung und Verwertung von Grundstücken umschreibt, besteht keine Beurkundungsbedürftigkeit.[19] 11

Ausnahmsweise besteht dann eine Beurkundungspflicht, wenn sich ein Gesellschafter im Gesellschaftsvertrag verpflichtet, ein bestimmtes Grundstück in die Gesellschaft einzubringen.[20] Auch ohne eine solche Übertragungs- oder Erwerbsverpflichtung einzelner Gesellschafter kann der Gesellschaftsvertrag dann beurkundungspflichtig sein, wenn der Verkauf gesellschaftseigener Grundstücke festgelegt und nicht mehr in das Belieben der Gesellschafterversammlung gestellt ist.[21] 12

Zur Verhinderung des Missbrauchs der Gesellschaftsform zum Zwecke der Gläubigerbenachteiligung soll eine Formbedürftigkeit gegeben sein, wenn etwa Grundstücksgesellschaften nur zu dem Zweck gegründet werden, um Grundvermögen außerhalb des Grundbuchs und ohne förmliche Zwänge beweglicher verlagern zu können.[22] Dies kann z.B. bei einer Ehegattengesellschaft der Fall sein, wenn einziger Zweck der Grundstücksgesellschaft die einfachere Übertragung von Gesellschaftsanteilen auf einen der Ehegatten zum Schutz vor Zwangsvollstreckung ist. 13

II. Unterlassungsverpflichtung

Die Verpflichtung, ein Grundstück an keinen anderen als den Versprechensempfänger zu veräußern, ist nicht beurkundungsbedürftig,[23] da keine Verpflichtung zur Eigentumsübertragung oder zum Eigentumserwerb besteht, vgl. aber Rdn. 22. 14

III. Bedingte Verpflichtung, Vorverträge

Neben unbedingten Verpflichtungen zur Übertragung oder zum Eigentumserwerb sind auch bedingte Verpflichtungen,[24] Vorverträge, wenn sie eine Partei bereits verpflichten,[25] die Einräumung eines Vorkaufsrechts[26] und die Begründung eines Wiedererwerbsrechts[27] zu beurkunden, da sich wenigstens eine der Vertragsparteien der Übereignungspflicht nicht mehr entziehen kann. Nicht zu beurkunden sind umgekehrt rechtlich unverbindliche Vorverträge (auch Letter of Intent 15

---

15 RG, Urt. v. 21.04.1904, IV 35/04 = RGZ 57, 432; RG, Urt. v. 22.05.1930, IV 397/29 = RGZ 129, 123.
16 RG, Beschl. v. 04.06.1932, V B 6/32 = RGZ 136, 405.
17 Soergel/*Wolf*, BGB § 313 BGB, Rn. 22.
18 Vorbehaltlich sich aus anderen Normen ergebender Formpflichten, z.B. § 2 Abs. 1 GmbHG.
19 BGH, Urt. v. 13.02.1996, XI ZR 239/94 = NJW 1996, 1279.
20 OLG Koblenz, Urt. v. 04.07.1991, 5 U 725/91 = NJW-RR 1992, 614.
21 BGH, Urt. v. 13.02.1996, XI ZR 239/94 = NJW 1996, 1279, 1280; OLG Köln, Urt. v. 13.04.2000, 8 U 40/99 = MittRhNotK 2000, 439 f.
22 BGH, Urt. v. 31.01.1983, II ZR 288/81 = NJW 1983, 1110, 1111; *Schmidt*, AcP 182 (1982), 510 ff.
23 BGH, Urt. v. 30.09.1959, V ZR 66/58 = NJW 1959, 2252; BGH, Urt. v. 25.01.2008, V ZR 118/07 = NJW-RR 2008, 824, 825.
24 BGH, Urt. v. 25.01.2008, V ZR 118/07 = NJW-RR 2008, 824, 825.
25 BGH, Urt. v. 25.01.2008, V ZR 118/07 = NJW-RR 2008, 824, 825.
26 BGH, Urt. v. 25.01.2008, V ZR 118/07 = NJW-RR 2008, 824, 825.
27 LG Düsseldorf, Urt. v. 10.03.1989, 11 O 333/88 = WM 1989, 1127.

oder Heads of Terms genannt).[28] Formbedürftig ist auch die getrennte Annahme eines Verkaufs- oder Kaufangebotes,[29] da erst mit der Annahme der gesamte Vertrag beurkundet ist.

16 Ist dagegen ein Vorvertrag mit der Bedingung abgeschlossen worden, dass bei Ausübung einer Option der Hauptvertrag zu verhandeln und abzuschließen sei, ist die Ausübung der Option selbst formfrei.[30] Im Unterschied zu einer Trennung von Angebot und Annahme, bei der beide Erklärungen nacheinander beurkundet werden, ist der Optionsvertrag schon durch übereinstimmende Willenserklärungen komplett abgeschlossen worden, und beide Parteien sind ausreichend über die Folgen des Rechtsgeschäfts, insbesondere die Ausübung des Optionsrechts belehrt worden. Eine nochmalige Belehrung bei Ausübung der Option ist unnötig.

17 Gleiches gilt bei einem aufschiebend bedingten Kaufvertrag, wenn seine Wirksamkeit nur noch von der Ausübung einer Option, z. B. der Erklärung, dass der Vertrag nun wirksam sein soll, abhängt.[31]

IV. Mittelbarer Zwang

18 Ein Vertrag kann auch dann beurkundungsbedürftig sein, wenn durch ihn ein mittelbarer Zwang zur Veräußerung oder zum Erwerb eines Grundstückes herbeigeführt wird.[32]

19 Es müssen sich allerdings an die Nichtveräußerung oder den Nichterwerb des Grundeigentums wesentliche wirtschaftliche Nachteile knüpfen, die mittelbar zur Veräußerung oder zum Erwerb des Grundeigentums zwingen.[33] Die Rspr. hat die wesentlichen Nachteile inzwischen einigermaßen konkretisiert, wie die nachfolgend aufgeführten Einzelfälle zeigen.

20 Formpflichtig sind Vereinbarungen über Vertragsstrafen in Höhe einer Maklerprovision für den Fall des Nichtverkaufs oder Kaufs eines Grundstückes.[34]

21 Im Rahmen des Beitritts zu einem Bauherrenmodell durch einen Betreuungs- und Verwaltungsvertrag führen Bearbeitungsgebühren von 3 % und die Pflicht zur Einzahlung von Eigenkapital in Höhe von 15 % der Gesamtkosten sowie eine pauschale Vergütung bei vorzeitiger Auflösung des Vertrages in Höhe von 10,5 % der Gesamtkosten bzw. bei einem Vertretenmüssen durch den Beitretenden in voller Höhe der Gesamtkosten abzüglich von 40 % der ersparten Aufwendungen zu einem wesentlichen Erwerbszwang und damit Beurkundungszwang.[35] Ein solcher kann sich auch aus einem Beratungsvertrag mit einem Anlagevermittler ergeben, wenn 3,42 % des Gesamtaufwandes pauschal für die Bemühungen des Beraters zu zahlen ist.[36]

22 Hat der Kaufinteressent bei Nichtankauf des Grundstückes an den Makler ein Bemühungsentgelt zu zahlen, können bei kleinen Objekten Bemühungsentgelte in Höhe von 10–15 % der vereinbarten Provision noch formfrei vereinbart werden, während bei großen Objekten die zulässige Obergrenze für eine formfreie Vereinbarung niedriger anzusetzen ist, weil das zu zahlende Entgelt dann schon für sich genommen gewichtigen Druck auf den Kaufinteressenten ausübt.[37] Als zu hoch angesehen und damit zu einer Formbedürftigkeit führend, wurden Beträge von

---

28 *Wolf*, DNotZ 1995, 193.
29 BGH, Urt. v. 12.05.2006, V ZR 97/05 = NJW 2008, 2843, 2844.
30 BGH, Urt. v. 12.05.2006, V ZR 97/05 = NJW 2008, 2843, 2844.
31 BGH, Urt. v. 12.05.2006, V ZR 97/05 = NJW 2008, 2843, 2844.
32 BGH, Urt. v. 06.12.1979, VII ZR 313/78 = BGHZ 76, 43, 46; BGH, Urt. v. 25.01.2008, V ZR 118/07 = NJW-RR 2008, 824, 825.
33 BGH, Urt. v. 06.12.1979, VII ZR 313/78 = BGHZ 76, 43, 46.
34 BGH, Urt. v. 30.10.1970, IV ZR 1176/60 = NJW 1971, 93, 94; BGH, Urt. v. 18.03.1992, IV ZR 41/91 = NJW-RR 1992, 817, 818.
35 BGH, Urt. v. 09.07.1992, IX ZR 209/91 = NJW 3237, 3238.
36 BGH, Urt. v. 19.09.1989, XI ZR 10/89 = NJW 1990, 390, 391.
37 BGH, Urt. v. 02.07.1986, IVa ZR 102/85 = NJW 1987, 54, 55.

76.675,00 DM, 41.040,00 DM und 10.000,00 DM angesehen. Reservierungsvereinbarungen, wonach ein Verkäufer sich gegenüber dem Kaufinteressenten gegen Zahlung eines Reservierungsentgeltes verpflichtet, das Grundstück für eine bestimmte Zeit nicht an Dritte zu verkaufen, sind nach den gleichen Grundsätzen zu beurteilen, wie erfolgsunabhängige Maklerprovisionen (sog. Bemühungsentgelte), sodass auch hier 10 % eines üblichen Maklerentgeltes die kritische Grenze bilden.[38] Selbst wenn diese Grenze eingehalten wird, kann sich doch aus der absoluten Höhe des Entgeltes eine Beurkundungspflicht ergeben, z. B. wenn dieses 100.000,00 $ bei einem Kaufpreis von 12.000.000,00 $ beträgt.[39] Nach dem Vorgenannten sind auch die in den letzten Jahren bei größeren Immobiliengeschäften teilweise in Millionenhöhe vereinbarten Bindungsentgelte und Verfallklauseln bei Abstandnahme des Kaufinteressenten vom Kauf ohne Beurkundung überwiegend unwirksam.

Weitere Voraussetzung der Beurkundungspflicht solcher Verträge ist allerdings, dass sie eine **unmittelbare** Verpflichtung zum Grundstückserwerb enthalten. Das ist z.B. bei Bemühungsentgelten für Makler und Reservierungsvereinbarungen der Fall, nicht aber, wenn z.B. ein Fertighausvertrag nur mittelbar dazu zwingt, auch ein entsprechendes Baugrundstück zu erwerben[40] oder wenn der Käufer erst andere eigene Grundstücke verkaufen muss, um den Preis für das Fertighaus bezahlen zu können.[41] 23

Darlehensverträge unterliegen nicht dem Formzwang, da derjenige, der in der Erwartung eines Grundstückserwerbs bereits grundstücksbezogene Verträge abschließt, auf eigenes Risiko handelt, wenn sich seine Erwartungen hinsichtlich des Grundstückserwerbs nicht erfüllen. Dies gilt insbesondere für Darlehensverträge mit finanzierenden Banken, auch wenn die bei Scheitern des zu finanzierenden Geschäfts an die Bank zu zahlende Nichtabnahmeentschädigung einen erheblichen Druck auf den Abschluss des Grundstücksgeschäfts ausübt. Auch in diesen Fällen ist der den Druck erzeugende Vertrag (Darlehensvertrag) nicht unmittelbar darauf gerichtet, das formbedürftige Rechtsgeschäft zustande zu bringen.[42] Nicht ausgeschlossen ist es, dass die Parteien im Einzelfall ausdrücklich einen rechtlichen Zusammenhang zwischen Darlehens- und Grundstücksvertrag vereinbaren, so dass dann selbstverständlich gemäß den nachfolgenden Ausführungen beide Geschäfte zu beurkunden sind. 24

V. Rechtlicher Zusammenhang

Eine für sich allein nicht formbedürftige Vereinbarung ist dann notariell zu beurkunden, wenn sie mit einem Grundstückskaufvertrag rechtlich zusammenhängt. Die Einzelheiten sind unten unter Rdn. 44 dargestellt. 25

D. Vertragliche Verpflichtung

I. Alle Vertragsformen

Zu beurkunden sind sämtliche Verträge, die zur Veräußerung und/oder zum Erwerb des Eigentums an einem Grundstück verpflichten, also Kaufverträge, Werkverträge (mag auch die Bebauung Hauptleistung sein),[43] Mietverträge mit Ankaufsoption, öffentlich-rechtliche Verträge.[44] 26

---

38 BGH, Urt. v. 10.02.1988, IVa ZR 268/86 = BGHZ 103, 235, 238.
39 Hanseatisches OLG, Urt. v. 15.02.1991, 11 U 203/90 = NJW-RR 1992, 20.
40 BGH, Urt. v. 06.12.1979, VII ZR 313/78 = BGHZ 76, 43, 46.
41 BGH, Urt. v. 28.02.2002, VII ZR 434/99 = NJW 2002, 1792, 1793.
42 BGH, Urt. v. 20.12.2005, XI ZR 66/05 = ZIP 2006, 459, 461.
43 Palandt/*Grüneberg*, § 311b Rn. 15.
44 Kopp/*Ramsauer*, VwVfG § 62 Rn. 7.

II. Gesellschaftsverträge

27 Ein Vertrag über die Errichtung einer Grundstücksgesellschaft oder über den Beitritt zu einer Grundstücksgesellschaft bedarf grundsätzlich nicht der notariellen Beurkundung.[45] Die Ausnahmen sind oben unter Rdn. 8 und 12 dargestellt.

III. Einseitige Rechtsgeschäfte

28 Auch für einseitige Rechtsgeschäfte wie die Stiftung ist Beurkundung notwendig, wenn dass Satzungsstatut der Stiftung die Übertragung von Grundstücken vorsieht.[46] Entsprechendes gilt für die Auslobung. Nicht beurkundungsbedürftig ist die Verfügung von Todes wegen, da deren Form im Erbrecht abschließend geregelt ist.[47]

IV. Gestaltungsrechte

29 Die Ausübung von Gestaltungsrechten wie Rücktritt und Anfechtung ist formfrei möglich, da die Ausübung dieser Rechte nur Tatbestandsmerkmal einer schon bestehenden gesetzlichen Regelung ist.[48] Hängt die Erwerbsverpflichtung von der Erklärung eines Beteiligten als Bedingung ab, so ist die entsprechende Erklärung selbst nicht beurkundungsbedürftig, vgl. oben Rdn. 16 f. Auch die Ausübung des Vorkaufs- oder Wiederkaufsrechts ist formfrei möglich, vgl. §§ 456, 464 BGB. Formfrei ist auch die Ausübung eines Bestimmungsrechts gemäß den §§ 315 ff. BGB.[49] Durch die Beurkundung des Bestimmungsrechtes sind die Vertragsparteien schon ausreichend über die Konsequenzen der Ausübung belehrt worden.

30 Die Teilung einer Gemeinschaft nach § 752 BGB bedarf nur dann der Beurkundung, wenn die Aufteilung abweichend von der Regelung des § 752 BGB erfolgt,[50] so dass die Beurkundungsbedürftigkeit eher die Regel sein dürfte.

V. Auftrag

31 Der Auftrag zum Grundstückserwerb kann grundsätzlich formfrei erteilt werden, da sich die Verpflichtung des Auftragnehmers zur Übertragung des Eigentums an dem beschafften Grundstück schon aus Gesetz ergibt, § 667 BGB.[51] Ein an sich formfreier Auftrag zum Grundstückserwerb wird aber dann formbedürftig, wenn der Auftragnehmer vom Auftraggeber zum Erwerb des Grundstücks verpflichtet worden ist oder wenn der Auftraggeber verpflichtet ist, das Grundstück vom Auftragnehmer zu erwerben,[52] nachdem dieser das Grundstück auftragsgemäß erworben hat. Auch ein Geschäftsbesorgungsvertrag mit einer Erwerbsverpflichtung des Beauftragten ist beurkundungsbedürftig, auch wenn der Treuhänder nur vorübergehender Erwerber als Durchgangsstelle ist.[53] Baubetreuungsverträge sind dann beurkundungsbedürftig, wenn entweder der Betreuer oder aber die Betreuten eine Erwerbspflicht übernehmen.[54]

---

45 A.A. Soergel/*Wolf*, § 313 Rn. 38.
46 Palandt/*Ellenberger*, § 81 Rn. 3.
47 Staudinger/*Wufka*, § 311b Rn. 43.
48 Soergel/*Wolf*, § 313 Rn. 41.
49 *Wolf*, DNotZ 1995, 179, 183.
50 BGH, Urt. v. 03.06.2002, II ZR 4/00 = NJW 2002, 2560.
51 BGH, Urt. v. 07.10.1994, V ZR 102/93 = BGHZ 127, 168, 170.
52 BGH, Urt. v. 05.11.1982, V ZR 228/80 = BGHZ 85, 245, 248 ff.
53 BGH, Urt. v. 25.02.1987, IVa ZR 263/85 = NJW 1987, 2071; anders BGH, Urt. v. 10.04.1978, II ZR 61/77, NJW 1978, 2505, 2506.
54 BGH, Urt. v. 08.11.1984, III ZR 132/83 = NJW 1985, 730.

E. Vollmacht

I. Formlose Gültigkeit

Die Vollmacht zum Abschluss eines Grundstücksgeschäftes ist gem. § 167 Abs. 2 BGB formlos gültig, auch wenn der Schutz des Vollmachtgebers dadurch nicht erreicht wird. Ausnahmsweise ist die Vollmacht beurkundungsbedürftig, wenn sie unwiderruflich erteilt wird, da sich der Vollmachtgeber hier nicht mehr von der Erwerbs- oder Veräußerungspflicht lösen kann.[55] Auch ein Baubetreuungs- und Verwaltungsvertrag, der die Pflicht zur Erteilung einer unwiderruflichen oder jedenfalls bald unwiderruflich werdenden Vollmacht enthält, ist deswegen beurkundungsbedürftig.[56] Aber auch die an sich formfreie widerrufliche Vollmacht ist formbedürftig, wenn nach der Vorstellung des Vollmachtgebers schon eine tatsächliche Bindungswirkung eintritt, weil das Rechtsgeschäft ausschließlich den Interessen des Bevollmächtigten dient und ihm die Möglichkeit eröffnet, unverzüglich die erteilte Vollmacht zu seinen Gunsten zu verwerten.[57] Umgekehrt führt allein die Befugnis zum Selbstkontrahieren gem. § 181 BGB nicht automatisch zur Beurkundungspflicht, kann aber ein Indiz für eine Beurkundungspflicht sein, wenn z.B. Bevollmächtigter und Partner des Grundstückskaufvertrages ein und dieselbe Person sind.[58] Schließlich ist die Vollmacht dann zu beurkunden, wenn sie Teil eines formbedürftigen Vertrages ist.[59] Dies gilt auch für eine in einem Grundstücksvertrag enthaltene Auflassungsvollmacht.[60]

32

Für Ermächtigungen, also z.B. die Erklärung eines gesamtvertretungsberechtigten Geschäftsführers einer GmbH, dass der andere Geschäftsführer ein Grundstücksgeschäft allein abschließen darf, gilt das Vorstehende entsprechend.[61]

33

Das aufgrund einer unwirksamen Vollmacht abgeschlossene Rechtsgeschäft kann von dem Vertretenen gemäß § 177 BGB formlos genehmigt werden.[62] Auf die Wirksamkeit einer formnichtigen Vollmacht kann sich der Geschäftsgegner gemäß § 173 BGB nur dann berufen, wenn er das Grundgeschäft nicht kannte oder er ohne Fahrlässigkeit von der Wirksamkeit des Grundgeschäftes und der Vollmacht ausgehen konnte.[63]

34

II. Exkurs: § 29 GBO

Üblicherweise werden bei Vollmachten in Grundstücksangelegenheiten wenigstens die Unterschriften der Vollmachtgeber beglaubigt. Dies liegt an § 29 GBO, wonach Eintragungen im Grundbuch nur vorgenommen werden, wenn die Eintragungsbewilligung oder die sonstigen zu der Eintragung erforderlichen Erklärungen, wozu auch die Vollmacht gehört, durch öffentliche oder öffentlich beglaubigte Urkunde nachgewiesen werden. Daher sind Vollmachten verfahrensrechtlich in der Form des § 29 GBO nachzuweisen.[64] Bei einer lediglich mündlichen oder privatschriftlichen Vollmacht ist das nachträgliche Vollmachtsanerkenntnis in der Form des § 29 GBO ausreichend.[65] § 29 GBO findet auch Anwendung auf andere Eintragungsvoraussetzungen, wie Genehmigungen für den Vertrag, Zustimmungen nach § 12 WEG und §§ 5, 6 ErbbauG, Ehegattenzustimmung nach § 1365 BGB.[66]

35

---

55 Palandt/*Grüneberg*, § 311b Rn. 20 m.w.N.
56 BGH, Urt. v. 30.10.1987, V ZR 144/86 = NJW-RR 1988, 348, 351.
57 BGH, Urt. v. 21.05.1965, V ZR 156/64 = WM 1965, 1006, 1007.
58 OLG Schleswig, Urt. v. 04.05.2000, 2 U 19/00 = DNotZ 2000, 775, 776.
59 BGH, Urt. v. 17.03.1989, V ZR 233/87 = NJW-RR 1989, 1099, 1100.
60 BGH, Urt. v. 07.02.1992, V ZR 246/90 = DNotZ 1963, 672; Palandt/*Grüneberg*, § 311b Rn. 22.
61 MüKo-BGB/*Kanzleiter* § 311b Rn. 44; Lutter/Hommelhoff/*Kleindiek*, GmbHG, § 35 Rn. 32.
62 Für Formbedürftigkeit: Soergel/*Wolf*, § 313 Rn. 40.
63 BGH, Urt. v. 08.11.1984, III ZR 132/83 = NJW 1985, 730, 731.
64 BayObLG, Beschl. v. 09.07.1980, BReg. 2 Z 39/80 = MittBayNot 1980, 152.
65 *Demharter*, GBO, § 19 Rn. 77.
66 *Schöner/Stöber*, Grundbuchrecht, Rn. 155.

F. Reichweite des Formzwanges

I. Alle Vereinbarungen

36 Bei Grundstücksgeschäften sind neben der Verpflichtung des Veräußerers zur Grundstücksübertragung auch alle weiteren Vereinbarungen, aus denen sich nach dem Willen der Vertragspartner das schuldrechtliche Veräußerungsgeschäft zusammensetzt, zu beurkunden. Es spielt keine Rolle, ob die einzelnen Ansprüche aus dem Vertrag z.B. nach Kauf- oder Werkvertragsrecht zu beurteilen sind (Rdn. 26).[67] Es gibt keinen Unterschied zwischen wichtigen und unwichtigen Vertragsteilen.[68] Nur ausnahmsweise kann der Vertrag ohne den mit beurkundeten Teil wirksam sein, wenn die Parteien ihn auch ohne den nichtigen Teil abgeschlossen hätten, § 139 BGB.[69] Zum Inhalt eines Rechtsgeschäftes gehören nur die Teile der Erklärungen, die eine Regelung enthalten, also Rechtswirkungen erzeugen, so dass auch nur solche Erklärungen beurkundungsbedürftig sind.[70] Die Anrechenbarkeit einer Kaufpreisvorauszahlung auf den späteren Kaufpreis muss daher im Kaufvertrag geregelt werden, da sich die Anrechenbarkeit nicht aus dem Gesetz ergibt.[71] Sofern allerdings nicht beurkundete Vertragsteile das, was im Vertrag mit Worten beschrieben ist, nur näher erläutern und keinerlei über die vertraglichen Regelungen hinausgehenden Rechte oder Pflichten gewähren oder auferlegen, ist eine Beurkundung dieser Vertragsteile nicht notwendig. Allerdings ist die Beurkundung dann erforderlich, wenn sich ohne diese Vertragsteile, wie z.B. Aufteilungspläne bei Wohnungseigentum, gar nicht erkennen ließe, was der Kaufgegenstand ist.[72] Übernimmt der Käufer eine Verbindlichkeit des Verkäufers aus einem anderen Schuldverhältnis, so muss nur die Schuldübernahme selbst, nicht aber das übernommene Schuldverhältnis, beurkundet werden. Die Vereinbarung der Kaufvertragsparteien bezieht sich lediglich auf die Übernahme schon rechtsgeschäftlich begründeter Verpflichtungen und legt diese nicht erst fest, so dass die Bezeichnung des zu übernehmenden Schuldverhältnisses nur ein Identifizierungsmittel ist.[73] Demgemäß muss bei der Übertragung von Rechten an einer vorhandenen Genehmigungsplanung nur die Übertragung der Rechte beurkundet werden, nicht die Planungsunterlage selbst, sofern sich die Vereinbarung der Parteien auf die Übernahme dieser bestehenden Verpflichtungen beschränkt und nicht die Begründung neuer Vertragspflichten zum Inhalt hat.[74] Auch Nebenabreden, z.B. in einem Sideletter, sind zu beurkunden, wenn die dortigen Vereinbarungen Bestandteil des Hauptvertrages sein sollen.[75] So müssen beispielsweise beurkundet werden: vertragliche Zusicherung,[76] Sicherungsabreden bei einem Verkauf zu Sicherungszwecken;[77] Abreden über die Verjährung.[78] Auch die Verpflichtung des Angebotsempfängers, die Kosten des Vertragsangebots bei Nichtannahme zu tragen, ist beurkundungsbedürftig, wenn das Kaufangebot von der Kostenübernahmeverpflichtung abhängt. Gleiches gilt auch für Maklerkosten und deren Übernahme.[79] Gleichermaßen ist bei einem Rücktrittsrecht, dessen Bestehen von dem Abschluss eines Bau-

---

[67] Ständige Rechtsprechung BGH, Urt. v. 20.12.1974, V ZR 132/73 = BGHZ 63, 359; BGH, Urt. v. 06.04.1979, V ZR 72/74 = BGHZ 74, 347, 348.
[68] RG, Urt. v. 29.11.1919, V 290/19 = RGZ 97, 220; BayOLG, Beschl. v. 23.05.1979, BReg 3 Z 111/75 = BayOLGZ 1979, 180; MüKo-BGB/*Kanzleiter*, § 311b Rn. 50.
[69] BGH, Urt. v. 20.06.1980, V ZR 84/79 = NJW 1981, 222; BGH, Urt. v. 22.09.1992, III ZR 100/91 = NJW-RR 1993, 14, 15.
[70] BGH, Urt. v. 19.11.1982, V ZR 161/81 = BGHZ 85, 315, 317 f.
[71] BGH, Urt. v. 19.11.1982, V ZR 161/81 = BGHZ 85, 315, 317 f.
[72] BGH, Urt. v. 27.04.1979, V ZR 175/77 = NJW 1979, 1498; BGH, Urt. 30.06.2006, V ZR 148/05 = NJW-RR 2006, 1292.
[73] BGH, Urt. v. 04.03.1994, V ZR 241/92 = BGHZ 125, 235, 238.
[74] BGH, Urt. v. 17.07.1998, V ZR 191/97 = NJW 1998, 3197.
[75] Palandt/*Grüneberg*, § 311b Rn. 31.
[76] BGH, Urt. v. 23.03.1973, V ZR 112/71 = WM 73, 612.
[77] BGH, Urt. v. 27.10.1982, V ZR 136/81 = NJW 1983, 565.
[78] Palandt/*Grüneberg*, § 311b, Rn. 31.
[79] Palandt/*Grüneberg*, § 311b, Rn. 31.

betreuungsvertrages abhängt, auch dieser Baubetreuungsvertrag mit zu beurkunden.[80] Ein Schiedsvertrag, der dem Schiedsgericht auch die Entscheidung über die Wirksamkeit des Hauptvertrages (Grundstückskaufvertrag) zuweist, ist allerdings nicht beurkundungsbedürftig, da er auch ohne den Hauptvertrag wirksam sein soll.[81] Ansonsten kann ein Schiedsvertrag aber auch beurkundungspflichtiger Teil eines Rechtsgeschäftes sein.[82]

II. Andeutungsformel

Nach ständiger Rechtsprechung des BGH sind auch Urkunden über formbedürftige Rechtsgeschäfte nach allgemeinen Grundsätzen gem. §§ 133, 157 BGB auszulegen; das Formerfordernis ist erfüllt für diejenigen Vertragsinhalte, die eine Auslegung ergibt.[83] Es können daher auch Umstände, die außerhalb der Urkunde liegen, berücksichtigt werden, wenn der einschlägige rechtsgeschäftliche Wille der Parteien in der formgerechten Urkunde einen – wenn auch nur unvollkommenen – Ausdruck gefunden hat.[84] Dass nicht alle Einzelheiten des Vereinbarten unmittelbar aus der notariellen Urkunde zu entnehmen sind, ist also dann unschädlich, wenn sie sich aus der Auslegung des formgerecht Beurkundeten ergeben.[85] Dies kann dann im Einzelfall zu der überraschenden Erkenntnis führen, dass scheinbar offensichtliche Formmängel tatsächlich nicht bestehen. Wenn z.B. in einem Vertrag als Wirksamkeitsbedingung die Zulässigkeit der Genehmigung eines Gewerbebetriebes des Käufer vereinbart ist, die Skizze über die Planung aber nicht beurkundet wird, führt dies dennoch nicht zur Nichtigkeit, wenn die in der Skizze dargestellte Bebauung in dem im Vertrag gewählten Oberbegriff »Gewerbebetrieb« noch angedeutet ist. Die Grenze eines zulässigen Verzicht auf die Mitbeurkundung von klarstellenden Anlagen ist dann erreicht, wenn der Abstraktionsgrad einer Formulierung so hoch ist, dass sich das tatsächlich Vereinbarte in ihr auch nicht andeutungsweise wieder findet.[86]

37

Keine Anwendung findet die Andeutungsformel bei einer irrtümlichen Falschbezeichnung (*falsa demonstratio*) des verkauften Grundbesitzes, da der übereinstimmende Parteiwille in diesem Fall Vorrang vor dem Grundsatz der Beweisfunktion der Beurkundung hat.[87] Der Vertrag ist daher formwirksam.

38

III. Grundstücksbezeichnung

Das vertragsgegenständliche Grundstück ist in dem Vertrag möglichst genau in Übereinstimmung mit dem Grundbuch oder durch einen Hinweis auf das Grundbuchblatt zu bezeichnen, wie dies in der Ordnungsvorschrift des § 28 Abs. 1 S. 1 GBO festgelegt ist. Ausreichend ist daher die Angabe der Gemarkung, des Kartenblatts (der Flur) und der Flurstücksnummer[88] oder auch nur die Bezeichnung der Grundbuchstelle, an der das Grundstück eingetragen ist.[89] Üblicherweise wird im Grundstückskaufvertrag das Grundstück wie folgt bezeichnet: »Grundbuch des Amtsgerichts … von … Blatt … lfd. Nr. …, nach Wirtschaftsart und Lage bezeichnet als … mit einer Größe von … m².« Notwendig zur ausreichenden Individualisierung des Kaufgegenstandes ist eine solche umfangreiche Bezeichnung nach dem Vorgenannten aber nicht. Kommen als Kaufgegenstand nicht alle auf einem Blatt eingetragenen Grundstücke in Betracht, so ist das betroffene Grundstück durch seine laufende Nummer im Bestandsverzeichnis oder durch Angabe von Flur und

39

---

80 LG Ellwangen/Jagst, Beschl. v. 23.06.1985, 1 Z 15/85 – 10 = BWNotZ 1986, 148 f.
81 BGH, Urt. v. 22.09.1977, III ZR 144/76 = BGHZ 69, 260, 264.
82 Zöller/*Geimer*, ZPO § 1031, Rn. 48.
83 RG, Urt. v. 13.12.1924, V 652/23 = RGZ 109, 334, 336.
84 BGH, Urt. v. 26.04.1968, V ZR 67/65 = LM FGG 176 Nr. 2.
85 BGH, Urt. v. 20.12.1974, V ZR 132/73 = BGHZ 63, 359, 362.
86 BGH, Urt. v. 12.07.1996, V ZR 202/95 = DNotZ 1998, 944, 945.
87 BGH, Urt. v. 25.03.1983, V ZR 268/81 = BGHZ 87, 150, 153 ff.
88 *Schöner/Stöber*, Grundbuchrecht, Rn. 130.
89 BGH, Urt. v. 08.11.1968, V ZR 58/65 = NJW 1969, 131, 132.

Flurstück zu bezeichnen. Für die Bezeichnung eines verkauften Wohnungseigentums reicht es aus, wenn das Blatt des Wohnungsgrundbuches bezeichnet ist, denn alle weiteren Angaben hinsichtlich Miteigentumsanteil und Wohnung ergeben sich aus dem betreffenden Wohnungsgrundbuch.[90] Dort wird dann auch auf die Teilungserklärung und Gemeinschaftsordnung Bezug genommen. Die vorstehend beschriebenen Grundsätze gelten auch, wenn die Übertragung eines Grundstücks Gegenstand eines Prozessvergleiches ist. Der Kaufgegenstand muss sich aus dem Vergleichstext selbst bestimmen lassen, der Inhalt der gerichtlichen Akten und ihm beigefügte Lagepläne können nicht ergänzend zur Auslegung und Bestimmung des Vergleichsgegenstandes herangezogen werden.[91] Obwohl die vorgenannte Entscheidung des OLG Brandenburg sehr streng erscheint, weil zum einen die streitgegenständliche Grundstücksfläche anscheinend aus der Natur heraus beschrieben (eingezäunte, ungenutzte Gartenfläche) und zum anderen der übereinstimmende Wille der Parteien durch die Bezeichnung der streitgegenständlichen Fläche zumindest angedeutet war, bleibt es bei der Erkenntnis, dass Vergleiche über Grundstücke in jedem Fall gut vorbereitet sein sollten.

40 Wird ein noch unvermessener Grundstücksteil (Teilstück, Trennstück) verkauft, wird üblicherweise auf einen maßstabsgerechten Lageplan und die dort enthaltenen Einzeichnungen verwiesen,[92] z.B. Umrandungen, häufig auch noch mit Buchstaben bezeichnete Eckpunkte. Ist dagegen die Teilfläche nur in einer nicht maßstabsgerechten Skizze eingezeichnet und lässt sich keine eindeutige Festlegung von Größe und Grenzen treffen, ist der Vertrag unwirksam.[93] Etwas anderes gilt nur, wenn die Parteien die schlussendliche genaue Festlegung der Grenzen des Kaufgegenstandes dem Leistungsbestimmungsrecht einer Partei oder eines Dritten gem. § 315 BGB überlassen haben.[94] Ungenauigkeiten können dann nachträglich durch klarstellende Erklärung behoben werden.[95] Kommt es zu Widersprüchen zwischen angenommenem Flächeninhalt des verkauften Trennstücks und der tatsächlichen Größe, geht der objektive Inhalt der Erklärung der Vertragsparteien in der Regel übereinstimmend dahin, dass die Angabe des Flächenmaßes bedeutungslos und allein die zeichnerische Umgrenzung maßgeblich sein soll.[96] Nicht ausreichend ist es, wenn die Parteien erklären, sie seien sich über den Grenzverlauf einig, ohne diesen Grenzverlauf im Vertrag festzulegen,[97] da die gesetzliche Pflicht zur Beurkundung nicht zur Disposition der Beteiligten steht. Liegt kein Plan vor, können die Parteien sich zur Beschreibung des Grundstücks auf Merkmale in der Natur beziehen, wie z.B. Bäume, Grenzsteine, Gräben, Zäune.[98]

IV. Baubeschreibung, Teilungserklärung, Gemeinschaftsordnung

41 Wird in einen notariellen Grundstückskaufvertrag die Verpflichtung des Verkäufers zur Errichtung eines Hauses aufgenommen, so ist auch die Baubeschreibung mit zu beurkunden, da der Vertragsinhalt ansonsten anhand der notariellen Urkunde nicht hinreichend klargestellt oder bewiesen werden kann.[99] Dies gilt auch für die Teilungserklärung, solange die Aufteilung noch nicht im Grundbuch eingetragen und damit verdinglicht ist. Entsprechendes gilt für die Gemein-

---

90 BGH, Urt. v. 04.03.1994, V ZR 241/92 = BGHZ 125, 235, 237.
91 OLG Brandenburg, Urt. v. 19.07.2007, 5 U 192/06 = NJW-RR 2008, 254, 255 f.
92 BGH, Urt. v. 23.04.1999, V ZR 54/98 = NJW-RR 1999, 1030; BGH, Urt. v. 18.01.2008, V ZR 174/06 = NJW 2008, 1658, 1659.
93 BGH, Urt. v. 23.04.1999, V ZR 54/98 = NJW-RR 1999, 1030.
94 BGH, Urt. v. 23.04.1999, V ZR 54/98 = NJW-RR 1999, 1030, 1031; BGH, Urt. v. 19.04.2002, ZR 90/01 (KG) = NJW 2002, 2247.
95 BGH, Urt. 27.04.1979, V ZR 218/77 = MittBayNot 1981, 233.
96 BGH, Urt. v. 13.06.1980, V ZR 119/71 = WM 1980, 1013, 1014; BGH, Urt. v. 23.04.1999, V ZR 54/98 = NJW-RR 1999, 1030.
97 BGH, Urt. v. 23.03.1979, V ZR 24/77 = NJW 1979, 1350.
98 Palandt/*Grüneberg*, § 311b, Rn. 26 m.w.N.
99 Allgemeine Meinung BGH, Urt. v. 23.09.1977, V ZUR 90/75 = BGHZ 1969, 266; BGH, Urt. v. 10.02.2005, VII ZR 184/04 = NJW 2005, 1356.

schaftsordnung.[100] Nicht zu beurkunden sind in Bezug genommene DIN-Vorschriften oder der Text der VOB/B im Rahmen einer vertraglichen Vereinbarung.[101] Ob und in welchem Umfang im Vertrag erwähnte Bodengutachten mit zu beurkunden sind, ist zweifelhaft. Jedenfalls sind solche Teile aus Bodengutachten zu beurkunden, die konkrete Anweisungen hinsichtlich der Bauausführung enthalten, wenn die Parteien sich darüber einig sind, dass die konkreten, im Gutachten enthaltenen Anforderungen von dem Verkäufer bei der Bauausführung einzuhalten sind.[102] Nicht mit zu beurkunden sind die in dem Gutachten enthaltenen Befundtatsachen (z.B. Beschaffenheit von Bodenschichten, Ergebnis von Probebohrungen, Schichtenpläne) und das Urteil zur Gutachtenfrage, wenn sich die vertraglichen Pflichten nur darauf beziehen, dass das Bodengutachten bei der Bauausführung zu beachten ist.[103] Diese Entscheidung ist kritisiert worden[104] unter Hinweis darauf, dass ein Gutachten über die Bodenverhältnisse ein zentrales Element der Baubeschreibung und der Leistung des Bauträgers und daher vollständig zu beurkunden sei.

V. Abreden über die Gegenleistung

Abreden über die Erbringung der Gegenleistung bedürfen dann der Beurkundung, wenn sie konstitutive, rechtserzeugende Bedeutung haben. Daher muss eine Vorauszahlung auf die Kaufpreisschuld beurkundet werden, da sie nicht schon von Rechts wegen zu einer Teilerfüllung der Kaufpreisforderung führt,[105] sondern als Anrechnungsvereinbarung eine der Vertragserfüllung vorausgehende Verpflichtung enthält. Außerdem würde ohne Beurkundung die Beweisfunktion der notariellen Urkunde ausgehöhlt.[106] Allerdings ist die Vermutung der Gesamtnichtigkeit des Rechtsgeschäfts gem. § 139 BGB dann widerlegt, wenn der Käufer die Belegung des Kaufpreises vor Vertragsabschluss zu beweisen vermag, denn das rechtfertigt die Annahme, dass die Parteien den Vertrag auch ohne die Anrechnungs- und Aufrechnungsvereinbarung abgeschlossen hätten.[107] Da die Vereinbarung über die Gegenleistung zu den essentialia negotii des Kaufvertrages gehört, reicht es nicht aus, wenn beurkundet wird, dass über die Gegenleistung Einigkeit bestehe.[108] Auch die besondere Ausweisung der Umsatzsteuer[109] ist zu beurkunden. Wird die Bestimmung einer Vertragsleistung einem der Vertragspartner oder einem Dritten gem. §§ 315 ff. BGB überlassen, muss nur die Vereinbarung des Bestimmungsrechts ordnungsgemäß beurkundet werden.[110] Die Ausübung des Bestimmungsrechtes unterliegt keinem Formzwang, da schon bei der Beurkundung des Bestimmungsrechts im Grundstücksvertrag durch die notarielle Belehrung die Warn- und Schutzfunktion der Beurkundungspflicht gewahrt wird.[111] Bestimmungsrechte finden sich häufig bei dem Verkauf unvermessener Teilflächen oder bei dem Verkauf von Wohnungs- und Teileigentum, insbesondere wenn vor dem Vorliegen der Abgeschlossenheitsbescheinigung bzw. der Teilungserklärung und Gemeinschaftsordnung verkauft wird, vgl. auch Rdn. 40.

42

---

100 *Kutter* in: Beck'sches Notarhandbuch, A II, Rn. 119 und Rn. 124.
101 Soergel/*Wolf*, § 313 Rn. 80; Staudinger/*Wufka*, § 311b Rn. 233.
102 BGH, Urt. v. 13.02.2003, IX ZR 62/02 = NJW-RR 2003, 1036.
103 BGH, Urt. v. 13.02.2003, IX ZR 62/02 = NJW-RR 2003, 1036, 1037.
104 *Thode* in: Schröder (Hrsg.), Der Bauträgervertrag in der notariellen Praxis, S. 124 f.
105 BGH, Urt. v. 19.11.1982, V ZR 161/81= BGHZ 85, 315, 318.
106 BGH, Urt. v. 20.09.1985, V ZR 148/84 = NJW 1986, 248; BGH, Urt. v. 10.12.1993, V ZR 108/92 = NJW 1994, 720, 721.
107 BGH, Urt. v. 17.03.2000, V ZR 362/98 = NJW 2000, 2100 f.
108 BGH DNotZ 68, 481; Palandt/*Grüneberg*, § 311b, Rn. 28.
109 OLG Stuttgart, Urt. v. 16.06.1993, 4 U 23/93 = NJW-RR 1993, 1365.
110 BGH, Urt. v. 07.04.1978, V ZR 141/75 =BGHZ 71, 276, 283 f.; BGH, Urt. v. 08.11.1985, V ZR 113/84 = NJW 1986, 845.
111 BGH, Urt. v. 08.11.1985, V ZR 113/84 = NJW 1986, 845.

VI. Feststellung der Vertragsparteien

43 Die Feststellung der Vertragsparteien gehört zu dem notwendigen Inhalt des Vertrages. Die Einzelheiten ergeben sich aus den Verfahrensvorschriften des § 10 BeurkG sowie den Anordnungen in § 26 DONot. Werden Angebot und Annahme in verschiedene Urkunden aufgespalten, ist in der Angebotsurkunde der Angebotsempfänger zu benennen. Zulässig ist aber auch ein Angebot an noch zu benennende Empfänger, bei dem die Benennungsbefugnis einem Dritten überlassen wird, wobei der zur Benennung Berechtigte in dem Angebot aufgeführt sein muss.[112] Ob die spätere Benennung beurkundungsbedürftig ist, ist streitig.[113] Da die Beglaubigung der Benennungserklärung wegen § 29 GBO sowieso nötig ist, wird überwiegend die Verwendung der höheren Form in Gestalt der Beurkundung der Benennung empfohlen.[114]

VII. Rechtlicher Zusammenhang

44 Eine für sich allein nicht formbedürftige Vereinbarung ist dann notariell zu beurkunden, wenn sie mit einem Grundstückskaufvertrag rechtlich zusammenhängt. Dies ist dann der Fall, wenn die Vereinbarungen nach dem Willen der Parteien derart voneinander abhängig sind, dass sie miteinander »stehen und fallen« sollen. Auch wenn nur einer der Vertragspartner einen solchen Einheitswillen erkennen lässt und der andere Partner ihn anerkennt oder zumindest hinnimmt, kann ein einheitlicher Vertrag vorliegen.[115] Auf eine echte Einigung über die Einheitlichkeit im Sinne einer vertraglichen Abrede scheint es nicht anzukommen. Es ist nicht erforderlich, dass an jedem der Rechtsgeschäfte jeweils dieselben Parteien beteiligt sind.[116] Die Niederlegung mehrerer selbständiger Verträge in verschiedenen Urkunden begründet eine Vermutung dafür, dass die Verträge nicht im rechtlichen Zusammenhang stehen sollen.[117] Ein bloßer tatsächlicher oder wirtschaftlicher Zusammenhang ist allerdings für sich genommen nicht ausreichend.[118] Immer muss jedoch der erkennbare Verknüpfungswille einer Partei hinzukommen.[119] Häufiges Beispiel für einen rechtlichen Zusammenhang sind zusammen angebotener Bau- und Grundstückskaufvertrag. Sollen die Vereinbarungen miteinander stehen und fallen, erstreckt sich die Beurkundungspflicht auch auf den Bauvertrag. Gleiches gilt, wenn ein Baubetreuungsvertrag mit dem Grundstückserwerb dergestalt zusammenhängt, dass der Grundstücksvertrag nicht ohne den Baubetreuungsvertrag abgeschlossen werden soll.[120] An dieser Verknüpfung ändert auch ein etwaiges Rücktrittsrecht hinsichtlich des Bauvertrages für den Fall, dass es nicht zum Grundstückserwerb kommt, nichts. Entscheidend für den Verknüpfungswillen ist allein die Tatsache, dass der Grundstücksvertrag nur zusammen mit einem weiteren Vertrag Geltung haben soll.[121] Im Ergebnis dürften die meisten der Vorgänge, bei denen ein Bauunternehmen den Hausbau anbietet und gleichzeitig das passende Grundstück liefern soll, gesamtbeurkundungsbedürftig sein. Die Vermutung der rechtlichen Selbständigkeit bei getrennt abgeschlossenen Verträgen ist dann relativ leicht zu widerlegen.

---

112 Palandt/*Grüneberg*, § 311b, Rn. 30.
113 Dagegen: MüKo-BGB/*Kanzleiter*, § 311b Rn. 52; dafür: Ludwig, DNotZ 1982, 742, 728 f.
114 Kersten/Bühling/*Basty*, Formularbuch Praxis der freiwilligen Gerichtsbarkeit, § 32, Rn. 344.
115 BGH, Urt. v. 06.12.1979, VII ZR 313/78 = BGHZ 76, 43, 47.
116 BGH, Urt. v. 11.07.1966, II ZR 153/63 = BGHZ 46, 43, 48; BGH, Urt. v. 06.12.1979, VII ZR 313/78 = BGHZ 76, 43, 47; BGH, Urt. v. 12.02.2009, VII ZR 230/07 = IBR 2009, 333, Rn. 13.
117 BGH, Urt. v. 24.09.1987, VII ZR 306/86 = BGHZ 101, 393, 396; BGH, Urt. v. 14.07.1994, IX ZR 110/93 = NJW 1994, 2885; BGH, Urt. v. 16.07.2004, V ZR 222/03 = NJW 2004, 3330, 3331; OLG Celle, Urt. v. 06.12.2006, 7 U 296/05 = BauR 2007, 1745 f.
118 Palandt/*Grüneberg*, § 311b, Rn. 32.
119 BGH, Urt. v. 06.11.1980, VII ZR 12/80 = BGHZ 78, 346, 349.
120 BGH, Urt. v. 12.02.2009, VII ZR 230/07 = IBR 2009, 333.
121 BGH, Urt. v. 12.02.2009, VII ZR 230/07 = IBR 3009, 333, Rn. 17 unter Aufgabe von BGH, Urt. v. 25.06.1976, X ZR 4/75 = BGHZ 67, 43 und BGH, Urt. v. 06.11.1980, VII ZR 12/80 = BGHZ 78, 346.

Bei dem Verkauf eines Unternehmens mit Betriebsgrundstück im Wege des Asset Deal erstreckt 45
sich die Beurkundungspflicht regelmäßig auch auf den Unternehmenskaufvertrag.[122] Ein Zusammenhang zweier getrennter Grundstückskaufverträge kann bestehen, wenn es dem Verkäufer auf einen Gesamterlös ankommt, dieser Gesamterlös dann aber willkürlich auf die zwei Verträge verteilt wird.[123] Mit zu beurkunden ist ein Mietvertrag, wenn er dem Käufer das Besitzrecht an der verkauften Wohnung bis zur Besitzeinräumung aufgrund des Grundstückskaufvertrages einräumt.[124] Gleichermaßen sind bei einem Sale-and-Lease-back Vertrag oder Mietkaufmodell der Miet- oder Leasingvertrag zu beurkunden, da regelmäßig der Grundstückskaufvertrag bei dem klassischen Modell des Sale and Lease back nur abgeschlossen wird, weil auch der Mietvertrag unterzeichnet wird. Auf die zeitliche Reihenfolge zwischen den Geschäften kommt es nicht an.[125] Auch wenn ein Grundstückskaufvertrag oder ein Angebot auf Abschluss eines solchen Vertrages mit dem Abschluss eines Pachtvertrages zusammenhängt, ist der Pachtvertrag zu beurkunden. Gerade wenn in diesem Fall die Pachtzinsen sehr hoch sind, demgegenüber der Grundstückskaufpreis sehr niedrig ist, liegt die gegenseitige Abhängigkeit der Geschäft auf der Hand.[126] Auch zwischen einem Grundstückskauf und einem getrennt erteilten Schuldanerkenntnis kann ein Zusammenhang bestehen. Wird aber das Schuldanerkenntnis ebenfalls notariell beurkundet, so kann sich der Schuldner nach Treu und Glauben nicht auf die fehlende Beurkundung der Annahme des Schuldanerkenntnisses berufen, da die Annahmeerklärung regelmäßig konkludent und formlos erfolgt, also auch nicht der Beurkundung bedarf.[127] Soll die Zahlungsverpflichtung aus einem Grundstückskaufvertrag durch die Sicherungsübereignung einer beweglichen Sache abgesichert werden, so ist auch der Sicherungsvertrag zu beurkunden.[128] Wird im Rahmen eines Bauherrenmodells ein Treuhandvertrag abgeschlossen, in dem sich der Treuhänder neben weiteren Tätigkeiten zum Abschluss eines Grundstückskaufvertrags verpflichtet, ist auch der Treuhandvertrag zu beurkunden, weil davon auszugehen ist, dass Grunderwerb und Errichtung der Eigentumswohnung ohne Abschluss des Treuhandvertrages nicht erfolgen sollen. Auch umgekehrt hat der Treuhandvertrag regelmäßig ohne Grundstückserwerb und Errichtung der Wohnung keinen Sinn.[129] Gleiches gilt für die dem Treuhänder bei einem Bauherrenmodell erteilte Vollmacht,[130] sowie für Baubetreuungs-, Geschäftsbesorgungs- und Gesellschaftsverträge,[131] sodass diese zu beurkunden ist. Nicht zu beurkunden sind in diesem Fall Bau- und Finanzierungsvertrag.[132]

VIII. Einseitige Abhängigkeit

Bei einer einseitigen Abhängigkeit des Abschlusses des Grundstückskaufvertrages von einer weiteren, an sich nicht formbedürftigen Vereinbarung, ist auch die für sich genommen nicht formbedürftige Vereinbarung zu beurkunden.[133] In dem umgekehrten Fall, dass der Grundstückskaufvertrag unbedingt abgeschlossen wird und eine nicht formbedürftige Vereinbarung von dem Grundstückskaufvertrag abhängen soll, wird keine rechtliche Einheit im Sinne des Formbedürfnisses begründet.[134] Es reicht aus, wenn die Parteien bei Niederlegung von Vereinbarungen in 46

---

122 Palandt/*Grüneberg*, § 311b, Rn. 33 unter Hinweis auf BGH LM § 311 Nr. 80.
123 KG, Urt. v. 15.12.1989, 7 U 6443/88 = NJW-RR 1991, 688 f.
124 OLG Hamm, Urt. v. 21.03.1996 = NJW-RR 97, 1042.
125 *Bachmayer*, BWNotZ 2004, 25, 32.
126 BGH, Urt. v. 17.03.1988, IX ZR 43/87 = NJW 1988, 2880.
127 BGH, Urt. v. 10.07.1987, V ZR 284/85 = NJW 1988, 130, 131.
128 BGH, Urt. v. 14.07.1994, IX ZR 110/93 = NJW 1994, 2885.
129 Grundlegend BGH, Urt. v. 24.09.1987, VII ZR 306/86 = BGHZ 101, 393, 396 f.
130 BGH, Urt. v. 09.07.1992, IX ZR 209/91 = NJW 1992, 3237, 3238.
131 Palandt/*Grüneberg*, § 311b Rn. 33: Soergel/*Wolf*, BGB § 313 Rn. 73.
132 OLG Hamm, Urt. v. 03.12.1984, 22 U 16/84 = BB 85, 1420.
133 BGH, Urt. v. 26.11.1999, V ZR 251/98 = NJW 2000, 951.
134 BGH, Urt. v. 26.11.1999, V ZR 251/98 = NJW 2000, 951.

mehreren notariellen Urkunden die Abhängigkeit der Absprachen voneinander nur in einer dieser Urkunden regeln.[135]

IX. Vereinbarung mit Dritten

47 Leistungen an Dritte, an dem beurkundeten Vertrag nicht Beteiligte, sind nur dann mit zu beurkunden, wenn diese Leistungen zu den Gegenleistungen gehören, die der Käufer gegenüber dem Verkäufer übernommen hat, wenn dieser also einen eigenen Anspruch darauf erwerben soll, dass die Leistung an den Dritten bewirkt wird[136] oder wenn die im Grundstücksvertrag versprochene Leistung untrennbar von der Leistung des Dritten abhängen soll.[137] Dieses Ergebnis folgt schon daraus, dass alle Leistungspflichten in einem Grundstücksvertrag zu beurkunden sind. Ein Grundstückskaufvertrag und ein Vertrag über die Nutzung des geplanten Hauses als Musterhaus können eine rechtliche Einheit bilden, auch wenn die jeweiligen Vereinbarungen von verschiedenen, sich lediglich nahe stehenden Parteien abgeschlossen werden.[138] Erklärt sich ein Dritter bereit, eine Zuzahlung zu dem Kaufpreis zu leisten, um den Vertragsabschluss zu ermöglichen, und weiß der Käufer hiervon nichts, ist diese Zuzahlungsvereinbarung formlos gültig, wenn sie nur tatsächliche Voraussetzung des Kaufvertragsabschlusses war, nicht aber Teil des Kaufpreises.[139] Wenn der Käufer weiß, dass der Vertragsabschluss von einer Schwarzzahlung eines Dritten an den Verkäufer abhängt, ist der Kaufvertrag mangels Beurkundung des Kaufpreises nichtig.[140] Darlehensverträge sind regelmäßig nicht beurkundungspflichtig, sofern nicht die Darlehensgewährung Teil der Gegenleistung ist[141] oder der Grundstücksvertrag nur zusammen mit dem Darlehensvertrag gelten soll,[142] was regelmäßig nicht der Fall ist.

X. Aufhebung des Vertrages

48 Der Grundstücksvertrag kann formfrei aufgehoben werden, solange der Erwerber noch kein Anwartschaftsrecht auf Eigentumserwerb erworben hat.[143] Nach Entstehung des Anwartschaftsrechts und nach Eigentumsumschreibung ist die Aufhebung zu beurkunden, da durch sie die Pflicht zur Rückübertragung des Eigentums bzw. des dem Eigentum gleichgestellten Anwartschaftsrechts begründet wird.[144] Nach Entstehen des Anwartschaftsrechts ist es denkbar, die Beurkundungspflicht dadurch zu umgehen, dass zunächst die Auflassung formlos aufgehoben wird, da es insofern keine Formvorschrift gibt,[145] wodurch das Anwartschaftsrecht erlischt mit der Folge, dass der Grundstücksvertrag wieder formlos aufgehoben werden kann.[146]

XI. Änderung des Vertrages

49 Abänderungen sind grundsätzlich zu beurkunden.[147] Ob die Änderungen wesentlich oder unwesentlich sind, ist irrelevant.[148] Beispiele aus der Rspr. sind der teilweise Erlass und die Verringe-

---

135 BGH, Urt. v. 16.03.1988, VIII ZR 12/87 = BGHZ 104, 18, 23.
136 BGH, Urt. v. 20.11.1953, V ZR 124/52 = BGHZ 11, 90, 101 f.
137 BGH, Urt. v. 16.09.1988, V ZR 77/87 = NJW-RR 1989, 198, 199.
138 BGH, Urt. v. 16.09.1988, V ZR 77/87 = NJW-RR 1991, 1031 ff. (dort offen gelassen).
139 BGH, Urt. v. 15.06.1983, IVa ZR 10/82 = NJW 1983, 2494 f., zweifelhaft.
140 BGH, Urt. v. 06.03.1998, V ZR 298/96 = NJW-RR 1998, 950.
141 BGH, Urt. v. 12.04.1984, III ZR 221/83 = DNotZ 1985, 279.
142 BGH, Urt. v. 07.02.1986, V ZR 176/84 = NJW 1986, 1983, 1984; BGH, Urt. v. 07.02.1986, V ZR 176/84 = ZIP 2006, 459, 461.
143 BGH, Urt. v. 30.04.1982, V ZR 104/81 = BGHZ 83, 395, 399.
144 BGH, Urt. v. 30.04.1982, V ZR 104/81 = BGHZ 83, 395, 399.
145 Palandt/*Bassenge*, § 925 Rn. 29.
146 BGH, Urt. v. 30.09.1993, IX ZR 211/92 = NJW 1993, 3323, 3326.
147 BGH, Urt. v. 05.05.1976, IV ZR 63/75 = BGHZ 66, 270, 271.
148 Palandt/*Grüneberg*, § 311b Rn. 41.

rung[149] oder die nachträgliche Erhöhung des Kaufpreises,[150] die Verschärfung der Anforderungen an ein Rücktrittsrecht,[151] Aufhebung des Aufschubs der Eigentumsumschreibung.[152] Die Unwirksamkeit betrifft regelmäßig nur die Änderungsvereinbarung.[153] Gesamtnichtigkeit gem. § 139 BGB kann vorliegen, wenn der Kaufvertrag noch unter Vorbehalt der Genehmigung durch eine der Parteien steht und die nicht beurkundete Änderung erst einen genehmigungsfähigen Kaufvertrag herbeiführen soll.[154]

Die Rechtsprechung hat drei Ausnahmen von dem Erfordernis der Beurkundung von Vertragsänderungen gemacht: 50

Die Vertragsänderung dient nur der Beseitigung von unvorhergesehen aufgetretenen Schwierigkeiten bei der Vertragsabwicklung und verändert die beiderseitigen Verpflichtungen aus dem Grundstückskaufvertrag nicht wesentlich.[155] Beispiele sind bei einem Bauträgervertrag die Festlegung des Baubeginns mit Rücktrittsrecht bei Nichteinhaltung der vereinbarten Frist,[156] Änderung des Zahlungsweges betr. den Kaufpreis,[157] Übernahme von Verbindlichkeiten,[158] kurzfristige Stundung und Verlängerung des Rücktrittsrechts.[159] 51

Die Vertragsänderung erweitert und verschärft die Übereignungspflicht nicht. Einziges Beispiel ist die nachträgliche Vereinbarung eines Rücktrittsrechts, da dieses keinen wesentlichen Unterschied zu der formfrei möglichen Aufhebung des Grundstückskaufvertrags darstelle.[160] 52

Änderungen nach Auflassung sind nicht formbedürftig,[161] sofern nicht der Vollzug der beurkundeten Auflassungserklärung aufgrund vertraglicher Vereinbarung in das Belieben des Verkäufers gestellt ist.[162] Nach Eigentumsumschreibung sind Vertragsänderungen formfrei möglich. 53

G. Nichtigkeit als Rechtsfolge

Der Formmangel führt gem. § 125 BGB zur Nichtigkeit des Vertrages. Die Nichtigkeit kann weder durch Verzicht der Parteien auf die Form[163] noch durch den Willen der Parteien, das Geschäft als gültig behandeln zu wollen,[164] geheilt werden. Haben die Parteien im Vertrag einen zu niedrigen Kaufpreis beurkundet, als sie in Wahrheit vereinbart hatten (sog. Unterverbriefung), ist der beurkundete Vertrag als Scheinvertrag gem. § 117 BGB nichtig, da er hinsichtlich des Kaufpreises so von den Vertragsparteien nicht gewollt war. Der mündlich geschlossene Vertrag aber entbehrt hinsichtlich der Kaufpreisvereinbarung der Beurkundung und ist ebenfalls nichtig.[165] Der gesamte Vertrag ist nichtig, wenn nicht ausnahmsweise gem. § 139 BGB das nach Abtren- 54

---

149 BGH, Urt. v. 06.11.1981, V ZR 138/80 = NJW 1982, 434, 435; BGH, Urt. v. 20.11.1981, V ZR 155/80 = NJW 1982, 881, 882.
150 RG HRR 28 Nr. 1469.
151 BGH, Urt. v. 08.04.1988, V ZR 260/86 = NJW 1988, 3263.
152 OLG Düsseldorf, Urt. v. 06.10.1997, 9 U 24/97 = NJW 1998, 2225, 2226.
153 RG, Urt. v. 23.03.1907, V 544/06, V 585/06 = RGZ 65, 392.
154 BGH, Urt. v. 08.04.1988, V ZR 260/86 = NJW 1988, 3263, 3264.
155 BGH, Urt. v. 05.04.2001, VII ZR 119/99 = NJW 2001, 1932, 1933 m.w.N., ständige Rspr.
156 BGH, Urt. v. 05.04.2001, VII ZR 119/99 = NJW 2001, 1932, 1933.
157 BGH, Urt. v. 23.01.1998, V ZR 272/96 = NJW 1998, 1482, 1483.
158 BGH, Urt. v. 11.12.1998, V ZR 377/97 = ZIP 1999, 143.
159 OLG Brandenburg, Urt. v. 07.12.1995, 5 U 58//95 = NJW-RR 1996, 724, 725.
160 BGH, Urt. v. 05.05.1976, IV ZR 63/75 = BGHZ 66, 270, 271 f.
161 BGH, Urt. v. 06.11.1981, V ZR 130/80 = NJW 1982, 434; BGH, Urt. v. 28.09.1984, V ZR 43/83 = NJW 1985, 266.
162 OLG Düsseldorf, Urt. v. 06.10.1997, 9 U 24/97 = NJW 1998, 2225, 2227.
163 BGH, Urt. v. 21.03.1969, V ZR 87/67 = NJW 1969, 1167.
164 BGH LM § 125 Nr. 29.
165 BGH, Urt. v. 15.05.1970, V ZR 20/68 = BGHZ 54, 56, 62.

nung des nichtigen Teils verbleibende Rechtsgeschäft selbständig Bestand hat.[166] Bei nicht beurkundeten Vorauszahlungen auf den Kaufpreis kann Teilnichtigkeit vorliegen, siehe Rdn. 42.

55 Die Auflassung als Teil des Grundstückskaufvertrages ist bei nichtigem Grundstückskaufvertrag wirksam, sofern sich nicht Anhaltspunkte für eine Gesamtnichtigkeit finden lassen.[167] Gerade bei der Unterverbriefung, wenn also der beurkundete Kaufpreis unter dem tatsächlichen Kaufpreis liegt, werden die Parteien die Auflassung als vom Grundgeschäft unabhängig ansehen, da sie auf die Heilung des Formmangels durch Auflassung und Eintragung hoffen.[168] Ausnahmsweise kann eine Berufung auf den Formmangel treuwidrig im Sinne von § 125 BGB sein. Fallgruppen sind die Existenzgefährdung für eine Partei, die schwere Treuepflichtverletzung und das Ausnutzen des Formmangels durch eine Partei, die durch die Beurkundungsform nicht geschützt werden soll.[169]

H. Heilung des Formmangels

56 Der formnichtige Grundstücksvertrag wird seinem ganzen Inhalt nach gültig, wenn die Auflassung und die Eintragung in das Grundbuch erfolgt sind, § 311b Abs. 1 S. 2 BGB. Die Heilungsmöglichkeit dient in erster Linie dem Ziel der Rechtssicherheit im Sinne einer Aufrechterhaltung sachenrechtlich abgeschlossener Verhältnisse. Die Beteiligten sollen nicht gegenseitigen Bereicherungsansprüchen bis zum Ablauf der Verjährungsfrist ausgesetzt sein, nachdem das Eigentum an dem Grundstück – der wichtigste Vertragsgegenstand – übergegangen ist.[170]

I. Auflassung

57 Die Auflassung muss rechtswirksam sein, sonst kommt es trotz Eintragung nicht zur Heilung.[171] Regelmäßig ist die Auflassung auch in einem formnichtigen Grundstücksvertrag wirksam, da sie als selbständiges Rechtsgeschäft angesehen wird[172] und Grund- und Erfüllungsgeschäft von den Vertragsparteien nur ausnahmsweise zu einer Einheit gem. § 139 BGB zusammengefasst werden,[173] siehe auch Rdn. 55.

58 Wird die Auflassung durch Bevollmächtigte, wie z.B. die Notarangestellten, erklärt, muss die Vollmacht zur Erklärung der Auflassung ebenfalls wirksam sein. Wie bei der schon im formnichtigen Grundstücksvertrag erklärten Auflassung selbst, wird auch die Auflassungsvollmacht regelmäßig wirksam sein.[174] Wird die Auflassung nicht im Grundstücksvertrag, sondern gesondert später erklärt, muss die Willensübereinstimmung der Parteien betreffend alle vertraglichen Vereinbarungen bis zu dieser gesonderten Auflassung, nicht aber in dem Zeitraum danach bis zur Eintragung im Grundbuch bestehen.[175] Die Willensübereinstimmung wird vermutet, solange nicht eine der Parteien einen entgegenstehenden Willen geäußert hat.[176]

---

166 BGH, Urt. v. 09.02.1962, IV ZR 90/61 = NJW 1962, 913.
167 Soergel/*Wolf*, § 313 Rn. 90.
168 OLG München, Urt. v. 26.02.1989, 9 U 4530/84 = NJW-RR 1986, 13, 14.
169 Ausführlich dazu: Staudinger/*Wufka*, BGB § 311b Rn. 253 ff.
170 BGH, Urt. v. 09.03.1979, V ZR 85/77 = BGHZ 73, 391, 397; BGH, Urt. v. 08.10.2004, V ZR 178/03 = NJW 2004, 3626.
171 BGH, Urt. v. 03.12.1958, V ZR 28/57 = BGHZ 29, 6, 9.
172 BGH, Urt. v. 23.02.1979, V ZR 99/77 = NJW 1979, 1495, 1496.
173 BGH, Urt. v. 24.05.1985, V ZR 47/84 = NJW 1985, 3006, 3007.
174 Palandt/*Grüneberg*, BGB § 311b Rn. 47.
175 BGH, Urt. v. 07.03.1978, V ZR 217/75 = NJW 1978, 1577.
176 BGH, Urt. v. 15.10.1992, VII ZR 251/91 = NJW-RR 1993, 522.

II. Grundbucheintragung

Erst die Eintragung des neuen Eigentümers im Grundbuch führt zur Heilung, nicht schon die Stellung des Eintragungsantrags[177] oder die Eintragung der Auflassungsvormerkung.[178] Will der Eigentümer die Eintragung und die dadurch erfolgende Heilung verhindern, muss er die Auflassung kondizieren.[179] Dies ist auch bei Kenntnis des Formmangels möglich, da § 814 BGB, der die Zurückforderung von Leistungen ausschließt, die in Kenntnis der Formnichtigkeit erbracht worden sind, auf Austauschverträge keine Anwendung findet, wenn der Leistende die Erwartung hat, dass der andere Teil die Gegenleistung erbringen werde.[180] Denkbar ist die Anwendung von § 815 BGB.[181] Die Anhängigkeit der Kondiktionsklage verhindert allerdings nicht die Eintragung, sodass zusätzlich durch ein mittels einstweiliger Verfügung erwirktes Erwerbsverbot die Eintragung verhindert werden muss.[182] Die Eintragung heilt nur, wenn sie in dem richtigen Grundbuchblatt erfolgt. Bei Vorliegen einer *falsa demonstratio* sind zwar Vertrag und Auflassung wirksam, allerdings heilt die Eintragung in dem falschen Grundbuch nicht.[183] Bei mehreren Vertragsgrundstücken müssen die Heilungsvoraussetzungen bei allen Grundstücken vorliegen.[184]

59

III. Vorverträge, Auftrag und andere Fälle

Vorverträge werden durch formgerechten Abschluss des Hauptvertrages insoweit geheilt, als die formlos vereinbarten Bedingungen in der richtigen Form bestätigt werden.[185] Verpflichtet sich der Eigentümer in dem Vorvertrag, das Grundstück an einen Dritten zu übereignen, so heilt der Verkauf an den Dritten den Formmangel des Vorvertrages.[186] Verkauft der Eigentümer statt an den Käufer auf dessen Vermittlung an einen Dritten, ohne dass er hierzu verpflichtet war, fehlt es an dem Erfüllungszusammenhang, und es tritt keine Heilung ein.[187] War der Beauftragte zu dem treuhänderischen Eigentumserwerb verpflichtet und der Auftrag deswegen beurkundungsbedürftig, siehe Rdn. 31 und 45, heilt die Eintragung des Beauftragten im Grundbuch den Formmangel.[188] Die Einigung über die Bestellung und die Eintragung des Erbbaurechts heilen den formnichtigen Erbbaurechtsvertrag.[189] Die Eintragung des Vorkaufsrechts heilt den formnichtigen Vertrag über die Bestellung des Rechts.[190] Der formnichtige Vertrag über die Verpflichtung zur Abgabe eines Angebotes wird mit dem formgerechten Angebot geheilt.[191]

60

---

177 MüKo-BGB/*Kanzleiter*, § 311b Rn. 77.
178 BGH LM § 313 Nr. 19.
179 RG, Urt. v. 30.06.1924, V 648/23 = RGZ 108, 329; RG, Urt. v. 17.12.1924, V 710/23 = RGZ 109, 354.
180 BGHZ 73, 202, 205; a.A. Palandt/*Grüneberg*, § 311b Rn. 51.
181 MüKo-BGB/*Schwab*, § 815 Rn. 8.
182 MüKo-BGB/*Kanzleiter*, § 311b Rn. 83.
183 MüKo-BGB/*Kanzleiter*, § 311b Rn. 77.
184 RG, Urt. v. 16.05.1908, V 492/07 = RGZ 68, 386.
185 BGH, Urt. v. 15.10.1992, VII ZR 251/91 = NJW-RR 1993, 522; anders: BGH, Urt. v. 18.12.1981, V ZR 233/80 = BGH, Urt. v. 20.11.1981, V ZR 155/80 = BGHZ 82, 398, 404: Die später nicht beurkundeten Teile des Vorvertrages werden wirksam.
186 BGH, Urt. v. 18.12.1981, V ZR 233/80 = BGHZ 82, 398, 403.
187 BGH, Beschl. v. 16.07.2004, Ixa ZB 44/04 = NJW 2004, 3262 unter teilweiser Aufgabe von BGH, Urt. v. 18.12.1981, V ZR 233/80 = BGHZ 82, 398.
188 BGH, Urt. v. 07.10.1994, V ZR 102/93 = BGHZ 127, 168, 175.
189 MüKo-BGB/*Kanzleiter*, § 311b Rn. 82.
190 RG, Urt. 11.07.1929, VI 734/28 = RGZ 125, 264; BGH, Urt. v. 17.05.1967, V ZR 96/64 = DNotZ 1968, 93.
191 RG, Urt. v. 15.06.1942, V 132/41 = RGZ 169, 190.

IV. Heilungswirkungen

61 Die Heilung erfasst alle Vereinbarungen der Parteien, alle mündlichen und schriftlichen Nebenabreden, so z.B. die Verpflichtung zur Ausführung einer Baumaßnahme gemäß nicht mitbeurkundeten Bauplänen,[192] Vertragsänderungen,[193] Verpflichtung zur Rückübereignung.[194] Die Eintragung eines Erbbaurechts heilt dagegen nicht die formnichtige Verpflichtung zur Übereignung des Eigentums an den Erbbauberechtigten nach Beendigung des Erbbaurechts.[195] Die Heilung erfolgt ex nunc und nicht rückwirkend. Verzug ist für die Vergangenheit nicht eingetreten,[196] allerdings kann eine Vertragsstrafe für die Vergangenheit verwirkt sein, weil die Parteien sich nach der Heilung das gewähren wollen, was sie bei Abschluss des Vertrages einander zu gewähren beabsichtigten, und die Vertragsstrafenregelung zu den Vertragsleistungen gehört.[197] Es werden auch die Vereinbarungen geheilt, die anderen, gleichen oder minderen Formerfordernissen unterliegen, wie die Verpflichtung zur Abtretung von GmbH-Geschäftsanteilen gem. § 15 Abs. 4 S. 1 GmbHG und die Schriftform bei Leibrentenversprechen gem. § 761 BGB.[198] Nicht geheilt werden formnichtiger Erbvertrag und Erbverzicht.[199] Leidet der Vertrag an weiteren Mängeln, z.B. fehlender vormundschaftlicher Genehmigung, erfolgt keine Heilung.[200]

I. Beurkundung

1. Stellung des Notars

62 Zuständig zur Beurkundung sind Notare, § 20 BNotO. Die notarielle Urkunde kann auch durch einen gerichtlichen Vergleich ersetzt werden, § 127a BGB. Außerdem können Beurkundungen im Ausland von den Konsularbeamten des Bundes vorgenommen werden, § 10 Abs. 1 Konsulargesetz.

63 Das Verfahrensrecht des Beurkundungsgesetzes ergänzt die Vorschriften des materiellen Rechts, die die Einhaltung von Formerfordernissen verlangen. Das Beurkundungsverfahren gehört zu dem Bereich der freiwilligen Gerichtsbarkeit. Die Tätigkeit des Notars hat öffentlich-rechtlichen Charakter.[201] Daher darf der Notar gem. § 15 Abs. 1 BNotO seine Tätigkeit nicht grundlos verweigern, muss sie umgekehrt aber gem. § 4 BeurkG verweigern, wenn sie mit seinen Amtspflichten nicht vereinbar wäre, ihn trifft die Amtshaftung gem. § 19 BNotO, er ist gem. § 14 Abs. 1 S. 2 BNotO zur Unparteilichkeit verpflichtet und muss gem. § 17 BNotO die Kosten erheben.

II. Beurkundungsverfahren

64 Die §§ 6 ff. des BeurkG regeln die formalen Anforderungen an die Beurkundung von Willenserklärungen. Während also z.B. § 311b BGB regelt, **was** beurkundet werden muss, regelt das BeurkG, **wie** die Beurkundung formal zu erfolgen hat. Nach § 8 BeurkG ist bei der Beurkundung eine Niederschrift über die Verhandlung aufzunehmen. Aus dem Begriff der Niederschrift ergibt sich die Schriftform für die Verhandlung, und zwar im Allgemeinen auf Papier. Daher ist eine Beurkundung von und auf elektronischen Datenträgern, wie CD-ROM nicht zulässig.[202]

---

192 OLG Hamm, Urt. v. 04.03.2003, 21 U 80/02 = BauR 2003, 1398.
193 OLG Köln, Urt. v. 18.08.1997, 19 U 52/97 = VersR 1999, 117.
194 BGH, Urt. v. 15.11.1974, V ZR 78/73 = NJW 1975, 205.
195 BGH, Urt. v. 29.09.1972, V ZR 170/07 = BGHZ 59, 269, 273.
196 BGH, Urt. v. 10.11.1978, V ZR 181/76 = DB 1979, 938.
197 BGH, Urt. v. 18.12.1981, V ZR 233/80 = NJW 1982, 759, 761; a.A. *Reinicke/Tiedke*, NJW 1982, 1430, 1433: keine Rückwirkung.
198 BGH, Urt. v. 17.03.1978, V ZR 217/75 = NJW 1978, 1577.
199 MüKo-BGB/*Kanzleiter*, § 311b Rn. 84 m.w.N.
200 RG, Urt. v. 09.07.1932, VI 205/32 = RGZ 137, 352.
201 BVerfG, Urt.v. 05.05.1964, 1 BvL 8/62 = DNotZ 1964, 424, 428.
202 Armbrüster/Preuss/*Renner*, BeurkG § 8 Rn. 10.

Die Niederschrift enthält gem. § 9 BeurkG die Bezeichnung des Notars und der Beteiligten und ihre Erklärungen sowie Tag und Ort der Beurkundung. Es nicht notwendig, dass die Erklärungen der Beteiligten sämtlich in den Text der Urkunde aufgenommen werden müssen, vielmehr darf auf Anlagen zu der Niederschrift verwiesen werden, die Text oder Karten, Zeichnungen oder Abbildungen enthalten. Die Anlagen gelten gem. § 9 Abs. 1 S. 2 BeurkG als in der Niederschrift selbst enthalten. 65

Die Niederschrift muss den Beteiligten gem. § 13 Abs. 1 S. 1 BeurkG in Gegenwart des Notars vorgelesen, von ihnen genehmigt und eigenhändig unterschrieben werden. Das gilt auch für Textanlagen. Verweist die Niederschrift auf Karten, Zeichnungen oder Abbildungen, so müssen diese nicht verlesen, sondern zur Durchsicht vorgelegt werden, § 13 Abs. 1 S. 1 BeurkG. In der Niederschrift soll durch den Schlussvermerk festgestellt werden, dass dies geschehen ist. Fehlt der Schlussvermerk, bleibt die Urkunde dennoch wirksam, da an die Unterschrift der Beteiligten die Vermutung anknüpft, dass die Niederschrift vorgelesen bzw. zur Durchsicht vorgelegt und von ihnen genehmigt wurde, vgl. § 13 Abs. 1 S. 3 BeurkG. 66

Eine erhebliche Beurkundungserleichterung verschaffen die §§ 13a und 14 BeurkG. Nach § 13a BeurkG kann auf eine andere notarielle Niederschrift verwiesen werden, wenn diese nach den Vorschriften über die Beurkundung von Willenserklärungen errichtet worden ist. Die andere Niederschrift muss dann bei der Beurkundung des Vertrages, der auf sie verweist, nicht verlesen werden, wenn die Beteiligten sie kennen und sie auf das Verlesen verzichten, was regelmäßig erfolgt. Auch können die Beteiligten auf das Beifügen zu der Niederschrift verzichten. Durch die Verweisung werden die anderen Niederschriften Teil der Urkunde. Bekannte Anwendungsfälle sind die Baubeschreibung und die Teilungserklärung nebst Gemeinschaftsordnung bei Bauträgerverträgen. Häufig enthalten diese Urkunden gerade bei größeren Grundstücksgeschäften Mietverträge, Baubeschreibungen, Inventarlisten, Nachweise über Versicherungen. Die extra zur Erleichterung der Beurkundung geschaffenen Niederschriften werden als Grundlagen-, Bezugs-, Mutter- oder Stammurkunden bezeichnet. Die Bezugsurkunden müssen keine Willenserklärungen enthalten, sodass auch bloße Tatsachen wie z.B. bestehende Mietverträge ausreichender Inhalt dieser Urkunde sind, da es nur auf die Einhaltung der Formvorschriften der Beurkundung ankommt.[203] Die Bezugsurkunde muss nicht von den Beteiligten der Haupturkunde errichtet worden sein, sodass es z.B. ausreicht, wenn die Bezugsurkunde von einem Notarangestellten oder einem Mitarbeiter einer Vertragspartei errichtet wird. Auch auf nichtige Urkunden kann verwiesen werden, wenn sie den Formvorschriften des Beurkundungsgesetzes genügen. 67

Nach § 14 BeurkG müssen Bilanzen, Inventare, Nachlassverzeichnisse oder sonstige Bestandsverzeichnisse über Sachen, Rechte und Rechtsverhältnisse nicht verlesen werden, wenn die Beteiligten darauf verzichten und ihnen das Schriftstück zur Kenntnisnahme vorgelegt und von ihnen auf jeder Seite unterschrieben (nicht nur paraphiert) wird. Die Anlage mit den Bestandsverzeichnissen ist der Niederschrift beizufügen. Es muss sich um Zahlenwerke und Aufzählungen über einen real existierenden Bestand handeln.[204] Beispiele sind Inventar, Warenlager, Arbeitsverhältnisse, Mieterlisten, Forderungen, Vertragslisten. Müssen die Gegenstände noch beschafft oder hergestellt werden, greift die Beurkundungserleichterung nach § 14 BeurkG nicht ein. Daher ist die Baubeschreibung in Bauträgerverträgen vorzulesen, sofern man sich nicht mit der Erleichterung nach § 13a BeurkG behilft. Auch Stamm- oder Mutterurkunden bei Immobilienfonds und Bauträger- und Bauherrenmodellen können nicht Gegenstand der Verweisung nach § 14 BeurkG sein, da sie neu abzuschließende Rechtsgeschäfte beinhalten.[205] 68

---

203 Armbrüster/Preuss/*Renner*, BeurkG § 13a Rn. 9.
204 Armbrüster/Preuss/*Renner*, BeurkG § 14 Rn. 9.
205 Armbrüster/Preuss/*Renner*, BeurkG § 14 Rn. 16.

III. Prüfungs- und Belehrungspflichten des Notars

69 § 17 BeurkG regelt die Grundnorm der notariellen Prüfungs- und Belehrungspflichten[206] und hat die gleichen Ziele, die durch die Pflicht zur Beurkundung von Grundstücksverträgen erreicht werden sollen.

1. Sachverhaltsaufklärung und Willenserforschung

70 Der Notar ist zur Sachverhaltsaufklärung verpflichtet, da er nur so den Willen der Beteiligten richtig erfassen und in die passende vertragliche Form bringen kann.[207] Er darf sich auf die Richtigkeit tatsächlicher Angaben verlassen, muss aber prüfen, ob die Beteiligten normative Tatsachenbegriffe richtig verstehen und verwenden.[208] Der Notar muss sich durch Erörterung mit den Beteiligten davon überzeugen, dass das Niedergeschriebene den wahren Willen der Beteiligten wiedergibt.[209]

2. Belehrung über die rechtliche Tragweite des Geschäfts, insbesondere bei Grundstücksgeschäften

71 Inhalt und Umfang der Belehrung hängen vom Einzelfall und den Kenntnissen der Beteiligten ab, wobei der Notar nicht dazu angehalten ist, »ins Blaue hinein« – gleichsam mechanisch und ohne Rücksicht auf ein schutzwürdiges Interesse der Beteiligten – zu belehren.[210] Gerade unerfahrene und ungewandte Beteiligte dürfen nicht benachteiligt werden. Er muss alternative Gestaltungen vorschlagen, wenn die beabsichtigte Gestaltung rechtlich scheitern kann,[211] und er hat den sichersten Weg vorzuschlagen.[212] In umstrittenen Fragen hat er sich an die herrschende Meinung zu halten, erkennbare Tendenzen der Rechtsprechung darf er nicht übersehen.[213]

72 Bei Grundstücksgeschäften soll der Notar darüber belehren, dass das Eigentum erst mit Umschreibung auf den Erwerber übergeht und dass die Unbedenklichkeitsbescheinigung des Finanzamts, der Vorkaufsrechtsverzicht der Gemeinde und evtl. weitere Genehmigungen notwendig sind. Er muss über Grundstücksbelastungen und ihre Auswirkungen auf den Vollzug des Vertrages informieren, so z.B. über Grundpfandrechte, Vorkaufsrechte. Er muss bei der Bestellung neuer Rechte über Rangfragen belehren, so z.B. wenn ein Wegerecht nach Grundpfandrechten eingetragen ist und in der Zwangsversteigerung erlöschen kann.[214] Auf außerhalb des Grundbuchs mögliche Belastungen wie z.B. Baulasten hat der Notar dagegen nicht hinzuweisen.[215] Über die Problematik von Erschließungskosten und die hierzu zu treffende vertragliche Regelung muss der Notar belehren.[216] Ob der Notar im Hinblick auf die Kaufpreiszahlung zu einer Vollstreckungsunterwerfung raten muss, ist streitig.[217] Soll eine Partei eine ungesicherte Vorleistung erbringen, trifft den Notar die Pflicht zur Doppelbelehrung, zum einen über das Risiko und zum anderen über die Möglichkeit der Risikovermeidung, wobei er alle realistisch in Betracht kommenden Sicherungsmöglichkeiten vorschlagen muss.[218] Dies gilt auch bei Bauträgerverträgen, wenn der

---

206 Armbrüster/Preuss/*Renner*, BeurkG § 17 Rn. 1.
207 BGH, Urt. v. 06.11.1986, IX ZR 125/85 = DNotZ 1987, 450.
208 BGH, Urt. v. 16.11.1995, IX ZR 14/95 = DNotZ 1996, 572.
209 Eylmann/Vaasen/*Frenz*, BeurkG § 17 Rn. 2.
210 BGH, Urt. v. 27.10.1994, IX ZR 12/94 = DNotZ 1995, 407, 409.
211 BGH, Urt. v. 08.07.1993, IX ZR 222/92 = DNotZ 1995, 494, 495.
212 BGH, Urt. v. 27.09.1990, VII ZR 324/89 = DNotZ 1991, 750, 752.
213 Armbrüster/Preuss/*Renner*, BeurkG § 17 Rn. 35.
214 BGH, Urt. v. 24.06.1993, IX ZR 84/92 = DNotZ 1993, 752.
215 Armbrüster/Preuss/*Renner*, BeurkG § 17 Rn. 81.
216 BGH, Urt. v. 28.04.1994, IX ZR 161/93 = DNotZ 1995, 403, 404 f.
217 Dafür: Kersten/Bühling/*Wolfsteiner*, Formularbuch Praxis der freiwilligen Gerichtsbarkeit, § 19 Rn. 2; dagegen: *Brambring* in: Beck'sches Notarhandbuch, A I, Rn. 113.
218 BGH, Urt. v. 12.02.2004, III ZR 77/03 = DNotZ 2004, 841, 842.

Kaufpreis auch die Erschließungskosten enthält und gezahlt wird, bevor die Erschließungsbeiträge von der Gemeinde festgesetzt werden.[219] Auf Gewährleistungsrechte, Wohnungsbindungen oder erweiterten Kündigungsschutz der Mieter muss der Notar nicht hinweisen. Übernimmt der Notar, wie üblich, auch den Vollzug des Vertrages, muss er die Vollzugsanweisungen der Beteiligten beachten, insbesondere auch die Treuhandanweisungen abzulösender Gläubiger. Im Rahmen eines Kaufvertrages über Wohnungseigentum muss der Notar grundsätzlich nicht über die Teilungserklärung und die Gemeinschaftsordnung belehren.[220] Im Rahmen von Bauträgerverträgen muss der Notar über die MaBV, insbesondere deren §§ 3 und 7 belehren.

(...)

Untertitel 3: Anpassung und Beendigung von Verträgen

§ 313 Störung der Geschäftsgrundlage

(1) Haben sich Umstände, die zur Grundlage des Vertrags geworden sind, nach Vertragsschluss schwerwiegend verändert und hätten die Parteien den Vertrag nicht oder mit anderem Inhalt geschlossen, wenn sie diese Veränderung vorausgesehen hätten, so kann Anpassung des Vertrags verlangt werden, soweit einem Teil unter Berücksichtigung aller Umstände des Einzelfalls, insbesondere der vertraglichen oder gesetzlichen Risikoverteilung, das Festhalten am unveränderten Vertrag nicht zugemutet werden kann.

(2) Einer Veränderung der Umstände steht es gleich, wenn wesentliche Vorstellungen, die zur Grundlage des Vertrags geworden sind, sich als falsch herausstellen.

(3) Ist eine Anpassung des Vertrags nicht möglich oder einem Teil nicht zumutbar, so kann der benachteiligte Teil vom Vertrag zurücktreten. An die Stelle des Rücktrittsrechts tritt für Dauerschuldverhältnisse das Recht zur Kündigung.

Schrifttum

Dauner-Lieb/Dötsch Prozessuale Fragen rund um § 313 BGB, NJW 2003, 921; *Heinrichs* Vertragsanpassung bei Störung der Geschäftsgrundlage. Eine Skizze der Anspruchslösung des § 313 BGB, in: Festschrift für Andreas Heldrich zum 70. Geburtstag, Lorenz u.a. (Hrsg.), 2005, S. 183; *Klaft/Nossek* Die Rechtsfolgen unwillkürlicher »Nullmengen« für die Vergütung des Auftragnehmers beim VOB-Vertrag, NZBau 2009, 286; *Putzier* Anpassung des Pauschalpreises bei Leistungsänderung, BauR 2002, 546; *Rösler* Störung der Geschäftsgrundlage nach der Schuldrechtsreform, ZGS 2003, 383; *Schmidt-Kessel/Baldus* Prozessuale Behandlung des Wegfalls der Geschäftsgrundlage nach neuem Recht, NJW 2002, 2076.

Übersicht	Rdn.		Rdn.
A. Stellung im Leistungsstörungsrecht	1	2. Vorrang gesetzlicher Sondervorschriften	7
I. Strukturen	1	3. Dispositivität	8
1. Störung der Geschäftsgrundlage und subjektive Äquivalenz	1	III. Abgrenzung zu anderen Rechtsinstituten	9
2. Rechtspolitische Legitimität und gesetzliche Strukturen de lege lata	3	1. Vertragsinhalt/(ergänzende) Vertragsauslegung	9
II. Anwendungsbereich	6	2. Mängelrechte	10
1. Verträge	6	3. Unmöglichkeit	11

---

219 BGH, Urt. v 17.01.2008, III ZR 136/07 = DNotZ 2008, 280 ff.
220 Armbrüster/Preuss/*Renner*, BeurkG § 17 Rn. 105.

§ 313 BGB Störung der Geschäftsgrundlage

		Rdn.			Rdn.
	4. Anfechtung	12	I.	Einheitspreisvertrag	29
	5. Bereicherungsrecht § 812 Abs. 1 S. 2 Alt. 2 BGB	13		1. Mengenänderungen	29
				2. Aufwandsänderungen innerhalb der Position	32
B.	**Voraussetzungen**	14	II.	Pauschalpreisvertrag	33
I.	Nachträgliche Änderung von Umständen, § 313 Abs. 1 BGB	14	III.	Kostenbestandteile, insb. externer Kalkulationsirrtum	36
	1. Geschäftsgrundlage	15	IV.	»Sowieso-Kosten« und Änderung der Geschäftsgrundlage?	38
	2. Wegfall	17			
	3. Risikoverteilung	18	E.	**Prozessuales**	43
	4. Unzumutbarkeit	21	I.	Beweislast	43
II.	Gemeinsame Fehlvorstellungen, § 313 Abs. 2 BGB	22	II.	§ 313 BGB im Prozess	44
				1. Störung der Geschäftsgrundlage als Verteidigungsmittel	44
C.	**Rechtsfolgen**	26			
I.	Anspruch auf Anpassung	26		2. Störung der Geschäftsgrundlage als Angriffsmittel	46
II.	Vertragsauflösung	27			
D.	**Anpassung der Vergütung im Bauvertrag**	28	F.	Verjährung	49

A. Stellung im Leistungsstörungsrecht[1]

I. Strukturen

1. Störung der Geschäftsgrundlage und subjektive Äquivalenz

1 Mit der Schuldrechtsreform wurde das bis dahin lediglich als zum Gewohnheitsrecht erstarktes[2] Richterrecht angewendete Rechtsinstitut des Wegfalls der Geschäftsgrundlage unter der amtlichen Überschrift »Störung der Geschäftsgrundlage« in § 313 BGB gesetzlich normiert. Bei einer Störung der Geschäftsgrundlage kann der Vertrag den veränderten Verhältnissen angepasst oder ganz aufgehoben werden. Die Anwendung des § 313 BGB führt dazu, dass – anders als bei der (u.U. ergänzenden) Vertragsauslegung – von außen in das Äquivalenzverhältnis des Vertrages eingegriffen wird und damit der allgemeine Grundsatz *pacta sunt servanda* eingeschränkt wird. Der Normzweck des § 313 BGB liegt im Ausgleich des Anpassungs- oder Beendigungsinteresse der durch die Störung der Geschäftsgrundlage benachteiligten Partei und dem Bestands- bzw. Erfüllungsinteresse der anderen Vertragspartei.[3] Der Tatbestand der Störung der Geschäftsgrundlage setzt deshalb entweder eine nachträgliche schwerwiegende Veränderung der zur Grundlage des Vertrages gewordenen Umstände oder aber eine unzutreffende Zugrundelegung wesentlicher Umstände voraus. Weiter darf hinsichtlich dieser Umstände keine vertragliche Risikoübernahme oder gesetzliche Risikozuweisung bestehen. Schließlich muss die Veränderung eine unzumutbare Härte für eine Vertragspartei unter Berücksichtigung der vertragstypischen Risikoverteilung darstellen.

2 Die Verbindung dieser unbestimmten Tatbestandsmerkmale eröffnet § 313 BGB auf der einen Seite einen weiten Anwendungsbereich als generalklauselartiges Instrument zur nachträglichen Vertragsanpassung.[4] Auf der anderen Seite gilt § 313 BGB als Ausnahmevorschrift, was zu einer zurückhaltenden und eher restriktiven Anwendung führen sollte.[5] Die Voraussetzungen dieser Norm gleichen den Grundsätzen des vor der Schuldrechtsreform *praeter legem* entwickelten Rechtsinstitutes des Wegfalls der Geschäftsgrundlage. Lediglich auf der Rechtsfolgenseite ergibt sich im Vergleich zur bisherigen Rechtspraxis die Abweichung, dass § 313 BGB nicht schon von

---

1 Für die wertvolle Unterstützung bei der Vorbereitung und Erstellung des Manuskripts danke ich Herrn Richter am LG *Bernhard Locher* sowie Frau ass.iur. *Grete Langjahr*.
2 MüKo-BGB/*Roth*, § 313 Rn. 1; PWW/*Medicus*, § 313 Rn. 1; Erman/*Hohloch*, § 313 Rn. 1.
3 Vgl. AnwK/*Krebs*, § 313 Rn. 1; Palandt/*Grüneberg*, BGB § 313 Rn. 1.
4 Vgl. *Emmerich*, § 27 Rn. 26.
5 Bamberger/Roth/*Unberath*, § 313 Rn. 2; AnwK/*Krebs*, § 313 Rn. 3.

Amts wegen berücksichtigt werden muss, sondern die Rechtsfolgen des § 313 BGB erst nach Erhebung einer entsprechenden Einrede eintreten.[6]

2. Rechtspolitische Legitimität und gesetzliche Strukturen de lege lata

Vor der Schuldrechtsmodernisierung wurde zwischen der sog. »großen« und »kleinen« Geschäftsgrundlage unterschieden. Unter der großen Geschäftsgrundlage verstand man die Erwartung der Parteien, dass die wirtschaftlichen, politischen und sozialen Bedingungen nicht wesentlich an Stabilität verlieren.[7] Oft werden als Beispiel die Folgen von Sozialkatastrophen wie Krieg, Inflation oder Naturkatastrophen genannt. Aber auch die Auswirkungen der deutschen Wiedervereinigung fallen unter die große Geschäftsgrundlage. Nicht alle Veränderungen der »großen« Geschäftsgrundlage führen indes zu einer Anpassung des Vertrages nach § 313 BGB, weil grundsätzlich nur der Gesetzgeber und nicht das Zivilrecht die Folgen sozialer Katastrophen bewältigen kann.[8] Kommt es jedoch aufgrund der aufgezeigten Fälle zu einer Störung des Äquivalenzverhältnisses oder zu Leistungserschwerungen, so können bei Vorliegen aller Voraussetzungen die Rechtsfolgen des § 313 BGB eingreifen. Alle weiteren Störungen, die nicht der großen Geschäftsgrundlage zugehören, bilden die sogenannte kleine Geschäftsgrundlage.[9] Eine Unterscheidung zwischen der großen und kleinen Geschäftsgrundlage ist gemäß der Neuregelung in § 313 BGB indes nicht mehr erforderlich.[10]

3

Die in § 313 BGB niedergelegte Lehre von der Geschäftsgrundlage schöpft zum einen aus der naturrechtlichen *clausula rebus sic stantibus*,[11] die allerdings seit jeher wegen ihrer Anknüpfung an die objektiven Umstände in Konflikt mit der im späten Gemeinen Recht erkannten Notwendigkeit der Anerkennung der bindenden Wirkung von Verträgen stand. Es ist das bleibende Verdienst *Oertmanns*, die Lehre vor dem Eindruck der Umwälzungen durch den Ersten Weltkrieg in einer Weise fortentwickelt zu haben, die durch eine Anknüpfung an den Parteiwillen eine Einbindung in die moderne Rechtsgeschäftslehre gestattet. Zwar reicht der Parteiwille nicht weit genug, eine u.U. ergänzende Vertragsauslegung zu tragen (dazu vgl. o. bzw. u. Rdn. 5), doch gestattet das Prinzip von Treu und Glauben, in das subjektive Äquivalenzverhältnis einzugreifen, wenn beide Parteien von Umständen bzw. deren Fortbestand ausgehen, und das Festhalten der anderen Partei am Vertrag deshalb für eine Partei als treuwidrig erscheint. In diesem Sinne hat die Rechtsprechung entwickelt, dass die Geschäftsgrundlage durch alle nicht zum Vertragsinhalt erhobenen, aber bei Vertragsschluss zutrage getretenen gemeinschaftlichen Vorstellungen beider Vertragsparteien gebildet wird, auf denen der Geschäftswille der Parteien aufbaut.[12]

4

Der Gesetzgeber hat insgesamt die subjektive Theorie der Geschäftsgrundlage festgeschrieben. Ihren unmittelbaren Niederschlag findet diese Theorie in Absatz 2, indem dort auf die »wesentlichen Vorstellungen« der Parteien abgestellt wird.[13] Doch entzieht sich auch § 313 Abs. 1 BGB einer solchen Deutung nicht, obgleich darin allein die Rede von »Umstände(n), die zur Grundlage des Vertrages geworden sind,« ist. Diese für den Vertrag gewichtigen Umstände können nach dem Wortlaut des § 313 Abs. 1 BGB sowohl subjektiver als auch objektiver Natur sein.[14] Die Literatur ist überwiegend der Ansicht, dass die Geschäftsgrundlage gem. § 313 BGB auch objektive Ele-

5

---

6 BT-Drucks. 14/6040, 175; MüKo-BGB/*Roth*, § 313 Rn. 2; AnwK/*Krebs*, § 313 Rn. 5; Jauernig/*Stadler*, § 313 Rn. 30.
7 Jauernig/*Stadler*, § 313 Rn. 5; Palandt/*Grüneberg*, BGB § 313 Rn. 5; Erman/*Hohloch*, § 313 Rn. 9.
8 Erman/*Hohloch*, § 313 Rn. 9; Palandt/*Grüneberg*, BGB § 313 Rn. 5.
9 Jauernig/*Stadler*, § 313 Rn. 5; Bamberger/Roth/*Unberath*, § 313 Rn. 7.
10 *Medicus*, Bürgerliches Recht, § 7 Rn. 152.
11 MüKo-BGB/*Roth*, § 313 Rn. 42.
12 Vgl. nur BGH v. 24.09.2002, XI ZR 345/01, BGHZ 152, 114 Rn. 33 m.w.N.
13 MüKo-BGB/*Roth*, § 313 Abs. 43.
14 MüKo-BGB/*Roth*, § 313 Abs. 44.

mente aufweise.[15] Die subjektive Formel des BGH verlöre demnach weitgehend an Bedeutung.[16] Der von *Larenz* geprägte Begriff der objektiven Geschäftsgrundlage erfasst diejenigen Umstände, deren weiteres Vorhandensein objektiv Voraussetzung ist, damit der Vertrag nach den Zielvorstellungen der Parteien noch als sinnvolle Regelung anzusehen ist.[17] Vor der Schuldrechtsmodernisierung wurden diese Umstände mit der Begründung von der Rechtsprechung teilweise subjektiv ausgelegt, dass es genüge, wenn die Parteien diese maßgeblichen äußeren Umstände als selbstverständlich ansähen.[18] Diese objektiven Umstände gehören erst recht zur subjektiven Geschäftsgrundlage, wenn die Parteien sie bei den Vertragsverhandlungen erörtert haben und damit auch subjektiv zur Geschäftsgrundlage gehören.[19] Dieser oft als umständlich angesehenen Begründung bedarf es wegen des Wortlauts des § 313 Abs. 1 BGB zwar nicht mehr.[20] Der gesetzgeberischen Entscheidung liegt aber die Annahme zugrunde, dass die Parteien übereinstimmend vom Fortbestand derjenigen Umstände ausgehen, welche die Grundlage des Vertragsschlusses gebildet haben. Das liegt unmittelbar nahe für die Fälle der Störung der sog. großen Geschäftsgrundlage (z.B. Revolution, Krieg, galoppierende Inflation), trifft aber auch für die den konkreten Vertrag relevanten Umstände zu (kleine Geschäftsgrundlage). So betrachtet stellen beide Tatbestandsalternativen Ausprägungen des übergreifenden Prinzips dar, dass die Parteien sich an ihren übereinstimmenden Vorstellungen über den Bestand bzw. Fortbestand von die vertragliche Äquivalenz maßgebend beeinflussenden Umständen festhalten lassen müssen.

II. Anwendungsbereich

1. Verträge

6 Die Vorschrift des § 313 BGB ist im Untertitel »Anpassung und Beendigung von Verträgen« aufgeführt. Der Anwendungsbereich des § 313 BGB beschränkt sich auf vertragliche Schuldverhältnisse.[21] Den Hauptanwendungsbereich bilden gegenseitige Austauschverträge.[22] Gleichwohl gilt § 313 BGB für den Vorvertrag[23] sowie ungeachtet von § 779 BGB auch für den Vergleich.[24] Ebenso können sich bei einseitig verpflichtenden Verträgen wie der Bürgschaft,[25] der Schenkung,[26] dem abstrakten Schuldversprechen[27] oder dem Darlehen[28] die Vertragsparteien bei der Störung der Geschäftsgrundlage auf § 313 BGB berufen. Ist der Vertrag jedoch noch nicht zustande gekommen, so ist § 313 BGB mangels Vorliegen einer Geschäftsgrundlage nicht anwend-

---

15 Palandt/*Grüneberg*, BGB § 313 Rn. 4; Jauernig/*Stadler*, § 313 Rn. 4; Erman/*Hohloch*, § 313 Rn. 8. A.A. Bamberger/Roth/*Unberath*, § 313 Rn. 6, der trotz der objektiven Tendenzen des § 313 Abs. 1 BGB an der subjektiven Formel des BGH festhalten möchte.
16 Jauernig/*Stadler*, § 313 Rn. 4.
17 *Larenz*, SchuldR I, § 21 II. S. 324; vgl. ferner Palandt/*Grüneberg*, BGB § 313 Rn. 4; Erman/*Hohloch*, § 313 Rn. 8.
18 BGH v. 24.11.1995, V ZR 164/94, NJW 1996, 990, 992.
19 Palandt/*Grüneberg*, BGB § 313 Rn. 4.
20 Erman/*Hohloch*, § 313 Rn. 8; Palandt/*Grüneberg*, BGB § 313 Rn. 4; *Heinrichs*, in: FS Heldrich, S. 183, 189.
21 Jauernig/*Stadler*, § 313 Rn. 6; Bamberger/Roth/*Unberath*, § 313 Rn. 8; *Lorenz/Riehm*, § 9 Rn. 389.
22 BGH v. 25.11.1992, IV ZR 147/91, NJW 1993, 850; AnwK/*Krebs*, § 313 Rn. 26.
23 Bamberger/Roth/*Unberath*, § 313 Rn. 8.
24 BGH v. 18.11.1993, IX ZR 34/93, NJW-RR 1994, 434, 435; für den Prozessvergleich BGH v. 05.09.2001, XII ZR 108/00, NJW 2001, 3618, 3619; BGH v. 04.10.1982, GSZ 1/82, NJW 1983, 228, 229.
25 BGH v. 17.03.1994, IX ZR 174/93, NJW 1994, 2146, 2147; Bamberger/Roth/*Unberath*, § 313 Rn. 8; Jauernig/*Stadler*, § 313 Rn. 6.
26 BGH v. 03.12.1971, IV ZR 134/93, NJW 1972, 247, 248; BGH v. 28.09.1990, V ZR 109/89, NJW 1991, 830, 831.
27 BGH v. 23.09.1976, III ZR 119/74, DB 1977, 301; Bamberger/Roth/*Unberath*, § 313 Rn. 8.
28 BGH v. 30.09.1952, I ZR 83/52, BGHZ 7, 239, 243; Erman/*Hohloch*, § 313 Rn. 11.

bar.[29] In diesen Fällen können Ansprüche nur aus vorvertraglichem Verschulden gem. §§ 311 Abs. 2, 280 Abs. 1 BGB oder aus Bereicherungsrecht hergeleitet werden.[30] Eine Anwendung des § 313 BGB ist im Grundsatz ebenfalls ausgeschlossen, wenn der Vertrag bereits beiderseits vollständig erfüllt worden ist.[31] Es ist immerhin denkbar, dass auch nach der Erfüllung das Festhalten am Vertrag für eine Partei unzumutbar ist, weshalb ausnahmsweise auch nach der Erfüllung auf § 313 BGB zurückgegriffen werden kann.[32] Auf gesetzliche Schuldverhältnisse ist die Lehre von der Störung der Geschäftsgrundlage demgegenüber nicht anwendbar, weil diesen Schuldverhältnissen kein Parteiwille und damit auch keine Geschäftsgrundlage zugrunde liegt.[33] Für öffentlich-rechtliche Verträge gehen die Sonderregelungen des § 60 VwVfG bzw. § 59 SGB X vor.[34]

2. Vorrang gesetzlicher Sondervorschriften

Das Rechtsinstitut der Störung der Geschäftsgrundlage ist subsidiär gegenüber gesetzlich abschließenden Sondervorschriften. Eine abschließende Sonderregelung liegt insbesondere dann vor, wenn der Rückgriff auf das Institut der Störung der Geschäftsgrundlage dem Sinn und Zweck der Sondervorschrift zuwiderlaufen würde.[35] § 313 BGB findet dagegen Anwendung, wenn der Tatbestand der Sondervorschrift oder die begehrten Rechtsfolgen nicht zutreffen.[36] Ein Beispiel für eine abschließende Sondervorschrift im privaten Baurecht ist die Regelung über den Kostenanschlag in § 650 BGB.[37] Im Architektenrecht stellt die HOAI als öffentliche Verordnung zwingendes öffentliches Preisrecht dar,[38] weshalb im Fall einer erheblichen Verlängerung der Bauzeit eine nachträgliche Anpassung des Architektenhonorars über § 313 BGB wegen der Sondervorschrift in § 7 HOAI ausgeschlossen ist.[39]

7

3. Dispositivität

Die Lehre von der Störung der Geschäftsgrundlage ist ein Unterfall des Grundsatzes von Treu und Glauben, weshalb ihr Anwendungsbereich grundsätzlich nicht im Wege einer vertraglichen Vereinbarung völlig ausgeschlossen werden kann.[40] Davon ist jedoch die tatbestandliche Eingrenzung zu unterscheiden, die sich aus Vereinbarungen der Parteien mit risikozuweisender Wirkung oder hinsichtlich der Voraussetzungen für ein Eingreifen der Vertragsanpassung ergeben.[41] Im Hinblick auf den Anwendungsbereich des § 313 BGB sind diese Vereinbarungen im Rahmen der

8

---

29 BGH v. 02.05.1956, V ZR 171/54, NJW 1956, 1275; Bamberger/Roth/*Unberath*, § 313 Rn. 8; AnwK/*Krebs*, § 313 Rn. 26.
30 BGH v. 02.05.1956, V ZR 171/54, NJW 1956, 1275; Palandt/*Grüneberg*, BGB § 313 Rn. 7; Bamberger/Roth/*Unberath*, § 313 Rn. 2.
31 BGH v. 15.11.2000, VIII ZR 324/99, NJW 2001, 1204, 1206; AnwK/*Krebs*, § 313 Rn. 26; Palandt/*Grüneberg*, BGB § 313 Rn. 7, 24.
32 BGH v. 15.11.2000, VIII ZR 324/99, NJW 2001, 1204, 1206; Palandt/*Grüneberg*, BGB § 313 Rn. 24.
33 Jauernig/*Stadler*, § 313 Rn. 6; Bamberger/Roth/*Unberath*, § 313 Rn. 2; *Medicus*, SchuldR I, § 44 Rn. 530; *Lorenz/Riehm*, § 9 Rn. 389.
34 AnwK/*Krebs*, § 313 Rn. 26; Erman/*Hohloch*, § 313 Rn. 13.
35 MüKo-BGB/*Roth*, § 313 Rn. 114.
36 Vgl. BGH v. 06.03.2002, XII ZR 133/00, NJW 2002, 2098, 2099; Palandt/*Grüneberg*, BGB § 313 Rn. 16; AnwK/*Krebs*, § 313 Rn. 9.
37 Palandt/*Grüneberg*, BGB § 313 Rn. 16; Bamberger/Roth/*Unberath*, § 313 Rn. 13; vgl. ferner zur Dogmatik des § 650 BGB Messerschmidt/Voit/*Oberhauser*, § 650 Rn. 1. A.A. MüKo-BGB/*Busche* § 650 Rn. 2, der § 650 BGB als Sonderregelung des Motivirrtums ansieht.
38 BGH v. 24.10.1996, VII ZR 283/95, BauR 1997, 154, noch zu § 4 HOAI a.F.; *Budde*, in: Thode/Wirth/Kuffer, § 22 Rn. 2; *Werner/Pastor*, Rn. 606.
39 LG Heidelberg v. 04.05.1994, 2 O 261/93, BauR 1994, 802; vgl. auch *Werner/Pastor*, Rn. 2958 Fn. 4.
40 MüKo-BGB/*Roth*, § 313 Rn. 112.
41 MüKo-BGB/*Roth*, § 313 Rn. 31.

vertraglichen Risikoverteilung zu berücksichtigen.[42] Ob durch diese Regelungen die Grenzen der Privatautonomie überschritten wurden, richtet sich wiederum nach § 242 BGB.

III. Abgrenzung zu anderen Rechtsinstituten

1. Vertragsinhalt/(ergänzende) Vertragsauslegung

9 Die Geschäftsgrundlage ist nicht Vertragsbestandteil und deshalb vom Vertragsinhalt zu unterscheiden.[43] Die Vertragsparteien können sich nicht auf die Störung der Geschäftsgrundlage berufen, wenn der Vertrag selbst für die Umstände, welche die Geschäftsgrundlage beeinträchtigen, eine Regelung bereithält. Solche vertraglichen Regelungen schließen die Annahme eines Wegfalls der Geschäftsgrundlage tatbestandlich aus. Der Vorrang des Vertragsinhalts ist insbesondere bei VOB/B-Bauverträgen von Bedeutung. Die VOB/B ist Vertragsbestandteil und verdrängt deshalb die Anwendung des § 313 BGB.[44] So hält die VOB/B für den Umstand einer Mengenmehrung ohne Vertragsänderung in § 2 Nr. 3 VOB/B und in § 2 Nr. 5 VOB/B für den Fall einer vorherigen Vertragsänderung eine vertragliche Regelung bereit (vgl. u. Rdn. 29).[45] Der Besteller kann auch bei einer Bauzeitüberschreitung keinen Anspruch über die Störung der Geschäftsgrundlage herleiten, weil § 6 VOB/B diesen Umstand abschließend für den VOB/B-Bauvertrag regelt.[46] Die vertraglichen Regelungen können jedoch ihrerseits wieder Anknüpfungspunkt für die Rechtsfolgen des § 313 BGB sein, wenn sie sich außerhalb der Grenzen der Vertragsfreiheit bewegen. Auch die ergänzende Vertragsauslegung nach §§ 133, 157 BGB geht der Lehre von der Störung der Geschäftsgrundlage vor, weil nur der Vertragsinhalt der Auslegung zugänglich ist und eben nicht die außerhalb des Vertragsinhalts stehenden Umstände der Geschäftsgrundlage.[47] Im Einzelfall kann die Abgrenzung zwischen ergänzender Vertragsauslegung und Geschäftsgrundlage jedoch schwierig sein.[48] Eine Abgrenzung ist nicht notwendig, wenn beide Ansätze zum gleichen Ergebnis kommen.[49]

2. Mängelrechte

10 Die Mängelansprüche sind vorrangig gegenüber der Vorschrift der Störung der Geschäftsgrundlage.[50] Wurde das Werk mangelhaft hergestellt, so kann der Besteller seine Rechte nur nach §§ 634 ff. BGB geltend machen.[51] Das gilt auch, wenn im konkreten Fall, keine Mängelansprüche bestehen, weil sie ausgeschlossen wurden oder verjährt sind.[52] Entscheidend ist, ob die Störung der Geschäftsgrundlage aus einer Mangelhaftigkeit der Bauleistung hergeleitet wird.[53] Ist dies der Fall, so ist ein Rückgriff auf § 313 BGB ausgeschlossen.

---

42 Vgl. MüKo-BGB/*Roth*, § 313 Rn. 112.
43 MüKo-BGB/*Roth*, § 313 Rn. 35, 36; Palandt/*Grüneberg*, BGB § 313 Rn. 10; AnwK/*Krebs*, § 313 Rn. 10; Jauernig/*Stadler*, § 313 Rn. 8; *Medicus*, SchuldR I, § 44 Rn. 531; *Klafti/Nossek*, NZBau 2009, 286, 289.
44 BGH v. 18.12.2008, VII ZR 201/06, NJW 2009, 835; 839; *Werner/Pastor*, Rn. 2958; *Putzier*, BauR 2002, 546, 549.
45 BGH v. 18.12.2008, VII ZR 201/06, NJW 2009, 835; 839; Althaus/Heindl/*Althaus/Usselmann*, Teil 4 Rn. 23.
46 OLG Celle v. 06.10.1994, 22 U 234/92, BauR 1995, 552; *Werner/Pastor*, Rn. 2958 Fn. 4.
47 MüKo-BGB/*Roth*, § 313 Rn. 130; vgl. auch BGH v. 24.01.2008, III ZR 79/07, NJW-RR 2008, 562, 563; *Klafti/Nossek*, NZBau 2009, 286, 289.
48 Palandt/*Grüneberg*, BGB § 313 Rn. 10; MüKo-BGB/*Roth*, § 313 Rn. 131; Bamberger/Roth/*Unberath*, § 313 Rn. 17.
49 Palandt/*Grüneberg*, BGB § 313 Rn. 10; Bamberger/Roth/*Unberath*, § 313 Rn. 17.
50 BGH v. 06.06.1986, V ZR 67/85, NJW 1986, 2824; v. 07.02.1992, V ZR 246/90, NJW 1992, 1384, 1385, v. 16.02.2000, XII ZR 279/97, NJW 2000, 1714, 1716.
51 MüKo-BGB/*Busche*, § 634 Rn. 7.
52 BGH v. 06.06.1986, V ZR 67/85, NJW 1986, 2824.
53 BGH v. 07.02.1992, V ZR 246/90, NJW 1992, 1384, 1385; AnwK/*Krebs*, § 313 Rn. 20; Messerschmidt/Voit/*Drossart*, § 634 Rn. 9.

3. Unmöglichkeit

Die Anpassung eines Vertrages ist nur dann möglich, wenn der Schuldner von seiner Leistungspflicht nicht schon nach § 275 BGB frei geworden ist. Daher stellt sich die Frage nach dem Konkurrenzverhältnis von § 313 BGB zu § 275 BGB. Ist die Vorschrift des § 275 Abs. 1 BGB einschlägig, so kommt die Anwendung von § 313 BGB auf Grund ihrer Subsidiarität nicht mehr in Betracht.[54] Etwas anderes könnte möglicherweise im Verhältnis von § 275 Abs. 2 BGB zu § 313 Abs. 1 BGB im Rahmen der sog. wirtschaftlichen Unmöglichkeit gelten (vgl. o. § 275 BGB Rdn. 51 ff.). In den Fällen der Zweckerreichung und des Zweckfortfalls liegt Unmöglichkeit vor. Hat der Gläubiger demgegenüber kein Interesse mehr an der noch möglichen Leistung, weil der von ihm verfolgte Zweck, der nicht Vertragsinhalt geworden ist, nicht mehr eintreten kann (Fälle der Zweckstörung), so ist § 313 BGB einschlägig.[55] Grundsätzlich trägt indes der Gläubiger das Verwendungsrisiko[56] auch dann, wenn der Zweck des Vertrages der Gegenseite bekannt ist oder sogar im Vertrag normiert wurde.[57] Um dem Schuldner das Risiko der Verwendbarkeit im Einzelfall zurechnen zu können, muss dieser erkennbar aus der Zweckbestimmung Gewinn erzielen wollen oder für die Realisierung des Zwecks mitverantwortlich sein.[58] Des Weiteren kann eine Zurechnung dann in Betracht kommen, wenn es unbillig wäre, die Nachteile der Vertragsstörung nur dem Gläubiger anzulasten. Dies erfordert eine Abwägung der Interessen der Parteien im Einzelfall. So kann eine Anpassung in Betracht kommen, wenn Fertighäuser auf dem in Betracht kommenden Grundstück nicht erbaut werden dürfen.[59]

11

4. Anfechtung

Die Anfechtungsvorschriften der §§ 119 Abs. 1 und 2 BGB, 123 BGB, sowie der §§ 2078, 2079 BGB sind ebenfalls vorrangig gegenüber der Vorschrift des § 313 BGB anzuwenden.[60] Der im Rahmen der Anfechtung unbeachtliche Motivirrtum fällt indes unter § 313 Abs. 2 BGB, wenn der Irrtum beiderseits vorlag oder der Gegenpartei bekannt oder erkennbar war.[61] Ebenso kann der gemeinschaftliche Eigenschaftsirrtum von § 313 Abs. 2 BGB erfasst werden.[62] Beim Eigenschaftsirrtum irrt der Erklärende über Eigenschaften des Geschäftsgegenstandes und damit über die außerhalb der Erklärung liegende Wirklichkeit.[63] Der interne Kalkulationsirrtum kann allenfalls im Rahmen der Anfechtung geltend gemacht werden – und rechtfertigt auch diese im Regelfall nicht[64] –, nicht aber über die Störung der Geschäftsgrundlage.[65]

12

5. Bereicherungsrecht § 812 Abs. 1 S. 2 Alt. 2 BGB

Ein Bereicherungsanspruch wegen Zweckverfehlung ist ausgeschlossen, wenn der bezweckte, aber nicht (voll) erreichte Erfolg Inhalt einer vertraglichen Bindung war; für die Abwicklung gelten dann die Grundsätze des Vertragsrechts.[66] Daher geht § 313 BGB der Zweckverfehlungskondiktion aus § 812 Abs. 1 S. 2 Alt. 2 BGB vor, wenn sich die Parteien über einen über den Primärzweck

13

---

54 MüKo-BGB/*Ernst*, § 275 Rn. 19.
55 BT-Drucks. 14/6040, 74; AnwK/*Krebs*, § 313 Rn. 14; Staudinger/*Löwisch/Caspers*, § 275 Rn. 18 ff.
56 BGH v. 01.06.1979, V ZR 80/77, BGHZ 1974, 370, 374; v. 16.02.2000, XII ZR 279/97, NJW 2000, 1714, 1716.
57 AnwK/*Krebs*, § 313 Rn. 54; BGH v. 27.09.1991, V ZR 191/90, NJW-RR 1992, 182.
58 AnwK/*Krebs*, § 313 Rn. 54.
59 BGH v. 23.03.1966, VIII ZR 51/64, JZ 1966, 409.
60 AnwK/*Krebs* § 313 Rn. 12; Bamberger/Roth/*Unberath* § 313 Rn. 20.
61 MüKo-BGB/*Roth*, § 313 Rn. 139.
62 BGH v. 28.04.2005, III ZR 351/04, NJW 2005, 2069.
63 Palandt/*Ellenberger*, BGB § 119 Rn. 23.
64 *Jansen*, in: Ganten/Jagenburg/Motzke, § 2 Nr. 3 Rn. 33.
65 *Jansen,* in: Ganten/Jagenburg/Motzke, Vorbem. § 2 Rn. 164.
66 BGH v. 17.06.1992, XII ZR 253/90, NJW 1992, 2690.

des Erfolges hinausgehenden weiteren Erfolg verständigt haben und dieser sekundäre Erfolg nicht eintritt.[67]

B. Voraussetzungen

I. Nachträgliche Änderung von Umständen, § 313 Abs. 1 BGB

14 Es müssen sich nach Vertragsschluss die zur Grundlage des Vertrages gewordenen Umstände (1.) entscheidend verändert (2.) haben. Diese Umstände dürfen nicht Inhalt des Vertrags geworden sein. Die Parteien müssten, wenn sie die Änderung vorausgesehen hätten, den Vertrag nicht oder mit einem anderen Inhalt geschlossen haben. Das Festhalten am unveränderten Vertrag muss für einen Teil unter Berücksichtigung aller Umstände des Einzelfalles, insbesondere der vertraglichen oder gesetzlichen Risikoverteilung (3.) unzumutbar sein (4.). Diese Voraussetzungen müssen kumulativ vorliegen. § 313 BGB schränkt den Grundsatz der Vertragstreue im Interesse der Vertragsgerechtigkeit ein, indem er ein Anpassungs- oder Aufhebungsrecht einräumt, wo Vertrag oder Gesetz ansonsten keine zumutbaren Regelungen vorsehen.[68]

1. Geschäftsgrundlage

15 Der Begriff der Geschäftsgrundlage ist seit jeher umstritten (vgl. dazu bereits o. Rdn. 3). Auch im Rahmen der Schuldrechtsmodernisierung hat der Gesetzgeber mit der allgemeinen Formulierung des § 313 BGB von einer klärenden Definition oder von Regelbeispielen bewusst abgesehen und die weitere Konkretisierung der Rechtsprechung überlassen.[69] Der BGH definiert in ständiger Rechtsprechung die Geschäftsgrundlage als:

> »Die bei Vertragsschluss bestehenden gemeinsamen Vorstellungen beider Parteien oder die dem Geschäftsgegner erkennbaren und von ihm nicht beanstandeten Vorstellungen der einen Vertragspartei von dem Vorhandensein oder dem künftigen Eintritt gewisser Umstände, sofern der Geschäftswille der Parteien auf dieser Vorstellung aufbaut.«[70]

16 Die Geschäftsgrundlage nach § 313 BGB wird bei Bauverträgen im Allgemeinen durch die tatsächlichen Umstände der Bauausführung und das Verhältnis der anfallenden Kosten zur Vergütung bestimmt.[71]

2. Wegfall

17 In § 313 Abs. 1 BGB ist der nachträgliche Wegfall der Geschäftsgrundlage normiert, während in Absatz 2 das anfängliche Fehlen der Geschäftsgrundlage gesetzlich verankert wurde. § 313 BGB verlangt in Absatz 1 eine »schwerwiegende Änderung«. Nicht jeder geänderte Umstand gestattet demnach eine Anpassung des Vertrages. Ob ein solcher Umstand schwerwiegend ist, ist eine Frage des Einzelfalles und nur dann anzunehmen, wenn aus der Sicht eines verständigen Dritten anzunehmen ist, dass zumindest eine Partei den Vertrag nicht oder mit anderem Inhalt geschlossen hätte, wenn sie die tatsächlichen Umstände gekannt hätte.[72] Bereits an dieser Stelle verlangt § 313 Abs. 1 BGB also eine besondere Schwere der Störung.

---

67 Palandt/*Grüneberg*, BGB § 313 Rn. 15.
68 AnwK/*Krebs*, § 313 Rn. 2.
69 BT-Drucks. 14/6040, 93, 176.
70 BGH v. 08.02.2006, VIII ZR 304/04, NJW-RR 2006, 1037, 1038; BGH v. 25.02.1993, VII ZR 24/92, BauR 1993, 458, 463.
71 *Maser*, 3.3.1.
72 AnwK/*Krebs*, § 313 Rn. 41; Palandt/*Grüneberg*, BGB § 313 Rn. 18.

3. Risikoverteilung

Das Risiko, dass sich ihre beim Vertragsschluss zugrundegelegten Erwartungen, Vorstellungen und Hoffnungen als falsch erwiesen haben, trägt im Grundsatz jede Partei selbst.[73] Die Vorschrift des § 313 BGB ist von vornherein nicht anwendbar, wenn sich durch die Störung ein Risiko verwirklicht hat, welches eine Partei zu tragen hat, weil es ihr von Gesetzes wegen zugewiesen ist oder durch Vereinbarung übernommen wurde. Im Regelfall ergibt sich aus dem zwischen den Parteien geschlossenen Vertrag, dem Vertragszweck und dem anzuwendenden dispositiven Recht, in wessen Risikosphäre eine Störung fällt.[74] So trägt der Geldleistungsgläubiger das Risiko der Geldentwertung, der Geldleistungsschuldner das Risiko der Geldbeschaffung und Finanzierung. Der Sachleistungsgläubiger trägt das Entwertungs- und Verwendungsrisiko, der Sachleistungsschuldner das Risiko von Leistungserschwerungen.[75] § 313 BGB ist daher nicht anwendbar, wenn der Gewährleistungspflichtige wegen unvorhergesehener Umstände nicht mangelfrei liefern kann, weil das Beschaffungsrisiko von ihm zu tragen ist.[76] Ein vereinbarter Festpreis bleibt auch bei unerwarteten Kostenerhöhungen, witterungsbedingten Schwierigkeiten und ähnlichen Erschwerungen bindend, ebenso die Zusage des Bauträgers, er werde Fernwärme zum Tarif der Stadtwerke liefern, wenn der Tarif für ihn nicht mehr kostendeckend ist.[77] Im Rahmen eines Bauvertrages wird zwischen den Beteiligten häufig ein Pauschalpreis vereinbart, mit welchem alle anfallenden Kosten abgegolten werden sollen. Ändern sich innerhalb der Bauzeit Lohn- oder Materialkosten, so kann der Unternehmer diese nicht an den Besteller weiterreichen. Hat eine Partei nach dem Inhalt des Vertrages bestimmte Risiken übernommen, so können Umstände, welche in diesen Risikobereich fallen, nicht unter dem Gesichtspunkt der Störung der Geschäftsgrundlage auf die andere Partei abgewälzt werden.[78] Die Risikoübernahme kann sich auch aus den zwischen den Parteien vereinbarten Allgemeinen Geschäftsbedingungen oder ihrer Vertragsgestaltung ergeben.[79] Eine solche vertragliche Risikoverteilung bzw. Risikoübernahme schließt für den Betroffenen – abgesehen von extremen Ausnahmefällen, in denen eine unvorhergesehene Entwicklung mit unter Umständen existentiell bedeutsamen Folgen für eine Partei eintritt – regelmäßig die Möglichkeit aus, sich bei Verwirklichung des Risikos auf Wegfall der Geschäftsgrundlage zu berufen.[80] Ebenso scheitert eine Anwendung der Vorschriften über die Störung der Geschäftsgrundlage, wenn der Vertragspartner die Störung verschuldet oder in sonst zurechenbarer Weise verursacht hat.[81] War das Risiko für eine der Parteien vorhersehbar und hat sie den Vertrag trotz Kenntnis dieses Risikos so geschlossen, so begründet der Eintritt der veränderten Umstände keine Rechte aus § 313 BGB.[82]

Das Tatbestandsmerkmal der Risikoverteilung hält das maßgebliche Kriterium bereit, an welchem sich der Vorrang der vertraglichen Regelung (Privatautonomie) bzw. speziellerer gesetzlicher Regelungen beweist. Zugleich gebietet das Kriterium eine sorgfältige, u.U. differenzierende Betrachtung. Oben wurde angeführt, dass der Geldleistungsgläubiger i.d.R. das Inflationsrisiko trägt. Das gilt verstärkt bei Dauerschuldverhältnissen ohne Preisanpassungsregelungen. Andererseits macht bereits die historische Entwicklung des Rechtsinstituts deutlich, dass insbesondere die unerwartete galoppierende Inflation durchaus zur Annahme des Wegfalls der Geschäftsgrundlage berechtigen kann. Stets ist im Einzelfall zu prüfen, welches Risiko von welcher Partei übernommen wurde bzw. nach den gesetzlichen Regelungen zu tragen ist. In diesem Sinne führt die Rechtspre-

---

73 BGH v. 21.09.2005, XII ZR 66/03, NJW 2006, 899.
74 Palandt/*Grüneberg*, BGB § 313 Rn. 19.
75 Palandt/*Grüneberg*, BGB § 313 Rn. 19.
76 Bamberger/Roth/*Unberath*, § 313 Rn. 21.
77 BGH v. 25.05.1977, VIII ZR 196/75, NJW 1977, 2262.
78 Bamberger/Roth/*Unberath*, § 313 Rn. 28.
79 OLG Düsseldorf v. 30.09.2003, 23 U 204/02, I-23 U 204, 02, BauR 2004, 506, 508; Kniffka/*Jansen/von Rintelen*, IBR-Online-Kommentar § 631 Rn. 584.
80 Vgl. BGH v. 13.12.1995, XII ZR 185/93, ZMR 1996, 309.
81 BGH v. 03.05.1995, XII ZR 29/94, BGH NJW 1995, 2028.
82 Bamberger/Roth/*Unberath*, § 313 BGB Rn. 30.

chung aus, dass eine vertragliche Risikoverteilung bzw. Risikoübernahme für den Betroffenen eine relevante Störung der Geschäftsgrundlage »abgesehen von extremen Ausnahmefällen, in denen eine unvorhergesehene Entwicklung mit unter Umständen existentiell bedeutsamen Folgen für eine Partei eintritt«, ausschließe.[83]

20 Nicht selten werden Unternehmer ihren Kalkulationen zugrundelegen, dass sie zu entfernendes Material des Bestellers (z.B. Erdaushub, Metallschrott) anderweitig wirtschaftlich verwerten können. Dann stellt sich die Frage, ob die auf dieser Grundlage vereinbarten Preise angepasst werden müssen, wenn die Verwertbarkeit in Frage gestellt wird (z.B. wegen Kontamination des Aushubs). Die Rechtsprechung lehnt dies ab, weil die Verwertung des Materials nicht Geschäftsgrundlage sei, sondern zum Risiko des Unternehmers gehöre. Es handele sich um den typischen Fall einer Spekulation, soweit der Unternehmer hoffe, durch die Ausführung der Leistungen mehr an geldwerten Vorteilen zu erwirtschaften, als nur die vereinbarte Gegenleistung.[84] Dieses Ergebnis mag zutreffen, doch ist jeweils im Einzelfall zu begründen, ob es sich um eine einseitige, und deshalb im Risikobereich der betroffenen Partei stehende Spekulation oder um eine gemeinsam der Kalkulation zugrundegelegte Annahme beider Parteien handelt.

4. Unzumutbarkeit

21 Eine Vertragsanpassung oder Vertragsauflösung kommt nach dem Wortlaut des Gesetzes des Weiteren nur in Betracht, wenn ein Festhalten am zwischen den Parteien geschlossenen Vertrag nicht zumutbar ist. Nach dem im Vertragsrecht geltenden Grundsatz »*pacta sunt servanda*« müssen Verträge so eingehalten werden, wie sie geschlossen wurden. Das Festhalten am Vertrag ist dann unzumutbar, wenn die weitere Durchführung zu untragbaren, mit Recht und Gerechtigkeit nicht mehr zu vereinbarenden Ergebnissen führt.[85] Für die Bestimmung der Zumutbarkeitsgrenze bedarf es einer Abwägung, in welcher alle Umstände des Einzelfalles zu berücksichtigen sind. In erster Linie ist dabei jedoch die vertragliche oder gesetzliche Risikoverteilung zu beachten. Wer in der vertraglichen Vereinbarung das Risiko übernimmt, dass seine Vorstellungen und Erwartungen eintreten, muss sich daran festhalten lassen, wenn dies nicht der Fall ist.

II. Gemeinsame Fehlvorstellungen, § 313 Abs. 2 BGB

22 Der Gesetzgeber hat den Gesamtkomplex der Geschäftsgrundlage in zwei Einzeltatbestände aufgebrochen: Der nachträglichen Veränderung grundlegender Umstände steht es gleich, wenn die Parteien bei Vertragsschluss falsche Vorstellungen von wesentlichen Umständen hatten, die zur Grundlage des Vertrages wurden. Diese in Absatz 2 normierten, rein subjektiv begründeten Störungen erfordern stets eine Einzelfall bezogene Abwägung und Wertung der zugrundegelegten Vorstellungen.[86] Eine Anpassung oder Beendigung des Vertrages kommt nur dann in Betracht, wenn die Fehlvorstellungen und Erwartungen beiden Parteien zugerechnet werden können.[87] Anderenfalls handelt es sich um einen bloß einseitigen Irrtum, der allenfalls über die Regelungen der §§ 119 ff. BGB zu berücksichtigen ist. Immerhin kann § 313 Abs. 2 BGB einseitige Vorstellungen einer Partei erfassen, wenn diese der anderen Partei bekannt waren und ohne eigene Vorstellung hingenommen wurde.[88] Dabei muss es sich um Erwartungen einer Partei handeln, auf die die Gegenseite sich hätte einlassen müssen, wären sie als Bedingungen gefordert worden.[89] Pläne

---

83 BGH v. 16.02.2000, XII ZR 279/97, NJW 2000, 1714 Rn. 42.
84 OLG Düsseldorf v. 24.09.2009, I-23 U 9/09, 23 U 9/09, NJW-RR 2010, 827 Rn. 35.
85 BGH v. 29.04.1982, III ZR 154/80, NJW 1982, 2184; BGH v. 04.07.1996, I ZR 101/94, NJW 1997, 320.
86 MüKo-BGB/*Roth*, § 313 Rn. 223.
87 AnwK/*Krebs*, § 313 Rn. 52.
88 BT-Drucks. 14/6040, 176.
89 BGH v. 10.10.1984, VIII ZR 152/83, NJW 1985, 313; OLG Stuttgart v. 05.10.1987, 5 U 220/86, NJW-RR 1988, 312.

und Absichten, welche nur das Interesse und die Motivation einer Partei betreffen, werden nicht Bestandteil der Geschäftsgrundlage.[90]

Irren sich beide Parteien über Umstände, die für ihre Willensbildung wesentlich sind und daher zur Grundlage des Vertrages geworden sind, so kann der Vertrag nach § 313 Abs. 2 BGB angepasst oder aufgehoben werden. Der Irrtum kann sich sowohl auf tatsächliche Umstände beziehen als auch auf die Rechtslage.[91] Ein Kalkulationsirrtum ist nur dann beachtlich, wenn dieser auf einem gemeinsamen Fehler beruht oder wenn das Vertrauen der Gegenseite nicht schutzwürdig ist (vgl. u. Rdn. 37). 23

Auch die Verwendungszweckstörung kann unter § 313 Abs. 2 BGB fallen. In dieser Fallgruppe kann die Leistung zwar noch wie geschuldet erbracht werden, allerdings kann der Zweck durch die erbrachte Leistung nicht mehr erreicht werden (vgl. dazu § 275 BGB Rdn. 31). Grundsätzlich trägt der Gläubiger das Risiko der Verwendbarkeit.[92] Eine Risikoübertragung kommt nur dann in Betracht, wenn das Verwendungsrisiko dem Schuldner zugerechnet werden kann. Dies ist nur dann der Fall, wenn der Schuldner aus der Zweckbestimmung Gewinn erzielen will, wenn er für die Realisierung des Zweckes mitverantwortlich ist und ihm die Zweckstörung zuzurechnen ist oder wenn es auf Grund der Umstände des Einzelfalles unbillig wäre, dem Gläubiger allein das Verwendungsrisiko aufzubürden.[93] 24

Werden bestimmte, mit Zuwendungen verknüpfte Erwartungen nicht erfüllt, so kann der Vertrag nach § 313 Abs. 2 BGB angepasst oder aufgehoben werden, wenn die Zuwendung ganz oder teilweise unentgeltlich erfolgte und die Erwartungen dem Empfänger bekannt waren.[94] 25

C. Rechtsfolgen

I. Anspruch auf Anpassung

Als vorrangige Rechtsfolge zur Behebung der unzumutbaren Nachteile ist die Anpassung an die veränderten Umstände vorgesehen.[95] Das Recht auf Anpassung des Vertrages steht beiden Parteien offen. In der Praxis wird jedoch nur die von der eingetretenen Veränderung belastete Partei dieses Recht geltend machen.[96] Die Anpassung des Vertrages hat zum Ziel, die Unzumutbarkeit für die benachteiligte Partei zu beenden, findet ihre Grenze aber in der Bewahrung des ursprünglichen Vertrages. Eine Anpassung ist daher nur insoweit möglich, als der angepasste Vertrag der durch die Anpassung benachteiligten Partei zumutbar ist. Der Anspruch aus § 313 BGB gestattet keine Neuverteilung der Vertragsrisiken. Der ursprüngliche Vertrag bleibt im Grundsatz bestehen und wird nur an den unzumutbaren Stellen modifiziert. In welcher Art und Weise die Anpassung zu erfolgen hat, ist eine Frage des Einzelfalles und bedarf einer umfassenden Interessenabwägung. In die Abwägung ist der Vertragstyp, die Art der Störung, die gesetzliche oder vertragliche Risikoverteilung sowie die konkrete Situation der Parteien einzustellen.[97] Erst wenn danach eine Unzumutbarkeit zu bejahen ist, hat die benachteiligte Vertragspartei einen Anspruch auf Vertragsanpassung. Wie eine solche Anpassung ausgestaltet wird, richtet sich wiederum nach der konkreten Situation. So kann eine Ermäßigung der Leistung oder eine Erhöhung der Gegenleistung in Betracht kommen. Ebenso ist eine Stundung oder Ratenzahlung der Vergütung möglich. Die inhalt- 26

---

90 AnwK/*Krebs*, § 313 Rn. 52; MüKo-BGB/*Roth*, § 313 Rn. 223.
91 BGH v. 08.11.2001, IX ZR 64/01, NJW 2002, 292; v. 15.01.1987, III ZR 217/85, NJW 1987, 944; v. 05.02.1986, VIII ZR 72/85, NJW 1986, 1348; BAG v. 09.07.1986, 5 AZR 44/85, NJW 1987.
92 BGH v. 01.06.1979, V ZR 80/77, NJW 1979, 1818; v. 16.02.2000, XII ZR 279/97, NJW 2000, 1714.
93 AnwK/*Krebs*, § 313 Rn. 54.
94 MüKo-BGB/*Roth*, § 313 Rn. 241.
95 BT-Drucks. 14/6040, 176.
96 MüKo-BGB/*Roth*, § 313 Rn. 6.
97 AnwK/*Krebs*, § 313 Rn. 77.

liche Modifikation der Leistung kommt nur in Ausnahmefällen in Betracht, wenn eine andere Art der Anpassung nicht möglich ist.[98]

II. Vertragsauflösung

27 Die Auflösung des Vertrages kommt nach § 313 Abs. 3 BGB nur als ultima ratio in Betracht.[99] Die Anwendung der Grundsätze über den Wegfall der Geschäftsgrundlage führt deshalb nur ausnahmsweise zur völligen Beseitigung des Vertragsverhältnisses; in aller Regel ist der Vertrag aufrechtzuerhalten und lediglich in einer den berechtigten Interessen beider Parteien Rechnung tragenden Form der veränderten Sachlage anzupassen.[100] Eine Vertragsauflösung ist nur dann möglich, wenn das Festhalten am Vertrag insgesamt für eine Partei unzumutbar ist. An die Unzumutbarkeit werden hohe Anforderungen gestellt. Der Vertrag ist nicht schon dann aufzulösen, wenn der Vertragspartner die Anpassung verweigert.[101] In diesem Fall muss die benachteiligte Partei die andere Partei zunächst auf Anpassung in Anspruch nehmen. Die Vertragsauflösung geschieht auch nicht automatisch, sondern bedarf einer rechtsgestaltenden Erklärung.[102] Dies ist entweder der Rücktritt[103] oder bei Dauerschuldverhältnissen die Kündigung. Die Rückabwicklung des Vertrages richtet sich nach den §§ 346 ff. BGB.[104]

D. Anpassung der Vergütung im Bauvertrag

28 Nach dem gesetzlichen Leitbild des Werkvertragsrechts hat der Unternehmer für den werkvertraglichen Erfolg einzustehen, während der Besteller den vereinbarten Werklohn zu bezahlen hat.

I. Einheitspreisvertrag

1. Mengenänderungen

29 Bei einem Einheitspreisvertrag ist der Unternehmer grundsätzlich an die vereinbarten Einheitspreise gebunden. Eine Preisanpassung greift nur bei einer massiven Störung zwischen Leistung und Gegenleistung ein. Wurde zwischen den Parteien die VOB/B vereinbart, so ist die Vorschrift des § 2 Nr. 3 VOB/B zu beachten. Nach dieser Vorschrift sind Mengenabweichungen bis zu 10 % irrelevant. Ein Rückgriff auf § 313 BGB scheidet aus, da es sich bei § 2 Nr. 3 VOB/B um eine Spezialvorschrift handelt.[105]

30 Haben die Parteien von einer Vereinbarung des § 2 Nr. 3 VOB/B oder von einer entsprechenden anderweitigen Vereinbarung abgesehen, so ist eine Anpassung von Einheitspreisen bei Mengenänderungen nach den Grundsätzen der Störung der Geschäftsgrundlage im Ausgangspunkt möglich, kommt jedoch nur unter besonderen Umständen in Betracht.[106] Bereits die Ausgestaltung als Einheitspreisvertrag indiziert nämlich, dass die Parteien über den Umfang der tatsächlich zu erbringenden Leistungen unsicher waren, und durch die unbedingte Vereinbarung des Einheitspreises dessen Geltung sowohl für kleine wie für große Mengen anordneten. Eine schwerwiegende Veränderung kann daher nur bei ganz erheblichen Mengenabweichungen angenommen werden. Hinzu tritt, dass durch diese Mengenabweichung auch der Vertrag insgesamt eine schwer wiegende Äquivalenzstörung erleiden muss.[107]

---

98 AnwK/*Krebs*, § 313 Rn. 77.
99 Bamberger/Roth/*Unberath*, § 313 Rn. 91.
100 BGH v. 08.02.1984, VIII ZR 254/80, NJW 1984, 1746.
101 Bamberger/Roth/*Unberath*, § 313 Rn. 91.
102 BGH v. 26.09.1996, I ZR 265/82, NJW 1997, 1702.
103 Schulze u.a./*Schulze*, HK-BGB § 313 Rn. 20.
104 Schulze u.a./*Schulze*, HK-BGB § 313 Rn. 20.
105 *Kapellmann/Schiffers,* Band 1 Rn. 539.
106 BGH v. 08.07.1993, VII ZR 79/92, BauR 1993, 723; Kniffka/Koeble/*Kniffka*, 5. Teil Rn. 108.
107 Kniffka/Koeble/*Kniffka*, 5.Teil Rn. 56.

Das Risiko, dass die vereinbarten Einheitspreise sich angesichts des tatsächlich zu erbringenden 31
Leistungsumfangs als zu hoch bzw. zu niedrig erweisen, tragen Besteller bzw. Unternehmer im
Ausgangspunkt in gleichem Umfang. Ein Ausnahmefall kann nach Treu und Glauben dann gegeben sein, wenn beide Parteien für die einzelnen Leistungen einen bestimmten Berechnungsmaßstab zur Grundlage ihrer Vereinbarung gemacht haben oder wenn die andere Seite den Irrtum bemerkt und treuwidrig ausgenutzt hat. Ob der Kalkulationsirrtum für den anderen Teil erkennbar war, ist regelmäßig unerheblich. Fehlen solche besonderen Umstände und lässt sich auch nicht feststellen, dass der andere Teil den Auftrag auch im Falle eines höheren Entgelts erteilt hätte, so scheidet eine entsprechende Vertragsanpassung gegen den Willen des Auftraggebers aus.[108]

2. Aufwandsänderungen innerhalb der Position

▶ **Beispiel**

Über den Abriss einer 200 m² großen Bodenplatte eines alten Industriegeländes wird ein Einheitspreisvertrag geschlossen. Die Platte besteht aus einer Betonschicht und einer Bitumendecke. Der Einheitspreisvertrag enthält zwei Positionen für den Abbau und die Entsorgung von je 200 m² Beton und Bitumen. Die Parteien messen gemeinsam an den Rändern eine Stärke von 30 cm Beton und 5 cm Bitumen. Ausgehend davon kalkuliert der Unternehmer die Positionen. Es stellt sich im Verlauf der Arbeiten heraus, dass im Durchschnitt der Gesamtbodenplatte die Betondecke nur 20 cm, die Bitumenschicht aber 15 cm stark ist.

Selbst für VOB-Verträge enthält § 2 VOB/B keine vorrangige Regelung. Insbesondere handelt es 32
sich weder um eine Mengenänderung (die kalkulatorische Menge, auf welche sich die Einheitspreise beziehen, berechnet sich aus der in Quadratmetern gemessenen Fläche, die sich nicht verändert hat) noch um zusätzliche Leistungen, weil eben die vereinbarten 200 m² Bodenplatte zu entfernen sind. Ein Rückgriff auf den Wegfall der Geschäftsgrundlage bleibt daher zulässig. Dasselbe gilt bei BGB-Verträgen. Eine Anpassung des Vertrages für die Vergütung der Teilleistungen können indes nur deutliche, nicht vorhersehbare Entwicklungen bzw. Irrtümer rechtfertigen. Dies kann dann der Fall sein, wenn bepreiste Einzelpositionen, wie im Beispiel oder beim Aushub auf Grund der gegebenen Bodenverhältnisse wesentlich teurer wird als erwartet und die Parteien gemeinsam anderes zugrundelegten.

II. Pauschalpreisvertrag

Wurde zwischen den Vertragsparteien eine Pauschalsumme als Vergütung vereinbart, so bleibt 33
diese unverändert bestehen, unabhängig davon, welchen tatsächlichen Aufwand die Leistung für den Unternehmer verursacht.[109] Der Sinn der Festpreisvereinbarung ist gerade in einer Zuweisung der Preisrisiken zu erkennen: Der immanente Gerechtigkeitsgehalt einer solchen Regelung ergibt sich aus der gleichförmigen Belastung beider Parteien: Nicht allein wird der Unternehmer belastet, wenn sich der Erfüllungsaufwand erhöht, sondern in gleicher Weise wird der Besteller belastet, wenn die Rohstoffpreise sinken, der Baugrund sich als leichter zu bearbeiten erweist oder das Wetter die Herstellung begünstigt. Demzufolge kann wiederum nur ganz ausnahmsweise durch § 313 BGB in eine solche Pauschalpreisvereinbarung eingedrungen werden. In der VOB/B wurde dies in § 2 Nr. 7 Abs. 1 geregelt. Nach Satz 2 dieser Vorschrift ist, wenn die ausgeführte Leistung von der vertraglich vorgesehenen Leistung so erheblich abweicht, dass ein Festhalten an der Pauschalsumme nicht zumutbar ist, auf Verlangen ein Ausgleich unter Berücksichtigung der Mehr- oder Minderkosten zu gewähren.

Bei Global-Pauschalverträgen sind Mehrleistungen grundsätzlich nicht auszugleichen, soweit sie 34
sich im Rahmen des vertraglich vereinbarten Leistungsumfanges halten. Global-Pauschalverträge

---

108 BGH v. 13.07.1995, VII ZR 142/94, BauR 1995, 842.
109 Kniffka/Koeble/*Kniffka*, 5 Teil Rn. 59.

zeichnen sich gerade dadurch aus, dass die Leistung durch globale Elemente, meist in der Form einer funktionalen Leistungsbeschreibung und nicht – jedenfalls überwiegend nicht – detailliert beschrieben wird. Haben die Parteien als Leistungsziel z.B. die »Flächenentsiegelung zum Zwecke der späteren Baureifmachung« definiert und darüber hinaus vereinbart, dass zum Gegenstand des Vertrages »weiterhin alle Leistungen und Lieferungen, die zur funktionsgerechten, technisch einwandfreien, termingerechten Ausführung erforderlich sind, auch wenn sie in den Vertragsunterlagen nicht ausdrücklich erwähnt sind ...«, gehören, so ist der Unternehmer verpflichtet, wegen Betonmehrdicken und einer doppelwandigen Barackeninnenverkleidung notwendige Mehrleistungen als vertraglich geschuldete Leistung ohne Anspruch auf Mehrvergütung zu erbringen.[110]

35 Zu beachten ist, dass der Unternehmer das Mengenermittlungsrisiko trägt. Erst wenn es in der Ausführung zu Mengen kommt, deren Ermittlung das zumutbare Risiko des Auftragnehmers überschreitet, liegt eine Störung der Geschäftsgrundlage vor.[111] Es geht dabei vor allem um Fälle, in denen die tatsächlich angetroffenen Verhältnisse den in der Leistungsbeschreibung aufgeführten widersprechen (zu Sowieso-Kosten vgl. u. Rdn. 38). Auch in diesem Fall kann nach den Grundsätzen der Störung der Geschäftsgrundlage ein Ausgleich unter Berücksichtigung der Mehr- oder Minderkosten verlangt werden, wenn die in § 313 BGB normierten Voraussetzungen vorliegen. Eine allgemeine Aussage, wann ein Festhalten an der vertraglich vereinbarten Vergütung unzumutbar ist, kann nicht getroffen werden. Die Rechtsprechung stellt auf den konkreten Einzelfall ab und nimmt eine Gesamtbetrachtung vor. Eine starre Grenze, ab welcher eine Anpassung verlangt werden kann, gibt es nicht.[112]

III. Kostenbestandteile, insb. externer Kalkulationsirrtum

36 Haben sich die Grundlagen der Kalkulation geändert, z.B. bei unvorhergesehenen Materialpreis- oder Lohnerhöhungen oder bei einer Erhöhung öffentlicher Lasten, so kann der Unternehmer unter den Voraussetzungen der Störung der Geschäftsgrundlage die Anpassung des Vertrages verlangen. Dieser Anpassung sind jedoch hohe Hürden gesetzt. Die Preisbildung fällt grundsätzlich in den Risikobereich des Unternehmers, etwaige Änderungen hat er zu tragen.[113] Insoweit verbietet sich auch eine Anpassung im Hinblick auf höhere Gewalt oder die sog. große Geschäftsgrundlage: Selbstverständlich mag es sich bei einem Krieg im Mittleren Osten, der zu einer Verknappung des Ölangebots und damit zu einem Anstieg der Energiepreise führt, um einen so erfassten Fall handeln. Doch ordnet der Werkvertrag dieses Risiko eindeutig dem Unternehmer zu. Nur in ganz engen Ausnahmefällen, wenn die Preisentwicklung nicht vorhersehbar war, kann der Unternehmer eine Anpassung des Vertrages verlangen.

37 Externe Kalkulationsirrtümer, d.h. Fehler einer offengelegten Kalkulation, können gem. § 313 Abs. 2 BGB unter dem Gesichtspunkt des Fehlens der Geschäftsgrundlage eine Erhöhung der geschuldeten Vergütung rechtfertigen. Bei einem Pauschalpreisvertrag bildet aber im Hinblick auf den Zweck einer solchen Vergütungsvereinbarung selbst die offengelegte Kalkulation des Unternehmers nur selten die Geschäftsgrundlage in diesem Sinne. Ein Anspruch auf Anpassung der Vergütung kommt somit nur unter besonderen Umständen in Betracht, etwa wenn der andere Teil sich die unrichtige Kalkulation soweit zu eigen gemacht hat, dass eine Verweigerung der Anpassung gegen das Verbot des *venire contra factum proprium* verstoßen würde, oder wenn beide Parteien einen bestimmten Berechnungsmaßstab zur Grundlage ihrer Vereinbarung gemacht haben oder wenn die andere Seite den Irrtum bemerkt und treuwidrig ausgenutzt hat.[114] Ob der Kalkulationsirrtum für den anderen Teil erkennbar war, ist demgegenüber regelmäßig unerheb-

---

110 OLG Brandenburg v. 06.03.2007, 11 U 166/05, IBR 2007, 357.
111 *Kapellmann/Schiffers,* Band 2 Rn. 1513.
112 BGH v. 02.11.1995, VII ZR 29/95, BauR 1996, 250; v. 27.11.2003, VII ZR 53/03, BauR 2004, 488.
113 Kniffka/Koeble/*Kniffka,* 5 Teil Rn. 108.
114 BGH v. 13.07.1995, VII ZR 142/94, BauR 1995, 842 Rn. 11 ff.

lich.¹¹⁵ Fehlen solche besonderen Umstände und lässt sich auch nicht feststellen, dass der andere Teil den Auftrag auch im Falle eines höheren Entgelts erteilt hätte, scheidet eine entsprechende Vertragsanpassung gegen den Willen des Bestellers aus.¹¹⁶

IV. »Sowieso-Kosten« und Änderung der Geschäftsgrundlage?

Lässt sich mit den Vorgaben einer vom Besteller stammenden Baubeschreibung das funktional geschuldete Werk¹¹⁷ nicht realisieren, so wird der Unternehmer zunächst für verpflichtet gehalten, den Besteller auf diesen Umstand hinzuweisen, wenn er sich ihm bei gehöriger Prüfung erschließt. Erfüllt der Unternehmer seine Prüfungs- und Bedenkenhinweispflicht und erstellt er das Werk in Ausführung der Baubeschreibung mangelhaft, so wird er nach h.M. von Mängelansprüchen frei. Erfüllt er diese Pflicht jedoch nicht, so bleibt er zwar zur Nacherfüllung verpflichtet, hat aber einen Anspruch auf Zahlung eines Zuschusses in Höhe der Erhöhung der Vertragssumme, zu der es »sowieso« gekommen wäre, wenn der Unternehmer seiner Prüfungs- und Hinweispflicht nachgekommen wäre und er sich mit dem Besteller auf die zur Errichtung eines mangelfreien Bauwerks erforderliche geänderte Bauausführung geeinigt hätte. Diesen Anspruch hat die Rechtsprechung auf die Grundsätze der Vorteilsausgleichung gestützt.¹¹⁸ Das ist fragwürdig, weil der Besteller nach der Konzeption der Rechtsprechung nur das erhält, worauf er ohnehin einen Anspruch hat – ein mangelfreies Werk. 38

Nach anderer Auffassung soll der Anspruch auf § 313 BGB zu stützen sein, weil die Parteien übereinstimmend davon ausgegangen seien, dass der vom Unternehmer geschuldete Erfolg mit den Mitteln der Baubeschreibung zu erreichen sei.¹¹⁹ Das ist in mehrerer Hinsicht problematisch: Zunächst mag der Besteller davon ausgehen, dass seine Leistungsbeschreibung allenfalls seine Vorstellung von zielführender Werkerstellung wiedergebe, nicht aber seine Überzeugung zum Ausdruck bringe, dass es dabei sein Bewenden haben solle. Dem entspricht nicht zuletzt die Existenz einer Prüfungs- und Hinweispflicht des Unternehmers sowie dessen Pflicht zur Herstellung eines funktional mangelfreien Werks. Daneben weist das Gesetz durch die Erstreckung des Leistungsprogramms des Unternehmers auf ein solches funktional mangelfreies Werk das entsprechende Risiko dem Unternehmer zu. Schließlich würde sich im Einzelfall die Frage stellen, ob die Fehlvorstellungen der Parteien »wesentlich« sind und zu unzumutbaren Folgen für das Äquivalenzverhältnis führen. 39

▶ **Beispiel**

In einem Bauvorhaben über eine Konzert- und Tagungsstätte sieht die Baubeschreibung vor, dass die Decke der großflächigen Lobby von acht Stahlsäulen getragen wird. Der Unternehmer hat Zweifel an der Statik, lässt diese überprüfen und stellt zutreffend fest, dass mindestens zwölf Säulen einzubauen sind. Im Rahmen des Gesamtbauvorhabens ist die so erforderliche Veränderung vergleichsweise bescheiden und beeinflusst auch das Äquivalenzverhältnis minimal.

Diese Umstände weisen darauf hin, dass die Lehre von der Geschäftsgrundlage – jedenfalls ohne erhebliche Modifikationen – nicht geeignet ist, in solchen unproblematischen Fällen den Anspruch auf die für angemessen erachtete Zusatzvergütung zu begründen. Näher liegt in einer solchen Konstellation wohl der oben bereits beschriebene Ansatz einer Anpassung *intra contractu*: Dem auf der Grundlage einer Leistungsbeschreibung geschlossenen Vertrag ist zu entnehmen, 40

---

115 BGH, Urt. v. 4. Oktober 1979, VII ZR 11/79, BauR 1980, 63 Rn. 18 ff.
116 BGH v. 13.07.1995, VII ZR 142/94, BauR 1995, 842 Rn. 11 ff.
117 BGH v. 08.11.2007, VII ZR 183/05, BauR 2008, 344.
118 BGH v. 17.05.1984, VII ZR 169/82, BauR 1984, 510; v. 08.11.2007, VII ZR 183/05, BauR 2008, 344.
119 PWW/*Leupertz*, § 633 Rn. 21.

dass sich die vereinbarte Vergütung allein auf die für die Bemessung zugrundegelegten Ausführungsmaßnahmen bezieht. Im Fall zusätzlicher Ausführungsmaßnahmen wird eine Zusatzvergütung aus §§ 133, 157 BGB geschuldet.[120]

41 Wo zusätzliche Maßnahmen zu erbringen sind, für deren Bewertung der Vertrag keinen Anhaltspunkt gibt, wird § 632 Abs. 2 BGB relevant. Insoweit hat der Gesetzgeber zum einen konkretisiert, dass für Werkverträge ähnlich wie für alle Verträge im handelsrechtlichen Kontext eine Vermutung der Entgeltlichkeit besteht, und zum anderen im Hinblick auf die Höhe den Maßstab der Marktüblichkeit für verbindlich erklärt. Die Selbstkosten des Unternehmers sind demgegenüber unerheblich.

42 Weil der geschlossene Vertrag ausgelegt wird, ist es immerhin geboten, zunächst die in ihm zum Ausdruck gebrachte Bewertung des Äquivalenzverhältnisses durch die Parteien zugrundezulegen. Wo also zusätzliche Maßnahmen erbracht werden müssen, die im Vertrag in anderem Kontext berücksichtigt bzw. bepreist werden (im Beispiel die Stahlsäulen), sind zunächst die vereinbarten Preise zugrundezulegen. Davon sollte jedoch zugunsten beider Parteien abgewichen werden können, wenn die Änderung der Mengen die verständige Kalkulation stört oder wenn der Unternehmer, zu dessen Lasten die Änderung sich auswirkt, gute Gründe nennen kann, weshalb er zunächst »unterkalkuliert« hat und die mangelnde Eignung der Planung für ihn nicht ohne weiteres vorhersehbar war.

E. Prozessuales

I. Beweislast

43 Demjenigen Vertragspartner, der sich auf die Rechtsfolgen der Störung der Geschäftsgrundlage bezieht, obliegt die Darlegungs- und Beweislast für das Vorliegen der maßgeblichen Umstände.[121] Davon ist an sich der Nachweis umfasst, dass die Parteien nicht mit einer Störung der Geschäftsgrundlage gerechnet haben.[122] Allerdings kann die Darlegungs- und Beweislast diesbezüglich die Gegenseite treffen, wenn der Gläubiger über maßgebliche Geschehensabläufe keine Kenntnis hat, der Schuldner diese jedoch kennt und ihm deshalb nähere Angaben zumutbar sind.[123]

II. § 313 BGB im Prozess

1. Störung der Geschäftsgrundlage als Verteidigungsmittel

44 Die aus dem Vertrag in Anspruch genommene Partei kann, wenn die Voraussetzungen des § 313 Abs. 1 o. 2, 3 BGB erfüllt sind und sie durch die Störung der Geschäftsgrundlage benachteiligt ist, vom Vertrag gem. § 346 BGB zurücktreten oder das Dauerschuldverhältnis kündigen. Primäre Erfüllungsansprüche erlöschen damit *ex nunc*. Der Rücktritt bzw. die Kündigung müssen erklärt werden; das Erlöschen der Ansprüche begründet eine rechtsvernichtende Einwendung.

45 Fehlt es an den Voraussetzungen des § 313 Abs. 3 BGB, so besteht lediglich ein Recht auf Anpassung. Die Rechtsfolgen treten nach geltendem Recht indes nicht mehr *ipso iure* ein, sondern müssen geltend gemacht werden. Der aus dem Vertrag in Anspruch genommene Schuldner muss daher dem Gläubiger sein Anpassungsrecht über § 273 BGB[124] oder § 242 BGB[125] entgegenhalten. Insoweit begründet das Anpassungsrecht eine Einrede, die im Prozess geltend zu machen ist.

---

120 Vgl. bereits Staudinger/*Peters/Jacoby*, § 633 Rn. 174.
121 *Werner/Pastor*, Rn. 2960, BGH v. 08.11.2002, V ZR 398/01, NJW 2003, 510.
122 *Werner/Pastor*, Rn. 2960; BGH v. 31.01.1969, V ZR 52/66, WM 1969, 529.
123 BGH v. 27.03.2002, XII ZR 143/00, NJW-RR 2002, 1297, 1298; AnwK/*Krebs*, § 313 Rn. 92.
124 *Schmidt-Kessel/Baldus*, NJW 2002, 2076; AnwK/*Krebs*, § 313 Rn. 54.
125 *Heß*, in: Dauner/Lieb/Konzen/Schmidt, S. 672; *Heinrichs*, in: FS Heldrich, S. 183, 201.

2. Störung der Geschäftsgrundlage als Angriffsmittel

Denkbar ist aber auch, dass der Gläubiger eines Anspruchs sich auf die Störung stützt. Wenn im obigen Beispielsfall (Rdn. 32) der Aufwand zur Entsorgung der Bitumenmasse erheblich größer ist als der zur Entsorgung des Betons, so wird der Unternehmer eine höhere Vergütung geltend machen wollen. Nach altem Recht musste der Gläubiger lediglich eine Leistungsklage erheben; eine Klage auf Zustimmung zur Vertragsänderung schied aus, da diese ohne weiteres Zutun der Beteiligten eintrat. Das Leistungsurteil hatte, was Bestehen und Umfang des Anspruches anging, feststellenden Charakter.[126] 46

Ob der Anpassungsanspruch mit der Leistungsklage geltend gemacht werden kann, ist nunmehr umstritten. Der Bundesgerichtshof hat sich mit dieser Frage noch nicht auseinandergesetzt. § 313 Abs. 1 BGB gewährt allen Beteiligten einen Anspruch auf Vertragsanpassung. Der Gesetzgeber hat im Hinblick auf die Anpassung keine Einschränkung wie in Abs. 3 im Hinblick auf den Rücktritt bzw. die Kündigung auf die benachteiligte Partei normiert.[127] Deshalb kann auch die nicht benachteiligte Partei die Anpassung begehren, was sie dann tun wird, wenn sich die Parteien nicht über die von der benachteiligten Partei geforderte Anpassung einigen können, und sie Gefahr läuft, dadurch die eigenen Ansprüche nicht durchsetzen zu können. 47

§ 313 Abs. 1 BGB gewährt einen Anspruch auf Zustimmung des anderen Vertragsteils zur Anpassung des Vertrages. Es ist somit erforderlich, dass eine vertragliche Einigung der Parteien über die Vertragsanpassung vorliegt.[128] Verweigert der Vertragspartner die Anpassung, so sieht es auf den ersten Blick so aus, als müssten zwei Prozesse geführt werden. Zunächst wäre ein Anspruch »auf Anpassung« des ursprünglichen Vertrags aus § 313 Abs. 1 BGB durchzusetzen, und danach müsste der Anspruch aus dem angepassten Vertrag eingeklagt werden. Der Kläger muss daher im Prozess zuerst auf die Abgabe der entsprechenden Willenserklärung klagen. Die Willenserklärung der beklagten Partei würde nach § 894 Abs. 1 S. 1 ZPO durch das rechtskräftige Urteil im ersten Verfahren fingiert. Ein solches Vorgehen wäre indes nicht prozessökonomisch. Eine Ansicht will im Rahmen von § 313 BGB die Vorschriften über die Stufenklage (§ 254 ZPO) analog anwenden.[129] Eine Analogie ist deshalb erforderlich, weil im Rahmen von § 313 BGB auch der Erstantrag noch nicht genau beziffert werden kann. Das Bundesverwaltungsgericht sprach sich in einer Entscheidung zu § 60 Abs. 1 S. 1 VwVfG für eine Klageverbindung der Klage »auf Anpassung« des öffentlich-rechtlichen Vertrags (§ 173 VwGO i.V.m. § 894 Abs. 1 ZPO) mit derjenigen »aus Anpassung« aus.[130] Beide Ansichten stimmen darin überein, dass zwei Klagen erforderlich sind um den Anspruch durchzusetzen. Aus prozessökonomischen Gesichtspunkten sollten beide Klagen gemeinsam verfolgt werden müssen und können. Eine für die Analogie erforderliche Vergleichbarkeit von gesetzlich geregelter und gesetzlich nicht geregelter Interessenlage liegt vor. An die Bestimmtheit des Klageantrags nach § 253 Abs. 2 Nr. 2 ZPO können wegen der generalklauselartigen Formulierung des § 313 BGB nur geringe Anforderungen gestellt werden. Der Kläger kann sich darauf beschränken, den Antrag so zu formulieren, dass der Beklagte zu verurteilen ist, einer angemessenen Vertragsanpassung zuzustimmen.[131] Er muss jedoch die tatsächlichen Grundlagen für die Bewertung umfassend vortragen und auch die Größenordnung der geltend gemachten Anpassung so genau wie möglich angeben.[132] Vor einem überraschend 48

---

126 BGH v. 30.03.1984, V ZR 119/83, NJW 1985, 126; *Schmidt-Kessel/Baldus*, NJW 2002, 2076.
127 *Dauner-Lieb/Dötsch*, NJW 2003, 921.
128 *Dauner-Lieb/Dötsch*, NJW 2003, 921, 922.
129 *Schmidt/Kessel/Baldus*, NJW 2002, 2076, 2077.
130 BVerwG v. 26.01.1995, 3 C 21/93, BVerwGE 97, 331, 340.
131 So *Schmidt-Kessel/Baldus*, NJW 2002, 2076; *Dauner/Lieb/Dötsch*, NJW 2003, 921, 923. AnwK/*Krebs*, § 313 Rn. 90; MüKo-BGB/*Roth*, § 313 Rn. 94, halten diese Formulierung demgegenüber für zu unbestimmt mit der Folge der Unzulässigkeit der Klage.
132 BGH v. 30.04.1996, VI ZR 55/95, NJW 1996, 2425.

geltend gemachten Anpassungsverlangen aus § 313 BGB ist der Vertragspartner über § 93 ZPO geschützt.[133]

F. Verjährung

49 Der Anspruch auf Vertragsanpassung verjährt nach §§ 195, 199 BGB in drei Jahren ab Ende des Jahres, indem der Anspruch entstanden ist und der Gläubiger von den den Anspruch begründenden Umständen Kenntnis erlangt hat oder hätte erlangen müssen. Im Rahmen der Störung oder des Wegfalls der Geschäftsgrundlage besteht unterdessen das Problem der Verwirkung. Voraussetzung der Vertragsanpassung ist die Unzumutbarkeit für die benachteiligte Partei, an dem geschlossenen Vertrag festzuhalten. Wartet der Berechtigte drei Jahre ab, um seine Rechte geltend zu machen, so sieht er sich der Frage ausgesetzt, ob seine Lage wirklich derart unzumutbar war, dass er sich so lange Zeit lassen konnte, um die Vertragsanpassung zu verlangen.

(...)

Titel 2: Gegenseitiger Vertrag

§ 320 Einrede des nicht erfüllten Vertrags

(1) Wer aus einem gegenseitigen Vertrag verpflichtet ist, kann die ihm obliegende Leistung bis zur Bewirkung der Gegenleistung verweigern, es sei denn, dass er vorzuleisten verpflichtet ist. Hat die Leistung an mehrere zu erfolgen, so kann dem einzelnen der ihm gebührende Teil bis zur Bewirkung der ganzen Gegenleistung verweigert werden. Die Vorschrift des § 273 Abs. 3 findet keine Anwendung.

(2) Ist von der einen Seite teilweise geleistet worden, so kann die Gegenleistung insoweit nicht verweigert werden, als die Verweigerung nach den Umständen, insbesondere wegen verhältnismäßiger Geringfügigkeit des rückständigen Teiles, gegen Treu und Glauben verstoßen würde.

Kommentierung siehe nach § 322.

§ 321 Unsicherheitseinrede

(1) Wer aus einem gegenseitigen Vertrag vorzuleisten verpflichtet ist, kann die ihm obliegende Leistung verweigern, wenn nach Abschluss des Vertrags erkennbar wird, dass sein Anspruch auf die Gegenleistung durch mangelnde Leistungsfähigkeit des anderen Teils gefährdet wird. Das Leistungsverweigerungsrecht entfällt, wenn die Gegenleistung bewirkt oder Sicherheit für sie geleistet wird.

(2) Der Vorleistungspflichtige kann eine angemessene Frist bestimmen, in welcher der andere Teil Zug um Zug gegen die Leistung nach seiner Wahl die Gegenleistung zu bewirken oder Sicherheit zu leisten hat. Nach erfolglosem Ablauf der Frist kann der Vorleistungspflichtige vom Vertrag zurücktreten. § 323 findet entsprechende Anwendung.

Kommentierung siehe nach § 322.

---

133 *Werner/Pastor*, Rn. 2960.

§ 322 Verurteilung zur Leistung Zug-um-Zug

(1) Erhebt aus einem gegenseitigen Vertrag der eine Teil Klage auf die ihm geschuldete Leistung, so hat die Geltendmachung des dem anderen Teil zustehenden Rechts, die Leistung bis zur Bewirkung der Gegenleistung zu verweigern, nur die Wirkung, dass der andere Teil zur Erfüllung Zug um Zug zu verurteilen ist.

(2) Hat der klagende Teil vorzuleisten, so kann er, wenn der andere Teil im Verzug der Annahme ist, auf Leistung nach Empfang der Gegenleistung klagen.

(3) Auf die Zwangsvollstreckung findet die Vorschrift des § 274 Abs. 2 Anwendung.

Schrifttum

Hensen Die Kostenlast beim Zug-um-Zug-Urteil, NJW 1999, 395; *Lorenz* Zur Abgrenzung von Teilleistung, teilweiser Unmöglichkeit und teilweiser Schlechtleistung im neuen Schuldrecht, NJW 2003, 3097.

Übersicht

	Rdn.
A. Das funktionelle Synallagma, § 320 BGB	1
I. Gegenleistung	2
1. Gegenseitigkeit	2
2. Fälligkeit der Gegenforderung	3
3. Eigene Vertragstreue des Schuldners	6
4. Erfüllung der Gegenforderung	7
a) Teilunmöglichkeit und Rückabwicklungshürden	8
b) Teilleistungen und Abnahmeverweigerung	9
II. Beteiligung mehrerer	12
B. Vorleistungspflicht und Unsicherheitseinrede, § 321 BGB	15
C. Prozessuale Ausgestaltung	17
D. Rechtsfolgen, § 322 BGB	18
I. Verurteilung Zug-um-Zug, § 322 Abs. 1 BGB	18
II. Leistung nach Erhalt der Gegenleistung, § 322 Abs. 2 BGB	19
III. Ausschluss des Schuldnerverzugs	20
IV. Keine Hemmung der Verjährung	21
V. Keine Rückforderung der Leistungen	22
E. Beweislast	23

A. Das funktionelle Synallagma, § 320 BGB

§ 320 BGB wurde im Zuge der Schuldrechtsmodernisierung nicht geändert. Ansprüche, die eine Einrede nach § 320 BGB begründen, sind in ihrer Entstehung und in ihrem Fortbestand wechselseitig miteinander verbunden. Beide Leistungen sind um der jeweils anderen Leistung willen versprochen worden und stehen deshalb – weil der gegenseitige Vertrag sonst der Absicht der Vertragsparteien zuwider in einen einseitigen umgewandelt würde – in einem dauerhaften Abhängigkeitsverhältnis.[1] Zu beachten ist jedoch, dass die auf § 320 BGB folgenden Vorschriften, namentlich § 323 BGB, nicht mehr verlangen, dass die jeweils verletzten Vertragspflichten im Gegenseitigkeitsverhältnis (Synallagma) stehen. Innerhalb des Synallagmas sind die gegenseitigen Verpflichtungen voneinander abhängig. Der Gläubiger einer im Synallagma stehenden Forderung kann Erfüllung nicht schlechthin, sondern allein Zug-um-Zug gegen Erbringung der Gegenleistung, vgl. § 322 BGB, verlangen. Aus entgegengesetzter Perspektive steht dem Schuldner ein Leistungsverweigerungsrecht zu, § 320 Abs. 1 S. 1 BGB. Das Leistungsverweigerungsrecht soll zum einen die Parteien bei gegenseitigen Verträgen dagegen sichern, die eigene Leistung ohne Erhalt der Gegenleistung erbringen zu müssen. Zum anderen soll den Parteien ein Druckmittel in die Hand gegeben werden, um den jeweils anderen Teil zur Vertragserfüllung anzuhalten. Diese Druckfunktion erklärt zugleich, weshalb die Anwendung des § 273 Abs. 3 BGB ausdrücklich ausgeschlossen wird, § 320 Abs. 1 S. 3 BGB.

---

1 BGH v. 19.05.2006, V ZR 40/05, BauR 2006, 1464 Rn. 21.

§§ 320–322 BGB

I. Gegenleistung

1. Gegenseitigkeit

2 Die Forderung, auf welche das Leistungsverweigerungsrecht des Schuldners gestützt wird, muss im Gegenseitigkeitsverhältnis zu der geltend gemachten Forderung (»Hauptforderung«) stehen. Ob sie sich auf eine »Hauptpflicht« bezieht, ist demgegenüber nur eingeschränkt relevant, da dieser Begriff in unterschiedlichen Bedeutungen, teils auf die Gegenseitigkeit, teils auf die wirtschaftliche und rechtliche Bedeutung der Pflicht bezogen,[2] verwendet wird. Im Gegenseitigkeitsverhältnis des Werkvertrages gem. § 631 BGB stehen auf der einen Seite die Pflicht des Unternehmers zur Werkerstellung, auf der anderen Seite die Pflicht des Bestellers zur Abnahme und Zahlung der geschuldeten Vergütung. Auch das Verhältnis zwischen der Pflicht zur Zahlung des Werklohns und der Einwilligung zur Löschung einer Bauhandwerkersicherungshypothek wurde als gegenseitig erkannt.[3] Als Folge der Privatautonomie können die Parteien nicht allein Pflichten begründen, sondern diese auch in das Gegenseitigkeitsverhältnis des Vertrages einstellen. Sekundäre Ansprüche, die an die Stelle von im Gegenseitigkeitsverhältnis stehenden Ansprüchen treten, insb. der Nacherfüllungsanspruch, der Schadensersatzanspruch statt der Leistung oder der Anspruch auf das stellvertretende commodum, fallen ebenfalls ins Gegenseitigkeitsverhältnis. Nach z.T. noch vertretener Auffassung sollen darüber hinausgehend alle Ansprüche, die auf nach den Umständen wesentliche Vertragsleistungen gerichtet sind, im Gegenseitigkeitsverhältnis stehen.[4] Diese Erweiterung war nach altem Schuldrecht erforderlich, um dem Gläubiger die angemessen erscheinenden Rechtsbehelfe des Rücktritts oder des großen Schadensersatzes nach §§ 325, 326 BGB a.F. zu gewähren. Heute sind die einzigen, unmittelbar an die Gegenseitigkeit geknüpften Rechtsfolgen das Leistungsverweigerungsrecht gem. § 320 BGB sowie die *ex lege* eintretende Befreiung von der Gegenleistungspflicht gem. § 326 Abs. 1 BGB. Einer extensiven Auslegung bedarf es daher nicht mehr.

2. Fälligkeit der Gegenforderung

3 Die Gegenforderung, mit welcher die Einrede begründet wird, muss vollwirksam und ihrerseits fällig sein. Rechtshandlungen, welche das Schuldverhältnis oder jedenfalls den geltend gemachten Gegenanspruch vernichten, z.B. Anfechtung, Rücktritt, Verlangen von Schadensersatz statt der Leistung, schließen daher das Leistungsverweigerungsrecht aus. Der vorleistungspflichtige Schuldner kann ebenfalls kein Leistungsverweigerungsrecht geltend machen.

4 Einreden gegen die Gegenforderung schließen das Leistungsverweigerungsrecht aus. Dasselbe gilt für die Unmöglichkeit der Erfüllung der Gegenforderung. Tritt sie nachträglich ein, so geht das Leistungsverweigerungsrecht unter,[5] solange nicht der Anspruch auf Schadensersatz statt der Leistung an die Stelle der unmöglich gewordenen Gegenforderung tritt. In letztgenanntem Fall wird allerdings die zurückbehaltene Leistung regelmäßig, nämlich wenn sie auf Geldzahlung gerichtet ist, als Rechnungsposten in den Saldo des Schadensersatzanspruchs eingestellt.[6] Die Umwandlung der Gegenforderung, etwa der Übergang vom Erfüllungsanspruch zum Nacherfüllungsanspruch durch Abnahme, beeinträchtigt den Fortbestand des Leistungsverweigerungsrechts nicht.

5 Die später eintretende Verjährung der eingewandten Gegenforderung schadet dann nicht, wenn sich Forderung und Gegenforderung nur zu einem Zeitpunkt fällig und unverjährt gegenüberstanden, § 215 BGB.[7]

---

[2] Jauernig/*Stadler*, § 320 Rn. 7; MüKo-BGB/*Emmerich*, § 320 Rn. 31.
[3] RG v. 05.01.1904, VII 370/03, RGZ 56, 251, 252.
[4] RG v. 05.03.1921, I 123/20, RGZ 101, 431; BGH v. 25.06.1953, IV ZR 20/53, NJW 1953, 1347; Palandt/*Grüneberg*, BGB Einf vor § 320 Rn. 17.
[5] MüKo-BGB/*Emmerich*, § 320 Rn. 35; Bamberger/Roth/*Grothe*, § 320 Rn. 11.
[6] Vgl. MüKo-BGB/*Emmerich*, § 320 Rn. 31.
[7] Noch weitergehend BGH v. 19.05.2006, V ZR 40/05, BauR 2006, 1464 Rn. 21.

3. Eigene Vertragstreue des Schuldners

Ungeschriebene Voraussetzung für die Geltendmachung eines Leistungsverweigerungsrechts ist die eigene Vertragstreue des Schuldners.[8] Das Leistungsverweigerungsrecht dient als Druckmittel dazu, den Vertrag durchzusetzen. Der Schuldner handelt daher selbstwidersprüchlich und rechtsmissbräuchlich, wenn er einerseits vom Leistungsverweigerungsrecht Gebrauch macht, um den Vertrag durchzusetzen, andererseits aber durch sein Verhalten zu erkennen gibt, dass er sich durch denselben Vertrag nicht gebunden fühlt. Deshalb führt vor allem die unmissverständliche, endgültige und ernsthafte Weigerung, den Vertrag durchzuführen, zum Ausschluss des Leistungsverweigerungsrechts.[9] Der Schuldner darf auch nicht im Leistungsverzug sein. Das Leistungsverweigerungsrecht kann schließlich nicht auf Tatsachen gestützt werden, die erst nach der eigenen Pflichtverletzung eingetreten sind.[10]

4. Erfüllung der Gegenforderung

Das Leistungsverweigerungsrecht besteht im Ausgangspunkt, solange die Gegenleistung nicht wie geschuldet bewirkt wurde. Maßgeblich für die Bewirkung ist der Eintritt des Leistungserfolges.[11] Als Folge von § 266 BGB kann der Schuldner quantitative Teilleistungen zurückweisen. Dasselbe gilt nach allgemeinen Grundsätzen für qualitative Teilleistungen (Schlechtleistungen).[12]

a) Teilunmöglichkeit und Rückabwicklungshürden

Zunächst sind die Vorschriften in §§ 266, 320 BGB indes auf die Regelungen in §§ 281 Abs. 1 S. 2, 3, 323 Abs. 5 BGB abzustimmen. Verträge sollen wegen der wirtschaftlichen Ineffizienz nur noch unter den einschränkenden Voraussetzungen des Interessewegfalls bei Teilleistungen bzw. der Wesentlichkeit des Mangels bei Schlechtleistungen rückabgewickelt werden. Diese Voraussetzungen beeinflussen ihrerseits die Antwort auf die Frage nach der rechtlichen Teilbarkeit von Leistungen und damit die Reichweite des Leistungshindernisses im Rahmen der Unmöglichkeit (vgl. dazu § 275 BGB Rdn. 62 ff.). Es ist daher davon auszugehen, dass der Erfüllungsanspruch im Hinblick auf die unmögliche Teilleistung jedenfalls in den Fällen der quantitativen Teilunmöglichkeit oder qualitativen Unmöglichkeit partiell untergeht und vom Anspruch auf Schadensersatz bzw. Rücktrittsrecht unter dem Vorbehalt der genannten Vorschriften abgelöst wird. Ist der Gläubiger nach § 275 Abs. 1 BGB von seiner Leistungspflicht teilweise freigeworden, ohne dass der Schuldner vom ganzen Vertrag zurücktreten kann – etwa weil das Interesse an der Restleistung nicht weggefallen ist oder weil die Schlechtleistung unerheblich ist, so geht das Leistungsverweigerungsrecht insoweit unter.[13]

b) Teilleistungen und Abnahmeverweigerung

Im Übrigen, d.h. vor der Abnahme, bleibt ein großzügigerer Umgang mit der Annahmeverweigerung als im Fall der Rückabwicklung strukturell stimmig, weil die Rückabwicklung vor der Abnahme noch keine Kosten verursacht. Für den Schuldner ist die Geltendmachung des Leistungsverweigerungsrechts unter Berufung auf die nicht wie geschuldete Leistung allerdings nicht risikofrei: Greift hinsichtlich des Leistungsdefizits tatsächlich § 275 Abs. 1 BGB ein, so gerät er zumindest in Annahmeverzug, selbst wenn er von der Unmöglichkeit nichts weiß. Behauptet der Gläubiger zu Recht die (teilweise) Unmöglichkeit der Gegenleistung, so gerät der Schuldner zu-

---

8 BGH v. 04.07.2002, I ZR 313/99, NJW 2002, 3541.
9 OLG Saarbrücken v. 22.11.1995, 1 U 363/95-59, NJW 1996, 3086, 3087.
10 BGH v. 08.11.1994, X ZR 104/91, NJW-RR 1995, 564.
11 BGH v. 19.05.2006, V ZR 40/05, BauR 2006, 1464 Rn. 21.
12 MüKo-BGB/*Krüger*, § 266 Rn. 4; Erman/*H.P. Westermann*, § 320 Rn. 14.
13 *Lorenz*, NJW 2003, 3097; Erman/*H.P. Westermann*, § 320 Rn. 11.

§§ 320–322 BGB

gleich in Schuldnerverzug, da ihm ein Leistungsverweigerungsrecht nicht zusteht und ihn dann ein Verschulden an der nicht rechtzeitigen Leistung trifft.

10 Dennoch hat der Gesetzgeber die Herrschaft des Gläubigers über die Annahme der nicht wie geschuldet angebotenen Leistung eingeschränkt: Auch die Ausübung des Leistungsverweigerungsrechts gem. § 320 BGB steht unter dem allgemeinen Vorbehalt der Ausübung nach Treu und Glauben, der für Teilleistungen in § 320 Abs. 2 BGB konkretisiert wurde: Insbesondere wenn nur ein vergleichsweise geringfügiger Teil der auf die Gegenforderung zu erbringenden Leistung aussteht, wäre es treuwidrig, die gesamte Leistung zu verweigern.

11 Als Ausdruck eines allgemeinen Rechtsgedankens sollte die Vorschrift nicht allein auf quantitative Teilleistungen beschränkt bleiben, sondern auch Schlechtleistungen erfassen. Zu berücksichtigen ist jedoch das schutzwürdige Interesse des Schuldners, durch sein Leistungsverweigerungsrecht Druck auf den Gläubiger auszuüben. Vor allem bei Schlechtleistungen, bei welchen eine Unmöglichkeit nicht im Raum steht, ist an der Möglichkeit, das Leistungsverweigerungsrecht uneingeschränkt geltend zu machen, im Grundsatz festzuhalten. Bei Schlechtleistungen im Rahmen von Werkverträgen stellt § 640 Abs. 1 S. 2 BGB eine konkretisierende Sonderregelung zu § 320 BGB auf.[14]

II. Beteiligung mehrerer

12 Das Leistungsverweigerungsrecht in § 320 BGB schöpft aus dem Gegenseitigkeitsverhältnis bei Austauschverträgen. Besondere Probleme entstehen daher, wenn mehrere Parteien beteiligt sind. Stehen mehrere Gesamtschuldner nebeneinander, so kann jeder Gesamtschuldner nur diejenigen Gegenforderungen geltend machen, die ihm selbst zustehen. Das Leistungsverweigerungsrecht gem. § 320 BGB hat gem. § 425 BGB Einzelwirkung.

13 Richtet sich die Gegenforderung nur gegen einen von mehreren Gläubigern, so kann sie nur diesem entgegengehalten werden. Das folgt aus der notwendigen Gegenseitigkeit. Haften demgegenüber die Gläubiger auch für die Gegenforderung gesamtschuldnerisch, so ergibt sich aus § 421 BGB, dass der Schuldner die gesamte Gegenforderung der Inanspruchnahme durch jeden Gläubiger entgegenhalten kann.[15] Fehlt es an der gesamtschuldnerischen Verbindung der Gläubiger für die Gegenforderung (Teilschuld, § 420 BGB), so kann der Schuldner sein Leistungsverweigerungsrecht nur auf den geschuldeten Teil der Gegenforderung stützen.

14 Steht die Hauptforderung mehreren Gläubigern als Gesamt- oder Mitgläubigern (§§ 428, 432 BGB) zu, ohne dass diese im Hinblick auf die Gegenforderung eine Schuldnermehrheit bilden, so kann jeder Gläubiger ohne weiteres die Leistung an sich bzw. an alle verlangen. Er muss aber zur Abwendung des Leistungsverweigerungsrechts die Gegenleistung insgesamt erbringen. Für den Fall der Teilgläubigerschaft gem. § 420 BGB bestimmt § 320 Abs. 1 S. 2 BGB, dass der Schuldner gegenüber jedem einzelnen die diesem gebührende Teilleistung bis zur Bewirkung der ganzen Gegenleistung verweigern kann.

B. Vorleistungspflicht und Unsicherheitseinrede, § 321 BGB

15 Bei Vorleistungspflichten ist das funktionelle Synallagma von vornherein gelockert, weshalb die Einrede aus § 320 BGB ausgeschlossen ist. Im bauvertraglichen Kontext bildet § 641 Abs. 1 S. 1 BGB das prominenteste Beispiel für die gesetzliche Begründung von Vorleistungspflichten: Dem Unternehmer ist das Leistungsverweigerungsrecht gem. § 320 BGB genommen, wenn er vom Besteller auf Erfüllung in Anspruch genommen wird; der Besteller braucht es nicht, denn die Vorleistungspflicht des Unternehmers wirkt sich über § 641 BGB im Rahmen der Fälligkeit aus: So lange der Unternehmer nicht erfüllt und der Besteller das Werk nicht abgenommen hat, ist der

---

14 Palandt/*Grüneberg*, § 320 Rn. 11.
15 Bamberger/Roth/*Grothe*, § 320 Rn. 3.

Vergütungsanspruch nicht fällig: Der Besteller wird nicht bloß Zug-um-Zug gegen Herstellung des Werks zur Zahlung verurteilt, sondern eine vor Abnahme erhobene Zahlungsklage wird als »zur Zeit unbegründet« abgewiesen, wenn der Schuldner nicht im Annahmeverzug ist, vgl. § 322 Abs. 2 BGB. Vorleistungspflichten sind nicht als Einrede ausgestaltet, sondern vom Gericht zu berücksichtigen, wenn die sie begründenden Umstände in den Prozess eingeführt wurden.

Schranken der Vorleistungspflicht ergeben sich zum einen aus § 321 BGB, zum anderen aus Treu 16 und Glauben. Der Vorleistungspflichtige übernimmt neben der kalkulierbaren Last der Vorfinanzierung ein im Vergleich zum Leistungsaustausch Zug-um-Zug gesteigertes Erfüllungsrisiko: Zwischen der vertraglichen Bindung und der Fälligkeit der Gegenleistung wird häufig ein gewisser Zeitraum liegen und der Vorleistungspflichtige wird – gerade bei Bau-Werkverträgen – nur schwer rückgängig zu machende Dispositionen treffen. Dieses Risiko ist mit der Vorleistungspflicht untrennbar verbunden. Um den Vorleistungspflichtigen davor zu schützen, sehenden Auges in einen Vertrag zu investieren, bei dem er die Gegenleistung nicht erhalten wird,[16] kann gem. § 321 Abs. 1 BGB die Leistung verweigert werden, wenn nach Abschluss des Vertrages erkennbar wird, dass der Anspruch auf die Gegenleistung durch mangelnde Leistungsfähigkeit des anderen Teils gefährdet wird. Naheliegenderweise wird dieses Leistungsverweigerungsrecht durch die Bewirkung der Gegenleistung bzw. die Sicherheitsleistung abgewendet, § 321 Abs. 1 S. 2 BGB. Der tragende Gesichtspunkt der Norm ist die Gefährdung des Vertragszwecks. Besonders offensichtlich wird diese Gefährdung, wenn der andere Teil – unabhängig von seiner Leistungsfähigkeit – ernsthaft erklärt, seine Leistung nicht erbringen zu können oder zu wollen. Auch dann entfällt auf der Grundlage von § 242 BGB die Vorleistungspflicht.[17]

C. Prozessuale Ausgestaltung

Die Nichterfüllung der Gegenforderung gibt – anders als die §§ 369, 371 HGB – kein Befriedigungsrecht, sondern ist als dilatorische Einrede ausgestaltet,[18] auf welche sich der Schuldner berufen muss. Er muss sein Leistungsverweigerungsrecht inner- oder außerprozessual geltend machen. Hat er es außerprozessual geltend gemacht, so muss es entweder vom Kläger[19] oder vom Beklagten in den Prozess eingeführt werden. Zwar braucht der Schuldner die Einrede des nicht erfüllten Vertrages nicht ausdrücklich zu erheben. Erforderlich ist aber, dass der Wille, die eigene Leistung im Hinblick auf das Ausbleiben der Gegenleistung zurückzuhalten, eindeutig erkennbar ist.[20] Für die Geltendmachung ist erforderlich, dass der Berechtigte deutlich macht, die eigene Leistung mit Rücksicht auf die ausbleibende Gegenleistung zu verweigern. Es kann der Hinweis genügen, dass der Gläubiger die ihm obliegende Gegenleistung nicht erbringen könne oder wolle.[21] Der bloße Klageabweisungsantrag genügt nicht.

D. Rechtsfolgen, § 322 BGB

I. Verurteilung Zug-um-Zug, § 322 Abs. 1 BGB

Fehlt es an diesem Berufen auf das Leistungsverweigerungsrecht, so kann der Gläubiger zwar auf 18 Leistung schlechthin klagen und sogar ein Versäumnisurteil erhalten, selbst wenn sich aus seinem Vortrag ergibt, dass die Einrede begründet wäre.[22] Beruft sich der Beklagte aber auf das Leistungs-

---

16 Bamberger/Roth/*Grothe*, § 321 Rn. 1.
17 BGH v. 08.07.1983, V ZR 53/82, BGHZ 88, 91, 96.
18 Vgl. z.B. BGH v. 07.10.1998, VIII ZR 100/97, NJW 1999, 53.
19 Palandt/*Grüneberg*, § 322 Rn. 2.
20 BGH v. 07.10.1998, VIII ZR 100/97, NJW 1999, 53; v. 07.06.2006, VIII ZR 209/05, NJW 2006, 2839, 2842; v. 12.03.2008, XII ZR 147/05, NJW 2008, 2254.
21 OLG Hamm v. 15.12.1977, 2 U 212/77, MDR 1978, 402, 403.
22 Anderes gilt nur dann, wenn er zugleich vorträgt, dass der Schuldner sich auf die Einrede berufen hat, Palandt/*Grüneberg*, § 322 Rn. 2.

verweigerungsrecht, so wird der Klage gem. § 322 Abs. 1 BGB nur Zug-um-Zug gegen Erfüllung der Gegenforderung stattgegeben. Zugleich verliert der Gläubiger – selbst bei ansonsten uneingeschränktem Obsiegen hinsichtlich der Hauptforderung – den Rechtsstreit teilweise mit der Folge der Kostenbelastung gem. § 92 ZPO.[23] Immerhin gestattet die Praxis dem Gläubiger, seinen unbeschränkten Klagantrag sofort nach Erhebung der Einrede einzuschränken, um so die Abweisung der Klage zu verhindern.[24]

II. Leistung nach Erhalt der Gegenleistung, § 322 Abs. 2 BGB

19 Vor allem für die Vergütungsklage des Werkunternehmers spielen die §§ 320, 322 Abs. 1 BGB keine Rolle, da der Werkunternehmer als Folge von § 641 BGB, der die Fälligkeit des Vergütungsanspruchs an die Abnahme knüpft, vorleistungspflichtig ist. Hat der vorleistungspflichtige Werkunternehmer den Besteller in Annahmeverzug gesetzt, so kann er immerhin gem. § 322 Abs. 2 BGB auf Leistung nach Empfang der Gegenleistung klagen. Die Vorschrift ergänzt insoweit § 259 ZPO. Allerdings führt selbst die Annahmeverweigerung des Vorleistungsberechtigten nicht zur Fälligkeit der Klageforderung. Der Werkunternehmer wird daher im Regelfall auf Abnahme und Zahlung klagen müssen.

III. Ausschluss des Schuldnerverzugs

20 Bereits der Bestand des Leistungsverweigerungsrechts, nicht erst seine Geltendmachung, schließt den Schuldnerverzug aus, weil die gegenseitigen Pflichten im Synallagma untrennbar verknüpft sind.[25] Solange der Gläubiger die Gegenleistung nicht bewirkt oder sie in Annahmeverzug begründender Weise anbietet, fehlt es an einer pflichtwidrigen Verzögerung der Leistung des Schuldners.

IV. Keine Hemmung der Verjährung

21 Obwohl § 320 Abs. 1 BGB als dilatorische Einrede ausgestaltet ist, wird der Lauf einer Verjährungsfrist bezüglich der Gegenforderung nicht gem. § 205 BGB gehemmt, da das Leistungsverweigerungsrecht nicht vereinbart wurde.[26]

V. Keine Rückforderung der Leistungen

22 Weil § 813 BGB sich allein auf dauernde (peremptorische) Einreden bezieht, ist die Rückforderung von Leistungen in Unkenntnis der Einrede des § 320 BGB ausgeschlossen.

E. Beweislast

23 Wer sich im Prozess auf das Bestehen eines Leistungsverweigerungsrechts beruft, trägt die Darlegungs- und Beweislast für alle seine tatsächlichen Voraussetzungen, also für das Bestehen der Gegenforderung sowie eines gegenseitigen Vertrages und der Einbindung der Forderungen im Synallagma. Der Gläubiger der Hauptforderung trägt demgegenüber die Beweislast für eine Vorleistungspflicht des Schuldners bzw. die Erfüllung der Gegenforderung.

---

23 Vgl. dazu eingehend *Hensen*, NJW 1999, 395 ff.
24 OLG Hamm v. 15.12.1977, 2 U 212/77, MDR 1978, 402.
25 Erman/*H.P. Westermann*, § 320 Rn. 17.
26 Erman/*H.P. Westermann*, § 320 Rn. 17.

§ 323 Rücktritt wegen nicht oder nicht vertragsgemäß erbrachter Leistung[1]

(1) Erbringt bei einem gegenseitigen Vertrag der Schuldner eine fällige Leistung nicht oder nicht vertragsgemäß, so kann der Gläubiger, wenn er dem Schuldner erfolglos eine angemessene Frist zur Leistung oder Nacherfüllung bestimmt hat, vom Vertrag zurücktreten.

(2) Die Fristsetzung ist entbehrlich, wenn
1. der Schuldner die Leistung ernsthaft und endgültig verweigert,
2. der Schuldner die Leistung zu einem im Vertrag bestimmten Termin oder innerhalb einer bestimmten Frist nicht bewirkt und der Gläubiger im Vertrag den Fortbestand seines Leistungsinteresses an die Rechtzeitigkeit der Leistung gebunden hat oder
3. besondere Umstände vorliegen, die unter Abwägung der beiderseitigen Interessen den sofortigen Rücktritt rechtfertigen.

(3) Kommt nach der Art der Pflichtverletzung eine Fristsetzung nicht in Betracht, so tritt an deren Stelle eine Abmahnung.

(4) Der Gläubiger kann bereits vor dem Eintritt der Fälligkeit der Leistung zurücktreten, wenn offensichtlich ist, dass die Voraussetzungen des Rücktritts eintreten werden.

(5) Hat der Schuldner eine Teilleistung bewirkt, so kann der Gläubiger vom ganzen Vertrag nur zurücktreten, wenn er an der Teilleistung kein Interesse hat. Hat der Schuldner die Leistung nicht vertragsgemäß bewirkt, so kann der Gläubiger vom Vertrag nicht zurücktreten, wenn die Pflichtverletzung unerheblich ist.

(6) Der Rücktritt ist ausgeschlossen, wenn der Gläubiger für den Umstand, der ihn zum Rücktritt berechtigen würde, allein oder weit überwiegend verantwortlich ist oder wenn der vom Schuldner nicht zu vertretende Umstand zu einer Zeit eintritt, zu welcher der Gläubiger im Verzug der Annahme ist.

Schrifttum

Althammer Bindendes Erfüllungsverlangen des Gläubigers nach Ablauf der Nachfrist, ZGS 2005, 375; *Grigoleit/Riehm* Grenzen der Gleichstellung von Zuwenig-Leistung und Sachmangel, ZGS 2002, 115; *Ramming* Vorzeitiges Rücktrittsrecht und Schadensersatz statt der Leistung, ZGS 2002, 412.

Übersicht	Rdn.			Rdn.
A. Anwendungsbereich	1	D.	Teilleistung und Schlechtleistung, § 323 Abs. 5 S. 1, 2 BGB	17
B. Voraussetzungen	2	E.	Ausschluss des Rücktrittsrechts, § 323 Abs. 6 BGB	20
I. Vertragsverletzung	2			
II. Fristsetzung bzw. Abmahnung	4	F.	Verwirkung	24
III. Entbehrlichkeit der Fristsetzung, § 323 Abs. 2 BGB	8	G.	Rechtsfolgen	25
C. Rücktritt vor Fälligkeit, § 323 Abs. 4 BGB	11	H.	Beweislast	26

A. Anwendungsbereich[2]

Der Anwendungsbereich des § 323 BGB ist beschränkt auf Fälle der Leistungsverzögerung und Schlechterfüllung bei gegenseitigen Verträgen. Darunter sind ausschließlich solche Vertragstypen   1

---

[1] Amtlicher Hinweis: Diese Vorschrift dient auch der Umsetzung der Richtlinie 1999/44/EG des Europäischen Parlaments und des Rates vom 25. Mai 1999 zu bestimmten Aspekten des Verbrauchsgüterkaufs und der Garantien für Verbrauchsgüter (ABl. EG Nr. L 171 S. 12).

[2] Für die wertvolle Unterstützung bei der Vorbereitung und Erstellung des Manuskripts danke ich Frau ass.iur. *Grete Langjahr* sowie Herrn cand.iur. *Florian Mader*.

§ 323 BGB   Rücktritt wegen nicht oder nicht vertragsgemäß erbrachter Leistung

zu fassen, bei denen wenigstens einzelne der beiderseitigen Leistungspflichten der Parteien im Verhältnis von Leistung und Gegenleistung stehen (vgl. dazu o. §§ 320–322 BGB Rdn. 2), was insbesondere bei Kauf-, Miet- und Werkverträgen, nicht aber bei Bürgschafts- oder Auftragsverträgen der Fall ist.[3] Der Anwendungsbereich des § 323 BGB ist allerdings erheblich weiter als § 326 BGB a.F., da § 323 BGB jeden Verstoß gegen eine leistungsbezogene Haupt- oder Nebenpflicht erfasst, selbst wenn diese nicht im Synallagma zu Pflichten des anderen Teils steht.[4] Unanwendbar ist § 323 BGB hingegen auf vollzogene Dauerschuldverhältnisse. An die Stelle des Rücktrittsrechts tritt in diesen Fällen die Kündigung aus wichtigem Grund.[5]

B. Voraussetzungen

I. Vertragsverletzung

2   § 323 BGB erfasst Verletzungen aller leistungsbezogenen Pflichten i.S.v. § 241 Abs. 1 BGB, wobei die verletzte Pflicht nicht im Synallagma stehen muss. Im Falle der Nichterfüllung einer nicht im Synallagma stehenden Pflicht ist indes § 323 Abs. 5 S. 2 BGB analog anzuwenden, was den Ausschluss des Rücktrittsrechts bei der Nichterfüllung unerheblicher Nebenleistungspflichten zur Folge hat.[6] Die Verletzung von Schutz- oder Rücksichtnahmepflichten nach § 241 Abs. 2 BGB berechtigt dagegen nur unter den Voraussetzungen des § 324 BGB zum Rücktritt.

3   § 323 BGB setzt ebenso wie § 286 BGB einen vollwirksamen fälligen und durchsetzbaren Anspruch voraus, der schon dann ausgeschlossen ist, wenn eine Einrede nur besteht (vgl. dazu o. § 286 BGB Rdn. 6). Im Gegensatz zum Schadensersatzanspruch nach § 280 BGB und zur früheren Regelung in § 326 BGB a.F. setzt das Recht des Gläubigers zum Rücktritt nicht voraus, dass der Schuldner die Vertragsverletzung zu vertreten hat.[7]

II. Fristsetzung bzw. Abmahnung

4   Der Gläubiger ist im Falle der Nicht- oder Schlechtleistung erst dann zum Rücktritt berechtigt, wenn er dem Schuldner erfolglos eine angemessene Frist zur Leistung bzw. Nacherfüllung gesetzt hat. Bezüglich der Einzelheiten der Fristsetzung kann auf die Ausführungen zu § 281 BGB verwiesen werden (vgl. o. § 281 BGB Rdn. 12 ff.). Gemäß § 323 Abs. 3 BGB tritt an die Stelle einer Fristsetzung die Abmahnung, wenn jene nach der Art der Pflichtverletzung nicht in Betracht kommt. Das ist insbesondere bei Verstößen gegen Unterlassungspflichten der Fall (vgl. auch insoweit o. § 281 BGB Rdn. 24).[8]

5   Die (weitere) Geltendmachung des Erfüllungsanspruchs durch den Gläubiger hebt, selbst wenn sie im Wege einer Klage erfolgt, die Folgen der erfolglosen Fristsetzung gegenüber dem vertragsbrüchigen Schuldner nicht auf. Der Gläubiger muss seine gesetzlichen Rechte gegenüber dem Schuldner nicht erst durch eine erneute Fristsetzung wieder begründen, sondern kann den Rücktritt erklären, wenn der Schuldner auch nach erneuter Leistungsanforderung durch die Klage nicht leistet.[9] Die Vorschrift des § 281 Abs. 4 BGB kann nach Ansicht des BGH auch nicht »reziprok« angewendet werden,[10] wenn der Gläubiger weiter Erfüllung begehrt. Richtig sei vielmehr

---

3 Palandt/*Grüneberg*, BGB § 323 Rn. 3.
4 *Emmerich*, § 19 Rn. 8; Palandt/*Grüneberg*, BGB § 323 Rn. 10.
5 BGH v. 06.02.1985, VIII ZR 15/84, NJW 1986, 124, 125.
6 Palandt/*Grüneberg*, BGB § 323 Rn. 10; Jauernig/*Stadler*, § 323 Rn. 5a.
7 *Ramming*, ZGS 2002, 412, 413.
8 Palandt/*Grüneberg*, BGB § 323 Rn. 17; Jauernig/*Stadler*, § 323 Rn. 10.
9 BGH v. 20.01.2006, V ZR 124/05, BauR 2006, 1134 Rn. 16; MüKo-BGB/*Ernst*, § 323 Rn. 155, 156; *Althammer*, ZGS 2005, 375, 376; zur Fristsetzung nach § 281 Abs. 1 BGB Staudinger/*Otto/Schwarze*, § 281 Rn. D 4.
10 Jauernig/*Stadler*, 11. Auflage, § 281 Rn. 15.

der aus § 281 Abs. 4 BGB zu ziehende Umkehrschluss, wonach allein der Anspruch auf Erfüllung durch die Entscheidung des Gläubigers für einen der sekundären Ansprüche auf Schadensersatz statt der Leistung nach § 281 Abs. 1 BGB oder auf Rückabwicklung des Vertrages ausgeschlossen werde. Das Erfüllungsverlangen des Gläubigers lasse grundsätzlich dessen Befugnis unberührt, zu einem Schadensersatzanspruch statt der Leistung überzugehen oder den Rücktritt zu erklären, selbst wenn es nach fruchtlosem Fristablauf nochmals geltend gemacht werde.

Allein im Einzelfall kann die Ausübung des Rücktrittsrechts durch den Gläubiger mit dem Gebot von Treu und Glauben nicht zu vereinbaren sein, wenn etwa der Rücktritt zur Unzeit erklärt wird, kurze Zeit nachdem der Gläubiger erneut die Leistung angefordert hat.[11] Das ist jedoch nicht der Fall, wenn der Schuldner auch auf die erneute Leistungsaufforderung über mehrere Wochen nicht geleistet und sich damit weiterhin vertragswidrig verhalten hat. Er muss dann damit rechnen, dass der Gläubiger vom Vertrag zurücktreten wird.[12]

Es wird diskutiert, ob ein Gläubiger, wenn er nach dem erfolglosen Ablauf einer von ihm gemäß § 323 Abs. 1 BGB gesetzten Frist den Schuldner auf Erfüllung verklagt und dieser daraufhin seine Leistung ankündigt, noch bis zum Ablauf der dafür erforderlichen Zeit warten muss, bevor er den Rücktritt erklären darf.[13] Im Hinblick darauf, dass die Selbstmahnung als besonderer Umstand sogar zur Entbehrlichkeit der Fristsetzung führt (vgl. dazu § 281 BGB Rdn. 35), muss der Gläubiger sich jedenfalls nicht mehr mit der Ausübung des Rücktrittsrechts zurückhalten, wenn der Schuldner ihm nach dem fruchtlosen Ablauf der Frist bereits die baldige Leistung versprochen hat, aber auch diesem Versprechen nicht nachgekommen ist.[14]

III. Entbehrlichkeit der Fristsetzung, § 323 Abs. 2 BGB

§ 323 Abs. 2 BGB zählt Fallkonstellationen auf, in denen eine Fristsetzung des Gläubigers entbehrlich ist. Die Gründe des § 323 Abs. 2 Nr. 1 und 3 BGB entsprechen denjenigen des § 281 Abs. 2 Alt. 1 und 2 BGB, weshalb auf die dortigen Ausführungen verwiesen werden kann (vgl. § 281 BGB Rdn. 25 ff.).

Darüber hinausgehend entfällt das Fristsetzungserfordernis gem. § 323 Abs. 2 Nr. 2 BGB im Falle des Ablaufs der Leistungszeit bei einem relativen Fixgeschäft. Es setzt eine vertragliche Fixabrede voraus, welche neben einer genauen Bestimmung der Leistungszeit auch die ausdrückliche oder konkludente Vereinbarung enthalten muss, dass die Leistungsverpflichtung mit der Einhaltung der Terminvereinbarung »stehen oder fallen« solle.[15] Indizwirkung für das Vorliegen eines relativen Fixgeschäfts haben dabei folgende Vertragsklauseln: »Genau«, »präzis«, »fix«, in Verbindung mit einer bestimmten Leistungszeit.[16] Mangels Fixabrede genügt die bloße kalendermäßige Bestimmung der Leistungszeit allein dagegen nicht, um ein relatives Fixgeschäft annehmen zu können.[17] In diesem Fall tritt mit Ablauf der Leistungszeit lediglich automatisch Verzug nach § 286 Abs. 2 Nr. 1 BGB ein.

Unterschieden werden muss das relative vom absoluten Fixgeschäft. Bei letzterem kann die geschuldete Leistung ihren Zweck nur dann erreichen, wenn sie in einem ganz bestimmten Zeitraum erbracht wird. Mit Zeitablauf tritt in diesem Fall Unmöglichkeit nach § 275 BGB ein (vgl.

---

11 BGH v. 20.01.2006, V ZR 124/05, BauR 2006, 1134 Rn. 23; AnwK/*Dauner-Lieb*, § 323 Rn. 22; MüKo-BGB/*Ernst*, § 323 Rn. 155, 156.
12 BGH v. 20.01.2006, V ZR 124/05, BauR 2006, 1134 Rn. 23.
13 MüKo-BGB/*Ernst*, § 323 Rn. 156.
14 BGH v. 20.01.2006, V ZR 124/05, BauR 2006, 1134 Rn. 15.
15 BGH v. 17.01.1990, VIII ZR 292/88, NJW 1990, 2065, 2067; v. 28.01.2003, X ZR 151/00, NZBau 2003, 274; Palandt/*Grüneberg*, BGB § 323 Rn. 20; Bamberger/Roth/*Grothe*, § 323 Rn. 23.
16 Jauernig/*Stadler*, § 323 Rn. 12; Palandt/*Grüneberg*, BGB § 323 Rn. 20.
17 Bamberger/Roth/*Grothe*, § 323 Rn. 24.

dazu o. § 275 BGB Rdn. 22 ff.). Dem Gläubiger stehen dann die Rechte nach §§ 275 Abs. 4, 326, 280, 283 BGB zu.[18]

C. Rücktritt vor Fälligkeit, § 323 Abs. 4 BGB

11 Gemäß § 323 Abs. 4 BGB kann der Gläubiger bereits vor dem Eintritt der Fälligkeit der Leistung zurücktreten, wenn offensichtlich ist, dass die Voraussetzungen des Rücktritts eintreten werden. Durch die Einordnung in § 323 BGB wird an sich verdeckt, dass es sich um eine besondere Form der Pflichtverletzung handelt, die von der in § 323 Abs. 1 BGB vorausgesetzten Nicht- oder Schlechtleistung abweicht: Die Haftung gem. § 323 Abs. 4 BGB knüpft an die Erfüllungsgefährdung (auch »antizipierter Vertragsbruch«, vgl. Art. 62 CISG) an. Dabei geht es vor allem um zwei Fallgestaltungen: zum einen die ernsthafte und endgültige Erfüllungsverweigerung des Schuldners bereits vor Fälligkeit.[19] Zum anderen hatte der Gesetzgeber die Konstellationen im Blick, in denen schon vor Fälligkeit ernsthafte Zweifel daran bestehen, dass der Schuldner bis zum Ende der nach Fälligkeit zu bestimmenden Nachfrist wird leisten können.[20]

12 Bereits unter der Geltung des alten Schuldrechts wurde im Fall der ernsthaften Erfüllungsverweigerung differenziert: Erfolgte die Erfüllungsverweigerung erst nach Fälligkeit, so wurde die Haftung an die Nichterfüllung geknüpft, wobei das Erfordernis der Fristsetzung mit Ablehnungsandrohung gem. § 326 BGB a.F. wegen der Erfüllungsverweigerung überwunden wurde.[21] Vor Fälligkeit wurde indes eine selbständige Pflichtverletzung angenommen.[22] Die Problematik besteht nach wie vor, da die §§ 281 Abs. 2 1. Alt., 286 Abs. 2 Nr. 3, 323 Abs. 2 Nr. 1 BGB jeweils einen fälligen Anspruch voraussetzen (vgl. o. § 281 BGB Rdn. 3).

13 Die Verweigerung der Erfüllung einer vertraglichen Pflicht begründet stets eine Pflichtverletzung, bei welcher die Setzung einer Frist als sinnlose Förmelei erschiene, wenn die Verweigerung ernsthaft und endgültig erfolgt. Für das Rücktrittsrecht fehlt es allerdings bereits an der von § 323 Abs. 1 BGB vorausgesetzten Fälligkeit. An dieser Stelle greift § 323 Abs. 4 BGB ein. Die ernsthafte und endgültige Erfüllungsverweigerung macht nämlich auch vor der Fälligkeit offensichtlich, dass die Voraussetzungen des Rücktritts eintreten werden.

14 Beispielhaft für die zweite Fallgruppe der Erfüllungsgefährdung kann ein Bauwerkvertrag genannt werden, bei dem kurz vor dem vorgesehenen Fertigstellungstermin noch nicht einmal die Baustelle eingerichtet ist.[23] Anders als bei der Erfüllungsverweigerung kann der Schuldner allerdings nicht an seinen eigenen Erklärungen festgehalten werden. Im Gegenteil mag er seine Vertragstreue und Leistungsbereitschaft sowie -fähigkeit beteuern. Aus diesem Grund darf die erforderliche Erfüllungsgefährdung nur unter engen Voraussetzungen (»offensichtlich«) angenommen werden. Die Nichterfüllung muss als sicher erscheinen.[24] Die dazu erforderliche Prognoseentscheidung muss aus objektiver ex-ante Perspektive getroffen werden.[25] Da der Gläubiger riskiert, zu Unrecht zurückzutreten und damit selbst vertragliche Pflichten zu verletzen, ist er gut beraten, vor einem Rücktritt nach § 323 Abs. 4 BGB Kontakt mit dem Schuldner aufzunehmen, um durch dessen Informationen sein Prognoserisiko zu mindern.

---

18 *Ramming*, ZGS 2002, 412, 415.
19 *Emmerich*, § 19 Rn. 15; Jauernig/*Stadler*, § 323 Rn. 15. A.A. *Remming*, ZGS 2002, 412, 415 f., der die Erfüllungsverweigerung vor Fälligkeit als Verletzung einer Schutz- und Rücksichtnahmepflicht nach § 241 Abs. 2 BGB versteht und daher einen Rücktritt ausschließlich nach § 324 BGB für möglich hält.
20 BT-Drucks. 14/6040, 186; vgl. auch Palandt/*Grüneberg*, BGB § 323 Rn. 23.
21 Vgl. die Nachw. bei Palandt/*Heinrichs*, BGB 61. Aufl. 2002, § 326 BGB Rn. 20.
22 In letzterem Sinne etwa BGH v. 18.12.1985, VIII ZR 47/85, NJW 1986, 843: Annahme einer positiven Vertragsverletzung.
23 *Emmerich*, § 19 Rn. 15.
24 PWW/*Medicus*, § 323 Rn. 7; MüKo-BGB/*Ernst*, § 323 Rn. 134.
25 PWW/*Medicus*, § 323 Rn. 7.

Unwesentliche Mängel, die gem. § 640 Abs. 1 S. 2 BGB nicht einmal die Verweigerung der Abnahme gestatten, können, selbst wenn sie vor Fälligkeit feststehen, nicht zum Rücktritt berechtigen, zumal in solchen Fällen § 323 Abs. 5 S. 2 BGB den Rücktritt ausschließen wird. Behebbare erhebliche Mängel sowie absehbare Verzögerungen müssen in dem Umfang der angemessenen Frist für die Erfüllung bzw. Nacherfüllung gem. § 323 Abs. 1 hingenommen werden. Verzögerungsfolgeschäden sind freilich ersatzfähig. 15

Eine wirtschaftliche Schieflage der anderen Partei begründet zunächst allein ein Leistungsverweigerungsrecht des vorleistungspflichtigen Schuldners, vgl. § 321 Abs. 1 S. 1 BGB. Es spricht indes nichts dagegen, auch in der mangelnden wirtschaftlichen Leistungsfähigkeit eine Erfüllungsgefährdung i.S.d. § 323 Abs. 4 BGB zu erkennen.[26] Erforderlich ist allerdings stets die besondere Konkretheit: Während die Unsicherheitseinrede bereits die Erkennbarkeit der Erfüllungsgefährdung durch mangelnde Leistungsfähigkeit genügen lässt, bedarf es für das Rücktrittsrecht ihrer Offenkundigkeit. 16

D. Teilleistung und Schlechtleistung, § 323 Abs. 5 S. 1, 2 BGB

Erbringt der Schuldner eine Teilleistung, so kann der Gläubiger gem. § 323 Abs. 5 S. 1 BGB vom ganzen Vertrag nur dann zurücktreten, wenn er an der Teilleistung kein Interesse hat. § 323 Abs. 5 S. 1 BGB findet indes nur dann Anwendung, wenn der Gläubiger die Teilleistung trotz seines Zurückweisungsrechts gemäß § 266 BGB als Erfüllung der Leistungspflicht des Schuldners angenommen hat (vgl. §§ 320–322 BGB Rdn. 8 ff.). Zum Fehlen des Interesses des Gläubigers an der Teilleistung vgl. § 281 BGB Rdn. 7 f. 17

Im Falle einer Schlechtleistung des Schuldners hat der Gläubiger das Recht zum Rücktritt nur dann, wenn die Pflichtverletzung unerheblich ist. Bezüglich der Einzelheiten vgl. § 281 Rdn. 9 f. 18

Nach Gefahrübergang, d.h. nach Abnahme des Werkes, findet § 323 BGB über die Verweisung des § 634 Nr. 3 BGB Anwendung. Damit steht die Vorschrift mit ihrer Differenzierung zwischen Teil- und Schlechtleistung aber in einem Spannungsverhältnis zu § 633 Abs. 2 S. 3 BGB, wonach die Zuwenigleistung einem Sachmangel und damit einer Schlechtleistung gleichsteht. Fraglich ist daher, ob im Falle einer Zuwenigleistung nach Gefahrübergang ein Rücktritt nur bei Interessefortfall des Gläubigers nach § 323 Abs. 5 S. 1 BGB möglich ist oder ob die Gleichstellungsvorschrift des § 633 Abs. 2 S. 3 BGB auch auf § 323 Abs. 5 BGB anzuwenden ist. Letzteres hätte zur Folge, dass bei einer Teilleistung regelmäßig der gesamte Vertrag rückabgewickelt werden könnte, da die Anforderungen an die Annahme einer erheblichen Pflichtverletzung relativ gering sind.[27] Die Gesetzgebungsmaterialien sind zur Lösung dieser Frage unergiebig: Zwar ging die Regierungsbegründung zum Schuldrechtsmodernisierungsgesetz von der Gleichstellung von Zuwenig- und Schlechtleistung auch im Rahmen des § 323 Abs. 5 BGB aus.[28] In der Stellungnahme des Rechtsausschusses wurde diese Position indes relativiert und die Lösung der Frage letztlich der Rechtsprechung überlassen.[29] Gegen eine Gleichstellung spricht aber, dass ansonsten § 323 Abs. 5 S. 1 BGB praktisch bedeutungslos wäre, da Teilleistungen ganz überwiegend bei Kauf- und Werkverträgen vorkommen.[30] Daher ist eine Gleichstellung von Zuwenig- und Schlechtleistung im Rahmen des § 323 Abs. 5 BGB abzulehnen. Vgl. § 281 BGB Rdn. 6. 19

E. Ausschluss des Rücktrittsrechts, § 323 Abs. 6 BGB

Gemäß § 323 Abs. 6 BGB ist der Rücktritt in den dort aufgeführten Fällen ausgeschlossen. Diese Regelung ist erforderlich, da der Rücktritt – im Gegensatz zum Schadensersatzanspruch – nicht 20

---

26 Vgl. MüKo-BGB/*Ernst*, § 323 Rn. 140; Staudinger/*Otto/Schwarze*, § 323 B 168.
27 Vgl. *Grigoleit/Riehm*, ZGS 2002, 115, 116.
28 BT-Drucks. 14/6040, 186 f.
29 BT-Drucks. 14/7052, 185.
30 *Grigoleit/Riehm*, ZGS 2002, 115, 117; Jauernig/*Stadler*, § 323 Rn. 19.

nach § 254 BGB gekürzt werden kann und ein Vertretenmüssen der Pflichtverletzung durch den Schuldners keine Rücktrittsvoraussetzung darstellt.[31]

21 Der Rücktritt ist gemäß § 323 Abs. 6 Alt. 1 BGB insbesondere dann ausgeschlossen, wenn der Gläubiger für den Umstand, der ihn zum Rücktritt berechtigen würde, allein oder weit überwiegend verantwortlich ist. Nach der Gesetzesbegründung muss die Verantwortlichkeit des Gläubigers dabei so sehr überwiegen, dass ein entsprechender Schadensersatzanspruch des Gläubigers wegen § 254 BGB ausgeschlossen wäre.[32] Dies ist zumindest dann der Fall, wenn die Verantwortungsquote des Gläubigers 80 % oder mehr beträgt.[33] Eine solche Verantwortung des Gläubigers liegt insbesondere dann vor, wenn er Mitwirkungsobliegenheiten verletzt.[34]

22 Der Rücktritt ist ferner dann ausgeschlossen, wenn der vom Schuldner nicht zu vertretende Umstand zu einer Zeit eintritt, zu welcher der Gläubiger im Annahmeverzug ist, § 323 Abs. 6 Alt. 2 BGB. Wann der Gläubiger sich im Annahmeverzug befindet, beurteilt sich nach den §§ 293 ff. BGB. Bezüglich des Vertretenmüssens des Schuldners ist zu beachten, dass dieser während des Gläubigerverzugs gemäß § 300 Abs. 1 BGB nur für Vorsatz und grobe Fahrlässigkeit einzustehen hat. Aus diesem Grund bleibt dem Gläubiger ein Rücktritt auch bei leichter Fahrlässigkeit des Schuldners verwehrt.

23 Des Weiteren kommt ein Rücktritt im Falle mangelnder eigener Vertragstreue des Gläubigers nicht in Betracht. Der Ausschluss des Rücktrittsrechts wird in dieser Konstellation auf § 242 BGB gestützt.[35] Diese Fallgruppe spielt indes nur dann eine Rolle, wenn die allgemeinen Rücktrittsvoraussetzungen erfüllt sind.[36] Führt die Vertragsuntreue des Gläubigers hingegen dazu, dass dem Schuldner eine Einrede (z.B. nach § 320 BGB) zusteht, so scheidet das Rücktrittsrecht schon deshalb aus, weil kein durchsetzbarer Anspruch besteht und insofern die Voraussetzungen des § 323 Abs. 1 BGB nicht vorliegen. Stets erforderlich ist, dass die Pflichtverletzung des Gläubigers in einem inneren Zusammenhang mit den Pflichten des Schuldners steht.[37] Danach ist das Rücktrittsrecht wegen mangelnder Vertragstreue beispielsweise ausgeschlossen, wenn der nachleistungspflichtige Gläubiger zur Gegenleistung nicht bereit[38] oder in der Lage ist[39] oder er sich vom Vertrag lossagt.[40] Beseitigt der Gläubiger die eigene Vertragsuntreue, so lebt das Rücktrittsrecht wieder auf.[41]

F. Verwirkung

24 Die bloße Weiterbenutzung der zurückzugewährenden Leistungen durch den Rücktrittsberechtigten führt, insbesondere wenn der Schuldner sich weigert, den Rücktritt zu akzeptieren und seinerseits die empfangene Leistung des Gläubigers zurückzugewähren, nicht zur Verwirkung des Rücktrittsrechts.[42]

---

31 Jauernig/*Stadler*, § 323 Rn. 21.
32 BT-Drucks. 14/6060, 187.
33 Bamberger/Roth/*Grothe*, § 323 Rn. 34; Palandt/*Grüneberg*, BGB § 323 Rn. 29. Jauernig/*Stadler*, § 323 Rn. 24: 90 %.
34 BGH v. 06.11.1962, VI ZR 30/62, NJW 1963, 341, 345.
35 Bamberger/Roth/*Grothe*, § 323 Rn. 41; ähnlich Palandt/*Grüneberg*, BGB § 323 Rn. 29: Ausschluss nach § 323 Abs. 5 BGB oder § 242 BGB.
36 Bamberger/Roth/*Grothe*, § 323 Rn. 41.
37 BGH v. 15.10.1993, V ZR 141/92, NJW-RR 1994, 372.
38 BGH v. 19.05.1968, VII ZR 40/64, BGHZ 50, 176.
39 BGH v. 26.10, 1973, V ZR 204/71, NJW 1974, 36, 37.
40 BGH v. 13.11.1998, V ZR 386/97, ZIP 1999, 367.
41 Bamberger/Roth/*Grothe*, § 323 Rn. 41.
42 BGH v. 15.10.2003, VIII ZR 227/02, NJW 2004, 160 Rn. 15.

G. Rechtsfolgen

Tritt der Gläubiger vom Vertrag zurück, so bestimmen sich die Rückgewährpflichten bei schon erbrachten Leistungen nach §§ 346 ff. BGB. Neben dem Rücktritt können nach neuem Schuldrecht auch Schadensersatzansprüche geltend gemacht werden, vgl. § 325 BGB. § 350 BGB ist nur auf ein vertragliches Rücktrittsrecht anwendbar, was zur Folge hat, dass der Schuldner den Schwebezustand bis zur Rücktrittserklärung des Gläubigers nicht durch Fristsetzung beenden kann.[43] Verlangt der Schuldner nach Ablauf der Frist i.S.d. § 323 Abs. 1 BGB Erfüllung, so führt dies nicht dazu, dass das Rücktrittsrecht untergeht oder der Schuldner erneut eine Frist zur Leistung setzen muss.[44] Da es sich beim Rücktrittsrecht um ein Gestaltungsrecht handelt, unterliegt es nicht der Verjährung. Der Schuldner kann jedoch die Einrede des § 218 BGB ergeben, wenn der Anspruch, dessen Verletzung das Rücktrittsrecht begründet, verjährt ist.

25

H. Beweislast

Dem Gläubiger obliegt die Beweislast für das Vorliegen der Voraussetzungen des § 323 BGB. Dagegen hat der Schuldner zu beweisen, dass der Rücktritt nach §§ 323 Abs. 5 S. 2, Abs. 6 oder 242 BGB ausgeschlossen ist oder dass er die Leistung innerhalb der ihm vom Gläubiger gesetzten Frist erbracht hat.

26

§ 324 Rücktritt wegen Verletzung einer Pflicht nach § 241 Abs. 2

Verletzt der Schuldner bei einem gegenseitigen Vertrag eine Pflicht nach § 241 Abs. 2, so kann der Gläubiger zurücktreten, wenn ihm ein Festhalten am Vertrag nicht mehr zuzumuten ist.

Schrifttum

Grigoleit Leistungspflichten und Schutzpflichten, in: Festschrift für Claus-Wilhelm Canaris zum 70. Geburtstag, Heldrich u.a. (Hrsg.), 2007, S. 275; *Münch* Die »nicht wie geschuldet« erbrachte Leistung und sonstige Pflichtverletzungen, Jura 2002, 361.

A. Allgemeines[1]

§ 324 BGB regelt für das Rücktrittsrecht, was § 282 BGB für den Schadensersatz statt der Leistung anordnet. Insoweit kann im Folgenden auf die dort gemachten Ausführungen verwiesen werden. Die Vorschrift begründet ein selbstständiges Rücktrittsrecht. Sie ermöglicht dem Gläubiger, selbst die einwandfrei erbrachte Leistung abzulehnen und sich von der Gegenleistungspflicht zu befreien, wenn der Schuldner nicht leistungsbezogene Pflichten verletzt hat.[2] Allerdings gestattet nicht jede Verletzung solcher Pflichten die Auflösung des Vertrages: Es muss dem Gläubiger unzumutbar sein, am Vertrag weiter festzuhalten. Verletzt der Schuldner eine Haupt- oder Nebenleistungspflicht, so kann er nach § 323 BGB zurücktreten. Beide Vorschriften schließen sich in ihrem Anwendungsbereich gegenseitig aus. Wirkt sich jedoch eine Schutzpflichtverletzung auf die Leistungspflicht aus, so kann der Gläubiger seinen Rücktritt sowohl auf § 323 BGB, als auch auf § 324 BGB stützen, sofern die weiteren Voraussetzungen beider Vorschriften gegeben sind, da beide Normen gleichrangig nebeneinander stehen. Hat der Schuldner eine vorvertragliche Pflicht verletzt, so greift § 324 BGB selbst dann nicht ein, wenn anschließend zwischen den Parteien ein Vertrag geschlossen wurde.[3]

1

---

43 Palandt/*Grüneberg*, BGB § 323 Rn. 33; Bamberger/Roth/*Grothe*, § 323 Rn. 31.
44 BGH v. 20.01.2006, V ZR 124/05, BauR 2006, 1134 Rn. 16.
1 Für die wertvolle Unterstützung bei der Vorbereitung und Erstellung des Manuskripts danke ich Frau ass.iur. *Grete Langjahr*.
2 MüKo-BGB/*Ernst*, § 324 Rn. 5.
3 Staudinger/*Otto/Schwarze*, § 324 Rn. 15, 37; Jauernig/*Stadler*, § 311 Rn. 36; *Münch*, Jura 2002, 361, 365; a.A. Erman/*Kindl*, § 311 Rn. 25; Soergel/*Gsell*, § 324 Rn. 6; Bamberger/Roth/*Grothe*, § 324 Rn. 5.

B. Voraussetzungen

I. Gegenseitiger Vertrag

2   Zwischen den Parteien muss ein gegenseitiger Vertrag bestehen, welcher nicht, noch nicht vollständig oder in nicht vertragsgemäßer Weise erfüllt wurde.[4] Die verletzte Pflicht muss jedoch nicht im Gegenseitigkeitsverhältnis stehen.[5] Da sich § 324 BGB auf die Verletzung von Rücksichtnahmepflichten bezieht, kann der Gläubiger vom Vertrag zurücktreten, ohne dem Schuldner zuvor eine angemessene Frist gesetzt zu haben.[6]

II. Pflichtverletzung

3   Der Schuldner muss eine Pflicht nach § 241 Abs. 2 BGB verletzt haben. Nach dieser Vorschrift sind die Parteien verpflichtet, Rücksicht auf die Rechte, Rechtsgüter und Interessen des anderen Teils zu nehmen. Rücksichtnahmepflichten sind vor allem Schutz-, Fürsorge-, Obhuts-, Aufklärungs- und Verschwiegenheitspflichten.[7] Diese Pflichten haben mit dem Leistungsinhalt des Vertrages nichts zu tun, sondern sollen das Integritätsinteresse des anderen Vertragsteils schützen.

III. Unzumutbarkeit

4   Das weitere Festhalten am Vertrag darf dem Gläubiger nicht mehr zuzumuten sein. Wann die Schwelle der Unzumutbarkeit überschritten ist, ist eine Frage des Einzelfalles und verlangt eine Abwägung der beiderseitigen Interessen.[8] An die Unzumutbarkeit sind hohe Anforderungen zu stellen.[9] Die begangene Pflichtverletzung muss so erheblich sein, dass eine weitere Durchführung des Vertrages für den Gläubiger unerträglich ist. Die Vertrauensgrundlage zwischen den Parteien muss durch die Pflichtverletzung nachhaltig zerstört worden sein.[10] Die Unzumutbarkeit kann sich daraus ergeben, dass durch die Erbringung der vollständigen Leistung dem Gläubiger ein weiterer Schaden an seinen Rechtsgütern droht oder ihm der persönliche Umgang mit dem Schuldner unzumutbar geworden ist.[11]

5   Die Bejahung der Unzumutbarkeit verlangt keine zuvor erfolgte Abmahnung des Schuldners.[12] Bei schweren Pflichtverletzungen gestattet dem Gläubiger ein erstmaliger Verstoß, sich vom Vertrag zu lösen. Einfache Pflichtverletzungen des Schuldners werden jedoch bei einmaliger Begehung kaum geeignet sein, die Vertrauensgrundlage zu zerstören. Wiederholte Pflichtverletzungen können demgegenüber, insbesondere wenn sie auf zwischenzeitlich ausgesprochene Abmahnungen begangen werden, die Annahme gestatten, dass dem Gläubiger eine weitere Zusammenarbeit unzumutbar ist (vgl. dazu bereits § 282 BGB Rdn. 10).

6   Die Pflichtverletzung muss kausal für die Unzumutbarkeit sein. Ein Vertretenmüssen des Schuldners ist beim Rücktritt nach § 324 BGB nicht erforderlich.

C. Rechtsfolgen

7   Erklärt der Gläubiger gegenüber dem Schuldner den Rücktritt, so wird das zwischen den Parteien bestehende Vertragsverhältnis in ein Rückgewährschuldverhältnis umgewandelt. Die in dem Ver-

---

4   *Grigoleit,* in: FS Canaris, S. 275, 295.
5   Staudinger/*Otto/Schwarze,* § 324 Rn. 23.
6   MüKo-BGB/*Ernst,* § 324 Rn. 1; Staudinger/*Otto/Schwarze,* § 324 Rn. 12.
7   Staudinger/*Otto/Schwarze,* § 324 Rn. 35.
8   Bamberger/Roth/*Grothe,* § 324 Rn. 6; MüKo-BGB/*Ernst,* § 324 Rn. 7.
9   MüKo-BGB/*Ernst,* § 324 Rn. 7; AnwK/*Dauner-Lieb,* § 324 Rn. 9.
10 MüKo-BGB/*Ernst,* § 324 Rn. 11.
11 Staudinger/*Otto/Schwarze,* § 324 Rn. 38.
12 Palandt/*Heinrichs,* BGB § 324 Rn. 4; Erman/*H.P. Westermann,* § 324 Rn. 7; MüKo-BGB/*Ernst,* § 324 Rn. 8; Bamberger/Roth/*Grothe,* § 324 Rn. 8.

trag festgelegten Leistungspflichten erlöschen und die bereits empfangenen Leistungen sind gem. §§ 346 ff. BGB zurückzugewähren.

Nimmt der Gläubiger die Leistungen des Schuldners trotz Kenntnis von dessen Pflichtverletzungen weiter an, so kann sein Rücktrittsrecht dadurch verwirkt werden.[13] Die bloße Benutzung der zurückzugewährenden Leistungen führt jedoch, insbesondere wenn der Schuldner sich weigert, den Rücktritt zu akzeptieren und seinerseits die empfangene Leistung des Gläubigers zurückzugewähren, nicht zur Verwirkung.[14] Im Rahmen von § 324 BGB ist der Besteller nicht an eine Frist zur Ausübung des Rücktritts gebunden, allerdings kann der Rechtsgedanke von § 314 Abs. 3 BGB auf § 324 BGB übertragen werden. Nach dieser Vorschrift kann der Besteller nur innerhalb einer angemessenen Frist nach Kenntnis der begangenen Pflichtverletzung vom Vertrag zurücktreten. Diese Einschränkung des Rücktrittrechts dient der Rechtssicherheit und soll verhindern, dass der Gläubiger mit seinem Rücktritt zu lange wartet und zu diesem Zeitpunkt eine Unzumutbarkeit nicht mehr vorliegt.[15]

Wurde der Vertrag bereits vollständig erfüllt, so ist ein Rücktritt nach § 324 BGB ausgeschlossen, soweit das weitere Festhalten am Vertrag sich für den Gläubiger auf Grund der Erfüllung nicht mehr als belastend darstellt. Anders liegt der Fall bei nachwirkenden Vertragspflichten von erheblichem Gewicht oder Teilleistungen: Hier kann es dem Gläubiger auf Grund der Pflichtverletzungen unzumutbar sein, weitere Leistungen des Schuldners zu empfangen oder in anderer Weise mit diesem zusammenzuarbeiten. In diesen, gesetzlich nicht geregelten Fällen muss der Gläubiger die Möglichkeit haben, sich vollständig vom Vertrag lösen zu können. Allerdings ist auch im Rahmen dieser Vorschrift § 323 Abs. 5 BGB anwendbar, die nur dann einen Rücktritt vom ganzen Vertrag zulässt, wenn der Gläubiger an der Teilleistung kein Interesse hat.[16]

D. Beweislast

Alle Voraussetzungen dieser Vorschrift sind vom Gläubiger zu beweisen. Stellt sich im Rahmen der Unzumutbarkeit die Frage, ob der Schuldner vorliegend die Pflichtverletzung zu vertreten hat, ist § 280 Abs. 1 S. 2 BGB entsprechend anzuwenden.[17]

§ 325 Schadensersatz und Rücktritt

Das Recht, bei einem gegenseitigen Vertrag Schadensersatz zu verlangen, wird durch den Rücktritt nicht ausgeschlossen.

Schrifttum
Arnold Rücktritt und Schadensersatz, ZGS 2003, 427; *Gsell* Das Verhältnis von Rücktritt und Schadensersatz JZ 2004, 643; *Herresthal* Der Ersatz des Verzugsschadens beim Rücktritt vom Vertrag, JuS 2007, 798, 799.

A. Kumulation von Rücktritt und Schadensersatz[1]

Durch den Rücktritt erlöschen die zwischen den Parteien bestehenden primären Erfüllungsansprüche. Nach altem Recht schlossen sich Rücktritt und Schadensersatz wegen Nichterfüllung deshalb aus; der Gläubiger, der gem. §§ 325, 326 BGB a.F. wirksam den Rücktritt vom Vertrag erklärt hatte, konnte nicht mehr Schadensersatz nach denselben Vorschriften verlangen.

---

13 MüKo-BGB/*Ernst*, § 324 Rn. 14; Erman/*H.P. Westermann*, § 324 Rn. 8.
14 BGH v. 15.10.2003, VIII ZR 227/02, NJW 2004, 160 Rn. 15.
15 Jauernig/*Stadler*, § 324 Rn. 6; MüKo-BGB/*Ernst*, § 324 Rn. 14; Müko-BGB/*Gaier*, § 314 Rn. 20.
16 MüKo-BGB/*Ernst*, § 324 Rn. 12; Erman/*H.P. Westermann*, § 324 Rn. 8.
17 Soergel/*Gsell*, § 324 Rn. 20; MüKo-BGB/*Ernst*, § 324 Rn. 15.
1 Für die wertvolle Unterstützung bei der Vorbereitung und Erstellung des Manuskripts danke ich Frau ass.iur. *Grete Langjahr*.

2 Das Schuldrechtsmodernisierungsgesetz wollte diese Alternativität durch die Einführung des § 325 BGB aufheben. Es soll gewährleistet werden, dass der Gläubiger die Rechtsfolgen beider Rechtsbehelfe miteinander kombinieren kann.[2] Nunmehr kann der Gläubiger vom Vertrag zurücktreten, wenn es sich um einen gegenseitigen Vertrag handelt, was bei Bauverträgen regelmäßig der Fall sein wird, und – bei Vertretenmüssen des Schuldners – zugleich Schadensersatz statt der Leistung verlangen.

3 Dem Gläubiger stehen neben dem Rücktritt alle Arten von Schadensersatzansprüchen zu.[3] Er kann Schadensersatz statt der Leistung wegen Nicht- oder Schlechterfüllung geltend machen. Die Berechnung erfolgt nach der Differenzmethode (vgl. dazu § 280 BGB Rdn. 84 ff.). Der Gläubiger ist so zu stellen, wie er stände, wenn der Vertrag ordnungsgemäß erfüllt worden wäre, der Schuldner also seine Vertragspflichten nicht verletzt hätte.[4] Der Schuldner muss dem Gläubiger somit die Differenz zwischen seinem vollen Erfüllungsinteresse und der wegen des Rücktritts nicht mehr zu erbringenden Leistung ersetzen.[5] Eine Schadensberechnung nach der Surrogationsmethode kommt im Regelfall nicht in Betracht, da der Gläubiger auf Grund des Rücktritts eine bereits erbrachte Leistung nicht behalten darf bzw. die Gegenleistung nicht mehr erbringen muss.[6]

4 Des Weiteren kann der Gläubiger gegenüber dem Schuldner Schadensersatzansprüche auf Grund eines Mangelfolgeschadens sowie wegen der Verletzung von Nebenpflichten geltend machen. Befand sich der Schuldner zum Zeitpunkt des Rücktritts im Verzug, so kann er auch den Verzögerungsschaden neben dem Rücktritt verlangen.[7] Durch den Rücktritt vom Vertrag wird ein Anspruch auf Schadensersatz statt der Leistung auch insoweit nicht ausgeschlossen, als es um den Ersatz eines Nutzungsausfallschadens geht.[8] Dem steht nicht entgegen, dass der Käufer nach § 346 Abs. 1, Abs. 2 Nr. 1 BGB verpflichtet ist, Wertersatz für die Nutzung der Sache zu bezahlen.[9] Insbesondere stellen die Vorschriften der §§ 346, 347 BGB gegenüber der Nutzungsentschädigung keine abschließende Regelung dar.[10] Schadensersatz und Rücktritt haben unterschiedliche Voraussetzungen und Zielrichtungen. Während der verschuldensunabhängige Rücktritt auf eine Rückabwicklung des Leistungsaustausches in natura gerichtet ist, hat der vom Vertretenmüssen des Schuldners abhängige Schadensersatzanspruch das Ziel, den Gläubiger so zu stellen, wie er bei rechtzeitiger und korrekter Erfüllung stände.[11]

5 Der Gläubiger kann neben dem Rücktritt auch Aufwendungsersatz gemäß § 284 BGB anstelle des Schadensersatzes statt der Leistung verlangen.[12] Die Vorschrift des § 325 BGB beschränkt die Möglichkeit, neben dem Rücktritt Schadensersatz zu verlangen, nicht auf die Kompensation bestimmter Schäden.[13]

---

2 BT-Drucks. 14/6040, 188.
3 Staudinger/*Otto/Schwarze*, § 325 Rn. 11.
4 BGH v. 25.03.1983, V ZR 168/81, NJW 1983, 1605; v. 28.11.2007, VIII ZR 16/07, NJW 2008, 914.
5 PWW/*Medicus* § 325 Rn. 3; MüKo-BGB/*Ernst*, § 325 Rn. 6; Palandt/*Grüneberg*, BGB § 325 Rn. 2; *Gsell*, JZ 2004, 643, 645.
6 Staudinger/*Otto*, § 280 Rn. E 72, MüKo-BGB/*Ernst*, § 325 Rn. 8, Bamberger/Roth/*Grothe*, § 325 Rn. 6; Palandt/*Grüneberg*, BGB § 325 Rn. 2; *Arnold*, ZGS 2003, 427, 431; *Herresthal*, JuS 2007, 798, 799.
7 Palandt/*Grüneberg*, BGB § 325 Rn. 3; PWW/*Medicus*, § 325 Rn. 3, 6; Erman/*H.P. Westermann*, § 325 Rn. 3.
8 BGH v. 28.11.2007, VIII ZR 16/07, NJW 2008, 914; v. 14.04.2010, VIII ZR 145/09, NJW 2010, 2426.
9 BGH v. 28.11.2007, VIII ZR 16/07, NJW 2008, 914.
10 BGH v. 14.04.2010, VIII ZR 145/09, NJW 2010, 2426; OLG Celle v. 16.04.2008, 7 U 224/07, NJW-RR 2008, 1635; Soergel/*Gsell*, § 325 Rn. 3; MüKo-BGB/*Gaier*, vor § 346 Rn. 37, 39; Jauernig/*Stadler*, § 325 Rn. 3.
11 BGH v. 14.04.2010, VIII ZR 145/09, NJW 2010, 2426; *Gsell* JZ 2004, 643, 644; *Herresthal*, JuS 2007, 798, 799 f.
12 Erman/*H.P. Westermann*, § 325 Rn. 2.
13 BGH v. 28.11.2007, VIII ZR 16/07, NJW 2008, 911.

Dem Gläubiger steht durch die Einführung des § 325 BGB ein vierfaches Wahlrecht zu.[14] Er kann zwischen dem Rücktritt und dem Schadensersatzanspruch wählen und beide Rechte isoliert voneinander geltend machen. Es steht ihm somit frei, entweder allein zurückzutreten oder Schadensersatz zu verlangen, ohne den jeweils anderen Rechtsbehelf geltend zu machen. Des Weiteren kann er vom Vertrag zurücktreten und kumulativ Schadensersatz verlangen. Viertens kann er weder den Rücktritt erklären noch seinen Schadensersatzanspruch geltend machen.[15] Für welche Kombination sich der Gläubiger entscheidet, ist eine Frage des konkreten Falles. Möchte er seinen Leistungsanspruch weiter durchsetzen, so kann er vom Vertrag weder zurücktreten noch Schadensersatz statt der Leistung verlangen, da seine Erfüllungsansprüche in beiden Fällen erlöschen. Schadensersatzansprüche stehen dem Gläubiger nur zu, wenn der Schuldner die Pflichtverletzung zu vertreten hat und ihm ein Schaden entstanden ist.

§ 325 BGB ist dispositiv, die Parteien können somit ein Nebeneinander von Rücktritt und Schadensersatz individualvertraglich ausschließen.[16] In Allgemeinen Geschäftsbedingungen zwischen einem Unternehmer und einem Verbraucher scheitert ein solcher Ausschluss an § 309 Nr. 8b BGB.

B. Keine Doppelbelastung des Schuldners

Die Kombination von Rechtsbehelfen darf freilich nicht dazu führen, dass dasselbe Gläubigerinteresse mehrfach befriedigt wird. Dass der Gläubiger selbst als Folge des Rücktritts von seiner Gegenleistungspflicht befreit wird, muss daher bei der Schadensberechnung berücksichtigt werden. Entsprechendes gilt für die übrigen Rücktrittsfolgen. Gegenansprüche des Schuldners sind in Abzug zu bringen.[17]

C. § 325 BGB im Prozess

Verlangt der Gläubiger im Prozess Schadensersatz statt der Leistung und erklärt gleichzeitig den Rücktritt vom Vertrag, so handelt es sich um zwei getrennte Ansprüche. Diese Ansprüche sind getrennt voneinander zu beurteilen.[18]

§ 326 Befreiung von der Gegenleistung und Rücktritt beim Ausschluss der Leistungspflicht

(1) Braucht der Schuldner nach § 275 Abs. 1 bis 3 nicht zu leisten, entfällt der Anspruch auf die Gegenleistung; bei einer Teilleistung findet § 441 Abs. 3 entsprechende Anwendung. Satz 1 gilt nicht, wenn der Schuldner im Falle der nicht vertragsgemäßen Leistung die Nacherfüllung nach § 275 Abs. 1 bis 3 nicht zu erbringen braucht.

(2) Ist der Gläubiger für den Umstand, auf Grund dessen der Schuldner nach § 275 Abs. 1 bis 3 nicht zu leisten braucht, allein oder weit überwiegend verantwortlich oder tritt dieser vom Schuldner nicht zu vertretende Umstand zu einer Zeit ein, zu welcher der Gläubiger im Verzug der Annahme ist, so behält der Schuldner den Anspruch auf die Gegenleistung. Er muss sich jedoch dasjenige anrechnen lassen, was er infolge der Befreiung von der Leistung erspart oder durch anderweitige Verwendung seiner Arbeitskraft erwirbt oder zu erwerben böswillig unterlässt.

---

14 *Gsell*, JZ 2004, 643, 646.
15 MüKo-BGB/*Ernst*, § 325 Rn. 5.
16 MüKo-BGB/*Ernst*, § 325 Rn. 37; Erman/*H.P. Westermann*, § 325 Rn. 5.
17 Jauernig/*Stadler*, § 325 Rn. 3.
18 MüKo-BGB/*Ernst*, § 325 Rn. 37.

§ 326 BGB Befreiung von der Gegenleistung und Rücktritt beim Ausschluss der Leistungspflicht

(3) Verlangt der Gläubiger nach § 285 Herausgabe des für den geschuldeten Gegenstand erlangten Ersatzes oder Abtretung des Ersatzanspruchs, so bleibt er zur Gegenleistung verpflichtet. Diese mindert sich jedoch nach Maßgabe des § 441 Abs. 3 insoweit, als der Wert des Ersatzes oder des Ersatzanspruchs hinter dem Wert der geschuldeten Leistung zurückbleibt.

(4) Soweit die nach dieser Vorschrift nicht geschuldete Gegenleistung bewirkt ist, kann das Geleistete nach den §§ 346 bis 348 zurückgefordert werden.

(5) Braucht der Schuldner nach § 275 Abs. 1 bis 3 nicht zu leisten, kann der Gläubiger zurücktreten; auf den Rücktritt findet § 323 mit der Maßgabe entsprechende Anwendung, dass die Fristsetzung entbehrlich ist.

Schrifttum
Arnold Die vorübergehende Unmöglichkeit nach der Schuldrechtsreform, JZ 2002, 866; *Ball* Die Nacherfüllung beim Autokauf, NZV 2004, 217; *Canaris* Die von beiden Seiten zu vertretende Unmöglichkeit, in Kontinuität und Wandel des Versicherungsrechts, Festschrift für Egon Lorenz zum 70. Geburtstag, 2004, Wandt u.a. (Hrsg.), S. 147; *Ebert* Das Recht des Verkäufers zur zweiten Andienung und seine Risiken für den Käufer, NJW 2004, 1761; *Gruber* Schuldrechtsmodernisierung 2001/2002 – Die beiderseits zu vertretende Unmöglichkeit, JuS 2002, 1066; *Dauner-Lieb/Dötsch* Kein Kostenersatz bei Selbstvornahme des Käufers – Roma locuta, causa finita?, ZGS 2005, 169; *dies.* § 326 II 2 (analog) bei der Selbstvornahme, NZBau 2004, 233; *Faust* Von beiden Teilen zu vertretende Unmöglichkeit, JuS 2001, 133; *Katzenstein* Nochmals: Ersatz ersparter Aufwendungen bei eigenmächtiger Selbstvornahme der Mangelbeseitigung – Zugleich eine Anmerkung zu LG Gießen, ZGS 2004, 349; *Looschelders* Die Verteilung des Schadens bei beiderseits zu vertretender Unmöglichkeit – OLG Frankfurt a.M., NJW-RR 1995, 435; *Lorenz* Zur Abgrenzung von Teilleistung, teilweiser Unmöglichkeit und teilweiser Schlechtleistung im neuen Schuldrecht, NJW 2003, 3097; *ders.* Rücktritt und Schadensersatz wegen Sachmängeln im neuen Kaufrecht: Was hat der Käufer zu vertreten?, NJW 2002, 2497; *ders.* Anmerkung zu Ansprüche des Käufers bei Selbstvornahme der Nacherfüllung, ZGS 2003, 398; *Rauscher* Die von beiden Seiten zu vertretende Unmöglichkeit im neuen Schuldrecht, ZGS 2002, 333; *Schroeter* Kostenerstattungsanspruch des Käufers nach eigenmächtiger Selbstvornahme der Mangelbeseitigung, JR 2004, 441; *Stoppel* Die beiderseits zu vertretende Unmöglichkeit nach neuem Schuldrecht, Jura 2003, 224.

Übersicht		Rdn.			Rdn.
A.	Strukturen der Regelung	1		1. Allgemeines	14
I.	Konditionelles Synallagma	1		2. Von beiden Parteien zu vertretende Leistungshindernisse	16
II.	Anwendungsbereich	2			
III.	Übersicht über den Regelungsgehalt	3	II.	Annahmeverzug des Gläubigers	22
B.	Befreiung von der Gegenleistungspflicht, § 326 Abs. 1 BGB	5	III.	Anrechnung der Gläubigers, § 326 Abs. 2 S. 2 BGB	23
I.	Grundtatbestand, § 326 Abs. 1 S. 1 BGB	5	D.	Anspruch auf das Surrogat, § 326 Abs. 3 BGB	25
	1. Grundregelung der Vergütungsgefahr	5	E.	Rückgewähranspruch bei bereits erbrachter Gegenleistung, § 326 Abs. 4 BGB	26
	2. Gegenseitigkeitsverhältnis	8			
	3. Leistungshindernis gem. § 275 Abs. 1 bis 3 BGB	9	F.	Rücktrittsrecht, § 326 Abs. 5 BGB	29
	4. Rechtsfolgen	10	I.	Zweck	29
II.	Teilunmöglichkeit, § 326 Abs. 1 S. 1 Halbs. 2 BGB	11		1. Quantitative Teilunmöglichkeit	30
				2. Qualitative (Teil-)Unmöglichkeit	31
III.	Qualitative Unmöglichkeit, § 326 Abs. 1 S. 2 BGB	12		3. Klärung der Rechtslage	32
C.	Ausnahmen vom Wegfall des Anspruchs auf die Gegenleistung	13	II.	Voraussetzungen	33
			III.	Rechtsfolge	34
I.	Vertretenmüssen des Gläubigers	14	G.	Abweichende Vereinbarungen	35
			H.	Beweislast	37

A. Strukturen der Regelung[1]

I. Konditionelles Synallagma

In § 326 BGB werden die Folgen von Hindernissen, welche die Leistungspflicht des Schuldners gem. § 275 BGB einschränken, für dessen Gegenleistungsanspruch geregelt.[2] Insoweit wird das konditionelle Synallagma zum Ausdruck gebracht: Leistungsstörungen auf der einen Seite des Vertrages bleiben nicht ohne Folgen für die im Gegenseitigkeitsverhältnis stehenden Pflichten des anderen Vertragsteils. § 326 BGB wurde durch die Schuldrechtsreform in das BGB eingeführt und ersetzt inhaltlich die §§ 323, 324, 325 BGB a.F.[3]

II. Anwendungsbereich

§ 326 BGB steht im Abschnitt über »gegenseitige Verträge«. Bereits daraus ergibt sich eine entsprechende Beschränkung des Anwendungsbereichs der Norm. Kauf- und (Bau-) Werkverträge sind typische gegenseitige Verträge. Für die Unmöglichkeit der Nacherfüllung verweisen überdies die §§ 437 Nr. 2 BGB und § 634 Nr. 3 BGB auf § 326 Abs. 5 BGB.

III. Übersicht über den Regelungsgehalt

§ 326 Abs. 1 BGB regelt das *ipso iure* eintretende Erlöschen des Gegenleistungsanspruches, wenn der Schuldner gem. § 275 Abs. 1 bis 3 BGB nicht zu leisten braucht. Liegt ein Fall teilweiser Unmöglichkeit vor, so verweist § 326 Abs. 1 S. 1 Halbs. 2 auf § 441 Abs. 3 BGB, was zur Folge hat, dass die Gegenleistungspflicht kraft Gesetzes nach Minderungsgrundsätzen (vgl. u. § 638 BGB Rdn. 15 ff.) reduziert wird.[4] Unbehebbare mangelhafte Leistungen des Schuldners führen demgegenüber gem. § 326 Abs. 1 S. 2 BGB nicht zum Erlöschen des Gegenleistungsanspruches des Schuldners. In diesem Fall muss der Schuldner vielmehr gem. § 326 Abs. 5 BGB den Rücktritt vom Vertrag erklären.

In § 326 Abs. 2 BGB wird eine Ausnahme vom Untergang der Gegenleistungspflicht normiert, wenn der Gläubiger für den Umstand, auf Grund dessen der Schuldner die Leistung nicht erbringen kann, allein oder weit überwiegend verantwortlich ist, oder dieser Umstand zu einem Zeitpunkt eingetreten ist, in dem der Gläubiger sich im Verzug der Annahme befunden hat. Absatz 3 regelt die Frage, ob der Gläubiger zur Gegenleistung verpflichtet bleibt, wenn er Herausgabe des erlangten Ersatzes oder Abtretung des Ersatzanspruches verlangt. § 326 Abs. 4 BGB bestimmt, dass der Gläubiger, sollte er bereits geleistet haben, die Gegenleistungen nach den Rücktrittsvorschriften zurückverlangen kann. § 326 Abs. 5 BGB gestattet es dem Gläubiger schließlich, vom Vertrag zurückzutreten, wenn der Schuldner nach § 275 BGB nicht leisten kann.

B. Befreiung von der Gegenleistungspflicht, § 326 Abs. 1 BGB

I. Grundtatbestand, § 326 Abs. 1 S. 1 BGB

1. Grundregelung der Vergütungsgefahr

§ 323 BGB a.F. regelte ausdrücklich das nicht zu vertretende Unmöglichwerden und damit die Preisgefahr i.e.S. Diesbezüglich ist § 326 BGB schwieriger einzuordnen, da das Nicht-Vertretenmüssen beider Vertragsteile nicht ausdrücklich verlangt wird. Allein § 326 Abs. 2 S. 1 1. Alt. BGB schließt die Anwendung von § 326 Abs. 1 BGB aus, wenn der Gläubiger für das Leistungshindernis »weit überwiegend verantwortlich« ist. Vor diesem Hintergrund kann die Vorschrift mit

---

[1] Für die wertvolle Unterstützung bei der Vorbereitung und Erstellung des Manuskripts danke ich Frau ass.iur. *Grete Langjahr*.
[2] *Lorenz*, NJW 2002, 2497, 2497.
[3] BT-Drucks. 14/6040, 188.
[4] *Lorenz*, NJW 2002, 2497, 2498.

§ 326 BGB Befreiung von der Gegenleistung und Rücktritt beim Ausschluss der Leistungspflicht

der Folge, dass der Gläubiger die Gegenleistung nicht erbringen muss, auch angewendet werden, wenn das Leistungshindernis auf vom Schuldner nach § 276 BGB zu vertretenden Umständen beruht[5] (zu vom Gläubiger unterhalb der Schwelle des § 326 Abs. 2 S. 1 1. Alt. BGB zu vertretenden Leistungshindernissen vgl. u. Rdn. 16 ff.).

6 Ist die Leistungspflicht des Schuldners gem. § 275 Abs. 1 bis 3 BGB untergegangen, ohne dass die Verantwortung des Gläubigers das in § 326 Abs. 2 S. 1 1. Halbs. BGB beschriebene Maß erreicht, so entfällt gem. § 326 Abs. 1 BGB der Anspruch auf die Gegenleistung kraft Gesetzes. In diesem Umfang – also nicht mehr nur für zufällige, d.h. für von keiner Partei zu vertretende Leistungshindernisse – weist das Gesetz dem Schuldner die Gegenleistungsgefahr (auch Preis- oder Vergütungsgefahr) für Hindernisse i.S.d. § 275 BGB der von ihm zu erbringenden Leistung zu. Hat der Schuldner Aufwendungen getätigt, so kann er diese ebenfalls nicht ersetzt verlangen.[6]

7 Grenzen und Ausnahmen von dieser Grundregelung der Vergütungsgefahr ergeben sich aus § 326 Abs. 2 und 3 BGB. Weitere Ausnahmevorschriften enthalten Sonderregelungen der Vergütungsgefahr für bestimmte Vertragstypen, im Werkvertragsrecht etwa die §§ 644, 645 BGB. Gemäß § 645 Abs. 1 BGB trägt der Besteller die Vergütungsgefahr, wenn das Werk auf Grund eines ihm gelieferten Stoffes oder einer von ihm erteilten Anweisung untergegangen ist, sich verschlechtert hat oder unausführbar geworden ist.[7]

2. Gegenseitigkeitsverhältnis

8 Anders als bei §§ 323, 324 BGB muss bei § 326 BGB zunächst die vom Leistungshindernis betroffene Leistungspflicht selbst im Gegenseitigkeitsverhältnis (vgl. dazu §§ 320–322 BGB Rdn. 2) stehen. Auch die Folgen des Leistungshindernisses sind beschränkt auf die jeweils im Gegenseitigkeitsverhältnis stehenden Pflichten der anderen Partei.

3. Leistungshindernis gem. § 275 Abs. 1 bis 3 BGB

9 Der Schuldner muss von seiner Leistungspflicht nach § 275 BGB befreit sein. Durch die Anknüpfung an § 275 BGB ist unerheblich, ob das Leistungshindernis auf Grund anfänglicher oder nachträglicher Unmöglichkeit besteht. Ebenfalls unerheblich ist, ob die Leistungspflicht *ipso iure* gem. § 275 Abs. 1 BGB oder erst auf Erhebung der Einrede gem. § 275 Abs. 2 oder 3 BGB wegfällt. In den letztgenannten Fällen muss der Schuldner sich immerhin auf sein Leistungsverweigerungsrecht berufen, da er erst dann von seiner Leistungspflicht befreit ist. Durch § 326 BGB werden sowohl die vollständige als auch die teilweise sowie die qualitative Unmöglichkeit (vgl. § 275 BGB Rdn. 65 ff.) erfasst.[8] Der Anspruch entfällt allerdings nur bei dauernder Unmöglichkeit der Leistungspflicht. Liegt nur eine vorübergehende Unmöglichkeit vor, so ist § 326 Abs. 1 BGB nicht einschlägig (vgl. bereits § 275 BGB Rdn. 58).[9]

4. Rechtsfolgen

10 § 326 Abs. 1 S. 1 BGB regelt das Schicksal der Gegenleistung, wenn der Schuldner nach § 275 BGB nicht zu leisten braucht.[10] Auf Grund der gegenseitigen Abhängigkeit von Leistung und Gegenleistung entfällt der Gegenleistungsanspruch des Gläubigers automatisch.[11] Die Befreiung von

---

5 Staudinger/*Otto*, § 326 Rn. B 5. A.A. MüKo-BGB/*Ernst*, § 326 Rn. 13.
6 AnwK/*Dauner-Lieb*, § 326 Rn. 4; Erman/*H.P. Westermann*, § 326 Rn. 2; Palandt/*Grüneberg*, BGB § 326 Rn. 2, 7; Bamberger/Roth/*Grothe*, § 326 Rn. 1.
7 BGH v. 11.03.1982, VII ZR 357/80, BauR 1982, 273; Jauernig/*Stadler*, § 326 Rn. 2.
8 MüKo-BGB/*Ernst*, § 326 Rn. 3.
9 Bamberger/Roth/*Grothe*, § 326 Rn. 6; Erman/*H.P. Westermann*, § 326 Rn. 5; *Arnold*, JZ 2002, 866, 868 f.; a.A. Huber/Faust/*Faust*, Kap. 8 Rn. 8.
10 BT-Drucks. 14/6040, 188.
11 jurisPK-BGB/*Alpmann*, § 326 Rn. 8.

der Gegenleistungspflicht tritt als Folge des Synallagmas unabhängig davon ein, ob der Schuldner das Leistungshindernis zu vertreten hat. Das zwischen den Parteien bestehende Schuldverhältnis bleibt trotz des Verlustes des Gegenleistungsanspruchs im Übrigen bestehen.[12]

II. Teilunmöglichkeit, § 326 Abs. 1 S. 1 Halbs. 2 BGB

Kann der Schuldner statt der geschuldeten vollständigen Leistung nur eine Teilleistung erbringen, so ist sein Gegenleistungsanspruch nach § 326 Abs. 1 S. 1 Halbs. 2 BGB in dem Verhältnis herabzusetzen, in dem zur Zeit des Vertragsschlusses der Wert der ganzen Leistung zur vereinbarten Gegenleistung gestanden haben würde. § 326 Abs. 1 S. 1 Halbs. 2 BGB greift indes nur ein, wenn die Leistung im Rechtssinne teilbar ist (vgl. dazu bereits § 275 BGB Rdn. 63 f.).[13] Ist das der Fall, so bildet die Teilliquidation des Vertrages die Regel. Um den gesamten Vertrag zu liquidieren, bedarf es des Rücktritts, welcher dem von der Teilunmöglichkeit betroffenen Gläubiger nur unter den Voraussetzungen des § 323 Abs. 5 S. 1 BGB möglich ist, d.h. wenn er kein Interesse an der Teilleistung hat (vgl. dazu § 323 BGB Rdn. 17).[14]

11

III. Qualitative Unmöglichkeit, § 326 Abs. 1 S. 2 BGB

§ 326 Abs. 1 S. 2 BGB regelt die qualitative Unmöglichkeit. Mit der Formulierung »nicht vertragsgemäße Leistung« ist – wie auch bei § 323 Abs. 5 S. 2 BGB – die Schlechtleistung gemeint.[15] Ist dem Schuldner die Nacherfüllung seiner mangelhaft erbrachten Leistung gem. § 275 BGB unmöglich (vgl. § 275 BGB Rdn. 67), so überwindet § 326 Abs. 1 S. 2 BGB die Regelung in Satz 1, welche zur Folge hätte, dass der Gegenleistungsanspruch automatisch unterginge bzw. herabgesetzt würde. Zu verstehen ist dieser Ausschluss allein unter Einbeziehung der Eröffnung des Rücktrittsrechts in § 326 Abs. 5 BGB (dazu u. Rdn. 29 ff.). Die Ersetzung der Rechtsfolge aus § 326 Abs. 1 S. 1 BGB durch das von einer Fristsetzung unabhängige Rücktrittsrecht gem. § 326 Abs. 5 BGB hat zum einen den Zweck, die automatische Minderung der Vergütungspflicht im Fall der Schlechtleistung für Fälle auszuschließen, in denen eine solche unangemessen erscheint (insb. Dienst- und Arbeitsverträge).[16] Zum anderen sollen die in den besonderen Vertragstypen begründeten Wahlrechte des Gläubigers im Hinblick auf die gewährten Mängelansprüche nicht unterlaufen werden:[17] Der Gläubiger kann im Fall der Schlechtleistung gem. §§ 437 Nr. 2, 634 Nr. 3, 326 Abs. 5, 323 Abs. 5 S. 2 BGB entweder vom Vertrag zurücktreten oder den Vergütungsanspruch mindern. Ob der Gläubiger vom Vertrag zurücktreten oder den Vergütungsanspruch mindern will, soll ihm überlassen bleiben. Ein automatisches (teilweises) Erlöschen des Gegenleistungsanspruches würde zu Wertungswidersprüchen führen.

12

C. Ausnahmen vom Wegfall des Anspruchs auf die Gegenleistung

§ 326 Abs. 2 BGB stellt eine Ausnahmeregelung zu § 326 Abs. 1 BGB dar, indem sie die Gegenleistungspflicht des Gläubigers bestehen lässt, obwohl der Schuldner gem. § 275 BGB von seiner Leistungspflicht frei geworden ist.[18] Der Schuldner behält seinen Anspruch auf die Gegenleistung, wenn der Gläubiger für den Umstand, auf Grund dessen der Schuldner gem. § 275 Abs. 1 bis 3 BGB nicht zu leisten braucht, allein oder weit überwiegend verantwortlich ist, oder sich zum Zeitpunkt des Untergangs der Leistungspflicht im Annahmeverzug (zu den Voraussetzungen vgl. die Erläuterungen zu §§ 293 ff. BGB) befand.

13

---

12 Staudinger/*Otto*, § 326 Rn. B 38; AnwK/*Dauner-Lieb*, § 326 Rn. 4.
13 Staudinger/*Otto*, Rn. B 40.
14 PWW/*Medicus*, § 326 Rn. 11; MüKo-BGB/*Ernst*, § 326 Rn. 24.
15 Erman/*H.P. Westermann*, § 326 Rn. 8.
16 BT-Drucks. 14/6040, 189.
17 Staudinger/*Otto*, § 326 Rn. B 64.
18 Jauernig/*Stadler*, § 326 Rn. 1; Staudinger/*Otto*, § 326 Rn. C 2.

§ 326 BGB Befreiung von der Gegenleistung und Rücktritt beim Ausschluss der Leistungspflicht

I. Vertretenmüssen des Gläubigers

1. Allgemeines

14 Ist der Gläubiger für den Umstand, auf Grund dessen der Schuldner gem. § 275 Abs. 1–3 BGB nicht zu leisten braucht, allein oder weit überwiegend verantwortlich, so entfällt der Anspruch auf die Gegenleistung abweichend vom Grundsatz des § 326 Abs. 1 S. 1 BGB nicht. Auch bei § 326 Abs. 2 S. 1 BGB handelt es sich um eine Regelung der Gegenleistungsgefahr.[19] Im Rahmen von § 326 Abs. 2 S. 1 Alt. 2 BGB sind die § 276 BGB und § 278 BGB entsprechend anzuwenden.[20] Im Regelfall hat der Gläubiger das Leistungshindernis daher dann zu vertreten, wenn er sich pflicht-, d.h. vertragswidrig, und schuldhaft verhält und so die Ursache für die Nichterbringung setzt.[21] Eine Verantwortlichkeit kann etwa ein Verstoß gegen die Vorleistungspflicht des Bestellers begründen.[22] Eine weitergehende Verantwortlichkeit für alle Leistungshindernisse, welche aus der Sphäre des Gläubiger stammen, kann auf der Grundlage einer Vereinbarung zwischen den Parteien bzw. der vertraglichen Risikoverteilung begründet werden.[23]

15 Eine weit überwiegende Verantwortlichkeit des Gläubigers liegt vor, wenn bei einem Schadensersatzanspruch der Anspruch des Gläubigers nach § 254 BGB ganz entfiele. Dies ist bei einer Verschuldensverursachung von 90 %, mindestens aber 80 % der Fall.[24]

2. Von beiden Parteien zu vertretende Leistungshindernisse

16 Das Gesetz regelt in § 326 Abs. 2 S. 1 BGB allein den Fall, dass der Gläubiger für das Leistungshindernis weit überwiegend verantwortlich ist, nicht aber den Fall beiderseitig zu vertretender Leistungshindernisse. Die Behandlung dieser Fallkonstellation ist umstritten.[25] Eine strikte Anwendung des Gesetzes hätte zur Folge, dass der Kaufpreisanspruch gem. § 326 Abs. 1 BGB erlischt, wenn der Gläubiger nicht weitaus überwiegend für die Unmöglichkeit verantwortlich ist. Wenn der Gläubiger indes »nur« überwiegend (zum Beispiel 65 %), nicht aber »weitaus überwiegend« (> 90 %) für das Leistungshindernis verantwortlich ist, erscheint dieses Ergebnis unbillig und bedarf der Korrektur.

17 Nach der zum früheren Recht herrschenden Meinung[26] waren der Anspruch auf Schadensersatz sowie die Aufrechterhaltung der Gegenleistungspflicht zu kombinieren. Nach dieser Lösung würde unter dem geltenden Recht der Anspruch auf die Gegenleistung nach § 326 Abs. 2 BGB nicht erlöschen, aber nach § 254 BGB analog um den Verschuldensanteil des Schuldners gekürzt werden. Der Gläubiger hätte demgegenüber einen nach der Differenztheorie zu berechnenden Anspruch auf Schadensersatz statt der Leistung aus §§ 280 Abs. 1, 3, 283 BGB, der wiederum um den eigenen Mitverschuldensanteil zu kürzen wäre. Beide Ansprüche wären abschließend voneinander in Abzug zu bringen. Eine andere Ansicht[27] lässt dem Schuldner ebenfalls den Entgeltanspruch gem. § 326 Abs. 2 S. 1 BGB, ohne ihn aber nach § 254 BGB zu kürzen. Den Schadens-

---

19 MüKo-BGB/*Ernst*, § 326 Rn. 39.
20 Zum alten Recht: BGH v. 22.09.2004, VIII ZR 203/03, NJW-RR 2005, 357; v. 14.03.1984, VIII ZR 284/82, NJW 1984, 2034; MüKo-BGB/*Ernst*, § 326 Rn. 49; Jauernig/*Stadler*, § 326 Rn. 14.
21 Palandt/*Grüneberg*, BGB § 326 Rn. 9; Jauernig/*Stadler*, § 326 Rn. 14.
22 BGH v. 17.07.2007, X ZR 31/06, NJW 2007, 3488; v. 08.11.2007, VII ZR 183/05, NJW 2008, 511 Rn. 37.
23 MüKo-BGB/*Ernst*, § 326 Rn. 51 ff.
24 BT-Drucks. 14/6040, 187; Palandt/*Grüneberg*, BGB § 326 Rn. 9; Jauernig/*Stadler*, § 326 Rn. 14.
25 Palandt/*Grüneberg*, BGB § 326 Rn. 15; AnwK/*Dauner-Lieb*, § 326 Rn. 16; Staudinger/*Otto*, § 326 Rn. C 73; MüKo-BGB/*Ernst*, § 326 Rn. 79 ff., *Gruber*, JuS 2002, 1066, 1067; *Canaris*, FS Lorenz, S. 147.
26 *Looschelders*, JuS 1999, 949 ff.; *Faust*, JuS 2001, 133 ff.; *Stoppel*, Jura 2003, 224, 226 ff.; OLG Frankfurt v. 09.09.1992, 21 U 69/91, NJW-RR 1995, 435.
27 *Lorenz/Riehm*, Rn. 351.

ersatzanspruch des Gläubigers aus §§ 280 Abs. 1, 3, 283 BGB berechnet sie dann nach der Surrogationstheorie und kürzt ihn wiederum gemäß § 254 BGB.

Nach der wohl überwiegenden Ansicht[28] erlischt der Entgeltanspruch des Schuldners gem. § 326 Abs. 1 S. 1 BGB. An die Stelle des Gegenleistungsanspruchs tritt ein Schadensersatzanspruch des Schuldners aus §§ 280 Abs. 1, 241 Abs. 2 BGB in Höhe des entfallenen Entgeltanspruchs, welcher gem. § 254 BGB zu kürzen ist. Auf der Seite des Gläubigers steht der Anspruch aus §§ 280 Abs. 1, 3, 283 BGB welcher ebenfalls nach § 254 BGB zu kürzen ist. Auch nach dieser Ansicht sind die beiden Ansprüche zu saldieren. 18

Die für die Problemlösung anzustrebende Konstruktion sollte zunächst die Haftungsstrukturen des geltenden Leistungsstörungsrechts so weit als möglich zugrunde legen. Daraus folgt zunächst, dass die Grundentscheidung des Gesetzgebers, allein die »weit überwiegende« Verantwortlichkeit des Gläubigers mit dem Fortbestand des Vergütungsanspruchs zu sanktionieren, zu respektieren ist. Die beiden erstgenannten Auffassungen sind daher abzulehnen. Bei bloß überwiegender oder sonstiger Mitverantwortung des Gläubigers geht der Erfüllungsanspruch des Schuldners also unter.[29] 19

Die bei beiderseitig zu vertretender Unmöglichkeit problemlos eingreifende Schadensersatzhaftung des Schuldners gem. §§ 280 Abs. 1, 3, 283 BGB gibt zunächst die Möglichkeit, wie in allen Fällen der Unmöglichkeit (vgl. dazu § 280 BGB Rdn. 84 ff.) den *ipso iure* wegfallenden Vergütungsanspruch bei der Schadensberechnung zu berücksichtigen. Im Übrigen stellt § 254 BGB das Vehikel bereit, den so berechneten Gesamtschaden des Gläubigers um dessen Verantwortungsanteil zu kürzen. 20

Der Schuldner hat demgegenüber die Möglichkeit, seinerseits zwar nicht den weggefallenen Vergütungsanspruch, wohl aber einen Schadensersatzanspruch gem. §§ 280 Abs. 1 BGB geltend zu machen.[30] Die vom Gläubiger verletzte Pflicht ist nicht leistungsbezogen. Verletzt wurde vielmehr die allgemeine Pflicht, die Vertragsdurchführung nicht zu gefährden. Hätte der Gläubiger sich pflichtgemäß verhalten und die Erfüllung durch den Schuldner nicht vereitelt, hätte dieser aus dem Vertrag einen bestimmten Gewinn erzielt. Der Schadensersatzanspruch des Schuldners geht also von vornherein auf den Wertsaldo der gegenüberstehenden Vertragspflichten bei ordnungsgemäßer Erfüllung. Die subjektive Äquivalenz des ursprünglichen Vertrages bleibt so gewahrt. Dieser Schadensersatzanspruch des Schuldners ist gem. § 254 BGB um seinen eigenen Verantwortungsanteil zu kürzen. Beide Schadensersatzansprüche können selbständig geltend gemacht oder aufgerechnet werden. Zu einer Saldierung kommt es indes nicht, weil der gegengerichtete Schadensersatzanspruch des Schuldners keine adäquat kausale Folge von dessen Pflichtverletzung ist, an welche der Schadensersatzanspruch des Gläubigers knüpft, so dass dessen Schadenshöhe nicht von der Höhe des Gegenanspruchs abhängt. Dasselbe gilt im umgekehrten Verhältnis. 21

II. Annahmeverzug des Gläubigers

Tritt das Erlöschen der Leistungspflicht zu einem Zeitpunkt ein, in welchem sich der Gläubiger im Annahmeverzug befunden hat, so bleibt der Anspruch auf die Gegenleistung gem. § 326 Abs. 2 S. 1 2. Alt. BGB ebenfalls bestehen. Die Vorschrift ergänzt § 300 Abs. 2 BGB: Auch bei Gattungsschulden geht die Leistungsgefahr mit dem Annahmeverzug über, d.h. der Gläubiger kann vom Schuldner keine Leistung mehr verlangen (vgl. bereits §§ 300–304 BGB Rdn. 3 ff.). Gleichwohl soll der Schuldner seinen Anspruch auf die Gegenleistung behalten. Der Gläubiger soll nicht besser stehen, als er stände, wenn er die Leistung rechtzeitig angenommen hätte. In diesem Fall wäre der Vergütungsanspruch auch bei Werkverträgen gem. § 640 BGB fällig bzw. bei anderen im Synallag- 22

---

28 *Gruber*, JuS 2002, 1066, 1067; *Rauscher*, ZGS 2002, 333; *Canaris*, in: FS Lorenz, S. 147, 158 f.; Erman/ *H.P. Westermann*, § 326 Rn. 12; Palandt/*Grüneberg*, BGB § 326 Rn. 15; Jauernig/*Stadler*, § 326 Rn. 22.
29 Ebenso Palandt/*Grüneberg*, BGB § 326 Rn. 8, 15.
30 Palandt/*Grüneberg*, BGB § 326 Rn. 15.

ma stehenden Leistungspflichten die Einrede des § 320 BGB ausgeschlossen. § 326 Abs. 2 S. 1 Alt. 2 BGB gilt auch für Gattungsschulden, sofern sie bereits konkretisiert wurden. Voraussetzung für die Anwendbarkeit der Norm ist allerdings, dass der Schuldner das Leistungshindernis nicht zu vertreten haben darf. Insoweit ist zu beachten, dass der Schuldner nach § 300 Abs. 1 BGB während des Annahmeverzuges nur Vorsatz und grobe Fahrlässigkeit zu vertreten hat.

III. Anrechnung der Gegenleistung, § 326 Abs. 2 S. 2 BGB

23 Behält der Schuldner wegen weit überwiegender Verantwortung des Gläubigers oder Annahmeverzugs gem. § 326 Abs. 2 S. 1 BGB seinen Anspruch auf die Gegenleistung, so muss er sich gem. § 326 Abs. 2 S. 2 BGB immerhin dasjenige anrechnen lassen, was er infolge von der Befreiung von der Leistung erspart, anderweitig erwirbt oder zu erwerben böswillig unterlässt. Da die Anrechnung bei Geldansprüchen automatisch erfolgt, wird durch § 326 Abs. 1 S. 2 BGB kein Anspruch des Schuldners begründet, sondern lediglich sein Gegenleistungsanspruch um den frei gewordenen Betrag gekürzt.[31]

24 In der Literatur ist die Frage, ob § 326 Abs. 2 S. 2 BGB für den Fall der Selbstvornahme ohne Fristsetzung im Kauf- oder Werkvertragsrecht zumindest analoge Anwendung findet, weil der Gläubiger des Nacherfüllungsanspruchs dem Schuldner dessen Erfüllung schuldhaft unmöglich macht, heftig umstritten.[32] Der BGH hat einen Ersatzanspruch des Käufers aus § 326 Abs. 2 S. 2 BGB verneint. Beseitigt der Käufer den Mangel selbst, ohne dem Verkäufer zuvor eine erforderliche Frist zur Nacherfüllung gesetzt zu haben, so kann er auch nicht gemäß § 326 Abs. 2 S. 2, Abs. 4 BGB (analog) die Anrechnung der vom Verkäufer ersparten Aufwendungen für die Mangelbeseitigung auf den Kaufpreis verlangen oder den bereits gezahlten Kaufpreis in dieser Höhe zurückfordern.[33] Auch im Werkvertragsrecht kann der Besteller nach Abnahme nicht über § 326 Abs. 2 S. 2 BGB Ersatz seiner Aufwendungen verlangen.[34] Im Werkvertragsrecht ist die Selbstvornahme in § 637 BGB geregelt. Die Voraussetzungen dieser Norm, insbesondere das Fristsetzungserfordernis, dürfen nicht unterlaufen werden, indem man dem Besteller einen Anspruch aus § 326 Abs. 2 S. 2 BGB zubilligt.

D. Anspruch auf das Surrogat, § 326 Abs. 3 BGB

25 § 326 Abs. 3 BGB entspricht inhaltlich der Regelung in § 323 Abs. 2 BGB a.F.[35] Macht der Gläubiger seinen Anspruch aus § 285 BGB (zu den Einzelheiten vgl. oben § 285 BGB) geltend, so ist er verpflichtet, die Gegenleistung ganz (§ 326 Abs. 3 S. 1 BGB) oder gemindert (§ 326 Abs. 3 S. 2 BGB) zu erbringen. Die Berechnung des geminderten Betrages erfolgt nach § 441 BGB. An die Entscheidung, die Herausgabe des Ersatzes zu verlangen, ist der Gläubiger nicht gebunden. Ihm steht es frei, diese Entscheidung zu widerrufen.[36]

E. Rückgewähranspruch bei bereits erbrachter Gegenleistung, § 326 Abs. 4 BGB

26 Wurde die Gegenleistung vom Gläubiger bereits bewirkt, obwohl er gem. § 326 Abs. 1 S. 1 BGB von seiner Gegenleistungspflicht frei geworden ist, so muss der Schuldner die bereits erbrachte

---

31 PWW/*Medicus*, § 326 Rn. 17; MüKo-BGB/*Ernst*, § 326 Rn. 85; AnwK/*Dauner-Lieb*, § 326 Rn. 22.
32 Für eine Anrechnung: *Lorenz*, ZGS 2003, 398; *Ebert*, NJW 2004, 1761, 1763; *Katzenstein*, ZGS 2004, 349; Bamberger/Roth/*Faust*, § 437 Rn. 33; Jauernig/*Stadler*, 11. Aufl., § 326 Rn. 29; gegen eine Anrechnung: *Dauner-Lieb/Dötsch*, ZGS 2003, 250; *Ball*, NZV 2004, 217, 217; *Schroeter*, JR 2004, 441; MüKo-BGB/*H.P. Westermann*, 4. Aufl., § 437 Rn. 9.
33 BGH v. 23.02.2005, VIII ZR 100/04, BauR 2005, 1021.
34 BGH v. 12.07.1984, VII ZR 268/83, BauR 1984, 634; OLG Düsseldorf v. 04.12.1992, 22 U 154/92, BauR 1993, 507; *Dauner-Lieb/Dötsch*, NZBau 2004, 233; Erman/*Schwenker*, § 637 Rn. 18; PWW/*Leupertz*, § 633 Rn. 4.
35 BT-Drucks. 14/6040, 189.
36 Staudinger/*Otto*, § 326 Rn. D 3.

Gegenleistung gem. § 326 Abs. 4 BGB zurückerstatten. Die Norm verweist für die Modalitäten der Erstattung auf die Rechtsfolgen der §§ 346–348 BGB. Es ist daher weder eine Rücktrittserklärung nach § 349 BGB erforderlich, noch müssen die Tatbestandsvoraussetzungen der §§ 346 bis 348 BGB vorliegen, um den Anspruch durchsetzen zu können.

Gem. § 346 Abs. 1 BGB hat der Schuldner die empfangenen Leistungen zurückzugewähren und 27 die gezogenen Nutzungen herauszugeben. Ist ihm dies nicht möglich, so hat er gem. § 346 Abs. 2 BGB Wertersatz zu leisten. Er kann sich nicht auf den Entreicherungseinwand gem. § 818 Abs. 3 BGB berufen, sollte die Gegenleistung verbraucht oder untergegangen sein.[37] Dies bedeutet, dass die Gefahr des Untergangs der Gegenleistung vom Schuldner des § 326 Abs. 4 BGB zu tragen ist.[38] Ist die Leistung nur teilweise unmöglich, so findet die Vorschrift auf diesen Teil Anwendung.[39]

Das Geleistete kann nach h.M. allerdings nur so lange nach den §§ 346–348 BGB zurückgefor- 28 dert werden, wie die Gegenleistung bereits vor dem Erlöschen des Leistungsanspruches erbracht wurde.[40] Erbringt der Gläubiger seine Leistung erst, nachdem er von seiner Leistungspflicht gem. § 326 Abs. 1 BGB frei geworden ist, so kann er diese allein gem. § 812 Abs. 1 S. 1 1. Alt. BGB zurückfordern, da er auf eine Nichtschuld geleistet hat.[41] Diese Abgrenzung ist unglücklich. Sie widerspricht dem Anliegen des Gesetzgebers,[42] die anfängliche und die nachträgliche Unmöglichkeit wegen der häufigen Zufälligkeit des Zeitpunkts des Leistungshindernisses gleichzustellen. Häufig wird der seine Gegenleistungspflicht erfüllende Gläubiger nicht erkennen können, ob und wann die Leistungspflicht des Schuldners wegen Unmöglichkeit erlosch bzw. ein Leistungshindernis ein Leistungsverweigerungsrecht begründete.[43]

F. Rücktrittsrecht, § 326 Abs. 5 BGB

I. Zweck

In § 326 Abs. 5 BGB wird der Rücktritt bei Ausschluss der Leistungspflicht geregelt. Diese Vor- 29 schrift wurde erst durch den Rechtsausschuss des Bundestages im Rahmen der Schuldrechtsmodernisierung in das BGB aufgenommen.[44] Entfällt die Leistungspflicht gem. § 275 BGB, wie es § 326 Abs. 5 BGB verlangt, so geht der Gegenleistungsanspruch des Schuldners an sich gem. § 326 Abs. 1 BGB bereits kraft Gesetzes unter, weshalb es des Rücktritts nicht bedarf. Liegen die Ausnahmefälle von § 326 Abs. 2 BGB vor, so hilft dem Gläubiger der Rücktritt nach § 326 Abs. 5 BGB nicht weiter, da in diesen Fällen der Rücktritt durch § 323 Abs. 6 BGB, der von der Verweisung in § 326 Abs. 5 BGB umfasst wird, ebenfalls ausgeschlossen ist. Eine bewirkte Gegenleistung kann der Gläubiger schließlich bereits nach § 326 Abs. 4 BGB zurückfordern. Die Möglichkeit vom Vertrag nach § 326 Abs. 5 BGB zurückzutreten, erfasst daher nur drei Fallkonstellationen:

1. Quantitative Teilunmöglichkeit

Erstens wird die Rücktrittsmöglichkeit vom ganzen Vertrag bei nur teilweisem Ausschluss der 30 Leistungspflicht erfasst. In diesem Fall ergibt sich aus den §§ 275, 326 Abs. 1 S. 1 2. Halbs. BGB, dass die Teilunmöglichkeit im Regelfall nur zu einer Einschränkung der Vertragspflichten führt.

---

37 BT-Drucks. 14/6040, 195.
38 Staudinger/*Otto*, § 326 E 5.
39 AnwK/*Dauner-Lieb*, § 326 Rn. 28; MüKo-BGB/*Ernst*, § 326 Rn. 18.
40 MüKo-BGB/*Ernst*, § 326 Rn. 99.
41 Erman/*H.P. Westermann*, § 326 Rn. 18; MüKo-BGB/*Ernst*, § 326 Rn. 99.
42 BT-Drucks. 14/6040, 128.
43 In diesem Sinne wollen auch *Lorenz*, Karlsruher Forum 2006, S. 25 Fn 58; Staudinger/*Otto*, § 326 E 3, die Gegenleistung stets nach den Vorschriften des Rücktrittsrechts erstatten.
44 BT-Drucks. 14/7052, 193.

Die Gesamtliquidation ist allein über den Rücktritt vom Vertrag möglich, der vom Gesetzgeber in § 323 Abs. 5 S. 1 BGB an die Voraussetzung geknüpft wurde, dass der Gläubiger an der Teilleistung kein Interesse hat. Das Interesse muss wegen der teilweisen Unmöglichkeit weggefallen sein.[45] Dies ist vor allem dann der Fall, wenn der Gläubiger mit der teilweise erbrachten Leistung den konkreten Zweck nicht mehr erreichen kann.[46] Durch die Regelung in § 326 Abs. 5 BGB wird dem Gläubiger die Fristsetzung erspart, wenn die Nacherfüllung unmöglich ist.

2. Qualitative (Teil-)Unmöglichkeit

31 Zweitens ist § 326 Abs. 5 BGB im Fall der qualitativen Unmöglichkeit einschlägig, d.h. in Fällen der Schlechtleistung, in denen die Nacherfüllung nicht oder nicht mehr möglich ist. Insoweit ist nämlich § 326 Abs. 1 S. 1 BGB wegen der Regelung in § 326 Abs. 1 S. 2 BGB nicht anwendbar.

3. Klärung der Rechtslage

32 Drittens wird dem Gläubiger über § 326 Abs. 5 BGB bei Unklarheiten über die Art des Leistungshindernisses geholfen. Kennt der Gläubiger den Grund für die Nichtleistung des Schuldners nicht, so kann er, wenn er dem Schuldner eine angemessene Nachfrist gesetzt hat, seinen Rücktritt entweder auf § 323 Abs. 1 BGB oder auf § 326 Abs. 5 BGB stützen.[47]

II. Voraussetzungen

33 Die Voraussetzungen des § 326 Abs. 5 BGB entsprechen denen des Leistungshindernisses bei Abs. 1 (o. Rdn. 9). Den Rücktritt muss der Gläubiger gem. § 349 BGB gegenüber seinem Vertragspartner erklären.

III. Rechtsfolge

34 In Fällen der Teil-Nichtleistung steht dem Gläubiger ein Recht zum Totalrücktritt zu, ohne dem Schuldner zuvor eine angemessene Frist setzen zu müssen. Abgesehen von der ausdrücklichen Anordnung der Entbehrlichkeit der Fristsetzung stellt der Verweis auf § 323 BGB jedoch eine Rechtsgrundverweisung dar. Durch diesen Verweis gelten im Rahmen des § 326 Abs. 5 BGB insb. die Beschränkungen des § 323 Abs. 5 und 6 BGB.

G. Abweichende Vereinbarungen

35 Da es sich bei § 326 Abs. 1 BGB um eine Gefahrtragungsregelung handelt, können die Parteien individualvertraglich abweichende Regelungen treffen bzw. die Geltung von § 326 Abs. 1 BGB ausschließen.[48] In Allgemeinen Geschäftsbedingungen kann demgegenüber nicht vereinbart werden, dass der Schuldner die Gegenleistung behalten darf, ohne die geschuldete Leistung erbringen zu müssen. Derartige Klauseln verstoßen gegen § 307 Abs. 1, Abs. 2 Nr. 1 BGB, da sie gegen wesentliche Grundgedanken des Gesetzes verstoßen.[49] Des Weiteren sind Klauseln unwirksam, die den Schuldner von seiner Rückzahlungspflicht nach § 326 Abs. 4 BGB befreien.[50] Ein durch Allgemeine Geschäftsbedingungen vereinbarter Ausschluss der §§ 326 Abs. 1 S. 2, 326 Abs. 5 BGB verstößt gegen § 309 Nr. 8 Buchst. b aa und bb.[51]

---

45 *Lorenz*, NJW 2003, 3097, 3098; Staudinger/*Otto*, § 326 Rn. F 10.
46 Staudinger/*Otto*, § 326 Rn. F 12.
47 BT-Drucks. 14/7052, 193.
48 OLG Brandenburg v. 17.07.2008, 5 U 8/06, Staudinger/*Otto*, § 326 Rn. B 67; MüKo-BGB/*Ernst*, § 326 Rn. 112; AnwK/*Dauner-Lieb*, § 326 Rn. 35.
49 BGH v. 02.10.1981, I ZR 201/79, NJW 1982, 181, Soergel/*Gsell*, § 326 Rn. 131; MüKo-BGB/*Ernst*, § 326 Rn. 112.
50 Staudinger/*Otto*, § 326 Rn. B 68.
51 MüKo-BGB/*Ernst*, § 326 Rn. 115; Staudinger/*Otto*, § 326 Rn. B 68.

Auch § 326 Abs. 2 S. 2 BGB kann individualvertraglich abbedungen werden, sofern der Gläubiger nicht vorsätzlich handelt.[52] Vereinbaren die Parteien in Allgemeinen Geschäftsbedingungen den Ausschluss von § 326 Abs. 2 S. 2 BGB, so verstößt dies gegen wesentliche Grundgedanken der gesetzlichen Risikoverteilung und ist daher gem. § 307 Abs. 2 Nr. 1 BGB unwirksam.[53]

H. Beweislast

Ist die Leistungspflicht des Schuldners nach § 275 BGB vollständig ausgeschlossen und verlangt dieser die Gegenleistung, so muss der Gläubiger darlegen und beweisen, dass die Leistungspflicht des Schuldners nach § 275 BGB untergegangen ist.[54] Ist die Leistungspflicht dagegen nur teilweise erloschen, so muss der Gläubiger zusätzlich den Umfang der von ihm behaupteten Minderung darlegen und beweisen.[55] Kann der Gläubiger die Unmöglichkeit nicht beweisen, so kann er, anstatt sich auf die schwer zu beweisende rechtsvernichtende Einwendung aus § 326 Abs. 1 BGB zu stützen, die bloß hemmende Einrede des nichterfüllten Vertrages erheben. Diese ermöglicht es ihm, eine Zug-um-Zug Verurteilung des Gläubigers zu erreichen. Für sie genügt es, die Nichtleistung des Schuldners zu beweisen. Sollte die Leistung unmöglich geworden sein, kann das Urteil nicht vollstreckt werden.[56] Liegt ein Fall der qualitativen Unmöglichkeit vor, so muss der Schuldner darlegen und beweisen, dass ihm die Nacherfüllung unmöglich ist.[57]

Verlangt der Schuldner nach § 326 Abs. 2 S. 1 BGB die Gegenleistung, obwohl ihm die Leistungserbringung unmöglich ist, so muss er zunächst darlegen und beweisen, dass seine Leistungspflicht nach § 275 BGB untergegangen ist. Des Weiteren muss er darlegen und beweisen, dass das Leistungshindernis entweder auf Grund eines Umstandes eingetreten ist, für welchen der Gläubiger verantwortlich ist,[58] oder aber dass der Gläubiger sich zu diesem Zeitpunkt im Annahmeverzug befand.[59] Dagegen ist es Sache des Gläubigers zu beweisen, dass der Schuldner die Unmöglichkeit zu vertreten hat, wobei zu beachten ist, dass dieser nur noch für Vorsatz und grobe Fahrlässigkeit einzustehen hat.[60] Will der Gläubiger die ersparten Aufwendungen des Schuldners vom Gegenleistungsanspruch in Abzug bringen, so trägt er die Beweislast dafür, dass die Anrechnungsvoraussetzungen vorliegen.[61]

Verlangt der Gläubiger nach §§ 326 Abs. 3, 285 BGB die Herausgabe des Ersatzes oder die Abtretung des Ersatzanspruches, so muss er die Unmöglichkeit der Leistungserbringung nach § 275 BGB sowie das Bestehen des Ersatzes bzw. Ersatzanspruches darlegen und beweisen.[62]

Will der Gläubiger die Gegenleistung nach §§ 326 Abs. 4, 346 ff. BGB zurückfordern, so muss er darlegen und beweisen, dass er diese bereits bewirkt hat und der Schuldner von seiner Leistungspflicht nach § 275 BGB frei geworden ist.[63]

---

52 MüKo-BGB/*Ernst*, § 326 Rn. 113, Staudinger/*Otto*, § 326 Rn. C 100.
53 Soergel/*Gsell*, § 326 Rn. 131; Staudinger/*Otto*, § 326 Rn. C 100; MüKo-BGB/*Ernst*, § 326 Rn. 113.
54 *Repgen*, in: Baumgärtel/Laumen/Prütting, § 326 Rn. 2; Staudinger/*Otto*, § 326 Rn. B 70.
55 *Repgen*, in: Baumgärtel/Laumen/Prütting, § 326 Rn. 2; Staudinger/*Otto*, § 326 Rn. B 72; MüKo-BGB/*Ernst*, § 326 Rn. 119.
56 Staudinger/*Otto*, § 326 Rn. B 71; MüKo-BGB/*Ernst*, § 326 Rn. 118; Soergel/*Gsell*, § 326 Rn. 134.
57 *Repgen*, in: Baumgärtel/Laumen/Prütting, § 326 Rn. 4.
58 *Repgen*, in: Baumgärtel/Laumen/Prütting, § 326 Rn. 8; Staudinger/*Otto*, § 326 Rn. C 101; MüKo-BGB/*Ernst*, § 326 Rn. 120.
59 *Repgen*, in: Baumgärtel/Laumen/Prütting, § 326 Rn. 12.
60 Soergel/*Gsell*, § 326 Rn. 140; Palandt/*Grüneberg*, BGB § 326 Rn. 14; Bamberger/Roth/*Grothe*, § 326 Rn. 29; Erman/*H.P. Westermann*, § 326 Rn. 22.
61 BGH v. 26.06.1990, X ZR 19/89, NJW 1991, 166; v. 17.07.2001, X ZR 29/99, BauR 2001, 1901.
62 *Repgen*, in: Baumgärtel/Laumen/Prütting, § 326 Rn. 16.
63 Staudinger/*Otto*, § 326 Rn. E 16.

41 Nach § 326 Abs. 5 BGB trägt der Gläubiger die Beweislast für das Vorliegen der Rücktrittsvoraussetzungen, hierunter fällt im Rahmen dieser Vorschrift auch das Vorliegen des § 275 BGB.[64]

(...)

§ 339 Verwirkung der Vertragsstrafe

Verspricht der Schuldner dem Gläubiger für den Fall, dass er seine Verbindlichkeit nicht oder nicht in gehöriger Weise erfüllt, die Zahlung einer Geldsumme als Strafe, so ist die Strafe verwirkt, wenn er in Verzug kommt. Besteht die geschuldete Leistung in einem Unterlassen, so tritt die Verwirkung mit der Zuwiderhandlung ein.

Schrifttum

Börgers Zur sogenannten Hinfälligkeit von Vertragsstrafenvereinbarungen, BauR 1997, 917; *Bschorr/Zanner* Die Vertragsstrafe im Bauwesen, München 2003; *Cuypers* Die Vertragsstrafe beim Bauen, ZfBR 1998, 272; *Gehlen* Die angemessene Vertragsstrafe wegen Verzugs im Bau- und Industrieanlagenbauvertrag, NJW 2003, 2961; *Kemper* Die Vereinbarung von Vertragsstrafen bei Fristüberschreitung in Allgemeinen Geschäftsbedingungen, BauR 2001, 1015; *Kirberger* Die durchgestellte Vertragsstrafe, in: Festgabe Kraus, S. 101; *Kreikenbohm* Die Vereinbarung von Vertragsstrafen bei Fristüberschreitung in Allgemeinen Geschäftsbedingungen, BauR 2003, 315; *Minuth* Bürgschaft – Vertragsstrafe – AGB: 5 % als maximale Obergrenze in Bauverträgen, NZBau 2003, 315; *Le Goff* Die Vertragsstrafe in internationalen Verträgen zur Errichtung von Industrieanlagen, Berlin 2005; *Lau* Die Vertragsstrafenabrede in BGB-Werkverträgen und VOB-Bauverträgen. Ein stumpfes Schwert?, Jahrbuch Baurecht 2003, 55; *Leinemann* Vertragsstrafe – Der einzig sichere Weg zum Gewinn am Bau?, BauR 2001, 1472; *Oberhauser* Vertragsstrafe – ihre Durchsetzung und Abwehr, Köln 2003; *Rieble* Verjährung »verhaltener Ansprüche« – am Beispiel der Vertragsstrafe, NJW 2004, 2270; *Schwenker* Auswirkungen von Änderungsanordnungen auf Fristen, Vertragsstrafen und Sicherheiten, BauR 2008, 175; *Vogel* Die Vertragsstrafe im Baurecht, ZfIR 2005, 373; *Weyer* Verteidigungsmöglichkeiten des Unternehmers gegenüber einer unangemessen hohen Vertragsstrafe, BauR 1998, 28; *Wolfensberger/Langhein* Die Anwendung des § 11 Nr. 1 VOB/B auf Vollkaufleute, BauR 1982, 20.

Übersicht

	Rdn.		Rdn.
A. Vereinbarung der Vertragsstrafe	1	c) Bestimmungen zur Anrechnung der Vertragsstrafe	21
I. Einigung	1	B. Verwirkung der Vertragsstrafe	22
II. Wirksamkeit	3	I. Wirksame, fortbestehende Vertragsstrafenabrede	23
1. Individualvertrag	3	1. Störungen des Bauablaufs	24
a) Nichtigkeit nach § 125 BGB	4	2. Fortgeltung der Vertragsstrafenabrede für neu vereinbarte Ausführungsfristen?	26
b) Nichtigkeit nach § 138 BGB	5		
2. Allgemeine Geschäftsbedingungen	7		
a) Bestimmungen zur Verwirkung der Vertragsstrafe	9	3. Hinfälligkeit der Vertragsstrafenabrede wegen durchgreifender Störung des Bauablaufs	31
aa) Zwischenfristen/-termine – Kumulation von Vertragsstrafen	9	II. Verzug der strafbewehrten Hauptverbindlichkeit	37
bb) Verschuldensabhängigkeit	12	1. Fälliger, durchsetzbarer Anspruch	38
cc) Vorbehalt der Vertragsstrafe	14	a) Fälligkeit	38
b) Bestimmungen zur Höhe der Vertragsstrafe	16	b) Durchsetzbarkeit	41
aa) Obergrenze der Vertragsstrafe	16	2. Nichtleistung	42
bb) Tagessatz	18	3. Mahnung	44
cc) Auftragssumme	20		

---

[64] *Repgen*, in: Baumgärtel/Laumen/Prütting, § 326 Rn. 18; Staudinger/*Otto*, § 326 Rn. F 29.

	Rdn.		Rdn.
4. Verschulden	46	3. Wirkung des fehlenden bzw. nicht	
III. Vorbehalt bei Abnahme	47	hinreichenden Vorbehalts	56
1. Erfordernis eines Vorbehalts	48	C. Einwendungen des Schuldners	57
2. Anforderungen an den Vorbehalt	49	I. Herabsetzung der Vertragstrafe	57
a) Inhalt, Form	49	II. Verjährung des Vertragsstrafenanspruchs.	59
b) Erklärender	51	III. Treuwidrige Geltendmachung der Ver-	
c) Erklärungsempfänger	53	tragsstrafe?	61
d) Zeitpunkt der Erklärung	54	D. Sicherheiten	63

A. Vereinbarung der Vertragsstrafe

I. Einigung

Entgegen dem insoweit missverständlichen Wortlaut von § 339 S. 1 BGB (»verspricht«) muss die 1
Verpflichtung zur Zahlung einer Vertragsstrafe zwischen Gläubiger und Schuldner vertraglich,
d.h. durch ein mehrseitiges Rechtsgeschäft, vereinbart werden. Eine Einbeziehung der VOB/B erübrigt eine entsprechende Vereinbarung nicht,[1] denn die Regelung des § 11 VOB/B setzt eine eigenständige Vertragsstrafenvereinbarung voraus.[2]

Der notwendige Inhalt einer Vertragsstrafenvereinbarung umfasst die Angabe der strafbewehrten 2
Hauptverbindlichkeit sowie der Voraussetzungen für die Verwirkung der Vertragsstrafe und die
Bestimmung des Vertragsstrafenanspruchs. Letzteres erfordert, sofern – wie im Regelfall – die Vertragsstrafe als Geldstrafe vereinbart (vgl. § 339 S. 1 BGB) und nicht mit einem Festbetrag beziffert wird, Festlegungen zur Berechnung der Vertragsstrafenhöhe (Obergrenze, Tagessatz, Bezugsgröße, etc.).

II. Wirksamkeit

1. Individualvertrag

Eine Unwirksamkeit der Vertragsstrafenabrede kann sich aus den allgemeinen Unwirksamkeits- 3
gründen (insbesondere aus §§ 125 und 138 BGB) ergeben. Ferner ist zu beachten, dass nach
§ 344 BGB auch eine Unwirksamkeit der Hauptverbindlichkeit der Wirksamkeit der Vertragsstrafenabrede entgegen steht. Hingegen berührt eine etwaige Unbestimmtheit der Vertragsstrafenabrede deren Wirksamkeit nicht, sofern der Inhalt des Strafversprechens im Wege der Auslegung
ermittelt werden kann.[3]

a) Nichtigkeit nach § 125 BGB

Das Strafversprechen kann formfrei vereinbart werden. Wegen der Akzessorietät des Strafverspre- 4
chens (§ 344 BGB) erfasst allerdings ein etwaiger Formzwang des Bauvertrages auch das Strafversprechen.[4] In diesem Fall kann, wenn das Formerfordernis hinsichtlich der Vertragsstrafenabrede[5]
nicht beachtet wird, sogar der gesamte Vertrag nach § 125 BGB nichtig sein.[6] Das gilt allerdings

---

1 *Oberhauser*, S. 10; *Lau*, Jahrbuch Baurecht 2003, 53, 61; *Vogel*, ZfIR 2005, 373, 375.
2 Vgl. § 11 Abs. 1 VOB/B: »Wenn Vertragsstrafen vereinbart sind, …«.
3 BGH, Urt. v. 13.03.1975 – VII ZR 205/73, BauR 1975, 209, 209.
4 BGH, Urt. v. 18.12.1970 – IV ZR 1155/68, NJW 1971, 557, 557, und Urt. v. 06.02.1980 – IV ZR 141/78, NJW 1980, 1622, 1622 f. A.A. *Bewersdorf*, in: Beck'scher VOB-Kommentar, B § 11 Nr. 1 Rn. 6.
5 Ist hingegen durch die Vereinbarung der Hauptverbindlichkeit die geforderte Form schon nicht gewahrt, so kommt es auf die Formwahrung durch die Vertragsstrafenabrede wegen § 344 BGB schon nicht mehr an, Staudinger/*Rieble*, BGB § 339 Rn. 32.
6 *Kuffer*, in: Heiermann/Riedl/Rusam, VOB B § 11 Rn. 14; Kleine-Möller/Merl, § 13 Rn. 365.

nur unter den engen Voraussetzungen des § 139 BGB, also wenn anzunehmen ist, dass der Bauvertrag ohne die Vertragstrafenvereinbarung nicht abgeschlossen worden wäre.

b) Nichtigkeit nach § 138 BGB

5 Eine Sittenwidrigkeit des Strafversprechens ergibt sich nicht schon daraus, dass die Strafe zu hoch bemessen ist.[7] Dies folgt mittelbar aus § 343 BGB, wonach unverhältnismäßig hohe Vertragsstrafen herabgesetzt werden können.[8] Auch die Vereinbarung einer verzugsunabhängigen (d.h. insbesondere: verschuldensunabhängigen) Verwirkung der Vertragsstrafe stellt für sich noch keinen Verstoß gegen die guten Sitten dar.[9]

6 Eine Sittenwidrigkeit kann sich indes daraus ergeben, dass die Vertragsstrafenregelung ihren Zweck (Druck- und Kompensationsfunktion)[10] nicht erfüllt bzw. diesem entgegen läuft.[11] Das OLG Celle hat mit entsprechenden Erwägungen einen Verstoß gegen die guten Sitten bejaht, wenn bei einer Höhe der Vertragsstrafe von 15 % der Vertragssumme auf Grund der konkreten vertraglichen Ausgestaltung mit einer Verwirkung zwangsläufig gerechnet werden muss.[12]

2. Allgemeine Geschäftsbedingungen

7 Die Wirksamkeit einer Vertragstrafenabrede in Allgemeinen Geschäftsbedingungen beurteilt sich zusätzlich nach §§ 305 ff. BGB. Im kaufmännischen Verkehr ist für die Inhaltskontrolle § 307 BGB maßgeblich.[13] Insoweit kommt dem Transparenz- und Bestimmtheitsgebot nach § 307 Abs. 1 S. 2 BGB besondere Bedeutung zu. Danach müssen in der Vertragsstrafenklausel die tatbestandlichen Voraussetzungen und die Rechtsfolgen so genau umschrieben sein, dass für den Verwender keine ungerechtfertigten Beurteilungsspielräume entstehen.[14] Im nichtkaufmännischen Verkehr ist auch das Klauselverbot aus § 309 Nr. 6 BGB zu beachten, wobei dieses grundsätzlich[15] nur für AGB des Auftragnehmers relevant ist.

8 In der Baupraxis werden typischerweise Vertragsstrafen für den Fall der nicht rechtzeitigen Erbringung der Bauleistung vereinbart.[16] Wie sich aus §§ 340, 341 BGB ergibt, können jedoch auch andere Pflichten strafbewehrt sein. Häufig anzutreffen ist insoweit die Sanktionierung von Nebenpflichten, bspw. Vertragsstrafen für den ungenehmigten Einsatz von Nachunternehmern, für die personelle Unterbesetzung der Baustelle oder für die nicht fristgerechte Erstellung der Schlussrechnung.[17] Insoweit ist insbesondere zu beachten, dass auch in diesen Fällen eine Verwirkung in Allgemeinen Geschäftsbedingungen nicht verschuldensunabhängig vereinbart werden darf.[18] Die folgenden Ausführungen beschränken sich auf den in der Baupraxis typischen Fall einer Vertragsstrafe für nicht rechtzeitig erbrachte Bauleistungen.

---

7 RG, Urt. v. 22.09.1926 – I 435/25, RGZ 114, 304, 307.
8 *Weyer*, BauR 1988, 28, 29.
9 OLG Düsseldorf, Urt. v. 04.03.1974 – 5 U 58/73, BauR 1975, 57, 57 f. Vgl. hierzu aber auch Staudinger/*Rieble*, BGB § 339 Rn. 161, wonach in diesem Fall auch die §§ 339 ff. keine Anwendung fänden.
10 Zu den Funktionen der Vertragsstrafe vgl. Staudinger/*Rieble*, BGB Vorbem. zu § 339 Rn. 12 ff. Zur Unzulässigkeit einer Vertragsstrafe mit Druckfunktion (penalty) nach Common Law vgl. *Le Goff*, S. 31.
11 BGH, Urt. v. 08.10.1992 – IX ZR 98/91, NJW-RR 1993, 243, 247.
12 OLG Celle, Urt. v. 22.03.2001 – 13 U 213/00, BauR 2001, 1108, 1109.
13 Ferner sind hier die Bestimmungen aus § 305c BGB (überraschende und mehrdeutige Klauseln) relevant, Korbion/Locher/Sienz, AGB, Teil K Rn. 74.
14 BGH, Urt. v. 06.12.2007 – VII ZR 28/07, BauR 2008, 508, 509.
15 Etwas anderes gilt nur für § 309 Nr. 6 3. Alt. BGB (Vertragsstrafe für Lösung vom Vertrag).
16 Vgl. auch unten Rdn. 22 ff.
17 Vgl. hierzu *Vogel*, ZfIR 2005, 373, 377; *Leinemann*, BauR 2001, 1472, 1474; *Oberhauser*, S. 32.
18 KG, Urt. v. 13.03.2001 – 4 U 2902/00, BauR 2001, 1101, 1102.

a) Bestimmungen zur Verwirkung der Vertragsstrafe

aa) Zwischenfristen/-termine – Kumulation von Vertragsstrafen

Wird in einer Vertragsstrafenklausel nicht nur die Überschreitung der Fertigstellungsfrist, sondern auch die Überschreitung von Zwischenfristen sanktioniert, so besteht das Problem, dass sich Bauverzögerungen während des Bauablaufs »weiterschleppen« können. So mag bei geringfügiger Überschreitung mehrerer Zwischentermine durch Kumulation der Einzelstrafen unabhängig davon, ob der Endtermin eingehalten wird oder nicht, schnell eine hohe Vertragsstrafe verwirkt sein. Dies gilt insbesondere dann, wenn die Überschreitung jeder Zwischenfrist mit einer Vertragsstrafe in derselben Höhe, die für die Überschreitung des Endtermins vorgesehen ist, belegt wird.[19] Eine solche Vertragsstrafenklausel benachteiligt den Vertragspartner unangemessen und ist nach § 307 BGB unwirksam.[20] Entsprechende Bedenken hat auch der BGH bereits geäußert, die Frage aber bislang offen gelassen.[21] 9

Damit sind Vertragsstrafenabreden in AGB, die als Verwirkungstatbestand die Überschreitung von Zwischenterminen vorsehen, aber nicht generell unzulässig. Nur begegnet man bei der angemessenen Bestimmung der Vertragsstrafenhöhe erheblichen Schwierigkeiten. So ist eine Bezugnahme auf den Wert der jeweils bis zum Zwischentermin herzustellenden Teilleistung wohl regelmäßig intransparent, weil sich dieser – insbesondere bei Pauschalpreisverträgen – bei Vertragsschluss kaum eindeutig beziffern lässt.[22] Eine Reduzierung der Tagessätze hingegen ist nach der Rechtsprechung insoweit nicht ausreichend.[23] So bleibt als rechtssicherer Weg letztlich nur die individuelle Vereinbarung solcher Vertragsstrafen. 10

Eine Unwirksamkeit der Vertragsstrafenregelung in Bezug auf Zwischenfristen wirkt sich grundsätzlich nicht auf die Wirksamkeit einer Vertragsstrafenregelung hinsichtlich des Fertigstellungstermins aus. Das gilt selbst dann, wenn die Vertragsstrafenregelungen in einer Klausel zusammen gefasst sind.[24] 11

bb) Verschuldensabhängigkeit

Der Regelung des § 339 S. 1 BGB, wonach eine Verwirkung der Vertragsstrafe mit Verzug eintritt und somit ein Verschulden erfordert, hat Leitbildcharakter im Sinne des § 307 Abs. 2 Nr. 1 BGB. Eine AGB-Klausel, wonach eine Vertragsstrafe unabhängig von einem Verzug oder einem Verschulden verwirkt wird, ist somit unwirksam.[25] 12

---

19 OLG Hamm, Urt. v. 10.02.2000 – 21 U 85/98, BauR 2000, 1202, 1203 f.
20 So auch OLG Bremen, Urt. v. 07.10.1986 – 1 U 151/85, NJW-RR 1987, 468, 469; Thüringer OLG, Urt. v. 10.04.2002 – 7 U 938/01, BauR 2003, 1416, 1417; OLG Koblenz, Urt. v. 23.03.2000 – 2 U 792/99, NZBau 330, und OLG Dresden, Urt. v. 08.02.2001 – 16 U 2057/00; BauR 2001, 949, 951. Hingegen ist eine Klausel, die nicht den automatischen Entfall der Vertragsstrafe bei Wahrung des Fertigstellungstermins vorsieht, nicht per se unwirksam, wenn der Auftraggeber ein berechtigtes Interesse an der Wahrung der Zwischentermine geltend machen kann, *Vogel*, ZfIR, 2005, 373, 377, *Kemper*, BauR 2001, 2015, 2019.
21 BGH, Urt. v. 14.01.1999 – VII ZR 73/98, BauR 1999, 645, 646, und Urt. v. 18.01.2001 – VII ZR 238/00, BauR 2001, 791, 792.
22 Vgl. *Korbion/Locher/Sienz*, AGB, Teil K Rn. 83.
23 OLG Celle, Urt. v. 13.07.2005 – 7 U 17/05, BauR 2005, 1780, 1781 f.
24 BGH, Urt. v. 14.01.1999 – VII ZR 73/98, BauR 1999, 645, 646, und Urt. v. 18.01.2001 – VII ZR 238/00, BauR 2001, 791, 792 f.
25 BGH, Urt. v. 26.09.1996 – VII ZR 318/95, BauR 1997, 123, 124, und Urt. v. 06.12.2007 – VII ZR 28/07, BauR 2008, 508, 509. Allerdings kann ausnahmsweise auch eine verschuldensunabhängige Vertragsstrafenklausel wirksam sein, vgl. OLG Frankfurt, Urt. v. 25.11.1997 – 14 (27) U 137/96, BGH, Beschl. v. 20.08.1998 – VII ZR 452/97 (Revision nicht angenommen), BauR 1999, 51, 53, m.w.N., das eine solche Ausnahme für den konkreten Fall jedoch verneint hat.

13 Eine Verschuldensabhängigkeit der Vertragsstrafe kann sich nach dem BGH[26] daraus ergeben, dass die VOB/B und somit deren § 11 Abs. 2 in den Vertrag einbezogen wird.[27] Sieht die Vertragsstrafenklausel indes ausdrücklich vor, dass die Fertigstellungsfrist verbindlich gilt und sich auch nicht durch witterungsbedingte Beeinträchtigungen verlängert, so bleibt es auch bei Vereinbarung der VOB/B bei einer Verschuldunabhängigkeit und somit Unwirksamkeit der Vertragsstrafenklausel.[28]

cc) Vorbehalt der Vertragsstrafe

14 Eine Vertragsstrafe wegen nicht gehöriger Erfüllung kann der Gläubiger nur verlangen, wenn er sich diese bei der Annahme bzw. Abnahme vorbehalten hat.[29] Das Erfordernis des Vorbehalts kann der Verwender nicht vollständig abbedingen,[30] weil sich eine entsprechende Klausel zu sehr vom Leitbild des § 341 Abs. 3 BGB entfernt.

15 Nach der höchstrichterlichen Rechtsprechung ist jedoch eine Bestimmung in AGB zulässig, wonach der Besteller sich eine Vertragsstrafe nicht schon bei der Abnahme vorbehalten muss, sondern er sie vielmehr noch bis zur Schlusszahlung geltend machen darf.[31] Der Vorbehalt der Vertragsstrafe ist in diesem Fall aber auch dann anzubringen, wenn die Schlusszahlung endgültig verweigert wird.[32]

b) Bestimmungen zur Höhe der Vertragsstrafe

aa) Obergrenze der Vertragsstrafe

16 Eine vorformulierte Vertragsstrafenklausel muss zwingend eine absolute Obergrenze des Vertragstrafenanspruchs festlegen. Die höchstrichterliche Rechtsprechung ging bis zum Jahre 2003 davon aus, dass insoweit eine Obergrenze von 10 % nicht zu beanstanden sei.[33] Mit Urt. v. 23.01.2003 hat der BGH[34] die maximal zulässige Obergrenze nun auf 5 % festgesetzt. Zur Begründung führt der BGH aus, dass die in Allgemeinen Geschäftsbedingungen vereinbarte Vertragsstrafe auch unter Berücksichtigung ihrer Druck- und Kompensationsfunktion in einem angemessen Verhältnis zu dem Werklohn stehen müsse, den der Auftragnehmer durch seine Leistung verdient. Der Auftragnehmer werde deshalb typischer Weise durch den Verlust von über 5 % seines Vergütungsanspruchs unangemessen belastet. In vielen Fällen verliere er dadurch nicht nur seinen Gewinn, sondern erleide einen spürbaren Verlust, der sich ganz erheblich auf die Liquidität des Auftragnehmers auswirken könne.

---

26 Urt. v. 13.12.2001 – VII ZR 432/00, BauR 2002, 782, 783, und Urt. v. 07.03.2002 – VII ZR 41/01, BauR 2002, 1086, 1087.
27 S. die Kommentierung bei § 11 VOB/B Rdn. 3.
28 BGH, Urt. v. 06.12.2007 – VII ZR 28/07, BauR 2008, 508, 509. Ähnlich OLG Celle, Urt. v. 11.10.2007 – 6 U 40/07, BGH v. 10.07.2008 – VII ZR 199/07 (Nichtzulassungsbeschwerde zurückgewiesen), BauR 2009, 111, 112, für eine Klausel, nach der sich der Auftragnehmer nicht auf verspätete oder ausgefallene Materiallieferungen berufen darf.
29 Vgl. hierzu unten Rdn. 47 ff.
30 BGH, Urt. v. 18.11.1982 – VII ZR 305/81, BauR 1983, 80, 82, und Urt. v. 12.07.1984 – VII ZR 91/83, BauR 1984, 643, 644 m.w.N. Das gilt auch gegenüber Kaufleuten, *Korbion/Locher/Sienz*, AGB, Teil K Rn. 86.
31 BGH, Urt. v. 12.10.1978 – VII ZR 139/75, BauR 1979, 56, 58 f., und Beschl. v. 13.07.2000 – VII ZR 249/99, BauR 2000, 1758. Kritisch *Döring*, in: Ingenstau/Korbion, VOB/B § 11 Nr. 1 Rn. 15.
32 BGH, a.a.O., 59, und Urt. v. 23.01.2003 – VII ZR 210/01, BauR 2003, 870, 874.
33 BGH, Urt. v. 25.09.1986 – VII ZR 276/84, BauR 1987, 92, 93, und zuletzt Urt. v. 17.01.2002 – VII ZR 198/00, BauR 2002, 790.
34 VII ZR 210/01, BauR 2003, 870, 875.

Aufgrund seiner bisherigen, großzügigeren Rechtsprechung gewährt der BGH bei Altfällen Vertrauensschutz für eine Obergrenze bis zu 10 %. Dieser Vertrauensschutz besteht jedoch nur bei Abrechnungssumme bis 15 Mio. DM und nur für bis zum 30.06.2003 abgeschlossene Bauverträge.[35]

17

bb) Tagessatz

Wird die Höhe der Vertragsstrafe nach Maßgabe der Verzugsdauer bemessen, so muss die Vertragsstrafenklausel ferner einen angemessene Begrenzung je Zeiteinheit, regelmäßig also einen angemessenen Tagessatz in Abhängigkeit der Auftragssumme bestimmen. Ein Tagessatz von 0,5 % der Auftragssumme je Arbeitstag hat dabei der BGH[36] für unwirksam erklärt. Denn bei einer Obergrenze von 5 % verfalle so schon nach zehn Arbeitstagen die volle Vertragsstrafe. Die bei einer angemessen gestalteten Vertragsstrafenklausel mit jedem Tag des Verzuges steigende Dringlichkeit der Erledigung könne damit nicht entstehen. Denn in der kurzen Zeitspanne von zehn Tagen lasse sich bei einem größeren Bauvorhaben kaum etwas veranlassen, um die Folgen der Verspätung aufzufangen und die verspäteten Leistungen nachzuholen. Die Situation sei so letztlich keine andere, als wenn der Anspruch auf die Vertragsstrafe ohne zeitliche Abstufung gleich mit dem Tag der Terminsüberschreitung entstände. Darüber hinaus bewirke der zu enge Zeitrahmen vor allem, dass die Vertragsstrafe sich nicht in dem Bereich voraussichtlicher Schäden hält.

18

Hingegen werden von der höchstrichterlichen Rechtsprechung Tagessätze von 0,3 % pro Arbeitstag (Montag bis Freitag)[37] und sogar 0,3 % pro Werktag (Montag bis Samstag)[38] für zulässig erachtet.[39] Diese Werte dürften auch nach der Entscheidung des BGH vom 23.01.2003 weiterhin Bestand haben. Spekulationen in der Literatur,[40] dass nach der Herabsetzung der zulässigen Obergrenze auf 5 % der BGH auch die Tagessätze »nach unten korrigieren« werde, haben sich bislang jedenfalls nicht bewahrheitet.[41]

19

cc) Auftragssumme

Als Bezugsgröße der Obergrenze und der Tagessätze wird regelmäßig die Auftragssumme angegeben. Die Bedeutung dieses Begriffs mag mitunter unklar sein. Denn unter Auftragssumme kann einerseits die nach Abwicklung des Vertrags geschuldete Vergütung zu verstehen sein. Andererseits kann die Auftragssumme auch als ein Wert verstanden werden, der sich nach der von den Parteien vor der Vertragsdurchführung vereinbarten Vergütung des Auftragnehmers bemisst. Insbesondere wenn in einer vorformulierten Vertragsstrafenklausel der Bezugsgröße »Auftragssumme« auch noch die Bezugsgröße »Schlussrechnungssumme« gegenübergestellt wird, führt diese Unklarheit schnell zu einer Unwirksamkeit der Vertragsstrafenabrede. So verstößt eine Klausel des Auftraggebers als Verwender, wonach der Auftragnehmer bei Überschreitung der Ausführungsfrist eine Vertragsstrafe von 0,3 % der Auftragssumme pro Werktag des Verzuges, höchstens jedoch 10 % der Schlussrechnungssumme, zu zahlen habe, gegen das Transparenzgebot.

20

---

35 BGH, Urt. v. 08.07.2004 – VII ZR 24/03, BauR 2004, 1609, 1610 f., und Urt. v. 13.03.2008 – VII ZR 194/06, BauR 2008, 1131, 1137.
36 BGH, Urt. v. 20.01.2000 – VII ZR 46/98, BauR 2000, 1049, 1050, und Urt. v. 07.03.2002 – VII ZR 41/01, BauR 2002, 1086, 1087.
37 BGH, Urt. v. 01.04.1976 – VII ZR 122/74, Baur 1976, 279, und Urt. v. 18.11.1982 – VII ZR 305/81, BauR 1983, 80, 83.
38 Urt. v. 14.01.1999 – VII ZR 73/98, BauR 1999, 645, 647, und Urt. v. 06.12.2007 – VII ZR 28/07, BauR 2008, 508, 509.
39 Ein Tagessatz von 0,3 % pro Kalendertag dürfte hingegen unzulässig sein, *Korbion/Locher/Sienz*, AGB, Teil K Rn. 80.
40 Vgl. etwa *Vogel*, ZfIR 2005, 373, 378.
41 Vgl. BGH, Urt. v. 06.12.2007, a.a.O.

c) Bestimmungen zur Anrechnung der Vertragsstrafe

21 Der Vertragsstrafenanspruch wird nach §§ 341 Abs. 2, 340 Abs. 2 BGB auf den Schadensersatzanspruch angerechnet.[42] Ein Ausschluss dieser Anrechnung ist in AGB nicht wirksam möglich.[43]

B. Verwirkung der Vertragsstrafe

22 Nach § 339 S. 1 BGB kann die Vertragsstrafe für den Fall der Nichterfüllung oder der nicht gehörigen Erfüllung versprochen werden (vgl. auch §§ 340, 341 BGB), wobei die Verwirkung der Vertragsstrafe mit Verzug eintritt.[44] In der Baupraxis werden vorwiegend Vertragsstrafen für den Fall der nicht rechtzeitigen Erbringung der Bauleistung durch den Auftragnehmer (nicht gehörige Erfüllung im Sinne der §§ 339 S. 1 Alt. 2, 341 BGB) vereinbart.[45] Eine Verwirkung der Vertragsstrafe hat in diesem Fall zur Voraussetzung,
– dass eine Vertragstrafe wirksam vereinbart wurde und diese Vertragsstrafenabrede weiterhin fortbesteht,
– dass sich der Auftragnehmer mit der Leistungserbringung in Verzug nach § 286 BGB befindet,
– und dass sich der Auftraggeber bei Abnahme die Rechte aus dem Strafversprechen vorbehält.

I. Wirksame, fortbestehende Vertragsstrafenabrede

23 Voraussetzung einer Verwirkung der Vertragsstrafe ist zunächst das Bestehen einer wirksamen Vertragsstrafenabrede.[46] Kommt es zu Störungen des Bauablaufs, stellt sich die Frage, ob die Vertragsstrafenabrede fortbesteht oder infolge der Behinderung wegfällt.

1. Störungen des Bauablaufs

24 Wird eine Störung des Bauablaufs durch vom Auftragnehmer nicht zu vertretende Umstände, die in § 6 Abs. 2 VOB/B aufgeführt sind, hervorgerufen, so verlängern sich beim VOB-Vertrag[47] die Ausführungsfristen. Die Verlängerung der Ausführungsfristen berechnet sich nach § 6 Abs. 4 VOB/B anhand der Dauer der Behinderung mit einem Zuschlag für die Wiederaufnahme der Arbeiten und die etwaige Verschiebung in eine ungünstigere Jahreszeit.

25 Eine Verlängerung der Ausführungsfristen verschiebt zunächst die Fälligkeit der strafbewehrten Hauptverbindlichkeit und mag so einem Verzug des Auftragnehmers und einer Verwirkung der Vertragsstrafe entgegen stehen.[48] Allerdings kann in dem Fall, dass die gesamte Bauablaufplanung hinfällig wird und einer durchgreifenden Neuordnung zugeführt werden muss, die Vertragsstrafenregelung sogar ganz entfallen. Die Vertragsparteien können ferner in Ansehung des gestörten Bauablaufs einvernehmlich neue Ausführungsfristen bestimmen, was ebenfalls die Fortgeltung der Vertragsstrafenabrede berühren kann.

---

42 Dies gilt aber dann nicht, wenn der Gläubiger die Vertragsstrafe wegen nicht rechtzeitiger Erfüllung und daneben den später entstandenen Schadensersatz wegen Nichterfüllung verlangt, OLG Düsseldorf, Urt. v. 12.07.2002 – 5 U 238/00, BauR 2003, 259, 260.
43 BGH, Urt. v. 11.05.1989 – VII ZR 305/87, BauR 1989, 459 und Urt. v. 27.11.1974 – VIII ZR 9/73, BGHZ 63, 256, 258 ff.
44 Daneben ist nach § 339 S. 2 BGB möglicher Verwirkungstatbestand eine Zuwiderhandlung, wenn als strafbewehrte Leistung ein Unterlassen geschuldet ist.
45 Vgl. auch § 11 Abs. 2 VOB/B.
46 Vgl. hierzu oben Rdn. 3 ff.
47 Für den BGB-Vertrag vgl. unten Rdn. 40 und 45.
48 Vgl. unten Rdn. 40.

2. Fortgeltung der Vertragsstrafenabrede für neu vereinbarte Ausführungsfristen?

Haben die Vertragsparteien im ursprünglichen Vertrag eine Vertragsstrafe im Hinblick auf bestimmte Ausführungsfristen vereinbart und werden diese Ausführungsfristen nunmehr einvernehmlich verschoben, ohne dass die Parteien dabei eine erneute Abrede über die Vertragsstrafe treffen oder die »alte« Vertragsstrafen ausdrücklich bestätigen, so bestimmt sich eine etwaige Fortgeltung der Vertragsstrafenabrede nach den Umständen des Einzelfalls.[49] 26

Für ein Fortbestehen kann etwa sprechen, dass die Vertragsstrafenvereinbarung terminsneutral formuliert ist, also die Vertragsstrafenabrede selbst die Ausführungsfrist nicht enthält.[50] Ähnliches gilt, wenn lediglich der Baubeginn verschoben wird, die vertraglich vorgesehene Bauzeit aber aufrecht erhalten werden soll, und die Vertragstrafenabrede auf eine Fertigstellung binnen einer nach Monaten bemessenen Frist abstellt.[51] 27

Hingegen mag gegen ein Fortbestehen das jeweilige Gewicht der Terminsverschiebung sprechen. Je gewichtiger die Terminsverschiebung ist, umso weniger wird man davon ausgehen können, dass die alte Vertragsstrafenvereinbarung weiterhin Bestand haben soll. Das gilt insbesondere dann, wenn die Terminsverschiebung zu ganz anderen Baubedingungen (z.B. Winterbau) führt.[52] Einer Fortgeltung steht regelmäßig auch entgegen, wenn die alten Ausführungsfristen bei der Neuvereinbarung bereits verstrichen waren[53] oder der Auftraggeber Nachträge mit einigem Gewicht angeordnet hat.[54] 28

Grundsätzlich wird, wenn die Parteien ohne eine Bezugnahme oder Wiederholung der im Bauvertrag vereinbarten Vertragsstrafe die vertraglichen Ausführungsfristen verlängern, die ursprünglich vereinbarte Vertragsstrafe nicht aufrechterhalten.[55] 29

Die Wirksamkeit einer Klausel in Allgemeinen Geschäftsbedingungen, wonach sich bei Neuvereinbarung von Ausführungsterminen das Strafversprechen stets auch auf neue Termine erstreckt, ist mit der Literatur zu bezweifeln.[56] Von der Rechtsprechung wurden diese Zweifel vereinzelt aufgegriffen.[57] Letztlich aber bleibt diese Frage mangels einschlägiger obergerichtlicher oder höchstrichterlicher Rechtsprechung weiterhin ungeklärt. 30

3. Hinfälligkeit der Vertragsstrafenabrede wegen durchgreifender Störung des Bauablaufs

a) Nach der höchstrichterlichen Rechtsprechung wird, wenn die Bauausführung durch vom Auftraggeber zu vertretende Umstände so erheblich verzögert wird, dass der ganze Zeitplan des Auf- 31

---

49 BGH, Urt. v. 30.03.2006 – VII ZR 44/05, BauR 2006, 1128, 1129. Hingegen ist bei einer Verkürzung der Fertigstellungsfrist eine ausdrückliche Regelung zur Fortgeltung der Vertragsstrafenvereinbarung generell erforderlich, OLG Zweibrücken, Beschl. v. 10.06.2007 und 24.07.2007 – 1 U 50/07, BauR 2008, 996, 996 f.
50 BGH, a.a.O.
51 OLG Köln, Urt. v. 30.08.2000 – 11 U 25/99, BauR 1105, 1107.
52 *Kniffka*, IBR-Online-Kommentar, § 631 Rn. 274.
53 OLG Celle, Urt. v. 05.06.2003 – 14 U 184/02, BauR 2004, 1307, 1308; *Werner/Pastor*, Rn. 2083. Ähnlich für den Fall der Vereinbarung der neuen Ausführungstermine nach wesentlicher Fertigstellung schon OLG Düsseldorf, Urt. v. 13.03.1978 – 5 U 97/77, BauR 1979, 153, 153 f.
54 OLG Jena, Urt. v. 22.10.1996 – 8 U 474/96 (133), BGH, Beschl. v. 19.02.1998 – VII ZR 354/96, (Revision nicht angenommen), BauR 2001, 1446, 1447. Zu der Problematik des Fortbestands der Vertragsstrafenabrede bei Anordnung und Vereinbarung von Nachträgen *Vogel*, ZfIR 2005, 373, 382 m.w.N. aus der Rechtsprechung.
55 OLG Celle, Urt. v. 21.09.2004 – 16 U 111/04, BGH, Beschl. v. 23.02.2006 – VII ZR 250/04 (Nichtzulassungsbeschwerde zurückgewiesen), BauR 2006, 1478, 1479 f.; *Schwenker*, BauR 2008, 175, 177.
56 Vgl. *Oberhauser*, S. 117 f.; *Kemper*, BauR 2001, 1015, 1019 f.; *Werner/Pastor*, Rn. 2083; differenzierend *Vogel*, ZfIR 2005, 373, 382.
57 LG München I, Urt. v. 22.12.2004 – 8 O 23/04, IBR 2005, 1149.

tragnehmers umgeworfen und er zu einer durchgreifenden Neuordnung gezwungen wird, die Vertragsstrafenabrede hinfällig.[58] Dass die Beteiligten auch eine solche Lage bei Vereinbarung der Vertragsstrafe erfassen wollten, kann – so der BGH – nicht angenommen werden; jedenfalls würde dies nicht den Grundsätzen von Treu und Glauben entsprechen.[59] Allerdings kann sich ein Auftragnehmer, der nach dem Vertrag mit einer erheblichen Verzögerung der Bauausführungen von vornherein rechnen und sich darauf einstellen musste, insbesondere weil die Ausschreibungsbedingungen bereits auf die Möglichkeit von Terminverschiebungen hingewiesen haben, nicht auf die Hinfälligkeit der Vertragsstrafenabrede berufen.[60]

32 b) Zu der Frage, wann eine durchgreifende Störung des Bauablaufs vorliegt, die nach den vorstehenden Grundsätzen zu einem Wegfall der Vertragsstrafenabrede führt, besteht in der Rechtsprechung eine umfangreiche Kasuistik. Die Rechtsprechung misst insoweit einerseits dem Verhältnis zwischen dem Verzögerungszeitraum und der ursprünglichen Bauzeit und andererseits dem Gewicht eines etwaigen Vertretenmüssens der Behinderung durch den Auftraggeber besondere Bedeutung zu.

33 So hat die Rechtsprechung eine durchgreifende Störung des Bauablaufs insbesondere für folgende Fälle bejaht:
– Verzögerung von insgesamt mehr als elf Wochen bei einer Bauzeit von nur sechs Monaten, wobei diese in die unsicheren Herbst- und Wintermonate fällt, so dass sich jede geringe Störung fühlbar auswirken muss,[61]
– erhebliche Planungsänderungen und sonstige Eingriffe in die Organisation des Auftragnehmers,[62]
– Verzögerung insbesondere infolge einer verspäteten Beschaffung der Baugenehmigung, wobei der Auftraggeber die Verspätung zu vertreten hat,[63]
– Anordnung des Auftraggebers infolge eines berechtigten Bedenkenhinweises des Auftragnehmers mit dreimonatiger Verzögerung bei einer vertraglich vorgesehenen Bauzeit von fünf Monaten,[64]
– Fristverlängerungen infolge erheblicher Zusatzleistungen,[65]
– wiederholte Verschiebung der Ausführungsfristen, was den Rahmen einer üblichen, witterungsbedingten Winterpause bei weitem sprengt.[66]

34 Eine durchgreifende Störung des Bauablaufs ist dagegen insbesondere für folgende Fälle verneint worden:
– Überschreitung des Fertigstellungstermins eines Bauvorhabens um 895 Werktage, wobei den Auftragnehmer lediglich an zwei Unterbrechungen für insgesamt 61 Werktage kein Verschulden trifft,[67]
– Beginn der Bauarbeiten zu Anfang der Winterzeit, wenn der Zeitpunkt des Baubeginns von vornherein unsicher war, weil er von der Rechtskraft der Baugenehmigung abhing.[68]

---

58 Erstmalig BGH, Urt. v. 13.01.1966 – VII ZR 262/63, BauR 1966, 971, 971.
59 BGH, a.a.O. Zur dogmatischen Begründung des Wegfalls der Vertragsstrafenabrede vgl. auch *Oberhauser*, S. 74 f.; *Vogel*, ZfIR 2005, 373, 381, und *Schwenker*, BauR 2008, 175, 177.
60 BGH, Urt. v. 09.11.1972 – VII ZR 137/71, BauR 1973, 48, 49.
61 BGH, Urt. v. 13.01.1966 – VII ZR 262/63, BauR 1966, 971, 971.
62 BGH, Urt. v. 29.11.1973 – VII ZR 205/71, BauR 1974, 206, 207.
63 BGH, Urt. v. 14.01.1993 – VII ZR 185/91, BauR 1993, 600, 601.
64 BGH, Urt. v. 10.05.2001 – VII ZR 248/00, BauR 2001, 1254, 1256.
65 OLG München, Urt. v. 19.01.1982 – 23 U 163/81, BauR 1982, 582, 584.
66 OLG Celle, Urt. v. 13.07.2005 – 7 U 17/05, BauR 2005, 1780, 1781.
67 OLG Dresden, Urt. v. 26.05.1999 – 8 U 327/99, BGH, Beschl. v. 15.06.2000 – VII ZR 218/99 (Revision nicht angenommen), IBR 2000, 488.
68 OLG Köln, Urt. v. 30.08.2000 – 11 U 25/99, BauR 2001, 1105, 1107.

Die Darlegungs- und Beweislast für eine durchgreifende Störung des Bauablaufs trägt der Auftragnehmer.[69] 35

Auch wenn keine durchgreifende Störung des Bauablaufs sondern nur eine »unerhebliche« Abweichung vorliegt, bleiben nicht vom Auftragnehmer zu vertretende Behinderungen für die Verwirkung der Vertragsstrafe, nämlich für die Frage nach dem Verzugseintritt, von Bedeutung.[70] 36

II. Verzug der strafbewehrten Hauptverbindlichkeit

Weitere Voraussetzung der Verwirkung der Vertragsstrafe ist, dass der Auftragnehmer mit der Erbringung der Bauleistung als strafbewehrter Hauptverbindlichkeit in Verzug ist. Das setzt wiederum nach § 286 BGB voraus: 37

1. Fälliger, durchsetzbarer Anspruch

a) Fälligkeit

(1) Fälligkeit bezeichnet den Zeitpunkt, ab dem der Gläubiger die Leistung vom Schuldner verlangen kann. Nach § 271 Abs. 1 BGB bestimmt sich die Fälligkeit vorrangig nach den Vertragsvereinbarungen. In einem VOB-Vertrag sind insoweit die Ausführungsfristen ausdrücklich als Vertragsfristen zu vereinbaren, § 5 Abs. 1 S. 2 VOB/B.[71] Der Auftraggeber trägt die Darlegungs- und Beweislast hinsichtlich einer Fälligkeitsvereinbarung, auf dessen Überschreitung er seinen Vertragstrafenanspruch stützt.[72] 38

Fehlt eine solche Fälligkeitsvereinbarung,[73] so hat der Unternehmer mit der Herstellung eines vertraglich geschuldeten Bauwerkes im Zweifel alsbald nach Vertragsschluss zu beginnen und sie in angemessener Zeit zügig zu Ende zu führen. Dabei ist die für die Herstellung notwendige Zeit in Rechnung zu stellen. Mit Ablauf der angemessenen Fertigstellungsfrist tritt Fälligkeit ein.[74] Ist der Ablauf dieser angemessenen Fertigstellungsfrist strittig, so trifft die Darlegungs- und Beweislast den Auftragnehmer.[75] 39

(2) Ist der Bauablauf gestört, kann es bei einem VOB-Vertrag nach § 6 Abs. 1 bis 4 VOB/B zu einer Verlängerung der Ausführungsfristen kommen, wenn der Auftragnehmer die Behinderung nicht zu vertreten hat. Wird dadurch die Vertragsstrafenabrede nicht ohnehin hinfällig,[76] so gerät der Auftragnehmer zumindest mangels Fälligkeit der Hauptverbindlichkeit für den Verlängerungszeitraum nicht in Verzug. Im Ergebnis nichts anderes gilt für einen BGB-Vertrag, wobei jedoch der Verzug hier nicht an der Fälligkeit, sondern an dem Verschuldenserfordernis aus § 286 Abs. 4 BGB scheitert.[77] Denn bei den Behinderungen im Sinne des § 6 Abs. 2 VOB/B fehlt es an einem Vertretenmüssen des Auftragnehmers. 40

---

69 BGH, Urt. v. 14.01.1999 – VII ZR 73/98, BauR 1999, 645, 647.
70 Hierzu unten Rdn. 40.
71 Vgl. hierzu auch OLG Düsseldorf, Urt. v. 09.05.2008 – 22 U 191/07, BGH, Beschl. v. 26.02.2009 – VII ZR 121/08 (Nichtzulassungsbeschwerde zurückgewiesen), IBR 2009, 316.
72 BGH, Urt. v. 10.05.2001 – VII ZR 248/00, BauR 2001, 1254, 1255.
73 Insoweit bleibt bei einem VOB-Vertrag hinsichtlich des Beginns der Ausführungsfristen allerdings auch § 5 Abs. 2 VOB/B zu berücksichtigen.
74 BGH, Urt. v. 08.03.2001 – VII ZR 470/99, BauR 2001, 946.
75 BGH, Urt. v. 21.10.2003 – X ZR 218/01, BauR 2004, 331, 332 f.
76 Vgl. hierzu oben Rdn. 31 ff.
77 Vgl. auch *Motzke/Berger*, in Beck'scher VOB-Kommentar, B vor § 6 Rn. 7 f. und 14; *Oberhauser*, S. 72; *Werner/Pastor*, Rn. 2079, wonach die Grundsätze aus § 6 Abs. 2 und 4 VOB/B wegen des Verschuldenserfordernisses aus § 286 Abs. 4 BGB auf den BGB-Vertrag anzuwenden seien. Unklar bleibt indes, ob dort mit der Anwendung der Grundsätze aus § 6 Abs. 2 und 4 VOB/B allein die verzugshindernde Wirkung der Behinderung oder auch eine Verlängerung der Ausführungszeiten gemeint ist.

b) Durchsetzbarkeit

41 Der Durchsetzbarkeit der strafbewehrten Hauptverbindlichkeit und somit einem Verzug können Einreden des Auftragnehmers entgegen stehen. Ein Zurückbehaltungsrecht nach § 273 Abs. 1 BGB hindert den Verzugseintritt dabei regelmäßig[78] nur dann, wenn es durch den Auftragnehmer auch geltend gemacht wurde, da anderenfalls die Abwendungsbefugnis des Gläubigers aus § 273 Abs. 3 BGB leer liefe.[79] Hingegen kommt es für die Einrede des nichterfüllten Vertrags, § 320 Abs. 1 BGB, auf eine Geltendmachung nicht an;[80] allerdings bleibt bei einem VOB-Vertrag insoweit die Obliegenheit zur Nachfristsetzung aus § 16 Abs. 5 Nr. 5 VOB/B zu beachten.[81] Ein Verzugseintritt kann ferner auch daran scheitern, dass der Auftraggeber seinen Mitwirkungsobliegenheiten nicht nachkommt.[82]

2. Nichtleistung

42 Die vertragsstrafenbewehrte Hauptverbindlichkeit betrifft regelmäßig eine (rechtzeitige) Fertigstellung der geschuldeten Werkleistung. Was hiermit gemeint ist, muss im Wege der Auslegung geklärt werden.[83] Problematisch ist insoweit der Fall der mangelhaften Bauleistung. Eine Fertigstellung wird hier jedenfalls zu bejahen sein, wenn die Bauleistung nur unwesentliche Baumängel aufweist und deshalb abnahmereif ist.[84] Im Einzelfall können aber auch wesentliche Baumängel einer »Fertigstellung« nicht entgegen stehen.[85] So ist nicht auf die Abnahmereife, sondern auf die Bezugsfertigkeit abzustellen, wenn die Vertragsstrafenregelung den Zweck verfolgt, die rechtzeitige Nutzung des Bauwerks sicherzustellen.[86]

43 Eine Fertigstellung setzt hingegen nicht voraus, dass der Auftragnehmer diese dem Auftraggeber angezeigt oder diesen zur Abnahme aufgefordert hat.[87] Erst recht kommt es nicht darauf an, ob der Auftraggeber die Bauleistungen abnimmt. Ist strittig, ob die Fertigstellung rechtzeitig erfolgt ist, so trägt der Auftragnehmer die Darlegungs- und Beweislast nach § 345 BGB.[88]

3. Mahnung

44 Eine Mahnung ist entbehrlich, wenn die Parteien im Wege der Fälligkeitsvereinbarung einen Fertigstellungstermin (vgl. § 286 Abs. 2 Nr. 1 BGB) oder eine Fertigstellungsfrist (vgl. § 286 Abs. 2 Nr. 2 BGB) bestimmt haben. Bei einem VOB-Vertrag bleibt insoweit die Regelung des § 5 Abs. 1 S. 2 VOB/B (ausdrückliche Vereinbarung als Vertragsfrist) zu berücksichtigen.[89]

---

[78] Ausnahmsweise ist eine Geltendmachung nicht erforderlich, wenn der Auftraggeber wegen des Zurückbehaltungsrechts eine Leistung Zug-um-Zug verlangt, BGH, Urt. v. 16.03.1973 – V ZR 118/71, BGHZ 60, 320, 323.
[79] RG, Urt. v. 01.12.1911 – II 225/11, RGZ 77, 436, 438.
[80] BGH, Urt. v. 14.01.1993 – VII ZR 185/91, BauR 1993, 600, 601.
[81] *Vogel*, ZfIR 2005, 373, 383; *Oberhauser*, S. 51.
[82] BGH, Urt. v. 23.01.1996 – X ZR 105/93, NJW 1996, 1745, 1746.
[83] OLG Hamm, Urt. v. 17.03.2006 – 25 U 111/04, rechtskräftig durch BGH, Beschl. v. 08.05.2008 – VII ZR 119/06, BauR 2008, 1643, 1644.
[84] *Kniffka/Koeble*, 7. Teil Rn. 63 m.w.N.; *Werner/Pastor*, Rn. 2059. Ebenso *Oberhauser*, S. 47 f., die zutreffend darauf hinweist, dass die fehlende Abnahmereife vom Auftraggeber nicht (mehr) eingewandt werden kann, wenn dieser die Leistungen tatsächlich abgenommen hat.
[85] *Vogel*, ZfIR, 373, 376 m.w.N.
[86] OLG Hamm, a.a.O., 1645; OLG München, Urt. v. 21.03.2006 – 13 U 5102/05, BGH, Beschl. v. 25.01.2007 – VII ZR 106/06 (Nichtzulassungsbeschwerde zurückgewiesen), BauR 2007, 1055, 1055 f.; KG Berlin, Urt. v. 28.05.2002 – 15 U 4/01, BGH, Beschl. v. 26.06.2002 – VII ZR 246/02 (Revision nicht zugelassen), BauR 2003, 1568, 1570.
[87] BGH, Urt. v. 14.01.1999 – VII ZR 73/98, BauR 1999, 645, 648.
[88] *Kniffka/Koeble*, 7. Teil Rn. 65.
[89] *Oberhauser*, S. 46.

Kommt es bei einer Störung des Bauablaufs, der die Vertragsstrafenabrede nicht hinfällig werden 45
lässt,[90] zu einer Verlängerung der Ausführungsfristen,[91] so sind die Voraussetzungen aus § 286
Abs. 2 Nr. 1 und 2 BGB nicht mehr erfüllt.[92] Eine Mahnung ist mithin in diesem Fall grundsätzlich[93] erforderlich.[94] Dies birgt für den Auftraggeber die zusätzliche Schwierigkeit, dass er regelmäßig den neuen Fälligkeitszeitpunkt nicht zweifelsfrei bestimmen und eine Mahnung vor dem Eintritt der Fälligkeit nach dem eindeutigen Wortlaut des § 286 Abs. 1 S. 1 BGB (»Mahnung …, die nach dem Eintritt der Fälligkeit erfolgt«) keine Wirkung entfalten kann.[95] Bei einem BGB-Bauvertrag hingegen bleibt die Mahnung entbehrlich, weil sich hier Behinderungen nicht auf die Fälligkeit/Ausführungsfristen, sondern allein auf das Vertretenmüssen auswirken.[96]

4. Verschulden

Schließlich setzt ein Verzug nach § 286 Abs. 4 BGB ein Vertretenmüssen des Auftragnehmers 46
hinsichtlich der Nichtleistung voraus.[97] Der Auftragnehmer trägt die Darlegungs- und Beweislast
dafür, dass er die Fristüberschreitung nicht zu vertreten hat.[98] Dabei kann es im Einzelfall auch
darauf ankommen, ob und wieweit sich die Sorgfaltspflichtverletzung des Auftragnehmers tatsächlich auf die Verzögerung ausgewirkt hat.[99] Der Auftragnehmer kann sich im Hinblick auf
§ 286 Abs. 4 BGB auf eine Behinderung selbst dann berufen, wenn er diese dem Auftraggeber
nicht angezeigt hat.[100]

III. Vorbehalt bei Abnahme

Nach § 341 Abs. 3 BGB und § 11 Abs. 4 VOB/B kann der Gläubiger die Vertragsstrafe nur ver- 47
langen, wenn er sich diese bei der Annahme bzw. der Abnahme vorbehalten hat.[101]

1. Erfordernis eines Vorbehalts

Ausnahmsweise ist die Erklärung eines Vorbehalts entbehrlich, wenn der Vertragsstrafenanspruch 48
bereits gerichtlich geltend gemacht ist,[102] wenn er von dem Schuldner anerkannt wurde[103] oder
wenn eine Abnahme nicht stattfindet.[104] Ein Vorbehalt ist auch dann nicht erforderlich, wenn

---

90 Vgl. hierzu oben Rdn. 31 ff.
91 Vgl. hierzu oben Rdn. 40.
92 Etwas anderes gilt, wenn die Vertragsparteien im Hinblick auf die Ablaufstörung neue Ausführungsfristen einvernehmlich bestimmen, vgl. dazu oben Rdn. 26 ff.
93 Sofern kein Fall des § 286 Abs. 2 Nr. 3 oder 4 BGB gegeben ist.
94 BGH, Urt. v. 14.01.1999 – VII ZR 73/98, BauR 1999, 645, 648; Saarländisches OLG, Urt. v. 05.04.2001 – 8 U 642/00-127, BauR 2001, 1109, 1110; OLG Düsseldorf, Urt. v. 10.07.1997 – 21 U 205/96, BauR 1997, 1041, 1042.
95 Vgl. hierzu *Vogel*, ZfIR 2005, 373, 380 und *Oberhauser*, S. 54, die deshalb zu wiederholten Mahnungen in kurzen Abständen (ggf. auch täglich) raten.
96 Vgl hierzu schon oben Rdn. 27. So wie hier (keine Mahnung erforderlich) im Ergebnis auch MüKo-BGB/*Ernst*, § 286 Rn. 114.
97 Auf ein Vertretenmüssen kommt es hingegen nicht an, wenn der Auftragnehmer eine Garantie übernommen hat, vgl. *Oberhauser*, S. 55 m.w.N. Vgl. hierzu aber auch Staudinger/*Rieble*, BGB § 339 Rn. 161, wonach in diesem Fall auch die §§ 339 ff. keine Anwendung fänden.
98 *Kniffka/Koeble*, 7. Teil Rn. 67.
99 BGH, Urt. v. 10.05.2001 – VII ZR 248/00, BauR 2001, 1254, 1255 f.
100 BGH, Urt. v. 14.01.1999 – VII ZR 73/98, BauR 1999, 645, 648.
101 Hierauf hat der Architekt seinen Auftrag hinzuweisen, vgl. zu dieser Hinweispflicht *Vogel*, ZfIR 2005, 373, 385 und *Oberhauser*, S. 61 f., jeweils m.w.N.
102 BGH, Urt. v. 24.05.1974 – V ZR 193/72, BauR 1975, 55, 56.
103 OLG Celle, Urt. v. 17.12.1998 – 14 U 282/97, BauR 2000, 278, 278.
104 BGH, Urt. v. 09.04.1981 – VII ZR 192/80, BauR 1981, 373, 373, und Urt. v. 20.02.1997 – VII ZR 288/94, BauR 1997, 640, 640.

die nicht gehörige Erfüllung im Sinne des § 341 BGB bei Abnahme/Annahme noch nicht festgestellt werden kann.[105] Ferner ist das Vorbehaltserfordernis individualvertraglich abdingbar.[106] Der Vorbehalt wird hingegen nicht entbehrlich, wenn der Auftraggeber schon vor Abnahme mit dem Vertragsstrafenanspruch aufgerechnet hat.[107] Auch bei einer fingierten Abnahme nach § 640 Abs. 1 S. 3 BGB ist ein Vorbehalt zu erklären.[108]

2. Anforderungen an den Vorbehalt

a) Inhalt, Form

49 Bei dem Vorbehalt nach § 341 Abs. 3 BGB bzw. § 11 Abs. 4 VOB/B handelt es sich um eine einseitige, empfangsbedürftige und bedingungsfeindliche Willenserklärung des Gläubigers, aus der sich eindeutig der Wille ergeben muss, dass er weiterhin den verwirkten Vertragsstrafenanspruch geltend machen will.[109] Ein allgemeiner Vorbehalt, etwa dergestalt, dass sämtliche Ansprüche wegen der verspäteten Fertigstellung vorbehalten seien,[110] oder dass die Konventionalstrafe der Vertrag regele,[111] genügt insoweit nicht. Die Vertragsstrafe braucht in dem Vorbehalt nicht beziffert werden. Eine Angabe der Höhe der Vertragsstrafe ist aus Sicht des Auftraggebers vielmehr gefährlich, weil er bei fehlerhafter Angabe eines etwa überschießenden Anteils der Vertragsstrafe verlustig wird.[112]

50 Die Erklärung des Vorbehalts bedarf keiner Form,[113] kann somit auch mündlich erfolgen. Etwas anderes gilt für die förmliche Abnahme. Hier ist der Vorbehalt in die Niederschrift aufzunehmen.[114] Der Vorbehalt kann in einem vorbereiteten Abnahmeprotokoll formularmäßig enthalten sein und mit der Unterschrift wirksam erklärt werden.[115]

b) Erklärender

51 Jeder Vertreter des Auftraggebers, der ausdrücklich zur Durchführung der Abnahme beauftragt wurde, kann im Rahmen seiner Bevollmächtigung auch wirksam den Vertragsstrafenvorbehalt erklären.[116] Es ist auch hinreichend, wenn hinsichtlich der Abnahme lediglich eine Anscheinsvollmacht besteht.[117] Hingegen folgt aus der Vollmacht des Architekten zur Vornahme der technischen Abnahme keine Ermächtigung, den Vorbehalt zu erklären.[118] Fehlt es an einer Vertretungsmacht des Erklärenden, so sind die §§ 174 und 180 BGB zu beachten.[119]

---

105 OLG Köln, Urt. v. 12.04.1995 -19 U 169/94, BauR 1995, 708, 709.
106 BGH, Urt. v. 11.03.1971 – VII ZR 112/69, BauR 1971, 122, 123 m.w.N. In Allgemeinen Geschäftsbedingungen ist dies hingegen nicht vollständig möglich, BGH, Urt. v. 12.07.1984 – VII ZR 91/83, BauR 1984, 643, 644 m.w.N. Siehe hierzu auch oben Rdn. 14 f.
107 BGH, Urt. v. 04.11.1982 – VII ZR 11/82, BauR 1983, 77, 79 f.
108 *Oberhauser*, S. 68; *Kniffka/Koeble*, 7. Teil Rn. 69. Zum Zeitpunkt der Erklärung siehe unten Rdn. 55.
109 Staudinger/*Rieble*, BGB § 341 Rn. 29; *Vogel*, ZfIR 2005, 373, 384.
110 Vgl. hierzu *Oberhauser*, S. 59.
111 Vgl. hierzu OLG Frankfurt/M., Urt. v. 09.11.1984 – 10 U 195/83, BauR 1984, 584, 584.
112 *Vogel*, a.a.O.
113 Staudinger/*Rieble*, BGB § 341 Rn. 34.
114 BGH, Urt. v. 25.01.1973 – VII ZR 149/72, BauR 1973, 192, 193, und BGH, Urt. v. 25.09.1986 – VII ZR 276/84, BauR 1987, 92, 93 f.; OLG Frankfurt/M., Urt. v. 09.11.1984 – 10 U 195/83, BauR 1984, 584, 585.
115 BGH, Urt. v. 25.09.1986 – VII ZR 276/84, BauR 1987, 92, 93 f.
116 BGH, a.a.O., 94.
117 BGH, Urt. v. 06.03.1986 – VII ZR 235/84, BauR 1986, 444, 446. Der BGH hat hier eine Anscheinsvollmacht für den Fall bejaht, dass ein Dritter (Bauleiter) zur Abnahme erscheint, nachdem der Auftragnehmer den Auftraggeber selbst wegen eines Abnahmetermins angeschrieben hat.
118 OLG Hamm, Urt. v. 21.04.1993 – 12 U 40/92, IBR 1993, 232. Zur Haftung des Architekten bei Unterlassen des Vertragsstrafenvorbehalts siehe OLG Saarbrücken, Urt. v. 03.04.2007 – 4 U 587/05-226, NZBau 2008, 124.
119 Vgl. hierzu *Vogel*, ZfIR 2005, 373, 385.

Kommunalrechtliche Vertretungsregeln sind in diesem Zusammenhang nicht weiter beachtlich, sodass auch ein Bauleiter eine Kommune bei der Abnahme vertreten und deshalb den Vorbehalt wirksam erklären kann, aber auch muss.[120]

c) Erklärungsempfänger

Wegen des engen Zusammenhangs zwischen Abnahme und Vertragsstrafenvorbehalt ist im Zweifel anzunehmen, dass ein vom Auftragnehmer zur Durchführung der Abnahme bevollmächtigter Vertreter nicht nur zur Entgegennahme der Mängelanzeigen des Auftraggebers befugt ist, sondern auch zum Empfang einer den Vorbehalt einer Vertragsstrafe betreffenden Erklärung. Die bloße Entgegennahme des Vertragsstrafenvorbehalts auf der Seite des Auftragnehmers erfordert keinerlei rasche rechtsgeschäftliche »Reaktion«. Damit besteht aber auch kein Anlass zu verlangen, dass der Vertragsstrafenvorbehalt trotz des Auftretens eines (nicht in leitender Position stehenden) Abnahmebevollmächtigten stets gesondert gegenüber einem »Leitungsorgan« des Auftragnehmers ausgesprochen werden müsse.[121] Fehlt es an einer (passiven) Vertretungsmacht des Erklärungsempfängers, so sind §§ 180 S. 3 i.V.m. S. 2 und 177 BGB zu beachten, wobei jedoch eine Genehmigung entsprechend § 177 Abs. 1 BGB regelmäßig durch den Auftragnehmer verweigert werden wird.

d) Zeitpunkt der Erklärung

Die Vorschrift des § 341 Abs. 3 BGB, wonach der Gläubiger die Vertragsstrafe nur verlangen kann, wenn er sich das Recht dazu *bei* der Annahme vorbehält, ist eng auszulegen. Das bedeutet, dass Vorbehalte, die nicht bei der Annahme der Leistung selbst, sondern früher oder später erklärt wurden, nicht genügen, um den Anspruchsverlust zu verhindern.[122] Nach OLG Düsseldorf[123] soll indes auch ein »zeitnaher« Vorbehalt ausreichen.

Bei einer fingierten Abnahme nach § 12 Abs. 5 VOB/B muss der Vorbehalt bis zum Eintritt der Fiktionswirkungen, also spätestens bis zu den in § 12 Abs. 5 Nr. 1 und 2 VOB/B genannten Zeitpunkten, geltend gemacht werden, § 12 Abs. 5 Nr. 3 VOB/B.[124] Nichts anderes gilt für die fingierte Abnahme nach § 640 Abs. 1 S. 3 BGB. Hier muss der Auftraggeber innerhalb der vom Auftragnehmer zur Abnahme bestimmten Frist auch den Vertragsstrafenvorbehalt erklären.[125] Und auch bei einer Abnahme durch schlüssiges Verhalten ist der Vorbehalt bis zum Eintritt der Abnahmewirkung zu erklären.[126]

3. Wirkung des fehlenden bzw. nicht hinreichenden Vorbehalts

Der Rechtsverlust nach § 341 Abs. 3 BGB ist nicht Folge eines Verzichts, sondern tritt unmittelbar kraft Gesetzes ein.[127] Auf einen Verzichtswillen des Erklärenden kommt es somit ebenso wenig an wie auf dessen Erklärungsbewusstsein. Der Rechtsverlust ist lediglich eine von der Erklärung selbst unabhängige, nur an den unterlassenen Vorbehalt geknüpfte Nebenfolge.[128]

---

120 BGH, Urt. v. 06.03.1986 – VII ZR 235/84, BauR 1986, 444, 445.
121 BGH, Urt. v. 25.09.1986 – VII ZR 276/84, BauR 1987, 92, 94.
122 BGH, Urt. v. 11.03.1971 – VII ZR 112/69, BauR 1971, 122, 123, und Urt. v. 04.11.1982 – VII ZR 11/82, BauR 1983, 77, 79, jeweils m.w.N.
123 Urt. v. 08.09.2000 – 22 U 34/00, BauR 2001, 112, 114.
124 Ein Vorbehalt kann hier ausnahmsweise vor der »Abnahme«, nämlich innerhalb der »Fristen« aus § 12 Abs. 5 Nr. 1 und 2 VOB/B erklärt werden, vgl. Staudinger/*Rieble*, BGB § 341 Rn. 39 m.w.N.
125 *Kniffka*, ZfBR 2000, 227, 230; a.A. Staudinger/*Rieble*, BGB § 341 Rn. 41.
126 *Vogel*, ZfIR 2005, 373, 385, *Oberhauser*, S. 69.
127 Eingehend Staudinger/*Rieble*, BGB § 341 Rn. 54 ff.
128 BGH, Urt. v. 06.03.1986 – VII ZR 235/84, BauR 1986, 444, 445.

C. Einwendungen des Schuldners

I. Herabsetzung der Vertragstrafe

57 Nach § 343 BGB kann eine verwirkte, noch nicht entrichtete Vertragsstrafe, wenn sie unverhältnismäßig hoch ist, auf Antrag des Schuldners[129] auf den angemessenen Betrag herabgesetzt werden. Eine solche Herabsetzung ist nach § 348 HGB jedoch dann nicht möglich, wenn die Vertragsstrafe von einem Kaufmann im Betrieb seines Handelsgewerbes versprochen ist.[130] § 11 Abs. 1 VOB/B steht dabei einer Anwendung des § 348 HGB nicht entgegen;[131] eine Herabsetzung nach § 343 BGB ist für Kaufleute also auch beim VOB-Vertrag ausgeschlossen. Allerdings besteht ungeachtet des § 348 HGB für Kaufleute die Möglichkeit einer Herabsetzung der Vertragsstrafe nach § 313 Abs. 1 BGB[132] bzw. nach § 242 BGB.[133]

58 § 343 BGB gilt nur für individualvertraglich vereinbarte Vertragsstrafen.[134] Eine Herabsetzung unangemessen hoher Vertragsstrafen in AGB würde dem Verbot der geltungserhaltenden Reduktion zuwider laufen.[135]

II. Verjährung des Vertragsstrafenanspruchs

59 Die Vertragsstrafe verjährt in der regelmäßigen Verjährungsfrist des § 195 BGB innerhalb von drei Jahren. Die Verjährung beginnt nach § 199 Abs. 1 BGB mit dem Schluss des Jahres, in dem der Anspruch entstanden (die Strafe verwirkt) ist und der Gläubiger Kenntnis von den anspruchsbegründenden Umständen sowie der Person des Schuldner erlangt oder ohne grobe Fahrlässigkeit erlangen müsste. Die Verjährung tritt unabhängig von der Kenntnis spätestens zehn Jahre nach Entstehung ein, § 199 Abs. 4 BGB. Für den Verjährungsbeginn ist eine Geltendmachung des Strafanspruchs grundsätzlich nicht erforderlich.[136]

60 Trotz seiner Akzessorietät handelt es sich bei dem Vertragsstrafenanspruch um einen eigenständigen Anspruch. Auf die Verjährung der strafbewehrten Hauptforderung kommt es somit nach richtiger Auffassung nicht an.[137] Die zugrunde liegende Streitfrage hat durch die Schuldrechtsmodernisierung jedoch an Bedeutung verloren, da die Vertragsstrafe nicht mehr der dreißigjäh-

---

129 Zur Geltendmachung der Unangemessenheit der Vertragsstrafe durch einen Sicherungsgeber vgl. Staudinger/*Rieble*, BGB § 339 Rn. 238.
130 Infolge der Handelsrechtsreform handelt es sich bei Bauhandwerkern regelmäßig um Kaufleute im Sinne des § 1 Abs. 2 HGB, Baumbach/*Hopt*, § 1 Rn. 26. Zur Rechtslage nach »altem« Handelsrecht vgl. BGH, Urt. v. 02.06.1999 – VIII ZR 220/98, BauR 1999, 1298.
131 *Bewersdorf*, in: Beck'scher VOB-Kommentar, Teil B § 11 Nr. 1 72 f., m.w.N.; *Kuffer*, in: Heiermann/Riedl/Rusam, B § 11 Rn. 79; Kapellmann/Messerschmidt/*Langen*, VOB/B § 11 Rn. 47; a.A. *Wolfensberger/Langhein*, BauR 1982, 20 ff.
132 Vgl. BGH, Urt. v. 24.03.1954 – II ZR 20/53, NJW 1954, 998, noch zum Rechtsinstitut des Wegfalls der Geschäftsgrundlage.
133 BGH, Urt. v. 17.07.2008 – I ZR 168/05, BauR 2009, 501, 502, wobei allerdings die Vertragsstrafe nicht auf die nach § 343 BGB angemessene Höhe, sondern nur auf das Maß zu reduzieren sei, das ein Eingreifen des Gerichts nach § 242 BGB noch nicht rechtfertigen würde.
134 BGH, Urt. v. 18.11.1982 – VII ZR 305/81, BauR 1983, 80, 83f.
135 *Werner/Pastor*, Rn. 2074; Oberhauser S. 87 f.; vgl. auch *Bewersdorf*, in: Beck'scher VOB-Kommentar, Teil B § 11 Nr. 1 Rn. 50, und *Kuffer*, in: Heiermann/Riedl/Rusam, B § 11 Rn. 80.
136 Das gilt allerdings nur für den (im Baubereich typischen) Fall einer Vertragsstrafe wegen nicht gehöriger Erfüllung, *Vogel*, ZfIR 2005, 373, 387 (Fn. 167), m.w.N.; a.A. Staudinger/*Rieble*, BGB § 339 Rn. 227 und *Rieble*, NJW 2004, 2270 ff. mit dem Hinweis darauf, dass es sich bei dem Strafanspruch (allgemein) um einen verhaltenen Anspruch handele.
137 Staudinger/*Rieble*, BGB § 339 Rn. 229, mit weiteren zahlreichen Nachweisen, auch für die Gegenauffassung; *Vogel*, a.a.O.; wohl auch *Bewersdorf*, in: Beck'scher VOB-Kommentar, Teil B § 11 Nr. 1 Rn. 90 und *Oberhauser*, S. 127. A.A. *Kuffer*, in: Heiermann/Riedl/Rusam, B § 11 Rn. 53; Kapellmann/Messerschmidt/*Langen*, VOB/B § 11 Rn. 130; *Bschorr/Zanner*, S. 121 ff.

rigen Verjährung unterliegt und die zu sichernden Ansprüche aus dem Hauptvertrag regelmäßig auch nach drei Jahren verjähren.[138]

III. Treuwidrige Geltendmachung der Vertragsstrafe?

Von der instanzgerichtlichen Rechtsprechung[139] und in der Literatur[140] wurde unter Verweis auf § 9 Abs. 5 S. 1 VOB/A teilweise vertreten, dass die Geltendmachung einer Vertragsstrafe durch einen öffentlichen Auftraggeber gegen Treu und Glauben verstoße, wenn die Fristüberschreitung rein tatsächlich nicht zu einem Nachteil des Auftraggebers geführt hat. 61

Zutreffend ist insoweit, dass die Bestimmungen der VOB/A im Einzelfall als Ausprägung des Grundsatzes von Treu und Glauben verstanden werden und so grundsätzlich mittelbare Rechtswirkungen entfalten können. Ein Verstoß gegen § 9 Abs. 5 S. 1 VOB/A steht jedoch der Geltendmachung der Vertragsstrafe nach Treu und Glauben nur entgegen, wenn der Auftragnehmer das Verhalten des Auftraggebers bei Abgabe des Angebots als widersprüchlich werten durfte und er in seinem schutzwürdigen Vertrauen darauf, dass der Auftraggeber sich an die Regelung des § 9 Abs. 5 S. 1 VOB/A halten werde, enttäuscht worden ist.[141] Insoweit trägt der Auftragnehmer die Darlegungs- und Beweislast. 62

D. Sicherheiten

Der Vertragsstrafenanspruch ist durch eine Vertragserfüllungsbürgschaft regelmäßig mit abgesichert.[142] Die Sanktion für die nicht ordnungsgemäße, weil nicht fristgemäße Erfüllung gehört zu dem verbürgten Risiko, das der Bürge von vornherein in Betracht ziehen muss.[143] Hingegen sichert eine Gewährleistungsbürgschaft den Vertragsstrafenanspruch grundsätzlich nicht ab.[144] Für den Einzelfall kommt es jedoch auf die konkrete Festlegung des jeweiligen Bürgschaftszwecks und deren Auslegung an.[145] 63

Wird zwischen den Bauvertragsparteien ohne Mitwirkung des Bürgen die Verschiebung von Fertigstellungsterminen vereinbart, so verstößt dies gegen das Verbot der Fremddisposition (§ 767 Abs. 1 S. 3 BGB) mit der Folge, dass der Vertragsstrafenanspruch durch die Bürgschaft nicht mehr gedeckt ist.[146] 64

(...)

---

138 Anders jedoch insbesondere, wenn die Vertragsstrafe zur Sicherung eines Mangelanspruchs vereinbart ist. Hier gilt für die Hauptforderung nach § 634a Abs. 1 Nr. 2 i.V.m. Abs. 2 BGB die fünfjährige Verjährungsfrist ab Abnahme. Zudem können sich im Hinblick auf den Verjährungsbeginn Divergenzen ergeben.
139 Vgl. beispielsweise OLG Jena, Urt. v. 22.10.1996 – 8 U 474/96, BauR 2001, 1446, 1447.
140 *Leinemann*, BauR 2001, 1472, 1472 f.
141 BGH, Urt. v. 30.03.2006 – VII ZR 44/05, BauR 2006, 1128, 1130. Ein widersprüchliches Verhalten liegt dabei nicht vor, wenn der Auftraggeber subjektiv und vertretbar zu der Einschätzung kommt, dass die Überschreitung der Vertragsfrist erhebliche Nachteile verursachen kann. Allein der Umstand, dass eine Vertragsstrafe vereinbart worden ist, ohne dass die Voraussetzungen des § 9 Abs. 5 S. 1 VOB/A objektiv vorlagen, rechtfertigt es hingegen nicht, der vereinbarten Vertragsstrafe ihre Wirkung zu nehmen, BGH a.a.O.
142 Vgl. BGH, Urt. v. 07.06.1982 – VIII ZR 154/81, BauR 1982, 506, 507, und Urt. v. 23.01.2003 – VII ZR 210/01, BauR 2003, 870, 872.
143 BGH, Urt. v. 15.03.1990 – IX ZR 44/89, NJW-RR 1990, 811.
144 *Schmitz*, Sicherheiten für die Bauvertragsparteien, S. 89; *Vogel*, ZfIR 2005, 373, 387; *Bschorr/Zanner*, S. 139 f.
145 Vgl. hierzu Staudinger/*Rieble*, BGB § 339 Rn. 236 f.
146 *Vogel*, a.a.O., ergänzend auch zu der Frage, ob dies auch gilt, wenn die neue Terminsvereinbarung nur die einvernehmlich berechnete Verlängerung der Ausführungsfrist nach § 6 Abs. 2 VOB/B fixiert.

§§ 398–413 BGB

Abschnitt 5: Übertragung einer Forderung

§ 398 Abtretung

Eine Forderung kann von dem Gläubiger durch Vertrag mit einem anderen auf diesen übertragen werden (Abtretung). Mit dem Abschluss des Vertrags tritt der neue Gläubiger an die Stelle des bisherigen Gläubigers.

Kommentierung siehe § 413.

§ 399 Ausschluss der Abtretung bei Inhaltsänderung oder Vereinbarung

Eine Forderung kann nicht abgetreten werden, wenn die Leistung an einen anderen als den ursprünglichen Gläubiger nicht ohne Veränderung ihres Inhalts erfolgen kann oder wenn die Abtretung durch Vereinbarung mit dem Schuldner ausgeschlossen ist.

Kommentierung siehe § 413.

§ 400 Ausschluss bei unpfändbaren Forderungen

Eine Forderung kann nicht abgetreten werden, soweit sie der Pfändung nicht unterworfen ist.

Kommentierung siehe § 413.

§ 401 Übergang der Neben- und Vorzugsrechte

(1) Mit der abgetretenen Forderung gehen die Hypotheken, Schiffshypotheken oder Pfandrechte, die für sie bestehen, sowie die Rechte aus einer für sie bestellten Bürgschaft auf den neuen Gläubiger über.

(2) Ein mit der Forderung für den Fall der Zwangsvollstreckung oder des Insolvenzverfahrens verbundenes Vorzugsrecht kann auch der neue Gläubiger geltend machen.

Kommentierung siehe § 413.

§ 402 Auskunftspflicht; Urkundenauslieferung

Der bisherige Gläubiger ist verpflichtet, dem neuen Gläubiger die zur Geltendmachung der Forderung nötige Auskunft zu erteilen und ihm die zum Beweis der Forderung dienenden Urkunden, soweit sie sich in seinem Besitz befinden, auszuliefern.

Kommentierung siehe § 413.

§ 403 Pflicht zur Beurkundung

Der bisherige Gläubiger hat dem neuen Gläubiger auf Verlangen eine öffentlich beglaubigte Urkunde über die Abtretung auszustellen. Die Kosten hat der neue Gläubiger zu tragen und vorzuschießen.

Kommentierung siehe § 413.

§ 404 Einwendungen des Schuldners

Der Schuldner kann dem neuen Gläubiger die Einwendungen entgegensetzen, die zur Zeit der Abtretung der Forderung gegen den bisherigen Gläubiger begründet waren.

Kommentierung siehe § 413.

§ 405 Abtretung unter Urkundenvorlegung

Hat der Schuldner eine Urkunde über die Schuld ausgestellt, so kann er sich, wenn die Forderung unter Vorlegung der Urkunde abgetreten wird, dem neuen Gläubiger gegenüber nicht darauf berufen, dass die Eingehung oder Anerkennung des Schuldverhältnisses nur zum Schein erfolgt oder dass die Abtretung durch Vereinbarung mit dem ursprünglichen Gläubiger ausgeschlossen sei, es sei denn, dass der neue Gläubiger bei der Abtretung den Sachverhalt kannte oder kennen musste.

Kommentierung siehe § 413.

§ 406 Aufrechnung gegenüber dem neuen Gläubiger

Der Schuldner kann eine ihm gegen den bisherigen Gläubiger zustehende Forderung auch dem neuen Gläubiger gegenüber aufrechnen, es sei denn, dass er bei dem Erwerb der Forderung von der Abtretung Kenntnis hatte oder dass die Forderung erst nach der Erlangung der Kenntnis und später als die abgetretene Forderung fällig geworden ist.

Kommentierung siehe § 413.

§ 407 Rechtshandlungen gegenüber dem bisherigen Gläubiger

(1) Der neue Gläubiger muss eine Leistung, die der Schuldner nach der Abtretung an den bisherigen Gläubiger bewirkt, sowie jedes Rechtsgeschäft, das nach der Abtretung zwischen dem Schuldner und dem bisherigen Gläubiger in Ansehung der Forderung vorgenommen wird, gegen sich gelten lassen, es sei denn, dass der Schuldner die Abtretung bei der Leistung oder der Vornahme des Rechtsgeschäfts kennt.

(2) Ist in einem nach der Abtretung zwischen dem Schuldner und dem bisherigen Gläubiger anhängig gewordenen Rechtsstreit ein rechtskräftiges Urteil über die Forderung ergangen, so muss der neue Gläubiger das Urteil gegen sich gelten lassen, es sei denn, dass der Schuldner die Abtretung bei dem Eintritt der Rechtshängigkeit gekannt hat.

Kommentierung siehe § 413.

§ 408 Mehrfache Abtretung

(1) Wird eine abgetretene Forderung von dem bisherigen Gläubiger nochmals an einen Dritten abgetreten, so findet, wenn der Schuldner an den Dritten leistet oder wenn zwischen dem Schuldner und dem Dritten ein Rechtsgeschäft vorgenommen oder ein Rechtsstreit anhängig wird, zugunsten des Schuldners die Vorschrift des § 407 dem früheren Erwerber gegenüber entsprechende Anwendung.

(2) Das Gleiche gilt, wenn die bereits abgetretene Forderung durch gerichtlichen Beschluss einem Dritten überwiesen wird oder wenn der bisherige Gläubiger dem Dritten gegenüber anerkennt, dass die bereits abgetretene Forderung kraft Gesetzes auf den Dritten übergegangen sei.

Kommentierung siehe § 413.

§ 409 Abtretungsanzeige

(1) Zeigt der Gläubiger dem Schuldner an, dass er die Forderung abgetreten habe, so muss er dem Schuldner gegenüber die angezeigte Abtretung gegen sich gelten lassen, auch wenn sie nicht erfolgt oder nicht wirksam ist. Der Anzeige steht es gleich, wenn der Gläubiger eine Urkunde über die Abtretung dem in der Urkunde bezeichneten neuen Gläubiger ausgestellt hat und dieser sie dem Schuldner vorlegt.

(2) Die Anzeige kann nur mit Zustimmung desjenigen zurückgenommen werden, welcher als der neue Gläubiger bezeichnet worden ist.

Kommentierung siehe § 413.

§ 410 Aushändigung der Abtretungsurkunde

(1) Der Schuldner ist dem neuen Gläubiger gegenüber zur Leistung nur gegen Aushändigung einer von dem bisherigen Gläubiger über die Abtretung ausgestellten Urkunde verpflichtet. Eine Kündigung oder eine Mahnung des neuen Gläubigers ist unwirksam, wenn sie ohne Vorlegung einer solchen Urkunde erfolgt und der Schuldner sie aus diesem Grunde unverzüglich zurückweist.

(2) Diese Vorschriften finden keine Anwendung, wenn der bisherige Gläubiger dem Schuldner die Abtretung schriftlich angezeigt hat.

Kommentierung siehe § 413.

§ 411 Gehaltsabtretung

Tritt eine Militärperson, ein Beamter, ein Geistlicher oder ein Lehrer an einer öffentlichen Unterrichtsanstalt den übertragbaren Teil des Diensteinkommens, des Wartegelds oder des Ruhegehalts ab, so ist die auszahlende Kasse durch Aushändigung einer von dem bisherigen Gläubiger ausgestellten, öffentlich oder amtlich beglaubigten Urkunde von der Abtretung zu benachrichtigen. Bis zur Benachrichtigung gilt die Abtretung als der Kasse nicht bekannt.

Kommentierung siehe § 413.

§ 412 Gesetzlicher Forderungsübergang

Auf die Übertragung einer Forderung kraft Gesetzes finden die Vorschriften der §§ 399 bis 404, 406 bis 410 entsprechende Anwendung.

Kommentierung siehe § 413.

§ 413 Übertragung anderer Rechte

Die Vorschriften über die Übertragung von Forderungen finden auf die Übertragung anderer Rechte entsprechende Anwendung, soweit nicht das Gesetz ein anderes vorschreibt.

Schrifttum

Achilles-Baumgärtel Der Anspruch auf Kostenvorschuss im Gewährleistungsrecht, Baurechtliche Schriften, Band 40, 1998; *Blank* Zur Wirksamkeit von Abtretungsklauseln in Bauträgerverträgen, wenn sie mit Klauseln verbunden sind, die die Gewährleistung des Bauträgers einschränken, Festschrift für Ganten (2007), S. 97; *Feuerborn* Die Geltendmachung von Gewährleistungsansprüchen im Bauträgerkonkurs, ZIP 1994, 14; *Ganter* Die ursprüngliche Übersicherung, WM 2001, 1; *Graßnack* Die Abtretung von Gewährleistungsansprüchen gegen die am Bau beteiligten Unternehmer im Vertrag des Bauträgers mit dem Erwerber von Wohnungseigentum, BauR 2006, 1394; *Jagenburg* Haftungsbeschränkung durch Abtretung von Gewährleistungsansprüchen, NJW 1972, 1222; *Scheyhing* Zur Abtretbarkeit der Mängelrechte aus einem Werkvertrag, JZ 1986, 86; *Schmalzl* Die Haftpflichtversicherung der Baubeteiligten, BauR 1981, 514; *Schmitz* Sicherheiten für die Bauvertragsparteien, 2005; *Schonebeck* Die Abtretung von Mängelansprüchen, BauR 2005, 934; *Wudy* Die Insolvenz des Bauträgers aus bevorzugt notarieller Sicht, MittBayNot 2000, 489.

Übersicht	Rdn.		Rdn.
A. Allgemeines	1	c) Haftungsausschluss bei gleichzeitiger Abtretung der Mängelansprüche	45
B. Regelungsgehalt	2		
I. Abtretungsvertrag	2		
II. Abtretbare Forderungen	5	aa) Wirksamkeit der Freizeichnungsklausel	47
1. Vergütungsanspruch	5	bb) Schicksal der Abtretung	52
a) Zulässigkeit der Abtretung	5	d) Zusätzliche Abtretung von Mängelansprüchen durch den Bauträger	53
b) Gesetzliche Einschränkungen der Abtretbarkeit	8		
aa) Treu und Glauben, § 242 BGB	8	e) Abtretung von Mängelansprüchen und die Verwertung von Sicherheiten	57
bb) Inhaltsänderung, § 399 Alt. 1 BGB	10		
c) Vertragliche Einschränkungen der Abtretbarkeit	12	f) Leistungsverweigerungsrecht bei abgetretenen Mängelrechten	62
aa) Grundsatz und Ausnahme des § 354a Abs. 1 HGB	12	g) Abtretbarkeit des Vorschussanspruches	64
bb) Abtretungsverbot	16	C. Besondere Problemkreise	65
cc) Abtretung nur mit Zustimmung des Auftraggebers	18	I. Die ARGE und die Abtretung von Forderungen	65
d) Vertragliche Abreden	21	II. Abtretung und Gläubigerbenachteiligungsabsicht	69
aa) Verlängerter Eigentumsvorbehalt	21		
bb) Globalzession/Übersicherung	24	III. Abtretung als Sicherungsmittel?	71
2. Mängelrechte	28	IV. Abtretung erfüllungshalber und Stundung	72
a) Begriff der Mängelansprüche	29		
b) Zulässigkeit der Abtretung	30	V. Verjährungshemmung durch Prozessaufrechnung	73

A. Allgemeines

Besondere Regelungen über die Abtretbarkeit von Forderungen sind weder im Werkvertragsrecht noch in der VOB/B enthalten. Es gelten daher die allgemeinen Vorschriften zur Übertragung einer Forderung nach §§ 398 ff. BGB. Bei der Abtretung handelt es sich um ein Verfügungsgeschäft, das von dem schuldrechtlichen Grundgeschäft zu unterscheiden ist. 1

B. Regelungsgehalt

I. Abtretungsvertrag

Die Übertragung einer Forderung durch Abtretung gemäß § 398 BGB wird durch einen Vertrag bewirkt. Diesen schließt der Gläubiger der Forderung (Zedent) mit einem Dritten, dem neuen Gläubiger (Zessionar). Der Schuldner ist an diesem Vertrag nicht beteiligt. Der Vertrag enthält eine Einigung über den Forderungsübergang. Abzugrenzen ist die Abtretung von der Vertragsübernahme, bei der nicht nur ein einzelnes Recht, sondern eine vertragliche Rechtsstellung übertragen wird.[1] Grundsätzlich ist der Abschluss eines Abtretungsvertrages formfrei möglich. Eine Ausnahme gilt, wenn sie in Zusammenhang mit einem formbedürftigen Rechtsgeschäft steht, wie zum Beispiel einer Vereinbarung im Sinne von § 311b BGB. 2

---

[1] *Schonebeck*, BauR 2005, 934, 935.

3 Entsprechend der Verfügungsnatur der Abtretung muss die Forderung so genau bezeichnet werden, dass ihre Zugehörigkeit zum Vermögen des Zedenten sowie Art, Umfang und Person des Schuldners festgestellt werden können.[2]

4 Es können auch zukünftige Forderungen abgetreten werden. Die Grundlage der künftigen Ansprüche braucht zu diesem Zeitpunkt noch nicht bestehen.[3] Es genügt, dass die Entstehung einer Forderung möglich erscheint. Die zukünftige Forderung muss im Augenblick des Wirksamwerdens der Abtretung jedoch zumindest bestimmbar sein.[4] Hieran fehlt es nicht schon dann, wenn der Abtretende sich vorbehält, selbst die Nacherfüllung durchzusetzen.[5] Allerdings genügt es hinsichtlich der Person des Schuldners für die Bestimmtheit und Wirksamkeit der Abtretung, dass diese im Zeitpunkt der Entstehung des abgetretenen Anspruches feststeht, auch wenn Sie dem neuen Gläubiger (Zessionar) zu diesem Zeitpunkt noch nicht bekannt ist.[6]

II. Abtretbare Forderungen

1. Vergütungsanspruch

a) Zulässigkeit der Abtretung

5 Grundsätzlich ist die Abtretung des Vergütungsanspruches zulässig. Sie setzt keinen besonderen wirtschaftlichen Hintergrund voraus. Daher ist die Abtretung selbst dann zulässig, wenn sie alleine dem prozesstaktischen Ansinnen dient, den Zedenten in einem anstehenden Prozess von der Rolle als Partei zu befreien und stattdessen zum Zeugen zu machen.[7] Auch kann bei derartigen Beweggründen regelmäßig nicht vom Vorliegen einer bloßen Einziehungsermächtigung ausgegangen werden, sondern vielmehr von der fiduziarischen Übertragung des Vollrechts.[8]

> ▶ **Beispiel**
>
> Ein Auftragnehmer beabsichtigt seine Werklohnforderung einzuklagen. Allerdings liegt dem Auftrag nur eine mündliche Vereinbarung zu Grunde. Um für den Inhalt der Vereinbarung als Zeuge auftreten zu können, tritt er seinen Vergütungsanspruch an seine Ehefrau ab, die diesen in der Folge einklagt.

6 Einzelne Positionen einer Schlussrechnung sind jedoch nicht abtretbar, da es sich dabei nicht um Forderungen im Sinne von §§ 398 ff. BGB handelt. Maßgeblich ist dabei, dass der als Einzelposition geltend gemachte Betrag sich nicht zweifelsfrei abgrenzen lässt und nicht vom Schicksal der übrigen Forderungsteile unabhängig ist.[9]

7 Werden »alle Forderungen aus dem vorbezeichneten Bauvertrag« abgetreten, ist dies in einem umfassenden Sinn zu verstehen. Demnach sind auch Forderungen aus einem Nachtragsauftrag und aus auftragslosen Leistungen von dieser Abtretung umfasst.[10]

---

2 OLG Düsseldorf, 16.02.1995, 18 U 137/94, WM 1995, 1112.
3 BGH, 22.09.1965, VIII ZR 265/63, NJW 1965, 2197.
4 BGH, 12.10.1999, XI ZR 24/99, NJW 2000, 276.
5 BGH, 08.12.1983, VII ZR 152/82, BauR 1984, 172.
6 BGH, 16.04.1973, VII ZR 155/72, BauR 1975, 206.
7 OLG Bamberg, 07.02.1997, 6 U 62/96, WM 1997, 1282; OLG Karlsruhe, 20.12.1989, 1 U 103/89, NJW-RR 1990, 753; BGH, 08.01.1976, III ZR 148/73, WM 1976, 424.
8 OLG München, 03.11.1983, 24 U 185/83, BauR 1985, 209.
9 BGH, 22.10.1999, VII ZR 167/97, BauR 1999, 251; OLG Brandenburg, 09.07.2003, 13 U 47/03, BauR 2004, 87.
10 BGH, 07.06.2001, IX ZR 134/00, MDR 2001, 1189.

b) Gesetzliche Einschränkungen der Abtretbarkeit

aa) Treu und Glauben, § 242 BGB

Eine Abtretung kann im Einzelfall gegen Treu und Glauben verstoßen und deshalb unwirksam sein. Hierfür reichen bereits prozessökonomische Aspekte aus.

▶ **Beispiel**

Der Gläubiger verklagt den Schuldner auf Zahlung einer Teilforderung. Dann tritt der Gläubiger die nichtanhängige Restforderung an einen Dritten ab. Dadurch zwingt der Zedent den Schuldner, sich insoweit in einen weiteren Rechtsstreit zu begeben. Die Abtretung ist unwirksam.[11]

Es kann ebenso unzulässig sein, einen Vergütungsanspruch »an Zahlung statt« abzutreten.

▶ **Beispiel**

Ein Generalunternehmer wird von seinem Auftraggeber für die erbrachten Werkleistungen nicht bezahlt. Er hat daher auch keine Liquidität, um seinen Nachunternehmer zu bezahlen. Aus diesem Grund tritt der GU seinen Vergütungsanspruch an diesen »an Zahlung statt« ab. Durch die Abtretung wird der Nachunternehmer direkt an den zahlungsunwilligen oder zahlungsunfähigen Auftraggeber verwiesen. Die Zession ist daher unwirksam.[12]

bb) Inhaltsänderung, § 399 Alt. 1 BGB

Die Abtretung eines Vergütungsanspruchs ist nach § 399 Alt. 1 BGB ausgeschlossen, wenn der Schuldner an den Zessionar nicht ohne Veränderung des Leistungsinhalts leisten kann.

▶ **Beispiel**

Ein Generalunternehmer hat mit seinem Auftraggeber nach § 16 Abs. 2 VOB/B zweckgebundene Vorauszahlungen zur Sicherstellung der Ausführung von bestimmten Teilleistungen vereinbart. Eine Abtretung des Anspruchs auf Vorauszahlung durch den GU an beliebige Dritte ist unzulässig.[13] Hingegen wäre dem GU die Abtretung an seinen Baustofflieferanten oder Nachunternehmer möglich, sofern diese zu der geschuldeten Teilleistung des GU mit Material oder Arbeit beitragen. Selbst in diesem Fall ist die Abtretung auf die Höhe des jeweiligen Beitrages zu beschränken.[14]

Neben Vorauszahlungen sind auch Baugelder im Sinne von § 1 Abs. 3 BauFordSiG zweckgebunden und können deshalb nicht an bauunbeteiligte Dritte abgetreten werden. Auch unterliegt der Anspruch auf Baugeld nicht dem Pfandrecht der Kreditinstitute, das in den AGB der Banken und Sparkassen vorgesehen ist. Voraussetzung ist allerdings, dass den Kreditinstituten die Baugeldeigenschaft bekannt war.[15] Die Ansprüche auf Leistung von Abschlagszahlungen sind ohne weiteres abtretbar.[16]

---

11 OLG Düsseldorf, 17.03.1981, 21 U 162/80, MDR 1981, 669.
12 OLG Frankfurt, 08.04.1975, 5 U 128/74, NJW 1975, 1662.
13 BGH, 30.03.1978, VII ZR 331/75, BauR 1978, 499 (für Vorschüsse auf Architektenhonorar). Hinweis: gem. § 851 Abs. 2 ZPO ist die Pfändung von Forderungen, die nach § 399 BGB nicht übertragbar sind, nur eingeschränkt möglich. Auf die Unpfändbarkeit kann sich der Auftraggeber als Drittschuldner berufen.
14 LG Tübingen, 03.12.1990, 1 S 227/90, BauR 1991, 385.
15 BGH, 13.10.1987, VI ZR 270/86, BauR 1988, 107.
16 *Messerschmidt*, in: Kapellmann/Messerschmidt, VOB/B § 16 Rn. 93.

c) Vertragliche Einschränkungen der Abtretbarkeit

aa) Grundsatz und Ausnahme des § 354a Abs. 1 HGB

12 § 399 Alt. 2 BGB sieht vor, dass eine Forderung nicht abgetreten werden kann, wenn die Abtretung durch Vereinbarung mit dem Schuldner ausgeschlossen ist. Die einer solchen Abtretung zuwider laufende Abtretung ist gegenüber jedem Dritten unwirksam.[17]

13 Eine Ausnahme gilt allerdings in den Fällen des § 354a Abs. 1 S. 1 HGB.[18] Demnach kann die Abtretung einer Geldforderung dann nicht ausgeschlossen werden, wenn das zu Grunde liegende Rechtsgeschäft für beide Parteien ein Handelsgeschäft darstellt.[19] Das Gleiche gilt, wenn der Schuldner eine juristische Person des öffentlichen Rechts oder ein öffentlich-rechtliches Sondervermögen ist. Gemäß § 354a Abs. 1 S. 3 HGB ist die Vorschrift zwingend. Daher sind insbesondere die Aufrechnungsverbote unbeachtlich – und damit die Abtretungen wirksam –, die im Rahmen öffentlicher Vergabe durchgesetzt werden.

14 Der Schuldner ist beim Vorliegen dieses Ausnahmefalles und erfolgter Abtretung nicht gehindert, unabhängig von seiner Kenntnis der Abtretung mit befreiender Wirkung an den bisherigen Gläubiger (Zedent) zu leisten, vgl. § 354a Abs. 1 S. 2 HGB.[20] Zwar hat der Zedent durch die wirksame Abtretung seine Rechte an der abgetretenen Forderung, insbesondere seine Einzugsermächtigung, verloren. Jedoch verbleibt ihm eine Empfangszuständigkeit.[21]

15 Ist eine Abtretung, die trotz Abtretungsverbot erfolgt ist, nach § 354a Abs. 1 S. 1 HGB wirksam, kann der Schuldner in Kenntnis der Abtretung mit dem Zedenten keinen wirksamen Vergleich mit dem Inhalt schließen, dass die Forderung ganz oder teilweise nicht mehr geltend gemacht werden kann.[22] Ein entsprechender Vergleich ist nur unter den Voraussetzungen des § 407 Abs. 1 BGB wirksam, d.h. ab Kenntnis des Schuldners von der Abtretung nur noch zwischen diesem und dem Zessionar.[23] Forderungsbezogene Rechtsgeschäfte werden demnach nicht von § 354a Abs. 1 S. 2 HGB erfasst, der dem Zedenten lediglich eine Empfangszuständigkeit belässt.[24]

bb) Abtretungsverbot

16 Grundsätzlich sind Abtretungsverbote auch in AGB zulässig.[25] Ein Insolvenzverwalter über das Vermögen des Unternehmers muss es gegen sich gelten lassen.[26] Dem steht § 307 Abs. 1 S. 1 BGB auch dann nicht entgegen, wenn der Auftragnehmer durch das Abtretungsverbot gehindert wird, seinen Vergütungsanspruch als Sicherungsmittel zur Finanzierung von Baustofflieferanten oder Nachunternehmerleistungen einzusetzen. Maßgeblich hierfür ist, dass dem Interesse des Auftraggebers der Vorrang eingeräumt wird, die Werklohnforderung im Wege des Zurückbehaltungsrechtes gegenüber dem Auftragnehmer als Druckmittel zur Durchsetzung berechtigter Mängelbeseitigungsansprüche zu verwenden und sich nicht statt dessen mit einer beliebigen Anzahl von

---

17 BGH, 14.10.1963, VII ZR 33/62, NJW 1964, 243; *Jagenburg*, in: Beck'scher VOB-Kommentar, Teil B, Vor § 2 Rn. 358.
18 Eingefügt durch das Gesetz zur Änderung des DM-Bilanzgesetzes und anderer Handelsrechtlicher Bestimmungen vom 25.07.1994, BGBl. I S. 1682 ff.
19 Eine entsprechende Anwendung des § 354a HGB auf Rechtsgeschäfte, die nicht für beide Vertragspartner ein Handelsgeschäft darstellen, ist nicht möglich, vgl. BGH, 13.07.2006, VII ZR 51/05, BauR 2007, 373.
20 BT-Drucks. 12/7912, S. 25 unter 5b.
21 MüKo-HGB/*K.Schmidt*, § 354a Rn. 19.
22 BGH, 13.11.2008, VII ZR 188/07, BauR 2009, 241.
23 BGH, 13.11.2008, VII ZR 188/07, BauR 2009, 241.
24 MüKo-HGB/*K.Schmidt*, § 354a Rn. 22.
25 BGH, 13.07.2006, VII ZR 51/05, BauR 2007, 373.
26 BGH, 27.05.1971, VII ZR 85/69, NJW 1971, 1750.

Zessionaren auseinander setzen zu müssen.[27] Eine Abtretung, die trotz Abtretungsverbot vorgenommen wurde, ist gegenüber jedermann unwirksam,[28] auch gegenüber dem Insolvenzverwalter über das Vermögen des Zedenten.[29]

Erklärt sich der Auftraggeber nachträglich mit einer vereinbarten Abtretung einverstanden, wird dadurch ein vertragliches Abtretungsverbot ex nunc aufgehoben. § 184 BGB findet keine Anwendung, da zu keinem Zeitpunkt ein schwebend unwirksames Rechtsgeschäft vorlag.[30] 17

cc) Abtretung nur mit Zustimmung des Auftraggebers

Das Vorgesagte gilt auch für Abtretungen, deren Wirksamkeit von der Zustimmung des Auftraggebers abhängen soll, wie dies häufig in den Vertragsbedingungen der öffentlichen Hand vorgesehen ist. Eine derartige Vereinbarung steht einem Abtretungsverbot gleich.[31] 18

Eine Abtretung, die ohne Zustimmung des Auftraggebers vorgenommen wird, ist solange schwebend unwirksam, bis sie entweder durch Verweigerung der Zustimmung endgültig unwirksam wird oder aber durch nachträgliche Zustimmung (Genehmigung) wirksam wird.[32] Im Einzelfall kann die Verweigerung der Zustimmung unbillig sein.[33] 19

Im Grundsatz wirkt die Genehmigung einer Abtretung auf den Zeitpunkt der Vornahme des Rechtsgeschäftes zurück, vgl. § 184 Abs. 1 BGB. Die Rückwirkung betrifft keine Zwischenverfügungen, die über die Vergütungsforderung bis zur Genehmigung getroffen werden, vgl. § 184 Abs. 2 BGB. 20

▶ **Beispiel**

Noch bevor der Auftraggeber seine Zustimmung zur vereinbarten Abtretung geben kann, wird der Vergütungsanspruch durch einen Gläubiger des Auftragnehmers gepfändet. Die Pfändung bleibt trotz Genehmigung der Abtretung wirksam. Die Abtretung geht daher ins Leere.

d) Vertragliche Abreden

aa) Verlängerter Eigentumsvorbehalt

Im Baubereich ist der verlängerte Eigentumsvorbehalt insbesondere beim Baustoffhandel weit verbreitet. Dabei erklärt sich der Baustoffhändler damit einverstanden, dass der Käufer den Kaufgegenstand im Rahmen seines Geschäftsbetriebes weiter veräußert oder verarbeitet bevor er diesen bezahlt. Als Kompensation für den Verlust des Eigentumsvorbehaltes, der durch die Weiterveräußerung bzw. Verarbeitung unter geht, wird im Voraus der Anspruch auf den Weiterveräußerungserlös durch den Käufer abgetreten.[34] 21

Verarbeitet der Käufer Baumaterialien, die er unter verlängertem Eigentumsvorbehalt erworben hat, obwohl er mit seinem Auftraggeber hinsichtlich seiner Vergütungsansprüche ein vertragliches Abtretungsverbot oder das Erfordernis einer Zustimmung zur Abtretung vereinbart hat, verbleibt der Baustofflieferant ohne Sicherung für den Untergang seines Eigentumsvorbehaltes. Die Vereinbarungen über den Ausschluss bzw. die Beschränkung der Abtretbarkeit haben Vorrang vor dem 22

---

[27] BGH, 13.07.2006, VII ZR 51/05, BauR 2007, 373.
[28] BGH, 14.10.1963, VII ZR 33/62, NJW 1964, 243.
[29] BGH, 27.05.1971, VII ZR 85/69, NJW 1971, 1750.
[30] BGH, 01.02.1978, VIII ZR 232/75, NJW 1978, 813.
[31] BGH, ZIP 2005, 445; *Jansen*, in: Beck'scher VOB-Kommentar, Teil B, Vor § 2 Rn. 250.
[32] BGH, 14.10.1963, VII ZR 33/62, NJW 1964, 243; BGH, 12.05.1971, VIII ZR 196/69, NJW 1971, 1311.
[33] BGH, 25.11.1999, VII ZR 22/99, BauR 2000, 569, 571.
[34] Palandt/*Putzo*, § 449 Rn. 18.

verlängerten Eigentumsvorbehalt (Grundsatz der Priorität).[35] Wegen des Eigentumsverlustes kann der Baustofflieferant nur Ansprüche gegen den Käufer als seinen Vertragspartner geltend machen. Gegen den Auftraggeber des Käufers, der lediglich den Einbau der Materialien duldet, stehen ihm keine Ersatzansprüche zu – weder aus ungerechtfertigter Bereicherung noch aus unerlaubter Handlung.[36]

23 Der Anwendungsbereich des verlängerten Eigentumsvorbehaltes beschränkt sich nicht auf Kauf- und Werklieferungsverträge über vertretbare Sachen.[37] Vielmehr erstreckt sich dieser auch auf den Werkvertrag, sofern der verlängerte Eigentumsvorbehalt ausreichend bestimmbar ist und den genauen Umfang der Vorausabtretung des Weiterverarbeitungserlöses erkennen lässt.[38]

▶ Beispiel

Der Käufer (Auftragnehmer/Zedent) vereinbart zusätzlich mit dem Auftraggeber, die gelieferten und eingebauten Baustoffe gesondert in Rechnung zu stellen. Zumindest in diesem – praktisch jedoch seltenen – Fall hat der BGH die Wirksamkeit des verlängerten Eigentumsvorbehaltes angenommen.[39]

bb) Globalzession/Übersicherung

24 Unter einer Globalzession versteht man die Abtretung aller künftigen Forderungen aus dem Geschäftsbetrieb.[40] In diesem Rahmen oder durch eine andere weitreichende Sicherungsabrede können auch Vergütungsansprüche abgetreten werden.

25 Eine Globalzession ist ausnahmsweise dann sittenwidrig, wenn Sie zu einer Täuschung und Gefährdung späterer Gläubiger führt und die Parteien dies in Kauf genommen haben.[41] Bei einem Konflikt zwischen Globalzession und verlängertem Eigentumsvorbehalt ist vom Grundsatz der Priorität auszugehen, sofern beide wirksam vereinbart worden sind.[42]

26 Gemäß § 138 BGB kann eine Sittenwidrigkeit der Abtretung auch dann vorliegen, wenn eine erhebliche, anfängliche Übersicherung gegeben ist.[43] Dabei kommt es maßgeblich auf die Werthaltigkeit der übertragenen Forderungen an. Auf die für die Sicherungsübereignung von Warenlagern entwickelten Grundsätze kann hier nicht ohne Weiteres zurück gegriffen werden.[44]

▶ Beispiel

Die Abtretung von Forderungen in Höhe von 5,8 Mio DM zur Sicherung eines Kredites von 1,1 Mio DM ist dann nicht sittenwidrig, wenn die Quote der ausfallenden Forderungen möglicher Weise deutlich über 50 % liegt.[45]

---

35 BGH, 28.11.1968, VII ZR 157/66, NJW 1969, 415; OLG Stuttgart, 08.02.1979, 10 U 134/78, BauR 1980, 580.
36 BGH, NJW 27.05.1971, VII ZR 85/69, 1971, 1750.
37 *Jansen*, in: Beck'scher VOB-Kommentar, B Vor § 2 Rn. 245. A.A. Ingenstau/Korbion/*Keldungs*, VOB/B § 2 Rn. 72.
38 BGH, 16.12.1957, VII ZR 402/56, NJW 1958, 417; Palandt/*Putzo*, § 449 Rn. 17 f.
39 BGH, 12.02.1959, VIII ZR 108/58, BB 1959, 355.
40 Palandt/*Heinrichs*, BGB § 138 Rn. 77, 97.
41 BGH, 09.03.1977, VIII ZR 1978/75, DB 1977, 949; Palandt/*Heinrichs*, BGB § 138 Rn. 77 m.w.N.
42 Palandt/*Heinrichs*, BGB § 398 Rn. 24.
43 BGH, 12.03.1998, IV ZR 74/95, NJW 1998, 2047; OLG Hamm, 09.10.2001, 21 U 6/01, WM 2002, 451.
44 Vgl. hierzu BGHZ 137, 212; OLG Hamm, 09.10.2001, 21 U 6/01, WM 2002, 451; *Ganter*, WM 2001, 1.
45 BGH, 15.05.2003, IX ZR 218/02, BB 2003, 1528.

Bei revolvierenden Sicherheiten ist eine nachträgliche Übersicherung möglich. Diese lässt jedoch 27
die Wirksamkeit der Abtretung unberührt, begründet jedoch ggf. einen Freigabeanspruch.[46] Die
Werthaltigkeit der übertragenen Forderungen ist hier ebenfalls entscheidend.

2. Mängelrechte

Die Möglichkeit der Abtretung von Mängelansprüchen an einen Dritten ist insbesondere im Falle 28
der Weiterveräußerung eines neu errichteten oder noch zu errichtenden Bauwerkes von Bedeutung und wird von der Rechtsprechung bejaht.[47]

a) Begriff der Mängelansprüche

Der Bundesgerichtshof hat für das BGB in seiner bis zum 31.12.2001 gültigen Fassung entschie- 29
den, dass Gewährleistungsrechte grundsätzlich abgetreten werden können.[48] Dabei differenzierte
das Gesetz nicht zwischen Ansprüchen des Bestellers vor oder nach der Abnahme.[49] Daran hat
sich auch durch das am 01.01.2002 in Kraft getretene Schuldrechtsmodernisierungsgesetz
(SRMG) trotz der neu gefassten §§ 633 ff. BGB nichts geändert.[50] Der Begriff der Mängelrechte
ist daher weit zu verstehen. Demnach gelten die folgenden Grundsätze sowohl für entsprechende
Rechte gemäß § 4 VOB/B als auch für die nach Abnahme bestehenden Mängelrechte aus § 13
VOB/B bzw. § 634 BGB.

b) Zulässigkeit der Abtretung

Abtretbar ist unstreitig der Nacherfüllungsanspruch[51] einschließlich Kostenvorschuss und Kosten- 30
erstattung[52] gemäß §§ 634 Nr. 1, 635, 634 Nr. 2, 637 BGB bzw. § 13 Nr. 5 VOB/B. Dies ist
auch dann möglich, wenn der neue Gläubiger das Bauwerk bzw. die Bauleistung nicht erworben
hat. Da mit der Abtretung des Nacherfüllungsanspruches keine Änderung des Leistungsinhaltes
erfolgt, steht dem § 399 BGB nicht entgegen. Unwesentlich ist auch, ob die Verfügungsgewalt
über das nachzubessernde Werk bei dem neuen Gläubiger liegt. Der Inhalt der Nacherfüllungspflicht des Auftragnehmers wird auch dadurch nicht verändert.[53]

Nach dem BGH können auch Minderungsrechte gemäß §§ 634 Nr. 3, 638 BGB bzw. § 13 Nr. 6 31
VOB/B abgetreten werden.[54] Bei der Minderung wird nicht in den Bestand des Vertrages im Sinne einer Auflösung eingegriffen. Vielmehr wird lediglich als Ausgleich für eine Vermögenseinbuße
des Auftraggebers die Vergütung des Auftragnehmers herabgesetzt. Eine entsprechende Kompensation gibt es beim Schadensersatz neben der Leistung und beim Schadensersatz statt der Leistung
in Form des kleinen Schadensersatzanspruches (früher: Schadensersatz wegen Nichterfüllung) gemäß §§ 634 Nr. 4, 636, 280 BGB bzw. § 13 Nr. 7 VOB/B, der daher ebenso abtretbar ist.[55]

Nicht abtretbar sind hingegen sowohl das gesetzliche Rücktrittsrecht (§§ 634 Nr. 3, 636, 323, 32
326 BGB) als auch das Kündigungsrecht (§ 4 Nr. 7 S. 3 VOB/B) – letzteres ist zumindest nicht

---

46 Palandt/*Heinrichs*, BGB § 138 Rn. 97.
47 BGH, 24.10.1985, VII ZR 31/85, BauR 1986, 98.
48 BGH, 22.02.1971, VII ZR 243/69, BauR 1971, 126.
49 BGH, 26.09.1996, X ZR 33/94, NJW 1997, 50.
50 Vgl. *Kniffka*, IBR-Online-Kommentar, § 634 BGB Rn. 11.
51 BGH, 24.10.1985, VII ZR 31/85, BauR 1986, 98.
52 BGH, 08.12.1988, VII ZR 139/87, BauR 1989, 199.
53 BGH, 24.10.1985, VII ZR 31/85, BauR 1986, 98; *Wirth*, in: Ingenstau/Korbion, VOB/B Vor § 13 Rn. 168.
54 BGH, 11.07.1985, VII ZR 52/83, BauR 1985, 686.
55 BGH, 11.07.1985, VII ZR 52/83, BauR 1985, 686; *Wirth*, in: Ingenstau/Korbion, VOB/B Vor § 13 Rn. 169.

isoliert abtretbar[56] – und der Schadensersatz statt der Leistung in Form des großen Schadensersatzanspruches (§§ 634 Nr. 4, 636, 281, 283, 311a BGB), da diese Ansprüche im Ergebnis auf eine Rückabwicklung des Vertrages gerichtet sind. Ein solches Recht kann grundsätzlich nur von dem ursprünglichen Vertragspartner wahrgenommen werden.[57]

33 Allerdings wird davon eine Ausnahme für den Fall zu machen sein, bei dem sich die Folgen des Rücktritts denen der Minderung bzw. des Schadensersatzes zumindest weitgehend annähern. Gleiches gilt für ein ausnahmsweise gegebenes vertragliches Rücktrittsrecht. Schließlich wird eine weitere Ausnahme in jenen Fällen anzunehmen sein, in denen der Auftraggeber den Auftragnehmer über die Abtretung informiert und ihm zugleich unwiderruflich mitteilt, dass die Abwicklung des Vertragsverhältnisses durch den Zessionar geschieht. All dies muss vor der Abtretung hinreichend deutlich erklärt sein.[58]

34 Wenn die Abtretung erst nach Schluss der maßgeblichen mündlichen Verhandlung im Vorprozess erklärt worden ist, steht den aufgrund einer Abtretung mit einer neuen Klage geltend gemachten Mängelrechten die Rechtskraft eines dieselben Mängelrechte betreffenden Klage abweisenden Urteils nicht entgegen.[59]

35 Der Zedent kann nur insoweit abtreten und damit seine eigenen Gewährleistungspflichten gegenüber dem Zessionar einschränken, als sich der Zessionar tatsächlich schadlos halten kann.[60]

36 Von dem Zessionar können bei der Ausübung des ihm abgetretenen Anspruches nur solche Maßnahmen und Handlungen verlangt werden, die ihm billigerweise zuzumuten sind. So muss er zum Beispiel nicht andere am Bau Beteiligte verklagen, an die ihn der Zedent im Rahmen seiner Mitwirkungspflichten nicht verwiesen hat. Der Zedent haftet demnach weiter aus Mängelrechten, da eine Freizeichnungsklausel, durch die der Veräußerer eines neu errichteten oder noch zu errichtenden Bauwerks (Hauses, Eigentumswohnung) seine Gewährleistungspflicht ausschließt und dem Erwerber dafür seine Gewährleistungsansprüche gegen die anderen Baubeteiligten abtritt, die Eigenhaftung des Veräußerers nicht in jedem Fall beseitigt. Von dieser Haftung ist er vielmehr nur dann befreit, wenn sich der Erwerber aus den abgetretenen Ansprüchen auch tatsächlich schadlos halten kann. Das Risiko, daß die Schadloshaltung fehlschlägt, bleibt beim Veräußerer.[61] Dieses realisiert sich zum Beispiel dann, wenn der Verpflichtete zahlungsunfähig wird oder wegen eines vereinbarten Haftungsausschlusses oder wegen eingetretener Verjährung nicht mehr in Anspruch genommen werden kann.[62]

37 Auf ein Vertretenmüssen des Zedenten für das Fehlschlagen der Durchsetzung der Mängelrechte durch den Zessionar kommt es nicht an. Für eine Haftung des Zedenten reicht es aus, dass der Versuch des Zessionars, den Verpflichteten in Anspruch zu nehmen, ohne ein Verschulden des Zessionars misslingt.[63] Nach BGH kann es dem Zessionar nicht zugemutet werden, mit Hilfe eines gegen den Schuldner erlangten Titel auch noch gegen einen Drittschuldner aufgrund einer von ihm gepfändeten Forderung zu prozessieren.[64]

38 Zu einer wirksamen Abtretung von Mängelrechten muss der Zedent von sich aus die zur Durchsetzung der abgetretenen Mängelrechte erforderlichen Informationen erteilen und die notwendi-

---

56 *Merl*, in: Kleine-Möller/Merl, § 12 Rn. 992.
57 *Merl*, in: Kleine-Möller/Merl, § 12 Rn. 562; *Wirth*, in: Ingenstau/Korbion, VOB/B Vor § 13 Rn. 170; *Graßnack*, BauR 2006, 1394, 1395; a.A. Palandt/*Sprau*, § 634 Rn. 17.
58 *Scheyhing*, JZ 1986, 86, 87; *Wirth*, in: Ingenstau/Korbion, VOB/B Vor § 13 Rn. 170.
59 BGH, 19.09.1985, VII ZR 15/85, BauR 1986, 117.
60 BGH, 23.02.1978, VII ZR 11/76, BauR 1978, 308; BGH, 29.06.1981, VII ZR 259/80, BauR 1981, 571.
61 BGH, 04.06.1981, VII ZR 212/80, BauR 1981, 469.
62 BGH, BauR 08.10.1981, VII ZR 99/80, BauR 1982, 61.
63 BGH, 11.10.1979, VII ZR 272/77, BauR 1980, 71.
64 BGH, 04.06.1981, VII ZR 212/80, BauR 1981, 469.

gen Unterlagen zu Verfügung stellen. Hierbei handelt es sich um gesetzliche Mitwirkungspflichten gemäß § 402 BGB, die eine Typisierung des Inhaltes des Kausalgeschäftes darstellen. Möglich sind auch darüber hinaus reichende vertragliche Nebenpflichten des Zedenten, die sich aus dem Grundgeschäft ergeben können. Bei der Verletzung von Mitwirkungspflichten können Schadensersatzansprüche gemäß § 280 BGB entstehen.[65]

▶ **Beispiel**

> Der Zedent muss dem Zessionar ohne Aufforderung und in zuverlässiger Weise die Angaben über die Person des oder der Verpflichteten zu kommen lassen,[66] die Angaben über Beginn und Ende von Verjährungsfristen und über Mängel, die bereits zum Zeitpunkt der Abtretung diesem bekannt waren.[67]

Die Verjährung des abgetretenen und wiederauflebenden Mangelrechtes gegen den Zedenten beginnt gemäß § 221 BGB erst dann zu laufen, wenn die Bedingung des Fehlschlagens zumutbarer Bemühungen des Zessionars um Schadloshaltung aus den abgetretenen Rechten eintritt. Maßgeblich hierfür ist der Umstand, dass dieses Mangelrecht aufschiebend bedingt ist, d.h. der Anspruch erst mit dem Eintritt der Bedingung gegen den Zedenten geltend gemacht werden kann.[68] 39

Derselbe Verjährungsbeginn liegt auch vor, wenn man § 205 BGB zu Grunde legt. Dies setzt allerdings voraus, dass von Anfang an ein sich aus dem vertraglichen Mängelrecht ergebendes Recht des Zedenten besteht, welches den Lauf der Verjährung hemmt. In diesen Fällen beginnt die Verjährung erst mit dem Eintritt der Bedingung, die die Hemmung beendet.[69] Dies gilt nicht, falls der Zessionar den Anspruch gegen den verpflichteten Auftragnehmer aus Gründen, die ihm zurechenbar sind, hat verjähren lassen oder überhaupt nicht geltend gemacht hat und zugleich sich der Zedent gegenüber dem Zessionar wegen des gleichen Mangels aus seinem Vertrag mit dem Zessionar auf Verjährung berufen könnte.[70] 40

Der Zedent kann die Rückabtretung verlangen, wenn die Durchsetzung der abgetretenen Mängelrechte durch den Zessionar fehlschlägt.[71] 41

Falls auch Gewährleistungsansprüche gegen Subunternehmer[72] oder an der Bauplanung und Bauaufsicht Beteiligte[73] abgetreten werden sollen, muss dies im Vertrag zweifelsfrei zum Ausdruck kommen. 42

▶ **Beispiel**

> Die Abtretung von Mängelansprüchen gegen »Bauunternehmer, Handwerker und sonstige Lieferanten« erfasst keine Ansprüche gegen Architekten und andere an der Bauplanung bzw. Bauaufsicht Beteiligte.[74] Eine Abtretung von Mängelansprüchen gegen »die am Bau Beteiligten« umfasst auch Ansprüche gegen den Architekten.[75]

Dem Zedenten steht auch nach der Abtretung der Mängelrechte noch ein Leistungsverweigerungsrecht gegenüber dem Auftragnehmer zu. Dies begründet sich damit, dass die Abtretung der 43

---

65 BGH, 23.02.1978, VII ZR 11/76, BauR 1978, 308; Palandt/*Grüneberg*, BGB § 402 Rn. 1.
66 *Schmalzl*, BauR 1981, 514.
67 BGH, 25.06.1976, V ZR 243/75, NJW 1976, 1975.
68 BGH, 04.06.1981, VII ZR 212/80, BauR 1981, 469.
69 BGH, 04.06.1981, VII ZR 212/80, BauR 1981, 469.
70 OLG Düsseldorf, 20.03.1990, 21 U 188/89, BauR 1990, 752.
71 BGH, 04.06.1981, VII ZR 212/80, BauR 1981, 469.
72 BGH, 16.04.1973, VII ZR 155/72, BauR 1975, 206.
73 BGH, 10.07.1980, VII ZR 139/79, BauR 1980, 568.
74 BGH, 23.02.1978, VII ZR 11/76, BauR 1978, 308.
75 OLG Düsseldorf, 22.03.1983, 21 U 245/82, BauR 1984, 201.

Gewährleistungsrechte nicht die vertragliche Abhängigkeit der Werklohnforderung von der mangelfreien Erbringung der Werkleistung berührt.[76]

44 Letztlich sei darauf hingewiesen, dass nach erfolgter Abtretung von Mängelrechten die nach den §§ 4, 13 VOB/B bzw. § 634 BGB erforderlichen Erklärungen vom Zessionar abzugeben sind. Auch ist der Zessionar allein aktivlegitimiert. Demnach kann der Zedent ohne entsprechende Ermächtigung des Zessionars keine Mängelrechte mehr geltend machen.[77]

c) Haftungsausschluss bei gleichzeitiger Abtretung der Mängelansprüche

45 Die Abtretung von Mängelansprüchen ist vor allem im Zusammenhang mit sogenannten Subsidiaritäts- bzw. Freizeichnungsklauseln relevant. Insbesondere Bauträger oder Generalunternehmer versuchen mit derartigen Klauseln, die Mängelansprüche des Erwerbers bzw. Bestellers durch Verweis auf die eingesetzten Nachunternehmer zu beschränken.

▶ Beispiel

Der Bauträger schließt seine eigene Gewährleistungspflicht gegenüber dem Erwerber aus, während er gleichzeitig seine Mängelrechte gegenüber den Baubeteiligten (Architekt, Unternehmer, Lieferant, etc.) an den Erwerber abtritt.

46 Die Wirksamkeit solcher Vertragsbestimmungen wird immer dann hinterfragt, wenn die abgetretenen Mängelansprüche gegenüber den Baubeteiligten nicht durchgesetzt werden können. Es stellt sich dann sowohl die Frage, ob die vorgesehene Freizeichnung entfällt, als auch nach dem Schicksal der Abtretung selbst:

aa) Wirksamkeit der Freizeichnungsklausel

47 Grundsätzlich ist der mit der Abtretung verknüpfte Ausschluss der eigenen Haftung des Bauträgers gem. § 309 Nr. 8b) aa) BGB unwirksam. Maßgeblich hierfür ist die Inhaltskontrolle gem. § 307 Abs. 2 Nr. 2 BGB (früher: § 9 Abs. 2 Nr. 2 AGBG). Der Erwerber wird unangemessen benachteiligt, wenn er gegen sämtliche Vertragspartner des Bauträgers seine Ansprüche aus abgetretenem Recht geltend machen muss.[78]

48 Insbesondere ist eine formularmäßige Klausel, die vom Bauträger gestellt wurde und vorsieht, dass der Bauträger erst haftet, wenn der Erwerber sich erfolglos bemüht hat, die ihm abgetretenen Gewährleistungsansprüche des Bauträgers gegen die anderen am Bau Beteiligten durchzusetzen (sog. Subsidiaritätsklausel), unwirksam.[79] Mit diesem Urt. v. 21. März 2002 hat der BGH seine bisherige Rechtsprechung ausdrücklich aufgegeben.[80]

49 Auch kann sich der Bauträger nach den Grundsätzen des *venire contra factum proprium* gegenüber dem Bauherrn nicht darauf berufen, dass in dem Bauträgervertrag seine Gewährleistungspflichten gegen Abtretung seiner Gewährleistungspflichten gegenüber den am Bau Beteiligten abbedungen worden sind, wenn er in der Vergangenheit gegenüber dem Bauherrn jahrelang als Ansprechpartner für Mängelrügen aufgetreten ist und aus seiner Sicht berechtigte Mängel selbst beseitigt hat bzw. von dem jeweiligen Drittunternehmer hat beseitigen lassen.[81]

50 Ist die formularmäßige Subsidiaritätsklausel unwirksam, entfällt auch die subsidiäre Haftung des Bauträgers. Konnten Mängelansprüche des Erwerbers gegenüber den Baubeteiligten aus abgetrete-

---

76 BGH, 18.05.1978, VII ZR 138/77, BauR 1978, 398; BGH, 26.07.2007, VII ZR 262/05, BauR 2007, 1727.
77 *Merl*, in: Kleine-Möller/Merl, § 12 Rn. 993.
78 BGH, 21.03.2002, VII ZR 493/00, BauR 2002, 1385.
79 BGH, 21.03.2002, VII ZR 493/00, BauR 2002, 1385.
80 *Pastor*, in: Werner/Pastor, Rn. 2203–2204; *Schonebeck*, BauR 2005, 934, 938.
81 OLG Köln, 06.09.2002, 19 U 251/01, NJW-RR 2003, 596.

nem Recht nicht durchgesetzt werden, können die direkten Mängelansprüche gegen den Bauträger daher bei dessen finanziellem Zusammenbruch in der Regel nicht mehr durchzusetzen sein.[82]

Bei einzelvertraglichen Regelungen zur Haftungsprivilegierung sind, soweit wirksam, weiterhin die Grundsätze zu beachten, die der BGH mit seiner früheren Rechtsprechung aufgestellt hat.[83] Demnach entfällt die Wirksamkeit der Freizeichnung grundsätzlich nicht. Einschränkungen ergeben sich jedoch unter dem Gesichtspunkt von Treu und Glauben, insbesondere beim Vorliegen von Arglist.[84] 51

bb) Schicksal der Abtretung

In seiner Entscheidung vom 21.03.2002[85] hat der BGH ausdrücklich offen gelassen, ob von der Unwirksamkeit der Subsidiaritäts- und Freizeichnungsklausel auch die Abtretung selbst erfasst ist. Neben der Vorschrift des § 306 Abs. 1 BGB spricht vieles dafür, dass die Abtretung selbst von der Unwirksamkeit der Klausel nicht tangiert wird.[86] Besonders relevant ist dabei die Anerkennung durch den BGH,[87] dass durch die Abtretung von Mängelansprüchen auch vor dem Insolvenzrisiko geschützt werden soll. Begründet wird dies über eine interessengerechte Auslegung des § 306 Abs. 3 BGB.[88] 52

d) Zusätzliche Abtretung von Mängelansprüchen durch den Bauträger

Oftmals werden in Bauträgerverträgen dem Erwerber neben den unmittelbaren Mängelansprüchen weitere Ansprüche verschafft, indem der Bauträger seine Mängelansprüche gegen die einzelnen am Bau beteiligten Nachunternehmer diesem abtritt. Zweck dieser Abtretung ist es, den Erwerber im Falle einer Insolvenz des Bauträgers zu sichern. Wenn der Bauträger als primär haftender insolvent wird, hat der Erwerber nämlich durch die Abtretung der Mängelansprüche die Möglichkeit, Mängelbeseitigungsansprüche direkt gegenüber den Nachunternehmern geltend zu machen, ohne dass diese dem Insolvenzrecht unterfallen. 53

Es ist zu beachten, dass ein Bauträger durch die unbedingte Abtretung seiner Mängelansprüche an den Erwerber seine Verfügungsbefugnis über die abgetretenen Ansprüche verliert. 54

▶ **Beispiel**

Der Bauträger schließt mit einem Nachunternehmer einen Vergleich bezüglich eines Baumangels, der während der Bauausführung aufgetreten ist. Aufgrund der unbedingt erfolgten Abtretung seiner Gewährleistungsansprüche an den Erwerber, muss dieser dem Vergleich zustimmen.

Um dieses Problem zu reduzieren, ist es zu empfehlen, die Abtretung bedingt vorzunehmen. Dies geschieht zum Beispiel durch die Vereinbarung einer aufschiebend bedingten Abtretung für den Fall, dass der Bauträger mit der Erfüllung der Sachmängelansprüche in Verzug gerät. Außerdem sollte ausdrücklich vereinbart werden, dass der Bauträger bzw. der GU auch im Falle der Abtretung weiterhin zur Geltendmachung von Mängelansprüchen gegenüber den Nachunternehmern befugt bleibt.[89] 55

---

82 *Basty*, Rn. 970.
83 BGH, 25.06.1976, V ZR 243/75, BauR 1976, 432.
84 *Pastor*, in: Werner/Pastor, Rn. 2198.
85 BGH, 21.03.2002, VII ZR 493/00, BauR 2002, 1385.
86 *Schonebeck*, BauR 2005, 934, 939–940; *Graßnack*, BauR 2006, 1394; *Blank*, in: FS Ganten, S. 97, 98 ff.
87 BGH, 12.04.2007, VII ZR 236/05, BauR 2007, 1221, 1225.
88 *Pastor*, in: Werner/Pastor, Rn. 2205; *Graßnack*, BauR 2006, 1394.
89 *Schonebeck*, BauR 2005, 934, 940; *Riemenschneider*, in: Grziwotz/Koeble, Handbuch Bauträgerrecht, 3. Teil Rn. 365.

56 Es bleibt jedoch darauf hinzuweisen, dass der Insolvenzverwalter im Falle noch nicht vollständig erbrachter Erfüllung der Nachunternehmerverträge gemäß § 103 InsO berechtigt ist, die Erfüllung der Verträge abzulehnen. Diese Vorschrift kann nicht wirksam abbedungen werden.[90] Auch hindert eine bedingte Abtretung den Insolvenzverwalter nicht an der Erfüllungswahl, vgl. § 119 InsO. Auf die Erfüllungsablehnung folgen regelmäßig die Geltendmachung von Schadensersatzansprüchen statt der Leistung durch die Nachunternehmer. Dadurch gehen alle Mängelansprüche des Bauträgers gegen die Nachunternehmer unter, sodass der Erwerber die Nachunternehmer nicht mehr aus abgetretenem Recht in Anspruch nehmen kann.[91] Da der Nachunternehmer in den meisten Fällen von der Abtretung keine Kenntnis besitzt, muss der Erwerber diese Umgestaltung in ein Abrechnungsverhältnis gegen sich gelten lassen, vgl. § 407 Abs. 1 BGB.[92]

e) Abtretung von Mängelansprüchen und die Verwertung von Sicherheiten

57 Der Erwerber ist zur Verwertung von Gewährleistungssicherheiten gezwungen, wenn der Nachunternehmer der Aufforderung zur Mängelbeseitigung des Erwerbers, trotz wirksamer Abtretung von Mängelansprüchen, nicht nachkommt.

58 Es besteht die Gefahr, dass der Erwerber in die sog. »Bürgschaftsfalle« tritt. Diese schnappt dann zu, wenn im Zeitpunkt des Zustandekommens des Bürgschaftsvertrages der Gläubiger der Hauptforderung und der Bürgschaftsgläubiger auseinander fallen, da dies dem Grundsatz der Gläubigeridentität gemäß § 765 BGB (»Akzessorietät der Bürgschaft«) widerspricht.[93]

▶ Beispiel

Der Nachunternehmer erteilt eine Bürgschaft als Gewährleistungssicherheit an den Bauträger erst, nachdem letzterer seine Mängelansprüche an den Erwerber abgetreten hat.

59 In diesem Fall schützt auch die Vorschrift des § 401 BGB nicht. Nach dieser gehen Sicherungsrechte für eine Forderung mit deren Abtretung auf den Zessionar über. Allerdings ist § 401 BGB nur dann einschlägig, wenn für eine bestehende Forderung bereits eine Sicherheit bestellt ist.[94]

60 Die Lösung des Problems liegt – ungeachtet des Erfordernisses der Gläubigeridentität – in der Formulierung der Abtretungsvereinbarung. In dieser sollte der Übergang künftiger Sicherheiten vorgesehen sein, was im Zweifel durch Auslegung zu ermitteln ist. Dadurch wird der Erwerber zur Verwertung der Sicherheit berechtigt.[95]

61 Außerdem sollte der Bauträger zur Vermeidung der »Bürgschaftsfalle« den Bürgschaftsvertrag als Vertreter des Erwerbers schließen und dies dort kenntlich machen. Zudem kann der Bürgschaftsvertrag als Vertrag zu Gunsten Dritter, d.h. zu Gunsten des Erwerbers, geschlossen werden.[96]

f) Leistungsverweigerungsrecht bei abgetretenen Mängelrechten

62 Hat ein Bauträger seine Gewährleistungsrechte wirksam an den Erwerber abgetreten, kann er diese nicht mehr im Wege einer (Wider-) Klage geltend machen. Allerdings kann er nach wie vor z.B. gegenüber dem Nachunternehmer, der für einen Baumangel verantwortlich ist, die Einrede des nicht erfüllten Vertrages gem. § 320 BGB erheben.[97] Dadurch besteht zugunsten der Bauträ-

---

90 Kübler/Prütting/*Tintelnot*, InsO, § 103 Rn. 51.
91 *Feuerborn*, ZIP 1994, 14, 19; *Wudy*, MittBayNot 2000, 489, 498.
92 *Schmitz*, in: Grziwotz/Koeble, Handbuch Bauträgerrecht, 5. Teil Rn. 146.
93 BGH, 03.04.2003, IX ZR 287/99, BauR 2003, 1036, 1038.
94 BGH, 03.04.2003, IX ZR 287/99, BauR 2003, 1036.
95 BGH, 15.08.2002, IX ZR 217/99, BauR 2002, 1849, 1850.
96 *Schonebeck*, BauR 2005, 934, 941.
97 BGH, 26.07.2007, VII ZR 262/05, BauR 2007, 1727, 1729.

ger über dieses Abwehrrecht die Möglichkeit, gegenüber dem Nachunternehmer einen Preisnachlass wegen Mängeln zu erlangen, den der Erwerber allerdings heraus verlangen kann.[98]

Unstreitig kann die Einrede des nicht erfüllten Vertrages erhoben werden, solange es sich um das Recht handelt, die eigene Leistung verweigern zu können. Allerdings kann für Ansprüche oder Rechte anderes gelten, die den Bestand des Vertragsverhältnisses betreffen, wie z.B. beim Schadensersatz statt der Leistung oder beim Rücktritt.[99] 63

g) Abtretbarkeit des Vorschussanspruches

Laut BGH ist ein Vorschussanspruch des Auftraggebers für die voraussichtlichen Mängelbeseitigungskosten abtretbar.[100] Der Vorschussanspruch setzt jedoch im Weiteren nicht voraus, dass der Abtretungsempfänger etwa eine Mängelbeseitigung durchführen lassen will. Maßgebend ist allein, ob der Auftraggeber des Unternehmers das Werk nachbessern will und kann.[101] Gegen die Aufrechnung mit einem abgetretenen Vorschussanspruch bestehen keine Bedenken.[102] 64

C. Besondere Problemkreise

I. Die ARGE und die Abtretung von Forderungen

In Verträgen von Arbeitsgemeinschaften finden sich oft den einzelnen Gesellschaftern auferlegte Verpflichtungen, die Abtretung von Forderungen aus dem Arbeitsgemeinschaftsverhältnis an Dritte den übrigen Gesellschaftern anzuzeigen. Diese Informationspflicht entspricht dem unabdingbar erforderlichen Treueverhältnis der einzelnen Gesellschafter innerhalb einer Arbeitsgemeinschaft. 65

Es stellt sich die Frage, ob und was der Gesellschafter einer Arbeitsgemeinschaft überhaupt an Dritte abzutreten berechtigt ist, vgl. §§ 717, 719 BGB. Grundsätzlich nicht übertragbar sind Ansprüche, die den Gesellschaftern aus dem Gesellschaftsverhältnis gegeneinander zustehen, vgl. § 717 S. 1 BGB. Dabei sind allerdings die Gesellschafterstellung im ganzen (Mitgliedschaft) und zum anderen die vermögensrechtliche Seite der Mitgliedschaft zu unterscheiden. Ein absolutes Abtretungsverbot liegt hinsichtlich des Anteils des Gesellschafters an den einzelnen Gegenständen vor, die zum Gesellschaftsvermögen gehören.[103] 66

Eine Ausnahme von dem vorgenannten Abtretungsverbot ist in § 717 S. 2 BGB enthalten. Demnach können folgende Ansprüche übertragen werden, falls die Übertragung im Vertrag nicht ausgeschlossen ist: (1) Ansprüche eines geschäftsführenden Gesellschafters auf eine ihm bereits zustehende Vergütung aus der Geschäftsführung, nicht aber das Recht auf Vorschuss; (2) der Gewinnanteil; (3) das Auseinandersetzungsguthaben. 67

Soweit nach § 717 S. 2 BGB bestimmte Rechte abtretbar sind, und zwar ohne besondere gesellschaftsvertragliche Gestattung, sind diese Rechte auch pfändbar, vgl. § 851 ZPO. Zu beachten ist dabei § 859 Abs. 1 ZPO.[104] 68

II. Abtretung und Gläubigerbenachteiligungsabsicht

Es liegt nahe, dass das Verfügungsgeschäft der Abtretung dazu missbraucht werden kann, um im Falle drohender Insolvenz einen Gläubiger zu benachteiligen. Insofern hat der BGH jedoch entschieden, dass eine Abtretung in der Regel kein ausreichend starkes Beweisanzeichen für solche ei- 69

---

98 *Jagenburg*, NJW 1972, 1223.
99 BGH, 26.07.2007, VII ZR 262/05, BauR 2007, 1727.
100 BGH, 08.12.1988, VII ZR 139/87, BauR 1989, 199, 200.
101 *Kaiser*, Rn. 79; *Achilles-Baumgärtel*, S. 99.
102 BGH, 08.12.1988, VII ZR 139/87, BauR 1989, 199, 200.
103 Ingenstau/Korbion/*Korbion*, B, Anhang 2 Rn. 87.
104 Ingenstau/Korbion/*Korbion*, B, Anhang 2 Rn. 88.

ne Absicht eines Bauhauptunternehmers und eine Kenntnis eines Subunternehmers begründet, wenn der zahlungsschwache Bauhauptunternehmer diesem Forderungsteile gegen seinen Auftraggeber erfüllungshalber abtritt, obwohl er zu deren Abtretung bereits auf Grund einer vorausgegangenen Sicherungsvereinbarung verpflichtet war.[105]

70 Kein starkes Beweisanzeichen für eine Gläubigerbenachteiligungsabsicht wird auch in einer Vereinbarung gesehen, in der sich ein zahlungsschwacher Bauhauptunternehmer gegenüber einem Subunternehmer dazu verpflichtet, in einer Höhe, in der dieser werkvertragsrechtlich Sicherheit verlangen kann, ihm einen Teil des Werklohnanspruchs gegen den Bauherrn abzutreten.[106]

III. Abtretung als Sicherungsmittel?

71 Im Grundsatz muss eine von § 648a BGB gestellte Sicherheit insolvenzfest ausgestattet sein.[107] Aus diesem Grund scheidet die Abtretung von Forderungen als Sicherungsmittel aus. Tritt also ein Generalunternehmer seinen Subunternehmern einen Teilbetrag seiner Forderung gegen den Bauherrn ab, so ist eine solche Abtretung mangels Insolvenzfestigkeit weder in § 648a BGB noch in den §§ 232 ff. BGB als zulässig anerkannt.[108] Dabei macht es auch keinen Unterschied in der Beurteilung der Zulässigkeit als Sicherungsmittel, dass die abgetretene Werklohnforderung selbst durch eine Bürgschaft gesichert ist.[109]

IV. Abtretung erfüllungshalber und Stundung

72 Es stellt sich die Frage, ob ein Subunternehmer seine Werklohnforderung vom Generalunternehmer einfordern kann, wenn dieser dem Subunternehmer seine Forderung gegen den Auftraggeber erfüllungshalber abgetreten und der Subunternehmer die Abtretung angenommen hat. Nach der Rechtsprechung liegt in dieser erfüllungshalber erfolgten Abtretung zugleich eine stillschweigend geschlossene Stundungsvereinbarung. Diese gilt allerdings nicht unbegrenzt. Der Subunternehmer darf gegen den Generalunternehmer auf Zahlung bereits dann klagen, wenn dieser in erster Instanz gegen den Auftraggeber erfolglos war. Er braucht insofern nicht zuzuwarten, bis auch die zweite Instanz abgeschlossen ist.[110]

V. Verjährungshemmung durch Prozessaufrechnung

73 Der BGH[111] hat jetzt klargestellt, dass die Verjährungshemmung nach § 204 Abs. 1 Nr. 5 BGB nicht voraussetzt, dass über die Aufrechnung überhaupt eine gerichtliche Entscheidung in Betracht kommt.[112] Aus diesem Grund wird die Verjährung einer Gegenforderung gehemmt, mit der ein Kläger gegenüber der vom Beklagten zur Aufrechnung gestellten Forderung zeitlich später hilfsweise aufgerechnet hat.[113]

74 Eine Hemmung gegenüber dem Zedenten tritt ein, wenn der Schuldner einer abgetretenen Forderung gegenüber dem Zessionar die Aufrechnung mit einer ihm gegen den Zedenten zustehenden Forderung prozessual geltend macht.[114]

(...)

---

[105] BGH, 18.11.2004, IX ZR 299/00, BauR 2005, 1321.
[106] BGH, 18.11.2004, IX ZR 299/00, BauR 2005, 1321.
[107] BGH, 09.11.2000, VII ZR 82/99, BauR 2001, 386; *Schmitz*, Sicherheiten, Rn. 256.
[108] *Schmitz*, Sicherheiten, Rn. 256.
[109] BGH, 22.09.2005, VII ZR 152/05, BauR 2005, 1926.
[110] OLG Dresden, 16.01.2002, 11 U 1021/01, BauR 2002, 958.
[111] BGH, 10.04.2008, VII ZR 58/07, BauR 2008, 1305.
[112] A.A. OLG Köln, 14.03.1989, 22 U 244/88, NJW-RR 1989, 1079, 1080.
[113] BGH, 10.04.2008, VII ZR 58/07, BauR 2008, 1305.
[114] BGH, 10.04.2008, VII ZR 58/07, BauR 2008, 1305.

Abschnitt 7: Mehrheit von Schuldnern und Gläubigern[1]

§ 420 Teilbare Leistung[2]

Schulden mehrere eine teilbare Leistung oder haben mehrere eine teilbare Leistung zu fordern, so ist im Zweifel jeder Schuldner nur zu einem gleichen Anteil verpflichtet, jeder Gläubiger nur zu einem gleichen Anteil berechtigt.

§ 421 Gesamtschuldner[3]

Schulden mehrere eine Leistung in der Weise, dass jeder die ganze Leistung zu bewirken verpflichtet, der Gläubiger aber die Leistung nur einmal zu fordern berechtigt ist (Gesamtschuldner), so kann der Gläubiger die Leistung nach seinem Belieben von jedem der Schuldner ganz oder zu einem Teil fordern. Bis zur Bewirkung der ganzen Leistung bleiben sämtliche Schuldner verpflichtet.

Schrifttum

Böhme (Teil-)Identische Nachbesserungspflichten von Vor- und Nachunternehmer, in: Dem Baurecht ein Forum. Festschrift für Götz von Craushaar, Böggering u.a. (Hrsg.), 1997, S. 327; *v. Caemmerer* Irrtümliche Zahlung fremder Schulden, in: Festschrift für Hans Dölle, Bd. I, 1963, S. 135; *v. Craushaar* Konkurrierende Gewährleistung von Vor- und Nachfolgeunternehmer, in: Kapellmann/Vygen (Hrsg.), Jahrbuch Baurecht 1999, S. 115; *Ehmann* Die Gesamtschuld, Versuch einer begrifflichen Erfassung in drei Typen, 1972; *Frotz* Dogmatische Fortschritte im Verständnis der Regressmethoden bei Schuldnermehrheit?, JZ 1964, 665; *Glöckner* Gesamtschuldvorschriften und Schuldnermehrheiten bei unterschiedlichen Leistungsinhalten, 1997; *ders.* Zurück zur Subsidiärhaftung des Architekten bei konkurrierender Gewährleistungsverpflichtung eines Bauunternehmers? BGH, Urt. v. 09.05.1996 – VII ZR 181/93, BauR 1997, 529; *ders.* Ausgleich zwischen mehreren Bürgen bei unterschiedlichen Höchstbetragsbeschränkungen, ZIP 1999, 821; *ders.* Ausgewählte Probleme der gesamtschuldnerischen Haftung Baubeteiligter wegen Leistungsstörungen bei der Erstellung des Bauwerks, BauR 2005, 251; *Hüffer* Die Ausgleichung bei dem Zusammentreffen von Bürgschaft und dinglicher Kreditsicherung als Probleme der Gesamtschuldlehre, AcP 171 (1971), 470; *Jürgens* Teilschuld – Gesamtschuld – Kumulation, 1988; *Kniffka* Gesamtschuldnerausgleich im Baurecht, BauR 2005, 274; *Marschall v. Bieberstein* Die Ersatzansprüche Dritter bei mittelbaren Vermögensschäden infolge vertraglicher und ähnlicher Beziehungen zum Verletzten 1967; *Peters* Anm. zu BGH v. 26.06.2003, VII ZR 126/02, JR 2004, 109; *ders.* Die zeitlichen Dimensionen des Ausgleichs zwischen mehreren für einen Baumangel verantwortlichen Personen, NZBau 2007, 337; *Schürnbrand* Der Schuldbeitritt zwischen Gesamtschuld und Akzessorietät, 2003; *Selb* Schadensbegriff und Regressmethoden, Eine Studie zur Wandlung der Denkformen des Regresses bei Schuldnermehrheit mit der Veränderung des Schadensbegriffs, 1963; *Sinn* Zum Rückgriff bei ungewollter Zahlung fremder Schuld, NJW 1968, 1857; *Sohn/Holtmann* Die neue Rechtsprechung des BGH zur Gesamtschuld, BauR 2010, 1480; *Tempel* Verhältnis der Haftung von Architekt und Bauunternehmer – BGH NJW 1965, 1175, JuS 1965, 262; *Thiele* Gesamtschuld und Gesamtschuldnerausgleich, JuS 1968, 149.

Übersicht

	Rdn.
A. Strukturen	3
I. § 421 BGB als gesamtschuldbegründende Norm	3
II. Verhältnis der Gesamtschuld zu anderen Schuldnermehrheiten	4
1. Teilschuld	4
2. Kumulierte Schuld	5
3. Interzessionsfälle	6
B. Voraussetzungen der Gesamtschuld	8

---

[1] Neugefasst durch Bek. v. 02.01.2002 I 42.
[2] Neugefasst durch Bek. v. 02.01.2002 I 42.
[3] Neugefasst durch Bek. v. 02.01.2002 I 42.

	Rdn.		Rdn.
I. Schuldnermehrheit	8	4. Architekt – Besteller – Fachplaner	30
II. Eine Leistung	10	5. Fachplaner – Besteller – Architekt	32
1. Unmaßgebliche Unterschiede im Leistungsinhalt	10	6. Vorunternehmer – Besteller – Nachfolgeunternehmer	34
2. Grenzen des Umfangs der gesamtschuldnerischen Haftung, insb. Mitverschulden bei Erfüllungsgehilfen	13	II. Gesamtschuldverhältnisse	36
		1. Architekt – Unternehmer	36
		2. Unternehmer – Unternehmer	37
III. Gesamtschuldnerische Verbindung: Gleichstufigkeit	15	a) Mängelansprüche aus aufeinander aufbauenden Werkleistungen	37
C. Rechtsfolgen	18	aa) Tatsächlich untrennbare Nacherfüllungspflichten	38
I. Ausschluss der Teilschuld – »Paschastellung« des Gläubigers	18	bb) Rechtlich untrennbare Nacherfüllungspflichten	39
II. Erfüllungswirkung	22	cc) »Nur eine in Betracht kommende Sanierungsmöglichkeit«	41
III. Rückgriffsanspruch	23		
D. Gesamtschuldverhältnisse im bauvertragsrechtlichen Kontext	24		
I. Erfüllungsgehilfenstellung im arbeitsteiligen Bauvorhaben	24	dd) Verletzungen der Bedenkenhinweispflicht	42
1. Bauplanender Architekt – Besteller – Unternehmer	25	b) Verzögerungsschäden	44
		3. Bauplanender – bauleitender Architekt	45
2. Bauleitender Architekt – Besteller – Unternehmer	28	4. Architekt – Sonderfachmann	46
3. Bauplanender Architekt – Besteller – bauleitender Architekt	29	5. Sonderfachmann – Sonderfachmann	48

1 Die haftungsrechtlichen Prinzipien der Äquivalenz aller haftungsbegründenden Umstände sowie der Totalreparation (vgl. bereits *Koenen,* § 249 BGB Rdn. 3) sowie spezifisch werkvertragliche Ausprägungen der Mängelhaftung (weitreichende Prüfungs- und Bedenkenhinweispflichten, vgl. dazu *Rehbein,* § 633 BGB Rdn. 86 ff.) führen in Verbindung mit einer ausgeprägt arbeitsteiligen Erstellung der Gesamtwerke im Baubereich dazu, dass insbesondere im Bereich von Baumängeln die konkurrierende Verpflichtung mehrerer Schuldner eher die Regel als die Ausnahme darstellt. Auf die Beteiligung mehrerer an einer Schadensverursachung kann die Rechtsordnung an ganz unterschiedlichen Stellen eingehen: Neben der bereits genannten Zurechnungsproblematik kommt insbesondere die Anrechnung als Mitverschulden des Erfüllungsgehilfen gem. §§ 278, 254 BGB in Betracht. Ein Regress des erfüllenden Schuldners kann im Wege der gem. § 255 BGB erzwungenen Abtretung oder nach dem Recht der auftragslosen Geschäftsführung bzw. Bereicherungsrecht erfolgen.

2 Vor allem die Einfachheit der Regressbegründung hat indes dazu geführt, dass die in ihrer konkreten Ausgestaltung unter Einbeziehung eines selbständigen Ausgleichsanspruchs erst durch das BGB »erfundene« Gesamtschuld einen Siegeszug sondergleichen angetreten hat und vor allem in der Abwicklung bauvertraglicher Haftungsfälle eine beherrschende Rolle einnimmt. Dazu hat zunächst beigetragen, dass § 421 BGB als selbständig zu prüfender Tatbestand verstanden wird.[4] Die Gesamtschuld anordnende Tatbestände wie die §§ 427, 769 oder 840 Abs. 1 BGB haben insoweit allein konkretisierende Funktion. Daneben war maßgeblich, dass das Erfordernis der »einen« Leistung, das in § 421 BGB aufgestellt wird, seit der bahnbrechenden Entscheidung des Großen Senats des Bundesgerichtshofs im Jahr 1965 sehr großzügig ausgelegt wird. Danach ist unerheblich, ob ein Schuldner auf Nacherfüllung, der andere hingegen auf Schadensersatz,[5] ein Sicherungsgeber als Bürge persönlich, der andere als Grundschuldner allein auf Duldung der

---

4 OLG Stuttgart v. 14.02.2008, 2 U 73/07, BauR 2008, 879.
5 BGH v. 01.02.1965, GSZ 1/64, BGHZ 43, 227, 232; *Glöckner,* BauR 2005, 251, 261.

Zwangsvollstreckung[6] haftet. Schließlich wurde ein weiteres ungeschriebenes Tatbestandsmerkmal gesamtschuldnerischer Haftung, das zur Abgrenzung zu anderen Formen der Bewältigung von Schuldnermehrheiten diente, die rechtliche und tatsächliche Zweckverbundenheit, zunächst sinnentleert[7] und dann aufgegeben.[8] Das von der Praxis nunmehr maßgeblich herangezogene Kriterium der Gleichstufigkeit vermag nur in geringem Umfang zu einer Eingrenzung beizutragen.

A. Strukturen

I. § 421 BGB als gesamtschuldbegründende Norm

Nach in der Literatur z.T. vertretener Auffassung enthält § 421 BGB keinen Begründungstatbestand für eine Gesamtschuld, sondern setzt ein bereits entstandenes Gesamtschuldverhältnis voraus, das entweder auf vertraglicher Grundlage (vgl. § 427 BGB) oder auf gesetzlicher Anordnung (z.B. § 840 Abs. 1 BGB) beruhen kann.[9] Außerhalb ausdrücklicher Regelungen stellt sich aus dieser Perspektive ein Analogieproblem. Immerhin gelingt durch die Zulassung einer Analogie in weitem Umfang[10] auch nach dieser Meinung der Gleichlauf mit der überwiegenden Ansicht, die zutreffend im Tatbestand des § 421 BGB alle erforderlichen Kriterien für das Vorliegen einer Gesamtschuld erkennt.[11] Die Bedeutung gesetzlicher Anordnungen ist in ihrer konkretisierenden Wirkung zu erkennen. 3

II. Verhältnis der Gesamtschuld zu anderen Schuldnermehrheiten

1. Teilschuld

Der Gesetzgeber hat in § 420 BGB die Teilschuld als gesetzlichen Regelfall vor der Gesamtschuld geregelt. In beiden Fällen wird vorausgesetzt, dass mehrere eine Leistung schulden, der Gläubiger diese aber nur einmal beanspruchen kann. Allein im Fall der unteilbaren Leistung ist die Annahme einer Gesamtschuld gem. § 431 BGB zwingend. In allen übrigen Fällen haben die weitreichenden gesetzlichen Anordnungen der Gesamtschuld, insb. §§ 427, 769 BGB, sowie die anerkannt angemessenere Rechtsfolge der Gesamtschuld für die Praxis die Ausnahme zum Regelfall gemacht.[12] Als Teilschulden anerkannt wurden Entgeltverpflichtungen aus Bauverträgen, wenn künftige Wohneigentümer die Bauarbeiten gemeinsam vergeben[13] oder wenn auf einem Grundstück verschiedene Baulichkeiten für verschiedene Besteller zu errichten sind.[14] Im Fall der Auftragserteilung durch eine Bauherrengemeinschaft wird die gesamtschuldnerische Verpflichtung der Bauherren allerdings bereits bejaht.[15] 4

2. Kumulierte Schuld

Bei der Gesamtschuld stehen die Schuldner dem Gläubiger zur einmaligen Befriedigung seines Leistungsinteresses zur Verfügung. Demgegenüber erstrebt der Gläubiger bei der kumulierten Schuld die mehrfache Befriedigung seines Leistungsinteresses. Im Regelfall bedarf es hier einer wertenden Entscheidung. § 78 Abs. 1 VVG schließt es z.B. aus, dass ein Geschädigter im Fall der 5

---

6 BGH v. 29.06.1989, IX ZR 175/88, NJW 1989, 2530; v. 24.09.1992, IX ZR 195/91, NJW 1992, 3228.
7 *Larenz*, S AT, I § 37 I.
8 MüKo-BGB/*Bydlinski*, § 421 Rn. 11.
9 *Frotz*, JZ 1964, 665, 667; *Hüffer*, AcP 171 (1971), 470, 477.
10 Vgl. etwa MüKo-BGB/*Bydlinski*, § 421 Rn. 45 ff.
11 Staudinger/*Noack*, § 421 Rn. 10.
12 Vgl. Staudinger/*Noack*, § 420 Rn. 9.
13 BGH v. 18.06.1979, VII ZR 187/78, NJW 1979, 2102; OLG Karlsruhe v. 10.12.1984, 13 W 211/84, BauR 1985, 697.
14 BGH v. 17.01.1980, VII ZR 42/78, NJW 1980, 992.
15 BGH v. 08.12.1988, VII ZR 242/87, NJW-RR 1989, 465.

Mehrfachversicherung desselben Risikos Ersatz erhält, der den tatsächlich erlittenen Schaden übersteigt.

3. Interzessionsfälle

6 Mit »Interzession« wird klassischerweise das Eintreten für die Schuld eines anderen bezeichnet. Beispiele dafür bilden der Bürgschaftsvertrag oder der Sicherungs-Schuldbeitritt. Beim Bürgschaftsvertrag ist aufgrund der Akzessorietät der Bürgenverpflichtung klar, dass der Hauptschuldner mit seiner Leistung niemals die Bürgenverbindlichkeit erfüllt. § 767 BGB ist insoweit als *lex specialis* zu § 422 BGB zu begreifen.[16] Ähnliches gilt für den Sicherungs-Schuldbeitritt.[17]

7 Als Folge systematischer Auslegung ist ebenfalls anzunehmen, dass überall dort, wo spezialgesetzliche Tatbestände einen Anspruchsübergang begründen (Legalzession), die Annahme einer Gesamtschuld ausgeschlossen ist.[18] Das betrifft insbesondere das Verhältnis zwischen ersatzpflichtigem Schädiger und Versicherer gem. § 86 Abs. 1 S. 1 VVG.[19] Insbesondere Kaskoversicherer und Schädiger[20] sowie Schädiger und Sozialversicherungsträger[21] haften nicht gesamtschuldnerisch. Anderes gilt allein bei Pflicht-Haftpflichtversicherungen, bei denen gem. § 115 Abs. 1 Nr. 1 VVG ein Direktanspruch des Geschädigten gegen den Versicherer besteht: Insoweit haften Versicherer und haftpflichtiger Schädiger gem. § 115 Abs. 1 S. 4 VVG gesamtschuldnerisch, wobei § 116 Abs. 1 S. 1 VVG klarstellt, dass im Innenverhältnis allein der Versicherer verpflichtet ist, soweit er dem Versicherungsnehmer aus dem Versicherungsverhältnis zur Leistung verpflichtet ist, und allein der Versicherungsnehmer, soweit eine solche Verpflichtung nicht besteht. Die gesetzliche Erweiterung des Gesamtschuldverhältnisses um den Versicherer hat ihren Grund in der weitreichenden Haftung des Versicherers bei gesundem und krankem Versicherungsverhältnis. Dementsprechend bestimmen abweichend von den allgemein für die Gesamtschuld geltenden Rechtsregeln versicherungsrechtliche Gesichtspunkte die im Verhältnis der Gesamtschuldner zueinander bestehenden Verpflichtungen, jedenfalls was das Verhältnis des Versicherers zum Versicherungsnehmer und zum mitversicherten Fahrer angeht.[22]

B. Voraussetzungen der Gesamtschuld

I. Schuldnermehrheit

8 Zunächst setzt das Vorliegen einer Gesamtschuld das Bestehen einer Schuldnermehrheit voraus. Die Schuldnermehrheit knüpft indes an individuelle Verpflichtungen an. Während noch im Gemeinen Recht die sog. Korrealverbindlichkeit als einheitliche Forderung mit mehreren Verpflichteten verstanden wurde,[23] liegt der Gesamtschuld des Bürgerlichen Rechts die Annahme zugrunde, dass individuelle Leistungsverpflichtungen durch das Vorliegen eines Gesamtschuldverhältnisses verbunden werden. Die Gesamtschuld kann daher niemals individuelle Haftung begründen, sondern setzt diese voraus. Im vertraglichen Bereich droht dieser Zusammenhang bisweilen, verwischt zu werden: Der Schuldbeitritt begründet zunächst die Verpflichtung des Beitretenden. Diese Verpflichtung ist dann regelmäßig mit der des ursprünglich allein Verpflichteten gesamtschuldnerisch verbunden.[24] Sprachlich verkürzt wird dies in der Vertragspraxis gelegentlich durch Formulierungen wie »übernimmt die Gesamtschuld« o.ä. zum Ausdruck gebracht.

---

16 Staudinger/*Noack*, § 421 Rn. 38.
17 Vgl. MüKo-BGB/*Bydlinski*, § 421 Rn. 35.
18 *Medicus*, BR Rn. 921; *Thiele*, JuS 1968, 149, 152. A.A. Staudinger/*Noack*, § 421 BGB Rn. 21.
19 Vgl. bereits BGH v. 28.11.2006, VI ZR 136/05, NJW 2007, 1208.
20 BGH v. 12.03.2009, VII ZR 88/08, NJW-RR 2009, 1030 Rn. 12.
21 BGH v. 23.11.1955, VI ZR 193/54, BGHZ 19, 114.
22 BGH v. 20.01.1971, IV ZR 42/69, NJW 1971, 937 Rn. 14.
23 RG v. 13.11.1893, VI 208/93, RGZ 103, 44.
24 Palandt/*Grüneberg*, BGB vor § 414 Rn. 2.

Die konkurrierenden Verpflichtungen können sowohl Primärverbindlichkeiten (die »Schuld« 9 i.e.S.) als auch Sekundärverbindlichkeiten (die »Haftung«) betreffen. Im Hinblick auf erstere liegt die Annahme eines Gesamtschuldverhältnisses nahe, wenn sich mehrere gemeinschaftlich verpflichten. Dies wird durch § 427 BGB bestätigt. Für Mitbürgen enthält § 769 BGB eine vergleichbare Regelung, die insbesondere Fälle erfasst, in denen es an einer gemeinschaftlichen Verpflichtung fehlt. Die Formulierung »schulden mehrere eine Leistung« erfasst allerdings ebenso gut Schadensersatzpflichten und andere, sekundäre Verpflichtungen. Allerdings bedarf es insoweit regelmäßig weiterer Überlegungen zur Begründung des Gesamtschuldverhältnisses.

II. Eine Leistung

1. Unmaßgebliche Unterschiede im Leistungsinhalt

Ursprünglich handelte es sich hierbei um ein streng gehandhabtes Tatbestandsmerkmal. Das Gemeine Recht übernahm aus dem Römischen Recht allein die Einschränkung, dass unterschiedliche Modalitäten und Bedingungen das Entstehen einer Korrealverbindlichkeit nicht hinderten. Dieser Satz wurde nach Inkrafttreten des BGB fortgetragen. Zunächst wurde er insoweit eingeschränkt, dass die Natur des Anspruchs unerheblich sei: Ob ein Zahlungsanspruch als Schadensersatz- oder als Bereicherungsanspruch begründet sei, sei unerheblich.[25] 10

Zu einem regelrechten Dammbruch führte indes die Entscheidung des Großen Senats des Bundesgerichtshofs vom 1. Februar 1965. Darin ging es um die Haftung eines Architekten, der wegen mangelhafter Bauplanung und -aufsicht auf Schadensersatz in Anspruch genommen wurde. Vorher hatten sich der Bauherr und ein Bauunternehmer, gegenüber dem ein Nacherfüllungsanspruch bestanden hätte, verglichen. Der Bundesgerichtshof bejahte zunächst die gesamtschuldnerische Verbindung beider Haftpflichten auf Schadensersatz wegen Werkmängeln: 11

> »Auch in bezug auf die Erfüllung dieser Verbindlichkeit besteht zwischen ihnen die von der bisherigen Rechtsprechung insoweit für notwendig erachtete rechtliche Zweckgemeinschaft, die nicht nur zufällig und absichtslos zustande gekommen ist. Der Zweck dieser Gemeinschaft ist es, dass Architekt und Bauunternehmer jeder auf seine Art für die Beseitigung desselben Schadens einzustehen haben, den der Bauherr dadurch erlitten hat, dass jeder von ihnen seine vertraglich geschuldeten Pflichten mangelhaft erfüllt hat. Der Bauherr kann sich nach seinem Belieben an den einen oder den anderen halten. Er kann aber die Leistung nur einmal fordern. Die Leistung des einen befreit auch den anderen.«

Erst anschließend wandte sich der Große Senat dem Umstand zu, dass die Haftung des Architekten auf Schadensersatz gerichtet, wohingegen die Haftung des Unternehmers zunächst auf Nacherfüllung beschränkt sei. In der Formulierung »eine Leistung« interpretierte er den Begriff »eine« nicht als »ein und dieselbe«, sondern allein als unbestimmten Artikel: Dass beide Leistungspflichten »hart an der Grenze zur inhaltlichen Gleichheit (Identität)« lägen, entnahm er dem wertenden Argument, dass die Nacherfüllungspflicht des Unternehmers in eine Schadensersatzpflicht umschlagen könne, bzw. dass auch dem Architekten im Rahmen von Treu und Glauben Gelegenheit zur Nacherfüllung zu geben sei. Im Ergebnis bejahte der Große Senat die Anwendbarkeit von § 421 BGB trotz unterschiedlicher Leistungspflichten. 12

2. Grenzen des Umfangs der gesamtschuldnerischen Haftung, insb. Mitverschulden bei Erfüllungsgehilfen

Keine Gesamtschuld kann hingegen angenommen werden, wo die Beteiligten in schutzwürdiger Weise ihre individuellen Leistungspflichten begrenzt haben: Bereits in seiner Grundsatzentscheidung hat der Große Senat hervorgehoben, dass Architekt und Unternehmer hinsichtlich ihrer primären 13

---

25 *Enneccerus/Lehmann*, Recht der Schuldverhältnisse, 14. Aufl., 1954; S. 350; Staudinger/*Kuhlenbeck*, 5./6. Aufl. 1910, § 421 Rn. 1.

Leistungspflichten nicht dasselbe schuldeten – erst in der Haftungsphase kommt es zur Begründung eines Gesamtschuldverhältnisses. Dasselbe gilt im Hinblick auf unterschiedliche Haftungsbeträge etwa als Folge unterschiedlicher Verpflichtungen (z.B. Höchstbeträge bei Bürgschaften). Nur in der Höhe der sich deckenden Verbindlichkeiten kann ein Gesamtschuldverhältnis entstehen.

14 Insbesondere ein Mitverschulden kann eine unterschiedliche Haftungshöhe begründen. Diesbezüglich stellt sich allerdings die Frage, ob der Verursachungsbeitrag eines konkurrierend verpflichteten Schuldners die Haftung des jeweils anderen gem. §§ 254 Abs. 2 S. 2, 278 BGB mindere. Nicht selten führt dieser Einwand zu Auseinandersetzungen über die Frage, ob der konkurrierend Verpflichtete »Gesamtschuldner oder Erfüllungsgehilfe« ist.[26] Die Frage ist indes, dogmatisch betrachtet, falsch gestellt, denn auch der gegenüber dem mangelhaft ausführenden Unternehmer unstreitig als Erfüllungsgehilfe des Bestellers einzuordnende planende Architekt haftet nach allgemeiner Auffassung gesamtschuldnerisch mit dem Unternehmer. Es besteht lediglich die Besonderheit, dass der Verantwortungsbeitrag des planenden Architekten gem. §§ 254 Abs. 2 S. 2, 278 BGB unmittelbar die Haftung des ausführenden Unternehmers[27] bzw. des aufsichtsführenden Architekten[28] im Verhältnis zum Besteller kürzt. Im Gesamtschuldverhältnis gebunden bleibt lediglich dieser Teilbetrag. Wurde ein Schaden von 100 zu 70 % vom planenden Architekten und von 30 % vom ausführenden Unternehmer verursacht, so besteht eine gesamtschuldnerische Haftung nur in Höhe von 30.[29] Als zweite Besonderheit schlägt die Haftungsreduzierung auf das Innenverhältnis der Schuldner durch: Hat der Besteller den Unternehmer in Höhe von 30 in Anspruch genommen, so steht diesem kein Ausgleichsanspruch mehr zu.[30] Hat der Besteller dagegen den Architekten über 100 in Anspruch genommen, so kann dieser den Unternehmer im Hinblick auf die Teilgesamtschuld über 30[31] in voller Höhe in Anspruch nehmen.[32] Wie das Beispiel deutlich macht, führt die Annahme, dass einer der konkurrierend Verpflichteten gegenüber dem anderen Erfüllungsgehilfe des Gläubigers ist, nicht dazu, dass der Anspruch des Gläubigers gekürzt würde. Er erhält nach wie vor seinen Gesamtschaden von 100 ersetzt. Eine praktische Schlechterstellung resultiert allein daraus, dass ihm die mehrfache Absicherung einer Forderung im Hinblick auf den gekürzten Betrag genommen wird. Das Insolvenzrisiko des Erfüllungsgehilfen bleibt insoweit beim Gläubiger und belastet nicht, wie bei der Gesamtschuld an sich typisch, den konkurrierend verpflichteten Schuldner.

III. Gesamtschuldnerische Verbindung: Gleichstufigkeit

15 Als Folge der gemeinrechtlichen Unterscheidung von Korreal- und Solidarverbindlichkeiten wurde zu § 421 BGB der Versuch unternommen, den zu weit geratenen Wortlaut durch ungeschriebene Tatbestandsmerkmale einzuschränken. Von der »echten« sollte die »unechte« Gesamtschuld abgegrenzt werden. Das Kriterium des einheitlichen Schuldgrundes[33] wurde bald als zu eng erkannt,[34] wenngleich es bis heute positiv zur Begründung des Gesamtschuldverhältnisses herangezogen wird.[35] Die Praxis wandte lange Zeit das Kriterium der (tatsächlichen und rechtlichen)

---

26 So beispielsweise OLG Karlsruhe v. 27.02.2002, 7 U 134/00, BauR 2002, 1884, 1885.
27 St. Rspr., vgl. BGH v. 07.03.2002, VII ZR 1/00, BauR 2002, 1536 Rn. 49.
28 BGH v. 27.11.2008, VII ZR 206/06, BauR 2009, 515 Rn. 31.
29 Wird der Unternehmer nicht auf Schadensersatz, sondern auf Nacherfüllung in Anspruch genommen, so wirkt sich die Anrechnung des Mitverantwortungsanteils des planenden Architekten in Gestalt eines Gegenanspruchs auf Kostenbeteiligung an der Nacherfüllung aus.
30 OLG Bremen v. 23.02.1988, 1 U 94/87, BauR 1988, 744.
31 BGH v. 15.12.1969, VII ZR 8/68, BauR 1970, 57, 59.
32 Staudinger/*Peters*, Anh. II zu § 638 Rn. 48.
33 So insb. RG v. 29.05.1905, VI 441/04, RGZ 61, 61; v. 22.11.1907, II 294/07, RGZ 67, 131; v. 04.12.1934, III 201/34, RGZ 146, 182, 186 ff.
34 Vgl. bereits RG v. 25.11.1911, I 529/10, RGZ 77, 317, 323.
35 Z.B. BGH v. 19.12.1996, IX ZR 18/96, NJW 1997, 1014.

Zweckgemeinschaft an, das allerdings stillschweigend aufgegeben wurde.[36] Abgelöst wurde es von dem Kriterium der Gleichstufigkeit.[37] An diesem ist wiederum einigermaßen gewöhnungsbedürftig, dass Gesamtschuldverhältnisse auch dort bejaht werden, wo unstreitig im Ergebnis nur ein Schuldner wirtschaftlich belastet werden soll oder das Gesetz gar eine solche Anordnung vornimmt, vgl. § 840 Abs. 2, 3 BGB, § 116 Abs. 1 S. 1 VVG.

Sinnvoll erscheint es freilich, das Kriterium heranzuziehen, um die oben angesprochenen Interzessionsfälle auszuschließen. Die Gleichstufigkeit ist geeignet, die oben geforderte systematische Auslegung im Hinblick auf speziellere Regelungen durchzuführen.[38] 16

Ein praktisches Bedürfnis nach weitergehender Einschränkung der Gesamtschuld besteht im Hinblick auf die Gesamtwirkung der Erfüllung, insb. des Annahmeverzuges, sowie der Isolierung des Rückgriffsanspruchs. Auch insoweit muss sich die Praxis des Kriteriums der Gleichstufigkeit bedienen. Richtigerweise handelt es sich freilich um Schutzzweckerwägungen, die unter dem Gesichtspunkt des einheitlichen Leistungsinteresses anzustellen sind. Es erscheint angemessen, die verletzten Pflichten sowie die ihnen zugrundeliegenden Schutzzwecke auch bei der Frage nach dem Anwendungsbereich der Gesamtschuld ins Zentrum zu stellen, wie die Rechtsprechung dies indirekt bereits häufiger getan hat. Sind die Schutzzwecke identisch, so ist auch eine gesamtschuldnerische Verbindung mehrerer Haftpflichtiger angemessen.[39] Ein Beispiel hierfür bildet die konkurrierende Haftung eines Bauunternehmers und eines Architekten, der in Leistungsphase 8, 9 HOAI dem Bauherrn zur Beratung des Bauherrn bei der Rechtsdurchsetzung verpflichtet ist. »Der eigenständige Aufgabenkreis des Architekten hebt ihn über den anderer Baubeteiligter, insoweit ist er Schutzgarant für den Bauherrn. Seine Aufgabe ist nicht jener Vorleistung bautechnisch angegliedert und schreibt diese nicht bautechnisch fort, sondern ist eine andere, nämlich die einer reinen Rechtssicherung.«[40] 17

C. Rechtsfolgen

I. Ausschluss der Teilschuld – »Paschastellung« des Gläubigers

Durch die Annahme eines Gesamtschuldverhältnisses wird die Einrede der Teilschuld ausgeschlossen. Insoweit bewirkt die Gesamtschuld auf einer zweiten Ebene in der Tat den Schutz des Gläubigers. Jeder Gesamtschuldner haftet im Grundsatz auf die gesamte von ihm geschuldete Leistung. Der Gläubiger kann sich nach Belieben aussuchen, welchen Gesamtschuldner er in welchem Umfang in Anspruch nimmt. Auf *Philip Heck* geht das nach wie vor plastische Bild zurück, der Gläubiger erfreue sich einer »Paschastellung«[41] gegenüber den Gesamtschuldnern. Der Gläubiger darf bei seinem Entschluss, gegen welchen Gesamtschuldner er vorgeht, allerdings nicht jede Rücksichtnahme auf den anderen vermissen lassen. Er hat vielmehr seine Rechte nach Treu und Glauben auszuüben, § 242 BGB. 18

Dass einzelne Gesamtschuldner weniger liquide und Rückgriffsansprüche des primär in Anspruch genommenen Schuldners deshalb gefährdet sind, kann die Ausübung der Wahlfreiheit des Gläubigers nicht einschränken. In der Verlagerung der Prozess- oder Insolvenzrisiken auf die Schuldner 19

---

36 BGH v. 26.01.1989, III ZR 192/87, BGHZ 106, 313, 319.
37 Zurückgehend auf *Larenz*, SAT, 3. Aufl., 1958, S. 326, wurde es vom BGH zunächst zur Begründung des Rückgriffs unter Sicherungsgebern eingesetzt, wobei nicht letztlich deutlich wurde, ob das Kriterium als Voraussetzung der Gesamtschuld oder zur Begründung einer Analogie herangezogen wurde, BGH v. 29.06.1989, IX ZR 175/88, NJW 1989, 2530, 2531.
38 So insb. BGH v. 12.03.2009, VII ZR 88/08, NJW-RR 2009, 1030 Rn. 12. Ähnlich Staudinger/*Noack*, BGB § 421 Rn. 15, 26, wenngleich einschränkend im Hinblick auf Legalzessionen.
39 Bereits *Glöckner*, BauR 2005, 251, 261.
40 OLG Stuttgart v. 20.06.2002, 2 U 209/01, BauR 2003, 1062. Ähnlich OLG Oldenburg v. 15.11.2001, 8 U 176/01, BauR 2002, 1866.
41 *Heck*, Grundriss des Schuldrechts, 1958, S. 234.

ist der ökonomische Kern des Rechtsinstituts zu erkennen. Soweit es allein um den finanziellen Ausgleich des Schadens geht, ist einem Gesamtschuldner deshalb in der Regel der Einwand versagt, der Gläubiger hätte sich durch rechtzeitigen Zugriff bei dem anderen Gesamtschuldner befriedigen können und müssen. Etwas anderes kann gelten, wenn der Gläubiger sich nur deswegen an einen von mehreren Gesamtschuldnern halten und ihm das Regressrisiko aufbürden würde, weil er aus missbilligenswerten Motiven die Absicht hat, gerade diesen Schuldner zu belasten.[42] Dabei handelt es sich um eine in der Praxis kaum je überwindbare Schranke.

20 Das Verjährenlassen der Ansprüche gegenüber einzelnen Gesamtschuldnern kann schon deshalb keinen Arglisteinwand begründen, weil der Rückgriffsanspruch gem. § 426 Abs. 1 BGB einer selbständigen Verjährung unterliegt.

21 Der Verlust einer Nacherfüllungsbefugnis kann für einen Gesamtschuldner mit einer erheblichen wirtschaftlichen Belastung verbunden sein. Insoweit hat die Rechtsprechung anerkannt, dass der Besteller ausnahmsweise gehindert sein kann, einen Architekten wegen eines Überwachungsfehlers auf Schadensersatz in Anspruch zu nehmen, wenn und soweit er auf einfachere, insbesondere billigere Weise von dem Unternehmer die Beseitigung des Mangels verlangen kann.[43] Die jüngste Äußerung erfolgte jedoch *obiter* in einem Fall, in welchem es nicht um den Verlust der Nacherfüllungsbefugnis ging. Es ist nicht ersichtlich, dass sie in der Praxis bereits belastet wurde.

II. Erfüllungswirkung

22 Zur Erfüllungswirkung vgl. die Erläuterungen zu §§ 422–424 BGB.

III. Rückgriffsanspruch

23 Zum Rückgriffsanspruch vgl. die Erläuterungen zu § 426 BGB.

D. Gesamtschuldverhältnisse im bauvertragsrechtlichen Kontext

I. Erfüllungsgehilfenstellung im arbeitsteiligen Bauvorhaben

24 Konkurrierende Verpflichtungen kommen bei Bauvorhaben in großer Vielzahl und mannigfaltiger Gestalt in Betracht. Der Praxis ist es nicht gelungen, einen gewissen Eindruck der Beliebigkeit im Hinblick auf die Beantwortung der Frage, ob einer der Verpflichteten im Verhältnis zum jeweils anderen Erfüllungsgehilfe des Bauherrn ist, zu vermeiden. Während bislang im Rahmen von § 254 BGB die zentrale Frage zu stellen war, ob die vom vermeintlichen Erfüllungsgehilfen im Verhältnis zum Gläubiger verletzte Pflicht ein Verhalten betraf, welches zugleich von diesem gegenüber dem konkurrierend Verpflichteten als Pflicht geschuldet wurde, hat der Bundesgerichtshof insoweit nunmehr angenommen, dass das von § 254 BGB geregelte Verschulden gegen sich selbst die Verletzung einer im eigenen Interesse bestehenden Obliegenheit genügen lasse. Gem. § 254 Abs. 2 S. 2 BGB, der sich auch auf § 254 Abs. 1 BGB beziehe, sei § 278 BGB entsprechend anwendbar. Dem Geschädigten könne die schuldhafte Mitverursachung des Schadens durch Dritte entgegengehalten werden, wenn er sich dieser Personen zur Erfüllung der ihn aus § 254 Abs. 1 BGB im eigenen Interesse treffenden Obliegenheit bedient habe.[44]

---

42 BGH v. 22.01.1991, XI ZR 342/89, NJW 1991, 1289; v. 26.07.2007, VII ZR 5/06, BauR 2007, 1875 Rn. 25; vgl. *Glöckner*, BauR 1997, 529, 533.
43 BGH. v. 26.07.2007, VII ZR 5/06, BauR 2007, 1875 Rn. 24, unter Berufung auf BGH v. 02.05.1963, VII ZR 171/61, BGHZ 39, 261, 264 – einer Entscheidung, die gemeinhin durch BGHZ-GS 43, 227, als »overruled« galt, vgl. nur BGH v. 29.10.1970, VII ZR 14/69, WM 1971, 101, Rn. 22.
44 BGH v. 27.11.2008, VII ZR 206/06, BauR 2009, 515 Rn. 31.

1. Bauplanender Architekt – Besteller – Unternehmer

Nach st. Rspr. gehört es zu den Pflichten des Bauherrn gegenüber dem Unternehmer, diesem einwandfreie Pläne und Unterlagen zur Verfügung zu stellen.[45] Die Erfüllungsgehilfeneigenschaft des bauplanenden Architekten gegenüber dem Unternehmer wird daher bejaht. 25

Erst in einem zweiten Schritt ist zu prüfen, in welcher Höhe der Anspruch des Auftraggebers gegen den Unternehmer durch die Anrechnung eines eventuellen Mitverschuldens des planenden Architekten zu kürzen ist. In besonderen Ausnahmefällen muss überhaupt keine Kürzung des Anspruchs gegen den Unternehmer erfolgen: Wenn der Unternehmer die fehlerhafte Planung des Architekten erkennt und gleichwohl nicht darauf hinweist (§ 4 Nr. 3 VOB/B), sondern das Bauwerk – sehenden Auges – nach den mangelhaften Plänen erstellt, hält der BGH den Unternehmer für den Schaden im Innenverhältnis zum Architekten gar für allein verantwortlich.[46] Da der Verantwortungsbeitrag des falsch planenden Architekten dann auf Null reduziert wird, kann der Unternehmer sich gegenüber dem Besteller nicht haftungsmindernd auf das Verschulden des Architekten berufen. 26

In entgegengesetzter Richtung hat der Bundesgerichtshof es zwar für möglich gehalten, das Gewicht des Planungsfehlers im Verhältnis zum Ausführungsfehler eines Bauunternehmers könne derart überwiegen, dass der Mitverschuldensanteil des Bauunternehmers ganz zurücktrete.[47] Er hat in einer älteren Entscheidung auch gemeint, der bauaufsichtsführende Architekt werde im Innenverhältnis zum Bauunternehmer oft von der Haftung frei werden, weil er »nur« seine Aufsichtspflicht verletzt habe.[48] Regelmäßig weist der Bundesgerichtshof aber darauf hin, dass selbst im Fall ansonsten einwandfreier Werkleistung des ausführenden Unternehmers die Verletzung von Prüfungs- und Hinweispflichten nicht bagatellisiert werden dürfe, weil diese in der Regel eine gewichtige Ursache für den Schaden am Bauwerk darstelle.[49] 27

2. Bauleitender Architekt – Besteller – Unternehmer

Den Bauherrn trifft gegenüber dem Unternehmer weder eine Pflicht noch eine Obliegenheit, dessen Arbeit zu beaufsichtigen. Der Besteller setzt zwar den bauaufsichtsführenden Architekten zur Risikominimierung ein, weil er durch diese zusätzliche Sicherungsmaßnahme gewährleisten will, dass das Bauwerk mangelfrei errichtet wird. Eine entsprechende Obliegenheit besteht jedoch nicht. Pflichtverletzungen des bauleitenden Architekten im Verhältnis zum Besteller führen demgemäß zu keiner Minderung der Haftung des Unternehmers. 28

3. Bauplanender Architekt – Besteller – bauleitender Architekt

Auch im Verhältnis zum bauaufsichtsführenden Architekten bejaht die Rspr. die Erfüllungsgehilfeneigenschaft des planenden Architekten nunmehr. Die Zurechnung des Mitverschuldens sei, wie auch im Verhältnis zum Bauunternehmer, sachgerecht. Sie führe insbesondere dazu, dass die Rückgriffs- und Insolvenzrisiken unter den Beteiligten angemessen unter Berücksichtigung der Umstände des Einzelfalls verteilt werden.[50] 29

---

45 BGH v. 29.11.1971, VII ZR 101/70, NJW 1972, 447.
46 BGH v. 11.10.1990, VII ZR 228/89, BauR 1991, 79, 80. Vgl. zur Quotelung OLG Naumburg v. 14.01.2003, 1 U 80/02, NJW-RR 2003, 595.
47 BGH v. 19.12.1968, VII ZR 23/66, BGHZ 51, 275, 279.
48 BGH v. 01.02.1965, GSZ 1/64, BGHZ 43, 227, 231.
49 BGH v. 24.02.2005, VII ZR 328/03, BauR 2005, 1016; v. 27.11.2008, VII ZR 206/06, BauR 2009, 515 Rn. 39.
50 BGH v. 27.11.2008, VII ZR 206/06, BauR 2009, 515 Rn. 31. A.A. noch OLG Karlsruhe v. 12.08.2003, 17 U 188/02, BauR 2003, 1921, 1922.

§§ 420–421 BGB

4. Architekt – Besteller – Fachplaner

30 Der Architekt ist nach Ansicht des Bundesgerichtshofs nie Erfüllungsgehilfe des Bestellers im Verhältnis zum Fachplaner, weil der Besteller dem Fachplaner (in casu: Baugrundgutachter) weder die Planung noch die Überprüfung seines Gutachtens schuldet.[51] Richtigerweise ist auch hier auf den Inhalt der im Verhältnis von Besteller und Architekt bestehenden Pflichten abzustellen. Den Besteller trifft weder Pflicht noch Obliegenheit, die Leistungen des Fachplaners mit dem Sachverstand eines Architekten zu überprüfen.[52] Daher verletzt der Architekt, welcher die fehlerhafte Planung des Fachplaners trotz entsprechenden Fachwissens nicht erkennt, keine Verpflichtung des Bestellers gegenüber dem Fachplaner und ist somit nicht dessen Erfüllungsgehilfe.

31 Anders liegt der Sachverhalt in den Fällen, in denen der Besteller die Verpflichtung hat, dem Fachplaner konkrete Informationen oder Unterlagen zur Verfügung zu stellen, damit die Fachplanung fehlerfrei erfolgen kann. In der Regel wird der Besteller die Erfüllung dieser Verpflichtung dem Architekten überlassen. Dann aber ist der Architekt im Verhältnis zum Fachplaner Erfüllungsgehilfe des Bestellers. Erfüllt also der Architekt diese dem Fachplaner gegenüber bestehende Verpflichtung nicht, so muss sich der Besteller das Verschulden des Architekten zurechnen lassen. Der Fachplaner kann seine Haftungsquote aus der Gesamtschuld mit dem Architekten gegenüber dem Besteller unter Berufung hierauf verringern.[53]

5. Fachplaner – Besteller – Architekt

32 Der Bundesgerichtshof hält den Fachplaner im Verhältnis zum Architekten »regelmäßig« nicht für den Erfüllungsgehilfen des Bestellers[54] und verweist auf die hier notwendige Einzelfallprüfung anhand der jeweils konkreten vertraglichen Beziehungen. Im entschiedenen Fall wurde die Erfüllungsgehilfeneigenschaft abgelehnt, wobei der Umstand, dass das Gutachten des Fachplaners Hinweise zur Trockenhaltung enthalten musste und dadurch für die Abdichtung des Kellermauerwerks von Bedeutung war, für unerheblich erklärt wurde. Insoweit bleibt offen, unter welchen Umständen eine Erfüllungsgehilfeneigenschaft ausnahmsweise doch gegeben sein kann.

33 Der Architekt ist gerade damit beauftragt, sein allgemeines Fachwissen einzusetzen und zu verwerten. Weil dies seine Hauptpflicht ist, schuldet der Besteller dem Architekten auch keine fehlerfreie Planung des Fachmannes im Bereich dieses allgemeinen Fachwissens. Deshalb wird der Fachplaner im Verhältnis zu einem planenden oder bauleitenden Architekten nicht im Pflichtenkreis des Bestellers tätig.[55]

6. Vorunternehmer – Besteller – Nachfolgeunternehmer

34 Ebenfalls umstritten ist die Frage, ob das Verschulden des Vorunternehmers die Haftung des Nachfolgeunternehmers begrenzen kann. Der Bundesgerichtshof verneint diese Frage mit der – aus dem Kontext der Verzögerungshaftung bekannten – Begründung, der Besteller wolle sich nicht gegenüber dem einzelnen Auftraggeber zur Erbringung der notwendigen Vorarbeiten verpflichten.[56] Dem ist das OLG Düsseldorf mit guten Gründen entgegengetreten.[57] Wieder sollte aber betont werden, dass es bei der gebotenen Annahme eines Gesamtschuldverhältnisses zwischen den Beteiligten im Hinblick auf die schlussendliche Belastung des Nachfolgeunternehmers lediglich in zweiter Linie, nämlich im Hinblick auf das Insolvenzrisiko des Vorunternehmers, da-

---

51 BGH v. 10.07.2003, VII ZR 329/02, BauR 2003, 1918, 1919.
52 OLG Köln v. 14.09.1999, 22 U 30/99, Rn. 90.
53 So sind wohl OLG Karlsruhe v. 27.02.2002, 7 U 134/00, BauR 2002, 1884, 1885, und OLG Düsseldorf v. 28.10.1997, 23 U 220/96, BauR 1998, 1118, – bei entgegengesetztem Ergebnis – zu verstehen.
54 BGH v. 10.07.2003, VII ZR 329/02, BauR 2003, 1918, 1920.
55 So OLG Köln v. 14.09.1999, 22 U 30/99, Rn. 91.
56 BGH v. 27.06.1985, VII ZR 23/84, BauR 1985, 561.
57 OLG Düsseldorf v. 29.06.1999, 21 U 127/98, BauR 1999, 1309, 1310 ff., m. Anm. *Kniffka*.

rauf ankommt, ob der Verantwortungsbeitrag des Vorunternehmers als Erfüllungsgehilfe des Bestellers seine eigene Haftung reduziert oder nicht.

Im Hinblick auf die eingangs dargestellte Grundaufgabe, den Gläubiger durch das Hinzutreten 35
eines weiteren Schuldners nicht schlechter zu stellen, erscheint es als angemessen, den Nachfolgeunternehmer mit dem Insolvenzrisiko des Vorunternehmers zu belasten, soweit er – hätte er allein schlecht erfüllt – gehaftet hätte. Wo seine Eigenhaftung begrenzt ist – etwa durch einen Anspruch auf einen Zuschuss in Höhe der Sowieso-Kosten im Fall einer alleinigen Verletzung der Bedenkenhinweispflicht – bedarf es keiner weiteren Kürzung (vgl. bereits o.).

II. Gesamtschuldverhältnisse

1. Architekt – Unternehmer

Planender bzw. aufsichtsführender Architekt und ausführende Unternehmer haften zwar nicht 36
hinsichtlich ihrer primären Leistungspflichten,[58] wohl aber hinsichtlich ihrer Verpflichtungen wegen Mängeln gesamtschuldnerisch.[59] Die Grenze der gesamtschuldnerischen Haftung wird erreicht, wenn der Architekt wegen einer Pflichtverletzung im Zusammenhang mit der Durchsetzung der Mängelansprüche in den Leistungsphasen nach §§ 8, 9 HOAI haftet (vgl. o.).

2. Unternehmer – Unternehmer

a) Mängelansprüche aus aufeinander aufbauenden Werkleistungen

Nach allgemeiner Auffassung[60] schulden die Unternehmer jeweils unterschiedliche Erfolge, deren 37
Zwecke auf die Erfüllung ganz selbständiger Interessen des Bestellers gerichtet sind, womit eine gesamtschuldnerische Haftung für die Erfüllungsansprüche ausgeschlossen ist. Auch die anerkannte,[61] auf eine »einwandfreie Bauleistung« gerichtete »objektive Zweckgemeinschaft« zwischen mehreren Unternehmern rechtfertigt es nicht, einen Unternehmer für die Mangelhaftigkeit des Werks eines anderen einstehen zu lassen.[62] Im Mängelhaftungsstadium können sich jedoch die Nacherfüllungspflichten der konkurrierend verpflichteten Unternehmer auf ein und dieselbe Maßnahme konkretisieren:

aa) Tatsächlich untrennbare Nacherfüllungspflichten

Eine Mehrfacherfüllung des Nacherfüllungsanspruchs ist zwar bei tatsächlich untrennbar zu erfül- 38
lenden Pflichten ausgeschlossen. Es stellt sich aber die Frage, in welcher Form nach erfolgter Nacherfüllung durch einen der Schuldner ein Ausgleich durchzuführen ist. Seit der Entscheidung des Bundesgerichtshofs vom 26. Juni 2003 ist geklärt, dass ebenso wie im Verhältnis von Unternehmer und Architekten auch zwischen mangelhaft arbeitenden Unternehmern eine gesamtschuldnerische Haftung bestehen kann. Das maßgebliche Kriterium für die Annahme einer Gesamtschuld erkannte der Bundesgerichtshof »in der gleichstufigen Verbundenheit der beiden Unternehmer im Rahmen ihrer Gewährleistungspflicht, gemeinsam und in vollem Umfang für die von ihnen mitverursachten Mängel einstehen zu müssen, sofern nur eine Sanierungsmöglichkeit in Betracht kommt«.[63]

---

58 BGH v. 01.02.1965, GSZ 1/64, BGHZ 43, 227, 230.
59 BGH v. 01.02.1965, GSZ 1/64, BGHZ 43, 227, 230.
60 BGH v. 16.05.1974, VII ZR 35/72, BauR 1975, 130, 131; *Werner/Pastor*, Rn. 2048, 2479; *Ingenstau/Korbion*, B § 4 Abs. 3 Rn. 58.
61 BGH v. 27.06.1985, VII ZR 23/84, BGHZ 95, 128, 133.
62 Insoweit zutr. BGH v. 16.05.1974, VII ZR 35/72, BauR 1975, 130, 131. Ebenso Kleine-Möller/Merl/*Merl*, § 15 Rn. 1001; MüKo-BGB/*Soergel*, 3. Aufl. 1997, § 635 Rn. 90.
63 BGH v. 26.06.2003, VII ZR 126/02, BauR 2003, 1379, 1380. Ähnlich OLG Koblenz v. 25.03.2009, 1 U 394/06, OLGR Koblenz 2009, 768, Rn. 18. Es ist nicht ersichtlich, dass die jüngere Entscheidung

bb) Rechtlich untrennbare Nacherfüllungspflichten

39 Offenbar scheute sich der Bundesgerichtshof jedoch, eine allgemeingültige Aussage zu Fällen überschneidender Mängelhaftungspflichten zu treffen, nachdem er ausdrücklich darauf abstellte, dass nur eine Sanierungsmöglichkeit – *in casu*: die Aufbringung eines zweiten Putzes auf den mangelhaften Putz – in Betracht komme. In einem solchen Fall ist die Identität der Nacherfüllungsverpflichtungen von Rohbauunternehmer und Verputzer augenfällig. In engem Zusammenhang mit der »nur einen in Betracht kommende Sanierungsmöglichkeit« steht zunächst die Untrennbarkeit der Beseitigung der Mängel von Vor- und Nacharbeiten. Sie wurde in der Rspr. häufig zur Begründung der gesamtschuldnerischen Verbindung angeführt. Tatsächlich handelt es sich dabei um die Grundvoraussetzung jeder Gesamtschuld, dass mehrere »eine Leistung« zu erbringen haben müssen. Wo die Mängel beider Werke isoliert, d.h. ohne den Mangel des jeweils anderen Werks zu beheben, beseitigt werden können, fehlt es von vornherein an einer Grundvoraussetzung der Gesamtschuld.

40 Tatsächlich entsteht aber in zahlreichen Fällen ein Problem aus der besonderen Ausprägung des Mängelhaftungsrechts im Werkvertrag. Es gestattet oder verlangt gar, dass sich die Pflichten der Unternehmer trotz der Verschiedenheit von Erfüllungspflichten und Werkmängeln auf die Vornahme (teil-)identischer Maßnahmen zur Nacherfüllung konkretisieren. Nach etablierter und vom Schrifttum gebilligter[64] Spruchpraxis des Bundesgerichtshofs[65] umfasst der Nacherfüllungsanspruch aus § 635 BGB alle vorbereitenden Arbeiten, die erforderlich sind, um die geschuldete Leistung mangelfrei auszuführen, sowie alle Nacharbeiten, die erforderlich sind, um nach ausgeführter Nacherfüllung den *status quo ante* wiederherzustellen (im folgenden: Vor- und Nacharbeitendogma). Insbesondere bei aufeinander aufbauenden Arbeiten, bei denen die Leistungssubstrate unlösbar miteinander verbunden werden, kann es zur vollständigen oder immerhin teilweisen Identität der Nacherfüllungspflichten kommen.[66] Es handelt sich dabei zwar um keinen Fall der tatsächlichen, wohl aber um einen Fall der rechtlichen Untrennbarkeit[67] der Nacherfüllungsverpflichtungen. Auch in Fällen der bloß rechtlichen Untrennbarkeit sollte indes die Gesamtschuld angenommen werden. Wo ein Nacherfüllungsverpflichteter die Nacherfüllungspflicht des konkurrierend verpflichteten Unternehmers gleichsam miterledigt hat, weil er selbst im Rahmen des Vor- und Nacharbeitendogmas dazu verpflichtet war, ist ein Ausgleich geboten. Auftragslose Geschäftsführung und Bereicherungsrecht bieten nur unzureichende und mit zusätzlichen Problemen beladene Instrumente an.[68] Dieser Gesichtspunkt trägt die Annahme eines Gesamtschuldverhältnisses auch in Fällen *teilidentischer Nacherfüllungspflichten*. Soweit sich die Verpflichtungen decken, sollte die gesamtschuldnerische Verbindung bejaht werden.[69] Die Situation entspricht der gesamtschuldnerischen Schadensersatzhaftung auf unterschiedlich hohe Beträge.

cc) »Nur eine in Betracht kommende Sanierungsmöglichkeit«

41 Wenn die Formulierung der »nur einen in Betracht kommenden Sanierungsmöglichkeit« also nicht das Erfordernis tatsächlicher Untrennbarkeit meint, sondern auch die rechtliche Untrennbarkeit wegen des Vor- und Nacharbeitendogmas umfasst, muss der Bundesgerichtshof folglich etwas anderes mit ihr ausgrenzen. Die werkvertragstypische Erfüllungspflicht hat ihr Korrelat in

---

BGH v. 27.11.2008, VII ZR 206/06, BauR 2009, 515, dieser Annahme entgegensteht, wie *Sohn/Holtmann*, BauR 2010, 1480, 1483, annehmen.

64 Z.B. Messerschmidt/Voit/*Moufang*, § 635 BGB Rn. 42; Staudinger/*Peters*, § 634 Rn. 30. Ebenso beim VOB-Vertrag, vgl. *Vygen*, Bauvertragsrecht nach VOB, S. 95.
65 Zusammenfassend BGH v. 07.11.1985, VII ZR 270/83, BGHZ 96, 221, 224.
66 Vgl. dazu bereits eingehend *Böhme*, in: FS v. Craushaar, S. 327, 328.
67 Die Unterscheidung wurde von *Böhme*, in: FS v. Craushaar, S. 327, 329, entwickelt.
68 Vgl. dazu bereits *Glöckner*, Gesamtschuldverhältnisse, S. 62 ff.
69 *Kniffka*, BauR 2005, 274, 276; *Zahn*, in: Ganten/Jagenburg/Motzke, VOB/B, vor § 13 Rn. 102.

einer Entscheidungsfreiheit des Unternehmers, auf welche Weise er den geschuldeten Erfolg bewirkt. Diese Autonomie findet ihre Fortsetzung in der Mängelhaftungsphase. Nach allgemeiner Ansicht darf dem Unternehmer auch gerichtlich nicht vorgeschrieben werden, wie ein festgestellter Mangel zu beseitigen ist, wenn dazu mehrere Möglichkeiten in Frage kommen.[70] Die Erfüllungsautonomie des Unternehmers soll auch dadurch nicht unterlaufen werden, dass mehrere Unternehmer zur Nacherfüllung verpflichtet sind. Der vom Besteller in Anspruch genommene Unternehmer soll nicht für den konkurrierend verpflichteten Unternehmer, der evtl. verschiedene Möglichkeiten der Nacherfüllung hat, Fakten schaffen können. Wo also für einen der Unternehmer verschiedene Möglichkeiten der Nacherfüllung bestehen, kann keine Gesamtschuld angenommen werden.[71]

dd) Verletzungen der Bedenkenhinweispflicht

Ein besonderes Problem entsteht, wenn der Nachfolgeunternehmer allein seine Prüfungs- und Hinweispflicht im Hinblick auf die Eignung der Vorarbeiten verletzt.[72] Nach herrschender Meinung macht eine solche Verletzung seiner Prüfungs- und Hinweispflicht das ansonsten mangelfrei erstellte Werk des Unternehmers mangelhaft und begründet die Mängelansprüche des Bestellers. Wenn sich die Mängel am eigenen Werk des Unternehmers nicht beseitigen lassen, ohne die Vorarbeiten mit zu sanieren, so umfasst der Nacherfüllungsanspruch des Bestellers nach dem Vor- und Nacharbeitendogma auch die Vorarbeiten. Zu berücksichtigen ist allerdings, dass das Leistungsprogramm des Nachfolgeunternehmers von vornherein nicht die Herstellung mangelfreier Vorarbeiten umfasste. Hätte er sich vertragsgemäß verhalten, d.h. den Besteller auf die mangelnde Eignung der Vorarbeiten hingewiesen, so hätte es dem Besteller oblegen, für geeignete Vorarbeiten zu sorgen. Die Aufwendungen zur Erstellung geeigneter Vorarbeiten wären dem Besteller also sowieso entstanden. Sie begründen einen Anspruch auf einen entsprechenden Zuschuss, den der Nachfolgeunternehmer den Mängelansprüchen entgegenhalten kann.[73]

Fraglich ist nun, ob dieser Gegenanspruch des Nachfolgeunternehmers auf Zahlung eines *Zuschusses* in Höhe der *Sowieso-Kosten* bei Beteiligung eines konkurrierend zur Nacherfüllung verpflichteten Nachfolgeunternehmers die Gesamtschuld teilweise ausschließt oder aber erst im Innenverhältnis der Schuldner zu berücksichtigen ist. Gemäß § 425 Abs. 1 BGB haben andere als die in §§ 422–424 BGB genannten Umstände lediglich Einzelwirkung, d.h. der Nachfolgeunternehmer kann sich auf den gegengerichteten Zuschussanspruch berufen, der Vorunternehmer nicht. Zahlt der Besteller dem Nachfolgeunternehmer den Zuschuss und beseitigt dieser den Mangel unter gleichzeitiger Herstellung geeigneter Vorarbeiten, so wird der Ausgleichsanspruch des Nachfolgeunternehmers ausgeschlossen. Der Besteller kann den Vorunternehmer noch auf Zahlung in Höhe des von ihm für die Vorarbeiten geleisteten Zuschusses in Anspruch nehmen.

b) Verzögerungsschäden

Die Entscheidung des Bundesgerichtshofs zur Gesamtschuld gewährleistungspflichtiger Unternehmer wirft die Frage auf, ob eine gesamtschuldnerische Haftung auch im Bereich anderer Leistungsstörungen, insb. bei der von mehreren Unternehmern verursachten Verzögerung der Leis-

---

70 Palandt/*Sprau*, BGB § 635 Rn. 4; *Werner/Pastor*, Rn. 2094, 3216.
71 Ähnlich bereits OLG Stuttgart v. 05.06.2003, 7 U 7/03, ZfBR 2004, 59; *v. Craushaar*, Jahrb BauR 1999, 115, 125.
72 In BGH v. 26.06.2003, VII ZR 126/02, BauR 2003, 1379, war der Mangel des Putzes auf selbständige Pflichtverletzungen von Rohbauunternehmer und Verputzer zurückzuführen, ohne dass dies weiter ausgeführt wurde. *Peters*, Anm. zu BGH v. 26.06.2003, VII ZR 126/02, JR 2004, 109 bemängelt diesbezüglich, dass insoweit keine Mitteilungen zum Sachverhalt gemacht wurden. Einen parallelen Sachverhalt hat das OLG Stuttgart, Entscheidung v. 05.06.2003, 7 U 7/03, ZfBR 2004, 59, wie der BGH entschieden.
73 Bamberger/Roth/*Voit*, § 635 Rn. 19.

tung in Betracht kommt. Im Rahmen dieser Frage ist vorrangig die Kausalität der Verzögerungen für den eingetretenen Schaden zu untersuchen. Eine gesamtschuldnerische Haftung für den Verzögerungsschaden ist ausgeschlossen, wo die Verzögerung und die daraus resultierenden Schäden individuell zurechenbar sind. Fehlt es daran, so ist die Zurechenbarkeit der Verzögerung schwieriger, da jeder der Unternehmer darauf verweisen kann, dass dieselbe Verzögerung und damit derselbe Schaden auch entstanden wäre, wenn er pflichtgemäß, d.h. pünktlich geleistet hätte. Es handelt sich dabei jedoch um einen Fall sog. Doppelkausalität, bei welcher die Formel von der *condicio sine qua non* korrigiert wird (vgl. *Koenen*, § 249 BGB Rdn. 31 f.): Beide Unternehmer haften, und sie haften in diesem Fall als Gesamtschuldner.[74] Wenn die Handlung eines Schädigers den Schaden nicht allein, sondern nur im Zusammenwirken mit dem Handeln eines weiteren Schädigers herbeiführen konnte, wird von kumulativer oder Gesamtkausalität gesprochen. Sie genügt ebenfalls für die haftungsbegründende Kausalität. Auch insoweit ist die Annahme einer Gesamtschuld geboten: Die von beiden zu erbringende »eine Leistung« besteht im Ersatz des untrennbaren Verzögerungsschadens. Die gesamtschuldnerische Verbindung beruht darauf, dass die jeweils verletzten Pflichten gleichermaßen den Zweck verfolgten, den Besteller rechtzeitig in den Genuss des fertiggestellten Werks zu versetzen.

3. Bauplanender – bauleitender Architekt

45   Die primären Vertragspflichten von bauplanendem und bauleitendem Architekten haben zwar nicht denselben Gegenstand. Ihnen liegt aber gleichermaßen der Zweck zugrunde, dem Bauherrn ein seinen Wünschen entsprechendes und nutzbares Bauwerk zu verschaffen. In diesem Sinne hat das Oberlandesgericht Frankfurt ausgeführt, dass auch »der allein mit der Bauaufsicht betraute Architekt ... als werkvertraglichen Erfolg (schuldet, d. Verf.), dass das Bauwerk *entsprechend den genehmigten Bauvorlagen* frei von Mängeln entsteht«.[75] Hierfür ist eine »fortlaufende, sorgfältige Überprüfung«[76] auch durch den bauleitenden Architekten notwendig, die sich gerade nicht dadurch reduziert, dass die Planungsunterlagen von dritter Seite stammen.[77] Bauplanender und -leitender Architekt haften daher als Gesamtschuldner. Dass nach jüngerer Rechtsprechung das Verschulden des planenden Architekten die Haftung des aufsichtsführenden Architekten gem. §§ 254 Abs. 2 S. 2, 278 BGB mindert,[78] ist für das grundsätzliche Bestehen des Gesamtschuldverhältnisses irrelevant.

4. Architekt – Sonderfachmann

46   Der Architekt haftet neben dem Sonderfachmann für Mängel bei der Bauwerkserstellung, wenn er Fehler des Sonderfachmanns übersieht, die er aufgrund seines allgemeinen Fachwissens hätte bemerken müssen. Soweit sein Fachwissen reicht, muss sich der Architekt daher vergewissern, ob der Sonderfachmann von zutreffenden Vorgaben ausgegangen ist und eine anzuerkennende Prüfung vorgenommen hat.[79] Die Reichweite dieser Verpflichtung bestimmt daher auch die Umstände, unter denen zwischen Architekt und Sonderfachmann eine gesamtschuldnerische Haftung gegenüber dem Bauherrn vorliegt.

47   Etwas anderes ergibt sich wiederum für die Verletzung der Objektüberwachungspflichten durch den Architekten. Versäumt es dieser, dem Bauherrn anspruchssichernde Maßnahmen zur Vermeidung der Verjährung von Mängelansprüchen gegenüber einem Sonderfachmann anzuraten, so besteht kein Gesamtschuldverhältnis zwischen dem mangelhaft arbeitenden Sonderfachmann und

---

74   MüKo-BGB/*Oetker*, § 249 Rn. 130 m.w.N. in Fn. 484.
75   OLG Frankfurt a.M. v. 04.02.2004, 1 U 52/03, BauR 2004, 1329.
76   OLG Frankfurt a.M. v. 04.02.2004, 1 U 52/03, BauR 2004, 1329.
77   Ähnlich bereits OLG Karlsruhe v. 12.08.2003, 17 U 188/02, BauR 2003, 1921, 1922.
78   BGH v. 27.11.2008, VII ZR 206/06, BauR 2009, 515 Rn. 31.
79   OLG Koblenz v. 17.12.1996, 3 U 1058/95, NJW-RR 1997, 595, 596.

dem Architekten.⁸⁰ Ebenso wie dies in dem vergleichbaren Fall gegenüber einem Unternehmer gilt, decken sich auch hier die Verpflichtungen von Architekt und Sonderfachmann nicht. Den Sonderfachmann trifft gerade nicht die Pflicht, den Bauherrn auf die Verjährung von Mängelansprüchen ihm selbst gegenüber aufmerksam zu machen.

5. Sonderfachmann – Sonderfachmann

Auch verschiedene Sonderfachleute können als Gesamtschuldner für die Schäden haftbar sein, die aufgrund ihrer fehlerhaften Planungen bzw. Untersuchungen entstehen. Wiederum ist Voraussetzung, dass sich die Pflichten und deren Schutzzwecke decken. In einem vom OLG Frankfurt⁸¹ entschiedenen Fall übernahm der Statiker die vom Bodengutachter vorgeschlagene falsche Gründungsart, die zu Schaden am Nachbargebäude führte. Hier überschnitten sich die Pflichten beider, eine einwandfreie Gründung des Gebäudes zu ermitteln. 48

§ 422 Wirkung der Erfüllung

(1) Die Erfüllung durch einen Gesamtschuldner wirkt auch für die übrigen Schuldner. Das Gleiche gilt von der Leistung an Erfüllungs statt, der Hinterlegung und der Aufrechnung.

(2) Eine Forderung, die einem Gesamtschuldner zusteht, kann nicht von den übrigen Schuldnern aufgerechnet werden.

Kommentierung siehe nach § 425.

§ 423 Wirkung des Erlasses

Ein zwischen dem Gläubiger und einem Gesamtschuldner vereinbarter Erlass wirkt auch für die übrigen Schuldner, wenn die Vertragschließenden das ganze Schuldverhältnis aufheben wollten.

Kommentierung siehe nach § 425.

§ 424 Wirkung des Gläubigerverzugs

Der Verzug des Gläubigers gegenüber einem Gesamtschuldner wirkt auch für die übrigen Schuldner.

Kommentierung siehe nach § 425.

§ 425 Wirkung anderer Tatsachen

(1) Andere als die in den §§ 422 bis 424 bezeichneten Tatsachen wirken, soweit sich nicht aus dem Schuldverhältnis ein anderes ergibt, nur für und gegen den Gesamtschuldner, in dessen Person sie eintreten.

(2) Dies gilt insbesondere von der Kündigung, dem Verzug, dem Verschulden, von der Unmöglichkeit der Leistung in der Person eines Gesamtschuldners, von der Verjährung, deren Neubeginn, Hemmung und Ablaufhemmung von der Vereinigung der Forderung mit der Schuld und von dem rechtskräftigen Urteil.

---

80 OLG Stuttgart v. 20.06.2002, 2 U 209/01, IBR 2002, 428.
81 OLG Frankfurt v. 28.07.1999, 21 U 7/97, IBR 2001, 434.

§§ 422–425 BGB

Schrifttum
Vgl. vor §§ 420, 421 BGB.

Übersicht

	Rdn.			Rdn.
A. **Gesamtwirkung der Leistung**	1	IV.	Beweislast	18
I. Schutz vor ungerechtfertigter Bereicherung des Gläubigers	1	D.	**Gläubigerverzug, § 424 BGB**	19
II. Erfüllungswirkung und Nacherfüllung ..	6	E.	**Andere Rechtstatsachen, § 425 BGB** ...	22
B. **Reichweite der Gesamtwirkung der Leistung**	8	I.	Notwendige und vereinbarte Gesamtwirkung	23
I. Erfüllung und Erfüllungssurrogate	8	II.	Einzelwirkung...................	26
II. Prozessvergleich unter Aufrechnung gegenseitiger Forderungen	9		1. Kündigung	27
C. **Erlass**	11		2. Schuldnerverzug	29
I. Regelungsgehalt von § 423 BGB	11		3. Verschulden	31
II. Auslegung des Erlassvertrages	14		4. Unmöglichkeit der Leistung	34
III. Erlassvertrag und (Prozess-)Vergleich ...	15		5. Verjährung	35
			6. Konfusion	36
			7. Rechtskraft	37

A. Gesamtwirkung der Leistung

I. Schutz vor ungerechtfertigter Bereicherung des Gläubigers

1 Bereits § 421 BGB macht zur Voraussetzung eines Gesamtschuldverhältnisses, was § 422 BGB als Rechtsfolge anordnet, nämlich dass der Gläubiger nur einmal Erfüllung verlangen dürfen soll. Darin sollte indes kein Zirkelschluss erkannt werden: Das Tatbestandsmerkmal im Rahmen des § 421 »der Gläubiger aber die Leistung nur einmal zu fordern berechtigt ist« setzt eine wertende Entscheidung voraus, durch welche die Abgrenzung zur kumulierten Schuld bewirkt wird (vgl. § 421 BGB Rdn. 5). Die in § 422 BGB enthaltene Anordnung stellt demgegenüber das technische Instrument bereit, mit dessen Hilfe eine Mehrfachbefriedigung des Gläubigerinteresses ausgeschlossen wird:

2 Wenn die Inanspruchnahme mehrerer Schuldner aus Sekundärverbindlichkeiten in Frage steht, ist vorab zu prüfen, ob die Beteiligung mehrerer als solche bereits im Rahmen der Zurechenbarkeit die Haftung einzelner Schädiger ausschließt. Wegen des schadensrechtlichen Grundsatzes der Totalreparation ist das regelmäßig nicht der Fall.

3 Weiter stellt sich die Frage, ob die Ersatzleistung eines Schuldners beim Gläubiger den Schaden beseitigt und daher Schadensersatzansprüche gegen die übrigen Schuldner in Höhe der erfolgten Befriedigung untergehen.[1] Es besteht heute weitgehend Einigkeit, dass nach der Schadensentstehung eintretende Vorteile nur zu berücksichtigen sind, wenn die Anrechnung dem Zweck der Haftungsnorm nicht widerspricht und den Schädiger nicht unbillig entlastet.[2] Letzteres wäre der Fall, wenn der konkurrierend verpflichtete Schuldner durch die Leistung des zunächst in Anspruch genommenen Schuldners freigestellt würde.

4 Eine Mehrfachbefriedigung des Gläubigerinteresses könnte ferner durch das Erlöschen der Verbindlichkeit ausgeschlossen werden. Auch dieser Ansatz wurde als Lehre von der »indirekten Tilgungswirkung« früher vertreten,[3] ist jedoch zu Recht weitgehend aufgegeben worden.[4] Der Un-

---

1 Die Rechtsfolge erschien *v. Savigny*, Obligationenrecht, 1851 Bd. I, § 20, S. 201; *Crome*, Von der Solidarität aus unerlaubter Handlung nach den Entscheidungen des Reichsgerichts und dem Entwurf eines Bürgerlichen Gesetzbuches, zugleich ein Beitrag zur Bereicherungsklage, JherJb 35 (1896), 100, 101; *R. Schmidt*, Unechte Solidarität, JherJb 72 (1922), 1, 15, noch selbstverständlich.
2 Z.B. BGH v. 17.05.1984, VII ZR 169/82, BGHZ 91, 206, 210.
3 Vgl. im Einzelnen die Darstellungen bei *Selb*, S. 17 ff., und *Jürgens*, 1988, S. 54.
4 Im Wesentlichen im Anschluss an *Selb*, S. 18. Dagegen allein *Frotz*, JZ 1964, 665, 668.

tergang einer Verbindlichkeit kann allein durch die Erlöschensgründe des materiellen Rechts bewirkt werden. Primär in Frage kommt das Erlöschen wegen Erfüllung durch einen Dritten gem. § 267 Abs. 1 BGB. Bei der Anwendung der Vorschrift entstehen jedoch Probleme: Häufig wird der zahlende Schuldner gar nichts von einem konkurrierend Verpflichteten wissen. Dann fehlt es an dem für den Eintritt der Erfüllungswirkung erforderlichen Fremdtilgungswillen. Selbst wenn man mit der inzwischen wohl herrschenden Meinung[5] dem Zahlenden im Rahmen von Treu und Glauben gestattet, seine Tilgungsbestimmung nachträglich zu ändern, verdeutlicht die angelegte Rechtsunsicherheit, dass die Dritterfüllung nicht das passende Rechtsinstitut zur Lösung des Problems sein kann. Daneben kommt als Erlöschensgrund nur die Unmöglichkeit in Gestalt von Zweckerreichung[6] in Betracht. Der zu bewirkende Rechtserfolg kann indes vor allem bei Zahlungsverbindlichkeiten niemals unmöglich werden und einer Zahlungsverpflichtung liegt unmittelbar allein der Zweck einer Mehrung des Gläubigervermögens zugrunde, der nach wie vor erreicht werden kann. Anders könnte nur entschieden werden, wenn der Zweck der (konkreten) Zahlungsverpflichtung z.B. in der Befriedigung desselben Integritäts- oder Äquivalenzinteresses des Gläubigers erkannt würde. Allein für konkurrierende Nacherfüllungsansprüche bliebe der Gesichtspunkt der Zweckerreichung u.U. tragfähig.

Die angesprochenen Probleme werden gelöst, wenn das Gesetz selbst die Gesamtwirkung der Erfüllung anordnet, wie es in § 422 Abs. 1 S. 1 BGB geschieht. Die Vorschrift schützt vor der Angst, der Gläubiger könne von den mehreren Schuldnern das doppelt erhalten, was ihm nur einmal gebührt.[7]   5

II. Erfüllungswirkung und Nacherfüllung

Speziell bei Bauverträgen und der oben (§ 421 BGB Rdn. 36 ff.) beschriebenen weitreichenden Annahme von Gesamtschuldverhältnissen wird die Frage der Rechtswirkungen der Erfüllung von Mängelansprüchen aufgeworfen: So mag ein Unternehmer den Mangel auf eigene Kosten beseitigen oder einer Minderung des Werklohns ausgesetzt sein; der Architekt mag den Schaden ersetzt haben. Die Annahme eines Gesamtschuldverhältnisses mit seiner Konsequenz der Erfüllungswirkung gem. § 422 BGB schließt insoweit eine Berücksichtigung der erhaltenen Leistungen auf der Ebene der Vorteilsausgleichung oder als Erlöschenstatbestand aus. Der richtige Weg für die Berücksichtigung solcher Leistungen ist § 422 BGB: Allein die Erfüllung des gesamtschuldnerisch gesicherten Leistungsinteresses durch Nacherfüllung, Kostenerstattung, Minderung, Rücktritt oder Schadensersatz durch einen Schuldner führt daher gem. § 422 BGB zur Befreiung des konkurrierend Verpflichteten gegenüber dem Gläubiger.   6

Wenn der Besteller im Verhältnis zum Unternehmer wegen der Baumängel einen Teil des Werklohns lediglich zurückbehalten hat, fehlt es demgegenüber an der Gesamterfüllungswirkung gegenüber konkurrierend verpflichteten Schuldnern, weil die Zurückbehaltung auch im bilateralen Verhältnis nicht zu einer Erfüllung der Mängelansprüche führt, sondern nur deren Sicherung bewirkt. § 422 BGB ist insoweit nicht anwendbar. In diesem Fall ist es jedoch gleichfalls ausgeschlossen, im Verhältnis zum konkurrierend verpflichteten Schuldner das Vorliegen eines Schadens abzulehnen, wie es der Bundesgerichtshofs in seiner Entscheidung vom 9. Mai 1996 getan hat,[8] wonach ein Architekt, der fehlerhaft geplant oder überwacht hat, dem Bauherrn insoweit keinen Schadensersatz zu leisten braucht, als endgültig feststeht, dass dieser an den Bauunternehmer gerade wegen des in Rede stehenden Mangels keinen Werklohn entrichten muss. Eine solche schadensrechtliche Lösung wäre weder mit der ständigen Rechtsprechung des Bundesgerichtshofs   7

---

5 BGH v. 14.07.1964, VI ZR 129/63, NJW 1964, 1898, 1899; v. 18.01.1983, VI ZR 270/80, NJW 1983, 812, 814; v. 15.05.1986, VII 274/85, NJW 1986, 2700, 2701, im Anschluss an *v. Caemmerer* in FS Dölle, S. 135, 147 ff.
6 Bamberger/Roth/*Unberath*, BGB § 275 Rn. 41.
7 *Ehmann*, S. 25.
8 BGH v. 09.05.1996, VII ZR 181/93, BauR 1996, 732 Rn. 11.

seit 1965⁹ zu vereinbaren, noch führte sie zu sachgerechten Ergebnissen:[10] Wenn der bloße Einbehalt der Werklohnforderung des Bauunternehmers im Rahmen der Schadensersatzhaftung des Architekten im Wege der Vorteilsausgleichung berücksichtigt würde, würde zugleich die Annahme eines Gesamtschuldverhältnisses ausgeschlossen. Denn das Gesamtschuldverhältnis setzt zwingend die Nichtanrechnung der Erfüllung durch einen Schuldner im Rahmen der Verpflichtung eines anderen Schuldners zur Schadensersatzleistung voraus[11] und schließt damit die Annahme der Vorteilsausgleichung aus. Der Entscheidung des BGH ist im Ergebnis unter Betonung der Prämisse zuzustimmen, dass das Freiwerden des Bestellers endgültig feststehen muss. Die Zurückbehaltung wirkt nur dilatorisch. Endgültig wird der Besteller nur dann frei, wenn der Werklohn gemindert oder der Vergütungsanspruch mit einem gegengerichteten Anspruch auf Kostenerstattung oder Schadensersatz aufgerechnet wird. Maßgeblich ist dann aber nicht der Wegfall des Schadens, sondern die Gesamterfüllungswirkung, welche von der Einigung über den Betrag der Minderung oder der Aufrechnung mit einem Kostenerstattungsanspruch ausgeht. In einer jüngeren Entscheidung[12] hat der Bundesgerichtshof nunmehr gleichfalls die Bedeutung der endgültigen Erledigung hervorgehoben. Die von ihm zugleich aufgestellte Annahme, dass der dauerhafte Einbehalt einer Inanspruchnahme des Unternehmers wegen der Mängel und damit einer Erfüllung der Schuld durch diesen gleichkomme, bestätigt den hier und bereits an anderer Stelle[13] vertretenen Zugang.

B. Reichweite der Gesamtwirkung der Leistung

I. Erfüllung und Erfüllungssurrogate

8   Die für die Gesamtwirkung maßgebliche Befriedigung des Gläubigerinteresses wird durch die geschuldete Leistung, aber auch durch alle Leistungssurrogate bewirkt, § 422 Abs. 1 S. 2 BGB. Weil bei der Leistung erfüllungshalber die geschuldete Leistung nicht ersetzt wird, bleibt der Gläubiger insoweit berechtigt, andere Gesamtschuldner in Anspruch zu nehmen.[14] Demgegenüber bewirkt die Leistung an Erfüllungs Statt gem. § 364 Abs. 1 BGB die Erfüllung und damit zugleich die Gesamterfüllung. Dasselbe gilt für die Hinterlegung gem. § 372 BGB sowie die Aufrechnung gem. § 387 BGB. Bei letzterer ist zu beachten, dass Gegenseitigkeit in Person des aufrechnenden Schuldners vorliegen muss. Eine Einrede der Aufrechenbarkeit in Person eines konkurrierend verpflichteten Schuldners steht dem Gesamtschuldner – anders als dem Bürgen oder dem Gesellschafter im Verhältnis zur Gesellschaftsschuld – nicht zu.

II. Prozessvergleich unter Aufrechnung gegenseitiger Forderungen

9   Werden wie häufig im Prozess Werklohnanspruch des Unternehmers und Mängelansprüche des Bestellers verglichen, so ist darin eine Aufrechnung zu erkennen.[15] Wegen der Gesamterfüllungswirkung der Aufrechnung gem. § 422 Abs. 1 S. 2 BGB kann der Besteller nunmehr evtl. konkurrierend verpflichtete Gesamtschuldner nicht mehr in Anspruch nehmen.[16] Das muss der Besteller/Gläubiger gewärtigen, bevor er sich in einer solchen Weise, d.h. unter Aufrechnung eines Kostenerstattungs- oder Schadensersatzanspruchs, vergleicht.

---

9 Vordem entsprach sie allerdings allgemeiner Auffassung, OLG Karlsruhe v. 24.11.1924, Badische Rechtspraxis, 1927, 3, 4: dem folgend *Tempel*, JuS 1965, 262, 264.
10 Vgl. dazu bereits *Glöckner*, BauR 1997, 529.
11 Ausdr. MüKo-BGB/*Oetker*, § 249 Rn. 245.
12 BGH v. 26.07.2007, VII ZR 5/06, BauR 2007, 1875 Rn. 19.
13 *Glöckner*, BauR 1997, 529.
14 BGH v. 30.10.1985, VIII ZR 251/84, NJW 1986, 424, 425.
15 *Kniffka*, BauR 2005, 271, 285.
16 BGH v. 21.03.2000, IX ZR 39/99, NJW 2000, 1942 Rn. 25; OLG Koblenz v. 25.03.2009, 1 U 394/06, OLGR Koblenz 2009, 768, Rn. 23.

Soweit der Gesamtschuldner etwa durch Hingabe der eigenen Werklohnforderung die Erfüllung der Mängelansprüche bewirkt hat, hat er im Verhältnis zu konkurrierend verpflichteten Schuldnern einen Ausgleichsanspruch erworben. Umgekehrt braucht er wegen der Erfüllungswirkung nicht mehr zu befürchten, von diesen auf Ausgleich in Anspruch genommen zu werden.[17] Für eigene Ausgleichsansprüche trägt er jedoch die Beweislast sowohl im Hinblick auf die eigene Verpflichtung (die ja im Prozess gerade nicht festgestellt wurde!) als auch diejenige des Ausgleichsverpflichteten.[18]

C. Erlass

I. Regelungsgehalt von § 423 BGB

Das Gesetz regelt in § 423 BGB ausdrücklich allein den Erlass, d.h. den Verfügungsvertrag zwischen Gläubiger und Schuldner, der zum Untergang einer Forderung (der Wortlaut der Norm, der von der Aufhebung des Schuldverhältnisses spricht, ist insoweit missverständlich) führt. Es ist jedoch weitgehend unstreitig, dass die Vorschrift ebenso verfügende negative Schuldanerkenntnisse (vgl. § 397 Abs. 2 BGB), Aufhebungsverträge sowie Vergleichsverträge umfasst, soweit letztere als verfügende Rechtsakte Schulden teilweise oder vollständig erlassen.

Ein Erlassvertrag zwischen dem Gläubiger und allen Gesamtschuldnern hat unstreitig Gesamtwirkung. Probleme bereitet der allein zwischen nur einem Gesamtschuldner und dem Gläubiger vereinbarte Erlassvertrag. Er kann drei verschiedene Rechtsfolgen zeitigen: (1) Gesamtwirkung: Alle Gesamtschuldner können sich auf den Erlass berufen. (2) Einzelwirkung: Nur derjenige Gesamtschuldner, welcher mit dem Gläubiger den Erlassvertrag geschlossen hat, kann sich gegenüber diesem auf den Erlassvertrag berufen, die konkurrierend verpflichteten Schuldner jedoch nicht; der vom Erlassvertrag Begünstigte bleibt im Innenverhältnis regresspflichtig. (3) Beschränkte Gesamtwirkung: Der begünstigte Schuldner wird im Außenverhältnis frei; die konkurrierend Verpflichteten können sich zwar nicht insgesamt auf den Erlassvertrag berufen; ihre Verpflichtung gegenüber dem Gläubiger wird aber anteilig um denjenigen Betrag gekürzt, der im Innenverhältnis auf den befreiten Gesamtschuldner entfiele; schließlich entfällt die Ausgleichspflicht zwischen dem vom Erlassvertrag begünstigten und den übrigen Gesamtschuldnern.

An dieser Konfliktlage gemessen enthält § 423 BGB eine »Un-Regelung«. Anders als etwa § 139 BGB begründet er nicht einmal eine gesetzliche Vermutung, sondern verweist allein auf den Parteiwillen. Die Autonomie der am Erlassvertrag beteiligten Parteien ist nicht eingeschränkt. Für den Gläubiger ergibt sich das schon aus seinem Wahlrecht, welchen Schuldner er in welchem Umfang in Anspruch nehmen möchte (vgl. dazu § 421 BGB Rdn. 8 ff.). Doch auch der Gesamtschuldner, der einen Erlassvertrag abschließen möchte, muss sich – jedenfalls in Ermangelung von Sonderverbindungen zwischen den Schuldnern – weder mit den konkurrierend Verpflichteten abstimmen (häufig wird er sie gar nicht kennen) noch deren Interessen beachten.

II. Auslegung des Erlassvertrages

Hinweise auf die Reichweite von Erlassverträgen kann zunächst der Wortlaut der Vereinbarungen geben: Wird vom »ganzen Schuldverhältnis« gesprochen, so liegt die Gesamtwirkung nahe, während die Erledigung der »Ansprüche der vertragsschließenden Parteien« oder der »wechselseitigen streitgegenständlichen Ansprüche«[19] auf eine bloße Einzelwirkung deutet. Daneben greift die Praxis auf die Ausgestaltung des Innenverhältnisses zwischen den Gesamtschuldnern zurück: Ein Wille der Vergleichsparteien, das Schuldverhältnis insgesamt aufzuheben, kann sich im Einzelfall daraus ergeben, dass der Erlass gerade mit demjenigen Gesamtschuldner vereinbart wird, welcher

---

17 Zutr. *Kniffka*, BauR 2005, 271, 285.
18 Zu letzterer vgl. BGH v. 21.03.2000, IX ZR 39/99, NJW 2000, 1942 Rn. 25.
19 BGH v. 21.03.2000, IX ZR 39/99, NJW 2000, 1942 Rn. 21.

im Innenverhältnis unter den Gesamtschuldnern die Verbindlichkeit allein tragen müsste.[20] Wenn der Gläubiger dem im Innenverhältnis allein Verpflichteten die Schuld erlässt, so soll diesem Akt jedenfalls dann Indizwirkung zugunsten der Gesamtwirkung zukommen, wenn dem Gläubiger die Regresslage bekannt ist oder sich aus den Umständen ergibt.[21] Daran wird es in der Praxis jedoch häufig fehlen.

III. Erlassvertrag und (Prozess-)Vergleich

15 Besondere Schwierigkeit bereitet die Behandlung von (Prozess-)Vergleichen, in denen die Parteien sich etwa auf eine Minderung des Werklohns etc. einigen, ohne dass gegenseitige Zahlungsansprüche aufgerechnet würden (dazu vgl. o. Rdn. 9). Soweit darin ein verfügender Verzicht des Gläubigers zu erkennen ist, ist ein solcher Vergleich wie ein Erlassvertrag zu behandeln, d.h. im Hinblick auf seine Gesamtwirkung auszulegen. Einigt sich der Besteller mit dem Unternehmer auf einen geringfügigen Nachlass, nachdem der Besteller bereits von einem anderen Unternehmer den größten Teil des Schadens ersetzt bekommen hat, so dass er in der Gesamtsumme befriedigt ist, so dient der Vergleich erkennbar nur dem Interesse des Bestellers an einer vollständigen Abdeckung der entstandenen Schäden. Er hat nur Einzelwirkung.[22] Einzelwirkung stellt nach der Rechtsprechung zugleich den Regelfall dar.[23]

16 In Betracht kommt allerdings auch eine – ggf. beschränkte – Gesamtwirkung. Sie wird regelmäßig dann anzunehmen sein, wenn der Unternehmer aus der Sicht des Bestellers offensichtlich eine abschließende Regelung herbeiführen wollte, die seine weitere Inanspruchnahme im Wege des Innenausgleichs ausschloss.[24] Im Hinblick auf den »Regresskreisel«, der als Folge des Kondiktionsanspruchs des nur »scheinbar befreiten«, im Innenverhältnis aber voll ausgleichspflichtigen Gesamtschuldners gegenüber dem Gläubiger droht, kann ein auf die Aufhebung des gesamten Schuldverhältnisses gerichteter Parteiwille dem Umstand entnommen werden, dass der Erlass gerade mit demjenigen Gesamtschuldner vereinbart wird, der im Innenverhältnis unter den Gesamtschuldnern die Verbindlichkeit allein tragen müsste.[25] Darüber hinausgehend hat das OLG Düsseldorf eine beschränkte Gesamtwirkung bejaht, weil der Vergleich in ersichtlicher Übereinstimmung mit den vom Sachverständigen in der mündlichen Verhandlung nochmals bekräftigten Verursachungsquoten geschlossen worden war.[26]

17 Für die Praxis empfiehlt es sich, ausdrückliche Regelungen in den Vergleich aufzunehmen, um unliebsame Überraschungen für den Schuldner (doppelte Inanspruchnahme im Fall der Einzelwirkung) oder den Gläubiger (Wegfall weiterer Haftungspartner im Fall der Gesamtwirkung) auszuschließen.

IV. Beweislast

18 Es bleibt insoweit beim Regel-Ausnahme-Verhältnis des Gesetzes, das gem. § 425 BGB von der Einzelwirkung ausgeht. Die Partei, die sich auf die Gesamtwirkung eines Erlassvertrages beruft,

---

20 BGH v. 21.03.2000, IX ZR 39/99, NJW 2000, 1942 Rn. 23; OLG Köln v. 18.05.1992, 19 W 15/92, NJW-RR 1992, 1398.
21 OLG Köln v. 18.05.1992, 19 W 15/92, NJW-RR 1992, 1398; OLG Bremen v. 03.03.1998, 1 W 11/98, NJW-RR 1998, 1745, 1746; OLG Hamm v. 29.08.1997, 11 U 48/97, NJW-RR 1998, 486, 487; OLG Düsseldorf v. 28.12.2006, 21 U 41/06, BauR 2007, 2097.
22 BGH v. 26.06.2003, VII ZR 126/02, BauR 2003, 1379.
23 BGH v. 21.03.2000, IX ZR 39/99, NJW 2000, 1942 Rn. 20; OLG Celle v. 23.04.2008, 14 U 92/07, BauR 2008, 1489 Rn. 15.
24 OLG Köln v. 18.05.1992, 19 W 15/92, NJW-RR 1992, 1398 Rn. 7.
25 OLG Köln v. 18.05.1992, 19 W 15/92, NJW-RR 1992, 1398; OLG Celle v. 23.04.2008, 14 U 92/07, BauR 2008, 1489, Rn. 15; OLG Koblenz v. 25.03.2009, 1 U 394/06, OLGR Koblenz 2009, 768, Rn. 24.
26 OLG Düsseldorf v. 28.12.2006, I-21 U 41/06, 21 U 41/06, BauR 2007, 2097, Rn. 30.

muss den auf gesamtbefreiende Wirkung gerichteten Willen der Parteien beweisen.[27] Stützt sich der auf Ausgleich in Anspruch genommene Schuldner auf einen Vergleichsvertrag zwischen dem Gläubiger und dem konkurrierend verpflichteten Schuldner, so hat er darzulegen und ggf. zu beweisen, inwieweit einem solchen Vertrag ein endgültiger Verzicht auf eine Teilforderung gegenüber dem ausgleichsberechtigten Schuldner zu entnehmen sein sollte, und woraus sich die nach § 423 BGB erforderliche Gesamtwirkung einer solchen Vereinbarung zugunsten (auch) des Beklagten ableiten lassen sollte.[28]

D. Gläubigerverzug, § 424 BGB

Eine klare Regelung zugunsten der Gesamtwirkung enthält demgegenüber § 424 BGB für den Gläubigerverzug. Dieser wirkt zugunsten aller Gesamtschuldner, unabhängig davon, ob in ihrer Person die Verzugsvoraussetzungen erfüllt sind: Jeder Gesamtschuldner kann sich auf das tatsächliche oder ggf. wörtliche Angebot eines anderen Gesamtschuldners berufen, solange sämtliche Anforderungen des Gläubigerverzuges insgesamt in der Person nur eines Gesamtschuldners erfüllt sind. 19

Die Rechtsfolge des § 424 BGB, dass ein Dieb, welcher die gestohlene Sache durch einfache Fahrlässigkeit beschädigt hat, sich auf § 300 Abs. 1 BGB berufen könnte, wenn der nachlässige Verwahrer den Eigentümer in Annahmeverzug gesetzt hat, begründet die verbreitete »Furcht vor der Gesamtschuld«: Z.T. wird aus dieser Konstellation ein Argument zugunsten einer weiteren Einschränkung des Anwendungsbereichs der Gesamtschuld entnommen,[29] z.T. wird § 424 BGB insoweit teleologisch reduziert,[30] z.T. wird dieses Ergebnis in Kauf genommen.[31] Richtigerweise ist davon auszugehen, dass die problematischen Fälle als Fälle des Zessionsregresses dem Anwendungsbereich der Gesamtschuld entzogen sind.[32] Der Fall der konkurrierenden Verpflichtung von nachlässigem Verwahrer und Dieb sollte über § 255 BGB gelöst werden.[33] 20

Erklärt der Gläubiger sich gegenüber demjenigen Gesamtschuldner, der ihn in Annahmeverzug versetzt hat, zur Annahme bereit, so endet der Annahmeverzug mit Gesamtwirkung für alle Schuldner. Die Bereiterklärung gegenüber einem anderen Gesamtschuldner hat nur Einzelwirkung.[34] 21

E. Andere Rechtstatsachen, § 425 BGB

Andere als die in den §§ 422–424 BGB bezeichnete Tatsachen wirken nur für und gegen denjenigen Gesamtschuldner, in dessen Person sie eintreten (sog. Einzelwirkung), § 425 Abs. 1 BGB. Als Beispiele nennt § 425 Abs. 2 BGB die Kündigung, den Verzug, das Verschulden, die Unmöglichkeit der Leistung, die Verjährung einschließlich ihrer Unterbrechung und Hemmung, die Konfusion sowie die Rechtskraft von Urteilen. Die Vorschrift ist bereits insoweit missverständlich, als »Tatsachen« i.S.d. § 425 Abs. 1 BGB im Regelfall rechtliche Umstände sind, wie bereits der Beispielkatalog in Abs. 2 zeigt. Auch die aufgeführten Beispiele verwirren bisweilen stärker, als sie zur Klärung beitragen: 22

---

27 BGH v. 21.03.2000, IX ZR 39/99, NJW 2000, 1942; v. 13.10.2004, I ZR 249/01, NJW-RR 2005, 34 Rn. 25.
28 OLG Brandenburg v. 30.09.2009, 3 U 190/08 Rn. 48.
29 Z.B. RGRK/*Weber*, BGB § 424 Rn. 1.
30 Z.B. Staudinger/*Noack*, § 424 Rn. 21.
31 Z.B. Staudinger/*Noack*, § 424 Rn. 5.
32 So bereits *Glöckner*, Gesamtschuldverhältnisse, S. 52.
33 Anders freilich BGH v. 27.03.1969, VII ZR 165/66, NJW 1969, 1165, 1166.
34 Palandt/*Grüneberg*, BGB § 424 Rn. 1.

I. Notwendige und vereinbarte Gesamtwirkung

23 In § 425 Abs. 1 BGB wird ausdrücklich auf die Möglichkeit hingewiesen, dass sich aus dem Schuldverhältnis etwas anderes – als die zu vermutende Einzelwirkung – ergeben kann. Bestimmte Umstände können sich nur einheitlich auf die Verpflichtungen aller Gesamtschuldner auswirken. Dazu gehört namentlich die objektive Unmöglichkeit gem. § 275 Abs. 1 BGB, obgleich die Unmöglichkeit ausdrücklich als Beispiel für die Einzelwirkung genannt wird. Auch der vertragliche Rücktritt hat gem. § 356 BGB Gesamtwirkung, ebenso wie die erfüllende Leistung eines Dritten gem. § 267 BGB, da sie gem. § 422 BGB zur Erfüllung führt.

24 Ähnlich wie bereits zum Erlass ausgeführt besteht auch bei anderen Rechtsgeschäften, z.B. der Stundung, die Möglichkeit, die Gesamtwirkung rechtsgeschäftlich zu vereinbaren (sog. vereinbarte Gesamtwirkung). Eine solche Vereinbarung kann konkludent erfolgen. Der Auslegung werden ähnliche Grundsätze zugrundezulegen sein wie bei der Auslegung von Erlassverträgen.

25 Im übrigen sind die allgemeinen Zurechnungstatbestände zu berücksichtigen: Handelt ein Gesamtschuldner zugleich als Vertreter des anderen, so wird der andere Gesamtschuldner durch dessen Erklärung im Verhältnis zum Gläubiger berechtigt und verpflichtet. Das liegt indes an § 164 BGB, nicht aber an der Gesamtwirkung. Entsprechendes gilt für § 278 BGB und das Verschulden.

II. Einzelwirkung

26 Abgesehen von diesen Ausnahmen stellt die Einzelwirkung den Regelfall der Rechtsfolgen von Rechtstatsachen dar. Sie schützt den Gesamtschuldner, den – in Ermangelung einer Sonderbeziehung – die Befindlichkeiten seiner Mitschuldner nicht berühren sollen. Für die Regelbeispiele des Absatzes 2 bedarf es indes genauerer Prüfung, als die Gesetzgebungstechnik nahelegt:

1. Kündigung

27 Es ist anerkannt, dass das Gesamtschuldverhältnis kein Kündigungsrecht gewährt. Es muss vielmehr den einzelnen Rechtsverhältnissen entnommen werden.[35] Tatsächlich wird den Einzelrechtsverhältnissen auch die weitergehende Information zu entnehmen sein, unter welchen Umständen die Einzelkündigung wirksam ist. Haben etwa Eheleute gemeinschaftlich einen Bauvertrag geschlossen, so liegt nahe, dass eine von nur einem Ehegatten ausgesprochene Kündigung bereits deshalb für beide wirkt, wenn und weil sich die Kündigung im Rahmen des § 1357 BGB bewegt. Ähnlich kann u.U. angenommen werden, dass die Gesamtschuldner sich rechtsgeschäftlich vertreten können. Eine Begründung der Vollmacht unabhängig vom Innenverhältnis der Schuldner in den AGB des Gläubigers hält jedoch der Inhaltskontrolle gem. § 307 Abs. 1 BGB nicht stand.[36]

28 Daneben wird eine Einzelkündigung als Folge der Natur des Schuldverhältnisses häufig ausgeschlossen sein. Die h.M. nimmt gar an, dass § 425 Abs. 1 BGB allein die sog. Fälligkeitskündigung meine,[37] weshalb die Kündigung von Mietverträgen nur einheitlich von bzw. gegenüber allen Mietern erklärt werden könne.[38] Tatsächlich bedarf es der Auslegung des Schuldverhältnisses, ob eine Einzelkündigung möglich sein soll.[39]

---

35 BGH v. 08.11.1965, II ZR 223/64, BGHZ 44, 229, 233; v. 10.06.1985, III ZR 63/84, NJW 1986, 252, 253.
36 BGH v. 22.06.1989, III ZR 72/88, NJW 1989, 2383.
37 Palandt/*Grüneberg*, BGB § 425 Rn. 3.
38 BGH v. 16.03.2005, VIII ZR 14/04, NJW 2005, 1715 Rn. 6.
39 Staudinger/*Noack*, BGB § 425 Rn. 13.

2. Schuldnerverzug

Die Verzugsvoraussetzungen sind für jeden Gesamtschuldner einzeln zu prüfen. Auch insoweit ist es allerdings möglich, dass eine gegenüber einem Schuldner ausgesprochene Mahnung gegenüber allen Gesamtschuldnern wirkt, weil dieser Schuldner empfangszuständig für alle ist.[40] Ähnlich ist das verzugsbegründende Verschulden im Ausgangspunkt individuell zu prüfen; eine Zurechnung mag sich aber über § 278 BGB ergeben. 29

Durch die Einzelwirkung können gespaltene Rechtsfolgen hinsichtlich eines Rechtsverhältnisses eintreten: So mag der Gläubiger gegen einen Gesamtschuldner Anspruch auf Ersatz eines Verzögerungsschadens haben, gegen einen anderen nicht. Gestaltungsrechte, die das Schuldverhältnis als ganzes betreffen sind, sind jedoch einheitlich auszuüben.[41] Für den Rücktritt regelt dies § 351 BGB. 30

3. Verschulden

Auch die ausdrückliche Nennung des Verschuldens führt in die Irre. Insbesondere das Schuldverhältnis zwischen Gläubiger und Gesamtschuldnern kann zur Gesamtwirkung des Verschuldens führen: Der Vertrag kann zunächst eine Abrede enthalten, dass jeder Gesamtschuldner für das Verschulden der anderen Schuldner einstehen soll. Eine solche stillschweigende Mithaftungsübernahme ist insbesondere anzunehmen, wenn mehrere Unternehmer sich zur gemeinsamen Herstellung eines einheitlichen Werks verpflichten.[42] 31

Ähnliches gilt, wenn mehrere Unternehmen eine Arbeitsgemeinschaft (ARGE), mithin eine GbR, zur gemeinschaftlichen Erstellung eines Werks gegründet haben. Hier ergibt sich die individuelle Haftung aller Gesellschafter nach modernem Verständnis bereits aus der Zurechnung des Verschuldens aller Mitglieder als Organen der Gesellschaft gem. § 31 BGB sowie der Haftung der Gesellschafter für die Gesellschaftsschulden analog § 128 HGB.[43] 32

Das Mitverschulden des Gläubigers wird nicht gesondert genannt. Tatsächlich geht die Praxis davon aus, dass zunächst ein Mitverschulden des Gläubigers selbst allen Gesamtschuldnern zugute kommt. Das ist zutreffend, da die Einhaltung der Pflichten »gegen sich selbst« nur einheitlich möglich ist. Daneben nimmt die h.M. aber auch an, dass ein Mitverschulden, das auf das Verhalten eines Erfüllungsgehilfen gründet und die Haftung eines Gesamtschuldners, zu dem eine Sonderverbindung besteht, mindert, Gesamtwirkung auch zugunsten derjenigen Gesamtschuldner hat, in deren Person es an der eine Zurechnung gem. §§ 254 Abs. 2 S. 2, 278 tragenden Sonderverbindung fehlt.[44] Begründet wird dies mit einem *argumentum a maiore ad minus*: Wirke sich bereits – wie in den Fällen des § 424 BGB – ein u.U. auch schuldloses Verhalten des Gläubigers zugunsten aller Gesamtschuldner aus, könne das bei einem schuldhaften Verhalten des Gläubigers nicht anders sein. Das Argument überzeugt indes nicht: Schließt der Gläubiger mit einem Schuldner einen Erlassvertrag, so handelt er sogar vorsätzlich; § 423 BGB zeigt aber, dass es im Hinblick auf die Frage nach dessen Gesamtwirkung weiterer Überlegungen bedarf. 33

4. Unmöglichkeit der Leistung

An dieser Stelle weist § 425 Abs. 2 BGB immerhin bereits durch die Formulierung »in der Person eines Gesamtschuldners« darauf hin, dass zwischen der objektiven Unmöglichkeit, der notwendige Gesamtwirkung zukommt, und der subjektiven Unmöglichkeit (Unvermögen) zu differenzie- 34

---

40 Erman/*Ehmann*, § 425 Rn. 22.
41 Erman/*Ehmann*, § 425 Rn. 11, 24. A.A. Palandt/*Grüneberg*, BGB § 425 Rn. 3.
42 BGH v. 18.10.1951, VIII ZR 138/50, NJW 1952, 217; OLG Nürnberg v. 21.12.1989, 12 U 2890/89, NJW-RR 1991, 28.
43 Messerschmidt/Voit/*Richter*, D Rn. 155, 156.
44 BGH v. 02.02.1984, I ZR 228/81, BGHZ 90, 86 Rn. 37.

ren ist. Allein letztere hat im Regelfall Einzelwirkung.[45] Doch auch insoweit kann sich aus der Ausgestaltung des Schuldverhältnisses anderes ergeben: Schließt etwa eine ARGE einen Vertrag, so wird es geradezu typisch sein, dass Leistungsteile den Mitgliedern in unterschiedlicher Weise subjektiv unmöglich sein werden. Es liegt aber in der Natur des von der ARGE geschlossenen Vertrages, dass sich die Mitglieder gerade nicht individuell auf ihr Unvermögen berufen dürfen sollen.

5. Verjährung

35 Sowohl Beginn als auch Ablauf und Ende der Verjährungsfrist haben Einzelwirkung. Davon bleibt unberührt, dass die für den Beginn, die Unterbrechung oder die Hemmung relevanten Erklärungen oder Handlungen aus ihrem jeweiligen Regelungskontext heraus zugunsten oder zulasten aller bzw. mehrerer Gesamtschuldner wirken können.

6. Konfusion

36 Die Vereinigung der Schuld eines Gesamtschuldners mit der Forderung hat nur Einzelwirkung, d.h. der Gesamtschuldner, der Rechtsnachfolger des Gläubigers geworden ist, behält dessen Forderung gegen die konkurrierend verpflichteten Gesamtschuldner. Allerdings ist die materielle Wirkung der Konfusion zu berücksichtigen: Als Gesamtschuldner könnte er selbst im Rückgriff von den anderen Verpflichteten in Anspruch genommen werden. Um dieses »Regresskarussell« zu vermeiden, wird die von ihm gegenüber den konkurrierend verpflichteten Gesamtschuldnern geltend zu machende Forderung von vornherein um den Betrag gekürzt, der im Innenverhältnis auf ihn als Gesamtschuldner entfiele.[46]

7. Rechtskraft

37 Die Rechtskraft von Urteilen entsteht nur zwischen den Parteien des Rechtsstreits. Die Einzelwirkung knüpft an diese subjektive Beschränkung an.

§ 426 Ausgleichungspflicht, Forderungsübergang

(1) Die Gesamtschuldner sind im Verhältnis zueinander zu gleichen Anteilen verpflichtet, soweit nicht ein anderes bestimmt ist. Kann von einem Gesamtschuldner der auf ihn entfallende Beitrag nicht erlangt werden, so ist der Ausfall von den übrigen zur Ausgleichung verpflichteten Schuldnern zu tragen.

(2) Soweit ein Gesamtschuldner den Gläubiger befriedigt und von den übrigen Schuldnern Ausgleichung verlangen kann, geht die Forderung des Gläubigers gegen die übrigen Schuldner auf ihn über. Der Übergang kann nicht zum Nachteil des Gläubigers geltend gemacht werden.

Schrifttum
Vgl. vor §§ 420, 421 BGB.

Übersicht	Rdn.		Rdn.
A. Strukturen der Rückgriffsbegründung ..	1	III. Selbständigkeit des Ausgleichsanspruchs .	9
B. Gesamtschuldnerischer Ausgleichsanspruch, § 426 Abs. 1 BGB	3	IV. Verjährung	11
I. Gesetzliches Schuldverhältnis der Gesamtschuld	3	C. Gesetzlicher Forderungsübergang, § 426 Abs. 2 BGB	12
		D. Umfang der Ausgleichsansprüche	14
II. Mitwirkungs- und Zahlungsanspruch...	4	I. Unter Sicherungsgebern	15

---

45 Palandt/*Grüneberg*, BGB § 425 Rn. 5.
46 BAG v. 24.04.1986, 8 AZR 577/84, NJW 1986, 3104.

		Rdn.			Rdn.
	1. Mitbürgen	15	I.	Störungen der Haftungsordnung durch das Gesamtschuldverhältnis	26
	2. Bürgen und Grundschuldbesteller	16		1. Verlust der Verjährungseinrede	27
II.	Unter Haftpflichtigen	20		2. Verlust der Nacherfüllungsbefugnis	28
	1. Belastung des »eigentlichen« Schadensverursachers	22	II.	Nachträgliche Einwirkungen auf die Rechtsbeziehungen	32
	2. Belastung des Ausführenden vor der Belastung des Aufsichtsführenden	24	III.	»Gestörte Gesamtschuldverhältnisse« i.e.S	33
	3. Grad des Verschuldens	25			
E.	»Störungen« des Haftungsausgleichs	26	F.	Konkurrierende Regelungsinstrumente	37

A. Strukturen der Rückgriffsbegründung

Wurde durch den Ausschluss der Teilschuld das Interesse des Gläubigers geschützt, so einfach wie möglich sein Leistungsinteresse zu befriedigen, und durch die Gesamterfüllungswirkung gem. § 422 BGB verhindert, dass der Gläubiger ungerechtfertigt bereichert wird, so sorgt § 426 BGB dafür, dass die Belastung aus der Haftung nicht willkürlich erfolgt. 1

Der Ausgleich unter Gesamtschuldner ruht auf drei Säulen: Zunächst mag unter den Gesamtschuldnern eine Sonderverbindung (z.B. Gesellschaft, Auftrag) bestehen, aus welcher sich ein Ausgleichsanspruch ergibt. Fehlt es daran, so kann sich ein Rückgriffsanspruch aus auftragsloser Geschäftsführung oder Bereicherungsrecht ergeben. Diese – bereits dem Gemeinen Recht bekannten – Regressinstrumente erschienen dem historischen Gesetzgeber jedoch als zu schwach. Er versah die Gesamtschuld deshalb mit zwei weiteren Ausgleichsmechanismen: einem in § 426 Abs. 2 BGB angeordneten gesetzlichen Forderungsübergang sowie einem selbständigen Ausgleichsanspruch in § 426 Abs. 1 BGB. 2

B. Gesamtschuldnerischer Ausgleichsanspruch, § 426 Abs. 1 BGB

I. Gesetzliches Schuldverhältnis der Gesamtschuld

Mit dem Gesamtschuldverhältnis entsteht der gesamtschuldnerische Ausgleichsanspruch gem. § 426 Abs. 1 BGB und damit zugleich ein gesetzliches Schuldverhältnis zwischen den Gesamtschuldnern. Bereits vor der Leistung kann jeder Gesamtschuldner von dem Mithaftenden verlangen, an der gesamtschuldnerisch geschuldeten Leistung mitzuwirken, und den jeweils anderen anteilig von der Schuld zu befreien.[1] Bei schuldhafter Verletzung dieser Mitwirkungspflicht werden Schadensersatzansprüche gem. §§ 280 ff. BGB begründet.[2] Relevanz hat dies insbesondere für die Rechtsverfolgungskosten.[3] Als weitere Folge tritt hinzu, dass ein Gesamtschuldner, der Dritte zur Erfüllung seiner Mitwirkungspflicht einschaltet, für deren Verhalten und Verschulden gem. § 278 BGB einzustehen hat. 3

II. Mitwirkungs- und Zahlungsanspruch

Durch die Erfüllung des Anspruchs des Gläubigers durch einen der Gesamtschuldner wandelt sich dessen Ausgleichsanspruch von einem Mitwirkungs- in einen Zahlungsanspruch um. Nach der Erfüllung durch den in Anspruch genommenen Schuldner ist der Ausgleich stets auf Zahlung gerichtet, unabhängig davon, ob die Erfüllung durch eine Geldzahlung oder andere Leistung (z.B. Nacherfüllung gem. § 635 BGB) bewirkt wurde: Wenn mehrere Schuldner als Gesamtschuldner eine unteilbare Sache schulden, und die Leistung von einem Schuldner erbracht wird, kann der Ausgleichsanspruch nur auf Wertausgleich gerichtet sein. Wenn der Architekt Schadensersatz in 4

---

1 BGH v. 22.02.1967, IV ZR 331/65, BGHZ 47, 166; v. 30.11.1994, XII ZR 59/93, NJW 1995, 652.
2 Bereits RG v. 26.04.1912, II 523/11, RGZ 79, 291; v. 24.01.1918, VI 397/17, RGZ 92, 151.
3 BGH v. 09.01.1974, IV ZR 71/73, NJW 1974, 694.

Geld geleistet hat und der Unternehmer dadurch von seiner Pflicht, nachzuerfüllen, frei geworden ist, ist der Anspruch ebenfalls auf Wertausgleich gerichtet.[4]

5 Mitwirkungs- und Zahlungsanspruch werden von der Praxis als unterschiedliche Ausprägungen eines einheitlichen Ausgleichsanspruchs verstanden.[5] Bedeutung hat das vor allem für die Verjährung, indem die Verjährungsfrist des Rückgriffsanspruchs nicht etwa erst mit der Zahlung an den Gläubiger, sondern bereits mit dem Entstehen des Gesamtschuldverhältnisses, d.h. der Erfüllung der Haftungsvoraussetzung aller Gesamtschuldner, in Lauf gesetzt wird. Vor einem allzu raschen Ablauf der Verjährungsfrist (dazu u. Rdn. 6 ff.) wird der Gesamtschuldner allein durch die subjektiven Anforderungen in § 199 Abs. 1 Nr. 2 BGB geschützt. Für eine Kenntnis aller Umstände, die einen Ausgleichsanspruch nach § 426 Abs. 1 BGB begründen, ist es erforderlich, dass der Ausgleichsberechtigte Kenntnis von den Umständen hat, die einen Anspruch des Gläubigers gegen den Ausgleichsverpflichteten begründen, von denjenigen, die einen Anspruch des Gläubigers gegen ihn selbst begründen, von denjenigen, die das Gesamtschuldverhältnis begründen, und schließlich von den Umständen, die im Innenverhältnis eine Ausgleichspflicht begründen. Für diese Kenntnis reicht es aber nicht aus, wenn der Ausgleichsberechtigte den im Bauwerk zu Tage getretenen Mangel kennt, weil daraus nicht ohne weiteres die Kenntnis der für einen Anspruch des Bestellers gegen die anderen Baubeteiligten notwendigen weiteren Voraussetzungen abzuleiten sein muss.

6 In der Literatur wird die Gleichsetzung von Mitwirkungs- und Zahlungsanspruch kritisiert.[6] Vor allem der Rückgriff auf den prozessualen Streitgegenstandsbegriff sowie die Bedeutung des Antrags in dessen Rahmen sollen erklären, dass Mitwirkungs- und Zahlungsanspruch zwei unterschiedliche Ansprüche seien. Der Bundesgerichtshof hat der Kritik entgegengehalten, sie berücksichtige nicht ausreichend, dass es sich um einen einheitlichen Anspruch auf Ausgleich handele.[7] Wiewohl diese Entgegnung an der vorgetragenen Kritik vorbeigeht, ist ihr im Ergebnis zuzustimmen, denn den Anknüpfungspunkt der Verjährung bilden die in § 194 BGB definierten Ansprüche, und dabei handelt es sich um materiellrechtliche Ansprüche.[8] Dass materielles und Prozessrecht im Bereich der Verjährung eine enge Verbindung eingehen, die besonders deutlich bei der Hemmung der Verjährung durch Klage nach § 204 Abs. 1 Nr. 1 BGB zum Ausdruck kommt,[9] mag in der Allgemeinheit zutreffen. Daraus kann aber nicht der Schluss gezogen werden, dass unterschiedliche prozessuale Ansprüche zwingend unabhängig und selbständig zu verjähren hätten.

7 Das sachliche Anliegen der Kritik bleibt gleichwohl berechtigt: Zum einen soll dem Ausgleichsberechtigten sein Ausgleichsanspruch nicht unter den Händen »wegverjähren«; zum anderen muss die Rechtsordnung von massenhaft eingeleiteten Verfahren verschont werden, die allein deshalb betrieben werden, um gem. § 204 BGB der Verjährung zu entgehen. Vor der Zahlung kommt insbesondere eine auf Mitwirkung gerichtete Leistungsklage bzw., insbesondere wenn der Gläubiger des Ausgleichsanspruchs noch gar nicht in Anspruch genommen wurde, eine Feststellungsklage in Betracht. Es liegt indes auf der Hand, dass die Gesellschaft kein Interesse an der Erhebung solcher »Phantomklagen« in nennenswertem Umfang hat, jedenfalls solange eine wirtschaftliche Belastung des Ausgleichsberechtigten sich noch nicht konkretisiert hat. Problematisch erscheint daneben, dass der Ausgleichsberechtigte zur Begründung seines Ausgleichsanspruchs vortragen müsste, selbst gegenüber dem Gläubiger verpflichtet zu sein. Vor dem Ausbruch eines Rechtsstreits mit dem Gläubiger wäre ein solches Verhalten töricht – wer möchte schon schlafende Hunde wecken? – und während eines Rechtsstreits, in welchem der vermeintliche Schuldner sich noch damit verteidigt, gar nicht zu haften, widersprüchlich.

---

4 Bereits BGH v. 01.02.1965, GSZ 1/64, BGHZ 43, 232 Rn. 20.
5 BGH v. 18.06.2009, VII ZR 167/08, BauR 2009, 1458, Rn. 12.
6 Staudinger/*Peters*, § 199 Rn. 7; *Peters*, NZBau 2007, 337, 341.
7 BGH v. 18.06.2009, VII ZR 167/08, BauR 2009, 1458, Rn. 14.
8 Palandt/*Ellenberger*, BGB § 194 BGB Rn. 2.
9 *Peters*, NZBau 2007, 337, 341.

Erspart bleiben dem ausgleichsberechtigten Schuldner sowie der Rechtsordnung solche Verzweiflungstaten, wenn die Eckpunkte der Verjährung des Ausgleichsanspruchs deutlich benannt werden: (1) Die Ausgleichspflicht beginnt erst mit der Begründung des Gesamtschuldverhältnisses zu verjähren. Der Lauf der Frist kann demgemäß für die Ausgleichspflicht nicht vor dem Zeitpunkt enden, der für die Verjährung der Haftung des Schuldners maßgeblich ist. (2) Der Bundesgerichtshof hat die konkreten Umstände, auf welche sich die positive Kenntnis oder grob fahrlässige Unkenntnis des Ausgleichsberechtigten beziehen muss, bereits benannt. Liegt die Kenntnis des Schuldners von der gesamtschuldnerischen Haftung atypischerweise bereits vor, ohne dass der Schuldner vom Gläubiger in Anspruch genommen wurde (was der Fall sein mag, weil etwa auch der Gläubiger von seinen Abnehmern noch nicht belangt wurde), so können die Schuldner ohne Einbeziehung des Gläubigers Verhandlungen über die Mitwirkungspflicht aufnehmen, was die Verjährung des Ausgleichsanspruchs gem. § 203 BGB hemmt. Wird ein potentiell ausgleichsberechtigter Schuldner vom Gläubiger in Anspruch genommen, so stellt die Streitverkündung, die auch im selbständigen Beweisverfahren zulässig ist,[10] ein geeignetes Instrument dar, um die Verjährung des Ausgleichsanspruchs zu verhindern. (3) Was noch fehlt, sind deutliche Aussagen, welche Umstände die grobe Fahrlässigkeit im Hinblick auf die Unkenntnis eines Gesamtschuldverhältnisses begründen. 8

III. Selbständigkeit des Ausgleichsanspruchs

Der Ausgleichsanspruch nach § 426 Abs. 1 BGB ist ein selbständiger Anspruch, der von dem gem. § 426 Abs. 2 BGB auf den zahlenden Schuldner übergegangenen Anspruch unabhängig ist. Während sich kaum noch klären lässt, ob der historische Gesetzgeber tatsächlich so weit gehen wollte,[11] hat bereits das Reichsgericht[12] frühzeitig auf die Selbständigkeit des Ausgleichsanspruchs abgehoben. Der Bundesgerichtshof hat an diese Rechtsprechung angeknüpft[13] und auch nach der Schuldrechtsmodernisierung an ihr festgehalten,[14] da diesbezügliche Änderungsvorschläge, wie sie im Vorfeld der Schuldrechtsmodernisierung im Abschlussbericht der Schuldrechtskommission aus dem Jahre 1992 erarbeitet worden waren,[15] im Gesetzgebungsverfahren nicht mehr verfolgt wurden. 9

Aus diesem Grund ist insbesondere unerheblich, ob der ausgleichsverpflichtete Schuldner dem Gläubiger die Einrede der Verjährung (Einzelwirkung, vgl. § 425 Abs. 2 BGB!) entgegenhalten konnte. Auch der Umstand des »Verjährenlassens« beeinträchtigt den Ausgleichsanspruch nicht: Die Verjährung des gegen den Ausgleichsverpflichteten gerichteten Gläubigeranspruchs kann nicht zum Nachteil des ausgleichsberechtigten Gesamtschuldners wirken, weil dieser an der Rechtsbeziehung zwischen dem Gläubiger und dem weiteren Gesamtschuldner nicht beteiligt ist. Die Disposition, die der Gläubiger innerhalb dieses Rechtsverhältnisses durch (bewusstes oder unbewusstes) Verjährenlassen seiner Forderung gegenüber dem einen Gesamtschuldner trifft, kann nicht das Innenverhältnis der Gesamtschuldner zum Nachteil des anderen gestalten.[16] 10

---

10 BGH v. 05.12.1996, VII ZR 108/95, BauR 1997, 347.
11 Vgl. *Glöckner*, Gesamtschuldverhältnisse, S. 188 Fn. 207.
12 RG v. 16.11.1908, VI 607/07, RGZ 69, 422, 426 (rechtskräftige Klagabweisung); v. 25.11.1911, I 529/10, RGZ 77, 317, 322 (Verjährung).
13 BGH v. 09.03.1972, VII ZR 178/70, BGHZ 58, 216, 218 (Verjährung).
14 BGH v. 09.07.2009, VII ZR 109/08, BauR 2009, 1609 Rn. 11.
15 Im Abschlussbericht war eine Regelung vorgeschlagen worden, wonach der Ausgleichsanspruch aus § 426 Abs. 1 BGB wie der Anspruch des Gläubigers gegen den ausgleichsverpflichteten Gesamtschuldner verjährt. Es sollten jedoch Ausnahmetatbestände gelten, die es dem in Anspruch genommenen Gesamtschuldner für kurze Zeit erlauben, den ausgleichspflichtigen Gesamtschuldner auch dann noch in Anspruch zu nehmen, wenn der Anspruch des Gläubigers gegen den ausgleichspflichtigen Gesamtschuldner verjährt ist (§ 426a-KE), vgl. Abschlussbericht der Kommission zur Überarbeitung des Schuldrechts, 1992, S. 108 f.
16 BGH v. 09.07.2009, VII ZR 109/08, BauR 2009, 1609 Rn. 14; *Kniffka*, BauR 2005, 274, 280.

IV. Verjährung

11 Der Ausgleichsanspruch gem. § 426 Abs. 1 BGB verjährt gem. §§ 195, 199 BGB in drei Jahren ab Kenntnis bzw. grob fahrlässiger Unkenntnis des Gläubigers von den Umständen, welche das Gesamtschuldverhältnis begründen.

C. Gesetzlicher Forderungsübergang, § 426 Abs. 2 BGB

12 Die Erfüllung eines Gesamtschuldners bringt die Forderung des Gläubigers nicht zum Erlöschen, sondern bewirkt – neben der Erfüllung zugunsten der anderen Gesamtschuldner gem. § 422 BGB – den Übergang der Forderung des Gläubigers auf den leistenden Gesamtschuldner zum Zweck des Rückgriffs.[17] Während der Ausgleichsanspruch gem. § 426 Abs. 1 BGB bereits mit dem Gesamtschuldverhältnis entsteht, kommt es zum Forderungsübergang gem. § 426 Abs. 2 BGB erst mit der vollständigen oder teilweisen Befriedigung des Gläubigers.

13 Der übergegangene Anspruch ist gem. §§ 412, 404 ff. BGB allen Einwendungen und Einreden ausgesetzt, welche der ausgleichsverpflichtete Gesamtschuldner gegenüber dem Gläubiger erheben konnte. Er steht neben dem selbständigen Ausgleichsanspruch nach § 426 Abs. 1 BGB. Im Hinblick auf die erhebliche Immunisierung des selbständigen Ausgleichsanspruchs bietet der übergegangene Anspruch vor allem den Vorteil des »Transports« akzessorischer Sicherheiten gem. §§ 412, 401 BGB. Bei nicht akzessorischen Sicherheiten, insbesondere Grundschulden, wird der Rechtsgedanke des § 401 BGB analog herangezogen.[18]

D. Umfang der Ausgleichsansprüche

14 Sind der selbständige Ausgleichsanspruch nach § 426 Abs. 1 BGB und der nach § 426 Abs. 2 BGB übergegangene Anspruch des Gläubigers auch rechtlich getrennt, so werden sie doch in der Sache insoweit zusammengeführt, als der Ausgleichsanspruch der Höhe nach auf eine Beteiligung zu gleichen Teilen, wenn nichts anderes bestimmt ist, begrenzt ist. Nur in diesem Umfang geht auch der Anspruch des Gläubigers auf den zahlenden Schuldner über.

I. Unter Sicherungsgebern

1. Mitbürgen

15 Verbürgen sich mehrere, auch unabhängig voneinander, für eine Verbindlichkeit, so haften sie gem. § 769 BGB als Gesamtschuldner. Wird nunmehr ein Bürge auf Zahlung in Anspruch genommen, so kann er von den übrigen Bürgen gem. § 426 BGB Ausgleich verlangen. Der Ausgleichsanspruch richtet sich indes nicht nach Kopfteilen, sondern nach dem im Außenverhältnis gegenüber dem Gläubiger übernommenen Haftungsrisiko.[19] Ggf. kommen bei der Haftungsverteilung unterschiedlich vereinbarte Höchstbeträge zur Geltung, soweit sie unterhalb der gesicherten Forderung bleiben.[20]

2. Bürgen und Grundschuldbesteller

16 Ohne eine besondere Vereinbarung unter den Sicherungsgebern besteht zwischen einem Bürgen und einem Sicherungsgeber, der für die Hauptschuld eine Grundschuld als Sicherheit bestellt, keine vertragliche Gesamtschuldnergemeinschaft gem. § 427 BGB. Eine für Bürgen angeordnete Gesamtschuld fehlt für die konkurrierenden Verpflichtungen anderer Sicherungsgeber ebenfalls. Das Gesetz hat die Ausgleichsansprüche zwischen Mitsicherern nur lückenhaft geregelt. Eine am

---

17 MüKo-BGB/*Bydlinski*, § 426 Rn. 1.
18 BGH v. 17.03.1988, IX ZR 79/87, DNotZ 1988, 778; v. 31.01.1995, XI ZR 30/94, MittBayNot 1995, 200.
19 BGH v. 09.12.2008, XI ZR 588/07, NJW 2009, 437 Rn. 15; *Glöckner*, ZIP 1999, 821, 827 ff.
20 BGH v. 09.12.2008, XI ZR 588/07, NJW 2009, 437 Rn. 17.

Wortlaut haftende Auslegung würde deshalb zu Zufallsergebnissen führen, die vom Gesetzgeber nicht gesehen und nicht gewollt waren.

Zur Vermeidung von Zufallsergebnissen hat der Bundesgerichtshof es für geboten erachtet, für den Besteller einer Grundschuld im Wege der Rechtsfortbildung den allgemeinen Rechtsgedanken anzuwenden, dass mehrere auf gleicher Stufe stehende Sicherungsgeber ohne eine zwischen ihnen getroffene Vereinbarung untereinander entsprechend den Gesamtschuldregeln (§ 426 Abs. 1 BGB) zur Ausgleichung verpflichtet sind. Hier gebietet es der Grundsatz ausgleichender Gerechtigkeit, auf das Verhältnis von Bürge und Grundschuldbesteller den hinter § 426 Abs. 1 BGB stehenden allgemeinen Rechtsgedanken einer anteiligen Haftung anzuwenden. Ohne eine besondere Vereinbarung unter Sicherungsgebern, die, ohne selbst Hauptschuldner zu sein, unabhängig voneinander und gleichrangig dasselbe Risiko abdecken, entspricht allein die anteilige Haftung der Billigkeit (§ 242 BGB).[21] 17

Die Geber verschiedenartiger gleichrangiger Sicherheiten haften im Innenverhältnis im Regelfall nach Kopfteilen. Eine Ausnahme davon kann nicht bereits darauf gestützt werden, dass ein Bürge beteiligt ist, wenn dadurch der Bürge ganz allgemein vor den Gebern anderer Sicherheiten privilegiert würde. Die Rechtsprechung lehnt eine derartige Privilegierung (jedenfalls) dann ab, wenn der Bürge auf seine Rechte aus § 776 BGB verzichtet hat. In diesen Fällen ist auch beim Zusammentreffen von Grundschuld und Bürgschaft der hinter § 426 Abs. 1 BGB stehende allgemeine Gedanke einer anteiligen Haftung anzuwenden.[22] 18

Von der Haftungsverteilung nach Kopfteilen ist indes abzugehen, wenn die Sicherungsgeber ein unterschiedliches Haftungsrisiko übernommen haben. Die Höhe des Haftungsrisikos im Außenverhältnis gegenüber dem Gläubiger wird nicht nur durch den Höchstbetrag der Bürgschaft, sondern auch durch alle anderen Sicherheiten, etwa Grundschulden, bestimmt. Diese sind deshalb auch bei der Bestimmung des Innenausgleichs zu berücksichtigen. Allerdings sind die Sicherungen (Grundschulden oder Höchstbetragsbürgschaften) nicht in Höhe ihrer Nominalbeträge zu berücksichtigen. Das gegenüber dem Gläubiger übernommene Haftungsrisiko wird auch durch die Höhe der gesicherten Forderungen gegen den Hauptschuldner begrenzt.[23] 19

II. Unter Haftpflichtigen

Einen weiten Anwendungsbereich der Gesamtschuld machen konkurrierende Haftpflichten aus. § 840 BGB ordnet bezüglich der deliktischen Haftung ausdrücklich die gesamtschuldnerische Verbindung an. Doch auch für konkurrierende deliktische und vertragliche, gar für ausschließlich vertragliche Haftpflichten ist die gesamtschuldnerische Verbindung unabhängig vom Schuldgrund entweder in Analogie zu § 840 BGB[24] oder als Typus der Schadensersatzgesamtschuld anerkannt.[25] Letzterer Begriff ist allerdings missverständlich, da auch andere Formen der Haftung, namentlich die nicht auf Schadensersatz gerichteten Mängelansprüche, denselben Grundsätzen unterworfen sind. 20

Die Verteilung des Schadens auf mehrere Beteiligte folgt den zu §§ 254 BGB, 17 StVG, 5 ProdHaftG und ähnlichen Vorschriften entwickelten Grundsätzen.[26] Abzustellen ist daher zum einen auf das Maß der Verursachung, zum anderen auf das Maß des Verschuldens. Bei der Bemessung des Ausgleichsanspruchs werden im wesentlichen tatsächliche Umstände zum Tragen kommen, die von den Gerichten im Rahmen des § 287 ZPO zu würdigen sind und sich einer Darstellung 21

---

21 BGH v. 29.06.1989, IX ZR 175/88, BGHZ 108, 179 Rn. 18 ff.
22 BGH v. 16.01.1991, IV ZR 263/89, NJW-RR 1991, 682 Rn. 14.
23 BGH v. 09.12.2008, XI ZR 588/07, NJW 2009, 437 Rn. 16 f.
24 MüKo-BGB/*Bydlinski*, § 421 Rn. 45 ff.
25 MüKo-BGB/*Bydlinski*, § 421 Rn. 48 ff.
26 BGH v. 16.06.1955, II ZR 133/54, NJW 1955, 1314; v. 29.06.1972, VII ZR 190/71, NJW 1972, 1802.

in diesem Rahmen entziehen. Einige Grundsätze wurden immerhin für bauvertragliche Problemkonstellationen entwickelt.[27]

1. Belastung des »eigentlichen« Schadensverursachers

22 Es entspricht gängiger Praxis, dass derjenige, der die »eigentliche Ursache« für den Mangel gesetzt hat, stärker haften soll, als derjenige, dessen Beitrag weniger direkten Einfluss hatte. Dabei geht es vor allem um die Entlastung desjenigen, der allein deshalb haftet, weil sein Werk dadurch mangelhaft wurde, dass es auf eine ungeeignete Vorleistung – regelmäßig des konkurrierend Verpflichteten – aufbaut, wobei dem Schuldner im wesentlichen oder ausschließlich ein Verstoß gegen seine Prüfungs- und Bedenkenhinweispflicht zur Last fällt.[28]

23 Was in der Allgemeinheit zutrifft, bedarf doch zugleich einer Konkretisierung, welche die Rechtsprechung in den letzten Jahren mit größerer Deutlichkeit vorgenommen hat:[29] Als eiserne Regel taugt der Grundsatz nämlich nicht. Eine pauschale Entlastung des allein seine Prüfungs- oder Bedenkenhinweispflicht verletzenden Schuldners würde dem Gewicht dieser Pflichten nicht ausreichend Rechnung tragen.[30] Die Verletzung von Prüfungs- und Hinweispflichten darf schon deshalb nicht bagatellisiert werden, weil sie in der Regel eine gewichtige Ursache für den Schaden am Bauwerk darstellt.

2. Belastung des Ausführenden vor der Belastung des Aufsichtsführenden

24 In ähnlicher Weise soll in geringerem Umfang haften, wer lediglich seine Aufsichtspflicht verletzt hat, als wer durch falsche Planung oder Ausführung den Mangel unmittelbar herbeigeführt hat.[31] Was in der Tendenz wiederum zutreffen mag, darf im Ergebnis nicht dazu führen, dass der aufsichtsführende Baubeteiligte haftungsfrei wird. Die Entwicklung zu sanktionslosen Pflichtverletzungen schadet nicht allein der Baukultur, sondern trägt auch zur Mehrung individueller und volkswirtschaftlicher Schäden bei. Zu Recht hat der Bundesgerichtshof daher festgehalten, dass ein vollständiges Zurücktreten der Haftung des bauaufsichtsführenden Architekten nur in Ausnahmefällen in Betracht kommt.[32] Selbst wenn der Verschuldensanteil des planenden Architekten nunmehr die Haftung des aufsichtsführenden Architekten mindert, hat der BGH ausgeführt, dass der Verursachungsbeitrag des bauaufsichtsführenden Architekten an dem Bauwerksschaden deshalb nicht vernachlässigt werden darf, sondern unter Berücksichtigung der besonderen Aufgabenstellung des aufsichtsführenden Architekten gewichtet werden muss. Eine andere Beurteilung würde tendenziell dazu führen, dass der bauaufsichtsführende Architekt (nahezu) haftungsfrei wäre, was der Bedeutung seiner Verpflichtung nicht gerecht würde. Ein vollständiges Zurücktreten der Haftung des bauaufsichtsführenden Architekten wird deshalb nur in seltenen Ausnahmefällen in Betracht kommen.[33]

3. Grad des Verschuldens

25 Zur Relativierung der unter 1. und 2. genannten Grundsätze trägt insbesondere die Berücksichtigung des Grades des Verschuldens bei: Hat der Nachunternehmer den Mangel der Vorleistungen bzw. der Pläne oder der bauaufsichtsführende Architekt den Mangel von Plänen oder Bauausfüh-

---

27 Vgl. etwa die Darstellung von *Zahn*, in: Ganten/Jagenburg/Motzke, vor § 13 Rn. 114 ff.
28 Bereits BGH v. 19.12.1968, VII ZR 23/66, NJW 1969, 653, 654.
29 BGH v. 11.10.1990, VII ZR 228/89, BauR 1991, 79, 80; v. 24.02.2005, VII ZR 328/03, BauR 2005, 1016; v. 27.11.2008, VII ZR 206/06, BauR 2009, 515 Rn. 39.
30 *Kniffka*, BauR 2005, 274, 277.
31 Vgl. bereits BGH v. 01.02.1965, GSZ 1/64, BGHZ 43, 227, 231; v. 19.12.1968, II ZR 23/66, BGHZ 51, 275, 279.
32 BGH v. 27.11.2008, VII ZR 206/06, BauR 2009, 515 LS 2c.
33 BGH v. 27.11.2008, VII ZR 206/06, BauR 2009, 515 Rn. 39.

rung erkannt, so wäre es ganz abwegig, ihre Haftung zu reduzieren. Im Gegenteil wird ein Unternehmer, der vor der Herstellung erkennt, dass er einen Mangel produziert, ohne darauf hinzuweisen, nicht nur im Verhältnis zum Besteller, sondern auch im Verhältnis zu anderen Verursachern allein haften, wenn deren Verursachungsbeitrag nur von untergeordneter Bedeutung ist

E. »Störungen« des Haftungsausgleichs

I. Störungen der Haftungsordnung durch das Gesamtschuldverhältnis

Die großzügige Annahme von Gesamtschuldverhältnissen auch ohne identische Leistungspflichten sowie die rechtliche Selbständigkeit des Ausgleichsanspruchs gem. § 426 Abs. 1 BGB immunisieren diesen Ausgleichsanspruch in weitem Umfang gegenüber Einwendungen und Einreden, welche dem Ausgleichsverpflichteten gegenüber dem Gläubiger an sich zustanden. In diesen Fällen ist nicht etwa das Gesamtschuldverhältnis »gestört«; vielmehr werden die Einzelrechtsbeziehungen durch die Verselbständigung des Ausgleichsanspruchs gestört. Dennoch sollte die Behandlung solcher Fälle nach ähnlichen Grundsätzen erfolgen wie diejenige »gestörter« Gesamtschuldverhältnisse, da jeweils die Verteilung der Haftungsbelastung in einem Mehrpersonenverhältnis in Frage steht. In bauvertraglichen Rechtsbeziehungen stehen vor allem zwei Problemkonstellationen in der Diskussion: 26

1. Verlust der Verjährungseinrede

Seit jeher wurde der mit der Verselbständigung des Ausgleichsanspruchs (an welchen früher die 30jährige Regelverjährung geknüpft war!) einhergehende Verlust der Verjährungseinrede als schmerzhaft empfunden. Durch die Verkürzung der Regelverjährung gem. § 195 BGB wurde das Problem zwar gemindert, doch nicht beseitigt. Bereits im Vorfeld der Schuldrechtsmodernisierung erarbeitete die Schuldrechtskommission einen Änderungsvorschlag,[34] der indes im Gesetzgebungsverfahren nicht mehr verfolgt wurde.[35] Der Bundesgerichtshof hat dies als Bestätigung seiner Praxis verstanden.[36] Der an anderer Stelle betonte Zweck, Rechtsfrieden zu schaffen,[37] wird durch den Verlust der Verjährungseinrede im gesamtschuldnerischen Rückgriff zwar partiell vereitelt, doch wird dieses Ergebnis im Hinblick auf das konfligierende Ausgleichsinteresse des zunächst und in unverjährter Frist in Anspruch genommenen Schuldners in Kauf genommen. 27

2. Verlust der Nacherfüllungsbefugnis

Seit der grundlegenden Entscheidung des Großen Senats zum Gesamtschuldverhältnis zwischen Architekt und Unternehmer im Hinblick auf ihre konkurrierende Haftung für Baumängel wird der als Folge eintretende Verlust der Nacherfüllungsbefugnis des Unternehmers im Fall der Inanspruchnahme des Architekten diskutiert. Die von *Kniffka*[38] erwogene breite Zulassung eines Einwandes der Treuwidrigkeit, verbunden mit der Schließung des Regresskreisels zum Geschädigten, hat sich in der Praxis nicht verfestigen können. Der womöglich »gefundene Ansatz« wurde zumindest nicht ausgebaut. Lediglich *obiter* hielt der Bundesgerichtshof in einer jüngeren Entscheidung fest, dass der Besteller ausnahmsweise gehindert sein könne, einen Architekten wegen eines Bauaufsichtsfehlers in Anspruch zu nehmen, wenn und soweit er auf einfachere, insbesondere billigere Weise von dem Unternehmer die Beseitigung des Mangels verlangen könne.[39] Es lässt zwar auf- 28

---

34 Abschlussbericht der Kommission zur Überarbeitung des Schuldrechts, 1992, S. 108 f., vgl. dazu o. Fn. 15.
35 Vgl. bereits *Glöckner*, BauR 2005, 251, 271.
36 BGH v. 09.07.2009, VII ZR 109/08, BauR 2009, 1609 Rn. 18.
37 BGH v. 18.06.2009, VII ZR 167/08, BauR 2009, 1458 Rn. 15.
38 *Kniffka*, BauR 2005, 274, 281 f.
39 BGH, v. 26.07.2007, VII ZR 5/06, BauR 2007, 1875 Rn. 24.

merken, dass der Bundesgerichtshof diese vom zu entscheidenden Fall nicht geforderten Hinweise gab und sich zudem auf eine ältere Entscheidung[40] stützte, die nach einer früheren Feststellung desselben Senats[41] durch die Entscheidung des Großen Senats über die gesamtschuldnerische Verbindung der Mängelhaftung von Architekt und Unternehmer als überwunden galt. Bis heute fehlt es aber an konkretisierender Praxis (vgl. bereits o. § 421 BGB Rdn. 19). Es bestehen daher zum einen aus praktischer Sicht Zweifel, ob der Arglisteinwand zur flächendeckenden Problemlösung geeignet ist. Zum anderen erscheinen die heranzuziehenden Maßstäbe nicht systemkonform: Die angesprochene Entscheidung des Bundesgerichtshofs hat deutlich gemacht, dass die Auswahl des in Anspruch genommenen Schuldners im Hinblick auf den finanziellen Ausgleich des Schadens nur unter ganz engen Voraussetzungen, nämlich im wesentlichen entsprechend § 826 BGB, den Arglisteinwand begründet. Vor diesem Hintergrund erscheint es wenig passend, mit demselben Einwand zu arbeiten, wenn der Gläubiger allein aus Bequemlichkeit oder weil er mit dem Mangel leben kann und größeres Interesse an der Liquidierung der Mangelbeseitigungskosten hat, die Nacherfüllungsbefugnis des Unternehmers übergeht.

29   Vor diesem Hintergrund sollte die bisherige Praxis erneut überdacht werden. Das werkvertragliche Gewährleistungsrecht des alten Schuldrechts, das von einem Vorrang von Nachbesserung und Neuherstellung gegenüber anderen Gewährleistungsrechten ausging, bildete das Modell für die Haftungsregelung der Verbrauchsgüterkaufrichtlinie. Bei deren Umsetzung gelangte es zurück ins BGB – allerdings nicht beschränkt auf die kaufrechtliche Mängelhaftung, sondern als in §§ 281 Abs. 1, 323 Abs. 1 BGB niedergelegtes grundlegendes Haftungsprinzip. Dieses Haftungsprinzip wird von der Rechtsordnung sehr ernst, teilweise bedenklich ernst genommen: Selbst die unbewusste Vereitelung einer Nacherfüllungsbefugnis soll Mängelansprüche und alle konkurrierenden Ansprüche aus auftragsloser Geschäftsführung oder Bereicherungsrecht verdrängen.[42] Der gesamtschuldnerische Ausgleichsanspruch reißt heute die einzige Lücke in den Panzer der Nacherfüllungsbefugnis des Schuldners. Durch die Verfestigung der Nacherfüllungsbefugnis des Schuldners im System des Leistungsstörungsrechts erscheint diese Lücke systemwidriger denn je.

30   Bereits an anderer Stelle wurde ausführlich begründet, weshalb es geboten erscheint, den Ausgleichsanspruch des auf Schadensersatz in Anspruch genommenen Gesamtschuldners sowie vorgelagert unter dem Gesichtspunkt des § 254 BGB bereits den Ersatzanspruch des Gläubigers zu begrenzen:[43] Die Nacherfüllungsbefugnis des Unternehmers mindert dessen Haftungsrisiko. Die Minderung dieses Risikos kann er im Wettbewerb über die Vergütung an den Besteller weitergeben. Der Besteller profitiert also durchaus ebenfalls abstrakt aus einer solchen Nacherfüllungsbefugnis. Könnte er im Haftungsfall einen konkurrierend verpflichteten Schädiger in Anspruch nehmen, ohne seiner Obliegenheit nachzukommen, dem Unternehmer Gelegenheit zur Nacherfüllung zu gewähren, so würde er in zweifacher Hinsicht begünstigt: Er gelangte in den Genuss günstigerer Werkleistungen, bräuchte aber den Preis für diesen Vorteil – die Unannehmlichkeit der Abwicklung der Mängelansprüche über die primäre Nacherfüllung durch den Unternehmer – nicht zu bezahlen! Der Besteller ist also im Ergebnis zu belasten. Der richtige Ort zur Vermittlung des Verhaltensanreizes, zunächst den kostengünstigen – und vom Gesetzgeber vorgesehenen – Weg der Nacherfüllung zu gehen, ist § 254 BGB.

31   Durch die Anwendung von § 254 BGB im Verhältnis zwischen Gläubiger und nicht nacherfüllungsbefugtem Gesamtschuldner wird auch weder in die Grundfunktion der Gesamtschuld eingegriffen noch zur Subsidiärhaftung des Architekten zurückgekehrt: Wenn etwa der Unternehmer insolvent ist, ist es dem Besteller nicht zumutbar, diesen in Anspruch zu nehmen. Der Architekt

---

40   BGH v. 02.05.1963, VII ZR 171/61, BGHZ 39, 261, 264.
41   BGH v. 29.10.1970, VII ZR 14/69, WM 1971, 101, Rn. 22.
42   BGH v. 21.12.2005, VIII ZR 49/05, BB 2006, 686.
43   Vgl. *Glöckner*, Gesamtschuldverhältnisse, S. 233 ff., 237.

haftet dann in voller Höhe. Es bleibt also bei der gesamtschuldtypischen Kumulation der Haftungsmassen sowie der vollständigen Sicherung des Leistungsinteresses des Gläubigers. Auch haftet der Architekt nicht bloß subsidiär,[44] denn er kann nach wie vor jederzeit vom Gläubiger in Anspruch genommen werden. Schließlich befängt die Reduzierung des Anspruchs nicht den gesamten Verantwortungsanteil des nacherfüllungsbefugten Unternehmers. Letzterer ist schließlich keineswegs haftungsfrei: Hat die Beseitigung des Mangels durch einen Drittunternehmer, für welche der Architekt Schadensersatz schuldet, etwa 30.000 € gekostet, wohingegen der zur Nacherfüllung verpflichtete Unternehmer sie mit Eigenmitteln von 10.000 € hätte bewirken können, so sollte bei gleichen Verantwortungsanteilen der Unternehmer nicht höher als mit 5.000 € belastet werden. Anderenfalls geht sein schutzwürdiges Haftungsprivileg verloren. Der Architekt kann dem Gläubiger in Höhe von 20.000 € den Einwand des § 254 BGB entgegenhalten, wenn er von diesem in vollem Umfang in Anspruch genommen wird: Ein Interesse daran hätte er bereits deshalb, weil sein Rückgriff gegenüber dem Unternehmer eingeschränkt würde. Das prozessuale Mittel, um an die Informationen über die Eigenkosten der Mängelbeseitigung durch den Unternehmer zu gelangen, stellt die Streitverkündung dar. Architekt bzw. Unternehmer bleiben hinsichtlich der niedrigeren Kosten der Nacherfüllung darlegungs- und beweisbelastet.

II. Nachträgliche Einwirkungen auf die Rechtsbeziehungen

Ebenfalls in den Gesamtkontext der Störung des Ausgleichs gehören nachträgliche Einwirkungen 32 der Parteien auf den Umfang der Haftung, wie sie insbesondere durch Vergleichsverträge bewirkt werden können. Die Rechtsfolgen solcher Vereinbarungen im Mehrpersonenverhältnis hängen allerdings davon ab, ob ihnen Einzel- oder Gesamtwirkung zukommt (vgl. dazu o. §§ 422–425 BGB Rdn. 15 f.)

III. »Gestörte Gesamtschuldverhältnisse« i.e.S.

Auf der anderen Seite kann es durch individuelle Haftungsbeschränkungen zu Veränderungen der 33 Verteilung der Haftungsbelastung kommen, die als störend empfunden werden. Die Rechtsprechung hat hier eine kasuistische Praxis entwickelt,[45] die verschiedene, durchaus auch wertungsmäßig nicht ganz homogene Lösungsmodelle parallel heranzieht. In den letzten Jahren haben die Gerichte diese Rechtsprechungsinseln arrondiert:

Das einfachste Lösungsmodell gewährt dem privilegierten Schädiger umfassende Haftungsfreistellung 34 bei gleichzeitiger vollständiger Befriedigung des Gläubigers durch den Zweitschädiger. Eine derartige Konstellation hat die Rechtsprechung beispielsweise im Fall der Haftungsprivilegierung des § 1664 BGB für Eltern oder des § 1359 BGB für Ehegatten angenommen.[46] Diese Grundsätze sind nach der Rechtsprechung des Kammergerichts selbst auf Gefährdungshaftungstatbestände anzuwenden.[47] Zu einer solchen endgültigen Belastung des nicht privilegierten Schuldners soll es allerdings nur dann kommen, wenn das Gesetz selbst eine solche Privilegierung vorsieht, um den Rechtsfrieden innerhalb der Familie zu schützen. Im baurechtlichen Kontext erscheint diese Fallgruppe ohne Anwendungsbereich

Das historisch an erster Stelle herangezogene Lösungsmodell belastet zunächst den privilegierten 35 Schuldner. Für den gesamtschuldnerischen Rückgriffsanspruch wird die wegen der Haftungsprivilegierung an sich gar nicht bestehende Haftung fingiert. Der Bundesgerichtshof[48] entwickelte

---

44 So aber die Annahme von *Kniffka*, BauR 2005, 274, 281; *Zahn*, in: Ganten/Jagenburg/Motzke, vor § 13 Rn. 111.
45 Vgl. *Glöckner*, Gesamtschuldverhältnisse, S. 105 ff.
46 BGH v. 01.03.1988, VI ZR 190/87, BGHZ 103, 338, 347.
47 KG Berlin, v. 06.04.2001, 9 U 2200/99, KGR Berlin 2001, 319.
48 BGH v. 03.02.1954, VI ZR 153/52, BGHZ 12, 213.

diese Lösung für vertragliche Haftungsfreizeichnungen.[49] Sie ist bis heute auf vertragliche Haftungsprivilegierungen, insbesondere wirksam vereinbarte Beschränkungen der Mängelhaftung, anzuwenden. Auf den ersten Blick scheint dem privilegierten Schuldner durch die Fiktion des Gesamtschuldverhältnisses über den Ausgleichsanspruch genommen zu werden, was ihm nach der vertraglichen Ausgestaltung seines Schuldverhältnisses zum Gläubiger zustand. Dem hält die Praxis die Möglichkeit eines Rückgriffsanspruchs gegen den Gläubiger entgegen,[50] wodurch ein »Regresskreisel« entsteht. Dass durch einen solchen Regresskreisel dem nicht privilegierten Schuldner das Insolvenzrisiko des Ausgleichsverpflichteten auferlegt wird, entspricht der Logik der gesamtschuldnerischen Haftung. Weniger überzeugend erscheint es allerdings, dass dem privilegierten Schuldner, der an sich »einfach« haftungsfrei wäre, das Insolvenzrisiko des Gläubigers auferlegt wird.

36   Die Belastung des privilegierten Schädigers erschien dem Bundesgerichtshof bereits im Jahr 1968 im Fall des Aufeinandertreffens allgemein bürgerlich-rechtlicher und sozialversicherungsrechtlicher Haftungssysteme als unangemessen. Der Arbeitgeber sollte zunächst die Privilegierung der §§ 636, 637 RVO, vgl. nunmehr §§ 104 ff. SGB VII, nicht verlieren.[51] Gleichzeitig sollte der konkurrierend Verpflichtete nicht damit belastet werden, dass der Arbeitgeber nicht haftete. Die Privilegierung eines Schädigers wurde so zulasten des Geschädigten nach außen gekehrt und auf die Haftung des konkurrierend Verpflichteten erstreckt. Diese Rechtsprechung wurde nunmehr im Hinblick auf die Nachfolgeregelung in § 106 Abs. 3 SGB VII auf die Haftung einer GbR für ihren haftungsprivilegierten Gesellschafter erstreckt.[52]

F. Konkurrierende Regelungsinstrumente

37   Ausgleichsansprüche können auf vertragliche Grundlage gestützt werden, wenn zwischen den Gesamtschuldnern ein Schuldverhältnis besteht. Bei gemeinschaftlicher vertraglicher Verpflichtung gem. § 427 BGB wird dies häufig eine Gesellschaft gem. § 705 BGB sein; in Betracht kommt daneben ein Auftrag gem. § 662 BGB.

38   Fehlt es an einem Auftrag, so kann in der Erfüllung durch einen Dritten eine auftragslose Geschäftsführung erkannt werden. Allerdings wird das »fremde Geschäft« nach allgemeiner Auffassung[53] nicht in der Vornahme der Erfüllungshandlung erkannt, sondern in der Bewirkung des Erfüllungserfolges durch die Befreiung von einer Verbindlichkeit. Bereits die Voraussetzung eines »fremden Geschäfts« setzt damit das Bestehen der Tilgungswirkung voraus.[54] Dazu ist zunächst erforderlich, dass der Geschäftsherr dem gemeinsamen Gläubiger tatsächlich einredefrei verpflichtet ist. Darüber hinaus wird der Geschäftsherr begünstigt, wenn der Geschäftsführer bei der Erfüllung der Verbindlichkeit keine Kenntnis von der Existenz weiterer Schuldner hat. Der Tilgungserfolg kann allein durch eine Leistung des Geschäftsführers als Drittem auf die Verbindlichkeit des Geschäftsherrn gem. § 267 BGB eintreten. Der Dritte muss mit dem Willen leisten, die Verpflichtung des Schuldners zu tilgen. Selbst wenn das Erfüllungsrecht die nachträgliche Änderung der Tilgungsbestimmung möglicherweise gestattet, und der Leistende seine Tilgungsbestimmung entsprechend nachträglich ändert, muss nach dem Recht der Geschäftsführung ohne Auftrag kein

---

49   Die später vorgenommene Übertragung auf gesetzliche Haftungsprivilegierungen wie die von Ehegatten in § 1359 BGB, BGH v. 27.06.1961, VI ZR 205/60, BGHZ 35, 317, wurde später ausdrücklich zurückgenommen, BGH v. 01.03.1988, VI ZR 190/87, BGHZ 103, 338, 348.
50   Nachw. bei *Glöckner*, Gesamtschuldverhältnisse, S. 114 Fn. 90 ff.
51   BGH v. 29.10.1968, VI ZR 137/67, BGHZ 51, 37; ebenso BGH v. 12.06.1973, VI ZR 163/71, BGHZ 61, 51.
52   BGH v. 24.06.2003, VI ZR 434/01, NJW 2003, 2984, 2986.
53   Z.B. BGH v. 20.06.1968, VII ZR 170/66, BB 1969, 194; MüKo-BGB/*Seiler*, § 677 Rn. 5; RGRK/*Steffen*, 12. Aufl., 1978, BGB Rn. 23 vor § 677.
54   BGH v. 20.11.1958, VII ZR 47/58, BGHZ 28, 359, 361 ff.; *Sinn*, NJW 1968, 1857, 1859.

Fremdgeschäft vorliegen.⁵⁵ Der Geschäftsführer braucht nämlich gem. § 677 BGB abstrakten Fremdgeschäftsführungswillen, d.h. er muss in dem Augenblick, in dem er für seine eigene Verbindlichkeit aufkommt, zumindest wissen, dass es für eben diese Verbindlichkeit weitere Schuldner gibt. Daran wird es in der Praxis häufig fehlen.⁵⁶ Schließlich ist § 679 BGB zu eng gefasst, um einen entgegenstehenden Zahlungsunwillen des Geschäftsherrn zu überwinden.

Im zuletzt genannten Fall führt bereits § 684 ins Bereicherungsrecht, wobei umstritten ist, ob die Vorschrift eine Rechtsgrund- oder Rechtsfolgenverweisung enthält. Der Sache nach geht es um das spezifisch bereicherungsrechtliche Problem, zwischen welchen Beteiligten fehlgeschlagene Güterbewegungen im Dreiecksverhältnis rückabzuwickeln sind.⁵⁷ In den davor genannten Fällen (Fehlen eines fremden Geschäfts oder des Fremdgeschäftsführungswillens) ist die Rechtslage schwieriger. Scheitert die Tilgungswirkung daran, dass die Verbindlichkeit des Regressschuldners entweder gar nicht besteht oder einredebehaftet ist, so erlangt der Rückgriffschuldner als »etwas« i.S.d. § 812 Abs. 1 BGB jedenfalls nicht die Befreiung von einer Verbindlichkeit.⁵⁸ Soweit der Anwendungsbereich des § 812 BGB reicht, wird jedoch gleichfalls deutlich, dass der Schuldner im bereicherungsrechtlichen Rückgriff auf alle Fälle nicht schlechter steht als bei unmittelbarer Inanspruchnahme durch den Gläubiger. Wie beim Rückgriff aus Geschäftsführung ohne Auftrag zeigt sich beim bereicherungsrechtlichen Rückgriff, dass die Rechtsverfolgung durch den in Anspruch genommenen Schädiger eher weiteren, in der Dogmatik des Bereicherungsrechts gründenden Schranken begegnet.

(...)

Titel 9: Werkvertrag und ähnliche Verträge

Untertitel 1: Werkvertrag

Vor. zu §§ 631 ff.

Übersicht	Rdn.		Rdn.
A. **Allgemeines**	1	4. AGB-Recht – Klauselrichtlinie	14
I. Praktische Bedeutung des Werkvertragsrechts	1	5. Schuldrechtsmodernisierung – Verbrauchsgüterkaufrichtlinie	17
II. Rechtsnatur des Werkvertrages	2	6. Umsatzsteuerrecht	18
III. Überblick über die gesetzliche Regelung	4	VII. Abgrenzung des Werkvertrags zu anderen Vertragstypen	19
IV. Entwicklung der gesetzlichen Regelung	5	1. Kaufvertrag	20
V. Reformbemühungen	9	2. Dienstvertrag	22
VI. Werkvertrag und Europarecht	10	3. Auftrag	24
1. Einleitung	10	4. Geschäftsbesorgungsvertrag	27
2. Architektenhonorarrecht – Wirkungen primären Gemeinschaftsrechts	11	5. Verwahrung	29
		6. Miete	30
3. Wirkungen sekundären Gemeinschaftsrechts	13	B. **Der Bauvertrag**	31
		I. Allgemeines	31

---

55 *Sinn*, NJW 1968, 1857, 1859, erkennt die Möglichkeit des Auseinanderfallens von Fremdtilgungswille und Fremdgeschäftsführungswille.
56 *Marschall v. Bieberstein*, S. 196 m.w.N. in Fn. 7.
57 Exemplarisch der von OLG Hamm v. 09.01.1974, 11 U 198/73, NJW 1974, 951, entschiedene Fall.
58 In Betracht kommt allenfalls, dass der Rückgriffsschuldner seinerseits einen Kondiktionsanspruch gegen den Gläubiger erhalten hat. In diesem Fall ist eine »Kondiktion der Kondiktion« nicht ausgeschlossen.

Vor. zu §§ 631 ff. BGB

		Rdn.			Rdn.
	1. Einleitung	31		c) Makler- und Bauträgerverordnung (MaBV)	57
	2. Formbedürftigkeit	32		4. Fertighausvertrag	59
	3. Unternehmereinsatzformen	33		5. Gerüstbauvertrag	60
II.	Baurechtliche Sonderregelungen	35		6. Gutachtervertrag	61
	1. Schwarzarbeitsbekämpfungsgesetz	36		7. Montagevertrag	64
	2. Bauforderungssicherungesesetz (BauFordSiG)	38		8. Projektsteuerungsvertrag	65
	3. VOB	39		9. Rückbau	67
	a) VOB Teil A	41	C.	Der Architektenvertrag (und Ingenieurvertrag)	68
	b) VOB Teil B	43	I.	Einleitung – Rechtliche Einordnung	68
	aa) Die VOB/B als Allgemeine Geschäftsbedingungen	43	II.	Vertragsschluss	70
	bb) Übersicht über die Regelung	46		1. Zustandekommen und Form	70
	c) VOB Teil C	47		2. Koppelungsverbot	71
III.	Besondere Typen des Bauvertrags	48	III.	Aufgaben des Architekten	72
	1. Anlagenvertrag	48		1. Einleitung	72
	2. Baubetreuungsvertrag	50		2. Die Leistungsphasen der HOAI	73
	3. Bauträgervertrag	53		3. Die Architektenvollmacht	74
	a) Einleitung	53	IV.	Die Vergütung des Architekten	77
	b) Der Bauträgervertrag als typengemischter Vertrag	54	V.	Haftung des Architekten	78
			VI.	Ingenieurvertrag	80

A. Allgemeines

I. Praktische Bedeutung des Werkvertragsrechts

1 Der Werkvertrag ist von großer praktischer Bedeutung, wird von der juristischen Lehre und Wissenschaft allerdings etwas vernachlässigt.[1] Die forensische Bedeutung lässt sich u.a. daran ablesen, dass nahezu bei jedem Oberlandesgericht eine größere Anzahl auf Werkverträge, namentlich Bau- und Architektenverträge, spezialisierte Senate eingerichtet ist. Beim Bundesgerichtshof ist der VII. Zivilsenat nahezu ausschließlich mit Werkvertragsrecht befasst, während z.B. Kauf- und Wohnungsmietrecht (neben anderen Materien) gemeinsam von einem anderen Senat bearbeitet werden. Das hohe forensische Aufkommen werkvertraglicher Streitigkeiten liegt vor allem darin begründet, dass Werkverträge, insbesondere Bau- und Architektenverträge, oft von erheblicher wirtschaftlicher Bedeutung sind. Ein hohes Streitpotenzial ergibt sich zudem daraus, dass sich die Parteien über die geschuldete Werkleistung und die Konsequenzen aus möglichen Abweichungen hiervon oft nicht einig sind. Kleine Fehler des Werkunternehmers können für ihn ruinöse Folgen haben. Zudem ist häufig im Streit, welcher von mehreren am Bau Beteiligten und in welchem Maße für einen Mangel verantwortlich ist. Schließlich ist beim Werkvertrag, sowohl beim Bauvertrag als auch beim Architektenvertrag, im Vergleich zu anderen Vertragstypen ungleich häufiger die Höhe der Vergütung im Streit. Zu besonderen Schwierigkeiten führen dabei Verträge, die aufgrund eines Vergabeverfahrens abgeschlossen worden sind und bei denen der Unternehmer versucht, über ein Nachtragsmanagement zu einer von ihm als angemessen angesehenen Vergütung zu gelangen.[2]

II. Rechtsnatur des Werkvertrages

2 Der Werkvertrag ist ein entgeltlicher, gegenseitiger Vertrag. Die im Synallagma stehenden Pflichten der Parteien sind die Herstellung des Werks durch den Unternehmer und die Zahlung der Vergütung durch den Besteller. Der Werkvertrag ist kein Dauerschuldverhältnis. Das gilt auch dann, wenn eine zeitabhängige Vergütung (Stundenlohn) vereinbart ist. Vielmehr geht das Gesetz

---

[1] Vgl. *Thode*, NZBau 2002, 297, 301; *Peters*, NZBau 2007, 1, 2; *Kniffka*, BauR 2006, 1549, 1553.
[2] Vgl. *Kniffka*, BauR 2006, 1549, 1550 ff.

in Anlehnung an den Kaufvertrag von einem punktuellen Austausch von Werkleistung und Vergütung aus.[3] Dies wird im Wesentlichen dadurch bewirkt, dass die Leistungspflicht des Unternehmers auf den Zeitpunkt der Abnahme konzentriert wird. Der Unternehmer muss ein abnahmefähiges Werk herstellen und erst bei der Abnahme wird die (grundsätzlich: gesamte[4]) Vergütung fällig. Der Herstellungsvorgang wird dadurch konzeptionell zu einer bloßen Vorbereitungshandlung degradiert. Dies hat unbestreitbare Vorteile, insbesondere wird dadurch die Leistungspflicht des Unternehmers, nämlich die Herbeiführung des geschuldeten Erfolgs, fassbar. Diese Konzeption wirft aber auch etliche Folgeprobleme auf, etwa in den Fällen, in denen der Unternehmer nur ein Teilwerk herstellt, ohne dass das Unterbleiben der vollständigen Fertigstellung in seinen Verantwortungsbereich fällt. Daher muss z.B. im Fall des § 649 BGB anerkannt werden, dass der Unternehmer für seine Teilleistung ein Entgelt verdient hat, während er im Übrigen lediglich eine Entschädigung erhält.[5] Problematisch ist auch, dass mit der Abnahme rechtlich ein Institut geschaffen worden ist, das einerseits außerordentlich weitreichende rechtliche Wirkungen entfaltet, andererseits aber keine Entsprechung in der Erfahrungswelt der meisten Rechtsanwender hat. Dies führt dazu, dass die Abnahme nicht nur von Laien häufig in ihrer Bedeutung unterschätzt oder gar ganz vergessen wird. Durch das Schuldrechtsmodernisierungsgesetz haben sich Werk- und Kaufvertrag noch weiter angenähert, was durchaus vom Gesetzgeber bezweckt war.[6] Dagegen treten die Gemeinsamkeiten des Werkvertrags mit dem Dienstvertrag weiter zurück.[7] Dies ist z.B. insofern nicht sachgerecht, als bei vielen Werkverträgen ein Rücktritt nicht durchführbar ist, weil die primär vorgesehene Rückgewähr der empfangenen Leistungen (§ 346 Abs. 1 BGB) nicht möglich ist.[8] Auch hier zeigt sich die Nähe des Werkvertrags zum Dauerschuldverhältnis, dessen Beendigung durch Kündigung herbeigeführt wird. Insgesamt aber hat sich die gesetzliche Regelung bewährt, was allerdings die Möglichkeit tiefgreifender Verbesserungen nicht ausschließt.[9]

Gegenstand des Werkvertrages ist die Verpflichtung des Unternehmers, ein Werk herzustellen, d.h. einen bestimmten Erfolg herbeizuführen (vgl. § 632 Abs. 2 BGB). Der Werkerfolg kann in einem körperlichen oder in einem unkörperlichen Werk bestehen. Wie unterschiedlich die den §§ 631 ff. BGB unterfallenden Verträge sein können, zeigt sich eindrucksvoll in den beiden den Baurechtler besonders interessierenden Verträgen, dem Bauvertrag und dem Architektenvertrag. Aber auch ein Vertrag über die Erstellung eines Sanierungsgutachtens ist ein Werkvertrag.[10] Daneben bestimmen sich die Rechtsfolgen von Beförderungsverträgen, Reparaturaufträgen, Verträgen über die Herstellung von Computerprogrammen oder die Aufführung von Theaterstücken nach den §§ 631 ff. BGB.[11] Es liegt auf der Hand, dass das insofern kaum ausdifferenzierte Werkvertragsrecht nicht in allen Fällen und für alle Detailfragen zu einem angemessenen Interessenausgleich führen kann. Eine weitere Schwierigkeit der gesetzlichen Regelung besteht darin, dass nicht eine Vertragsseite typischerweise als die schutzbedürftige angesehen werden kann. Während das Mietrecht durch den Mieterschutz und das Kaufrecht durch den Verbraucherschutz geprägt sind, ist zwar der Werkunternehmer typischerweise gewerblich tätig, ihm stehen aber häufig Besteller gegenüber, die ihm wirtschaftlich überlegen sind und/oder aufgrund ihrer Nachfragemacht die Ausgestaltung des Vertrages maßgeblich beeinflussen können (insbesondere die öffent-

---

3 Staudinger/*Peters/Jacoby*, Rn. 6; *Peters*, in: FS Korbion (1986), S. 337 ff.
4 Siehe aber jetzt § 632a BGB.
5 Vgl. BGH, Urt. v. 22.11.07 – VII ZR 83/05, BauR 2008, 506, 508.
6 Vgl. BT-Drucks. 14/6040, S. 260; zu den europarechtlichen Konsequenzen s. *Thode*, NZBau 2002, 297, 300.
7 Kritisch hierzu Staudinger/*Peters/Jacoby*, Rn. 6.
8 Vgl. *Voit*, BauR 2002, 145, 154 m.w.N.
9 S. dazu auch unten Rdn. 9.
10 BGH, Urt. v. 12.03.87 – VII ZR 80/86, BauR 1987, 456, 457.
11 Zu den einzelnen Vertragstypen vgl. *Weyers*, Werkvertragrecht, in: Gutachten und Vorschläge zur Überarbeitung des Schuldrechts, 1981, II 1128.

liche Hand).¹² Immerhin entspricht es der typischen Stellung des Unternehmers, dass das Gesetz es grundsätzlich diesem überlässt, wie er den geschuldeten Werkerfolg herbeiführt.

III. Überblick über die gesetzliche Regelung

4 §§ 631 ff. BGB enthalten Spezialregelungen für Werkverträge. Daneben sind grundsätzlich ergänzend die Vorschriften des 1. Buchs des BGB und des Allgemeinen Teils des Schuldrechts anwendbar. § 631 beschreibt die synallagmatisch miteinander verbundenen Hauptpflichten, die Herstellung des Werks und die Zahlung der Vergütung. Da beim Abschluss von Werkverträgen häufig eine Vereinbarung zur Vergütung nicht getroffen wird, stellt § 632 Abs. 1 BGB klar, dass der Besteller, wenn die Umstände dies erwarten lassen, eine Vergütung schuldet, während § 632 Abs. 2 BGB eine Regelung zur Höhe der Vergütung trifft. § 641 BGB regelt die Fälligkeit der Vergütung, die grds. mit der Abnahme des Werks (§ 640 BGB) eintritt. Dies führt zu einer faktischen Vorleistungspflicht des Unternehmers, von der er durch den jungen, aber bereits reformierten § 632a BGB¹³ entlastet werden soll, indem ihm – unter engen Voraussetzungen – ein Anspruch auf Abschlagszahlungen eingeräumt wird. Das Mängelrecht als spezielles Leistungsstörungs- bzw. Pflichtverletzungsrecht ist in §§ 633–639 BGB geregelt. Auch insofern ist die Abnahme, die das Erfüllungsstadium beendet, von entscheidender Bedeutung.¹⁴ Auch nach der Abnahme stehen dem Besteller aber auf die Herstellung des Werks gerichtete Ansprüche (Nacherfüllung, § 635 BGB) zu, denen ein Nachbesserungsrecht des Unternehmers korrespondiert. Nach erfolgloser Fristsetzung hat der Besteller das Recht zur Selbstvornahme (§ 637), Minderung (§ 638), Rücktritt und Schadensersatz (§ 636). Für die Verjährung enthält § 634a BGB eine differenzierte Regelung, vertragliche Beschränkungen der Mängelrechte müssen sich an § 639 BGB messen lassen. Die Verantwortlichkeit des Bestellers während der Herstellungsphase des Werks ist (teilweise) in §§ 642–645 BGB geregelt. §§ 647, 648 und 648a BGB sehen Sicherungen im Hinblick auf den Vergütungsanspruch des Unternehmers vor. § 649 BGB trägt dem Langzeitcharakter des Werkvertrags Rechnung und gewährt dem Besteller ein freies, allerdings mit Kosten verbundenes Kündigungsrecht. § 650 BGB gewährt ein Kündigungsrecht bei bestimmten Kostensteigerungen. Die Abgrenzung zum Kaufvertragsrecht erfolgt für Werklieferungsverträge durch § 651 BGB.

IV. Entwicklung der gesetzlichen Regelung

5 Der Werkvertrag als eigenständiger Vertragstyp ist eine rechtshistorisch relativ junge Errungenschaft:¹⁵ Das klassische römische Recht behandelte den Werkvertrag als Mischform zwischen Dienstvertrag und Miete. *Windscheid*, Mitglied der ersten Kommission zur Schaffung des BGB, sah ihn als Sonderform der Dienstmiete an, ohne ihm eingehende Aufmerksamkeit zu widmen. Das Preußische Allgemeine Landrecht (PrALR) enthielt Regelungen zur Nachbesserung nicht. Bei der Schaffung des BGB konnte daher hinsichtlich des Werkvertragsrechts kaum auf historische Vorbilder zurückgegriffen werden; das Werkvertragsrecht musste vielmehr im Wesentlichen auf einer rein theoretischen Grundlage entworfen werden.¹⁶ Dadurch ist es zwar vorzüglich in das

---

12 Vgl. hierzu BGH, Urt. v. 09.03.06 – VII ZR 268/04, BauR 2006, 1012, wo der BGH der öffentlichen Hand den Schutz des AGBG verwehrt hat, weil der Vertragspartner, ein Architekt, bestimmte Vertragsbedingungen deshalb in sein Angebot aufgenommen hat, weil die öffentliche Hand als Auftraggeber Verträge i.d.R. nur unter Einbeziehung dieser Allgemeinen Geschäftsbedingungen abschließt.
13 Eingefügt durch das Gesetz zur Beschleunigung fälliger Zahlungen vom 30.03.2000 (vgl. dazu BT-Drucks. 14/1246), reformiert durch das Forderungssicherungsgesetz (vgl. hierzu BT-Drucks. 16/9787); s. auch unten Rdn. 6.
14 Besondere und häufig streitentscheidende Bedeutung haben vor allem die Auswirkungen der Abnahme auf die Beweislast – vgl. BGH, Urt. v. 23.10.08 – VII ZR 64/07, BauR 2009, 237; ausführlich Baumgärtel/*Kessen*, Hdb. Beweislast Schuldrecht BT II, § 633 Rn. 1 ff.
15 Vgl. zum Folgenden Staudinger/*Peters/Jacoby*, Rn. 9 m.w.N.
16 Zum Ganzen s. auch *Fels*, Die Sachmängelgewährleistung des BGB: Entstehung und Weiterentwicklung, Hamburg 2000.

System des BGB eingefügt worden, den praktischen Bedürfnissen und den Besonderheiten bei der Abwicklung eines Werkvertrages, zumal wenn dieser so komplex ist wie ein Bauvertrag, trägt die gesetzliche Regelung dagegen kaum Rechnung. Dies erklärt etwa die sehr enge und akademisch schematische Lösung der Frage der Gefahrtragung (§§ 644, 645 BGB), die den Unternehmer sehr schlecht stellt und ihm nur ausnahmsweise einen Vergütungsanspruch gewährt, wenn das Werk vor der Abnahme untergeht.[17] Dieser im Verhältnis zu ihrer praktischen Bedeutung ausführlichen gesetzlichen Regelung steht das Fehlen von Regelungen gegenüber, die hinreichend berücksichtigen würden, dass die Abwicklung eines Werkvertrages häufig (insbesondere wenn es sich um einen Bauvertrag handelt) auf eine längere Dauer angelegt ist. Nachträgliche Entwicklungen während der Herstellungsphase, namentlich die Problematik nachträglicher Leistungsänderungen,[18] Verzögerungen bei der Herstellung des Werks oder während der Herstellung zutage tretende Unzulänglichkeiten des Werks, erfordern Lösungen, für die die gesetzliche Regelung nichts oder zu wenig hergibt. Auch ist es mit der oft langen Dauer der Vertragsabwicklung angesichts der berechtigten wirtschaftlichen Interessen des Unternehmers nicht zu vereinbaren, dass seine Vergütung nach der ursprünglichen Konzeption des Werkvertragsrechts gemäß § 641 BGB insgesamt erst mit der Abnahme fällig werden sollte. Trotz dieser offensichtlichen Unzulänglichkeiten ist die gesetzliche Regelung über nahezu das gesamte 20. Jahrhundert fast unverändert geblieben. Die Bemühungen, das Werkvertragsrecht fortzuentwickeln, beschränkten sich anfangs vielmehr auf die Schaffung eines außergesetzlichen Vertragswerks, nämlich für den Bereich öffentlicher Auftragsvergabe (VOB).[19] Die erste auch den Bauvertrag betreffende Änderung[20] bestand in der Einfügung des § 633 Abs. 2 S. 2 BGB im Jahr 1976, der auf § 476a BGB a.F. verwies und regelte, in welchem Umfang der Unternehmer im Falle von Nachbesserungen die damit verbundenen Aufwendungen zu tragen hat. Größere praktische Bedeutung hat allerdings § 648a BGB, der mit Wirkung zum 01.05.1993 geschaffen wurde. Damit versuchte der Gesetzgeber einem besonders bedeutsamen praktischen Mangel des gesetzlichen Werkvertragsrechts abzuhelfen, nämlich der konzeptionell unbeschränkten Vorleistungspflicht des Unternehmers. Zwar sah das Gesetz in §§ 647, 648 BGB Sicherungen für den Vergütungsanspruch des Unternehmers vor. Diese haben jedoch nur geringen praktischen Wert. Während § 647 BGB nur bei beweglichen Sachen einschlägig ist und deren Verwertbarkeit voraussetzt, scheitert eine effektive Sicherung des Unternehmers über § 648 BGB häufig an vorrangig eingetragenen Sicherheiten für Dritte (insbesondere die den Bau finanzierenden Banken). Durch § 648a BGB wurde dem Besteller eines Bauwerks oder einer Außenanlage die Obliegenheit auferlegt, dem Unternehmer auf dessen Verlangen eine Sicherheit für dessen Vergütungsanspruch zu gewähren.

Alsbald musste der Gesetzgeber allerdings erkennen, dass § 648a BGB die Probleme unzureichend löste,[21] so dass § 648a BGB durch das Gesetz zur Beschleunigung fälliger Zahlungen vom 30.03.2000 wieder abgeändert wurde; daneben wurden durch dieses Gesetz §§ 632a und 641a BGB neu geschaffen und §§ 640 I, 641 BGB ebenfalls abgeändert.[22] Damit hat der Gesetzgeber 6

---

17 Die Schwierigkeiten, zu sachgerechten Ergebnissen zu gelangen, zeigen sich exemplarisch in der Entscheidung des BGH, Urt. v. 16.12.2004 – VII ZR 16/03, BauR 2005, 735 ff., in dem der BGH einem Architekten dessen Planung deshalb nicht verwertbar war, weil sich die Bausubstanz des zu sanierenden Objekts als nicht sanierungsfähig erwiesen hatte, und der sich geweigert hatte, an der Planung eines Neubaus mitzuwirken, einen Anspruch aus § 645 BGB zugebilligt hat. Die Vorinstanz hatte – soweit ersichtlich – § 645 BGB gar nicht erörtert, sondern § 649 BGB angewendet.
18 S. etwa *Glöckner*, BauR 2008, 152; *Thode*, BauR 2008, 155, sowie die weiteren nachfolgend in BauR 2008, Heft 1a abgedruckten Beiträge zu den Freiburger Baurechtstagen 2007.
19 S. dazu unten Rdn. 39 ff.
20 Im Jahr 1940 war bereits § 648 Abs. 2 BGB (Sicherungsschiffshypothek) eingefügt worden.
21 Vgl. etwa *Sturmberg*, BauR 2004, 57; *Hofmann/Koppmann*, BauR 1994, 305; *Wagner*, ZfBR 1995, 168; *Siegburg*, BauR 1997, 40; s. auch BGH, BauR 2001, 386 ff. m.w.N.
22 Zu den Änderungen durch das Gesetz zur Beschleunigung fälliger Zahlungen s. z.B. *Kniffka*, ZfBR 2000, 227; *Motzke*, NZBau 2000, 489; *von Craushaar*, BauR 2001, 471 ff.; *Niemöller*, BauR 2001, 481 ff.; *Kirberger*, BauR 2001, 492 ff.

Vor. zu §§ 631 ff. BGB

100 Jahre nach Inkrafttreten des BGB erstmals den Gesetzestext substantiell verändert. Die Strukturen des Werkvertragsrechts sind allerdings unverändert geblieben. Mit dieser Gesetzesänderung setzte der Gesetzgeber das Bemühen fort, die Durchsetzung des Vergütungsanspruchs zu erleichtern bzw. zu sichern. Dazu wurde in § 632a BGB erstmals ein Anspruch auf Abschlagszahlungen vorgesehen, der allerdings zwei weitreichende Einschränkungen enthielt, indem Zahlungen nur für »in sich abgeschlossene Teile des Werks« verlangt werden konnten und die erbrachten Leistungen außerdem »vertragsgemäß« sein mussten. Daher wurde § 632a BGB durch das Forderungssicherungsgesetz mit Wirkung zum 01.01.2009 erheblich abgeändert.[23] § 641a BGB stellte es der Abnahme gleich, wenn dem Unternehmer von einem Gutachter eine »Fertigstellungsbescheinigung« erteilt wurde. Auch diese Regelung erwies sich in der Praxis allerdings als wenig hilfreich, weil sie in ihren Voraussetzungen unklar, in der Durchführung aufwendig und in ihrer Wirkung (Abnahmefiktion) sehr begrenzt war. Es war daher nur konsequent, dass § 641a BGB durch das Forderungssicherungsgesetz wieder ersatzlos aufgehoben wurde. Durch die Änderungen in §§ 640 Abs. 1, 641 BGB, die auch weiterhin Geltung haben (wenn auch bezgl. § 641 BGB mit gewissen Modifikationen), wurde vor allem die Abnahme erleichtert. Die Abnahme darf nicht mehr wegen unwesentlicher Mängel verweigert werden (§ 640 Abs. 1 S. 2 BGB) und die Abnahme kann fingiert werden, wenn der Besteller die Abnahme unberechtigterweise verweigert. Mit § 641 Abs. 2 BGB wurde erstmals eine Regelung geschaffen, die gezielt dem Umstand Rechnung trägt, dass der (Haupt-)Unternehmer bei der Abwicklung von Bauverträgen nicht selten Subunternehmer einsetzt.[24] Mit § 641 Abs. 3 BGB wurde versucht, eine bestehende Rechtsprechung zu kodifizieren, dabei dem Besteller aber ein weitergehendes Zurückbehaltungsrecht eingeräumt als die Rechtsprechung dies zuvor anerkannt hatte;[25] dies ist durch das Forderungssicherungsgesetz korrigiert worden.

7 Zu einem erheblichen Eingriff in das Werkvertragsrecht hat das Schuldrechtsmodernisierungsgesetz geführt.[26] Damit war allerdings weniger beabsichtigt, das Werkvertragsrecht den praktischen Bedürfnissen insbesondere des Bauvertrages anzupassen; vielmehr sollte das Werkvertragsrecht mit den systematischen und strukturellen Änderungen des BGB im Übrigen synchronisiert werden.[27] Dies betraf insbesondere das Recht der Mängelhaftung, das neue Begriffe und eine neue Verweisungstechnik auf das allgemeine Leistungsstörungsrecht verwendet, das nun ein »Pflichtverletzungsrecht« geworden ist; dafür sind die Begriffe »Gewährleistung« und »Wandelung« entfallen. Die mit der Wandelung, nunmehr Rücktritt, verbundenen besonderen Probleme beim Werkvertrag, sind allerdings nicht gelöst worden. Die jüngste, speziell auf das Baurecht zugeschnittene Reform ist durch das Forderungssicherungsgesetz zum 01.01.2009 wirksam geworden. Neben einer erneuten Änderung des § 648a BGB und der Einfügung einer Vermutungsregelung in § 649 S. 3 BGB, die die Abrechnung gekündigter Werkverträge erleichtern soll,[28] ist mit diesem Gesetz insbesondere der Anspruch auf Abschlagszahlungen, § 632a BGB, neu geregelt worden.

8 Ist der Gesetzestext jedenfalls in den ersten 100 Jahren nahezu unverändert geblieben, hat doch bereits die **Rechtsprechung** das Werkvertragsrecht nicht unerheblich **weiterentwickelt**. Insofern ist insbesondere der Anspruch des Bestellers auf einen Vorschuss zur Mängelbeseitigung zu nennen,[29]

---

23 Zu den Einzelheiten s. § 632a Rdn. 1 f.
24 Zu diesen Begriffen s. unten Rdn. 33.
25 Vgl. hierzu BGH, Urt. v. 06.12.07 – VII ZR 125/06, BauR 2008, 510, 511.
26 Vgl. z.B. *Thode*, NZBau 2002, 297 ff. und 360 ff.; *Peters*, ZfBR 2002, 108 ff.; *ders.*, NZBau 2007, 1 ff.; *Kraus*, BauR 2002, 524; *Voppel*, BauR 2002, 843 ff.; *Vorwerk*, BauR 2003, 1 ff.
27 S. hierzu auch unten Rdn. 17.
28 Vgl. BT-Drucks. 16/511, S. 17; zum Forderungssicherungsgesetz s. auch *Schulze-Hagen*, BauR 2010, 354 ff.
29 Vgl. BGH, Urt. v. 02.03.67 – VII ZR 215/64, BGHZ 47, 272 ff.

der nun in § 637 Abs. 3 BGB kodifiziert ist. Erhebliche Bedeutung hat auch das beiderseitige Recht zur Kündigung des Werkvertrags aus wichtigem Grund.[30]

V. Reformbemühungen

Im Grundsatz hat sich das BGB-Werkvertragsrecht sicherlich bewährt. Den Besonderheiten des Bauvertrags wird es aber immer noch nicht gerecht; nicht umsonst wird auch bei privater Auftragsvergabe in großem Umfang auf die VOB/B zurückgegriffen. Auch diese enthält zwar einige offensichtliche Schwächen und führt, insbesondere wenn Verbraucher an dem Vertrag beteiligt sind, nicht in jedem Fall zu angemessenen Ergebnissen. Es ist daher nicht verwunderlich, dass die Reformbemühungen nicht abreißen und dass diese Bemühungen – angesichts der Zurückhaltung des Gesetzgebers, eine umfassende auf den Bauvertrag abgestimmte Regelung zu schaffen – durch die Baurechtspraktiker vorangetrieben werden. Ein erster Versuch wurde mit dem Ergänzungsentwurf *Kraus/Vygen/Oppler* zum Entwurf eines Gesetzes zur Beschleunigung fälliger Zahlungen unternommen.[31] Dieser Entwurf sah in neu zu schaffenden §§ 648a–648g BGB Sonderregelungen für den Bauvertrag insbesondere für geänderte und zusätzliche Leistungen, Abschlagszahlungen und Mängelrechte vor der Abnahme vor. Ein weiterer Anlauf mit den gleichen Schwerpunkten war der »Baurechtliche Ergänzungsentwurf zum Schuldrechtsmodernisierungsgesetz«, verfasst vom Arbeitskreis Schuldrechtsmodernisierungsgesetz des Institutes für Baurecht e. V. Freiburg.[32] Inzwischen hat sich der Deutsche Baugerichtstag dieses Themas angenommen und auf dem Baugerichtstag 2010 schon sehr detaillierte Vorschläge zur Entwicklung eines gesetzlichen Bauvertragsrechts erarbeitet. Die Schwerpunkte der Bemühungen liegen wiederum in den Bereichen nachträgliche Änderungen/Anordnungen, Mehrvergütungsansprüche, Bauzeit, Mängelansprüche vor der Abnahme und Sicherheiten. Es ist zu hoffen, dass der Gesetzgeber den Anregungen der Baurechtspraktiker angemessene Beachtung schenkt und sie zum Anlass nimmt, dem Bauvertrag im BGB einen gebührenden Platz einzuräumen. Grund zur Hoffnung gibt insoweit, dass das Bundesjustizministerium erwägt, eine Arbeitsgruppe zur Überprüfung des Bauvertragsrechts einzurichten, an der sich die Länder beteiligen wollen.[33]

VI. Werkvertrag und Europarecht

1. Einleitung

Dass das Europarecht auf das Zivilrecht großen und stetig wachsenden Einfluss hat, dürfte jedenfalls seit der Schuldrechtsmodernisierung jedem Juristen bewusst sein. Dass auch das Baurecht durch europarechtliche Vorgaben beeinflusst wird, wird allerdings immer noch häufig unterschätzt.[34] Neue Anstöße, das Europarecht stärker in den Blick zu nehmen, haben sich bei der Diskussion um die Neufassung der HOAI ergeben. Dort ging es allerdings um Grundsätzliches, nämlich die Frage, ob und inwieweit eine nationale Preisregelung mit der Dienstleistungsfreiheit (Art. 56 AEUV) und der dazu ergangenen Richtlinie[35] vereinbar ist.[36] Europarechtliche Vorgaben

---

30 Vgl. BGH, Urt. v. 26.11.59 – VII ZR 120/58, BGHZ 31, 224, 229 für das Kündigungsrecht des Bestellers und BGH, Urt. v. 29.06.89 – VII ZR 330/87, BauR 1989, 626 für das Kündigungsrecht des Unternehmers.
31 BauR 2000, 964 ff.
32 ZfBR 2001, 513 ff.
33 Beschluss der Herbstkonferenz der Justizministerinnen und Justizminister vom 05.11.2009; abrufbar unter http://www.jm.nrw.de/JM/justizpolitik/jumiko/beschluesse/2009/herbstkonferenz09/I_4.pdf; die Beschlüsse des Dt. Baugerichtstag sind nachzulesen im Forum »Gesetzliches Bauvertragsrecht« unter www.werner-baurecht.de.
34 Vgl. ausführlich *Vogel*, BauR 06, 744 ff.
35 Richtlinie 2006/123/EG des Europäischen Parlaments und des Rates über Dienstleistungen am Binnenmarkt v. 12.12.2006, Amtsblatt der EU v. 27.12.2006 – L 376/36–.
36 Vgl. etwa *Oppler*, BauR 2008, 1732 (»Wie viel HOAI erlaubt die Dienstleistungsrichtlinie der Europäischen Union?«); *Koeble*, BauR 2008, 894.

wirken sich aber auch in vielen Einzelfragen aus. Dabei stehen Regelungen, die Verträge mit Verbrauchern reglementieren, im Vordergrund. Insofern wirken sich insbesondere die Klauselrichtlinie,[37] aber auch die Richtlinie über den Verbrauchsgüterkauf,[38] die mit der Schuldrechtsmodernisierung umgesetzt worden ist, aus. Für den Unternehmerbereich sind insbesondere die europäischen vergaberechtlichen Vorgaben von Bedeutung.[39] Zudem wirkt das Europarecht oft mittelbar in das Baurecht hinein. Das gilt etwa für alle umsatzsteuerrechtlichen Fragestellungen, weil das Umsatzsteuerrecht durch die Umsatzsteuerrichtlinie[40] harmonisiert ist. Schließlich kann das Europarecht bei der gerichtlichen Durchsetzung von Ansprüchen hilfreich zur Seite stehen[41] oder äußerst hinderlich wirken.[42] Auch ein Baujurist muss daher das Europarecht im Blick haben und jedenfalls über ein Grundverständnis der europarechtlichen Vorgaben verfügen.

2. Architektenhonorarrecht – Wirkungen primären Gemeinschaftsrechts

11 Es ist hier nicht der Ort, um die europarechtlichen Aspekte des Architektenhonorarrechts im Einzelnen darzustellen. Es soll aber als Beispiel dafür dienen, wie sich europäisches Primärrecht auf nationale Rechtsordnungen auswirken kann. Als primäres Gemeinschaftsrecht werden die Gründungsverträge mit ihren Protokollen und Anhängen, die Änderungs- und Ergänzungsverträge sowie die ungeschriebenen Regeln, die sog. allgemeinen Grundsätze des Gemeinschaftsrechts, verstanden.[43] Zivilrechtliche Bedeutung haben insoweit insbesondere der freie Verkehr von Waren (Art. 34, 35 AEUV), die Arbeitnehmerfreizügigkeit (Art. 45 AEUV), die Niederlassungsfreiheit (Art. 49 AEUV), die Dienstleistungsfreiheit (Art. 56 AEUV) und die Freiheit des Kapitals (Art. 63 AEUV). Diese Freiheiten können bei grenzüberschreitenden[44] Sachverhalten unmittel-

---

37 Richtlinie 93/13/EWG des Rates v. 05.04.1993 über missbräuchliche Klauseln in Verbraucherverträgen (ABl. EG Nr. L 95, S. 29 ff.).

38 Richtlinie 1999/44/EG des Europäischen Parlaments und des Rates v. 25.05.1999 zu bestimmten Aspekten des Verbrauchsgüterkaufs und der Garantien für Verbrauchsgüter (ABl L 171 S. 12). Weiter zu nennen ist die Regelung von sog. Haustürgeschäften durch die Richtlinie 85/577/EWG v. 20.12.1985 betreffend den Verbraucherschutz im Falle von außerhalb von Geschäftsräumen geschlossenen Verträgen; vgl. hierzu BGH, Urt. v. 23.09.2010 – VII ZR 6/10, BauR 2011, 107.

39 Insbesondere ist mit §§ 97 ff. GWB Europarecht umgesetzt worden (vgl. Immenga/Mestmäcker/*Dreher*, Wettbewerbsrecht: GWB, 4. Auflage, vor §§ 97 ff. Rn. 61). Maßgeblich sind insbesondere die Richtlinie 2004/18/EG des Europäischen Parlaments und des Rates vom 31.03.2004 über die Koordinierung der Verfahren zur Vergabe öffentlicher Bauaufträge, Lieferaufträge und Dienstleistungsaufträge (ABl. Nr. L 134 S. 114, ber. ABl. Nr. L 351 S. 44) EU-Dok.-Nr. 3 2004 L 0018, zuletzt geändert durch Art. 71 ÄndRL 2009/81/EG vom 13.07.2009 (ABl. Nr. L 216 S. 76) und die Richtlinie 2004/17/EG des Europäischen Parlaments und des Rates vom 31.03.2004 zur Koordinierung der Zuschlagserteilung durch Auftraggeber im Bereich der Wasser-, Energie- und Verkehrsversorgung sowie der Postdienste (ABl. Nr. L 134 S. 1, ber. ABl. Nr. L 358 S. 35, ABl. 2005 Nr. L 305 S. 46, zuletzt geändert durch Art. 70 ÄndRL 2009/81/EG vom 13.07.2009 (ABl. Nr. L 216 S. 76). Außerdem musste sich der BGH mit der Richtlinie 89/665/EWG des Rates vom 21.12.1989 zur Koordinierung der Rechts- und Verwaltungsvorschriften für die Anwendung der Nachprüfungsverfahren im Rahmen der Vergabe öffentlicher Liefer- und Bauaufträge in seinen Entscheidungen zur verzögerten Vergabe eingehend befassen; BGH, Urt. v. 10.09.2009 – VII ZR 152/08, BauR 2009, 1901 Tz. 39; Urt. v. 22.07.2010 – VII ZR 213/08, BGHZ 186, 295 Tz. 27 ff. = BauR 2010, 1921.

40 6. Richtlinie des Rates zur Harmonisierung der Rechtsvorschriften der Mitgliedsstaaten über die Umsatzsteuern 77/388/EWG (Abl. Nr. L 145 S. 1 ff.).

41 Etwa die durch die Verordnung (EG) Nr. 805/2004 vom 21.04.2004 zur Einführung eines europäischen Vollstreckungstitels für unbestrittene Forderungen, ABl. EG L 143/15 v. 30.04.2004, geschaffenen Möglichkeiten – vgl. PG/*Halfmeier*, Anhang zu § 1086 ZPO sowie *Pfeiffer*, BauR 2004, 1541.

42 Nämlich die Rechtshängigkeitssperre des Art. 27 EuGVVO; s. hierzu eingehend *Thode*, BauR 2005, 1533 »Windhunde und Torpedos«.

43 Palandt/*Sprau*, Einl. Rn. 27.

44 Wenn also zwei EU-Staaten betroffen sind, nicht ausreichend ist dagegen, dass der Sachverhalt Berührungspunkte zu irgendeinem Drittstaat (= Nicht-EU-Staat) aufweist.

bare Wirkung entfalten.⁴⁵ Dies bedeutet, dass die Mitgliedsstaaten im Verhältnis zu ihren Bürgern von Amts wegen entgegenstehendes nationales Recht nicht anwenden dürfen und das nationale Recht gemeinschaftsrechtskonform auszulegen ist.⁴⁶

Nationale Honorarregelungen können mit der Dienstleistungsfreiheit und den europäischen Wettbewerbsregelungen, Art. 101 AEUV, in Konflikt stehen. Der EuGH hat sich bereits mit einer Gebührenordnung für Rechtsanwälte befasst. Er hat diese Gebührenordnung, die von dem Mitgliedsstaat auf der Grundlage eines von einer berufsständischen Vertretung von Rechtsanwälten erarbeiteten Vorschlags genehmigt worden war, und die Mindesthonorarsätze auch für solche Leistungen enthielt, die auch von jedem anderen, der genannten Gebührenordnung nicht unterworfenen Wirtschaftsteilnehmer erbracht werden können, als Verstoß gegen die Dienstleistungsfreiheit bewertet.⁴⁷ Daher ist auch die HOAI ins Blickfeld des Europarechts geraten.⁴⁸ Der Verordnungsgeber hat diesen Bedenken dadurch Rechnung getragen, dass er vom Anwendungsbereich der HOAI 2009 grenzüberschreitende Sachverhalte ausgenommen hat, § 1 HOAI. Damit stellt sich die bisher nicht abschließend geklärte Frage, ob eine solche Schlechterstellung inländischer Anbieter verfassungsrechtlich zulässig ist.⁴⁹ 12

3. Wirkungen sekundären Gemeinschaftsrechts

Sekundäres Gemeinschaftsrecht sind die gemäß Art. 288 AEUV (früher: Art. 249 EGV) ergangenen Rechtsakte, also Verordnungen, Entscheidungen, Empfehlungen, Stellungnahmen und insbesondere Richtlinien. **Verordnungen** haben, ebenso wie das primäre Gemeinschaftsrecht, unmittelbare Wirkung (Art. 288 Abs. 2 S. 2 EGV), wenn sie in hinreichend bestimmter Weise dem Einzelnen Rechte einräumen oder Pflichten aufbürden. Insofern besteht ein Anwendungsvorrang der Verordnung gegenüber dem nationalen Recht.⁵⁰ **Richtlinien** richten sich – ebenso wie das primäre Gemeinschaftsrecht – an die Mitgliedsstaaten, müssen von diesen aber nach den verbindlichen Vorgaben der Richtlinie umgesetzt werden. Dabei muss die Umsetzung effektiv und rechtssicher erfolgen; dies schließt es ein, dass die Umsetzung hinreichend bestimmt und klar ist.⁵¹ Ist die Richtlinie durch ein entsprechendes nationales Gesetz umgesetzt, bleibt die Richtlinie gleichwohl weiterhin bedeutsam. Denn das nationale Recht ist richtlinienkonform auszulegen, so dass das europäische Recht effektiv vollzogen wird.⁵² Hierzu sind auch die nationalen Gerichte befugt und verpflichtet. Die letzte Auslegungskompetenz hat jedoch der EuGH, dem zweifelhafte Auslegungsfragen gemäß Art. 267 Abs. 2, 3 AEUV vorgelegt werden können und vom nationalen letztinstanzlichen Gericht zur Vorabentscheidung sogar vorgelegt werden müssen. Ist eine Richtlinie nicht fristgemäß oder nicht hinreichend umgesetzt, kann sie in gleicher Weise wie das übrige Gemein- 13

---

45 Vgl. für die Dienstleistungsfreiheit EuGH, Urt. v. 03.12.74 – Rs 33/74, NJW 1975, 1095. Unmittelbare Wirkung haben die Normen des Gemeinschaftsrechts, die so hinreichend klar und eindeutig sind, dass sie für die Mitgliedsstaaten eine Verpflichtung zu einem bestimmten Tun oder Unterlassen begründen, ohne dass diese Verpflichtung an eine Bedingung geknüpft ist, die außerdem »vollständig« sind, d.h. zu ihrer Durchführung oder Wirksamkeit weder einer Maßnahme der Gemeinschaft noch interner Rechtssetzungsakte der Mitgliedsstaaten bedürfen, und die schließlich einzelne Bürger berechtigen und nicht Rechte Dritter beeinträchtigen (EuGH NJW 1963, 974, 976 – van Gend & Loos).
46 *Leible/T. Streinz*, in: Grabitz/Hilf, Das Recht der Europäischen Union, Art. 34 AEUV Rn. 21 (Stand: 9/2010); *Jarass/Beljin*, NVwZ 2004, 1, 4; s. auch EuGH, Urt. v. 13.03.2007 – C-432/05, NJW 2007, 3555.
47 EuGH, Urt. v. 05.12.06 – C 94/04 und C 202/04, BauR 2007, 368.
48 S. z.B. *Dörr*, BauR 1997, 390 ff.; *Rädler*, BauR 2001, 1032 ff.; *Hök*, BauR 2002, 1471, 1476 f.; *Forkert*, BauR 2006, 586 ff.; *Locher/Koeble/Frik*, § 1 Rn. 26.
49 Vgl. *Schramm/Schwenker/Wessel*, ZfBR 2008, 427.
50 *Jarass/Beljin*, NVwZ 2004, 1, 2 ff.
51 Vgl. EuGH, Urt. v. 10.05.01 – C 144/99, NJW 2001, 2244, 2245; Urt. v. 05.12.02 – C 478/99, EuZW 2002, 465 m. Anm. *Pfeiffer*.
52 *Jarass/Beljin*, NVwZ 2004, 1, 10 m.w.N.

schaftsrecht unmittelbare Wirkung entfalten.[53] Ist dies der Fall, besteht auch insoweit ein Anwendungsvorrang, der nicht nur für die Exekutive, sondern in gleicher Weise auch für die Gerichte gilt.

4. AGB-Recht – Klauselrichtlinie

14 Große praktische Bedeutung, auch im Baurecht, hat die sog. Klauselrichtlinie.[54] Sie hat, soweit ersichtlich, in der Rechtsprechung des Baurechtssenats des Bundesgerichtshofs bisher viermal eine, wenn auch letztlich nicht tragende, Rolle gespielt. Der erste, aufsehenerregende Fall war der Vorlagebeschluss an den EuGH zu der Frage, ob die Allgemeine Geschäftsbedingung eines Bauträgers, nach der der Erwerbspreis unabhängig vom Baufortschritt fällig wird, wenn der Bauträger eine **Bürgschaft nach § 7 MaBV** stellt, den Erwerber unangemessen benachteiligt – Freiburger Kommunalbauten.[55] Der Vorlage bedurfte es deshalb, weil der BGH die Klausel nach nationalem AGB-Recht für wirksam erachtete. Der EuGH hat diese Frage nicht beantwortet, weil die Feststellung, ob eine unangemessene Benachteiligung vorliegt, von den Folgen abhängt, die die Klausel im Rahmen des auf den Vertrag anwendbaren Rechts haben kann, was eine Prüfung des nationalen Rechtssystems impliziert, zu dem die nationalen Gerichte berufen sind.[56] Maßstab für die Beurteilung der Unangemessenheit ist aber Art. 3 Abs. 1 der Klauselrichtlinie nach Maßgabe der Interpretation dieser Vorschrift durch den EuGH.[57]

15 In einem weiteren Fall[58] entschied der BGH, dass ein **Änderungsvorbehalt** in einem Bauvertrag[59] gemäß § 10 Nr. 4 AGBG (entspricht § 308 Nr. 4 BGB) unwirksam war, weil er keine Einschränkung des Inhalts aufwies, dass die Änderung für den anderen Teil zumutbar sein muss. Für die Konkretisierung des Begriffs Zumutbarkeit verwies der BGH auf Nr. 1k des Anhangs zu Art. 3 Abs. 3 der Klauselrichtlinie, wonach eine Änderung nur dann zumutbar sein kann, wenn für sie ein triftiger Grund vorliegt. Eine weitere vielbeachtete Problematik besteht für vor dem 01.01.2009 abgeschlossene Verträge im Hinblick auf die AGB-rechtliche Prüfung von Regelungen zur **bautenstandsabhängigen Zahlungsweise** entsprechend den (gewerberechtlichen) Vorgaben in **§ 3 MaBV**. Die Zulässigkeit solcher Zahlungsvereinbarungen ist nationalrechtlich gewollt, wie dies durch den Erlass der HausbauVO und nunmehr die Neufassung des § 632a BGB dokumentiert worden ist. Denn damit hat der Verordnungsgeber auf das Urteil des BGH vom 22.12.2000[60] reagiert.[61] Ungeklärt ist aber, ob diese auf Art. 244 EGBGB (nunmehr möglicherweise konkretisiert durch § 632a BGB[62]) beruhende Rechtsverordnung einer europarechtlichen Überprüfung nach Maßgabe der Klauselrichtlinie standhält. Der BGH hat diese Frage unlängst ausdrücklich angesprochen, aber offenlassen können.[63]

---

53 Grabitz/Hilf/*Nettesheim*, Das Recht der Europäischen Union, Art. 249 EGV Rn. 158 ff. (Stand: 8/2002); Geiger/Khan/Kotzur/*Kotzur*, 5. Aufl., Art. 288 AEUV Rn. 17, jew. m.w.N.
54 Richtlinie 93/13/EWG des Rates v. 05.04.1993 über missbräuchliche Klauseln in Verbraucherverträgen.
55 BGH, Beschl. v. 02.05.02 – VII ZR 178/01, BauR 2002, 1390.
56 EuGH, Urt. v. 01.04.04 – C 237/02, BauR 2004, 1139, 1141 – Tz. 21.
57 EuGH, Urt. v. 01.04.04 – C 237/02, BauR 2004, 1139, 1142 – Tz. 22. Nachdem der EuGH die Sache an den BGH zur eigenverantwortlichen Prüfung der europarechtlichen Zulässigkeit der fraglichen Klausel zurückgegeben hat, hat der Vorsitzende des zuständigen Senats die Parteien darauf hingewiesen, dass der Senat »erwäge«, die Klausel doch bereits nach nationalem Recht für unwirksam zu erachten; abgedruckt in ZfIR 2005, 300 m. Anm. *Grziwotz*, ZfIR 2005, 267; s. auch *Basty*, DNotZ 2005, 94 f.; *Vogel*, IBR 2005, 156. Daraufhin hat der Kläger die Revision zurückgenommen.
58 BGH, Urt. v. 23.06.05 – VII ZR 200/04, BauR 2005, 1473, 1475.
59 »Grundlage der Bauausführung ist diese Baubeschreibung. Änderungen der Bauausführung, der Material- bzw. Baustoffauswahl, soweit sie gleichwertig sind, bleiben vorbehalten.«
60 BGH, Urt. v. 22.12.00 – VII ZR 310/99, BauR 2001, 391.
61 Palandt/*Sprau*, 66. Aufl., § 632a Rn. 3; S. auch Kniffka/*von Rintelen*, IBR-Online-Kommentar, Bauvertragsrecht (Stand: 23.07.2010), § 632a C.I Rn. 58 ff.
62 Vgl. hierzu Staudinger/*Peters/Jacoby*, § 632a Rn. 27.
63 BGH, Urt. v. 22.03.07 – VII ZR 268/05, BGHZ 171, 364 = BauR 2007, 1235, 1238; s. zu dieser Problematik auch *Wagner*, BauR 2001, 1313 ff.; *Vogel*, BauR 2006, 744, 754.

Nur am Rande hat der BGH die Klauselrichtlinie in seiner Entscheidung zur **Privilegierung der** 16
VOB/B in Verbraucherverträgen[64] angesprochen, obwohl die Frage, ob eine Gesamtprüfung der
VOB/B unter Verzicht auf eine Inhaltskontrolle einzelner Klauseln zulässig ist, gerade auch vor
dem Hintergrund der Klauselrichtlinie diskutiert worden war.[65] Immerhin hat der BGH aber
festgestellt, dass der Gesetzgeber angesichts dieser Diskussionen, wenn er denn die VOB/B als
Ganzes einer isolierten Inhaltskontrolle ihrer einzelnen Klauseln anhand der §§ 307 ff. BGB hätte
entziehen wollen, dies in Anbetracht der europarechtlichen Anforderungen an die Richtlinienumsetzung[66] im Gesetzestext hinreichend klar und bestimmt zum Ausdruck gebracht hätte[67] (und hätte bringen müssen).

5. Schuldrechtsmodernisierung – Verbrauchsgüterkaufrichtlinie

Das am 01.01.2002 in Kraft getretene Schuldrechtsmodernisierungsgesetz diente insbesondere 17
der Umsetzung der sog. Richtlinie über den Verbrauchsgüterkauf.[68] Der unmittelbaren Umsetzung dieser Richtlinie dienen daher vor allem die kaufrechtlichen Regelungen des Verbrauchervertrags. In das Werkvertragsrecht griff die Richtlinie jedoch ebenfalls ein, weil sie nicht der Typisierung der Verträge, wie sie das BGB kennt, folgt. Dies hat sich insbesondere darin niedergeschlagen, dass nach der Neuregelung des § 651 BGB in weiterem Umfang Kaufrecht auf nationalrechtlich so bezeichnete Werklieferungsverträge Anwendung findet.[69] Aber auch das werkvertragliche Gewährleistungsrecht bzw. (nach neuer Diktion) Mängelrecht ist grundlegend umgestaltet worden. Die Gesetzesmaterialen weisen mehrfach darauf hin, dass damit das werkvertragliche Mängelrecht an die geänderten Vorschriften über die Mängelhaftung des Verkäufers angepasst werden sollte und nunmehr entsprechende bzw. übereinstimmende Regelungen enthält.[70] Wenn man diesen gesetzgeberischen Willen für die Auslegung für maßgeblich oder doch zumindest für beachtlich hält, führt dies dazu, dass die Richtlinie auch für die Auslegung der werkvertraglichen Vorschriften heranzuziehen ist. Nicht geklärt ist darüber hinaus, ob eine gemeinschaftsrechtliche Verpflichtung besteht, diesen Bereich überschießender Richtlinienumsetzung richtlinienkonform auszulegen.[71] Bedeutung hat dies insbesondere im Hinblick auf die Auslegung des Mangelbegriffs, mit der Folge, dass der BGH in der grundlegenden Entscheidung zum Mangelbegriff nach der Schuldrechtsmodernisierung (Fortgeltung des funktionalen Mangelbegriffs) zur Auslegung des § 633 Abs. 2 BGB auch die entsprechende kaufrechtliche Vorschrift (§ 434 BGB) und die Gesetzesmaterialien hierzu herangezogen hat.[72]

6. Umsatzsteuerrecht

Allein nach Maßgabe des Europarechts beurteilt sich schließlich die umsatzsteuerrechtliche Be- 18
handlung der Ansprüche gemäß § 645 BGB, § 649 S. 2 BGB bzw. § 8 Nr. 1 Abs. 2 VOB/B, § 2

---

64 BGH, Urt. v. 24.07.08 – VII ZR 55/07, BGHZ 178, 1 = BauR 2008, 1603 ff.
65 Vgl. etwa *Kutschker*, BauR 1994, 417 ff.; *Quack*, BauR 1997, 24 ff.; *ders.*, ZfBR 2002, 428 f.; *Kraus*, Beilage zu BauR, Heft 4/1997, S. 1, 10; *Heinrichs*, NJW 1999, 1596, 1604 f.; *Koch*, BauR 2001, 162, 172 f.; *Lenkeit*, BauR 2002, 196, 222; *Tempel*, NZBau 2002, 465, 468 f.; *Weyer*, BauR 2002, 857, 862; *Gebauer*, BauR 2004, 1843, 1847 f.; dagegen u.a. *Frieling*, BauR 1994, 154, 163; *Tomic*, BauR 2001, 14, 24 ff.; *Joussen*, BauR 2002, 1759 ff.
66 Vgl. oben Rdn. 13 m.w.N.
67 BGH, Urt. v. 24.07.08 – VII ZR 55/07, BGHZ 178, 1 = BauR 2008, 1603, 1608 – Tz. 36.
68 Richtlinie 1999/44/EG des Europäischen Parlaments und des Rates vom 25.05.1999 zu bestimmten Aspekten des Verbrauchsgüterkaufs und der Garantien für Verbrauchsgüter, ABl. EG. Nr. L 171/12.
69 S. dazu auch unten Rdn. 20.
70 BT-Drucks. 14/6040 S. 260 f.; vgl. auch BGH, Urt. v. 08.11.07 – VII ZR 183/05, BauR 2008, 344, 346.
71 Vgl. *Thode*, NZBau 2002, 297, 300; *Vorwerk*, BauR 2003, 1, 2; *Vogel*, BauR 2006, 744, 753 m.w.N. in Fn. 100.
72 BGH, Urt. v. 08.11.07 – VII ZR 183/05, BauR 2008, 344, 347 (insbesondere Fn. 6 und 7).

Nr. 5 VOB/B und § 6 Nr. 6 VOB/B. Denn maßgeblich insoweit ist angesichts des harmonisierten Umsatzsteuerrechts die 6. Umsatzsteuerrichtlinie.[73] Der BGH hatte gestützt auf Rechtsprechung des BFH[74] in ständiger Rechtsprechung geurteilt, dass für den auf die nicht erbrachten Leistungen entfallenden Vergütungsanteil eines Anspruchs nach § 649 S. 2 BGB (bzw. § 8 Nr. 1 Abs. 2 VOB/B) keine Umsatzsteuer anfällt.[75] Diese Rechtsprechung war jedoch im Hinblick auf die genannte Umsatzsteuerrichtlinie, deren Wortlaut insoweit nicht eindeutig ist, zweifelhaft geworden.[76] Nunmehr hat der BGH in zwei Entscheidungen im Wesentlichen auf der Grundlage und in Auslegung eines inzwischen ergangenen Urteils des EuGH[77] seine Rechtsprechung fortgeschrieben. Zu versteuernder Umsatz liegt danach vor, wenn zwischen der erbrachten Dienstleistung und dem erhaltenen Gegenwert ein unmittelbarer Zusammenhang besteht, wobei die gezahlten Beträge die tatsächliche Gegenleistung für eine bestimmbare Leistung darstellen; Entschädigungen sind dagegen kein Entgelt und damit nicht steuerbarer Umsatz. Daraus folgt, dass die gemäß § 649 S. 2 BGB oder § 8 Nr. 1 Abs. 2 VOB/B nach freier Kündigung eines Bauvertrages zu zahlende Vergütung nur insoweit Entgelt i.S.v. § 10 Abs. 1 UStG und damit Bemessungsgrundlage für den gemäß § 1 Abs. 1 Nr. 1 UStG steuerbaren Umsatz ist, als sie auf schon erbrachte Leistungsteile entfällt; hinsichtlich der noch nicht erbrachten Leistungen hat sie dagegen Entschädigungscharakter.[78] Dagegen ist die »Entschädigung«, die § 642 BGB dem Unternehmer bei unterlassenen Mitwirkungshandlungen des Bestellers gewährt, umsatzsteuerrechtlich Entgelt; Gleiches gilt für die gemäß § 2 Nr. 5 VOB/B zu zahlende geänderte Vergütung. § 6 Nr. 6 VOB/B wiederum gewährt dem Unternehmer im steuerrechtlichen Sinn einen Schadensersatzanspruch wegen des ihm durch die Behinderung entstandenen Vermögensschadens.[79]

VII. Abgrenzung des Werkvertrags zu anderen Vertragstypen

19 Gemäß § 631 Abs. 1, 1. Hs. BGB schuldet der Werkunternehmer die Herstellung des versprochenen Werks. Was als Werk in Betracht kommt, beschreibt § 631 Abs. 2 BGB genauer: Vertragsgegenstand kann die Herstellung oder Veränderung einer Sache sein oder ein sonstiger »Erfolg«, der durch Arbeit oder Dienstleistung herbeigeführt wird. Die weite Fächerung des möglichen Vertragsgegenstandes schafft zahlreiche Berührungspunkte zu anderen Vertragstypen, entweder weil diese ebenfalls darauf gerichtet sind, konkrete Ergebnisse zu zeitigen, die als Erfolg verstanden werden können, oder weil der Erfolg durch die Leistung von Diensten (vgl. § 611 Abs. 1 BGB) bewirkt werden soll. Große Bedeutung kommt der Abgrenzung der einzelnen Vertragstypen für den im Baurecht tätigen Juristen deshalb zu, weil bei der Realisierung eines Bauvorhabens eine Vielzahl unterschiedlicher Verträge abzuschließen ist und die Einordnung unter einen bestimmten Vertragstyp erhebliche Auswirkungen darauf haben kann, welche Rechte den Beteiligten aus dem Vertrag zustehen und wie sie ihre Rechte wahrnehmen müssen.

1. Kaufvertrag

20 Für die Abgrenzung des Werkvertrages vom Kaufrecht ist zunächst § 651 BGB zu beachten, der die **Herstellung und Lieferung beweglicher Sachen** dem Kaufrecht unterstellt.[80] Dabei ist die

---

73 Sechste Richtlinie des Rates zur Harmonierung der Rechtsvorschriften der Mitgliedsstaaten über die Umsatzsteuern 77/388/EWG.
74 BFH, Urt. v. 28.02.80 – V R 90/75, BFHE 130, 430.
75 BGH, Urt. v. 23.10.80 – VII ZR 324/79, BauR 1981, 198, 199; Urt. v. 24.04.86 – VII ZR 139/84, BauR 1986, 577; Urt. v. 04.07.96 – VII ZR 227/93, BauR 1996, 846, 848.
76 BGH, Urt. v. 08.07.99 – VII ZR 237/98, BauR 1999, 1294; eingehend *Kapellmann*, Jahrbuch Baurecht 1998, 35, 55 ff. m.w.N.
77 EuGH, Urt. v. 18.07.2007 – C-277/05, EuZW 2007, 706.
78 BGH, Urt. v. 22.11.07 – VII ZR 83/05, BauR 2008, 506 ff.
79 BGH, Urt. v. 24.01.08 – VII ZR 280/05, BGHZ 175, 118 ff. = BauR 2008, 821 ff.
80 Ausführlich hierzu: *Leupertz*, BauR 2006, 1648 ff.; *Voit*, BauR 2009, 369 ff.; *Popescu*, BauR 2010, 1485 ff.

Abgrenzung, was bewegliche Sachen sind, insbesondere im Hinblick auf die Problematik der Errichtung von Bauwerken, die Scheinbestandteile von Grundstücken sind, nicht nach nationalem Recht zu beurteilen, sondern es ist – der europarechtlichen Vorgabe folgend – der natürliche Sprachgebrauch unter Berücksichtigung tatsächlicher Abgrenzungskriterien maßgeblich.[81] Entscheidender Zeitpunkt für die Beurteilung ist die Lieferung. Im Baubereich bedeutet dies z.B., dass die Herstellung, Lieferung und Montage individuell gefertigter Einzelteile (etwa Fenster, Türen) mit den in § 651 S. 3 BGB bestimmten Modifikationen nach Kaufrecht zu beurteilen ist. Zwar ist die der Gesetzesregelung zugrunde liegende Annahme, Kauf- und Werkvertragsrecht unterschieden sich nicht wesentlich, kaum haltbar;[82] die sich daraus ergebende Konsequenz, dass derartige »im Kern« erfolgsbezogene Verträge dem Kaufrecht unterstellt werden, ist aber angesichts des eindeutigen gesetzgeberischen Willens hinzunehmen.[83] Bildet bei einem Liefervertrag mit Montageverpflichtung die Montage den Schwerpunkt der vertraglich geschuldeten Leistung, ist allerdings (weiterhin[84]) Werkvertragsrecht anwendbar.[85] Werkvertragsrecht kann außerdem auch dann anwendbar sein, wenn Planungsleistungen im Mittelpunkt des Vertrages stehen, die unabhängig von der versprochenen Lieferung sind, also insbesondere nicht darin bestehen, die Herstellung der zu liefernden Sachen zu planen.[86]

Eine ähnliche Differenzierung ist bei Verträgen über ein **Fertighaus** vorzunehmen. Liefert der Fertighaushersteller lediglich die für die Errichtung des Fertighauses erforderlichen Einzelteile, die vom Erwerber dann selbst oder durch einen Dritten zusammengebaut werden müssen, liegt ein Kaufvertrag vor. Entsprechendes gilt bei der Lieferung eines Bausatzes mit einer Einbauanleitung, sog. **Bausatzvertrag**, wenn dieser auch werkvertragliche Elemente enthält.[87] Übernimmt der Fertighaushersteller es aber – wie regelmäßig –, das Fertighaus zu errichten, liegt der Schwerpunkt des Vertrages in der Pflicht zur Herstellung eines funktionsfähigen Hauses; es ist daher Werkvertragsrecht anwendbar.[88] Die Abgrenzung hat nicht nur im Hinblick auf die Ausgestaltung der Mängelrechte des Erwerbers Bedeutung, sondern kann auch für die Frage der Wirksamkeit des Vertrags entscheidend sein, nämlich dafür, ob sich die Parteien über die wesentlichen Vertragspflichten (essentialia negotii) geeinigt haben[89] und ob dem Erwerber, wenn er Verbraucher ist, Widerrufsrechte zustehen.[90] Der **Bauträgervertrag** ist ein typengemischter Vertrag. Er enthält kaufvertragliche und werkvertragliche Elemente. Zu den Einzelheiten s. unten Rdn. 54 ff. 21

2. Dienstvertrag

Gegenstand eines Werkvertrages kann ein »durch Arbeit oder Dienstleistung herbeizuführender Erfolg« (§ 631 Abs. 2 BGB) sein, aber auch ein Dienstvertrag (§ 611 BGB) ist häufig darauf gerichtet, ein Arbeitsergebnis hervorzubringen. Sowohl die Tätigkeit als auch das durch sie hervorgebrachte Ergebnis können also gleich sein. Dies zeigt sich in folgendem Beispiel: Verspricht ein Unternehmer das Anstreichen von Wänden, so ist dies ein Werkvertrag. Der von dem Unternehmer beauftragte angestellte Handwerker führt diesen »Auftrag« dagegen auf der Grundlage eines 22

---

[81] Vgl. BGH, Urt. v. 23.07.09 – VII ZR 151/08, BauR 2009, 1581, Tz. 11 und die dort (wohlwollend) zitierten Nachweise.
[82] Vgl. *Thode*, NZBau 2002, 297, 298 ff.
[83] Vgl. BGH, Urt. v. 23.07.09 – VII ZR 151/08, BauR 2009, 1581, Tz 17.
[84] Vgl. BGH, Urt. v. 22.07.98 – VIII ZR 220/97, BauR 1999, 39, 40.
[85] Vgl. BT-Drucks. 14/6040, S. 215.
[86] BGH, Urt. v. 23.07.09 – VII ZR 151/08, BauR 2009, 1581 Tz. 25; zum Ganzen s. auch *Jochen*, BauR 2009, 1806 ff.
[87] Zu den Leistungspflichten des Unternehmers aus einem Bausatzvertrages vgl. BGH, Urt. v. 12.11.80 – VIII ZR 338/79, BauR 1981, 190.
[88] BGH, Urt. v. 22.12.05 – VII ZR 183/04, BGHZ 165, 325 = BauR 2006, 510, 511 (für ein wie ein Fertighaus zu behandelndes »Ausbauhaus«).
[89] Vgl. OLG Frankfurt, Urt. v. 23.10.06 – 16 U 91/06, BauR 2007, 1245.
[90] BGH, Urt. v. 22.12.05 – VII ZR 183/04, BGHZ 165, 325 = BauR 2006, 510.

Dienstvertrags aus. Das gilt auch dann, wenn der Angestellte nicht nach Zeit bezahlt wird, sondern nach dem erzielten Arbeitsergebnis bezahlt wird (Akkordlohn); ebenso steht es der Einordnung des Vertrages zwischen Auftraggeber und Unternehmer als Werkvertrag nicht entgegen, wenn dort eine Stundenlohnabrede getroffen worden ist. Das äußere Erscheinungsbild eines Vertrages hilft also bei der Abgrenzung nur wenig weiter. Entscheidend ist vielmehr, ob nach dem Zweck des Vertrages sich die geschuldete Leistung darauf beschränkt, einen Dienst zu erbringen bzw. eine Tätigkeit auszuführen, oder ob der Leistende darüber hinaus auch dafür eintreten soll, dass der mit seiner Tätigkeit bezweckte Erfolg tatsächlich eintritt. Weil die Parteien hierzu in der Regel keine ausdrücklichen Erklärungen abgeben, ist der mutmaßliche Wille der Parteien im Wege der Vertragsauslegung zu ermitteln, woraus sich erhebliche Abgrenzungsschwierigkeiten ergeben. Dass kein »griffiges« Kriterium für die Abgrenzung besteht,[91] trifft zu, kann aber danach auch nicht erwartet werden.

23 Es gibt jedoch **Indizien**, die für das Vorliegen des einen oder des anderen Vertragstyps sprechen. So deutet es auf das Vorliegen eines Werkvertrags hin, wenn der Auftragnehmer eigenverantwortlich tätig wird, nicht weisungsgebunden und sozial unabhängig ist und über besonderes Fachwissen verfügt; schließlich ist es beim Werkvertrag eher zulässig, Arbeiten an Dritte zu delegieren.[92] Wie wenig aussagekräftig diese Indizien in Zweifelsfällen allerdings sind, zeigt sich darin, dass Ärzte und Rechtsanwälte anerkanntermaßen grundsätzlich auf der Grundlage von Dienstverträgen tätig werden, obwohl die genannten Indizien fast sämtlich gegen diese Einordnung sprechen. Es kann daher nicht geleugnet werden, dass die Einordnung des Vertrages häufig davon abhängen wird, ob die Rechtsfolgen des einen oder des anderen Vertragstyps insgesamt angemessen erscheinen.[93] Dies ist kein Zirkelschluss, sondern dem liegt zugrunde, dass diese Folgen für einen Vertrag typisch sind, und daher bei der Ermittlung des mutmaßlichen Willens der Parteien richtigerweise zu prüfen ist, ob die Parteien diese Rechtsfolgen herbeiführen wollten. Entscheidendes Gewicht wird dabei regelmäßig den unterschiedlichen Haftungsregelungen für Schlechtleistungen zukommen. Maßgeblich ist dabei eine Sichtweise ex ante, es ist also auf den Zeitpunkt des Vertragsschlusses abzustellen, unter Berücksichtigung aller Umstände; nur so lässt sich vermeiden, dass diese Prüfung sich auf die Fragestellung verkürzt, ob das zu begründende Ergebnis im Nachhinein recht und billig erscheint. Hilfreich für die Abgrenzung, ob die Parteien einen bestimmten Erfolg als Leistungsziel vereinbart haben, ist schließlich, ob die Parteien davon ausgegangen sind, dass der Leistende diesen Erfolg mit einer hinreichenden Wahrscheinlichkeit herbeiführen kann. Zwar kann auch bei ungewissen Erfolgsaussichten ein Unternehmer die Herbeiführung dieses Erfolges auf sein Risiko hin versprechen, dies wird aber die Ausnahme sein. Umgekehrt gilt dies ebenfalls nur eingeschränkt. Auch ein Dienstverpflichteter kann die Herbeiführung eines bestimmten Erfolges übernehmen (wie etwa eine Putzfrau für die Sauberkeit der von ihr zu reinigenden Räume). Diese »Erfolge« werden aber in der Regel von geringerem Gewicht sein. Letztlich wird daher eine Vertragsauslegung im Einzelfall klären müssen, ob ein Dienst- oder ein Werkvertrag vorliegt.

3. Auftrag

24 Das Auftragsverhältnis kann theoretisch vom Werkvertrag dadurch eindeutig abgegrenzt werden, dass ein Auftrag unentgeltlich zu erfüllen ist, § 662 BGB. In der Praxis hilft dieses Kriterium aber nicht in jedem Fall, weil auch bei Werkverträgen häufig die Entgeltlichkeit nicht ausdrücklich vereinbart wird, aber gleichwohl nach § 632 Abs. 1 BGB als stillschweigend vereinbart gelten kann. Auf der anderen Seite ist auch bei einem Auftrag der Auftraggeber nicht von allen Zahlungspflichten freigestellt; er schuldet vielmehr gemäß § 670 BGB Aufwendungsersatz, dessen Höhe durchaus einer Vereinbarung zugänglich ist, insbesondere wenn der Aufwendungsersatz in pauschalier-

---

[91] Vgl. Staudinger/*Peters/Jacoby*, Rn. 26.
[92] Staudinger/*Peters/Jacoby*, Rn. 29.
[93] Vgl. Staudinger/*Peters/Jacoby*, Rn. 29.

ter Form erfolgen soll.⁹⁴ Gleichwohl ist es für den Auftrag typisch, dass der Auftragnehmer für seine Arbeitsleistung nicht entgolten werden und daher an der Ausführung des Auftrags nichts verdienen soll. Gleichzeitig soll er aber auch keinen Verlust erleiden, der Auftraggeber trägt also das Kostenrisiko allein. Außerdem ist für die Abgrenzung maßgeblich, dass der Auftragnehmer nicht die Herbeiführung eines Erfolges schuldet, so dass er, wenn für ihn unverschuldet der Erfolg ausbleibt, nicht haftet; seine Haftung richtet sich allein nach §§ 280 ff. BGB, wobei eine Pflichtverletzung noch nicht darin liegt, dass ein bestimmter Erfolg nicht eingetreten ist. Wie beim Dienstvertrag ist also auch bei der hier vorzunehmenden Vertragsauslegung darauf zu schauen, ob die mit der Einordnung des Vertrages verbundenen Rechtsfolgen sachgerecht sind. Maßgeblich ist dabei eine ex ante Beurteilung, die alle Umstände in die Abwägung einbeziehen muss. Für die Frage der Entgeltlichkeit können insofern weitgehend die auch bei § 632 BGB maßgeblichen Kriterien herangezogen werden;⁹⁵ dazu gehören die Nähe der Parteien zueinander, die Bedeutung der Angelegenheit und ihre Zugehörigkeit zum privaten oder geschäftlichen Bereich. Besondere Schwierigkeiten kann die Vertragsauslegung bereiten, wenn anlässlich der Ausführung eines Werkvertrages »Zusatzaufträge« erteilt werden. Besteht ein innerer Zusammenhang mit der Werkleistung, so wird auch die zusätzliche Leistung in der Regel dem Werkvertragsrecht unterfallen, während anderenfalls die Annahme eines Auftragsverhältnisses naheliegt.⁹⁶

Die Einordnung als Auftrag hat insbesondere insofern Auswirkungen, als der Auftragnehmer ein 25 freies Kündigungsrecht (Ausnahme: Kündigung zur Unzeit) hat, § 671 Abs. 1, 2 BGB, während der Werkunternehmer nur bei Vorliegen besonderer Gründe zur Kündigung berechtigt ist (vgl. §§ 643, 645 BGB). Wertungswidersprüche müssen allerdings insofern vermieden werden, als der unentgeltlich handelnde Auftragnehmer nicht schärfer haften darf als der Werkunternehmer. Ihm ist daher ggf. ein Nachbesserungsrecht zuzugestehen wie auch die Verjährungsregelungen des Werkvertragsrechts Anwendung finden müssen; zudem muss auch der Auftragnehmer das Recht haben, die Nachbesserung bei unverhältnismäßigem Aufwand zu verweigern, § 635 Abs. 3 BGB.⁹⁷ Zugunsten des Auftraggebers kommt eine entsprechende Anwendung des § 637 BGB (Selbstvornahmerecht) in Betracht.⁹⁸

Im Baurecht spielen neben vertraglichen, aber unentgeltlichen Auftragsverhältnissen bloße **Gefäl-** 26 **ligkeitsverhältnisse** eine nicht geringe Rolle. Besonders häufig haben Architektenleistungen die Rechtsprechung beschäftigt, bei denen zu prüfen war, ob ein unentgeltlicher Vertrag vorliegt oder die Parteien überhaupt keine vertraglichen Bindungen eingegangen sind. Die Abgrenzung erfolgt danach, ob die Parteien den für einen Vertragsschluss erforderlichen Rechtsbindungswillen haben.⁹⁹ Auch aus einem Gefälligkeitsverhältnis können dem Architekten jedoch Schutzpflichten erwachsen, deren Verletzung seine Haftung begründen kann.¹⁰⁰

4. Geschäftsbesorgungsvertrag

Im Gegensatz zum Auftrag ist der Geschäftsbesorgungsvertrag entgeltlich. Er ist nach seiner Defi- 27 nition kein aliud zum Werkvertrag, sondern ein Unterfall eines Dienst- oder eines Werkvertrages: hat ein Werkvertrag eine Geschäftsbesorgung zum Gegenstand, so sind gemäß § 675 BGB bestimmte Vorschriften des Auftragsrechts auf den Werkvertrag anwendbar.¹⁰¹ Geschäftsbesorgung

---

94 MüKo-BGB/*Seiler*, § 662 Rn. 30.
95 Vgl. § 632 Rdn. 297 ff.
96 Vgl. Staudinger/*Peters/Jacoby*, Rn. 46.
97 Staudinger/*Peters/Jacoby*, Rn. 44.
98 Staudinger/*Peters/Jacoby*, Rn. 44.
99 Vgl. BGH, Urt. v. 22.06.56 – I ZR 198/54, BGHZ 21, 102.
100 Vgl. OLG Celle, Urt. v. 15.11.02 – 16 U 260/00, BauR 2002, 1427, 1428, wobei das Gericht einerseits offenlässt, ob ein Vertrag zustande gekommen ist, dann aber (allein) aus der wirtschaftlichen Bedeutung der Tätigkeit des Architekten auf einen Rechtsbindungswillen schließt.
101 Nämlich: §§ 663, 665–670, 672–674 und ggf. 671 Abs. 2 BGB.

ist dabei jede selbständige Tätigkeit wirtschaftlicher Art zur Wahrnehmung fremder Vermögensinteressen.[102] Eine solche Tätigkeit kann im Baurecht insbesondere im Verhältnis eines Bauträgers[103] oder Baubetreuers[104] zu seinem Kunden vorliegen. Den Charakter einer Geschäftsbesorgung kann aber auch die treuhänderische Beziehung zwischen Bauherrn und den bauausführenden Unternehmen haben.[105] Darüber hinaus können einzelne der in § 675 BGB genannten Bestimmungen Rechtsgedanken enthalten, die auch im Übrigen im Werkvertragsrecht nutzbar gemacht werden können. Zu denken ist etwa an die Herausgabepflicht gemäß § 667 BGB, wenn der Unternehmer im Zusammenhang mit der Werkleistung etwas erlangt, das dem Besteller gebührt. Dies kann bei Plänen oder Berechnungen der Fall sein, die der Unternehmer (etwa der Architekt oder Statiker) erstellt hat und die ihm keinen weiteren Nutzen mehr bringen, für den Besteller aber von großem Wert sein können.[106] Aus § 667 BGB ergibt sich auch die Verpflichtung des Unternehmers, Schmiergeldzahlungen Dritter an den Besteller herauszugeben.[107] Schließlich gewährt § 667 BGB dem Auftraggeber einen Anspruch gegen seinen Architekten, der Planungsleistungen für einen Bauunternehmer erbringt, die dieser nach dem Bauvertrag dem Auftraggeber schuldet, so dass der Architekt hierfür eine doppelte Vergütung erhalten würde.[108] Auch § 664 Abs. 1 S. 1 BGB kann herangezogen werden, wonach der Beauftragte den Auftrag im Zweifel selbst ausführen muss (vgl. § 4 Nr. 8 Abs. 1 VOB/B). Im Einzelfall kann erwogen werden, inwieweit aus § 665 BGB abgeleitet werden kann, inwieweit der Unternehmer berechtigt ist, von dem ursprünglichen Auftrag abzuweichen (vgl. die Vergütungsregelung § 2 Nr. 8 Abs. 2 S. 2 VOB/B). Zudem werden aus § 665 BGB auch Warn- und Informationspflichten des Beauftragten entnommen, wenn dieser Bedenken gegen eine ihm erteilte Weisung hat.[109] Dem entspricht § 4 Nr. 3 VOB/B. Zudem ist in § 665 BGB angelegt, dass der Auftraggeber überhaupt Weisungen erteilen darf, durch die er die einzelnen Pflichten des Beauftragten bei der Ausführung des Auftrags konkretisiert.[110] Dem lässt sich der Rechtsgedanke entnehmen, dass der Auftraggeber (= Besteller) auch nach dem Vertragsschluss unter Berücksichtigung der berechtigten Interessen des Auftragnehmers (= Unternehmers) Herr über den Auftrag bleibt und jedenfalls grundsätzlich zu solchen »Änderungsanordnungen« befugt ist, die sich im Rahmen des Auftrags halten. Schließlich kann in geeigneten Fällen, etwa bei der Tätigkeit eines Baubetreuers, aus § 666 BGB die Pflicht zur Auskunft und Rechenschaft abgeleitet werden. Hat dieser Gelder für den Bauherrn entgegengenommen, kann aus § 668 BGB eine Verzinsungspflicht entnommen werden. Für den Bereich der Mängelbeseitigung hat sich der Bundesgerichtshof in der grundlegenden Entscheidung zum Vorschussanspruch auch auf § 669 BGB berufen und damit den Besteller insoweit gleichsam als Beauftragten des Unternehmers behandelt.[111]

28 Der **Projektsteuerungsvertrag** hat eine Geschäftsbesorgung zum Gegenstand. Ob er als Dienst- oder Werkvertrag einzuordnen ist, ist durch Auslegung des Vertrags zu ermitteln. Werkvertragsrecht ist anwendbar, wenn der Projektsteuerer erfolgsorientierte Pflichten wahrnimmt und diese die sonstigen Pflichten derart überwiegen, dass sie den Vertrag prägen.[112] Dies gilt insbesondere

---

102 BGH, Urt. v. 29.04.04 – III ZR 279/03, NJW-RR 2004, 989 m.w.N.; für ein weiteres Verständnis Staudinger/*Peters/Jacoby*, Rn. 47, wonach alle Werkleistungen unter § 675 BGB fallen sollen.
103 S. unten Rdn. 53 ff.
104 S. unten Rdn. 50 ff.
105 Palandt/*Sprau*, § 675 Rn. 17 ff.
106 Staudinger/*Peters/Jacoby*, Rn. 61.
107 Vgl. BGH, Urt. v. 29.10.62 – II ZR 194/60, BGHZ 38, 171, 175; Urt. v. 07.01.63 – VII ZR 149/61, BGHZ 39, 1.
108 BGH, Urt. v. 19.05.88 – VII ZR 315/86, BauR 1988, 496, 497 f.
109 Palandt/*Sprau*, § 665 Rn. 5.
110 Palandt/*Sprau*, § 665 Rn. 1 f.
111 BGH, Urt. v. 02.03.1967 – VII ZR 215/64, BGHZ 47, 272.
112 BGH, Urt. v. 10.06.99 – VII ZR 215/98, BauR 1999, 1317; s. auch BGH, Urt. v. 26.01.95 – VII ZR 49/94, BauR 1995, 572.

dann, wenn die zentrale Aufgabe des Projektsteuerers die technische Bauüberwachung ist.[113] Sind dem Projektsteuerer dagegen in erster Linie Beratungs-, Informations- und Koordinationsleistungen übertragen, ist Dienstvertragsrecht anzuwenden. Entsprechendes gilt für den **Baubetreuungsvertrag**.[114] Ist dem Baubetreuer die wirtschaftliche und organisatorische Durchführung und Abwicklung des Bauobjekts übertragen, liegt ein Werkvertrag vor; hat der Baubetreuer die Betreuung von Planungen übernommen, so haftet er daher nach den für den Architektenvertrag entwickelten Grundsätzen.[115]

5. Verwahrung

Die Abgrenzung des Werkvertrags vom Verwahrungsvertrag ist – jedenfalls soweit bauvertragliche Leistungen und damit die Veränderung einer Sache geschuldet ist – unproblematisch. Das Recht der Verwahrung kann aber insoweit von Interesse sein, als im Rahmen eines Bauvertrages eine Nebenpflicht zur Verwahrung z.B. von Unterlagen, die der Besteller dem Unternehmer überlassen hat, bestehen kann. Umgekehrt kann der Bauherr als »Verwahrer« der Baugeräte und Materialien angesehen werden, die der Bauunternehmer auf der Baustelle hinterlässt. Die Vorschriften der §§ 688 ff. BGB können dann entsprechend zur Anwendung kommen. Zu denken ist etwa an den Aufwendungsersatzanspruch gemäß § 693 BGB. Streitig ist, ob die Haftungsprivilegierung des § 690 BGB (Haftung nur für eigenübliche Sorgfalt) anwendbar ist.[116] Richtigerweise wird ein objektiver Maßstab entsprechend § 4 Nr. 1 VOB/B (auch beim Nicht-VOB-Vertrag) anzuwenden sein, so dass der Bauherr dann haftet, wenn er nicht die »allgemeine Ordnung« auf der Baustelle aufrecht erhält. Verletzt der Unternehmer Verwahrpflichten, bedarf es eines Rückgriffs auf das Recht der Verwahrung nicht, sondern der Unternehmer haftet unmittelbar wegen der Verletzung einer Nebenpflicht nach §§ 241 Abs. 2, 280 Abs. 1 BGB.

29

6. Miete

Die Leistungspflichten bei einem Mietvertrag weisen kaum Überschneidungen mit dem Werkvertragsrecht auf. Der Vermieter schuldet die zeitweise Überlassung einer Sache zum Gebrauch. Die Abgrenzung zum Mietvertrag kann jedoch bei gemischten Verträgen Schwierigkeiten bereiten. So kann die Überlassung einer Sache eine Nebenpflicht zu einem Werkvertrag sein. Überlässt ein Unternehmer ein **Baugerüst**[117] über den Zeitraum der werkvertraglichen Leistungserbringung hinaus, liegt insofern ein Mietvertrag vor.[118] Werden Geräte überlassen und zugleich das Bedienungspersonal gestellt, ist im Wege der Vertragsauslegung zu ermitteln, ob der Schwerpunkt des Vertrags werk- oder mietvertraglicher Natur ist. Dabei kann Werkvertragsrecht nur dann zur Anwendung kommen, wenn der Überlassende einen bestimmten Erfolg schuldet, wozu er in der Regel die zu verrichtenden Arbeiten eigenverantwortlich anleiten muss; dabei kommt es allerdings nicht darauf an, wer tatsächlich die entscheidenden Weisungen gegeben hat, sondern wer dies nach dem Vertrag hätte tun sollen.[119] Denkbar ist auch, dass ein Mietvertrag verbunden mit einem Dienst- oder Werkvertrag vorliegt.[120]

30

---

113 BGH, Urt. v. 11.10.01 – VII ZR 475/00, BauR 2002, 315, 316.
114 BGH, Urt. v. 30.06.94 – VII ZR 116/93, BGHZ 126, 326 ff. = BauR 1994, 776, 777 m.w.N.
115 BGH, Urt. v. 30.06.94 – VII ZR 116/93, BGHZ 126, 326 = BauR 1994, 776.
116 So Staudinger/*Peters/Jacoby*, Rn. 75 für den Fall, dass der Unternehmer die Sachen freiwillig beim Bauherrn zurückgelassen hat; dagegen Messerschmidt/Voit/*Messerschmidt*, Einl. B Rn. 18.
117 Zu Einzelheiten s. unten Rdn. 60.
118 OLG Celle, Urt. v. 03.04.07 – 16 U 267/06, BauR 2007, 1583.
119 BGH, Urt. v. 26.03.96 – X ZR 100/94, NJW-RR 1996, 1203, 1204.
120 BGH, Urt. v. 26.03.96 – X ZR 100/94, NJW-RR 1996, 1203; s. auch OLG Düsseldorf, Urt. v. 27.10.2009 – 21 U 3/09, BauR 2010, 467 f. (Behelfsbrücke); OLG Naumburg, Urt. v. 02.07.2009 – 1 U 3/09, BauR 2010, 468 ff. (Autokran mit Kranführer).

B. Der Bauvertrag

I. Allgemeines

1. Einleitung

31 Der Bauvertrag ist ein Unterfall des Werkvertrags. In ihm verpflichtet sich der Unternehmer zu **Bauleistungen**; diese sind nach der Definition des § 1 VOB/A Arbeiten jeder Art, durch die eine bauliche Anlage hergestellt, instand gehalten, geändert oder beseitigt wird.[121] Für den Bauvertrag im engeren Sinne muss es sich dabei um Leistungen körperlicher Art handeln.[122] Diese Leistungen können die Errichtung des gesamten Baus umfassen (Generalunternehmer), aber auch in Teilleistungen bestehen. Bauverträge sind auch die Verträge, die der Generalunternehmer mit den Subunternehmern abschließt. Im Allgemeinen wird der Besteller das zu bebauende Grundstück zur Verfügung stellen. Verfügt er noch über kein Grundstück und will den Erwerb zur Bedingung der Wirksamkeit des Bauvertrages machen, muss er dies gesondert vereinbaren, denn es gehört nicht zu den essentialia des Bauvertrages, dass sich die Parteien darüber einig sind, auf welchem Grundstück der Bau zu errichten ist.[123] Ist dies nicht der Fall und beschafft der Unternehmer das Grundstück und verpflichtet sich, dieses an den Besteller zu übereignen, liegt ein sog. Bauträgervertrag vor.[124]

2. Formbedürftigkeit

32 Soweit der Bauvertrag lediglich werkvertragliche Regelungen enthält, ist er nicht formbedürftig, soweit die Parteien nicht eine bestimmte Form verabredet haben (§ 127 BGB). Etwas anderes kann aber dann gelten, wenn sich der Unternehmer zugleich verpflichtet, an den Besteller ein **Grundstück** zu übertragen. Dieser Vertrag bedarf der in § 311b Abs. 1 S. 1 BGB vorgeschriebenen notariellen Beurkundung. Bilden Bauvertrag und Grundstücksübertragungsvertrag eine rechtliche Einheit, erstreckt sich dieses Formerfordernis auf den Bauvertrag.[125] Wird dieser gleichwohl formlos abgeschlossen, zieht dies nach der Regel des § 139 BGB grundsätzlich die Unwirksamkeit des Grundstücksübertragungsvertrages nach sich. Eine rechtliche Einheit der Verträge ist nach der Rechtsprechung des Bundesgerichtshofs dann anzunehmen, wenn die Verträge »miteinander stehen und fallen sollen«.[126] Zu beachten ist, dass, wenn der Bauvertrag formbedürftig ist, auch spätere Änderungen beurkundet werden müssen; etwas anderes gilt jedoch dann, wenn bereits die Auflassung erklärt ist, weil damit die Übereignungs- und Erwerbsverpflichtung erlischt.[127]

3. Unternehmereinsatzformen

33 Bauverträge können in ganz unterschiedlichen Konstellationen abgeschlossen werden. Der »Normalfall« ist, dass ein Unternehmer mit seinem Betrieb die im Rahmen des Bauvertrags zu erbringenden Leistungen alleine ausführt und das Werk einem Besteller zugute kommen soll; es handelt sich dann um einen **Alleinunternehmer**. Häufig wird allerdings der Unternehmer nicht alle Leistungen selbst erbringen können; er wird dann bestimmte Teile der von ihm versprochenen Leistung bei einem Dritten bestellen. In diesem Fall wird er **Hauptunternehmer** bezeichnet, sein Auf-

---

121 Ähnlich die Definition in E § 1 des »Baurechtlichen Ergänzungsentwurfs zum Schuldmodernisierungsgesetz« des Instituts für Baurecht Freiburg e.V., ZfBR 2001, 513.
122 Staudinger/*Peters/Jacoby*, Rn. 81; zu den unkörperlichen Architekten- und Ingenieurleistungen s. unten Rdn. 68 ff.
123 OLG Karlsruhe, Urt. v. 13.02.07 – 8 U 155/06, BauR 2008, 679; Staudinger/*Peters/Jacoby*, Rn. 82; a.A. OLG Frankfurt, Urt. v. 23.10.06 – 16 U 91/06, BauR 2007, 1245, 1246.
124 S. hierzu Rdn. 53 ff.
125 BGH, Urt. v. 06.11.80 – VII ZR 12/80, BGHZ 78, 346 = BauR 1981, 67.
126 BGH, Urt. v. 12.02.09 – VII ZR 230/07, BauR 2009, 1138 – Tz. 13; s. auch BGH, Urt. v. 22.07.2010 – VII ZR 246/08, BauR 2010, 1754.
127 Palandt/*Grüneberg*, § 311b Rn. 44.

tragnehmer als **Subunternehmer** (oder Nachunternehmer). Dabei steht der Subunternehmer zu dem Ursprungsauftraggeber in keiner vertraglichen Beziehung. Dies gilt auch dann, wenn vereinbart ist, dass der Auftraggeber unmittelbar Zahlungen an den Subunternehmer erbringt. Die Möglichkeit des Einsatzes eines Subunternehmers hat in § 641 Abs. 2 BGB, der eine Sonderregelung zur Fälligkeit der Vergütung enthält, Niederschlag gefunden.[128] Der Einsatz von Nachunternehmern ist in § 8 Nr. 6 Nr. 1c VOB/A angesprochen; danach soll in den Zusätzlichen oder Besonderen Vertragsbedingungen die Frage der Zulässigkeit des Einsatzes von Nachunternehmern (§ 4 Nr. 8 VOB/B) geregelt werden. In § 16 Nr. 6 VOB/B findet sich zudem eine Sonderregelung über Direktzahlungen des Bauherrn/Auftraggebers an Subunternehmer. Schwierigkeiten ergeben sich insbesondere im Rahmen der Mängelhaftung, weil der Mangel des Werks des Subunternehmers zugleich einen Mangel des Werks des Hauptunternehmers darstellt, die beiden Auftraggeber aber unterschiedliche Rechte geltend machen können. Daran soll sich der Hauptunternehmer nicht bereichern können.[129] Vom Subunternehmer unterscheidet sich der **Lieferant** dadurch, dass dieser lediglich Baustoffe oder andere Materialien an den Unternehmer liefert, selbst aber keine Herstellungspflichten übernommen hat. Vom Subunternehmer zu unterscheiden ist auch der **Nebenunternehmer**. Nebenunternehmer ist, wem ein Teil des Gesamtwerks unmittelbar vom Bauherrn (oder in dessen Namen vom Hauptunternehmer) in Auftrag gegeben wird, während der Subunternehmer Erfüllungsgehilfe des Hauptunternehmers ist, ohne dass unmittelbare Rechtsbeziehungen zwischen Bauherrn und Nachunternehmer entstehen.[130] Eine Sonderform des Hauptunternehmers ist der **Generalunternehmer**. Seine Besonderheit liegt darin, dass er die Gesamtleistung versprochen hat, der Auftraggeber also regelmäßig nur diesen Generalunternehmer mit Bauleistungen beauftragt hat. Der Generalunternehmer erbringt allerdings wesentliche Teilleistungen zur Bauausführung selbst. Dem Generalunternehmer obliegen Planungsleistungen typischerweise nicht. Hat der Unternehmer auch diese übernommen, wird in der Regel von einem **Projektunternehmer** gesprochen.[131] Hat der Unternehmer die gesamte Bauleistung versprochen, trägt hierzu aber nur Planungsleistungen selbst bei, während die Bauleistungen an Nachunternehmer vergibt, wird er als **Generalübernehmer** bezeichnet. Generalübernehmerverträge sind zwar Werkverträge, erfordern aber in der Praxis regelmäßig eine erhebliche Modifikation der §§ 631 ff. BGB durch vertragliche Abreden.[132] Schließlich ist der **Projektsteuerer** zu nennen, der bei einem Bauvorhaben die Aufgaben des Bestellers für diesen übernimmt, insbesondere indem er die Arbeiten koordiniert und Planungsziele festschreibt.[133]

Sowohl auf Besteller- als auch auf Unternehmerseite können mehrere Personen beteiligt sein. Mehrere Besteller sind grundsätzlich Gesamtschuldner (§ 427 BGB). Besonderheiten gelten jedoch dann, wenn Gegenstand des Bauvertrages die Errichtung von Eigentumswohnungen ist, die letztlich verschiedenen Bestellern zustehen sollen. Besonders bei größeren Bauvorhaben schließen sich häufig mehrere Unternehmer zusammen, um gemeinsam den Auftrag zu erhalten. Sie bilden dann eine sog. ARGE (= Arbeitsgemeinschaft). Diese ist eine Gesellschaft bürgerlichen Rechts,[134] wobei sich die Stimmen mehren, die sich dafür aussprechen, die ARGE als offene Handelsgesellschaft anzusehen.[135] 34

---

128 Zu dieser Vorschrift eingehend: *Dingler/Langwieser*, BauR 2010, 1650 ff.
129 Vgl. etwa die Problematik in BGH, Urt. v. 28.06.07 – VII ZR 81/06, BGHZ 173, 83 = BauR 2007, 1564; Urt. v. 28.06.07 – VII ZR 8/06, BauR 2007, 1567; Urt. v. 10.07.08 – VII ZR 16/07, BauR 2008, 1877; eingehend hierzu *Dressler*, in: FS Gerda Müller, 2009, S. 11 ff.
130 BGH, Urt. v. 13.12.73 – VII ZR 200/71, BauR 1974, 134.
131 Vgl. *Nicklisch/Weick*, VOB/B, Einl. Rn. 63.
132 Vgl. *Nicklisch/Weick*, VOB/B Einl. Rn. 69.
133 Zu Einzelheiten s. unten Rdn. 65.
134 BGH, Urt. v. 22.09.93 – IV ZR 183/92, NJW-RR 1993, 1443, 1444.
135 KG, Beschl. v. 22.08.01 – 29 AR 54/01, BauR 2001, 1790; OLG Dresden, Urt. v. 20.11.01 – 2 U 1928/01, BauR 2002, 1414; *Scheef*, BauR 2004, 1079; *Kunze*, BauR 2005, 473, 476 ff. m.w.N.; s. aber BGH, Beschl. v. 21.01.09 – Xa ARZ 273/08, BauR 2009, 702 L = NJW-RR 2009, 173 = IBR 2009,

II. Baurechtliche Sonderregelungen

35 Neben der gesetzlichen Regelung des Werkvertragsrechts in §§ 631 ff. BGB sind weitere gesetzliche Regelungen zu beachten, die unmittelbar die Rechte und Pflichten der Werkvertragsparteien beeinflussen. Zu nennen sind insbesondere das Schwarzarbeitsbekämpfungsgesetz, das Gesetz zur Sicherung von Bauforderungen und die Makler- und Bauträgerverordnung.[136] Darüber hinaus hat die Vergabe- und Vertragsordnung für Bauleistungen (VOB) und insbesondere deren Teil B größte praktische Bedeutung.

1. Schwarzarbeitsbekämpfungsgesetz

36 Das Schwarzarbeitsbekämpfungsgesetz in der seit 01.08.2004 geltenden Fassung definiert in § 1 Abs. 2 SchwarzArbG den Begriff Schwarzarbeit weiter als nach der früheren Rechtslage. Während danach unter Schwarzarbeit lediglich der Fall verstanden wurde, dass ein Werkunternehmer oder Dienstleister ein nach der HandwerkO zulassungspflichtiges Handwerk als stehendes Gewerbe selbständig betreibt, ohne in der Handwerksrolle eingetragen zu sein (nunmehr § 1 Abs. 2 Nr. 5 SchwarzArbG), fällt nunmehr unter den Begriff der Schwarzarbeit auch das Erbringen oder Ausführenlassen von Dienst- oder Werkleistungen, wenn der Arbeitgeber dabei seine sozialversicherungsrechtlichen Melde-, Beitrags- oder Aufzeichnungspflichten nicht erfüllt (§ 1 Abs. 2 Nr. 1 SchwarzArbG), wenn er seine sich auf Grund der Dienst- oder Werkleistungen ergebenden steuerlichen Pflichten nicht erfüllt (§ 1 Abs. 2 Nr. 2 SchwarzArbG), als Empfänger von Sozialleistungen seine Mitteilungspflichten gegenüber dem Sozialleistungsträger nicht erfüllt (§ 1 Abs. 2 Nr. 3 SchwarzArbG) oder seiner Verpflichtung zur Anzeige vom Beginn des selbständigen Betriebes eines stehenden Gewerbes (§ 14 GewO) nicht nachgekommen ist oder die erforderliche Reisegewerbekarte (§ 55 GewO) nicht erworben hat (§ 1 Abs. 2 Nr. 4 SchwarzArbG). Gesetzliche Verbote, die die Ausführung der Arbeiten und damit den Hauptgegenstand des Vertrages betreffen, sind jedoch nur in den Nummern 4 und 5 enthalten; nur diese sind gemäß § 8 Abs. 1d) und e) SchwarzArbG Ordnungswidrigkeiten und damit gesetzliche Verbote im Sinne des § 134 BGB. Würde der Unternehmer mit der Ausführung des Auftrags gegen diese Vorschriften verstoßen, ist der Vertrag allerdings nur dann nichtig, wenn der Besteller hiervon weiß; ein von der Rspr. so bezeichneter einseitiger Verstoß soll dagegen die Nichtigkeit des Vertrages nicht nach sich ziehen.[137] Für die Nichtigkeitssanktion des § 134 BGB soll es nach älterer Rspr. sogar erforderlich sein, dass der Besteller den Verstoß gegen das Gesetz nicht nur erkannt, sondern bewusst zu seinem Vorteil ausgenutzt hat.[138]

37 Bei den übrigen Formen der Schwarzarbeit[139] richtet sich das in anderen Rechtsvorschriften normierte Verbot nicht – wie § 134 BGB dies voraussetzt[140] – gegen den Inhalt des Werkvertrags, nämlich die Ausführung der Arbeiten, als solchen. Dies gilt etwa für eine sog. **»Ohne-Rechnung-Abrede«**, nach der der Unternehmer für seine Arbeiten keine Rechnung stellen soll mit dem Ziel, die anfallende Umsatzsteuer nicht abzuführen. Eine solche Abrede verstößt gegen § 14 Abs. 2 S. 1 Nr. 1 UStG und ist daher gemäß § 134 BGB nichtig. Die Frage, ob dies zur Unwirksamkeit des Vertrages im Übrigen führt, hat der BGH zunächst verneint,[141] zuletzt aber

---

211 m. Anm. *Schonebeck*: für die Einordnung als oHG bedarf es »sicherer Anhaltspunkte«. Zur (abnehmenden) praktischen Relevanz der Einordnung s. OLG Brandenburg, Urt. v. 28.07.2010 – 13 U 21/08, BauR 2011, 273 ff.
136 Zur Makler- und Bauträgerverordnung s. Rdn. 57 f.
137 BGH, Beschl. v. 25.01.01 – VII ZR 296/00, BauR 2001, 632; BGH, Urt. v. 19.01.84 – VII ZR 121/83, BGHZ 89, 369 = BauR 1984, 290 (zum früheren SchwarzarbeitsG).
138 BGH, Urt. v. 20.12.84 – VII ZR 388/83, BauR 1985, 197, 198.
139 § 1 Abs. 2 Nr. 1 bis 3 SchwarzArbG.
140 Staudinger/*Sack* (2003), § 134 Rn. 30.
141 BGH, Urt. v. 21.12.00 – VII ZR 192/98, BauR 2001, 630.

offengelassen.¹⁴² Maßstab für die Prüfung ist § 139 BGB, so dass der Vertrag insgesamt nichtig ist, es sei denn, es wäre anzunehmen, dass die Parteien den Vertrag ohne die »Ohne-Rechnung-Abrede« mit gleichem Inhalt abgeschlossen hätten.¹⁴³ Dies dürfte jedoch kaum angenommen werden können, weil die erwartete Ersparnis der Umsatzsteuer regelmäßig Einfluss auf die Höhe der vereinbarten Vergütung hat; anderenfalls würde sich der Besteller hierauf kaum einlassen.¹⁴⁴ Zudem ist gemäß § 139 BGB bereits bei Zweifeln die Unwirksamkeit des Vertrages anzunehmen.¹⁴⁵ Daher wird der Vertrag in der Regel unwirksam sein. Dies zwingt jedoch nicht dazu, den Vertrag in jeder Hinsicht als nicht existent zu behandeln. Ist die geschuldete Bauleistung bereits mangelhaft erbracht, kann sich der Unternehmer zur Abwehr von Mängelansprüchen auf die Unwirksamkeit des Vertrages nach § 242 BGB nicht berufen; denn durch die mangelhafte Bauleistung ist das Eigentum des Bestellers nachhaltig belastet und eine Rückabwicklung des Vertrages nach § 812 BGB ist nicht sinnvoll durchführbar, so dass der Besteller durch die Nichtigkeit des Vertrages ungleich schwerer belastet ist als der Unternehmer, der zuvor den Vertrag als wirksam behandelt und daher seine Bauleistung erbracht hat.¹⁴⁶

2. Bauforderungssicherungesesetz (BauFordSiG)

Das BauFordSiG (bis 31.12.2008: Gesetz über die Sicherung von Bauforderungen, GSB) dient dem Schutz der Bauhandwerker in den Fällen, in denen ihre Vergütung nicht unmittelbar vom Bauherrn an sie ausgezahlt wird. Empfängt ein Dritter Baugeld, muss er dieses seinem Zweck entsprechend zur Befriedigung der an dem Bau Beteiligten verwenden. Als Empfänger von Baugeld kommen insbesondere Generalübernehmer¹⁴⁷ oder Baubetreuer¹⁴⁸ in Betracht.¹⁴⁹ Der vorsätzliche Verstoß gegen diese Pflicht ist strafbar, § 2 BauFordSiG, und führt zur Haftung nach § 823 Abs. 2 BGB.¹⁵⁰   38

3. VOB

Bereits im 19. Jahrhundert hatte sich gezeigt, dass öffentliche Auftraggeber die Freiheit der Vertragsgestaltung sehr einseitig zu ihren Gunsten nutzten. In der zweiten Hälfte des 19. Jahrhunderts setzten daher Reformbestrebungen ein, die etwa in Preußen zu staatlichen Erlassen zur Regelung der Vergabe (Submission) führten, aber auch bereits allgemeine Vertragsbedingungen für den Hochbau enthielten.¹⁵¹ Die Regelungen in den einzelnen Bundesstaaten waren jedoch sehr unterschiedlich und häufig zudem nicht verbindlich. Ein erster Entwurf für eine umfassende gesetzliche Regelung des Verdingungswesens und des Bauvertragsrechts wurde 1912 vom »Hansa-Bund für Gewerbe, Handel und Industrie« vorgestellt. Die Umsetzung dieser Reformbemühungen wurde dann jedoch durch den 1. Weltkrieg unterbrochen. Nach dem Ende des Krieges beschloss der Reichstag 1921, dass die Reichsregierung einen Ausschuss, bestehend aus Vertretern   39

---

142 BGH, Urt. v. 24.04.08 – VII ZR 42/07, BGHZ 176, 198 = BauR 2008, 1301, 1302; ausführlich hierzu s. *Bosch*, NJOZ 2008, 3044 ff.
143 A.A. Staudinger/*Peters/Jacoby*, § 631 Rn. 80; *Peters*, NJW 2008, 2478, 2480.
144 Vgl. auch BGH, Urt. v. 03.07.68 – VIII ZR 113/66, MDR 1968, 834 (Kaufvertrag); BGH, Urt. v. 02.07.03 – XII ZR 74/01, NJW 2003, 2742 (Mietvertrag); OLG Hamm, Urt. v. 18.11.96 – 5 U 109/96, BauR 1997, 501; OLG Oldenburg, Urt. v. 30.10.96 – 2 U 151/96, OLGReport 1997, 2; OLG Naumburg, Urt. v. 30.03.99 – U 83/98, IBR 2000, 64, Volltext bei Juris; OLG Saarbrücken, Urt. v. 01.12.99 – 1 U 298/99, OLGReport 2000, 303 jeweils zum Werkvertrag.
145 Baumgärtel/*Laumen*, Hdb. Beweislast AT, § 139 Rn. 1.
146 BGH, Urt. v 24.04.08 – VII ZR 42/07, BGHZ 176, 198 = BauR 2008, 1301, 1302; dagegen *Popescu/Majer*, NZBau 2008, 424 ff.
147 S. oben Rdn. 33.
148 S. unten Rdn. 50 ff.
149 Vgl. BGH, Urt. v. 19.08.2010 – VII ZR 169/09, BauR 2010, 2107 Tz. 11.
150 Zu neueren Entwicklungen s. *Stammkötter*, BauR 2010, 2012 ff.
151 Vgl. *Nicklisch/Weick*, Einl. Rn. 23 f.; im Einzelnen: *Schubert*, in: FS Korbion, 1986, S. 389 ff.

der beteiligten Ressorts, Arbeitgeber- und Arbeitnehmervertretern, einsetzen sollte, um für die Vergabe von Leistungen und Lieferungen einheitliche Regelungen für Reich und Länder aufzustellen. Eine reichseinheitliche, gesetzliche Regelung war ausdrücklich nicht gewünscht; ein entsprechender Gesetzentwurf für das öffentliche Verdingungswesen wurde abgelehnt. Der darauf eingesetzte »Reichsverdingungsausschuss« (RVA) befasste sich zunächst nur mit dem Bauwesen und entwickelte für diesen Bereich zugleich Regeln über die Vertragsgestaltung und die allgemeinen technischen Vorschriften. Im Mai 1926 verabschiedete die Vollversammlung des RVA die »Verdingungsordnung für Bauleistungen«, die aufgrund von Verwaltungsverordnungen von Reichs- und Länderministerien bald breite Anwendung fand. Ein bei der Reichsbauverwaltung angesiedelter Unterausschuss sollte die Entwicklung beobachten und ggf. den Arbeitsausschuss des RVA erneut einberufen. Nach dem 2. Weltkrieg wurde 1947 der »Deutsche Verdingungsausschuss für Bauleistungen« (heute: Deutscher Vergabe- und Vertragsausschuss für Bauleistungen – DVA) geschaffen, der 1952 die erste Neufassung der VOB vorlegte. In ihm waren von Anfang an auch die privaten Auftraggeber repräsentiert, nicht allerdings Verbraucher. Die VOB wurde immer wieder überarbeitet. Eine grundlegende Überarbeitung fand anlässlich der Schuldrechtsmodernisierung statt (Fassung 2002), eine weitere Überarbeitung im Jahr 2006. Die aktuelle Fassung stammt aus dem Jahr 2009, die allerdings wesentliche Änderungen lediglich in Teil A mit sich gebracht hat.

40 Das Werkvertragsrecht des BGB enthält keine angemessen ausdifferenzierte Regelung, um die Rechte der Baubeteiligten bei den im Zuge der Durchführung des Bauvertrages zu erwartenden Problemgestaltungen auch nur annähernd beschreiben zu können. Das Bedürfnis der Bauvertragsparteien nach einem solchen Regelwerk befriedigt die VOB allen Unklarheiten und aller berechtigten Kritik im Einzelfall zum Trotz. Daher ist die VOB, namentlich ihr Teil B, unverzichtbar geworden. Ob dies auch noch nach der Einfügung eines speziellen Bauvertragsrechts in das BGB der Fall sein würde,[152] wird davon abhängen, inwieweit der Gesetzgeber dem Rat und den Vorschlägen aus der Praxis folgen wird.

a) VOB Teil A

41 Die VOB/A[153] enthält Richtlinien für die Vergabe von Werkleistungen. Ihr Ziel ist es, dem Auftraggeber ein möglichst günstiges Angebot zu verschaffen. Nach diesem Maßstab sollen Aufträge gerecht verteilt werden. Dazu dient insbesondere, dass alle Bieter gleich zu behandeln sind, § 2 Nr. 2, § 6 Nr. 1 VOB/A, und die Aufträge grundsätzlich öffentlich auszuschreiben sind, § 3 Nr. 2 VOB/A, d.h. dass eine unbeschränkte Zahl von Unternehmen öffentlich zur Einreichung von Angeboten aufgefordert wird, § 3 Nr. 1 VOB/A. Eine freihändige Vergabe ist bei einem Auftragswert von 10.000 € und mehr (ohne Umsatzsteuer) nur in Ausnahmefällen zulässig, § 3 Nr. 5. Als Zwischenmodell sieht die VOB/A eine beschränkte Vergabe vor, bei der nur eine begrenzte Zahl von Unternehmen, ggf. nach entsprechenden Teilnahmeanträgen, Angebote einreichen kann. Um Planungssicherheit zu haben und auch eine realistische Vergleichbarkeit der Angebote zu gewährleisten, ist eine eindeutige und erschöpfende Leistungsbeschreibung in Form eines Leistungsverzeichnisses als Grundlage der Ausschreibung erforderlich, § 7 Nr. 1 Abs. 1, Nr. 9 VOB/A. Insbesondere soll dem Auftragnehmer kein ungewöhnliches Wagnis aufgebürdet werden. Dies schützt den Auftragnehmer,[154] soll es ihm aber auch zum Vorteil des Auftraggebers ermöglichen, seine Preise zu bilden, ohne dabei wegen unbekannter Risiken einen Aufschlag vornehmen zu müssen.[155] Derselben Logik folgt es, dass Einheitspreise vorzusehen sind, § 4 Nr. 1 VOB/A, es sei denn, Umfang und Ausführungsart der Leistung stehen vorab fest und es ist mit Änderungen nicht zu rechnen. Allerdings ermöglicht dies auch Missbrauch, indem einzelne Positionen speku-

---

152 Zu entsprechenden Forderungen/Plänen s. oben Rdn. 9.
153 Eingehend zur Neufassung s. *Köster*, BauR 2009, 1069 ff.
154 BGH, Urt. v. 11.11.93 – VII ZR 47/93, BGHZ 124, 64 = BauR 1994, 236, 238 f.
155 Vgl. *Quack*, BauR 2005, 1080 ff.

lativ völlig überteuert (aber unter Beibehaltung eines angemessenen Gesamtpreises) angeboten werden.[156] Weiter enthält die VOB/A Regelungen, die den später abzuschließenden Vertrag betreffen (§ 9 VOB/A), insbesondere ist die Vereinbarung der VOB/B vorgesehen, § 8 Nr. 3 VOB/A. In §§ 10–15 VOB/A ist das Ausschreibungsverfahren geregelt, in § 16 VOB/A die Prüfung und Wertung der Angebote. Besondere Bedeutung für das Vergaberecht hat das Europarecht.[157]

Die VOB/A ist als Teil der VOB vom privat organisierten DVA erarbeitet und als solche keine Rechtsnorm.[158] Der auf der Grundlage der §§ 97 Abs. 6, 127 GWB erlassene § 6 Abs. 1 S. 1 VergabeVO schreibt jedoch für öffentliche Vergabeverfahren oberhalb des Schwellenwerts[159] (statisch)[160] die Beachtung der VOB/A verbindlich vor. In diesem Anwendungsbereich teilt die VOB/A damit die Rechtssatzqualität der VergabeVO als Rechtsverordnung.[161] Vertragliche Wirkung kann die VOB/A dadurch erhalten, dass der Auftraggeber sie seiner Auslegung zugrunde legt; in diesem Fall darf der Bieter, d.h. der spätere Auftragnehmer, bei möglichen Auslegungszweifeln die Ausschreibung so verstehen, dass sie den Anforderungen der VOB/A entspricht.[162] Zudem können Ansprüche des Bieters wegen eines Verschuldens bei den Vertragsverhandlungen, §§ 311 Abs. 2 Nr. 1, 241 Abs. 2, 280 Abs. 1 BGB, bestehen, wenn ein öffentlicher Auftraggeber im weiteren Verlauf des Ausschreibungs- und Vergabeverfahrens die Vorschriften des öffentlichen Vergaberechts zum Nachteil eines Bieters nicht einhält, etwa indem er eine Ausschreibung aufhebt, ohne dass ein Aufhebungsgrund nach der VOB/A vorliegt.[163] Dasselbe gilt aber auch für einen privaten Auftraggeber, wenn er erklärt hat, die Ausschreibung nach der VOB/A durchzuführen.[164]

42

b) VOB Teil B

aa) Die VOB/B als Allgemeine Geschäftsbedingungen

Öffentliche Auftraggeber sind gehalten, ihren Verträgen die VOB/B zugrunde zu legen, § 8 Nr. 3 VOB/A. Diese Verpflichtung trifft aber allein den öffentlichen Auftraggeber und hat keine unmittelbaren Wirkungen für den Auftragnehmer. Die VOB/B ist kein Gesetz und nicht Rechtsverordnung. Ihr Inhalt kann nicht kraft Gewohnheitsrecht Geltung beanspruchen; dazu wäre er im Übrigen auch zu unbestimmt und zu vielen Zweifelsfragen ausgesetzt. Es handelt sich vielmehr um vorformulierte Bauvertragsbedingungen, die nur kraft Vereinbarung in den Vertrag einbezogen werden können. Stellt eine Seite die VOB/B im Sinne des § 305 BGB, handelt es sich um Allgemeine Geschäftsbedingungen.[165] Dies hat neben der Möglichkeit der Inhaltskontrolle[166] ins-

43

---

156 Vgl. hierzu BGH, Urt. v. 18.12.08 – VII ZR 201/06, BGHZ 179, 213 ff. = BauR 2009, 491 m. Anm. *Kapellmann*, NJW 2009, 1380; *Schwenker*, ZfBR 2009, 424.
157 S. die Richtlinien 71/305/EWG, 89/440/EWG und 90/351/EWG.
158 BGH, Urt. v. 21.11.91 – VII ZR 203/90, BGHZ 116, 149 = BauR 1992, 221; für die VOL/A: BGH, Urt. v. 25.11.92 – VIII ZR 170/91, BGHZ 120, 281 = BauR 1993, 214; *Quack*, BauR 2004, 1492.
159 Derzeit für Bauaufträge 4.845.000 €, § 2 Nr. 4 VergabeVO.
160 Nach der Fassung des § 6 VergabeVO vom 11.06.2010 wird auf die VOB/A in der Fassung der Bekanntmachung vom 31.07.2009, geändert durch Bekanntmachung v. 19.02.2010 (BAnz. Nr. 36 v. 05.03.2010, S. 940) verwiesen.
161 BGH, Urt. v. 08.09.98 – X ZR 48/97, BGHZ 139, 259, 266 = BauR 1998, 1232, 1236; *Quack*, BauR 2004, 1492.
162 BGH, Urt. v. 11.11.93 – VII ZR 47/93, BGHZ 124, 64 = BauR 1994, 236, 238 – Wasserhaltung II; Urt. v. 21.02.06 – X ZR 39/03, BauR 2006, 1140.
163 BGH, Urt. v. 08.09.98 – X ZR 48/97, BGHZ 139, 259 = BauR 1998, 1232, 1234.
164 BGH, Urt. v. 21.02.06 – X ZR 39/03, BauR 2006, 1140 (für einen privaten Auftraggeber).
165 Möglich ist es auch, dass beide Seiten die Einbeziehung der VOB/B verlangen; sie sind dann beide Verwender, so dass eine Inhaltskontrolle von vornherein ausgeschlossen ist, vgl. Staudinger/*Peters/Jacoby*, Rn. 96.
166 Dazu sogleich, Rdn. 44 f.

besondere Auswirkungen auf die Auslegung. Denn Allgemeine Geschäftsbedingungen sind, anders als Rechtsnormen, nach Maßgabe der §§ 133, 157 BGB auszulegen, also so, wie der Erklärungsgegner (Verwendungsgegner) sie verstehen musste.[167] Objektive Maßstäbe gelten nur insofern, als bei einem Wortlaut, der mehrere Auslegungsmöglichkeiten zulässt, derjenigen Auslegung der Vorzug zu geben ist, die zu einem vernünftigen, widerspruchsfreien und den Interessen beider Vertragsparteien gerecht werdenden Ergebnis führt.[168] Bleiben gleichwohl Zweifel geht nach § 305c Abs. 2 BGB die verbleibende Unsicherheit zulasten des Verwenders.[169] Soweit der BGH in einer jüngeren Entscheidung in einem obiter dictum für die Auslegung des § 18 Nr. 1 S. 1 VOB/B auch auf die Entstehungsgeschichte der Bestimmung Bezug genommen hat,[170] war dies nach den dargelegten Grundsätzen zwar unrichtig,[171] sollte aber gewiss nicht überbewertet werden. Allerdings muss konstatiert werden, dass die Unklarheitenregelung, für die an sich im Bereich der VOB/B ein breiter Anwendungsbereich bestünde,[172] bei der Auslegung der Bestimmungen VOB/B (systemwidrig) keine Rolle spielt. Denn diese würde dazu führen, dass möglicherweise einer VOB/B-Bestimmung drei verschiedene Bedeutungen beigemessen werden müssten, je nachdem, ob der Auftragnehmer oder der Auftraggeber Verwender der VOB/B ist oder diese einvernehmlich zum Gegenstand des Vertrags gemacht worden ist. Die damit verbundene Rechtsunsicherheit ist ersichtlich nicht gewollt.

44 Wird die **VOB/B gegenüber Unternehmern** verwendet, findet gemäß § 310 Abs. 1 S. 3 BGB[173] eine Inhaltskontrolle der einzelnen Klauseln nicht statt. Voraussetzung ist allerdings, dass die VOB/B in der zum Zeitpunkt des Vertragsschlusses geltenden Fassung insgesamt vereinbart ist. Das bedeutet insbesondere, dass keine von der VOB/B abweichenden Regelungen vereinbart sein dürfen. Durch die Neufassung des § 310 BGB ist damit die Rechtsprechung des Bundesgerichtshofs festgeschrieben worden. Dieser hatte bereits 1982 festgestellt, dass die VOB/B eine insgesamt ausgewogene Regelung sei; solange dies der Fall sei, finde eine Inhaltskontrolle einzelner Klauseln nicht statt.[174] Nachdem der Bundesgerichtshof zunächst judiziert hatte, dass nur ein Eingriff in den »Kernbereich« der VOB/B zu einer Inhaltskontrolle einzelner Klauseln führt,[175] hat er wegen der kaum praktikablen Abgrenzung zuletzt allerdings entschieden, dass jede Abweichung von der VOB/B bewirkt, dass diese nicht »als Ganzes« bzw. insgesamt vereinbart ist.[176] Ist die VOB/B als Ganzes vereinbart, gestattet § 310 Abs. 1 S. 3 BGB eine gerichtliche Überprüfung der VOB/B nur noch im Hinblick auf die Gesamtregelung. Das bedeutet, dass die Gerichte jede neue Fassung daraufhin überprüfen müssen, ob sie (weiterhin) eine insgesamt ausgewogene Regelung ist. Für die geltende Fassung hat der Bundesgerichtshof dies bei einer Verwendung gegenüber Unternehmern

---

167 BGH, Urt. v. 14.12.05 – XII ZR 241/03, NJW-RR 2006, 337; Urt. v. 17.05.00 – IV ZR 113/99, NJW-RR 2000, 1341; Palandt/*Heinrichs*, 66. Aufl., § 305c Rn. 15 m.w.N.; anders nun Palandt/*Grüneberg*, § 305c Rn. 16 m.w.N. auch zur insoweit nicht ganz einheitlichen BGH-Rechtsprechung; maßgeblich ist jedenfalls der Horizont des (durchschnittlichen) Vertragspartners des Verwenders der AGB.
168 BGH, Urt. v. 14.12.05 – XII ZR 241/03, NJW-RR 2006, 337.
169 BGH, Urt. v. 14.12.05 – XII ZR 241/03, NJW-RR 2006, 337.
170 BGH, Beschl. v. 29.01.09 – VII ZB 79/08, BauR 2009, 1001.
171 So ausdrücklich gegen eine Berücksichtigung der Entstehungsgeschichte von Allgemeinen Geschäftsbedingungen (dort Versicherungsbedingungen) BGH, Urt. v. 17.05.00 – IV ZR 113/99, NJW-RR 2000, 1341; s. auch *Kretschmann*, BauR 2009, 1349, der allerdings eine rein objektive, typisierende Auslegung vornehmen möchte.
172 Man denke nur an den Umfang mancher Kommentare zur VOB/B, der über den Umfang mancher Kommentierung des gesamten BGB hinausgeht.
173 Neugefasst mit Wirkung zum 01.01.2009 durch das Forderungssicherungsgesetz.
174 Vgl. BGH, Urt. v. 16.12.82 – VII ZR 92/82, BGHZ 86, 135 = BauR 1983, 161.
175 BGH, Urt. v. 16.12.82 – VII ZR 92/82, BGHZ 86, 135 ff. = BauR 1983, 161; Urt. v. 20.12.90 – VII ZR 248/89, BauR 91, 210; Urt. v. 08.07.93 – VII ZR 79/92, BauR 1993, 723; Urt. v. 19.05.94 – VII ZR 26/93, BauR 1994, 617, 618; Urt. v. 17.11.94 – VII ZR 245/93, BauR 1995, 234.
176 BGH, Urt. v. 22.01.04 – VII ZR 419/02, BGHZ 157, 346 = BauR 2004, 668, 669 f.

bejaht.[177] Nicht beantwortet hat der Bundesgerichtshof allerdings bisher die Frage, wie und nach welchen Maßstäben diese Ausgewogenheit festgestellt werden kann. Ein insofern maßgeblicher Aspekt ist für den Bundesgerichtshof die Beteiligung von Interessenvertretern sowohl der Auftraggeber- als auch der Auftragnehmerseite an der Erarbeitung der VOB/B.[178] Insofern ergeben sich keine Bedenken gegen mögliche Neufassungen, da die Besetzung des DVA im Wesentlichen wohl unverändert bleiben wird. Eine angemessene Beteiligung beider Seiten ist allerdings lediglich eine notwendige, nicht aber hinreichende Bedingung, um die Angemessenheit der VOB/B annehmen zu können. Es muss hinzukommen, dass das Klauselwerk tatsächlich ausgewogen ist.[179] Bei der danach erforderlichen inhaltlichen Überprüfung stellt sich die Frage, wie eine an sich unangemessene Benachteiligung einer Vertragspartei dadurch ausgeglichen werden kann, dass dieser durch eine andere Bestimmung unangemessene Vorteile gewährt werden.[180] Dabei ist zu berücksichtigen, dass der Bundesgerichtshof bei einer isolierten Prüfung bereits die Unangemessenheit mehrerer Klauseln festgestellt hat.[181] Nicht zu verkennen ist schließlich auch, dass die VOB/B ein erhebliches Transparenzdefizit aufweist.[182] All dies hat die Angemessenheit insgesamt allerdings bisher nicht entfallen lassen. Ob daraus geschlossen werden kann, dass es »noch viel schlimmer« kommen müsste, damit die Rechtsprechung die VOB/B als insgesamt nicht mehr ausgewogene Regelung ansieht, ist allerdings fraglich. Man wird annehmen dürfen, dass der Bundesgerichtshof seine diesbezügliche Überprüfungskompetenz nicht ohne Grund in Erinnerung gerufen hat. Man kann es daher nicht ausschließen, dass die Anforderungen an die Angemessenheit, möglicherweise auch aufgrund kritischer Stellungnahmen zu Einzelvorschriften in der Literatur oder wegen gesetzlicher Änderungen, steigen werden. Zu denken ist insoweit insbesondere an die diskutierte Regelung des Bauvertragsrechts im BGB.[183]

Wird die VOB/B gegenüber einem **Verbraucher** verwendet, muss ihm, damit die VOB/B wirksam in den Vertrag einbezogen wird, Gelegenheit gegeben werden, von ihrem Inhalt Kenntnis zu nehmen, § 305 Abs. 2 Nr. 2 BGB.[184] Zudem ist in diesem Fall eine uneingeschränkte Inhaltskontrolle eröffnet. Dies gilt nicht nur für Verträge, die in den zeitlichen Anwendungsbereich des § 310 BGB n.F. (ab 01.01.2009) fallen, sondern dies hat der Bundesgerichtshof bereits für die Rechtslage nach der Schuldrechtsmodernisierung ausgesprochen.[185] Der DVA empfiehlt die Ver- 45

---

177 BGH, Urt. v. 24.07.08 – VII ZR 55/07, BGHZ 178, 1 = BauR 2008, 1603 – Tz. 27.
178 BGH, Urt. v. 24.07.08 – VII ZR 55/07, BGHZ 178, 1 = BauR 2008, 1603 – Tz. 25.
179 BGH, Urt. v. 24.07.08 – VII ZR 55/07, BGHZ 178, 1 = BauR 2008, 1603 – Tz. 27.
180 Vgl. *Quack*, ZfBR 2002, 428; *Schwenker*, ZfBR 2007, 529.
181 Dies betrifft § 2 Nr. 8 Abs. 1 S. 1 VOB/B a.F. (BGH, Urt. v. 31.01.91 – VII ZR 291/88, BGHZ 113, 315 = BauR 1991, 331); § 16 Nr. 3 Abs. 2 (vorbehaltlose Annahme der Schlusszahlung) a.F. (BGH, Urt. v. 17.09.87 – VII ZR 155/86, BGHZ 101, 357 = BauR 1987, 694); § 16 Nr. 3 Abs. 2 n.F. (BGH, Urt. v. 19.03.98 – VII ZR 116/97, BGHZ 138, 176 = BauR 1998, 614; Urt. v. 22.01.04 – VII ZR 419/02, BGHZ 157, 346 = BauR 2004, 668; Urt. v. 10.05.07 – VII ZR 226/05, BauR 2007, 1404, 1406); § 16 Nr. 5 Abs. 3 (BGH, Urt. v. 20.08.2009 – VII ZR 212/07, BauR 2009, 1739 Tz. 45 ff.) und § 16 Nr. 6 a.F. (Zahlung an Nachunternehmer) – BGH, Urt. v. 21.06.90 – VII ZR 109/89, BGHZ 111, 394 = BauR 1990, 727.
182 Eingehend hierzu *Geck*, ZfBR 2008, 436 ff. Insgesamt ist die Transparenz der VOB/B für den DVA offensichtlich kein vorrangiges Ziel. Dies gilt sogar hinsichtlich an sich geringfügiger Klarstellungen. So ist der Aufruf, § 18 Nr. 1 S. 1 VOB/B angesichts des intensiven Streits um diese Bestimmung im Sinne des Beschlusses des BGH, BauR 2009, 1001 (vom 29.01.09 – VII ZB 79/08), dahin zu ergänzen, dass er nur für öffentliche Auftraggeber gilt (*Fuchs*, BauR 2009, 1029), ungehört geblieben, obwohl der Aufwand hierfür wohl kaum der Rede wert gewesen wäre. Dies lässt sich nur dadurch erklären, dass dem DVA nicht bewusst ist, dass er auf diese Weise die Ausgewogenheit der VOB/B als Gesamtregelung im Sinne des § 310 Abs. 1 S. 3 BGB gefährdet.
183 S. oben Rdn. 9.
184 Vgl. BGH, Urt. v. 10.06.99 – VII ZR 170/98, BauR 1999, 1186, 1187; Urt. v. 19.05.94 – VII ZR 26/93, BauR 1994, 617, 618 m.w.N.
185 BGH, Urt. v. 24.07.08 – VII ZR 55/07, BGHZ 178, 1 = BauR 2008, 1603 ff.

wendung der VOB/B gegenüber Verbrauchern in der Fassung 2009 ausdrücklich nicht; der auf einen Verbrauchervertrag zugeschnittene Verweis in § 16 Nr. 5 Abs. 3 VOB/B auf die Zinssätze des § 288 BGB ist nunmehr entfallen. Gleichwohl ist eine Verwendung gegenüber Verbrauchern nicht ausgeschlossen. Die in diesem Fall erforderliche Klauselkontrolle ist zwar durch §§ 308 Nr. 5, 309 Nr. 8b ff BGB a.F. beschränkt, die unter diese Vorschriften fallenden Bestimmungen der VOB/B (fiktive Erklärungen, insbesondere die Abnahmefiktion des § 5 Nr. 5 Abs. 1 VOB/B, und die Verkürzung der Verjährungsfrist für die Mängelhaftung) sind allerdings nach § 307 BGB zu überprüfen, wobei die Gesichtspunkte der Transparenz, Regelungsklarheit und Angemessenheit zu berücksichtigen sind.[186] Insofern gelten andere Maßstäbe, insbesondere hinsichtlich der Transparenz, als bei einer Verwendung gegenüber einem Unternehmer anzulegen sind. Neuere Rechtsprechung, die sich speziell mit der Verwendung der VOB/B gegenüber Verbrauchern befasst, liegt – soweit ersichtlich – noch nicht vor.

bb) Übersicht über die Regelung

46 Die VOB/B modifiziert das gesetzliche Werkvertragsrecht. Sie knüpft daher an die Regelungen der §§ 631 ff. BGB, folgt aber einem anderen Aufbau, der sich an dem chronologischen Ablauf eines Bauvorhabens orientiert. So wird etwa der Verzug des Auftragnehmers differenziert an verschiedenen Stellen behandelt, nämlich bei den Ausführungsfristen (§ 5 Nr. 4 VOB/B), der Behinderung oder Unterbrechung der Ausführung (§ 6 VOB/B), der Kündigung des Auftraggebers (§ 8 Nr. 3 VOB/B) und des Auftragnehmers (§ 9 Nr. 1 VOB/B), der Vertragsstrafe (§ 11 Nr. 2 VOB/B) sowie schließlich bei der Zahlung (§ 16 Nr. 5 VOB/B). Eine weitere Besonderheit besteht in der eigenständigen Regelung von Mangelansprüchen vor der Abnahme (§ 4 Nr. 7 VOB/B). Auch in den Begrifflichkeiten weicht die VOB/B vom BGB ab, was sich besonders augenfällig in der Bezeichnung des Bestellers als Auftraggeber und des Unternehmers als Auftragnehmer zeigt. Dies ist Folge dessen, dass die VOB/B teilweise durch Regelungen aus der Zeit vor Erlass des BGB beeinflusst ist[187] und mag zugleich die Nähe des Bauvertrags zum Auftragsrecht belegen.[188] Grundsätzlich sind neben der VOB/B die Vorschriften des BGB ergänzend anwendbar, insbesondere die Regelungen des Allgemeinen Teils (§§ 1–240 BGB), des allgemeinen Teils des Schuldrechts (§§ 241–432 BGB), des Werkvertragsrechts (wie etwa § 648a BGB), aber auch der Geschäftsführung ohne Auftrag (§§ 677–687), der ungerechtfertigten Bereicherung (§§ 812–822) und des Deliktsrechts (§§ 823–853).[189] Teilweise enthält die VOB/B aber auch abschließende Regelungen, wie z.B. § 2 Nr. 3 Abs. 1 und 2 VOB/B[190] oder § 13 VOB/B für die Mängelhaftung.[191] Zu den einzelnen Bestimmungen vgl. die Kommentierung bei den entsprechenden BGB-Vorschriften.

c) VOB Teil C

47 Die VOB/C enthält zum einen mit den Allgemeinen Technischen Vertragsbedingungen (ATV), die DIN sind, eine Beschreibung der anerkannten Regeln der Technik, zum anderen Regelungen zur Bestimmung und Abrechnung von Bauleistungen, insbesondere hinsichtlich der Unterscheidung zwischen Nebenleistungen und Besonderen Leistungen.[192] Auch die VOB/C stellt Allgemeine Geschäftsbedingungen dar.[193] Sie muss also wirksam in den Vertrag einbezogen sein;

---

186 BGH, Urt. v. 24.07.08 – VII ZR 55/07, BGHZ 178, 1 = BauR 2008, 1603 – Tz. 39 f.
187 S. oben Rdn. 39.
188 S. oben Rdn. 27.
189 Zum Verhältnis deliktischer Ansprüche zu Mängelansprüchen vgl. BGH, Urt. v. 27.01.05 – VII ZR 158/03, BGHZ 162, 86 ff. = BauR 2005, 705.
190 *Nicklisch/Weick*, Einl. Rn. 42.
191 Vgl. BGH, Urt. v. 11.09.03 – VII ZR 116/02, BauR 2004, 78, 80.
192 Vgl. BGH, Urt. v. 27.07.06 – VII ZR 202/04, BGHZ 168, 368 = BauR 2006, 2040, 2042.
193 BGH, Urt. v. 17.06.04 – VII ZR 75/03, BauR 2004, 1438, 1439.

dies geschieht gegenüber Unternehmern allerdings bereits durch die Einbeziehung der VOB/B, weil diese ihrerseits in § 1 Nr. 1 VOB/B auf die VOB/C verweist.[194] Zudem ist die VOB/C nach den Grundsätzen auszulegen, die für Auslegung Allgemeiner Geschäftsbedingungen gelten.[195]

III. Besondere Typen des Bauvertrags

1. Anlagenvertrag

Beim Anlagenvertrag[196] verspricht der Unternehmer die Erstellung einer gesamten »Anlage«; diese soll regelmäßig schlüsselfertig innerhalb einer bestimmten Frist fertiggestellt werden, der Unternehmer hat dem Besteller die Funktionsfähigkeit der Anlage nachzuweisen und eine entsprechende Dokumentation zu erstellen und auszuhändigen. Zudem kann der Unternehmer Beratungsleistungen (etwa hinsichtlich des Standorts), Planungsleistungen, die Gestellung von Personal und sogar den zeitweiligen Betrieb der Anlage übernehmen. Die Vergütung erfolgt meist pauschaliert, häufig ist sie auch nach oben durch einen garantierten Maximalpreis begrenzt.[197] Als Anlage in diesem Sinne werden in der Regel Groß- bzw. Industrieanlagen verstanden. Dabei hat die Größe der Anlage allerdings keine rechtlichen Auswirkungen, so dass bei kleineren Anlagen die gleichen rechtlichen Fragen auftreten. Der Unternehmer, möglichweise auch ein Konsortium oder eine ARGE, der die Erstellung der Anlage übernimmt, handelt in der Regel als Generalunternehmer.[198] Es ist aber europarechtlich auch zulässig, dass sich ein Generalübernehmer um einen solchen Auftrag bemüht.[199] Die Besonderheiten des Anlagenvertrages gegenüber dem »normalen« Bauvertrag liegen darin, dass die Anlage nicht stets wesentlicher Bestandteil eines Grundstücks wird, sie einen höheren Vorfertigungsgrad aufweist, eine spezifizierte technische Funktion aufweist, unmittelbar produktiven Zwecken dienen soll und nach branchenspezifischen Gepflogenheiten erstellt wird.[200] Zur Erstellung der Anlage sind vielfältige Leistungen zu erbringen, so dass der Vertrag Elemente eines Werkvertrages, Geschäftsbesorgungsvertrages, eines Werklieferungsvertrages, aber auch eines reinen Kaufvertrages enthalten kann.[201] Wie die Einordnung letztlich erfolgt, hängt von der vertraglichen Regelung im Einzelfall ab. Dabei haben sich durch die Neufassung des § 651 BGB[202] gewichtige Änderungen ergeben. Die Anwendung von Werkvertragsrecht kommt danach nur dann in Betracht, wenn die Anlage wesentlicher Bestandteil des Grundstücks wird.[203] Auch insoweit kommt es allerdings auf den Schwerpunkt des Vertrages an. Besteht im Hinblick auf die Verjährung Streit, ob die Anlage Arbeiten an einem Bauwerk betrifft, muss zu Lasten des insoweit beweisbelasteten Unternehmers im Zweifel von der längeren Verjährungsfrist für Arbeiten bei Bauwerken ausgegangen werden.[204] Entsprechendes muss gelten, wenn Streit besteht, ob ein Kauf- oder Werkvertrag vorliegt.[205]

48

Ob in allen anderen Fällen die Anwendung des nach Maßgabe des § 651 BGB ergänzten Kaufrechts sachgerecht ist, ist zwar fraglich, weil das Kaufrecht der Besonderheiten eines Werkvertra-

49

---

194 Vgl. BGH, Urt. v. 27.07.06 – VII ZR 202/04, BGHZ 168, 368 = BauR 2006, 2040.
195 BGH, Urt. v. 17.06.04 – VII ZR 75/03, BauR 2004, 1438, 1439.
196 Grds. hierzu *Graf von Westphalen*, Rechtsprobleme des Anlagenvertrages, BB 1971, 1126; s. auch *Schumann*, BauR 2005, 293; BauR 2003, 162 und BauR 1998, 228; *Illies*, BauR 2011, 421 ff.
197 Sog. GMP-Vertrag, vgl. Messerschmidt/Voit/*Thiele*, Einl. C Rn. 16.
198 Zu diesem Begriff s. oben Rdn. 33.
199 EuGH, Urt. v. 18.03.04 – C 314/01, ZfBR 2004, 481 ff.; zum Begriff des Generalübernehmers s. oben Rdn. 33.
200 *Schumann*, BauR 2005, 293, 294.
201 Messerschmidt/Voit/*Thiele*, Einl. C Rn. 2 m.w.N.
202 S. oben Rdn. 20.
203 *Schumann*, Baur 2005, 293, 295.
204 BGH, Urt. v. 20.05.03 – X ZR 57/02, BauR 2003, 1391, 1392.
205 Verjährungsrechtlich besteht auch nach der Angleichung der Verjährungsfristen des Kaufrechts an die Bestimmungen des Werkvertragsrechts ein erheblicher Unterschied, weil beim Werkvertrag die Verjährung der Mängelansprüche erst mit der Abnahme zu laufen beginnt.

ges, dass nämlich ein Erfolg geschuldet ist, nicht gerecht wird.[206] Jedoch ist die Entscheidung des Gesetzgebers zu respektieren,[207] was auch für den Anlagenvertrag gilt. Nach Kaufrecht wie nach Werkvertragsrecht stellt sich die Frage, welche Auswirkungen eine Garantie, die vom Unternehmer in einem Anlagenvertrag typischerweise für die Funktionsfähigkeit der Anlage übernommen werden muss, auf die Wirksamkeit von Vereinbarungen zur Haftungsbeschränkung hat (§§ 444 bzw. 639 BGB). Beidem, also sowohl der Garantie als auch der Haftungsbeschränkung, liegen berechtigte Interessen der Vertragsparteien zugrunde. Für die Haftungsbeschränkung gilt dies deshalb, weil die Vermögensschäden, die bei Mängeln der Anlage aus dadurch bedingten Störungen der Produktion entstehen können, immens sein können. Obwohl der Wortlaut der genannten Vorschriften dies nicht nahelegt, muss daher die Zulässigkeit von Garantien mit Haftungsbeschränkung anerkannt werden.[208]

2. Baubetreuungsvertrag

50 Der **Baubetreuer** führt in fremdem Namen und für fremde Rechnung auf dem Grundstück des Betreuten (= Bauherrn) ein Bauvorhaben durch, einschließlich der technischen Vorbereitung und wirtschaftlichen Beratung.[209] Der Baubetreuer schließt im Namen und mit Vollmacht des Bauherrn für diesen die erforderlichen Verträge ab. In welchem Umfang der Baubetreuer für den Bauherrn tätig wird, kann vertraglich sehr unterschiedlich geregelt sein. Seine Tätigkeit kann allumfassend, die Beratung kann aber auch auf einzelne Aspekte, etwa technische oder wirtschaftliche, beschränkt sein. Der Schwerpunkt muss aber, damit der Vertrag nicht gegen das Rechtsdienstleistungs G verstößt, außerhalb der rein rechtlichen Beratung liegen.[210] Die praktische Bedeutung des Baubetreuungsvertrages ist durch Änderungen des Steuerrechts erheblich zurückgegangen.[211] Der Baubetreuungsvertrag ist grundsätzlich ein Geschäftsbesorgungsvertrag, § 675 BGB.[212] Den Baubetreuer treffen daher umfassende Auskunfts- und Rechenschaftspflichten, §§ 675, 666 BGB. Er muss dem Bauherrn über die von ihm in dessen Namen abgeschlossenen Verträge in allen für den Bauherrn interessierenden Aspekten Auskunft erteilen und über das Bauvorhaben Rechnung legen.[213]

51 Die Tätigkeit des Baubetreuers kann ähnlich der eines Architekten sein; seine Befugnisse sind allerdings in der Regel weitergehend, denn er kann im Namen des Bauherrn Verträge abschließen. Seine **Vollmacht** ist daher grundsätzlich unbeschränkt. Eine Einschränkung ergibt sich lediglich aus dem Vertragszweck, d.h. die abzuschließenden Verträge müssen nach ihrer Art geeignet sein, den Vertragszweck zu fördern. Daran fehlt es, wenn der Baubetreuer selbst die Planung des Objekts übernimmt, im Hinblick auf die Vergabe von Planungsleistungen an einen Architekten.[214] Überschreitet der Baubetreuer seine Vertretungsmacht, haftet er dem Unternehmer nach § 179 BGB. Schließt der Baubetreuer Verträge im Namen der Mitglieder einer Bauherrengemeinschaft ab, obwohl diese noch nicht sämtlich akquiriert sind, werden die nachträglich eintretenden Mitglieder grundsätzlich Vertragspartner der Unternehmer. Kommt die Bauherrngemeinschaft letztlich nicht zustande, ist die Haftung des Baubetreuers nach § 179 Abs. 3 BGB nicht ausgeschlossen, wenn der Baubetreuer beim Vertragsschluss erklärt hat, die Bauherrengemeinschaft werde alsbald entstehen und damit Vertragspartner des Werkunternehmers werden.[215] Ist in dem Bau-

---

206 Vgl. *Thode*, NZBau 2002, 360, 362.
207 BGH, Urt. v. 23.07.09 – VII ZR 151/08, BauR 2009, 1581 – Tz. 17.
208 Vgl. *Schumann*, BauR 2005, 293, 296.
209 Grziwotz/Koeble/*Riemenschneider*, Hdb. Bauträgerrecht, 3. Teil Rn. 183.
210 Vgl. zur ähnlichen Problematik beim Projektsteuerungsvertrag Rdn. 65.
211 Vgl. Staudinger/*Peters/Jacoby*, Rn. 153.
212 Zur Abgrenzung s. oben Rdn. 27.
213 Staudinger/*Peters/Jacoby*, Rn. 158.
214 BGH, Urt. v. 22.12.77 – VII ZR 94/76, BGHZ 70, 187 = BauR 1978, 149, 150 f.
215 BGH, Urt. v. 20.10.88 – VII ZR 219/87, BGHZ 105, 283 = BauR 1989, 92, 93 f.

betreuungsvertrag bereits die bindende Entscheidung für den Erwerb des Grundstücks enthalten, bedarf dieser der notariellen **Beurkundung**.[216] Eine rechtliche Einheit eines Vertrages mit einem Grundstücksgeschäft besteht allerdings nicht bereits dann, wenn dieser Vertrag von dem Grundstückskaufvertrag abhängig ist, sondern nur, wenn umgekehrt das Grundstücksgeschäft nach dem Willen der Parteien von dem weiteren Vertrag abhängig ist.[217] Ist der Baubetreuungsvertrag mangels notarieller Form nichtig, § 125 S. 1 BGB, ist gemäß § 139 BGB auch die gleichzeitig erteilte Vollmacht nichtig.[218] Die Vollmacht kann jedoch aufgrund des durch die Vollmachtsurkunde begründeten Rechtsscheins (§§ 171–173 BGB) gleichwohl gegenüber einem Dritten wirksam sein.[219] Der gewerblich tätige Baubetreuer bedarf der Genehmigung nach § 34c GewO und unterliegt den Beschränkungen der MaBV. Dadurch ist die Befugnis des Baubetreuers, Vermögenswerte des Bauherrn entgegenzunehmen, beschränkt (§§ 2, 3 MaBV). Zuweilen wird allerdings ein Treuhänder eingeschaltet, an den der Bauherr zu zahlen hat; ist dieser nicht gewerblich tätig und gilt § 34c GewO daher für ihn nicht, unterliegt dieser nicht den Beschränkungen der MaBV.[220]

Zur rechtlichen Einordnung des Baubetreuervertrages als Dienst- oder Werkvertrag s. oben Rdn. 28. 52

3. Bauträgervertrag

a) Einleitung

Der Bauträgervertrag ist ein Vertrag eigener Art, der in mannigfaltigen Erscheinungen auftreten 53 kann. Der Bauträger verpflichtet sich, ein Grundstück an den Erwerber zu übereignen und dort ein Objekt schlüsselfertig herzustellen. Der Vertrag verbindet kauf- und werkvertragliche Elemente. Außerdem können je nach Vertragsgestaltung Elemente eines Auftrags oder Geschäftsbesorgungsvertrages hinzutreten.[221] So bestimmen sich die Rechtsfolgen nach Auftragsrecht u.a. dann, wenn ein Bauträger sich unter Abtretung der ihm gegen die bauausführenden Unternehmer zustehenden Mängelansprüche formularmäßig freigezeichnet hat und dem Erwerber bei dem Versuch, diese Ansprüche gegenüber dem Unternehmer oder sonst am Bau Beteiligten durchzusetzen, Kosten entstehen.[222] Von größerer Bedeutung ist aber die Frage, ob und ggf. in welchem Umfang Werkvertragsrecht auf den Bauträgervertrag Anwendung findet. Dies hat nicht nur Auswirkungen auf das anwendbare Mängelrecht, sondern kann auch die Wirksamkeit eines Vertrages in Frage stellen. Soweit der Bauträger die Herbeiführung eines werkvertraglichen Erfolgs verspricht, unterfällt dieser Vertragsinhalt der **Beurkundungspflicht** des § 311b BGB. Dies gilt etwa für die Baubeschreibung[223] oder eine vereinbarte Wohnfläche,[224] und zwar auch dann, wenn der Bauträger die geschuldete Werkleistung zum Zeitpunkt des Vertragsabschlusses bereits tatsächlich ausgeführt hat.[225] Die fehlende Beurkundung führt zunächst zur Unwirksamkeit der nicht beurkundeten Abrede. Ob der Vertrag im Übrigen wirksam ist, bestimmt sich nach § 139 BGB. Im Zweifel ist also der gesamte Vertrag nichtig. Das wird in der Regel auch dann gelten, wenn der Vertrag eine

---

216 BGH, Urt. v. 08.11.84 – III ZR 132/83, BauR 1985, 85; BGH, Urt v 12.02.09 – VII ZR 230/07, BauR 2009, 1138 ff.
217 BGH, Urt. v. 12.02.09 – VII ZR 230/07, BauR 2009, 1138 – Tz. 14.
218 BGH, Urt. v. 15.10.87 – III ZR 235/86, BGHZ 102, 60 = NJW 1988, 697, 698.
219 BGH, Urt. v. 15.10.87 – III ZR 235/86, BGHZ 102, 60 = NJW 1988, 697.
220 S. im Einzelnen Staudinger/*Peters/Jacoby*, Rn. 160 ff.
221 BGH, Urt. v. 12.07.84 – VII ZR 268/83, BGHZ 92, 123, 126 = BauR 1984, 634, 635 f.; BGH, Urt. v. 21.11.85 – VII ZR 366/83, BGHZ 96, 275 = BauR 1986, 208, 209.
222 BGH, Urt. v. 12.07.84 – VII ZR 268/83, BGHZ 92, 123, 126 = BauR 1984, 634, 635 f.
223 BGH, Urt. v. 03.07.08 – III ZR 189/07, BauR 2008, 1881 – Tz. 10; BGH, Urt. v. 10.02.05 – VII ZR 184/04, BGHZ 162, 157 = BauR 2005, 866.
224 BGH, Urt. v. 08.01.04 – VII ZR 181/02, BauR 2004, 847, 848 f.
225 BGH, Urt. v. 16.12.04 – VII ZR 257/03, BauR 2005, 542, 544.

Erhaltungsklausel enthält, denn eine solche führt lediglich dazu, dass sich die Beweislast im Rahmen des § 139 BGB umkehrt.[226] Auch diese Beweislastverteilung ändert aber nichts daran, dass ein Erwerber, der ein neu zu erstellendes oder in vergleichbarem Umfang zu sanierendes Gebäude erwirbt und für diese Leistungen bezahlt, den Vertrag ohne die fragliche Verpflichtung des Bauträgers nicht in gleicher Weise abgeschlossen hätte. Zu beachten ist außerdem, dass **Vertragsänderungen**, soweit die Auflassung noch nicht erklärt worden ist, grundsätzlich ebenfalls beurkundungspflichtig sind.[227] Weil den Parteien häufig gleichwohl an der Durchführung des Vertrages gelegen ist und ihnen samt ihren rechtlichen Beratern insoweit das Problembewusstsein fehlt, kommt es allerdings nicht selten zu einer Heilung durch Eintragung (§ 311b Abs. 1 S. 2 BGB), so dass der gesamte Vertrag wirksam wird.[228]

b) Der Bauträgervertrag als typengemischter Vertrag

54 Die Abgrenzung der kauf- und der werkvertraglichen Elemente eines Bauträgervertrages ist im Einzelfall schwierig vorzunehmen. Nahezu ohne Belang ist es dabei, wie die Parteien den Vertrag bezeichnet haben,[229] denn es ist eine leider weit verbreitete Praxis der beurkundenden Notare für Bauträgerverträge abgeänderte Kaufvertragsformulare zu verwenden. Auch ist es nicht entscheidend, ob noch Bauleistungen zu erbringen sind oder das Objekt bereits vollständig fertiggestellt ist. Denn entscheidend für die rechtliche Einordnung des Vertrages ist der Inhalt der vertraglichen Verpflichtung und nicht, inwieweit der Bauträger ggf. bereits Vorleistungen für die von ihm übernommene Verpflichtung erbracht hat. Daher kann auch die Veräußerung von bereits seit längerem fertiggestellten Objekten hinsichtlich der Herstellungsverpflichtung dem Werkvertragsrecht unterfallen.[230] Entscheidend ist, ob der Bauträger einer Herstellungsverpflichtung übernommen hat.

55 Beim Erwerb von **Altbauten** ist Werkvertragsrecht anwendbar, wenn der Erwerb des Grundstücks mit einer Herstellungsverpflichtung verbunden ist. Übernimmt der Veräußerer vertraglich Bauleistungen, die insgesamt nach Umfang und Bedeutung Neubauarbeiten vergleichbar sind, haftet er nicht nur für die ausgeführten Umbauarbeiten, sondern auch für die Altbausubstanz nach werkvertraglichem Mängelrecht. Entscheidend ist hierfür, ob sich aus Inhalt, Zweck und wirtschaftlicher Bedeutung des Vertrages sowie aus der Interessenlage der Parteien die Verpflichtung des Veräußerers zur mangelfreien Erstellung des Bauwerks ergibt.[231] Maßgeblich ist insofern der Empfängerhorizont, also wie der Erwerber das Leistungsversprechen des Bauträgers verstehen durfte,[232] wobei alle Umstände zu berücksichtigen sind, die zum Vertragsschluss geführt haben, was etwaige mündliche Erklärungen des Veräußerers zur Beschreibung des Objekts einschließt.[233]

56 Hat der Bauträger eine Sanierung »bis auf die Grundmauern« versprochen, kann der Erwerber davon ausgehen, dass der Bauträger auch hinsichtlich der tatsächlich unberührt gebliebenen Altbausubstanz die Maßnahmen ergriffen hat, die erforderlich sind, um den Stand der anerkannten Regeln der Technik zu gewährleisten. Hat der Veräußerer eine **Neuarbeiten nicht vergleichbare Herstellungsverpflichtung** übernommen, sind das kauf- und das werkvertragliche Mängelrecht

---

226 BGH, Urt. v. 15.06.05 – VIII ZR 271/04, NJW-RR 2005, 1534, 1535; Baumgärtel/*Laumen*, Hdb. Beweislast AT, § 139 Rn. 5 m.w.N.
227 Vgl. Palandt/*Grüneberg*, § 311b Rn. 41/44.
228 Vgl. etwa BGH, Urt. v. 16.12.04 – VII ZR 257/03, BauR 2005, 542, 544; BGH, Urt. v. 06.10.05 – VII ZR 117/04, BGHZ 164, 225, 228 = BauR 2006, 99, 100.
229 BGH, Urt. v. 16.12.04 – VII ZR 257/03, BauR 2005, 542, 544.
230 BGH, Urt. v. 29.06.89 – VII ZR 151/88, BGHZ 108, 164 = BauR 1989, 597.
231 BGH, Urt. v. 16.12.04 – VII ZR 257/03, BauR 2005, 542, 544.
232 BGH, Urt. v. 16.12.04 – VII ZR 257/03, BauR 2005, 542, 544; vgl. auch BGH, Urt. v. 08.01.04 – VII ZR 181/02, BauR 2004, 847, 849: einseitige Vorstellungen des Erwerbers sind Vertragsinhalt, wenn der Bauträger oder sein Makler diese Vorstellungen kennt.
233 BGH, Urt. v. 06.10.05 – VII ZR 117/04, BGHZ 164, 225, 233 = BauR 2006, 99, 102.

nebeneinander anwendbar. Werkvertragsrecht gilt in diesem Fall insoweit, wie die Herstellungsverpflichtung des Veräußerers reicht; im Übrigen ist Kaufrecht anwendbar.[234] Dies hat auch Bedeutung hinsichtlich der Frage, ob die Mängelhaftung insoweit ausgeschlossen werden kann. Während im Anwendungsbereich des Werkvertragsrechts die Sachmängelhaftung durch Allgemeine Geschäftsbedingungen nur dann ausgeschlossen werden kann, wenn die Freizeichnung mit dem Erwerber eingehend erörtert worden ist und dieser insbesondere über die einschneidenden Rechtsfolgen ausführlich belehrt worden ist,[235] ist ein formelhafter Ausschluss der Mängelhaftung unbedenklich möglich, soweit der Veräußerer eine Herstellungsverpflichtung nicht übernommen hat.[236]

c) Makler- und Bauträgerverordnung (MaBV)

Ist der Bauträger – wie im Regelfall – gewerblich tätig, bedarf er einer Genehmigung nach § 34c Abs. 1 Nr. 4a GewO. Die auf der Grundlage von § 34c Abs. 3 GewO erlassene Makler- und Bauträgerverordnung beschränkt zum Schutz des Erwerbers die Befugnisse des Bauträgers. Eine besondere Gefahr des Bauträgervertrages besteht nämlich darin, dass der Erwerber das Eigentum an dem Grundstück spät, nämlich in der Regel erst nach der Fertigstellung des Objekts, erhält. Die mit dem Baufortschritt einhergehende Wertsteigerung des Grundstücks kommt ihm daher nicht unmittelbar zugute. Der Bauträger will aber, auch um zum Vorteil des Erwerbers kostengünstig arbeiten zu können, bereits frühzeitig Kapital. Um den Erwerber vor dem Totalverlust des eingesetzten Kapitals zu schützen, bestimmt die MaBV daher, dass der Bauträger Vermögenswerte des Auftraggebers nur dann entgegennehmen darf, wenn der Auftraggeber in einem Mindestmaß geschützt ist. Das heißt insbesondere, dass ein wirksamer Vertrag bestehen und für den Erwerber eine Vormerkung eingetragen sein muss, dass die Freistellung von vorrangigen, nicht zu übernehmenden Grundpfandrechten gesichert ist und dass die Baugenehmigung vorliegt (§ 3 Abs. 1 MaBV); außerdem dürfen Zahlungen nur in einem am Baufortschritt orientierten Umfang entgegengenommen werden (§ 3 Abs. 2 MaBV). Von dieser Verpflichtung kann sich der Bauträger dadurch befreien, dass er dem Erwerber eine Bürgschaft für die Rückgewähr oder Auszahlung seiner Vermögenswerte im Fall nicht vertragsgerechter Erfüllung stellt (§ 7 MaBV). 57

Die Makler- und Bauträgerverordnung ist Gewerberecht, denn sie beruht auf § 34c GewO. Sie stellt insbesondere ein Verbot für den Bauträger auf, Zahlungen des Erwerbers entgegenzunehmen; die Vorschriften der §§ 3 und 7 MaBV sind Schutzgesetze im Sinne des § 823 Abs. 2 BGB;[237] der Verstoß ist eine Ordnungswidrigkeit, § 18 Abs. 1 MaBV. Gleichwohl hatte und hat die MaBV erhebliche Auswirkungen auf die Vertragsgestaltung, was auf der Fehlannahme beruht, dass alles, was gewerberechtlich keine Ordnungswidrigkeit darstellt, auch zivilrechtlich und sogar AGB-rechtlich zulässig sein muss. So musste der BGH etwa darauf hinweisen, dass an die Stelle eines wegen Verstoßes gegen die MaBV unzulässigen vertraglichen Zahlungsplans nicht der Zahlungsplan gemäß § 3 Abs. 2 MaBV tritt;[238] dies gilt auch unter Berücksichtigung der HausbauVO, die im Hinblick auf AGB-rechtliche Bedenken lediglich eine ausdrückliche Erlaubnis für solche Zahlungspläne ausspricht.[239] Nichts anderes wird in Ansehung der Neufassung des § 632a Abs. 2 BGB gelten, der ebenfalls die Vereinbarung entsprechender Zahlungspläne gestattet und damit europarechtlichen Bedenken gegen die HausbauVO Rechnung trägt. Auch damit wird § 3 MaBV weder zu dispositivem Gesetezesrecht noch zu einem gesetzlichen Leitbild. 58

---

234 BGH, Urt. v. 06.10.05 – VII ZR 117/04, BGHZ 164, 225, 229 = BauR 2006, 99, 100.
235 Vgl. BGH, Urt. v. 17.09.87 – VII ZR 153/86, BGHZ 101, 350, 353 f. = BauR 1987, 686, 697.
236 Zum Ganzen vgl. BGH, Urt. v. 06.10.05 – VII ZR 117/04, BGHZ 164, 225, 230 = BauR 2006, 99, 101.
237 BGH, Urt. v. 05.12.08 – V ZR 144/07, BauR 2009, 644, 645.
238 Vgl. BGH, Urt. v. 22.12.00 – VII ZR 310/99, BauR 2001, 391.
239 BGH, Urt. v. 22.03.07 – VII ZR 268/05, BGHZ 171, 364 = BauR 2007, 1235; s. auch oben Rdn. 15.

4. Fertighausvertrag

59 Als Verträge über ein Fertighaus kommen der Fertighausvertrag mit Errichtungsverpflichtung, der Fertighausliefervertrag und der Bausatzvertrag in Betracht; auf den ersten findet Werkvertragsrecht Anwendung, während bei den beiden letztgenannten kaufrechtliche Elemente überwiegen.[240] Die Behandlung dieser Verträge nach Kaufrecht hat neben der unterschiedlichen Regelung der Mängelrechte insbesondere zur Folge, dass dem Erwerber ein Widerrufsrecht nach § 505 Abs. 1 Nr. 1 BGB zustehen kann.[241] Dabei erfasst auch beim Bausatzvertrag der Widerruf den gesamten Vertrag, schließt also die werkvertraglichen Elemente ein, § 355 BGB.[242] Da Fertighäuser regelmäßig mit Prospekten beworben werden, kommt der Prospekthaftung hier eine besondere Bedeutung zu. Die Angaben in dem Prospekt sind für die Bestimmung der vereinbarten Beschaffenheit von Bedeutung (§ 434 Abs. 1 S. 3 BGB). Die Vereinbarung der VOB/B ist in Fertighausverträgen unüblich; die Verwendung von Allgemeinen Geschäftsbedingungen allerdings die Regel. Insbesondere Regelungen zur vorzeitigen Vertragsbeendigung haben wiederholt die Gerichte beschäftigt. Zulässig ist die Vereinbarung einer pauschalen Vergütung in Höhe von 10 % des Gesamtpreises für den Fall einer nicht vom Unternehmer zu vertretenden Kündigung durch den Erwerber, § 308 Nr. 7a BGB;[243] eine Vergütung in Höhe von 18 % hat der Bundesgerichtshof dagegen als äußerst zweifelhaft bezeichnet.[244] Maßstab für die Prüfung der Angemessenheit der Vergütung ist, wie hoch die Vergütung des Unternehmers bei einer Kündigung nach § 649 BGB typischerweise ausfiele.

5. Gerüstbauvertrag

60 Die Bezeichnung »Gerüstbau«[245] darf nicht darüber hinwegtäuschen, dass der Vertrag zu einem erheblichen Teil mietvertragliche Elemente enthält. Die Unterschiede zum Bauvertrag liegen insbesondere darin, dass das Gerüst nicht in das Eigentum des Bauherrn übergeht und wieder abgebaut wird. Darin zeigt sich, dass es sich lediglich um ein Hilfsmittel zur Errichtung des Bauwerks handelt, dessen Wert in der zeitlich beschränkten Nutzbarkeit besteht. Dieser Aspekt führt dazu, dass der Gerüstbauvertrag (oder Gerüstgestellungsvertrag)[246] auch als Mietvertrag angesehen werden kann.[247] Diese Einordnung kommt vor allem bei einem selbständigen Gerüstvertrag in Betracht. Bei einem unselbständigen Gerüstvertrag, bei dem das Gerüst also von einem bauausführenden Unternehmer im Rahmen der von ihm zu erbringenden Leistung errichtet wird, handelt es sich dagegen um eine Nebenleistung oder Besondere Leistung im Rahmen des Bauvertrags.[248] Die VOB/C regelt in DIN 18451 Abschnitt 1 Gerüstarbeiten. Für Traggerüste[249] gilt außerdem die DIN 4421, für Arbeits- und Schutzgerüste[250] die DIN 4420 und für fahrbare Arbeitsbühnen schließlich die DIN 4422. Aber auch ohne Vereinbarung der VOB/C muss der Gerüstbauer ein

---

240 S. oben Rdn. 21.
241 Vgl. BGH, Urt. v. 27.04.06 – VII ZR 175/05, BauR 2006, 1131, 1132.
242 Vgl. PWW/*Kessal-Wulf*, § 505 Rn. 9.
243 BGH, Urt. v. 27.04.06 – VII ZR 175/05, BauR 2006, 1131, 1132; s. auch OLG Düsseldorf, Urt. v. 25.05.2010 – 21 U 124/09, BauR 2010, 2116 ff.
244 BGH, Urt. v. 08.11.84 – VII ZR 256/83, BauR 1985, 79, 82 (offengelassen, da die Klausel bereits deshalb unwirksam war, weil sie dem Erwerber nicht den Nachweis geringerer Aufwendungen gestattete).
245 Eingehend zum Gerüstbauvertrag vgl. *Lotz*, BauR 2000, 1806 ff.
246 Vgl. Messerschmidt/Voit/*Thiele*, Einl. C Rn. 93 ff.
247 Offengelassen in BGH, Urt. v. 06.10.88 – VII ZR 367/87, BauR 1989, 90, 91.
248 Vgl. VOB/C ATV DIN 18314, Abschnitt 4.2.3; DIN 18333 Abschnitt 4.2.2; DIN 18334 Abschnitt 4.2.2; DIN 18336 Abschnitt 4.26; DIN 18338 Abschnitt 4.2.3; DIN 18339 Abschnitt 4.2.3; DIN 18351 Abschnitt 4.2.3; DIN 18352 Abschnitt 4.2.2; s. auch BGH, Urt. v. 27.07.06 – VII ZR 202/04, BGHZ 168, 368 = BauR 2006, 2040, 2042.
249 Traggerüste dienen dazu, während der Arbeiten Materiallasten aufzunehmen.
250 Arbeitsgerüste machen Arbeitsstellen (leichter) zugänglich, während Schutzgerüste dem Schutz Dritter z.B. vor herabfallenden Baumaterialien dienen.

Vor. zu §§ 631 ff. BGB

in jeder Hinsicht sicheres Gerüst zur Verfügung stellen und dafür Sorge tragen, dass es in diesem Zustand verbleibt; ihn trifft die Verkehrssicherungspflicht.[251] Die Beschreibung dieser Pflichten legt es allerdings nahe, auch auf den selbständigen Gerüstbauvertrag Werkvertragsrecht anzuwenden. Jedenfalls insoweit sollten daher keine Bedenken bestehen, dem Gerüstbauer einen Anspruch nach § 648 BGB[252] und das Recht, gemäß § 648a BGB Sicherheit zu verlangen, zuzugestehen. Bei §§ 648, 648a BGB den auf unselbständige Gerüstarbeiten entfallenden Vergütungsanteil zu berücksichtigen, im Falle selbständiger Gerüstarbeiten diese Ansprüche aber nicht zu gewähren, erscheint schwer begründbar.[253]

6. Gutachtervertrag

Gutachten können privat oder durch ein Gericht eingeholt werden. Aufgabe des Gutachters (oder Sachverständigen) ist es, aufgrund seiner Sach- und Fachkunde nach dem Maßstab des Stands der Technik einen Sachverhalt zu begutachten. Privatgutachten können in vielfältiger Weise verwendet werden; häufig dienen sie der Vorbereitung eines Prozesses oder dazu, in einem Prozess den Parteivortrag (insbesondere Einwendungen gegen gerichtliche Gutachten) substantiieren zu können. Darüber hinaus können Schiedsgutachten zur grundsätzlich verbindlichen Klärung tatsächlicher Fragen[254] beauftragt werden; anwendbar sind in diesem Fall §§ 317 ff. BGB. Durch einen Schiedsvertrag sollen dagegen auch die rechtlichen Fragen eines Falles entschieden werden, so dass dieses zu einer umfassenden Streitbeendigung führen soll. In diesem Fall sind die §§ 1025 ZPO anwendbar, verbunden mit der eingeschränkten Möglichkeit, den Schiedsspruch gemäß § 1059 ZPO gerichtlich aufheben zu lassen. 61

Ein gesondertes Standesrecht der Sachverständigen gibt es nicht; die Bezeichnung ist nicht geschützt, einer Genehmigung oder Erlaubnis bedarf es für die Tätigkeit als Sachverständiger nicht. Die öffentliche Bestellung und Vereidigung ist nicht Voraussetzung für die Tätigkeit als Sachverständiger. Eine solche Bestellung kann durch eine Körperschaft des öffentlichen Rechts, insbesondere die Industrie- und Handelskammern, aber auch durch Architekten-, Ingenieur-, Handwerks- und Landwirtschaftskammern erfolgen. Die Bestellungskörperschaft führt eine Aufsicht über die von ihr bestellten Sachverständigen, an die besondere Anforderungen hinsichtlich Sachkunde, Objektivität und Vertrauenswürdigkeit gestellt werden. Generell muss aber jeder, der als Sachverständiger tätig wird, über die hierzu erforderliche Sachkunde verfügen. Er muss außerdem unabhängig sein, damit er seinen Auftrag unvoreingenommen erfüllen kann; auf Umstände, die seine Befangenheit begründen könnten, muss er daher von sich aus hinweisen.[255] Die Befangenheit des Schiedsgutachters berechtigt die Parteien zur außerordentlichen Kündigung;[256] ein Privatgutachten ist in seinem Wert gemindert, wenn der Sachverständige befangen war. Weil der Sachverständige persönliches Vertrauen in Anspruch nimmt, muss er das Gutachten grundsätzlich höchstpersönlich anfertigen. Erlaubt ist lediglich der Einsatz von Hilfspersonen, die der Sachverständige grundsätzlich nur für Vorbereitungsaufgaben einsetzen darf. Eine weitergehende Tätigkeit von **Hilfskräften** muss im Gutachten offengelegt werden und vom Auftraggeber gestattet worden sein. Auch in diesem Fall muss der Sachverständige die Tätigkeit des Dritten prüfen und in geeigneter Weise überwachen. 62

---

251 Vgl. etwa OLG Stuttgart, Urt. v. 12.03.99 – 2 U 74/98, BauR 2000, 748 m.w.N.
252 Vgl. OLG Köln, Urt. v. 26.03.99 – 4 U 47/98, BauR 2000, 1874; *Lotz*, BauR 2000, 1806, 1810 f. m.w.N.; a.A. OLG Hamm, Urt. v. 15.04.94 – 30 U 243/93, NJW-RR 1994, 1297; *Werner/Pastor*, Rn. 204; Messerschmidt/Voit/*Thiele*, Einl. C Rn. 107.
253 So aber Messerschmidt/Voit/*Thiele*, Einl. C Rn. 107 f.
254 Vgl. Palandt/*Grüneberg*, § 317 Rn. 6.
255 Messerschmidt/Voit/*Thiele*, Einl. C Rn. 112.
256 BGH DB 1980, 967.

63 Der Sachverständigenvertrag ist grundsätzlich ein **Werkvertrag**.[257] Das gilt auch dann, wenn eine Mängelerfassung nur präventiv und stichprobenartig erfolgen soll.[258] Das Gutachten muss unter Verwendung sachgemäßer, technischer Hilfsmittel nach dem anerkannten Stand der Lehre/Technik erstellt sein. Übliche Toleranzen sind zu berücksichtigen. Fehler müssen soweit wie möglich ausgeschlossen werden. Soweit der Sachverständige eine Bewertung vorzunehmen hat, muss er sich der anerkannten bzw. geeignetsten Bewertungsmethode bedienen. Ist er mit einer Ursachenermittlung beauftragt, muss er versuchen, den Geschehensablauf zu rekonstruieren und alle in Betracht kommenden Ursachen auf ihren möglichen Beitrag für den Schaden untersuchen und bewerten. Die **Haftung** des Sachverständigen richtet sich nach dem werkvertraglichen Mängelrecht. Schwierigkeiten ergeben sich, wenn der Gutachter zu unsicheren Ergebnissen gelangt. So kann es fraglich sein, ob es genügt, wenn der Gutachter auf Zweifel hinweist. Unter der Herrschaft des Werkvertragsrechts müsste in diesem Fall grundsätzlich davon ausgegangen werden, dass der Gutachter seine Leistung nicht vollständig erbracht hat. Eine Haftungsfreizeichnung für die Verletzung der Hauptleistungspflicht ist jedenfalls formularmäßig nicht möglich[259] und kann insbesondere nicht nachträglich und einseitig vom Gutachter eingeführt werden. Eine Garantiehaftung muss sich daraus allerdings nicht zwingend ergeben, denn die Auslegung des Vertrages wird häufig ergeben, dass der Gutachter nicht ein objektiv richtiges Gutachten schuldete, sondern nur ein solches Gutachten, wie dies den anerkannten Regeln seines Faches entspricht. Wird das Gutachten bestimmungsgemäß gegenüber Dritten verwendet, kommt zudem eine Haftung nach den Grundsätzen des **Vertrags mit Schutzwirkung zugunsten Dritter** in Betracht.[260] Ein gerichtlich ernannter Sachverständiger haftet ausschließlich[261] nach Maßgabe des § 839a BGB; damit sollte eine klare Anspruchsgrundlage geschaffen werden, zugleich aber – zum Schutz der Unbefangenheit des Sachverständigen – dessen Haftung beschränkt werden.[262] Die **Vergütung** kann frei vereinbart werden. Die früher bestehenden Beschränkungen der HOAI, sind durch die Neufassung entfallen.[263] Mit den Anforderungen an die Darlegung des Vergütungsanspruchs bei einer nach Zeitaufwand zu vergütenden Tätigkeit des Sachverständigen hat sich der Bundesgerichtshof jüngst befasst.[264] Danach muss der Gutachter zunächst lediglich darlegen, wie viele Stunden angefallen sind; macht der Auftraggeber geltend, der Aufwand sei unverhältnismäßig gewesen, trifft ihn insoweit die Beweislast. Der Gutachter muss aber nach den Grundsätzen über die sekundäre Darlegungslast so vortragen, dass dem Auftraggeber eine sachgerechte Rechtswahrung möglich ist.[265]

7. Montagevertrag

64 Für die Typisierung des »Montagevertrags« ist danach zu unterscheiden, ob der Vertrag auch die Verpflichtung zur Lieferung der zu montierenden Einzelteile enthält und, wenn dies der Fall ist, ob der Schwerpunkt des Vertrages auf der Lieferung oder der Montage liegt. Dabei ist grundsätz-

---

257 Vgl. BGH, Urt. v. 10.06.76 – VII ZR 129/74, BGHZ 67, 1 = BauR 1976, 354; BGH, Urt. v. 11.10.01 – VII ZR 475/00, BauR 2002, 315, 316.
258 BGH, Urt. v. 11.10.01 – VII ZR 475/00, BauR 2002, 315, 317.
259 BGH, Urt. v. 11.10.01 – VII ZR 475/00, BauR 2002, 315, 317; Messerschmidt/Voit/*Thiele*, Einl. C Rn. 125.
260 Vgl. etwa BGH, Urt. v. 20.04.04 – X ZR 250/02, BGHZ 159, 1 = BauR 2005, 122; s. auch BGH, Urt. v. 07.02.02 – III ZR 1/01, BauR 2002, 814 und Urt. v. 10.03.05 – VII ZR 220/03, BauR 2005, 1052, 1054 für Rechnungsprüfungsvermerke und BGH, Urt. v. 25.09.08 – VII ZR 35/07, BauR 2008, 2058 für Bautenstandsberichte.
261 PWW/*Kramarz*, § 839a Rn. 1.
262 Vgl. Palandt/*Sprau*, § 839a Rn. 1.
263 Vgl. *Ebersbach*, ZfBR 2009, 622, 630.
264 BGH, Urt. v. 17.04.09 – VII ZR 164/07, BGHZ 180, 235 ff. = BauR 2009, 1162 ff.; ausführlich zu diesem Urteil *Digel/Knickenberg*, BauR 2010, 21 ff.
265 Vgl. zu dieser Problematik auch Baumgärtel/*Kessen*, Hdb. Beweislast Schuldrecht BT II, § 632 Rn. 41 ff.

lich nach der Neufassung des § 651 BGB davon auszugehen, dass ein Liefervertrag mit Montageverpflichtung dem Kaufrecht unterfällt, ggf. – soweit die Verpflichtung eine nicht vertretbare Sache betrifft – mit werkvertragsrechtlichen Modifikationen, § 651 S. 3 BGB. Nur wenn das Schwergewicht des Vertrages in der Montageleistung besteht, ist Werkvertragsrecht anwendbar. Dies hat der Bundesgerichtshof in einem Fall angenommen, in dem ein Teppichboden geliefert, individuell zugeschnitten und anschließend verklebt werden musste; zudem handelt es sich nach dieser Entscheidung hierbei um Arbeiten an einem Bauwerk,[266] so dass auch nach der Neufassung des § 651 BGB weiterhin ein Werkvertrag anzunehmen ist. Hat der Auftragnehmer nur die Montage ohne eine Lieferverpflichtung übernommen, handelt es sich um einen klassischen Werkvertrag. Daran ändert es nichts, wenn der Auftragnehmer einzelne Ersatzteile beschaffen und einbauen muss. Dies gilt auch dann, wenn der Wert der Ersatzteile den der Hauptsache übersteigt.[267] Die Einordnung des Vertrages als Kauf- oder als Werkvertrag hat insbesondere Auswirkungen auf die Mängelhaftung. Soweit Kaufrecht anwendbar ist, besteht bei einem Handelsgeschäft die Untersuchungs- und Rügeobliegenheit gemäß § 377 HGB. Nach neuem Kaufrecht ist die Montage, wenn der Lieferant diese übernommen hat, eine Hauptpflicht. Eine fehlerhafte Montage ist daher ein Sachmangel, § 434 Abs. 2 S. 1 BGB. Der Monteur hat dann zunächst ein Nachbesserungsrecht; erst wenn die Nacherfüllung fehlschlägt, kann der Käufer vom Vertrag zurücktreten oder den Kaufpreis mindern, § 437 Nr. 2, 323, 326 Abs. 5, 440, 441 BGB.

8. Projektsteuerungsvertrag

Der Projektsteuerer[268] übernimmt bei einem Bauvorhaben die Aufgaben des Bestellers in technischer, wirtschaftlicher, organisatorischer und rechtlicher Hinsicht. Die Projektsteuerung war bisher Gegenstand des § 31 HOAI, dieser ist aber ersatzlos entfallen, weil er kein klares Leistungsbild enthielt.[269] Projektsteuerer werden vornehmlich bei komplexen Bauvorhaben eingesetzt, etwa Verkehrsanlagen oder größeren Anlagenbauten. Sie sollen sicherstellen, dass die qualitativen und finanziellen Vorstellungen des Bauherrn umgesetzt werden. § 31 Abs. 1 HOAI nannte als Aufgaben des Projektsteuerers:

65

- 1. Klärung der Aufgabenstellung, Erstellung und Koordinierung des Programms für das Gesamtprojekt,
- 2. Klärung der Voraussetzungen für den Einsatz von Planern und anderen an der Planung fachlich Beteiligten (Projektbeteiligte),
- 3. Aufstellung und Überwachung von Organisations-, Termin- und Zahlungsplänen, bezogen auf Projekt und Projektbeteiligte,
- 4. Koordinierung und Kontrolle der Projektbeteiligten, mit Ausnahme der ausführenden Firmen,
- 5. Vorbereitung und Betreuung der Beteiligung von Planungsbetroffenen,
- 6. Fortschreibung der Planungsziele und Klärung von Zielkonflikten,
- 7. laufende Information des Auftraggebers über die Projektabwicklung und rechtzeitiges Herbeiführen von Entscheidungen des Auftraggebers,
- 8. Koordinierung und Kontrolle der Bearbeitung von Finanzierungs-, Förderungs- und Genehmigungsverfahren.

Diesen vielfältigen Aufgaben und der Bedeutung der zu steuernden Projekte entspricht es, dass Projektsteuerungsverträge in vielfältiger Weise ausgestaltet sein können. Die rechtliche Einordnung der Geschäftsbesorgung durch den Projektsteuerer als Dienst- oder Werkvertrag kann daher nur im Einzelfall erfolgen. Entscheidend ist der Schwerpunkt der vom Projektsteuerer übernom-

---

266 BGH, Urt. v. 16.05.91 – VII ZR 296/90, BauR 1991, 603, 604.
267 OLG Karlsruhe, Urt. v. 08.05.92 – 10 U 341/91, NJW-RR 1992, 1014.
268 Grundlegend zum Projektsteuerungsvertrag: *Eschenbruch*, Projektmanagement und Projektsteuerung für die Immobilien- und Bauwirtschaft, 3. Auflage, 2009.
269 BR-Drucks. 395/09, S. 153 f.

menen Aufgaben.²⁷⁰ Liegt der Schwerpunkt in einem von dem Projektsteuerer herbeizuführenden Erfolg, handelt es sich um einen Werkvertrag. Dabei kann der Erfolg darin liegen, dass der Projektsteuerungsvertrag den zentralen Zweck verfolgt, die vertragsgerechte Ausführung des Bauvorhabens zu gewährleisten, denn dies entspricht dem Erfolg, den der bauüberwachende Architekt schuldet, dessen Vertrag daher ebenfalls als Werkvertrag zu qualifizieren ist.²⁷¹ Übernimmt der Projektsteuerer Verpflichtungen im Sinne eines Generalmanagements bzw. einer Qualitätskontrolle, so spricht dies für eine Einordnung unter werkvertraglichen Gesichtspunkten, da die erfolgsorientierten Aufgaben überwiegen.²⁷² An einem werkvertraglich geschuldeten Erfolg wird es daher eher selten fehlen, nämlich nur dann, wenn sich die Aufgaben des Projektsteuerers darauf beschränken, dem Auftraggeber beratend, unterstützend und/oder koordinierend zur Seite zu stehen. Allein die Vereinbarung eines an Kosteneinsparungen orientierten Erfolgshonorars rechtfertigt allerdings noch nicht die Einordnung als Werkvertrag.²⁷³ Der Projektsteuerer muss regelmäßig auch **rechtliche Dienstleistungen** erbringen, um seine Aufgabe, die Interessen des Auftraggebers umfassend wahrzunehmen, erfüllen zu können. Daher kann eine Abgrenzung zur Erlaubnispflicht nach dem RechtsdienstleistungsG (RDG) erforderlich werden. Das RDG erlaubt jedoch ohne gesonderte Genehmigung solche Rechtsdienstleistungen, die im Zusammenhang mit einer anderen Tätigkeit erbracht werden, wenn sie als Nebenleistung zum Berufs- oder Tätigkeitsbild gehören, § 1 Abs. 1 S. 1 RDG. Auch insofern ist eine Einzelfallprüfung vorzunehmen, denn die Beurteilung als Nebentätigkeit hängt vom Inhalt, Umfang und sachlichen Zusammenhang der Rechtsdienstleistung mit der Haupttätigkeit ab, § 1 Abs. 1 S. 2 RDG. Diese Bewertung kann nur anhand der konkreten Vertragsgestaltung erfolgen. Ein Verstoß führt zur Nichtigkeit des Vertrages, § 134 BGB. Entsprechendes galt bereits unter dem RechtsberatungsG.²⁷⁴

66 Die **Vergütung** des Projektsteuerers kann frei vereinbart werden. Die Vorschrift des § 31 Abs. 2 HOAI a.F., die für die Honorierung zwingend eine schriftliche Vergütungsvereinbarung bei Vertragsschluss voraussetzte, hat der Bundesgerichtshof als nicht von der Ermächtigungsgrundlage des Art. 10 §§ 1, 2 MRVG gedeckt und daher nichtig angesehen.²⁷⁵ Bei einer vorzeitigen Beendigung eines (werkvertraglichen) Projektsteuerungsvertrages muss der Projektsteuerer nach den Grundsätzen des § 649 BGB abrechnen.²⁷⁶ Die **Haftung** des Projektsteuerers ergibt sich im Wesentlichen aus der rechtlichen Einordnung des Vertrags. Auch wenn ein Werkvertrag vorliegt, bedeutet dies jedoch nicht, dass der Projektsteuerer stets dafür einzustehen hätte, dass das Bauwerk selbst mangelfrei erstellt wird. Dies ist vielmehr von den bauausführenden Unternehmen zu verantworten. Die von dem Projektsteuerer zu erbringende Leistung ist anhand der vertraglichen Leistungsbeschreibung im Einzelfall zu ermitteln. Von den Mängelrechten haben der Anspruch auf Nachbesserung sowie das Recht zur Selbstvornahme und zum Rücktritt kaum praktische Bedeutung, weil diese technisch schwer durchführbar sind. Es bleiben daher regelmäßig die Minderung, deren Berechnung allerdings mit Schwierigkeiten verbunden ist, wenn dies nicht nach den Kosten einer Nachbesserung erfolgen kann, und der Schadensersatzanspruch. Der Projektsteuerer als Vertreter der Auftraggeberinteressen ist an der Bauplanung nicht fachlich beteiligt; daher kommt eine gesamtschuldnerische Haftung mit den Objekt- und Fachplanern nicht in Betracht.²⁷⁷ Für Mängelrechte gilt die fünfjährige Verjährungsfrist nach Abnahme, § 634a Abs. 1 Nr. 2 BGB.

---

270 BGH, Urt. v. 10.06.99 – VII ZR 215/98, BauR 1999, 1317 f.; OLG Naumburg, Urt. v. 14.03.08 – 10 U 64/07, BauR 2009, 1171.
271 BGH, Urt. v. 10.06.99 – VII ZR 215/98, BauR 1999, 1317, 1318; zur rechtlichen Einordnung des Architektenvertrags s. Rdn. 68.
272 OLG Naumburg, Urt. v. 14.03.08 – 10 U 64/07, BauR 2009, 1171, 1172.
273 BGH, Urt. v. 26.01.95 – VII ZR 49/94, BauR 1995, 572, 573.
274 Vgl. BGH, BauR 2007, 576, 578; NJW 2005, 2458, 2460.
275 BGH, Urt. v. 09.01.97 – VII ZR 48/96, BauR 1997, 497, 499.
276 BGH, Beschl. v. 25.01.07 – VII ZR 112/06, BauR 2007, 724, 726.
277 Messerschmidt/Voit/*Thiele*, Einl. C Rn. 193.

9. Rückbau

Eine Bauleistung stellen auch Arbeiten, durch die eine bauliche Anlage beseitigt wird, dar.[278] Die Beseitigung des Bauwerks ist der werkvertragliche Erfolg, so dass die § 631 ff. BGB auf Abbrucharbeiten Anwendung finden. Dienen die Abbrucharbeiten dazu, innerhalb eines einheitlichen Vertrags die Errichtung eines Gebäudes vorzubereiten, handelt es sich also um Instandsetzungs- und/oder Umbauarbeiten, sind die Abbrucharbeiten Arbeiten an einem Bauwerk im Sinne des § 634a Abs. 1 Nr. 2 BGB.[279] In diesem Fall kann sich der Abbruchunternehmer auch auf § 648a BGB berufen. Sind die Abbrucharbeiten dagegen isoliert beauftragt, sind sie Arbeiten an einer Sache, nämlich dem Grundstück, im Sinne des § 634a Abs. 1 Nr. 1 BGB und der Anwendungsbereich des § 648a BGB ist nicht eröffnet.[280] Die Einholung der erforderlichen **Genehmigungen** obliegt grundsätzlich dem Bauherrn. Den Unternehmer treffen dagegen die ggf. umfangreichen Verkehrssicherungspflichten; der Bauherr muss jedoch die Erfüllung dieser Pflichten kontrollieren, wobei die eigene Verantwortung des Bauherrn umso größer ist, je gefährlicher das in Auftrag gegebene Vorhaben und je größer das Schutzbedürfnis der von den Gefahren Betroffenen ist.[281] Neben der Beseitigung des Bauwerks kann eine wesentliche Pflicht des Unternehmers in der (sachgerechten) **Entsorgung** des Abbruchmaterials bestehen. Maßgeblich sind insofern die vertraglichen Vereinbarungen. Möglich ist es auch, dass der Abbruchunternehmer dadurch vergütet wird, dass ihm das **Abbruchmaterial überlassen** wird. In diesem Fall kommt eine Haftung des Bauherrn für die nach dem Vertrag vorausgesetzte Beschaffenheit des Abbruchmaterials in Betracht, denn insoweit kann er wie ein Verkäufer haften, vgl. § 365 BGB. Ob man für den Regelfall von einem stillschweigenden (vollständigen) Haftungsausschluss ausgehen kann,[282] dürfte fraglich sein, da eine Haftung des Bauherrn ohnehin nur in Betracht kommt, wenn die Parteien übereinstimmend, wenn auch nur konkludent, von einer bestimmten Beschaffenheit des Materials ausgegangen sind. Konkludent ausgeschlossen dürften aber insoweit Erfüllungsansprüche sein, also Ansprüche, die auf das positive Interesse des Abbruchunternehmers an dem Abbruchmaterial gerichtet sind. **Altlasten** fallen in den Risikobereich des Bauherrn, der auch Abfallerzeuger im Sinne des § 3 Abs. 5 Kreislaufwirtschafts- und Abfallgesetz ist.

C. Der Architektenvertrag (und Ingenieurvertrag)

I. Einleitung – Rechtliche Einordnung

Der neben dem Bauvertrag wichtigste Anwendungsfall des Werkvertragsrechts ist der Architektenvertrag. Der früher relevante Streit, ob der Architektenvertrag einen Werkvertrag oder nicht vielmehr einen Dienstvertrag darstellt, ist inzwischen eindeutig zugunsten des Werkvertragsrechts entschieden. Eingehend hat sich der BGH im Jahr 1981 mit dieser Abgrenzung befasst, indem er unter Aufgabe früherer gegenteiliger Rechtsprechung[283] klargestellt hat, dass selbst dann, wenn der Architekt nur die örtliche Bauaufsicht übernommen hat, ein Werkvertrag vorliegt.[284] Der BGH hat in dieser Entscheidung die vertragliche Hauptpflicht des (bauleitenden) Architekten wie folgt beschrieben:[285]

Er hat durch zahllose Einzelleistungen dafür zu sorgen, dass das Bauwerk plangerecht, d.h. entsprechend den genehmigten Bauvorlagen, und frei von Mängeln entsteht. Selbstverständlich wird von

---

278 Vgl. § 1 VOB/A; s. auch oben Rdn. 31.
279 Vgl. BGH, Urt. v. 22.09.83 – VII ZR 360/82, BauR 1984, 64 f.
280 BGH, Urt. v. 24.02.05 – VII ZR 86/04, BauR 2005, 1019, 1020.
281 OLG Düsseldorf, Urt. v. 02.05.1972 – 4 U 220/71, BauR 1973, 395.
282 Vgl. Messerschmidt/Voit/*Thiele*, Einl. C Rn. 215 m.w.N.
283 BGH, Urt. v. 06.07.1972 – VII ZR 138/71, BGHZ 59, 163 ff. = BauR 1972, 321; BGH, Urt. v. 21.04.60 – VII ZR 97/59, NJW 1960, 1198 f.
284 BGH, Urt. v. 22.10.81 – VII ZR 310/79, BGHZ 82, 100 ff. = BauR 1982, 79 ff.
285 BGH, Urt. v. 22.10.81 – VII ZR 310/79, BGHZ 82, 100, 105 f. = BauR 1982, 79, 81.

ihm damit nicht erwartet, dass er selbst das Bauwerk errichtet, wohl aber, dass er die Arbeiten der Bauunternehmer und übrigen am Bau Beteiligten so leitet, koordiniert und überwacht, dass das Bauwerk plangerecht und mängelfrei zur Vollendung kommt. Auch der nur bauleitende Architekt hat insoweit neben dem planenden Architekten, den Bauunternehmern und etwa eingesetzten Sonderfachleuten einen Beitrag zur Verwirklichung des Bauwerks zu leisten. Dieser Beitrag schlägt sich im Bauwerk nicht weniger nieder als der des bauplanenden Architekten. Plangerechtigkeit und Mängelfreiheit sollen der Erfolg sein, den der bauführende Architekt schuldet.

Dies darf allerdings nicht dahin missverstanden werden, dass der derart beschränkt beauftragte Architekt eine Garantie für ein mangelfreies Bauwerk übernimmt. Er haftet vielmehr nur für die Mängel des Bauwerks, die durch eine objektiv mangelhafte Erfüllung der Bauaufsicht verursacht sind; denn es kann nicht von ihm verlangt werden, dass er in jedem Fall das Risiko für die von den anderen Baubeteiligten zu erbringenden Leistungen trägt. Für die Einordnung als Werkvertrag ist aber entscheidend, dass sich seine Leistungen in dem zu errichtenden Bauwerk als dem von ihm geschuldeten Erfolg niederschlagen. Das so verstandene Werk ist auch abnahmefähig, was u.a. im Hinblick auf den Beginn der Verjährung der Mängelrechte erhebliche Bedeutung hat.[286]

69 Diese Erwägungen gelten erst recht für den umfassend beauftragten Architekten. Allerdings weichen gerade die von dem Architekten zu erbringenden Planungsleistungen vom typischen Bild eines werkvertraglichen Erfolges ab. Denn beim Vertragsschluss lassen sich die von dem Architekten vorzunehmenden Tätigkeiten durchaus beschreiben (Ermittlung, Beratung u.ä.), wie das Bauwerk aussieht, dessen plangerechte und mangelfreie Herstellung nach der oben zitierten Rechtsprechung der von dem Architekten geschuldete Werkerfolg ist, steht aber zu diesem Zeitpunkt gerade noch nicht fest. Zudem schließt die Verpflichtung des Architekten, das Bauwerk mangelfrei entstehen zu lassen, einen ganzen Katalog von Leistungspflichten, insbesondere Beratungspflichten, ein, die nicht erfolgsorientiert sind; zudem enthält seine Tätigkeit Elemente einer Geschäftsbesorgung, so dass hier in besonderem Maße die Anwendung von Regelungen des Auftragsrechts in Betracht zu ziehen ist.[287] Daher verwundert es nicht, dass die Einordnung des Architektenvertrages als Werkvertrag Kritik ausgesetzt ist.[288] De lege lata ist die Frage allerdings nunmehr durch die gesetzgeberische Einordnung von Planungs- und Überwachungsleistungen für ein Bauwerk als Werk in § 634a Abs. 1 Nr. 2 BGB geklärt.[289] Darüber hinaus erscheint die Einordnung aber auch sachgerecht. Ein Bauherr, der einen Architekten beauftragt, kann von diesem erwarten, dass er nicht nur Dienste erbringt, deren Erfolg ungewiss ist, sondern dass das Ergebnis der Bemühungen des Architekten ein mangelfreies Bauwerk ist. Insofern ist die Tätigkeit des Architekten nicht mit einer ärztlichen Behandlung oder einer anwaltlichen Vertretung zu vergleichen, bei denen der Eintritt des erhofften Erfolgs von so vielen Unwägbarkeiten abhängt, dass er nicht versprochen werden kann. Dass das Planungsergebnis naturgemäß zum Zeitpunkt des Vertragsschlusses noch nicht feststeht, steht dem nicht entgegen, denn es genügt, dass der versprochene Erfolg bestimmbar ist.[290] Dass zur Erreichung dieses Erfolges die Mitwirkung des Bestellers/Auftraggebers erforderlich ist, ist dem Werkvertrag nicht fremd; auch dass der Besteller auf die konkrete Ausgestaltung des versprochenen Werks nachträglich noch Einfluss nimmt, ist keine Besonderheit des Architektenvertrages – dies ist vielmehr bei komplexen Werken die Regel, wie nicht nur § 2 Nr. 5 und 6 VOB/B zeigt.

---

286 BGH, Urt. v. 26.10.06 – VII ZR 133/04, BauR 2007, 423.
287 Vgl. oben Rdn. 27.
288 S. etwa Staudinger/*Peters/Jacoby*, Rn. 129, die die Ergebnisse aber für »billigenswert« halten.
289 Gemäß § 634a Abs. 1 Nr. 1 sind Planungs- und Überwachungsleistungen auch für andere Sachen als »Werkerfolg« anzusehen.
290 Vgl. (in anderem Zusammenhang) BGH, Urt. v. 27.06.1996 – VII ZR 59/95, BauR 1997, 126, 127.

II. Vertragsschluss

1. Zustandekommen und Form

Für den Architektenvertrag ist eine bestimmte Form nicht vorgeschrieben. Empfehlenswert ist natürlich – wie immer – die Schriftform. § 7 Abs. 1 HOAI (bisher: § 4 Abs. 1 HOAI a.F.) geht davon aus, dass die Parteien schriftlich bei Auftragserteilung[291] eine Honorarvereinbarung treffen;[292] anderenfalls gelten die Mindestsätze der HOAI als vereinbart, § 7 Abs. 6 HOAI. Dass der Auftrag schriftlich erteilt wird, ist allerdings nicht der Regelfall. Denn zum einen wissen sich die Architekten durch die Mindestsatzregelung der HOAI hinreichend geschützt; zum anderen ist der Übergang zwischen Akquisition und Vertrag häufig fließend und die Parteien sind sich gar nicht bewusst, wann der Vertrag zustande kommt. Dies ist eine Frage der – häufig schwierigen – rechtlichen Wertung. So kann der Architekt etwa durchaus erhebliche Arbeiten bereits vor dem Zustandekommen des Vertrags ausgeführt haben, wenn er damit lediglich den besonderen Beschleunigungsinteressen des Auftraggebers Rechnung tragen wollte.[293] Formfrei möglich – und daher entsprechenden Beweisschwierigkeiten ausgesetzt – ist auch die Vereinbarung, der Architekt solle zunächst »auf eigenes Risiko« arbeiten und eine Vergütung für die von ihm erbrachten Leistungen nur erhalten, wenn sich das Vorhaben realisieren lässt.[294] Die Vereinbarung einer solchen Bedingung liegt naturgemäß erheblich im Interesse des Auftraggebers, zumal bei einer ex post-Betrachtung, wenn er sein Vorhaben aufgeben muss und sich die damit verbundenen Investitionen als nutzlos erweisen.

70

2. Koppelungsverbot

Der Architektenvertrag darf nicht in der Weise mit einem Vertrag über einen Grundstückserwerb verbunden sein, dass der Erwerber sich verpflichtet, bei der Planung oder Ausführung eines Bauwerks auf diesem Grundstück einen bestimmten Architekten oder Ingenieur zu beauftragen.[295] In einem solchen Fall ist der Grundstückskaufvertrag wirksam, der Architektenvertrag aber gemäß Art. 10 § 3 MRVG[296] nichtig. Durch diese Regelung sollte verhindert werden, dass Grundstückseigentümer, die zur Baureifmachung ihres Geländes die Dienste eines Architekten in Anspruch genommen hatten, diesem zusätzlich die Vermittlung der Veräußerung des Baugrundstücks an bauwillige Käufer überließen und sich im Gegenzug bereiterklärten, die Grundstücke nur mit Architektenbindung zu veräußern.[297] Gegen diese Vorschrift bestehen im Hinblick auf Art. 3 und

71

---

291 Die »Auftragserteilung« im Sinne der HOAI ist der Vertragsschluss, BGH, Urt. v. 06.05.85 – VII ZR 320/84, BauR 1985, 582, 583; Urt. v. 16.12.04 – VII ZR 16/03, BauR 2005, 735, 737. Die Formulierung des § 7 Abs. 1 HOAI »schriftliche Vereinbarung ... bei Auftragserteilung« ist daher (weiterhin) wenig geglückt.
292 Die amtl. Begründung spricht von einem Gebot der schriftlichen Vereinbarung, BR-Drucks. 395/09, S. 165; vgl. auch § 1 Abs. 3 Nr. 1 und 3, § 2 Abs. 3 Nr. 1 und 3 des Gesetzes zur Regelung von Ingenieur- und Architektenleistungen, auf deren Grundlage die HOAI erlassen ist.
293 BGH, Urt. v. 16.12.04 – VII ZR 16/03, BauR 2005, 735, 737; vgl. auch OLG Celle, BauR 2010, 926 ff.
294 Vgl. z.B. BGH, Urt. v. 28.03.85 – VII ZR 180/84, BauR 1985, 467.
295 Für andere Berufsgruppen, insbesondere für Bauträger, Generalunternehmer mit Planungsverpflichtung und sog. Generalübernehmer, gilt das Verbot nicht: BGH, Urt. v. 22.12.83 – VII ZR 59/82, BGHZ 89, 240 = BauR 1984, 192.
296 Gesetz zur Verbesserung des Mietrechts und zur Begrenzung des Mietanstiegs sowie zur Regelung von Ingenieurleistungen und Architektenleistungen v. 04.11.1971, BGBl. I, 1745.
297 Vgl. BGH, Urt. v. 25.09.08 – VII ZR 174/07, BGHZ 178, 130 = BauR 2008, 2059, 2061 – Tz. 17; zu den Einzelheiten s. *Vygen*, in: Korbion/Mantscheff/Vygen, HOAI, 7. Aufl., Art. 10 § 3 MRVG Rn. 1 ff., der allerdings die neuere Entwicklung durch die genannte BGH-Entscheidung unberücksichtigt lässt.

Vor. zu §§ 631 ff. BGB

Art. 12 GG verfassungsrechtliche Bedenken.[298] Auch ihr praktischer Nutzen ist fraglich;[299] so hat der Deutsche Baugerichtstag empfohlen, sie ersatzlos aufzuheben.[300] Daher legt die Rechtsprechung die Regelung, nachdem lange Zeit eine eher weite Auslegung vorgeherrscht hatte,[301] nunmehr in enger Anlehnung an den ursprünglichen Gesetzeszweck dahin aus, dass das Verbot nur solche Konstellationen betrifft, die mit dem oben beschriebenen Verhalten vergleichbar sind, das zum Erlass des Gesetzes geführt hat.[302] Ausdrücklich hat der BGH zugleich anerkannt, dass ein zu weites Verständnis der Vorschrift in Konflikt mit der dem Architekten durch Art. 12 Abs. 1 GG garantierten Berufsfreiheit geraten könnte.[303] Wird ein nach diesen Maßstäben nichtiger Vertrag gleichwohl durchgeführt, kann darin eine Bestätigung des Vertrages gemäß § 141 Abs. 1 BGB liegen, wenn die Parteien an dem Vertrag trotz inzwischen erlangter Kenntnis von dem Verbot festhalten.[304] Wird der Vertrag ohne eine solche Bestätigung durchgeführt, ist der Auftraggeber um die Architektenleistungen bereichert und muss deren Wert nach §§ 812 Abs. 1 S. 1, 1. Alt., 818 Abs. 2 BGB herausgeben; dies kann dazu führen, dass der Auftraggeber den gleichen Betrag bezahlen muss, den er bei Wirksamkeit des Vertrages als Vergütung hätte zahlen müssen.[305]

III. Aufgaben des Architekten

1. Einleitung

72 Die Aufgaben des Architekten lassen sich nicht lediglich mit einem Hinweis auf das von ihm geschuldete Werk beschreiben. Zwar schuldet der Architekt ein mangelfreies Bauwerk, er muss aber gleichwohl nicht jedes Risiko einer schlechten Ausführung der Bauarbeiten durch die beteiligten Unternehmer tragen.[306] Diese negative Aussage gibt aber keinen Aufschluss darüber, wofür der Architekt letztlich haftet, d.h. welche Verantwortung er tragen muss. Im Ansatz müssen sich die Pflichten des Architekten aus dem Vertrag mit dem Auftraggeber entnehmen lassen. Verträge, zumal individuell ausgehandelte, mit detaillierten Regelungen der Pflichten des Architekten kommen allerdings kaum vor, nur mündlich abgeschlossene Verträge sind nicht selten. So müssen regelmäßig durch Auslegung der Vereinbarung von »Architektenleistungen« oder durch ergänzende Vertragsauslegung die vom Architekten übernommenen Aufgaben bestimmt werden. Entscheidendes Gewicht kommt daher den »erkennbaren Interessen« und »berechtigten Erwartungen« des

---

[298] Vgl. etwa *Pauly*, BauR 2006, 769, 770 f.; *Werner*, BauR 2006, 1602, 1608; *Vygen*, BauR 2008, 730 ff.; a.A. OLG Düsseldorf, Urt. v. 21.08.07 – 21 U 239/06, BauR 2008, 546, 547 ff. mit einer ausführlichen Darstellung des Streitstandes.

[299] So z.B. *Hesse*, BauR 1985, 30 ff.; *Vygen*, BauR 2003, 1757.

[300] Vgl. Empfehlung 5 des 1. Dt. Baugerichtstags, BauR 2006, 1182, 1184.

[301] Vgl. BGH, Urt. v 25.09.78 – VII ZR 292/77, BauR 1978, 495 f. m.w.N.: es handele sich um eine bewusst weit gefasste Bestimmung, durch die jegliche Koppelung zwischen Grunderwerb und Architektenauftrag unterbunden werden solle; jede Verpflichtung des Erwerbers zur Inanspruchnahme von Ingenieur- und Architektenleistungen, ohne die er rechtlich oder tatsächlich das Grundstück nicht hätte bekommen können, sei von der Vorschrift erfasst. Dies sei auch der Fall, wenn ein Architekt, auch lediglich konkludent, den Nachweis eines zum Verkauf stehenden Baugrundstücks von der Verpflichtung des Interessenten zur Erteilung eines entsprechenden Auftrags abhängig mache.

[302] BGH, Urt. v. 25.09.08 – VII ZR 174/07, BGHZ 178, 130 = BauR 2008, 2059, 2061 unter Aufgabe von BGH, Urt. v. 10.04.75 – VII ZR 254/73, BGHZ 64, 173 = BauR 1975, 288; eingehend zur Neuorientierung der Rechtsprechung *Christiansen-Geiss*, BauR 2009, 421 ff.

[303] BGH, Urt. v. 25.09.08 – VII ZR 174/07, BGHZ 178, 130 = BauR 2008, 2059, 2061; bei engerem Verständnis ist die Regelung jedoch verfassungskonform, vgl. BGH, Urt. v. 22.07.2010 – VII ZR 144/09, BauR 2010, 1772.

[304] Vgl. OLG Düsseldorf, Urt. v. 17.12.1974 – 20 U 92/74, BauR 1975, 138, 140; Staudinger/*Peters/Jacoby*, Rn. 133.

[305] BGH, Urt. v. 22.12.83 – VII ZR 96/82, BauR 1984, 193, 194; s. auch BGH, Urt. v. 05.11.1981 – VII ZR 216/80, BauR 1982, 83.

[306] Vgl. oben Rdn. 68.

Auftraggebers zu. Diese werden allerdings wiederum von der Rechtswirklichkeit mitbestimmt. Deshalb und weil es sich um eine jedenfalls in Grundzügen bekannte und recht ausdifferenzierte Darstellung möglicher Aufgabenstellungen des Architekten handelt, kommt der Honorarordnung der Architekten (HOAI) erhebliches Gewicht für die Vertragsauslegung zu. Über diesen Umweg hat das Preisrecht der HOAI, deren Anwendung an sich voraussetzt, dass die Parteien eine Vereinbarung über die Leistungsinhalte getroffen haben,[307] doch Einfluss auf die Vertragsauslegung.[308] Darüber hinaus können die Parteien durch Bezugnahme auf die Leistungsbilder oder Leistungsphasen der HOAI diese zum Gegenstand der vertraglichen Leistungspflicht machen.[309] Jedenfalls in diesem Fall kann die HOAI als Auslegungshilfe zur Bestimmung der vertraglich geschuldeten Leistung herangezogen werden.[310] Man wird aber darüber hinaus jedenfalls bei Vertragsparteien, denen die Leistungsphasen der HOAI geläufig sind, davon ausgehen müssen, dass diese beim Abschluss eines Architektenvertrags die Vorstellung haben, der Architekt werde seine Leistungen entsprechend diesen Leistungsphasen erbringen.[311]

2. Die Leistungsphasen der HOAI

Die in der HOAI für die verschiedenen Leistungsbilder in den einzelnen Leistungsphasen aufgeführten Tätigkeiten sind also keine und erst recht keine verbindliche Beschreibung der vertraglichen Verpflichtungen eines Architekten; sie können aber im Einzelfall als geschuldete Arbeitsschritte des Architekten vereinbart werden und sie beschreiben generell (nicht abschließend), welche Tätigkeiten des Architekten in Betracht kommen. Daher erscheint es gerechtfertigt, sie beispielhaft für das Leistungsbild Gebäude und raumbildende Ausbauten im Überblick darzustellen.[312] Zunächst ist, nachdem bei der Grundlagenermittlung (**Leistungsphase 1**) insbesondere die Aufgabenstellung geklärt und der ungefähre Leistungsbedarf ermittelt worden ist, die Planung zu erstellen. Diese wird immer konkreter. In der Vorplanung (Projekt- und Planungsvorbereitung – **Leistungsphase 2**) sind auf der Grundlage der Zielvorstellungen die wesentlichen insbesondere städtebaulichen, gestalterischen, funktionalen, technischen, bauphysikalischen und wirtschaftlichen, Zusammenhänge zu klären, Ermittlungen zur Genehmigungsfähigkeit des Vorhabens anzustellen und schließlich die Kosten nach DIN 276 zu schätzen. In der **Leistungsphase 3** »Entwurfsplanung« (System- und Integrationsplanung) ist das Planungskonzept durchzuarbeiten und stufenweise eine zeichnerische Lösung zu erarbeiten, die zu einem Gesamtentwurf führt. Die Leistungen anderer an der Planung fachlich Beteiligter müssen integriert werden und es ist mit Behörden über die Genehmigungsfähigkeit zu verhandeln. Eine nun nach DIN 276 zu erstellende Kostenberechnung ist mit der Kostenschätzung zum Zweck der Kostenkontrolle zu vergleichen. Es folgt die Genehmigungsplanung (**Leistungsphase** 4), in der die erforderlichen Unterlagen für die nach den öffentlich-rechtlichen Vorschriften benötigten Genehmigungen oder Zustimmungen erstellt, eingereicht und erforderlichenfalls vervollständigt und angepasst werden. In der **Leistungsphase 5** ist die Ausführungsplanung vorzunehmen, das heißt, dass auf der Grundlage der bisher erzielten Ergebnisse das Objekt zeichnerisch dargestellt wird, nunmehr mit allen für die Ausführung notwendigen Einzelangaben wie Ausführungs-, Detail- und Konstruktionszeichnungen und

---

307 Vgl. z.B. BGH, Urt. v. 24.10.96 – VII ZR 283/95, BGHZ 133, 399, 401 ff. = BauR 1997, 154, 155; Urt. v. 16.12.04 – VII ZR 16/03, BauR 2005, 735, 738.
308 Zu eng daher wohl BGH, Urt. v. 16.12.04 – VII ZR 16/03, BauR 2005, 735, 738: Die HOAI könne »bei der Auslegung vertraglicher Vereinbarungen **nur** insofern von Bedeutung sein, als im Zweifel anzunehmen ist, dass die Parteien eine zulässige Honorarvereinbarung treffen wollten« (Hervorhebung d. Verf.).
309 BGH, Urt. v 26.07.07 – VII ZR 42/05, BGHZ 173, 314 = BauR 2007, 1761 ff.; davor warnt allerdings *Quack*, BauR 2008, 1.
310 BGH, Urt. v. 26.07.07 – VII ZR 42/05, BGHZ 173, 314 = BauR 2007, 1761, 1764; s. auch *Locher/Koeble/Frik*, Einf Rn. 74; Kniffka/Koeble/*Koeble*, 12. Teil, Rn. 245; *Motzke*, BauR 1999, 1251–1252.
311 Vgl. auch *Motzke*, BauR 1999, 1251, 1253: »HOAI als geronnenes Erfahrungswissen«.
312 Vgl. Anlage 11 zu §§ 33 und 38 Abs. 2 HOAI.

den zu verwendenden Materialien. Diese Pläne müssen naturgemäß während der Objektausführung fortgeschrieben werden. Nun ist die Vergabe vorzubereiten (**Leistungsphase 6**). Dazu müssen die Mengen ermittelt und Leistungsbeschreibungen mit Leistungsverzeichnissen nach Leistungsbereichen erstellt werden. Die Leistungsbeschreibungen der an der Planung fachlich Beteiligten müssen aufeinander abgestimmt werden. Auch an der Vergabe der Leistungen wirkt der Architekt mit (**Leistungsphase 7**). Er stellt die Vergabe- und Vertragsunterlagen für alle Leistungsbereiche zusammen, holt Angebote ein, prüft und bewertet diese und verhandelt mit den Bietern. Zum Vertragsabschluss ist er regelmäßig allerdings nicht bevollmächtigt,[313] er wirkt aber an der Auftragserteilung beratend mit. Auf der Grundlage der eingeholten Angebote erstellt der Architekt einen Kostenanschlag gemäß DIN 276, der wiederum mit der Kostenrechnung abzugleichen ist. Die Pflichten des Architekten im Rahmen der Bauausführung (**Leistungsphase 8**: Objektüberwachung – Bauüberwachung) sind vielfältig. Er überwacht die Ausführung des Objekts auf Übereinstimmung mit den erteilten Genehmigungen, den Ausführungsplänen und den Leistungsbeschreibungen sowie mit den allgemein anerkannten Regeln der Technik und den einschlägigen Vorschriften. Besonders mangelgeneigte Arbeiten bedürfen dabei einer besonders intensiven Kontrolle durch den Architekten. Er überwacht auch die Einhaltung des von ihm aufgestellten Zeitplanes, führt das Bautagebuch[314] und nimmt das Aufmaß. In lit. h ist sodann die Abnahme der Bauleistungen unter Mitwirkung anderer an der Planung und Objektüberwachung vorgesehen. Insofern kann der Architekt allerdings nur unterstützend tätig werden, weil es ihm regelmäßig an der Vollmacht fehlt, die Abnahme für den Bauherrn zu erklären.[315] Der Architekt überwacht die Beseitigung der bei der Abnahme festgestellten Mängel, prüft die Rechnungen der bauausführenden Unternehmen, fertigt eine Kostenfeststellung nach DIN 276 an, beantragt die erforderlichen behördliche Abnahmen und nimmt daran teil. In der **Leistungsphase 9** erstellt der Architekt eine Dokumentation, indem er die zeichnerischen Darstellungen und rechnerischen Ergebnisse des Objekts systematisch zusammenstellt und unterstützt den Bauherrn im Rahmen der Objektbetreuung bei der Feststellung und Geltendmachung von Mängelansprüchen; dabei ist er »Sachwalter« des Bestellers.[316]

3. Die Architektenvollmacht

74 Im Rahmen der Durchführung eines Bauvorhabens sind in der Regel zahlreiche Verträge abzuschließen. Bedient sich der Bauherr eines Architekten, treffen jenen in diesem Zusammenhang zahlreiche Pflichten. So ist es Aufgabe des Architekten, die erforderlichen Arbeiten zu ermitteln, Aufträge auszuschreiben, den Bauherrn bei der Auswahl des zu beauftragenden Unternehmers zu beraten, die Ausführung der Arbeiten zu überwachen, die Rechnung zu prüfen und den Bauherrn bei der Geltendmachung von Mängelrechten zu beraten. Es ist jedoch grundsätzlich nicht Aufgabe des Architekten, Verträge abzuschließen; er ist insoweit auch nicht befugt. Eine Vollmacht, den Bauherrn rechtsgeschäftlich zu vertreten, hat er grundsätzlich nicht, sondern es bedarf einer gesonderten Bevollmächtigung.[317] Diese kann ausdrücklich, auch in Allgemeinen Geschäftsbedingungen, erfolgen, sie kann aber auch konkludent erteilt sein. Es gibt aber keine Vermutung, dass der Architekt die Vollmacht besitzt, den Bauvertrag zu ändern und im Vertrag nicht vorgesehene Stundenlohnarbeiten zu vereinbaren; eine solche folgt auch nicht aus seiner grundsätzlich vorhandenen Befugnis,[318] Stundenlohnzettel abzuzeichnen.[319] Der Architekt ist auch

---

313 Vgl. Rdn. 74.
314 Vgl. zur Bedeutung des Bautagebuchs *Ruff*, BauR 2009, 1660 ff.
315 Vgl. Rdn. 74.
316 BGH, Urt. v. 23.07.09 – VII ZR 134/08, BauR 2009, 1607, Tz. 13; Urt. v. 27.09.01 – VII ZR 320/00, BauR 2002, 108.
317 BGH, Urt. v. 14.07.94 – VII ZR 186/93, BauR 1994, 760, 762 m. Anm. *Quack*, BauR 1995, 441 f.
318 Vgl. Staudinger/*Peters/Jacoby*, Rn. 136 m.w.N.
319 BGH, Urt. v. 24.07.03 – VII ZR 79/02, BauR 2003, 1892, 1896.

nicht bevollmächtigt, die Abnahme der Werkleistung zu erklären.[320] Erst recht fehlt ihm die Befugnis, ein Anerkenntnis hinsichtlich einer Werklohnforderung abzugeben.[321] Einen Prüfvermerk kann der Architekt anbringen; dies ist jedoch nur eine Wissenserklärung, der daher unabhängig von der Frage der Vertretungsbefugnis des Architekten eine rechtsgeschäftliche Wirkung nicht zukommen kann.[322] Soweit angenommen wird, der Architekt sei bevollmächtigt, solche Erklärungen abzugeben, die für den Bauherrn rechtlich lediglich vorteilhaft sind, wie z.B. eine Mahnung oder ein Fristsetzung zur Mängelbeseitigung,[323] erscheint dies nach alledem wenig konsequent. Praktisch ergeben sich insofern allerdings kaum Unterschiede, da die Erklärung, soweit sie vom Erklärungsgegner nicht zurückgewiesen wird, gemäß §§ 180 S. 2, 177 Abs. 1, 184 Abs. 1 BGB mit Rückwirkung genehmigt werden kann. Wird die Erklärung zurückgewiesen, ist sie unwirksam; nichts anderes gilt aber, wenn man von einer Vollmacht des Architekten ausgeht, da er eine Vollmachtsurkunde bei der Erklärung regelmäßig nicht vorlegen wird, weil er über eine solche gar nicht verfügt, und daher der andere Teil gemäß § 174 S. 1 BGB ebenso berechtigt ist, die Erklärung zurückzuweisen. Neben dem Bestehen der Vertretungsmacht, setzt eine wirksame Stellvertretung voraus, dass der Vertreter deutlich gemacht hat, den Vertrag **in fremdem Namen** abschließen zu wollen, oder wenn sich dies aus den Umständen ergibt, § 164 Abs. 1 BGB. Allein der Umstand, dass der Architekt einen Vertrag mit dem Zusatz »Architekt« unterschreibt, lässt einen solchen Willen allerdings nicht hinreichend erkennen.[324]

Teilweise wird eine Vollmacht des Architekten unter recht **geringen Voraussetzungen** angenommen. So hat das OLG Düsseldorf unter Hinweis auf seine eigene ständige Rechtsprechung entschieden, der mit der Planung und der Bauüberwachung betraute Architekt gelte als bevollmächtigt, namens des Bauherrn zusätzliche Arbeiten in Auftrag zu geben, soweit dies zur mangelfreien Errichtung des geplanten Bauwerks zwingend erforderlich sei; dies betreffe etwa zusätzliche und kostenintensivere Arbeiten, mit denen Vorgaben der erst nachträglich vorliegenden endgültigen Statik umgesetzt werden, oder den Fall, dass sich bei einem Umbau herausstellt, dass die Angaben im Leistungsverzeichnis nicht den Verhältnissen vor Ort entsprechen.[325] Dem kann jedoch nicht gefolgt werden. Hat der Architekt eine Vollmacht nicht eingeholt, kann nicht ohne weiteres wegen Erschwernissen bei der Durchführung des Bauvorhabens das Vorliegen einer Vollmacht unterstellt werden. Gerade dann, wenn es zu solchen Schwierigkeiten kommt, hat der Bauherr ein Interesse daran, die nun erforderlichen Aufträge, die mit erheblichen Kosten verbunden sein können, selbst zu erteilen. Der Hinweis des OLG Düsseldorf, eine Vollmacht sei insbesondere dann anzunehmen, wenn der Bauherr infolge Ortsabwesenheit nicht gefragt werden könne, zeigt, dass es der Sache nach um Fälle einer Geschäftsführung ohne Auftrag geht; das Handeln des Architekten muss dann aber auch nach den insoweit geltenden Regelungen beurteilt werden. Selbst dort gilt aber der Grundsatz, dass, wenn nicht mit der dadurch bedingten Verzögerung Gefahr verbunden ist, die Entscheidung des Geschäftsherrn abzuwarten ist (§ 681 S. 1 BGB). Etwas anderes mag dann gelten, wenn es sich um geringfügige, absolut notwendige Arbeiten handelt und der weitere Fortgang der Bauausführung anderenfalls erheblich beeinträchtigt wird;[326] auch diese Fälle lassen sich aber über die Regeln der Geschäftsführung ohne Auftrag sachgerecht lösen. 75

Ob eine **Anscheins- oder Duldungsvollmacht** vorliegt, richtet sich nach den allgemeinen Grundsätzen und kann daher nur im Ausnahmefall angenommen werden. Insbesondere ist zu berück- 76

---

320 Staudinger/*Peters/Jacoby*, Rn. 136; ausführlich *Braun*, in: Motzke u.a., Die Haftung des Architekten, T 86 ff.; *Locher/Koeble/Frik*, HOAI, Einl. Rn. 52.
321 RGRK/*Glanzmann*, § 631 Rn. 144.
322 BGH, Urt. v. 06.12.01 – VII ZR 241/00, BauR 2002, 613.
323 RGRK/*Glanzmann*, § 631 Rn. 143; Staudinger/*Peters/Jacoby*, Rn. 137.
324 BGH, Urt. v. 07.12.06 – VII ZR 166/05, BauR 2007, 574 f.
325 OLG Düsseldorf, Urt. v. 06.11.97 – 5 U 89/96, BauR 1998, 1023, 1024.
326 Vgl. Staudinger/*Peters/Jacoby*, Rn. 135.

sichtigen, dass eine Anscheinsvollmacht nicht nur voraussetzt, dass der Vertragspartner annehmen durfte, der Geschäftsherr (hier also der Bauherr) dulde und billige das Verhalten des Architekten. Darüber hinaus ist erforderlich, dass der Geschäftsherr bei Anwendung pflichtgemäßer Sorgfalt hätte erkennen können, dass der Scheinvertreter in seinem Namen auftritt, und der Geschäftsherr dies hätte verhindern können;[327] daran wird es regelmäßig fehlen. Eine Anscheinsvollmacht des Architekten zur Erteilung von Nachtragsaufträgen kann sich allerdings daraus ergeben, dass der Architekt den Hauptauftrag in Vollmacht des Bauherrn selbständig ausgehandelt hat.[328]

IV. Die Vergütung des Architekten

77 Die Vergütung eines Architekten oder Ingenieurs kann nicht frei vereinbart werden. Soweit die Tätigkeit, die dieser nach dem Vertrag übernommen hat, in den Anwendungsbereich der HOAI fällt, sind deren Vorgaben zu beachten. Die europarechtliche Problematik verbindlicher Honorarordnungen ist bereits oben dargestellt worden;[329] die Neufassung der HOAI 2009 trägt diesen Bedenken dadurch Rechnung, dass sie nur auf Büros mit inländischem Sitz anwendbar ist (§ 1 HOAI[330]). Der Gesetzgeber hält eine Honorarordnung für Architekten und Ingenieure insbesondere aus Gründen des Verbraucherschutzes für notwendig.[331] Zudem geht der Gesetzgeber davon aus, dass er durch die Regelung der Vergütung die Architekten zu einer betriebswirtschaftlichen Kalkulation und Vertragsgestaltung anhalten und diese damit – im eigenen Interesse – international wettbewerbsfähiger machen und ihre Auslandsorientierung fördern könne.[332] In systematischer Hinsicht ist lediglich darauf hinzuweisen, dass die HOAI einerseits lediglich Preisrecht ist, andererseits aber für die Vertragsauslegung eine erhebliche Bedeutung hat.[333]

V. Haftung des Architekten

78 Die Architektenhaftung weist einige Besonderheiten gegenüber dem gewöhnlichen werkvertraglichen Mängelrecht auf, die hier nur insoweit darzustellen sind, wie sie von systematischer Bedeutung sind.[334] Bei der Haftung wirkt sich insbesondere aus, dass zwar der vom Architekten geschuldete Erfolg das mangelfreie Bauwerk als solches ist, er aber nicht verpflichtet ist, dieses selbst herzustellen. Sind daher Mängel des Bauwerks auf eine mangelhafte Leistung des Architekten zurückzuführen, kann gleichwohl vom Architekten nicht die Beseitigung dieser Mängel im Wege der **Nachbesserung** verlangt werden; die Kehrseite hiervon ist, dass der Architekt auch keinen Anspruch darauf hat, dass ihm Gelegenheit gegeben wird, die Mängel selbst zu beseitigen.[335] Ein Nachbesserungsanspruch besteht daher in der Regel nur unmittelbar hinsichtlich der Pläne des Architekten. Ein **Rücktritt** ist – wie auch beim Bauvertrag – regelmäßig nicht durchführbar, weil die Architektenleistung nicht zurückgewährt werden kann. Eine **Minderung** kommt insbesondere dann in Betracht, wenn der Architekt Teilleistungen nicht erbracht hat. Denn der vom Architekten geschuldete Gesamterfolg beschränkt sich im Regelfall nicht darauf, dass er die Aufgaben wahrnimmt, die für die mangelfreie Errichtung des Bauwerks erforderlich sind;[336] anders aus-

---

327 Vgl. BGH, Urt. v. 05.03.98 – III ZR 183/96, NJW 1998, 1854; Palandt/*Grüneberg*, § 172 Rn. 11.
328 KG, Urt. v. 10.10.06 – 21 U 75/04, BauR 2007, 1941 (allerdings stößt diese Entscheidung teilweise auf »Bedenken« des BGH, s. Beschl. v. 27.09.07 – VII ZR 232/06, juris).
329 S. oben Rdn. 11 f.
330 Kritisch dazu – auch unter dem Gesichtspunkt der Inländerdiskriminierung – *Schramm/Schwenker/Wessel*, ZfBR 2008, 427.
331 BR-Drucks. 395/09, S. 142.
332 BR-Drucks. 395/09, S. 142.
333 S. oben Rdn. 72.
334 Zu den Einzelheiten s. unten § 633 Rdn. 63 ff.
335 Vgl. BGH, Urt. v. 11.10.07 – VII ZR 65/06, BauR 2007, 2083, 2084; nur im Einzelfall verstößt der Bauherr gegen seine Schadensminderungspflicht, wenn er ein Nachbesserungsangebot des Architekten nicht annimmt; vgl. BGH, Urt. v. 25.04.96 – VII ZR 157/94, BauR 1996, 735, 737.
336 BGH, Urt. v. 24.06.04 – VII ZR 259/02, BGHZ 159, 376 = BauR 2004, 1640.

gedrückt: das Architektenwerk kann auch dann mangelhaft sein, wenn das Objekt selbst einwandfrei hergestellt worden ist. Ein Mangel, der den Bauherrn zu einer Minderung des Honorars berechtigt, kann jedoch nicht allein daraus abgeleitet werden, dass der Architekt eine der in den Leistungsphasen der HOAI aufgeführten Grundleistungen nicht erbringt. Denn der Umfang der vertraglichen Verpflichtungen ergibt sich nicht aus den Preisvorschriften der HOAI. Eine Auslegung des Vertrages kann jedoch ergeben, dass der Architekt die vereinbarten Arbeitsschritte als Teilerfolg des geschuldeten Gesamterfolges schuldet. Daher kann die Zusammenstellung der Vorplanungsergebnisse ein von dem Architekten geschuldeter Teilerfolg, ihr Fehlen mithin ein Mangel sein. Damit der Bauherr wegen dieses Mangels die Vergütung mindern kann, müssen aber auch die weiteren Voraussetzungen der Minderung (insbesondere Nachfristsetzung) erfüllt sein.[337] Entsprechendes gilt für fehlende Kostenermittlungen; insofern kommt allerdings eine Nachbesserung nicht in Betracht, weil der Bauherr nach Abschluss des Bauvorhabens an den einzelnen vorläufigen Kostenprognosen kein Interesse mehr hat.[338] Von größerer praktischer Bedeutung ist der **Schadensersatzanspruch**. Dieser kann den weitreichenden Verpflichtungen des Architekten entsprechend ungewöhnlich weit gehen. So haftet der Architekt dem Bauherrn nicht nur im Hinblick auf die von ihm erstellten Pläne, sondern auch für die Schäden, die diesem durch Mängel des Bauobjekts selbst entstehen und die der Architekt bei sachgerechter Bauüberwachung hätte verhindern müssen. Darüber hinaus können Schadensersatzansprüche bestehen, wenn der Architekt den Bauherrn nicht zutreffend über die zu erwartenden Baukosten beraten hat.[339]

Neben der Haftung für Mängel bei der Planung und Vorbereitung des Bauvorhabens sowie für Mängel des Objekts selbst, wenn diese auf einer unzureichenden Bauüberwachung beruhen, kommt eine sog. **Sekundärhaftung** des Architekten in Betracht. Dem umfassend beauftragten Architekten obliegt im Rahmen seiner Betreuungsaufgabe nicht nur die Wahrung der Auftraggeberrechte gegenüber den Bauunternehmern, sondern auch und zunächst die objektive Klärung der Mängelursachen, selbst wenn zu diesen eigene Planungs- oder Aufsichtsfehler gehören. Verletzt der Architekt diese Pflicht und führt damit möglicherweise die Verjährung der gegen ihn selbst bestehenden Ansprüche herbei, begründet dies einen weiteren (sekundären) Schadensersatzanspruch dahin, dass die Verjährung der gegen ihn gerichteten Gewährleistungs- und Schadensersatzansprüche als nicht eingetreten gilt.[340] Dies gilt aber nicht für einen Architekten, der lediglich mit den Leistungsphasen 1 bis 6 des § 15 Abs. 2 HOAI beauftragt ist. Denn Anknüpfungspunkt für die Sekundärhaftung des Architekten ist der übernommene Aufgabenkreis. Dieser muss daher so weit gefasst sein, dass der Architekt als Sachwalter des Bauherrn auch bei der Verfolgung der Ansprüche angesehen werden kann. Es müssen ihm daher jedenfalls die Objektüberwachung und die Objektbetreuung übertragen sein.[341] 79

VI. Ingenieurvertrag

Neben dem Architekten kommen bei der Errichtung des Bauwerks in der Regel Sonderfachleute zum Einsatz, nämlich Ingenieure und von diesen insbesondere Statiker. Für diese gelten die Erwägungen zum Architektenvertrag (insbesondere zur Abgrenzung Akquisition/Vertragsschluss, Vollmacht, Abnahmefähigkeit des Werks) weitgehend in gleicher Weise. Auch der Ingenieurvertrag ist grds. ein Werkvertrag im Sinne der §§ 631 ff. BGB. Der Vertragsinhalt ergibt sich aus der Vereinbarung. Die Vergütung bestimmt sich insbesondere nach Teil 3, Abschnitt 3, §§ 40 ff. HOAI – Ingenieurbauwerke –, Abschnitt 4, §§ 44 ff. – Verkehrsanlagen – und Teil 4, §§ 48 ff. HOAI – Fachplanung. Die für diese Leistungen von der HOAI verwendeten Leistungsbilder können, 80

---

337 BGH, Urt. v. 24.06.04 – VII ZR 259/02, BGHZ 159, 376 = BauR 2004, 1640, 1643.
338 BGH, Urt. v. 11.11.04 – VII ZR 128/03, BauR 2005, 400, 405.
339 Vgl. BGH, Urt. v. 11.11.04 – VII ZR 128/03, BauR 2005, 400, 403 f.
340 BGH, Urt. v. 16.03.78 – VII ZR 145/76, BGHZ 71, 144 ff. = BauR 1978, 235 ff.; Urt. v. 23.07.09 – VII ZR 134/08, BauR 2009, 1607 – Tz. 12; ablehnend: *Reinelt/Pasker*, BauR 2010, 983 ff.
341 BGH, Urt. v. 23.07.09 – VII ZR 134/08, BauR 2009, 1607 – Tz. 13.

ebenso wie beim Architektenvertrag, zur Vertragsauslegung herangezogen werden. Auch der Ingenieur hat Beratungspflichten. Er muss die ihm überlassenen Unterlagen prüfen und auf etwa bestehende Bedenken hinweisen. Der Sonderfachmann haftet nur im Rahmen der von ihm übernommenen Leistungspflichten. Problematisch ist die Abgrenzung der Haftung zwischen den einzelnen an der Planung/Bauüberwachung Beteiligten. Ebenso wie der Ingenieur/Statiker auf Bedenken gegen die technische Ausführbarkeit der Pläne des Architekten hinweisen muss, ohne für die Planung selbst verantwortlich zu sein, wird vom Architekten zwar nicht erwartet, dass er über die Spezialkenntnisse verfügt, für die weitere Sonderfachleute herangezogen worden sind; er haftet aber, wenn der mangelursächliche Fehler auf unzureichenden Vorgaben beruht, wenn er einen unzuverlässigen Sonderfachmann ausgewählt hat oder wenn er Mängel der Fachplanung nicht beanstandet, die für ihn nach den von ihm zu erwartenden Kenntnissen erkennbar waren.[342] Der von dem Bauherrn eigenständig beauftragte Statiker ist nicht Erfüllungsgehilfe des Bauherrn im Verhältnis zum Architekten,[343] denn den Bauherrn trifft keine Leistungspflicht, eine mangelfreie Planung zur Verfügung zu stellen. Entsprechendes gilt im Verhältnis zwischen bauplanendem und bauaufsichtsführendem Architekten. Dass insofern Leistungspflichten nicht bestehen, darf jedoch nicht dahin missverstanden werden, dass der Bauherr, der einem Unternehmer mangelhafte Pläne überlassen hat, diesen uneingeschränkt wegen solcher Bauschäden in Anspruch nehmen kann, die durch die Ausführung dieser Pläne entstanden sind. Denn den Bauherrn trifft die Obliegenheit, den weiteren an der Planung Beteiligten mangelfreie Pläne zur Verfügung zu stellen. Insoweit muss er sich das Verschulden (gegen sich selbst) seines bauplanenden Architekten im Verhältnis zum bauausführenden Architekten gemäß §§ 254 Abs. 2 S. 2, 278 BGB zurechnen lassen.[344] Im Verhältnis zu den anderen Sonderfachleuten wird Entsprechendes gelten.

§ 631 Vertragstypische Pflichten beim Werkvertrag

(1) Durch den Werkvertrag wird der Unternehmer zur Herstellung des versprochenen Werkes, der Besteller zur Entrichtung der vereinbarten Vergütung verpflichtet.

(2) Gegenstand des Werkvertrags kann sowohl die Herstellung oder Veränderung einer Sache als auch ein anderer durch Arbeit oder Dienstleistung herbeizuführender Erfolg sein.

Schrifttum
Bitterich Kündigung vergaberechtswidrig zu Stande gekommener Verträge durch öffentliche Auftraggeber, NJW 2006, 1845; *Gehlen* Das Gesetz zur Sicherung von Werkunternehmeransprüchen und zur verbesserten Druchsetzung von Forderungen, NZBau 2008, 612; *Grieger* Die Kooperationspflicht der Bauvertragspartner im Bauvertrag: Anmerkung zu BGH, BauR 2000, 409 ff.; *Hertwig* Praxis der öffentlichen Auftragsvergabe, 3. Auflage 2005; *Holzapfel/Vogelheim* System- und Baugrundrisiken bei Nebenangeboten und Sondervorschlägen, in: Forschung + Praxis, U-Verkehr und unterirdisches Bauen, Bd. 42, S. 221 ff., 2007; *Kuffer* Baugrundrisiko und Systemrisiko, NZBau 2006, 1; *Labrenz* Zum Charakter von »nachträglichen Anordnungen« des Bestellers beim Pauschalvertrag, NZBau 2008, 350; *Motzke* Parameter für Zusatzvergütung bei zusätzlichen Leistungen, NZBau 2002, 641; *Quack* Das ungewöhnliche Wagnis im Bauvertrag, BauR 2003, 26; *Quack* Enthält die VOB/A wegen Verweisung auf sie in der VergabeVO Normen des Bauvertragsrechts?, 2004, 1492; *Quack* Über die Verpflichtung des Auftraggebers zur Formulierung der Leistungsbeschreibung nach den Vorgaben der VOB/A, BauR 1998, 381; *Quack* Überlegungen zu Erfordernissen des Einzelfalls oder: Was verlangen die 0-Abschnitte der VOB/C wirklich?, ZfBR 2007, 211; *Schlapka* Kooperationsmodell ein Weg aus der Krise, BauR 2001, 1646; *Schwarze* Auswirkungen der bauvertraglichen Kooperationsverpflichtung, BauR 2004, 895 ff.; *Virneburg* Wann kann der Auftragnehmer die Arbeit wegen verweigerter Nachträge einstellen? – Risiken einer Vermeidungsstrategie, ZfBR 2004, 419 ff.; *Vogelheim* Die »verzögerte Vergabe« von Tunnelbauvorhaben durch nachprüfungsverfahren – Chance oder Millionengrab, in: Forschung + Praxis, U-Verkehr und unterirdisches Bauen, Bd. 43, S. 113 ff., 2009; *Vygen* Leistungsverweigerungsrecht

---

342 BGH, Urt. v. 08.05.03 – VII ZR 407/01, BauR 2003, 1247, 1248.
343 BGH, Urt. v. 04.07.02 – VII ZR 66/01, BauR 2002, 1719, 1720.
344 BGH, Urt. v. 27.11.08 – VII ZR 206/06, BGHZ 179, 55 ff. = BauR 2009, 515.

des Auftragnehmers bei Änderungen des Bauentwurfs gemäß § 1 Nr. 3 VOB/B oder Anordnung von zusätzlichen Leistungen gemäß § 1 Nr. 4 VOB/B?, BauR 2005, 431 ff.

Übersicht	Rdn.		Rdn.
A. **Einführung**	1	e) Sondervorschläge/Nebenangebote	89
I. Wesen des Werkvertrags	1	3. Bestandteile	94
II. Unzulänglichkeiten des gesetzlichen Werkvertragsrechts für Bauverträge	2	4. Leistungszeit	96
		a) Leistungszeit nach BGB und VOB	96
B. **Parteien des Bauvertrags**	6	b) Verzögerungen beim Vertragsabschluss außerhalb des Vergaberechts	100
I. Unternehmer	6		
II. Subunternehmer	11		
III. Besteller	16	c) Verzögerte Vergabe	101
C. **Vertragsschluss**	17	IV. Nicht beschriebene Leistungen (gewerbliche Verkehrssitte)	108
D. **Bei Vertragsschluss definierte Leistungen**	20		
I. Grundsatz: § 631 Abs. 1 BGB in Verbindung mit §§ 1 Abs. 1 und 2 Abs. 1 VOB/B	21	V. Auslegung	113
		1. Auslegung als »sinnvolles Ganzes«	113
		2. Besondere Bedeutung des Wortlauts	117
II. Abgrenzung werkvertraglich geschuldeter Erfolg zum Bausoll	27	3. Auslegung unter Rückgriff auf preisrechtliche Regelungen oder Abrechnungsempfehlungen	120
III. Beschriebene Leistungen (Leistungsbeschreibung)	39		
1. Bedeutung und allgemeine Anforderungen an die Leistungsbeschreibung	46	a) Leistungsbilder der HOAI	120
		b) Leistungsbilder des AHO	124
a) VOB/B	46	c) DIN-Normen der VOB/C	125
b) VOB/A	47	4. Vergaberechtskonforme Auslegung	129
c) VOB/C, DIN 18 299	50	VI. Abgrenzung vertraglicher Hauptpflichten zu Nebenpflichten und Obliegenheiten	136
d) Sonstige Angaben in der Leistungsbeschreibung	59		
e) AGB-rechtliche Einordnung	61	1. Hauptpflichten von Besteller und Unternehmer	136
2. Formen der Leistungsbeschreibung	64		
a) Leistungsbeschreibung mit Leistungsverzeichnis	65	2. Nebenpflichten	140
		E. **Während der Vertragsabwicklung zu definierende Leistungen**	145
b) Leistungsbeschreibung mit Leistungsprogramm	73	I. Nachträgliche Konkretisierung der Leistungspflicht durch den Unternehmer	145
c) Mischformen	79		
d) Planungs- und Entwicklungsleistungen	86	II. Nachträgliche Leistungsbestimmung durch den Besteller	150

A. Einführung[1]

I. Wesen des Werkvertrags

Der Werkvertrag ist ein **gegenseitiger Vertrag**, in dem jeder Vertragspartner seine Leistung um 1 der Gegenleistung willen verspricht.[2] Der Besteller – in der Diktion der VOB/B »Auftraggeber« genannt – verspricht dem Unternehmer – in der Diktion der VOB/B »Auftragnehmer« genannt – die Entgegen- und Abnahme des Werks (§ 640 BGB) und die Entrichtung der vereinbarten Vergütung.[3] Die vertragstypische Leistung für die Einordnung eines Vertrags als Werkvertrag i.S.d. §§ 631 ff. BGB liegt in der Leistung des Unternehmers, der sich zur **Herstellung** (§ 631 Abs. 1 BGB) und **Verschaffung** (§ 633 Abs. 1 BGB) des versprochenen, meist individuellen Werks verpflichtet. Wesensbestimmendes Merkmal der unternehmerischen Leistungspflicht ist mithin

---

1 Ich danke Herrn stud. jur. Pascal Friesenhahn für die Hilfe bei der Erstellung des Fußnotenapparates.
2 Palandt/*Grüneberg*, vor § 320 Rn. 5.
3 Vgl. Einzelheiten bei § 632 Rdn. 31 ff.

eine entgeltliche Wertschöpfung[4] in der Weise, dass er für den Besteller das vereinbarte Werk errichtet[5] oder einen erfolgsbezogenen Beitrag zu seiner Erschaffung leistet.[6] Dabei reicht die Spannweite möglicher Vertragsgestaltungen beim Werkvertrag aus der reinen Einbringung von Arbeit, etwa bei der Errichtung eines Werkes aus vom Besteller bereit gestellten (Bau-)Stoffen bis zum Aufbau und Vorhaltung einer komplexen Bauorganisation, die zuweilen die Größenordnung von mittelständischen Unternehmen erreicht, um ein vom Besteller beschriebenes Bauwerk in Eigenorganisation und unter Beschaffung sämtlicher Baustoffe zu errichten.

II. Unzulänglichkeiten des gesetzlichen Werkvertragsrechts für Bauverträge

2 Bei der Neugestaltung des Werkvertragsrechts im Zuge der Schuldrechtsmodernisierung zum 01.01.2002 und weiterer Novellierungen des BGB[7] hat sich der Gesetzgeber bei der Konzeption der §§ 631 ff. BGB von der Neuherstellung handwerklicher Gegenstände überschaubaren Umfangs als Leitbild führen lassen,[8] auch wenn er diese seit der Schuldrechtsmodernisierung über § 651 BGB komplett unter die Anwendung des Kaufrechts gestellt hat.[9] Damit fällt insbesondere das **Immobiliarwerkvertragsrecht** unter das gesetzliche Werkvertragsrecht der §§ 631 ff. BGB, ohne dass dies den an einen Bauvertrag zu stellenden Anforderungen genügte.[10]

3 Im Koalitionsvertrag zwischen CDU, CSU und FDP zur 17. Legislaturperiode wird deutlich, dass der Gesetzgeber das Problem erkannt, aber bislang nicht gelöst hat. Auf S. 35/124 wird angekündigt zu prüfen, ob und inwieweit ein eigenständiges Bauvertragsrecht zur Lösung der bestehenden Probleme im Bereich des Bau- und Werkvertragsrechts geeignet ist. Diese, im Ungefähren gehaltene Ankündigung lässt jedoch Rückschlüsse darauf zu, dass die Schaffung eines eigenständigen Bauvertragsrechts oder die Implementierung desselben im BGB zwar als erforderlich, nicht jedoch als vorrangiges politisches Ziel angesehen wird. Es ist daher davon auszugehen, dass die Unzulänglichkeiten des gesetzlichen Werkvertragsrechts für Bauverträge in den nächsten Jahren noch bestehen bleiben werden.

4 In demjenigen Maß, wie die Herstellung des versprochenen Werks vom Leitbild handwerklicher Arbeiten abweicht, wird die reine Anwendung gesetzlichen Werkvertragsrechts problematischer. Eines der drängendsten Probleme für den Unternehmer, nämlich die bis zur Abnahme unbegrenzte Vorleistungspflicht, ist mit der seit 01.01.2009 geltenden Fassung des § 632a BGB[11] relativiert worden. Es bleibt indes das für den Besteller unbedingt zu lösende Problem, dass er nach gesetzlichem Werkvertragsrecht keinerlei Möglichkeiten hat, auf die Herstellung des Werks Einfluss zu nehmen, und dass er im Falle der Schlechtleistung nur sehr eingeschränkt reagieren kann, weil die Werkleistung nach dem gesetzlichen Leitbild erst zum Zeitpunkt der Abnahme fällig wird.

5 Die Praxis hat sich dadurch beholfen, dass sie den Vorschriften des BGB zahlreiche zusätzliche Regelungen zur Seite stellt, von denen die **Vergabe- und Vertragsordnung für Bauleistungen (VOB)** die bekannteste sein dürfte. Daneben[12] existieren, teils für den jeweiligen Besteller konzipiert, teils auf das Bauvorhaben abgestimmt, in vielen Fällen sog. besondere Vertragsbedingun-

---

4 Palandt/*Sprau*, Einf. vor § 631 Rn. 1.
5 BGH, 10.03.1983 – VII ZR 302/82, NJW 1983, 1489, vgl. auch BGH, 07.03.1974 – VII ZR 148/73, BGHZ 62, 204f.
6 BGH, 11.10.2001 – VII ZR 302/82, NJW 2002. 749, vgl. auch BGH, 03.03.1998 – X ZR 4/95, NJW-RR 1998, 1027.
7 Zuletzt mit dem Forderungssicherungsgesetz (BR-Drucks. 616/08); näher dazu: *Gehlen*, NZBau 2008, 612 ff.
8 Staudinger/*Peters*/*Jacoby* (2008), Vorbem. 5 zu §§ 631 ff. BGB.
9 Vgl. § 651.
10 Vgl. Vor. zu §§ 631 ff. BGB, Rdn. 5.
11 Vgl. § 632a BGB, Rdn. 57.
12 Zur Rangfolge vgl. § 1 Nr. 2 VOB/B sowie § 305c BGB, Rdn. 6. Zur vergaberechtlichen Ausgestaltung vgl. *Krist*, Vergaberecht, Rdn. 90 ff.

gen (BVB),[13] zusätzliche Vertragsbedingungen (ZVB),[14] zusätzliche Technische Vertragsbedingungen (ZTV)[15] und allgemeine technische Vertragsbedingungen für Bauleistungen (VOB/C).[16]

B. Parteien des Bauvertrags

I. Unternehmer

Das BGB bezeichnet als »**Unternehmer**«, wer sich zur Herstellung und Verschaffung eines Werks gegen Vergütung[17] verpflichtet. Bezieht sich die Verpflichtung auf ein Bauwerk, spricht man vom **Bauunternehmer**. Die VOB/B bezeichnet die die Werkleistung erbringende Partei bei im Übrigen identischem Bedeutungsgehalt als »**Auftragnehmer**«. 6

Der Begriff des Unternehmers wird auch in § 14 BGB definiert.[18] Der Unternehmer i.S.d. § 14 BGB ist aber nicht identisch mit demjenigen i.S.d. § 631 BGB. Die begrifflichen Gegenteile »Unternehmer« und »Verbraucher« in §§ 13, 14 BGB haben ihre Bedeutung bei der Anwendung verbraucherschützender Vorschriften (z.B. §§ 475 ff. BGB). Unternehmer i.S.d. § 631 BGB können Verbraucher oder Unternehmer i.S.d. § 14 BGB sein. Beide Definition stehen nebeneinander und in keiner Wechselwirkung,[19] auch wenn der Unternehmer eines Bauvertrags in meisten Fällen auch Unternehmer i.S.d. § 14 BGB sein wird. 7

Auf Seiten des Bauunternehmers unterscheidet die Praxis bei Bauverträgen verschiedene Begriffe für häufig vorkommende Unternehmereinsatzformen. Es handelt sich dabei nicht um gesetzliche Begriffe und die Terminologie ist in Rechtsprechung, Rechtslehre und Praxis nicht einheitlich. Im Sinne einer übergreifenden Typisierung können hier unterschieden werden der sog. **Alleinunternehmer**, der **Hauptunternehmer**, der **Lieferant**,[20] der **Nebenunternehmer**, der **Generalunternehmer**, der **Projektunternehmer** sowie der **Generalübernehmer**.[21] 8

---

13 Gemäß § 8 Nr. 4 Abs. 2 VOB/A sind die allgemeinen Vertragsbedingungen und etwaige zusätzliche Vertragsbedingungen für die Erfordernisse des Einzelfalls durch besondere Vertragsbedingungen zu ergänzen. In diesen sollen sich Abweichungen von den allgemeinen Vertragsbedingungen auf die Fälle beschränken, in denen dort besondere Vereinbarungen ausdrücklich vorgesehen sind, und auch nur soweit es die Eigenart der Leistung und ihrer Ausführung erfordern.
14 Gemäß § 8 Nr. 6 VOB/A sind in den zusätzlichen Vertragsbedingungen, soweit erforderlich, Regelungen zu treffen über beizustellende Unterlagen, Benutzung von Lager- und Arbeitsplätzen, Zufahrtswegen, Anschlussgleisen, Wasser- und Energieanschlüssen, Weitervergabe an Nachunternehmer, Ausführungsfristen, Haftung, Vertragsstrafen und Beschleunigungsvergütungen, Abnahme, Vertragsart und Abrechnung, Stundenlohnarbeiten, Zahlungen und Vorauszahlungen, Sicherheitsleistungen, Gerichtsstand, Lohn- und Gehaltsnebenkosten sowie Änderungen der Vertragspreise. Im Einzelfall erforderliche besondere Vereinbarungen über die Mängelansprüche sowie deren Verjährung und über die Verteilung der Gefahr bei Schäden, die durch Hochwasser, Sturmfluten, Grundwasser, Wind, Schnee, Eis und dergleichen entstehen können, sind in besonderen Vertragsbedingungen zu treffen. Sind für bestimmte Bauleistungen gleich gelagerte Voraussetzungen i.S.v. § 9 Nr. 6 VOB/A gegeben, so dürfen die besonderen Vereinbarungen auch in zusätzlichen Technischen Vertragsbedingungen vorgesehen werden.
15 Die zusätzlichen Technischen Vertragbedingungen sind nach § 8 Nr. 5 VOB/A geeignet, die Allgemeinen Technischen Vertragsbedingungen (VOB/C) für die Erfordernisse des Einzelfalls zu ergänzen.
16 Unter den allgemeinen technischen Vertragsbedingungen für Bauleistungen versteht man die Regelungen der VOB/C, also die DIN-Normen ab DIN 18299. Gemäß § 8 Nr. 5 VOB/A bleiben die allgemeinen technischen Vertragsbedingungen grundsätzlich unverändert. Sie dürfen von Auftraggebern, die ständig Bauleistungen vergeben, für die bei ihnen allgemein gegebenen Verhältnisse durch zusätzliche technische Vertragsbedingungen ergänzt werden. Für die Erfordernisse des Einzelfalls sind Ergänzungen und Änderungen in der Leistungsbeschreibung festzulegen.
17 Vgl. § 632 BGB.
18 Vgl. Palandt/*Ellenberger*, BGB § 14 Rn. 1 ff.
19 *Wirth/Willner*, Baukommentar, § 631 Rn. 90.
20 Bei dem die Anwendbarkeit von Werkvertragsrecht oft zweifelhaft ist, vgl. *Wirth/Willner*, Baukommentar, § 631 Rn. 36–37.
21 Vgl. Definitionen Vor. zu §§§ 631 ff. BGB Rdn. 33.

9   Weitere am Bau übliche Verträge sind diejenigen mit **Architekten** und **Ingenieuren**. Auch dabei handelt es sich im Regelfall um Werkverträge,[22] wobei der Architekt bzw. Ingenieur der Unternehmer i.S.d. § 631 BGB ist. Dies gilt auch dann, wenn der Architekt oder Ingenieur im Rahmen des Architekten- oder Ingenieurvertrags gegenüber dem Bauunternehmer Aufgaben des Bestellers wahr nimmt oder aufgrund ihm erteilter Vollmacht den Besteller rechtsgeschäftlich vertritt.[23] Für den **Projektsteuerer**[24] gilt vorstehendes entsprechend.

10 Weitere, für den Bau typische Vertragsgestaltungen sind bei *Kessen*[25] beschrieben.

II. Subunternehmer

11 Während die vorstehenden Begriffe Bezeichnungen für Unternehmereinsatzformen sind, die in unmittelbarer vertraglicher Beziehung zum Besteller stehen, werden Unternehmer, die ihrerseits Verträge mit dem Hauptunternehmer geschlossen haben, **Subunternehmer**[26] genannt. Die VOB/B bezeichnet diese bei identischem Bedeutungsgehalt als **Nachunternehmer**. Die Berufsverbände der Bauindustrie und des Handwerks bevorzugen den Begriff »**Fachunternehmer**«, um die besondere Qualifikation des Subunternehmers zu betonen, die den Hauptunternehmer möglicherweise dazu veranlasst hat, Teilleistungen an diesen zu vergeben.

12 Der Subunternehmer hat keine eigene Vertragsbeziehung zum Besteller. Im Vertragsverhältnis zwischen Hauptunternehmer zum Subunternehmer ist vielmehr der Unternehmer der »Besteller« i.S.d. § 631 BGB und der Subunternehmer der »Unternehmer«. Anzuwenden sind insoweit die gesetzlichen Regeln, wobei folgende Besonderheiten gelten: In § 641 Abs. 2 BGB ist die sog. **Durchgriffsfälligkeit** geregelt, nach der der Subunternehmer die Vergütung unabhängig von ihrer Fälligkeit nach § 641 Abs. 1 BGB bereits dann verlangen kann, wenn der Hauptunternehmer einen entsprechenden Vergütungsteil vom Besteller erhalten hat.[27] Bei Haftungsfragen wirkt sich die Vertragsbeziehung zwischen Hauptunternehmer und Subunternehmer im Verhältnis zum Besteller über § 278 BGB aus, weil der Subunternehmer Dritter i.S. dieser Vorschrift ist und der Hauptunternehmer für dessen Verschulden in gleichem Umfang einzustehen hat wie für eigenes.[28]

13 Eine weitere gesetzliche Regelung findet sich in § 1a AEntG. Danach haftet der Hauptunternehmer wie ein **selbstschuldnerische Bürge** (§§ 773 Abs. 1 Nr. 1, 771 BGB) für Nettoentgelt sowie Sozialkassenbeiträge, welche den Arbeitnehmern des Subunternehmers zu zahlen sind.

14 Ist Vergaberecht anzuwenden, enthält § 8 Abs. 6 Nr. 1 lit. c) VOB/A die Empfehlung, die Weitervergabe an Subunternehmer in **Besonderen Vertragsbedingungen** (**BVB**) zu regeln.

15 Ist die VOB/B vereinbart, hat der Unternehmer nach § 4 Abs. 8 Nr. 1 VOB/B die Pflicht, die versprochene Leistung im eigenen Betrieb auszuführen.[29] Nur mit **schriftlicher Zustimmung** des Bestellers ist eine Übertragung an Subunternehmer zulässig, soweit der Betrieb des Unternehmers auf die Erbringung solcher Leistungen eingerichtet ist. Bei einem BGB-Bauvertrag, bei dem die VOB/B nicht wirksam vereinbart worden ist, besteht das Erfordernis der schriftlichen Zustimmung nicht.[30] In diesem Fall ist der Unternehmer frei darin, die Leistung arbeitsteilig zu erbringen und sich Dritter (Subunternehmer) zur Erfüllung seiner Verbindlichkeit zu bedienen. In § 16

---

22 Berg/Vogelheim/Wittler, Rn. 179 ff.
23 BGH, 10.06.1999 – VII ZR 215/99, NJW 1999, 3188; OLG Düsseldorf, 23.06.2009 – 23 U 140/08, IBR 2009, 530 = IBR 2009, 594 = IBR 2009, 595 = IBR 2009, 750.
24 Vgl. vor § 631 BGB Rdn. 65.
25 Vgl. vor § 631 BGB Rdn. 48 ff.
26 Vgl. Definition vor §§ 631 ff. BGB Rdn. 33.
27 Vgl. § 641 BGB Rdn. 40 ff.
28 Vgl. § 278 BGB Rdn. 5/7.
29 Vgl. § 278 BGB Rdn. 5.
30 Ingenstau/Korbion/*Oppler*, B § 4 Abs. 8 Rn. 1.

Abs. 6 VOB/B findet sich zudem eine Vorschrift, über die **Direktzahlungen** des Bestellers an den Subunternehmer unter bestimmten Voraussetzungen ermöglicht werden.[31]

III. Besteller

Der Vertragspartner des Unternehmers ist der **Besteller**. Die VOB/B bezeichnet diesen bei identischem Bedeutungsgehalt als »**Auftraggeber**«. Der Besteller verpflichtet sich zur Entrichtung der geschuldeten Vergütung[32] und zur Abnahme.[33] Auch der Besteller kann sowohl Verbraucher als auch Unternehmer i.S.d. §§ 13, 14 BGB sein. 16

C. Vertragsschluss

Der Bauvertrag als Werkvertrag kommt, wie jeder andere Vertrag auch, durch **Angebot** und **Annahme** zustande. Bei Anwendung des Vergaberechts ist für den Fall, dass der Zuschlag unter Änderungen erfolgt, § 18 Abs. 2 VOB/A zu beachten, der eine mit § 150 Abs. 2 BGB korrespondierende Vorschrift enthält und dafür sorgt, dass das Vergabeverfahren nicht mit verspätetem oder abänderndem Zuschlag endet.[34] 17

Der Bauvertrag bedarf nicht der Einhaltung einer besonderen **Form**. Nur, wenn aufgrund der beteiligten Parteien besondere gesetzliche Formvorschriften gelten, sind diese zu beachten. Bauverträge mit **öffentlichen Auftraggebern** sind teilweise formbedürftig, etwa aufgrund von § 64 Abs. 1 GO NW.[35] Wird der Bauvertrag mit einem Grundstückskaufvertrag verbunden, ist die **notarielle Form** gem. § 311b BGB zu beachten.[36] 18

Das Zustandekommen des Bauvertrags ist von *Waldner* bei §§ 145 ff. BGB Rdn. 1 ff. ausführlich kommentiert. Die vergaberechtlichen Besonderheiten behandelt *Krist*, Vergaberecht, Rdn. 82 ff. 19

D. Bei Vertragsschluss definierte Leistungen

Bei der Ermittlung des werkvertraglich geschuldeten Erfolgs einerseits und dem Bausoll andererseits ist zu differenzieren: 20

I. Grundsatz: § 631 Abs. 1 BGB in Verbindung mit §§ 1 Abs. 1 und 2 Abs. 1 VOB/B

Nach § 631 Abs. 1 1. HS BGB wird der Unternehmer **durch den Vertrag** zu Herstellung des versprochenen Werkes verpflichtet. Mit der Formulierung »durch den Vertrag« hebt der Gesetzgeber hervor, dass der vom Unternehmer zu erreichende werkvertragliche Erfolg sowie Art und Umfang der Leistung von der **Vereinbarung**, die die Parteien miteinander getroffen haben, bestimmt wird. Dabei sind die Parteien in der Definition der Leistungspflicht frei, die im Immobiliarwerkvertragsrecht von einfachen handwerklichen Tätigkeiten bis zur Planung und Errichtung ganzer Stadtteile oder komplexer Ingenieurbauwerke oder Verkehrsanlagen reicht. Insbesondere werden die Parteien nicht von technischen Regelwerken oder der Verkehrssitte daran gehindert, im konkreten Werkvertrag ein bestimmtes Leistungsziel (werkvertraglich geschuldeter Erfolg) zu beschreiben, selbst wenn das Leistungsziel selbst oder der dahin beschriebene Weg nicht dem entspricht, was am Bau im Regelfall als üblich angesehen wird. 21

Das allen anderen Regelwerken vorgehende Primat der Vereinbarungen im Werkvertrag nimmt auch die VOB/B auf: 22

---

31 Vgl. § 16 VOB/B Rdn. 146 ff.
32 Vgl. § 632 BGB.
33 Vgl. Rdn. 137; § 640 Rdn. 1 ff.
34 Ingenstau/Korbion/*v. Wietersheim*, A § 18 Rn. 18.
35 Berg/Vogelheim/Wittler, Rn. 34.
36 Vgl. vor § 631 BGB Rdn. 32.

> »§ 1 Art und Umfang der Leistung, Abs. 1
>
> *Die auszuführende Leistung wird nach Art und Umfang durch den Vertrag bestimmt. Als Bestandteil des Vertrags gelten auch die Allgemeinen Technischen Vertragsbedingungen für Bauleistungen (VOB/C).«*

23 In der ersten Norm der VOB/B wird der allgemeine werkvertragliche Grundsatz, dass die vom Unternehmer auszuführende Leistung nach Art und Umfang durch den Vertrag bestimmt wird, bestätigend wiederholt. § 1 Abs. 1 VOB/B gilt nicht nur für Verträge, denen die VOB/B zu Grunde gelegt wird. Er gilt für alle Bauverträge.[37] Die VOB/B weist lediglich zusätzlich auf Geltung der VOB/C hin.

24 § 631 Abs. 1 2. HS BGB bestimmt weiter, dass der Besteller **durch den Vertrag** zur Entrichtung der vereinbarten Vergütung verpflichtet wird. Auch hier stellt das BGB die **Vergütungsvereinbarung** der Parteien in den Mittelpunkt der Betrachtung und macht keine weiteren Angaben dazu, wie die Vergütung zu bestimmen ist und welche Leistungen mit der vereinbarten Vergütung abgegolten sein sollen und welche nicht.

25 An dieser Stelle ergänzt die VOB/B die Regelungen des BGB:

> »§ 2 Vergütung, Abs. 1
>
> *Durch die vereinbarten Preise werden alle Leistungen abgegolten, die nach der Leistungsbeschreibung, den Besonderen Vertragsbedingungen, den Zusätzlichen Vertragsbedingungen, den Zusätzlichen Technischen Vertragsbedingungen, den Allgemeinen Technischen Vertragsbedingungen für Bauleistungen und der gewerblichen Verkehrssitte zur vertraglichen Leistung gehören.«*

26 § 2 Abs. 1 VOB/B markiert im Bauvertrag als Gegenpart zu § 1 Abs. 1 VOB/B das **werkvertragliche Synallagma**. Durch die Festlegungen, dass einerseits die auszuführende Leistung nach Art und Umfang durch den Vertrag bestimmt wird, und dass andererseits durch die vereinbarten Preise alle Leistungen abgegolten werden, die im Vertrag beschrieben sind, wird das Preis-Leistungs-Gefüge definiert.

II. Abgrenzung werkvertraglich geschuldeter Erfolg zum Bausoll

27 Der Unternehmer schuldet einen Erfolg. Dieser besteht darin, ein dem Vertrag entsprechendes und funktionstaugliches Werk herzustellen (**werkvertraglich geschuldeter Erfolg**). Er ist grundsätzlich verpflichtet, alle dafür erforderlichen Leistungen zu erbringen.

28 Mit den vereinbarten Preisen werden alle Leistungen abgegolten, die im Vertrag und seinen Bestandteilen beschrieben sind. Darüber hinaus sind solche Tätigkeiten und Leistungen abgegolten, die nicht beschrieben wurden, aber nach der gewerblichen Verkehrssitte zur vertraglichen Leistungen gehören (**Bausoll**). Das Bausoll besteht mithin aus den beschriebenen Leistungen[38] (Leistungsbeschreibung) und nicht beschriebenen Leistungen.[39] Daraus lässt sich der **Umkehrschluss** ziehen, dass all diejenigen Leistungen, die im Vertrag nicht beschrieben sind und nicht von der Verkehrssitte als zur beschriebenen Leistung zugehörig angesehen werden, vom Unternehmer auch nicht geschuldet werden.[40]

29 Teilweise wird im Vertrag nur der werkvertragliche Erfolg beschrieben, wie dies beispielsweise bei **Funktionalausschreibungen**[41] typischerweise der Fall ist. Der Vertrag beschreibt mithin lediglich

---

37 Ingenstau/Korbion/*Keldungs*, B § 1 Abs. 1 Rn. 1.
38 Vgl. Rdn. 39 ff.
39 Vgl. Rdn. 108 ff.
40 OLG Stuttgart, 30.01.2003 – 2 U 49/00, BauR 2004, 678; BGH, 28.08.2003 – VII ZR 59/03 (Nichtzulassungsbeschwerde zurückgewiesen); BauR 2004, 678.
41 Vgl. Rdn. 73 ff.

das Leistungsziel und nicht etwa, welchen Weg zum Leistungsziel der Unternehmer zu gehen hat, wenn mehrere Möglichkeiten bestehen, den geschuldeten werkvertraglichen Erfolg zu erreichen. In einem solchen Fall ist der Unternehmer verpflichtet, alle zur Erreichung des werkvertraglich geschuldeten Erfolgs notwendigen Leistungen zu erbringen, gleich ob die Erreichung mehr oder weniger aufwendig und damit mehr oder weniger lukrativ ist. Dies ergibt sich daraus, dass es allein Sache des Unternehmers ist, auf welchem Weg, mit welchen Mitteln und mit welchem Aufwand er den Erfolg erreichen will. Im Geltungsbereich der VOB/B wird dieser Grundsatz durch das Zusammenspiel des § 1 Nr. 1 VOB/B mit § 4 Nr. 2 Abs. 1 VOB/B verdeutlicht, wo normiert wird, dass es Sache des Unternehmers ist, die Leistung unter eigener Verantwortung nach dem Vertrag auszuführen. Er muss die Ausführung der vertraglichen Leistung leiten und für Ordnung auf seiner Arbeitsstelle sorgen. Dabei gibt ihm die VOB/B lediglich auf, die anerkannten Regeln der Technik und die gesetzlichen und behördlichen Bestimmungen zu beachten.[42] Beschreiben die Parteien im Vertrag mithin nur den zu erreichenden Erfolg, besteht das Bausoll darin, diesen Erfolg zu erreichen. In der Wahl der Mittel ist der Unternehmer dann ebenso frei wie unerwartete Mehraufwendungen zu seinen Lasten gehen.

Werden im Vertrag – wie dies bei den meisten Bauverträgen der Fall ist, typischerweise etwa beim **Einheitspreisvertrag**[43] – neben dem werkvertraglich geschuldeten Erfolg auch einzelne Leistungsschritte, Tätigkeiten, Materialien usw. beschrieben, können werkvertraglich geschuldeter Erfolg einerseits und Bausoll andererseits auseinanderfallen.[44] Dabei geht es erstens um die Frage, ob der Unternehmer verpflichtet ist, auch nicht beschriebene und nicht zur Verkehrssitte gehörende Leistungen zu erbringen. Und, wenn ja, zweitens darum, ob derlei Tätigkeiten gem. § 631 Abs. 1 2. HS BGB in Verbindung mit dem sich aus § 2 Abs. 1 VOB/B ergebenden Grundsatz mit den vereinbarten Preisen abgegolten sind oder ob der Unternehmer Anspruch gegen den Besteller hat, dass derlei Leistungen neben dem vereinbarten Werklohn gesondert vergütet werden. 30

Damit wird deutlich, dass zwischen dem **werkvertraglich geschuldeten Erfolg** einerseits und dem **Bausoll** andererseits unterschieden werden muss. Das Bausoll ist die sich nach dem Vertrag und seinen Bestandteilen ergebende vertraglich geschuldete Leistung, deren Erbringung auch von den Bauumständen, die im Vertrag benannt oder unbenannt sein können, abhängt.[45] Dieses Bausoll steht im Dienste des werkvertraglich geschuldeten Erfolgs und stellt letztlich nur eine prognostische Einschätzung des Verfassers der Leistungsbeschreibung dar, die nach seinen Vorstellungen geeignet sein soll, den werkvertraglich geschuldeten Erfolg zu erreichen.[46] 31

Die Rechtsprechung geht bei der Frage, welcher werkvertragliche Erfolg vom Unternehmer geschuldet ist, von einer **funktionalen Betrachtungsweise** aus. Hierzu hat der BGH in einer grundlegenden Entscheidung[47] folgenden Leitsatz formuliert: 32

»Im Rahmen der getroffenen Vereinbarungen schuldet der Auftragnehmer ein funktionstaugliches und zweckentsprechendes Werk.«

In den Gründen hierzu heißt es weiter: 33

»Die Leistung des Auftragnehmers ist nur vertragsgerecht, wenn sie die Beschaffenheit aufweist, die für den vertraglich vorausgesetzten oder gewöhnlichen Gebrauch erforderlich ist. Im Rahmen der getroffenen Vereinbarung schuldet der Auftragnehmer ein funktionstaugliches und zweckentsprechen-

---

[42] Vgl. § 13 VOB/B Rdn. 3.
[43] Vgl. Rdn. 65 ff.
[44] Motzke, NZBau 2002, 641, 646; Kniffka, IBR-Online-Kommentar Bauvertragsrecht, § 631 BGB Rn. 517.
[45] Motzke, NZBau 2002, 641, 646; Kapellmann/Schiffers, Bd. 1 Rn. 3 ff.; vgl. auch: OLG Oldenburg, 07.12.2006 – 8 U 182/06, BauR 2008, 1457.
[46] Motzke, a.a.O.
[47] BGH, 11.11.1999 – VII ZR 403/98, NZBau 2000, 74, Vgl. auch BGH, 16.07.1998 – VII ZR 350/96, BauR 1999, 37; OLG Oldenburg, 07.12.2006 – 8 U 182/06, BauR 2008, 1457.

des Werk. An dieser Erfolgshaftung ändert sich nichts, wenn die Parteien eine bestimmte Ausführungsart vereinbart haben, mit der die geschuldete Funktionstauglichkeit des Werkes nicht erreicht werden kann.«

34 Mit der Entscheidung vom 11.11.1999[48] hat der BGH klargestellt, dass der Unternehmer auch dann zur Erreichung des werkvertraglichen Erfolgs verpflichtet ist, wenn die im Vertrag beschriebene Leistung (Bausoll) nicht tauglich ist, den werkvertraglich geschuldeten Erfolg zu erreichen. Soweit *Motzke* hierzu feststellt, dass der werkvertraglich geschuldete Erfolg im Bauvertrag keine **leistungserweiternde Funktion** hat, ist dies mithin nur teilweise richtig: Denn die Vereinbarung eines Bausolls, welches ungeeignet ist, ein funktionstaugliches Werk herzustellen, löst nicht nur Prüfungs- und Bedenkenhinweispflichten (§ 4 Abs. 3, § 3 Abs. 3 VOB/B) aus.[49] Unterlässt der Unternehmer derlei Hinweise, sei es aus Nachlässigkeit oder weil er ebenfalls nicht erkannt hat, dass das Bausoll ungeeignet war, den werkvertraglich geschuldeten Erfolg zu erreichen, bleibt er sowohl im VOB-Werkvertrag (§ 13 Abs. 3 VOB/B) wie auch im BGB-Werkvertrag zur Erreichung des werkvertraglich geschuldeten Erfolgs verpflichtet und haftet anderenfalls wegen Mängeln. Und das selbst dann, wenn er im Vertrag nicht beschriebene und nicht von der Verkehrssitte als zugehörig empfundene Leistungen erbringen muss.

35 Das bedeutet aber nicht, dass der Unternehmer zur Erreichung des werkvertraglich geschuldeten Erfolgs erforderliche aber über die vertragliche Beschreibung (Bausoll) hinausgehende Leistungen im Rahmen der vereinbarten Vergütung zu erbringen hätte. Dies deutet der BGH in der oben zitierten Entscheidung[50] bereits an, indem er ausdrücklich hervorhebt, dass **Sowieso-Kosten** im Rahmen der Gewährleistung zu berücksichtigen seien.[51]

36 Die rechtliche Begründung für derlei Sowieso-Kosten liegt im **VOB-Werkvertrag** in §§ 4 Abs. 3, 13 Abs. 3 VOB/B. Danach wird der Unternehmer von der Gewährleistung frei, wenn er den Besteller auf seine Bedenken gegen die vorgesehene Art der Ausführung hingewiesen hat.[52] Ordnet der Besteller auf einen solchen Hinweis eine über das Bausoll hinausgehende und zur Erreichung des werkvertraglich geschuldeten Erfolgs erforderliche Zusatzleistung an, ist diese über §§ 1 Abs. 3, 2 Abs. 5 VOB/B oder nach §§ 1 Abs. 4, 2 Abs. 6 VOB/B zusätzlich zu vergüten. Diese wirtschaftliche Folge vertragsgerechten Verhaltens des Unternehmers ist im Rahmen der Gewährleistung zu berücksichtigen, so dass dem Besteller lediglich ein Anspruch in derjenigen Höhe zusteht, die sich aufgrund dessen ergibt, dass der Unternehmer die nach § 4 Abs. 3 VOB/B geschuldeten Hinweise unterlassen hat.

37 Im **BGB-Werkvertrag**, der keine § 4 Abs. 3 VOB/B entsprechende Regelung kennt,[53] gelten die in § 4 Abs. 3 VOB/B und § 13 Abs. 3 VOB/B niedergelegten Grundsätze jedoch ebenfalls, weil es gegen **Treu und Glauben (§ 242 BGB)** verstößt, den Unternehmer im Rahmen der Gewährleistung verschuldensunabhängig für etwas haften zu lassen, was der Besteller zu verantworten hat.[54] Daher wird auch im BGB-Werkvertrag der Unternehmer auf entsprechende Bedenkenanmeldung von der Gewährleistung frei. Auch wenn ein dem § 1 Abs. 3 oder 4 VOB/B entspre-

---

48 BGH, 11.11.1999 – VII ZR 403/98, NZBau 2000, 74; OLG Oldenburg, 07.12.2006 – 8 U 182/06, BauR 2008, 1457.
49 Vgl. *Motzke*, NZBau 2002, 641, 647.
50 BGH, 11.11.1999 – VII ZR 403/98, NZBau 2000, 74, vgl. auch BGH, 16.07.1998 – VII ZR 350/96, BauR 1999, 37.
51 Unter Hinweis auf BGH, 16.07.1998 – VII ZR 350/96, BGHZ 139, 244 = NJW 1998, 3707, ebenso BGH, 17.05.1984 – VII ZR 169/82, BGHZ 91, 206.
52 Vgl. § 13 VOB/B Rdn. 9 ff.
53 Die verwandte Regelung in § 645 BGB behandelt eine Ausnahme zur Vergütungsgefahr vor Abnahme und ist auf die § 13 Abs. 3 VOB/B zu Grunde liegende Fallgestaltung nach Abnahme auch nicht analog anwendbar.
54 BGH, 08.11.2007 – VII ZR 183/05, BauR 2008, 344.

chendes Weisungsrecht mit der Rechtsfolge des § 2 Abs. 5 oder 6 VOB/B im BGB-Werkvertrag nicht existiert – auch nicht über Treu und Glauben (§ 242 BGB) – wird man doch in der Anordnung einer über das Bausoll hinausgehenden und zur Erreichung des werkvertraglich geschuldeten Erfolgs erforderlichen Leistung und der Ausführung derselben durch den Unternehmer mindestens eine konkludente Vertragsänderung (geändertes Bausoll) der Parteien sehen, hinsichtlich derer in Ermangelung einer Vereinbarung über die Vergütung § 632 BGB herangezogen werden kann.[55] Die Rechtsfolge ist dem Grunde nach mithin mit derjenigen beim VOB-Werkvertrag identisch. Der Höhe nach können sich aus § 2 Abs. 5 oder 6 VOB/B einerseits und § 632 BGB andererseits Unterschiede ergeben.

Der Unternehmer ist mithin in jedem Fall verpflichtet, den werkvertraglich geschuldeten Erfolg zu erreichen. Muss er dafür Leistungen erbringen, die nicht nach § 2 Abs. 1 VOB/B abgegolten sind (Bausoll), steht ihm für die zusätzlich erforderlichen Leistungen ein Anspruch auf Anpassung der Preise aus § 2 Abs. 5 oder 6 VOB/B zu. Im BGB-Werkvertrag gilt über § 242 BGB dem Grunde nach das gleiche. 38

III. Beschriebene Leistungen (Leistungsbeschreibung)

Entgegen einer weit verbreiteten Meinung gehört es nicht zu den Haupt-, Nebenpflichten oder Obliegenheiten des Bestellers, die **Leistungsbeschreibung** zu erstellen.[56] Diese Aufgabe hat der Besteller nur, wenn er der VgV oder SektVO unterfällt und auch nur dann, wenn der konkrete Vertrag dem Vergaberecht unterliegt.[57] Außerhalb des Vergaberechts ist es rechtlich ebenso unproblematisch wie in der Praxis üblich, dass die Leistungsbeschreibung vom Unternehmer erstellt wird. 39

Rechtliche Regelungen zur Erstellung der Leistungsbeschreibung außerhalb des Vergaberechts gibt es nicht. Allerdings ist es in der Praxis üblich, dass man sich – insbesondere wenn die Leistungsbeschreibung vom Besteller erstellt wird – an den Vorstellungen der **VOB/A** und der **VOB/C** orientiert. 40

Vorgaben zur Erstellung der Leistungsbeschreibung werden in § 7 **VOB/A** behandelt. Dort werden verschiedene Arten der Leistungsbeschreibung vorgestellt.[58] Die VOB/A enthält Regelungen, deren Beachtung auch außerhalb des Vergaberechts allgemein üblich ist und Ausflüsse des Prinzips von **Treu und Glauben** sind. Es sind aber auch einige Vorgaben zur Erstellung von Leistungsbeschreibungen enthalten, die **keine allgemeinen Grundsätze** darstellen, die beispielsweise bei einer rein privatrechtlichen Besteller-Unternehmer-Beziehung anzuwenden wären. In vielen Fällen erscheint dies nicht einmal sinnvoll. 41

§ 7 VOB/A liegt die Vorstellung des **planenden Bestellers** zu Grunde, der gegenüber dem Unternehmer ein überlegenes Fachwissen selbst vorhält oder sich ein solches beschafft hat. Für den öffentlichen Auftraggeber, für den die VOB/A geschaffen worden ist, trifft dies auch oft zu. Deshalb ist es sachgerecht, den öffentlichen Auftraggeber zur Anwendung der VOB/A zu zwingen und ihn hierdurch anzuhalten, von der ansonsten geltenden Vertragsfreiheit nur so weit Gebrauch zu machen, wie dies einem unter Berücksichtigung seines überlegenen Fachwissens fairen Umgang entspricht. 42

Handelt es sich bei Besteller und Unternehmer jeweils um privatwirtschaftlich organisierte Unternehmen oder ist der Besteller gar Verbraucher i.S.d. § 13 BGB, verdient der Unternehmer den in der VOB/A vorgegebenen Schutz, der sich auch in manchen Vorstellungen der VOB/C widerspie- 43

---

55 OLG Stuttgart, 30.01.2003 – 2 U 49/00, BauR 2004, 678.
56 *Quack*, BauR 1998, 381; auch Rdn. 141.
57 Näher: *Krist*, Vergaberecht, Rdn. 82 ff.
58 *Krist*, Vergaberecht, Rdn. 90 ff.

gelt, nicht. Handelt es sich bei dem Besteller – wie beispielsweise oft beim Bauträgervertrag – um einen Verbraucher i.S.d. § 13 BGB, dürfte die Anwendung der in § 7 VOB/A niedergelegten Regeln sogar kontraindiziert sein.

44 In den zur **VOB/C** gehörenden DIN-Normen sind durchgängig Hinweise zur Erstellung der Leistungsbeschreibung enthalten, beginnend mit einer allgemeinen Reglung in DIN 18 299, folgend alle Fachnormen ab DIN 18 300, jeweils in Abschnitt 0 der jeweiligen DIN. Es handelt sich dabei um **Richtlinien und Checklisten zur Konkretisierung der Ausschreibungsregelungen**,[59] die in der Bauwirtschaft anerkannt sind und auf deren Beachtung sich die Bauunternehmen in der Regel bei ihrer Preisbildung beziehen.

45 Gleichwohl stellen die in der VOB/C niedergelegten Richtlinien und Checklisten **keine anerkannten Regeln der Technik** dar.[60] Denn um technische Regelungen handelt es sich gerade nicht. Ob die in der VOB/C enthaltenen Hinweise zur Aufstellung der Leistungsbeschreibung beachtet wurden, spielt nur dann eine Rolle, wenn – was ggf. durch Auslegung (§§ 133, 157 BGB) zu ermitteln ist – zwischen den Parteien ein Vertrauenstatbestand dahin geschaffen wurde, dass sich der die Leistungsbeschreibung erstellende Besteller an den Vorgaben der VOB/C orientiert.[61] Das ist bei solchen Bestellern, die dem Vergaberecht unterliegen, regelmäßig der Fall. Außerhalb der Anwendbarkeit des Vergaberechts wird dies eher selten so sein.

1. Bedeutung und allgemeine Anforderungen an die Leistungsbeschreibung

a) VOB/B

46 Nach 1 Abs. 2 lit. a) VOB/B geht die **Leistungsbeschreibung** bei Widersprüchen allen anderen Vertragsbestandteilen im Rang vor. § 2 Abs. 1 VOB/B nimmt zur Beschreibung der Leistungen, die durch die vereinbarten Preise abgegolten sind, primär auf die Leistungsbeschreibung Bezug. Die Leistungsbeschreibung ist mithin für die Bestimmung des werkvertraglich geschuldeten Erfolgs und auch des Bausolls von zentraler Bedeutung.

b) VOB/A

47 Innerhalb des Geltungsbereichs der VOB/A gibt § 7 Abs. 1 VOB/A den Grundsatz vor, dass die Leistung **eindeutig und so erschöpfend zu beschreiben** ist, dass alle Bewerber die Beschreibung im gleichen Sinne verstehen müssen und ihre Preise sicher und ohne umfangreiche Vorarbeiten berechnen können. Auch außerhalb des unmittelbaren Anwendungsbereichs der VOB/A[62] beschreibt § 7 Abs. 1 VOB/A einen **allgemein geltenden Grundsatz**, der stets beachtet werden sollte, wenn der Besteller zu einer von ihm erstellten Leistungsbeschreibung Marktpreise abfragen und darauf seine Vergabeentscheidung gründen will. Denn nur wenn die Leistung eindeutig und erschöpfend beschrieben ist, ist gewährleistet, dass die von den Bietern zu bildenden Preise auf den gleichen kalkulatorischen Grundlagen beruhen und tatsächlich vergleichbar sind. Insofern bestimmt § 7 Abs. 2 VOB/A ergänzend, dass alle die Leistung beeinflussenden Umstände festzustellen und in den Vergabeunterlagen anzugeben sind, um eine einwandfreie Preisermittlung zu ermöglichen.

48 Die Vorgabe des § 7 Abs. 3 VOB/A, dass dem Unternehmer **kein ungewöhnliches Wagnis** aufgebürdet werden darf für Umstände und Ereignisse, auf die er keinen Einfluss hat und deren Einwirken auf die Preise und Fristen er nicht im Voraus schätzen kann, ist eine rein vergaberechtlich zu beachtende Vorschrift. Schreibt der öffentliche Auftraggeber eine Leistung dergestalt aus, dass

---

[59] *Vogel/Vogel*, in: Beck'scher VOB-Kommentar, Teil C, Syst V Rn. 4.
[60] *Quack*, ZfBR 2007, 211; *Motzke* in: Beck'scher VOB Kommentar, C, Syst IV, Rn. 8; vor §§ 631 ff. Rdn. 47.
[61] *Vogel/Vogel*, in: Beck'scher VOB-Kommentar, Teil C, Syst V Rn. 4.
[62] Vgl. *Krist*, Vergaberecht, Rdn. 82 ff.

dem Unternehmer ein ungewöhnliches Wagnis im vorstehenden Sinne aufgebürdet wird, ist die Vergabe fehlerhaft und kann von den Bietern mit einem Vergabenachprüfungsverfahren angegriffen werden.[63] Genauso wenig wie privatrechtlich organisierte Besteller diese Vorgabe zu beachten hätten, kann sie nach erfolgter Vergabe dazu herangezogen werden, für den Unternehmer ungünstige und ein ungewöhnliches Wagnis beinhaltende Bestandteile der Leistungsbeschreibung zu relativieren oder gar als unwirksam anzusehen. Hierzu hat der BGH entschieden, dass es den Parteien frei stehe, Wagnisse zu übernehmen,[64] auch ungewöhnliche. Eine Einschränkung der auch insofern bestehenden Vertragsfreiheit gilt nur bei zwingender Anwendung der VOB/A und ist **kein allgemeines baurechtliches Prinzip.**

Damit in Zusammenhang stehen die das vorstehende Prinzip ausfüllenden weiteren Vorgaben der VOB/A, nach der die für die Ausführung der Leistung wesentlichen Verhältnisse der Baustelle, z.B. Boden- und Wasserverhältnisse, so zu beschreiben sind, dass der Bewerber ihre Auswirkungen auf die bauliche Anlage und die Bauausführung hinreichend beurteilen kann (§ 7 Abs. 6 VOB/A). Des Weiteren bestimmt die VOB/A, dass die »Hinweise für das Aufstellen der Leistungsbeschreibung« in Abschnitt 0 der Allgemeinen Technischen Vertragsbedingungen (VOB/C) für Bauleistungen, DIN 18299 ff., zu beachten sind. Auch diese Vorgaben, die letztlich nichts anderes bezwecken als zu vermeiden, dass dem Unternehmer ein ungewöhnliches Wagnis aufgebürdet wird, gelten nur bei Anwendung der VOB/A. Den privatrechtlich organisierten Besteller binden sie nicht. 49

c) VOB/C, DIN 18 299

Die zur VOB/C gehörende DIN 18 299 »Allgemeine Regelungen für Bauarbeiten jeder Art« enthält unter Ziff. 0 »Hinweise für das Aufstellen der Leistungsbeschreibung« zunächst folgende Vorgaben: 50

»Diese Hinweise für das Aufstellen der Leistungsbeschreibung gelten für Bauarbeiten jeder Art; sie werden ergänzt durch die auf die einzelnen Leistungsbereiche bezogenen Hinweise in den ATV DIN 18 300 bis 18 459, Abschnitt 0. Die Beachtung dieser Hinweise ist Voraussetzung für eine ordnungsgemäße Leistungsbeschreibung gem. § 9 VOB/A.«

In den Vorbemerkungen zum Leistungsverzeichnis ist aufzunehmen: 51

»Soweit in der Leistungsbeschreibung auf Technische Spezifikationen, z.B. nationale Normen, mit denen europäische Normen umgesetzt werden, europäische technische Zulassungen, gemeinsame technische Spezifikationen, internationale Normen, Bezug genommen wird, werden auch ohne den ausdrücklichen Zusatz: ›oder gleichwertig‹, immer gleichwertige Technische Spezifikationen in Bezug genommen.

Die Hinweise werden nicht Vertragsbestandteil.«

Bei den diesen einleitenden Vorbemerkungen folgenden Hinweisen handelt es sich weder um **anerkannte Regeln der Technik** noch um **Allgemeine Geschäftsbedingungen.**[65] Vor diesem Hintergrund ist auch der Absatz »Die Hinweise werden nicht Vertragsbestandteil.« zu verstehen. Die Hinweise können nämlich bereits deshalb nicht Vertragsbestandteil werden, weil sie mit dem Vertragsschluss überholt sind und ihre Beachtung auch nicht mehr nachgeholt werden kann.[66] Die Hinweise sind daher **nicht ohne Bedeutung.** 52

---

63 Vgl. *Krist*, Vergaberecht, Rdn. 49 ff.
64 BGH, 27.06.1996 – VII ZR 59/95, BauR 1997, 126 (Kammerschleuse); LG Berlin, 12.11.2002 – 13 O 264/02, IBR 2003, 344 mit Anm. *Quack*.
65 *Vogel/Vogel*, in: Beck'scher VOB-Kommentar, Teil C, Syst V Rn. 4.
66 *Englert/Grauvogl/Katzenbach*, in: Beck'scher VOB-Kommentar, Teil C, DIN 18 299 Rn. 15.

53 In Abschnitt 0.1 »Angaben zur Baustelle« werden diverse Beschreibungen aufgenommen, die nach der Vorstellung des Verordnungsgebers dem Bieter und späteren Unternehmer an die Hand gegeben werden sollen, um die angebotenen Preise kalkulieren zu können. Der Begriff »Baustelle« ist dabei in dem Sinne zu verstehen, dass er zum einen die Stelle selbst, an der die Bauarbeiten erbracht werden, bezeichnet.[67] In diesem Zusammenhang stellt der Begriff »Baustelle«[68] ein Synonym für die ebenfalls verwendeten Begriffe »Baugrundstück«,[69] »Baubereich«[70] oder »Baugelände«[71] dar. Die Angaben zur Baustelle umfassen allerdings nicht alleine den Bereich der Baustelle selbst im technischen Sinne, sondern den gesamten Baubereich. Dieser wird besonders deutlich als die Zufahrtsmöglichkeiten (Abschnitt 0.1.1), Schutzgebiete oder Schutzzeiten (Abschnitt 0.1.13) u. Ä. erwähnt werden. Letztlich verlangt die DIN 18 299 in Abschnitt 0 von dem die Leistungsbeschreibung Erstellenden nichts weniger, als **alle kalkulationswesentlichen Angaben** zu machen, die sich aus der örtlichen Lage der Baustelle und ihrer Einbindung in die Umwelt ergeben.

54 In Abschnitt 0.2 »Angaben zur Ausführung« werden die kalkulationswesentlichen notwendigen Angaben zur Bauausführung einleitend den anderen VOB/C-Normen vorangestellt. In diesem Abschnitt sind insbesondere solche Umstände beschrieben, die im Regelfall für die Preisfindung von maßgeblicher Bedeutung sind. Dies betrifft die **technische Art der Bauausführung** wie auch zeitliche und **organisatorische Vorgaben**. Daran schließt sich die ergänzende Regelung in Abschnitt 0.3 »Einzelangaben bei Abweichungen von den ATV« an, in denen dem Ersteller der Leistungsbeschreibung vorgegeben wird, **Abweichungen zu den Fachnormen** eindeutig und im Einzelnen anzugeben.

55 Der Abschnitt 0.4 »Einzelangaben zu Nebenleistungen und besonderen Leistungen« enthält eine Art **Regelvermutung**.

56 Die in den Abschnitten 4.1 aller VOB/C-Normen beschriebenen **Nebenleistungen** sollen in der Leistungsbeschreibung nur erwähnt werden, wenn sie ausnahmsweise selbständig vergütet werden sollen. Eine ausdrückliche Erwähnung ist geboten, wenn die Kosten der Nebenleistung von erheblicher Bedeutung für die Preisbildung sind; in diesen Fällen sind besondere Ordnungszahlen (Positionen) vorzusehen. Dies kommt insbesondere für das Einrichten und Räumen der Baustelle in Betracht.

57 Werden die in den Abschnitten 4.2 aller VOB/C-Normen beschriebenen **besonderen Leistungen** verlangt, so sollen diese in der Leistungsbeschreibung stets angegeben werden. Gegebenenfalls sind hierfür besondere Ordnungszahlen (Positionen) vorzusehen.

58 In Abschnitt 0.5 »Abrechnungseinheiten« ist wiederum generalklauselartig vorgegeben, dass die in den Abschnitten 0.5 der VOB/C-Normen genannten **Abrechnungseinheiten** standardmäßig zu verwenden sind.

d) Sonstige Angaben in der Leistungsbeschreibung

59 In der Praxis werden der Leistungsbeschreibung, insbesondere bei der mit Leistungsverzeichnis,[72] gerne einleitende Vorbemerkungen vorangestellt, die nicht selten **rechtlich relevante Regelungen** enthalten. Üblich sind Regelungen zu Hinweispflichten in Ergänzung zu § 4 Abs. 3 VOB/B oder

---

67 *Englert/Grauvogl/Katzenbach*, in: Beck'scher VOB-Kommentar, Teil C, DIN 18 299 Rn. 17.
68 In der VOB/A so bezeichnet in § 9 Nr. 3 Abs. 3 und § 18 Nr. 1, in der VOB/B so bezeichnet in § 4 Abs. 1 Nr. 1, Abs. 4 und 6, § 6 Abs. 7, § 15 Abs. 1 Nr. 2 und in den VOB/C-Normen in den jeweiligen Abschnitten 0.1.
69 So bezeichnet in § 648 BGB.
70 So bezeichnet in § 3 Abs. 4 VOB/B und in zahlreichen Abschnitten 4.1 der VOB/C-Normen, in denen auf § 3 Abs. 4 VOB/B verwiesen wird.
71 So bezeichnet in der VOB/C DIN 18 299 Abschnitte 0.1.15 und 3.1.
72 Vgl. Rdn. 65.

Regelungen zur Abrechnung, die im Rahmen des § 2 Abs. 2 VOB/B bedeutsam sind und oft die in DIN-Normen enthaltenen Abrechnungsregeln[73] ergänzen oder ganz oder teilweise außer Kraft setzen sollen.

Derlei Klauseln sind dort aber i.d.R. erstens fehl am Platz, weil sie – je nach Regelungsinhalt – in die BVB, ZVB oder ZTV gehören.[74] Zweitens finden sich dort oft wenig durchdachte und dem eigentlichen Vertragstext widersprechende Regelungen, die in die Leistungsbeschreibung aufgenommen wurden, ohne ihre Rechtsfolgen im Einzelnen geprüft zu haben. Die Leistungsbeschreibung sollte daher stets sorgfältig geprüft und von rechtlichen Regelungen gesäubert werden.[75]

e) AGB-rechtliche Einordnung

Für Bauverträge dürfte regelmäßig gelten, dass die Leistungsbeschreibung bauvorhabenbezogen und damit **individuell vereinbart** wird. So hat der BGH in einem Fall, in welchem die Parteien um den Inhalt einer Vorbemerkung zu einem Leistungsverzeichnis und dem hieraus abzuleitenden Leistungsumfang stritten, klargestellt, dass Leistungsbeschreibungen eines Bauvertrages grundsätzlich der Inhaltskontrolle nach dem AGBG und damit den Neuregelungen in §§ 305 ff. entzogen sind.[76] Keinesfalls sollte der Unternehmer somit bei einer **unklaren oder unverständlichen Leistungsbeschreibung** derlei Schwierigkeiten in der Angebotsphase verschweigen und auf eine spätere erfolgreiche AGB-Rüge oder einen darauf zu gründenden Nachtrag spekulieren. Sofern derlei unkalkulierbare Risiken für den Unternehmer vertragswesentlich sind, ist er vielmehr gehalten, die Unklarheiten vor Vertragsschluss durch Fragen zu beseitigen und möglicherweise gegen die Vergabe rechtlich vorzugehen.

Denn eine angeblich oder tatsächlich nicht mögliche Kalkulierbarkeit des Leistungsumfangs führt nicht zur Unwirksamkeit der getroffenen Vereinbarung bzw. des Inhalts der Leistungsbeschreibung, da vom Unternehmer nach der Rechtsprechung auch unkalkulierbare Risiken übernommen werden können.[77]

Weiterhin muss sich der Unternehmer im Rahmen der Überprüfung der vom öffentlichen Auftraggeber gestellten Leistungsbeschreibung darüber im Klaren sein, dass die VOB/A kein Gesetzesrecht für den Bauvertrag enthält, sondern nur innerdienstlichen Charakter hat, soweit sie inhaltliche Vorgaben zur Leistungsbeschreibung enthält.[78]

2. Formen der Leistungsbeschreibung

Die VOB/A kennt zwei Arten der Leistungsbeschreibung: zum einen die **Leistungsbeschreibung mit Leistungsverzeichnis**, definiert in § 7 Abs. 9 ff. VOB/A; zum anderen die **Leistungsbeschreibung mit Leistungsprogramm**, auch oft »Funktionalbeschreibung« genannt, definiert in § 7 Abs. 13 ff. VOB/A. Diese beiden Arten der Leistungsbeschreibung sowie Mischformen aus beiden haben sich in der Baupraxis auch außerhalb der Anwendbarkeit des Vergaberechts durchgesetzt.

---

73 Vgl. Rdn. 125 ff.
74 Durch die der Regelung in § 8 VOB/A widersprechende Platzierung von derlei Klauseln, besteht – sollten sie unter AGB-Recht fallen – zudem eine erhöhte Gefahr, dass eine inhaltliche Prüfung bereits an § 305c BGB scheitert, weil die Regelung an der entsprechenden Stelle als überraschend anzusehen ist. Vgl. BGH, 16.03.2006 – I ZR 65/03 MDR 2006, 1300.
75 Kuffer/Wirth/*Englert*, Kap. 1 Rn. 202.
76 BGH, 26.04.2005 – X ZR 166/04, IBR 2005, 357 mit Anm. *Schwenker*.
77 BGH, 27.06.1996 – VII ZR 59/95, BauR 1997, 126 (Kammerschleuse und hinreichende Bestimmbarkeit der Leistung); LG Berlin, 12.11.2002 – 13 O 264/02, IBR 2003, 344 mit Anm. *Quack*.
78 BGH, 21.11.1991 – VII ZR 203/90, BauR 1992, 221); vgl. auch KG, 14.02.2006 – 21 U 5/03, IBR 2006, 189 (Olympia-Stadion Berlin); *Quack*, BauR 1998, 381.

a) Leistungsbeschreibung mit Leistungsverzeichnis

65 *§ 7 VOB/A Leistungsbeschreibung*

Leistungsbeschreibung mit Leistungsverzeichnis

(9) Die Leistung ist in der Regel durch eine allgemeine Darstellung der Bauaufgabe (Baubeschreibung) und ein in Teilleistungen gegliedertes Leistungsverzeichnis zu beschreiben.

(10) Erforderlichenfalls ist die Leistung auch zeichnerisch oder durch Probestücke darzustellen oder anders zu erklären, z.B. durch Hinweise auf ähnliche Leistungen, durch Mengen- oder statische Berechnungen. Zeichnungen und Proben, die für die Ausführung maßgebend sein sollen, sind eindeutig zu bezeichnen.

(11) Leistungen, die nach den Vertragsbedingungen, den Technischen Vertragsbedingungen oder der gewerblichen Verkehrssitte zu der geforderten Leistung gehören (§ 2 Absatz 1 VOB/B), brauchen nicht besonders aufgeführt zu werden.

(12) Im Leistungsverzeichnis ist die Leistung derart aufzugliedern, dass unter einer Ordnungszahl (Position) nur solche Leistungen aufgenommen werden, die nach ihrer technischen Beschaffenheit und für die Preisbildung als in sich gleichartig anzusehen sind. Ungleichartige Leistungen sollen unter einer Ordnungszahl (Sammelposition) nur zusammengefasst werden, wenn eine Teilleistung gegenüber einer anderen für die Bildung eines Durchschnittspreises ohne nennenswerten Einfluss ist.

66 Die Leistungsbeschreibung mit Leistungsverzeichnis enthält eine einleitende **allgemeine Darstellung der Bauaufgabe**, die dazu dient, dem Unternehmer eine Übersicht über die gewünschte Bauleistung im Allgemeinen zu geben.[79] Diese Einführung hat Bedeutung für die Auslegung des nachgestellten Leistungsverzeichnisses[80] und beinhaltet das zusammengefasste Leistungsziel, also die Zusammenfassung des werkvertraglich geschuldeten Erfolgs. In diese allgemeine Darstellung sind, soweit der Bauvertrag Vergaberecht unterfällt, die sich aus § 7 VOB/A ergebenden Anforderungen aufzunehmen. Soweit der Zweck und die vorgesehene Beanspruchung der fertigen Leistung angegeben werden sollen (§ 7 Abs. 1 Nr. 5 VOB/A), hat dies ebenfalls hier zu geschehen. Ebenso sind die für die Ausführung der Leistung wesentlichen Verhältnisse der Baustelle (§ 7 Abs. 1 Nr. 6 VOB/B) wie auch die gemäß Abschnitt 0 der DIN 18 299 erforderlichen Angaben dort zu machen, soweit sie für die gesamte Bauaufgabe von Bedeutung sind.

67 Die Leistungsbeschreibung mit Leistungsverzeichnis besteht neben der Baubeschreibung aus einem aufgegliederten **Leistungsverzeichnis**, welche die Einzelleistungen unter sog. Ordnungszahlen[81] (**Positionen**)[82] zusammenfasst. Es handelt sich dabei um eine Liste, die diejenigen Einzelleistungen enthält, die nach Ansicht desjenigen, der das Leistungsverzeichnis erstellt hat, erforderlich sind, um den in der Baubeschreibung niedergelegten werkvertraglich geschuldeten Erfolg zu erreichen.[83] Dies wird durch die Bestimmung in § 7 Abs. 1 Nr. 1 VOB/A flankiert, nach dem die Leistung eindeutig und so erschöpfend zu beschreiben ist, dass alle Bewerber eines nach VOB/A durchzuführenden Vergabeverfahrens die Beschreibung im gleichen Sinne verstehen müssen und ihre Preise sicher und ohne umfangreiche Vorarbeiten berechnen können.[84] Soweit die textliche Beschreibung nicht ausreichend erscheint, kann die Leistung auch zeichnerisch oder durch Probestücke dargestellt oder anders erklärt werden (§ 7 Abs. 10 VOB/A).

68 Um die für die Erreichung des werkvertraglich geschuldeten Erfolgs im Einzelnen erforderlichen Teilleistungen komplett und erschöpfend beschreiben zu können, ist es zwingend erforderlich,

---

79 Ingenstau/Korbion/*Kratzenberg*, A § 7 Rn. 88.
80 Vgl. Rdn. 113 ff.
81 In der Praxis abgekürzt: OZ.
82 In der Praxis abgekürzt: Pos.
83 Vgl. Rdn. 31.
84 Vgl. Rdn. 47.

dass vor der Ausschreibung die **Ausführungsplanung** vorliegt und Mengenberechnungen erstellt wurden. Dies ist im Vergabehandbuch des Bundes (VGH 2008) in den Allgemeinen Richtlinien Vergabeverfahren wie folgt geregelt:

»4.3.1 Vor dem Aufstellen der Leistungsbeschreibung müssen die Ausführungspläne, soweit sie nicht vom Auftragnehmer zu erstellen sind, und die Mengenberechnungen vorliegen. Vor dem Aufstellen der Leistungsbeschreibung müssen die Pläne, insbesondere die Ausführungszeichnungen, soweit sie nicht vom Auftragnehmer zu beschaffen sind, und die Mengenberechnungen rechtzeitig vorliegen.«

Die Parteien können sich bei Vertragsschluss darüber verständigen, dass bestimmte Positionen aus der Leistungsbeschreibung unter der Bedingung stehen, dass der Besteller deren Ausführung nach Vertragsschluss anordnet. Hierbei handelt es sich um so genannte **Bedarfs- oder Eventualpositionen**. Die Begriffe »Bedarfsposition« und »Eventualposition« sind synonym. Rechtlich handelt es sich um die Vereinbarung einer bestimmten Leistung und Gegenleistung unter einer **aufschiebenden Bedingung**. Dabei ist zu beachten, dass diese Bedingung im Regelfall darin besteht, dass der Besteller derlei Leistungen anordnet oder ausdrücklich abruft und nicht darin – was eine weitverbreitete Fehlvorstellung ist –, dass der Unternehmer die Leistungen für technisch notwendig hält oder sie tatsächlich technisch notwendig sind.[85] Derlei Positionen treten im Falle des Bedingungseintritts zu den sog. **Grundpositionen** hinzu. Deren Inhalt ändert sich dabei ebenso wenig wie die dafür vereinbarte Vergütung.[86] 69

Im Rahmen der öffentlichen Auftragsvergabe ist zu berücksichtigen, dass Bedarfs- und Eventualpositionen nur noch ausnahmsweise in die Leistungsbeschreibung aufgenommen werden dürfen, § 7 Abs. 1 Nr. 4 VOB/A. 70

Hiervon zu unterscheiden sind die so genannten **Wahl- oder Alternativpositionen**. Hierbei handelt es sich um Positionen, hinsichtlich derer der Besteller noch keine endgültige Entscheidung über die Art der Ausführung getroffen hat.[87] Die Begriffe »Wahlposition« und »Alternativposition« sind synonym. Der Unterschied zu Bedarfs- oder Eventualpositionen[88] liegt darin, dass diese Positionen nicht zu den übrigen Positionen des Leistungsverzeichnisses hinzutreten, sondern eine oder mehrere sog. **Grundpositionen** ersetzen. Rechtlich handelt es sich um die **Vereinbarung eines einseitigen Leistungsbestimmungsrechts**[89] zugunsten des Bestellers, welches in seiner vergütungsrechtlichen Folge nicht – wie bei § 315 BGB oder § 2 Abs. 5 VOB/B – unbestimmt bleibt, sondern zu dem die Parteien vorab eine Vereinbarung über die Gegenleistung der geänderten Leistung getroffen haben. 71

Auf der Vergütungsseite kann der Preis bei der Leistungsbeschreibung mit Leistungsverzeichnis verschieden gestaltet werden. Die VOB/A sieht in § 5 Abs. 1 den sog. **Leistungsvertrag** in der Form des **Einheitspreisvertrages**[90] oder des **Pauschalpreisvertrages**[91] als Regelfall vor. Möglich, 72

---

85 OLG Dresden, 10.01.2007 – 6 U 519/04, BauR 2008, 518; nur scheinbar davon abweichend: OLG Frankfurt, 15.09.2004 – 21 U 5/04, denn die zur Abrechnung der dort zu beurteilenden Alternativposition maßgeblichen tatsächlichen Verhältnisse entstammen einer Einzelfall-Auslegung des Vertrags durch das Gericht.
86 Vgl. Zur Wahl- oder Alternativpositionen Rdn. 71.
87 Vgl. KG, 21.11.2002 – 4 U 7233/00, BauR 2004, 1779.
88 Vgl. Rdn. 69.
89 Sind im Leistungsverzeichnis Positionen zum Vorhalten von Gerät, Mannschaft usw. für den Fall eines angeordneten Baustillstands enthalten, was in der Praxis oft vorkommt, wird eine Auslegung des Vertrags (§§ 133, 157 BGB) im Regelfall ergeben, dass dem Besteller dann auch ein entsprechendes Leistungsbestimmungsrecht zustehen soll. Und zwar auch dann, wenn ein zeitliches Leistungsbestimmungsrecht im Vertrag nicht ausdrücklich vereinbart ist.
90 Vgl. § 632 BGB Rdn. 74 ff.
91 Vgl. § 632 BGB Rdn. 109 ff.

aber in der Praxis ungebräuchlich sind auch **Selbstkostenerstattungsverträge**,[92] **Stundenlohnverträge**[93] oder Mischformen.

b) Leistungsbeschreibung mit Leistungsprogramm

73 Anstelle der Ausschreibung der Werkleistung auf Basis eines in Teilleistungen gegliedertes Leistungsverzeichnisses können die Parteien die Leistung auch funktional auf Basis eines **Leistungsprogramms** i. S. von § 7 Abs. 13 ff. VOB/A ausschreiben. Die VOB/A gestattet das jedoch nur, wenn es nach Abwägen aller Umstände zweckmäßig ist, abweichend von der Leistungsbeschreibung mit Leistungsverzeichnis zusammen mit der Bauausführung auch den Entwurf für die Leistung dem Wettbewerb zu unterstellen, um die technisch, wirtschaftlich und gestalterisch beste sowie funktionsgerechteste Lösung der Bauaufgabe zu ermitteln.

> § 7 VOB/A Leistungsbeschreibung
>
> *Leistungsbeschreibung mit Leistungsprogramm*
>
> *(13) Wenn es nach Abwägen aller Umstände zweckmäßig ist, abweichend von Absatz 9 zusammen mit der Bauausführung auch den Entwurf für die Leistung dem Wettbewerb zu unterstellen, um die technisch, wirtschaftlich und gestalterisch beste sowie funktionsgerechteste Lösung der Bauaufgabe zu ermitteln, kann die Leistung durch ein Leistungsprogramm dargestellt werden.*
>
> *(14)*
> *1. Das Leistungsprogramm umfasst eine Beschreibung der Bauaufgabe, aus der die Bewerber alle für die Entwurfsbearbeitung und ihr Angebot maßgebenden Bedingungen und Umstände erkennen können und in der sowohl der Zweck der fertigen Leistung als auch die an sie gestellten technischen, wirtschaftlichen, gestalterischen und funktionsbedingten Anforderungen angegeben sind, sowie gegebenenfalls ein Musterleistungsverzeichnis, in dem die Mengenangaben ganz oder teilweise offen gelassen sind.*
> *2. Die Absätze 10 bis 12 gelten sinngemäß.*
>
> *(15) Von dem Bieter ist ein Angebot zu verlangen, das außer der Ausführung der Leistung den Entwurf nebst eingehender Erläuterung und eine Darstellung der Bauausführung sowie eine eingehende und zweckmäßig gegliederte Beschreibung der Leistung – gegebenenfalls mit Mengen- und Preisangaben für Teile der Leistung – umfasst. Bei Beschreibung der Leistung mit Mengen- und Preisangaben ist vom Bieter zu verlangen, dass er*
> *1. die Vollständigkeit seiner Angaben, insbesondere die von ihm selbst ermittelten Mengen, entweder ohne Einschränkung oder im Rahmen einer in den Vergabeunterlagen anzugebenden Mengentoleranz vertritt, und dass er*
> *2. etwaige Annahmen, zu denen er in besonderen Fällen gezwungen ist, weil zum Zeitpunkt der Angebotsabgabe einzelne Teilleistungen nach Art und Menge noch nicht bestimmt werden können (z.B. Aushub-, Abbruch- oder Wasserhaltungsarbeiten) – erforderlichenfalls anhand von Plänen und Mengenermittlungen – begründet.*

74 Auch die Leistungsbeschreibung mit Leistungsprogramm enthält eine einleitende **allgemeine Darstellung der Bauaufgabe**. Sie geht aber – im Unterschied zur Leistungsbeschreibung mit Leistungsverzeichnis – nicht darüber hinaus. Es fehlt ihr die Leistungsverzeichnis gewordene Vorstellung des Verfassers, welche Arbeits- und Leistungsschritte er im Einzelnen zur Erfüllung der Bauaufgabe für erforderlich hält.[94]

75 Bei der Leistungsbeschreibung mit Leistungsprogramm wird vielmehr nur der **Rahmen oder das Programm der gewünschten Bauleistung** angegeben und es dem Bieter und späteren Unterneh-

---

92 Vgl. § 632 BGB Rdn. 170 ff.
93 Vgl. § 632 BGB Rdn. 154 ff.
94 Vgl. Rdn. 67.

mer überlassen, diesen Rahmen bei der Angebotsbearbeitung oder später bei der Erfüllung der Bauaufgabe dadurch auszufüllen, dass im Wege der Planung die erforderlichen Arbeits- und Leistungsschritte erarbeitet, bepreist und umgesetzt werden.[95] Die Leistungsbeschreibung erfolgt mithin nicht in der Art und Weise, dass die Abarbeitung der beschriebenen Leistungsschritte aus sich heraus ohne weitere Zwischenschritte zum werkvertraglichen Erfolg führt oder führen soll und der Bieter diese Leistung nur noch zu bepreisen hat. Sie verlagert vielmehr einen erheblichen Teil der nach der Vorstellung des Verordnungsgebers der VOB beim Besteller angesiedelten Aufgaben in den Bereich des Unternehmers. So wird von ihm verlangt, dass er die Bauaufgabe plant und eine eigene Baukonzeption erstellt.

Die **Aufwendungen des Unternehmers in der Angebotsphase** sind deutlich höher als bei einer Leistungsbeschreibung mit Leistungsverzeichnis. Der Unternehmer wird gezwungen, erhebliche Zeit und Aufwendungen in eine Bauaufgabe zu investieren, hinsichtlich derer ungewiss ist, ob sie ihm schlussendlich übertragen wird. Bereits daraus ergibt sich, dass die Leistungsbeschreibung mit Leistungsprogramm, neben den in § 7 Abs. 13 VOB/A beschriebenen Voraussetzungen, nur für solche Bauvorhaben zweckmäßig ist, deren Volumen derartige Investitionen rechtfertigen. In der Praxis kommen daher Leistungsbeschreibungen mit Leistungsprogramm bei einer gewerkeweisen Ausschreibung so gut wie nicht vor. 76

Ein Vorteil der Leistungsbeschreibung mit Leistungsprogramm, wegen dessen sie auch außerhalb des Vergaberechts gern gewählt wird, ist die Eröffnung eines **Qualitätswettbewerbs**. Bei der Leistungsbeschreibung mit Leistungsverzeichnis werden die einzelnen Arbeits- und Leistungsschritte einseitig vorgegeben. Ein Wettbewerb der Ideen findet nicht statt, es sei denn, es sind Nebenangebote[96] zugelassen, und ein Bieter nimmt von sich aus die Gelegenheit wahr, eine andere technische Lösung im Vergabeverfahren zu präsentieren. Geschieht dies nicht, ist der Wettbewerb auf Basis einer Leistungsbeschreibung mit Leistungsverzeichnis rein preisbezogen. Gibt der Ausschreibende hingegen nur das Leistungsprogramm vor, entsteht der entscheidende Vorteil im Vergabeverfahren seltener dadurch, dass der eine Bieter gegenüber dem anderen schlicht preiswerter anbietet. Vielmehr obsiegt hier die für den Besteller bessere Idee, bessere Planung oder geschicktere Bauablaufplanung, weil sich diese letztlich in einer wirtschaftlicheren Bauweise und damit in einem niedrigeren Preis ausdrückt. Während bei der Leistungsbeschreibung mit Leistungsverzeichnis mithin der wirtschaftliche Gewinn (niedriger Preis) beim Besteller einen wirtschaftlichen Nachteil (niedriger Gewinn) beim Unternehmer bedeutet, ist bei der Leistungsbeschreibung mit Leistungsprogramm eine Win-Win-Situation möglich, weil der Bieter und spätere Unternehmer durch die Einbringung der besseren Idee die Bauaufgabe für den Besteller preiswerter lösen, aber selbst einen ordentlichen Gewinn erzielen kann. 77

Auf der Vergütungsseite zielt die Leistungsbeschreibung mit Leistungsprogramm meist darauf ab, einen **Globalpauschalpreis**[97] abzufragen. Da einzelne Arbeits- oder Leistungsschritte nicht abgefragt werden, macht es keinen Sinn, solche bepreisen zu lassen. 78

c) Mischformen

Während die Leistungsbeschreibung mit Leistungsprogramm aus der Natur der Sache oft in Reinform vorkommt und sich nähere Angaben zu Materialien, Gestaltung usw. aus dem Programm selbst ergeben, kommt bei Bauvorhaben größeren Ausmaßes die Leistungsbeschreibung mit Leistungsverzeichnis selten in Reinform vor. Hier haben sich in der Praxis Leistungsbestandteile herausgebildet, die eine Vielzahl von Leistungen in einzelnen Positionen des Leistungsverzeichnisses zusammenfassen. Diese Positionen beschreiben für sich gesehen Teile der Gesamtleistung als Leistungsprogramm. 79

---

95 Ingenstau/Korbion/*Kratzenberg*, A § 7 Rn. 115.
96 Vgl. Rdn. 89 ff.
97 Vgl. § 632 BGB Rdn. 117 ff.

80 Häufig wird von dieser Gestaltungsmöglichkeit bei der **Baustelleneinrichtung**[98] Gebrauch gemacht. Diese wird zumeist funktional beschrieben und vom Bieter und späteren Unternehmer erwartet, dass er die für seine Leistungen benötigte Baustelleneinrichtung selbst plant und festlegt, welche Geräte, welches Material er zu welchem Zeitpunkt vorhalten muss. Dabei kann sich die Leistungsbeschreibung darauf beschränken, dem Bauunternehmer für die Baustelleneinrichtung bestimmte Baustelleneinrichtungsflächen zuzuweisen. Denkbar ist sogar, ihm entgegen Abschnitt 0.1.8 der DIN 18 299 die Aufgabe zu übertragen, dass er sich derlei Flächen selbst beschaffen muss.

81 Ein weiteres typisches Beispiel für Elemente von Leistungsprogrammen in Leistungsverzeichnissen ist die **Wasserhaltung**[99] bei Tiefbaumaßnahmen. Während die Baumaßnahme als solche oft detailliert in einem Leistungsverzeichnis beschrieben wird, geschieht dies bei den Wasserhaltungsmaßnahmen relativ selten. Es hat sich in der Praxis die Erwartungshaltung durchgesetzt, dass die für die Bauaufgabe erforderliche Wasserhaltung vom Unternehmer eigenverantwortlich geplant und funktional angeboten wird. So ist es üblich, dem Unternehmer nur die durchschnittlichen Grundwasserstände und ggf. Hochwasserstände mitzuteilen sowie die für die einzelnen Bauzustände erforderlichen Absenkziele zu übermitteln. Wie viele Brunnen, Pumpen und welche sonstigen Maßnahmen erforderlich sind, hat der Unternehmer oft genauso selbst zu beantworten wie die Frage, ob das abgepumpte Wasser in Gewässer oder die Kanalisation abgepumpt wird.

82 Ein weiteres Beispiel aus der Praxis für Elemente von Leistungsprogrammen innerhalb von Leistungsverzeichnissen ist die statische **Bewehrung**[100] der Bauteile. Sowohl bei Hoch- wie insbesondere auch bei Tiefbaumaßnahmen findet man in Leistungsverzeichnissen oft die Angabe »Bewehrung nach statischen Erfordernissen« oder synonyme Angaben. Um hier kalkulieren zu können, muss der Unternehmer bereits in der Angebotsphase eine Vorstatik fertigen, auf Basis derer er die voraussichtlich erforderliche statische Bewehrung abschätzen und in seine Einheitspreise einrechnen kann. Liegt er mit dieser Prognose daneben, muss er zur Erfüllung des mit Leistungsprogramm beschriebenen werkvertraglichen Erfolgs oft mehr leisten, als er in die Einheitspreise eingerechnet hat. Es sei denn, es ist ihm während der Vergabephase gelungen, seine Berechnungen und kalkulatorischen Annahmen zur **Geschäftsgrundlage** zu machen.[101]

83 **Kalkulatorische Annahmen** des Unternehmers oder von ihm vorgesehene **Ausführungsmodalitäten** können dann Vertragsinhalt werden, wenn entweder technische Ausführungen, mitgeteilte Interpretationen des Vertragsinhalts oder die ganz oder teilweise offen gelegte Kalkulation zum Bestandteil der Vertrags werden. Das ist regelmäßig der Fall bei anspruchsvollen Ingenierbauwerken (Brücken- oder Tunnelbau), beim extremen Hochbau oder bei technischen Anlagen (Kraftwerke, Industrieanlagen, usw.), bei denen der Unternehmer mit dem Angebot einen sog. **technischen Erläuterungsbericht** vorzulegen hat, der später als Anlage zum Vertrag genommen und damit zur Vertragsgrundlage gemacht wird. Wird es dem Unternehmer auf diese Art und Weise erlaubt, **offene Leistungsbeschreibungen** zu schließen oder **Leistungsprogramme** zu konkretisieren, sollte genau geprüft und in den Rechtsfolgen bedacht werden, ob und inwieweit von dieser Möglichkeit Gebrauch gemacht wird; beispielsweise indem der Unternehmer eine ungenaue, offene Beschreibung des **Baugrunds** konkretisiert und dem von ihm vorgeschlagenen System bestimmte baugrundliche Voraussetzungen zuordnet.

84 Besteht nicht die Möglichkeit eigene kalkulatorische Annahmen zum Vertragsinhalt zu machen, besteht die für den Unternehmer die Möglichkeit, vertragswesentliche **kalkulatorische Annahmen**

---

98 Vgl. OLG Celle, 25.10.2001 – 14 U 74/00, BauR 2003, 890.
99 Vgl. BGH, 09.04.1992 – VII ZR 129/91, BauR 1992, 759 (Wasserhaltung I) – BGH, 11.11.1993 – VII ZR 47/93; BauR 1994, 236 (Wasserhaltung II); OLG Koblenz, 17.04.2002 – 1 U 829/99, IBR 2003, 181.
100 Vgl. BGH, 27.06.1996 – VII ZR 59/95, BauR 1997, 126 (Kammerschleuse).
101 Vgl. Rdn. 84.

offen zu legen und auf diese Art und Weise zu einer **Geschäftsgrundlage** zu machen, Dies kann beispielsweise im Anschreiben geschehen, indem der Unternehmer deutlich macht, der Kalkulationen seiner Preise bestimmte Annahmen zugrunde gelegt zu haben.[102]

Keinesfalls genügt insofern, die **Kalkulation** selbst zu hinterlegen. Die Kalkulation als solche wird in der Regel selbst dann nicht **Geschäftsgrundlage**, wenn sie offen gelegt wird.[103] Für die Annahme, der Besteller habe die Kalkulation des Unternehmers in seinen Geschäftswillen ungeachtet des Umstandes aufgenommen, dass es grundsätzlich Sache und Risiko des Unternehmers ist, wie er kalkuliert,[104] sind besondere Gründe erforderlich. Der Besteller hat in der Regel keinen Anlass, die ihm nicht bekannten oder ihn nicht interessierenden Kalkulationsgrundlagen in seinen Geschäftswillen aufzunehmen.[105] 85

d) Planungs- und Entwicklungsleistungen

Eine Sonderform der Leistungsbeschreibung mit Leistungsprogramm stellen die sog. **Planungs- und Entwicklungsleistungen** dar. Solche Leistungen kommen in der Praxis nur bei solchen Bauvorhaben vor, bei denen neue Technologien, Bauverfahren oder Baustoffe angewendet werden sollen. Dies ist relativ häufig im Bereich des **Tunnelbaus** oder **Spezialtiefbaus** der Fall. Auf der anderen Seite im **extremen Hochbau**, wie er in Deutschland nur selten anzutreffen ist. 86

Von einer Planungs- und Entwicklungsleistung spricht man, wenn die dem Unternehmer übertragene Bauaufgabe den Einsatz von Materialien oder Verfahren erfordert, die zum Zeitpunkt der Auftragserteilung noch nicht zur Verfügung stehen. Vertraglich wird dann lediglich die geschuldete Funktionalität des Bauwerks oder Bauteils beschrieben. Es bleibt dem Unternehmer in diesem Fall nicht nur überlassen, wie und mit welchen Baumaterialien und Verfahren er den werkvertraglich geschuldeten Erfolg herbeiführen will. Ihm wird zusätzlich das Risiko übertragen, dass sich der werkvertraglich geschuldete Erfolg möglicherweise mit den zur Verfügung stehenden Mitteln nicht oder jedenfalls nicht zeitgerecht realisieren lässt. Die Übernahme von Planungs- und Entwicklungsleistungen ist für den Unternehmer mithin sehr risikoreich. 87

Während die Schwelle der **Unmöglichkeit** im Sinne des § 275 Abs. 1 BGB im Übrigen bereits erreicht ist, wenn die Leistung vom Unternehmer nicht so wie ausgeschrieben, einschließlich der in der Ausschreibung enthaltenen zeitlichen Vorgaben, erbracht werden kann, geht die Leistungspflicht bei Planungs- und Entwicklungsleistungen deutlich weiter. Denn hier wird der Unternehmer gerade dafür vergütet, dass er über die Schwelle des § 275 Abs. 1 BGB hinausgeht und sich in die Lage versetzt, eine an sich für ihn oder jedermann (derzeit) unmögliche Leistung zu erbringen, indem er neue Baumaterialien oder Verfahren entwickelt. Bei der Übernahme einer so weitgehenden Leistungspflicht ist die Grenze des § 275 Abs. 1 BGB mithin erst dann erreicht, wenn feststeht, dass die geschuldete Bauleistung in der Form des zum Vertrag gemachten Leistungsprogramms überhaupt niemals für irgendjemanden, auch nicht zukünftig, erfüllt werden kann. Dies wird selten der Fall und noch seltener nachzuweisen sein. 88

e) Sondervorschläge/Nebenangebote

Die Begriffe »**Sondervorschläge**« oder »**Nebenangebote**« sind synonym. Unter einem Nebenangebot versteht man einen von der Leistungsbeschreibung abweichenden Vorschlag des Unternehmers, der nach seiner Darstellung geeignet ist, den werkvertraglichen Erfolg gleichwohl zu erreichen. Nebenangebote stellen, wenn sie gemäß §§ 13 Abs. 1 Nr. 5, 8 Abs. 2 Nr. 3 VOB/A zugelassen sind, eine nicht zu unterschätzende Verhaltensalternative für den Bieter dar, denn viele Ausschreibungen bei technisch anspruchsvollen Bauvorhaben werden über Nebenangebote ge- 89

---

102 OLG Schleswig, 22.12.2005 – 5 U 55/05, IBR 2007, 62.
103 BGH, 28.02.2002 – I ZR 318/99, NJW 2002, 2312.
104 Vgl. BGH, 19.12.1985 – VII ZR 188/84, BauR 1986, 334.
105 BGH, 10.09.2009 – VII ZR 152/08, IBR 2009, 628, Rn. 36.

wonnen.[106] Nebenangebote können ausgeschlossen werden (§ 8 Abs. 2 Nr. 3 VOB/A). Sind sie zulässig, können sie gewertet werden, wenn sie als solche ausdrücklich gekennzeichnet sind (§ 13 Abs. 1 Nr. 5 VOB/A) und entweder eine mindestens gleichwertige Leistung bieten wie der in der Leistungsbeschreibung des Bestellers liegende Entwurf und einen geringeren Preis haben, also nicht einen sog. **Abmagerungsvorschlag** beinhalten. Oder eine höherwertige Leistung bieten als der Entwurf des Bestellers und den gleichen Preis haben wie dieser.

90 Durch die Unterbreitung eines Nebenangebots verschafft sich der Bieter und spätere Unternehmer bei der Vergabe einen Vorteil gegenüber den Mitbietern (besserer Preis oder bessere technische Lösung oder beides).

91 Auf der anderen Seite erhöht sich dadurch oft sein Risiko. Nämlich stets dann, wenn durch die von ihm im Nebenangebot vorgeschlagene abweichende technische Realisierung Risiken eröffnet werden, die bei der Bauausführung gemäß der bestellerseits formulierten Baubeschreibung nicht eingetreten wären. Um die rechtliche und wirtschaftliche Tragweite eines Nebenangebots bewerten zu können, ist es daher notwendig, die Risikostruktur der bestellerseitig entworfenen Baubeschreibung zu analysieren. Dazu müssen die sich aus der Baubeschreibung ergebenden Risiken erkannt und aus den Vertragsbedingungen wie aus dem Leistungsverzeichnis bzw. dem Leistungsprogramm herausgearbeitet werden, wer im Falle der Verwirklichung des entsprechenden Risikos welche Folgen zu tragen hat. Gerade im Hinblick auf das **Baugrundrisiko**[107] und **Systemrisiko**[108] gilt Folgendes:

– Schreibt der Besteller die Ausführung der Leistung mit einem bestimmten **Bausystem** aus, will er im Regelfall das Risiko übernehmen, dass das von ihm beschriebene System bei mangelfreier Ausführung generell funktioniert. Das sog. Systemrisiko trägt in diesem Fall der Besteller. Zur Haftungsbefreiung des Unternehmers ist allerdings nach §§ 4 Abs. 3, 13 Abs. 3 VOB/B zusätzlich ein Hinweis erforderlich.[109]

– Beschreibt der Besteller die Leistung lediglich mit einem **Leistungsprogramm ohne Systemvorgaben**, will er im Regelfall kein Risiko für das vom Unternehmer vorgeschlagene System übernehmen. Auch dann nicht, wenn er es in der Angebotsphase prüft, genehmigt und dann beauftragt. Das sog. Systemrisiko trägt dann der Unternehmer.

– Beschreibt der Besteller den **Baugrund** nach den Vorgaben der VOB/A und den Abschnitten 0.1.6 und 0.1.7 der DIN 18 299 oder auf andere Art und Weise, will er im Regelfall für die Richtigkeit seiner Beschreibung einstehen.[110] Das sog. Baugrundrisiko trägt dann der Besteller. Allgemein gehaltene, relativierende Hinweise im Baugrundgutachten[111] oder im Bauvertrag[112] ändern daran nichts. Diese Risikoverteilung kann aber nur so weit reichen, wie die Inanspruchnahme des Baugrunds durch die Baubeschreibung geht. Dies ergibt sich im Regelfall aus einer am Grundgedanken des § 7 Abs. 1 Nr. 6 VOB/A und der darin enthaltenen Formulierung »ihrer Auswirkungen auf die bauliche Anlage und die Bauausführung« orientierten Auslegung des Vertrags.

– Macht der Besteller **keine oder eine nur lückenhafte Baugrundbeschreibung**, wird er im Regelfall nicht dafür einstehen wollen, dass sich der Baugrund in den nicht beschriebenen Bereichen so verhält, wie es der Unternehmer bei seiner Kalkulation angenommen und seinem Angebot zu Grunde gelegt hat. Das sog. Baugrundrisiko trägt dann der Unternehmer, weil es auf

---

106 *Hertwig*, Praxis der öffentlichen Auftragsvergabe, Rn. 136.
107 Definition und weitere Nachweise bei *Kuffer*, NZBau 2006, 1, 1; vgl. auch: Ingenstau/Korbion/ Keldungs, B § 2 Rn. 12.
108 Definition und weitere Nachweise bei *Kuffer*, NZBau 2006, 1, 2; vgl. auch: Ingenstau/Korbion/ Keldungs, B § 2 Rn. 15.
109 Vgl. § 13 VOB/B Rdn. 18.
110 BGH, 20.08.2009 – VII ZR 205/07, NZBau 2009, 707.
111 OLG Stuttgart, 21.08.1997 – 13 U 3/96, IBR 1999, 23.
112 Berg/Vogelheim/Wittler, Bau- und Architektenrecht, Rn. 674 ff.

von ihm getroffenen Annahmen beruht, die sich aus den Vorgaben des Bestellers nicht zwingend ableiten lassen.[113] Das gilt selbst dann, wenn darin vergaberechtlich ein Verstoß gegen § 7 Abs. 1 Nr. 6 VOB/A liegen würde. Die Bejahung einer Risikoübernahme für nicht beschriebene Umstände, und damit letztlich für Kalkulationsannahmen des Unternehmers, erfordert stets zusätzliche Indizien.[114]

Vorstehende Regelauslegungen lassen sich zu einer Art **Faustregel** zusammenfassen: Wenn nicht der Vertrag besondere Anhaltspunkte bietet, trägt der Besteller als Verfasser der Leistungsbeschreibung die rechtlichen und wirtschaftlichen Folgen, wenn sich die Leistungsbeschreibung auf Grund des von ihm gewählten Systems, des von ihm beschriebenen Baugrundes oder in der Interaktion beider als nicht oder nur mit zusätzlichen Maßnahmen durchführbar erweist. Bestimmt der Unternehmer das System oder ergänzt er die Beschreibung des Bestellers durch eigene Annahmen, trägt er die rechtlichen und wirtschaftlichen Folgen, wenn sich das geschuldete Bauwerk aufgrund seiner Fehleinschätzungen nicht oder nur mit erhöhtem Aufwand erstellen lässt.[115] 92

Verändert der Unternehmer im Wege eines Nebenangebots die vom Besteller erstellte Baubeschreibung, gehen die Folgen dieser Leistungsänderung zu seinen Lasten: 93
– Der Besteller wird im Falle einer **Systemänderung** im Regelfall für das von dem Unternehmer vorgeschlagene System keine Haftung übernehmen wollen. Insofern hat nämlich der Besteller die Ausschreibung durch Zulassung von Nebenangeboten entgegen § 13 Abs. 1 Nr. 5 VOB/A offen gestaltet und den bietenden Unternehmen die Möglichkeit gegeben, innerhalb des nach wie vor geltenden Leistungsziels eigene Planungen an die Stelle der Leistungsbeschreibung des Bestellers zu setzen. Die Situation gleicht mithin derjenigen einer Leistungsbeschreibung mit Leistungsprogramm, innerhalb derer der Besteller ebenfalls nicht für die Planung und Konzeption des Unternehmers rechtlich einstehen will.[116]
– Enthält das Nebenangebot des Unternehmers eine **Änderung der Baubeschreibung ohne Systemänderung**, so wird der Besteller im Regelfall für die vom Unternehmer vorgeschlagene Entwurfsänderung ebenfalls keine Haftung übernehmen wollen.[117] Ergeben sich insoweit Probleme im Bereich des Baugrundes, so unterscheiden einzelne Gerichte[118] sowie etwa *Kapellmann*[119] oder *Englert*[120] die Folgen danach, ob das Nebenangebot auf dem beschriebenen Baugrund aufbaute oder außerhalb dessen war.[121] Das überzeugt nicht: Nach § 7 Abs. 1 Nr. 6 VOB/A beziehen sich die in die Baubeschreibung aufzunehmenden Angaben ausdrücklich auf die »für die Ausführung der Leistung wesentlichen Verhältnisse«, wobei hier mit »Leistung« diejenige gemeint ist, die in der Leistungsbeschreibung beschrieben ist. Weiter spricht die VOB/A davon, dass der Unternehmer die Auswirkungen der Boden- und Wasserverhältnisse »auf die bauliche Anlage und die Bauausführung« beurteilen können soll, was ebenfalls nur auf die Baubeschreibung abzielt. Auch wenn die DIN 18 299 in Abschnitt 0 derlei ausdrückliche Einschränkungen nicht enthält, wird durch die wechselseitigen Verweise zwischen der DIN und § 7 VOB/A klar, dass sich die dort aufgeführten Hinweise in den durch die VOB/A vorgegebenen Zweck einreihen. Danach ist bei einer verständigen Auslegung des Vertrags im Regelfall kein Grund dafür ersichtlich, die Risikoübernahme des Bestellers auf solche Beschreibungen auszudehnen, die nach der von ihm entworfenen Baubeschreibung keinerlei Auswir-

---

113 OLG Celle, 29.12.2000 – 7 U 249/96, IBR 2002, 656 (Tonlinse).
114 BGH, 20.08.2009 – VII ZR 205/07, NZBau 2009, 707.
115 *Holzapfel/Vogelheim*, in: Forschung + Praxis, Bd. 42, U-verkehr und unterirdisches Bauen, S. 221.
116 Vgl. Rdn. 91.
117 OLG Schleswig, 05.08.1993 – 11 U 197/89, IBR 1995, 374.
118 OLG Schleswig, 05.08.1993 – 11 U 197/89, IBR 1995, 374.
119 *Kapellmann/Schiffers*, Bd. 1, Rn. 701.
120 Englert/Grauvogl/Maurer, Rn. 949 unter Berufung auf ein Urteil des LG Köln, S/F/H § 6 Nr. 6 VOB/B (1973) Nr. 2.
121 Vgl. dazu: VOB/B-Stelle Sachsen-Anhalt, Stellungnahme v. 21.07.1998 – Fall 229, IBR 1999, 113.

kungen auf das Bauwerk oder die Bauausführung haben können.[122] Denn das würde im Ergebnis bedeuten, dass der Besteller zugunsten eines Bieters, der ein Nebenangebot unter weitergehender Ausnutzung des Baugrunds macht, mehr ins Risiko geht als zugunsten der anderen Bieter. Das wiederum hätte zur Konsequenz, dass der Besteller einen Bieter durch eigene Risikoübernahme gegenüber anderen bevorzugt, was dem Interesse des Bestellers an einer ojektiven Preisbildung diametral entgegen steht Dieses Ergebnis widerspräche zudem dem vergaberechtlichen Transparenz- und Fairnessgebot.

3. Bestandteile

94 Bei Anwendung des Vergaberechts ergibt sich aus § 8 Abs. 3 VOB/A, dass dem Bauvertrag die VOB/B zu Grunde gelegt werden muss. Aus dieser wiederum ergibt sich in § 1 Abs. 1 VOB/B, dass als Bestandteil des Vertrags auch die VOB/C und die in ihr enthaltenen DIN-Normen als Vertragsbestandteile gelten. Nach § 1 Abs. 2 VOB/B besteht der Vertrag aus zahlreichen Urkunden, die als Anlagen zum Vertrag genommen werden. Im Regelfall handelt es sich dabei um besondere Vertragsbedingungen (BVB),[123] zusätzliche Vertragsbedingungen (ZVB),[124] zusätzliche Technische Vertragsbedingungen (ZTV),[125] allgemeine technische Vertragsbedingungen für Bauleistungen (VOB/C)[126] und die allgemeinen Vertragsbedingungen für die Ausführung von Bauleistungen (VOB/B).[127]

95 **Scheinbare Widersprüche** zwischen den vorstehenden Vertragsbestandteilen sind im Wege der Auslegung[128] zu lösen. Führt dies zu keinem Erfolg, greift die Rangfolgeregelung des § 1 Abs. 2 VOB/B oder davon abweichende in den Vertrag aufgenommene **Rangfolgeregelungen**.

4. Leistungszeit

a) Leistungszeit nach BGB und VOB

96 Die §§ 631 ff. BGB enthalten keinerlei Regeln zur **Leistungszeit**. Treffen die Parteien keine gesonderte Absprache, so kann der Besteller nach § 271 BGB die Leistung sofort verlangen, der Unternehmer hat sie sofort zu bewirken. Im Übrigen gilt dann, dass der Unternehmer die Bauaufgabe zu fördern und in angemessener Zeit zu erledigen hat.[129]

97 Bei Anwendung der VOB/A hat der Besteller zunächst die Leistungszeit nach § 8 Abs. 2 Nr. 1 i.V.m. § 12 Abs. 1 Nr. 2 lit. i) VOB/A anzugeben. Der Bieter soll wissen, bis wann die Bauleistungen beendet werden sollen und – soweit möglich – wann sie begonnen werden sollen. § 8 Abs. 6 Nr. 1 lit. d) VOB/A bestimmt, dass der Besteller die Ausführungsfristen in den Zusätzlichen Vertragsbedingungen (ZVB) regeln soll. Wie eine solche Regelung vergaberechtlich einwandfrei zu erfolgen hat, ist in § 9 VOB/A im Einzelnen geregelt. Danach sind die **Ausführungsfristen** ausreichend zu bemessen; Jahreszeit, Arbeitsbedingungen und etwaige besondere Schwierigkeiten sind zu berücksichtigen. Für die Bauvorbereitung ist dem Unternehmer genügend Zeit zu gewähren. Außergewöhnlich kurze Fristen sind nur bei besonderer Dringlichkeit vorzusehen.

---

122 *Holzapfel/Vogelheim* in: Forschung + Praxis Bd. 42, U-verkehr und unterirdisches Bauen, S. 221, 223.
123 Vgl. Fn. 13.
124 Vgl. Fn. 14.
125 Vgl. Fn. 15.
126 Vgl. Fn. 16.
127 Zur Rangfolge vgl. § 1 Nr. 2 VOB/B. Zur vergaberechtlichen Ausgestaltung vgl. *Krist*, Vergaberecht, Rdn. 90 ff.
128 Rdn. 113 ff.
129 BGH, 08.03.2001 – VII ZR 470/99; BauR 2001, 958.

Sind Ausführungsfristen vereinbart, regelt § 5 VOB/B, welche vertragliche Bedeutung derlei Vertragsfristen haben und wann sie zu laufen beginnen.[130] Darüber hinaus enthält § 5 Abs. 3 VOB/B eine Regel, die neben dem allgemeinen Leistungsstörungsrecht des BGB die Möglichkeit gibt, bereits vor Fristablauf und damit Verzugseintritt steuernd auf den Unternehmer einzuwirken.[131] 98

Die Leistungszeit spielt, obgleich sie im BGB-Werkvertragsrecht unerwähnt bleibt, in der Praxis eine erhebliche Rolle. Es ist daher üblich, entweder die Dauer der Bauleistung als **Vertragsfrist** im Bauvertrag zu fixieren oder fixe Anfangs- und Endtermine als **Vertragstermine** zu vereinbaren. Ob und ggf. wie sich Vertragsfristen bei **Behinderung** oder **Unterbrechung** der Ausführung verlängern, ist in § 6 VOB/B geregelt.[132] Für den Fall, dass sich die von den Parteien beabsichtigte Leistungszeit bereits vor Vertragsschluss und damit vor Geltung der VOB/B verändert, gilt Folgendes: 99

b) Verzögerungen beim Vertragsabschluss außerhalb des Vergaberechts

Kommt es während der Vertragsverhandlung zwischen den Parteien außerhalb eines Vergabeverfahrens nach VOB/A zu **Verzögerungen beim Vertragsabschluss**, sind die Rechtsfolgen allein über das **allgemeine Schuldrecht** zu lösen.[133] Es ist – ggf. im Wege der Auslegung – genau zu untersuchen, in welcher Erklärung der Parteien das letztgültige Angebot und in welcher Erklärung die Annahme dieses Angebots i.S.d. §§ 145 ff. BGB liegen. Dabei ist zu beachten, dass regelmäßig ein neuer Antrag i.S.d. § 145 Abs. 2 BGB vorliegt, wenn die eine Partei der anderen erklärt, dass sich entweder die Leistungszeit verschoben habe oder wenn Änderungen im bis dato verhandelten Vertragswerk im Hinblick auf Termine, Fristen oder Vergütung geltend gemacht werden. In der Praxis muss an dieser Stelle besonders sorgfältig gearbeitet werden. Denn insbesondere die Aufnahme der Bauleistung kann bei einer verständigen Auslegung als **konkludente Annahmeerklärung** durch den Unternehmer, auch zu von der Ausschreibung abweichenden Umständen, gewertet werden.[134] Letztlich ist die vorstehend beschriebene Fallgestaltung aber stets im Einzelfall zu lösen.[135] 100

c) Verzögerte Vergabe

Ist auf das Verfahren Vergaberecht anwendbar und geht es um eine sog. **verzögerte Vergabe**, sind die Parteien gehindert, etwaige Verschiebungen der Bauzeit einerseits und daraus folgende Anpassungen der Vergütung andererseits im Vorfeld des Vertragsschlusses zu verhandeln. Nach der Rechtsprechung des BGH ist nämlich die Erklärung des Bieters, den Auftrag nur zu angepassten Zeiten und einer angepassten Vergütung ausführen zu wollen, eine widerrechtliche **Änderung der Vergabeunterlagen** (§ 13 Abs. 1 Nr. 5 VOB/A). Derlei Eingaben können daher nicht berücksichtigt werden oder führen sogar zum Ausschluss (§ 16 Abs. 1 Nr. 1 lit. b) VOB/A) des Angebots.[136] 101

Im Falle eines **vergaberechtlichen Verhandlungsverbots** kommt nach der Rechtsprechung des BGH auf Grund der Unmöglichkeit, die vorgesehenen Termine und die Vergütung vor Vertragsschluss anzupassen, mit dem Zuschlag ein Vertrag auch dann zu den ausgeschriebenen Fristen und Terminen zustande, wenn diese tatsächlich nicht mehr eingehalten werden können. Das gilt bei Anwendung des Vergaberechts auch dann, wenn der Besteller mit dem Zuschlag einen neuen 102

---

130 Vgl. § 5 VOB/B Rdn. 16 ff.
131 Vgl. § 5 VOB/B Rdn. 36 ff.
132 Vgl. § 6 VOB/B Rdn. 3 ff.
133 BGH, 24.02.2005 – VII ZR 141/03, BauR 2005, 857.
134 BGH, 24.02.2005 – VII ZR 141/03, BauR 2005, 857.
135 BGH, 24.02.2005 – VII ZR 141/03, BauR 2005, 857.
136 BGH, 11.05.2009 – VII ZR 11/08, BauR 2009, 1131 (Tunnel Rudower Höhe) m. Anm. *Kapellmann*, NZBau 2009, 375; vorgehend: KG 05.10.2007 – 21 U 52/07, NZBau 2008, 180; LG Berlin, 15.11.2006 – 23 O 148/06, IBR 2007, 301; krit.: *Vogelheim*, in: Forschung + Praxis, Bd. 43, U-verkehr und unterirdisches Bauen, S. 113, 114.

Termin oder eine neue Bauzeit mitteilt, denn der Besteller will mit dem Zuschlag im Regelfall das förmliche Vergabeverfahren beenden, was bei Auslegung des Zuschlagsschreibens als neues Angebot nicht der Fall wäre.[137]

103 Der so zustande gekommene Bauvertrag ist im Wege der **ergänzenden Vertragsauslegung** anzupassen, wenn die ausgeschriebene Bauzeit aus tatsächlichen Gründen nicht mehr gehalten werden kann und der Vertrag dazu keine Regelung vorsieht, er also eine **Regelungslücke** enthält.[138]

104 Die **Bauzeit** ist unter Berücksichtigung der Umstände des Einzelfalls anzupassen. Besonderheiten, wie etwa Bauerschwernisse oder -erleichterungen durch jahreszeitliche Verschiebungen, sind unter Beachtung der schutzwürdigen Interessen beider Parteien einzurechnen. Dabei spielt auch der Umstand eine Rolle, dass der Unternehmer einer Verlängerung der vergaberechtlichen Bindefrist zugestimmt hat. Die Grundsätze des § 6 Abs. 3 und 4 VOB/B sind bei der Neubestimmung der vertraglichen Bauzeit sinngemäß anzuwenden, wenn die Parteien die Geltung der VOB/B vereinbart haben.[139]

105 Die **vereinbarte Vergütung** ist in Anlehnung an die Grundsätze des § 2 Abs. 5 VOB/B anzupassen. Die zu § 2 Abs. 5 VOB/B von der Rechtsprechung entwickelten Grundsätze finden aber nicht uneingeschränkt, sondern nur insoweit Anwendung, als dies mit den Besonderheiten der verzögerten Vergabe zu vereinbaren ist.[140] Maßgeblich für die Ermittlung der Höhe der zu zahlenden Mehrvergütung sind diejenigen Mehrkosten, die **ursächlich** auf die Verschiebung der Bauzeit zurückzuführen sind. Sie ergeben sich im rechtlichen Ausgangspunkt aus der Differenz zwischen den **Kosten**, die beim Unternehmer für die Ausführung der Bauleistung tatsächlich angefallen sind, und den **Kosten**, die er bei Erbringung der Bauleistung in dem nach der Ausschreibung vorgesehenen Zeitraum hätte aufwenden müssen.[141] In welchem Umfang es zu Erhöhungen der Einkaufspreise gekommen ist, hängt nicht von den kalkulatorischen Annahmen des Unternehmers ab. Diese Annahmen gehören nicht zur Geschäftsgrundlage. Der Unternehmer trägt mithin das Risiko, dass sie infolge einer Verzögerung der Auftragserteilung hinfällig werden und er Material und Fremdleistung zu höheren Preisen einkaufen muss. Dieses Risiko geht nicht deshalb auf den Besteller über, weil sich durch die Vergabeverzögerung zugleich die Bauzeit verschoben hat.[142]

106 Daher wird sich der Unternehmer nicht mit Erfolg darauf berufen können, durch **Preisabsprachen mit Lieferanten und Subunternehmern** bis zum Ablauf der Bindefrist gesicherte Einkaufspreise in sein Angebot eingestellt zu haben, die er wegen der Verzögerung bei der Auftragserteilung nicht habe halten können. Ein geschütztes Vertrauen in die Realisierbarkeit der **Angebotskalkulation** besteht nicht.[143] Daraus folgt, dass allein die Verzögerung der Auftragserteilung bzw. des Zuschlags keinerlei Ansprüche auf Anpassung der Bauzeit und der Vergütung nach sich zu ziehen vermag. Maßgeblich ist allein, ob die vorgesehene Bauzeit nicht mehr gehalten werden konnte und ob sich adäquat dadurch verursacht die Preise verschoben haben.

107 Besteht **kein vergaberechtliches Verhandlungsverbot**, etwa weil der Besteller berechtigt ist, im Verhandlungsverfahren zu vergeben, bleibt es bei der oben[144] dargestellten Rechtslage, die die Fälle der verzögerten Vergabe allein aus dem allgemeinen Schuldrecht über die Grundsätze der

---

137 BGH, 22.07.2010 – VII ZR 213/08 (zum Zeitpunkt der Drucklegung noch unveröffentlicht) in Abgrenzung zu BGH, 24.02.2005, BauR 2005, 857.
138 BGH, 11.05.2009 – VII ZR 11/08, BauR 2009, 1131 (Tunnel Rudower Höhe).
139 BGH, 10.09.2009 – VII ZR 152/08 IBR 2009, 627, BGH, 11.05.2009 2009 – VII ZR 11/08, BauR 2009, 1131 (Tunnel Rudower Höhe).
140 BGH, 10.09.2009 – VII ZR 152/08, IBR 2009, 627 Rn. 41.
141 BGH, 10.09.2009 – VII ZR 152/08, IBR 2009, 627 Rn. 42.
142 BGH, 10.09.2009 – VII ZR 152/08, IIBR 2009, 627 Rn. 43.
143 BGH, 10.09.2009 – VII ZR 152/08, IBR 2009, 627 Rn. 45.
144 Rdn. 100.

§§ 145 ff. BGB löst. Die Parteien müssen sich dann über die Fortschreibung der Bauzeit und die Anpassung der Vergütung ins Benehmen setzen.[145] Belässt es der Bieter mithin in einem vergaberechtlichen Verhandlungsverfahren im Rahmen von Verhandlungen mit dem Besteller über die durch eine Zuschlagsverzögerung bedingte Anpassung seines Angebots hinsichtlich der Bauzeit nur bei der Ankündigung von verzögerungsbedingten Mehrvergütungsansprüchen, liegt darin lediglich der Vorbehalt der Durchsetzung möglicher vertraglicher Ansprüche, nicht jedoch eine Abstandnahme vom abgegebenen Angebot.[146] Eine ergänzende Vertragsauslegung kommt in einem solchen Fall nicht in Betracht, weil der Vertrag nach Auslegung von Angebot und Annahme keine Regelungslücke enthält. Auch vertragliche Ansprüche sind ausgeschlossen, wenn der Bieter die bestehende Möglichkeit nicht genutzt hat, den Abschluss des Vertrags von einer Anpassung des Preises für die durch die Bauzeitverschiebung entstandenen Mehrkosten abhängig zu machen.[147]

IV. Nicht beschriebene Leistungen (gewerbliche Verkehrssitte)

Nach § 2 Abs. 1 VOB/B sind durch die vereinbarten Preise alle Leistungen abgegolten, die nach der Leistungsbeschreibung,[148] diversen Vertragsbedingungen und der **gewerblichen Verkehrssitte** zur vertraglichen Leistung gehören. Diese Norm gibt einen Hinweis darauf, dass sich die Leistungspflicht des Unternehmers nicht allein auf die beschriebenen Leistungen beschränkt, sondern darüber hinausgeht. Dies gilt über § 157 BGB auch, wenn die VOB/B nicht vereinbart ist.[149] 108

Der Unternehmer schuldet nach der gewerblichen Verkehrssitte auch diejenigen Leistungen, die nach der Auffassung der betreffenden Fachkreise am Ort der Leistung als mit zur Bauleistung gehörig zu betrachten sind. Dazu zählt auch die Einhaltung der für die betreffende Leistung einschlägigen **anerkannten Regeln der Technik**.[150] 109

Enthält mithin die Leistungsbeschreibung Lücken, kann sich der Unternehmer nicht auf den Standpunkt stellen, dass solche zur Erreichung des werkvertraglich geschuldeten Erfolgs notwendigen Zwischenleistungen, die nach Auffassung von Fachkreisen als zur Leistung gehörig zu betrachten sind, nicht beschrieben und damit nicht geschuldet sind. Welche Leistungen dies sein können, ist durch **Auslegung**[151] zu ermitteln. In aller Regel werden darunter aber nur geringfügige Leistungen oder Hilfsleistungen zur beschriebenen Leistung zu verstehen sein. 110

Bei der Auslegung ist zu beachten, dass die Leistungspflicht des Unternehmers von der Frage, welche Leistungen von der vereinbarten Vergütung abgegolten sind, zu unterscheiden ist. Wenn § 2 Abs. 1 VOB/B u.a. auf die allgemeinen technischen Vertragsbedingungen (VOB/C) und die in ihr zusammengefassten DIN-Normen (DIN 18299 ff.) verweist, so finden sich dort im 4. Abschnitt Regelungen zur Vergütung, in denen zwischen sog. Nebenleistungen und Besonderen Leistungen unterschieden wird.[152] Dies Vorgaben, sollte die VOB/C Vertragsbestandteil geworden sein, haben aber nur auf Vergütungsseite Bedeutung: Nur auf Grund der Vorstellungen des Verordnungsgebers, welche **Nebenleistungen** nicht zusätzlich vergütet werden, kann nicht geschlussfolgert werden, dass alle dort als Nebenleistung eingestuften Tätigkeiten auch tatsächlich geschuldet werden. 111

Die 4. Abschnitte der VOB/C-Normen sind mithin nur ein Anhaltspunkt, der im Rahmen der Auslegung heranzuziehen ist. Dabei wird das Gewicht der VOB/C-Normen selbstverständlich 112

---

145 BGH, 15.04.2008 – X ZR 129/06, NVwZ 2008, 1272 m. Anm. *Vogelheim*, NVwZ 2008, 1209.
146 BGH, 10.09.2009 – VII ZR 255/08 IBR 2009, 629 (Verhandlungsverfahren).
147 BGH, 10.09.2009 – VII ZR 255/08 IBR 2009, 629 (Verhandlungsverfahren).
148 Vgl. Rdn. 39 ff.
149 Ingenstau/Korbion/*Keldungs*, B § 2 Rn. 18.
150 Übersicht bei Palandt/*Sprau*, § 633 Rn. 6a; zum Begriff: *Siegburg*, Handbuch der Gewährleistung beim Bauvertrag, Rn. 801 ff.
151 Vgl. Rdn. 113 ff.
152 Vgl. Rdn. 125 ff.

größer, wenn die VOB/C Vertragsbestandteil wird. In diesem Fall sind die Wertungen der VOB/C regelmäßig bei der Auslegung zu berücksichtigen, ohne allerdings die Auslegung zu dominieren oder gar allein bestimmend zu sein.[153]

V. Auslegung

1. Auslegung als »sinnvolles Ganzes«

113 Der BGH hat wiederholt betont, dass die Lösung von **Widersprüchen** und Zielkonflikten in umfangreichen Vertragswerken zunächst im Wege der **Auslegung** zu lösen sind, bevor in die Anwendung von **Rangfolgeregelungen**, wie sie beispielsweise in § 1 Abs. 2 VOB/B enthalten sind, eingestiegen wird. Im Urt. v. 11.03.1999[154] hat der BGH entschieden, dass die Leistungsbeschreibung eines Bauvertrages als **sinnvolles Ganzes** auszulegen sei. Es gebe weder grundsätzlichen Vorrang des Leistungsverzeichnisses vor den Vorbemerkungen noch umgekehrt. Konkret auf das Bauvorhaben bezogene Vorbemerkungen könnten bei der Auslegung der Leistungsbeschreibung größeres Gewicht zukommen als nicht genügend angepassten Formulierungen eines Standard-Leistungsverzeichnisses.

114 Diese Rechtsprechung hat der BGH mit Urt. v. 05.12.2002[155] fortgesetzt. Grundsätzlich sei bei einem Bauvertrag davon auszugehen, dass die Leistungen widerspruchsfrei angeboten werden. Dabei komme dem Wortlaut einer schriftlichen Leistungsbeschreibung gegenüber etwaigen Plänen jedenfalls dann eine vergleichsweise größere Bedeutung zu, wenn dort die Leistung im Einzelnen genauer beschrieben werde. Man missversteht die Entscheidung jedoch, wenn man aus ihr den Schluss zieht, dass es im Bauvertragsrecht Auslegungsregeln des Typs »Schriftliche Leistungsbeschreibung geht den Plänen vor« gibt.[156] Bei einer Auslegung nach den allgemeinen Auslegungsregeln (§§ 133, 157 BGB) kann man für den konkreten Einzelfall auch zu einem anderen Ergebnis kommen. Mit gewissen Vorbehalten kann man aber ableiten, dass spezielle Angaben allgemeineren vorgehen und weniger konkrete gegenüber konkreteren zurücktreten.[157]

115 Ergibt die Auslegung der Leistungsbeschreibung als sinnvolles Ganzes ein Ergebnis, wird der Vertragsinhalt durch dieses Auslegungsergebnis definiert. Nur wenn die Auslegung der Vertragsgrundlagen und -bestandteile sowie des Vertragstextes selbst einen Widerspruch ergibt, kommen vertraglich vereinbarte **Rangfolgeregelungen** zum Zuge, denen zu entnehmen ist, wie im Fall von Widersprüchen zu verfahren ist. Hier enthält § 1 Abs. 2 VOB/B eine dispositive Regel. Bei Anwendung dieser Rangfolgeregel oder einer davon abweichenden, die aber von einer Vertragspartei als **Allgemeine Geschäftsbedingung** gestellt wird, sind §§ 305b, 305c Abs. 2 BGB zu beachten.[158]

116 In **Individualverträgen** ist denkbar, etwaige Konflikte nicht durch eine starre Rangfolgenregelung zu lösen, sondern einer Vertragspartei bei Widersprüchen ein **Leistungsbestimmungsrecht** i.S.d. § 315 BGB einzuräumen.

2. Besondere Bedeutung des Wortlauts

117 In den Bauverträgen zu Grunde liegenden Leistungsbeschreibungen werden oft technische Sachverhalte geregelt. Insbesondere komplexeren Bauverträgen liegen oft komplexe baubetriebswirtschaftliche Überlegungen zu Grunde, die Kalkulationsgrundlage werden können.[159] In der Praxis

---

153 BGH, 28.02.2002 – VII ZR 276/00, BauR 2002, 835 = BauR 2002, 935 = BauR 2002, 1247 (Konsoltraggerüst); BGH 27.07.2006, – VII ZR 202/04 BauR 2006, 2040 (VOB/C).
154 BGH, 11.03.1999 – VII ZR 179/98, BauR 1999, 897 (sinnvolles Ganzes).
155 BGH, 05.12.2002 – VII ZR 342/01, NJW 2003, 743 = NZBau 2003, 149.
156 BGH, 05.12.2002 – VII ZR 342/01, NJW 2003, 743 = NZBau 2003, 149; *Quack*, IBR 2003, 117.
157 *Quack*, IBR 2003, 117; vgl. auch BGH, 13.03.2008 – VII ZR 194/06, BGHZ 176, 23 (Bistro).
158 Vgl. § 305c Rdn. 6.
159 BGH, 11.05.2009 – VII ZR 11/08, Rn. 58, IBR 2009, 311 (Tunnel Rudower Höhe).

zeigt sich, dass der gleiche Wortlaut von den beteiligten Ingenieuren, den Baubetrieblern und den im Baurecht tätigen Juristen oft völlig verschieden gedeutet wird und dass die alleinige Fokussierung auf eine von mehreren möglichen Sichtweisen oft zu kurz greift.[160] Bei der nach §§ 133, 157 BGB vorzunehmenden Auslegung aus Sicht eines objektiven Erklärungsempfängers kommt dem **Wortlaut** eine besondere Bedeutung zu.[161]

Das Verständnis des Wortlauts richtet sich mithin danach, wem gegenüber die Erklärung abgegeben wurde bzw. welche Parteien den Bauvertrag miteinander geschlossen haben. Richtet sich der Besteller in einer Ausschreibung, insbesondere nach Teilnahmewettbewerb, an Bauunternehmer, die zuvor ihre besondere Qualifikation für die vorgesehene Baumaßnahme ausgewiesen haben, tritt das **allgemein-sprachliche Verständnis** der Aussagen zurück, wenn die verwendete Formulierung von den angesprochenen Fachleuten in einem **spezifischen technischen Sinn** verstanden wird oder wenn für bestimmte Sachverhalte Bezeichnungen verwendet werden, die in den angesprochenen Fachkreisen verkehrsüblich sind.[162] Dabei kann es sich beispielsweise um DIN-Normen handeln.[163] Allerdings ist bei der Verwendung vertragsübergreifend geltender Regelungen, wie beispielsweise DIN-Normen oder den Leistungsbildern der HOAI, nicht auf das konkrete Verständnis des Vertragspartners abzustellen. Maßgeblich ist vielmehr, wie die Norm nach der Verkehrssitte verstanden wird.[164] Die Frage, wie eine bestimmte Klausel oder Regelung in einem Bauvertrag vom Vertragspartner technisch verstanden wird,[165] wie auch die Frage des technischen Verständnisses größerer Fachkreise, können im Prozess unter **Sachverständigenbeweis** gestellt und durch Sachverständige ermittelt werden.[166] Dabei kann der Sachverständige aber nicht die Arbeit des Gerichts ersetzen und die Auslegung für die Vertragsparteien bzw. Prozessparteien vornehmen. Er kann lediglich dem Gericht das nach der Verkehrssitte maßgebliche Verständnis vermitteln, worauf das Gericht selbst den Bauvertrag auslegen muss. Die sachverständige Begutachtung als solche stellt nur eine mögliche Erkenntnisquelle neben allen übrigen maßgeblichen Umständen des Einzelfalls dar, weil auch hier der Grundsatz bleibt, dass der Vertrag als sinnvolles Ganzes auszulegen ist.

118

Die Reichweite der Wortlautauslegung ist bei Bauverträgen indes begrenzt. Häufig – insbesondere bei Funktionalausschreibungen – werden Bauleistungen nur gattungsmäßig beschrieben und die Konkretisierung der Bauleistung damit dem Unternehmer überlassen. In einem solchen Fall gilt § 243 BGB.[167]

119

3. Auslegung unter Rückgriff auf preisrechtliche Regelungen oder Abrechnungsempfehlungen

a) Leistungsbilder der HOAI

Spezielle Regelungen zur Beschreibung von **Architekten- oder Ingenieurleistungen** sind im BGB nicht enthalten. Auch aus der HOAI – was der BGH immer wieder klargestellt hat[168] – lässt sich für die vom Unternehmer zu erbringenden Planungsleistungen unmittelbar nichts herleiten. Denn die HOAI stellt keine Vertragsordnung, sondern eine Honorarordnung dar.

120

Die HOAI enthält in ihren Anlagen **Leistungsbilder** und **Leistungsphasen**[169] für Architekten- und Ingenieurleistungen. Es handelt sich dabei um Gebührentatbestände, die festlegen, in welcher

121

---

160 *Kniffka*, IBR-Online-Kommentar Bauvertragsrecht, § 631 BGB Rn. 524.
161 BGH, 05.12.2002 – VII ZR 342701, BauR 2003, 388 = NJW 2003, 743 = NZBau 2003, 149.
162 *Kniffka*, IBR-Online-Kommentar Bauvertragsrecht, § 631 BGB Rn. 527.
163 BGH, 23.06.1994 – VII ZR 163/93, BauR 1994, 625.
164 *Kniffka*, IBR-Online-Kommentar Bauvertragsrecht, § 631 BGB Rn. 527.
165 BGH, 09.01.1997 – VII ZR 259/95, BauR 1997, 466.
166 BGH, 17.06.2004 – VII ZR 75/03, BauR 2004, 1438.
167 Vgl. Rdn. 147–148.
168 Vgl. BGH, 24.10.1996 – VII ZR 283/95, BauR 1997, 154.
169 Vgl. § 3 HOAI, Rdn. 18.

Höhe der Unternehmer ein Honorar beanspruchen darf, wenn der jeweilige Gebührentatbestand erfüllt ist. Aus diesen Leistungsbildern lässt sich mithin nicht vertragsrechtlich herleiten, was der Unternehmer schuldet. Dazu hat der BGH[170] ausgeführt:

> »Die HOAI enthält öffentliches Preisrecht. Sie regelt, in welcher Höhe und nach welchen Gesichtspunkten Ingenieure und Architekten Honorare berechnen können bzw. müssen, wenn sie dem Grund nach einen vertraglichen Honoraranspruch haben. Für andere, vor allem vertragsrechtliche Regelungen hat der Verordnungsgeber der HOAI keine Ermächtigung. Selbst wenn eine vertragsrechtliche Regelung beabsichtigt haben sollte, ist die HOAI ermächtigungskonform dahin auszulegen, dass sie kein Vertragsrecht enthält. Eine solche Auslegung ist ohne weiteres möglich und nach dem Gebot der normerhaltende Interpretation als die allein richtige vorzuziehen.«

122 Allerdings sind die Parteien eines Werkvertrags nicht gehindert, ihre Leistungsbeschreibung an den Leistungsbildern der HOAI zu orientieren.[171] Dann ist eine an den Leistungsphasen orientierte vertragliche Vereinbarung im Regelfall dergestalt auszulegen, dass der Unternehmer die vereinbarten Arbeitsschritte als **Teilerfolg** des geschuldeten Gesamterfolges schuldet.[172]

123 Haben die Parteien – was in der Praxis häufiger vorkommt – keine konkrete Leistungsbeschreibung für die zu erbringenden Leistungen vereinbart, muss der Unternehmer alle Arbeitsschritte erbringen, die für den Besteller von Interesse sind.[173] Dieses Interesse ist durch **Auslegung** zu bestimmen. Im Regelfall wird die Auslegung ergeben, dass der Unternehmer – losgelöst von den Leistungsbildern der HOAI – die Arbeitsschritte schuldet,
– die als Vorgaben für die Bauunternehmer erforderlich sind, damit diese die Planung vertragsgerecht umsetzen können;
– die es dem Besteller ermöglichen zu überprüfen, ob der planende Unternehmer den geschuldeten Erfolg vertragsgemäß bewirkt hat;
– die den Besteller in die Lage versetzen, etwaige Gewährleistungsansprüche gegen den Bauunternehmer durchzusetzen;
– die erforderlich sind, die Maßnahme zur Unterhaltung des Bauwerks und dessen Bewirtschaftung zu planen.[174]

b) Leistungsbilder des AHO

124 Der Ausschuss der Verbände und Kammern der Ingenieure und Architekten für die Honorarordnung e.V. (**AHO**) hat zahlreiche Vergütungsvorschläge für Architekten- und Ingenieur- sowie diesen nahestehende Leistungen erarbeitet und gibt diese in einer Schriftenreihe heraus. In der Praxis besonders bekannt sind die Nr. 9 der Schriftenreihe »**Projektmanagementleistungen** in der Bau- und Immobilienwirtschaft«, in der Honorarvorschläge für Projektsteuerungs- und Projektleitungsleistungen vorgestellt werden, sowie die Nr. 15 »Sicherheits- und Gesundheitsschutzkoordination«, die Honorierungsvorschläge für den **Sicherheits- und Gesundheitskoordinator** nach der BaustellVO enthält. Für diese Honorierungsvorschläge gilt das zuvor zur HOAI[175] Gesagte entsprechend. Die Schriftenreihe des AHO enthält lediglich Honorierungsvorschläge und kein Vertragsrecht, wobei die Parteien eines Werkvertrags selbstverständlich nicht gehindert sind, sich an den dort vorgestellten Leistungsbildern zur Beschreibung der Leistung zu orientieren. Geschieht dies, wird auch hier gelten, dass die dort beschriebenen Arbeitsschritte als Teilerfolge geschuldet werden.[176]

---

170 BGH, 24.10.1996 – VII ZR 283/95, BauR 1997, 154, 155.
171 Berg/Vogelheim/Wittler, Rn. 223 ff.
172 BGH, 24.06.2004 – VII ZR 259/02, BauR 2004, 1640.
173 BGH, 24.06.2004 – VII ZR 259/02, BauR 2004, 1640.
174 BGH, 24.06.2004 – VII ZR 259/02, BauR 2004, 1640.
175 Rdn. 120–121.
176 Rdn. 122.

c) DIN-Normen der VOB/C

Die in der VOB/C zusammengefassten **DIN-Normen (DIN 18 299 ff.)** enthalten jeweils im 4. Abschnitt Regelungen zur Vergütung, in denen regelmäßig zwischen sog. **Nebenleistungen** und **besonderen Leistungen** unterschieden wird. Nach den Vorstellungen der VOB/C hat der Besteller dem Unternehmer für die Erbringung der sog. Nebenleistungen keine zusätzliche Vergütung zu zahlen, weil diese nach der Verkehrssitte zur geschuldeten Leistung gehören.[177] Erbringt der Unternehmer besondere Leistungen, soll dafür im Regelfall eine zusätzliche Vergütung vereinbart werden. 125

Beim Abschnitt 4 der zur VOB/C gehörenden DIN-Normen handelt es sich um **allgemeine Geschäftsbedingungen**.[178] Bei der Frage, ob die Parteien die Geltung der VOB/C vereinbaren, sind sie grundsätzlich frei. Nur wenn der Besteller **öffentlicher Auftraggeber** im Sinne des Haushaltsrechts[179] ist, ist er zur Anwendung der VOB/A verpflichtet, woraus sich über § 8 Abs. 3 VOB/A ergibt, dass die VOB/C Vertragsbestandteil wird. Für **Sektorenauftraggeber** ist die Verpflichtung zur Anwendung der VOB/B und VOB/C mit Einführung der SektVO entfallen. 126

Ob aus diesen in AGB niedergelegten Abrechnungsvorschlägen folgt, dass bestimmte Leistungen (insbesondere **Nebenleistungen**) im vertraglichen Leistungsumfang enthalten sind und andere Leistungen (insbesondere **besondere Leistungen**) eben nicht, ist in vielen Fällen streitig. Bei einer in einem solchen Fall gebotenen Vertragsauslegung sind alle Vertragsumstände heranzuziehen und der Vertrag als »sinnvolles Ganzes« auszulegen,[180] wobei die allgemeinen Auslegungsregeln gelten. Es gilt zunächst der Wortlaut des Vertrags.[181] Daneben ist die Zweckbestimmung des Bauwerks für die Auslegung bedeutsam;[182] auch die Umstände des Bauvorhabens, technischer und qualitativer Zuschnitt und nicht zuletzt der architektonische Anspruch sind heranzuziehen.[183] 127

Die in den DIN-Normen zum Ausdruck gekommenen Vorstellungen des Normungsinstituts spielen gegenüber den **konkreten Festlegungen im Vertrag** und den konkreten Umständen des Bauvorhabens als AGB nur eine untergeordnete Rolle.[184] Neben dem Vorrang der jeweiligen Individualabrede (§ 305b BGB) ist demnach zu berücksichtigen, dass die DIN-Normen nur in bestimmten Verkehrskreisen bekannt sind und nach derjenigen Sichtweise ausgelegt werden müssen. Werden sie gegenüber Bestellern verwendet, die Verbraucher i.S.d. § 13 BGB sind, kommt es auf deren Verständnis der geschuldeten Leistung und der daraus folgenden Vergütung an, die von den Vorstellungen der Normungsausschüsse abweichen können.[185] Dies bedeutet indes nicht, dass die Wertung der VOB/C keinerlei Rolle spielt, wie der BGH in Ergänzung seiner Konsolträgerüst-Entscheidung klargestellt hat:[186] 128

»Für die Abgrenzung, welche Arbeiten von der vertraglich vereinbarten Leistung erfasst sind und welche Leistungen zusätzlich zu vergüten sind, kommt es auf den Inhalt der Leistungsbeschreibung an. Welche Leistungen durch die Leistungsbeschreibung erfasst sind, ist durch Auslegung der vertrag-

---

177 Vgl. auch: § 2 Nr. 1 VOB/B und § 7 Nr. 11 VOB/A für die Leistungsbeschreibung mit Leistungsverzeichnis; *Englert/Grauvogl/Katzenbach*, Beck'scher VOB-Kommentar, VOB/C, DIN 18299 Rn. 138 139.
178 BGH, 17.06.2004 – VII ZR 75/03, BauR 2004, 1438; *Kniffka*, IBR-Online-Kommentar Bauvertragsrecht, § 631 BGB Rn. 519.
179 Vgl. § 55 BGB und die jeweiligen Haushaltordnungen der Länder. Zu den öffentlichen Auftraggebern zählen die BRD, die Länder und Gemeinden (Vgl. § 31 GemHaushaltsVO NW).
180 BGH, 11.03.1999 – VII ZR 179/98, BauR 1999, 897 (sinnvolles Ganzes).
181 Vgl. Rdn. 117–119.
182 BGH, 22.04.1993 – VII ZR 118/92, BauR 1993, 595 (Farbpalette).
183 *Kniffka*, IBR-Online-Kommentar Bauvertragsrecht, § 631 BGB Rn. 520.
184 BGH, 28.02.2002 – VII ZR 276/00, BauR 2002, 935(Konsolträgerüst).
185 BGH, 17.06.2004 – VII ZR 75/03, BauR 2004, 1438.
186 BGH, 27.07.2006 – VII ZR 202/04 BauR 2006, 2040.(VOB/C).

lichen Vereinbarung der Parteien zu ermitteln, §§ 133, 157 BGB. Dabei ist das gesamte Vertragswerk zugrunde zu legen. Haben die Parteien die Geltung der VOB/B vereinbart, gehören hierzu auch die Allgemeinen Technischen Bestimmungen für Bauleistungen, VOB/C. Insoweit wird auch Abschnitt 4 der Allgemeinen Technischen Vertragsbestimmungen Vertragsbestandteil und ist bei der Auslegung der geschuldeten Leistung zu berücksichtigen. Soweit die Entscheidung des Senats vom 28. Februar 2002 anders verstanden werden könnte, wird dies im eben dargelegten Sinne klargestellt.«

4. Vergaberechtskonforme Auslegung

129 Bauverträge werden oft durch **öffentliche Auftraggeber**, die unter den Anwendungsbereich der VgV fallen, oder sog. **Sektorenauftraggeber**, die der SektVO unterfallen, vergeben. Aufgrund des wirtschaftlichen Gewichts[187] von Bauverträgen unterfallen diese regelmäßig dem Vergaberecht. Für Verträge mit Architekten oder Ingenieuren sowie den Verträgen mit Rechtsanwälten wegen baubegleitender Rechtsberatung gilt ab einer bestimmten Größenordnung[188] gleiches.

130 Ist Vergaberecht anwendbar, hat der Besteller als öffentlicher Auftraggeber also insbesondere die VOB/A[189] und DIN 18299 zu beachten bzw. bei freiberuflichen Leistungen die VOF/A. Für Sektorenauftraggeber gelten die Regelungen der SektVO. Schuldrechtlich folgt aus einem bestellerseitigen **Verstoß gegen Vergaberecht** zunächst einmal nichts.

131 Sogar wenn der Vertrag ohne ein zwingend vorgeschriebenes öffentliches Vergabeverfahren geschlossen wird, die sog. »**De-facto-Vergabe**«, ist er wirksam. Denn der Vertrag selbst verstößt, obgleich unter Verstoß gegen das Vergaberecht zustande gekommen, als solcher nicht gegen ein gesetzliches Verbot. Eine dem § 13 S. 6 VgV a.F. vergleichbare Bestimmung fehlt.[190] Allerdings folgt aus Art. 228 EG-Vertrag die Pflicht der Bundesrepublik Deutschland, Zustände, die das Recht der Europäischen Gemeinschaft verletzen, zu beseitigen. Der ohne Vergabeverfahren und damit unter Verstoß gegen die Richtlinie 92/50 EWG geschlossene Vertrag stellt einen vertragswidrigen Zustand dar,[191] woraus ein Recht der Bundesrepublik Deutschland, der Länder und Kommunen abgeleitet werden kann, den Vertrag außerordentlich zu kündigen.[192] Für Sektorenauftraggeber wird eine solches Sonderkündigungsrecht allerdings nicht anzunehmen sein, da sie als privatwirtschaftliche Unternehmen derlei Verpflichtungen nicht haben.

132 Auch wenn das vorgeschriebene Vergabeverfahren durchgeführt wird, führen **Verstöße gegen Vergaberecht** nicht dazu, dass zwischen den Parteien vereinbarte vertragliche Klauseln nichtig, unwirksam oder nicht anzuwenden wären. Insbesondere § 7 Abs. 3 VOB/A, der das Verbot enthält, dem Unternehmer ein ungewöhnliches Wagnis aufzuerlegen, wird in der Praxis häufig herangezogen, um Vertragsklauseln auszulegen oder auszuhebeln. Die Normen der VOB/A enthalten jedoch kein Vertragsrecht.[193] Sie haben vielmehr nicht einmal vertragsrechtlichen Charakter und lösen zwischen Besteller und erfolgreichem Bieter, dem späteren Unternehmer, grundsätzlich keine Rechtswirkungen mehr aus.

133 Nur wenn der Vertrag insgesamt oder einzelne seiner Klauseln auslegungsbedürftig sind, spielen das Vergabeverfahren sowie die Regelungen der VOB/A oder der SektVO eine Rolle. Hatte der

---

187 Die Schwellenwerte liegen für Bauaufträge bei 5.150.000 €, für Lieferung und Leistungen bei 211.000 €. Für Sektorenauftraggeber gilt eine Sonderregel, wonach ein Schwellenwert von 422.000 € zu Grunde zu legen ist. Näher dazu vgl. *Krist*, Vergaberecht, Rdn. 4.
188 Siehe Fn. wie vor.
189 Vgl. *Krist*, Vergaberecht, Rdn. 82.
190 *Kniffka*, IBR-Online-Kommentar Bauvertragsrecht, § 631 BGB Rn. 141.
191 EuGH, 18.11.2004 – Rs. C-126/03, NZBau 2005, 49.
192 EuGH, Rs. C-503/04, Rn. 31 f. (Braunschweig); Rs. C-503/04, Rn. 35 ff.; LG München I, NZBau 2006, 269, 271; *Hertwig*, Praxis der öffentlichen Auftragsvergabe, Rn. 18: *Bitterich*, NJW 2006, 1845.
193 *Quack*, BauR 2003, 26; *ders.*, BauR 2004, 1492.

Besteller die VOB/A oder SektVO bei der Vergabe anzuwenden, ist bei der **Auslegung** nicht der Empfängerhorizont des Unternehmers maßgebend, sondern die objektive Sicht der möglichen Bieter als Empfängerkreis. Das mögliche Verständnis nur einzelner Empfänger kann selbst dann nicht berücksichtigt werden, wenn es sich dabei um den erfolgreichen Bieter und späteren Unternehmer handelt.[194]

Ist eine Klausel mehrdeutig und damit der gerichtlichen Auslegung zugänglich, ist bei der Auslegung weiter zu berücksichtigen, dass aus objektiver Sicht der möglichen Bieter als Empfängerkreis grundsätzlich eine den gesetzlichen Regeln konforme Ausschreibung erwartet wird und erwartet werden kann. Bei Zweifeln über den Inhalt und die Reichweite einer Leistungsbeschreibung kann dieser Grundsatz der sog. **VOB-konformen Auslegung** dazu führen, dass ein mögliches Auslegungsergebnis deshalb verworfen werden muss, weil es dem Unternehmer ein ungewöhnliches Wagnis auferlegen würde.[195] Des Weiteren sind Unklarheiten oder Ungenauigkeiten der Ausschreibung bei der VOB-konformen Auslegung so zu verstehen, dass der Besteller eine den Anforderungen der VOB/A oder SektVO entsprechende Ausschreibung gewollt habe und Mängel an der von ihm erstellten Leistungsbeschreibung nicht zu Lasten des Unternehmers gehen dürfen. Denn dieser darf zu Recht darauf vertrauen, über Risiken ausreichend informiert zu werden.[196] 134

Nur ganz ausnahmsweise kann der Grundsatz der VOB-konformen Auslegung sogar dazu führen, dass der bei der Auslegung an sich vorgehende Wortlaut[197] nicht zum Tragen kommt. Aber nur dann, wenn nach den Umständen völlig ungewöhnliche und von keiner Seite zu erwartende Leistungen notwendig werden.[198] 135

VI. Abgrenzung vertraglicher Hauptpflichten zu Nebenpflichten und Obliegenheiten

1. Hauptpflichten von Besteller und Unternehmer

Die vertragliche Hauptpflicht des Unternehmers ist die **rechtzeitige und mangelfreie Herstellung und Verschaffung des geschuldeten Werks** (§§ 631 Abs. 1, 633 BGB).[199] Innerhalb dieser Hauptleistungspflicht ist die Reichweite enorm; sie reicht von einfachen Hilfsarbeiten bis zur betriebsfertigen Herstellung hochkomplexer technischer Anlagen. Was genau und ggf. auf welche Art und Weise der Unternehmer tun muss, um den geschuldeten werkvertraglichen Erfolg zu erreichen, hängt von der Vertragsgestaltung der Parteien ab. Wie die Leistung im Einzelnen beschrieben werden kann und welche Arten der Leistungsbeschreibung sich in der Praxis herausgebildet haben, wird unter Rdn. 39 ff. beschrieben. 136

Der Besteller einer Werkleistung hat zwei vertragliche Hauptpflichten; zum einen die **Abnahme des Werks** (§ 640 BGB)[200] und zum anderen die **Zahlung der vereinbarten Vergütung** (§ 631 Abs. 1 BGB)[201]. 137

Mit dem am 01.01.2009 in Kraft getretenen Forderungssicherungsgesetz ist dem Besteller in § 648a Abs. 1 BGB ein einklagbarer **Anspruch auf Stellung einer Sicherheit** bis zur Abnahme und auch darüber hinaus eingeräumt worden.[202] Durch die Neuausgestaltung ist die Stellung einer Sicherheit für noch ausstehende Werklohnforderungen ebenfalls zu einer vertraglichen Haupt- 138

---

194 *Kniffka*, IBR-Online-Kommentar Bauvertragsrecht, § 631 BGB Rn. 533.
195 BGH, 09.01.1997 – VII ZR 259/95, BauR 1997, 466.
196 BGH, 11.03.1999 – VII ZR 179/98, BauR 1999, 897.
197 BGH, 05.12.2002 – VII Z 342/01, BauR 2003, 388; *Kniffka*, IBR-Online-Kommentar Bauvertragsrecht, § 631 BGB Rn. 525.
198 BGH, 11.11.1993 – VII ZR 47/93, BauR 1994, 236 (Wasserhaltung II).
199 Palandt/*Sprau*, § 631 Rn. 12.
200 Vgl. § 640 BGB Rdn. 1 ff.
201 Vgl. § 632 BGB Rdn. 1 ff.
202 *Gehlen*, NZBau 2008, 612, 617.

pflicht ausgestaltet worden.²⁰³ Daneben ist weiterhin der Anspruch des Unternehmers auf **Einräumung einer Sicherungshypothek** am Baugrundstück des Bestellers (§ 648 Abs. 1 BGB) als vertragliche Hauptpflicht ausgestaltet.²⁰⁴

139 Ob bestimmte **Mitwirkungshandlungen** des Bestellers i.S.d. § 642 BGB als vertragliche Hauptpflicht ausgestaltet sind, hängt von der konkreten Vertragsgestaltung ab. Im Regelfall wird dies nicht der Fall sein. Die Mitwirkung des Bestellers i.S.d. § 642 BGB ist lediglich eine Obliegenheit,²⁰⁵ deren Verletzung durch die §§ 642, 643 BGB gesondert sanktioniert wird, so dass auf allgemeines Leistungsstörungsrecht nicht zurückgegriffen werden muss.

2. Nebenpflichten

140 Zu vorstehenden vertraglichen Hauptpflichten gesellen sich – gerade im VOB-Werkvertrag – zahlreiche **Nebenpflichten**.²⁰⁶

141 Entgegen einer weit verbreiteten Meinung gehört es nicht zu den Haupt-, Nebenpflichten oder Obliegenheiten des Bestellers, die **Leistungsbeschreibung** zu erstellen. Diese Aufgabe hat der Besteller nur, wenn er der VgV oder SektVO unterfällt und auch nur dann, wenn der konkrete Vertrag dem Vergaberecht unterliegt. Nur dann ist gemäß § 7 Nr. 1 VOB/A die Leistung vom Besteller eindeutig und so erschöpfend zu beschreiben, dass alle Bewerber die Beschreibung im gleichen Sinne verstehen müssen und ihre Preise sicher und ohne umfangreiche Vorarbeiten berechnen können. Nur dann darf dem Unternehmer kein ungewöhnliches Wagnis aufgebürdet werden für Umstände und Ereignisse, auf die er keinen Einfluss hat und deren Einwirkung auf Preise und Fristen er nicht im Voraus schätzen kann (§ 7 Nr. 3 VOB/A).²⁰⁷ In § 7 Nr. 6 und 7 VOB/A wird dem Besteller aufgegeben, die Verhältnisse der Baustelle, wie z.B. Boden- und Wasserverhältnisse, zu beschreiben und sich an die »Hinweise für das Aufstellen der Leistungsbeschreibung« in Abschnitt 0 der allgemeinen technischen Vertragsbedingungen für Bauleistungen (DIN 18299 ff.) zu halten.

142 Außerhalb der Anwendbarkeit des Vergaberechts indes besteht keine haushaltsrechtliche oder gesetzliche Verpflichtung des Bestellers, die Leistung, die Umstände des Bauvorhabens oder gar den Baugrund zu beschreiben.²⁰⁸ Auch wenn diese rechtliche Fehlvorstellung, bezogen auf den Baugrund, Eingang in Abschnitt 3.5 der DIN 4020²⁰⁹ gefunden hat. So ist in der Praxis zum einen beim **Bauträgervertrag** völlig selbstverständlich, dass der Bauträger/Unternehmer die von ihm zu erbringende Leistung selbst beschreibt und die von ihm erstellte Leistungsbeschreibung dem Besteller/Erwerber vorlegt. Auch bei kleineren, meist **handwerklichen Bauverträgen** mit Verbrauchern legen die Unternehmer meist völlig ohne Leistungsbeschreibung des Bestellers/Verbrauchers ein Angebot vor und fertigen auf diese Art und Weise ihre Leistungsbeschreibung selbst, ohne

---

203 Vgl. § 648a BGB Rdn. 21.
204 Vgl. § 648 BGB Rdn. 1 ff.
205 BGH, 13.11.1953 – I ZR 140/52, BGHZ 11, 80; BGH 16.05.1968 – VII ZR 40/66, BGHZ 50, 175.; Staudinger/*Peters/Jacoby*, § 631 Rn. 62.
206 Vgl. § 241 BGB Rdn. 1 ff.
207 In der SektVO fehlt eine entsprechende Vorschrift. Ob das dem § 7 Nr. 3 VOB/A zu Grunde liegende Transparenzgebot und das Erfordernis einer fairen Ausschreibung auch dort eine davon abweichende Vertragsgestaltung verbieten, ist zweifelhaft.
208 *Quack*, BauR 1998, 381 m.w.N.
209 Danach ist das Baugrundrisiko »ein in der Natur der Sache liegendes, unvermeidbares Restrisiko, das bei Inanspruchnahme des Baugrunds zu unvorhersehbaren Wirkungen bzw. Erschwernissen, z.B. Bauschäden oder Bauverzögerungen, führen kann, obwohl derjenige, der den Baugrund zur Verfügung stellt, seiner Verpflichtung zur Untersuchung und Beschreibung der Baugrund- und Grundwasserverhältnisse nach den Regeln der Technik zuvor vollständig nachgekommen ist und obwohl der Bauausführende seiner eigenen Prüfungs- und Hinweispflicht Genüge getan hat«.

dass dies gegen irgendeine Norm oder gar ein übergesetzliches Rechtsprinzip verstieße. Die Vertreter einer dazu abweichenden Auffassung berufen sich meist auf ein Fehlzitat,[210] dem zu einer angeblichen vorvertraglichen Verpflichtung, die Leistung zu beschreiben, nichts zu entnehmen ist.[211] Eine solche vorvertragliche Pflicht gibt es schlicht nicht. Daher kann auch aus dem Umstand, dass der Besteller diese nicht oder nicht richtig befolgt habe, keine Rechtsfolge hergeleitet werden.

Es ist auch weder vertragliche Haupt- noch Nebenpflicht des Bestellers, den Unternehmer anzuleiten oder zu beaufsichtigen. Dazu hat er zwar das Recht (§ 4 Abs. 1 Nr. 2 Satz 1 VOB/B). Er kann die Bauaufsicht aber auch unterlassen, ohne dass ihm dies im Wege des Mitverschuldens bei Mängelansprüchen entgegen gehalten werden könnte.[212] 143

Übernimmt der Besteller selbst Teile der Leistung (**Selbstübernahme**) oder stellt er durch den Unternehmer zu verarbeitende Stoffe, so sind die damit verbundenen Tätigkeiten ebenfalls keine Nebenpflichten sondern nur Obliegenheiten. Der Unternehmer hat keinen klagbaren Anspruch darauf, dass sich der Besteller entsprechend den Vorstellungen des Vertrags verhält. Etwaige Fehler in der Qualität ziehen allerdings die Rechtsfolgen des § 645 BGB nach sich. Etwaige Behinderungen können zu einer Entschädigung nach § 642 BGB führen. 144

E. Während der Vertragsabwicklung zu definierende Leistungen

I. Nachträgliche Konkretisierung der Leistungspflicht durch den Unternehmer

Angesichts der Komplexität von Bauaufgaben versteht es sich von selbst, dass nicht jedwede Tätigkeit und jedweder Handgriff vertraglich beschrieben (Baubeschreibung) sein kann. Bauverträge werden vielmehr stets offen gestaltet. **Offene Beschreibungen** finden sich insbesondere bei der Leistungsbeschreibung mit Leistungsprogramm und solchen Bauverträgen, die Planungs- oder Entwicklungsleistungen beinhalten. Aber auch sehr detaillierte Leistungsbeschreibungen mit Leistungsverzeichnis enthalten notwendigerweise in Detailbereichen offene Beschreibungen, die vom Auftragnehmer im Zuge der Bauabwicklung auszufüllen sind. 145

Bei Anwendung des Vergaberechts ergibt sich aus § 7 VOB/A, dass Leistungsbeschreibungen zwar eindeutig und erschöpfend zu sein haben (§ 7 Abs. 1 VOB/A), aber doch nicht so konkret sein sollen, dass dem Unternehmer Fabrikate o.Ä. vorgegeben werden. Auf eine bestimmte Produktion oder Herkunft, oder ein besonderes Verfahren oder auf Marken, Patente, Typen eines bestimmten Ursprungs oder einer bestimmten Produktion darf nur verwiesen werden, wenn dies durch den Auftragsgegenstand gerechtfertigt ist (§ 7 Abs. 8 VOB/A). Und selbst dann sind derlei Beschreibungen mit dem **Zusatz »oder gleichwertig«** zu versehen, damit es dem Unternehmer freisteht, Konkurrenzprodukte anzubieten. 146

Rechtlich gesehen handelt es sich bei einer dergestalt offenen Leistungsbeschreibung um die Beschreibung einer nur der Gattung nach bestimmten Sache (§ 243 BGB). Dabei kann die **Gattungsschuld** relativ konkret gefasst werden (Beispiel: »Kalksandsteinmauer, 24 cm dick«) oder nur sehr unbestimmt (Beispiel: »Wasserhaltung nach örtlichen Erfordernissen«). Was genau die Gattung bezeichnet und wie sie sich abgrenzt, entscheidet der Parteiwille.[213] Die Parteien können die Gattung durch Festlegung von **Qualitätsmerkmalen** oder von bestimmten **Eigenschaften** begrenzen. Fehlen derlei Qualifikationen, ist die **Verkehrsanschauung** Beurteilungsgrundlage, die sich bei Bauverträgen an dem orientieren muss, was ein durchschnittlicher, gewissenhafter Bauunternehmer unter der beschriebenen Gattung versteht. 147

---

210 BGH, 24.01.1966 – VII ZR 8/64, VersR 1966, 488.
211 *Quack*, BauR 1998, 381.
212 Staudinger/*Peters/Jacoby*, § 631 Rn. 62.
213 BGH, 18.09.1985 – VIII ZR 244/84, NJW 1986, 659; Palandt/*Heinrichs*, § 243 Rn. 2.

148 Der Unternehmer als Schuldner bestimmt im Falle der gattungsmäßigen Beschreibung den Leistungsgegenstand.[214] Er ist jedoch in der Leistungsbestimmung nicht frei. Nach § 243 Abs. 1 BGB hat er eine **Bauleistung mittlerer Art und Güte** zu erbringen. Er genügt mithin seiner Leistungspflicht nicht, wenn er nur eine Bauleistung von der Art und Güte erbringt, die gerade noch unter die Leistungsbeschreibung passt und, bei einer objektiven Betrachtung, am unteren Rand des Spektrums möglicher Bauleistungen anzusiedeln wäre. Der Unternehmer wird darüber hinaus durch § 4 Abs. 2 Nr. 1 VOB/B in seiner Bestimmungsfreiheit begrenzt. Dort ist festgelegt, dass er die anerkannten Regeln der Technik und die gesetzlichen und behördlichen Bestimmungen zu beachten hat, was über § 242 BGB auch gilt, wenn die VOB/B nicht vereinbart ist.

149 Den Unternehmer trifft im Hinblick auf die beschriebene Gattung eine **Beschaffungspflicht**, die so lange reicht, bis er das seinerseits Erforderliche getan hat. Beim Bauvertrag ist darunter die Auswahl der entsprechenden Stoffe bzw. der Bauleistung zu sehen. Dabei genügt es allerdings nicht, wenn der Bauunternehmer die Stoffe anschafft und auf seinem Bauhof lagert. Erforderlich ist eine **Konkretisierung auf das geschuldete Bauvorhaben**. Also eine Separierung i.S.d. § 16 Abs. 1 Nr. 1 S. 3 VOB/B oder der Einbau der entsprechenden Stoffe, der regelmäßig den Übergang des Eigentums auf den Besteller zur Folge hat (§§ 946 ff. BGB).

II. Nachträgliche Leistungsbestimmung durch den Besteller

150 Der Bauvertrag ist **kein Dauerschuldverhältnis**,[215] aber ein **Langzeitvertrag**. Die Dauer von Bauverträgen reicht von wenigen Tagen bis zu mehreren Jahren. Binnen dieser Zeit kann es erforderlich werden oder auch nur dem Wunsch des Bestellers entsprechen, die Bauleistung – also den »Bauentwurf« in der Diktion der VOB/B – zu ändern. Der **VOB-Werkvertrag** sieht zu diesem Zweck für den Besteller in § 1 Abs. 3 und Abs. 4 VOB/B **Leistungsbestimmungsrechte** vor, mit denen der Besteller in der Lage ist, die Leistungsbeschreibung im Wege der nachträglichen Leistungsbestimmung zu ändern oder zu erweitern.[216]

151 Für den Fall, dass der Auftragnehmer die **Konkretisierung**[217] nicht in der geschuldeten Art und Weise vornimmt, enthält § 4 Abs. 1 Nr. 3 VOB/B ein **Anordnungsrecht** des Bestellers. Dieser ist befugt, unter Wahrung der dem Unternehmer zustehenden Leitung gemäß § 4 Abs. 2 VOB/B Anordnungen zu treffen, die **zur vertragsgemäßen Ausführung der Leistung notwendig** sind. Die Anordnungen sind grundsätzlich nur dem Unternehmer oder seinem für die Leistung der Ausführung bestellten Vertreter zu erteilen, außer wenn Gefahr in Verzug ist. Derlei Anordnungen lösen, weil sie weder den Bauentwurf ändern noch unter die »anderen Anordnungen« i.S.d. § 2 Abs. 5 VOB/B fallen, keine gesonderte Vergütungspflicht aus.[218]

152 Der **BGB-Werkvertrag**, dem die VOB/B nicht zu Grunde gelegt ist, sieht derlei Leistungsbestimmungsrechte des Bestellers nicht vor. Hierzu wird teilweise die Auffassung vertreten, die in der VOB/B normierten Leistungsbestimmungsrechte folgten auch beim BGB-Werkvertrag aus dessen Natur oder aus Treu und Glauben.[219] Soweit hier zuweilen zum Beleg auf das Urteil des *BGH* vom 25.01.1996[220] verwiesen wird, wird übersehen, dass es der *BGH* in dieser Entscheidung nur unterlassen hat, § 4 Abs. 1 VOB/B im Rahmen einer isolierten Inhaltskontrolle als AGB-widrig zu klassifizieren. Der in diesem Zusammenhang gegebene Hinweis, dass auch im BGB ein Leis-

---

214 Palandt/*Heinrichs*, § 243 Rn. 4.
215 Vgl. Vor §§ 631 ff. Rdn. 2.
216 Vgl. § 1 VOB/B Rdn. 13 ff.
217 Vgl. Rdn. 149.
218 Vgl. § 4 VOB/B Rdn. 7.
219 Vgl. *Eichberger/Kleine-Möller* in: Handbuch des privaten Baurechts, § 8 Rn. 81–83 m.w.N, wobei das aus § 242 BGB abgeleitete Recht auf sog. »Leistungsänderungen im engeren Sinne« begrenzt sein soll.
220 BGH, 25.01.1996 – VII ZR 233/94, BauR 1996, 378, 380.

tungsbestimmungsrecht im Einzelfall einmal aus Treu und Glauben ergeben könne, ist ebenso richtig wie es falsch ist, daraus eine Art Regelauslegung ableiten zu wollen.

Die Herleitung eines allgemeinen **Leistungsbestimmungsrechts** des Bestellers aus **Treu und Glauben** (§ 242 BGB) überzeugt jedoch nicht. Dessen Interesse, auch nach Vertragsschluss auf Art und Umfang der Bauleistung Einfluss zu nehmen, ist zwar offenkundig. Andererseits ist es nicht so überragend, dass es auch gegen den Willen des Unternehmers oder unter Ausklammerung des Vergütungsaspektes jeder Vertragsänderung durchgesetzt werden müsste. Es ist vielmehr ein außerhalb des Baurechts selbstverständlicher Grundsatz, dass jedes Recht zur einseitigen Änderung des Vertrags vereinbart werden muss. Und auch bei einer Vielzahl von baurechtlichen Verträgen (Bauträgervertrag, Fertighausvertrag usw.) passt ein Änderungsrecht des Bestellers nicht. Vor diesem Hintergrund erscheint die Notwendigkeit, entweder ein Leistungsbestimmungsrecht zu vereinbaren oder über Vertragsänderungen jeweils im Einzelfall eine Einigung mit dem Vertragspartner herbeiführen zu müssen, eher als vertragsrechtliche Selbstverständlichkeit und nicht als Verstoß gegen Treu und Glauben zulasten des Bestellers. 153

Darüber hinaus bleibt die Gegenansicht die Antwort schuldig, welche Rechtsfolgen auf Vergütungsseite ein solches, aus Treu und Glauben ableitbares Leistungsbestimmungsrecht hätte. Der Sonderweg der VOB/B, gemäß § 2 Abs. 5 und 6 VOB/B das vertragliche Preis-Leistungs-Gefüge zu erhalten, wird man kaum über § 242 BGB zum allgemeinen werkvertraglichen Prinzip erheben können, weil § 632 Abs. 2 BGB eine andere Rechtsfolge vorsieht, die den Unternehmer oft in erhebliche Darlegungs- und Beweisschwierigkeiten bringen dürfte. Oder soll dann § 316 BGB gelten, nach dem es wiederum Sache es Unternehmers wäre, die Vergütung ebenso einseitig zu bestimmen? 154

Im Ergebnis bleibt es daher dabei, dass der Besteller derlei Leistungsbestimmungsrechte (§ 315 BGB) entweder durch Einbeziehung der VOB/B in den Vertrag oder im Vertrag und seinen Bedingungen selbst vereinbaren muss. Das gilt auch, soweit der Besteller sich zu Anordnungen über die Grenzen des § 1 Abs. 3 und 4 VOB/B hinaus ermächtigen lassen will, beispielsweise ein **Leistungsbestimmungsrecht in zeitlicher Hinsicht** zubilligen lassen will. 155

§ 632 Vergütung

(1) Eine Vergütung gilt als stillschweigend vereinbart, wenn die Herstellung des Werkes den Umständen nach nur gegen eine Vergütung zu erwarten ist.

(2) Ist die Höhe der Vergütung nicht bestimmt, so ist bei dem Bestehen einer Taxe die taxmäßige Vergütung, in Ermangelung einer Taxe die übliche Vergütung als vereinbart anzusehen.

(3) Ein Kostenanschlag ist im Zweifel nicht zu vergüten.

Schrifttum
Althaus Technische Prüfung der Leistungsbeschreibung erforderlich?, IBR 2007, 235; *ders.*, Notwendige Nachtragsleistungen beim Vertrag nach VOB/B, BauR 2008, 167; *Acker/Roquette*, Detaillierter versus funktionaler Leistungsbeschrieb, BauR 2010, 293; *Büchner/Gralla/Kattenbusch/Sundermeier*, Alternativmodelle zur Nachtragspreisermittlung aus der Vertragskalkulation, BauR 2010, 688; *Eschenbruch*, Vertragsgestaltung, Leistungsbeschreibung und Auslegung, BauR 2010, 283; *Franz/Kues*, Guter Preis bleibt guter Preis-Rechtfertigt die Faustformel Korbions ein Vertragspreisniveau?, BauR 2010, 678; *Fuchs*, Der Dreiklang aus Werkerfolg, Leistungsbeschreibung und Mehrvergütungsanspruch, BauR 2009, 404; *Hochstadt*, Anmerkung zu BGH, Urt. v. 24.04.2008, VII ZR 42/07, ZfIR 2008, 626; *Eydner*, Die prüffähige Schlussrechnung als Fälligkeitsvoraussetzung der Vergütung im BGB-Bauvertrag, BauR 2007, 1806; *Kuffer*, Baugrundrisiko und Systemrisiko, NZBau 2006, 1; *Leitzke*, Vergütungsänderung bei unverändertem Werkerfolg – Versuch einer theoretischen Begründung, BauR 2008, 914; *Leupertz*, Der Anspruch des Unternehmers auf Bezahlung unbestellter Bauleistungen beim BGB-Bauvertrag, BauR 2005, 775; *ders.*, Der verpreiste Leistungsumfang und der geschuldete Erfolg, BauR 2010, 273; *Locher*, Anmerkung zu OLG Celle, Urt. v. 09.07.1985, 16 U 216/84, BauR 1986, 358; *Markus*, Ansprüche des Auftragnehmers nach wirksamer Zuschlagserteilung bei

§ 632 BGB Vergütung

»unklarer Leistungsbeschreibung« des Auftraggebers, BauR 2004, 180; *Motzke,* Parameter für Zusatzvergütung bei zusätzlichen Leistungen, NZBau 2002, 641; *Orlowski,* Ohne Rechnung = Ohne Rechte? BauR 2008, 1963; *Rath/Hiemer,* Änderungen im Steuerrecht Auswirkungen auf die Arbeit des Baurechtlers, BauR 2006, 1655; *v. Berg,* Gilt überhöhter Einheitspreis auch für (nicht notwendige) Zusatzleistungen?, IBR 2010, 257; *Wittmann/Zugmaier,* Umsatzsteuererhöhung zum 01.01.2007 – Zivilrechtliche Ausgleichsansprüche des leistenden Unternehmers, NJW 2006, 2150.

Übersicht	Rdn.
A. Vergütungspflicht bei fehlender Vereinbarung (Abs. 1)	1
I. Abschluss rechtswirksamer Werkvertrag	2
1. Einigung über Herstellungspflicht des Unternehmers	3
2. Mängeluntersuchung und -beseitigung	4
3. Auswirkungen eines Dissenses zur Vergütungspflicht	7
a) Fehlen einer Vergütungsvereinbarung	8
b) Vorbehalt einer Vergütungsvereinbarung	9
c) Versteckter Einigungsmangel	10
aa) Herrschende Meinung	11
bb) Gegenansicht	12
cc) Stellungnahme	13
4. Bedingungsvereinbarung	16
5. Abgrenzung zu Akquisition	18
a) Ergebnisverwertung	19
b) Ergebnisentgegennahme	20
c) Besondere Umstände	21
aa) Unklarheit der Bauverwirklichung	22
bb) Unklarheit über die Vertragsparteien	23
cc) Besondere Nähe zwischen den Parteien	24
dd) Planungsleistungen mit dem Ziel des Abschlusses eines Vertrages über die Errichtung eines Bauvorhabens	25
d) Schriftformabrede	26
6. Darlegungs- und Beweislast	27
a) Vertragsabschluss	27
b) Aufschiebende Bedingung	28
aa) Herstellungspflicht	28
bb) Mängelbeseitigung	29
c) Auflösende Bedingung	30
II. Vorrang einer Vergütungsvereinbarung	31
1. Leistungssoll	32
a) Verhältnis Leistungs- zu Erfolgssoll	33
b) Bezugspunkte Leistungssoll	34
c) Auslegungsbedürftigkeit	35
d) Allgemeine Auslegungsgrundsätze	36
aa) Auslegung nach juristischen Grundsätzen	36
bb) Auslegung im Gesamtzusammenhang als sinnvolles Ganzes	37
cc) Bestimmbarkeit des Leistungssolls	38
e) Maßgeblichkeit des objektiven Empfängerhorizonts	39
aa) Fachkundige Empfänger der Leistungsbeschreibung	40
bb) Fachunkundige Verbraucher als Empfänger der Leistungsbeschreibung	42
cc) Bieter als Empfänger der Leistungsbeschreibung im Rahmen von Ausschreibungen nach VOB/A	43
f) Einzelne Auslegungskriterien	44
aa) Einbeziehung sämtlicher Vertragsunterlagen	45
bb) Vorrang des Wortlauts der Leistungsbeschreibung	47
cc) Verhältnisse des Bauwerks	49
dd) Spezielles vor Allgemeinem	50
ee) Verkehrssitte	51
ff) Detaillierte und funktionale Leistungsbeschreibungen	52
gg) Vertragliche Vereinbarung von kalkulatorischen Risikoübernahmen	55
hh) VOB/A-konforme Auslegung	57
ii) Unklarheit, Unvollständigkeit und/oder Widersprüchlichkeit der Leistungsbeschreibung	59
jj) Unklarheitenregeln gemäß §§ 305c Abs. 2 307 Abs. 1 Satz 2 BGB	65
kk) Rangefolgevereinbarung	70
g) Darlegungs- und Beweislast	72
aa) Allgemeiner Grundsatz	72
bb) Vollständigkeitsvermutung	73
2. Einheitspreisvertrag	74
a) Leistungssoll	74
aa) Grundpositionen des Leistungsverzeichnisses	74
bb) Eventual- bzw. Bedarfspositionen	75

	Rdn.
cc) Alternativ- bzw. Wahlpositionen	77
b) Einheitspreise	79
aa) Festpreischarakter	79
bb) Ausnahmen vom Festpreischarakter	80
c) Mengenermittlung	87
aa) Aufmaß	87
bb) Keine gesetzliche Aufmaßpflicht des Unternehmers	89
cc) Gemeinsames Aufmaß	90
dd) Deklaratorisches Schuldanerkenntnis auf Grund gemeinsamen Aufmaßes	91
ee) Reichweite des Schuldanerkenntnisses auf Grund gemeinsamen Aufmaßes	93
ff) Aufmaßvollmacht	94
d) Darlegungs- und Beweislast	95
aa) Abschluss eines Einheitspreisvertrages	95
bb) Höhe des Einheitspreises	97
cc) Abgerechnete Mengen	99
dd) Abändernde Vereinbarungen zur Vergütung	104
3. Pauschalpreisvertrag	105
a) Leistungssoll	105
b) Detail-Pauschalvertrag	109
aa) Mengenpauschalierung	110
bb) Abgrenzung zu Einheitspreisvertrag	111
cc) Auswirkung von Änderungen/Erweiterungen der detaillierten Leistungsbeschreibung auf den Pauschalpreis	114
dd) Abweichen vom Pauschalpreis bei unverändertem Leistungssoll	115
c) Global-Pauschalvertrag bei detaillierter Leistungsbeschreibung mit Komplettheitsvereinbarung	117
aa) Auslegung von Komplettheitsvereinbarungen	119
bb) Komplettheitsklauseln in AGB	122
cc) Individuelle Komplettheitsvereinbarungen	131
d) Global-Pauschalvertrag auf Grund funktionaler Leistungsbeschreibung mit Planung des Bestellers	134
aa) Reichweite der Risikoübernahme durch den Unternehmer	136
bb) Erweiterte Risikoübernahme durch Unternehmer für künftige Planungen/Planänderungen	138

	Rdn.
cc) Unwirksamkeit vorformulierter Klauseln mit weitreichender Risikoübernahme	140
dd) Nachrangige Geltung des Vertrauensgrundsatzes	141
e) Total-Pauschalvertrag	142
aa) Übernahme des Baugenehmigungsrisikos	143
bb) Übernahme des Baugrundrisikos	144
cc) Zusatzvergütungsansprüche im Rahmen von Totalpauschalverträgen	145
f) Darlegungs- und Beweislast	148
aa) Abschluss eines Pauschalvertrages	148
bb) Pauschalpreisvereinbarung bei Architekten- und Ingenieurverträgen	149
cc) Zusatzvergütung über Pauschalpreis hinaus	150
dd) Reduzierung des Leistungssolls	151
4. Stundenlohnvertrag	154
a) Zeitbezogenheit der Vergütung anstelle Leistungsbezogenheit	154
b) Zeithonorar bei Architekten und Ingenieuren	156
c) Maßgebender Zeitaufwand	157
d) Angehängte Stundenlohnarbeiten	158
e) Vollmacht zum Abschluss von Stundenlohnvereinbarungen	159
f) Stundenlohnzettel	160
aa) Rechtliche Bindung durch Unterzeichnung von Stundenzetteln	160
bb) Vollmacht zur Unterzeichnung von Stundenzetteln	161
g) Notwendigkeit des Stundenaufwandes	162
h) Darlegungs- und Beweislast	163
aa) Stundenlohnvereinbarung	163
bb) Vergütungshöhe	164
cc) Identität zwischen Abrechnungs- und Vertragsgegenstand	166
dd) Einhaltung wirtschaftlicher Betriebsführung	168
5. Selbstkostenerstattungsvertrag	170
6. Preisobergrenze	172
a) Rechtliche Grundlagen	172
aa) Individualvereinbarung	172
bb) Allgemeine Geschäftsbedingung	173
cc) Gesetzliches Preisrecht	174
b) Darlegungs- und Beweislast	175
7. Mischformen	176

Dören

§ 632 BGB Vergütung

	Rdn.
a) Allgemein	176
b) GMP-Vertrag	177
8. Zusätzliche oder geänderte Leistungen	178
a) Konsensualprinzip	178
b) Änderung oder Erweiterung des Leistungserfolges	179
aa) Änderung des Leistungssolls auf Grund Änderung/Erweiterung des Leistungserfolges	180
bb) Änderung/Erweiterung des Leistungserfolgs ohne Zusatzvergütungsvereinbarung	181
cc) (Stillschweigende) Vergütungsvereinbarung im Zusammenhang mit Änderung/Erweiterung des Leistungserfolges	184
dd) Fehlende Einigung über Änderung/Erweiterung des Leistungsziels	187
c) Leistungsänderungen und/oder Leistungserweiterungen zur Erreichung des geschuldeten Leistungserfolges	188
aa) Rechtsprechung und herrschende Meinung	190
bb) Gegenmeinungen	194
cc) Stellungnahme	198
d) Nachtragsbeauftragung von im ursprünglichen Leistungssoll enthaltener Leistungen	214
e) Vereinbarung des Ausschlusses von Zusatzvergütungsansprüchen für geänderte oder zusätzliche Leistungen	215
f) Schriftformklauseln zur Vereinbarung und Vergütung von geänderten oder zusätzlichen Leistungen	216
9. Einschränkungen des vereinbarten Leistungssolls	219
a) Wegfall vereinbarter Leistungen	219
aa) Einvernehmliche Leistungsreduzierung	220
bb) Kündigung des Vertrages aus wichtigem Grund	221
cc) Freie Kündigung des Bestellers	222
dd) Vorzeitige Beendigung eines Pauschalpreisvertrages	223
b) Mängel der vereinbarten Leistungen	225
10. Fälligkeit der Vergütung	226
a) Abnahme	226
b) Durchgriffsfälligkeit gemäß § 641 Abs. 2 BGB	227

	Rdn.
c) Gesetzlich nicht geregelte Fälle der Fälligkeit der Vergütung ohne Abnahme	228
d) Vereinbarung weiterer Fälligkeitsvoraussetzungen	229
e) VOB/B-Vertrag	230
f) Architekten- und Ingenieurvertrag	231
aa) Prüffrist	232
bb) Fälligkeit nicht prüfbarer Rechnung vor Ablauf der Prüffrist	233
cc) Verzug des Architekten/Ingenieurs mit der Vorlage der Schlussrechnung	234
11. ZRechnung	235
a) Prüfbare Rechnung keine Fälligkeitsvoraussetzung	235
b) Prüfbare Rechnung als Voraussetzung für die Durchsetzbarkeit von Vergütungsansprüchen	237
c) Pflicht zur Erteilung prüfbarer Rechnung	241
aa) Vertragliche Nebenpflicht	242
bb) Vertragliche Abrechnungspflicht bei Abschlags-/Vorauszahlungen	243
d) Deklaratorisches Schuldanerkenntnis des Rechnungsbetrages	244
aa) Prüfvermerk Architekt	245
bb) Übermittlung/Bezahlung geprüfter Rechnung	246
cc) Rechnungsprüfung durch öffentliche Auftraggeber	247
e) Bindung an die Schlussrechnung	248
f) Einzelrechnungspositionen	249
12. Umsatzsteuer	251
a) Brutto- oder Nettovergütung	251
b) Änderung Umsatzsteuersatz während der Bauausführung	252
c) Umsatzsteuererstattung	254
aa) Voraussetzungen für Erstattungsanspruch	254
bb) Erstattungs- und Ausgleichsansprüche bei Änderung des Umsatzsteuersatzes (§ 29 UStG)	255
cc) Umsatzsteuergleitklauseln	256
dd) Vertraglicher Ausschluss des Ausgleichsanspruchs gemäß § 29 UStG	257
ee) Ausgleichsanspruch des Unternehmers über § 29 UStG hinaus gemäß § 313 BGB	259
d) Umkehrsteuer	260
13. Bauabzugssteuer	264
a) Steuerrecht	264

		Rdn.			Rdn.
	aa) Voraussetzungen der Steuerabzugspflicht des Bestellers...	264	IV.	Erwartbarkeit einer Vergütungspflicht...	297
	bb) Freistellungsbescheinigung des Unternehmers..........	265		1. Umstände, nach denen die Herstellung des Werks nur gegen eine Vergütung zu erwarten ist.............	297
	cc) Gegenstand der Bauabzugssteuer....................	266		a) Objektiver Maßstab............	297
	dd) Steuerabzugverpflichteter Leistungsempfänger.......	268		b) Erfahrungssatz	298
	ee) Bauabzugsteuer bei Wohnungseigentümergemeinschaften..................	269		c) Leistungsänderungen/-erweiterungen......................	299
				d) Architekten-/Ingenieurleistungen.	300
	ff) Durchführung des Steuerabzuges.................	271		2. Ausnahmetatbestände............	301
				a) Gefälligkeitsverhältnisse	301
	gg) Steuerabzug bei Abtretung des Vergütungsanspruches...	272		b) Erwartung Folgebeauftragung....	303
				3. Darlegungs- und Beweislast........	304
	hh) Bauabzugsteuer im Insolvenzverfahren.............	273		a) Grundsatz....................	304
				b) Ausnahmetatbestände..........	305
	b) Zivilrecht.....................	274	V.	Rechtsfolge	306
14.	Skontoabzug.....................	277		1. Geltung einer stillschweigenden Vergütungsvereinbarung	306
	a) Erfordernis Skontovereinbarung..	277		2. Abweichende Vereinbarungen	307
	b) Abgrenzung zu Preisnachlassvereinbarung..................	278		a) Unentgeltlichkeit..............	307
				b) Bedingte Vergütungspflicht......	308
	c) Hinreichende Bestimmbarkeit der Skontovereinbarung	279		c) Darlegungs- und Beweislast	309
				aa) Unentgeltlichkeitsvereinbarung....................	309
	d) Gegenstand des Skontoabzuges...	280			
	e) Einhaltung der Skontoabzugsvoraussetzungen	282		bb) Bedingte Vergütungspflicht..	310
			B.	**Vergütungshöhe bei fehlender Bestimmung (Abs. 2)**	312
	f) Skontoregelungen in AGBs......	283	I.	Verhältnis zu § 632 Abs. 1 BGB	313
	g) Darlegungs- und Beweislast	284	II.	Vorrang einer Vereinbarung zur Vergütungshöhe	314
15.	Zinsen..........................	285		1. Bestimmbarkeit der Vergütung	315
	a) Fälligkeitszinsen	285		2. Ergänzende Vertragsauslegung	316
	b) Verzugs- und Prozesszinsen......	286		a) Vergütungshöhe..............	316
16.	Vergütungsvereinbarung ohne Rechnung.......................	287		b) Bandbreite üblicher Vergütung...	317
				3. Leistungsbestimmungsrechten gem. §§ 315, 316 BGB	318
	a) Auswirkungen einer Ohne-Rechnung-Abrede auf den Werkvertrag........................	287		a) Vertragliche Vereinbarung	318
				b) Subsidiäre Geltung	319
	b) Zahlungsansprüche des Unternehmers bei Ohne-Rechnung-Abrede	289		4. Darlegungs- und Beweislast	320
				a) Grundsatz....................	320
	aa) Vergütung nach Maßgabe des § 632 Abs. 2 BGB?.........	290		b) Einseitige Leistungsbestimmung .	321
			III.	Taxmäßige Vergütung...............	322
	bb) Ansprüche aus Geschäftsführung ohne Auftrag und Bereicherungsrecht	291	IV.	Übliche Vergütung	324
				1. Kriterien der Üblichkeit	325
				a) Grundsatz....................	325
17.	Darlegungs- und Beweislast für Fehlen einer Vergütungsvereinbarung ...	292		b) Architekten- und Ingenieurleistungen	326
	a) Grundsätze	292		2. Darlegungs- und Beweislast	329
	b) Besonderheiten bei Architekten- und Ingenieurverträgen	294	V.	Abrechnung der Vergütung gem. § 632 Abs. 2 BGB	330
III.	Unwirksamkeit der Vergütungsvereinbarung	295		1. Taxmäßige oder übliche Vergütung ..	330
	1. Entsprechende Anwendung des § 632 BGB bei nichtiger Vergütungsvereinbarung	295		2. Nachrangiges Leistungsbestimmungsrecht des Unternehmers	332
			C.	**Zur Vergütung Kostenanschlag (Abs. 3)**	333
			I.	Begriff des Kostenanschlags	333
	2. Besonderheit bei Verstoß gegen Preisrecht der HOAI..................	296	II.	Widerlegbare Vermutungsregelung für Unentgeltlichkeit....................	334

§ 632 BGB Vergütung

	Rdn.		Rdn.
1. Regelvermutung	334	a) Unverbindliche Vorarbeiten	339
2. Abweichende Vereinbarung	335	b) Verbindliche Vorarbeiten ohne nachfolgenden Vertragsabschluss	340
a) Allgemeine Geschäftsbedingung	335	c) Weitergehende Ansprüche	341
b) Individualvereinbarung	336	d) Anrechnung Vorarbeiten auf späteren Vertragsabschluss	342
c) Darlegungs- und Beweislast	337	e) Zusatzunterlagen nach Vertragsabschluss	344
III. Vergütung anderer Vorarbeiten zum Vertragsabschluss	338		
1. Verhältnis zu § 632 Abs. 3 BGB	338		
2. Vergütungspflicht für Leistungen anderer Vorarbeiten	339		

§ 632 BGB legt Anfall und Höhe einer werkvertraglichen Vergütung für den Fall fest, dass die Vertragsparteien keine Vergütungsvereinbarung i.S.v. § 631 Abs. 1 BGB getroffen haben. Es werden im Folgenden auch Fragen im Zusammenhang mit der Vergütungsvereinbarung abgehandelt. Schließlich ist durch das Gesetz zur Modernisierung des Schuldrechts eine die bisherige Rechtsprechung bestätigende Regelung im Hinblick auf eine Regelvermutung der Unentgeltlichkeit eines Kostenanschlages aufgenommen worden.

A. Vergütungspflicht bei fehlender Vereinbarung (Abs. 1)

1 § 632 Abs. 1 BGB enthält für das Werkvertragsrecht eine Vermutungsregelung im Hinblick auf eine Vergütungspflicht des Bestellers gegenüber dem Unternehmer auch ohne Vergütungsvereinbarung i.S.v. § 631 Abs. 1 BGB, die der Vermutungsregelung des § 612 Abs. 1 BGB für den Dienstvertrag entspricht.

I. Abschluss rechtswirksamer Werkvertrag

2 Die Vermutungsregelung des § 632 Abs. 1 BGB erstreckt sich nicht auf die Erteilung des Auftrages, sondern nur auf die Entgeltlichkeit eines erteilten Auftrages.[1] Erforderlich ist daher der Abschluss eines rechtswirksamen Werkvertrages. Andernfalls kann der Unternehmer für erbrachte Werkleistungen allenfalls Aufwendungsersatzansprüche aus Geschäftsführung ohne Auftrag gemäß §§ 683, 670 BGB oder auf Grund Bereicherungsrechts gemäß §§ 684, 812 ff. BGB geltend machen, z.B. bei Erteilung eines Bauwerkvertrages im Namen des Bestellers durch einen vollmachtlosen Architekten.

1. Einigung über Herstellungspflicht des Unternehmers

3 Zum Abschluss eines Werkvertrages ist eine rechtsgeschäftliche Einigung über eine Werkherstellungspflicht des Unternehmers erforderlich, andernfalls liegt ein bloßes Gefälligkeitsverhältnis vor.[2] Maßgebend ist insofern eine Auslegung nach allgemeinen Grundsätzen unter Berücksichtigung der besonderen Umstände des Einzelfalls.[3] Ein Vertragsabschluss kann nicht allein aus dem Tätigwerden eines Unternehmers hergeleitet werden.[4]

---

1 BGH, Urt. v. 21.07.1979, VII ZR 154/78, BauR 1979, 509, 510; BGH, Urt. v. 24.06.1999, VII ZR 196/98, BauR 1999, 1319, 1321.
2 BGH, Urt. v. 05.06.1997, VII ZR 124/96, BGHZ 136, 33, 36 = BauR 1997, 1060; MüKo-BGB/*Busche*, § 632 Rn. 4.
3 Kniffka/*von Rintelen*, IBR-Online-Kommentar, § 632 Rn. 6.
4 BGH, Urt. v. 05.06.1997, VII ZR 124/96, BGHZ 136, 33, 36 = BauR 1997, 1060; OLG Hamm, Urt. v. 16.10.2008, I-17 U 1/08, BauR 2010, 239, 240.

2. Mängeluntersuchung und -beseitigung

Wenn der Besteller auf Grund eines zuvor abgeschlossenen und ausgeführten Werkvertrages von dem Unternehmer eine Mängelbeseitigung verlangt, hat er erkennbar keinen rechtsgeschäftlichen Willen zum Abschluss eines zusätzlichen Werkvertrages. In diesem Fall kann der Unternehmer keine Vergütung gemäß § 632 Abs. 1 BGB im Hinblick auf die Kosten der Mängeluntersuchung und gegebenenfalls Beseitigung der Störung verlangen, auch wenn sich die Mängelrüge im Nachhinein als unberechtigt herausstellt.[5] In Betracht kommen ein Anspruch auf Schadensersatz wegen schuldhaft unberechtigter Rüge von Mängeln im Verantwortungsbereich des Bestellers[6] oder Ansprüche auf Grund Geschäftsführung ohne Auftrag.[7]

Ein zumindest bedingter Werkvertragsabschluss für den Fall der Nichtberechtigung der Mängelrüge mit der Vergütungsfolge des § 632 BGB ist dagegen anzunehmen, wenn der Unternehmer auf die Mängelrüge hin ausdrücklich unter Bestreiten seiner Mängelverantwortlichkeit darauf hinweist, dass er zu einer Mängeluntersuchung und ggf. Mängelbeseitigung nur gegen Vergütung bereit ist, und der Besteller auf diesen Hinweis hin ein Tätigwerden des Unternehmers verlangt oder widerspruchslos in Anspruch nimmt.[8]

Wenn ein Unternehmer, nachdem er mit dem Besteller darüber gestritten hat, ob Schäden an seinem Werk unter seine Gewährleistungspflicht fallen, dem Besteller ein Angebot über die genau bezeichneten Reparaturarbeiten unter Nennung konkreter Einzelpreise mit der Bitte um Auftragserteilung übermittelt, und der Besteller das Angebot mit der Bitte um schnellstmögliche Schadensbeseitigung bestätigt, kommt dagegen ein unbedingter Werkvertrag über die Reparaturarbeiten zu Stande. In einem solchen vorbehaltlosen neuen Auftrag liegt zugleich ein Verzicht auf etwaige Mängelansprüche aus dem ursprünglichen Werkvertrag.[9] In Betracht kommt hier allerdings ein Schadensersatzanspruch des Bestellers auf Beseitigung von der eingegangenen Verpflichtung. Denn der Unternehmer ist grundsätzlich zur Prüfung des gerügten Mangels und zur zutreffenden Information verpflichtet.[10]

3. Auswirkungen eines Dissenses zur Vergütungspflicht

Umstritten ist, ob und ggf. inwieweit ein offener oder versteckter Dissens zur Vergütungspflicht des Bestellers gemäß §§ 154, 155 BGB Auswirkungen auf die Anwendung des § 632 BGB hat.

a) Fehlen einer Vergütungsvereinbarung

Einigkeit besteht darüber, dass ein bewusstes oder unbewusstes Fehlen einer Vergütungsvereinbarung gemäß § 632 Abs. 1 BGB einen abweichenden Willen zwischen den Parteien im Hinblick auf eine Vergütungspflicht unbeachtet lässt.[11] Auch eine Anfechtung gemäß § 119 BGB scheidet insofern aus.[12]

---

5 OLG Düsseldorf, Urt. v. 18.12.1998, 22 U 148/98, BauR 1999, 919, 920; Messerschmidt/Voit/*Boldt*, § 632 Rn. 19.
6 BGH, Urt. v. 23.01.2008, VIII ZR 246/06, BauR 2008, 671, 673.
7 OLG Karlsruhe, Urt. v. 13.05.2003, 17 U 193/02, BauR 2003, 1241.
8 OLG Karlsruhe, a.a.O; OLG Celle, Urt. v. 08.05.2002, 7 U 47/00, BauR 2003, 265, 266; OLG Hamm, Urt. v. 23.10.2008, 21 U 62/08, BauR 2009, 510.
9 OLG Düsseldorf, Urt. v. 20.07.1994, 22 U 249/93, NJW-RR 1995, 402 f.
10 Kniffka/*von Rintelen*, § 631 Rn. 467 m.w.N.
11 BGH, Urt. v. 23.01.1996, X ZR 63/94, NJW-RR 1996, 952; Kniffka/*von Rintelen*, IBR-Online-Kommentar, § 632 Rn. 3.
12 MüKo-BGB/*Busche*, § 632 Rn. 6; Messerschmidt/Voit/*Boldt*, § 632 Rn. 8; Kniffka/*von Rintelen*, IBR-Online-Kommentar, § 632 Rn. 4; a.A. Soergel/*Teichmann*, § 632 Rn. 2.

§ 632 BGB Vergütung

b) Vorbehalt einer Vergütungsvereinbarung

9 Nicht so eindeutig ist die Rechtslage bei Fehlen einer Vergütungsvereinbarung, wenn nach dem erklärten Willen nur einer Partei über die Vergütung noch eine Vereinbarung getroffen werden soll. Kommt es zu einer solchen Vereinbarung nicht, ist der Werkvertrag gemäß § 154 Abs. 1 S. 1 BGB im Zweifel nicht abgeschlossen.[13] Ergibt die Auslegung, dass trotz Fehlens der vorbehaltenen Vergütungsvereinbarung eine Herstellungspflicht des Unternehmers begründet werden soll, kann dieser bei endgültigem Ausbleiben der Vergütungsvereinbarung eine Vergütung nach Maßgabe des § 632 Abs. 2 BGB verlangen.[14]

c) Versteckter Einigungsmangel

10 Für den Fall, dass die Vertragsparteien Erklärungen zur Vergütung in der Annahme einer in Wirklichkeit nicht bestehenden diesbezüglichen Einigung abgegeben haben, bestehen unterschiedliche Auffassungen zum Verhältnis zwischen § 632 BGB und § 155 BGB.

aa) Herrschende Meinung

11 Nach überwiegender Auffassung ist § 155 BGB anwendbar mit der Folge, dass eine vermeintliche, tatsächlich jedoch nicht bestehende Vergütungsvereinbarung zur Unwirksamkeit des Werkvertrages und damit zur Unanwendbarkeit des § 632 BGB führen kann.[15]

bb) Gegenansicht

12 Nach anderer Auffassung soll § 632 BGB auch einen Dissens zwischen den von den Parteien zur Vergütung abgegebenen Erklärungen mit der Folge unberücksichtigt lassen, dass der Vertrag in jedem Fall mit einer Vergütung gemäß § 632 Abs. 2 BGB aufrechterhalten bleibt.[16]

cc) Stellungnahme

13 Die Auffassung, wonach § 155 BGB Anwendung findet, erscheint vorzugswürdig. Nach einhelliger Auffassung schließt eine Vergütungsvereinbarung § 632 BGB aus, vgl. Rdn. 31. Entsprechend kann eine vermeintliche Vergütungsvereinbarung, anders als das gänzliche Fehlen einer solchen Vereinbarung, nicht unbeachtet bleiben. Allerdings sind Einigungslücken möglichst durch Rückgriff auf das dispositive Recht oder eine ergänzende Vertragsauslegung auszufüllen.[17] Insofern sind die Regelungen des § 632 BGB in die Beurteilung der Frage, ob anzunehmen ist, dass der Werkvertrag auch ohne einvernehmliche Vergütungsvereinbarung geschlossen sein würde, einzubeziehen. Danach ist zu differenzieren.

(1) Dissens über die Höhe der Vergütung

14 Betrifft der Dissens nur die Höhe der vermeintlich einvernehmlich festgelegten Vergütung, ist auf Grund einer interessengerechten Auslegung in der Regel anzunehmen, dass die Parteien trotzdem einen wirksamen Werkvertrag abschließen wollten mit der Folge, dass zur Höhe der Vergütung § 632 Abs. 2 BGB eingreift.[18]

---

13 Staudinger/*Peters/Jacoby*, § 632 Rn. 46; *Werner/Pastor*, Rn. 1431; Baumgärtel/*Kessen*, § 632 Rn. 1 unter Hinweis auf BGH, Urt. v. 16.10.1969, VII ZR 129/62 in FN 3.
14 Staudinger/*Peters/Jacoby*, a.a.O.
15 MüKo-BGB/*Busche*, § 632 Rn. 6; Messerschmidt/Voit/*Boldt*, § 632 Rn. 8.
16 Kniffka/*von Rintelen*, IBR-Online-Kommentar, § 632 Rn. 3.
17 Palandt/*Ellenberger*, BGB § 155 Rn. 54.
18 Palandt/*Ellenberger*, BGB § 154 Rn. 2 und § 155 Rn. 5.

(2) Dissens über das Ob der Vergütung

Betrifft der Dissens dagegen das Ob der Vergütung, so kann gem. § 155 BGB in der Regel nicht angenommen werden, dass der Vertrag auch ohne eine Bestimmung über diesen Punkt geschlossen worden wäre.[19] Zum Wesen des Werkvertrages als Voraussetzung für die Anwendung des § 632 BGB gehört nicht nur eine Einigung der Parteien im Hinblick auf die Herstellungspflicht des Unternehmers, sondern auch im Hinblick auf die grundsätzliche Entgeltlichkeit der Tätigkeit.[20] Dies ergibt sich allein daraus, dass gemäß § 632 Abs. 1 BGB eine Vergütung nur dann als stillschweigend vereinbart gilt, wenn die Herstellung des Werkes den Umständen nach gegen eine Vergütung zu erwarten ist. Ist aber die Erklärung des Bestellers im Sinne einer auf unentgeltliche Geschäftsbesorgung ausgerichteten Auftragserteilung auszulegen oder auslegbar, die Erklärung des Unternehmers dagegen auf die Annahme eines entgeltlichen Werkvertrages, und lässt sich kein gemeinsamer Parteiwille ermitteln, steht der Dissens der Anwendung des § 632 BGB entgegen. Ein Vertrag ist dann vielmehr im Zweifel nicht zu Stande gekommen.

15

4. Bedingungsvereinbarung

Der Werkvertrag kann unter einer aufschiebenden oder auflösenden Bedingung gem. § 158 BGB abgeschlossen werden. Die Vermutungsregelung des § 632 Abs. 1 BGB gilt in diesem Falle erst mit Eintritt der aufschiebenden Bedingung bzw. entfällt mit Eintritt der auflösenden Bedingung.[21] Abzugrenzen ist insofern von der Vereinbarung einer bedingten Vergütungspflicht des Bestellers bei unbedingt vereinbarter Herstellungsverpflichtung des Unternehmers,[22] vgl. Rdn. 308.

16

Als Bedingungen kommen in Betracht:
– Erwerb des Baugrundstücks;
– Sicherung der Finanzierung des Grundstückserwerbs und/oder des Bauvorhabens;
– öffentlich rechtliche Genehmigung des Grundstückserwerbs und/oder des Bauvorhabens;
– Vertragsabschluss über weitergehende Leistungen.[23]

17

5. Abgrenzung zu Akquisition

Ein zumindest stillschweigender Werkvertragsabschluss ist vornehmlich bei Architekten- und Ingenieurverträgen abzugrenzen von der bloßen Akquisitionstätigkeit seitens des Unternehmers mit dem Ziel eines Werkvertragsabschlusses.[24] Zur entsprechenden Abgrenzung sind sämtliche Einzelfallumstände zu würdigen.[25]

18

Es lassen sich folgende Auslegungskriterien anführen:

a) Ergebnisverwertung

Bei Verwertung von Arbeitsergebnissen des Unternehmers durch den Besteller kann in der Regel von einem Vertragsabschluss ausgegangen werden.[26] In Betracht kommt insofern die Verwendung von Planungen und Berechnungen des Architekten für Verhandlungen mit der baufinanzierenden

19

---

19 Entsprechend Staudinger/*Peters/Jacoby*, § 632 Rn. 46 zu § 154 BGB.
20 Messerschmidt/Voit/*Boldt*, § 632 Rn. 7.
21 Kniffka/*von Rintelen*, IBR-Online-Kommentar, § 632 Rn. 8; Messerschmidt/Voit/*Boldt*, § 632 Rn. 21.
22 Kniffka/*von Rintelen*, IBR-Online-Kommentar, § 632 Rn. 9, 25.
23 Vgl. BGH, Urt. v. 05.06.1997, VII ZR 124/96, BauR 1997, 1060, 1061; Kniffka/*von Rintelen*, IBR-Online-Kommentar, § 632 Rn. 8 unter Hinweis auf ein missverständliches Abstellen des BGH in der zuvor zitierten Entscheidung auf die Vergütungspflicht.
24 Vgl. BGH, Urt. v. 05.06.1997, VII ZR 124/96, BauR 1997, 1060, 1061; OLG Celle, Urt. v. 20.02.2003, 14 U 195/02, BauR 2004, 361, 362.
25 *Kniffka/Koeble*, 12. Teil, Rn. 10.
26 *Kniffka/Koeble*, 12 Teil, Rn. 12.

Bank oder zur Herbeiführung einer Entscheidung der Genehmigungsbehörde[27] oder zur Erfüllung der eigenen Pflichten des Bestellers gegenüber anderen Vertragspartnern.[28]

b) Ergebnisentgegennahme

20 Die bloße Entgegennahme von Arbeitsergebnissen des Unternehmers vermag einen Vertragsabschluss in der Regel nur bei einigem Gewicht der Arbeitsergebnisse zu begründen. Zur Begründung von Architekten- und Ingenieurverträgen bedarf es regelmäßig zumindest der Entgegennahme einer Entwurfsplanung, vorbehaltlich einer anderweitigen Auslegung im Einzelfall.[29] Abschlagszahlungen des Bestellers begründen in der Regel einen Vertragsabschluss auch in früheren Planungsstadien.[30]

c) Besondere Umstände

21 Besondere Umstände des Einzelfalls können zu einer abweichenden Auslegung gegenüber den vorhergehenden Auslegungsregeln führen.[31] Hier ergeben sich häufig schwierige Probleme bei der Abgrenzung einer für beide Parteien noch unverbindlichen Akquisitionstätigkeit des Unternehmers und einem schon für beide Parteien verbindlichen Vertragsabschluss.

aa) Unklarheit der Bauverwirklichung

22 So kann die Erbringung weitreichender Planungen und deren Entgegennahme nicht ausreichen, wenn die Verwirklichung des Objektes noch nicht klar ist, und nur die Möglichkeit einer Bebauung aufgezeigt werden soll.[32] Dies gilt vor allem bei größeren Bauvorhaben.[33]

bb) Unklarheit über die Vertragsparteien

23 Eine Entgegennahme und sogar Verwendung von Planungsleistungen kann immer noch den Bereich der Akquisitionstätigkeit nicht verlassen haben, wenn nicht geklärt worden ist, für welchen mehrerer in Betracht kommender Vertragspartner der Planer tätig werden soll.[34]

cc) Besondere Nähe zwischen den Parteien

24 Bei einer besonderen Nähe zwischen Besteller und Unternehmer, z.B. Verwandtschaft oder gemeinsame Vereinsmitgliedschaft,[35] sind höhere Anforderungen an den Abschluss eines Werkvertrages mit Herstellungsverpflichtung des Unternehmers zu stellen. Der Bereich des reinen Gefälligkeitsverhältnisses reicht insofern weiter.

---

27 OLG Stuttgart, Urt. v. 10.02.2005, 13 U 147/04, BauR 2005, 1202, 1204.
28 OLG Karlsruhe, Urt. v. 27.07.2007, 8 U 243/06, BauR 2009, 1170.
29 OLG Düsseldorf, Urt. v. 22.01.2008, 23 U 88/07, IBR 2008, 334 = OLG-Report Düsseldorf, 2008, 374; OLG Hamm, Urt. v. 23.04.2010, I-19 U 12/08, BauR 2010, 1782, 1783; einschränkend OLG Celle, Urt. v. 17.02.2010, 14 U 138/09, BauR 2010, 926, 927, wonach sogar noch eine Genehmigungsplanung Akquisition sein kann; weitergehend OLG München, Urt. v. 11.10.1995, 27 U 12/95, BauR 1996, 417; *Kniffka/Koeble*, 12. Teil, Rn. 13, wonach die Grenze bei (nahezu) vollständiger Erbringung und Entgegennahme der Leistungsphasen 1 und 2 liegt.
30 BGH, Urt. v. 06.05.1985, VII ZR 320/84, NJW-RR 1986, 18; OLG Hamm, Urt. v. 23.04.2010, I-19 U 12/08, BauR 2010, 1782, 1783.
31 *Kniffka/Koeble*, 12. Teil, Rn. 14.
32 BGH, Urt. v. 24.06.1999, VII ZR 196/98, BauR 1999, 1319, 1321; OLG Hamm, Urt. v. 23.04.2010, I-19 U 12/08, BauR 2010, 1782, 1783.
33 OLG Hamm, a.a.O.; OLG Düsseldorf, Urt. v. 16.01.2003, 5 U 41/02, BauR 2003, 1251.
34 OLG Hamm, Urt. v. 29.01.2001, 17 U 181/98, BauR 2001, 1466 f.; OLG Frankfurt/M., Urt. v. 29.08.2003, 19 U 237/02, BauR 2004, 112, 113.
35 *Kniffka/Koeble*, 12. Teil, Rn. 14; OLG Köln, Urt. v. 18.10.1989, 2 U 30/89, OLGZ 1990, 233, 234 f.

dd) **Planungsleistungen mit dem Ziel des Abschlusses eines Vertrages über die Errichtung eines Bauvorhabens**

Verhandeln die Parteien über den Abschluss eines Vertrags zur Errichtung eines Bauvorhabens, kommt bei Scheitern eines entsprechenden Vertragsabschlusses die Annahme eines vergütungspflichtigen Werkvertrages über die Planungsleistungen allenfalls dann in Betracht, wenn der Unternehmer dem Besteller Planungen überlassen hat, die zumindest den Stand einer Entwurfs- oder Genehmigungsplanung erreicht haben.[36] Im Zweifel muss der Bauunternehmer, der als solcher angesprochen wurde, ausdrücklich auf die separate Auftragsvergabe und Vergütung der Planungsleistungen hinweisen.[37] Im Übrigen kommt die Annahme eines zumindest stillschweigenden vergütungspflichtigen Vertragsabschlusses für den Fall in Betracht, dass der Besteller die Planungsleistungen für die Verwirklichung des Bauvorhabens durch ein anderes Unternehmer verwendet, zumindest wenn der Unternehmer ausdrücklich darauf hinweist, dass er die Verwendung der Pläne durch Dritte nur gegen Zahlung einer entsprechenden Vergütung gestattet.[38] Ein Vertragsabschluss kommt jedoch nicht zu Stande, wenn der Bauherr erklärt hat, er zahle auch im Falle eines Bauvertragsabschlusses mit einem anderen Unternehmen für die Planleistungen nichts.[39] Im Übrigen kommen im Hinblick auf die Verwendung der Pläne durch ein anderes Unternehmen urheberrechtliche, wettbewerbsrechtliche und bereicherungsrechtliche Ansprüche des Unternehmers in Betracht.

25

d) **Schriftformabrede**

Haben die Parteien vor oder bei Verwertung der Planungsleistungen bzw. Entgegennahme gewichtiger Planungsleistungen den Abschluss eines schriftlichen Vertrages vereinbart, ist dieser gemäß § 154 Abs. 2 BGB im Zweifel nicht geschlossen, bis die Beurkundung erfolgt ist.[40] Dies gilt bei späterer Vereinbarung einer schriftlichen Fixierung des Vertrages allerdings nicht für die bis dahin erbrachten Leistungen, soweit sie nach den vorhergehenden Darlegungen die Akquisitionsschwelle überschritten haben.[41] Die Schriftformabrede kann auch stillschweigend erfolgen, z.B. durch Austausch von schriftlichen Vertragsentwürfen oder Herstellen einer Vertragsurkunde.[42]

26

6. Darlegungs- und Beweislast

a) **Vertragsabschluss**

Die Darlegungs- und Beweislast für den Vertragsabschluss als Voraussetzung für die Vergütungspflicht gem. § 632 BGB liegt beim Unternehmer.[43] Die Abnahme der Werkleistung hat auf die Darlegungs- und Beweislast hinsichtlich Grund und Höhe der Vergütung keine Auswirkungen.[44]

27

b) **Aufschiebende Bedingung**

aa) **Herstellungspflicht**

Die Beweislast für die Unbedingtheit des Vertragsabschlusses wie auch für den Eintritt der Bedingung eines aufschiebend bedingten Vertragsabschlusses liegt ebenfalls beim Unterneh-

28

---

36 *Kniffka/Koeble*, 12. Teil, Rn. 15.
37 Vgl. Schleswig-Holst. OLG, Urt. v. 06.01.2009, 3 U 29/07, BauR 2009, 996.
38 OLG Celle, Urt. v. 09.11.2000, 14 U 14/00, BauR 2001, 1135.
39 OLG Celle, Urt. v. 16.03.2000, 13 U 132/99, BauR 2000, 1069, 1070.
40 OLG Hamm, Urt. v. 16.10.2008, I-17 U 1/08, BauR 2010, 239, 240.
41 BGH, Urt. v. 27.04.1994, VIII ZR 34/93, NJW 1994, 2025, 2026.
42 Palandt/*Ellenberger*, BGB § 154 Rn. 4.
43 BGH, Urt. v. 05.06.1997, VII ZR 124/96, BauR 1997, 1060, 1061; OLG Düsseldorf, Urt. v. 20.08.2001, 23 U 6/01, BauR 2002, 117, 119; Baumgärtel/*Kessen*, § 632 Rn. 1 m.w.N.
44 BGH, Urt. v. 13.10.1994, VII ZR 139/93, BauR 1995, 91; Baumgärtel/*Kessen* a.a.O.

mer.⁴⁵ Wenn allerdings die Bedingungsvereinbarung nicht dokumentiert ist, trifft den Besteller eine qualifizierte Erstdarlegungslast. Der Besteller muss genaue Angaben zu Inhalt, Zeit, Ort und beteiligten Personen der Bedingungsvereinbarung machen, die dann vom Unternehmer zu widerlegen sind.⁴⁶

bb) Mängelbeseitigung

29 Wenn auf eine Mängelrüge des Bestellers hin der Unternehmer eine Vergütung für mangel- bzw. schadensbeseitigende Maßnahmen unter Bestreiten seiner Mängelverantwortlichkeit verlangt und der Besteller die Maßnahmen zumindest widerspruchslos entgegennimmt, kommt ein Werkvertrag unter der aufschiebenden Bedingung zu Stande, dass die Mängelrüge unberechtigt ist, vgl. Rdn. 5. Nach OLG Hamm soll insofern nach Abnahme der ursprünglichen Werkleistung der Besteller die Beweislast für die Mängelverantwortlichkeit des Unternehmers entsprechend der Rechtslage bei Mängelansprüchen des Bestellers tragen.⁴⁷ Dies erscheint in Anbetracht der Rechtsprechung des BGH, wonach auch nach der Abnahme der Werkleistung der Unternehmer die Darlegungs- und Beweislast für den Grund und die Höhe seiner Werklohnforderung hat, vgl. Rdn. 27, zweifelhaft.⁴⁸

c) Auflösende Bedingung

30 Die Darlegungs- und Beweislast für die Vereinbarung einer auflösenden Bedingung ebenso wie für den Eintritt der auflösenden Bedingung trifft den Besteller, der dem Vergütungsanspruch des Unternehmers entgegentritt.⁴⁹

II. Vorrang einer Vergütungsvereinbarung

31 Eine Vergütungsvereinbarung gem. § 631 BGB schließt § 632 BGB aus.⁵⁰ Ausreichend ist insofern jede Vereinbarung, auf Grund derer die Vergütung bestimmbar ist, z.B. im Rahmen einer Stundenlohnvereinbarung mit Stundensätzen.⁵¹

1. Leistungssoll

32 Bezugsgröße für jede vereinbarte Vergütung ist das vertraglich vereinbarte Leistungssoll (auch Bau- oder Vertragssoll genannt). Insofern hat § 2 Abs. 1 VOB/B allgemeine Gültigkeit.⁵² Danach werden durch die vereinbarten Preise alle Leistungen abgegolten, die nach der Leistungsbeschreibung, den sonstigen Vertragsbedingungen und der gewerblichen Verkehrssitte zur vertraglichen Leistung gehören.

a) Verhältnis Leistungs- zu Erfolgssoll

33 Es ist zu unterscheiden zwischen dem vertraglich vereinbarten Leistungssoll als Bemessungsgrundlage für die Vergütung und dem vertraglich geschuldeten Erfolg. Der Unternehmer schuldet gemäß § 633 BGB die Herstellung eines der vertraglich vereinbarten Beschaffenheit entsprechen-

---

45 BGH, Urt. 10.06.2002, II ZR 68/00, NJW 2002, 2862, 2863; Kniffka/*von Rintelen*, IBR-Online-Kommentar, § 632 Rn. 8.
46 Kniffka/*von Rintelen*, IBR-Online-Kommentar, § 632 Rn. 8; Kniffka/Koeble, 12. Teil, Rn. 21.
47 OLG Hamm, 23.10.2008, 21 U 62/08, BauR 2009, 510, 511.
48 A.A. auch Baumgärtel/*Kessen*, § 632 Rn. 47.
49 Vgl. BGH, Versäumnisurt. v. 25.11.1999, IX ZR 40/98, NJW 2000, 362, 363; Palandt/*Heinrichs*, BGB Einf. v. § 158 Rn. 14.
50 BGH, Urt. v. 14.07.1994, VII ZR 53/92, BauR 1995, 88, 89; Kniffka/*von Rintelen*, IBR-Online-Kommentar, § 632 Rn. 16.
51 BGH, Urt. v. 01.02.2000, X ZR 198/97, BauR 2000, 1196, 1197.
52 Kniffka/*von Rintelen*, IBR-Online-Kommentar, § 631 Rn. 567.

den, funktionstauglichen und zweckentsprechenden Werkes, andernfalls ist seine Vertragsleistung mangelhaft.[53] Die Erbringung des Leistungssolls kann, muss jedoch nicht zur Herstellung des geschuldeten Erfolges führen. Vielmehr kann sich herausstellen, dass die vertraglich vereinbarten Leistungen geändert oder zusätzliche Leistungen erbracht werden müssen, um den vertraglich geschuldeten Erfolg zu erreichen. Bezugspunkt für die vereinbarte Vergütung bleibt insofern das vertraglich vereinbarte Leistungssoll.[54] Dies schließt nicht aus, dass die Parteien die Erreichung des werkvertraglich geschuldeten Erfolges als Leistungssoll vereinbaren, z.B. im Rahmen eines Globalpauschalvertrages mit funktionaler Leistungsbeschreibung, vgl. Rdn. 134. Die Notwendigkeit einer Leistung zur Erreichung des geschuldeten Werkerfolges ist jedoch allein für die Bestimmung des Leistungssolls nicht maßgebend.[55]

b) Bezugspunkte Leistungssoll

Bezugspunkte des Leistungssolls sind
- Art und Umfang der Leistungen, die unmittelbar der Bauwerkerstellung dienen;
- vor- und nachbereitende Nebenleistungen zur unmittelbaren Bauausführung, vgl. Allgemeine Technische Vertragsbedingungen für Bauleistungen (ATV) der VOB/Teil C, jeweils Abschnitt 5 Nebenleistungen in Abgrenzung zu Besonderen Leistungen;
- Umstände der Bauausführung (Baugrund, rechtliche Voraussetzungen für das Bauvorhaben, insbesondere Baugenehmigungsfähigkeit, Wagnisse bzw. Erschwernisse, z.B. Kontaminationen, Lager- und Arbeitsplätze, Zufahrtswege, Baustrom- und Wasseranschlüsse, Baureinigung usw.);
- Bauzeit.

34

c) Auslegungsbedürftigkeit

Eine Auslegungsbedürftigkeit der Vereinbarungen zum Leistungssoll kann sich ergeben auf Grund
- Mehrdeutigkeit bzw. Unklarheit der Leistungsbeschreibung;
- Unvollständigkeit der Leistungsbeschreibung;
- Widersprüchen innerhalb der Leistungsbeschreibung.

35

d) Allgemeine Auslegungsgrundsätze

aa) Auslegung nach juristischen Grundsätzen

Maßgebend für die Auslegung sind ausschließlich die juristischen Grundsätze zur Vertragsauslegung, die sich von ingenieurtechnischen und/oder betriebswirtschaftlichen Auslegungsgrundsätzen unterscheiden können.[56] Die Bestimmung des Leistungssolls hat danach im Wege der Auslegung nach allgemeinen Grundsätzen gem. §§ 133, 157 BGB nach Treu und Glauben mit Rücksicht auf die Verkehrssitte zu erfolgen. Maßgebend ist der objektive Empfängerhorizont, vgl. Rdn. 39 ff. Ein übereinstimmender Wille der Vertragsparteien ist insofern vorrangig, auch wenn er keinen oder nur unvollkommenen Niederschlag in den Erklärungen der Vertragsparteien gefunden hat.[57]

36

---

[53] BGH, Urt. v. 17.05.1984, VII ZR 169/82, BGHZ 91, 206, 212 = BauR 1984, 510; BGH, Beschl. v. 25.01.2007, VII ZR 41/06, BauR 2007, 700, 702.
[54] BGH, Urt. v. 27.07.2006, VII ZR 202/04, BauR 2006, 2040, 2042; grundlegend *Motzke*, NZ Bau 2002, 641 ff.
[55] BGH, Urt. v. 27.07.2006, VII ZR 202/04, BauR 2006, 2040, 2042 unter Klarstellung insofern missverständlicher Ausführungen in BGH, Urt. v. 28.02.2002, VII ZR 376/00, BauR 2002, 935, 937; Kniffka/*von Rintelen*, IBR-Online-Kommentar, § 631 Rn. 578.
[56] Kniffka/*von Rintelen*, IBR-Online-Kommentar, § 631 Rn. 573.
[57] Palandt/*Ellenberger*, BGB § 133 Rn. 8 m.w.N.

bb) Auslegung im Gesamtzusammenhang als sinnvolles Ganzes

37 Es hat eine Auslegung jedes Vertrages im Gesamtzusammenhang unter Berücksichtigung der besonderen Einzelumstände als sinnvolles Ganzes zu erfolgen.[58] Die Auslegung im Hinblick auf Art und Umfang des vereinbarten Leistungssolls ist häufig ein schwieriger und komplexer Vorgang. Sie hat grundlegende Bedeutung für die immer wiederkehrende Frage, ob und inwieweit der Unternehmer über die vertraglich vereinbarte Vergütung hinaus zusätzliche Vergütungsansprüche für Leistungen geltend machen kann, die zur Erreichung des vertraglich geschuldeten Erfolges notwendig sind oder ansonsten vom Besteller erwartet werden. Diesbezügliche Auslegungsprobleme lassen sich von vornherein durch eine sorgfältige Leistungsbeschreibung und Vertragsgestaltung vermeiden, zumindest reduzieren.[59]

cc) Bestimmbarkeit des Leistungssolls

38 Erforderlich, aber auch hinreichend ist eine bestimmbare Festlegung des Leistungssolls.[60] Danach ist eine Ausschreibung, die neben bestimmt formulierten Mindestanforderungen die Konkretisierung den von dem Unternehmer als Vertragsleistung zu erstellenden Planungen überlässt, hinreichend bestimmt.[61]

e) Maßgeblichkeit des objektiven Empfängerhorizonts

39 Für die Auslegung des Leistungssolls bzw. der Leistungsbeschreibung ist die objektive Empfängersicht maßgebend.[62] Zur Beurteilung des objektiven Empfängerhorizonts ist im Hinblick auf die jeweiligen Empfänger der Erklärungen einer Vertragspartei zum Leistungssoll zu unterscheiden zwischen
– Fachleuten im Baubereich;
– fachunkundigen Verbrauchern;
– Bietern im Rahmen eines Ausschreibungsverfahrens nach VOB/A.

aa) Fachkundige Empfänger der Leistungsbeschreibung

40 Bei Leistungsbeschreibungen mit technisch spezialisiertem Text für technische Fachleute als Empfänger ist das Verständnis der angesprochenen Fachleute in dem spezifisch technischen Sinne maßgebend.[63] Ein Generalunternehmer kann sich insofern nicht auf das eingeschränkte Verständnis eines nur mit einem Einzelgewerk beauftragten Unternehmers zurückziehen.[64] Das technische Verständnis einer Leistungsbeschreibung kann und muss erforderlichenfalls zum Gegenstand eines Sachverständigenbeweises gemacht werden.[65] Soweit es zur Beurteilung des Leistungssolls auf das Verständnis den Vertrag übergreifender Regelungen, wie der Allgemeinen Technischen Vertragsbedingungen für Bauleistungen (ATV) der VOB Teil C und sonstiger DIN-Normen ankommt, ist bei Auslegungszweifeln die Verkehrssitte unter den beteiligten Fachkreisen zu Grunde zu legen, deren Ermittlung im Zweifel ebenfalls einem Sachverständigen übertragen werden muss.[66]

---

58 BGH, Urt. v. 21.03.1991, VII ZR 110/90, BauR 1991, 458, 459; BGH Urt. v. 11.03.1999, VII ZR 179/98, BauR 1999, 897, 898.
59 Vgl. *Eschenbruch*, BauR 2010, 283 ff. mit Grundsätzen zur Bauvertragsgestaltung.
60 BGH, Urt. v. 27.06.1996, VII ZR 59/95, BauR 1997, 126, 127; BGH, Urt. v. 08.02.1996, VII ZR 219/94, BauR 1996, 412, 413.
61 BGH, Urt. v. 27.06.1996, VII ZR 59/95, BauR 1997, 126, 127.
62 BGH, Urt. v. 09.02.1995, VII ZR 143/93, BauR 1995, 538, 539.
63 BGH, Urt. v. 23.06.1994, VII ZR 163/93, BauR 1994, 625, 626; BGH, Urt. v. 17.06.2004, VII ZR 75/03, BauR 2004, 1438, 1439.
64 OLG Koblenz, Urt. v. 12.04.2010, 12 U 171/09, BauR 2011, 527, 529.
65 BGH, Urt. v. 09.01.1997, VII ZR 259/95, BauR 1997, 466, 467.
66 BGH, Urt. v. 17.06.2004, VII ZR 75/03, BauR 2004, 1438, 1440.

Wenn der Sachverständige keine eigene Sachkunde hat, muss er Erkundigungen einziehen, z.B. 41
durch Befragung der Industrie- und Handelskammern oder Handwerkskammern.[67] Kommentierungen können nur als Auslegungshilfe herangezogen werden, wenn sie das Verständnis der maßgebenden Verkehrskreise wiedergeben.[68] Rechtliche Einschätzungen des Sachverständigen sind unbeachtlich, sondern ausschließlich dem Gericht vorbehalten.[69]

bb) Fachunkundige Verbraucher als Empfänger der Leistungsbeschreibung

Bei Verwendung einer Leistungsbeschreibung gegenüber Verbrauchern i.S.v. § 13 BGB kommt es 42
auf das Verständnis eines objektiven, redlich denkenden Verbrauchers an.[70] Soweit sich Verbraucher allerdings bei Vertragsabschlüssen von Fachleuten im Baubereich, z.B. Architekten, vertreten oder beraten lassen, ohne dass diese im Lager des Unternehmers stehen, ist wiederum das technische Verständnis unter Fachleuten maßgebend.[71]

cc) Bieter als Empfänger der Leistungsbeschreibung im Rahmen von Ausschreibungen nach VOB/A

Bei Ausschreibungen nach der VOB/A ist für die Auslegung der Leistungsbeschreibung die objektive 43
Sicht der möglichen Bieter als Empfängerkreis insgesamt maßgebend.[72] Das Verständnis nur
einzelner Empfänger kann nicht berücksichtigt werden. Daraus folgt, dass regelmäßig ein verhältnismäßig allgemeines Verständnis für die Auslegung maßgebend sein muss, und dass Besonderheiten aus dem Bereich einzelner Empfänger der Erklärung nicht zu berücksichtigen sind. Besonderheiten des Betriebes eines Bieters, wie sie bei einem Einzelvertragsabschluss von Bedeutung sein können, spielen daher bei der Auslegung einer Ausschreibung nach VOB/A keine Rolle.[73]

f) Einzelne Auslegungskriterien

Obwohl die Auslegung des vereinbarten Leistungssolls grundsätzlich im Gesamtzusammenhang 44
unter Berücksichtigung aller Einzelumstände der jeweiligen Vereinbarung zu erfolgen hat, lassen sich grundsätzliche Auslegungskriterien anführen, die die Lösung der Auslegungsprobleme erleichtern. Zu warnen ist jedoch vor einer schematischen Anwendung der entsprechenden Kriterien. Maßgebend ist letzten Endes der erkennbare gemeinsame Parteiwille sowie das objektive Verständnis der Erklärungen der Vertragsparteien nach Treu und Glauben unter Würdigung aller, auch außerhalb der Vertragsurkunden liegenden Umstände eines jeden Einzelfalls.[74]

---

67 Kniffka/*von Rintelen*, IBR-Online-Kommentar, § 631, Rn. 568.
68 BGH, Urt. v. 17.06.2004, VII ZR 75/03, BauR 2004, 1438, 1439.
69 BGH, Urt. v. 09.02.1995, VII ZR 143/93, BauR 1995, 538, 539.
70 Kniffka/*von Rintelen*, IBR-Online-Kommentar, § 631 Rn. 568; Staudinger/*Peters/Jacoby*, § 632 Rn. 36.
71 Vgl. BGH, Urt. v. 09.11.1989, VII ZR 16/89, BauR 1990, 205, 206; OLG Hamm, Urt. v. 17.06.1992, 26 U 69/91; NJW-RR 1993, 27 zu dem vergleichbaren Fall der Einbeziehung der VOB/B in das Vertragsverhältnis.
72 BGH, Urt. v. 11.11.1993, VII ZR 47/93, BauR 1994, 236, 237; BGH, Urt. v. 28.02.2002, VII ZR 376/00, BauR 2002, 935, 936; OLG Köln, Hinweisbeschl. v. 03.12.2009, 11 U 173/09, BauR 2010, 1076; OLG Koblenz, Urt. v. 24.02.2011, 2 U 777/09, IBR 2011, 187: Danach soll der maßgebende objektive Empfängerhorizont durch eine Umfrage bei potentiellen Bietern ermittelt werden können, und von deren Ergebnis abweichende persönliche technische Meinungen und Erfahrungen eines Sachverständigen unbeachtlich sein.
73 BGH, Urt. v. 22.04.1993, VII ZR 118/92, BauR 1993, 595, 596; OLG Braunschweig, Urt. v. 27.11.2008, 8 U 58/07, BauR 2010, 87.
74 BGH, Urt. v. 22.04.1993, VII ZR 118/92, BauR 1993, 595, 596 f.; BGH Urt. v. 13.03.2008, VII ZR 194/06, BauR 2008, 1131, 1135.

aa) Einbeziehung sämtlicher Vertragsunterlagen

45 Es sind sämtliche Vertragsunterlagen einschließlich Allgemeiner Geschäftsbedingungen in die Auslegung einzubeziehen.[75] Entsprechend sind beim VOB/B-Vertrag über § 1 Abs. 1 S. 2, § 2 Abs. 1 S. 2 VOB/B die Allgemeinen Technischen Vertragsbedingungen für Bauleistungen (ATV) der VOB Teil C (DIN 18299 ff.), einschließlich der jeweiligen Regelungen zu Abschnitt 4 »Nebenleistungen, Besondere Leistungen« in die Auslegung einzubeziehen.[76] Der BGH hat insofern missverständliche Ausführungen in seiner Entscheidung *»Konsoltraggerüst«*,[77] die faktisch auf eine Ausblendung der VOB/C aus der Vertragsauslegung ausgerichtet waren, ausdrücklich klargestellt.[78]

46 Nur untergeordnete Bedeutung haben allerdings vorläufige Unterlagen im Vorfeld des Vertragsabschlusses. Maßgebend sind die Leistungsbeschreibung und die zu Grunde liegenden Unterlagen im Zusammenhang mit dem Vertragsabschluss.[79] Die Unterzeichnung vorläufiger Unterlagen kann allerdings dann Rechtsverbindlichkeit begründen, wenn es nicht zu einem späteren Vertragsabschluss kommt und auch nicht der Vorbehalt eines späteren Vertragsabschlusses gegenüber dem Vertragspartner erklärt worden ist.[80]

bb) Vorrang des Wortlauts der Leistungsbeschreibung

47 Bei der Auslegung der Vereinbarung des Leistungssolls ist von dem Wortlaut der Leistungsbeschreibung auszugehen. Dies begründet zum einen einen grundsätzlichen Vorrang der Leistungsbeschreibung gegenüber vertragsgegenständlichen Plänen,[81] jedenfalls dann, wenn die Leistung im Einzelnen genau beschrieben wird, während die Pläne sich nicht im Detail an dem angebotenen Bauvorhaben orientieren.

48 Zum anderen kommt bei Leistungsbeschreibungen, die insbesondere Grundlage einer öffentlichen Ausschreibung sind, dem Wortlaut vergleichsweise große Bedeutung zu.[82] Wenn insofern der Wortlaut der Leistungsbeschreibung weit im Sinne eines Leistungsbestimmungsrechtes des Bestellers formuliert ist, können nicht ausgesprochene Einschränkungen des Wortlauts nur zum Tragen kommen, wenn sie von allen gedachten Empfängern so verstanden werden mussten.[83] Auf der anderen Seite steht in gleicher Weise die eingeschränkte Bedeutung des Wortlauts der Leistungsbeschreibung grundsätzlich einer extensiven Auslegung über den allgemein verstandenen Wortlaut hinaus entgegen.[84]

---

75 BGH, Urt. v. 27.07.2006, VII ZR 202/04, BauR 2006, 2040, 2042; BGH, Urt. v. 13.03.2008, VII ZR 194/06, BauR 2008, 1131, 1135; OLG Bamberg, Urt. v. 03.03.2010, 3 U 230/08, IBR 2011, 4, und OLG Celle, Urt. v. 21.04.2010, 14 U 134/09, IBR 2011, 5, jeweils zur Vereinbarung Zusätzlicher Technischer Vertragsbedingungen (ZTV); OLG Naumburg, Urt. v. 03.12.2009, 1 U 43/09, IBR 2010, 201 = NZ Bau 2010, 436 zu Musterbaubeschreibung als Bestandteil des Vertragsangebotes des Unternehmers.
76 BGH, Urt. v. 27.07.2006, VII ZR 202/04, BauR 2006, 2040, 2042; OLG Celle, Urt. v. 21.04.2010, 14 U 134/09, IBR 2011, 5; OLG Köln, Beschl. v. 22.04.2009, 11 U 29/09, IBR 2010, 73.
77 BGH, Urt. v. 28.02.2002, VII ZR 376/00, BauR 2002, 935, 936.
78 BGH, Urt. v. 27.07.2006, VII ZR 202/04, BauR 2006, 2040, 2042; Kniffka/*von Rintelen*, IBR-Online-Kommentar, § 631, Rn. 578.
79 BGH, Urt. v. 23.01.1997, VII ZR 65/96, BauR 1997, 464, 465; OLG Düsseldorf, Urt. v. 14.11.2008, I –22 U 69/08, BauR 2010, 88, 89; Kniffka/*von Rintelen*, IBR-Online-Kommentar, § 631 Rn. 571.
80 Vgl. OLG Dresden, Urt. v. 27.03.2008, 4 U 1478/07, IBR 2010, 13 = BauR 2010, 96 (insofern allerdings nicht zitiert).
81 BGH, Urt. v. 05.12.2002, VII ZR 342/01, BauR 2003, 388.
82 BGH, Urt. v. 22.04.1993, VII ZR 118/92, BauR 1993, 595, 596; BGH, Urt. v. 09.01.1997, VII ZR 259/95, BauR 1997, 466.
83 BGH, Urt. v. 22.04.1993, VII ZR 118/92, BauR 1993, 595, 596.
84 BGH, Urt. v. 09.01.1997, VII ZR 259/95, BauR 1997, 466.

cc) Verhältnisse des Bauwerks

Für die Auslegung von Bedeutung sind des Weiteren die besonderen Umstände des einzelnen Bauvorhabens, insbesondere die konkreten Verhältnisse des Bauwerks.[85] In diesem Zusammenhang können auch der technische und qualitative Zuschnitt des ausgeschriebenen Vorhabens, sein architektonischer Anspruch und die Bestimmung des Gebäudes bedeutsam werden.[86] Im Zweifel kann der Besteller den Standard vergleichbarer Objekte erwarten.[87] Diese zur Erfolgshaftung des Unternehmers ergangene Rechtsprechung gilt auch im Hinblick auf die Bestimmung des Leistungssolls als Bemessungsgrundlage für die Vergütung.[88]

49

dd) Spezielles vor Allgemeinem

Spezielle Beschreibungen gehen grundsätzlich allgemeinen Beschreibungen vor. Entsprechend vorrangige Beschreibungen müssen nicht zu den einzelnen Leistungspositionen erfolgen, sondern können in den Vorbemerkungen zum Leistungsverzeichnis enthalten sein.[89] Entsprechend haben bei der Auslegung spezielle DIN-Normen Vorrang vor den allgemeinen Regelungen der DIN 18299.[90]

50

ee) Verkehrssitte

Für die Auslegung des Leistungssolls ist gem. § 157 BGB die jeweilige Verkehrssitte, d.h. das verkehrsübliche Verständnis einer Leistungsbeschreibung bei dem maßgeblichen Empfängerkreis, von erheblicher Bedeutung, wenn Wortlaut und Sinn einer vertraglichen Regelung nicht zu einem eindeutigen Ergebnis führen.[91] Insofern kann im Einzelfall die Verkehrssitte sogar zu einer vom Wortlaut der Leistungsbeschreibung abweichenden Auslegung führen. Z.B. kann sich nach der Verkehrssitte ergeben, dass eine nach Abschnitt 4 der jeweils einschlägigen ATV der VOB Teil C zu wertende Besondere Leistung im Rahmen der Vertragsauslegung als nicht zusätzlich zu vergütende Nebenleistung zu werten ist.[92] Die maßgebende Verkehrssitte ist gegebenenfalls mit Hilfe eines Sachverständigen zu ermitteln, vgl. Rdn. 40.

51

ff) Detaillierte und funktionale Leistungsbeschreibungen

Grundsätzlich zu unterscheiden ist zwischen funktionalen und detaillierten Leistungsbeschreibungen. In einer funktionalen Leistungsbeschreibung wird das Leistungsziel formuliert, während die dahingehenden Leistungsschritte nicht oder nur grob beschrieben werden.[93] Bei einer detaillierten Leistungsbeschreibung sind demgegenüber die Leistungsschritte, die zum vertraglich geschuldeten Erfolg führen sollen, beschrieben.[94] Insofern kann es zum einen um eine funktionale Festlegung des werkvertraglich geschuldeten Erfolges als vergütungspflichtiges Leistungssoll in Bezug auf das Bauvorhaben insgesamt gehen, vgl. Rdn. 134. Zum anderen kann eine Leistungsbeschreibung sowohl aus funktional als auch aus detailliert beschriebenen Leistungselementen bestehen.[95]

52

---

85 BGH, Urt. v. 22.04.1993, VII ZR 118/92, BauR 1993, 595, 596; BGH, Urt. v. 13.03.2008, VII ZR 194/06, BauR 2008, 1131, 1135.
86 BGH, Urt. v. 22.04.1993, VII ZR 118/92, BauR 1993, 595, 596.
87 BGH, Urt. v. 14.05.1998, VII ZR 184/97, BGHZ 139, 16 = BauR 1998, 872, 873.
88 Kniffka/*von Rintelen*, IBR-Online-Kommentar, § 631 Rn. 570.
89 BGH, Urt. v. 11.03.1999, VII ZR 179/98, BauR 1999, 897, 898.
90 OLG Celle, Urt. v. 21.04.2010, 14 U 134/09, IBR 2011, 5.
91 BGH, Urt. v. 17.06.2004, VII ZR 75/03, BauR 2004, 1438, 1439.
92 Kniffka/*von Rintelen*, IBR-Online-Kommentar, § 631 Rn. 578.
93 *Werner/Pastor*, Rn. 1525 m.w.N.
94 *Werner/Pastor*, Rn. 1528 m.w.N.
95 OLG München, Urt. v. 10.06.2008, 9 U 2192/07, BauR 2009, 1156; Kapellmann/Schiffers, Band 2, Rn. 206 ff.; *Eschenbruch*, BauR 2010, 283, 290, *Acker/Roquette* BauR 2010, 293, 303; *Werner/Pastor*, Rn. 1530 m.w.N.

53 Bei funktionalen Leistungsbeschreibungen übernimmt der Unternehmer die Planungsverantwortung für Art und Umfang der zur Erreichung des funktional beschriebenen Leistungserfolges erforderlichen Leistungsschritte innerhalb der vereinbarten Vergütung.[96] In diesen Fällen hat der Unternehmer ein Leistungsbestimmungsrecht nach billigem Ermessen gemäß § 315 BGB, welches einer gerichtlichen Billigkeitskontrolle gemäß § 315 Abs. 3 BGB unterliegt.[97] Detaillierte Leistungsbeschreibungen von Seiten des Bestellers innerhalb eines ansonsten funktional festgelegten Leistungssolls schränken dagegen das Leistungsbestimmungsrecht des Unternehmers, aber auch das vergütungspflichtige Leistungssoll mit der Folge ein, dass zur Erreichung des geschuldeten Erfolges erforderliche geänderte oder zusätzliche Leistungen nur gegen Zusatzvergütung zu erbringen sind, soweit sie auf die detaillierten Leistungsvorgaben des Bestellers zurückzuführen sind.[98]

54 Schließlich sind auch funktionale Leistungsbeschreibungen denkbar, bei denen ausdrücklich das Leistungsbestimmungsrecht dem Besteller zusteht. In diesem Falle ist zunächst nach allgemeinen Auslegungsgrundsätzen zu ermitteln, wie weit das vertragliche Leistungsbestimmungsrecht des Bestellers geht, und innerhalb dieses Rahmens eine Billigkeitskontrolle gemäß § 315 Abs. 3 BGB vorzunehmen.[99]

gg) Vertragliche Vereinbarung von kalkulatorischen Risikoübernahmen

55 Die vertragliche Vereinbarung der Übernahme kalkulatorischer Risiken durch den Unternehmer im Hinblick auf Baugrund, Baugenehmigungsfähigkeit, sonstige Bauumstände usw. ist grundsätzlich zulässig.[100] Eine entsprechende Risikoübernahme durch den Unternehmer ist auch im Hinblick auf unklare oder unvollständige Leistungsbeschreibungen des Bestellers möglich.[101] Eine Abstandnahme aus allgemeinen Billigkeitserwägungen, insbesondere auf Grund unüberschaubarer Kalkulationsrisiken, kommt nicht in Betracht.[102] Auch ein Hinweis des Unternehmers im Rahmen einer Ausschreibung auf sein Kalkulationsverständnis ändert an einer vertraglich übernommenen Risikoübernahme mit abweichenden Kalkulationsauswirkungen nichts.[103] Andernfalls läge ein von der Ausschreibung abweichendes Angebot des Bieters mit der Folge eines Ausschlusses aus dem Vergabeverfahren vor, was der Bieter im Zweifel nicht will.

56 Der Besteller hat zwar die in seinem Herrschaftsbereich liegenden Risiken nach allgemeinen werkvertraglichen Grundsätzen entsprechend § 645 BGB zu tragen, insbesondere im Hinblick auf den Baugrund und die Baugenehmigungsfähigkeit des Bauvorhabens. Insofern hat mangels abweichender Vereinbarung der Besteller die Kosten eines von der Baugenehmigungsbehörde angeforderten Bodengutachtens zur Klärung der Bodenverhältnisse zu tragen.[104] Es ist jedoch vorrangig im Einzelfall durch Auslegung zu ermitteln, ob und ggf. in welchem Umfang der Besteller entsprechende Risiken und Kosten vertraglich übernommen hat, bevor eine Zuordnung nach § 645 BGB vorgenommen wird.[105] Allerdings sind an eine Risikoübernahme im Hinblick auf Verhält-

---

96 BGH, Urt. v. 23.01.1997, VII ZR 65/96, BauR 1997, 464, 465.
97 Kniffka/*von Rintelen*, IBR-Online-Kommentar, § 631, Rn. 580; *Acker/Roquette*, BauR 2010, 293, 299.
98 Vgl. BGH, Urt. v. 22.03.1984, VII ZR 50/82, BauR 1984, 395; *Kapellmann/Schiffers*, Band 2, Rn. 232 f.
99 BGH, Urt. v. 22.04.1993, VII ZR 118/92, BauR 1993, 595, 597.
100 BGH, Urt. v. 11.11.1993, VII ZR 47/93, BGH BauR 1994, 236, 238 – BGH, Urt. v. 27.06.1996, VII ZR 59/95, BauR 1997, 126, 127 – Kammerschleuse; Wasserhaltung II, BGH, Urt. v. 23.01.1997, VII ZR 65/96, BauR 1997, 464, 465 – Karrengefängnis.
101 BGH, Urt. v. 13.03.2008, VII ZR 194/06; BGHZ 176, 23, 29 = BauR 2008, 1131, 1136 – Bistro.
102 Kniffka/*von Rintelen*, IBR-Online-Kommentar, § 631 Rn. 587 m.w.N.; BGH, Urt. v. 23.01.1997, VII ZR 65/96, BauR 1997, 464, 465.
103 BGH, Urt. v. 20.01.2009, X ZR 113/07, BauR 2009, 971, 974.
104 BGH, Urt. v. 27.07.2006, VII ZR 202/04, BauR 2006, 2040, 2043; Kniffka/*von Rintelen*, IBR-Online-Kommentar, § 631 Rn. 587.
105 BGH, Urt. v. 20.08.2009, VII ZR 205/07, BauR 2009, 1724, 1733; *Kuffer*, NZ Bau 2006, 1 ff.

nisse aus dem Herrschaftsbereich des Bestellers, z.B. im Hinblick auf unbekannte Bodenverhältnisse, jedenfalls dann strenge Anforderungen zu stellen, wenn sie die Baukosten erheblich beeinflussen können.[106] Insofern wird das Leistungssoll in der Regel durch die Bodenverhältnisse bestimmt, die sich aus einem der Ausschreibung beiliegendem Bodengutachten ergeben, mit der Folge zusätzlicher Vergütungsansprüche auf Grund Mehrkosten wegen davon abweichender Bodenverhältnisse.[107] Dagegen kommt eine vertragliche Übernahme von Baugrundrisiken durch den Unternehmer insofern in Betracht, als die vorgefundenen Bodenverhältnisse aus einem Untersuchungsbericht erkennbar oder jedenfalls vorhersehbar waren, oder auf mögliche auftretende Erschwernisse hingewiesen worden ist.[108]

hh) VOB/A-konforme Auslegung

Bei einer Ausschreibung nach VOB/A können die Bieter grundsätzlich auf die Richtigkeit und Vollständigkeit der Leistungsbeschreibung, insbesondere auf die ausreichende Informierung über Risiken vertrauen.[109] Wenn danach eine Ausschreibung mehrere Auslegungsmöglichkeiten zulässt, gilt im Zweifel eine VOB-konforme Auslegung, insbesondere im Hinblick auf die Nichtauferlegung eines ungewöhnlichen Risikos gem. § 9 VOB/A 2006 bzw. § 7 VOB/A 2009.[110] Es kommt sogar eine VOB-konforme Auslegung in Betracht, dass entgegen dem Wortlaut der Leistungsbeschreibung völlig ungewöhnliche und von keiner Seite zu erwartende Risiken vom Unternehmer nicht zu übernehmen sind, weil dies der Verkehrssitte sowie Treu und Glauben widersprechen würde, und gemäß § 133 BGB nicht am buchstäblichen Wortlaut festzuhalten ist, vielmehr der erklärte wirkliche Wille zu erforschen ist.[111] 57

Allerdings ist auch im Rahmen einer Ausschreibung nach VOB/A bei hinreichender Deutlichkeit die Vereinbarung der Übernahme auch ungewöhnlicher Risiken i.S.v. § 9 VOB/A 2006 bzw. § 7 VOB/A 2009 seitens des Unternehmers zulässig. Ein Verstoß gegen die VOB/A begründet keine Nichtigkeit einer Vergütungs- und Leistungssollvereinbarung gem. § 134 BGB. Die VOB/A enthält auch nicht etwa zwingendes Vertragsrecht derart, dass statt der geschlossenen Vereinbarung die nach § 9 VOB/A 2006 bzw. § 7 VOB/A 2009 gebotene Vereinbarung Vertragsinhalt wird.[112] 58

ii) Unklarheit, Unvollständigkeit und/oder Widersprüchlichkeit der Leistungsbeschreibung

Von der Pflicht des Unternehmers nach Abschluss des Bauvertrages, die von dem Besteller bzw. dessen Erfüllungsgehilfen für die Ausführung übergebenen Unterlagen auf etwaige Unstimmigkeiten zu überprüfen und den Besteller auf entdeckte oder vermutete Mängel hinzuweisen (vgl. § 3 Abs. 3 und § 4 Abs. 3 VOB/B), ist die Pflicht bzw. Obliegenheit des Unternehmers vor Angebotsabgabe bzw. Vertragsabschluss zu unterscheiden, auf die Klarstellung unklarer, unvollständiger oder widersprüchlicher Leistungsbeschreibungen des Bestellers hinzuwirken. Insofern ist zwischen der Frage des Umfangs des für die Vergütung maßgebenden Leistungssolls und der Frage des Bestehens von Schadensersatzansprüchen des Unternehmers gegenüber dem Besteller auf Grund einer unzulänglichen Leistungsbeschreibung zu unterscheiden. 59

---

106 BGH, Urt. v. 20.08.2009, VII ZR 205/07, BauR 2009, 1724, 1734; BGH, Urt. v. 13.03.2008, VII ZR 194/06, BauR 2008, 1131, 1135.
107 BGH, Urt. v. 20.08.2009, VII ZR 205/07, BauR 2009, 1724, 1734.
108 OLG Düsseldorf, Urt. v. 30.09.2002, 21 U 47/02, BauR 2002, 1853, 1854; OLG München, Urt. v. 10.06.2008, 9 U 2192/07, BauR 2009, 1156, 1157.
109 BGH, Urt. v. 11.03.1999, VII ZR 179, 98, BauR 1999, 897, 899.
110 BGH, Urt. v. 09.01.1997, VII ZR 259/95, BauR 1997, 466, 467; OLG Celle, Urt. v. 21.04.2010, 14 U 134/09, IBR 2010, 667; OLG Hamm, Urt. v. 15.02.2011, 26 U 100/10, IBR 2011, 253.
111 BGH, Urt. v. 11.11.1993, VII ZR 47/93, BauR 1994, 236, 238 f.
112 BGH, Urt. v. 27.06.1996, VII ZR 59/95, BauR 1997, 126, 128.

(1) Keine kalkulatorische Risikoübernahme auf Grund Verletzung Prüf- und Hinweispflicht oder -obliegenheit

60 Der BGH hat in der Entscheidung »Bistro« klargestellt hat, dass es keinen Auslegungsgrundsatz gegen den Unternehmer wegen unzureichender Prüfung oder fehlenden Hinweises auf Unklarheiten, Unvollständigkeiten und/oder Widersprüchlichkeiten der Leistungsbeschreibung gibt.[113] Vielmehr kann der Unternehmer auch außerhalb der Ausschreibung nach VOB/A grundsätzlich auf die Richtigkeit und Vollständigkeit der Leistungsbeschreibung des Bestellers vertrauen. Im Ausschreibungs- und Angebotsstadium besteht grundsätzlich keine Pflicht des Bieters, die vorgelegte Leistungsbeschreibung und Planung im Hinblick auf Fehler oder Lücken zu prüfen und entsprechende Hinweise zu geben, weil der Bieter die Prüfung der Verdingungsunterlagen nur unter kalkulatorischen Aspekten vornimmt. Die Prüf- und Hinweispflicht des Unternehmers nach Treu und Glauben entsprechend § 4 Abs. 3 VOB/B entsteht erst nach Vertragsabschluss.[114]

61 Zwar kann der Unternehmer vertraglich das Risiko übernehmen, das sich auf Grund einer unklaren oder unvollständigen Leistungsbeschreibung ergibt. Stellt sich nach der gebotenen Vertragsauslegung heraus, dass er eine Leistung schuldet, die er infolge der Unklarheit oder Unvollständigkeit der Leistungsbeschreibung nicht einkalkuliert hat, kann er von den Gerichten keine Korrektur verlangen,[115] vgl. Rdn. 55. In diesem Fall kann der Unternehmer auch nicht etwa eine Zusatzvergütung mit der Begründung verlangen, dass er bei einem rechtzeitigen Hinweis auf eine Unzulänglichkeit der Leistungsbeschreibung eine Mehrvergütungskalkulation vorgenommen hätte und unter dem Aspekt der »Sowiesokosten« eine zusätzliche Vergütung für die in der Leistungsbeschreibung nicht oder nur unvollkommen beschriebenen Leistungen verlangen könne.[116] Eine vertragliche Übernahme des kalkulatorischen Risikos durch den Unternehmer kann insbesondere dann vorliegen, wenn in der bestellerseitigen Leistungsbeschreibung für die Kalkulation notwendige Angaben fehlen.[117] Insofern darf der Unternehmer bei einem erkennbar lückenhaften oder unklaren Leistungsverzeichnis nicht einfach die für ihn günstigste Auslegung vornehmen, sondern muss sich aus dem Leistungsverzeichnis ergebende Zweifelsfragen vor Abgabe seines Angebotes klären.[118] Der BGH hat jedoch klargestellt, dass dies lediglich als Hinweis an den Unternehmer auf Kalkulationsrisiken auf Grund einer unklaren oder unvollständigen Leistungsbeschreibung des Bestellers zu verstehen ist, nicht jedoch als Maßstab für die am objektiven Empfängerhorizont orientierte Auslegung des Vertrages.[119]

(2) Offensichtlichkeit der Unzulänglichkeit der Leistungsbeschreibung

62 Auch eine Offensichtlichkeit von Mängeln, Unklarheiten und/oder Lücken der Leistungsbeschreibung des Bestellers begründet für sich noch keine Auslegung des Leistungssolls mit der Maßgabe, dass der Unternehmer für zusätzlich erbrachte Leistungen, soweit sie offensichtlich zur Erstellung des Bauwerks erforderlich, aber in der Leistungsbeschreibung des Bestellers nicht, unklar und/oder fehlerhaft ausgeschrieben worden sind, keine zusätzlichen Vergütungsansprüche geltend machen kann.[120] Offensichtliche Mängel, Unklarheiten und/oder Lücken der Leistungsbeschreibung

---

113 BGH, Urt. v. 13.03.2008, VII ZR 194/06, BGHZ 176, 23, 29 = BauR 2008, 1131, 1136.
114 OLG Koblenz, Urt. v. 31.03.2001, 1 U 415/08, BauR 2010, 1109 (LS.) = IBR 2010, 313.
115 BGH, a.a.O.; BGH, Urt. v. 27.06.1996, VII ZR 59/95, BauR 1997, 126, 127.
116 BGH, Beschl. v. 20.12.2007, VII ZR 77/10, BauR 2011, 530, ausdrücklich gegen OLG Koblenz, Urt. v. 27.01.1999, 1 U 420/96, BauR 2001, 1442, 1446 und Kapellmann/Messerschmidt/*Kapellmann*, VOB/B, § 2 Rn. 127.
117 BGH, Urt. v. 23.01.1997, VII ZR 65/96, BauR 1997, 464, 465; BGH, Urt. v. 13.03.2008, VII ZR 194/06, BauR 2008, 1131, 1136.
118 BGH, Urt. v. 13.03.2008, VII ZR 194, 06, BauR 2008, 1131, 1136; BGH, Urt. v. 25.06.1987, VII ZR 107/86, BauR 1987, 683, 684; BGH, Urt. v. 25.02.1988, VII ZR 310/86, BauR 1988, 338, 340.
119 BGH, Urt. v. 13.03.2008, VII ZR 194/06, BauR 2008, 1131, 1136.
120 Insofern wohl unzutreffend OLG Koblenz, Urt. v. 31.03.2010, 1 U 415/08, BauR 2010, 1109 (LS.) = IBR 2010, 313.

des Bestellers können aber als gewichtiger Anhaltspunkt für eine diesbezügliche vertragliche Risikoübernahme durch den Unternehmer gewertet werden.[121]

(3) Kenntnis des Unternehmers von der Unzulänglichkeit der Leistungsbeschreibung (sog. frivoler Bieter)

Auch bei fehlender Risikoübernahme sind dem Unternehmer Zusatzvergütungsansprüche verwehrt, wenn er bei Vertragsabschluss Mängel oder Lücken der Leistungsbeschreibung des Bestellers positiv erkannt und insofern »ins Blaue hinein« kalkuliert oder sogar spekuliert. Ebenso wie dem vom BGH sog. frivolen Bieter in diesem Falle Schadensersatzansprüche gegenüber dem ausschreibenden Besteller versagt sind,[122] kann er auch keine zusätzlichen Vergütungsansprüche gegenüber dem Besteller im Hinblick auf die von vornherein erkannten zusätzlichen Leistungen, die zur Erreichung des vertraglich vereinbarten Leistungserfolges erforderlich sind, verlangen.[123] Der Nachweis der positiven Kenntnis auf Seiten des Unternehmers dürfte jedoch nur schwer zu führen sein. 63

(4) Schadensersatzansprüche des Unternehmers wegen unzulänglicher Leistungsbeschreibung

Ergibt eine Auslegung die vertragliche Übernahme von Kalkulationsrisiken auf Grund einer fehlerhaften, unklaren und/oder unvollständigen Leistungsbeschreibung des Bestellers durch den Unternehmer, kann dieser grundsätzlich keine Schadensersatzansprüche gegen den Besteller geltend machen, da er ein erkennbar fehlerhaftes, lückenhaftes und/oder unklares Leistungsverzeichnis nicht einfach hinnehmen darf, sondern sich daraus ergebende Zweifelsfragen vor Abgabe seines Angebotes klären muss.[124] Auch ein Anfechtungsrecht des Unternehmers scheidet regelmäßig aus.[125] Auf der anderen Seite trifft den ausschreibenden Besteller in der Regel keine Pflicht, ohne offenbare Anhaltspunkte ein abgegebenes Angebot des Unternehmers auf Kalkulationsfehler zu überprüfen oder weitere Ermittlungen anzustellen.[126] Ausnahmsweise besteht eine derartige Pflicht nur, wenn sich der Tatbestand eines Kalkulationsirrtums und seine unzumutbaren Folgen für den Unternehmer aus dessen Angebot oder dem Besteller bekannten sonstigen Umständen geradezu aufdrängt.[127] Insofern kann die Annahme eines entsprechenden Vertragsangebotes des Unternehmers durch den Besteller und das Verlangen des Bestellers nach Vertragsdurchführung auch wegen Verstoßes gegen Treu und Glauben unzulässig sein mit der Folge, dass der Besteller dann den Unternehmer nicht am Vertrag festhalten darf.[128] 64

jj) Unklarheitenregel des § 305c Abs. 2 BGB

Strittig ist, ob entsprechend der Unklarheitenregel des § 305c Abs. 2 BGB von einer Auslegung der Leistungsbeschreibung im Zweifel zu Lasten des ausschreibenden Bestellers auszugehen ist, 65

---

121 OLG Köln, Beschl. v. 22.04.2009, 11 U 29/09, IBR 2010, 73.
122 BGH, Urt. v. 25.02.1988, VII ZR 310/86, BauR 1988, 338, 340.
123 *Kapellmann/Schiffers*, Band 1, Rn. 251 ff.; Band II, Rn. 269.
124 BGH, Urt. v. 25.06.1987, VII ZR 107/86, BauR 1987, 683, 684; BGH, Urt. v. 25.02.1988, VII ZR 310/86, BauR 1988, 338, 340; BGH, Urt. v. 13.03.2008, VII ZR 194/06, BauR 2008, 1131, 1136; OLG Köln, Hinweisbeschl. v. 03.12.2009, 11 U 173/09, BauR 2010, 1076; OLG Koblenz, Urt. v. 12.04.2010, 12 U 171/09, IBR 2011, 250: Danach ist der Bieter gehalten, auch ein Leistungsverzeichnis mit sprachlichen und strukturellen Mängeln sorgfältig zu lesen, inhaltsmäßig genau zu erfassen und auf Grund der Gesamtheit aller maßgeblichen Umstände auszulegen.
125 BGH, Urt. v. 19.12.1985; VII ZR 188/84, BauR 1986, 334, 336.
126 BGH, Urt. v. 25.06.1987, VII ZR 107/86, BauR 1987, 683, 684; OLG Rostock, Urt. v. 07.12.2006, 1 U 19/06, BauR 2009, 1599; Thür. OLG, Urt. v. 23.10.2008, 1 U 25/08, BauR 2009, 1603, 1604.
127 BGH, 07.07.1998, X ZR 17/97, BauR 1998, 1089, 1092; Thür. OLG, a.a.O.
128 BGH, Urt. v. 28.04.1983, VII ZR 259/82, BauR 1983, 368; Kniffka/*von Rintelen*, § 631 Rn. 345.

wenn sich Unklarheiten, Unvollständigkeiten und/oder Widersprüchlichkeiten der Leistungsbeschreibung nicht im Wege der Auslegung nach vorhergehenden Grundsätzen lösen lassen.

(1) Entsprechende Anwendung des § 305c Abs. 2 BGB

66 Nach Auffassung mehrerer Oberlandesgerichte[129] und Autoren in der Literatur[130] soll die AGB-rechtliche Unklarheitenregel zu Lasten des Bestellers als Auffangtatbestand entsprechend anwendbar sein, da die Vertragspartei, die die Leistungsbeschreibung erstellt, eine einseitige Regelungsmacht für sich in Anspruch nehme und die Leistungsbeschreibung in der Regel nicht zur Disposition stelle. Etwas anderes gelte nur, wenn der Unternehmer die Unklarheit positiv erkannt und den Besteller nicht darauf hingewiesen habe, im Einzelfall auch bei evidenter Erkennbarkeit der Unklarheit. Bloße Fahrlässigkeit auf Seiten des Unternehmers lasse dagegen die Unklarheitenregel unberührt.[131]

(2) Gegenmeinung

67 Nach anderer Auffassung soll kein Raum für eine entsprechende Unklarheitenregel gegeben sein.[132] Wenn sich Unklarheiten, Unvollständigkeiten und/oder Widersprüchlichkeiten der Leistungsbeschreibung nicht im Wege der Auslegung lösen lassen, soll vielmehr ein Dissens mit der Folge eines Scheiterns des Vertragsabschlusses anzunehmen sein.[133] In Betracht kämen allenfalls Schadensersatzansprüche des Unternehmers gegen den Besteller auf Grund einer schuldhaft fehlerhaften, unklaren und/oder lückenhaften Leistungsbeschreibung, vorbehaltlich eines Mitverschuldens des Unternehmers wegen Verstoßes gegen seine Obliegenheit zur vorvertraglichen Aufklärung erkennbarer Mängel, Unklarheiten und/oder Lücken der Leistungsbeschreibung in kalkulatorischer Hinsicht.[134]

(3) Stellungnahme

68 Der Gegenmeinung ist im Ergebnis der Vorzug zu geben. § 305c Abs. 2 BGB trägt dem Umstand Rechnung, dass den Verwender Allgemeiner Geschäftsbedingungen auf Grund der alleinigen Vertragsgestaltungsfreiheit gegenüber seinem Vertragspartner eine besondere Verantwortung im Hinblick auf die klare und unmissverständliche Formulierung seiner Bedingungen trifft.[135] Entsprechende Erwägungen passen nicht auf eine individuell vereinbarte Leistungsbeschreibung. Zwar mag der Besteller den Inhalt der Leistungsbeschreibung vorgeben, so dass es zunächst bei ihm liegt, diesbezüglich für Klarheit, Vollständigkeit und Widerspruchsfreiheit zu sorgen. Auf der anderen Seite hat der Unternehmer erkennbare Fehler, Unklarheiten oder Lücken der Leistungsbeschreibung in kalkulatorischer Hinsicht bereits im Zusammenhang mit der Angebotsabgabe bzw. dem Vertragsabschluss gegebenenfalls durch Nachfrage beim Besteller aufzuklären, vgl. Rdn. 61, 64. Ebenso wie eine Verletzung dieser Obliegenheit grundsätzlich nicht zu einer Auslegung im Zweifel gegen den Unternehmer führen kann, vgl. Rdn. 60, kann umgekehrt eine unzureichende Leistungsbeschreibung seitens des Bestellers nicht zu einer Auslegung im Zweifel gegen den Besteller führen. Vielmehr sind die Erklärungen der Vertragsparteien nach allgemeinen

---

129 OLG Schleswig, Urt. v. 25.09.2009, 1 U 42/08, IBR 2010, 607 = ZfBR 2010, 726 (LS.); OLG Koblenz, Urt. v. 12.01.2007, 10 U 423/06, NJW 2007, 2925, 2927, allerdings ohne § 305c Abs. 2 BGB zu zitieren.
130 Ingenstau/Korbion/*Kratzenberg*, VOB/A § 7 Rn. 16; *Markus*, BauR 2004, 180, 187; Kapellmann/Messerschmidt/*Kapellmann*, B § 2 Rn. 123.
131 *Markus*, a.a.O.
132 Kniffka/*von Rintelen*, IBR-Online-Kommentar, § 631 Rn. 572; *Althaus*, IBR 2007, 235.
133 Kniffka/*von Rintelen*, a.a.O.; OLG Jena, Urt. v. 17.09.2003, 2 U 22/03, NZBau 2004, 438, 439.
134 OLG Jena, a.a.O.
135 Palandt/*Grüneberg*, BGB § 305c Rn. 15.

Grundsätzen unter Berücksichtigung der besonderen Umständen des jeweiligen Bauwerkvertrages und Bauvorhabens auszulegen.

Im Rahmen der Auslegung ist zwar auch von Bedeutung, wer für die Formulierung einer Leistungsbeschreibung verantwortlich ist. So kann der Bieter im Rahmen einer Ausschreibung eines öffentlichen Auftraggebers gemäß VOB/A im Zweifel von einer VOB/A-konformen Auslegung der Leistungsbeschreibung ausgehen, vgl. Rdn. 57. Wenn sich jedoch nach den allgemeinen Auslegungsgrundsätzen objektiv keine Einigung zwischen den Parteien und auch kein übereinstimmender Parteiwille feststellen lässt, kann nicht von einem wirksamen Vertragsabschluss ausgegangen werden. In diesem Falle kommen nur noch Schadensersatzansprüche gegen denjenigen, der für die unzulängliche Formulierung der Leistungsbeschreibung und damit für den Dissens verantwortlich ist, unter Berücksichtigung eines Mitverschuldens des Empfängers der Leistungsbeschreibung in Betracht, vgl. Rdn. 67. 69

kk) Rangefolgevereinbarungen

Die Vertragsparteien können Vereinbarungen im Hinblick auf eine bestimmte Rangfolge vertraglicher Unterlagen bei der Bestimmung des Leistungssolls treffen. § 1 Abs. 2 VOB/B stellt eine solche Rangefolgeregelung dar. 70

Zum Teil wird die Auffassung vertreten, dass neben vertraglich vereinbarten Rangfolgeregelungen wie § 1 Abs. 2 VOB/B ein anderer Weg der Auslegung im Rahmen der §§ 133, 157 BGB nicht übrig bleiben würde.[136] Diese Meinung erscheint jedoch zu weitgehend. Zum einen gehen individuelle Vereinbarungen zum Leistungssoll gem. § 305b BGB vorformulierten Rangfolgeklauseln wie § 1 Abs. 2 VOB/B vor. Zum anderen sind entsprechende Rangfolgeregelungen nur ein bei der Auslegung aller Vertragsbestandteile zu berücksichtigendes Element, welches in der Gesamtschau aller Auslegungselemente keine Ausschließlichkeit für sich in Anspruch nehmen kann.[137] Allerdings haben Rangfolgevereinbarungen immer noch Bedeutung, da sie bei ansonsten nicht zu lösenden Auslegungsschwierigkeiten letzten Endes den Ausschlag für eine bestimmte Auslegung geben können.[138] 71

g) Darlegungs- und Beweislast

aa) Allgemeiner Grundsatz

Grundsätzlich hat derjenige die Darlegungs- und Beweislast für die tatsächlichen Voraussetzungen der von ihm vertretenen Auslegung der Vereinbarung des Leistungssolls, z.B. im Hinblick auf eine vom Wortlaut der Leistungsbeschreibung abweichende Verkehrssitte oder im Hinblick auf bestimmte tatsächliche Umstände des Bauvorhabens bzw. konkrete Verhältnisse des Bauwerks, die für die ihm günstige Auslegung von Bedeutung sind. Es gilt der allgemeine Grundsatz, dass jede Partei die ihr günstigen Tatsachen darlegen und im Bestreitensfalle beweisen muss.[139] 72

bb) **Vollständigkeitsvermutung**

Es gilt jedoch die Vermutung der Vollständigkeit und Richtigkeit der schriftlich niedergelegten Bedingungen einer Leistungsbeschreibung.[140] Davon abweichende Umstände außerhalb der Ver- 73

---

136 Ingenstau/Korbion/*Keldungs*, B § 1 Abs. 2 Rn. 1.
137 BGH, Urt. v. 21.03.1991, VII ZR 110/90, BauR 1991, 458, 459; OLG Oldenburg, Urt. v. 06.05.2010, 8 U 190/09, BauR 2011, 530, 532; *Eschenbruch*, BauR 2010, 283, 292.
138 OLG Oldenburg, a.a.O., *Eschenbruch*, BauR 2010, 283, 292.
139 Vgl. BGH, Urt. v. 14.01.1991, II ZR 190/89, NJW 1991, S. 1052, 1053.
140 BGH, Urt. v. 13.03.2008, VII ZR 194/06, BauR 2008, 1131, 1134; BGH, Urt. v. 05.07.2002, V ZR 143/01, NJW 2002, 3164, 3165; BGH, Urt. v. 09.04.1981, VII ZR 262/80, BauR 1981, 388; Baumgärtel/*Kessen*, § 632 Rn. 3.

§ 632 BGB   Vergütung

tragsurkunde, mündliche Abreden usw., hat derjenige darzulegen und zu beweisen, der von der Vertragsurkunde abweichen will. Allerdings gilt die entsprechende Vermutung nicht bei einem von dem Besteller lediglich mündlich angenommenen schriftlichen Angebot des Unternehmers.[141]

2. Einheitspreisvertrag

a) Leistungssoll

aa) Grundpositionen des Leistungsverzeichnisses

74 Beim Einheitspreisvertrag wird das Leistungssoll bestimmt durch
– die detailliert oder auch funktional beschriebenen Einzelpositionen eines Leistungsverzeichnisses des Bestellers oder Angebotes des Unternehmers
sowie
– die jeweils zur Erreichung des vertraglich geschuldeten Werkerfolges zu erbringenden Mengen (Stückzahl, Gewicht, Maße usw.) zu den einzelnen Leistungspositionen, soweit diese nicht pauschaliert sind, wie z.B. häufig zu der Leistungsposition »Baustelleneinrichtung«.

Art und Umfang der im Rahmen der vertragsgegenständlichen Positionen geschuldeten Leistungen sind nach den allgemeinen Auslegungsgrundsätzen zu ermitteln, vgl. Rdn. 36 ff.

Die Mengenangaben im Leistungsverzeichnis des Bestellers oder Angebot des Unternehmers sind lediglich vorläufig. Maßgebend für die Bemessung der abschließenden Vergütung sind die zur Erreichung des vertraglich geschuldeten Werkerfolges tatsächlich erbrachten Mengen. Dies gilt auch für vereinbarte Grundpositionen in Verbindung mit Zulagepositionen. Der Unternehmer kann insofern nicht eine Vergütung der Grundposition entsprechend der Menge der Zulageposition ohne Rücksicht darauf verlangen, ob und gegebenenfalls in welchem Umfang Leistungen der Grundposition tatsächlich ausgeführt worden sind.[142] Abrechenbar sind nur die zum vertraglich vereinbarten Erfolg erforderlichen Leistungen und Mengen, wenn die Vertragsparteien Entsprechendes vereinbart haben.[143] Dies dürfte beim Einheitspreisvertrag in der Regel der Fall sein.

bb) Eventual- bzw. Bedarfspositionen

75 Neben den Grundpositionen enthalten Leistungsverzeichnisse häufig Eventual- bzw. Bedarfspositionen (vgl. § 9 Nr. 1 S. 2 VOB/A 2006 bzw. § 7 Abs. 1 Nr. 4 S. 1 VOB/A 2009). Eventualpositionen sind solche Positionen, die Leistungen betreffen, deren Vergabe sich der Besteller noch vorbehalten, die er nur bei Bedarf vergeben will.[144] Die Abkürzung »nEP« (nur Einheitspreis) bezeichnet üblicherweise solche Eventualpositionen.[145] Im Rahmen von Ausschreibungen nach VOB/A sind Eventual- bzw. Bedarfspositionen nur in Ausnahmefällen und unter engen Voraussetzungen vergaberechtlich zulässig, da sie für den Bieter erhebliche Kalkulationsrisiken beinhalten.[146] Gemäß § 7 Abs. 1 Nr. 4 S. 1 VOB/A 2009 sind Bedarfspositionen grundsätzlich nicht in die Leistungsbeschreibung aufzunehmen. Darüber hinaus bestehen AGB-rechtliche Bedenken im Hinblick auf § 308 Nr. 1 BGB.[147] Ein Verstoß gegen § 308 Nr. 3 BGB im Hinblick auf die Nichtanordnung einer Eventualposition scheidet dagegen aus.[148]

---

141 Kniffka/von Rintelen, IBR-Online-Kommentar, § 631, Rn. 427.
142 OLG Koblenz, Urt. v. 11.05.2007, 5 U 1668/05, BauR 2010, 1640 (LS.) = IBR 2010, 552.
143 Vgl. BGH, Urt. 21.11.1989, X ZR 21/89, ZfBR 1990, 129, 130.
144 Kapellmann/Schiffers, Band 1, Rn. 580.
145 BGH, Urt. v. 23.01.2003, VII ZR 10/01, BauR 2003, 536, 538.
146 Kapellmann/Schiffers, Band 1, Rn. 582.
147 Kapellmann/Schiffers, Band 1 Rn. 586, a.A. Werner/Pastor, Rn. 1503, wenn im Rahmen der Bauausführung der Bedarf tatsächlich entsteht und daraufhin der Besteller die Durchführung der Eventualposition anordnet.
148 OLG Hamm, Urt. v. 24.02.1989, 12 U 170/88, BauR 1990, 744; Werner/Pastor, Rn. 1503.

Zum Entstehen der Vergütungspflicht für eine Eventualposition bedarf es vor ihrer Ausführung 76
einer Anordnung seitens des Bestellers.[149] Nimmt der Besteller im Zuge der Vertragsdurchführung eine Bedarfsposition in Anspruch, muss er sie bei seinem Vertragspartner abrufen, es sei denn, er entzieht ihm den Auftrag. Er hat nicht das Wahlrecht, mit der Bedarfsposition ein Drittunternehmen anstelle des Vertragspartners zu beauftragen.[150]

cc) Alternativ- bzw. Wahlpositionen

Des Weiteren kommen neben den Grundpositionen Alternativ- bzw. Wahlpositionen in Betracht, 77
bei denen entgegen der Auslegungsregel des § 262 BGB der Besteller das Wahlrecht im Hinblick auf wahlweise ausgeschriebene Leistungspositionen inne hat.[151] Enthält das Angebot des Unternehmers in der Leistungsbeschreibung neben Grundpositionen zusätzliche Alternativpositionen, so werden bei kommentarloser Annahme des Angebotes durch den Besteller lediglich die Grundpositionen Vertragsbestandteil, während die Alternativpositionen gegenstandslos werden.[152] Der Besteller muss also die Auswahl der auszuführenden Leistung bei Vertragsabschluss treffen.

Die Parteien können auch vereinbaren, dass das Wahlrecht des Bestellers nach Vertragsabschluss 78
erhalten bleibt.[153] Umstritten ist, ob eine solche Vereinbarung rechtswirksam im Rahmen Allgemeiner Geschäftsbedingungen des Bestellers erfolgen kann. Nach einer Auffassung wird damit unter Verstoß gegen § 308 Nr. 1 BGB dem Bieter eine unangemessen lange Bindefrist auferlegt mit der Folge der Unwirksamkeit der Klausel.[154] Nach anderer Auffassung begründet die Klausel nur ein Wahlschuldverhältnis i.S.d. § 262 ff. BGB und ist daher gesetzeskonform und wirksam.[155] Letztere Auffassung ist vorzugswürdig. Den Interessen des Unternehmers an einer zeitnahen Ausübung des Wahlrechts durch den Besteller wird durch § 264 Abs. 2 BGB sowie die Rechte und Ansprüche des Unternehmers auf Grund Behinderung durch verzögerliche Ausübung des Wahlrechts seitens des Bestellers genügt.[156]

b) Einheitspreise

aa) Festpreischarakter

Die vereinbarten Einheitspreise sind grundsätzlich Festpreise.[157] Auf Grund dessen sind entsprechende Preisfestschreibungen in vorformulierten Klauseln zulässig.[158] Durch eine solche Klausel 79
wird dem Unternehmer nicht verwehrt, sich auf gesetzliche Ansprüche auf Änderung der vereinbarten Einheitspreise, insbesondere auf Grund Wegfalls der Geschäftsgrundlage, zu berufen. Unzulässig ist allerdings eine formularmäßige Klausel, wonach die vereinbarten Festpreise Nachforderungen jeglicher Art ausschließen.[159]

bb) Ausnahmen vom Festpreischarakter

Eine Abweichung von dem Festpreischarakter des Einheitspreises kommt in folgenden Fällen in 80
Betracht:

---

149 OLG Karlsruhe, Urt. v. 19.02.1992, 7 U 98/90, BauR 1993, 506 (LS.).
150 OLG Hamburg, Urt. v. 07.11.2003, 1 U 108/02, BauR 2004, 687, a.A. *Kapellmann/Schiffers*, Band 1, Rn. 581, FN. 579.
151 *Kapellmann/Schiffers*, Band 1, Rn. 569 ff.
152 KG, Urt. v. 21.11.2002, 4 U 7233/00, BauR 2004, 1779, 1780; *Vygen/Schubert/Lang*, Teil A, Rn. 198.
153 *Kapellmann/Schiffers*, Band 1, Rn. 572.
154 *Vygen/Schubert/Lang*, Teil A, Rn. 200.
155 *Kapellmann/Schiffers*, Band 1, Rn. 572.
156 *Kapellmann/Schiffers*, a.a.O.
157 *Kapellmann/Schiffers*, Band 1, Rn. 105.
158 BGH, Urt. v. 08.07.1993, VII ZR 79/92, BauR 1993, 723, 725.
159 BGH, a.a.O.

§ 632 BGB   Vergütung

(1) Vereinbarung von Preisänderungsvorbehalten

81 Im Hinblick auf die vereinbarten Einheitspreise können die Parteien Änderungsvorbehalte vereinbaren, z.B. Lohn- und Materialgleitklauseln.[160] Insbesondere in Verträgen mit der öffentlichen Hand sind folgende Lohnpreisgleitklauseln vorzufinden:
– Prozentklauseln, die sich nach dem Prozentsatz von Lohnerhöhungen ausrichten;[161]
– Lohnlistenklauseln, die sich nach Lohnerhöhungen der jeweils auf der Baustelle eingesetzten Arbeitskräfte ausrichten;[162]
– Cent-(früher Pfennig-)Klauseln, wonach die Vergütung für die nach einer Lohnänderung geleisteten Arbeitsstunden im Verhältnis zum Betrag der Lohnkostenerhöhung für die entsprechend geleisteten Arbeitsstunden verändert wird.[163]

Nimmt eine Lohngleitklausel auf einen nicht existenten Tariflohn Bezug, ist im Wege der Auslegung der maßgebende Tariflohn nach den für den Besteller erkennbaren weiteren Umständen des Vertragsschlusses, insbesondere dem Sitz des Unternehmers und der Lage der Baustelle, zu ermitteln.[164] Erweist sich eine vertraglich vereinbarte Stoffpreisgleitklausel als ungeeignet, weil der zu Grunde gelegte Indexpreis einbricht, sich die ein Quasi-Monopol bildenden Stofflieferanten jedoch nicht an den Indexpreis halten, kann im Wege der ergänzenden Vertragsauslegung die Vereinbarung einer Abrechnung nach den tatsächlichen Einkaufspreisen angenommen werden.[165]

Als sog. Kostenelementeklauseln sind die Klauseln nach § 3 S. 2 Währungsgesetz bzw. mit Wirkung ab 01.01.1999 nach § 1 S. 3 Preisklauselverordnung (PrKV) genehmigungsfrei und damit wirksam, soweit eine Anpassung des Gesamtpreises nur in Höhe des Anteils des geänderten Kostenfaktors am Gesamtpreis erfolgt. Bei Abweichung von diesem Grundsatz besteht eine Genehmigungsbedürftigkeit und gem. § 134 BGB eine Unwirksamkeit der Gleitklausel bei nicht erfolgter Genehmigung.[166] In diesem Falle hat jedoch im Wege einer ergänzenden Vertragsauslegung eine Angleichung mit der Maßgabe zu erfolgen, dass nach dem hypothetischen Willen der Parteien eine genehmigungsfreie Klausel als vereinbart gilt, die der vereinbarten genehmigungsbedürftigen Klausel wirtschaftlich am nächsten kommt.[167] Eine Selbstbeteiligungsklausel des Bestellers, die einer AGB-rechtlichen Inhaltskontrolle Stand hält, jedenfalls soweit sie den Selbstbehalt auf 0,5 % der Abrechnungssumme beschränkt,[168] bleibt im Rahmen der ergänzenden Vertragsauslegung im Hinblick auf eine genehmigungsbedürftige, aber nicht genehmigte Lohngleitklausel aufrecht erhalten.[169]

82 Das auf Grund der unwirksamen Klausel zu viel Gezahlte kann der Besteller zurückfordern. Eine frühere Zahlung auf die Schlussrechnung des Unternehmers stellt insofern kein entgegenstehendes Anerkenntnis dar. Die Rückforderung kann, soweit keine Verwirkung vorliegt, auch noch nach mehreren Jahren erfolgen.[170]

---

160 OLG Hamm, Urt. v. 08.11.1988, 24 U 73/88, BauR 1989, 755, 756; Schleswig-Holst. OLG, Urt. v. 27.04.2007, 14 U 113/06, BauR 2009, 503.
161 *Kapellmann/Schiffers*, Band 1, Rn. 106.
162 *Kapellmann/Schiffers*, Band 1, Rn. 107.
163 *Kapellmann/Schiffers*, Band 1, Rn. 108 ff.
164 BGH, Urt. v. 09.12.2010, VII ZR 189/08, IBR 2011, 125.
165 OLG Naumburg, Urt. v. 12.11.2010, 6 U 69/10, IBR 2011, 3.
166 BGH, Urt. v. 08.06.2006, VII ZR 13/05, NJW 2006, S. 2978, 2979; OLG Dresden, Urt. v. 14.06.2006, 6 U 2321/05, BauR 2007, 400, 401.
167 BGH, Urt. v. 23.02.1979, V ZR 106/76, NJW 1979, 1545, 1546 f.; OLG Dresden, a.a.O.
168 BGH, Urt. v. 22.11.2001, VII ZR 150/01, BauR 2002, 467, 468 f.
169 BGH, Urt. v. 08.06.2006, VII ZR 13/05, NJW 2006, S. 2978, 2980.
170 OLG Dresden, Urt. v. 14.06.2006, 6 U 2321/05, BauR 2007, 400, 403.

(2) Vereinbarung von Preisänderungen auf Grund Mengenänderungen

Auch können die Parteien im Hinblick auf Veränderungen der geschätzten Mengen bei gleichbleibendem Leistungssoll entsprechende Anpassungen der Einheitspreise im Voraus vereinbaren, da die veranschlagten Mengen wichtiger Bestandteil der Kalkulation der Einheitspreise durch den Unternehmer insofern sind, als i.d.R. die Baustellengemeinkosten, Allgemeinen Geschäftskosten, Gewinn und Wagnis des Unternehmers durch Zuschlagsätze auf die Einzelkosten ermittelt werden. Die Höhe der Zuschlagsätze wird insofern wiederum durch die veranschlagten Mengen bestimmt. Wesentliche Mengenänderungen können dazu führen, dass die genannten Zuschlagsätze im Ergebnis zu gering oder zu hoch bewertet werden. Klassischer Fall einer entsprechenden Änderungsvereinbarung ist § 2 Abs. 3 VOB/B. 83

(3) Anspruch gemäß § 313 BGB bei wesentlicher Änderung der Kalkulationsgrundlagen

Ein gesetzlicher Anspruch auf Anpassung vertraglich vereinbarter Einheitspreise kommt gemäß § 313 BGB im Hinblick auf die Kalkulationsgrundlagen für die vereinbarten Preise in Betracht. Voraussetzung ist eine wesentliche Änderung der Kalkulationselemente nach Vertragsabschluss, z.B. im Hinblick auf unvorhergesehene Materialpreis- oder Lohnkostenerhöhungen, Erhöhung öffentlicher Lasten, wie Kippgebühren, Steuern und Versicherungsbeiträge.[171] Es muss sich um eine Änderung handeln, die nach den Vorstellungen beider Parteien oder der für die andere Partei erkennbaren Vorstellung einer Partei zur Geschäftsgrundlage gemacht worden ist.[172] Durch die wesentliche Änderung der Kalkulationselemente darf sich kein Risiko verwirklicht haben, das nach den Vereinbarungen der Parteien in den Risikobereich einer Partei fallen soll.[173] Grundsätzlich fällt das Risiko der Preisbildung in den Risikobereich des Unternehmers.[174] Es ist im Wege der Auslegung nach allgemeinen Grundsätzen zu ermitteln, ob ausnahmsweise der Besteller das Risiko nachträglicher Änderungen der Kalkulationselemente übernommen bzw. mit übernommen hat. Nur ganz extreme, nicht vorhersehbare Preisentwicklungen können insofern eine Anpassung des Vertrages rechtfertigen.[175] Der von der Änderung der Kalkulationselemente belasteten Partei darf das Festhalten an den vereinbarten Preisen nicht mehr zumutbar sein. Voraussetzung ist eine schwerwiegende Äquivalenzstörung zwischen Leistung und Gegenleistung, die nicht allein im Hinblick auf die jeweils vereinbarten Preise zu beurteilen ist, sondern im Rahmen einer Gesamtschau des Vertragsverhältnisses.[176] Maßgebend ist insofern, wie sich die Änderung einzelner Kalkulationselemente auf den Gesamtpreis auswirkt.[177] So reicht allein der Vortrag einer exorbitanten Stahlpreiserhöhung auf dem Weltmarkt nicht aus.[178] 84

(4) Anspruch gemäß § 313 BGB auf Grund externen Kalkulationsirrtums

Eine Vergütungsanpassung nach den Grundsätzen des Wegfalls bzw. Fehlens der gemeinsamen Geschäftsgrundlage kommt ausnahmsweise auf Grund eines sogenannten externen Kalkulationsirrtums des Unternehmers im Rahmen einer von diesem offen gelegten Kalkulation unter besonderen Umständen in Betracht. Diese können etwa vorliegen, wenn der andere Teil sich die unrichtige Kalkulation so weit zu eigen gemacht hat, dass eine Verweigerung der Anpassung gegen 85

---

171 BGH, Urt. v. 04.10.1988, VI ZR 46/88, NJW 1989, 289, 290; OLG Düsseldorf, Urt. v. 30.09.2003, 23 U 204/02, BauR 2004, 506, 508.
172 Vgl. OLG Brandenburg, Urt. v. 06.09.2006, 7 U 235/97, BauR 2007, 404, 405.
173 OLG Düsseldorf, Urt. v. 30.09.2003, 23 U 204/02, BauR 2004, 506, 508.
174 BGH, Urt. v. 19.12.1985, VII ZR 188/84, BauR 1986, 334, 336.
175 BGH, Urt. v. 13.07.1995, VII ZR 142/95, BauR 1995, 842, 844.
176 BGH, Urt. v. 08.07.1993, VII ZR 79/92, BauR 1993, 723, 726.
177 OLG Düsseldorf, Urt. v. 07.11.1995, 21 U 12/95, NJW-RR 1996, 1419, 1420; Kniffka/*von Rintelen*, IBR-Online-Kommentar, § 631 Rn. 325 f.
178 Vgl. OLG Hamburg, Urt. v. 28.12.2005, 14 U 125/05, BauR 2006, 680, 682.

das Verbot des *venire contra factum proprium* verstoßen würde.[179] Ein Ausnahmefall kann nach Treu und Glauben ferner dann gegeben sein, wenn beide Parteien einen bestimmten Berechnungsmaßstab zur Grundlage ihrer Vereinbarung gemacht haben, oder wenn der Besteller einen Kalkulationsirrtum des Unternehmers bemerkt und treuwidrig ausgenutzt hat.[180] Zusätzliche Voraussetzung ist, dass es sich um eine derart einschneidende Änderung handelt, dass ein Festhalten an der ursprünglichen Regelung zu einem untragbaren, mit Recht und Gerechtigkeit schlecht nicht mehr zu einem vereinbarenden Ergebnis führen würde und das Festhalten an der ursprünglichen vertraglichen Regelung für die betroffene Partei deshalb unzumutbar ist.[181] Im Übrigen ist eine bloße Erkennbarkeit eines Kalkulationsirrtums für den anderen Teil regelmäßig unerheblich.[182] Auch ein Anfechtungsrecht des Unternehmers scheidet regelmäßig aus.[183] In Betracht kommen allenfalls Schadensersatzansprüche des Unternehmers gegen den Besteller wegen schuldhafter Verletzung der Aufklärungspflicht, wenn der Besteller einen erkannten Kalkulationsirrtum des Unternehmers ausnutzt, oder sich der Irrtum dem Besteller geradezu aufgedrängt und er gleichwohl den Auftrag erteilt hat,[184] vgl. Rdn. 64.

(5) Anspruch gemäß § 313 BGB bei wesentlichen Mengenänderungen

86 Schließlich kommt bei wesentlichen Mengenänderungen eine Anpassung des Einheitspreises gem. § 313 BGB in Betracht.[185] Entsprechendes kann bei Einheitspreisverträgen nur bei extrem Abweichungen gegenüber den veranschlagten Vordersätzen angenommen werden.[186] Im Übrigen bleiben Schadensersatzansprüche des Unternehmers gegenüber dem Besteller auf Grund schuldhaft unzutreffender Mengenangaben in der Leistungsbeschreibung, unter Vorbehalt eines Mitverschuldens des Unternehmers im Hinblick auf eine Verletzung seiner Aufklärungspflichten, unberührt.[187]

c) Mengenermittlung

aa) Aufmaß

87 Die Gesamtvergütung errechnet sich aus der Summe der Positionsendpreise, die wiederum aus dem Produkt zwischen den erbrachten Mengen zu den einzelnen Leistungspositionen und den diesbezüglich vereinbarten Einheitspreisen ermittelt werden.[188] In der dem Vertrag zu Grunde liegenden Leistungsbeschreibung können die Mengen zunächst nur geschätzt werden (sog. Vordersätze).

88 Die letztendlich ausgeführten Mengen als Berechnungsgrundlage für die Gesamtvergütung werden in der Regel durch ein Aufmaß ermittelt. Grundsätzlich ist es Sache des Unternehmers, ein

---

179 BGH, Urt. v. 13.07.1995, VII ZR 142/95, BauR 1995, 842, 843.
180 BGH, Urt. v. 13.07.1995, VII ZR 142/95, BauR 1995, 842, 843 f.; OLG Düsseldorf Urt. v. 10.02.2001, 21 U 118/00, BauR 2001, 803, 806.
181 BGH, a.a.O.; BGH, Urt. v.25.02.1993, VII ZR 24/92, BauR 1993, 458, 464 = BGHZ 121, 378, 393.
182 BGH, Urt. v. 28.02.2002, I ZR 318/99, NJW 2002, 2312, 2313; BGH, Urt. v. 10.09.2009, VII ZR 82/08, BauR 2009, 1896, 1899.
183 BGH, Urt. v. 19.12.1985, VII ZR 188/84, BauR 1986, 334, 336; BGH, Urt. v. 07.07.1998, X ZR 17/97, BauR 1998, 1089, 1090.
184 BGH, Urt. v. 04.10.1997, VII ZR 11/79, BauR 1980, 63; Kniffka/*von Rintelen*, § 631 Rn. 344; BGH, Urt. v. 07.07.1998, X ZR 17/97, BauR 1998, 1089, 1091 f.
185 BGH, Urt. v. 08.07.1993, VII ZR 79/92, BauR 1993, 723, 724 f.; Staudinger/*Peters/Jacoby*, § 632 Rn. 69 f.
186 BGH, Beschl. v. 23.03.2011, VII ZR 216/08, BauR 2011, 1162 f.; OLG Nürnberg, Urt. v. 24.11.2006, 2 U 1723/06, BauR 2007, 882.
187 OLG Nürnberg, Urt. v. 24.11.2006, 2 U 1723/06, BauR 2007, 882, 883.
188 Staudinger/*Peters/Jacoby*, § 632 Rn. 5; *Kapellmann/Schiffers*, Bd. 1, Rn. 104.

entsprechendes Aufmaß zu erstellen. In diesem Falle entspricht es in der Regel der Verkehrssitte, dass die Abrechnungsbestimmungen gemäß den ATV der VOB/C (jeweils Abschnitt 5) vorbehaltlich abweichender oder ergänzender vertraglicher Vereinbarung zu beachten sind.[189] Es handelt sich insofern im Übrigen um Allgemeine Geschäftsbedingungen, die der Inhaltskontrolle unterliegen.[190]

bb) Keine gesetzliche Aufmaßpflicht des Unternehmers

Anders als § 14 VOB/B sieht das BGB keine Aufmaßpflicht des Unternehmers vor, oder macht die Vorlage eines Aufmaßes zur Fälligkeitsvoraussetzung für den Vergütungsanspruch des Unternehmers. Lediglich § 632a Abs. 1 S. 4 BGB n.F. bestimmt, dass Abschlagszahlungen zu Grunde liegende Leistungen durch eine Aufstellung nachzuweisen sind, die eine rasche und sichere Beurteilung der Leistungen ermöglichen muss. Allerdings wird der Unternehmer beim Einheitspreisvertrag seiner Darlegungs- und Beweislast im Hinblick auf die geltend gemachte Vergütung in der Regel nur durch Vorlage eines § 14 VOB/B entsprechenden Aufmaßes genügen können,[191] vgl. Rdn. 99. Auch kann das Fehlen einer nachvollziehbaren Abrechnung nebst Aufmaß das für den Zahlungsverzug notwendige Verschulden des Bestellers entfallen lassen, vgl. Rdn. 237 und von Berg, § 641 Rdn. 20. Im Übrigen können die Vertragsparteien eine Aufmaßpflicht des Unternehmers vereinbaren und die Vorlage eines Aufmaßes zur Fälligkeitsvoraussetzung erheben, vgl. Rdn. 236. Auch ohne besondere Vereinbarung ergibt sich eine vertragliche Abrechnungspflicht des Unternehmers bei Abschlags- und Vorauszahlungen, vgl. Rdn. 243.

89

cc) Gemeinsames Aufmaß

Zulässig und sinnvoll ist ein gemeinsames Aufmaß der Parteien, um spätere Streitigkeiten im Hinblick auf die abgerechneten Mengen zu vermeiden. Die Prüfung und Freigabe der Massenangaben des Unternehmers durch den Architekten des Bestellers ist allerdings noch kein gemeinsames Aufmaß.[192] Die Parteien können ein gemeinsames Aufmaß vereinbaren. In einer solchen Vereinbarung ist noch nicht ohne weiteres die Vereinbarung einer Fälligkeitsvoraussetzung zu sehen.[193] Der Unternehmer kann die von ihm erbrachten Leistungen gleichwohl auch auf der Grundlage eines von ihm einseitig erstellten Aufmaßes abrechnen.[194] Auf Grund der die Bauvertragsparteien treffenden Kooperationspflicht[195] besteht die Verpflichtung zu einem gemeinsamen Aufmaß auf Verlangen einer Partei, auch soweit ein solches nicht vertraglich vereinbart ist.[196]

90

dd) Deklaratorisches Schuldanerkenntnis auf Grund gemeinsamen Aufmaßes

Die Parteien können vereinbaren, dass das gemeinsame Aufmaß im Sinne eines deklaratorischen Schuldanerkenntnisses rechtlich bindend sein soll. In diesem Fall entfällt die Bindungswirkung nur, soweit dargelegt und bewiesen wird, dass erst nach dem gemeinsamen Aufmaß dessen Unrichtigkeit begründende Tatsachen bekannt geworden sind. Allein der Vortrag der Unrichtigkeit des Aufmaßes reicht nicht.[197]

91

---

189 OLG Saarbrücken, Urt. v. 27.06.2000, 7 U 366/99-80, BauR 2000, 1332, 1333, Kniffka/*von Rintelen*, IBR-Online-Kommentar, § 631 Rn. 372.
190 BGH, Urt. v. 17.06.2004, VII ZR 75/03, BauR 2004, 1438, 1439.
191 *Werner/Pastor*, Rn. 1495.
192 OLG Hamm, Urt. v. 12.03.1996, 21 U 147/95, BauR 1996, 739, 740.
193 BGH, Urt. v. 29.04.1999, VII ZR 127/98, BauR 1999, 1185.
194 OLG Naumburg, Urt. v. 30.11.2007, 1 U 18/07, IBR 2011, 128.
195 BGH, Urt. v. 28.10.1999, VII ZR 393/98, BauR 2000, 409, 410.
196 BGH, Urt. v. 22.05.2003, VII ZR 143/2, BauR 2003, 1207, 1208.
197 OLG Hamm, Urt. v. 12.07.1991, 26 U 146/89, BauR 1992, 242, 243; OLG Braunschweig, Urt. v. 18.11.1999, 8 U 136/99, BauR 2001, 412, 414.

92 Ob allein ein gemeinsames Aufmaß auf Grund Vereinbarung oder auf Verlangen einer Vertragspartei in der Regel die Wirkung eines deklaratorischen Schuldanerkenntnisses hat,[198] erscheint allerdings zweifelhaft. Die Bindungswirkung des deklaratorischen Anerkenntnisses setzt den Willen der Parteien voraus, das Aufmaß endgültig dem Streit zu entziehen.[199] Die Annahme eines entsprechenden Willens hängt von den Umständen des Einzelfalls ab. Insofern erscheint eine differenzierte Auslegung angemessener, wonach bei später noch überprüfbaren Aufmaßen kein entsprechender Bindungswille angenommen werden kann, während ein Bindungswille im Zweifel anzunehmen ist, soweit entsprechend § 14 Abs. 2 Nr. 3 VOB/B die Überprüfung gemeinsam aufgemessener Leistungen auf Grund Weiterführung der Arbeiten nicht oder nur noch schwer möglich ist.[200]

ee) Reichweite des Schuldanerkenntnisses auf Grund gemeinsamen Aufmaßes

93 Die Bindungswirkung des Schuldanerkenntnisses erstreckt sich ggf. nur auf die gemeinsam aufgemessenen Leistungen, nicht jedoch auf den Inhalt der vertraglichen Abreden. Insofern kann der Besteller auch nach einem gemeinsamen Aufmaß einwenden, dass die aufgemessenen Leistungen von einer anderen Position mit umfasst, nach den Vereinbarungen nicht abrechenbar, bei richtiger Vertragsauslegung anders zu berechnen oder überhaupt nicht vereinbart worden sind.[201]

ff) Aufmaßvollmacht

94 Der bauleitende Architekt wird regelmäßig als zur Abgabe eines den Besteller bindenden Anerkenntnisses der gemeinsam aufgemessenen Leistungen angesehen.[202] Eine entsprechende Vollmacht soll der für den Besteller an der Baustelle umfassend tätige Bauleiter haben.[203]

d) Darlegungs- und Beweislast

aa) Abschluss eines Einheitspreisvertrages

95 Der Unternehmer trägt gegenüber der Behauptung des Bestellers eines Pauschalpreisvertrages oder der Vereinbarung einer anderen abweichenden Vergütung die Beweislast für die von ihm behauptete Vereinbarung eines Einheitspreisvertrages.[204] Es besteht auch beim VOB/B-Vertrag keine Vermutung für die Vereinbarung einer Abrechnung nach Einheitspreisen eines entsprechenden Vertrages.[205] Zwar kommen Einheitspreisverträge häufig vor und räumt § 2 Abs. 2 VOB/B diesem Vertragstyp sogar ausdrücklich einen Vorrang ein. Jedoch kann daraus noch keine Beweislastumkehr abgeleitet werden. Zum einen gibt es keine entsprechende gesetzliche Vermutungsregel.

---

198 So OLG Hamm, Urt. v. 12.07.1991, 26 U 146/89, BauR 1992, 242, 243; OLG Frankfurt/M., Urt. v. 03.06.2002, 1 U 26/01, BauR 2003, 269, 272; Kapellmann/Messerschmidt/*Messerschmidt*, B § 14 Rn. 46; Ingenstau/Korbion/*Locher*, B § 14 Abs. 2 Rn. 9.
199 BGH, Urt. v. 01.12.1994, VII ZR 215/93, BauR 1995, 232, 234; BGH, Urt. v. 14.10.2004, VII ZR 190/04, BauR 2005, 94, 96.
200 Kniffka/*von Rintelen*, IBR-Online-Kommentar, § 631 Rn. 377; Baumgärtel/*Kessen*, § 632 Rn. 32.
201 BGH, Urt. v. 30.01.1992, VII ZR 237/90, BauR 1992, 371, 372; Kapellmann/Messerschmidt/*Messerschmidt*, B § 14 Rn. 46; Ingenstau/Korbion/*Locher*, B § 14 Abs. 2 Rn. 10.
202 BGH, Urt. v. 24.01.1974, VII ZR 73/73, NJW 1974, 646; BGH, Urt. v. 15.02.1960, VII ZR 10/59, NJW 1960, 859; OLG Hamm, Urt. v. 12.07.1991, 26 U 146/89, BauR 1992, 242; Ingenstau/Korbion/*Locher*, B § 14 Abs. 2 Rn. 16.
203 OLG Brandenburg, Urt. v. 27.08.2002, 11 U 15/99, BauR 2003, 542, 544.
204 BGH, Urt. v. 09.04.1981, VII ZR 262/80, BauR 1981, 388, 389 = BGHZ 80, 257, 259 f.; BGH, Urt. v. 06.12.2001, VII ZR 241/00, BauR 2002, 613, 615; Baumgärtel/*Kessen*, § 632 Rn. 4.
205 BGH, Urt. v. 09.04.1981, VII ZR 162/80, BauR 1981, 388, 389 = BGHZ 80, 257, 259 f.; Baumgärtel/*Kessen*, § 632 Rn. 25; Kapellmann/Schiffers, Band 2, Rn. 105 f.; a.A.: OLG Hamm, Urt. v. 25.10.2000, 12 U 32/00, BauR 2002, 319, 320; Ingenstau/Korbion/*Keldungs*, B vor § 2 Rn. 19; Werner/*Pastor*, Rn. 1493.

Zum anderen kann auch von einer tatsächlichen Vermutung eines Einheitspreisvertrages heute nicht mehr ausgegangen werden. Vielmehr haben zumindest Pauschalverträge zwischenzeitlich im Verhältnis zu Einheitspreisverträgen eine gleichwertige Bedeutung gewonnen.[206]

Allerdings trifft den Besteller gegenüber der Abrechnung des Unternehmers nach Einheitspreisen eine qualifizierte Erstdarlegungslast, die Vereinbarung einer niedrigeren Vergütung nach einem anderen Vertragstyp nach Vergütungshöhe, beteiligten Personen, Ort, Zeit und äußeren Umständen substantiiert darzulegen.[207] Zudem sind dem Unternehmer Beweiserleichterungen gegenüber dem abweichenden Vortrag des Bestellers zur Vergütung einzuräumen, wenn dessen Vortrag die Vereinbarung einer ortsunüblich und/oder unangemessen niedrigen Vergütung beinhaltet.[208]   96

bb) Höhe des Einheitspreises

Der Unternehmer hat die Beweislast für die Vereinbarung eines bestimmten Einheitspreises. Behauptet demgegenüber der Besteller, es sei ein niedrigerer Einheitspreis vereinbart worden, muss der Unternehmer diese Behauptung widerlegen.[209]   97

Des Weiteren hat der Unternehmer die von ihm behaupteten Voraussetzungen für Einheitspreisänderungen zu beweisen. Dies betrifft zum einen die Vereinbarung von Preisänderungsvorbehalten, insbesondere Lohn- und Materialgleitklauseln, sowie die Übereinstimmung der geltend gemachten Änderungen der vereinbarten Einheitspreise mit den Preisänderungsvorbehalten. Zum anderen hat der Unternehmer die Vereinbarung einer Änderung der Einheitspreise bei Abweichung der erbrachten und erforderlichen Mengen von den veranschlagten Mengen sowie deren Voraussetzungen nach Art und Umfang zu beweisen, soweit er auf Grund dessen einen höheren Einheitspreis geltend macht.[210] Schließlich hat der Unternehmer sämtliche Voraussetzungen für eine Anpassung des Einheitspreises zu seinen Gunsten gemäß § 313 BGB zu beweisen.[211]   98

cc) Abgerechnete Mengen

(1) Grundsatz

Bei der Abrechnung nach Einheitspreisen trägt der Unternehmer die Beweislast für die angesetzten Massen.[212] Dies gilt auch dann, wenn der Unternehmer das Werk eines Dritten, dem der Besteller gekündigt hat, fortführt.[213] Der Unternehmer trägt des Weiteren die Beweislast für die Erforderlichkeit des dem Vergütungsanspruch zu Grunde liegenden Leistungsumfangs zur Herstellung des Werkes.[214] Die Abrechnung des Einheitspreisvertrages erfolgt in der Regel auf der Grundlage eines Aufmaßes, welches grundsätzlich Schlüssigkeitsvoraussetzung für eine Werklohnklage auf Einheitspreisbasis ist.[215]   99

---

206 Baumgärtel/*Kessen*, § 632 Rn. 25.
207 OLG Düsseldorf, Urt. v. 21.06.2000, 5 U 177/99, BauR 2001, 406; OLG Hamm, Urt. v. 13.06.1995, 12 U 25/95, BauR 1996, 123; Baumgärtel/*Kessen*, § 632 Rn. 25.
208 Baumgärtel/*Kessen*, a.a.O.
209 BGH, Urt. v. 14.04.1983, VII ZR 198/82; BauR 1983, 366, 367; *Werner/Pastor*, Rn. 1494.
210 OLG Schleswig, Urt. v. 24.08.1995, 11 U 110/92, BauR 1996, 265, 266; Ingenstau/Korbion/*Keldungs*, B § 2 Abs. 3 Rn. 3 zu § 2 Abs. 3 VOB/B.
211 Baumgärtel/*Kessen*, § 632 Rn. 46; Kapellmann/Messerschmidt/*Kapellmann*, B § 2 Rn. 290.
212 Baumgärtel/*Kessen*, § 632 Rn. 31.
213 Baumgärtel/*Kessen*, a.a.O.
214 BGH, Urt. v. 21.12.1989, X ZR 21/89; ZfBR 1990, 129, 130, *Werner/Pastor*, Rn. 1117; Baumgärtel/*Kessen*, a.a.O.
215 Baumgärtel/*Kessen*, § 632 Rn. 32; *Werner/Pastor*, Rn. 1495.

(2) Schätzung gemäß § 287 ZPO statt Aufmaß

100 Eine Werklohnklage scheitert nicht an einem fehlenden Aufmaß, wenn feststeht, dass das Aufmaß nicht mehr genommen werden kann, oder dem Unternehmer aus anderen Gründen die Vorlage eines Aufmaßes nicht möglich oder zumutbar ist.[216] Ein solcher Fall ist anzunehmen, wenn wegen der Insolvenz des Unternehmers und wegen des Zeitablaufs die Erstellung einer prüfbaren Abrechnung nebst Aufmaß nicht möglich ist.[217] In diesem Falle genügt der Anspruchsteller seiner Darlegungs- und Beweislast durch Mitteilung aller ihm zur Verfügung stehenden Umstände, die die Ermittlung des abgearbeiteten Leistungsstandes ermöglichen, und ggf. Vorlage von Beweismitteln, wie Fotografien. Das Gericht hat dann, ggf. unter Mithilfe eines Sachverständigen, die für die Errichtung des Bauvorhabens angefallene Mindestvergütung gem. § 287 ZPO zu schätzen.[218]

(3) Gemeinsames Aufmaß

101 Einem gemeinsamen Aufmaß, soweit ihm nicht bereits eine rechtliche Bindungswirkung auf Grund Annahme eines deklaratorischen Schuldanerkenntnisses zuzusprechen ist, vgl. Rdn. 91 f., kommt zumindest eine Beweiswirkung mit der Maßgabe in Betracht, dass derjenige die Darlegungs- und Beweislast trägt, der nachträglich die Unrichtigkeit des gemeinsamen Aufmaßes behauptet.[219]

(4) Verweigerung gemeinsamen Aufmaßes seitens des Bestellers

102 Eine Darlegungs- und Beweislastumkehr findet zu Lasten desjenigen Bestellers statt, der dem berechtigten Verlangen des Unternehmers nach einem gemeinsamen Aufmaß nicht nachkommt, wenn sich die Richtigkeit des einseitigen Aufmaßes des Unternehmers, z.B. auf Grund Über- oder Weiterbaus, nachträglich nicht mehr überprüfen lässt.[220] Solange unter zumutbaren Bedingungen ein neues Aufmaß noch erstellt oder das einseitig genommene Aufmaß des Unternehmers noch überprüft werden kann, führt das bloße Fernbleiben des Bestellers vom Aufmaßtermin noch nicht zu einer Beweislastumkehr.[221]

(5) Nachträgliche Einwendungen des Bestellers gegen Aufmaß

103 Eine Darlegungs- und Beweislastumkehr zu Lasten des Bestellers findet auch statt, wenn der Besteller zunächst die Aufmaßangaben des Unternehmers (ohne rechtliche Bindungswirkung) bestätigt hat und erst nachträglich die Unrichtigkeit behauptet, nachdem eine Überprüfung der Massenangaben nicht mehr möglich ist.[222]

dd) Abändernde Vereinbarungen zur Vergütung

104 Nachträgliche Änderungen der Vergütungsvereinbarung, sei es im Hinblick auf die Parameter der Vereinbarung, insbesondere die Einheitspreise, oder im Hinblick auf einen grundsätzlichen Wechsel der Vergütungsform, z.B. die nachträgliche Vereinbarung eines Pauschalpreises anstelle eines

---

216 Kniffka/*von Rintelen*, IBR-Online-Kommentar, § 631, Rn. 384.
217 BGH, Urt. v. 23.09.2004, VII ZR 173/03, BauR 2004, 1937, 1939.
218 BGH, Urt. v. 27.07.2006, VII ZR 202/04, BauR 2006, S. 2040, 2041; Kniffka/*von Rintelen*, IBR-Online-Kommentar, § 631, Rn. 384.
219 BGH, Urt. v. 24.01.1974, VII ZR 73/73, BauR 1974, 210; BGH Urt. v. 30.01.1975, VII ZR 206/73, BauR 1975, 211; Baumgärtel/*Kessen*, § 632 Rn. 32 a.E., Kniffka/*von Rintelen*, IBR-Online-Kommentar, § 631 Rn. 380.
220 BGH, Urt. v. 22.05.2003, VII ZR 143/02, BauR 2003, 1207, 1208 f.
221 BGH, a.a.O.
222 BGH, Urt. v. 28.07.2003, VII ZR 79/02, BauR 2003, 1893, 1897; Baumgärtel/*Kessen*, § 632 Rn. 33; *Werner/Pastor*, Rn. 1516.

ursprünglich vereinbarten Einheitspreisvertrages, hat derjenige darzulegen und zu beweisen, der sich auf eine entsprechende vertragsabändernde Vereinbarung beruft.[223] Entsprechend hat derjenige eine nachträgliche Vergütungsvereinbarung zu beweisen, wenn es zuvor zu einem Werkvertragsabschluss ohne Vergütungsvereinbarung mit der Vergütungsfolge des § 632 BGB gekommen ist.[224]

3. Pauschalpreisvertrag

a) Leistungssoll

Im Gegensatz zum Einheitspreisvertrag, bei dem der Vertragspreis nur vorläufigen Charakter hat und die endgültig geschuldete Vergütung erst mit Abrechnung nebst Aufmaß feststeht, steht beim Pauschalpreisvertrag grundsätzlich die Vergütung für das vertraglich vereinbarte Leistungssoll mit Vertragsabschluss von vornherein fest (vgl. § 5 Nr. 1b VOB/A 2006 bzw. § 4 Abs. 1 Nr. 2 VOB/A 2009). Änderungen ergeben sich nur bei nachträglicher Änderung oder Erweiterung des Leistungssolls oder ausnahmsweise gem. § 313 BGB bei erheblicher Abweichung der ausgeführten von den vorgesehenen Leistungen bei gleichbleibendem Leistungssoll, soweit ein Festhalten an dem Pauschalpreis für eine Vertragspartei nicht zumutbar ist. **105**

Beim Pauschalpreisvertrag wird im Hinblick auf das Leistungssoll grundsätzlich unterschieden zwischen **106**
– Detail-Pauschalvertrag
und
– Global-Pauschalvertrag.

Beim Detail-Pauschalvertrag wird das Leistungssoll durch eine Beschreibung der Leistungsschritte, in der Regel in Form eines detaillierten Leistungsverzeichnisses, bestimmt, die zur Erreichung des vertraglich geschuldeten Leistungsziels für erforderlich und hinreichend angesehen werden.[225] Die Pauschalierung beschränkt sich auf die Vergütung. Als Leistungssoll kommen insofern auch alle Arbeiten in Betracht, die der Unternehmer bis zum Zeitpunkt des Vertragsabschlusses dem Besteller gegenüber angezeigt hat, da dies der für den Unternehmer erkennbaren Äquivalenzerwartung des Bestellers entspricht.[226] Beim Globalpauschalvertrag wird das Leistungssoll dagegen durch das vertraglich vereinbarte Leistungsziel bestimmt, welches insofern Gegenstand der Pauschalierung auf der Leistungsseite ist.[227]

Der Global-Pauschalvertrag kommt in verschiedenen vertraglichen Facetten vor. Insofern ist auch die Begriffsverwendung für einzelne Vertragstypen in der Literatur nicht einheitlich.[228] Der Bereich der Global-Pauschalverträge reicht von der bestellerseitigen Vorgabe der Leistungsbeschreibung und Planung i.V.m. der Übernahme des kalkulatorischen Risikos der Geeignetheit der Leistungsbeschreibung und Planung zur Erreichung des vertraglich geschuldeten Erfolges durch den Unternehmer bis zur vollständigen Übernahme der Festlegung der Leistungen und Planungen durch den Unternehmer im Hinblick auf einen vom Besteller funktional beschriebenen Leistungserfolg.[229] **107**

Maßgebend für die Beurteilung der Frage, ob und inwieweit im Rahmen eines Global-Pauschalvertrages der vereinbarte Pauschalpreis endgültig ist oder Raum für Zusatzvergütungsansprüche des Unternehmers lässt, sind zum einen die Art der vertraglich vereinbarten Leistungsbeschrei- **108**

---

223 BGH, Urt. v. 14.04.1983, VII ZR 198/82, BauR 1983, 366, 368/Baumgärtel/*Kessen*, § 632 Rn. 46.
224 OLG Hamm, Urt. v. 14.03.1985, 21 U 111/84; NJW 1986, 199; Baumgärtel/*Kessen*, § 632 Rn. 45.
225 *Werner/Pastor*, Rn. 1528.
226 OLG Celle, Urt. v. 10.02.2010, 7 U 103/09, BauR 2010, 1943, 1944.
227 *Acker/Roquette*, BauR 2010, S. 293, 295; *Werner/Pastor*, Rn. 1525.
228 *Acker/Roquette*, BauR 2010, 293, 295.
229 *Acker/Roquette*, BauR 2010, 293, 295 ff.

bung sowie deren Einzelelemente (detailliert oder funktional), zum anderen die vertraglichen Vereinbarungen im Hinblick auf die Übernahme der Planung und Planungsverantwortung sowie das Leistungsbestimmungsrecht.[230]

b) Detail-Pauschalvertrag

109 Beim Detail-Pauschalvertrag vermittelt häufig allein die Verwendung des Begriffes »Pauschalpreis« bzw. »Festpreis« oder gar »Pauschalfestpreis« den unrichtigen Eindruck des Ausschlusses jeglicher zusätzlicher Vergütungsansprüche des Unternehmers über den Pauschalpreis hinaus. Dabei wird verkannt, dass sich die Pauschalierung nur auf ein begrenztes Leistungssoll bezieht. Insofern ist der Detail-Pauschalvertrag dem Einheitspreisvertrag wesensnäher als dem Globalpauschalvertrag.

aa) Mengenpauschalierung

110 Dem Detail-Pauschalvertrag liegt ebenso wie dem Einheitspreisvertrag grundsätzlich eine detaillierte Leistungsbeschreibung zu Grunde. Gegenstand der Pauschalierung sind nur die Mengen bzw. Vordersätze der Leistungspositionen. Der Unternehmer übernimmt mithin allein das Mengenrisiko.[231] Wenn insofern die Leistungsbeschreibung keine Mengenangaben durch Vordersätze enthält, muss der Besteller insofern zumindest Mengenermittlungskriterien im Hinblick auf Art und Umfang des vertraglich geschuldeten Leistungserfolges vorgeben, z.B. in Form einer Planung.[232]

bb) Abgrenzung zu Einheitspreisvertrag

111 Der Wille der Parteien zum Abschluss eines Detail-Pauschalvertrages ist durch Auslegung gem. §§ 133, 157 BGB zu ermitteln. Insofern hat insbesondere eine Abgrenzung zur Vereinbarung eines Einheitspreisvertrages stattzufinden.

(1) Preisnachlassvereinbarung

112 Abzugrenzen ist zur bloßen Abrundung eines Angebotspreises mit dem alleinigen Ziel eines Preisnachlasses, der bei der Endabrechnung des Einheitspreisvertrages zu berücksichtigen ist.[233] Maßgebend ist, ob der Parteiwille nach allgemeinen Auslegungsgrundsätzen auf eine Übertragung des Mengenermittlungsrisikos auf den Unternehmer ausgerichtet ist, d.h. auf eine Loslösung von den Mengenangaben in den Vordersätzen der Leistungsbeschreibung.[234] Ein Indiz für eine Pauschalpreisabrede ist insofern ein nominal oder prozentual erheblicher Preisnachlass gegenüber der Angebotssumme aus dem von dem Unternehmer mit Einheitspreisen versehenen Leistungsverzeichnis.[235] Gegen einen Pauschalpreisvertrag sprechen vertragliche Regelungen, die auf eine Mengenermittlung nach Fertigstellung der Vertragsleistungen ausgerichtet sind, auch soweit sie in Allgemeinen Geschäftsbedingungen enthalten sind.[236]

(2) Pauschalvereinbarungen ohne Festlegung des Leistungserfolges

113 Vordergründige Pauschalpreisvereinbarungen können tatsächlich verdeckte Einheitspreisverträge darstellen, wenn sie sich ausschließlich auf angegebene Leistungen und Mengen beziehen, ohne

---

230 *Acker/Roquette*, BauR 2010, 293, 297 ff.
231 BGH, Urt. v. 22.03.1984, VII ZR 50/82, BauR 1984, 395, 396; BGH, Urt. v. 08.01.2002, X ZR 6/00, BauR 2002, 787, 788; *Acker/Roquette*, BauR 2010, 293, 294; *Kapellmann/Schiffers*, Band II, Rn. 47.
232 *Acker/Roquette*, a.a.O.; *Kapellmann/Schiffers*, Band II, Rn. 43 ff.
233 Schleswig-Holsteinisches OLG, Urt. v. 29.06.2010, 3 U 92/09, BauR 2010, 1937, 1938; *Kapellmann/Schiffers*, Band II, Rn. 55 ff.
234 *Kapellmann/Schiffers*, Band II, a.a.O.
235 *Kapellmann/Schiffers*, Band II, Rn. 58.
236 *Kapellmann/Schiffers*, Band II, Rn. 61; Ingenstau/Korbion/*Keldungs*, B § 2 Abs. 2 Rn. 9.

dass der vertraglich geschuldete Erfolg durch Pläne, Objektbeschreibungen oder in anderer Weise festgelegt würde.[237] In diesem Falle ist die angegebene Leistung und Menge das Leistungssoll. Jede Veränderung dieser Leistung und/oder Menge begründet eine Abweichung vom Leistungssoll mit der Folge zusätzlicher Vergütungsansprüche, es sei denn, dass man im Wege der Auslegung zu der ungewöhnlichen Annahme gelangen würde, dass der Unternehmer das Risiko der Erbringung jeder Leistung und Menge zum vereinbarten Pauschalpreis übernommen hätte, ohne den geschuldeten Leistungserfolg zu kennen und damit die Leistungen und Mengen abschätzen zu können.[238]

cc) **Auswirkung von Änderungen/Erweiterungen der detaillierten Leistungsbeschreibung auf den Pauschalpreis**

Änderungen oder Erweiterungen der detailliert beschriebenen Leistungen, die zur Herstellung des vertraglich geschuldeten Erfolges oder auf Grund einvernehmlicher Änderung des vertraglich geschuldeten Erfolges erforderlich werden, sind dagegen nicht vom Leistungssoll umfasst und damit Gegenstand von Zusatzvergütungsansprüchen ohne Rücksicht auf eine wesentliche Abweichung vom vereinbarten Pauschalpreis.[239] 114

dd) **Abweichen vom Pauschalpreis bei unverändertem Leistungssoll**

Bei unverändertem Leistungssoll kommt ein Abweichen von dem vereinbarten Pauschalpreis gemäß § 313 BGB nur dann in Betracht, wenn erhebliche Mengenänderungen ein Festhalten an dem vertraglich vereinbarten Pauschalpreis für die eine oder andere Partei unzumutbar machen. Es hat insofern eine Gesamtschau unter Berücksichtigung aller Mengenüber- und -unterschreitungen sowie aller Mehr- und Minderkosten stattzufinden.[240] Ein Abstellen auf prozentuale Betrachtungsweisen, z.B. auf eine Abweichung um mehr als 20 % der Mengen und zu Grunde liegenden Kosten von den vertraglich vorgesehenen Mengen und Kosten,[241] hat der BGH abgelehnt.[242] Allerdings können die Parteien die Pauschalierung des Mengenrisikos vertraglich begrenzen mit der Folge, dass für Über- oder Unterschreitungen der festgelegten Mengengrenzen eine Preisanpassung des Pauschalpreises verlangt werden kann.[243] Unberührt bleiben Schadensersatzansprüche des Unternehmers wegen schuldhafter Fehleinschätzung des Bestellers bei der Ausschreibung.[244] 115

Im Übrigen kommt eine Abweichung von dem vereinbarten Pauschalpreis auf Grund nachträglicher Änderung von Kalkulationsgrundlagen und/oder auf Grund eines externen Kalkulationsirrtums des Unternehmers wie beim Einheitspreisvertrag nur unter ganz engen Voraussetzungen in Betracht, vgl. Rdn. 84 und 85. 116

---

237 *Kapellmann/Schiffers*, Band II, Rn. 69.
238 *Kapellmann/Schiffers* a.a.O.
239 BGH, Urt. v. 29.06.2000, VII ZR 186/99, BauR 2000, 1754, 1755; BGH Beschl. v. 12.09.2002, VII ZR 81/01, BauR 2002, 1847 für VOB/B-Vertrag; abweichend BGH, Urt. v. 08.01.2002, X ZR 6/00, BauR 2002, 787, 790: Danach müssen die im Rahmen des Pauschalpreisvertrages nicht vorgesehenen Leistungen erheblich sein.
240 OLG Düsseldorf, 20.02.2001, 21 U 118/00, BauR 2001, 803, 806; OLG Naumburg, 05.05.2006, 10 U 2/06, IBR 2007, 180; Kniffka/*von Rintelen*, IBR-Online-Kommentar, § 631 Rn. 338; Ingenstau/Korbion/*Keldungs*, B § 2 Abs. 7 Rn. 33.
241 OLG Düsseldorf, 22.12.1994, 5 U 302/93, BauR 1995, 286, BauR 1995, 286; OLG Hamm, 20.09.2005, 24 U 152/04, BauR 2006, 1899.
242 BGH, Urt. v.02.11.1995, VII ZR 92/95, BauR 1996, 250, 251 f.; BGH, Urt. v. 27.11.2003, VII ZR 53/03, BauR 2004, 488, 493.
243 BGH, Urt. v. 11.09.2003, VII ZR 116/02, BauR 2004, 78, 82.
244 Kniffka/*von Rintelen*, § 631 Rn. 340.

§ 632 BGB Vergütung

c) Global-Pauschalvertrag bei detaillierter Leistungsbeschreibung mit Komplettheitsvereinbarung

117 Als Globalpauschalvertrag kommt ein Vertrag mit zu Grunde liegender detaillierter Leistungsbeschreibung und Planung des Bestellers i.V.m einer Komplettheitsvereinbarung zwischen den Parteien im Hinblick auf den geschuldeten Erfolg in Betracht. Der Unternehmer übernimmt im Rahmen des vereinbarten Pauschalpreises insofern nicht nur das Mengenrisiko, sondern darüber hinaus das kalkulatorische Risiko, dass die Ausführung der vom Besteller beschriebenen und geplanten Leistungen zum geschuldeten Erfolg führt. Soweit sich im Nachhinein herausstellt, dass insoweit Leistungsänderungen und/oder -erweiterungen zur Erreichung des unveränderten Leistungserfolges notwendig sind, kann der Unternehmer keine Zusatzvergütung für entsprechende Zusatzleistungen verlangen.[245]

118 Grundsätzlich ist eine entsprechende Risikoübernahmevereinbarung im Hinblick auf eine vom Besteller vorgegebene Leistungsbeschreibung und Planung rechtlich zulässig, auch wenn sie für den Unternehmer mit nicht überschaubaren Kalkulationsrisiken verbunden ist,[246] vgl. Rdn. 55.

aa) Auslegung von Komplettheitsvereinbarungen

119 Zunächst ist im Wege der Auslegung zu ermitteln, ob überhaupt von einer Komplettheitsvereinbarung mit der Maßgabe ausgegangen werden kann, dass dem Unternehmer diesbezüglich Zusatz- bzw. Nachtragsvergütungsforderungen abgeschnitten werden sollen. Insbesondere von Bestellerseite im Rahmen Allgemeiner Geschäftsbedingungen vorformulierte Komplettheitsklauseln sind insofern gemäß § 305c Abs. 2 BGB im Zweifel zu Lasten des Bestellers auszulegen. Im Übrigen ist bei der Auslegung zunächst davon auszugehen, dass der Besteller dem Unternehmer im Zweifel keine ungewöhnlichen Risiken auferlegen will.[247]

(1) Abgrenzung zu Pflichten- und Haftungsregelungen

120 Kalkulatorische Komplettheitsvereinbarungen sind abzugrenzen von Vereinbarungen, die sich lediglich auf den Umfang der vertraglichen Herstellungspflichten sowie die Haftung des Unternehmers im Hinblick auf die mängelfreie Erstellung des vertraglich geschuldeten Werkes beziehen. So schließt eine Klausel, wonach der Unternehmer alle behördlichen Auflagen und Bedingungen zu erfüllen hat, Mehrvergütungsansprüche auf Grund entsprechender nachträglicher Auflagen und Bedingungen nicht aus.[248] Entsprechend sind vertragliche Vereinbarungen im Hinblick auf Prüf- und Hinweispflichten des Unternehmers im Rahmen seiner Mängelverantwortlichkeit von kalkulatorischen Komplettheitsvereinbarungen abzugrenzen, soweit nicht Nachtragsvergütungen des Unternehmers auf Grund Verletzung seiner Prüf- und Hinweispflichten gänzlich ausgeschlossen werden.[249]

(2) Reichweite von Komplettheitsvereinbarungen

121 Im Übrigen ist zu untersuchen, ob sich Komplettheitsklauseln nicht nur auf die konkret vom Besteller ausgeschriebenen Leistungspositionen beziehen, sondern darüber hinaus auf die ausgeschriebenen Mengen bzw. Vordersätze und/oder auf zusätzliche oder geänderte, in der Leistungsbeschreibung nicht aufgeführte Leistungen.[250] So hat der BGH entgegen der Vorinstanz

---

245 *Acker/Roquette,* BauR 2010, 293, 306; Messerschmidt/Voit/*Leupertz,* K Rn. 23.
246 BGH, Urt. v. 25.06.1996, VII ZR 59/95, BauR 1997, 126, 128; BGH 23.01.1997, VII ZR 65/96, BauR 1997, 464, 465.
247 BGH, Urt. v. 26.07.2007, VII ZR 42/05, BauR 2007, 1761, 1766; Kniffka/*von Rintelen,* IBR-Online-Kommentar, § 631 Rn. 595.
248 BGH, Beschl. v. 11.05.2006, VII ZR 309/04, BauR 2006, 1301, 1302.
249 Kniffka/*von Rintelen,* IBR-Online-Kommentar, § 631 Rn. 594.
250 Kniffka/*von Rintelen,* IBR-Online-Kommentar, § 631 Rn. 595.

entschieden, dass eine bestellerseitige Klausel, wonach der Unternehmer für die angebotenen Leistungen die Verpflichtung der Vollständigkeit übernimmt, d.h. Leistungen und Nebenleistungen, die sich aus den Positionen zwangsläufig ergeben, einzukalkulieren sind, auch wenn sie im Leistungsverzeichnis nicht ausdrücklich erwähnt sind, und Nachforderungen auf Grund unberücksichtigter Schwierigkeiten grundsätzlich nicht anerkannt werden, nicht als Übernahme des Risikos von Massenänderungen zu werten ist.[251]

Auch eine Schlüsselfertigkeitsabrede allein ist nicht geeignet, bei Vorliegen einer detaillierten Leistungsbeschreibung den Abgeltungsumfang der vereinbarten Pauschalsumme zu erweitern, da sich der Begriff der Schlüsselfertigkeit zunächst nur auf den Inhalt der Leistungsbeschreibung bezieht. Eine weitergehende Reichweite bedarf insofern einer deutlichen Absprache zwischen den Vertragsparteien.[252]

bb) Komplettheitsklauseln in AGB

Wenn die Parteien einen Pauschalvertrag auf der Grundlage einer vom Besteller gegebenen detaillierten Leistungsbeschreibung und Planung abgeschlossen haben, sind Klauseln in Allgemeinen Geschäftsbedingungen des Bestellers, wonach der Unternehmer das Risiko der Vollständigkeit der Leistungsbeschreibung im Hinblick auf die Erreichung des vertraglich geschuldeten Erfolges übernimmt, nach einhelliger Meinung wegen Verstoßes gemäß § 307 Abs. 1 S. 1 und Abs. 2 BGB unwirksam.[253] Dies gilt nicht, wenn die dem Vertrag zu Grunde liegende Leistungsbeschreibung vom Unternehmer stammt, da dieser dann die Vollständigkeits- und Richtigkeitsverantwortlichkeit übernommen hat, auch soweit es das Risiko für in seinem Leistungsverzeichnis nicht berücksichtigte Mehrmengen bzw. Leistungen betrifft.[254] 122

Komplettheits- bzw. Vollständigkeitsklauseln, auch Pauschalierungsklauseln genannt, kommen in verschiedenen Varianten vor. Gängig sind 123
– Schlüsselfertigkeitsklauseln,
– Bestätigungsklauseln,
– Widerspruchsklauseln,
– Preis- und Leistungsnebenabreden.

(1) Schlüsselfertigkeitsklauseln

Schlüsselfertigkeitsklauseln in AGB's des Bestellers, wonach der Unternehmer im Rahmen des vereinbarten Pauschalpreises zur Erbringung aller für den vertraglich geschuldeten Erfolg erforderlichen Leistungen verpflichtet wird, sind nur zulässig, wenn und soweit der Unternehmer im Hinblick auf eine funktionale Leistungsbeschreibung vereinbarungsgemäß die Planungsverantwortlichkeit für die Erreichung des geschuldeten Leistungserfolges übernommen hat, da in diesem Falle die Klausel lediglich die individuelle Vereinbarung des Leistungs- und Vergütungssolls wie- 124

---

251 BGH, Beschl. v. 26.02.2004, VII ZR 96/03, BauR 2004, 994.
252 Vgl. BGH, Urt. 22.03.1984, VII 2 R 50/82, BauR 1984, 395, 396; OLG Koblenz, Urt. v. 31.03.2010, 1 U 415/08, BauR 2010, 1109 (LS.) = IBR 2010, 313; Kapellmann/Schiffers, Band II Rn. 468 ff.; a.A. wohl *Werner/Pastor*, Rn. 1533.
253 OLG Celle, Urt. v. 04.01.2007, 13 U 244/05, BauR 2008, 100, 101 f.; OLG Brandenburg, Urt. v. 09.07.2002, 11 U 187/01, BauR 2003, 716, 718; OLG München, Urt. v. 22.05.1990, 9 U 6108/89, BauR 1990, 776 (LS.); Kniffka/*von Rintelen*, IBR-Online-Kommentar, § 631 Rn. 594; *Werner/Pastor*, Rn. 1520; Messerschmidt/Voit/*Leupertz* K Rn. 22; vgl. auch Beschl. v. BGH 26.02.2004, VII ZR 96/03, BauR 2004, 994, wonach Allgemeine Geschäftsbedingungen des Bestellers, die Vergütung des Unternehmers bei Erschwerungen der Leistungen einschränken, Bedenken begegnen; abweichend Messerschmidt/Kapellmann/*Kapellmann*, B § 2 Rn. 267; Messerschmidt/Voit/*Leupertz*, K Rn. 25, soweit es um die Übernahme von Kontroll- und Koordinierungsrisiken durch den Unternehmer hinsichtlich vom Besteller mit detaillierten Ausführungsplänen und Leistungsbeschreibungen vorgegebener Einzelgewerke geht.
254 OLG Düsseldorf, Urt. v. 01.09.2003, 23 U 204/02, BauR 2004, 506, 507.

dergibt.²⁵⁵ Es ist jedoch auch in diesem Falle sorgsam auszulegen, ob und inwieweit Detaillierungen innerhalb der ansonsten funktionalen Leistungsbeschreibung oder der Planvorgaben seitens des Bestellers gegeben sind, deren kalkulatorisches Risiko im Hinblick auf die Erreichung des vertraglich geschuldeten Erfolges nicht durch eine klauselmäßige Schlüsselfertigkeitsklausel von Seiten des Bestellers auf den Unternehmers überwälzt werden kann.²⁵⁶

(2) Bestätigungsklauseln

125 In Bestätigungsklauseln bestätigt der Unternehmer die Prüfung der bestellerseitigen Planung vor Vertragsabschluss und Übernahme in seinen Verantwortungsbereich und/oder die umfassende Kenntnis von Lage, Zustand und sonstigen Verhältnissen des Baugrundstücks bzw. vorhandenen Bestandes z.B. im Hinblick auf Kontaminationen. Die Klausel stellt insofern eine unangemessene Fiktion zu Lasten des Unternehmers mit dem Zweck dar, den Besteller von der genauen Beschreibungspflicht bzgl. des Baugrundstücks bzw. vorhandenen Baubestandes sowie der eigenen Planungsverantwortlichkeit zu befreien, und ist daher unwirksam.²⁵⁷

(3) Widerspruchsklauseln

126 Unter Widerspruchsklauseln werden Klauseln verstanden, nach denen dem Unternehmer bei sich widersprechenden Leistungsbeschreibungselementen die weitestgehende Leistungsverpflichtung auferlegt wird. Entsprechenden Klauseln geht jedoch gem. § 305b BGB die individuelle Vereinbarung des Leistungssolls zwischen den Parteien vor, die nach allgemeinen Grundsätzen im Wege der Auslegung zu ermitteln ist. Soweit danach z.B. spezielle Leistungsbeschreibungen allgemeinen Beschreibungen vorgehen, vgl. Rdn. 50, kann dieser Grundsatz nicht durch eine Klausel in Allgemeinen Geschäftsbedingungen des Bestellers dahingehend umgekehrt werden, dass entgegen einer speziellen Leistungsbeschreibung des konkreten Bauvorhabens eine mit weitergehenden Pflichten und Kosten für den Unternehmer verbundene Beschreibung in einem Standardbauverzeichnis des Bestellers maßgebend sein soll.²⁵⁸ Im Übrigen wäre die Klausel auch als unzulässige und damit unangemessene Fiktion zu Lasten des Unternehmers unwirksam.

(4) Preis- und Leistungsnebenabreden

127 Häufig anzutreffen sind vorformulierte Klauseln, mit denen dem Unternehmer über das individuell vereinbarte Leistungssoll hinaus bestimmte zusätzliche Leistungen auferlegt werden. Maßgebend für die Beurteilung solcher leistungsmodifizierender Klauseln ist, ob sie als sog. Preis- bzw. Leistungsnebenabreden gem. § 307 Abs. 3 S. 1 i.V.m. § 307 Abs. 1 S. 1, Abs. 2 BGB der Inhaltskontrolle unterliegen²⁵⁹ oder als Preis- und Leistungsabreden gemäß § 307 Abs. 3 S. 2 i.V.m. § 307 Abs. 1 S. 2 BGB nur der Transparenzkontrolle.²⁶⁰

128 Der Inhaltskontrolle unterliegen Preisnebenabreden, die mittelbare Auswirkungen auf Preis und Leistung haben, und an deren Stelle dispositives Gesetzesrecht treten kann, wenn eine wirksame vertragliche Verpflichtung fehlt.²⁶¹ Kontrollfähig sind insofern z.B. Fälligkeitsklauseln, Vorleistungsklauseln, Wertstellungsklauseln, Tilgungsverrechnungsklauseln, Klauseln über Zusatzboni oder Rabatte.²⁶²

---

255 OLG Düsseldorf, Urt. v. 30.09.2003, 23 U 204/02, BauR 2004, 506, 507.
256 Vgl. *Kapellmann/Schiffers*, Bd. 2, Rn. 521 f.
257 Kniffka/*von Rintelen*, IBR-Online-Kommentar, § 631 Rn. 596; Bedenken anmeldend auch BGH, Beschl. v. 26.02.2004, VII ZR 96/03, BauR 2004, 994.
258 Kuffer/Wirth/*Würfele*, 2. Kapitel, Teil C, Rn. 50.
259 BGH, Urt. v. 10.06.1999, VII ZR 365/98, BauR 1999, 1290, 1291 f.
260 Kniffka/*von Rintelen*, IBR-Online-Kommentar, § 631 Rn. 597.
261 BGH, Urt. v. 10.06.1999, VII ZR 365/98, BauR 1999, 1290, 1291 f.
262 Palandt/*Grüneberg*, BGB § 307 Rn. 47 m.w.N.

Dagegen unterliegen unmittelbar preisbestimmende und leistungsbeschreibende Klauseln im Hinblick auf das individuell vereinbarte Leistungssoll des Unternehmers nicht der Inhaltskontrolle nach den Vorschriften über Allgemeine Geschäftsbedingungen. In Betracht kommt hier nur eine Unwirksamkeit wegen Verstoßes gegen das Transparenzgebot gemäß § 307 Abs. 1 S. 2 BGB oder das Verbot überraschender Klauseln gem. § 305c Abs. 1 BGB, z.B. im Hinblick auf eine Höchstpreisklausel im Rahmen eines Einheitspreisvertrages vgl. Rdn. 173. 129

Allerdings unterliegen auch Klauseln als Preis- bzw. Leistungsabreden einer Inhaltskontrolle, soweit sie das individuell vertraglich vereinbarte Leistungsspektrum des Unternehmers unkalkulierbar erweitern, z.B. im Hinblick auf die Vorhaltung des Gerüstes für Nachunternehmer,[263] die Entfernung des Schmutzes fremder Unternehmer, die unentgeltliche Vorhaltung des Gerüstes auch bei vom Besteller zu vertretendem Baustillstand oder das Stemmen von Schlitzen auf Anweisung des Bauleiters im Rahmen des vereinbarten Preises.[264] Umgekehrt unterliegen Allgemeine Geschäftsbedingungen des Unternehmers, welche Leistungen, die schon zur Abrundung des Leistungsbildes gehören, einer gesonderten Vergütungspflicht unterwerfen, der Inhaltskontrolle gemäß § 307 Abs. 2 Nr. 1 BGB.[265] 130

cc) Individuelle Komplettheitsvereinbarungen

Individuelle Komplettheitsvereinbarungen i.V.m. einer vom Besteller vorgegebenen detaillierten Leistungsbeschreibung sind grundsätzlich zulässig. An die Annahme einer entsprechenden Vereinbarung auf Grund der damit verbundenen Risikoübernahme durch den Unternehmer sind jedoch strenge Anforderungen zu stellen. Es bedarf insofern einer deutlichen Absprache zwischen den Vertragsparteien.[266] 131

(1) Fehler der Planung und/oder der Leistungsbeschreibung

Durch eine Komplettheitsvereinbarung übernimmt der Unternehmer grundsätzlich nur das kalkulatorische Risiko von Lücken bzw. Unvollständigkeiten der von dem Besteller vorgegebenen Leistungsbeschreibung im Hinblick auf die Erreichung des vertraglich geschuldeten Leistungserfolges, nicht jedoch im Hinblick auf Fehler der Planung bzw. Leistungsbeschreibung.[267] Insofern trifft den Unternehmer erst nach Vertragsabschluss eine Prüf- und Hinweispflicht nach Treu und Glauben entsprechend § 4 Abs. 3 VOB/B,[268] vgl. Rdn. 59 f. Wenn und soweit sich die Erforderlichkeit geänderter oder zusätzlicher Leistungen zur Erreichung des vertraglich geschuldeten Erfolges auf Grund Fehlern der Planung bzw. Leistungsbeschreibung des Bestellers ergibt, kann der Unternehmer für die fehlerbedingten Zusatzleistungen trotz Komplettheitsvereinbarung grundsätzlich Zusatzvergütungsansprüche gegenüber dem Besteller geltend machen.[269] Etwas anderes ist nur dann anzunehmen, wenn die Vertragsauslegung ergibt, dass der Unternehmer auch das Risiko einer fehlerhaften Planung bzw. Leistungsbeschreibung des Bestellers übernommen hat. Eine solche Vereinbarung ist jedoch so ungewöhnlich, dass an ihre Annahme besonders hohe Anforderungen zu stellen sind, vgl. Rdn. 56 und 137. 132

---

263 OLG München, Urt. v. 30.01.1986, 29 U 3832/85, BauR 1986, 579, 580; Kniffka/*von Rintelen*, IBR-Online-Kommentar, § 631 Rn. 601.
264 OLG München, Urt. v. 15.01.1987, 29 U 4348/86, BauR 1987, 554, 555, f.; Kniffka/*von Rintelen*, a.a.O.
265 Staudinger/*Peters/Jacoby*, § 632 Rn. 62.
266 OLG Koblenz, Urt. v. 31.03.2010, 1 U 415/08, IBR 2010, 313; *Werner/Pastor*, Rn. 1529.
267 OLG Düsseldorf, Urt. v. 30.09.2003, 23 U 204/02, BauR 2004, 506, 507; Kapellmann/Messerschmidt/*Kapellmann*, B § 2 Rn. 272; Messerschmidt/Voit/*Leupertz*, K Rn. 23; *Kapellmann/Schiffers*, Band II, Rn. 516.
268 OLG Koblenz, Urt. v. 31.03.2010, 1 U 415/08, BauR 2010, 1109 (LS.) = IBR 2010, 313.
269 Vgl. OLG Koblenz, Urt. v. 01.07.2009, 1 U 1535/08, IBR 2010, 486.

(2) Nichterkennbarkeit des Leistungserfolges

133 Stellen sich nach Vertragsabschluss außerhalb der erkennbaren Planungsvorgaben erhöhte Anforderungen an die Bauausführung z.B. auf Grund höchst individueller nutzer- und objektspezifischer Notwendigkeiten, werden ohne entsprechend klare Vereinbarung einer auch diesbezüglichen Risikoübernahme seitens des Unternehmers Zusatzvergütungsansprüche durch eine herkömmliche Komplettheitsvereinbarung im Zweifel nicht ausgeschlossen.[270] Auf Grund der für den Unternehmer bestehenden erheblichen Kalkulationsrisiken sind an die Annahme entsprechend weitergehender Komplettheitsvereinbarungen im Zweifel ebenso hohe Anforderungen zu stellen wie im Hinblick auf nachträgliche Planungsänderungen auf Veranlassung des Bestellers.[271]

d) Global-Pauschalvertrag auf Grund funktionaler Leistungsbeschreibung mit Planung des Bestellers

134 Kennzeichnend für den klassischen Global-Pauschalvertrag ist im Gegensatz zum Detail-Pauschalvertrag eine funktionale Beschreibung des Leistungserfolges als vereinbartes Leistungssoll auf der Grundlage einer bestellerseitigen Planung des Bauvorhabens.[272]

135 Art und Umfang der jeweiligen Planungsverantwortlichkeit hängt von der jeweiligen Vereinbarung im Einzelfall ab. Grundsätzlich gibt der Besteller einen der Entwurfs- oder Genehmigungsplanung entsprechenden Planungsstand vor.[273] Entweder gibt der Besteller zusätzlich ganz oder teilweise auch die Ausführungsplanung bei Vertragsabschluss vor oder behält sich diese nachvertraglich während der Bauausführung vor. Oder der Unternehmer übernimmt ganz oder teilweise die Ausführungsplanung oder die Planungsverantwortlichkeit für die ihm vom Besteller vorgelegte Ausführungsplanung.[274]

aa) Reichweite der Risikoübernahme durch den Unternehmer

136 Es ist im Einzelfall eine Frage der Auslegung gemäß §§ 133, 157 BGB, ob und inwieweit der Unternehmer das Risiko von Unvollständigkeiten oder sogar Fehlern der Planung des Bestellers im Hinblick auf die Erreichung des funktional beschriebenen Leistungserfolges übernimmt.[275]

137 Im Übrigen gilt, dass auch bei individuellen Risikoübernahmevereinbarungen strenge Anforderungen an die Auslegung im Hinblick auf die Übernahme von Risiken, die der Unternehmer nicht beherrschen kann, insbesondere im Hinblick auf Fehler der Planung des Bestellers, durch den Unternehmer zu stellen sind.[276]

bb) Erweiterte Risikoübernahme durch Unternehmer für künftige Planungen/Planänderungen

138 Die individuell vereinbarte Risikoübernahme kann sogar so weit gehen, dass eine künftig noch von dem Besteller vorzulegende Ausführungsplanung zum Gegenstand des funktional beschriebenen Erfolges als Leistungssoll gemacht wird, und der Unternehmer insofern mit der Vereinbarung

---

270 Vgl. OLG Düsseldorf, Urt. v. 25.11.2008, 23 U 13/08, IBR 2010, 129; Kapellmann/Messerschmidt/*Kapellmann*, B § 2 Rn. 265; Messerschmidt/Voit/*Leupertz*, K Rn. 23; *Kapellmann/Schiffers*, Band II, Rn. 516; *Acker/Roquette*, BauR 2010, 293, 306.
271 Vgl. BGH, Urt. v. 18.03.2008, VII ZR 194/06, BauR 2008, 1331, 1335; *Acker/Roquette*, BauR 2010, 239, 306.
272 Vgl. OLG Köln, Urt. v. 06.05.2009, 11 U 79/08, BauR 2010, 258 (LS.) = IBR 2010, 74; *Acker/Roquette*, BauR 2010, 293, 295.
273 *Acker/Roquette*, BauR 2010, 293, 295.
274 *Acker/Roquette*, BauR 2010, 293, 295 f.
275 Messerschmidt/Voit/*Leupertz*, K Rn. 26.
276 *Kapellmann/Schiffers*, Band II, Rn. 531.

eines Pauschalpreises auch für eine sich im Nachhinein als besonders aufwendig herausstellende Ausführungsplanung enorme Kalkulationsrisiken übernimmt.[277]

Entsprechend kommt eine Vereinbarung in Betracht, wonach der zwischen den Parteien vereinbarte Pauschalpreis auch bei künftigen Änderungen der Vertragsplanung durch den Besteller maßgebend sein soll. Eine solche Vereinbarung wäre zwar ungewöhnlich, weil der Auftragnehmer in keiner Weise beherrschbare Risiken übernähme. Der Grundsatz der Vertragsfreiheit lässt sie in den Grenzen der §§ 138, 242 BGB jedoch zu. Wegen der damit übernommenen Risiken sind, ähnlich wie an einen Verzicht auf Rechte, strenge Anforderungen an die Annahme einer derartigen Vereinbarung zu stellen.[278] **139**

cc) **Unwirksamkeit vorformulierter Klauseln mit weitreichender Risikoübernahme**

Auch beim Global-Pauschalvertrag gilt, dass nicht wirksam durch vom Besteller vorformulierte Klauseln im Rahmen Allgemeiner Geschäftsbedingungen über die individuell vereinbarte Risikoübernahme hinaus Nachforderungen des Unternehmers auf Grund zusätzlicher oder geänderter Leistungen infolge von Unvollständigkeiten und/oder Fehlern der Planung des Bestellers ausgeschlossen werden können.[279] **140**

dd) **Nachrangige Geltung des Vertrauensgrundsatzes**

Erst wenn die Vertragsauslegung keine Individualvereinbarung im Hinblick auf die Übernahme des kalkulatorischen Risikos von Unvollständigkeiten, Fehlern und/oder sonstigen Unsicherheiten der Planung des Bestellers ergibt, gilt der Auslegungsgrundsatz, dass der Unternehmer im Zweifel auf die Vollständigkeit, Mangelfreiheit und Unabänderbarkeit der bestellerseitigen Planung zur Erreichung des funktional beschriebenen Erfolges vertrauen darf.[280] Bei Enttäuschung dieses Vertrauens kommen Zusatzvergütungsansprüche in Betracht. **141**

e) **Total-Pauschalvertrag**

Im Rahmen eines Total-Pauschalvertrag übernimmt der Besteller vor dem Hintergrund einer vorgegebenen funktionalen Leistungsbeschreibung die gesamte Planung des Bauvorhabens mit der Folge einer vollständigen Eigenverantwortung im Hinblick auf die Vollständigkeit und Mängelfreiheit der entsprechenden Planung. **142**

In Betracht kommt auch die Vorgabe einer Planung seitens des Bestellers bis zur einer bestimmten Phase, z.B. bis zur Vorlage einer Genehmigungsplanung, und die Übernahme der Planungsverantwortung seitens des Unternehmers auf der Grundlage der von dem Besteller vorgegebenen Planung durch Fortschreibung der Planung bis zur Ausführungsplanung oder Detail-, Montage- bzw. Werkstattplanung.[281]

aa) **Übernahme des Baugenehmigungsrisikos**

Die Parteien können im Rahmen eines Global-Pauschalvertrages mit Planungsverantwortung des Unternehmers vereinbaren, dass das grundsätzlich den Besteller treffende kalkulatorische Risiko im Hinblick auf die baurechtliche Genehmigungsfähigkeit des Bauvorhabens auf den Unternehmer übertragen wird, auch wenn die Genehmigungsplanung von dem Besteller vorgegeben wor- **143**

---

277 OLG Düsseldorf, Urt. v. 25.02.2003, I-21 U 44/02, BauR 2003, 1572, 1574 f. – Peek & Cloppenburg.
278 BGH, Urt. v. 13.03.2008, VII ZR 194/06, BauR 2008, 1132, 1135.
279 *Kapellmann/Schiffers*, Band II, Rn. 521 ff.
280 Messerschmidt/Voit/*Leupertz* K Rn. 26.
281 Vgl. OLG Düsseldorf, Urt. v. 06.07.2006, I-5 U 89/05, BauR 2006, 1887, 1889.

§ 632 BGB   Vergütung

den ist.[282] In diesem Falle kann der Unternehmer keine zusätzliche Vergütung für Leistungen beanspruchen, die durch nach Vertragsabschluss sich ergebende Auflagen und Nebenbestimmungen der zuständigen Baugenehmigungsbehörde im Rahmen gesetzlicher Vorgaben erforderlich werden.

bb) Übernahme des Baugrundrisikos

144 An die Risikoübernahme, die unbekannte Bodenverhältnisse betrifft, sind jedenfalls dann strenge Anforderungen zu stellen, wenn sie die Baukosten erheblich beeinflussen können.[283]

Soweit der Unternehmer im Rahmen eines Global-Pauschalvertrages allerdings neben der Ausführung die Planung der Gründung des Bauwerks übernommen hat, sind von ihm zusätzliche Erkundigungsmaßnahmen des Baugrundes durchzuführen, wenn er Zweifel an Baugrunduntersuchungen des Bestellers hat. In diesem Fall trägt der Unternehmer das Risiko, dass die vorgesehene Gründungsvariante im bestellerseitigen Baugutachten auch tatsächlich technisch realisierbar ist.[284]

cc) Zusatzvergütungsansprüche im Rahmen von Totalpauschalverträgen

145 Auch bei Total-Pauschalverträgen kommt eine Abweichung vom Leistungssoll mit der Folge zusätzlicher Vergütungsansprüche des Unternehmers in Betracht. Es gilt auch hier der Grundsatz, dass zwar die ungewöhnliche Vereinbarung der Übernahme in keiner Weise beherrschbarer Risiken durch den Unternehmer zulässig ist, jedoch strenge Anforderungen an die Annahme einer derartigen Vereinbarung, ähnlich wie an einen Verzicht auf Rechte, zu stellen sind.[285]

(1) Planungsvorgaben und detaillierte Vorgaben des Bestellers in der Leistungsbeschreibung

146 Macht der Besteller Vorgaben in der für die von dem Unternehmer übernommenen Planung, z.B. in Form von Baugrundgutachten, oder in der ansonsten funktionalen Leistungsbeschreibung, z.B. in Form von detaillierten Leistungsvorgaben bzw. Leitdetails, die sich im Hinblick auf die Erreichung des vertraglich geschuldeten Leistungserfolges im nachhinein als fehlerhaft oder unzureichend herausstellen, kann der Unternehmer Zusatzvergütungsansprüche geltend machen.[286]

(2) Änderung des funktional beschriebenen Leistungsziels oder der Planung des Unternehmers

147 Erfolgt auf Veranlassung des Bestellers eine Änderung des ursprünglich vereinbarten funktionalen Leistungserfolges oder eine Änderung der Planung des Unternehmers mit der Folge eines Eingriffs in dessen Leistungsbestimmungsrecht gemäß § 315 BGB, kann der Unternehmer auch im Rahmen eines Total-Pauschalvertrages Zusatzvergütungsansprüche geltend machen, wenn nicht eindeutig die ungewöhnliche Vereinbarung getroffen worden ist, dass der vereinbarte Pauschalpreis auch für zusätzliche oder geänderte Leistungen infolge nachträglicher Eingriffe des Bestellers in die Planung und/oder den vereinbarten funktionalen Leistungserfolg abdecken soll.[287] An eine solche Vereinbarung sind mindestens ebenso hohe Anforderungen zu stellen wie im Hinblick auf nachträgliche Änderungen der von dem Besteller bei Vertragsabschluss vorgegebenen Planung, vgl. Rdn. 139.

---

282 OLG Düsseldorf, Urt. v. 06.07.2006, I – U 89/05, BauR 2006, 1887, 1890.
283 OLG Düsseldorf, BGH, Urt. v. 20.08.2009, VII ZR 205/07, BauR 2009, 1724, 1734.
284 OLG Düsseldorf, Urt. v. 06.07.2006, I-5 U 89/05, BauR 2006, 1887, 1891 f.
285 Vgl. BGH, Urt. v. 13.03.2008, VII ZR 194/06, BauR 2008, 1131, 1135.
286 Vgl. BGH, Urt. v. 20.08.2009, VII ZR 205/07, BauR 2009, 1724, 1734.
287 Messerschmidt/Voit/*Leupertz*, K Rn. 25.

f) Darlegungs- und Beweislast

aa) Abschluss eines Pauschalvertrages

Will der Unternehmer nach Pauschalpreisen abrechnen, verlangt der Besteller aber eine Abrechnung nach Einheitspreisen und Aufmaß, muss der Unternehmer beweisen, dass die Parteien einen Pauschalpreis vereinbart haben.[288] Der Besteller hat dagegen gegenüber der Geltendmachung einer Vergütung nach Einheitspreisen seitens des Unternehmers lediglich eine entgegenstehende Pauschalpreisvereinbarung lediglich substantiiert darzulegen, die dann vom Unternehmer zu widerlegen ist, vgl. Rdn. 96.

148

bb) Pauschalpreisvereinbarung bei Architekten- und Ingenieurverträgen

Bei Architekten- und Ingenieurverträgen hat im Hinblick auf § 4 Abs. 2 HOAI a.F. bzw. § 7 Abs. 3 HOAI n.F. der Besteller eine Pauschalhonorarvereinbarung unterhalb der Mindestsätze nicht nur substantiiert darzulegen, sondern auch gemäß HOAI zu beweisen.[289]

149

cc) Zusatzvergütung über Pauschalpreis hinaus

Den Unternehmer trifft die Beweislast für die Voraussetzungen zur Geltendmachung einer Zusatzvergütung über den vertraglich vereinbarten Pauschalpreis hinaus, d.h. für den Vortrag, dass bestimmte Leistungen nicht von der Pauschalpreisvereinbarung umfasst sind.[290] Zur Geltendmachung einer Zusatzvergütung über den Pauschalpreis hinaus muss der Unternehmer nicht nur das Erbringen der Leistungen außerhalb des vom Pauschalpreis abgedeckten Leistungssolls beweisen, sondern auch einen diesbezüglichen Vertragsabschluss mit dem Besteller.[291]

150

dd) Reduzierung des Leistungssolls

Zunächst hat der Unternehmer die Nichtzugehörigkeit unstreitig vom Besteller übernommener Eigenleistungen zum vom Pauschalpreis abgedeckten Leistungssoll mit der Folge, dass keine Mindervergütung anzunehmen ist, zu beweisen.[292]

151

Reduziert sich der Leistungsumfang des Pauschalvertrages im Einvernehmen zwischen den Parteien und macht der Besteller auf Grund Minderkosten eine Reduzierung des vereinbarten Pauschalpreises geltend, trägt der Besteller die Darlegungs- und Beweislast für Voraussetzungen und Umfang der Mindervergütung.[293] Treffen die Vertragsparteien insofern keine Vereinbarung, richtet sich die Vergütung des Unternehmers danach, welche Rechte er zum Zeitpunkt der Vertragsaufhebung geltend machen konnte, vgl. Rdn. 220. Beruht die einvernehmliche Reduzierung des Leistungsumfangs nicht auf einem wichtigen Grund, stehen dem Unternehmer Vergütungsansprüche nach Maßgabe des § 649 BGB wie bei einer freien Kündigung des Vertrages zu. D.h. er kann den vollen Betrag der vereinbarten Vergütung verlangen, muss sich jedoch das anrechnen lassen, was er infolge der Aufhebung des Vertrages an Aufwendungen erspart oder durch anderweitige Verwendung seiner Arbeitskraft erwirbt oder zu erwerben böswillig unterlässt. Insofern hat der Unternehmer vertragsbezogen vorzutragen und zu beziffern, was er sich anrechnen lässt,

152

---

[288] BGH, Beschl. v. 27.09.2007, VII ZR 198/06, BauR 2007, 2106, 2107; Baumgärtel/*Kessen*, § 632 Rn. 4.
[289] BGH, Beschl. v. 25.07.2002, VII ZR 143/01, BauR 2002, 1720; OLG Düsseldorf, Urt. v. 28.03.2008, I-22 U 2/08, BauR 2010, 482, 483.
[290] BGH, Urt. v. 08.01.2002, X ZR 6/00, BauR 2002, 787, 788; OLG Köln, Urt. v. 06.05.2009, 11 U 79/08, BauR 2010, 258 (LS.) = IBR 2010, 74; OLG Düsseldorf, Urt. v. 16.08.1995, 22 U 256/93, BauR 1996, 396; OLG Köln, Urt. v. 05.12.1986, 20 U 134/86, BauR 1987, 575, 577; Baumgärtel/*Kessen*, § 632 Rn. 27 f.
[291] Baumgärtel/*Kessen*, § 632 Rn. 28.
[292] BGH, Urt. v. 24.03.1988, VII ZR 46/87, BauR 1988, 501, 502; Baumgärtel/*Kessen*, a.a.O.
[293] OLG Köln, Urt. v. 06.05.2009, 11 U 79/08, BauR 2010, 258 (LS.) = IBR 2010, 74; KG, Urt. v. 12.08.2005, 10 U 54/01, IBR 2007, 64; Baumgärtel/*Kessen*, 632 Rn. 30.

und zwar je nach Einzelfall so ausführlich, dass dem Besteller eine Überprüfung und Wahrung seiner Rechte möglich ist.[294] Der Besteller hat dann ggfls. höhere Aufwendungen zu beweisen, vgl. *Lubojanski*, § 649 Rdn. 38.

153 Beim Pauschalvertrag ergeben sich insofern Besonderheiten im Hinblick auf die Darlegunglast. Der Unternehmer hat zunächst die bis zur Kündigung erbrachten Leistungen festzustellen und von den infolge der Kündigung nicht mehr erbrachten Leistungen abzugrenzen.[295] Er muss das Verhältnis der bewirkten Leistung zur vereinbarten Gesamtleistung und des Pauschalansatzes für die Teillieferungen zum vereinbarten Pauschalpreis darlegen,[296] vgl. Rdn. 223 f. und *Lubojanski*, § 649 Rdn. 26 ff.

4. Stundenlohnvertrag

a) Zeitbezogenheit der Vergütung anstelle Leistungsbezogenheit

154 Während bei Einheitspreis- und Pauschalverträgen die Vergütung nach Leistung bemessen wird und insofern der Erfolgsbezogenheit des Werkvertrages entspricht, wird bei Stundenlohnverträgen eine dem Dienstvertrag wesensgemäße zeitbezogene Vergütung vereinbart. Dies begründet für den Besteller ein nicht unerhebliches Kalkulationsrisiko, da er Umfang und Notwendigkeit der vom Unternehmer abgerechneten Arbeitsstunden nur begrenzt kontrollieren und die endgültig auf ihn zukommende Gesamtvergütung nur schwer abschätzen kann.

155 Insofern werden Stundenlohnvereinbarungen vornehmlich in den Fällen getroffen, in denen eine leistungsbezogene Vergütung für beide Vertragsparteien nicht oder nur schwer zu berechnen ist, z.B. im Hinblick auf Instandsetzungsmaßnahmen oder die Beseitigung von Mängeln der Werkleistungen anderer Unternehmer. Im Rahmen öffentlicher Ausschreibungen dürfen nur Bauleistungen geringen Umfangs, die überwiegend Lohnkosten verursachen, im Stundenlohn vergeben werden (§ 5 Nr. 2 VOB/A 2006 bzw. § 4 Abs. 2 VOB/A 2009).

b) Zeithonorar bei Architekten und Ingenieuren

156 Im Übrigen ist auch bei Architekten die Vereinbarung einer Stundenlohnvergütung uneingeschränkt und ohne Berücksichtigung der Stundensätze gem. § 6 Abs. 2 HOAI a.F. zulässig, soweit sie sich im Rahmen der Mindest- und Höchstsätze der HOAI bewegen.[297] Die Höhe des vereinbarten Stundensatzes unterliegt dagegen nicht einer preisrechtlichen Beschränkung. § 6 Abs. 2 HOAI a.F. gilt nur für die Fälle gem. HOAI a.F., die ausdrücklich ein Zeithonorar vorsehen.[298] In der neuen Fassung der HOAI sind Zeithonorarregelungen gänzlich abgeschafft worden.

c) Maßgebender Zeitaufwand

157 Die Tätigkeit des Unternehmers zur Abarbeitung des Leistungssolls wird nach Zeitaufwand berechnet. Welche Leistungen nach Stundenlohn abgerechnet werden können, ergibt sich aus dem durch Auslegung zu ermittelnden Inhalt der vertraglichen Vereinbarung.[299] Der Zeitaufwand für Materialbeschaffung ist vom Stundenlohn umfasst, nicht dagegen der Zeitaufwand für die täglichen An- und Abfahrten der Mitarbeiter des Unternehmers von und zur Baustelle, es sei denn, dass die Werkleistungen nur innerhalb weniger Stunden auszuführen sind, oder etwas anderes ausdrücklich vereinbart ist.[300]

---

294 BGH, Urt. v. 14.01.1999, VII ZR 277/97, BauR 1999, 642, 643.
295 *Werner/Pastor*, Rn. 1554 m.w.N.
296 *Werner/Pastor*, Rn. 1554 f.
297 BGH, Urt. v. 17.04.2009, VII ZR 164/07, BauR 2009, 1162, 1164.
298 BGH, Urt. v. 17.04.2009, VII ZR 164/07, BauR 2009, 1162, 1166.
299 Kniffka/*von Rintelen,* § 631 Rn. 398.
300 OLG Düsseldorf, Urt. v. 16.05.2000, 21 U 145/99, BauR 2000, 1334; OLG Hamm, Urt. v. 08.02.2011, I-21 U 88/10, BauR 2011, 1168.

d) Angehängte Stundenlohnarbeiten

Bei Rahmenvereinbarungen über Stundenlohnarbeiten zur leistungsbezogenen Vergütung für vertraglich nicht vorgesehene Leistungen (sog. angehängte Stundenlohnarbeiten) ist entsprechend § 2 Abs. 10 VOB/B grundsätzlich eine Stundenlohnabrechnung nur nach gesonderter Beauftragung des Unternehmers durch den Besteller zulässig.[301] 158

e) Vollmacht zum Abschluss von Stundenlohnvereinbarungen

Streit entsteht häufig, ob der von dem Besteller eingesetzte Bauleiter wirksam Stundenlohnarbeiten in Auftrag geben kann. Allein die Ermächtigung des Bauleiters oder Architekten, Stundenlohnnachweise abzuzeichnen, begründet keine Vollmachtserteilung seitens des Bestellers, Stundenlohnarbeiten in Auftrag zu geben.[302] Im Einzelfall ist im Wege der Auslegung bauvertraglicher Bestimmungen zu ermitteln, ob dem Bauleiter Vollmacht zur Erteilung von Zusatzaufträgen im Stundenlohn eingeräumt wird. Eine entsprechende Vollmachtserteilung kann z.B. in der Klausel gesehen werden, dass Stundenlohnarbeiten nur bei Anordnung sowie Anerkennung der Stundenzettel durch die örtliche Bauleitung vergütet werden.[303] 159

f) Stundenlohnzettel

aa) Rechtliche Bindung durch Unterzeichnung von Stundenzetteln

Vom Besteller unterschriebene Stundenzettel des Unternehmers begründen regelmäßig ein deklaratorisches Schuldanerkenntnis mit der Folge, dass der Besteller eine Unrichtigkeit der Stundenzettel nur geltend machen kann, wenn er Entsprechendes bei der Abgabe seiner Anerkenntniserklärung weder wusste noch damit rechnen konnte.[304] Die entsprechende Anerkenntniswirkung beschränkt sich nur auf den tatsächlichen Anfall der angegebenen Stunden, nicht jedoch auf die Angemessenheit und Notwendigkeit der abgerechneten Stunden.[305] Auch hindert die Unterzeichnung eines Stundenzettels den Besteller nicht, Einwendungen gegen die Vergütung dem Grunde nach zu erheben.[306] So kann er das Fehlen einer wirksamen Beauftragung der nach Stundenlohn abgerechneten Leistungen einwenden.[307] Ebenso kann er das Fehlen einer Stundenlohnvereinbarung bezüglich in Auftrag gegebener und erbrachter Leistungen geltend machen.[308] Eine über die Anzahl der geleisteten Stunden hinausgehende Anerkenntniswirkung kann nur dann angenommen werden, wenn sich durch Auslegung im Einzelfall ergibt, dass durch die Unterzeichnung des Stundenzettels ein vorhergehender Streit im Hinblick auf das Bestehen eines Auftrags mit Stundenlohnvereinbarung erledigen sollte.[309] 160

bb) Vollmacht zur Unterzeichnung von Stundenzetteln

Strittig ist, ob der bauleitende Architekt ohne besondere Bevollmächtigung des Bestellers befugt ist, mit Bindungswirkung für den Besteller im Hinblick auf die Anzahl der von dem Unterneh- 161

---

301 Kniffka/*von Rintelen*, IBR-Online-Kommentar, § 631 Rn. 400.
302 BGH, Urt. v. 14.07.1994, VII ZR 186/93, BauR 1994, 760, 762; BGH Urt. v. 24.07.2003, VII ZR 79/02, BauR 2003, 1892, 1896; OLG Dresden, Urt. v. 06.12.2005, 14 U 1523/05, BauR 2008, 364.
303 Kniffka/*von Rintelen*, IBR-Online-Kommentar, § 631 Rn. 402.
304 KG, Urt. v. 09.08.2002, 7 U 203/01, BauR 2003, 726; abweichend Kniffka/*von Rintelen*, IBR-Online-Kommentar, § 631 Rn. 412: danach nur deklaratorisches Anerkenntnis bei besonderer Vereinbarung, z.B. der Anerkennung der Stundenlohnzettel durch Unterschrift.
305 OLG Frankfurt/M., Urt. v. 14.06.2000, 23 U 78/99, NZBau 2001, 27, 28; Kniffka/*von Rintelen*, IBR-Online-Kommentar, § 631 Rn. 416.
306 Kniffka/*von Rintelen*, IBR-Online-Kommentar, § 631 Rn. 417.
307 Vgl. BGH, Urt. v. 13.05.2004, VII ZR 301/02, BauR 2004, 1291, 1292.
308 BGH, Urt. v. 14.07.1994, VII ZR 186/93, BauR 1994, 760, 761 f.; BGH, 24.07.2003, VII ZR 79/02, BauR 2003, 1892, 1896.
309 Kniffka/*von Rintelen*, IBR-Online-Kommentar, § 631 Rn. 417.

mer geltend gemachten Stunden Stundenzettel abzuzeichnen.[310] Eine entsprechende Befugnis dürfte nur unter den Voraussetzungen der Annahme einer Anscheins- oder Duldungsvollmacht seitens des Bestellers anzunehmen sein. Im Übrigen kommt der Unterzeichnung der Stundenzettel durch den bauleitenden Architekten lediglich Beweiswirkung zu.[311]

g) Notwendigkeit des Stundenaufwandes

162 Eine frühere Rechtsprechung, wonach Voraussetzung für die Stundenlohnvergütung auch die wirtschaftliche Notwendigkeit und Angemessenheit der abgerechneten Stunden sei,[312] ist vom BGH verworfen worden. Vielmehr besteht lediglich eine vertragliche Nebenpflicht des Unternehmers zur wirtschaftlichen Betriebsführung im Hinblick auf die nach Zeitaufwand abgerechneten Leistungen mit der Folge, dass gegenüber dem Anspruch auf Stundenlohnvergütung allenfalls Schadensersatzansprüche wegen schuldhafter Verletzung der Pflicht zur wirtschaftlichen Betriebsprüfung zur Aufrechnung gestellt werden können.[313] Maßgebend für die Beurteilung der Wirtschaftlichkeit ist nicht die übliche Stundenanzahl, sondern die konkreten Verhältnisse beim Unternehmer.[314]

h) Darlegungs- und Beweislast

Zur Darlegungs- und Beweislast beim Stundenlohnvertrag gilt Folgendes:

aa) Stundenlohnvereinbarung

163 Die Beweislast für die Vereinbarung einer Stundenlohnvergütung liegt beim Unternehmer, der einen Stundenlohn geltend macht.[315] Dies gilt auch für die sog. angehängten Stundenlohnarbeiten, für die in einer Rahmenvereinbarung, i.d.R. innerhalb eines Einheitspreis- oder Pauschalvertrages, Stundensätze vereinbart worden sind. Hier kann sich der Unternehmer zur Begründung einer Stundenlohnvergütung nicht auf die Rahmenvereinbarung berufen, sondern muss die spätere Beauftragung der angehängten Stundenlohnarbeiten beweisen.

bb) Vergütungshöhe

164 Ebenso muss der Unternehmer den tatsächlichen Anfall der abgerechneten Stunden darlegen und beweisen.[316] Insofern ist eine Differenzierung derart, dass die abgerechneten Arbeitsstunden einzelnen Tätigkeiten zugeordnet und/oder nach zeitlichen Abschnitten aufgeschlüsselt werden, nur dann erforderlich, wenn die Vertragsparteien eine dementsprechend detaillierte Abrechnung ausdrücklich oder konkludent nach den Umständen des jeweiligen Einzelfalls vereinbart haben.[317]

---

310 So OLG Düsseldorf, Urt. v. 12.11.1996, 21 U 68/96, BauR 1997, 647, 650; Ingenstau/Korbion/*Keldungs*, B § 15 Abs. 3 Rn. 16.
311 Ebenso Kniffka, IBR-Online-Kommentar, Stand 26.05.2009, § 631 Rn. 382.
312 OLG Hamm, Urt. v. 25.10.2000, 12 U 32/00, BauR 2002, 319, 321; OLG Celle, Urt. v. 03.04.2003, 22 U 179/01 (6 ZS), BauR 2003, 1224.
313 BGH, Urt. v. 17.04.2009, VII ZR 164/07, BauR 2009, 1162, 1167; BGH, Urt. v. 28.08.2009, VII ZR 74/06, BauR 2009, 1291, 1293, bereits BGH Urt. v. 01.02.2000, X ZR 198/97, BauR 2000, 1196, 1197 zu Zeithonorar Wirtschaftsprüfer für Erstellung eines Jahresabschlusses.
314 Kniffka/*von Rintelen*, IBR-Online-Kommentar, § 631 Rn. 422.
315 Baumgärtel/*Kessen*, § 632 Rn. 38.
316 BGH, Urt. v. 28.05.2009, VII ZR 74/06, BauR 2009, 1291, 1292; IBR 2011, 316; OLG Hamm, Urt. v. 08.02.2011, I-21 U 88/10, BauR 2011, 1168: Danach bleibt dem Unternehmer auch bei nicht vom Besteller gegengezeichneten Stundenzetteln die Möglichkeit, den Umfang von vereinbarten Stundenlohnarbeiten anderweitig nachzuweisen; Baumgärtel/*Kessen*, § 632 Rn. 39.
317 BGH, Urt. v. 17.04.2009, VII ZR 164/07, BauR 2009, 1162, 1166; anders noch KG, Urt. v. 29.02.2000, 4 U 1926/99, NZBau 2001, 26 f.

Im Übrigen ist keine Unterscheidung erforderlich, ob die aufgewendete Stundenzahl auf die ursprünglich vereinbarte Vertragsleistung oder Zusatzarbeiten entfällt.[318]

Bei Unterzeichnung von Stundenzetteln durch den Besteller oder den bevollmächtigten bauleitenden Architekten findet, soweit nicht ein deklaratorisches Schuldanerkenntnis anzunehmen ist, eine Beweislastumkehr zu Lasten des Bestellers statt.[319] 165

cc) Identität zwischen Abrechnungs- und Vertragsgegenstand

Der Unternehmer muss beweisen, dass die abgerechneten Leistungen mit den Leistungen identisch sind, die vereinbarungsgemäß nach Zeitaufwand zu vergüten sind.[320] 166

Der Unternehmer muss die substantiierte Behauptung des Bestellers widerlegen, die abgerechneten Leistungen seien nach einer Einheitspreisabrede bereits durch die Einheitspreise abgegolten.[321] Entsprechendes gilt für die Behauptung des Bestellers, die Leistung sei auf Grund eines vereinbarten Pauschalpreises geschuldet.[322] 167

dd) Einhaltung wirtschaftlicher Betriebsführung

Der Besteller trägt die Darlegungs- und Beweislast dafür, dass die Anzahl der vom Unternehmer berechneten Stunden nicht einer wirtschaftlichen Betriebsführung entsprechen.[323] An die dem Besteller obliegende Darlegung solcher Tatsachen sind keine hohen Anforderungen zu stellen. Ein bloßes Bestreiten reicht allerdings nicht. Erforderlich, aber auch ausreichend ist, dass der Besteller in dem ihm möglichen Umfang Anhaltspunkte darlegt, nach denen der vom Unternehmer für die feststellbar erbrachten Leistungen abgerechnete Zeitaufwand nicht den Grundsätzen einer wirtschaftlichen Leistungsausführung entspricht. Die Möglichkeit zur Überprüfung der Wirtschaftlichkeit ist dem Besteller in der Regel gegeben, wenn sich der dem Stundenlohn unterliegende Leistungsgegenstand nach Art und Inhalt aus dem Vertrag oder nach der Erbringung der Leistung ergibt. In diesem Fall können ausreichende Anknüpfungspunkte für die Einholung eines Sachverständigengutachtens zur Wirtschaftlichkeit des abgerechneten Zeitaufwandes dargelegt werden.[324] 168

Anders liegt der Fall, wenn der Besteller nicht nachvollziehen kann, welche konkreten Leistungen der Unternehmer erbracht hat, z.B. bei sogenannten angehängten Stundenlohnarbeiten ohne fest umschriebenen Leistungsumfang für Unvorhergesehenes. Den Unternehmer trifft dann eine sekundäre Darlegungslast, d.h. er muss zu Art und Inhalt der nach Zeitaufwand abgerechneten Leistungen jedenfalls so viel vortragen, dass dem für den Unwirtschaftlichkeit der Leistungsausführung darlegungspflichtigen Besteller eine sachgerechte Rechtswahrung möglich ist. Maßstab für den Umfang der entsprechenden sekundären Darlegungslast ist das jeweilige Informations- und Kontrollbedürfnis des Bestellers.[325] 169

5. Selbstkostenerstattungsvertrag

Der Selbstkostenerstattungsvertrag ist wie der Stundenlohnvertrag ein Aufwandserstattungsvertrag. Maßgebend ist jedoch nicht der Aufwand an Zeit und Material, sondern der Kostenauf- 170

---

318 OLG Frankfurt/M., Urt. v. 14.06.2000, 23 U 78/99, NZBau 2001, 27 f.
319 Baumgärtel/*Kessen*, § 632 Rn. 39; Messerschmidt/Voit/*Boldt*, § 632, Rn. 20.
320 Kniffka/*von Rintelen*, IBR-Online-Kommentar, § 631 Rn. 419.
321 Baumgärtel/*Kessen*, § 632 Rn. 38.
322 OLG Hamm, Urt. v. 08.02.2005, 24 W 20/04, BauR 2005, 1330, 1331; Baumgärtel/*Kessen*, a.a.O.
323 BGH, Urt. v. 17.04.2009, VII ZR 164/07, BauR 2009, 1162, 1167 zur Stundenlohnvereinbarung im Architektenvertrag; BGH, Urt. v. 28.05.2009, VII ZR 74/09, BauR 2009, 1291, 1293.
324 BGH, a.a.O.
325 BGH, Urt. v. 17.04.2009, VII ZR 164/07, BauR 2009, 1162, 1167 f.

wand, den der Unternehmer betreiben muss, um den Bauerfolg zu verwirklichen. Hierzu legen die Parteien vertraglich fest, wie Löhne, Stoffe, Gerätevorhaltungen und andere Kosten einschließlich der Gemeinkosten zu vergüten sind und ggf. der Gewinn des Unternehmers zu bemessen ist, vgl. § 5 Nr. 3 Abs. 2 VOB/A 2006.[326]

171 Gemäß § 5 Nr. 3 Abs. 1 VOB/A 2006 dürfen Bauleistungen größeren Umfangs nur ausnahmsweise nach Selbstkosten vergeben werden, wenn sie vor der Vergabe nicht eindeutig und so erschöpfend bestimmt werden können, dass eine einwandfreie Preisermittlung möglich ist. Wird während der Bauausführung eine einwandfreie Preisermittlung möglich, so soll gem. § 5 Nr. 3 Abs. 3 VOB/B 2006 ein Leistungsvertrag abgeschlossen werden. In der neuen Fassung 2009 sieht die VOB/A überhaupt keinen Selbstkostenerstattungsvertrag mehr vor, weil er wegen seiner erheblichen Risiken in der Praxis so gut wie gar nicht vorkomme.[327]

6. Preisobergrenze

a) Rechtliche Grundlagen

aa) Individualvereinbarung

172 Es ist individualvertraglich zulässig, außerhalb einer Pauschalpreisvereinbarung eine Preisobergrenze im Hinblick auf das nach Einheitspreisen, Stundenlöhnen oder Selbstkosten abzurechnende Leistungssoll zu vereinbaren.[328] Erforderlich ist eine im Wege der Auslegung zu ermittelnde eindeutige Vereinbarung einer abweichenden Risikoverteilung zu Lasten des Unternehmers im Hinblick auf ein für das Bauvorhaben einzuhaltendes Budget.[329] Die Vereinbarung der Preisobergrenze führt dazu, dass die Vergütung für sämtliche zur Erreichung des vertraglich vereinbarten Leistungserfolges notwendigen Leistungen, auch wenn sie nicht in der zu Grunde liegenden Leistungsbeschreibung aufgeführt sind, den Höchstpreis nicht überschreiten darf.[330] Auch kommen hier keine Ansprüche gemäß § 313 BGB auf Anpassung der Vergütung in Betracht, da der Unternehmer mit der Vereinbarung der Preisobergrenze bewusst das kalkulatorische Risiko übernommen hat, dass die Preisobergrenze für ihn im Endergebnis nicht auskömmlich ist.[331] In Betracht kommen allenfalls Schadensersatzansprüche des Unternehmers gegenüber dem Besteller wegen schuldhaft unzureichender Leistungsbeschreibung, die auf Zahlung der vertraglich vereinbarten Vergütung über die Preisobergrenze hinaus ausgerichtet sind. Entsprechende Schadensersatzansprüche scheiden jedoch ebenfalls aus, wenn und soweit der Unternehmer selbst die Nichteinhaltbarkeit der Preisobergrenze erkannt und diesbezüglich nichts unternommen hat.[332]

bb) Allgemeine Geschäftsbedingung

173 (b) Eine klauselmäßige Festlegung einer Preisobergrenze ist dagegen als überraschend i.S.v. § 305c Abs. 1 BGB unwirksam.[333] Ein Unternehmer, der einen Einheitspreisvertrag abgeschlossen hat, muss nicht damit rechnen, dass in den Allgemeinen Geschäftsbedingungen des Bestellers eine Preislimitierung vorhanden ist, die das Wesen des Einheitspreisvertrages abändert.[334]

---

326 Messerschmidt/Voit/*Leupertz*, K Rn. 33.
327 Ingenstau/Korbion/*Schranner*, A § 4 Rn. 35.
328 OLG Frankfurt/M., Urt. v. 08.07.2008, 14 U 134/07, BauR 2009, 1440.
329 OLG Frankfurt/M., a.a.O.
330 OLG Frankfurt, Urt. v. 08.07.2008, 14 U 134/07, BauR 2009, 1440, 1441.
331 OLG Frankfurt/M., a.a.O.
332 OLG Frankfurt, Urt. v. 08.07.2008, 14 U 134/07, BauR 2009, 1440, 1442.
333 BGH, Urt. v. 14.10.2004, VII ZR 190/03, BauR 2005, 94, 95.
334 Kniffka/*von Rintelen*, IBR-Online-Kommentar, § 631 Rn. 601.

cc) Gesetzliches Preisrecht

Eine gesetzliche Preisobergrenze stellen die Höchstsätze gem. HOAI dar. In der neuen, ab dem 18.08.2009 geltenden Fassung der HOAI ist gegenüber der alten Fassung der Bereich der gesetzlichen Preisbindung im Hinblick auf Honorarmindest- und -höchstsätze auf Planungsleistungen unter Einschluss der Bau- bzw. Objektüberwachung bei der Objektplanung eingeschränkt worden, vgl. § 3 HOAI Rdn. 3 f.

b) Darlegungs- und Beweislast

Entsteht bei einem Werkvertrag mit Höchstpreisgarantie Streit, welche Leistungen zu diesem Preis zu erbringen waren, trägt der Unternehmer, der für bestimmte Leistungen eine zusätzliche Vergütung über den vereinbarten Höchstpreis hinausfordert, insoweit die Beweislast.[335]

7. Mischformen

a) Allgemein

Im Rahmen der Vertragsfreiheit können die Parteien Vergütungsvereinbarungen treffen, die verschiedene Elemente der Standardvergütungsformen enthalten. Entsprechende Mischformen kommen insbesondere im Rahmen neuerer Kooperationsmodelle zwischen den Bauvertragsparteien vor, die ihr Vorbild häufig in ausländischen Modellen haben.[336]

b) GMP-Vertrag

Als Beispiel ist der sog. GMP-Vertrag (Guaranteed Maximum Price) mit einem garantierten Maximalpreis anzuführen. Es handelt sich um einen Global-Pauschalvertrag, bei dem der Unternehmer in der Regel eine schlüsselfertige Erstellung des Bauvorhabens zu einem pauschalen Höchstbetrag auf der Grundlage entsprechender gemeinschaftlicher Planungsleistungen in partnerschaftlichem Zusammenwirken der Vertragsparteien verspricht. Während der Unternehmer bei unverändertem Bauerfolg das Risiko einer Überschreitung des Höchstpreises trägt, partizipieren beide Vertragsparteien – in der Regel nach einem im Vertrag festgelegten Verteilungsschlüssel – an einer Unterschreitung des Maximalpreises, deren Umfang sich regelmäßig aus der Differenz zu den vom Unternehmer offenzulegenden Nachunternehmerkosten zzgl. etwaiger Generalunternehmerzuschläge und vergütungspflichtiger Eigenleistungen des Unternehmers ergibt.[337]

8. Zusätzliche oder geänderte Leistungen

a) Konsensualprinzip

Beim VOB/B-Vertrag sehen § 1 Abs. 3 und Abs. 4 VOB/B mit den Vergütungsfolgen des § 2 Abs. 5 und Abs. 6 VOB/B ein Recht zur Anordnung zusätzlicher oder geänderter Leistungen vor. Das BGB kennt ein entsprechendes Anordnungsrecht des Bestellers nicht. Nur im Einzelfall ergibt sich ein solches Gestaltungsrecht entsprechend § 1 Abs. 4 VOB/B im Hinblick auf zur Erreichung des geschuldeten Erfolges erforderliche Leistungen aus Treu und Glauben gem. §§ 157, 242 BGB als vertragliche Pflicht.[338] Ein solcher Fall ist gegeben, wenn der Unternehmer keine vernünftigen Gründe hat, das angemessen bepreiste Angebot des Bestellers über eine für den Leistungserfolg notwendige Leistung abzulehnen.[339] Im Übrigen bedarf nach h.M. die Änderung vertraglicher Leistungen und/oder die Ausführung zusätzlicher, über das ursprüngliche Leistungssoll

---

335 BGH, Urt. v. 23.01.1996, X ZR 63/94, NJW-RR 1996, 952, 953.
336 Vgl. Ingenstau/Korbion/*Korbion*, Anhang 2, Rn. 147 ff.
337 Messerschmidt/Voit/*Leupertz*, K Rn. 28; *Werner/Pastor*, Rn. 1207 ff.; Ingenstau/Korbion/*Korbion*, Anhang 2, Rn. 140 ff.
338 BGH, Urt. v. 25.01.1996, VII ZR 233/94, BauR 1996, 378, 380.
339 Kniffka/*von Rintelen*, IBR-Online-Kommentar, § 631 Rn. 460.

hinausgehender Leistungen einer Einigung zwischen den Vertragsparteien, und zwar unabhängig davon, ob die geänderten bzw. zusätzlichen Leistungen zur Erreichung der vertraglich geschuldeten Leistungserfolges erforderlich sind oder davon abweichen.[340]

b) Änderung oder Erweiterung des Leistungserfolges

179 Eine Leistungsänderung bzw. -erweiterung kann sich aus einer einvernehmlichen bzw. auf Grund einer einvernehmlich dem Besteller eingeräumten Anordnung erfolgten Änderung oder Erweiterung des ursprünglich vereinbarten Leistungserfolges ergeben, z.B. im Hinblick auf die Errichtung eines Zweifamilienhauses anstelle eines ursprünglich vereinbarten Einfamilienhauses.

aa) Änderung des Leistungssolls auf Grund Änderung/Erweiterung des Leistungserfolges

180 Zunächst ist das vertraglich vereinbarte Leistungssoll als Bemessungsgrundlage für die Vergütung in Beziehung zu setzen zu dem ursprünglich vereinbarten Leistungserfolg, vgl. Rdn. 33. Einigen sich die Parteien nach Vertragsabschluss auf eine mit Mehrleistungen und -kosten verbundene Änderung oder Erweiterung des ursprünglich vereinbarten Leistungserfolges, oder ordnet der Besteller entsprechendes auf Grund einer ihm vertraglich eingeräumten Befugnis an, so ändert sich entsprechend das Leistungssoll mit der Folge von Zusatzvergütungsansprüchen des Unternehmers.[341] Etwas anderes ergibt sich nur dann, wenn der Unternehmer im Rahmen der ursprünglich vereinbarten Vergütung das Risiko nachträglicher Planungsänderungen seitens des Bestellers übernommen hat. Eine solche Risikoübernahme wäre zwar im Rahmen der Vertragsfreiheit in den Grenzen der §§ 138, 242 BGB grundsätzlich zulässig. Wegen der damit übernommenen Risiken sind jedoch, ähnlich wie an einen Verzicht auf Rechte,[342] strenge Anforderungen an die Annahme einer derartigen Vereinbarung zu stellen.[343] Ein Besteller kann grundsätzlich nicht erwarten, dass ein Unternehmer bereit ist, einen Vertrag zu schließen, der es dem Besteller erlaubt, die Vertragsgrundlage beliebig zu ändern, ohne dass damit ein Preisanpassungsanspruch verbunden wäre. Es verbietet sich nach Treu und Glauben, aus einer mehrdeutigen, die technischen Anforderungen betreffenden Passage der Leistungsbeschreibung derart weitgehende vergütungsrechtliche Folgen für den Unternehmer abzuleiten.[344]

bb) Änderung/Erweiterung des Leistungserfolgs ohne Zusatzvergütungsvereinbarung

181 Einigen sich die Parteien auf zusätzliche oder geänderte Leistungen und treffen sie diesbezüglich keine Vergütungsvereinbarung, so ergibt sich ein Vergütungsanspruch für die geänderten und/oder zusätzlichen Leistungen aus § 632 BGB, jedenfalls soweit es sich um eine einvernehmliche Änderung des geschuldeten Leistungserfolges handelt.[345] Eine entsprechende Einigung ist anzunehmen, wenn der Unternehmer auf ausdrückliches Verlangen des Bestellers Leistungen ausführt, die sich nachträglich gegenüber dem ursprünglich vereinbarten Leistungssoll als geänderte oder zusätzliche Leistungen darstellen.[346] Nur bei Mehraufwendungen, die so gering sind, dass üblicherweise dafür kein Entgelt verlangt wird, kann keine zusätzliche Vergütung verlangt werden.[347]

---

340 Kniffka/*von Rintelen*, IBR-Online-Kommentar, a.a.O.; *Leupertz*, BauR 2010, 273, 281; a.A. MüKo-BGB/*Busche*, § 631 Rn. 123, der ein Leistungsbestimmungsrecht des Bestellers aus der Natur des Bauvertrages mit der Vergütungsfolge des § 632 Abs. 2 BGB annimmt; differenzierend Staudinger/*Peters/Jacoby*, § 633 Rn. 12; die eine weitergehende Pflicht des Unternehmers nach Treu und Glauben annehmen, auf zumutbare Änderungswünsche des Bestellers einzugehen.
341 *Leupertz*, BauR 2010, 273, 281.
342 BGH, Urt. v. 12.06.1995, VII ZR 118/94, BauR 1995, 701, 702.
343 BGH, Urt. v. 13.03.2008, VII ZR 194/06, BauR 2008, 1131, 1135.
344 BGH, a.a.O., BGH Urt. v. 26.07.2007, VII ZR 42/05, BauR 2007, 1761, 1764 zu nachträglichen, bestellerseitigen Planänderungen im Rahmen eines Architekten-/Ingenieurvertrages.
345 BGH, Urt. v. 27.11.2003, VII ZR 53/03, BauR 2004, 488, 493; *Leupertz*, BauR 2010, 273, 281.
346 Kniffka/*von Rintelen*, IBR-Online-Kommentar, § 631 Rn. 431; *Leupertz*, BauR 2010, 273, 281.
347 BGH, Urt. v. 27.11.2003, VII ZR 53/03, BauR 2004, 488, 493.

Im Rahmen von Architekten-/Ingenieurverträgen sieht die HOAI in der alten Fassung lediglich unter § 4a S. 2 vor, dass Mehrleistungen zusätzlich zu honorieren sind, soweit auf Veranlassung des Auftraggebers Mehrleistungen des Auftragnehmers erforderlich werden. Nach herrschender Auffassung ist die Vorschrift nur unter den Voraussetzungen des § 4a S. 1 HOAI a.F. einschlägig, also bei von § 10 S. 2 HOAI a.F. abweichender schriftlicher Vereinbarung bei Auftragserteilung, dass das Honorar auf der Grundlage einer nachprüfbaren Ermittlung der voraussichtlichen Herstellungskosten nach Kostenberechnung oder nach Kostenanschlag berechnet wird.[348] Umstritten ist, wie das entsprechende Zusatzhonorar zu berechnen ist.[349]

182

In der neuen Fassung der HOAI werden Änderungen des vom Architekten/Ingenieur geschuldeten Leistungsumfangs eingehender behandelt. Gemäß § 3 Abs. 2 S. 2 HOAI n.F. sind andere Leistungen, die durch eine Änderung des Leistungsziels, des Leistungsumfangs, eine Änderung des Leistungsablaufs oder andere Anordnungen des Auftraggebers erforderlich werden, von den Leistungsbildern nicht erfasst und gesondert frei zu vereinbaren und zu vergüten, zu den Voraussetzungen im Einzelnen, § 3 HOAI Rdn. 11 ff. Gemäß § 7 Abs. 5 HOAI n.F. ist die dem Honorar zu Grunde liegende Vereinbarung durch schriftliche Vereinbarung anzupassen, wenn sich der beauftragte Leistungsumfang auf Veranlassung des Auftraggebers während der Laufzeit des Vertrages mit der Folge von Änderungen der anrechenbaren Kosten, Werten oder Verrechnungseinheiten ändert, zu den Voraussetzungen im Einzelnen, vgl. § 7 HOAI Rdn. 21 ff. Schließen die Vertragsparteien bei entsprechender Anordnung bzw. Veranlassung des Auftraggebers keine Vergütungsvereinbarung, ist die übliche Vergütung nach Maßgabe des § 632 Abs. 2 BGB, notfalls durch Sachverständigengutachten, zu ermitteln, vgl. § 7 HOAI Rdn. 23.

183

cc) (Stillschweigende) Vergütungsvereinbarung im Zusammenhang mit Änderung/Erweiterung des Leistungserfolges

Treffen die Parteien im Zusammenhang mit der Änderung bzw. Erweiterung des Leistungserfolges eine ausdrückliche Vereinbarung über Zusatzvergütungsansprüche des Unternehmers, so schließt diese Vereinbarung § 632 BGB aus, vgl. Rdn. 31.

184

Auch ohne ausdrückliche Vergütungsvereinbarung kann eine Auslegung im Einzelfall ergeben, dass gleichartige Leistungen im Rahmen von Änderungen bzw. Erweiterungen des ursprünglich geschuldeten Leistungserfolges nach den hierfür im Vertrag vorgesehenen Preisen abzurechnen sind.[350] Das OLG Köln hat entschieden, dass eine entsprechende stillschweigende Preisvereinbarung für zusätzliche Leistungen anzunehmen ist, wenn diese in keinem Zusammenhang mit dem Leistungsziel des Ursprungsvertrages und in technischer Hinsicht und/oder von der beabsichtigten Nutzung her nicht in unmittelbarer Abhängigkeit zu der bisher vereinbarten Leistung stehen.[351] In Betracht kommen Wiederholungen schon erbrachter Leistungen nach Gefahrübergang auf den Besteller sowie lediglich räumliche oder gegenständliche Erweiterungen oder Ergänzungen bisheriger Vertragsleistungen.[352] In dem vom OLG Köln entschiedenen Fall hatte dies zur Folge, dass der Unternehmer ohne ausdrückliche Preisvereinbarung für die zusätzliche Leistung den für die gleichartige Leistung des Ursprungsvertrages vereinbarten Preis verlangen konnte, der um das Mehrfache über der üblichen Vergütung gem. § 632 Abs. 2 BGB lag. Die sogenannte Spekulationsrechtsprechung,[353] wonach im Falle einer Preisfortschreibung gemäß § 2 Abs. 3, Abs. 5 oder Abs. 6 VOB/B bei einer Überschreitung des üblichen Preises durch den vereinbarten

185

---

348 Vgl. Korbion/Mantscheff/Vygen, 7. Aufl., § 4a HOAI a.F. Rn. 20.
349 Vgl. Korbion/Mantscheff/Vygen, 7. Aufl., § 4a HOAI a.F. Rn. 24 ff.
350 Vgl. *Leupertz*, BauR 2010, 273, 281.
351 OLG Köln, Urt. v. 23.02.2010, 3 U 33/09, IBR 2010, 257.
352 Vgl. Staudinger/*Peters/Jacoby*, § 632 Rn. 86 bb.
353 BGH, Urt. v. 18.12.2008, VII ZR 201/06, BGHZ 1979, 213 = BauR 2009, 491; OLG Jena, Urt. v. 11.08.2009, 5 U 899/05, BauR 2010, 1224.

Ursprungspreis um das Vielfache eine Sittenwidrigkeit und damit Nichtigkeit der Preisvereinbarung mit der Folge anzunehmen ist, dass Mehrmengen nur nach dem üblichen Preis zu vergüten sind, sei nicht anwendbar, da die Vergütung für den Zusatzauftrag Ergebnis der konkludenten Preisvereinbarung und gerade nicht einer Preisfortschreibung sei.

186 Zwar wird die Auffassung vertreten, dass § 2 Abs. 6 VOB/B auf sämtliche zwischen den Vertragsparteien vereinbarten zusätzlichen Leistungen anwendbar sei, auch wenn sie zur Erreichung des ursprünglich vereinbarten Leistungsziels nicht erforderlich seien und auch sonst nicht in technischer Hinsicht und/oder von der bisherigen Nutzung her in unmittelbarer Abhängigkeit von den Leistungen gemäß dem ursprünglich vereinbarten Leistungsziel stünden.[354] Nach dieser Auffassung könnte die Spekulationsrechtsprechung auch auf den vom OLG Köln entschiedenen Fall ausgedehnt werden. Es bestehen jedoch schon erhebliche Bedenken gegen die so weitgehende Auslegung des § 2 Abs. 6 VOB/B.[355] Im Übrigen greift die sogenannte Spekulationsrechtsprechung deshalb nicht ein, weil der Unternehmer bei Abgabe seines Angebotes nicht damit rechnen kann, dass er mit selbständigen neuen Leistungen außerhalb des ursprünglich vereinbarten Leistungsziels beauftragt wird und damit auch nicht spekulieren kann.[356]

dd) Fehlende Einigung über Änderung/Erweitung des Leistungsziels

187 Erfolgt eine Änderung bzw. Erweiterung des vertraglich vereinbarten Leistungserfolges ohne Einigung zwischen den Parteien, z.B. auf Veranlassung des vollmachtlosen Architekten, so kommen allein Ansprüche des Unternehmers gegenüber dem Besteller auf Grund Geschäftsführung ohne Auftrag oder Bereicherungsrecht in Betracht.[357] Entsprechende Ansprüche können nicht mit der Begründung zurückgewiesen werden, es fehle an dem wirklichen oder mutmaßlichen Willen des Bestellers, weil er davon habe ausgehen dürfen, dass Ansprüche nur unter den geregelten vertraglichen Voraussetzungen entstehen.[358]

c) Leistungsänderungen und/oder Leistungserweiterungen zur Erreichung des geschuldeten Leistungserfolges

188 Eine Änderung oder Erweiterung des vereinbarten Leistungssolls kann sich auch daraus ergeben, dass zur Erreichung des ursprünglich vereinbarten und unveränderten Leistungserfolges geänderte und/oder zusätzliche Leistungen über das vereinbarte Leistungssoll hinaus notwendig sind. Nach einhelliger Auffassung in Rechtsprechung und Literatur schuldet der Unternehmer dem Besteller nicht nur die Erbringung des vertraglich vereinbarten Leistungssolls, sondern auch die Erreichung des vertraglich vereinbarten Leistungserfolges, d.h. eines funktionstauglichen Gewerks, vgl. Rdn. 33.

189 Höchst umstritten ist, wie die Vergütung zur Erreichung des Leistungserfolges erforderlicher zusätzlicher oder geänderter Leistungen rechtlich zu bewerten und zu bemessen ist. Die Meinungen gehen hier wohl sogar innerhalb des für Bausachen zuständigen VII Senats des BGH auseinander.

aa) Rechtsprechung und herrschende Meinung

190 Nach bisheriger Rechtsprechung und herrschender Meinung soll der Unternehmer für zusätzliche oder geänderte Leistungen ohne vorherige Einigung mit dem Besteller über die Ausführung dieser Leistungen auch dann nur Ansprüche auf Grund Geschäftsführung ohne Auftrag oder Bereiche-

---

[354] OLG Hamm, Urt. v. 12.03.2009, 21 U 60/08, IBR 2010, S. 14.
[355] Vgl. Ingenstau/Korbion/*Keldungs* B, § 2 Abs. 6 Rn. 8.
[356] So zutreffend *v. Berg*, IBR 2010, 257.
[357] BGH, Urt. v. 27.11.2003, VII ZR 346/01, BauR 2004, 495, 499; Kniffka/*von Rintelen*, IBR-Online-Kommentar, § 631 Rn. 469.
[358] BGH, Urt. v. 27.11.2003, VII ZR 53/03, BauR 2004, 488, 493.

rungsrecht geltend machen können, wenn die entsprechenden Leistungen zur Erreichung des vertraglich geschuldeten Leistungserfolges notwendig sind.³⁵⁹

Im Falle einer Einigung über die Ausführung der zusätzlichen oder geänderten Leistungen ohne Vergütungsvereinbarung soll, wie bei einer einvernehmlichen Änderung des Leistungserfolges, § 632 BGB gelten, soweit nicht lediglich Geringfügigkeit vorliegt,³⁶⁰ vgl. Rdn. 181. 191

Bei Verhandlung, aber Scheitern einer Vergütungsvereinbarung soll der Unternehmer nicht zur Erbringung der geänderten oder zusätzlichen Leistungen verpflichtet sein. Allerdings obliege auch bei der Verhandlung über die Vergütung der geänderten oder zusätzlichen Leistungen beiden Vertragsparteien eine Kooperationspflicht. Insofern bestehe zwar bei einem BGB-Vertrag keine Bindung an die Urkalkulation, wenn das nicht ausdrücklich vereinbart worden sei. Auf der anderen Seite stehe der Vertrag mit seiner Preisabrede von vornherein unter dem Vorbehalt einer Änderungsnotwendigkeit bei geänderten oder zusätzlichen Leistungen, die für den Leistungserfolg notwendig seien. Insofern dürfe der Unternehmer nicht eine Zwangslage des Bestellers, z.B. im Hinblick auf die Einhaltung von Terminen, zu überhöhten Vergütungsforderungen ausnutzen. Vielmehr müsse die von dem Unternehmer angebotene Vergütung entweder der ortsüblichen Vergütung nach § 632 Abs. 2 BGB oder den tatsächlichen Mehrkosten der geänderten oder zusätzlichen Leistungen zzgl. Zuschlägen entsprechen oder aus der Urkalkulation des Unternehmers ableitbar sein. Nach Treu und Glauben dürfe der Besteller erwarten, dass der Unternehmer sich bei seinem Preisverlangen an einer dieser Methoden orientiere.³⁶¹ 192

Komme es vor dem Hintergrund eines solchen Angebotes des Unternehmers nicht zu einer Einigung zwischen den Vertragsparteien im Hinblick auf die Zusatzvergütung, soll der Unternehmer den angebotenen Preis verlangen können, wenn und soweit sich im Nachhinein herausstellt, dass zur Erreichung des vertraglich vereinbarten Leistungserfolges von dem Unternehmer erbrachte Leistungen über das vereinbarte Leistungssoll hinausgehen.³⁶² Weigere sich der Unternehmer dagegen, die für die Erreichung des Leistungserfolges erforderlichen Leistungen auf Grund Nichtannahme eines überhöhten Preisangebotes unter Verstoß gegen seine Kooperationspflicht gegenüber dem Besteller zu erbringen, mache er sich schadensersatzpflichtig.³⁶³ 193

bb) Gegenmeinungen

Nach zunehmenden Gegenstimmen in der Literatur soll die Vorstellung der Vertragsparteien im Hinblick auf die Geeignetheit des vertraglich vereinbarten Leistungssolls zur Erreichung des vertraglich geschuldeten Leistungserfolgs und damit die Annahme einer Äquivalenz zwischen Vergütung und Leistungserfolg als gemeinsame Geschäftsgrundlage zu betrachten sein.³⁶⁴ 194

Nach dieser Auffassung werden entsprechende Leistungen auch ohne besondere Einigung mit dem Besteller bzw. vertraglich eingeräumte Anordnung seitens des Bestellers nicht ohne Auftrag i.S.d. § 677 ff. BGB erbracht, da der Unternehmer von vornherein die Erreichung des vertraglich geschuldeten Erfolges und damit alle zur Erreichung dieses Erfolges notwendigen Leistungen schulde.³⁶⁵ 195

Ebensowenig ergebe sich ein Zusatzvergütungsanspruch aus § 632 BGB, der das Fehlen einer Vergütungsvereinbarung voraussetzt, vgl. Rdn. 31 Auch wenn die zur Erreichung des vereinbarten 196

---

359 BGH, Urt.v. 27.11.2003, VII ZR 346/01, BauR 2004, 495, 499; Kniffka/*von Rintelen*, IBR-Online-Kommentar, § 631 Rn. 469.
360 BGH, Urt. v. 27.11.2003, VII ZR 53/03, BauR 2004, 488, 493.
361 Kniffka/*von Rintelen*, § 631 Rn. 462.
362 Kniffka, IBR-Online-Kommentar, Stand 23.05.2009, § 631 Rn. 431.
363 Kniffka/*von Rintelen*, IBR-Online-Kommentar, § 631 Rn. 463.
364 *Leupertz*, BauR 2005, 775, 787 f.; *Leupertz*, BauR 2010, 273, 282; *Leitzke*, BauR 2008, 914, 921 f.
365 *Leupertz*, BauR 2005, 775, 786 f.; *Leitzke*, BauR 2008, 914, 916.

§ 632 BGB Vergütung

Leistungserfolges erforderlichen Leistungen nicht in der Leistungsbeschreibung enthalten und demgemäß nicht verpreist seien, würden sie jedenfalls beim Pauschalvertrag von der vertraglichen Vergütung umfasst.[366] Insofern ergebe sich gemäß § 313 BGB ein Anspruch des Unternehmers auf Anpassung der vertraglich vereinbarten Vergütung mit der Maßgabe, dass dem Unternehmer ein unmittelbar einklagbarer Anspruch auf Zahlung einer zusätzlichen nach den Vertragspreisen, sonst nach der Üblichkeit zu bemessenden Vergütung zuzubilligen sei.[367]

197 Nach wiederum anderer Ansicht habe im Wege ergänzender Vertragsauslegung gemäß §§ 133, 157 BGB auch beim BGB-Vertrag eine Preisfortschreibung der ursprünglich vereinbarten Vergütung für die zur Erreichung des geschuldeten Leistungserfolges Leistungen nach den Grundsätzen des § 2 Abs. 5 und Abs. 6 VOB/B zu erfolgen.[368]

cc) Stellungnahme

198 Den Gegenmeinungen ist mit der Maßgabe der Vorzug zu geben, dass ein zusätzlicher Vergütungsanspruch des Unternehmers nicht aus § 313 BGB abgeleitet wird, sondern auf Grund einer ergänzenden Vertragsauslegung gemäß §§ 133, 157 BGB. Die Grenze zwischen den beiden Rechtsinstituten ist fließend.[369] Die Annahme einer ergänzenden Vertragsauslegung vermeidet insofern das Problem des Erfordernisses einer Unzumutbarkeit des Festhaltens an der bisherigen Vergütung gemäß § 313 BGB.

(1) Voraussetzungen der ergänzenden Vertragsauslegung

199 Die Voraussetzungen für eine ergänzende Vertragsauslegung sind gegeben. Im Vertrag muss eine Regelungslücke, d.h. eine »planwidrige Unvollständigkeit« enthalten sein.[370] Sie ist gegeben, wenn der Vertrag eine Bestimmung vermissen lässt, die erforderlich ist, um den ihm zu Grunde liegenden Regelungsplan zu verwirklichen. Ohne die Vervollständigung des Vertrages darf eine angemessene, interessengerechte Lösung nicht zu erzielen sein.[371]

200 Die Vertragsparteien eines Werkvertrages gehen in der Regel planmäßig von der Geeignetheit des vertraglich vereinbarten Leistungssolls zur Erreichung des geschuldeten Leistungserfolges aus. Für den Fall, dass sich diese Vorstellung planwidrig nicht verwirklichen lässt, haben die Parteien keine Vergütungsvereinbarung getroffen. Nach dem hypothetischen Willen der Vertragsparteien hätten sie jedoch eine angepasste Vergütungsvereinbarung im Hinblick auf die zur Erreichung des Leistungserfolges erforderlichen zusätzlichen und/oder geänderten Leistungen getroffen, wenn ihnen bei Vertragsabschluss entsprechendes bewusst gewesen wäre.[372]

201 Der BGH hat entsprechend zu einem VOB/B-Vertrag entschieden, dass in einem durch ein Nachprüfungsverfahren verzögerten öffentlichen Vergabeverfahren für Bauleistungen der Bauvertrag durch Zuschlag auch dann zu den ausgeschriebenen Fristen und Terminen zu Stande kommt, wenn diese nicht mehr eingehalten werden können, und dass der vertragliche Vergütungsanspruch auf Grund der zwangsläufigen Verlängerung der ausgeschriebenen Ausführungsfrist im Wege der ergänzenden Vertragsauslegung in Anlehnung an die Grundsätze des § 2 Nr. 5 VOB/B anzupassen ist.[373] Es bestehe bei einem Bauvertrag als Austauschvertrag die Vermutung, dass nach dem Geschäftswillen der Parteien Leistung und Gegenleistung in einem ausgewogenen Verhältnis ste-

---

366 *Leupertz*, BauR 2010, S. 273, 282.
367 *Leupertz*, BauR 2005, 775, 788.
368 *Fuchs*, BauR 2009, S. 404, 411; Staudinger/*Peters/Jacoby*, § 632 Rn. 86.
369 Palandt/*Grüneberg*, BGB § 313 Rn. 10.
370 Palandt/*Ellenberger*, BGB § 157, Rn. 3 m.w.N.
371 Palandt, a.a.O.
372 Staudinger/*Peters/Jacoby*, § 632 Rn. 86.
373 BGH, Urt. v. 11.05.2009, VII ZR 11/08, BauR 2009, 1131, 1136 f.

hen.³⁷⁴ Diese Vermutung gelte bei einem Bauvertrag nicht unabhängig von der vereinbarten Leistungszeit, weil diese regelmäßig Einfluss auf die Vereinbarung der Höhe der Vergütung des Auftragnehmers habe.³⁷⁵ Deshalb habe die durch ein verzögertes Vergabeverfahren bedingte Änderung der Leistungszeit auch zur Folge, dass die Parteien redlicherweise vereinbart hätten, sich auf eine angepasste Vergütung zu verständigen. Es ist kein Grund ersichtlich, weshalb die entsprechenden Erwägungen nicht Platz greifen sollen für den Fall, dass das ausgewogene Verhältnis zwischen Leistung und Gegenleistung dadurch gestört wird, dass sich herausstellt, dass das vertraglich vereinbarte Leistungssoll für die Erreichung des vertraglich geschuldeten Erfolges nicht hinreichend ist. Es liegt auf der Hand, dass dieser Umstand ebenso wie die Leistungszeit unmittelbaren Einfluss auf die Vereinbarung der Höhe der Vergütung des Unternehmers hat.

Eine Vergütungsanpassung im Wege der ergänzenden Vertragsauslegung scheidet nur aus, wenn und soweit die Vertragsparteien einvernehmlich die Erreichung des vertraglich geschuldeten Erfolges zum Leistungssoll erhoben haben, oder der Unternehmer die Leistungsbeschreibung und/oder Planung und die Verantwortlichkeit für deren Richtigkeit und Vollständigkeit übernommen hat. In diesem Falle haben die Vertragsparteien diesbezüglich bewusst eine abschließende Vereinbarung getroffen, die das Risiko von Unrichtigkeiten und Unvollständigkeiten der Leistungsbeschreibung im Hinblick auf die Erreichung des vertraglich geschuldeten Erfolges dem Unternehmer zuweist vgl. Rdn. 134 ff. **202**

(2) Der bisherigen Rechtsprechung und herrschenden Meinung entgegenstehende Gründe

Gegen die bisherige Rechtsprechung und bislang herrschende Meinung sprechen mehrere Gründe: **203**

Im Falle einer Einigung zwischen den Parteien im Hinblick auf die zur Erreichung des geschuldeten Leistungserfolges zusätzlichen oder geänderten Leistungen ohne Vergütungsvereinbarung könnte der Unternehmer nur die taxmäßige oder übliche Vergütung gemäß § 632 Abs. 2 BGB zum Zeitpunkt der Einigung verlangen. Dies erscheint jedenfalls unangemessen, soweit die taxmäßige oder übliche Vergütung zu einer Schmälerung des kalkulierten Gewinns des Unternehmers führt, wenn der Besteller die unzureichende Leistungsbeschreibung vorgibt. In diesem Fall hat der Besteller dafür Sorge zu tragen, dass die darin beschriebenen Leistungen zur Erreichung des vertraglich geschuldeten Werkerfolges hinreichend sind. Der Unternehmer darf demgegenüber grundsätzlich auf die Vollständigkeit und Mangelfreiheit der Leistungsbeschreibung des Bestellers vertrauen, vgl. Rdn. 60 Zwar gilt auch im Rahmen der ergänzenden Vertragsauslegung der Vorrang des dispositiven Rechts. Insofern scheidet eine ergänzende Vertragslegung jedoch nur aus, wenn die Vertragslücke durch Heranziehung des dispositiven Rechts sachgerecht geschlossen werden kann,³⁷⁶ oder die Regelungslücke in verschiedener Weise geschlossen werden kann und keine Anhaltspunkte dafür bestehen, für welche Alternative sich die Parteien entschieden hätten.³⁷⁷ Anstelle einer stereotypen Anwendung des § 632 Abs. 2 BGB sind daher vorrangig Anhaltspunkte für einen davon abweichenden hypothetischen Parteiwillen und eine den Interessen beider Vertragsparteien sachgerechtere Vergütungsregelung im Wege der ergänzenden Vertragsauslegung zu suchen. Nur wenn sich entsprechende Anhaltspunkte nicht finden lassen, greift subsidiär die übliche und angemessene Vergütung gemäß § 632 Abs. 2 BGB.

Bei einer fehlenden Einigung über die Zusatzleistungen führt die Zuerkennung lediglich eines Aufwendungsersatzes auf Grund Geschäftsführung ohne Auftrag oder Bereicherungsrecht zu einer unangemessenen Benachteiligung des Unternehmers, der nichts anderes getan hat, als die für den geschuldeten Leistungserfolg notwendigen Leistungen zu erbringen. Zwar soll nach bisher herr- **204**

---

374 BGH, a.a.O., BGH, Urt. v. 17.04.2002, VIII ZR 297/01, NJW 2002, 2310, 2311.
375 BGH, Urt. v. 11.05.2009, VII ZR 11/08, BauR 2009, 1131, 1137; BGH, Urt. v.15.04.2008, X ZR 129/06, NZBau 2008, 505.
376 BGHZ 137, 153, 157; Palandt/*Ellenberger*, § 157 Rn. 4 m.w.N.
377 BGHZ 90, 69, 80; Palandt/*Ellenberger*, § 157 Rn. 10 m.w.N.

schender Meinung in Rechtsprechung und Literatur der auftraglos tätige Unternehmer als Aufwendungsersatz für seine Tätigkeit die übliche Vergütung entsprechend § 632 Abs. 2 BGB beanspruchen können.[378] Gegenüber dieser Auffassung bestehen jedoch durchgreifende dogmatische Bedenken.[379] Danach kann der Unternehmer nur baustellenbezogen tatsächlich angefallene Aufwendungen sowie entgangenen Verdienst und anderweitigen Erwerb erstattet verlangen. Nicht ersatzpflichtig sind dagegen allgemeine Geschäftskosten, Gewinn und Wagnis.[380] Im Übrigen weist *Leupertz* zu Recht auf den Widerspruch zwischen der verschuldensunabhängigen Erfolgshaftung des Unternehmers nach Werkvertragsrecht und der lediglich verschuldensabhängigen Haftung des Geschäftsführers ohne Auftrag hin.[381]

205 Während die VOB/B für den entsprechenden Fall noch ein geeignetes Regelungswerk im Hinblick auf das einseitige Anordnungsrecht des Bestellers einerseits und dem korrespondierenden Zusatzvergütungsanspruch des Unternehmers andererseits zur Verfügung stellt, fehlt im BGB ein entsprechendes Regelungswerk. Der gebotene Preisfindungsmechanismus über das Kooperationsgebot erscheint doch recht unscharf. So spricht *Althaus* insofern selbst nur von einer Behelfslösung.[382]

206 Schließlich ist dem Interesse des Bestellers an einer freien Disposition der zum Leistungserfolg erforderlichen Maßnahmen, die für ihn mit erheblichen Mehrkosten verbunden sein können, bis hin zur Änderung oder gänzlichen Aufgabe des ursprünglich vereinbarten Leistungsziels zwar erhebliches Gewicht beizumessen.[383]

207 Dem entsprechenden Dispositionsinteresse des Bestellers wird jedoch dadurch genügt, dass die dem Bauvertrag als Langzeitvertrag immanente Kooperationspflicht unabhängig von der Vereinbarung der VOB/B eine Pflicht des Unternehmers zur Ankündigung von Mehrvergütungsansprüchen begründet, einerseits zum Schutz des Bestellers, der häufig drohende Kostenerhöhungen nicht überblicken kann, und andererseits zur frühzeitigen Schaffung von Klarheit, ob eine geforderte Leistung von der ursprünglichen Beschreibung der Leistung nicht erfasst war.[384] Wenn es bei unverändertem Leistungsziel um geänderte oder zusätzliche Leistungen zur Erreichung des vertraglich vereinbarten Leistungserfolges geht, vermag zum einen der Besteller häufig Kostensteigerungen nicht zu überblicken, da er grundsätzlich davon ausgeht, dass die Leistungsbeschreibung zur Erreichung des vertraglich vereinbarten Erfolges hinreichend ist und darüber hinausgehende oder davon abweichende Leistungen das vertraglich vereinbarte Leistungssoll als Bemessungsgrundlage für die vereinbarte Vergütung nicht verlassen. Zum anderen besteht häufig Unklarheit, ob geänderte oder zusätzliche Leistungen tatsächlich nicht bereits im Rahmen des ursprünglich vereinbarten Leistungssolls geschuldet sind, etwa weil sie Nebenleistungen im Sinne der ATV darstellen. Verletzt der Unternehmer seine entsprechende vertragliche Anzeigepflicht, kann der Besteller Schadensersatzansprüche geltend machen, wenn und soweit andere Dispositionen des Bestellers zu geringeren Kosten geführt hätten. Der Unternehmer hat demgegenüber darzulegen und zu beweisen, dass eine rechtzeitige Ankündigung die Lage des Bestellers im Ergebnis nicht verbessert hätte.[385] Unberührt bleibt die Anrechnung eines durch die geänderten bzw. zusätzlichen Leistungen herbeigeführten Wertzuwachses des Baugrundstücks im Wege der Vorteilsausgleichung.

208 Eine gesetzliche Anzeigepflicht ergibt sich darüber hinaus bei wesentlichen Kostensteigerungen aus § 650 Abs. 2 BGB, da die vertragliche Vergütungsvereinbarung im Hinblick auf das vereinbarte Leistungssoll gleichzeitig einen Kostenanschlag i.S.d. § 650 BGB im Hinblick auf den über

---

378 BGH, Urt. v. 11.06.1992, VII ZR 110/91, BauR 1992, 761, 762; Palandt/*Sprau*, § 683, Rn. 8 m.w.N.
379 Vgl. *Leupertz*, BauR 2005, 775, 777 ff.
380 *Leupertz*, BauR 2005, 775, 781.
381 *Leupertz*, BauR 2005, 775, 786.
382 *Althaus*, BauR 2008, 167, 174, Fn. 35.
383 Vgl. *Althaus*, BauR 2008, 167, 168.
384 BGH, Urt. v. 23.05.1996, VII ZR 245, 94; BauR 1996, 542, 543.
385 BGH, a.a.O.

das vereinbarte Leistungssoll hinausgehenden geschuldeten Leistungserfolg darstellt, vgl. § 650 Rdn. 11. Auch hier führt die Verletzung der entsprechenden Anzeigepflicht durch den Unternehmer zu Schadensersatzansprüchen des Bestellers, vgl. § 650 Rdn. 30 ff.

(3) Maßstäbe für die Vergütungsanpassung

Noch unklar erscheint im Rahmen der Gegenmeinungen die Bemessung der zusätzlichen Vergütung für geänderte oder zusätzliche Leistungen zur Erreichung des vertraglich vereinbarten Leistungserfolges. Eine generelle Preisfortschreibung nach den Grundsätzen des § 2 Abs. 5 und Abs. 6 VOB/B ist problematisch, da selbst im Rahmen eines VOB/B-Vertrages die Meinungen über die maßgeblichen Parameter für die Bemessung der Nachtragsvergütung auseinandergehen.[386] Wenn die Regelungslücke aber in verschiedener Weise geschlossen werden kann, und keine Anhaltspunkte dafür bestehen, für welche Alternative sich die Parteien entschieden hätten, ist eine ergänzende Vertragsauslegung ausgeschlossen, vgl. Rdn. 203.[387] In diesem Falle kann die Regelungslücke nur durch dispositives Recht, also durch Ansatz der üblichen Vergütung gemäß § 632 Abs. 2 BGB geschlossen werden. Vorrangig sind Anhaltspunkte im Rahmen der Vertragsvereinbarungen dafür zu suchen, für welche Alternative sich bei interessengerechter Auslegung die Parteien entschieden hätten. Auch im Rahmen der Anpassung des Vertrages gemäß § 313 Abs. 2 BGB ist ein optimaler Interessenausgleich bei einem möglichst geringen Eingriff in die ursprüngliche Regelung anzustreben.[388]

209

Nach gefestigter Rechtsprechung des Bundesgerichtshofes ist bei der ergänzenden Auslegung darauf abzustellen, was die Parteien bei einer angemessenen Abwägung ihrer Interessen nach Treu und Glauben als redliche Vertragspartner für den von ihnen nicht geregelten Fall vereinbart hätten. Dabei ist zunächst an den Vertrag selbst anzuknüpfen; die darin enthaltenen Regelungen und Wertungen, sein Sinn und Zweck sind Ausgangspunkt der Vertragsergänzung. Handelt es sich, wie beim Bauvertrag, um einen Austauschvertrag, so besteht die Vermutung, dass nach den Geschäftswillen der Parteien Leistungen und Gegenleistungen in einem ausgewogenen Verhältnis standen.[389] Danach sind die vertraglichen Regelungen im Hinblick auf den hypothetischen Parteiwillen bezüglich der Anhaltspunkte für die Bemessung der Vergütung für die geänderten und/oder zusätzlichen Leistungen zur Erreichung des vereinbarten Leistungserfolges auszulegen.

210

Bei der entsprechenden Auslegung sind Art und Umfang der zur Erreichung des vereinbarten Leistungserfolges notwendigen zusätzlichen oder geänderten Leistungen zu berücksichtigen. So kann bei eindeutig abgrenzbaren Nachtragsleistungen, die durch den Besteller hinreichend kontrollierbar sind, der hypothetische Parteiwille dahin gehen, dass der Unternehmer für die Nachtragsleistungen die nachgewiesenen tatsächlichen Selbstkosten des Unternehmers zzgl. eines angemessenen Zuschlages erstattet verlangen kann.[390]

211

Im Übrigen wird der hypothetische Parteiwille in der Regel dahin gehen, dass bezüglich der zusätzlichen bzw. geänderten Leistungen eine Fortschreibung der Vertragspreise und deren Einzelbestandteile entsprechend § 2 Abs. 5 und Abs. 6 VOB/B gewollt ist, wenn und soweit sich die zusätzlichen bzw. geänderten Leistungen tatsächlich mit den ursprünglich vereinbarten Leistungen vergleichen lassen und diesen zuzuordnen sind.[391] Dies gilt jedenfalls dann, wenn die unzureichende Leistungsbeschreibung vom Besteller vorgegeben worden ist. Hat dagegen der Unterneh-

212

---

386 Vgl. *Franz/Kues*, BauR 2010, 678, 684 f.; *Büchner/Gralla/Kattenbusch/Sundermeier*, BauR 2010, S. 688, 691.
387 BGH, Urt. v. 17.04.2002, VIII ZR 297/01, NJW 2002, 2310, 2311.
388 Palandt/*Grüneberg*, § 313 Rn. 40.
389 BGH, Urt. v. 11.05.2009, VII ZR 11/08, BauR 2009, 1131, 1136; BGH, Urt. v. 17.04.2002, VIII ZR 297/01, NJW 2002, 2310, 2311.
390 Vgl. *Büchner/Gralla/Kattenbusch/Sundermeier*, BauR 2010, 688, 696.
391 Vgl. *Büchner/Gralla/Kattenbusch/Sundermeier*, BauR 2010, 688, 691; entsprechend 3. Empfehlung des Arbeitskreises VI anlässlich des 3. Deutschen Baugerichtstages, BauR 2010, 1406, 1420.

mer die nicht ausreichende Leistungsbeschreibung vorgegeben, dürfte eine entsprechende Preisfortschreibung nicht dem hypothetischen Parteiwillen entsprechen, wenn der Unternehmer in diesem Falle überhaupt eine Preisanpassung verlangen kann. Denn die ergänzende Vertragsauslegung darf nicht zu einer wesentlichen Erweiterung des Vertragsgegenstandes führen und einer Partei Rechte verschaffen, die sie während der Vertragsverhandlungen nicht hat durchsetzen können.[392] Wenn aber der Unternehmer die Leistungsbeschreibung vorgibt, vertraut der Besteller darauf, dass diese für den vereinbarten Leistungserfolg hinreichend ist. In diesem Falle erscheint es unangemessen, dass der Unternehmer gegebenenfalls einen über den üblichen Preis hinausgehenden Gewinn fortschreiben kann, auch wenn keine sittenwidrige Spekulation angenommen werden kann. Insofern kann nur die übliche und angemessene Vergütung i.S.v. § 632 Abs. 2 BGB angesetzt werden.

213 Schwieriger zu ermitteln ist der hypothetische Parteiwille, wenn sich die zur Erreichung des Leistungserfolges notwendigen zusätzlichen oder geänderten Leistungen mit den Leistungen des ursprünglich vereinbarten Leistungssolls nicht vergleichen lassen und/oder diesen nicht zuzuordnen sind. In Betracht kommt hier nur die Annahme eines hypothetischen Parteiwillens, wonach die Preise für die geänderten oder zusätzlichen Leistungen auf der Grundlage der ursprünglichen Vertragskalkulation oder der nachträglichen Arbeitskalkulation des Unternehmers anhand der Einzelkosten der zusätzlichen/geänderten Leistungen unter Berücksichtigung der kalkulierten Zuschlagssätze für allgemeine Geschäftskosten, Baustellengemeinkosten, Wagnis und Gewinn ermittelt werden.[393] Der entsprechende hypothetische Parteiwille dürfte z.B. anzunehmen sein, wenn die Parteien die Hinterlegung der Vertragskalkulation oder Arbeitskalkulation vor Baubeginn verabredet haben, oder die Bepreisung der Leistungen aus der ursprünglichen Leistungsbeschreibung unter Aufschlüsselung in Einzelkosten und Zuschlagssätzen erfolgt ist. Fehlen entsprechende Anhaltspunkte, ist dagegen bei mit den ursprünglich vereinbarten Leistungen nicht vergleichbaren und/oder zuzuordnenden zusätzlichen/geänderten Leistungen die übliche und angemessene Vergütung i.S.v. § 632 Abs. 2 BGB anzusetzen.[394]

d) Nachtragsbeauftragung von im ursprünglichen Leistungssoll enthaltener Leistungen

214 Wenn der Besteller ausdrücklich einen entgeltlichen Nachtrag über Leistungen beauftragt, die tatsächlich im ursprünglich vereinbarten Leistungssoll enthalten sind, hat der BGH entgegen früherer Rechtsprechung[395] entschieden, dass zur wirksamen Begründung einer weiteren Zahlungsverpflichtung erforderlich ist, dass sich der Besteller in vertragsändernder Weise eindeutig damit einverstanden erklärt, eine zusätzliche Vergütung ohne Rücksicht auf eine schon bestehende Leistungspflicht des Unternehmers zu zahlen. Hiervon kann bei der Auslegung nicht eindeutiger Erklärungen regelmäßig nicht ausgegangen werden. Etwas anderes gilt, wenn der Besteller in der Nachtragsvereinbarung eine gesonderte Vergütungspflicht selbständig anerkannt hat oder die Vertragsparteien sich gerade in Ansehung dieser Frage verglichen haben.[396]

e) Vereinbarung des Ausschlusses von Zusatzvergütungsansprüchen für geänderte oder zusätzliche Leistungen

215 Es steht den Vertragsparteien frei, individuell den Ausschluss von Zusatzvergütungsansprüchen des Unternehmers für geänderte oder zusätzliche Leistungen zu vereinbaren. Bei unverändertem Leistungsziel kann eine solche Vereinbarung entweder mit einvernehmlicher Festlegung des Er-

---

392 Vgl. Palandt/*Ellenberger*, § 157 Rn. 9.
393 Vgl. *Büchner/Gralla/Kattenbusch/Sondermeier*, BauR 2010, 688, 691 f., 693. f.
394 Vgl. *Büchner/Gralla/Kattenbusch/Sondermeier*, BauR 2010, 688, 696 f.; entsprechend 3. Empfehlung Arbeitskreis VI anlässlich des 3. Deutschen Baugerichtstages, BauR 2010, 1406, 1420.
395 Vgl. BGH, Urt. v. 23.04.1981, VII ZR 196/80, BauR 1981, 383; BGH, Urt. v. 21.05.1981, VII ZR 128/80, BauR1981, 482.
396 BGH, Urt. v. 26.04.2005, X ZR 166/05, BauR 2005, 1317, 1319; a.A. noch KG, Urt. v. 04.11.2004, 10 U 300/03, BauR 2005, 723, 724.

folgs als Leistungssoll, z.B. im Rahmen einer funktionalen Leistungsbeschreibung, oder durch eine Komplettheitsvereinbarung i.V.m. einer detaillierten Leistungsbeschreibung erfolgen. An entsprechende Vereinbarungen im Hinblick auf den Ausschluss von Zusatzvergütungsansprüchen für geänderte oder zusätzliche Leistungen bei nachträglicher Änderung des ursprünglich vereinbarten Leistungsziels sind besonders hohe Anforderungen zu stellen. vgl. Rdn. 180.

Der Ausschluss entsprechender Zusatzvergütungsansprüche in von Besteller gestellten Vollständigkeits- und Pauschalierungsklauseln im Rahmen Allgemeiner Geschäftsbedingungen ist grundsätzlich unwirksam, vgl. Rdn. 122.

f) Schriftformklauseln zur Vereinbarung und Vergütung von geänderten oder zusätzlichen Leistungen

Gemäß § 127 BGB können die Vertragsparteien vereinbaren, dass die Rechtswirksamkeit der Erteilung von Zusatzaufträgen von der Einhaltung der Schriftform abhängig ist. Wenn die Parteien allerdings bei der Vereinbarung eines entsprechend gewillkürten Formzwangs die Schriftform nicht einhalten, ist eine stillschweigende Aufhebung der Schriftformabrede anzunehmen, wenn die Parteien die Maßgeblichkeit der mündlichen Vereinbarung übereinstimmend gewollt haben. Dies gilt auch dann, wenn sie an den Formzwang nicht gedacht haben.[397] 216

Im Allgemeinen Geschäftsbedingungen des Bestellers enthaltene Schriftformklauseln, wonach die Vereinbarung von Zusatzaufträgen oder Leistungsänderungen von der Einhaltung der Schriftform abhängig gemacht wird, sind unwirksam, wenn sie dazu dienen, insbesondere nach Vertragsabschluss getroffene mündliche Individualabreden zu unterlaufen, indem sie beim anderen Vertragsteil den Eindruck erwecken, eine lediglich mündliche Absprache sei entgegen den allgemeinen Rechtsgrundsätzen unwirksam.[398] Klauseln, die Vergütungsansprüche für nachträglich vereinbarte geänderte oder zusätzliche Leistungen ohne schriftliche Niederlegung der Vergütungsvereinbarung ausschließen, sind insofern nichtig.[399] Als wirksam sind lediglich Klauseln gegenüber Unternehmern beurteilt worden, in denen der Besteller die Schriftform für Vereinbarungen verlangt, die mit für ihn handelnden Personen getroffen werden. In diesem Falle kommt die Kontrollfunktion der Schriftformklausel zum Tragen.[400] 217

Schriftformklauseln in privatrechtlichen Verträgen, die in Vertretung öffentlich rechtlicher Körperschaften geschlossen werden, haben erkennbar nicht die Zielrichtung, Individualvereinbarungen auszuschließen, sondern dienen der Kontrolle der Verwaltung und schließen sich an Formvorschriften für öffentlich rechtliche Verträge an. Sie sind deshalb nicht zu beanstanden.[401] 218

9. Einschränkungen des vereinbarten Leistungssolls

a) Wegfall vereinbarter Leistungen

Abgesehen von den gesetzlich geregelten Leistungsstörungsfällen, kommt eine Vergütungsminderung auf Grund Wegfalls vertraglich vereinbarter Leistungen durch Einigung zwischen den Parteien oder auf Grund vorzeitiger Kündigung des Vertrages in Betracht. 219

aa) Einvernehmliche Leistungsreduzierung

Im Falle einer einvernehmlichen Aufhebung des Werkvertrages oder einzelner vertraglich vereinbarter Leistungen ohne Regelung über den Vergütungsanspruch richtet sich die Vergütung des 220

---

397 Palandt/*Ellenberger*, § 127 Rn. 1, § 125 Rn. 19 m.w.N.
398 BGH, Urt. v. 15.02.1995, VIII ZR 93/94, NJW 1995, 1488; BGH, Urt. v. 27.09.2000, VIII ZR 155/99, BGHZ 145, 203, 206 f.; BGH, Urt. v. 21.09.2005, XII ZR 312/02, BGHZ 164, 133.
399 Kniffka/*von Rintelen*, § 631 Rn. 604.
400 Kniffka/*von Rintelen*, a.a.O.
401 BGH, Urt. v. 10.05.2007, VII ZR 288/05, BauR 2007, 1592, 1594; Kniffka/*von Rintelen*, § 631 Rn. 605.

Unternehmers für die verbleibenden Leistungen danach, welche Rechte er zum Zeitpunkt der Vertragsaufhebung geltend machen konnte.[402] Demgemäß richtet sich die Vergütung des Unternehmers bei Unausführbarkeit der Werkleistung infolge eines Mangels des von dem Besteller gelieferten Stoffes zum Zeitpunkt der Aufhebungsvereinbarung nach § 645 BGB und nicht nach § 649 BGB.[403] Liegen keine entsprechenden besonderen Gründe vor, kann der Unternehmer dagegen bei fehlender Vereinbarung eine Vergütung für die weggefallenen Leistungen wie bei einer freien (Teil) Kündigung verlangen.[404] Allerdings kann der Besteller auch nach einvernehmlicher Beendigung des Vertrages einen wichtigen Kündigungsgrund nachschieben mit der Folge, dass dem Unternehmer keine Vergütung für die nicht erbrachten Leistungen zusteht,[405] vgl. nachfolgend Rdn. 221.

bb) Kündigung des Vertrages aus wichtigem Grund

221 Im Falle einer Kündigung des Vertrages durch den Besteller aus wichtigem Grund kann der Unternehmer nur eine anteilige Vergütung für die bis zur Kündigung erbrachten Teilleistungen geltend machen. Im Übrigen stehen dem Besteller Schadensersatzansprüche gegenüber dem Unternehmer zu, soweit dieser den wichtigen Grund zur Kündigung zu vertreten hat, vgl. *Lubojanski*, § 649 Rdn. 54.

Im Falle einer Kündigung des Vertrages durch den Unternehmer nach Maßgabe der §§ 642, 643 BGB stehen dem Unternehmer gemäß § 645 Abs. 1 S. 2 BGB Vergütungsansprüche nach Maßgabe des § 645 Abs. 1 S. 1 BGB zu. Daneben steht dem Unternehmer ein Anspruch auf Entschädigung gemäß § 642 BGB zu, vgl. *Lubojanski*, § 642 Rdn. 51. Eine weitergehende Haftung des Bestellers wegen Verschuldens bleibt gemäß § 645 Abs. 2 BGB unberührt. Insoweit kann der Unternehmer auch wegen des nicht erbrachten Teils den Nichterfüllungsschaden geltend machen, vgl. *Lubojanski*, § 643 Rdn. 14. Die entsprechenden Ansprüche stehen dem Unternehmer generell bei Kündigung des Vertrages aus wichtigem Grund zu.[406]

cc) Freie Kündigung des Bestellers

222 Im Übrigen steht dem Besteller das Recht zur freien Kündigung des Vertrages gemäß § 649 BGB zu. In diesem Falle bleibt dem Unternehmer ein Anspruch auf die vereinbarte Vergütung. Er muss sich jedoch dasjenige anrechnen lassen, was er infolge der Aufhebung des Vertrags an Aufwendungen erspart oder durch anderweitige Verwendung seiner Arbeitskraft erwirbt oder zu erwerben böswillig unterlässt. Mit Wirkung ab 01.01.2009 sieht § 649 S. 3 BGB n.F. für ab diesem Datum abgeschlossene Bauwerkverträge eine Vermutung vor, dass dem Unternehmer 5 % der auf den noch nicht erbrachten Teil der Werkleistung entfallenden vereinbarten Vergütung zustehen, vgl. *Lubojanski*, § 649 Rdn. 50 f.

dd) Vorzeitige Beendigung eines Pauschalpreisvertrages

223 Wird ein Pauschalpreisvertrag vorzeitig gekündigt oder mit der Vergütungsfolge des § 649 BGB einvernehmlich aufgehoben, hat der Unternehmer zunächst die erbrachten Leistungen festzustellen und von dem nicht erbrachten Teil abzugrenzen.[407] Die Höhe der Vergütung für die bis zur Kündigung bzw. Vertragsaufhebung erbrachten Leistungen ist nach dem Verhältnis des Wertes der erbrachten Teilleistung zum Wert der nach dem Pauschalpreisvertrag geschuldeten Gesamtleistung zu errechnen. Der Unternehmer muss deshalb das Verhältnis der bewirkten Leistung zur

---

402 BGH, Urt. v. 04.06.1973, VII ZR 113/71, BauR 1973, 319, 320; BGH, Urt. v. 16.12.2004, VII ZR 16/03, BauR 2005, 735, 736.
403 BGH, Urt. v. 16.12.2004, VII ZR 16/03, BauR 2005, 735, 736.
404 *Werner/Pastor*, Rn. 1782.
405 BGH, Urt. v. 18.12.1976, VII ZR 75/75, BauR 1976, 139, 140.
406 *Werner/Pastor*, Rn. 1778.
407 BGH, Urt. v. 14.02.1980, VII ZR 229/78, BauR 1980, 356, 357, BGH, 29.06.1995, VII ZR 184/94, BauR 1995, 691, 692; BGH, 02.05.2002, VII ZR 325/00, BauR 2002, 1406.

vereinbarten Gesamtleistung und des Pauschalansatzes für die Teillieferung zum Pauschalpreis darlegen.[408] Bei dieser notwendigen Abgrenzung zwischen erbrachten und nicht erbrachten Leistungen und deren Bewertung hat der Unternehmer seinen Vortrag so zu gestalten, dass es dem Besteller möglich ist, sich sachgerecht zu verteidigen,[409] vgl. *Lubojanski*, § 649 Rdn. 26 f.

Das Wertverhältnis muss auf Grund Aufmaßes der erbrachten Teilleistungen und deren Bewertung anhand der ggf. pauschalpreisbereinigten Angebotspreise des Unternehmers ermittelt werden.[410] Bei Fehlen einer Ausschreibung mit Leistungsverzeichnis, z.B. bei Global-Pauschalverträgen mit funktionaler Ausschreibung, ist die Ermittlung des Wertverhältnisses nach der vom Unternehmer offenzulegenden Kalkulation des Pauschalpreises vorzunehmen.[411] Sollte keine entsprechende Kalkulation vor Vertragsabschluss vorliegen, hat der Unternehmer ggf. eine Nachkalkulation vorzunehmen und vorzulegen,[412] vgl. *Lubojanski*, § 649 Rdn. 26 f. 224

b) Mängel der vereinbarten Leistungen

Wenn Leistungen des Unternehmers auf Grund Mängeln oder sonstiger Unzulänglichkeiten hinter dem vertraglich vereinbarten Leistungssoll zurückbleiben, führt dies nicht nur zu Mängelansprüchen des Bestellers. Vielmehr kann der Besteller auch in vergütungsrechtlicher Hinsicht eine Vergütungsminderung geltend machen, wenn und soweit die vertraglichen Regelungen eine entsprechende Vergütungsanpassung wegen Mindermengen vorsehen.[413] Insofern ist zu untersuchen, ob der Besteller primär Vergütungsminderungen oder Mängelansprüche geltend macht. Im ersten Fall ist der Anspruch auf Vergütungsminderung vorrangig vor der Aufrechnung mit Schadensersatzansprüchen wegen fehlerhafter Leistung zu prüfen[414] Macht der Besteller darüber hinausgehende Mängelansprüche geltend, was ihm trotz Geltendmachung der Vergütungsminderung unbenommen bleibt, kann der Preis der nicht vergüteten, jedoch für die Herstellung einer mangelfreien Leistung notwendigen Massen als Sowiesokosten zu berücksichtigen sein.[415] 225

10. Fälligkeit der Vergütung

a) Abnahme

Gemäß § 641 Abs. 1 S. 1 BGB ist Voraussetzung für die Fälligkeit der Vergütung die Abnahme des Werkes. Gemäß § 641 Abs. 1 S. 2 BGB ist bei Vereinbarung einer Abnahme von Teilen des Werkes und Bestimmung der Vergütung für die einzelnen Teilen die Vergütung für jeden Teil bei dessen Abnahme fällig, vgl. *v. Berg*, § 641 Rdn. 8. 226

b) Durchgriffsfälligkeit gemäß § 641 Abs. 2 BGB

§ 641 Abs. 2 BGB in der bis zum 31.12.2008 geltenden Fassung bestimmt, unabhängig von der Abnahme, eine Fälligkeit der Vergütung des Unternehmers für ein Werk, dessen Herstellung der Besteller einem Dritten versprochen hat, wenn und soweit der Besteller von dem Dritten für das versprochene Werk wegen dessen Herstellung seine Vergütung oder Teile davon erhalten hat. In der ab 01.01.2009 geltenden Fassung des § 641 Abs. 2 BGB sind die Voraussetzungen für die entsprechende Durchgriffsfälligkeit zu Gunsten des Unternehmers erweitert worden. Danach wird die Vergütung des Unternehmers zusätzlich bei Abnahme des Werks des Bestellers durch 227

---

408 *Werner/Pastor*, Rn. 1206.
409 BGH, Urt. v. 13.05.2004, VII ZR 424/02, BauR 2004, 1441, 1442.
410 BGH, Urt. v. 11.02.1999, VII ZR 91/98, BauR 1999, 632, 634.
411 BGH, Urt. v. 07.11.1996, VII ZR 82/95, BauR 1997, 304.
412 BGH, a.a.O.
413 BGH, Urt. v. 11.09.2003, VII ZR 116/02, BauR 2004, 78, 80; Kniffka/*von Rintelen*, IBR-Online-Kommentar, § 631 Rn. 392.
414 BGH, Urt. v. 11.09.2003, VII ZR 116/02, BauR 2004, 78, 82.
415 BGH, Urt. v. 11.09.2003, VII ZR 116/02, BauR 2004, 78, 80 f.

den Dritten sowie nach erfolglosem Ablauf einer von dem Unternehmer dem Besteller gesetzten angemessenen Frist zur Auskunftserteilung über die Zahlung der Vergütung seitens des Dritten an den Unternehmer und/oder über die Abnahme des Werkes durch den Dritten fällig, vgl. *v. Berg*, § 641 Rdn. 40 ff.

c) Gesetzlich nicht geregelte Fälle der Fälligkeit der Vergütung ohne Abnahme

228 Neben dem gesetzlich geregelten Tatbestand der Durchgriffsfälligkeit tritt nach der höchstrichterlichen und obergerichtlichen Rechtsprechung die Fälligkeit auch ohne Abnahme u.a. in folgenden Konstellationen ein,[416] vgl. *v. Berg*, § 641 Rdn. 9 ff.
- bei nur unter erheblichen Anforderungen anzunehmendem stillschweigenden Verzicht auf eine vertraglich vereinbarte förmliche Abnahme;[417]
- bei endgültiger Verweigerung weiterer Arbeiten seitens des Unternehmers, insbesondere auf Grund unternehmerseitiger Kündigung;[418]
- bei endgültiger Leistungs- bzw. Vertragserfüllungsverweigerung oder Abnahmeverweigerung seitens des Bestellers;[419]
- bei Übergang des Bestellers von Erfüllungs- zu Abrechnungsverhältnis durch die Geltendmachung von Schadensersatz- oder Minderungsansprüchen anstelle Vertragserfüllungsansprüchen;[420]
- bei Fertigstellung des Bauvorhabens durch Dritte im Wege der Ersatzvornahme;[421]
- bei Antrag des Bestellers gegenüber dem Vergütungsklageantrag des Unternehmers zur Verurteilung zur Zahlung nur Zug um Zug gegen Mängelbeseitigung anstelle Klageabweisungsantrag.[422]

d) Vereinbarung weiterer Fälligkeitsvoraussetzungen

229 Es steht den Vertragsparteien frei, zusätzliche Fälligkeitsvoraussetzungen zu vereinbaren. So können sie einvernehmlich neben der Abnahme eine prüfbare Abrechnung des Unternehmers zur Fälligkeitsvoraussetzung erheben. Eine entsprechende Vereinbarung kann auch stillschweigend getroffen werden.[423] Die bloße Vereinbarung eines gemeinsamen Aufmasses begründet allerdings noch keine entsprechende Fälligkeitsvereinbarung,[424] vgl. Rdn. 90

e) VOB/B-Vertrag

230 Beim VOB/B-Vertrag ist neben der Abnahme, soweit nicht entbehrlich, zusätzliche Fälligkeitsvoraussetzung für die Vergütung des Unternehmers die Vorlage einer prüfbaren Schlussrechnung nach Maßgabe der §§ 14, 16 VOB/B, vgl. § 14 VOB/B Rdn. 17 und § 16 Abs. 3 VOB/B Rdn. 59 ff.

---

416 Vgl. Kapellmann/Messerschmidt/*Messerschmidt*, § 16 Rn. 192, S. 1362.
417 BGH, Urt. v. 03.11.1992, X ZR 83/90, NJW 1993, 1063, 1064; OLG Düsseldorf, Urt. v. 20.11.1998, 22 U 104/98, BauR 1999, 404, 405.
418 BGH, Urt. v. 26.02.1987, VII ZR 217/85, BauR 1987, 453; BGH, Urt. v. 16.09.1999, VII ZR 456/98, BauR 2000, 98, 99; OLG Düsseldorf, Urt. v. 07.05.1999, 22 U 226/98, NJW-RR 2000, 231.
419 BGH, Urt. v. 15.05.1990, X ZR 128/88, NJW 1990, 3008; BGH, Urt. v. 24.02.2005, VII ZR 225/03, NZBau 2005, 335, 336.
420 BGH, Urt. v. 16.06.2002, VII ZR 479/00, BauR 2002, 1399, 1400; BGH, Urt. v. 10.10.2002, VII ZR 315/01, BauR 2003, 88, 89.
421 OLG Nürnberg, Urt. v. 08.06.2000, 13 U 77/00, NZBau 2000, 510.
422 OLG Hamm, Urt. v. 18.10.2005, 24 U 59/05, NZBau 2006, 580, 581.
423 BGH, Urt. v. 06.10.1988, VII ZR 367/87, BauR 1989, 90, 92; OLG Düsseldorf, Urt. v. 26.06.1998, 22 U 207/97, BauR 1999, 655.
424 BGH, Urt. v. 29.04.1999, VII ZR 127/98, BauR 1999, 1185.

Auch bei Vorlage einer objektiv nicht prüfbaren Schlussrechnung wird die Schlussvergütung fällig zum Ablauf der Prüfungsfrist von zwei Monaten gemäß § 16 Abs. 3 Nr. 1 VOB/B, wenn der Besteller innerhalb dieser Frist nicht substantiierte Einwendungen gegen die Prüfbarkeit der Schlussrechnung erhebt und auf Grund dessen seine Bereitschaft zur sachlichen Auseinandersetzung mit der Schlussrechnung verweigert, vgl. § 16 Abs. 3 VOB/B Rdn. 68 ff.

f) Architekten- und Ingenieurvertrag

Gemäß § 8 Abs. 1 HOAI a.F. bzw. § 15 Abs. 1 HOAI n.F. ist gesetzliche Voraussetzung für die Fälligkeit des Architekten-/Ingenieurhonorars die Einreichung einer prüfbaren Honorarschlussrechnung, nicht allerdings eine Abnahme der Architekten- bzw. Ingenieurleistungen. Erforderlich, aber auch ausreichend ist insofern allein die vertragsgemäßen Erbringung der Architekten-/Ingenieurleistungen, vgl. § 15 HOAI Rdn. 4. 231

aa) Prüffrist

Der BGH hat entschieden, dass der Einwand der fehlenden Prüfbarkeit der Honorarschlussrechnung als Fälligkeitsvoraussetzung innerhalb einer angemessenen Frist erhoben werden muss. Als angemessen hat er in Anlehnung an § 16 Abs. 3 Nr. 1 VOB/B eine Frist von 2 Monaten festgelegt.[425] Ein unsubstantiiertes Bestreiten der Prüfbarkeit reicht insofern nicht. Vielmehr muss die Rüge der fehlenden Prüfbarkeit der Rechnung substantiiert erfolgen.[426] Nunmehr hat der BGH darüber hinaus entschieden, dass die vom Besteller erhobenen Rügen dem Unternehmer verdeutlichen müssen, dass er nicht bereit ist, in die sachliche Auseinandersetzung einzutreten, solange er keinen prüfbare Rechnung erhalten hat.[427] Ohne entsprechende Rüge der Prüfbarkeit tritt nach Ablauf von zwei Monaten nach Zugang der Schlussrechnung Fälligkeit unabhängig von dem Bestehen einer objektiven Prüfbarkeit ein.[428] Nach Fristablauf kann der Besteller nicht mehr fehlende Fälligkeit einwenden, sondern nur noch inhaltliche Einwendungen gegen die Honorarschlussrechnung erheben. Dies gilt auch, wenn der Architekt/Ingenieur eine geänderte Honorarschlussrechnung nachreicht, gegen deren Prüfbarkeit der Besteller rechtzeitig begründete Einwendungen erhebt.[429] Auf der anderen Seite führt der Wegfall des Einwandes der fehlenden Prüfbarkeit der Honorarschlussrechnung dazu, dass über nachträgliche Einwendungen des Bestellers gegen die Honorarschlussrechnung im Rahmen eines Prozesses eine abschließende Entscheidung getroffen wird, und die Klage des Architekten/Ingenieurs der Rechnung nicht nur mangels Prüfbarkeit der Rechnung als derzeit unbegründet zurückgewiesen wird mit der Folge, dass der Architekt/Ingenieur den Mangel seiner Honorarschlussrechnung nicht in einem Folgeprozess heilen kann. 232

bb) Fälligkeit nicht prüfbarer Rechnung vor Ablauf der Prüffrist

Schon vor Ablauf der 2-monatigen Prüffrist wird eine nicht prüfbare Honorarschlussrechnung zum einen bei früherer Mitteilung des Prüfergebnisses seitens des Bestellers ohne Beanstandung der fehlenden Prüffähigkeit fällig.[430] Zum anderen tritt, unabhängig von der Prüffrist, die Fälligkeit in den Fällen ein, in denen der Besteller ausnahmsweise gehindert ist, sich nach Treu und Glauben auf die fehlende Prüfbarkeit zu berufen. Maßgebend für den Eintritt der Fälligkeit ist insofern der Zeitpunkt, in dem die Umstände, die den Verstoß gegen Treu und Glauben begründen, nach außen für den Architekten/Ingenieur erkennbar hervortreten.[431] Rechtsmissbräuchlich ist die 233

---

425 BGH, Urt. v. 27.11.2003, VII ZR 288/02, BauR 2004, 316, 320.
426 BGH, a.a.O.
427 BGH, Urt. v. 22.04.2010, VII ZR 48/07, BauR 2010, 1248, 1251.
428 BGH, Urt. v. 27.11.2003, VII ZR 288/02, BauR 2004, 316, 320.
429 BGH, Urt. v. 27.01.2011, VII ZR 41/10, BauR 2011, 831, 833.
430 BGH, a.a.O.
431 BGH, Urt. v. 27.11.2003, VII ZR 288/02, BauR 2004, 316, 321.

Berufung des Bestellers auf eine objektiv fehlende Prüfbarkeit der Rechnung dann, wenn diese den Kontroll- und Informationsinteressen des Bestellers trotzdem genügt, z.B. weil der Besteller die notwendigen Informationen anderweitig erlangt hat, vgl. § 15 HOAI Rdn. 8.

cc) Verzug des Architekten/Ingenieurs mit der Vorlage der Schlussrechnung

234 Im Gegensatz zu § 14 Abs. 4 VOB/B steht dem Besteller beim Architekten-/Ingenieurvertrag nicht die Möglichkeit offen, die Fälligkeit des Architekten-/Ingenieurhonorars und damit den Verjährungsbeginn durch Vorlage einer Ersatzschlussrechnung herbeizuführen. Damit der Architekt bzw. Ingenieur den Zeitpunkt der Fälligkeit und damit des Verjährungsbeginns nicht nach Belieben hinauszögern kann, wird angenommen, dass der Besteller dem mit der Schlussrechnung säumigen Architekten eine angemessene Frist zur Rechnungslegung setzen kann, und der Architekt sich nach Treu und Glauben so behandeln lassen muss, als sei die Schlussrechnung in angemessener Frist erteilt worden, wenn er weiterhin säumig ist.[432]

11. Rechnung

a) Prüfbare Rechnung keine Fälligkeitsvoraussetzung

235 Beim BGB-Vertrag ist nach der Rechtsprechung des BGH und herrschenden Meinung ohne entsprechende Vereinbarung neben der Abnahme gemäß § 641 BGB die Vorlage einer prüfbaren Rechnung keine Fälligkeitsvoraussetzung[433] Damit ist für den Beginn der Verjährungsfrist bezüglich Werklohnforderungen ebenso für die Verzinsungspflicht gemäß § 641 Abs. 4 BGB grundsätzlich nur die Abnahme maßgebend, auch wenn die letztendliche Höhe der von dem Besteller geschuldeten Vergütung mangels Vorlage einer prüfbaren Rechnung seitens des Unternehmers noch nicht feststeht,[434] vgl. *v. Berg*, § 641 Rdn. 19.

236 Davon abweichend ist die Vorlage einer prüfbaren Rechnung grundsätzlich zusätzliche Fälligkeitsvoraussetzung bei der Vereinbarung der VOB/B, vgl. Rdn. 230 sowie bei sonstiger vertraglicher Vereinbarung der Vorlage einer prüfbaren Rechnung als Fälligkeitsvoraussetzung. Ebenfalls abweichend vom BGB erhebt § 8 Abs. 1 HOAI a.F. bzw. § 15 Abs. 1 HOAI n.F. die Vorlage einer nach den Vorschriften der HOAI prüffähigen Honorarschlussrechnung zur gesetzlichen Fälligkeitsvoraussetzung für den Honoraranspruch, vgl. Rdn. 231.

b) Prüfbare Rechnung als Voraussetzung für die Durchsetzbarkeit von Vergütungsansprüchen

237 Bei Nichterkennbarkeit der abschließenden Höhe der geschuldeten Vergütung auf Grund Nichtvorlage einer prüfbaren Abrechnung seitens des Unternehmers ist dessen Werklohnforderung nicht durchsetzbar.[435] Zumindest kann ein Verzug nach Treu und Glauben nicht vor Ablauf einer angemessenen Prüfungsfrist für den Besteller im Hinblick auf eine prüfbare Abrechnung seitens des Unternehmers eintreten,[436] vgl. *v. Berg*, § 641 Rdn. 20. Nach Ablauf einer 2-monatigen Prüfungsfrist entsprechend § 16 Abs. 3 Nr. 1 S. 2 VOB/B ohne konkrete Rüge dürfte der Besteller al-

---

432 BGH, Urt. v. 19.06.1986, BauR 1986, 596, 597; KG, Urt. v. 16.03.2007, 6 U 48/06, BauR 2008, 699, 701.
433 BGH, Urt. v. 18.12.1980, VII ZR 41/80, BauR 1981, 199 = BGHZ 79, 176, 178 f.; BGH, Urt. v. 24.01.2002, VII ZR 196/00, BauR 2002, 938, 939; Kniffka/*von Rintelen*, IBR-Online-Kommentar, § 631 Rn. 382; *Eydner*, BauR 2007, 1806 m.w.N. zu Fn. 4 und 6; anderer Ansicht OLG Frankfurt/M., Urt. v. 11.04.1997, 7 U 273/93, BauR 1997, 856, Kapellmann/Messerschmidt/*Messerschmidt*, B § 14 Rn. 3, wonach auch beim BGB-Vertrag die Vorlage einer prüfbaren Abrechnung Fälligkeitsvoraussetzung für den Vergütungsanspruch sein soll.
434 *Eydner*, BauR 2007, 1806, 1807 f.
435 Kniffka/*von Rintelen*, IBR-Online-Kommentar, § 632a BGB a.F., Rn. 34 zu Abschlagszahlungen; *Eydner*, BauR 2007, 1806, 1811.
436 *Eydner*, a.a.O.

lerdings auch in Zahlungsverzug geraten, wenn die vom Unternehmer gestellte Rechnung objektiv nicht prüfbar sein sollte,[437] vgl. *v. Berg*, § 641 Rdn. 22.

Die Vorlage einer prüfbaren Abrechnung als Voraussetzung für die Durchsetzbarkeit einer Werklohnforderung kommt insofern insbesondere in folgenden Fällen in Betracht, vgl. *v. Berg*, § 641 Rdn. 26 ff.: 238
- Vergütung bei Einheitspreisvertrag, Stundenlohnvertrag oder Selbstkostenerstattungsvertrag;
- taxmäßige oder übliche Vergütung gemäß § 632 Abs. 2 BGB;
- Vergütung auf Grund Änderung und/oder Erweiterung des ursprünglich vereinbarten Leistungssolls (Nachträge);
- Vergütung bei vorzeitig gekündigten Verträgen, deren Höhe von den bis zur Kündigung erbrachten und infolge der Kündigung nicht mehr erbrachten Teilleistungen abhängt, vgl. Rdn. 223 f.

Zu den Anforderungen an die Prüfbarkeit der Abrechnung einer Schlussvergütung wird auf die Kommentierung zu § 14 VOB/B Rdn. 8 ff. verwiesen. Danach hängt die Prüffähigkeit einer Abrechnung grundsätzlich von den jeweiligen Informations- und Kontrollinteressen des Bestellers ab. 239

Im Hinblick auf Abschlagszahlungen sind gemäß § 632a Abs. 1 S. 4 BGB in der ab 01.01.2009 geltenden Fassung die Leistungen durch eine Aufstellung nachzuweisen, die eine rasche und sichere Beurteilung der Leistungen ermöglichen muss, vgl. § 632a Rdn. 67. 240

c) Pflicht zur Erteilung prüfbarer Rechnung

Eine Pflicht des Unternehmers zur Abrechnung seiner Vergütung sieht das BGB, abgesehen von § 632a Abs. 1 S. 4 BGB in der ab 01.01.2009 geltenden Fassung, grundsätzlich nicht vor. Davon werden folgende Ausnahmen gemacht: 241

aa) Vertragliche Nebenpflicht

Zum einen wird die Rechnungserteilung als vertragliche Nebenpflicht des Unternehmers angesehen, deren Nichtbefolgung ein Zurückbehaltungsrecht des Bestellers gemäß § 273 BGB auslöst.[438] Im Übrigen ergibt sich ein entsprechendes Zurückbehaltungsrecht des zum Vorsteuerabzug berechtigten Bestellers bis zur Vorlage einer Rechnung des Unternehmers mit Umsatzsteuerausweis aus § 14 Abs. 1 UStG, vgl. *v. Berg*, § 641 Rdn. 34 f. 242

bb) Vertragliche Abrechnungspflicht bei Abschlags-/Vorauszahlungen

Zum anderen besteht eine vertragliche Pflicht des Unternehmers zur Schlussabrechnung erhaltener Voraus- oder Abschlagszahlungen.[439] Der Besteller hat insofern einen vertraglichen Anspruch auf Auszahlung des Überschusses. Andere Meinungen im Hinblick auf das Bestehen eines bereicherungsrechtlichen Anspruches hat der BGH ausdrücklich zurückgewiesen.[440] Der Besteller kann den Unternehmer z.B. im Wege der Stufenklage auf Abrechnung der erhaltenen Voraus- oder Abschlagszahlungen und ggf. auf Rückerstattung eines Überschusses auf Grund der entsprechenden Abrechnung in Anspruch nehmen. Er kann stattdessen unmittelbar auf Rückerstattung eines Überschusses auf Grund einer eigenen Abrechnung klagen. Zwar kennt das BGB im Gegensatz zur VOB/B kein Recht des Bestellers zur Rechnungsaufstellung anstelle des Unternehmers. Trotzdem wird dem Besteller das vertragliche Recht eingeräumt, unter erleichterten Darlegungs- und Beweisvoraussetzungen Ansprüche auf Rückerstattung von Überschusszahlungen geltend zu 243

---

437 Vgl. OLG Dresden, Urt. v. 14.10.2005, 18 U 2297/04, BauR 2007, 598 (LS.).
438 MüKo-BGB/*Busche*, § 641 Rn. 8.
439 BGH, 11.02.1999, VII ZR 399/97, BauR 1999, 635, 639.
440 BGH, a.a.O.

machen. Der Besteller hat lediglich eine Abrechnung vorzunehmen, aus der sich ergibt, in welcher Höhe er Voraus- und Abschlagszahlungen geleistet hat, und dass diesen Zahlungen ein entsprechender endgültiger Vergütungsanspruch des Unternehmers nicht gegenübersteht. Er kann sich auf den Vortrag beschränken, der bei zumutbarer Ausschöpfung der ihm zur Verfügung stehenden Quellen seinem Kenntnisstand entspricht. Demgegenüber hat der Unternehmer darzulegen und zu beweisen, dass er berechtigt ist, die Voraus- und Abschlagszahlungen endgültig zu behalten.[441]

d) Deklaratorisches Schuldanerkenntnis des Rechnungsbetrages

244 An die Annahme eines deklaratorischen Schuldanerkenntnisses des Bestellers im Hinblick auf die Schlussabrechnung des Unternehmers sind hohe Anforderungen zu stellen. Aus den Erklärungen der Parteien und den Umständen des Einzelfalls muss sich eindeutig der Wille der Parteien ergeben, den Rechnungsbetrag im Hinblick auf unterschiedliche Auffassungen über die berechtigte Rechnungshöhe endgültig dem Streit zu entziehen, vgl. Rdn. 92.

aa) Prüfvermerk Architekt

245 Allein die Prüfung und Freigabe der Rechnung des Unternehmers durch den Architekten des Bestellers begründet kein deklaratorisches Schuldanerkenntnis. Der Prüfvermerk des Architekten ist lediglich Bestätigung seiner dem Besteller gegenüber geschuldeten Rechnungsprüfung, soll jedoch erkennbar keinen Streit zwischen den Vertragsparteien abschließend klären.[442]

bb) Übermittlung/Bezahlung geprüfter Rechnung

246 Die Übermittlung der geprüften Rechnung durch den Besteller an den Unternehmer begründet ebenfalls kein deklaratorisches Schuldanerkenntnis.[443] Das Prüfergebnis schließt insofern nachträgliche weitere Rechnungskürzungen nicht aus.[444] Auch die Bezahlung einer Rechnung begründet ohne das Hinzutreten weiterer Umstände kein deklaratorisches Schuldanerkenntnis.[445] Selbst aus der Erklärung des Bestellers, gegen die Rechnung würden keine Einwände erhoben, oder die Forderung werde anerkannt, kann nicht ohne weiteres der Wille abgeleitet werden, dass die Forderung in einer Weise dem Streit entzogen werden soll, dass der Einwand, die berechnete Forderung bestünde nicht oder nicht in der geltend gemachten Höhe, materiell rechtlich ausgeschlossen ist.[446]

cc) Rechnungsprüfung durch öffentliche Auftraggeber

247 Erst recht kann nicht von einem deklaratorischen Schuldanerkenntnis im Zusammenhang mit Rechnungsprüfungen von Seiten Bestellern ausgegangen werden, die einer öffentlichen Rechnungsprüfung unterliegen, da sie erkennbar dem Ergebnis der nachträglichen Rechnungsprüfung nicht mit Bindungswirkung vorgreifen, sondern ggf. auch Rückforderungsansprüche wegen Überzahlung vorbehalten wollen.[447]

---

441 BGH, a.a.O., BGH, Urt. v. 24.01.2002, VII ZR 196/00, NZBau 2002, 329 f.
442 BGH, Urt. v. 06.12.2001, VII ZR 241/00, BauR 2002, 613, 614.
443 BGH, Urt. v. 14.10.2004, VII ZR 190/03, BauR 2005, 94, 96.
444 BGH, Urt. v. 06.12.2001, VII ZR 241/00, BauR 2002, 613, 614; BGH, Urt. v. 14.10.2004, VII ZR 190/03, BauR 2005, 94, 96; BGH, Urt. 14.04.2005, VII ZR 14/04, BauR 2005, 1152, 1154.
445 BGH, Beschl. v. 26.02.2004, VII ZR 96/03, BauR 2004, 994.
446 Kniffka/*von Rintelen*, IBR-Online-Kommentar, § 631 Rn. 440.
447 BGH, Urt. v. 08.03.1979, VII ZR 35/78, BauR 1979, 249; BGH, Urt. v. 14.01.1982, VII ZR 269/80, BauR 1982, 283.

e) Bindung an die Schlussrechnung

Sowohl beim BGB-Vertrag wie auch beim VOB/B-Vertrag gibt es keine Bindung des Unternehmers an seine Schlussrechnung.[448]

248

Ausnahmefälle sind zum einen beim VOB/B-Vertrag die vorbehaltlose Annahme der Schlusszahlung des Unternehmers seitens des Bestellers, vgl. § 16 VOB/B Rdn. 78 ff. und zum anderen die Bindung des Architekten an seine Schlussrechnung nach Treu und Glauben unter bestimmten Voraussetzungen.[449]

f) Einzelrechnungspositionen

Die einzelnen Rechnungspositionen haben nur unselbständigen Charakter. Dies hat sowohl materiell-rechtliche wie auch prozessuale Auswirkungen. Eine isolierte Durchsetzung der einzelne Rechnungspositionen kommt nur dann in Betracht, wenn bei Gegenüberstellung der gesamten nachgewiesenen Leistungen und der aller geleisteten Zahlungen ein positiver Saldo in Höhe der Rechnungspositionen festgestellt werden kann.[450] Dies gilt auch für Abschlagsforderungen.[451]

249

In Rechtskraft erwächst eine gerichtliche Entscheidung nur im Hinblick auf die ausgeurteilte Rechnungssumme, nicht jedoch im Hinblick auf die unselbständigen Rechnungspositionen. Auf Grund dessen verstößt es nicht gegen das prozessuale Verschlechterungsverbot, wenn das Berufungsgericht eine Rechnungsposition mit einem höheren als dem vom Vorgericht berechneten Betrag in seiner Abrechnung einstellt.[452]

250

12. Umsatzsteuer

a) Brutto- oder Nettovergütung

Vorbehaltlich des Beweises einer ausdrücklichen Nettopreisvereinbarung durch den Unternehmer schließt die vereinbarte Vergütung die Umsatzsteuer ein, ist also eine Bruttovergütung, auch soweit ein zum Vorsteuerabzug berechtigter Unternehmer beteiligt ist.[453] Allerdings kann sich aus einem regionalen Handelsbrauch eine Nettopreisvereinbarung ergeben.[454] Voraussetzung für eine im Rahmen der Auslegung gemäß § 157 BGB zu berücksichtigende Verkehrssitte ist eine gleichmäßige und einheitliche Übung. Die Beweislast dafür trägt ebenfalls der Unternehmer.[455] Eine entsprechende Nettopreisvereinbarung ist in Betracht zu ziehen, wenn beide Parteien zum Vorsteuerabzug berechtigt sind.[456] Ob dies für den Baubereich in Betracht kommt, wird unterschiedlich beurteilt.[457] Auch wenn unter vorsteuerabzugsberechtigten Unternehmern häufig ein Nettodenken anzutreffen ist, dürfte es in der Regel zu weit gehen, einen Handelsbrauch des Inhalts anzunehmen, dass ohne jeden Zusatz vereinbarte Preise als Nettopreise aufzufassen sind. Abgesehen von dem Fall der Umkehrsteuer, vgl. Rdn. 260 ff., ist es immer noch in vielen Fällen üblich, dass eine Nettopreisvereinbarung durch ausdrückliche Kennzeichnung des Vertragspreises als Net-

251

---

448 Staudinger/*Peters/Jacoby*, § 632 Rn. 126.
449 Korbion/Mantscheff/Vygen, 7. Aufl., § 8 HOAI a.F. Rn. 27 ff.
450 BGH, Urt. v. 09.01.1997, VII ZR 69/96, BauR 1997, 468.
451 BGH, Urt. v. 20.08.2009, VII ZR 205/07, BauR 2009, 1724, 1731.
452 BGH, Versäumnisurt. v. 24.07.2003, VII ZR 99/01, NZBau 2004, 39, 40.
453 BGH, Urt. v. 28.02.2002, IZR 318/99, NJW 2002, 2312; BGH, Urt. v. 11.05.2001, V ZR 492/99, NJW 2001, 2464.
454 BGH, Urt. v. 11.05.2001, V ZR 492/99, NJW 2001, 2464.
455 Baumgärtel/*Kessen*, § 632 Rn. 5.
456 Staudinger/*Peters/Jacoby*, § 632 Rn. 31; Ingenstau/Korbion/*Keldungs*, § 2 Abs. 1 VOB/B Rn. 21.
457 Dafür Staudinger/*Peters/Jacoby*; Ingenstau/Korbion/*Keldungs*, a.a.O., der insofern zusätzlich die Eintragung beider Vertragspartner im Handelsregister fordert; dagegen OLG Frankfurt/M., Urt. v. 10.11.1996, 10 U 166/95, BauR 1997, 524 (LS); MüKo-BGB/*Busche*, § 631 Rn. 98.

topreis oder durch Hinweis auf die zusätzlich zu zahlende Mehrwertsteuer zum Ausdruck gebracht wird.

b) Änderung Umsatzsteuersatz während der Bauausführung

252 Bei einer Änderung des Umsatzsteuersatzes während der Durchführung des Bauvorhabens ist für die Höhe des von dem Unternehmer abzuführenden Umsatzsteuersatzes nach § 27 Abs. 1 UStG der Zeitpunkt maßgebend, zu dem der jeweilige Umsatz ausgeführt wird. Bei Teilleistungen ist der Umsatzsteuersatz maßgebend, der im Zeitpunkt des Abschlusses der jeweiligen Teilleistungen gilt. Teilbauleistungen sind steuerrechtlich zu dem Zeitpunkt abgeschlossen, in dem sie beendet oder vollendet sind. Maßgebend ist die (Teil)-Abnahme bzw. (Teil)-Abnahmefähigkeit.[458]

253 Teilleistungen in steuerrechtlicher Hinsicht liegen gemäß § 13 Abs. 1 Nr. 1a S. 3 UStG vor, wenn für bestimmte Teile einer wirtschaftlich teilbaren Leistung das Entgelt gesondert vereinbart wird. Für Bau- und sonstige Werkleistungen müssen folgende Voraussetzungen erfüllt sein:
- Wirtschaftlich abgrenzbarer Teil der Werkleistung;
- Vollendung oder Beendigung der Teilleistung im maßgebenden Veranlagungszeitraum;
- Vereinbarung eines Teilentgelts für die entsprechende Teilleistung noch im maßgebenden Veranlagungszeitraum;
- gesonderte Abrechnung des Teilentgelts.[459]

c) Umsatzsteuererstattung

aa) Voraussetzungen für Erstattungsanspruch

254 Der Unternehmer hat gegen den Besteller einen Anspruch auf Erstattung der von ihm abzuführenden Umsatzsteuer nur nach Maßgabe des geschlossenen Vertrages.[460] Bei Architekten und Ingenieuren ergibt sich ein gesetzlicher Umsatzsteuererstattungsanspruch aus § 9 Abs. 1 HOAI a.F. bzw. § 16 Abs. 1 HOAI n.F.

bb) Erstattungs- und Ausgleichsansprüche bei Änderung des Umsatzsteuersatzes (§ 29 UStG)

255 Auch im Falle der Änderung des Umsatzsteuersatzes während der Durchführung des Bauvorhabens kommt eine Pflicht des Bestellers zur Erstattung einer ggf. höheren Umsatzsteuer für Teilleistungen des Unternehmers im neuen Veranlagungszeitraum nur bei entsprechender vertraglicher Vereinbarung in Betracht. Allerdings sieht § 29 UStG bei Änderungen des Umsatzsteuersatzes einen gesetzlichen Ausgleichsanspruch bei Verträgen vor, die nicht später als vier Kalendermonate vor dem Inkrafttreten des Gesetzes mit dem neuen Steuersatz abgeschlossen worden sind, soweit die Parteien nicht etwas anderes vereinbart haben. Es handelt sich insofern um eine zivilrechtliche Spezialregelung, die den Regeln über den Wegfall der Geschäftsgrundlage vorgeht.[461]

cc) Umsatzsteuergleitklauseln

256 Allgemeine Geschäftsbedingungen des Unternehmers, die ohne Beschränkung auf die gesetzliche Viermonatsfrist eine Bruttopreisänderung bei Änderung des Umsatzsteuersatzes vorsehen, z.B. des Inhalts, dass der Vertragspreis jeweils zzgl. der Umsatzsteuer in der jeweils gesetzlichen Höhe gilt, sind jedenfalls gegenüber Verbrauchern gemäß § 309 Nr. 1 BGB unwirksam.[462] Gegenüber Un-

---

458 Kniffka/*von Rintelen*, IBR-Online-Kommentar, § 631 Rn. 349.
459 *Rath/Hiemer*, BauR 2006, 1655, 1659; Kniffka/*vonRintelen*, IBR-Online-Kommentar, § 631 Rn. 351 m.w.N.
460 Kniffka/*von Rintelen*, IBR-Online-Kommentar, § 631 Rn. 352.
461 *Wittmann/Zugmaier*, NJW 2006, 2150, 2151.
462 *Wittmann/Zugmaier*, NJW 2006, 2150, 2152.

ternehmern dürften dagegen entsprechend vorformulierte Umsatzsteuergleitklauseln üblich und damit angemessen und wirksam sein.[463]

dd) Vertraglicher Ausschluss des Ausgleichsanspruchs gemäß § 29 UStG

Ob die gesetzlichen Wirkungen des § 29 UStG vertraglich ausgeschlossen sind, ist im Wege der Auslegung zu ermitteln.[464] Jedenfalls gegenüber Verbrauchern begründet eine ausdrückliche Festpreisvereinbarung einen solchen Ausschluss.[465] Etwas anderes kann eine Vertragsauslegung im Hinblick auf eine Festpreisvereinbarung auf der Grundlage eines Einheitspreisangebotes gegenüber zum Vorsteuerabzug berechtigten Bestellern ergeben.[466] 257

Ein Ausschluss der Vertragsanpassung gemäß § 29 UStG in Allgemeinen Geschäftsbedingungen des Bestellers begegnet rechtlichen Zweifeln, weil dadurch das gesetzliche Recht des Unternehmers auf Vertragsanpassung nach den Grundsätzen des Wegfalls der Geschäftsgrundlage ausgeschlossen wird.[467] 258

ee) Ausgleichsanspruch des Unternehmers über § 29 UStG hinaus gemäß § 313 BGB

Im Übrigen schließt § 29 UStG eine Anpassung des Vertrages nach den Grundsätzen des Wegfalls der Geschäftsgrundlage gemäß § 313 BGB auch für innerhalb der Viermonatsfrist geschlossene Verträge nicht aus, wenn z.B. die Vertragsparteien gemeinsam davon ausgingen, dass die Leistungen noch vor Inkrafttreten des neuen Umsatzsteuersatzes fertig gestellt würden, und sich die Fertigstellung aus nicht vom Unternehmer zu vertretenden Gründen in den neuen Veranlagungszeitraum hinauszögert, insbesondere wenn der Besteller als Leistungsempfänger selbst vorsteuerabzugsberechtigt ist.[468] 259

d) Umkehrsteuer

Gemäß § 13b Abs. 5 S. 2 i.V.m. Abs. 2 Nr. 4 UStG in der ab 01.07.2010 geltenden Fassung gilt für Unternehmer, die selbst Bauleistungen erbringen und Bauaufträge an Nachunternehmer vergeben, dass die auf die Leistungen der Nachunternehmer entfallende Umsatzsteuer nicht von diesen abzuführen ist, sondern von dem Besteller als Leistungsempfänger (sog. Umkehrsteuer). Zur umsatzsteuerlichen Behandlung von Bauträgern ist auf die BMF-Schreiben vom 27.05.2009[469] und vom 11.03.2010[470] zu verweisen. 260

Vereinbarungen zwischen den Parteien, die auf Grund Fehleinschätzungen entgegen den Voraussetzungen des § 13b UStG Umsatzsteuererstattungen des Bestellers vorsehen, fehlt die Geschäftsgrundlage. Sie sind entsprechend an die umsatzsteuergesetzliche Regelung anzupassen.[471] 261

Rechnungstellungen und Umsatzsteuererstattungen im Verhältnis zwischen den Vertragsparteien lassen die steuergesetzliche Regelung unberührt.[472] Stellt der Nachunternehmer, obwohl der Besteller gemäß § 13b UStG umsatzsteuerpflichtig ist, diesem Umsatzsteuer in Rechnung, und erstattet der Besteller die in Rechnung gestellte Umsatzsteuer, bleibt es bei der steuerrechtlichen Umsatzsteuerpflicht des Bestellers gegenüber dem Finanzamt, wenn nicht der Nachunternehmer seine vermeintliche Steuerschuld gegenüber dem Finanzamt bereits erfüllt hat. In diesem Falle 262

---

463 *Wittmann/Zugmaier*, a.a.O.; *Kniffka*, IBR-Online-Kommentar, § 631 Rn. 353.
464 *Kniffka/von Rintelen*, IBR-Online-Kommentar, § 631 Rn. 356.
465 *Wittmann/Zugmaier*, NJW 2006, 2150, 2151 f.
466 *Kniffka/von Rintelen*, IBR-Online-Kommentar, § 631 Rn. 356.
467 *Kniffka/von Rintelen*, IBR-Online-Kommentar, a.a.O.
468 *Kniffka/von Rintelen*, IBR-Online-Kommentar, § 631 Rn. 357.
469 BStBl 2009 I., S. 1298.
470 BStBl 2010 I., S. 254.
471 *Kniffka/von Rintelen*, IBR-Online-Kommentar, § 631 Rn. 361.
472 *Kniffka/von Rintelen*, IBR-Online-Kommentar, a.a.O.; *Rath/Hiemer*, BauR 2006, 1655, 1661.

muss das Finanzamt die Zahlung anrechnen. Andernfalls muss der Unternehmer die zu Unrecht erhaltene Umsatzsteuer dem Besteller rückerstatten.[473]

263 Stellt der Unternehmer in der irrtümlichen Annahme der Voraussetzungen des § 13b UStG dem Besteller keine Umsatzsteuer in Rechnung, so kann er später eine Umsatzsteuererstattung von dem Besteller nachfordern, sobald sich die unmittelbare Umsatzsteuerpflicht des Nachunternehmers gegenüber dem Finanzamt herausstellt, z.B. im Rahmen einer Betriebsprüfung. Problematisch ist insofern die häufig bereits eingetretene Verjährung des Nachforderungsanspruch des Unternehmens gegenüber dem Besteller, eine zwischenzeitliche Insolvenz des Bestellers oder unter Umständen ein Ausschluss von Nachforderungen auf Grund Bindung des Unternehmers an seine Schlussrechnung nach Treu und Glauben bei Architektenhonoraren oder nach Maßgabe des § 16 Abs. 3 VOB/B auf Grund vorbehaltloser Annahme der Schlusszahlung des Bestellers.[474]

13. Bauabzugssteuer

a) Steuerrecht

aa) Voraussetzungen der Steuerabzugspflicht des Bestellers

264 Gemäß §§ 48 bis 48d EStG haben mit Wirkung ab 01.01.2002 unternehmerisch tätige Besteller von Bauleistungen im Inland einen Steuerabzug von 15 % der Vergütung für Rechnung des die Bauleistung erbringenden Unternehmers vorzunehmen, wenn nicht
- der Leistende dem Besteller eine vom Finanzamt ausgestellte Freistellungsbescheinigung spätestens im Zeitpunkt der Zahlung der Vergütung vorlegt (spätere Vorlage hindert Steuerabzug nicht),
- der Leistungsempfänger nicht mehr als zwei Wohnungen vermietet oder
- Vergütungszahlungen im laufenden Kalenderjahr insgesamt die Freigrenze von 5.000 € oder bei ausschließlich umsatzsteuerfreien Umsätzen von 15.000 € voraussichtlich nicht überschreiten.[475]

bb) Freistellungsbescheinigung des Unternehmers

265 Die Freistellungsbescheinigung muss dem Besteller im Original ausgehändigt werden, wenn sie nur für den mit ihm abgeschlossenen Vertrag gilt. Andernfalls reicht die Übergabe einer Kopie. Die Freistellungsbescheinigung ist auch bei Vorauszahlungen oder Abschlagszahlungen vorzulegen.[476] Die Freistellungsbescheinigung muss spätestens im Zeitpunkt der Zahlung der Vergütung oder der Aufrechnungserklärung des Bestellers mit Gegenforderungen gegenüber dem Leistenden vorgelegt wird, wenn und soweit zu diesem Zeitpunkt eine Aufrechnungslage besteht. Später überreichte Freistellungsbescheinigungen hindern dagegen den Steuerabzug nicht. Das Finanzamt kann jedoch davon absehen, den Leistungsempfänger in die Steuerhaftung zu nehmen.[477]

cc) Gegenstand der Bauabzugssteuer

266 Gegenstand der Bauabzugssteuer sind Bauleistungen, die auf Herstellung, Instandsetzung, Instandhaltung oder Änderung von Bauwerken gerichtet sind.[478] Baumateriallieferungen, Überlassungen von Baugeräten, isolierter Gerüstbau sowie Anlegen von Bepflanzungen und deren Pflege fallen für sich genommen nicht unter den Steuerabzug.[479]

---

473 Kniffka/*von Rintelen,* IBR-Online-Kommentar, § 631 Rn. 361.
474 Kniffka/*von Rintelen,* IBR-Online-Kommentar, a.a.O.; *Rath/Hiemer,* BauR 2006, 1655, 1661.
475 Kniffka/*von Rintelen,* IBR-Online-Kommentar, § 631 Rn. 815.
476 Kniffka/*von Rintelen,* IBR-Online-Kommentr, § 631 Rn. 817.
477 BMF-Schreiben vom 27.12.2002, VI A 5/S 2272-1/02, Rn. 45 und Rn. 75, NZBau 2003, 202, 205, 207.
478 Kniffka/*von Rintelen,* IBR-Online-Kommentar, § 631 Rn. 811.
479 BMF-Schreiben vom 27.12.2002, a.a.O., Rn. 12, NZBau 2003, 202, 203.

Der Bauabzugsteuer unterworfen ist auch derjenige, der Bauleistungen nur abrechnet, ohne sie selbst zu erbringen, mithin auch ein Generalunternehmer oder Bauträger.[480] 267

dd) Steuerabzugverpflichteter Leistungsempfänger

Abzugsverpflichtet ist der Leistungsempfänger, wenn es sich um eine juristische Person des öffentlichen Rechts oder um ein Unternehmen i.S.v. § 2 UStG handelt. Wird eine Bauleistung ausschließlich für den nicht unternehmerischen Bereich eines Unternehmens erbracht, findet der Steuerabzug nicht statt.[481] Außerdem gilt die Bauabzugssteuer nicht für Bauleistungen für Wohnungen, wenn der Leistungsempfänger nicht mehr als zwei Wohnungen vermietet.[482] 268

ee) Bauabzugsteuer bei Wohnungseigentümergemeinschaften

Schwierig ist die Beurteilung bei Wohnungseigentümergemeinschaften bzw. deren Mitgliedern. Nach Auffassung des BMF ist für die Beurteilung von Bauträgerverträgen im Rahmen des Bausteuerabzuges maßgebend, ob es sich bei dem Vertragspartner des Bauträgers im Ergebnis um einen Erwerber oder um einen Bauherrn handelt.[483] Nur bei Annahme einer Bauherreneigenschaft unterliege die Vergütung dem Steuerabzug für Bauleistungen. Die Abgrenzungen zwischen Bauherrn und Erwerber erschließt sich aus der Beurteilung im BMF-Schreiben vom 31.08.1990.[484] 269

Außerdem wird vom BMF die Auffassung vertreten, dass bei Bauleistungen für das Sondereigentum der jeweilige Sondereigentümer als Leistungsempfänger zur Durchführung des Steuerabzug verpflichtet seit, soweit er die Voraussetzungen des § 48 Abs. 1 EStG erfüllt, bei Bauleistungen für das Gemeinschaftseigentum die Wohnungseigentümergemeinschaft.[485] Die Wohnungseigentümergemeinschaft sei Unternehmerin i.S.d. § 2 UStG, denn sie erbringe Leistungen gegenüber den Eigentümern. Dazu gehöre auch die Instandhaltung des Bauwerkes.[486] 270

ff) Durchführung des Steuerabzuges

Der Leistungsempfänger hat den Steuerabzugsbetrag bis zum 10. des Folgemonats an das für die Besteuerung des Einkommens des Leistenden zuständige Finanzamt abzuführen. Außerdem muss er eine Anmeldung auf amtlichem Vordruck abgeben.[487] Andernfalls haftet der Leistungsempfänger gemäß § 48a Abs. 3 S. 1 EStG für den nicht ordnungsgemäß durchgeführten Steuerabzug, unabhängig von einem Verschulden. Jedoch besteht keine Haftung, wenn der Besteller auf eine ihm vorgelegte Freistellungsbescheinigung vertrauen durfte. Diese muss auf Echtheit überprüft werden. Der Leistungsempfänger kann insofern durch Internetabfrage abklären, ob die Freistellungsbescheinigung noch besteht. Einer ständigen Kontrolle bedarf es allerdings nicht.[488] 271

gg) Steuerabzug bei Abtretung des Vergütungsanspruches

Die Pflicht des Bestellers i.S.d. §§ 48 bis 48a EStG zur Abführung des Abzugsbetrages besteht auch nach Abtretung des Vergütungsanspruches durch den Leistenden. Die Abzugspflicht besteht insofern unabhängig davon, wann die Bauleistung erbracht worden ist, und ob die Gegenleistung dem Leistenden zivilrechtlich noch zusteht oder nicht.[489] 272

---

480 *Kniffka*, IBR-Online-Kommentar, § 631 Rn. 812 m.w.N.
481 BMF-Schreiben vom 27.12.2002, a.a.O. Rn. 15, NZBau 2003, 202.
482 *Kniffka/von Rintelen*, IBR-Online-Kommentar, § 631 Rn. 813.
483 BMF-Schreiben vom 27.12.2002, a.a.O., Rn. 18, NZBau 2003, 202, 204.
484 BStBl. I 1990, 366; *Kniffka/von Rintelen*, IBR-Online-Kommentar, § 631 Rn. 813.
485 BMF-Schreiben vom 27.12.2002, a.a.O., Rn. 20, NZBau 2003, 202, 204.
486 BMF-Schreiben vom 27.12.2002, a.a.O.
487 BMF-Schreiben vom 27.12.2002, a.a.O. Rn. 65 f., NZBau 2003, 202, 207.
488 *Kniffka/von Rintelen*, IBR-Online-Kommentar, § 631 Rn. 821.
489 BGH, Urt. v. 12.05.2005, VII ZR 97/04, BauR 2005, 1311, 1313.

hh) Bauabzugsteuer im Insolvenzverfahren

273　Wird die Bauabzugssteuer vom Besteller nach Eröffnung des Insolvenzverfahrens über das Vermögen des leistenden Bauunternehmers an das Finanzamt abgeführt, muss sich das Finanzamt so behandeln lassen, als hätte der Steuerschuldner während der Insolvenz gezahlt, und muss deshalb den Betrag an die Masse zurückgeben. Dem Finanzamt steht für seinen Steueranspruch gegenüber dem Bauunternehmer nur die nach Insolvenzrecht zu ermittelnde Verteilungsquote zu.[490]

b) Zivilrecht

274　Die steuergesetzlichen Regelungen zur Bauabzugssteuer lassen den zwischen den Vertragsparteien bestehenden Bauvertrag in zivilrechtlicher Hinsicht unberührt. Das Vertragsverhältnis wird durch die gesetzliche Abzugsverpflichtung abgabenrechtlich lediglich überlagert. Der Besteller ist gegenüber dem Unternehmer berechtigt und gegenüber dem Finanzamt verpflichtet, 15 % des Bruttowerklohns einzubehalten und an das Finanzamt abzuführen, wenn die gesetzlichen Voraussetzungen vorliegen.[491]

275　Die Abführung des Steuerabzugsbetrages von Seiten des Bestellers an das für den Unternehmer zuständige Finanzamt führt in entsprechender Höhe zur Teilerfüllung der Vergütungsforderung des Unternehmers. Es gelten die Grundsätze, die der BGH zum umsatzsteuerlichen Abzugsverfahren gem. § 18 Abs. 8 UStG, § 51 UStDV a.F. aufgestellt hat.[492]

276　Die Erfüllung tritt danach auch dann ein, wenn die steuerrechtliche Rechtslage zur Zeit der Zahlung an den Fiskus ungeklärt ist. Der Besteller muss lediglich prüfen, ob die Voraussetzungen des Steuerabzugs nach dem Wortlaut des Gesetzes vorliegen. Nicht ganz abwegige Auslegungsfragen zum Wortlaut und Verständnis des Gesetzes gehen nicht zu seinen Lasten. Gleiches gilt für rechtliche Zweifelfragen.[493] Etwas anderes gilt, wenn für den Besteller auf Grund der im Zeitpunkt der Zahlung bekannten Umstände eindeutig erkennbar war, dass eine Verpflichtung zum Steuerabzug für ihn nicht bestand.[494]

14. Skontoabzug

a) Erfordernis Skontovereinbarung

277　Ein Skontoabzug stellt einen Abzug vom Rechnungsbetrag bei Zahlung innerhalb einer bestimmten Frist dar. Voraussetzung ist eine Skontovereinbarung zwischen den Vertragsparteien. Einen Handelsbrauch oder eine Verkehrssitte für einen Skontoabzug gibt es auch in der Baubranche nicht.[495] § 16 Abs. 5 Nr. 2 VOB/B stellt dies für VOB/B-Verträge ausdrücklich klar.

b) Abgrenzung zu Preisnachlassvereinbarung

278　Im Wege der Auslegung abzugrenzen ist die Skontovereinbarung von der Vereinbarung eines von dem Zeitpunkt des Rechnungsausgleichs unabhängigen Preisnachlasses. Insofern kommt eine Umdeutung einer unwirksamen Skontovereinbarung in eine Preisnachlass- bzw. Rabattvereinbarung nicht in Betracht.[496]

490　BFH, Beschl. v. 13.11.2002, I B 147/02, ZfBR 2003, 111, 113.
491　Kniffka/*von Rintelen*, § 631 Rn. 824.
492　BGH, Urt. v. 12.05.2005, VII ZR 97/04, BauR 2005, 1311, 1313; BGH, Urt. v. 17.07.2001, X ZR 13/99, BauR 2001, 1906, 1907 zum umsatzsteuerlichen Abzugsverfahren; Kniffka/*von Rintelen*, IBR-Online-Kommentar, § 631 Rn. 825.
493　BGH, Urt. v. 17.07.2001, X ZR 13/99, BauR 2001, 1906, 1909 f.
494　Kniffka/*von Rintelen*, IBR-Online-Kommentar, § 631 Rn. 825.
495　OLG Düsseldorf, Urt. v. 30.06.1992, 23 U 220/91, BauR 1992, 783, 784.
496　Ingenstau/Korbion/*Locher*, B § 16 Abs. 5 Rn. 3.

c) Hinreichende Bestimmbarkeit der Skontovereinbarung

279 Eine wirksame Skontovereinbarung setzt voraus, dass die Parteien hinreichend bestimmt Höhe und Bedingungen des Skontoabzuges, insbesondere im Hinblick auf die maßgebliche Zahlungsfrist, festgelegt haben.[497] Ausreichend ist insofern eine Skontovereinbarung »bei Zahlung nach § 16 VOB/B«, da insofern die Zahlungsfristen durch § 16 Abs. 1 Nr. 3 VOB/B im Hinblick auf Abschlagszahlungen und durch § 16 Abs. 3 Nr. 1 S. 1 VOB/B im Hinblick auf die Schlusszahlung festgelegt werden.[498] Entsprechendes gilt bei einer Skontovereinbarung »bei Einhaltung der Zahlung nach VOB/B«.[499] Ebenfalls hinreichend bestimmt ist eine Klausel, die den Beginn der Skontofrist an die Prüfbarkeit der eingegangenen Rechnung anknüpft.[500] Strittig ist, ob eine Skontovereinbarung bei Zahlung der Rechnung innerhalb einer bestimmten Frist wirksam ist. Nach einer Meinung soll mangels besonderer Anhaltspunkte für den Beginn der Skontofrist, z.B. durch Verweis auf die VOB/B, eine entsprechende Skontovereinbarung unwirksam sein, weil das Zahlungsziel nicht bestimmbar sei.[501] Nach anderer Auffassung soll eine solche Skontovereinbarung in dem Sinne auszulegen sein, dass für den Beginn der Skontofrist der Zugang der Rechnung beim Besteller maßgebend ist.[502] Der zuletzt genannten Auffassung ist der Vorzug zu geben, da die Einhaltung der Skontofrist durch den Rechnungsempfänger notwendigerweise den Zugang der Rechnung voraussetzt.

d) Gegenstand des Skontoabzuges

280 Strittig ist, ob ohne besondere Vereinbarung ein Skontoabzug nur beim Schlussrechnungsbetrag vorgenommen werden kann,[503] oder auch von Abschlagsrechnungsbeträgen.[504] Nach Sinn und Zweck einer Skontovereinbarung, den Besteller zu möglichst zügigen Zahlungen an den Unternehmer zu veranlassen, kann auch ohne besondere Anhaltspunkte eine entsprechende Vereinbarung im Zweifel nur in dem Sinne ausgelegt werden, dass alle Zahlungen Gegenstand der Skontoabrede sein sollen.[505]

281 Vorbehaltlich abweichender Vereinbarungen umfasst die Skontierung nur Vergütungsansprüche, nicht aber Schadensersatz- und/oder Entschädigungsansprüche des Unternehmers sowie z.B. nach § 6 Abs. 6 VOB/B oder nach § 9 Abs. 3 S. 2 VOB/B.[506]

e) Einhaltung der Skontoabzugsvoraussetzungen

282 Die Berechtigung zum Skontoabzug ist für jede Rechnung gesondert zu beurteilen, auch wenn der Besteller bezüglich anderer Rechnungen des Unternehmers die Skontofrist nicht einhält.[507] Voraussetzung für einen Skontoabzug ist ein vollständiger Ausgleich der jeweiligen Rechnung, soweit sie berechtigt ist, innerhalb der vereinbarten Skontofrist.[508] Maßgebend für die Einhaltung

---

497 OLG Düsseldorf, Urt. v. 30.06.1992, 23 U 220/91, BauR 1992, 783, 784; OLG Stuttgart, Urt. v.27.07.1997, 10 U 286/96, BauR 1998, 798, 799.
498 OLG Karlsruhe, Urt. v. 22.01.1999, 14 U 146/97, BauR 1999, 1028, 1029.
499 OLG Köln, Urt. v. 08.10.2002, 22 U 48/02, NZBau 2003, 377.
500 OLG Saarbrücken, Urt. v. 08.12.2009, 4 U 311/09, IBR 2010, 131 = NZBau 2010, 248 = NJW 2010, 880.
501 Ingenstau/Korbion/*Locher,* VOB/B § 16 Abs. 5 Rn. 11.
502 OLG München, Urt. v. 27.02.1987, 23 U 4946/86, ZfBR 1988, 151.
503 OLG Düsseldorf, Urt. v. 30.06.1992, 23 U 220/91, BauR 1992, 783, 784; Ingenstau/Korbion/*Locher,* B § 16 Abs. 5 Rn. 8.
504 OLG Karlsruhe, Urt. v. 22.01.1999, 14 U 148/97, BauR 1999, 1028, 1029; *Werner/Pastor,* Rn. 1691.
505 So auch OLG Brandenburg, Urt. v. 16.12.2009, 4 U 28/08, BauR 2010, 664 (LS.) = IBR 2010, 130.
506 Ingenstau/Korbion/*Locher,* B § 16 Abs. Rn. 3.
507 BGH, Urt. v. 29.09.2000, VII ZR 186/99, BauR 2000, 1754, 1755; OLG Karlsruhe, Urt. v. 22.01.1999, 14 U 146/97, BauR 1999, 1028, 1029; OLG Hamm, Urt. v. 12.01.1994, 12 U 66/93, BauR 1994, 774.
508 OLG Düsseldorf, Urt. v. 19.11.1999, 22 U 90/99, BauR 2000, 729, 730.

§ 632 BGB Vergütung

der Skontofrist ist die rechtzeitige Vornahme der Zahlungshandlung, z.B. bei Zahlung mittels Verrechnungsschecks die rechtzeitige Absendung des Schecks, nicht dagegen der Zahlungseingang.[509]

f) Skontoregelungen in AGBs

283 Skontovereinbarungen unterliegen als Preisnebenabreden der AGB-rechtlichen Inhaltskontrolle.[510] Grundsätzlich sind Skontoregelungen in AGBs zulässig.[511] Voraussetzung für die Wirksamkeit ist allerdings eine bestimmbare und transparente Regelung der Voraussetzungen für den Skontoabzug. Skontoregelungen in Allgemeinen Geschäftsbedingungen des Bestellers, die das Recht zum Skontoabzug von der willkürlichen Bestimmung der Skontofrist im Hinblick auf die Rechnungsprüfung des Architekten abhängig machen, sind wegen Verstoßes gegen § 307 BGB unwirksam.[512]

g) Darlegungs- und Beweislast

284 Der Besteller hat nicht nur die Darlegungs- und Beweislast im Hinblick auf die Skontovereinbarung, sondern auch im Hinblick auf sämtliche Voraussetzungen für den Skontoabzug, d.h. für den Beginn der Skontierungsfrist, in der Regel den Rechnungszugang, wie auch für die Rechtzeitigkeit der Zahlungshandlung.[513]

15. Zinsen

a) Fälligkeitszinsen

285 § 641 Abs. 4 BGB setzt eine sog. Fälligkeitsverzinsung der Vergütung i.H.v. 4 % gem. § 246 BGB, bei beiderseitigem Handelsgeschäften i.H.v. 5 % gem. § 352 HGB ab Abnahme des Gewerks fest, soweit nicht die Vergütung gestundet ist, vgl. *v. Berg*, § 641 Rdn. 67 ff.

b) Verzugs- und Prozesszinsen

286 Bei Zahlungsverzug nach Maßgabe des § 286 BGB gilt ein gesetzlicher Verzugszinssatz gem. § 288 Abs. 1 S. 2 BGB i.H.v. 5 % über dem Basiszinssatz, bei Rechtsgeschäften, an denen Verbraucher im Sinne des § 13 BGB nicht beteiligt ist, i.H.v. 8 % über Basiszinssatz gemäß § 288 Abs. 2 BGB, vgl. *Glöckner*, §§ 287–292, Rdn. 7 ff. Gemäß § 291 BGB findet die entsprechende Verzinsung ab Rechtshängigkeit statt, auch wenn der Besteller nicht im Zahlungsverzug ist, nicht jedoch vor Eintritt der Fälligkeit der Geldschuld, vgl. *Glöckner*, §§ 287–292 BGB, Rdn. 11.

16. Vergütungsvereinbarung ohne Rechnung

a) Auswirkungen einer Ohne-Rechnung-Abrede auf den Werkvertrag

287 Der BGH hat zunächst entschieden, dass eine Abrede zwischen den Vertragsparteien zur Vergütungszahlung ohne Rechnungsstellung, wenn sie eine Steuerhinterziehung zum Ziel hat, zwar unwirksam sei, aber grundsätzlich keinen Einfluss auf die Wirksamkeit des Werkvertrages habe, da i.d.R. Hauptzweck des Vertrages nicht die Steuerhinterziehung, sondern die Errichtung des vereinbarten Werkes sei.[514] Im Übrigen habe auch eine Nichtigkeit der Ohne-Rechnung-Abrede keinen Einfluss auf die von dem Besteller lediglich ohne Mehrwertsteuer geschuldete vereinbarte Vergütung.[515]

---

509 BGH, Urt. v. 11.02.1998, VII ZR 287/97, BauR 1998, 398, 399, OLG Düsseldorf, a.a.O.
510 Ingenstau/Korbion/*Locher*, B § 16 Abs. 5 Rn. 16.
511 BGH, Urt. v. 25.01.1996, VII ZR 233/94, BauR 1996, 378, 379.
512 OLG Frankfurt, Urt. v. 21.09.1988, 17 U 191/87, NJW-RR 1988, 1485, 1486.
513 OLG Düsseldorf, Urt. v. 08.09.2000, 22 U 25/00, BauR 2001, 1268, 1269.
514 BGH, Urt. v. 21.12.2000, VII ZR 192/98, BauR 2001, 630, 631 f.
515 BGH, a.a.O., S. 632.

Von dieser Rechtsprechung ist der BGH nunmehr ausdrücklich abgerückt. Danach führt die 288
Nichtigkeit der Ohne-Rechnung-Abrede gemäß § 139 BGB zur Gesamtnichtigkeit des Werkvertrages, wenn nicht anzunehmen ist, dass der Vertrag auch ohne die Ohne-Rechnung-Abrede zu den gleichen Bedingungen zu Stande gekommen wäre.[516] Dies wird der Ausnahmefall sein. Außerdem hat der BGH zum Ausdruck gebracht, dass er nicht mehr daran festhalte, dass die Nichtigkeit der Ohne-Rechnung-Abrede auf die Höhe der vereinbarten Vergütung regelmäßig keinen Einfluss habe.

b) Zahlungsansprüche des Unternehmers bei Ohne-Rechnung-Abrede

Der BGH hat sich, soweit erkennbar, bisher noch nicht dazu geäußert, welche Ansprüche der Unternehmer für eine auf Grund Ohne-Rechnung-Abrede erbrachte Leistung gegenüber dem Besteller geltend machen kann. In der Literatur werden dazu unterschiedliche Auffassungen vertreten. 289

aa) Vergütung nach Maßgabe des § 632 Abs. 2 BGB?

Zum einen wird ein Anspruch auf übliche Vergütung gemäß § 632 Abs. 2 BGB angenommen, 290
der als Bruttovergütungsanspruch die Mehrwertsteuer einschließen würde.[517] Dies erscheint indes fraglich. Wenn die Unwirksamkeit der Ohne-Rechnung-Abrede nicht den Gesamtvertrag erfasst, bliebe auch die § 632 BGB ausschließende Vergütungsvereinbarung zwischen den Parteien wirksam. Ist dagegen über § 139 BGB eine Gesamtnichtigkeit des Werkvertrages anzunehmen, wäre für § 632 BGB ebenfalls kein Raum, da dieser den Abschluss eines wirksamen Werkvertrages voraussetzt, vgl. Rdn. 2.

bb) Ansprüche aus Geschäftsführung ohne Auftrag und Bereicherungsrecht

Auf Grund der im Zweifel anzunehmenden Gesamtunwirksamkeit des Werkvertrages infolge der 291
Nichtigkeit der Ohne-Rechnung-Abrede kommen Ansprüche des Unternehmers auf Aufwendungsersatz nach den Regeln der Geschäftsführung ohne Auftrag oder bereicherungsrechtliche Ansprüche in Betracht. Bezüglich der zuerst genannten Ansprüche erscheint die Annahme eines Fremdgeschäftsführungswillens des Unternehmers zweifelhaft.[518]

Naheliegender erscheinen insofern bereicherungsrechtliche Ansprüche des Unternehmers. Entsprechenden Ansprüchen kann insofern nicht die Kondiktionssperre des § 817 S. 2 BGB entgegengehalten werden.[519] Gegenstand des Bereicherungsanspruches ist die infolge der Bauleistung des Unternehmers herbeigeführte Verkehrswertsteigerung des Baugrundstücks des Bestellers.[520] Ein Risikoabschlag[521] ist insofern nicht vorzunehmen, da nach der nunmehrigen Rechtsprechung des BGH[522] dem Unternehmer nach Treu und Glauben nicht mehr gestattet werden soll, gegenüber Mängelansprüchen des Bestellers die Unwirksamkeit des Werkvertrages auf Grund der Ohne-Rechnung-Abrede entgegenzuhalten.[523]

In Betracht zu ziehen ist umgekehrt, dass sich der Besteller, der sich an der Ohne-Rechnung-Abrede bewusst beteiligt hat, nach Treu und Glauben ebenfalls nicht auf die Nichtigkeit des Gesamtvertrages berufen kann, wenn und soweit bereicherungsrechtliche Ansprüche des Unternehmers

---

516 BGH, Urt. v. 24.04.2008, VII ZR 42/07, BauR 2008, 1301, 1302; BGH, Urt. v. 14.04.2008, VII ZR 140/07, BauR 2008, S. 1330, 1331.
517 *Hochstadt*, ZfIR 2008, 626 f.
518 *Orlowski*, BauR 2008, 1963, 1970.
519 Vgl. BGH, Urt. v. 31.05.1990, VII ZR 336/89, BauR 1990, 721, 722.
520 BGH, Urt. v. 22.06.2001, VII ZR 128/00, NJW 2001, 3118.
521 Vgl. BGH, Urt. v. 31.05.1990, VII ZR 336/89, BauR 1990, 721.
522 BGH, Urt. v. 24.04.2008, VII ZR 42/07, BauR 2008, 1301, 1302; BGH, Urt. v. 14.04.2008, VII ZR 140/07, BauR 2008, 1330, 1331.
523 *Orlowski*, BauR 2008, 1963, 1970.

betragsmäßig hinter der vertraglich vereinbarten Vergütung ohne Mehrwertsteuer zurückbleiben sollten.[524]

17. Darlegungs- und Beweislast für Fehlen einer Vergütungsvereinbarung

a) Grundsätze

292 Nach allgemeiner Auffassung trifft den Unternehmer, der eine Vergütung gem. § 632 BGB geltend gemacht, gegenüber der Behauptung des Bestellers im Hinblick auf eine Vergütungsvereinbarung die negative Beweislast im Hinblick auf das Nichtbestehen einer solchen Vergütungsvereinbarung als Voraussetzung für die Anwendbarkeit des § 632 BGB.[525] Dies gilt auch für den VOB-Vertrag.[526]

293 Allerdings trifft den Besteller insofern eine qualifizierte Erstdarlegungslast. D.h. er muss die behauptete Vereinbarung, nach Ort, Zeit, beteiligten Personen und äußeren Umständen substantiiert vortragen.[527]

b) Besonderheiten bei Architekten- und Ingenieurverträgen

294 Eine andere Beweislastverteilung ergibt sich bei Architekten- und Ingenieurverträgen, soweit sie nach der HOAI n.F. noch zwingendem Preisrecht unterliegen. Gem. § 4 Abs. 4 HOAI a.F. bzw. § 7 Abs. 6 HOAI n.F. gelten mangels schriftlicher Vereinbarung bei Auftragserteilung die Mindestsätze als vereinbart. Insofern hat der Besteller im Hinblick auf § 4 Abs. 2 HOAI a.F. bzw. § 7 Abs. 3 HOAI n.F. eine (wirksame) Vereinbarung unterhalb der Mindestsätze zu beweisen.[528]

III. Unwirksamkeit der Vergütungsvereinbarung

1. Entsprechende Anwendung des § 632 BGB bei nichtiger Vergütungsvereinbarung

295 Anstelle des Fehlens einer Vergütungsvereinbarung kommt als Voraussetzung für § 632 BGB auch eine Vergütungsvereinbarung in Betracht, die nichtig ist.

So hat der BGH mit jüngst ergangener Entscheidung eine Einheitspreisvereinbarung im Rahmen eines VOB/B-Vertrages als sittenwidrig gem. § 138 BGB und damit nichtig verworfen, soweit der nach § 2 Abs. 3 oder § 2 Abs. 5 VOB/B neu zu vereinbarende Einheitspreis für Mehrmengen in einem auffälligen, wucherähnlichen Missverhältnis zur Bauleistung steht.[529] Statt des vereinbarten Einheitspreises ist in entsprechender Anwendung des § 632 Abs. 2 BGB die übliche Vergütung als vereinbart anzusehen. Die Meinung des Vorgerichtes, dass von der Vereinbarung eines Preises mit dem gerade noch zulässigen Höchstmaß auszugehen sei, hat der BGH verworfen.[530]

2. Besonderheit bei Verstoß gegen Preisrecht der HOAI

296 Anders ist die Rechtslage bei Überschreitung der zulässigen Höchstsätze gemäß HOAI, ohne dass die gesetzlichen Voraussetzungen für eine entsprechende Überschreitung vorliegen würden. Inso-

---

524 *Orlowski*, a.a.O.
525 BGH, Urt. v. 04.10.1979, VII ZR 319/78, BauR 1980, 84, 85; BGH, Urt. v. 23.01.1996, X ZR 63/94, NJW-RR 1996, 952; Baumgärtel/*Kessen*, § 632 Rn. 18; Kniffka/*von Rintelen*, IBR-Online-Kommentar, § 632 Rn. 17.
526 BGH, Urt. v. 09.04.1981, VII ZR 262/80, BauR 1981, 388; BGH, Urt. v. 06.12.2001, VII ZR 241/00, BauR 2002, 613, 615; Kniffka/*von Rintelen*, a.a.O.
527 BGH, Urt. v. 26.03.1992, VII ZR 180/91, BauR 1992, 505, 506.
528 BGH, Urt. v. 25.07.2002, VII ZR 143/01, BauR 2002, 1720, Kniffka/*von Rintelen*, a.a.O.
529 BGH, Urt. v. 18.12.2008, VII ZR 201/06, BauR 2009, 491.
530 BGH, Urt. v. 18.12.2008, VII ZR 201/06, BauR 2009, 491, 496.

fern gilt nicht ein Honorar in Höhe der Mindestsätze gem. HOAI oder ein davon abweichendes übliches Architektenhonorar, als vereinbart, sondern der zulässige Höchstsatz.[531]

IV. Erwartbarkeit einer Vergütungspflicht

1. Umstände, nach denen die Herstellung des Werks nur gegen eine Vergütung zu erwarten ist

a) Objektiver Maßstab

Entscheidend ist, ob die Umstände des Einzelfalls ergeben, dass eine Vergütung bestimmter Leistungen des Unternehmers üblich ist.[532] Erforderlich sind objektiv erkennbare Umstände. Bloße subjektive Vorstellungen reichen nicht, jedenfalls soweit sie nicht erkennbar geworden sind.[533] 297

b) Erfahrungssatz

Der Unternehmer kann sich auf den Erfahrungssatz berufen, dass Unternehmer in Ausübung ihrer beruflichen Tätigkeit üblicherweise entgeltlich tätig werden.[534] Diese Regel gilt auch, wenn nur begrenzte Unternehmerleistungen erbracht werden, zumal wenn sie auf Grund der für die Anwendbarkeit des § 632 BGB erforderlichen Herstellungspflicht des Unternehmers mit erheblichen Haftungsrisiken verbunden sind.[535] 298

c) Leistungsänderungen/-erweiterungen

Nach der Rechtsprechung ergibt sich ein entsprechender Erfahrungssatz für zusätzliche oder geänderte Leistungen, über die sich die Parteien geeinigt haben, ohne dass eine Vergütungsvereinbarung getroffen worden ist, soweit die Mehraufwendungen nicht so gering sind, dass üblicherweise dafür kein Entgelt verlangt wird,[536] vgl. Rdn. 181 und 191. 299

d) Architekten-/Ingenieurleistungen

Umstritten ist, ob es für die Beurteilung der Vergütungspflicht rechtsverbindlich übernommener Architekten-/Ingenieurleistungen noch darauf ankommt, ob diese Leistungen nur gegen eine Vergütung zu erwarten sind. Nach der Rechtsprechung sind die Voraussetzungen des § 632 Abs. 1 BGB auch im Hinblick auf Architekten- und Ingenieurleistungen maßgebend, soweit keine Vergütungsvereinbarung getroffen worden ist.[537] Nach anderer Auffassung findet § 632 BGB im Rahmen des zwingenden Preisrechtes der HOAI von vornherein keine Anwendung. Vielmehr gelten mangels schriftlicher Vereinbarung bei Auftragserteilung gemäß § 4 Abs. 4 HOAI a.F. bzw. § 7 Abs. 6 HOAI n.F. die Mindestsätze als vereinbart.[538] Jedenfalls gilt § 632 BGB in vollem Umfang für Architekten- und Ingenieurleistungen, für die die HOAI keinen verbindlichen Vergütungsrahmen vorgibt. Der Kreis entsprechend preisrechtlich nicht regulierter Leistungen ist durch die HOAI in der neuen Fassung erheblich erweitert worden, vgl. § 3 HOAI Rdn. 5 f. Im Übrigen geht es auch im Rahmen preisrechtlich regulierter Architekten- und Ingenieurleistungen in der Regel bereits darum, ob diesbezüglich ein rechtswirksamer Vertragsabschluss anzunehmen ist oder lediglich eine Akquisitionstätigkeit, vgl. Rdn. 18 ff. 300

---

531 Korbion/Mantscheff/Vygen, 7. Aufl., § 4 HOAI a.F. Rn. 114 m.w.N.
532 BGH, Urt. v. 09.04.1987, VII ZR 266/86, BauR 1987, 454, 455.
533 Kniffka/*von Rintelen*, IBR-Online-Kommentar, § 632 Rn. 19.
534 BGH, Urt. v. 09.04.1987, VII ZR 266/86, BauR 1987, 454, 455.
535 BGH, a.a.O.; Kniffka/*von Rintelen*, IBR-Online-Kommentar, § 632 Rn. 20.
536 BGH, Urt. v. 27.11.2003, VII ZR 53/03, BauR 2004, 488, 493.
537 BGH, Urt. v. 09.04.1987, VII ZR 266/86, BauR 1987, 454, 455; OLG München, 15.04.2008, 9 U 4609/07, BauR 2009, 1461, 1462.
538 Pott/Dahlhoff/Kniffka/*Rath*, HOAI § 1 Rn. 16.

2. Ausnahmetatbestände

a) Gefälligkeitsverhältnisse

301 Der Erfahrungssatz der Entgeltlichkeit gilt nicht, wenn der Unternehmer auf Grund freundschaftlicher, nachbarschaftlicher oder verwandtschaftlicher Beziehung vertraglich bindend tätig wird.[539] Soweit hier reine Gefälligkeitsverhältnisse ohne Übernahme einer Herstellungsverpflichtung des Unternehmers begründet werden, scheitert eine Vergütung nach § 632 BGB bereits an dem erforderlichen Abschluss eines Werkvertrages.[540]

302 Im Übrigen bezieht sich die fehlende Vergütungspflicht im Hinblick auf die Nachbarschaftshilfe ausschließlich auf die Arbeitsleistungen, nicht jedoch auf zusätzliche Materialgestellungen seitens des Nachbarn.[541]

b) Erwartung Folgebeauftragung

303 Eine Durchführung üblicherweise entgeltlicher Unternehmertätigkeiten löst ausnahmsweise dann keine Vergütungspflicht des Bestellers aus, wenn sie erkennbar nur in der Erwartung der späteren Erteilung eines weitergehenden Auftrages, eines Folgeauftrages oder einer langfristigen Zusammenarbeit erbracht werden und dafür die Grundlage geschaffen werden soll.[542] Soweit es sich insofern um eine reine Akquisitionstätigkeit ohne vertragliche Herstellungsverpflichtung des Unternehmers handelt, scheidet von vornherein eine Vergütung nach § 632 BGB aus, vgl. Rdn. 18 ff. Soweit jedoch eine Herstellungsverpflichtung im Hinblick auf nicht unerhebliche Leistungen dieser Art übernommen wird, ist nur mit Zurückhaltung von einer Unentgeltlichkeit auszugehen.[543]

3. Darlegungs- und Beweislast

a) Grundsatz

304 Der Unternehmer hat darzulegen und zu beweisen, dass die von ihm geschuldete Herstellung nur gegen Vergütung zu erwarten ist.[544] Wenn durchgreifende Zweifel bestehen, dass die Herstellung des Werkes nur gegen eine Vergütung zu erwarten war, besteht keine Vergütungspflicht gemäß § 632 Abs. 1 BGB.[545]

b) Ausnahmetatbestände

305 Die Beweislast liegt auch dann beim Unternehmer, wenn der Erfahrungssatz eingreift, dass Unternehmer in Ausübung ihrer beruflichen Tätigkeit üblicherweise nur entgeltlich tätig werden, wenn der Besteller demgegenüber substantiiert Ausnahmetatbestände, wie die Übernahme der Herstellungspflicht auf Grund freundschaftlicher, nachbarschaftlicher oder verwandtschaftlicher Beziehungen oder in der erkennbaren Erwartung der Erteilung weitergehender Aufträge, Folgeaufträge und/oder einer langfristigen Zusammenarbeit vorträgt.[546]

---

539 Kniffka/*von Rintelen*, IBR-Online-Kommentar, § 632 Rn. 21, OLG Köln, Urt. v. 25.03.1994, 19 U 212/93, NJW-RR 1994, 1239.
540 Messerschmidt/Voit/*Boldt*, § 632 Rn. 25.
541 OLG Köln, Urt. v. 25.03.1994, 19 U 212/93, NJW-RR 1994, 1239.
542 BGH, Urt. v. 05.06.1997, VII ZR 124/96, BauR 1997, 1060, 1061.
543 Kniffka/*von Rintelen*, IBR-Online-Kommentar, § 632 Rn. 23.
544 BGH, Urt. v. 09.04.1987, VII ZR 266/86, 454, 455; OLG München, Urt. v. 15.04.2008, 9 U 4609/07, BauR 2009, 1461, 1462.
545 BGH, Urt. v. 08.06.2004, X ZR 211/02, NZBau 2004, 498, 499.
546 BGH, Urt. v. 05.06.1997, VII ZR 124/96, BauR 1997, 1060, 1061 = BGHZ 136, 33; Baumgärtel/*Kessen*, § 632 Rn. 12; Kniffka/Koeble, 5. Teil Rn. 47.

V. Rechtsfolge

1. Geltung einer stillschweigenden Vergütungsvereinbarung

Nach h.M. begründet § 632 Abs. 1 BGB die Fiktion einer stillschweigenden Vergütungsvereinbarung.[547] Nach a.A. soll es sich lediglich um eine Auslegungsregel handeln.[548] Der X. Senat des BGH hat die rechtliche Einordnung offen gelassen.[549] Im Ergebnis sind die unterschiedlichen Auffassungen nur von akademischer Bedeutung.

306

2. Abweichende Vereinbarungen

a) Unentgeltlichkeit

Es steht den Parteien im Rahmen ihrer Vertragsfreiheit frei, in Abbedingung des § 632 BGB eine Unentgeltlichkeit der Unternehmerleistungen zu vereinbaren. Auch bezüglich Architekten- und Ingenieurleistungen können die Parteien trotz zwingenden Preisrechts eine Unentgeltlichkeit vereinbaren, während bei Entgeltlichkeit eine Vereinbarung unterhalb der Mindestsätze gem. § 4 Abs. 2 HOAI a.F. bzw. § 7 Abs. 3 HOAI n.F. nur in Ausnahmefällen zulässig sein dürfte.[550]

307

b) Bedingte Vergütungspflicht

Stattdessen können die Parteien trotz Vereinbarung einer unbedingten Herstellungsverpflichtung des Unternehmers die Vergütungspflicht des Bestellers unter eine aufschiebende Bedingung, z.B. der gesicherten Finanzierung des Bauvorhabens, oder eine auflösende Bedingung gemäß § 158 BGB stellen.[551] Der Unternehmer übernimmt insofern vertragliche Herstellungsverpflichtungen auf eigenes Risiko. An die Annahme einer entsprechenden Bedingungsvereinbarung sind hohe Anforderungen zu stellen, jedenfalls wenn der Besteller Vorarbeiten des Unternehmens in erheblichem Umfang geduldet hat.[552]

308

c) Darlegungs- und Beweislast

aa) Unentgeltlichkeitsvereinbarung

Die Darlegungs- und Beweislast für eine Unentgeltlichkeitsvereinbarung trägt der Besteller.[553] Dies weicht grundsätzlich von der Beweislastregel ab, dass der Unternehmer, der eine Vergütung nach § 632 BGB geltend gemacht, gegenüber der substantiierten Darlegung des Bestellers im Hinblick auf eine Vergütungsvereinbarung, die negative Beweislast für das Nichtbestehen der behaupteten Vereinbarung trägt. Einen möglichen Missbrauch seitens des Bestellers, der anstelle der Vereinbarung einer völligen Unentgeltlichkeit die Vereinbarung einer exorbitant geringen Vergütung für die Vertragsleistungen des Unternehmers behauptet, ist dadurch zu begegnen, dass das Gericht im Rahmen der Beweiswürdigung der entsprechenden Behauptung des Bestellers im Zweifel nicht nachkommen wird.[554]

309

---

547 Kniffka/*von Rintelen*, IBR-Online-Kommentar, § 632 Rn. 2; MüKo-BGB/*Busche*, § 632 Rn. 4; Staudinger/*Peters/Jacoby*, § 632 Rn. 45.
548 Soergel/*Teichmann*, § 632 Rn. 2.
549 BGH, Urt. v. 04.04.2006, X ZR 122/05, NJW 2006, 2472.
550 BGH, Urt. v. 09.04.1987, VII ZR 266/86, BauR 1987, 454, 455; BGH, 24.06.1999, VII ZR 196/98, BauR 1999, 1319, 1321.
551 BGH, Urt. v. 28.03.1985, VII ZR 180/84, BauR 1985, 467; Kniffka/*von Rintelen*, IBR-Online-Kommentar, § 632 Rn. 9 und Rn. 25; Kniffka/Koeble, 12. Teil Rn. 18 ff.
552 Baumgärtel/*Kessen*, § 632 Rn. 9.
553 BGH, Urt. v. 09.04.1987, VII ZR 266/86, BauR 1987, 454, 455; BGH, Urt. v. 24.06.1999, VII ZR 196/98, BauR 1999, 1319, 1321; Baumgärtel/*Kessen*, § 632 Rn. 9.
554 Baumgärtel/*Kessen*, § 632 Rn. 21.

bb) Bedingte Vergütungspflicht

310 Im Gegensatz zur Vereinbarung einer Bedingung für den Werkvertragsabschluss liegt die Darlegungs- und Beweislast für die Vereinbarung einer aufschiebenden Bedingung für die Vergütungspflicht des Bestellers bei unbedingter Übernahme einer Herstellungsverpflichtung des Unternehmers ebenfalls beim Besteller, da die Vereinbarung zur verpflichtenden Tätigkeit des Unternehmers auf eigenes Risiko nicht anders zu behandeln ist als eine Unentgeltlichkeitsvereinbarung.[555] Gelingt dem Besteller der Beweis für eine entsprechende Bedingungsvereinbarung, hat der Unternehmer den Eintritt der Bedingung zu beweisen.

311 Die Darlegungs- und Beweislast für die Vereinbarung und den Eintritt einer die Vergütungspflicht auflösenden Bedingung liegt dagegen in vollem Umfang beim Besteller, vgl. Rdn. 30.

B. Vergütungshöhe bei fehlender Bestimmung (Abs. 2)

312 Bei fehlender Vereinbarung zur Höhe der Vergütung enthält § 632 Abs. 2 BGB ebenfalls eine Fiktion bzw. Auslegungsregel im Hinblick auf die Vereinbarung der Vergütungshöhe.

I. Verhältnis zu § 632 Abs. 1 BGB

313 § 632 Abs. 2 BGB gilt nicht nur bei gänzlichem Fehlen einer Vergütungsvereinbarung i.S.v. § 632 Abs. 1 BGB, sondern auch für den Fall, dass die Parteien eine Vergütungspflicht dem Grunde nach vereinbart, jedoch die Höhe der Vergütung nicht festgelegt haben.[556] Wenn die Vertragsparteien eine Vergütung nach Zeitaufwand vereinbart haben, ohne die Stundensätze festzulegen, gelten gemäß § 632 Abs. 2 BGB die ortsüblichen Stundensätze[557]

II. Vorrang einer Vereinbarung zur Vergütungshöhe

314 Jegliche Vereinbarung zwischen den Parteien zur Höhe der Vergütung für das vereinbarte Leistungssoll schließt § 632 Abs. 2 BGB aus, vgl. Rdn. 30. Insofern ist auch eine ergänzende Vertragsauslegung oder die Vereinbarung eines Leistungsbestimmungsrechtes einer Partei gemäß §§ 315, 316 BGB im Hinblick auf die Vergütungshöhe vorrangig.[558]

1. Bestimmbarkeit der Vergütung

315 § 632 Abs. 2 BGB wird nicht nur durch die Vereinbarung einer von vornherein zahlenmäßig festgelegten Vergütung ausgeschlossen, sondern auch durch die Vereinbarung von Vergütungsmaßstäben, aus denen sich nach Fertigstellung der Werkvertragsleistungen die geschuldete Vergütung errechnen lässt,[559] vgl. Rdn. 31.

2. Ergänzende Vertragsauslegung

a) Vergütungshöhe

316 Bei Fehlen einer ausdrücklichen Vereinbarung über die Vergütungshöhe bezüglich des Leistungssolls ist zunächst im Wege der ergänzenden Vertragsauslegung die Höhe der geschuldeten Vergütung nach dem hypothetischen Willen der Vertragsparteien unter Berücksichtigung der erkennbaren Interessen der Parteien zu ermitteln.[560]

---

555 Kniffka/*von Rintelen*, IBR-Online-Kommentar, § 632 Rn. 25.
556 Kniffka/*von Rintelen*, IBR-Online-Kommentar, § 632 Rn. 26.
557 Kniffka/*von Rintelen*, IBR-Online-Kommentar, § 631 Rn. 403.
558 Kniffka/*von Rintelen*, IBR-Online-Kommentar, Rn. 26.
559 BGH, Urt. v. 01.02.2000, X ZR 198/97, BauR 2000, 1196, 1197.
560 BGH, Urt. v. 09.04.2006, X ZR 122/05, BauR 2006, 1341, 1343.

b) Bandbreite üblicher Vergütung

Eine im Wege der ergänzenden Vertragsauslegung ermittelbare Vergütung geht nicht nur der Geltung einer taxmäßigen oder üblichen Vergütung vor. Die ergänzende Vertragsauslegung ist auch vorrangig, wenn sich bei Fehlen einer Taxe eine übliche Vergütung nicht auf einen festen Betrag oder Satz festlegen lässt, sondern sich innerhalb einer bestimmten Bandbreite bewegt. Auch in diesem Rahmen ist die maßgebliche übliche Vergütung innerhalb der Bandbreite zunächst im Wege der ergänzenden Vertragsauslegung zu ermitteln. Insofern ist auf die den Gegenstand der Leistung und die das Verhältnis der Parteien prägenden Umstände abzustellen, die in aller Regel eine hinreichende Grundlage für die Festlegung der interessengerechten Vergütung bilden.[561]   317

3. Leistungsbestimmungsrechten gem. §§ 315, 316 BGB

a) Vertragliche Vereinbarung

Im Wege der Auslegung kann sich die Vereinbarung eines Leistungsbestimmungsrechtes einer Vertragspartei im Hinblick auf die Vergütungshöhe gem. §§ 315, 316 BGB ergeben. Ein entsprechender Fall kann bei der Vereinbarung einer »angemessenen Vergütung« angenommen werden.[562]   318

b) Subsidiäre Geltung

Außerhalb der vertraglichen Einräumung eines Leistungsbestimmungsrechtes bezüglich der Vergütungshöhe sind die §§ 315, 316 BGB grundsätzlich nicht anwendbar, wenn sich der Umfang der Vergütung durch objektive Beurteilungsmaßstäbe festlegen lässt, wie sie durch § 632 Abs. 2 BGB vorgegeben sind.[563] Nur wenn sich eine Vergütung im Wege der ergänzenden Vertragsauslegung oder einer taxmäßigen oder üblichen Vergütung nicht ermitteln lässt, ist der Unternehmer berechtigt, gemäß §§ 313, 316 BGB die Vergütung nach billigem Ermessen festzulegen. Insofern hat er jedoch ggf. die Grenzen einer Bandbreite in Betracht kommender üblicher Vergütungen einzuhalten.[564] Eine entsprechende Bestimmung des Unternehmers ist ggf. im Hinblick auf die Einhaltung dieser Bandbreiten und im Übrigen im Hinblick auf die Billigkeit der Entscheidung in vollem Umfang gerichtlich überprüfbar.[565]   319

4. Darlegungs- und Beweislast

a) Grundsatz

Die Darlegungs- und Beweislast für das Fehlen einer Vereinbarung über die Vergütungshöhe legt ebenso wie für das Fehlen einer Vergütungsvereinbarung beim Unternehmer, der eine taxmäßige oder übliche Vergütung geltend macht.[566]   320

b) Einseitige Leistungsbestimmung

Nimmt der Unternehmer eine Leistungsbestimmungsrecht im Hinblick auf die Höhe der Vergütung gemäß §§ 315, 316 BGB für sich in Anspruch, hat er die Voraussetzungen für die Vereinbarung eines Leistungsbestimmungsrechtes oder die subsidiäre Geltung des entsprechenden Rechtes, vgl. Rdn. 319, darzulegen und zu beweisen.[567] Der Unternehmer hat nach herrschender   321

---

561 BGH, a.a.O.
562 Kniffka/*von Rintelen*, IBR-Online-Kommentar, § 632 Rn. 26, Palandt/*Grüneberg*, § 315 Rn. 6.
563 BGH, Urt. v. 06.12.2001, III ZR 296/00, NJW 2002, 817; Kniffka/*von Rintelen*, IBR-Online-Kommentar, Rn. 26.
564 BGH, Urt. v. 04.04.2006, BauR 2006, 1341, 1344.
565 BGH, a.a.O.
566 BGH, Urt. v. 04.10.1979, VII ZR 319/78, BauR 1980, 84, 85; Baumgärtel/*Kessen*, § 632 Rn. 18.
567 Palandt/*Grüneberg*, BGB § 315 Rn. 20.

Meinung auch die Darlegungs- und Beweislast für die Billigkeit der getroffenen Bestimmung.[568] Er kann insofern zur Offenlegung seiner Kalkulation verpflichtet sein.[569]

III. Taxmäßige Vergütung

322 Wenn keine vorrangige Vereinbarung zur Vergütungshöhe gegeben ist, wird bei Bestehen einer Taxe ist die taxmäßige Vergütung geschuldet. Taxe ist ein hoheitlich nach Bundes- oder Landesrecht festgelegter Preis.[570]

323 Im Baubereich steht die HOAI im Vordergrund. Maßgebend sind insofern mangels abweichender schriftlicher Honorarvereinbarung bei Auftragserteilung gemäß § 4 Abs. 4 HOAI a.F. bzw. § 7 Abs. 6 HOAI n.F. die Mindestsätze, soweit die HOAI einen Vergütungsrahmen zwingend vorschreibt. Allerdings ist der Umfang der zwingenden preisrechtlichen Regelungen durch die Neufassung der HOAI erheblich eingeschränkt worden. Die verbindlichen Honorarregelungen gelten nur noch für Leistungen gem. den Teilen 2 bis 4 (§ 17 ff.) der HOAI n.F. (vgl. § 3 Abs. 1 S. 1 HOAI n.F.). In Bezug genommen sind insofern die Planungsleistungen für Flächenplanung (Bauleitplanung, Landschaftsplanung), Objektplanung (gebäude- und raumbildende Ausbauten, Freianlagen, Ingenieurbauwerke, Verkehrsanlagen) unter Einbeziehung der Objekts- bzw. Bauüberwachung sowie Fachplanungsleistungen für Tragwerksplanung und Technische Ausrüstung. Die Darlegungs- und Beweislast für die das Honorar bestimmenden Faktoren liegt beim Architekten bzw. Ingenieur.[571]

IV. Übliche Vergütung

324 Wenn auch keine taxmäßige Vergütung gegeben ist, gilt die übliche Vergütung als vereinbart. Es ist daher stets vorrangig das Bestehen einer taxmäßigen Vergütung zu prüfen.

1. Kriterien der Üblichkeit

a) Grundsatz

325 Üblich i.S.v. § 632 Abs. 2 BGB ist die Vergütung, die zur Zeit des Vertragsabschlusses nach allgemeiner Auffassung der beteiligten Kreise am Ort der Werkleistung gewährt zu werden pflegt. Vergleichsmaßstab sind Leistungen gleicher Art, gleicher Güte und gleichen Umfangs. Die Anerkennung der Üblichkeit setzt gleiche Verhältnisse in zahlreichen Einzelfällen voraus.[572]

b) Architekten- und Ingenieurleistungen

326 Die HOAI in der neuen Fassung eröffnet gegenüber der alten Fassung in sehr viel weitergehendem Maße die Möglichkeit der Vertragsparteien zu Vergütungsvereinbarungen außerhalb des zwingenden Preisrechtes. Zu nennen sind zum einen gemäß § 3 Abs. 1 S. 2 HOAI n.F. die Honorare für Beratungsleistungen gemäß Anlage 1 zur HOAI. Im Falle der Beauftragung entsprechender Beratungsleistungen ohne Vergütungsvereinbarung gilt gemäß § 632 Abs. 2 BGB die übliche Vergütung, die erforderlichenfalls durch Sachverständigengutachten zu ermitteln ist. Es dürfte absehbar sein, dass sich als die übliche Vergütung an den Honorartabellen gemäß Anlage 11 zur HOAI n.F. ausrichten wird, vgl. § 3 HOAI Rdn. 13.

---

568 BGH, Urt. v. 30.04.2003, VII ZR 279/02, NJW 2003, 3131, 3132.
569 BGH, Urt. v. 10.10.1991, III ZR 100/90, NJW 1992, 171, 174.
570 Kniffka/*von Rintelen*, IBR-Online-Kommentar, § 632 Rn. 27.
571 BGH, Urt. v. 04.10.1979, VII ZR 319/98, BauR 1980, 84, 85.
572 BGH, Urt. v. 26.10.2000, VII ZR 239/98, BauR 2001, 249, 250, Kniffka/*von Rintelen*, IBR-Online-Kommentar, § 632 Rn. 28.

Zum anderen sind die Honorare für Leistungsänderungen und Zusatzleistungen auf Anordnung 327
bzw. Veranlassung des Auftraggebers gemäß § 3 Abs. 2 S. 2 HOAI n.F. und § 7 Abs. 5 HOAI n.F.
zu sehen. Bei Anordnung bzw. Veranlassung ohne entsprechende Vergütungsvereinbarung ist für
die entsprechend geänderten und zusätzlichen Architekten-/Ingenieurleistungen einmal mehr
ggfls. durch Sachverständigengutachten zu ermittelnde übliche Vergütung gemäß § 632 Abs. 2
BGB zu Grunde zu legen, vgl. § 7 HOAI Rdn. 23.

Schließlich sind die besonderen Leistungen gemäß § 3 Abs. 3 HOAI n.F. i.V.m. der nicht abschlie- 328
ßenden Aufzählung in der Anlage 2 zu HOAI n.F. anzuführen. Während § 5 Abs. 4 HOAI a.F. eine
gesonderte Vergütung für besondere Leistungen nur bei schriftlicher Vereinbarung des Honorars
zulässt, kann gemäß § 3 Abs. 3 S. 2 HOAI n.F. eine entsprechende Vergütung nicht nur mündlich
vereinbart werden. Vielmehr gilt bei Beauftragung besonderer Leistungen ohne Vergütungsvereinbarung die übliche Vergütung gemäß § 632 Abs. 2 BGB, vgl. § 3 HOAI Rdn. 17.

2. Darlegungs- und Beweislast

Die Darlegungs- und Beweislast für die Üblichkeit der verlangten Vergütung, z.B. im Hinblick 329
auf einen örtlichen Handelsbrauch und dessen Inhalt, trägt der Unternehmer, der eine übliche
Vergütung geltend macht.[573] Im Zweifel ist die übliche Vergütung durch ein Sachverständigengutachten zu ermitteln.[574]

V. Abrechnung der Vergütung gem. § 632 Abs. 2 BGB

1. Taxmäßige oder übliche Vergütung

In der Literatur wird zum Teil die Auffassung vertreten, dass zumindest bei der Geltendmachung 330
der üblichen Vergütung i.S.v. § 632 Abs. 2 BGB der Rechnung des Unternehmers konstitutive
Wirkung zukomme, da sie die Ausübung eines einseitigen Leistungsbestimmungsrechtes i.S.v.
§ 315 ff. BGB beinhalte.[575] Danach wäre die Abrechnung der Vergütung durch den Unternehmer gemäß § 632 Abs. 2 BGB Fälligkeitsvoraussetzung für den entsprechenden Vergütungsanspruch.

Die Rechtsprechung und herrschende Meinung verneint dagegen grundsätzlich die Annahme ei- 331
nes Leistungsbestimmungsrechtes des Unternehmers im Rahmen der Vergütung nach § 632
Abs. 2 BGB,[576] vgl. Rdn. 319. Die übliche Vergütung steht vielmehr von vornherein objektiv fest
und ist im Zweifel durch einen Sachverständigen zu ermitteln bzw. durch das Gericht tatrichterlich festzustellen. Ohne die Abrechnung einer üblichen Vergütung des Unternehmers dürfte jedoch nicht von einer Durchsetzbarkeit der entsprechenden Vergütungsansprüche auszugehen sein
mit der Folge, dass der Besteller frühestens nach Ablauf einer angemessenen Prüfungsfrist nach
Vorlage einer entsprechenden prüfbaren Abrechnung der üblichen Vergütung seitens des Unternehmers in Verzug geraten kann, vgl. Rdn. 328.

2. Nachrangiges Leistungsbestimmungsrecht des Unternehmers

Lediglich wenn weder eine Taxe noch eine übliche Vergütung ermittelbar ist und auch eine ergän- 332
zende Vertragsauslegung nicht zu einer eindeutigen Vergütungsvereinbarung führt, besteht ein
Leistungsbestimmungsrecht des Unternehmers im Hinblick auf die Vergütung gemäß § 315 ff.
BGB nach billigem, vom Gericht überprüfbaren Ermessen, vgl. Rdn. 319. Nur in diesem Falle

---

573 BGH, Urt. v. 04.04.2006, X ZR 122/05, BauR 2006, 1341, 1344.
574 BGH, Urt. v. 26.10.2000, VII ZR 239/98, BauR 2001, 249; Kniffka/*von Rintelen*, IBR-Online-Kommentar, § 632 Rn. 28.
575 *Locher*, BauR 1986, 356, 359 m.w.N. zu F. 4.
576 BGH, Urt. v. 13.03.1985, VI a ZR 211/82, NJW 1985, 1895, 1896; *Eydner*, BauR 2007, 1806, 1807
m.w.N. zu Fn. 13.

hat nach Rechtsprechung und herrschender Meinung die Ausübung des Leistungsbestimmungsrechtes durch den Unternehmer konstitutive und damit fälligkeitsauslösende Wirkung.[577]

C. Zur Vergütung Kostenanschlag (Abs. 3)

I. Begriff des Kostenanschlags

333 § 632 Abs. 3 BGB enthält ebensowenig wie § 650 BGB eine Definition des Kostenanschlages.

Nach allgemeiner Auffassung ist der Kostenanschlag eine fachmännische Berechnung der voraussichtlichen Kosten der Werkleistung als Geschäftsgrundlage des Werkvertrages, ohne dessen Bestandteil zu sein, vgl. § 650 Rdn. 3.

Insofern stellt das bindende Vertragsangebot des Unternehmers keinen Kostenanschlag dar und ist regelmäßig nicht vergütungspflichtig, vorbehaltlich einer dahingehenden Vereinbarung.[578]

II. Widerlegbare Vermutungsregelung für Unentgeltlichkeit

1. Regelvermutung

334 § 632 Abs. 3 BGB kodifiziert die bisherige Rechtsprechung des BGH, wonach Voraussetzung für die Vergütungspflicht des Bestellers für einen Kostenanschlag des Unternehmers eine ausdrückliche Vereinbarung sein muss.[579]

2. Abweichende Vereinbarung

a) Allgemeine Geschäftsbedingung

335 Eine Allgemeine Geschäftsbedingung des Unternehmers im Hinblick auf eine Vergütung des Kostenanschlags durch den Besteller ist als überraschend gem. § 305c BGB, zumindest als unangemessen i.S.d. § 307 BGB unwirksam.[580]

b) Individualvereinbarung

336 Eine die Vergütungspflicht für einen Kostenanschlag begründende Vereinbarung bedarf zu ihrer Wirksamkeit nicht der Schriftform, wie zwischenzeitlich vom Gesetzgeber erwogen.[581] Zur Begründung einer entsprechenden Vereinbarung ist jedoch ein ausdrücklicher Hinweis an den Besteller im Hinblick auf die Entgeltlichkeit des Kostenvoranschlages für den Fall eines Nichtzustandekommen des in Aussicht genommenen Werkvertrages sowie eine eindeutige Zustimmung des Bestellers zu dieser bedingten Entgeltlichkeit des Kostenanschlages erforderlich.[582]

c) Darlegungs- und Beweislast

337 Die Darlegungs- und Beweislast für eine entsprechende Vergütungsabrede trägt der Unternehmer.[583] Insofern wird dem Unternehmer in der Regel der Beweis nur bei Vorlage einer schriftlichen Vereinbarung gelingen können.

---

577 *Eydner*, a.a.O.
578 BGH, Urt. v. 12.07.1979, VII ZR 154/78, BauR 1979, 509; Kniffka/*von Rintelen*, IBR-Online-Kommentar, § 632 Rn. 39.
579 BGH, Urt. v. 12.07.1979, VII ZR 154/78, BauR 1979, 509, 510; BGH, Urt. v. 08.11.1979, VII ZR 215/78, BauR 1980, 172; BGH, Urt. v. 03.12.1981, VII ZR 368/80, NJW 1982, 765.
580 BGH, Urt. v. 03.12.1981, VII ZR 368/80, NJW 1982, 765, 766; OLG Karlsruhe, Urt. v. 29.12.2005, 19 U 57/05, BauR 2006, 683.
581 Kniffka/*von Rintelen*, IBR-Online-Kommentar, § 632 Rn. 34.
582 BGH, Urt. v. 03.12.1981, VII ZR 368/80, NJW 1982, 765, 766.
583 Baumgärtel/*Kessen*, § 632 Rn. 52.

III. Vergütung anderer Vorarbeiten zum Vertragsabschluss

1. Verhältnis zu § 632 Abs. 3 BGB

Es ist diskutiert worden, »ähnliche Vorarbeiten« in die Regelung des § 632 Abs. 3 BGB aufzunehmen. Auf Grund der Unbestimmtheit dieses Begriffes ist jedoch bewusst davon abgesehen worden.[584] Auf Grund dessen kann außerhalb von Kostenanschlägen bei Vorarbeiten nicht von der Regelvermutung einer Unentgeltlichkeit ausgegangen werden. Vielmehr bedarf es in jedem Einzelfall einer besonderen rechtlichen Bewertung, ob und ggf. in welcher Höhe entsprechende Vorarbeiten auf Grund der nach §§ 133, 157 BGB auszulegenden Vereinbarungen zwischen den Parteien oder unter den Voraussetzungen des § 632 Abs. 1 und Abs. 2 BGB zu vergüten, oder im Falle eines nachfolgenden Vertragsabschlusses auf die insofern vereinbarte Vergütung anzurechnen sind.[585]

338

2. Vergütungspflicht für Leistungen anderer Vorarbeiten

a) Unverbindliche Vorarbeiten

Vorarbeiten im Vorfeld eines Vertrages mit dem Ziel des Abschlusses des Vertrages ohne rechtliche Herstellungsverpflichtung des Unternehmers sind auch bei großem Umfang nicht vergütungspflichtig, es sei denn, die Parteien haben ausdrücklich eine Kostenerstattung vereinbart.[586]

339

b) Verbindliche Vorarbeiten ohne nachfolgenden Vertragsabschluss

Hat sich der Unternehmer allerdings dem Besteller gegenüber zur Durchführung entsprechender Vorarbeiten, wie zur Anfertigung von Entwürfen, Plänen, Zeichnungen, statischen Berechnungen und Massenberechnungen, verpflichtet, so gilt insofern gem. § 632 Abs. 1 BGB eine Vergütung als geschuldet, wenn eine solche für die vertraglich geschuldeten Vorarbeiten den Umständen nach zu erwarten ist. Insofern kommt es auf die Umstände des Einzelfalles an. Solche Umstände können die von dem Besteller zum Ausdruck gebrachte Erwartung, die Vorarbeiten des Unternehmers für die Erstellung des Werkes zu verwenden, oder ein besonderer Umfang der Vorarbeiten des Unternehmers sein.[587]

340

c) Weitergehende Ansprüche

Von der Frage der Vergütungspflicht unberührt bleiben Ansprüche des Unternehmers auf Grund Verwendung seiner Vorarbeiten durch den Besteller für die Einholung anderer Angebote oder die Erstellung des Bauwerks. § 20 Nr. 3 VOB/A 2002 bzw. § 8 Abs. 9 VOB/A 2009, wonach Angebotsunterlagen eines Bieters nur für die Prüfung und Wertung der Angebote verwendet werden dürfen, dürfte allgemein gelten. Die Verwendung zu anderen Zwecken kann Bereicherungsansprüche des Unternehmers auslösen.[588] Unberührt bleiben urheberrechtliche Ansprüche auf Grund Verwendung urheberrechtlich geschützter Planungen des Architekten durch den Besteller ohne Zustimmung des Architekten sowie Ansprüche auf Grund des UWG.

341

d) Anrechnung Vorarbeiten auf späteren Vertragsabschluss

Bei Abschluss eines angestrebten Vertrages ist im Einzelfall durch Auslegung des Vertrages zu ermitteln, ob schon vor Vertragsabschluss geleistete Arbeiten Bestandteil des vertraglich vereinbar-

342

---

584 Kniffka/*von Rintelen*, IBR-Online-Kommentar, § 632 Rn. 35.
585 Kniffka/*von Rintelen*, IBR-Online-Kommentar, § 632 Rn. 10; Messerschmidt/Voit/*Boldt*, § 632 Rn. 12.
586 BGH, Urt. v. 12.07.1979, VII ZR 154/78, BauR 1979, 509, 510; Kniffka/*von Rintelen*, IBR-Online-Kommentar, § 632 Rn. 10.
587 Messerschmidt/Voit/*Boldt*, § 632 Rn. 13.
588 Kniffka/*von Rintelen*, IBR-Online-Kommentar, § 632 Rn. 14.

§ 632a BGB Abschlagszahlungen

ten Werklohns sein sollen. In diesem Falle stellen die Vorarbeiten eine Teilerfüllung des später geschlossenen Vertrages dar.[589]

343 Ergibt die Auslegung keine Einbeziehung in den später abgeschlossenen Werklohn, ist eine gesonderte Vergütungspflicht für die Vorarbeiten gemäß § 632 Abs. 1 und Abs. 2 BGB anzunehmen, soweit sich der Unternehmer zu den entsprechenden Vorarbeiten verpflichtet hatte und eine gesonderte Vergütung für diese Vorarbeiten zu erwarten war.[590] Dies kommt insbesondere in Betracht, wenn der Besteller den Unternehmer rechtsverbindlich zur näheren Festlegung des Bauziels mit der Erstellung von Plänen, Entwürfen und Berechnungen oder der Durchführung von Bodenuntersuchungen beauftragt, die für die nachfolgend beauftragte Ausführung der Bauleistung Verwendung finden sollen. Derartige Arbeiten sind auch ohne besondere Vergütungsvereinbarung nach Maßgabe des § 632 Abs. 1 und Abs. 2 BGB im Rahmen des Üblichen zu vergüten, ohne dass eine Anrechnung auf die Vergütung auf Grund Abschlusses des angestrebten Bauwerkvertrages zu erfolgen hat, es sei denn die Parteien hätte etwas anderes vereinbart.[591]

e) Zusatzunterlagen nach Vertragsabschluss

344 Von den Vorarbeiten zu unterscheiden sind Zeichnungen, Berechnungen oder andere Unterlagen des Unternehmers auf Grundlage eines abgeschlossenen Vertrages, zu deren Vorlage der Unternehmer zwar nicht auf Grund dieses Vertrages, wohl jedoch auf Grund einer nachträglichen Einigung mit dem Besteller verpflichtet ist. Insofern ergibt sich gemäß § 632 Abs. 1 BGB eine Vergütungspflicht des Bestellers, soweit für die entsprechenden Zusatzleistungen des Unternehmers eine Vergütung zu erwarten ist.[592] Die in § 2 Abs. 9 Nr. 1 VOB/B diesbezüglich festgelegte Vergütungspflicht entspricht insofern nur der allgemeinen gesetzlichen Regelung des § 632 BGB mit der Folge, dass ein Ausschluss des Vergütungsanspruches in Allgemeinen Geschäftsbedingungen des Bestellers gemäß § 307 BGB unwirksam ist.[593]

§ 632a Abschlagszahlungen

(1) Der Unternehmer kann von dem Besteller für eine vertragsgemäß erbrachte Leistung eine Abschlagszahlung in der Höhe verlangen, in der der Besteller durch die Leistung einen Wertzuwachs erlangt hat. Wegen unwesentlicher Mängel kann die Abschlagszahlung nicht verweigert werden. § 641 Abs. 3 gilt entsprechend. Die Leistungen sind durch eine Aufstellung nachzuweisen, die eine rasche und sichere Beurteilung der Leistungen ermöglichen muss. Die Sätze 1 bis 4 gelten auch für erforderliche Stoffe oder Bauteile, die angeliefert oder eigens angefertigt und bereit gestellt sind, wenn dem Besteller nach seiner Wahl Eigentum an den Stoffen oder Bauteilen übertragen oder entsprechende Sicherheit hierfür geleistet wird.

(2) Wenn der Vertrag die Errichtung oder den Umbau eines Hauses oder eines vergleichbaren Bauwerks zum Gegenstand hat und zugleich die Verpflichtung des Unternehmers enthält, dem Besteller das Eigentum an dem Grundstück zu übertragen oder ein Erbbaurecht zu bestellen oder zu übertragen, können Abschlagszahlungen nur verlangt werden, soweit sie gemäß einer Verordnung auf Grund von Artikel 244 des Einführungsgesetzes zum Bürgerlichen Gesetzbuche vereinbart sind.

---

[589] Messerschmidt/Voit/*Boldt*, § 632 Rn. 11; Staudinger/*Peters/Jacoby*, § 632 Rn. 110; MüKo-BGB/*Busche*, § 632 Rn. 12.
[590] Messerschmidt/Voit/*Boldt*, § 632 Rn. 11.
[591] Vgl. OLG Düsseldorf, Urt. v. 30.01.2003, I-5 U 13/02, BauR 2003, 1046, 1047 f.
[592] Kniffka/*von Rintelen*, IBR-Online-Kommentar, § 632 Rn. 9.
[593] Ingenstau/Korbion/*Keldungs*, B § 2 Abs. 9 Rn. 1.

(3) Ist der Besteller ein Verbraucher und hat der Vertrag die Errichtung oder den Umbau eines Hauses oder eines vergleichbaren Bauwerks zum Gegenstand, ist dem Besteller bei der ersten Abschlagszahlung eine Sicherheit für die rechtzeitige Herstellung des Werkes ohne wesentliche Mängel in Höhe von 5 vom Hundert des Vergütungsanspruches zu leisten. Erhöht sich der Vergütungsanspruch infolge von Änderungen oder Ergänzungen des Vertrages um mehr als 10 vom Hundert, ist dem Besteller bei der nächsten Abschlagszahlung eine weitere Sicherheit in Höhe von 5 vom Hundert des zusätzlichen Vergütungsanspruchs zu leisten. Auf Verlangen des Unternehmers ist die Sicherheitsleistung durch Einbehalt dergestalt zu erbringen, dass der Besteller die Abschlagszahlungen bis zu dem Gesamtbetrag der geschuldeten Sicherheit zurückhält.

(4) Sicherheiten nach dieser Vorschrift können auch durch eine Garantie oder ein sonstiges Zahlungsversprechen eines im Geltungsbereich dieses Gesetzes zum Geschäftsbetrieb befugten Kreditinstituts oder Kreditversicherers geleistet werden.

Fassung bis 31.12.2008

Der Unternehmer kann von dem Besteller für sich in sich abgeschlossene Teile des Werkes Abschlagszahlungen für die erbrachten vertragsmäßigen Leistungen verlangen. Dies gilt auch für erforderliche Stoffe oder Bauteile, die eigens angefertigt oder angeliefert sind. Der Anspruch besteht nur, wenn dem Besteller Eigentum an den Teilen des Werkes, an den Stoffen oder Bauteilen übertragen oder Sicherheit hierfür geleistet wird.

Schrifttum

Basty, Forderungssicherungsgesetz und Bauträgervertrag, DNotZ 2008, 891; *Hildebrandt*, Das neue Forderungssicherungsgesetz (FoSiG) – Ein erster kritischer Ausblick, BauR 2009, 4; *Kniffka*, Das Gesetz zur Beschleunigung fälliger Zahlungen – Neuregelung des Bauvertragsrechts und seine Folgen, ZfBR 2000, 227; *Motzke*, Abschlagszahlung Abnahme und Gutachterverfahren nach dem Beschleunigungsgesetz, NZBau 2000, 489; *Pause*, Verstoßen Zahlungspläne gemäß § 3 II MaBV gegen geltendes Recht?, NZBau 2001, 181; *ders.*, Abschlagszahlungen und Sicherheiten nach § 632a BGB, BauR 2009, 898; *Rodemann*, § 632a BGB: Regelungsbedarf für Unternehmer, BauR 2002, 863; *Schulze-Hagen*, Das Forderungssicherungsgesetz – Ausgewählte Probleme, BauR 2010, 354; *Thode*, Werkleistung und Erfüllung im Bau- und Architektenrecht, ZfBR 1999, 116; *Voppel*, Abschlagszahlungen im Baurecht und § 632a BGB, BauR 2001, 1165.

Übersicht	Rdn.			Rdn.
A. Gesetzesfassung bis 31.12.2008	1		a) Mängeleinwand	16
I. Geltungsdauer, Überleitungsvorschriften	1		b) Umfang des Zurückbehaltungsrechtes	17
II. Begriff der Abschlagszahlung	3	V.	Eigens angefertigte oder angelieferte erforderliche Stoffe oder Bauteile (S. 2)	18
1. Vergütungszahlungen	3		1. Erforderliche Stoffe oder Bauteile	19
a) Abgrenzung zu Vorauszahlungen	4		2. Eigens vorgenommene Anfertigung (1. Alt.)	20
b) Abgrenzung zu (Teil-)Schlusszahlungen	5		3. Anlieferung von Bauteilen und Baustoffen (2. Alt.)	22
2. Vergütungsähnliche Zahlungen	6		4. Abgeschlossenheitserfordernis?	23
III. In sich abgeschlossene Teile des Werkes (S. 1)	7	VI.	Sicherstellung des Bestellers (S. 3)	24
1. Teilabnahmefähigkeit	8		1. Sicherstellung durch Eigentumsverschaffung (S. 3, 1. Alt.)	25
2. Abschlagszahlungsfähigkeit	9		2. Sicherstellung durch Sicherheitsleistung (S. 3, 2. Alt.)	26
IV. Vertragsmäßig erbrachte Leistungen	11		a) Sicherungszweck	26
1. Erbringen von Leistungen	11		b) Abschlagsforderungen Nachunternehmer gegenüber Hauptunternehmer	27
2. Vertragsgemäßheit der Leistungen	12			
a) Mängel als Anspruchshindernis	13			
b) Zurückbehaltungsrecht auf Grund Mängeln	14			
c) Stellungnahme	15			
3. Darlegungs- und Beweislast	16			

§ 632a BGB Abschlagszahlungen

	Rdn.		Rdn.
c) Art und Höhe der Sicherheitsleistung	30	1. Wegfall des Erfordernisses in sich abgeschlossener Teile des Werkes	60
d) Erlöschen der Sicherheitsleistung	31	2. Wertzuwachs (Abs. 1 S. 1)	61
VII. Höhe der Abschlagszahlungen	32	3. Mängel der abgerechneten Teilleistungen (Abs. 1 S. 2 und S. 3)	63
1. Vereinbarungen	32	a) Unwesentliche Mängel	63
2. Gesetzliche Höhe der Abschlagszahlungen	36	b) Wesentliche Mängel	64
VIII. Fälligkeit der Abschlagszahlungen	37	4. Prüfbare Abrechnung (Abs. 1 S. 4)	67
IX. Verhältnis Abschlagsforderungen zur Schlussabrechnung	40	5. Eigentumsverschaffung oder Sicherheitsleistung (Abs. 1 S. 5)	69
1. Eigenständigkeit von Abschlagsforderungen	40	III. Abschlagszahlungen beim Bauträgervertrag (Abs. 2)	70
2. Vorläufigkeit der Abschlagsforderungen	42	1. Dynamische Verweisung	70
3. Schlussabrechnungspflicht	45	2. Erweiterung auf Umbauten	71
a) Pflicht des Unternehmers zur Schlussabrechnung	45	IV. Vertragserfüllungssicherheit zu Gunsten Verbrauchern (Abs. 3)	72
b) Fälligkeit der Verrechnung von Abschlagsrechnungen mit der Schlussvergütung	46	1. Pflicht des Unternehmers zur Sicherheitsleistung	73
4. Auswirkungen der Schlussabrechnungsreife auf die Durchsetzung von Abschlagsforderungen	47	a) Anspruchsinhaber Verbraucher	74
a) Erteilung einer Schlussrechnung	48	b) Werkvertrag über Errichtung oder Umbau von Häusern oder vergleichbaren Bauwerken	75
b) Schlussrechnungsreife nach (Teil-)Abnahme	49	c) Fälligkeit der Sicherheitsleistung	76
c) Weitere Fälle der Schlussabrechnungsreife	51	d) Gesicherte Ansprüche des Bestellers	77
d) Auswirkungen der Schlussrechnungsreife auf die Abschlagsforderung	52	aa) Anspruch auf mängelfreie Herstellung	77
5. Prozessuale Behandlung	53	bb) Anspruch auf rechtzeitige Herstellung	78
X. Abschlagszahlungen beim Bauträgervertrag	54	e) Art der Sicherheitsleistung	80
1. Gesetzliche Ansprüche	54	2. Sicherheitsleistung bei Erhöhungen der Vergütung	81
2. Ratenzahlungsvereinbarungen	55	3. Einbehalt statt Sicherheitsleistung auf Verlangen des Unternehmers	82
a) Zulässigkeit von Ratenzahlungsvereinbarungen	55	4. Pflicht zur Rückgabe der Sicherheit	83
b) Folge nicht MaBV-konformer Ratenzahlungsvereinbarungen	56	5. Abbedingung der Pflicht zur Sicherheitsleistung	84
B. Gesetzesfassung ab 01.01.2009	**57**	6. Verhältnis Zurückbehaltungsrechte wegen Mängeln zu Vertragserfüllungssicherheit	85
I. Inkrafttreten, Überleitungsvorschrift	58	7. Geltung für Bauträgerverträge	86
II. Gesetzlicher Anspruch auf Abschlagszahlungen (Abs. 1)	59	8. Erweiterung der Art der Sicherheitsleistung (Abs. 4)	89

A. Gesetzesfassung bis 31.12.2008

I. Geltungsdauer, Überleitungsvorschriften

1   Die bis zum 31.12.2008 geltende Fassung des § 632a BGB ist auf Grund Gesetzes zur Beschleunigung fälliger Zahlungen vom 30.03.2000[1] ab 01.05.2000 in Kraft getreten und mit Wirkung ab 01.01.2009 auf Grund des Forderungssicherungsgesetzes vom 23.10.2008[2] von der neuen Fas-

---

1 BGBl. I, 330.
2 BGBl. I, 2022.

sung des § 632a BGB abgelöst worden. § 632a BGB a.F. gilt dementsprechend für Vertragsabschlüsse in der Zeit vom 01.05.2000 bis 31.12.2008 (Überleitungsvorschrift zum Gesetz zur Beschleunigung fälliger Zahlungen gemäß Art. 229, § 1 Abs. 2 S. 1 EGBGB und Überleitungsvorschrift zum Forderungssicherungsgesetz gemäß Art. 229 § 19 Abs. 1 EGBGB).

Für Vertragsabschlüsse vor dem 01.05.2000 gab es keine gesetzliche Regelung von Abschlagszahlungen, so dass grundsätzlich mangels anderweitiger Vereinbarung zwischen den Parteien, insbesondere gemäß § 16 Nr. 1 VOB/B, lediglich ein Anspruch auf Schlussvergütung bei Abnahme gemäß § 641 Abs. 1 BGB bestand. Abschlagszahlungen konnten nur ausnahmsweise auf Grund Treu und Glauben geltend gemacht werden.[3] Davon abweichend sah die HOAI bereits einen gesetzlichen Anspruch für Architekten und Ingenieure auf Abschlagszahlungen in angemessenen zeitlichen Abständen für nachgewiesene Leistungen gemäß § 8 Abs. 2 HOAI a.F. vor.

II. Begriff der Abschlagszahlung

1. Vergütungszahlungen

Unter Abschlagszahlungen versteht man Zahlungen als Teilvergütung für vor Fertigstellung und Abnahme der gesamten geschuldeten Werkvertragsleistung bereits erbrachte Teilleistungen des Unternehmers.[4]

a) Abgrenzung zu Vorauszahlungen

Insofern sind Abschlagszahlungen zum einen abzugrenzen von Vorauszahlungen für noch nicht erbrachte Werkleistungen. Die Abgrenzung hat nach allgemeinen Auslegungsgrundsätzen zu erfolgen, wobei die verwendeten Begriffe nicht unbedingt ausschlaggebend sind, da im allgemeinen Sprachgebrauch die Begriffe »Vorauszahlung« und »Abschlagszahlung« nicht so scharf unterschieden werden.[5] Der Unternehmer hat Anspruch auf Vorauszahlungen nur auf Grund entsprechender vertraglicher Vereinbarung (vgl. § 16 Abs. 2 VOB/B). Vorauszahlungsklauseln in Allgemeinen Geschäftsbedingungen des Unternehmers sind allerdings rechtlich unwirksam.[6]

b) Abgrenzung zu (Teil-)Schlusszahlungen

Zum anderen sind Abschlagszahlungen abzugrenzen von der gemäß § 641 Abs. 1 S. 1 BGB grundsätzlich mit Abnahme des Gesamtwerkes fälligen Schlussvergütung, vgl. § 641 Rdn. 1, 5, 6. Ist das Werk in Teilen abzunehmen und die Vergütung für die einzelnen Teile bestimmt, ist gemäß § 641 Abs. 1 S. 2 BGB die Vergütung für jeden Teil bei dessen Abnahme zu entrichten (vgl. § 12 Abs. 2, § 16 Abs. 4 VOB/B), vgl. § 641 Rdn. 8.

2. Vergütungsähnliche Zahlungen

Die gesetzlichen Regelungen zu Abschlagszahlungen betreffen nicht nur unmittelbar Vergütungsansprüche für Leistungen, sondern auch im wesentlichen vergütungsgleiche Ansprüche z.B. gemäß § 642 BGB oder gem. § 6 Abs. 6 VOB/B.[7]

---

3 BGH, Urt. v. 06.12.1984, VII ZR 227/83, BauR 1985, 192, 196; BGH, Urt. v. 17.09.1987, VII ZR 155/86, BauR 1987, 694, 698 = BGHZ 101, 357, 367.
4 Vgl. BGH, Urt. v. 06.05.1999, IX ZR 430/97, BauR 1999, 1023, 1024; Palandt/*Sprau*, BGB § 632a Rn. 4.
5 BGH, Urt. v. 23.01.1986, IX ZR 46/85, BauR 1986, 361, 364.
6 Ingenstau/Korbion/*Locher*, B § 16 Abs. 2 Rn. 2; Kapellmann/Messerschmidt/*Messerschmidt*, B § 16 Rn. 156.
7 OLG Hamm, Urt. v. 12.02.2004, 17 U 56/00, BauR 2004, 1304, 1306.

III. In sich abgeschlossene Teile des Werkes (S. 1)

7 Gegenüber § 16 Abs. 1 VOB/B nimmt § 632 Abs. 1 S. 1 BGB a.F. eine erhebliche Einschränkung dahingehend vor, dass Abschlagszahlungen nur für in sich abgeschlossene Teile des Werkes verlangt werden können. Die Rechtsprechung hat den Begriff der in sich abgeschlossenen Teile des Werkes nicht abschließend geklärt.[8] Es besteht lediglich Einigkeit darüber, dass auf Grund der Zielrichtung des Gesetzes zur Beschleunigung fälliger Zahlungen an die Abgeschlossenheit i.S.d. § 632a BGB a.F. nicht entsprechend hohe Anforderungen zu stellen sind wie an die Teilabnahmefähigkeit gemäß § 12 Abs. 2, § 16 Abs. 4 VOB/B.[9]

1. Teilabnahmefähigkeit

8 In sich abgeschlossene Teile der Leistung als Gegenstand einer Teilabnahme liegen vor, wenn sie nach allgemeiner Verkehrsauffassung als selbständig und von den übrigen Teilleistungen aus demselben Bauvertrag unabhängig anzusehen sind, sie sich also in ihrer Gebrauchsfähigkeit abschließend für sich beurteilen lassen, und zwar sowohl in ihrer technischen Funktionsfähigkeit als auch im Hinblick auf die vorgesehene Nutzung.[10] Der Begriff ist insofern möglichst eng auszulegen, damit vor allem Schwierigkeiten und Überschneidungen hinsichtlich der Gewährleistung, insoweit insbesondere auch angesichts unterschiedlich laufender Gewährleistungsfristen, vermieden werden.[11]

2. Abschlagszahlungsfähigkeit

9 Ein der Teilabnahmefähigkeit entsprechendes Begriffsverständnis im Rahmen des § 632a BGB a.F. würde den dargelegten Gesetzeszweck einer Zahlungsbeschleunigung konterkarieren. Vielmehr sind in sich geschlossene Teile des Werkes gemäß § 632a S. 1 BGB a.F. schon anzunehmen, wenn diese zumindest selbständig werthaltig, für den Besteller gebrauchsfähig oder derart tauglich, um darauf aufbauend den vertragsgemäß gewünschten Erfolg herbeizuführen, sowie bewertbar und damit auch abrechnungsfähig sind.[12] Weitergehend ist die Auffassung, dass bereits die Abarbeitung einer Einheit einer Leistungsposition des Leistungsverzeichnisses abgerechnet werden kann.[13] Diese Auffassung erscheint jedoch zu weitgehend, da sie die vom Gesetz vorgegebene Anspruchsvoraussetzung für Abschlagszahlungen im Hinblick auf die Abgeschlossenheit der abgerechneten Teilleistung völlig aushöhlt.

10 Nach anderer Auffassung soll Voraussetzung für eine Abschlagszahlung eine eigenständige Nutzbarkeit der abgerechneten Teilleistungen sein.[14] Diese in die Richtung des Begriffs der in sich abgeschlossenen Teile der Leistung in Sinne der §§ 12 Abs. 2, 16 Abs. 4 VOB/B gehende Interpretation der gesetzlichen Vorschrift führt zu einer unangemessenen Beschränkung der Ansprüche des Unternehmers auf Abschlagszahlungen, die dem Gesetzeszweck des § 632a BGB a.F. widerspricht.

---

8 Vgl. *Thode*, ZfBR 1999, 116, 118.
9 *Kniffka*, ZfBR 2000, 227, 229; *Motzke*, NZBau 2000, 489, 490; *Voppel*, BauR 2001, 1165, 1167; *Rodemann*, BauR 2002, 863.
10 Ingenstau/Korbion/*Oppler*, B § 12 Abs. 2 Rn. 6.
11 Ingenstau/Korbion/*Oppler*, B § 12 Abs. 2 Rn. 7.
12 *Rodemann*, BauR 2002, 863, 865.
13 *Rodemann*, BauR 2002, 863, 865.
14 *Voppel*, BauR 2001, 1165, 1166 f.; *Pause*, NZ Bau 2001, 181, 182.

IV. Vertragsmäßig erbrachte Leistungen

1. Erbringen von Leistungen

Leistungen sind i.S.d. § 632a Abs. 1 S. 1 BGB in der Regel erst dann erbracht, wenn sich die erbrachten Leistungen im Bauwerk unmittelbar verkörpern.[15] Allerdings kann es im Einzelfall dazu kommen – wenn dies auch eine Ausnahme sein dürfte – Abschlagszahlungen für noch nicht unmittelbar im Bauwerk verkörperte Leistungen erbringen zu müssen, z.B. für das Einrichten der Baustelle, für Material- und Bodenprüfungen usw., vorausgesetzt, es handelt sich um nach dem Bauvertrag besonders zu vergütende Leistungen.[16]

11

2. Vertragsgemäßheit der Leistungen

Dem Gesetz lässt sich nicht eindeutig entnehmen, ob Mängel der abgerechneten Teilleistungen von vornherein die Fälligkeit von Abschlagszahlungen ausschließen oder lediglich dem Besteller ein Zurückbehaltungsrecht entsprechend § 641 Abs. 3 BGB gewähren. Letzteres nimmt der BGH in ständiger Rechtsprechung gegenüber Abschlagszahlungen gemäß § 16 Abs. 1 VOB/B an.[17] Entsprechendes hat der BGH für Ratenzahlungen in Bauträgerverträgen entschieden.[18]

12

a) Mängel als Anspruchshindernis

Ein davon abweichender gesetzgeberischer Wille ergibt sich aus der Begründung des Entwurfs zum Gesetz zur Beschleunigung fälliger Zahlungen.[19] Danach können Abschlagszahlungen nur für mängelfreie Leistungen gefordert werden. Insofern wird nicht zwischen wesentlichen und unwesentlichen Mängeln unterschieden.

13

b) Zurückbehaltungsrecht auf Grund Mängeln

Die h.M. nimmt dagegen lediglich ein Zurückbehaltungsrecht wie bei § 16 Abs. 1 VOB/B entsprechend § 641 Abs. 3 BGB an, da andernfalls der gesetzliche Zweck einer Beschleunigung fälliger Zahlungen konterkariert werde.[20] Auch nach dieser Auffassung wird nicht zwischen wesentlichen oder unwesentlichen Mängeln unterschieden. Mängel jeglicher Art sollen insofern nicht zur Abweisung einer Klage auf Abschlagszahlung mangels Fälligkeit, sondern lediglich zu einer Verurteilung Zug um Zug gegen Mängelbeseitigung führen.[21]

14

c) Stellungnahme

Das Problem dürfte sich auf Grund der nach einhelliger Auffassung großzügigen Auslegung des Begriffs der in sich geschlossenen Teile des Werkes gemäß § 632 S. 1 BGB a.F. entschärfen. Je kleinteiliger die abrechenbaren Teilleistungen sind, umso weniger belastend für den Unternehmer ist eine fehlende Fälligkeit der Abschlagszahlungen für diese Teilleistungen auf Grund Mängeln, da die Fälligkeit der Abschlagszahlungen für die übrigen Teile des Werkes unberührt bliebe. Soweit allerdings der Mängelbeseitigungsaufwand zzgl. Druckzuschlag den Betrag des anteiligen, auf die män-

15

---

15 BGH, Urt. v. 09.03.1995, VII ZR 23/93, BauR 1995, 545, 546; BGH, Urt. v. 07.01.2003, X ZR 16/01, BauR 2003, 877, 878, zum vergleichbaren Fall der Abrechnung bis zur Kündigung erbrachter Teilleistungen.
16 Ingenstau/Korbion/*Locher*, B § 16 Abs. 1 Rn. 8.
17 BGH, Urt. v. 09.07.1981, VII ZR 40/80, BauR 1981, 577, 580, BGH Urt. v. 21.04.1988, VII ZR 65/87, BauR 1988, 474, 475.
18 BGH, Urt. v. 14.05.1992, VII ZR 204/90, BauR 1992, 622, 626.
19 Vgl. BT-Drucks. 14/1246, S. 6; ebenso *Kirberger* BauR 2001, 492, 499; OLG Schleswig, Urt. v. 30.03.2007, 17 U 21/07, BauR 2007, 1579, 1580, jedenfalls für nicht nur unwesentliche Mängel.
20 MüKo-BGB/*Busche*, § 632a Rn. 6, *Kniffka*, ZfBR 2000, 227, 229, *Motzke*, NZBau 2000, 489, 492.
21 Vgl. BGH, Urt. v. 21.12.1978, VII ZR 269/77, BauR 1979, 159, 162; BGH, Urt. v. 25.10.1990, VII ZR 201/89, BauR 1991, 81, 82 f.

gelbehaftete Teilleistung entfallenden Abschlagszahlungsbetrages übersteigt, steht dem Besteller ein Zurückbehaltungsrecht entsprechend § 641 Abs. 3 BGB auch gegenüber den weiteren Abschlagszahlungsforderungen des Unternehmers wegen der mängelfrei erbrachten Teilleistungen zu.[22]

3. Darlegungs- und Beweislast

a) Mängeleinwand

16 Die Beweislast für die Mängelfreiheit trägt der Unternehmer, und zwar unabhängig davon, ob die Mängelfreiheit als Voraussetzung für die Fälligkeit der Abschlagszahlung angenommen wird, oder lediglich ein Zurückbehaltungsrecht des Bestellers bei Mängeln der abschlagsweise abgerechneten Teilleistungen angenommen wird. In letzterem Falle ergibt sich die entsprechende Beweislastverteilung daraus, dass eine Beweislastumkehr zu Gunsten des Unternehmers im Hinblick auf von dem Besteller behauptete Mängel erst mit Abnahme der Werkleistung eintritt.[23]

b) Umfang des Zurückbehaltungsrechtes

17 Auch im Hinblick auf die Höhe der Mängelbeseitigungskosten und damit den Umfang des Zurückbehaltungsrechtes des Bestellers entsprechend § 641 Abs. 3 BGB trägt der Unternehmer die Darlegungs- und Beweislast. Der Besteller braucht insofern nur zu den Mängeln vorzutragen, nicht jedoch zur Höhe der Mängelbeseitigungskosten. Es ist grundsätzlich Sache des Unternehmers darzulegen und zu beweisen, dass der einbehaltene Betrag auch unter Berücksichtigung des Durchsetzungsinteresses des Bestellers unverhältnismäßig und deshalb unbillig hoch ist.[24]

V. Eigens angefertigte oder angelieferte erforderliche Stoffe oder Bauteile (S. 2)

18 Über erbrachte, d.h. sich unmittelbar im Bauwerk verkörpernde Leistungen hinaus gewährt § 632a S. 2 BGB a.F. für erforderliche Stoffe oder Bauteile, die entweder eigens angefertigt oder angeliefert sind, einen Anspruch auf Abschlagszahlungen.

1. Erforderliche Stoffe oder Bauteile

19 Es muss sich jeweils um objektbezogene, für das vertraglich vereinbarte Werk bestimmte Baustoffe oder Bauteile handeln.[25]

2. Eigens vorgenommene Anfertigung (1. Alt.)

20 Entweder müssen die Stoffe oder Bauteile vom Unternehmer eigens für das vertraglich vereinbarte Bauvorhaben angefertigt und bereit gestellt sein.[26] Unerheblich ist, ob der Unternehmer die Bauteile selbst produziert oder aber vom Dritten hat anfertigen lassen.[27] Nicht erforderlich ist, dass es sich um eine Sonderanfertigung handelt. Vielmehr reicht auch eine Serienanfertigung.[28] Allerdings wird sich bei Serienprodukten die Anfertigung und Bereitstellung gerade für das vertragsgegenständliche Bauvorhaben schwerer nachweisen lassen. Erforderlich ist insofern eine eindeutige Kennzeichnung der Stoffe bzw. Bauteile an ihrem jeweiligen Aufbewahrungsort.[29]

---

22 Vgl. BGH, Urt. v. 10.11.1983, VII 373/82, BauR 1984, 166, 168.
23 BGH, Urt. v. 24.10.1996, VII ZR 98/94, BauR 1997, 129, 130; Baumgärtel/*Kessen*, § 632a Rn. 1.
24 BGH, Urt. v. 04.07.1996, VII ZR 125/95, BauR 1997, 133; BGH, Urt. v. 06.12.2007, VII ZR 125/06, BauR 2008, 510, 511, wonach sich an dieser Verteilung der Darlegungs- und Beweislast durch die neue Fassung des § 641 Abs. 3 BGB ab 01.05.2000 nichts geändert hat.
25 MüKo-BGB/*Busche*, § 632a Rn. 5.
26 Vgl. BGH, Urt. v. 21.01.1986, IX ZR 46/85, BauR 1986, 361, 364.
27 Messerschmidt/Voit/*Messerschmidt*, § 632 Rn. 55.
28 Messerschmidt/Voit/*Messerschmidt*, a.a.O.
29 Messerschmidt/Voit/*Messerschmidt*, a.a.O.

Nicht erforderlich ist dagegen eine Anlieferung an die Baustelle. Ausreichend ist vielmehr, dass die Stoffe oder Bauteile für das Bauvorhaben des Bestellers fertig gestellt und ausgesondert sowie eindeutig gekennzeichnet an einem Aufbewahrungsort, der auch außerhalb der Baustelle liegen kann, zum vorgesehenen Einbau bereitgestellt werden.[30]   21

3. Anlieferung von Bauteilen und Baustoffen (2. Alt.)

Oder die Stoffe oder Bauteile müssen angeliefert sein. Während § 632a S. 2 1. Alt. BGB eine Bereitstellung eigens für das Bauvorhaben angefertigter erforderlicher Stoffe oder Bauteile auch außerhalb der Baustelle ausreichen lässt, ist Voraussetzung für § 632a BGB S. 2 2. Alt. BGB a.F. die Verbringung der Baustoffe bzw. Bauteile vom Unternehmer oder auf dessen Veranlassung auf die Baustelle zur bestimmungsgemäßen Verwendung für das Bauvorhaben.[31]   22

4. Abgeschlossenheitserfordernis?

Unklar ist, ob das Erfordernis der Abgeschlossenheit i.S.d. Satzes 1 auch für Satz 2 gilt. Nach herrschender Meinung ist eine Abgeschlossenheit im Hinblick auf Stoffe oder Bauteile als Gegenstand einer Abschlagsforderung nicht erforderlich.[32] Dem ist in Anbetracht der von vornherein bestehenden Unklarheit des entsprechenden Begriffes, die bei noch nicht in das Bauwerk eingebauten Stoffen und Bauteilen zu noch größeren Abgrenzungsproblemen führen würde, zu folgen. Bedenken, dass jede Anlieferung von Baumaterial zu Abschlagsforderungen führen könnte,[33] kann durch den Grundsatz von Treu und Glauben gemäß § 242 BGB begegnet werden. Danach sind die Abstände zwischen den Abschlagsforderungen so einzurichten, dass zwischen ihnen auch wirklich beachtliche, d.h. vergütungsmäßig für sich eindeutig nachvollziehbare Leistungsteile, fertiggestellt worden sind.[34]   23

VI. Sicherstellung des Bestellers (S. 3)

§ 632a S. 3 BGB a.F. macht den Anspruch auf Abschlagszahlungen davon abhängig, dass dem Besteller entweder Eigentum an den abgerechneten Leistungen verschafft oder Sicherheit hierfür geleistet wird. Der Unternehmer kann insofern gem. § 232 BGB wählen, welche der beiden Alternativen zur Sicherstellung des Bestellers er vornimmt. Demgegenüber weist § 16 Abs. 1 Nr. 1 S. 3 VOB/B das Wahlrecht dem Besteller zu.   24

1. Sicherstellung durch Eigentumsverschaffung (S. 3, 1. Alt.)

Nach herrschender Meinung reicht für abgeschlossene Teile des Werkes eine Eigentumsverschaffung zu Gunsten des Bestellers durch gesetzlichen Eigentumserwerb gemäß § 946 ff. BGB, d.h. bei Bauvorhaben durch Verbindung von Stoffen und Bauteilen mit dem Grundstück dergestalt, dass sie wesentlicher Bestandteil des Grundstücks werden.[35]   25

Im Hinblick auf angefertigte oder angelieferte erforderliche Stoffe oder Bauteile ist dagegen vor Einbau eine rechtsgeschäftliche Eigentumsübertragung nach § 929 ff. BGB erforderlich.[36]

---

30 Messerschmidt/Voit/*Messerschmidt*, a.a.O.
31 Messerschmidt/Voit/*Messerschmidt*, § 632a Rn. 56.
32 MüKo-BGB/*Busche*, § 632a Rn. 5; *Motzke*, NZBau 2000, 489, 492.
33 So Kniffka, IBR-Online-Kommentar, Stand 26.05.2009, § 632a Rn. 5.
34 Ingenstau/Korbion/*Locher*, B § 16 Abs. 1 Rn. 18.
35 MüKo-BGB/*Busche*, § 632a Rn. 7; Kniffka, IBR-Online-Kommentar, Stand 26.05.2009, § 632a Rn. 11; *Werner/Pastor*, Rn. 1218c; *Motzke*, NZBau 2000, 489, 492.
36 Kniffka/*von Rintelen*, IBR-Online-Kommentar, § 632a Rn. 20.

2. Sicherstellung durch Sicherheitsleistung (S. 3, 2. Alt.)

a) Sicherungszweck

26 Nach dem Gesetzestext ist der Sicherungszweck unklar, soweit von Sicherheitsleistung »hierfür« die Rede ist. Auch die Begründung des Gesetzesentwurfes gibt keine klare Auskunft.[37] Es heißt dort lediglich im Hinblick auf eigens angefertigte und angelieferte Stoffe und Bauteile, dass Zweck der Sicherheitsleistung nicht nur die Eigentumsverschaffung sei, sondern auch die Sicherung des Risikos der Beschädigung oder Zerstörung beim Einbau. Es handele sich praktisch um eine Gewährleistungsbürgschaft.[38] Der Rechtsausschuss hat dagegen als Sicherungszweck für abgeschlossene Teile des Werkes die Eigentumsverschaffung zum Ausdruck gebracht.[39] Danach dürfte zu differenzieren sein. Für in sich geschlossene Teile des Werkes i.S.d. Satzes 1 ist Sicherungszweck lediglich die Eigentumsverschaffung.[40] Für eigens angefertigte oder angelieferte erforderliche Stoffe oder Bauteile i.S.d. Satzes 2 kommt als weiterer Sicherungszweck die Absicherung des Einbaurisikos entsprechend einer Gewährleistungs- bzw. Vertragserfüllungssicherheit hinzu.[41]

b) Abschlagsforderungen Nachunternehmer gegenüber Hauptunternehmer

27 Soweit der Nachunternehmer vertragsgemäße, in sich abgeschlossene Teile des Werkes für den Hauptunternehmer erbringt, besteht nach dem Gesetzeswortlaut auf Grund Eigentumsverschaffung nur eine Abschlagsforderung des Hauptunternehmers gegenüber seinem Auftraggeber, soweit dieser Eigentümer des Baugrundstücks ist. Mangels Identität zwischen Auftraggeber des Nachunternehmers und Bauherrn, der das Eigentum erwirbt, wird allein durch die Eigentumsverschaffung keine Abschlagsforderung des Nachunternehmers gegenüber dem Hauptunternehmer begründet, so dass der Nachunternehmer gezwungen ist, eine Sicherheitsleistung zu stellen. Dieses Ergebnis wird allgemein als unbillig empfunden.

28 Zum Teil wird über den Gesetzeswortlaut hinaus eine Abschlagsforderung des Nachunternehmers auch ohne Sicherheitsleistung auf Grund Eigentumsverschaffung für den Auftraggeber des Hauptunternehmers angenommen.[42] Dagegen spricht jedoch der eindeutige Wortlaut des Gesetzes.[43]

29 Vorzugswürdiger erscheint die Annahme einer stillschweigenden Vereinbarung zwischen Haupt- und Nachunternehmer, dass in Abänderung des § 632a S. 3 BGB der Nachunternehmer einen Anspruch auf Abschlagszahlungen gegenüber dem Hauptunternehmer erhält, sobald und soweit dieser durch Eigentumserwerb seines Auftraggebers im Hinblick auf vertragsgemäß erbrachte Teilleistungen des Nachunternehmers eine entsprechende Abschlagszahlungsforderung gegenüber dem Bauherrn erhält.[44] Den Parteien ist von vornherein klar, dass der Nachunternehmer dem Hauptunternehmer kein Eigentum verschaffen soll und kann. Deshalb darf deren Wille unterstellt werden, dass der Nachunternehmer jedenfalls insoweit Abschlagszahlungen verlangen darf, als auch der Hauptunternehmer infolge seiner Eigentumsverschaffung dazu berechtigt ist.[45] In Betracht zu ziehen ist insofern auch eine analoge Anwendung des § 641 Abs. 2 BGB. Die Interessenlage im Hinblick auf den Anspruch auf Abschlagszahlungen des Unternehmers gegenüber dem Besteller für Teilleistungen, deren Herstellung der Besteller einem Dritten versprochen hat, ist vergleichbar mit der Interessenlage im Hinblick auf die Fälligkeit der Schlussvergütung bei entsprechender Konstellation.

---

37 *Kniffka*, IBR-Online-Kommentar, Stand: 26.05.2009, § 632a Rn. 13.
38 BT-Drucks. 14/1246; *Kniffka*, IBR-Online-Kommentar, Stand: 26.05.2009, § 632a Rn. 13.
39 Zitiert bei *Kniffka*, IBR-Online-Kommentar, Stand: 26.05.2009, a.a.O.
40 *Kniffka*, IBR-Online-Kommentar, Stand: 26.05.2009, § 632a Rn. 14.
41 *Kniffka*, IBR-Online-Kommentar, Stand: 26.05.2009, § 632a Rn. 16.
42 Staudinger/*Peters/Jacoby*, § 632a Rn. 23.
43 *Kniffka*, IBR-Online-Kommentar, Stand: 26.05.2009, § 632a Rn. 15; *Motzke*, NZBau 2000, 489, 492.
44 *Kniffka*, IBR-Online-Kommentar, Stand: 26.05.2009, § 632a Rn. 15.
45 *Kniffka*, IBR-Online-Kommentar, Stand: 26.05.2009, a.a.O.

c) Art und Höhe der Sicherheitsleistung

Die Art der Sicherheitsleistung richtet sich nach § 232 ff. BGB.[46] 30

Dagegen bemisst sich die Höhe der Sicherheitsleistung nach der Höhe der jeweiligen Abschlagsforderung.[47] Bei teilweiser Eigentumsverschaffung bemisst sich die Höhe der Sicherheitsleistung nach dem jeweiligen Anteil an der Abschlagszahlung, der auf die nicht in das Eigentum des Bestellers übergegangenen Werkleistungen oder die für diese zu verwendenden Stoffe und Bauteile entfällt.[48]

d) Erlöschen der Sicherheitsleistung

Wenn und soweit der Besteller Eigentum erlangt, erlischt auf Grund Akzessorietät die Sicherheitsleistung automatisch.[49] Auf Grund dessen ist die Sicherheit zurückzugeben. 31

VII. Höhe der Abschlagszahlungen

1. Vereinbarungen

Die Höhe der Abschlagszahlungen richtet sich in erster Linie nach den Vereinbarungen zwischen 32 den Parteien, z.B. im Rahmen von Raten- und Zahlungsplänen.

Allgemeine Geschäftsbedingungen des Bestellers, die abweichend von § 632a BGB im Verhältnis 33 zum Wert der erbrachten Teilleistungen geringere Abschlagszahlungen bzw. diesbezügliche Abzüge vorsehen, sind gemäß § 307 BGB unwirksam.[50]

Abzugrenzen sind solche Klauseln von Individualvereinbarungen und Allgemeinen Geschäfts- 34 bedingungen, mit denen Sicherheitseinbehalte festgelegt werden. Solche Klauseln sind grundsätzlich zulässig. Insofern bedarf es jedoch einer hinreichend klaren und inhaltlich zweifelsfreien Vereinbarung. Eine Klausel, wonach von den Abschlagszahlungen ein bestimmter Prozentsatz einbehalten werden kann, reicht nicht.[51]

Umgekehrt sind Klauseln in Allgemeinen Geschäftsbedingungen des Unternehmers wegen Ver- 35 stoßes gegen § 307 BGB unwirksam, wenn sie zu hohe Abschlagszahlungen vorsehen und insbesondere die Verpflichtung zur Zahlung trotz Mängelansprüchen und sonstigen Gegenforderungen des Bestellers beinhalten.[52]

2. Gesetzliche Höhe der Abschlagszahlungen

Ohne Vereinbarung bestimmt sich die Höhe der Abschlagszahlungen wertmäßig nach dem Anteil 36 der zur Abrechnung gestellten Teilleistungen im Verhältnis zu dem geschuldeten Gesamtwerk. Maßgebend ist insofern nicht der eigentliche Wert der erbrachten Teilleistung, sondern der Teilbetrag, der aus der Gesamtvergütung anteilig auf das abgerechnete Teilwerk entfällt.[53]

---

46 MüKo-BGB/*Busche*, § 632a Rn. 8.
47 Kniffka/*von Rintelen*, IBR-Online-Kommentar, § 632a Rn. 24.
48 MüKo-BGB/*Busche*, § 632a Rn. 8.
49 BGH, Urt. v. 09.04.1992, IX ZR 148/91, BauR 1992, 632, 633.
50 Ingenstau/Korbion/*Locher*, B § 16 Abs. 1 Rn. 11; Kapellmann/Messerschmidt/*Messerschmidt*, B § 16 Rn. 112, *Kniffka*, ZfBR 2000, 227, 229.
51 BGH, Urt. v. 24.03.1988, VII ZR 126/87, NJW-RR 1988, 581; Ingenstau/Korbion/*Locher*, B § 16 Abs. 1 Rn. 11; Kapellmann/Messerschmidt/*Messerschmidt*, B § 16 Rn. 115.
52 BGH, Urt. v. 10.07.1986, III ZR 19/85, BauR 1986, 694, 696.
53 Messerschmidt/Voit/*Messerschmidt*, § 632a Rn. 58, Kapellmann/Messerschmidt/*Messerschmidt*, B § 16 Rn. 112.

VIII. Fälligkeit der Abschlagszahlungen

37 § 632a BGB a.F. sieht ausdrücklich keine Pflicht des Unternehmers zur Erteilung einer prüffähigen Abschlagsrechnung vor oder macht gar die Vorlage einer entsprechenden Abschlagsrechnung zur Fälligkeitsvoraussetzung für die Abschlagszahlung. Hinreichend, aber auch erforderlich ist nach dem Gesetzeswortlaut lediglich ein Verlangen des Unternehmers.[54] Der Besteller ist nicht verpflichtet, von sich aus Abschlagszahlungen zu leisten oder anzubieten.

38 Ohne Vorlage einer prüfbaren Abschlagsrechnung als Nachweis für die Erbringung der abgerechneten Teilleistungen ist der Anspruch auf Abschlagszahlung jedoch nicht durchsetzbar, und es tritt in der Regel auf Grund dessen kein Verzug ein,[55] vgl. § 632 BGB Rdn. 237. Der BGH hat ursprünglich sogar unter der Geltung der VOB/B die Anforderungen an die Prüfbarkeit einer Abschlagsrechnung erheblich geringer bewertet als bei Schlussrechnungen.[56] Dann hat der BGH zu Abschlagsrechnungen von Architekten und Ingenieuren im Hinblick auf § 8 Abs. 2 HOAI a.F. entschieden, dass die Abrechnung von Abschlagszahlungen sich am Abrechnungssystem der HOAI zu orientieren habe, es sei denn, die Parteien hätten etwas anderes zulässig vereinbart.[57] Danach ist Voraussetzung für die Fälligkeit einer Abschlagszahlung eine Abschlagsrechnung, die einer prüffähigen Honorarschlussrechnung zu entsprechen hat. Die entsprechende Betrachtungsweise wird unter Bezugnahme auf diese BGH-Entscheidung auch für Abschlagsrechnungen nach § 632a BGB a.F. angenommen.[58]

39 Jedenfalls für Sachverhalte unter der Geltung des § 632a BGB a.F. erscheint es jedoch zweifelhaft, an die Prüfbarkeit von Abschlagsrechnungen als Voraussetzung für die Durchsetzbarkeit von Abschlagsforderungen die gleichen Anforderungen zu stellen wie an die Schlussabrechnung. § 8 Abs. 2 HOAI a.F. legt ausdrücklich den Nachweis der Leistungen, für die Abschlagszahlungen gefordert werden, im Anschluss an § 8 Abs. 1 HOAI a.F. fest, wonach zur Fälligkeit eine prüffähige Honorarschlussrechnung nach vertragsgemäßer Erbringung der Architekten-/Ingenieurleistungen überreicht werden muss. § 16 Abs. 1 Nr. 1 VOB/B macht noch weitergehend einen Nachweis durch eine prüfbare Aufstellung, die eine rasche und sichere Beurteilung der Leistungen ermöglichen muss, zur Fälligkeitsvoraussetzung. § 632a BGB n.F. schließlich lehnt sich insofern an die Formulierung des § 16 Abs. 1 Nr. 1 VOB/B an und verpflichtet zum Nachweis durch entsprechende Aufstellung. Zwar fehlt in der Formulierung des Gesetzes der Begriff der Prüfbarkeit der Aufstellung. Nach dem gesetzgeberischen Willen sollte jedoch die Pflicht zur Vorlage einer prüfbaren Aufstellung festgelegt werden, vgl. Rdn. 67. § 632a BGB a.F. enthält demgegenüber keine Regelung zu einer prüfbaren Abrechnung der Abschlagszahlungen. Insofern reicht für die Durchsetzbarkeit der Abschlagsforderungen die Vorlage von Abschlagsrechnungen, die es zumindest dem vom Besteller eingesetzten bauleitenden Architekten ermöglichen, den zum Gegenstand der Abschlagsrechnung gemachten Leistungsstand sowie die hierauf entfallende anteilige Vergütung nachzuvollziehen.[59] Soweit in der Abschlagsrechnung auf bestimmte Leistungsnachweise Bezug genommen wird, sind diese beizufügen.[60] Bei nach Einheitspreisen abzurechnenden Bauleistungen sind zumindest überschlägige Mengenaufstellungen zu übergeben, es sei denn, dass die abgerechneten Leistungen nur anhand eines konkreten Aufmaßes nachvollzogen werden können.[61]

---

54 MüKo-BGB/*Busche*, § 632a Rn. 11.
55 Kniffka/*von Rintelen*, IBR-Online-Kommentar, § 632 Rn. 31, 34; MüKo-BGB/*Busche*, § 632a Rn. 11; *Motzke*, NZBau 2000, 489, 493.
56 BGH, Urt. v. 09.01.1997, VII ZR 69/96, BauR 1997, 468; BGH, Urt. v. 19.03.2002, X ZR 125/00, BauR 2002, 1257, 1259.
57 BGH, Beschl. v. 22.12.2005, VII ZB 84/05, BauR 2006, 674, 676.
58 *Kniffka*, IBR-Online-Kommentar, Stand: 26.05.2009, § 632a BGB Rn. 18 am Ende.
59 Messerschmidt/Voit/*Messerschmidt*, § 632a Rn. 39.
60 Messerschmidt/Voit/*Messerschmidt*, a.a.O.
61 Messerschmidt/Voit/*Messerschmidt*, a.a.O.

IX. Verhältnis Abschlagsforderungen zur Schlussabrechnung

1. Eigenständigkeit von Abschlagsforderungen

Abschlagsforderungen sind gegenüber Schlussvergütungsansprüchen des Unternehmers eigenständige Ansprüche. Sie sind insofern selbständig einklagbar,[62] abtretbar, verpfändbar und absicherbar.[63]

40

Dementsprechend unterliegen Abschlagsforderungen gegenüber der Schlussvergütungsforderung einer eigenständigen Verjährung. Sie können jedoch nach Eintritt der Verjährung als Rechnungsposten wieder in die Schlussabrechnung eingestellt und insofern als unselbständiger Bestandteil der Schlussvergütung wieder in unverjährter Zeit geltend gemacht werden.[64]

41

2. Vorläufigkeit der Abschlagsforderungen

Abschlagsforderungen haben nur vorläufigen Charakter. Auf Grund dessen begründen Abschlagszahlungen kein Anerkenntnis und auch keine Beweislastumkehr zu Lasten des Bestellers.[65]

42

Dementsprechend können sämtliche Einreden und Einwendungen gegen die abschlagsweise in Rechnung gestellten Vergütungsbeträge auch gegenüber der Schlussabrechnung des Unternehmers vorgebracht werden.[66]

43

Umgekehrt kann der Unternehmer Fehler aus seinen Abschlagsrechnungen ohne weiteres später im Rahmen der Schlussabrechnung zu seinen Gunsten korrigieren.[67]

44

3. Schlussabrechnungspflicht

a) Pflicht des Unternehmers zur Schlussabrechnung

Nach Fertigstellung und Abnahme seiner Leistungen hat der Unternehmer erhaltene Abschlagszahlungen abzurechnen. Es wird insofern auf die Ausführungen zu § 632 Rdn. 243 verwiesen. Danach hat der Besteller einen vertraglichen Anspruch auf Schlussabrechnung und Auskehrung eines Überschusses im Verhältnis zwischen den erfolgten Abschlagszahlungen und der ggf. geschuldeten geringeren Schlussvergütung. Es handelt sich nicht um einen bereicherungsrechtlichen Anspruch des Bestellers, so dass sich der Unternehmer auch nicht etwa auf einen Wegfall der Bereicherung gemäß § 818 Abs. 3 BGB berufen könnte.[68]

45

b) Fälligkeit der Verrechnung von Abschlagsrechnungen mit der Schlussvergütung

Auch überhöhte Abschlagszahlungen sind erst im Rahmen der Schlussabrechnung zu verrechnen und können im Hinblick auf den überschießenden Teil nicht auf Grund Bereicherungsrechts zurückgefordert werden und auch keine Nutzungsentschädigungsansprüche für den Zeitraum bis zur Schlussabrechnung auslösen.[69] Dies gilt allerdings nicht bei einer versehentlichen Doppelzahlung eines in Rechnung gestellten Abschlagszahlungsbetrages.[70]

46

---

62 BGH, Urt. v. 05.11.1998, VII ZR 191/97, BauR 1999, 267, 268.
63 Messerschmidt/Voit/*Messerschmidt*, § 632a Rn. 21.
64 BGH, Urt. v. 05.11.1998, VII ZR 191/97, BauR 1999, 267, 268.
65 OLG Düsseldorf, Urt. v. 11.02.2002, 22 U 154/99, BauR 2001, 806, 807.
66 BGH, Urt. v. 09.01.1997, VII ZR 69/96, BauR 1997, 468.
67 Messerschmidt/Voit/*Messerschmidt*, § 632a Nr. 19.
68 BGH, Urt. v. 11.02.1999, VII ZR 399/97, BauR 1999, 636.
69 BGH, Urt. v. 19.03.2002, X ZR 125/00, BauR 2002, 1257.
70 Kniffka/*von Rintelen*, IBR-Online-Kommentar, § 632a Rn. 44.

4. Auswirkungen der Schlussabrechnungsreife auf die Durchsetzung von Abschlagsforderungen

47 Eine Abschlagsforderung kann nach allgemeiner Auffassung auf Grund der vertraglichen Pflicht des Unternehmers zur endgültigen Abrechnung aller vertraglich vereinbarten Leistungen, vgl. Rdn. 45, nicht mehr nach Eintritt der Schlussabrechnungsreife geltend gemacht werden.[71] Im Einzelfall kann allerdings die Berufung des Bestellers auf die Schlussrechnungsabbreife gegenüber einer Werklohnklage des Unternehmers aus einer Abschlagsrechnung rechtsmissbräuchlich sein, wenn z.B. der Unternehmer nur deshalb an der Schlussrechnung gehindert wird, weil ihm der Besteller dazu notwendige Unterlagen nicht zur Verfügung stellt.[72]

a) Erteilung einer Schlussrechnung

48 Die Erteilung einer Schlussrechnung seitens des Unternehmers steht allein der hilfsweisen Geltendmachung einer Abschlagsforderung im Prozess nicht entgegen. Erforderlich ist zusätzlich die Abnahme oder unberechtigte Verweigerung der Abnahme der Werkleistungen durch den Besteller. Solange der Unternehmer eine Abnahme oder unberechtigte Abnahmeverweigerung nicht nachweisen kann, kann er weiterhin seine Abschlagsforderung (hilfsweise) weiterverfolgen.[73]

b) Schlussrechnungsreife nach (Teil-)Abnahme

49 Auf der anderen Seite ist die Erteilung der Schlussrechnung nicht notwendige Voraussetzung für die Hinderung der Geltendmachung von Abschlagsforderungen. Vielmehr kann der Unternehmer entsprechende Forderungen schon dann nicht mehr geltend machen, wenn eine Schlussabrechnungsreife eingetreten ist.

50 Beim BGB-Vertrag ist die Schlussabrechnungsreife gemäß § 641 Abs. 1 BGB mit Abnahme eingetreten. Nach Abnahme kann der Unternehmer keine Abschlagszahlungen mehr geltend machen, sondern muss seine abgenommenen Vertragsleistungen unter Berücksichtigung zwischenzeitlich erhaltener Abschlagszahlungen schlussabrechnen.[74] Es sind jedoch auch Fälle denkbar, in denen die Umstände ergeben, dass der Unternehmer trotz der erfolgten Abnahme nicht berechtigt ist, noch nicht erbrachte Restleistungen in die Schlussrechnung einzustellen. Solche Umstände können sich aus dem Gewicht der noch fehlenden Teilleistungen oder aus den Baumständen ergeben. In diesem Fall ist zu prüfen, ob die Abnahme nicht in Wahrheit eine Teilabnahme erbrachter Teilleistungen ist, die bei entsprechender Vereinbarung nur zur Fälligkeit einer Teilschlussvergütung gemäß § 648 Abs. 1 S. 2 BGB führt. Insofern können Abschlagszahlungen lediglich für den teilweise abgenommenen Teil nicht mehr verlangt werden.[75]

c) Weitere Fälle der Schlussabrechnungsreife

51 Eine Schlussabrechnungsreife mit der Folge des Wegfalls der Durchsetzbarkeit von Abschlagsforderungen tritt außer im Fall der (Teil-)Abnahme fertiggestellter Leistungen in den Fällen der Fälligkeit der Schlussvergütung ohne Abnahme ein, vgl. § 632 Rdn. 227 und 228, insbesondere
(a) bei endgültiger Erfüllungsverweigerung seitens des Unternehmers,[76]
(b) bei vorzeitiger Kündigung des Vertrages seitens einer der Vertragsparteien,[77]
(c) nach Fertigstellung des Bauvorhabens durch Dritte im Wege der Ersatzvornahme.[78]

---

71 Kniffka/*von Rintelen*, IBR-Online-Kommentar, § 632a Rn. 36.
72 OLG Naumburg, Urt. v. 19.11.2010, 6 U 115/10, IBR 2011, 69.
73 BGH, Urt. v. 15.06.2000, VII ZR 30/99, BauR 2000, 1482, 1484.
74 BGH, Urt. v. 15.04.2004, VII ZR 471/01, BauR 2004, 1146, 1147.
75 BGH, Urt. v. 20.08.2009, VII ZR 205/07, BauR 2009, 1724, 1730.
76 OLG Düsseldorf, Urt. v. 07.05.1999, 22 U 226/98, NJW-RR 2000, 231.
77 BGH, Urt. v. 28.02.1987, VII ZR 217/85, BauR 1987, 453; OLG Düsseldorf, 05.06.1992, 22 U 235/91, NJW-RR 1992, 1373.
78 OLG Nürnberg, Urt. v. 08.06.2000, 13 U 77/00, NZBau 2000, 509, 510.

d) Auswirkungen der Schlussrechnungsreife auf die Abschlagsforderung

Mit Schlussrechnungsreife endet ein Verzug des Bestellers im Hinblick auf die Abschlagszahlungen. Der Zeitraum von der Schlussrechnungsreife bis zum Ablauf einer angemessenen Frist zur Prüfung der Schlussrechnung durch den Besteller (gem. § 16 Abs. 3 VOB/B 2 Monate) stellt insofern einen verzugslosen Zeitraum dar, vgl. § 632 Rdn. 237. Innerhalb dieses Zeitraums kann der Unternehmer weder Abschlagszahlungen noch die Schlussvergütung – abgesehen von einem unbestrittenen Guthaben – geltend machen.[79]

52

Allerdings werden die bereits vor Schlussrechnungsreife begründeten Verzugswirkungen nicht rückwirkend beseitigt, so dass eine Verzugsverzinsung der Abschlagsforderungen bis zur Schlussrechnungsreife sowie weitergehende Verzugsschäden im Hinblick auf einen Verzug des Bestellers mit dem Ausgleich von Abschlagsforderungen weiterhin geltend gemacht werden können.[80] Außerdem soll die Schlussrechnungsreife den Unternehmer nicht daran hindern, im Hinblick auf eine Abschlagsforderung eine Bürgschaft auf erstes Anfordern zu ziehen.[81]

5. Prozessuale Behandlung

Abschlagsforderungen können selbständig eingeklagt werden.[82]

53

Zunächst hat der BGH im Übergang einer Abschlagszahlungsklage auf eine Schlusszahlungsklage keine Klageänderung gesehen.[83] Von dieser Auffassung ist er zwischenzeitlich abgerückt.[84] Nunmehr ist der BGH wieder zu seiner ursprünglichen Rechtsauffassung zurückgekehrt.[85] Danach liegt ein Fall des § 264 ZPO auch dann vor, wenn die Schlusszahlung bereits bei Erhebung der Abschlagszahlungsklage hätte geltend gemacht werden können.[86] Dies gilt auch im Falle der (hilfsweisen) Geltendmachung des Schlussrechnungsbetrages neben oder anstelle der bis dahin allein geltend gemachten Abschlagsforderung erst in der Berufungsinstanz.[87]

X. Abschlagszahlungen beim Bauträgervertrag

1. Gesetzliche Ansprüche

Der BGH hat bereits unter der Geltung der alten Fassung des § 632a BGB entschieden, dass die werkvertraglichen Vergütungsregelungen auch für den Vergütungsanspruch des Bauträgers gelten.[88] Danach hat der Erwerber grundsätzlich eine Vergütung erst nach Abnahme des Sonder- und Gemeinschaftseigentums gemäß § 641 BGB zu entrichten.

54

Abschlagszahlungen gemäß § 632a BGB a.F. können nicht gefordert werden, da insoweit § 3 der Makler- und Bauträgerverordnung (MaBV) dem Bauträger untersagt, Zahlungen des Erwerbers entgegenzunehmen, bevor bestimmte Fälligkeitsvoraussetzungen erfüllt sind.[89] Im Übrigen wäre die Annahme in sich geschlossener Teile des Werkes im Sinne von § 632a BGB a.F. auch bei großzügiger Auslegung problematisch im Hinblick darauf, dass die Verpflichtung des Bauträgers nicht nur auf die Erstellung einer bauwerklichen Leistung ausgerichtet ist, sondern auch auf die

---

79 BGH, Urt. v. 15.04.2004, VII ZR 471/01, BauR 2004, 1146.
80 Kniffka/*von Rintelen*, IBR-Online-Kommentar, § 632a Rn. 42.
81 OLG Braunschweig, Beschl. 03.03.2004, 8 U 5/04, BauR 2004, 1638, 1640.
82 BGH, Urt. v. 05.11.1998, VII ZR 191/97, BauR 1999, 267.
83 BGH, Urt. v. 21.02.1985, VII ZR 160/83, BauR 1985, 456, 458; BGH, Urt. v.26.02.1987, VII ZR 217/85, BauR 1987, 452.
84 BGH, Urt. v. 05.11.1998, VII ZR 191/97, BauR 1999, 267.
85 BGH, Urt. v. 11.11.2004, VII ZR 128/03, BauR 2005, 400.
86 BGH, Urt. v. 08.12.2005, VII ZR 191/04, BauR 2006, 414.
87 BGH, a.a.O.
88 BGH, Urt. v. 12.02.2000, VII ZR 310/99, BauR 2001, 391, 394.
89 OLG Celle, Urt. v. 06.08.2003, 7 U 36/03, BauR 2004, 1007, 1009.

Übertragung von Besitz und Eigentum auf den Erwerber.[90] Schließlich kann beim Bauträgervertrag keine hinreichende Sicherstellung des Bestellers bzw. Erwerbers nach Maßgabe des § 632a BGB a.F. angenommen werden. Eine Eigentumsübertragung wird grundsätzlich nur nach Zahlung des gesamten Kaufpreises vereinbart. § 3 Abs. 1 S. 1 Nr. 2 MaBV sieht lediglich die Eintragung einer Vormerkung zu Gunsten des Erwerbers vor, darüber hinaus jedoch weder eine Eigentumsumschreibung noch eine Sicherheitsleistung des Bauträgers i.S.d. § 232 ff. BGB. Eine solche Sicherheitsleistung wird üblicherweise auch nicht vereinbart. Allein die Vormerkung ist als Sicherheit zumindest äußerst zweifelhaft, da die Rechte aus der Vormerkung im Falle einer Rückabwicklung des Bauträgervertrages, z.B. auf Grund Rücktritts seitens des Erwerbers wegen erheblicher Mängel der Bauwerkleistungen, verlorengehen.[91]

2. Ratenzahlungsvereinbarungen

a) Zulässigkeit von Ratenzahlungsvereinbarungen

55 § 3 Abs. 2 MaBV erlaubt die Vereinbarung von Ratenzahlungen im Rahmen von Bauträgerverträgen nach bestimmter Maßgabe in gewerberechtlicher Hinsicht. Mit Verordnung über Abschlagszahlungen bei Bauträgerverträgen vom 23.05.2001[92] auf Grund § 27a AGBGB a.F. (nunmehr Art. 244 EGBGB) hat das Bundesministerium der Justiz mit Rückwirkung ab 01.05.2000, dem Datum des Inkrafttretens des Gesetzes zur Beschleunigung fälliger Zahlungen, die Vereinbarung von Ratenzahlungen in Bauträgerverträgen entsprechend § 3 Abs. 2 MaBV auch in zivilrechtlicher Hinsicht zugelassen.

b) Folge nicht MaBV-konformer Ratenzahlungsvereinbarungen

56 Ratenzahlungsvereinbarungen, die dem Zahlungsplan des § 3 Abs. 2 MaBV nicht entsprechen, sind gemäß § 134 BGB i.V.m. § 12 MaBV nichtig. Folge ist nicht, dass dann Ratenzahlungen nach Maßgabe des § 3 Abs. 2 MaBV oder § 632a BGB geschuldet sind. Vielmehr ist die gesamte Bauträgervergütung erst mit Abnahme der Bauträgerleistungen fällig.[93]

B. Gesetzesfassung ab 01.01.2009

57 Die bis zum 31.12.2008 geltende Fassung des § 632a BGB hat sich zum einen auf Grund der Einschränkung der gesetzlichen Voraussetzungen für Abschlagszahlungen, insbesondere im Hinblick auf das Erfordernis in sich abgeschlossener Teile des Werkes, vgl. Rdn. 7 ff., und zum anderen auf Grund Unklarheit der Reichweite der gesetzlichen Voraussetzungen, insbesondere im Hinblick auf die Frage der Behandlung von wesentlichen und unwesentlichen Mängeln der abgerechneten Teilleistungen, vgl. Rdn. 11 ff., schon nach relativ kurzer Zeit als unpraktikabel herausgestellt. Auf Grund dessen ist der Gesetzgeber schließlich ständigen Forderungen in der Literatur nachgekommen und hat zu § 632a Abs. 1 BGB n.F. eine gesetzliche Regelung erlassen, die sich weitestgehend an § 16 Nr. 1 Abs. 1 VOB/B 2006 bzw. nunmehr § 16 Abs. 1 Nr. 1 VOB/B 2009 orientiert, welcher sich in der Praxis bewährt hat. Allerdings enthält auch die neue gesetzliche Regelung eine davon erheblich abweichende und insofern in der Literatur[94] neuerlich kritisierte Regelung insoweit, als jedenfalls nach absolut herrschender Auffassung wesentliche Mängel der abschlagsweise abgerechneten Leistungen dem Besteller nicht lediglich ein Zurückbehaltungsrecht mit Druckzuschlag gewähren sollen, sondern der Fälligkeit der Abschlagszahlung insgesamt entgegenstehen sollen.

---

90 Kniffka/*von Rintelen*, IBR-Online-Kommentar, § 632a Rn. 60.
91 BGH, Urt. v. 05.04.2001, VII ZR 498/99, BauR 2001, 1097, 1098.
92 BGBl. I, 981.
93 BGH, Urt. v. 22.03.2007, VII ZR 268/05, BauR 2007, 1235, 1238.
94 Vgl. *Pause*, BauR 2009, 898, 899; *Schulze-Hagen*, BauR 2010, 354, 356.

Im Zuge der entsprechenden Novellierung des § 632a BGB hat der Gesetzgeber weitere Absätze aufgenommen. Unter Abs. 2 sind erweiternde Regelungen zu Ratenzahlungsvereinbarungen im Rahmen von Bauträgerverträgen aufgenommen worden. Unter Abs. 3 ist erstmalig ein gesetzlicher Anspruch für Verbraucher auf Gestellung einer Vertragserfüllungssicherheit gegenüber dem Unternehmer geschaffen worden. Schließlich ist in Anlehnung an § 648a BGB der Kreis der zulässigen Sicherheiten erweitert worden.

I. Inkrafttreten, Überleitungsvorschrift

Die neue Fassung des § 632a BGB ist mit Wirkung ab 01.01.2009 in Kraft getreten. Gemäß Art. 224 § 19 EGBGB gilt die neue Fassung für alle Vertragsabschlüsse ab dem Datum des Inkrafttretens. Dort heißt es zwar, dass unter anderem § 632a BGB in der seit dem 01.01.2009 geltenden Fassungen nur auf Schuldverhältnisse anzuwenden ist, die nach diesem Tag entstanden sind. Insofern dürfte es sich um ein Redaktionsversehen handeln, da andernfalls für Vertragsabschlüsse zum 01.01.2009 überhaupt kein gesetzlicher Anspruch auf Abschlagszahlungen bestehen würde. In Anbetracht des Neujahrfeiertages zum genannten Datum dürfte diese Frage jedoch nur akademischer Natur sein. 58

II. Gesetzlicher Anspruch auf Abschlagszahlungen (Abs. 1)

Gegenüber dem gesetzlichen Anspruch auf Abschlagszahlungen gemäß § 632a BGB a.F. ergeben sich nach § 632a Abs. 1 BGB n.F. folgende Änderungen: 59

1. Wegfall des Erfordernisses in sich abgeschlossener Teile des Werkes

Das unklare und den Zweck des Gesetzes zur Beschleunigung fälliger Zahlungen hindernde Erfordernis der Abgeschlossenheit der abschlagsweise abrechenbaren Teile des Werkes ist ersatzlos aufgehoben worden. Damit ist die gesetzliche Vorschrift der Regelung zu § 16 Abs. 1 Nr. 1 VOB/B 2009 angepasst worden. 60

2. Wertzuwachs (Abs. 1 S. 1)

Ebenfalls in Anlehnung an § 16 Abs. 1 Nr. 1 VOB/B 2009 ist eine gesetzliche Regelung zur Höhe der Abschlagszahlungen vorgenommen worden. Die Höhe der Abschlagszahlungen soll sich nach dem Wertzuwachs für den Besteller durch die abgerechnete Leistungen ausrichten. 61

Der Begriff des Wertzuwachses ist allerdings unglücklich gewählt. Es besteht Einigkeit, dass dem Unternehmer Abschlagszahlungen für vertraglich vereinbarte Teilleistungen zustehen sollen, auch wenn sie bei objektiver Betrachtungsweise nicht zu einem Zuwachs des Wertes des Baugrundstücks geführt haben, wie z.B. für die Aushebung einer Baugrube.[95] Auch besteht Einigkeit darüber, dass dem Unternehmer gegenüber dem Hauptunternehmer für vertragsgemäß erbrachte Teilleistungen Abschlagszahlungen zustehen sollen, auch wenn der dadurch verursachte Wertzuwachs am Bauobjekt ausschließlich dem Auftraggeber des Hauptunternehmers zu Gute kommt.[96] Insofern ist der Wertzuwachs des Hauptunternehmers darin begründet, dass er seinerseits Ansprüche gegen den Eigentümer des Bauobjektes erwirbt.[97] Der Begriff des Wertzuwachses ist dahingehend auszulegen, dass maßgebend der auf die erbrachte Teilleistung entfallende anteilige vereinbarte Werklohn ist, wie dies klarer in § 16 Abs. 1 VOB/B zum Ausdruck kommt.[98] 62

---

[95] Staudinger/*Peters/Jacoby*, § 632a Rn. 7; Kniffka/*von Rintelen*, § 632a Rn. 11.
[96] Kapellmann/Messerschmidt/*Messerschmidt*, § 16 VOB/B Rn. 17.
[97] Kniffka/*von Rintelen*, § 632a Rn. 11; *Pause*, BauR 2009, 898, 899.
[98] Palandt/*Sprau*, § 632a Rn. 9.

3. Mängel der abgerechneten Teilleistungen (Abs. 1 S. 2 und S. 3)

a) Unwesentliche Mängel

63 Es ist nunmehr vom Gesetzgeber klargestellt, dass unwesentliche Mängel der Fälligkeit von Abschlagszahlungen im Hinblick auf das nach wie vor bestehende Erfordernis einer vertragsgemäßen Erbringung der abgerechneten Teilleistungen nicht entgegenstehen. Unberührt bleibt das Zurückbehaltungsrecht bis zur Höhe des Mängelbeseitigungsaufwandes zzgl. Druckzuschlag entsprechend § 641 Abs. 3 BGB.

Im Gegensatz zur Rechtslage bis zum 31.12.2008, wonach mindestens ein Leistungsverweigerungsrecht in Höhe des Dreifachen der für die Beseitigung des Mangels erforderlichen Kosten besteht, gilt für Vertragsabschlüsse ab 01.01.2009 gemäß § 641 Abs. 3 BGB n.F. ein Leistungsverweigerungsrecht in der Regel in Höhe des Doppelten des Mängelbeseitigungsaufwandes.

Zur Beweislast wird auf die Ausführungen zu Rdn. 16 f. verwiesen. Auch im Hinblick auf die Umstände, aus denen sich er gibt, dass die Mängel nur unwesentlich sind, trägt die Beweislast der Unternehmer.[99]

b) Wesentliche Mängel

64 Nach wie vor umstritten ist dagegen die Behandlung wesentlicher Mängel. Die Wesentlichkeit eines Mangels wird angenommen bei fühlbarer Beeinträchtigung der Funktionalität und/oder bei Beeinträchtigung der Sicherheit.[100] Die Abgrenzung zwischen unwesentlichen und wesentlichen Mängeln ist häufig unscharf und schwierig und gibt ständig Anlass zu rechtlichen Auseinandersetzungen.

65 Nach einer Auffassung sei Folge aus der Verweisung gemäß § 632a Abs. 1 S. 3 BGB n.F. auf § 641 Abs. 3 BGB, dass auch bei wesentlichen Mängel lediglich ein Zurückbehaltungsrecht des Bestellers bestehe.[101]

66 Auf Grund der Begründung des Gesetzes, nach der gemäß § 640 Abs. 1 S. 1 und S. 2 BGB die Abnahme als Fälligkeitsvoraussetzung für die Schlussvergütung gemäß § 641 Abs. 1 BGB verweigert werden könne, ist jedoch von dem gesetzgeberischen Willen auszugehen, dass wesentliche Mängel der Fälligkeit von Abschlagszahlungen für entsprechend mängelbehaftete Teilleistungen entgegenstehen und nicht lediglich ein Zurückbehaltungsrecht begründen sollen.[102] Auch der Wortlaut der gesetzlichen Bestimmung lässt keine andere Auslegung zu. Demgemäß entspricht es der herrschenden Meinung, dass die neue Fassung des § 632a BGB im Gegensatz zu unklaren alten Fassung der entsprechenden Vorschrift zu einer diesbezüglichen Klarstellung zu Lasten des Unternehmers geführt hat.[103] Dies ist Anlass heftiger Kritik gegen die neue Fassung des § 632a BGB, da sich nunmehr bei der Geltendmachung von Abschlagsforderungen der Streit zwischen den Vertragsparteien auf die unklare und schwierige Abgrenzung zwischen unwesentlichen und wesentlichen Mängeln konzentrieren wird, die von Seiten des Bestellers gegenüber Abschlagsforderungen geltend gemacht werden.[104]

4. Prüfbare Abrechnung (Abs. 1 S. 4)

67 Einmal mehr in Anlehnung an § 16 Abs. 1 Nr. 1 VOB/B ist die Pflicht des Unternehmers kodifiziert worden, seine Leistungen durch eine Aufstellung nachzuweisen, die eine rasche und sichere

---

99 Baumgärtel/*Kessen*, § 632a Rn. 7.
100 OLG Hamm, Urt. v. 26.11.2003, 12 U 112/02, BauR 2005, 731, 732.
101 Staudinger/*Peters*/Jacoby, § 632a Rn. 14.
102 Vgl. BT-Drucks. 16/511, S. 14.
103 *Hildebrandt*, BauR 2009, 4, 7; *Pause*, BauR 2009, 898, 899.
104 *Pause*, BauR 2009, 898, 900.

Beurteilung der Leistungen ermöglichen muss. Unklar ist, ob nach Inkrafttreten des § 632a Abs. 1 Satz 4 BGB n.F. die noch zu der alten Fassung des § 632a BGB ergangene Rechtsprechung des BGH, wonach die Anforderungen an die Prüfbarkeit einer Abschlagsrechnung geringer zu bewerten seien als die Anforderungen an die Prüfbarkeit einer Schlussrechnung, vgl. Rdn. 38 f., noch Gültigkeit hat. Die erstmalige Aufnahme der ausdrücklichen Verpflichtung des Unternehmers zu einer die rasche und sichere Beurteilung der Leistungen ermöglichenden Aufstellung vor dem Hintergrund der neueren Rechtsprechung des BGH, wonach an die Prüfbarkeit von Abschlagsrechnungen seitens Architekten/Ingenieuren die gleichen Anforderungen zu stellen seien wie an die Prüfbarkeit von Schlussrechnungen, vgl. Rdn. 38, spricht dagegen. Zwar ist entgegen dem ursprünglichen gesetzgeberischen Willen das Wort »prüfbar« aus dem Gesetzestext gestrichen worden. Dies erfolgte jedoch nur, um auszuschließen, dass entgegen dem gesetzgeberischen Willen die Vorlage der Aufstellung als Fälligkeitsvoraussetzung für die Abschlagszahlung verstanden wird. Das Wort »Aufstellung« trage bereits in sich, dass die Aufstellung auch stets prüfbar sein müsse.[105] Damit sind durch die Neufassung des § 632a BGB die gesetzlichen Anforderungen an die Prüfbarkeit von Abschlagsrechnungen als Voraussetzung für die Durchsetzbarkeit von Abschlagsforderungen erhöht worden.

Anders als § 16 Abs. 1 Nr. 3 VOB/B begründet § 632a Abs. 1 Satz 4 BGB n.F. insofern keine Fälligkeitsvoraussetzung für die Abschlagszahlung.[106] Vielmehr bleibt es dabei, dass der Besteller bei pflichtwidriger Nichtvorlage einer prüfbaren Abrechnung allenfalls die fehlende Durchsetzbarkeit der Abschlagsforderung einwenden kann, mit der Folge, dass kein Zahlungsverzug im Hinblick auf die Abschlagsforderung anzunehmen ist, vgl. Rdn. 38. 68

5. Eigentumsverschaffung oder Sicherheitsleistung (Abs. 1 S. 5)

Das Erfordernis einer Eigentumsverschaffung oder Sicherheitsleitung bezieht sich nunmehr ausdrücklich nur noch auf Abschlagszahlungen für erforderliche Stoffe oder Bauteile, die angeliefert oder eigens angefertigt und bereitgestellt werden. Insofern ist die Regelung zu § 16 Abs. 1 VOB/B übernommen worden. Dies gilt zusätzlich im Hinblick auf das Erfordernis der Bereitstellung eigens angefertigter Stoffe oder Bauteile. Allerdings hat insofern keine inhaltliche Änderung gegenüber der alten Fassung des § 632a BGB stattgefunden, unter der bereits nach der Rechtsprechung des BGH eine Bereitstellung eigens angefertigter Bauteile für erforderlich gehalten wurde, vgl. Rdn. 20. 69

Während § 632a BGB gemäß § 232 BGB das Wahlrecht zwischen Eigentumsverschaffung oder Sicherheitsleistung dem Unternehmer einräumt, vgl. Rdn. 24, legt § 632a BGB in der neuen Fassung in Abweichung von § 232 BGB fest, dass das Wahlrecht dem Besteller zusteht. Auch insofern ist eine Anpassung an die Regelung des § 16 Abs. 1 VOB/B erfolgt.

III. Abschlagszahlungen beim Bauträgervertrag (Abs. 2)

1. Dynamische Verweisung

Auf Grund Art. 244 EGBGB ist im Hinblick auf die zivilrechtliche Wirksamkeit von Abschlags- bzw. Ratenzahlungsvereinbarungen mit dem Erwerber die Verordnung über Abschlagszahlungen bei Bauträgerverträgen vom 23.05.2001[107] unter Verweis auf die Makler- und Bauträgerverordnung (MaBV) festgelegt worden, Rdn. 55. § 632a Abs. 2 BGB n.F. bestätigt insofern die entsprechende Verordnung und eröffnet gleichzeitig die Möglichkeit zum künftigen Erlass entsprechen- 70

---

105 BT-Drucks.,16/9787, S. 18; Kniffka/*von Rintelen*, IBR-Online-Kommentar, § 632 Rn. 33.
106 *Pause*, BauR 2009, 898, 900; Kniffka/*von Rintelen*, IBR-Online-Kommentar, § 632a Rn. 34; BT-Drucks. 16/9787, S. 18.
107 BGBl. I, 981.

der Verordnungen mit von der Verordnung vom 23.05.2001 abweichendem Inhalt.[108] Aktuell ist derzeit die Fassung der Verordnung vom 23.10.2008.[109]

2. Erweiterung auf Umbauten

71 Die Regelung bezieht sich erweiternd nicht nur auf die Errichtung, sondern auch auf den Umbau eines Hauses oder vergleichbaren Bauwerks im Rahmen eines Bauträgervertrages. Der Begriff »Umbau« i.S.v. § 632a Abs. 2 BGB n.F. ist insofern auszulegen wie zu § 632a Abs. 3 BGB n.F.,[110] vgl. nachfolgend Rdn. 75.

IV. Vertragserfüllungssicherheit zu Gunsten Verbrauchern (Abs. 3)

72 Der Gesetzgeber hat mit § 632a Abs. 3 BGB eine von vielen geforderte Verbraucherschutzvorschrift, insbesondere zur Absicherung gegen das Risiko einer Insolvenz des Unternehmers jedenfalls bis zur Abnahme eingeführt. Die dagegen nicht erfolgte gesetzliche Absicherung von Mängelansprüchen des Bestellers nach Abnahme wird heftig kritisiert.

1. Pflicht des Unternehmers zur Sicherheitsleistung

73 Gemäß § 632a Abs. 3 S. 1 BGB hat der Unternehmer dem Besteller bei einem Vertrag zur Errichtung oder zum Umbau eines Hauses oder vergleichbaren Bauwerks bei der ersten Abschlagszahlung eine Sicherheit für die rechtzeitige Herstellung des Werkes ohne wesentliche Mängel i.H.v. 5 % des Vergütungsanspruches zu leisten, soweit es sich bei dem Besteller um einen Verbraucher handelt.

a) Anspruchsinhaber Verbraucher

74 Voraussetzung für den Anspruch des Bestellers auf Gestellung einer Vertragserfüllungssicherheit ist, dass der Besteller Verbraucher i.S.d. § 13 BGB ist. Auch wenn der Besteller ein Unternehmer ist, hat er einen Anspruch auf Gestellung der Vertragserfüllungssicherheit, wenn sich der Bauwerkvertrag auf seinen privaten Bereich bezieht. Als Verbraucher ist auch die teilrechtsfähige Wohnungseigentümergemeinschaft bei Erteilung eines Bauauftrages jedenfalls dann anzusehen, wenn an dieser nicht ausschließlich Unternehmer beteiligt sind.[111] Das Halten einer Wohnung oder eines Teileigentums als Kapitalanlage zur Erzielung von Mieteinnahmen ist insofern Verwaltung eigenen Vermögens und damit keine unternehmerische Tätigkeit.[112]

b) Werkvertrag über Errichtung oder Umbau von Häusern oder vergleichbaren Bauwerken

75 Der Anspruch auf Gestellung der Sicherheitsleistung besteht für alle Verträge über die Errichtung oder den Umbau eines Hauses oder eines vergleichbaren Bauwerks. Die Gesetzesbegründung verweist zur Bestimmung des Begriffs »Umbau« auf § 3 Nr. 5 HOAI a.F.[113] Danach sind Umbauten »Umgestaltungen eines vorhandenen Objektes mit wesentlichen Eingriffen in Konstruktion oder Bestand«. Gemäß § 2 Nr. 6 HOAI n.F. ist das Wesentlichkeitserfordernis entfallen. Im Hinblick auf die Gesetzesbegründung und nach Sinn und Zweck der gesetzlichen Regelungen im Hinblick auf die Gleichsetzung von Neubau und Umbau ist sowohl im Rahmen von § 632a Abs. 2 BGB n.F. wie auch im Rahmen von § 632a Abs. 3 BGB n.F. der Begriff des »Umbaus« in dem Sinne

---

108 *Pause,* BauR 2009, 898, 902.
109 BGBl. I, 2022.
110 Kniffka/*von Rintelen,* § 632a Rn. 62 i.V.m. Rn. 67.
111 OLG München, Beschl. v. 25.09.2008, 32 Wx 118/08, NJW 2008, 3574 = NZM 2008, 894; *Pause,* BauR 2009, 896, 904; a.A. LG Rostock, Urt. v. 26.02.2007, 40322/069, NZM 2007, 370.
112 OLG München, a.a.O., unter Hinweis auf BGH, Urt. v. 23.10.2001, XI ZR 63/01, NJW 2002, 368, 369.
113 BT-Drucks. 16/511, S. 15; Kniffka/*von Rintelen,* IBR-Online-Kommentar, § 632a Rn. 68.

auszulegen, dass ein wesentlicher Eingriff in Konstruktion oder Bestand erforderlich ist, mithin kleinere Umbaumaßnahmen mit geringen Eingriffen in die Konstruktion, wie ein Türdurchbruch oder die Erneuerung einer Abdichtungsschicht einer Decke, nicht als »Umbau« zu werten sind.[114] Als mit einem Haus vergleichbare Bauwerke sind »Gebäude« i.S.v. § 2 Nr. 2 HOAI n.F. anzusehen, also selbständig benutzbare, überdeckte bauliche Anlagen, die von Menschen betreten werden können und geeignet oder bestimmt sind, dem Schutz von Menschen, Tieren oder Sachen zu dienen,[115] z.B. Garagen, Schuppen oder Schwimmhallen.

c) Fälligkeit der Sicherheitsleistung

Der Anspruch des Bestellers auf Gestellung der Sicherheitsleistung ist mit Verlangen der ersten Abschlagszahlung seitens des Unternehmers fällig, ohne dass es eines besonderen Verlangens von Seiten des Bestellers bedarf. Dem Besteller steht gegenüber dem Anspruch des Unternehmers auf Abschlagszahlungen ein Zurückbehaltungsrecht bis zur Gestellung der Sicherheitsleistung zu. Dieses Zurückbehaltungsrecht besteht nicht nur gegenüber der ersten Abschlagszahlung, sondern auch gegenüber weiteren Abschlagsforderungen des Unternehmers.[116] Umstritten ist, ob der Besteller daneben einen eigenständigen durchsetzbaren Anspruch auf Gestellung der Sicherheit hat.[117] Nach dem gesetzgeberischen Willen spricht mehr für einen Anspruch des Bestellers, wenn es heißt, dass der Besteller eine Sicherheitsleistung für seinen Erfüllungsanspruch beanspruchen kann.[118]

76

d) Gesicherte Ansprüche des Bestellers

aa) Anspruch auf mängelfreie Herstellung

Nach dem gesetzgeberischen Willen wird ein gesetzlicher Anspruch auf Bestellung einer Vertragserfüllungssicherheit für die mängelfreie und damit abnahmefähige Herstellung des vertraglich geschuldeten Erfolges bis zur Abnahme begründet.[119] Dagegen wird kein gesetzlicher Anspruch auf eine Gewährleistungssicherheit für den Zeitraum nach Abnahme im Hinblick auf Mängelansprüche des Bestellers begründet. Insofern bedarf es einer besonderen Vereinbarung zwischen den Bauvertragsparteien.

77

Die Vertragserfüllungssicherheit, die der Verbraucher von dem Unternehmer verlangen kann, umfasst auch Ansprüche auf Rückzahlung geleisteter Voraus- und Abschlagszahlungen, soweit sie darauf beruhen, dass das Werk nicht im Wesentlichen vertragsgemäß fertiggestellt wurde.[120] Umstritten ist, ob die Sicherheit gemäß § 632a Abs. 3 BGB n.F. entgegen dem Wortlaut auch unwesentliche Mängel umfasst. In der Gesetzesbegründung und der darin zitierten Entscheidung des OLG Düsseldorf[121] wird ausgeführt, dass die Bürgschaft als Vertragserfüllungsbürgschaft die bis zur Abnahme entstandenen Ansprüche sichert, die darauf beruhen, dass die Unternehmerleistungen hinter der vertraglich vorausgesetzten Tauglichkeit oder Werthaltigkeit zurückbleibt, ohne dass zwischen wesentlichen und unwesentlichen Mängeln unterschieden wird.[122] Im Hinblick darauf wird die Formulierung in § 632a Abs. 3 BGB n.F. im Hinblick auf »wesentliche Mängel« als Redaktionsversehen betrachtet, weil die Einschränkung »ohne wesentliche Mängel« sich nur auf

---

114 Kniffka/*von Rintelen*, IBR-Online-Kommentar, § 632a Rn. 68.
115 Kniffka/*von Rintelen*, IBR-Online-Kommentar, § 632a Rn. 67.
116 Staudinger/*Peters/Jacoby*, § 632a Rn. 43.
117 Dafür *Pause*, BauR 2009, 896, 905; Kniffka/*von Rintelen*, IBR-Online-Kommentar, § 632a Rn. 70; dagegen Staudinger/*Peters/Jacoby* a.a.O.
118 BT-Drucks. 16/511, S. 15.
119 BT-Drucks. 16/511, S. 15.
120 Vgl. BGH, Urt. v. 17.12.1987, IX ZR 263/86, NJW 1988, S. 907; Kniffka/*von Rintelen*, IBR-Online-Kommentar; § 632a Rn. 73; a.A. *Pause*, BauR 2009, 898, 907.
121 OLG Düsseldorf, Urt. v. 10.10.1987, 22 U 69/97, BauR 1998, 553, 554.
122 BT-Drucks. 16/511, S. 15.

Nichterfüllungs- und Verzugsansprüche beziehen solle.[123] Zwar sprechen gute Gründe dafür, dem Verbraucher jedenfalls bis zur Abnahme eine uneingeschränkte Sicherheit für Mängelansprüche zu geben, abgesehen von der Schwierigkeit der Abgrenzung zwischen wesentlichen und unwesentlichen Mängeln, vgl. Rdn. 64 ff. Auf der anderen Seite hat der Bauträger ein berechtigtes Interesse daran, die Vertragserfüllungssicherheit, die entweder seine Liquidität schmälert oder seine Kreditlinie belastet und mit Kosten verbunden ist, zurückzuhalten, wenn der Besteller lediglich unwesentliche, seiner Abnahmepflicht nicht entgegenstehende Mängel geltend macht, die sich bei einem Bauvorhaben regelmäßig finden lassen. Vor allem ist der Wortlaut der gesetzlichen Bestimmung eindeutig, wonach nicht eine in jeder Beziehung mängelfreie Herstellung des Werkes gesichert werden soll, sondern lediglich eine Herstellung ohne wesentliche Mängel, die entsprechend zu einer Abnahmepflicht des Bestellers gemäß § 640 Abs. 1 BGB führt.

bb) Anspruch auf rechtzeitige Herstellung

78 Gegenstand der Sicherheitsleistung, die der Besteller von dem Unternehmer verlangen kann, ist nicht nur die mängelfreie Herstellung des vertraglich geschuldeten Erfolges, sondern darüber hinaus die Sicherung der Ansprüche auf rechtzeitige Herstellung des Werkes. Damit umfasst die Sicherheit auch Verzugsschadensersatzansprüche des Bestellers gegenüber dem Unternehmer bis zur Abnahme.[124] Auch Vertragsstrafeansprüche des Bestellers sind von der Sicherheit gedeckt, soweit sie wegen nicht rechtzeitiger Herstellung verwirkt werden. Denn der gesetzliche Sicherungszweck stellt nicht auf die Art der Ansprüche, sondern auf ihre Verursachung ab.[125]

79 Insofern geht die gesetzlich verpflichtende Sicherheitsleistung über den Sicherungszweck einer Vorauszahlungsbürgschaft des Bauträgers gegenüber dem Erwerber gemäß § 7 der Makler- und Bauträgerverordnung hinaus, die keine Absicherung von Verzugsschadensersatzansprüchen des Erwerbers umfassen muss.[126]

e) Art der Sicherheitsleistung

80 Der Unternehmer kann die Art der Sicherheit wählen. Zulässig sind die Sicherheiten gemäß § 232 ff. BGB sowie ergänzend gemäß § 632a Abs. 4 BGB n.F. vgl. Rdn. 85.

2. Sicherheitsleistung bei Erhöhungen der Vergütung

81 Bei einer Erhöhung des Vergütungsanspruches infolge von Änderungen oder Ergänzungen des Vertrages über eine Freigrenze von 10 % der ursprünglich vereinbarten Vergütung hinaus, hat der Besteller Anspruch auf weitere Sicherheit i.H.v. 5 % des zusätzlichen Vergütungsanspruchs bei der nächsten Abschlagszahlung. Nach dem Wortlaut des Gesetzes ist die zusätzliche Sicherheit bei Überschreitung der Freigrenze i.H.v. 5 % der vollen zusätzlichen Vergütung zu stellen ohne Abzug der anteiligen Zusatzvergütung bis zum Erreichen der Freigrenze.

3. Einbehalt statt Sicherheitsleistung auf Verlangen des Unternehmers

82 Der Unternehmer kann zur Abwendung eines Zurückbehaltungsrechtes des Bestellers gegenüber jeglichen Vergütungsansprüchen anstelle der Gestellung der gesetzlich vorgeschriebenen Sicherheitsleistung verlangen, dass der Besteller einen Einbehalt von den Abschlagszahlungen dergestalt vornimmt, dass er die Abschlagszahlung bis zum Gesamtbetrag der geschuldeten Sicherheit zurückhält. Damit wird ein Wahlrecht des Unternehmers entsprechend § 17 Abs. 3 VOB/B in Anlehnung an § 17 Abs. 6 VOB/B begründet. Allerdings besteht im Gegensatz zu VOB/B keine ge-

---

123 *Basty*, DNotZ 2008, 891, 895; Kniffka/*von Rintelen*, IBR-Online-Kommentar, § 632a, Rn. 75, dagegen *Pause*, BauR 2009, 898, 907.
124 BT-Drucks. 16/511, S. 15.
125 Kniffka/*von Rintelen*, IBR-Online-Kommentar, § 632a Rn. 73.
126 BGH, Urt. v. 21.01.2003, XI ZR 145/02, BauR 2003, 700, 701.

setzliche Pflicht des Bestellers zur Einzahlung des Einbehalts auf ein Sperrkonto oder eine sonstige Absicherung des Einbehalts zu Gunsten des Unternehmers mit der Folge, dass der Unternehmer das Insolvenzrisiko des Bestellers trägt.[127] Im Gegensatz zu § 17 Abs. 6 VOB/B, wonach der Auftraggeber die jeweiligen Abschlagszahlungen um höchstens 10 % kürzen darf, bis die vereinbarte Sicherungssumme erreicht ist, kann der Besteller nach § 632a Abs. 3 Satz 3 BGB n.F. den vollen Sicherungsbetrag von der ersten Abschlagszahlung einbehalten.[128]

4. Pflicht zur Rückgabe der Sicherheit

Der Besteller hat die Sicherheit zurückzugeben, wenn feststeht, dass der Sicherungsfall nicht mehr eintreten kann. Voraussetzung ist zum einen die mangelfreie Abnahme des Werks.[129] Für bei Abnahme vorbehaltene Mängel allerdings wirkt die Sicherheitsleistung fort und ist erst nach Beseitigung der Abnahmemängel zurückzugeben.[130] Ob der Besteller gemäß § 632a Abs. 3 BGB n.F. eine Absicherung auch von Ansprüchen wegen unwesentlicher Abnahmemängel erwarten kann, und demgemäß die Auszahlung des Sicherheitseinbehalts bzw. Rückgabe der vom Unternehmer gestellten Sicherheit verweigern kann, bis auch unwesentliche Mängel beseitigt sind, ist umstritten, vgl. Rdn. 77. Zum anderen ist Voraussetzung eine fristgerechte Herstellung des Gewerks. 83

5. Abbedingung der Pflicht zur Sicherheitsleistung

Eine Aufhebung oder Abänderung der gesetzlichen Pflicht des Unternehmers zur Gestellung einer Vertragserfüllungssicherheit zu Gunsten des Verbrauchers ist zwar gesetzlich nicht ausgeschlossen. Im Rahmen Allgemeiner Geschäftsbedingungen des Unternehmers wäre eine solche Abbedingung gemäß § 307 BGB unwirksam.[131] Entsprechend unwirksam dürfte auf Grund Abweichung vom gesetzlichen Leitbild eine vom Unternehmer vorformulierte Klausel sein, wonach der Besteller zur Einzahlung eines Sicherheitseinbehalts auf ein Sperrkonto oder einer sonstigen Absicherung des Einbehalts verpflichtet würde. 84

6. Verhältnis Zurückbehaltungsrechte wegen Mängeln zu Vertragserfüllungssicherheit

Einbehalte des Bestellers wegen zu Recht gerügter Mängel der von dem Unternehmer abgerechneten Teilleistungen sind nicht auf die Vertragserfüllungssicherheit gemäß § 632a Abs. 3 n.F. anzurechnen. Vielmehr besteht das mängelbedingte Leistungsverweigerungsrecht zusätzlich zum Anspruch auf Gestellung der Vertragserfüllungssicherheit.[132] 85

7. Geltung für Bauträgerverträge

§ 632a Abs. 3 BGB n.F. gilt gemäß § 1 S. 3 der Verordnung über Abschlagszahlungen bei Bauträgerverträgen vom 23.05.2001 in der Fassung vom 23.10.2008 auch uneingeschränkt für Bauträgerverträge mit einem Verbraucher. In diesem Falle ist die erste fällige Zahlungsrate gemäß § 3 Abs. 2 Nr. 1 MaBV auf 25 % zu reduzieren, wenn von Seiten des Bauträgers keine 5 %-ige Erfüllungsbürgschaft gemäß § 632a Abs. 3 BGB gestellt wird. Leistungsgrundlage für die 5 %-ige Sicherheitsleistung ist die Gesamtvergütung einschließlich Grundstücksanteil.[133] 86

Die Vereinbarung einer Hinterlegung des Vertragserfüllungseinbehaltes des Erwerbers beim Notar im Rahmen Allgemeiner Geschäftsbedingungen, die von Seiten des Bauträgers gestellt sind, dürfte unwirksam sein, da sie von der gesetzlichen Bestimmung wesentlich abweicht. 87

---

127 Kniffka/*von Rintelen*, IBR-Online-Kommentar, § 632a Rn. 72.
128 Kniffka/*von Rintelen*, IBR-Online-Kommentar, a.a.O.; BT-Drucks. 16/511, S. 15.
129 Vgl. BGH, Urt. v. 24.09.1998, IX ZR 371/97, NJW 1999, 55, 56; OLG Düsseldorf, Urt. v. 10.10.1997, 22 U 69/97, BauR 1998, 553, 554.
130 Vgl. BGH, Urt. v. 24.09.1998, IX ZR 371/97, BauR 1999, 281 (LS) = NJW 1999, 55, 57.
131 *Pause*, BauR 2009, 898, 906.
132 Vgl. BGH, Urt. v. 09.07.1981, VII ZR 40/80, BauR 1981, 577, 580.
133 *Basty*, DNotZ 2008, 891, 893; Kniffka/*von Rintelen*, IBR-Online-Kommentar, § 632a Rn. 70.

88 Der Anspruch auf die Sicherheit gemäß § 632a Abs. 3 BGB n.F. bleibt von der Vereinbarung einer Vorauszahlungssicherheit nach § 7 MaBV unberührt.[134]

8. Erweiterung der Art der Sicherheitsleistung (Abs. 4)

89 § 632a Abs. 4 BGB n.F. legt in Anlehnung an § 648a BGB fest, dass über die Sicherheiten gemäß § 232 ff. BGB hinaus Sicherheiten gemäß § 632a Abs. 1 S. 5 und Abs. 3 auch durch eine Garantie oder ein sonstiges Zahlungsversprechen eines im Geltungsbereich des BGB zum Geschäftsbetrieb befugten Kreditinstitutes oder Kreditversicherers geleistet werden können.

§ 633 Sach- und Rechtsmangel

(1) Der Unternehmer hat dem Besteller das Werk frei von Sach- und Rechtsmängeln zu verschaffen.

(2) Das Werk ist frei von Sachmängeln, wenn es die vereinbarte Beschaffenheit hat. Soweit die Beschaffenheit nicht vereinbart ist, ist das Werk frei von Sachmängeln,
1. wenn es sich für die nach dem Vertrag vorausgesetzte, sonst
2. für die gewöhnliche Verwendung eignet und eine Beschaffenheit aufweist, die bei Werken der gleichen Art üblich ist und die der Besteller nach der Art des Werkes erwarten kann.

Einem Sachmangel steht es gleich, wenn der Unternehmer ein anderes als das bestellte Werk oder das Werk in zu geringer Menge herstellt.

(3) Das Werk ist frei von Rechtsmängeln, wenn Dritte in Bezug auf das Werk keine oder nur die im Vertrag übernommenen Rechte gegen den Besteller geltend machen können.

Schrifttum

Clemm Die rechtliche Einordnung der Prüfungs- und Hinweispflicht des Auftragnehmers im Bauvertrag (§ 4 Nr. 3 VOB/B) und die Rechtsfolge ihrer Verletzung, in: BauR 1987, 609 ff.; *Cuypers* Leistungsbeschreibung, Ausschreibung und Bauvertrag, in: BauR 1997, 27 ff.; *Dähne* Einige Einzelprobleme zu § 4 Ziff. 3 VOB/B, in: BauR 1976, 225 ff.; *ders.* Auftragnehmeransprüche bei lückenhafter Leistungsbeschreibung, in: BauR 1999, 289 ff.; *Drostmann* Die fehlerhafte Schätzung der Baukosten durch den Architekten, in: BauR 1973, 159 ff.; *Festge* Die anerkannten Regeln der Technik – ihre Bedeutung für den vertraglichen Leistungsumfang, die vertragliche Vergütung und die Gewährleistung, in: BauR 1990, 322 ff.; *Fischer* Die Regeln der Technik im Bauvertragsrecht, 1985; *Fuchs* Der Schürmannbau-Beschluss: Der Anfang vom Ende der Kooperationspflichten der Bauvertragsparteien? in: NZBau 2004, 65 ff.; *Glöckner* Der neue alte Sachmangelbegriff – Begründung und Folgen, in: BauR 2009, 302 ff.; *Hochstein* Zur Systematik der Prüfungs- und Hinweispflichten des Auftragnehmers im VOB-Bauvertrag, in: Festschrift für Hermann Korbion zum 60. Geburtstag, 1986, S. 165 ff.; *Jagenburg* Die Entwicklung des privaten Bauvertragsrechts seit 1996 – VOB/B, Teil 1, in: NJW 1998, 2494 ff.; *ders.* Verpflichtung zur Leistungserbringung nach dem Stand der Technik, in: Technologie und Recht, Bd.4, Bau- und Anlagenverträge – Risiken, Haftung, Streitbeteiligung – Heidelberger Kolloquium Technologie und Recht, 1983. 1984, S. 137 ff.; *Kaiser* Mängelhaftung in Baupraxis und -prozess, 7. Auflage 1992; *ders.* Adressat für Anzeigen des Auftragnehmers nach §§ 4, 6 VOB/B, in: NJW 1974, 445 ff.; *ders.* Die Prüfungs- und Anzeigepflichten des Auftragnehmers nach § 4 VOB/B, in: BauR 1981, 311 ff.; *ders.* Der Begriff des »Fehlers« und der »zugesicherten Eigenschaft« im gesetzlichen Werkvertragsrecht, in: BauR 1983, 19 ff.; *ders.* Der richtige Beurteilungszeitpunkt bei einem Verstoß gegen die anerkannten Regeln der Technik, in: BauR 1983, 203 ff.; *Kamphausen/Warmbrunn* Zur Feststellung anerkannter Regeln der Technik: in BauR 208, 25 ff.; *Kemper* Die Neuregelung der Mängelansprüche in § 13 VOB/B – 2002, in: BauR 2002, 1613 ff.; *Kniffka* Honorarkürzung wegen nicht erbrachter Architektenleistung – Abschied vom Begriff der zentralen Leistung, in: Festschrift für Vygen, S. 24 ff.; *Kögl* Das Schallschutzurteil des Bundesgerichtshofs vom 14.06.2007 – mehr als nur ein Urteil zu DIN 4109, in: BauR 2009, 154 ff.; *Locher, H.* Zur Umgestaltung des deutschen Bauvertragsrechts durch EG-Initiativen, in: BauR 1992, 293 ff.; *Marbach* Auswirkungen des Urteils – OLG Frankfurt v. 27.05.1983 – zum sogenannten Blasbachtalbrückenfall, in: ZfBR 1984, 9 ff.; *Markus* An-

---

134 Kniffka/*von Rintelen*, IBR-Online-Kommentar, § 632a Rn. 71.

sprüche des Auftragnehmers nach wirksamer Zuschlagserteilung bei »unklarer Leistungsbeschreibung« des Auftraggebersin: BauR 2004, 180 ff.; *Maser* Die Haftung des Architekten für die Genehmigungsfähigkeit der Planung, in: BauR 1994, 180 ff.; *Merl* Mangelbegriff und Hinweispflicht des Auftragnehmers, in: Festschrift für Motzke, 2006, S. 261 ff.; *Motzke* Die Architektur des Architekten-/Planervertrages – Der Verlust eines Leitbildes? in: BauR 1999, 1251 ff.; *Nicklisch* Risikoverteilung im Werkvertragsrecht bei Anweisungen des Bestellers, in: Festschrift für F.W. Bosch, 1976, S. 731 ff.; *Nierwetberg* Die Beweislast für Sollbeschaffenheit und Qualitätsabrede im Sachmängelprozess, in: NJW 1993, 1745 ff.; *Pause* Auswirkungen der Schuldrechtsmodernisierung auf den Bauträgervertrag, in: NZBau 2002, 648 ff.; *Rehbein* Auftraggeberanordnung und Risikoverteilung beim Bauwerkvertrag und VOB-Vertrag – unter besonderer Berücksichtigung der Mängelgewährleistung, 2007; *Schmalzl* Die Haftung des Architekten und Bauunternehmers, 4. Auflage 1980; *Schmidt* Die Ausführung der Bauleitung nach VOB (Teil B), in: MDR 1967, 713 ff.; *Siegburg* Handbuch der Gewährleistung beim Bauvertrag, 4. Auflage, 2000; *ders.* Baumängel aufgrund fehlerhafter Vorgaben des Bauherrn, in: Festschrift für Hermann Korbion, 1986, S. 411 ff.; *ders.* Anerkannte Regeln der Bautechnik – DIN-Normen, in: BauR 1985, 367 ff.; *Thode* Die wichtigsten Änderungen im BGB-Werkvertragsrecht: Schuldrechtsmodernisierungsgesetz und erste Probleme – Teil 1, in: NZBau 2002, 297; *v. Westphalen* »Garantien« bei Lieferung von Maschinen und Anlagen – Todesstoß für Haftungsbegrenzungen durch §§ 444, 639 BGB? in: ZIP 2002, 545 ff.; *Wettke* Die Haftung des Auftraggebers bei lückenhafter Leistungsbeschreibung, in: BauR 1989, 292 ff.; *Weyer* § 13 VOB/B 2002: Viele Änderungen und was wirklich Neues? in: BauR 2003, 613 ff.

Materialien
Art. 1 des Gesetzes zur Modernisierung des Schuldrechts v 26.11.2001 (BGBl I 3138); BT-Drucks. 14/6040, 260; BT-Drucks 14/7052, 65, 204; Motive: Zu dem Entwurfe eines Bürgerlichen Gesetzbuches für das Deutsche Reich, Bd. II, Recht der Schuldverhältnisse, Leipzig 1888.

Übersicht

		Rdn.				Rdn.
A.	Die gesetzliche Grundstruktur	1	XII.	Sonderfall: Mängel beim Architektenvertrag		63
B.	Die Verschaffung des Werkes	4				
C.	Die geschuldete Beschaffenheit des Werks	6	D.	Die Bedeutung der Prüfungs- und Hinweispflicht des Auftragnehmers		86
I.	Systematik	7	I.	Die Prüfungs- und Hinweispflicht als allgemeiner Rechtsgedanke		87
II.	Die Beschaffenheit des Werks	19				
III.	Die allgemeinen Regeln der Technik	20	II.	Die eigenständige Bedeutung der Prüfungspflicht		88
IV.	Die Beschaffenheitsvereinbarung – Der subjektive Mangelbegriff, § 633 Abs. 2 S. 1 BGB	31	III.	Der Umfang der Prüfungs- und Hinweispflichten		90
V.	Die Beschaffenheitsgarantie	43		1. Grundsätzliche Erwägungen		90
				2. Die Gegenstände der Prüfungspflicht		99
VI.	Die nach dem Vertrag vorausgesetzte Beschaffenheit – Der funktionale Mangelbegriff, § 633 Abs. 2 S. 2 Nr. 1 BGB	47	IV.	Form, Frist, Absender und Adressat der Bedenkenanzeige		108
VII.	Die übliche und zu erwartende Beschaffenheit – Der objektive Mangelbegriff, § 633 Abs. 2 S. 2 Nr. 2 BGB	51	V.	Rechtsfolgen einer Verletzung der Prüfungs- und Hinweispflicht bei mangelhafter Werkausführung		114
VIII.	Unfertiges Werk, aliud, Mindermenge, § 633 Abs. 2 S. 3 BGB	53	VI.	Folgen der Nichtbeachtung der Hinweise durch den Auftraggeber		127
IX.	Der Rechtsmangel	56	E.	Die Verantwortlichkeit des Auftragnehmers		128
X.	Unerhebliche Abweichungen von der vereinbarten oder zu erwartenden Beschaffenheit	59	F.	Darlegungs- und Beweislast		131
			I.	Darlegung		131
XI.	Der für die Bestimmung der Sollbeschaffenheit maßgebliche Beurteilungszeitpunkt	60	II.	Beweislast		132

A. Die gesetzliche Grundstruktur

Die Hauptleistungspflicht des Werkunternehmers wird in § 631 BGB allgemein umschrieben und in § 633 BGB ergänzt und präzisiert. Danach hat das zu erstellende Werk frei von Sach- und Rechtsmängeln zu sein, § 633 Abs. 1 BGB. Der Begriff des Sachmangels wird alsdann in § 633

1

Abs. 2 bis 4 BGB näher definiert. Eine Abweichung in der Formulierung beider Normen liegt vor allem darin, dass § 631 Abs. 1 BGB von der *Herstellung des Werkes* spricht, während in § 633 Abs. 1 BGB von seiner *Verschaffung*[1] an den Auftraggeber[2] die Rede ist.

2 Wenn der Auftragnehmer in § 631 Abs. 1 BGB zur Herstellung des Werkes verpflichtet wird, so bedeutet dies im Grundsatz, dass diesem nur die Erreichung eines bestimmten Erfolges (Erfolgsrisiko) auferlegt wird.[3] Auf welchem Wege und in welcher Zeit dies geschieht, liegt dabei in seiner Hand. Ob demgegenüber mit dem Werk auch der von dem Auftraggeber beabsichtigte Verwendungszweck erreicht werden kann (Verwendungsrisiko) ist allein dessen Sache.[4]

3 Für den Fall der Mangelhaftigkeit stellt sich darüber hinaus zum einen die Frage, ob der Unternehmer erneut zu leisten oder nachzubessern verpflichtet ist (Leistungsrisiko). Auf der anderen Seite ist zu untersuchen, ob dem Auftragnehmer bei einer solchen Konstellation eine (zusätzliche) Vergütung zusteht (Vergütungsrisiko).

B. Die Verschaffung des Werkes

4 Während § 631 Abs. 1 BGB lediglich von der *Herstellungspflicht* spricht, erlegt § 633 Abs. 1 BGB in der neuen Fassung des Schuldrechtsmodernisierungsgesetzes vom 01.01.2002[5] dem Auftragnehmer als weitere Hauptleistungspflicht die *Verschaffung* eines sach- und rechtsmängelfreien Werkes auf. Damit wurden die Leistungspflichten des Verkäufers gem. § 433 Abs. 1 S. 2 BGB auf das Werkvertragsrecht übertragen.[6] Die einen verstehen unter der Verschaffung die Einräumung von Besitz und Eigentum am Werk.[7] Nun erwirbt aber der Auftraggeber wegen §§ 946, 94 BGB ohnehin regelmäßig Eigentum an den Baustoffen. Auch macht eine Verschaffungspflicht im Verhältnis Haupt-/Subunternehmer kaum einen Sinn.[8] Damit käme der Verschaffungspflicht nach diesem Verständnis nur eine eingeschränkte Bedeutung, nämlich allenfalls für die sog. Erwerberverträge zu, in denen der Auftragnehmer ein Bauwerk auf eigenem oder dem Grundstück eines Dritten errichtet und alsdann das Eigentum auf den Erwerber überträgt. Deshalb stellen andere[9] allein auf die Abnahme gem. § 640 BGB, also die tatsächliche Besitzverschaffung ab, was aber die Sondertatbestände der §§ 644 f. BGB außer Acht lässt. Daher wird hier die Ansicht bevorzugt, dass die Verschaffungspflicht wie bisher die »Herstellung« mit dem Übergang der Vergütungsgefahr erfüllt ist.[10] Diese Auffassung wird der Systematik des Werkvertragsrechts am besten gerecht, zumal der Gesetzgeber an dieser Stelle ersichtlich keine Neukonzeptionierung vornehmen wollte.[11]

5 Folgt man hingegen der Ansicht, die für die Verschaffung auch die Eigentumsübertragung verlangt, so ergibt sich für den Bauträgervertrag eine AGB-rechtliche Problematik. Gewöhnlich findet sich hier nämlich die Klausel, wonach das Eigentum erst nach Abnahme eingeräumt wird. Ist aber die Eigentumsübertragung ein Teil der Verschaffungspflicht, dann stellt sie auch zugleich eine Voraussetzung für die Abnahme dar. Die o.g. Klausel würde damit eine Abweichung von wesentlichen Grundgedanken der gesetzlichen Regelung i.S.d. § 307 Abs. 2 Nr. 1 BGB darstellen.[12]

---

1 Vgl. zur Bedeutung der Verschaffungspflicht nachfolgend Rdn. 4 f.
2 Zur Angleichung an die Terminologie der VOB wird durchgehend von Auftraggeber und Auftragnehmer, statt von Besteller und Unternehmer gesprochen.
3 BGH, NJW 2000, 280, 284; Nicklisch/Weick/*Nicklisch*, VOB/B, Einl. §§ 4–13 Rn. 3.
4 Nicklisch/Weick/*Nicklisch*, VOB/B, Einl. §§ 4–13 Rn. 3.
5 BGBl I 2001, S. 3138 ff.
6 Diese Absicht wird in BT-Drucks. 14/6040, S. 260 ausdrücklich formuliert.
7 Staudinger/*Peters*, BGB, § 633 Rn. 150; *Thode*, NZBau 2002, 297, 301 f.
8 So zutreffend: Ingenstau/Korbion/*Wirth*, VOB/B, § 13 Nr. 1 Rn. 6.
9 AnwK/*Raab*, BGB, § 633 Rn. 7; *Pause*, NZBau 2002, 648, 652; im Ansatz ebenso: Kuffer/Wirth/*Drossart*, 2. Kap. Rn. 8, der allerdings an der gleichen Stelle auch auf § 644 BGB abstellen will.
10 Ebenso: MüKo-BGB/*Busche*, Rn. 6; Palandt/*Sprau*, BGB Vorb. v. § 633 Rn. 7.
11 BT-Drucks. 14/6040, S. 260 f.
12 Ingenstau/Korbion/*Wirth*, VOB/B, § 13 Nr. 1 Rn. 9; *Thode*, NZBau 2002, 297, 302.

C. Die geschuldete Beschaffenheit des Werks

§ 633 Abs. 2 BGB gibt Antwort auf die Frage, wann ein Werk über Mängel verfügt, die zur Geltendmachung der Rechte gem. § 634 BGB berechtigen. Die Beschreibung erscheint dabei auf den ersten Blick einleuchtend, erweist sich aber bei näherem Hinsehen als wenig glücklich, weswegen zunächst die gesetzliche Systematik durchleuchtet werden muss, bevor auf die einzelnen Tatbestandsmerkmale eingegangen werden kann.

I. Systematik

1. Vor der Schuldrechtsmodernisierung sah das Gesetz einen Mangel in dem Fehlen einer zugesicherten Eigenschaft oder in dem Vorliegen eines Fehlers, also in einer Abweichung der Ist- von der Soll-Beschaffenheit, die zu einer Wert- oder Tauglichkeitsminderung führt. Das neue Recht hat nunmehr die Regelungen zum Sach- und Rechtsmangel in §§ 633 Abs. 2, 3 BGB weitgehend der kaufrechtlichen Vorschrift des § 434 BGB angepasst. Es gibt nur einige wenige Ausnahmen. So wurden nicht übernommen einmal die in § 434 Abs. 1 S. 3 BGB vorgesehene Haftung für Produktwerbung[13] sowie diejenige für Montagefehler gem. § 434 Abs. 2 BGB. Andererseits ist – jedenfalls formal – neu die nunmehr aus dem Kaufrecht entlehnte Haftung für Rechtsmängel (§ 633 Abs. 1, 3 BGB). Eine sachliche Änderung stellt letzteres allerdings nicht dar, da die Bestimmungen des Kaufrechts über die Rechtsmängelgewährleistung (§§ 434 ff. BGB a.F.) auch früher schon auf das Werkvertragsrecht entsprechend angewendet wurden.[14] Nichts anderes gilt im Ergebnis für die nun explizit genannte Haftung für die Lieferung eines aliuds sowie den sog. Quantitätsmängel (§ 633 Abs. 2 S. 3 BGB).

2. Schließlich hat das Gesetz die Differenzierung zwischen Fehlern und zugesicherten Eigenschaften aufgehoben und in einen einheitlichen Mangelbegriff überführt, der allein an der sog. Werkbeschaffenheit anknüpft. Die zugesicherte Eigenschaft nach altem Recht entspricht dabei der heutigen Beschaffenheitsvereinbarung gem. § 633 Abs. 2 S. 1 BGB.[15] Denn die Funktion der zugesicherten Eigenschaft gem. § 633 Abs. 1 BGB a.F. bestand darin, die normalen Gewährleistungsansprüche ohne die ansonsten zusätzlich verlangte Wert- und/oder Tauglichkeitsminderung auszulösen.[16] Genau dies tut heute die Beschaffenheitsvereinbarung. Soweit teilweise die Ansicht vertreten wird, die zugesicherte Eigenschaft sei nunmehr mit der Beschaffenheitsgarantie der §§ 276 Abs. 1 S. 1, 639 BGB gleichzusetzen,[17] so ist dies zumindest ungenau und hilft daher im Ergebnis für die Einordnung nicht viel weiter. Denn zum einen wurde bereits früher die Zusicherung als eine Form der Garantieerklärung angesehen, die allerdings von der selbständigen und unselbständigen Garantie zu unterscheiden war.[18] Zum anderen wollen die einen[19] i.R.d. § 639 BGB nur die echten und unechten Garantieerklärungen, andere[20] hingegen neben dieser auch eine Zusicherung alten Rechts genügen lassen, wobei die zuletzt genannte Meinung den gesetzgeberischen Willen auf seiner Seite hat.[21]

---

13 Vgl. hierzu aber auch Rdn. 37.
14 BGH, NJW-RR 2003, 1285; Palandt/*Sprau* (61. Aufl.), Vor § 633 Rn. 1.
15 *Donner* in: Franke/Kemper/Zanner/Grünhagen, VOB/B, § 13 Rn. 30; Ingenstau/Korbion/*Wirth*, VOB/B, § 13 Nr. 1 Rn. 15; Leinemann/*Schliemann*, VOB/B, § 13 Rn. 18 und *Vygen/Joussen*, Bauvertragsrecht nach VOB und BGB, Rn. 1244.
16 *Vygen/Joussen*, Bauvertragsrecht nach VOB und BGB, Rn. 1246.
17 Kuffer/Wirth/*Drossart*, 2. Kap. Rn. 15; Staudinger/*Peters*, BGB, § 633 Rn. 169; *Werner/Pastor*, 13. A., Rn. 1934; a.A. *Graf von Westphalen*, ZIP 2002, 545, 547; AnwK/*Dauner-Lieb* BGB § 276 Rn. 19, welche eine »unbedingte, verschuldensunabhängige Übernahme einer garantiemäßigen Zusicherungshaftung für die Beschaffenheit« verlangen.
18 Vgl. etwa BGH, BauR 1997, 1032, 1036; Palandt/*Sprau*, BGB 61. Auflage, Vorbem. v. § 633 Rn. 7.
19 Bamberger/Roth/*Voit*, BGB, § 639 Rn. 17; PWW/*Leupertz*, BGB, § 639 Rn. 5.
20 Palandt/*Sprau*, BGB § 639 Rn. 5; *Werner/Pastor*, 13. A., Rn. 1934.
21 Vgl. BT-Drucks. 14/6040, S. 132.

9   3. Maßgebend für das Vorliegen eines Sachmangels ist es nunmehr allein, ob die Ist-Beschaffenheit des Werkes von dessen Soll-Beschaffenheit abweicht. Dabei wird von der Gesetzestechnik her nicht definiert, wann ein Mangel vorliegt, sondern im Gegenteil beschrieben, welche Voraussetzungen gegeben sein müssen, damit das Werk mangelfrei ist. Auf die »Beeinträchtigung der Gebrauchstauglichkeit« als zusätzliche Voraussetzung wird verzichtet. Das veranlasst manche zu der Ansicht, dass der neue Mangelbegriff zu einer nicht unerheblichen Ausdehnung der Auftragnehmer-Haftung führe.[22]

10 a) Dem will ein Teil der Literatur[23] durch eine klare Differenzierung zwischen Beschaffenheitsvereinbarungen einerseits und bloßen Beschaffenheitsangaben andererseits beggenen. Beschaffenheitsvereinbarungen sollen dabei durch den Willen der Parteien gekennzeichnet sein, bei Verfehlung der beschriebenen Qualität einen Mangel anzunehmen. Weyer[24] will hingegen das Problem lösen, indem er die Verwendungseignung als stillschweigende Beschaffenheitsvereinbarung wertet.

11 b) Nimmt man, wie hier vertreten,[25] an, dass die »zugesicherte Eigenschaft« des alten Rechts in dem Begriff der Beschaffenheitsvereinbarung des § 633 Abs. 2 S. 1 BGB n.F. aufgegangen ist, ergibt sich kein Unterschied zum alten Recht, weil das bisherige Erfordernis der »Tauglichkeitseignung« seine Entsprechung in dem Bezug »auf die gewöhnliche Beschaffenheit« und »den beabsichtigten Gebrauch des Werkes« des § 633 Abs. 2 S. 2 Nr. 2 BGB n.F. gefunden hat.[26] Anders ist dies, wenn man die »zugesicherte Eigenschaft« mit der Garantie i.S.d. § 639 BGB gleichsetzt.[27] Dann könnte man in der Beschaffenheitsvereinbarung des § 633 Abs. 2 S. 1 BGB – jedenfalls in der Theorie – eine Erweiterung des Mangelbegriffs sehen. Tatsächlich ist dies jedoch auch dann bei einer materiellen Betrachtungsweise nicht der Fall. Denn der Bundesgerichtshof hat bereits in seinen zur früheren Fassung des § 633 BGB ergangenen Entscheidungen den subjektiven Einschlag des Mangelbegriffs in den Vordergrund gestellt. So ordnete er etwa die Verarbeitung der Betongüteklasse 25 statt der vereinbarten Klasse 35 als Mangel ein, obwohl die erstellte Betondecke für alle geplanten Nutzlastfälle ausgereicht hätte. Der BGH a.a.O. formuliert dies wie folgt: »Maßstab für die Frage, ob ein Mangel vorliegt, ist ausschließlich der vom Bauunternehmer auf Grund des Werkvertrages versprochene Erfolg und nicht die aus Sicht des Sachverständigen oder des Gerichts vorzugswürdigere Ausführung des Bauwerkes.« Die »Tauglichkeitseignung« trat also schon nach bisherigem Recht hinter die Merkmalsbeschreibung der Parteien zurück. Außerdem kann der Vorrang der Beschaffenheitsvereinbarung – wenn auch nur in Ausnahmefällen[28] – zu einer gegenüber dem bisherigen Mangelbegriff einschränkenden Auslegung führen. Im Ergebnis ist also eher denjenigen Stimmen zu folgen, die gegenüber dem alten Recht keine oder nur eine geringfügige Erweiterung des Mangelbegriffes annehmen.[29]

Um der vorgenannten Diskussion zu beggenen, sollte das Leistungsverzeichnis nicht nur möglichst detailliert sein, sondern die maßgeblichen Beschaffenheitsmerkmale deutlich hervorheben. Sinnvoll dürfte es auch sein, sowohl den vertraglichen Gebrauch des Werkes als auch funktionale Beschreibungen hinzuzufügen.[30]

12 4. Das damit zum Dreh- und Angelpunkt der Mangelprüfung gewordene »Bausoll« ergibt sich aus den vertraglichen Vereinbarungen der Parteien. Dies kann in unterschiedlicher Ausprägung

---

22 *Donner* in: Franke/Kemper/Zanner/Grünhagen, VOB/B, § 13 Rn. 30; Kuffer/Wirth/*Drossart*, 2. Kap. Rn. 11; *Werner/Pastor*, Rn. 1456.
23 *Motzke*, Der Bauträger 2003, 15.
24 BauR 2003, 613, 617; vgl. auch: *Kemper*, BauR 2002, 1613.
25 Vgl. die Ausführungen zu Rdn. 8.
26 Ingenstau/Korbion/*Wirth*, VOB/B, § 13 Nr. 1 Rn. 14.
27 Vgl. Nachweise zu Fn. 17.
28 Vgl. hierzu nachfolgend Rdn. 31.
29 Ebenso: *Glöckner*, BauR 2009, 302, 310 f.
30 Hierauf weisen *Donner* in: Franke/Kemper/Zanner/Grünhagen, VOB/B, § 13 Rn. 29 und Ingenstau/Korbion/*Wirth*, VOB/B, § 13 Nr. 1 Rn. 23 zutreffend hin.

geschehen, nämlich ausdrücklich in Form einer Garantie des Unternehmers (§§ 276 Abs. 1 S. 1, 639 BGB) bzw. einer Vereinbarung der Parteien (§ 633 Abs. 2 S. 1 BGB – subjektiver Fehlerbegriff) oder aber konkludent durch die nach dem Vertrag vorausgesetzte Beschaffenheit (§ 633 Abs. 2 S. 2 Nr. 1 BGB – funktionaler Fehlerbegriff) bzw. durch das Übliche und zu Erwartende (§ 633 Abs. 2 S. 2 Nr. 2 BGB – objektiver Fehlerbegriff).

5. Die textliche Fassung des § 633 Abs. 2 BGB legt die Annahme eines Stufenverhältnisses zwischen den einzelnen Tatbestandsvarianten nahe, wonach es für die Beurteilung eines Mangels vorrangig auf die Vereinbarung der Parteien und nachrangig – wiederum abgestuft – auf die Alternativen des Abs. 2 S. 2 Nr. 1 und 2 BGB ankommt. 13

a) Dies hätte aber zur Folge, dass ein Mangel dann zu verneinen wäre, wenn der Auftragnehmer das Werk den Vorgaben des Vertrages gemäß erstellt hätte, selbst wenn es die von den Parteien vorausgesetzte Funktion nicht erfüllt. Zum alten Recht entsprach es ständiger Rechtsprechung des BGH und der ihm folgenden Obergerichte, dass in diesen Fällen natürlich von einem Mangel auszugehen sei, da ein Werk ungeachtet der konkreten Vereinbarungen den grundlegenden Funktionen gerecht werden müsse (ein Dach muss dicht sein).[31] In der Literatur besteht Einigkeit, dass dies auch für das neue Recht gilt.[32] Der BGH hat in einer jüngeren Entscheidung ebenfalls klargestellt, dass er an seinem bisherigen Verständnis des Mangelbegriffes festhält.[33] Denn der Gesetzgeber habe nicht beabsichtigt, beim Werkvertrag die Vereinbarungen zur Funktionstauglichkeit des Werkes dem Anwendungsbereich des § 633 Abs. 2 Satz 1 BGB zu entziehen und damit einer Auslegung dieser Regelung den Weg zu öffnen, wonach allein die Vereinbarung der jeweiligen Leistung bzw. der Ausführungsart, wie sie sich z.B. in Leistungsverzeichnissen oder sonstigen Leistungsbeschreibungen dokumentiert, Grundlage für die Beurteilung sein könne, inwieweit die vereinbarte Beschaffenheit eingehalten sei. Denn damit werde die vereinbarte Funktion aus der Beurteilung der vereinbarten Beschaffenheit ausgeblendet und der Wille der Parteien in einem wichtigen, für die Errichtung eines Werks in aller Regel maßgeblichen Punkt unberücksichtigt gelassen.[34] Dieses Verständnis entspricht darüber hinaus nicht nur dem erklärten Willen des Gesetzgebers,[35] sondern folgt zudem auch aus einer an Art. 2 Abs. 2 der Verbrauchsgüterkaufrichtlinie orientierten richtlinienkonformen Auslegung des § 633 BGB.[36] Ist die Leistung unklar beschrieben, so dass mehrere Ausführungsmodalitäten in Betracht kommen, darf der Unternehmer daher auch nicht diejenige Modalität wählen, die zu einer nach dem Gesamtbild des Vertrages mit dem Vertragszweck nicht vereinbaren Leistung führt.[37] 14

b) Damit sind die sog. *allgemeinen Regeln der Technik* unabhängig von der vertraglichen Regelung quasi als *Mindeststandard* in jedem Falle zu beachten, so dass diese bei jeder der Tatbestandsvarianten des § 633 Abs. 2 BGB hinzuzudenken sind.[38] Bei Missachtung der allgemeinen Regeln der Technik liegt demnach grundsätzlich selbst dann ein Mangel vor, wenn das Werk ansonsten den vertraglichen Standards in subjektiver und funktionaler Hinsicht entspricht. Dies sah auch der 15

---

31 BGH, BauR 2000, 411, 412; OLG Frankfurt, BauR 1983, 156, 157 »Blasbachtalbrückenfall«, vgl. auch Kögl, BauR 2009, 154, 156.
32 Bamberger/Roth/*Voit*, BGB, § 633 Rn. 5; Kniffka/Koeble/*Kniffka*, 6. Teil, Rn. 23 f.; Ingenstau/Korbion/*Wirth*, VOB/B., § 13 Nr. 1 Rn. 13 ff; MüKo-BGB/*Busche*, § 633 Rn. 13 f.; *Werner/Pastor*, 13. A., Rn. 1964.
33 BGH, BauR 2008, 344 ff.
34 BGH, BauR 2008, 344, 347.
35 BT-Drucks. 14/6040, S. 212.
36 Gem. Art. 2 Abs. 1 der Verbrauchsgüterkaufrichtlinie und den Erwägungsgründen Nr. 8. muss sowohl die Beschaffenheit als auch die Verwendung vertragsgerecht sein; hierauf weist auch Englert/Motzke/Wirth/*Wirth/Willner*, § 633 BGB, Rn. 21 zutreffend hin.
37 BGH, BauR 1991, 605.
38 *Donner* in: Franke/Kemper/Zanner/Grünhagen, VOB/B, § 13 Rn. 32; Kuffer/Wirth/*Drossart*, 2. Kapitel, Rn. 22.

Gesetzgeber so.³⁹ Kann etwa der Schallschutz mit der vereinbarten Ausführungsart nicht erreicht werden, schuldet der Unternehmer die zur Erreichung des Schallschutzes notwendige Ausführungsart.⁴⁰ Sind zur Herbeiführung einer funktionsgerechten Leistung Arbeiten erforderlich, die von der vertraglich vereinbarten Ausführungsart nicht erfasst sind, ist stets zu prüfen, ob dem Auftragnehmer dann ein Mehrvergütungsanspruch unter dem Gesichtspunkt der sog. Sowieso-Kosten zusteht.⁴¹

16 c) Andererseits betont der BGH ebenfalls in ständiger Rechtsprechung, dass ein Mangel eben nicht nur dann vorliegt, wenn die Werkleistung nicht den Regeln der Technik entspricht, sondern schon dann, wenn das Werk von der Beschaffenheit abweicht, die es für den vertraglich vorausgesetzten Gebrauch haben muss und daher der nach dem Vertrag vorausgesetzte Gebrauch gemindert ist. Dies soll selbst dann gelten, wenn die tatsächliche Ausführung qualitativ besser ist, als die vereinbarte.⁴² Eine Korrektur wird – abgesehen von §§ 281 Abs. 3 S. 2, 323 Abs. 5 BGB – nur unter Berücksichtigung der besonderen Umstände des Einzelfalls gem. § 242 BGB in Betracht kommen.⁴³

17 d) Aus den bisherigen Ausführungen folgt, dass entgegen dem Wortlaut des § 633 Abs. 2 BGB nicht die Detailvereinbarung der Parteien, sondern die vorgesehene Funktion in Verbindung mit den im Hinblick darauf einzuhaltenden allgemeinen Regeln der Technik im Vordergrund der Überlegungen stehen. Man kann auch so formulieren: die Erfolgshaftung des Auftragnehmers ist und bleibt das Zentrum der Mängelgewährleistung.⁴⁴ Bedenkt man ferner, dass auch bei der Bestimmung des Üblichen gem. § 633 Abs. 2 S. 2 Nr. 2 BGB die jeweiligen Gegebenheiten des Einzelfalles zu berücksichtigen sind, ergibt sich weiter, dass zwischen diesen Alternativen eine trennscharfe Abgrenzung weder möglich noch erforderlich ist.⁴⁵ Zu Ende gedacht, könnte daher auf § 633 Abs. 2 S. 2 Nr. 2 BGB im Ergebnis auch verzichtet werden, da der Inhalt dieser Regelung insgesamt notwendiger (Mindest-)Bestandteil des funktionalen Mangelbegriffs gem. § 633 Abs. 2 S. 2 Nr. 1 BGB ist.⁴⁶

18 6. Zwischenergebnis: Bei der Mangelprüfung steht die Beschaffenheitsvereinbarung im Zentrum. Hierzu gehört zunächst die Frage, ob ausnahmsweise auf die Einhaltung der allgemeinen Regeln der Technik – wirksam – verzichtet wurde. Ist dies nicht der Fall, muss das Werk zuvörderst diesem Mindeststandard entsprechen, darüber hinaus aber auch der weiter gehenden vereinbarten Beschaffenheit. Fehlt es an letzterer, ist der vertraglich vorausgesetzte Verwendungszweck, ansonsten die gewöhnliche Verwendung zu ermitteln, die dann als Ersatz für die fehlende Detailvereinbarung die zu erwartende Beschaffenheit bestimmen. Damit ist zunächst auf den Begriff der Beschaffenheit und alsdann auf die allgemeinen Regeln der Technik einzugehen, bevor schließlich die Tatbestandsvoraussetzungen des § 633 Abs. 2 BGB durchleuchtet werden.

II. Die Beschaffenheit des Werks

19 Grundlage der Mangelprüfung ist der Begriff der Beschaffenheit, der der (zusicherbaren) »Eigenschaft« nach altem Recht entspricht.⁴⁷ Die Beschaffenheit eines Werks wird bestimmt durch alle

---

39 BT-DS 14/6040, S. 261.
40 OLG Hamm, IBR 2005, 101.
41 BGH, BauR 208, 344, 347; OLG Hamm, BauR 2004, 868, 869; Zweifel an diesem dogmatischen Ansatz für die Mehrkostenvergütung äußert *Glöckner*, BauR 2009, 302, 316 f.
42 BGH, BauR 2002, 1536, 1539; BauR 2004, 1941, 1942 f.; Leinemann/*Schliemann*, VOB/B, § 13 Rn. 12 will dem nur mit der Einschränkung folgen, dass die tatsächlich bessere Leistung andere Nachteile haben müsse, wie etwa erhöhte Betriebskosten oder einen erhöhten Erhaltungsaufwand.
43 So auch: Ingenstau/Korbion/*Wirth*, VOB/B, § 13 Nr. 1 Rn. 117.
44 Ingenstau/Korbion/*Wirth*, VOB/B, § 13 Nr. 1 Rn. 84.
45 *Thode*, NZBau 2002, 297, 303 f.
46 Ähnlich: *Donner* in: Franke/Kemper/Zanner/Grünhagen, VOB/B, § 13 Rn. 27; Kuffer/Wirth/*Drossart*, 2. Kapitel, Rn. 33; Werner/*Pastor*, 13. A., Rn. 1965; *Weyer*, BauR 2003, 613, 617.
47 Kuffer/Wirth/*Drossart*, 2. Kap. Rn. 12.

ihm auf Dauer anhaftenden physischen Merkmale. Ebenfalls hierzu gehören die tatsächlichen, wirtschaftlichen, sozialen und rechtlichen Beziehungen des Werks zu seiner Umwelt, die nach der Verkehrsanschauung Einfluss auf die Wertschätzung und die Brauchbarkeit des Werkes haben können.[48] Die Umweltbeziehungen müssen dabei, um die Beschaffenheit zu prägen, dem Werk innewohnen bzw. von ihm ausgehen.[49] Im Einzelnen sind als wertbildende Merkmale zu nennen: das Material, die Verarbeitung, die Konstruktion, die Belastbarkeit, Dichtigkeit etc. Ebenso sind hinzuzuzählen die Funktionstauglichkeit eines Werks oder die Genehmigungsfähigkeit einer Baumaßnahme.[50]

III. Die allgemeinen Regeln der Technik

1. Auch wenn anders als in den §§ 4 Abs. 2 Nr. 1 S. 2, 13 Abs. 1 VOB/B nicht ausdrücklich genannt, sind für die Bestimmung der Sollbeschaffenheit die *anerkannten Regeln der Technik* in jedem Fall heranzuziehen.[51] Denn der Auftragnehmer schuldet ein funktionsgerechtes Werk, gleichgültig, welche Vereinbarung die Bauvertragsparteien getroffen haben. Ist die Funktionstüchtigkeit beeinträchtigt, liegt ein Mangel vor. Die Pflicht zur Einhaltung dieser Regeln ist aus dem Grundsatz von Treu und Glauben abzuleiten und gilt gleichermaßen in VOB- und BGB-Werkverträgen. Mit den allgemein anerkannten Regeln der Technik wird damit die *Mindestanforderung* an eine sach- und fachgerechte Werkleistung statuiert.[52]   20

2. Unter den anerkannten Regeln der Technik versteht man *technische Regeln für den Entwurf und die Ausführung von Werkanlagen, die in der Wissenschaft als theoretisch richtig anerkannt sind und feststehen sowie insbesondere in dem Kreise der für die Anwendung der betreffenden Regeln maßgeblichen, nach dem neuesten Erkenntnisstand vorgebildeten Techniker durchweg bekannt und auf Grund fortdauernder praktischer Erfahrung als technisch geeignet, angemessen und notwendig anerkannt sind*.[53]   21

3. Abzugrenzen sind die anerkannten Regeln der Technik von folgenden Begriffen: 22
– *Stand der Technik*: Dieser Begriff umfasst wissenschaftlich entwickelte Fertigungsmethoden, die noch nicht allgemein in der Baupraxis übernommen wurden;[54] ihnen fehlt insbesondere das Element der dauerhaften Praxisbewährung.[55] Die Anforderungen an Bauweisen nach dem Stand der Technik sind in der Regel höher als diese von den anerkannten Regeln der Technik vorgegeben werden.
– *Stand der Wissenschaft und Technik*: Hierbei handelt es sich um einen Begriff aus dem Atomrecht. Dieser legt fest, dass beim Bau von Atomanlagen diejenige Sorgfalt gegen Schäden getroffen werden muss, die nach neusten wissenschaftlichen Erkenntnissen für erforderlich gehalten wird.[56]

---

48 Leinemann/*Schliemann*, VOB/B, § 13 Rn. 19; MüKo-BGB/*Busche,* § 633 Rn. 10; Palandt/*Straub*, BGB § 633 Rn. 5.
49 Für den Begriff der Eigenschaft: BGH, NJW-RR 1995, 1547.
50 Kniffka/Koeble/*Kniffka*, 6. Teil Rn. 23; Kuffer/Wirth/*Drossart*, 2. Kap. Rn. 12.
51 Ingenstau/Korbion/*Wirth*, VOB/B, § 13 Nr. 1 Rn. 33; Staudinger/*Peter*, BGB, § 633 Rn. 168; *Thode*, NZBau 2002, 297, 305; vgl. auch oben Rdn. 13–15.
52 BGH, BauR 1981, 577, 579; Erman/*Schwenker*, BGB, § 633 Rn. 13; Ingenstau/Korbion/*Wirth*, § 13 Nr. 1 Rn. 81; Nicklisch/Weick/*Weick*, § 13 Rn. 19, 31; vgl. ferner: *Kaiser*, BauR 1983, 19, 23 f.; *Marbach*, ZfBR 1984, 9, 10; *Siegburg*, BauR 1985, 367, 381.
53 RGSt 44, 76, 78; Ingenstau/Korbion/*Oppler*, VOB/B, § 4 Nr. 2 Rn. 48; MüKo-BGB/*Busche*, § 633 Rn. 17.
54 MüKo-BGB/*Busche,* § 633 Rn. 19.
55 *Kamphausen/Warmbrunn*, BauR 2008, 25, 26.
56 MüKo-BGB/*Busche*, § 633 Rn. 19.

– *Verarbeitungsrichtlinien von Herstellern*: Ihre Einhaltung führt noch nicht zur Mangelfreiheit des Werkes, nicht einmal zum Ausschluss eines Verschuldens.[57]

23   4. Die anerkannten Regeln der Technik unterliegen einem steten Wandel und sind an die Dynamik der Technik anzupassen.[58] Sie beinhalten praktisch einen unbestimmten Rechtsbegriff. Hilfreich zur Bestimmung der anerkannten Regeln der Technik sind die technischen Regelwerke, insbesondere die *DIN-Normen* des Deutschen Instituts für Normung eV, die VDI-Richtlinien des Vereins Deutscher Ingenieure sowie die VDE-Bestimmungen des Verbands Deutscher Elektrotechniker.[59] Insoweit gilt die Vermutung, dass die DIN-Normen die allgemeinen Regeln der Technik widerspiegeln.[60] Zukünftig wird der europäischen Baunormung in diesem Zusammenhang eine immer größere Rolle zukommen.[61]

24   5. Allerdings gilt es an dieser Stelle, einem weit verbreiteten Irrtum vorzubeugen, der besagt, dass ein Werk bei Einhaltung der einschlägigen DIN-Normen mangelfrei sei und umgekehrt. Diese Schlussfolgerung trifft in dieser Allgemeinheit nicht zu und führt in der Praxis immer wieder zu fehlerhaften Ergebnissen. Deswegen sei auf diesen Punkt etwas näher eingegangen.

25   a) Zunächst ist zu berücksichtigen, dass DIN-Normen keine Rechtsnormen sind, sondern lediglich *private technische Regelungen mit Empfehlungscharakter* darstellen und bereits aus diesem Grunde nicht ohne weiteres zur Bestimmung der Mangelfreiheit eines Werkes herangezogen werden können.[62] Hinzu kommt, dass sich der Normenausschuss zwar bei seiner Arbeit an dem »jeweiligen Stand von Wissenschaft und Technik« orientiert. Doch befinden sich die »anerkannten Regeln« eben in einer ständigen Entwicklung, so dass die (noch) gültigen DIN-Normen nicht unbedingt dem aktuellen Stand von Wissenschaft und Technik entsprechen müssen.[63] Die allgemeinen Regeln der Technik können nicht abstrakt festgelegt werden, sondern sind unter Berücksichtigung der jeweiligen Besonderheiten für jeden Einzelfall gesondert zu bestimmen.[64] Dies kann sehr plastisch an der für den Schallschutz maßgeblichen DIN 4109 verdeutlicht werden. Diese Regelung gibt nach weit verbreiteter Auffassung schon lange nicht mehr den angemessenen Standard für einen hinreichenden Schallschutz wider.[65] Der Bundesgerichtshof hat hierzu in zwei wichtigen Entscheidungen[66] klargestellt, dass die Schalldämm-Maße der DIN 4109 in Tabelle 3 für den üblichen Qualitäts- und Komfortstandard nicht den anerkannten Regeln der Technik entsprechen. In dieser Tabelle 3 sind lediglich die Mindestwerte angeführt, die nur insoweit als anerkannte Regeln der Technik angesehen werden können, als es um die Abschirmung von unzumutbaren Belästigungen geht. Dies bedeutet andererseits also, dass diese Anforderungen auch durchaus ausreichend sein können, aber eben nur bei Bauwerken, bei denen es genügt, die Bewohner gerade noch vor unzumutbaren Schallbeeinträchtigungen zu schützen.[67] Den Bedingungen des üblichen Komfortbaus, in welchem die Bewohner im Allgemeinen Ruhe finden sollen, werden die Mindestschallwerte der DIN-Norm jedoch von vorne herein nicht gerecht.[68] Werden nur die dort genannten Werte erreicht, liegt also i.d.R. ein Mangel vor. Der maßgebliche Standard müsse für jeden Einzelfall gesondert ermittelt werden, so dass nicht abstrakt auf irgendwelche Regelwerke Bezug genommen werden könne. Für den zu entscheidenden Fall könnten aber

---

57 OLG Frankfurt, BauR 2008, 847; OLG Hamm, BauR 1995, 309, 311.
58 *Werner/Pastor*, Rn. 1462 f.
59 *Werner/Pastor*, Rn. 1460.
60 *Werner/Pastor*, Rn. 1461.
61 Vgl. hierzu: *Locher*, BauR 1992, 293 ff.
62 BGH, NJW 1998, 2814, 2815.
63 BGH, BauR 2007, 1570, 1573.
64 *Kögl*, BauR 2009, 154, 156.
65 OLG Stuttgart, BauR 1977, 279; OLG Frankfurt, BauR 1980, 361; *Kögl*, BauR 2009, 154 ff.
66 BauR 2007, 1570 ff.; BauR 2009, 1288 ff.
67 BGH, BauR 2007, 1570, 1572.
68 BauR 2009, 1288, 1290.

für die Ermittlung des üblichen Qualitäts- und Komfortstandards aus den Regelwerken der Schallschutzstufen II und III der VDI-Richtlinie 4100 aus dem Jahre 1994 oder das Beiblatt 2 zu DIN 4109 wichtige Anhaltspunkte entnommen werden.[69] Diese Regelungen, so betont der BGH weiter, seien entgegen weit verbreiteter Ansicht auch nicht erst dann anwendbar, wenn sie ausdrücklich in den Vertrag einbezogen worden seien.[70]

Andererseits kann eine DIN-Norm auch Anforderungen stellen, die überhöht sind und damit die Regeln der Technik nicht widerspiegeln.[71] Daher ist bei der Anwendung von DIN-Normen zu beachten, dass insoweit zwar die *Vermutung* gilt, dass diese Regelwerke die anerkannten Regeln der Technik wiedergeben. Doch ist diese Vermutung durchaus *widerlegbar*.[72] D.h. für die Praxis, DIN-Normen sind stets auf ihre aktuelle Gültigkeit hin zu überprüfen. 26

b) Ein Mangel kann selbst dann vorliegen, wenn der Auftragnehmer zur Zeit seiner Leistung die allgemeinen Regeln der Technik beachtet hat, sein Werk aber nicht funktionsgerecht ist.[73] Denn der Auftragnehmer schuldet ein mangelfreies Werk, es ist seine Sache, diesen Erfolg herbeizuführen. Dieses Erfolgsrisiko trifft ihn daher auch dann, wenn die Ursachen eines Fehlers und damit die Möglichkeit zu seiner Vermeidung erst auf Grund des Fortschritts der Wissenschaft und der Technik erkannt werden.[74] Der Auftragnehmer ist in solchen Fällen also grundsätzlich zur Beseitigung des Mangels verpflichtet, während ein Schadensersatzanspruch regelmäßig mangels Verschuldens ausscheiden wird.[75] Um Missverständnissen vorzubeugen, sei klarstellend darauf hingewiesen, dass der entscheidende Zeitpunkt für die Beurteilung der Mangelfreiheit natürlich die Abnahme ist und bleibt, so wie dies § 13 Nr. 1 VOB/B für den VOB-Vertrag ausdrücklich vorsieht und gleichermaßen auch für den BGB-Vertrag gilt.[76] Es sind allerdings zur Bewertung der Mangelfreiheit für diesen Zeitpunkt auch spätere, wissenschaftliche und technische Erkenntnisse zu berücksichtigen.[77] Daher bedarf es einer Auslegung der Parteivereinbarungen dahin, ob das Werk entgegen der Regel nur den bei Vertragsschluss geltenden Regeln der Technik entsprechen soll.[78] Im Zweifel dürfte allerdings davon auszugehen sein, dass die uneingeschränkte Gebrauchstauglichkeit des Werkes vereinbart ist.[79] 27

c) Streitig ist, ob eine Leistung bei einem Verstoß gegen die allgemeinen Regeln der Technik auch bei vorliegender Funktionstüchtigkeit mangelhaft ist.[80] Denn der vereinbarte Erfolg wird ja erzielt. Andererseits hat der BGH entschieden, dass es für die Annahme eines Baumangels bereits ausreicht, dass eine Ungewissheit über die Risiken des Gebrauchs oder einer nachhaltigen Funk- 28

---

69 BGH, BauR 2007, 1570, 1574 f.; BauR 2009, 1288, 1289.
70 BauR 2009, 1288, 1290.
71 Vgl. OLG Hamm, BauR 1994, 767, 768 zur Auftrittsbreite von Treppenstufen; OLG Schleswig, BauR 1998, 1100, 1101 ff. (für die Verwendung einer Bitumendickbeschichtung statt einer Bitumenbahn bei nicht drückendem Wasser).
72 BGH, Schäfer/Finnern, Z 4.01 Bl. 50, 52; Ingenstau/Korbion/*Oppler*, VOB/B, § 4 Nr. 2 Rn. 59; *Werner/Pastor*, Rn. 1461.
73 BGH, BauR 2005, 552, 553 f.
74 OLG Frankfurt, BauR 1983, 156 ff. »Blasbachtalbrückenfall«; vgl. auch für den Fall des sog. »harten Lötens« von Wasserrohren: OLG Köln, BauR 1997, 831 f.; *Rehbein*, Die Anordnung des Auftraggebers, S. 146 ff.; a.A. *Jagenburg*, Technik und Recht, Bd. 4, S. 137, 147–149; *Kaiser*, ZfBR 1983, 204, 207; *Marbach*, ZfBR 1984, 9, 12.
75 NJW 1971, 92, 93; OLG Hamm, NJW-RR 1991, 731, 733; OLG München, BauR 2008, 113.
76 Vgl. zum früheren Meinungsstreit im Einzelnen: *Werner/Pastor*, 13. A., Rn. 1975.
77 BGH, NJW 1968, 43; NJW 1971, 92 f. (Flachdach I und II); OLG Frankfurt, BauR 1983, 156, 157 (Blasbachtalbrückenfall); OLG Nürnberg, BauR 2006, 2077, 2078; OLG Köln a.a.O. und BauR 1991, 759.
78 Erman/*Seiler*, BGB, 11. Auflage, § 633 a.F. Rn. 16; *Kaiser*, BauR 1983, 203.
79 BGHZ 48, 310; 91, 206, 213; NJW 1971, 92; NJW-RR 1997, 688; NZBau 2002, 611.
80 Dafür: Ingenstau/Korbion/*Wirth*, VOB/B, § 13 Nr. 1 Rn. 87; Nicklisch/Weick/*Nicklisch*, VOB/B, § 13 Rn. 31; dagegen: Kleine-Möller/*Merl*, § 12 Rn. 245.

tionsbeeinträchtigung besteht.[81] Dementsprechend wird man bei einem Verstoß gegen die allgemeinen Regeln der Technik nur dann einen Mangel verneinen können, wenn der Auftragnehmer nachweist, dass die Gebrauchstauglichkeit des Werks nicht beeinträchtigt ist und auch sonst kein Risiko droht.[82] In diesem Fall ist aber immer noch zu prüfen, ob nicht die Einhaltung der jeweiligen DIN-Normen Gegenstand einer – verbindlichen – Beschaffenheitsvereinbarung der Parteien geworden ist.[83] Wurde also etwa die Verlegung von Kabeln in Leerrohren vereinbart, obwohl dies nach den Regeln der Technik nicht erforderlich ist, so ist die vereinbarte Verlegungsart geschuldet und nichts anderes.[84]

29 d) Natürlich unterliegen auch die allgemeinen Regeln der Technik der Parteidisposition. Die Parteien können ihre Geltung also abbedingen.[85] Dies kann aus Kostengründen der Fall sein, kommt aber etwa auch bei dem Einsatz neuartiger Technologien in Betracht, wenn hier nur durch Abweichen von den bislang anerkannten Regeln der Technik die Funktionstüchtigkeit gewährleistet werden kann.[86] Ebenso lässt der Umstand, dass ein Werkunternehmer, der eine neue Lösung für ein technisches Problem zu entwickeln hat, hierbei zunächst Wege beschreitet, die sich im Nachhinein als nicht gangbar erweisen, nicht ohne Weiteres den Schluss zu, dergestalt erbrachte Teilleistungen seien fehlerhaft.[87] Da es sich hierbei aber um Ausnahmetatbestände handelt, genügt es insoweit nicht, dass die Leistungsbeschreibung Elemente enthält, die mit den anerkannten Regeln der Technik unvereinbar sind.[88] Vielmehr muss die Vereinbarung mit hinreichender Klarheit getroffen werden, insbesondere hat der Auftragnehmer den Auftraggeber in einem solchen Fall klar und unmissverständlich darüber aufzuklären, dass und in welcher Weise die angebotene Leistung von den anerkannten Regeln der Technik abweicht.[89]

30 Auch ein »zum Freundschaftspreis« erstelltes Bauwerk hat selbstverständlich den Regeln der Technik zu entsprechen;[90] allenfalls wäre in einem solchen Fall ggf. an ein Mitverschulden des Auftraggebers zu denken.[91] Andererseits ist der Grundsatz, dass ein Verstoß gegen die allgemein anerkannten Regeln der Technik regelmäßig einen Sachmangel darstellt, bei der Veräußerung sanierter und modernisierter Altbauten nicht ohne weiteres anwendbar. So kann es z.B. zweifelhaft sein, ob der aktuelle Stand der Technik auch hinsichtlich solcher Bauteile geschuldet wird, die von der Sanierungsmaßnahme nicht erfasst sind, die also erkennbar nach altem Standard errichtet worden sind und unverändert angeboten werden. Daher kommt es hier darauf an, inwieweit sich aus dem Vertrag und den ihm zugrunde liegenden Umständen ergibt, dass das beanstandete Gewerk nach den aktuellen allgemein anerkannten Regeln der Technik herzustellen ist.[92]

IV. Die Beschaffenheitsvereinbarung – Der subjektive Mangelbegriff, § 633 Abs. 2 S. 1 BGB

31 1. Hat der Auftragnehmer das Werk entsprechend den anerkannten Regeln der Technik, erstellt, so kann seine Leistung dennoch mangelbehaftet sein, wenn sie einer spezifischen Beschaffenheitsvereinbarung nicht entspricht.[93] Denn das Werk ist nur dann frei von Sachmängeln, wenn es die

---

81 BGH, BauR 2006, 382, 383; ebenso: OLG Düsseldorf, NJW-RR 1996, 146, 147.
82 Leinemann/*Schliemann*, VOB/B, § 13 Rn. 31; *Vygen/Joussen*, Rn. 1262.
83 *Vygen/Joussen*, Rn. 1261.
84 OLG Brandenburg, IBR 2007, 305.
85 Vgl. OLG Hamm, NJW-RR 1996, 213.
86 *Donner* in: Franke/Kemper/Zanner/Grünhagen, VOB/B, § 13 Rn. 26.
87 BGH, BauR 2006, 1488, 1490.
88 BGH, NJW 1998, 3707 (zum geminderten Schallschutz).
89 *Donner* in: Franke/Kemper/Zanner/Grünhagen, VOB/B, § 13 Rn. 44; Ingenstau/Korbion/*Wirth*, VOB/B, § 13 Nr. 1 Rn. 12: *Kögl*, BauR 2009, 154, 156 f.; Kuffer/Wirth/*Drossart*, 2. Kapitel B. Rn. 22.
90 BGH, NJW-RR 2000, 465.
91 BGH, BauR 1974, 125, 126.
92 OLG Hamm, BauR 1994, 767, 768.
93 So schon zum alten Recht: BGH, BauR 1995, 230, 231.

vereinbarte Beschaffenheit hat. Dieser subjektive Fehlerbegriff stellt also allein auf den Vertragsinhalt ab, der gegebenenfalls im Wege der Auslegung zu ermitteln ist. Weicht die tatsächliche, d.h. die Ist-Beschaffenheit, von dieser Soll-Beschaffenheit ab, liegt ein Fehler vor, ohne dass es zusätzlich einer Wert- oder Tauglichkeitsminderung wie nach altem Recht bedürfte.[94] Die maßgebliche Vereinbarung ist ausdrücklich möglich, kann aber auch konkludent erfolgen, d.h. aus der Gesamtheit der Abreden zu ermitteln sein.[95] Ob nur eine unverbindliche Beschreibung oder aber eine Beschaffenheitsvereinbarung vorliegt, ist durch Auslegung dieser Abreden entsprechend den allgemeinen Grundsätzen zu ermitteln.[96] Für eine Beschaffenheitsvereinbarung sprechen das Interesse des Auftraggebers[97] an einer bestimmten Eigenschaft und der Detailreichtum der Beschreibung.[98] Der BGH weist in seiner sog. Schallschutz-Entscheidung darauf hin, dass die im Vertrag zum Ausdruck gekommene Qualität insgesamt maßgeblich sei. Diese wiederum ergebe sich aus dem Vertragstext, dessen Erläuterungen sowie den sonstigen vertragsbegleitenden Umständen, aber auch aus dem konkreten Verhältnis des Bauwerks und seines Umfeldes, dem allgemeinen qualitativen Zuschnitt, dem insgesamt zum Ausdruck gebrachten architektonischen Anspruch und nicht zuletzt der Zweckbestimmung des Gebäudes selbst.[99] Daher dürfe etwa der Käufer einer Doppelhaushälfte in Bezug auf den Schallschutz den üblichen Komfort- und Qualitätsstandard erwarten.[100] Kniffka[101] weist für den Fall, dass die Abweichung von der Beschaffenheitsvereinbarung nicht zu einer Einschränkung des Wertes oder der Gebrauchstauglichkeit führt, zutreffend darauf hin, dass Ansprüche auf Nachbesserung, Rücktritt und Schadensersatz statt der Leistung wegen der §§ 635 Abs. 3, 323 Abs. 5, 281 Abs. 3 S. 2 BGB regelmäßig ausgeschlossen sein dürften.

2. Soweit es die Regelungsdichte anbelangt, können die Parteien sich auf die Angabe der Zieldaten beschränken (sog. funktionale Leistungsbeschreibung), aber auch mehr oder weniger detaillierte Angaben zu der Ausführung des Werks machen. Schließlich kann die Beschaffenheitsvereinbarung allein in der Festlegung eines bestimmten Standards bestehen.[102]

3. Zur konkludenten Beschaffenheitsvereinbarung seien einige, häufig auftretende Problem der Praxis angeführt:

a) So stellt sich oftmals die Frage, wie das Wort »schlüsselfertig« zu verstehen ist, insbesondere, ob hiervon – bei Fehlen näherer Ausführungen im Vertrag – auch die Malerarbeiten umfasst sind. Dies hat das OLG Nürnberg[103] nachvollziehbar mit der Begründung bejaht, »schlüsselfertig« bedeute aus Sicht des Auftraggebers, dass er nur noch das Haus aufschließen und die Möbel hineinstellen müsse. Auch gehört der Anschluss an die öffentliche Wasserversorgung hinzu.[104] Allgemein muss der Auftragnehmer in einem solchen Fall das Gebäude frei von Mängeln errichten und schuldet insoweit alle Leistungen, die ein Fachmann nach den örtlichen und sachlichen Gegebenheiten üblicherweise erwarten kann.[105]

b) Hat sich der Auftragnehmer vorbehalten, statt der im Leistungsverzeichnis genannten, gleichwertigen Produkte (etwa im Bad- und Sanitärbereich) einzubauen, kommt es für die Gleichwertig-

---

94 Vgl. hierzu auch Rdn. 9–11.
95 BGH, NZBau 2008, 113, 114; Staudinger/*Peters*, BGB, § 633 Rn. 173.
96 Palandt/*Sprau*, BGB § 133 Rn. 7 ff. (zu den allg. Auslegungsgrundsätzen) und § 157 Rn. 2 ff. (zur ergänzenden Vertragsauslegung).
97 BGH, NJW-RR 1996, 783, 784.
98 BGH, BauR 1997, 1032, 1035.
99 BauR 2007, 1570, 1572; BauR 2009, 1288, 1289.
100 BGH, a.a.O.; vgl. zu den Anforderungen an den Schallschutz auch die Ausführungen unter Rdn. 25.
101 Kniffka/Koeble/*Kniffka*, 6. Teil, Rn. 32.
102 *Vygen/Joussen*, Rn. 1239.
103 IBR 2000, 487; ebenso: Ingenstau/Korbion/*Wirth*, VOB/B, § 13 Nr. 1 Rn. 68.
104 BGH, BauR 2001, 1254 ff.; OLG Koblenz, IBR 2002, 547.
105 BGH, BauR 2001, 1254, 1255.

keit auf die Einhaltung der vertraglichen Anforderungen an, zu deren Beurteilung eine Gesamtbetrachtung anzustellen ist.[106]

35　c) Hat der Auftragnehmer die *Erschließungskosten* eines Grundstückes übernommen, so fallen hierunter im Zweifel auch die Kosten für den konkreten Anschluss des Hauses an das öffentliche Kanalnetz, da die erstmalige Herstellung eines Hausanschlusses nach allgemeinem Sprachverständnis unter den Begriff der Ersterschließung fällt.[107]

36　d) Soll eine »*Luxuswohnung*« errichtet werden, kann hieraus auf die Vereinbarung eines erhöhten Schallschutzes geschlossen werden.[108] Beziehen sich die ausdrücklich geregelten Beschaffenheiten durchweg auf einen erhöhten Standard, lässt dies den Schluss darauf zu, dass für den Vertrag insgesamt erhöhte Qualitätsanforderungen gelten sollen.[109]

37　e) Wie bereits erwähnt, sieht § 633 BGB, anders als § 434 Abs. 2 S. 3 BGB, grundsätzlich keine Haftung für *Werbeaussagen* des Auftragnehmers vor. Angesichts des klaren gesetzgeberischen Willens kommt eine analoge Anwendung der kaufrechtlichen Vorschrift für den Bereich des Werkvertrages nicht in Betracht.[110] Dies heißt aber nicht, dass Werbeaussagen in diesem Zusammenhang ohne jede Bedeutung sein müssen. Ausgeschlossen werden können an dieser Stelle sicherlich allgemeine Anpreisungen der zu erbringenden Werkleistung als »ordentlich«, »beste Ausführung« oder als »erste Qualität«.[111] Zur Beschaffenheitsvereinbarung werden allerdings solche Hinweise des Auftragnehmers, die auf konkrete Eigenschaften des Werks hinweisen, die also der Nachprüfung zugänglich sind.[112] Dies ist etwa der Fall, wenn auf nur »geringe Unterhaltskosten« hingewiesen wird.[113] Ein Beschaffenheitsmerkmal ist ebenfalls bei einer Eigentumswohnung angenommen worden, die als »Maßstab für Traumwohnungen« bezeichnet wurde.[114] Bei einem Bauträgervertrag dürften darüber hinaus auch Beschaffenheitsangaben in Werbeprospekten zum Gegenstand der vertraglichen Vereinbarung werden, wenn diese Unterlagen als wesentliche Informationsquelle für den Auftraggeber dem Kauf des Objekts zugrunde liegen.[115]

38　4. Von besonderer Bedeutung ist in diesem Zusammenhang die *Auslegung von Leistungsverzeichnissen*, für die folgende Grundsätze gelten:

Zugrundezulegen ist dabei das Verständnis eines objektiven Auftragnehmers der entsprechenden Fachkreise als Erklärungsempfänger des Leistungsverzeichnisses.[116] Nicht kommt es darauf an, wie einzelne Bieter die Leistungsbeschreibung verstehen oder verstehen müssen, sondern wie sie sich aus der objektiven Sicht eines »Durchschnittsbieters« aus darstellt. Den Hintergrund für diesen Ansatz stellt die Überlegung dar, dass die Regelungen der VOB/A auf ein möglichst einheitliches Verständnis der Leistungsbeschreibung ausgerichtet sind. Daher kommt dem Wortlaut der Leistungsbeschreibung eine maßgebliche Bedeutung zu.[117] Liegt – etwa wegen der Verkehrsüblichkeit der verwendeten Begrifflichkeiten in den relevanten Fachkreisen – eine eindeutige Bezeichnung vor, ist diese maßgebend.[118] Im Übrigen sind der qualifizierte Zuschnitt des Bauwer-

---

106　Ingenstau/Korbion/*Wirth*, VOB/B, § 13 Nr. 1 Rn. 68.
107　OLG Koblenz, BauR 2003, 391, 392.
108　BGH, BauR 1998, 783, 784 f.
109　BGH, NJW 1998, 2814, 2815.
110　So aber: Staudinger/*Peters,* BGB, § 633 Rn. 183.
111　Bamberger/Roth/*Voit*, § 633 Rn. 3; MüKo-BGB/*Busche*, § 633 Rn. 24.
112　MüKo-BGB/*Busche,* § 633 Rn. 24.
113　BGH, BauR 1976, 66.
114　OLG Stuttgart, NZBau 2007, 717.
115　Kuffer/Wirth/*Drossart*, 2. Kap. B. Rn. 21.
116　BGH, BauR 1993, 595, 596 (»Türenfall«); BauR 1994, 625; BauR 1999, 897, 898 f.; *Markus*, BauR 2004, 180, 182.
117　BGH, BauR 1993, 595, 596; BauR 1997, 466, 467 (»geologische Barriere«).
118　BGH, NJW-RR 1994, 1108, 1109.

kes, ansonsten die Umstände des Einzelfalles bzw. die Verkehrssitte ergänzend heranzuziehen.[119] So spielt für Großprojekte der Langzeitcharakter des Bauvertrages insofern eine Rolle, als es dem allgemeinen Wissensstand der beteiligten Auftragnehmer entspricht, dass in der Anfangsphase der Ausführung eines solchen Bauvorhabens regelmäßig noch keine abschließende Ausführungsplanung vorliegt. Die sich aufgrund dieser Notwendigkeit zur Weiterentwicklung und Koordinierung der Planungen ergebenen Modifizierungen der zu erbringenden Leistungen sind daher von den ursprünglichen Vertragspflichten umfasst, soweit der Auftragnehmer nach den Grundsätzen von Treu und Glauben mit diesen rechnen musste.[120] Bei Widersprüchen innerhalb des Leistungsverzeichnisses ist derjenige Text vorrangig zu berücksichtigen, der die Leistung konkret auf das Bauvorhaben bezogen beschreibt.[121] Die von den Parteien ins Auge gefasste Funktion des Bauwerks spielt dabei eine zentrale Rolle und ist daher vorrangig vor eventuellen Unterscheidungen in DIN-Vorschriften zu beachten.

So hat der Bundesgerichtshof[122] Konsoltraggerüste, die nicht gesondert ausgeschrieben waren, dennoch als vom Bausoll umfasst angesehen, weil sie für die Herstellung der nach dem Vertrag vorgesehenen Brückenkappen unabdingbar notwendig waren. Verbleiben dennoch Unklarheiten, so ist die Auslegung in der Weise vorzunehmen, dass die Leistungsbeschreibung eindeutig und widerspruchsfrei zu sein hat.[123] Die sog. Prüfungs- und Hinweispflicht des Auftragnehmers gem. § 4 Abs. 3 VOB/B ist an dieser Stelle ohne Bedeutung.[124] Auf eine Besonderheit ist vornehmlich im Hinblick auf die Fälle öffentlicher Aufträge hinzuweisen, die in der Rechtsprechung eine nicht unerhebliche Rolle spielen. Der öffentliche Auftraggeber erstellt regelmäßig die komplette Ausführungsplanung sowie die damit verbundene Leistungsbeschreibung. Die Stellung des Auftragnehmers ist bei einer derartigen Konstellation diejenige eines bloßen Kalkulators, der die ihm vorgelegte Leistungsbeschreibung im vorvertraglichen Stadium lediglich kostenmäßig zu bewerten hat,[125] um ein die gesamte Leistung berücksichtigendes Angebot abgeben zu können. In solchen Fällen ist zu unterstellen, dass die Anforderungen des § 9 VOB/A eingehalten werden, also insbesondere dem Auftragnehmer kein außergewöhnliches Wagnis auferlegt werden soll, § 9 Abs. 2 VOB/A.[126] Der Bundesgerichtshof zieht aus diesem Gesichtspunkt in einigen Entscheidungen[127] die Schlussfolgerung, dass Zweifel bei der Vertragsauslegung zugunsten des Auftragnehmers im Sinne eines der VOB/A entsprechenden Verständnisses aufzulösen seien. Dies hat u.a. zur Folge, dass auch bei einem eindeutigen Wortlaut der Leistungsbeschreibung völlig ungewöhnliche Arbeiten von der Leistungspflicht ausgeschlossen sind. Für den privaten Auftraggeber gelten zwar grundsätzlich nur die allgemeinen Verhaltenspflichten im Zeitraum der Vertragsanbahnung.[128] Damit hat § 9 VOB/A für diesen nur dann Bedeutung, wenn er sich zu einer Leistungsbeschreibung entsprechend den Grundsätzen dieser Regelung vertraglich verpflichtet hat[129] bzw. sich aus der Auslegung des Werkvertrages im Übrigen ergibt, dass dem Auftragnehmer das Risiko ungewöhnlicher Wagnisse nicht auferlegt werden sollte.[130] Auch ist es weiterhin zutreffend, dass § 9 VOB/A kein zwingendes Vertragsrecht enthält, so dass im Prinzip auch risi-

---

119 BGH, BauR 1993, 595, 596, BauR 1994, 625, 626; OLG Düsseldorf, BauR 2004, 504, 505; *Markus*, BauR 2004, 180, 182.
120 KG, BauR 2005, 1179, 1181.
121 BGH, BauR 1999, 897, 898.
122 BauR 2002, 935.
123 BGH, BauR 1999, 897, 898.
124 BGH, BauR 1999, 897, 898 f.
125 *Markus*, BauR 2004, 180, 182.
126 OLG Koblenz, NJW-RR 2001, 1671.
127 BGH, BauR 1994, 236, 237f (»Wasserhaushalt III«); BauR 1997, 466, 467 (»geologische Barriere«).
128 *Cuypers*, BauR 1997, 27, 30; *Dähne*, BauR 1999, 289, 293.
129 *Dähne*, BauR 1999, 289, 301; *Markus*, BauR 2004, 180, 182.
130 *Markus*, BauR 2004, 180, 185.

kobehaftete Leistungsbeschreibungen vorgegeben werden können.[131] Dies ändert jedoch nichts daran, dass, orientiert an dem für die Auslegung maßgeblichen Verständnis eines objektiven Auftragnehmers der entsprechenden Fachkreise, Risiken, die nach der konkreten Sachlage völlig ungewöhnlich und von keiner Seite zu erwarten waren, nicht von dem Auftragnehmer getragen werden müssen.[132] Der Bieter ist auch nicht verpflichtet, die Ausschreibungsunterlagen auf eventuelle Mängel gezielt durchzuarbeiten.[133] Damit ist die Erkennbarkeit eventueller Unklarheiten in der Leistungsbeschreibung an dem zu bemessen, was bei durchschnittlichem Branchenwissen unter den gegebenen Umständen ohne große Schwierigkeiten erfasst werden kann.[134]

39 5. Wird die Beschaffenheit eines Werks durch *Allgemeine Geschäftsbedingungen* bestimmt, sind folgende Besonderheiten zu beachten:

40 a) Gem. § 305c BGB gehen Zweifel zu Lasten des Verwenders der Geschäftsbedingungen. Ergeben sich also etwa aus der Leistungsbeschreibung des Auftraggebers verschiedene Qualitätsstufen, so gilt die niedrigere als vereinbart.[135]

41 b) Ferner ist das Transparenzgebot der §§ 307 Abs. 1 S. 2 i.V.m. 307 Abs. 3 S. 2 BGB zu beachten. Dies bedeutet, dass die Rechte und Pflichten der Vertragsparteien unmissverständlich dargestellt werden müssen.[136] Der Verbraucher muss insbesondere das Preis/Leistungsverhältnis nachvollziehen können, so dass ihm ein Vergleich mit anderweitigen Angeboten möglich ist.[137]

42 c) Für die allgemeine Inhaltskontrolle der §§ 307 f. BGB ist vor allem auf diejenigen Fälle hinzuweisen, in denen sich der Auftragnehmer die Abweichung von Beschaffenheitsvorgaben vorbehalten hat. Zwar ist es nicht zu beanstanden, wenn die Parteien einen Zusatz »oder gleichwertig« aufnehmen oder es dem Auftragnehmer von vornherein überlassen, die zu verwendenden Baustoffe auszuwählen. Unzulässig sind allerdings Klauseln, wonach dieser von den vereinbarten Qualitäten abweichen darf.[138] Ebenfalls als unwirksam ist eine Klausel befunden wurden, in der sich der Unternehmer vorbehielt, »unerhebliche Abweichungen« ohne Absprache mit dem Auftraggeber vorzunehmen.[139] Erst recht nicht mit § 307 Abs. 1 BGB vereinbar sind AGB-Regelungen, die dem Auftragnehmer die Abweichung von den allgemeinen Regeln der Technik gestatten.[140]

V. Die Beschaffenheitsgarantie

43 Einen Sonderfall der Beschaffenheitsvereinbarung stellt die sog. Beschaffenheitsgarantie dar, bei der man zwischen unselbständiger und selbständiger Garantie unterscheidet. Zum Verhältnis zur zugesicherten Eigenschaft nach altem Recht vgl. Rdn. 8

44 1. Eine *unselbständige Garantie* ist das ernstliche vertragliche Versprechen des Auftragnehmers, das Werk mit einer bestimmten Eigenschaft herzustellen, ohne dass es dabei auf einen erhöhten Haftungswillen ankommt.[141] Die Garantieerklärung kann ausdrücklich, aber auch stillschweigend er-

---

131 BGH, BauR 1997, 126, 127 (»Schleusenkammer«).
132 BGH, BauR 1997, 126, 127.
133 *Wettke*, BauR 1989, 292, 295; *Kapellmann/Schiffers*, Nachträge, Rn. 97.
134 Ebenso: *Wettke*, BauR 1989, 292, 297, der diesen Gesichtspunkt allerdings im Zusammenhang mit einem möglichen Schadensersatzanspruch des Auftragnehmers behandelt.
135 Kuffer/Wirth/*Drossart*, 2. Kap. B. Rn. 16.
136 BGH, NJW 2001, 2014, 2016.
137 Kuffer/Wirth/*Drossart*, 2. Kap. B. Rn. 17.
138 Kuffer/Wirth/*Drossart*, 2. Kap. B. Rn. 18.
139 OLG Stuttgart, BauR 2002, 1395; a.A. OLG Celle, BauR 2003, 1408.
140 Ingenstau/Korbion/*Wirth*, VOB/B, § 13 Nr. 1 Rn. 13; *Vygen/Joussen*, Rn. 1260; *Werner/Pastor*, 13. A., Rn. 1961.
141 BGHZ 96, 111, 114; NJW-RR 1994, 1134, 1135; 1996, 783, 784; WM 1997, 2183, 2184 f.

folgen.¹⁴² Dabei kommt es unter besonderer Berücksichtigung des Verwendungszweckes darauf an, *wie der Auftraggeber die Äußerungen der Gegenseite unter Berücksichtigung ihres sonstigen Verhaltens und der Umstände, die zum Vertragsschluss geführt haben, nach Treu und Glauben mit Rücksicht auf die Verkehrssitte verstehen durfte.*¹⁴³ Da den subjektiven Vorstellungen des Auftraggebers durch die Regelung des § 633 Abs. 2 S. 1 BGB bereits weitgehend Rechnung getragen worden ist, kann von einer Garantie nur zurückhaltend ausgegangen werden.¹⁴⁴ Eine solche liegt daher noch nicht allein in der Bezugnahme auf DIN-Normen¹⁴⁵ oder in der vereinbarten Verwendung des Materials eines bestimmten Herstellers.¹⁴⁶ Vielmehr muss deutlich werden, dass es dem Auftraggeber gerade auf ein bestimmtes Merkmal ankommt. So ist sie etwa für die Formulierung »der Unternehmer übernimmt volle Garantie und ist für jeden Schaden haftbar, der durch das Eindringen von Grundwasser entstehen kann«, angenommen worden.¹⁴⁷

Die Rechtsfolge einer unselbständigen Garantie besteht zunächst in der Unwirksamkeit eines auf die garantierte Eigenschaft bezogenen Gewährleistungsausschlusses, § 639 BGB. Außerdem erhöht sich einerseits die Zumutbarkeitsgrenze für den Auftragnehmer in Bezug auf die Nacherfüllung zu seinen Lasten gegenüber § 635 Abs. 3 BGB. Andererseits verschiebt sich die »Unerheblichkeitsschwelle« der §§ 323 Abs. 5 S. 2, 281 Abs. 1 S. 3 BGB bei Rücktritt und Schadensersatz statt der ganzen Leistung zugunsten des Auftraggebers.¹⁴⁸ Ob darüber hinaus die für den Schadensersatzanspruch des Auftraggebers erforderliche Voraussetzung des Verschuldens abbedungen sein soll, ist im Wege der Auslegung zu ermitteln. Die Verwendung von Begrifflichkeiten wie »Zusicherung« oder »Garantie« stellen ein – wenn auch nicht zwingendes – Indiz für die Bereitschaft des Unternehmers zur Übernahme einer verschuldensunabhängigen Schadensersatzpflicht dar.¹⁴⁹ 45

2. Bei einem *selbständigen Garantieversprechen*, welches ebenfalls eine verschuldensunabhängige Haftung begründet, verspricht der Auftraggeber, für einen über die Mangelfreiheit hinausgehenden Erfolg einstehen zu wollen.¹⁵⁰ Um ein solches Garantieversprechen handelt es sich etwa bei der Zusage eines bestimmten Jahresmietertrages im Zusammenhang mit der Errichtung einer Mehrfamilienhausanlage¹⁵¹ und auch regelmäßig bei der Baukostengarantie des Architekten.¹⁵² 46

VI. Die nach dem Vertrag vorausgesetzte Beschaffenheit – Der funktionale Mangelbegriff, § 633 Abs. 2 S. 2 Nr. 1 BGB

1. § 633 Abs. 2 S. 2 Nr. 1 BGB behandelt den Fall, dass die Parteien zwar nicht die Beschaffenheit des Werks, wohl aber dessen Verwendung vereinbart haben. Der nach dem Vertrag vorausgesetzte Verwendungszweck ist nicht einseitig vom Auftraggeber festzulegen. Er muss dem Auftragnehmer bekannt sein und seine Billigung finden.¹⁵³ Eine solche Einigung kann auch stillschweigend erfolgen¹⁵⁴ und sich allein schon aus der erkennbaren Funktion eines Gebäudes etwa als Hotel, Kindergarten oder Fabrikhalle ergeben.¹⁵⁵ Der Verwendungszweck ist gem. §§ 133, 157 BGB aus 47

---

142 Staudiger/*Peters*, BGB, § 633 Rn. 170.
143 BGH, NJW 1972, 1706, 1707.
144 Staudinger/*Peters*, BGB, § 633 Rn. 170.
145 MüKo-BGB/*Soergel*, § 633 a.F. Rn. 27.
146 OLG Düsseldorf, NJW-RR 1996, 146; a.A. OLG Hamm, BauR 1993, 478, 479.
147 BGH, BauR 1970, 197, 198.
148 Staudiger/*Peters*, BGB, § 633 Rn. 171.
149 Staudiger/*Peters*, BGB, § 633 Rn. 171.
150 RGZ 165, 41, 47 f.; BGH, NJW 1976, 43.
151 BGH, BauR 1973, 191, 192.
152 OLG Düsseldorf, NJW-RR 1995, 1361.
153 MüKo-BGB/*Busche,* § 633 Rn. 28; Palandt/*Straub*, BGB § 633 Rn. 7; PWW/*Leupertz*, BGB, § 633 Rn. 17; Staudinger/*Peters,* BGB, § 633 Rn. 184.
154 Ingenstau/Korbion/*Wirth*, VOB/B, § 13 Nr. 1 Rn. 91.
155 BGH, BauR 1991, 605, 606 (für eine Tennishalle nach den »Vorschriften der DTB«).

dem objektiven Empfängerhorizont unter Berücksichtigung von Treu und Glauben und der Verkehrssitte durch Auslegung zu ermitteln. Hierzu ist der Bauvertrag unter Heranziehung aller Vertragsunterlagen als Einheit zu sehen.[156] Für den Verwendungszweck kommt es ganz wesentlich auf die Funktion des Werkes ab. Die mangelnde *Verwendungstauglichkeit* kann sowohl auf einem technischen Minderwert beruhen, weil die Beschaffenheit des Werkes den Gebrauchs- oder Ertragswert einschränkt,[157] als auch auf einem merkantilen Minderwert, wenn sich die Beschaffenheit negativ auf die Verkäuflichkeit des Werkes auswirkt.[158] Da an eine stillschweigende Vereinbarung für Darlegung und Beweis hohe Anforderungen zu stellen sind,[159] sollte in der Praxis vor allem auf die ausdrückliche Regelung des übergeordneten Funktionszweckes großes Augenmerk gerichtet werden.[160] Eine Verwendungsvereinbarung werden die Vertragsparteien insbesondere dann treffen, wenn die vertraglich vorgesehene Verwendung von der gewöhnlichen Verwendung abweicht.

48   2. In diesen Zusammenhang gehört auch das Sonderproblem der sog. *funktionalen* und *lückenhaften* Leistungsverzeichnisse, welches hier allerdings nur in seinen Grundrissen dargestellt werden kann.[161] Bei funktionalen Leistungsverzeichnissen handelt es sich um solche Leistungsbeschreibungen, die sich mit der Angabe des Leistungsziels begnügen, indem etwa nur die »Anbringung von Isolierfenstern für alle Fensteröffnungen«,[162] ggf. mit dem Zusatz in »funktionsfähiger Ausführung«[163] oder die »Asbestsanierung laut Gutachten«[164] verlangt wird. In welcher Weise die Leistung erbracht wird, ist dem Auftragnehmer überlassen. Andererseits gehören alle zur Erreichung der genannten Funktionalität notwendigen Leistungen zum Bausoll.[165] In der Praxis erfolgt hingegen regelmäßig eine Zusammenfassung der oben genannten Informationen in einem sog. Leistungsverzeichnis, so wie dies § 9 Abs. 6–9 VOB/A für den Bereich der öffentlichen Aufträge ausdrücklich vorsieht. Aber auch die minutiöseste Leistungsbeschreibung kann nicht ausschließen, dass spätere Unklarheiten auftreten. Diese Problematik wird gemeinhin unter dem Begriff des sog. »lückenhaften« Leistungsverzeichnisses zusammengefasst.

49   Dieser umfasst zum einen die Sachverhalte, bei denen sich eine Leistungsbeschreibung im Nachhinein als *unvollständig* erweist, weil sie entgegen der ursprünglichen Annahme für die Werkerstellung wesentliche Leistungsbestandteile nicht aufführt.[166] Hier gilt es, im Wege der Auslegung zu ermitteln, ob die nachträglich verlangte Leistung noch von der ursprünglichen vertraglichen Regelung umfasst ist oder ob es sich um eine neue, darüber hinausgehende Verpflichtung handelt. Ergibt die Auslegung einen Leistungsumfang, der von der später tatsächlich verlangten oder angeordneten Ausführung abweicht, so ist sie als Bauentwurfsänderung bzw. andere leistungsändernde Anordnung im Sinne des § 2 Abs. 5 VOB/B oder aber als Zusatzleistung im Sinne des § 2 Abs. 6 VOB/B bzw. § 2 Abs. 8 Nr. 2 S. 2, 3 VOB/B anzusehen mit der Folge, dass dem Auftragnehmer ein zusätzlicher Vergütungsanspruch zusteht. Ist die nachträglich vom Auftraggeber oder seinem Architekten geforderte oder angeordnete Leistung vom Auftragnehmer hin-

---

156 Ingenstau/Korbion/*Wirth*, VOB/B, § 13 Nr. 1 Rn. 94, 95.
157 Vgl. BGHZ 146, 250, 254 (Dachschräge); BGH, ZfBR 1989, 58 (Raumhöhe); NJW 2003, 1188, 1189 (geminderte Nutzlast); NJW-RR 1999, 381, 382 (Bodenunebenheiten); OLG Celle, BauR 2000, 1073 (feuchte Kellerwände); OLG Schleswig, BauR 2000, 1060 (feuchte Kellerwände).
158 OLG Düsseldorf, NJW-RR 2001, 523 (für einen Müllcontainer neben einer Wohnterrasse).
159 Ingenstau/Korbion/*Wirth*, VOB/B, § 13 Nr. 1 Rn. 99.
160 Ingenstau/Korbion/*Wirth*, VOB/B, § 13 Nr. 1 Rn. 97.
161 Vgl. zu der Problematik des lückenhaften Leistungsverzeichnisses ausführlich: *Rehbein*, Die Anordnung des Auftraggebers, S. 108 ff.
162 BGH, NJW 1997, 1772 f.
163 OLG München, BauR 2006, 689, 690.
164 OLG Düsseldorf, BauR 2002, 1104, 1105.
165 Englert/Motzke/Wirth/*Wirth/Willner*, § 631 BGB Rn. 496.
166 BGH, Schäfer/Finnern, Z 2.410, Blatt 34, S. 9, 11 (für den Fall, dass sich bei der Erstellung einer sog. »Koch-Decke« die Aufbringung einer weiteren Druckbetonschicht als notwendig erwies).

gegen schon nach dem Vertrag geschuldet, so liegt weder eine Bauentwurfsänderung noch eine andere leistungsändernde Anordnung des Auftraggebers im Sinne der §§ 2 Abs. 5 und 6 VOB/B, sondern nur eine Anordnung im Sinne des § 4 Abs. 1 Nr. 3 Satz 1 VOB/B vor. Dem Auftragnehmer kann in diesem Fall also kein Mehrvergütungsanspruch im Sinne der vorgenannten Vorschriften zustehen.[167]

Die in der Rechtsprechung am häufigsten zu untersuchende Fallkonstellation des lückenhaften Leistungsverzeichnisses betrifft hingegen solche Leistungsbeschreibungen, die zwar den Werkerfolg formal vollständig, aber nicht kalkulierbar und damit nur *unklar* wiedergeben.[168] Stellt sich hier heraus, dass die Leistungsbeschreibung abschließend war und damit ein Mehrvergütungsanspruch gem. §§ 2 Nr. 5, 6 VOB/B ausscheidet, ist in einem weiteren Schritt zu prüfen, ob dem Auftragnehmer ein Anspruch aus dem Gesichtspunkt des Schadensersatzes nach den Grundsätzen der culpa in contrahendo (§§ 280 Abs. 1, 311 Abs. 2, 241 Abs. 2 BGB) zusteht. Dies ist nach der Rechtsprechung dann der Fall, wenn der Auftraggeber seiner Verpflichtung zur richtigen und vollständigen Leistungsbeschreibung schuldhaft nicht nachgekommen ist.[169]

VII. Die übliche und zu erwartende Beschaffenheit – Der objektive Mangelbegriff, § 633 Abs. 2 S. 2 Nr. 2 BGB

1. § 633 Abs. 2 Nr. 2 BGB verlangt als Auffangtatbestand (»sonst«) für den Fall, dass sowohl vertragliche Individualbestimmungen zur Beschaffenheit als auch zum Verwendungszweck fehlen, dass sich das Werk für die gewöhnliche Verwendung zu eignen hat. Gewöhnlich ist jene Verwendung, die nach der Verkehrsanschauung unter Berücksichtigung der örtlichen Gegebenheiten und der durchschnittlichen Lebensverhältnisse vorgenommen zu werden pflegt.[170] Dies entspricht einer hypothetischen Vertragsauslegung. Der hierbei anzulegende objektive Maßstab findet seine Konkretisierung in öffentlich-rechtlichen Schutzvorschriften oder DIN-Normen.[171]

2. Über die Eignung zur gewöhnlichen Verwendung hinaus schuldet der Unternehmer kumulativ[172] eine Beschaffenheit des Werkes, die bei Werken der gleichen Art üblich ist und die der Besteller nach der Art des Werkes erwarten kann. Was ein »Werk gleicher Art« ist, erfordert eine Gattungszuordnung, die anders als im Kaufvertragsrecht für den Werkvertrag oft nicht leicht zu bestimmten sein wird, da sich das Werk regelmäßig nach individuellen Merkmalen bestimmt.[173] Der Maßstab des § 243 BGB mag allerdings bei der Festlegung eine gewisse Hilfe sein.[174] Die Merkmale der »Üblichkeit« und des »zu Erwartenden« lassen sich nicht trennscharf voneinander abgrenzen. Was üblich ist, darf der Besteller eben auch erwarten, und was er zu erwarten hat, sollte üblich sein.[175] Dabei kann beispielsweise die wirtschaftliche Rentabilität eine Rolle spielen. Wird bei einem Vertrag über die Errichtung eines Cafés die Anzahl der Gastplätze nicht bestimmt, kommt es darauf an, ob sich das Lokal seiner Größe und Berücksichtigung der örtlichen

---

167 BGH, NJW 1966, 498; BauR 1987, 683, 684 (Universitätsbibliothek); BauR 1988, 338, 339, BauR 1992, 759, 760; BauR 1994, 236, 237 f. (Wasserhaltung I–III); OLG Celle, BauR 2003, 710, 711.
168 BGH, NJW-RR 1987, 234 (»Universitätsbibliothek Düsseldorf«: für den Fall, dass der Auftragnehmer nach den Angaben des Auftraggebers Einheitspreise für den zu verarbeitenden Stahlbeton auf der Basis eines fehlerhaft angenommenen Anteils von Groß- und Kleinschalung berechnet hatte).
169 Erstmals vom RG Z 95, 58, 60 f bejaht; vgl. auch LG Tübingen, BauR 1980, 67; OLG Stuttgart, BauR 1992, 639, 640; BauR 1997, 855.
170 Zum Begriff der Verwendungstauglichkeit vgl. die Erläuterung zu Rdn. 44.
171 MüKo-BGB/*Busche*, § 633 Rn. 29; *Vygen/Joussen*, Rn. 1272.
172 Nach Leinemann/*Schliemann*, VOB/B, § 13 Rn. 24 kommt dieser Voraussetzung keine eigenständige Bedeutung zu, sondern stellte nur eine Erläuterung dar, was unter der Eignung für den gewöhnlichen Verwendungszweck zu verstehen sei.
173 MüKo-BGB/*Busche*, § 633 Rn. 30.
174 Ingenstau/Korbion/*Wirth*, VOB/B, § 13 Nr. 1 Rn. 101.
175 So zutreffend: Staudinger/*Peters*, BGB, § 633 Rn. 176a.

Gegebenheiten nach für eine übliche gastronomische Nutzung eignet.[176] Dies wurde etwa vom Kammergericht[177] in einem Fall bei höchstens 20 Gastplätzen verneint.

VIII. Unfertiges Werk, aliud, Mindermenge, § 633 Abs. 2 S. 3 BGB

53 Gem. 633 Abs. 2 S. 3 BGB steht es einem Sachmangel gleich, wenn der Auftragnehmer ein anderes als das bestellte Werk oder ein Werk in zu geringer Menge herstellt. Dem Auftragnehmer stehen jetzt also auch in diesen Fällen alle Gewährleistungsansprüche einschließlich der Selbstvornahme zu; er ist damit nicht mehr auf die Rechte des allgemeinen Schuldrechts beschränkt.

54 Die erste Alternative der Bestimmung (Falschleistung, *aliud*) hat nur äußerst selten praktische Bedeutung gegenüber § 633 Abs. 2 S. 1 und 2 BGB. Um ein anderes als das bestellte Werk handelt es sich dann, wenn die Leistung – ausgehend von dem Vertragszweck – nicht nur im Hinblick auf seine Ausführung, sondern schon nach seiner Art und Bestimmung von dem vereinbarten Werk abweicht.[178] Dies ist praktisch nur dann denkbar, wenn es sich um ein nach Gattungsmerkmalen bestimmtes Werk handelt.[179] Soweit es um die Herstellung und Lieferung beweglicher Sachen geht, bei der noch am ehesten mit einer Falschleistung gerechnet werden kann, handelt es sich ohnehin um einen Werklieferungsvertrag i.S.v. § 651 BGB und nicht um einen Werkvertrag, so dass grundsätzlich Kaufvertragsrecht zur Anwendung kommt.[180]

55 Die *Mindermenge* gem. § 633 Abs. 2 S. 3 BGB ist nicht mit der bloßen, von beiden Vertragsparteien als solche erkannten, Teilleistung gleichzusetzen, die eine nicht vollständige Erfüllung darstellt (Bsp.: 12 Türen statt 15).[181] Ebenso wenig gehört zur Mindermenge die unfertige Leistung, z.B. der noch fehlende Ausbau des Dachgeschosses. Gemeint ist nur derjenige Fall, in dem das mengen- oder massenmäßig unvollständige Werk als vollständige Leistung angeboten wird.[182] Weist der Auftraggeber das Werk wegen der Mindermenge zurück, behält er den Erfüllungsanspruch und die Optionen auf Schadensersatz und Rücktritt gem. den §§ 275, 281 Abs. 1, 323 BGB. Nimmt er die Leistung ab, ergeben sich seine Rechte ausschließlich aus § 634 BGB. Dann kommt etwa auch ein Rücktritt unabhängig von einem Interessenfortfall in Betracht, der bei einer Teilleistung als zusätzliche Voraussetzung gegeben sein muss, § 323 Abs. 5 S. 1 BGB.[183]

IX. Der Rechtsmangel

56 Die Haftung für Rechtsmängel gem. § 633 Abs. 1, 3 BGB ist derjenigen des Verkäufers gem. § 435 S. 1 BGB nachgebildet. Unter § 633 Abs. 1, 3 BGB fallen zunächst dingliche, sonstige absolute oder obligatorische Rechte privater Dritter, die geeignet sind, Besitz und Nutzung des Werkes durch den Besteller zu vereiteln oder zu beeinträchtigen. Bei Werken gehören hierzu insbesondere die absoluten, d.h. mit Verbotswirkung ausgestatteten Immaterialgüterrechte Dritter, wie Urheberrechte, Patente oder andere gewerbliche Schutzrechte.[184] Demgegenüber scheiden grundsätzlich aus rein obligatorische Rechte, die einem Dritten gegenüber dem Auftragnehmer in Bezug auf das konkrete Werk zustehen, da sie sich ihre Rechtswirkungen nur auf das Verhältnis zwischen dem Dritten und dem Auftragnehmer beschränken, nicht jedoch gegenüber dem Auf-

---

176 BGH, BauR 2001, 1731, 1732.
177 IBR 2006, 687.
178 BGH, NJW 1984, 1955; Prütting/*Leupertz*, BGB, § 633 Rn. 19.
179 Ingenstau/Korbion/*Wirth*, VOB/B, § 13 Nr. 1 Rn. 44.
180 MüKo-BGB/*Busche*, § 633 Rn. 31.
181 Staudinger/*Peters*, BGB, § 633 Rn. 137; PWW/*Leupertz*, BGB, § 633 Rn. 19; so aber Ingenstau/Korbion/*Wirth*, VOB/B, § 13 Nr. 1 Rn. 46.
182 Palandt/*Sprau*, BGB § 633 Rn. 8; PWW/*Leupertz*, BGB § 633 Rn. 19.
183 Ingenstau/Korbion/*Wirth*, VOB/B, § 13 Nr. 1 Rn. 47.
184 BGH, GRUR 2001, 407 (für Patent an Bauschuttsortieranlage); BGH, NJW-RR 2003, 1285 (für Urheberrecht an einem sog. »Antennenmann«); allgemein zu diesem Punkt: Englert/Motzke/*Wirth*/*Wirth*/*Willner*, § 633 BGB Rn. 24.

traggeber wirken.[185] Unerheblich für die Annahme eines Rechtsmangels ist es, ob er beseitigt werden kann oder nicht.[186]

In der Praxis werden Rechtsmängel wohl vornehmlich im Bereich des Bauträgervertrages zu erwarten sein.[187] Hier können auch öffentlich-rechtliche Beschränkungen einen Rechtsmangel begründen, wenn dingliche Belastungen im Grundbuch eingetragen sind, die von dem Erwerber nicht übernommen werden sollen, im Zeitpunkt des Eigentumsüberganges aber noch nicht gelöscht sind.[188] 57

Umstritten ist die Frage, ob bei den Rechtsmängeln zu verlangen ist, dass das tatsächlich bestehende Recht eines Dritten den Auftraggeber (subjektiv) bei der konkret vorgesehenen oder gewöhnlichen Verwendung des Werkes beeinträchtigt[189] oder ob – wie bei den Sachmängeln – das Vorliegen des Rechtes an sich genügen soll.[190] Im Hinblick auf die vom Gesetzgeber beabsichtigten Harmonisierung von Sach- und Rechtsmängelrecht[191] ist letztere Ansicht zu bevorzugen. Dementsprechend ist dem Auftraggeber gegenüber dem Auftragnehmer entsprechend der zu Art. 41 CISG vertretenen Ansicht[192] auch für den Fall ein Freistellungsanspruch entweder aus §§ 633 Abs. 1, 3 BGB bzw. aus § 241 Abs. 2 BGB zuzusprechen, dass ein Dritter – ggf. auch unberechtigt – Ansprüche gegen das Werk erhebt.[193] 58

X. Unerhebliche Abweichungen von der vereinbarten oder zu erwartenden Beschaffenheit

Ein Mangel liegt entgegen einer teilweise vertretenen Ansicht[194] auch bei einem nur *unerheblichen* Mangel vor. Auch der Weg über eine extensive Heranziehung des Unzumutbarkeitsgedankens gem. § 242 BGB[195] dürfte jetzt versperrt sein. In diesem Fall ist lediglich gem. § 323 Abs. 5 S. 2 BGB der Rücktritt sowie der Anspruch auf Schadensersatz statt der ganzen Leistung gem. § 281 Abs. 1 S. 3 BGB ausgeschlossen. Ggf. kann der Auftragnehmer die Nachbesserung wegen der Unverhältnismäßigkeit der Kosten verweigern, § 635 Abs. 3 BGB. Stets ist ihm allerdings die Minderung gem. § 638 Abs. 1 S. 2 BGB und im Verschuldensfall auch die Geltendmachung von Schadensersatz gem. § 634 Nr. 4 BGB möglich. Hier wird man dann allenfalls über eine einschränkende Auslegung der Beschaffenheitsvereinbarung gem. §§ 133, 157 BGB nachdenken können.[196] Dies muss aber auf Extremfälle beschränkt bleiben. Denn jedenfalls liegt schon in einem sog Schönheitsfehler grundsätzlich ein die Gewährleistung auslösender Mangel.[197] 59

XI. Der für die Bestimmung der Sollbeschaffenheit maßgebliche Beurteilungszeitpunkt

1. Maßgeblicher Zeitpunkt für die Bestimmung der Mangelfreiheit ist die Abnahme. Dies ist für den VOB-Vertrag in § 13 Abs. 1 VOB/B ausdrücklich normiert, gilt aber gleichermaßen auch für 60

---

185 MüKo-BGB/*Busche*, § 633 Rn. 33.
186 Staudinger/*Peters*, BGB, § 633 Rn. 199.
187 OLG Düsseldorf, IBR 2001, 427 (dingliches Sondernutzungsrecht an einem Stellplatz); BGH, NJW 1997, 1778 (Fehlen von Sondereigentum); BGH, NJW 2004, 364 (Wohnnutzungsverbot für Speicher).
188 Kuffer/Wirth/*Drossart*, 2. Kap. B. Rn. 40.
189 AnwK/*Raab*, BGB, § 633 Rn. 40 f.; MüKo-BGB/*Busche*, § 633 Rn. 34.
190 Für das Kaufrecht: BGH, GRUR 2001, 407, 408.
191 BT-Drucks. 14/6040 S. 260.
192 Staudinger/*Magnus*, CISG, Art. 41 Rn. 15 ff.
193 Staudinger/*Peters*, BGB, § 633 Rn. 201; a.A. Kuffer/Wirth/*Drossart*, 2. Kap. B. Rn. 40, der ein tatsächlich bestehendes Recht verlangt.
194 MüKo-BGB/*Busche*, § 633 Rn. 9.
195 So aber: Bamberger/Roth/*Voit*, BGB, § 633 Rn. 5; Kuffer/Wirth/*Drossart*, 2. Kap. B. Rn. 11.
196 *Vygen/Joussen*, Rn. 1241 a.E.
197 BGH, BauR 1981, 577, 579 (unsaubere und unakkurate Schaufensteranlagen).

den BGB-Vertrag.[198] Ändern sich also etwa nach Vertragsschluss, aber vor Abnahme die Anforderungen an die Wärmedämmung gem. DIN 4108, so hat das Werk diesen erhöhten Anforderungen zu entsprechen, sonst ist es mangelhaft. Dies ist jedenfalls für die Fallgestaltungen unstreitig, in denen die Änderungen für beide Vertragsparteien unerkannt eingetreten sind.[199]

61 Wird den Parteien allerdings die Veränderung vor oder während der Bauausführung bekannt, wollen die einen den Auftragnehmer zur automatischen Anpassung seiner Leistungen an die neuen Regeln ohne jegliche Mehrvergütungsansprüche verpflichten.[200] Der Auftragnehmer schulde einen bestimmten Erfolg unabhängig davon, ob und wann der Umstand der veränderten Regeln der Technik den Vertragsparteien bekannt werde. Andere sprechen sich für eine Hinweispflicht des Auftragnehmers aus. Dieser könne sich dann entscheiden und entweder auf eine Anpassung der Bauleistung verzichten oder aber eine Anordnung gem. § 4 Abs. 1 Nr. 3 VOB/B mit der Konsequenz einer Mehrvergütung gem. §§ 2 Abs. 5 und 6 VOB/B treffen.[201] Im Ergebnis ist dieser Ansicht zu folgen, wenn es hier auch keiner Anordnung bedarf, da die Herbeiführung des Erfolges von dem Auftragnehmer ohne Weiteres zu erfüllen ist.[202] Jedoch hat der Auftraggeber gegenüber einer Leistungsbeschreibung, die die Einhaltung der allgemeinen Regeln der Technik nicht sichert, die Mehrkosten einer sachgerechten Ausführung als sog Sowieso-Kosten zu tragen.[203]

62 2. Davon zu unterscheiden ist der Wissensstand, auf Grund dessen die Mangelfreiheit zu beurteilen ist. Dies ist der Zeitpunkt der letzten mündlichen Verhandlung.[204] Zu unterscheiden von einem erst später erkannten Mangel sind insbesondere die üblichen Verschleißerscheinungen an Bauteilen, die keine Ansprüche gem. §§ 633 ff. BGB begründen, auch wenn sie innerhalb der Gewährleistungsfrist auftreten.[205] Im Falle einer Abnahmefiktion gem. § 641a BGB (Fertigstellungsbescheinigung) tritt an die Stelle der Abnahme der Besichtigungstermin des Sachverständigen.[206] Bei der Abnahmefiktion des § 640 Abs. 1 S. 3 BGB ist es an dem Auftragnehmer nachzuweisen, dass das Werk nach Ablauf der Frist keine wesentlichen Mängel aufgewiesen hat.[207] Anderenfalls greift die Abnahmefiktion nicht ein, mit der Folge, dass die Verjährungsfrist des § 634a BGB nicht zu laufen beginnt und der Auftragnehmer sich daher noch nach Jahren den Ansprüchen des Auftraggebers ausgesetzt sieht, die sich in diesem Falle aus §§ 280 ff., 323 ff. BGB ergeben.[208] § 640 Abs. 1 S. 3 BGB hilft dem Auftragnehmer in der Praxis also kaum weiter. Deshalb ist ihm anzuraten, die Abnahmefiktion zu verlassen, sondern sich auch nach dem Ablauf der Frist um die Herbeiführung einer formellen Abnahme zu bemühen oder ggf. sogar auf Abnahme zu klagen.[209] Auch die Abnahmefiktion gem. § 641a BGB greift nicht bei dem Vorliegen von wesentlichen Mängeln; dies ist allerdings – anders als bei § 640 Abs. 1 S. 3 BGB – durch den Auftraggeber zu beweisen.[210]

---

198 BGH, BauR 1974, 63; Englert/Motzke/Wirth/*Wirth/Willner*, § 633 Rn. 11; Staudinger/*Peters*, BGB, § 633 Rn. 190; *Werner/Pastor*, 13. A., Rn. 1975.
199 So etwa durch das OLG Frankfurt a.M. für den sog. Blasbachtalbrückenfall entschieden: BauR 1983, 157, 157 ff.; vgl. auch Leinemann/*Schliemann*, VOB/B, § 13 Rn. 35.
200 *Siegburg*, Handbuch der Gewährleistung beim Bauvertrag, Rn. 827.
201 *Festge*, BauR 1990, 322; Heiermann/Riedl/Rusam/*Riedl*, VOB/B, § 13 Rn. 22; Leinemann/*Schliemann*, VOB/B, § 13 Rn. 36–38; *Vygen/Joussen*, Rn. 1285.
202 *Donner* in: Franke/Kemper/Zanner/Grünhagen, VOB/B, § 13 Rn. 39 f.
203 BGH, NJW 1998, 3707, 3708.
204 Vgl. auch Rdn. 27.
205 Englert/Motzke/Wirth/*Wirth/Willner*, § 633 BGB, Rn. 11; Kuffer/Wirth/*Drossart*, 2. Kap. B. Rn. 36.
206 Englert/Motzke/Wirth/*Wirth/Willner*, § 633 BGB, Rn. 12.
207 *Werner/Pastor*, 13. A., Rn. 1835; *Kniffka*, IBR-Online-Kommentar Bauvertragsrecht, § 640 Rn. 75 spricht sich daher für eine Umkehr der Beweislast nach Ablauf der Frist aus.
208 Englert/Motzke/Wirth/*Wirth/Willner*, § 633 BGB Rn. 13.
209 Hierauf weisen Englert/Motzke/Wirth/*Wirth/Willner*, § 633 BGB Rn. 14 zutreffend hin.
210 Englert/Motzke/Wirth/*Wirth/Willner*, § 633 BGB Rn. 15.

XII. Sonderfall: Mängel beim Architektenvertrag

1. Für die Beurteilung der Architektenleistungen auf bestehende Mängel gelten grundsätzlich die allgemeinen Werkvertragsregelungen. Damit kommt es – wie dargelegt – insbesondere auf Umfang und Inhalt der zu erbringenden Leistungen an. Bei einem eingegrenzten Auftrag ist die Haftung des Architekten natürlich auf die ordnungsgemäße Erbringung der übertragenen Leistungsphasen beschränkt.[211] Bei der insoweit vorzunehmenden Auslegung ist zu beachten, dass Umfang und Inhalt der vom Architekten geschuldeten Leistung sich nach dem Vertragsrecht des BGB und nicht nach den Leistungsbildern und Leistungsphasen der HOAI richten, da es sich hierbei lediglich um eine Honorarvorschrift handelt.[212] Allerdings ist es mangels anderweitiger Hinweise durchaus zulässig, die Leistungsbilder des § 15 HOAI als Auslegungshilfe mit heranzuziehen.[213] Werden dem Architekten also etwa die Leistungsphasen 1 bis 9 aus § 15 Abs. 2 HOAI übertragen, ist eine Vertragsauslegung dahin möglich und nahe liegend, dass dem Architekten damit auch die Verpflichtung auferlegt wird, eine Kostenschätzung, eine Kostenberechnung, einen Kostenanschlag und eine Kostenfeststellung vorzulegen.[214]

2. Zu beachten ist allerdings, dass der Architekt grundsätzlich nur den im Bauwerk verkörperten Werkerfolg schuldet. Ist dieser erbracht, kann er seine Vergütung auch dann verlangen, wenn er Teilleistungen gemäß Vertrag nicht erfüllt hat. Erbringt der Architekt eine vertraglich geschuldete Leistung teilweise nicht, dann entfällt der Honoraranspruch des Architekten ganz oder teilweise nur dann, wenn der Tatbestand einer Regelung des allgemeinen Leistungsstörungsrechts des BGB oder des werkvertraglichen Gewährleistungsrechts erfüllt ist, die den Verlust oder die Minderung der Honorarforderung als Rechtsfolge vorsieht, also insbesondere ein Mangel des Werks vorliegt.[215] Etwas anderes gilt allerdings dann, wenn seitens des Auftraggebers an der Erbringung einer Teilleistung ein besonderes Interesse gegeben ist. Ein solches Interesse besteht laut BGH[216] im Regelfall an den Arbeitsschritten, die als Vorgaben auf Grund der Planung des Architekten für die Bauunternehmer erforderlich sind, damit diese die Planung vertragsgerecht umsetzen können. Der Auftraggeber wird regelmäßig ein Interesse an den Arbeitsschritten haben, die es ihm ermöglichen zu überprüfen, ob der Architekt den geschuldeten Erfolg vertragsgemäß bewirkt hat, die ihn in die Lage versetzen, etwaige Gewährleistungsansprüche gegen Bauunternehmer durchzusetzen, und die erforderlich sind, die Maßnahmen zur Unterhaltung des Bauwerkes und dessen Bewirtschaftung zu planen. Eine an den Leistungsphasen des § 15 HOAI orientierte vertragliche Vereinbarung begründet im Regelfall, dass der Architekt die vereinbarten Arbeitsschritte als Teilerfolg des geschuldeten Gesamterfolges auszuführen hat. Erbringt der Architekt einen derartigen Teilerfolg nicht, ist sein geschuldetes Werk mangelhaft. Fehlt also etwa in einem solchen Fall die Zusammenstellung der Vorplanungsergebnisse, so darf der Auftraggeber die Vergütung des Architekten mindern, sofern die Voraussetzungen des § 634 BGB vorliegen.[217]

3. Ferner ist zu beachten, dass aus Baumängeln nicht automatisch auf Mängel der Architektenleistung geschlossen werden kann. Vielmehr muss sich eine fehlerhafte Architektenleistung in einem Baumangel ausgewirkt haben.[218] Der Auftraggeber genügt hier aber bereits dann seiner Darle-

---

211 *Werner/Pastor*, 13. A., Rn. 1984.
212 BGH, BauR 2004, 1640, 1642.
213 BGH, BauR 2007, 1761; *Motzke*, BauR 1999, 1251 ff.
214 BGH, BauR 2005, 400, 405.
215 BGH, BauR 2004, 1640, 1642; Kniffka, Honorarkürzung wegen nicht erbrachter Architektenleistung – Abschied vom Begriff der zentralen Leistung, in: FS Vygen, S. 24.
216 Vgl. zum Ganzen die instruktive Entscheidung des BGH, BauR 2004, 1640, 1643; Englert/Motzke/Wirth/*Wirth/Willner*, § 633 Rn. 94–96; *Werner/Pastor*, 13. A., Rn. 1983.
217 BGH, BauR 2004, 1640, 1643.
218 BGHZ 31, 224–227; BGH, BauR 1989, 97, 100.

gungslast, wenn er den Baumangel beschreibt und ihn nachvollziehbar den Arbeiten des Architekten zuordnet.[219]

4. In Bezug auf die denkbaren Fehler bei der Vertragsdurchführung kann insbesondere wie folgt unterschieden werden:

a) Fehler bei der *Planung*

66   aa) Der Architekt hat zunächst einmal in der Planungsphase den Auftraggeber zu *beraten*. Er hat dessen Wünsche zu ermitteln, ihm die technischen Möglichkeiten zu erläutern und dessen Entscheidung einzuholen.[220] Vor allem hat er den Auftraggeber darauf hinzuweisen, wenn die von ihm verlangte Planung gegen die anerkannten Regeln der Technik verstößt.[221] Bleibt der Auftraggeber dabei, von den Vorschriften des öffentlichen Baurechts abzuweichen, liegt hierin eine konkludente Risikoübernahme insbesondere für die Genehmigungsfähigkeit des Bauwerks.[222] Zur wirtschaftlichen Beratung ist er allerdings nur dann verpflichtet, wenn ihm entweder bekannt ist, dass der Auftraggeber etwa besondere steuerliche Vergünstigungen in Anspruch nehmen will oder er sich ausdrücklich hierzu verpflichtet hat.[223] Im Übrigen gilt zur Systematik der Prüfungs- und Hinweispflicht auch hier nichts anderes als das zur Unternehmerhaftung Gesagte.[224]

67   bb) Ansonsten gilt auch für die Planungsleistungen, dass der Architekt die Arbeiten entsprechend den besonderen Absprachen des Vertrages unter Berücksichtigung der allgemein anerkannten Regeln der Technik als Mindeststandard zu erbringen hat.[225] Hat er sich also zur Erstellung einer Genehmigungsplanung verpflichtet, schuldet er als Werkerfolg eine dauerhaft genehmigungsfähige Planung.[226] Ein Planungsfehler liegt darüber hinaus auch vor, »wenn die geplante Ausführung des Bauwerks notwendigerweise zu einem Mangel des Bauwerks führen muss«,[227] weil es entweder nicht den allgemeinen Regeln der Technik[228] entspricht oder aber lückenhaft ist.[229] Nach dem subjektiven Fehlerbegriff muss die Planung schließlich dessen besondere technische, wirtschaftliche[230] und auch ästhetische Bedingungen[231] erfüllen. Entscheidend ist auch hier der Zustand bei Abnahme.[232]

68   cc) Der Architekt hat den Auftraggeber über die *Geeignetheit des Grundstücks* zu beraten und ggf. selbst Informationen etwa über den Grundwasserspiegel einzuholen.[233] Vermag er selbst die Boden- und Grundwasserverhältnisse nicht zu beurteilen, muss er ein Baugrundgutachten einholen. Im Rahmen seiner Fachkompetenz ist er aber verpflichtet, ein solches Gutachten, wie auch die Pläne anderer Sonderfachleute, etwa des Tragwerksplaners[234] auf eventuelle Fehler hin zu über-

---

219 BGH, BauR 2003, 1247.
220 BGH, BauR 1998, 356, 357.
221 OLG München, NJW-RR 1988, 336, 337.
222 BGH, BauR 1999, 1195, 1196 f.; OLG Düsseldorf, BauR 1996, 287, 288; eine differenzierte Lösung präferiert Rehbein, Die Anordnung des Auftraggebers, S. 150 ff.
223 Kuffer/Wirth/*Leupertz*, 10. Kapitel C. Rn. 76.
224 Vgl. Rdn. 86 ff.
225 Kuffer/Wirth/*Leupertz*, 10. Kapitel C. Rn. 78.
226 BGH, BauR 1999, 1195, 1196 f.; vgl. dort und Rn. 39 zur Ausnahme bei abweichender Risikovereinbarung.
227 BGH, BauR 1971, 58, 59.
228 OLG Naumburg, BauR 2000, 274, 275 (für nicht eingehaltenem Trittschallschutz).
229 BGH, BauR 2000, 1330, 1331 (unvollständige Planung bei sog. drückendem Wasser).
230 BGH, BauR 2003, 1061, 1062 (Überschreitung der Baukostenobergrenze); vgl. im Übrigen zu beiden Gesichtspunkten die ausführlichen Beispielsfälle bei *Werner/Pastor*, 13. A., Rn. 1996 f.
231 OLG Hamm, BauR 1989, 501, 502 f. (für den Fall, dass eine Gebäude wegen seiner 35 cm tiefen Einbettung in das höhere Gelände dem zugedachten Repräsentationszweck nicht erfüllte).
232 *Werner/Pastor*, 13. A., Rn. 1994.
233 BGH, BauR 2000, 1330, 1332.
234 BGH, BauR 1997, 488, 490.

prüfen,[235] darf aber im Übrigen auf deren Richtigkeit vertrauen.[236] Bedient sich der Architekt hingegen des Sonderfachmanns zur Erfüllung einer eigenen Leistungspflicht, haftet der Architekt unmittelbar für dessen Fehler gem. § 278 BGB.[237]

dd) Sofern zu den Aufgaben des Architekten die *Ausschreibung und Vergabe* des Auftrages gehört (§ 15 Nr. 7 HOAI), so hat er das Leistungsverzeichnis eindeutig und erschöpfend zu erstellen. Insbesondere hat er sich im Rahmen öffentlicher Aufträge an die Vorgaben des § 9 Nr. 1 bis 9 VOB/A zu halten. Bei der Auftragsvergabe muss er sämtliche Verdingungsunterlagen, d.h. das Leistungsverzeichnis, die weiteren Vertragsbedingungen i.S.d. §§ 1 Nr. 2b)–f) VOB/B sowie sonstige Unterlagen, die für den Vertragsabschluss von Bedeutung sind, zusammenstellen. Darüber hinaus hat er Angebote einzuholen und zu prüfen, an den Verhandlungen teilzunehmen und an der Auftragvergabe mitzuwirken.[238] Im Hinblick auf die Bestimmungen des Rechtsberatungsgesetzes dürfte der Architekt allerdings nicht zur Erstellung eigener Vertragsentwürfe oder zur näheren rechtlichen Beratung verpflichtet sein.[239] 69

Einerseits kann der Architekt sich in dem o.g. Rahmen schadensersatzpflichtig machen, wenn aus einem missverständlichen oder lückenhaften Leistungsverzeichnis Mängel des Werkes entstehen.[240] Andererseits kann er unter dem gleichen rechtlichen Gesichtspunkt zum Ausgleich von Mehrkosten verpflichtet sein, die auf ein lückenhaftes Leistungsverzeichnis zurückgehen Dies gilt erst Recht, wenn er umfangreiche Aufträge ohne die vorherige Erstellung eines Leistungsverzeichnisses und ohne die Einholung von Vergleichsangeboten vergibt und hierdurch unnötig hohe Kosten verursacht.[241] 70

ee) Ist der Architekt mit der *Genehmigungsplanung* beauftragt, so muss sich das Bauwerk als dauerhaft genehmigungsfähig erweisen, also allen aktuellen bauordnungs- und planungsrechtlichen Vorschriften entsprechen. Dies gilt trotz der Unsicherheiten, die aufgrund der unbestimmten Rechtsbegriffe des § 34 Abs. 1 BBauG für diesen Bereich entstehen.[242] Ein Mangel liegt also immer dann vor, wenn eine Baugenehmigung entweder nicht oder nur unter Auflagen erteilt wird.[243] Dabei darf der Architekt den Auftraggeber grundsätzlich nicht auf Rechtsmittel gegen die ablehnende Entscheidung der Baubehörde verweisen; dies ist nur dann möglich, wenn die Behörde offensichtlich unrichtig gehandelt hat.[244] Im Rahmen einer Honorar- oder Schadensersatzklage wird es allerdings die Aufgabe des Zivilgerichtes sein, die dauerhafte Genehmigungsfähigkeit der Planung aufzuklären, wenn es auf diesen Punkt ankommt.[245] 71

b) Fehler bei der *Objektüberwachung*

aa) Im Rahmen der Bau- oder Objektüberwachung (§ 15 Nr. 8 HOAI) zeichnet der Architekt für ein plangerechtes und mangelfreies Entstehen des Bauwerkes verantwortlich. 72

Seit einer grundlegenden Entscheidung des BGH aus dem Jahre 1981[246] kann die früher durchaus heftig umstrittene Frage, ob der Architekt, der allein die Objektüberwachung übernommen

---

235 Kuffer/Wirth/*Leupertz*, 10. Kapitel C. Rn. 83.
236 OLG Köln, BauR 1999, 429, 430; OLG München, BauR 2003, 278, 280.
237 *Werner/Pastor*, 13. A., Rn. 2004.
238 *Locher/Koeble/Frik*, HOAI, § 15 Rn. 156 ff.
239 So zutreffend: Kuffer/Wirth/*Leupertz*, 10. Kap. C. Rn. 94 f.; a.A. OLG Brandenburg, BauR 2003, 1751, 1752; vgl. auch BGH, BauR 1983, 168, 169.
240 OLG Dresden, BauR 2007, 726, 727; OLG Düsseldorf, BauR 2001, 281, 282.
241 OLG Karlsruhe, BauR 2006, 859, 860.
242 BGH, BauR 1999, 1195, 1197.
243 BGH, BauR 1998, 579, 581.
244 OLG Düsseldorf, BauR 1996, 287, 288; *Werner/Pastor*, 13. A., Rn. 1991; *Maser*, BauR 1994, 180, 185.
245 Kuffer/Wirth/*Leupertz*, 10. Kap. C. Rn. 89.
246 BauR 1982, 79 ff. (dort auch zu dem damals vielfältigen Meinungsspektrum zu dieser Frage).

§ 633 BGB Sach- und Rechtsmangel

hat, im Rahmen eines Dienst- oder Werkvertrages tätig wird, im Sinne des letzteren als entschieden gelten. Dies bedeutet aber nicht, dass er für jeden Mangel des Bauwerks aus dem Gesichtspunkt der Gewährleistung aufzukommen hat. Die kein Verschulden voraussetzende Gewährleistung gilt nur im Rahmen der dem Architekten obliegenden Pflichten (§§ 633 f. BGB).[247] Dies bedeutet konkret, dass den objektüberwachenden Architekten eine Haftung nur dann trifft, wenn er den Baumangel bei einer sachdienlichen, den konkreten Erfordernissen des Objekts angemessenen Bauüberwachung entdeckt hätte.[248] Die Rechtsfolgen bestehen in einer evtl. Minderung des Honorars gem. §§ 634 Nr. 3, 638 BGB, ohne dass es einer – wegen des bereits vorliegenden Mangels unnötigen (§§ 638 Abs. 1 i.V.m. 323 Abs. 2 Nr. 3 BGB) – Fristsetzung bedürfte.[249] Schadensersatz – als Mangelfolgeschaden auch auf die Mangelbeseitigung gerichtet – schuldet der Architekt allerdings nur bei einem Verschulden.[250]

bb) Zum *Umfang der Überwachungspflichten* gilt im Einzelnen folgendes:

73 (1) Wer vertraglich die Bauaufsicht übernimmt, hat schon während der Ausführung dafür zu sorgen, dass der Bau plangerecht und frei von Mängeln errichtet wird. Er muss die Arbeiten in angemessener und zumutbarer Weise überwachen.[251] Aber auch der nur planende Architekt kann sich haftbar machen, wenn er durch Ratschläge oder Anweisungen in das Baugeschehen eingreift. In diesen Fällen hat er jedenfalls auf von ihm positiv erkannte (nicht nur erkennbare) Ausführungsfehler hinzuweisen, will er nicht der Schadensersatzpflicht gem. § 280 Abs. 1 BGB unterliegen.[252]

74 (2) Wie intensiv die Aufgabe im Falle einer tatsächlichen Übernahme der Objektüberwachung auszuführen ist, also insbesondere, wie häufig der Architekt die Baustelle aufzusuchen hat, richtet sich nach den Umständen des Einzelfalles.[253] In jedem Falle gehören hierzu die Mitwirkung beim Aufmaß sowie bei der Abnahme und die Führung eines Bautagebuches.[254] Ansonsten gilt, dass der Architekt bei wichtigen oder bei kritischen Baumaßnahmen, die erfahrungsgemäß ein hohes Mangelrisiko aufweisen (etwa: Ausschachtung, Isolierung- und Abdichtung, Estrichverlegung, Schall- und Wärmeisolierung) zu erhöhter Aufmerksamkeit und zu einer intensiveren Wahrnehmung der Bauaufsicht verpflichtet ist.[255] Je höher die Anforderungen an Baumaterial oder Bauausführung ist, desto höher ist auch die Überwachungspflicht.[256] In der Regel wird eine äußere Prüfung durch Betrachten, Nachmessen oder Befühlen genügen. So reicht etwa für die Untersuchung, ob ein Estrich für die Verlegung eines Parketts hinreichend ausgetrocknet ist, eine Besichtigung und eine sog. »Gitterritzprüfung« aus.[257] Ergibt allerdings bereits die oberflächliche Prüfung Hinweise auf Mängel[258] oder liegen sonstige Hinweise auf Schwierigkeiten vor,[259] sind eingehende Untersuchungen, wie etwa Kernbohrungen im Beton angezeigt.[260] In Bezug auf handwerklich gängige Arbeiten (etwa Putz- und Malerarbeiten, Dacheindeckung, etc.) kann sich

---

247 BGH, NJW 1960, 431, 432; BauR 1982, 79, 81.
248 Englert/Motzke/Wirth/*Wirth*/*Willner*, § 633 BGB Rn. 103.
249 Englert/Motzke/Wirth/*Wirth*/*Willner*, § 633 BGB Rn. 103.
250 Englert/Motzke/Wirth/*Wirth*/*Willner*, § 633 BGB Rn. 103.
251 BGH, BauR 2000, 1513, 1514; OLG Celle, BauR 2003, 104, 105.
252 OLG Hamm, BauR 2003, 273, 275; *Werner/Pastor*, Rn. 1512.
253 Seit BGH, BauR 1971, 131, 132 st. Rspr.; Kuffer/Wirth/*Leupertz*, 10. Kap. C. Rn. 98.
254 Kuffer/Wirth/*Leupertz*, 10. Kap. C. Rn. 112 m.w.N.
255 BGH, BauR 2000, 1513, 1514; BauR 1994, 392, 393; Kuffer/Wirth/*Leupertz*, 10. Kap. C. Rn. 98–101; vgl. hierzu auch ausführlich: *Werner/Pastor*, 13. A., Rn. 2017.
256 BGH, BauR 1974, 66.
257 Bei der Gitterritzprüfung wird die Estrichoberfläche im Raster von ca. 10 mm mit entsprechendem Federdruck geritzt, sodass ein Gittermuster entsteht. Treten dabei in größerem Umfang Ausbrüche auf, gilt die Prüfung als nicht bestanden, vgl. hierzu: OLG Karlsruhe, BauR 2003, 393, 394.
258 *Werner/Pastor*, 13. A. Rn. 2016.
259 OLG Düsseldorf, OLGR 1999, 155.
260 Vgl. hierzu auch die umfangreiche Rechtsprechungsübersicht bei *Werner/Pastor*, 13. A., Rn. 1503.

der Architekt auf Stichproben beschränken.[261] In Bezug auf die beauftragten Werkunternehmer gilt, dass er sich auf die Zuverlässigkeit eines Sonderfachmanns in der Regel verlassen darf, während ein wenig sachkundiger Unternehmer umso mehr zu einer sachgerechten Ausführung angehalten werden muss.[262] Im Rahmen seiner Fachkenntnisse hat der Architekt auch von Sonderfachleuten erstellte Pläne zu überprüfen.[263] Auch wenn der Architekt grundsätzlich darauf vertrauen darf und erwarten kann, dass ein Bauherr die erforderlichen Kenntnisse und Fähigkeiten für das von ihm in *Eigenleistung* übernommene Gewerk besitzt, so wird er aber von seiner vertraglichen Verpflichtung zum Überwachen der Bauausführung nicht dadurch entbunden, dass der Bauherr vereinbarungsgemäß Bauarbeiten in Eigenleistungen ausführen will.[264] Es gehört zu den Pflichten des Architekten, dem Bauherrn im Rahmen seines jeweils übernommenen Aufgabengebiets bei der Untersuchung und Behebung von Baumängeln zur Seite zu stehen. Als Sachwalter des Bauherrn schuldet der Architekt überdies die unverzügliche und umfassende Aufklärung der Ursachen sichtbar gewordener Baumängel sowie die sachkundige Unterrichtung des Bauherrn vom Ergebnis der Untersuchung und von der sich daraus ergebenden Rechtslage. Das gilt auch dann, wenn die Mängel ihre Ursache in Planungs- oder Aufsichtsfehlern des Architekten haben (sog. Sekundärhaftung). Verletzt der Architekt schuldhaft diese Untersuchungs- und Beratungspflicht, so ist er dem Bauherrn wegen positiver Vertragsverletzung zum Schadensersatz verpflichtet. Dieser Schadensersatzanspruch geht dahin, dass er sich auf die Verjährung der gegen ihn gerichteten werkvertraglichen Ansprüche nicht berufen darf.[265]

(3) Zur Objektüberwachung gehört auch die *Rechnungsprüfung*, d.h. die Prüfung von Abschlags- und Schlussrechnungen dahin, ob sie fachtechnisch und rechnerisch richtig, ob die zugrunde gelegten Leistungen erbracht sind und ob diese der vertraglichen Vereinbarung entsprechen, also insbesondere mit den vertraglichen Konditionen sowie den tatsächlich erbrachten Leistungen übereinstimmen.[266] Das Ergebnis der Rechnungsprüfung hat der Architekt in einem *Prüfvermerk* niederzulegen, der eine Empfehlung darüber enthält, ob und inwieweit die Rechnung zu akzeptieren bzw. einzelne Positionen zu beanstanden sind.[267] Dieser Prüfvermerk entfaltet allerdings keine Außenwirkung im Verhältnis des Auftraggebers zum Werkunternehmer, stellt insoweit also – ohne weitergehende eigene Erklärungen des Auftraggebers – kein Anerkenntnis dar.[268] Soweit noch möglich kann der Auftraggeber hier zunächst Nachbesserung gem. § 634 Nr. 1 BGB verlangen.[269] Hat der Auftraggeber aufgrund eines Prüfungsfehlers des Architekten Überzahlungen erbracht, die später nicht mehr verrechnet werden können, erwächst ihm daraus ein Schadensersatzanspruch gem. § 634 Nr. 4, 280 Abs. 1 BGB, allerdings nur Zug um Zug gegen Abtretung des anteiligen Rückzahlungsanspruches gegenüber dem Werkunternehmer.[270]

75

Ein – für den Bauherrn allerdings äußerst bedeutsames – Sonderproblem stellt schließlich der Aspekt der sog. *Kostenkontrolle* und Bausummenüberschreitung dar. Denn nicht nur im Bereich der öffentlichen Bauvorhaben – hier allerdings in besonders intensiver Form – werden die ursprünglichen Kostenkalkulationen im Verlaufe der Errichtung des Bauwerks regelmäßig »durch die Realität überholt«. Umso mehr muss sich der Auftraggeber auf die Angaben des Architekten verlassen können. Deshalb ist dieser zum einen verpflichtet, bereits bei der Planung die Kostenvorgaben des Bauherren im Rahmen der von ihm vorzunehmenden Kostenermittlungen nach der DIN 276 (Kostenschätzung, -berechnung, -anschlag und -feststellung) zu berücksichtigen. Inso-

76

---

261 Kuffer/Wirth/*Leupertz*, 10. Kap. C. Rn. 102; ausführlich hierzu: *Werner/Pastor*, 13. A., Rn. 1499.
262 Kuffer/Wirth/*Leupertz*, 10. Kap. C. Rn. 102.
263 Brandenburgisches OLG, BauR 2001, 283, 286.
264 OLG Düsseldorf, NZBau 2005, 408, 409; OLG Hamm, OLGR 1996, 206.
265 BGH, BauR 2007, 423, 424.
266 BGH, BauR 2002, 1112, 1113; BauR 1998, 869, 871.
267 Kuffer/Wirth/*Leupertz*, 10. Kap. C. Rn. 106.
268 OLG Karlsruhe, BauR 1998, 403.
269 Kuffer/Wirth/*Leupertz*, 10. Kap. C. Rn. 104.
270 Kuffer/Wirth/*Leupertz*, 10. Kap. C. Rn. 108.

weit haftet er, wenn er Kostenpunkte vergessen oder aber falsch kalkuliert hat. Keine Pflichtverletzung liegt demgegenüber vor, wenn die Kostensteigerungen auf unvorsehbare Material- oder Lohnpreiserhöhungen bzw. auf nachträgliche Änderungs- und Sonderwünsche des Auftraggebers beruhen.[271] Der Architekt hat aber darüber hinaus auch eine fortlaufende Kostenkontrolle vorzunehmen, weshalb er den Auftraggeber im Falle von Änderungswünschen auf mögliche Kostensteigerungen hinweisen muss,[272] ausgenommen, dem Bauherrn ist diese Tatsache bereits bekannt.[273] In welcher Form der Hinweis zu erfolgen hat, ob »formlos« oder durch eine Kostenermittlung gem. der DIN 276 ist eine Frage des Einzelfalles.[274]

77 Dem Interesse des Auftraggebers auf Einhaltung seiner Vorgaben über die Gesamtkosten steht auf der anderen Seite der Umstand entgegen, dass diese nie punktgenau werden bestimmt werden können. Deshalb wird dem Architekten gemeinhin ein sog. *Toleranzrahmen* eingeräumt, innerhalb dessen eine Haftung noch nicht gegeben sein soll.[275] Der Umfang dieses Rahmens bestimmt sich nach den Gegebenheiten des Einzelfalles, wobei zu berücksichtigen ist, dass die Schätzungen in frühen Stadien der Planung, etwa der Grundlagen- und Vorplanung (§ 15 Abs. 2 Nr. 1 und 2 HOAI) naturgemäß grober sein werden als etwa im Zeitpunkt der Ausführungsplanung und der Vorbereitung der Vergabe (§ 15 Nr. 5 und 6 HOAI).[276] Die genaue Festsetzung der Grenze ist schwierig und hängt laut Rechtsprechung und Literatur von verschiedenen Umständen des Einzelfalles ab.[277] Zum einen kommt es auf die Schwere der Pflichtverletzung an. So wird man dem Architekten bei einem groben Fehler, wie bei unterlassener Berücksichtigung der Umsatzsteuer, keine Toleranzen einräumen.[278] Die Kalkulationsbreite wird andererseits bei der Planung eines Großbauvorhabens großzügiger zu bemessen sein als bei der eines Einfamilienhauses.[279] Gleiches gilt für einen Umbau oder eine Renovierung im Verhältnis zu einem Neubauvorhaben.[280] Dementsprechend groß ist die Bandbreite, in der die Toleranzgrenze angesiedelt wird. Die Rechtsprechung hat hier je nach Einzelfall Fehleinschätzungen von 16 % bis 35 %[281] zugelassen. In der Literatur wird die Grenze in einem Rahmen von ca. 10 % für die Kostenfeststellung bis zu 40 % für die Kostenschätzung[282] oder sogar bei 40–50 %,[283] gezogen. Manche äußern gegenüber der pauschalen Festlegung starrer Grenzen generelle Skepsis.[284] Aus Gründen der Praktikabilität wird hier jedoch die Anwendbarkeit derartiger – nicht starrer – »Faustregeln« befürwortet und mit Werner/Pastor[285] bei der Kostenschätzung ein Toleranzrahmen von 30–35 %, bei der Kostenberechnung ein solcher von 20–25 % sowie bei dem Kostenanschlag ein solcher von 10–15 % für sinnvoll erachtet.

---

271 Kuffer/Wirth/*Leupertz*, 10. Kap. C. Rn. 121.
272 BGH, IBR 2005, 100, 102; BauR 1999, 1319, 1322.
273 BGH, BauR 1999, 1319, 1322.
274 Kuffer/Wirth/*Leupertz*, 10. Kap. C. Rn. 119.
275 Kuffer/Wirth/*Leupertz*, 10. Kap. C. Rn. 124; Locher/Koebele/*Frik*, Einl. Rn. 99.
276 BGH, BauR 1997, 494, 496; Locher/Koebele/*Frik*, Einl. Rn. 99.
277 BGH, BauR 1994, 268, 269.
278 BGH, BauR 1997, 335; OLG Köln, BauR 2002, 978.
279 BGH, BauR 1988, 734, 736.
280 OLG Dresden, IBR 2003, 556; (Überschreitung von 31 % noch angemessen); OLG Zweibrücken, BauR 1993, 375 (35 % bei Altbausanierung als Grenze); *Werner/Pastor*, 13. A., Rn. 2300, der sich hier für einen Rahmen von 30–35 % ausspricht.
281 BGH, BauR 1994, 268 (16 %); OLG Hamm, BauR 1991, 246 (17 %); OLG Zweibrücken, BauR 1993, 375 (bis 35 % bei Altbausanierung).
282 Locher/Koeble/*Frik*, Einl. Rn. 100.
283 *Drostmann*, BauR 1973, 159, 161.
284 Kuffer/Wirth/*Leupertz*, 10. Kap. C. Rn. 123.
285 *Werner/Pastor*, 13. A., Rn. 2299 f.

Kein Toleranzrahmen ist dem Architekten hingegen zuzugestehen, wenn er eine *Garantie* für die Richtigkeit der Baukosten abgegeben hat.[286] Ob eine solche Garantieabrede vorliegt, ist durch Auslegung des Vertrages zu ermitteln.[287] Angesichts des nicht unerheblichen Haftungsrisikos bedarf es zu dessen Annahme einer klaren und unmissverständlichen Vereinbarung.[288] Gegen eine Garantieerklärung spricht insbesondere die fehlende Erwähnung in einem schriftlichen Vertrag, der grundsätzlich den Anschein der Vollständigkeit und Richtigkeit für sich hat.[289] Auch wird die bloße Bezifferung »geschätzter Herstellungskosten« in einer Honorarvereinbarung kaum genügen.[290] Vielmehr muss in der Erklärung des Architekten zum Ausdruck kommen, dass er für die Einhaltung der genannten Bausumme persönlich einstehen will. Diese muss also die Zusage enthalten, den Unterschiedsbetrag bei gleichwohl eintretender Überschreitung persönlich zu tragen.[291] Bei aller gebotenen Vorsicht an dieser Stelle erscheint jedoch die Ansicht des OLG Celle,[292] welches eine Bausummengarantie selbst für den Fall verneinte, dass der Architekt erklärt hatte, »persönlich die Einhaltung des Gesamtvolumens von DM 600.000,00 zu garantieren«, die Anforderungen zu überspannen.[293] **78**

Abzugrenzen ist die Garantie von der bloßen vertraglichen *Vereinbarung einer Kostenobergrenze*. Diese bedarf einer vertraglichen Abrede, d.h. insbesondere des rechtsgeschäftlich erklärten Einverständnisses des Architekten, die Kostenvorgabe des Auftraggebers einhalten zu wollen. Eine solche Kostenobergrenze kann anzunehmen sein, wenn der Auftraggeber klare Angaben zu dem einzuhaltenden Kostenrahmen im Hinblick auf eine bestehende Finanzierung macht und der Planer dies akzeptiert.[294] Ob hier als Grenzfall zwischen allgemeinen Kostenangaben und Garantie überhaupt, und wenn ja, in welchem Umfang, ein zu berücksichtigender Toleranzrahmen in Betracht kommt und gegebenenfalls in welchem Umfang, richtet sich nach dem Vertrag. Erst wenn sich im Vertrag Anhaltspunkte dafür finden, dass die vereinbarte Bausumme keine strikte Grenze, sondern beispielsweise nur eine Größenordnung oder eine bloße Orientierung sein soll, können Erwägungen zu Toleranzen angestellt werden.[295] **79**

Verletzt der Architekt diese Pflichten, ist sein Werk mangelhaft mit der Folge, dass er dem Auftraggeber – ggf. nach fruchtlosem Ablauf einer Nachfrist[296] – auf Schadensersatz gem. §§ 634 Nr. 4, 280 Abs. 1, 281, 283 BGB haftet. Für das notwendige Verschulden dürfte leichte Fahrlässigkeit ausreichen.[297] Im Falle einer Baukostengarantie haftet der Architekt allerdings verschuldensunabhängig, da es hierbei um einen Erfüllungs- und nicht um einen Schadensersatzanspruch handelt.[298] Darüber hinaus darf der Auftraggeber nach fruchtlosem Fristablauf den Architektenvertrag aus wichtigem Grund kündigen.[299] **80**

Bei der Berechnung des Schadens ist zunächst die Differenz zwischen den prognostizierten und den tatsächlichen Kosten zu ermitteln. Hiervon sind alsdann im Wege der Vorteilsausgleichung die Wertsteigerungen sowie die sonstigen Vorteile, die zu den erhöhten Kosten geführt haben, in **81**

---

286 BGH, BauR 1988, 734, 736; VersR 1957, 298.
287 Kuffer/Wirth/*Leupertz*, 10. Kap. C. Rn. 149.
288 BGH, NJW 1991, 2838; OLG Hamm, BauR 1993, 628; LG Köln, BauR 1999, 270, 271.
289 Kuffer/Wirth/*Leupertz*, 10. Kap. C. Rn. 153 m.w.N.
290 OLG Düsseldorf, BauR 1993, 356, 357.
291 OLG Düsseldorf, BauR 1993, 356; Kuffer/Wirth/*Leupertz*, 10. Kap. C. Rn. 150.
292 BauR 1998, 1030.
293 Hierauf weist Kuffer/Wirth/*Leupertz*, 10. Kap. C. Rn. 157 zutreffend hin.
294 Kuffer/Wirth/*Leupertz*, 10. Kap. C. Rn. 140.
295 BGH, BauR 1997, 494, 495.
296 OLG Köln, BauR 2002, 978, 979.
297 Kuffer/Wirth/*Leupertz*, 10. Kap. C. Rn. 126.
298 Kuffer/Wirth/*Leupertz*, 10. Kap. C. Rn. 148.
299 Kuffer/Wirth/*Leupertz*, 10. Kap. C. Rn. 1143.

Abzug zu bringen.³⁰⁰ Die Vorteilsausgleichung ist gem. § 242 BGB nur dann nicht vorzunehmen, wenn sie für den Auftraggeber unzumutbar ist, etwa wenn er nicht in der Lage ist, den finanziellen Mehraufwand zu tragen oder ihn die Mehraufwendungen in einer die Opfergrenze übersteigenden Weise einschränken.³⁰¹

Bei einer Bausummengarantie hat der Architekt die entstandenen Mehrkosten zu ersetzen, ohne dass die Wertsteigerung des Bauwerks in Abzug zu bringen wäre.³⁰²

cc) Fehler bei der *Objektbetreuung und Dokumentation*

82 Umfasst die Vertragspflicht des Architekten auch die Leistungsphase 9 des § 15 HOAI (Objektbetreuung und Dokumentation), so hat er den Auftraggeber im Rahmen der gesetzlichen Gewährleistungsfrist bei der Feststellung von Mängeln und der Geltendmachung von Gewährleistungsrechten zu unterstützen und für eine dauerhafte und vollständige Mängelbeseitigung zu sorgen.³⁰³ Er muss den Auftraggeber insbesondere auf bestehende Zurückbehaltungsrechte hinweisen³⁰⁴ und weiterhin darauf achten, dass Gewährleistungsfristen nicht verstreichen.³⁰⁵

dd) Fehler bei der *Koordinierung*

83 (1) Der Auftraggeber hat den an der Erstellung einer Baumaßnahme beteiligten Werkunternehmern nicht nur hinreichende Planungsunterlagen zur Verfügung zu stellen, sondern auch für einen reibungslosen Bauablauf durch Koordinierung der verschiedenen Arbeiten zu sorgen.³⁰⁶ Diese Aufgabe wird regelmäßig durch den Architekten übernommen. Der Architekt hat dann das Zusammenwirken der verschiedenen Unternehmer und den zeitlich richtigen Ablauf der einzelnen Baumaßnahmen sicherzustellen. Diese Koordinierungspflicht trifft ihn nicht nur bei der Bauausführung, sondern schon im Planungsstadium.³⁰⁷

84 (2) Kommt es durch eine fehlerhafte Koordinierung zu Mängeln, haftet der Architekt bei Verschulden auf Schadensersatz gem. §§ 634 Nr. 4, 280 Abs. 1 BGB. Daneben besteht grundsätzlich ein verschuldensunabhängiger Anspruch des Auftraggebers auf Mangelbeseitigung gegenüber dem Werkunternehmer. Hier stellt sich nun die Frage, inwieweit dieser dem Auftraggeber das Verschulden des Architekten als *Mitverschulden* gem. §§ 254, 278 BGB entgegenhalten kann. Dies ist zu bejahen, wenn der Koordinierungsmangel dem Bereich der Planung zuzurechnen ist. Denn der Auftraggeber schuldet dem Bauunternehmer eine fachgerechte Planung, so dass der Architekt insoweit als sein Erfüllungsgehilfe tätig wird.³⁰⁸ Diese Pflicht findet allerdings dort seine Grenze, wo es um die Abstimmung von Leistungen mehrerer Spezialunternehmer geht, deren Arbeiten sich außerhalb des von dem Architekten beherrschten Fachbereiches bewegen.³⁰⁹ Steht der Koordinierungsfehler allerdings allein in Zusammenhang mit der Bauüberwachung scheidet ein Mitverschulden des Auftraggebers aus, da diesen keine Pflicht zur Bauaufsicht trifft.³¹⁰ Auch für das

---

300 BGH, BauR 1979, 74; Locher/Koeble/*Frik*, Einl. Rn. 100.
301 OLG Hamm, BauR 1993, 628, 629.
302 Vgl. zur Begründung Rdn. 45.
303 *Werner/Pastor*, 13. A., Rn. 2028.
304 Kuffer/Wirth/*Leupertz*, 10. Kap. C. Rn. 112.
305 OLG München, IBR 2007, 204, 205.
306 OLG Köln, NJW-RR 2002, 15, 18 f. für den Fall der Hochwasserschäden im sog. Bonner Schürmannbau (die Entscheidung wurde später durch den BGH zwar im Ergebnis, nicht aber in der Begründung bestätigt.
307 BGH, BauR 1976, 138, 139; OLG Hamm, BauR 2001, 1761, 1763; *Werner/Pastor*, Rn. 1493.
308 BGH, BauR 1972, 112, 113.
309 BGH, BauR 1976, 138, 139.
310 BGH, BauR 1972, 112, 113; BauR 1985, 561; BauR 1989, 97, 102; Kuffer/Wirth/*Leupertz*, 10. Kap. C. Rn. 97.

Verschulden anderer Unternehmer soll der Auftraggeber nach h.M. nicht haften.[311] Bei der insoweit relevanten Abgrenzung von Bauaufsichts- und Planungsfehlern gilt folgendes: Einen Fehler der Bauaufsicht wird man nur dann annehmen können, wenn der Architekt mit der Planung überhaupt nicht betraut war oder wenn sich die Verletzung der Koordinierungspflicht nur auf eine bestimmte Leistung eines einzelnen Unternehmers auswirkt.[312] In allen anderen Fällen liegt ein Fehler aus dem Planungsbereich vor, selbst dann, wenn ein Unternehmer bereits seine Arbeiten abgeschlossen hat und es erst im Weiteren zu einem Fehlverhalten eines Nachunternehmers gekommen ist.[313]

Im Zusammenhang mit den Koordinierungspflichten des Architekten sind abschließend zwei praktisch bedeutsame Entscheidungen aus jüngster Zeit zu erwähnen, die sich mit dem Hochwasserschaden, der in Nacht vom 22./23.12.1993 an dem Bonner Schürmann-Bau entstanden war und hier vor allem mit den sog. *Kooperationspflichten* der Vertragsparteien befassen.[314] Dabei galt es folgenden Sachverhalt zu beurteilen: Die Bundesrepublik Deutschland als Auftraggeberin nahm sowohl die ausführenden Auftragnehmer als auch die mit der Objektüberwachung beauftragten Architekten auf Ersatz von Schäden in Höhe von rund 180 Millionen € in Anspruch. Ursache für die aufgetretenen Schäden war der Umstand, dass im Leistungsverzeichnis eine auf die sog. Schlitzwand aufzubringende Konsole zur Verbesserung des Hochwasserschutzes vorgesehen war, diese jedoch in Teilbereichen nicht ausgeführt wurde. Das gerade an diesen Stellen eintretende Hochwasser verursachte erhebliche Schäden. Das Oberlandesgericht Köln[315] bejahte eine grundsätzliche Haftung des Auftragnehmers aus § 13 Abs. 7 VOB/B, da ein Mangel vorliege. Denn aus der beide Vertragsparteien treffenden Kooperationspflicht ergebe sich, dass der Auftraggeber und der Auftragnehmer zum eigenen wie zum Schutz des Vertragspartners die besonderen Schwierigkeiten und Gefahren des jeweiligen Projekts im Auge behalten und ihrer Bewältigung durch zureichende Maßnahmen der Planung Rechnung tragen müssten. Eine einseitige Risikozuweisung, die Ergebnis besonderer Gefahren des Projekts sein könne, sei nicht gerechtfertigt, wenn Möglichkeiten bestünden, ihnen durch geeignete Vorsorge sowohl durch den Auftraggeber als auch seitens des Auftragnehmers wirksam vorzubeugen. In diesem Zusammenhang entspreche es der Pflicht des Auftraggebers, brauchbare Pläne vorzulegen, in denen für den Auftragnehmer besonders schadensträchtige Details unzweideutig erkennbar würden. Dies habe die Auftraggeberin hier aber ebenso unterlassen wie sonstige Hinweise auf die Gefahrenträchtigkeit einer fehlenden Konsole.[316] Andererseits sei für die Auftragnehmer nach der Entnahme der Konsole aus dem Hochwasserschutz nicht erkennbar gewesen, dass damit der Hochwasserschutz nicht mehr hundertprozentig gesichert war. Hierauf hätten sie hinweisen müssen.[317] Unter Abwägung des wechselseitigen Verantwortungsumfanges kam der Senat zu einer jeweils hälftigen Haftung.[318] Der Bundesgerichtshof bestätigte in seinem Beschl. v. 05.06.2003[319] die Entscheidung des Oberlandesgerichts Köln im Ergebnis, stellte hingegen hinsichtlich dessen Begründung kurz und bündig fest, dass er der Annahme des Berufungssenates in Bezug auf die wechselseitigen Kooperationspflichten nicht folge. Vielmehr sei das mitwirkende Verschulden des Auftraggebers in dem vom

85

---

311 OLG Hamm, BauR 2001, 1761, 1763 m.w.N.; vgl. zu diesem Punkt aber die gegenteilige Auffassung unter Rdn. 103 f.
312 So explizit *Werner/Pastor*, Rn. 1495.
313 So zutreffend: *Werner/Pastor*, Rn. 1495; a.A. *Hochstein*, Anm. zu OLG Köln, SFH, Nr. 9 zu § 635 BGB, der annimmt, dass es wesentlich darauf ankomme, ob der Unternehmer seine Leistungen bereits abgeschlossen habe.
314 OLG Köln, NJW-RR 2002, 15 ff. und die nachfolgende Revisionsentscheidung in: BGH, BauR 2003, 1382.
315 OLG Köln, NJW-RR 2002, 15, 18.
316 OLG Köln, NJW-RR 2002, 15, 19.
317 OLG Köln, NJW-RR 2002, 15, 16.
318 OLG Köln, NJW-RR 2002, 15, 19.
319 NZBau 2003, 433.

Berufungsgericht festgestellten Versäumnis, das beim Hochwasserschutz verfolgte Konzept und die darin für die Konsole vorgesehene Funktion für die ausführenden Unternehmer planerisch hinreichend zu verdeutlichen, zu sehen. Unklar bleibt dabei allerdings angesichts der Kürze der Begründung, ob der Bundesgerichtshof dem Oberlandesgericht Köln lediglich ein verfehltes Verständnis des Kooperationsgedankens vorwerfen oder aber diesen Grundsatz in Abkehr der bisherigen Rechtsprechung nunmehr prinzipiell in Frage stellen wollte. Schon die Form der Entscheidung legt nahe, dass der Bundesgerichtshof nicht daran gedacht hat, seine zur Kooperationspflicht entwickelten Maßstäbe aufzuheben. Auch hat er bereits kurze Zeit später wieder auf den Kooperationsgedanken als Begründung für eine Entscheidung abgestellt.[320] Im Fall des Schürmann-Baus bedurfte es auch gar nicht des Rückgriffes auf den Aspekt der Kooperation, weil entgegen der Auffassung des Oberlandesgerichts Köln bereits von einer vertraglichen Risikoverteilung zu Lasten der Auftraggeberin insofern auszugehen war, als diese mit der Planungsaufgabe auch die grundsätzliche Verantwortung für die Ablaufplanung des Hochwasserschutzes übernommen hatte. Diese Planungsaufgabe hat die Auftraggeberin im vorliegenden Fall fahrlässig verletzt, so dass es auf die Kooperationspflicht nicht mehr ankommt. Diese ist nämlich nur subsidiär heranzuziehen.[321] Der so ermittelten Verantwortung der Auftraggeberin stand die allgemeine Prüfungs- und Hinweispflicht der Auftragnehmer gegenüber, so dass das Oberlandesgericht Köln im Ergebnis zutreffend entschieden hat.

D. Die Bedeutung der Prüfungs- und Hinweispflicht des Auftragnehmers

86 Eine Besonderheit des Bauwerkvertragsrechts stellt die sog. Prüfungs- und Hinweispflicht als spezifische Ausprägung der den Auftragnehmer treffenden Sorgfaltsanforderungen dar. Normiert ist die Prüfungs- und Hinweispflicht nur für den VOB-Vertrag in § 4 Abs. 3 VOB/B. Nach dieser Bestimmung hat der Auftragnehmer dem Auftraggeber Bedenken gegen die vorgesehene Art der Ausführung, gegen die Güte der vom Auftraggeber gelieferten Stoffe oder Bauteile oder gegen die Leistungen anderer Unternehmer, unverzüglich schriftlich mitzuteilen; der Auftraggeber bleibt allerdings für seine Angaben, Anordnungen oder Lieferungen verantwortlich. Ausdrückliche Regelungen über derartige Mitteilungspflichten des Auftragnehmers finden sich etwa in § 10 Abs. 2 Nr. 1 S. 2 VOB/B, der die Haftung für Schäden regelt, die ein Dritter durch eine Maßnahme erleidet, die der Auftraggeber angeordnet hat, weiterhin in § 3 Abs. 3 S. 2 VOB/B betreffend die vom Auftraggeber zur Verfügung gestellten Geländeaufnahmen und Absteckungen, in § 4 Abs. 1 Nr. 4 VOB/B hinsichtlich der vom Auftraggeber zur Art der Ausführung erteilten Anordnungen sowie schließlich in § 6 Abs. 1 S. 1 VOB/B bei auftretenden Behinderungen. In diesen Zusammenhang gehören auch die zahlreichen Bestimmungen der Allgemeinen Technischen Vorschriften für Bauleistungen (VOB/C), die besonders ausgeprägte Prüfungs- und Hinweispflichten enthalten (vgl. z.B. DIN 18309 Nr. 3.1.3., DIN 18317 Nr. 3.2., DIN 18332 Nr. 3.1.1, DIN 18336 Nr. 3.12., DIN 18338 Nr. 3.1.4.; DIN 18352 Nr. 3.2., DIN 18353 Nr. 3.1.3.). Hingewiesen sei aber darauf, dass die in den DIN-Normen enthaltenen Prüfungsanordnungen diese Pflichten nicht abschließend, sondern nur beispielhaft regeln.[322]

I. Die Prüfungs- und Hinweispflicht als allgemeiner Rechtsgedanke

87 Der in § 4 Abs. 3 VOB/B zum Ausdruck kommende Rechtsgedanke entspricht einem allgemeinen Prinzip, welches für den BGB- wie für den VOB-Vertrag gleichermaßen gilt.[323] Zur Begrün-

---

320 NZBau 2003, 665, 666.
321 *Fuchs*, NZBau 2004, 65, 71.
322 BGH, NJW-RR 2001, 1102.
323 St. Rspr.: BGH, Der Betrieb 1957, 504; NJW 1987, 643, 644; MüKo-BGB/*Busche*, § 634 Rn. 80 f.; Staudinger/*Peters*, BGB, § 633 Rn. 63.

dung wird dafür zumeist auf den Grundsatz von Treu und Glauben, § 242 BGB[324] oder für das neue Recht auf die Herstellungs- bzw. Verschaffungspflicht der §§ 631 Abs. 1, 633 Abs. 1 BGB[325] abgestellt. Richtigerweise ist die Allgemeingültigkeit der Prüfungs- und Hinweispflicht bereits das Ergebnis einer ergänzenden Vertragsauslegung. Erst in diesem Zusammenhang, also bei der Bestimmung des hypothetischen Parteiwillens, spielt auch der Grundsatz von Treu und Glauben eine Rolle.[326] Jeder bauvertraglichen Regelung sind nämlich bei sachgerechter Auslegung wechselseitig bestehende Auskunfts-, Aufklärungs- und Obhutspflichten der Parteien (vgl. § 241 Abs. 2 BGB) zu entnehmen, die auf die ordnungsgemäße Erstellung des Werkes gerichtet sind. Auch ohne ausdrückliche Vereinbarung folgt aus dem Kooperationsgedanken, dass jeder Vertragspartner den anderen auf mögliche Fehlerquellen hinweisen muss,[327] wenn Gefahren für das Gelingen des Werkes bestehen, sei es durch die vom Auftraggeber gelieferten Stoffe,[328] sei es durch Vorleistungen[329] oder in anderer Weise.

II. Die eigenständige Bedeutung der Prüfungspflicht

Der Auftragnehmer soll nach überwiegender Ansicht[330] im Rahmen dieser Verpflichtung nicht nur gehalten sein, bereits vorhandene Bedenken mitzuteilen, sondern vorab schon die planerischen und sonstigen Voraussetzungen seiner Leistung zu überprüfen. *Siegburg*[331] ist hier anderer Ansicht. Der Wortlaut der §§ 4 Abs. 3, 13 Abs. 3 VOB/B besage, so meint er, nichts über eine Prüfungspflicht. Außerdem seien diese Vorschriften als Allgemeine Geschäftsbedingungen entsprechend der Unklarheitenregel des § 305c Abs. 2 BGB eindeutig zu formulieren. Daher könne eine solche Verpflichtung nur dort angenommen werden, wo sie ausdrücklich geregelt sei. Dies treffe im vorliegenden Zusammenhang nur auf die Allgemeinen Technischen Bedingungen der VOB/C zu, die jeweils in ihren dritten Abschnitten[332] eine Prüfungspflicht des Auftragnehmers in bestimmten Fällen sowie die weitere Auflage enthalten, dem Bauherrn auftretende Bedenken gemäß § 4 Abs. 3 VOB/B mitzuteilen. Hieraus folge, dass der Auftragnehmer ohne die ausdrückliche Einbeziehung der VOB/C in den Bauvertrag nicht zu einer Überprüfung der ihm durch den Auftraggeber zur Verfügung gestellten Stoffe und Vorleistungen verpflichtet sei.

88

Dieser Ansicht ist jedoch entgegen zu halten, dass die Prüfungs- und Hinweispflicht Ausfluss eines allgemeinen Gebotes der Fürsorge ist, welches jeder Vertragspartei aufgibt, den anderen Vertragspartner im Rahmen des individuell Möglichen vor Schäden zu bewahren.[333] Eine solche Verbindlichkeit zur Fürsorge und Kooperation verlangt aber, soll sie denn Sinn machen, von beiden Vertragsparteien mehr, als eine bloße Mitteilung des ohnehin schon Offenkundigen. Vielmehr hat jeder Vertragspartner ein gewisses Augenmerk auf das jeweilige Tun des anderen zu richten, insbesondere, wenn auf Seiten des Auftragnehmers mit Mitteln des Auftraggebers gearbeitet oder

89

---

324 BGH, NJW 1987, 643, 644; *Dähne*, BauR 1976, 225; Ingenstau/Korbion/*Oppler*, VOB/B, § 4 Nr. 3 Rn. 2; *Riedl*, in: Heiermann/Riedl/Rusam, VOB/B, § 4 Rn. 46.
325 *Werner/Pastor*, 13. A., Rn. 2037; *Merl*, in: FS Motzke, S. 262.
326 MüKo-BGB/*Mayer-Maly/Busche*, § 157 Rn. 41.
327 Ebenso: Staudinger/*Peters*, BGB, § 633 Rn. 63.
328 BGH, NJW-RR 1987, 664, 665; ZfBR 2000, 42, 44.
329 BGH, BauR 1970, 57, 58.
330 BGH, NJW 1987, 643, 644; MüKo-BGB/*Busche*, § 634, Rn. 80; *Dähne*, BauR 1976, 225, 226; *Hochstein*, in: FS Korbion, S. 165, 167; *Kaiser*, NJW 1974, 445; Nicklisch/Weick/*Nicklisch*, VOB/B, § 4 Rn. 51; Ingenstau/Korbion/*Oppler*, VOB/B, § 4 Nr. 3 Rn. 6; Staudinger/*Peters*, BGB, § 633 Rn. 65; *Riedl*, in: Heiermann/Riedl/Rusam, VOB/B, § 4 Rn. 47, 49.
331 FS Korbion, S. 411, 425; ders., Handbuch der Gewährleistung im Bauvertrag, Rn. 1370 ff.
332 Die Standardfassung lautet: »Der Auftragnehmer hat den Untergrund – bzw. die Unterlage – daraufhin zu prüfen, ob er – bzw. sie – für die Durchführung seiner Leistung geeignet ist. Der Auftragnehmer hat dem Auftraggeber Bedenken unverzüglich schriftlich mitzuteilen.«, vgl. *Fischer*, Die Regeln der Technik im Bauvertragsrecht, Baurechtliche Schriften, Bd. 2, 1985, S. 112.
333 Ingenstau/Korbion/*Oppler*, VOB/B, § 4 Nr. 3, Rn. 2.

auf dessen Vorleistungen aufgebaut werden soll. Das Oberlandesgericht Düsseldorf[334] hat zutreffend darauf hingewiesen, dass der Auftragnehmer zum bloßen Handlanger degradiert würde, beschränkte man seinen Pflichtenkreis allein auf die sklavische Umsetzung der Vorgaben des Auftraggebers. Somit wird die Prüfungspflicht aber durch § 4 Abs. 3 VOB/B nicht erst geschaffen und dann erst über § 242 BGB auf das allgemeine Werkvertragsrecht übertragen. Vielmehr stellt sie ein allgemeingültiges Rechtsinstitut des Werkvertrages dar, welches in § 4 Abs. 3 VOB/B lediglich um die für den VOB-Vertrag spezifische Schriftlichkeit erweitert wird.[335]

III. Der Umfang der Prüfungs- und Hinweispflichten

1. Grundsätzliche Erwägungen

90 a) Das Maß der gebotenen Kontrolle hängt stets von den Umständen des Einzelfalles ab. Die Prüfungspflicht entfällt, wenn sie durch die Parteien wirksam abbedungen wurde oder der Auftraggeber das Risiko für eine bestimmte Bauausführung ausdrücklich übernommen hat.[336] Mit dem letzten Fall vergleichbar ist die Konstellation, bei der der Auftraggeber im Verlaufe der Bauausführung nach Belehrung über die Konsequenzen auf eine bestimmte Qualität der Bauleistung verzichtet.[337]

91 b) Andererseits können die Prüfungsverpflichtungen des Auftragnehmers individualvertraglich, nicht jedoch durch Allgemeine Geschäftsbedingungen verschärft werden, da dies eine gegen Treu und Glauben verstoßende Belastung des Unternehmers darstellen würde, § 307 Abs. 1 BGB.[338] Bei einer Freizeichnung des Auftragnehmers von seinen Prüfungspflichten durch Allgemeine Geschäftsbedingungen sind die Grenzen des § 309 Nr. 7 lit. b BGB einzuhalten, ganz abgesehen davon, dass in der Prüfungspflicht eine Kardinalpflicht i.S.d. § 307 Abs. 2 Nr. 2 BGB zu sehen ist.[339] Darüber hinaus hat der Auftragnehmer nach dem sog. Adäquanzgedanken solche Daten nicht zu untersuchen, die aus dem Risikobereich des Auftraggebers stammen und die Leistung des Auftragnehmers überhaupt nicht berühren.[340] Auch wird von dem Auftragnehmer immer nur das dem neuesten Stand der Technik entsprechende Normalwissen verlangt.[341]

92 c) Im Übrigen bemisst sich der Umfang der gebotenen Untersuchung nach folgenden Gesichtspunkten:

93 aa) Die Prüfungspflicht erfährt ihre äußere Grenze zunächst durch den übernommenen Leistungsumfang, sie reicht also nicht über die vertragliche Leistungspflicht hinaus.[342]

94 bb) Abzustellen ist zunächst auf die *Fachkenntnisse*, die von dem Auftragnehmer als Fachmann für Bauleistungen im Allgemeinen erwartet werden können. Maßgebend sind also objektive Maßstäbe und nicht die individuelle Befähigung des Auftragnehmers.[343] Bei Fachfirmen verstärkt sich al-

---

334 Schäfer/Finnern/Hochstein, Z. 2.0 Bl. 11 ff.
335 BGH, ZfBR 2000, 42, 43; *Kaiser*, NJW 1974, 445, 446; Staudinger/*Peters*, BGB, § 633 Rn. 63.
336 *Kaiser*, BauR 1981, 311, 313; *Werner/Pastor*, 13. A., Rn. 2042.
337 *Riedl*, in: Heiermann/Riedl/Rusam, B § 13 Rn. 57.
338 Ingenstau/Korbion/*Oppler*, VOB/B § 4 Nr. 3 Rn. 5.
339 Staudinger/*Peters*, BGB, § 633 Rn. 73.
340 BGH, NJW 1974, 747.
341 BGH, BauR 2002, 945, 946.
342 BGH, BauR 1975, 420; BauR 1987, 79, 80; NJW-RR 1996, 789, 791; Ingenstau/Korbion/*Oppler*, VOB/B, § 4 Nr. 3, Rn. 10; a.A.: *Dähne*, BauR 1976, 225, 227, der sich für eine rein objektive Bestimmung ausspricht; weiter als die h.M.: *Kaiser*, Mängelhaftung in Baupraxis und -prozess, Rn. 49a; enger: KG, BauR 72, 239, wenn der Besteller so sachkundig sei, dass der Unternehmer dessen eigene Kenntnis der Problematik annehmen dürfe; MüKo-BGB/*Busche*, § 634, Rn. 83 will die Pflicht durch die vorhandenen individuellen Fachkenntnisse des Auftragnehmers erweitern.
343 BGH, NJW 1987, 643; *Riedl* in: Heiermann/Riedl/Rusam, B § 13 Rn. 56; *Zanner/Keller* in: Franke/Kemper/Zanner/Grünhagen, VOB/B, § 4 Rn. 146, 148.

lerdings die Prüfungspflicht.³⁴⁴ Bedient sich der Auftragnehmer eigener Subunternehmer, muss er für die Prüfungspflicht auf deren Fachkenntnis zurückgreifen.³⁴⁵

cc) Andererseits kommt es aber auch darauf an, ob und in welchem Maße der Auftragnehmer auf die *Sachkunde des Auftraggebers* vertrauen darf.³⁴⁶ Die Prüfungspflicht ist also bei einem Laien als Auftraggeber besonders hoch, reduziert sich demgegenüber, wenn der Auftraggeber von fachkundigen Personen (Architekt oder Fachingenieur) vertreten wird.³⁴⁷ In diesen Fällen hat der Auftragnehmer zwar nicht die baurechtliche Genehmigungsfähigkeit zu hinterfragen, wohl aber, ob die vorgeschriebene Bauweise den allgemein anerkannten Regeln der Technik entspricht.³⁴⁸ 95

dd) Der Auftragnehmer muss sich die Kenntnis davon verschaffen, welche planerischen und sonstigen Voraussetzungen erfüllt sein müssen, damit er sein Gewerk ordnungsgemäß erstellen kann.³⁴⁹ Dabei stellt seine Leistung den Bezugspunkt, zugleich aber auch die Grenze dieser Prüfungspflicht dar.³⁵⁰ Der Rohbauunternehmer braucht also nicht die sich aus dem späteren Ausbau ergebende endgültige Decken- und Treppenhöhe zu prüfen.³⁵¹ 96

ee) Da wo mit *höheren Risiken* zu rechnen ist, etwa bei der Verwendung neuartiger Methoden, bedarf es einer besonders intensiven Untersuchung.³⁵² 97

ff) Die Prüfungspflicht wird schließlich durch die *Zumutbarkeit* begrenzt. Sie verlangt daher nur im Einzelfall eine nähere Analyse,³⁵³ i.d.R. genügen die normalen Sinneseindrücke, wie Betrachten, Nachmessen, Befühlen.³⁵⁴ 98

2. Die Gegenstände der Prüfungspflicht

Orientiert an dem Wortlaut des § 4 Abs. 3 VOB/B können folgende Gegenstände der Prüfungspflicht unterschieden werden:

a) Die Prüfungspflicht bezieht sich zunächst auf die *Art der Ausführung*, also die Planung und die sonstigen Ausführungsunterlagen.³⁵⁵ In Bezug auf Architektenpläne beschränkt sie sich auf »ins Auge springende Fehler«.³⁵⁶ Erkannte Mängel müssen den Auftragnehmer allerdings zur besonders sorgfältigen Prüfung auch der übrigen Planungsunterlagen veranlassen.³⁵⁷ Im Falle einer aufgrund der Hinweise geänderten Planung muss der Auftragnehmer auch dieser einer erneuten Prüfung unterziehen.³⁵⁸ 99

---

344 OLG Köln, BauR 2007, 887, 889.
345 *Werner/Pastor*, 13. A., Rn. 2043.
346 Ingenstau/Korbion/*Wirth*, VOB/B, § 13 Nr. 3 Rn. 21.
347 Leinemann/*Sterner*, VOB/B, § 4 Rn. 77.
348 Ingenstau/Korbion/*Wirth*, VOB/B, § 13 Nr. 3 Rn. 21.
349 BGH, NJW 1987, 643, 644.
350 Ingenstau/Korbion/*Oppler*, VOB/B, § 4 Nr. 3 Rn. 11.
351 OLG Köln, MDR 1980, 228.
352 Staudinger/*Peters*, BGB, § 633 Rn. 68.
353 BGH, BauR NJW 1987, 643, 644.
354 Z.B. der Körnung eines Pflastersandes: Brandenburgisches OLG, BauR 2001, 102, 105 oder eine normale Belastungsprobe: Ingenstau/Korbion/*Oppler*, VOB/B, § 4 Nr. 3.Rn. 40.
355 BGH, BauR 1991, 79, 80; für den Fall einer nicht vorgesehenen Dränage: OLG Frankfurt, NJW-RR 1999, 461, 462; OLG Koblenz, OLGR 2003, 237, 239; OLG Köln, BauR 2007, 887, 889.
356 OLG Köln, BauR 2007, 887, 889; OLG Brandenburg, BauR 2002, 1709, 1710; OLG Celle, BauR 2002, 812, 813.
357 OLG Bamberg, BauR 2002, 1708, 1709; OLG Hamm, BauR 1990, 731, 732; OLG Köln, BauR 1990, 729, 730 (welches aber den Auftragnehmer wegen des weit überwiegenden Planungsverschuldens aus der Haftung entlassen will).
358 BGH, BauR 1974, 128, 129.

§ 633 BGB   Sach- und Rechtsmangel

100   b) Ferner ist die Geeignetheit von durch den Auftraggeber gelieferten *Baustoffen* oder Bauteilen zu untersuchen.[359] Nicht anders ist für solche Stoffe zu entscheiden, die der Auftragnehmer nach Weisung des Auftraggebers beschafft hat.[360]

101   In diesem Zusammenhang ist auf die sog. *»Ausreißerfälle«* hinzuweisen. Es handelt sich dabei um diejenigen Situationen, in denen der Auftraggeber die Verwendung bestimmter Baustoffe vorschreibt und hierdurch Mängel auftreten, die allerdings nicht auf einem generellen, sondern nur in einem Einzelfall auftretenden Fehler, eben einem Ausreißer, beruhen. Eine solche Konstellation lag z.B. der nachfolgend noch näher zu betrachtenden Entscheidung des Bundesgerichtshofes aus dem Jahre 1996 zugrunde,[361] bei dem die Beklagte Fassadenarbeiten für die Klägerin ausführte und dabei Sichtbetonsteine einer bestimmten Art verwendete, die von der Klägerin im Leistungsverzeichnis vorgeschrieben worden waren. Später traten Verfärbungen wegen oxydierenden Kieses im Sichtbeton auf. Nach der früheren Rechtsprechung des Bundesgerichtshofs,[362] der Oberlandesgerichte[363] sowie einem Teil der Literatur[364] sollte der Auftraggeber auch für solche Fehler einstehen, die einem nach Art und Herkunft von ihm genau vorgeschriebenen Baustoff nicht allgemein, sondern nur im Einzelfall anhafteten. Insbesondere § 13 Abs. 3 VOB/B, so wurde argumentiert, lasse sich eine entsprechende Rückverlagerung der einmal erfolgten Risikoverschiebung auf den Auftraggeber nicht entnehmen.[365] Der Bundesgerichtshof hat nun seine Rechtsprechung zu diesem Punkt in der bereits erwähnten Entscheidung aus dem Jahre 1996[366] geändert. Er legte hier für den Bereich des § 13 Abs. 3 VOB/B dar, dass das Gebot der Billigkeit es erfordere, die Risikoverlagerung nur so weit auszudehnen, wie die Anordnung des Auftraggebers reiche. Soweit der Auftraggeber sich näherer Bestimmungen enthalte, gebe es keinen Anlass, von der regelmäßigen Gewährleistung des Auftragnehmers abzuweichen. Je spezieller die Anordnung sei, desto weiter reiche die Freistellung des Auftragnehmers. Suche der Auftraggeber eine bestimmte Partie Steine aus, hafte er für deren Tauglichkeit in vollem Umfang; gebe er aber nur allgemein an, welche Art Steine zu verwenden sind, hafte er auch nur für deren allgemeine Geeignetheit, nicht für Mängel allein einer bestimmten Partie.[367] Eine Einschränkung der Haftung soll demnach also nur so weit möglich sein, wie es bei wertender Betrachtung gerechtfertigt erscheint.[368]

Der Rechtsprechung des Bundesgerichtshofs zu den »Ausreißerfällen« folgend, die inzwischen schon als »Allgemeingut« betrachtet werden kann, entschied das Oberlandesgericht Karlsruhe,[369] dass es bei der Gewährleistungspflicht des Auftragnehmers verbleibe, wenn der im Einverständnis mit dem Auftraggeber verwendete Baustoff zwar generell für den Einsatzzweck geeignet ist, sich aber im konkreten Fall als fehlerhaft erweist. Das bloße Einverständnis des Auftraggebers mit einem bestimmten Baustoff begründe aber noch keine Verlagerung des Qualitätsrisikos vom Auftragnehmer auf den Auftraggeber, da hierin noch kein »Vorschreiben« im Sinne des § 13 Abs. 3 VOB/B gesehen werden könne. Der vorgenannten Entscheidung des Bundesgerichtshofes kommt auch deshalb eine besondere Bedeutung zu, weil sie sich auch auf andere Anordnungen des Auftraggebers übertragen lässt.

---

359 BGH, BauR 2002, 262; Brandenburgischer OLG, BauR 2002, 1709, 1710; OLG Düsseldorf, BauR 1995, 244: ungeeigneter Bauschutt für Arbeitsraumverfüllung.
360 BGH, NJW 1973, 754, 755.
361 BauR 1996, 702 ff.
362 BGH, NJW 1973, 754, 755.
363 So etwa: OLG Stuttgart, BauR 1989, 475, 476; 1975, 56, 57.
364 Ingenstau/Korbion/*Korbion*, bis zur 12. Auflage, VOB/B § 13 Rn. 193; *Riedl*, in: Heiermann/Riedl/Rusam, bis zur 7. Auflage, B § 13 Rn. 54.
365 BGH, NJW 1973, 754, 755; OLG Stuttgart, BauR 1975, 56, 57; 1989, 475, 476.
366 BauR 1996, 702, 703.
367 BGH, BauR 1996, 702, 703; so schon zuvor: OLG Frankfurt a.M., BauR 1983, 156, 159; *Nicklisch*, in: FS Bosch, 1976, S. 731, 747 ff.
368 BGH, BauR 1996, 702, 703.
369 IBR 2002, 306.

c) Ferner ist durch den Auftragnehmer auch der *Baugrund*³⁷⁰ oder der *Altbaubestand*³⁷¹ zu untersuchen. **102**

d) Gleiches gilt für die Geeignetheit von *Vorleistungen* anderer Unternehmer. Der Auftragnehmer, **103** der an die Vorleistung seines Auftraggebers anknüpfen will, darf dies nicht ohne Prüfung tun, ansonsten kann sein Gewährleistungsanspruch (gem. § 254 Abs. 2 BGB) beschränkt sein.³⁷² Eine Verletzung der Prüfungspflicht wird hier angenommen, wenn ein Fachmann den Mangel der Vorarbeit hätte erkennen können.³⁷³ Nicht verlangt werden kann allerdings eine Prüfung mit technischen Hilfsmitteln³⁷⁴ oder durch technische Versuche.³⁷⁵

Nach h.M. soll der Vorunternehmer im Verhältnis zum Nachunternehmer kein Erfüllungsgehilfe des Bauherrn sein³⁷⁶ und umgekehrt.³⁷⁷ Zur Begründung wird angeführt, dass der Auftraggeber sich den einzelnen Nachunternehmen gegenüber nicht verpflichten wolle, notwendige Vorarbeiten zu erbringen.³⁷⁸ Dieser Argumentation wird weitgehend unkommentiert gefolgt.³⁷⁹ Der Bundesgerichtshof³⁸⁰ lässt den Auftraggeber jetzt aber gegenüber dem Nachunternehmer zumindest aus § 642 BGB haften, wenn er durch das Unterlassen einer bei der Herstellung des Werkes erforderlichen und ihm obliegenden Mitwirkungshandlung in Verzug der Annahme kommt.

Eine Ausnahme wird von der h.M. im Übrigen dann gemacht, wenn der Bauherr dem Nachunternehmer gerade für die mangelfreie Erbringung der Vorleistung einstehen will.³⁸¹ Außerdem haftet der Hauptunternehmer über § 278 BGB für das Mitverschulden des Architekten seines Auftraggebers.³⁸²

Gegen die h.M sind Bedenken angebracht. Denn der Auftraggeber ist verpflichtet, dem Nach- **104** unternehmer eine rechtzeitig und ordnungsgemäß ausgeführte Vorunternehmerleistung zur Verfügung zu stellen, da diese Voraussetzung allein aus seinem Risikobereich stammt. Gem. § 4 Abs. 1 VOB/B hat der Auftraggeber die einzeln vergebenen Gewerke zu koordinieren. Nur er kann dem Vorunternehmer notwendige Anweisungen zur ordnungsgemäßen Erbringung des Gewerkes erteilen. Ferner ist der Auftraggeber gemäß §§ 3 Abs. 2, 4 Abs. 1 und 4 VOB/B verpflichtet, dem Auftragnehmer rechtzeitig zu dem vereinbarten Baubeginn ein baureifes Grundstück zur Verfügung zu stellen. Nimmt man ferner hinzu, dass § 13 Abs. 3 VOB/B ebenso wie § 645 BGB den Auftragnehmer von seiner Gewährleistungspflicht für Mängel freistellt, die ihre Ursache in den vom Auftraggeber gelieferten Stoffen oder Bauteilen, aber auch in der Beschaffenheit von Vorleistungen anderer Unternehmer haben, so sprechen die gewichtigeren Argumente

---

370 OLG München, NZBau 2004, 274, 277; OLG Köln, BauR 1995, 122, 123: Prüfung auf vorhandene Leitungen im Erdreich bei Tiefbauarbeiten.
371 OLG Hamm, BauR 2003, 406, 407 (allerdings nicht auf vorhandene Asbestbelastung, da technisch und handwerklich nicht zumutbar).
372 BGH, BauR 2003, 1213, 1215.
373 BGH, BauR 2001, 1414, 1415; OLG Hamm, BauR 1990, 731 (jeweils für Fliesenarbeiten); OLG Celle, BauR 2003, 912 (für Estricharbeiten); OLG Hamm, BauR 1990, 731; OLG Bamberg, BauR 2007, 893, 894 (jeweils für Parkettverlegearbeiten); OLG Düsseldorf, BauR 1998, 126, 127.
374 OLG Düsseldorf, BauR 1997, 840, 841.
375 OLG Karlsruhe, BauR 1988, 598, 599.
376 Seit BGH, BauR 1985, 561 ff. st. Rspr., OLG Düsseldorf, BauR 2008, 1005, 1010; MüKo-BGB/*Busche*, § 631 Rn. 42.
377 OLG Karlsruhe, BauR 2003, 99, 100.
378 BGH, BauR 2000, 722, 725.
379 Vgl. etwa: *Zanner* in: Franke/Kemper/Zanner/Grünhagen, VOB/B § 6 Rn. 91; Leinemann/*Hafkesbrink*, VOB/B, § 10 Rn. 19.
380 BGH, BauR 2000, 722, 725.
381 BGH, BauR 1985, 561 ff.
382 BGH, BauR 1987, 86, 88.

dafür, in dem Vorunternehmer entgegen der h.M. den Erfüllungsgehilfen des Auftraggebers zu sehen.[383]

105 e) Sofern sich aus der Hinweispflichtverletzung nach der h.M. eine Mangelbeseitigungspflicht für den Auftragnehmer ergibt, soll sich diese allerdings nur auf die eigene Leistung beziehen, nicht etwa auf diejenige des Vorunternehmers.[384]

106 f) Umgekehrt trifft den Vorunternehmer regelmäßig keine Pflicht zu überprüfen, ob die nach ihm erstellten *Nachfolgearbeiten* ordnungsgemäß erbracht werden.[385] Etwas anderes wird dann angenommen, wenn der zunächst ausführende Auftragnehmer Anhaltspunkte dafür hat, dass der nachfolgende am Bau Beteiligte fachlich nicht zu erkennen vermag, ob die Vorarbeit für ihn eine geeignete Arbeitsgrundlage darstellt, oder wenn ihm bekannt ist, dass die Anschlussarbeiten fehlerhaft ausgeführt werden. Dann gehört es zu seinen Pflichten aus dem Bauvertrag, den Auftraggeber auf solche Tatbestände hinzuweisen und ihn so vor Schäden zu bewahren.[386]

107 Grundsätzlich besteht zwischen *Vor- und Nachunternehmer* kein Gesamtschuldverhältnis.[387] Etwas anderes gilt dann, wenn Mängel ihre Ursachen zugleich in beiden Gewerken haben.[388] Haftet der Vorunternehmer unmittelbar wegen seiner mangelhaften Leistung und der Nachunternehmer wegen der Verletzung seiner Hinweispflicht, dann kann der Auftraggeber grundsätzlich beide Unternehmer in Anspruch nehmen, und zwar auch insoweit, wie sich die Verantwortungsbereiche überschneiden.[389] Für den internen Ausgleich kann demnach in diesen Fällen auf § 426 BGB abgestellt werden. Über die Anwendung des § 254 BGB bietet diese Norm auch die Möglichkeit eines flexiblen Haftungsausgleichs.[390]

IV. Form, Frist, Absender und Adressat der Bedenkenanzeige

108 1. Die Bedenkenanzeige hat *beim VOB-Vertrag* grundsätzlich in schriftlicher *Form* zu erfolgen, während sie beim *BGB-Vertrag* auch *formlos* möglich ist.[391] Ein vom Auftraggeber unbeachtet gelassener mündlicher Hinweis ist deshalb aber nicht von vornherein wirkungslos. Ein solcher kann entweder zu einem mitwirkenden Verschulden des Auftraggebers,[392] in Extremfällen sogar zum Haftungsausschluss für den Auftragnehmer führen, sofern der Hinweis eindeutig und dem richtigen Adressaten gegenüber erfolgt ist.[393] Hat der Auftragnehmer hingegen in grober Weise gegen die Pflicht zur Prüfung von Vorleistungen verstoßen, kann es aber auch bei seiner Alleinhaftung verbleiben.[394]

109 2. Die *Mitteilung* muss klar, verständlich und vollständig sein und die Bedeutung der Tragweite ihrer Nichtbeachtung erkennen lassen.[395] Dagegen ist der Auftragnehmer grundsätzlich nicht verpflichtet, dem Auftraggeber andere und bessere Möglichkeiten aufzuzeigen.[396]

---

383 Ebenso: OLG Düsseldorf, BauR 1999, 1309. 1311f; *Vygen*, BauR 1987, 387, 392 ff.
384 BGH, WM 1972, 800, 801; OLG Karlsruhe, NJW-RR 2003, 963, 964.
385 *Werner/Pastor*, 13. A., Rn. 2050.
386 BGH, BauR 1983, 70, 72.
387 BGH, BauR 1975, 130, 131; a.A. OLG Hamm, BauR 2003, 101, 104: »Haftung jedenfalls wie Gesamtschuldner«; Leinemann/*Sterner*, VOB/B, § 4 Rn. 87.
388 BGH, BauR 2003, 1379, 1380.
389 LG Berlin, BauR 1976, 130.
390 Staudinger/*Peters*, BGB, § 633 Rn. 78.
391 Ingenstau/Korbion/*Oppler*, VOB/B, § 4 Rn. 3.
392 BGH, BauR 1975, 278, 279; OLG Koblenz, BauR 2003, 132; *Kaiser*, BauR 1981, 311, 317; Leinemann/*Sterner*, VOB/B, § 4 Rn. 90.
393 BGH, BauR 1978, 54.
394 OLG Düsseldorf, BauR 2000, 421, 422.
395 Ingenstau/Korbion/*Oppler*, VOB/B, § 4 Nr. 3 Rn. 62.
396 Ingenstau/Korbion/*Oppler*, VOB/B, § 4 Nr. 3 Rn. 63.

3. Die Prüfungs- und Mitteilungspflicht besteht zu jedem *Zeitpunkt*. Stets ist dies vor Arbeitsbeginn der Fall, gilt aber gleichermaßen für später aufkommende Bedenken.[397] Die Anzeige hat dann stets unverzüglich vorzunehmen.[398]

4. Die Mitteilung hat ferner durch die richtigen Personen zu erfolgen. Der maßgebliche *Absender* ist grundsätzlich der Auftragnehmer selbst oder ein bevollmächtigter Vertreter.[399]

5. Der *Adressat* des Hinweises ist regelmäßig der Auftraggeber selbst.[400] Mitteilungen gegenüber dem Architekten oder den Bauleiter genügen im Allgemeinen, da gewöhnlich davon ausgegangen werden kann, dass diese die Hinweise an den Auftragnehmer weiter leiten. Sofern hieran begründete Bedenken bestehen, bleibt aber allein der Auftragnehmer zutreffender Adressat der Bedenkenanzeige. Dies ist etwa dann der Fall, wenn es gerade um Fehler der vorgenannten Personen geht oder diese sich den Bedenken des Auftragnehmers erkennbar verschließen.[401]

6. Dem Auftraggeber steht für seine Entscheidung über den Hinweis eine gewisse *Überlegungszeit* zu. Es handelt sich dabei um eine Mitwirkungshandlung des Auftragnehmers, die die Leistungsfrist für den Auftragnehmer verlängert und Ersatzansprüche nach den §§ 6 Abs. 6 VOB/B, 642 BGB auslösen kann. Sind infolge von anschließenden Änderungen zusätzliche Leistungen zu erbringen, führt dies zu einer ergänzenden Vergütungspflicht des Auftraggebers gem. § 2 Abs. 6 VOB/B.[402]

V. Rechtsfolgen einer Verletzung der Prüfungs- und Hinweispflicht bei mangelhafter Werkausführung

Im Prinzip besteht Einigkeit darüber, dass der Auftragnehmer, der die ihm zukommende Prüfungs- und Hinweispflicht verletzt hat, nicht oder jedenfalls nicht vollständig von dem Erfolgsrisiko befreit werden kann. Hinsichtlich der rechtlichen Konstruktion, der konkreten Ausgestaltung in Bezug auf Leistungs- und Vergütungspflichten sowie den Umfang der verbleibenden Haftung, bestehen allerdings vielfältige Lösungsansätze, die sich wie folgt darstellen:

1. Die Verdingungsordnung für Bauleistungen enthält in § 13 Abs. 3 VOB/B eine eindeutige Regelung, wonach der Auftragnehmer für einen Mangel, *der auf die Leistungsbeschreibung oder auf Anordnungen des Auftraggebers, auf die von diesem gelieferten oder vorgeschriebenen Stoffe oder Bauteile oder die Beschaffenheit der Vorleistung eines anderen Unternehmers beruht*, haftet, es sei denn, er hat die ihm nach § 4 Abs. 3 VOB/B obliegende Mitteilung gemacht. Die Verletzung der Hinweispflicht hat hier also die Gewährleistungspflicht oder besser, das Wiederaufleben der durch die Anordnung des Auftraggebers grundsätzlich ausgeschlossenen Gewährleistungspflicht zur Folge.[403]

2. Nach der h.M. kommt der Verletzung der Prüfungspflicht als Hauptleistungspflicht aber auch für den BGB-Werkvertrag ein anspruchsbegründender Charakter zu.[404] Die Verletzung der Hinweispflicht führt danach auch hier zu einem Mangel der Werkleistung, so dass sich der Auftragnehmer unmittelbar den Gewährleistungsansprüchen des Auftraggebers ausgesetzt sieht.[405]

---

397 Staudinger/*Peters,* BGB, § 633 Rn. 75.
398 Leinemann/*Sterner,* VOB/B, § 4 Rn. 93.
399 Ingenstau/Korbion/*Oppler,* VOB/B, § 4 Nr. 3 Rn. 65.
400 Leinemann/*Sterner,* VOB/B, § 4 Rn. 92; *Werner/Pastor,* 13. A., Rn. 2046.
401 BGH, BauR 2001, 638, 641; BauR 1978, 54 und 139, 140.
402 Staudinger/*Peters,* BGB, § 633 Rn. 77.
403 Vgl. im Einzelnen: *Rehbein,* Die Anordnung des Auftraggebers, S. 202 f.
404 BGH, NJW 1983, 875, 876, 1987, 643, 644, BauR 1987, 79, 80; MüKo-BGB/*Busche,* § 634, Rn. 116; Ingenstau/Korbion/*Oppler,* VOB/B, § 4 Nr. 3 Rn. 4; *Werner/Pastor,* Rn. 1519.
405 *Werner/Pastor,* Rn. 1519.

117 a) Die Annahme, die Verletzung der Prüfungs- und Anzeigepflicht sei ein gewährleistungsbegründendes Element, sieht sich jedoch dem dogmatischen Einwand gegenüber, dass damit der im Ansatz verschuldensunabhängige Gewährleistungsanspruch systemwidrig mit einem Verschuldenselement vermischt wird.[406] Dies zeigt sich besonders deutlich dort, wo es um den Umfang der Prüfungspflicht geht. Dieser orientiert sich ja – wie gezeigt – daran, welche Fachkenntnis von dem Auftragnehmer nach den übernommenen vertraglichen Verpflichtungen erwartet werden kann.[407] Auch werden die Gesichtspunkte der Zumutbarkeit[408] bzw. die eigene Fachkenntnis des Auftraggebers[409] als weitere Grenzen angesehen. Der Verschuldenscharakter der Hinweispflichtverletzung erschließt sich auch anhand der Handhabung des § 645 BGB. Diese Vorschrift wird nämlich nach allgemeiner Ansicht als unanwendbar angesehen, wenn dem Auftragnehmer ein Verschulden anzulasten ist. Dies soll »insbesondere« dann der Fall sein, wenn er seine Prüfungs- und Hinweispflicht nicht ordnungsgemäß erfüllt hat.[410] Den grundsätzlich selbständigen Charakter der vorgenannten Aufgabe hat bereits der Gesetzgeber von 1896 hervorgehoben, indem er feststellte, dass »neben« der Frage der Zuordnung eines Mangels, die eventuelle Haftung des Auftragnehmers wegen unterlassener Prüfung und Aufklärung« stehe.[411] Einen Schadensersatzanspruch als Folge einer Hinweispflichtverletzung ist dann auch von der Rechtsprechung in einer Vielzahl von Entscheidungen angenommen worden. So wurde aus der Tatsache, dass der Auftragnehmer es unterlassen hatte, die von dem Auftraggeber gelieferten Baustoffe auf ihre Funktionstüchtigkeit hin zu prüfen, nicht nur auf die Mangelhaftigkeit des Werkes, sondern auch auf dessen Schadensersatzverpflichtung gemäß § 13 Abs. 7 VOB/B geschlossen, ohne dass die Frage des Verschuldens darüber hinaus eine weitergehende Erörterung fand.[412] Umgekehrt sah der Bundesgerichtshof das für einen Schadensersatz notwendige Verschulden als nicht gegeben an, wenn für den Auftragnehmer keinerlei Anlass bestand, die Funktionstüchtigkeit der gelieferten Baustoffe zu überprüfen.[413] Geht es um Schäden, die mit dem Mangel eines Werkes nicht in einem Zusammenhang stehen, so etwa wenn sie an Rechtsgütern Dritter entstehen, ist die Anwendung der Grundsätze der positiven Forderungsverletzung (§§ 311 Abs. 2, 280 Abs. 1 BGB) bei Hinweispflichtverletzungen unbestritten.[414] Man spricht hier von Leistungsbetreuungs-[415] bzw. von Obhuts- und Erhaltungspflichten.[416]

118 b) Um das soeben skizzierte Problem zu lösen, bedarf es zunächst einer näheren Betrachtung der – äußerst umstrittenen – Rechtsnatur der Prüfungs- und Hinweispflicht.

aa) Die Literatur[417] geht überwiegend davon aus, dass es sich um eine Hauptleistungspflicht handelt, während die Rechtsprechung der Oberlandesgerichte[418] und ein anderer Teil des Schrifttums

---

406 Staudinger/*Peters*, BGB, § 633, Rn. 64; *Siegburg*, in: FS Korbion, S. 411, 413.
407 Vgl. oben Rdn. 92 f.
408 BGH, BauR 1987, 79, 80; BauR 2000, 421, 422.
409 Ingenstau/Korbion/*Oppler*, VOB/B, § 4 Nr. 3 Rn. 17 f.; hiergegen: *Dähne*, BauR 1976, 225, 227, der Kenntnisse des Auftraggebers vollkommen außer Acht lassen will.
410 MüKo-BGB/*Busche*, § 645, Rn. 10; Staudinger/*Peters*, BGB, § 645 Rn. 18.
411 Motive II, S. 485 f.
412 BGH, VersR 1964, 18, 19.
413 BGH, BauR 1978, 304, 305.
414 BGH, BauR 1974, 202; NJW-RR 1993, 26, 27; ZfBR 2000, 42, 43; NZBau 2002, 216; NZBau 2003, 329 (Ls); Nicklisch/Weick/*Nicklisch*, VOB/B, § 4 Rn. 68b.
415 OLG Hamm, BauR 1990, 731.
416 MüKo-BGB/*Busche*, § 634 Rn. 60.
417 *Dähne*, BauR 1976, 225, 226; *Jagenburg*, NJW 1998, 2494, 2499; Ingenstau/Korbion/*Oppler*, VOB/B, § 4 Nr. 3 Rn. 4; *Kaiser*, Mängelhaftung in Baupraxis und -prozess, Rn. 48e; *Riedl*, in: Heiermann/Riedl/Rusam, B § 4 Rn. 46; *Werner/Pastor*, 13. A., Rn. 2039.
418 OLG Düsseldorf, Schäfer/Finnern, Z. 2.401, Bl. 21 und zuletzt in BauR 2008, 1005, 1006 f.; OLG Frankfurt, BauR 1979, 326, 328; OLG Karlsruhe, BauR 1972, 380.

zu der Annahme einer Nebenpflicht[419] bzw. Nebenleistungspflicht[420] tendiert. Der Bundesgerichtshof[421] hat sich ebenfalls in mehreren Entscheidungen für eine Nebenpflicht ausgesprochen, während in anderen Entscheidungen hingegen eine Einordnung ausdrücklich offen gelassen wurde, insbesondere auch in jenen Urteilen vom 14.02.1974[422] und 20.03.1975,[423] welche oftmals als Beleg dafür herangezogen werden, dass der Bundesgerichtshof eine Hauptleistung annehme. Während die erstgenannte Entscheidung sich allein mit der Bestimmung des Pflichtenumfanges befasst, wird in dem zuletzt genannten Urteil lediglich festgestellt, dass derjenige Auftragnehmer, welcher infolge des Unterbleibens der gebotenen Mitteilung das Werk mangelhaft erstellt, seine Hauptleistungspflicht zur mangelfreien Leistung nicht erfüllt. Ob der Hinweispflicht selbst Hauptleistungscharakter zukommen soll, wird damit gerade nicht gesagt. Schließlich gibt es aber auch Stimmen, die diesen Streit wegen der nach ihrer Ansicht eindeutigen Rechtsfolgenregelung in §§ 633 ff. BGB bzw. § 13 Abs. 3 VOB/B[424] oder wegen der fehlenden praktischen Relevanz des Problems[425] für müßig erachten.

bb) Die Prüfungs- und Hinweispflicht ist aber keine den Werkvertrag charakterisierende, also essentielle Leistungspflicht. Die vertragstypische Anforderung an den Auftragnehmer beim Werkvertrag stellt gem. §§ 631 Abs. 1, 633 Abs. 1 BGB allein die Verschaffung des von Sach- und Rechtsmängeln freien Werkes dar. Demgegenüber hat dieser nicht immer alle potentiellen Gefahren zu überprüfen und auf diese hinzuweisen; so scheidet dies aus, wenn das Werk allein aus den Stoffen des Auftragnehmers nach dessen alleiniger Planung ohne Heranziehung von Vor- und Nachunternehmern erstellt wird. Auch ist die Intensität abhängig von den jeweiligen Gegebenheiten. Die Prüfungs- und Hinweispflicht ist Ausdruck der für alle Vertragverhältnisse geltenden gegenseitigen Rücksichtnamepflicht,[426] die Schäden bei dem Vertragspartner verhindern soll.[427] Sie stellt zwar eine wichtige, aber nicht eine das Schuldverhältnis des Werkvertrages prägende Anforderung dar, sondern dient der Vorbereitung, Durchführung und Sicherung der Hauptleistung.[428] Damit handelt es sich bei ihr um eine Nebenpflicht im Sinne einer Schutz- und Verhaltenspflicht.[429] Da sie Ausfluss des Gebotes zur hinreichenden Aufklärung des Vertragspartners ist, kann sie – im Gegensatz zu den Auskunftsansprüchen – nicht eingeklagt werden; daraus ergibt sich ihr Charakter als unselbständige Nebenpflicht.[430]

119

cc) Die Befürworter des Hauptleistungscharakters der Prüfungs- und Hinweispflicht stützen ihre Ansicht demgegenüber vor allem darauf, dass § 13 Abs. 3 VOB/B die Verletzung der in § 4 Abs. 3 VOB/B niedergelegten Anforderungen in den Bereich der Gewährleistung eingeordnet

120

---

419 *Donner*, in: Franke/Kemper/Zanner/Grünhagen, VOB/B, § 13 Rn. 47; Nicklisch/Weick/*Nicklisch*, VOB/B, § 4 Rn. 68; *Schmalz*, Die Haftung des Architekten und des Bauunternehmers, Rn. 169; *Schmidt*, MDR 1967, 713, 715.
420 *Fischer*, Die Regeln der Technik im Bauvertragsrecht, Baurechtliche Schriften, Bd. 2, 1985, S. 113.
421 BauR 1971, 341, 342 (»Nebenpflicht mit der Folge des § 13 Nr. 3 VOB/B«); NJW-RR 1996, 791, 799.
422 BauR 1974, 202.
423 BauR 1975, 341, 342.
424 Staudinger/*Peters*, BGB, § 633 Rn. 64.
425 *Siegburg*, Handbuch der Gewährleistung im Bauvertrag, Rn. 1387.
426 So ausdrücklich *Ganten*, in: Ganten/Jagenburg/Motzke, VOB/B, § 4 Nr. 3, Rn. 6.
427 BGH, BauR 1987, 79, 80; MüKo-BGB/*Busche*, § 634, Rn. 81; Nicklisch/Weick/*Nicklisch*, VOB/B, § 4 Rn. 51; Ingenstau/Korbion/*Oppler*, VOB/B, § 4 Nr. 3 Rn. 2; allgemein zur gegenseitigen Fürsorgepflicht der Vertragspartner: Palandt/*Heinrichs*, BGB § 242 Rn. 35–37.
428 Vgl. Palandt/*Heinrichs*, BGB § 241 Rn. 5.
429 *Clemm*, BauR 1987, 609, 611; Nicklisch/Weick/*Nicklisch*, VOB/B, § 4 Rn. 68; *ders.*, in: FS Bosch, S. 744, Fn. 35.
430 Vgl. zur Aufklärungspflicht: Palandt/*Heinrichs*, BGB § 242 Rn. 37.

und damit eine besondere Bedeutung beigemessen habe.[431] Dies folge bereits aus dem Wortlaut der Vorschrift, die die Haftung des Auftragnehmers bei Mängeln nur für den Fall ausschließe, dass den Anforderungen des § 4 Abs. 3 VOB/B Genüge getan wurde. Dies überzeugt nicht, da Gewährleistungsansprüche entstehen, weil der Auftragnehmer das Werk mangelhaft ausgeführt hat und nicht, weil er seiner Hinweispflicht nicht hinreichend nachgekommen ist.[432] Dies folgt unmittelbar aus §§ 13 Abs. 1 VOB/B, 633 Abs. 1 BGB, wonach der Auftragnehmer grundsätzlich die Gewähr für die mangelfreie Erstellung des Werks übernimmt. Anderenfalls stehen dem Auftraggeber die Rechte gem. § 3 13 Abs. 5, 6 VOB/B, 634 BGB zu. Eine Ausnahme hiervon wird für die Fälle des § 13 Abs. 3 VOB/B bzw. § 645 BGB gemacht, bei denen die Mängel aus dem Risikobereich des Auftraggebers stammen. Diese Haftungsbefreiung greift allerdings gem. § 13 Abs. 3 letzter Halbsatz VOB/B dann nicht ein, wenn der Auftragnehmer seiner Prüfungs- und Hinweispflicht nicht hinreichend nachgekommen ist. Damit wird durch diese Pflichtverletzung keine Gewährleistungspflicht begründet, sondern lediglich aufrechterhalten, weil unter dieser Voraussetzung die Ausnahmeregelung des § 13 Abs. 3 VOB/B nicht anwendbar sein soll.[433] Diese Rechtsfolge erhellt sich auch aus dem Umstand, dass dem Auftraggeber selbstverständlich keine Gewährleistungsansprüche zustehen, wenn der Auftragnehmer trotz der Verletzung der Prüfungs- und Hinweispflicht ein mangelfreies Werk herstellt.

121 c) Dies bedeutet, dass es sich bei der Prüfungs- und Hinweispflicht grundsätzlich um eine vertragliche *Nebenpflicht* handelt. § 4 Abs. 3 VOB/B dient allein der Sicherung und ordnungsgemäßen Durchführung der Bauleistung des Auftragnehmers und damit der Förderung der Hauptleistung und ist folglich selbst in der Regel keine Hauptleistung.

122 aa) Die Verletzung einer solchen Nebenpflicht führt nach allgemeiner Auffassung zu einem Schadensersatzanspruch des Vertragspartners entsprechend den Grundsätzen der culpa in contrahendo gem. §§ 280 Abs. 1, 311 Abs. 2, 241 Abs. 2 BGB bzw. der positiven Forderungsverletzung gem. §§ 280 Abs. 1, 241 Abs. 1 BGB.[434] Die Rechtsprechung hat bei der Verletzung der Hinweispflicht, die zu Schäden bei anderen Gegenständen als der Werkleistung geführt haben, in vielfältiger Weise eine entsprechende Schadensersatzverpflichtung angenommen.[435] Es ist kein Grund ersichtlich, dieses Ergebnis nicht auch auf die vorliegende Problematik der Auswirkungen einer Hinweispflichtverletzung auf die Gewährleistungsrechte des Auftraggebers zu übertragen.

123 bb) Allerdings wird dabei nicht, wie dies von *Moos*[436] vertreten wird, die Gewährleistungspflicht erst durch den Schadensersatzanspruch infolge der unterbliebenen Mitteilung im Sinne des § 4 Abs. 3 VOB/B begründet, was zu einer Umgehung der in §§ 633 Abs. 2, 3, 634 und 635 BGB a.F. wie auch in den §§ 634 Nr. 2, 637 BGB n.F. niedergelegten Fristsetzungspflicht führen würde.[437] Vielmehr besteht die Pflicht zur Mangelbeseitigung – abgesehen von der Sonderregelung des § 13 Abs. 3 VOB/B – bei einer Mangelhaftigkeit des Werkes nach der hiesigen Auffassung ohnehin, und zwar auch dann, wenn die Ursachen hierfür allein aus dem Risikobereich des Auftraggebers stammen.[438] In den zuletzt genannten Fällen ist der Auftragnehmer hierzu aber nur gegen eine entsprechende Zusatz-Vergütung verpflichtet. Rechtsfolge eines Anspruchs aus culpa in

---

431 *Locher*, Das private Baurecht, Rn. 191; Ingenstau/Korbion/*Oppler*, VOB/B, § 4 Nr. 3 Rn. 84; *Riedl*, in: Heiermann/Riedl/Rusam, B § 4 Rn. 46.
432 *Clemm*, BauR 1987, 609, 611; Nicklisch/Weick/*Nicklisch*, VOB/B, § 4 Rn. 68; *ders.*, in: FS Bosch, S. 731, 744, Fn. 35.
433 *Clemm*, BauR 1987, 609, 611; Nicklisch/Weick/*Nicklisch*, VOB/B, § 4 Rn. 68.
434 Palandt/*Heinrichs*, BGB § 280 Rn. 28; § 311 Rn. 21.
435 BGH, NJW-RR 1993, 26, 27; ZfBR 2000, 42, 43; NZBau 2002, 216; NZBau 2003, 329 (Ls).
436 NJW 1961, 157f.
437 So auch *Siegburg*, in: FS Korbion, S. 411, 416.
438 So auch der BGH Z 174, 110, der lediglich die Verantwortlichkeit für einen Mangel ausschließen will; ähnlich: Kuffer/Wirth/*Drossart*, Bau- und Architektenrecht, 2. Kap. B. Rn. 41; a.A.: Staudinger/*Peters*, BGB, § 633 Rn. 64, der bereits das Vorliegen eines Mangels verneint.

contrahendo bzw. der positiven Forderungsverletzung gem. §§ 280 Abs. 1, (311 Abs. 2), 241 Abs. 2 BGB ist nun aber grundsätzlich der Anspruch des Geschädigten auf den Ersatz aller mittelbaren und unmittelbaren Nachteile des schädigenden Verhaltens.[439] Dieser Schaden liegt vorliegend also in der zusätzlichen Vergütungspflicht. Folge der Hinweispflichtverletzung ist damit also ein Anspruch des Auftraggebers auf vergütungsfreie Mangelbeseitigung durch den Auftragnehmer. Wenn der Bundesgerichtshof für einen Rückabwicklungsanspruch entsprechend den o.g. Rechtsgrundsätzen darüber hinaus die Feststellung der wirtschaftlichen Nachteiligkeit einer Vereinbarung, also einen Vermögensschaden für den geschädigten Vertragspartner verlangt,[440] so muss dies hier nicht näher problematisiert werden, da bei dem Vorliegen eines Mangels von dieser Bedingung ohne weiteres auszugehen ist.

cc) Wird die Hinnahme der weiteren Leistung durch den Auftragnehmer für den Auftraggeber aufgrund der Tragweite der Hinweispflichtverletzung im konkreten Fall unzumutbar, bestünde für diesen sogar die Möglichkeit, Schadensersatz statt der Leistung gem. §§ 280 Abs. 3, 282 BGB zu verlangen oder aber gem. § 324 BGB von dem gesamten Vertrag zurückzutreten.[441]   124

dd) Die soeben entwickelte Lösung hat gegenüber den übrigen Ansichten den Vorteil, dass je nach Umfang der Hinweispflichtverletzung bzw. den weiteren, auf der Seite des Auftraggebers zu berücksichtigenden Umständen, über die unmittelbare Anwendung des § 254 BGB eine den Gegebenheiten des jeweiligen Einzelfalles angepasste flexible und dogmatisch saubere Lösung möglich ist. Auf der Basis der herrschenden Meinung war dies bislang nur über das Prokrustesbett des erneut herangezogenen Billigkeitsgedankens möglich.[442]   125

3. Ob man mit der h.M. annimmt, dass durch die Hinweispflichtverletzung eine Gewährleistungspflicht begründet wird oder ob man die Rechtsfolge in einer Schadensersatzverpflichtung des Auftragnehmers sieht, in beiden Fällen ist allerdings erforderlich, dass diese Pflichtverletzung *ursächlich* für den entstandenen Schaden geworden ist.[443] Damit besteht ein solcher Anspruch also nicht, wenn feststeht, dass der Auftraggeber die Anordnung auch im Falle des ordnungsgemäßen Hinweises erteilt hätte. Im Streitfalle wäre dies durch den Auftragnehmer zu beweisen.[444]   126

VI. Folgen der Nichtbeachtung der Hinweise durch den Auftraggeber

Erfüllt der Auftraggeber seine Prüfungs- und Hinweispflicht ordnungsgemäß, so soll er nach der h.M. von jeglicher Gewährleistungsverpflichtung befreit sein. Nach der hier vertretenen Auffassung bliebe er weiterhin zur Mangelbeseitigung verpflichtet, allerdings nur gegen eine angemessene Zusatzvergütung.   127

Außerdem kann dem Auftragnehmer ein Zurückbehaltungsrecht zustehen, wenn er bei Nichtberücksichtigung seiner Hinweise gegen gesetzliche oder behördliche Vorschriften verstoßen müsste oder wenn mit an Sicherheit grenzender Wahrscheinlichkeit feststeht, dass das Werk mangelhaft sein wird. In diesem Fall soll dem Auftragnehmer auch ein Kündigungsrecht gem. § 9 Abs. 1a VOB/B zustehen.[445]

---

439 BGH, NJW 1994, 850, 851; Palandt/*Heinrichs*, § 280 Rn. 32 u. § 311 Rn. 56; Staudinger/*Löwisch*, BGB, Vorbem. zu § 275 Rn. 105.
440 BGH, NJW 1998, 302, 304.
441 Vgl hierzu: MüKo-BGB/*Kramer*, § 241 Rn. 19.
442 BGH, BauR 1991, 79, 80; Kniffka/Koeble/*Kapellmann*, Rn. 215.
443 BGH, NJW 1998, 302, 303.
444 BGH, NJW 1998, 302, 303 und allgemein: BGHZ 111, 75, 81f, 124, 151, 159 f.
445 Ingenstau/Korbion/*Oppler*, VOB/B, § 4 Nr. 3 Rn. 79; Leinemann/*Sterner*, VOB/B, § 4 Rn. 95.

E. Die Verantwortlichkeit des Auftragnehmers

128 Nach einhelliger Meinung haftet der Auftragnehmer auch bei dem Vorliegen der Voraussetzungen des § 633 BGB nicht, wenn er für die vorliegenden Mängel nicht verantwortlich ist.[446] Verantwortlichkeit meint dabei nicht ein Vertretenmüssen i.S.d. §§ 276, 278 BGB, sondern ist im Sinne einer Risikozurechnung zu verstehen. Hieran soll es fehlen, wenn die Ursachen eines Mangels aus dem Verantwortungsbereich des Auftraggebers stammen. Dies ist etwa bei mangelhaften Stoffen der Fall, die von dem Auftraggeber geliefert wurden, wenn der Baugrund oder aber Anordnungen des Auftraggebers für auftretende Mängel verantwortlich sind.[447]

129 Damit wird einerseits der Rechtsgedanke des allein die Vergütungsgefahr betreffenden § 645 BGB auf die Frage der Mängelgewährleistung übertragen, andererseits – inkonsequenterweise – die Lösung allein auf der Ebene der Leistungsgefahr gesucht, indem man den Auftragnehmer von der Verpflichtung zur Mangelbeseitigung an sich befreit. Im Falle einer Mitverantwortlichkeit des Auftraggebers soll dann der erforderliche Ausgleich aber doch allein auf der Kostenseite erfolgen.[448] Dieses ist etwa dann denkbar, wenn sich einerseits eine Fehlplanung des Auftraggebers mangelbegründend auf ein Werk ausgewirkt hat, andererseits der Auftragnehmer seiner Prüfungs- und Hinweispflicht nicht ordnungsgemäß nachgekommen ist. Auf ein Verschulden kommt es dabei auch auf Auftraggeberseite nicht an, kann aber bei der gem. § 254 BGB anzustellenden Abwägung – ebenso wie natürlich auch bei dem Auftragnehmer – von Bedeutung sein.[449] Dogmatisch sauberer, da zum einen mit der gesetzlichen Systematik des § 645 BGB als reiner Regelung der Vergütungsgefahr übereinstimmend und zum anderen auch die Fälle der wechselseitigen Risikoverteilung konsequent lösend, wäre es, wenn man die Antwort auf die Frage nach der Verantwortlichkeit nicht bei der Leistungsgefahr, sondern auf der Vergütungsseite suchen würde.[450] Dies würde ebenso die problemlose Einordnung der Prüfungs- und Hinweispflicht – anders als dies nach der h.M. der Fall ist – in dieses System ermöglichen.[451] Danach wäre der Auftragnehmer zwar einerseits bei allen Mängeln, auch solchen, die er im o.g. Sinne nicht zu verantworten hat, zur Beseitigung verpflichtet, dies allerdings nur gegen eine entsprechende Zusatzvergütung, deren Höhe sich an dem Grad der Verantwortlichkeit des Auftraggebers zu orientieren hätte.[452] Dies hätte schließlich auch eine Harmonisierung zum Mangelbegriff des Kaufrechts zur Folge, der die Verantwortlichkeit des Verkäufers allein an dem objektiven Vorliegen eines Mangels festmacht. Den Besonderheiten des Werkvertrages kann man auf der Vergütungsebene besser gerecht werden.

130 Problemloser sind die Fälle der Minderung zu lösen, die bei geteilter Verantwortung natürlich nur anteilig durchgreifen.[453] Das Recht zum Rücktritt ist dann zu versagen, wenn ein Mangel durch die Mitverantwortlichkeit des Auftraggebers unter die Erheblichkeitsschwelle des § 323 Abs. 5 S. 2 BGB fällt. Auf die Schadensersatzansprüche gem. §§ 634 Nr. 4, 280 ff. BGB ist § 254 BGB ohnehin unmittelbar anwendbar.

---

446 Staudinger/*Peters*, BGB, § 633 Rn. 192.
447 Vgl. hierzu näher die Ausführungen zu § 645 BGB Rdn. 8 ff.
448 Staudinger/*Peters*, BGB, § 634 Rn. 20.
449 Staudinger/*Peters*, BGB, § 633 Rn. 193.
450 Eingehend hierzu: *Rehbein*, Die Anordnung des Auftraggebers, S. 142 ff.
451 Vgl. hierzu Rdn. 120 ff.
452 Im Ergebnis ebenso: OLG Celle, BauR 1998, 802, 805.
453 BGH, WM 1971, 1125, 1126.

F. Darlegungs- und Beweislast

I. Darlegung

Für die schlüssige *Darlegung* eines Mangels genügt nach der sog. Symptomtheorie des BGH,[454] wenn der Auftraggeber die sichtbaren Auswirkungen eines Mangels, also etwa die Putzabplatzungen für die unzureichende Betonierung der Decke, vorträgt.

131

II. Beweislast

1. Die *Sollbeschaffenheit* ist stets durch den Auftraggeber zu beweisen.[455] Behauptet der Auftragnehmer, dass ein niedrigerer als der gewöhnliche Standard vereinbart sei, führt dies nicht etwa zu einer Beweisverlagerung; vielmehr bleibt es auch hier dabei, dass der Auftraggeber die tatsächliche vertragliche Sollbeschaffenheit nachzuweisen hat.[456] Allerdings hat der Auftragnehmer entsprechend den allgemeinen prozessualen Grundsätzen seine Behauptung zunächst substantiiert darzulegen; insbesondere genügt nicht bereits der Hinweis auf einen niedrigen Preis. Außerdem sind an den Gegenbeweis nicht allzu hohe Anforderungen zu stellen.[457]

132

2. Die Beweislast zur *Istbeschaffenheit* gestaltet sich hingegen variabel. Bis zur Abnahme liegt sie bei dem Auftragnehmer, ab diesem Zeitpunkt geht sie hingegen auf den Auftraggeber über. Stets ist es aber an dem Auftraggeber nachzuweisen, dass der gegenwärtige Zustand bereits bei Abnahme vorgelegen, m.a.W. also nicht erst nachträglich entstanden ist.[458] § 476 BGB gilt nicht für das Werkvertragsrecht, auch nicht entsprechend.[459]

133

Bleibt eine Abnahme wegen Kündigung gem. § 649 BGB oder Rücktritt gem. §§ 634, 636, 323, 326 Abs. 5 BGB) aus, hat der Auftragnehmer die ordnungsgemäße Erbringung seiner Werkleistung zu beweisen.[460]

134

3. In Ausnahmefällen kann dem Auftraggeber der *Anscheinsbeweis* helfen, etwa dann, wenn ein anderer Schadensverursacher nicht ersichtlich ist.[461] An die Anwendung dieser Grundsätze ist auch dann zu denken, wenn der Auftragnehmer grob fahrlässig gegen die anerkannten Regeln der Technik verstoßen hat, dem Auftraggeber aber nach der Sachlage nicht möglich ist, die Ursächlichkeit nachzuweisen.[462]

135

4. Entsprechend den allgemeinen Grundsätzen hat der Auftragnehmer im Falle von geltend gemachten *Schadensersatzansprüchen* gem. § 634 Nr. 4 i.V.m. §§ 280, 281, 311a BGB nachzuweisen, dass ihn an dem Mangel kein Verschulden trifft.[463]

136

5. Für den Sonderfall der *Baukostenüberschreitung* beim Architektenvertrag ist darauf hinzuweisen, dass hier der Auftraggeber die Darlegungs- und Beweislast sowohl für die Pflichtverletzung als auch für die Höhe des Schadens trägt. Dies beinhaltet auch den Nachweis darüber, in welchem Umfang die Mehrkosten die entstandene Wertsteigerung übersteigen.[464] Schließlich hat der Auftraggeber auch die haftungsausfüllende Kausalität zu beweisen, was konkret bedeutet, dass und

137

---

454 BauR 2002, 784 st. Rspr.; vgl. auch Ingenstau/Korbion/*Wirth*, VOB/B, § 13 Nr. 1 Rn. 68; *Werner/Pastor*, 13. A., Rn. 1980.
455 Staudinger/*Peters*, BGB, § 633 Rn. 191; *Werner/Pastor*, 13. A., Rn. 1965.
456 Staudinger/*Peters*, BGB, § 633 Rn. 191; a.A. *Nierwetberg*, NJW 1993, 1745, 174 (Beweislast für Sollbeschaffenheit geht ab Abnahme auf den Käufer/Auftraggeber über).
457 Ebenso: Staudinger/*Peters*, BGB, § 633 Rn. 191.
458 BGH Schäfer/Finnern/Hochstein, § 635 a.F. BGB Nr. 120.
459 Staudinger/*Peters*, BGB, § 633 Rn. 191.
460 BGH, BauR 1997, 1060, 1062.
461 LG Nürnberg-Fürth, NJW-RR 1989, 1106, 1107.
462 Ingenstau/Korbion/*Wirth*, VOB/B § 13 Nr. 1 Rn. 123.
463 Ingenstau/Korbion/*Wirth*, VOB/B § 13 Nr. 1 Rn. 121.
464 Kuffer/Wirth/*Leupertz*, 10. Kap. C. Rn. 138.

wie er im Falle rechtzeitiger und hinreichender Aufklärung durch den Architekten anders disponiert hätte. Den hier naturgemäß bestehenden Beweisschwierigkeiten ist durch nicht überspannte Anforderungen im Rahmen der Beweiswürdigung zu begegnen.[465]

138   6. Besonders schwierig kann der erforderliche Nachweis für den Auftraggeber insbesondere dann werden, wenn *mehrere Unternehmer* neben- oder nacheinander verschiedene Arbeiten an dem Gewerk ausgeführt haben (Erstellen des Mauerwerks, Verputzen, Aufbringen des Außenklinkers). Dann trifft den Auftraggeber die Beweislast dafür, die objektive Pflichtverletzung jedes dieser Unternehmer und die Tatsache nachzuweisen, dass gerade diese Pflichtverletzung den Schaden verursacht hat.[466] In Bezug auf den zuletzt genannten Punkt genügt es allerdings, dass die mangelhafte Werkausführung eines Auftragnehmers zumindest mitursächlich gewesen ist.[467]

139   7. Der Auftragnehmer hat seinerseits die ordnungsgemäße Erfüllung seiner *Prüfungs- und Hinweispflicht* nachzuweisen. Es genügt, wenn ihm der Beweis gelingt, dass seine Pflichtverletzung nicht kausal für den Mangel war, weil der Auftragnehmer seinen Bedenken ohnehin nicht gefolgt wäre.[468]

140   8. Für *vertragliche Vereinbarungen*, die die Beweislast anders regeln gilt es, § 309 Nr. 12 BGB (bis zum 31.12.2001: § 11 Nr. 15 AGBG) zu beachten. Danach sind insbesondere solche AGB-Klauseln unwirksam, die dem Auftragnehmer auch noch nach der Abnahme die Beweislast für Mangelfreiheit seiner Leistung auferlegen.[469]

141   9. Dem Auftraggeber kann der Vorwurf der *Beweisvereitelung* treffen, wenn er in Kenntnis einer notwendigen Beweiserhebung einen Dritten weiterbauen oder die Mängel beseitigen lässt, obwohl er den Weg des selbständigen Beweisverfahrens hätte beschreiten können.[470]

§ 634 Rechte des Bestellers bei Mängeln

Ist das Werk mangelhaft, kann der Besteller, wenn die Voraussetzungen der folgenden Vorschriften vorliegen und soweit nicht ein anderes bestimmt ist,
1. nach § 635 BGB Nacherfüllung verlangen,
2. nach § 637 BGB den Mangel selbst beseitigen und Ersatz der erforderlichen Aufwendungen verlangen,
3. nach den §§ 636, 323 und 326 Abs. 5 BGB von dem Vertrag zurücktreten oder nach § 638 BGB die Vergütung mindern und
4. nach den §§ 636, 280, 281, 283 und 311a BGB Schadensersatz oder nach § 284 BGB Ersatz vergeblicher Aufwendungen verlangen

Schrifttum
Briesemeister Rechtsfähigkeit der WEG-Gemeinschaft und Verfahren, ZWE 2006, 15; *Derleder* Der Bauträgervertrag nach der Schuldrechtsmodernisierung, NZBau 2004, 237; *Derleder/Sommer* Die Nacherfüllung nach arglistiger Täuschung, JZ 2007, 338; *Grunewald* Eigentumsverletzungen im Zusammenhang mit fehlerhaften Werkleistungen, JZ 1987, 1098; *Eberl-Borges* Vertragliche Haftungstatbestände im Rahmen des § 830 I 2 BGB, NJW 2002, 949; *Folnovic* Sind werkvertragliche Mängelansprüche in der Herstellungsphase des Werks ausgeschlossen?, BauR 2008, 1360; *Freund/Barthelmess* Eigentumsverletzung durch Baumängel?, NJW 1975, 281; *Grunewald* Eigentumsverletzungen im Zusammenhang mit fehlerhaften Werkleistungen, JZ 1987, 1098; *Gsell* Zum Verhältnis von vertraglicher und deliktsrechtlicher Haftung beim Werkvertrag, JZ 2005, 1171; *Korintenberg* Erfüllung und Gewährleistung beim Werkvertrage 1935; *Ott* Die Auswirkung der

---

465 BGH, BauR 1997, 494, 497; Kuffer/Wirth/*Leupertz*, 10. Kap. C. Rn. 138.
466 Ingenstau/Korbion/*Wirth*, VOB/B, § 13 Nr. 1 Rn. 124.
467 BGH, BauR 1973, 51, 52; BauR 1975, 130, 131.
468 BGH, BauR 1973, 379, 380; *Werner/Pastor*, Rn. 1519.
469 Ingenstau/Korbion/*Wirth*, VOB/B, § 13 Nr. 1 Rn. 125.
470 OLG Düsseldorf, BauR 1980, 289.

Schuldrechtsreform auf Bauträgerverträge und andere aktuelle Fragen des Bauträgerrechts, NZBau 2003, 233; *Pause* Auswirkungen der Schuldrechtsmodernisierung auf den Bauträgervertrag, NZBau 2002, 648; *Schudnagies* Das Werkvertragsrecht nach der Schuldrechtsreform, NJW 2002, 396; *Sienz* Die Neuregelungen im Werkvertragsrecht nach dem Schuldrechtsmodernisierungsgesetz, BauR 2002, 181; *Teichmann* Kauf- und Werkvertrag in der Schuldrechtsreform, ZfBR 2002, 13; *Vorwerk* Mängelhaftung des Werkunternehmers und Rechte des Bestellers nach neuem Recht, BauR 2003, 1; *Wenzel* Der Bereich der Rechtsfähigkeit der Gemeinschaft, ZWE 2006, 462; *Wenzel* Rechte der Erwerber bei Mängeln am Gemeinschaftseigentum – eine systematische Betrachtung, ZWE 2006, 109; *Wertenbruch* Die eingeschränkte Bindung des Käufers an Rücktritt und Minderung, JZ 2002, 862.

Übersicht

	Rdn.
A. Überblick	1
B. Anwendungsbereich	8
I. Mängelansprüche und -rechte und allgemeines Leistungsstörungsrecht	8
1. Werkmangel und primärer Erfüllungsanspruch	8
2. Gefahrübergang als maßgeblicher Zeitpunkt für den Wechsel der Regelungsregimes	9
a) Keine Verantwortung für nach dem Gefahrübergang entstehende Mängel	10
b) Gefahrübergang auch maßgeblich für die Abgrenzung zum allgemeinen Leistungsstörungsrechts	12
3. Rechtsbehelfe des Bestellers nach dem Gefahrübergang	14
4. Rechtsbehelfe des Bestellers vor dem Gefahrübergang	17
a) Allgemeines Leistungsstörungsrecht	17
aa) Zeitraum vor der geschuldeten Fertigstellung des Bauwerkes	17
bb) Zeitraum zwischen dem vertraglich vereinbarten Zeitpunkt der Fertigstellung des Bauwerkes und der Abnahme	19
b) Mängelrechte	20
aa) Zeitraum vor der geschuldeten Fertigstellung des Bauwerkes	21
bb) Zeitraum zwischen dem vertraglich vereinbarten Zeitpunkt der Fertigstellung des Bauwerkes und der Abnahme	22
c) Parallele Anwendung der Rechtsbehelfe	26
II. Werkvertragliche Mängelansprüche bei Bauträgerverträgen	28
C. Anwendungsvoraussetzungen der Mängelansprüche	29
I. Der Anspruch auf Nacherfüllung	29
II. Verhältnis der Mängelrechte zueinander	32
1. Fristsetzung als Voraussetzung für die Geltendmachung der übrigen Gewährleistungsrechte	32
a) Regel	33
b) Ausnahmen	36
c) Fristablauf und Nacherfüllungsanspruch	37
2. Verhältnis der übrigen Rechtsbehelfe zueinander	39
D. Besonderheiten bei der Geltendmachung der Mängelrechte	44
I. Mehrheit von Unternehmern	44
II. Mehrheit von Bestellern	48
E. Abtretung von Mängelrechten	51
F. Verhältnis der Mängelrechte zu anderen Rechtsbehelfen	57
I. Anfechtung	57
II. Störung der Geschäftsgrundlage	58
III. Verschulden bei Vertragsverhandlungen	59
IV. Geschäftsführung ohne Auftrag und ungerechtfertigte Bereicherung	60
V. Unerlaubte Handlung	61
G. Beweislast	64
I. Mangelbeseitigungsprozess	65
II. Vergütungsprozess	69
H. Prozessuales	70

A. Überblick[1]

Die Vorschrift des § 634 BGB wurde im Zuge der Schuldrechtsmodernisierung neu geschaffen.[2] 1
Die Neukonzeption des Schuldrechts integrierte die vordem speziellen Gewährleistungsansprüche

---

[1] Für die wertvolle Unterstützung bei der Vorbereitung und Erstellung des Manuskripts danke ich Frau ass.iur. *Grete Langjahr*.
[2] MüKo-BGB/*Busche*, § 634 Rn. 1.

bei Kauf- und Werkverträgen in das allgemeine Leistungsstörungsrecht.[3] Da im Werkvertragsrecht seit jeher eine Erfüllungspflicht des Unternehmers angenommen und der Übergang zum werkvertraglichen Anspruch auf Mängelbeseitigung oder Neuherstellung seit langem als »Modifikation« des Erfüllungsanspruchs[4] verstanden wurde, waren die Änderungen jedoch im Werkvertragsrecht eher redaktioneller Natur denn – wie im Kaufrecht – strukturell revolutionär.[5] Die Funktion des § 634 BGB besteht daher im wesentlichen in einer – allerdings unvollständigen – Katalogisierung der Rechtsbehelfe des Bestellers:[6] Der seit jeher bestehende werkvertragliche Anspruch auf Nacherfüllung (§§ 634 Nr. 1, 635 BGB; vgl. § 633 Abs. 2 BGB a.F.) war auf dem Umweg über die Verbrauchsgüterkaufrichtlinie zum Vorbild für die Regelung der §§ 437 Nr. 1, 439 BGB geworden. Das in §§ 634 Nr. 2, 637 BGB niedergelegte Recht des Bestellers zur Selbstvornahme existiert auch beim Mietvertrag in § 536a Abs. 2 BGB, nicht jedoch im Kaufrecht. Demgegenüber wird die Minderung im Werkvertragsrecht nunmehr zwar abschließend geregelt, sie kommt jedoch bei anderen Vertragstypen des BGB ebenfalls vor und entspricht überdies nunmehr dem allgemeinen Regelungsmodell der Teilunmöglichkeit gem. § 326 Abs. 1 S. 1 a.E. – allein aus Gründen der regelungstechnischen Einfachheit verweist der Gesetzgeber dort auf die kaufrechtliche Vorschrift in § 441 BGB. Beim Rücktritt (§§ 634 Nr. 3, 636 BGB), beim Schadensersatzanspruch (§§ 634 Nr. 4, 636 BGB) sowie beim Aufwendungsersatzanspruch (§§ 634 Nr. 4 BGB) wird, bis auf die Sonderregelung in § 636 BGB, auf die Vorschriften des allgemeinen Schuldrechts verwiesen.

2 Auch soweit die werkvertraglichen Mängelansprüche ins allgemeine Leistungsstörungsrecht eingebunden sind, enthalten die §§ 634 ff. BGB konkretisierende und modifizierende Sonderregelungen.[7] Im wesentlichen geht es der werkvertraglichen Regelung um die Anordnung einer gegenüber der allgemein geltenden geänderten Verjährung in § 634a BGB. Vor allem im Hinblick darauf werden die allgemeinen Vorschriften des Leistungsstörungsrechts vom Zeitpunkt des Gefahrübergangs an durch die §§ 634 ff. BGB verdrängt (vgl. dazu sogl. Rdn. 12 f.).

3 Die mangelhaft erbrachte Leistung stellt eine teilweise Nichterfüllung (zur Schlechtleistung als qualitativer Teilleistung vgl. bereits o. § 275 BGB Rdn. 65 ff.) der in § 633 Abs. 1 BGB niedergelegten Pflicht des Unternehmers dar, dem Besteller die hergestellte Sache frei von Sach- und Rechtsmängeln zu verschaffen.[8] Kommt der Unternehmer dieser Verpflichtung nicht nach, so kann der Besteller die werkvertraglichen Mängelansprüche und -rechte geltend machen: Der Nacherfüllungsanspruch, der Kostenerstattungsanspruch, der Schadensersatzanspruch und der Aufwendungsersatzanspruch sind als Ansprüche ausgestaltet, demgegenüber stellen Rücktritt und Minderung seit der Schuldrechtsmodernisierung Gestaltungsrechte dar. Bei der Selbstvornahme handelt es sich um eine bloß tatsächliche Befugnis.[9]

4 Ein Recht zur Selbstvornahme besteht stets, soweit der Besteller nach sachenrechtlichen Grundsätzen Zugang zum Substrat des Werks hat und keinen Besitz des Unternehmers rechtswidrig verletzt. Insoweit erweitert das »Selbstvornahmerecht« die Rechte des Bestellers nicht: Der Besteller darf also auch nach Ablauf der zur Nacherfüllung gesetzten Frist nicht in die Werkstatt des Unternehmers eindringen, um den Mangel etwa selbst zu beseitigen. Soweit der Besteller aber ohnehin zur Selbstvornahme befugt wäre, behielte der Unternehmer freilich im Regelfall seinen Vergütungsanspruch auf der Grundlage des § 326 Abs. 2 S. 1 BGB, weil der Besteller ihm die Erfüllung des Nacherfüllungsanspruchs schuldhaft unmöglich macht, wenn er den Mangel beseitigt bzw. beseitigen lässt. Die eigentliche Bedeutung der Begründung des Rechts zur Selbstvornahme

---

3 jurisPK-BGB/*Mahler*, § 634 Rn. 2.
4 Vgl. bereits *Korintenberg*, S. 115 ff. Erman/*Schwenker*, § 634 Rn. 4.
5 Vgl. *Schudnagies*, NJW 2002, 396, 400.
6 Erman/*Schwenker*, § 634 Rn. 1.
7 MüKo-BGB/*Busche*, § 634 Rn. 2; Messerschmidt/Voit/*Drossart*, § 634 Rn. 2.
8 Messerschmidt/Voit/*Drossart*, § 634 Rn. 1.
9 Palandt/*Sprau*, BGB § 634 Rn. 2.

besteht demgemäß in der Begründung eines selbständigen und von einem Verschuldenserfordernis unabhängigen Anspruchs des Bestellers auf Ersatz der erforderlichen Aufwendungen, hinsichtlich derer überdies ein Vorschussanspruch gewährt wird.

Nach fruchtlosem Verstreichen der von ihm gesetzten Frist zur Nacherfüllung hat der Besteller die Wahl zwischen Selbstvornahme, Minderung, Rücktritt und Schadensersatz. Bis auf den Schadensersatzanspruch kann er seine Rechte unabhängig von einem Verschulden des Unternehmers geltend machen. Im Katalog des § 634 BGB nicht genannt ist das Recht des Bestellers, im Fall der mangelhaft angebotenen Leistung die Abnahme in den Grenzen des § 640 Abs. 1 S. 2 BGB zu verweigern, sowie nach bereits erfolgter Abnahme die Zahlung wegen eines Mängelanspruchs die Zahlung gem. § 320 BGB zu verweigern (zur sog. Mängeleinrede vgl. §§ 320–322 BGB Rdn. 2). 5

Die Vorschrift des § 634 BGB spielt, wie angedeutet, im Rahmen der Verjährung eine wesentliche Rolle. Denn im Fall des § 634 BGB sieht § 634a BGB spezielle Verjährungsregelungen vor. Sind demgegenüber (noch) die Vorschriften des allgemeinen Leistungsstörungsrechts unmittelbar anwendbar, so richtet sich die Verjährung nach §§ 195 ff. BGB.[10] 6

Wurde zwischen den Parteien die VOB/B wirksam vereinbart, so verdrängt oder ergänzt diese die Vorschriften des Werkvertragsrechts im BGB. Insbesondere kann der Besteller gem. § 4 Nr. 7 VOB/B schon vor der Abnahme die Beseitigung von Mängeln verlangen. Ihm steht ein Schadensersatzanspruch wegen verschuldeter Mängel und bei Vorliegen weiterer Voraussetzungen ein Kündigungsrecht nach dieser Vorschrift zu. Die Rechte des Auftraggebers nach der Abnahme sind in § 13 VOB/B geregelt. 7

B. Anwendungsbereich

I. Mängelansprüche und -rechte und allgemeines Leistungsstörungsrecht

1. Werkmangel und primärer Erfüllungsanspruch

Die Mangelfreiheit gem. § 633 Abs. 1 BGB ist nicht allein Voraussetzung spezifisch werkvertraglicher Mängelansprüche (plastischer früher: der werkvertraglichen Gewährleistung), sondern § 633 Abs. 2, 3 BGB ist bereits zur Bestimmung des primären Erfüllungsanspruchs des Bestellers heranzuziehen. Ob eine Leistung wie geschuldet angeboten bzw. erbracht wurde (vgl. §§ 281 Abs. 1, 323 Abs. 1 BGB), bemisst sich beim Werkvertrag nach dem Maßstab des § 633 BGB. Es ist daher unzutreffend, wenn gelegentlich behauptet wird, funktional umschriebene Werk-, insbesondere Bauverträge, enthielten keine Leistungsbestimmung – auch offene Positionen in Leistungsbeschreibungen werden durch § 633 BGB geschlossen. Im Gegenteil ist die primäre Bedeutung von § 633 Abs. 3 BGB nicht erst in der Nacherfüllungsphase, sondern bereits in der Ausformung des primären Erfüllungsanspruchs des Bestellers zu erkennen. 8

2. Gefahrübergang als maßgeblicher Zeitpunkt für den Wechsel der Regelungsregimes

Im Hinblick auf den Zweck der Sonderregelungen in §§ 634 ff. BGB ist eine verdrängende Spezialität und folglich eine Abgrenzung des Anwendungsbereichs dieser Vorschriften gegenüber denen des allgemeinen Leistungsstörungsrechts erforderlich. Im Kaufrecht übernimmt diese Zäsur die Anknüpfung an das Vorliegen des Sachmangels »bei Gefahrübergang« in § 434 Abs. 1 BGB. Im Werkvertragsrecht fehlt eine solche Regelung zwar. Unter teleologischen Gesichtspunkten ist sie aber auch für die Anwendung der §§ 634 ff. BGB zugrundezulegen, wobei regelmäßig auf die Abnahme, hilfsweise gem. § 646 BGB auf die Fertigstellung abzustellen ist:[11] 9

---

10 jurisPK-BGB/*Mahler*, § 634 Rn. 5.
11 Palandt/*Sprau*, BGB Rn. 6 vor § 633; Bamberger/Roth/*Voit*, § 634 Rn. 2.

a) Keine Verantwortung für nach dem Gefahrübergang entstehende Mängel

10 Ganz unstreitig haftet der Unternehmer nicht für Mängel, die erst nach Gefahrübergang entstehen. Der Gefahrübergang erfolgt im Werkvertrag regelmäßig durch Abnahme, hilfsweise durch Vollendung gem. § 646 BGB, und betrifft nicht allein die Vergütungsgefahr, die in § 644 BGB unmittelbar geregelt ist, sondern auch die Leistungsgefahr. Dieser Übergang der Leistungsgefahr zum Zeitpunkt der Abnahme ist aus ökonomischen Erwägungen gerechtfertigt: Bis zum Gefahrübergang unterliegt das Werk der Kontrolle des Unternehmers; er ist daher am besten in der Lage, Risiken zu kontrollieren. Anders ist das ab dem Zeitpunkt des Gefahrübergangs. Eine gesetzliche Haltbarkeitsgarantie würde nicht allein zu höheren Preisen, sondern zu ineffizienten Ergebnissen führen.

11 Von nach dem Gefahrübergang entstehenden »Nicht-Mängeln« sind freilich Fälle zu unterscheiden, in denen ein bei Gefahrübergang bereits im Keim angelegter Mangel erst nach Gefahrübergang sichtbar wird.[12] Eine § 476 BGB vergleichbare Regelung fehlt beim Verbraucher-Werkvertrag.

b) Gefahrübergang auch maßgeblich für die Abgrenzung zum allgemeinen Leistungsstörungsrechts

12 Problematischer ist demgegenüber die Abgrenzung des Anwendungsbereichs von § 634 BGB in zeitlicher Hinsicht »nach vorne«, d.h. zum allgemeinen Leistungsstörungsrecht: Die fehlende Einschränkung des Wortlauts von § 633 Abs. 2, 3 BGB würde zwar auf den ersten Blick die zwanglose Anwendung der §§ 634 ff. BGB vor Gefahrübergang sowie die Konkretisierung der primären Erfüllungsansprüche des Bestellers gestatten, begründet jedoch das oben angesprochene Konkurrenzproblem. Das Prinzip der harmonischen Auslegung gebietet, allen Regelungen einen sinnvollen Anwendungsbereich zuzuweisen. Der wünschenswerte Gleichlauf zur kaufvertraglichen Regelung, aber auch sachliche Gründe, legen diesbezüglich die Anknüpfung an den Gefahrübergang nahe: Die praktisch bedeutendste Sondervorschrift hält § 634a BGB bereit, wonach die Verjährung bei körperlichen Werken und Bauwerken mit der Abnahme beginnt. Gerechtfertigt wird dies durch die Annahme, dass der Besteller mit der Abnahme eine Prüfungsmöglichkeit hat. Die Abnahme führt zum einen gem. § 644 Abs. 1 S. 1 BGB zum Übergang der Preisgefahr sowie zum anderen wegen der Begrenzung der Erfüllungspflicht auf der Zeitachse zum Übergang der Leistungsgefahr. Es erscheint daher sinnvoll, denselben Zeitpunkt für den Übergang vom allgemeinen Erfüllungsanspruch, der gem. §§ 195, 199 BGB verjährt, zum Nacherfüllungsanspruch, der gem. § 634a BGB verjährt, für maßgeblich zu halten.

13 Ist dementsprechend das Vorliegen eines Mangels zum Zeitpunkt des Gefahrübergangs maßgeblich, so muss freilich die Begründung der Verweigerung der Abnahme wegen Mängeln angepasst werden, da *a priori* vor der Abnahme noch kein Mangel gem. § 633 Abs. 2 BGB vorliegen könnte, der über § 633 Abs. 1 BGB die in § 640 BGB geforderte Vertragsmäßigkeit ausschlösse. Insoweit kann auf die dolo-agit-Einrede gem. § 242 BGB zurückgegriffen werden: Der Unternehmer kann nicht die Abnahme eines Werks verlangen, das mit der Abnahme mangelhaft und damit vertragswidrig wäre.

3. Rechtsbehelfe des Bestellers nach dem Gefahrübergang

14 Nach Gefahrübergang stehen dem Besteller demgemäß die in § 634 BGB geregelten Rechtsbehelfe uneingeschränkt zur Verfügung. Das allgemeine Leistungsstörungsrecht kommt demgegenüber nicht mehr autonom zur Anwendung. Seine Anwendbarkeit beruht insoweit auf den Verweisungen in § 634 Nr. 3 und 4 BGB für den Rücktritt, den Schadensersatzanspruch sowie den Aufwendungsersatzanspruch.

---

12 MüKo-BGB/*Busche*, § 633 Rn. 8.

Der Schadensersatzanspruch wird durch die Verweisung dem Fristsetzungserfordernis des § 281 BGB unterworfen, soweit er an die Stelle des durch die Schlechtleistung geminderten Erfüllungsanspruchs tritt und daher Schadensersatz statt der Leistung ist. Macht der Besteller einen Verzögerungsschaden geltend, so bekommt er diesen unter den Voraussetzungen der §§ 634 Nr. 4, 280 Abs. 1, 2, 286 BGB ersetzt. Insbesondere alle Mangelfolgeschäden, dazu gehören auch Verletzungen von Körper und Gesundheit des Bestellers, werden durch die Verweisung in § 634 Nr. 4 BGB auf § 280 Abs. 1 BGB erfasst.[13]   15

Erleidet der Besteller demgegenüber einen Schaden, der unabhängig von einem Werkmangel eintritt, so ergibt sich sein Anspruch unmittelbar aus § 280 Abs. 1 BGB i.V.m. der Verletzung einer anderen als der in § 633 Abs. 1 BGB niedergelegten Vertragspflicht.[14] Solche Schäden werden nicht von § 634 Nr. 4 BGB erfasst; ein Konkurrenzproblem besteht daher von vornherein nicht.   16

4. Rechtsbehelfe des Bestellers vor dem Gefahrübergang

a) Allgemeines Leistungsstörungsrecht

aa) Zeitraum vor der geschuldeten Fertigstellung des Bauwerkes

Bis zum Gefahrübergang ergeben sich die Rechte des Bestellers gegenüber dem Unternehmer nach dem Gesagten unmittelbar aus dem allgemeinen Leistungsstörungsrecht. Im Ausgangspunkt hat der Besteller den durchsetzbaren Erfüllungsanspruch.[15] »Mängel« können in dieser Phase zunächst ein Rücktrittsrecht gem. §§ 323 ff. BGB oder Ansprüche auf Schadensersatz gem. §§ 280 ff. BGB begründen. Sowohl das allgemeine Rücktrittsrecht als auch der Anspruch auf Schadensersatz statt der Leistung versagen jedoch zunächst, weil sie an die Nichterfüllung eines fälligen Anspruchs anknüpfen. Daran fehlt es vor dem vertraglich vereinbarten Fertigstellungszeitpunkt aber gerade. Im Regelfall gibt das allgemeine Leistungsstörungsrecht dem Besteller vor dem Fertigstellungszeitpunkt also keine Handhabe.   17

Freilich muss der Besteller nicht tatenlos zusehen, wie ein Unternehmer durch seine Untätigkeit, Unfähigkeit oder gar ausdrückliche Leistungsverweigerung die Erstellung des Gesamtbauwerks gefährdet, innerhalb dessen seine Leistung einen notwendigen Bestandteil im Zusammenwirken mit anderen Unternehmern bildet. Im Kern geht es in solchen Fällen jedoch nicht um die Haftung des Unternehmers für einen Mangel, sondern um eine andere Art der Pflichtverletzung: Der Unternehmer schuldet die Herstellung eines mangelfreien Werkes zum zwischen den Parteien vereinbarten Fälligkeitszeitpunkt. In den Fällen, in denen er kurz vor dem Fertigstellungstermin die Arbeit noch nicht aufgenommen hat oder auf einem festgestellten Mangel weitere Leistungen errichtet, macht er jedoch deutlich, dass er nicht imstande sein wird, diese Pflicht zu erfüllen. Das Verhalten des Unternehmers ist daher als Erfüllungsgefährdung anzusehen. Gem. § 323 Abs. 4 BGB kann der Gläubiger bereits vor Eintritt der Fälligkeit der Leistung zurücktreten, wenn offensichtlich ist, dass die Voraussetzungen des Rücktritts eintreten werden. Ein Abwarten bis zum Fälligkeitszeitpunkt ist nicht erforderlich. Um nach dieser Vorschrift zurücktreten zu können, bedarf es aber einer konkreten Erfüllungsgefährdung. Eine nicht vertragsgemäße Herstellung allein genügt nicht, um vom Vertrag zurücktreten zu können. Erst wenn die Art der vertragswidrigen Ausführungen oder sonstige Umstände darauf schließen lassen, dass das Werk zum Fälligkeitszeitpunkt mangelbehaftet sein wird und es dem Unternehmer somit nicht möglich sein wird, den geschuldeten Erfolg zu erbringen, kann von einer konkreten Erfüllungsgefährdung gesprochen werden (vgl. § 323 BGB Rdn. 11 ff.).[16] Unter analogen Umständen kann der Besteller auch Schadensersatz statt der Leistung verlangen (vgl. § 281 BGB Rdn. 3 ff.).   18

---

13 Erman/*Schwenker*, § 634 Rn. 13; PWW/*Leupertz*, § 634 Rn. 19; Palandt/*Sprau*, BGB § 634 Rn. 8.
14 Palandt/*Sprau*, BGB § 634 Rn. 9.
15 Messerschmidt/Voit/*Drossart*, § 634 Rn. 2; Palandt/*Sprau*, BGB Vorb. v. § 633 Rn. 7.
16 Bamberger/Roth/*Voit,* § 634 Rn. 9.

bb) Zeitraum zwischen dem vertraglich vereinbarten Zeitpunkt der Fertigstellung des Bauwerkes und der Abnahme

19 Nach dem vertraglich vereinbarten Zeitpunkt der Fertigstellung ist der Erfüllungsanspruch des Bestellers fällig und die Rechtsbehelfe des allgemeinen Leistungsstörungsrechts können ohne die besonderen Hürden angewendet werden, welche die Tatbestände der Erfüllungsgefährdung aufstellen.

b) Mängelrechte

20 Ob dem Besteller die Mängelrechte bereits vor der Abnahme des Bauwerkes zustehen sollen, wie es etwa § 4 Nr. 7 VOB/B für den VOB-Bauvertrag vorsieht, ist streitig.[17] Der Wortlaut der Vorschriften kann als Entscheidungshilfe zwar nicht herangezogen werden, da die §§ 633, 634 BGB – anders als etwa § 434 BGB im Kaufrecht – für die Anwendbarkeit der werkvertraglichen Mängelansprüche nicht explizit auf den Zeitpunkt des Gefahrübergangs abstellen.

aa) Zeitraum vor der geschuldeten Fertigstellung des Bauwerkes

21 Beim Werkvertrag ist die Hauptleistungspflicht des Unternehmers in § 633 Abs. 1 BGB dahin umschrieben, dass er das Werk dem Besteller frei von Sach- und Rechtsmängeln verschaffen muss. Die »Verschaffung« zielt auf den vereinbarten Zeitpunkt der Fertigstellung. Bis zum vertraglich vereinbarten Fälligkeitstermin steht die Entscheidung im Ermessen des Unternehmers und wird von seiner Dispositionsfreiheit geschützt, in welcher Art und Weise er die vertragsgemäße Leistung erbringt bzw. er auftretende Mängel beheben lässt, ob er etwa sofort Mangelbeseitigungsmaßnahmen ergreift, diese zu einem späteren Zeitpunkt durchführt oder gar erst eine Abnahme anstrebt und die Beseitigung unwesentlicher Mängel anschließend vornimmt. Diese Wertentscheidung des Gesetzgebers ist zu respektieren und erscheint deshalb sachgemäß, weil unbedeutende und geringfügige Mängel eines allmählich entstehenden Werks noch beseitigt werden können und vom Unternehmer regelmäßig auch behoben werden, bevor er das Werk dem Besteller als fertiggestellt zur Abnahme anbietet. In die Dispositionsfreiheit des Unternehmers kann der Besteller vor dem Fälligkeitszeitpunkt nicht eingreifen. Ihm kann daher auch nicht das Recht zugebilligt werden, wegen (»Noch-nicht«-) Mängeln, die vor dem vertraglich vereinbarten Zeitpunkt der Fertigstellung auftreten, bereits die werkvertraglichen Mängelansprüche geltend zu machen.[18] Erwägenswert erscheint allenfalls, im Fall der konkreten Erfüllungsgefährdung die werkvertraglichen Ansprüche als milderes Mittel gegenüber dem gem. § 323 Abs. 4 BGB möglichen Rücktritt bzw. dem analog möglichen Verlangen nach Schadensersatz statt der Leistung zu gewähren.

bb) Zeitraum zwischen dem vertraglich vereinbarten Zeitpunkt der Fertigstellung des Bauwerkes und der Abnahme

22 Ab dem vertraglich vereinbarten Zeitpunkt der Fertigstellung ist das Interesse des Unternehmers an seiner Dispositionsbefugnis demgegenüber nicht mehr schutzwürdig. Die oben vorgetragenen Argumente gegen eine Anwendung der §§ 634 ff. BGB sind daher ab diesem Zeitpunkt nicht mehr stichhaltig. Auch der Wortlaut des § 634 BGB knüpft allein an die mangelhafte Errichtung eines Werkes und nicht an die Abnahme an.

23 Nach in der Literatur vertretener Ansicht kann vor der Abnahme gleichwohl kein Mangel vorliegen, da der Unternehmer in der Herstellungsphase jederzeit die Möglichkeit hat, den Mangel zu

---

17 Vgl. MüKo-BGB/*Busche*, § 634 Rn. 3; Bamberger/Roth/*Voit*, § 634 Rn. 3f.; Kniffka/*Krause-Allenstein*, IBR-Online-Kommentar, § 634 BGB Rn. 8 ff.; *Vorwerk*, BauR 2003, 1, 8; Palandt/*Sprau*, BGB Rn. 6 vor § 633; *Sienz*, BauR 2002, 181, 184.
18 OLG Koblenz v. 18.10.2007, 5 U 521/07, OLGR Koblenz 2008, 175.

beseitigen oder das Werk neu zu errichten.[19] Diese Argumentation überzeugt nur insoweit, als man auf den Zeitpunkt der Abnahme abstellt. Wählt man dagegen den Zeitpunkt der vertraglich vereinbarten Fertigstellung des Bauwerkes als den entscheidenden, so vermag diese Argumentation nicht zu überzeugen. Der in dieser Phase noch bestehende Erfüllungsanspruch vermag dem Interesse des Bestellers oftmals nicht gerecht zu werden, da die bauvertragstypischen Besonderheiten nur unzureichend berücksichtigt werden. Das herzustellende Gebäude entsteht in der Regel auf dem Grundstück des Bestellers und trotz nicht erfolgter Abnahme verbleibt es auch dort. Der Besteller ist daher in besonderem Maße auf die vertragsgemäße Errichtung des Bauwerks angewiesen, wozu bei komplexen Bauvorhaben auch die Einhaltung der Leistungszeit zählt. Unterschiedliche Gewerke werden ausgeführt und während der Bauphase aufeinander abgestimmt.

Insoweit wird hier vertreten, dem Besteller die Mängelansprüche bereits ab dem vereinbarten Zeitpunkt der Fertigstellung zu gewähren. Ein schutzwürdiges Interesse des Unternehmers ist nicht ersichtlich: Mit dem vertraglich vereinbarten Fertigstellungszeitpunkt ist der Erfüllungsanspruch des Bestellers fällig, d.h. der Besteller könnte gem. § 323 Abs. 1 BGB den Vertrag liquidieren oder gem. §§ 280 Abs. 1, 3, 281 BGB Schadensersatz statt der Leistung verlangen (vgl. Rdn. 17). In dieser Situation erscheint es interessengerechter, dem Besteller die minder schneidigen Folgeansprüche des Werkvertragsrechts, insbesondere die Selbstvornahmebefugnis mit Kostenerstattungs- und Kostenvorschussanspruch sowie die Minderung an die Hand zu geben. 24

Spätestens zum Zeitpunkt des Angebots zur Abnahme ist der Unternehmer der Ansicht, er habe das Werk abnahmereif, d.h. mangelfrei erstellt. Daher erscheint es sinnwidrig, den Besteller das Werk abnehmen lassen zu müssen, um die Mängelansprüche geltend machen zu können. Es entspricht daher allgemeiner Ansicht, dass der Besteller auch bei berechtigter Abnahmeverweigerung die Ansprüche aus §§ 634 ff. BGB neben den Rechtsbehelfen des Leistungsstörungsrechts geltend machen kann. Allein unter engen Voraussetzungen kann ein Verzicht des Bestellers auf die allgemeinen Rechtsbehelfe angenommen werden.[20] 25

c) Parallele Anwendung der Rechtsbehelfe

Bereits nach altem Recht gewährte die Rechtsprechung die Gewährleistungsansprüche unabhängig davon, ob eine Abnahme stattfand oder nicht.[21] So konnte der Besteller, wenn die Voraussetzungen des Verzuges vorlagen, auch vor der Abnahme die Ersatzvornahme durchführen und Kostenerstattung verlangen oder den Vorschuss auf die Mängelbeseitigungskosten einfordern.[22] Ebenfalls konnte der Besteller Schadensersatz wegen Nichterfüllung gemäß § 326 Abs. 1 BGB a.F. verlangen. Dass ein solcher Anspruch bei fehlender Abnahme neben die werkvertraglichen Ansprüche aus §§ 634 a.F. und 635 a.F. treten konnte, bestätigte der Bundesgerichtshof in einer Entscheidung aus dem Jahr 1987.[23] Das Gesetz räumte in § 636 Abs. 1 Satz 1 BGB a.F. ein Nebeneinander der Rechte des Bestellers ausdrücklich ein. § 636 BGB a.F. wurde im Zuge der Schuldrechtsmodernisierung zwar aufgehoben, dennoch gilt nach dem oben Gesagten dasselbe auch unter geltendem Recht ab dem vertraglich vereinbarten Zeitpunkt der Fertigstellung (nach hier vertretener Ansicht) bzw. spätestens ab dem Zeitpunkt der Fertigstellung unter Angebot zur Abnahme. 26

Wurde zwischen den Vertragsparteien die VOB/B vereinbart, so kann der Auftraggeber Mängelbeseitigungsansprüche ohne weiteres während der Herstellungsphase geltend machen. In § 4 Nr. 7 S. 1 VOB/B wird geregelt, dass Leistungen, die schon während der Bauphase als mangelhaft 27

---

19 Vgl. Bamberger/Roth/*Voit*, § 634 Rn. 3; *Folnovic*, BauR 2008, 1360, 1362.
20 Vgl. zur alten Rechtslage BGH v. 17.02.1999, X ZR 8/96, BauR 1999, 760; *Folnovic*, BauR 2008, 1360, 1364.
21 BGH v. 27.02.1996, X ZR 3/94, NJW 1749, 1750.
22 Kniffka/*Krause-Allenstein*, IBR-Online-Kommentar, § 634 Rn. 8.
23 BGH v. 07.07.1987, X ZR 23/86, NJW-RR 1988, 310.

oder vertragswidrig erkannt werden, vom Auftragnehmer auf eigene Kosten durch mangelfreie zu ersetzen sind.

II. Werkvertragliche Mängelansprüche bei Bauträgerverträgen

28 In der Vergangenheit hat die Praxis Ansprüche des Bestellers aus Bauträgerverträgen der werkvertraglichen Gewährleistung unterworfen, unabhängig davon, ob die Immobilie zum Abschluss des Bauträgervertrages bereits hergestellt war oder nicht.[24] Dies gilt auch im Rahmen eines zu sanierenden Altbaus. Hat der Unternehmer Herstellungsverpflichtungen von nicht ganz untergeordneter Bedeutung übernommen, so sind die werkvertragsrechtlichen Mängelansprüche anwendbar, soweit die Herstellungsverpflichtung verletzt ist. Übernimmt der Unternehmer bei einem zu sanierenden Altbau Bauleistungen, welche nach Umfang und Bedeutung mit Neubauarbeiten vergleichbar sind (»Neubau hinter historischer Fassade«), so haftet er weitergehend nicht nur für die ausgeführten Umbauarbeiten, sondern auch für die in diesem Bereich noch vorhandene Altbausubstanz nach Werkvertragsrecht.[25] In diesem Zusammenhang ist es unschädlich, wenn sich die Vertragspartner als Käufer und Verkäufer bezeichnen und den Vertrag als Kaufvertrag überschreiben.[26]

C. Anwendungsvoraussetzungen der Mängelansprüche

I. Der Anspruch auf Nacherfüllung

29 Zunächst kann der Besteller nach §§ 634 Nr. 1, 635 BGB Nacherfüllung verlangen. Der Nacherfüllungsanspruch ist ein modifizierter Erfüllungsanspruch, der bei mangelhafter Herstellung des Werkes ab dem Gefahrübergang an die Stelle des ursprünglich bestehenden Erfüllungsanspruches tritt.[27] Während § 634 BGB hinsichtlich der übrigen Rechtsbehelfe als Verweisungsnorm fungiert, wird der Anspruch auf Nacherfüllung unmittelbar in § 634 Nr. 1 BGB begründet; § 635 BGB trifft allein verschiedene Folgeregelungen.[28] Einzige Voraussetzung des Nacherfüllungsanspruchs ist, dass das Bauwerk mangelhaft errichtet wurde. Der Anspruch ist unabhängig vom Verschulden des Unternehmers, wird aber ausgeschlossen, wenn der aufgetretene Mangel dem Unternehmer nicht zugerechnet werden kann, weil er auf Stoffe oder Anweisungen des Bauherrn zurückzuführen ist, und der Unternehmer seiner Prüfungs- und Bedenkenhinweispflicht nachgekommen ist. Der Besteller ist auch verpflichtet, an der Nacherfüllung mitzuwirken, wenn sie ohne sein Zutun nicht möglich ist.

30 Verlangt der Besteller Nacherfüllung, so kann der Unternehmer gem. § 635 Abs. 1 BGB nach seiner Wahl den Mangel beseitigen oder ein neues Werk herstellen. Das Wahlrecht steht nach dem Willen des Gesetzgebers, anders als im Kaufrecht (vgl. § 439 BGB), dem Unternehmer zu. Dieses Wahlrecht kann im Einzelfall auf Null reduziert sein, wenn eine Art der Nacherfüllung unmöglich und nur die andere erfolgversprechend ist. Die vom Unternehmer gewählte Art der Nacherfüllung muss geeignet sein, den Mangel zu beseitigen und dem Besteller ein mangelfreies Werk zu verschaffen. Der Unternehmer ist grundsätzlich an die einmal getroffene Wahl der gewählten Art der Nacherfüllung nicht gebunden.[29] Er kann diese nachträglich ändern, die Grenze findet das »Umwahlrecht«, wenn berechtigte Interessen des Bestellers beeinträchtigt werden, beispielsweise wenn er den Bauablauf auf die bereits gewählte Art der Nacherfüllung ausgerichtet hat. Der

---

24 Zum alten Recht BGH v. 29.06.1981, VII ZR 259/80, BauR 1981, 571; v. 07.05.1987, VII ZR 129/86, BauR 1987, 438; v. 06.10.2005, VII ZR 117/04, BauR 2006, 99.
25 BGH v. 16.12.2004, VII ZR 257/03, BauR 2005, 542; v. 26.04.2007, VII ZR 210/05, BauR 2007, 1407.
26 BGH v. 06.10.2005, VII ZR 117/04, BauR 2006, 99.
27 Palandt/*Sprau*, BGB § 634 Rn. 3; MüKo-BGB/*Busche*, § 634 Rn. 13; Bamberger/Roth/*Voit*, § 634 Rn. 3.
28 Messerschmidt/Voit/*Drossart*, § 638 Rn. 20.
29 Kleine-Möller/Merl/*Merl*, § 15 Rn. 318.

Unternehmer muss jedoch auch auf die Interessen des Bestellers Rücksicht nehmen. Bestehen mehrere, gleichwertige Möglichkeiten, den Mangel zu beseitigen, so muss er die für den Besteller schonendste Art der Nacherfüllung wählen.

Der Anspruch auf Nacherfüllung ist im Fall der Unmöglichkeit der Leistung (§ 275 Abs. 1 BGB, vgl. dazu § 275 BGB Rdn. 2, 17) ausgeschlossen. Des Weiteren kann der Unternehmer die Nacherfüllung gem. §§ 275 Abs. 2, 3, 635 Abs. 3 BGB verweigern, wenn sie nur mit unverhältnismäßigen Kosten möglich ist. Es bleibt abzuwarten, ob die Praxis dem Anliegen des Gesetzgebers, die werk- und kaufvertragliche Haftung weitgehend gleichzustellen, soweit nachkommt, wegen der ausgeschlossenen Zugrundelegung der sog. absoluten Unverhältnismäßigkeit[30] bei § 439 BGB auch eine über § 275 Abs. 2 BGB hinausgehende Anwendung von § 635 Abs. 3 BGB aufzugeben (vgl. dazu bereits o. § 275 BGB Rdn. 47 ff., 50). Der Nacherfüllungsanspruch gibt dem Besteller ein Zurückbehaltungsrecht gegenüber dem Vergütungsanspruch des Unternehmers, § 641 Abs. 3 BGB (vgl. dazu §§ 320–322 BGB Rdn. 2). Der Nacherfüllungsanspruch erlischt, wenn der Besteller vom Vertrag zurücktritt oder mindert, sowie wenn er Schadensersatz statt der Leistung verlangt. 31

II. Verhältnis der Mängelrechte zueinander

1. Fristsetzung als Voraussetzung für die Geltendmachung der übrigen Gewährleistungsrechte

Dem Nacherfüllungsanspruch des Bestellers korrespondiert eine Nacherfüllungsbefugnis des Unternehmers. Ihm wird durch die Nacherfüllung die Möglichkeit eröffnet, das Werk »im zweiten Anlauf« mangelfrei zu erstellen. Die weiteren Rechte aus § 634 BGB stehen deshalb in einem Abhängigkeitsverhältnis von der Nacherfüllung, das sich allerdings nicht aus § 634 BGB selbst ergibt: Sowohl die Selbstvornahme (§ 634 Nr. 2 BGB) als auch Rücktritt bzw. Minderung (§ 634 Nr. 3 BGB), der Schadensersatzanspruch (§ 634 Nr. 4 Alt. 1 BGB), sowie der Aufwendungsersatzanspruch (§ 634 Nr. 4 Alt. 2 BGB) können erst geltend gemacht werden, wenn die Frist zur Nacherfüllung erfolglos verstrichen ist. Für die Kostenerstattung ergibt sich das aus § 637 Abs. 1 BGB, für Rücktritt und Schadensersatz aus §§ 323 Abs. 1, 281 Abs. 1 BGB, auf die in § 634 Nr. 3, 4 BGB verwiesen wird, für Minderung und Aufwendungsersatzanspruch auf die Formulierungen »statt zurückzutreten« in § 638 Abs. 1 BGB bzw. »anstelle des Schadensersatzes statt der Leistung« in § 284 BGB. 32

a) Regel

Alle Mängelansprüche setzen im Regelfall einen fälligen und einredefreien Anspruch des Bestellers auf Nacherfüllung sowie eine darauf gerichtete erfolglose Fristsetzung voraus. Steht dem Unternehmer ein Leistungsverweigerungsrecht nach § 320 BGB oder nach § 648a BGB zu, so ist die Fristsetzung nur dann wirksam, wenn der Besteller seine Gegenleistung bzw. die von ihm zu stellende Sicherheit Zug-um-Zug anbietet.[31] Das Gleiche gilt, wenn der Unternehmer sein Zurückbehaltungsrecht nach § 273 BGB geltend macht. Voraussetzung für ein berechtigtes Sicherungsverlangen ist, dass der Unternehmer bereit und in der Lage ist, die Mängel zu beseitigen. Hat der Unternehmer die Mängelbeseitigung endgültig verweigert, so steht fest, dass er eine abzusichernde Vorleistung nicht mehr erbringen wird. Er kann sich dann nicht auf sein Leistungsverweigerungsrecht berufen.[32] Die Aufforderung und die Fristsetzung bedürfen keiner Form, es sei denn, zwischen den Parteien wurde etwas anderes vereinbart. 33

Die Fristsetzung zur Nacherfüllung muss sich auf einen bestimmten Mangel beziehen. Die bestehenden Mängel sind so konkret wie möglich zu bezeichnen, wobei eine laienhafte Beschreibung 34

---

30 Vgl. EuGH v. 16.06.2011, verb. Rs. 65, 87/09 – Gebr. Weber und Putz, noch nicht in Slg., Rn. 68 ff.
31 Kleine-Möller/Merl/*Merl*, § 15 Rn. 363.
32 BGH v. 27.09.2007, VII ZR 80/05, BauR 2007, 2052.

der aufgetretenen Erscheinungsformen des Mangels genügt;[33] eine exakte Beschreibung ist somit nicht erforderlich (sog. »Symptomrechtsprechung«).[34] Weist das Bauwerk mehrere Mängel auf, so muss bezüglich jedes einzelnen Mangels eine Frist gesetzt werden.[35] Nur so wird sichergestellt, dass dem Unternehmer jeder Mangel angezeigt wurde und er die Möglichkeit erhält, diesen zu beseitigen. Das gilt auch, wenn die Mängel nacheinander entdeckt werden. Es genügt dem Fristsetzungserfordernis nicht, wenn dem Unternehmer eine Frist zur Erklärung über seine Nachbesserungsbereitschaft oder zur Einleitung von Mängelbeseitigungsmaßnahmen gesetzt wurde.[36] Die gesetzte Frist ist genau anzugeben.[37] Es ist eine angemessene Frist zu setzen, wobei sich die Angemessenheit aus den Umständen des Einzelfalles ergibt. Zu berücksichtigen sind hierbei auf der einen Seite das Interesse des Bestellers an einer zügigen Beseitigung der vorhandenen Mängel, auf der anderen Seite der Umfang und die Schwierigkeiten der durchzuführenden Mängelbeseitigungsarbeiten. Die Frist muss es dem Auftraggeber tatsächlich ermöglichen, die vorhandenen Mängel zu beseitigen. Sie dient jedoch nicht dazu, dem Unternehmer die Möglichkeit zu eröffnen, eine noch nicht begonnene Leistung zu beginnen. Vielmehr ist der Unternehmer verpflichtet, erhöhte Anstrengungen auf sich zu nehmen, um den Mangel zu beseitigen. Wurde die Frist zu kurz bemessen, so ist sie nicht unwirksam, sondern setzt eine angemessene Frist in Gang, ohne dass der Besteller noch einmal eine Frist setzen muss.[38]

35 Die Nacherfüllungsfrist ist abgelaufen, wenn der Unternehmer die bestehenden Mängel nicht innerhalb der ihm gesetzten, angemessenen Frist vollständig beseitigt hat.

b) Ausnahmen

36 Zweck der Fristsetzung ist es, dem Unternehmer die Möglichkeit zu eröffnen, das von ihm geschuldete Werk mangelfrei herzustellen. Daraus ergeben sich die Grenzen der Obliegenheit zur Fristsetzung, die allerdings für die jeweiligen Rechtsbehelfe selbständig geregelt sind: Kann der eingetretene Nachteil nicht durch die Nacherfüllung beseitigt werden oder ist diese unmöglich, so bedarf es einer Fristsetzung nicht, vgl. § 326 Abs. 5 BGB. Verweigert der Unternehmer die Nacherfüllung ernsthaft und endgültig, so bedarf es einer Fristsetzung ebenfalls nicht, vgl. §§ 637 Abs. 2, 323 Abs. 2 Nr. 1, 281 Abs. 1, 1. Alt. BGB. Des Weiteren ist die Fristsetzung für den Rücktritt entbehrlich, wenn zwischen den Parteien ein relatives Fixgeschäft vereinbart wurde, § 323 Abs. 2 Nr. 2 BGB, wenn besondere Umstände vorliegen, welche die sofortige Geltendmachung der übrigen Mängelansprüche rechtfertigen, §§ 323 Abs. 2 Nr. 3, 281 Abs. 2, 2. Alt., wenn die Nacherfüllung bereits fehlgeschlagen oder dem Besteller nicht mehr zuzumuten ist, § 636 BGB.

c) Fristablauf und Nacherfüllungsanspruch

37 Der Fristablauf allein führt nicht zum Untergang des Nacherfüllungsanspruchs.[39] Dem Besteller verbleibt auch in dieser Phase die Möglichkeit, weiterhin Erfüllung zu verlangen und diese zwangsweise durchzusetzen.[40] Andererseits ist der Besteller grundsätzlich befugt, die Folgeansprüche geltend zu machen. Der Unternehmer hingegen kann dem Besteller die Nacherfüllung nach Fristablauf nicht mehr gegen dessen Willen aufdrängen, da hierdurch das berechtigte Interesse des Bestellers, über die Art der Vertragsabwicklung zu entscheiden, missachtet würde. Der Unterneh-

---

33 Kleine-Möller/Merl/*Merl*, § 15 Rn. 367.
34 BGH v. 30.10.2007, X ZR 101/06, BauR 2008, 514.
35 Messerschmidt/Voit/*Drossart*, § 634 Rn. 26.
36 BGH v. 27.11.2003, VII ZR 93/01, BauR 2004, 501; v. 23.02.2006, VII ZR 85/05, BauR 2006, 979; Messerschmidt/Voit/*Drossart*, § 634 Rn. 27.
37 Kleine-Möller/Merl/*Merl*, § 15 Rn. 506.
38 Messerschmidt/Voit/*Drossart*, § 634 Rn. 28.
39 *Vorwerk*, BauR 2003, 1, 12.
40 *Sienz*, BauR 2002, 181, 194.

mer wird dadurch nicht unangemessen benachteiligt. Er hat sich zu diesem Zeitpunkt auf Grund der mangelhaften Erfüllung und dem Nichtnachkommen der Aufforderung zur Mängelbeseitigung bereits doppelt vertragswidrig verhalten und ist daher nicht mehr schutzwürdig.[41] Allerdings ist der Besteller an die Grundsätze von Treu und Glauben gebunden. War die Fristüberschreitung nur marginal oder trifft den Unternehmer kein Verschulden an dieser und hat der Besteller noch keinen Drittunternehmer mit der Mängelbeseitigung beauftragt, so kann es treuwidrig sein, die Nacherfüllung allein mit der Begründung des Fristablaufs zu verweigern.[42]

Der Anspruch auf Nacherfüllung erlischt erst, wenn der Besteller entweder die Selbstvornahme 38 durchführt und hierfür einen Kostenvorschuss bzw. -erstattung verlangt, er den Rücktritt oder die Minderung erklärt oder Schadensersatz statt der Leistung fordert, vgl. § 281 Abs. 4 BGB. Dies hat Konsequenzen für die Geltendmachung der übrigen Mängelrechte, da diese zum Teil einen noch bestehenden Nacherfüllungsanspruch voraussetzen.

2. Verhältnis der übrigen Rechtsbehelfe zueinander

Zwischen Selbstvornahme, Minderung, Rücktritt, Schadensersatz und Aufwendungsersatz besteht 39 kein Stufenverhältnis. Die Mängelrechte in § 634 BGB schließen sich jedoch grundsätzlich gegenseitig aus. Nach § 325 BGB gilt dies aber nicht für den Anspruch auf Schadensersatz und das Rücktrittsrecht, die nebeneinander geltend gemacht werden können.

Der Besteller kann frei wählen, welchen Rechtsbehelf er geltend machen möchte.[43] Bis auf den 40 Schadensersatzanspruch bestehen die Mängelrechte verschuldensunabhängig. Ob der Besteller eine einmal getroffene Wahl einseitig ändern kann, ist bezüglich der einzelnen Mängelrechte zu differenzieren. Schlägt die Nacherfüllung fehl, so kann der Besteller unproblematisch nach seiner Wahl die übrigen Mängelrechte ausüben. Misslingt die Mängelbeseitigung im Rahmen der Selbstvornahme, so kann der Besteller zwar nicht auf den Nacherfüllungsanspruch zurückkommen, aber weiterhin den Rücktritt oder die Minderung erklären und/oder Schadensersatz verlangen. Etwas anderes gilt bei der Minderung. Mindert der Besteller die Vergütung des Unternehmers, so stellt dies eine Vertragsanpassung dar, welche nicht einseitig rückgängig gemacht werden kann.[44] Erklärt der Besteller den Rücktritt, so wandelt sich das bestehende Vertragsverhältnis in ein Rückgewährschuldverhältnis um, und der Erfüllungsanspruch erlischt. Deshalb kann der Besteller nach wirksamer Erklärung des Rücktritts weder einen Anspruch auf Kostenerstattung nach Selbstvornahme geltend machen noch das Minderungsrecht ausüben.[45] Macht der Besteller den Anspruch auf Schadensersatz statt der Leistung geltend, so erlöschen die übrigen Mängelrechte ebenfalls.

Gesetzlich nicht geregelt ist die Frage, wie lang der Besteller nach Fristablauf Zeit hat, die übrigen 41 Mängelrechte geltend zu machen. Dem Unternehmer ist es nicht möglich, den Auftraggeber zu einer Wahl zu zwingen, da das Wahlrecht durch den Gesetzgeber zeitlich nicht beschränkt wurde.[46] Erst durch die Verjährung verliert der Besteller seine Mängelrechte.

Ob der Besteller seine Rechte verwirkt hat, kommt auf die Umstände des Einzelfalles an und be- 42 darf einer sorgfältigen Prüfung. Bis zum Ablauf der Verjährungsfristen in § 634a BGB wird eine Verwirkung nur in Ausnahmefällen in Betracht kommen.

Falls dem Bauwerk verschiedene Mängel anhaften, kann der Besteller für jeden einzelnen Mangel 43 frei wählen, welches Mängelrecht er nach § 634 ff. BGB geltend macht.

---

41 BGH v. 27.02.2003, VII ZR 338/01, BauR 2003, 693.
42 Kniffka/*Krause-Alleinstein,* IBR-Online-Kommentar, § 634 Rn. 20; Kuffer/Wirth/*Drossart,* 2. Kapitel B. Rn. 60.
43 Kleine-Möller/Merl/*Merl,* § 15 Rn. 560.
44 *Wertenbruch,* JZ 2002, 862, 864.
45 Kuffer/Wirth/*Drossart,* 2. Kapitel B. Rn. 59.
46 Kuffer/Wirth/*Drossart,* 2. Kapitel B. Rn. 59.

D. Besonderheiten bei der Geltendmachung der Mängelrechte

I. Mehrheit von Unternehmern

44 Die in § 634 BGB normierten Mängelansprüche kann der Besteller nur im Verhältnis zu demjenigen Unternehmer geltend machen, der sein Vertragspartner ist. Hat der Besteller einen Generalunternehmer oder Generalübernehmer mit der Herstellung des Bauwerkes beauftragt, so kann er nur diesem gegenüber etwaige Mängelansprüche geltend machen. Mit möglicherweise am Bau beteiligten Subunternehmern steht er in keinerlei Vertragsbeziehung und kann diese somit nicht in Anspruch nehmen.[47]

45 Hat der Bauherr dagegen mit mehreren Unternehmern selbständige Verträge über Teilleistungen des Bauwerks geschlossen, so kann er jeden Einzelnen nur insoweit in Anspruch nehmen, als dieser für den Mangel verantwortlich ist. Im Fall der Unsicherheit über die Verursachung des Schadens ist für eine analoge Anwendung von § 830 Abs. 1 Satz 2 BGB kein Raum.[48] Grundsätzlich bejaht die Rechtsprechung zwar die analoge Anwendbarkeit des § 830 Abs. 1 S. 2 BGB auf vertragliche Schadensersatzansprüche.[49] Voraussetzung der Einbeziehung in die Haftung nach § 830 Abs. 1 S. 2 BGB ist aber, dass eine unerlaubte Handlung »gemeinschaftlich begangen« wird. Das setzt nach allgemeiner Ansicht bewusstes und gewolltes Zusammenwirken mehrerer voraus.[50] Daran fehlt es, wenn mehrere Unternehmer unabhängig voneinander selbständige Leistungen an demselben Bauwerk erbringen.

46 Soweit eine auf dasselbe Leistungsinteresse gerichtete primäre Leistungspflicht fehlt, kann diesbezüglich auch keine gesamtschuldnerische Haftung begründet werden, selbst dann nicht wenn die Leistungen mehrerer Unternehmer aufeinander aufbauen[51] (vgl. §§ 420–421 BGB Rdn. 35). Etwas anderes gilt für die Frage der Haftung von Vor- und Nachfolgeunternehmer jedoch dann, wenn sie wegen Mängeln gewährleistungspflichtig sind, welche ihre Ursachen in beiden Gewerken haben und die wirtschaftlich sinnvoll nur auf eine einzige Weise beseitigt werden können (vgl. §§ 420–421 BGB Rdn. 39 ff.).[52]

47 Schließt der Besteller mit mehreren Unternehmern einen Vertrag über die gemeinschaftliche Herstellung des Bauwerkes, bei dem sich die Unternehmer gemeinsam zur Erbringung des Erfolges verpflichten, so haften sie gegenüber dem Besteller als Gesamtschuldner für die Mangelfreiheit des Bauwerkes.[53] Gestaltungsrechte muss der Besteller gegenüber allen Unternehmern ausüben, §§ 638 Abs. 2, 351 Satz 1 BGB.

II. Mehrheit von Bestellern

48 Die Rechte aus §§ 634 ff. BGB kann der Besteller gegenüber dem Unternehmer geltend machen. Sind mehrere Besteller vorhanden, so können diese nur gemeinschaftlich die Gestaltungsrechte ausüben (vgl. §§ 638 Abs. 2, 351 Satz 1 BGB). In Bezug auf den Mängelbeseitigungsanspruch ist bei Miteigentümern § 744 Abs. 2 BGB anzuwenden.[54]

---

[47] Individualvertraglich kann eine wirksame Freizeichnung des Hauptunternehmers mit einer gleichzeitigen Abtretung der Mängelansprüche und der Verpflichtung, diese zunächst gegenüber dem Subunternehmer geltend zu machen, wirksam vereinbart werden, in AGB ist dies jedoch nicht möglich, BGH v. 21.03.2002, VII ZR 493/00, BauR 2002, 1385.
[48] Messerschmidt/Voit/*Drossart*, § 634 Rn. 111.
[49] BGH v. 16.01.2001, X ZR 69/99, NJW 2001, 2539.
[50] Vgl. nur Palandt/*Sprau*, BGB § 830 Rn. 3.
[51] BGH v. 26.06.2003, VII ZR 126/02, BauR 2003, 1379; Messerschmidt/Voit/*Drossart*, § 634 Rn. 111.
[52] BGH v. 26.06.2003, VII ZR 126/02, BauR 2003, 1379.
[53] Messerschmidt/Voit/*Drossart*, § 634 Rn. 108, 110.
[54] OLG Düsseldorf v. 23.07.1999, 22 U 12/99, BauR 2000, 778.

Bei Wohnungseigentümergemeinschaften ist zu differenzieren. Wegen Mängeln am Sondereigentum ist grundsätzlich allein der Auftraggeber des betreffenden Teils berechtigt, seine Mängelansprüche selbständig geltend zu machen.[55] Die Wohnungseigentümergemeinschaft kann jedoch von den einzelnen Wohnungseigentümern ermächtigt werden, Mängel am Sondereigentum gegenüber dem Unternehmer geltend zu machen und die Ansprüche im Wege der gewillkürten Prozessstandschaft auch vor Gericht durchzusetzen.[56]

49

Wenn gemeinschaftsbezogene Interessen der Wohnungseigentümer beeinträchtigt werden, kann auch die Wohnungseigentümergemeinschaft Mängelanspruche geltend machen. Zwar hat daneben jeder einzelne Wohnungseigentümer einen eigenen Anspruch auf mangelfreies Gemeinschaftseigentum.[57] Es ist aber umstritten, ob und inwieweit die einzelnen Wohnungseigentümer berechtigt sind, Mängelansprüche, die das Gemeinschaftseigentum betreffen, gegenüber dem Unternehmer geltend zu machen oder ob für die Geltendmachung solcher Mängelansprüche allein die Eigentümergemeinschaft in ihrer Gesamtheit berechtigt ist. Soweit das Gesetz der Wohnungseigentümergemeinschaft die Befugnis verleiht, diese Rechte durchzusetzen oder die Durchsetzung der Rechte zur gemeinschaftlichen Angelegenheit zu machen, wird sie materiell-rechtlich zur Ausübung der Rechte ermächtigt, was sie verfahrensrechtlich im Wege der gesetzlichen Prozessstandschaft tut.[58] Ausgangspunkt ist zwar, dass jeder einzelne Wohnungseigentümer aus seinem Vertrag gegen den Unternehmer grundsätzlich einen individuellen Anspruch auf mangelfreie Werkleistung des gesamten Gemeinschaftseigentums hat.[59] Anschließend differenziert der BGH jedoch: Für die Geltendmachung und Durchsetzung von Rechten, die ein einzelner Wohnungseigentümer nicht allein geltend machen kann (Minderung und Schadensersatz statt der Leistung), ist die Wohnungseigentümergemeinschaft von vornherein allein zuständig.[60] Sie kann jedoch den Verwalter oder einen Miteigentümer ermächtigen, Minderungsansprüche oder Schadensersatz im eigenen Namen einzuklagen. Der einzelne Wohnungseigentümer kann nach dem Beschluss der Wohnungseigentümergemeinschaft, die Vergütung zu mindern, nicht mehr Nacherfüllung verlangen.[61] Es verbleibt ihm jedoch die Möglichkeit, seinen Vertrag individuell rückabzuwickeln.[62] Allein in Ausnahmefällen kann auch das Minderungsrecht bzw. der Anspruch auf den »kleinen« Schadensersatz von dem einzelnen Wohnungseigentümer individuell geltend gemacht werden, wenn keine Kollision mit den Interessen der Eigentümergemeinschaft an der Durchsetzung der gemeinschaftsbezogenen Ansprüche oder den Interessen des Veräußerers an einer übersichtlichen Haftungslage besteht.[63] Im Übrigen können Erwerber von Wohnungseigentum auch dann individuell Rechte und Pflichtverletzungen des Unternehmers mit Bezug auf das Gemeinschaftseigentum verfolgen, solange keine »gemeinschaftsbezogenen Interessen der Wohnungseigentümer oder schützenswerte Interessen des Veräußerers beeinträchtigt« werden. Der Erwerber kann daher sein Rücktrittsrecht ebenso ausüben, wie er sein Recht auf Schadensersatz statt der ganzen Leistung selbständig geltend machen kann. Ferner kann der einzelne Erwerber Rechte individuell geltend machen, welche auf eine ordnungsgemäße Herstellung des Gemeinschaftseigentums gerichtet sind und daher der Wohnungseigentümergemeinschaft zugute kommen. Dazu gehören der Nacherfüllungsanspruch und der Anspruch auf Aufwendungsersatz, der Kostenvorschussanspruch jedoch

50

---

55 *Ott*, NZBau 2003, 233, 239; MüKo-BGB/*Busche*, § 634 Rn. 88.
56 BGH v. 12.04.2007, VII ZR 236/05, BauR 2007, 1221.
57 BGH v. 10.05.1979, VII ZR 30/78, BauR 1979, 420.
58 BGH v. 12.04.2007, VII ZR 236/05, BauR 2007, 1221; *Wenzel*, ZWE 2006, 109, 113, 118; *ders.*, ZWE 2006, 462, 466; *Briesemeister*, ZWE 2006, 15, 16.
59 BGH v. 06.06.1991, VII ZR 372/89, BauR 1991, 606.
60 BGH v. 12.04.2007, VII ZR 236/05, BauR 2007, 1221.
61 OLG Düsseldorf v. 08.10.1992, 5 U 179/91, BauR 1993, 229; *Werner/Pastor*, Rn. 501; MüKo-BGB/*Busche*, § 634 Rn. 90.
62 *Pause*, NZBau 2002, 648, 653.
63 BGH v. 07.06.2002, VII ZR 420/00, BauR 2002, 81; MüKo-BGB/*Busche*, § 634 Rn. 90.

nur auf Zahlung an die Wohnungseigentümergemeinschaft.[64] Selbst diese individuellen Rechte einzelner Wohnungseigentümer kann die Wohnungseigentümergemeinschaft durch Mehrheitsbeschluss an sich ziehen, soweit sie bei Erfüllungs- und Nacherfüllungsansprüchen auf die ordnungsgemäße Herstellung des Gemeinschaftseigentums gerichtet sind. Dazu gehören auch Vorschuss- und Aufwendungsersatzansprüche. Wenn dies geschieht, wird der einzelne Anspruchsinhaber von der Verfolgung seiner Rechte ausgeschlossen und die Wohnungseigentümergemeinschaft wird alleine zuständig.[65] Ohne einen solchen Mehrheitsbeschluss bleibt der einzelne Auftraggeber jedoch berechtigt, seine Rechte selbst einzuklagen.[66] Die Eigentümergemeinschaft kann durch Mehrheitsbeschluss den Eigentümern die Befugnis zur Ausübung ihrer auf die ordnungsgemäße Herstellung des Gemeinschaftseigentums gerichteter Rechte entziehen, wenn die ordnungsgemäße Verwaltung ein gemeinschaftliches Vorgehen erfordert.[67]

E. Abtretung von Mängelrechten

51 Grundsätzlich können zwar alle Forderungen und Rechte abgetreten werden (§§ 398, 413 BGB). Gemäß § 399, 1. Alt. BGB kann eine Forderung aber nicht abgetreten werden, wenn die Leistung an einen anderen als den ursprünglichen Gläubiger nicht ohne Veränderung ihres Inhalts erbracht werden kann. Eine solche Inhaltsänderung ist stets dann anzunehmen, wenn ein Gläubigerwechsel zwar rechtlich vorstellbar, das Interesse des Schuldners an der Beibehaltung einer bestimmten Gläubigerperson aber besonders schutzwürdig ist. Der Inhalt des Schuldverhältnisses wird deshalb immer dann verändert, wenn durch die Abtretung die Leistungshandlung des Schuldners geändert wird, der Schuldner auf Grund der Abtretung also etwas anderes als ursprünglich geschuldet zu leisten hat. Ebenso bedeutet es eine Inhaltsänderung, wenn die Leistungshandlung als solche im Hinblick auf den Empfänger einen besonderen Charakter annimmt, obwohl die geforderte Handlung des Schuldners sich nicht verändert.[68] Bei den Mängelrechten geht es um die Frage, ob der Anspruch rechtlich aus dem Zusammenhang, in welchem er steht, gelöst werden kann.

52 Insoweit ist zunächst zwischen der selbständigen und der unselbständigen Abtretung von Mängelansprüchen bzw. -rechten zu differenzieren. Veräußert der Erwerber ein mangelhaftes Bauwerk an einen Dritten, so können die bestehenden Mängelansprüche ohne weiteres an den Dritten abgetreten werden.[69] Es kommt von vornherein zu keinem Auseinanderfallen der Gläubiger von Erfüllungsanspruch und Mängelansprüchen, das ein schutzwürdiges Interesse des Unternehmers begründen könnte. Der Zessionar kann deshalb anschließend gegenüber dem Unternehmer alle Rechte aus §§ 634 ff. BGB geltend machen.

53 Fraglich ist demgegenüber, ob die Ansprüche auch ohne das Werk, auf das sie sich beziehen, d.h. selbständig, übertragen werden können. Nach h.M. ist insoweit nach der Art des geltend gemachten Mängelanspruchs zu differenzieren: Der Nacherfüllungsanspruch nach §§ 634 Nr. 1, 635 BGB kann selbständig abgetreten werden,[70] weil mit der Abtretung des Nacherfüllungsanspruches keine Veränderung des Anspruchsinhalts verbunden ist. Zwar hat der Gläubiger als Erwerber des Werks ein besonderes Interesse an der mangelfreien Erstellung des Werks. Dieses Interesse besteht auch nach Abtretung des Nacherfüllungsanspruchs fort. Der Leistungsinhalt des Nacherfüllungsanspruchs wird durch die Abtretung ebenfalls nicht geändert, denn er wird nicht durch das Gläubigerinteresse, sondern durch die Leistungshandlung des Schuldners bestimmt. Diese erfährt durch die Abtretung keine Änderung, weil der Unternehmer nach wie vor das ursprünglich Geschuldete leisten muss, nämlich das mangelfreie Werk. Die Rechtsstellung des abtretenden Bestel-

---

64 BGH v. 12.04.2007, VII ZR 236/05, BauR 2007, 1221.
65 BGH v. 12.04.2007, VII ZR 236/05, BauR 2007, 1221.
66 OLG Brandenburg v. 08.02.2006, 4 U 137/05, BauR 2006, 1323.
67 *Basty*, Rn. 178.
68 BGH v. 24.10.1985, VII ZR 31/85, BauR 1986, 98.
69 Palandt/*Sprau*, BGB § 634 Rn. 17.
70 BGH v. 24.10.1985, VII ZR 31/85, BauR 1986, 98.

lers wird durch die Abtretbarkeit des Nachbesserungsanspruchs nicht beeinträchtigt.[71] Ebenso ist dies bei der Vorschuss- und Erstattungspflicht bei der Selbstvornahme sowie dem Minderungsrecht und dem Anspruch auf Schadensersatz statt der Leistung.[72] Hier ändert sich der Inhalt des Schuldverhältnisses nicht. Die Ausübung dieser Rechte greift nicht in den Bestand des Rechtsverhältnisses ein.

Etwas anderes gilt bei dem Rücktrittsrecht und dem Schadensersatz statt der ganzen Leistung: Bei der Ausübung dieser beiden Rechte wird in den bestehenden Bestand des Rechtsverhältnisses eingegriffen: Die primären Erfüllungsansprüche gehen unter; das Schuldverhältnis wird entweder in ein Rückgewährschuldverhältnis (Rücktritt) oder ein reines Abrechnungsverhältnis (Schadensersatz statt der ganzen Leistung) umgewandelt. Daher können diese Rechte nicht gesondert übertragen werden. 54

Daneben können die Parteien gem. § 399, 2. Alt. BGB vereinbaren, dass die Mängelansprüche nicht abtretbar sein sollen. Eine ohne Zustimmung des Unternehmers vorgenommene Abtretung ist in einem solchen Fall sowohl diesem, als auch jedem Dritten gegenüber unwirksam.[73] Im Hinblick auf Geldansprüche greift allerdings § 354a HGB ein, wenn entweder das Rechtsgeschäft, das die Forderung begründet, für beide Parteien ein Handelsgeschäft ist oder der Schuldner eine juristische Person des öffentlichen Rechts oder ein öffentlich-rechtliches Sondervermögen ist. 55

Die Einrede des nicht erfüllten Vertrages nach § 320 BGB kann der Besteller gegenüber dem Unternehmer u.U. auch noch geltend machen, wenn er die Mängelansprüche, insbesondere den Nacherfüllungsanspruch an einen Dritten wirksam selbständig abgetreten hat. Die Rechtsprechung bejaht dies in Fällen der Sicherungszession, aber auch dann, wenn die Abtretung im Rahmen einer (wirksamen) Subsidiaritätsvereinbarung getroffen wurde, und der Zedent ein rechtlich zu schützendes Interesse an der Durchsetzung des Mängelanspruchs hat. Verlöre der dem Unternehmer allein zahlungspflichtige Gläubiger der Mängelansprüche durch die Abtretung des Nacherfüllungsanspruchs das Recht, sich auf noch vorhandene Werkmängel zu berufen, so könnte niemand mehr den Unternehmer durch Zahlungsverweigerung zu ihrer Beseitigung anhalten.[74] 56

F. Verhältnis der Mängelrechte zu anderen Rechtsbehelfen

I. Anfechtung

Eine Anfechtung ist möglich, wenn ein Inhalts- bzw. Erklärungsirrtum nach § 119 Abs. 1 BGB oder eine Täuschung oder eine Drohung nach § 123 BGB vorliegt. Sie ist dagegen nicht möglich, soweit es sich um einen Eigenschaftsirrtum nach § 119 Abs. 2 BGB handelt. In diesem Fall gehen die Vorschriften der §§ 634 ff. BGB der Anfechtung vor. Das gilt sowohl für den Besteller als auch den Unternehmer. Könnte der Unternehmer wegen der (mangelbegründenden) Eigenschaft des Werks gem. § 119 Abs. 2 BGB anfechten, so könnte er sich einer Haftung nach § 634 ff. BGB entziehen. Des Weiteren würde durch die Möglichkeit einer Anfechtung die Vorschrift des § 634a BGB obsolet werden, da bei der Anfechtung nach § 121 BGB im Extremfall eine zehnjährige Verjährungsfrist gelten würde. 57

II. Störung der Geschäftsgrundlage

Die Vorschriften der Störung der Geschäftsgrundlage nach § 313 BGB sind gegenüber den §§ 634 ff. BGB subsidiär.[75] Eine Anwendung von § 313 BGB ist daher ausgeschlossen, wenn die Voraussetzungen der Störung der Geschäftsgrundlage auf der Mangelhaftigkeit des Bauwerkes be- 58

---

71 BGH v. 24.10.1985, VII ZR 31/85, BauR 1986, 98.
72 Kleine-Möller/Merl/*Merl*, § 15 Rn. 562.
73 MüKo-BGB/*Busche*, § 634 Rn. 74.
74 BGH v. 18.05.1978, VII ZR 138/77, BauR 1978, 398.
75 BGH v. 07.02.1992, V ZR 246/90, NJW 1992, 1384, 1385.

ruhen. Dies gilt auch insoweit, als die Rechte aus §§ 634 ff. BGB verjährt oder vertraglich ausgeschlossen wurden.[76]

III. Verschulden bei Vertragsverhandlungen

59 Bezieht sich das Verhandlungsverschulden auf die Beschaffenheit des Werkes im Sinne von § 633 Abs. 2 und Abs. 3 BGB, so ist ein Anspruch auf Schadensersatz nach § 311 Abs. 2 BGB ausgeschlossen.[77] Bezieht sich die Pflichtverletzung auf die Verletzung einer Nebenpflicht, welche sich nicht auf die Beschaffenheit der Sache auswirkt, so kommt demgegenüber eine parallele Anwendung der Vorschriften der §§ 634 ff. BGB und der §§ 280 Abs. 1, 311 Abs. 2, 241 Abs. 2 BGB in Betracht.[78] Dasselbe gilt bei arglistigen Täuschungen über die Beschaffenheit der Sache.[79]

IV. Geschäftsführung ohne Auftrag und ungerechtfertigte Bereicherung

60 Gegenüber der Geschäftsführung ohne Auftrag (§§ 677 ff. BGB) und der ungerechtfertigten Bereicherung (§§ 812 ff. BGB) enthalten die §§ 634 ff. BGB abschließende Vorschriften, soweit die Mangelhaftigkeit des Werkes Grundlage der Ansprüche ist. Davon wird insbesondere die Selbstvornahme ohne Fristsetzung berührt. Ein Anspruch des Bestellers auf Ersatz von Aufwendungen zur Beseitigung von Mängeln kann, wenn er nach Werkvertragsrecht nicht begründet ist, auch nicht auf die Vorschriften über ungerechtfertigte Bereicherung oder über die Geschäftsführung ohne Auftrag gestützt werden, weil die Vorschriften über die Gewährleistung beim Werkvertrag eine abschließende Sonderregelung enthalten.[80]

V. Unerlaubte Handlung

61 Durch die §§ 634 ff. BGB werden Schadensersatzansprüche aus unerlaubter Handlung nicht verdrängt. Vertragliche und deliktische Ansprüche bleiben nebeneinander bestehen, wenn ein Verhalten sowohl gegen eine allgemeine Rechtspflicht als auch gegen eine vertraglich begründete Pflicht verstößt.[81] Im Rahmen der Deliktshaftung ist jedoch zu differenzieren. Das Integritätsinteresse des Bestellers wird ohne weiteres dann geschützt, wenn die mangelhafte Leistung sich außerhalb des hergestellten Werkes auf andere Rechtsgüter des Bestellers wie Leben, Gesundheit oder das Eigentum an anderen Sachen auswirkt und es an diesen zu Schäden kommt.[82]

62 Viel diskutiert wird eine Fallgruppe, in welcher sich ein Werkmangel zunächst auf einen abgrenzbaren Teil des geschuldeten Werks beschränkt, später aber zu Schäden an dem zunächst mangelfreien Teil des Werks führt (sog. »weiterfressender Schaden«). Eine in der Literatur vertretene Ansicht erkennt in einer mangelhaften Werkleistung stets eine Eigentumsverletzung und gewährt neben den werkvertraglichen Mängelansprüchen stets einen Schadensersatzanspruch aus unerlaubter Handlung, sofern dessen übrige Voraussetzungen gegeben sind.[83] Die Rechtsprechung

---

76 BGH v. 06.06.1986, V ZR 67/85, BauR 1986, 723.
77 BGH v. 27.03.2009, V ZR 30/08, BauR 2009, 1143, zum Verhältnis zu kaufrechtlichen Mängelansprüchen; MüKo-BGB/*Busche*, § 634 Rn. 6.
78 Palandt/*Sprau*, BGB Vor § 633 Rn. 13.
79 BGH v. 27.03.2009, V ZR 30/08, BauR 2009, 1143, zum Verhältnis zu kaufrechtlichen Mängelansprüchen.
80 St. Rspr. zum alten Recht: BGH v. 11.10.1965, VII ZR 124/63, NJW 1966, 39 (zu § 13 Nr. 5 Abs. 2 VOB/B; v. 28.09.1967, VII ZR 81/65, NJW 1968, 43 (zu § 633 BGB a.F.); v. 12.07.1984, VII ZR 268/83, BGHZ 92, 123, 125. Bestätigt zum geltenden Recht in BGH v. 23.02.2005, VIII ZR 100/04, BauR 2005, 1021 Rn. 27.
81 MüKo-BGB/*Busche*, § 634 Rn. 9; BGH v. 04.03.1971, VII ZR 40/70, WM 1971, 687; v. 03.02.1998, X ZR 27/96, NJW 1998, 2282.
82 Vgl. BGH v. 27.01.2005, VII ZR 158/03, BauR 2005, 705.
83 MüKo-BGB/*Busche*, § 634 Rn. 9; *Freund/Barthelmess*, NJW 1975, 281; *Grunewald*, JZ 1987, 1098; *Gsell*, JZ 2005, 1171, 1172 f.

grenzt danach ab, ob das Äquivalenz- oder das Integritätsinteresse des Bestellers betroffen ist. Ist nur das vertragliche Äquivalenzinteresse, d.h. das Interesse für den gezahlten Preis eine funktionstaugliche und werthaltige Gegenleistung zu erhalten, betroffen, so ist der Besteller auf die vertraglichen Mängelansprüche beschränkt. Ist demgegenüber auch das Integritätsinteresse betroffen, so kann der Besteller auch nach den deliktischen Vorschriften Schadensersatz verlangen. Um die Frage zu klären, ob das Äquivalenz- oder das Integritätsinteresse des Bestellers betroffen ist, muss der Mangelunwert ermittelt werden, der dem Produkt bereits im Zeitpunkt des Eigentumserwerbs anhaftete.[84] Die Rechtsprechung bejaht eine Eigentumsverletzung, wenn der Schaden am Produkt nicht mit dem Mangelunwert stoffgleich ist, was mittels einer natürlichen bzw. wirtschaftlichen Betrachtungsweise zu ermitteln ist.[85] Eine Stoffgleichheit verneint die Rechtsprechung insb., wenn der ursprüngliche Mangel nicht funktional begrenzt ist oder zwar begrenzt, aber aus wirtschaftlichen, technischen oder sonstigen Gründen nicht isoliert behebbar ist.[86]

Wenig Beachtung findet demgegenüber diejenige Situation, in welcher der Unternehmer gleichsam planmäßig zur Ausführung des Werks in das vorbestehende Eigentum des Bestellers eingreift. Bisweilen mag dieser Eingriff den Kern der geschuldeten Leistung ausmachen (z.B. Abriss der alten Fabrikhalle, Abholzen und Shreddern von Baumbestand), bisweilen aber auch lediglich mit der Leistungserbringung einhergehen (z.B. zur geschuldeten Montage von Strahlern werden Kernbohrungen in die Betondecke vorgenommen). Wird die Werkleistung mangelfrei erbracht, so wird man im Vertragsschluss eine Einwilligung zur Eigentumsverletzung erkennen können.[87] Die Reichweite der Einwilligung ist jedoch auszulegen. Sie wird in der Regel auf die mangelfrei erbrachte Werkleistung beschränkt sein. Insoweit erfasst sie auch solche Eigentumsverletzungen, die nach Art des Werks selbst bei sorgfältigem Umgang regelmäßig eintreten. Bei mangelhafter Werkleistung ist zu differenzieren, ob Eigentumsverletzungen in Rede stehen, zu denen es auch bei mangelfreier Werkerstellung gekommen wäre. Insoweit bleibt die Einwilligung wirksam, es sei denn der Besteller tritt als Folge des Mangels vom Vertrag zurück oder verlangt Schadensersatz statt der ganzen Leistung. Ein Anspruch des Bestellers aus § 823 Abs. 1 BGB kommt stets in Betracht, wenn der Schaden an Eigentum eintritt, das durch den Sanierungsauftrag nicht betroffen ist. Dazu gehören die Fälle, in denen durch eine fehlgeschlagene Baumaßnahme in das Bauwerk eingebrachte Sachen beschädigt werden[88] oder das Grundstück beschädigt wird.[89] Dazu gehören aber auch die Fälle, in denen Mängel der Sanierungsleistung zu Schäden an anderen, durch die Baumaßnahme nicht berührten Bauteilen führen.[90] 63

G. Beweislast

Im Zivilrecht ist als Beweislastprinzip der Grundsatz anerkannt, dass jede Partei, die den Eintritt einer Rechtsfolge geltend macht, die tatsächlichen Voraussetzungen des ihr günstigen Rechtssatzes zu beweisen hat. Den Anspruchsteller trifft die Beweislast für die rechtsbegründenden Tatsachen, der Anspruchsgegner muss den Beweis für rechtshemmende, rechtshindernde oder rechtsvernichtende Tatsachen erbringen.[91] Beim Bauprozess ist für die Frage der Darlegungs- und Beweislast zwischen dem Mangelbeseitigungsprozess und dem Vergütungsprozess zu unterscheiden. 64

---

84 MüKo-BGB/*Wagner*, § 823 Rn. 128.
85 BGH v. 07.11.1985, VII ZR 270/83, BauR 1986, 124, v. 27.01.2005, VII ZR 158/03, BauR 2005, 705.
86 BGH v. 31.03.1998, VI ZR 109/97, NJW 1998, 1942; v. 12.12.2000, VI ZR 242/99, BauR 2001, 800.
87 BGH v. 19.10.2004, X ZR 142/03, BauR 2005, 96.
88 BGH v. 24.04.1974, VII ZR 114/73, NJW 1975, 1316.
89 BGH v. 09.03.2004, X ZR 67/01, BauR 2004, 1798; BGH v. 19.10.2004, X ZR 142/03 BauR 2005, 96.
90 BGH v. 27.01.2005, VII ZR 158/03, BauR 2005, 705.
91 BGH v. 13.07.1983, VIII ZR 107/82, NJW 1983, 2944; v. 14.01.1991, II ZR 190/89, NJW 1991, 1052.

§ 634 BGB Rechte des Bestellers bei Mängeln

I. Mangelbeseitigungsprozess

65 Beim Mangelbeseitigungsprozess muss der Besteller nach der Abnahme darlegen und beweisen, dass die erbrachte Bauleistung von der Sollbeschaffenheit abweicht. Nach der Rechtsprechung braucht der Besteller im baurechtlichen Mängelprozess nur die Symptome vorzutragen, aus denen er die Mangelhaftigkeit des Werkes herleitet. Dadurch werden die Mängel selbst Gegenstand des Vortrages.[92] Über die Ursachen, »den Mangel selbst«, also die Abweichungen von der vertraglich geschuldeten Beschaffenheit, braucht er sich nicht zu äußern.[93] Tut er dies dennoch und erweisen sich die von ihm vorgetragenen Vermutungen als unzutreffend, so ist dies unschädlich für seinen Anspruch.[94] Durch diese sog. »Symptomrechtsprechung« erspart der Bundesgerichtshof dem Besteller, vorprozessual die Ursachen der aufgetretenen Mängel erforschen zu müssen. Es genügt, wenn der eigentliche Mangel des Bauwerkes im Prozessverlauf im Regelfall durch ein vom Gericht beauftragtes Sachverständigengutachten bewiesen wird.[95]

66 Hat der Unternehmer demgegenüber bei der Abnahme den Mangel anerkannt, so ist er gehalten, nach erfolgter Nachbesserung die Mangelfreiheit zu beweisen.[96] Hat sich der Besteller bei der Abnahme seine Rechte wegen bestimmter Mängel vorbehalten, so muss der Unternehmer ebenfalls diesbezüglich die Mangelfreiheit beweisen.[97] Verweigert der Besteller die Abnahme, so muss er zwar substantiiert darlegen, dass das erbrachte Bauwerk mangelbehaftet ist. Es ist dann aber Aufgabe des Unternehmers diese Behauptung zu widerlegen, indem er darlegen und beweisen muss, dass das Werk mangelfrei ist und die erbrachte Leistung der vertraglich geschuldeten entspricht.[98] Bei einem durch Kündigung oder Vertragsaufhebung vorzeitig beendeten Werkvertrag trifft die Darlegungs- und Beweislast für Mängel den Besteller, wenn er im Wege der Selbstvornahme die behaupteten Mängel beseitigt hat und das Werk zum Zeitpunkt der Entscheidung des Gerichts mangelfrei ist. In diesem Fall muss der Besteller auch darlegen und beweisen, dass die rechtlichen Voraussetzungen für eine Ersatzvornahme vorlagen.[99]

67 Für die Verantwortlichkeit des Bestellers in Form von Anweisungen, sonstigen Maßnahmen des Bestellers oder Vorleistungen anderer Unternehmer (vgl. dazu *Rehbein* § 645 BGB Rdn. 42) trägt der Unternehmer die Beweislast. Er muss dann aber ebenso beweisen, dass er seiner Prüfungs- und Bedenkenhinweispflicht gegenüber dem Besteller nachgekommen ist.[100] Gelingt ihm letzterer Beweis nicht, so bleibt ihm der Nachweis, dass der Besteller sich bei ordnungsgemäßer Aufklärung über die Bedenken des Auftragnehmers hinweggesetzt hätte, d.h. eine Kausalität zwischen Aufklärungspflichtverletzung und Mangelschaden nicht bestanden hat.[101]

68 Da der Besteller alle anspruchsbegründenden Tatsachen beweisen muss, ist er gehalten, die an den Unternehmer gerichtete Aufforderung zur Nacherfüllung und Fristsetzung bzw. die Entbehrlichkeit einer Fristsetzung darzulegen und zu beweisen.[102] Werden Mängel im Prozess nachgeschoben, so ist darauf zu achten, dass eine angemessene Frist zur Mangelbeseitigung gesetzt wurde. Dass diesem Erfordernis genügt wurde, hat der Besteller zu beweisen.

---

92 BGH v. 07.07.2005, VII ZR 59/04, BauR 2005, 1626; v. 08.05.2003, VII ZR 407/01, BauR 2003, 1247.
93 BGH v. 03.07.1997, VII ZR 210/96, BauR 1997, 1029; v. 18.09.1997, VII ZR 300/96, BauR 1997, 1065.
94 BGH v. 17.01.2002, VII ZR 488/00, BauR 2002, 784.
95 jurisPK/*Mahler*, § 634 Rn. 67.
96 Messerschmidt/Voit/*Drossart*, § 634 Rn. 104.
97 BGH v. 24.10.1996, VII ZR 98/94, BauR 1997, 129.
98 BGH v. 24.10.1996, VII ZR 98/94, BauR 1997, 129; v. 08.06.2004, X ZR 7/02, BGHReport 2004, 1603.
99 KG Berlin v. 09.08.2002, 7 U 203/01, BauR 2003, 726.
100 BGH v. 04.06.1973, VII ZR 112/71, WM 1973, 995; MüKo-BGB/*Busche*, § 634 Rn. 76.
101 BGH v. 05.07.1973, VII ZR 12/73, WM 1973, 1015.
102 Messerschmidt/Voit/*Drossart*, § 634 Rn. 104.

II. Vergütungsprozess

Beim Vergütungsprozess ist ebenfalls zu differenzieren: Hat der Besteller die erbrachte Bauleistung bereits vorbehaltslos abgenommen oder deren Abnahme verweigert, so muss er den Mangel darlegen und beweisen. Hat er demgegenüber die Bauleistung nicht abgenommen, so muss der Hersteller darlegen und beweisen, dass die erbrachten Leistungen mangelfrei erbracht worden sind, da die Mangelfreiheit Voraussetzung seines Vergütungsanspruches ist.

H. Prozessuales

Die prozessuale Geltendmachung der Rechte aus § 634 BGB führt zu unterschiedlichen Streitgegenständen,[103] so dass der Übergang von einem Recht zu einem anderen eine Klageänderung bedeutet.[104] Wie bereits dargestellt, stehen die Mängelansprüche zueinander in einem Stufenverhältnis. Da der Besteller zunächst die Nacherfüllung verlangen muss, kann er die übrigen Mängelansprüche nur hilfsweise einklagen.[105]

§ 634a Verjährung der Mängelansprüche

(1) Die in § 634 Nr. 1, 2 und 4 bezeichneten Ansprüche verjähren
1. vorbehaltlich der Nummer 2 in zwei Jahren bei einem Werk, dessen Erfolg in der Herstellung, Wartung oder Veränderung einer Sache oder in der Erbringung von Planungs- oder Überwachungsleistungen hierfür besteht,
2. in fünf Jahren bei einem Bauwerk und einem Werk, dessen Erfolg in der Erbringung von Planungs- oder Überwachungsleistungen hierfür besteht, und
3. im Übrigen in der regelmäßigen Verjährungsfrist.

(2) Die Verjährung beginnt in den Fällen des Absatzes 1 Nr. 1 und 2 mit der Abnahme.

(3) Abweichend von Absatz 1 Nr. 1 und 2 und Absatz 2 verjähren die Ansprüche in der regelmäßigen Verjährungsfrist, wenn der Unternehmer den Mangel arglistig verschwiegen hat. Im Falle des Absatzes 1 Nr. 2 tritt die Verjährung jedoch nicht vor Ablauf der dort bestimmten Frist ein.

(4) Für das in § 634 bezeichnete Rücktrittsrecht gilt § 218. Der Besteller kann trotz einer Unwirksamkeit des Rücktritts nach § 218 Abs. 1 die Zahlung der Vergütung insoweit verweigern, als er auf Grund des Rücktritts dazu berechtigt sein würde. Macht er von diesem Recht Gebrauch, kann der Unternehmer vom Vertrag zurücktreten.

(5) Auf das in § 634 bezeichnete Minderungsrecht finden § 218 und Absatz 4 Satz 2 entsprechende Anwendung.

Schrifttum
Acker/Bechtold Organisationsverschulden nach der Schuldrechtsreform, NZBau 2002, 529; *Birr* Verjährung und Verwirkung, 2. Aufl. 2006; *Fischer* Verjährung der werkvertraglichen Mängelansprüche bei Gebäudearbeiten, BauR 2005, 1073; *Kniffka* FS für Heiermann 2005, 355 – Aufklärungspflicht des Bauunternehmers nach der Abnahme – zur Sekundärhaftung des Unternehmers; *Knipp* Organisationsschulden und Arglisthaftung – eine Bestandsaufnahme, BauR 2007, 945; *Lauer* Verjährung des Mängelspruches und Sekundärhaftung im Architektenrecht, BauR 2003, 1639; *Lenkeit* Das modernisierte Verjährungsrecht, BauR 2002, 196; *Mansel* Die Neuregelung des Verjährungsrechts, NJW 2002, 89; *Michalsky* Die Systemwidrigkeit der Diffe-

---
103 MüKo-BGB/*Busche*, § 634 Rn. 78; Palandt/*Sprau*, BGB § 634 Rn. 11; OLG Dresden, v. 09.06.1999, 8 U 814/99, BauR 2000, 1523.
104 MüKo-BGB/*Busche*, § 634 Rn. 78; Palandt/*Sprau*, BGB § 634 Rn. 11; zum alten Recht BGH v. 13.11.1997, VII ZR 100/97, BauR 1998, 369.
105 Kleine-Möller/Merl/*Merl*, § 15 Rn. 560.

§ 634a BGB Verjährung der Mängelansprüche

renzierung nach Mangel- und Folgeschäden im werkvertraglichen Sachmängelgewährleistungsrecht, NJW 1988, 793; *Motzke* Installierung eines Heizöltanks als »Arbeit bei einem Bauwerk«, NJW 1987, 363; *Neuhaus* Dreißig Jahre Gewährleistungshaftung im Baurecht – Vor und nach der Schuldrechtsmodernisierung, MDR 2002, 131; *Rutkowsky* Organisationsverschulden des Bauunternehmers als Arglist i.S.v. § 638 BGB, NJW 1993, 1748; *Schudnagies* Das Werkvertragsrecht nach der Schuldrechtsreform, NJW 2002, 396; *Schwenker/Wessel* Organisierte Arglistverhinderung und Verjährung (zugleich Besprechung von BGH, Urt. v. 12.10.2006 – VII ZR 272/05, ZfBR 2007, 47, und BGH, Urt. v. 11.10.2007 – VII ZR 99/06, ZfBR 2008, 158), ZfBR 2008, 222; *von Craushaar* Verjährung der Gewährleistungsansprüche bei Arbeiten zur Herstellung eines Gebäudes, BauR 1979, 449; *Waltermann* Arglistiges Verschweigen eines Fehlers bei Einschalten von Hilfskräften, NJW 1993, 889; *Wirth* Dreißigjährige Gewährleistungshaftung des Unternehmers – Wird der Bundesgerichtshof unzutreffend interpretiert?, BauR 1994, 33.

Übersicht

	Rdn.
A. Anwendungsbereich	1
B. Dauer der Verjährung	2
I. Fünfjährige Verjährungsfrist, § 634a Abs. 1 Nr. 2 BGB	3
1. Bauwerk	4
a) Amtliche Begründung	4
b) Rechtsprechung	5
c) Einzelfälle	6
d) Einzelne Leistungen	8
e) Bestehende Bauwerke	9
f) Technische Anlagen	12
2. Planungs- und Überwachungsleistungen	13
a) Erbringung für ein Bauwerk	13
b) Andere Planungsleistungen	14
II. Zweijährige Verjährungsfrist, § 634a Abs. 1 Nr. 1 BGB	16
1. Anwendungsbereich	16
2. Gemischte Verträge	17
III. Regelmäßige Verjährungsfrist, § 634a Abs. 1 Nr. 3 BGB	18
C. Beginn der Verjährung	19
I. Abnahme	19
II. Abnahmefiktion und Vollendung statt Abnahme	20
III. Fristberechnung	21
D. Arglistig verschwiegene Mängel	23
I. Zweck der Regelung	23
II. Arglistiges Verschweigen	24
1. Arglist	24
2. Zeitpunkt	25
3. Kenntnis	26
4. Einzelfälle	27
5. Arglist des Architekten	28
6. Arglist von Erfüllungsgehilfen	29
7. Darlegungs- und Beweislast	31
E. Organisationsverschulden und Verjährung	33
I. Grundsätze des Organisationsverschuldens	33
II. Dauer der Verjährung	35
III. Organisationsobliegenheit	36
1. Einzelfälle aus der oberlandesgerichtlichen Rechtsprechung	37
2. Organisationsverschulden bei Nachunternehmern	38
3. Kausalität der Pflichtverletzung	39
4. Organisationspflichten der Architekten/Ingenieure	40
F. Darlegungs- und Beweislast	41
G. Verjährung der Ansprüche auf Grund einer Sekundärhaftung	42
H. Rücktritt	43
I. Unwirksamkeit des Rücktritts	44
II. Leistungsverweigerungsrecht	45
III. Rücktrittsrecht des Auftragnehmers	46
I. Minderung	47
I. Unwirksamkeit der Verjährung	47
II. Leistungsverweigerungsrecht	48
III. Rücktritt des Unternehmers	49
J. Sonderregelung in § 13 Abs. 4 VOB/B (2009)	50

A. Anwendungsbereich

1 § 634a BGB ist anzuwenden auf Ansprüche auf Nacherfüllung, bei Selbstvornahme auf Ersatz der erforderlichen Aufwendungen, auf Schadenersatz, auf Ersatz vergeblicher Aufwendungen sowie auf Kostenvorschuss. Die Regelung gilt nur bei Vorliegen eines Werkvertrages. Hinsichtlich der Abgrenzung zwischen Werkvertrag, Werklieferungsvertrag und Kaufvertrag wird auf die Ausführungen vor § 631 ff. BGB Rdn. 19 ff. verwiesen. Eine erweiternde Anwendung ist wegen des eindeutigen Wortlautes nicht möglich. Daher unterliegt der Anspruch auf Rückzahlung eines ge-

leisteten Kostenvorschusses der regelmäßigen Verjährungsfrist des § 195 BGB.¹ Nach § 634a BGB verjähren auch Schadensersatz- und Aufwendungsersatzansprüche, die auf einem Mangel des Werkes beruhen, selbst wenn sie darauf gerichtet sind, Schäden außerhalb der eigentlichen Werkleistung ersetzt zu verlangen. Bei Schadensersatzansprüchen wegen Verletzung einer vertraglichen Nebenpflicht ist die Regelung nicht anzuwenden. Zur Rechtslage vor der Schuldrechtsreform und zu § 638 BGB a.F. hat der BGH mit Urt. v. 08.07.2010 entschieden, dass die vor der Abnahme entstandenen werkvertraglichen Gewährleistungsrechte des Bestellers auch dem § 638 Abs. 1 S. 1 BGB a.F. unterliegen.² Ob diese Rechtsprechung auch auf die bestehende Gesetzeslage anzuwenden ist, bleibt abzuwarten und hängt maßgeblich von der Beantwortung der Frage ab, ob dem Besteller auch nach neuem Recht bereits vor der Abnahme Mängelrechte aus § 634 BGB zustehen.³ Zu dieser höchst streitigen Frage vgl. § 634 Rdn. 20 ff.

B. Dauer der Verjährung

Hinsichtlich der Dauer der Verjährung unterscheidet der § 634a BGB nach der Art des Werkes.⁴ 2

I. Fünfjährige Verjährungsfrist, § 634a Abs. 1 Nr. 2 BGB

Ob die in § 634 Abs. 1 Nr. 2 BGB geregelte fünfjährige Verjährungsfrist zur Anwendung kommt, 3 hängt davon ab, ob es sich um Ansprüche aus Arbeiten an einem Bauwerk handelt.

1. Bauwerk

a) Amtliche Begründung

Nach der Begründung des Regierungsentwurfs zum Schuldrechtsmodernisierungsgesetz ist 4

»(e)in Bauwerk eine unbewegliche, durch Verwendung von Arbeit und Material in Verbindung mit dem Erdboden hergestellte Sache. Erfasst sind nicht nur Neuerrichtungen, sondern auch Erneuerungs- und Umbauarbeiten an einem bereits errichteten Bauwerk, wenn sie für Konstruktionen, Bestand, Erhaltung oder Benutzbarkeit des Gebäudes von wesentlicher Bedeutung sind und wenn die eingebauten Teile mit dem Gebäude fest verbunden werden«.⁵

b) Rechtsprechung

Die Begründung entspricht der ständigen Rechtsprechung des BGH zu § 638 BGB a.F.⁶ Arbeiten 5 an einem Bauwerk liegen also vor, wenn es sich um eine in Verbindung mit dem Erdboden hergestellte Sache handelt oder wenn die Leistungen für Konstruktion, Bestand, Erhaltung oder Benutzbarkeit des Gebäudes von wesentlicher Bedeutung sind und die eingebauten Teile mit dem Gebäude fest verbunden werden. Das Tatbestandsmerkmal »feste Grundstücksverbindung« ist nach Sinn und Zweck der gesetzlichen Regelung auszulegen.⁷ Der BGH hat dazu ausgeführt: »Für die Zuordnung einer Werkleistung zu den Arbeiten bei Bauwerken ist auf den Zweck des Gesetzes abzustellen. Damit ist das spezifische Risiko maßgebend, das mit der Errichtung von Gebäuden und anderen Bauwerken verbunden ist und das der Grund für die unterschiedlichen Verjährungsregelungen des § 638 BGB a.F. ist. Schon in den Motiven zum BGB ist als Begründung für die fünfjährige Verjährung angegeben, dass Mängel bei Bauwerken im Sinne der Bestimmung

---

1 OLG Oldenburg, Urt. v. 08.11.2007 – 8 U 123/07, BauR 2008, 2051.
2 BGH, Urt. v. 08.07.2010 – VII ZR 171/08, BauR 2010, 1778.
3 BGH, Urt. v. 08.07.2010 – VII ZR 171/08, BauR 2010, 1778, 1782.
4 Palandt/*Sprau*, BGB § 634a Rn. 7.
5 BT-Drucks. 14/6040, S. 227, zu Nummer 2.
6 BGH, Urt. v. 16.09.1971 – VII ZR 5/70, NJW 1971, 2219.
7 BGH, Urt. v. 23.01.2002 – X ZR 184/99, NJW-RR 2002, 664.

häufig erst spät erkennbar werden, jedoch innerhalb von fünf Jahren auftauchen (Mot. z. BGB, II, S. 489). Es geht dabei vor allem neben den schon vom Gesetzgeber ausdrücklich erwogenen Mängeln aus dem Bereich von Planung und Statik typischerweise um die späte Erkennbarkeit aus Gründen der Verdeckung durch aufeinanderfolgende Arbeiten«[8] einerseits sowie der Witterung und Nutzung andererseits. Entsprechend dem Gesetzeszweck ist das Tatbestandsmerkmal »feste Verbindung« folglich weit auszulegen, so dass bereits eine enge und auf längere Dauer angelegte Verbindung mit dem Grundstück genügt.[9]

c) Einzelfälle

6 Eine derartige feste Verbindung mit dem Grundstück nahm der BGH bei einem Hochseilgarten an, der an 2,60 m Tiefe im Erdreich verankerten Baumstämmen befestigt war.[10] Nach zutreffender Ansicht des OLG Hamm handelt es sich bei einem Zirkuszelt, das massiv im Boden verankert und zu einer auf Dauer angelegten ortsfesten Nutzung aufgestellt wird, ebenfalls um ein Bauwerk im Sinne des § 634a Abs. 1 Nr. 2 BGB.[11] Als Begründung führt das OLG Hamm an, dass das Zelt von seiner Größe und seinem Gewicht her so beschaffen sei, dass ein Auf- und Abbau nur mit einem erheblichen Aufwand möglich wäre, und dass das Zelt dauerhaft und langfristig ortsfest genutzt werden solle. Gleiches gilt für Hofpflasterungen im Mörtelbett,[12] für die Erneuerung eines Terrassenbelages[13] und die Ausschachtung einer Baugrube.[14]

7 Das Fehlen einer »festen Verbindung« hat die Rechtsprechung dagegen bei der Herstellung eines Gartenbrunnens[15] und bei Mängelnachbesserungen am Parkettboden[16] angenommen.

d) Einzelne Leistungen

8 Bei einzelnen Leistungen für die Herstellung des Bauwerks wird darauf abgestellt, ob diese der funktionellen Gesamtheit des Bauwerks zugeordnet werden können.[17] Als Arbeiten an einem Bauwerk wurden bisher beispielsweise folgende Leistungen angesehen: Förderanlage für eine Automobilproduktion;[18] Rohrbrunnen mit Schacht aus Betonringen;[19] Schwimmbecken;[20] Hängebahn nebst Steuerungsanlage einer Werkhalle;[21] Einbau von Fenstern,[22] einer Drainage,[23] eines Schutzrohrs für eine Feuerlöschringleitung,[24] einer Küchenzeile,[25] eines Kachelofens,[26] von

---

8 BGH, Urt. v. 03.12.1998 – VII ZR 109-97, NJW 1999, 2434, 2435; *von Craushaar*, BauR 1979, 449; *Fischer*, BauR 2005, 1073, 1079.
9 BGH, Urt. v. 30.01.1992 – VII ZR 86/90, BauR 1992, 369; Kapellmann/Messerschmidt, § 13 Rn. 115; *Motzke*, NJW 1987, 363.
10 OLG Koblenz, Beschl. v. 04.08.2009 – 5 U 333/09, BeckRS 2009, 28049.
11 OLG Hamm, Urt. v. 06.06.2007 – 12 U 33/07, BeckRS 2008, 04908.
12 BGH, Urt. v. 12.11.1992 – VII ZR 29/92, NJW-RR 1993, 592.
13 OLG Hamburg, Urt. v. 11.05.1994 – 12 U 35/93, BauR 1995, 242.
14 BGH, Urt. v. 24.03.1977 – VII ZR 220/75, BauR 1977, 203.
15 OLG Düsseldorf, Urt. v. 26.03.1999 – 22 U 210/98, BauR 2000, 734.
16 OLG Hamm, Urt. v. 28.10.1998 – 12 U 99/07, BauR 1999, 766.
17 *Kniffka*, IBR-Online-Kommentar, Stand 26.05.2009, § 634a Rn. 17.
18 BGH, Urt. v. 03.12.1998 – VII ZR 109/97, BauR 1999, 670.
19 BGH, Urt. v. 16.09.1971 – VII ZR 5/70, BauR 1971, 259.
20 BGH, Urt. v. 04.11.1982 – VII ZR 65/82, NJW 1983, 567, 568.
21 BGH, Urt. v. 20.02.1997 – VII ZR 288/94, BauR 1997, 640.
22 BGH, Urt. v. 02.05.1963 – VII ZR 221/61, NJW 1963, 1451.
23 BGH, Urt. v. 22.09.1983 – VII ZR 360/82, BauR 1984, 64.
24 BGH, Urt. v. 18.01.2001 – VII ZR 247/98, BauR 2001, 621.
25 KG, Urt. v. 31.10.1995 – 7 U 5519/95, NJW-RR 1996, 1010.
26 OLG Koblenz, Urt. v. 24.02.1994 – 5 U 1436/93, BauR 1995, 395.

Schrankwänden;[27] Verlegen eines Teppichbodens;[28] Elektroinstallationen;[29] Verfüllung der Arbeitsgrube;[30] Gleisanlage.[31]

e) Bestehende Bauwerke

Die Rechtsprechung hat als Arbeiten an einem Bauwerk im Sinne des § 638 BGB a.F. auch die Arbeiten angesehen, die für Konstruktion, Erneuerung, Bestand, Erhaltung und Benutzbarkeit des Gebäudes von wesentlicher Bedeutung sind, sofern die eingebauten Teile mit dem Gebäude fest verbunden werden.[32] Die erforderliche Abgrenzung ist im Einzelfall schwierig; es kann nur von Fall zu Fall entschieden werden.[33] Maßgebend für die Beurteilung ist die Zweckbestimmung, unter Einsatz nicht unerheblicher finanzieller Mittel das Gebäude durch eine dessen Substanz schützende und erhaltende Renovierung wiederherzustellen, die nach Umfang und Bedeutung Neubauarbeiten vergleichbar ist.[34]

9

Die Rechtsprechung hat folgende Arbeiten entsprechend den dargestellten Grundsätzen als Arbeiten an Bauwerken im Sinne des § 638 BGB a.F. qualifiziert: Abdichtungsarbeiten im Kellerbereich;[35] Abdecken und Neueindecke von großen Dachflächen einer Kirche,[36] Beschichtung des Außenputzes;[37] Verlegen und Verkleben eines Teppichbodens in einer Wohnung;[38] Einbau einer Klimaanlage;[39] Verlegen von Drainagerohren und Isolierung der Kellerwände zur Beseitigung von Feuchtigkeitsschäden;[40] Erneuerung einer Elektroanlage in wesentlichen Teilen.[41]

10

Arbeiten an einem Bauwerk liegen nach der Rechtsprechung zu § 638 BGB a.F. darüber hinaus auch vor, wenn der Auftragnehmer Gegenstände, die für ein bestimmtes Bauwerk verwendet werden sollen, in Kenntnis der Verwendungsabsicht auf der Grundlage eines Werkvertrages bearbeitet oder herstellt.[42] Zweck dieser Rechtsprechung war es, dem Auftragnehmer die Möglichkeit zu verschaffen, gegenüber seinen Lieferanten Ansprüche durchzusetzen, wenn er selbst vom Auftraggeber in Anspruch genommen wurde. Ohne diese Rechtsprechung wäre dies unter Umständen an der unterschiedlichen Dauer der Verjährungsfristen gescheitert. Auch nach Schuldrechtsreform besteht noch die Gefahr, dass die Verjährungsdauer im Verhältnis Auftragnehmer/Lieferant von der Verjährungsdauer im Verhältnis Auftragnehmer/Auftraggeber abweicht. Es ist daher anzunehmen, dass die bisherige Rechtsprechung fortgeführt wird.[43] Die Arbeiten müssen im Übrigen nicht auf der Baustelle ausgeführt werden, um als Arbeiten beim Bauwerk angesehen werden zu können.[44]

11

---

27 OLG Köln, Urt. v. 06.05.1991 – 12 U 130/88, NJW-RR 1991, 1077.
28 BGH, Urt. v. 16.05.1991 – VII ZR 296/90, BauR 1991, 603.
29 BGH, Urt. v. 30.03.1978 – VII ZR 48/77, NJW 1978, 1522.
30 OLG Düsseldorf, Urt. v. 20.07.1994 – 22 U 15/94, BauR 1995, 244.
31 BGH, Urt. v. 12.03.1992 – VII ZR 334/90, MittBayNot 1992, 386; BGH, Urt. v. 13.01.1972 – VII ZR 46/70, MDR 1972, 410.
32 Kniffka/*Schulze-Hagen*, IBR-Online-Kommentar, Stand 16.07.2010, § 634a Rn. 19.
33 BGH, Urt. v. 08.01.1970 – VII ZR 35/68, BauR 1970, 47.
34 BGH, Urt. v. 22.09.1983 – VII ZR 360/82, BauR 1984, 64; Kniffka/*Schulze-Hagen*, IBR-Online-Kommentar, Stand 16.07.2010, § 634a Rn. 19.
35 BGH, Urt. v. 22.09.1983 – VII ZR 360/82, BauR 1984, 64.
36 BGH, Urt. v. 21.12.1955 – VI ZR 246/54, NJW 1956, 1195.
37 BGH, Urt. v. 08.01.1970 – VII ZR 35/68, BauR 1970, 47.
38 BGH, Urt. v. 16.05.1991 – VII ZR 296/90, NJW 1991, 2486.
39 BGH, Urt. v. 22.11.1973 – VII ZR 217/71, NJW 1974, 136.
40 BGH, Urt. v. 22.09.1983 – VII ZR 360/82, NJW 1984, 168.
41 BGH, Urt. v. 30.03.1978 – VII ZR 48/77, BauR 1978, 303.
42 BGH, Urt. v. 27.03.1980 – VII ZR 44/79, BauR 1980, 355.
43 *Fischer*, BauR 2005, 1073, 1079.
44 BGH, Urt. v. 12.10.1978 – VII ZR 220/77, BauR 1979, 54.

f) Technische Anlagen

12 Technische Anlagen sind Bauwerke, wenn sie mit dem Grundstück (dauerhaft) fest verbunden sind und eine Trennung nur mit größerem Aufwand möglich ist.[45] Eine technische Anlage, die selbst kein Bauwerk darstellt, kann aber nach der Rechtsprechung unter Umständen Gegenstand einer Arbeit »bei einem Bauwerk« im Sinne des § 638 BGB a.F. sein:[46] Bei wertender Betrachtung ist darauf abzustellen, ob das bestimmungsgemäße Gewerk durch die technische Anlage und das Bauwerk in Gesamtheit geschaffen wird, so zum Beispiel in einem Wohnhaus bei einer Zentralheizung[47] oder Klimaanlage.[48]

2. Planungs- und Überwachungsleistungen

a) Erbringung für ein Bauwerk

13 Nach dem Gesetzeswortlaut (§ 634a Abs. 1 Nr. 2 2.Alt. BGB) unterliegen Ansprüche auf Grund mangelhafter Planungs- und Überwachungsleistungen, die für ein Bauwerk erbracht worden sind, ebenfalls der fünfjährigen Verjährungsfrist. Es ist umstritten, was gilt, wenn das Bauwerk letztlich doch nicht hergestellt wird. Nach Auffassung von *Lenkeit* ist dann das Merkmal »Bauwerk« nicht erfüllt, da durch Streichung des Merkmals »Arbeiten an einem Grundstück« auch § 634a Abs. 1 Nr. 1 BGB nicht einschlägig ist. Etwaige Mängelansprüche gegen den Architekten verjähren nach dieser Ansicht in der regelmäßigen Verjährungsfrist nach § 634a Abs. 1 Nr. 3 BGB.[49] Diese Ansicht überzeugt nicht, vielmehr hat der Gesetzgeber allein darauf abgestellt, ob die Leistungen für ein Bauwerk erbracht werden.[50] Unter Planungsleistungen im Sinne des § 634a Abs. 1 Nr. 2 BGB sind folglich sämtliche Planungsleistungen für das Bauwerk zu verstehen, ungeachtet dessen, wer sie erbracht hat (Architekt/Ingenieur, Tragwerksplaner usw.). Die fünfjährige Verjährungsfrist gilt damit auch für nur vorbereitende Planungsleistungen (Grundlagenermittlung, Bodengutachten).

b) Andere Planungsleistungen

14 Inwieweit auch andere Leistungen, die nicht unter den Begriff der Überwachungs- oder Planungsleistung fallen, von der fünfjährigen Verjährungsfrist des § 634a Abs. 1 Nr. 2 BGB umfasst sind, ist umstritten. Es wird die Auffassung vertreten, dass in den Fällen, in denen ein Architekt nicht mit der Überwachung beauftragt wird, sondern allein mit der stichprobenartigen Qualitätskontrolle, § 634a Abs. 1 Nr. 2 BGB nicht greift.[51] Gleiches könnte bei Leistungen von Projektsteuerern angenommen werden, soweit nicht Überwachungsleistungen von ihnen miterbracht werden; ebenso bei Architektenleistungen im Rahmen der Vergabe oder der Kostenermittlung.[52]

15 Folgte man dieser Auffassung, ergeben sich vom Gesetzgeber nicht beabsichtige Widersprüche zwischen der Rechtslage vor und nach der Schuldrechtsreform. Nach anderer Ansicht unterliegen die Mängelrechte bei derartigen Leistungen deswegen der regelmäßigen Verjährungsfrist nach §§ 634a Abs. 1 Nr. 2, 195 BGB. Je nach dem Zeitpunkt, in dem der Anspruch entstanden ist und der Auftraggeber Kenntnis von den Anspruch begründenden Umständen erlangt, kann dieses für ihn von Vorteil sein. Für den Auftragnehmer dürfte diese Betrachtungsweise dagegen regel-

---

45 BGH, Urt. v. 03.12.1998 – VII ZR 109-97, NJW 1999, 2434, 2435.
46 BGH, Urt. v. 19.03.2002 – X ZR 49/00, NJW 2002, 2100.
47 BGH, Urt. v. 08.03.1973 – VII 43/71, BauR 1973, 246, 247.
48 BGH, Urt. v. 22.11.1973 – VII ZR 217/71, BauR 1974, 57.
49 *Lenkeit*, BauR 2002, 196, 228; Kniffka/*Schulze-Hagen*, IBR-Online-Kommentar, Stand 16.07.2010, § 634a Rn. 33.
50 *Kniffka/Koeble*, 12. Teil Rn. 496; Motzke/Preussner/Kehrberg/Kesselring, X. Rn. 8; Erman/*Schwenker*, § 634a Rn. 11; *Mansel*, NJW 2002, 89, 96.
51 Messerschmidt/Voit/*Drossart*, § 634a Rn. 17.
52 *Kniffka*, IBR-Online-Kommentar, Stand 26.05.2009, § 634a Rn. 35.

mäßig nachteilig sein wegen der Höchstfrist für die Verjährung von Schadensersatzansprüchen nach § 199 Abs. 3 Nr. 1 BGB. Der Gesetzgeber habe mit der Neufassung des 634a BGB jedoch lediglich eine Klarstellung bezweckt und keine inhaltliche Änderung der bisherigen Rechtslage.[53] Vielmehr sollte die höchstrichterliche Rechtsprechung zu § 638 BGB a.F. Berücksichtigung finden. Die Regelung des § 634a Abs. 1 Nr. 2 BGB ist daher im Hinblick auf Planungs- und Überwachungsleistungen (über den Wortlaut hinaus) so auszulegen, dass alle Leistungen umfasst sind, die im weitesten Sinne mit der Planung oder Überwachung von Bauleistungen zur Errichtung eines Bauwerkes zu tun haben. Damit sind dann sämtliche Leistungen etwa bei der Vergabe, der Kostenermittlung, der Projektsteuerung usw. umfasst.

II. Zweijährige Verjährungsfrist, § 634a Abs. 1 Nr. 1 BGB

1. Anwendungsbereich

Die Regelung greift in denjenigen Fällen, in denen § 634a Abs. 1 Nr. 2 BGB nicht zur Anwendung kommt. Voraussetzung ist immer, dass ein Werkvertrag vorliegt, bei dem eine körperliche Sache Gegenstand der werkvertraglichen Leistung ist. Im Mittelpunkt der Regelung stehen somit Arbeiten, die keine Lieferung zum Gegenstand haben, sondern an der Sache selbst vorgenommen werden.[54] Dies sind zum einen die ausdrücklich genannten Wartungs-, Reparatur- und Veränderungsarbeiten an Sachen; zum anderen werden von der Regelung aber auch Abbruch-, Rodungs-, Landschafts- und Gartenarbeiten erfasst. Grundsätzlich fallen hierunter alle Arbeiten an einem Grundstück, für die nach der alten Rechtslage eine einjährige Verjährungsfrist galt (es sei denn, diese Arbeiten werden als Arbeiten am Bauwerk angesehen). Ferner werden Planungs- und Überwachungsleistungen, sofern sie nicht unter § 634a Abs. 1 Nr. 2 BGB fallen, in den Regelungsbereich miteinbezogen. Es handelt sich hierbei insbesondere um Fehler von Plänen, die Arbeiten am Grundstück dienen sollen, wie beispielsweise Leistungen von Landschaftsplanern oder die Erstellung eines Planwerkes für Rohrnetze.[55] Bildet dagegen die Lieferung einer vertretbaren oder nicht vertretbaren beweglichen Sache den Gegenstand des Vertrages, so gelten die §§ 651, 438 Abs. 1 Nr. 3 BGB, was insbesondere wegen des unterschiedlich ausgestalteten Verjährungsbeginn bedeutsam ist.

16

2. Gemischte Verträge

Bei Übernahme von werkvertraglichen Leistungspflichten, die sowohl Arbeiten an einem Bauwerk als auch Leistungen nach § 634a Abs. 1 Nr. 1 BGB zum Gegenstand haben, ist unter Zugrundelegung einer natürlichen Betrachtungsweise zu ermitteln, ob die Leistungen eine Einheit bilden oder einzelne Leistungen unabhängig voneinander beurteilt werden können.[56]

17

III. Regelmäßige Verjährungsfrist, § 634a Abs. 1 Nr. 3 BGB

Liegt der Tatbestand des § 634a Abs. 1 Nr. 1 und 2 BGB nicht vor, verjähren die Ansprüche aus § 634 Nr. 1, 2 und 4 BGB in der regelmäßigen Verjährungsfrist von drei Jahren mit den in § 199 BGB niedergelegten Höchstfristen von 10 bzw. 30 Jahren. Dies betrifft vor allem werkvertragliche Ansprüche aus Beratungsleistungen und aus geistigen Leistungen, wie z.B. Gutachten,[57] letztere allerdings nur, wenn sie sich auf Sachen beziehen und keine Planungs- und Überwachungsleistun-

18

---

[53] BT-Drucks. 14/6040, S. 263 f.
[54] *Birr*, Rn. 177.
[55] Kniffka/*Schulze-Hagen*, IBR-Online-Kommentar, Stand 16.07.2010, § 634a Rn. 36; BGH, Urt. v. 17.12.1992 – VII ZR 45/92, BauR 1993, 219.
[56] Messerschmidt/Voit/*Drossart*, § 634a Rn. 18.; BGH, Urt. v. 08.03.1973 – VII ZR 43/71, BauR 1973, 246; BGH, Urt. v. 16.09.1993 – VII ZR 180/92, BauR 1994, 101; OLG Düsseldorf, Urt. v. 12.05.2000 – 22 U 194/99, BauR 2001, 648.
[57] Kniffka/*Schulze-Hagen*, IBR-Online-Kommentar, Stand 16.07.2010, § 634a Rn. 38.

gen darstellen.[58] Bei Gutachten kann sich allerdings auch eine fünfjährige Verjährungsdauer ergeben, wenn der Gutachter im Rahmen der Gutachtenserstattung auch Planungsleistungen erbringt, beispielsweise für die Art und Weise der Nacherfüllung. Die fünfjährige Gewährleistungsdauer gilt, wenn der Schwerpunkt der Gutachtenserstattung auf den Planungsleistungen für das Bauwerk liegt und bei zusammenfassender Betrachtung eine einheitliche Tätigkeit vorliegt.

C. Beginn der Verjährung

I. Abnahme

19 Die Verjährung der Mängelansprüche in den Fällen des § 634a Abs. 1 Nr. 1 und 2 BGB beginnt mit der Abnahme. Dies gilt auch in den Fällen der Kündigung eines Werkvertrages.[59] Die Kündigung führt nur dazu, dass sich der Umfang der vom Auftragnehmer geschuldeten Leistungen auf den bis zur Kündigung erbrachten Teil beschränkt. Sie beendet aber nicht das Erfüllungsstadium des Vertrages.[60]

II. Abnahmefiktion und Vollendung statt Abnahme

20 Die Verjährungsfrist beginnt auch bei einer Abnahmefiktion (§ 640 Abs. 1 S. 3 BGB, § 12 Abs. 5 VOB/B) oder bei einer zu Unrecht verweigerten Abnahme.[61] Wird durch den Auftraggeber die Abnahme endgültig verweigert und keine Erfüllung mehr verlangt, beginnt die Verjährung des Erfüllungsanspruchs in der Frist von §§ 195, 199 BGB zu laufen.[62] Die Die Verjährung von Ansprüchen nach § 634a BGB beginnt dagegen nicht zu laufen, wenn der Auftraggeber die Abnahme nicht endgültig verweigert hat, sondern weiterhin Erfüllung fordert.[63] Im Übrigen wird auf die Ausführungen zu § 640 Rdn. 93 ff. verwiesen. Soweit eine Abnahme ausgeschlossen ist, setzt der Beginn der Verjährungsfrist die Vollendung des Werkes (§ 646 BGB) voraus.[64]

III. Fristberechnung

21 Die Fristberechnung erfolgt nach §§ 187 Abs. 1, 188 Abs. 2 BGB. Danach tritt die Verjährung mit Ablauf des Tages ein, der dasselbe Datum trägt, wie der Tag der Abnahme.

22 Die regelmäßige Verjährungsfrist im Fall des § 634a Abs. 1 Nr. 3 BGB beginnt entsprechend den Regelungen der §§ 195, 199 BGB.

D. Arglistig verschwiegene Mängel

I. Zweck der Regelung

23 Die Regelung sieht vor, dass bei vom Auftragnehmer arglistig verschwiegenen Mängeln die Regelverjährung der §§ 195, 199 BGB gilt. Wenn es sich bei dem Werk um ein Bauwerk handelt, so stellt § 634a Abs. 3 S. 2 BGB sicher, dass entsprechende Ansprüche nicht vor Ablauf der fünfjährigen Frist aus § 634a Abs. 1 Nr. 2 BGB verjähren. Dies ist notwendig, da solche Ansprüche sonst bei arglistig verschwiegenen Mängeln und deren Kenntnis unmittelbar nach Abnahme vor Ablauf der fünfjährigen Verjährung verjähren würden. Die Arglist des Auftragnehmers kann aber nicht zu einer Verkürzung der grundsätzlich geltenden Verjährung führen. Dass Ansprüche des Auftraggebers gegen den Auftragnehmer, für die § 634a Abs. 1 Nr. 3 BGB gilt, in der gleichen Frist verjähren wie bei Vorliegen der Voraussetzungen von § 634a Abs. 3 BGB, ruft jedoch Bedenken her-

---

58 BGH, Urt. v. 26.10.1978 – VII ZR 249/77, NJW 1979, 214.
59 BGH, Urt. v. 19.12.2002 – VII ZR 103/00, BauR 2003, 689.
60 BGH, Beschl. v. 10.03.2009 – VII ZR 164/06, BeckRS 2009, 08732.
61 Messerschmidt/Voit/*Drossart*, § 634a Rn. 21.
62 BGH, Urt. v. 30.09.1999 – VII ZR 162/97, BauR 2000, 128.
63 BGH, Urt. v. 08.01.2004 – VII ZR 198/02, BauR 2004, 670.
64 BGH, Urt. v. 26.10.2006 – VII ZR 133/04, BauR 2007, 423, 424.

vor. Es ist nicht nachvollziehbar, dass der gutgläubige und der arglistig handelnde Unternehmer gleichgestellt werden. Eine Rechtfertigung für diesen verjährungsrechtlichen Gleichlauf ist nicht ersichtlich.[65]

II. Arglistiges Verschweigen

1. Arglist

Arglistig verschweigt, wer sich bewusst ist, dass ein bestimmter Umstand für die Entschließung seines Vertragspartners erheblich ist, nach Treu und Glauben diesen Umstand mitzuteilen verpflichtet ist und ihn trotzdem nicht offenbart.[66] 24

2. Zeitpunkt

Maßgeblicher Zeitpunkt für die Beurteilung des arglistigen Verschweigens ist der Zeitpunkt der Abnahme. Spätestens zu diesem Zeitpunkt hat der Auftragnehmer etwaige Mängel zu offenbaren. Der Offenbarungspflicht unterliegen jedoch bereits Verhaltensweisen des Unternehmers bei Auftragserteilung, wie z.B. die Pflicht zur Aufklärung über fehlende Fachkunde.[67] Arglistig ist auch derjenige, der verschweigt, dass die beauftragte Werkleistung nicht den allgemein anerkannten Regeln der Technik entspricht.[68] Arglistiges Verschweigen nach der Abnahme dagegen führt zu einer Verletzung von Vertragspflichten nach § 241 Abs. 2 BGB.[69] Schließlich hängt die Erklärung der Abnahme durch den Auftraggeber maßgeblich davon ab, ob die Werkleistungen mangelfrei sind. Spätestens zu diesem Zeitpunkt muss der Auftraggeber davon ausgehen können, dass ihn der Auftragnehmer über vorhandene Mängel aufklärt und ihm diese offenbart. Allerdings ist die Wertung des Gesetzgebers in § 640 Abs. 1 S. 2 BGB auf die Frage der Offenbarungspflicht zu übertragen und ergibt für letztere eine Einschränkung hinsichtlich unwesentlicher Mängel. Wenn nämlich die Verpflichtung besteht, die Abnahme auch bei Vorliegen von unwesentlichen Mängeln zu erklären, kann diesbezüglich keine Offenbarungspflicht des Auftragnehmers angenommen werden, da die Abnahmeerklärung des Auftraggebers von unwesentlichen Mängeln eben gerade nicht abhängen darf. Arglistig handelt danach der Auftragnehmer, der sich der Erheblichkeit des Mangels für den Auftraggeber bewusst ist und den Mangel dennoch – entgegen der nach Treu und Glauben gegebenen Mitteilungspflicht – nicht offenbart.[70] 25

3. Kenntnis

Rechnet der Auftragnehmer bei Abnahme mit dem Vorliegen eines Mangels oder verschließt er sich bewusst dem Erkennen des Mangels, so wird dieses der positiven Kenntnis des Mangels gleichgestellt.[71] Eine Schädigungsabsicht des Auftragnehmers muss nicht gegeben sein.[72] Das arglistige Verschweigen verlangt auch keinen eigenen Vorteil.[73] Ebenso wenig ist erforderlich, dass der Auftragnehmer bewusst die Folgen der vertragswidrigen Ausführung in Kauf genommen hat.[74] Eine rechtliche Wertung, ob ein Mangel im Sinne des § 633 BGB gegeben ist, kann von 26

---

65 *Schudnagies,* NJW 2002, 399; *Neuhaus,* MDR 2002, 133.
66 BGH, Urt. v. 12.10.2006 – VII ZR 272/05, BauR 2007, 114; *Werner/Pastor,* Rn. 2328.
67 OLG Köln, Urt. v. 15.12.2000 – 11 U 61/00, BauR 2001, 1271, 1272.
68 *Kniffka/Schulze-Hagen,* IBR-Online-Kommentar, Stand 16.07.2010, § 634a Rn. 54.
69 *Kniffka,* Festschrift für Heiermann, S. 201.
70 BGH, Urt. v. 15.11.2002 – VII ZR 219/01, BauR 2002, 1401, 1402.
71 BGH, Urt. v. 17.06.2004 – VII ZR 345/03, BauR 2004, 1476; OLG Stuttgart, Urt. v. 21.04.2008 – 5 U 22/08, BauR 2008, 1658; OLG Koblenz, Urt. v. 06.04.2009 – VII 87/09, IBR 2010, 511; *Kniffka/Schulze-Hagen,* IBR-Online-Kommentar, Stand 16.07.2010, § 634a Rn. 57; *Messerschmidt/Voit/Drossart,* § 634a Rn. 26.
72 BGH, Urt. v. 25.10.2007 – VII ZR 205/06, NZBau 2008, 113, 114.
73 BGH, Urt. v. 04.05.1970 – VII ZR 134/68, BauR 1970, 244, 245.
74 BGH, Urt. v. 23.05.2002 – VII ZR 219/01, BauR 2002, 1401, 1402.

dem Unternehmer allerdings nicht erwartet werden. Ferner muss er die Folgen und Auswirkungen des Mangels nicht kennen. Es ist weiterhin unbeachtlich, ob der Mangel vorsätzlich oder fahrlässig herbeigeführt wurde. Dieses geht einher mit der verschuldensunabhängigen Haftung des Unternehmers für ein mangelfreies Werk. Es kommt im Übrigen auch nicht darauf an, ob der Mangel durch den Auftraggeber hätte erkannt werden können. Das Bewusstsein, einen offenbarungspflichtigen Mangel zu verschweigen, ist jedoch beim Auftragnehmer dann nicht gegeben, wenn er den Mangel nicht als solchen wahrgenommen hat.[75]

4. Einzelfälle

27 Arglistiges Verschweigen liegt vor, wenn der Auftragnehmer bewusst von Vorgaben des Bestellers abweicht oder wenn er auf einen in der Verwendung des Baustoffs liegenden Mangel und ein damit verbundenes erhebliches Risiko nicht hinweist.[76] Arglistig handelt der Auftragnehmer zudem, wenn er das Werk wissentlich abweichend von den Auflagen der Genehmigungsbehörde herstellt und dies nicht offenbart.[77] Ein arglistiges Verschweigen ist anzunehmen, wenn der Bauträger das Kellergeschoss abweichend von der Baubeschreibung nicht als weiße Wanne, sondern mittels Mauerwerk und Isolierbeschichtung ausführt und das Drainwasser auf Grund befristeter Entwässerungsgenehmigung in den öffentlichen Regenwasserkanal abführt.[78] Es handelt dagegen derjenige nicht arglistig, der den Mangel selber nicht wahrgenommen hat und daher auch keine Kenntnis darüber haben kann. Es fehlt insoweit an dem Erfordernis der Kenntnis, welches nicht mit Kennenmüssen gleichzusetzen ist. Unerheblich ist, ob der Mangel durch einen Fachkundigen sofort erkannt worden wäre oder der Mangel bei einer Kontrolle durch den Auftragnehmer hätte auffallen müssen.[79]

5. Arglist des Architekten

28 Bei Ansprüchen gegenüber Architekten wurde ein arglistiges Verschweigen dann angenommen, wenn der bauüberwachende Architekt während der Bauausführung die Mängel der Bauleistung erkennt, die ausführende Firma aber nicht zu deren Beseitigung auffordert und zudem dem Auftraggeber nicht rät, die Abnahme wegen fortbestehender Mangelhaftigkeit zur verweigern.[80] Der Architekt habe sich unwissend verhalten, da er nach Kenntnis von den Mängeln keine Mangelbeseitigungsmaßnahmen eingeleitet und kontrolliert habe. Das Kammergericht Berlin hat ein arglistiges Verschweigen angenommen, wenn hinsichtlich eines abgrenzbaren und besonders schadensträchtigen Teils der Baumaßnahme keine Bauüberwachung vorgenommen wird. Die Offenbarungspflicht entfiele danach nur, wenn der Architekt stichprobenartige Überprüfungen vornimmt und hierbei keine Ausführungsfehler erkennbar sind.[81] Diese Entscheidung des Kammergerichts ist kritisch zu sehen, denn im Ergebnis wird hier auf ein Kennenmüssen des Mangels abgestellt und gerade nicht auf die positive Kenntnis des Architekten.

6. Arglist von Erfüllungsgehilfen

29 Bei der erforderlichen Kenntnis ist grundsätzlich auf den Auftragnehmer abzustellen. In der Literatur und Rechtsprechung besteht Einigkeit darüber, dass sich der Auftragnehmer grundsätzlich

---

75 BGH, Urt. v. 22.07.2010 – VII ZR 77/08, BeckRS 2010, 19576; BGH, Urt. v. 11.10.2007 – VII ZR 99/06, BauR 2008, 87.
76 BGH, Urt. v. 23.05.2002 – VII ZR 219/01, BauR 2002, 1401.
77 BGH, Urt. v. 05.12.1985 – VII ZR 5/85, BauR 1986, 215.
78 OLG Celle, Urt. v. 26.03.2008 – 7 U 89/07, BeckRS 2009, 06754.
79 BGH, Urt. v. 12.10.2006 – VII ZR 272/05, BauR 2007, 114.
80 OLG Rostock, Urt. v. 27.09.2005 – 4 U 82/03, BeckRS 2006, 08821.
81 KG, Urt. v. 08.12.2005 – 4 U 16/05, BauR 2006, 1778.

das Verhalten und Wissen seiner Erfüllungsgehilfen zurechnen lassen muss.[82] Die Rechtsprechung schränkt diesen Grundsatz jedoch dahingehend ein, dass der Unternehmer sich nur die Arglist solcher Mitarbeiter zurechnen lassen muss, die er zur Erfüllung seiner Offenbarungspflicht gegenüber dem Besteller einsetzt.[83] Diese Grundsätze hat der BGH im Wesentlichen bereits mit Urt. v. 20.12.1973 festgelegt:[84] Als ein »Erfüllungsgehilfe des Unternehmens bei der Offenbarungspflicht« kann nach Ansicht des BGH in der Regel nur derjenige angesehen werden, der mit der Ablieferung des Werkes an den Besteller betraut ist oder dabei mitwirkt. Die Zurechnung des Wissens weiterer Personen kommt nur dann in Betracht, wenn allein ihr Wissen den Auftragnehmer in die Lage versetzt, seiner Offenbarungspflicht zu genügen.[85] In einer weiteren Entscheidung vom 15.01.1976, in der es um die Frage ging, ob das Wissen des Nachunternehmers dem Generalunternehmer zuzurechnen ist, hat der BGH ausgeführt, dass es Fälle gebe, in denen eine Hilfsperson, der zwar die Prüfung des Werkes auf Mangelfreiheit, nicht aber eine Mitwirkung an der Ablieferung obliegt, dennoch als »Erfüllungsgehilfe des Unternehmers bei der Offenbarungspflicht« bekannter Mängel und damit auch »als Erfüllungsgehilfe beim arglistigen Verschweigen« anzusehen ist, da nur ihr Wissen und ihre Mitteilung an den Unternehmer diesen in den Stand setzt, seine Offenbarungspflicht gegenüber dem Besteller zu erfüllen.[86] Ferner wurde klargestellt, dass es nicht darauf ankomme, ob der Nachunternehmer an der Abnahme zwischen dem Generalunternehmer und dem Auftraggeber beteiligt war. In der bereits zitierten Entscheidung des BGH vom 12.10.2006 wurde weiterhin festgestellt, dass die Wissenszurechnung im Übrigen nicht dadurch ausgeschlossen sein soll, dass der Generalunternehmer zusätzlich noch einen Bauleiter neben dem Nachunternehmer eingesetzt hat.[87] Vielmehr sei in der Regel das Wissen des vom Unternehmer eingesetzten Bauleiters dem Unternehmer zuzurechnen. Darüber hinaus muss das Wissen von Hilfspersonen zugerechnet werden, die mit Prüfungsaufgaben betraut sind. Je schwieriger und je kürzer ein Mangel während der Ausführung der Leistung zu entdecken ist, desto eher muss die Kenntnis einer mit Prüfungsaufgaben betrauten Hilfsperson des Unternehmers diesem zugerechnet werden.[88] Aus der Entscheidung geht im Übrigen auch deutlich hervor, dass die Frage der Zurechnung der Arglist nicht mit einer Haftung aus Organisationsverschulden gleichzusetzen ist.

Der Auftragnehmer kann sich grundsätzlich nicht dadurch entlasten, dass er sich selbst unwissend hält, in dem er Ausführung und Überwachung der Leistungen Dritter überlässt, ohne sich über das Leistungsergebnis selbst zu unterrichten. 30

7. Darlegungs- und Beweislast

Entsprechend den allgemeinen Regeln gilt, dass der Auftraggeber die tatsächlichen Voraussetzungen für ein arglistiges Verschweigen des Auftragnehmers darzulegen und zu beweisen hat.[89] Da der Beweis jener Tatsachen, die sich in der Sphäre des Auftragnehmers befinden, häufig schwierig sein wird, kann dem Auftraggeber ein Anscheinsbeweis helfen.[90] Dieser wird angenommen, wenn offensichtlich ist, dass der Auftragnehmer oder sein Repräsentant den Mangel nach der Lebenserfahrung erkannt und als Mangel eingeordnet hat oder wenn ein gravierender Mangel an einem 31

---

82 *Waltermann*, NJW 1993, 889 ff.; Kniffka/*Schulze-Hagen*, IBR-Online-Kommentar, Stand 16.07.2010, § 634a Rn. 59.
83 BGH, Urt. v. 12.10.2006 – VII ZR 272/05, BauR 2007, 114, 115.
84 BGH, Urt. v. 20.12.1973 – VII ZR 184/72, BauR 1974, 130, 131.
85 BGH, Urt. v. 20.12.1973 – VII ZR 184/72, BauR 1974, 130, 131.
86 BGH, Urt. v. 15.01.1976 – VII ZR 96/74, BauR 1976, 131.
87 BGH, Urt. v. 12.10.2006 – VII ZR 272/05, BauR 2007, 114.
88 BGH, Urt. v. 12.10.2006 – VII ZR 272/05, BauR 2007, 114, 116; Kniffka/*Schulze-Hagen*, IBR-Online-Kommentar, Stand 16.07.2010, § 634a Rn. 60.
89 Kleine-Möller/*Merl*, § 15 Rn. 1167.
90 Kniffka/*Schulze-Hagen*, IBR-Online-Kommentar, Stand 16.07.2010, § 634a Rn. 62.

besonders wichtigen Gewerk vorliegt oder wenn offensichtliche oder an einer Vielzahl von Mangelstellen auftretende gleichförmige Mängel vorhanden sind.[91]

32 Der Auftragnehmer muss dann vortragen, wieso er keine Kenntnis von diesem gravierenden Mangel hatte und warum er den Mangel nicht offenbart hat.

E. Organisationsverschulden und Verjährung

I. Grundsätze des Organisationsverschuldens

33 Der BGH hat mit Urt. v. 12.03.1992 entschieden, dass ein Unternehmer so behandelt wird, als sei er arglistig, wenn er seine Organisationspflichten bei der Herstellung und Abnahme des Bauwerks verletzt und in Folge dessen einen Mangel des Bauwerks nicht erkannt hat. Der Auftragnehmer muss seinen Betrieb so organisieren, dass er beurteilen kann, ob der fertiggestellte Bau bei Abnahme Mängel aufweist oder nicht.[92] Unterlässt der Auftragnehmer dieses und wäre der Mangel bei ordnungsgemäßer Organisation entdeckt worden, so verjähren die Gewährleistungsrechte des Bestellers ebenso wie bei arglistigem Verschweigen eines Mangels.[93]

34 Hieraus folgt, dass der Auftragnehmer bei einer arbeitsteiligen Herstellung des Werkes die organisatorischen Voraussetzungen schaffen muss, um sachgerecht beurteilen zu können, ob das Werk bei Ablieferung mangelfrei ist.[94] Der Unternehmer muss selbst oder durch seine Erfüllungsgehilfen die Herstellung des Werkes überwachen und das Werk vor Abnahme überprüfen. Der Auftraggeber wird so gestellt, als wäre der Mangel dem Auftragnehmer bei der Ablieferung des Werkes bekannt gewesen. Diese Gleichsetzung kann aber nicht bei jedem Fehler des Auftragnehmers bei der Auswahl seines Personals vollzogen werden: Vielmehr muss dem Auftragnehmer vorzuwerfen sein, dass er mit seiner Organisation die Arglisthaftung vermeiden wollte.[95] Die Organisationsobliegenheit muss folglich ein dem arglistigen Verschweigen vergleichbares Gewicht haben.[96]

II. Dauer der Verjährung

35 Bei einer Haftung des Unternehmers nach den Grundsätzen des Organisationsverschuldens richtet sich die Verjährungsfrist nunmehr nach § 634a Abs. 3 i.V.m. § 195 BGB.[97] Der Beginn der Verjährung bestimmt sich nach § 199 BGB, d.h. grundsätzlich verjähren Ansprüche in drei Jahren seit dem Ende des Jahres, in dem der Auftraggeber den Organisationsmangel wahrgenommen hat oder ohne grobe Fahrlässigkeit hätte wahrnehmen müssen, in Fällen des § 634a Abs. 1 Nr. 2 BGB allerdings frühestens in fünf Jahren (§ 634a Abs. 3 S. 2 BGB) nach der Abnahme. Schadensersatzansprüche, die auf Verletzung des Lebens, des Körpers, der Gesundheit oder der Freiheit beruhen, verjähren ohne Rücksicht auf ihre Entstehung und die Kenntnis oder grob fahrlässige Unkenntnis in 30 Jahren von dem den Schaden auslösenden Ereignis an; sonstige Schadensersatzansprüche verjähren im Regelfall spätestens in 10 Jahren von ihrer Entstehung an, § 199 Abs. 3 S. 1 Nr. 1 BGB.

---

[91] *Grziwotz/Koeble*, 4. Teil Rn. 378; Kleine-Möller/*Merl*, § 15 Rn. 1167.
[92] BGH, Urt. v. 12.03.1992 – VII ZR 5/91, BauR 1992, 500; *Kniffka*, ZfBR 1993, 255; *Wirth*, BauR 1994, 33.
[93] BGH, Urt. v. 11.10.2007 – VII ZR 99/06, NZBau 2008, 60.
[94] *Acker/Bechtold*, NZBau 2002, 529, 531.
[95] BGH, Urt. v. 27.11.2008 – VII ZR 206/06, BauR 2009, 515, 518.
[96] BGH, Urt. v. 11.10.2007 – VII ZR 99/06, NZBau 2008, 60, 61; BGH, Urt. v. 27.11.2008 – VII ZR 206/06, BauR 2009, 515, 518; *Ruthowsky*, NJW 1993, 1748.
[97] *Acker/Bechtold*, NZBau 2002, 529; *Knipp*, BauR 2007, 944 ff.; *Schwenker/Wessel*, ZfBR 2008, 222; Kniffka/*Schulze-Hagen*, IBR-Online-Kommentar, Stand 16.07.2010, § 634a Rn. 63.

III. Organisationsobliegenheit

In dem grundlegenden Urt. v. 11.10.2007 hat der BGH zum Charakter der Organisationspflicht ausgeführt, dass es sich nicht um eine vertragliche Verbindlichkeit gegenüber dem Besteller, sondern vielmehr um eine Obliegenheit des Unternehmers handele, deren Verletzung zu einer für den Unternehmer nachteiligen Verjährung führe.[98] Die Rechtsprechung hat bisher die an die Organisationsobliegenheit des Bestellers zu stellenden Anforderungen nicht näher konkretisiert, insbesondere die Entscheidungen der Oberlandesgerichte zu diesem Punkt sind einzelfallbezogen und inhaltlich nicht stringent.

36

1. Einzelfälle aus der oberlandesgerichtlichen Rechtsprechung

Nach Auffassung des OLG Dresden muss sich der Bauunternehmer bei Abnahme besonders wichtiger Bauteile sachkundig beraten lassen und die entsprechenden Werkleistungen einer besonderen Kontrolle unterziehen. Dies gilt selbst dann, wenn ihm weder bei der Auswahl des Nachunternehmers noch bei der Kontrolle der Bautätigkeit im Übrigen ein Vorwurf gemacht werden kann.[99] Nach einer Entscheidung des OLG Oldenburg liegt ein Organisationsverschulden vor, wenn der arbeitsteilig organisierte Auftragnehmer bis zur Abnahme nicht bemerkt, dass in gravierendem Umfang erheblich gegen brandschutzrechtliche Vorgaben verstoßen wird.[100] In die gleiche Richtung geht das Urteil des OLG Naumburg vom 12.11.2003, wonach bereits die Art des Mangels ein derart schwerwiegendes Indiz für eine fehlende oder nicht richtige Organisation sein kann, dass es weiterer Darlegungen hierzu nicht bedarf. So könne ein gravierender Mangel an besonders wichtigen Gewerken den Schluss auf eine mangelhafte Organisation und Überprüfung zulassen.[101] Ebenfalls führt das OLG Celle mit Urt. v. 06.10.2005 aus, dass das Vorliegen umfangreicher, gravierender Mängel dafür spricht, dass die Mängel dem Unternehmer bekannt waren.[102] Das OLG Naumburg hat andererseits mit Urt. v. 14.11.2006 ausgeführt, dass die Anzahl der Baustellenbesuche des Bauleiters keinen Rückschluss auf die Qualität der Arbeiten zulässt, ebenso nicht das Auftreten einer Vielzahl von Mängeln in der Bauphase.[103] Das OLG Stuttgart führt aus, dass ein Mangel nur dann eine Indizwirkung für die Annahme eines Organisationsverschuldens zukommen könne, wenn es sich um einen objektiv so schwerwiegenden Mangel handele, dass die Funktion oder der Bestand des Gesamtbauwerks beeinträchtigt ist.[104] Das OLG Schleswig hat ein Organisationsverschulden abgelehnt, wenn der mit der Errichtung eines Fertighauses beauftragte Bauunternehmer lediglich die Dachdämmung nicht fachgerecht hergestellt hat.[105] Der des Öfteren in der oberlandesgerichtlichen Rechtsprechung vorgenommene Rückschluss von einem schwerwiegenden Mangel auf eine Obliegenheitsverletzung wegen mangelhafter Organisation des Unternehmens und der Bauüberwachung ist rechtlich allerdings verfehlt. Der BGH hat daher zu Recht mit Urt. v. 27.11.2008 klargestellt, dass die Schwere eines Baumangels grundsätzlich nicht den Rückschluss auf eine schwere Verletzung der Obliegenheit, eine arbeitsteilige Bauüberwachung richtig zu organisieren, zulässt.[106] Selbst bei schwerwiegenden Baumängeln, so der BGH in einer bestätigenden Entscheidung vom 22.07.2010, entsteht ein derartiger Anschein

37

---

98 BGH, Urt. v. 11.10.2007 – VII ZR 99/06, NZBau 2008, 60.
99 OLG Dresden, Urt. v. 02.10.2008 – 9 U 418/08, IBR 2009, 82.
100 OLG Oldenburg, Urt. v. 31.08.2004, VersR 2005, 72.
101 OLG Naumburg, Urt. v. 12.03.2003 – 6 U 90/03 (zitiert nach juris); BGH, Beschl. v. 17.06.2004 – VII ZR 345/03, BauR 2004, 1476.
102 OLG Celle, Urt. v. 06.10.2005 – 6 U 58/05, BeckRS 2007, 02605; BGH, Beschl. v. 12.10.2006 – VII ZR 239/05 IBR 2007, 19.
103 OLG Naumburg, Urt. v. 14.11.2006 – 9 U 112/05, BauR 2007, 1888.
104 OLG Stuttgart, Urt. v. 14.11.2006 – 12 U 52/06, NZBau 2007, 720.
105 OLG Schleswig, Urt. v. 14.03.2004 – 14 U 9/03, NZBau 2004, 442.
106 BGH, Urt. v. 27.11.2008 – VII ZR 206/06, BauR 2009, 515.

nicht, jedenfalls dann nicht, wenn der sich hieraus ergebende Bauüberwachungsfehler seiner Art nach ebenso einem sorgfältig ausgewählten und eingesetzten Bauleiter unterlaufen kann.[107]

2. Organisationsverschulden bei Nachunternehmern

38 Grundsätzlich muss der Auftragnehmer Arbeiten an sorgfältig ausgesuchte Personen vergeben.[108] Weiter kann sich die Organisationspflicht nur in Bezug auf den Teil des Herstellungsprozesses beziehen, der vom Auftragnehmer organisiert werden kann. Dazu gehört nicht der Herstellungsprozess, der vom Nachunternehmer in eigener Verantwortung und außerhalb des Einflussbereiches des Unternehmens vorgenommen wird. Soweit Leistungen zur Herstellung von Bauteilen, die der Auftragnehmer mangels eigener Fachkunde oder mangels Lizenzierung nicht selbst vornehmen kann, an einen Nachunternehmer vergeben werden, genügt der Unternehmer grundsätzlich seinen Obliegenheiten, wenn er den Nachunternehmer sorgfältig aussucht.[109] Dem Unternehmer kann im Übrigen auch keine Obliegenheitsverletzung vorgeworfen werden, weil sein Nachunternehmer die Herstellung des ihm übertragenen Werks seinerseits nicht richtig organisiert hat. Eine Zurechnung über § 278 BGB ist regelmäßig nicht möglich, da sich der Unternehmer nicht des Nachunternehmers zur Erfüllung seiner eigenen Organisationspflichten bedienen wird.[110] Ohnehin sollte das Organisationsverschulden nur unter strenger Berücksichtigung der vergleichenden Wertung mit der Arglisthaftung herangezogen werden mit der praktischen Konsequenz, dass ausschließlich kritische Bauabschnitte überprüft werden müssen und nur grobe Verstöße gegen Prüfungspflichten sowie schwerwiegende Organisationsmängel Berücksichtigung finden sollten. Ansonsten entwickelt sich das Organisationsverschulden zu einer umfassenden – gesetzlich nicht vorgesehenen – Haftung aus Billigkeitsgründen.[111]

3. Kausalität der Pflichtverletzung

39 Steht eine Organisationspflichtverletzung fest, so muss diese weiterhin ursächlich für den Mangel sein: Der Mangel hätte bei ordnungsgemäßer Organisation erkannt werden müssen.[112]

4. Organisationspflichten der Architekten/Ingenieure

40 Die dargestellten Grundsätze gelten auch für Architekten und Sonderfachleute.[113] Bei einer arbeitsteiligen Anfertigung der Planung müssen die planenden Architekten oder Sonderfachleute nach Ansicht des OLG Düsseldorf durch die Organisation der Arbeitsabläufe sicherstellen, dass sie etwaige Fehler erkennen können und nicht zwangsläufig unwissend bleiben.[114] Das OLG Celle hat ein Organisationsverschulden bejaht, wenn ein unerfahrener Mitarbeiter mit der Überwachung beauftragt wird.[115]

F. Darlegungs- und Beweislast

41 Die Darlegungs- und Beweislast für eine Organisationspflichtverletzung trägt der Auftraggeber. Der Auftraggeber muss darlegen, dass der Auftragnehmer die zumutbare Organisation des Herstellungsprozesses und der Überprüfung unterlassen hat. Die Darlegungslast erstreckt sich auch

---

107 BGH, Urt. v. 22.07.2010 – VII ZR 77/08, BeckRS 2010, 19576.
108 BGH, Urt. v. 27.11.2008 – VII ZR 206/06, BauR 2009, 515.
109 BGH, Urt. v. 11.10.2007 – VII ZR 99/06, BauR 2008, 60, 61.
110 BGH, Urt. v. 11.10.2007 – VII ZR 99/06, BauR 2008, 60.
111 *Knipp*, BauR 2007, 944, 948.
112 OLG Düsseldorf, Beschl. v. 20.10.2006 – 23 U 76/06, BauR 2007, 157; BGH, Urt. v. 11.10.2007 – VII ZR 99/06, NZBau 2008, 60.
113 Dazu nur BGH, Urt. v. 22.10.2010 – VII ZR 77/08, BeckRS 2010, 19576; BGH. Urt. v. 27.11.2008 – VII ZR 206/06, BauR 2009, 515, 517.
114 OLG Düsseldorf, Urt. v. 20.07.2007 – 22 U 145/05, NZBau 2008, 392.
115 OLG Celle, Urt. v. 31.08.1994 – 6 U 194/92, NJW-RR 1995, 1486.

darauf, dass der Mangel nach aller Lebenserfahrung bei richtiger Organisation bis zur Abnahme entdeckt worden wäre. Dieses wird praktisch kaum darzulegen und zu beweisen sein. In der sog. »Dachpfetten-Entscheidung« hat der BGH zu Gunsten des Auftraggebers daher Beweiserleichterungen eingeführt:[116] Der Auftraggeber genügt seiner Darlegungslast bereits dann, wenn er Tatsachen vorträgt, nach denen entweder der Unternehmer selbst oder die von diesem zur Erfüllung seiner Offenbarungspflicht eingesetzten Gehilfen den Mangel erkannt, aber nicht offenbart haben. Bereits die Art des Mangels kann ein so überzeugendes Indiz für eine fehlende oder nicht richtige Organisation sein, dass es weiterer Darlegungen des Bestellers nicht bedarf.[117] In seiner Entscheidung vom 27.11.2008 schränkt der BGH dies allerdings an maßgeblicher Stelle wieder ein: Die Art des Baumangels kann nur in Ausnahmefällen den Rückschluss erlauben, dass der mit der Bauüberwachung beauftragte Unternehmer seine mit der Bauleitung beauftragten Mitarbeiter in einer die Organisationsobliegenheit verletzenden Art unsorgfältig ausgesucht oder eingesetzt hat, da selbst erfahrenen Bauleitern im Rahmen ihrer Tätigkeit immer wieder Fehler unterlaufen.[118] Zur Erschütterung der Beweiserleichterung hat der Unternehmer nunmehr seinerseits insbesondere vorzutragen, wie er seinen Betrieb im einzelnen organisiert hatte, um den Herstellungsprozess zu überwachen und das Werk vor Ablieferung zu überprüfen.[119] Zur Entlastung kann er ferner auch darlegen, dass er die jeweiligen Bauleiter sorgfältig ausgesucht hat.

G. Verjährung der Ansprüche auf Grund einer Sekundärhaftung

Vor dem Schuldrechtsmodernisierungsgesetz entsprach es ständiger Rechtsprechung des BGH, dass der Architekt als Sachwalter verpflichtet ist, seinen Auftraggeber unverzüglich und umfassend über sichtbar gewordene Baumängel und deren Ursachen aufzuklären; dies sollte auch dann gelten, wenn die Mängel ihre Ursache auch in Planungs- und Aufsichtsfehlern des Architekten haben. Bei Verletzung dieser Verpflichtung haftete der Architekt gegenüber dem Bauherrn wegen positiver Vertragsverletzung auf Schadenersatz.[120] Die Verjährung der gegen ihn gerichteten werkvertraglichen Ansprüche galt als nicht eingetreten.[121] Die dem Rechtsinstitut der positiven Vertragsverletzung zuzuordnende Nebenpflichtverletzung ist nunmehr als Schadensersatz neben der Leistung zu behandeln. Eine derartige Pflichtverletzung des Architekten, die nicht unmittelbar zu einem Werkmangel führt, unterliegt der dreijährigen Verjährungsfrist des § 195 BGB, vgl. hierzu o. § 195 Rdn. 1. Die Grundsätze der Sekundärhaftung gelten auch in den Fällen, in denen der Architekt nicht mit sämtlichen Leistungen beauftragt ist, die zur einwandfreien Herstellung eines Bauwerks erforderlich sind.[122] Notwendig ist ebenfalls nicht, dass dem Architekten die Leistungsphase 9 des § 15 Abs. 2 HOAI übertragen wurde.[123] Bei Sonderfachleuten ist danach zu differenzieren, ob die beauftragten Leistungspflichten zu einer vergleichbaren Sachwalterstellung führen. Diese Sachwalterstellung wird bei Beauftragung eines Tragwerkplaners mit der Statik- und Bewehrungskontrolle nicht angenommen.[124]

42

---

116 BGH, Urt. v. 12.03.1992 – VII ZR 5/91, BauR 1992, 500.
117 BGH. Urt. v. 27.11.2008 – VII ZR 206/06, BauR 2009, 515, 517.
118 BGH. Urt. v. 27.11.2008 – VII ZR 206/06, BauR 2009, 515, 518.
119 BGH, Urt. v. 12.03.1992 – VII ZR 5/91, BauR 1992, 500, 501.
120 *Michalski*, NJW 1988, 793, 798.
121 BGH, Urt. v. 26.10.2006 – VII ZR 133/04, BauR 2007, 423; BGH, Urt. v. 26.09.1985 – 23 U 66/85, BauR 1986, 112; BGH, Urt. v. 15.04.2004 – VII ZR 397/02, BauR 2004, 1171.
122 BGH, Urt. v. 11.01.1996 – VII ZR 85/95, BauR 1996, 418; vgl. auch *Lauer*, BauR 2003, 1639.
123 OLG Hamm, Urt. v. 06.12.2005 – 21 U 66/05, BauR 2006, 704, 706.
124 BGH, Urt. v. 27.09.2001 – VII ZR 320/00, BauR 2002, 108.

H. Rücktritt

43 Der Rücktritt ist ein Gestaltungsrecht und kein Anspruch und unterliegt deswegen nicht der Verjährung. Beide Vertragsparteien können also auch nach Verjährung der zu Grunde liegenden Ansprüche vom Vertrag zurücktreten.

I. Unwirksamkeit des Rücktritts

44 Der Rücktritt des Auftraggebers wegen nicht oder nicht vertragsgemäß erbrachter Leistung ist jedoch unwirksam, wenn der Anspruch auf die Leistung oder der Nacherfüllungsanspruch verjährt ist und der Auftragnehmer sich hierauf beruft, vgl. § 634a Abs. 4 i.V.m. § 218 Abs. 1 BGB.

II. Leistungsverweigerungsrecht

45 Ist der Rücktritt unwirksam, weil sich der Schuldner auf die eingetretene Verjährung beruft, so kann der Auftraggeber trotzdem die Zahlung verweigern, soweit er auf Grund des Rücktritts dazu berechtigt sein würde, § 634a Abs. 4 S. 2 BGB. Hierzu müssen die Voraussetzungen des Rücktritts insgesamt vorliegen, vgl. §§ 636, 323 BGB. Bisher nicht geklärt ist, ob die Voraussetzungen für den Rücktritt insgesamt in unverjährter Zeit bestanden haben müssen. Aus der gesetzlichen Regelung selbst ergibt sich dies nicht. Herangezogen werden könnte die Wertung des Gesetzgebers in § 215 BGB, wonach die Verjährung die Aufrechnung und die Geltendmachung eines Zurückbehaltungsrechts nicht ausschließt, wenn der zu Grunde liegende Anspruch in dem Zeitpunkt noch nicht verjährt war, in dem erstmals aufgerechnet oder die Leistung verweigert werden konnte. Eine derartige Regelung enthält § 218 BGB nicht, so dass der Schluss gezogen werden kann, dass der Gesetzgeber Leistungsverweigerungsrechte nicht von der Verjährung des zu Grunde liegenden Anspruchs abhängig machen wollte. Dies führt dazu, dass das Leistungsverweigerungsrecht des Auftragnehmers auch auf Mängel gestützt werden kann, die in verjährter Zeit aufgetreten sind. Dies begünstigt im Zweifel den unredlichen Auftraggeber. Es spricht daher vieles dafür, dass zukünftig die Rechtsprechung die Regelung einschränkend auslegen wird.[125]

III. Rücktrittsrecht des Auftragnehmers

46 Der Auftragnehmer kann bei Ausübung des Leistungsverweigerungsrechts durch Auftraggebers seinerseits vom Vertrag zurücktreten, § 634a Abs. 4 S. 3 BGB. Die Rückabwicklung erfolgt nach den § 346 ff. BGB.

I. Minderung

I. Unwirksamkeit der Verjährung

47 Beruft sich der Auftragnehmer auf die Verjährung des zu Grunde liegenden Anspruchs, so ist die erklärte Minderung gemäß § 634a Abs. 5 BGB ebenfalls unwirksam.

II. Leistungsverweigerungsrecht

48 Wenn sich der Auftragnehmer auf die Verjährung des zu Grunde liegenden Anspruchs beruft, dann ist der Auftraggeber dennoch berechtigt, in Höhe des Minderungsbetrages die Bezahlung des Werklohns zu verweigern. Nicht geklärt ist bisher, ob die Voraussetzungen der Minderung insgesamt in unverjährter Zeit vorgelegen haben müssen. Auf die obigen Ausführungen wird verwiesen.

---

125 Palandt/*Sprau*, BGB § 634a Rn. 23.

III. Rücktritt des Unternehmers

Da in § 634a Abs. 5 eine Verweisung auf § 634a Abs. 4 S. 3 BGB fehlt, steht dem Auftragnehmer 49 kein Rücktrittsrecht zu. Wählt der Auftraggeber die Minderung, kann er das Werk also behalten und die Leistung in Höhe des Minderungsbetrages verweigern.

J. Sonderregelung in § 13 Abs. 4 VOB/B (2009)

Die VOB/B in der Fassung 2009 enthält eine Gewährleistungsfrist von 4 Jahren, sofern nichts an- 50 deres vereinbart ist. Dies gilt auch für die Frist nach § 13 Abs. 7 Nr. 4 VOB/B.[126] Durch ein schriftliches Mangelbeseitigungsverlangen wird die Verjährung unterbrochen.[127] Es beginnt dann der Lauf einer eigenen zweijährigen Verjährungsfrist. Vor Ablauf der Frist von 4 Jahren oder der vereinbarten Frist tritt aber keine Verjährung ein, § 13 Abs. 5 Nr. 1 S. 2 VOB/B. Wird der Mangel durch den Auftragnehmer anerkannt, wird die vereinbarte Frist erneut in Gang gesetzt.[128].

§ 635 Nacherfüllung

(1) Verlangt der Besteller Nacherfüllung, so kann der Unternehmer nach seiner Wahl den Mangel beseitigen oder ein neues Werk herstellen.

(2) Der Unternehmer hat die zum Zwecke der Nacherfüllung erforderlichen Aufwendungen, insbesondere Transport-, Wege-, Arbeits- und Materialkosten zu tragen.

(3) Der Unternehmer kann die Nacherfüllung unbeschadet des § 275 Abs. 2 und 3 verweigern, wenn sie nur mit unverhältnismäßigen Kosten möglich ist.

(4) Stellt der Unternehmer ein neues Werk her, so kann er vom Besteller Rückgewähr des mangelhaften Werkes nach Maßgabe der §§ 346 bis 348 verlangen.

Schrifttum

Folnovic Sind werkvertragliche Mängelansprüche in der Herstellungsphase des Werks ausgeschlossen?, BauR 2008, 1360; *Malotki* Die unberechtigte Mangelbeseitigungsaufforderung; Ansprüche des Unternehmers auf Vergütung, Schadens- oder Aufwendungsersatz, BauR 1998, 682; *Moufang/Koos* Unberechtigte Mängelrügen nach Abnahme: Untersuchungspflicht und Ansprüche des Unternehmers, BauR 2007, 300; *Neuhaus* Rechtsprechungs- und Literaturübersicht zum privaten Baurecht – 1. Halbjahr 2003, ZAP Fach 5 R, 367; *Quadbeck* Vollstreckung in Bausachen – Durchsetzung von Nachbesserungsansprüchen, MDR 2000, 570; *Seibel* Die Voraussetzungen eines substantiierten Mängelvortrags im Bauprozess, IBR 2006, 73; *Sienz* Die Neuregelungen im Werkvertragsrecht nach dem Schuldrechtsmodernisierungsgesetz, BauR 2002, 181; *Spickhoff* Der Nacherfüllungsanspruch des Käufers: Dogmatische Einordnung und Rechtsnatur, BB 2003, 589; *Teichmann* Schuldrechtsmodernisierung 2001/02 – Das neue Werkvertragsrecht, JuS 2002, 417; *Teichmann* Strukturveränderungen im Recht der Leistungsstörungen nach dem Regierungsentwurf eines Schuldrechtsmodernisierungsgesetzes, BB 2001, 1485; *Vogel* Mängelprobleme nach neuester Rechtsprechung des VII. Zivilsenats des BGH, IBR-Online-Aufsatz 03.06.2009; *Voit* Die Änderungen des allgemeinen Teils des Schuldrechts durch das Schuldrechtsmodernisierungsgesetz und ihre Auswirkungen auf das Werkvertragsrecht, BauR 2002, 145; *Vorwerk* Mängelhaftung des Werkunternehmers und Rechte des Bestellers nach neuem Recht, BauR 2003, 1.

Übersicht	Rdn.		Rdn.
A. Grundsätzliches	1	1. Pflicht oder Obliegenheit des Bestellers zur Mitwirkung	7
B. Nacherfüllungsanspruch, Absatz 1	7		
I. Nacherfüllungsverlangen	7	2. Bezeichnung des Mangels	10

---

126 BGH, Urt. v. 27.04.1972 – VII ZR 144/70, NJW 1972, 1280.
127 Ingenstau/Korbion, § 13 Abs. 4, Rn. 272; *Korbion*, Teil 20 Rn. 378.
128 BGH, Urt. v. 09.10.1986 – VII ZR 184/85, BauR 1987, 84.

§ 635 BGB Nacherfüllung

		Rdn.			Rdn.
II.	Inhalt des Anspruchs	13	D.	Ausschluss des Nacherfüllungsanspruches, Absatz 3	43
	1. Wahlrecht des Unternehmers zwischen Nachbesserung und Neuherstellung	13	I.	Grundsätzliches	43
	2. Art und Weise der Nacherfüllung	16	II.	Abgrenzungsprobleme	45
	3. Prozessuale Geltendmachung des Nacherfüllungsanspruches	21	III.	Unverhältnismäßigkeit der Kosten, § 635 Abs. 3 BGB	47
C.	Aufwendungen für die Nacherfüllung, Absatz 2	28		1. Einzelheiten	47
I.	Kostentragung durch den Unternehmer	28		2. Rechtsfolgen	53
	1. Grundsatz	28	IV.	Leistungsverweigerungsrecht nach § 275 Abs. 2 BGB	57
	2. Einzelheiten	29		1. Gegenstand der Regelung	57
II.	Kostentragung durch den Besteller	36		2. Grobes Missverhältnis	58
	1. Sowiesokosten	36		3. Rechtsfolgen	59
	2. Mitverschulden	37	V.	Leistungsverweigerungsrecht nach § 275 Abs. 3 BGB	61
	3. Vorteilsausgleichung	38	E.	Rückgewähr des mangelhaften Werkes, Absatz 4	62
	4. Unberechtigte Mängelrüge	40			

A. Grundsätzliches

1   § 635 BGB wurde durch Art. 1 Abs. 1 Nr. 38 des Schuldrechtsmodernisierungsgesetzes[1] geändert.

Grundsätzlich steht dem Besteller bei einer Mangelhaftigkeit des Werkes gem. § 634 Nr. 1 BGB ein Nacherfüllungsanspruch zu. Dieser Nacherfüllungsanspruch ist im Verhältnis zu den anderen Ansprüchen des Bestellers gemäß § 634 BGB in der Regel vorrangig.

2   Fraglich ist, ob der **Nacherfüllungsanspruch** gem. § 635 BGB wie bei einem VOB/B – Vertrag (§ 4 Nr. 7) auch bereits **vor der Abnahme** besteht. Eine entsprechende Regelung befindet sich im Gesetz nach der Schuldrechtsmodernisierung nicht. Auch die Gesetzesbegründung geht auf das Problem nicht ein.

Der Meinungsstand geht hier von einer Ablehnung der Anwendung der §§ 634 ff. BGB vor Abnahme[2] über eine vermittelnde Auffassung[3] bis zur weitgehenden Anwendbarkeit der Gewährleistungsrechte vor Abnahme.[4]

Als Argument gegen die Anwendung der §§ 634 ff. BGB vor Abnahme wird vor allem die Verschaffungspflicht des § 633 BGB angeführt. Danach hat der Unternehmer das Werk frei von Sach- und Rechtsmängeln zu verschaffen. Maßgeblicher Beurteilungszeitraum ist der Zeitpunkt des Gefahrübergangs, was regelmäßig mit der Abnahme der Fall sein wird (§ 644 Abs. 1 S. 1 BGB). Die Ansprüche des Bestellers sollen sich vor Gefahrübergang ausschließlich nach §§ 280, 323 ff. BGB richten.[5]

Andererseits befindet sich in der Gesetzesbegründung kein Hinweis, dass die bisherige Rechtsprechung des BGH,[6] die die Gewährleistungsrechte vor Abnahme neben dem Recht der Leistungsstörung für anwendbar hielt, nicht mehr aufrecht erhalten werden könne. Es ist auch nicht er-

---

1 Gesetz zur Modernisierung des Schuldrechts vom 26.11.2001, BGBl. I S. 3138.
2 OLG Koblenz, 18.10.2007, 5 U 521/07, IBR 2008, 81; Bamberger/Roth/*Voit*, BGB, § 635 Rn. 3; Erman/*Schwenker*, BGB, § 634 Rn. 1; wohl *Joussen*, BauR 2009, 319, 332.
3 *Kniffka*, IBR-Online-Kommentar, § 634 Rn. 9 ff.; *Sienz*, BauR 2002, 181, 184; *Vogel*, IBR-Online-Aufsatz, Rn. 10 ff.; Palandt/*Sprau*, Vorb. v. § 633 Rn. 7; wohl *Leupertz*, in: PWW, § 633 Rn. 5, 6.
4 *Vorwerk*, BauR 2003, 1, 8 f.; *Folnovic*, BauR 2008, 1360, 1367.
5 Siehe Fn. 2.
6 BGH, 17.02.1999, X ZR 8/96, BauR 1999, 760, 762.

sichtlich, warum dem Besteller, der die Abnahme wegen wesentlicher Mängel verweigert, die Gewährleistungsrechte gem. §§ 634 ff. BGB nicht zustehen sollten. Die Verschaffungspflicht in § 633 Abs. 1 BGB ist im Rahmen der Schuldrechtsmodernisierung in Anlehnung an das Kaufrecht eingeführt worden. Die Besonderheiten des Werkvertragsrechts wurden hier wohl nicht berücksichtigt. Die Anknüpfung der Verschaffungspflicht an die Herstellung einer abnahmefähigen Leistung ist daher nicht sachgerecht.[7] Den in § 635 BGB näher ausgestalteten Nacherfüllungsanspruch wird man dem Besteller somit grundsätzlich auch vor der Abnahme zugestehen müssen.

Allerdings muss der Nacherfüllungsanspruch fällig sein. Dies ist regelmäßig mit Ablauf der Fertigstellungsfrist des Vertrages der Fall.[8] Würde allerdings eine Mangelbeseitigung durch die Fortführung des Bauvorhabens unmöglich oder erheblich erschwert werden, steht dem Besteller ausnahmsweise unter dem Gesichtspunkt von Treu und Glauben (§ 242 BGB) der Nacherfüllungsanspruch bereits vor Erreichen des Fertigstellungstermins zu. Auch in den Fällen, in welchen offensichtlich ist, dass der Mangel im Fertigstellungszeitpunkt noch besteht, z.B. weil der Unternehmer die Mangelbeseitigung ernsthaft und endgültig verweigert, ist der Nacherfüllungsanspruch ausnahmsweise schon vor Ablauf der Fertigstellungsfrist fällig.[9]

Zu weitgehend ist die Ansicht, der Besteller könne auch vor Ablauf der Fertigstellungsfrist grundsätzlich auf die Rechte aus §§ 634 BGB zurückgreifen.[10] Damit würde dem Unternehmer die Möglichkeit abgeschnitten, insbesondere auch kleinere Mängel noch bis zur Fertigstellung seines Werks zu beseitigen.

Weitere Voraussetzung für einen Nacherfüllungsanspruch ist das **Bestehen eines wirksamen Vertrages**. Lediglich ausnahmsweise verstößt die Berufung auf die Nichtigkeit des Vertrages zur Abwehr von Mängelansprüchen gegen Treu und Glauben. Dies hat der BGH in seinen Urteilen zur »Ohne-Rechnung-Abrede« zum Zwecke der Steuerhinterziehung entschieden.[11]

3

Dem Nacherfüllungsanspruch des Bestellers steht ein Recht auf Nacherfüllung des Unternehmers gegenüber. Dies ergibt sich bereits daraus, dass Voraussetzung für die Geltendmachung sämtlicher Rechte des Bestellers bei Mängeln grundsätzlich die Gewährung der Nacherfüllung durch den Unternehmer ist. Dieses Recht auf Nacherfüllung verwirkt der Unternehmer, wenn er eine ihm hierfür gesetzte Frist ergebnislos verstreichen lässt.[12]

4

Der Besteller seinerseits verliert sein Recht auf Geltendmachung des Nacherfüllungsanspruches dadurch nicht. Er kann den Unternehmer nach fruchtlosem Fristablauf erneut zur Nacherfüllung auffordern. Lehnt der Besteller dann jedoch das Angebot des Unternehmers zur Durchführung objektiv geeigneter Maßnahmen ab, so verhält er sich widersprüchlich. Ein solches Verhalten ist treuwidrig (§ 242 BGB) mit der Folge, dass dem Besteller ein Anspruch auf Ersatz der Fremdnachbesserungskosten nicht zusteht.[13]

Der Besteller muss **Nacherfüllungsarbeiten** des Unternehmers auf ein lediglich **aus Kulanz** erfolgtes diesbezügliches Angebot des Unternehmers nicht zulassen.

5

Zwar schuldet der nacherfüllungspflichtige Werkunternehmer (§§ 634 Nr. 1, 635 BGB) lediglich die Herbeiführung eines Werkerfolges. Führt er diesen herbei, ist seine Leistung grundsätzlich vertragsgemäß. Frei von Sachmängeln ist die Werkleistung, wenn sie letztendlich die vereinbarte Be-

---

7 *Kniffka*, IBR-Online-Kommentar, § 634 Rn. 12.
8 *Kniffka*, wie vor; *Vogel*, IBR-Online-Aufsatz, Rn. 11.
9 *Kniffka*, IBR-Online-Kommentar, § 634 Rn. 14 ff.; *Vogel*, IBR-Online-Aufsatz, Rn. 11.
10 LG Oldenburg, 25.02.2010, 5 O 327/09 (nicht rechtskräftig), IBR-Werkstatt-Beitrag v. 16.03.2010 mit Anmerkung Heiliger; *Vorwerk,* BauR 2003, 1, 11.
11 BGH, 24.04.2008, VII ZR 42/07, BauR 2008, 1301; BGH, 24.04.2008, VII ZR 140/07, BauR 2008, 1330.
12 BGH, 27.02.2003, VII ZR 338/01, BauR 2003, 693, 694; MüKo-BGB/*Busche*, § 634 Rn. 72.
13 *Drossart*, in: Kuffer/Wirth, S. 405 Rn. 56; BGH, 27.11.2003, VII ZR 93/01, BauR 2004, 501, 503.

schaffenheit hat (§ 633 Abs. 2 S. 1 BGB).[14] Nach der Theorie der realen Leistungsbewirkung[15] tritt die Erfüllungswirkung gem. § 362 BGB i.d.R. als gesetzliche Folge der Leistungsbewirkung ein, ohne dass weitere Umstände hinzutreten müssen. Voraussetzung ist lediglich, dass die Leistung einem bestimmten Schuldverhältnis zugeordnet werden kann und der Gläubiger sie behalten darf. Eines bestimmten Willens des Schuldners bedarf es dazu nicht. Es reicht, dass die Leistung geschuldet war und der Schuldner keine abweichende Bestimmung getroffen hat.[16]

Eine Leistung unter dem **Vorbehalt des Bestehens der Schuld** ist hingegen nicht erfüllungsgeeignet. Damit bring der Schuldner zum Ausdruck, dass er die Beweislast für den Bestand der Forderung beim Gläubiger belassen will und leugnet die in der Erfüllung liegende Anerkennung seiner Schuld.[17] Er trifft somit eine »abweichende Bestimmung«.

Der Besteller muss daher nur aus Kulanz angebotene Nacherfüllungsarbeiten nicht zulassen.[18] Dieses Ergebnis ist auch sachgerecht, da in diesem Fall in den Nacherfüllungsarbeiten kein Anerkenntnis der Mangelhaftigkeit liegt und damit auch keine Unterbrechung der Verjährung einhergeht.[19] Der Besteller wäre zur Vermeidung des Verjährungsrisikos und von Beweisnachteilen gezwungen, eine gerichtliche Klärung herbeizuführen.

6   Der Besteller hat auch dann noch einen Mangelbeseitigungsanspruch, wenn er die nachteiligen Auswirkungen des Mangels auf die Gebrauchstauglichkeit des Gebäudes durch bauliche Maßnahmen (z.B. den Einbau längerer Türen bei einem mit zu geringer Höhe eingebrachten Estrichbelag) beseitigen lässt. Hierbei handelt es sich nicht um eine Ersatzvornahme i.S.d. § 633 Abs. 2 BGB a.F. (entspricht der Selbstvornahme nach § 637 BGB).[20]

B. Nacherfüllungsanspruch, Absatz 1

I. Nacherfüllungsverlangen

1. Pflicht oder Obliegenheit des Bestellers zur Mitwirkung

7   Voraussetzung für ein wirksames Nacherfüllungsverlangen ist, dass der Besteller diejenigen Mitwirkungshandlungen erbringt oder wenigstens anbietet, die der Unternehmer benötigt, um die Nacherfüllung durchzuführen.[21] Derartige Mitwirkungshandlungen sind beispielsweise die Gewährung einer ordnungsgemäßen **Vorunternehmerleistung** und die **Übergabe geeigneter Planungsunterlagen**, sofern die Planung nicht vom Vertragssoll des Unternehmers umfasst ist.[22]

Die Übergabe einer Planung für die durchzuführenden Mangelbeseitigungsmaßnahmen ist jedoch nur dann geschuldet, wenn die ursprüngliche, vom Besteller geschuldete Planung mangelhaft war und sich dieser Mangel im Werk des Unternehmers manifestiert hat.

Des Weiteren gehört es zu den Pflichten des Bestellers, Entscheidungen zu treffen, die für die reibungslose Ausführung des Baus unentbehrlich sind, wozu auch die Abstimmung der Leistun-

---

14 OLG Koblenz, 16.07.2009, 5 U 605/09, IBR 2009, 579.
15 BGH, 03.12.1990, II ZR 215/89, NJW 1991, 1294, 1295.
16 MüKo-BGB/*Wenzel*, § 632 Rn. 12.
17 Staudinger/*Olzen*, § 362 Rn. 25; BGH, 19.01.1983, VIII ZR 315/81, BGHZ 86, 267, 269, NJW 1983, 1111.
18 A.A. OLG Koblenz, 16.07.2009, 5 U 605/09, IBR 2009, 579.
19 BGH, 02.06.1999, VIII ZR 322/98, IBR 1999, 519; OLG Jena, 09.04.2008, 4 U 1100/06 (Nichtzulassungsbeschwerde durch Beschl. BGH v. 15.10.2009, VII ZR 105/08 zurückgewiesen), IBR 2010, 23.
20 BGH, 07.05.2009, VII ZR 15/08, BauR 2009, 1295, 1297.
21 Ingenstau/Korbion/*Wirth*, § 13 Abs. 5 Rn. 73; BGH, 08.11.2007, VII ZR 183/05, BauR 2008, 344, 350.
22 *Vogel*, IBR-Online-Aufsatz, Rn. 31; BGH, 21.10.1999, VII ZR 185/98, BauR 2000, 722, 725; BGH, 04.05.1971, VII ZR 204/69, BauR 1971, 265, 268.

gen der einzelnen Unternehmer während der Bauausführung (»**Koordinierungspflicht**«) gehört.[23]

Erbringt der Besteller notwendige Mitwirkungshandlungen nicht bzw. bietet er diese nicht an, so fehlt es an einem ordnungsgemäßen Nacherfüllungsverlangen und der Unternehmer wird nicht in Verzug gesetzt. Macht der Besteller die **Erfüllung unmöglich**, weil er geeignete Vorleistungen endgültig nicht erbringen lässt oder andere notwendige Mitwirkungshandlungen nicht erbringt, so wird der Unternehmer von seiner Leistungspflicht frei. Für diesen Fall kommt ein Vergütungsanspruch des Unternehmers gemäß § 275 I BGB i.V.m. § 326 II BGB in Betracht. Danach hätte der Unternehmer letztendlich einen Anspruch auf die vereinbarte Vergütung abzüglich der ersparten Aufwendungen und anderweitigen Erwerbs.[24] 8

Muss sich der Besteller an den Mangelbeseitigungskosten in Höhe von Sowiesokosten, einer Mitverursachungsquote oder einer Vorteilsanrechnung beteiligen, so kann der nachbesserungsbereite Unternehmer nach Treu und Glauben vorab eine **Sicherheitsleistung** in angemessener Höhe verlangen. Lehnt der Besteller die Sicherheitsleistung ab, weil er seine Beteiligungspflicht aus unzutreffenden Gründen verneint, so trägt er das damit verbundene Risiko. Dies bedeutet, dass es an einer wirksamen Inverzugsetzung des Unternehmers fehlt und gegebenenfalls noch ausstehender Restwerklohn fällig wird. Der Unternehmer kann allerdings vorab von dem Besteller weder Zahlung noch Zusage eines Kostenzuschusses verlangen.[25] 9

2. Bezeichnung des Mangels

Der Besteller muss im Rahmen seines Nacherfüllungsverlangens den gerügten Mangel genau bezeichnen, damit der Unternehmer weiß, worauf sich das Nacherfüllungsverlangen bezieht. 10

Nach der **Symptomrechtsprechung** des Bundesgerichtshofes[26] genügt ein Besteller seiner Darlegungspflicht, wenn er einen Mangel, aus dem er Rechte herleitet, in seinem objektiven Erscheinungsbild behauptet und belegt.[27] Der Besteller muss nicht über größeres Fachwissen als der Unternehmer verfügen, dem gegenüber er um Behebung des Mangels nachgesucht hat.[28]

Der Besteller muss die Ursachen für die festgestellten Mangelerscheinungen nicht benennen.[29] Er ist insbesondere nicht verpflichtet, sich hier der Hilfe eines Sachverständigen zu bedienen.[30] Ob die Ursachen dieses Symptoms tatsächlich in einer vertragswidrigen Beschaffenheit der Leistung des Auftragnehmers zu suchen sind, ist Gegenstand des Beweises und nicht Erfordernis des Sachvortrags.[31] Das gilt auch, wenn eine vorgetragene Vermutung über eine Schadensursache sich als falsch erweist.[32] Wenn der Besteller insoweit ein Gutachten übermittelt, in dem bestimmte Aussagen über die Ursachen gemacht werden, werden damit Rechtswirkungen oder das weitere Vorgehen nicht auf die bezeichneten oder vermuteten Ursachen beschränkt. Vielmehr sind auch

---

23 BGH, 15.12.1969, VII ZR 8/69, VersR 70, 280; BGH, 29.11.1971, VII ZR 101/70, NJW 1972, 447, 448.
24 BGH, 08.11.2007, VII ZR 183/05, BauR 2008, 344, 350.
25 MüKo-BGB/*Busche*, § 635 Rn. 25; BGH, 22.03.1984, VII ZR 50/82, BauR 1984, 395, 398.
26 BGH, 07.03.1985, VII ZR 60/83, BauR 1985, 355, 357; BGH, 09.10.2008, VII ZR 80/07, BauR 2009, 99, 100.
27 Bamberger/Roth/*Voit*, § 635 Rn. 18; *Kniffka*, IBR-Online-Kommentar, § 635 Rn. 14 m.w.N.
28 BGH, 07.03.1985, VII ZR 60/83, BauR 1985, 355, 357.
29 Werner/Pastor/*Pastor*, Rn. 1472; BGH, 03.12.1998, VII ZR 405/97, BauR 1999, 391, 392.
30 BGH, 21.03.2002, VII ZR 493/00, BauR 2002, 1385, 1388.
31 BGH, 14.01.1999, VII ZR 19/98, BauR 1999, 631, 632; BGH, 07.07.2005, VII ZR 59/04, BauR 2005, 1626, 1628.
32 BGH, 17.01.2002, VII ZR 488/00, BauR 2002, 784, 787; BGH, 26.03.1992, VII ZR 258/90, BauR 1992, 503.

dann immer alle Ursachen für die bezeichneten Symptome von seinen jeweiligen Erklärungen erfasst.[33]

Der Besteller genügt beispielsweise den Anforderungen an die Darlegung einer mangelhaften Abdichtung, wenn er nach seiner Behauptung darauf zurückzuführende Feuchtigkeitserscheinungen im Bauwerk vorträgt. Er muss weder darlegen, warum Nachbesserungsversuche gescheitert sind, noch welchen Weg die Feuchtigkeit im Bauwerk genommen hat.[34]

Auch bei Mängeln des Architektenwerks braucht der Besteller nur die Mangelerscheinungen vorzutragen. Er muss deshalb auch nicht die Mangelerscheinungen dem Planungs- oder dem Aufsichtsfehler des Architekten zuordnen.[35]

Allerdings muss der Besteller den Mangel wenigstens so genau bezeichnen, dass der Unternehmer in der Lage ist, den Mangel vor Ort zu finden und zu beseitigen. Ein pauschales Beziehen auf Mängel ohne konkrete Bezeichnung genügt einem ordnungsgemäßen Nachbesserungsverlangen nicht.[36] Ausreichend ist die Bezugnahme auf ein Sachverständigengutachten. Insbesondere genügt ein Mangelbeseitigungsverlangen den Anforderungen, wenn der Besteller durch Bezugnahme auf ein dem Unternehmer bekanntes Gutachten aus einem Selbständigen Beweisverfahren die Mängelerscheinungen bezeichnet.[37]

Werden beispielsweise Risse im ganzen Gebäude gerügt, genügt es, sich auf Baupläne zu beziehen, in denen die vorhandenen Risse eingezeichnet sind. Es muss nicht im Einzelnen dargelegt werden, in welchem Raum sich welcher Riss befindet. Unzureichend ist eine derartige Mängelrüge jedoch ohne Bezugnahme auf Pläne oder andere Urkunden, in denen die Risse eingezeichnet sind. Spätestens, wenn der Unternehmer der Mängelbehauptung widerspricht, muss dann detailliert dargelegt werden, wo genau der Putz Abplatzungen bzw. Risse aufweist.[38]

11 Eine der Symptomrechtsprechung entsprechende Mängelrüge erfasst jeweils den der Mangelerscheinung zu Grunde liegenden Mangel.[39] Es erfolgt also keine Beschränkung auf das gerügte Mangelsymptom. Vielmehr wird der Mangel selbst Gegenstand des Vortrags.[40]

Das gilt auch dann, wenn die angegebenen Symptome des Mangels nur an einigen Stellen aufgetreten sind, während ihre Ursache und damit der Mangel des Werkes in Wahrheit das ganze Gebäude erfasst.[41]

Macht der Besteller z.B. bestimmte Arten von Feuchtigkeitsschäden an Balkonen einer Hausseite zum Gegenstand eines Beweissicherungsverfahrens, so sind Gegenstand des Verfahrens sämtliche Ursachen für diese Feuchtigkeitserscheinungen, und zwar nicht nur hinsichtlich der bezeichneten Stellen, sondern hinsichtlich der gesamten Werkleistung. Folglich sind die Gewährleistungsansprüche des Bestellers wegen dieses Mangels insgesamt gehemmt.[42]

---

33 MüKo-BGB/*Busche*, § 635 Rn. 9; BGH, 03.07.1997, VII ZR 210/96, BauR 1997, 1029.
34 Ingenstau/Korbion/*Wirth*, § 13 Abs. 5 Rn. 80; BGH, 17.01.2002, VII ZR 488/00, BauR 2002, 784, 785.
35 *Leitzke*, in: Thode/Wirth/Kuffer, § 30 Rn. 15; BGH, 18.09.1997, VII ZR 300/96, BauR 1997, 1065, 1067.
36 BGH, 25.09.1967, VII ZR 46/65, NJW 1967, 2353; KG 31.10.2008, 7 U 169/07, IBR 2007, 7.
37 *Kniffka*, IBR-Online-Kommentar, § 635 Rn. 13; BGH, 09.12.2008, VII ZR 80/07, BauR 2009, 99, 100.
38 BGH, 08.10.1992, VII ZR 272/90, BauR 1993, 111, 115.
39 *Kniffka*, IBR-Online-Kommentar, § 635 Rn. 14 m.w.N.
40 BGH, 07.07.2005, VII ZR 59/04, BauR 2005, 1626, 1628; BGH, 06.10.1988, VII ZR 227/87, BauR 1989, 79, 81.
41 BGH, 03.07.1997, VII ZR 210/96, BauR 1997, 1029; BGH, 06.10.1988, VII ZR 227/87, BauR 1989, 79, 81.
42 BGH, 06.10.1988, VII ZR 227/87, BauR 1989, 79, 81.

Auch eine Klage auf Vorschuss für Mangelbeseitigungskosten hemmt die Verjährung für sämtliche Mängelursachen.[43]

Erkennt ein Unternehmer das Vorliegen einer Mangelerscheinung an, so wird sich das regelmäßig nicht auf die Erscheinungen beschränken, sondern vielmehr auf den Mangel selbst beziehen, d.h. auf die Fehler des Werks, die ursächlich für die anerkannten Erscheinungen sind. In diesem Umfang kann das Anerkenntnis die Verjährung von Ansprüchen wegen des Mangels des Werks insgesamt unterbrechen[44] bzw. kann nach neuem Recht zu einem Neubeginn der Verjährung führen. Auch die Durchführung von Nachbesserungsarbeiten kann ein Anerkenntnis darstellen.[45] Soweit dies nicht der Fall ist, ist die Verjährung jedenfalls entsprechend gehemmt.[46] 12

II. Inhalt des Anspruchs

1. Wahlrecht des Unternehmers zwischen Nachbesserung und Neuherstellung

Der Unternehmer kann nach seiner Wahl den Mangel beseitigen oder ein neues Werk herstellen. Es handelt sich um eine elektive Konkurrenz im Sinne des § 262 BGB zwischen zwei gleichwertigen Methoden der Nacherfüllung.[47] Bereits nach der Rechtslage vor dem Schuldrechtsmodernisierungsgesetz hatte der Unternehmer ein Wahlrecht zwischen Nachbesserung und Neuherstellung.[48] Allerdings hatte die Rechtsprechung zum alten Recht dieses Wahlrecht dahingehend eingeschränkt, dass der Mangelbeseitigungsanspruch des § 633 Abs. 2 S. 1 BGB a.F. nur dann die Neuherstellung einschließt, wenn ein Mangel nur auf diese Weise nachhaltig zu beseitigen ist.[49] 13

Grundsätzlich hat der Besteller Anspruch auf ein insgesamt vertragsgemäßes mangelfreies Werk. Ist dies durch Nachbesserungsmaßnahmen nicht zu erreichen, entfällt das Wahlrecht des Unternehmers und der Besteller hat Anspruch auf Neuherstellung.[50] 14

Andersherum entfällt die Wahl der Neuherstellung, wenn diese für den Besteller unzumutbar ist.[51] Ist z.B. der Schallschutz zwischen zwei Doppelhaushälften nicht gewährleistet und die Mangelbeseitigung sowohl durch Neuherstellung als auch durch Nachbesserung zu erreichen, muss sich der Unternehmer nach § 242 BGB auf die Nachbesserung verweisen lassen, wenn im Zuge der Neuherstellung die Trennwand zum Nachbarhaus heraus gerissen werden müsste. Ein solcher Aufwand wäre für den Besteller unzumutbar, wenn der Schallschutz auch durch andere technische Maßnahmen wie z.B. eine Vorsatzschale erreicht werden könnte, auch wenn dies für den Unternehmer zu höheren Kosten führen würde. Die Grenze liegt hier bei § 635 Abs. 3 BGB, wonach der Unternehmer bei Unverhältnismäßigkeit der Kosten die Nacherfüllung verweigern kann.

Der Unternehmer kann grundsätzlich von einer Form der Nacherfüllung zur anderen übergehen.[52] In der Baupraxis wird der Unternehmer im Regelfall die Nachbesserung wählen, da dies in den meisten Fällen die einfachere und kostengünstigere Art der Nacherfüllung darstellt. Darüber hinaus geht mit der Neuherstellung gemäß § 644 BGB auch die Gefahr wieder auf den Unternehmer über.[53] 15

---

43 Werner/*Pastor*, Rn. 1599; BGH, 10.11.1988, VII ZR 140/87, BauR 1989, 81, 83.
44 BGH, 18.01.1990, VII ZR 260/88, BauR 1990, 356, 357.
45 Werner/Pastor/*Werner*, § 635 Rn. 2022; BGH, 02.06.1999, VIII ZR 322/98, NJW 1999, 2961, 2962.
46 *Kniffka*, IBR-Online-Kommentar, § 634a Rn. 157 ff., 161; BGH, 25.09.2008, VII ZR 32/07, BauR 2008, 2039, 2040.
47 Palandt/*Sprau*, § 635 Rn. 4.
48 *Kniffka*, IBR-Online-Kommentar, § 635 Rn. 19; BGH, 10.10.1985, VII ZR 303/84, BauR 1986, 93, 97.
49 BGH, 10.10.1985, VII ZR 303/84, BauR 1986, 93, 97.
50 Bamberger/Roth/*Voit*, § 635 Rn. 7; BGH, 27.03.2003, VII ZR 443/01, BauR 2003, 1209, 1210.
51 BGH, 10.10.1985, VII ZR 303/84, BauR 1986, 93, 96.
52 *Spickhoff*, BB 2003, 589, 593; Palandt/*Sprau*, § 635 Rn. 4.
53 Erman/*Schwenker*, § 635 Rn. 6.

2. Art und Weise der Nacherfüllung

16 Der Besteller hat gegen den Unternehmer **keinen Anspruch auf eine bestimmte Art der Nacherfüllung**, sondern zunächst lediglich auf Behebung des Mangels.[54] Im Einzelfall kann zwar der Unternehmer nach dem Vertrag oder im Hinblick auf eine nach Treu und Glauben gebotene Berücksichtigung von Belangen des Bestellers verpflichtet sein, von dem Besteller erteilte Weisungen im Rahmen der Nachbesserung zu beachten. Auch einen sachverständigen Rat wird er nicht übergehen dürfen. In der Regel aber ist es der Fachkunde des Unternehmers überlassen, wie er an seinem Werk bestehende Mängel beheben will. Dies ist auch sachgerecht, da der Unternehmer das Risiko einer erfolglosen Nachbesserung trägt.[55] Der Besteller braucht sich auf eine nochmalige Nachbesserung im Regelfall nicht einzulassen. Im Einzelfall kann der Besteller auch dann auf eine bestimmte Art der Nachbesserung bestehen, wenn er den Unternehmer aus seiner weiteren Haftung für den gerügten Mangel entlässt.[56]

Auch wenn der Unternehmer sich lediglich bereit erklärt, einen **geringen Teil** des von einem gerichtlichen Sachverständigen festgestellten Mangels zu beseitigen, darf der Besteller die Mangelbeseitigung insgesamt ablehnen.[57]

Des Weiteren ist der Auftragnehmer zu einer bestimmten Nachbesserung verpflichtet, wenn nur durch diese der Mangel nachhaltig beseitigt und der vertraglich geschuldete Zustand erreicht werden kann.[58] Ein Angebot einer Mangelbeseitigung, die nicht den vertraglich geschuldeten Erfolg herbeiführt, ist nicht ordnungsgemäß. Der Besteller braucht daher eine solche Mangelbeseitigung grundsätzlich nicht zu akzeptieren.[59] Weist z.B. der Estrich eine mindere Druckfestigkeit auf, ist es nicht ausreichend, einzelne Risse zu verschließen, wenn auch für die Zukunft mit weiteren Rissen und Hohlstellen zu rechnen ist. Der Besteller kann in einem solchen Fall Gesamtsanierung bzw. Neuherstellung verlangen. Er ist nicht gehalten, sich mit einem Flickwerk zufrieden zu geben.[60] Ebenso wenig muss der Besteller Farbabweichungen und -schattierungen in Folge einer punktuellen Nachbesserung des Granitfußbodenbelages hinnehmen. Der Anspruch auf eine ordnungsgemäße Werkleistung kann die Erneuerung des gesamten Bodenbelages umfassen.[61] Im Rechtsstreit muss jedoch der Besteller beweisen, dass mit den vom Unternehmer vorgesehenen Maßnahmen der Mangel nicht zu beseitigen gewesen wäre.[62]

17 Fordert der Besteller den Unternehmer auf, eine **untaugliche Nachbesserungsmaßnahme** durchzuführen, befreit dies den Unternehmer nicht von seiner Nachbesserungsverpflichtung. Er bleibt vielmehr grundsätzlich bis hin zur Neuherstellung zur Herbeiführung des vertragsgemäßen Zustands verpflichtet.[63] Der Unternehmer unterliegt auch in diesem Fall einer Prüfungs- und Hinweispflicht (§ 4 Nr. 3 VOB/B i.V.m. § 242 BGB). Fordert der Besteller den Unternehmer trotz erfolgter Bedenkenanmeldung allerdings auf, die Nachbesserung wie von ihm vorgegeben durch-

---

54 BGH, 04.06.1973, VII ZR 112/71, NJW 1973, 1792, 1793; BGH, 08.10.1987, VII ZR 45/87, BauR 1988, 82, 85.
55 *Leupertz*, in: PWW, § 635 Rn. 5.
56 Werner/Pastor/*Pastor*, Rn. 1567.
57 BGH, 08.07.2004, VII ZR 317/02, BauR 2004, 1616, 1617.
58 Ingenstau/Korbion/*Wirth*, § 13 Abs. 5 Rn. 68; BGH, 24.04.1997, VII ZR 110/96, BauR 1997, 638, 639.
59 *Kniffka*, IBR-Online-Kommentar, § 635 Rn. 23; BGH, 29.06.2006, VII ZR 274/04, BauR 2006, 1468, 1469.
60 OLG München 06.07.1987, 28 U 6304/86, NJW-RR 1987, 1234.
61 OLG Frankfurt 01.10.2004, 24 U 194/03, (Nichtzulassungsbeschwerde durch Beschl. BGH v. 28.04.2005, VII ZR 271/04 zurückgewiesen), IBR 2005, 366.
62 *Kohler*, in: Beck'scher VOB Kommentar, § 13 Nr. 5 Rn. 58; BGH, 05.05.1969, VII ZR 26/69, ZfBR 2001, 110.
63 MüKo-BGB/*Busche*, § 635 Rn. 11; BGH, 16.10.1997, VII ZR 249/96, BauR 1998, 123, 124.

zuführen und verwirklichen sich sodann die Bedenken des Unternehmers, so haftet der Unternehmer hierfür nicht.

Selbst das Einverständnis des Bestellers mit einer bestimmten Art der Nachbesserung umfasst in der Regel nicht einen Verzicht auf bestehende Gewährleistungsansprüche. Es ist mangels anderweitiger Anhaltspunkte vielmehr davon auszugehen, dass eine Nachbesserungsvereinbarung unter der stillschweigenden Bedingung geschlossen wurde, dass die erwähnten Nachbesserungsarbeiten zum vertragsgemäßen Erfolg führen.[64]

Sollte eine Nacherfüllung im Einzelfall nicht möglich bzw. hierdurch die vertraglich geschuldete Beschaffenheit des Werks nicht zu erreichen sein, schuldet der Unternehmer eine Nacherfüllung, die der durch den Vertrag festgelegten Sollbeschaffenheit möglichst nahe kommt. Für eine damit möglicherweise verbundene Wertminderung kann der Besteller unter Umständen eine Entschädigung in Geld verlangen.[65] Der Unternehmer hat keinen Anspruch darauf, die für ihn kostengünstigste Sanierungsart zu wählen. 18

Eine Nacherfüllung ist auch dann nicht vertragsgerecht und kann von dem Besteller abgelehnt werden, wenn Fenster mit einem fehlerhaften Wärmedurchlasswert gegen Fenster ausgetauscht werden, die nicht der vertraglich vereinbarten Optik entsprechen. Eine handwerklich und optisch beanstandungsfreie Ausführung ist somit nicht ausreichend, wenn die vertraglich vereinbarte Beschaffenheit damit nicht erreicht wird.[66] Ist allerdings eine bestimmte Art der Leistungserbringung nach dem Vertrag nicht geschuldet, sondern vielmehr der Leistungsbestimmung durch den Unternehmer überlassen, muss der Besteller im Wege der Nacherfüllung unter Umständen auch eine von der zunächst ausgeführten, aber mangelhaften Ausführungsart abweichende Ausführung akzeptieren, soweit diese den vertraglichen Erfolg herbeiführt. Die Bindung des Unternehmers an das Leistungsbestimmungsrecht nach § 315 Abs. 1 BGB wird hier gelockert. Dies wird damit begründet, dass der Unternehmer nicht an eine Leistungsbestimmung gebunden sein kann, die zu einer fehlerhaften Leistung führt.[67]

Des Weiteren schuldet der Unternehmer eine **Nachbesserung nur am eigenen Werk**. Seine Nachbesserungspflicht umfasst somit nicht Schäden an anderen Bauteilen oder sonstigem Eigentum des Bestellers, die lediglich auf Mängeln der Leistung beruhen.[68] Hinsichtlich dieser Mangelfolgeschäden kann der Besteller ohne vorherige Fristsetzung Ersatz nach § 280 Abs. 1 BGB verlangen. Zu unterscheiden von derartigen Mangelfolgeschäden sind bloße Nebenleistungen zur Nachbesserung wie z.B. der erforderliche Bodenaustausch und Neuerrichtung der Terrasse, um die Außenisolierung mit einer Bitumen-Dickbeschichtung nachbessern zu können. Hinsichtlich dieser Nebenleistung bedarf es zur Durchsetzung der Rechte aus § 634 BGB grundsätzlich einer Fristsetzung zur Nacherfüllung. 19

Der Unternehmer ist zur Übergabe einer **Sanierungsplanung** nur dann verpflichtet, wenn die Planung von seinem ursprünglichen Leistungs-Soll umfasst war. Dies resultiert daraus, dass der Unternehmer im Wege der Nachbesserung nicht verpflichtet werden kann, eine über das ursprüngliche Vertrags-Soll hinausgehende Leistung zu erbringen. Des Weiteren obliegt die Wahl der Art und Weise der Nachbesserung nach obigen Ausführungen grundsätzlich dem Unternehmer. Einer vorherigen Freigabe der geplanten Nachbesserungsmaßnahmen durch den Besteller bedarf es daher grundsätzlich nicht. 20

---

64 *Drossart*, in: Kuffer/Wirth, S. 413 Rn. 75; BGH, 06.12.2001, VII ZR 19/00, BauR 2002, 472, 473.
65 BGH, 20.04.1998, VII ZR 80/88, BauR 1989, 462, 467.
66 BGH, 23.06.2005, VII ZR 200/04, BauR 2005, 1473, 1475; *Kniffka*, IBR-Online-Kommentar, § 635 Rn. 23.
67 *Kniffka*, IBR-Online-Kommentar, § 635 Rn. 23.
68 Ingenstau/Korbion/*Wirth*, § 13 Abs. 5 Rn. 85; BGH, 07.11.1985, VII ZR 270/83, BauR 1986, 211, 212.

3. Prozessuale Geltendmachung des Nacherfüllungsanspruches

21 Bei einem Mängelvortrag im Bauprozess ist die Symptomtheorie des Bundesgerichtshofes zu berücksichtigen. Es ist zwischen der Darlegungs- und Beweisebene zu differenzieren. Die hinreichend konkrete Darstellung des objektiven Erscheinungsbildes eines Mangels gehört zu den Voraussetzungen eines **substantiierten Mängelvortrages**. Die Mangelursachen betreffen hingegen die Frage, ob überhaupt ein Mangel vorliegt und ob dieser von dem Unternehmer zu vertreten ist. Dies ist eine Frage der Beweisebene.[69] Genügt der Besteller seiner Darlegungslast nicht, läuft er Gefahr, dass sein Sachvortrag als unsubstantiiert zurückgewiesen wird und Beweisangebote als unzulässiger Ausforschungsbeweis unbeachtet bleiben.

Es ist allerdings ausreichend, die Mängelerscheinungen hinreichend zu bezeichnen und den Sachvortrag durch die Vorlage eines Privatgutachtens näher zu konkretisieren.[70] Ein Privatgutachten ist qualifizierter Sachvortrag der Partei und vom Tatrichter vollständig zu berücksichtigen und zu würdigen.[71]

22 Wird **Klage auf Nacherfüllung** erhoben, ist zu beachten, dass der Antrag eindeutig formuliert wird. Die Mängel müssen so bestimmt bezeichnet werden, dass eine Vollstreckung des Anspruchs ohne Weiteres möglich ist. Die Beschreibung der Mängel muss aus sich heraus verständlich sein und erkennen lassen, was der Gläubiger vom Schuldner noch verlangen kann.[72]

Des Weiteren muss der Besteller das Wahlrecht des Unternehmers über die Art und Weise der Nacherfüllung berücksichtigen. Das bedeutet, dass sich der Anspruch grundsätzlich nur auf die Beseitigung der streitgegenständlichen Mängel richtet und nicht auf die Festlegung der Durchführungsart.

Auf Grund des bestehenden Wahlrechts des Unternehmers darf daher grundsätzlich im Klageantrag keine konkrete Beseitigungsmethode verlangt werden, da die Klage anderenfalls als unbegründet abzuweisen wäre. Sofern der Kläger in der Begründung eine konkrete Nachbesserungsmethode verlangt, kann dies als bloße weitere Mangelbeschreibung und als Anregung für das anschließende Vollstreckungsverfahren verstanden werden. Ein entsprechender Klageantrag verbietet jedoch eine Auslegung als bloße weitere Mangelbeschreibung.[73]

Lediglich in zwei Ausnahmefällen kann der Besteller bereits im Antrag eine konkrete Nachbesserungsmethode verlangen. Dies ist zum einen der Fall, wenn nur eine einzige wirksame Beseitigungsmethode gegeben ist. In diesem Fall entfällt das Wahlrecht des Unternehmers. Zum anderen muss dies ebenso gelten, wenn zwischen den Parteien nur die Geeignetheit der vom Unternehmer vorgesehenen Nachbesserungsmethode streitig ist, der Mangel selbst jedoch nicht.[74]

Beispielsweise kann beantragt werden, den Luftschallmangel der Haustrennwände durch Aufbringen jeweils einer biegeweichen Vorsatzschale zu beseitigen, wenn nur diese Art der Nachbesserung zu einem bewerteten Schalldämmmaß von 63 dB führt.[75]

23 Liegen die Voraussetzungen für eine bestimmte Festlegung der Nachbesserungsart nicht vor, muss der Besteller mit einigen Schwierigkeiten im Vollstreckungsverfahren rechnen. Nach überwiegen-

---

69 *Seibel*, IBR 2006, 73.
70 BGH, 14.01.1999, VII ZR 19/98, BauR 1999, 631, 632; BGH, 08.05.2003, VII ZR 407/01, BauR 2003, 1247.
71 Werner/Pastor/*Pastor*, Rn. 151; BGH, 24.02.2005, VII ZR 225/03, BauR 2005, 861, 864; BGH, 31.03.2005, VII ZR 369/02, BauR 2005, 1012, 1013.
72 BGH, 08.10.1992, VII ZR 272/90, BauR 1993, 111, 115.
73 *Quadbeck*, MDR 2000, 570, 571.
74 *Quadbeck*, MDR 2000, 570, 571; *Kohler*, in: Beck'scher VOB-Kommentar, § 13 Nr. 5 Rn. 58.
75 BGH, 24.04.1997, VII ZR 110/96, BauR 1997, 638, 639; *Quadbeck*, MDR 2000, 570, 571.

der Ansicht in Rechtsprechung und Literatur stellt die Mangelbeseitigung regelmäßig eine vertretbare Handlung dar und ist nach § 887 ZPO zu vollstrecken.[76]

Streitig ist, ob der Besteller dann im Vollstreckungsverfahren konkret darlegen muss, wie er den Mangel auf Kosten des Unternehmers beseitigen lassen möchte. Teilweise wird vertreten, dass der Besteller auch die zur Herbeiführung des geschuldeten Erfolgs durchzuführenden Maßnahmen genau bezeichnen muss, wenn streitig ist, welche Maßnahmen für eine fachkundige Beseitigung des Mangels erforderlich sind.[77]

Diese Ansicht ist jedoch im Hinblick auf die Symptomrechtsprechung des BGH nicht nachzuvollziehen. Die Handlungsermächtigung des Bestellers nach § 887 ZPO ist vielmehr umfassend und beschränkt ihn nicht auf eine bestimmte Nachbesserungsmethode. Allerdings ist es sinnvoll, wenn der Besteller einen auf eine bestimmte Nachbesserungsmethode beschränkten Vollstreckungsantrag stellt. Dies ist im Gegensatz zum Hauptsacheverfahren immer zulässig, da das Wahlrecht des Werkunternehmers hinsichtlich der Beseitigungsmethode weder durch eine beschränkte noch durch eine umfassende Handlungsermächtigung im Sinne des § 887 ZPO eingeschränkt wird.[78] Beantragt der Besteller eine Handlungsermächtigung hinsichtlich einer bestimmten Nachbesserungsmethode, ist eine Gegenvorstellung des Unternehmers hinsichtlich der anzuwendenden Beseitigungsmethode nicht zu berücksichtigen. Die Auswahl der Nachbesserungsmethode stellt zwar keine Wahlschuld im Sinne des § 264 BGB dar; wenn jedoch sogar bei einer echten Wahlschuld der Vollstreckungsgläubiger während der Zwangsvollstreckung den Gegenstand, in den vollstreckt werden soll, bezeichnen kann, muss dies in entsprechender Anwendung des § 264 BGB erst Recht bei einer »unechten Wahlschuld« gelten, ohne dass es auf den Willen des Vollstreckungsschuldners ankommt.[79]

Bei der Antragstellung in einem Nachbesserungsprozess ist auch zu berücksichtigen, ob dem Besteller ein **Mitverschulden** zuzurechnen ist. Führt der Unternehmer eine erkennbar fehlerhafte Planung des Bestellers oder seines Architekten aus, ohne Bedenken anzumelden, ist er zur Mangelbeseitigung verpflichtet. Er kann jedoch einen Zuschuss zu den Kosten der Mangelbeseitigung verlangen. In diesem Fall muss die Mangelbeseitigung Zug-um-Zug gegen Zahlung eines Zuschusses zu den Kosten der Mangelbeseitigung durch den Besteller beantragt werden.[80] 24

Klagt in dieser Konstellation der Unternehmer auf Zahlung von Werklohn, muss er eine doppelte Zug-um-Zug-Verurteilung beantragen.[81]

Scheitert die Fertigstellung des Werkes nur daran, dass die vom Unternehmer angebotene Mangelbeseitigung durch den Besteller nicht angenommen wird, kann der Unternehmer auf Werklohn nach Empfang der Gegenleistung klagen. Befindet sich der Besteller in **Verzug mit der Annahme** der angebotenen Mangelbeseitigungsarbeiten, kann der Unternehmer seinen Anspruch wie bei einer Zug-um-Zug zu bewirkenden Leistung ohne Bewirkung der ihm obliegenden Leistung im Wege der Zwangsvollstreckung verfolgen.[82] 25

Der Unternehmer sollte in diesem Fall unbedingt neben seinem Zug-um-Zug-Antrag einen **Feststellungsantrag** stellen, wonach der Besteller sich in Verzug mit der Annahme der angebotenen Mangelbeseitigung befindet. Das nach § 256 ZPO erforderliche Feststellungsinteresse besteht,

---

76 MüKo-BGB/*Busche*, § 635 Rn. 44; BGH, 22.03.1984, VII ZR 286/82, BauR 1984, 401, 405; BGH, 08.10.1992, VII ZR 272/90, BauR 1993, 111, 112.
77 OLG Stuttgart, Beschl. v. 06.08.1998, 2 W 6/98, NJW-RR 1999, 792, 793.
78 BGH, 22.06.1995, IX ZR 100/94, NJW 1995, 3189, 3190.
79 OLG Düsseldorf, 09.02.1998, 9 W 7/98, NJW-RR 1998, 1768, 1769; *Quadbeck*, MDR 2000, 570, 573.
80 MüKo-BGB/*Busche*, § 635 Rn. 45; OLG Naumburg, 07.08.2007, 9 U 59/07 (Nichtzulassungsbeschwerde zurückgewiesen – BGH, Beschl. v. 24.03.2009, VII ZR 166/07), IBR 2009, 451.
81 Palandt/*Sprau*, § 635 Rn. 7; BGH, 22.03.1984, VII ZR 286/82, BauR 1984, 401, 405.
82 BGH, 13.12.2001, VII ZR 27/00, BauR 2002, 794, 795.

weil die Feststellung der erleichterten Vollstreckung des geltend gemachten Leistungsanspruchs dient und hierzu erforderlich ist, § 756 ZPO.[83]

Zu beachten ist allerdings, dass der Besteller seinen Anspruch auf Nachbesserung nicht dadurch verliert, dass er sich in Verzug der Annahme befindet. Beruft sich der Besteller im Rechtsstreit auf sein Leistungsverweigerungsrecht, gibt er damit zu erkennen, dass er Mangelbeseitigungsmaßnahmen des Unternehmers zulässt. Dies gilt auch dann, wenn der Besteller zunächst nach einer Kündigung des Bauvertrages ein Baustellenverbot ausgesprochen hat. Der Annahmeverzug des Bestellers ist mit Berufung auf sein Leistungsverweigerungsrecht beendet. Eine Fristsetzung zur Mangelbeseitigung ist nicht Voraussetzung für die Ausübung des Leistungsverweigerungsrechts.[84]

In diesem Fall sollte der Unternehmer dem Besteller erneut eine Frist zur Zulassung der Mangelbeseitigung setzen und mitteilen, dass er leistungsbereit und leistungsfähig ist. Der Unternehmer muss das ordnungsgemäße Anbieten seiner Leistung im Prozess darlegen und beweisen.[85]

26 Lehnt der Besteller die seitens des Unternehmers angebotene Mangelbeseitigung ernsthaft und endgültig ab, kann er seinen Anspruch auf Nacherfüllung verwirken. In diesem Fall erfolgt eine Verurteilung zur Zahlung des Werklohns, ohne dass der Besteller noch Mangelbeseitigung beanspruchen kann.[86]

27 Der **Nacherfüllungsanspruch des Bestellers erlischt**, wenn der Besteller wirksam zum Schadensersatzanspruch übergegangen ist.[87] Dasselbe gilt für die Geltendmachung einer Minderung und den Rücktritt vom Vertrag.

Im Falle der erfolgreichen Selbstvornahme ist dem Unternehmer die Nacherfüllung unmöglich. Ist die Selbstvornahme jedoch gescheitert, kann der Besteller nach wie vor seinen Nacherfüllungsanspruch geltend machen.[88] Er wird hier jedoch jedenfalls nach Abnahme Beweisschwierigkeiten haben, da der Unternehmer einwenden kann, die vorliegenden Mängel seien durch die Selbstvornahme verursacht oder jedenfalls mitverursacht worden. Vor der Abnahme verbleibt es grundsätzlich bei der Beweislast des Unternehmers.[89]

C. Aufwendungen für die Nacherfüllung, Absatz 2

I. Kostentragung durch den Unternehmer

1. Grundsatz

28 Wie bereits nach § 633 Abs. 2 S. 2 BGB a.F. i.V.m. § 476a BGB a.F. hat der Unternehmer grundsätzlich nach § 635 Abs. 2 BGB die zum Zwecke der Nacherfüllung erforderlichen Aufwendungen zu tragen. Die Vorschrift entspricht der kaufrechtlichen Regelung des § 439 Abs. 2 BGB.

Das in § 635 Abs. 2 BGB vorgesehene Recht des Bestellers stellt keinen Schadensersatzanspruch, sondern einen echten vertraglichen Erfüllungsanspruch dar, weil es der Forderung des Bestellers auf Herstellung des versprochenen Werks (§ 631 Abs. 1 BGB) entspringt.[90]

---

[83] Ingenstau/Korbion/*Wirth*, § 13 Abs. 5 Rn. 263; BGH, 13.12.2001, VII ZR 27/00, BauR 2002, 794, 795.
[84] BGH, 08.07.2004, VII ZR 317/02, BauR 2004, 1616.
[85] BGH, 13.12.2001, VII ZR 27/00, BauR 2002, 794, 795.
[86] *Kniffka*, IBR-Online-Kommentar, § 635 Rn. 30; BGH, 05.05.1969, VII ZR 26/69, BauR 1996, 386, 388, 389; BGH, 08.07.2004, VII ZR 317/02, BauR 2004, 1616, 1617.
[87] BGH, 06.11.1975, VII ZR 222/73, BauR 1976, 57, 58.
[88] *Kniffka*, IBR-Online-Kommentar, § 635 Rn. 39.
[89] BGH, 23.10.2008, VII ZR 64/07, BauR 2009, 236, 237.
[90] BGH, 06.02.1958, VII ZR 39/57, BGHZ 26, 337, 340; BGH, 17.02.1999, X ZR 40/96, NJW–RR 1999, 813, 814.

Der Aufwendungsersatzanspruch nach § 635 Abs. 2 BGB im Zusammenhang mit einer Nacherfüllung durch den Unternehmer ist zu trennen von dem Anspruch auf Erstattung der Kosten der Selbstvornahme durch den Besteller nach § 637 BGB.

2. Einzelheiten

Die Aufzählung der Transport-, Wege-, Arbeits- und Materialkosten in § 635 Abs. 2 BGB ist nicht abschließend. Die Vorschrift stellt klar, dass dem Besteller im Falle der Mangelbeseitigung keine weiteren »Aufwendungen« entstehen sollen.[91] 29

Die Nachbesserungsverpflichtung erstreckt sich nicht nur darauf, die eigene mangelhafte Leistung nachträglich in einen mangelfreien Zustand zu versetzen. Sie umfasst vielmehr alles, was vorbereitend erforderlich ist, um den Mangel an der eigenen Leistung zu beheben. Hinzu kommen die Arbeiten, die notwendig werden, um nach durchgeführter Mangelbeseitigung den davor bestehenden Zustand wieder herzustellen.[92] 30

Unter den Aufwendungsersatzanspruch fallen somit **alle Maßnahmen, die erforderlich werden**, um die Durchführung der Nacherfüllung zu ermöglichen.

Hierzu gehören z.B. auch die Kosten der Maurer-, Putz-, Maler-, Steinemaillier- und Architektenarbeiten, die notwendig werden, um eine hinter der Badezimmerwand verlaufende Rohrleitung zu sanieren. Der Unternehmer hat grundsätzlich, sofern die ihm obliegende Behebung des Werkmangels einen zerstörenden Eingriff in das sonstige Eigentum des Bestellers erfordert, die hiervon betroffenen Gegenstände auf seine Rechnung wieder herstellen zu lassen.[93]

Auch Aufwendungen für den Ausbau von Kellertüren, der Ölheizung, der Öltanks, der Kellertreppen, Abmontieren und Wiederanbringen der Elektro-Anschlüsse sowie Anpassen und Wiedereinbau der Kellertüren zum Zwecke der Nachbesserung von Isolierungsarbeiten stellen Nebenarbeiten dar, die der Unternehmer zu erstatten hat.[94]

Nach dem BGH hat der Unternehmer auch die Aufwendungen zu ersetzen, die bei der Nachbesserung von Rohrleitungen durch folgende Nebenarbeiten entstehen: Aufspüren der Schadstellen, Aufreißen der Straßendecke, Aufgraben des Erdreichs bis zur Rohrleitung, Freilegung der Leckstelle der Rohre, Verfüllen des Rohrgrabens, Verdichten des Erdreichs und Wiederherstellen der aufgerissenen Straßendecke.[95]

Der Unternehmer schuldet auch die Kosten für im Zuge der Nachbesserungsarbeiten notwendig gewordene **Reinigungsarbeiten**. Selbiges gilt für den Ersatz der Nebenkosten, soweit diese – etwa aufgrund von Telefongesprächen mit Handwerkern – zur Vorbereitung und Durchführung der Nachbesserung erforderlich geworden waren.[96] Zudem muss der Unternehmer auch Schäden am sonstigen Eigentum des Bestellers beheben, die im Zuge der Nachbesserung zwangsläufig entstehen.[97] 31

---

91 MüKo-BGB/*Busche*, § 635 Rn. 16; BGH, 08.01.2008, X ZR 97/05, NJW–RR 2008, 724, 725.
92 Werner/Pastor/*Pastor*, Rn. 1569; BGH, 07.11.1985, VII ZR 270/83, BauR 1986, 211, 212; BGH, 10.04.2003, VII ZR 251/02, BauR 2003, 1211, 1212.
93 BGH, 13.12.1962, II ZR 196/60, NJW 1963, 805, 806.
94 BGH, 22.03.1979, VII ZR 142/78, NJW 1979, 2095, 2096.
95 BGH, 27.04.1972, VII ZR 144/70, BauR 1972, 311, 313.
96 BGH, 22.03.1979, VII ZR 142/78, BauR 1979, 333, 334.
97 PWW/*Leupertz*, § 635 Rn. 5; BGH, 22.03.1979, VII ZR 142/78, BauR 1979, 333, 334; BGH, 10.04.2003, VII ZR 251/02, BauR 2003, 1211, 1212.

32 Erstattungsfähige Aufwendungen stellen auch die Kosten für die Erstellung von **Sachverständigengutachten** dar, soweit diese für die Auffindung des zu beseitigenden Mangels notwendig sind, da das Verlangen einer Nachbesserung voraussetzt, dass die Verantwortlichkeit des Unternehmers festgestellt worden ist.[98]

Der Unternehmer ist hingegen nicht verpflichtet, die Kosten des zur Überwachung und Abnahme der Mangelbeseitigungsarbeiten vom Besteller hinzugezogenen Sachverständigen zu erstatten. Diese Leistungen obliegen ohnehin dem mit den Leistungsphasen 8 und 9 des § 15 HOAI a.F. beauftragten Architekten.[99]

Kosten für ein Gutachten über Ursache und Ausmaß der eingetretenen und vielleicht noch zu erwartenden Mängel stellen Mangelfolgeschäden dar, welche nach § 636, §§ 280 ff. BGB zu ersetzen sind. Diese Schäden entstehen von vorneherein neben dem Nachbesserungsanspruch, so dass eine Fristsetzung keine Anspruchsvoraussetzung ist.[100]

33 Der Unternehmer muss Aufwendungen für zusätzliche Maßnahmen zum Nachweis der Mangelfreiheit seines Werks, welche aus der Nachbesserungspflicht als solcher nicht herzuleiten sind, nur unter besonderen Umständen tragen. Eine derartige zusätzliche Maßnahme könnte z.B. die Durchführung von Messungen sein, wenn der Nachbesserungserfolg anderweitig nicht festgestellt werden kann und die Nachbesserung etwa ohne Zustimmung des Bestellers durchgeführt wurde oder der zusätzliche Nachweis dem Grundsatz von Treu und Glauben entsprechen würde.[101]

Im Rahmen der Nachbesserung kann es auch notwendig sein, den Mangel in seinen Ursachen abzuklären. Kosten der Untersuchung des Werkes, die dazu dienen, herauszufinden, ob die vom Unternehmer vorgeschlagenen Nachbesserungsmaßnahmen geeignet sind, können daher erstattungsfähig sein.[102]

34 Fehlen anderweitige Absprachen der Parteien, ist im Zweifel die Nachbesserung dort zu erbringen, wo das nachzubessernde Werk sich vertragsgemäß befindet.[103]

35 Der mängelbedingte entgangene Gewinn gehört nicht zu den Kosten der Nachbesserung gem. § 635 BGB. Vielmehr kann dem Besteller hier ein Schadensersatzanspruch zustehen.[104]

II. Kostentragung durch den Besteller

1. Sowiesokosten

36 Die sogenannten »Sowiesokosten« fallen nicht unter die von dem Unternehmer im Rahmen des § 635 Abs. 2 BGB zu tragenden Aufwendungen: Der Unternehmer darf nicht mit den Kosten solcher Maßnahmen belastet werden, die er nach dem Vertrag gar nicht zu erbringen hatte und um die das Werk bei ordnungsgemäßer Ausführung von vornherein teurer gewesen wäre.[105]

Der Aufwendungsersatzanspruch des Bestellers ist daher stets um diese Kosten zu mindern. Dabei müssen Vor- und Nachteile bei wertender Betrachtung gleichsam zu einer Rechnungseinheit ver-

---

[98] BGH, 23.01.1991, VIII ZR 122/90, NJW 1991, 1604, 1607; BGHZ 113, 252, 261; BGH, 17.02.1999, X ZR 40/96, BauR 1999, 1056.
[99] OLG Düsseldorf, 17.03.2000, 22 U 64/99, IBR 2000, 493.
[100] BGH, 22.10.1970, VII ZR 71/69, BauR 1971, 51, 53; BGH, 13.09.2001, VII ZR 392/00, BauR 2002, 86, 87.
[101] BGH, 21.01.2003, X ZR 30/01, NJW-RR 2003, 737, 738.
[102] OLG Hamm, 21.06.1994, 24 U 15/94, BauR 1995, 109.
[103] Ingenstau/Korbion/*Wirth*, § 635 Rn. 175; BGH, 23.01.1991, VIII ZR 122/90, NJW 1991, 1604, 1606; BGH, 08.01.2008, X ZR 97/05, NJW-RR 2008, 724, 725.
[104] *Drossart*, in: Kuffer/Wirth, S. 414 Rn. 78; BGH, 08.06.1978, VII ZR 161/77, BauR 1978, 402, 403.
[105] Erman/*Schwenker*, § 635 Rn. 10; BGH, 17.05.1984, VII ZR 169/82, BauR 1984, 510, 512; BGH, 13.09.2001, VII ZR 392/00, BauR 2002, 86, 88.

bunden werden. Zu berücksichtigen ist, dass der Unternehmer sich auf diese Weise nicht seiner werkvertraglichen Erfolgshaftung entziehen darf.[106]

Eine Schätzung der Sowiesokosten gem. § 287 BGB ist ausreichend.[107] Diese von vornherein angefallenen Kosten sind auf den Preisstand einer seinerzeit ordnungsgemäßen Errichtung zu beziehen.[108] Auch eventuell im Rahmen der Mangelbeseitigung zur Erreichung des Werkerfolgs erforderliche Zusatzaufträge sind Sowiesokosten, wenn sie nach den vertraglichen Grundlagen an den Unternehmer zusätzlich zu vergüten gewesen wären.[109] Hat der Unternehmer allerdings einen bestimmten Erfolg zu einem bestimmten Preis versprochen, so bleibt er an seine Zusage selbst dann gebunden, wenn sich die beabsichtigte Ausführungsart nachträglich als unzureichend erweist und aufwendigere Maßnahmen erforderlich werden.[110]

2. Mitverschulden

Beruht der Mangel auf einem Fehlverhalten des Bestellers oder seiner Erfüllungsgehilfen (z.B. Zurverfügungstellung mangelhafter Pläne und Unterlagen oder Verletzung der Koordinierungspflicht, die ihrem Wesen nach einem Planungsfehler nahe kommt), so hat der Besteller nach allgemeinen Grundsätzen selbst nach §§ 254, 278 BGB (mit-)einzustehen. § 254 BGB gilt zwar unmittelbar nur für die Leistung von Schadensersatz. Als Ausprägung eines allgemeinen Rechtsgedankens ist er aber nach Treu und Glauben (§ 242 BGB) auch auf die werkvertragliche Nachbesserung anzuwenden. Insoweit muss sich der Besteller den Umständen nach angemessen an den Mangelbeseitigungskosten beteiligen.[111] 37

Zu berücksichtigen ist hierbei, dass der Besteller dem Unternehmer zwar gegebenenfalls eine ausführungsreife Planung schuldet, nicht jedoch eine Bauüberwachung.[112]

3. Vorteilsausgleichung

Nach den Grundsätzen der Vorteilsausgleichung muss der Unternehmer nicht für solche Aufwendungen einstehen, durch die sich die Vermögenslage des Bestellers über die Beseitigung der Mangelhaftigkeit des Werkes hinaus verbessert. Der Rechtsgedanke der Vorteilsausgleichung folgt aus dem in § 242 BGB festgelegten Grundsatz von Treu und Glauben und ist auch auf Nachbesserungsansprüche anwendbar. Der Vorteilsausgleichung sind jedoch regelmäßig nur diejenigen Vorteile zugänglich, die der Besteller allein durch die Gewährleistung außerhalb ohnehin bestehender vertraglicher Verpflichtungen des Unternehmers erlangt. Der Besteller darf nicht besser gestellt werden, als er ohne schädigendes Ereignis stünde.[113] 38

Verzögert der Unternehmer die ihm obliegende Nachbesserung über einen längeren Zeitraum, dürfen dem Besteller daraus keine finanziellen Nachteile erwachsen. Sähe man den dadurch ersparten Instandsetzungsaufwand oder die längere Lebensdauer der Werkleistung als auszugleichende Vorteile an, so hätte es der Unternehmer in der Hand, sich durch Verzögerung der Man-

---

106 BGH, 12.10.1989, VII ZR 140/88, BauR 1990, 84, 85.
107 BGH, Beschl. v. 25.01.2007, VII ZR 41/06, BauR 2007, 700, 703.
108 BGH, 08.07.1993, VII ZR 176/91, BauR 1993, 722, 723.
109 BGH, 22.03.1984, VII ZR 50/82, BauR 1984, 395, 397; BGH, Beschl. v. 25.01.2007, VII ZR 41/06, BauR 2007, 700, 702.
110 *Drossart*, in: Kuffer/Wirth, S. 416 Rn. 84; BGH, 17.05.1984, VII ZR 169/82, BauR 1984, 510, 512; BGH, 30.06.1994, VII ZR 116/93, BauR 1994, 776, 779.
111 MüKo-BGB/*Busche*, § 635 Rn. 18; BGH, 29.11.1971, VII ZR 101/70, BauR 1972, 112, 113; BGH, 22.03.1984, VII ZR 50/82, BauR 1984, 395, 397; BGH, 15.11.2002, VII ZR 1/00, BauR 2002, 1536, 1540; BGH, 24.02.2005, VII ZR 328/03, BauR 2005, 1016, 1018 (zum Schadensersatzrecht); vgl. zum Gesamtschuldnerausgleich *Kniffka*, BauR 2005, 274.
112 BGH, 04.06.1973, VII ZR 112/71, BauR 1973, 313, 314.
113 BGH, 17.05.1984, VII ZR 169/82, BauR 1984, 510, 511.

gelbeseitigung seiner Gewährleistungspflicht und der damit verbundenen Kostenbelastung teilweise oder sogar ganz zu entziehen.[114] Etwas anderes gilt, wenn der Mangel sich relativ spät auswirkt und der Besteller bis dahin keine Gebrauchsnachteile hinnehmen musste.[115]

39 Fraglich ist, ob diese zum BGB vor Schuldrechtsmodernisierung ergangene Rechtsprechung noch Bestand hat. Über § 635 Abs. 4 BGB hat der Besteller gem. § 346 Abs. 1 BGB bei Neuherstellung und gleichzeitiger Rückgewähr des mangelhaften Werkes die gezogenen Nutzungen herauszugeben. D.h., dass der Besteller grundsätzlich auch für die Nutzung des mangelhaften Werks Gebrauchsvorteile herauszugeben hat.

Der BGH hatte zu der Parallelvorschrift des § 635 Abs. 4 BGB im Kaufrecht dem EuGH die Frage zur Vorabentscheidung vorgelegt, ob § 439 Abs. 4 BGB mit der Verbrauchsgüterkaufrichtlinie 99/44/EG im Einklang steht.[116] Nach Ansicht des EuGH ist eine nationale Regelung, die dem Verkäufer gestattet, vom Verbraucher Wertersatz für die Nutzung eines vertragswidrigen Verbrauchsguts bis zum Austausch durch ein neues zu verlangen, mit Art. 3b Abs. 3 Verbrauchsgüterkaufrichtlinie 99/44/EG nicht zu vereinbaren.[117] Daraufhin entschied der Bundesgerichtshof,[118] dass § 439 Abs. 4 BGB im Wege der richtlinienkonformen Rechtsfortbildung in Fällen des Verbrauchsgüterkaufs (§ 474 Abs. 1 S. 1 BGB) einschränkend anzuwenden ist. Die in § 439 Abs. 4 BGB in Bezug genommenen Vorschriften über den Rücktritt (§§ 346–348 BGB) würden in diesen Fällen nur für die Rückgewähr der mangelhaften Sache selbst gelten, führten hingegen nicht zu einem Anspruch des Verkäufers gegen den Käufer auf Herausgabe der gezogenen Nutzungen oder auf Wertersatz für die Nutzung der mangelhaften Sache.

Diese Entscheidung wird man nicht ohne Weiteres auf das Werkvertragsrecht übertragen können, da sie auf die Besonderheiten des Verbrauchsgüterkaufs abstellt.

Allerdings wird sich das Problem bei der Frage nach den gezogenen Nutzungen entschärfen. Gebrauchsvorteile werden durch fühlbare Beeinträchtigungen auf Grund der Mängel meist erheblich reduziert. Aus diesem Grunde wird sich an der oben zitierten bisherigen Rechtsprechung wohl nicht viel ändern.[119]

4. Unberechtigte Mängelrüge

40 Fraglich ist, ob der Unternehmer für durchgeführte Schadensbeseitigungsmaßnahmen und Untersuchungsaufwand einen Zahlungsanspruch gegenüber dem Besteller hat, wenn die von dem Besteller gerügten Mängel nicht vom Unternehmer zu vertreten sind.

Grundsätzlich wird der Unternehmer in diesem Fall für seine Leistungen keine Vergütung verlangen können.

Etwas anderes gilt, wenn die Parteien vor der Ausführung einen selbständigen Vertrag über Schadensbeseitigungsarbeiten geschlossen haben.[120] Auch wenn vereinbart wird, dass der Auftragnehmer Mängel der Werkleistung beseitigt und nachträglich geklärt wird, wer für die Kosten aufkommt, hat der Unternehmer aus dieser Abrede einen vertraglichen Kostenerstattungsanspruch gegen den Besteller.[121]

---

114 BGH, 17.05.1984, VII ZR 169/82, BauR 1984, 510, 513.
115 *Drossart*, in: Kuffer/Wirth, S. 416 Rn. 82; BGH, 15.06.1989, VII ZR 14/88, BauR 1989, 606, 608; BGH, 13.09.2001, VII ZR 392/00, BauR 2002, 86, 88.
116 BGH, Beschl. v. 16.08.2006, VIII ZR 200/05, BauR 2006, 2047, 2049.
117 EuGH 17.04.2008, Rs. C-404/06, NJW 2008, 1433, 1435.
118 BGH, 26.11.2008, VIII ZR 200/05, BGHZ 179, 27, NJW 2009, 427–431.
119 *Kniffka*, IBR-Online-Kommentar, § 634 Rn. 78.
120 *Malotki*, BauR 1998, 682, 683; OLG Düsseldorf 19.06.2007, 21 U 164/06, BauR 2007, 1902.
121 BGH, 05.11.1998, VII ZR 236/97, BauR 1999, 252, 253.

Eine andere Konstellation betrifft den Fall, dass der Unternehmer den Schaden nach einer unberechtigten Mängelrüge nicht beseitigt, sondern lediglich vergeblichen Untersuchungsaufwand geltend macht. In diesem Fall kann er eine Kostenerstattung verlangen, wenn er zuvor darauf hingewiesen und seine Tätigkeit davon abhängig gemacht hat, dass im Falle der Feststellung der Mangelfreiheit seines Gewerkes seine diesbezüglichen Kosten zu erstatten sind. Die Inanspruchnahme der Tätigkeit des Unternehmers nach einer entsprechenden Kostenankündigung stellt eine Annahme des Angebotes auf Abschluss eines Werkvertrages dar (§§ 133, 157 BGB). Es handelt sich um einen konkludenten Vertragsschluss, der den Besteller zur Zahlung der angekündigten Vergütung verpflichtet.[122]

41

In einer zum Kaufrecht ergangenen Entscheidung spricht der BGH[123] dem Unternehmer einen Schadensersatzanspruch zu, weil der Besteller schuldhaft unberechtigte Mängelrügen ausgesprochen hatte. In dem der Entscheidung zugrunde liegenden Fall geht es um den Verkauf einer Lichtrufanlage, die von dem Besteller selbst eingebaut worden war. Der Besteller habe erkannt oder grob fahrlässig verkannt, dass ein Mangel der Kaufsache nicht vorlag, sondern die Ursache für das Symptom, hinter dem er einen Mangel vermutete, aus seinem eigenen Verantwortungsbereich stammte.

42

Die Entscheidung ist auf das Werkvertragsrecht übertragbar. Nach wie vor muss der Besteller jedoch entsprechend der Symptomrechtsprechung des BGH die Ursache eines Mangels nicht ergründen, bevor er eine Mängelrüge ausspricht. Davon zu unterscheiden ist die Frage, ob der Besteller schuldhaft handelt, wenn er einen Unternehmer mit einer Mängelrüge überzieht und Kosten auslöst. Ein schuldhaftes Handeln ist jedenfalls dann zu bejahen, wenn der Besteller ohne nähere Untersuchungen erkennen kann, dass der Unternehmer für den Mangel nicht verantwortlich ist. In diesem Fall macht sich der Besteller schadensersatzpflichtig.

D. Ausschluss des Nacherfüllungsanspruches, Absatz 3

I. Grundsätzliches

Durch die Schuldrechtsmodernisierung wurde in § 635 Abs. 3 BGB n.F. der Ausdruck »Aufwand« durch den Begriff »Kosten« ersetzt. Des Weiteren verweist die Vorschrift auf die Regelungstatbestände des § 275 Abs. 2 und 3 BGB.

43

Hieraus wird teilweise geschlossen, dass sich die Regelung des § 635 Abs. 3 BGB n.F. inhaltlich von § 633 Abs. 2 S. 3 BGB a.F. unterscheidet, wonach nur ein unverhältnismäßiger Aufwand zur Leistungsverweigerung berechtigte.[124] Durch die Gesetzesänderung sei eine Erweiterung der Einrede des Unternehmers über den Rahmen des früheren Rechts hinaus beabsichtigt. § 635 Abs. 3 BGB verzichte im Hinblick auf die Unverhältnismäßigkeit der Kosten auf eine Bezugnahme auf das Leistungsverweigerungsrecht des Gläubigers. Daraus sei zu schließen, dass es hierauf für die Bestimmung der Unverhältnismäßigkeit nach § 635 Abs. 3 BGB nicht ankommen könne. Es sei allein auf eine objektive Kosten-/Wert-Relation abzustellen. Subjektive Umstände blieben außen vor. Auf diese sei nur im Rahmen des § 275 Abs. 2 BGB abzustellen.[125]

Nach den Gesetzesmaterialien soll § 635 Abs. 3 BGB in den Fällen eingreifen, in denen dem Unternehmer die Nacherfüllung nach den Grundsätzen des § 275 Abs. 2 und 3 BGB noch zuzumuten ist. Des Weiteren wird ausgeführt, dass § 275 RE inhaltlich mit dem bisherigen § 633 Abs. 2 S. 3 BGB übereinstimmt.[126]

---

122 *Moufang/Koos*, BauR 2007, 300, 301; OLG Karlsruhe, 13.05.2003, 17 U 193/02, BauR 2003, 1241, 1242.
123 BGH, 23.01.2008, VIII ZR 246/06, BauR 2008, 671, 672.
124 MüKo-BGB/*Busche*, § 635 Rn. 29.
125 MüKo-BGB/*Busche*, § 635 Rn. 38; Palandt/*Sprau*, § 635 Rn. 12; *Teichmann*, JuS 2002, 417, 420.
126 BT-Drucks. 14/6040, 265.

Daraus kann eigentlich nur geschlossen werden, dass § 635 BGB n.F. einen anderen Inhalt als § 633 Abs. 2 S. 3 BGB a.F. hat. Was der Maßstab für die Unverhältnismäßigkeit der Kosten ist, ergibt sich aus der Gesetzesbegründung indes nicht.

Allerdings ist zu berücksichtigen, dass die Ersetzung des Begriffes »Aufwand« in § 633 Abs. 2 S. 3 BGB a.F. durch den Begriff »Kosten« im Hinblick auf die Angleichung an das Kaufvertragsrecht erfolgte. Dort wurde ausweislich der Gesetzesmaterialien in Anlehnung an die entsprechende Regelung des bisherigen § 633 Abs. 2 S. 3 BGB eine Modifizierung mit Blick auf die Formulierung in Art. 3 Abs. 3 S. 2 der Verbrauchsgüterkaufrichtlinie vorgenommen.[127]

Auch eine entsprechende Anwendung des § 439 Abs. 3 S. 2 BGB scheidet aus, da das Kaufrecht hier auf das Wahlrecht des Käufers, Neulieferung oder Nachbesserung vorzunehmen, abstellt, während diese Wahl im Werkvertragsrecht beim Unternehmer liegt.[128]

Eine inhaltliche Änderung des § 633 Abs. 2 S. 3 BGB a.F. ist damit trotz der teilweise etwas widersprüchlichen Gesetzesbegründung durch § 635 Abs. 3 BGB nicht einhergegangen, so dass auch eine Änderung der bisherigen Rechtsprechung nicht ersichtlich ist.[129]

44 § 635 Abs. 3 BGB gilt ausweislich des Wortlautes »unbeschadet des § 274 Abs. 2 und 3« BGB. Dies bedeutet, dass die faktische Unmöglichkeit des § 275 Abs. 2 BGB und die persönliche Unmöglichkeit des § 275 Abs. 3 BGB neben § 635 Abs. 3 BGB anwendbar sind.

Zu unterscheiden von diesen Leistungsverweigerungsrechten des Unternehmers ist die objektive und subjektive Unmöglichkeit gem. § 275 Abs. 1 BGB. Auch in diesen Fällen ist die Nacherfüllung ausgeschlossen.[130] Die Fälle des § 275 Abs. 1 BGB sind von Amts wegen zu prüfen.[131]

Auch bei § 275 Abs. 2 und Abs. 3 BGB handelt es sich um eine Einrede, welche der Unternehmer erheben muss.[132]

II. Abgrenzungsprobleme

45 § 635 Abs. 3 BGB ähnelt tatbestandlich dem § 275 Abs. 2 BGB. Allerdings ist der Anwendungsbereich für das Leistungsverweigerungsrecht nach § 275 Abs. 2 BGB aufgrund des Erfordernisses eines »groben Missverhältnisses zwischen Aufwand und Nutzen« und der Tatsache, dass § 275 Abs. 2 BGB zu einer Befreiung nicht nur von der Leistungspflicht, sondern auch von verschuldensunabhängigen Ansprüchen (z.B. Minderung) führt, enger als der des § 635 Abs. 3 BGB. Letzterer knüpft lediglich an »unverhältnismäßig hohe Kosten der Nachbesserung« an. Darüber hinaus bleibt dem Besteller bei einer Nacherfüllungsverweigerung nach § 635 Abs. 3 BGB das verschuldensunabhängige Minderungsrecht erhalten.[133]

Während sich die Einreden des § 275 Abs. 2 und Abs. 3 BGB jedoch auch auf den Zeitraum des Erfüllungsstadiums vor Abnahme beziehen, beschränkt sich die Einrede des § 635 Abs. 3 BGB auf den Zeitraum der Nacherfüllung.[134]

---

127 BT-Drucks. 14/6040, 232.
128 *Kniffka*, IBR-Online-Kommentar, § 635 Rn. 43; BT-Drucks. 14/6040, 265; a.A. MüKo-BGB/*Busche*, § 635 Rn. 38.
129 *Kniffka*, IBR-Online-Kommentar, § 635 Rn. 43; PWW/*Leupertz*, BGB, § 635 Rn. 8; Bamberger/Roth/ *Voit*, BGB, § 635 Rn. 14.
130 PWW/*Leupertz*, BGB, § 635 Rn. 7; MüKo–BGB/*Busche*, § 635 Rn. 26 ff.
131 Palandt/*Sprau*, BGB, § 635 Rn. 8.
132 MüKo-BGB/*Busche*, § 635 Rn. 40; *Kniffka*, IBR-Online-Kommentar, § 635 Rn. 58; a.A. Erman/ Schwenker, BGB, § 635 Rn. 14 (geht von »rechtsvernichtender Einrede« aus); *Teichmann*, BB 1485, 1487 (geht von »rechtsvernichtender Einwendung« aus, die von Amts wegen zu berücksichtigen sei).
133 *Kniffka*, IBR-Online-Kommentar, § 635, Rn. 54; PWW/*Leupertz*, § 635 Rn. 8; vgl. auch *Voit*, BauR 2002, 145, 158.
134 BT-Drucks. 14/6040, 265.

§ 635 Abs. 3 BGB liegt somit im Regelfall die Situation zugrunde, dass der Besteller durch die Abnahme den mangelhaften Gegenstand als erfüllungstauglich anerkannt hat. Anders ist dies im Falle des § 275 Abs. 2 BGB. Der Unternehmer wird dort daher bis zur Grenze der wirtschaftlichen Unvertretbarkeit an seinem Leistungsversprechen festgehalten. Dies ergibt sich aus dem Wortlaut, welcher auf Treu und Glauben und ein grobes Missverhältnis zwischen dem Aufwand des Schuldners und dem Leistungsinteresse des Gläubigers abstellt. § 275 Abs. 2 BGB erfasst also nur extrem gelagerte Ausnahmefälle.[135]

III. Unverhältnismäßigkeit der Kosten, § 635 Abs. 3 BGB

1. Einzelheiten

Eine Unverhältnismäßigkeit der Kosten liegt in aller Regel nur dann vor, wenn einem objektiv geringen Interesse des Bestellers an einer mangelfreien Vertragsleistung ein ganz erheblicher und deshalb vergleichsweise unangemessener Aufwand des Unternehmers gegenübersteht. Hat der Besteller objektiv ein berechtigtes Interesse an einer ordnungsgemäßen Erfüllung des Vertrages, kann ihm der Unternehmer regelmäßig die Nachbesserung wegen hoher Kosten der Mangelbeseitigung nicht verweigern. Ohne Bedeutung für die erforderliche Abwägung sind das Preis-Leistungsverhältnis und das Verhältnis des Nachbesserungsaufwandes zu den zugehörigen Vertragspreisen. Der Einwand der Unverhältnismäßigkeit ist nur dann gerechtfertigt, wenn das Bestehen auf ordnungsgemäßer Vertragserfüllung im Verhältnis zu dem dafür erforderlichen Aufwand unter Abwägung aller Umstände einen Verstoß gegen Treu und Glauben darstellt.[136]

Von Bedeutung bei der gebotenen Abwägung ist auch, ob und in welchem Ausmaß der Unternehmer den Mangel verschuldet hat.[137] Allein unter Hinweis auf ein **grobes Verschulden** kann dem Unternehmer die Einrede der Unverhältnismäßigkeit allerdings nicht genommen werden. Vielmehr ist eine Gesamtabwägung notwendig, bei der der Grad des Verschuldens entscheidend ins Gewicht fallen kann, die es im Einzelfall jedoch auch erlaubt, dem Unternehmer die Berufung auf die Unverhältnismäßigkeit des Aufwandes selbst dann zu gestatten, wenn er den Mangel vorsätzlich herbeigeführt hat.[138]

Zu berücksichtigen ist, dass der Unternehmer grundsätzlich das Erfüllungsrisiko für die versprochene Leistung trägt und zwar ohne Rücksicht auf den dafür erforderlichen Aufwand. Der Maßstab für das objektive Interesse des Bestellers an einer ordnungsgemäßen Erfüllung ist der vertraglich vereinbarte oder der nach dem Gesetz vorausgesetzte Gebrauch des Werks.[139] Bei der Beurteilung der Unverhältnismäßigkeit der Mangelbeseitigung darf daher das Interesse des Bestellers an einer **vertraglich vereinbarten höherwertigen und risikoärmeren Art der Ausführung** nicht deshalb als gering bewertet werden, weil die tatsächlich erbrachte Leistung den anerkannten Regeln der Technik entspricht.[140]

Des Weiteren ist eine spürbare Beeinträchtigung der **Funktionstauglichkeit** des Werkes ein bei der Interessenabwägung zu berücksichtigender gewichtiger Grund.[141] Im Einzelfall kann bereits

---

135 MüKo-BGB/*Busche*, § 635 Rn. 30.
136 *Drossart*, in: Kuffer/Wirth, S. 417 Rn. 87; BGH, 04.07.1996, VII ZR 24/95, BauR 1996, 858, 859; BGH, 06.12.2001, VII ZR 241/00, BauR 2002, 613, 616; BGH, 10.11.2005, VII ZR 64/04, BauR 2006, 377, 378.
137 Werner/Pastor/*Pastor*, Rn. 1575; BGH, 10.11.2005, VII ZR 64/04, BauR 2006, 377, 378; BGH, 10.04.2008, VII ZR 214/06, NZBau 2008, 575; BGH, Beschl. v. 16.04.2009, VII ZR 177/07, BauR 2009, 1151, 1152.
138 Bamberger/Roth/*Voit*, § 635 Rn. 14; BGH, Beschl. v. 16.04.2009, VII ZR 177/07, BauR 2009, 1151, 1152.
139 BGH, 06.12.2001, VII ZR 241/00, BauR 2002, 613, 616.
140 PWW/*Leupertz*, § 635 Rn. 8; BGH, 10.04.2008, VII ZR 214/06, NZBau 2008, 575, 576.
141 BGH, 10.11.2005, VII ZR 64/04, BauR 2006, 377, 378; *Vogel*, IBR-Online-Aufsatz, Rn. 74.

das konkrete Risiko einer nachhaltigen Funktionsbeeinträchtigung infolge eines Mangels die Unverhältnismäßigkeit der Mangelbeseitigung ausschließen. Allerdings kann der Besteller auf die Minderung verwiesen werden, wenn der Unternehmer nachweist, dass sich das Risiko der Funktionsbeeinträchtigung aller Voraussicht nach nicht vor einem Zeitpunkt verwirklichen wird, der kurz vor dem Ende der üblichen Nutzungsdauer liegt.[142]

51 Auch ein trotz vollständiger Mangelbeseitigung verbleibender **Minderwert** ist ein Kriterium bei der Ermittlung der Unverhältnismäßigkeit. Eine Unzumutbarkeit liegt dann vor, wenn der Aufwand des Unternehmers zur Beseitigung der Mängel in keinem Verhältnis zu dem mit der Beseitigung der Mängel erzielbaren Erfolg steht.[143]

Höchstrichterlich nicht geklärt ist, ob die Unverhältnismäßigkeit der Mangelbeseitigungskosten noch bejaht werden kann, wenn der verbleibende Minderwert ohne Mangelbeseitigung sehr hoch ist. Hier besteht ebenfalls eine Abhängigkeit. Je höher der verbleibende Minderwert ist, desto weniger wird man davon ausgehen können, dass im Hinblick auf die Mangelbeseitigungskosten Unverhältnismäßigkeit vorliegt.[144]

Im Regelfall kommt der Unverhältnismäßigkeitseinwand bei reinen **Schönheitsfehlern** vor. Jedoch können auch rein optische Mängel wesentlich sein.[145]

52 Die Frage, ob eine Mangelbeseitigung ausnahmsweise unverhältnismäßig ist, ist eine Rechtsfrage.[146] Das Gericht kann und muss jedoch regelmäßig z.B. im Hinblick auf die Höhe der Mangelbeseitigungskosten auf das Fachwissen eines Sachverständigen zurückgreifen.

Bei der Bewertung des zur Nachbesserung erforderlichen Aufwands ist auf den Zeitpunkt abzustellen, in dem die vertragsgemäße Erfüllung geschuldet war. Eine Erhöhung des Aufwands, die sich aus späteren Baukostensteigerungen ergibt, ist daher nicht zu berücksichtigen.[147]

2. Rechtsfolgen

53 Verweigert der Unternehmer die Mangelbeseitigung wegen unverhältnismäßig hoher Kosten, stehen dem Besteller die Rechte auf Rücktritt, Minderung und Schadensersatz ohne Fristsetzung zu (vgl. § 636 BGB).

54 Der **Rücktritt** wird in vielen Fällen an der Unerheblichkeit der Pflichtverletzung i.S.d. § 323 Abs. 5 S. 2 BGB scheitern.[148]

55 Die **Minderung** kann nicht nach der Höhe der Mangelbeseitigungskosten berechnet werden, wenn die Mangelbeseitigung unverhältnismäßig oder nicht durchführbar ist.[149] Verwendet der Unternehmer in derartigen Fällen im Vergleich zur geschuldeten Ausführung minderwertiges Material (z.B. Beton der Güteklasse B 25 statt wie vereinbart der Güteklasse B 35), dann ist die Vergütung des Unternehmers um den Vergütungsanteil zu mindern, der der Differenz zwischen der erbrachten und der geschuldeten Leistung entspricht.[150]

---

142 BGH, 10.11.2005, VII ZR 137/04, NZBau 2006, 177, 178; *Kniffka*, IBR-Online-Kommentar, § 635 Rn. 45.
143 OLG Zweibrücken 25.04.2005, 7 U 53/04, BauR 2006, 690, 691.
144 *Kniffka*, IBR-Online-Kommentar, § 635 Rn. 47.
145 *Drossart*, in: Kuffer/Wirth, S. 418 Rn. 88; OLG Köln 30.01.2002, 27 U 4/01, MDR 2002, 877 (durch Schneidearbeiten und Verschmutzungen beim Verfugen massiv verunreinigter Natursteinfassade).
146 *Kniffka*, in: Kniffka/Koeble, Kompendium des Baurechts, 20. Teil, Rn. 48.
147 MüKo-BGB/*Busche*, § 635 Rn. 31; BGH, 23.02.1995, VII ZR 235/93, BauR 1995, 540, 541.
148 *Vogel*, IBR-Online-Aufsatz, Rn. 79.
149 *Drossart*, in: Kuffer/Wirth, S. 418 Rn. 90; BGH, 09.01.2003, VII ZR 181/00, BauR 2003, 533, 535.
150 BGH, a.a.O.

Der Besteller kann zusätzlich eine Minderung für einen etwaigen technischen Minderwert verlangen, welcher durch die vertragswidrige Ausführung im Vergleich zur geschuldeten Ausführung verursacht worden ist. Maßstab für die Berechnung des technischen Minderwertes ist die Beeinträchtigung der Nutzbarkeit und damit des Ertrags- und Veräußerungswertes des Gebäudes. Handelt es sich um eine Gewerbeimmobilie, sind dabei alle Nutzungsmöglichkeiten in Betracht zu ziehen, die bei einem vertragsgemäßen Zustand des Gebäudes in Frage kommen. Auf die konkrete Nutzung des Gebäudes kommt es hingegen nicht an.[151]

Neben einer Minderung in Höhe des technischen Minderwertes kann der Besteller zusätzlich eine Minderung für den merkantilen Minderwert verlangen, wenn die vertragswidrige Ausführung im Vergleich zur vertragsgemäßen Ausführung eine verringerte Verwertbarkeit zur Folge hat. Dies ist der Fall, wenn die maßgeblichen Verkehrskreise ein im Vergleich zur vertragsgemäßen Ausführung geringeres Vertrauen in die Qualität des Gebäudes haben.[152]

Im Gegensatz zu der Berechnung für die Minderung darf der Besteller den **Schadensersatz statt der Leistung** grundsätzlich nach der Höhe der Mangelbeseitigungskosten berechnen.[153]   56

Eine Beschränkung des Schadensersatzes kommt allerdings entsprechend der Grundsätze von § 251 Abs. 2 BGB in Betracht.[154] Unverhältnismäßigkeit der Aufwendungen i.S.d. entsprechenden Anwendung des § 251 Abs. 2 BGB kann in aller Regel jedoch nur dann angenommen werden, wenn einem objektiv geringen Interesse des Bestellers an einer ordnungsgemäßen Leistung ein ganz erheblicher und deshalb unangemessener Aufwand gegenübersteht. Hat der Besteller objektiv ein berechtigtes Interesse an dieser Leistung, so kann ihm regelmäßig nicht wegen hoher Kosten die Kompensation für die fehlende Vertragserfüllung verweigert werden. Vor allem dann, wenn die Funktionsfähigkeit des Werkes spürbar beeinträchtigt ist, ist ein solches Interesse anzunehmen. Dem Besteller kann der Anspruch auf Schadensersatz wegen Nichterfüllung in aller Regel nicht mit dem Argument abgeschnitten werden, die Errichtung eines mangelfreien Werkes durch einen anderen Unternehmer sei zu teuer oder unwirtschaftlich.[155] An die entsprechende Anwendung des § 251 Abs. 2 BGB sind damit strenge Anforderungen zu stellen. Nach der bisherigen Rechtsprechung kann der Unternehmer für den Fall, dass die Mängel von ihm zu verschulden sind, über den Weg des Schadensersatzes doch verpflichtet werden, die Kosten der Mangelbeseitigung auch bei Unverhältnismäßigkeit zu tragen.[156]

IV. Leistungsverweigerungsrecht nach § 275 Abs. 2 BGB

1. Gegenstand der Regelung

Nach § 275 Abs. 2 BGB kann der Schuldner sich bei **faktischer oder praktischer Unmöglichkeit**   57
auf ein Leistungsverweigerungsrecht berufen. Hierbei handelt es sich um Fälle, in denen die Behebung des Leistungshindernisses zwar theoretisch möglich wäre, die aber kein vernünftiger Gläubiger ernsthaft erwarten kann. Nicht darunter fallen die Fälle der sogenannten wirtschaftlichen oder sittlichen Unmöglichkeit oder der Unerschwinglichkeit i.S.d. der bloßen Leistungserschwerung

---

151 BGH, 15.12.1994, VII ZR 246/93, BauR 1995, 388, 399; BGH, 09.01.2003, VII ZR 181/00, BauR 2003, 533, 535.
152 *Neuhaus*, ZAP Fach 5 R, 367, 373; BGH, 19.09.1985, VII ZR 158/84, BauR 1986, 103, 104; BGH, 09.01.2003, VII ZR 181/00, BauR 2003, 533, 535.
153 BGH, 26.10.1972, VII ZR 181/71, BauR 1973, 112, 113; *Kniffka*, IBR-Online-Kommentar, § 635 Rn. 48; a.A. *Vorwerk*, BauR 2003, 1, 13.
154 BGH, 26.10.1972, VII ZR 181/71, BauR 1973, 112. 113; BGH, 29.06.2006, VII ZR 86/05, BauR 2006, 1736, 1739; *Kniffka*, IBR-Online-Kommentar, § 635 Rn. 48; *Vogel*, IBR-Online-Aufsatz, Rn. 80.
155 Bamberger/Roth/*Voit*, § 635 Rn. 14; BGH, 29.06.2006, VII ZR 86/05, BauR 2006, 1736, 1739.
156 *Kniffka*, IBR-Online-Kommentar, § 635 Rn. 48.

für den Schuldner. Diese Fallgruppen sind nach den Grundsätzen des Wegfalls der Geschäftsgrundlage (§ 313 BGB) zu behandeln.[157]

2. Grobes Missverhältnis

58 § 275 Abs. 2 BGB verlangt bezogen auf das Leistungsinteresse des Gläubigers einen Aufwand, der in einem groben Missverhältnis zu dem Leistungsinteresse des Gläubigers steht.[158] Unter den Begriff »Aufwand« fallen sowohl Aufwendungen in Geld als auch Tätigkeiten und ähnliche persönliche Anstrengungen. Das Verhältnis dieses Aufwandes zu den eigenen Interessen des Schuldners, also etwa zu den Vertragspreisen, bleibt hier unberücksichtigt.[159] Ein Missverhältnis zwischen dem vorausgesehenen (Kalkulation) und dem wirklich erforderlichen Aufwand kann allenfalls nach den Grundsätzen des Wegfalls der Geschäftsgrundlage relevant sein.[160]

Ein grobes Missverhältnis ist gegeben, wenn der Aufwand des Unternehmers zur Mangelbeseitigung in keinem vernünftigen Verhältnis zu dem mit der Beseitigung der Mängel erzielbaren Erfolg stünde. Zu berücksichtigen sind dabei gem. § 275 Abs. 2 BGB der »Inhalt des Schuldverhältnisses« und die »Gebote von Treu und Glauben«. Das Missverhältnis muss ein besonders krasses, nach Treu und Glauben untragbares Ausmaß erreichen.[161]

Gemäß § 275 Abs. 2 S. 2 BGB ist die Frage, ob der Schuldner das Leistungshindernis zu vertreten hat, bei der Bestimmung der dem Schuldner zuzumutenden Anstrengungen ebenfalls zu berücksichtigen.[162] Daraus folgt, dass der Schuldner erhöhte Anstrengungen zur Überwindung des Leistungshindernisses erbringen muss, wenn er es zu vertreten hat.[163]

3. Rechtsfolgen

59 Nach § 275 Abs. 4 i.V.m. § 326 Abs. 1 BGB wird auch der Gläubiger bei begründeter Geltendmachung des Leistungsverweigerungsrechts durch den Schuldner von der Leistung frei. Etwas anderes gilt allerdings gem. § 326 Abs. 2 BGB, wenn der Gläubiger für den Umstand, aufgrund dessen der Schuldner nicht zu leisten braucht, allein oder weit überwiegend verantwortlich ist oder dieser vom Schuldner nicht zu vertretende Umstand zu einer Zeit eintritt, zu welcher der Gläubiger im Verzug der Annahme ist. In diesem Fall behält der Schuldner grundsätzlich den Anspruch auf die Gegenleistung.

Ist die praktische Unmöglichkeit von dem Schuldner zu vertreten, hat der Gläubiger gem. § 275 Abs. 4 i.V.m. den §§ 280, 283 bis 285 und 311a BGB Anspruch auf Schadensersatz.[164]

60 Nach § 635 Abs. 3 BGB gilt § 275 Abs. 2 BGB auch für die Nacherfüllung. Auf diese Weise soll ausweislich der Gesetzesbegründung der Nacherfüllungsanspruch des Bestellers insbesondere in den Fällen eingeschränkt werden, in denen der Mangel des Werkes auf einem Verschulden eines Lieferanten des Werkunternehmers beruhe und der Werkunternehmer die Mangelhaftigkeit des Werkes nicht zu vertreten habe. Hier sei dem Werkunternehmer eine Nacherfüllung regelmäßig nicht zumutbar.[165]

---

157 MüKo-BGB/*Busche*, § 635 Rn. 30; BGH, 08.06.1983, VIII ZR 77/82, NJW 1983, 2873, 2874; BT-Drucks. 14/6040, S. 129, 130.
158 BT-Drucks. 14/6040, S. 130; BGH, 23.02.1995, VII ZR 235/93, BauR 1995, 540, 541 (zu § 633 Abs. 2, S. 2 BGB a.F.).
159 BT-Drucks. 14/6040, S. 130; *Kniffka*, IBR-Online-Kommentar, § 635 Rn. 52.
160 *Medicus*, ZfBR 2001, 507, 508.
161 BT-Drucks. 14/6040, S. 130.
162 Erman/*Schwenker*, BGB, § 635 Rn. 14.
163 MüKo-BGB/*Busche*, § 635 Rn. 34; BT-Drucks. 14/6040, S. 131.
164 Palandt/*Heinrichs*, § 275 Rn. 32.
165 BT-Drucks. 14/6040, S. 265.

Dies würde zu einer erheblichen Einschränkung der Erfolgshaftung des Werkunternehmers führen. Vor allem im Hinblick auf die Tatsache, dass die Gesetzesbegründung[166] selbst eine Parallele zwischen § 275 Abs. 2 BGB und dem bisherigen § 633 Abs. 2 S. 3 BGB zieht und auch teilweise Bezug auf die diesbezüglich ergangene Rechtsprechung nimmt, sind diese Ausführungen nicht nachvollziehbar. Nach der diesbezüglichen Rechtsprechung kann der Unternehmer die Nachbesserung nur dann verweigern, wenn der Aufwand für die Mangelbeseitigung bei Abwägung aller Umstände in keinem vernünftigen Verhältnis zu dem mit der Beseitigung der Mängel erzielbaren Erfolg stehen würde. Dabei komme es nicht allein auf die Höhe der entstehenden Kosten an, sondern darauf, in welchem Verhältnis diese Aufwendungen zu dem Vorteil stehen, den der Auftraggeber durch die Mangelbeseitigung erlangt.[167]

Entsprechend dieser Rechtsprechung stellt auch der Wortlaut sowohl des § 275 Abs. 2 BGB als auch des § 635 Abs. 3 BGB allein auf ein Missverhältnis zwischen Aufwand und erreichbarem Vorteil und nicht auf eine etwaige Unzumutbarkeit ab. Der vorrangige Wortlaut des Gesetzes weicht hier somit unter Umständen von dem seitens des Gesetzgebers verfolgten Ziel ab.[168]

V. Leistungsverweigerungsrecht nach § 275 Abs. 3 BGB

§ 275 Abs. 3 BGB erfasst die Fälle der sogenannten **moralischen Unmöglichkeit**. Die Vorschrift betrifft nur Fälle, in denen die Leistung vom Schuldner persönlich zu erbringen ist und ein Festhalten an der Leistungsverpflichtung für ihn eine unzumutbare Härte darstellen würde.

61

Die Relevanz dieser Vorschrift für den Bereich des Baurechts ist eher von untergeordneter Bedeutung. Allenfalls im Rahmen eines Architektenvertrages, Ingenieurvertrages oder Projektsteuerungsvertrages könnte die Vorschrift einschlägig werden.[169]

E. Rückgewähr des mangelhaften Werkes, Absatz 4

Nach § 635 Abs. 4 BGB steht dem Unternehmer, welcher Nacherfüllung in Form der Herstellung eines neuen Werkes leistet, ein Anspruch auch **Rückgewähr des mangelhaften Werkes** nach den § 346 BGB bis § 348 BGB zu. Die Vorschrift dient der Klarstellung, dass der Unternehmer nicht auf bereicherungsrechtliche Ansprüche gegen den Besteller angewiesen ist und sein Anspruch damit auch nicht durch den Entreicherungseinwand des § 818 Abs. 3 BGB begrenzt ist.[170]

62

Ist eine Rückgabe des Werkes (Beispiel Gestaltung Außenanlagen/Rasenfläche durch Landschaftsgärtner) nicht möglich, hat der Besteller unter den Voraussetzungen des § 346 Abs. 2 und 3 BGB **Wertersatz** zu leisten. Ist der Ausschluss der Rückgabe von dem Unternehmer zu vertreten, entfällt jedoch nach § 346 Abs. 3 S. 1 Nr. 2 BGB der Anspruch auf Wertersatz. In diesem Fall hat der Besteller gem. § 346 Abs. 3 S. 2 BGB die **verbleibende Bereicherung** nach §§ 812 ff. BGB herauszugeben.

Nach § 346 Abs. 1 BGB sind auch bis zur Rückgabeverpflichtung gezogene **Nutzungen** herauszugeben. Dies entspricht einer Art Vorteilsausgleichung, welche von der bisherigen Rechtsprechung bei eingeschränkter Gebrauchstauglichkeit abgelehnt wurde. Der Auftragnehmer dürfe dadurch, dass der Vertragszweck nicht sogleich, sondern erst später im Rahmen der Gewährleistung erreicht werde, keine Besserstellung erfahren. Ein solches Ergebnis widerspräche dem Gesetzeszweck der Gewährleistung im Werkvertragsrecht. Eine Anrechnung des Vorteils, der durch eine mit der Neuherstellung einhergehende, deutlich verlängerte Nutzungsdauer entsteht, ist allerdings

63

---

166 BT-Drucks. 14/6040, S. 130.
167 MüKo-BGB/*Busche*, § 635 Rn. 31; BGH, 10.10.1985, VII ZR 303/84, BauR 1986, 93, 97, 98.
168 *Sienz*, BauR 2002, 181, 188.
169 *Kniffka*, IBR-Online-Kommentar, § 635 Rn. 63.
170 BT-Drucks. 14/6040, S. 265.

dann zu erwägen, wenn der Mangel sich verhältnismäßig spät auswirkt und der Besteller bis dahin keine Gebrauchsnachteile hinnehmen musste.[171]

Auch das Kaufrecht enthält in § 439 Abs. 4 BGB eine entsprechende Verpflichtung zum Nutzungsersatz. Diese Vorschrift entspricht § 635 Abs. 4 BGB.[172]

Hier vertritt der Bundesgerichtshof[173] die Meinung, dass die Verweisung in § 439 Abs. 4 BGB auf die §§ 346 bis 348 BGB teleologisch zu reduzieren ist. Gem. § 446 S. 2 BGB gebühre die Nutzung der Kaufsache von Anfang an dem Käufer, der dafür auch den Kaufpreis gezahlt habe. Anders als im Falle des Rücktritts verbleibe bei einer Ersatzlieferung der Kaufpreis einschließlich der daraus gezogenen Nutzungen bei dem Verkäufer. Wollte man einseitig nur den Käufer zur Herausgabe der Nutzungen verpflichten, liefe dies auf eine ungerechtfertigte Besserstellung des schlechtleistenden Verkäufers hinaus. Der BGH sah sich jedoch gehindert, die unangemessene gesetzliche Regelung im Wege der Auslegung zu korrigieren. Dem stehe der eindeutige Wortlaut, insbesondere der in den Gesetzesmaterialien zum Ausdruck gebrachte eindeutige Wille des Gesetzgebers entgegen. Der BGH legte die Frage daher dem Europäischen Gerichtshof vor.

Der EuGH[174] ist der Ansicht, dass eine nationale Regelung, die dem Verkäufer gestattet, vom Verbraucher Wertersatz für die Nutzung eines vertragswidrigen Verbrauchsguts bis zum Austausch durch ein neues zu verlangen, mit Art. 3b Abs. 3 Verbrauchsgüterkaufrichtlinie 99/44/EG nicht zu vereinbaren ist. Daraufhin entschied der BGH,[175] dass § 439 Abs. 4 BGB im Wege der richtlinienkonformen Rechtsfortbildung in Fällen des Verbrauchsgüterkaufs (§ 474 Abs. 1 S. 1 BGB) einschränkend anzuwenden ist. Die in § 439 Abs. 4 BGB in Bezug genommenen Vorschriften über den Rücktritt (§§ 346 bis 348 BGB) würden in diesen Fällen nur für die Rückgewähr der mangelhaften Sache selbst gelten, führten hingegen nicht zu einem Anspruch des Verkäufers gegen den Käufer auf Herausgabe der gezogenen Nutzungen oder auf Wertersatz für die Nutzung der mangelhaften Sache.

Diese Entscheidung wird man nicht ohne Weiteres auf das Werkvertragsrecht übertragen können, da sie auf die Besonderheiten des Verbrauchsgüterkaufs abstellt.

Die Regelung des § 635 Abs. 4 BGB ist dennoch, soweit sie zum Nutzungsersatz verpflichtet, bedenklich. Sie kann dazu führen, dass der Besteller von der Geltendmachung seines Nacherfüllungsanspruches abgehalten wird, obwohl Verursacher der mangelhaften Leistung der Unternehmer ist.[176]

§ 636 Besondere Bestimmungen für Rücktritt und Schadensersatz

Außer in den Fällen der §§ 281 Abs. 2 und 323 Abs. 2 bedarf es der Fristsetzung auch dann nicht, wenn der Unternehmer die Nacherfüllung gemäß § 635 Abs. 3 verweigert oder wenn die Nacherfüllung fehlgeschlagen oder dem Besteller unzumutbar ist.

Schrifttum
Vgl. vor § 634 BGB.

---

171 OLG Schleswig, 29.05.2009, 14 U 137/08, IBR 2009, 1178; BGH, 13.09.2001, VII ZR 392/00, BauR 2002, 86, 88; BGH, 17.05.1984, VII ZR 169/82, BauR 1984, 510, 514.
172 BT-Drucks. 14/6040, S. 265.
173 BGH, Beschl. v. 16.08.2006, VIII ZR 200/05, BauR 2006, 2047, 2048.
174 EuGH 17.04.2008, Rs. C-404/06, NJW 2008, 1433, 1435.
175 BGH, 26.11.2008, VIII ZR 200/05, BGHZ 179, 27, NJW 2009, 427–431.
176 MüKo-BGB/*Busche*, § 635 Rn. 50.

A. Strukturen[1]

Sowohl die Voraussetzungen des Rücktrittsrechts als auch des Anspruchs auf Schadensersatz werden über die Rechtsgrundverweisungen in § 634 Nr. 3 und Nr. 4 BGB in den Vorschriften der §§ 323, 326, 346 ff. BGB bzw. §§ 280 ff. BGB geregelt. § 636 BGB enthält lediglich zusätzliche Bestimmungen, wann eine Fristsetzung über die in §§ 281 Abs. 2, 323 Abs. 2 BGB geregelten Tatbestände hinaus entbehrlich ist. Nach dieser Vorschrift bedarf es der Fristsetzung auch dann nicht, wenn der Unternehmer die Nacherfüllung gemäß § 635 Abs. 3 BGB berechtigt verweigert hat oder wenn die Nacherfüllung fehlgeschlagen oder dem Besteller unzumutbar ist. 1

B. Schadensersatz und Rücktritt

I. Voraussetzungen des Schadensersatzanspruchs

§ 634 Nr. 4 BGB verweist auf die Voraussetzungen der §§ 280, 281, 283, 311a BGB. Die Bedeutung der §§ 633, 634 BGB besteht darin, festzuhalten, dass die Mangelhaftigkeit des Werks eine Pflichtverletzung i.S.d. § 280 Abs. 1 BGB begründet.[2] Alle weiteren Anforderungen regeln die §§ 280 ff., 311a BGB. Mit der Geltendmachung des Schadensersatzanspruches statt der Leistung erlischt nicht allein gem. § 281 Abs. 4 BGB der primäre Erfüllungsanspruch, wenn es noch nicht zur Abnahme gekommen ist, sondern ebenso der Nacherfüllungsanspruch sowie das Recht zur Selbstvornahme und das Minderungsrecht.[3] 2

II. Voraussetzungen des Rücktrittsrechts

Der Werkmangel gem. §§ 633, 634 BGB begründet zugleich eine nicht vertragsgemäße Leistung i.S.d. § 323 Abs. 1 BGB und damit ein gesetzliches Rücktrittsrecht. Die weiteren Voraussetzungen des Rücktritts enthalten nach der Rechtsgrundverweisung in § 634 Nr. 3 BGB die §§ 326 Abs. 5, 323, 636 BGB. Der Rücktritt ist ein Gestaltungsrecht, dessen Rechtsfolgen in den §§ 346 ff. BGB geregelt sind. Mit Zugang der einseitig empfangsbedürftigen Willenserklärung beim Unternehmer ist der Rücktritt ausgeübt und der Besteller kann ihn nicht mehr widerrufen.[4] Die Rücktrittserklärung ist formlos möglich. Ob eine solche Erklärung vorliegt, ist durch Auslegung zu ermitteln, wobei die Verwendung des Begriffes »Rücktritt« nicht zwingend erforderlich ist.[5] Wurde das Rücktrittsrecht ausgeübt, so besteht zwischen den Parteien ein Rückgewährschuldverhältnis, welches die primären Erfüllungsansprüche, soweit sie noch bestehen, ausschließt. Der Besteller kann überdies den Nacherfüllungsanspruch, die Selbstvornahme, sowie die Minderung nicht mehr geltend machen. Der Anspruch auf Schadensersatz – auch statt der Leistung – bleibt demgegenüber gem. § 325 BGB neben dem Rücktritt bestehen. 3

C. Entbehrlichkeit der Fristsetzung

Die Entbehrlichkeit der Fristsetzung bestimmt sich zunächst nach §§ 281 Abs. 2, 323 Abs. 2 und 326 Abs. 5 BGB. Die in diesen Vorschriften normierten Fälle werden im Werkvertragsrecht durch die Regelung des § 636 BGB ergänzt.[6] 4

---

1 Für die wertvolle Unterstützung bei der Vorbereitung und Erstellung des Manuskripts danke ich Frau ass.iur. *Grete Langjahr*.
2 Palandt/*Sprau*, BGB § 636 Rn. 8 f.
3 MüKo-BGB/*Busche*, § 636 Rn. 32.
4 Messerschmidt/Voit/*Drossart*, § 634 Rn. 54. Nach altem Recht war die Wandelung erst bindend, wenn sie vollzogen war.
5 MüKo-BGB/*Busche*, § 634 Rn. 18.
6 Bamberger/Roth/*Voit*, § 636 Rn. 16.

§ 636 BGB Besondere Bestimmungen für Rücktritt und Schadensersatz

I. Allgemeine Vorschriften

5 Gemäß §§ 281 Abs. 2, 323 Abs. 2 BGB ist die Fristsetzung entbehrlich, wenn der Schuldner die Leistung ernsthaft und endgültig verweigert (vgl. dazu § 281 BGB Rdn. 18 f.) oder wenn besondere Umstände vorliegen, die unter Abwägung der beiderseitigen Interessen die sofortige Geltendmachung des Schadensersatzanspruches rechtfertigen (vgl. dazu § 281 BGB Rdn. 21 ff.). Gem. § 323 Abs. 2 Nr. 2 BGB ist die Fristsetzung beim Rücktritt darüber hinausgehend bei einem relativen Fixgeschäft (vgl. dazu § 323 BGB Rdn. 9) entbehrlich. Auch bei der Unmöglichkeit der Nacherfüllung (vgl. dazu § 275 BGB Rdn. 65 ff.) oder wenn der Unternehmer die Nacherfüllung wegen grob unverhältnismäßigen Aufwandes verweigern kann (vgl. dazu § 275 BGB Rdn. 38 ff.), bedarf es gem. §§ 634 Nr. 3, 326 Abs. 5, 275 BGB keiner Fristsetzung. In § 636 BGB werden drei weitere Fälle geregelt, in denen eine Fristsetzung entbehrlich ist:

II. Berechtigte Verweigerung der Nacherfüllung wegen Unverhältnismäßigkeit, § 636 Alt. 1 BGB

6 Der Unternehmer ist nach § 635 Abs. 3 BGB berechtigt, die Nacherfüllung zu verweigern, wenn sie nur mit unverhältnismäßigen Kosten möglich ist (zu den Voraussetzungen vgl. *Irl*, § 635 BGB Rdn. 47 ff.). Als Konsequenz gestattet § 636 BGB, in den Fällen der berechtigten Verweigerung der Nacherfüllung auf die Fristsetzung zu verzichten. Die Fristsetzung ist allerdings nur dann entbehrlich, wenn der Unternehmer sich ausdrücklich auf sein Leistungsverweigerungsrecht beruft.[7]

7 Die berechtigte Verweigerung schließt zwar den Anspruch auf Kostenerstattung gem. § 637 Abs. 1 BGB aus, lässt aber den Anspruch auf Schadensersatz statt der Leistung – auch auf die Kosten der Ersatzvornahme gerichtet – zu, weil im Verschulden des Mangels ein die Schutzwürdigkeit des Unternehmers mindernder Umstand erkannt wird (vgl. bereits o. § 280 BGB Rdn. 103 ff.). Die nicht berechtigte ernsthafte und endgültige Erfüllungsverweigerung lässt das Fristsetzungserfordernis bereits gem. §§ 323 Abs. 2 Nr. 1, 281 Abs. 2, 1. Alt. BGB entfallen.

III. Fehlgeschlagene Nacherfüllung, § 636 Alt. 2 BGB

8 Eine Fristsetzung ist daneben dann entbehrlich, wenn die Nacherfüllung fehlgeschlagen ist. Für das Fehlschlagen sind dessen Gründe – objektive oder subjektive Unmöglichkeit, Unzulänglichkeit, unberechtigte Verweigerung oder ungebührliche Verzögerung – unerheblich. Dem Unternehmer muss immerhin das Fehlschlagen der Nacherfüllung in dem Sinne zuzurechnen sein,[8] dass Misserfolge, welche auf unterlassene, aber erforderliche Mitwirkungshandlungen oder auf Fehlgebrauch des Bestellers in der Nacherfüllungsphase zurückzuführen sind, außer Betracht bleiben.

9 Entscheidend ist für das Fehlschlagen, dass ein Versuch der Nacherfüllung misslungen ist.[9] Für dieses Misslingen ist vorauszusetzen, dass der Unternehmer dem Besteller das Produkt seiner Bemühungen als Erfüllungsversuch anbietet. Fehlt es daran, weil der Unternehmer gleichsam fortwährend nachbessert, ohne dem Besteller ein Erfüllungsangebot zu machen, so bleibt dem Besteller nur, dem Unternehmer eine Frist für den Abschluss seiner weiteren Bemühungen zu setzen, wenn die Dauer der Nacherfüllungsversuche und der damit verbundene Gebrauchsentzug nicht ohnehin bereits die Unzumutbarkeit begründen. Der praktische Anwendungsbereich dieser Vorschrift ist damit gering und beschränkt sich auf zwei Fälle: Zum einen kann der Besteller ohne eine von ihm gesetzte Frist zurücktreten, wenn der Unternehmer die Nacherfüllung vergeblich versucht hat, ohne dass ihm hierfür eine Frist gesetzt wurde. Zum anderen ist § 636 Alt. 2 BGB einschlägig, wenn der Besteller eine längere Frist gesetzt hat, die Nacherfüllung bereits zu Beginn dieser Frist fehlgeschlagen ist, und der Besteller den Fristablauf nicht abwarten möchte.[10] In den

---

7 MüKo-BGB/*Busche*, § 636 Rn. 20.
8 Kleine-Möller/Merl/*Merl*, § 15 Rn. 459.
9 BT-Drucks. 14/6040, 233.
10 Messerschmidt/Voit/*Moufang*, § 636 Rn. 47.

anderen Fällen des Fehlschlagens der Nacherfüllung wird der Besteller bereits deshalb zum Rücktritt berechtigt sein, weil die Nacherfüllung typischerweise auf eine Fristsetzung hin versucht wird und diese Frist bei einem Fehlschlagen des Versuchs erfolglos verstreichen wird.[11]

Anders als beim Kaufvertrag ist im Werkvertragsrecht nicht gesetzlich geregelt, wie viele Nachbesserungsversuche der Besteller dulden muss. Eine analoge Anwendung von § 440 S. 2 BGB (maßgeblich ist zweiter Fehlversuch) verbietet sich nach zutreffender Ansicht,[12] weil die Vielfalt der von § 631 BGB erfassten Erfolge eine schematische Gleichbehandlung ausschließt. Maßgeblich sind die Umstände des Einzelfalles unter Berücksichtigung des Gebots von Treu und Glauben. Es kommt in erster Linie darauf an, ob die Nacherfüllung innerhalb der vom Besteller gesetzten Frist zu dem gewünschten Erfolg führt.[13] Wie viele Nachbesserungsversuche der Unternehmer in diesem Zeitraum unternommen hat, ist zweitrangig.[14] Der Regelung in § 440 S. 2 BGB wird immerhin eine Indizwirkung für einfach gelagerte Fälle entnommen werden können. Das OLG Bremen hat entschieden, dass nach drei erfolglosen Nachbesserungsversuchen die Nacherfüllung als fehlgeschlagen angesehen werden kann.[15] Für die konkrete Abwägung lassen sich bei fehlschlagenden Nacherfüllungsversuchen zwei gegenläufige Bewertungskriterien anführen. Einerseits ist die Schwelle der Unzumutbarkeit für den Besteller umso höher anzusetzen, je komplizierter und technisch aufwendiger der Leistungsgegenstand ist. Denn bei der Lieferung komplexer Systeme muss der Besteller mit einer gewissen Anfälligkeit für Anlaufschwierigkeiten rechnen und deshalb dem Unternehmer tendenziell mehr Spielraum für Nacherfüllungsarbeiten einräumen.[16] Andererseits ist zu berücksichtigen, welchen Erwartungshorizont der Kunde im konkreten Fall aufgrund der Vertragsverhandlungen und der vorausgegangenen Werbung und Anpreisung durch den Lieferanten haben darf und wie dringend der Kunde auf eine einwandfreie Lieferung angewiesen ist.[17]

10

IV. Unzumutbarkeit der Nacherfüllung für den Besteller, § 636 Alt. 3 BGB

Ob die Nacherfüllung für den Besteller im konkreten Fall unzumutbar ist, ist gleichfalls vom Einzelfall abhängig, es lassen sich keine allgemeinen Kriterien festlegen, wann die Zumutbarkeitsgrenze erreicht ist.[18] Im Gegensatz zu §§ 281 Abs. 2, 2. Alt., 323 Abs. 2 Nr. 3 BGB kommt es bei der Abwägung der Umstände nach dem Gesetzeswortlaut nur auf das Interesse des Bestellers an. Aus dessen Sicht muss die Nacherfüllung unzumutbar sein.[19] Es ist jedoch zu beachten, dass der Gesetzgeber grundsätzlich die Setzung einer angemessenen Frist verlangt und die Entbehrlichkeit der Fristsetzung die Ausnahme darstellt. Daher ist die Unzumutbarkeit der Nacherfüllung für den Besteller restriktiv auszulegen. Die Risikoverteilung des Werkvertrages darf nicht einseitig zu Lasten des Unternehmers verschoben werden.[20] Die Gründe, welche die Nacherfüllung für den Besteller unzumutbar erscheinen lassen, können entweder in der Person bzw. den Leistungen des Unternehmers selbst liegen oder in nachteiligen Auswirkungen der Nacherfüllung für den Besteller zu finden sein.[21]

11

Die Nacherfüllung ist aus der Sicht des Bestellers aus in der Person oder den Leistungen des Unternehmers liegenden Gründen unzumutbar, wenn das Vertrauen des Bestellers in dessen Leistungsfähigkeit oder Leistungsbereitschaft des Unternehmers durch dessen Unzuverlässigkeit oder

12

---

11 MüKo-BGB/*Busche*, § 636 Rn. 21.
12 Kleine-Möller/Merl/*Merl*, § 15 Rn. 459 m.w.N.
13 Bamberger/Roth/*Voit*, § 636 Rn. 24.
14 BT-Drucks. 14/6040, 234.
15 OLG Bremen v. 07.09.2005, 1 U 32/05a, BauR 2007, 422; MüKo-BGB/*Busche*, § 636 Rn. 22.
16 OLG Düsseldorf v. 18.10.1990, 6 U 71/87, BB Beilage 1991, Nr. 18, 17.
17 OLG Düsseldorf v. 18.10.1990, 6 U 71/87, BB Beilage 1991, Nr. 18, 17.
18 OLG Düsseldorf v. 18.10.1990, 6 U 71/87, BB Beilage 1991, Nr. 18, 17.
19 OLG Bremen v. 07.09.2005, 1 U 32/05a, BauR 2007, 422.
20 MüKo-BGB/*Busche*, § 636 Rn. 22.
21 MüKo-BGB/*Busche*, § 636 Rn. 22; Messerschmidt/Voit/*Moufang*, § 636 Rn. 49.

dessen vorheriges Verhalten nachhaltig erschüttert wurde.[22] Sind die vorhandenen Mängel so zahlreich und gravierend, dass berechtigte Zweifel an der Zuverlässigkeit und Fähigkeit des Unternehmers aufkommen, so ist es für den Besteller unzumutbar, diesen Unternehmer die Nacherfüllung durchführen zu lassen.[23] Eine Unzumutbarkeit für den Besteller kann sich auch daraus ergeben, dass der Unternehmer vertragliche Nebenleistungspflichten verletzt hat, wozu insbesondere Aufklärungspflichten zählen. Insoweit überschneidet sich die Unzumutbarkeit gem. § 636, Alt. 3 BGB mit den »besonderen Umständen«, die bereits gem. §§ 281 Abs. 2 Alt. 2, 323 Abs. 2 Nr. 3 BGB vom Fristsetzungserfordernis entbinden. Z.T. wird sogar angenommen, dass eine Unzumutbarkeit sich auch daraus ergeben kann, dass der Unternehmer Rechtsgüter des Bestellers beschädigt hat.[24] Verstößt diese Rechtsgutsverletzung allein gegen eine nicht leistungsbezogene Schutzpflicht, so greifen indes ausschließlich das Rücktrittsrecht aus § 324 BGB bzw. der Schadensersatzanspruch statt der Leistung gem. § 282 BGB ein. Allein wenn der Schutz des verletzten Rechtsguts zugleich einer leistungsbezogenen Vertragspflicht entspringt, bedarf es § 636 BGB, um den Anwendungsbereich von §§ 281, 323 BGB zu erweitern. Treffen Mangel und nicht leistungsbezogene Pflichtverletzung zusammen, so sind beide Rechtsbehelfe parallel anwendbar, konstituieren jedoch jeweils eigene Anforderungen. Im Rahmen der Unzumutbarkeit gem. § 636, Alt. 3 BGB kann immerhin eine Gesamtwürdigung vorgenommen werden, bei welcher die Zuverlässigkeit des Unternehmers nach seinem gesamten Verhalten aus Anlass der Vertragsdurchführung beurteilt wird.

13 Eigenständige Bedeutung hat § 636, 3. Alt. BGB für Fälle, in denen sich die Unzumutbarkeit auf Gründe in den Verhältnissen des Bestellers stützt, welche die »Lasten der Nacherfüllung« untragbar erscheinen lassen: So ist dem Besteller eine Nacherfüllung nicht zumutbar, wenn sie die Nutzung einer gewerblich oder privat genutzten Immobilie durch intensive Lärm-, Staub- oder Geruchsbelästigungen erheblich beeinträchtigt, insbesondere wenn durch die Nacherfüllung Wohnungen nicht mehr bewohnbar oder in der Nutzung stark eingeschränkt werden.[25] Unzumutbarkeit ist auch dann gegeben, wenn der Besteller durch die Mangelbeseitigung in seinem Lebensbereich in außergewöhnlicher Weise eingeschränkt werden würde.[26] Allgemein gesprochen wird die Nacherfüllung gerade für den Besteller unzumutbar sein, wenn sie zu unverhältnismäßigen Folgeschäden führen würde, etwa weil die Nachbesserung zu einer Betriebsunterbrechung führen würde[27] oder der Besteller das Werk sofort benötigt und bei einer weiteren Verzögerung sein Interesse an dem Werk wegfällt, weil er ein fristgebundenes Projekt durchzuführen oder einen Abnehmer zu beliefern hat, der zu einem späteren Zeitpunkt nicht mehr bereit ist, das Werk abzunehmen.[28]

§ 637 Selbstvornahme

(1) Der Besteller kann wegen eines Mangels des Werkes nach erfolglosem Ablauf einer von ihm zur Nacherfüllung bestimmten angemessenen Frist den Mangel selbst beseitigen und Ersatz der erforderlichen Aufwendungen verlangen, wenn nicht der Unternehmer die Nacherfüllung zu Recht verweigert.

(2) § 323 Abs. 2 findet entsprechende Anwendung. Der Bestimmung einer Frist bedarf es auch dann nicht, wenn die Nacherfüllung fehlgeschlagen oder dem Besteller unzumutbar ist.

---

22 Erman/*Schwenker*, § 636 Rn. 13; AnwK/*Raab*, § 636 Rn. 23; *Derleder/Sommer*, JZ 2007, 338.
23 BGH v. 07.03.2002, III ZR 12/01, NJW 2002, 1571.
24 AnwK/*Raab*, § 636 Rn. 23.
25 Kleine-Möller/Merl/*Merl*, § 15 Rn. 460.
26 BGH v. 10.08.2006, IX ZR 28/05, BauR 2006, 1884.
27 BGH v. 10.08.2006, IX ZR 28/05, BauR 2006, 1884.
28 BGH v. 26.01.1993, X ZR 90/91, NJW-RR 1993, 560; AnwK/*Raab*, § 636 Rn. 22.

(3) Der Besteller kann von dem Unternehmer für die zur Beseitigung des Mangels erforderlichen Aufwendungen Vorschuss verlangen.

Schrifttum

Dauner-Lieb/Dötsch § 326 II 2 BGB (analog) bei der Selbstvornahme?, NZBau 2004, 233; *Ebert* Das Recht des Verkäufers zur zweiten Andienung und seine Risiken für den Käufer, NJW 2004, 1761; *Herresthal/Riehm* Die eigenmächtige Selbstvornahme im allgemeinen und besonderen Leistungsstörungsrecht, NJW 2005, 1457; *Koeble* Festschrift Jagenburg, 2002; *Katzenstein* Kostenersatz bei eigenmächtiger Selbstvornahme der Mangelbeseitigung – ein Plädoyer für die Abkehr von einer verfestigten Rechtspraxis, ZGS 2004, 300; *Knütel* Zur »Selbstvornahme« nach § 637 Abs. 1 BGB n.F., BauR 2002, 689; *Lorenz* Voreilige Selbstvornahme der Nacherfüllung im Kaufrecht: Der BGH hat gesprochen und nichts ist geklärt, NJW 2005, 1321; *Neuhaus/ Uhland* Rechtsprechungs- und Literaturübersicht zum privaten Baurecht – 1. Halbjahr 2006, ZAP Fach 5 R 2006, 493; *Preussner* Das neue Werkvertragsrecht im BGB 2002, BauR 2002, 231; *Sienz* Das Dilemma des Werkunternehmers nach fruchtlosem Ablauf einer zur Mangelbeseitigung gesetzten Frist, BauR 2006, 1816; *Voppel* Das Gesetz zur Modernisierung des Schuldrechts und das Leistungsstörungsrecht beim Werkvertrag, BauR 2002, 843.

Übersicht

	Rdn.
A. Grundsätzliches	1
B. Voraussetzungen des Selbstvornahmerechts, Absatz 1	6
I. Nacherfüllungsanspruch des Bestellers	6
II. Fristsetzung	7
III. Aufwendungsersatzanspruch	13
1. Erforderliche Aufwendungen	14
a) Grundlagen	14
b) Eigenleistungen des Bestellers	18
c) Mangelbeseitigung durch Drittfirma	19
2. Kostentragung durch den Besteller	22
C. Entbehrlichkeit der Fristsetzung, Absatz 2	23
I. Ausnahmefälle des § 323 Abs. 2 BGB	24
1. Ernsthafte und endgültige Leistungsverweigerung, § 323 Abs. 2 Nr. 1 BGB	25
2. Fixgeschäft, § 323 Abs. 2 Nr. 2 BGB	28
3. Besondere Umstände, § 323 Abs. 2 Nr. 3 BGB	29
II. Ausnahmefälle des § 637 Abs. 2 S. 2 BGB	30
1. Nacherfüllung fehlgeschlagen	31
2. Nacherfüllung für Besteller unzumutbar	32
D. Kostenvorschussanspruch, Absatz 3	35
I. Grundsätzliches	35
1. Inhalt des Anspruches	35
2. Prozessuale Besonderheiten	37
II. Besondere Voraussetzungen des Kostenvorschussanspruches	39
III. Schätzung der erforderlichen Kosten	41
IV. Abrechnung	42
V. Rückforderungsanspruch des Auftragnehmers	44

A. Grundsätzliches

§ 637 BGB wurde durch Art. 1 Abs. 1 Nr. 38 Schuldrechtsmodernisierungsgesetz vollständig neu gefasst.[1]

§ 637 BGB ist an die Stelle von § 633 Abs. 3 BGB a.F. getreten. Abweichend von dem bisherigen § 633 Abs. 3 BGB wird das Ersatzvornahmerecht des Bestellers nicht von dem Verzug des Werkunternehmers mit der Mangelbeseitigung, sondern von dem erfolglosen Ablauf einer vom Besteller gesetzten angemessenen Frist zur Nacherfüllung abhängig gemacht. Danach kommt es nicht mehr darauf an, ob die ausgebliebene Nacherfüllung vom Werkunternehmer zu vertreten ist oder nicht. Durch die Einführung der Fristsetzung als Tatbestandsvoraussetzung wird zwischen dem Selbstvornahmerecht des Bestellers, dem Rücktritt des Bestellers vom Vertrag und der Minderung des Werklohns durch den Besteller ein Gleichlauf geschaffen.[2]

---

1 Gesetz zur Modernisierung des Schuldrechts vom 26.11.2001, BGBl. I S. 3138.
2 BT-Drucks. 14/6040, S. 266.

§ 637 BGB   Selbstvornahme

2   Das **Erfordernis der Fristsetzung** ist Ausfluss des grundsätzlichen Rechts des Unternehmers auf Nacherfüllung. Nach ergebnislosem Fristablauf ist der Besteller nicht mehr verpflichtet, das Angebot des Unternehmers zur Mangelbeseitigung anzunehmen.[3]

Führt der Besteller eine Selbstvornahme ohne vorherige Fristsetzung zur Mangelbeseitigung durch, steht ihm eine Erstattung seiner Aufwendungen nicht zu. Zweck und Ziel einer entsprechenden Fristsetzung ist es, zwischen den Vertragspartnern jederzeit möglichst klare Verhältnisse zu schaffen. Würde eine Selbstvornahme ohne vorherige Überprüfungsmöglichkeit durch den Auftragnehmer durchgeführt werden, würde regelmäßig Streit über Umfang und Schwere der Mängel und über die Angemessenheit der behaupteten Beseitigungskosten entstehen. Da die Mängel schon beseitigt sind, würde eine zuverlässige Nachprüfung oft nicht mehr möglich sein und überdies das berechtigte Interesse des Unternehmers auf Überprüfung der an ihn gerichteten Mängelrüge verletzt werden.[4]

3   In diesem Fall steht dem Besteller auch kein Bereicherungsanspruch zu. Dem soeben dargestellten Sinn und Zweck der Gewährleistungsvorschriften würde es widersprechen, wenn der Besteller, dem nach § 637 BGB (oder § 13 Abs. 5 Nr. 2 VOB/B) kein Anspruch auf Ersatz der Mangelbeseitigungskosten mehr zusteht, weil er die dort geforderte Fristsetzung versäumt und den Mangel vorschnell selbst hat beseitigen lassen, doch über § 812 BGB zumindest einen Teil dieser Kosten ersetzt verlangen könnte.[5] Ebenso wenig kann in diesem Fall auf die Vorschriften der Geschäftsführung ohne Auftrag nach § 677 ff. BGB zurückgegriffen werden.[6]

Die Gewährleistungsbestimmungen des Werkvertragsrechtes stellen eine **abschließende Sonderregelung** dar und schließen auch sonst gewisse allgemeine Rechtsbehelfe aus.[7] Hat der Besteller die Voraussetzungen für den vertraglichen Anspruch auf Ersatz der Selbstvornahmekosten oder auch auf Schadensersatz nicht erfüllt, stehen ihm auch keine anderweitigen geldwerten Ansprüche zu. Er kann daher auch den Werklohn des Auftragnehmers nicht mit der Begründung kürzen, dieser hätte durch die unterlassene Mangelbeseitigung Aufwendungen erspart.[8]

Nichts anderes gilt auch bei einer Ersatzvornahme vor Abnahme und ohne Kündigung gem. § 4 Nr. 7, § 8 Nr. 3 VOB/B.[9] Auch bei den §§ 4 Nr. 7, 8 Nr. 3 VOB/B handelt es sich für den VOB-Vertrag um abschließende Sonderregelungen. Bei fehlender Kündigung kann der Anspruch auf Ersatz der Fremdnachbesserungskosten auch nicht aus analoger Anwendung von § 13 Nr. 5 Abs. 2 VOB/B oder § 633 BGB a.F. (entspricht § 637 BGB) folgen.[10] Des Weiteren ist auch eine Berücksichtigung der für die Mangelbeseitigung notwendigen Aufwendungen als Ersparnis des Unternehmers bei der Abrechnung direkt oder analog §§ 8 Nr. 1 VOB/B, 649 BGB abzuleh-

---

3   BGH, 27.02.2003, VII ZR 338/01, BauR 2003, 693; Werner/Pastor/*Pastor*, Rn. 1588.
4   BGH, 11.10.1965, VII ZR 124/63, NJW 1966, 39, 40 (zu § 13 Nr. 5 VOB/B); BGH, 20.04.1978, VII ZR 143/77, BauR 2004, 78, 83 (zu § 13 Nr. 5 VOB/B), BGH, 28.09.1967, VII ZR 81/65, NJW 1968, 43 (zu § 633 Abs. 3 BGB a.F.).
5   BGH, 11.10.1965, VII ZR 124/63, NJW 1966, 39, 40; BGH, 28.09.1967, VII ZR 81/65, NJW 1968, 43; BGH, 23.02.1978, VII ZR 11/76, BauR 1978, 308, 312; BGH, 20.04.1978, VII ZR 94/77, ZfBR 1978, 77, 78; BGH, 20.04.1978, VII ZR 143/77, WM 1978, 953, 954.
6   BGH, 28.09.1967, VII ZR 81/65, NJW 1968, 43; BGH, 20.04.1978, VII ZR 94/77, ZfBR 1978, 77, 78; BGH, 20.04.1978, VII ZR 143/77, WM 1978, 953, 954.
7   BGH, 11.10.1965, VII ZR 124/63, NJW 1966, 39, 40.
8   *Kniffka*, IBR-Online-Kommentar, § 637 Rn. 5; BGH, 25.06.1987, VII ZR 251/86, BauR 1987, 689, 690.
9   BGH, 08.10.1987, VII ZR 45/87, BauR 1988, 82, 85; BGH, 25.06.1987, VII ZR 251/86, BauR 1987, 689, 690; OLG Naumburg 21.07.2006, 10 U 1/06, IBR 2007, 241 (Nichtzulassungsbeschwerde zurückgewiesen, BGH, Beschl. v. 22.02.2007, VII ZR 167/06).
10 BGH, 02.10.1997, VII ZR 44/97, BauR 1997, 1027, 1028; Ingenstau/Korbion/*Oppler*, § 4 Abs. 7 Rn. 62.

nen.[11] Das dem Unternehmer grundsätzlich zustehende Nachbesserungsrecht, welches ihm auch ermöglicht, die Mangelbeseitigungskosten niedrig zu halten, würde damit verkürzt.[12]

Im Schrifttum wird für die Fälle der eigenmächtigen Selbstvornahme des Bestellers die direkte oder analoge Anwendung des § 326 Abs. 2 S. 2 BGB mit der Folge einer Anrechnung der vom Unternehmer ersparten Aufwendungen für die Mangelbeseitigungskosten auf den Werklohn vertreten.[13] Dieser Ansicht ist jedoch nicht zu folgen. § 637 BGB enthält eine § 326 Abs. 2 S. 2 BGB verdrängende Sonderregelung. Mit der Anwendung des § 326 Abs. 2 S. 2 BGB würde das Fristsetzungserfordernis des § 637 Abs. 1 BGB unterlaufen. Hieran wird auch nichts dadurch geändert, dass die Aufwendungen einer Selbstvornahme durch den Besteller regelmäßig höher sind als die Eigenkosten des Unternehmers. Aus der gesetzlichen Regelung ergibt sich ein Vorrang der Nacherfüllung. Dies wurde auch durch das Schuldrechtsmodernisierungsgesetz nicht geändert.[14]

Für das Kaufrecht hat der Bundesgerichtshof[15] bereits entschieden, dass der Käufer in dem Fall, in welchem er den Mangel selbst beseitigt, ohne dem Verkäufer zuvor eine erforderliche Frist zur Nacherfüllung gesetzt zu haben, auch nicht gemäß oder analog § 326 Abs. 2 S. 2 BGB die Anrechnung der vom Verkäufer ersparten Aufwendungen für die Mangelbeseitigung auf den Kaufpreis verlangen kann. Der BGH stützt sich hierbei auf die Rechtsprechung des VII. Zivilsenates[16] zum Ausschluss von Bereicherungsansprüchen und Ansprüchen aus Geschäftsführung ohne Auftrag. Durch die unberechtigte Selbstvornahme verliere der Unternehmer bzw. Verkäufer die Möglichkeit einer Untersuchung und Beweissicherung, wodurch sich seine Verteidigungsmöglichkeiten ungerechtfertigt verschlechtern würden.[17]

Das Urteil des BGH vom 23.02.2005[18] ist daher auf das Werkvertragsrecht übertragbar.[19]

Zusammenfassend ist festzustellen, dass der Besteller für den Fall der Durchführung der Selbstvornahme ohne vorherige Möglichkeit zur Nacherfüllung durch den Unternehmer auch keinen Anspruch auf Ersatz aus Geschäftsführung ohne Auftrag oder ungerechtfertigter Bereicherung hat. Des Weiteren scheidet eine Anrechnung ersparter Aufwendungen des Unternehmers auf dessen Vergütungsanspruch nach § 649 Satz 1 BGB oder nach § 326 Abs. 2, Satz 2 BGB aus.

Zu der Frage der Anwendbarkeit des § 637 BGB vor Abnahme bzw. vor Erreichen des Fertigstellungstermins siehe *Irl*, § 635 Rdn. 2.

B. Voraussetzungen des Selbstvornahmerechts, Absatz 1

I. Nacherfüllungsanspruch des Bestellers

Grundsätzlich steht dem Besteller bei einer Mangelhaftigkeit des Werkes gemäß § 634 Nr. 1 BGB ein Nacherfüllungsanspruch zu. (vgl. *Irl*, § 635 Rdn. 1)

---

11 BGH, 25.06.1987, VII ZR 251/86, BauR 1987, 689, 690; OLG Jena 07.12.2006, 1 U 34/05, IBR 2007, 128; a.A. OLG Celle 01.08.2002, 13 U 48/02, BauR 2003, 1406, 1407; OLG Koblenz 16.01.2004, 8 U 889/03, NJW-RR 2004, 1670, 1671.
12 BGH, 25.06.1987, VII ZR 251/86, BauR 1987, 689, 690.
13 *Lorenz*, NJW 2005, 1321, 1323; *Ebert*, NJW 2004, 1761, 1763; *Herresthal/Riehm*, NJW 2005, 1457, 1460; Bamberger/Roth/*Voit*, § 637 Rn. 17; *Katzenstein*, ZGS 2004, 300, 305.
14 PWW/*Leupertz*, § 637 Rn. 3; BGH, 23.02.2005, VIII ZR 100/04, BauR 2005, 1021, 1022, 1023; *Dauner-Lieb/Dötsch*, NZBau 2004, 233, 235; *Preussner*, BauR 2002, 231, 232.
15 BGH, 23.02.2005, VIII ZR 100/04, BauR 2005, 1021, 1023; BGH, 20.01.2009, X ZR 45/07, IBR 2009, 262.
16 BGH, 11.10.1965, VII ZR 124/63, NJW 1966, 39, 40; BGH, 28.09.1967, VII ZR 81/65, NJW 1968, 43.
17 BGH, 23.02.2005, VIII ZR 100/04, BauR 2005, 1021, 1024.
18 BGH, 23.02.2005, VIII ZR 100/04, BauR 2005, 1021.
19 *Kniffka*, IBR-Online-Kommentar, § 637 Rn. 8; *Kniffka*, BauR 2005, 1021, 1025 (Anmerkung zu BGH, 23.02.2005, VIII ZR 100/04); PWW/*Leupertz*, § 637 Rn. 3.

II. Fristsetzung

7   Mit der Einführung des Erfordernisses der Fristsetzung durch das Schuldrechtsmodernisierungsgesetz werden einheitliche Voraussetzungen für das Selbstvornahmerecht des Bestellers, den Rücktritt des Bestellers vom Vertrag und die Minderung des Werklohns durch den Besteller geschaffen.

Der Ablauf einer **zur Mangelbeseitigung gesetzten angemessenen Frist** ist grundsätzlich Voraussetzung für die Durchführung der Selbstvornahme. Nach Fristablauf ist der Besteller nicht mehr verpflichtet, eine Nacherfüllung durch den Unternehmer zuzulassen.[20]

Der Besteller seinerseits verliert sein Recht auf Geltendmachung des Nacherfüllungsanspruches dadurch nicht. Er kann entscheiden, ob er unverzüglich die Selbstvornahme durchführt oder den Unternehmer erneut zur Nacherfüllung auffordert.[21]

8   Grundsätzlich darf die Frist zur Nacherfüllung nicht vor **Fälligkeit des Erfüllungsanspruches** enden. Etwas anderes gilt, wenn dem Besteller das Abwarten bis zur Fälligkeit des Erfüllungsanspruches nicht zuzumuten ist, weil ein Zuwarten eine spätere Mangelbeseitigung unmöglich oder unsicher machen würde oder mit unzumutbaren Folgen für den Besteller verbunden wäre oder weil der Auftragnehmer die Mangelbeseitigung etwa ernsthaft und endgültig verweigert.[22] (vgl. *Irl*, § 635 Rdn. 2)

Der Besteller muss bei seinem Mangelbeseitigungsverlangen den Mangel selbst mit einer hinreichend genauen Bezeichnung der Mangelerscheinungen darlegen. Die Ursachen der Mangelsymptome müssen nicht bezeichnet werden (**Symptomrechtsprechung** des Bundesgerichtshofes[23]). (vgl. *Irl*, § 635 Rdn. 10)

Zu beachten ist, dass eine Zuvielforderung im Hinblick auf das Nacherfüllungsverlangen zu einer Unwirksamkeit der Fristsetzung führen kann. Hierbei ist unter Berücksichtigung aller Umstände des Einzelfalls nach Treu und Glauben zu würdigen, ob der Schuldner die Erklärung als Aufforderung zur Bewirkung der tatsächlich geschuldeten Leistung verstehen muss und der Gläubiger auch zur Annahme der gegenüber seinen Vorstellungen geringeren Leistung bereit ist. Die Signalwirkung der Mahnung erreicht den Werkunternehmer nur dann, wenn er die Erklärung des Gläubigers als Aufforderung zur Bewirkung der tatsächlich geschuldeten Leistung verstehen muss. Des Weiteren darf die Zuvielforderung des Bestellers auch nicht als Zurückweisung des geschuldeten Maßes der Mangelbeseitigung zu verstehen sein. Sonst hätte der Werkunternehmer keine Veranlassung, die geschuldete Mangelbeseitigung zu leisten.[24]

9   Nicht ausreichend ist auch die Aufforderung des Bestellers, der Unternehmer möge die Mängel beseitigen und innerhalb einer Frist erklären, ob und in welchem Umfang er zur Mangelbeseitigung bereit sei. Die Aufforderung muss vielmehr deutlich machen, dass der Unternehmer für den Fall des ergebnislosen Fristablaufes Gefahr läuft, sein Nacherfüllungsrecht zu verlieren.[25]

Eine Fristsetzung zur unverzüglichen Einleitung der Mangelbeseitigungsmaßnahmen und diesbezüglichen Nachweises durch Vorlage entsprechender Auftragserteilungen kann Ansprüche des Bestellers im Regelfall ebenfalls nicht begründen.[26] Eine den § 5 Nr. 4 VOB/B entsprechende Re-

---

20   BGH, 27.02.2003, VII ZR 338/01, BauR 2003, 693, 694; *Sienz*, BauR 2006, 1816 ff.
21   *Koeble*, in: Kniffka/Koeble, Kompendium des Baurechts, 11. Teil Rn. 273.
22   *Knütel*, BauR 2002, 689, 690.
23   BGH, 03.12.1998, VII ZR 405/97, BauR 1999, 391, 392.
24   *Kniffka*, IBR-Online-Kommentar, § 637 Rn. 14; BGH, 05.10.2005, X ZR 276/02, BauR 2006, 524, 526.
25   BGH, 27.11.2003, VII ZR 93/01, BauR 2004, 501, 502; BGH, 16.09.1999, VII ZR 456/98, BauR 2000, 98, 99, 100.
26   MüKo-BGB/*Busche*, § 636 Rn. 6; BGH, 23.02.2006, VII ZR 84/05, BauR 2006, 979, 982.

gelung gibt es im BGB nicht. Allerdings kommt es immer wieder vor, dass der für die Mangelbeseitigung erforderliche Zeitraum nur schwer abzuschätzen ist, weil es sich um umfangreiche und schwierige Arbeiten handelt, bei denen zudem weitere Baumängel zutage treten können. In diesen Fällen kann vom Auftragnehmer verlangt werden, dass er nach Aufforderung mit den Mangelbeseitigungsarbeiten in zumutbarer Frist beginnt und sie zügig vollendet. In derartigen Einzelfällen ist die Setzung einer Frist für den Beginn der Mangelbeseitigungsarbeiten sachgerecht und für den Unternehmer auch nicht nachteilig. Reagiert der Unternehmer auf eine derartige Frist weder mit einer Erwiderung noch mit Nachbesserungsarbeiten, so ist es dem Besteller nicht zuzumuten, eine hinsichtlich ihrer Angemessenheit kaum abschätzbare Vornahmefrist zu setzen und diese erst ablaufen zu lassen.[27]

Ebenso ist es dem Besteller i.d.R. nicht zumutbar, den Ablauf einer angemessen gesetzten Frist abzuwarten, wenn feststeht, dass der Unternehmer diese nicht einhalten wird.[28]

Fraglich ist, was unter einer **angemessenen Frist** zu verstehen ist. Die Aufforderung, unter letztmaliger Fristsetzung **unverzüglich** zu leisten, kann eine angemessene Frist in Gang setzen. Durch den Hinweis auf die »letzte Fristsetzung« wird der Warnwirkung des Fristsetzungserfordernisses hinreichend nachgekommen. Die Frist bestimmt sich nach dem Zeitraum, innerhalb dessen ohne schuldhaftes Zögern der angemahnten vertraglichen Verpflichtung nachzukommen ist.[29] Grundsätzlich ist eine Frist zur Mangelbeseitigung so weit zu bemessen, dass während ihrer Dauer die Mängel beseitigt werden können.[30] Welche Zeitspanne dafür angemessen ist, bestimmt sich unter Berücksichtigung der besonderen Umstände des Falles nach objektiven Maßstäben. Vom Schuldner werden dabei außerordentliche Anstrengungen erwartet. Auch ein besonderes Interesse des Gläubigers an einer möglichst pünktlichen Erfüllung der Leistungspflicht kann zu berücksichtigen sein.[31]

10

Durch eine zu knapp bemessene Nachfrist wird i.d.R. eine angemessene Frist in Lauf gesetzt.[32]

Die Frist zur Durchführung der Mangelbeseitigungsmaßnahmen muss gegenüber dem Vertragspartner des Bestellers gesetzt werden. Als einseitig empfangsbedürftige Willenserklärung kann sie auch gegenüber einem **Empfangsboten** des Auftragnehmers abgegeben werden. Empfangsbote ist, wer entweder vom Empfänger zur Entgegennahme von Erklärungen ermächtigt worden ist oder wer nach der Verkehrsauffassung als ermächtigt anzusehen ist, Willenserklärungen oder diesen gleichstehende Mitteilungen mit Wirkung für den Erklärungsempfänger entgegenzunehmen[33] und zur Übermittlung an den Empfänger geeignet und bereit ist.[34] Inwieweit Personal des Bestellers als Empfangsbevollmächtigte gelten, hängt von den Umständen des Einzelfalles, insbesondere der organisatorischen Stellung des Personals ab.[35] So werden von einem Kaufmann mit der Bedienung seines Telefonanschlusses beauftragte Angestellte regelmäßig ebenso kraft Verkehrsan-

11

---

27 *Neuhaus/Uhland*, ZAP Fach 5 R 2006, 493, 498; BGH, 08.07.1982, VII ZR 301/80, BauR 1982, 496, 497.
28 BGH, 10.06.1974, VII ZR 4/73, BauR 1975, 137; BGH, 12.09.2002, VII ZR 344/01, BauR 2002, 1847, 1848.
29 BGH, 13.12.2001, VII ZR 432/00, BauR 2002, 782, 783 (bezogen auf eine Fristsetzung nach § 5 Nr. 4 VOB/B).
30 *Neuhaus/Uhland*, ZAP Fach 5 R 2006, 493, 497.
31 *Drossart*, in: Kuffer/Wirth, S. 422 Rn. 97; OLG Stuttgart, 26.04.2001, 19 U 217/00, BauR 2003, 108, 109.
32 MüKo-BGB/*Busche*, § 636 Rn. 8; OLG Stuttgart a.a.O.
33 BGH, 27.01.1965, VIII ZR 11/63, NJW 1965, 965, 966; BGH, 12.12.2001, X ZR 192/00, BauR 2002, 945, 948.
34 BGH, 12.12.2001, X ZR 192/00, BauR 2002, 945, 948 m.w.N.; MüKo-BGB/*Einsele*, § 130 Rn. 25 (fordert zusätzlich, dass sich der Empfangsbote auch im Machtbereich des Empfängers befindet).
35 *Kniffka*, in Kniffka/Koeble, Kompendium des Baurechts, 6. Teil Rn. 47.

schauung als Empfangsboten anzusehen sein wie sonstige kaufmännische Angestellte des Empfängers.[36]

Wird nach Abschluss des Bauvertrages ein Termin zur Erstellung eines Verhandlungsprotokolls vereinbart und entsendet der Auftragnehmer dazu einen mit der Sache befassten, sachkundigen Mitarbeiter, so muss sich der Auftragnehmer dessen Erklärungen zurechnen lassen.[37] Dasselbe wird für gegenüber diesem Mitarbeiter erklärten Mängelrügen gelten.

Allerdings wird man den Subunternehmer des Auftragnehmers nicht als Empfangsboten des Auftragnehmers ansehen können, allenfalls als Erklärungsboten. Wird die Frist zur Nachbesserung gegenüber einem Erklärungsboten gesetzt, gilt sie nur, wenn sie dem Empfänger tatsächlich und richtig übermittelt wird.[38]

12 Der Unternehmer kann die Nacherfüllung z.B. wegen unverhältnismäßiger Kosten gem. § 635 Abs. 3 BGB oder wegen Unmöglichkeit gem. § 275 Abs. 2 und Abs. 3 BGB verweigern (vgl. *Irl*, § 635 Rdn. 47 ff.).

III. Aufwendungsersatzanspruch

13 Ist die dem Unternehmer gesetzte angemessene Frist ergebnislos abgelaufen, kann der Besteller die Selbstvornahme durchführen und Ersatz der erforderlichen Aufwendungen verlangen. Dies gilt auch für **eigene Arbeitsleistungen**, die der Besteller für die Beseitigung des Mangels erbringt.[39]

1. Erforderliche Aufwendungen

a) Grundlagen

14 Für die Bewertung der Erforderlichkeit ist auf den Aufwand und die damit verbundenen Kosten abzustellen, welche der Besteller im Zeitpunkt der Mangelbeseitigung als vernünftiger, wirtschaftlich denkender Bauherr aufgrund sachkundiger Beratung oder Feststellung aufwenden konnte und musste, wobei es sich um eine vertretbare Maßnahme der Schadensbeseitigung handeln muss.[40]

Ist eine taugliche Mangelbeseitigung im Einzelfall nur durch Neuherstellung zu bewerkstelligen, sind auch die hierfür erforderlichen Aufwendungen voll erstattungsfähig.[41]

Das Recht zur Selbstvornahme ist dem Umfang nach genauso zu bemessen, wie die Pflicht zur Nacherfüllung. Die Ausführungen zu § 635 Abs. 2 BGB sind daher auf § 637 Abs. 1 BGB entsprechend übertragbar (vgl. *Irl*, § 635, Rdn. 28 ff.).

15 Neben den Kosten der Mangelbeseitigung sind auch alle Aufwendungen für **erforderliche Vor- und Nacharbeiten** auszugleichen.[42] Auch Kosten für die Beseitigung nachbesserungsbedingter Schäden im sonstigen Eigentum des Bestellers sind erstattungsfähig.[43]

---

36 BGH, 12.12.2001, X ZR 192/00, BauR 2002, 945, 948 m.w.N.
37 BGH, 27.01.2011, VII ZR 186/09, ibr-online.
38 Palandt/*Heinrichs/Ellenberger*, § 130 Rn. 9.
39 BGH, 12.10.1972, VII ZR 51/72, BauR 1973, 52, 53.
40 BGH, 29.09.1988, VII ZR 182/87, BauR 1989, 97, 101; BGH, 31.01.1991, VII ZR 63/90, BauR 1991, 329, 330.
41 PWW/*Leupertz*, § 637, Rn. 5.
42 BGH, 07.11.1985, VII ZR 270/83, BauR 1986, 211, 212; BGH, 10.04.2003, VII ZR 251/02, BauR 2003, 1211, 1212.
43 *Drossart*, in: Kuffer/Wirth, S. 426 Rn. 105; BGH, 22.03.1979, VII ZR 142/78, BauR 1979, 333, 334; BGH, 10.04.2003, VII ZR 251/02, BauR 2003, 1211, 1212.

Kosten für die **Ermittlung der Mangelursache** und zur Auffindung des zu beseitigenden Mangels[44] sind ebenso zu ersetzen, wie Kosten der Untersuchung des Werkes darauf, ob die vom Unternehmer vorgeschlagene Mangelbeseitigung ausreichend ist, wenn der Verdacht besteht, dass dies nicht der Fall ist.[45]

Grundsätzlich sind Aufwendungen für vertraglich vom Unternehmer nicht geschuldete Leistungen nicht erstattungsfähig. Aufwendungen für qualitativ höherwertigere Leistungen werden nur in dem Umfang erstattet, wie sie vom Vertragssoll umfasst waren. Im Übrigen handelt es sich um **Sowiesokosten**. Etwas anderes gilt, wenn wie z.B. im Schlüsselfertigbau die Planung durch den Unternehmer erfolgt ist. Können die anerkannten Regeln der Technik nur durch die qualitativ höherwertigeren Leistungen erreicht werden (z.B. höherwertiges Putzsystem), so sind die diesbezüglichen Mehrkosten erstattungsfähig.[46]

Für **fehlgeschlagene Nachbesserungsarbeiten eines Drittunternehmers** kann der Besteller von dem ursprünglichen Auftragnehmer keinen Aufwendungsersatz verlangen. Der Besteller hat in diesem Fall Mängelansprüche gegen den Drittunternehmer.[47]

Etwas anderes gilt, wenn der Besteller die zunächst fehlgeschlagenen Mangelbeseitigungsarbeiten bei verständiger Würdigung für erforderlich halten durfte. Das mit dieser Beurteilung verbundene Risiko trägt der Unternehmer.[48]

Sonstige Vermögensverluste des Bestellers sind keine erforderlichen Aufwendungen. Hierunter fällt z.B. ein Gewinn- oder Nutzungsausfall[49] oder ein merkantiler Minderwert.[50] Derartige Vermögensverluste sind bei Verschulden nach § 280 Abs. 1 BGB zu ersetzen.

b) Eigenleistungen des Bestellers

Zu den Aufwendungen i.S.d. § 637 Abs. 1 BGB gehören auch die zur Mangelbeseitigung aufgewendeten eigenen Arbeitsleistungen des Bestellers. Es würde Treu und Glauben widersprechen, wenn der Unternehmer den Erstattungsanspruch des Bestellers mit dem Einwand abwehren könnte, er sei nur ersatzpflichtig, wenn der Besteller den Mangel durch einen Dritten, nicht aber, wenn er ihn selbst beseitigt hat.[51] Die Höhe der Aufwendungen der **eigenen Arbeitsleistung des Bestellers** kann gem. § 287 ZPO geschätzt werden. Der Besteller kann eine angemessene Vergütung für diese Leistungen beanspruchen. Nach dem Werklohn, der von ihm an einen gewerblichen Unternehmer zu zahlen gewesen wäre, wenn er die Arbeiten auf diese Weise hätte durchführen lassen, kann die Erstattung jedoch nicht bemessen werden. Anhaltspunkte für die Höhe der Vergütung bietet der Lohn, der einem in tariflich abhängiger Stellung Tätigen zu zahlen wäre.[52]

Handelt es sich bei dem Besteller selbst um einen Unternehmer und beseitigt er unter Einsatz seiner Betriebsmittel den Mangel, so erstreckt sich sein Erstattungsanspruch auch auf seine Aufwendungen einschließlich der anteiligen Gemeinkosten, allerdings ohne Gewinn.[53] Erfolglose eigene Nachbesserungsversuche des Bestellers sind nicht zu erstatten, wenn es sich um einen komplizier-

---

44 BGH, 23.01.1991, VIII ZR 122/90, BGHZ 113, 252, 261, NJW 1991, 1604, 1607; BGH, 17.02.1999, X ZR 40/96, NJW-RR 1999, 813, 814.
45 OLG Hamm 21.06.1994, 24 U 15/94, BauR 1995, 109, 110.
46 *Kniffka*, IBR-Online-Kommentar, § 637 Rn. 39; BGH, 20.11.1986, VII ZR 360/85, BauR 1987, 207, 208.
47 OLG Düsseldorf 12.12.1997, 22 U 18/97, NJW-RR 1998, 527, 528.
48 BGH, 31.01.1991, VII ZR 63/90, BauR 1991, 329, 330; BGH, Urt. v. 27.03.2003, VII ZR 443/01, BauR 2003, 1209, 1211; OLG Karlsruhe 19.10.2004, 17 U 107/04, BauR 2005, 879, 880.
49 BGH, 08.06.1978, VII ZR 161/77, BauR 1978, 402, 403.
50 PWW/*Leupertz*, § 637 Rn. 11; BGH, 24.10.1996, VII ZR 98/94, BauR 1997, 129, 131.
51 BGH, 12.10.1972, VII ZR 51/72, BauR 1973, 52, 53.
52 MüKo-BGB/*Busche*, § 637 Rn. 10; BGH, 12.10.1972, VII ZR 51/72, BauR 1973, 52, 53.
53 Bamberger/Roth/*Voit*, § 637 Rn. 10; KG VersR 1979, 233, 234; MüKo-BGB/*Busche*, § 637 Rn. 10.

§ 637 BGB   Selbstvornahme

ten und schwierigen Sachverhalt handelt. In diesem Falle ist der Besteller gehalten, einen Fachmann hinzuzuziehen. Es handelt sich mithin nicht um erforderliche Aufwendungen nach § 637 Abs. 1 BGB.[54]

Kosten eigener Mitarbeiter für die Feststellung und Abwicklung des Schadens führen nicht zu erstattungsfähigen Aufwendungen.[55]

c) Mangelbeseitigung durch Drittfirma

19 Der Besteller hat grundsätzlich Anspruch auf Erstattung der Mangelbeseitigungskosten eines Ersatzunternehmers. Er muss sich hierbei nicht auf die hypothetischen Eigennachbesserungskosten des doppelt vertragsuntreuen Unternehmers verweisen lassen.[56]

Zu den zu ersetzenden notwendigen Aufwendungen für die Mangelbeseitigung gehören diejenigen **Kosten, die der Besteller bei verständiger Würdigung für erforderlich halten durfte**. Das mit dieser Verurteilung verbundene Risiko trägt der Unternehmer. Hat sich der Besteller vor Durchführung der Mangelbeseitigungsmaßnahmen durch einen Sachverständigen ausreichend beraten lassen, muss der Unternehmer im Einzelfall auch überhöhte Mangelbeseitigungskosten übernehmen. Dies gilt z.B., wenn sich im Nachhinein herausstellt, dass es auch eine preisgünstigere Mangelbeseitigungsmethode gegeben hätte.[57] Der Besteller darf im Hinblick auf die durchzuführenden Mangelbeseitigungsarbeiten auf Empfehlungen der von ihm eingeschalteten Fachleute vertrauen. Dies gilt auch im Hinblick auf die Höhe der Vergütung des Ersatzunternehmers. Selbst wenn der Ersatzunternehmer gegenüber dem Besteller überhöht abrechnet, kann der Besteller mangels eigenen Verschuldens diesen Betrag gegenüber dem Unternehmer in Ansatz bringen. Der Ersatzunternehmer ist im Verhältnis zum Unternehmer nicht Erfüllungsgehilfe des Bestellers.[58] Es besteht kein Grund, dem zweifach vertragsuntreuen Unternehmer dieses Risiko abzunehmen. Gerade durch dieses Verhalten des Unternehmers ist der Besteller gezwungen, eine Drittfirma zu beauftragen. Soweit den Besteller bei dieser Beauftragung kein Auswahlverschulden trifft, macht es keinen Unterschied, ob die Drittfirma dem Besteller unnötige Arbeiten in Rechnung stellt, überhöhte Preise oder Arbeitszeit in Ansatz bringt oder Arbeiten berechnet, die in dieser Weise nicht ausgeführt worden sind. Der Unternehmer hat durch sein Verhalten die nicht ganz fernliegende Gefahr begründet, dass ein Fehlverhalten der Drittfirma, deren sich der Besteller zur Mangelbeseitigung bedient, zur Erhöhung der Kosten führen kann, die tatsächlich zur Schadensbehebung erforderlich sind.[59]

20 Der Besteller ist allerdings rechtlich verpflichtet, bei mehreren möglichen Arten zur Nachbesserung die **wirtschaftlich vernünftigere** zu wählen. Nur wenn die preiswertere Methode voraussichtlich mit Unzulänglichkeiten behaftet sein sollte, die bei zumutbarem Mehraufwand vermeidbar wären, käme die Wahl der aufwändigeren Schadensbeseitigung in Betracht.[60]

Allerdings hat der Unternehmer gegen den Besteller Anspruch auf Abtretung der diesem eventuell gegen die Drittfirma zustehenden Rechte, um selbst gegen die Drittfirma vorgehen zu können.[61]

---

54 BGH, 29.09.1988, VII ZR 182/87, BauR 1989, 97, 101.
55 OLG Düsseldorf 23.02.2001, 22 U 130/00, NZBau 2002, 43, 44 (zu Schadensersatz nach § 635 BGB a.F.).
56 PWW/*Leupertz*, § 637 Rn. 6.
57 BGH, 27.03.2003, VII ZR 443/01, BauR 2003, 1209, 1210, 1211 (zu Schadensersatz gem. § 635 BGB a.F.).
58 OLG Celle 11.12.2003, 6 U 105/03, BauR 2004, 1018, 1019; OLG Karlsruhe 19.10.2004, 17 U 107/04, BauR 2005, 879, 881 (beide Urteile zum Schadensersatzrecht).
59 Palandt/*Sprau*, § 637 Rn. 7; OLG Karlsruhe 19.10.2004, 17 U 107/04, BauR 2005, 879, 880.
60 Werner/Pastor/*Pastor*, Rn. 1586; OLG Hamm 17.03.1994, 27 U 227/93, BauR 1994, 783, 784 (zum Schadensersatzrecht).
61 OLG Karlsruhe 19.10.2004, 17 U 107/04, BauR 2005, 879, 881.

Der Aufwendungsersatzanspruch eines vorsteuerabzugsberechtigten Bestellers umfasst nicht die auf den Rechnungsnettobetrag entfallende **Mehrwertsteuer**.[62]

21

2. Kostentragung durch den Besteller

Der Aufwendungsersatzanspruch des Bestellers reduziert sich um die Sowiesokosten, einen eventuellen Mitverursachungsbeitrag des Bestellers und nach den Grundsätzen der Vorteilsausgleichung[63] (vgl. *Irl*, § 635 Rdn. 36 ff.).

22

C. Entbehrlichkeit der Fristsetzung, Absatz 2

§ 637 Abs. 2 BGB verweist auf § 323 Abs. 2 BGB. In § 323 Abs. 2 BGB sind drei Tatbestände dargelegt, bei deren Vorliegen das Setzen einer Nacherfüllungsfrist ausnahmsweise entbehrlich ist.

23

I. Ausnahmefälle des § 323 Abs. 2 BGB

§ 637 Abs. 2 Satz 1 BGB verweist auf § 323 Abs. 2 BGB. In den dort genannten Ausnahmefällen setzt das Ersatzvornahmerecht des Bestellers die Bestimmung und den Ablauf einer Frist nicht voraus.

24

1. Ernsthafte und endgültige Leistungsverweigerung, § 323 Abs. 2 Nr. 1 BGB

Bereits vor der Schuldrechtsmodernisierung war nach ständiger Rechtsprechung des Bundesgerichtshofes eine Fristsetzung zur Nacherfüllung wegen offensichtlicher Zwecklosigkeit entbehrlich, wenn der Schuldner die Erfüllung oder die Mangelbeseitigung bestimmt, ernstlich und endgültig verweigert und sich damit vom Vertrag lossagt.[64] Eine trotz der ernsthaften und endgültigen Erfüllungsverweigerung durch den Schuldner erfolgte Fristsetzung wäre nutzlose Förmelei. Das ist vor allem dann der Fall, wenn der Unternehmer seine Pflicht zur Gewährleistung schlechthin bestreitet oder wenn er die Beseitigung des Mangels in anderer Weise endgültig verweigert.[65]

25

An die Voraussetzungen einer endgültigen Erfüllungsverweigerung sind strenge Anforderungen zu stellen. Dafür genügen nicht bloße Meinungsverschiedenheiten über den Vertragsinhalt oder vom Schuldner geäußerte rechtliche Zweifel an der Wirksamkeit des Vertrages. Eine endgültige Nachbesserungsverweigerung liegt auch nicht ohne Weiteres in dem Bestreiten von Mängeln. Das Bestreiten von Mängeln auch innerhalb eines Rechtsstreits ist das prozessuale Recht des Schuldners. Vielmehr müssen zu dem bloßen Bestreiten weitere Umstände hinzutreten, welche die Annahme rechtfertigen, dass der Schuldner über das Bestreiten der Mängel hinaus bewusst und endgültig seinen Vertragspflichten nicht nachkommen will und es damit ausgeschlossen erscheint, dass er sich von einer Fristsetzung (mit Ablehnungsandrohung) werde umstimmen lassen.[66] Die ernsthafte und endgültige Erfüllungsverweigerung kann auch in einem schlüssigen Verhalten liegen.[67]

---

62 OLG Düsseldorf 16.08.1995, 22 U 256/93, BauR 1996, 396, 398; OLG Celle, 01.07.2004, 14 U 233/03, IBR 2004, 564.
63 PWW/*Leupertz*,, § 637 Rn. 8; BGH, 13.09.2001, VII ZR 392/00, BauR 2002, 86, 88.
64 Bamberger/Roth/*Voit*, § 637 Rn. 4, § 636 Rn. 19; BGH, 15.05.1986, VII ZR 176/85, BauR 1986, 573, 575; BGH, 20.04.2000, VII ZR 164/99, BauR 2000, 1479, 1481; BGH, 09.10.2008, VII ZR 80/07, IBR 2009, 14.
65 MüKo-BGB/*Busche*, § 636 Rn. 13; BGH, 15.03.1990, VII ZR 311/88, BauR 1990, 466; BGH, 05.12.2002, VII ZR 360/01, BauR 2003, 386, 387.
66 *Kniffka*, IBR-Online-Kommentar, § 637 Rn. 22; BGH, 12.01.1993, X ZR 63/91, NJW-RR 1993, 882, 883; BGH, 07.03.2002, III ZR 12/01, NJW 2002, 1571, 1573; BGH, 21.12.2005, VIII ZR 49/05, NJW 2006, 1195, 1197 (zum neuen Kaufrecht).
67 *Kniffka*, IBR-Online-Kommentar, § 637 Rn. 22; BGH, 07.03.2003, III ZR 12/01, NZBau 2002, 327, 329.

26 Eine endgültige Erfüllungsverweigerung liegt auch dann nicht vor, wenn der Unternehmer zwar die Durchführung der seitens des Auftraggebers gewünschten Art der Nachbesserung verweigert, jedoch gleichzeitig eine andere Art der Nachbesserung, die objektiv geeignet ist, den Mangel zu beseitigen und dem Besteller auch zumutbar ist, anbietet. Dies gilt insbesondere dann, wenn der Unternehmer seinen Mangelbeseitigungsvorschlag durch ein Sachverständigengutachten belegt hat. Verweigert der Besteller die Entgegennahme dieses Mangelbeseitigungsangebotes, obwohl er den Unternehmer grundsätzlich zur Mangelbeseitigung aufgefordert hat, verhält er sich treuwidrig (§ 242 BGB). Die in § 634 BGB dargestellten Rechte stehen ihm daher nicht zu.[68] Eine ernsthafte und endgültige Erfüllungsverweigerung ist stets von einer für den Unternehmer rechtsgeschäftlich bevollmächtigten Person zu erklären. Allein die Aussage des Bauleiters bei der Abnahme, es würden keine Mängel mehr beseitigt werden, reicht hierfür nicht aus, wenn nicht dargetan bzw. zumindest ersichtlich ist, dass der Bauleiter eine Stellung innehatte, aus welcher der Besteller schließen konnte, diese Verweigerung sei das letzte Wort des Unternehmers.[69]

27 Eine Fristsetzung zur Fertigstellung der geschuldeten Leistung soll dem Schuldner, der sich bereits in Verzug befindet, nur noch eine letzte Gelegenheit gewähren, seine weitgehend fertig gestellte und im Wesentlichen abgeschlossene Leistung nunmehr endlich komplett zu erbringen und damit den Vertrag zu erfüllen. Wenn bis zum vereinbarten Fertigstellungszeitpunkt eines Bauvorhabens noch nicht einmal 2/3 der Bauleistung erbracht worden sind, ist diese noch nicht weitgehend fertig gestellt und im Wesentlichen abgeschlossen, so dass eine Fristsetzung entbehrlich sein kann. Dies erfordert eine Würdigung aller Umstände des Einzelfalles.[70]

2. Fixgeschäft, § 323 Abs. 2 Nr. 2 BGB

28 Die Vorschrift des § 323 Abs. 2 Nr. 2 BGB entspricht im Wesentlichen dem bisherigen § 361 BGB. Allerdings wird entsprechend § 376 HGB nicht nur eine Auslegungsregel »im Zweifel« formuliert, sondern ein gesetzliches Rücktrittsrecht wegen Pflichtverletzung durch Terminüberschreitung.[71] Entscheidend ist, dass der Besteller vertraglich den Fortbestand seines Erfüllungsinteresses an die Rechtzeitigkeit der Erfüllung durch den Unternehmer gebunden hat. Diese Bindung des Erfüllungsinteresses an die Einhaltung eines bestimmten Termins muss sich aus dem Vertrag oder aus den objektiven Umständen ergeben.[72] Allein aus der Vereinbarung einer fest bestimmten Liefer(end)zeit folgt noch nicht, dass mit Nichteinhaltung der Frist jedes Interesse des Bestellers an der Ausführung des Geschäfts entfiele. Hier wirkt sich jeder Zweifel gegen die Annahme eines Fixgeschäftes aus.[73]

3. Besondere Umstände, § 323 Abs. 2 Nr. 3 BGB

29 § 323 Abs. 2 Nr. 3 BGB ist als Auffangtatbestand für die durch die Nummern 1 und 2 nicht erfassten Fälle gedacht. Er deckt auch die bisher in § 326 Abs. 2 BGB geregelten Fälle ab, soweit es sich nicht um ein Fixgeschäft handelt.[74]

Besondere Umstände liegen vor, wenn die Fortsetzung des Vertrages dem Besteller auch unter Berücksichtigung des Interesses des Unternehmers an der Vertragserfüllung unzumutbar ist. Entscheidend ist hierbei nicht, ob der Unternehmer zur Beseitigung der Mängel fähig ist. Maßgeblich

---

68 BGH, 27.11.2003, VII ZR 93/01, BauR 2004, 501, 503.
69 KG 08.04.2008, 21 U 161/06, IBR 2009, 20.
70 OLG Hamm 31.05.2007, 24 U 150/04, BauR 2007, 1737, 1740.
71 BT-Drucks. 14/6040, Seite 185.
72 Bamberger/Roth/*Grothe*, § 323 Rn. 23; BGH, 18.04.1989, X ZR 85/88, NJW-RR 1989, 1373, 1374; BGH, 17.01.1990, VIII ZR 292/88, NJW 1990, 2065, 2067; BGHZ 110, 88, 96.
73 BGH, 14.03.1984, VIII ZR 287/82, ZIP 1984, 603, 605, WM 1984, 639, 641; BGH, 17.01.1990, VIII ZR 292/88, NJW 1990, 2065, 2067; BGHZ 110, 88, 96.
74 BT-Drucks. 14/6040, Seite 186.

ist allein, ob der Besteller zu Recht das Vertrauen in die Leistungsfähigkeit des Unternehmers verloren hat. Die Vertragsfortführung kann dem Besteller z.B. dann unzumutbar sein, wenn der Unternehmer in einer ungewöhnlichen Häufigkeit gegen die anerkannten Regeln der Technik verstoßen hat und die Verstöße zu gravierenden Mängeln geführt haben, welche auch die Standfestigkeit des Gebäudes in Frage stellen.[75]

II. Ausnahmefälle des § 637 Abs. 2 S. 2 BGB

Im Interesse eines Gleichlaufs mit dem Kaufrecht (§ 440 BGB), dort veranlasst durch die Verbrauchsgüterkaufrichtlinie, enthält § 637 Abs. 2 S. 2 BGB zwei weitere Kriterien für die Entbehrlichkeit einer Fristsetzung: Fehlschlagen der Mangelbeseitigung und Unzumutbarkeit der Mangelbeseitigung für den Besteller; 30

1. Nacherfüllung fehlgeschlagen

Die im Kaufrecht in § 440 S. 2 BGB enthaltene Definition, dass die Nachbesserung nach dem zweiten erfolglosen Nachbesserungsversuch als fehlgeschlagen gilt, wurde im Werkvertragsrecht nicht aufgenommen und ist auch nicht analog anwendbar.[76] Der Begriff »fehlgeschlagen« wurde aus § 11 Nr. 10b AGBG übernommen.[77] 31

Die wesentlichen Erscheinungsformen des Fehlschlagens sind die objektive oder subjektive Unmöglichkeit, die Unzulänglichkeit, die unberechtigte Verweigerung, die ungebührliche Verzögerung und der misslungene Versuch der Nachbesserung.[78]

Grundsätzlich muss der Mangel in einem angemessenen Zeitraum tatsächlich behoben werden. Die Zahl der Nachbesserungsversuche ist dabei eher zweitrangig, aber auch nicht ohne Bedeutung, weil die Zahl der erforderlichen Versuche auch die Bemessung des angemessenen Zeitraums bestimmt.[79] Für die Frage, wie viele Nachbesserungsversuche dem Unternehmer zu gestatten sind, kommt es auf die konkreten Umstände des Einzelfalles an. Entscheidend ist insbesondere, wie wichtig für den Besteller das schnelle Erlangen des mangelfreien Werkes ist und ob die bisher erfolgten Nachbesserungsversuche den Rückschluss zulassen, dass auch weitere Versuche erfolglos sein werden.[80] Es kann bereits nach dem ersten Nachbesserungsversuch feststehen, dass die Nachbesserung fehlgeschlagen ist.[81] Dies betrifft insbesondere Fälle, in denen es dem Auftragnehmer nicht gelingt, die Ursache für die gerügte Mangelerscheinung zu beseitigen.[82] Wenn nicht noch weitere Umstände hinzutreten, die die Nacherfüllung aus Sicht des Bestellers unzumutbar machen, wird man dem Unternehmer im Regelfall jedoch mehr als einen Nachbesserungsversuch zugestehen müssen.[83] Hier kann § 440 S. 2 BGB zumindest zur Orientierung herangezogen werden.[84]

---

75 BGH, 08.05.2008, VII ZR 201/07, NZBau 2008, 576, 577.
76 *Voppel*, BauR 2002, 843, 851; a.A. *Knütel*, BauR 2002, 689, 692.
77 BT-Drucks. 14/6040, Seite 233.
78 *Drossart*, in: Kuffer/Wirth, S. 424 Rn. 102; BGH, 02.02.1994, VIII ZR 262/92, NJW 1994, 1004, 1005.
79 BT-Drucks. 14/6040, Seite 234.
80 Staudinger/*Peters*, § 634 Rn. 60; OLG Köln, 08.03.1985, 6 U 182/84, BauR 1986, 441, 442.
81 *Kniffka*, IBR-Online-Kommentar, § 637 Rn. 28; OLG Bremen 24.02.2005, 5 U 35/04 (Nichtzulassungsbeschwerde durch Beschluss des BGH v. 22.09.2005, VII ZR 76/05, zurückgewiesen), IBR 2005, 673.
82 BGH, 03.07.1997, VII ZR 210/96, BauR 1997, 1029, 1030.
83 Vgl. BGH, 06.05.1982, VII ZR 74/81, NJW 1982, 2243, 2244 (2 Nachbesserungsversuche), OLG Bremen 07.09.2005, 1 U 32/05a, IBR 2006, 1422 (3 Nachbesserungsversuche); BGH, 16.10.1984, X ZR 86/83, BGHZ 92, 308, 311, NJW 1985, 381, 382 (8 Nachbesserungsversuche).
84 *Dauner-Lieb/Dötsch*, NZBau 2004, 233, 234.

2. Nacherfüllung für Besteller unzumutbar

32 Die Unzumutbarkeit der Nachbesserung gem. § 637 Abs. 2 S. 2 BGB kann sich nur auf die Nacherfüllung gerade durch den Werkunternehmer beziehen, da der Besteller den mit der Nacherfüllung herbeizuführenden Erfolg jedenfalls im Wege der Ersatzvornahme erreichen will. Die Unzumutbarkeit der Nacherfüllung durch den Auftragnehmer soll einen Unterfall des Fehlschlagens der Nacherfüllung darstellen. Im Interesse eines Gleichlaufs mit dem Kaufrecht, dort veranlasst durch die Verbrauchsgüterkaufrichtlinie, wird dieses Kriterium dennoch neben dem Fehlschlagen gesondert genannt.[85]

Die Frage, wann eine Nacherfüllung durch den Auftragnehmer für den Besteller unzumutbar ist, hängt von den Umständen des Einzelfalls ab. Grundsätzlich liegt die Unzumutbarkeit der Nacherfüllung gerade durch den Auftragnehmer vor, wenn der Auftragnehmer ein für die Vertragsabwicklung notwendiges gegenseitiges **Vertrauen nachhaltig zerstört** hat, so dass eine Fortsetzung des Vertrages für den Besteller selbst dann unzumutbar ist, wenn die Vertragsverletzung innerhalb einer angemessenen Nachfrist behoben würde.[86] Der Besteller muss also mit gutem Grund das Vertrauen zum Auftragnehmer verloren haben oder befürchten, der Auftragnehmer werde sich seiner Pflicht zur Mangelbeseitigung entziehen. Dem steht es gleich, wenn diese Voraussetzung zwar erst nach Fristsetzung, aber vor Fristablauf eintritt. Auch dann wäre es sinnlos, den Besteller zu zwingen, erst das Ende der Frist abzuwarten.[87] Auch wenn der Auftragnehmer auf die Vorlage des den Werkmangel aufzeigenden Sachverständigengutachtens und auf die mehrfache Aufforderung, binnen angemessener Frist mit der Nachbesserung zu beginnen, weder mit einer Erwiderung noch mit Nachbesserungsarbeiten reagiert, ist es dem Besteller nicht zuzumuten, noch eine in ihrer Angemessenheit kaum abschätzbare Vornahmefrist zu setzen und diese erst ablaufen zu lassen. Der Besteller hat dann berechtigten Anlass zur Sorge, der Auftragnehmer werde sich seiner Pflicht zur Mangelbeseitigung entziehen.[88]

33 Eine weitere Ausnahmesituation, in welcher von dem unter Fristsetzung gestellten Verlangen auf Nacherfüllung abgesehen werden kann, liegt dann vor, wenn der Besteller das **mangelfreie Werk sofort und ohne weitere Verzögerung benötigt**, um es selbst zu verwenden oder an seinen Abnehmer weiterzugeben und wenn die mit einer Nacherfüllung verbundene Verzögerung eine nicht unerhebliche Störung darstellt.[89] Eine solche, das besondere Interesse des Bestellers an der Entbehrlichkeit der Aufforderung zur Mangelbeseitigung rechtfertigende Ausnahmesituation kann die Verzögerung der Eröffnung eines Geschäftslokals oder die Androhung seiner Schließung sein.[90]

Eine Nacherfüllung durch den Auftragnehmer ist auch dann unzumutbar, wenn eine **Vielzahl von erheblichen Mängeln** vorliegt und allein der zeitliche und inhaltliche Aufwand einer Mangelbeseitigung so beträchtlich wäre, dass eine Kollision mit anderen vom Besteller im gleichen Gewerk auszuführenden Arbeiten unvermeidbar erscheint.[91] Auch eine **grob fehlerhafte Bauausführung** vermag jedoch einen tiefgreifenden Vertrauensverlust des Bestellers nicht mehr zu begründen, wenn sich der Besteller auf eine Mangelbeseitigung durch den Auftragnehmer bereits eingelassen und der Auftragnehmer abstimmungsgemäß mit der Mangelbeseitigung begonnen hatte.[92]

---

85 BT-Drucks. 14/6040, S. 266.
86 Bamberger/Roth/*Voit*, § 636 Rn. 22; BGH, 05.11.1980, VIII ZR 232/79, NJW 1981, 679, 680; BGH, 03.03.1998, X ZR 14/95, NJW-RR 1998, 1268, 1269.
87 BGH, 10.06.1974, VII ZR 4/73, BauR 1975, 137; BGH, 12.09.2002, VII ZR 344/01, BauR 2002, 1847, 1848.
88 *Neuhaus/Uhland*, ZAP Fach 5R, 493, 498; BGH, 08.07.1982, VII ZR 301/80, BauR 1982, 496, 497.
89 PWW/*Leupertz*, § 636 Rn. 9; BGH, 26.01.1993, X ZR 90/91, NJW-RR 1993, 560; BGH, 15.01.2002, X ZR 233/00, BauR 2002, 940, 944.
90 BGH, 15.01.2002, X ZR 233/00, BauR 2002, 940, 944.
91 Palandt/*Sprau*, § 636 Rn. 16; BGH, 07.03.2002, III ZR 12/01, BauR 2002, 1135, 1136.
92 OLG Frankfurt 29.01.2008, 5 U 130/07, IBR 2009, 135.

Ein **Insolvenzantrag des Auftragnehmers** beinhaltet grundsätzlich nicht die Unzumutbarkeit der 34
Nachbesserung. Auch in diesem Fall muss der Besteller dem Insolvenzverwalter eine Frist zur
Nacherfüllung setzen. Diese ist nur dann entbehrlich, wenn der Insolvenzverwalter gemäß § 103
Abs. 2 InsO mitteilt, dass er nicht mehr erfüllen möchte.[93] Will der Besteller sich darauf berufen,
dass eine Fristsetzung gegenüber dem Insolvenzverwalter sinnlos gewesen wäre, muss er darlegen,
dass dieser zur Mangelbeseitigung, sei es auch durch Beauftragung eines Drittunternehmers, nicht
in der Lage gewesen wäre.[94]

Im Einzelfall kann es die Pflicht zur Gleichbehandlung der Insolvenzgläubiger sowie zur Massenmehrung dem Insolvenzverwalter unzumutbar machen, die Nacherfüllung für den Besteller anzunehmen. Entsprechende Voraussetzungen sind stets gegeben, wenn der Bauherr die ihm aus dem Generalunternehmervertrag zustehenden Ansprüche auf Beseitigung der Mängel gegen den Insolvenzverwalter nicht mehr durchsetzen kann. Hat der Auftraggeber des Schuldners wegen der Mängel des Bauwerks nur eine Insolvenzforderung, ist dem Insolvenzverwalter die Beseitigung der Mängel durch den Nachunternehmer aus rechtlichen und wirtschaftlichen Gründen nicht mehr zuzumuten.[95]

Würde der Insolvenzverwalter in einem solchen Fall die Nachbesserung durch den Nachunternehmer vornehmen lassen, liefe dies auf eine bevorzugte Befriedigung eines einzelnen Insolvenzgläubigers auf Kosten der Gläubigergesamtheit hinaus. Der Masse entginge nicht nur ein Zahlungsanspruch gegen den Nachunternehmer, der mangelhaft geleistet hat. Sie wäre auch Haftungsrisiken gegenüber dem Besteller ausgesetzt, weil dieser ein solches Verhalten als Vereinbarung über eine von der Masse zu leistende Mangelbeseitigung verstehen dürfte.[96]

D. Kostenvorschussanspruch, Absatz 3

I. Grundsätzliches

1. Inhalt des Anspruches

Nach ständiger Rechtsprechung des BGH[97] kann der Besteller bereits vor Durchführung der 35
Selbstvornahme von dem Unternehmer verlangen, dass dieser ihm die zur Beseitigung der Mängel
erforderlichen Kosten vorschießt. Dieser Vorschussanspruch wurde durch das Schuldrechtsmodernisierungsgesetz in Anlehnung an § 669 BGB in § 637 Abs. 3 BGB ausdrücklich geregelt.[98]

Der Kostenvorschuss stellt einen vorweggenommenen und abzurechnenden Aufwendungsersatz
gem. § 637 Abs. 1 BGB dar und ist letztlich aus § 242 BGB herzuleiten. Es wäre unbillig, wenn
der Besteller sich nach der Erschöpfung der für das Bauwerk vorgesehenen Gelder zusätzliche
Mittel für die Aufwendungen beschaffen müsste, die im Ergebnis der Auftragnehmer zu tragen
hat.[99]

Dem Besteller steht ein Anspruch auf Zahlung eines Kostenvorschusses unter denselben Voraussetzungen zu wie der Anspruch auf Selbstvornahme. Es kann daher diesbezüglich auf die obigen

---

93 *Drossart*, in: Kuffer/Wirth, S. 424 Rn. 103; OLG Celle 14.12.1994, 11 U 12/94, BauR 1995, 856, 857; OLG Düsseldorf 14.12.1992, 22 U 154/92, NJW-RR 1993, 1110, 1111.
94 OLG Celle 14.12.1994, 11 U 12/94, BauR 1995, 856.
95 BGH, 10.08.2006, IX ZR 28/05, BauR 2006, 1884, 1885.
96 *Kniffka*, IBR-Online-Kommentar, § 637 Rn. 30; BGH, 10.08.2006, IX ZR 28/05, BauR 2006, 1884, 1886.
97 BGH, 02.03.1967, VII ZR 215/64, BGHZ 47, 272, 274, NJW 1967, 1366, 1367; BGH, 05.05.1977, VII ZR 36/76, BGHZ 68, 372, 378; BGH, 20.05.1985, VII ZR 266/84, BGHZ 94, 330, 334.
98 BT-Drucks. 14/6040, S. 266.
99 MüKo-BGB/*Busche*, § 637 Rn. 19; BGH, 13.07.1970, VII ZR 176/68, BGHZ 54, 244, 247, NJW 1970, 2019, 2020; BGH, 20.05.1985, VII ZR 266/84, BGHZ 94, 330, 334, NJW 1985, 2325, 2326.

Ausführungen zu § 637 Abs. 1 BGB verwiesen werden. Insbesondere deckt sich auch der Begriff der »erforderlichen Aufwendungen« des § 637 Abs. 3 BGB mit dem des § 637 Abs. 1 BGB.

36 Der Besteller kann mit seinem Kostenvorschussanspruch gegenüber dem Werklohnanspruch des Auftragnehmers die **Aufrechnung** erklären. Dem stehen die Zweckgebundenheit des Vorschusses und die Verpflichtung zur Abrechnung nicht entgegen.[100] Gerät der Auftragnehmer mit der Zahlung des Kostenvorschusses an den Besteller in Verzug, hat er den Vorschuss entsprechend zu **verzinsen**. Dasselbe gilt auch bei Rechtshängigkeit. Würde man die Verzinslichkeit verneinen, würde dies bedeuten, dass der Besteller, der ohnehin durch die mangelhafte Leistungserbringung sowie durch die weitere Untätigkeit des Auftragnehmers in seinem geschützten Interesse doppelt beeinträchtigt ist, durch eine weitere (insbesondere böswillige) Verzögerung bei der Auszahlung noch mehr geschädigt werden könnte.[101] Die Verzinsung richtet sich nach § 288 Abs. 1 BGB und § 288 Abs. 2 BGB. Einen darüber hinausgehenden Zinsschaden kann der Besteller dagegen unter Berücksichtigung des Sinns und Zwecks des Vorschussanspruches nicht geltend machen.

Der Besteller darf den Vorschuss nicht zur Rückführung seines Schuldsaldos einsetzen, sondern muss ihn zur Mangelbeseitigung verwenden.[102]

Der Kostenvorschussanspruch entfällt nicht schon allein dadurch, dass der Auftragnehmer tatsächlich Nachbesserungsarbeiten durchgeführt und die Mängel dadurch beseitigt hat. Der Auftragnehmer ist nach Ablauf der ihm zur Nacherfüllung gesetzten Frist gehindert, ohne Zustimmung des Bestellers nachzubessern. Nach Ablauf der Frist ist der Besteller nicht verpflichtet, die vom Auftragnehmer angebotene Nachbesserung anzunehmen.[103] Würde die durchgeführte Nachbesserung ohne Zustimmung des Bestellers zu einem Wegfall des Kostenvorschussanspruches führen, hätte der Auftragnehmer die Möglichkeit, dem Besteller das bereits entstandene Recht auf Selbstvornahme zu nehmen. Die Frage, in welchem Umfang in einem derartigen Fall der Kostenvorschuss zur Mangelbeseitigung notwendig war, ist erst im Rahmen der Abrechnung des Vorschusses zu klären.[104]

2. Prozessuale Besonderheiten

37 Mit der Vorschussklage wird ein einheitlicher Anspruch auf Ersatz der voraussichtlichen Mangelbeseitigungskosten geltend gemacht. Die Klage umfasst den Vorschussanspruch in der Höhe, in der er zur Beseitigung des Mangels sachlich erforderlich ist. Der Vorschuss stellt aber nichts Endgültiges dar, sondern **muss abgerechnet werden**. Gegebenenfalls kann eine Nachzahlung verlangt werden.[105] Die Wirkung der Vorschussklage ist nicht auf den eingeklagten Betrag beschränkt. Vielmehr umfasst sie hinsichtlich der **Hemmung der Verjährung** auch spätere Erhöhungen, sofern diese denselben Mangel betreffen.[106]

---

100 MüKo-BGB/*Busche*, § 637 Rn. 24 m.w.N.; BGH, 13.07.1970, VII ZR 176/68, BauR 1970, 237, 238; BGH, 25.01.2007, VII ZR 41/06, BauR 2007, 700 702, 703.
101 BGH, 14.04.1983, VII ZR 258/82, BauR 1983, 365, 366; BGH, 20.05.1985, VII ZR 266/84, BauR 1985, 569, 570.
102 OLG Karlsruhe 28.10.2004, 17 U 19/01, IBR 2006, 135 (Nichtzulassungsbeschwerde durch Beschluss BGH v. 10.11.2005, VII ZR 289/04 zurückgewiesen).
103 Bamberger/Roth/*Voit*, § 637 Rn. 8; BGH, 27.02.2003, VII ZR 338/01, BauR 2003, 693, 694.
104 OLG Nürnberg 28.07.2005, 13 U 896/05, NZBau 2006, 514, 515.
105 BGH, 18.03.1976, VII ZR 41/74, BGHZ 66, 138, 141; BGH, 18.03.1976, VII ZR 35/75, BGHZ 66, 142, 149; BGH, 25.09.2008, VII ZR 204/07, BauR 2008, 2041, 2042.
106 PWW/*Leupertz*, § 637 Rn. 12; BGH, 10.11.1988, VII ZR 140/87, BauR 1989, 81, 83; BGH, 25.09.2008, VII ZR 204/07, BauR 2008, 2041, 2042.

Dies gilt unabhängig davon, worauf die Erhöhung zurückzuführen ist.[107] Es ist daher unerheblich, ob der Erhöhungsbetrag von vorne herein in die Vorschussforderung hätte einbezogen werden können oder ob sich zwischenzeitliche Kostensteigerungen ergaben oder neue Erkenntnisse zu einem größeren Schadensumfang führen. Solange der Vorschuss nur neu beziffert wird, ist die Verjährungshemmung mit der ursprünglichen Geltendmachung des Kostenvorschusses insgesamt eingetreten.[108] Erhebt der Besteller hingegen nur eine Teilklage, tritt hierdurch keine umfassende Hemmung ein.[109]

Aus diesem auch in die Zukunft gerichteten Wesen einer Vorschussklage folgt, dass ein Vorschussurteil gleichzeitig auch **Elemente eines Feststellungsurteils** enthält. Dem Grunde nach wird die Verpflichtung des Auftragnehmers festgestellt, die voraussichtlichen Mangelbeseitigungskosten zu tragen, auch wenn das so im Tenor des Urteils keinen Ausdruck findet. Diese Feststellung bezieht sich grundsätzlich nicht nur auf Nachforderungen in Form eines weiteren Vorschusses, sondern auch auf solche in Form von bei der Sanierung angefallenen, den gezahlten Vorschuss übersteigenden Selbstvornahmekosten. Der Auftragnehmer muss daher so lange mit Nachforderungen rechnen, wie die Kosten der Mangelbeseitigung nicht endgültig feststehen. Die Vorschussklage ist regelmäßig so zu verstehen, dass gleichzeitig die Nachschusspflicht des Auftragnehmers für den Fall festgestellt werden soll, dass der ausgeurteilte Vorschuss nicht ausreicht. Neben der Vorschussklage ist aus diesem Grunde eine Feststellungsklage zum Zwecke der Verjährungsunterbrechung entbehrlich.[110] Wird dennoch eine Feststellungsklage erhoben, hat sie lediglich klarstellende Funktion[111], [112]

Der Klageerhebung wegen des Vorschussanspruches kann die **Prozessaufrechnung** mit ihm nicht gleichgestellt werden. Die Wirkungen der Aufrechnung beschränken sich von vornherein auf den Klageanspruch, gegen den aufgerechnet wird. Gehemmt werden kann also die Verjährung immer nur insoweit, wie Aufrechnung erklärt wird. Der Vorschussanspruch unterscheidet sich insoweit nicht von einem anderen, zur Aufrechnung gestellten Anspruch.[113]

38

Wechselt der Besteller im Prozess von einem Anspruch auf Kostenvorschuss zu dem auf Schadenersatz, so liegt hierin eine **Klageänderung** i.S.d. § 263 ZPO. Vorschuss- und Schadenersatzbegehren sind ihrem Wesen nach verschieden und begründen unterschiedliche Streitgegenstände. Dem Besteller obliegt es nach Erhalt des Kostenvorschusses, diesen zur Mangelbeseitigung einzusetzen. Er muss später abrechnen und nachweisen, dass er den gezahlten Betrag dafür verwendet hat. Bei der Abrechnung kann sich sowohl eine Nachzahlungspflicht des Unternehmers als auch eine Erstattungspflicht des Bestellers ergeben. Im Gegensatz dazu wird im Schadenersatzprozess endgültig entschieden. Hierbei ist unerheblich, ob das als Schadenersatz Geleistete zur Mangelbeseitigung benutzt wird. Eine Abrechnung findet nicht statt. Aus diesem Grunde handelt es sich beim Übergang von einem Kostenvorschussanspruch zum Schadenersatzanspruch bzw. andersherum nicht um eine Erweiterung oder eine Beschränkung des jeweils anderen i.S.d. § 264 Nr. 2 ZPO, sondern um einen Wechsel des Streitgegenstandes.[114]

---

107 *Kniffka*, IBR-Online-Kommentar, § 637 Rn. 77; BGH, 10.11.1988, VII ZR 140/87, BGHZ 66, 138, 141, 142.
108 PWW/*Leupertz*, § 637 Rn. 12; BGH, 01.02.2005, X ZR 112/02, NZBau 2005, 514, 515.
109 BGH, 18.03.1976, VII ZR 35/75, BauR 1976, 202, 204; *Kniffka*, IBR-Online-Kommentar, § 637 Rn. 73.
110 Erman/*Schwenker*, § 637 Rn. 17; BGH, 18.03.1976, VII ZR 41/74, BGHZ 66, 138, 142.
111 BGH, 10.11.1988, VII ZR 140/87, BauR 1989, 81, 83.
112 BGH, 25.09.2008, VII ZR 204/07, BauR 2008, 2041, 2043.
113 BGH, 24.04.1986, VII ZR 262/85, NJW-RR 1986, 1079.
114 Werner/*Pastor*, Rn. 1602; BGH, 13.11.1997, VII ZR 100/97 BauR 1998, 369, 370.

II. Besondere Voraussetzungen des Kostenvorschussanspruches

39 Der Zweck des Kostenvorschussanspruches ist es, dem Besteller die Aufwendung eigener Mittel zur Nachbesserung zu ersparen.[115] Daraus folgt, dass der Kostenvorschussanspruch nur besteht, wenn der Besteller auch **ernsthaft vorhat, die Mängel im Rahmen der Selbstvornahme zu beseitigen**. Strebt der Besteller in Wirklichkeit eine Minderung der Vergütung oder Schadensersatz an, obwohl deren weitergehende Voraussetzungen möglicherweise nicht gegeben sind, steht ihm kein Kostenvorschussanspruch zu.[116] Dasselbe gilt, wenn der Besteller eine Selbstvornahme gar nicht durchführen kann, etwa weil die von ihm angestrebte Mangelbeseitigung im Innenverhältnis gegenüber einer Wohnungseigentümergemeinschaft nicht durchsetzbar ist.[117]

Beweispflichtig für die Behauptung, der Besteller sei nicht ernsthaft daran interessiert, die Mängel tatsächlich beseitigen zu lassen, ist der Unternehmer. Allein eine lange Prozessdauer rechtfertigt nicht die Annahme, der Besteller wolle nicht mehr nachbessern.[118] Auch der Umstand, dass der Besteller prozessual vorrangig Minderung verlangt und hilfsweise mit einem Kostenvorschussanspruch aufrechnet, rechtfertigt nicht die Annahme, der Besteller wolle die Mängel nicht mehr beseitigen lassen.[119]

40 Kann der Besteller sich aus zurückbehaltenem Werklohn befriedigen, ist der Vorschussanspruch zu versagen.[120] Der Besteller ist allerdings nicht verpflichtet, sich anstelle der Forderung eines Kostenvorschusses aus einem Sicherheitseinbehalt zu bedienen oder eine Bürgschaft für Mängelansprüche zu ziehen. Sofern nichts anderes vereinbart ist und solange ein weiteres Sicherungsbedürfnis besteht, kann der Besteller seine Gewährleistungsansprüche grundsätzlich verfolgen, ohne auf die vom Auftragnehmer gestellten **Sicherheiten** zurückgreifen zu müssen. Das folgt aus dem Wesen und Zweck einer Sicherheit für Mängelansprüche.[121]

III. Schätzung der erforderlichen Kosten

41 Der Anspruch auf einen Kostenvorschuss für die Mangelbeseitigung besteht in Höhe der »**voraussichtlichen**« oder »**mutmaßlichen**« Kosten.[122] An die Darlegungen zur Anspruchshöhe dürfen beim Vorschuss nicht die gleichen strengen Anforderungen gestellt werden wie bei den Kosten einer Ersatzvornahme. Diese müssen abschließend und im Einzelnen genau vorgetragen und nachgewiesen werden. Ein Vorschuss dagegen kann nicht in gleichem Maße genau begründet werden, da es nur um voraussichtliche Aufwendungen geht. Er ist auch keine abschließende, sondern nur eine vorläufige Zahlung. Nach Durchführung der Selbstvornahme muss der Besteller die Kosten abrechnen. Der Besteller ist nicht verpflichtet, die Mangelbeseitigungskosten durch ein Sachverständigengutachten zu ermitteln. Es ist vielmehr ausreichend, wenn er die Kosten schätzt und für den Fall, dass der Auftragnehmer die Kosten bestreitet, ein Sachverständigengutachten als Beweis anbietet.[123]

---

115 *Voit*, in: Bamberger/Roth, § 637 Rn. 19; BGH, 02.03.1967, VII ZR 215/64, BGHZ 47, 272, 273.
116 BGH, 02.03.1967, VII ZR 215/64, BGHZ 47, 272, 274, 275; BGH, 05.04.1984, VII ZR 167/83, BauR 1984, 406, 408.
117 BGH, 05.05.1977, VII ZR 36/76, BGHZ 68, 372, 378, NJW 1977, 1336, 1338.
118 BGH, 11.11.1999, VII ZR 403/98, BauR 2000, 411, 413.
119 BGH, 14.01.1999, VII ZR 19/98, BauR 1999, 631, 632.
120 BGH, 20.01.2000, VII ZR 224/98, BauR 2000, 881, 885; *Kniffka*, IBR-Online-Kommentar, § 637 Rn. 62; a.A. MüKo-BGB/*Busche*, § 637 Rn. 20.
121 OLG Hamm 30.10.1995, 17 U 83/94, BauR 1997, 141, 142; BGH, 08.07.1982, VII ZR 96/81, NJW 1982, 2494.
122 BGH, 05.05.1977, VII ZR 36/76, BauR 1977, 271, 274; BGH, 22.02.2001, VII ZR 115/99, BauR 2001, 789, 790.
123 Ingenstau/Korbion/*Wirth*, § 13 Abs. 5 Rn. 206; BGH, 14.01.1999, VII ZR 19/98, BauR 1999, 631, 632; BGH, 22.02.2001, VII ZR 115/99, BauR 2001, 789, 790; BGH, 08.05.2003, VII ZR 407/01, BauR 2003, 1247, 1248.

Bei mehreren Möglichkeiten der Nachbesserung ist dem Kostenvorschussanspruch bei gleichen Erfolgsaussichten stets die **günstigste Methode** zu Grunde zu legen. Die diesbezügliche Beweislast liegt beim Besteller.[124] Des Weiteren muss sich der Besteller auch auf einen Vorschussanspruch einen Vorteilsausgleich anrechnen lassen.[125]

Ein etwaiger **merkantiler Minderwert** wird bei der Berechnung des Kostenvorschussanspruches nicht berücksichtigt. Dieser umfasst lediglich die mutmaßlichen Nachbesserungskosten.[126]

IV. Abrechnung

Die Verurteilung des Auftragnehmers zur Zahlung eines Vorschusses für die Mangelbeseitigung enthält zugleich die Pflicht zur Abrechnung.[127] Der Besteller ist auch gegenüber dem **Gewährleistungsbürgen** auf erstes Anfordern verpflichtet, abzurechnen. Unterlässt er dies, muss er den Bürgschaftsbetrag zurückzahlen.[128]

42

Der Besteller muss den für die Mangelbeseitigung nicht in Anspruch genommenen Vorschuss zurückerstatten.[129] Reicht der Kostenvorschuss nicht aus, ist der Auftragnehmer zum Nachschuss verpflichtet.[130]

Im Rahmen der Abrechnung muss der Besteller seine Aufwendungen für die Mangelbeseitigung nachweisen. Den für die Mangelbeseitigung nicht in Anspruch genommenen Betrag muss er einschließlich der darauf entfallenden **Zinsen** zurückzahlen.[131] Zinsen, die der Besteller auf den für die Mangelbeseitigung verwendeten Teil des Kostenvorschusses erhalten hat, muss er allerdings nicht an den Auftragnehmer auszahlen.[132]

Der Besteller muss die Mangelbeseitigung binnen **angemessener Frist** durchführen. Ist die Mangelbeseitigung binnen der angemessenen Frist nicht durchgeführt oder findet die Mangelbeseitigung überhaupt nicht mehr statt, ist der Besteller grundsätzlich zur Abrechnung und Rückzahlung des erhaltenen Vorschusses verpflichtet.[133] Welche Frist für die Mangelbeseitigung angemessen ist, ist im Einzelfall unter Berücksichtigung aller Umstände zu ermitteln, die für diese maßgeblich sind. Eine Anknüpfung an starre Fristen verbietet sich von vornherein.[134] Der Besteller muss die Mangelbeseitigung ohne schuldhaftes Zögern in Angriff nehmen und durchführen. Allerdings kann nicht allein darauf abgestellt werden, in welcher Zeit ein Bauunternehmer üblicherweise die Mängel beseitigt hätte. Vielmehr ist auch auf die persönlichen Verhältnisse des Bestellers Rücksicht zu nehmen, dem die Mangelbeseitigungsmaßnahmen durch den Auftragnehmer dadurch aufgedrängt werden, dass dieser die Mangelbeseitigung nicht innerhalb der ihm gesetzten Frist vorgenommen oder sie sogar endgültig verweigert hat. Es müssen insbesondere auch die Schwierigkeiten berücksichtigt werden, die sich für den Besteller ergeben, weil er in der Beseiti-

43

---

124 *Kniffka*, IBR-Online-Kommentar, § 637 Rn. 67.
125 OLG Dresden 21.03.2007, 6 U 219/03, BauR 2008, 693, 694.
126 MüKo-BGB/*Busche*, § 637 Rn. 23; BGH, 24.10.1996, VII ZR 98/94, BauR 1997, 129, 131.
127 Werner/Pastor/*Pastor*, Rn. 1605; BGH, 20.02.1986, VII ZR 318/84, BauR 1986, 345, 346, 347.
128 OLG Braunschweig 06.03.2003, 8 U 85/02, BauR 2003, 1234.
129 BGH, 20.05.1985, VII ZR 266/84, BauR 1985, 569, 570; BGH, 07.07.1988, VII ZR 320/87, BauR 1988, 592, 593; BGH, 14.01.2010, VII ZR 108/08, NJW 2010, 1192, 1193.
130 Ingenstau/Korbion/*Wirth*, § 13 Abs. 5 Rn. 207; BGH, 25.09.2008, VII ZR 204/07, BauR 2008, 2041, 2043.
131 BGH, 20.05.1985, VII ZR 266/84, BauR 1985, 569, 570; BGH, 07.07.1988, VII ZR 320/87, BGHZ 105, 103, 106; BGH, 14.01.2010, VII ZR 108/08, NJW 2010, 1192, 1194.
132 Bamberger/Roth/*Voit*, § 637 Rn. 16; BGH, 20.05.1985, VII ZR 266/84, BauR 1985, 569, 570.
133 *Kohler*, in: Ganten/Jagenburg/Motzke, § 13 Nr. 5 Rn. 167; BGH, 14.01.2010, VII ZR 108/08, NJW 2010, 1192, 1194.
134 BGH, 14.01.2010, VII ZR 108/08, NJW 2010, 1192, 1194; a.A. OLG Oldenburg, 17.04.2008, 8 U 2/08, IBR 2008, 570; OLG Celle 12.03.2002, 16 U 138/01, IBR 2002, 308 (nehmen Richtwert von einem halben bis zu einem Jahr an).

gung von Baumängeln unerfahren ist und hierfür fachkundige Beratung benötigt. Da der Auftragnehmer durch seine Vertragswidrigkeit die Ursache dafür gesetzt hat, dass der Besteller die Mangelbeseitigung nunmehr selbst organisieren muss, ist hierbei ein großzügiger Maßstab anzulegen. Zweifel gehen insoweit zu Lasten des Auftragnehmers, der den Ablauf einer angemessenen Frist zur Mangelbeseitigung unter Berücksichtigung einer sekundären Darlegungslast des Bestellers zu seinen persönlichen Umständen darzulegen und zu beweisen hat.[135]

V. Rückforderungsanspruch des Auftragnehmers

44 Der Auftragnehmer hat einen Rückforderungsanspruch in Höhe des nicht zweckentsprechend verbrauchten Vorschusses. Dieser Anspruch ist kein Bereicherungsanspruch, sondern ein aus Treu und Glauben entwickelter **Anspruch aus dem Vertragsverhältnis**.[136] Maßgeblich für das Entstehen des Rückforderungsanspruches ist der Wegfall des mit der Vorschusszahlung verbundenen Zwecks. Der Vorschuss wird dem Besteller zweckgebunden zur Verfügung gestellt, damit dieser die Mangelbeseitigung vornimmt. Steht fest, dass die Mangelbeseitigung nicht mehr durchgeführt wird, so entfällt die Grundlage dafür, dass der Besteller die ihm zur Mangelbeseitigung zur Verfügung gestellten Mittel behält. Der Rückforderungsanspruch wird zu diesem Zeitpunkt fällig. Dies ist insbesondere dann der Fall, wenn der Besteller seinen Willen aufgegeben hat, die Mängel zu beseitigen.[137] Der Auftragnehmer muss darlegen und beweisen, dass der Besteller den Willen aufgegeben hat, die Mängel zu beseitigen. Hierfür besteht eine widerlegbare Vermutung, wenn die **angemessene Frist** für die Beseitigung der Mängel abgelaufen ist und der Besteller binnen dieser Frist noch keine Maßnahmen zur Mangelbeseitigung ergriffen hat. Die Frist beginnt regelmäßig, wenn der Besteller den Vorschuss erhalten hat.[138]

Hat der Besteller die Mangelbeseitigung durchgeführt, so muss er den Vorschuss abrechnen. Ergibt die Abrechnung einen Überschuss für den Besteller, ist dieser an den Auftragnehmer zu zahlen. Der Rückforderungsanspruch wird jedenfalls mit Vorlage der Abrechnung **fällig**. Der Anspruch wird aber auch ohne Vorlage einer Abrechnung fällig, wenn diese dem Besteller möglich und zumutbar ist. Ist dies ausnahmsweise nicht der Fall, kann eine Rückforderung noch nicht verlangt werden.[139]

45 Ein Rückforderungsanspruch entsteht auch dann, wenn der Besteller die Mangelbeseitigung nicht binnen angemessener Frist durchgeführt hat.[140] Dies gilt auch, wenn der Besteller nach Ablauf der angemessenen Frist zwar mit der Mangelbeseitigung begonnen, diese jedoch nicht zum Abschluss gebracht hat. In diesen Fällen sind allerdings die Gesichtspunkte von Treu und Glauben zu berücksichtigen. Der Besteller ist durch den Rückforderungsanspruch des Auftragnehmers im Falle der nicht rechtzeitigen Fertigstellung der Mangelbeseitigungsarbeiten nicht rechtlos gestellt. Er kann nach erfolgter Mangelbeseitigung seinen Kostenerstattungsanspruch geltend machen oder auch mit einem Schadensersatzanspruch aufrechnen, sofern dessen Voraussetzungen vorliegen.[141] Da die Wahl des Vorschusses das Rechtsverhältnis nicht umgestaltet, hat ein Vorschussanspruch auch **keine Beschränkung der Gewährleistungsansprüche** zur Folge. Der Besteller kann deshalb

---

135 *Kniffka*, IBR-Online-Kommentar, § 637 Rn. 89; BGH, 14.01.2010, VII ZR 108/08, NJW 2010, 1192, 1194.
136 BGH, 20.05.1985, VII ZR 266/84, BauR 1985, 569, 570; BGH, 14.01.2010, VII ZR 108/08, NJW 2010, 1192, 1193.
137 BGH, 05.04.1984, VII ZR 167/83, BauR 1984, 406, 408; BGH, 14.01.2010, VII ZR 108/08, NJW 2010, 1192, 1193.
138 *Kniffka*, IBR-Online-Kommentar, § 637 Rn. 89.
139 BGH, 01.02.1990, VII ZR 150/89, BGHZ 110, 205, 209; BGH, 14.01.2010, VII ZR 108/08, NJW 2010, 1192, 1194.
140 MüKo-BGB/*Busche*, § 637 Rn. 23; BGH, 14.01.2010, VII ZR 108/08, NJW 2010, 1192, 1194.
141 BGH, 14.01.2010, VII ZR 108/08, IBR 2010, 136; a.A. OLG Oldenburg 17.04.2008, 8 U 2/08, IBR 2008, 570.

zum Schadensersatzanspruch übergehen, solange der Mangel nicht beseitigt ist.[142] Die Möglichkeit der Rückforderbarkeit des Vorschusses wird daher in der Praxis eher die Ausnahme sein, da dem Besteller im Regelfall die Aufrechnungsmöglichkeit mit einem Schadensersatzanspruch zusteht.[143]

Der Rückforderungsanspruch des Auftragnehmers verjährt in der **regelmäßigen Verjährungsfrist** von drei Jahren nach § 195 BGB. Die Verjährungsfrist beginnt mit dem Schluss des Jahres, in dem der Anspruch entstanden ist und die subjektiven Voraussetzungen des § 199 Abs. 1 Nr. 2 BGB vorliegen.[144] Für die Fälligkeit des Rückforderungsanspruches ist somit auch die Kenntnis der Umstände, die zur Fälligkeit führen, erforderlich. In aller Regel wird der Auftragnehmer ohne Nachfrage beim Besteller oder dessen Rechenschaftsbericht nicht beurteilen können, ob beispielsweise eine angemessene Frist zur Mangelbeseitigung abgelaufen ist. Eine positive Kenntnis vom Ablauf der angemessenen Frist liegt selbst dann nicht vor, wenn sich im Nachhinein herausstellt, dass die für Bauunternehmer übliche Ausführungsfrist anzusetzen ist, weil keine besonderen Umstände im persönlichen Bereich des Bestellers vorliegen.[145] Grob fahrlässige Unkenntnis i.S.d. § 199 Abs. 1 Nr. 2 BGB liegt vor, wenn die im Verkehr erforderliche Sorgfalt in besonders schwerem Maße verletzt worden ist und der Gläubiger auch ganz naheliegende Überlegungen nicht angestellt oder das nicht beachtet hat, was im gegebenen Fall jedem hätte einleuchten müssen. Der Gläubiger muss es versäumt haben, eine gleichsam auf der Hand liegende Erkenntnismöglichkeit wahrzunehmen.[146]

46

§ 638 Minderung

(1) Statt zurückzutreten kann der Besteller die Vergütung durch Erklärung gegenüber dem Unternehmer mindern. Der Ausschlussgrund des § 323 Abs. 5 Satz 2 findet keine Anwendung.

(2) Sind auf der Seite des Bestellers oder auf der Seite des Unternehmers mehrere beteiligt, so kann die Minderung nur von allen oder gegen alle erklärt werden.

(3) Bei der Minderung ist die Vergütung in dem Verhältnis herabzusetzen, in welchem zur Zeit des Vertragsschlusses der Wert des Werkes in mangelfreiem Zustand zu dem wirklichen Wert gestanden haben würde. Die Minderung ist, soweit erforderlich, durch Schätzung zu ermitteln.

(4) Hat der Besteller mehr als die geminderte Vergütung gezahlt, so ist der Mehrbetrag vom Unternehmer zu erstatten. § 346 Abs. 1 und § 347 Abs. 1 finden entsprechende Anwendung.

Schrifttum
Aurnhammer Verfahren zur Bestimmung von Wertminderungen bei (Bau-) Mängeln und (Bau-) Schäden, BauR 1978, 356; *ders.* Der Wert des Sachverständigengutachtens – Der Beurteilungsweg über das Zielbaumverfahren, BauR 1983, 97; *Derleder* Der Bauträgervertrag nach der Schuldrechtsmodernisierung – Die Auswirkungen auf die Sachmängelgewährleistung, NZBau 2004, 237; *Pauly* Zur Frage der Berechnung des Minderungsbetrages und des Minderwertes beim Bauvertrag am Beispiel von Schallschutzmängeln, BauR 2002, 1321. Vgl. im übrigen die Hinweise bei § 634 BGB.

---

142 BGH, 07.07.1988, VII ZR 320/87, BGHZ 105, 103, 106; BGH, 14.01.2010, VII ZR 108/08, NJW 2010, 1192, 1194.
143 *Koeble,* Festschrift Jagenburg, S. 371, 372.
144 BGH, 23.09.2008, XI ZR 395/07, NJW 2009, 587.
145 BGH, 14.01.2010, VII ZR 213/07, NJW 2010, 1195, 1196.
146 BGH, 23.09.2008, XI ZR 395/07, NJW 2009, 587, 588; BGH, 14.01.2010, VII ZR 213/07, NJW 2010, 1195, 1197.

§ 638 BGB Minderung

Übersicht

	Rdn.
A. Strukturen	1
B. Voraussetzungen der Minderung	4
C. Minderungserklärung, § 638 Abs. 1 S. 1 BGB	5
I. Minderung als Willenserklärung	5
II. Bestimmtheit und Symptomrechtsprechung	6
III. Bindung an die Erklärung und Verhältnis zu anderen Mängelansprüchen	7
IV. Vertraglicher Ausschluss des Minderungsrechts	8
V. Verantwortlichkeit des Bestellers	9
VI. Beteiligung mehrerer Personen, § 638 Abs. 2 BGB	10
D. Rechtsfolgen	12
I. Ausschließlich Minderung des Vergütungsanspruchs	12
II. Berechnung des Minderungsbetrages, § 638 Abs. 3 BGB	15
1. Maßgeblicher Zeitpunkt	16
2. Berechnungsmethode	20
3. Feststellung des Werts im mangelfreien und mangelhaften Zustand	21
a) Zur Mängelbeseitigung erforderlicher Geldbetrag (Differenzmethode)	23
b) Technischer Minderwert	24
c) Merkantiler Minderwert	25
4. Schätzung des Minderungsbetrages, § 638 Abs. 3 S. 2 BGB	26
5. Minderung auf Null	27
6. Mitverschulden des Bestellers	28
III. Erstattung nicht geschuldeter Vergütung, § 638 Abs. 4 BGB	29
E. Verjährung	31
F. Prozessuales	32
I. Erklärung der Minderung im Prozess	32
II. Beweislast	34

A. Strukturen[1]

1 Durch das Schuldrechtsmodernisierungsgesetz[2] wurde § 638 BGB im Jahre 2002 neu gefasst. Diese Vorschrift übernimmt die Funktion des früheren § 634 Abs. 1, 2 und 4 BGB a.F.[3] Die Minderung wird allerdings nunmehr ohne Verweis auf das Kaufrecht unmittelbar im Werkvertragsrecht abschließend geregelt. Inhaltlich sind die Vorschriften von § 638 BGB annähernd identisch mit den kaufrechtlichen Regelungen in § 441 BGB.

2 Die Minderung ist seit der Schuldrechtsmodernisierung ein Gestaltungsrecht, § 638 Abs. 1 BGB. Übt der Besteller dieses Recht aus, so wird das Schuldverhältnis in Teilen umgestaltet (vgl. dazu noch u. Rdn. 13 f.). Die vom Besteller geschuldete Vergütung wird herabgesetzt. Die Höhe der Herabsetzung bestimmt sich nach der durch den Mangel verursachten Wertbeeinträchtigung des (Bau-)Werkes.[4] Die Berechnungsmethode hat der Gesetzgeber in § 638 Abs. 3 BGB normiert. Ob der Mangel erheblich ist, spielt im Rahmen der Minderung, anders als beim Rücktritt, gem. § 638 Abs. 1 S. 2 BGB keine Rolle; der Besteller kann auch bei unerheblichen Mängeln mindern.[5]

3 Wurde das Werk fertiggestellt und ist es auch nach Ablauf der Nacherfüllungsfrist mangelhaft, so kann der Besteller den Vergütungsanspruch des Unternehmers mindern. Eine vorherige Abnahme des mangelhaften Werkes ist nicht erforderlich, um die Mängelansprüche und damit das Minderungsrecht geltend zu machen.

B. Voraussetzungen der Minderung

4 Nach dem Wortlaut des § 638 Abs. 1 S. 1 BGB kann die Minderung nur anstatt des Rücktritts erklärt werden. Eine Minderung ist daher nur dann möglich, wenn der Besteller gem. §§ 633

---

[1] Für die wertvolle Unterstützung bei der Vorbereitung und Erstellung des Manuskripts danke ich Frau ass.iur. *Grete Langjahr*.
[2] Gesetz zur Modernisierung des Schuldrechts v. 26.11.2001 (BGBl, I S. 3138), in Kraft getreten am 01.01.2002.
[3] Messerschmidt/Voit/*Moufang*, § 638 Rn. 1.
[4] MüKo-BGB/*Busche*, § 638 Rn. 2.
[5] Kleine-Möller/Merl/*Merl*, § 15 Rn. 438.

Abs. 1, 634 Nr. 3, 323, (636) BGB zurücktreten könnte. Dies setzt zunächst voraus, dass das Werk mangelhaft erstellt wurde. Da das mangelbedingte Rücktrittsrecht an das Erfordernis einer erfolglos gesetzten angemessenen Frist zur Nacherfüllung geknüpft ist, muss zudem diese Frist verstrichen sein. Erst nach deren Ablauf kann der Besteller wirksam die Minderung erklären. Das Fristsetzungserfordernis ist in Ausnahmefällen entbehrlich, wenn die Mangelbeseitigung unmöglich ist (§ 326 Abs. 5 BGB), der Unternehmer die Leistung unberechtigt ernsthaft und endgültig verweigert (§§ 634 Nr. 3, 323 Abs. 2 Nr. 1 BGB, vgl. § 323 BGB Rdn. 8), der Erfüllungstermin eines relativen Fixgeschäfts verstrichen ist (§ 323 Abs. 2 Nr. 2 BGB, vgl. § 323 BGB Rdn. 9), der Unternehmer die Nacherfüllung berechtigt verweigert (vgl. § 636 BGB Rdn. 6 f.), die Nacherfüllung fehlgeschlagen ist (vgl. § 636 BGB Rdn. 8 ff.) oder wenn Umstände vorliegen, welche eine Minderung ohne Fristsetzung zur Nacherfüllung rechtfertigen (vgl. o. § 636 BGB Rdn. 11 ff.). Diese Voraussetzungen, welche eine Fristsetzung entbehrlich machen, müssen zum Zeitpunkt der Minderungserklärung noch vorliegen.[6] Das weitere Rücktrittserfordernis, wonach die Vertragswidrigkeit gem. § 323 Abs. 5 S. 2 BGB nicht nur unerheblich sein darf, ist jedoch gem. § 638 Abs. 1 S. 2 BGB nicht anzuwenden.

C. Minderungserklärung, § 638 Abs. 1 S. 1 BGB

I. Minderung als Willenserklärung

Das Minderungsrecht wird durch Erklärung ausgeübt. Es handelt sich dabei um eine einseitige, empfangsbedürftige Willenserklärung, die an kein Formerfordernis gebunden ist. Es empfiehlt sich jedoch bereits aus Beweissicherungsgründen, die Erklärung schriftlich abzugeben. Erklärt der Architekt des Bestellers die Minderung, so bedarf er hierfür einer besonderen Vollmacht.[7] Wenn er eine solche nicht vorlegen kann, kann der Minderungsempfänger die Erklärung gem. §§ 180, 174 BGB zurückweisen. Die Minderungserklärung ist nach h.M. bedingungsfeindlich, weil sie gestaltend in das Schuldverhältnis eingreift.[8] Für aufschiebende Bedingungen überzeugt diese Einschränkung allerdings nicht. Neben der von *Voit*[9] bereits vorgetragenen mangelnden sachlichen Berechtigung spricht unter strukturellen Erwägungen auch der angestrebte Gleichlauf von Minderung und Rücktritt gegen eine solche Einschränkung. Der Rücktritt kann bereits mit der Fristsetzung für den Fall der Nichtabhilfe erklärt werden.[10] Es ist nicht ersichtlich, weshalb für die Minderung anderes gelten sollte. 5

II. Bestimmtheit und Symptomrechtsprechung

Die Minderungserklärung muss inhaltlich bestimmt sein, damit der Unternehmer anhand der Erklärung erkennen kann, auf welchen Mangel sich die Minderung bezieht. Ist dies auch durch Auslegung nicht möglich, so ist die Minderung unwirksam. Der Besteller muss allerdings nicht benennen, was die Vertragswidrigkeit letztlich begründet – das festzustellen ist Aufgabe des Unternehmers –, sondern es genügt wie beim Nacherfüllungsverlangen die konkrete Bezeichnung der Mängel ihren Erscheinungsformen nach (sog. Symptomrechtsprechung).[11] Bestehen an einem Werk mehrere Mängel, so genügt zwar eine einzige Minderungserklärung. Diese muss aber jeden einzelnen Mangel so genau wie möglich bezeichnen. Es genügt nicht, pauschal die Vergütung zu mindern, ohne sich auf den konkreten Mangel zu beziehen. Des Weiteren muss der 6

---

6 BGH v. 05.07.1990, VII ZR 352/89, BauR 1990, 725.
7 Bamberger/Roth/*Voit*, § 638 Rn. 2.
8 Vgl. nur Palandt/*Sprau*, § 638 Rn. 3; PWW/*Leupertz*, § 638 Rn. 2.
9 Bamberger/Roth/*Voit*, § 638 Rn. 2: Aufschiebende Bedingungen (z.B. Minderung für den Fall, dass der Mangel nicht bis Fristende beseitigt ist) sind zulässig, weil eine Beschränkung des Ausübungsrechts nur dann sachgerecht ist, wenn der Bedingungseintritt zu nicht hinnehmbaren Rückabwicklungsschwierigkeiten führt; dies ist bei einer aufschiebenden Bedingung aber nicht der Fall.
10 Palandt/*Grüneberg*, BGB § 323 Rn. 33; MüKo-BGB/*Ernst*, § 323 Rn. 148.
11 PWW/*Leupertz*, § 638 Rn. 2.

Besteller den Betrag angeben, in welcher Höhe er die Vergütung mindern will.[12] Dazu kann der Besteller entweder den Minderungsbetrag konkret benennen oder einen bestimmten Vom-Hundert-Satz angeben. Vor Ablauf der Nacherfüllungsfrist entfaltet die Minderungserklärung keine Wirkung.[13]

III. Bindung an die Erklärung und Verhältnis zu anderen Mängelansprüchen

7   Mit Zugang beim Erklärungsempfänger kann die Minderungserklärung nicht mehr widerrufen werden.[14] Ein Wechsel innerhalb der Mängelansprüche, etwa auf den Rücktritt oder die Nacherfüllung, steht dem Besteller nach der Erklärung nicht mehr zu.[15] Der Nacherfüllungsanspruch des Bestellers geht hinsichtlich des mangelhaften Teils des Bauwerkes, welcher Anlass für die Minderung war, unter, da § 638 Abs. 1 BGB an das Rücktrittsrecht anknüpft und der wirksame Rücktritt die primären Erfüllungsansprüche und somit auch den Nacherfüllungsanspruch erlöschen lässt. Der Rücktritt scheidet wegen der gesetzlich angeordneten Alternativität ohnehin aus. Ein Wechsel von der Minderung zum Rücktritt ist in diesem Stadium nur dann möglich, wenn der Unternehmer damit einverstanden ist.[16] Nach erklärter Minderung kann schließlich kein Anspruch auf Schadensersatz statt der Leistung mehr geltend gemacht werden, da eine dem § 325 BGB vergleichbare Vorschrift bei der Minderung fehlt.[17] Ein Anspruch auf Schadensersatz neben der Leistung kann demgegenüber grundsätzlich zusätzlich zur Minderung geltend gemacht werden.

IV. Vertraglicher Ausschluss des Minderungsrechts

8   Die Vertragsparteien können individualvertraglich den Ausschluss des Minderungsrechts vereinbaren.[18] Vereinbaren sie einen solchen Ausschluss in Allgemeinen Geschäftsbedingungen, so scheitert dessen Wirksamkeit an § 309 Nr. 8b bb BGB. Nach dieser Vorschrift kann eine Klausel das Recht auf Nacherfüllung beschränken, wenn dem Vertragspartner bei Fehlschlagen der Nacherfüllung ausdrücklich das Recht vorbehalten wird, die Vergütung zu mindern. Wird die Minderung ausgeschlossen, so ist die Klausel deswegen unwirksam.[19]

V. Verantwortlichkeit des Bestellers

9   Des Weiteren kann sich ein Ausschluss aus §§ 634 Nr. 3, 323 Abs. 6 BGB ergeben. Hiernach ist die Minderung ausgeschlossen, wenn der Besteller für den Umstand, auf welchem der Mangel beruht, allein oder weit überwiegend verantwortlich ist (zur Mitverantwortung des Bestellers unterhalb dieser Schwelle vgl. u. Rdn. 28). Wurde das erstellte Bauwerk bereits vom Besteller abgenommen und hat dieser sich die Mängelrechte nach § 640 Abs. 2 BGB nicht vorbehalten, so kann er die Minderung nicht mehr geltend machen. Dies setzt jedoch voraus, dass der Besteller den Mangel positiv kannte. Ihm müssen die Art und der Umfang des zur Minderung berechtigenden Mangels zum Zeitpunkt der Abnahme bekannt sein.[20] Ebenfalls ausgeschlossen ist die Minderung, wenn sich der Auftraggeber in Annahmeverzug befindet und in diesem Stadium ein

---

12 PWW/*Leupertz*, § 638 Rn. 2; Palandt/*Sprau*, § 638 Rn. 3: Umfang anzugeben. Nicht ganz klar die Position von AnwK/*Raab*, § 638 Rn. 10: keine Bezifferung erforderlich, aber Angabe des Minderungsbetrages.
13 Kniffka/*Krause-Allenstein*, IBR-Online-Kommentar, § 638 Rn. 6; Messerschmidt/Voit/*Moufang*, § 638 Rn. 2.
14 MüKo-BGB/*Busche*, § 638 Rn. 5; Palandt/*Sprau*, BGB § 638 Rn. 3.
15 Kleine-Möller/Merl/*Merl*, § 15 Rn. 438; Messerschmidt/Voit/*Moufang*, § 638 Rn. 2.
16 Kleine-Möller/Merl/*Merl*, § 15 Rn. 438.
17 Palandt/*Sprau*, BGB § 634 Rn. 5; *Vorwerk*, BauR 2003, 1, 13; a.A. *Teichmann*, ZfBR 2002, 13, 17; jurisPK-BGB/*Mahler*, § 638 Rn. 9.
18 Kuffer/Wirth/*Drossart*, 2. Kap. B. Rn. 124.
19 PWW/*Berger*, § 309 Rn. 59.
20 Kleine-Möller/Merl/*Merl*, § 15 Rn. 464.

Mangel auftritt, welchen der Unternehmer nicht zu vertreten hat, §§ 634 Nr. 3, 323 Abs. 6 BGB.

VI. Beteiligung mehrerer Personen, § 638 Abs. 2 BGB

Zu differenzieren ist insoweit zwischen dem Rücktrittsgrund und der Rücktrittserklärung. Stehen auf Besteller oder Unternehmerseite mehrere Personen, so muss der materielle Rücktrittsgrund regelmäßig in Person aller Schuldner bzw. Gläubiger vorliegen. Zurechnungstatbestände sind freilich zu berücksichtigen (vgl. bereits §§ 422–425 BGB Rdn. 24 ff.). Auch kann sich aus der Natur des Schuldverhältnisses (z.B. ARGE) etwas anderes ergeben. 10

§ 638 Abs. 2 BGB regelt demgegenüber analog § 351 BGB für den Rücktritt die Einheitlichkeit der Erklärung. Bei der Beteiligung mehrerer Personen sowohl auf Besteller- als auch auf Unternehmerseite kann auch die Minderungserklärung als Gestaltungserklärung nur einheitlich abgegeben bzw. gegen alle erklärt werden. Sind auf Bestellerseite mehrere Personen beteiligt, so können diese nur gemeinschaftlich die Vergütung mindern. Dies schließt jedoch eine Stellvertretung nicht aus. Die Erklärungen können zeitlich nacheinander abgegeben werden. Wirksam werden sie jedoch erst mit Zugang der letzten Erklärung an den Empfänger. Ob schon von Anfang an eine Mehrheit von Personen bestand, ist unerheblich, da es auf den Zeitpunkt der Erklärungshandlung ankommt. Ob ein Besteller gegenüber den anderen Mitbestellern einen Anspruch auf Zustimmung zur Minderung hat, ergibt sich aus dem Innenverhältnis.[21] Davon ist der Fall zu unterscheiden, in welchem mehrere parallele Werkverträge abgeschlossen wurden, die darauf gerichtet sind, ein Gesamtwerk zu erstellen. In diesem Fall ist § 638 Abs. 2 BGB nicht anzuwenden.[22] Die Minderung ist vielmehr in dem jeweils betroffenen Vertragsverhältnis zu erklären. Auch muss für jeden Teil der Minderungsbetrag getrennt festgesetzt werden. 11

D. Rechtsfolgen

I. Ausschließlich Minderung des Vergütungsanspruchs

Bisweilen wird angenommen, durch die Minderung werde das Leistungsprogramm des Vertrages insgesamt geändert, indem nicht allein die Vergütung, sondern auch die Soll-Beschaffenheit des Werks seiner Ist-Beschaffenheit angepasst werde. Die Leistung sei deshalb nach der Minderung nicht mehr mangelhaft.[23] Diese Einordnung erscheint zu weitgehend von der vertraglichen Konstruktion der Vertragsanpassung nach altem Recht geprägt. Freilich ist es auch unter geltendem Recht denkbar, dass die Parteien sich angesichts einer erkannten Untererfüllung des Leistungsprogramms des Unternehmers auf eine Anpassung der beiderseitigen Leistungspflichten einigen. Dem Modell des einseitigen Minderungsrechts nach geltendem Recht entspricht dies jedoch nicht mehr. 12

Nach geltendem Recht ist vielmehr davon auszugehen, dass die einseitig erklärte Minderung durch den Besteller das Schuldverhältnis zwar unmittelbar umgestaltet, in ihrer Wirkung aber auf den Vergütungsanspruch des Unternehmers beschränkt ist. Durch dessen Minderung wird die Vertragswidrigkeit der Leistung des Unternehmers allein abgegolten, nicht aber beseitigt. Die Minderung des Werklohns bewirkt in diesem Sinne die Erfüllung aller Mängelansprüche, die auf Wiederherstellung des subjektiven Äquivalenzverhältnisses gerichtet sind. Nur ein solches Verständnis fügt sich mit der Wirkung der Minderung im Verhältnis mehrerer Verpflichteter, da die Annahme der Umgestaltung des Leistungsprogramms des Unternehmers diesen aus dem Haftungsverband der Gesamtschuld entfernen würde. Tatsächlich soll er aber, auch wenn er im Wege 13

---

21 Bamberger/Roth/*Voit*, § 638 Rn. 2.
22 MüKo-BGB/*Busche*, § 638 Rn. 7.
23 Bamberger/Roth/*Voit*, § 638 Rn. 3; Erman/*Schwenker*, § 638 Rn. 6.

der Minderung in Anspruch genommen wurde, von den übrigen Gesamtschuldnern Ausgleich verlangen können (vgl. § 426 BGB Rdn. 14 ff.).

14 Geht die berechtigte Minderungserklärung dem Unternehmer zu, so führt dies also allein zu einer Herabsetzung seines Vergütungsanspruches. Im Übrigen bleibt der zwischen den Parteien ursprünglich geschlossene Vertrag unverändert bestehen. Das mangelhaft errichtete Bauwerk bleibt auch nach Ausübung der Minderung mangelhaft. Die im mangelhaften Werk zu erkennende Pflichtverletzung bleibt unberührt. Hat der Besteller die Vergütung gemindert, so kann er in Bezug auf den durch die Minderung abgegoltenen Mangel zwar nicht mehr vom Vertrag zurücktreten oder Schadensersatz statt der Leistung verlangen, weil die Minderung zur Erfüllung aller konkurrierender Mängelansprüche wegen desselben Mangels führt (vgl. bereits o. Rdn. 7). Sind aber weitere Mängel vorhanden, welche nicht durch die Minderung abgegolten wurden, so stehen dem Besteller diesbezüglich alle Mängelansprüche zu.[24] Überdies kann der Besteller gem. §§ 634 Nr. 4, 280 Abs. 1 BGB Schadensersatz neben der Leistung im Hinblick auf Mangelfolgeschäden verlangen.[25] Von diesem Anspruch werden Schäden außerhalb des Äquivalenzinteresses des Bestellers erfasst, welche nicht durch die Minderung kompensiert werden. Schadensersatzansprüche aus unerlaubter Handlung bleiben ebenfalls bestehen.

II. Berechnung des Minderungsbetrages, § 638 Abs. 3 BGB

15 Gemäß § 638 Abs. 3 BGB ist bei der Minderung die Vergütung in dem Verhältnis herabzusetzen, in welchem zur Zeit des Vertragsschlusses der Wert des Werkes in mangelfreiem Zustand zu dem wirklichen Wert gestanden haben würde. Die dem Unternehmer vertraglich zukommende Vergütung für die mangelfreie Leistung muss im gleichen Verhältnis herabgesetzt werden, in dem sich der Wert der mangelfreien Leistung zum Wert der mit Mängeln behafteten Leistung befindet.[26] Der Minderungsbetrag ist, soweit erforderlich, nach § 638 Abs. 3 S. 2 BGB durch Schätzung zu ermitteln.

1. Maßgeblicher Zeitpunkt

16 Nach dem eindeutigen Wortlaut von § 638 Abs. 3 BGB ist für die Berechnung des Minderungsbetrags ist auf den Zeitpunkt des Vertragsschlusses abzustellen. Später eintretende Wertschwankungen bleiben daher für die Berechnung der Minderung außer Betracht.[27] Dies erscheint vor allem bei Bauverträgen problematisch, da zum einen das Bauwerk zum Zeitpunkt des Vertragsabschlusses im Regelfall noch nicht errichtet wurde. Zum anderen handelt es sich bei Bauwerken meist um Unikate, bei welchen eine abstrakte Feststellung des Wertes nur schwer möglich ist.[28] Nach einer Entscheidung des BGH aus dem Jahr 1972 sollte deshalb bei der Wertbestimmung von Bauleistungen nicht auf den Zeitpunkt des Vertragsschlusses, sondern auf den der Abnahme abgestellt werden,[29] obgleich bereits § 634 Abs. 4 a.F. auf die kaufrechtlichen Regelungen für die Minderung verwies und demgemäß eine entsprechende Anwendung von § 472 Abs. 1 BGB a.F. verlangte, wo ebenfalls an den Zeitpunkt des Vertragsschlusses angeknüpft wurde. Über diese Anordnung setzte sich der BGH indes mit der Begründung hinweg, die zwischen Kauf- und Werkvertrag bestehenden Unterschiede dürften nicht übersehen werden. Man könne nicht ein noch nicht erbautes Gebäude unter Berücksichtigung von Mängeln, die es noch nicht haben könne, abschätzen. Daher sei bei Bauverträgen aus Praktikabilitätsgründen der Zeitpunkt der Abnahme für die Berechnung der Minderung zugrundezulegen.

---

24 Palandt/*Sprau*, § 638 Rn. 7; PWW/*Leupertz*, § 638 Rn. 6.
25 Palandt/*Sprau*, BGB § 634 Rn. 5.
26 MüKo-BGB/*Busche*, § 638 Rn. 8.
27 Messerschmidt/Voit/*Moufang*, § 638 Rn. 17.
28 Vgl. *Derleder*, NZBau 2004, 237, 240.
29 BGH v. 24.02.1972, VII ZR 177/70, BB 1972, 420.

Im Gesetzgebungsverfahren zum Schuldrechtsmodernisierungsgesetz wollte der Fraktionsentwurf[30] dies berücksichtigen und beim Werkvertrag ausdrücklich auf den Zeitpunkt der Abnahme abstellen. Dieser Vorschlag wurde jedoch vom Rechtsausschuss auf Grund der anzustrebenden Vereinheitlichung und der Angleichung des Werkvertragsrechts an das Kaufrecht abgelehnt,[31] weshalb in der letztlich verabschiedeten Fassung in § 638 Abs. 3 BGB der Zeitpunkt des Vertragsschluss für maßgeblich erklärt wurde. 17

Fraglich ist nun, ob an der älteren Rechtsprechung gesetzeswortlautübersteigend und gegen die ausdrückliche Entscheidung des Gesetzgebers festgehalten werden kann.[32] Tatsächlich würde durch ein solches Vorgehen der erklärte Wille des Gesetzgebers, Werk- und Kaufverträge insoweit gleich zu behandeln, aber wohl nicht negiert: Das Werkvertragsrecht regelt eine Vielzahl von Fallgestaltungen, bei denen ein Erfolg geschuldet wird. Unter ihnen spielt der Bauvertrag zwar eine wichtige Rolle. Es werden aber auch zahlreiche andere Vertragstypen erfasst, bei denen die vom Gesetz angeordnete Anknüpfung an den Zeitpunkt des Vertragsschlusses sinnvoll und praktikabel erscheint. Der Bauvertrag unterscheidet sich jedoch gerade im Hinblick auf hier maßgebliche Umstände erheblich von anderen Werkverträgen: Bauprojekte ziehen sich oftmals über einen längeren Zeitraum hin, und während der Herstellungsphase kann es zu zahlreichen Änderungen und Anpassungen des ursprünglich geschlossenen Vertrages kommen. Entgegen dem Wortlaut sollte daher auch unter dem geltenden Recht bei wenngleich mangelhaft, so doch im Grunde fertiggestellten Bauwerken nicht auf den Vertragsschluss abgestellt werden, sondern auf den Wert des Werkes zum Zeitpunkt des Angebots zur Abnahme. Fehlt es an einer so weitgehenden Fertigstellung, so ist freilich auch bei Bauverträgen auf den Zeitpunkt des Vertragsschlusses abzustellen. 18

Da der maßgebliche Zeitpunkt der Minderungsberechnung jedoch dispositiv ist, bleibt es den Vertragsparteien unbenommen, durch vertragliche Vereinbarung den Zeitpunkt der Abnahme oder den für die Abnahme vorgesehenen Zeitpunkt für maßgeblich zu erklären. Geschieht dies durch Allgemeine Geschäftsbedingungen, so verstößt eine solche Regelung auf Grund der dargelegten Besonderheiten des Bauvertragsrechts nicht gegen das gesetzliche Leitbild. 19

2. Berechnungsmethode

Die Minderung der Vergütung berechnet sich nach der Formel 20

$$\frac{\text{Wert der Bauleistung in mangelfreiem Zustand}}{\text{Wert der Bauleistung in mangelhaftem Zutand}} = \frac{\text{vereinbarter Werklohn}}{\text{geminderte Vergütung}}[33]$$

Die geminderte Vergütung ist also das Produkt aus vereinbarter Vergütung und dem Quotienten aus dem Wert der mangelhaften Leistung und dem Wert der mangelfreien Leistung.

3. Feststellung des Werts im mangelfreien und mangelhaften Zustand

Der Wert des Bauwerks im Soll-Zustand ist objektiv zu bestimmen. Auf den subjektiven Verwendungszweck des Bestellers kommt es nicht an.[34] Entspricht der vereinbarte Werklohn dem Sollwert des Bauwerkes, wofür eine tatsächliche Vermutung streitet,[35] so wird dadurch die Berechnung der geminderten Vergütung erleichtert. In der Praxis ist dies jedoch nicht immer der Fall. Beide Werte können erheblich voneinander abweichen. 21

Wurde der Sollwert ermittelt, so ist der Wert des Bauwerkes im (mangelhaften) Istzustand festzustellen. Dies ist in der Praxis nicht selten mit Schwierigkeiten verbunden. An mangelhaften Sa- 22

---

30 BT-Drucks. 14/6040, 267.
31 Vgl. Beschlussempfehlung und Bericht des Rechtsausschusses BT-Drucks. 14/7052, 205.
32 Nachw. zum Streitstand bei PWW/*Leupertz*, § 638 Rn. 5.
33 Kleine-Möller/Merl/*Merl*, § 15 Rn. 466; Palandt/*Sprau*, BGB § 638 Rn. 4.
34 MüKo-BGB/*Busche*, § 638 Rn. 9.
35 Bamberger/Roth/*Voit*, § 638 Rn. 6.

chen lässt sich oftmals kein Verkehrswert feststellen, da an solchen Bauwerken auf dem Markt jedenfalls dann kein Interesse besteht, wenn die Eignung für die gewöhnliche Verwendung eingeschränkt ist. Wo der Mangel allein im Fehlen einer vereinbarten Beschaffenheit liegt, kann es andererseits sein, dass das Bauwerk objektiv überhaupt keinen Wertverlust erlitten hat.[36] Eine Minderung kommt beim Fehlen der vereinbarten Beschaffenheit zwar in Betracht, doch wird sich der Minderungsbetrag nur schwer berechnen lassen. Der Betrag muss möglichst objektiv bestimmt werden, und es darf nicht darauf abgestellt werden, inwieweit sich der Besteller durch die Abweichung beeinträchtigt fühlt.[37]

a) Zur Mängelbeseitigung erforderlicher Geldbetrag (Differenzmethode)

23 Üblicherweise lehnt sich die Wertminderung bei behebbaren Mängeln an den zur Mängelbeseitigung erforderlichen Geldbetrag an.[38] Die Berechnung der Minderung nach den Mängelbeseitigungskosten ist jedoch in denjenigen Fällen unzulässig, in denen die Mängelbeseitigung nicht durchführbar oder unverhältnismäßig ist. Wird die Minderung nach Mängelbeseitigungskosten berechnet, so wird die Umsatzsteuer jedenfalls dann umfasst, wenn der Besteller die Kosten tatsächlich zur Mängelbeseitigung aufgewendet und die darauf entfallende Umsatzsteuer nicht im Rahmen eines Vorsteuerabzugs erstattet bekommen hat. Ist die Umsatzsteuer demgegenüber nicht angefallen, so ist sie aus der Berechnung des zur Herstellung erforderlichen Geldbetrages herauszunehmen.[39] Die sich aus dem Mangel ergebenden Gebrauchsnachteile bzw. der nunmehr niedrigere Verkaufswert bestimmen bei Unmöglichkeit der Mangelbeseitigung den Minderwert,[40] der sich entweder als technischer und/oder als merkantiler Minderwert zeigen kann.[41]

b) Technischer Minderwert

24 Der Besteller kann eine Minderung für einen etwaigen technischen Minderwert geltend machen, der durch die vertragswidrige Ausführung im Vergleich zur geschuldeten verursacht worden ist. Maßstab für die Berechnung des technischen Minderwertes ist die Beeinträchtigung der Nutzbarkeit und damit des Ertrags- und Veräußerungswertes des Gebäudes. Bei einer Gewerbeimmobilie sind alle Nutzungsmöglichkeiten in Betracht zu ziehen, die bei einem vertragsgemäßen Zustand des Gebäudes in Frage kommen. Auf die konkrete Nutzung des Gebäudes kommt es nicht an.[42] Des Weiteren sind erhöhte Betriebs- oder Instandhaltungskosten sowie eine kürzere Lebensdauer zu berücksichtigen.[43] Ein technischer Minderwert ist beispielsweise dann gegeben, wenn der Unternehmer die vereinbarte Wohnungsgröße unterschritten hat. Für die Minderungsberechnung ist in einem solchen Fall zunächst die vereinbarte Vergütung durch die geschuldete Wohnfläche zu dividieren. Sodann ist die errichtete Wohnfläche mit dem Quadratmeterpreis zu multiplizieren. Die Differenz beider Werte ist der Minderungsbetrag.[44] Wird die beabsichtigte Nutzung durch die verringerte Wohnfläche erschwert oder unmöglich gemacht, so stellt auch dies einen Wertverlust des Bauwerkes dar, der im Wege der Minderung zu berücksichtigen ist.[45] Bei einem technischen oder merkantilen Minderwert erfolgt kein gesonderter Ansatz der Umsatzsteuer.[46]

---

36 Messerschmidt/Voit/*Moufang*, § 638 Rn. 19; MüKo-BGB/*Busche*, § 638 Rn. 9.
37 Vgl. Messerschmidt/Voit/*Moufang*, § 638 Rn. 26.
38 PWW/*Leupertz*, § 638 Rn. 4; Kleine-Möller/Merl/*Merl*, § 15 Rn. 472; zum kleinen Schadensersatz: BGH v. 26.10.1972, VII ZR 181/71, NJW 1973, 138.
39 BGH v. 22.07.2010, VII ZR 176/09.
40 Kleine-Möller/Merl/*Merl*, § 15 Rn. 475.
41 Kleine-Möller/Merl/*Merl*, § 15 Rn. 467.
42 BGH v. 09.01.2003, VII ZR 181/00, BauR 2003, 533.
43 Kleine-Möller/Merl/*Merl*, § 15 Rn. 467.
44 OLG Düsseldorf v. 23.12.1980, 23 U 193/79, BauR 1981, 475.
45 Kleine-Möller/Merl/*Merl*, § 15 Rn. 478.
46 OLG München v. 08.06.2004, 13 U 5690/03, BauR 2004, 1806.

c) **Merkantiler Minderwert**

Der merkantile Minderwert besteht in der herabgesetzten Verwertungsmöglichkeit der Bauleistung, wenn als Folge eines nicht zu beseitigenden Mangels und nach Behebung beseitigbarer Mängel ein geringerer Verkaufspreis zu erwarten ist, weil die maßgeblichen Verkehrskreise ein im Vergleich zur vertragsgemäßen Ausführung geringeres Vertrauen in die Qualität des Gebäudes bzw. der Leistung haben.[47] Ob der Besteller den Verkauf des Werkes beabsichtigt, spielt keine Rolle. Dass die Mängel durch Umbau und Erneuerung der fehlerhaften Teile beseitigt worden sind, steht dem ebenso wenig entgegen wie der Umstand, dass der Besteller etwaigen Kaufinteressenten die umfassende Mängelbeseitigung überzeugend darlegen könnte; denn die Annahme des merkantilen Minderwertes beruht gerade auf der Lebenserfahrung, dass eine einmal mit Mängeln behaftet gewesene Sache trotz sorgfältiger und vollständiger Reparatur im Geschäftsverkehr vielfach niedriger bewertet wird.[48] Besteht auch nach der Mangelbeseitigung weiterhin das Risiko verborgen gebliebener Mängel oder können auf Grund des Ursprungsmangels später auftretende Mangelfolgen nicht ausgeschlossen werden, so kann der Besteller einen merkantilen Minderwert ersetzt verlangen. Der Markt reagiert insb. auf das ehemalige Vorhandensein von Schallmängeln mit einer Verminderung des Verkaufserlöses.

4. Schätzung des Minderungsbetrages, § 638 Abs. 3 S. 2 BGB

Einer etablierten Praxis folgend hat der Gesetzgeber ausdrücklich die Möglichkeit der Schätzung des Minderungsbetrages in § 638 Abs. 3 S. 2 BGB aufgenommen. Neben dem festgestellten technischen und merkantilen Minderwert kann als zusätzlicher Minderungsbetrag im Wege der Schätzung derjenige Betrag herangezogen werden, den der Unternehmer durch die Verwendung minderwertiger Baustoffe einspart.[49] Weitere Schätzungsgrundlagen bietet das *Aurnhammersche*[50] Zielbaumverfahren.

5. Minderung auf Null

In Ausnahmefällen kann das Bauwerk durch den aufgetretenen Mangel für den Besteller wertlos sein. In diesem Fall kann er die gesamte Vergütung mindern.[51] Der Unternehmer kann das wertlose Bauwerk vom Besteller heraus verlangen. Trifft ihn bezüglich des Mangels ein Verschulden, so ist er – allerdings auf der Grundlage eines Schadensersatzanspruchs – gegenüber dem Besteller gar verpflichtet, das Werk zu entfernen.[52]

6. Mitverschulden des Bestellers

Bei der Berechnung der Minderung ist zu berücksichtigen, ob den Besteller an der Mangelhaftigkeit des Bauwerkes eine Mitverantwortung trifft. Liegt eine solche vor, so ist der Minderungsbetrag entsprechend der Verantwortlichkeit zu kürzen.[53] Ist der Besteller verpflichtet, sich an den Kosten der Mängelbeseitigung in Höhe der sog. Sowieso-Kosten zu beteiligen, so ist dies auch bei der Minderung insoweit zu berücksichtigen, als die Kosten der Mängelbeseitigung insoweit zu mindern sind bzw. sich der Wert der mangelhaften Leistung entsprechend erhöht.[54]

---

47 BGH v. 09.01.2003, VII ZR 181/00, BauR 2003, 533.
48 BGH v. 08.12.1977, VII ZR 60/76, BauR 1978, 158.
49 BGH v. 09.01.2003, VII ZR 181/00, BauR 2003, 533.
50 Vgl. *Aurnhammer*, BauR 1983, 97; dazu *Pauly*, BauR 2002, 1321, 1323; PWW/*Leupertz*, § 638 Rn. 4.
51 OLG Köln v. 27.11.1992, 19 U 195/91, NJW-RR 1993, 285; OLG Saarbrücken v. 03.12.1985, 2 U 141/83, NJW-RR 1987, 470.
52 Kleine-Möller/Merl/*Merl*, § 15 Rn. 483.
53 Bamberger/Roth/*Voit*, § 638 Rn. 7 m.w.N.
54 Kleine-Möller/Merl/*Merl*, § 15 Rn. 482.

III. Erstattung nicht geschuldeter Vergütung, § 638 Abs. 4 BGB

29 Dem Besteller steht gem. § 634 Abs. 4 BGB ein vertraglicher Erstattungsanspruch zu, wenn er mehr als die geminderte Vergütung bezahlt hat. § 634 Abs. 4 BGB verweist diesbezüglich auf die Vorschriften des Rücktritts. Der Unternehmer hat daher gezogene Nutzungen herauszugeben. Hat der Unternehmer Nutzungen, vor allem Zinsen, nicht gezogen, welche hätten erwirtschaftet werden können, so muss er auch diese herausgeben. Klagt der Unternehmer seine Vergütung ein und übersteigt die geltend gemachte Klageforderung den geminderten Betrag, so ist die Klage insoweit unbegründet. Macht der Unternehmer seinen Werklohnanspruch nur zum Teil geltend, so erfasst die Minderung zwar die gesamte Werklohnforderung, der Minderungsbetrag wird aber zunächst mit dem nicht geltend gemachten Teilbetrag verrechnet.[55] Die Klage ist somit begründet, wenn nach der Minderung noch ein Betrag in Höhe der Klageforderung verbleibt.[56] Tritt der Unternehmer seine Werklohnforderung zu einem Teil an einen Dritten ab, so haben der bei ihm verbleibende und der abgetretene Forderungsteil den gleichen Rang. Der Besteller kann die Minderung somit nicht komplett gegenüber einem Gläubiger erklären, sondern jede Teilforderung wird im Verhältnis ihrer Höhe gemindert.[57] Erfolgt die Abtretung erst nach einer Teilzahlung, so wirkt sich die Minderung nur auf den verbleibenden Teil aus.[58]

30 Gutachterkosten, welche für die Bezifferung des Minderungsbetrages aufgewendet wurden, können nur im Rahmen des Schadenersatzanspruches geltend gemacht werden. Eine Geltendmachung über die Minderung ist nicht möglich, da diese allein das Wertverhältnis zwischen der erbrachten und der geschuldeten Leistung betrifft.[59]

E. Verjährung

31 Die in §§ 634 Nr. 3, 638 BGB geregelte Minderung ist ein Gestaltungsrecht. Weil der Verjährung nur Ansprüche unterworfen sind (vgl. § 194 Abs. 1 BGB), bedurfte es einer Sonderregelung für Gestaltungsrechte, welche der Gesetzgeber in § 218 BGB für den Rücktritt getroffen hat. Danach ist der Rücktritt unwirksam, wenn der Anspruch auf die Leistung oder Nacherfüllung verjährt wäre. Durch die Anbindung des Minderungsrechts an das Rücktrittsrecht in § 638 Abs. 1 BGB (»statt zurückzutreten«) gilt diese Regelung auch für das Minderungsrecht.

F. Prozessuales

I. Erklärung der Minderung im Prozess

32 Die Minderung ist ein Gestaltungsrecht und entfaltet ihre Wirksamkeit erst mit Zugang der Minderungserklärung beim Unternehmer. Geschieht dies während des Vergütungsprozesses, so wird die Klage nachträglich (zum Teil) unbegründet und muss vom Gericht mit der zwingenden Kostenfolge des § 91 ZPO abgewiesen werden. Würde der Kläger stattdessen die Klage teilweise zurücknehmen, so müsste er insoweit gem. § 269 Abs. 3 S. 2 ZPO ebenfalls die Kosten des Rechtsstreits tragen.[60]

33 Um dies zu verhindern, muss der Kläger die Hauptsache in Höhe des Betrags der berechtigten Minderung für erledigt erklären. Im Fall der übereinstimmenden Erledigungserklärung entscheidet das Gericht gem. § 91a ZPO über die Kosten unter Berücksichtigung des bisherigen Sach- und Streitstandes nach billigem Ermessen. Das Gericht hat die näheren Umstände und Motive zu berücksichtigen, die zur Abgabe der Erledigungserklärung geführt haben. Maßgebend für die

---

55 Bamberger/Roth/*Voit*, § 638 Rn. 10; Kapellmann/Messerschmidt/*Weyer*, § 13 VOB/B Rn. 321.
56 Kapellmann/Messerschmidt/*Weyer*, § 13 VOB/B Rn. 321.
57 Messerschmidt/Voit/*Moufang*, § 638 Rn. 38; Kapellmann/Messerschmidt/*Weyer*, § 13 VOB/B Rn. 334.
58 Bamberger/Roth/*Voit*, § 638 Rn. 10.
59 Bamberger/Roth/*Voit*, § 638 Rn. 7.
60 Zöller/*Greger*, § 269 ZPO Rn. 18.

Kostentragung ist daher der ohne die Erledigung zu erwartende Verfahrensausgang.[61] Bleibt die Erledigungserklärung demgegenüber einseitig, so hat das Gericht zu prüfen, ob die eingereichte Klage ursprünglich zulässig und begründet war und ob sie durch ein nach Anhängigkeit eingetretenes Ereignis gegenstandslos geworden ist.[62] Ist dies der Fall, so trägt grundsätzlich der Beklagte die Kosten des Rechtsstreits. Erklärt der Besteller die Minderung erst im Verlauf des Prozesses, so war die Klage zum Zeitpunkt der Rechtshängigkeit noch zulässig und begründet mit der Folge, dass der Besteller die Kosten des Rechtsstreites zu tragen hat. Es bleibt jedoch zu beachten, dass dem Besteller zunächst der Nacherfüllungsanspruch zustand, der bei Erhebung der Einrede nach § 320 BGB zu einer Zug-um-Zug Verurteilung des Unternehmers führt. Erhebt der Besteller diese Einrede vor der Erklärung der Minderung, so ist die uneingeschränkte Vergütungsklage des Unternehmers wegen der ex-tunc-Wirkung der erhobenen Einrede bereits bei Rechtshängigkeit nur teilweise begründet, weshalb der Unternehmer im Hinblick auf das Zurückbehaltungsrecht teilweise unterliegt und diesbezüglich die Kosten zu tragen hat.

II. Beweislast

Aufgrund eines Erfahrungssatzes ist davon auszugehen, dass die vereinbarte Vergütung dem Wert des Werks in mangelfreiem Zustand (»Sollwert«) entspricht.[63] Behauptet der Besteller demgegenüber, die vereinbarte Vergütung sei geringer als der Wert des Werks im Sollzustand, so hat er dies im Streitfall darzulegen und zu beweisen. Umgekehrt hat der Unternehmer darzulegen und ggf. zu beweisen, dass die vereinbarte Vergütung höher als der Marktwert des Bauwerkes in mangelfreiem Zustand war.[64] Wenn die vereinbarte Vergütung dem Verkehrswert entspricht, so muss dieser um die Preissteigerungsrate bereinigt werden, wenn, wie hier befürwortet, die Abnahme als maßgeblicher Zeitpunkt für den Wertvergleich zugrundegelegt wird.[65]

34

§ 639 Haftungsausschluss

Auf eine Vereinbarung, durch welche die Rechte des Bestellers wegen eines Mangels ausgeschlossen oder beschränkt werden, kann sich der Unternehmer nicht berufen, soweit er den Mangel arglistig verschwiegen oder eine Garantie für die Beschaffenheit des Werkes übernommen hat.

Schrifttum
Langen Die Gestaltung von Bauverträgen – Überlegungen und erste Erfahrungen zum neuen Recht, Jahrbuch Baurecht 2003, 159 ff.

A. Allgemeines

§ 639 hat den § 637 BGB a.F. ersetzt. Die Umformulierung im Vergleich zu § 637 a.F. war aufgrund der Neukonzeption der Haftung des Unternehmers für Werkmängel, die nicht mehr auf ein »Vertreten« des Unternehmers abstellt, vorzunehmen. Darüber hinaus stellt § 639 nicht mehr auf den Begriff der Zusicherung, sondern auf die Übernahme einer Garantie ab.[1]

1

---

61 Zöller/*Vollkommer*, § 91a ZPO Rn. 24.
62 Zöller/*Vollkommer*, § 91a ZPO Rn. 44.
63 Bamberger/Roth/*Voit*, § 638 Rn. 6.
64 Messerschmidt/Voit/*Moufang*, § 638 Rn. 18.
65 Bamberger/Roth/*Voit*, § 638 Rn. 6; Messerschmidt/Voit/*Moufang*, § 638 Rn. 18.
1 BT-Drucks. 14/7052, S. 205 re. Sp.

B. Zur Vorschrift im Einzelnen

2 Aus dem Wortlaut der Vorschrift geht zunächst hervor, dass die Rechte des Bestellers wegen eines Mangels (§ 636) grundsätzlich ausgeschlossen bzw. beschränkt werden können. Bei § 636 handelt es sich um dispositives Gesetzesrecht. Bei **individualvertraglich** formulierten Bauverträgen stoßen entsprechende Regelungen folglich erst im Rahmen der §§ 138, 242 BGB auf Grenzen.[2]

3 Bei **formularmäßigen** Bauvertragsbedingungen sind die Grenzen allerdings wesentlich enger gesteckt. Vergleiche hierzu insbesondere die Kommentierung zu § 309 Nr. 5, Nr. 7 und Nr. 8. Es ist also vorrangig zu prüfen, ob vorformulierte Bauvertragsbedingungen nicht bereits im Rahmen der Prüfung nach § 305 ff. BGB entweder nicht Vertragsbestandteil werden oder unwirksam sind. Liegt eine wirksame bauvertragliche Regelung vor, ist gegebenenfalls zu klären, ob der Haftungsausschluss gem. § 639 im Falle eines arglistig verschwiegenen Mangels (I) oder aufgrund einer übernommenen Garantie für die Beschaffenheit des Werkes (II) zur Geltung kommt.

I. Arglistig verschwiegener Mangel

4 Der Begriff des arglistigen Verschweigens entspricht dem des § 634a (§ 638 a.F.). »Arglistig verschweigt«, wer sich bewusst ist, dass ein bestimmter Umstand für die Entschließung seines Vertragsgegners von Erheblichkeit ist, nach Treu und Glauben diesen Umstand mitzuteilen verpflichtet ist und ihn trotzdem nicht offenbart.[3] Der maßgebende Zeitpunkt für das Vorliegen der Arglist ist die Abnahme oder, soweit eine solche nicht vorliegt, die Vollendung des Werkes.[4] Erlangt der Unternehmer erst nach der Abnahme die Kenntnis vom Vorliegen eines Mangels, kann er nicht zum maßgeblichen Zeitpunkt arglistig gehandelt haben.

5 Dem Werkunternehmer kann auch das Verhalten einer Hilfsperson zugerechnet werden. Allerdings sind Unterscheidungen notwendig: So ist der Baustellenpolier (im entschiedenen Fall ging es um nicht eingebaute Abstandhalter der Bewehrung) nicht ohne weiteres Erfüllungsgehilfe des Bauunternehmers in Bezug auf die Ablieferung des Werks. Es ist tatrichterlich nach den Umständen des Einzelfalls unter Berücksichtigung der konkreten Funktion des Poliers festzustellen, ob es zu dessen Aufgabenbereich gehörte, auch die Übergabe der Bauleistung im Rahmen der Abnahme an den Auftraggeber vorzunehmen. Ist die Hilfsperson des Bauunternehmers von solchen Aufgaben ausgeschlossen, kann dem Bauunternehmer auch dessen Kenntnis bzw. dessen »Verheimlichen« von maßgeblichen Umständen nicht zugerechnet werden. In der Regel kann also nur derjenige, welcher mit der Ablieferung des Werks betraut ist, als »Erfüllungsgehilfe des Unternehmers bezüglich der Offenbarungspflicht« und damit auch als »Erfüllungsgehilfe beim arglistigen Verschweigen« angesehen werden. Während Poliere oder sonstige Arbeitskräfte regelmäßig nicht zu diesem Personenkreis zählen, gehört es zu den Aufgaben des örtlichen Bauleiters des Unternehmers, an der Ablieferung und Abnahme der Bauleistung mitzuwirken. Dessen arglistiges Verschweigen muss sich der Bauunternehmer in der Regel nach § 278 zurechnen lassen.[5]

6 Von weiterer Bedeutung ist, ob ein Mangel leicht oder nur schwer zu entdecken ist und ob er nur kürzere oder längere Zeit wahrnehmbar ist. Je schwieriger und je kürzer ein Mangel zu entdecken ist, desto eher ist es zu rechtfertigen, dem Unternehmer die Kenntnis einer Hilfsperson als arglistiges Verschweigen zuzurechnen.[6]

7 Weiterhin muss sich der Bauunternehmer oder dessen Hilfsperson bewusst sein, dass ihre Fehlleistung sie dazu verpflichtet, dem Auftraggeber den vorhandenen Mangel zu offenbaren. Diese Ver-

---

[2] MüKo-BGB/*Busche*, 4. Aufl. 2005, § 639, Rn. 2.
[3] BGH, 20.12.1973, VII ZR 184/72, BauR 1974, 130.
[4] BGH, 20.12.1973, VII ZR 184/72, BauR 1974, 130, 131.
[5] BGH, 20.12.1973, VII ZR 184/72, BauR 1974, 130, 131.
[6] BGH, 20.12.1973, VII ZR 184/72, BauR 1974, 130, 131.

pflichtung wird nicht dadurch eingeschränkt, dass der Auftraggeber eine Bauaufsicht (Architekten) beauftragt hat.[7]

II. Garantie für die Beschaffenheit des Werkes

Das Gesetz geht bei der Verwendung des Begriffes »Garantie« davon aus, dass der Klauselverwender eine unselbständige Garantie übernommen hat.[8] Welche konkrete vertragliche Regelung der Gesetzgeber unter dem Begriff »Garantie« versteht, wird im Gesetz – auch an anderer Stelle – nicht beschrieben. Aus der Gesetzesbegründung ergibt sich lediglich, dass die Vorschrift an die entsprechende Regelung im Kaufrecht (§ 444 BGB) angepasst werden sollte.[9] Aus der Gesetzesbegründung geht allerdings hervor, dass der Begriff der Garantie in jedem Falle die zugesicherte Eigenschaft der Werkleistung einschließt.[10] Streitig ist, ob die Auslegung des Garantiebegriffs i.S.d. § 639 anhand der bisher entwickelten werkvertragsrechtlichen Maßstäben erfolgen kann. Während *Werner/Pastor* dies vertreten,[11] erhebt *Kniffka*[12] Bedenken mit der Begründung, dass im Werkvertragsrecht vor der Schuldrechtsreform an die zugesicherten Eigenschaften wesentlich geringere Anforderungen gestellt wurden als im Kaufrecht. Wenn nunmehr nach dem Willen der Gesetzgebung die Vorschrift an die Regelung im Kaufrecht angepasst wurde,[13] wird folglich eine Orientierung am kaufrechtlichen Begriff der Zusicherung erforderlich sein.

8

Eine besondere Relevanz für das Bauvertragsrecht hat diese Betrachtung unter dem Gesichtspunkt, dass es bei Anlegen kaufrechtlicher Maßstäbe an die Zusicherung auch bei Bauverträgen eine Vielzahl von Fällen geben wird, in denen man das Vorliegen einer Zusicherung anzunehmen hat.[14] Ausgehend von dieser Betrachtungsweise wird man von einer Beschaffenheitsgarantie bei Bauverträgen dann ausgehen müssen, wenn der Auftragnehmer im Bauvertrag die Verpflichtung übernommen hat, den werkvertraglichen Erfolg insbesondere mit der vereinbarten Beschaffenheit der Sache zu erbringen und auch dafür einzustehen, dass im Falle der Verfehlung dieses vertraglichen Zieles die Folgen übernommen werden.[15] Insbesondere beim **Bauträgervertrag**, mit dem sich dieser zur schlüsselfertigen Errichtung eines Hauses oder einer Eigentumswohnung verpflichtet, wird der Bauträger die Bebaubarkeit des Grundstücks nach seinen Plänen, die Lastenfreiheit des Grundstücks sowie die Freiheit von Altlasten aber auch Garantien für die verwendeten Produkte und die Art der Ausführung übernehmen.[16] *Basty*[17] empfiehlt daher, in der notariellen Urkunde eine klarstellende Bestimmung zu formulieren, aus der sich ergibt, dass die Beschreibung der geschuldeten Beschaffenheit nicht als Übernahme einer Beschaffenheitsgarantie zu verstehen sei. Ob dies allerdings mit dem Transparenzgebot nach § 307 Abs. 1 Satz 2 vereinbar ist, ist fraglich, denn der Klauselverwender muss die Rechte und Pflichten seines Bauvertragspartners möglichst klar und durchschaubar darstellen, damit sich der Klauselgegner beim Vertragsschluss hinreichend über die rechtliche Tragweite der Bauvertragsbedingungen klar werden kann. Der Klauselgegner muss in der Lage sein, seine Rechte und Pflichten ohne fremde Hilfe möglichst klar und einfach festzustellen.[18] Ob diese Voraussetzungen vorliegen, wenn dem Klauselgegner beim

---

7 BGH, 20.12.1973, VII ZR 184/72, BauR 1974, 130, 132.
8 *Schumann*, Die Technische Pönale unter dem Regime des neuen § 639 BGB, NZBau 2003, 602, 604 li. Sp.
9 BT-Drucks. 14/7052, S. 205 re. Sp.
10 14/7052, S. 205 re. Sp. (zu Nr. 39).
11 *Werner/Pastor*, Der Bauprozess, 12. Aufl. 2008, Rn. 1434.
12 *Kniffka*, IBR-Online-Kommentar Bauvertragsrecht, Stand 26.05.2009, Rn. 5 f. zu § 639.
13 BT-Drucks. 14/7052, S. 205 re. Sp.
14 *Langen*, Die Gestaltung von Bauverträgen – Überlegungen und erste Erfahrungen zum neuen Recht, Jahrbuch Baurecht 2003, 159, 180.
15 BGH, 29.11.2006, VIII ZR 92/06, BGHZ 170, 86, 92.
16 *Kniffka*, IBR-Online-Kommentar, Bauvertragsrecht, Stand 26.05.2009, Rn. 6 zu § 639.
17 *Basty*, Der Bauträgervertrag, 6. Aufl. 2009, Rn. 829.
18 BGH, 06.12.2007, VII ZR 28/07, BauR 2008, 508.

Vertragsabschluss die Einschätzung abverlangt wird, was mit dem im Gesetz nicht definierten Begriff der Garantie i.S.d. § 639 verbunden ist, darf in Frage gestellt werden.

9 *Kniffka*[19] weist unter Bezugnahme auf *de Vasconcellos*[20] auf die besondere Situation von Garantien im **Anlagenbau** hin, weil in derartigen Verträgen häufig Komplettheits-, Leistungs-, Verbrauchswert-, Emissions- oder Immissionsgarantien sowie Verfügbarkeits- oder Standzeitgarantien übernommen werden, was angesichts der Tatsache, dass § 639 ohne Weiteres auch im unternehmerischen Geschäftsverkehr anwendbar ist[21] für alle Anlagenbauverträge besondere Bedeutung hat. § 639 gilt grundsätzlich für alle Mängelrechte und nicht etwa nur für Teilaspekte. Dies ergibt sich aus dem Wortlaut der Vorschrift (»... die Rechte des Bestellers wegen eines Mangels ...«).[22] Nicht um eine Garantie i.S.d. § 639 handelt es sich dann, wenn der Unternehmer keine uneingeschränkte Einstandspflicht übernimmt, wobei nicht allein die Vokabel »Garantie« maßgeblich ist, sondern der Wille, der hinter der Verwendung des Wortes steht.[23] Dieser ist gegebenenfalls im Wege der Auslegung zu ermitteln.

§ 640 Abnahme

(1) Der Besteller ist verpflichtet, das vertragsmäßig hergestellte Werk abzunehmen, sofern nicht nach der Beschaffenheit des Werkes die Abnahme ausgeschlossen ist. Wegen unwesentlicher Mängel kann die Abnahme nicht verweigert werden. Der Abnahme steht es gleich, wenn der Besteller das Werk nicht innerhalb einer ihm vom Unternehmer bestimmten angemessenen Frist abnimmt, obwohl er dazu verpflichtet ist.

(2) Nimmt der Besteller ein mangelhaftes Werk gemäß Abs. 1 S. 1 ab, obschon er den Mangel kennt, so stehen ihm die in § 634 Nr. 1 bis 3 bezeichneten Rechte nur zu, wenn er sich seine Rechte wegen des Mangels bei der Abnahme vorbehält.

Schrifttum

Basty Der Bauträgervertrag, 6. Auflage; *ders.* Gesetz zur Beschleunigung fälliger Zahlungen, DNotZ 2000, 260; *Cuypers* Die Abnahme beim Bauvertrag in Theorie und Praxis, BauR 1990, 537; *Esser/Weyers* Schuldrecht Bd. II Besonderer Teil, 6. Auflage; *Hartung* Die Abnahme im Baurecht, NJW 2007, 1099; *Heidland* Die Vollmacht der Architekten, Ingenieure und Sonderfachleute in der Insolvenz des Bauherrn, BauR 2009, 159; *Hochstein* Die »vergessene« förmliche Abnahmevereinbarung und ihre Rechtsfolgen im Bauprozeß, BauR 1975, 221; *Kniffka* Abnahme und Abnahmewirkungen nach der Kündigung des Bauvertrages – Zur Abwicklung des Bauvertrages nach der Kündigung unter besonderer Berücksichtigung der Rechtsprechung des Bundesgerichtshofes –, ZfBR 1998, 113; *ders.* Das Gesetz zur Beschleunigung fälliger Zahlungen – Neuregelung des Bauvertragsrechts und seine Folgen –, ZfBR 2000, 227; *Knychalla* Abnahme nach Kündigung des Bauvertrages, Jahrbuch Baurecht 2007, 1; *Meissner* Vertretung und Vollmacht in den Rechtsbeziehungen der am Bau Beteiligten, BauR 1987, 497; *Messerschmidt* Die Balance von Rechten und Pflichten in der Mängelbeseitigung, BauR 2010, 322; *Niemöller* Abnahme und Abnahmefiktionen nach dem Gesetz zur Beschleunigung fälliger Zahlungen, BauR 2001, 481; *Scholltisek* Die Schwierigkeiten der Teilabnahme beim Architektenwerk, NZBau 2006, 623; *Siegburg* Zur Klage auf Abnahme einer Bauleistung, ZfBR 2000, 507 f.; *Staudinger* Kommentar zum BGB, Buch 4, Familienrecht, §§ 1297–1362; *Thode* Werkleistung und Erfüllung im Bau- und Architektenvertrag, ZfBR 1999, 116; *Muffler* Das Mängelbeseitigungsrecht des Werkunternehmers und die Doppelsinnigkeit der Nacherfüllung, BauR 2004, 1356; *Wolfensberger/Moltrecht* Die »Abnahme« des Architektenwerks, BauR 1984, 574; *Zeitler* »Abnahme ohne Annahme« Vertragsstrafenvorbehalt der werkvertraglichen Abnahmefiktion, ZfBR 2004, 216.

---

19 *Kniffka*, IBR-Online-Kommentar, Bauvertragsrecht, Stand 26.05.2009, Rn. 7 zu § 639.
20 De Vasconcellos, Garantien in der Praxis des Anlagenvertrags und das neue Schuldrecht: Ein unauflöslicher oder nur ein scheinbarer Konflikt?, NZBau 2003, 121 re. Sp.
21 MüKo-BGB/*Busche*, Rn. 12. zu § 639.
22 Schumann, Die Technische Pönale unter dem Regime des neuen § 639 BGB, NZBau 2003, 602, 605 re. Sp.
23 *Kniffka*, IBR-Online-Kommentar, Bauvertragsrecht, Stand 26.05.2009, Rn. 7 zu § 639.

Übersicht

	Rdn.
A. Grundsätzliches	1
I. Regelungsgehalt	1
II. Systematische Stellung	4
III. Entwicklung der Vorschrift und Ausblick	5
B. Der Begriff der Abnahme	8
I. Abgrenzung rechtsgeschäftliche/technische/öffentlich-rechtliche Abnahme	9
1. Zustandfeststellung/Technische Abnahme	10
2. Öffentlich-rechtliche (Gebrauchs-) Abnahme	14
3. Rechtsgeschäftliche Abnahme	15
4. Nachabnahme	16
II. Rechtliche Einordnung der Abnahme	17
1. Abgrenzung zur Übergabe beim Kauf	18
2. Ein- oder zweigliedriger Abnahmebegriff?	20
a) Die herrschende Meinung	21
b) Die Gegenmeinung	22
c) Stellungnahme	23
3. Rechtsgeschäftsähnliche Handlung und Rechtsfolgen	24
a) Anfechtbarkeit	26
b) Bedingungsfeindlichkeit/Datumsfestlegung im Abnahmeprotokoll	29
c) Zugangsbedürftigkeit der Abnahmeerklärung?	31
d) Vertretung/Vollmacht	32
aa) Grundsatz	32
bb) Ehegattenvollmacht	34
cc) Anscheins- und Duldungsvollmacht	35
dd) Sonderfall Architekt u.ä	36
ee) Öffentlicher Auftraggeber	37
ff) Gemeinschaftseigentum	38
C. Die einzelnen Abnahmetatbestände	40
I. Die erklärte Abnahme gem. § 640 Abs. 1 S. 1 BGB	40
1. Die ausdrückliche Abnahme	42
a) Die formlose ausdrückliche Abnahme	43
b) Die förmliche Abnahme	44
2. Die konkludente Abnahme	50
II. Die fiktive Abnahme nach § 640 Abs. 1 S. 3 BGB	54
1. Aufforderung zur Abnahme durch den Unternehmer	56
2. Bestimmung einer angemessenen Frist	58
a) Die Fristsetzung	58
b) Angemessenheit der Frist	59
c) Entbehrlichkeit der Fristsetzung	60
3. Abnahmeverpflichtung	61
a) Fertigstellung des Werkes	62
b) Allenfalls unwesentliche Mängel – § 640 Abs. 1 S. 2 BGB	63
c) Darlegungs- und Beweislast	65

	Rdn.
III. Sonderfall Teilabnahme	66
IV. Die zu Unrecht verweigerte Abnahme	69
V. Abnahme bei Kündigung	70
1. Erklärte Abnahme	71
2. Konkludente Abnahme	72
3. Fiktive Abnahme	73
VI. Die Abnahme des Architekten-/Ingenieurwerkes	74
1. Abnahmefähigkeit/Abnahmebedürftigkeit	75
2. Im Wesentlichen mangelfreie Fertigstellung	77
3. Durchführung der Abnahme	78
a) Die erklärte Abnahme	79
b) Die schlüssige Abnahme	80
c) Die fiktive Abnahme	81
4. Abnahme von Teilleistungen	82
5. Abnahme bei Kündigung	84
D. Rechtsfolgen der Abnahme	85
I. Ende des Erfüllungsstadiums	86
II. Übergang von Leistungs- und Vergütungsgefahr	87
III. Fälligkeit der Vergütung/Schlussrechnungsreife	88
1. Grundsatz	88
2. Abschlagsrechnungen	89
3. Verzinsungspflicht nach § 641 Abs. 4 BGB	90
4. Sonderfall Architektenhonorar	91
IV. Umkehr der Beweislast	92
V. Beginn der Verjährungsfrist für Nacherfüllungsansprüche	93
1. Verjährungsbeginn bei vorbehaltloser Abnahme	93
2. Verjährungsbeginn bei Mängelvorbehalt	94
3. Verjährungsbeginn bei endgültiger Abnahmeverweigerung	95
VI. Verlust von Nacherfüllungsansprüchen, § 640 Abs. 2 BGB	96
1. Abnahme gem. § 640 Abs. 1 S. 1 BGB	99
a) Erklärte Abnahme	100
b) Fingierte Abnahme nach § 640 Abs. 1 S. 3 BGB	101
c) Endgültige Abnahmeverweigerung	102
2. Mangelhaftigkeit des Werkes	103
3. Kenntnis	104
a) Positive Kenntnis	104
b) Kenntnis vom Mangel	105
c) Zeitpunk der Kenntnis	108
4. Vorbehalt bei Abnahme	110
a) Erklärung des Vorbehaltes	111
b) Form der Vorbehaltserklärung	112
c) Reichweite des Vorbehaltes	113
d) Bei Abnahme – Zeitpunkt des Vorbehaltes	114

		Rdn.			Rdn.
	aa) Durchgeführte Abnahme....	115	I.	Vertragsstrafe......................	123
	bb) Konkludente Abnahme	116	II.	Bürgschaften	124
	cc) Fiktive Abnahme	117	III.	Insolvenz	126
	e) Entbehrlichkeit des Vorbehaltes..	118	IV.	Steuerrecht	127
	5. Vertraglicher Verzicht auf Mängelvorbehalt	119	**F.**	**Prozessuales**	129
			I.	Die Klage auf (Feststellung der) Abnahme..........................	129
VII.	Rechte des AN bei unberechtigt verweigerter Abnahme	120		1. Die Klage auf Abnahme...........	130
	1. Annahmeverzug.................	120		2. Die Klage auf Feststellung des Eintrittes der Abnahmewirkungen	131
	2. Schuldnerverzug	121	II.	Allgemeine Darlegungs- und Beweislast zur Abnahme	132
	3. Eintritt der Abnahmewirkungen	122			
E.	**Weitere Relevanzen der Abnahme**	123			

A. Grundsätzliches

I. Regelungsgehalt

1 Die Abnahme als eine den AG treffende Hauptpflicht ist eine der zentralen Vorschriften des Werkvertragsrechts. Weil beim Bau- wie auch beim Architekten-/Ingenieur- oder Projektsteuerungsvertrag die Leistung des Unternehmers nach der Beschaffenheit seines Werkes nie ausgeschlossen ist, greift die Ausnahme in Abs. 1 S. 1 zweiter Halbsatz nie (vgl. § 646 Rdn. 1 f.). Was genau allerdings die Abnahme ist, welche tatsächlichen Voraussetzungen also vorliegen müssen, um eine Abnahme anzunehmen, sagt das Gesetz mit keinem Wort.[1]

2 In der baurechtlichen Praxis spielt die Abnahme eine große Rolle, was sich nicht nur an der umfangreichen Regelung in § 12 VOB/B zeigt, sondern auch in ihrer extensiven Behandlung in Bauverträgen. Der Grund liegt auf der Hand: Die rechtsgeschäftliche Abnahme nach § 640 BGB bildet die Zäsur zwischen dem primären Erfüllungsstadium und dem Nacherfüllungsstadium des Bauvertrages. Sie liegt im Interesse beider Vertragspartner, also des Bestellers wie des Unternehmers, denn für jeden ergeben sich die mit ihr verbundenen, juristisch oft schwierigen und praktisch besonders relevanten Rechtsfolgen wie Gefahrübergang, Fälligkeit der Vergütung, Beweislastumkehr, Konkretisierung auf das hergestellte Werk und Beginn der Verjährungsfrist für Nacherfüllungsansprüche. Das ist auch der maßgebliche Grund dafür, dass Auftraggeber wie Auftragnehmer, geleitet durch ihre grundsätzlich gegenteiligen Interessen an der Abnahme, in ihren Vertragbedingungen zu umfassenden Regelungen neigen, die freilich ggfls. an den AGB-rechtlichen Maßstäben der §§ 305 ff. BGB zu messen sind.

3 Die Abnahme hat aber auch Bedeutung beispielsweise in Zusammenhang mit der gerade in Bauverträgen häufig vereinbarten Vertragsstrafe (selbige muss sich der Auftraggeber bei Annahme = Abnahme[2] der Leistung gemäß § 341 Abs. 3 BGB vorbehalten – vgl. § 339 Rdn. 47 ff.), der Inanspruchnahme des Gewährleistungsbürgen bei vertraglich vereinbarter förmlicher Abnahme[3] oder bei der Beantwortung von steuerlichen Fragen, z.B. bei der Ermittlung des Zeitpunktes der Leistungserbringung im Sinne des Umsatzsteuergesetzes.

II. Systematische Stellung

4 § 640 BGB ist die erste einer Reihe von Vorschriften, die sich mit den Verpflichtungen des Auftraggebers beschäftigt. Nach der den Ausgangspunkt für die weiteren Rechtsfolgen bildenden Ab-

---

1 *Cuypers*, BauR 1990, 537.
2 BGH, Urt. v. 03.11.1960, VII ZR 150/59, BGHZ 33, 236.
3 OLG Celle, Beschl. v. 24.05.2007 – 13 U 223/06, IBR 2007, 482; OLG Frankfurt/Main, Urt. v. 30.11.2006 – 4 U 140/06, IBR 2007, 134; OLG Köln, Urt. v. 16.03.2005, 17 U 170/03, BauR 2005, 1199; sowie die Kommentierungen zu § 767 Abs. 1 S. 3 BGB, dort Rdn. 5.

nahme folgen mit § 641 BGB die Vorschriften über die Fälligkeit bzw. Leistung der Vergütung, mit den §§ 642 und 643 BGB die der Mitwirkungshandlungen des Bestellers und die Rechtsfolgen bei deren Missachtung sowie mit §§ 644 und 645 BGB die Gefahrtragungsregeln. Folgte man der vertraglichen Systematik, müsste die Abnahme eigentlich, weil sie die Zäsur zwischen Vertragserfüllungsstadium und Nacherfüllungsstadium bildet, vor den Vorschriften über die Verjährung der Mängelansprüche und die Nacherfüllungsansprüche stehen, denn diese Regelungen werden erst relevant nach erfolgter Abnahme.

III. Entwicklung der Vorschrift und Ausblick

§ 640 Abs. 1 S. 1 BGB ist seit Inkrafttreten des BGB unverändert. Dasselbe gilt für § 640 Abs. 2 BGB, der lediglich infolge der Änderung anderer Vorschriften redaktionell angepasst wurde. Vergleichsweise jüngeren Datums sind die Klarstellung in Abs. 1 S. 2 BGB, wonach die Abnahme wegen unwesentlicher Mängel nicht verweigert werden kann und die Einfügung von Abs. 1 S. 3, der eine Abnahmefiktion enthält, wie sie ursprünglich nur in § 12 VOB/B vorgesehen war.[4] 5

Die Sätze 2 und 3 des Abs. 1 entspringen dem Willen des Gesetzgebers, es dem Auftragnehmer insbesondere zu erleichtern, die Fälligkeit seines Werklohnanspruches herbeizuführen;[5] durch die Schaffung gesetzlicher Leitbilder wird gleichzeitig hiervon abweichenden allgemeinen Geschäftsbedingungen in von Auftraggebern gestellten Verträgen Einhalt geboten. 6

Nachdem bereits der letzte Bundestag auf die Notwendigkeit der Schaffung eines eigenständigen, auf die Bedürfnisse des bauvertraglichen Leistungsaustausches zugeschnittenen Bauvertragsrechts hingewiesen hatte,[6] und auch nach dem Koalitionsvertrag der CDU/CSU/FDP-geführten derzeitigen Bundesregierung[7] eine Novellierung angestrebt ist, hat der Deutsche Baugerichtstag in seinem Thesenpapier zur Vorbereitung des 3. Deutschen Baugerichtstages am 07./08.05.2010 eine Ergänzung der derzeitigen Abnahmeregelung vorgeschlagen.[8] Dabei sollen über das Konstrukt der Mitwirkungsobliegenheit gesetzliche Vermutungen für die Mängelfreiheit der Leistung unter bestimmten Voraussetzungen eingeführt werden. 7

B. Der Begriff der Abnahme

Der Bundesgerichtshof hat in mehreren Entscheidungen der letzten Jahre die besondere Bedeutung der Abnahme für den Bauvertrag hervorgehoben,[9] nachdem zwischenzeitlich, jedenfalls im Zusammenhang mit der Frage der Fälligkeit der Vergütung, andere Tendenzen zu erkennen waren.[10] Nur die Abnahme nach § 640 BGB, auf die auch in vielen weiteren Vorschriften des Werkvertragsrechts Bezug genommen wird, vgl. §§ 634a Abs. 2, 641 Abs. 1, 3 und 4, 644 Abs. 1, 645 Abs. 1 sowie 645 BGB, bewirkt die oben in Rdn. 2 genannten Rechtsfolgen, so dass im Einzelfall genau zu prüfen ist, ob tatsächlich (neben der technischen Zustandsfeststellung auch) eine rechtsgeschäftliche Abnahme durchgeführt wurde. Von *Messerschmidt*[11] wurde in diesem Zusammenhang die Frage aufgeworfen, welche Bedeutung der Abnahme jedenfalls im Hinblick auf die Ausübung mängelbezogener Rechte und Pflichten überhaupt zukommt; setzen sich nach seiner 8

---

4 Gesetz zur Beschleunigung fälliger Zahlungen v. 30.03.2000, BGBl I S. 330.
5 BT-Drucks. 4/1246 S. 7.
6 Plenarprotokoll 16/172 der 172. Sitzung des Deutschen Bundestages am 26.06.2008.
7 Vgl. Text Ziff. von 1755 bis 1759 des Koalitionsvertrages.
8 These 3 zum Thesenpapier des 3. Deutschen Baugerichtstags, BauR 2010, 1321.
9 BGH, Urt. v. 19.12.2002, VII ZR 103/00, BauR 2003, 689; Urt. v. 22.09.2005, II ZR 117/03, BauR 2005, 1913; Urt. v. 11.05.2006, VII ZR/146/04, BauR 2006, 1294 – dazu krit. *Buscher*, Urteilsanmerkung BauR 2006, 1297.
10 BGH, Urt. v. 09.10.1986, VII ZR/249/85, BauR 1987, 95 – zur Fälligkeit des Werklohns ohne Abnahme bei vorzeitiger Vertragsbeendigung; OLG Düsseldorf, Urt. v. 20.09.1976, 5 U 55/76, BauR 1978, 404; OLG Hamm, Urt. v. 30.01.1980, 25 U 157/78, BauR 1981, 376.
11 *Messerschmidt*, BauR 2010, 322.

Auffassung die Erfüllungsansprüche doch mehr oder weniger nahtlos in den Nacherfüllungsansprüchen fort. Damit wird die Bedeutung der Abnahme aber allenfalls in diesem Teilbereich in Frage gestellt und nicht grundsätzlich.

I. Abgrenzung rechtsgeschäftliche/technische/öffentlich-rechtliche Abnahme

9 Der Begriff der Abnahme wird in verschiedenen Zusammenhängen verwendet, hat aber ganz unterschiedliche Voraussetzungen und Rechtsfolgen, weshalb aus Gründen der Eindeutigkeit der Terminus »Abnahme« jeweils nur mit einem klärenden Zusatz oder an seiner Stelle ein anderer Begriff gewählt werden sollte. Während das BGB mit § 640 BGB lediglich die rechtsgeschäftliche Abnahme kennt, hat der Verordnungsgeber in § 4 Abs. 10 VOB/B[12] auch die technische Zustandsfeststellung geregelt. Begehungen durch die zuständige Bauaufsichtsbehörde nach der jeweiligen LBO werden ebenfalls häufig als Abnahme oder Gebrauchsabnahme bezeichnet.

1. Zustandsfeststellung/Technische Abnahme

10 Die Zustandsfeststellung dient der Überprüfung bereits erbrachter Leistungsteile auf Mangelfreiheit und damit insbesondere der Beweissicherung[13] und steht der rechtsgeschäftlichen Abnahme nicht gleich. Rechtsgeschäftliche Wirkungen irgendeiner Art kommen ihr also nicht zu (vgl. dazu im Einzelnen, insbesondere zu den Folgen der Verweigerung der Mitwirkung an der technischen Zustandsfeststellung, § 4 Abs. 10 VOB/B Rdn. 60 ff.). Das bedeutet natürlich nicht, dass die Zustandsfeststellung nicht mit der Abnahme zusammenfallen könnte. Im Gegenteil wird das nicht selten der Fall sein.

11 Die vom Architekten bzw. Sonderfachmann durchgeführten sog. »Abnahmetermine« sind deshalb i.d.R. gerade keine Abnahmen, sondern Zustandsfeststellungen, denn es fehlt typischerweise – ohne ausdrückliche oder konkludente Bevollmächtigung durch den Auftraggeber – an der dafür notwendigen rechtsgeschäftlichen Vollmacht.[14]

12 In diese Fallgruppe gehören auch Aufmaßtermine und Abrechnungsgespräche über Massen, die ebenfalls nur der tatsächlichen Feststellung dienen und allenfalls die Wirkung eines deklaratorischen – freilich ggfls. kondizierbaren – Schuldanerkenntnisses haben (vgl. dazu § 14 Abs. 2 VOB/B, Rdn. 30) und keinerlei Rückschlüsse auf eine rechtsgeschäftliche Abnahme zulassen.

13 Dasselbe gilt regelmäßig für einen gemeinsam durchgeführten Probebetrieb bzw. die technische Einweisung des Auftraggebers in technische Anlagen, z.B. Fördereinrichtungen, haustechnische Gewerke u.ä. Diese Maßnahmen dienen nämlich gerade dazu, die Funktionsfähigkeit überhaupt erst festzustellen und dem Nutzer deren dauerhaften Gebrauch zu ermöglichen, so dass es sich um ein Vorstadium der rechtsgeschäftlichen Abnahme handelt.

2. Öffentlich-rechtliche (Gebrauchs-)Abnahme

14 Es ist in Literatur[15] und Rechtsprechung[16] einhellige Meinung, dass die öffentlich-rechtliche Gebrauchsabnahme der zuständigen Baubehörde die rechtsgeschäftliche Abnahme des Auftraggebers nicht ersetzt. Denn die Baugenehmigungsbehörde prüft nur, ob das Bauwerk in Übereinstimmung mit dem öffentlichen Baurecht und der erteilten Baugenehmigung errichtet wurde.

---

12 Diese Regelung entspricht in den Fassungen der VOB/B die seinerzeitige technische Teilabnahme in § 12 Nr. 2b VOB/B.
13 OLG Düsseldorf Urt. v. 23.05.1995 – 23 U 153/94, BauR 1996, 121; Franke/Kemper/Zanner/Grünhagen/*Keller*, § 4 VOB/B Rn. 359.
14 OLG Düsseldorf, Urt v. 12.11.1996, 21 U 68/9, BauR 1997, 647; Staudinger/*Peters* § 640 Rn. 11; v. Berg/Vogelheim/Wittler/*Kesselring*, Rn. 1030.
15 *Kniffka*, IBR-Online-Kommentar Bauvertragsrecht, Stand 26.05.2009, § 640 Rn. 6.
16 BGH, Urt. v. 30.12.63, VII ZR 53/62, VersR 1964, 265.

3. Rechtsgeschäftliche Abnahme

§ 640 BGB behandelt nur die rechtsgeschäftliche Abnahme, an der der Auftraggeber und grundsätzlich auch der Auftragnehmer mitwirken müssen und die allein die bereits unter Rdn. 2 angesprochenen Rechtsfolgen nach sich zieht. Zu ihrem Rechtscharakter, ihren Voraussetzungen und Rechtsfolgen siehe nachfolgend. 15

4. Nachabnahme

Treten bei oder nach der Abnahme Mängel hervor und werden diese vom Auftragnehmer nachgebessert, empfiehlt sich aus Gründen der Rechtsklarheit die Durchführung einer Nachabnahme, um auch hinsichtlich des (Neu-)Beginns der Verjährungsfrist[17] und der Beweislast eine eindeutige Rechtslage zu schaffen. 16

II. Rechtliche Einordnung der Abnahme

Fast unbestritten ist, dass die Abnahme eine den Besteller treffende vertragliche, selbständig einklagbare[18] Hauptpflicht ist.[19] Erst mit ihr hat der Unternehmer grundsätzlich seine geschuldete Leistung bewirkt.[20] 17

1. Abgrenzung zur Übergabe beim Kauf

Gem. § 433 Abs. 2 BGB ist der Käufer »*verpflichtet, dem Verkäufer (…) die verkaufte Sache abzunehmen.*« Es liegt auf der Hand, dass die Abnahme des Werkvertragsrechts etwas völlig anderes meinen muss und i.Ü. bezweckt. Denn, wie unten noch zu zeigen sein wird, muss der Unternehmer weder zwangsläufig dem Besteller das Werk übergeben, noch ihm das Eigentum verschaffen. Deutlich wird dies auf jeder Baustelle des Bestellers. Durch das Eigentum am Grundstück wird der Besteller üblicherweise sogleich mit dem Einbau (Verbindung i.S.d. § 946 BGB) Eigentümer des Werkes. Den Besitz wird er ebenfalls bereits innehaben. 18

Wichtig in diesem Zusammenhang ist es deshalb in der Praxis, jederzeit noch einmal Erwägungen dazu anzustellen, ob wirklich Werkvertragsrecht anzuwenden ist oder nicht doch aufgrund § 651 BGB (Werklieferungsvertrag) Kaufrecht mit den gerade im Handelsverkehr drastischen Rechtsfolgen u.a. der §§ 377, 378 HGB. Der Bundesgerichtshof hat auf diese nicht selten übersehene Problematik hingewiesen z.B. im Fall der Lieferung von Bau- und Anlagenteilen, selbst wenn diese dazu bestimmt sind, in ein Bauwerk eingebaut zu werden.[21] 19

2. Ein- oder zweigliedriger Abnahmebegriff?

Welches die Tatbestandsmerkmale der Abnahme sind, ist umstritten, weil das Gesetz selber nichts darüber sagt, was genau Voraussetzung für eine Abnahme ist (wobei hiervon die vom Gesetz geregelten und der Rechtsprechung entwickelten Sachverhalte, bei denen die Abnahme entweder fingiert[22] oder als entbehrlich[23] angesehen wird, zu unterscheiden sind). 20

---

17 BGH, Urt. v. 15.06.1989, VII ZR/14/88, BauR 1989, 606; Urt. v. 25.09.2008, VII ZR/32/07, BauR 2008, 2039 – beide für VOB/B-Vertrag.
18 BGH, Urt. v. 27.02.1996, X ZR 3/94, BauR 1996, 386; *Siegburg*, ZfBR 2000, 507.
19 Für alle RGRK/*Glanzmann*, § 640 Rn. 18; **a.A.** Esser/*Weyers* § 33 II 2.
20 *Kniffka/Koeble*, 4. Teil Rn. 3.
21 BGH, Urt. v. 23.07.2009, VII ZR 151/08, BauR 2009, 1581.
22 Z.B. § 640 Abs. 1 S. 3 BGB: »Der Abnahme steht es gleich, wenn …«.
23 Z.B. im Fall der ernsthaften und endgültigen Abnahmeverweigerung, s. dazu unten Rdn. 69.

§ 640 BGB Abnahme

a) Die herrschende Meinung

21 Die Abnahme ist nach der Rechtsprechung die mit der körperlichen Hinnahme verbundene, nach außen hervortretende[24] Billigung des Werkes als in der Hauptsache vertragsgemäße Leistung.[25] Die Literatur stimmt dem überwiegend zu.[26] Sie soll also aus zwei Komponenten, nämlich einer tatsächlichen in Form der Besitzverschaffung an den Besteller durch den Unternehmer und einer voluntativen, nämlich der Erklärung des Bestellers gegenüber dem Unternehmer, das Werk so zu akzeptieren, bestehen.[27]

b) Die Gegenmeinung

22 U.a. *Messerschmidt*[28] und *Voit*[29] nehmen hingegen an, dass jedenfalls die dem Unternehmer gegenüber hervorgetretene Billigung des Werkes für die Abnahme durch den Besteller ausreichend, die körperliche Hinnahme im Sinne einer Besitzergreifung also gerade nicht Voraussetzung sei. So habe der auf eigenem Grundstück bauende Besteller ohnehin stets Besitz, ohne dass dieser ihm übertragen werden könnte. Auch seien Generalunternehmer oder Nachunternehmer regelmäßig außerstande, ihrem jeweiligen Besteller den Besitz zu verschaffen. Bestätigt werde diese Auffassung durch die Einführung der fiktiven Abnahme jetzt auch im BGB, § 640 Abs. 1 S. 3 BGB. Denn deren Wesen sei ja gerade, dass es zu keinem Akt der Besitzverschaffung durch den Unternehmer an den Besteller kommt. Dem stehe jedenfalls entgegen der Ansicht von *Busche*[30] nicht entgegen, ohne Besitzübertragung sei der Auftraggeber regelmäßig außerstande, das Werk auf Vertragsgemäßheit zu prüfen. Darauf komme es schon deshalb nicht an, weil die Abnahmeerklärung gerade nicht die tatsächliche Prüfung des Werkes auf seine Vertragsgemäßheit hin erfordere, der Auftraggeber also auch ins Blaue hinein abnehmen könne.[31] Schließlich sei nicht ersichtlich, warum nicht auch der Nichtbesitzer beziehungsweise Mitbesitzer das Werk auf seine Vertragsgemäßheit soll überprüfen können. Der Nachunternehmer des Generalunternehmers könne ohne weiteres auf der Baustelle die Leistung seines Subunternehmers prüfen. Schließlich stehe dem auch nicht die Begründung von *Kniffka*[32] entgegen, gerade die Situation beim Bauträgervertrag mache deutlich, dass auf die Übergabe/Übernahme als Abnahmevoraussetzung nicht verzichtet werden könne. Denn dort scheide eine Abnahme aus, solange der Verkäufer das Werk oder zumindest in sich abgeschlossene, gesondert abnahmefähige Teile desselben (z.B. die im Sondereigentum stehende Wohneinheit) nicht übergeben habe. Denn die Übergabepflicht ergebe sich nicht aus § 640 Abs. 1 BGB, sondern aus § 433 Abs. 1 S. 1 BGB. Die Abnahme diene nämlich nur zur Klärung, ob das Werk der vertraglichen Vereinbarung entspricht.[33] Dazu bedürfe es keines Besitzes. I.Ü. sind z.B. *Peters/Jacoby* der Auffassung, gar nicht die Abnahme selber gewähre dem Besteller den Besitz, sondern verschaffe ihm nur den Anspruch auf Besitzeinräumung.[34] Allerdings vermöge auch *Messerschmidt* nicht zu erklären, dass das Gesetz durch § 640 Abs. 1, 2. HS i.V.m. § 646 BGB eine Ausnahme vorsieht für den Fall des Ausschlusses der Abnahme wegen seiner Beschaffenheit. Das aber sei nicht erklärlich, wenn es nur auf die Billigungserklärung des AG ankäme. Dies könne auch nach der Beschaffenheit des Werkes nicht ausgeschlossen sein.[35]

---

24 BGH Urt. v. 15.11.1993, VII ZR 110/71, BauR 1974, 67.
25 BGH, Urt. v. 24.11.1969, VII ZR 177/67, BauR 1970, 48; BGH, Urt. v. 30.06.1983, VII ZR 185/81.
26 Staudinger/Peters/*Jacoby*, § 640 Rn. 3; Palandt/*Sprau*, § 640 Rn. 3; Ingenstau/Korbion/*Oppler*, § 12 VOB/B Rn. 1; *Kniffka*, IBR-Online-Kommentar Bauvertragsrecht, Stand 26.05.2009, § 640 Rn. 4.
27 So schon RG, Urt. v. 09.07.1923, VI 1324/22, RGZ 107, 339.
28 Messerschmidt/Voit/*Messerschmidt*, § 640 Rn. 18.
29 Bamberger/Roth/*Voit*, § 640 Rn. 18.
30 MüKo-BGB/*Busche*, § 640 Rn. 2.
31 *Thode*, ZfBR 1999, 116.
32 *Kniffka*, IBR-Online-Kommentar, § 640 Rn. 5.
33 Staudinger/Peters/*Jacoby*, § 640 Rn. 15.
34 Staudinger/Peters/*Jacoby*, § 640 Rn. 1.
35 Staudinger/Peters/*Jacoby*, § 640 Rn. 7.

c) Stellungnahme

Angesichts vorstehender Argumente ist eine Abkehr vom zweigliedrigen Abnahmebegriff, wie das auch von *Voit* zutreffend vertreten wird, sinnvoll.[36] Denn dann bedarf es zum einen nicht mehr der wenig konturierten Ausnahmefälle vom Erfordernis der körperlichen Hinnahme, die auch die Rechtsprechung[37] und die Literatur[38] anerkennen, zum anderen wird auf ein Tatbestandsmerkmal verzichtet, dessen eigenständiger Sinn nicht erkennbar ist. Denn der Besteller, der sich selbst von der Ordnungsgemäßheit der Leistung des Unternehmers überzeugen will, kann vom Unternehmer verlangen, dass er das Werk auch untersuchen kann. Einer »Hinnahme« bedarf es unabhängig davon, dass der Besteller oft schon im Besitz sein wird, nicht. Hinzu kommt, dass sich der Bundesgerichtshof schon seit Jahren nicht mehr mit der Frage der tatsächlichen Hinnahme in Zusammenhang mit der Abnahme beschäftigt hat. Soweit ersichtlich, war Gegenstand seiner Entscheidungen zur Abnahme, in denen er sich auf die alte Definition des Reichsgerichtes bezieht, niemals die Frage der Hinnahme durch den Besteller. Im Festhalten an den bisherigen Kriterien kann also zur Frage der Notwendigkeit der Hingabe des Werkes keine Bestätigung der reichsgerichtlichen Rechtsprechung gesehen werden. Maßgeblich für die Feststellung, ob eine Abnahme erfolgt ist, ist damit grundsätzlich der gegenüber dem Unternehmer hervorgetretene Abnahme- und Anerkenntniswille des Bestellers.[39]

23

3. Rechtsgeschäftsähnliche Handlung und Rechtsfolgen

Unabhängig davon, ob man für die Abnahme das tatsächliche Element der Hinnahme fordert oder nicht, besteht im Wesentlichen Einigkeit, dass für die rechtsgeschäftliche Einordnung die Würdigung des voluntativen Elementes entscheidend ist, also der Erklärung des Bestellers, das Werk als im Wesentlichen vertragsgerecht anzuerkennen.

24

Weiter kann im Ergebnis für die Praxis offen bleiben, ob die Billigungserklärung des Bestellers als eine geschäftsähnliche Handlung[40] angesehen wird oder als Willenserklärung.[41] In beiden Fällen sind jedenfalls die Regeln über Willenserklärungen zumindest entsprechend anwendbar.[42] Das bedeutet im Einzelnen:

25

a) Anfechtbarkeit

Grundsätzlich gelten die §§ 119 ff. BGB auch für die Abnahmeerklärung des Bestellers. Anfechtung ist also möglich, wenngleich die ganz h.M. dies nicht auf die Anfechtung wegen Mängeln bezieht, sondern hier die Gewährleistungsregeln für vorrangig erachtet.[43] Dass alleine die Fehlvorstellung über das Vorhandensein von Mängel einen unbeachtlichen Motivirrtum darstellt, ist richtig und so auch vom BGH entschieden.[44]

26

Nach hiesiger Auffassung ist aber dann, wenn der Unternehmer dem Besteller anlässlich des Abnahmetermins das Vorhandensein von schwerwiegenden Mängeln arglistig verschweigt, die Mög-

27

---

36 Bamberger/Roth/*Voit*, BGB § 640 Rn. 18.
37 BGH, Urt. v. 15.11.1973, VII ZR 110/71, BauR 1974, 67; RG, Urt. v. 24.04.1925, VI 10/25, RGZ 110, 404.
38 Staudinger/Peters/*Jacoby*, § 640, Rn. 6; Ingenstau/Korbion/*Oppler*, § 12 VOB/B Rn. 8; Kuffer/Wirth/*Drossart*, 2. Kap. A. Rn. 4.
39 Messerschmidt/Voit/*Messerschmidt*, § 640 Rn. 18.
40 Staudinger/Peters/*Jacoby*, § 649 Rn. 10; Kuffer/Wirth/*Drossart*, 2. Kap. A. Rn. 6; Messerschmidt/Voit/*Messerschmidt*, § 640 Rn. 19.
41 *Hochstein*, BauR 1975, 221.
42 *Thode*, ZfBR 99, 116; MüKo-BGB/*Busche*, § 640 Rn. 4; Staudinger/Peters/*Jacoby*, § 640 Rn. 10.
43 MüKo-BGB/*Busche*, § 640 Rn. 5; RGRK/*Glanzmann*, § 640 Rn. 9; Messerschmidt/Voit/*Messerschmidt*, § 640 Rn. 22; vgl. zu den Einzelheiten auch § 119 BGB Rdn. 6.
44 BGH, Urt. v. 18.02.1965, VII ZR 40/63, n.v.

lichkeit der Anfechtung nach § 123 BGB eröffnet.[45] Während § 119 BGB nämlich die Anfechtung von Willenserklärungen nur aufgrund einer bestimmten Art des Irrtums ermöglicht,[46] eröffnet § 123 BGB bei arglistiger Täuschung oder Drohung die Anfechtung jeder Willenserklärung. Es geht deshalb bei der Anfechtung nach § 123 BGB nicht um die Frage, ob es sich beim Irrtum des Bestellers über die Beschaffenheit des Werkes um einen unbeachtlichen Motivirrtum handelt.[47] Das wird auch von *Peters/Jacoby* so gesehen, die den »angeblichen Vorrang des Gewährleistungsrechts« ebenfalls nicht zu erkennen vermögen.[48] Dem steht jedenfalls entgegen *Messerschmidt*[49] nicht entgegen, dass sich hieraus ein Widerspruch zu § 634a Abs. 3 BGB ergäbe. Dort bestimmt das Gesetz lediglich, dass Ansprüche wegen arglistig verschwiegener Mängel in der regelmäßigen Verjährungsfrist, also innerhalb von drei Jahren ab Kenntnis, verjähren. Es ist nämlich keineswegs so, dass immer dann, wenn der Besteller im Nachhinein von arglistig verschwiegenen Mängeln erfährt, er seine Billigungserklärungen zwangsläufig anficht. Umgekehrt jedenfalls ist der den Besteller zur Abgabe der Abnahmeerklärung arglistig verleitende Auftragnehmer in keiner Weise dahingehend schutzwürdig, dass ihm alle übrigen Wohltaten der Abnahme, zum Beispiel Gefahrübergang, Beweislastumkehr, Fälligkeit des Werklohnes etc., zugute kommen und der Besteller »nur« in den Genuss einer möglicherweise etwas längeren Gewährleistungsfrist kommt. Dabei wird nicht verkannt, dass durch den rückwirkenden Entfall der Abnahme eine völlig neue Situation eintritt. Diese mag auch im Einzelfall zu für den Unternehmer gravierenden negativen Folgen führen, wie dem Wiederaufleben der Übernahme der Sachgefahr, dem nachträglichen Entfall der Fälligkeit des Werklohnanspruches und des Wiederauflebens der ihn treffenden Beweislast für die Mangelfreiheit. Gerade an dieser letzten Wirkung allerdings wird deutlich, dass die Anfechtung infolge arglistiger Täuschung über das Vorhandensein von Mängeln die Abnahme entfallen lassen muss, weil andernfalls der arglistig Handelnde auch noch seiner Nachweispflicht über die Mangelfreiheit entbunden wäre.

28   Auch wer durch widerrechtliche Drohung zur Abnahme verleitet ist, kann anfechten.[50] Das zeigt zumindest, dass auch der Bundesgerichtshof einen rückwirkenden Entfall der Abnahme durch Anfechtung ohne weiteres für denkbar hält.

b) Bedingungsfeindlichkeit/Datumsfestlegung im Abnahmeprotokoll

29   Nachdem die Abnahme nicht nur als rechtsgeschäftliche bzw. rechtsgeschäftsähnliche Handlung zu verstehen ist, sondern sie das Schuldverhältnis zwischen den Bauvertragsparteien vom primären Erfüllungsstadium in das Gewährleistungsstadium überleitet,[51] ist sie einem Gestaltungsrecht gleich zu behandeln.[52] Sie ist deswegen grundsätzlich bedingungsfeindlich.[53] Nimmt der Besteller allerdings unter einer aufschiebenden Bedingung (z.B. Mängelbeseitigung/Übergabe von Revisionsunterlagen etc.) ab, deren Eintritt der Unternehmer herbeiführen kann – sog. Potestativbedingung –, bestehen hiergegen keine Bedenken.[54]

---

45 So auch Nicklisch/Weick/*Nicklisch*, § 640 Rn. 34.
46 Staudinger/*Singer*, § 119 Rn. 1; Palandt/*Ellenberger*, § 119 Rn. 1.
47 So aber Messerschmidt/Voit/*Messerschmidt*, § 640 Rn. 22; Ingenstau/Korbion/Oppler, § 12 VOB/B Rn. 19.
48 Staudinger/Peters/*Jacoby*, § 640 Rn. 12.
49 Messerschmidt/Voit/*Messerschmidt*, § 640 Rn. 22.
50 BGH, Urt. v. 04.11.1982, VII ZR 11/82, BauR 1983, 77.
51 RGRK/*Glanzmann*, § 640 Rn. 2; *Thode*, ZfBR 1999, 116; *Hartung*, NJW 2007, 1099.
52 Staudinger/Peters/*Jacoby*, § 640 Rn. 13; Messerschmidt/Voit/*Messerschmidt*, § 640 Rn. 23; MüKo-BGB/ Busche, § 640 Rn. 4.
53 A.A. Staudinger/Peters/*Jacoby*, § 640 Rn. 13, die ohne Begründung die Bedingung ignorieren und so stets zur Abnahme kommen.
54 Messerschmidt/Voit/*Messerschmidt*, § 640 Rn. 23.

Nicht selten sind in Abnahmeprotokollen datumsmäßige Festlegungen zum Beginn oder Ende 30
der Verjährung enthalten. Dann ist durch Auslegung zu ermitteln, welche Bedeutung dem zukommt. Soll der Vertragsinhalt abgeändert werden (Verlängerung oder Verkürzung der vertraglich vereinbarten Gewährleistungsfrist), ist das nur wirksam, wenn an dem Abnahmetermin auf beiden Seiten Personen mitgewirkt haben, die entweder zur rechtsgeschäftlichen Vertretung berechtigt sind oder über eine entsprechende Vollmacht verfügen.[55] Fehlt es an der Vertretungsmacht oder der Vollmacht auf Unternehmerseite, was bei Baufirmen häufig vorkommen wird, ist das Werk unter Fortgeltung des bisherigen Vertrags abgenommen. Soll damit allerdings der Zeitpunkt der Abnahme nach hinten verschoben werden und beschränkt sich die Datumsangabe mithin nicht nur auf den Zeitpunkt, zu dem die Verjährungsfrist zu laufen beginnen oder enden soll, handelt es sich um eine unzulässige zeitliche Bedingung i.S.d. § 163 BGB mit der Folge, dass die Abnahme als nicht erklärt gilt.[56]

c) Zugangsbedürftigkeit der Abnahmeerklärung?

Es ist in der Literatur umstritten, ob die Abnahmeerklärung des Bestellers dem Unternehmer zugehen muss. Dafür haben sich ausgesprochen z.B. *Peters/Jacoby*,[57] *Leupertz*[58] und *Jagenburg*.[59] Dagegen erklären sich z.B. *Messerschmidt*[60] und *Oppler*.[61] Soweit ersichtlich, haben sich bis dato weder der BGH noch ein Oberlandesgericht mit diese Frage beschäftigt, was bereits Zweifel daran aufkommen lässt, wie praxisrelevant das Problem ist. Wenn das voluntative Element der Abnahme, also die Billigungserklärung, unbestritten derart weitreichende Bedeutung hat, ist es nicht erklärlich, dass es grundsätzlich auf einen Zugang beim Unternehmer nicht ankommen soll.[62] Freilich wird man sich mit gutem Grund jedenfalls dann, wenn die Parteien keine förmliche Abnahme durchführen, mit § 151 BGB behelfen können, damit der Unternehmer nicht auf die Wohltat der Abnahme verzichten muss, nur weil sich der Besteller nicht ihm gegenüber erklärt.[63] So reicht es nach der vorzugswürdigen, vermittelnden Meinung von *Peters/Jacoby*[64] unter Bezugnahme auf ein Urteil des Bundesgerichtshofs,[65] dass die Billigungserklärung des Bestellers für den Unternehmer erkennbar zum Ausdruck gebracht werden muss und nur rein innere Vorgänge auf Auftraggeberseite nicht ausreichen. 31

d) Vertretung/Vollmacht

aa) Grundsatz

Als einseitige rechtsgeschäftsähnliche Handlung muss die Abnahme grundsätzlich vom Besteller 32
selbst erklärt werden. Nur derjenige, der eine rechtsgeschäftliche Vollmacht des Bestellers nach §§ 164 ff. BGB hat, kann für diesen die Abnahme erklären.[66]

»Abnahmen« durch Dritte, die keine Vollmacht besitzen und deren Verhalten sich der Besteller 33
auch sonst nicht zurechnen lassen muss, sind selbstverständlich wirkungslos.[67] Aus den von *Leu-*

---

55 Vgl. zur Vollmacht des Architekten bei der Abnahme Rdn. 36.
56 Messerschmidt/Voit/*Messerschmidt*, § 640 Rn. 25.
57 Staudinger/Peters/*Jacoby*, § 640 Rn. 13.
58 PWW/*Leupertz*, § 640 Rn. 2.
59 Beck'scher VOB/B-Kommentar/*I. Jagenburg*, VOB/B vor § 12 Rn. 31.
60 Messerschmidt/Voit/*Messerschmidt*, § 640 Rn. 29.
61 Ingenstau/Korbion/*Oppler*, § 12 VOB/B Rn. 1.
62 Kuffer/Wirth/*Drossart*, 2. Kap. Teil A Rn. 6.
63 PWW/*Leupertz*, § 640 Rn. 2.
64 Staudinger/Peters/*Jacoby*, § 640 Rn. 13.
65 BGH, Urt. v. 15.11.1973, VII ZR 110/71, NJW 1974, 95.
66 Staudinger/Peters/*Jacoby*, § 640 Rn. 11; *Kniffka*, IBR-Online-Kommentar, Bauvertragsrecht, Stand 26.05.2009, § 640 Rn. 6.
67 Bamberger/Roth/*Voit*, § 640 Rn. 17.

pertz[68] dargelegten, zutreffenden Gründen ist es deshalb auch nicht richtig, mit der Abnahme des Hauptwerkes durch den Bauherrn gegenüber dem Besteller dessen Abnahme gegenüber seinem Unternehmer anzunehmen, so wie es das OLG Köln[69] entschieden hat.[70]

bb) Ehegattenvollmacht

34 Ist nur einer der Ehepartner Besteller, kommt eine Abnahme durch den Ehepartner – abgesehen von der erteilten Vollmacht oder einer Zurechnung nach den Grundsätzen der Anscheins- oder Duldungsvollmacht – nach § 1357 BGB in Betracht, allerdings nur innerhalb der dort genannten Grenzen (Geschäft zur Deckung des Lebensbedarfs), die im Bauvertragsbereich wohl nur einfache Reparaturaufträge erfassen dürften. Eine Ausdehnung über die Norm hinaus ist entgegen *Voit*[71] nicht angezeigt. Ist der Tatbestand der Norm nicht erfüllt, ist sie nicht anwendbar. Aus ihr können auch keine Rückschlüsse auf die Vollmachtsstellung gezogen werden, weil § 1357 BGB kein der Stellvertretung ähnliches Rechtsinstitut ist.[72]

cc) Anscheins- und Duldungsvollmacht

35 Allerdings gelten auch hier natürlich die Rechtsinstitute der Anscheins- und der Duldungsvollmacht, wobei in der Praxis viel zu selten nach deren grundlegend verschiedenen Voraussetzungen[73] unterschieden wird. Entsendet der Besteller zu einem Termin, an dem die rechtsgeschäftliche Abnahme stattfinden soll, einen Vertreter, so setzt er den Anschein für dessen Bevollmächtigung.[74] Mit der Insolvenzeröffnung allerdings erlöschen wegen § 117 InsO alle Vollmachten.[75]

dd) Sonderfall Architekt u.ä.

36 Auch für die vom Besteller beauftragten Architekten, Ingenieure oder Projektsteuerer gilt nichts anderes. Insbesondere verfügen sie nicht über eine originäre rechtsgeschäftliche Vollmacht des Bestellers kraft ihres Rechtsverhältnisses zu diesem.[76]

ee) Öffentlicher Auftraggeber

37 Der kommunale Auftraggeber kann sich nicht auf die gemeindlichen Vertretungsregelungen berufen, denn diese gelten nicht für die Abnahme, sondern nur für Verpflichtungsgeschäfte.[77]

ff) Gemeinschaftseigentum

38 Anders als das Teileigentum/Wohnungseigentum, das als Sondereigentum von jedem Erwerber gesondert abzunehmen ist, sieht sich der Unternehmer wegen des Gemeinschaftseigentums einer Mehrzahl von Vertragspartnern gegenüber. Grundsätzlich muss auch das Gemeinschaftseigentum von jedem Erwerber gesondert abgenommen werden.[78] Die Abnahme durch eine Mehrheit der Wohnungseigentümer oder durch den Verwalter kann für die einzelnen Erwerber grundsätzlich

---

68 PWW/*Leupertz*, § 640 Rn. 8.
69 Urt. v. 23.02.1996, 19 U 231/95, NJW-RR 1997, 756.
70 Wie hier auch OLG Hamm, Urt. v. 12.12.2006, 26 U 49/04, BauR 2007, 1617.
71 Bamberger/Roth/*Voit*, § 640 Rn. 17.
72 Staudinger/*Voppel*, § 1357 Rn. 124.
73 *Heidland*, BauR 2009, 159.
74 BGH, Urt. v. 06.03.1986, VII ZR 235/84, BauR 1986, 444.
75 *Heidland*, BauR 2009, 159.
76 OLG Düsseldorf, Urt. v. 12.11.1996, 21 U 68/96, BauR 1997, 647; *Werner/Pastor*, Rn. 1077; *Meissner*, BauR 1987, 497.
77 BGH, Urt. v. 06.03.1986, VII ZR 235/84, BauR 1986, 444.
78 v. Berg/Vogelheim/Wittler/*Schmitz*, Rn. 1604.

keine Rechtswirkung entfalten.[79] Von besonderer Brisanz ist das für den Veräußerer/Bauträger in den sog. »Nachzüglerfällen«. Wer Sondereigentum nach Abnahme des Gemeinschaftseigentums durch alle anderen Erwerber erwirbt, muss die frühere Abnahme nicht gegen sich gelten lassen, selbst wenn zwischen Abnahme und Erwerb längere Zeiträume – in dem vom BGH entschiedenen Fall ca. 2 ½ Jahre! – liegen.[80]

Die Praxis versucht, diese Unwägbarkeiten durch Vollmachtslösungen zu umgehen, indem die Erwerber einen Dritten, der oft Sachverständiger ist, zur Abnahme ermächtigen. Das ist allerdings im Hinblick auf § 307 BGB in Allgemeinen Geschäftsbedingungen problematisch,[81] insbesondere wenn der Sachverständige vom Verkäufer ausgesucht und bezahlt wird.[82] Die Nachzüglerfälle sind letztlich nur über eine individualvertragliche Abrede dergestalt in den Griff zu bekommen, dass die Gewährleistungsfrist verkürzt wird. 39

C. Die einzelnen Abnahmetatbestände

I. Die erklärte Abnahme gem. § 640 Abs. 1 S. 1 BGB

Das Gesetz unterscheidet zwischen der vom Besteller erklärten und der fingierten Abnahme. Letztere ist geregelt in § 640 Abs. 1 S. 3 BGB, erstere in § 640 Abs. 1 S. 1 BGB. Während die fingierte Abnahme die Abnahmereife der Werkleistung – »obwohl er dazu verpflichtet ist« – voraussetzt, kommt es bei der erklärten Abnahme auf die objektive Abnahmefähigkeit nicht an. Maßgeblich ist für sie nur die tatsächliche Billigungserklärung des Bestellers unabhängig davon, ob das Werk mit wesentlichen Mängeln behaftet ist oder nicht, ob er also zur Abnahme »verpflichtet ist«. 40

Die Billigungserklärung und damit die Abnahme kann, weil sie nach den Regeln der Rechtsgeschäftslehre zu beurteilen ist (vgl. oben Rdn. 25), wie jede Willenserklärung ausdrücklich oder stillschweigend, also durch schlüssiges Verhalten, abgegeben werden. 41

1. Die ausdrückliche Abnahme

Es ist der Idealfall, wenn sich der Besteller unmissverständlich gegenüber dem Unternehmer dahingehend äußert, dass er die Werkleistung als im Wesentlichen vertragsgerecht anerkennt und dies dann auch noch in einem Protokoll festgehalten wird. Die Praxis zeigt aber, dass es häufig an solchen Erklärungen mangelt, und zwar selbst dann, wenn die Parteien eigentlich eine förmliche Abnahme vereinbart haben. Das liegt zum einen daran, dass viele Besteller selbst kein Interesse an der Abnahme haben (Fälligkeit der Vergütung/Umkehr der Beweislast für Mängel/Übergang der Sachgefahr/Beginn der Gewährleistungsfrist), zum anderen an der noch immer weit verbreiteten Arglosigkeit der Unternehmer, denen offenbar in ihrer Mehrzahl noch immer nicht bewusst ist, wie wichtig die Abnahme gerade für sie ist. 42

a) Die formlose ausdrückliche Abnahme

Erklärt der Besteller, er »nehme ab«, »akzeptiere das Werk«, sei »Einverstanden!« oder bedankt er sich für die »gelungene Leistung«, liegt hierin die ausdrückliche Abnahme der Werkleistung. Wie bei jeder rechtsgeschäftlichen Handlung ist auch hier nach den allgemeinen Grundsätzen der §§ 133, 154 BGB die Erklärung in jedem Einzelfall nach den konkreten Umständen auszulegen, ob ihr ein entsprechender Erklärungsinhalt zukommt, und zwar aus Sicht des Erklärungsempfängers, also des Unternehmers.[83] 43

---

79 BGH, Urt. v. 21.02.1985, VII ZR 72/84, BauR 1985, 314.
80 BGH, a.a.O.
81 *Basty*, Rn. 1018.
82 OLG München, Urt. v. 15.12.2008, 9 U 4149/08, IMR 2009, 1033.
83 PWW/*Ahrens*, § 133 Rn. 22.

b) Die förmliche Abnahme

44 Die Bauvertragsparteien können bei Vertragsschluss oder auch später vereinbaren, dass die Abnahme nach einem bestimmten Verfahren durchgeführt wird. Anders als bei Einbeziehung der VOB/B, nach deren § 12 Abs. 4 Nr. 1 beide die Durchführung einer förmlichen Abnahme verlangen können, gibt es ein solches Recht ohne Vereinbarung der VOB/B nicht.

45 Die förmliche Abnahme kann dergestalt erfolgen, dass beide Parteien nach Ladung durch den einen oder anderen an dem Abnahmetermin zugegen sein müssen und evtl. darüber hinaus ein Protokoll zu fertigen und zu unterschreiben ist. Dem Protokoll kommt in der Regel dabei keine konstitutive Wirkung zu, sondern es wird typischerweise nur zu Beweiszwecken errichtet – § 416 ZPO: Beweiskraft der Privaturkunde.[84]

46 Solche Formvereinbarungen sind grundsätzlich in AGB möglich. Ihre Grenzen finden sie, wo durch die Förmlichkeit dem Unternehmer das Erwirken der Abnahme unzumutbar erschwert oder verzögert wird.[85] So ist es in AGB des Bestellers unzulässig, den Zeitpunkt der Abnahme der Nachunternehmerleistung so lange hinauszuschieben, bis der Auftraggeber des Bestellers seinerseits diesem gegenüber abgenommen hat[86] oder bis die Abnahme durch die Baubehörde erfolgt ist.[87] Eine Frist von 24 Werktagen für die Abnahme hat der BGH noch als angemessen angesehen.[88] Auch dürfte es unzulässig sein, dem Unternehmer zeit- und kostenaufwendige Bescheinigungen oder Gutachten zum Nachweis der Mangelfreiheit seiner Leistung abzuverlangen.

47 Mit der – AGB-rechtlich wirksamen – Vereinbarung einer förmlichen Abnahme ist die konkludente Abnahme, z.B. durch Ingebrauchnahme, stillschweigend ausgeschlossen.[89] In der Praxis nicht selten kommt aber keine der Parteien nach Abschluss der Arbeiten auf die förmliche Abnahme zurück. Dann ist zunächst anhand konkreter Umstände zu prüfen, ob die Parteien auf die förmliche Abnahme stillschweigend verzichtet haben bzw. ihre vertragliche Absprache konkludent dahin abgeändert haben, dass auch eine nichtförmliche Abnahme genügen soll, z.B. indem beide über längere Zeit auf diese Förmlichkeit nicht zurückgekommen sind.[90] Das wird naheliegen, wenn z.B. der Besteller auf die Schlussrechnung Zahlung leistet und das Werk ohne Vorbehalt in Gebrauch nimmt.[91] Allerdings sind an die konkludente Aufhebung der vertraglich vereinbarten Abnahme strenge Anforderungen zu stellen.[92] Kann ein solcher Verzicht nicht festgestellt werden, ist es dem Besteller nach Treu und Glauben versagt, sich auf die fehlende Förmlichkeit zu berufen, wenn er selbst über eine längere Zeit die förmliche Abnahme nicht verlangt hat[93] oder sie gar bewusst verzögert.[94]

48 Allerdings stellt sich die Frage, zu welchem Zeitpunkt in den Fällen, in denen beide Parteien nicht mehr auf die förmliche Abnahme zurückgekommen sind, die Abnahmewirkungen eingetreten sind. Den o.g. Entscheidungen ist dazu nichts zu entnehmen, weil es in ihnen immer nur um die Frage ging, ob zum Schluss der mündlichen Verhandlung die Werklohnforderung trotz Fehlens

---

84 MüKo-BGB/*Busche*, § 640 Rn. 16; *Staudinger*/Peters/*Jacoby*, § 640 Rn. 20.
85 Bamberger/Roth/*Voit*, § 640 Rn. 11; Ingenstau/Korbion/*Oppler*, § 12 VOB/B Rn. 36 mit zahlreichen Einzelbeispielen.
86 BHG, Urt. v. 23.02.1989, VII ZR 89/87; BauR 1989, 322.
87 OLG Düsseldorf, Urt. v. 20.04.2001, 5 U 91/00, BauR 2002, 482.
88 BGH BauR 1983, 161; BauR 1989, 322 – dazu *Bartsch* ZfBR 1984, 1, 4.
89 BGH, Urt. v. 25.01.1996, VII ZR 233/94, BauR 1996, 378; stark differenzierend OLG Düsseldorf, Urt. v. 31.10.2006, 23 U 39/06, BauR 2007, 1254.
90 BGH, Urt. v. 03.11.1992, X ZR 83/90, NJW 1993, 1063; Urt. v. 21.04.1977, VII ZR 108/76, BauR 1977, 340; Bamberger/Roth/*Voit*, § 640 Rn. 13.
91 OLG Düsseldorf, Urt. v. 12.11.1996, 21 U 68/96, BauR 1997, 647.
92 OLG Hamm, Urt. v. 17.06.2008, 19 U 152/04, 2009, 1600.
93 OLG Düsseldorf, Urt. v. 31.10.2006, 23 U 39/06, BauR 2007, 1254.
94 BGH, Urt. v. 13.07.1989, VII ZR 82/88, BauR 1989, 727.

der förmlichen Abnahme fällig war oder nicht. Der Abnahmezeitpunkt kann aber für eine Reihe weiterer Streitpunkte von eminenter Bedeutung sein, z.B. ab wann die Sachgefahr auf den Besteller übergegangen oder wie die Beweislast in Bezug auf Mängel verteilt ist. Eine generelle Betrachtung in Form fester Fristen scheidet allerdings aus. Es liegt nahe, dass es vom Umfang und der Komplexität des Bauwerks abhängt, binnen welcher Frist der Unternehmer nach der Verkehrssitte redlicherweise mit einer Prüfung durch den Besteller rechnen kann[95] – immerhin ist der Besteller von Gesetzes wegen zur Abgabe der Abnahmeerklärung verpflichtet –, was im Streitfall auch einer Überprüfung durch einen Sachverständigen zugänglich sein sollte. Sodann ist ihm eine Karenzzeit von in der Regel einem Monat einzuräumen, die dem Besteller zusteht, das Abnahmeverlangen auszusprechen. Bleibt er gleichwohl untätig, kann der Verzicht angenommen werden. Entsprechend § 151 BGB wird eine entsprechende Erklärung des Unternehmers entbehrlich sein mit der Folge des Eintrittes der Abnahmewirkungen.

Zu katastrophalen Folgen kann es führen, wenn die Parteien ausdrücklich oder eben auch konkludent von der förmlichen Abnahme Abstand nehmen, und zwar im Hinblick auf eine etwaige Bürgschaft. Bei solchen Vertragsänderungen greift nämlich nach im Vordringen befindlicher Rechtsprechung § 767 Abs. 1 S. 3 BGB mit der Folge, dass der Bürge nicht haftet, weil in der Änderung der Abnahmemodalitäten eine Verschärfung des Bürgschaftsrisikos liegt.[96]   49

2. Die konkludente Abnahme

Bei der konkludenten Abnahme wird die Willensbekundung, die Leistung als im Wesentlich vertragsgerecht anzuerkennen, durch tatsächliches Verhalten ersetzt. Anders als bei der erklärten Abnahme ist hier aber nicht die subjektive Sicht des Unternehmers als dem Erklärungsempfänger maßgeblich, sondern eine objektive Würdigung des Verhaltens des Bestellers. Allerdings muss auch die konkludente Abnahmeerklärung dem Unternehmer direkt oder indirekt in irgendeiner Weise zur Kenntnis gelangen, also zugehen,[97] es sei denn, § 151 BGB greift ein. Die konkludente Abnahme spielt in der Praxis eine wichtige Rolle, weil häufig ausdrückliche Erklärungen des Bestellers fehlen und die Gerichte den Unternehmern mit Hilfe einer großzügigen Auslegung des tatsächlichen Verhaltens der Besteller zur Fälligkeit ihres Werklohnanspruches zu verhelfen geneigt sind.   50

Ob aus Sicht eines objektiven Dritten das Verhalten des Bestellers so gewürdigt werden kann, dass damit die Abnahme erklärt ist, ist jeweils eine Frage des Einzelfalles. Es hat sich hierzu eine umfangreiche Kasuistik gebildet, bei der allerdings nicht immer hinreichend genau unterschieden wird zwischen der Frage, ob es sich nun um eine konkludente Abnahme handelt oder ob sich der Besteller nach den Grundsätzen von Treu und Glauben nicht auf die fehlende Abnahme berufen kann, denn es werden teilweise dieselben Argumente zur Annahme des einen wie des anderen herangezogen. Neben dem tatsächlichen Verhalten des Bestellers ist jedenfalls Voraussetzung, dass zuvor die Möglichkeit zur Überprüfung bestand.[98] Folgende Umstände können als konkludente Abnahme gewertet werden: 51
– die vollständige Zahlung auf die Schlussrechnung;[99]
– die unbeanstandete Nutzung und Ablauf einer angemessenen Prüffrist ohne Mängelrüge;[100]

---

95 BGH, Urt. v. 20.09.1984, VII ZR 377/83, JZ 1985, 351.
96 OLG Frankfurt, Urt. v. 30.11.2006, 4 U 140/06, BauR 2007, 762; OLG Rostock, Urt. v. 31.08.2006, 7 U 2/06, BauR 2007, 549.
97 OLG Düsseldorf, Urt. v. 25.09.2007, 21 U 163/06, BauR 2008, 1466.
98 BGH, Urt. v. 28.04.1992, X ZR 27/91, ZfBR 1992, 264.
99 BGH, Urt. v. 24.11.1969, VII ZR 177/67, NJW 1970, 421.
100 BGH, Urt. v. 28.04.1992, X ZR 27/91, ZfBR 1992, 264; Urt. v. 20.09.1994, VII ZR 377/83, BauR 1985, 200.

- die vorbehaltlose Ingebrauchnahme des Werkes, Zahlung der Schlussrechnung im Wesentlichen und fehlende Mängelrügen binnen angemessener Frist;[101]
- die Rückgabe der Vertragserfüllungssicherheit, ggfls. im Austausch gegen die Gewährleistungsbürgschaft;[102]
- das Nichterscheinen zum selbst anberaumten Abnahmetermin.[103]

Jedenfalls deutet selbst ein längerer Zeitraum, während dessen der Besteller das Werk selbst nutzt oder einem Dritten überlässt, nicht ohne weiteres darauf hin, es liege eine konkludente Abnahme vor, wenn der Besteller weiter Wert auf die Mängelbeseitigung legt.[104]

52 Erfolgt allerdings die Ingebrauchnahme infolge äußerer Zwänge, z.B. Bezug der neuen Wohnung, weil der Besteller aus seiner bisherigen Wohnung ausziehen musste, liegt natürlich keine konkludente Abnahme vor.[105] Ebenso nicht, wenn das Werk nicht fertig gestellt ist[106] oder erkennbar wesentliche Mängel aufweist,[107] es sei denn, andere gewichtige Verhaltensweisen des Bestellers lassen einen anderen Schluss zu, denn grundsätzlich kann der Besteller auch in Kenntnis der fehlenden Fertigstellung bzw. Mangelhaftigkeit abnehmen (vgl. oben Rdn. 40).

53 Die konkludente Abnahme ist jedenfalls ausgeschlossen, wenn die Parteien eine förmliche Abnahme vereinbart haben. In diesen Fällen ist dann allerdings zunächst zu prüfen, ob die Parteien nicht möglicherweise durch schlüssige Vereinbarung die Form aufgehoben haben (vgl. dazu oben Rdn. 47). Kann das nicht festgestellt werden, bleibt allenfalls noch der Rückgriff auf Treu und Glauben.

II. Die fiktive Abnahme nach § 640 Abs. 1 S. 3 BGB

54 Die fiktive Abnahme, die die VOB/B schon immer in ihrem § 12 Abs. 5 vorsah, ist seit Einführung des § 640 Abs. 1 S. 3 BGB durch das Gesetz zur Beschleunigung fälliger Zahlungen[108] mit Wirkung zum 01.05.2000 auch in das BGB aufgenommen worden. Das Konstrukt der fiktiven Abnahme soll im Interesse des Auftragnehmers nach im wesentlichen mangelfreier Herstellung der Vertragsleistung zu den sich allgemein aus der Abnahme ergebenden Rechtsfolgen führen und dabei insbesondere vermeiden, dass der Besteller durch Verletzung der ihn treffenden vertraglichen Hauptpflicht, das Werk abzunehmen, dem Unternehmer gegenüber den Eintritt der in erster Linie diesem gegenüber günstigen Rechtsfolgen verhindert, vornehmlich die Fälligkeit des Werklohnes hinauszuzögert.[109]

55 Haben die Parteien allerdings eine förmliche Abnahme vereinbart und diese nicht – auch nicht konkludent – aufgehoben (vgl. dazu oben Rdn. 47), scheidet eine fiktive Abnahme aus.[110]

In Allgemeinen Geschäftsbedingungen des Bestellers kann die fiktive Abnahme nicht abbedungen werden, denn die gesetzliche Regelung dürfte Leitbildcharakter haben.[111] Umgekehrt ist eine Ver-

---

101 OLG Düsseldorf, Urt. v. 25.09.2007, 21 U 163/06, BauR 2008, 1466.
102 Messerschmidt/Voit/*Messerschmidt*, § 640 Rn. 138.
103 OLG Brandenburg, Urt. v. 21.01.2008, 12 U 247/06 – das allerdings fragwürdig ist. Dort gab es ein Missverständnis zwischen Besteller und Unternehmer über den Termin!
104 *Kniffka*, ZfBR 1998, 113.
105 BGH, Urt. v. 12.06.1975, VII ZR 55/73, BauR 1975, 344.
106 BGH, Urt. v. 18.02.2003, X ZR 245/00, BauR 2004, 337.
107 *Kniffka*, IBR-Online-Kommentar Bauvertragsrecht, Stand 26.05.2009, § 640 Rn. 45; Messerschmidt/Voit/*Messerschmidt*, § 640 Rn. 130.
108 BGBl I 2000, 330.
109 *Kniffka*, Das Gesetz zur Beschleunigung fälliger Zahlungen – Neuregelungen des Bauvertragsrechts und seine Folgen, ZfBR 2000, 227.
110 OLG Dresden, Urt. v. 13.12.2006, 6 U 946/06, nur bei IBR-Online.
111 *Kniffka*, ZfBR 2000, 227.

einbarung dahin, dass ohne Abnahmereife die Abnahme mit Fristablauf fingiert wird, in Bedingungen des Unternehmers unzulässig.[112]

1. Aufforderung zur Abnahme durch den Unternehmer

Erstes Tatbestandsmerkmal der fiktiven Abnahme ist die – formlose,[113] aber aus Beweisgründen zweckmäßiger Weise schriftliche (Zugangsnachweis!) – Aufforderung des Bestellers durch den Unternehmer, die Abnahme zu erklären. 56

Der Besteller muss also aus der Aufforderung zunächst erkennen, dass der Unternehmer von ihm die Abnahme verlangt. Dabei hat er nicht zwingend den Begriff »Abnahme« zu verwenden. Es reicht, wenn der Besteller erkennt, was gemeint ist, so z.B. wenn er aufgefordert wird, eine »Schlussbegehung durchzuführen«. Es gelten die allgemeinen Auslegungsgrundsätze. 57

2. Bestimmung einer angemessenen Frist

a) Die Fristsetzung

Der Unternehmer hat dem Besteller eine angemessene Frist zu setzen – die Ladung zu einem bestimmten Termin reicht dafür allerdings nicht.[114] Das muss nicht zwingend gleichzeitig mit der Aufforderung zur Abnahme geschehen, sondern kann auch zeitlich nachfolgen.[115] Eine Aufforderung zur Abnahme mit Fristsetzung schon vor Fertigstellung ist allerdings entgegen *Basty*[116] nicht ausreichend. Denn in der Aufforderung zur Abnahme liegt die Erklärung des Unternehmers, er habe das Werk im Wesentlichen mängelfrei hergestellt. Folglich muss die Abnahmereife i.S.d. § 640 Abs. 1 S. 2 BGB im Zeitpunkt der Aufforderung objektiv bestehen.[117] 58

b) Angemessenheit der Frist

Die Frist muss angemessen sein. Was angemessen ist, kann nicht – jedenfalls nicht direkt – aus § 12 Abs. 1 VOB/B, nämlich 12 Werktage, abgeleitet werden, denn die VOB/B als Allgemeine Geschäftsbedingung des Deutschen Vergabeausschusses kann kein Maßstab für die Auslegung einer Vorschrift des BGB sein. Vielmehr sind auch hier die Umstände des Einzelfalles maßgebend: angemessen ist eine Frist, innerhalb derer der Besteller das Werk nach seiner konkreten Beschaffenheit unter gewöhnlichen Verhältnissen untersuchen und damit abnehmen kann.[118] Eine zu kurz bemessene Frist ist nicht wirkungslos, sondern angemessen zu verlängern.[119] Die Länge der Frist können die Partien im Übrigen vereinbaren,[120] in AGB freilich nur innerhalb der Grenzen der §§ 305 ff. BGB. 59

c) Entbehrlichkeit der Fristsetzung

Nach den allgemeinen Grundsätzen, wie sie in § 281 Abs. 2 BGB ihren Niederschlag gefunden haben, ist auch hier eine Fristsetzung entbehrlich, wenn sie reine Förmelei wäre.[121] Es ist allerdings genau zu unterscheiden, ob der Besteller von Anfang an erklärt, er werde nicht binnen der vom Unternehmer gesetzten Frist abnehmen oder ob er die Abnahme kategorisch ablehnt. Im ers- 60

---

112 PWW/*Leupertz*, § 640 Rn. 7.
113 MüKo-BGB/*Busche*, § 640 Rn. 26; PWW/*Leupertz*, § 640 Rn. 12.
114 *Kniffka*, IBR-Online-Kommentar Bauvertragsrecht, Stand 26.05.2009, § 640 Rn. 76.
115 Messerschmidt/Voit/*Messerschmidt*, § 640 Rn. 193.
116 DNotZ 2000, 260; zustimmend Bamberger/Roth/*Voit*, § 640 Rn. 32.
117 Messerschmidt/Voit/*Messerschmidt*, § 640 Rn. 192.
118 PWW/*Leupertz*, § 640 Rn. 13; Palandt/*Sprau*, § 640 Rn. 10.
119 *Kniffka*, IBR-Online-Kommentar Bauvertragsrecht, Stand: 26.05.2009, § 640 BGB Rn. 76.
120 *Basty*, DNotZ 2000, 260.
121 A.A. MüKo-BGB/*Busche*, § 640 Rn. 27.

ten Fall tritt die Abnahmewirkung gem. § 640 Abs. 1 S. 3 BGB ein in dem Moment, in dem der Besteller sich in diesem Sinn gegenüber dem Unternehmer erklärt **und** die Werkleistung abnahmereif ist (siehe dazu unten Rdn. 63). Im zweiten Fall treten die Abnahmewirkungen insgesamt sofort ein, also unabhängig von der Abnahmereife (vgl. dazu unten Rdn. 69), so dass es auf die Frage der Entbehrlichkeit der Fristsetzung zur Herbeiführung der fiktiven Abnahme nicht mehr ankommt.[122] Der Hinweis von *Kniffka*,[123] dem Unternehmer sei zu raten, gleichwohl eine Frist zu setzen, ist deshalb nicht recht verständlich, treten doch mit der ernsthaften und endgültigen Abnahmeverweigerung des Bestellers – sei sie berechtigt oder unberechtigt – die Abnahmewirkungen unabhängig von der Abnahmefähigkeit ein,[124] so dass Raum für eine fiktive Abnahme ohnehin nicht bleibt, abgesehen davon, dass es dann doch wieder auf die Abnahmereife ankäme.

3. Abnahmeverpflichtung

61 Schließlich muss sich das Werk in einem Zustand befinden, in dem der Besteller zur Abnahme verpflichtet ist. Das ist der Fall, wenn es im Wesentlichen fertig gestellt ist und allenfalls unwesentlichen Mängel aufweist, § 640 Abs. 1 S. 1 und 2 BGB.

a) Fertigstellung des Werkes

62 Nach allgemeiner Meinung muss das Werk zunächst im Wesentlichen fertig gestellt sein.[125] Fehlen wesentliche Teile der Leistung, scheidet eine fiktive Abnahme per se aus. Gerade bei maschinellen Anlagen gehört zur Fertigstellung der Leistung – unabhängig davon, ob dies die Parteien vertraglich gesondert vereinbart haben – auch die technische Dokumentation, ohne die ordnungsgemäßer Betrieb und Wartung oft unmöglich sind.[126]

b) Allenfalls unwesentliche Mängel – § 640 Abs. 1 S. 2 BGB

63 Die Frage nach der Mangelhaftigkeit bestimmt sich naturgemäß danach, was vertraglich geschuldet, welcher Werkerfolg vom AN also zu erreichen war. Das wiederum richtet sich nach dem Inhalt des Vertrages (vgl. dazu § 633 Rdn. 6 ff.). Nach der Rechtsprechung des BGH liegt ein nur unwesentlicher Mangel dann vor, wenn es dem AG nach den Umständen des Einzelfalls unter Abwägung der wechselseitigen Interessen zumutbar ist, abzunehmen und nicht mehr auf die Rechtsvorteilen die ihn vor der Abnahme begünstigen, zu bestehen.[127] Durch die Einfügung von S. 2 in Abs. 1 sind die Voraussetzungen jetzt bei BGB- und VOB/B-Vertrag identisch, denn das gesetzliche Regelungsziel unterscheidet sich nicht deshalb, weil im BGB eine negative Formulierung, in der VOB/B eine positive Formulierung gewählt ist.[128]

64 Zur Beantwortung der Frage, ob wesentliche oder unwesentliche Mängel vorliegen, ist der Rückgriff auf eine Vielzahl von Einzelentscheidungen nicht hilfreich. Es muss stets nach den konkreten Umständen entschieden werden.[129] So führen optische Mängel entgegen weit verbreiteter Meinung nicht automatisch dazu, dass nur ein unwesentlicher Mangel vorliegt. Wer in repräsentati-

---

122 BGH, Urt. v. 08.11.2007, VII ZR 1873/05, BauR 2008, 344 – Blockheizkraftwerk; vgl. zum Meinungsstand in der Literatur Messerschmidt/Voit/*Messerschmidt*, § 640 Rn. 198.
123 IBR-Online-Kommentar Bauvertragsrecht, Stand 26.05.2009, Rn. 79.
124 BGH, Urt. v. 30.09.1999, VII ZR 162/97, BauR 2000, 128; OLG Schleswig, Urt. v. 12.06.2009, 17 U 15/09, IBR-Online; OLG Dresden, Urt. v. 13.12.2006, 6 U 946/06.
125 Staudinger/Peters/*Jacoby*, § 640 Rn. 34; Bamberger/Roth/*Voit*, § 640 Rn. 31; Messerschmidt/Voit/*Messerschmidt*, § 640 Rn. 189.
126 OLG Hamm, Urt. v. 17.06.2009, 19U 152/04; BauR 2009, 1600; **a.A.** OLG Rostock, Urt. v. 07.02.2005, 3 U 43/04, BauR 2005, 1971.
127 BGH, Urt. v. 25.01.1996, VII ZR 26/95, BauR 1996, 390; Urt. v. 26.02.1981, VII ZR 287/79, BauR 1981, 284; *Thode*, ZfBR 1999, 116; *Kniffka*, ZfBR 2000, 227.
128 *Kniffka*, ZfBR 2000, 227.
129 Siegburg, ZfBR 2000, 507.

ven Räumen eine bestimmte Optik bestellt, dem kann die Abnahme unzumutbar sein, auch wenn das Werk technisch einwandfrei hergestellt ist. Umgekehrt kann demjenigen die Abnahme zumutbar sein, der selbst von seinem Besteller die Abnahme erhalten hat, selbst wenn mehr als nur unwesentliche Mängel vorhanden sind. So hat z.B. das OLG München zutreffend die Frage der Wesentlichkeit in einer Gesamtschau von (1) Umfang des Mängelbeseitigungsaufwandes und seiner Kosten, (2) den Auswirkungen auf die Funktionsfähigkeit der Gesamtleistung und (3) dem Maß der möglicherweise auch nur optischen Beeinträchtigung abhängig gemacht.[130] Sind Mängel für den Betrieb sicherheitsrelevant, dürfte es allerdings auf die Schwere des Mangels nicht ankommen; hier wird der Besteller stets die Abnahme verweigern können.[131]

c) Darlegungs- und Beweislast

Beruft sich der Unternehmer auf die fiktive Abnahme, hat er nach allgemeinen Regeln alle tatbestandlichen Voraussetzungen darzulegen und zu beweisen, also auch die Abnahmereife.[132] Wehrt sich der Besteller gegen die Annahme einer fiktiven Abnahme also mit der Behauptung, ihm stehe ein Abnahmeverweigerungsrecht nach § 640 Abs. 1 S. 2 BGB zu, hat der Unternehmer die Darlegungs- und Beweislast, dass der Mangel unwesentlich ist.[133]

65

Kniffka[134] will davon abweichen: Es soll zunächst nicht auf eine objektive Beurteilung ankommen, sondern darauf, ob der Besteller auf die Aufforderung hin die Abnahme erklärt hätte. Jedenfalls aber solle sich die Beweislast umkehren, sofern der Besteller nicht innerhalb der Frist die Abnahme verweigert.[135] Beide Überlegungen sind mit *Messerschmidt*[136] abzulehnen. Zunächst: Wie sollte ein Gericht die Frage klären, ob der Besteller, wäre er zur Abnahme erschienen, abgenommen hätte? Ist der unaufmerksame Bauherr dabei schlechter zu stellen als der Pedant? Soll der geschickt seine Mängel verdeckende Unternehmer bevorzugt werden? Wieso überhaupt soll der Gesetzgeber dem wesentliche Mängel produzierenden Unternehmer den Genuss der Abnahme zubilligen wollen? Das alles ist nicht plausibel. Sodann: Aufgrund der Vorleistungspflicht des Unternehmers trägt er bis zur Abnahme die Darlegungs- und Beweislast für die Mangelfreiheit seiner Leistung.[137] Würde er den Besteller auf Abnahme verklagen, träfe ihn die volle Beweislast. Geht der Unternehmer stattdessen den einfacheren Weg des § 640 Abs. 1 S. 3 BGB, um die Abnahme statt von einem Gericht ausurteilen vom Gesetz fingieren zu lassen, ist nicht erkennbar, warum andere Beweislastregeln gelten sollten.

III. Sonderfall Teilabnahme

Bis zur Einfügung des § 641 Abs. 1 S. 2 BGB (»Ist das Werk in Teilen abzunehmen ...«) war – anders als in § 12 Abs. 2 VOB/B (vgl. dazu die Kommentierung zu § 12 Abs. 2 VOB/B, Rdn. 26 ff.) – dem Werkvertragsrecht des BGB eine Teilabnahme grundsätzlich fremd. Auch jetzt bedarf sie aber der Vereinbarung der Parteien. Ist sie vereinbart, gelten für sie dieselben Voraussetzungen und Rechtsfolgen wie für die Abnahme nach im Wesentlichen vertragsgemäßer Herstellung.[138]

66

---

130 Urt. v. 15.01.2008, 13 U 4378/07, BauR 2008, 1163.
131 OLG Hamm, Urt. v. 26.11.2003, 12 U 112/02, BauR 2005, 731.
132 Bamberger/Roth/*Voit*, § 640 Rn. 31; Staudinger/Peters/*Jacoby*, § 640 Rn. 48.
133 OLG München, Urt. v. 15.01.2008, 13 U 4378/07, BauR 2008, 1163.
134 *Kniffka*, IBR-Online-Kommentar Bauvertragsrecht, Stand 26.05.2009, § 640 Rn. 75; zustimmend *Niemöller*, BauR 2001, 481.
135 Zustimmend Kuffer/Wirth/*Drossart*, 2. Kap. A. Rn. 48.
136 Messerschmidt/Voit/*Messerschmidt*, § 640 Rn. 190 u. 191.
137 BGH, Urt. v. 23.10.2008, VII ZR 64/07, BauR 2009, 237; Urt. v. 24.10.1996, VII ZR 98/94, BauR 1997, 129.
138 BGH, Urt. v. 06.05.1968, VII ZR 33/66 = BGHZ 50, 160; *Thode*, ZfBR 1999, 116.

67 Entgegen *Werner/Pastor*[139] ist eine Teilabnahme beim BGB-Vertrag auch dann möglich, wenn es sich nicht um in sich abgeschlossene Leistungen i.S.d. § 12 Abs. 2 VOB/B handelt. Denn die Teilabnahme ist das Ergebnis der freien Vereinbarung der Parteien. Es ist aber nicht plausibel, dass Besteller und Unternehmer nicht auch für solche Teilleistungen eine Abnahme sollen vorsehen können, die nicht in sich abgeschlossen sind. Die restriktive Auslegung verstößt gegen die Grundsätze der Privatautonomie.[140] So kommt es im Gewerbebau häufig vor, dass der Generalunternehmer zunächst nur einen »veredelten Rohbau« schuldet und der Besteller den restlichen Ausbau erst erbringt, wenn der Besteller den Endnutzer gefunden hat. Weil das manchmal Monate oder sogar Jahre dauern kann, wäre es dem Generalunternehmer unzumutbar, mit der Abnahme aller schon erbrachten Leistungen zuwarten zu müssen. Ein juristisches Bedürfnis für diese Einschränkung der Privatautonomie ist ebenfalls nicht ersichtlich.

68 Haben die Parteien nicht bereits bei Vertragsschluss Absprachen über Teilabnahmen, ihre Voraussetzungen und Rechtsfolgen getroffen, sondern geschieht das während der Bauphase mit der dann häufig fehlenden Präzision zum genauen Inhalt der Absprache – ggfls. sogar konkludent –, wird im Wege der Auslegung zu ermitteln sein, ob es sich wirklich um eine rechtsgeschäftliche Teilabnahme handelt oder nicht doch um eine technische Zustandsfeststellung i.S.d. § 4 Abs. 10 VOB/B.

IV. Die zu Unrecht verweigerte Abnahme

69 Der Besteller verweigert die Abnahme zu Unrecht, wenn der Unternehmer die Leistung vertragsgerecht erbracht hat.[141] Mit Zugang der Abnahmeverweigerung beim Unternehmer treten alle Abnahmewirkungen sofort ein.[142] Es ergeben sich keine weiteren Besonderheiten.

V. Abnahme bei Kündigung

70 Der BGH hat entschieden, dass auch bei Kündigung des Vertrages grundsätzlich eine Abnahme der Leistung zu erfolgen hat, dem Unternehmer also gegenüber dem Besteller ein entsprechender Anspruch zusteht, wenn die bis zur Kündigung erbrachten Werkleistungen im Wesentlichen mängelfrei sind.[143] Allerdings bereitet die Feststellung der Mängelfreiheit bei nur teilweise fertigen Leistungen in technischer Hinsicht im Einzelfall große Schwierigkeiten, wobei das Beurteilungsrisiko demjenigen zufallen dürfte, der die Kündigung zu vertreten hat.[144] Erst die Abnahme, nicht schon die Kündigung (!) beendet das Erfüllungsstadium und führt die Erfüllungswirkung herbei. Dabei ist es unerheblich, aus welchem Grund gekündigt wurde.[145]

1. Erklärte Abnahme

71 Gerade bei einer Kündigung des Bauvertrages vor Fertigstellung ist die Durchführung einer Abnahme besonders wichtig. Denn der Besteller wird in der Regel einigermaßen kurzfristig die Werkleistung anderweitig fertig stellen lassen. Den Leistungsstand und das Vorhandensein von Mängeln dann später noch ohne Streit festzustellen, ist praktisch unmöglich.

Es kommen dabei zunächst sowohl die ausdrückliche wie auch deren vorzugswürdige Sonderform, die förmliche Abnahme, in Betracht. Ist die förmliche Abnahme im Vertrag vereinbart, gilt sie auch für die etwaige Abnahme nach Kündigung.

---

139 *Werner/Pastor*, Rn. 1365.
140 Wie hier auch Messerschmidt/Voit/*Messerschmidt*, § 640 Rn. 150; *Kapellmann*, FS für Thode 2005, 29.
141 BGH, Urt. v. 08.11.2007, VII ZR 1873/05, BauR 2008, 344 – Blockheizkraftwerk.
142 BGH, Urt. v. 30.09.1999, VII ZR 162/97, BauR 2000, 128; OLG Schleswig, Urt. v. 12.06.2009, 17 U 15/09, IBR-Online; OLG Dresden, Urt. v. 13.12.2006, 6 U 946/06; *Kniffka*, ZfBR 1998, 113.
143 BGH, Urt. v. 11.05.2006, VII ZR 146/04, BauR 2006, 1294; Urt. v. 19.12.2002, VII ZR 103/00, BauR 2003, 689.
144 *Knychalla*, Jahrbuch Baurecht, 2007, 1.
145 Messerschmidt/Voit/*Messerschmidt*, § 640 Rn. 162.

2. Konkludente Abnahme

Nachdem die konkludente Abnahme der erklärten Abnahme gleichwertig ist, kommt sie auch nach der Kündigung in Betracht. Dabei versteht es sich von selbst, dass in der Kündigung jedenfalls keine solche schlüssige Abnahme liegt, denn einer Kündigung die Erklärung des Bestellers zu entnehmen, das Werk werde als vertragsgerecht anerkannt, wäre kühn. Im Gegenteil wird nicht selten wegen Mängeln der Leistung gekündigt.[146] Wie auch sonst bei der planmäßigen (End-)Abnahme ist nach den jeweiligen Umständen des Einzelfalles zu entscheiden (vgl. oben Rdn. 51). 72

Ebenfalls keine konkludente Abnahme der Werkleistung des Unternehmers ist es, wenn der Besteller die Mängel selbst beseitigen lässt. Gleichwohl liegt dann bei Erfolg der Ersatzvornahme eine mangelfreie Leistung vor, so dass der Unternehmer Anspruch auf Abnahme haben dürfte[147] bzw. über die Abnahmefiktion des § 640 Abs. 1 S. 3 BGB den Eintritt der Abnahmewirkungen herbeiführen kann (vgl. dazu nachfolgend Rdn. 73).

3. Fiktive Abnahme

Auch wenn der BGH eine fiktive Abnahme i.S.d. § 12 Nr. 5 VOB/B nach Kündigung ausschließt,[148] dürfte § 640 Abs. 1 S. 3 BGB Anwendung finden. Denn unabhängig davon, ob ohne Kündigung noch die Gesamtleistung geschuldet ist oder sich durch die Kündigung der geschuldete Erfolg auf die bis dahin erbrachten Leistungen – die natürlich mangelfrei sein müssen – beschränkt,[149] hat der Besteller im Falle der Aufforderung zur Abnahme unter Fristsetzung nach Kündigung dieselbe Gelegenheit, innerhalb der Frist die Abnahme zu verweigern, als wenn der Unternehmer die Leistung fertig gestellt hätte.[150] 73

VI. Die Abnahme des Architekten-/Ingenieurwerkes

Die Abnahme der Architektenleistung ist ebenso wie bei Bauwerksleistungen der Dreh- und Angelpunkt des Vertrages,[151] der vom primären Erfüllungsstadium ins Gewährleistungsstadium überleitet und nicht nur dieselben Voraussetzungen, sondern auch – mit einer Ausnahme – dieselben Rechtsfolgen hat. Die Ausnahme ist, dass wegen § 15 HOAI n.F. die Fälligkeit der Schlussrechnung nicht von einer vorherigen Abnahme abhängt.[152] 74

1. Abnahmefähigkeit/Abnahmebedürftigkeit

Mit der Rechtsprechung des BGH ist zunächst festzustellen, dass auch das Gewerk der Architekten[153] und Ingenieure[154] ohne weiteres abnahmefähig ist, denn bei Bauvorhaben ist das geistige dem körperlichen Werk gleichgestellt, also wie jenes unmittelbar auf die körperliche Herstellung gerichtet.[155] 75

Das Architektenwerk ist grundsätzlich auch in demselben Maße abnahmebedürftig. Die davon abweichende, z.B. von *Thode*[156] vertretene Auffassung, eine Abnahme des Architektenwerkes sei 76

---

146 *Kniffka*, ZfBR 1998, 113.
147 BGH, Urt. v. 16.11.1993, X ZR 7/92, BauR 1994, 242 (vgl. den Hinweis unter III, nach dem zu prüfen ist, ob die Abnahme weiter zu Recht verweigert werden darf).
148 BGH, Urt. v. 19.12.2002, VII ZR 103/00, BauR 2003, 689.
149 *Kniffka*, ZfBR 1998, 113.
150 Wie hier Messerschmidt/Voit/*Messerschmidt*, § 640 Rn. 163.
151 Locher/Koeble/Frik, Einl. Rn. 69.
152 BGH, Urt. v. 19.06.1986, VII ZR 221/85, BauR 1986, 596.
153 BGH, Urt. v. 09.07.1962, VII ZR 98/61, BGHZ 37, 341.
154 BGH, Urt. v. 18.09.1967, VII ZR 88/65, BGHZ 48, 257.
155 Motzke/Preussner/Kehrberg/Kesselring/*Häußermann*, Die Haftung des Architekten, W Rn. 6; **a.A.** *Wolfensberger/Moltrecht*, BauR 1984, 574.
156 *Thode*, ZfBR 1999, 116.

nach der Rechtsprechung des BGH nicht erforderlich, es genüge vielmehr die Abnahmefähigkeit, findet (1.) im Gesetz keine Stütze und ist (2.) auch und vor allem nicht den von ihm bemühten beiden Entscheidungen des BGH zu entnehmen. In seiner Entscheidung aus 1994[157] stellt der BGH mitnichten fest, eine Abnahme selbst sei nicht erforderlich, es genüge vielmehr die Vollendung. Er stellt sogar umgekehrt ausdrücklich fest, dass die »*Verjährung mit der Abnahme oder, wenn diese ausgeschlossen ist, mit der Vollendung des Architektenwerks beginnt*«. Nachdem im dortigen Fall die Frage der Verjährung virulent war, musste der BGH nur unter Hinweis auf die fehlende Vollendung durch Beauftragung der Leistungsphase 9 des § 15 Abs. 2 HOAI a.F. feststellen, dass jedenfalls mit Abschluss der Phase 8 die Verjährung noch nicht zu laufen begonnen haben konnte. Nichts anderes gilt für die Entscheidung zur Fälligkeit des Honorars bei vorzeitiger Kündigung.[158] Nur in Bezug auf die Fälligkeit des Architektenhonoraranspruchs komme es wegen § 8 HOAI a.F. nicht auf die Abnahme an: »*Anders als nach § 641 BGB ist die Abnahme des Architektenwerks nicht Voraussetzung der Fälligkeit.*«. Dass diese bei Vollendung entbehrlich sei, wird mit keinem Wort auch nur angedeutet.[159]

2. Im Wesentlichen mangelfreie Fertigstellung

77 Wie beim Bauwerk ist auch bei der Architekten-/Ingenieurleistung zunächst Voraussetzung, dass eine im Großen und Ganzen fertige Leistung ohne wesentliche Mängel vorliegt.[160] Bei einem Vollauftrag ist also zu berücksichtigen, dass auch die in der letzten Phase geschuldeten Leistungen erbracht sein müssen,[161] selbst wenn diese erst Jahre nach Fertigstellung der Baumaßnahme anfallen.

3. Durchführung der Abnahme

78 Die Abnahme des Architekten-/Ingenieurwerkes erfolgt nach den allgemeinen Regeln. Allerdings zeigt die Praxis, dass ausdrückliche Abnahmen nur selten erfolgen, so dass es häufig zum Streit insbesondere darüber kommt, wann die Gewährleistungsfrist des Architekten zu laufen begonnen hat. Die Rechtsprechung behilft sich deshalb häufig mit der Feststellung einer konkludenten Abnahme,[162] was naturgemäß mit erheblichen Unsicherheiten verbunden ist. Von der Möglichkeit, nach § 640 Abs. 1 S. 3 BGB (fiktive Abnahme) vorzugehen, machen Architekten erfahrungsgemäß keinen Gebrauch. Es empfiehlt sich deshalb dringend, Abnahmen durchzuführen und zu dokumentieren.

a) Die erklärte Abnahme

79 Es ist in der Praxis selten, dass Architekten oder Ingenieure eine Abnahme verlangen, und zwar selbst dann, wenn ihre Verträge dazu gesonderte Regelungen enthalten. Gibt es eine erklärte oder sogar förmliche Abnahme, gelten gegenüber der Abnahme einer Bauleistung keine Besonderheiten (vgl. dazu oben Rdn. 42 ff.).

b) Die schlüssige Abnahme

80 Der schlüssigen Abnahme kommt eine große Bedeutung zu. Aus welchem Verhalten des Bestellers abgeleitet werden kann, er akzeptiere die Leistung des Architekten als im Wesentlichen vertragsgerecht, ist immer eine Frage des Einzelfalls. Stereotype Fallgruppenbildung ist wegen der jeweili-

---

157 BGH, Urt. v. 10.02.1994, VII ZR 20/93, BauR 1994, 392.
158 BGH, Urt. v. 19.06.1986, VII ZR 221/85, BauR 1986, 596.
159 So auch Messerschmidt/Voit/*Messerschmidt*, § 640 Rn. 324.
160 BGH, Urt. v. 09.10.1986, VII ZR 245/86, BauR 1987, 113; Locher/Koeble/Frick, Einl. Rn. 69; *Werner/Pastor*, Rn. 962.
161 BGH, Urt. v. 10.02.1994, VII ZR 20/93, BauR 1994, 392.
162 Z.B. BGH, Urt. v. 25.02.2010, VII ZR 64/09, BauR 2010, 795.

gen Besonderheiten wenig hilfreich. Es ist nach den allgemeinen Auslegungsgrundsätzen vorzugehen.

c) Die fiktive Abnahme

Die fiktive Abnahme nach § 640 Abs. 1 S. 3 BGB gilt selbstverständlich auch für Architekten- und Ingenieurleistungen.[163] 81

4. Abnahme von Teilleistungen

Grundsätzlich sind – wie bei Bauleistungen – Teilabnahmen auch des Architektengewerkes möglich, soweit sie zwischen den Parteien vereinbart sind.[164] Von der Systematik der Leistungsphase aus betrachtet, bietet es sich an – wenn nicht ohnehin nur eine sukzessive Beauftragung erfolgt –, z.B. jeweils nach Fertigstellung der Genehmigungsplanung (Phase 4), Abschluss der Vergabe (Phase 7) und Beendigung der Bautätigkeit (Phase 8) Teilabnahmen zu vereinbaren – jedenfalls aus der Interessenlage des Architekten heraus, der so abschnittsweise insbesondere die jeweilige Verjährungsfrist für Mängelansprüche in Gang setzen kann. 82

Aufgrund der Besonderheit der Vollarchitektur, die auch die Phase 9 des § 33 HOAI n.F. (§ 15 HOAI a.F.) beinhaltet und die erst zu einem sehr späten Stadium erbracht wird, hat der Architekt zu einem sehr späten Stadium Anspruch auf Abnahme. Folglich beginnt die Verjährung der Gewährleistungsansprüche gegenüber dem mit der Vollarchitektur Beauftragten regelmäßig erst mit Ablauf der Gewährleistungsfristen der beteiligten Unternehmer, endet also typischerweise erst 10 Jahre nach Abnahme des Bauwerkes. Architekten sind deshalb bestrebt, in Allgemeinen Geschäftsbedingungen Abnahmen jeweils nach Erbringung der Leistungsphase 4 (Genehmigungsplanung), jedenfalls aber (auch) nach Erbringung der Leistungsphase 8 zu vereinbaren. Auch wenn das BGB grundsätzlich keine Teilabnahmepflicht kennt, scheint es grundsätzlich unbedenklich, solches zu vereinbaren.[165] 83

5. Abnahme bei Kündigung

Für den Architektenvertrag gilt hier nichts anderes als für den gekündigten Bauwerkvertrag. Mit Ausnahme der Fälligkeit kommt der Architekt auch bei dieser vorzeitigen Vertragsbeendigung erst mit Abnahme in den Genuss der entsprechenden Rechtsfolgen wie Gefahrübergang/Beweislastumkehr/Beginn der Verjährung etc. (vgl. dazu unten Rdn. 85 ff.). 84

D. Rechtsfolgen der Abnahme

Wie oben bereits angedeutet, ist die Abnahme der Wendepunkt des Bauvertrages (vgl. oben Rdn. 2). An sie knüpfen sich eine Reihe wichtiger Rechtsfolgen. 85

I. Ende des Erfüllungsstadiums

Mit der Abnahme bzw. mit der endgültigen (berechtigten oder unberechtigten)[166] Abnahmeverweigerung durch den Besteller endet das vertragliche Erfüllungsstadium. Die geschuldete Leistung hat sich auf das abgenommene Werk konkretisiert, der Unternehmer hat erfüllt.[167] Der Besteller ist entsprechend auf die Nacherfüllungsansprüche (Gewährleistung) beschränkt. 86

---

163 Locher/Koeble/Frik, Einl. Rn. 75; Messerschmidt/Voit/*Messerschmidt*, § 640 Rn. 333.
164 BGH, Urt. v. 11.05.2006, VII ZR 300/04, BauR 2006, 1332.
165 BGH, Beschl. v. 05.04.2001, VIII ZR 161/00, BauR 2001, 1928; vgl. dazu auch *Scholtissek*, NZBau 2006, 623.
166 BGH, Urt. v. 30.09.1999, V ZR 162/97, BauR 2000, 128; vgl. auch oben Rdn. 69.
167 Müko-BGB/*Busche*, § 640 Rn. 45; PWW/*Leupertz*, § 640 Rn. 7; Bamberger/Roth/*Voit*, § 640 Rn. 1; *Hartung*, NJW 2007, 1099.

II. Übergang von Leistungs- und Vergütungsgefahr

87 Der Unternehmer trägt bis zur Abnahme die Gefahr des zufälligen Unterganges oder der Verschlechterung seiner Werkleistung, § 644 S. 1 BGB. Wird das Werk des Unternehmers also vor der Abnahme zerstört und befindet sich der Besteller nicht im Annahmeverzug, hat der Unternehmer das Werk ohne zusätzliche Vergütung neu herzustellen.[168]

Mit der Abnahme geht diese Gefahr auf den Besteller über (vgl. zu den Einzelheiten die Kommentierung zu § 644). Bei Geltung der VOB/B ist die gesonderte Gefahrtragungsregel des § 7 VOB/B zu beachten (vgl. die Kommentierung zu § 7 VOB/B).

Der Unternehmer trägt im Übrigen bis zur Abnahme auch die Vergütungsgefahr (vgl. zu den Einzelheiten § 644 BGB Rdn. 6). Auch hier kann die Geltung von § 7 VOB/B zu einer zumindest teilweise anderen Beurteilung führen (vgl. die Kommentierung zu § 7 VOB/B).

III. Fälligkeit der Vergütung/Schlussrechnungsreife

1. Grundsatz

88 Mit Abnahme endet die Vorleistungspflicht des Unternehmers und er kann auch ohne vertragliche Abrede und ohne Einhaltung der Voraussetzungen des § 632a BGB Zahlung seiner Vergütung verlangen – § 641 Abs. 1 S. 1 BGB.

2. Abschlagsrechnungen

89 Durfte der Unternehmer Abschlagsrechnungen stellen, ist ihm das mit der Abnahme verwehrt. Er ist vielmehr gehalten schlusszurechnen.[169] Hat er vor Abnahme bereits Klage aus einer Abschlagsrechnung eingereicht und wird dann abgenommen, muss er folglich schlussrechnen und die Klage im Wege der zulässigen Klageänderung nunmehr auf die Schlussrechnung stützen. Stellt er die Schlussrechnung nicht, auch nicht innerhalb der vereinbarten Frist (z.B. nach § 14 Abs. 3 VOB/B), ist die Klage aus der Abschlagsrechnung abzuweisen.

3. Verzinsungspflicht nach § 641 Abs. 4 BGB

90 Nicht selten in der Praxis übersehen wird die Verzinsungspflicht nach § 641 Abs. 4 BGB (vgl. zu den Einzelheiten die Kommentierung zu § 641 BGB Rdn. 67 ff.). Ist allerdings die VOB/B wirksam in den Vertrag einbezogen, gilt § 641 Abs. 4 BGB nicht. Die Regelungen des § 16 Abs. 5 Nr. 4 und Nr. 4 VOB/B gehen dann vor (vgl. zu den Einzelheiten § 641 Rdn. 71 f.).[170]

4. Sonderfall Architektenhonorar

91 Soweit nicht anders vereinbart, ist für die Fälligkeit des Architektenhonorars allerdings die rechtsgeschäftliche Abnahme durch den AG nicht erforderlich, denn von der grundsätzlichen Fälligkeitsregel des § 641 Abs. 1 BGB wird in § 8 HOAI abgewichen.[171] Voraussetzung ist hier nach einhelliger Meinung nur die vertragsgemäße Erbringung der Werkleistung und die Vorlage einer prüffähigen Schlussrechnung.[172]

---

168 OLG Celle, Urt. v. 18.03.2010, 6 U 108/09, BauR 2010, 1081.
169 BGH, Urt. v. 20.08.2009, VII ZR 205/07, BauR 2009, 1724; vgl. zu den Einzelheiten § 16 VOB/B.
170 BGH, Urt. v. 08.12.1983, VII ZR 139/82, BauR 1984, 181; OLG Düsseldorf, Urt. v. 27.12.2001, 21 U 81/01, BauR 2002, 963; Ingenstau/Korbion/*Locher*, VOB, § 16 Abs. 5 Rn. 22.
171 BGH Urt. v. 19.06.1968, VII ZR 221/85 = BauR 1986, 596; Löffelmann/Fleischmann/*Thaler-Nölle*, Architektenrecht Rn. 1648.
172 *Werner/Pastor*, Rn. 961; Löffelmann/Fleischmann/*Thaler-Nölle*, Architektenrecht, Rn. 1544.

IV. Umkehr der Beweislast

Der Unternehmer hat vor der Abnahme die Mangelfreiheit seiner Werkleistung zu beweisen,[173] und zwar auch dann, wenn der Besteller vor der Abnahme Mängelansprüche geltend macht.[174] Mit der Abnahme kehrt sich die Beweislast um, es sei denn, der Besteller hat sich bei der Abnahme Mängelansprüche vorbehalten.[175] Daran ändert sich auch dann nichts, wenn der Besteller vor Abnahme die gerügten Mängel im Wege der Ersatzvornahme beseitigen lässt.[176]

Mit der Abnahme ist es Sache des Bestellers, die Mangelhaftigkeit der Werkleistung darzulegen und zu beweisen.[177] Hat der Unternehmer auf die Mängelrüge hin nachgebessert, ist es zunächst wieder an ihm, dem Besteller die Mangelfreiheit zu beweisen, also den Erfolg der Nachbesserung. Häufig wird es in der Praxis versäumt, die Nachbesserungsleistung abzunehmen. Dann entstehen Unsicherheiten auf beiden Seiten, so dass zu deren Vermeidung auch Nachbesserungsleistungen von den Parteien gemeinsam abgenommen werden sollten.

Hat sich der Besteller allerdings seine Rechte wegen einzelner Mängel i.S.d. § 640 Abs. 2 BGB vorbehalten, verbleibt die Beweislast für die Mangelfreiheit insoweit beim Unternehmer.[178]

V. Beginn der Verjährungsfrist für Nacherfüllungsansprüche

1. Verjährungsbeginn bei vorbehaltloser Abnahme

Mit dem Zeitpunkt der Abnahme beginnt die gesetzliche bzw. vertraglich vereinbarte Verjährungsfrist zu laufen. Wie lang sie ist, ergibt sich aus § 634a BGB (vgl. zu den Einzelheiten die Kommentierung zu § 634a bzw. §§ 194 f. BGB) bzw. § 13 Abs. 4 ggfls. i.V.m. Abs. 5 VOB/B (vgl. zu den Einzelheiten die Kommentierung zu § 13 Abs. 4 u. 5 VOB/B) bzw. der davon abweichend vereinbarten vertraglichen Verjährungsfrist.

2. Verjährungsbeginn bei Mängelvorbehalt

Hat sich der Besteller bei Abnahme Mängel vorbehalten, läuft für diese die Frist gleichwohl, denn die Abnahmewirkungen treten ein.[179] Lediglich die Beweislast für die Mangelfreiheit verbleibt beim Unternehmer. Die Gegenansicht von *Peters/Jacoby*,[180] nach der wegen der vorbehaltenen Mängel die Gewährleistungsfrist nicht läuft, würde – weil man dann konsequent auch den Eintritt der übrigen Abnahmewirkungen verneinen müsste – zu einer systemwidrigen Zweiteilung des Werkvertrages in einen erfüllten und einen nichterfüllten Teil führen, was das Gesetz allenfalls für die in sich abgeschlossene Teilleistung vorsieht. Auch in der Praxis ist die Auffassung von *Peters/Jacoby* problematisch: verbleibt der Vertrag wegen der vorbehaltenen Mängel im Erfüllungsstadium und beginnt die regelmäßige 5-jährige Verjährungsfrist nicht zu laufen, steht der eigentlich schutzbedürftige Besteller schlechter. Bleibt nämlich der Unternehmer untätig, ist der Besteller mit seinem Erfüllungsanspruch aus § 631 BGB nach 3 Jahren der Verjährungseinrede des Unternehmers ausgesetzt. Denn dieser verjährt gem. § 195 BGB binnen 3 Jahren ab Fälligkeit, also regelmäßig ab Vertragsschluß. Die Verjährungsfrist dürfte dann während der Bauphase durch kontinuierliche Bautätigkeit als Zeichen des Anerkenntnisses laufend neu beginnen – § 212 Abs. 1 Nr. 1 BGB. Endet die Bautätigkeit, beginnt die 3-jährige Frist zu laufen und endet also 2 Jahre früher als die Gewährleistungsfrist. Ein merkwürdiges Ergebnis.

---

173 BGH, Urt. v. 13.07.2000, VII ZR 139/99, BauR 2000, 1762.
174 BGH, Urt. v. 23.10.2008, VII ZR 64/07, BauR 2009, 237.
175 BGH, Urt. v. 24.10.1996, VII ZR 98/94, BauR 1997, 129.
176 BGH, Urt. v. 25.03.1993, X ZR 17/92, BauR 1993, 469.
177 BGH, Urt. v. 29.06.1981, VII ZR 299/80, BauR 1981, 575.
178 BGH, Urt. v. 24.10.1996, VII ZR 98/94, BauR 1997, 129.
179 *Thode*, ZfBR 1999, 116.
180 Staudinger/*Peters/Jacoby*, § 640 Rn. 63.

3. Verjährungsbeginn bei endgültiger Abnahmeverweigerung

95 Nachdem mit endgültiger Abnahmeverweigerung alle Abnahmewirkungen ohne weiters eintreten, beginnt die Verjährungsfrist auch nach (Teil-) Kündigung mit dem Zeitpunkt der Abnahmeverweigerung.[181]

VI. Verlust von Nacherfüllungsansprüchen, § 640 Abs. 2 BGB

96 Die Abnahme in Kenntnis und ohne Vorbehalt von Mängeln führt dazu, dass der Besteller einen Teil seiner Nacherfüllungsansprüche verliert. Das sind namentlich:
– sein Anspruch auf Nachbesserung durch den Unternehmer, § 634 Nr. 1 BGB;
– der Aufwendungserstattungsanspruch nach Ersatzvornahme, § 634 Nr. 2 BGB und damit korrespondierend der entsprechende Vorschussanspruch;
– der Anspruch auf Minderung oder Rücktritt, § 634 Nr. 3 BGB.

Erhalten bleibt dem Besteller unter der zusätzlichen Voraussetzung des Verschuldens dann grundsätzlich nur noch der Schadensersatzanspruch, § 634 Nr. 4 BGB.

97 Nachdem, wie oben gezeigt (vgl. oben Rdn. 20 ff.), die Abnahme des Bestellers die Erklärung enthält, er akzeptiere das Werk als im Wesentlichen vertragsgemäß, ist es nur konsequent, von ihm nach den Grundsätzen von Treu und Glauben zu verlangen, sich Rechte wegen bekannter Mängel vorzubehalten.[182] Tut er dies nicht, erleidet er einen teilweisen Rechtsverlust. Die Vorschrift soll dem Unternehmer Klarheit bringen, dass es bei dem – wenn auch mangelhaften – Werk bleibt.[183] Diesem Rechtsgedanken entsprechende Regelungen gibt es auch im Mietrecht mit § 536b BGB oder im Kaufrecht mit § 442 BGB. Ganz anders allerdings liegt es bei § 377 HGB (Untersuchungs- und Rügepflicht): dort muss der Käufer unaufgefordert tätig werden, wohingegen der Besteller weder untersuchen muss, noch ihm sogar grob fahrlässige Unkenntnis des Mangels schadet (vgl. dazu unten Rdn. 104).

98 Seinem Rechtscharakter nach gewährt § 640 Abs. 2 BGB – anders, als das nach dem Wortlaut vermutet werden könnte – dem Unternehmer eine Einrede gegenüber dem Mängelbeseitigungsverlangen des Bestellers[184] und ist nicht etwa eine von Amts wegen zu berücksichtigende Einwendung.[185] Dieses wiederum ist – wie auch bei allen anderen Nacherfüllungsbegehren des Bestellers – Voraussetzung für das Entstehen des Schadensersatzanspruches. Der Unternehmer verliert also nicht allein durch den unterlassenen Vorbehalt sein Nacherfüllungsrecht. Er kann innerhalb der ihm gesetzten Frist nachbessern, um dem Schadensersatzanspruch des Bestellers zu entgehen.[186]

1. Abnahme gem. § 640 Abs. 1 S. 1 BGB

99 Das Gesetz knüpft einen möglichen Rechtsverlust wegen fehlenden Mängelvorbehalts seinem Wortlaut nach an die Abnahmeerklärung nach § 640 Abs. 1 S. 1 BGB.

a) Erklärte Abnahme

100 Zunächst muss der Besteller die Abnahme nach Abs. 1 S. 1 BGB erklären. Das kann ausdrücklich oder konkludent erfolgen. Die konkludente Abnahme ist für den Besteller also mit erheblichen Risiken verbunden, wird ihm doch meist nicht bewusst sein, dass in seinem tatsächlichen Verhal-

---

181 OLG Düsseldorf, Urt. v. 08.02.2007, 5 U 95/06, BauR 2010, 480.
182 *Zeitler*, ZfBR 2004, 216.
183 BGH, Urt. v. 08.11.1973, VII ZR 86/73, BauR 1974, 59.
184 Staudinger/*Peters/Jacoby*, § 640 Rn. 64; Messerschmidt/Voit/*Messerschmidt*, § 640 Rn. 291; **a.A.** *Muffler*, BauR 2004, 1356.
185 *Kniffka*, IBR-Online-Kommentar Bauvertragsrecht, Stand: 26.05.2009, § 640 Rn. 101.
186 Kuffer/Wirth/*Drossart*, 2. Kap. A. Rn. 78.

ten aus Sicht eines objektiven Dritte eine schlüssige Abnahmehandlung liegt.[187] Stellt der Besteller also am Bauwerk Mängel fest, ist er gut beraten, diese dem Unternehmer sogleich anzuzeigen.

b) Fingierte Abnahme nach § 640 Abs. 1 S. 3 BGB

Durch die ausdrückliche Begrenzung auf die Abnahme nach Abs. 1 S. 1 BGB ist klargestellt, dass bei einer fiktiven Abnahme nach § 640 Abs. 1 S. 3 BGB ein Rechtsverlust nicht eintritt.[188] 101

c) Endgültige Abnahmeverweigerung

Verweigert der Besteller die Abnahme ernsthaft und endgültig, treten nach h.M. die Abnahmewirkungen sogleich ein (vgl. oben Rdn. 60, 69). Das soll der ausdrücklichen Abnahme nach § 640 Abs. 1 S. 1 BGB gleichstehen. Behält sich der Besteller also seine Rechte wegen ihm in diesem Zeitpunkt bekannten Mängeln nicht vor, treten die Rechtsfolgen des § 640 Abs. 2 BGB ein.[189] 102

2. Mangelhaftigkeit des Werkes

Der Besteller muss sich jeden ihm bekannten Mangel (zur Frage der Mangelhaftigkeit der Werkleistung vgl. § 633 Rdn. 6 ff.) vorbehalten, also wesentliche und unwesentliche.[190] Noch zu erledigende Restleistungen stehen einem Mangel gleich,[191] werden sie doch nach der Abnahme identisch behandelt. 103

3. Kenntnis

a) Positive Kenntnis

Der Besteller muss den Mangel positiv kennen.[192] Grob fahrlässige Unkenntnis steht der Kenntnis nicht gleich.[193] Der Gesetzeswortlaut ist eindeutig. Extensive Auslegungen auf Bereiche der bewussten Fahrlässigkeit sind folglich unzulässig. 104

b) Kenntnis vom Mangel

Den Besteller trifft anlässlich der Abnahme keine Untersuchungspflicht und schon gar keine Nachforschungspflicht über Mängelursachen. Folglich kann er nur gehalten sein, sich Rechte wegen derjenigen optischen Erscheinungen vorzubehalten, die er als Mangel wahrnimmt.[194] 105

Umgekehrt allerdings kann die Kenntnis nicht weiter reichen als das, was sich der konkrete Besteller unter Berücksichtigung seiner technischen Qualifikation unter der Mangelerscheinung vernünftigerweise vorstellt. Ein Laie, der am Innenanstrich der Kelleraußenwand Feuchtigkeitsflecken erkennt und sich seine Mängelrechte diesbezüglich nicht vorbehält, kann jedenfalls (isoliert) einen Neuanstrich nicht mehr verlangen. Stellt sich dann aber heraus, dass die Abdichtung der Wand mangelhaft ist, stehen ihm wegen dieser Mangelursache alle Gewährleistungsrechte unein- 106

---

187 BGH, Urt. v. 25.02.2010, VII ZR 64/09, BauR 2010, 795.
188 OLG Celle, Urt. v. 18.09.2003, 11 U 11/03, BauR 2004, 381 (Ls.); Müko-BGB/*Busche*, § 640 Rn. 28; Bamberger/Roth/*Voit*, § 640 Rn. 35.
189 OLG Schleswig, Urt. v. 12.06.2009, 17 U 15/09, bei IBR-Online; **a.A.** Messerschmidt/Voit/*Messerschmidt*, § 640 Rn. 295, der sich ohne nähere Begründung auf den angeblich entgegenstehenden Wortlaut des § 640 Abs. 2 BGB beruft, aus dem solches aber nicht entnommen werden kann.
190 Staudinger/*Peters/Jacoby*, § 640 Rn. 56.
191 Messerschmidt/Voit/*Messerschmidt*, § 640 Rn. 292.
192 *Kniffka*, IBR-Online-Kommentar Bauvertragsrecht, Stand 26.05.2009, § 640 Rn. 95; Müko-BGB/*Busche*, § 640 Rn. 30; Staudinger/*Peters/Jacoby*, § 640 Rn. 57.
193 Staudinger/*Peters/Jacoby*, § 640 Rn. 57; Bamberger/Roth/*Voit*, § 640 Rn. 35.
194 Müko-BGB/*Busche*, § 640 Rn. 30; Messerschmidt/Voit/*Messerschmidt*, § 640 Rn. 293.

geschränkt zu. Er hat also Anspruch auf Herstellung einer fachgerechten Außenisolierung. Beim fachkundigen Besteller wird das eventuell anders zu beurteilen sein.

107 Jedenfalls hat der Unternehmer, der sich auf die Einrede des fehlenden Mängelvorbehaltes beruft, die Kenntnis des Bestellers vom Mangel – wie auch das Vorliegen aller anderer Tatbestandmerkmale – darzulegen und zu beweisen.[195] An den teilweise für möglich gehaltenen Anscheinsbeweis[196] für die Kenntnis des Bestellers sind jedenfalls strenge Anforderungen zu stellen.

c) Zeitpunk der Kenntnis

108 Der Mangel muss dem Besteller im Zeitpunkt der Abnahme bewusst sein.[197] Ist dem Besteller bei früheren Begehungen ein Mangel aufgefallen, hat er ihn möglicherweise sogar schon gerügt, ihn aber sodann wieder aus den Augen verloren, schadet ihm das grundsätzlich nicht.[198]

109 Handelt es sich allerdings um einen Bauerfahrenen, der ein Mängelmanagement betreibt, wird die simple Einlassung, bei der Abnahme sei der Mangel nicht mehr gegenwärtig gewesen, nicht genügen. In diesen Fällen muss der Besteller schon nachvollziehbar begründen, warum der Mangel vergessen wurde.[199]

4. Vorbehalt bei Abnahme

110 Kennt der Besteller einen Mangel der Werkleistung, hat er sich ihn bei der Abnahme durch Erklärung gegenüber dem Unternehmer vorzubehalten, will er sich nicht der Einrede aussetzen, er könne nur noch Schadensersatz verlangen.

a) Erklärung des Vorbehaltes

111 Der Besteller muss dem Unternehmer gegenüber zum Ausdruck bringen, dass er nicht bereit ist, die erkannten Mängel hinzunehmen. Ob seine Erklärung als Vorbehalt im Sinne des Gesetzes anzusehen ist, ist ggfls. mittels Auslegung nach den allgemeinen Regeln zu beurteilen. Der Besteller muss also nicht unbedingt in der Terminologie des Gesetzes sprechen. Die Aufnahme eines Mangels in das Abnahmeprotokoll reicht für den Vorbehalt. Eine ausdrückliche Erklärung, er behalte sich seine Rechte vor, muss der Besteller nicht abgeben.

b) Form der Vorbehaltserklärung

112 Der Vorbehalt kann formlos erklärt werden. Sind allerdings in ein Abnahmeprotokoll Mangelerscheinungen nicht aufgenommen, die der Besteller mündlich rügt, führt das gem. § 416 ZPO nur zur Umkehr der Darlegungs- und Beweislast zu Lasten des Bestellers. Die Gegenmeinung,[200] die fehlende Aufnahme des Mangelvorbehaltes bewirke die unwiderlegliche Einrede des § 640 Abs. 2 BGB zu Gunsten des Unternehmers, ist abzulehnen, denn das Abnahmeprotokoll dient regelmäßig nur der Beweisführung und hat gerade keinen konstitutiven Charakter (vgl. oben Rdn. 45). Soweit sich diese Stimmen durchweg auf die angeblich so lautende Rechtsprechung des Bundesgerichtshofs – die sich i.Ü. über den Vertragsstrafevorbehalt verhält – beziehen, ist das unzulässig. Denn in dem vom BGH 1973 entschiedenen Fall[201] hatte der Besteller in dem von ihm irrig nicht als Abnahme erkannten Termin keinen Vorbehalt erklärt, so dass sich das Urteil nicht

---

195 Baumgärtel/Laumen/Prütting/*Kessen*, § 640 Rn. 14.
196 *Kniffka*, IBR-Online-Kommentar, § 640 Rn. 100; Baumgärtel/Laumen/Prütting/*Kessen*, § 640 Rn. 14.
197 Staudinger/*Peters/Jacoby*, § 640 Rn. 58; Müko-BGB/*Busche*, § 640 Rn. 30.
198 Bamberger/Roth/*Voit*, § 640 Rn. 35; Staudinger/*Peters/Jacoby*, § 640 Rn. 57.
199 Baumgärtel/Laumen/Prütting/*Kessen* § 640 Rn. 14 geht sogar von einer Umkehr der Beweislast aus.
200 Messerschmidt/Voit/*Messerschmidt*, § 640 Rn. 299; Bamberger/Roth/*Voit*, § 640 Rn. 37; Staudinger/*Peters/Jacoby*, § 640 Rn. 61; Ingenstau/Korbion/*Oppler*, § 12 Abs. 4 Rn. 16.
201 BGH, Urt. v. 25.01.1973, VII ZR 149/72, BauR 1973, 192.

zu der Frage verhält, ob der Vorbehalt in das Protokoll hätte aufgenommen werden müssen. Auch das Urteil des BGH aus 1986[202] trägt die Auffassung dieser Literaturmeinung nicht, ging es doch dort darum, ob ein formularmäßig erklärter Vorbehalt wirksam ist. Lediglich das LG Tübingen[203] hat in diesem Sinne entschieden, beruft sich allerdings auf Literatur, die sich wiederum auf die in Wahrheit nicht einschlägigen Entscheidungen des BGH stützt.

c) Reichweite des Vorbehaltes

Wie stets ist zu unterscheiden zwischen der Mangelerscheinung einerseits und dem Mangel und seinen Ursachen andererseits. Behält sich der Besteller wegen eines bereits identifizierten Mangels sein Recht vor, ist die Reichweite des Vorbehaltes eindeutig bezeichnet. Der Symptomrechtsprechung des Bundesgerichtshofes folgend[204] sind darüber hinaus mit der Bezeichnung einer Mangelerscheinung alle zugrunde liegenden Mangelursachen vom Vorbehalt erfasst.[205] Es besteht hier eine Wechselwirkung mit den obigen Ausführungen zur »Kenntnis vom Mangel« (vgl. oben Rdn. 105 ff.).

113

d) Bei Abnahme – Zeitpunkt des Vorbehaltes

Angesichts der verschiedenen Abnahmearten ergeben sich Fragen danach, zu welchem Zeitpunkt genau der Vorbehalt zu erklären ist. Das bestimmt sich auch nach der Interessenlage des Unternehmers.

114

aa) Durchgeführte Abnahme

Der Vorbehalt muss nach dem Gesetzeswortlaut »bei« der Abnahme erklärt werden. Weil § 640 Abs. 2 BGB eine Schutzvorschrift zu Gunsten des Unternehmers ist (vgl. oben Rdn. 97), ist eine Abweichung von diesem Grundsatz in den Grenzen möglich, innerhalb derer die Interessen des Unternehmers noch gewahrt sind. Für ihn ist entscheidend, dass er im Zeitpunkt der Abnahme weiß, wegen welcher Mängel er noch mit einer Nacherfüllung rechnen muss und wegen welcher Mängel er den Besteller auf Schadensersatz verweisen kann. Daraus folgt:

115

– Mängelvorbehalte, die nach der Abnahme ausgesprochen werden, sind unbeachtlich;[206]
– Mängelvorbehalte, die vor der Abnahme erklärt werden, sind grundsätzlich unbeachtlich;[207] es sei denn, der Unternehmer kann aus der verfrühten Erklärung des Bestellers erkennen, dass der Mangelvorbehalt bzw. die Mängelrüge zumindest bis zur Abnahme fortgelten soll.[208] Das ist z.B. anzunehmen, wenn aus der frühzeitigen Mängelrüge des Bestellers deutlich hervorgeht, dass er den Mangel keinesfalls akzeptiert und notfalls einer gerichtlichen Klärung zuführt. Je enger der zeitliche Zusammenhang zwischen früherer Mängelrüge und dem Abnahmetermin ist, desto eher kann unterstellt werden, dass der Besteller bis zur Abnahme erkennbar an seiner Rüge festhält. Das ist natürlich anders, wenn der Unternehmer zwischenzeitlich – wenn auch letztlich untaugliche – Nachbesserungsleistungen erbracht hat. Dann bedarf es eines neuen Vorbehaltes bei der Abnahme.

---

202 BGH, Urt. v. 25.09.1986, VII ZR 276/84, BauR 1987, 92.
203 LG Tübingen, Urt. v. 29.05.1973, 3 O 263/72, NJW 1974, 1975.
204 BGH, Urt. v. 18.01.1990, VII ZR 260/88, BauR 1990, 356.
205 Bamberger/Roth/*Voit*, § 640 Rn. 37; Müko-BGB/*Busche*, § 640 Rn. 32.
206 Müko-BGB/*Busche*, § 640 Rn. 31; Messerschmidt/Voit/*Messerschmidt*, § 640 Rn. 296; Staudinger/*Peters/Jacoby*, § 640 Rn. 60.
207 BGH, Urt. v. 11.03.1971, VII ZR 112/69, NJW 1971, 883 (zum Vertragsstrafenvorbehalt); *Kniffka*, IBR-Online-Kommentar, Stand: 26.05.2009, § 640 Rn. 99.
208 Müko-BGB/*Busche*, § 640 Rn. 31; Staudinger/*Peters/Jacoby*, § 640 Rn. 60.

bb) Konkludente Abnahme

116 Weil die konkludente Abnahme ein Unterfall der erklärten Abnahme nach § 640 Abs. 1 S. 1 BGB ist, ist auch auf sie § 640 Abs. 2 BGB anwendbar. Folglich muss sich der Besteller grundsätzlich in dem Zeitpunkt der konkludenten Abnahme seine Mängelrechte wegen der ihm bekannten Mängel vorbehalten.[209]

cc) Fiktive Abnahme

117 Durch den expliziten Bezug auf die Abnahme gem. § 640 Abs. 1 S. 1 BGB wird in § 640 Abs. 2 BGB klargestellt, dass ein teilweiser Rechtsverlust bei der fiktiven Abnahme nach § 640 Abs. 1 S. 3 BGB nicht in Betracht kommt.[210]

e) Entbehrlichkeit des Vorbehaltes

118 Der Vorbehalt ist entbehrlich, wenn sich aus anderen Umständen für den Unternehmer ergibt, dass der Besteller sich seine gesamten Nacherfüllungsansprüche auch in Ansehung der Abnahme erhalten will. Das gilt z.B., wenn der Besteller wegen eines von ihm vor Abnahme entdeckten Mangels ein selbständiges Beweisverfahren[211] oder gar ein Klageverfahren gegen den Unternehmer eingeleitet hat.

5. Vertraglicher Verzicht auf Mängelvorbehalt

119 § 640 Abs. 2 BGB kann durch Individualvereinbarung zwischen den Parteien uneingeschränkt abbedungen bzw. modifiziert werden.[212]

Klauseln in allgemeinen Geschäftsbedingungen sind an den §§ 307 Abs. 2 Nr. 1 BGB bzw. § 309 Nr. 8 lit. b aa) BGB zu messen (siehe die Kommentierung dort).

VII. Rechte des AN bei unberechtigt verweigerter Abnahme

1. Annahmeverzug

120 Weil es sich bei der Abnahme um eine vertragliche Hauptpflicht des Bestellers handelt, führt die unberechtigte Abnahmeverweigerung zunächst zum Annahmeverzug gem. § 293 BGB.[213] Zu den sich daraus ergebenden Rechtsfolgen siehe die Kommentierungen zu §§ 293 f. und § 644 BGB.

2. Schuldnerverzug

121 Kommt der Besteller trotz bestehender Abnahmeverpflichtung dieser nicht nach, greifen zudem die allgemeinen Regeln des Schuldnerverzuges, §§ 286 Abs. 1, 2 und 4 i.V.m. § 280 Abs. 1 und 2 sowie § 281 bzw. 323 BGB (vgl. zu den Einzelheiten die Kommentierung dort).[214]

3. Eintritt der Abnahmewirkungen

122 Mit der unberechtigten Abnahmeverweigerung treten i.Ü. ohne Weiteres alle Abnahmewirkungen ein (vgl. zu den Einzelheiten oben Rdn. 85 ff.).[215]

---

209 BGH, Urt. v. 25.02.2010, VII ZR 64/09, BauR 2010, 795.
210 OLG Celle, Urt. v. 18.09.2003, 11 U 11/03, BauR 2004, 381.
211 OLG Köln, Urt. v. 17.09.1982, 20 U 56/82, BauR 1983, 463; Staudinger/*Peters/Jacoby*, § 640 Rn. 61.
212 Messerschmidt/Voit/*Messerschmidt*, § 640 Rn. 303; Staudinger/*Peters/Jacoby*, § 640 Rn. 67.
213 Kuffer/Wirth/*Drossart*, 2. Kap. A. Rn. 109.
214 Staudinger/*Peters/Jacoby*, § 640 Rn. 43.
215 BGH, Urt. v. 30.09.1999, VII ZR 162/97, BauR 2000, 128.

E. Weitere Relevanzen der Abnahme

I. Vertragsstrafe

Mit der werkvertraglichen Abnahme fällt der Moment zusammen, in dem sich der Besteller bei Vereinbarung einer Vertragsstrafe deren Geltendmachung vorbehalten muss, § 341 Abs. 3 BGB (vgl. zu den Einzelheiten die Kommentierung zu § 339 BGB).[216] 123

II. Bürgschaften

Haben die Parteien besondere vertragliche Vereinbarungen zur Abnahme getroffen und weichen sie hiervon später ab, kann darin eine Änderung der durch die Bürgschaft gesicherten Hauptschuld zum Nachteil des Bürgen i.S.d. § 767 Abs. 1 S. 3 BGB liegen, so dass dieser sich auf Leistungsfreiheit berufen kann (vgl. die Kommentierung zu § 767 BGB).[217] 124

Im Übrigen ist die Abnahme z.B. von Relevanz für die Frage, ob der Sicherungszweck der Bürgschaft nach der getroffenen Sicherungsabrede eingetreten ist. Denn nicht selten sichern Bürgschaften entweder Ansprüche bis zur Abnahme oder ab Abnahme. 125

III. Insolvenz

Für den Fall der Insolvenz insbesondere des Auftraggebers stellt sich die Frage, wie der Unternehmer die Abnahme erhalten soll – ist es dem Insolvenzverwalter, der Nichterfüllung wählt, doch von der Insolvenzordnung untersagt, die Abnahme der Werkleistung zu erklären. Zu lösen ist dieses Problem im Rahmen der Kommentierung zu § 103 InsO. 126

IV. Steuerrecht

Der Zeitpunkt der Abnahme ist derjenige der Leistungserbringung i.S.d. § 13 UStG. Folglich ist der gesamte Werklohn dem im Zeitpunkt der Abnahme gültigen Steuersatz zu unterwerfen. Von wirtschaftlicher Relevanz kann das für den nicht vorsteuerabzugsberechtigten Besteller werden, wenn sich während der Bauausführung der Steuersatz ändert (in der Regel erhöht). Er schuldet dann auf den gesamten Werklohn die (höhere) Umsatzsteuer im Zeitpunkt der Abnahme. 127

Eine Aufteilung des Werklohnes für unterschiedliche Teilleistungen mit dann unterschiedlichen Umsatzsteuersätzen ist steuerrechtlich nur möglich, wenn es sich um eine echte, in sich abgeschlossene Teilleistung handelt, also ein selbständig nutzbares Wirtschaftsgut vorliegt. Zusätzlich muß nach der Rechtsprechung des BFH für diese Teilleistung ein gesonderter Vergütungsteil ausgewiesen sein.[218] 128

F. Prozessuales

I. Die Klage auf (Feststellung der) Abnahme

Als zentraler Wendepunkt des Bauvertrages mit ihren insbesondere vom Unternehmer so begehrten Rechtsfolgen ist seit jeher anerkannt, dass die Abnahme selbst zum Gegenstand einer gerichtlichen Auseinandersetzung gemacht werden kann. Allerdings geht es dem Unternehmer in den meisten Fällen um den Werklohn. Im Rahmen dieser Leistungsklage wird dann die Frage der Abnahme bzw. der Abnahmefähigkeit inzident geprüft, so dass in der Praxis Klagen auf Abnahme die Ausnahme sind. 129

---

216 BGH, Urt. v. 10.02.1977, VII ZR 17/75, BauR 1977, 280.
217 OLG Celle, Beschl. v. 05.07.2007, 13 U 223/06, BauR 2007, 1780 (Ls.).
218 BFH, Urt. v. 09.03.2006, V B 77/05, BFH/NV 2006, 1530.

1. Die Klage auf Abnahme

130 Nachdem die Abnahme eine den Besteller treffende Hauptpflicht ist, unterliegt es keinem Zweifel, dass der Unternehmer berechtigt ist, ihn auf Abnahme der geschuldeten Leistung gerichtlich in Anspruch zu nehmen.[219]

Ob es sich dabei um eine Klage auf Abgabe einer Willenserklärung[220] handelt oder auf Vornahme einer nicht vertretbaren Handlung,[221] dürfte erst im Fall der Zwangsvollstreckung von Relevanz sein. Nach dem hier vertretenen eingliedrigen Abnahmebegriff (vgl. oben Rdn. 23) ist für die Abnahme entscheidendes Kriterium die Billigungserklärung des Bestellers und nicht die körperliche Hinnahme des Werkes. Weil gewichtige Argumente dafür sprechen, die Abnahme als rechtsgeschäftsähnliche Handlung zu verstehen (vgl. oben Rdn. 24), ist nach hier vertretener Auffassung die Klage auf »Erklärung der Abnahme« zu richten mit der Folge, dass durch das Urteil gem. § 894 ZPO die Abnahmeerklärung des Bestellers ersetzt wird.[222] Damit werden gleichzeitig die Schwierigkeiten vermieden, die sich aus der Vollstreckung eines Titels über die Vornahme einer nicht vertretbaren Handlung gem. § 888 ZPO ergeben.

2. Die Klage auf Feststellung des Eintrittes der Abnahmewirkungen

131 Neben der auf Abnahme gerichteten Leistungsklage kommt auch eine Feststellungsklage in Betracht.[223] Das dafür regelmäßig erforderliche besondere Feststellungsinteresse kann sich aus mehreren Gesichtspunkten heraus ergeben. Ist nach Meinung des Bestellers zu einem bestimmten Zeitpunkt eine konkludente oder fiktive Abnahme erfolgt, hat er z.B. im Hinblick auf zwischenzeitlich eingetretene Schäden das notwendige Interesse an der Feststellung, ob bzw. wann die Abnahme erfolgt ist, in wessen Risikosphäre diese Schäden also fallen.

II. Allgemeine Darlegungs- und Beweislast zur Abnahme

132 Entgegen *Kniffka*[224] ist es nicht erforderlich, dass derjenige, der sich auf die Abnahme beruft, ohne weiteres bereits im Einzelnen zu den tatsächlichen Umständen vortragen müsste. Nichts anderes ergibt sich auch aus der von ihm bemühten Entscheidung des OLG Düsseldorf,[225] denn im dortigen Fall hatte der Auftraggeber die Abnahme bestritten. Mit dem Bestreiten des Gegners allerdings steigen selbstverständlich die Anforderungen an die Darlegungen der Umstände der Abnahme (erst recht, wenn sich der Auftragnehmer – wie im Fall des OLG Düsseldorf – entgegen der im Vertrag explizit vereinbarten förmlichen Abnahme auf eine konkludente Abnahme beruft).

133 Im Übrigen sind Fragen der Darlegungs- und Beweislast aus Gründen der Sachnähe bei den jeweiligen Einzelproblemen behandelt, so dass auf die dortigen Ausführungen zu verweisen ist.

§ 641 Fälligkeit der Vergütung

(1) Die Vergütung ist bei der Abnahme des Werkes zu entrichten. Ist das Werk in Teilen abzunehmen und die Vergütung für die einzelnen Teile bestimmt, so ist die Vergütung für jeden Teil bei dessen Abnahme zu entrichten.

---

219 BGH, Urt. v. 26.02.1981, VII ZR 287/79, BauR 1981, 284; PWW/*Leupertz*, § 640 Rn. 2.
220 Bamberger/Roth/*Voit*, § 640 Rn. 27.
221 Müko-BGB/*Busche*, § 640 Rn. 42; Staudinger/*Peters/Jacoby*, § 640 Rn. 46 für das Billigungsmoment, das Hinnahmemoment soll vertretbare Handlung sein.
222 Messerschmidt/Voit/*Messerschmidt*, § 640 Rn. 46.
223 BGH, Urt. v. 27.02.1996, X ZR 3/94; BauR 1996, 386; Messerschmidt/Voit/*Messerschmidt*, § 640 Rn. 44; Bamberger/Roth/*Voit*, § 640 Rn. 27.
224 Kniffka/Koeble/*Kniffka*, Teil 4, Rn. 5.
225 Urt. v. 10.11.2000, 22 U 78/00, BauR 2001, 638.

(2) Die Vergütung des Unternehmers für ein Werk, dessen Herstellung der Besteller einem Dritten versprochen hat, wird spätestens fällig,
1. soweit der Besteller von dem Dritten für das versprochene Werk wegen dessen Herstellung seine Vergütung oder Teile davon erhalten hat,
2. soweit das Werk des Bestellers von dem Dritten abgenommen worden ist oder als abgenommen gilt oder
3. wenn der Unternehmer dem Besteller erfolglos eine angemessene Frist zur Auskunft über die in den Nummern 1 und 2 bezeichneten Umstände bestimmt hat.

Hat der Besteller dem Dritten wegen möglicher Mängel des Werkes Sicherheit geleistet, gilt Satz 1 nur, wenn der Unternehmer dem Besteller entsprechende Sicherheit leistet.

(3) Kann der Besteller die Beseitigung eines Mangels verlangen, so kann er nach der Fälligkeit die Zahlung eines angemessenen Teils der Vergütung verweigern; angemessen ist in der Regel das Doppelte der für die Beseitigung des Mangels erforderlichen Kosten.

(4) Eine in Geld festgesetzte Vergütung hat der Besteller vor der Abnahme des Werkes zu verzinsen, sofern nicht die Vergütung gestundet ist.

Schrifttum

Hildebrandt Das neue Forderungssicherungsgesetz, BauR 2009, 4; *Jani* Neuregelung des Zahlungsverzuges und des Werkvertragsrechts durch »Gesetz zur Beschleunigung fälliger Zahlungen« vom 30.03.2000, BauR 2000, 949; *Kirberger* Die Beschleunigungsregelungen unter rechtsdogmatischem und praxisbezogenem Blickwinkel, BauR 2001, 492; *Kniffka* Das Gesetz zur Beschleunigung fälliger Zahlungen – Neuregelung des Bauvertragsrechts und seine Folgen –, ZfBR 2000, 227; *Niemöller/Kraus* Das Gesetz zur Beschleunigung fälliger Zahlungen und die VOB/B 2000 – Zwei nicht abnahmefähige Werke, Jahrbuch Baurecht 2001; *Sienz* Die Vorleistungspflicht des Bauunternehmers: ein Trugbild?, BauR 2004, 10.

Übersicht

	Rdn.
A. Einleitung	1
I. Grundsatz	1
II. Entwicklung der Vorschrift	2
B. **Fälligkeit der Vergütung bei Abnahme**	5
I. Fälligkeit der Vergütung bei Abnahme des Gesamtwerks – Abs. 1 S. 1	6
II. Fälligkeit der Vergütung bei Abnahme des Teilwerks – Abs. 1 S. 2	8
III. Fälligkeit ohne Abnahme	9
1. Mit Vollendung des Werkes, § 646 BGB	10
2. Bei grundloser endgültiger Leistungsverweigerung des Bestellers	11
3. Bei unberechtigter endgültiger Verweigerung der Abnahme	12
4. Mit Übergang des Bauvertrages in ein Abrechnungsverhältnis	13
a) Geltendmachung sekundärer Mängelrechte	14
b) Verzug mit der Mängelbeseitigung	15
c) Bei Kostenvorschuss	16
d) Kein einseitiges Vorgehen des Unternehmers	17
e) Kündigung	18
IV. Erforderlichkeit einer Rechnung/Prüffähigkeit	19
1. BGB-Vertrag	19
2. VOB/B-Vertrag	23
3. Anforderungen an die Prüffähigkeit	25
a) Einheitspreisvertrag	26
b) Stundenlohnvertrag	27
c) Pauschalpreisvertrag	29
4. Architekten-/Ingenieurvertrag	30
5. Bauträgervertrag	33
V. Anspruch auf Erteilung einer Rechnung	34
VI. AGB-Klauseln zur Fälligkeit	36
1. Klauseln auf Bestellerseite	37
2. Klauseln auf Unternehmerseite	39
C. **Fälligkeit der (Nach-)Unternehmervergütung/Durchgriffsfälligkeit – Abs. 2**	40
I. Zweck der Regelung	40
II. Voraussetzungen der Durchgriffsfälligkeit	41
1. Fälligkeit der (Nach-)Unternehmervergütung mit Zahlung des Dritten/Bauherrn an den Besteller/Hauptunternehmer – Abs. 2 S. 1 Nr. 1	42
a) Schlusszahlung	42
b) Drittzahlung	43
c) Zurückbehaltungsrecht des Dritten	47
d) Durchgriffsfälligkeit contra Leistungsverweigerungsrecht	48

	Rdn.		Rdn.
2. Fälligkeit mit Abnahme im Verhältnis Dritter/Bauherr zu Besteller/Hauptunternehmer – Abs. 2 S. 1 Nr. 2	49	1. Umfang des Leistungsverweigerungsrechtes.................	57
3. Fälligkeit nach Ablauf einer angemessenen Frist zur Auskunft über die in Abs. 2 S. 1 Nr. 1 und 2 bezeichneten Umstände – Abs. 2 S. 1 Nr. 3 ...	50	2. Wirkung des Leistungsverweigerungsrechtes.................	58
		3. Wirkung des Annahmeverzuges.....	62
4. Sicherheitsleistung – Abs. 2 S. 2	51	4. Leistungsverweigerungsrecht nur aus einheitlichem Bau-/Werkvertrag	63
D. **Leistungsverweigerungsrecht wegen Mängeln – Abs. 3**..................	52	5. Leistungsverweigerungsrecht und Sicherheitseinbehalt	64
I. Leistungsverweigerungsrecht vor Abnahme.......................	54	6. Verhältnis zu § 648a BGB	65
		E. **Verzinsungspflicht – Abs. 4**	67
II. Leistungsverweigerungsrecht nach Abnahme.......................	56	I. Verzinsung einer in Geld festgesetzten Vergütung ab Abnahme	67
		II. Keine Anwendung im Geltungsbereich der VOB/B	71

A. Einleitung

I. Grundsatz

1 § 641 BGB regelt, wann der vertragliche Anspruch des Unternehmers auf die ihm gem. § 631 Abs. 1 S. 2 zustehende vereinbarte Vergütung fällig ist. Er postuliert den Grundsatz der Vorleistungspflicht[1] des Bestellers, indem er grundsätzlich an die Abnahme des Werkes anknüpft, die erst bei im Wesentlichen mangelfreier Herstellung erfolgt, § 640 Abs. 1 S. 1 i.V.m. S. 2 BGB. Der Gesetzgeber hat (anders die VOB/B, die dem Auftragnehmer immer schon in § 16 Abschlagszahlungen zugestand) hiervon erstmals durch das Gesetz zur Beschleunigung fälliger Zahlungen[2] und die Schaffung des § 632a BGB eine Ausnahme gemacht. Letzterer räumt dem Unternehmer unter engen und in der Praxis nur selten erfüllten bzw. vom Unternehmer zu erfüllenden Voraussetzungen Anspruch auf Abschlagszahlungen ein, erkennt ihm also auch ohne Vollendung seiner Leistung und deren Abnahme einen Anspruch auf anteiligen Werklohn zu. Eine weitere Durchbrechung der bisherigen gesetzlichen Regelung bildet die sog. »Durchgriffshaftung« in § 641 Abs. 2 BGB.

II. Entwicklung der Vorschrift

2 Bis zum Inkrafttreten des Gesetzes zur Beschleunigung fälliger Zahlungen am 01.05.2000[3] bestand die gesetzliche Regelung nur in dem, was seit dem 01.05.2000 – mit sukzessiven Änderungen – dem heutigen § 641 Abs. 1 und Abs. 4 entspricht. Neu eingeführt wurden mithin die Abs. 2 und 3. Anlass waren insbesondere in den neuen Ländern herrschende wirtschaftliche Schwierigkeiten, die aus der Sicht der Politik in der unzureichenden Zahlungsmoral der Besteller begründet waren.[4]

3 Durch Abs. 3 wurde das Gesetz, was die Rechtsprechung zur Höhe des Zurückbehaltungsrechts des Bestellers bei Mängeln der Werkleistung in ständiger Rechtsprechung entwickelt hatte: nämlich in der Regel das Zwei- bis Dreifache der erforderlichen Mängelbeseitigungskosten.[5] Da es sich lediglich um die Kodifizierung der durch die Rechtsprechung entwickelten Grundsätze han-

---

[1] BGH, Urt. v. 16.05.1968, VII ZR 40/66, BGHZ 50, 175; kritisch zum Begriff der Vorleistungspflicht: Staudinger/*Peters/Jacoby*, § 641, Rn. 2; *Sienz*, BauR 2004, 10.
[2] BGBl. 2000 I, 330.
[3] BGBl. 2000, I, 330.
[4] Begründung zum Gesetzentwurf v. 23.06.1999, BT-Drucks. 14/1246, S. 1; *Kniffka*, ZfBR 2000, 227.
[5] BGH, Urt. v. 08.07.1982, VII ZR 96/81, BauR 1982, 579; Urt. v. 16.01.1992, VII ZR 85/90, BauR 1992, 401.

delt,[6] gilt die Regelung auch für vor dem 01.05.2000 geschlossene Veträge.[7] Nunmehr ist durch Art. 1 des FoSiG das Zurückbehaltungsrecht in der Regel auf das Doppelte der voraussichtlich erforderlichen Mängelbeseitigungskosten begrenzt.[8] Diese Regelung gilt allerdings nur für nach dem 31.12.2008 geschlossene Verträge.[9]

Ebenfalls durch das Gesetz zur Beschleunigung fälliger Zahlungen eingeführt wurde Abs. 2. Er ist eine Durchbrechung des Prinzips der getrennt voneinander zu betrachtenden Vertragsverhältnisse.[10] Schlagwortartig bezeichnet wird er mit dem Terminus »Durchgriffsfälligkeit«. Gem. Art. 229 § 1 Abs. 2 S. 1 EGBGB gilt § 641 Abs. 2 BGB nicht für Verträge, die vor dem 01.05.2000 abgeschlossen wurden. 4

B. Fälligkeit der Vergütung bei Abnahme

Vorraussetzung für die Fälligkeit des Werklohnanspruchs des Bestellers ist die Abnahme seiner (fertigen, also im Wesentlichen mängelfreien, § 640 Abs. 1 S. 2 BGB) Leistung durch den Auftraggeber. Nur im Ausnahmefall des § 641 Abs. 2 BGB verzichtet das Gesetz systemwidrig auf die Abnahme zwischen den Vertragsparteien.[11] Daneben haben sich in Literatur und Rechtsprechung Fallgruppen entwickelt, in denen ebenfalls auf die Abnahme als Fälligkeitsvoraussetzung verzichtet wird.[12] 5

Für den Architekten-/Ingenieurvertrag gilt – mangels abweichender Vereinbarung der Parteien[13] – grundsätzlich § 15 HOAI. Das Honorar wird hier fällig, wenn die Leistung vertragsgemäß erbracht und eine prüffähige Honorarschlussrechnung überreicht worden ist. Desgleichen können – wie bei § 16 Abs. 1 VOB/B – Abschlagszahlungen in angemessenen zeitlichen Abständen für nachgewiesene Leistungen verlangt werden (vgl. zu den Einzelheiten die Kommentierung zu § 15 HOAI).

I. Fälligkeit der Vergütung bei Abnahme des Gesamtwerks – Abs. 1 S. 1

Durch den Werkvertrag wird der Unternehmer zur Herstellung des versprochenen Werkes und der Besteller zur Entrichtung der vereinbarten Vergütung verpflichtet, § 631 Abs. 1. Der Werklohnanspruch des Unternehmers entsteht daher grundsätzlich bereits mit Abschluss des Werkvertrages. Da die Vergütung gem. § 641 Abs. 1 S. 1 erst bei Abnahme des Werkes fällig wird (»zu entrichten ist«), kann der Besteller die Zahlung der Vergütung bis zu diesem Zeitpunkt verweigern. Dies gilt nicht, wenn der Unternehmer gem. § 632a oder aufgrund vertraglicher Vereinbarung, z.B. durch Einbeziehung der VOB/B, dort § 16 Abs. 1, Abschlags- oder Vorauszahlungen verlangen kann. 6

Nimmt der Besteller das Werk ausdrücklich oder konkludent ab oder gilt es aufgrund der gesetzlichen Abnahmefiktion nach § 640 Abs. 1 S. 3 (bei bis zum 31.12.2008 abgeschlossenen Verträgen auch gem. § 641a a.F.) als abgenommen, hat der Besteller den vereinbarten Werklohn zu zahlen. Die Abnahme bzw. die die Abnahmefiktion begründenden Umstände hat der Unternehmer darzulegen und zu beweisen.[14] 7

---

6 Messerschmidt/Voit/*Messerschmidt* § 641 Rn. 5; *Jani*, BauR 2000, 949.
7 Art. 229 § 1 Abs. 2 S. 2 EGBGB.
8 Forderungssicherungsgesetz vom 23.10.2008, BGBl I, 2022.
9 Art. 229 § 19 Abs. 1 EGBGB.
10 *Kirberger*, BauR 2001, 492, 494.
11 Vgl. dazu unter Rdn. 42 f.
12 Vgl. dazu unten Rdn. 9 ff.
13 § 15 Abs. 4 HOAI.
14 Baumgärtel/Laumen/Prütting/*Kessen* § 641 Rn. 1.

II. Fälligkeit der Vergütung bei Abnahme des Teilwerks – Abs. 1 S. 2

8 Grundsätzlich kann der Besteller das Werk auch in Teilen abnehmen. In diesem Fall wird die Vergütung für den abgenommenen Teil fällig, soweit die Vergütung bestimmt oder zumindest bestimmbar ist.[15] Gesetzlich verpflichtet ist der Besteller dazu nicht. Eine entsprechende Verpflichtung kann sich allenfalls aus Treu und Glauben ergeben,[16] insbesondere bei in sich abgeschlossenen und eigenständig nutzbaren Teilwerken, die der Besteller bereits nutzen will und die der Unternehmer dadurch z.B. nicht mehr schützen kann, trifft ihn doch bis zur Abnahme die Sachgefahr.[17] Ansonsten werden Teilabnahmen in der Regel vertraglich vereinbart. Dazu bedarf es aber einer möglichst präzisen Beschreibung des gesondert abzunehmenden Teils. Denn wenn die Parteien ohne genaue Definition des Teilgewerkes schlicht »Teilabnahmen« vereinbaren, muß es sich um einen in sich abgeschlossenen Teil der Leistung handeln. Es gelten hier dieselben Voraussetzungen wie zur Teilkündigung.[18] Ist das Teilwerk vertragsgemäß hergestellt, besteht Anspruch auf Teilabnahme und der dafür anteilige Werklohn ist fällig.

III. Fälligkeit ohne Abnahme

9 Ausnahmsweise kann der Unternehmer seinen Werklohn auch ohne Abnahme verlangen:

1. Mit Vollendung des Werkes, § 646 BGB

10 Ist nach der Beschaffenheit des Werkes die Abnahme ausgeschlossen, tritt die Fälligkeit mit der Vollendung des Werkes ein, § 646. Für den Bereich des Bauvertrages sind solche Konstellationen kaum vorstellbar, steht am Ende der Leistung doch ein körperlicher Gegenstand. Nichts anderes gilt für Architekten- und Ingenieurleistungen; auch sie sind abnahmefähig.[19]

2. Bei grundloser endgültiger Leistungsverweigerung des Bestellers

11 Lehnt der Besteller die Erfüllung des Vertrages grundlos und endgültig ab, kann der Unternehmer auch vor Fertigstellung und Abnahme die Bezahlung des Werkes verlangen.[20] Neben dem Werklohn für die erbrachten Leistungen kann er auch für den nicht erbrachten Teil sofort nach § 649 Satz 2 BGB abrechnen und Bezahlung verlangen.[21]

3. Bei unberechtigter endgültiger Verweigerung der Abnahme

12 Wenn das Werk vertragsgemäß hergestellt, also allenfalls mit unwesentlichen Mängeln, § 640 Abs. 1 S. 2, behaftet ist, ist der Auftraggeber gemäß § 640 Abs. 1 S. 1 BGB zur Abnahme verpflichtet. Dementsprechend wird der Werklohnanspruch bei unberechtigt endgültig verweigerter Abnahme sofort fällig, und zwar sowohl beim Bauvertrag[22] als auch beim Architekten-/Ingenieurvertrag.[23]

---

15 Staudinger/*Peters/Jacoby* § 641 Rn. 122.
16 A.A. Erman/*Schwenker*, § 641 BGB Rn. 7.
17 Vgl. dazu § 640 Rdn. 87.
18 BGH, Urt. v. 20.08.2009, VII ZR 212/07, BauR 2009, 1736.
19 BGH, Urt. v. 09.10.1986, VII ZR 245/86, BauR 1987, 113, Löffelmann/Fleischmann/*Thaler-Nölle*, Rn. 1648 f.
20 BGH, Urt. v. 14.05.1968, VII ZR 40/66, BGHZ 50, 175.
21 BGH, a.a.O.
22 BGH, a.a.O.
23 BGH, Beschl. v. 10.03.2009, VII ZR 164/06, IBR 2009, 277.

4. Mit Übergang des Bauvertrages in ein Abrechnungsverhältnis

Der Werklohnanspruch des Unternehmers wird auch ohne Abnahme fällig, wenn der Bauvertrag in ein reines Abrechnungsverhältnis übergegangen ist, also feststeht, dass der Unternehmer keinerlei Arbeiten, und seien es auch nur Mängelbeseitigungsarbeiten, mehr durchführt. 13

a) Geltendmachung sekundärer Mängelrechte

Das ist zunächst der Fall, wenn der Besteller das Erfüllungsstadium beendet, indem er Schadensersatz verlangt, § 281 Abs. 4, den Rücktritt vom Vertrag erklärt oder die Minderung der Vergütung geltend macht, also keine (Nach-) Erfüllung mehr verlangt. In diesen Fällen kann der Besteller dem Anspruch des Unternehmers auf Vergütung nicht die Einrede des nicht erfüllten Vertrages oder den Einwand der mangelnden Fälligkeit entgegen halten.[24] 14

b) Verzug mit der Mängelbeseitigung

Davon zu unterscheiden sind die Fälle, in denen eine vom Besteller vor Abnahme gesetzte Frist zur Mängelbeseitigung abgelaufen ist, der Besteller aber kein Gestaltungsrecht ausübt, sondern Kostenvorschuss verlangt. Dann ist weder die Abnahme entbehrlich noch der Bauvertrag in ein Abrechnungsverhältnis übergegangen. Dies gilt selbst dann, wenn der Besteller gegen den Werklohnanspruch des Unternehmers mit dem Vorschussanspruch aufrechnet. Der Vertrag befindet sich dann gleichwohl noch im Erfüllungsstadium. Der Besteller kann in diesem Fall vom Zahlungsverlangen auch wieder abgehen und (Nach-)Erfüllung fordern.[25] Für den Fall, dass der Vorschussanspruch unbegründet ist, kann der Besteller hilfsweise auch sein Leistungsverweigerungsrecht geltend machen. Möglich ist auch das umgekehrte Vorgehen, d.h. der Besteller beruft sich auf sein Leistungsverweigerungsrecht und macht hilfsweise den Vorschussanspruch geltend. Dies ist insbesondere dann sinnvoll, wenn zwischen den Parteien die Abnahme streitig ist. 15

c) Bei Kostenvorschuss

Ein Abrechnungsverhältnis entsteht auch dann, wenn der Unternehmer einen bereits gezahlten Vorschuss auf die Mängelbeseitigungskosten zurückfordert, weil feststeht, dass die Mängelbeseitigung nicht mehr durchgeführt wird oder der Besteller die Mängelbeseitigung nicht binnen angemessener Frist durchgeführt hat.[26] 16

d) Kein einseitiges Vorgehen des Unternehmers

Kein Fall der Fälligkeit ohne Abnahme liegt vor, wenn der Unternehmer meint, das Abrechnungsverhältnis selbst herbeiführen zu können, indem er die Mängelbeseitigung verweigert und stattdessen selbst einen Abzug für Mängelbeseitigungskosten vornimmt. Dieses einseitige Vorgehen reicht jedoch für die Beendigung des Erfüllungsstadiums und den Übergang in ein Abrechnungsverhältnis nicht aus. Solange der Besteller diesem Vorgehen nicht zustimmt und noch Mängelbeseitigung, d.h. (Nach-)Erfüllung fordert bzw. fordern kann, bleibt es dabei, dass der Werklohn ohne Abnahme nicht fällig wird. Dabei ist der Besteller nicht gehalten, die Verweigerung der Abnahme wegen vorhandener Mängel regelmäßig zu wiederholen.[27] Die Fälligkeit tritt erst ein, wenn der Unternehmer die Mängel beseitigt und das Werk abnahmefähig wird. 17

---

24 BGH, Urt. v. 23.11.1978, VII ZR 29/78, BauR 1979, 152.
25 BGH, Urt. v. 14.01.2010, VII ZR 108/08; IBR-Werkstattbeitrag vom 11.02.2010.
26 BGH, a.a.O.
27 BGH, Urt. v. 10.06.1999, VII ZR 170/98, BauR 1999, 1186.

e) Kündigung

18 Allein die Kündigung des Bauvertrages führt nach der sich seit ca. 2002 entwickelnden neueren Rechtsprechung des BGH[28] hingegen nicht zur sofortigen Fälligkeit ohne Abnahme. Das hatten der BGH[29] und einige Oberlandesgerichte[30] in einer sich stetig entwickelnden Rechtsprechung vorübergehend anders gesehen. Nur wenn der Besteller hinsichtlich der bis zur Kündigung erbrachten Leistungen keine (Nach-)Erfüllung mehr verlangt, sondern nur noch Schadenersatz (bzw. Rücktritt/Minderung), ist der Bauvertrag in ein Abrechnungsverhältnis eingetreten, so dass der Werklohnanspruch auch ohne Abnahme fällig ist.

IV. Erforderlichkeit einer Rechnung/Prüffähigkeit

1. BGB-Vertrag

19 Nachdem das BGB außer der Abnahme keine Fälligkeitsvoraussetzung für den Werklohnanspruch vorsieht, hängt die Fälligkeit nicht von der Erteilung einer prüfbaren Schlussrechnung ab.[31] Folglich beginnt die Verjährung des Werklohnanspruchs also mit dem Schluss des Jahres, in dem die Abnahme erfolgt ist und der Unternehmer davon Kenntnis erlangt hat. Er kann also nicht durch späte Rechnungsstellung den Beginn der Verjährung hinausschieben.

20 Gleichwohl verkennen weder die Rechtsprechung[32] noch die Literatur[33] das dringende praktische Bedürfnis des Bestellers, dass ihm gegenüber nachvollziehbar abgerechnet wird, um die Berechtigung der Forderung prüfen zu können. Die prüffähige Rechnung, wie sie § 14 Abs. 1 VOB/B vorschreibt, ist letztlich ein allgemein gültiger Ausfluß von Treu und Glauben,[34] weshalb die Verpflichtung (zumindest bei nicht ganz einfachen Abrechnungssachverhalten, z.B. Pauschalpreis), eine nachvollziehbare Rechnung zu erteilen, auch aus den Kooperationspflichten der Bauvertragsparteien[35] hergeleitet werden kann. Beide Vertragsparteien haben nämlich ein Interesse an der Abrechnung[36] – der Besteller sogar oftmals ganz besonders, z.B. wenn er selbst gegenüber seinem Auftraggeber abrechnen muß, um von diesem Geld zu erhalten – und es ist i.Ü. nicht ersichtlich, mit welchem Argument der Unternehmer dem Besteller eine prüffähige Abrechnung vorenthalten will, ist der Besteller doch ohne diese nicht in der Lage, die Berechtigung der Forderung zu prüfen.[37] Die Folge dieser Auffassung ist, dass der Besteller zumindest so lange nicht in Verzug mit der Zahlung gerät, wie ihm gegenüber nicht prüfbar abgerechnet wird.

21 Nach vereinzelter obergerichtlicher Rechtsprechung[38] sollen für die Prüfbarkeit eines BGB-Einheitspreisvertrages dieselben Anforderungen gelten wie bei einem VOB-Vertrag. Dies mag zwar im Einzelfall und bei komplexen Bauvorhaben mit Rücksicht auf Treu und Glauben zutreffen, kann aber nicht grundsätzlich gelten. Denn für die schlüssige Darlegung einer Werklohnforderung können keine höheren Ansprüche gelten als für sonstige Ansprüche, d.h. es muss ausreichen,

---

28 BGH, Urt. v. 19.12.2002, VII ZR 103/00, BauR 2003, 689; Urt. v. 11.05.2006, VII ZR 146/04, BauR 2006, 1294.
29 BGH, Urt. v. 09.10.1986, VII ZR 249/85, BauR 1987, 95.
30 OLG Düsseldorf, Urt. v. 20.09.1976, 5 U 55/76, BauR 1978, 404; OLG Hamm, Urt. v. 30.01.1980, 25 U 157/78, BauR 1981, 376.
31 BGH, Urt. v. 18.12.1980, VII ZR 41/80, BauR 1981, 199.
32 BGH, Urt. v. 20.10.1988, VII ZR 302/87, BauR 1989, 87; OLG Celle, Urt. v. 06.03.1997, 14 U 93/96, BauR 1997, 1052; OLG Hamm, Urt. v. 25.03.1996, 17 U 117/94, BauR 1997, 656.
33 *Kniffka*, IBR-online-Kommentar, § 641 Rn. 28, 29; Messerschmidt/Voit/*Messerschmidt*, § 641 Rn. 72 f.
34 OLG Frankfurt, Urt. v. 11.04.1997, 7 U 273/93, BauR 1997, 856.
35 Dazu grundlegend BGH, Urt. v.28.10.1999, VII ZR 393/98, BauR 2000, 409.
36 BGH, Urt. v. 20.10.1988, VII ZR 302/87, BauR 1989, 87.
37 Vgl. BGH, Urt. v. 14.06.2007, VII ZR 230/06, BauR 2007, 1577.
38 OLG Hamm, Urt. v. 25.03.1996, 17 U 117/94, BauR 1997, 656.

wenn der Tatsachenvortrag, seine Richtigkeit unterstellt, geeignet ist, das geltend gemachte Recht zu begründen.[39]

Auf die fehlende Prüfbarkeit und damit auf die fehlende Fälligkeit der Rechnung kann sich der Besteller auch im BGB-Vertrag jedenfalls dann nicht berufen, wenn er eine angemessene, i.d.R. zweimonatige Prüffrist ohne konkrete Rüge verstreichen lässt.[40] Die Forderung ist dann nicht nur fällig, sondern er gerät auch in Verzug. 22

2. VOB/B-Vertrag

Gemäß § 16 Nr. 3 Abs. 1 VOB/B wird der Werklohnanspruch des Unternehmers spätestens zwei Monate nach Erteilung der prüfbaren Schlussrechnung fällig. Die Vorlage einer prüfbaren Schlussrechnung ist im VOB-Vertrag daher ausdrücklich Voraussetzung für den Eintritt der Fälligkeit. Teilt der Besteller das Ergebnis seiner Prüfung dem Unternehmer früher, d.h. vor dem Ablauf der Zweimonatsfrist mit, wird der Anspruch dann fällig.[41] 23

Zu den Anforderungen, die § 14 Nr. VOB/B an die Prüfbarkeit der Schlussrechnung stellt, ist auf die dortige Kommentierung zu verweisen. Rügt der Besteller die fehlende Prüffähigkeit nicht binnen zwei Monaten nach Zugang der Schlussrechnung, sind Einwendungen gegen die Prüffähigkeit ausgeschlossen.[42] Dies gilt auch für Verträge, in denen die Prüfbarkeit als Fälligkeitsvoraussetzung vereinbart wurde.[43] 24

3. Anforderungen an die Prüffähigkeit

Unterschiede für die Anforderungen an die Prüfbarkeit ergeben sich hinsichtlich der unterschiedlichen Vertragstypen: 25

a) Einheitspreisvertrag

Beim Einheitspreisvertrag kann nur nach den vertraglich vereinbarten Einheitspreisen abgerechnet werden. Grundlage dafür soll ein gemeinsames Aufmaß sein, § 14 Nr. 2 VOB/B. Zur Teilnahme an einem gemeinsamen Aufmaß ist der Besteller im Hinblick auf die bauvertragliche Kooperationspflicht verpflichtet.[44] Das Aufmaß muss aus sich heraus verständlich sein und entsprechend den vertraglich vereinbarten Aufmaßregeln erfolgen; gibt es keine gesonderte Vereinbarung, ist bei Vereinbarung der VOB/B die VOB/C, DIN 18299, Abschnitt 5 anwendbar.[45] 26

b) Stundenlohnvertrag

Beim Stundenlohn-Vertrag müssen zunächst die vertraglichen Voraussetzungen für die Vergütung von Stundenlohnarbeiten, §§ 2 Nr. 10 und 15 VOB/B, vorliegen. 27

Ist dies der Fall, sind die ausgeführten Arbeiten regelmäßig anhand von Stunden-/Taglohnzetteln oder Bautagesberichten nachzuweisen; diese müssen alle erforderlichen Angaben enthalten, die den Vergütungsanspruch rechtfertigen.[46] Zu den Einzelheiten vgl. die Kommentierung zu § 15 VOB/B. 28

---

39 BGH, Urt. v. 12.07.1984, VII ZR 123/83, BauR 1984, 667.
40 OLG Dresden, Urt. v. 14.10.2005, 18 U 2297/04, BauR 2007, 598.
41 BGH, Urt. v. 22.04.1982, VII ZR 191/81, BauR 1982, 377.
42 BGH, Urt. v. 23.09.2004, VII ZR 173/03, BauR 2004, 1937.
43 BGH, Urt. v. 28.09.2006, VII ZR 103/05, BauR 2007, 110.
44 BGH, Urt. v. 22.05.2003, VII ZR 143/02, BauR 2003, 1207.
45 BGH, Urt. v. 17.06.2004, VII ZR 75/03, BauR 2004, 1438.
46 OLG Hamm, Beschl. v. 08.02.2004, 24 W 20/04, BauR 2005, 1330.

c) Pauschalpreisvertrag

29 Grundsätzlich muss auch ein Pauschalpreis-Vertrag prüfbar abgerechnet werden. Bleibt es bei dem vereinbarten Pauschalpreis, ist dies unproblematisch. Schwierigkeiten treten in der Regel dann auf, wenn vom Pauschalpreis umfasste Leistungen entfallen, geändert werden oder hinzukommen. Dann ist nach den Grundsätzen der Abrechnung eines gekündigten Pauschalpreis-Vertrages zu verfahren.[47]

4. Architekten-/Ingenieurvertrag

30 Neben der vertragsgemäßen Erbringung der Architektenleistung erfordert die Fälligkeit des Architektenhonorars gem. § 15 Abs. 1 HOAI n.F. die Überreichung einer prüffähigen Honorarschlussrechnung. Erforderliche Mindestangaben für die Prüffähigkeit sind nach wie vor Leistungsbild, Honorarzone, Gebührensatz, anrechenbare Kosten, erbrachte Leistungen und Vomhundertsätze.[48]

31 Weitere Fälligkeitsregelungen sind in § 15 Abs. 2 (Abschlagszahlungen) und Abs. 3 (Nebenkosten, § 14) HOAI n.F. enthalten. Von den Abs. 1 bis 3 abweichende Zahlungsweisen können gem. Abs. 4 schriftlich vereinbart werden.

32 Auch ohne prüfbare Rechnung wird die Rechnung des Architekten bzw. Ingenieurs nach HOAI fällig, wenn der Besteller die fehlende Prüffähigkeit nicht binnen 2 Monaten gerügt hat.[49]

5. Bauträgervertrag

33 Im Anwendungsbereich der Makler- und Bauträgerverordnung (MaBV) darf der Bauträger Vermögenswerte des Auftraggebers erst dann entgegennehmen, wenn die Fälligkeitsvoraussetzungen des § 3 Abs. 1 MaBV erfüllt sind. Zu beachten ist, dass die MaBV als öffentlich-rechtliche Vorschrift die Vertragsparteien zivilrechtlich nicht bindet.[50] Aufgrund der Entscheidung des BGH vom 22.12.2000[51] war zunächst unklar, ob die Raten des § 3 Abs. 2 MaBV den Kriterien des § 632a BGB entsprechen. Daraufhin hat das BMJ die Verordnung über Abschlagszahlungen bei Bauträgerverträgen vom 23.05.2001[52] erlassen, nach der in Bauträgerverträgen Abschlagszahlungen entsprechend § 3 Abs. 2 MaBV zulässig sind. Abweichend von § 641 wird die letzte Rate nach § 3 Abs. 2 MaBV erst nach vollständiger Fertigstellung fällig. Während der BGH[53] diese annimmt, wenn die wesentlichen Mängel behoben sind, ist die vollständige Fertigstellung nach obergerichtlicher Rechtsprechung[54] erst dann anzunehmen, wenn sämtliche Protokollmängel behoben sind.[55]

V. Anspruch auf Erteilung einer Rechnung

34 Ein Anspruch auf Erteilung einer – den steuerlichen Anforderungen genügenden – Rechnung besteht bei objektiver Steuerpflicht der erbrachten Leistungen nach § 14 Abs. 1 UStG[56] oder im Fall einer bestandskräftigen Besteuerung, d.h. wenn die zuständige Finanzbehörde den Vorgang bereits bestandskräftig der Umsatzsteuer unterworfen hat.[57]

---

47 Vgl. § 649 BGB.
48 v. Berg/Vogelheim/Wittler/*Vogelheim*, Rn. 415 f.
49 BGH, Urt. v. 27.11.2003, VII ZR 288/02, BauR 2004, 316.
50 BGH, Urt. v. 22.12.2000, VII ZR 310/99, BauR 2001, 296.
51 BGH, a.a.O.
52 BGBl 2001 I, 981.
53 BGH, Urt. v. 30.04.1998, VII ZR 47/97, NJW 1998, 2967.
54 OLG Hamm, Urt. v. 03.07.2007, 21 U 14/07, IBR 2008, 273.
55 Vgl. dazu i.E. § 3 MaBV.
56 BGH, Urt. v. 02.12.1992, VIII ZR 50/92, BGHZ 120, 315.
57 BGH, Urt. v. 02.11.2001, V ZR 224/00, NJW-RR 2002, 376.

In diesen Fällen steht dem Besteller bis zur Erteilung einer den umsatzsteuerrechtlichen Anforderungen genügenden Rechnung ein Zurückbehaltungsrecht nach § 273 BGB zu.[58] Bei verspäteter Ausstellung der Rechnung kann sich der Unternehmer ggf. schadenersatzpflichtig machen.[59] 35

VI. AGB-Klauseln zur Fälligkeit

Während es das Interesse des Bestellers ist, die (fällige) Vergütung so spät als möglich auszahlen zu müssen, ist gerade der häufig auf Unternehmerseite bestehende Liquiditätsdruck Grund dafür, warum dieser eine möglichst frühe Fälligkeit seiner Vergütung herbeizuführen versucht. Geschieht das nicht durch Individualvereinbarung, sondern durch Allgemeine Geschäftsbedingungen des einen oder anderen, sind dem allerdings enge Grenzen gesetzt, denn der Gesetzgeber hat mit seinen umfangreichen jüngeren Regelungen einige gesetzliche Leitbilder geschaffen, die durch AGB nicht abänderbar sind. 36

1. Klauseln auf Bestellerseite

Ein formularmäßiges übermäßig langes Hinausschieben der Fälligkeit – trotz Abnahme – benachteiligt den Unternehmer unangemessen. Mit dieser Begründung hat das OLG Celle erst jüngst die Regelung in § 16 Nr. 3 Abs. 1 Satz 1 VOB/B a.F. für AGB-widrig erklärt.[60] Bis zu welchem Zeitpunkt ein Hinausschieben noch zulässig ist, könnte nach § 286 Abs. 3 BGB beurteilt werden, nach dem der Schuldner nach 30 Tagen auch ohne Mahnung in Verzug geraten kann. Diese Frist scheint also noch mit dem Gesetz vereinbar. 37

Beim BGB-Vertrag, bei dem grundsätzlich die Rechnungsstellung nicht Voraussetzung für die Fälligkeit ist, dürfte es aber jedenfalls zulässig sein, die Fälligkeit an die Erteilung einer prüffähigen Rechnung zu koppeln. Denn dem Interesse des Unternehmers an einer sofortigen Zahlung, § 271 BGB, steht das regelmäßig berechtigte Interesse des Bestellers gegenüber, eine nachvollziehbare Abrechnung zu erhalten, weswegen nach wohl inzwischen herrschender Meinung[61] ohne Rechnungsstellung der Besteller mit seiner Zahlungsverpflichtung jedenfalls nicht in Verzug gerät. Zudem hat es der Unternehmer selbst in der Hand, die Rechnung zu legen. 38

2. Klauseln auf Unternehmerseite

Umgekehrt dürfte es außerhalb des VOB/B-Vertrages nicht zulässig sein, wenn der Unternehmer, ohne die Voraussetzungen des § 632a BGB (Abschlagszahlungen) einzuhalten, den Zeitpunkt der Fälligkeit ganz oder teilweise vor denjenigen der Abnahme zu legen versucht. Denn das ist mit dem gesetzlichen Leitbild der Vorleistungspflicht des Unternehmers nicht vereinbar. 39

C. Fälligkeit der (Nach-)Unternehmervergütung/Durchgriffsfälligkeit – Abs. 2

I. Zweck der Regelung

Der durch das Gesetz zur Beschleunigung fälliger Zahlungen eingeführte Abs. 2 (»Durchgriffsfälligkeit«) wurde für hintereinander gestaffelte Werkverträge – Dritter (= Bauherr) zu Besteller (= Hauptunternehmer) zu Unternehmer (= Nachunternehmer) – konzipiert.[62] Dadurch sollte der Vergütungsanspruch des Unternehmers für ein Werk, dessen Herstellung der Besteller einem Dritten versprochen hat, spätestens fällig werden, wenn und soweit der Besteller von dem Dritten die Vergütung für die vom Unternehmer ausgeführten Leistungen erhalten hat.[63] Weil die Rege- 40

---

58 OLG München, Beschl. v. 25.09.1987, 7 W 2791/87, BauR 1988, 252.
59 BGH, Urt. v. 12.12.1990, VIII ZR 35/90, NJW-RR 1991, 793.
60 Urt. v. 18.12.2008, 6 U 65/08, IBR 2010, 490.
61 Vgl. Rdn. 20.
62 *Niemöller/Kraus*, Jahrbuch Baurecht 2001, 2225, 235.
63 Begründung zum Gesetzentwurf v. 23.06.1999, BT-Drucks. 14/1246, S. 2.

lung in der Praxis jedoch nicht die erhoffte Wirkung hatte, wurde Abs. 2 durch das FoSiG neu gefasst.[64] Dabei wurde der zweite Halbsatz des Satzes 1 zur Nummer 1 und um die Nummern 2 (Fälligkeit der Nachunternehmervergütung mit Abnahme im Verhältnis Dritter/Bauherr zu Besteller/Hauptunternehmer) und 3 (Fälligkeit der Nachunternehmervergütung nach erfolglosem Ablauf einer angemessenen Frist zur Auskunft über das Vertragsverhältnis Dritter/Bauherr zu Besteller/Hauptunternehmer) erweitert.

II. Voraussetzungen der Durchgriffsfälligkeit

41 Grundvoraussetzung für alle drei Varianten der Durchgriffsfälligkeit ist, dass die vom (Nach-)Unternehmer gegenüber dem Besteller/Hauptunternehmer geschuldete Leistung mit der von diesem gegenüber dem Dritten/Bauherrn geschuldeten Leistung vollständig oder zumindest teilweise identisch ist, das heißt, die vom (Nach-)Unternehmer gegenüber dem Besteller/Hauptunternehmer geschuldete Leistung muss auch im Leistungserfolg, den dieser dem Dritten/Bauherrn schuldet, enthalten und von diesem ganz oder anteilig zu vergüten sein.[65]

1. Fälligkeit der (Nach-)Unternehmervergütung mit Zahlung des Dritten/Bauherrn an den Besteller/Hauptunternehmer – Abs. 2 S. 1 Nr. 1

a) Schlusszahlung

42 Sowohl aus der Gesetzesbegründung als auch aus der Systematik ergibt sich, dass die Vorschrift allein auf den Anspruch des (Nach-)Unternehmers auf die Schlussvergütung anwendbar ist.[66] Schließlich soll die Durchgriffsfälligkeit die an sich nach Abs. 1 S. 1 erforderliche Abnahme, die wiederum die im Wesentlichen vertragsgerechte Erbringung der geschuldeten Leistung voraussetzt, ersetzen. Abschlagsrechnungen des (Nach-)Unternehmers werden also nicht dadurch fällig, dass der Besteller/Hauptunternehmer für die darin abgerechneten Leistungen Abschlagszahlungen vom Dritten/Bauherrn erhält.

b) Drittzahlung

43 Nach dem Wortlaut der Vorschrift wird der Anspruch des (Nach-)Unternehmers auf die Schlussvergütung spätestens fällig, soweit der Besteller/Hauptunternehmer von dem Dritten/Bauherrn für das versprochene Werk die Vergütung oder Teile davon erhalten hat.

44 Unproblematisch ist der Fall, dass der Besteller/Hauptunternehmer vom Dritten/Bauherren die ihm aus diesem Vertragsverhältnis zustehende volle Vergütung für das vom (Nach-)Unternehmer erstellte Werk erhält und das auch so nachvollziehbar ist. Man denke dabei nur an den Fall, dass der Besteller mit dem Dritten einen Pauschalvertrag geschlossen hat, mit seinem Nachunternehmer aber einen Einheitspreisvertrag.[67] Dann wird auch die volle Vergütung des (Nach-)Unternehmers fällig. Dagegen ist fraglich, ob im Verhältnis zwischen Besteller/Hauptunternehmer und (Nach-)Unternehmer die Vergütung in voller Höhe fällig wird, wenn der Besteller/Hauptunternehmer von dem Dritten/Bauherren eine Zahlung erhält, die der dem (Nach-)Unternehmer geschuldeten Vergütung entspricht, der Besteller/Hauptunternehmer sich jedoch im Verhältnis zu seinem Auftraggeber einen Abzug, zum Beispiel für eine vertraglich vereinbarte Sicherheit, gefallen lassen muss. Nach dem Wortlaut dürfte gleichwohl die volle Vergütung des (Nach-)Unternehmers fällig werden.

---

64 Forderungssicherungsgesetz vom 23.10.2008, BGBl I, 2022.
65 *Kniffka/Schmitz*, IBR-Online-Kommentar, Stand 16.07.2010, § 641 Rn. 16.
66 *Kniffka/Schmitz*, a.a.O. Rn. 18.
67 So und auch grundsätzlich kritisch *Hildebrandt*, BauR 2009, 4.

In der Literatur[68] wird vertreten, dass Teilzahlungen des Dritten/Bauherren nur eine Teilfälligkeit 45
des Vergütungsanspruchs des (Nach-)Unternehmers auslösen. Von dem Teilbetrag abzusetzen sollen die auf den Besteller/Hauptunternehmer und andere (Nach-)Unternehmer entfallenden Vergütungsanteile sein.[69] Der oben geschilderte Fall dürfte nach dieser Auffassung in entsprechender Weise zu lösen sein.

Aus dem Wortlaut der Vorschrift ergibt sich dies zwar ebensowenig wie aus der Gesetzesbegrün- 46
dung (BT-Drucks. 14/1246, Seite 7). Sinn und Zweck der Vorschrift ist es, zu verhindern, dass der Besteller/Hauptunternehmer zwar vom Dritten/Bauherren die Abnahme oder sogar seine Vergütung erhält, im Verhältnis zum (Nach-)Unternehmer jedoch die Abnahme und damit die Fälligkeit der (Nach-)Unternehmervergütung verweigert. Dies rechtfertigt jedoch keine Besserstellung des (Nach-)Unternehmers dergestalt, dass seine Vergütung im Verhältnis zum Besteller/Hauptunternehmer im vollen Umfang fällig wird, wenn dieser für das vom Nachunternehmer erstellte Werk nur Teile der ihm im Verhältnis zum Dritten/Bauherrn zustehenden Vergütung erhält. Aus diesem Grund ist im Fall von Teilzahlungen eine nur anteilige Fälligkeit im (Nach-)Unternehmerverhältnis sachgerecht.

c) Zurückbehaltungsrecht des Dritten

Ebenso wie im Fall von Teilzahlungen des Dritten/Bauherren nur der der entsprechenden Leis- 47
tung zuzuordnende Vergütungsteil fällig wird, soll, wenn der Dritte/Bauherr gegenüber dem Besteller/Hauptunternehmer ein Zurückbehaltungsrecht wegen Mängeln ausübt, letzterer dieses Zurückbehaltungsrecht im Verhältnis zum (Nach-)Unternehmer weitergeben können.[70] Wie allerdings der Unternehmer dem Besteller im Zahlungsprozeß eine von diesem mangels eigener Kenntnis unzureichende Auskunft widerlegen will, wenn die Zahlung des Dritten nicht mit einer genau auf die Leistung des Bestellers gerichteten Tilgungsbestimmung versehen ist, wird die Zukunft zeigen. Daß mit dieser Regelung eine einfachere prozessuale Durchsetzung erreicht werden kann, muß die Praxis erst beweisen.

d) Durchgriffsfälligkeit contra Leistungsverweigerungsrecht

Die Durchgriffsfälligkeit schließt das Leistungsverweigerungsrecht des Bestellers/Hauptunterneh- 48
mers nach §§ 320, 641 Abs. 3 BGB wegen Mängeln nicht aus.[71] Denn die Durchgriffsfälligkeit ersetzt allein die Fälligkeitsvoraussetzung der Abnahme und schließt, wie sich aus dem Wortlaut von Abs. 2 n.F. (*kann der Besteller die Beseitigung eines Mangels verlangen, so kann er* **nach der Fälligkeit** *die Zahlung eines angemessenen Teils der Vergütung verweigern*) ergibt, nicht das Leistungsverweigerungsrecht des Bestellers/Hauptunternehmers als Auftraggeber aus. Dies hat der Gesetzgeber unter Bezugnahme auf ein Urteil des OLG Nürnberg[72] ausdrücklich klargestellt.[73]

2. Fälligkeit mit Abnahme im Verhältnis Dritter/Bauherr zu Besteller/Hauptunternehmer – Abs. 2 S. 1 Nr. 2

Hat der Dritte/Bauherr gegenüber dem Besteller/Hauptunternehmer abgenommen, kann sich 49
dieser gegenüber dem (Nach-)Unternehmer nicht mehr darauf berufen, dass das Werk nicht abnahmereif ist. Die Vergütung wird – wie im Fall der Zahlung nach Nr. 1 – auch ohne Abnahme in diesem Verhältnis fällig.

---

68 *Kniffka*, IBR-Online-Kommentar Bauvertragsrecht, Stand 26.05.2009, § 641, Rn. 17; Staudinger/*Peters/Jacobi*, § 641, Rn. 45; Messerschmidt/Voit/*Messerschmidt*, 641, Rn. 225.
69 Bamberger/Roth/*Voigt*, § 641, Rn. 18.
70 *Kniffka*, IBR-Online-Kommentar Bauvertragsrecht, Stand 26.05.2009, § 641, Rn. 17.
71 OLG Bamberg, Urt. v. 27.03.2008, Az.: 1 U 164/07, BauR 2009, 113 zu § 641 Abs. 2.
72 Urt. v. 10.07.2003, 13 U 1322/02, BauR 2004, 516.
73 BT-Drucks. 16/511, Seite 16.

3. Fälligkeit nach Ablauf einer angemessenen Frist zur Auskunft über die in Abs. 2 S. 1 Nr. 1 und 2 bezeichneten Umstände – Abs. 2 S. 1 Nr. 3

50 Nachdem der (Nach-)Unternehmer regelmäßig keine Kenntnis davon hat, ob im Verhältnis zwischen Dritten/Bauherren und Besteller/Hauptunternehmer Zahlungen oder eine Abnahme erfolgt sind, hat die Durchgriffsfälligkeit nach Abs. 2 a.F. dem (Nach-)Unternehmer in der Praxis keine nennenswerten Vorteile gebracht. Abhilfe soll der neue Auskunftsanspruch schaffen, nach dem der (Nach-)Unternehmer dem Besteller/Hauptunternehmer eine angemessene Frist zur Erklärung setzen kann, ob der Dritte/Bauherr abgenommen oder Zahlungen geleistet hat. Gesteht der Besteller/Hauptunternehmer die Abnahme/Zahlung ein oder läuft die Frist erfolglos ab, gilt im Verhältnis zwischen (Nach-)Unternehmer und Besteller/Hauptunternehmer die Werkleistung als abgenommen. Leugnet der Besteller/Hauptunternehmer die Abnahme, ist der Auskunftsanspruch selbst dann verbraucht, wenn die Erklärung des Bestellers/Hauptunternehmers falsch war. Der (Nach-)Unternehmer kann dann jedoch gem. §§ 959 Abs 2, 260 Abs. 2 BGB analog die Abgabe einer eidesstattlichen Versicherung bzgl. der Richtigkeit verlangen und hierfür wiederum eine Frist setzen.[74]

4. Sicherheitsleistung – Abs. 2 S. 2

51 Für den Fall, dass der Besteller/Hauptunternehmer dem Dritten/Bauherren wegen möglicher Mängel Sicherheit geleistet hat, wird die Vergütung im (Nach-)Unternehmerverhältnis nur fällig, wenn der (Nach-)Unternehmer in entsprechender Höhe Sicherheit leistet. Nach dem Wortlaut ist jedoch unklar, ob die vom (Nach-)Unternehmer zu leistende Sicherheit der Höhe der vom Besteller/Hauptunternehmer geleisteten Sicherheit entsprechen oder die Sicherheit seinem Leistungsanteil entsprechen muss. Nach dem Wortlaut sind beide Alternativen möglich. Für die zweite Variante spricht jedoch, dass eine Absicherung durch jeden (Nach-)Unternehmer in voller Höhe zu einer Übersicherung des Bestellers/Hauptunternehmers führen wird.

D. Leistungsverweigerungsrecht wegen Mängeln – Abs. 3

52 Im Fall des Vorliegens von Mängeln kann der Besteller gegen die Vergütungsansprüche des Unternehmers entweder die Mängelansprüche nach §§ 634 BGB bzw. 4 Nr. 7, 13 Nr. 5 VOB/B geltend machen oder §§ 320 bzw. 641 Abs. 3 BGB einwenden. Dies gilt sowohl vor als auch nach Abnahme und gleich, ob es sich um einen BGB- oder einen VOB-Vertrag handelt.

53 Individualvertraglich kann das Leistungsverweigerungsrecht abbedungen werden, nicht jedoch in AGB.[75] Auch die Beschränkung von Leistungsverweigerungsrechten auf anerkannte oder rechtskräftig festgestellte Forderungen in AGB ist unwirksam.[76]

I. Leistungsverweigerungsrecht vor Abnahme

54 Bei Vorliegen wesentlicher Mängel und fehlender Abnahmereife steht bereits die fehlende Fälligkeit der Schlussrechnung dem Zahlungsverlangen des Unternehmers entgegen. Kann der Unternehmer jedoch nach § 632a BGB oder aufgrund vertraglicher Vereinbarung Abschlagszahlungen verlangen, kann sich der Besteller beim Vorliegen von Mängeln auf sein Leistungsverweigerungsrecht nach § 320 BGB berufen, und zwar entsprechend § 641 Abs. 3 BGB in angemessener Höhe; bei nach dem 01.01.2009 abgeschlossenen Bauverträgen beträgt diese regelmäßig nur noch das Doppelte der Mängelbeseitigungskosten.[77]

---

[74] Staudinger/*Peters/Jacoby*, § 641, Rn. 42.
[75] BGH, Urt. v. 31.03.2005, VII ZR 180/04, BauR 2005, 1010.
[76] BGH, Urt. v. 14.05.1992, VII ZR 204/90, BauR 1992, 622.
[77] Palandt/*Sprau*, BGB § 641 Rn. 11.

Auf das Leistungsverweigerungsrecht aus § 320 BGB kann sich im Übrigen auch der Bauträger 55
berufen, selbst wenn er seine Erfüllungs- und Mängelansprüche an den Erwerber abgetreten
hat.[78] Grund dafür ist, dass das Leistungsverweigerungsrecht synallagmatisch mit dem Vergütungsanspruch verknüpft ist und dieser ausschließlich vom Unternehmer gegenüber dem Besteller geltend gemacht werden kann.

II. Leistungsverweigerungsrecht nach Abnahme

Im Fall des Vorliegens von Mängeln steht dem Besteller grundsätzlich auch nach Abnahme das 56
Leistungsverweigerungsrecht nach § 320 Abs. 1 BGB zu.[79] Aufgrund der Tatsache, dass der Besteller das Werk bereits als im Wesentlichen vertragsgemäße Erfüllung abgenommen hat, ist es jedoch nicht gerechtfertigt, dass der Besteller die Vergütung in vollem Umfang verweigern kann. Aus diesem Grund wurde das Leistungsverweigerungsrecht der Höhe nach begrenzt.

1. Umfang des Leistungsverweigerungsrechtes

Mit der Neufassung des Abs. 3 durch das FoSiG wurde der sogenannte Druckzuschlag vom min- 57
destens Dreifachen der Mängelbeseitigungskosten auf einen »angemessenen«, in der Regel einen
das Doppelte der Mängelbeseitigungskosten betragenden Teil der Vergütung reduziert. Was letztlich angemessen ist, hängt vom jeweiligen Einzelfall ab; zum einen muss der Druckzuschlag so
hoch sein, dass sich der Unternehmer veranlasst sieht, seiner Verpflichtung zur Mängelbeseitigung nachzukommen; zum anderen darf der Besteller durch den Druckzuschlag aber auch nicht übersichert werden.

2. Wirkung des Leistungsverweigerungsrechtes

Da das Leistungsverweigerungsrecht als aufschiebende Einrede ausgebildet ist,[80] hindert es mate- 58
riellrechtlich die Fälligkeit des Anspruchs. Der Besteller muss es allerdings ausüben.

Prozessual führt das Leistungsverweigerungsrecht zu einer Verurteilung des Bestellers zur Zahlung 59
des Werklohns Zug um Zug gegen Mängelbeseitigung, d.h. der Werklohn ist erst durchsetzbar,
wenn sämtliche Mängel beseitigt sind.[81]

Zu beachten ist, dass derjenige Werklohnteil, der die Mängelbeseitigungskosten inklusive Druck- 60
zuschlag übersteigt, fällig wird. Diesbezüglich erfolgt eine unbedingte Verurteilung.

Die Beweislast dafür, dass das Leistungsverweigerungsrecht nicht in dem vom Besteller geltend 61
gemachten Umfang besteht, trägt der Unternehmer.[82]

3. Wirkung des Annahmeverzuges

Der Annahmeverzug des Bestellers mit der Mängelbeseitigung schließt das Leistungsverweige- 62
rungsrecht nicht aus. In diesem Fall ist es der Höhe nach auf den einfachen Wert der Mängelbeseitigungskosten begrenzt.[83] Dies soll auch dann noch gelten, wenn der Annahmeverzug während des Prozesses endet.[84]

---

78 BGH, Urt. v. 26.07.2007, VII ZR 262/05, BauR 2007, 1727.
79 BGH, Urt. v. 22.02.1971, VII ZR 243/69, BauR 1971, 126.
80 BGH, Urt. v. 07.10.1998, VIII ZR 100/97, BauR 1999, 69.
81 BGH, Urt. v. 04.06.1973, VII ZR 112/71, BauR 1973, 313.
82 BGH, Urt. v. 06.12.2007, VII ZR 125/06, BauR 2008, 510.
83 BGH, Urt. v. 04.04.2002, VII ZR 252/02, BauR 2002, 1403; OLG München, Urt. v. 30.05.2001, 27 U 700/00, BauR 2002, 1403.
84 OLG Celle, Urt. v. 13.01.2005, 14 U 129/03, BauR 2006, 1316.

4. Leistungsverweigerungsrecht nur aus einheitlichem Bau-/Werkvertrag

63 Auch wenn Besteller und Unternehmer durch unterschiedliche Bauverträge verbunden sind, kann der Besteller die Vergütung des Unternehmers für seine Leistungen bei einem Bauvorhaben nicht unter Berufung auf Mängel bei einem anderen Bauvorhaben verweigern. Vielmehr entfaltet § 641 Abs. 3 BGB nur auf den konkreten gegenseitigen Vertrag Wirkung.[85] Insoweit kann der Besteller sich auch nicht auf §§ 320, 273 BGB berufen, selbst wenn die unterschiedlichen Bauverträge auf einer laufenden Geschäftsbeziehung beruhen.[86] In derartigen Fällen verbleibt deshalb allein die Aufrechnung mit den Mängelbeseitigungskosten gegenüber dem Vergütungsanspruch.

5. Leistungsverweigerungsrecht und Sicherheitseinbehalt

64 Ein dem Besteller aufgrund vertraglicher Vereinbarung zur Verfügung stehender Sicherheitseinbehalt berührt das Leistungsverweigerungsrecht wegen Mängeln grundsätzlich nicht.[87] Der Unternehmer kann den Besteller beim Vorliegen von Mängeln deshalb nicht auf den Sicherheitseinbehalt verweisen. Schließlich soll dieser nach Abnahme gerade die noch nicht fälligen Mängelansprüche des Bestellers sichern. Dies gilt jedoch nicht uneingeschränkt. Vielmehr sollen Leistungsverweigerungsrecht und Sicherheitseinbehalt nicht zu einer unangemessenen Übersicherung des Bestellers führen. Insoweit hängt die Zulässigkeit des Einbehalts vom Mängelumfang, dem Umfang der Sicherheitsleistung sowie vom Zeitpunkt der Geltendmachung der Mängelrechte innerhalb der Nacherfüllungsphase ab.[88] Die Höhe des Einbehalts soll aber jedenfalls dazu führen, dass der Unternehmer zur Mängelbeseitigung angehalten wird.

6. Verhältnis zu § 648a BGB

65 Der Besteller kann sich nach Abnahme auch dann auf sein Leistungsverweigerungsrecht berufen, wenn er die vom Unternehmer vor Mängelbeseitigung geforderte Sicherheit nach § 648a BGB nicht stellt. Dies gilt jedenfalls dann, wenn der Unternehmer den vollen, d.h. nicht um die Mängelbeseitigungskosten gekürzten Werklohn verlangt.[89]

66 Das Patt zwischen dem Leistungsverweigerungsrecht des Bestellers wegen der nicht beseitigten Mängel und dem Leistungsverweigerungsrecht des Unternehmers wegen der nicht gestellten Sicherheit hat der BGH in den vorgenannten Entscheidungen dadurch gelöst, dass er dem Unternehmer ein Wahlrecht in die Hand gibt: Will er den vollen Werklohn, muss er die Mängel beseitigen; anderenfalls kann er nach Ablauf der Frist, die er dem Besteller zur Stellung der Sicherheit gesetzt hat, den Vertrag kündigen und seinen Werklohn abzüglich ersparter Aufwendungen, d.h. der Mängelbeseitigungskosten, verlangen. Insoweit kann der Unternehmer selbst eine faktische Minderung herbeiführen.

E. Verzinsungspflicht – Abs. 4

I. Verzinsung einer in Geld festgesetzten Vergütung ab Abnahme

67 Grundsätzlich ist die Vergütung mit Abnahme der Leistung – unabhängig davon, in welcher Form die Abnahme erfolgt – zu verzinsen. Die unberechtigte Abnahmeverweigerung durch den Besteller steht der Abnahme gleich.[90] Der Zinssatz beträgt nach § 246 BGB 4 %, bei beiderseitigem Handelsgeschäft i.S.d. § 352 Abs. 1 HGB 5 %.

---

85 OLG Düsseldorf, Urt. v. 11.03.2005, 22 U 99/04, BauR 2006, 120.
86 OLG Düsseldorf, a.a.O.
87 BGH, Urt. v. 08.07.1982, VII ZR 96/81, BauR 1982, 579.
88 BGH, Urt. v. 10.11.1983, VII ZR 373/82, BauR 1984, 166.
89 BGH, Urteile. v. 22.01.2004, VII ZR 183/02, BauR 2004, 826; VII ZR 68/03, BauR 2004, 830; VII ZR 267/02, BauR 2004, 834.
90 Messerschmidt/Voit/*Messerschmidt*, Privates Baurecht, § 641 Rn. 268.

Die Vorschrift gilt auch bei Teilabnahmen bzgl. des entsprechenden Teils der Vergütung,[91] nicht aber bei Abschlagszahlungen, weil deren Fälligkeit nicht von einer (Teil-)Abnahme abhängt. 68

Eine Vereinbarung über die Stundung der Vergütung, § 641 Abs. 4 2 HS. BGB, schließt die Verzinsung ebenso aus wie ein Leistungsverweigerungsrecht wegen Mängeln, § 641 Abs. 3 BGB.[92] Dies gilt jedoch nur so weit, wie das Leistungsverweigerungsrecht reicht; überschießender Werklohn bleibt verzinslich. 69

Da – zumindest im BGB-Vertrag – die Vorlage einer prüffähigen Rechnung keine Fälligkeitsvoraussetzung ist,[93] tritt die Verzinsungspflicht auch ohne prüffähige Rechnung ein. Nach dem Wortlaut ist jedoch nur eine in Geld festgesetzte Vergütung zu verzinsen. Eine Verzinsung ohne Vorliegen einer Rechnung dürfte deshalb allenfalls bei einem Pauschalpreis-Vertrag ohne geänderte oder zusätzliche Leistungen in Betracht kommen, da ansonsten, jedenfalls beim Einheitspreis-Vertrag, die Höhe der Vergütung bei Abnahme noch nicht feststeht.[94] 70

II. Keine Anwendung im Geltungsbereich der VOB/B

§ 641 Abs. 4 BGB ist grundsätzlich abdingbar; eine höhere Verzinsung ist jedoch an §§ 307 Abs. 2 Nr. 1 bzw. 309 Nr. 4 BGB zu messen.[95] 71

Bei Vereinbarung der VOB/B ist § 641 Abs. 4 BGB nicht anwendbar.[96] § 16 Nr. 5 VOB/B enthält insoweit eine speziellere Regelung, d.h. nach dessen Abs. 3 können (Verzugs-)Zinsen erst nach fruchtlosem Ablauf einer Nachfrist verlangt werden. Etwas anderes gilt nur im Falle eines fälligen und unbestrittenen Guthabens. Dieses ist gem. § 16 Nr. 5 Abs. 4 VOB/B auch ohne Nachfristsetzung ab dem Zeitpunkt der Fälligkeit zu verzinsen. 72

§ 642 Mitwirkung des Bestellers

(1) Ist bei der Herstellung des Werkes eine Handlung des Bestellers erforderlich, so kann der Unternehmer, wenn der Besteller durch das Unterlassen der Handlung in Verzug der Annahme kommt, eine angemessene Entschädigung verlangen.

(2) Die Höhe der Entschädigung bestimmt sich einerseits nach der Dauer des Verzugs und der Höhe der vereinbarten Vergütung, andererseits nach demjenigen, was der Unternehmer infolge des Verzugs an Aufwendungen erspart oder durch anderweitige Verwendung seiner Arbeitskraft erwerben kann.

Übersicht	Rdn.
A. Allgemeines	1
B. Der Entschädigungsanspruch	2
I. Anspruchsvoraussetzungen	2
1. Fehlende Mitwirkungshandlung des Bestellers	2
a) Abgrenzung der Mitwirkungsobliegenheit von der Mitwirkungspflicht	3
b) Erforderliche Handlung des Bestellers	5
c) Beispiele für notwendige Mitwirkungshandlungen	11
d) Ersatzvornahme durch den Unternehmer	19
2. Annahmeverzug des Bestellers	21
a) Angebot der Leistung	22
aa) Tatsächliches Angebot	23
bb) Wörtliches Angebot	25
cc) Entbehrlichkeit des Angebots wegen Zeitablaufs	31

---

[91] Palandt/*Sprau*, BGB § 641 Rn. 15.
[92] BGH, Urt. v. 08.07.2004, VII ZR 317/02, BauR 2004, 1616.
[93] Vgl. oben Rdn. 10.
[94] So auch Messerschmidt/Voit/*Messerschmidt*, § 641 Rn. 270.
[95] OLG Düsseldorf, Urt. v. 25.07.2003, 23 U 78/02, BauR 2004, 514.
[96] BGH, Urt. v. 19.02.1964, Ib ZR 203/62, NJW 1964, 1223.

	Rdn.		Rdn.
b) Kein Annahmeverzug bei Unmöglichkeit oder fehlender Leistungsbereitschaft	38	2. Zweites Kriterium: Höhe der Vergütung	57
c) Vorübergehende Annahmeverhinderung	44	3. Anrechnung ersparter Aufwendungen und anderweitigen Erwerbs	60
d) Zug-um-Zug-Leistungen	47	4. »Schadens«-minderungspflicht	62
II. Der Entschädigungsanspruch	50	5. Darlegungs- und Beweislast	65
1. Erstes Kriterium: Dauer des Verzugs	54	6. Verjährung	67

A. Allgemeines

1 Der Bauvertrag bedarf als Langzeitvertrag der Kooperation der Vertragspartner.[1] Hieraus lassen sich Informations-, Mitwirkungs- und Rügeobliegenheiten und entsprechende Pflichten ableiten.[2] Eine Folge der fehlenden Mitwirkung des Bestellers ist in § 642 BGB normiert. Die Vorschrift regelt einen verschuldensunabhängigen Anspruch des Unternehmers auf Entschädigung bei Annahmeverzug des Bestellers. Auch im Rahmen des Architektenvertrages findet § 642 BGB Anwendung.[3]

B. Der Entschädigungsanspruch

I. Anspruchsvoraussetzungen

1. Fehlende Mitwirkungshandlung des Bestellers

2 Im Zuge der Abwicklung eines Bauvertrags, der Durchführung eines Bauvorhabens, sind eine Vielzahl von Handlungen des Bestellers erforderlich, damit der Unternehmer dazu in die Lage versetzt wird, seine Leistung zu erbringen. Werden diese nicht zur rechten Zeit erbracht, droht die Verzögerung des Bauvorhabens oder der vollständige Stillstand. Dem Unternehmer können hierdurch zusätzliche Kosten entstehen.

a) Abgrenzung der Mitwirkungsobliegenheit von der Mitwirkungspflicht

3 Ohne besondere vertragliche Ausgestaltung stellt die für die erfolgreiche Durchführung des Bauvertrags notwendige Mitwirkungshandlung des Bestellers lediglich eine Gläubigerobliegenheit dar und keine Mitwirkungspflicht bei der Herstellung des Werkes.[4] Die Mitwirkungshandlung kann in einem Tun oder Unterlassen bestehen und ist in weitem Sinne zu verstehen. Es ist nicht notwendig, dass der Besteller die Handlung, die er in eigenem Interesse vorzunehmen hat, um das Bauvorhaben erfolgreich durchzuführen, auch als Schuldnerpflicht übernimmt. Anspruchsvoraussetzung für den Entschädigungsanspruch, gemäß § 642 BGB ist lediglich die Obliegenheitsverletzung. Lässt sich aus der Auslegung des Vertrages eine echte Pflichtverletzung ableiten, können Schadensersatzansprüche aus §§ 280 ff. BGB begründet sein. Nach § 323 BGB kann dem Unternehmer das Recht zustehen, vom Vertrag zurückzutreten.

4 Aus einer Obliegenheit kann kein Erfüllungsanspruch abgeleitet werden. Es besteht kein einklagbarer Anspruch. Vertragspflichten (Rechtspflichten) sind als Haupt- oder Nebenpflichten ausgestaltet, wobei Hauptpflichten im Synallagma stehen, Nebenpflichten nicht. *Kniffka* bezeichnet deshalb den Vertrag als Schlüssel für die Einordnung eines der Kooperation dienenden Verhaltens als Schuldnerpflicht.[5] In den seltensten Fällen wird im Vertrag eine ausdrückliche Einordnung

---

1 BGH, 28.10.1999, VII ZR 393/98, BauR 2000, 409, 410.
2 BGH, 23.05.1996, VII ZR 2457/94, BauR 1996, 542, 543.
3 BGH, 07.07.1988, VII ZR 179/87, BauR 1988, 739, 740.
4 BGH, 21.10.1999, VII ZR 185/98, BauR 2000, 722, 725.
5 *Kniffka*, in: Jahrbuch BauR 2001, 6.

vorgenommen, weshalb die Abgrenzung der Vertragsauslegung bedarf. Alle denkbar notwendigen Mitwirkungshandlungen des Bestellers sind jedenfalls als Obliegenheiten einzuordnen. Kraft Vertragsauslegung kommt auch die Einstufung als Schuldnerpflicht in Betracht.

b) Erforderliche Handlung des Bestellers

Eine Handlung des Bestellers ist erst dann erforderlich, wenn die Unterlassung der Handlung den Unternehmer außer Stande setzt, die Leistung vertragsgemäß auszuführen.[6] Die Handlung des Bestellers muss bei der Herstellung des Werkes erforderlich sein, so dass Handlungen, die für den Abschluss des Vertrages erforderlich sind genauso ausscheiden, wie Handlungen, die nach Herstellung des Werkes vom Besteller vorzunehmen sind, beispielsweise die Abnahmeerklärung oder die Rechnungsprüfung.[7] Mangels Erforderlichkeit scheiden auch Handlungen des Bestellers aus, die zwar im Rahmen des Bauablaufs vorzunehmen sind, jedoch ohne Relevanz für die Fortführung des Bauvorhabens sind.[8] Der Begriff der Erforderlichkeit setzt die Kausalität der notwendigen Handlung für die Herstellung des Werks voraus.

Grundlage für die Bestimmung der Erforderlichkeit der Handlung ist der Vertrag. Es kommt nicht auf die Frage an, ob die erforderliche Handlung nur von dem Besteller durchführbar ist. Auch die vom Besteller zugesagte Materialbeschaffung kann eine erforderliche Handlung im Sinne des § 642 Abs. 1 BGB sein, obwohl es auch dem Unternehmer objektiv möglich ist, das Material zu stellen.[9] Ist die zu fordernde Handlung nicht ausdrücklich im Vertrag geregelt, ist zu prüfen, wem die Mitwirkungshandlung obliegt. Auslegungsrelevant ist die Verkehrssitte in der jeweiligen (Bau-) branche.[10] Der Besteller wird in der Regel das zur Bebauung vorgesehene Grundstück zur Verfügung stellen, die öffentlichen Genehmigungen herbeiführen und die Koordinierung der Baustelle gewährleisten. Selbstverständlich kann sich aus dem Vertrag auch ergeben, dass der Unternehmer solche Obliegenheiten übernimmt.[11]

Der Besteller kann sich zur Erfüllung seiner Obliegenheiten Dritter bedienen, soweit die Obliegenheit nicht höchst persönlicher Natur ist, was in der Regel beim Bauvertrag nicht der Fall sein wird. Ob und welche Verbindlichkeiten den Besteller gegenüber einem Nachunternehmer treffen, ist nach der jeweiligen vertraglichen Gestaltung zu beurteilen. Je nach Auslegung des Vertrags kann der Auftraggeber auch die Verpflichtung übernommen haben, das Bauwerk zu den vereinbarten Fristen als für eine Nachunternehmerleistung geeignet zur Verfügung zu stellen. Hierfür genügt nach der Rechtsprechung des BGH die Vereinbarung von Vertragsfristen jedoch alleine nicht.[12] Mit dieser Entscheidung (Vorunternehmer II) hat der BGH unter Abweichung von seiner bisherigen Rechtsprechung festgestellt, dass der Besteller auch gegenüber dem Nachunternehmer aus § 642 BGB haften kann. Nachunternehmer sind darauf angewiesen, dass sie rechtzeitig auf Vorleistungen anderer Unternehmer aufbauen können. Da es unerheblich ist, ob der Besteller einen gänzlich unbearbeiteten Stoff nicht rechtzeitig zur Verfügung stellt oder einen Stoff, an dem schon andere Unternehmer Arbeiten auszuführen hatten, kommt der Entschädigungsanspruch auch dann in Betracht, wenn der Besteller sich zwar in Annahmeverzug befindet, aber kein schuldhafter Pflichtverstoß begründet werden kann. Würde man dem Besteller ein Verschulden des Vorunternehmers im Verhältnis zum Nachfolgeunternehmer gemäß § 278 BGB zurechnen, könnte dies zu Schadensersatzansprüchen führen. Diese Zurechnung der Verantwortlichkeit für Dritte wird vom BGH abgelehnt. Der zuerst tätige Bauhandwerker ist demnach nicht Erfüllungsgehilfe

---

6 OLG Celle, 08.02.2001, 22 U 266/99, BauR 2001, 1597, 1598.
7 *Kniffka*, IBR-Online-Kommentar, § 642 Rn. 12; a.A. Staudinger/*Peters/Jacoby*, § 642 Rn. 22.
8 *Kniffka*, a.a.O.
9 Bamberger/Roth/*Voit*, § 642 Rn. 2.
10 Staudinger/*Peters/Jacoby*, § 642 Rn. 11.
11 BGH, 17.01.2002, VII ZR 490/00, BauR 2002, 792.
12 BGH, 21.10.1999, VII ZR 185/98, BauR 2000, 722.

des Bauherrn bezüglich seiner Bauleistung, auf der der später tätige Handwerker aufbaut.[13] Außerhalb der Vorunternehmer-Nachunternehmer-Problematik findet § 278 BGB entsprechend Anwendung, soweit der Besteller seine Mitwirkungsobliegenheit auf Dritte verlagert und diese eine erforderliche Mitwirkungshandlung unterlassen. Auf ein Verschulden des Dritten kommt es dabei wegen der verschuldensunabhängigen Ausgestaltung des Entschädigungsanspruchs nicht an.

8 Begründet sich die *Behinderung* des Unternehmers in der Ausführung seiner Leistungen nicht auf eine fehlende Mitwirkungshandlung des Bestellers, sondern beispielsweise auf witterungsbedingte Einflüsse oder ähnliche, nicht beherrschbare äußere Umstände, scheidet die Anwendung des § 642 BGB aus. Etwas anderes könnte dann gelten, wenn sich der Besteller dazu verpflichtet hat oder aus dem Vertrag eine Mitwirkungsobliegenheit des Auftraggebers abgeleitet werden kann, Sicherungsmaßnahmen zu ergreifen, die es dem Unternehmer ermöglichen trotz der äußeren Einflüsse tätig zu werden.[14]

9 Vereitelt der Besteller die Durchführung des Vertrages durch seine fehlende Mitwirkung endgültig, ist damit auch eine Vertragspflichtverletzung begründet. Lehnt ein Besteller die Erfüllung des Vertrags grundlos und endgültig ab und erklärt er, dass er eine Vergütung nicht zahlen wird, weil er den Vertrag als nicht bestehend ansieht, kann der Unternehmer direkt die Bezahlung des Werklohns verlangen.[15] Verweigert der Besteller nicht nur die erforderliche Mitwirkung bei der Ausführung der Leistung, sondern auch die Abnahme und die Bezahlung des Werklohns, ist der Unternehmer nicht ausschließlich auf die Rechte aus den §§ 642 ff. BGB beschränkt.[16]

10 Macht der Besteller die Erfüllung unmöglich, weil er die geeigneten Vorleistungen endgültig nicht erbringt, so wird der Unternehmer von seiner Leistungspflicht frei. Unter den Voraussetzungen des § 326 Abs. 2 S. 1 BGB behält der Unternehmer seinen Anspruch auf die Gegenleistung, den Werklohn. Er muss sich jedoch gemäß § 326 Abs. 2 S. 2 BGB dasjenige anrechnen lassen, was er infolge der Befreiung von der Leistung erspart oder durch anderweitige Verwendung seiner Arbeitskraft erwirbt oder zu erwerben böswillig unterlässt.[17]

c) Beispiele für notwendige Mitwirkungshandlungen

11 In der Regel wird es der Besteller sein, der das Grundstück für die Bebauung zur Verfügung zu stellen hat.[18] Denkbar ist aber auch, dass sich ein Unternehmer dazu verpflichtet, ein geeignetes Grundstück zu finden. Je nach Vertragsgestaltung kann der Zustand des Grundstücks eine entscheidende Rolle spielen. Im Rahmen eines VOB/B-Vertrages finden sich hier unter anderem in den §§ 3 Abs. 2, 4 Abs. 4 VOB/B klare Aufgabenverteilungen. Zur Mitwirkungsobliegenheit des Bestellers gehört es auch, rechtzeitig Vorarbeiten von anderen Unternehmern erbringen zu lassen. Dabei ist es unerheblich, ob der Besteller ein gänzlich unbearbeitetes Grundstück nicht rechtzeitig zur Verfügung stellt oder ein Grundstück, an dem schon andere Unternehmer Arbeiten auszuführen hatten.[19] Den Besteller trifft die Obliegenheit zur Beibringung einer wirksamen Baugenehmigung.[20] Im Rahmen seiner Mitwirkungshandlungen hat der Besteller dem Unternehmer zuverlässige Pläne und Unterlagen zur Verfügung zu stellen. In gleicher Weise trifft den Besteller

---

13 BGH, 27.06.1985, VII ZR 23/84, BauR 1985, 561, 562.
14 Staudinger/*Peters/Jacoby*, § 642 Rn. 10; MüKo-BGB/*Busche*, § 642 Rn. 7.
15 BGH, 16.05.1968, VII ZR 40/66, BGHZ 50, 175, 177; BGH, 24.02.2005, VII ZR 225/03, BauR 2005, 861 ff.
16 BGH, 16.05.1968, VII ZR 40/66, BGHZ 50, 175, 178.
17 BGH, 08.11.2007, VII ZR 183/05, BauR 2008, 344, 350.
18 BGH, 21.10.1999, VII ZR 185/98, BauR 2000, 722, 725; Ingenstau/Korbion/*Döring*, B § 6 Abs. 6 Rn. 55.
19 BGH, 21.10.1999, VII ZR 185/98, BauR 2000, 722, 725.
20 OLG Hamm, 21.02.2002, 21 U 23/01, BauR 2003, 1042, 1043.

regelmäßig die Obliegenheit, dem bauaufsichtsführenden Architekten einwandfreie Pläne zur Verfügung zu stellen.[21] Auch während der Durchführung des Bauvorhabens treffen den Besteller umfassende Mitwirkungsobliegenheiten. Der Besteller hat auf Bedenkenhinweise des Unternehmers zu reagieren, bei planerischen Zweifeln auf Anfragen des Bauausführenden Stellung zu beziehen oder auch vertraglich vereinbarte Bemusterungen durchzuführen. Hierzu können auch vermeintlich banale Entscheidungen wie etwa die Farbwahl gehören oder auch die Auswahl zwischen alternativ angebotenen Leistungen.[22]

Auch in DIN-Normen sind den Vertragspartnern Mitwirkungshandlungen auferlegt. In den Abschnitten 3 einer Vielzahl von Einzelnormen der DIN 18300 ff. wird von gemeinsamen Festlegungen gesprochen. Die in Einzelnormen aufgeführten, sich häufig und auch überraschend einstellenden Bauumstände sind zwischen den Vertragsparteien zu klären. So bestimmt die allgemeine DIN für Bauarbeiten jeder Art (DIN 18299) in Abschnitt 3.3, dass beim Antreffen von Schadstoffen, zum Beispiel in Böden, Gewässern oder Bauteilen, der Auftraggeber unverzüglich zu unterrichten ist. Bei Gefahr in Verzug hat der Auftragnehmer unverzüglich die notwendigen Sicherungsmaßnahmen zu treffen. Die weiteren Maßnahmen sind gemeinsam festzulegen. 12

Allgemein wird angenommen, dass den Besteller die Pflicht zur Koordinierung der Baustelle trifft.[23] Dies ergibt sich auch aus § 4 Abs. 1 Nr. 1 VOB/B für deren Anwendungsbereich. Diese Aufgabenzuweisung kann auch für den BGB-Bauvertrag angenommen werden.[24] Hierzu gehören auch die Maßnahmen, die zur Aufrechterhaltung der allgemeinen Ordnung auf der Baustelle notwendig sind.[25] Der Bauherr genügt seiner Koordinierungspflicht, wenn er zwei Handwerker unterschiedlicher Gewerke zusammenführt und sich beide absprechen können.[26] 13

Dagegen kann die Sicherstellung der Finanzierung durch den Bauherrn nicht zu den Obliegenheiten im Sinne des § 642 BGB gehören.[27] Obwohl § 648a BGB a.F. hinsichtlich der Rechte des Unternehmers in Absatz fünf der Vorschrift lediglich auf §§ 643 und 645 Abs. 1 BGB verweist, könnte die verzögerte Stellung einer Sicherheit nach § 648a BGB a.F. eine Obliegenheitsverletzung im Sinne des § 642 BGB darstellen.[28] Mit der Neufassung des § 648a BGB ist durch das Forderungssicherungsgesetz ein Anspruch auf Sicherheit begründet worden. Die Frage nach der Obliegenheitsverletzung entfällt somit. Bei nicht rechtzeitig gestellter Sicherheit treten grundsätzlich die allgemeinen schuldrechtlichen Folgen für Pflichtverletzungen ein, zum Beispiel auch Schadensersatz bei Verzug (§ 280 BGB).[29] Die Stellung eines Finanzierungsnachweises ist keine notwendige Mitwirkungsobliegenheit, da der Unternehmer durch das Unterlassen dieser Pflicht nicht an der Bauausführung gehindert wird.[30] 14

Den Besteller trifft auch eine Nebenpflicht gegenüber seinem Architekten, sich für eine zügige Baudurchführung einzusetzen, wozu auch die Aufstellung von Schlussrechnungen (§ 14 Abs. 4 VOB/B) gehört.[31] 15

Ein aus einer momentanen Verärgerung heraus erteiltes Hausverbot bedeutet noch nicht die endgültige Ablehnung der für die Herstellung des Werkes erforderlichen Mitwirkung des Bestellers. 16

---

21 BGH, 27.11.2008, VII ZR 206/06, BauR 2009, 515, 520.
22 Staudinger/*Peters/Jacoby*, § 642 Rn. 7.
23 MüKo-BGB/*Busche*, § 642 Rn. 9.
24 Werner/Pastor/*Werner*, Rn. 1328.
25 *Kniffka*, IBR-Online-Kommentar, § 642 Rn. 19.
26 OLG Hamm, 09.06.1998, 21 U 185/97, BauR 1999, 517 (Ls.), NJW-RR 1999, 319.
27 Bamberger/Roth/*Voit*, § 642 Rn. 2.
28 *Boldt*, BauR 2006, 185, 186.
29 Palandt/*Sprau*, BGB § 648a Rn. 19.
30 OLG Hamm, 24.02.2006, 26 U 45/04, IBR 2008, 258.
31 KG, 31.03.2009, 21 U 165/06, ibr-online 2009, 1216.

Der Auftragnehmer kann hierauf keine Kündigung aus wichtigem Grund stützen, wenngleich die Mitwirkungsobliegenheit bis zur Aufhebung des Hausverbots verletzt ist.[32]

17 Der BGH hat bisher nicht entschieden, ob dem Unternehmer ein Anspruch auf Nachbesserung seiner mangelhaften Leistung zusteht.[33] Die übliche Bezeichnung als Nachbesserungsrecht lässt ein subjektives Recht auf Nachbesserung vermuten. Da der Besteller nach fruchtlosem Ablauf einer Nachbesserungsfrist nicht mehr dazu verpflichtet ist, das Angebot des Unternehmers zur Mangelbeseitigung anzunehmen, wird ein derartiger Mangelbeseitigungsanspruch nicht begründbar sein.[34] Eine Mitwirkungsobliegenheit zur Duldung der Mangelbeseitigung besteht aber bis zum Ablauf der vom Besteller hierfür gesetzten angemessenen Frist.

18 Weder aus § 642 BGB noch aus dem Gebot der gegenseitigen Rücksichtnahme nach § 242 BGB ergibt sich eine Verpflichtung des Bestellers, im Rahmen von Nacherfüllungsarbeiten des Unternehmers, die Lagerung von Erdaushub auf seinem Grundstück zu dulden.[35]

d) Ersatzvornahme durch den Unternehmer

19 Der Unternehmer hat keinen Anspruch auf Erfüllung der Mitwirkungsobliegenheit des Bestellers, mithin auch keinen gerichtlich durchsetzbaren Anspruch. Nimmt der Besteller trotz Annahmeverzug die erforderliche Mitwirkungshandlung nicht vor, so kann der Unternehmer selbst tätig werden und die Ersatzvornahme durchführen.[36] Soweit der Unternehmer bei einer Ersatzlieferung oder Ersatzvornahme den nach dem Vertrag vorausgesetzten Obliegenheitsrahmen des Bestellers einhält, kann Letzterer die Beseitigung der durch den Unternehmer ausgeführten Leistungen nicht verlangen. Soweit der Besteller eine Auswahl vorzunehmen hatte, kann der Unternehmer im Rahmen des § 264 Abs. 2 BGB im Annahmeverzug des Bestellers nach Fristsetzung selbst die Auswahl vornehmen.

Aus den sich für den Unternehmer ergebenden Rechten des Annahmeverzugs lässt sich kein Kostenerstattungsanspruch für die durchgeführten Ersatzvornahmeleistungen ableiten. Denkbar wäre ein Anspruch aus Geschäftsführung ohne Auftrag, wenn und soweit die Ersatzvornahme durch den Unternehmer (auch) im Interesse des Bestellers erfolgt und die Übernahme der Geschäftsführung dem wirklichen oder dem mutmaßlichen Willen des Bestellers widerspricht.[37] Im Rahmen des § 304 BGB steht dem Unternehmer der Ersatz von Mehraufwendungen für das erfolglose Angebot sowie für die Aufbewahrung und Erhaltung des geschuldeten Gegenstands zu.

20 Nach *Peters/Jacoby* steht dem Unternehmer ein Anspruch auf Kostenerstattung in entsprechender Anwendung der §§ 634 Nr. 2, 637 BGB zu, wenn der Besteller seine mangelhafte Mitwirkungshandlung trotz fruchtlos gesetzter Frist nicht nachbessert. Hierfür sei notwendig, dass aus den Mängeln der Mitwirkungshandlungen Mängel der eigenen Leistung des Unternehmers zu entstehen drohen.[38] Ein solcher Anspruch dürfte aber bereits deshalb nicht gegeben sein, weil die Mitwirkungshandlung des Bestellers, die mangelbehaftet ist, lediglich eine Obliegenheit darstellt und dem Unternehmer keinen durchsetzbaren Anspruch auf Leistung, in diesem Falle auf mangelfreie Mitwirkungshandlung, gewährt.

---

32 OLG München, 18.12.2007, 13 U 3113/07, ibr-online 2009, 1006.
33 BGH, 27.02.2003, VII ZR 338/01, BauR 2003, 693, 695.
34 *Thode*, IBR-Online-Aufsatz »Hat der Auftragnehmer einen durchsetzbaren Anspruch auf Mängelbeseitigung oder Nacherfüllung gegen den Auftraggeber?« Rn. 9.
35 OLG Hamm, 01.08.2008, 19 U 7/08, IBR 2009, 79.
36 Staudinger/*Peters/Jacoby*, § 642 Rn. 15; *Kniffka*, IBR-Online-Kommentar § 642 Rn. 24.
37 *Kniffka*, a.a.O.
38 Staudinger/*Peters/Jacoby*, § 642 Rn. 16.

2. Annahmeverzug des Bestellers

21 Der Entschädigungsanspruch setzt den Annahmeverzug des Bestellers voraus. Dieser ist unter den Voraussetzungen der §§ 293 ff. BGB gegeben.

a) Angebot der Leistung

22 Der Gläubiger (hier der Besteller) kommt in Verzug, wenn er die ihm angebotene Leistung nicht annimmt. Im Gegensatz zum Schuldnerverzug stellt der Gläubigerverzug keine Verletzung einer Rechtspflicht, sondern einen Verstoß gegen eine Obliegenheit dar. Er setzt weder ein Verschulden, noch ein sonstiges Vertretenmüssen voraus. Der Schuldner (hier der Unternehmer) muss seine Leistung dem Gläubiger oder einem empfangsberechtigten Vertreter, sowie sie geschuldet ist, anbieten.

aa) Tatsächliches Angebot

23 Nach § 294 BGB muss die Leistung dem Gläubiger, so wie sie zu bewirken ist, tatsächlich angeboten werden. Die vorzunehmende Handlung muss so bereit gestellt werden, dass der Gläubiger nur noch zuzugreifen braucht.[39] Angeboten werden muss die geschuldete Leistung, mithin also eine vertragsgerechte Leistung. Nach den Regeln des allgemeinen Schuldrechts muss die Leistung des Unternehmers zur rechten Zeit (§ 271 BGB) und am rechten Ort (§ 269 BGB) angeboten werden. Demnach muss die Bauleistung konkret zur richtigen Zeit am Ort des Bauvorhabens erbracht werden bzw. vor Ort zur Ausführung angeboten werden. Anders herum ausgedrückt: Das tatsächliche Angebot des Unternehmers ist abgelehnt, wenn der Besteller den Unternehmer daran hindert, seine Bauleistung auszuführen.

24 Die Zurückweisung einer mangelhaften Sache führt nicht zum Annahmeverzug. So kann der Besteller eine vom Unternehmer angebotene untaugliche Nachbesserungsmaßnahme zurückweisen, ohne dass er selbst in Annahmeverzug gerät.[40] Dabei sei es nicht notwendig, dass sich der Besteller auf die Mangelhaftigkeit beruft, sondern nur, dass der Mangel tatsächlich vorhanden ist.[41] Dies dürfte im Hinblick auf die Kooperationspflicht der Baubeteiligten zumindest dann zu einem nicht hinnehmbaren Ergebnis führen, wenn der Besteller ein von ihm als mangelhaft erkanntes Leistungsangebot zurückweist, ohne auf die Mängel hinzuweisen. Richtig dürfte allerdings sein, dass sich trotzdem für diesen Fall ein Annahmeverzug des Bestellers nicht begründen lässt.

bb) Wörtliches Angebot

25 Die Vorschrift des § 295 BGB regelt zwei Fälle, die ein tatsächliches Angebot gemäß § 294 BGB nicht erforderlich machen. Danach reicht ein wörtliches Angebot des Unternehmers, wenn der Besteller ihm erklärt hat, dass er die Leistung nicht annehmen werde. Gleiches gilt auch für den Fall, dass zur Bewirkung der Leistung eine Handlung des Bestellers erforderlich ist und der Unternehmer den Besteller auffordert, diese Handlung vorzunehmen.

26 Erklärt der Besteller hinreichend bestimmt und eindeutig, dass er eine bestimmte Teilleistung oder die Gesamtleistung des Unternehmers nicht annehmen werde, muss der Unternehmer nicht mehr tatsächlich anbieten. Es genügt dann ein wörtliches Angebot des Unternehmers. Die Annahmeverweigerung des Bestellers muss demnach dem Angebot des Unternehmers auf Durchführung seiner Leistung zeitlich vorgelagert sein. Die Annahmeverweigerung des Bestellers macht das wörtliche Angebot des Unternehmers demnach nicht von Haus aus überflüssig. An die Konkretisierung des Angebots sind dann aber keine besonderen Anforderungen mehr zu stellen.[42]

---

[39] BGH, 22.03.1984, VII ZR 286/82, BauR 1984, 401, 405.
[40] BGH, 29.06.2006, VII ZR 274/04, BauR 2006, 1468, 1469.
[41] Staudinger/*Löwisch*, § 294 Rn. 4.
[42] BGH, 04.07.2002, I ZR 313/99, NJW 2002, 3541, 3542.

27 Hierzu gehört auch ein vom Besteller ausgesprochenes Baustellenverbot. Verlangt der Besteller später die Mangelbeseitigung oder beruft er sich hinsichtlich des Werklohns auf sein Leistungsverweigerungsrecht, so gibt er dadurch zu erkennen, dass er das Betreten der Baustelle wieder zulässt. Hierdurch ist der Annahmeverzug beendet.[43] Um den Annahmeverzug erneut zu begründen, muss die Leistung neu angeboten werden.

28 Der Nichtannahmewille des Gläubigers muss bei seiner Erklärung unzweideutig zum Ausdruck kommen. Solche Erklärungen können beispielsweise darin bestehen, dass der Besteller behauptet, es sei überhaupt kein Vertrag zustande gekommen.[44] Soweit mit der Erklärung nicht zugleich die Beendigung des Bauvertrags ausgesprochen ist, etwa dadurch, dass der Rücktritt vom Vertrag erklärt wird oder die Kündigung ausgesprochen wird, kann die Erklärung vom Besteller widerrufen werden.[45]

29 Ein wörtliches Angebot des Unternehmers genügt auch, wenn zur Bewirkung der Leistung eine Handlung des Bestellers erforderlich ist. In diesen Fällen braucht der Unternehmer die eigene Leistungshandlung nicht anzubieten. Es genügt gemäß § 295 S. 2 BGB die Aufforderung an den Besteller, die erforderliche Handlung vorzunehmen. Es sind damit exakt die Mitwirkungsobliegenheiten gemeint, die § 642 Abs. 1 BGB anspricht.[46]

Kann der Unternehmer wegen fehlender Vorunternehmerleistungen seine Leistung nicht erbringen, genügt gemäß § 295 BGB ein wörtliches Angebot der Leistung, um den Annahmeverzug des Bestellers zu begründen.

Für ein wörtliches Angebot kann es genügen, dass der Unternehmer seine Mitarbeiter auf der Baustelle zur Verfügung hält und zu erkennen gibt, dass er bereit und in der Lage ist, seine Leistung zu erbringen.[47]

30 Auch das wörtliche Angebot muss, wie das tatsächliche Angebot, der geschuldeten Leistung entsprechen. Es muss die ausdrückliche oder schlüssige Erklärung des Unternehmers enthalten, die geschuldete Leistung bewirken zu wollen. Die Anforderungen an das wörtliche Angebot müssen sich nach dem Zweck richten, den das Angebot erreichen soll.[48] Der Empfänger der Erklärung, demnach der Besteller, muss in die Lage versetzt werden, das Ausmaß des Annahmeverzugs zu erkennen, insbesondere, wann welche genauen Leistungen und Mitwirkungshandlungen von ihm gefordert werden.[49] Der Besteller muss demnach erkennen können, dass er seine Mitwirkungsobliegenheit zu erfüllen hat, damit der Unternehmer nicht durch die unterlassene Mitwirkung daran gehindert ist, seine geschuldete Leistung zu erbringen. Die im Einzelfall erforderlichen Erklärungen des wörtlichen Angebots können vom Inhalt und vom Umfang her sehr unterschiedlich sein. *Boldt* hält es aber grundsätzlich für erforderlich, dass die durch die fehlende Mitwirkung des Bestellers eintretende Behinderung des Unternehmers nach Art und Umfang genau beschrieben wird.[50] Anders als nach § 6 Abs. 1 S. 2 VOB/B ersetzt die Offenkundigkeit der fehlenden Mitwirkungshandlung im BGB-Vertrag (entsprechend der dort gegebenen Behinderung) nicht das weiterhin gemäß § 295 BGB erforderliche wörtliche Angebot.

---

43 BGH, 08.07.2004, VII ZR 317/03, BauR 2004, 1616.
44 Vgl. Rdn. 9.
45 Staudinger/*Löwisch*, § 295, Rn. 8.
46 Vgl. Rdn. 11 ff.
47 BGH, 19.12.2002, VII ZR 440/01, BauR 2003, 531, 532.
48 *Kniffka*, IBR-Online-Kommentar, § 642 Rn. 33.
49 *Boldt*, BauR 2006, 185, 190.
50 *Boldt*, BauR 2006, 185, 190.

cc) Entbehrlichkeit des Angebots wegen Zeitablaufs

Unter den Voraussetzungen des § 286 Abs. 2 BGB gerät der Schuldner in Verzug, ohne dass es vorher einer Mahnung bedarf. Das Pendant hierzu findet sich für den Annahmeverzug in § 296 S. 1 BGB. Ist für die vom Gläubiger vorzunehmende Handlung eine Zeit nach dem Kalender bestimmt, so bedarf es des Angebots nur, wenn der Gläubiger die Handlung rechtzeitig vornimmt. Unterlässt der Gläubiger die notwendige Mitwirkungshandlung zur rechten Zeit, die im ersten Anwendungsfall des § 296 BGB nach dem Kalender bestimmt ist, gerät er in Gläubigerverzug, ohne dass der Schuldner seine Leistung in irgendeiner Art und Weise zuvor anbieten müsste. So hat der Besteller die für die Bauausführung erforderlichen Pläne ohne gesonderte Anforderung zu den Zeitpunkten zu liefern, wie sie sich aus einem vertraglich vereinbarten Bauzeitenplan in Verbindung mit der Vereinbarung zu den Vorlaufzeiten für die Übergabe der Pläne ergeben. Dabei ist die Frage, ob die vereinbarten Fristen des Bauzeitenplans im Sinne des § 5 Abs. 1 VOB/B verbindlich vereinbart worden sind, unerheblich.[51] Diesem Ergebnis stehen auch anders lautende allgemeine Geschäftsbedingungen des Bestellers nicht entgegen, wonach die nach dem Vertrag vom Besteller zu liefernden Unterlagen vom Unternehmer möglichst frühzeitig anzugeben sind, soweit diese Regelung dadurch präzisiert wurde, dass der genaue Vorlauf für die Übergabe der Pläne exakt bestimmt ist.[52]

Gleiches muss natürlich auch für den Fall gelten, dass ein bestimmter Zeitpunkt für den Ausführungsbeginn im Vertrag vereinbart ist und der Besteller zu diesem Zeitpunkt kein Grundstück für die Ausführung der Arbeiten zur Verfügung stellt.

Ist der Unternehmer nicht leistungsbereit oder selbstverschuldet nicht dazu in der Lage, seine Leistung zu erbringen, scheidet der Annahmeverzug mangels Leistungsvermögens des Leistungsschuldners aus.[53]

Obwohl dies der Wortlaut des § 296 BGB nicht vorsieht, halten *Boldt* und *Kniffka* dann eine gesonderte (Behinderungs-)Anzeige für erforderlich, wenn es für den Besteller nicht erkennbar ist, dass der Unternehmer automatisch durch eine nicht rechtzeitig vorgenommene Mitwirkung, wie z.B. die rechtzeitige Planbeistellung zu einem vertraglich vereinbarten Termin, auch tatsächlich in seiner Leistungserbringung behindert wird.[54]

Nach § 296 S. 2 BGB ist ein Angebot entbehrlich, wenn der Handlung ein Ereignis vorauszugehen hat und eine angemessene Zeit für die Handlung in der Weise bestimmt ist, dass sie sich von dem Ereignis an nach dem Kalender berechnen lässt. Auch hierzu findet sich eine entsprechende Regelung für den Schuldnerverzug in § 286 Abs. 2 Nr. 2 BGB. Sieht der Vertrag z.B. vor, dass der Besteller bestimmte Planunterlagen innerhalb eines schriftlich fixierten Zeitraums nach Anforderung durch den Unternehmer bereit zu stellen hat, gerät der Besteller in Annahmeverzug, wenn er die vereinbarte Frist nicht einhält. Ein tatsächliches oder wörtliches Angebot oder gar eine Behinderungsanzeige ist nach dem Gesetzeswortlaut nicht notwendig. Diesen Automatismus hält *Kniffka* für sehr bedenklich, da mit dem Annahmeverzug ein Entschädigungsanspruch verbunden ist.[55]

Holt der Besteller die unterlassene Handlung im Stadium des Annahmeverzugs nach und möchte der Unternehmer erreichen, dass der Annahmeverzug weiterhin vorliegt, muss er seine Leistung nun tatsächlich anbieten.[56]

---

51 BGH, 21.03.2002, VII ZR 224/00, BauR 2002, 1249, 1251.
52 BGH, a.a.O.
53 Palandt/*Grüneberg*, BGB § 296 Rn. 1.
54 *Boldt*, BauR 2006, 185, 191; *Kniffka*, IBR-Online-Kommentar, § 642 Rn. 36.
55 *Kniffka*, IBR-Online-Kommentar, § 642 Rn. 37.
56 MüKo-BGB/*Ernst*, § 296 Rn. 4.

37 Für den beim Bauvertrag wohl als äußerst selten zu bezeichnenden Fall, dass es sich bei dem Schuldverhältnis um ein absolutes Fixgeschäft handelt, führt das Verstreichen des vertraglich bestimmten Zeitpunkts nicht nur zum Annahmeverzug des Bestellers, sondern zur Unmöglichkeit der Leistung.[57]

b) Kein Annahmeverzug bei Unmöglichkeit oder fehlender Leistungsbereitschaft

38 Der Besteller kommt gemäß § 297 BGB nicht in Verzug, wenn der Unternehmer zur Zeit des Angebots oder im Fall des § 296 BGB zu der für die Handlung des Bestellers bestimmten Zeit außer Stande ist, die Leistung zu bewirken. So gerät der Bauherr beispielsweise auch dann nicht in Annahmeverzug, wenn er einen vereinbarten Leistungsbeginn (einen Termin zur Aufnahme der Bauarbeiten) übersieht oder vergisst, falls der Unternehmer ohnehin nicht dazu in der Lage gewesen wäre mit den Arbeiten zu beginnen, weil das benötigte Baumaterial nicht zur Verfügung steht.[58] Der Schuldner der Leistung muss nicht nur zur Leistung bereit sein, sondern auch dazu imstande sein die Leistung auszuführen. Verwendet der Unternehmer eine vertraglich nicht vereinbarte Technologie, ist dieser Umstand als vorübergehendes Leistungshindernis des Unternehmers anzusehen, welches einem Annahmeverzug des Bestellers entgegensteht. Voraussetzung für den Annahmeverzug ist nicht nur die Leistungsbereitschaft des Unternehmers, sondern auch das Angebot der Leistung in der geschuldeten Art und Weise.[59] Der maßgebliche Zeitpunkt ist in § 297 BGB definiert. Im Zeitpunkt des tatsächlichen Angebots (§ 294 BGB) ist es der Zeitpunkt der Vornahme der Handlung, beim wörtlichen Angebot (§ 295 BGB) der Zeitpunkt der Erklärung und im Falle des § 296 BGB die nach dem Kalender bestimmte Zeit bzw. der von einem Ereignis an nach dem Kalender berechenbare Zeitpunkt.

39 Möchte sich der Besteller dadurch entlasten, dass er ein Unvermögen des Unternehmers oder dessen fehlende Leistungsbereitschaft behauptet, so trifft ihn die Beweislast für die im Einzelnen darzustellenden Tatsachen.[60]

40 Ist der Besteller für die Behinderung des Unternehmers verantwortlich, ist die Anwendung des § 297 BGB ausgeschlossen. Ist der Unternehmer zeitweise leistungsunfähig oder leistungsunwillig, ist der Anwendungsbereich des § 297 BGB eröffnet. Tritt eine dauernde Unmöglichkeit der Leistung ein, kann kein Fall des Annahmeverzugs vorliegen. Für die Fälle der dauernden Unmöglichkeit sind die Unmöglichkeitsregeln des Leistungsstörungsrechts anzuwenden. So wird der Anspruch des Bestellers auf die Leistung ausgeschlossen, wenn diese für den Unternehmer oder für Jedermann unmöglich ist (§ 275 Abs. 1 BGB). Ist der Besteller für den Umstand der Unmöglichkeit verantwortlich oder tritt der vom Unternehmer nicht zu vertretende Umstand zu einer Zeit ein, zu welcher der Besteller im Annahmeverzug ist, so behält der Unternehmer gemäß § 326 Abs. 2 S. 1 BGB den Anspruch auf die Vergütung. Er muss sich jedoch dasjenige anrechnen lassen, was er infolge der Befreiung von der Leistung erspart oder durch anderweitige Verwendung seiner Arbeitskraft erwirbt oder zu erwerben böswillig unterlässt. Für den typischen Fall der fehlenden Baugenehmigung bedeutet dies: Kann der Besteller die Baugenehmigung noch herbeiführen, so gerät er in Annahmeverzug, solange die Genehmigung nicht vorliegt. Der Annahmeverzug und somit auch ein Anspruch aus § 642 BGB ist dann ausgeschlossen, wenn das Bauvorhaben (dauerhaft) nicht genehmigungsfähig ist.

41 Ein Anspruch aus § 642 BGB kann auch dann ausgeschlossen sein, wenn außerhalb des Vertragsverhältnisses stehende Dritte die Ausführung der Arbeiten unterbrechen oder behindern. So gerät ein Generalunternehmer gegenüber seinem Subunternehmer nicht in Annahmeverzug, wenn das Bauvorhaben durch einen gerichtlich angeordneten Baustopp unterbrochen wird und der Gene-

---

57 Staudinger/*Löwisch*, § 296 Rn. 9.
58 PWW/*Zöchling-Jud*, § 297 Rn. 2.
59 KG, 29.04.2008, 7 U 58/07, BauR 2009, 1450, 1451.
60 Staudinger/*Löwisch*, § 297 Rn. 19.

ralunternehmer keinen Einfluss auf die Genehmigung hat. Ein Gläubigerverzug scheidet dann schon deshalb aus, weil auch dem Subunternehmer die Leistungserbringung wegen des Baustopps rechtlich unmöglich ist.[61] Bei Behinderungen durch außenstehende Dritte muss zunächst der Vertrag unter Berücksichtigung der Verkehrssitte danach ausgelegt werden, welcher Vertragspartei Vorbeugungsmaßnahmen gegen die von Dritten verursachte Behinderung oder Verzögerung obliegen.[62]

Entsprechendes gilt auch bei einer Leistungsbehinderung oder Verzögerung durch Witterungseinflüsse. Solche Naturereignisse können nur dann dem Verantwortungsbereich des Bestellers zugeordnet werden, wenn dieser die vertragliche Verpflichtung übernommen hat die Leistungsausführung trotz dieser Einflüsse dem Unternehmer zu ermöglichen. In der Regel gehört es zum Verantwortungsbereich des Unternehmers die Witterungseinflüsse einzukalkulieren, mit denen bei Vertragsschluss für die zur Ausführung der Leistung bestimmten Zeit gerechnet werden kann. 42

Auch politische Unruhen oder Krieg stellen einen Fall des durch Dritte verursachten Leistungshindernisses dar. Nach den von der Rechtsprechung des BGH entwickelten Grundsätzen ist ein zeitweiliges Erfüllungshindernis einem dauernden dann gleichzustellen, wenn die Erreichung des Vertragszwecks durch die vorübergehende Unmöglichkeit in Frage gestellt wird und deshalb dem Vertragspartner nach dem Grundsatz von Treu und Glauben und unter billiger Abwägung der Belange beider Vertragsteile die Einhaltung des Vertrages nicht zugemutet werden kann. Wird die Erfüllung eines Vertrags durch den Ausbruch eines Kriegs unmöglich, so ist dieses an sich nur vorübergehende Leistungshindernis in aller Regel als dauernde Unmöglichkeit zu behandeln, weil es etwas wesentliches anderes ist, ob jetzt oder erst nach dem unabsehbaren Ende des Krieges erfüllt werden kann.[63] 43

c) Vorübergehende Annahmeverhinderung

Für den Fall, dass die Leistungszeit nicht bestimmt ist, oder der Unternehmer berechtigt ist vor der bestimmten Zeit zu leisten, kommt der Besteller wegen einer vorübergehenden Verhinderung in der Annahme der Leistung nicht in Verzug, es sei denn, der Unternehmer hat dem Besteller die Leistung eine angemessene Zeit vorher angekündigt (§ 299 BGB). Beginnt der Unternehmer mit seinen Leistungen verfrüht, das heißt vor dem vertraglich vereinbarten Leistungsbeginn, kann ein Annahmeverzug des Bestellers nicht eintreten. Ist der Leistungszeitraum wegen eines vertraglich nicht vereinbarten Leistungsbeginns unbestimmt, kann der Unternehmer sofort beginnen (§ 271 Abs. 1 BGB). Das gleiche Recht kann sich auch daraus ergeben, dass zwar eine konkrete Leistungszeitbestimmung vorliegt, dem Unternehmer aber gestattet ist, früher mit seinen Arbeiten zu beginnen (§ 271 Abs. 2 BGB). Für diese Fälle bestimmt § 299 BGB, dass der Besteller durch eine nur vorübergehende Verhinderung nicht in Annahmeverzug gerät. Was unter einer vorübergehenden Verhinderung zu verstehen ist, ist nach Treu und Glauben und nach der Verkehrssitte zu bestimmen.[64] Da der Besteller bei fehlender Vereinbarung von konkreten Leistungszeiten nicht dazu verpflichtet ist ständig annahmebereit zu sein, muss der Unternehmer die Leistung in angemessener Zeit vor ihrer Ausführung ankündigen, um den Besteller in Annahmeverzug zu setzen. Insofern genügt das (tatsächliche) Angebot der Leistung nicht. 44

Ist die Leistungszeit unbestimmt, gerät der Besteller in Annahmeverzug, wenn der Unternehmer die Leistung vorher angekündigt hat. Die Ankündigung muss eine angemessene Zeit vor der beabsichtigten Leistungsausführung erfolgen, was sich nach den konkreten Umständen des Einzelfalls bestimmt. Die Grundsätze von Treu und Glauben, § 242 BGB, erfordern es, dass der Besteller bei von vornherein erforderlichen Mitwirkungen nicht abwartet, bis ihm die ersichtlich 45

---

61 OLG Saarbrücken, 07.12.1999, 4 U 869/98-197, IBR 2001, 353.
62 BGH, 21.10.1999, VII ZR 185/98, BauR 2000, 722; Staudinger/*Peters/Jacoby*, § 642 Rn. 37.
63 BGH, 11.03.1982, VII ZR 357/80, BauR 1982, 273, 274.
64 Staudinger/*Löwisch*, § 299 Rn. 3.

bevorstehende Leistung des Unternehmers angekündigt wird, um erst dann mit den abzuverlangenden Mitwirkungshandlungen zu beginnen. Demgegenüber darf der Unternehmer den Besteller auch nicht mit nicht erkennbar anstehenden Arbeiten überraschen.[65] Bei der Frage, ob die Leistung eine angemessene Zeit vorher angekündigt wurde, sind auch Umstände zu berücksichtigen, die im Pflichtenkreis des Bestellers begründet sind. So kann es objektiv angemessen und ausreichend sein, wenn der Unternehmer die ihm beauftragten Reparaturarbeiten einige Tage vor der geplanten Ausführung ankündigt. Kann der Besteller den Zutritt zum Bauvorhaben aber nicht gewähren, weil er sich auf einer Geschäftsreise befindet oder aufgrund eines Todesfalls in der Familie oder aufgrund eigener Erkrankung nicht dazu in der Lage ist, Zutritt zu gewähren,[66] tritt der Annahmeverzug erst dann ein, wenn die Annahme durch den Besteller billigerweise erwartet werden kann.[67]

Steht allerdings fest, dass auch die eine angemessene Zeit vorher angekündigte Leistung hätte nicht ausgeführt werden können, etwa wegen einer dauerhaften Annahmeverhinderung des Bestellers, tritt der Annahmeverzug auch ohne vorherige Ankündigung ein. Die Ankündigung wäre als reine Förmelei entbehrlich.[68]

46 Der Besteller trägt die Beweislast für den nicht bestimmten Leistungszeitpunkt und den Umstand der nur vorübergehenden Annahmeverhinderung. Der Schuldner muss die rechtzeitige Vorankündigung bzw. deren Entbehrlichkeit vortragen und beweisen.[69]

d) Zug-um-Zug-Leistungen

47 Bei Zug-um-Zug-Leistungen kommt der Gläubiger gemäß § 298 BGB dann in Verzug, wenn er zwar dazu bereit ist, die angebotene Leistung anzunehmen, die verlangte Gegenleistung aber nicht anbietet. Da es sich um eine über die Zug-um-Zug-Leistung hinausgehende Verpflichtung handelt, soll § 298 BGB auch dann anzuwenden sein, wenn der Gläubiger dazu verpflichtet ist im Voraus zu leisten. So sieht es zumindest die herrschende Meinung.[70] *Zöchling-Jud* verweist diesbezüglich auf BGH, Urt. v. 22.03.1984.[71] Diese Auffassung lässt sich durch das zitierte Urteil aber nicht begründen. In der Entscheidung wird darauf hingewiesen, dass die Vorleistungspflicht des Unternehmers mit der Abnahme des Werkes endet (§ 641 Abs. 1 BGB). Von diesem Zeitpunkt an sind die gegenseitigen Vertragspflichten Zug um Zug abzuwickeln und zwar auch in Fällen mangelhafter Werkleistung.[72] Eine Vorleistungspflicht des Gläubigers entsteht durch die Abnahme aber zweifelsfrei nicht.

48 Vorausgesetzt, der Schuldner verlangt die Gegenleistung des Gläubigers, gerät dieser mit der ihm angebotenen Leistung des Schuldners in Annahmeverzug, wenn der Gläubiger nicht seinerseits die Gegenleistung anbietet. Dabei ist es weder erforderlich, dass der Gläubiger sich ausdrücklich verweigert, noch dass dem Gläubiger ein Verschulden anzulasten ist.[73] Dem Schuldner muss die ihm gebührende Leistung in einer den Verzug der Annahme begründenden Weise angeboten werden. Die Zug-um-Zug geschuldete Leistung muss so bereit gestellt werden, dass der Schuldner nur noch zuzugreifen braucht.[74] Ob hierzu ein tatsächliches Angebot (§ 294 BGB) notwendig ist oder ein wörtliches Angebot (§ 295 BGB) ausreicht, muss nach den Umständen des Einzelfalls und unter Anwendung der Vorschriften der §§ 294 ff. BGB entschieden werden.

---

65 *Kniffka*, IBR-Online-Kommentar, § 642 Rn. 47.
66 PWW/*Zöchling-Jud*, § 299 Rn. 4.
67 Staudinger/*Löwisch*, § 299 Rn. 6.
68 *Kniffka/Koeble*, Kompendium des Baurechts, 8. Teil, Rn. 24.
69 MüKo-BGB/*Ernst*, § 299 Rn. 6.
70 Staudinger/*Löwisch*, § 298 Rn. 3; MüKo-BGB/*Ernst*, § 298 Rn. 1; Palandt/*Grüneberg*, § 298 Rn. 1.
71 BGH, 22.03.1984, VII ZR 286/82, BauR 1984, 401, 405; PWW/*Zöchling-Jud*, § 298 Rn. 3.
72 BGH, 22.03.1984, VII ZR 286/82, BauR 1984, 401, 404.
73 Staudinger/*Löwisch*, § 298 Rn. 5 und 7.
74 BGH, 22.03.1984, VII ZR 286/82, BauR 1984, 401, 405.

Verweigert der Gläubiger von vornherein die Gegenleistung, genügt das wörtliche Angebot des **49** Schuldners gemäß § 295 S. 1 BGB.[75] Bietet der Unternehmer nach Abnahme die Mangelbeseitigung tatsächlich an, muss der Besteller die Gegenleistung (den Werklohn) seinerseits anbieten, um nicht in Annahmeverzug zu geraten. Voraussetzung ist, dass der Schuldner die von ihm zu beanspruchende Gegenleistung verlangt. Es soll genügen, dass er zum Ausdruck bringt, er werde nur leisten, wenn auch der Gläubiger bereit sei zu leisten.[76] Unter diesen Voraussetzungen kommt der die Mangelbeseitigung durch den Unternehmer verlangende Besteller nach Abnahme erst dann in Annahmeverzug, wenn der Unternehmer die Mangelbeseitigung ausreichend anbietet und gleichzeitig verlangt, dass Zug-um-Zug gegen Mangelbeseitigung der geschuldete Werklohn gezahlt wird. Bietet dann der Besteller nicht seinerseits die Bezahlung an, befindet er sich im Annahmeverzug. Dabei muss die Zug-um-Zug geschuldete Leistung so bereit gestellt werden, dass der Schuldner, nach vollständiger Erfüllung seiner Pflichten nur noch zuzugreifen braucht.[77] Dies bedeutet, dass der Besteller für den die Mangelbeseitigung tatsächlich an der Baustelle anbietenden Unternehmer die Zahlung bereit zu halten hat, wenn der Unternehmer die Bezahlung Zug-um-Zug gegen Mangelbeseitigung verlangt hat. Soweit sich aus dem Vertrag nichts anderes ergibt, könnte der Unternehmer in diesen Fällen auch Barzahlung verlangen.

II. Der Entschädigungsanspruch

Unter den Voraussetzungen des § 642 Abs. 1 BGB kann der Unternehmer vom Besteller eine angemessene Entschädigung verlangen. § 642 BGB regelt einen verschuldensunabhängigen Entschädigungsanspruch bei Gläubigerverzug. Bei der Bemessung der Höhe der Entschädigung spielt einerseits die Dauer des Verzugs und die Höhe der vereinbarten Vergütung eine Rolle, andererseits dasjenige, was sich der Unternehmer infolge des Verzugs an Aufwendungen erspart oder durch anderweitige Verwendung seiner Arbeitskraft erwerben kann (§ 642 Abs. 2 BGB). Es handelt sich um einen vergütungsähnlichen Anspruch.[78] Damit ist klargestellt, dass kein Schadensersatz und auch keine Vergütung geschuldet sind. **50**

Der Entschädigungsanspruch kann auch dann selbstständig und unabhängig neben dem Anspruch auf die vereinbarte Vergütung bestehen, wenn der Gläubiger die ihm obliegende Handlung nachholt und das Werk hergestellt wird. Er besteht auch neben den Ansprüchen aus §§ 649, 645 Abs. 1 S. 2 BGB, wenn das Werk infolge einer Kündigung durch den Besteller oder gemäß § 643 BGB unvollendet bleibt. Der Anspruch aus § 642 BGB umfasst im Unterschied zum Anspruch aus § 286 Abs. 1 BGB nicht den entgangenen Gewinn und nicht das Wagnis, da der Anspruch wegen des Gläubigerverzugs besteht und nicht wegen der Verletzung einer Schuldnerpflicht.[79] **51**

Bei einem aufrecht erhaltenen Vertrag verdrängt der Anspruch aus § 642 BGB nicht den Anspruch auf Schadensersatz gemäß § 6 Abs. 6 VOB/B, da letzterer keine abschließende Regelung von Leistungsstörungen enthält, die zu Verzögerungen führen.[80] **52**

Unter den Voraussetzungen des § 304 BGB steht dem Unternehmer der objektiv erforderliche Mehraufwand für das erfolglose Angebot sowie für die Aufbewahrung und Erhaltung des geschuldeten Gegenstands (die Werkleistung) zu. **53**

Anders als im Rahmen des § 6 Abs. 6 VOB/B können die Kosten des Unternehmers für ein baubetriebliches Gutachten nicht als Entschädigungsanspruch über § 642 BGB durchgesetzt werden.[81]

---

75 Staudinger/*Löwisch*, § 298 Rn. 5.
76 Staudinger/*Löwisch*, § 298 Rn. 4; MüKo-BGB/*Ernst*, § 298 Rn. 2; Palandt/*Grüneberg*, § 298 Rn. 2.
77 BGH, 22.03.1984, VII ZR 286/82, BauR 1984, 401, 405.
78 *Boldt*, BauR 2006, 185, 193 m.w.N.; *Roskosny/Bolz*, BauR 2006, 1804, 1815 m.w.N.
79 BGH, 21.10.1999, VI ZR 185/98, BauR 2000, 722, 725.
80 BGH, a.a.O.
81 *Boldt*, BauR 2006, 185, 201; einen Anspruch eher verneinend: OLG Karlsruhe, 27.02.2007, 8 U 47/06, BauR 2007, 931 (Ls.); IBR 2007, 300.

1. Erstes Kriterium: Dauer des Verzugs

54 Die Höhe der Entschädigung wird im Rahmen des § 642 Abs. 2 BGB nach der Dauer des Verzugs bestimmt. Entgegen *OLG Köln* und *OLG Jena* sowie der von *Roskosny/Bolz* vertretenen Auffassung kann der Entschädigungsanspruch nicht nur die Bereitstellungskosten für die Dauer des Annahmeverzugs abgelten.[82] Eine solche Beschränkung des Entschädigungsanspruchs, ausschließlich auf die Dauer des Annahmeverzugs, kann auch einer Entscheidung des BGH vom 19.12.2002 nicht entnommen werden. Dieser ist zwar in den Gründen zu entnehmen, dass dem Unternehmer für die Dauer des Annahmeverzugs eine angemessene Entschädigung zusteht. Eine Beschränkung auf diesen Zeitraum ist aber nicht enthalten. Der Unternehmer hat in dem entschiedenen Ausgangsfall lediglich für den Behinderungszeitraum Schadensersatzansprüche und eine Entschädigung verlangt.[83] Würde man den Entschädigungsanspruch auf den eigentlichen Verzugszeitraum beschränken, sind dem Unternehmer Folgekosten, die kausal dem Annahmeverzug zuzurechnen sind, wie beispielsweise Kosten der Wiederaufnahme seiner Tätigkeit, abgeschnitten. Eine solche Beschränkung des Entschädigungsanspruchs ist mit dem Wortlaut des § 642 Abs. 2 BGB nicht in Einklang zu bringen.[84] Der Unternehmer soll nach § 642 Abs. 2 BGB für die Nachteile entschädigt werden, die ihm durch die unterbliebene Annahme seiner Leistung entstehen. Diese können, müssen aber nicht dem Verzugszeitraum entsprechen. Die auszugleichende Äquivalenzstörung tritt schließlich dadurch ein, dass der Unternehmer während des Annahmeverzugs des Bestellers zur Leistungserbringung verpflichtet bleibt und ihm dadurch Mehrkosten entstehen, die er ohne den Gläubigerverzug nicht hätte.[85] Diese Mehrkosten können beispielsweise auch dadurch entstehen, dass der Unternehmer nach Beendigung des Verzugs des Bestellers die Baustelle neu oder teilweise wieder einrichten muss oder während des verschobenen Ausführungszeitraums gestiegene Lohn- und/oder Stoffpreise anfallen. § 642 BGB entschädigt den Unternehmer damit (auch) wegen der Kosten, die ihm entstehen, »weil er nach Beendigung des Annahmeverzugs in andere Vertragsumstände gerät, die er nicht einkalkuliert hat und nicht einkalkulieren musste«.[86]

55 Bei einer zeitlichen Betrachtung lassen sich verschiedene Bauablaufstörungen unterscheiden. Entschädigungspflichtig ist jedenfalls die Wartezeit des Unternehmers, für die er seine Mitarbeiter und sein Arbeitsgerät sowie das Baumaterial nicht anderweitig gewinnbringend einsetzen kann, da sie für das konkret gestörte Bauvorhaben zur Verfügung stehen müssen.[87] Dem Unternehmer wird somit ein Entschädigungsanspruch für die Kosten eingeräumt, die ihm durch das Bereithalten von Arbeitskraft und Kapital entstanden sind.[88]

56 Neben der reinen Wartezeit wird der Unternehmer auch für die hierdurch bedingte zeitliche Verschiebung Entschädigung verlangen. Hierzu gehören erhöhte Aufwendungen wegen Personalkosten- oder Stoffkostensteigerungen genauso, wie ein erhöhter Aufwand für eine Verschiebung des Bauvorhabens in eine ungünstigere Ausführungszeit, wie z.B. ein höherer Aufwand für Winterbaumaßnahmen.

Verlängert sich die Ausführungszeit durch den Annahmeverzug des Bestellers, kann der Unternehmer die zusätzlich anfallenden Kosten für den Einsatz der Bauleitung, der Projektleitung sowie die Kosten für Mannschafts- und Bürocontainer verlangen.[89] Hierzu gehören aber auch zusätzli-

---

[82] OLG Köln, 14.08.2003, 12 U 114/02, BauR 2004, 1500; OLG Jena, 11.10.2005, 8 U 849/04, NZ Bau 2006, 510; *Roskosny/Bolz*, BauR 2006, 1804, 1812.
[83] BGH, 19.12.2002, VII ZR 440/01, BauR 2003, 531.
[84] *Boldt*, BauR 2006, 185, 194.
[85] *Kniffka*, IBR-Online-Kommentar, § 642 Rn. 54.
[86] *Kniffka*, IBR-Online-Kommentar, § 642 Rn. 55.
[87] Staudinger/*Peters*, § 642 Rn. 25.
[88] BGH, 07.07.1988, VII ZR 179/87, BauR 1988, 739, 740.
[89] BGH, 19.12.2002, VII ZR 440/01, BauR 2003, 531, 532.

che Kosten für Nachunternehmer, erhöhte Gemeinkosten, zeitabhängige Gemeinkosten und zeitabhängige allgemeine Geschäftskosten.⁹⁰

2. Zweites Kriterium: Höhe der Vergütung

Neben der Dauer des Verzugs ist die Höhe der vereinbarten Vergütung ein Bemessungskriterium für die nach § 642 Abs. 2 BGB zu leistende Entschädigung. Hieraus lässt sich ableiten, dass der Entschädigungsanspruch auf der Grundlage der vereinbarten Vergütung zu berechnen ist. Fehlt es hierfür an heranziehbaren vertraglichen Bestimmungen, muss auf die übliche Vergütung gemäß § 632 Abs. 2 BGB zurückgegriffen werden. Damit sind primär die Preisermittlungsgrundlagen des Vertrags heranzuziehen.⁹¹ Da es sich bei dem Entschädigungsanspruch nach § 642 BGB um einen Anspruch eigener Art mit Entgeltcharakter handelt und nicht um einen Schadensersatzanspruch, umfasst die Entschädigungsleistung auch die Umsatzsteuer.⁹²

Der Vergütungsanspruch des Unternehmers besteht neben dem Entschädigungsanspruch für das hergestellte Werk und ist mit diesem nicht zu verrechnen. Er besteht auch neben den Ansprüchen aus §§ 649, 645 Abs. 1 S. 2 BGB, wenn das Werk infolge einer Kündigung durch den Besteller oder gemäß § 643 BGB unvollendet bleibt.⁹³ Er tritt auch neben mögliche Schadensersatzansprüche gegen den Besteller aus Schuldnerverzug oder positiver Forderungsverletzung.⁹⁴

Die untere Grenze der Entschädigungsleistung ist durch die Selbstkosten des Unternehmers bestimmt. Ungeklärt ist, ob diese Selbstkosten auch dann als Maßstab herangezogen werden können, wenn die vertraglich vereinbarten Preise bzw. die aus der vertraglichen Vergütung abgeleiteten Kosten darunter liegen. *Staudinger* will in diesem Fall die vertraglich vereinbarten Preise heranziehen.⁹⁵ *Boldt* will den Auftragnehmer an die kalkulierten Preise binden, gleich ob es sich um Spekulationspreise handelt oder nicht, da § 642 BGB einen objektiven Anknüpfungspunkt für die Berechnung des Entschädigungsanspruchs liefern würde.⁹⁶ So wohl auch *Kniffka*, der den Entschädigungsanspruch aus den der Vergütung zugrunde liegenden Preisermittlungsgrundlagen herleitet und hierzu die zu § 2 Abs. 5 VOB/B entwickelten Grundsätze heranzieht.⁹⁷ Hierfür spricht auch die Formulierung des § 642 Abs. 2 BGB, da sich die Höhe der Entschädigung nach der Höhe der vereinbarten Vergütung bestimmt, was zumindest einen vergütungsorientierten Anspruch (eigener Art) nahe legt.⁹⁸

Bei der Berechnung des Entschädigungsanspruchs lehnt der BGH eine Berücksichtigung des Wagnis- und Gewinnanteils ab.⁹⁹ Begründet wird dies mit dem bestehenden Unterschied zwischen Gläubigerverzug und der Verletzung von Schuldnerpflichten. Bei der Entschädigung für eine vom Besteller unverschuldeten Behinderung sei die Erwartung des Unternehmers hierfür Gewinn zu erzielen nicht schutzwürdig. Anderenfalls würde der Besteller eine einseitige Benachteiligung erfahren, obwohl diesem die Behinderung genauso wenig zuzurechnen sei, wie dem Unternehmer.¹⁰⁰ Hiergegen spricht, dass Wagnis und Gewinn feste Bestandteile der unternehmerischen Preiskalkulation sind und keine ersparten Aufwendungen darstellen, die gemäß § 642 Abs. 2 BGB in Abzug zu bringen sind.¹⁰¹ Um die notwendige Abgrenzung zum Schadensersatz aufrecht

---

90 *Kniffka*, IBR-Online-Kommentar, § 642 Rn. 55.
91 PWW/*Leupertz*, § 643 Rn. 6.
92 BGH, 24.01.2008, VII ZR 280/05, BauR 2008, 821.
93 BGH, 21.10.1999, VII ZR 185/98, BauR 2000, 722, 725.
94 Staudinger/*Peters*, § 642 Rn. 27.
95 Staudinger/*Peters*, § 642 Rn. 25.
96 *Boldt*, BauR 2006, 185, 195.
97 *Kniffka*, IBR-Online-Kommentar, § 642 Rn. 56.
98 *Roskosny/Bolz*, BauR 2006, 1804, 1807 ff. mit ausführlicher Darstellung der Auslegungsmöglichkeiten.
99 BGH, 21.10.1999, VII ZR 185/98, BauR 2000, 722, 725.
100 OLG Braunschweig, 22.04.2004, 8 U 227/02, BauR 2004, 1621, 1623.
101 *Roskosny/Bolz*, BauR 2006, 1804, 1811 m.w.N.

zu erhalten, wird es teilweise als ausreichend angesehen, dass die Entschädigung zwar in der Vergütung für das betroffene Bauvorhaben enthaltene Gewinnanteile mit umfasst, aber nicht einen möglichen Gewinn, der ohne den Annahmeverzug des Bestellers durch andere Aufträge erzielt worden wäre.[102]

So differenziert *Boldt* zwischen dem in der kalkulierten Vergütung eingerechneten Gewinn und einem entgangenen Gewinn aus einem möglichen Folgeauftrag. Letzterer sei ein klassischer Schaden, der von vorneherein nichts mit den für das betroffene Bauvorhaben kalkulierten Vertragspreisen zu tun hat.[103] Davon zu unterscheiden sei die vereinbarte und kalkulierte Vergütung mit Gewinnanteil als Basis des Entschädigungsanspruchs. Außerdem lehne der Bundesgerichtshof, dem Wortlaut der Entscheidung nach, auch nicht generell den Gewinn ab, sondern nur den entgangenen Gewinn.[104] Da die Höhe der Entschädigung nur nach der Höhe der vereinbarten Vergütung bestimmt wird, demnach § 642 Abs. 2 BGB keine gesetzliche Regelung enthält, die derjenigen des § 649 S. 2 BGB gleich kommt (dort kann der Unternehmer die vereinbarte Vergütung verlangen) und der entgangene Gewinn einen Teil eines gemäß § 249 Abs. 1 BGB zu leistenden Schadensersatzes darstellt (§ 252 S. 1 BGB), ist der klaren Abgrenzung des BGH der Vorzug zu geben.

Je nachdem, ob man den kalkulatorischen Anteil für das Wagnis als Teil des Gewinns betrachtet oder aber als eigenständige Kalkulationsgröße, die auch ein Kostenrisiko des Unternehmers für Lohn- und Materialpreisschwankungen während der Bauzeit mit umfasst, wird er der Entschädigung zuzurechnen sein oder nicht. Nach der Rechtsprechung des BGH ist das Wagnis vom Entschädigungsanspruch jedenfalls nicht mit umfasst.[105]

3. Anrechnung ersparter Aufwendungen und anderweitigen Erwerbs

60 Dasjenige, was der Unternehmer infolge des Verzugs an Aufwendungen erspart oder durch die anderweitige Verwendung seiner Arbeitskraft erwerben kann, muss nach § 642 Abs. 2 BGB bei der Höhe der Entschädigung berücksichtigt werden. Verschiedentlich wird angenommen, dass der Unternehmer bei der Berechnung der ersparten Aufwendungen seine Kalkulation zugrunde legen muss.[106] Zu berücksichtigen sind aber entsprechend § 649 S. 2 BGB die tatsächlichen Einsparungen. Ersparte Aufwendungen im Sinne des § 642 BGB können keine andere Bedeutung haben. Einsparungen sind tatsächlicher und nicht theoretisch kalkulatorischer Natur. Erspart sind demnach die Aufwendungen, die der Unternehmer bei der Ausführung des Vertrags hätte machen müssen und die er wegen des Annahmeverzugs nicht machen musste. Dabei ist auf die Aufwendungen abzustellen, die durch die (zeitweise) Nichtausführung des konkreten Vertrags entfallen sind.[107] Der BGH hat klargestellt, dass für die Berechnung der ersparten Aufwendungen (gemäß § 649 S. 2 BGB) die Ersparnis maßgeblich ist, die der Auftragnehmer tatsächlich hat. Dies ergibt sich aus § 649 S. 2 BGB und aus der dem Gesetz nachgebildeten Regelung des § 8 Abs. 1 Nr. 2 VOB/B. Diese Regelung sieht keine Möglichkeit vor, auf die kalkulatorisch ersparten Aufwendungen abzustellen. Auf diese Weise ist das Prinzip der Vor- und Nachteilswahrung eingehalten. Der Unternehmer muss deshalb die konkrete Entwicklung der Kosten vortragen, die bei Durchführung des Auftrags tatsächlich entstanden wären und die er erspart hat. Solange sich keine Anhaltspunkte für eine andere Kostenentwicklung ergeben, reicht es aus, wenn der Unternehmer die Ersparnis auf der Grundlage seiner ursprünglichen Kalkulation berechnet.[108] Als auftragsbezoge-

---

102 *Boldt*, BauR 2006, 185, 196; *Kniffka*, IBR-Online-Kommentar, § 642 Rn. 57; Vygen/Schubert/Lang, Rn. 324.
103 *Boldt*, BauR 2006, 185, 196.
104 *Boldt*, a.a.O.
105 BGH, 21.10.1999, VII ZR 185/98, BauR 2000, 722, 725.
106 Vygen/Schubert/Lang, Rn. 323; *Boldt*, BauR 2006, 185, 198.
107 BGH, 22.09.2005, VII ZR 63/04, BauR 2005, 1916, 1917.
108 BGH, 24.06.1999, VII ZR 342/98, BauR 1999, 1292, 1293.

ne Ersparnis kommen dabei ersparte Gerätekosten und nicht eingesetztes Personal in Betracht. Gerätestillstandskosten können nicht unter Ansatz der Baugeräteliste ermittelt werden.[109] Erspart sein können auch Baustellengemeinkosten, soweit sie bauablaufbezogen kalkuliert waren.[110] Hierzu können auch tatsächlich ersparte Nachunternehmerkosten gehören und das einkalkulierte Wagnis, soweit sich das Risiko nicht verwirklichen konnte.[111] Nicht erspart sein können die allgemeinen Geschäftskosten und der Gewinn.[112]

Der Unternehmer muss sich gemäß § 642 Abs. 2 BGB auch dasjenige bei der von ihm verlangten Entschädigung anrechnen lassen, was er durch eine anderweitige Verwendung seiner Arbeitskraft erwerben kann. Damit ist anders als bei den Regeln der Vorteilsausgleichung gemäß §§ 649, 326 BGB keine Erforderlichkeit gegeben, dass der Unternehmer tatsächlich durch die anderweitige Verwendung seiner Arbeitskraft etwas erwirbt oder es zu erwerben böswillig unterlässt.[113] Vielmehr ist jeder unterlassene anderweitige Erwerb zu berücksichtigen, soweit er objektiv möglich war.[114] Der anderweitige Erwerb muss sich dem Unternehmer konkret angeboten haben. Zumutbar sind auch Tätigkeiten, die lediglich die Selbstkosten decken, da der Unternehmer hierdurch in die Lage versetzt wird, seine sonst beim Besteller geltend zu machende Entschädigung anderweitig zu kompensieren.[115] Ablehnen kann der Unternehmer dagegen anderweitige Erwerbsmöglichkeiten, die ihn daran hindern, seine weiterhin bestehende Leistungsverpflichtung in dem vom Annahmeverzug des Bestellers betroffenen Bauvorhaben zu erfüllen.[116]

61

4. »Schadens«-minderungspflicht

Eine direkte Anwendung der Vorschrift des § 254 BGB scheidet aus, da ein Mitverschulden die Ersatzpflicht des Schädigers einschränkt, wenn bei der Entstehung oder der Entwicklung eines Schadens ein Verschulden des Geschädigten mitgewirkt hat. Der Entschädigungsanspruch stellt aber keinen Schadensersatzanspruch dar. Er orientiert sich an der vereinbarten Vergütung und bietet demnach keinen Raum für Verschuldenszurechnungen und mithin auch keine Ansatzmöglichkeit für die Berechnung eines Schadens nach der Differenzmethode. *Kapellmann/Schiffers* erkennen dennoch eine Anwendungsmöglichkeit und betrachten sowohl eine Verrechnung mit Gegenansprüchen, als auch eine Aufrechnung mit Gegenansprüchen oder eine analoge Anwendung des § 254 BGB für möglich.[117] Ein Entschädigungsanspruch des Unternehmers ist in Fällen eines »mitverschuldeten« Annahmeverzugs des Bestellers nicht denkbar. Der Besteller kann gemäß § 297 BGB nicht in Verzug geraten, wenn der Unternehmer zur Zeit der Handlung außer Stande ist, die Leistung zu bewirken.[118] Folglich ist eine Haftungsquote oder ein Mitverschulden von vorneherein bei der Berechnung des Entschädigungsanspruchs nach § 642 BGB ausgeschlossen.[119]

62

Wie und in welcher Höhe der Entschädigungsanspruch zu berechnen ist, bestimmt § 642 Abs. 2 BGB. Eine darüber hinausgehende Verpflichtung des Unternehmers, den Entschädigungsanspruch möglichst gering zu halten, ist nicht erkennbar. Solange der Unternehmer zur Leistung verpflichtet bleibt, steht ihm auch im Rahmen des § 642 BGB der dort normierte Entschädigungsanspruch zu. Droht dem Besteller die Konfrontation mit einer dauerhaft zu leistenden Ent-

63

---

109 OLG Braunschweig, 22.04.2004, 8 U 227/02, BauR 2004, 1621, 1623.
110 PWW/*Leupertz*, § 649 Rn. 13.
111 BGH, 30.10.1997, VII ZR 222/96, BauR 1998, 185, 186.
112 PWW/*Leupertz*, § 649 Rn. 13.
113 Bamberger/Roth/*Voit*, § 642 Rn. 15.
114 *Kniffka*, IBR-Online-Kommentar, § 642 Rn. 59.
115 Staudinger/*Peters*, § 642 Rn. 26; a.A. MüKo-BGB/*Busche*, § 642 Rn. 18.
116 Staudinger/*Peters*, a.a.O.; a.A. MüKo-BGB/*Busche*, § 642 Rn. 19; Bamberger/Roth/*Voit*, § 642 Rn. 15.
117 Kapellmann/Schiffers, Rn. 1651.
118 Vgl. Rdn. 38.
119 Ausführlich zur Frage des Mitverschuldens: *Boldt*, BauR 2006, 185, 200 f.

schädigung, da der Annahmeverzug lange oder dauerhaft anhält, ist zu prüfen, ob bereits eine Unmöglichkeit der Leistung vorliegt und somit kein Fall des Annahmeverzugs.[120] Will der Besteller einen andauernden Annahmeverzug und die damit verbundenen Entschädigungsfolgen verhindern, muss er sich dazu entschließen, die Leistungsverpflichtung des Unternehmers durch eine Kündigung des Vertrags zu beenden. Schließlich ist der Unternehmer nach § 643 BGB dazu berechtigt, aber nicht verpflichtet, selbst den Vertrag zu kündigen.

64 Soweit dem Unternehmer ein Schadensersatzanspruch aus § 280 BGB oder § 6 Abs. 6 VOB/B zusteht, soll er Anspruch auf Erstattung der Beschleunigungskosten haben, soweit sie dazu dienen und geeignet sind, einen sonst entstehenden Verzögerungsschaden gering zu halten.[121] Dies sei aus § 254 BGB ableitbar, da unter den Voraussetzungen der Schadenserstattungspflicht auch eine Verpflichtung des Unternehmers gegeben ist, diesen Schaden gering zu halten. Da aber im Rahmen des § 642 BGB kein Schadensausgleich stattfindet und keine Verpflichtung des Unternehmers angenommen werden kann, die Folgen des Annahmeverzugs gering zu halten, besteht kein Grund, dem Unternehmer aus § 642 BGB und einer Anwendung des Rechtsgedankens aus § 254 BGB Kosten der auftragslos vorgenommenen Beschleunigungsmaßnahmen zu erstatten.[122]

5. Darlegungs- und Beweislast

65 Auf der Tatbestandsebene hat der Unternehmer den Annahmeverzug des Bestellers, die Dauer des Annahmeverzugs und die Höhe der Vergütung darzulegen und zu beweisen. Hierzu gehört eine bauablaufbezogene Darstellung, in der der Unternehmer zunächst den bauvertraglich vereinbarten Bauablauf darlegt, dann die genaue Behinderung und schließlich deren konkrete Auswirkungen auf seine Leistungen.[123] Die allgemeine Darlegung, dass der Bauablauf und die Zustände auf der Baustelle chaotisch waren, verbunden mit der Behauptung, betriebswirtschaftlich-kalkulatorischer Konsequenzen, genügt diesen Anforderungen nicht.[124] Hinsichtlich des Ersatzes von Personalkosten muss dargelegt werden, welche Arbeiter in welchen Zeiträumen die vorgesehene Tätigkeit nicht ausführen konnten und untätig bleiben mussten. Dazu gehört die Darlegung, warum sie in dem Bauvorhaben auch nicht anderweitig eingesetzt werden konnten. Die die Haftung begründenden Umstände sind schriftsätzlich vorzutragen. Wegen der Einzelheiten kann auf ein bei den Akten befindliches Gutachten Bezug genommen werden, ohne, dass hierdurch ein Verstoß gegen den Beibringungsgrundsatz gemäß § 130 Nr. 3 ZPO gegeben wäre.[125] Die Frage, ob eine Pflichtverletzung des Auftraggebers zu einer Behinderung des Auftragnehmers geführt hat, betrifft die haftungsbegründende Kausalität und damit den konkreten Haftungsgrund. § 287 ZPO ist damit nicht anwendbar. Dem Unternehmer kommen insoweit keine, aus der genannten Vorschrift ableitbaren Darlegungserleichterungen zugute. Die Tatsachen, aus denen die Verpflichtung zur Zahlung der Entschädigung hergeleitet werden, sind als konkreter Haftungsgrund nach den Grundsätzen des § 286 ZPO nachzuweisen. Hierzu gehört auch die Frage, ob eine Obliegenheitsverletzung des Bestellers zu einer Behinderung des Unternehmers geführt hat.[126] Es gelten für die Darlegung und die Beweislast der tatbestandlichen Voraussetzungen des § 642 BGB die von der Rechtsprechung zu § 6 Abs. 6 VOB/B entwickelten Grundsätze.[127]

---

120 Vgl. Rdn. 40.
121 *Kniffka*, IBR-Online-Kommentar, § 642 Rn. 58.
122 OLG Jena, 11.10.2005, 8 U 849/04, IBR 2006, 14 mit Hinweis darauf, dass § 642 BGB keinen vollständigen Schadensersatz gewährt; *Boldt*, BauR 2006, 185, 200; a.A. *Kniffka*, IBR-Online-Kommentar, § 642 Rn. 58.
123 BGH, 21.03.2002, VII ZR 224/00, BauR 2002, 1249, 1251.
124 OLG München, 20.11.2007, 9 U 2741/07, BauR 2009, 548 (LS); IBR 2009, 10.
125 BGH, 24.02.2005, VII ZR 225/03; BauR 2005, 861, 864.
126 BGH, 24.02.2005, VII ZR 141/03, BauR 2005, 857, 858.
127 *Kniffka*, IBR-Online-Kommentar, § 642 Rn. 62.

Lediglich für solche Umstände, die alleine für die Entstehung und den Umfang des Schadens von 66
Bedeutung sind, insbesondere der Berechnung seiner Höhe zugrunde zu legen sind, gilt § 287
ZPO. Danach sind die weiteren Folgen der konkreten Behinderung zu beurteilen, soweit sie nicht
mehr zum Haftungsgrund gehören, sondern dem durch die Behinderung erlittenen Schaden zuzuordnen sind. Es unterliegt deshalb der einschätzenden Bewertung des Tatrichters, inwieweit eine konkrete Behinderung von bestimmter Dauer zu einer Verlängerung der gesamten Bauzeit geführt hat. Auch ist § 287 ZPO anwendbar, soweit es darum geht, inwieweit verschiedene Behinderungen Einfluss auf eine festgestellte Verlängerung der Gesamtbauzeit genommen haben. Die Darlegungserleichterungen aus § 287 ZPO führen aber nicht dazu, dass der Unternehmer eine, aus einer oder mehreren Behinderungen abgeleitete Bauzeitenverlängerung nicht möglichst konkret darlegen muss. Es ist eine baustellenbezogene Darstellung der Ist- und Sollabläufe notwendig, die die Bauzeitverlängerung nachvollziehbar macht. Zu diesem Zweck kann sich der Unternehmer der Hilfe grafischer Darstellungen bedienen, die gegebenenfalls erläutert werden müssen.[128]

Zur Darlegung (und zum Beweis) der durch den Annahmeverzug kausal bedingten Mehraufwendungen gehört auch der schlüssige Vortrag zu den ersparten Aufwendungen und einem anderweitigen Erwerb. Es ist dann Sache des Bestellers, höhere Ersparnisse oder einen weitergehenden anderweitigen Erwerb des Unternehmers darzulegen und zu beweisen.[129]

6. Verjährung

Die Verjährung des Anspruchs bestimmt sich nach den allgemeinen Regeln der §§ 195, 199 67
BGB. Auch wenn es sich bei dem Entschädigungsanspruch um einen vergütungsähnlichen Anspruch handelt, ist für dessen Fälligkeit die Abnahme nicht erforderlich.[130] Hieran hat die Rechtsprechungskorrektur des BGH nichts geändert, wonach bei einem gekündigten Bauvertrag die Werklohnforderung grundsätzlich erst mit der Abnahme der bis dahin erbrachten Werkleistung fällig wird.[131] Der BGH hat in dieser Entscheidung klargestellt, dass nur insoweit von der vorangegangenen Rechtsprechung abgewichen wird, als für die Fälligkeit der Vergütungsforderung für erbrachte Werkleistungen nunmehr eine Abnahme erforderlich ist.[132] Damit bleibt es für die Fälligkeit von vergütungsgleichen Forderungen, wie der Entschädigung dabei, dass auch bei einem gekündigten Bauvertrag die Abnahme keine Fälligkeitsvoraussetzung ist. Für den ungekündigten Bauvertrag kann nichts anderes gelten. Der Entschädigungsanspruch steht neben dem Vergütungsanspruch für erbrachte Leistungen, für die die Abnahme Fälligkeitsvoraussetzung bleibt. Die Verjährung beginnt demnach mit dem Schluss des Jahres, in dem der Entschädigungsanspruch entstanden ist und der Unternehmer von den den Anspruch begründenden Umständen Kenntnis erlangt hat oder ohne grobe Fahrlässigkeit Kenntnis erlangen musste. Der Entschädigungsanspruch kann somit bereits vor dem später fällig werdenden Werklohnanspruch verjähren. *Döring* macht die Frage der Fälligkeit des Entschädigungsanspruchs von der abschließenden Bewertbarkeit des Mehraufwandes abhängig, so dass die Verjährung nicht vor Abschluss der »Schadensentwicklung« (der Beendigung der Mehraufwendungen) beginnen könnte.[133] Richtig dürfte sein, danach zu unterscheiden, ob der Entschädigungsanspruch nur auf eine abgeschlossene Obliegenheitsverletzung mit vollständig berechenbarer Entschädigung zurückgeht. Dann wird der Entschädigungsanspruch, der auf dem Annahmeverzug wegen dieser abgeschlossenen Obliegenheitsverletzung beruht, mit Ablauf des Jahres beginnen zu verjähren, in dem der Entschädigungsanspruch erstmals im Wege der Klage geltend gemacht werden kann. Dauert die Obliegenheitsverletzung an, wiederholt sie sich oder begründen mehrere Obliegenheitsverletzungen des

---

128 BGH, 24.02.2005, VII ZR 225/03, BauR 2005, 861, 864f.
129 PWW/*Leupertz*, § 642 Rn. 7.
130 BGH, 09.10.1986, VII ZR 249/85, BauR 1987, 95, 96.
131 BGH, 11.05.2006, VII ZR 146/04, BauR 2006, 1294.
132 BGH, 11.05.2006, VII ZR 146/04, BauR 2006, 1295.
133 Ingenstau/Korbion/*Döring*, B § 6 Abs. 6 Rn. 66.

§ 643 BGB   Kündigung bei unterlassener Mitwirkung

Bestellers Entschädigungsansprüche, so beginnt die Verjährungsfrist für jeden gesonderten Verzugstatbestand getrennt, soweit er abtrennbare Entschädigungsansprüche begründet.

Im Rahmen eines VOB/B-Vertrages setzt die Fälligkeit des Entschädigungsanspruchs die Erteilung einer prüfbaren Schlussrechnung gemäß § 16 Abs. 3 Nr. 1 VOB/B voraus.[134]

§ 643 Kündigung bei unterlassener Mitwirkung

Der Unternehmer ist im Falle des § 642 berechtigt, dem Besteller zur Nachholung der Handlung eine angemessene Frist mit der Erklärung zu bestimmen, dass er den Vertrag kündige, wenn die Handlung nicht bis zum Ablauf der Frist vorgenommen werde. Der Vertrag gilt als aufgehoben, wenn nicht die Nachholung bis zum Ablauf der Frist erfolgt.

A. Allgemeines

1   Verletzt der Besteller seine Mitwirkungsobliegenheit nach § 642 BGB und kommt er mit der erforderlichen Handlung in Annahmeverzug, kann der Unternehmer zur Nachholung der Handlung eine angemessene Frist mit der Erklärung bestimmen, dass er den Vertrag kündige, wenn die Handlung nicht bis zum Ablauf der Frist vorgenommen wird. Die Vorschrift ergänzt den in § 642 BGB geregelten Entschädigungsanspruch. Will der Unternehmer seine eigene Leistungspflicht beenden, kann er den Weg der Vertragsauflösung beschreiten.

2   Die Kündigungsmöglichkeit nach § 643 BGB ist abdingbar.[1] Dies gilt bis zur Grenze der Sittenwidrigkeit.[2]

B. Voraussetzungen der Vertragsbeendigung

I. Fehlende Mitwirkung des Bestellers – Annahmeverzug

3   Um den Werkvertrag nach § 643 BGB beenden zu können, müssen die Voraussetzungen des § 642 BGB vorliegen. Danach muss der Besteller in Annahmeverzug der Unternehmerleistung geraten, weil er zuvor eine für die Herstellung des Werkes erforderliche Mitwirkungshandlung unterlassen hat.[3] Die Vorschrift des § 643 BGB enthält keine Beschränkung der Kündigungsmöglichkeit auf unterbliebene wesentliche Mitwirkungsobliegenheiten des Bestellers. Teilweise wird angenommen, dass nicht jede Mitwirkungsverweigerung die Kündigungsmöglichkeit eröffnen soll.[4] Anders als bei § 9 Abs. 1 Nr. 1 VOB/B verlangt § 643 BGB i.V.m. § 642 BGB keine Unterlassungshandlung, die den Unternehmer außer Stande setzt, seine Leistung auszuführen. Eine Erweiterung der Tatbestandsvoraussetzungen der in § 643 BGB geregelten Kündigungsmöglichkeit durch allgemeine Geschäftsbedingungen (hier § 9 Abs. 1 Nr. 1 VOB/B) ist weder dogmatisch zu verantworten, noch rechtlich geboten um Extremfälle zu vermeiden. Zum einen kann der Besteller die Vertragsbeendigung noch vor Ablauf der gemäß § 643 BGB gesetzten Frist durch Nachholung der Handlung abwenden,[5] was bei fehlenden Mitwirkungshandlungen untergeordneter Art in der Regel unproblematisch sein dürfte. Zum anderen ist das Kündigungsrecht des Unternehmers durch die Grenzen des Rechtsmissbrauchs (§ 242 BGB) beschränkt.[6]

---

134 BGH, 09.10.1986, VII ZR 249/85, BauR 1987, 95, 96.
1 Palandt/*Sprau*, § 643 Rn. 1.
2 PWW/*Leupertz*, § 643 Rn. 1.
3 Vgl. zu den Voraussetzungen: *Lubojanski*, § 642 Rdn. 2 ff.
4 Staudinger/*Peters/Jacoby*, § 643 Rn. 7.
5 MüKo-BGB/*Busche*, § 643 Rn. 6.
6 Bamberger/Roth/*Voit*, § 643 Rn. 2; MüKo-BGB/*Busche*, § 643 Rn. 6.

Eine vertragliche Beschränkung des Rechts aus § 643 BGB ist zulässig. Dies gilt auch für eine Kündigungseinschränkung in allgemeinen Geschäftsbedingungen.[7]

II. Frist zur Nachholung der Handlung

1. Nachfrist zur Mitwirkung

Um den Vertrag nach § 643 BGB beenden zu können, muss der Unternehmer dem Besteller eine angemessene Frist zur Nachholung der unterbliebenen Handlung setzen. Außerdem muss der Unternehmer für den fruchtlosen Fristablauf die Kündigung des Vertrags androhen. **4**

Die Fristsetzung mit Kündigungsandrohung ist eine Willenserklärung, der nach fruchtlosem Fristablauf Gestaltungswirkung zukommt. Lässt der Besteller die Frist verstreichen, ohne dass er die erforderliche Mitwirkungshandlung vornimmt, erlöschen die beiderseitigen Erfüllungsansprüche. Da es keiner gesonderten Kündigungserklärung bedarf, kann die Fristsetzung mit Kündigungsandrohung die zuvor beschriebene Gestaltungswirkung nur entfalten, wenn die unter Fristsetzung mit Kündigungsandrohung geforderte Nachholung der erforderlichen Mitwirkungshandlung durch den Unternehmer selbst oder einen wirksam bevollmächtigten Vertreter abgegeben wird.[8]

Liegt ein Fall der Gesamtvertretung vor, wie häufig bei der Prokura, ist die Mitwirkung der dafür bestimmten Gesamtvertreter notwendig, wobei es ausreicht, dass ein Gesamtvertreter nach außen handelt, wenn er intern die Zustimmung des anderen Gesamtvertreters hat. Auch eine nachträgliche Genehmigung durch den notwendigen weiteren Gesamtvertreter ist möglich, jedoch nur bis zum Ablauf der dem Besteller gesetzten Frist. Eine erst nach Fristablauf erteilte Genehmigung der Erklärung des vollmachtlosen Vertreters ist wirkungslos.[9]

Da sich der Besteller bereits in Annahmeverzug befinden muss, handelt es sich bei der Fristsetzung zur Nachholung der Handlung um eine Nachfrist. Der Besteller muss dazu in der Lage sein, die fehlende Mitwirkungshandlung innerhalb der gesetzten Frist nachzuholen. Die Frist muss deshalb angemessen sein. Sie ist ausreichend bemessen, wenn dem Besteller unter Berücksichtigung der Umstände des Einzelfalls ausreichend Zeit gegeben ist, die notwendigen Handlungen vorzunehmen. Da sich der Besteller aber bereits im Annahmeverzug befindet, wird von ihm verlangt werden können, dass er sich im besonderen Maße anstrengt, die Mitwirkungshandlung innerhalb der Frist vorzunehmen. **5**

Sollte die Frist unangemessen kurz gewählt worden sein, wird hierdurch die Fristsetzung nicht wirkungslos. Sie verlängert sich automatisch auf eine angemessene Frist, nach deren Ablauf der Vertrag dann als aufgehoben gilt.

Da eine Mahnung grundsätzlich mit der die Fälligkeit begründenden Handlung verbunden werden kann,[10] ist es auch möglich, dass der Unternehmer dem Besteller seine Leistung anbietet, beispielsweise durch ein tatsächliches Angebot (§ 294 BGB) oder auch durch ein wörtliches Angebot (§ 295 BGB) und gleichzeitig eine Frist zur Nachholung der erforderlichen Bestellerhandlung (§ 643 BGB) setzt, verbunden mit einer Kündigungsandrohung.[11] **6**

Entsprechend § 323 Abs. 2 BGB ist die Fristsetzung entbehrlich, wenn der Besteller die Vornahme der Handlung ernsthaft und endgültig verweigert.[12] In einem solchen Fall kann der Unter- **7**

---

7 MüKo-BGB/*Busche*, § 643 Rn. 9; PWW/*Leupertz*, § 643 Rn. 1.
8 BGH, 28.11.2002, VII ZR 270/01, BauR 2003, 381, 383.
9 BGH, 15.04.1998, VIII ZR 129/97, NJW 1998, 3058, 3060.
10 BGH, 25.10.2007, III ZR 91/07, NJW 2008, 50, 51.
11 *Kniffka*, IBR-Online-Kommentar, § 643 Rn. 7.
12 MüKo-BGB/*Busche*, § 643 Rn. 4; Staudinger/*Peters/Jacoby*, § 643 Rn. 11; Bamberger/Roth/*Voit*, § 643 Rn. 4.

nehmer ohne Fristsetzung zur Nachholung der Handlung den Vertrag durch rechtgestaltende Erklärung aufheben.[13]

2. Kündigungsandrohung

8   Um die Vertragsaufhebung zu bewirken, muss die Fristsetzung mit der Erklärung verbunden sein, dass der Vertrag gekündigt wird, wenn die Handlung nicht bis zum Ablauf der Frist vorgenommen werde. Wörtlich muss die Kündigung nicht angedroht werden. Der Unternehmer muss aber klar zu erkennen geben, dass er nach Ablauf der Frist keine Leistungen mehr erbringen wird. Dieser Hinweis muss vorbehaltlos erfolgen. Eine Ankündigung des Unternehmers ist nicht ausreichend deutlich und bestimmt, wenn sie offen lässt, ob der Unternehmer nach Fristablauf die Beendigung des Vertrags will oder er sich diese Entscheidung noch offen hält.[14]

9   Die Fristsetzung zur Nachholung der erforderlichen Mitwirkungshandlung macht nur Sinn, wenn für den Besteller erkennbar ist, welche Handlung vorgenommen werden soll, um der Kündigungsfolge zu entgehen.

Teilweise wird angenommen, dass der Unternehmer die Kündigung durch rechtzeitige Erklärung vor Fristablauf »zurücknehmen« kann.[15] Dies sei interessengerecht und entspreche dem Willen des Unternehmers, der trotz fehlender Mitwirkungshandlung des Bestellers vor Fristablauf bzw. bis zum Fristablauf keine Kündigung mehr wünscht. Ist dem Besteller die Kündigungsandrohung zeitlich vor dem Widerruf zugegangen, tritt die Kündigungsfolge nach Fristablauf auch dann ein, wenn es sich der Unternehmer in der Zwischenzeit anders überlegt hat. Auch der Besteller muss sich auf die Kündigungsfolge verlassen können. Denkbar ist, dass der Besteller bereits umdisponiert und einen anderen Unternehmer beauftragt hat. Die rechtsgestaltende Wirkung der Kündigungsandrohung verhindert die Möglichkeit des Widerrufs.[16] Die Kündigungsandrohung ist deshalb nicht als Drohgebärde geeignet.[17] Geht der Widerruf allerdings vor oder gleichzeitig mit der Kündigungsandrohung zu, wird Letztere gemäß § 130 Abs. 1 S. 2 BGB nicht wirksam.

Schließlich sind die Parteien nicht daran gehindert, während des Fristablaufs oder auch danach eine Vereinbarung über die Fortsetzung des Vertragsverhältnisses zu treffen. Dies kann auch durch konkludentes Verhalten geschehen.

Die Kündigungsandrohung verliert vor Fristablauf ihre Wirkung, wenn die Mitwirkungshandlung des Bestellers ausbleibt, die Arbeiten des Unternehmers aber nicht mehr behindert sind. In diesem Fall liegen die Voraussetzungen des § 642 BGB nicht mehr vor, da eine Handlung des Bestellers nur dann erforderlich ist, wenn die Unterlassung den Unternehmer außer Stande setzt, die Leistungen auszuführen.[18]

III. Rechtsfolge: Vertragsaufhebung

10 Unterbleibt die erforderliche Mitwirkungshandlung des Bestellers, tritt nach Fristablauf die Kündigungswirkung ein. Einer gesonderten Kündigungserklärung bedarf es nicht. Gleiches muss auch für den Fall gelten, dass der Besteller nur Teile der erforderlichen Handlungen vornimmt.[19] Schließlich schuldet der Besteller eine vollständige, objektiv erforderliche Mitwirkungshandlung und nicht nur Teile hiervon. Ausnahmen sind im Einzelfall nach Treu und Glauben vorstellbar.

---

13 *Kniffka*, IBR-Online-Kommentar, § 642 Rn. 11 unter Verweis auf BGH, 22.01.2004, VII ZR 183/02, BauR 2004, 826, 830.
14 MüKo-BGB/*Busche*, § 643 Rn. 4; *Kniffka*, IBR-Online-Kommentar, § 643 Rn. 10.
15 Staudinger/*Peters/Jacoby*, § 643 Rn. 15; *Kniffka*, IBR-Online-Kommentar, § 643 Rn. 13.
16 MüKo-BGB/*Busche*, § 643 Rn. 5.
17 *Kniffka/Koeble*, Kompendium des Baurechts, 8. Teil Rn. 25.
18 Vgl. *Lubojanski*, § 642 Rdn. 5 ff.
19 Staudinger/*Peters/Jacoby*, § 643 Rn. 13.

Durch die Kündigungswirkung wird das Vertragsverhältnis aufgespalten. Mit Ablauf der Frist und Eintritt der Kündigungswirkung entfallen sämtliche Leistungspflichten des Unternehmers für den noch nicht erbrachten Teil. Die Kündigung beendet den Vertrag nur für die Zukunft, sie berührt die bis zur Kündigung entstandenen Erfüllungsansprüche der Vertragsparteien nicht.[20]

Für die bis zur Kündigungswirkung durch den Unternehmer vertragsgemäß erbrachten Leistungen behält dieser seinen Vergütungsanspruch. Zusätzlich kann er Ersatz für die in der Vergütung nicht inbegriffenen Auslagen, gemäß § 645 Abs. 1 S. 1 BGB verlangen, der auch für den Fall der Vertragsaufhebung gemäß § 643 BGB gilt (§ 645 Abs. 1 S. 2 BGB). Der sich aus § 645 Abs. 1 BGB ergebende Anspruch auf Vergütung der geleisteten Arbeit ist nach den Grundsätzen zu berechnen, die die Rechtsprechung für den Anspruch auf Vergütung der erbrachten Leistungen nach einem gekündigten Werkvertrag entwickelt hat.[21]

Zusätzlich behält der Unternehmer seinen Entschädigungsanspruch aus § 642 BGB, zeitlich beschränkt bis zum Eintritt der Wirkung der Vertragsaufhebung.

Der Vergütungsanspruch des Unternehmers ist um den infolge eines Mangels entstandenen Minderwert zu kürzen. Sofern die Mängelbeseitigung möglich ist und nicht wegen unverhältnismäßig hoher Kosten verweigert werden kann, ist die Vergütung regelmäßig um die Kosten zu kürzen, die notwendig sind, um den Mangel beseitigen zu lassen, sonst um den Minderwert des Bauwerks. Dafür ist es nicht erforderlich, dass der Besteller erklärt, welche Rechte er aus den Mängeln geltend macht.[22]

Der Anspruch des Unternehmers auf einen der geleisteten Arbeit entsprechenden Teil der Vergütung und Ersatz der in der Vergütung nicht inbegriffenen Auslagen knüpft an die Verletzung der Gläubigerobliegenheit des Bestellers an. Deshalb bleibt der Vergütungsanspruch nach § 645 Abs. 1 BGB auch hinter dem Vergütungsanspruch nach § 649 S. 2 BGB zurück. Folglich steht dem Unternehmer im Rahmen des § 645 Abs. 1 BGB kein Anspruch auf den »entgehenden Gewinn« zu.[23]

Gemäß § 645 Abs. 2 BGB bleibt eine weitergehende Haftung des Bestellers wegen Verschuldens unberührt. Insoweit kann der Unternehmer auch wegen des nicht erbrachten Teils den Nichterfüllungsschaden geltend machen.[24]

Auch wenn die Vertragsparteien dem Unternehmer kein vertragliches Recht auf Kündigung eingeräumt haben, steht dem Unternehmer nicht nur unter den Voraussetzungen des § 643 BGB ein Kündigungsrecht zu: Der Unternehmer kann aus wichtigem Grund kündigen, wenn ihm ein Festhalten am Vertrag infolge eines dem Besteller zuzurechnenden Grundes nicht zumutbar ist.[25] Umstritten ist, ob ein außerordentliches Kündigungsrecht nach dem Inkrafttreten des Schuldrechtsmodernisierungsgesetzes noch bestehen kann.[26]

§ 644 Gefahrtragung

(1) Der Unternehmer trägt die Gefahr bis zur Abnahme des Werkes. Kommt der Besteller in Verzug der Annahme, so geht die Gefahr auf ihn über. Für den zufälligen Untergang und eine zufällige Verschlechterung des von dem Besteller gelieferten Stoffes ist der Unternehmer nicht verantwortlich.

---

20 BGH, 19.12.2002, VII ZR 103/00, BauR 2003, 689, 691.
21 BGH, 11.02.1999, VII ZR 91/98, BauR 1999, 632.
22 BGH, 12.10.2006, VII ZR 307/04, BauR 2007, 113, 114.
23 *Kniffka/Koeble*, Kompendium des Baurechts, 8. Teil Rn. 17; a.A. Staudinger/*Peters/Jacoby*, § 643 Rn. 19.
24 Vgl. § 645 Rdn. 41.
25 BGH, 13.06.2006, X ZR 167/04, BauR 2006, 1488, 1490.
26 Vgl. *Lubojanski*, § 649 Rdn. 15.

§ 644 BGB Gefahrtragung

(2) Versendet der Unternehmer das Werk auf Verlangen des Bestellers nach einem anderen Ort als dem Erfüllungsort, so findet die für den Kauf geltende Vorschrift des § 447 entsprechende Anwendung.

A. Sonderregelung der Vergütungsgefahr[1]

1 In § 644 BGB wird das Risiko zugewiesen, welche der Vertragsparteien die Gefahr zufälliger Verschlechterung oder zufälligen Untergangs des Werkes trägt. Es geht um die Frage, wer die wirtschaftliche Belastung aus Ereignissen zu tragen hat, welche von keiner der Vertragsparteien zu vertreten sind.[2] Ob ein Dritter als Verursacher und/oder Haftender in Betracht kommt, spielt für die Risikoverteilung keine Rolle.[3] In § 644 BGB wird nach h.M. indes allein die Vergütungsgefahr geregelt:[4] Der Unternehmer bleibt nach allgemeinen Grundsätzen verpflichtet, das Werk mangelfrei zu errichten. Als Grundsatz stellt § 644 Abs. 1 Satz 1 BGB bei der Vergütungsgefahr auf den Zeitpunkt der Abnahme ab. Ausnahmen ergeben sich aus § 644 Abs. 1 Satz 2 BGB und § 644 Abs. 2 BGB. § 644 BGB überwindet als Sonderregelung in seinem Anwendungsbereich die allgemeinen Vorschriften der §§ 320 ff. BGB, insb. § 326 Abs. 1 BGB.[5]

2 Trifft eine der Parteien ein Verschulden an der Verschlechterung oder dem Untergang des Werks, so ist § 644 BGB demgegenüber nicht einschlägig, sondern es sind die allgemeinen Vorschriften der §§ 275 ff. BGB, §§ 323 ff. BGB anzuwenden. § 644 BGB lässt auch die werkvertraglichen Mängelansprüche unberührt.[6] Beruht der Untergang oder die Verschlechterung auf einem Mangel des Werkes, so kann der Besteller seine Mängelansprüche gegenüber dem Unternehmer geltend machen. Die Regelung des § 644 BGB wird ergänzt durch die Vorschrift des § 645 BGB.

B. Gefahrtragung durch den Unternehmer

I. Leistungsgefahr

3 Unter der Leistungsgefahr versteht man die Gefahr, das zwischenzeitlich beschädigte oder gar zerstörte Werk nochmals herstellen zu müssen (Herstellungsrisiko).[7] Auch im Werkvertragsrecht beurteilt sich diese Frage ausschließlich nach § 275 BGB.[8] Bei einem zufälligen Untergang oder einer zufälligen Verschlechterung des Bauwerkes wird der Unternehmer somit von seiner Herstellungspflicht nur dann frei, wenn es ihm nach § 275 Abs. 1 BGB objektiv oder subjektiv unmöglich ist, den geschuldeten Erfolg herbeizuführen, oder wenn er nach § 275 Abs. 2 oder Abs. 3 BGB ein Leistungsverweigerungsrecht geltend machen kann. Der Unternehmer kann sich auch nicht auf die Vorschrift des § 635 Abs. 3 BGB analog berufen,[9] weil dadurch der Erfüllungsanspruch des Bestellers unangemessen eingeschränkt würde. Dieser erlischt erst, wenn der Unternehmer durch die Neuherstellung in schlechterdings unerträglicher Weise belastet werden würde.[10] Diese Grenze wird durch § 275 Abs. 2 BGB bestimmt; es besteht diesbezüglich daher keine Notwendigkeit, auf die Vorschrift des § 635 Abs. 3 BGB analog zurückgreifen zu müssen.

---

1 Für die wertvolle Unterstützung bei der Vorbereitung und Erstellung des Manuskripts danke ich Frau ass.iur. *Grete Langjahr*.
2 Kleine-Möller/Merl/*Kleine-Möller*, § 12 Rn. 330.
3 Kleine-Möller/Merl/*Kleine-Möller*, § 12 Rn. 330.
4 Messerschmidt/Voit/*Merkens*, § 644 Rn. 1; MüKo-BGB/*Busche*, § 644 Rn. 1; Palandt/*Sprau*, BGB § 645 Rn. 1; a.A. Bamberger/Roth/*Voit* § 644 Rn. 3 (auch Regelung der Leistungsgefahr).
5 Vgl. zum alten Recht BGH v. 21.08.1997, VII ZR 17/96, BauR 1997, 1019.
6 Kniffka/*Pause/Vogel*, IBR-Online-Kommentar, § 644 Rn. 2.
7 MüKo-BGB/*Busche*, § 644 Rn. 1.
8 MüKo-BGB/*Busche*, § 644 Rn. 1; Messerschmidt/Voit/*Merkens*, § 644 Rn. 1 ff.
9 Bamberger/Roth/*Voit*, § 644 Rn. 7; a.A. Palandt/*Sprau*, BGB § 645 Rn. 2, Staudinger/*Peters/Jacoby*, § 644 Rn. 8.
10 Bamberger/Roth/*Voit*, § 644 Rn. 7.

Erst mit der Abnahme geht das Risiko des zufälligen Untergangs oder der zufälligen Verschlechte- 4
rung des Werkes auf den Besteller über. Eine ausdrückliche Regelung fehlt dazu zwar.[11] Das Gesetz erklärt den Unternehmer aber in § 641 Abs. 1 S. 1 BGB im Grundsatz für vorleistungspflichtig bis zum Zeitpunkt der Abnahme. Es entspricht zudem ganz allgemeiner Auffassung, dass auch im Rahmen der Mängelansprüche Verschlechterungen nach der Abnahme bzw. Vollendung unerheblich sind (vgl. § 634 BGB Rdn. 10 f.). Befindet sich der Besteller zum Zeitpunkt der Verschlechterung oder des Unterganges im Annahmeverzug, so geht die Leistungsgefahr bereits dann auf ihn über, vgl. § 300 Abs. 1 BGB. Beruht der Untergang oder die Verschlechterung des Werkes auf einem Mangel, so stehen dem Besteller jedoch die Rechte aus den §§ 634 ff. BGB zu.

II. Preisgefahr

1. Grundsatz

Die Vergütungsgefahr betrifft das Risiko, das Werk bezahlen zu müssen, ohne es zu erhalten.[12] 5
§ 644 BGB knüpft an die §§ 320 Abs. 1 S. 1, 326 Abs. 1 S. 1 Halbs. 1 BGB an und modifiziert diese Vorschriften, um den Besonderheiten des Werkvertragsrechts gerecht zu werden.[13] Nach der Grundregel in § 644 Abs. 1 S. 1 BGB trägt der Unternehmer die Vergütungsgefahr bis zur Abnahme des Werkes. Die Vorschrift trägt der in § 641 Abs. 1 BGB niedergelegten Vorleistungspflicht des Unternehmers Rechnung,[14] der ebenso lang die Leistungsgefahr trägt (vgl. o.). Bis zu diesem Zeitpunkt trägt der Unternehmer das wirtschaftliche Risiko, dass er wegen einer Verschlechterung des Werks als Folge der Leistungsgefahr nachzuleisten hat, ihm aber für diese zusätzliche Bauleistung keine Vergütung zusteht. Der Unternehmer ist verpflichtet, ein mangelfrei errichtetes Werk zu erstellen. Im Extremfall muss der Unternehmer ein vollständiges und mangelfreies Werk nochmals ohne zusätzlichen Vergütungsanspruch errichten, wenn dieses vor Abnahme zufällig untergeht und er sich nicht auf § 275 BGB berufen kann (vgl. Rdn. 3).

2. Übergang der Preisgefahr durch Abnahme, § 644 Abs. 1 S. 1 BGB

Mit der Abnahme des Bauwerkes durch den Besteller geht die Vergütungsgefahr auf ihn über. 6
Der Unternehmer ist seiner vertraglich geschuldeten Verpflichtung zur Erstellung eines Bauwerks nachgekommen. Mit der (vorbehaltlosen) Abnahme hat der Besteller das Werk als im wesentlichen vertragsgemäß anerkannt. Ab diesem Zeitpunkt kann er nur noch die Mängelansprüche gem. § 634 BGB geltend machen. Verschlechtert sich das Werk nach der Abnahme zufällig oder geht es durch Zufall unter, so bleibt der Besteller gleichwohl verpflichtet, die vereinbarte Vergütung zu entrichten. Wegen bestehender Mängelansprüche kann der Besteller allenfalls den Werklohn gem. §§ 634 Nr. 3, 638 BGB mindern; er kann auf die Minderung zurückgreifen, weil die Nacherfüllung gem. §§ 634 Nr. 3, 326 Abs. 5 BGB unmöglich geworden ist, ohne dass er die Unmöglichkeit weit überwiegend zu verantworten hätte.

Ist nach der Beschaffenheit des Werkes die Abnahme ausgeschlossen, so tritt gem. § 646 BGB die 7
Vollendung des Werkes an die Stelle der Abnahme. Diese Vorschrift spielt im Baubereich jedoch keine Rolle, Bauleistungen sind ihrer Natur nach abnahmefähig, da sowohl das Bauwerk als solches, als auch die für dessen Herstellung erforderlichen Unterlagen verkörpert sind.[15] Nimmt der Besteller nur einen Teil des Werkes ab, so geht die Vergütungsgefahr der abgenommenen Teilleistung auf ihn über. Im Übrigen verbleibt die Vergütungsgefahr beim Unternehmer.

---

11 Bamberger/Roth/*Voit*, § 644 Rn. 3, will § 644 BGB auf die Leistungsgefahr erstrecken.
12 MüKo-BGB/*Busche*, § 644 Rn. 1.
13 MüKo-BGB/*Busche*, § 644 Rn. 2.
14 Bamberger/Roth/*Voit*, § 644 Rn. 3.
15 Messerschmidt/Voit/*Messerschmidt*, § 646 Rn. 2.

3. Übergang der Preisgefahr durch Annahmeverzug, § 644 Abs. 1 S. 2 BGB

8 Befindet sich der Besteller im Verzug der Annahme, so geht gem. § 644 Abs. 1 Satz 2 BGB die Vergütungsgefahr ebenfalls auf ihn über. Dies setzt voraus, dass der Besteller die ihm ordnungsgemäß, d.h. insbesondere mangelfrei angebotene Leistung nicht annimmt.[16] Auf ein Verschulden des Bestellers bei der von ihm unrechtmäßig unterlassenen Abnahme kommt es nicht an.[17]

9 Darüber hinausgehend ist die Reichweite des § 644 Abs. 1 Satz 2 BGB umstritten. Es geht um die Frage, ob der Gefahrübergang nur dann eintritt, wenn der Besteller seiner gem. § 640 Abs. 1 S. 1 bestehenden Rechtspflicht[18] zur Abnahme des Werkes nicht nachkommt oder auch dann, wenn er es unterlässt, lediglich als Obliegenheit ausgestaltete[19] erforderliche Mitwirkungshandlungen vorzunehmen, wodurch die Herstellung des Werkes erschwert oder verzögert wird. Die Vorschrift des § 644 Abs. 1 Satz 2 BGB steht im unmittelbaren Zusammenhang mit § 644 Abs. 1 Satz 1 BGB, wonach der Abnahmezeitpunkt maßgeblich für den Gefahrübergang ist. Die Abnahme setzt ein vom Unternehmer mangelfrei fertig gestelltes Werk voraus, während die unterlassenen Mitwirkungshandlungen im Rahmen der Herstellungsphase des Bauwerkes von Bedeutung sind. Bei einem vom Unternehmer bereits fertig gestellten Bauwerk erschiene es unbillig, wenn der Besteller den Gefahrübergang verzögern könnte, indem er es unterlässt, das Bauwerk abzunehmen. Dieser Situation trägt § 644 Abs. 1 Satz 2 BGB Rechnung. Ob bei jeglicher Mitwirkungshandlung eine vergleichbare Interessenlage vorliegt, erscheint bedenkenswert, ist im Ergebnis jedoch zu verneinen. Insoweit enthalten die §§ 642, 643 BGB hinreichende Regelungen. Auch bei einer unterlassenen Mitwirkungshandlung im Verlauf der Werkerstellung trägt der Unternehmer die Vergütungsgefahr bis zum Zeitpunkt der Abnahme oder des Annahmeverzugs durch den Besteller. Würde eine unterlassene Mitwirkungshandlung bereits zu einem Gefahrübergang zu einem früheren Zeitpunkt führen, so trüge der Besteller die Vergütungsgefahr bereits, wenn er nur eine untergeordnete Handlung unterlassen hat oder diese bereits zu Beginn der Arbeiten hätte ausgeführt werden müssen. Nicht zuletzt die Unsicherheit über den Risikoübergang spricht gegen eine solche Lösung. Vor allem aber der Geltungsgrund der in § 644 Abs. 1 S. 1 BGB niedergelegten Regel steht einer pauschalen Gleichsetzung entgegen: Es erscheint selbstwidersprüchlich, wenn sich der Besteller zur Verteidigung auf eine eigene Pflichtverletzung, nämlich die unterlassene Abnahme, beruft. Diese Erwägung begrenzt zugleich die Reichweite einer möglichen Analogie: Wenn der Besteller seine Mitwirkungshandlung so lange hinauszögert, dass der Unternehmer in dieser Zeit das Werk hätte abnahmereif errichten können, ist der Besteller gleichfalls nicht schutzwürdig: Er hat durch sein Verhalten die Herstellung des Werkes vereitelt und muss dann die Gefahr des zufälligen Untergangs oder der zufälligen Zerstörung tragen. Im übrigen aber bleibt es bei der Beschränkung von § 644 Abs. 1 S. 2 BGB auf den Gläubigerverzug im Hinblick auf die Abnahme. Der Unternehmer wird dadurch hinreichend geschützt, dass er Teilabnahmen durchführen und dadurch den Gefahrübergang bei einzelnen Gewerken vorverlagern kann.

10 Verschlechtert sich der Zustand des Bauwerkes oder geht es infolge einfacher Fahrlässigkeit des Schuldners (vgl. § 300 Abs. 1 BGB) während des Annahmeverzuges unter, so ist der Anwendungsbereich des § 644 Abs. 1 BGB eröffnet, und der Besteller schuldet trotz eines Verschuldens des Unternehmers die vereinbarte Vergütung.[20] Ist der Annahmeverzug beendet, so trägt vor der Abnahme wieder der Unternehmer die Vergütungsgefahr.[21]

11 Bei den Rechtsfolgen des zufälligen Untergangs oder der Zerstörung während des Annahmeverzuges ist zu differenzieren: Ist die Herstellung des Werkes noch möglich, so trägt der Besteller die

---

16 MüKo-BGB/*Ernst*, § 293 Rn. 1, Palandt/*Heinrichs*, BGB § 293 Rn. 1.
17 Bamberger/Roth/*Voit*, § 644 Rn. 14.
18 Palandt/*Sprau*, BGB § 640 Rn. 8.
19 MüKo-BGB/*Busche*, § 642 Rn. 13.
20 Kniffka/*Pause*/*Vogel*, IBR-Online-Kommentar, § 644 Rn. 25.
21 MüKo-BGB/*Busche*, § 644 Rn. 8.

volle Vergütungsgefahr. Ist die Leistungspflicht des Unternehmers dagegen nach § 275 BGB untergegangen, so muss dieser seine ersparten Aufwendungen von seinem Vergütungsanspruch abziehen.[22]

4. Übergang der Preisgefahr bei Versendung, § 644 Abs. 2 BGB

Die Vergütungsgefahr geht auch auf den Besteller über, wenn dieser vom Unternehmer verlangt, das vertragsgemäß vollendete Werk an einen anderen Ort als den Erfüllungsort zu versenden.[23] Dies ist nach §§ 644 Abs. 2, 447 BGB dann der Fall, wenn der Unternehmer das Werk dem Spediteur, dem Frachtführer oder der sonst zur Ausführung der Versendung bestimmten Person oder Anstalt ausgeliefert hat. Für den Bauvertrag spielt diese Regelung in der Praxis keine Rolle, da der Erfüllungsort bei Bauverträgen der Ort des Bauwerkes ist und § 644 Abs. 2 BGB nur anwendbar ist, wenn das Werk an einen anderen als den Erfüllungsort versendet wird.[24]

12

5. Stoffe des Bestellers, § 644 Abs. 1 S. 3 BGB

Der Grundsatz der Gefahrtragung durch den Unternehmer wird durch die Vorschrift des § 644 Abs. 1 S. 3 BGB nur scheinbar durchbrochen. Hiernach ist der Unternehmer für den zufälligen Untergang oder eine zufällige Verschlechterung des von dem Besteller gelieferten Stoffes nicht verantwortlich. Stoffe sind alle Gegenstände, aus denen oder an denen das Werk herzustellen ist oder mit deren Hilfe dies geschehen soll.[25] Die Sachgefahr, d.h. das Risiko für den zufälligen Untergang oder die Beschädigung von Material trägt immer der Besteller, unabhängig davon ob er das Werk abgenommen hat oder nicht.[26] Insoweit bleibt es beim Grundsatz *casum sentit dominus*. Eine verschuldensunabhängige Haftung für die vom Besteller zur Verfügung gestellten Stoffe wäre unbillig.

13

§ 644 Abs. 1 S. 3 BGB regelt allein den Fall des zufälligen Untergangs der vom Besteller gelieferten Stoffe; unabhängig davon haftet der Unternehmer nach § 280 Abs. 1 BGB auf Schadensersatz, wenn er Nebenpflichten verletzt hat, die dem Schutz dieser Stoffe dienen.[27] Welche Sicherungspflichten damit jeweils konkret verbunden sind, lässt sich nicht allgemein, sondern nur aufgrund der besonderen Umstände des Einzelfalls beurteilen. Als Kriterien können der Wert der Sache und die örtlichen Gegebenheiten herangezogen werden.[28] Der Unternehmer hat jedoch nach § 280 Abs. 1 S. 2 BGB zu beweisen, dass ihn an dem Untergang oder der Verschlechterung der Stoffe kein Verschulden trifft.[29]

14

Des Weiteren stellt sich die Frage, ob der Besteller verpflichtet ist, untergegangene Stoffe erneut zu beschaffen. Es ist zu differenzieren. Ist es dem Besteller unmöglich, die Stoffe zu beschaffen, so wird er gem. § 275 BGB frei. Liegt keine Unmöglichkeit vor, so trägt der Besteller nach wie vor die Obliegenheit, die Stoffe erneut zu beschaffen und dem Unternehmer zur Verfügung zu stellen. Die Rechtsfolgen ergeben sich allerdings ausschließlich aus §§ 642, 643 BGB. Hat der Besteller den Untergang zu vertreten, so bilden §§ 280 Abs. 1, 241 Abs. 2 BGB die Anspruchsgrundlagen, weil der Besteller seine Leistungstreuepflicht schuldhaft verletzt hat. Allein wenn die Bereitstellung der Stoffe als echte Leistungspflicht geschuldet wird, hat der Unternehmer einen selbständig durchsetzbaren Erfüllungsanspruch und ggf. daran anknüpfenden Ansprüche auf Schadensersatz statt der Leistung.

15

---

22 MüKo-BGB/*Busche*, § 644 Rn. 9.
23 Kleine-Möller/Merl/*Kleine-Möller*, § 12 Rn. 339.
24 Messerschmidt/Voit/*Merkens*, § 644 Rn. 11.
25 Kleine-Möller/Merl/*Kleine-Möller*, § 12 Rn. 341.
26 Bamberger/Roth/*Voit*, § 644 Rn. 2.
27 Bamberger/Roth/*Voit*, § 644 Rn. 8.
28 BGH v. 19.11.1996, X ZR 75/95, NJW-RR 1997; Messerschmidt/Voit/*Merkens*, § 644 Rn. 6.
29 BGH v. 14.11.1989, X ZR 116/88, NJW-RR 1990, 446.

III. Verschulden beim Untergang oder der Verschlechterung des Werkes

16 Hat eine der Vertragsparteien den Untergang oder die Verschlechterung des Werkes zu vertreten, so ist § 644 BGB nicht einschlägig. § 644 BGB greift nur ein, wenn das Werk zufällig untergeht oder sich verschlechtert. Sind für die Verschlechterung oder den Untergang Dritte verantwortlich, so ist § 644 BGB anwendbar, wenn es sich bei den Dritten um außenstehende Personen handelt. Wird das Verschulden dem Unternehmer über § 278 BGB zugerechnet, so greift § 644 BGB nicht ein.

IV. Abdingbarkeit

17 § 644 BGB ist dispositiv. Der Gerechtigkeitsgehalt von Gefahrtragungsregeln ist beschränkt, da sie *per definitionem* in Fällen eingreifen, in denen keiner Vertragspartei ein Vorwurf gemacht werden kann. Welche Partei in solchen Situationen das Risiko tragen soll, ist letztlich in gewisser Weise willkürlich. Im Ausgangspunkt lassen sich Gefahrtragungsregeln daher nicht nur in Individualvereinbarungen, sondern auch in AGB treffen. Insbesondere § 7 Abs. 1 VOB/B ist daher nicht unangemessen. Zu beachten ist jedoch der Gesichtspunkt der Kontrollmöglichkeit. Gesetzliche Gefahrtragungsregelungen stellen insbesondere darauf ab, welche Partei die besseren Möglichkeiten hat, Gefahren von der Sache abzuwenden. Kritisch sind demgemäß Klauseln, in welchen einer Partei die Gefahr zugewiesen wird, obwohl sie nicht (mehr) im Besitz des Werks ist.[30] Insoweit beschränkt § 307 Abs. 2 BGB die Möglichkeit, § 644 BGB in AGB abzubedingen.

§ 645 Verantwortlichkeit des Bestellers

(1) Ist das Werk vor der Abnahme infolge eines Mangels des von dem Besteller gelieferten Stoffes oder infolge einer von dem Besteller für die Ausführung erteilten Anweisung untergegangen, verschlechtert oder unausführbar geworden, ohne dass ein Umstand mitgewirkt hat, den der Unternehmer zu vertreten hat, so kann der Unternehmer einen der geleisteten Arbeit entsprechenden Teil der Vergütung und Ersatz der in der Vergütung nicht inbegriffenen Auslagen verlangen. Das Gleiche gilt, wenn der Vertrag in Gemäßheit des § 643 aufgehoben wird.

(2) Eine weitergehende Haftung des Bestellers wegen Verschuldens bleibt unberührt.

Schrifttum

Beuthien Zweckerreichung und Zweckstörung im Schuldverhältnis, 1969; *Dernburg* Das bürgerliche Recht des Deutschen Reichs und Preußens, Bd. 2, 2. Abteilung: Die Schuldverhältnisse nach dem Rechte des Dt. Reichs und Preußens, 1. Auflage 1903; *Dochnahl* Die Gefahrtragung beim Werkvertrage nach römischem Rechte und dem Bürgerlichen Gesetzbuche, in: JhJb 48(1904), S. 241 ff.; *Duffek* Vergütungsanspruch des Unternehmers ohne Werkleistung, in: BauR 1999, 979 ff.; *Enders* Existenz und Umfang eines Abänderungsrechts des Bestellers beim BGB-Bauvertrag, in: BauR 1982, 535 ff.; *Ennecerrus/Nipperdey* Allgemeiner Teil des Bürgerlichen Rechts, 14. Auflage 1960; *Fischer* Die Regeln der Technik im Bauvertragsrecht, 1985; *Fuchs* Baugrundrisiko: Vergütung für fehlgeschlagene Bohrarbeiten, in: IBR 2004, 481; *Ganten* Pflichtverletzung und Schadensrisiko im privaten Baurecht, 1974; *Glöckner* Anordnung von Änderungen der Bauausführung und der Vergütung, in: BauR 2008, 152 ff.; *Heiermann* Anordnungen des Auftraggebers und vorgeschriebene Stoffe oder Bauteile i.S.v. § 13 Nr. 3 VOB/B, in: Festschrift für Horst Locher, 1990, S. 65 ff.; *Kaiser* Mängelhaftung in Baupraxis und -prozess, 7. Auflage 1992; *ders.* ZfBR 1982, 71; *Klaft/Maxem* Die Gewährleistung des Unternehmers für die Tauglichkeit von ihm verwendeter Baustoffe oder Produkte bei Anordnung des Bestellers nach § 13 Ziff. 3 VOB/B, in: BauR 1999, 1074 ff.; *Kohler, J.* Werkmangel und Bestellerverantwortung, in: NJW 1993, 417 ff.; *Koller, I.* Die Risikozurechnung bei Vertragsstörungen in Austauschverträgen, München 1979; *Kreß* Lehrbuch des besonderen Schuldrechts, 1934; *Medicus* Modellvorstellungen im Schuldrecht, in: Festschrift für Felgentraeger, Wilhelm, 1969, S. 309 ff.; *Moos* Sachmängelhaftung bei Zusammenwirken mehrer Unternehmer, in: NJW 1961, 157 f.; *Nicklisch* Risikoverteilung im Werkvertragsrecht bei

---

30 Bamberger/Roth/*Voit*, § 644 Rn. 24.

Anweisungen des Bestellers, in: Festschrift für F.W. Bosch, 1976, S. 731 ff.; *Obenhaus* Mängelhaftung, technischer Fortschritt und Risiken der technischen Entwicklung, in: Technik und Recht, Bd. 6 – Leistungsstörungen bei Bau- und Anlagenverträgen – Heidelberger Kolloquium Technik und Recht 1984, 1985, S. 13 ff.; *Planck* Kommentar zum Bürgerlichen Gesetzbuch und Einführungsgesetz, 4. Auflage 1913–1930; *Rehbein* Auftraggeberanordnung und Risikoverteilung beim Bauwerkvertrag und VOB-Vertrag – unter besonderer Berücksichtigung der Mängelgewährleistung, 2007; *Schill* Werkvertrag ohne Vergütungsvereinbarung. Kein Werklohn? in: IBR 2004, 480; *Siegburg, P.* Baumängel aufgrund fehlerhafter Vorgaben des Bauherrn, in: Festschrift für Hermann Korbion, 1986, S. 411 ff.; *ders.* Handbuch der Gewährleistung beim Bauvertrag, 4. Auflage 2000; *v. Craushaar* Risikotragung bei mangelhafter Mitwirkung des Bauherrn, in: BauR 1987, 14 ff.

Materialien
Motive Zu dem Entwurfe eines Bürgerlichen Gesetzbuches für das Deutsche Reich, Bd. II, Recht der Schuldverhältnisse, Leipzig 1888; *Protokolle* der Kommission für die zweite Lesung des Entwurfes des Bürgerlichen Gesetzbuches, Bd. II, Recht der Schuldverhältnisse, 1898; Abschlussbericht der Kommission zur Überarbeitung des Schuldrechts, 1992.

Übersicht

		Rdn.				Rdn.
A.	Systematik	1		d)	Die Anordnungskompetenz	12
B.	**Verhältnis zur VOB/B und zu den Gewährleistungsvorschriften des BGB**	3		e)	Anordnung und Mängelgewährleistung	19
C.	**Die einzelnen Tatbestände des § 645 Abs. 1 S. 1 BGB**	5			aa) Meinungsspektrum	20
I.	Grundstruktur	5			bb) Stellungnahme	25
II.	Die einzelnen Tatbestandsmerkmale	6		4.	Kausalität	34
	1. Untergang, Unausführbarkeit und Verschlechterung	6		5.	Kein Vertretenmüssen von Auftraggeber und Auftragnehmer	35
	2. Vom Besteller gelieferter Stoff	7	III.	**Rechtsfolge: Teilvergütungsanspruch des Auftragnehmers**		37
	3. Anweisung des Auftraggebers	8	IV.	**Beweislast**		42
	a) Ausgangspunkt der Problematik	8	D.	**Entsprechende Anwendung des § 645 Abs. 1 S. 1 BGB**		43
	b) Der Anordnungsbegriff	9				
	c) Der Anordnungszeitpunkt	11				

A. Systematik

§ 645 BGB ist eine reine Gefahrtragungsregelung, die von ihrer systematischen Stellung her ausschließlich für den Bereich der Vergütung – für die Leistungsgefahr kann die Norm nicht herangezogen werden – lediglich die in §§ 640, 644 BGB vorgesehenen Rechtsfolgen der Abnahme in bestimmten Fällen vorwegnehmen will. Durch eine Teilverlagerung der Gefahrtragung auf den Auftraggeber[1] soll unter den in der Vorschrift genannten Voraussetzungen ein gerechter Interessenausgleich zwischen diesem und dem Auftragnehmer geschaffen werden.[2] Dabei geht es vornehmlich um solche Fälle, in denen sich – von beiden Vertragsparteien unverschuldet – entweder die Unausführbarkeit eines Werkes in einem Zeitpunkt herausstellt, in dem der Auftragnehmer einen Teil der Leistung bereits erstellt hat oder in denen die bislang erbrachte Leistung untergeht bzw. verschlechtert wird. Geht das bereits errichtete (Teil-)Werk unter, ohne dass Unmöglichkeit eintritt, so ist der Auftragnehmer weiterhin zur Erfüllung verpflichtet, da die Gefahr mangels Abnahme noch nicht übergegangen ist. Zwar kann er hier nicht gemäß §§ 280, 286 BGB in Anspruch genommen werden, da mangels Verschuldens im Sinne des § 286 Abs. 4 BGB kein Schuldnerverzug vorliegt. Denn die Ursachen für den Untergang stammen ja aus dem Bereich des Auftraggebers. Seinerseits hat er aber auch keinen Anspruch auf eine Vergütung für den bereits erstellten Werkteil. Hierfür besteht im allgemeinen Schuldrecht keine entsprechende Anspruchs-

1

---

[1] Um eine Harmonisierung mit den VOB-Vorschriften herbei zu führen, wird nicht von Besteller und Unternehmer, sondern von Auftraggeber und Auftragnehmer gesprochen.
[2] BGHZ 83, 197, 202.

grundlage. Die §§ 633 ff. BGB greifen ebenfalls nicht ein, da man von einer Fehlerhaftigkeit des Werks schlechterdings nicht sprechen kann, wenn keinerlei Leistungssubstrat mehr vorhanden ist. Demgegenüber geht es im Falle der Verschlechterung zumeist darum, dass dieser Zustand beseitigt werden muss, damit das Werk alsdann vollendet werden kann. Die zwischenzeitlich eingetretene Verschlechterung manifestiert sich dann nicht als Mangel in dem endgültigen Werk. Hier greifen auch die Grundsätze über die sog. »Sowieso-Kosten« nicht, da es nicht um Mehraufwendungen geht, die bei von Beginn an ordnungsgemäßer Planung ohnehin entstanden wären. In den soeben beschriebenen Situationen soll § 645 BGB dem Auftragnehmer mit einem Teilvergütungsanspruch helfen.[3] Bereits hier sei allerdings darauf hingewiesen, dass bei einer solch extensiven Auslegung der Regelung Vorsicht geboten ist, da diese nicht zur Aushebelung der Grundaussage des § 644 Abs. 1 S. 1 BGB führen darf, wonach dem Auftragnehmer bis zur Abnahme das Vergütungsrisiko obliegt.[4] Andererseits behält der Auftragnehmer seinen vollen Vergütungsanspruch gem. § 326 Abs. 2 BGB, wenn der Auftraggeber Untergang oder Verschlechterung des Werkes zu vertreten hat.[5]

2 Die Grundlage für die Schaffung des § 645 BGB wird gemeinhin in Billigkeitserwägungen gesehen,[6] was seine Anwendung ebenso flexibel wie andererseits auch beliebig macht. Insgesamt ist die Bestimmung als nicht gelungen anzusehen. So hat sich der Kreis der geregelten Fallgestaltungen in der Praxis schon früh als zu eng erwiesen, was – entgegen der restriktiven Einstellung des Gesetzgebers[7] – zu einer Fülle von Rechtsprechung zur analogen Anwendung der Regelung geführt hat.[8] Zum einen haben sich sog. »Sphärentheorien« in unterschiedlicher Ausprägung herausgebildet.[9] Ein anderer Vorschlag[10] geht auf die Heranziehung dreier umfassender Wertungsgesichtspunkte; danach soll vorrangig auf die abstrakte Beherrschbarkeit, ansonsten auf das Absorptionsprinzip, nämlich die Abwälzbarkeit der Kosten über Preis oder Versicherung und schließlich auf das Veranlasserprinzip abgestellt werden. Die Rechtsprechung[11] spricht sich wegen der Schwierigkeit der Kategorisierung in diesem Bereich gegen eine schematische Lösung aus und will die jeweilige Gefahrenverteilung anhand der konkreten vertraglichen Vereinbarung unter Berücksichtigung des Einzelfalles ermitteln. Insgesamt erweisen sich die Umstände, die von dem Auftraggeber zu vertreten, ihm zuzurechnen seien bzw. gar nicht in seinen Verantwortungsbereich fallen sollen, in ihrer Abgrenzung als nur unzureichend bestimmt.[12] Dies wird besonders deutlich, wenn man berücksichtigt, dass in § 645 Abs. 1 S. 2 BGB mit dem Hinweis auf § 643 BGB eine Fallgruppe (unterlassene Mitwirkungspflichten) aufgenommen wurde, die ein von dem Auftraggeber zu vertretendes Verhalten voraussetzt. Dennoch hat der Reformgesetzgeber bewusst auf eine Änderung des § 645 BGB verzichtet und ihn in der bisherigen Form erhalten.[13]

B. Verhältnis zur VOB/B und zu den Gewährleistungsvorschriften des BGB

3 Die Anwendung des § 645 BGB ist auch für den Fall, dass die Parteien die VOB/B einbezogen haben, nicht ausgeschlossen.[14] Er ist also insbesondere neben § 7 Abs. 1 VOB/B zur Falllösung heranzuziehen.

---

3 Grundlegend: BGHZ 90, 344, 347.
4 Ebenso: MüKo-BGB/*Busche*, § 645 Rn. 2.
5 Staudinger/*Peters*, BGB, § 645 Rn. 21.
6 Vgl. Mot. II S. 500 f. (zu § 577 E); BGHZ 136, 303, 308.
7 Protokolle, Bd. II, S. 332, 334, 335.
8 BGHZ 78, 352, 355f, 83, 197, 203 ff.; vgl. zur analogen Anwendung des § 645 BGB auch nachfolgend Rdn. 43 ff.
9 Vgl. hierzu: Erman/*Seiler*, BGB, § 645 Rn. 11.
10 *Koller*, Die Risikozurechnung bei Vertragsstörungen in Austauschverträgen, S. 97 f., 157 ff.; 244 ff.
11 BGHZ 78, 352, 354; 83, 197, 205 f.
12 Ebenso: Staudinger/*Peters*, BGB, § 645 Rn. 5.
13 Abschlussbericht der Schuldrechtskommission, 1992, S. 272 f. (zu § 647 BGB-KE).
14 BGH, NJW 1997, 3018, 3019.

Seine Rechtsnatur als reine Gefahrtragungsregelung sowie die unter Rdn. 2 zur extensiven Auslegung angestellten Überlegungen schließen es aus, die Vorschrift zur Lösung von Gewährleistungsfragen heranzuziehen. Hier haben allein die §§ 633 ff. BGB Gültigkeit.[15]

C. Die einzelnen Tatbestände des § 645 Abs. 1 S. 1 BGB

I. Grundstruktur

Gem. § 645 Abs. 1 S. 1 BGB geht die Vergütungsgefahr auf den Auftraggeber über, wenn das Werk
- vor der Abnahme
- untergegangen, verschlechtert oder unausführbar geworden ist und dies alternativ
- auf einen Mangel des vom Besteller gelieferten Stoffes oder einer Anweisung des Bestellers zur Ausführung zurückzuführen ist und
- wenn jegliches Verschulden des Auftragnehmers ausscheidet.

Auf ein Verschulden des Auftraggebers es dabei nicht an.[16]

II. Die einzelnen Tatbestandsmerkmale

1. Untergang, Unausführbarkeit und Verschlechterung

Das Werk ist *untergegangen*, wenn seine Substanz vernichtet wurde, das Werk also zerstört oder unbrauchbar geworden ist.[17]

Unausführbarkeit liegt vor, wenn der geschuldete Erfolg nicht mehr herbeigeführt werden kann, wenn also der Ausführung von Beginn an oder im Verlaufe der Zeit rechtliche, tatsächliche oder wirtschaftliche Hindernisse entgegenstehen, sei es, dass das Werk aus diesen Gründen nicht erstellt werden kann, sei es, dass dem Auftragnehmer hieraus ein Leistungsverweigerungsrecht erwächst.[18]

Der Begriff der *Verschlechterung* ist von demjenigen des Mangels zu unterscheiden. Wie bereits unter Rdn. 4 dargelegt, muss § 645 BGB von den §§ 633 ff. BGB abgegrenzt werden. D.h., für § 645 BGB ist im Anwendungsbereich der Mängelgewährleistungsvorschriften kein Raum. Daher ist der Mangelbegriff weit auszulegen, so dass von einer Verschlechterung nur dann gesprochen werden kann, wenn – ohne, dass eine vollständige Funktionsunfähigkeit eingetreten wäre (sonst: Untergang) – eine *von außen verursachte* Verschlechterung des Werks dergestalt herbeigeführt wurde, dass eine teilweise Neuherstellung erforderlich wird.[19] Nach herrschender Meinung kommt es nicht darauf an, ob die Leistung noch wiederholbar oder aber unmöglich geworden ist.[20] Der Kontext mit den Tatbestandsvarianten des untergegangenen oder unausführbar gewordenen Werkes spricht allerdings eher dafür, dass auch die Modalität des verschlechterten Werkes im Sinne einer »endgültigen«, d.h. nicht mehr behebbaren Verschlechterung verstanden werden muss. Auch aus diesem Gedanken folgt der Vorrang der Gewährleistungsvorschriften gem. §§ 633 ff. BGB vor § 645 BGB.[21]

---

15 Staudinger/*Peters*, BGB, § 645 Rn. 9 f.; vgl. hierzu ausführlich für die Frage der Mangelgewährleistung bei Auftraggeberanordnungen: *Rehbein*, Die Anordnung des Auftraggebers, S. 206 ff.; vgl. hierzu auch die Ausführungen unter nachfolgend Rdn. 21 ff.
16 MüKo-BGB/*Busche*, § 645 Rn. 3.
17 MüKo-BGB/*Busche*, § 645 Rn. 4; Staudinger/*Peters*, BGB, § 645 Rn. 19.
18 MüKo-BGB/*Busche*, § 645 Rn. 4; Staudinger/*Peters*, BGB, § 645 Rn. 19.
19 Ähnlich: Staudinger/*Peters*, BGB, § 645 Rn. 11.
20 *Beuthien*, Zweckerreichung und Zweckstörung im Schuldverhältnis, 1969, S. 73; *Kaiser*, Mängelhaftung in Baupraxis und -prozess, Rn. 365; ebenso für § 644 BGB: ZfBR 1982, 71, 72; *Medicus*, in: FS Felgentraeger, S. 308, 313; Soergel/*Mühl*, BGB, 11. Auflage, § 645 Rn. 1.
21 MüKo-BGB/*Busche*, § 645 Rn. 4; Staudinger/*Peters*, BGB, § 645 Rn. 10.

2. Vom Besteller gelieferter Stoff

7 Der *Begriff des Stoffes* ist weit auszulegen. Er umfasst entgegen dem Wortlaut nicht nur die von dem Auftraggeber gelieferten Baumaterialien, sondern überdies auch alle Gegenstände, an denen oder mit deren Hilfe das Werk herzustellen ist. Hierzu gehören insbesondere der Baugrund,[22] das umzubauende Gebäude, aber auch Gegenstände, die als Hilfsmittel für die Herstellung des Werkes verwendet werden, wie Gerüste, Werkzeuge, etc.[23] Einer Lieferung des Materials durch den Auftraggeber steht es gleich, wenn dieser dem Auftragnehmer genaue Anweisungen über das zu verwendende Material erteilt hat.[24]

Mangelhaft ist der Stoff, wenn das Werk aufgrund seiner Eigenschaft nicht oder zumindest nicht vertragsgemäß hergestellt werden kann.[25] Die Geeignetheit des Stoffes erweist sich erst mit dessen Einbau, so dass es für die Beurteilung der Mangelhaftigkeit auf den Zeitpunkt der Verwendung[26] und nicht auf denjenigen der Lieferung[27] ankommt.

3. Anweisung[28] des Auftraggebers

a) Ausgangspunkt der Problematik

8 Die Problematik der Auftraggeberanordnung folgt notwendigerweise aus dem Langzeitcharakter des Bauvertrages, der aus den verschiedensten Gründen das Eingreifen des Auftraggebers in das Baugeschehen notwendig machen kann. Eine davon ist die häufig auftretende Konstellation des lückenhaften Leistungsverzeichnisses, unter die die Fälle der unvollständigen, unklaren und fehlerhaften Leistungsbeschreibung zusammengefasst werden.[29] Dabei ist eine Einflussnahme des Auftraggebers nicht nur in Bezug auf die Bestimmung des Leistungsziels (Zieldaten) beschränkt, sondern kann ebenso die Art der Ausführung (Ausführungsdaten) wie die Rahmenbedingungen der erforderlichen Arbeiten (Rahmendaten) betreffen.[30] Ein einseitiges Eingreifen des Auftraggebers in die Leistungsbestimmung ist naturgemäß mit Risiken für die Qualität des zu erstellenden Werkes verbunden (Leistungsrisiko), kann überdies aber auch zu Mehrkosten führen (Vergütungsrisiko), letzteres gerade dann, wenn es zu Mängeln kommt, die nur mit zusätzlichem Aufwand zu beseitigen sind. Beide Aspekte bilden zusammengenommen das sog. Erfolgsrisiko, welches nach der gesetzlichen Systematik der §§ 631, 633 ff. BGB sowie den Regelungen der VOB/B in § 13 Abs. 1, 5–7 VOB/B grundsätzlich dem Auftragnehmer zugewiesen ist, sofern sich aus dem Inhalt des Rechtsgeschäftes nichts Abweichendes ergibt. Daraus folgt die im Weiteren zu behandelnde Frage, in welcher Weise Anordnungen des Auftraggebers dieses Haftungssystem beeinflussen, d.h. die Risikoverteilung bestimmen bzw. zur Risikoverlagerung führen können.

b) Der Anordnungsbegriff

9 Manche wollen bereits die Äußerung bloßer Wünsche als Anordnung genügen lassen.[31] Andere halten eine Risikoverlagerung auf den Auftraggeber nur bei solchen Festlegungen für angebracht,

---

22 Vgl. hierzu zuletzt: OLG Bamberg, BauR 2009, 646 ff.
23 MüKo-BGB/*Busche*, § 645 Rn. 6; Staudinger/*Peters*, BGB, § 645 Rn. 12.
24 AnwK/*Raab*, BGB, § 645 Rn. 11; MüKo-BGB/*Busche*, § 645 Rn. 8; Staudinger/*Peters*, BGB, § 645 Rn. 12.
25 AnwK/*Raab*, BGB, § 645 Rn. 11; Staudinger/*Peters*, BGB, § 645 Rn. 12.
26 AnwK/*Raab*, BGB, § 645 Rn. 11; Staudinger/*Peters*, BGB, § 645 Rn. 14.
27 So aber: Erman/*Schwenker*, BGB, § 645 Rn. 2.
28 Auch hier wird im Weiteren aus Gründen der Harmonisierung mit der VOB/B von der Anordnung des Auftraggebers gesprochen.
29 Vgl. hierzu die Ausführungen zu § 633 Rdn. 48 ff.
30 Vgl. zu dieser Differenzierung auch die näheren Ausführungen zu § 1 VOB/B Rdn. 3 ff.
31 RGRK/*Glanzmann*, BGB, § 633 Rn. 7; § 645 Rn. 3; Planck/*Oegg*, BGB, Bd. II, 2. Hälfte, § 645 Anm. 2a hält es für unerheblich, ob der Unternehmer vertraglich verpflichtet war, Anweisungen zu folgen, oder ob er dies freiwillig tat.

die von »den gewöhnlichen Regeln des Verkehrs« bzw. von den »verkehrsüblichen Fertigungsregeln« abweichen[32] oder zumindest »gefahrerhöhend« wirken.[33] Beide Ansichten sind abzulehnen, weil sie entweder zu einer viel zu weitgehenden Risikoverlagerung führen oder aber in ihren Voraussetzungen zu unpräzise formuliert sind.

Die Rechtsprechung und ihr folgend ein weiter Teil der Literatur[34] definiert die Anordnung als »keine Wahl lassende eindeutige, befolgungheischende Aufforderung des Auftraggebers, eine Baumaßnahme in bestimmter Weise auszuführen«.[35] Diese Ansicht geht damit allein von der (imperativen) *Form* der Erklärung aus. Dieser imperative Charakter einer Erklärung würde aber leer laufen, läge ihr nicht auch die tatsächliche Verpflichtung des Auftragnehmers zugrunde, diese auch tatsächlich befolgen zu müssen. Nach ihrer allgemeinen Wortbedeutung ist eine Anordnung als ein auf das Bestimmen oder Befehlen einer konkreten Handlung gerichtetes Verhalten zu verstehen.[36] Daher ist es nicht die imperative Form der Erklärung, sondern vielmehr ihre materielle Verbindlichkeit für den Adressaten, die den Wesenscharakter der Anordnung ausmacht. Nur in dieser Weise kann auch die herrschende Meinung zum Anordnungsbegriff sinnvoller Weise verstanden werden. Damit ist der »reine« Begriff der Anordnung dahin zu definieren, dass es sich bei ihr um jede für den Auftragnehmer verbindliche, einseitige Erklärung des Auftraggebers handelt,[37] unabhängig davon, wie präzise oder in welcher äußeren Form (als »Bitte« oder »Befehl«) sie eingekleidet ist. Inhaltlich können Anordnungen alle denkbaren Leistungsdaten erfassen.[38]

10

c) Der Anordnungszeitpunkt

Zutreffend wird in Literatur[39] und Rechtsprechung[40] eine Anordnung nur für die Zeit nach Vertragsschluss für möglich gehalten. Denn das Vergütungsrisiko verbleibt nach den allgemein geltenden Grundsätzen für alle in dem Vertrag enthaltenen Leistungsdaten bei dem Auftragnehmer, es sei denn, der Vertrag enthält ausdrücklich oder konkludent (Fall des Prototyps[41]) eine anderweitige Risikovereinbarung. Die Anordnungsproblematik wird damit ausschließlich für nachvertragliche Änderungen des Leistungsumfanges relevant. Die gegenteilige Mindermeinung[42] ist abzulehnen.

11

---

32 Soergel/*Ballerstedt*, BGB, 10. Aufl., Bd. 3 1969, § 645, Rn. 3; *Dochnahl*, JhJb 48(1904), 241, 305 f.
33 Soergel/*Teichmann*, BGB, § 645 Rn. 11; wohl ebenso: *Kaiser*, Mängelhaftung in Baupraxis und -prozess, Rn. 368, der aber in der Fußnote auf *Nicklisch* verweist.
34 *Dochnahl*, Die Gefahrtragung beim Werkvertrage nach römischem Rechte und dem Bürgerlichen Gesetzbuche, JhJb 48(1904), 241, 305 f.; *Kapellmann* in: Kapellmann/Messerschmidt, VOB/B, § 2 Rn. 190; Leinemann/*Schliemann*, VOB/B, § 13 Rn. 59; Ingenstau/Korbion/*Wirth*, VOB/B, § 13 Nr. 3 Rn. 26.
35 BGH, NJW 1973, 754, 755; BauR 1975, 421, 422; OLG Saarbrücken, NJW 1970, 1192, 1193; OLG Stuttgart, BauR 1989, 475, 476.
36 Vgl. Duden, Das Bedeutungswörterbuch; Wahrig, Deutscher Wörterbuch jeweils zum Stichwort: »Anordnung«.
37 Ähnlich: OLG Braunschweig, BauR 2001, 1739, 1741.
38 Staudinger/*Peters*, BGB, BGB § 645 Rn. 16.
39 *Dernburg*, Das bürgerl. Recht des Dt. Reichs und Preußens, Bd. 2, 2. Abteilung, § 318 II 5, 434; *Nicklisch*, in: FS Bosch, S. 731, 741; Staudinger/*Peters*, BGB, § 645 Rn. 15, der davon spricht, dass in der Regel von einem nachvertraglichen Verlangen auszugehen ist; Erman/*Seiler*, BGB, § 645 Rn. 3; Soergel/*Teichmann*, BGB, § 645 Rn. 9.
40 BGHZ 77, 320, 324; 83, 197, 203; 91, 206, 213 ff.
41 OLG Hamm, IBR 2003, 409; *Nicklisch*, in: FS Bosch, S. 731, 741.
42 RGRK/*Glanzmann*, BGB, § 645 Rn. 3; *Heiermann*, in: FS Locher, S. 65, 69 ff.; *Nicklisch*, in: FS Bosch, S. 731, 734 f.; Staudinger/*Peters*, BGB, § 645 Rn. 15; *Siegburg*, in: FS Korbion, S. 411, 418.

d) Die Anordnungskompetenz

12 Während die VOB/B ausdrückliche Normen zur Anordnungskompetenz in §§ 1 Abs. 3, 4 und 4 Abs. 1 Nr. 3 enthält,[43] fehlt es im BGB an dahingehenden Regelungen.

13 Aus dem Fehlen ausdrücklicher Kompetenznormen wird vereinzelt der Schluss gezogen, dass Entwurfsänderungen beim BGB-Werkvertrag nur dann zulässig sind, wenn die Vertragsparteien diese Möglichkeit ausdrücklich vereinbart haben.[44] Davon ist etwa dann auszugehen, wenn Teile der Leistungs- oder Ausführungsbestimmungen bewusst offen gelassen und erst später durch Bestimmungen des Auftraggebers ausgefüllt werden sollen.[45] Konsequenz wäre, dass sich der Auftraggeber bei Änderungsanliegen – sollte eine Einigung mit dem Auftragnehmer nicht zustande kommen – entweder mit dem Vereinbarten abfinden oder aber den Vertrag nach § 649 BGB kündigen müsste. Ein solches Ergebnis stünde aber im Widerspruch zu dem sich aus dem Langzeitcharakter des Bauwerkvertrages ergebenden Bedürfnis, die getroffenen Vereinbarungen an auftretende Veränderungen anpassen zu können. Insoweit ist es, von der oben genannten singulären Meinung abgesehen, einhellige Ansicht, dass es auch beim reinen BGB-Vertrag Konstellationen gibt, in denen der Auftragnehmer Modifizierungen seiner Leistungspflicht hinnehmen muss. Enders[46] geht dabei sehr weit und will dem Auftraggeber auch beim BGB-Vertrag generell ein einseitig verpflichtendes Anordnungsrecht bezüglich des Leistungsinhaltes (Zieldaten) einräumen. Eine weitere Ansicht[47] folgt dem vorgenannten Ansatz, zieht jedoch die Grenzen für das Anordnungsrecht erheblich enger, indem sie sich allein an § 1 Abs. 4 VOB/B orientiert und damit nur notwendige zusätzliche Leistungen zulässt. Wieder andere sehen den Auftragnehmer nur im Rahmen der Zumutbarkeit als verpflichtet an, Anordnungen des Auftraggebers Folge zu leisten.[48] Dabei soll der Auftragnehmer allerdings bereits dann berechtigt sein, die Befolgung einer Anordnung zu verweigern, wenn Zweifel an ihrer Zweckmäßigkeit bestehen. Schließlich wird aus dem Grundsatz von Treu und Glauben die Verpflichtung des Auftragnehmers hergeleitet, unvermeidbare Planungsänderungen (z.B. aufgrund veränderter Auflagen der Baubehörde) hinzunehmen und den so geänderten Entwurf im Rahmen der Herstellungspflicht des § 631 Abs. 1 BGB auszuführen.[49]

14 Allen vorgenannten Ansichten ist darin beizupflichten, dass mit Hilfe der ergänzenden Vertragsauslegung die Frage der Anordnungsbefugnis des Auftraggebers befriedigend beantwortet werden kann. Wie § 645 BGB in seiner seit dem 01.01.1900 unveränderten Fassung zeigt, war das Anordnungsrecht des Auftraggebers für den Gesetzgeber schon vor der Entstehung der VOB/B im Jahre 1926 eine durchaus gängige Problematik mit praktischer Relevanz. Da die Fälle ausdrücklich eingeräumter Anordnungskompetenz im reinen BGB-Werkvertrag damals wie heute relativ selten sind, macht § 645 BGB nur Sinn, wenn man dem Auftraggeber ein weiter gehendes Anordnungsrecht einräumt. Sinnvollerweise wird man dabei wie folgt differenzieren müssen:

15 aa) Soweit der Vertrag sich auf eine als funktional zu umschreibende Leistungsbestimmung hinsichtlich Ziel- und/oder Ausführungsdaten[50] beschränkt oder aber trotz detaillierter Angaben die Leistungsbestimmung erkennbar dem Auftragnehmer überlassen wird, ist ein Anordnungsrecht grundsätzlich ausgeschlossen. Die Ausführung ist in diesen Fällen allein in die Hände des Auftragnehmers gelegt.

---

43 Vgl. zu den Einzelheiten die Kommentierungen zu den genannten Regelungen.
44 *Hereth*, in: Hereth/Ludwig/Naschold, VOB, Bd. II, § 1.3, EZ 1.15 (2).
45 *Siegburg*, in FS Korbion, S. 411, 419.
46 *Enders*, BauR 1982, 535.
47 Ingenstau/Korbion/*Keldungs*, VOB/B, § 1 Nr. 3 Rn. 3.
48 Staudinger/*Peters*, BGB, § 645 Rn. 16; wohl ebenso: *Glöckner*, BauR 2008, 152, 154.
49 Nicklisch/Weick/*Weick*, VOB/B, § 1 Rn. 23.
50 Vgl. zur Begriffsdefinition oben Rdn. 8 und ausführlich unter § 1 VOB/B Rdn. 3–5.

bb) Sofern der Vertrag detaillierte Vorgaben des Auftraggebers enthält, gehen die Parteien demgegenüber davon aus, dass es auch der Auftraggeber sein werde, der – ganz oder teilweise – über Art und Ausführung des Werkes bestimmt. Dies wird in der Regel der Fall sein, wenn der Auftraggeber die Planungsaufgaben übernommen hat. Dabei macht es keinen Unterschied, ob von den Parteien bewusst gelassene Regelungslücken vorliegen oder solche für die Parteien erst nachträglich unerwartet auftreten. Das sich dergestalt ergebende Anordnungsrecht des Auftraggebers erstreckt sich dann auf den Bereich, in dem sich der Auftraggeber nach dem Vertrag bereits eine Leistungsbestimmung vorbehalten hat. Es kann demnach in der Sache umfassend oder nur für einen speziellen Aspekt der Ausführung, etwa den Innenausbau, in Betracht kommen.

cc) Sofern dem Leistungsverzeichnis weder ausdrücklich noch im Wege der Auslegung anhand der oben genannten Grundsätze ein Anordnungsrecht des Auftraggebers zu entnehmen ist, kann der Auftragnehmer allenfalls noch als Ausfluss der wechselseitigen Kooperationspflicht gehalten sein, Wünsche, die in seine insoweit bestehende umfassende Direktionskompetenz nur unwesentlich eingreifen, zu berücksichtigen.

dd) Im Allgemeinen steht dem Auftraggeber allerdings keine Berechtigung zur freien Änderung des Leistungsgegenstandes zu, sofern hierzu nicht ein sachlicher Grund besteht. So ist zwar eine Änderung des Bauentwurfes grundsätzlich möglich, nicht jedoch in dem Umfang, wie sie § 1 Abs. 3 VOB/B vorsieht. Eine ergänzende Vertragsauslegung in diesem Sinne wird regelmäßig nicht möglich sein. Denn diese setzt eine unbewusste Lücke im Vertragswerk voraus, die aber in Bezug auf Änderungen des Bauentwurfes fehlt; abgesehen von notwendigen Änderungen liegt eine vollständige Vertragsregelung vor. Für die Berechtigung zur Modifizierung von Ziel- und Ausführungsdaten ist also eine ausdrückliche vertragliche Ermächtigung erforderlich. Allenfalls kann bei minimalen Veränderungswünschen ein Kontrahierungszwang als Ausfluss der allgemeinen Kooperationspflicht bestehen, wenn eine Weigerung gegen Treu und Glauben verstieße und sich damit als unzulässige Rechtsausübung darstellte. Dies dürfte aber die absolute Ausnahme bleiben; denkbar wäre dies in dem Fall, dass der Auftraggeber mit angemessener Vorlaufzeit einen veränderten – jedoch mit keinerlei Mehrkosten verbundenen – Farbwunsch hinsichtlich des Innenanstrichs äußert.

e) Anordnung und Mängelgewährleistung

Eine wichtige Rolle spielt in der Praxis die Frage, inwieweit sich Anordnungen des Auftraggebers auf die Gewährleistungspflichten des Auftragnehmers auswirken können. Wenn dieses Problem auch systematisch bei den §§ 633 ff. BGB angesiedelt ist, so geht es hierbei doch im Ergebnis um Fragen der Zurechnung, die thematisch dem Tatbestand des § 645 BGB näher stehen, der überdies als einzige Vorschrift des BGB eine Regelung für die Auftraggeberanordnung, wenn auch nur auf seinen Anwendungsbereich beschränkt, enthält. Daher soll die o.g. Fragestellung im vorliegenden Zusammenhang erörtert werden.

aa) Meinungsspektrum

Darüber, wie sich Anordnungen des Auftraggebers auf dessen Rechte bei später auftretenden Mängeln auswirken können, existiert ein fast unüberschaubares Meinungsspektrum, das hier nicht vollständig dargestellt werden kann.[51]

(1) Zumeist werden die sog. Anordnungsfälle allein unter dem Gesichtspunkt des *Leistungsrisikos* behandelt, bei dem es um die Frage geht, ob und inwieweit der Auftragnehmer im Falle einer vorangegangenen Auftraggeberanordnung zur Beseitigung entstandener Mängel verpflichtet sein soll. Das Risiko mangelhafter Werkleistung soll danach im Falle einer Anordnung des Auftrag-

---

51 Vgl. hierzu: *Rehbein*, Auftraggeberanordnung S. 14 ff.

gebers auf diesen übergehen, vorausgesetzt, der Auftragnehmer ist seiner Prüfungs- und Anzeigepflicht ordnungsgemäß nachgekommen.[52]

22 (2) Andere knüpfen für die Lösung des vorliegenden Problems an die *Prüfungs- und Anzeigepflicht* des Auftragnehmers an. Die Verletzung dieser Pflicht, so wird vertreten, begründe keine Sachmängelhaftung, sondern einen Schadensersatzanspruch des Auftraggebers nach den Grundsätzen der culpa in contrahendo, da in der Anordnung des Auftraggebers eine Vertragsänderung zu sehen sei.[53] Als Rechtsfolge habe der Auftraggeber das Recht, so gestellt zu werden, als wenn er den Vertrag nicht geschlossen hätte; der Auftragnehmer verliere also seinen Anspruch auf den Werklohn. Erkenne der Auftragnehmer die Fehlerhaftigkeit der Anordnung erst später, so obliege ihm die Pflicht, dem Auftraggeber frühestmöglich die Gelegenheit zu einer Änderung oder zur Kündigung des Vertrages gem. § 649 BGB zu geben. Ein Unterlassen eines solchen Hinweises führe dazu, dass der Auftraggeber so zu stellen sei, als ob er rechtzeitig die Gelegenheit zur Kündigung gehabt habe. Auf seinen Werklohn müsse sich der Auftragnehmer in diesem Fall das anrechnen lassen, was er ab dem Beginn der Hinweispflicht an Aufwendungen hätte ersparen können.[54]

23 (3) Eine weitere Ansicht sieht die Grundlage für eine Risikoverlagerung bei Auftraggeberanordnungen in einer *rechtsgeschäftlichen Risikoübernahme*. Dabei setzen diese Vertreter den herrschenden Anordnungsbegriff im Sinne einer imperativ ausgestalteten Weisung voraus, verlangen für eine Risikoverlagerung jedoch als zusätzliches Element eine rechtsgeschäftliche Haftungsübernahme.[55]

24 (4) In der neueren Literatur[56] finden sich schließlich Stimmen, die § 645 Abs. 1 S. 1 BGB auf alle hier zu behandelnden Fälle eines Baumangels aufgrund fehlerhafter Vorgaben des Bauherrn für anwendbar halten. Eine Mangelbeseitigungspflicht des Auftragnehmers bleibe in jedem Falle erhalten, unabhängig davon, auf welchen Ursachen der Mangel beruhe. Sinn und Zweck des § 645 Abs. 1 BGB gebiete es aber nun, dass der Auftragnehmer bei Vorliegen der Voraussetzungen für eine Verlagerung der Vergütungsgefahr nicht zugleich verpflichtet sei, auf seine Kosten den Baumangel zu beheben. Ihm stünde mit anderen Worten eine Zusatzvergütung zu.[57]

bb) Stellungnahme

25 (1) Die *Rechtsgrundlage* für die Risikoverteilung bei Auftraggeberanordnungen im Bereich des BGB-Gewährleistungsrechts kann weder in § 645 BGB[58] als reiner Gefahrtragungsregelung noch

---

52 BGH, NJW 1973, 754, 755; BauR 1975, 421, 422; OLG Saarbrücken, NJW 1970, 1192, 1193; OLG Stuttgart, BauR 1989, 475, 476; *Kapellmann* in: Kapellmann/Messerschmidt, VOB/B, § 2 Rn. 190; Leinemann/*Schliemann*, VOB/B, § 13 Rn. 57; Ingenstau/Korbion/*Wirth*, VOB/B, § 13 Nr. 3 Rn. 26.
53 OLG Celle, BB 1964, 738 f.; OLG Düsseldorf, Schäfer/Finnern, Z.2.410, Bl. 43; BayObLG, MDR 1971, 487, 488; ebenso *Moos,* NJW 1961, 157 f.
54 *Moos,* NJW 1961, 157, 158.
55 Für den BGB-Vertrag: *Nicklisch,* in: FS Bosch, 1976, S. 731 ff.; ihm folgend: *Fischer,* Die Regeln der Technik im Bauvertragsrecht, Baur Schriften, Bd. 2 1985, S. 134; für den VOB-Vertrag: OLG Frankfurt a.M., NJW 1983, 456 f. (Blasbachtalbrückenfall); Palandt/*Sprau,* BGB § 645 Rn. 8: »Eine Anordnung liegt vor, wenn der Auftraggeber für eine von ihm gewünschte Modalität das Risiko übernimmt.«; Für den Fall der Leistungsbeschreibung: *Obenhaus,* Technik und Recht, Bd. 6, S. 13, 16.
56 *Siegburg* in: FS Korbion, S. 411, 418; *ders.,* Handbuch der Gewährleistung beim Bauvertrag, Rn. 1342.
57 Erman/*Seiler,* BGB, § 645 Rn. 7; *Siegburg,* in: FS Korbion, S. 411, 418; *ders.,* Handbuch der Gewährleistung im Bauvertrag, Rn. 1449; *v. Craushaar,* BauR 1987, 14, 18.
58 Für diejenigen, die die Lösung auf der Ebene des Leistungsrisikos suchen: BGH, BauR 1977, 420, 421; MüKo-BGB/*Busche,* § 644, Rn. 10; *Kohler,* NJW 1993, 417, 418; *Nicklisch,* in: FS Bosch, S. 731, 732; für diejenigen, die bei dem Vergütungsrisiko ansetzen: *Kohler,* NJW 1993, 417, 418; Staudinger/*Peters,* BGB, § 644 Rn. 11; *Siegburg,* in: FS Korbion, S. 411, 415, 419 – anders noch in: Handbuch der Gewährleistung beim Bauvertrag, Rn. 246: »Die in § 645 BGB geregelte besondere Vergütungspflicht des Bauherrn und die Verlagerung der Leistungsgefahr vom Bauunternehmer auf den Bauherrn müssen einheitlich von denselben Tatbestandsvoraussetzungen abhängen.«; *v. Craushaar,* BauR 1987, 14, 15.

in § 13 Abs. 3 VOB/B[59] als eng auszulegender Ausnahmeregelung für den Bereich des VOB-Vertrages gefunden werden. Die Heranziehung des Sphärengedankens[60] oder bloßer Billigkeitserwägungen[61] wiederum sind zu beliebig, zumal auf den dahinter stehenden Grundsatz von Treu und Glauben als ultima ratio nur dann zurückgegriffen werden sollte, wenn keine sonstigen gesetzlichen oder vertraglichen Rechtsgrundlagen zu finden sind.

Vielmehr existiert die gesuchte Rechtsgrundlage für die Risikoverteilung und -verlagerung in den rechtsgeschäftlichen Abreden der Parteien selbst. Die Anordnungskompetenz des Auftraggebers nimmt ihren Ausgang stets in den vertraglichen Regelungen der Parteien. So werden dem Auftraggeber entweder durch Einbeziehung der VOB/B automatisch die Möglichkeiten nachträglicher Anordnungen gem. §§ 1 Abs. 3, 4 VOB/B und § 4 Abs. 1 Nr. 3 VOB/B eingeräumt. Im BGB-Vertrag können Anordnungskompetenzen ausdrücklich, aber auch konkludent gewährt werden.[62] Legen die Parteien damit in ihrem Werkvertrag erst die Grundlage für die Möglichkeit von modifizierenden oder ergänzenden Anordnungen des Auftraggebers, so liegt es nahe, in dieser Vereinbarung zugleich auch die Regelung der damit einhergehenden Risikoverteilung zu sehen. Dass die Parteien vom Gesetz abweichende Haftungserweiterungen bzw. -einschränkungen vorsehen können, steht außer Frage. Insoweit wird treffend von dem sogenannten »Risikoplan« als Synonym für die ursprüngliche vertragliche Risikoverteilung gesprochen.[63] Auch der Gesetzgeber sah die Ursache für die Risikoverlagerung darin, dass die Haftung des Auftragnehmers für derartige Mängel »nach dem Sinne des Vertrages« ausgeschlossen sei.[64] Der Bundesgerichtshof hat in einer jüngeren Entscheidung[65] außerdem für den Fall einer nachträglichen Änderung des zu verwendenden Baustoffes bei einem VOB-Vertrag ausgeführt, dass eine solche einvernehmlich erfolgte Modifizierung nicht automatisch zur risikoverlagernden Rechtsfolge des § 13 Abs. 3 VOB/B führe, da es an einer einseitig verbindlichen Anordnung des Auftraggebers fehle. In diesen Fällen setze eine Risikoverlagerung eine rechtsgeschäftliche Abrede voraus.[66] Es ist also im Ansatz der Auffassung von Nicklisch[67] zu folgen, der für eine mögliche Risikoverlagerung bei Auftraggeberanordnungen eine dahingehende rechtsgeschäftliche Vereinbarung der Parteien verlangt. Fehlt es insoweit an einer ausdrücklichen Festlegung, ist eine ergänzende Vertragsauslegung[68] vorzunehmen. Hierzu ist zunächst auf die Vorschriften des dispositiven Rechts abzustellen.[69]

(2) Für die Frage, ob die Lösung auf der Ebene des *Leistungs- oder des Vergütungsrisikos* zu suchen ist, ergibt sich aus den bisherigen Überlegungen folgendes: Wenn sich der Auftragnehmer zur Befolgung der Anordnung verpflichtet hat, entspricht die hierdurch modifizierte Leistung dem »ver-

---

59 So: *Klafti/Maxem*, BauR 1999, 1074, 1075; Nicklisch/Weick/*Nicklisch*, VOB/B, § 13 Rn. 43; Ähnlich: BGH, BauR 1996, 702, 704, wo das Gericht anmerkt, dass die sog. »Ausreißerfälle« (dazu näher unter: § 633 BGB, Rdn. 101) auch nach BGB nicht anders als nach § 13 Abs. 3 VOB/B zu lösen seien.
60 BGH, BauR 1975, 421, 422; OLG Saarbrücken, NJW 1970, 1192, 1193; MüKo-BGB/*Busche*, § 634, Rn. 79; ähnlich argumentieren diejenigen, die die Grundlage der Risikoverlagerung darin sehen, dass der Auftragnehmer im Falle der Auftraggeberanordnung »nichts weiter getan habe, als das Werk anweisungsgemäß zu erstellen«, vgl. hierzu: *Moos*, NJW 1961, 157 f., 158; siehe auch: *Kreß*, Lehrbuch des besonderen Schuldrechts, 1934, S. 195.
61 BGHZ 60, 14, 20; 77, 320, 325; 78, 352, 354; 83, 197, 203; BauR 1996, 702, 703, ihm folgend: *Riedl* in: Heiermann/Riedl/Rusam, VOB/B, § 13 Rn. 49; Ingenstau/Korbion/*Wirth*, VOB/B, § 13 Nr. 1 Rn. 74.
62 Vgl. Rdn. 12 ff.
63 Nicklisch/Weick/*Nicklisch*, VOB/B, Einl. §§ 4–13, Rn. 7; Ähnlich: *Ganten*, Pflichtverletzung und Schadensrisiko im privaten Baurecht, 1974, 213 f., 242.
64 Motive II, S. 485.
65 NZBau 2005, 456, 457 f.
66 BGH, NZBau 2005, 456, 458.
67 *Nicklisch*, in: FS Bosch, S. 731, 739–745; ebenso: OLG Frankfurt a.M., BauR 1983, 156 (Blasbachtalbrücke«).
68 BGH, NJW-RR 1991, 176, 177.
69 BGHZ 40, 91, 103; 90, 69, 75; NJW 1982, 2190, 2191.

sprochenen« Werk im Sinne des § 631 BGB bzw. der »vereinbarten Beschaffenheit« im Sinne des § 633 BGB. Dem Wortlaut beider Vorschriften ist nicht zu entnehmen, dass der Auftragnehmer nicht für solche Baumängel verantwortlich sein soll, die durch fehlerhafte Vorgaben des Bauherren verursacht worden sind. Die Haftung des Auftragnehmers wird von § 633 BGB unabhängig davon definiert, aus welchen Gründen das Bauwerk einen Fehler im Sinne der Vorschrift aufweist; es genügt einfach, dass objektiv ein Baumangel gegeben ist. Ausnahmeregelungen, wie sie für den Fall der Gefahrtragung in §§ 644 f. BGB vorhanden sind, fehlen für den Bereich der Mängelgewährleistung. Dies bedeutet, dass bereits die Auslegung der gesetzlichen Regelungen dafür spricht, dass der Auftragnehmer gem. § 633 Abs. 1 BGB das Leistungsrisiko auch für solche Baumängel zu tragen hat, die auf fehlerhaften Vorgaben des Auftraggebers beruhen.[70] Die Interessenlage der Parteien selbst spricht ebenfalls gegen eine Freistellung des Auftragnehmers von seiner Gewährleistungspflicht. Der Auftraggeber ist vielmehr daran interessiert, dass »sein« Auftragnehmer das Werk insgesamt mangelfrei fertig stellt und damit also auch zwischenzeitlich auftretende Mängel beseitigt, egal, auf welche Ursachen diese zurückgehen. Denn der Auftragnehmer ist mit dem Werk am besten vertraut und aufgrund seiner logistischen Präsenz vor Ort in der Lage, auftretende Mängel am kostengünstigsten zu beseitigen. Andererseits muss es auch dem Auftragnehmer daran gelegen sein, selbst diejenigen Mängel in Eigenregie zu beseitigen, die ihre Ursache in der Sphäre des Auftraggebers haben. Sein Interesse liegt daher nicht darin, von den Mängelbeseitigungsarbeiten befreit zu werden, sondern darin, diese nicht ohne zusätzliche Vergütung erbringen zu müssen.[71] Diesem Ergebnis entspricht auch die Struktur der Gefahrtragungsregelung der §§ 7 VOB/B, 645 BGB. Auch hier wird dem Auftragnehmer für den Fall, dass er das aus von ihm nicht zu vertretenden Umständen untergegangene oder beschädigte Werk erneuert, eine zusätzliche Vergütung zugestanden.[72]

28 Für die Bestimmung der Höhe der für die vorzunehmende Neuherstellung bzw. Mängelbeseitigung entstehenden Zusatzvergütung kann auf die für § 2 Abs. 6 VOB/B geltenden Grundsätze zurückgegriffen werden.[73]

29 Aus dem Kooperationsgedanken des Bauwerkvertragsrechts folgt schließlich, dass der Auftragnehmer den Auftraggeber vorab auf den Umfang der notwendig werdenden Arbeiten sowie die Höhe der voraussichtlich entstehenden Zusatzvergütung hinzuweisen hat, damit dem Auftraggeber die Möglichkeit gegeben wird zu entscheiden, ob er die Kosten zu tragen bereit ist oder gegebenenfalls auf die Mangelbeseitigung verzichten oder sich mit geringfügigeren Beseitigungsarbeiten begnügen will. Insoweit gilt also das gleiche wie gem. § 2 Abs. 6 Nr. 1 S. 2 VOB/B.[74]

30 (3) Bei der Ermittlung der für die Risikoverteilung und -verlagerung maßgeblichen *Zuordnungskriterien* ist zum einen zwischen vertraglichen und nachvertraglichen Vorgaben und bei den letzteren weiter unter besonderer Berücksichtigung der Planungsaufgaben danach zu differenzieren, ob eine ausdrückliche Anordnungskompetenz vereinbart wurde oder eine solche Regelung fehlt:

31 Für die Zeit *vor dem Vertragsabschluss* kommt eine Risikoverlagerung grundsätzlich nicht in Betracht. Das Vergütungsrisiko verbleibt nach den allgemein geltenden Grundsätzen für alle in dem Vertrag enthaltenen Leistungsdaten bei dem Auftragnehmer, es sei denn, der Vertrag enthält ausdrücklich oder konkludent eine anderweitige Risikovereinbarung. Die Regelung des § 13 Abs. 3 VOB/B als eng auszulegende Sondervorschrift und die in diesem Zusammenhang für die Fälle der sog. »fehlerhaften Leistungsbeschreibung« entwickelten Grundsätze können außerhalb des An-

---

[70] Staudinger/*Peters*, BGB, § 645 Rn. 10; *Siegburg,* in: FS Korbion, S. 411, 414.
[71] Ebenso: *Siegburg,* in: FS Korbion, S. 411, 420 f.
[72] BGH Z 61, 144, 147; Ingenstau/Korbion/*Oppler*, VOB/B, § 7 Rn. 12; Nicklisch/Weick/*Weick*, VOB/B, § 7 Rn. 20.
[73] *Siegburg,* in: FS Korbion, S. 411, 422.
[74] *Siegburg,* in: FS Korbion, S. 411, 422.

wendungsbereichs der VOB/B nicht herangezogen werden. Die Anordnungsproblematik wird damit ausschließlich für nachvertragliche Änderungen des Leistungsumfanges relevant.

Ist der Auftragnehmer *kraft ausdrücklicher vertraglicher Regelung* verpflichtet, *nach Vertragsabschluss*[75] Anordnungen des Auftraggebers Folge zu leisten, ohne dass er hieran etwas ändern kann, so wird er in diesen Fällen nicht das Risiko für Umstände übernehmen wollen, die in seine unternehmerische Entscheidungsfreiheit eingreifen und damit außerhalb seiner Beherrschbarkeit liegen. Der Auftraggeber seinerseits kann auch in diesen Fällen redlicherweise nicht davon ausgehen, dass der Auftragnehmer trotz seines Eingreifens in das Leistungsgeschehen weiterhin eine Haftung tragen will, und zwar unabhängig davon, ob er ausdrückliche Bedenken erhebt oder nicht.[76] Als Richtschnur kann hier gelten, dass das Anordnungs*recht* des Auftraggebers in der Regel mit seiner *Pflicht* zur Risikotragung kraft rechtsgeschäftlicher Übernahme einhergehen wird. 32

Ergibt sich das Anordnungsrecht des Auftraggebers nur *aufgrund einer ergänzenden Vertragsauslegung*, so kann sich dieses Recht, wie gezeigt,[77] allenfalls für konkretisierende, d.h. notwendige oder aber für lediglich marginal modifizierende Anordnungen ergeben, gegen die der Auftragnehmer entsprechend den Grundsätzen von Treu und Glauben keine Einwände erheben könnte. Da sich die Anordnungskompetenz in diesen Fällen bereits von ihrem sachlichen Gehalt her nur in den Grenzen des zur Erbringung einer ordnungsgemäßen Werkleistung unbedingt Erforderlichen bewegt, besteht keinerlei Veranlassung dafür, hier von der grundsätzlichen Erfolgshaftung des Auftragnehmers abzuweichen. Eine Ausnahme ist nur für die Fälle zu machen, in denen eine modifizierende Anordnung, abweichend von der Regel, nur deshalb zulässig ist, weil sie so marginal modifizierend in die Leistungsdaten eingreift, dass ihre Ausführung nach Treu und Glauben nicht zurückgewiesen werden darf. Das ändert allerdings nichts daran, dass das Risiko auch für diese geringfügigen Änderungen auf den Auftraggeber übergeht, da sie von der ursprünglichen Leistungs- und Risikoregelung nicht umfasst waren. 33

4. Kausalität

Der Untergang oder die Verschlechterung des Werkes muss auf der Mangelhaftigkeit des Stoffes oder der Anordnung beruhen.[78] An dieser *Kausalität* fehlt es, wenn allein äußere Ereignisse die vereinbarte Werkherstellung verhindert haben.[79] Andererseits genügt eine Mitursächlichkeit.[80] Die *Beweislast* für die Kausalität trägt der Auftragnehmer.[81] 34

5. Kein Vertretenmüssen von Auftraggeber und Auftragnehmer

a) § 645 Abs. 1 S. 1 BGB setzt schließlich voraus, dass *kein Umstand* mitgewirkt haben darf, *den der Auftragnehmer seinerseits zu vertreten hat*. 35

Zu vertreten hat der Auftragnehmer vor allem schuldhafte Pflichtverletzungen, zu denen vor allem Verstöße gegen die Prüfungs- und Hinweispflicht gehören.[82] Diese beziehen sich im vorliegenden Zusammenhang vor allem auf die Tauglichkeit von Stoffen des Auftraggebers bzw. die Geeignetheit von Anweisungen. Die Pflichtverletzungen müssen sich außerdem auf die negativen Folgen ausgewirkt haben, d.h. kausal geworden sein, woran es fehlt, wenn der Auftraggeber ungeachtet

---

75 Vgl. hierzu die Ausführungen unter Rdn. 11.
76 So aber: *Nicklisch*, in: FS Bosch, S. 731, 743.
77 Vgl. hierzu die Ausführungen unter Rdn. 18.
78 AnwK/*Raab*, BGB, § 645 Rn. 11; MüKo-BGB/*Busche*, § 645 Rn. 7.
79 AnwK/*Raab*, BGB, § 645 Rn. 11; MüKo-BGB/*Busche*, § 645 Rn. 7.
80 AnwK/*Raab*, BGB, § 645 Rn. 13.
81 MüKo-BGB/*Busche*, § 645 Rn. 7.
82 Vgl hierzu eingehend: § 633 Rdn. 86 ff.

§ 645 BGB   Verantwortlichkeit des Bestellers

eines hinzugedachten Hinweises bei seiner Anweisung geblieben oder dieser bereits von anderer Seite hinreichend aufgeklärt worden war.[83]

Zu vertreten hat der Auftragnehmer aber auch alle schuldlosen Pflichtverletzungen (insbes. Verwendung eigener, ungeeigneter Stoffe und mangelhafte Ausführung), die zu Gewährleistungspflichten gem. §§ 633 ff. BGB führen.

In all diesen Fällen bleibt es für den Auftragnehmer bei seiner Verantwortlichkeit gem. §§ 634 ff. BGB.[84]

36   b) Als Gefahrtragungsregelung geht § 645 Abs. 1 S. 1 BGB grundsätzlich davon aus, dass auch *der Auftraggeber* den Untergang, die Verschlechterung oder die Unausführbarkeit des Werkes *nicht seinerseits zu vertreten hat*. In diesem Fall behält der Auftragnehmer nämlich nach § 326 Abs. 2 BGB den vollen Gegenleistungsanspruch. Allerdings bleibt es ihm unbenommen, sich mit seinen Rechten gem. § 645 BGB zu begnügen,[85] das Vertretenmüssen des Auftraggebers schließt also anders als dasjenige des Auftragnehmers den Anspruch nicht aus.

III. Rechtsfolge: Teilvergütungsanspruch des Auftragnehmers

37   Im Anwendungsfalle des § 645 Abs. 1 S. 1 BGB bestimmt das Gesetz, dass der Auftragnehmer einen der geleisteten Arbeit entsprechenden Teil der Vergütung und Ersatz der in der Vergütung nicht inbegriffenen Auslagen verlangen kann. Es herrscht Übereinstimmung, dass diese Teilvergütung nach den Grundsätzen eines gekündigten Werkvertrages gemäß § 649 S. 2 BGB zu ermitteln ist.[86] Dieser richtige, aber verkürzte Hinweis könnte auf Missverständnis stoßen. Mit Recht weist Peters[87] darauf hin, dass die Berechnung der Vergütung bei gekündigtem Vertrag gemäß § 649 S. 2 BGB »von oben« ausgehend vorgenommen wird. Von der vollen Werklohn sind in diesem Falle Abzüge vorzunehmen. Das ist anders bei § 645 Abs. 1 S. 1 BGB, wo »von unten« aus abgerechnet wird. Hier erhält der Auftragnehmer nur die Vergütung für die tatsächlich erbrachte Leistung zuzüglich des Ersatzes für die in der Vergütung nicht inbegriffenen Auslagen.

38   Den Abrechnungen gemäß § 649 Abs. 2 BGB und gemäß § 645 Abs. 1 S. 1 BGB ist gemeinsam, dass der Auftragnehmer seiner Darlegungs- und Beweislast nur dann genügt, wenn er in genauer Abgrenzung den erbrachten Teil seiner Leistung von der nicht mehr durchgeführten Leistung darstellt und vorträgt. Hier stellen sich in der Praxis Probleme insbesondere bei der Bemessung der Teilvergütung eines Pauschalvertrages.[88] Anders als bei der Abrechnung nach § 649 S. 2 BGB kann der Auftragnehmer nach dem eindeutigen Wortlaut des § 645 Abs. 1 S. 1 BGB für den nicht geleisteten Arbeitsteil keinen entgangenen Gewinn verlangen.[89] Von daher sind auch die unterschiedlichen Abrechnungsformen in § 649 S. 2 BGB und § 645 Abs. 1 S. 1 BGB zu erklären.

39   Über die anteilige Vergütung hinaus hat der Auftragnehmer bei § 645 Abs. 1 S. 1 BGB auch einen Anspruch auf Erstattung der Auslagen, die ihm bis zum Schadensereignis entstanden und in der Vergütung für die erbrachte Leistungen nicht enthalten sind. Sind durch das konkrete Werk Kosten für Materialbeschaffung, Transporte sowie für Beschaffung und Nutzung von Geräten und Maschinen entstanden, sind diese zu ersetzen.[90]

40   § 645 Abs. 1 S. 2 BGB verweist auf den in § 643 BGB geregelten Fall der Auftragnehmerkündigung wegen unterbliebener Mitwirkung des Auftraggebers und stellt dabei klar, dass die Bemes-

---

83 LG Hamburg, BauR 2002, 360; Erman/*Schwenker*, BGB, § 645 Rn. 5.
84 MüKo/*Busche*, BGB, § 645 Rn. 10.
85 AnwK/*Raab*, BGB, § 645 Rn. 16; Staudinger/*Peters*, BGB, § 645 Rn. 21.
86 BGH, NJW 1999, 2036; Palandt/*Sprau*, BGB § 645 Rn. 11; Bamberger/Roth/*Voit*, BGB § 645 Rn. 25.
87 Staudinger/*Peters*, BGB § 645 Rn. 23.
88 Bamberger/Roth/*Voit*, BGB § 645 Rn. 26.
89 MüKo-BGB/*Busche*, § 645 Rn. 11; Staudinger/*Peters*, BGB § 645, Rn. 24.
90 BGHZ 137, 35, 39; Palandt/*Sprau*, BGB § 645 Rn. 11; MüKo-BGB/*Busche*, § 645 Rn. 13 m.w.N.

sung der dem Auftragnehmer für seine bis zur Kündigung erbrachte Tätigkeit nach den Grundsätzen des § 645 Abs. 1 S. 1 BGB, also »von unten« aus erfolgt.

§ 645 Abs. 2 BGB enthält an sich einen Hinweis auf Selbstverständliches. Dieser Hinweis besagt lediglich, dass eine Haftung des Auftraggebers ohne Verschulden bei Untergang, Verschlechterung und Unausführbarkeit des Werkes gemäß § 645 Abs. 1 S. 1 BGB möglich ist, darüber hinaus aber bei schuldhaftem Handeln des Auftraggebers eine Haftung nach den allgemeinen schuldrechtlichen Regeln greift. 41

IV. Beweislast

Die Voraussetzungen sowohl zu Grund als auch zur Höhe des Anspruches gem. § 645 BGB sind vom Auftragnehmer darzulegen und zu beweisen.[91] Hierzu hat er anhand der laut Vertrag entscheidenden Parameter[92] insbesondere die von ihm erbrachten Leistungen darzulegen und von dem nicht ausgeführten Teil abzugrenzen. Um dem Auftraggeber die Nachprüfung zu ermöglichen, hat der Auftragnehmer gegebenenfalls auch seine Kostenkalkulation offen zu legen.[93] 42

D. Entsprechende Anwendung des § 645 Abs. 1 S. 1 BGB

In der täglichen Rechtsprechungspraxis der mit Bausachen befassten Gerichte spielt die direkte Anwendung des § 645 Abs. 1 S. 1 BGB eine mehr untergeordnete Rolle. Es ist eine auch in der Literatur geäußerte zutreffende Erfahrung,[94] dass die mögliche Anwendbarkeit des § 645 BGB in der Praxis nicht hinreichend gewürdigt und bedacht wird. Die Vorschrift des § 645 BGB fristet geradezu ein Nischendasein, soweit es die direkte Anwendbarkeit angeht. 43

Die Fälle jedoch, in denen eine analoge Anwendung des § 645 BGB zur Entscheidungsfindung herangezogen wird, erwecken Aufmerksamkeit und erfahren zuweilen auch Kritik. Das mag einmal an der besonderen Art der (mehr spektakulären) Fälle liegen. Zum anderen wird bei der analogen Anwendung oft die Kritik anders Denkender herausgefordert. Durch die Analogie enthält § 645 BGB eine den Wortlaut übersteigende Bedeutung.[95] 44

§ 645 BGB ist als Ausnahme von dem in § 644 Abs. 1 S. 1 BGB verankerten Grundsatz zu sehen, dass der Auftragnehmer bis zum Zeitpunkt der Abnahme die Gefahr für die Verschlechterung oder den Untergang seiner Werkleistung trägt. Dieser Grundsatz als gesetzliches Leitbild gründet sich auf der Vorleistungspflicht des Auftragnehmers und der Erfolgsbezogenheit seiner Werkleistung. Die mit dieser Gesetzesvorgabe zuweilen für den Auftragnehmer verbundenen Härten wollte der Gesetzgeber mildern, indem er aus Billigkeitsgründen[96] mit § 645 BGB eine Ausnahmeregelung ins Gesetz aufnahm. Mit der Regelung des § 645 Abs. 1 S. 1 BGB, wonach auf den Auftraggeber die Vergütungsgefahr übergeht, wenn das Werk des Auftragnehmers infolge eines Mangels des vom Auftraggeber gelieferten Stoffes oder einer von ihm erteilten Anweisung untergeht, verschlechtert oder unausführbar wird, sind jedoch nicht alle denkbaren Umstände erfasst, die einen Gefahrübergang auf den Auftraggeber für die Werkleistung rechtfertigen.[97] So hat der Bundesgerichtshof[98] richtungsweisend dem Auftragnehmer einen Anspruch in Anlehnung an § 645 Abs. 1 S. 1 BGB zugebilligt, wenn der Auftraggeber die Werkleistung durch eine Handlung 45

---

91 MüKo-BGB/*Busche*, § 645 Rn. 11; Staudinger/*Peters*, BGB § 645 Rn. 24.
92 BGH, NJW 1996, 3270, 3271 f.
93 BGH, NJW 1999, 2036, 2037.
94 *Kniffka*, IBR-Online-Kommentar, § 645 Rn. 6; Englert/Motzke/*Wirth*, Baukommentar, § 645 Rn. 1; *Fuchs*, IBR 2004, 481.
95 Vgl. Englert/Motzke/Wirth, Baukommentar, § 645 Rn. 62.
96 Mot II 500.
97 Bamberger/Roth/*Voit*, BGB § 645 Rn. 17.
98 BGHZ 40, 71, 75.

§ 645 BGB   Verantwortlichkeit des Bestellers

in einen Zustand oder eine Lage versetzt, die eine Gefährdung des Werkes bedeutet und die schließlich zu dessen Untergang führt.[99]

46 In Fortsetzung dieser Rechtsprechung hat der Bundesgerichtshof mit der Entscheidung BGHZ 78, 352, 354 f. den Maßstab für die Billigkeitsüberlegungen gesetzt, die im Einzelfall bei einer analogen Anwendung des § 645 Abs. 1 S. 1 BGB zu beachten sind. Er hat dabei folgenden Grundsatz entwickelt, den er auch in späteren Entscheidungen wiederholt hat:[100]

> »Diese Vorschrift beruht auf Billigkeit. Ihre entsprechende Anwendung ist deshalb in Fällen geboten, in denen die Leistung des Unternehmers aus Umständen untergeht oder unmöglich wird, die in der Person des Bestellers liegen oder auf Handlungen des Bestellers zurückgehen, auch wenn es insoweit an einem Verschulden des Bestellers fehlt. In derartigen Fällen steht der Besteller der sich aus diesen Umständen ergebenden Gefahr für das Werk näher als der Unternehmer. Die entsprechende Anwendung des § 645 Abs. 1 S. 1 BGB führt in solchen Fällen zu einem beiden Parteien des Werkvertrages gerecht werdenden billigenden Interessenausgleich. Der Unternehmer erhält (nur) die erbrachte und untergegangene Werkleistung bezahlt. Der Besteller braucht den darüber hinausgehenden Teil der vereinbarten Vergütung nicht zu entrichten. Rechtfertigung für die entsprechende Anwendung des § 645 Abs. 1 S. 1 BGB auf Fallsituationen, die vom Wortlaut der Vorschrift nicht erfasst werden, ist die objektive Verantwortlichkeit des Auftraggebers für den Eintritt des Schadens in Risikolagen, die den geregelten Fällen vergleichbar sind.«

47 Bei der analogen Anwendung des § 645 Abs. 1 S. 1 BGB handelt es sich um eine sogenannte Gesetzesanalogie.[101] Hierunter versteht man die Ausdehnung einer einzigen Gesetzesvorschrift auf Fälle, die sich von den im Gesetz entschiedenen nur in unwesentlichen, die Regel innerlich nicht berührenden Punkten unterscheiden.[102] Mit Recht spricht Mansel[103] im Hinblick auf eine analoge Anwendung des § 645 Abs. 1 S. 1 BGB von einer vorsichtigen Analogie auf einzelne Leistungshindernisse. Nicht anders sollte auch das obige Zitat des Bundesgerichtshofs verstanden werden.

48 Ausgehend von der »Billigkeitsdefinition« des Bundesgerichtshofs sind zunächst zwei Fallgruppen anzusprechen, die zu einer Analogie des § 645 Abs. 1 S. 1 BGB führen können. Das ist einmal der Fall, dass die Unausführbarkeit der Werkleistung ihre Ursache in der Person des Auftraggebers hat. Zum anderen betrifft es Handlungen des Auftraggebers, die den Untergang der Werkleistung bewirken, die aber nicht als Anweisungen im engeren Sinne des § 645 Abs. 1 S. 1 BGB zu qualifizieren sind. Schließlich kann noch ein vorzeitige Zweckerreichung oder ein Zweckfortfall die analoge Anwendung des § 645 Abs. 1 S. 1 BGB rechtfertigen.

49 Aus der reichhaltigen Kasuistik sollten einige Beispiele genannt werden:

Als Schulbeispiel für ein Hindernis, das in der Person des Auftraggebers begründet ist, ist vom Bundesgerichtshof in BGHZ 60, 14 ff. entschieden worden. Der Auftraggeber konnte die gebuchte Reise nicht antreten, weil sich kurzfristig die Bestimmungen über die Pockenschutzimpfungen im Ausland geändert hatten.

Eine entsprechende Anwendung des § 645 Abs. 1 S. 1 BGB hat das Oberlandesgericht München für den Fall angenommen, dass der Auftraggeber dem Auftragnehmer das Grundstück unverschuldet nicht zur Verfügung stellen kann.[104] In dieser Entscheidung, die vom Bundesgerichtshof nicht zur Revision angenommen wurde, vertrat das Gericht die Meinung, dass die zu wertende Si-

---

[99] Jauernig/*Mansel*, BGB, § 645 Rn. 9; Palandt/*Sprau*, BGB § 645 Rn. 8 m.w.N.
[100] BGHZ 136, 303, 308; 137, 35, 38.
[101] Jauernig/*Mansel*, BGB, § 645 Rn. 1.
[102] Enneccerus/Nipperdey, § 58 II 1a.
[103] *Mansel*, a.a.O.
[104] OLG München, BauR 1992, 74 f.

tuation den in § 645 Abs. 1 S. 1 BGB geregelten Fällen ähnlich war und deshalb eine Gleichbehandlung geboten erschien.[105]

Auch im Falle einer dauerhaft nicht erteilten Baugenehmigung ist das Hindernis für die nicht zu erbringende Werkleistung der Person des Auftraggebers zuzuordnen mit der Folge der entsprechenden Anwendung des § 645 Abs. 1 S. 1 BGB.[106]

Die Ähnlichkeitsbewertung mit der Folge der analogen Anwendung des § 645 Abs. 1 S. 1 BGB ist naheliegend, wenn der Auftraggeber durch sein Handeln eine Gefahrenlage erzeugt, bei deren Verwirklichung die Werkleistung des Auftragnehmers verschlechtert oder zerstört wird. Ein solches Geschehen ist durchaus vergleichbar mit den Fällen, in denen die Beeinträchtigung des Werkes durch eine Anweisung des Auftraggebers erfolgt. 50

Markante Beispiele sind insoweit die vom Bundesgerichtshof zum sogenannten »Schürmann-Bau« ergangenen Entscheidungen.[107] Der Bundesgerichtshof wandte in diesen Fällen § 645 Abs. 1 S. 1 BGB entsprechend an, weil die Auftraggeberin das Risiko einer Überflutung durch das Rheinhochwasser objektiv zurechenbar dadurch herbeiführte, dass – für alle Beteiligten ersichtlich – der von ihr vorgesehene und ausreichend ausgeführte vorläufige Hochwasserschutz zur Zeit der Hochwassergefahr teilweise beseitigt worden war. Die Auftraggeberin hatte für die Bauzeit den Hochwasserschutz übernommen und stand somit, so der Bundesgerichtshof,[108] der Gefahr, die sich aus der Beschaffenheit des Hochwasserschutzes ergab, näher als der Auftragnehmer, so dass auf Grund von Billigkeitserwägungen ein Übergang der Vergütungsgefahr angebracht war. Einen Übergang der Vergütungsgefahr nahm der Bundesgerichtshof[109] in einem anderen Fall deshalb an, weil der Auftraggeber in eine noch unfertige Scheune Heu einbrachte, das sich entzündete und zum Abbrennen der Scheune führte und so die unfertige Arbeit des Auftragnehmers vernichtete. 51

Das Oberlandesgericht Köln[110] bejahte im sogenannten »Schweißbrand-Fall« einen Vergütungsanspruch des Auftragnehmers entsprechend § 645 Abs. 1 S. 1 BGB, weil der Auftraggeber in einem alten, anfälligen Schlossgebäude Schweißarbeiten ausführen ließ. Die damit verbundene gefahrenerhöhende Risikosituation führte schließlich durch eine Unaufmerksamkeit des Folgeunternehmers zur Brandvernichtung des Schlosses und zu den bis dahin ausgeführten Maurerarbeiten des Auftragnehmers.[111] 52

Zu bedenken ist stets, dass für Bauvorhaben typische Gefahrenlagen nicht einseitig dem Auftraggeber über eine entsprechende Anwendung des § 645 Abs. 1 S. 1 BGB angelastet werden können. Regelmäßig sind bei einem Bauvorhaben gleichzeitig verschiedene Handwerker im Auftrage des Auftraggebers im Einsatz. Verursacht einer dieser Handwerker in eigener Verantwortung einen Schadensfall an einer anderen noch nicht fertigen Werkleistung, kann sich durchaus eine Gefahrenlage realisiert haben, die bei Bauvorhaben allgemein nicht auszuschließen ist. Das aber kann allein nicht zur Verlagerung der Vergütungsgefahr auf den Auftraggeber führen,[112] es sei denn, der Auftraggeber hat durch ein zusätzliches gefahrerhöhendes Verhalten zu der Werksvernichtung beigetragen. 53

Der Vollständigkeit halber sei noch die zufällige Zweckerreichung als möglicher analoger Anwendungsfall des § 645 Abs. 1 S. 1 BGB genannt. Das wäre der Fall, wenn ein festliegendes Schiff 54

---

105 Vgl. *Duffek*, BauR 1999, 979 ff.
106 Vgl. auch *Vygen/Joussen*, Rn. 2755 m.w.N.
107 BGZ 136, 303; BGHZ 137, 35.
108 BGHZ 136, 303, 308.
109 BGHZ 40, 71.
110 OLG Köln, OLGZ 1975, 323.
111 Vgl. auch OLG Hamm, BauR 1980, 576 ff.
112 BGH, BauR 1981, 71, 72; Englert/Motzke/*Wirth*, § 645 Rn. 70; Palandt/*Sprau*, BGB § 645 Rn. 8; *Kniffka*, IBR-Online-Kommentar, § 645 Rn. 18.

vor Eintreffen des Schleppers frei kommt[113] oder ein Kraftfahrzeug wieder anspringt, ehe der Monteur eingreifen kann.[114] Diese Fallkonstellation ist im Baurecht kaum vorstellbar. Eine handwerkliche Leistung entsteht nur mit Zutun des entsprechenden Auftragnehmers.

55 Die sogenannte »allgemeine Sphärentheorie« sollte bei Überlegungen einer analogen Anwendung des § 645 Abs. 1 S. 1 BGB keine Rolle spielen. Nach dieser Theorie hätte der Auftraggeber alle Risiken der Verschlechterung oder des Unterganges eines Werkes zu tragen, soweit diese Risiken seiner Sphäre entstammen. Einmal begegnen dieser Theorie wegen der unbestimmten Anwendungskriterien Vorbehalte.[115] Zum anderen überschreitet eine solche weite Auslegung die im Gesetz vorgegebenen Grenzen. Mit Recht weist Peters[116] darauf hin, dass durch eine Anwendung der »allgemeinen Sphärentheorie« der Grundgedanke des § 644 Abs. 1 S. 1 BGB ausgehebelt wird, wonach der Auftragnehmer grundsätzlich bis zur Abnahme seiner Werkleistung das Vergütungsrisiko trägt. Diese Meinung wird weitgehend in der Rechtsprechung[117] und in der Literatur[118] geteilt.

56 Jede analoge Anwendung einer Norm erfordert die Feststellung einer planwidrigen Lücke im Gesetz, die durch eine der Interessenlage ähnliche Gesetzesregelung ausgefüllt wird. Diese planwidrige Lücke ist im Hinblick auf die aufgezeigten Grundsätze des Werkvertrages nicht erkennbar, so dass die Anwendung der allgemeinen Sphärentheorie nicht gerechtfertigt ist. Die Ausnahmeregelung des § 645 BGB hat seit Schaffung des Bürgerlichen Gesetzbuches keine Änderung erfahren, weil in den Vorschriften des § 644 BGB und des § 645 BGB keine rechtspolitischen Fehler des Gesetzgebers zu sehen sind.[119]

57 So bleibt festzustellen, dass es sich bei der analogen Anwendung des § 645 Abs. 1 S. 1 BGB um eine Einzelfallanalogie handelt, von der nur vorsichtig Gebrauch gemacht werden sollte.[120]

58 Hat der Bundesgerichtshof auch in früheren Entscheidungen[121] die Frage offen gelassen, ob sich mit der »allgemeinen Sphärentheorie« ein Anspruch auf Vergütung des Auftragnehmers in Abweichung von der Regel des § 644 Abs. 1 BGB entsprechend § 645 Abs. 1 S. 1 BGB begründen lässt, so kann dem Bundesgerichtshof mit seiner Entscheidung im »Iran-Fall«[122] nicht der Vorwurf gemacht werden, zu Unrecht auf die »allgemeine Sphärentheorie« zurückgegriffen zu haben.[123] Aus dieser Entscheidung kann man nicht verallgemeinernd den Satz ableiten, der Auftraggeber stehe bei politischen Wirren und Unruhen dem Risiko der Unausführbarkeit der Werkleistung näher als der Auftragnehmer.[124] Der »Iran-Fall« ist eine Einzelfallentscheidung, die unter Billigkeitsgesichtspunkten durchaus richtig und nachvollziehbar ist, hatte doch der Auftraggeber von seinem iranischen Auftraggeber auf Grund eines Akkreditivs die gesamte Vergütung für die Anlagenteile erhalten. Es wäre sicherlich nicht zu billigen, bei dieser Falllage dem Auftragnehmer die entsprechende Vergütung für seine Materiallieferungen vorzuenthalten.

59 In der täglichen anwaltlichen Praxis wird häufig § 645 BGB in direkter oder in entsprechender Anwendung nicht hinreichend gewürdigt,[125] so dass die Gerichte nur selten mit diesem Fragen-

---

113 Erman/*Schwenker*, BGB, § 645 Rn. 10.
114 Staudinger/*Peters*, BGB, § 645 Rn. 38.
115 MüKo-BGB/*Busche*, § 645 Rn. 15.
116 Staudinger/*Peters*, BGB, § 645 Rn. 2.
117 OLG München, BauR 1992, 74; OLG Hamm, BauR 1980, 576.
118 Palandt/*Sprau*, BGB § 645 Rn. 9; MüKo-BGB/*Busche*, § 645 Rn. 15 m.w.N.
119 Vgl. BGHZ 40, 71, 74; Erman/*Schwenker*, BGB, § 645 Rn. 11; Bamberger/Roth/*Voit*, BGB § 645 Rn. 17 m.w.N.
120 Jauernig/*Mansel*, BGB, § 645 Rn. 8.
121 BGHZ 40, 71, 74; 60, 14, 19; 78, 352, 355.
122 BGHZ 83, 197.
123 Vgl. MüKo-BGB/*Busche*, § 645 Rn. 18.
124 Vgl. Englert/Motzke/*Wirth*, § 645 Rn. 69.
125 Vgl. auch *Schill*, IBR 2004, 480.

komplex beschäftigt werden. Von Anwaltsseite muss aber auch stets in die Überlegung einbezogen werden, dass es im Falle der analogen Anwendung des § 645 Abs. 1 S. 1 BGB auf Billigkeitserwägungen ankommt, was zwangsläufig eine Rechtsunsicherheit im Hinblick auf den Verfahrensausgang mit sich bringt. Das lässt sich zuweilen an den unterschiedlichen Auffassungen der Gerichte im Laufe eines Instanzenzuges ablesen. Aus anwaltlicher Fürsorgepflicht ist aber zu raten, in geeigneten Fällen jedenfalls die Anwendung des § 645 BGB zu erwägen und dafür gegebenenfalls entsprechend vorzutragen.

§ 646 Vollendung statt Abnahme

Ist nach der Beschaffenheit des Werkes die Abnahme ausgeschlossen, so tritt in den Fällen des § 634a Abs. 2 und der §§ 641, 644 und 645 an die Stelle der Abnahme die Vollendung des Werkes.

A. Grundsätzliches

Die Vorschrift spielt im Baurecht keine Rolle. Sie erfasst nach der Vorstellung des Gesetzgebers ausschließlich unkörperliche Leistungen, die ihrer Natur nach einer Abnahme nicht zugänglich sein sollen wie Schauspiel- oder Opernaufführungen oder sportliche Leistungen. Ihr Anwendungsbereich ist unklar und konnte sich wegen seiner auch außerhalb des Baubereichs in der Praxis bestehenden Bedeutungslosigkeit weder in der Literatur noch in der Rechtsprechung entwickeln. 1

B. Keine Anwendung auf den Bauwerkvertrag

I. Die »körperliche« Bauwerksleistung

Es gibt keine Werkleistung aus dem Baubereich, die vom Besteller nicht abgenommen werden könnte. Für jede Art der handwerklichen Leistung ist das so selbstverständlich, dass auf eine Erläuterung verzichtet werden kann. 2

II. Die »unkörperliche« Bauwerksleistung

Auch wenn Architekten/Ingenieure oder Projektsteuerer unmittelbar an dem Bauwerk nicht mitarbeiten, sondern z.B. nur planen oder Koordinieren/Überwachen, ist es in Rechtsprechung und Literatur ganz einhellige Auffassung, dass gleichwohl ein abnahmefähiges Werk vorliegt.[1] 3

§ 647 Unternehmerpfandrecht

Der Unternehmer hat für seine Forderungen aus dem Vertrag ein Pfandrecht an den von ihm hergestellten oder ausgebesserten beweglichen Sachen des Bestellers, wenn sie bei der Herstellung oder zum Zwecke der Ausbesserung in seinen Besitz gelangt sind.

Übersicht	Rdn.		Rdn.
A. Allgemeines/Relevanz im Bauwesen	1	1. Besitz an beweglichen Sachen des Bestellers	4
I. Das gesetzliche Pfandrecht	1	a) Eigentum des Bestellers	6
II. Abweichende Vereinbarungen	3	b) Berechtigter Besitz des Unternehmers	10
B. Umfang und Entstehung des Pfandrechts	4	c) Rechtliche Selbständigkeit der Sache	13
I. Tatbestandsvoraussetzungen	4		

---

1 BGH, Urt. v. 09.07.1962, VII ZR 98/61, BGHZ 37, 341.

	Rdn.			Rdn.
2. Bei der Herstellung oder zum Zwecke der Ausbesserung	15		2. Erlöschen des Pfandrechts	26
II. Sicherungsumfang	16	C.	Das Verhältnis zu §§ 648 und 648a BGB	28
III. Entstehung und Erlöschen des Pfandrechts	24	D.	Pfandverwertung/Verwertung in der Insolvenz des Bestellers	30
1. Entstehung des Pfandrechts	24			

A. Allgemeines/Relevanz im Bauwesen

I. Das gesetzliche Pfandrecht

1 Die Regelung über das Pfandrecht des Unternehmers steht in Zusammenhang mit den weiteren Sicherungsregelungen der nachfolgenden Vorschriften (§§ 648 und 648a BGB) und dient dem Ziel, der dem Werkvertrag immanenten Vorleistungspflicht ein adäquates Sicherungsmittel gegenüberzustellen. Anders als die ausdrücklich bauleistungsbezogenen Vorschriften der §§ 648 und 648a BGB, in denen der Sicherungsberechtigte jeweils als »Unternehmer eines Bauwerks« bezeichnet wird, räumt § 647 BGB – unter den nachfolgend noch dazulegenden Tatbestandsvoraussetzungen – jedem Werkunternehmer ein **gesetzliches Pfandrecht an beweglichen Sachen** ein, die im Eigentum des Bestellers liegen und die er im Rahmen eines mit diesem bestehenden Werkvertrages verarbeitet. Nicht vom Anwendungsbereich des § 647 BGB erfasst sind damit Auftragnehmer, die keine gegenständlichen, sondern nur geistige Werkleistungen erbringen, also insbesondere Architekten und Bauingenieure.

2 Der Hauptanwendungsbereich liegt damit insbesondere in Fällen der Reparatur beweglicher Sachen, beispielsweise von KfZ, oder in Fällen der Aufarbeitung von Möbeln. Aber auch im Bauwesen kann das gesetzliche Pfandrecht von Relevanz werden, wenn der Werkunternehmer die von ihm herzustellenden Bauteile von seinem Auftraggeber erhält und in die eigene Betriebsstätte schafft. Als Gläubiger eines gesetzlichen Pfandrechts nach § 647 BGB kommen damit insbesondere Schreiner oder Metallbauer in Betracht, wenn es etwa um die Überarbeitung von Fenster- oder Türelementen geht, aber auch Heizungsbauer und sonstige Fachunternehmer, die Teile der Gebäudetechnik außerhalb der Baustelle aufbereiten.

II. Abweichende Vereinbarungen

3 § 647 BGB gewährt ein gesetzliches Pfandrecht an den vom Unternehmer bearbeiteten beweglichen Sachen des Bestellers, einer gesonderten rechtsgeschäftlichen Vereinbarung zur Begründung des Pfandrechts bedarf es also nicht. Daneben können aber weitergehende (vertragliche) Pfandrechte bestellt[1] oder die Anwendbarkeit des § 647 BGB individualvertraglich ausgeschlossen werden, zumal es an einer § 648a Abs. 7 BGB vergleichbaren Regelung hier fehlt. Ein **Ausschluss des gesetzlichen Pfandrechts in AGB des Bestellers** dürfte dagegen an § 307 Abs. 2 Nr. 1 BGB scheitern und **unwirksam** sein. Denn § 647 BGB dient einem wesentlichen Schutzbedürfnis des Unternehmers als Verwendungsgegner, so dass seine Interessen in einem nicht unerheblichen Maße betroffen wären.

B. Umfang und Entstehung des Pfandrechts

I. Tatbestandsvoraussetzungen

1. Besitz an beweglichen Sachen des Bestellers

4 Das gesetzliche Pfandrecht des § 647 BGB kann nur an beweglichen Sachen des Bestellers entstehen. Es geht also nicht um die üblichen Fälle der Errichtung eines Bauwerks oder von Bauwerk-

---

1 Palandt/*Sprau*, § 647 BGB Rn. 1.

steilen, weil das Baugrundstück selbst und die mit ihm verbundenen Teile unbewegliche Sachen sind (§§ 93, 94 BGB).

Es geht somit nur um solche beweglichen Sachen, die sich (a) im Eigentum des Bestellers, also des jeweiligen Auftraggebers, befinden und (b) zum Zwecke der Herstellung oder Ausbesserung in den Besitz des Werkunternehmers gelangt sind. Hinzu kommt – als rechtlich zwingendes und aus der Systematik des Sachenrechts resultierendes Merkmal – die (c) rechtliche Selbständigkeit der beweglichen Sache als Pfandgut, sie muss also Gegenstand besonderer dinglicher Rechte sein können. Daran wird es in der Praxis vielfach fehlen.

a) Eigentum des Bestellers

Die vom Unternehmer zu bearbeitende Sache muss im Eigentum des Bestellers, also des jeweiligen Auftraggebers, liegen, Miteigentum ist ausreichend (arg. ex § 1258 BGB). **Besteller (Auftraggeber der Werkleistung) und Eigentümer der Sache müssen rechtlich identisch sein**, so dass also beispielsweise der Nachunternehmer, der von seinem Auftraggeber (Generalunternehmer) eine bewegliche Sache des Bauherrn zur Bearbeitung erhält, nicht vom Anwendungsbereich des § 647 BGB erfasst ist. An der so in seinen Besitz gelangten Sache eines Dritten kann kein gesetzliches Pfandrecht entstehen, und zwar auch dann nicht, wenn der Sacheigentümer (hier: der Bauherr) der Leistungserbringung durch den Nachunternehmer ausdrücklich oder konkludent zustimmt. Insofern ist die Rechtslage, die zum Entstehen des Pfandrechts führt (dazu nachfolgend Rdn. 25), hier anders als beim handelsrechtlichen Pfandrecht beispielsweise des Spediteurs (§§ 410, 366 Abs. 3 HGB).

Demgegenüber ist es in dieser Leistungskette möglich, dass das Pfandrecht zu Gunsten des Generalunternehmers entsteht, weil dessen mittelbarer Besitz ausreicht.[2] Dass der Unternehmer die Werkleistung auch selbst und im eigenen Betrieb erbringt, ist insoweit nicht Voraussetzung für die Entstehung des gesetzlichen Pfandrechts, zumal das BGB-Werkvertragsrecht eine persönliche Leistungserbringungspflicht durch den Auftragnehmer gerade nicht kennt.

Ist der Besteller noch nicht Eigentümer der beweglichen Sache, etwa weil er sie unter **Eigentumsvorbehalt** erworben hat (§ 449 BGB), so kann sich das Pfandrecht noch nicht auf die gesicherte Eigentumsposition beziehen, sondern nur auf das Eigentumsanwartschaftsrecht des Bestellers. Erst mit vollständiger Kaufpreiszahlung durch den Besteller wandelt sich das Pfandrecht dann in ein solches am Eigentum um, erst mit dem »Erstarken« des Anwartschaftsrechts zum Vollrecht (Eigentum) kann das Pfandrecht verwertet werden. Umgekehrt erlischt es vollständig, wenn der Vorbehaltsverkäufer vom Kaufvertrag zurücktritt und die zunächst gesicherte, dingliche Rechtsstellung des Erwerbers erlischt.

Von diesen dinglichen Voraussetzungen wird der Werkunternehmer regelmäßig kaum Kenntnis haben. Seine Rechtsposition im Hinblick auf die bezweckte Sicherung seiner Ansprüche bleibt dadurch unsicher, zumal es einen gutgläubigen Erwerb gesetzlicher Pfandrechte – also auch des aus § 647 BGB resultierenden Pfandrechts – grundsätzlich nicht gibt. Zwar bestimmt § 1257 BGB, dass auf ein gesetzliches Pfandrecht die Regelungen über das durch Rechtsgeschäft bestellte Pfandrecht entsprechende Anwendung finden, was auf den ersten Blick auch die Verweisungsnorm des § 1207 BGB erfasst und damit – über die §§ 932 ff. BGB – den gutgläubigen Erwerb auch des gesetzlichen Pfandrechts ermöglicht. Allerdings setzt § 1257 BGB ein bereits entstandenes Pfandrecht voraus und erklärt damit nur die Abwicklungsregelungen der §§ 1209 ff. BGB für entsprechend anwendbar. Für die Begründung des gesetzlichen Pfandrechts gelten demgegenüber die speziellen Regelungen und gerade nicht die §§ 1204–1208 BGB. **Der gutgläubige Erwerb eines gesetzlichen Pfandrechts ist damit nur in den Fällen denkbar, in denen dies im Gesetz ausdrücklich vorgesehen ist**, etwa für den Kommissionär, den Spediteur, den Lagerhalter und den

---

2 Palandt/*Sprau*, § 647 BGB Rn. 3.

Frachtführer über **§ 366 Abs. 3 HGB**, der in diesen Fällen unmittelbare Anwendung findet. Für den Unternehmer eines Bauwerkes oder Teile davon gibt es eine vergleichbare Regelung dagegen nicht.

b) Berechtigter Besitz des Unternehmers

10 Die Sache, auf die sich das Pfandrecht beziehen soll, muss in den Besitz des Werkunternehmers gelangt sein (unmittelbarer oder mittelbarer Besitz). Allerdings reicht nicht jede denkbare Form der Besitzerlangung aus, sie muss vielmehr »qualifiziert« im Sinne einer Zweckgebundenheit erfolgt sein. § 647 BGB definiert dies näher durch den vorangestellten Halbsatz »bei der Herstellung oder zum Zwecke der Ausbesserung«. Das bedingt zweierlei:

11 Zum einen darf es sich nicht um eine zufällige oder gar widerrechtliche Besitzerlangung handeln, etwa durch das unerlaubte Entfernen von bereitgestelltem Material oder von Bauteilen von der Baustelle. Der Unternehmer kann ein ihm nicht zustehendes Pfandrecht also nicht dadurch erzwingen, dass er sich vertragswidrig den Besitz an der Sache verschafft. Stattdessen muss die **Besitzverschaffung durch den Besteller zweckgebunden** erfolgen etwa mit der Maßgabe, die Bauteile in der Werkstatt des Unternehmers zu bearbeiten. Dazu bedarf es freilich nicht unbedingt einer ausdrücklichen Erklärung oder gegenständlichen Übergabe der Sache, sofern die Verbringung in die Werkstatt der beauftragten Leistung immanent ist, sie also nicht anders erbracht werden kann (Beschichtung von Bauteilen unter Schutzatmosphäre, die nicht auf der Baustelle, sondern eben nur in den geschlossenen Werkstatträumen geschaffen werden kann). Die Bearbeitung der Sache auf der Baustelle dürfte aber in keinem Fall ausreichend sein, weil es dann an der Besitzverschaffungsabsicht durch den Besteller fehlt.[3]

12 Zum anderen muss die Besitzerlangung durch den Besteller als Eigentümer selbst erfolgt sein. Die ohne sein Wissen und Wollen erfolgte Sachübergabe, etwa durch einen anderen Baubeteiligten, reicht also nicht aus.

c) Rechtliche Selbständigkeit der Sache

13 Die so in den Besitz des Unternehmers gelangte bewegliche Sache muss Gegenstand besonderer dinglicher Rechte sein können. Entscheidend ist also nicht ihre rein tatsächliche Beweglichkeit, sondern ihre rechtliche Selbständigkeit. Anders ausgedrückt **darf die (bewegliche) Sache nicht wesentlicher Bestandteil einer anderen Sache sein**, weil dann die an ihr bestehenden Rechte erloschen sind (§ 93 BGB). Für den hier interessierenden Baubereich bedeutet dies insbesondere, dass **Bauteile, die wegen der Regelungen der §§ 93, 94 BGB bereits wesentliche Bestandteile eines Grundstücks oder Gebäudes geworden sind, gerade nicht unter das Pfandrecht des § 647 BGB fallen** können, **selbst wenn sie** für sich betrachtet »beweglich« sein sollten und **vorübergehend aus- und wiedereingebaut werden** können.[4]

14 Das mag an einem Bespiel verdeutlicht und damit auch der Anwendungsbereich des § 647 BGB näher eingegrenzt werden: Erwirbt der Bauherr als Besteller bei einem Hersteller Fensterelemente und übergibt er sie zwecks Weiterverarbeitung (z.B. Beschichtung der Rahmenkonstruktion) an einen Unternehmer, der sie bestimmungsgemäß in seine Werkstatt verbringt, so entsteht zu dessen Gunsten das Werkunternehmerpfandrecht an den Fensterelementen. Denn die Fensterelemente sind rechtlich selbständig und können damit Gegenstand besonderer dinglicher Rechte sein. Lässt dagegen der Besteller in dem zu sanierenden Bestandsgebäude vorhandene Fensterelemente ausbauen und diese wiederum zur Weiterverarbeitung (Beschichtung) bestimmungsgemäß in die Werkstatt des Unternehmers verbringen, kann ein Pfandrecht an den Fensterelementen gerade nicht entstehen. Denn Fenster wie die meisten anderen eingebrachten Bauteile (z.B. Türen,

---

[3] Ebenso *Motzke,* in: Englert/Motzke/Wirth, § 647 BGB Rn. 8.
[4] So aber, insoweit unzutreffend, *Motzke,* in: Englert/Motzke/Wirth, § 647 BGB Rn. 8.

Heizkörper etc.) gehören nach der insoweit maßgeblichen Verkehrsanschauung zu den ohne weiteres zur Herstellung eines Gebäudes erforderlichen Bauteilen. Sie sind also dessen wesentlicher Bestandteil (§ 94 Abs. 2 BGB) und damit auch wesentlicher Bestandteil des Grundstücks (§ 94 Abs. 1 S. 1 BGB). Damit können sie aber kraft Gesetzes nicht Gegenstand besonderer Rechte sein (§ 93 BGB letzter HS) und es kann an ihnen auch kein Pfandrecht im Sinne des § 647 BGB entstehen. Daran ändert die Tatsache, dass gerade die hier erwähnten Fenster- oder Türelemente zerstörungsfrei aus- und wiedereingebaut werden können, ebenfalls nichts. Denn **eine nur vorübergehende Trennung**, wie sie bei der Aufbereitung oder Reparatur ansteht, **lässt die einmal entstandene Eigenschaft einer Sache als wesentlicher Bestandteil einer anderen Sache gerade nicht entfallen.**[5]

2. Bei der Herstellung oder zum Zwecke der Ausbesserung

Diese Tatbestandsvoraussetzung betrifft den Zweck der Besitzerlangung im vorstehend dargelegten Sinne. Es geht also einerseits um die Erstherstellung einer Sache oder eines Bauteils mittels zur Verfügung gestellter, beweglicher Sachen des Bestellers, andererseits um die »Ausbesserung«, also um Instandhaltungs- oder Reparaturarbeiten an der Sache. 15

II. Sicherungsumfang

Das aus § 647 BGB resultierende Pfandrecht sichert »Forderungen aus dem Vertrag«, die dem Unternehmer gegen den Besteller zustehen. Gemeint sind damit alle Werkverträge (nicht nur Bauwerkverträge), die eine Bearbeitung beweglicher Sachen zum Gegenstand haben, gleich auf welcher vertragsrechtlichen Grundlage (BGB oder etwa die VOB/B) sie beruhen. Nicht unter den Anwendungsbereich des § 647 BGB fallen dagegen Forderungen aus Kaufverträgen oder Werklieferverträgen im Sinne des § 651 BGB.[6] 16

Das Pfandrecht entsteht unter den genannten Voraussetzungen auch unabhängig von der Frage, wer Besteller der Unternehmerleistungen ist. Insbesondere gibt es im Anwendungsbereich des § 647 BGB keine der Ausschlussklausel des § 648a Abs. 6 BGB entsprechende Regelung, so dass der gewerbliche/baugewerbliche Besteller (beispielsweise der Generalunternehmer in seinem Vertragsverhältnis zum Nachunternehmer) ebenso betroffen sein kann wie der öffentliche Auftraggeber oder der private Bauherr, der ein Einfamilienhaus errichten lässt. 17

Sicherungsfähig sind – so der Wortlaut der Norm – »Forderungen aus dem Vertrag«, was insoweit dem Wortlaut und damit Anwendungsbereich des § 648 Abs. 1 BGB entspricht. Insofern kann zunächst auf die dortigen Ausführungen verwiesen werden. 18

Das Pfandrecht sichert demnach **sämtliche Vergütungsansprüche** des Unternehmers aus dem konkret zugrunde liegenden Vertragsverhältnis, alleine hierauf stellt § 647 BGB ab. Sicherungsfähig kann damit die Gesamtvergütung oder auch die Teilvergütung für die am Pfandgegenstand vorgenommenen Arbeiten sein, darüber hinaus aber **auch die Vergütung für andere, nicht den Pfandgegenstand betreffende Arbeiten**, die im Rahmen desselben Vertragsverhältnisses erbracht werden.[7] Eine davon abweichende Einschränkung lässt der Wortlaut der Norm ebenso wenig zu wie Sinn und Zweck der Regelung. Das Pfandrecht an der überlassenen Sache des Bestellers kann also in voller Höhe seines Wertes bestehen und vom Unternehmer beansprucht werden, auch wenn er seine auf den Pfandgegenstand geleisteten Arbeiten bereits vergütet bekommen hat, andere Arbeiten aus demselben Vertragsverhältnis dagegen noch nicht. 19

---

5 Palandt/*Heinrichs*, § 93 BGB Rn. 2 und 3.
6 Palandt/*Sprau*, § 647 BGB Rn. 1.
7 Ebenso *Motzke*, in: Englert/Motzke/Wirth, § 647 BGB Rn. 12.

§ 647 BGB   Unternehmerpfandrecht

20 Wegen des Sicherungszwecks des § 647 BGB ist die Fälligkeit der Forderung nicht Voraussetzung für das Entstehen des Pfandrechts, es erstreckt sich also auch auf (noch) nicht fällige Forderungen.[8]

21 Durch das Pfandrecht gesichert werden – als »Forderungen aus dem Vertrag« – die sich aus diesem bzw. aus den §§ 631, 632 Abs. 2 BGB ergebenden Vergütungsansprüche des Unternehmers. Dazu gehören auch **Abschlagsforderungen (§ 632a BGB)** und **Forderungen gem. § 645 Abs. 1 S. 1 BGB für vergeblich geleistete Arbeiten**, wenn das Werk aus nicht vom Unternehmer zu vertretenden Gründen vor der Abnahme unausführbar wird oder untergeht. Bei der hier vertretenen, weiten Auslegung des Sicherungszwecks gehören dazu weiterhin **Vergütungsansprüche für kündigungsbedingt nicht erbrachte Leistungen (§ 649 S. 2 BGB)**, Entschädigungsansprüche des Unternehmers aus § 642 Abs. 1 BGB und **Schadensersatzforderungen** aus § 645 Abs. 2 BGB bzw. solche nach allgemeinem Leistungsstörungsrecht,[9] sowie – entgegen Motzke[10] – auch Ansprüche aus Geschäftsführung ohne Auftrag (GoA).

22 Die gesetzliche Mehrwertsteuer ist, soweit sie im konkreten Fall anfällt, ebenfalls durch das Pfandrecht gesichert.

23 Anders als bei § 648a BGB geht es hier wie bei § 648 BGB aber nicht um die Absicherung der Vergütung für die noch »zu erbringenden Vorleistungen« (so der Wortlaut des § 648a Abs. 1 S. 1 BGB), sondern lediglich um die schon erbrachten Leistungen. Das gesetzliche Pfandrecht des § 647 BGB kann sich also zunächst nur auf Forderungen für bereits erbrachte Werkleistungen erstrecken und nur ausnahmsweise auf die an die Stelle der Vergütung tretenden Ansprüche, wenn das Vertragsverhältnis durch Kündigung oder andere Umstände gestört wird oder ganz in Wegfall gerät (Ansprüche aus §§ 642, 645, 649 BGB, vgl. die vorstehenden Ausführungen unter Rdn. 21).

III. Entstehung und Erlöschen des Pfandrechts

1. Entstehung des Pfandrechts

24 Das Unternehmerpfandrecht des § 647 BGB entsteht nicht aufgrund vertraglicher Einräumung, sondern **kraft Gesetzes**. Damit ist der Zeitpunkt des Entstehens der Disposition der Vertragsparteien entzogen.

25 Als akzessorisches Sicherungsrecht setzt es den wirksamen Vertragsschluss und die Übergabe des Sicherungsgutes an den Unternehmer voraus. Anders als beispielsweise das gesetzliche Pfandrecht des Spediteurs am Ladegut (§§ 410, 366 Abs. 3 HGB), das unter diesen beiden Voraussetzungen bereits entsteht, definiert § 647 BGB eine weitere Voraussetzung für das Entstehen des Pfandrechts. Denn das Sicherungsgut ist nach dem Gesetzeswortlaut nicht die vom Eigentümer übergebene Sache in ihrer unveränderten Form (dann wäre es vergleichbar mit § 410 HGB), sondern es ist (erst) das Produkt ihrer Weiterverarbeitung: das Pfandrecht entsteht an »hergestellten« oder an »ausgebesserten« Sachen. Auch wenn es sich bei dem Pfandrecht des § 647 BGB natürlich um ein Übergabepfandrecht handelt, ist also im Sinne eines qualifizierten Tatbestandsmerkmals die nach Übergabe erst zu erbringende Weiterverarbeitung zusätzliche Entstehensvoraussetzung.

2. Erlöschen des Pfandrechts

26 Das Unternehmerpfandrecht des § 647 BGB erlischt gem. §§ 1257, 1252, 1253, 1255 BGB entweder **mit dem Erlöschen der gesicherten**, insoweit akzessorischen, **Forderung** (beispielsweise durch Befriedigung) oder **mit Rückgabe der Pfandsache an den Eigentümer** (z.B. durch Einbau von Bauteilen in das Gebäude) oder mit ausdrücklicher **Pfandrechtsaufhebung** (durch Abgabe ei-

---

8 Zur parallelen Problematik der Reichweite des § 648 BGB vgl. die dortigen Ausführungen und Palandt/*Sprau*, § 648 BGB Rn. 4.
9 Wie hier: Palandt/*Sprau*, § 647 BGB Rn. 2.
10 *Motzke*, in: Englert/Motzke/Wirth, § 647 BGB Rn. 13.

ner einseitigen, empfangsbedürftigen Willenserklärung des Pfandgläubigers mit dem Inhalt, dass er das Pfandrecht aufgibt). Es lebt auch nicht dadurch wieder auf, dass die Sache dem Unternehmer für einen weiteren Auftrag erneut übergeben wird (BGH, Urt. v. 18.05.1983, Az. VIII ZR 86/82[11]).

Die Rückgabe des Pfandguts und dessen Weiterverarbeitung oder Verbringung auf die Baustelle führt auch dann zum Erlöschen des Pfandrechts, wenn der Pfandgläubiger einen gegenteiligen »Vorbehalt« erklärt. Denn dieser wäre nach § 1253 Abs. 1 S. 2 BGB ohnehin unwirksam. 27

C. Das Verhältnis zu §§ 648 und 648a BGB

§ 648 BGB gewährt dem Unternehmer eine Sicherung auf dem Baugrundstück, wenn Besteller und Grundstückseigentümer identisch sind und das Grundstück durch die Werkleistung eine Wertsteigerung erfahren hat (vgl. die dortige Kommentierung). Eine Überschneidung der Sicherungsmöglichkeiten der §§ 647 und 648 BGB scheidet damit aus, weil sich das Pfandrecht des § 647 BGB nur auf die bewegliche Sache vor ihrem Einbau beziehen kann und spätestens durch die Verbindung mit dem Gebäude erlischt (vgl. die vorstehenden Ausführungen unter Rdn. 26). Erst für die danach eintretende Wertsteigerung ist eine Absicherung der Forderung auf dem Grundstück möglich. 28

§ 648a BGB verdrängt demgegenüber lediglich die Möglichkeit der Einräumung einer Sicherungshypothek nach § 648 BGB, wenn und soweit Sicherheit durch den Besteller bereits geleistet wurde (§ 648a Abs. 4 BGB). Denkbar ist also, dass die Sicherungsmöglichkeiten des Pfandrechts (§ 647 BGB) und der Bauhandwerkersicherung (§ 648a BGB) nebeneinander bestehen und vom Unternehmer auch geltend gemacht werden können. Allerdings richten sich die Höhe der Sicherheit und damit auch das Sicherungsinteresse des Unternehmers nur nach dem Wert des zu sichernden Rechts oder Anspruchs, er hat also keinen Anspruch auf Übersicherung. Soweit im Anwendungsbereich des § 647 BGB ein gesetzliches Pfandrecht an der Sache also bereits entstanden ist (und der Unternehmer damit Sicherheit erlangt hat), scheidet eine weitere Sicherheit in gleicher Höhe gem. § 648a BGB aus. 29

D. Pfandverwertung/Verwertung in der Insolvenz des Bestellers

Ein wirksam entstandenes Pfandrecht gewährt dem Unternehmer eine schnelle und sichere Verwertungsmöglichkeit im Hinblick auf das Pfandgut. Über § 1257 BGB gelten die Vorschriften der §§ 1233 ff. BGB über die Verwertung eines durch Rechtsgeschäft bestellten Pfandrechts entsprechend, so dass der **Verkauf des Pfandes – nach Ablauf entsprechender Wartefristen (§ 1234 Abs. 2 BGB) – im Wege öffentlicher Versteigerung** möglich ist. Der Erlös steht bis zur Höhe der gesicherten Forderung dem verwertenden Unternehmer zu (§ 1247 BGB). 30

Praktische Relevanz dürfte das Pfandrecht des § 647 BGB vor allem **in der eröffneten Insolvenz des Bestellers** erlangen. Denn insoweit hat der Unternehmer als Pfandgläubiger das **Recht auf abgesonderte Befriedigung (§ 50 InsO)**, auch wenn die Pfandverwertung (Verkauf) dann über den Insolvenzverwalter erfolgt, weil die Sache in die Insolvenzmasse fällt. Der Erlös abzüglich der Verwertungskosten steht dann aber dem insoweit bevorzugten (absonderungsberechtigten) Unternehmer als Pfandgläubiger zu. 31

§ 648 Sicherungshypothek des Bauunternehmers

(1) Der Unternehmer eines Bauwerks oder eines einzelnen Teiles eines Bauwerks kann für seine Forderungen aus dem Vertrag die Einräumung einer Sicherungshypothek an dem Baugrundstück des Bestellers verlangen. Ist das Werk noch nicht vollendet, so kann er die Einräumung

---

11 BGHZ 87, 274.

§ 648 BGB Sicherungshypothek des Bauunternehmers

der Sicherungshypothek für einen der geleisteten Arbeit entsprechenden Teil der Vergütung und für die in der Vergütung nicht inbegriffenen Auslagen verlangen.

(2) ... *(Schiffshypothek)*

Übersicht

		Rdn.			Rdn.
A.	Allgemeines/Relevanz im Bauwesen....	1	III.	Architekten und Bauingenieure........	30
I.	Das gesetzliche Sicherungsrecht am Baugrundstück........................	1	IV.	Sonstige Baubeteiligte	33
			C.	Verpflichteter Besteller	34
II.	Abweichende Vereinbarungen	6	D.	Der Sicherungsgegenstand	40
B.	Berechtigte »Unternehmer«	14	E.	Die zu sichernde Forderung des Unternehmers	42
I.	Der Unternehmerbegriff des § 648 BGB	14			
	1. Allgemeines/Regelungszweck	14	F.	Der Einfluss von Mängeln auf die zu sichernde Forderung	46
	2. Das Mehrwertprinzip	16			
	3. Der Bauunternehmer	20	G.	Das Verhältnis zu §§ 647 und 648a BGB........................	48
II.	Bauleistungen – Einzelfälle	24			
	1. Hochbau	25	H.	Prozessuale Durchsetzung............	50
	2. Tiefbau.......................	29			

A. Allgemeines/Relevanz im Bauwesen

I. Das gesetzliche Sicherungsrecht am Baugrundstück

1 Die Regelung des § 648 BGB über die Bauhandwerkersicherungshypothek war bis zur Einführung »moderner« Bestimmungen in das BGB-Werkvertragsrecht (Bauhandwerkersicherungsgesetz von 1993 und nachfolgende »Modernisierungen«) die einzige werkvertragliche Regelung, die sich neben den Verjährungsvorschriften ausdrücklich auf den Bauvertrag bezog. Sie ist in ihrer ursprünglichen Ausgestaltung bis heute unverändert geblieben und **gibt dem Bauunternehmer für bereits erbrachte**, aber noch nicht bezahlte **Bauleistungen einen durchsetzbaren Anspruch zur dinglichen Absicherung seines Vergütungsanspruchs auf dem Baugrundstück, sofern Besteller und Grundstückseigentümer identisch sind** (zu den Einzelheiten vgl. die nachfolgenden Ausführungen).

2 Der Regelungshintergrund liegt in der dem Werkvertrag immanenten Vorleistungspflicht des Unternehmers, dessen Vergütungsanspruch erst mit der Abnahme seiner Werkleistung fällig wird. Und bei Bauleistungen kommt hinzu, dass unmittelbar mit der Verbindung der Leistung mit dem Grundstück ein Eigentumsverlust zu Lasten des Unternehmers eintritt (§ 946 BGB) und sich der Wert des Baugrundstücks zwangsläufig erhöht. Das aus dieser Situation resultierende Sicherungsbedürfnis des Unternehmers berücksichtigt § 648 BGB jedenfalls in den Fällen, in denen ein unmittelbares Vertragsverhältnis zwischen dem Grundstückseigentümer und dem Werkunternehmer besteht.

3 Aufgrund dieser sachlichen Beschränkung des Anwendungsbereichs von § 648 BGB stellt sich natürlich die Frage nach der **praktischen Relevanz der Vorschrift**, und das gleich in zweierlei Hinsicht. Denn zum einen wird kaum ein Besteller freiwillig und auf erste Anforderung des Unternehmers eine Sicherungshypothek auf seinem Grundstück bestellen, häufig sind ohnehin vorrangige Grundschulden/Hypotheken aus der Baufinanzierung vorhanden. Regelmäßig wird sich der Unternehmer stattdessen anwaltlicher Hilfe zur Durchsetzung seines Anspruchs bedienen müssen. Aber die Geltendmachung eines Anspruchs ist auch in anderen Fällen mit Aufwand und der Bereitschaft zur rechtlichen Auseinandersetzung mit seinem Vertragspartner verbunden, insofern ist dies also kein wirklicher Nachteil, wie auch die nach wie vor recht häufige Veröffentlichung von Entscheidungen zum Anwendungsbereich des § 648 BGB zeigt. Zum anderen – und das ist eine Einschränkung – kommt eine Sicherungshypothek eben nur in unmittelbaren vertraglichen Beziehungen zwischen dem Grundstückseigentümer als Besteller und dem Bauunternehmer in Frage, dort aber uneingeschränkt und regelmäßig auch unabdingbar (siehe nachfolgend

Rdn. 6 ff.). Keine Relevanz hat § 648 BGB damit in der werkvertraglichen Leistungskette, also in den Rechtsverhältnissen zwischen einzelnen Nachunternehmern zum Generalunternehmer oder Generalübernehmer als ihrem Auftraggeber. Denn hier fehlt es an der einleitend erwähnten Identität zwischen Besteller und Grundstückseigentümer.

Ein ganz wesentlicher Aspekt, der auch **für den bauberatenden Anwalt** zu einer **Prüfung dieser Sicherungsmöglichkeit zu Gunsten seines Mandanten** (Bauunternehmer) zwingt,[1] ist aber noch ein ganz anderer: denn die zur unmittelbaren Durchsetzung des Anspruchs regelmäßig sofort zu ergreifende Maßnahme der Beantragung einer Einstweiligen Verfügung (gerichtet auf die Eintragung einer rangwahrenden Vormerkung im Grundbuch) wirkt – zutreffend beschrieben von *Werner/Pastor*[2] – faktisch wie eine Grundbuchsperre und stellt damit jedenfalls ein hervorragendes Druckmittel gegenüber dem Auftraggeber dar.[3] Bereits die eingetragene Vormerkung hindert jedenfalls in wirtschaftlicher Hinsicht den beispielsweise im Bauträgergeschäft geplanten Weiterverkauf. Und auch eine etwa erforderliche Nachfinanzierung wird de facto erschwert, wenn ein oder mehrere Werkunternehmer ihre Ansprüche auf dem Baugrundstück haben sichern lassen. Die praktische Relevanz liegt damit – neben der möglichen dinglichen Sicherung – vor allem in der Möglichkeit, nach erfolgter Eintragung der Vormerkung im Verhandlungswege entweder eine beschleunigte Auszahlung oder anderweitige, besser verwertbare Sicherheiten (z.B. Bürgschaften) zu erlangen.[4]

4

Uneingeschränkte Relevanz hat die Regelung zur Bauhandwerkersicherungshypothek dagegen in all den Fällen, in denen die Sicherheit des § 648a BGB gesetzlich ausgeschlossen ist, also beim privaten Bauherrn als Auftraggeber und beim öffentlichen Auftraggeber (sofern sie natürlich als Besteller auch gleichzeitig Grundstückseigentümer sind). Hier stellt § 648 BGB regelmäßig wegen § 648a Abs. 6 BGB das einzige Sicherungsmittel für den Werkunternehmer dar.

5

II. Abweichende Vereinbarungen

Da es an einer § 648a Abs. 7 BGB vergleichbaren Regelung fehlt, stellen die Regelungen über die Bauhandwerkersicherungshypothek dispositives Gesetzesrecht dar. **Im Wege einer Individualvereinbarung kann § 648 BGB daher stets wirksam ausgeschlossen werden.**

6

Ob der Anspruch auf Einräumung einer Sicherungshypothek auch in **Allgemeinen Geschäftsbedingungen (AGB) des Auftraggebers** zum Nachteil des Bauunternehmers ausgeschlossen werden kann, ist dagegen fraglich. Die Inhaltskontrolle richtet sich nach § 307 BGB, es geht also um die Frage, ob der Ausschluss eine unangemessene Benachteiligung des Verwendungsgegners (Bauunternehmer) darstellt oder ob dieser durch anderweitige Regelungen hinreichend geschützt bleibt.

7

Die Rechtsprechung war in den vergangenen Jahrzehnten fast einhellig der Auffassung, dass ein formularmäßiger Ausschluss des § 648 BGB nicht zulässig sei, weil der Unternehmer entgegen den Geboten von Treu und Glauben unangemessen benachteiligt würde.[5] Diese Auffassung war und ist auch im kaufmännischen Verkehr richtig, soweit dem Unternehmer nicht gleichzeitig andere, gleichwertige Sicherheiten vertraglich eingeräumt werden.[6]

8

---

1 So ausdrücklich *Werner/Pastor*, Rn. 183, unter Hinweis auf OLG Düsseldorf, Urt. v. 29.04.2004, Az. I-5 U 149/03, BauR 2004, 1646.
2 Rn. 183.
3 Ebenso *Motzke*, in: Englert/Motzke/Wirth, § 648 BGB Rn. 9.
4 Ebenso *Hofmann/Koppmann*, S. 168, 169.
5 So schon OLG Köln 1973, also noch vor Inkrafttreten des AGB-Gesetztes 1977, Urt. v. 19.09.1973 – 16 U 63/73, BauR 1974, 282.
6 BGH, Urt. v. 03.05.1984, Az. VII ZR 80/82, BauR 1984, 413.

9 Die erst durch das Bauhandwerkersicherungsgesetz von 1993 in das BGB eingefügte und durch das Gesetz zur Beschleunigung fälliger Zahlungen Anfang 2000 geänderte Regelung des § 648a BGB – also der Bauhandwerkersicherung – stellte in seiner damaligen (bis 2009 gültigen) Form keine andere, gleichwertige Sicherheit dar. Zwar hatte der Unternehmer einen Anspruch auf eine Sicherheit in Höhe seines Vergütungsanspruchs, zu leisten etwa durch Bürgschaft. Er konnte diesen aber insbesondere nicht mittels Leistungsklage durchsetzen. Bei verweigerter Sicherheit durch den Besteller stand ihm nur ein Leistungsverweigerungsrecht zu, bei Ablauf einer gesetzten Nachfrist mit Kündigungsandrohung galt das Vertragsverhältnis dann als aufgehoben (zu den Einzelheiten vgl. die dortigen Ausführungen bei § 648a BGB). Gesichert war der Unternehmer damit also noch längst nicht, der formularmäßige Ausschluss des § 648 BGB damit mangels alternativer, gleichwertiger Sicherheit regelmäßig unwirksam.

10 Die am 01.01.2009 in Kraft getretene Neufassung des § 648a BGB (Forderungssicherungsgesetz – FoSiG, BGBl. I, 2008, Nr. 48, S. 2022) ist neben Änderungen auf der Rechtsfolgenseite nunmehr so ausgestaltet, dass dem Unternehmer ein einklagbarer Anspruch auf die Sicherheit zusteht. Damit stellt sich die Frage, ob sich an der bisherigen und vorstehend dargelegten Einschätzung zum Ausschluss des § 648 BGB in AGB etwas ändert oder nicht. Koppmann[7] beispielsweise sieht die bisherige Rechtsprechung als »überholt« an und begründet dies mit der nunmehr gegebenen Einklagbarkeit der Sicherheit nach § 648a BGB: es bestehe nicht mehr nur ein Anspruch auf die Sicherheit, dieser sei auch durchsetzbar, die Sicherheit also realisierbar. Damit, so Koppmann, entfalle für den Werkunternehmer das Bedürfnis einer (weiteren) Sicherungsmöglichkeit auf dem Baugrundstück, zumal »die Verwertung der Sicherungshypothek wesentlich aufwendiger ist als die Verwertung der Sicherheit nach § 648a BGB«.[8]

11 Diese Argumente sind sicherlich richtig. Allerdings kann es bei der Frage, ob eine Sicherheit der anderen gegenüber »gleichwertig« ist, nicht ausschließlich auf deren (spätere) Realisierung ankommen, zumal die Sicherheiten nach §§ 648 und 648a BGB grundlegend verschieden sind (auf der einen Seite die dingliche Absicherung, auf der anderen Seite die »nur« schuldrechtliche Absicherung). Der gesetzgeberische Wille bei Einfügung und Überarbeitung des § 648a BGB ging gerade dahin, »... neben dem Anspruch auf Einräumung einer Sicherungshypothek gemäß § 648 BGB den vorleistungspflichtigen Bauhandwerker (zu) schützen«.[9] Dem Werkunternehmer sollte also ein **Wahlrecht (zwischen dinglicher und schuldrechtlicher) Sicherung** eingeräumt werden.[10] Genau dies **ist das gesetzliche Leitbild**, an dem sich eine Inhaltskontrolle gem. § 307 BGB zu orientieren hat.

12 Und es kommt ein weiterer Gesichtspunkt hinzu, der dem in der Neufassung des § 648a BGB enthaltenen, selbständig durchsetzbaren Anspruch auf Erteilung einer Sicherheit immanent ist: er unterliegt einer eigenen, selbständigen Verjährung, und zwar der Regelverjährung des § 195 BGB von drei Jahren, beginnend mit Anspruchsentstehung. Und das ist der Zeitpunkt des Vertragsschlusses. Gerade bei größeren und länger andauernden Bauvorhaben kann also der Anspruch auf eine Sicherheit nach § 648a BGB längst verjährt sein, wenn der Unternehmer ein Sicherungsbedürfnis sieht und dieses geltend machen will (er ist ja nicht verpflichtet, die Sicherheit nach § 648a BGB unmittelbar nach Vertragsschluss zu beanspruchen, was er im Regelfall auch nicht tun wird). Schon dies zeigt, dass beide Sicherheiten nicht »gleichwertig« sind, der Unternehmer stünde in derartigen Fällen völlig ungesichert da. Letztlich kommt noch hinzu, dass der Unternehmer im Fall der Sicherheit nach § 648a BGB deren (Aval-)Kosten selbst tragen muss (§ 648a Abs. 3 S. 1 BGB), was bei der Bauhandwerkersicherungshypothek nach § 648 BGB jedenfalls dann nicht der Fall ist, wenn der Unternehmer (regelmäßig) eine Vormerkung durch Einstweilige

---

7 *Hofmann/Koppmann*, S. 171.
8 A.a.O. S. 172.
9 BT-Drucks. 16/511 vom 02.02.2006, S. 11, Ziff. A. I. 4.
10 Darauf stellen auch das OLG Karlsruhe, BauR 1997, 486 und *Werner/Pastor*, Rn. 193, noch zur Altfassung des § 648a BGB, ab.

Verfügung erwirkt und sie in das Grundbuch eintragen lässt. Die hierdurch bedingten Verfahrens- und Eintragungskosten trägt dann nämlich der Besteller und Grundstückseigentümer, ohne dass er die Eintragungsbewilligung vorher abgelehnt haben oder damit in Verzug gekommen sein müsste.[11]

Der **Ausschluss des § 648 BGB in Allgemeinen Geschäftsbedingungen** des Bestellers ist demnach **regelmäßig unwirksam**. 13

B. Berechtigte »Unternehmer«

I. Der Unternehmerbegriff des § 648 BGB

1. Allgemeines/Regelungszweck

§ 648 BGB stellt, wie beispielsweise auch der später in das BGB eingefügte § 648a BGB, auf den 14
»**Unternehmer eines Bauwerks**« oder eines »einzelnen Teiles eines Bauwerks« ab und gibt diesem einen Anspruch auf dingliche Sicherung auf dem Baugrundstück. Damit ist Berechtigter der Unternehmer, der seine Leistungen **auf der Grundlage eines Werkvertrages** erbringt (gemäß §§ 631 ff. BGB oder – weil vereinbart – auf der Grundlage der VOB/B).

Der Hintergrund für die Bauwerksbezogenheit liegt in der gesetzgeberischen Intention, dem vorleistungspflichtigen Unternehmer, dessen Werkleistung wegen § 946 BGB unmittelbar zu einem **Mehrwert des Grundstücks** führt, einen Ausgleich zu gewähren. § 648 BGB gewährt diesen Ausgleich dadurch, dass dem Unternehmer ein schuldrechtlicher Anspruch auf dingliche Sicherung seiner Vergütungsansprüche auf dem Baugrundstück zusteht, sofern Besteller und Grundstückseigentümer identisch sind. Das Prinzip der Vorleistungspflicht des Werkunternehmers wird also nicht durchbrochen, sondern lediglich im Sinne eines Interessensausgleichs ergänzt. 15

2. Das Mehrwertprinzip

Der Vorleistungspflicht des Unternehmers steht der von ihm geschaffene Mehrwert am Baugrundstück gegenüber. Soweit seine Leistungen diesen Mehrwert geschaffen haben, liegt darin die Rechtfertigung für die dingliche Absicherung des Werklohnanspruchs (BGH, Urt. v. 10.03.1977, VII ZR 77/76[12]). 16

Daraus erschließt sich, dass reine Bauvorbereitungsmaßnahmen, selbst wenn sie für die (spätere) Erbringung der Werkleistung unverzichtbar sind und einen hohen Aufwand erfordern, nicht sicherbar sind. Und auch mangelhafte Werkleistungen, die keinen »Mehrwert« darstellen, sind nicht vom Anwendungsbereich des § 648 BGB erfasst. 17

Da sich dieser Mehrwert unmittelbar durch Verbindung mit dem Baugrundstück realisiert (§ 946 BGB), ohne dass es weitergehender rechtsgeschäftlicher Erklärungen des Bestellers bedarf, ist die **Abnahme der Werkleistung hier nicht Anspruchsvoraussetzung** (h.M.). Auch auf die Fälligkeit der Vergütung kann es demzufolge nicht ankommen, ebenso wenig auf eine »prüfbare Abrechnung« für den Anspruch auf Abschlagszahlungen oder die Schlusszahlung beim VOB/B-Bauvertrag oder beim Architekten- und Ingenieurvertrag (soweit deren Ansprüche dinglich sicherbar sind; zu den Einzelheiten vgl. die nachfolgenden Ausführungen unter Rdn. 30 ff.). Denn der Mehrwert tritt unabhängig von der prüfbaren Darlegung des Vergütungsanspruchs ein. Schwierigkeiten können sich aber in tatsächlicher Hinsicht bei der Begründung und Glaubhaftmachung der zu sichernden Forderung ergeben. 18

Wegen des erforderlichen Mehrwerts und der Akzessorietät der Absicherung zur erbrachten Werkleistung ist der Anspruch auf Einräumung einer Bauhandwerkersicherungshypothek auch **nicht** 19

---

11 OLG Köln, Beschl. v. 23.05.1997, 11 W 15/97, NJW-RR 1997, 1242.
12 BauR 1977, 208 und BGH, Urt. v. 03.05.1984, VII ZR 80/82, BauR 1984, 413.

isoliert abtretbar.[13] Umgekehrt geht aber der Sicherungsanspruch im Falle der Abtretung der zugrunde liegenden Werklohnforderung gem. § 401 BGB auf den neuen Gläubiger über.

3. Der Bauunternehmer

20 Das Gesetz gewährt den Sicherungsanspruch auf dem Grundstück dem »Unternehmer eines Bauwerks oder eines einzelnen Teiles eines Bauwerks«. Anders als bei § 648a BGB gehören Unternehmer, die Arbeiten an Außenanlagen erbringen (also Freiflächen und Freiräume gestalten wie etwa Landschaftsgärtner oder Landschaftsplaner), explizit nicht zu den hier anspruchsberechtigten Personen. Ebenso wenig sicherbar sind Vergütungsansprüche aus Arbeiten am Grundstück, die keinen Bauwerksbezug haben oder sich nicht selbst als Bauwerk darstellen sowie Ansprüche von Lieferanten.

21 Ebenfalls nicht sicherbar sind Vergütungsansprüche des Unternehmers, der isoliert mit Abbrucharbeiten beauftragt ist. Die wohl h.M.[14] versagt ihm den Anspruch aus § 648 BGB, und das wohl zu Recht. Denn auch wenn der Gesetzeswortlaut nicht vom Unternehmer eines »zu errichtenden Bauwerks« spricht,[15] ist mit Bauwerk gerade unter Berücksichtigung des Mehrwertprinzips nur die »positive« Erstellung oder – bei Sanierungs- und Umbauarbeiten – die Verbesserung der Bausubstanz gemeint.

22 Begrifflich ist der Anwendungsbereich des § 648 BGB aber nicht auf Maßnahmen des Hochbaus beschränkt, es geht also nicht nur um die Errichtung von oder um Arbeiten an einem Gebäude. Insofern ist der Begriff des »Bauwerks« deutlich weiter gefasst als der des Gebäudes in § 93 BGB.[16] Vielmehr sind – wie bei § 634a BGB – grundsätzlich alle Arten von **Hochbau und Tiefbau** vom Anwendungsbereich des § 648 BGB erfasst, es kann also auf allgemeingültige Definitionen zurückgegriffen werden, beispielsweise auf die des BGH:[17] danach ist ein Bauwerk eine durch Verwendung von Arbeit und Material in Verbindung mit dem Erdboden hergestellte Sache, die unbeweglich ist (Einzelfälle nachfolgend unter Rdn. 24 ff.).

23 Anspruchsberechtigt ist – was sich aus der Systematik des § 648 BGB und dessen Wortlaut (»Unternehmer eines Bauwerks«) ergibt –, nur derjenige **Unternehmer, der aufgrund eines Werkvertrages mit dem Grundstückseigentümer als Besteller verbunden ist**. Damit fallen von Vornherein alle sonstigen Unternehmer aus dem Anwendungsbereich des § 648 BGB heraus, deren Leistungserbringung ein Dienstvertrag, Kaufvertrag oder Werklieferungsvertrag zugrunde liegt.[18]

II. Bauleistungen – Einzelfälle

24 Einzelfälle ließen sich endlos viele bilden. Denn letztlich geht es um jede werterhöhende Baumaßnahme gleich welchen Gewerks. Die nachfolgende Übersicht erfasst deshalb nur die typischerweise auftretenden Arbeiten, bei denen von einem Sicherungsanspruch des Werkunternehmers auszugehen ist.

1. Hochbau

25 Neben den **Rohbauarbeiten** zur Errichtung eines Neubaus (Wohnungsbau oder Gewerbe- bzw. Industriebau) sind grundsätzlich alle **Ausbaugewerke** einschließlich Innenputz- und Außenputz-

---

13 Ebenso, allerdings ohne Begründung, Palandt/*Sprau*, § 648 Rn. 1.
14 Nachweise bei *Motzke*, in: Englert/Motzke/Wirth, § 648 Rn. 33–35 m.w.N.; *Werner/Pastor*, Rn. 206.
15 Worauf *Motzke,* in: Englert/Motzke/Wirth, § 648 Rn. 34 zur Begründung seiner Gegenauffassung abstellt.
16 BGH, NJW-RR 2002, 664.
17 BGH, Urt. v. 03.04.1968, V ZB 14797; BGHZ 57, 60; Urt. v. 12.03.1986, VIII ZR 332/84, BauR 1986, 437; Urt. v. 20.05.2003, X ZR 57/02 BauR 2003, 1391.
18 Ebenso *Werner/Pastor*, Rn. 199 und *Motzke,* in: Englert/Motzke/Wirth, § 648 Rn. 25.

arbeiten vom Anwendungsbereich des § 648 BGB erfasst: also Arbeiten zur Verlegung von Decken und Böden, Arbeiten im Dachbereich, Arbeiten zur Erstellung oder Verbesserung des Wärmeschutzes oder des Feuchtigkeitsschutzes etc. Lediglich kleinere Reparaturarbeiten, die für sich genommen nicht zu einer Werterhöhung des Grundstücks führen (die typische »Renovierung« oder Malerarbeiten in einzelnen Räumen), sind von § 648 BGB nicht erfasst.

Auch die Vergütung für Arbeiten an **Technikgewerken** ist gem. § 648 BGB sicherbar: so der Einbau der zentralen Betriebstechnik (Heizung, Elektro einschließlich des Verlegens von Leitungen und des Einbaus von Endgeräten), der Einbau einer Beleuchtungsanlage oder einer Klimaanlage, eines Aufzuges etc. 26

Grundsätzlich macht es auch keinen Unterschied, ob die Arbeiten in Zusammenhang mit der Errichtung eines Neubaus oder **aus Anlass eines Umbaus oder einer Sanierung von Bestandsimmobilien** erfolgen.[19] Das allein maßgebende Kriterium ist auch hier die Werterhöhung des Grundstücks. Ob sie für das Bauwerk »von wesentlicher Bedeutung« ist oder nicht, kann deshalb ebenso wenig von Relevanz sein wie die Frage, »ob die Maßnahme nach Umfang und Gewicht einer Neubaumaßnahme im Ergebnis gleichkommt«.[20] 27

Auch **Straßenbauarbeiten** sind vom Anwendungsbereich des § 648 BGB erfasst. 28

2. Tiefbau

Arbeiten zur Herstellung der Baugrube (Ausschachtungsarbeiten) gehören als **bauwerksbezogene Tiefbauarbeiten** zu den Leistungen, deren Vergütung über § 648 BGB auf dem Baugrundstück abgesichert werden können.[21] Das gilt selbst dann, wenn sie – wie beispielsweise Spundwände – nur temporär eingebracht und anschließend wieder entfernt werden. Denn auf die Dauerhaftigkeit kommt es insoweit nicht an. 29

III. Architekten und Bauingenieure

Auch Architekten haben grundsätzlich einen Anspruch auf Eintragung einer Bauhandwerkersicherungshypothek auf dem Baugrundstück. Dieser setzt nach der Rechtsprechung und h.M. aber voraus, dass die Planung im Bauwerk auch tatsächlich realisiert wird, mit den Bauarbeiten aufgrund der Planung also begonnen wurde.[22] 30

Das ist im Ansatz richtig, weil auch Architekten und Bauingenieure auf der Grundlage eines Werkvertrages tätig werden, auch wenn sie nicht unmittelbar das Bauwerk als körperliche Sache schulden. Gleichwohl sind ihre Leistungen **bauwerksbezogene Arbeiten**, die bei ihrer Umsetzung zu einer Werterhöhung des Grundstücks führen und deshalb vom Anwendungsbereich des § 648 BGB erfasst werden. 31

Zweifelhaft ist die hier wiedergegebene h.M. aber insoweit, als sie – soweit ersichtlich – stets auf die nachfolgende Bauwerkserrichtung und die alleine damit einhergehende Werterhöhung des Grundstücks abstellt. Richtiger wäre es stattdessen, auch den Einfluss der noch nicht realisierten Planung zu betrachten, und zwar in den Fällen, in denen auf Grundlage der Planung ein Bauvorbescheid oder eine Baugenehmigung erzielt wurde. Denn ein »beplantes« Grundstück erfährt nach den Anschauungen sämtlicher Marktbeteiligter eine deutliche Wertsteigerung gegenüber dem zu- 32

---

[19] Ebenso *Werner/Pastor,* Rn. 210 unter Hinweis auf BGH, Urt. v. 16.09.1993, VII ZR 180/92, BauR 1994, 101.
[20] So aber die bisherige Rechtsprechung, Nachweise bei *Motzke,* in: Englert/Motzke/Wirth, § 648 Rn. 29.
[21] BGH, Urt. v. 22.09.1983, VII ZR 360/82, BauR 1984, 64.
[22] Vgl. OLG Dresden, Urt. v. 06.02.1996, Az. 7 W 17/96, BauR 1996, 757; OLG Düsseldorf, Urt. v. 03.09.1999, 12 U 118/99, BauR 1999, 1482; OLG Hamm, Urt. v. 20.10.1999, 12 U 107/99, BauR 2000, 1087; OLG Hamburg, Urt. v. 18.03.2009, Az. 14 W 24/09; BauR 2009, 1492.

vor »unbeplanten« Grundstück, weshalb es nicht gerechtfertigt erscheint, diese Fälle – unabhängig von der Bauwerksrealisierung – vom Anwendungsbereich des § 648 BGB auszunehmen.

IV. Sonstige Baubeteiligte

33 Neben dem Bauunternehmer und den Architekten/Ingenieuren können auch andere Baubeteiligte einen Anspruch auf Eintragung einer Bauhandwerkersicherungshypothek haben. Vorauszusetzen ist aber stets die **Bauwerksbezogenheit der Arbeiten auf der Grundlage eines Werkvertrages**. Daran fehlt es regelmäßig beim Projektsteuerer, bei Baucontrollern, Baubetreuern etc., weshalb ihnen der Anspruch aus § 648 BGB regelmäßig nicht zusteht. Ausnahmsweise kann natürlich – bei entsprechender Pflichtenlage und Bauwerks- statt Finanzierungsbezogenheit der Leistungen – etwas anderes gelten.

C. Verpflichteter Besteller

34 Verpflichtet zur Einräumung einer Bauhandwerkersicherungshypothek auf dem Baugrundstück ist derjenige Besteller von Bauwerksleistungen, der gleichzeitig Eigentümer des Baugrundstücks ist. § 648 BGB setzt insoweit die **rechtliche Identität zwischen Besteller und Eigentümer** voraus, eine bloß »wirtschaftliche Identität« genügt grundsätzlich nicht.[23]

35 Unproblematisch sind damit die Fälle, in denen beispielsweise der private Bauherr als Alleineigentümer oder als Miteigentümer Baumaßnahmen veranlasst. Dann kann die Sicherungshypothek im einen Fall in das Gesamtgrundstück, im anderen Fall in den Miteigentumsanteil vollzogen werden. Gleiches gilt, wenn der Besteller der Bauleistung eine juristische Person oder eine Personengesellschaft ist, die unter ihrer Firma Eigentum an Grundstücken erwerben kann[24] und in ihrer Eigenschaft als Grundstückseigentümer handelt (rechtliche Identität).

36 Aber auch der **öffentliche Auftraggeber** fällt in den Anwendungsbereich des § 648 BGB, sofern er gleichzeitig Grundstückseigentümer ist. Die gegenteilige Auffassung[25] meint, eine planwidrige Regelungslücke gefunden zu haben und stellt auf die fehlende Insolvenzfähigkeit öffentlich-rechtlicher Gebietskörperschaften und das damit fehlende Sicherungsbedürfnis ihrer Vertragspartner ab. Das kann aber nicht zutreffend sein, weil für eine Planwidrigkeit des fehlenden Ausschlusses öffentlicher Auftraggeber keinerlei Anhaltspunkte ersichtlich sind und es auf die Frage der Insolvenzfähigkeit nicht ankommt. § 648 BGB dient letztlich auch der Erleichterung der Zwangsvollstreckung, weshalb sollten bestimmte Auftraggeber davon ausgenommen sein?

37 Diese streng formale Betrachtung führt allerdings **in den Fällen** zu unbefriedigenden Ergebnissen, **in denen der Grundstückseigentümer**, dem zugleich alleine oder überwiegend die Nutzungen der Bauleistungen zufließen (tatsächlich wie rechtlich), **für den Vertragsschluss eine andere Person »vorschiebt«** und alleine dadurch die Sicherungsmöglichkeit des Werkunternehmers nach § 648 BGB aushebelt. In derartigen Konstellationen erscheint es dann sachgerecht, den Grundstückseigentümer nach den Grundsätzen von Treu und Glauben (§ 242 BGB) auch »wie« den Besteller der Bauleistungen zu behandeln (**erweiterter Identitätsbegriff**) und das Grundstück letztlich im Sinne einer **Durchgriffshaftung** mit dem Sicherungsanspruch zu belasten.

38 Diesen Weg geht die Rechtsprechung in zahlreichen Einzelfällen: so wenn der Grundstückseigentümer die den Bauauftrag erteilende Gesellschaft ganz oder überwiegend beherrscht,[26] wenn der

---

23 Grundlegend BGH, Urt. v. 22.10.1987, VII ZR 12/87, BauR 1988, 88.
24 Ebenso *Hofmann/Koppmann*, S. 176.
25 OLG Zweibrücken, Urt. v. 25.09.2007, Az. 8 W 44/07, BauR 2008, 406.
26 BGH, Urt. v. 22.10.1987, VII ZR 12/87, BauR 1988, 88 bei rd. 95 % Beteiligung als Kommanditist an der KG und in gleicher Höhe an der Komplementär-GmbH; OLG Hamm, Urt. v. 21.04.1989, 26 U 194/88, BauR 1990, 365 bei rd. 95 % Beteiligung an der GmbH und gleichzeitiger Tätigkeit als geschäftsführender Gesellschafter.

Grundstückseigentümer den vermögenslosen Mieter als Auftraggeber vorschiebt[27] oder wenn der Grundstückseigentümer seine Ehefrau als Auftraggeberin vorschiebt und beide insoweit kollusiv zusammenwirken (BauR 2008, 722).[28] Diese Rechtsprechung, die natürlich nicht im Sinne der generellen Reduzierung der Anspruchsvoraussetzungen auf eine »wirtschaftliche Identität« missverstanden werden darf, ist jedenfalls im Ergebnis richtig, wenn auch stark von der **Einzelfallbetrachtung** abhängig.

Maßgeblicher Zeitpunkt der Eigentümerstellung des Auftraggebers ist derjenige der Eintragung der Sicherungshypothek oder der rangwahrenden Vormerkung. Darauf, ob der Besteller bereits bei Vertragsschluss als Eigentümer eingetragen war oder nicht, kommt es nicht an. 39

D. Der Sicherungsgegenstand

Sicherungsgegenstand ist das »Baugrundstück«, also die Parzelle (das Flurstück), auf dem das Bauwerk errichtet oder ein vorhandenes Bauwerk umgebaut oder erweitert wird. 40

Umfasst ein einheitlicher Auftrag eine Baumaßnahme, die sich über mehrere Grundstücke erstreckt, dann stehen diese Grundstücke insgesamt als Sicherungsgegenstand zur Verfügung. Zu Gunsten des Werkunternehmers kann auf ihnen also eine Gesamthypothek eingetragen werden.[29] Das gleiche gilt, wenn ein einheitliches Baugrundstück später geteilt wird, solange der Besteller nach wie vor Eigentümer dieser (neuen) Parzellen bleibt. Bei zwischenzeitlicher Veräußerung oder Eintragung von Auflassungsvormerkungen zugunsten Dritter entfällt das Sicherungsrecht. Liegen dagegen jeweils gesonderte Bauverträge zugrunde (was aus der Sicht des Auftraggebers und Eigentümers bei der Vertragsgestaltung zu berücksichtigen wäre), so kann nur das jeweilige Grundstück hinsichtlich der diese Fläche konkret betreffenden Vergütung belastet werden. 41

E. Die zu sichernde Forderung des Unternehmers

Sicherungsfähig sind – so der Wortlaut des § 648 BGB – die »Forderungen aus dem Vertrag«, was zunächst auf eine sehr weite Auslegung im Hinblick auf alle denkbaren Ansprüche (Vergütungsansprüche, Zinsforderungen, Schadensersatzforderungen beispielsweise aus Verzug, aber auch die Vergütung für kündigungsbedingt nicht mehr erbrachte Leistungen gem. § 649 S. 2 BGB) hindeutet. Allerdings findet sich eine systematische Einschränkung in S. 2, der auf die bereits geleistete Arbeit und damit auf den Wertzuwachs auf dem Grundstück abstellt. 42

Sicherbar ist damit nur **die noch nicht gezahlte Vergütung für bereits auf dem Grundstück erbrachte Bauleistungen**, nicht dagegen der anteilige Werklohn für Vorbereitungsarbeiten im eigenen Betrieb des Werkunternehmers, solange diese noch nicht in das Bauwerk eingeflossen sind. 43

Dazu gehört die vereinbarte oder übliche (§ 632 Abs. 2 BGB) Vergütung, sei es in Form eines Anspruchs auf Abschlagszahlung oder in Form des Anspruchs auf die Schlusszahlung/Gesamtvergütung. Dazu gehören aber auch der Anspruch auf Verzugszinsen oder der Anspruch auf Ersatz verzögerungsbedingter Mehraufwendungen oder Schäden. Auf die Fälligkeit der Forderung, insbesondere die beispielsweise beim VOB/B-Bauvertrag zusätzlich zu legende Schlussrechnung, kommt es nicht an, es geht alleine um den tatsächlich auf dem Baugrundstück realisierten Wertzuwachs. 44

Entgegen der überwiegend geäußerten Auffassung, wonach auch der Anspruch aus § 649 S. 2 BGB zu den sicherungsfähigen Forderungen gehört,[30] ist dem hier entgegenzutreten. Denn es fehlt im Falle vorzeitig beendeter Bauverträge an dem Mehrwert auf dem Grundstück, das nach der gesetzgeberischen Intention eben nur insoweit haftet, als sich eine korrespondierende Leistung werterhöhend niedergeschlagen hat und der Werkunternehmer *hierfür* noch keine Vergütung er- 45

---

27 OLG Düsseldorf, Urt. v. 25.02.1993, 5 U 162/92, NJW-RR 1993, 851.
28 OLG Dresden, Urt. v. 06.11.2007, Az. 10 W 1212/07.
29 Ebenso *Werner/Pastor*, Rn. 244 m.w.N.
30 So z.B. *Werner/Pastor*, Rn. 228, m.w.N. in Fn. 172.

langt hat. Hinsichtlich des Vergütungsanteils für nicht erbrachte Leistungen ist das nicht der Fall, weshalb der Anspruch aus § 648 BGB insoweit ausscheidet.[31]

F. Der Einfluss von Mängeln auf die zu sichernde Forderung

46 Wenn es nach den bisherigen Feststellungen auf den Mehrwert ankommt, den das Baugrundstück durch die erbrachte Werkleistung erfahren hat, dann können Mängel bei der Bestimmung des Haftungsumfangs des Grundstücks (Höhe der abzusichernden Forderung) nicht unberücksichtigt bleiben.

47 Sicherbar ist also nicht der ungekürzte Werklohn des Unternehmers, weil dieser nicht die geschuldete, »vollwertige« Leistung erbracht hat.[32] Auf der anderen Seite kann die Höhe der vorzunehmenden Kürzung aber nicht davon abhängen, ob dem Besteller nach der gesetzlichen Regelung (§ 641 Abs. 3 BGB) oder nach dem Vertrag ein Zurückbehaltungsrecht in mehrfacher Höhe der Mangelbeseitigungskosten zusteht. Denn maßgeblich ist allein der tatsächliche Gegenwert auf dem Grundstück, so dass – ohne Berücksichtigung etwaiger Druckzuschläge – lediglich **der um die einfachen Mangelbeseitigungskoten reduzierte Wert der Bauleistung für die Höhe der dinglichen Absicherung maßgeblich ist**.[33]

G. Das Verhältnis zu §§ 647 und 648a BGB

48 § 648 BGB gewährt dem Unternehmer eine Sicherung auf dem Baugrundstück, wenn Besteller und Grundstückseigentümer identisch sind und das Grundstück durch die Werkleistung eine Wertsteigerung erfahren hat. Eine Überschneidung der Sicherungsmöglichkeiten der §§ 647 und 648 BGB scheidet damit aus, weil sich das Pfandrecht des § 647 BGB nur auf die bewegliche Sache vor ihrem Einbau beziehen kann und spätestens durch die Verbindung mit dem Gebäude erlischt (vgl. die Ausführungen zu § 647 BGB, Rdn. 26). Erst für die danach eintretende Wertsteigerung ist eine Absicherung der Forderung auf dem Grundstück möglich.

49 Das Verhältnis zu § 648a BGB ergibt sich aus dem dortigen Abs. 4: soweit der Werkunternehmer bereits eine Bauhandwerkersicherung nach § 648a BGB erlangt hat, er also bereits gesichert ist, scheidet ein Anspruch auf die weitere, dingliche Sicherung über die Bauhandwerkersicherungshypothek aus (keine Doppelsicherung).

H. Prozessuale Durchsetzung

50 § 648 BGB zielt ab auf die Eintragung einer dinglichen Belastung (Sicherungshypothek) auf dem Baugrundstück. **Erforderlich ist** also **die dingliche Einigung** zwischen dem Sicherungsgläubiger und dem Grundstückseigentümer (§ 873 Abs. 1 BGB) **in der gesetzlich vorgesehenen Form** (i.d.R. notarielle Beurkundung, § 873 Abs. 2 BGB) **sowie die Eintragung der Sicherungshypothek im Grundbuch**. Alternativ kann der Grundstückseigentümer – zunächst zur Rangwahrung – einseitig die Eintragung einer rangwahrenden Vormerkung bewilligen (§ 885 BGB), auf deren Grundlage dann später die Eintragung des Vollrechts (Sicherungshypothek) vollzogen wird.

51 Damit ist der Verfahrensweg vorgezeichnet. Die zur Eintragung erforderlichen Willenserklärungen des Grundstückseigentümers können (in der Praxis eher selten) freiwillig etwa im Rahmen eines Zwischenvergleichs über die Werklohnforderung und deren Sicherung abgegeben oder – und das ist nahezu der Regelfall – gerichtlich durchgesetzt werden. Die sofortige Erhebung einer **Hypothekenklage** (nicht der Werklohnklage!) ist zwar möglich und der prozessual »richtige« Weg zur Realisierung des Sicherungsanspruchs. Sie macht aber wegen des damit verbundenen zeitlichen Aufwands und der nach Klageerhebung möglichen, beschleunigten Veräußerung oder Belas-

---

[31] Ebenso *Hofmann/Koppmann*, S. 193.
[32] BGH, Urt. v. 10.03.1977, VII ZR 77/76, BauR 1977, 208.
[33] Vgl. *Palandt/Sprau*, § 648 Rn. 4; *Werner/Pastor*, Rn. 234 m.w.N.

tung des Grundstücks durch den Eigentümer (und des damit verbundenen Verlustes des Sicherungsguts) regelmäßig wenig Sinn.

Stattdessen empfiehlt sich die **Beantragung einer Einstweiligen Verfügung, gerichtet auf Eintragung einer Vormerkung an nächstoffener Rangstelle zur Sicherung des Anspruchs auf Eintragung einer Bauhandwerkersicherungshypothek gem. § 648 BGB**. Gleichlautend wäre der Antrag zu formulieren, unter genauer Bezeichnung des Grundstücks (Flurstück, Gemarkung etc.).[34] 52

Wegen § 885 Abs. 1 S. 2 BGB ist die sonst in Einstweiligen Verfügungsverfahren unerlässliche Darlegung einer Gefährdung des zu sichernden Anspruchs nicht erforderlich, was die Geltendmachung deutlich vereinfacht. Aus dem gleichen Grund muss der Grundstückseigentümer als Antragsgegner auch nicht zuvor aufgefordert werden, eine Eintragung zu bewilligen. 53

In der Antragsschrift darzulegen und glaubhaft zu machen sind alle anspruchsbegründenden Tatsachen, also insbesondere dass der Antragsteller Unternehmer eines Bauwerks ist, Leistungen auf dem Sicherungsgrundstück erbracht hat und deshalb der Vergütungsanspruch entstanden ist und dass der Antragsgegner Eigentümer des Grundstücks ist. Sofern der Antragsgegner zuvor Mängel gerügt hat, die noch nicht beseitigt wurden, empfiehlt es sich, diese mit dem einfachen Wert geschätzter Beseitigungskosten von der zu sichernden Forderung in Abzug zu bringen und die Kostenansätze plausibel darzulegen. 54

Zuständig für den Antrag auf Erlass einer Einstweiligen Verfügung ist entweder das **Gericht der Hauptsache** (sachlich also abhängig vom Streitwert, örtlich gem. §§ 12 ff. ZPO) **oder das Amtsgericht der belegenen Sache** im Rahmen einer **streitwertunabhängigen Sonderzuständigkeit** (§ 942 Abs. 2 ZPO). Letzterem ist in der Praxis der Vorzug zu geben, weil die Zuständigkeit keine Dringlichkeit voraussetzt und auch ohne mündliche Verhandlung entschieden werden kann. 55

Zum **Vollzug** der antragsgemäß ergangenen Einstweiligen Verfügung ist die **Eintragung der Vormerkung im Grundbuch** erforderlich (Eintragungsantrag beim Grundbuchamt). 56

Das weitere Verfahren zur Verwertung der Sicherheit stellt sich als durchaus zeitaufwändig dar. Zunächst ist als Hauptsachenklage die **Hypothekenklage** zu erheben (bislang ist ja nur die Rangstelle zur Eintragung der – endgültigen – Sicherungshypothek im Grundbuch gesichert) und danach die **Sicherungshypothek** einzutragen. Anschließend kann dann das Grundstück im Wege der **Zwangsversteigerung** verwertet und aus dem Versteigerungserlös Befriedigung gesucht werden. 57

§ 648a Bauhandwerkersicherung

(1) Der Unternehmer eines Bauwerks, einer Außenanlage oder eines Teils davon kann vom Besteller Sicherheit für die auch in Zusatzaufträgen vereinbarte und noch nicht gezahlte Vergütung einschließlich dazugehöriger Nebenforderungen, die mit 10 v. H. des zu sichernden Vergütungsanspruchs anzusetzen sind, verlangen. Satz 1 gilt in demselben Umfang auch für Ansprüche, die an die Stelle der Vergütung treten. Der Anspruch des Unternehmers auf Sicherheit wird nicht dadurch ausgeschlossen, dass der Besteller Erfüllung verlangen kann oder das Werk abgenommen hat. Ansprüche, mit denen der Besteller gegen den Anspruch des Unternehmers auf Vergütung aufrechnen kann, bleiben bei der Berechnung der Vergütung unberücksichtigt, es sei denn, sie sind unstreitig oder rechtskräftig festgestellt. Die Sicherheit ist auch dann als ausreichend anzusehen, wenn sich der Sicherungsgeber das Recht vorbehält, sein Versprechen im Falle einer wesentlichen Verschlechterung der Vermögensverhältnisse des Bestellers mit Wir-

---

34 Ein praxistaugliches vollständiges Muster (Antragsschrift) findet sich beispielsweise bei *Hofmann/Koppmann*, Anhang zu Abschnitt C und natürlich bei *Werner/Pastor*, Rn. 280, ein weiterer Vorschlag für den Antrag bei Englert/Motzke/Wirth, § 648 Rn. 74.

kung für Vergütungsansprüche aus Bauleistungen zu widerrufen, die der Unternehmer bei Zugang der Widerrufserklärung noch nicht erbracht hat.

(2) Die Sicherheit kann auch durch eine Garantie oder ein sonstiges Zahlungsversprechen eines im Geltungsbereich dieses Gesetzes zum Geschäftsbetrieb befugten Kreditinstituts oder Kreditversicherers geleistet werden. Das Kreditinstitut oder der Kreditversicherer darf Zahlungen an den Unternehmer nur leisten, soweit der Besteller den Vergütungsanspruch des Unternehmers anerkennt oder durch vorläufig vollstreckbares Urteil zur Zahlung der Vergütung verurteilt worden ist und die Voraussetzungen vorliegen, unter denen die Zwangsvollstreckung begonnen werden darf.

(3) Der Unternehmer hat dem Besteller die üblichen Kosten der Sicherheitsleistung bis zu einem Höchstsatz von 2 v. H. für das Jahr zu erstatten. Dies gilt nicht, soweit eine Sicherheit wegen Einwendungen des Bestellers gegen den Vergütungsanspruch des Unternehmers aufrechterhalten werden muss und die Einwendungen sich als unbegründet erweisen.

(4) Soweit der Unternehmer für seinen Vergütungsanspruch eine Sicherheit nach den Absätzen 1 oder 2 erlangt hat, ist der Anspruch auf Einräumung einer Sicherungshypothek nach § 648 Abs. 1 ausgeschlossen.

(5) Hat der Unternehmer dem Besteller erfolglos eine angemessene Frist zur Leistung der Sicherheit nach Absatz 1 bestimmt, so kann der Unternehmer die Leistung verweigern oder den Vertrag kündigen. Kündigt er den Vertrag, ist der Unternehmer berechtigt, die vereinbarte Vergütung zu verlangen; er muss sich jedoch dasjenige anrechnen lassen, was er infolge der Aufhebung des Vertrages an Aufwendungen erspart oder durch anderweitige Verwendung seiner Arbeitskraft erwirbt oder böswillig zu erwerben unterlässt. Es wird vermutet, dass danach dem Unternehmer 5 v. H. der auf den noch nicht erbrachten Teil der Werkleistung entfallenden vereinbarten Vergütung zustehen.

(6) Die Vorschriften der Absätze 1 bis 5 finden keine Anwendung, wenn der Besteller
1. eine juristische Person des öffentlichen Rechts oder ein öffentlich-rechtliches Sondervermögen ist, über deren Vermögen ein Insolvenzverfahren unzulässig ist, oder
2. eine natürliche Person ist und die Bauarbeiten zur Herstellung oder Instandsetzung eines Einfamilienhauses mit oder ohne Einliegerwohnung ausführen lässt.

Satz 1 Nr. 2 gilt nicht bei Betreuung des Bauvorhabens durch einen zur Verfügung über die Finanzierungsmittel des Bestellers ermächtigten Baubetreuer.

(7) Eine von den Vorschriften der Absätze 1 bis 5 abweichende Vereinbarung ist unwirksam.

Übersicht	Rdn.			Rdn.
A. Allgemeines	1		2. Fälligkeit des Sicherungsverlangens	23
I. Regelungszweck	1		3. Durchsetzung im Klageweg	29
II. Neuregelung durch das Forderungssicherungsgesetz (FoSiG)	6		4. Vollstreckung	33
		II.	Sicherbare Ansprüche: aus Bauverträgen	34
1. Zeitlicher Anwendungsbereich Neufassung (2009)	6	III.	Sicherbare Ansprüche: aus Zusatzaufträgen	36
2. Zeitlicher Anwendungsbereich Altfassung (1993 bzw. 2000)	8	IV.	Ansprüche statt Leistung	40
		V.	Umfang der Sicherheit – 110 %	41
III. Sachlicher Anwendungsbereich	10	C.	Arten der Sicherheitsleistung – Abs. 2	43
IV. Verhältnis zu anderen Sicherungsmöglichkeiten	17	D.	Kosten der Sicherheitsleistung – Abs. 3	45
B. Das Recht auf Sicherheitsleistung – Abs. 1	21	E.	Das Verhältnis zu § 648 Abs. 1 BGB (Sicherungshypothek) – Abs. 4	47
I. Rechtscharakter der Neuregelung	21	F.	Rechtsfolgen bei nicht geleisteter Sicherheit – Abs. 5	48
1. Der Anspruch auf die Sicherheit	21	I.	Allgemeine Erwägungen	48

	Rdn.		Rdn.
II. Bis zum 01.01.2009 geschlossene Werkverträge	51	3. Leistungsverweigerung und vorzeitige Vertragsbeendigung	60
III. Nach dem 01.01.2009 geschlossene Werkverträge	53	4. Vergütungsfolge	62
1. Das Sicherheitsverlangen	53	G. Privilegierte Auftraggeber – Abs. 6	65
2. Fristsetzung	56	H. Unabdingbarkeit – Abs. 7	67

A. Allgemeines

I. Regelungszweck

Die mit der Bezeichnung »Bauhandwerkersicherung« erstmals 1993 in das BGB aufgenommene und mittlerweile inhaltlich überarbeitete Regelung des § 648a BGB zielt auf einen **Ausgleich** des dem Werkvertragsrecht immanenten **Vorleistungsrisikos des Unternehmers** und soll in erster Linie einen adäquaten Schutz vor Ausfällen mit Vergütungsansprüchen gewähren. Insofern gilt die Bauhandwerkersicherung des § 648a BGB (erstmals) für nahezu alle Bauwerkunternehmer (Ausnahmen nachfolgend unter G.) in den unterschiedlichsten Vertragsbeziehungen und ist – anders als bei der Bauhandwerkersicherungshypothek des § 648 BGB – nicht auf Verträge zwischen einem Grundstückseigentümer als Auftraggeber und Bauwerkunternehmern beschränkt. 1

§ 648a BGB findet damit insbesondere Anwendung und **praktische Relevanz in sämtlichen nachfolgenden Vertragsverhältnissen innerhalb einer Leistungskette**, also zwischen dem Generalübernehmer/Generalunternehmer als Auftraggeber zu seinem **Nachunternehmer** und zwischen dem Nachunternehmer zu seinen (weiteren) Nachunternehmern. 2

Insofern ist die Bauhandwerkersicherung – jedenfalls in ihrer jetzigen und hier näher dargestellten Fassung von 2009 – ein wichtiges **Instrument des Forderungsmanagements** geworden, auch weil der Anspruch auf die Sicherheit (Abs. 1) und die Rechtsfolgen bzw. die Reaktionsmöglichkeiten des Auftragnehmers bei angeforderter, aber nicht fristgemäß übergebener Sicherheit (Abs. 5), **wegen § 648a Abs. 7 BGB vertraglich nicht abdingbar** sind. Das »Ob« der Sicherheitsbeanspruchung als auch das »Wie« der Reaktion auf eine ausbleibende Sicherheit sind also nicht dispositiv, sondern zwingend geregelt. Damit verbieten sich insbesondere die häufig anzutreffenden Versuche der Auftraggeber, das Recht des Auftragnehmers auf Sicherheitsleistung in Allgemeinen Geschäftsbedingungen auszuschließen oder inhaltlich zu modifizieren (Einzelheiten dazu unter Rdn. 67).[1] 3

Gleichwohl hat die Regelung über die Bauhandwerkersicherung auch ihre Schwächen und **Nachteile**. Zum einen zwingt sie den Werkunternehmer, der die Kosten der von ihm beanspruchten Sicherheit bis zu 2 % p.a. selbst zu tragen hat, recht frühzeitig zu offensivem Vorgehen gegenüber seinem Vertragspartner, um im späteren Konfliktfall auch tatsächlich abgesichert zu sein. 4

Zum anderen bereitet die Anwendung des § 648a BGB in der Praxis schlichtweg deshalb Schwierigkeiten, weil Auftraggeber für die Sicherheit, die regelmäßig durch Bürgschaft gestellt wird und in voller Höhe des voraussichtlichen Vergütungsanspruchs des Auftragnehmers verlangt werden kann (§ 648a Abs. 1 S. 1 BGB), ihrerseits bei der **Baufinanzierung** Sicherheit leisten müssen bzw. in ihrem **Aval-Kredit** entsprechend belastet werden. Nicht selten benötigen Bauauftraggeber damit einen deutlich höheren als den auf die reinen Projektkosten bezogenen Kreditrahmen, dem aber natürlich kein entsprechender Gegenwert auf dem Baugrundstück gegenübersteht und ggfls. durch andere Vermögenswerte abgesichert werden muss. Besonders deutlich wird dieses Problem, das sich letztlich nur durch eine Änderung der für den Bankverkehr geltenden, gesetzlichen Regelungen beheben ließe, in den Fällen, in denen kündigungsbedingt andere Werkunternehmer die begonnene Bauleistung fertig stellen und ihrerseits ebenfalls Sicherheit (in letztlich gleicher Höhe 5

---

[1] Zahlreiche Beispiele zu unwirksamen Klauseln finden sich u.a. bei *Glatzel/Hofmann/Frikell*, S. 335 f.

wie der gekündigte Vorunternehmer) beanspruchen können, selbst wenn die Vorunternehmer ihre erhaltenen Sicherheiten – berechtigt oder unberechtigt – noch nicht zurückgegeben haben.[2] Die **Gefahr einer** dadurch entweder **erforderlichen, nochmaligen Erweiterung der Kreditlinie des Auftraggebers selbst bis zum mehrfachen des Bauvolumens** oder der anderenfalls vorher zu führenden Auseinandersetzung mit den Vorunternehmern zur Rückerlangung ausgereichter Sicherheiten (mit möglicherweise eintretendem Baustillstand) macht die Bauauftraggeber schlichtweg erpressbar. In der Baupraxis stellt dies ein zunehmendes wirtschaftliches Problem dar.

II. Neuregelung durch das Forderungssicherungsgesetz (FoSiG)

1. Zeitlicher Anwendungsbereich Neufassung (2009)

6   Mit dem Gesetz zur Sicherung von Werkunternehmeransprüchen und zur verbesserten Durchsetzung von Forderungen,[3] das **am 01.01.2009 in Kraft getreten** ist, sollen die Sicherungsmöglichkeiten der Werkunternehmer effektiver ausgestaltet, erweitert und vereinfacht werden. Dieser gesetzgeberischen Intention folgend haben die Regelungen des § 648a BGB zahlreiche Änderungen erfahren, insbesondere was die Durchsetzbarkeit des Sicherungsverlangens und die Rechtsfolgen bei nicht geleisteter Sicherheit durch den Auftraggeber anbelangt. Unverändert geblieben sind lediglich die Absätze 2 (Sicherheit durch Zahlungsversprechen eines Kreditinstituts), 3 (Kosten der Sicherheitsleistung), 4 (Verhältnis zu § 648 BGB – Sicherungshypothek) und 7 (Unabdingbarkeit der Absätze 1 bis 5).

7   Die hier kommentierte **Neufassung des § 648a BGB** findet Anwendung auf Schuldverhältnisse, die nach dem Tage ihres Inkrafttretens entstanden sind (Art. 229 § 19 EGBGB), also auf alle vom sachlichen und persönlichen Anwendungsbereich (s. nachfolgend Rdn. 10 und 17) erfassten **Bauwerkverträge, die seit dem 02.01.2009 geschlossen wurden.**

2. Zeitlicher Anwendungsbereich Altfassung (1993 bzw. 2000)

8   Die Regelung über die Bauhandwerkersicherung ist erstmals durch das **Bauhandwerkersicherungsgesetz von 1993** in das BGB eingefügt worden (BGBl. I. S. 509) und am **01.05.1993** in Kraft getreten. Die damalige Fassung galt nicht für zuvor geschlossene Bauwerkverträge.

9   Durch das **Gesetz zur Beschleunigung fälliger Zahlungen vom 30.03.2000** (BGBl. I. S. 330), in Kraft getreten am **01.05.2000**, sind Details der bisherigen Regelung geändert und in Abs. 5 die Sätze 3 und 4 angefügt worden. Ausweislich der Überleitungsvorschrift des Art. 229 § 1 Abs. 2 EGBGB findet der vorerwähnte § 648a Abs. 5 Satz 3 BGB i.d.F. vom 30.03.2000 **auch auf vor dem Inkrafttreten des Gesetzes zur Beschleunigung fälliger Zahlungen geschlossene Bauwerkverträge Anwendung.** Es geht um den sehr viel einfacher zu berechnenden und darzulegenden Vertrauensschaden, den der Auftragnehmer alternativ zu einer Vergütungsermittlung nach § 649 S. 2 BGB beanspruchen kann, wenn der Auftraggeber in Reaktion auf das Sicherheitsverlangen des Auftragnehmers den Vertrag (frei) kündigt.[4] **Alle übrigen Änderungen** gelten nur **für Bauwerkverträge, die ab dem 01.05.2000** (Art. 229 § 1 Abs. 1 S. 2 EGBGB) **und bis zum 01.01.2009** (Art. 229 § 19 Abs. 1 EGBGB) geschlossen wurden.

III. Sachlicher Anwendungsbereich

10 Die Regelungen über die Bauhandwerkersicherung des § 648a BGB sind systematisch in das Werkvertragsrecht eingegliedert und ergänzen die dort vorhandenen Bestimmungen über das (Werk-)Unternehmerpfandrecht und die (Bau-)Handwerkersicherungshypothek der §§ 647, 648 BGB. Damit ist klargestellt, dass der **Anspruch auf eine Bauhandwerkersicherung** gemäß § 648a

---

2   Zur Rückgabeverpflichtung vgl. OLG Frankfurt/Main, 10.02.2009 – 3 U 247/07.
3   Forderungssicherungsgesetz – FoSiG, BGBl. I, 2008, Nr. 48, S. 2022.
4   Zutreffend Palandt/*Sprau*, 67. Aufl., § 648a Rn. 20 unter Hinweis auf BT-Drucks. 14/2752 S. 14.

BGB eine werkvertragliche Rechtsbeziehung voraussetzt. Der Gesetzgeber verdeutlicht dies durch die als Tatbestandsmerkmal definierte Voraussetzung, dass der Anspruchsteller »Unternehmer eines Bauwerks« sein muss. Das kann der unmittelbar vom Bauherrn beauftragte Unternehmer für ein Gewerk oder **auch der Generalunternehmer** sein, ebenso **jeder Nachunternehmer in der (werkvertraglichen) Leistungskette.**

In den Anwendungsbereich des § 648a BGB fallen damit alle **Auftragnehmer von Bauleistungen**, gleich welcher Gewerke oder welcher Objekte, auf die sich das jeweilige Vertragsverhältnis bezieht (Einzelheiten nachfolgend unter Rdn. 34 ff.), **nicht dagegen Lieferanten/Baustofflieferanten** oder solche Unternehmer, bei denen beispielsweise Montageleistungen nur eine untergeordnete Rolle spielen und deren Vertragsverhältnis damit dem Kaufrecht zuzuordnen ist.[5]   11

Dagegen gehören wegen der ausdrücklichen Regelung des § 648a Abs. 1 S. 1 BGB auch **Unternehmer, die eine Außenanlage herstellen**, selbst wenn sie nicht nur reine »Bauleistungen« erbringen, zum Personenkreis, der Sicherheiten verlangen kann.   12

Auch Architekten und Bauingenieure, die auf der Grundlage eines Werkvertrages tätig werden, gehören zu den »Unternehmern eines Bauwerks«, obwohl sie nicht unmittelbar das Bauwerk als körperliche Sache schulden. Gleichwohl sind ihre Leistungen **bauwerksbezogene Arbeiten**, die bei ihrer Umsetzung nicht nur zu einer Werterhöhung des Grundstücks führen und deshalb vom Anwendungsbereich des § 648 BGB erfasst werden, sondern auch den Anwendungsbereich des § 648a BGB eröffnen. Insofern kommt es hier auch nicht auf die Realisierung der Architekten- oder Ingenieurleistung auf dem Baugrundstück an.   13

Die **Sicherheit**, die der so definierte »Unternehmer eines Bauwerks« beanspruchen kann, erstreckt sich grundsätzlich auf **den gesamten vertraglichen Vergütungsanspruch und hängt** – anders als die Sicherungshypothek nach § 648 BGB – **nicht von der vorherigen Erbringung von Leistungen ab.** Die ab 01.01.2009 geltende Neufassung stellt in Abs. 1 S. 1 bis 3 die zum alten Recht noch kontrovers diskutierten Fragen klar und bestimmt, dass ebenfalls sicherbar sind: der **Vergütungsanspruch für geänderte oder zusätzliche Leistungen** (»... für die auch in Zusatzaufträgen vereinbarte und noch nicht gezahlte Vergütung«), der **Anspruch statt der Leistung** und selbst der **Anspruch, der nach der Abnahme noch besteht.** Das Recht, Sicherheit zu verlangen, wird durch die erfolgte Abnahme der Werkleistung also nicht beeinträchtigt, was für den Werkunternehmer gerade im Falle späterer Auseinandersetzungen von erheblicher praktischer Relevanz werden kann.   14

Mit der Regelung des § 648a Abs. 1 S. 3 BGB ist außerdem klargestellt, dass selbst vorhandene **Mängel** an der vom Auftragnehmer bereits erbrachten Werkleistung **grundsätzlich keinen Einfluss auf die Berechtigung zum Sicherheitsverlangen oder auf die Höhe der** vom Auftraggeber zu leistenden **Sicherheit** haben. Das muss jedenfalls so lange gelten, wie der Auftragnehmer noch zur Mangelbeseitigung bereit und in der Lage ist, weil insofern auch die Nacherfüllung zu der in § 648a Abs. 1 S. 3 BGB genannten »Erfüllung« gehört. Das ist mittlerweile h.M.,[6] entspricht dem ausdrücklichen Willen des Gesetzgebers[7] und war auch zum alten Recht weitgehend anerkannt.   15

Und auch wenn sich Mangelansprüche des Auftraggebers in (aufrechenbare) Geldansprüche umgewandelt haben, gilt grundsätzlich nichts anderes. Dem Auftraggeber ist es also verwehrt, ein Sicherungsverlangen mit tatsächlichen oder behaupteten Mangelvorwürfen zu »torpedieren«, was die Rechtsstellung des Auftragnehmers deutlich stärkt. Nur wenn Gegenansprüche des Auftrag-   16

---

5 Beispielsweise der Kauf einer Solaranlage mit untergeordneter Montageverpflichtung, vgl. BGH, BauR 2004, 882.
6 Nachweise u.a. bei *Hofmann/Koppmann*, S. 129.
7 BT-Drucks. 16/511 vom 02.02.2006.

gebers »unstreitig oder rechtskräftig festgestellt« sind (§ 648a Abs. 1 S. 4 BGB), haben sie Einfluss auf die Höhe der zu leistenden Sicherheit.

IV. Verhältnis zu anderen Sicherungsmöglichkeiten

17 Das Recht des Unternehmers, Sicherheit nach § 648a Abs. 1 BGB zu verlangen, steht in **Konkurrenz zu der dinglichen Sicherung nach § 648 BGB (Bauhandwerkersicherungshypothek)**, sofern der Auftraggeber zugleich Eigentümer des Baugrundstücks ist, sowie zu anderweitigen, vertraglich vereinbarten Sicherheiten wie etwa der Vertragserfüllungssicherheit.

18 Für den erstgenannten Fall greift die Regelung des **§ 648a Abs. 4 BGB**, der Unternehmer kann also neben der hier geregelten Sicherheit – wenn er sie erhalten hat – nicht zusätzlich die Absicherung auf dem Baugrundstück verlangen. Denn dadurch würde eine Übersicherung eintreten, auf die nach der gesetzlichen Intention kein Anspruch besteht (insoweit also **Alternativverhältnis zwischen § 648a BGB einerseits und § 648 BGB andererseits**). Ob dies auch im umgekehrten Fall gilt, die Eintragung einer Sicherungshypothek oder einer den Rang wahrenden Vormerkung also den Anspruch auf Sicherheit nach § 648a BGB insgesamt ausschließt, ist gesetzlich nicht geregelt, streitig und erscheint jedenfalls fraglich. Ohnehin kann sich das Konkurrenzverhältnis beider Normen nur in den Fällen einstellen, in denen der Werkunternehmer seine Leistung bereits vollständig erbracht und den Werklohn auf dem Baugrundstück über § 648 BGB abgesichert hat, so dass ihm dann ein weitergehendes Sicherungsverlangen nach § 648a BGB – wegen Übersicherung – abgeschnitten werden könnte. In allen anderen Fällen (noch nicht vollständig erbrachte Werkleistung) bestehen beide Sicherungsmöglichkeiten nebeneinander (Wortlaut des Abs. 4: »soweit«).

19 Im Übrigen ist die Sicherheit, die der Werkunternehmer über § 648 BGB erzielen kann, die Sicherungshypothek selbst. Entgegen der beispielsweise von *Motzke* vertretenen Auffassung[8] kann ein Ausschluss der (weiteren) Absicherung über § 648a BGB deshalb erst dann greifen, wenn tatsächlich die Hypothek eingetragen ist und nicht lediglich eine – noch keine Sicherheit gewährende – rangwahrende Vormerkung.

20 Andere, **vertraglich vereinbarte Sicherheiten** wie die durch den Auftraggeber zu stellende Vertragserfüllungssicherheit werden durch die Regelung des § 648a BGB grundsätzlich nicht berührt.[9] Allerdings ist die Höhe einer vom Auftraggeber etwa bei Vertragsschluss ausgereichten Erfüllungssicherheit auf die Höhe eines späteren Sicherungsverlangens nach § 648a BGB anzurechnen, um auch insoweit eine dem Auftragnehmer nicht zustehende Übersicherung zu vermeiden.

B. Das Recht auf Sicherheitsleistung – Abs. 1

I. Rechtscharakter der Neuregelung

1. Der Anspruch auf die Sicherheit

21 Die Neufassung des § 648a Abs. 1 BGB ist gegenüber der bisherigen Regelung deutlich erweitert worden. Das gilt zunächst im Hinblick auf den Rechtscharakter des Sicherheitsverlangens und die damit korrespondierende Pflicht des Auftraggebers. Handelte es sich bislang lediglich um eine Obliegenheit des Auftraggebers, die verlangte Sicherheit zu stellen, und führte deren Verletzung bei Einhaltung der weiteren Voraussetzungen zu einer »automatischen« Aufhebung des Vertragsverhältnisses, so gestaltet die Neufassung das **Recht auf Sicherheit als einen eigenen, durchsetzbaren Anspruch des Auftragnehmers** aus. Das ergibt sich sowohl aus dem Wortlaut der Norm (»Der Anspruch des Unternehmers auf Sicherheit ...«) als auch aus der Begründung des Gesetzesentwurfes.[10]

---

8 *Motzke*, in: Englert/Motzke/Wirth, BGB § 648a Rn. 148.
9 Palandt/*Sprau*, BGB § 648a Rn. 4.
10 BT-Drucks. 16/511 v. 02.02.2006.

Von einer inhaltlichen Erweiterung gegenüber der bisherigen Regelung muss zum anderen auch deshalb gesprochen werden, weil der Gesetzgeber in § 648a Abs. 1 S. 3 BGB ausdrücklich das Recht des Unternehmers verankert hat, **Sicherheit auch nach Abnahme der Werkleistung** zu beanspruchen. Das war zur vorherigen Regelung noch streitig. 22

2. Fälligkeit des Sicherungsverlangens

Ist das Recht auf Sicherheitsleistung nach der Neufassung ein rechtlich eigenständiger Anspruch, so unterliegt er eigenen Voraussetzungen für dessen **Fälligkeit** und – als Annex dazu – einer eigenständigen **Verjährung**. 23

Fälligkeit bezeichnet dabei den Zeitpunkt, von dem ab der Gläubiger (hier: der Auftragnehmer) eine Leistung verlangen kann.[11] Da § 648a BGB insoweit keine gesonderte Bestimmung trifft, der Anspruch auf die Sicherheitsleistung stattdessen alle (entstandenen, aber noch nicht gezahlten) Vergütungsansprüche aus dem Bauwerkvertrag umfasst, ist **maßgeblicher Fälligkeitszeitpunkt für die im Bauvertrag vereinbarte Vergütung der Zeitpunkt des Wirksamwerdens des Vertrages** und für alle »Zusatzaufträge« der Zeitpunkt des Entstehens des (zusätzlichen) Vergütungsanspruchs. Mit anderen Worten: der Anspruch auf Sicherheitsleistung wird mit Unterzeichnung der Bauvertragsurkunde durch beide Parteien (letzte Unterschrift) fällig, wenn die Wirksamkeit des Vertragsschlusses von der Einhaltung der Schriftform abhängig gemacht und diese nicht nur aus Beweisgründen vereinbart wurde (§ 254 Abs. 2 BGB) oder wenn die Einhaltung einer bestimmten »Form« – etwa beim Öffentlichen Auftraggeber nach den Kommunalvertretungsvorschriften der Länder – für die Wirksamkeit des Vertragsschlusses zwingend vorgesehen ist, im Übrigen mit dem **Zustandekommen des Bauvertrages nach allgemeinen Grundsätzen (§§ 116 ff., 133, 157 BGB)**. 24

Deshalb ist es denkbar und wegen § 648a Abs. 7 BGB auch nicht vertraglich auszuschließen, sondern **zulässig, dass der Auftragnehmer Sicherheitsleistung in voller Höhe bereits unmittelbar nach Vertragsschluss beansprucht**. Das ist vom Auftraggeber jedenfalls in Einzelfällen wegen der in § 648a Abs. 5 BGB normierten, kurzen Beibringungsfrist und der gegebenenfalls – unter den dort weiter definierten Voraussetzungen – sonst drohenden Leistungsverweigerung und/oder Kündigung des Vertrages durch den Auftragnehmer zu bedenken, und zwar möglichst schon vor Vertragsschluss und in Zusammenhang mit der Finanzierung der Baumaßnahme. 25

Die Fälligkeit des Anspruchs auf Sicherheitsleistung hat also nichts mit dem Zeitpunkt des Verlangens nach Sicherheit durch den Auftragnehmer zu tun. Sie hat stattdessen zur Folge, dass der **Anspruch** ab dem vorstehend definierten Zeitpunkt **einer eigenständigen Verjährung unterliegt**. Mangels abweichender gesetzlicher Regelung gilt die **regelmäßige Verjährungsfrist des § 195 BGB**, der Anspruch auf Sicherheitsleistung verjährt also in drei Jahren, beginnend mit dem Ende des Jahres, in dem der zugrunde liegende Bauwerkvertrag zustande gekommen ist. Denn das ist der nach § 199 Abs. 1 BGB maßgebliche Zeitpunkt der Anspruchsentstehung und der Kenntnis des Auftragnehmers als Gläubiger von den anspruchsbegründenden Umständen und der Person des Schuldners. Verjährungsablauf ist damit regelmäßig – von etwaigen Hemmungstatbeständen abgesehen – das Jahresende 3 Jahre nach Vertragsschluss. 26

Bei größeren und länger dauernden Bauvorhaben ist es also jedenfalls denkbar, dass der Anspruch auf Sicherheitsleistung bereits vor Beendigung der Baumaßnahme verjährt ist, wenn er nicht innerhalb der aufgezeigten Frist geltend gemacht wird. 27

Deshalb wird dem Auftragnehmer in diesen Fällen auch kein Leistungsverweigerungsrecht bei ausgebrachtem Sicherungsverlangen und abgelaufener Frist (§ 648a Abs. 5 BGB) zustehen, wenn der Anspruch auf die Ausreichung einer Sicherheit zwischenzeitlich bereits verjährt ist. 28

---

11 Palandt/*Heinrichs*, BGB § 271 Rn. 1.

3. Durchsetzung im Klageweg

29 Auf die Sicherheit nach § 648a BGB hat der Auftragnehmer nunmehr gegen seinen Auftraggeber einen eigenständigen, **durchsetzbaren Anspruch**. Das gilt sowohl für den BGB-Werkvertrag als auch für einen Vertrag, dessen Grundlage die VOB/B darstellt.

30 Mit dieser geänderten Rechtsqualität des Sicherheitsverlangens gehen Konsequenzen einher, die im Einzelfall nicht unerhebliche Auswirkungen auf die Praxis haben werden. Dazu gehört zunächst, dass der **Anspruch auf Stellung der geforderten Sicherheit selbständig einklagbar** ist. Der Auftragnehmer kann also, statt die in § 648a Abs. 5 BGB beschriebenen Wege (Leistungsverweigerung oder Kündigung des Bauwerkvertrages bei nicht fristgemäß gestellter Sicherheit) zu gehen, die Zivilgerichte anrufen und seinen Vertragspartner (Auftraggeber) auf Stellung der Sicherheit – nicht auf Zahlung – verklagen.

31 Ob ein solcher Schritt Sinn macht, mag bezweifelt werden, nicht nur wegen des damit verbundenen Streitpotenzials während der Vertragsdurchführung, sondern auch wegen der mit der Prozessführung verbundenen Kosten und der bei der etwa erforderlichen Vollstreckung zu überwindenden Hürden und der dort zu leistenden Sicherheit.

32 Bereits vor dem Inkrafttreten der Neuregelung diskutiert wurde die Frage, ob der Anspruch auf Stellung der Sicherheit auch im **Urkundenprozess** verfolgt werden kann.[12] Die Überlegung ist, was das gesetzgeberische Ziel einer schnellen und effektiven Sicherung des Auftragnehmers anbelangt, sicherlich nahe liegend, im Ergebnis aber nicht zutreffend. Denn § 592 ZPO eröffnet die besondere Verfahrensart des Urkundenprozesses nur für Ansprüche, die »die Zahlung einer bestimmten Geldsumme ...« zum Gegenstand haben, worum es bei der Stellung einer Sicherheit gerade nicht geht. Auch dass die Absicherung eines Zahlungsanspruchs »ein bloßes Minus« zum Zahlungsanspruch darstellt,[13] ist nicht maßgeblich, so dass eine ausdrücklich im Urkundsprozess erhobene Klage als **unstatthaft** (§ 597 Abs. 2 ZPO) abzuweisen wäre.

4. Vollstreckung

33 Bei der Leistung einer Sicherheit nach § 648a BGB handelt es sich – für den Auftraggeber als Schuldner – um eine vertretbare Handlung[14] und damit weder um einen Fall der §§ 883 ff. ZPO (Herausgabevollstreckung beweglicher Sachen oder Wertpapiere) noch um einen Fall des § 888 ZPO (Vollstreckung wegen unvertretbarer Handlungen). Vielmehr ist **das auf Leistung einer Sicherheit gerichtete**, für den Auftragnehmer **obsiegende**, Urteil nach § 887 ZPO (Vollstreckung wegen vertretbarer Handlungen) i.V.m. § 264 BGB zu vollstrecken.[15]

Der Auftragnehmer als Gläubiger muss sich also durch einen Antrag gegenüber dem Prozessgericht erster Instanz (durch gesonderten Beschluss) ermächtigen lassen, die Handlung (Leistung einer Sicherheit) selbst vorzunehmen und dann im Wege der Ersatzvornahme den (weiteren) Antrag stellen, seinen Auftraggeber zur Zahlung des hierfür erforderlichen Geldbetrages zu verurteilen. Ein umständliches Unterfangen, zumal das zugrunde liegende Urteil wegen § 709 ZPO nur gegen Sicherheitsleistung des Auftragnehmers als Gläubiger zu vollstrecken sein dürfte.[16]

II. Sicherbare Ansprüche: aus Bauverträgen

34 Der Anwendungsbereich des § 648a BGB deckt sich insoweit mit dem des § 648 BGB, weshalb auf die dortigen Erläuterungen verwiesen werden darf. »Bauverträge« meint demnach alle Gewer-

---

12 Dafür z.B. *Heiland*, IBR 2008, 628; dagegen *Lembcke*, IBR 2008, 629 und *Weyer*, IBR 2008, 701.
13 *Heiland*, IBR 2008, 628.
14 OLG Hamm, 28.01.2011 – 19 W 2/11; OLG Köln, MDR 1989, 169.
15 Ebenso *Weyer*, IBR 2008, 702.
16 S. *Weyer*, IBR 2008, 702.

ke des Bauhauptgewerbes, also sowohl aus dem Bereich **Hochbau** als auch aus den Bereichen **Tiefbau**, **Verkehrswegebau** (hier allerdings nur insoweit, als Auftraggeber nicht die gemäß § 648a Abs. 6 Nr. 1 BGB privilegierte öffentliche Hand ist, die von der Verpflichtung zur Stellung von Sicherheiten befreit ist; in Betracht kommen also alle von privatrechtlich tätigen Auftraggebern veranlassten Verkehrswegemaßnahmen wie der Bau von Zufahrtswegen zu Wohn- oder Gewerbekomplexen oder der Bau von Parkflächen etc.) oder **Ingenieurbau**.

Nicht vom Anwendungsbereich des § 648a BGB erfasst sind demgegenüber **Gerüstbauunternehmer** oder **Abbruchunternehmer**, weil ihre Leistungen nicht als »Bauwerk« definiert werden können (str.). 35

III. Sicherbare Ansprüche: aus Zusatzaufträgen

Gegenstand des Sicherungsverlangens kann – und dies ist im Sinne einer Klarstellung eine Erweiterung des bisherigen Wortlauts – auch »die auch **in Zusatzaufträgen vereinbarte und noch nicht gezahlte Vergütung**« sein. Das ist konsequent und sachlich richtig, weil auch insoweit das Vorleistungsrisiko des Auftragnehmers und damit das ihm gesetzlich zugestandene Sicherungsbedürfnis besteht. Gemeint sind vor allem Vergütungsansprüche aus Anordnungen des Auftraggebers nach § 1 Abs. 3 VOB/B oder Leistungsverlangen nach § 1 Abs. 4 VOB/B mit der Vergütungsfolge des **§ 2 Abs. 5 VOB/B** bzw. des **§ 2 Abs. 6 VOB/B**. 36

Allerdings spricht der Wortlaut nur von der in Zusatzaufträgen »vereinbarten« Vergütung, so dass sich die Frage stellt, ob beispielsweise angekündigte, aber vom Auftragnehmer noch nicht bezifferte Mehrvergütungsansprüche (etwa im Falle des § 2 Abs. 5 VOB/B für geänderte Leistungen) oder auch Ansprüche für solche Leistungen erfasst werden, deren Vergütung sich beispielsweise über den in § 2 Abs. 8 VOB/B normierten Fall der Geschäftsführung ohne Auftrag erstrecken – oder ob tatsächlich eine Preisvereinbarung mit konkreten Beträgen als Anspruchsvoraussetzung für das dahingehende Sicherungsverlangen nach § 648a BGB vorliegen muss, wie es der Wortlaut vermuten lässt. 37

Man wird diese Frage letztlich nur mit dem Regelungsgehalt des § 648a BGB und somit dahingehend beantworten können, dass es auf eine bereits erfolgte **Preisvereinbarung** zwischen den Vertragsparteien (mündlich oder schriftlich) nicht ankommt. Denn in allen genannten Fällen hat der Auftragnehmer für die angeordneten oder verlangten Leistungen einen aus dem bestehenden Vertragsverhältnis resultierenden Vergütungsanspruch, für den hinsichtlich des Sicherungsbedürfnisses nichts anderes gilt als für den Vergütungsanspruch hinsichtlich der »Hauptleistungen«. Bei anderer Sichtweise müsste man im Übrigen dann auch zu dem Ergebnis kommen, dass bei fehlender Preisabsprache für die »Hauptleistungen« trotz geschuldeter üblicher Vergütung (§ 632 Abs. 2 BGB) dem Auftragnehmer kein Sicherungsanspruch zustünde, und das nur, weil es an einer »vereinbarten« Vergütung in konkreter Höhe, die beim Werkvertrag gerade nicht zu den essentialia negotii gehört, fehlt – ein Ergebnis, das weder vom Gesetzgeber so gewollt sein kann noch mit dem Regelungszweck des § 648a BGB vereinbar wäre. 38

Ob der Anspruch auf Erteilung der Sicherheit in den Fällen fehlender Preisvereinbarung (insbesondere fehlender schriftlicher Niederlegung der Vergütungshöhe) dann im Urkundsprozess geltend gemacht werden kann oder nicht (s. vorstehend Rdn. 32), ist eine ganz andere – ebenfalls zu verneinende – Frage. 39

IV. Ansprüche statt Leistung

Vom Anspruch auf Erteilung der Sicherheit umfasst sind auch solche Ansprüche des Auftragnehmers, »die an die Stelle der Vergütung treten« (§ 648a Abs. 1 S. 2 BGB). Es geht also insbesondere um den Schadensersatzanspruch aus § 281 BGB, aber auch um Ansprüche aus § 642 BGB 40 und – obwohl nicht »an die Stelle der Vergütung« tretend – um den aus § 6 Abs. 6 VOB/B resultierenden Schadensersatzanspruch aus Baubehinderungen.[17]

V. Umfang der Sicherheit – 110 %

41 Die Sicherheit kann **für die gesamte »vereinbarte und noch nicht gezahlte Vergütung«** beansprucht werden. Das Sicherungsverlangen setzt also weder bereits erbrachte Leistungen aus dem zugrunde liegenden Vertragsverhältnis voraus noch die Fälligkeit von etwaigen Abschlags- oder Schlusszahlungsforderungen. Die Sicherheit kann damit **jederzeit und ohne Angabe von Gründen** beansprucht werden, es bedarf also insbesondere keiner Situation auf Auftraggeberseite, die sich unter § 321 BGB subsumieren ließe.

42 Sicherbar ist die Vergütung **einschließlich** etwa zu zahlender **Umsatzsteuer** und »**einschließlich** dazugehöriger **Nebenforderungen**, die mit 10 vom Hundert des zu sichernden Vergütungsanspruchs anzusetzen sind«. Der Anspruch auf diese zusätzliche, pauschalierte Absicherung von Nebenforderung dürfte aber nur dann in Betracht kommen, wenn Nebenforderungen (Fälligkeits- oder Verzugszinsen) dem Grunde nach bereits entstanden sind.[18] Beansprucht der Auftragnehmer also die Sicherheit unmittelbar nach Vertragsschluss, ohne fällige Abschlagsforderungen zu haben, so liegt sein schützenswertes Sicherungsbedürfnis »nur« bei 100 % des Vergütungsanspruchs und erhöht sich erst später – nach teilweiser Leistungserbringung und Stellung von Abschlagsrechnungen – auf 110 %.

C. Arten der Sicherheitsleistung – Abs. 2

43 § 648a BGB lässt die Art der zu stellenden Sicherheit ausdrücklich offen und lässt in Abs. 2 »auch« die »Garantie oder ein sonstiges Zahlungsversprechen eines im Geltungsbereich dieses Gesetzes zum Geschäftsbetrieb befugten Kreditinstituts oder Kreditversicherers« zu. Gemeint ist also die in der Baupraxis üblicherweise gestellte **Bankbürgschaft**, die allerdings unbefristet sein muss. Auf eine Bürgschaft auf erstes Anfordern hat der Auftragnehmer dagegen keinen Anspruch.[19]

44 Im Übrigen gelten die **§§ 232 ff. BGB** auch hier, so dass das **Wahlrecht zur Art der Sicherheit beim Auftraggeber** liegt. Er kann also auch den Sicherheitsbetrag bei der Hinterlegungsstelle des zuständigen Amtsgerichts hinterlegen, die Sicherheit muss in diesem Falle dem Auftragnehmer also nicht übergeben werden.

D. Kosten der Sicherheitsleistung – Abs. 3

45 Da der Auftragnehmer die Sicherheit jederzeit und ohne Angabe von Gründen beanspruchen kann (vgl. vorstehend Rdn. 41), hat er seinem Auftraggeber die üblichen Kosten der Sicherheit bis zu einem Höchstsatz von 2 % der Sicherheit pro Jahr zu erstatten. Diese Erstattungspflicht entfällt nur unter allgemeinen schadensersatzrechtlichen Gesichtspunkten, etwa wenn der Auftraggeber die Entgegennahme der Leistung schuldhaft verzögert und die Sicherheit deshalb länger aufrechterhalten werden muss (und dadurch laufzeitbedingt höhere Kosten anfallen). Im Übrigen sind die Kosten der Sicherheit dann vom Auftraggeber zu tragen, wenn er Einwendungen gegen den Vergütungsanspruch erhebt, die sich im Nachhinein als unbegründet erweisen und alleine deshalb die Sicherheit länger aufrechterhalten werden muss (§ 648a Abs. 3 S. 2 BGB).

46 Da es sich bei der Regelung über die Kostentragung durch den Auftragnehmer um einen gesetzlich begründeten **Erstattungsanspruch** handelt, die Kosten also im Nachhinein auszugleichen

---

[17] Ebenso *Hofmann/Koppmann*, S. 122, die diese Auffassung mit der Begründung, es handele sich dabei ohnehin um »vergütungsähnliche« Schadensersatzansprüche, bereits zur vorherigen Fassung des § 648a BGB vertreten haben.

[18] Ebenso *Palandt/Sprau*, BGB § 648a Rn. 11 unter Hinweis auf BT-Drucks. 14/1246 S. 10.

[19] Ebenso zutreffend *Motzke*, in: Englert/Motzke/Wirth, BGB, § 648a Rn. 111.

sind, kann die Stellung der Sicherheit vom Auftraggeber nicht von der vorherigen Kostenausgleichung abhängig gemacht werden, auch nicht durch entsprechende Klauseln in Allgemeinen Geschäftsbedingungen.

E. Das Verhältnis zu § 648 Abs. 1 BGB (Sicherungshypothek) – Abs. 4

Das Konkurrenzverhältnis zwischen § 648a BGB und § 648 BGB ist einleitend unter Rdn. 17–19 abgehandelt, auf die dortigen Ausführungen wird verwiesen. Der Gesetzgeber will mit der Regelung des § 648a Abs. 4 BGB eine Übersicherung des Auftragnehmers in den Fällen vermeiden, in denen der Auftraggeber zugleich Eigentümer des Baugrundstücks ist. Hat der Auftragnehmer also bereits eine Sicherheit etwa in Form einer Bürgschaft erhalten, so ist die zusätzliche Absicherung des Werklohns für erbrachte Bauleistungen auf dem Baugrundstück ausgeschlossen. 47

F. Rechtsfolgen bei nicht geleisteter Sicherheit – Abs. 5

I. Allgemeine Erwägungen

Neben der Ausgestaltung des Rechts auf Sicherheit als einen eigenständigen, durchsetzbaren Anspruch stellt die Neufassung der Rechtsfolgen bei nicht geleisteter Sicherheit durch den Auftraggeber das Kernstück der Reform dar, die mit dem Inkrafttreten des Forderungssicherungsgesetzes am 01.01.2009 ihren Abschluss gefunden hat. Da die bisherigen Regelungen für alle zuvor geschlossenen Werkverträge unverändert Anwendung finden (s. Rdn. 7–9), wird nachfolgend sowohl die alte als auch die neue Rechtslage dargestellt. 48

Wenn der Auftraggeber gesetzlich zur Leistung einer Sicherheit herangezogen werden kann, um das Vorleistungsrisiko des Auftragnehmers abzufedern, muss die Nichterbringung der Sicherheit **rechtliche Konsequenzen** haben, und zwar sowohl für die (Vor-)Leistungspflicht des Auftragnehmers als auch – im Sinne einer ultima ratio – für den Bestand des Vertragsverhältnisses. Anderenfalls wäre die Regelung obsolet. Von derartigen Konsequenzen gehen sowohl das alte wie auch das neue Recht aus, nur eben mit unterschiedlichen Lösungsansätzen. Während beide unter näher beschriebenen Voraussetzungen zunächst ein **Leistungsverweigerungsrecht des Auftragnehmers** im Hinblick auf noch zu erbringende Bauleistungen statuieren, ging das alte Recht über die Bestimmungen der Mitwirkungspflichten des Auftraggebers (§§ 642, 643 BGB) den weiteren Weg der »automatischen« **Vertragsbeendigung** bei nicht gestellter Sicherheit, wohingegen der Auftragnehmer nach der Neufassung die Vertragsbeendigung erst durch (weitere) ausdrückliche Erklärung herbeiführen, sie aber nicht mehr zuvor ankündigen muss. 49

Andere Rechtsfolgen waren und sind nicht vorgesehen und waren – soweit dokumentiert – auch nicht Gegenstand der Erörterungen im Gesetzgebungsverfahren. 50

II. Bis zum 01.01.2009 geschlossene Werkverträge

Die vorherige Fassung des § 648a Abs. 5 BGB löste die Folgen der unterbliebenen Beibringung einer geforderten Sicherheit mit einem Verweis auf die §§ 643, 645 Abs. 1 BGB. Hatte der Auftragnehmer den Auftraggeber unter Fristsetzung zur Leistung der Sicherheit aufgefordert und war diese Frist fruchtlos verstrichen, galt als Rechtsfolge: »... *so bestimmen sich die Rechte des Unternehmers nach den §§ 643 und 645 Abs. 1. Gilt der Vertrag danach als aufgehoben, ...*« (§ 648a Abs. 5 S. 1 und 2 BGB a.F.). 51

Der Auftragnehmer musste also zunächst eine **Frist zur Beibringung der Sicherheit** setzen und **nach Fristablauf mit gesondertem Schreiben**[20] eine **Nachfrist mit Kündigungsandrohung** aus- 52

---

20 BGH, 20.12.2010, VII ZR 22/09.

bringen (§ 643 BGB). Lief auch diese fruchtlos ab, galt der Vertrag als aufgehoben (§ 643 S. 2 BGB).

III. Nach dem 01.01.2009 geschlossene Werkverträge

1. Das Sicherheitsverlangen

53 Mit der gesetzlichen Neuregelung sind die Anforderungen an die Ausbringung des Sicherheitsverlangens nicht geändert worden. Insbesondere verlangt § 648a BGB nicht die Einhaltung einer bestimmten Form (*Palandt/Sprau*, BGB § 648a Rn. 5), so dass grundsätzlich auch ein nur mündlich ausgebrachtes Sicherheitsverlangen ausreichend wäre, um den Anspruch geltend zu machen. Allerdings ist alleine aus Nachweisgründen die in Textform ausgebrachte Erklärung zu empfehlen, und zwar unabhängig davon, ob das Sicherheitsverlangen mit einer Fristsetzung zur Vorlage der Sicherheit (erforderlich für die spätere Leistungsverweigerung oder die Kündigung des Werkvertrages durch den Auftragnehmer) verbunden wird oder nicht.

54 Das Sicherheitsverlangen ist an den Auftraggeber als Erklärungsempfänger zu richten, für den Zugang trägt im Streitfall der Auftragnehmer die Darlegungs- und Beweislast nach allgemeinen Grundsätzen.

55 Bringt der Auftragnehmer ein **überhöhtes Sicherungsverlangen** aus, macht dies das Verlangen nicht unwirksam und stellt auch keine Vertragsverletzung des Auftragnehmers dar. Vielmehr ist es dann Sache des Auftraggebers, Sicherheit in der »richtigen« Höhe zu stellen,[21] also in der Höhe, die er selbst für richtig hält.[22]

2. Fristsetzung

56 Eine **wesentliche Änderung gegenüber der bisherigen Rechtslage** ist der Wegfall des Verweises auf die §§ 643 und 645 Abs. 1 BGB und damit auch der **Wegfall des Erfordernisses der Nachfristsetzung** durch den Auftragnehmer. **Die Folgen** einer nicht fristgemäß gestellten Sicherheit (dazu nachfolgend Ziff. 3 und 4) **können vom Auftragnehmer nunmehr unmittelbar nach Fristablauf ausgelöst werden**, ohne dass es weitergehender (Nach-)Fristsetzungen zur Leistung der Sicherheit bedarf. Insofern ist die zuvor noch erforderlich gewesene »zweite Warnung« ersatzlos entfallen, was zusammen mit der Ausgestaltung des Rechts auf Sicherheit als eigenständigen, durchsetzbaren Anspruch zu einer deutlichen Verbesserung der Rechtsstellung des Auftragnehmers, aber auch zu einer sehr viel kritischeren Situation für den Auftraggeber geführt hat.

57 Denn nach Ablauf der gesetzten, angemessenen Frist zur Stellung der Sicherheit steht der Fortbestand des Vertragsverhältnisses zur unmittelbaren Disposition und hängt lediglich noch von der Entscheidung des Auftragnehmers ab, ob er die Leistung lediglich verweigern oder sofort (berechtigt) kündigen will. Die Neufassung des § 648a BGB ist damit ein außerordentlich »scharfes Schwert« in der baurechtlichen Auseinandersetzung und führt – da Leistungen bei Ausbringung des Sicherheitsverlangens noch nicht einmal erbracht sein müssen – unweigerlich zur Konfliktsituation. Ob diese gesetzliche Regelung dem von der Rechtsprechung so oft geforderten Kooperationsgedanken förderlich ist, darf ebenso bezweifelt werden wie die vom Gesetzgeber propagierte Notwendigkeit für derart weit reichende Bestimmungen. Es sollte nicht vergessen werden, dass das Werkvertragsrecht des BGB nach wie vor von der Vorleistungspflicht des Werkunternehmers ausgeht und die Vertragsparteien im Wege der Vertragsgestaltung hinreichend Spielraum haben (und diesen in der Vergangenheit auch ausgenutzt haben), ihren Sicherungsbedürfnissen individuell Rechnung zu tragen, etwa durch die Vereinbarung von Vertragserfüllungssicherheiten.

---

[21] Ebenso *Werner/Pastor*, Rn. 329.
[22] OLG Düsseldorf, 06.10.2009 – 21 U 130/08.

§ 648a BGB verlangt als Voraussetzung für ein wirksames Sicherungsverlangen und die bei ausbleibender Sicherheit eintretenden Rechtsfolgen die **Setzung einer angemessenen Frist**. Das galt für die Altfassung (§ 648a Abs. 1 S. 1 BGB a.F.) ebenso wie es für die Neufassung gilt (§ 648a Abs. 5 S. 1 BGB n.F.). Natürlich richtet sich die Frage nach der Angemessenheit nach den konkreten Umständen des Einzelfalls. Allerdings kann alleine die absolute Höhe der geforderten Sicherheit (Sicherungsbetrag in €) kein Kriterium für unterschiedliche Zeitansätze sein, weil die Finanzierbarkeit des jeweiligen Bauvorhabens durch den jeweiligen Auftraggeber von der gleichen »Machbarkeit« abhängt: wer Bauleistungen im Volumen von 500.000 € in Auftrag gibt, muss zur Durchführung dieser Maßnahme wirtschaftlich genauso in der Lage sein wie derjenige, der ein Volumen von 20 Mio. € realisieren will. 58

Schon zur Altfassung des § 648a BGB ging der Regierungsentwurf in seiner Begründung von einer angemessenen Frist **zwischen 7 bis 10 Tagen** aus,[23] was im Grundsatz richtig sein dürfte. Denn weder bei teilfinanzierten noch bei vollfinanzierten Projekten lässt sich eine Sicherheit (z.B. Bankbürgschaft) innerhalb weniger Tage oder weniger als einer Woche beibringen. Eine Frist von 2–5 Tagen dürfte damit in jedem Fall zu kurz bemessen sein.[24] 59

3. Leistungsverweigerung und vorzeitige Vertragsbeendigung

Eine weitere, **wesentliche Änderung gegenüber der bisherigen Rechtslage** ist der **Wegfall des Ankündigungserfordernisses der Leistungsverweigerung und der Kündigung**. Die einzige Voraussetzung für beide Rechtsfolgen – also die **Leistungsverweigerung**[25] und die **Kündigung des Vertrages** – ist der Ablauf einer gesetzten Frist (deshalb ist das Sicherheitsverlangen stets mit einer Fristsetzung zu verbinden). Etwas anderes – Leistungsverweigerung vor Fristablauf – kann allenfalls dann gelten, wenn der Auftraggeber bereits ernsthaft und endgültig die Stellung einer Sicherheit abgelehnt hat.[26] 60

Als **Praxisempfehlung** kann auch nur geraten werden, die möglicherweise in Betracht zu ziehende Rechtsfolge nicht bereits in dem Sicherheitsverlangen anzukündigen, um sich die Wahlmöglichkeit zwischen beiden Alternativen (Leistungsverweigerung und Kündigung) bis zuletzt offen zu halten. Insbesondere die vorherige Ankündigung, »nur« die Leistung zu verweigern, dürfte bei dann stattdessen ausgebrachter Kündigung einen Verstoß gegen das Kooperationsgebot darstellen und ggfls. die Kündigung unwirksam machen. Jedenfalls wäre der Auftragnehmer in diesem Falle wohl nach Treu und Glauben daran gehindert, die in nachfolgender Ziff. 4 erwähnte Vergütungsfolge auszulösen. 61

4. Vergütungsfolge

Kündigt der Auftragnehmer, weil ihm die beanspruchte Sicherheit nicht fristgemäß übergeben wurde, so hat er einen Anspruch auf die vereinbarte **Vergütung für die nicht erbrachten Leistungen abzüglich ersparter Aufwendungen** (und natürlich den Vergütungsanspruch für die bis zur Kündigung bereits erbrachten Leistungen). Insofern stellt sich die Kündigungsfolge wie bei der freien Auftraggeberkündigung nach § 649 S. 2 BGB dar. 62

Wie bei § 649 S. 3 BGB wird auch hier über § 648a Abs. 5 S. 3 BGB **vermutet, »dass danach dem Unternehmer 5 vom Hundert** der auf den noch nicht erbrachten Teil der Werkleistung ent- 63

---

23 BT-Drucks. 12/1863 S. 9.
24 Zu Einzelfällen vgl. BGH, NJW 2005, 1939; OLG Dresden, BauR 2006, 1318: 7 Tage angemessen; OLG Naumburg, BauR 2003, 556: 7 Tage unangemessen.
25 Auch bezüglich etwaiger Mangelbeseitigungen, vgl. BGH, 16.04.2009 – VII ZR 9/08, selbst nach Kündigung oder Abnahme, vgl. OLG Brandenburg, 10.06.2010 – 12 U 198/09 und LG Hamburg, 16.07.2010 – 325 O 469/09.
26 OLG Hamm, 07.03.2007 – 25 U 105/06, BGH, Nichtannahmebeschluss vom 17.12.2009 – VII ZR 75/07.

fallenden vereinbarten Vergütung **zustehen**«. Insofern wird auf die dortigen Ausführungen verwiesen.

64 Wenn hier in Rdn. 57 die Neufassung des § 648a BGB als ein außerordentlich »scharfes Schwert« bezeichnet wurde, zeigt sich dies in Kombination mit der Vergütungsfolge des § 648a Abs. 5 S. 3 BGB erst Recht. Denn jedenfalls möglich geworden ist damit das »Geschäftsmodell«, Aufträge zu akquirieren, unmittelbar nach Zuschlagserteilung Sicherheitsverlangen in voller Höhe auszubringen und nach Fristablauf sofort zu kündigen und 5 % des Auftragsvolumens zu liquidieren.

G. Privilegierte Auftraggeber – Abs. 6

65 Die Regelungen über die Bauhandwerkersicherung des § 648a BGB finden auf die in Abs. 6 genannten und privilegierten Auftraggeber keine Anwendung. Es handelt sich einmal um **die öffentliche Hand**, soweit sie als juristische Person des öffentlichen Rechts (öffentlich-rechtliche Gebietskörperschaften) oder als dem Insolvenzverfahren entzogenes Sondervermögen Bauaufträge erteilt. Aufträge privatrechtlicher, kommunaler Gesellschaften fallen damit nicht unter diese Privilegierung, selbst wenn sie ganz oder überwiegend mit öffentlichen Mitteln betrieben oder gesellschaftsrechtlich von der öffentlichen Hand bestimmt werden.

66 Ebenfalls privilegiert sind natürliche Personen, die Bauaufträge zur Errichtung oder Instandsetzung eines Einfamilienhauses (mit oder ohne Einliegerwohnung) erteilen, also Privatpersonen. Aufgrund des eng gefassten Wortlautes, der eben nicht von »Privatwohnungen« spricht, sind lediglich Bauherren von freistehenden oder in Reihe gebauten Einfamilienhäusern oder Doppelhaushälften erfasst, ebenso private Bauherrengemeinschaften, nicht aber private Auftraggeber, die eine Eigentumswohnung errichten oder instand setzen lassen (str.) und auch nicht Eigentümergemeinschaften, die Bauaufträge hinsichtlich des gemeinschaftlichen Eigentums einer WEG erteilen.

H. Unabdingbarkeit – Abs. 7

67 »*Eine von den Vorschriften der Absätze 1 bis 5 abweichende Vereinbarung ist unwirksam*«. Dieses Abänderungsverbot dient dem Schutz des Auftragnehmers, hinsichtlich der Kostenerstattungspflicht des § 648a Abs. 2 BGB aber auch dem Schutz des Auftraggebers. Es verbietet insbesondere den vertraglichen – individualvertraglich oder in AGB geregelten – Ausschluss des Rechtes auf ein Sicherheitsverlangen, so dass auch ein »freiwilliger« Verzicht des Auftragnehmers nicht möglich ist.[27]

68 Unzulässig ist damit auch die Umgehung der Vorschriften des § 648a Abs. 1–5 BGB etwa durch vertragliche Vereinbarungen dahingehend, dass »Sicherheit nur gegen Sicherheit« beansprucht werden kann, der Auftragnehmer also Zug um Zug eine Vertragserfüllungssicherheit in gleicher Höhe zu stellen hat.[28]

69 Ebenfalls unzulässig ist eine Regelung, die das Recht auf Sicherheit an die vorherige Erbringung von Bauleistungen knüpft, etwa durch die Klausel »frühestens nach Fertigstellung des Rohbaus«.

§ 649 Kündigungsrecht des Bestellers

Der Besteller kann bis zur Vollendung des Werkes jederzeit den Vertrag kündigen. Kündigt der Besteller, so ist der Unternehmer berechtigt, die vereinbarte Vergütung zu verlangen; er muss sich jedoch dasjenige anrechnen lassen, was er infolge der Aufhebung des Vertrags an Aufwendungen erspart oder durch anderweitige Verwendung seiner Arbeitskraft erwirbt oder zu erwerben böswillig unterlässt. Es wird vermutet, dass danach dem Unternehmer 5 vom Hundert

---

27 BGHZ 146, 24 ff.
28 Ebenso OLG Hamm, 28.01.2011 – 19 U 155/10 und *Glatzel/Hofmann/Frikell*, S. 335.

der auf den noch nicht erbrachten Teil der Werkleistung entfallenden vereinbarten Vergütung zustehen.

Übersicht	Rdn.			Rdn.
A. **Die Kündigungserklärung**	5		2. Vergütung für erbrachte Leistungen im Pauschalpreisvertrag	26
I. Erklärungsinhalt	5	III.	Vergütung für nicht erbrachte Leistungen	33
II. Teilkündigung	11		1. Ersparte Aufwendungen	35
III. Form der Kündigung	13		2. Die Ersparnis im Einzelnen	40
IV. Zeitpunkt der Kündigung	14		3. Berücksichtigung des anderweitigen Erwerbs	47
V. Kündigung aus wichtigem Grund	15	IV.	Vergütung nach § 649 S. 3 BGB	50
B. **Rechtsfolgen der Kündigung**	17	V.	Mängelansprüche nach Kündigung	52
I. Beschränkung der Leistungspflicht	17	VI.	Rechtsfolgen der Kündigung aus wichtigem Grund	54
II. Vergütung für erbrachte Leistungen	21			
1. Vergütung für erbrachte Leistungen im Einheitspreisvertrag	25			

Durch die Vorschrift des § 649 BGB erhält der Besteller das Recht zur freien Kündigung des Werkvertrags. Dieses Recht besteht »jederzeit«. Der Besteller kann den Vertrag kündigen, ohne dass ihm ein Kündigungsgrund zur Seite steht. Der Besteller hat ein besonderes Interesse an der Ausführung des Werkes und soll deshalb die Möglichkeit haben, sich vom Vertrag zu lösen, sobald das Interesse wegfällt. Der Unternehmer ist nach der Wertung des Gesetzes durch die vergütungsrechtliche Folge der Kündigung ausreichend geschützt.[1]   **1**

Durch das Forderungssicherungsgesetz (Gesetz zur Sicherung von Werkunternehmeransprüchen und zur verbesserten Durchsetzung von Forderungen vom 23.10.2008) wurde Satz 3 der im Übrigen unverändert gebliebenen Vorschrift angefügt. Anwendung findet Satz 3 auf Verträge, die nach dem 01.01.2009 abgeschlossen wurden (Art. 229 § 19 Abs. 1 EGBGB).   **2**

Beim Bauträgervertrag handelt es sich um einen einheitlichen Vertrag, der neben werkvertraglichen Bestandteilen auch andere Vertragselemente, beispielsweise kaufrechtliche Bestandteile enthält. Dem wirtschaftlichen Ziel des Bauträgervertrags würde es zuwiderlaufen, wenn der Erwerber den bauvertraglichen Teil des Bauträgervertrags ohne wichtigen Grund nach § 649 BGB kündigen und auf Übereignung des Grundstücks, bzw. eines Miteigentumsanteils daran, bestehen könnte. Deshalb ist das Recht zur freien Kündigung der Bauleistung mit der Eigenart des Bauträgervertrags von vornherein unvereinbar. Eine Kündigung ist nur aus wichtigem Grund möglich.[2] Gibt der Bauträger Anlass zur Kündigung aus wichtigem Grund, kann die Kündigung auf den Teil des Vertrags beschränkt werden, der die Errichtung des Baugegenstands betrifft. Damit behält der Erwerber den Erfüllungsanspruch hinsichtlich der Eigentumsübertragung und wird dazu in die Lage versetzt, das Bauwerk ohne den Bauträger fertig zu stellen. Allerdings unterliegt das außerordentliche Kündigungsrecht des Erwerbers Einschränkungen, soweit die Kündigung die Fertigstellung der gesamten Baumaßnahme gefährden kann. Bei der Errichtung eines Reihen-Eckhauses können die Bauarbeiten auf den anderen Grundstücken ohne nennenswerte Beeinträchtigungen fortgeführt werden. Unter diesen Voraussetzungen sind geringere Anforderungen an eine Kündigung aus wichtigem Grund zu stellen, als etwa in den Fällen, in denen die Kündigung zur Stilllegung des gesamten Bauvorhabens führen könnte und deshalb nur die Kündigung durch die Mehrheit der Erwerber in Betracht kommt.[3] Denkbar ist, dass die Wohnungseigentümergemeinschaft durch Mehrheitsbeschluss die Durchsetzung des auf die ordnungsgemäße Herstellung des Gemeinschaftseigentums gerichteten Rechts der Erwerber von Wohnungseigentum an sich zieht.   **3**

---

1 BGH, 24.07.2003, VII ZR 218/02, BauR 2003, 1889, 1890.
2 BGH, 21.11.1985, VII ZR 366/83, BauR 1986, 208, 209.
3 BGH, 21.11.1985, VII ZR 366/83, BauR 1986, 208, 211.

Der Erwerber ist berechtigt, seine individuellen Rechte aus dem Vertrag mit dem Veräußerer selbständig zu verfolgen, solange durch sein Vorgehen gemeinschaftsbezogene Interessen der Wohnungseigentümer oder schützenswerte Interessen des Veräußerers nicht beeinträchtigt sind.[4]

4 Besteller und Unternehmer können eine von § 649 BGB abweichende Individualvereinbarung treffen und das freie Kündigungsrecht des Bestellers ausschließen oder einschränken.[5] Der Ausschluss des Kündigungsrechts kann auch konkludent erfolgen, was aber nur in Ausnahmefällen angenommen werden kann.[6]

Eine allgemeine Geschäftsbedingung des Unternehmers, die das freie Kündigungsrecht aus § 649 BGB ausschließt, benachteiligt den Besteller unangemessen und ist unwirksam.[7] Gleiches gilt, wenn die allgemeinen Geschäftsbedingungen des Unternehmers vorsehen, dass der Besteller nur aus wichtigem Grund kündigen kann. Auch eine solche Klausel benachteiligt den Besteller unangemessen. Sie ist mit wesentlichen Grundgedanken der gesetzlichen Regelung des § 649 S. 1 BGB nicht zu vereinbaren.[8]

Klauseln des Bestellers, die darauf abzielen, dem Unternehmer seinen gesetzlich zustehenden Vergütungsanspruch, abzüglich der ersparten Aufwendungen, zu versagen, verstoßen gegen § 307 Abs. 2 BGB. Hierzu gehören auch Klauseln, die dem Unternehmer lediglich eine Vergütung für erbrachte Leistungen zugestehen wollen und weitergehende Ansprüche ausschließen.[9] Das »freie« Kündigungsrecht des Bestellers ist bei Fehlen besonderer Umstände nur gerechtfertigt, wenn dem Unternehmer hieraus keine Nachteile entstehen. Durch die vorzeitige Beendigung des Vertrages darf der Unternehmer deshalb keinen kalkulatorischen Vor- und Nachteil erlangen.

A. Die Kündigungserklärung

I. Erklärungsinhalt

5 Bei der Kündigung handelt es sich um eine einseitige empfangsbedürftige Willenserklärung, die mit dem Zugang bei dem Unternehmer vertragsbeendigend wirkt. Sie ist bedingungsfeindlich und kann gemäß § 174 BGB, bei Ausübung des Kündigungsrechts durch einen Bevollmächtigten, vom Unternehmer zurückgewiesen werden, wenn nicht spätestens mit Zugang der Kündigung eine Original-Vollmachtsurkunde vorgelegt wird. Die, mangels Vollmacht, unverzüglich zurückgewiesene Kündigungserklärung wird durch nachträgliche Übermittlung einer Vollmacht nicht geheilt. Die Kündigung kann in diesem Fall nur nachgeholt und somit nochmals erklärt werden.

6 Die Kündigungserklärung muss nicht ausdrücklich erfolgen. Ist das Verhalten des Bestellers, unter Berücksichtigung aller Umstände des Einzelfalls, eindeutig als Vertragsbeendigung zu verstehen, genügt auch ein schlüssiges Verhalten. Maßgebend sind die Umstände des Einzelfalls. Trotz eindeutiger Wortwahl können es die weiteren Erklärungen des Kündigenden und die Gesamtumstände zugunsten des Erklärenden rechtfertigen, die »Kündigung« als Rücktritt auszulegen. Aus einer bestimmten Wortwahl kann nicht ohne Weiteres geschlossen werden, dass der Erklärende eine für ihn möglicherweise ungünstigere Rechtsfolge habe wählen wollen.[10]

In der Erklärung eines endgültigen Baustellenverbots kann genauso eine Kündigungserklärung erkannt werden, wie in einer unmissverständlich zum Ausdruck gebrachten Erklärung, dass eine

---

4 BGH, 12.04.2007, VII ZR 236/05, BauR 2007, 1221, 1223.
5 MüKo-BGB/*Busche*, § 649 Rn. 5.
6 Staudinger/*Peters/Jacoby*, § 649 Rn. 21.
7 BGH, 08.07.1999, VII ZR 237/98, BauR 1999, 1294, 1295.
8 BGH, 08.07.1999, VII ZR 237/98, BauR 1999, 1294, 1296.
9 BGH, 12.07.2007, VII ZR 154/06, BauR 2007, 1724, 1725.
10 BGH, 20.03.2001, X ZR 180/98, BauR 2001, 1256, 1257.

weitere Tätigkeit des Unternehmers nicht gewünscht wird und vom Besteller eine andere Firma mit der Fertigstellung der Arbeiten beauftragt wird.[11]

Beauftragt der Besteller einen anderen Unternehmer mit der Fortführung der Bauarbeiten, bringt er damit konkludent und abschließend zum Ausdruck, dass er das Bauvorhaben mit seinem bisherigen Vertragspartner nicht fortsetzen will. Gleiches gilt auch für den Fall, dass der Besteller die ausstehenden Leistungen nach vorheriger Ankündigung selbst ausführt und den Unternehmer nicht mehr hinzuzieht.[12]

Die Erklärung des Bestellers, er wolle außerordentlich kündigen, schließt eine ordentliche Kündigung nicht notwendig ein. Eine unwirksame außerordentliche Kündigung kann dann in eine ordentliche Kündigung umgedeutet werden, wenn nach der Sachlage anzunehmen ist, dass diese dem Willen des Erklärenden entspricht und dieser Wille in seiner Erklärung gegenüber dem Unternehmer erkennbar zum Ausdruck gekommen ist. Erklärt der Besteller den Rücktritt vom Vertrag und spricht er zugleich vorsorglich die außerordentliche Kündigung aus, ohne zugleich auch die ordentliche Kündigung einzubeziehen, kann ein Wille des Bestellers ordentlich kündigen zu wollen nicht angenommen werden.[13] Fehlt es in diesem Fall an der Berechtigung zum Rücktritt und ist die außerordentliche Kündigung unberechtigt und damit unwirksam, bleibt das Vertragsverhältnis aufrecht erhalten. 7

Die Kündigung eines Bauvertrages wird regelmäßig ergeben, dass die Kündigung den Bauvertrag unabhängig davon beenden soll, ob der geltend gemachte außerordentliche Kündigungsgrund vorliegt oder nicht. Die Kündigung eines Bauvertrages ist eine Entscheidung, die in aller Regel nicht nur rechtliche, sondern auch tatsächliche Wirkungen hat. Es wird nicht nur das bestehende Vertragsverhältnis beendet. Vielmehr werden auch die Voraussetzungen für den Einsatz eines neuen Unternehmers geschaffen oder für den vollständigen Abbruch des Bauvorhabens. Dies kann nach der Rechtsprechung des BGH konfliktfrei nur möglich sein, wenn die außerordentliche Kündigung auch für den Fall wirksam sein soll, dass der Kündigungsgrund nicht besteht. Deshalb wirkt eine außerordentliche Kündigung als Erklärung, nach der alle in Betracht kommenden Kündigungsmöglichkeiten, auch die nach § 649 S. 1 BGB, ausgeschöpft werden sollen.[14] Möchte der Besteller die Rechtsfolgen der ordentlichen Kündigung vermeiden, muss er bei der Kündigung eines Bauvertrages zum Ausdruck bringen, dass die Kündigung ausschließlich als außerordentliche Kündigung gelten soll und nicht als freie Kündigung gewollt ist.

Schließen die Parteien, nachdem die Werkleistung unmöglich geworden ist, einen Aufhebungsvertrag, bestimmt sich die Vergütung des Unternehmers nicht nach § 649 BGB. Wird das von dem Unternehmer geschuldete Werk aufgrund eines Mangels der Bausubstanz unausführbar, wird der Unternehmer von seiner Leistungspflicht frei (§ 275 BGB). Der Vergütungsanspruch bestimmt sich nach § 645 BGB: Der Unternehmer kann einen der geleisteten Arbeit entsprechenden Teil der Vergütung und Ersatz der in der Vergütung nicht inbegriffenen Auslagen verlangen. Daran ändert auch eine nachträglich abgeschlossene Aufhebungsvereinbarung nichts, soweit diese keine Regelung über den Vergütungsanspruch des Unternehmers enthält.[15] 8

In den Fällen der einvernehmlichen Vertragsaufhebung, ohne Einigung über die Folgen dieser, bestimmen sich die Rechte beider Parteien danach, wie sie im Zeitpunkt der einverständlichen Vertragsaufhebung geltend gemacht werden konnten.[16] Es ist demnach zu prüfen, weshalb es zu der einvernehmlichen Vertragsaufhebung gekommen ist. Es ist dabei davon auszugehen, dass der zur außerordentlichen Kündigung berechtigte Besteller nicht auf die damit verbundenen Rechte 9

---

11 BGH, 30.06.1977, VII ZR 205/75, BauR 1977, 422, 423.
12 OLG Düsseldorf, 14.09.2001, 22 U 38/01, BauR 2002, 336, 337.
13 BGH, 26.07.2001, X ZR 162/99, NZBau 2001, 621, 622.
14 BGH, 24.07.2006, VII ZR 218/02, BauR 2003, 1889, 1891.
15 BGH, 16.12.2004, VII ZR 16/03, BauR 2005, 735, 736.
16 BGH, 04.06.1973, VII ZR 113/71, BauR 1973, 319, 320.

verzichten will. Entsprechendes gilt auch für den Unternehmer, der aus wichtigem Grund hätte kündigen können. Bestand für beide Seiten kein Anlass zur Kündigung aus wichtigem Grund, ist nach § 649 S. 2 BGB abzurechnen.[17]

10 Spricht der Besteller unberechtigt eine außerordentliche Kündigung des Vertragsverhältnisses aus, stellt dies einen außerordentlichen Kündigungsgrund für den Unternehmer dar.[18] Entsprechendes gilt für den Fall, dass der Unternehmer eine unberechtigte außerordentliche Kündigung ausspricht und sich trotz einer Aufforderung des Bestellers, die Arbeiten wieder aufzunehmen, weigert, den Vertrag zu erfüllen.[19]

II. Teilkündigung

11 Für den VOB/B-Vertrag gilt: Eine Teilkündigung nach § 8 Abs. 3 Nr. 1 S. 2 VOB/B kann nur auf einen in sich abgeschlossenen Teil der vertraglichen Leistung beschränkt werden. Innerhalb eines AGB-Klauselwerks ist ein Begriff grundsätzlich für alle Klauseln einheitlich auszulegen. Ein verständiger und redlicher Vertragspartner wird in der Regel davon ausgehen, dass einem identischen Wortlaut auch eine identische Bedeutung beizumessen ist. Deshalb sind bei der Auslegung des Begriffs des in sich abgeschlossenen Teils einer Leistung nicht allein Sinn und Zweck des § 8 Abs. 3 Nr. 1 S. 2 VOB/B heranzuziehen, sondern auch die Ziele des § 12 Abs. 2 VOB/B zu beachten. Dies führt zu einem engen und identischen Anwendungsbereich. Nach diesen Grundsätzen können Leistungsteile innerhalb eines Gewerks grundsätzlich keinen in sich abgeschlossenen Teil der Leistung darstellen, auf den die Entziehung des Auftrags nach § 8 Abs. 3 Nr. 1 S. 2 VOB/B beschränkt werden kann.[20]

12 In § 649 BGB ist eine Beschränkung des Kündigungsrechts des Bestellers auf in sich abgeschlossene Teilleistungen nicht enthalten. Hieraus kann abgeleitet werden, dass § 649 BGB bei einem BGB-Werkvertrag eine Beschränkung für eine Teilkündigung nicht vorsieht.[21] Hiergegen spricht, dass § 649 BGB keine ausdrückliche Befugnis enthält, eine Teilkündigung auszusprechen.

Die dem Besteller ins freie Ermessen gestellte Kündigungsmöglichkeit wahrt seine Dispositionsfreiheit. Das Interesse des Unternehmers ist durch den gesetzlich geregelten Vergütungsanspruch, auch hinsichtlich der nicht ausgeführten Vertragsleistungen, ausreichend berücksichtigt.[22] Diese Dispositionsfreiheit des Bestellers wäre ohne entsprechende gesetzliche Grundlage eingeschränkt, wenn man eine Teilkündigung der vertraglichen Leistung nicht zulassen würde. Deshalb ist auch in der Regel keine sachliche Beschränkung gerechtfertigt oder notwendig. Die Teilkündigung muss sich nicht auf einen Leistungsteil beziehen, der von den übrigen geschuldeten Werkleistungen abtrennbar ist.[23] Es spielt auch keine Rolle, ob die Teilkündigung nur einzelner Arbeiten eines Gewerks für den Unternehmer zumutbar ist.[24] Dagegen kann sich eine Beschränkung des Teilkündigungsrechts aus Treu und Glauben ergeben. Unzulässig ist die Teilkündigung danach, wenn dem Unternehmer hinsichtlich des ungekündigten Arbeitsauftrags die Möglichkeit genommen wäre, eine mangelfreie Leistung zu erbringen.[25] Möchte der Besteller mit der Ausübung des Teilkündigungsrechts dem Unternehmer lediglich einen Schaden zufügen, ist die Ausübung des Rechts gemäß § 226 BGB unzulässig und unterfällt dem gesetzlichen Schikaneverbot.[26]

---

17 OLG Karlsruhe, 16.01.1992, 9 U 209/90, BauR 1994, 116, 118, unter Verweis auf die zuvor zitierte Rechtsprechung des BGH.
18 BGH, 05.12.1968, VII ZR 127/66 und 128/66, BGHZ 51, 190; NJW 1969, 419.
19 BGH, 28.10.1999, VII ZR 393/98, BauR 2000, 409, 411.
20 BGH, 20.08.2009, VII ZR 212/07, BauR 2009, 1736, 1737f.
21 *Lang*, »Die Teilkündigung«, BauR 2006, 1956, 1957.
22 BGH, 24.07.2003, VII ZR 218/02, BauR 2003, 1889, 1890.
23 A.A. MüKo-BGB/*Busche*, § 649 Rn. 13.
24 A.A. Staudinger/*Peters/Jacoby*, § 649 Rn. 20.
25 Staudinger/*Peters/Jacoby*, § 649 Rn. 20; Bamberger/Roth/*Voit*, § 649 Rn. 7.
26 *Lang*, »Die Teilkündigung«, BauR 2006, 1956, 1957.

III. Form der Kündigung

Mangels anderer vertraglicher Vereinbarungen ist die Ausübung des Kündigungsrechts gemäß § 649 BGB formlos möglich. Eine Begründung ist nicht erforderlich.

13

IV. Zeitpunkt der Kündigung

Der Besteller kann den Vertrag bis zur Vollendung des Werks kündigen. Das Gesetz gibt dem Besteller ausdrücklich die Möglichkeit »jederzeit« die Vertragsbeendigung auszusprechen, weshalb es keine Kündigung zur Unzeit gibt. Die Kündigung kann erklärt werden, sobald ein Werkvertrag wirksam zustande gekommen ist. Nach Vollendung und Abnahme besteht keine Kündigungsmöglichkeit mehr.[27] Unabhängig von der Frage, ob Mängel bei Abnahme vorliegen, die noch beseitigt werden können, ist der Bauvertrag mit der Abnahme erfüllt und eine Kündigung nach § 649 BGB nicht mehr möglich.[28]

14

V. Kündigung aus wichtigem Grund

Nach der ständigen Rechtsprechung des Bundesgerichtshofs ist der Besteller eines Werkvertrags berechtigt den Bauvertrag aus wichtigem Grund zu kündigen, wenn durch ein schuldhaftes Verhalten des Unternehmers der Vertragszweck so gefährdet ist, dass der vertragstreuen Partei die Fortsetzung des Vertragsverhältnisses nicht mehr zugemutet werden kann, was auch für den VOB/B-Vertrag gilt.[29] Nach dem Inkrafttreten des Schuldrechtsmodernisierungsgesetzes ist diskutiert worden, ob weiterhin eine Kündigung aus wichtigem Grund möglich ist.[30] In einer Entscheidung aus dem Jahr 2009 hat der BGH dem Unternehmer die Berechtigung zu einer außerordentlichen Kündigung in einem Fall zugesprochen, in dem der Besteller trotz eigener unwirksamer Teilkündigung des Vertrags und Aufforderung des Unternehmers, von der Auftragsentziehung Abstand zu nehmen, die Kündigung nicht zurück genommen hat.[31] Folglich wird davon auszugehen sein, dass der BGH auch keinen grundsätzlichen Diskussions- und Begründungsbedarf bei einer (berechtigten) Kündigung des Bestellers aus wichtigem Grund sieht.

15

Der Besteller muss keine Begründung für eine freie Kündigung angeben. Auch die Kündigung aus wichtigem Grund muss nicht begründet werden. Nach ständiger Rechtsprechung des BGH können Kündigungsgründe, die im Zeitpunkt der Kündigung vorgelegen haben, aber erst später bekannt geworden sind, nachgeschoben werden. Die außerordentliche Kündigung ist dann wirksam, wenn im Zeitpunkt der Kündigungserklärung objektiv ein Grund zur Kündigung bestand.[32]

16

B. Rechtsfolgen der Kündigung

I. Beschränkung der Leistungspflicht

Die Kündigung des Vertrags beschränkt den Umfang der vom Unternehmer geschuldeten Werkleistung auf den bis zur Kündigung erbrachten Teil und seinen Vergütungsanspruch auf diesen Leistungsteil der ursprünglich geschuldeten Leistung. Sie beendet nicht das Erfüllungsstadium des Vertrags. Dem Besteller verbleiben die ihm vor Abnahme zustehenden und vor Kündigung entstandenen Erfüllungsansprüche nach den §§ 633 ff. BGB hinsichtlich der durch die Kündigung beschränkten Leistung. Diese Erfüllungsansprüche stehen dem Besteller auch nach der Kün-

17

---

27 BGH, 06.02.1975, VII ZR 244/73, BauR 1975, 280, 281.
28 PWW/*Leupertz*, § 649 Rn. 3; *Kniffka*, ibr-online-Kommentar § 649 Rn. 27; a.A. MüKo-BGB/*Busche*, § 649 Rn. 11; Staudinger/*Peters/Jacoby*, § 649 Rn. 14.
29 BGH, 06.02.1975, VII ZR 244/73, BauR 1975, 280, 281.
30 Vgl. zum Argumentationsstand *Kniffka*, ibr-online-Kommentar, § 649 Rn. 5 ff.
31 BGH, 20.08.2009, VII ZR 212/07, BauR 2009, 1736, 1738.
32 BGH, 22.10.1981, VII ZR 310/79, BauR 1982, 79, 82.

digung zu.³³ Die Kündigung beendet die Rechtsbeziehung zwischen den Bauvertragspartnern folglich nur für die Zukunft, nicht aber für die Vergangenheit. Das Erfüllungsstadium des gekündigten Vertrags endet wie bei einem nicht gekündigten Vertrag aber erst mit der Abnahme.³⁴ Die Kündigung führt die Abnahmewirkungen nicht herbei. Die Abnahme hat bei einer Vertragskündigung die gleiche Funktion wie im ungekündigten Vertrag. Sie dient auch der Feststellung, ob die aufgrund der Kündigung eingeschränkte Werkleistung des Unternehmers vertragsgemäß erbracht wurde. Mit der Abnahme treten die Erfüllungswirkungen hinsichtlich der durch die Kündigung beschränkten Werkleistung ein. Nach der Kündigung hat der Unternehmer einen Anspruch auf Abnahme, vorausgesetzt, die von ihm bis zur Kündigung erbrachte Werkleistung erfüllt die Voraussetzungen für die Abnahmepflicht des Bestellers. Die Fälligkeit der Vergütungsforderung der durch die Kündigung (reduzierten) geschuldeten Leistung des Unternehmers richtet sich weiterhin nach den werkvertraglichen Regelungen, wie sie auch für den ursprünglichen Vertragsumfang galten.³⁵

Hat eine Abnahme der vor der Kündigung erbrachten Teilleistung nicht stattgefunden, ist zu prüfen, ob die Abnahme zur Begründung der Fälligkeit der Vergütungsforderung ausnahmsweise entbehrlich ist. Dies beispielsweise dann, wenn der Besteller nicht mehr die Erfüllung des Vertrags (-teils) sondern Minderung oder Schadensersatz verlangt oder die Abnahme des Werkes ernsthaft und endgültig ablehnt.³⁶

18 Der Unternehmer eines gekündigten Werkvertrags hat nicht nur ein Recht auf Abnahme seiner vertragsgemäß hergestellten Leistungen. Er kann wie beim VOB/B-Vertrag ein gemeinsames Aufmaß fordern. Diese Verpflichtung ergibt sich bei einem VOB/B-Vertrag aus § 8 Abs. 6 VOB/B und aus der im Bauvertrag geltenden beiderseitigen Pflicht zur Kooperation.³⁷ Folglich besteht auch bei einem BGB-Bauvertrag die Verpflichtung zur Teilnahme an einem gemeinsamen Aufmaß nach erfolgter Kündigung. Bleibt der Besteller dem gemeinsamen Aufmaßtermin unberechtigt fern, so kann dies bei einem Streit über die Abrechnung prozessuale Bedeutung haben. Solange ein neues Aufmaß unter zumutbaren Bedingungen noch erstellt werden kann oder das einseitig genommene Aufmaß noch überprüft werden kann, bleibt der Unternehmer vortrags- und beweisbelastet. Werden die Leistungen des gekündigten Unternehmers aber durch einen Drittunternehmer fertig gestellt oder durch nachfolgende Arbeiten verdeckt, dann hat der Besteller vorzutragen und zu beweisen, welche Massen zutreffend sind oder welche der vom Unternehmer angesetzten Massen unzutreffend sind.³⁸ Der gekündigte Unternehmer hat keinen – im Wege einer einstweiligen Verfügung durchsetzbaren – Anspruch darauf, dass der Besteller die Bauarbeiten so lange nicht weiter führt, bis der Unternehmer seine erbrachten Leistungen aufgemessen hat.³⁹

19 Der Unternehmer kann das dem Besteller übergebene Werk nicht zurückfordern. Der Besteller hat keinen Anspruch gegenüber dem Unternehmer auf Rücknahme der Teilleistung. Wurde das Werk noch nicht übergeben, so kann der Besteller die Herausgabe verlangen.⁴⁰ Noch nicht verwendetes Arbeitsmaterial muss dem Besteller nicht übergeben werden.⁴¹

20 Liegen die Voraussetzungen des § 632a BGB vor, kann der Unternehmer jedenfalls solange Abschlagsforderungen bei einem gekündigten Werkvertrag stellen, solange die Abnahme noch nicht erfolgt ist oder bei erklärter Abnahmeverweigerung des Bestellers unklar ist, ob Gründe für eine

---

33 BGH, 25.06.1987, VII ZR 251/86, BauR 1987, 689, 690.
34 BGH, 19.12.2002, VII ZR 103/00, BauR 2003, 689, 692.
35 BGH, 11.05.2006, VII ZR 146/04, BauR 2006, 1294, 1296.
36 BGH, 15.11.2002, VII ZR 479/00, BauR 2002, 1399; BGH, 22.09.2005, II ZR 117/03, BauR 2005, 1913, 1914; BGH, 03.03.1998, X ZR 4/95, NJW-RR 1998, 1027, 1028.
37 BGH, 22.05.2003, VII ZR 143/02, BauR 2003, 1207, 1208.
38 BGH, 22.05.2003, VII ZR 143/02, BauR 2003, 1207, 1209.
39 OLG Düsseldorf, 05.06.2001, 22 W 29/01, BauR 2001, 1270.
40 Bamberger Roth/*Voit*, § 649 Rn. 8.
41 Staudinger/*Peters/Jacoby*, § 649 Rn. 29.

Abnahmeverweigerung bestehen. Kann der Unternehmer die Abnahme oder deren unberechtigte Verweigerung nicht nachweisen, kann er trotz erteilter Schlussrechnung den einmal begründeten Anspruch auf Abschlagszahlung im Prozess hilfsweise geltend machen.[42] Ohne eine prüfbare Abrechnung wird in der Regel der Vergütungsanspruch des Unternehmers nicht schlüssig darzulegen sein. Auch wenn die Vergütung in einem BGB-Werkvertrag ohne Erteilung einer Rechnung fällig wird, ist für die Beurteilung der Schlüssigkeit der Vergütung, im Falle der Kündigung des Vertragsverhältnisses, eine prüfbare Abrechnung notwendig. Es ist kaum vorstellbar, dass eine vor der Kündigung erstellte Abschlagsrechnung den Vergütungsanspruch des Unternehmers nach erklärter Kündigung schlüssig darstellt. Bedarf es dazu einer neuen, an den vertraglichen Voraussetzungen orientierten Abrechnung, so ist diese vorzulegen.[43] Faktisch wird deshalb der Unternehmer eines gekündigten BGB-Werkvertrags dazu gezwungen sein, nach Kündigung und Abnahme eine schlüssige Abrechnung (Schlussabrechnung) zu erstellen.

II. Vergütung für erbrachte Leistungen

Nach erfolgter Kündigung ist bei der Abrechnung des Werklohns zwischen der Abrechnung erbrachter Leistungen und der Abrechnung des Vergütungsanspruchs aus § 649 S. 2 BGB zu unterscheiden. Nach der Rechtsprechung sollen die Vertragspartner und insbesondere der durch die Kündigung belastete Unternehmer keine ungerechtfertigten Vor- und Nachteile bei der Abrechnung erfahren: Der Unternehmer muss sich nicht gefallen lassen, dass die Abrechnung ihm Vorteile aus dem geschlossenen Vertrag nimmt. Andererseits darf er keinen Vorteil daraus ziehen, dass ein für ihn ungünstiger Vertrag gekündigt worden ist.[44] Deshalb behält der Unternehmer nach § 649 S. 2 BGB seinen Anspruch auf die vereinbarte Vergütung. Er muss sich jedoch dasjenige anrechnen lassen, was er infolge der Aufhebung des Vertrags an Aufwendungen erspart oder durch anderweitige Verwendung seiner Arbeitskraft erwirbt oder zu erwerben böswillig unterlässt. 21

Unabhängig von der Frage, ob es sich bei der Kündigung des Bestellers um eine freie Kündigung nach § 649 BGB oder um eine Kündigung aus wichtigem Grund handelt, bleibt dem Unternehmer der Anspruch auf Vergütung der bisher erbrachten Leistungen erhalten, deren Umfang er auf der Grundlage des Werkvertrags berechnen kann.[45] Um eine Abrechnung der erbrachten Leistungen vornehmen zu können, muss der Unternehmer diese von den nicht erbrachten Leistungen trennen. Hierzu kann er auf ein zusammen mit dem Besteller genommenes Aufmaß oder auf ein einseitiges Aufmaß zurückgreifen. Bei der Abrechnung ist die vertraglich vereinbarte Vergütung maßgebend. Fehlt eine Vergütungsvereinbarung gänzlich, kann der Unternehmer auf die ortsübliche und angemessene Vergütung nach § 632 Abs. 2 BGB zurückgreifen. Sind Stundenlohnarbeiten vereinbart, kann der Unternehmer den bis zur Kündigung geleisteten Umfang seiner Arbeiten auf Basis seiner Stundenlohnvergütung mittels Tagelohnzetteln geltend machen.[46] 22

Bereits angefertigte und gegebenenfalls auf der Baustelle bereit gestellte Bauteile stellen keine Bauleistung dar, für die im Falle der Kündigung die vertraglich vereinbarte Vergütung für erbrachte Leistungen gefordert werden kann. Der werkvertragliche Leistungserfolg tritt bei einem Bauwerk in der Regel erst dann ein, wenn sich die erbrachte Leistung im Bauwerk unmittelbar verkörpert.[47] Allerdings kann der Besteller ausnahmsweise nach den Grundsätzen von Treu und Glauben gehalten sein, bereits hergestellte Bauteile zu übernehmen und angemessen zu vergüten. Dies setzt voraus, dass der Unternehmer keine eigene Verwendungsmöglichkeit für die bereits hergestellten Bauteile hat und diese Bauteile für die Weiterführung des Bauvorhabens uneingeschränkt tauglich sind, sowie aus der Sicht eines Nachunternehmers keine Bedenken gegen den 23

---

42 BGH, 15.06.2000, VII ZR 30/99, BauR 2000, 1482, 1484.
43 BGH, 14.06.2007, VII ZR 230/06, BauR 2007, 1577.
44 BGH, 21.12.1995, VII ZR 198/94, BauR 1996, 382, 383.
45 BGH, 12.02.2003, X ZR 62/01, BauR 2003, 880, 881.
46 OLG Düsseldorf, 26.09.2000, 21 U 43/00, BauR 2001, 117, 118.
47 BGH, 09.03.1995, VIII ZR 23/93, BauR 1995, 545, 546.

Einbau bestehen. Letztlich müsste für den Besteller die Verwendung, unter Berücksichtigung aller Umstände, insbesondere auch der Gründe für die Kündigung, zumutbar sein.[48] Gerät der Unternehmer in Insolvenz und kündigt der Besteller deshalb, ist der Besteller nicht dazu verpflichtet eine bereits gefertigte und noch bei dem Unternehmer gelagerte Maschine abzunehmen. Dies liefe auf eine Fortsetzung des gekündigten Vertragsverhältnisses hinaus, was dem Besteller nach Treu und Glauben nicht zuzumuten ist.[49] Ist der Besteller nicht dazu verpflichtet, ein bereits hergestelltes Bauteil, welches noch nicht verbaut ist, abzunehmen, so kann er hierfür auch keinen Anspruch auf Sicherheitsleistung erheben.[50]

24 Der auf die nichterbrachten Leistungen entfallende Vergütungsanteil hat Entschädigungscharakter und unterfällt deshalb nicht der Umsatzsteuerpflicht.[51] Für die teilfertigen Leistungen, also Bauteile, die noch nicht im Bauwerk eingebracht sind, gilt dieses Ergebnis gleichfalls, da insofern keine erbrachte Leistung (fehlendes Austauschverhältnis) vorliegt.

1. Vergütung für erbrachte Leistungen im Einheitspreisvertrag

25 Spricht der Besteller die Kündigung eines Einheitspreisvertrages aus, hat der Unternehmer die erbrachten Leistungen nach den Grundsätzen abzurechnen, die auch für den beendeten und ungekündigten Vertrag gelten. Die ermittelten Mengen sind mit den vertraglich vereinbarten Einheitspreisen zu multiplizieren.[52] Führt die Kündigung zu erheblichen Mindermassen kann der Unternehmer (auch) beim VOB/B-Vertrag keine Erhöhung der Einheitspreise gemäß § 2 Abs. 3 Nr. 3 VOB/B verlangen. Die notwendige Trennung zwischen erbrachten und nicht erbrachten Leistungen führt zu keiner abweichenden Berechnung. Der insofern fehlende Gemeinkostenanteil oder entgangene Gewinn wird im Rahmen der Abrechnung der vereinbarten Vergütung, abzüglich ersparter Aufwendungen, für die nicht ausgeführten Leistungen berücksichtigt. Ein vertraglich vereinbarter Nachlass ist auch bei einer freien Kündigung bei der Abrechnung der erbrachten Leistungen zu berücksichtigen.[53]

2. Vergütung für erbrachte Leistungen im Pauschalpreisvertrag

26 Nach den von der Rechtsprechung des Bundesgerichtshofs entwickelten Grundsätzen zur Abrechnung eines gekündigten Pauschalpreisvertrags hat der Unternehmer die erbrachten Leistungen darzulegen und von dem nicht ausgeführten Teil abzugrenzen. Die Höhe der Vergütung für die erbrachten Leistungen ist nach dem Verhältnis des Wertes der erbrachten Teilleistung zu dem Wert der nach dem Pauschalpreisvertrag geschuldeten Gesamtleistung zu errechnen. Der Unternehmer muss das Verhältnis der bewirkten Leistungen zur vereinbarten Gesamtleistung und den Preisansatz für die Teilleistungen im Verhältnis zum Pauschalpreis darlegen. Soweit zur Bewertung der erbrachten Leistung Anhaltspunkte aus der Zeit vor dem Vertragsschluss nicht vorhanden sind oder nicht ergiebig sind, muss der Unternehmer im Nachhinein im Einzelnen darlegen, wie die erbrachten Leistungen unter Beibehaltung des Preisniveaus zu bewerten sind. Dabei muss er auf Basis des Preisniveaus der vereinbarten Pauschale bewerten. Die danach vorgenommene Aufgliederung in Einzelleistungen und dafür kalkulierte Preise muss in der Regel die Gesamtleistung erfassen, mithin den Pauschalpreis ergeben.[54]

27 Der Unternehmer kann nicht ohne Weiteres auf eine im Vertrag vereinbarte Ratenzahlung, nach Maßgabe des erreichten Bautenstandes, zurückgreifen. Die Verknüpfung der Teilleistung mit

---

48 BGH, a.a.O.
49 BGH, 07.01.2003, X ZR 16/01, BauR 2003, 877, 879.
50 BGH, a.a.O.
51 BGH, 22.11.2007, VII ZR 83/05, BauR 2008, 506, 508.
52 BGH, 21.12.1995, VII ZR 198/94, BauR 1996, 382, 383.
53 OLG Zelle, 22.06.1994, 6 U 212/93, BauR 1995, 558.
54 BGH, 04.05.2000, VII ZR 53/99, BauR 2000, 1182, 1187.

einer Teilzahlung besagt nicht zwingend etwas darüber aus, dass die Vertragsparteien die einzelnen Teilleistungen tatsächlich mit den ihnen zugeordneten Raten bewerten.[55] Eine ausreichend aufgegliederte, gewerkebezogene Aufstellung, kann genügen.[56] Die Abgrenzung zwischen erbrachten und nicht erbrachten Leistungen und deren Bewertung muss den Besteller in die Lage versetzen, sich sachgerecht zu verteidigen.[57] Der Unternehmer muss deshalb auch beim Pauschalpreisvertrag den geleisteten Teil seiner Arbeiten von den nicht erbrachten Leistungen deutlich abgrenzen. Beim Pauschalpreisvertrag genügt es nicht, lediglich die erbrachten Leistungen zu beschreiben und zu bewerten. Damit würde dem Besteller die Möglichkeit genommen, die aufgestellte Schlussrechnung zu prüfen. Es reicht auch nicht aus, wenn der Unternehmer die erbrachten Leistungen nach ortsüblichen und angemessenen Preisen abrechnet oder seine übliche Kalkulation zugrunde legt. Dies gilt unabhängig davon, ob der Pauschalpreisvereinbarung ursprünglich ein Leistungsverzeichnis zugrunde gelegen war oder nicht.[58]

Sind im Zeitpunkt der Kündigung nur noch geringfügige Leistungen nicht erbracht, kann eine Bewertung der nicht erbrachten Leistungen und deren Abzug vom Gesamtpreis ausreichen, wenn der Unternehmer durch diese Art der Abrechnung keine kalkulatorischen Verschiebungen zu Lasten des Bestellers vornehmen kann.[59] **28**

Ergibt sich aus einer nachträglich aufgestellten Kalkulation, dass die Gesamtkosten des Bauvorhabens über dem vereinbarten Pauschalpreis liegen und somit der Unternehmer mit Verlust kalkuliert hat, muss dies bei der Abrechnung entsprechend berücksichtigt werden. Ein solcher Abschlag kann, mangels gegenteiliger Anhaltspunkte, auf alle Leistungspositionen gleichmäßig verteilt werden.[60] Somit kann der Unternehmer, der lediglich den erbrachten Teil der Leistung abrechnet und insoweit Vergütung verlangt, bei den entsprechenden Positionen gleichmäßig den für die erbrachten Leistungen anteiligen Abschlag berücksichtigen. Der Verlust, der für die Ausführung der nicht erbrachten Leistungen entstanden wäre, muss nicht bei den erbrachten Leistungen in Abzug gebracht werden.[61] **29**

Von einem Unternehmer kann nur verlangt werden, dass er auf Basis seiner dem Vertrag zugrunde liegenden Kalkulation abrechnet. Dies gilt auch, wenn eine bestimmte Leistung nicht einkalkuliert wurde, weil der Unternehmer der Auffassung war, dass sie nicht geschuldet ist. Der Unternehmer muss in einem solchen Fall keine Nachkalkulation vornehmen. Sie ist nicht Voraussetzung für eine prüfbare Schlussrechnung oder einen substantiierten Vortrag zur Vergütung.[62] Hat sich die nicht erbrachte Leistung bereits als Mangel realisiert, kann der Besteller seine Gewährleistungsrechte geltend machen. **30**

Liegt der Pauschalpreisvereinbarung ein Einheitspreisangebot zugrunde, kann dieses für die Abrechnung der erbrachten Leistungen genutzt werden. Auf der Basis eines Aufmaßes erfolgt dann die Abrechnung unter Berücksichtigung möglicher in den Pauschalpreis eingeflossener Preisvereinbarungen, wie beispielsweise Preisnachlässe oder Rundungen, die kalkulatorisch den Pauschalpreis ergeben.[63] **31**

Die rechtssicherste Methode zur Darlegung des Vergütungsanspruchs für die erbrachten Leistungen ist eine einheitspreisbezogene Darstellung auf Grundlage eines Aufmaßes, welches eine Abgrenzung der erbrachten Leistungen von den nicht erbrachten Leistungen ermöglicht. Die Er-

---

55 BGH, 04.07.1996, VII ZR 227/93, BauR 1996, 846, 848.
56 BGH, 15.11.2002, VII ZR 103/01, BauR 2002, 1588, 1589.
57 BGH, 26.10.2000, VII ZR 99/99, BauR 2001, 251.
58 BGH, 30.10.1997, VII ZR 321/95, BauR 1998, 121, 122.
59 BGH, 04.05.2000, VII ZR 53/99, BauR 2000, 1182, 1187.
60 BGH, 15.11.2002, VII ZR 263/01, BauR 2002, 1695, 1696.
61 *Kniffka*, ibr-online-Kommentar, § 649 Rn. 60.
62 BGH, 13.05.2004, VII ZR 424/02, BauR 2004, 1441, 1442.
63 BGH, 20.04.2000, VII ZR 458/97, BauR 2000, 1498, 1501.

mittlung der Einheitspreise hat dabei auf der Basis der Vertragskalkulation zu erfolgen. Dies entspricht den Anforderungen, die die Rechtsprechung an die Abrechnung eines gekündigten Pauschalpreisvertrages stellt. Welche Anforderungen an die Darlegung im Einzelfall zu stellen sind, hängt von dem Vertrag, den seinem Abschluss, seiner Durchführung und Abwicklung zugrunde liegenden Umständen und vom Informationsbedürfnis des Bestellers ab. Sie ergeben sich auch daraus, welche Angaben der Besteller zur Wahrung seines Interesses für eine sachgerechte Verteidigung benötigt. Es verbietet sich deshalb eine schematische Festlegung auf eine Verpflichtung des Unternehmers, die Abgrenzung der erbrachten von den nicht erbrachten Leistungen durch ein Aufmaß vorzunehmen. Gleiches gilt auch für die zuvor als rechtsicher beschriebene Methode, die Bewertung der erbrachten Leistungen durch eine detaillierte Leistungsbeschreibung, mit entsprechenden Preiszuordnungen, nach Art eines Einheitspreisvertrags, vorzunehmen. Eine ausreichend aufgegliederte und gewerkebezogene Kalkulation kann jedenfalls dann genügen, wenn eine andere Kalkulation bei Abschluss des Vertrages nicht möglich war.[64] Geringe Kalkulationsfehler rechtfertigen nicht, die vom Unternehmer vorgetragene Kalkulation insgesamt als nicht prüfbar zurückzuweisen.[65]

In Ausnahmefällen kann es sogar genügen, wenn der gekündigte Unternehmer für die Berechnung der Vergütung für die erbrachten Leistungen, die vom Besteller dargestellten Drittunternehmerkosten für die Restfertigstellung vom vereinbarten Pauschalpreis in Abzug bringt.[66]

32 Auch wenn der BGH in ständiger Rechtsprechung fordert, dass die Höhe der Vergütung nur nach dem Verhältnis des Werts der erbrachten Teilleistung zum Wert der nach dem Pauschalvertrag geschuldeten Gesamtleistung zu errechnen ist, scheidet generell eine pauschale Bewertung auf prozentualer Basis aus, die lediglich darstellt, dass von der Gesamtleistung ein gewisser quotaler Anteil erbracht ist und diesen prozentual mit dem vereinbarten Pauschalpreis verrechnet.[67]

Auch wenn der Unternehmer nur die Vergütung für erbrachte Leistungen durchsetzen will, muss er für einen schlüssigen Vortrag auf Einheitspreisbasis den Gesamtpauschalpreis darstellen. Nur durch eine solche Darstellung ist der Besteller in der Regel dazu in der Lage, die (nachträgliche) Einheitspreiskalkulation des Unternehmers für den erbrachten Teil der Leistungen zu überprüfen.[68]

III. Vergütung für nicht erbrachte Leistungen

33 Nachdem der Unternehmer die erbrachten Teilleistungen und die hierfür geschuldete Vergütung ermittelt hat, verbleibt ihm die Möglichkeit, auch für den nicht ausgeführten Teil der vertraglichen Werkleistung die vereinbarte Vergütung zu verlangen. Er muss sich jedoch nach § 649 S. 2 BGB dasjenige anrechnen lassen, was er infolge der Aufhebung des Vertrags an Aufwendungen erspart oder durch anderweitige Verwendung seiner Arbeitskraft erwirbt oder zu erwerben böswillig unterlässt.

34 Die gemäß § 649 S. 2 BGB nach freier Kündigung eines Bauvertrags zu zahlende Vergütung ist nur insoweit Entgelt im Sinne von § 10 Abs. 1 UStG und damit Bemessungsgrundlage für den gemäß § 1 Abs. 1 Nr. 1 UStG steuerbaren Umsatz, als sie auf schon erbrachte Leistungsteile entfällt. Der auf die nicht erbrachten Leistungen entfallende Vergütungsanteil hat Entschädigungscharakter und scheidet als Bemessungsgrundlage für die Umsatzsteuer aus.[69]

---

64 BGH, 11.02.1999, VII ZR 91/98, BauR 1999, 632, 634.
65 BGH, 14.11.2002, VII ZR 224/01, BauR 2003, 377, 379.
66 BGH, 19.04.2005, X ZR 191/02, BauR 2006, 519, 520.
67 BGH, 29.06.1995, VII ZR 184/94, BauR 1995, 691, 692.
68 BGH, 04.05.2000, VII ZR 53/99, BauR 2000, 1182, 1187.
69 BGH, 22.11.2007, VII ZR 83/05, BauR 2008, 506, 507.

1. Ersparte Aufwendungen

Die Kündigung des Vertrags darf nicht dazu führen, dass eine Partei hinsichtlich der zu leistenden Vergütung besser oder schlechter gestellt wird, als sie bei Durchführung des Vertrags stünde. Der Unternehmer muss sich deshalb nicht gefallen lassen, dass die Abrechnung ihm Vorteile aus dem geschlossenen Vertrag nimmt. Andererseits darf er keinen Vorteil daraus ziehen, dass ein für ihn ungünstiger Vertrag gekündigt worden ist.[70] Es ist deshalb Aufgabe des Unternehmers, darzustellen, welche Kosten er sich infolge der Aufhebung des Vertrages erspart. Die Abrechnung muss den Besteller dazu in die Lage versetzen, zu überprüfen, ob der Unternehmer ersparte Kosten auf der Grundlage der konkreten, dem Vertrag zugrunde liegenden Kalkulation zutreffend berücksichtigt hat. Unter welchen Voraussetzungen eine derartige Überprüfung möglich ist, hängt von den Umständen des Einzelfalls ab. Dabei kann es auch erforderlich sein, dass der Unternehmer seine Kalkulationsgrundlagen offen legt, wenn der Besteller sonst keine Möglichkeit hat, eine Überprüfung der ersparten Aufwendungen vorzunehmen.[71]

Erspart sind die Aufwendungen, die der Unternehmer bei der Ausführung des Vertrages hätte tätigen müssen. Dabei ist auf die Aufwendungen abzustellen, die durch die Nichtausführung des konkreten Vertrages entfallen sind.[72] Die gesetzliche Regelung sieht keine Möglichkeit vor, auf die kalkulatorisch ersparten Aufwendungen abzustellen. Auf diese Weise ist die Einhaltung des Prinzips der Vor- und Nachteilswahrung gewährleistet. Der Unternehmer muss die konkrete Entwicklung der Kosten vortragen, die bei Durchführung des Auftrags tatsächlich entstanden wären und die er sich erspart hat. Bedeutend ist die zu unterstellende konkrete wirtschaftliche Entwicklung für die durch die Kündigung weggefallenen Leistungen. Die von dem Unternehmer dem Vertrag zugrunde gelegte Kalkulation kann hiervon abweichen. So kann der Unternehmer ursprünglich mit hohen Materialkosten kalkuliert haben, die sich bei ungekündigter Fortführung des Bauvorhabens nicht realisiert hätten. In diesem Fall kann der Unternehmer die geringeren ersparten Aufwendungen bei seiner Abrechnung genauso berücksichtigen, wie er Preisexplosionen bei der späteren Baustoffbeschaffung zu seinem Nachteil berücksichtigen muss. Nichts anderes hätte sich bei einer Fortführung des Bauvorhabens ergeben. Solange sich aber keine Anhaltspunkte für eine andere Kostenentwicklung ergeben, reicht es aus, wenn der Unternehmer die Ersparnis auf der Grundlage seiner ursprünglichen Kalkulation berechnet. Hierzu kann es auch genügen, die kalkulierten (ersparten) Subunternehmerkosten darzustellen, soweit sich die Vergütung dieser Subunternehmer mangels Beauftragung noch nicht konkretisiert hat.[73] Der Unternehmer genügt seiner Darlegungslast in aller Regel, wenn er ersparte Aufwendungen unter Zugrundelegung seiner Kalkulation vorträgt, die nach System und Differenzierung für Aufträge der konkret vorliegenden Art gebräuchlich sind.[74]

Der Besteller muss die Minderung des Vergütungsanspruchs des Unternehmers, die sich durch die ersparten Aufwendungen ergibt, nicht als Gegenrecht geltend machen. Es handelt sich dabei nicht um eine zu erhebende Einrede, vielmehr besteht der Vergütungsanspruch von vornherein nur abzüglich der Ersparnis.[75] Die tatsächlich zu unterstellende Ersparnis kann demnach auch dazu führen, dass der Unternehmer keinen Vergütungsanspruch hat, etwa dann, wenn die vereinbarte Vergütung durch die ersparten Aufwendungen vollständig aufgebraucht wird. Theoretisch kann es bei der Anrechnung der ersparten Kosten auch zu einer »negativen Vergütung« kommen. Dem Unternehmer verbleibt dann auch kein kalkulierter Gewinn. Auch wenn die Ersparnisse die Vergütung übertreffen können, sind die Abzüge auf die Höhe der Vergütung beschränkt. Auch bei einem rechnerischen Minus, zu Lasten des Unternehmers, kann der Besteller keine Erstattungs-

---

[70] BGH, 21.12.1995, VII ZR 198/94, BauR 1996, 382, 383.
[71] BGH, 11.02.1999, VII ZR 399/97, BauR 1999, 635, 637.
[72] BGH, 22.09.2005, VII ZR 63/04, BauR 2005, 1916, 1917.
[73] BGH, 24.06.1999, VII ZR 342/98, BauR 1999, 1292, 1293.
[74] BGH, 14.01.1999, VII ZR 277/97, BauR 1999, 642, 643.
[75] BGH, 23.10.1980, VII ZR 324/79, BauR 1981, 198, 199.

ansprüche geltend machen.[76] Dies gilt beim Einheitspreisvertrag auch für die einzelnen Positionen des Leistungsverzeichnisses, da ungünstige oder günstige Positionen nicht untereinander verrechenbar sind.[77]

38 Auch wenn der Einwand der Ersparnis kein Gegenrecht des Bestellers ist, das nur auf dessen Vortrag hin berücksichtigt werden dürfte, so trägt der Besteller dennoch für Art und Umfang der streitigen Ersparnis die Beweislast.[78] Der Besteller muss die Tatsachen vortragen, aus denen sich die von ihm behauptete höhere Einsparung ergibt. Inhalt und Umfang der Substantiierungslast ergeben sich aus den Umständen des Einzelfalles. Die der Kalkulation des Unternehmers dienenden Grundlagen wird der Besteller im Allgemeinen nicht kennen. Insofern kann von ihm substantiierter Vortrag nicht erwartet werden.[79] Der Unternehmer muss über die kalkulatorischen Grundlagen der Abrechnung so viel vortragen, dass dem für höhere ersparte Aufwendungen und den anderweitigen Erwerb darlegungs- und beweisbelasteten Besteller eine sachgerechte Rechtswahrung ermöglicht wird.[80]

39 Fehler bei der Abrechnung berühren die Prüfbarkeit nicht. Die Prüffähigkeit einer (Schluss-) Rechnung stellt keinen Selbstzweck dar.[81] Die Anforderungen an die Prüffähigkeit der Abrechnung des Unternehmers dienen allein dem Schutz des Bestellers. Je weniger er diesen Schutz in Anspruch nimmt, umso geringer können die im Einzelfall zu stellenden Anforderungen sein. Legt der Besteller keinen Wert auf einen konkreten Vortrag, der die Überprüfbarkeit der rechnerisch nachvollziehbaren und vertragsbezogenen ermittelten Forderung sicherstellt, kann die Abrechnung mangels fehlender Prüffähigkeit nicht zurückgewiesen werden.[82]

Das Gericht hat den Unternehmer unmissverständlich darauf hinzuweisen, welche Anforderungen seiner Ansicht nach noch nicht erfüllt sind und dem Unternehmer Gelegenheit zu geben dazu ergänzend vorzutragen. Allgemeine, pauschale oder missverständliche Hinweise auf die fehlende Prüffähigkeit genügen nicht.[83]

2. Die Ersparnis im Einzelnen

40 Kosten für Material und Geräte sind nicht erspart, soweit diese bereits angefallen sind. Kosten für noch nicht erworbenes Material sind erspart. Gleiches gilt für Material, dessen Erwerb noch rückgängig gemacht werden kann. Damit zusammenhängende Stornierungskosten sind wiederum nicht als ersparter Aufwand zu berücksichtigen. Die Aufwendungen für bereits erworbenes oder produziertes Material kann der Unternehmer nicht ersetzt verlangen, wenn er das Material in zumutbarer Weise anderweitig verwerten kann.[84]

41 Personalkosten gehören grundsätzlich nur dann zu den ersparten Aufwendungen, wenn sie infolge der Kündigung nicht mehr aufgewendet werden müssen. Der Unternehmer muss sich jedoch dasjenige anrechnen lassen, was er durch anderweitigen Einsatz des Personals erwirbt. Er muss sich grundsätzlich nicht solche Personalkosten anrechnen lassen, die dadurch entstehen, dass der Unternehmer eine rechtlich mögliche Kündigung des Personals nicht vorgenommen hat. Muss infol-

---

76 *Quack*, in Festschrift für Craushaar, 1997, 309, 313; *Kapellmann*, in Jahrbuch Baurecht, 1998, 35, 62 (Rn. 52).
77 BGH, 21.12.1995, VII ZR 198/94, BauR 1996, 382, 383; a.A. *Kniffka*, ibr-online-Kommentar, § 649 Rn. 78.
78 BGH, 24.04.1986, VII ZR 139/84, BauR 1986, 577, 578.
79 BGH, 22.09.1977, VII ZR 162/74, BauR 1978, 55.
80 BGH, 14.01.1999, VII ZR 277/97, BauR 1999, 642, 643.
81 BGH, 08.10.1998, VII ZR 296/97, BauR 1999, 63, 64.
82 BGH, 11.02.1999, VII ZR 399/97, BauR 1999, 635, 637.
83 BGH, 11.02.1999, VII ZR 399/97, BauR 1999, 635, 638.
84 BGH, 21.12.1995, VII ZR 198/94, BauR 1996, 382, 384.

ge der Kündigung des Bauvertrags Personal nicht mehr eingestellt werden, welches bei einer Fortführung des Vertrags benötigt worden wäre, so sind diese Kosten erspart.[85]

Eine zu leistende Subunternehmervergütung gehört nicht zu den ersparten Aufwendungen. Soweit der Unternehmer diese Vergütung bezahlt, liegt keine Ersparnis vor. Durch die Kündigung des Bestellers ist der Unternehmer in aller Regel gezwungen, seinerseits dem Subunternehmer frei zu kündigen, sodass dieser ebenfalls gemäß § 649 S. 2 BGB abzurechnen hat. Hat der Unternehmer die bereits abgeschlossenen Subunternehmerverträge gekündigt, kommen im Umfang der Inanspruchnahme des Unternehmers durch seine Subunternehmer keine ersparten Aufwendungen in Betracht. Insoweit ist kein Abzug von der dem Unternehmer zustehenden Vergütung vorzunehmen. Wenn der Unternehmer nach einer freien Kündigung noch nicht endgültig beurteilen kann, ob und inwieweit er Aufwendungen erspart, beispielsweise weil seine Subunternehmer ihrerseits den gekündigten Vertrag noch nicht abgerechnet haben, kann der Unternehmer zunächst den vollen Subunternehmerwerklohn als ersparte Aufwendung berücksichtigen und später den konkreten Vergütungsanspruch, nach erfolgter Abrechnung durch den Subunternehmer, nachfordern. Trotz des Grundsatzes, dass ein Vertrag im Rahmen einer Schlussabrechnung insgesamt abzurechnen ist, kann der Unternehmer in einem solchen Fall feststellen lassen, dass der Besteller verpflichtet ist, die noch nicht feststehende Subunternehmervergütung zu bezahlen.[86]

42

Nicht auftragsbezogene allgemeine Geschäftskosten sind nicht erspart.[87] Erspart sind dagegen projektbezogene Herstellungskosten und variable projektbezogene Gemeinkosten. Hat der Unternehmer einen Einheitspreis in der Weise kalkuliert, dass er die Herstellungskosten gleichmäßig mit einem bestimmten Zuschlag versieht, der die sonstigen Kostenfaktoren und den Gewinn enthält, kann er grundsätzlich auch auf dieser Grundlage abrechnen. Es kann jedoch notwendig sein, die ersparten Aufwendungen positionsbezogen durch eine differenzierte Nachkalkulation darzulegen. Beispielsweise dann, wenn der Zuschlag zeitabhängige Baustellengemeinkosten enthält und sich der Unternehmer die Vorhaltekosten der Baustelleneinrichtung erspart.[88] Der Zuschlag für die Baustellengemeinkosten ist dann nach nicht ersparten Personalkosten, soweit das Personal weiter beschäftigt werden musste und den zeitabhängig ersparten Vorhaltekosten der Baustelleneinrichtung aufzuschlüsseln.

43

Zu den ausführungsabhängigen Gemeinkosten können auch projektbezogene, nicht mehr anfallende Finanzierungskosten gehören. Entsprechendes gilt für Verpackungs- und Transportkosten, die bei einem nicht ausgeführten Auftrag erspart werden.[89]

Verwirklicht sich durch die Kündigung des Bauvertrags ein kalkuliertes Risiko nicht, ist dieser Risikozuschlag, das Wagnis, als erspart abzuziehen.[90] Dabei bleibt unberücksichtigt, welchen Risikoanteil der Unternehmer mit dem kalkulatorischen Ansatz des Wagnisses abdecken wollte. Ein projektspezifisches Wagnis wird jedenfalls dann nicht erspart, wenn sich dieses Wagnis bei fortgesetztem ungekündigtem Vertrag nicht realisiert hätte. Eine pauschale Berücksichtigung des Wagnisses als ersparter Aufwand muss dann ausgeschlossen sein, wenn der Unternehmer darlegen kann, dass sich das hiervon abgedeckte Risiko nicht realisiert hätte. Der Wagniszuschlag ist als Risikovorsorge des Unternehmers zu bewerten und kann ohne Eintritt des Risikos keinen Kostenanteil darstellen, den sich der Unternehmer erspart.[91]

44

---

85 BGH, 28.10.1999, VII ZR 326/98, BauR 2000, 430, 432.
86 BGH, 11.02.1999, VII ZR 399/97, BauR 1999, 635, 641.
87 BGH, 28.10.1999, VII ZR 326/98, BauR 2000, 430, 432.
88 BGH, 24.06.1999, VII ZR 342/98, BauR 1999, 1292, 1293f.
89 BGH, 14.01.1999, VII ZR 277/97, BauR 1999, 642, 644.
90 BGH, 30.10.1997, VII ZR 222/96, BauR 1998, 185, 186.
91 *Drittler*, »Freie Kündigung – zum Umfang der ersparten Kosten, insbesondere: Baustellengemeinkosten«, ibr-online-Aufsatz, Rn. 18.

45 Der Gewinn stellt keine Kosten dar. Infolgedessen kann er nie als ersparter Aufwand berücksichtigt werden.

46 Ein vertraglich vereinbartes Skonto kann nach einer freien Kündigung des Bestellers nicht von der für nicht erbrachte Leistungen geschuldeten Vergütung als ersparte Aufwendung des Unternehmers abgezogen werden.[92]

3. Berücksichtigung des anderweitigen Erwerbs

47 Erlangt der Unternehmer durch die Kündigung des Bestellers die Möglichkeit seine Arbeitskraft anderweitig einzusetzen, muss er sich den damit im Zusammenhang stehenden anderweitigen Erwerb anrechnen lassen. Anzurechnen ist demnach der Erwerb, der durch die Kündigung des Bestellers ermöglicht worden ist. Zwischen dem Ersatzauftrag und dem Umstand der Kündigung muss ein ursächlicher Zusammenhang bestehen; es muss sich um einen Füllauftrag handeln. Hätte der Unternehmer die gekündigten Arbeiten mit vorhandenem Personal »nebenbei« durchführen können, ist hinreichend deutlich zum Ausdruck gebracht, dass der gekündigte Auftrag neben weiteren Aufträgen ausgeführt worden wäre. In solchen Fällen unterbleibt die Anrechnung, da die Kausalität zwischen Kündigung und anderweitigem Erwerb fehlt.[93] Wird der Unternehmer erst durch die Kündigung des Bestellers dazu in die Lage versetzt, einen anderen Auftrag anzunehmen, handelt es sich um einen Füllauftrag, mit der Folge, dass der daraus resultierende Erwerb zu berücksichtigen ist. Hätte der Unternehmer diesen weiteren Vertrag auch ohne die ausgesprochene Kündigung erfüllen können, liegt kein anderweitiger Erwerb im Sinne des § 649 S. 2 BGB vor. Ein Füllauftrag muss auch dann angenommen werden, wenn der Unternehmer kündigungsbedingt anderweitig bereits erteilte Aufträge vorzieht und damit die Lücke, die durch die Kündigung entstanden ist, ausfüllt und für die dadurch zeitlich versetzt entstehende Lücke einen Zusatzauftrag annimmt.[94]

Da ein Unternehmen stets um Nachfolgeaufträge bemüht ist, kann ein Füllauftrag in der Regel nur dann festgestellt werden, wenn ein Unternehmen voll oder zumindest im Grenzbereich von 100 Prozent ausgelastet ist, sodass es den weiteren Auftrag ohne die Kündigung nicht hätte annehmen können. Für das Vorliegen eines Füllauftrags spricht es zudem, wenn der Unternehmer diesen zu einem Preis angenommen hat, der auf eine anderweitige Kostendeckung hindeutet.[95]

48 Der Unternehmer muss sich nicht nur den tatsächlichen anderweitigen Erwerb anrechnen lassen. Er ist nach § 649 S. 2 BGB auch dazu verpflichtet, sich denjenigen Erwerb anrechnen zu lassen, den er zu erwerben böswillig unterlässt. So muss ein Auftragnehmer grundsätzlich einen Alternativauftrag des gleichen Bestellers als Füllauftrag annehmen. Die Übernahme des Ersatzauftrags durch den kündigenden Besteller kann der Unternehmer nach Treu und Glauben nur dann ablehnen, wenn sein Betrieb nach dem Ende der vorgesehenen Ausführungsfrist für den gekündigten Auftrag ausgelastet gewesen wäre.[96] Trotz des Umstandes, dass der Unternehmer zur Erlangung eines Füllauftrags Rabatte gewähren musste, kommt eine Anrechnung als anderweitiger Erwerb in Betracht, wenn hierdurch die Gemeinkosten und teilweise auch die kalkulierten Gewinne gedeckt sind.[97]

49 Hinsichtlich des Vorliegens von Füllaufträgen hat der Unternehmer die primäre Darlegungslast. Der Unternehmer muss angeben, welchen anderweitigen Erwerb er sich anrechnen lässt und diesen gegebenenfalls beziffern. Insofern gelten nicht ohne Weiteres die zur prüffähigen Darlegung der ersparten Aufwendungen geltenden Anforderungen. Während sich diese nur konkret vertrags-

---

92 BGH, 22.09.2005, VII ZR 63/04, BauR 2005, 1916, 1917.
93 BGH, 30.09.1999, VII ZR 206/98, BauR 2000, 126, 128.
94 OLG Hamm, 20.11.2003, 24 U 195/01, BauR 2006, 1310, 1313.
95 OLG Hamm, a.a.O.
96 OLG Saarland, 31.05.2005, 4 U 216/04 – 44, BauR 2006, 854, 857.
97 BGH, 21.12.1995, VII ZR 198/94, BauR 1996, 382, 384.

bezogen ermitteln lassen und sich deshalb auch nachvollziehbar aus dem Vertrag ableiten lassen müssen, kommt es beim anderweitigen Erwerb zunächst darauf an, inwieweit ein Ersatzauftrag erlangt worden ist oder der Unternehmer es böswillig unterlassen hat, einen solchen zu erlangen. Es reicht deshalb grundsätzlich aus, wenn sich der Unternehmer nachvollziehbar und ohne Widerspruch zu den Vertragsumständen ausdrücklich oder auch konkludent erklärt. Der Besteller kann grundsätzlich nicht verlangen, dass der Unternehmer in diesem Zusammenhang von vornherein seine gesamte Geschäftsstruktur offen legt. Es kann sich aus den sonstigen Vertragsumständen eine erhöhte Darlegungslast ergeben, etwa wenn es nach Art und Dauer des gekündigten Vertrags nahe liegt, dass das Personal und die Arbeitsgeräte anderweitig eingesetzt worden sind.[98] Im Übrigen liegt die Darlegungs- und Beweislast beim Besteller.

IV. Vergütung nach § 649 S. 3 BGB

Nach der gesetzlichen Vermutung des § 649 S. 3 BGB entsprechen die ersparten Aufwendungen, ein anderweitiger Erwerb bzw. der böswillig unterlassene anderweitige Erwerb, 95 % der vertraglich vereinbarten Vergütung. Dies ergibt sich als Umkehrschluss aus der gesetzlichen Annahme, dass dem Unternehmer nach einer Kündigung 5 % der auf den noch nicht erbrachten Teil der Werkleistung entfallenden vereinbarten Vergütung zustehen. 50

Nur für Verträge, die nach dem 01.01.2009 abgeschlossen worden sind, findet diese gesetzliche Vermutung Anwendung (Art. 229 § 19 Abs. 1 EGBGB).

Der Gesetzgeber hat wegen der von der Rechtsprechung aufgestellten hohen Darlegungsanforderungen Veranlassung gesehen, dem Unternehmer eine Hilfe bei der Durchsetzung seines Vergütungsanspruchs zu bieten. Der spärlichen Begründung in den Gesetzgebungsmaterialien (BT-Drucks. 16/511, 17 f.) ist nicht zu entnehmen, dass die gesetzliche Vermutung nur die ersparten Aufwendungen umfasst und somit weiterhin für den Unternehmer eine Verpflichtung bestünde, sich einen anderweitigen Erwerb oder den böswillig unterlassenen anderweitigen Erwerb anrechnen zu lassen.[99] Müsste der Unternehmer bei einer Abrechnung nach § 649 S. 3 BGB dennoch zum anderweitigen Erwerb vortragen und Anrechnungen vornehmen, würde dies dem ausdrücklich erklärten gesetzgeberischen Willen zuwiderlaufen, dem Unternehmer Schwierigkeiten bei der Durchsetzung seines Vergütungsanspruchs nach einer freien Kündigung zu ersparen.

Die gesetzliche Vermutung bezieht sich ausschließlich auf den noch nicht erbrachten Teil der Werkleistung. Wird dem Unternehmer nach bereits begonnener Ausführung gekündigt, muss er den erbrachten Teil seiner Leistung gemäß § 649 S. 2 BGB konkret abrechnen. Lediglich hinsichtlich des noch nicht erbrachten Teils der Werkleistung kann der Unternehmer 5 % der Vergütung verlangen. Der Gesetzgeber wollte ausdrücklich die gleiche Rechtsfolge herstellen, wie bei einer Vertragsaufhebung nach § 648a Abs. 5 BGB. Damit kommt ein Unternehmer nur dann in den vollen Genuss der gesetzlichen Vermutung, wenn die Kündigung vor Ausführungsbeginn erfolgt und der Unternehmer sich mit 5 % der vereinbarten Vergütung als »entgangenen Gewinn« zufrieden gibt. 51

Derjenige, der sich auf von der gesetzlichen Vermutung abweichende, für ihn günstigere Umstände beruft, ist darlegungs- und beweisbelastet. Dies gilt für den Unternehmer in den Grenzen der allgemeinen Darlegungs- und Beweislast zum Vergütungsanspruch nach § 649 S. 2 BGB. Der Besteller, der die gesetzliche Vermutung des § 649 S. 3 BGB widerlegen will, muss konkret und substantiiert zu den ersparten Aufwendungen des Unternehmers und einem möglichen anderweitigen Erwerb bzw. böswillig unterlassenen anderweitigen Erwerb vortragen und insoweit auch Beweis erbringen.

---

98 BGH, 28.10.1999, VII ZR 326/98, BauR 2000, 430, 432f.
99 Kniffka/*Schmitz*, ibr-online-Kommentar, Stand 16.07.2010, § 649 Rn. 73; a.A. Staudinger/*Peters/Jacoby*, § 649 Rn. 42.

V. Mängelansprüche nach Kündigung

52 Auch nach einer Kündigung des Bauvertrags ist der Unternehmer grundsätzlich verpflichtet Mängel an dem von ihm bis zur Kündigung erstellten Werk zu beseitigen.[100] Gegenüber dem Werklohnanspruch des Unternehmers kann der Besteller das gesetzliche Leistungsverweigerungsrecht gemäß § 320 Abs. 1 BGB geltend machen. Angemessen ist in der Regel das Doppelte der für die Beseitigung des Mangels erforderlichen Kosten (§ 641 Abs. 3 BGB). Dem Besteller stehen auch die übrigen Mängelrechte aus § 634 BGB zu. Die Kündigung lässt die Mängelansprüche des Bestellers für den nicht gekündigten Teil des Vertrags unberührt.

Kosten der Mangelbeseitigung können auch bei einer Kündigung des Vertrags nur unter den Voraussetzungen der §§ 633 ff. BGB ersetzt verlangt werden.[101] Die Mängelbeseitigungskosten können demnach nicht als ersparte Aufwendungen des Unternehmers im Sinne des § 649 S. 2 BGB von der Vergütung in Abzug gebracht werden.

Ist die vom Unternehmer erbrachte Leistung kündigungsbedingt wertlos, weil sie so schwerwiegende Mängel aufweist, dass sie nicht nachbesserungsfähig ist, besteht keine Vergütungspflicht für die bereits erbrachten Leistungen.[102] Der Besteller muss den Nachweis für die Wertlosigkeit der Leistung führen. Kündigt der Besteller aus wichtigem Grund, kann die Werkleistung des Unternehmers trotz Mangelfreiheit für den Besteller unbrauchbar sein oder die Verwertung nicht zumutbar sein. Unzumutbar kann die Verwertung der an sich mangelfreien Architektenleistung beispielsweise dann sein, wenn ein mit der Fertigstellung des Architektenwerkes beauftragter Architekt die beauftragen Teilleistungen nicht verwerten kann oder aus anerkennenswerten Gründen nicht verwerten will. Bei der Prüfung der Zumutbarkeit sind vor allem die Gründe der außerordentlichen Kündigung von Bedeutung. Gelingt dem Besteller dieser Nachweis, so schuldet er kein Honorar für die Leistungen oder Teilleistungen, die für ihn nicht brauchbar sind oder deren Verwertung ihm nicht zumutbar ist.[103]

53 Die Darlegungs- und Beweislast für die Mangelfreiheit bzw. die behaupteten Mängel folgt den allgemeinen Regeln beim ungekündigten Bauvertrag. Auch beim gekündigten Werkvertrag trägt der Unternehmer vor Abnahme seiner Werkleistung die Beweislast für deren Mangelfreiheit. Die Beweislast kehrt sich nicht allein deshalb um, weil der Besteller die Mängel im Wege der Ersatzvornahme beseitigen lässt.[104] In einer fehlenden oder unzureichenden Dokumentation der durch Ersatzvornahme beseitigten Mängel kann eine Beweisvereitelung liegen, wenn das Vorliegen von Mängeln erst im Laufe der Mangelbeseitigungsarbeiten überprüft werden kann und der Besteller dem Unternehmer keine Feststellungen ermöglicht. Beruht die Beweisvereitelung auf einer Verletzung der Kooperationspflicht des Bestellers, kann hieraus eine Umkehr der Beweislast für das Vorliegen der Mängel zu seinen Lasten folgen.[105]

VI. Rechtsfolgen der Kündigung aus wichtigem Grund

54 Nach einer vom Unternehmer zu vertretenden Kündigung aus wichtigem Grund behält der Unternehmer seinen Vergütungsanspruch für die mangelfrei erbrachte Teilleistung vor der Kündigung. Für den nicht erbrachten Teil der Werkleistung entfällt der Vergütungsanspruch.[106] Der Besteller kann die durch die Vollendung des Werks durch einen Nachfolgeunternehmer entstehenden Mehrkosten vom Unternehmer ersetzt verlangen. Daneben bleiben die Mängelrechte des Bestellers für die vom Unternehmer mangelhaft erbrachte Teilleistung bestehen.

---

100 BGH, 25.06.1987, VII ZR 251/86, BauR 1987, 689, 290.
101 BGH, 30.06.1983, VII ZR 293/82, BauR 1983, 459, 461.
102 BGH, 05.06.1997, VII ZR 124/96, BauR 1997, 1060, 1062.
103 BGH, a.a.O.
104 BGH, 23.10.2008, VII ZR 64/07, BauR 2009, 237, 239.
105 BGH, 23.10.2008, VII ZR 64/07, BauR 2009, 237, 240.
106 BGH, 09.03.1995, VII ZR 23/93, NJW 1995, 1837, 1838.

§ 650 Kostenanschlag

(1) Ist dem Vertrag ein Kostenanschlag zu Grunde gelegt worden, ohne dass der Unternehmer die Gewähr für die Richtigkeit des Anschlags übernommen hat, und ergibt sich, dass das Werk nicht ohne eine wesentliche Überschreitung des Anschlags ausführbar ist, so steht dem Unternehmer, wenn der Besteller den Vertrag aus diesem Grund kündigt, nur der im § 645 Abs. 1 bestimmte Anspruch zu.

(2) Ist eine solche Überschreitung des Anschlags zu erwarten, so hat der Unternehmer dem Besteller unverzüglich Anzeige zu machen.

Schrifttum

Schenk Der Kostenvoranschlag nach § 650 BGB und seine Folgen, NZBau 2001, 470.

Übersicht

	Rdn.
A. Sonderkündigungsrecht (Abs. 1)	1
I. Begriff des Kostenanschlages	3
II. Gegenstand des Kostenanschlages	4
1. Vereinbartes Leistungs- und Erfolgssoll	4
2. Vergütung des Unternehmers	5
III. Kostenanschlag als Grundlage des Bauvertrages	6
1. Geschäftsgrundlage i.S.d. § 313 BGB	6
2. Abgrenzung zu bloßer Preisschätzung	7
IV. Keine Gewähr für die Richtigkeit des Kostenanschlages	8
1. Abgrenzung zu Pauschalpreis- und Höchstpreisvereinbarung	8
2. Abgrenzung zum verbindlichen Kostenanschlag	9
3. Verbindlichkeit einzelner Elemente eines Kostenanschlages	10
a) Verbindlichkeit einzelner Endpreisfaktoren	10
b) Kostenverbindlichkeit bezüglich Leistungssoll	11
V. Ausführbarkeit des Bauvorhabens nicht ohne wesentliche Überschreitung des Anschlags	12
1. Kriterien der Wesentlichkeit der Überschreitung des Kostenanschlages	12
2. Feststehen der wesentlichen Überschreitung des Kostenanschlages	13
VI. Rechtsfolgen der wesentlichen Überschreitung des Kostenanschlages	14
1. Recht des Bestellers zur außerordentlichen Kündigung des Bauwerkvertrages mit Vergütungsfolge des § 645 Abs. 1 BGB	14
2. Angabe des Kündigungsgrundes	15
3. Verstoß der Kündigung gegen Treu und Glauben	16
4. Geltung des § 650 Abs. 1 BGB beim VOB/B-Vertrag	17
5. Vergütungsanspruch des Unternehmers gemäß § 645 Abs. 1 BGB	18
6. Umdeutung unwirksamer Kündigung	19
7. Vertragsanpassung vor Kündigung?	20
a) Uneingeschränkte Anwendung des § 313 BGB?	20
b) Abschließende Regelung des § 650 BGB?	21
c) Stellungnahme	22
VII. Darlegungs- und Beweislast	23
B. Anzeigepflicht (Abs. 2)	24
I. Einsetzen der Anzeigepflicht	24
II. Anzeigepflicht bei geänderten oder zusätzlichen Leistungen	25
III. Gegenstand der Anzeigepflicht	26
IV. Inhalt der Anzeige	27
V. Unverzüglichkeit der Anzeige	28
VI. Anzeigepflicht beim VOB/B-Vertrag	29
VII. Folgen einer Verletzung der Anzeigepflicht des Unternehmers	30
1. Schadensersatzanspruch des Bestellers	30
2. Bemessung des Schadens und der dem Unternehmer zustehenden Vergütung	33
a) Vergütungsbezogene Schadensbetrachtung	34
b) Schadensbemessung nach allgemeinen Grundsätzen	35
c) Normative Schadensbetrachtung im Einzelfall	36
d) Mitverschulden des Bestellers	38
VIII. Darlegungs- und Beweislast	39
1. Verletzung der Anzeigepflicht	39
a) Pflichtverletzung des Unternehmers	39
b) Verschulden des Unternehmers	40
c) Mitverschulden des Bestellers	41
2. Schaden	42
a) Schadenshöhe und Schadensursache	42
b) Beweiserleichterungen für Besteller	43
c) Vorteilsausgleichung durch Werterhöhung	44

§ 650 BGB Kostenanschlag

	Rdn.		Rdn.
IX. Über § 650 Abs. 2 BGB hinausgehende Pflichtverletzungen des Unternehmers im Zusammenhang mit der Kostenentwicklung des Bauvorhabens	45	b) Hinweispflicht auf Grund bauwerkvertraglicher Kooperationspflicht	48
1. Unzutreffender Kostenanschlag	45	3. Allgemeine Pflicht zur Kostenminimierung	49
2. Pflicht zum Hinweis auf Kostensteigerungen auch ohne Kostenanschlag	46	4. Pflicht zur Anzeige von Kosteneinsparungen?	50
a) Hinweispflicht auf Grund vertraglicher Vereinbarung	47		

§ 650 Abs. 1 BGB gibt dem Besteller ein Sonderkündigungsrecht mit gegenüber § 649 BGB günstigeren Vergütungsfolgen. § 650 Abs. 2 BGB legt eine vertragsbegleitende Beratungspflicht des Unternehmers im Hinblick auf die Kostenentwicklung des Bauvorhabens fest.

A. Sonderkündigungsrecht (Abs. 1)

1 § 650 Abs. 1 BGB eröffnet unter den gesetzlich bestimmten Voraussetzungen dem Besteller ein Sonderkündigungsrecht neben dem Recht zur freien Kündigung des Bauwerkvertrages gemäß § 649 BGB.

2 Nach einer Meinung, die sich insofern auf die Motive des Gesetzgebers stützen kann, handelt es sich bei § 650 Abs. 1 BGB um einen gesetzlich geregelten Fall der Beachtlichkeit eines ansonsten grundsätzlich unbeachtlichen Motivirrtums auf Seiten des Bestellers.[1] Nach herrschender Auffassung handelt es sich um einen gesetzlich geregelten Sonderfall des allgemein unter § 313 BGB geregelten Falls der Störung der Geschäftsgrundlage.[2]

I. Begriff des Kostenanschlages

3 Eine gesetzliche Definition des Begriffs besteht nicht. Allgemein wird als Kostenanschlag eine fachmännische Berechnung bzw. gutachterliche Äußerung bezüglich der Kosten eines in Aussicht genommenen Werkvertrages betrachtet.[3] Sie dient dazu, den Besteller ausreichend über die voraussichtlichen Kosten des Bauvorhabens zu informieren und ggfls. die Auswahl unter verschiedenen Bietern im Rahmen eines Preisvergleichs zu erleichtern.[4]

II. Gegenstand des Kostenanschlages

1. Vereinbartes Leistungs- und Erfolgssoll

4 Der Kostenanschlag kann sich nur auf das vereinbarte Leistungs- und Erfolgssoll beziehen. Nicht Gegenstand des Kostenanschlages sind dagegen Kostensteigerungen auf Grund Erweiterungen oder Änderungen des Leistungsziels, z.B. auf Grund Sonderwünschen des Bestellers.[5]

2. Vergütung des Unternehmers

5 Gegenstand des Kostenanschlages kann nur die Vergütung des Unternehmers für das von ihm geschuldete Werk sein. Insofern ist eine Bausummenschätzung des Architekten kein Kostenanschlag

---

[1] MüKo-BGB/*Busche*, § 650 Rn. 2; Motive zu BGB II, 504 ff.
[2] BGH, Urt. v. 23.10.1972, VII ZR 50/72, NJW 1973, 140 = BGHZ 59, 339, 342; OLG Frankfurt/M., Urt. v. 18.10.1988, 14 U 80/87, NJW-RR 1989, 209; Messerschmidt/Voit/*Oberhauser*, § 650 Rn. 1.
[3] OLG Frankfurt, Urt. v. 18.10.1988, 14 U 80/87, NJW-RR 1989, 209; OLG Köln, Urt. v. 05.09.1997, 19 U 238/94, NJW-RR 1998, 548; MüKo-BGB/*Busche*, § 650 Rn. 3; *Schenk*, NZBau 2001, 470.
[4] Kniffka/*von Rintelen*, IBR-Online-Kommentar, § 650 Rn. 1.
[5] Staudinger/*Peters/Jacoby*, § 650 Rn. 22.

i.S.v. § 650 BGB, da sie sich nicht auf die Vergütung des Architekten, sondern auf die Kosten des Bauwerkes bezieht. In Betracht kommt bei Bausummenüberschreitung insofern nur eine Schadensersatzhaftung des Architekten.[6]

III. Kostenanschlag als Grundlage des Bauvertrages

1. Geschäftsgrundlage i.S.d. § 313 BGB

Voraussetzung für die Anwendbarkeit von § 650 BGB ist eine Einigkeit zwischen den Vertragsparteien, dass der Kostenanschlag Geschäftsgrundlage des Vertrages sein soll.[7] Ob dies der Fall ist, ist im Wege der Auslegung im Einzelfall zu ermitteln. Es kommt auf die gesamten Umstände der Erstellung und Übermittlung des Kostenanschlages an, auf seinen Inhalt und auf die Umstände des Vertragsabschlusses. Insofern gelten die allgemeinen Grundsätze zur Ermittlung einer subjektiven Geschäftsgrundlage.[8] Geschäftsgrundlage sind nach ständiger Rechtsprechung die bei Abschluss des Vertrages zu Tage getretenen, dem anderen Teil erkennbar gewordenen und von ihm nicht beanstandeten Vorstellungen einer Partei oder die gemeinsamen Vorstellungen beider Parteien von dem Vorhandensein oder dem künftigen Eintritt bestimmter Umstände, sofern der Geschäftswille der Parteien auf diesen Vorstellungen aufbaut.[9] Bei einem dem Vertrag zu Grunde gelegten Kostenanschlag besteht die Geschäftsgrundlage in dem im Kostenanschlag zum Ausdruck gekommenen Verhältnis zwischen Leistung und Gegenleistung d.h. zwischen dem vom Unternehmer zu erbringenden Werk einerseits und seiner für diese Leistungen kalkulierten Vergütung andererseits.[10] Ein Kostenanschlag als entsprechende Geschäftsgrundlage kann vom Unternehmer stammen, was die Regel ist, aber auch vom Besteller oder Dritten, sofern der Anschlag einvernehmlich zur Geschäftsgrundlage des Bauwerkvertrages gemacht worden ist.[11] Wenn die Überschreitung einer Kostenangabe des Unternehmers allerdings darauf zurückzuführen ist, dass der Besteller dem Unternehmer unzutreffende Angaben über den Umfang des herzustellenden Werks zur Verfügung gestellt hat, ist § 650 BGB weder unmittelbar noch entsprechend anwendbar.[12] In diesem Falle kommt ein Schadensersatzanspruch des Unternehmers gegenüber dem Besteller auf Grund vorvertraglicher Pflichtverletzung in Betracht.[13]

2. Abgrenzung zu bloßer Preisschätzung

Abzugrenzen ist der Kostenanschlag von bloßen Preisschätzungen, die keine Grundlage eines Bauvertrages sein sollen. Bloße Preisschätzungen sind insbesondere anzunehmen, wenn der Unternehmer augenscheinlich noch keine ausreichende Beurteilungsgrundlage für die Kosten hat, z.B. wenn ihm noch keine Pläne vorliegen, oder er eine notwendige Besichtigung des Objektes der durchzuführenden Arbeiten nicht vorgenommen oder ein notwendiges Aufmaß nicht genommen hat.[14] Ein Kostenanschlag muss eine gewisse Verlässlichkeit beanspruchen, um überhaupt Grundlage eines Vertrages sein zu können.[15] Im Einzelfall kann allerdings auch ein Kostenangebot »ins Blaue hinein« einen Kostenanschlag i.S.d. § 650 Abs. 1 BGB begründen, wenn die Umstände des

---

6 BGH, Urt. v. 23.10.1972, VII ZR 50/72, NJW 1973, 140; Kniffka/*von Rintelen*, IBR-Online-Kommentar, § 650 Rn. 40.
7 BGH, Urt. v. 23.10.1972, VII ZR 50/72, NJW 1973, 140 = BGHZ 59, 339, 342; Staudinger/*Peters/Jacoby*, § 650 Rn. 20.
8 Kniffka/*von Rintelen*, § 650 Rn. 11.
9 BGH, Urt. v. 15.11.2000, VIII ZR 324/99, NJW 2001, 1204, 1205 m.w.N.; Palandt/*Grüneberg*, § 313 Rn. 3 m.w.N.
10 BGH, Urt. v. 23.10.1972, VII ZR 50/72, NJW 1973, 140.
11 MüKo-BGB/*Busche*, § 650 Rn. 4.
12 BGH, Urt. v. 21.12.2010, X ZR 122/07, BauR 2011, 1034, 1037.
13 BGH a.a.O., Rn. 49, BauR 2011, 1034, 1040.
14 Kniffka/*von Rintelen*, IBR-Online-Kommentar, § 650 Rn. 14.
15 Kniffka/*von Rintelen*, IBR-Online-Kommentar, § 650 Rn. 14.

Einzelfalls ergeben, dass der Unternehmer dem Besteller den sicheren Eindruck vermittelt, dass das Kostenangebot die verlässliche Grundlage für den in Aussicht genommenen Vertragsabschluss darstellen soll und damit erkennbar das Risiko von Unsicherheiten auf Grund der nicht vorgenommenen Ermittlung der Kostengrundlagen übernimmt.[16]

IV. Keine Gewähr für die Richtigkeit des Kostenanschlages

1. Abgrenzung zu Pauschalpreis- und Höchstpreisvereinbarung

8   § 650 kommt nur zur Anwendung, wenn die geschuldete Vergütung betragsmäßig nicht begrenzt ist.[17] Im Falle der Übernahme der Gewähr für die Richtigkeit des veranschlagten Endpreises ist von einem Pauschalpreis- oder Höchstpreisvertrag auszugehen, bei dem von vorneherein keine Überschreitung der veranschlagten Kosten in Betracht kommt, die ein Sonderkündigungsrecht gemäß § 650 Abs. 1 BGB oder eine Anzeigepflicht gemäß § 650 Abs. 2 BGB auslösen könnte.[18] Etwas anderes gilt nur dann, wenn über das im Rahmen des Pauschalpreis- bzw. Höchstpreisvertrages vereinbarte Leistungssoll hinaus geänderte oder zusätzliche Leistungen zur Erreichung des vertraglich geschuldeten Erfolges notwendig sind, vgl. Rdn. 11.

2. Abgrenzung zum verbindlichen Kostenanschlag

9   Der Kostenanschlag i.S.v. § 650 BGB ist abzugrenzen vom verbindlichen Kostenanschlag. Insofern ist der Kostenanschlag nicht nur Geschäftsgrundlage des Vertrages, sondern unmittelbar auf Abschluss des Vertrages gerichtete rechtsgeschäftliche Erklärung. Ob und inwieweit ein verbindlicher Kostenanschlag in diesem Sinne anzunehmen ist, ist im Einzelfall im Wege der Auslegung gemäß §§ 133, 157 BGB zu ermitteln.[19] Erwartet der Besteller von dem Unternehmer ausdrücklich einen Kostenanschlag, ist dies in aller Regel noch nicht als Aufforderung zur Abgabe eines bindenden Vertragsangebotes aufzufassen. Der daraufhin erteilte Kostenanschlag ist vielmehr i.d.R. unverbindlich.[20] Der Unternehmer ist jedoch nicht gehindert, der Erklärung eine Verbindlichkeit zu verleihen, etwa durch Bezeichnungen als »verbindliches Angebot« oder »Höchstpreis«.[21]

3. Verbindlichkeit einzelner Elemente eines Kostenanschlages

a) Verbindlichkeit einzelner Endpreisfaktoren

10 Die verbindliche Erklärung des Unternehmers zu einzelnen Elementen des Kostenanschlages steht der Annahme eines Kostenanschlages i.S.v. § 650 BGB nicht entgegen. Der Kostenangebot des Unternehmers auf Einheitspreisbasis beinhaltet z.B. trotz Verbindlichkeit der angebotenen Einheitspreise einen Kostenanschlag i.S.v. § 650 BGB im Hinblick auf die Angebotssumme, wenn diese zur Geschäftsgrundlage des Vertrages gemacht worden ist.[22] Dies ist i.d.R. der Fall, wenn der Unternehmer die dem Angebot zu Grunde gelegten Mengen auf Grund Ortsbesichtigung oder vorgelegter Pläne selbst ermittelt hat, oder die von dem Besteller oder Dritten vorgegebenen Mengen anhand dem Unternehmer vorgelegter Pläne oder sonstiger Unterlagen auf Auskömmlichkeit überprüfen konnte, vgl. Rdn. 7.

---

16 OLG Celle, Urt. v. 06.07.2000, 22 U 108/99, BauR 2000, 1493, 1494.
17 Kniffka/*von Rintelen*, IBR-Online-Kommentar, § 650 Rn. 3.
18 MüKo-BGB/*Busche*, § 650 Rn. 3.
19 Kniffka/*von Rintelen*, IBR-Online-Kommentar, § 650 Rn. 8.
20 Kniffka/*von Rintelen*, IBR-Online-Kommentar, a.a.O.
21 Kniffka/*von Rintelen*, IBR-Online-Kommentar, a.a.O.
22 Staudinger/*Peters/Jacoby*, § 650 Rn. 21.

b) Kostenverbindlichkeit bezüglich Leistungssoll

Selbst bei verbindlicher Vereinbarung eines Endpreises für ein vertraglich vereinbartes Leistungssoll, z.B. im Rahmen eines Pauschalpreisvertrages auf Grund eines detaillierten Leistungsverzeichnisses, kann § 650 BGB Anwendung finden, wenn sich herausstellt, dass das vertraglich vereinbarte Leistungssoll zur Erreichung des vertraglich geschuldeten Erfolges nicht hinreichend ist, vielmehr dazu Änderungen oder Ergänzungen der vereinbarten Leistungen mit der Folge von Kostensteigerungen notwendig sind.[23]

V. Ausführbarkeit des Bauvorhabens nicht ohne wesentliche Überschreitung des Anschlags

1. Kriterien der Wesentlichkeit der Überschreitung des Kostenanschlages

Ob die Überschreitung des Anschlages wesentlich ist, hängt von den Umständen des Einzelfalls ab. Sie ist gegeben, wenn die Kostenüberschreitung so erheblich ist, dass sie einen redlich denkenden Besteller zu Änderungen seiner Dispositionen, insbesondere zur Kündigung, veranlassen kann.[24] Maßgebend ist insofern in der Regel die Überschreitung der Endsumme des Kostenanschlages.[25] Zum Teil werden zur Bemessung der Wesentlichkeit feste Prozentsätze zu Grunde gelegt.[26] Dies ist allerdings zweifelhaft. Es kommt vielmehr auf alle Einzelumstände an, insbesondere die Art des Vertrages, die Eigenheit der Werkleistungen, den Zeitpunkt der Kostenüberschreitung, die Aussagekraft des Kostenanschlags, die Kenntnisse der Baubeteiligten von möglichen Risiken, den Anlass für die Kostenüberschreitung usw.[27] In der Regel dürfte allerdings eine Überschreitung der veranschlagten Kosten von weniger als 10 % noch nicht wesentlich i.S.v. § 650 BGB sein.[28]

2. Feststehen der wesentlichen Überschreitung des Kostenanschlages

Das Recht des Bestellers zur Kündigung gemäß § 650 Abs. 1 BGB entsteht, sobald sich ergibt, dass das Werk nicht ohne wesentliche Überschreitung des Anschlages ausführbar ist. Dies setzt eine sichere Prognose voraus, nach der feststeht, dass das Werk nicht ohne wesentliche Überschreitung des Anschlages ausführbar ist.[29]

VI. Rechtsfolgen der wesentlichen Überschreitung des Kostenanschlages

1. Recht des Bestellers zur außerordentlichen Kündigung des Bauwerkvertrages mit Vergütungsfolge des § 645 Abs. 1 BGB

§ 650 Abs. 1 BGB eröffnet dem Besteller nicht erst ein Recht zur vorzeitigen Kündigung des Bauwerkvertrages. Vielmehr steht dem Besteller ein freies Kündigungsrecht gemäß § 649 BGB zu. § 650 Abs. 1 BGB normiert lediglich einen außerordentlichen Kündigungsgrund, der zu günstigeren Vergütungsfolgen für den Besteller im Verhältnis zur freien Kündigung gemäß § 649 BGB führt. Unberührt bleibt nach herrschender Meinung auch nach der Schuldrechtsreform das Recht beider Vertragsparteien zur Kündigung des Bauwerkvertrages aus wichtigem Grund.[30]

---

23 Kniffka/*von Rintelen,* IBR-Online-Kommentar, § 650 Rn. 4 am Ende.
24 Kniffka/*von Rintelen,* IBR-Online-Kommentar, § 650 Rn. 21.
25 Kniffka/*von Rintelen,* IBR-Online-Kommentar, a.a.O.
26 Palandt/*Sprau,* § 650 Rn. 2; so auch Motive zu BGB II 503.
27 Kniffka/*von Rintelen,* IBR-Online-Kommentar, § 650 Rn. 21; Staudinger/*Peters/Jacoby,* § 650 Rn. 24; MüKo-BGB/*Busche,* § 650 Rn. 10.
28 So auch MüKo-BGB/*Busche,* a.a.O., a.A. Staudinger/*Peters/Jacoby,* a.a.O., die jegliche prozentual bemessene Kostengrenzen ablehnen.
29 MüKo-BGB/*Busche,* § 650 Rn. 7; Messerschmidt/Voit/*Oberhauser,* § 650 Rn. 9.
30 Palandt/*Sprau,* § 649 Rn. 13 m.w.N.

2. Angabe des Kündigungsgrundes

15 Um die günstigen Rechtsfolgen des Sonderkündigungsrechtes gemäß § 650 Abs. 1 BGB in Anspruch nehmen zu können, muss der Besteller zum Ausdruck bringen, dass die Kündigung auf Grund einer wesentlichen Überschreitung des Kostenanschlages erfolgt. Allerdings kann der Besteller diesen Kündigungsgrund noch nach Abgabe der Kündigungserklärung nachschieben.[31] Dies kommt insbesondere in Betracht, wenn der Besteller bei einer Kündigung aus wichtigem Grund die Voraussetzungen des entsprechenden Kündigungsgrundes nicht hinreichend darlegen und beweisen kann.[32] In diesem Fall ist allerdings sorgfältig zu prüfen, ob tatsächlich eine wesentliche Kostenüberschreitung als Voraussetzung für das Sonderkündigungsrecht vorliegt, oder ob nicht tatsächlich der entsprechende Kündigungsgrund nur vorgeschoben wird. Dass dieser nicht sofort bei Kündigung genannt wird, spricht dagegen, dass für den Besteller die Kostenüberschreitung wesentlich ist.[33]

3. Verstoß der Kündigung gegen Treu und Glauben

16 Soweit der Kostenanschlag, der dem Bauwerkvertrag zu Grunde liegt, von dem Besteller oder einem von dem Besteller beauftragten Dritten herrührt, kann die Erklärung der Sonderkündigung gemäß § 650 Abs. 1 BGB auf Grund wesentlicher Überschreitung des Kostenanschlages wegen Verstoßes gegen Treu und Glauben unwirksam sein.[34] Vorab ist in diesem Falle zu prüfen, ob der von dem Besteller oder dem Dritten herrührende Kostenanschlag überhaupt zur Geschäftsgrundlage des Bauvertrages gemacht worden ist, vgl. Rdn. 6 a.E.[35]

4. Geltung des § 650 Abs. 1 BGB beim VOB/B-Vertrag

17 Nach herrschender Auffassung ist § 650 BGB im Rahmen eines VOB-Vertrages uneingeschränkt anwendbar.[36] Nach anderer Auffassung soll eine Anwendung nur gegeben sein, wenn die Anordnungsrechte des Bestellers gemäß § 1 Abs. 3 und Abs. 4 VOB/B sowie die daraus resultierenden Vergütungsfolgen gemäß § 2 Abs. 5 und Abs. 6 VOB/B ausgeschlossen worden sind.[37] Zur Begründung wird angeführt, dass die entsprechenden Vorschriften Kostenüberschreitungen abschließend regeln würden. Dem ist jedoch nicht zu folgen. Die VOB/B-Vorschriften regeln lediglich Anordnungsrechte des Bestellers und deren Vergütungsfolgen, schließen jedoch das gesetzliche Kündigungsrecht des § 650 Abs. 1 BGB und dessen Rechtsfolgen nicht aus.[38]

5. Vergütungsanspruch des Unternehmers gemäß § 645 Abs. 1 BGB

18 Während der Unternehmer im Falle einer freien Kündigung seitens des Bestellers einen Anspruch auf die vollständige vertraglich vereinbarte Vergütung abzgl. ersparter Aufwendungen oder Erwerbs durch anderweitige Verwendung seiner Arbeitskraft oder durch böswillige Unterlassung eines entsprechenden Erwerbs gemäß § 649 S. 2 BGB geltend machen kann, steht ihm bei berechtigter Inanspruchnahme des Sonderkündigungsrechtes seitens des Bestellers gemäß § 650 Abs. 1 BGB nur ein Anspruch gemäß § 645 Abs. 1 BGB auf einen der bis zur Kündigung geleisteten Arbeit entsprechenden Teil der vertraglich vereinbarten Vergütung und Ersatz der in der Vergütung nicht inbegriffenen Auslagen zu, vgl. dazu im Einzelnen § 645 Rdn. 37 ff.

---

31 MüKo-BGB/*Busche*, § 650 Rn. 11; Staudinger/*Peters/Jacoby*, § 650 Rn. 26.
32 Kniffka/*von Rintelen*, IBR-Online-Kommentar, § 650 Rn. 22.
33 Kniffka/*von Rintelen*, IBR-Online-Kommentar, a.a.O.
34 Kniffka/*von Rintelen*, IBR-Online-Kommentar, § 650 Rn. 24; Staudinger/*Peters/Jacoby*, § 650 Rn. 23.
35 BGH, Urt. v. 21.12.2010, X ZR 122/07, BauR 2011, 1034, 1037; Kniffka/*von Rintelen*, IBR-Online-Kommentar, § 650 Rn. 24.
36 Staudinger/*Peters/Jacoby*, § 650 Rn. 36, MüKo-BGB/*Busche*, § 650 Rn. 19; Kniffka/*von Rintelen*, IBR-Online-Kommentar, § 650 Rn. 37.
37 Ingenstau/*Korbion/Vygen*, B vor §§ 8 und 9 Rn. 18.
38 Kniffka/*von Rintelen*, IBR-Online-Kommentar, § 650 Rn. 37; Staudinger/*Peters/Jacoby*, § 650 Rn. 36.

6. Umdeutung unwirksamer Kündigung

Wenn der Besteller gem. § 650 Abs. 1 BGB kündigt, ohne dass dessen Voraussetzungen gegeben sind, ist seine Kündigungserklärung in der Regel in eine freie Kündigung gemäß § 649 BGB mit den entsprechenden Vergütungsfolgen umzudeuten. Will der Besteller seine Kündigung so nicht verstanden wissen, muss sich dies aus der Erklärung oder aus den Umständen ergeben.[39]

19

7. Vertragsanpassung vor Kündigung?

a) Uneingeschränkte Anwendung des § 313 BGB?

Da § 650 Abs. 1 BGB überwiegend als gesetzlich geregelter Fall des Wegfalls der Geschäftsgrundlage betrachtet wird, vgl. Rdn. 2, wird teilweise entsprechend bei Vorliegen der Voraussetzungen des § 650 Abs. 1 BGB ein Anspruch des Bestellers gegen den Unternehmer auf Vertragsanpassung im Hinblick auf die Vergütungsfolgen angenommen. Umgekehrt soll der Unternehmer das Kündigungsrecht des Bestellers dadurch abwenden können, dass er eine zweckmäßige und zumutbare Abänderung des Vertrages anbietet, sofern sie den ursprünglichen Kostenrahmen wahrt. Würde der Besteller dann gleichwohl auf seiner Kündigung beharren, würde sich diese nach § 649 BGB (auf der Basis der fiktiven Vertragsabänderung) beurteilen.[40]

20

b) Abschließende Regelung des § 650 BGB?

Nach anderer Ansicht wird § 650 Abs. 1 BGB als abschließende gesetzliche Regelung betrachtet. Danach hat weder der Besteller einen Anspruch auf Vertragsanpassung noch der Unternehmer eine Befugnis zur Abwendung der Sonderkündigung durch Anbieten geänderter Vertragsbedingungen.[41]

21

c) Stellungnahme

Zu weit geht die Annahme einer Abwendungsbefugnis des Unternehmers im Hinblick auf das Sonderkündigungsrecht des Bestellers nach § 650 Abs. 1 BGB. Eine solche Abänderungsbefugnis hätte zum Bestandteil der gesetzlichen Regelung gemacht werden müssen. Hier kommt allenfalls in Ausnahmefällen ein Verstoß der Kündigung gegen Treu und Glauben in Betracht. Umgekehrt kann ein Anspruch auf Vertragsanpassung ebenfalls gem. § 242 BGB nur in Ausnahmefällen unter der Voraussetzung angenommen werden, dass es dem Unternehmer zumutbar ist, im Rahmen des dem Bauwerkvertrag zu Grunde liegenden Kostenrahmens den vertraglich geschuldeten Erfolg durch andere Leistungen herbeizuführen. In der Regel muss sich der Besteller entscheiden, ob er ggf. von seinem Kündigungsrecht Gebrauch macht oder nicht. In letzterem Falle muss er die vertraglich geschuldete Vergütung entrichten, auch wenn sie den zu Grunde gelegten Kostenrahmen wesentlich überschreitet. Der Besteller kann allenfalls Schadensersatzansprüche auf Grund schuldhaft fehlerhaften Kostenanschlages des Unternehmers, vgl. Rdn. 45, oder auf Grund schuldhafter Verletzung der Pflicht zur Kostenminimierung, vgl. Rdn. 49, geltend machen.

22

VII. Darlegungs- und Beweislast

Der Besteller hat sämtliche Voraussetzungen für sein Sonderkündigungsrecht darzulegen und zu beweisen.[42] Fehlende Schriftlichkeit eines Kostenangebotes spricht gegen einen Kostenanschlag

23

---

39 Kniffka/*von Rintelen*, IBR-Online-Kommentar, § 650 Rn. 23, unter Hinweis auf BGH, Versäumnisurt. v. 24.07.2003, VII ZR 218/02, BauR 2003, 1889, 1891, zum vergleichbaren Fall der Umdeutung einer gemäß § 8 Nr. 2 bis 4 VOB/B a.F. unwirksamen Kündigung in eine freie Kündigung nach § 8 Nr. 1 Abs. 1 VOB/B a.F., § 649 S. 1 BGB.
40 Staudinger/*Peters*/*Jacoby*, § 650 Rn. 25.
41 Messerschmidt/Voit/*Oberhauser*, § 650 Rn. 13; MüKo-BGB/*Busche*, § 650 Rn. 12.
42 Baumgärtel/*Kessen*, § 650 Rn. 1; Staudinger/*Peters*/*Jacoby*, § 650 Rn. 27.

als gemeinsame Grundlage eines Vertrages.[43] Ein schriftliches Angebot ist dagegen ein Indiz für einen dem Vertrag als Geschäftsgrundlage zu Grunde liegenden Kostenanschlag, es sei denn, dass der Unternehmer erkennbar keine hinreichende Grundlage zur Beurteilung der Kosten zur Verfügung hatte.[44] Das Beweisrisiko im Hinblick auf die sichere Prognose bzw. Feststehen einer Nichtausführbarkeit des Bauvorhabens ohne wesentliche Überschreitung des Kostenanschlags liegt beim Besteller.[45]

B. Anzeigepflicht (Abs. 2)

I. Einsetzen der Anzeigepflicht

24 Der Unternehmer hat dem Besteller Anzeige zu machen, wenn und sobald eine wesentliche Überschreitung der veranschlagten Kosten für ihn erkennbar ist.[46]

Die entsprechende Verpflichtung besteht nicht, wenn der Besteller über die Höhe und das Ausmaß der Überschreitung in dem Umfang, in dem er vom Unternehmer zu informieren wäre, positiv Kenntnis hat.[47] In diesen Fällen würde eine entsprechende Anzeige dem Besteller keine weitergehenden Informationen liefern. Allein die Erkennbarkeit einer Überschreitung auf Seiten des Bestellers entbindet den Unternehmer dagegen nicht von seiner Anzeigepflicht.[48]

II. Anzeigepflicht bei geänderten oder zusätzlichen Leistungen

25 Bei mit Mehrkosten verbundenen Änderungen der ursprünglich vereinbarten Leistungen oder zusätzlichen Leistungen ist zu differenzieren. Geht es um geänderte oder zusätzliche Leistungen, die allein zur Erreichung des ursprünglich vereinbarten Leistungserfolgs erforderlich sind, sind dadurch verursachte wesentliche Kostensteigerungen gemäß § 650 Abs. 2 BGB vom Unternehmer anzuzeigen. Geht es dagegen um zusätzliche oder geänderte Leistungen mit wesentlichen Kostensteigerungen auf Grund Änderung des Leistungsziels, hat eine entsprechende Anzeige gemäß § 650 Abs. 2 BGB nicht zu erfolgen, da der Kostenanschlag sich nur auf die Kosten im Hinblick auf die Erreichung des ursprünglich vereinbarten Leistungsziels bezieht, vgl. Rdn. 11.[49] In Betracht kommt hier nur eine Hinweispflicht auf Grund (stillschweigender) Vereinbarung, vgl. Rdn. 47, oder auf Grund der bauwerkvertraglichen Kooperationspflicht, vgl. Rdn. 48.

III. Gegenstand der Anzeigepflicht

26 Gemäß § 650 Abs. 2 BGB hat der Unternehmer grundsätzlich nur eine wesentliche Überschreitung der Kosten anzuzeigen, die sein Werk betreffen. Über sonstige Kostensteigerungen kann sich eine Anzeigepflicht allenfalls im Einzelfall aus Treu und Glauben gemäß § 242 BGB ergeben.[50]

IV. Inhalt der Anzeige

27 Die Anzeige muss den Besteller ausreichend informieren. Sie muss so aussagekräftig sein, dass sie dem Besteller erlaubt, die in Betracht kommenden Dispositionen abschließend zu beurteilen.[51] Der Unternehmer kann sich nicht damit entlasten, dass aus den dem Besteller vorliegenden Un-

---

43 Baumgärtel/*Kessen*, § 650 Rn. 1, Kniffka/*von Rintelen*, IBR-Online-Kommentar, § 650 Rn. 14.
44 Baumgärtel/*Kessen* a.a.O.; Kniffka/*von Rintelen*, a.a.O.
45 Baumgärtel/*Kessen*, § 650 Rn. 2.
46 Kniffka/*von Rintelen*, IBR-Online-Kommentar, § 650 Rn. 26; *Schenk*, NZBau 2001, 470, 471.
47 MüKo-BGB/*Busche*, § 650 Rn. 15; Staudinger/*Peters/Jacoby*, § 650 Rn. 3.
48 OLG Frankfurt, Urt. v. 11.01.1984, 17 U 255/82, BauR 1985, 207; Messerschmidt/Voit/*Oberhauser*, § 650 Rn. 15.
49 Messerschmidt/Voit/*Oberhauser*, § 650 Rn. 15; MüKo-BGB/*Busche*, § 650 Rn. 15.
50 Kniffka/*von Rintelen*, IBR-Online-Kommentar, § 650 Rn. 27.
51 Kniffka/*von Rintelen*, IBR-Online-Kommentar, § 650 Rn. 27.

terlagen die Kostenüberhöhung bereits erkennbar gewesen sei, vgl. Rdn. 24. Danach ist die tägliche Vorlage von Tagelohnzetteln über Stunden und Material keine ausreichende Anzeige.[52]

V. Unverzüglichkeit der Anzeige

Die Anzeige muss unverzüglich, d.h. ohne schuldhaftes Zögern, nach Erkennbarkeit der wesentlichen Überschreitung der veranschlagten Kosten von Seiten des Unternehmers erfolgen. Der Besteller ist so früh wie möglich über die Kostensteigerung zu informieren, damit er auf diese reagieren kann, insbesondere in die Lage versetzt wird zu überdenken, ob er sein Kündigungsrecht nach § 650 Abs. 1 BGB ausüben will.[53] Auch insofern kommt es grundsätzlich auf die absehbare Überschreitung der Endsumme an. Allerdings kann sich aus den Umständen des Einzelfalls eine Pflicht zur unverzüglichen Anzeige gemäß § 650 Abs. 2 BGB schon bei Erkennbarkeit der wesentlichen Überschreitung von veranschlagten Einzelpreisen ergeben, insbesondere wenn nicht unmittelbar eine infolge der Überschreitung eines Einzelpreises resultierende Minderung eines anderen Einzelpreises, so dass die Gesamtsumme nicht überstiegen wird, absehbar ist.[54] 28

VI. Anzeigepflicht beim VOB/B-Vertrag

§ 650 Abs. 2 BGB ist auch im VOB-Vertrag anwendbar und wird insbesondere nicht durch die vertragliche Pflicht des Unternehmers zur Ankündigung einer besonderen Vergütung vor Ausführung der Leistung gemäß § 2 Abs. 6 Nr. 1 S. 2 VOB/B verdrängt.[55] Die aus § 650 Abs. 2 BGB sich ergebende Anzeigepflicht besteht deshalb neben der Ankündigungspflicht aus § 2 Abs. 6 VOB/B, kann aber durch die Ankündigung nach § 2 Abs. 6 VOB/B mit erfüllt werden, die unabhängig von der Wesentlichkeit der Kostensteigerung bei Anordnung zusätzlicher Leistungen vorzunehmen ist.[56] Die Anzeigepflicht des § 650 Abs. 2 BGB kommt insofern insbesondere bei Mengenüberschreitungen gemäß § 2 Abs. 3 VOB/B oder Leistungsänderungen gemäß § 2 Abs. 5 VOB/B in Betracht.[57] 29

VII. Folgen einer Verletzung der Anzeigepflicht des Unternehmers

1. Schadensersatzanspruch des Bestellers

Die schuldhafte Verletzung der Anzeigepflicht gemäß § 650 Abs. 2 BGB löst Schadensersatzansprüche des Bestellers gemäß § 280 BGB aus. Der Besteller ist so zu stellen, wie er stehen würde, wenn der Unternehmer seiner Anzeigepflicht rechtzeitig nachgekommen wäre.[58] In diesem Fall hätte der Besteller den Vertrag gemäß § 650 Abs. 1 BGB kündigen können und der Unternehmer gemäß § 645 BGB lediglich einen Teil der vertraglich vereinbarten Vergütung entsprechend der bis zur fiktiven Kündigung geleisteten Arbeit und Ersatz der in der entsprechenden Vergütung nicht inbegriffenen Auslagen verlangen können. 30

Ob von der Ausübung des entsprechenden Kündigungsrechtes seitens des Bestellers mit den entsprechenden Vergütungsfolgen für den Unternehmer bei rechtzeitiger Anzeige auszugehen ist, ist Tatfrage. Hätte der Besteller auch bei einer Anzeige den Vertrag nicht gekündigt, besteht mangels Kausalität keine Verpflichtung zum Schadensersatz.[59] 31

---

52 OLG Frankfurt, Urt. v. 11.01.1984, 17 U 255/82, BauR 1985, 207.
53 *Schenk*, NZBau 2001, 470, 471; Kniffka/*von Rintelen*, IBR-Online-Kommentar, § 650 Rn. 26.
54 Kniffka/*von Rintelen*, IBR-Online-Kommentar, § 650 Rn. 21 und Rn. 27.
55 MüKo-BGB/*Busche*, § 650 Rn. 19; Staudinger/Peters/*Jacoby*, § 650 Rn. 36.
56 Kniffka/*von Rintelen*, IBR-Online-Kommentar, § 650 Rn. 38.
57 Kniffka/*von Rintelen*, IBR-Online-Kommentar, a.a.O.
58 OLG Naumburg, Urt. v. 26.05.2009, 9 U 132/08, IBR 2011, 6; OLG Celle, Urt. v. 06.07.2000, 22 U 108/99, BauR 2000, 1493, 1494; OLG Celle, Urt. v. 03.04.2003, 22 U 179/01 (6 ZS), BauR 2003, 1224, 1226; OLG Frankfurt, Urt. v. 12.01.1984, 17 U 255/82, BauR 1985, 207.
59 OLG Frankfurt, Urt. v. 18.10.1988, 14 U 80/87, NJW-RR 1989, 209, 210; OLG Naumburg, Urt. v. 26.05.2009, 9 U 132/8, stellt wohl allein auf die Möglichkeit des Bestellers zur außerordentlichen

32 Ein Schadensersatzanspruch des Bestellers besteht auch dann nicht, wenn der Besteller die Überschreitung des Voranschlages kannte oder sie auf seinen Weisungen beruhte.[60] Im ersten Fall besteht schon keine Anzeigepflicht des Unternehmers, vgl. Rdn. 24. Im zweiten Fall ist i.d.R. von einem die Haftung des Unternehmers auszuschließenden Mitverschulden des Bestellers auszugehen, vgl. Rdn. 38.[61]

2. Bemessung des Schadens und der dem Unternehmer zustehenden Vergütung

33 Wenn feststeht, dass der Besteller bei rechtzeitiger, gemäß § 650 Abs. 2 BGB gebotener Anzeige einer wesentlichen Kostensteigerung von seinem Sonderkündigungsrecht gemäß § 650 Abs. 1 BGB Gebrauch gemacht hätte, so ist streitig, wie der Schadensersatzanspruch zu bemessen ist.

a) Vergütungsbezogene Schadensbetrachtung

34 Zum Teil wird vertreten, dass dem Unternehmer bei schuldhafter Verletzung der Anzeigepflicht höchstens ein Vergütungsanspruch in Höhe des Kostenanschlages zzgl. dessen zulässiger Überschreitung zustehe, unabhängig davon, welchen Wertzuwachs der Besteller durch die unter schuldhaftem Verstoß gegen die Anzeigepflicht fortgesetzten Arbeiten des Unternehmers erlangt hat.[62]

b) Schadensbemessung nach allgemeinen Grundsätzen

35 Dem ist die Rechtsprechung jedoch nicht gefolgt. Maßgebend sind vielmehr die allgemeinen Grundsätze des Schadensrechtes. Danach ist für die Berechnung eines Schadens der im Falle der Ausübung des Sonderkündigungsrechtes gemäß § 645 BGB geschuldete Vergütungsbetrag maßgebend. Demgegenüber zu stellen ist jedoch im Wege der Vorteilsausgleichung die Wertsteigerung des Baugrundstücks durch die nach der unterlassenen Kündigung erbrachten Leistungen des Unternehmers.[63]

c) Normative Schadensbetrachtung im Einzelfall

36 Im Rahmen der Vorteilsausgleichung müssen allerdings auch wertende Gesichtspunkte berücksichtigt werden. Insofern ist zu Lasten des Unternehmers zu berücksichtigen, wenn der Besteller unter keinen Umständen in der Lage ist, das Werk zu den überhöhten Kosten vollständig zu finanzieren, so dass davon auszugehen ist, dass der Besteller bei rechtzeitiger Information das Werk aufgegeben hätte. In diesem Falle kann der Besteller den Schaden in der Weise geltend machen, dass er dem Unternehmer den Teil des Werkes zur Verfügung stellt, der nach der gebotenen, aber unterlassenen Anzeige gemäß § 650 Abs. 2 errichtet worden ist, und diesen Teil nicht bezahlt. Voraussetzung ist jedoch, dass das Teilwerk zur Verfügung gestellt werden kann.[64] Dies wird in aller Regel jedoch nicht möglich sein.[65]

37 Im Übrigen ist auch bei der Ermittlung des im Wege der Vorteilsausgleichung maßgeblichen Verkehrswertes der Bauwerkleistungen nach Unterlassen der gebotenen Anzeige zu differenzieren. Maßgeblich muss nicht die zwischen den Parteien vereinbarte Vergütung oder die übliche Vergü-

---

Kündigung gem. § 650 Abs. 1 BGB ab, was zweifelhaft erscheint, vgl. Praxishinweis *von Rintelen*, IBR 2011, 6.
60 OLG Celle, Urt. v. 03.04.2003, 22 U 179/01 (6 ZS); BauR 2003, 1224, 1226; Palandt/*Sprau*, § 650 Rn. 3; Kniffka/*von Rintelen*, IBR-Online-Kommentar, § 650 Rn. 33.
61 Palandt/*Sprau*, § 650 Rn. 3.
62 *Schenk*, NZBau 2001, 470, 473; Palandt/*Sprau*, § 650 Rn. 3.
63 OLG Celle, Urt. v. 03.04.2003, 22 U 179/01, BauR 2003, 1224, 1226 f.; OLG Frankfurt, Urt. v. 18.10.1988, 14 U 80/87, NJW-RR 1989, 209, 210; anders noch OLG Frankfurt, Urt. v. 11.01.1984, 17 U 255/82, BauR 1985, 207, 209.
64 Vgl. OLG Frankfurt, Urt. v. 11.01.1984, 17 U 255/82, BauR 1985, S. 207, 208.
65 OLG Frankfurt, a.a.O.; Kniffka/*von Rintelen*, IBR-Online-Kommentar, § 650 Rn. 32.

tung sein. Vielmehr kann die Wertsteigerung nach den Aufwendungen zu bemessen sein, die der Besteller gehabt hätte, wenn er das Werk anderweitig hätte fertigstellen lassen oder die weiteren Arbeiten selbst oder mit Nachbarschaftshilfe fortgesetzt hätte. In diesem Falle ist auf die geringer zu bewertenden Eigenhilfearbeiten abzustellen und nicht auf den üblichen Werklohn.[66]

d) Mitverschulden des Bestellers

Hat der Besteller zwar die Kostensteigerung nicht erkannt, beruht diese Unkenntnis jedoch auf einem Verstoß gegen die Sorgfaltspflichten des Bestellers in eigener Sache oder auf Weisungen des Bestellers, ist dem Besteller ein den Schadensersatzanspruch minderndes Mitverschulden entgegenzuhalten,[67] mit der Folge entsprechender Kürzungen des Schadensersatzanspruches bis zum vollständigen Wegfall des Anspruches bei einem besonders schwerwiegenden Verschulden des Bestellers. Dem Besteller obliegt aber nicht, von dem Unternehmer zur Abzeichnung vorgelegte Tagelohnzettel mit dem Kostenanschlag abzugleichen.[68] 38

VIII. Darlegungs- und Beweislast

1. Verletzung der Anzeigepflicht

a) Pflichtverletzung des Unternehmers

Der Besteller trägt die Darlegungs- und Beweislast bezüglich der Verletzung der Anzeigepflicht durch den Unternehmer.[69] Dies betrifft zunächst die Höhe der ursprünglich erwarteten Kosten und deren sicher zu erwartende Überschreitung. Der Besteller trägt auch die Beweislast für den Zeitpunkt, zu dem die Anzeige hätte erfolgen müssen.[70] Insofern kommt es darauf an, wann eine wesentliche Überschreitung der veranschlagten Kosten für den Unternehmer erkennbar war, vgl. Rdn. 24. Es geht hierbei um Elemente des Verschuldensvorwurfs, den zu entkräften grundsätzlich dem Unternehmer obliegt,[71] vgl. nachfolgend Rdn. 40. Dies rechtfertigt es, dem Besteller Beweiserleichterungen zukommen zu lassen. Der Besteller genügt insofern seiner Erstdarlegungslast, wenn er die Kostenentwicklung darlegt. Der Unternehmer muss demgegenüber darlegen, warum diese Kostenentwicklung für ihn nicht erkennbar war, und wie er sie überwacht hat.[72] Im Hinblick auf eine die Anzeigepflicht des Unternehmers ausschließende Kenntnis des Bestellers von der wesentlichen Kostenüberschreitung, vgl. Rdn. 24, dürfte die Darlegungs- und Beweislast, zumindest eine qualifizierte Erstdarlegungslast, ebenfalls beim Unternehmer liegen. 39

b) Verschulden des Unternehmers

Entsprechend § 280 Abs. 1 S. 2 BGB hat der Unternehmer den Verschuldensvorwurf zu entkräften und im Hinblick auf die Verletzung der Anzeigepflicht entkräftende Umstände darzulegen und zu beweisen.[73] 40

---

66 Kniffka/*von Rintelen*, IBR-Online-Kommentar, § 650 Rn. 31, a.A. OLG Celle, Urt. v. 06.07.2000, 22 U 108/99, BauR 2000, 1493, 1494.
67 Kniffka/*von Rintelen*, IBR-Online-Kommentar, § 650 Rn. 33.
68 OLG Frankfurt, Urt. v. 11.01.1984, 17 U 255/82; BauR 1985, 207, 208.
69 Baumgärtel/*Kessen*, § 650 Rn. 3; Messerschmidt/Voit/*Oberhauser*, § 650 Rn. 14; MüKo-BGB/*Busche*, § 650 Rn. 17.
70 Baumgärtel/*Kessen* a.a.O.
71 Baumgärtel/*Kessen* a.a.O.
72 Baumgärtel/*Kessen* a.a.O.; MüKo-BGB/*Busche*, § 650 Rn. 17.
73 Baumgärtel/*Kessen* a.a.O.; MüKo-BGB/*Busche*, § 650 Rn. 17.

c) Mitverschulden des Bestellers

41 Die Darlegungs- und Beweislast für ein Mitverschulden des Bestellers liegt ebenfalls beim Unternehmer.[74]

2. Schaden

a) Schadenshöhe und Schadensursache

42 Der Besteller trägt die Darlegungs- und Beweislast für den ihm entstandenen Schaden und dessen Verursachung durch das Unterlassen oder die Verspätung der gebotenen Anzeige des Unternehmers.[75]

b) Beweiserleichterungen für Besteller

43 Zum Teil wird die Auffassung vertreten, dass eine Vermutung für eine außerordentliche Kündigung des Vertrages gemäß § 650 Abs. 1 BGB mit der Vergütungsfolge des § 645 Abs 1 BGB bestünde.[76] Ein dahingehender Erfahrungssatz kann jedoch nicht angenommen werden. Es sind vielmehr alle Umstände im Einzelfall zu würdigen.[77] Insofern können dem Besteller allenfalls Beweiserleichterungen im Hinblick auf seine Behauptung zu Gute kommen, dass er den Bauwerkvertrag im Falle einer pflichtgemäß rechtzeitigen Anzeige seitens des Unternehmers gemäß § 650 Abs. 1 BGB außerordentlich gekündigt hätte.[78] So soll eine plausible Darlegung seitens des Bestellers genügen.[79] Ebenso kann es genügen, wenn der Besteller belegt, dass er mit den ihm zur Verfügung stehenden Mitteln die nicht vereinbarte Kostensteigerung nicht hätte finanzieren können.[80]

c) Vorteilsausgleichung durch Werterhöhung

44 Die Darlegungs- und Beweislast für die im Wege der Vorteilsausgleichung anzurechnende Werterhöhung infolge der Fortsetzung der Bauleistungen nach Unterlassen der gebotenen Anzeige liegt beim Unternehmer.[81]

IX. Über § 650 Abs. 2 BGB hinausgehende Pflichtverletzungen des Unternehmers im Zusammenhang mit der Kostenentwicklung des Bauvorhabens

1. Unzutreffender Kostenanschlag

45 Ein schuldhaft fehlerhafter Kostenanschlag des Unternehmers kann zu einer Schadensersatzhaftung auf Grund vorvertraglichen Verschuldens gemäß §§ 282, 241 Abs. 2, 311 Abs. 2 BGB führen.[82]

---

74 Vgl. OLG Celle, Urt. v. 03.04.2003, 22 U 179/01 (6 ZS), BauR 2003, 1224, 1226.
75 Baumgärtel/*Kessen*, § 650 Rn. 4/MüKo-BGB/*Busche*, § 650 Rn. 17; Messerschmidt/Voit/*Oberhauser*, § 650 Rn. 14.
76 Vgl. OLG Frankfurt, Urt. v. 18.10.1988, 14 U 80/87, NJW-RR 1989, 209, 210; Palandt/*Sprau*, § 650 Rn. 3.
77 Kniffka/*von Rintelen*, IBR-Online-Kommentar, § 650 Rn. 29; Baumgärtel/*Kessen*, § 640 Rn. 4; Schenk NZ Bau 2001, 470, 472.
78 Vgl. OLG Frankfurt, Urt. v. 11.01.1984, 17 U 255/82, BauR 1985, 207, a.A. Kniffka/*von Rintelen*, IBR-Online-Kommentar, § 650 Rn. 29.
79 OLG Frankfurt, Urt. v. 11.01.1984, 17 U 255/82, BauR 1985, 207, 208.
80 Baumgärtel/*Kessen*, § 650 Rn. 4.
81 Baumgärtel/*Kessen*, § 650 Rn. 4.
82 OLG Frankfurt, Urt. v. 18.10.1988, 14 U 80/87, NJW-RR 1989, 209, 210; OLG Köln, Urt. v. 05.09.1997, 19 U 238/94, NJW-RR, 1998, 548 (LS.); Kniffka/*von Rintelen*, IBR-Online-Kommentar, § 650 Rn. 34; MüKo-BGB/*Busche*, § 650 Rn. 13.

2. Pflicht zum Hinweis auf Kostensteigerungen auch ohne Kostenanschlag

Streitig ist, ob der Unternehmer verpflichtet ist, auch ohne Vorlage eines Kostenanschlages oder außerhalb des Gegenstandes eines Kostenanschlages den Besteller auf erhebliche Kostensteigerungen hinzuweisen. 46

a) Hinweispflicht auf Grund vertraglicher Vereinbarung

Nach einer Auffassung wird § 650 BGB als abschließende gesetzliche Regelung im Hinblick auf die Pflicht des Unternehmers zur Anzeige von Kostensteigerungen betrachtet. Nur bei entsprechender Vereinbarung zwischen den Parteien des Bauwerkvertrages soll eine über § 650 Abs. 2 BGB hinausgehende Pflicht des Unternehmers bestehen, den Besteller auf Kostensteigerungen des Bauvorhabens hinzuweisen. Allerdings könne sich eine solche Vereinbarung auch stillschweigend aus den besonderen Umständen des Einzelfalls ergeben.[83] 47

b) Hinweispflicht auf Grund bauwerkvertraglicher Kooperationspflicht

Nach Rechtsprechung und herrschender Meinung begründet die dem Bauwerkvertrag als Langzeitvertrag immanente Kooperationspflicht, unabhängig von einer entsprechenden Vereinbarung, eine Pflicht des Unternehmers zur Ankündigung von Mehrvergütungsansprüchen bei unvorhergesehenen Kostensteigerungen,[84] vgl. § 632 Rdn. 207. Auch die Gegenmeinung nimmt im Einzelfall, auch ohne entsprechende Vereinbarung, eine Pflicht des Unternehmers an, ganz erhebliche Kostensteigerungen, mit denen der Besteller erkennbar nicht gerechnet hat und auch nicht rechnen musste, anzuzeigen.[85] Ebenso wie im Hinblick auf die Beurteilung der Wesentlichkeit der Überschreitung des Kostenanschlages gemäß § 650 BGB ist insofern jedoch die Bemessung der maßgeblichen Kostengrenze nach festen Prozentsätzen nicht zuzulassen, vgl. Rdn. 12. 48

3. Allgemeine Pflicht zur Kostenminimierung

Schließlich ist der Unternehmer verpflichtet, im Zuge der Durchführung des Bauvorhabens die Baukosten im Rahmen der Erforderlichkeit zur Erreichung des vertraglich geschuldeten Erfolges so gering wie möglich zu halten, vgl. § 632 Rdn. 163 zum Stundenlohnvertrag.[86] Das OLG Hamm nimmt sogar im Rahmen eines »Wirtschaftlichkeitspostulats« die Pflicht des Unternehmers an, den Besteller auf wirtschaftlich unsinnige Aufträge hinzuweisen.[87] 49

4. Pflicht zur Anzeige von Kosteneinsparungen?

Teilweise wird in Anlehnung an § 650 Abs. 2 BGB eine Pflicht des Unternehmers zur Anzeige gegenüber dem Besteller angenommen, wenn es zu unerwarteten Einsparungen der vorgesehenen Kosten kommt oder solche möglich erscheinen.[88] Gegen die Anwendbarkeit des § 650 Abs. 2 BGB spricht jedoch, dass dieser ausdrücklich nur Kostenüberschreitungen behandelt. 50

Allerdings kann sich auf Grund (stillschweigender) vertraglicher Vereinbarungen oder auf Grund der bauwerkvertraglichen Kooperationspflicht der Vertragsparteien eine Verpflichtung des Unter- 51

---

83 Messerschmidt/Voit/*Oberhauser*, § 650 Rn. 17; MüKo-BGB/*Busche*, § 650 Rn. 15.
84 BGH, Urt. v. 23.05.1996, VII ZR 245/94; BauR 1996, 542, 543; OLG Köln, Urt. v. 16.01.1998, 19 U 98/97, NJW-RR 1998, 1429; Kniffka/*von Rintelen*, IBR-Online-Kommentar, § 650 Rn. 35.
85 Messerschmidt/Voith/*Oberhauser*, § 650 Rn. 18.
86 BGH, Urt. v. 17.04.2009, VII ZR 164/07, BauR 2009, 1162, 1167; BGH, Urt. v. 28.08.2009, VII ZR 74/06, BauR 2009, 1291, 1293, BGH, Urt. v. 01.02.2000, X ZR 198/97, BauR 2000, 1196, 1197, jeweils zum Stundenlohnvertrag; OLG Hamm, Urt. v. 20.03.1992, 26 U 155/91, NJW-RR 1992, 1329; Kniffka/*von Rintelen*, IBR-Online-Kommentar, § 650 Rn. 36.
87 OLG Hamm, Urt. v. 20.03.1992, 26 U 155/91, NJW-RR 1992, 1329, 1330.
88 Staudinger/*Peters/Jacoby*, § 650 Rn. 9; dagegen Kniffka/*von Rintelen*, IBR-Online-Kommentar, § 650 Rn. 27.

nehmers ergeben, auf nicht erwartete Kosteneinsparungen hinzuweisen, damit der Besteller auf Grund dessen entsprechende finanzielle Dispositionen treffen kann.[89] Die Pflicht, auf mögliche Kosteneinsparungen hinzuweisen, ergibt sich bereits aus der allgemeinen vertraglichen Verpflichtung des Unternehmers, die Baukosten im Rahmen der Erforderlichkeit zur Erreichung des geschuldeten Erfolges so gering wie möglich zu halten, vgl. Rdn. 49.

§ 651 Anwendung des Kaufrechts

Auf einen Vertrag, der die Lieferung herzustellender oder zu erzeugender beweglicher Sachen zum Gegenstand hat, finden die Vorschriften über den Kauf Anwendung. § 442 Abs. 1 Satz 1 findet bei diesen Verträgen auch Anwendung, wenn der Mangel auf den vom Besteller gelieferten Stoff zurückzuführen ist. Soweit es sich bei den herzustellenden oder zu erzeugenden beweglichen Sachen um nicht vertretbare Sachen handelt, sind auch die §§ 642, 643 645, 649 und 650 mit der Maßgabe anzuwenden, dass an die Stelle der Abnahme der nach den §§ 446 und 447 maßgebliche Zeitpunkt tritt.

Schrifttum

Hildebrandt Anmerkung zur Entscheidung BGH vom 23.02.2005, VIII ZR 100/04, IBR 2005, 249; *Konopka/Acker* Schuldrechtsmodernisierung – Anwendungsbereich des § 651 BGB im Bau- und Anlagenbauvertrag, BauR 2004, 251; *Leistner* Die richtige Auslegung des § 651 BGB im Grenzbereich von Kaufrecht und Werkvertragsrecht, JA 2007, 81; *Leupertz* Baustofflieferung und Baustoffhandel: Im juristischen Niemandsland, BauR 2006, 1648; *Mankowski* Werkvertragsrecht – Die Neuerungen durch § 651 BGB und der Abschied von Werklieferungsvertrag, MDR 2003, 854; *Metzger* Der neue § 651 BGB – Primat des Kaufrechts oder restriktive Auslegung?, AcP 204 (2004), 231; *Popescu* Der Anwendungsbereich des § 651 BGB im Lichte der BGH- und EuGH-Rechtsprechung, BauR 2010, 1485; *Preussner* Das neue Werkvertragsrecht im BGB 2002, BauR 2002, 231; *Rudolph* Die Abgrenzung zwischen Kauf- und Werkvertragsrecht gemäß § 651 BGB, 2009; *Schuhmann* Werkvertrag oder Kaufvertrag? – § 651 BGB im Lichte der Verbrauchsgüterkaufrichtlinie, ZGS 2005, 250; *Sienz* Die Neuregelungen im Werkvertragsrecht nach dem Schuldrechtsmodernisierungsgesetz, BauR 2002, 181; *Thode* Die wichtigsten Änderungen im BGB-Werkvertragsrecht – Schuldrechtsmodernisierungsgesetz und erste Probleme – Teil 2, NZBau 2002, 360; *ders.* EG-Richtlinie zu bestimmten Aspekten des Verbrauchsgüterkaufs und der Garantien für Verbrauchsgüter – Ihre Auswirkungen auf das deutsche Werkvertragsrecht –, ZfBR 2000, 363; *Voit* Die Änderungen des allgemeinen Teils des Schuldrechts durch das Schuldrechtsmodernisierungsgesetz und ihre Auswirkungen auf das Werkvertragsrecht, BauR 2002, 145; *ders.* Die Bedeutung des § 651 BGB im Baurecht nach der Schuldrechtsmodernisierung, BauR 2009, 369.

Übersicht

		Rdn.
A.	Grundlagen	1
B.	Voraussetzungen	6
I.	Bewegliche Sache	6
II.	Lieferung herzustellender oder zu erzeugender Sachen	10
	1. Herzustellende oder zu erzeugende Sachen	10
	2. Lieferung	13
	3. Vertretbare Sache	14
III.	Anwendung auf Bauvertragstypen	15
	1. Verträge ohne Herstellungspflichtung	15
	2. Baukaufrecht	16
	3. Verträge mit Herstellungsverpflichtung	18

		Rdn.
	4. Bearbeitungsverträge	19
	5. Einbau von beweglichen Sachen in ein Bauwerk	20
	6. Verträge mit Liefer- und Herstellungsverpflichtung	23
	7. Geistige Leistungen	24
C.	Rechtsfolgen	25
I.	Kaufrecht, »Kaufrecht plus« oder Werkvertragsrecht	25
II.	Verbleibende Unterschiede zwischen der werk- und kaufvertraglichen Qualifikation	27
	1. Fehlende Mitwirkung des Bestellers/Käufers im Herstellungsprozess	27

---

[89] Vgl. *Kniffka*, IBR-Online-Kommentar, Stand 26.05.2009, § 650 Rn. 27 am Ende.

	Rdn.		Rdn.
2. Ablehnung bei geringfügigen Abweichungen	28	9. Wahlrecht des Käufers hinsichtlich der Art der Nacherfüllung	36
3. Verantwortung für die zur Verfügung gestellten Stoffe	29	10. Erfüllungsort der Nachlieferung	37
4. Gefahrtragung	31	11. Nebenkosten der Nachlieferung (Vor- und Nacharbeiten)	38
5. Abnahme	32	12. Kein Recht zur Selbstvornahme	39
6. Fälligkeit der Gegenleistung	33	13. Sicherheiten	40
7. Kaufmännische Rügepflicht	34	14. Verjährung	41
8. Haftung für Werbeaussagen des Herstellers	35		

A. Grundlagen[1]

Die Vorschrift des § 651 BGB wurde durch das Schuldrechtsmodernisierungsgesetz[2] neu gefasst und ersetzt die alte Regelung des sogenannten Werklieferungsvertrages. Zweck der Neuregelung des § 651 BGB war es in erster Linie, eine klarere und einfachere Abgrenzung zwischen Kauf- und Werkvertragsrecht zu erreichen.[3] Durch die Neufassung des § 651 BGB ist der Gesetzgeber den Vorgaben der Verbrauchsgüterkaufrichtlinie[4] nachgekommen. Nach Art. 1 Abs. 4 VerbrGKRL gelten Verträge über die Lieferung herzustellender oder zu erzeugender Verbrauchsgüter als Kaufverträge. Hierunter fallen sowohl Verträge über vertretbare als auch nicht vertretbare Sachen. Der Begriff Verbrauchsgüter wird in Art. 1 Abs. 1 lit. b VerbrGKRL als bewegliche körperliche Gegenstände definiert Der Richtliniengeber hat sich bei Art. 1 Abs. 4 VerbrGKRL an Art. 3 CISG[5] orientiert. 1

Alle Verträge über die Lieferung herzustellender oder zu erzeugender beweglicher Sachen, die nach dem 01.01.2002 geschlossen wurden, werden durch die Verweisung in § 651 BGB dem Kaufvertragsrecht unterstellt. Dadurch kommt es im Vergleich zur früheren Rechtslage zu einer erheblich weiter reichenden Anwendung von Kaufrecht. Die Neuregelung ist im deutschen Recht im Gegensatz zu den Vorgaben der Richtlinie, vgl. Art. 2 Abs. 1 i.V.m. Art. 1 Abs. 2 lit. c VerbrGKRL, nicht auf Verträge zwischen Unternehmern und Verbrauchern (sog. Verhältnis »B2C« für *business-to-consumer*) beschränkt, sondern umfasst auch Verträge zwischen Unternehmern (»B2B«) sowie Verträge im privaten Umfeld. Dies soll der Rechtsklarheit und der Einheitlichkeit der Rechtsanwendung dienen. Ist die herzustellende oder die zu erzeugende bewegliche Sache nicht vertretbar, so kommen gem. § 651 Satz 3 BGB die Vorschriften des Werkvertragsrechts ergänzend zur Anwendung. Werkvertragsrecht tritt also selbst bei nicht vertretbaren Sachen allenfalls ergänzend neben das Kaufrecht und nicht verdrängend an dessen Stelle.[6] Die Haftung für Sach- und Rechtsmängel bestimmt sich demgegenüber auch bei nicht vertretbaren Sachen nach Kaufrecht.[7] 2

Entscheidendes Abgrenzungskriterium für die Anwendbarkeit von § 651 BGB ist, ob es sich bei der herzustellenden oder der zu liefernden Sache um eine bewegliche oder unbewegliche Sache 3

---

[1] Für die wertvolle Unterstützung bei der Vorbereitung und Erstellung des Manuskripts danke ich Frau ass.iur. *Grete Langjahr*.
[2] Gesetz zur Modernisierung des Schuldrechts v. 26.11.2001 (BGBl, I S. 3138), in Kraft getreten am 01.01.2002.
[3] BT-Drucks. 14/6040, 268.
[4] Richtlinie 1999/44/EG des Europäischen Parlaments und des Rates vom 25.05.1999 zu bestimmten Aspekten des Verbrauchsgüterkaufs und der Garantien für Verbrauchsgüter, ABl. EG 1999 Nr. L 171/12.
[5] Convention on Contracts for the International Sale of Goods (Übereinkommen der Vereinten Nationen über Verträge über den internationalen Warenkauf von 1980, UN-Kaufrecht).
[6] BGH v. 23.07.2009, VII ZR 151/08, BauR 2009, 1581; *Voit*, BauR 2002, 145, 147; *Mankowski*, MDR 2003, 854, 854.
[7] *Thode*, NZBau 2002, 360, 361.

handelt, da nur im ersteren Fall die Vorschrift greift.[8] Die Lieferung beweglicher Sachen richtet sich nach Kaufrecht, dem Werkvertragsrecht unterfallen im Wesentlichen nur noch erfolgsorientierte geistige Leistungen, Reparaturarbeiten an beweglichen Sachen des Bestellers sowie die Errichtung von Bauwerken.[9] Im Gegensatz zu § 651 BGB a.F. unterscheidet § 651 BGB nicht nach der Herkunft des Materials und der Art der herzustellenden Sache.[10] Die Herstellung von vertretbaren Sachen unterfiel nach altem Recht dem Kaufrecht, wenn das Werk aus einem vom Unternehmer zu beschaffenden Stoff herzustellen oder zu liefern war, demgegenüber war Werkvertragsrecht anwendbar, wenn eine nicht vertretbare Sache herzustellen und zu liefern war.[11] Diese Differenzierung wurde aufgegeben.

4 Sind die Vertragsparteien der Ansicht, der zwischen ihnen geschlossene Vertrag unterfalle dem Werkvertragsrecht, und vereinbaren sie auf Grund dieser Annahme einen VOB-Vertrag und zeigt sich anschließend, dass auf den Vertrag gem. § 651 BGB kaufrechtliche Vorschriften anzuwenden sind, so ergeben sich hieraus zahlreiche Folgeprobleme.[12] Eine Vertragswahlvereinbarung wird vom Bundesgerichtshof in ständiger Rechtsprechung als unwirksam angesehen, den Parteien ist es verwehrt, den Vertragstyp festzulegen.[13] Durch die VOB/B sollen im Bereich des Baurechts die Regelungen des Werkvertragsrechts ergänzt werden, um den Besonderheiten des Bauvertrages gerecht zu werden. Eine Vereinbarung der VOB/B im Anwendungsbereich des Kaufrechts ist nicht möglich, da die Mehrheit der Regelungen auf der Grundlage des dispositiven Kaufrechts unwirksam ist.[14]

5 Abweichende Vereinbarungen bei Verträgen zwischen Unternehmern sind in den Grenzen des Kaufrechts möglich. Wurden solche Vereinbarungen in allgemeinen Geschäftsbedingungen getroffen, ist als Leitbild nach § 307 Abs. 1 BGB nicht nur das Kaufrecht heranzuziehen, sondern es muss bei der Überprüfung der Klauseln den Besonderheiten des § 651 BGB Rechnung getragen werden.[15] Bei Verbraucherverträgen steht abweichenden Vereinbarungen die Vorschrift des § 475 BGB entgegen.[16]

B. Voraussetzungen

I. Bewegliche Sache

6 Von § 651 BGB werden nur Verträge über die Lieferung von beweglichen Sachen erfasst. Nicht unter diese Vorschrift fallen somit Verträge über unbewegliche Sachen.

7 Der Begriff »beweglich« wird im nationalen Recht nicht legal definiert. Nach herrschender Meinung sind Sachen beweglich, wenn sie nicht Grundstücke, den Grundstücken gleichgestellt oder Grundstücksbestandteile sind.[17] Unbeweglich sind im Umkehrschluss somit nur Grundstücke und Grundstücksbestandteile. Unter Grundstücksbestandteile fallen nach § 94 Abs. 1 Satz 1 BGB die mit dem Grund und Boden fest verbundenen Sachen, insbesondere Gebäude. Dazu gehören z.B. massive Wohnhäuser, Fertighäuser, Blockhäuser, sofern sie mit ihrem Fundament fest mit dem Erdboden verbunden sind, sowie Fertiggaragen.[18] Keine wesentlichen Bestandteile des

---

8 Messerschmidt/Voit/*Messerschmidt/Ledig*, § 651 Rn. 4.
9 BT-Drucks. 14/6040, 268.
10 Palandt/*Sprau*, BGB § 651 Rn. 1.
11 Kniffka/*Jansen*, IBR-Online-Kommentar, § 651 Rn. 1.
12 *Thode*, NZBau 2002, 360, 362; Messerschmidt/Voit/*Messerschmidt/Ledig*, § 651 Rn. 5.
13 BGH v. 25.06.2002, X ZR 83/00, NJW 2002, 3317; v. 21.01.2003, X ZR 261/01, NZBau 2003, 275.
14 *Thode*, NZBau 2002, 360, 362.
15 MüKo-BGB/*Busche*, § 651 Rn. 1.
16 Vgl. Palandt/*Sprau*, BGB § 651 Rn. 1.
17 RG v. 02.06.1915, V 19/15, RGZ 87, 43, 51; MüKo-BGB/*Holch*, § 90 Rn. 13; Palandt/*Ellenberger*, BGB v. § 90 Rn. 3.
18 MüKo-BGB/*Holch*, § 94 Rn. 6.

Grundstücks liegen dann vor, wenn die Sachen jederzeit zerlegt oder anderwärts wieder aufgestellt werden können.[19] Der Begriff der beweglichen Sache in § 651 BGB wird von Teilen der Literatur als Verweis auf die §§ 90 ff. BGB gesehen.[20] Folgt man dieser Auffassung, so wären Verträge über Sachen, welche rechtlich keine wesentlichen Grundstücksbestandteile sind (Scheinbestandteile), nunmehr dem Kaufrecht zuzuordnen. Scheinbestandteile werden zwar nach sachenrechtlichen Maßstäben als bewegliche Sache angesehen, bei Bauwerken entspricht dies jedoch nicht der natürlichen Anschauung.[21] Dies hätte zur Folge, dass die Errichtung von Bauwerken unter § 651 BGB fallen würde, soweit das Bauwerk nur Scheinbestandteil des Grundstückes wird.[22] Im Baubereich würde dies beispielsweise Bauwerke betreffen, welche auf Grund eines Erbbaurechts auf einem Grundstück oder auf gepachtetem Grund errichtet wurden. Nach dem Willen des Gesetzgebers, sollte die Errichtung von Bauwerken jedoch dem Werkvertragsrecht unterfallen,[23] unabhängig davon, ob das Bauwerk sachenrechtlich zum Bestandteil des Grundstückes wird oder nicht.[24]

Es ist stets zu berücksichtigen, dass der Begriff der beweglichen Sache im Rahmen des § 651 BGB auf unionsrechtlichen Vorgaben beruht. Verbrauchsgüter werden danach als bewegliche körperliche Gegenstände definiert. Der Begriff ist – jedenfalls im Anwendungsbereich der Verbrauchsgüterkaufrichtlinie – richtlinienkonform auszulegen. Eine Auslegung allein anhand des nationalen Rechts verbietet sich somit. Der Begriff der beweglichen Sache wird in der Richtlinie zwar nicht definiert, sondern in Art. 1 Abs. 2 lit. b vorausgesetzt. Gemäß EGr. 2 zielt die Richtlinie aber auf den Schutz des freien Warenverkehrs, der nicht nur den gewerblichen Handel, sondern auch Privatpersonen betrifft. Deshalb muss es Verbrauchern aus einem Mitgliedstaat möglich sein, auf der Grundlage angemessener einheitlicher Mindestvorschriften über den Kauf von Verbrauchsgütern im Hoheitsgebiet eines anderen Mitgliedstaats frei einzukaufen. Die Grenze überschreiten können nur Mobilien. Die Richtlinie ist auf den Mobilienkauf ausgerichtet und erfasst daher als Verbrauchsgüter nur diejenigen Gegenstände, welche auch als Mobilie verkauft werden können. Darunter fallen Bauwerke als solche nicht.[25] Sinn und Zweck der Richtlinie sprechen dafür, dass nur physisch bewegliche Gegenstände erfasst werden sollen.[26] Andererseits können Verträge erfasst werden, die traditionell als Werkverträge qualifiziert wurden, wenn und weil natürlich mobile Bestandteile vom Unternehmer hergestellt und über die Grenze verkauft werden (vgl. dazu noch u. Rdn. 23). 8

Es ist daher nicht auf die sachenrechtliche Beurteilung abzustellen, sondern es ist der Auslegung den Vorzug zu geben, welche sich am natürlichen Sprachgebrauch unter Berücksichtigung tatsächlicher Abgrenzungskriterien orientiert. Für den natürlichen Sprachgebrauch liegt eine Abgrenzung nahe, nach der eine bewegliche Sache einen Gegenstand darstellt, welcher tatsächlich weggeschafft werden kann.[27] Beweglich stellt daher das Gegenteil zu ortsgebunden dar. Demnach fallen Grundstücke, Bauwerke, Gebäude und sonstige ähnliche ortsgebundene Sachwerke nicht unter § 651 BGB, unabhängig davon, ob sie nach dem deutschen Sachenrecht als beweglich angesehen werden. 9

---

19 MüKo-BGB/*Holch*, § 94 Rn. 7.
20 MüKo-BGB/*Busche*, § 651 Rn. 3; Bamberger/Roth/*Voit*, § 651 Rn. 2; Erman/*Schwenker*, § 651 Rn. 4.
21 Messerschmidt/Voit/*Messerschmidt/Leidig*, § 651 Rn. 13.
22 *Thode*, ZfBR 2000, 363, 365, 367; *Sienz*, BauR 2002, 181, 190; *Rudolph*, S. 77.
23 BT-Drucks. 14/6040, 267 f.
24 *Metzger*, AcP 204 (2004), 231, 252.
25 *Rudolph*, S. 80.
26 *Schuhmann*, ZGS 2005, 250, 252; *Preussner*, BauR 2002, 231, 241; *Sienz*, BauR 2002, 181, 191.
27 *Metzger*, AcP 204 (2004), 231, 245.

II. Lieferung herzustellender oder zu erzeugender Sachen

1. Herzustellende oder zu erzeugende Sachen

10 Nach dem Wortlaut des § 651 BGB müssen die beweglichen Sachen herzustellen oder zu erzeugen sein. Mithin dürfen sie zum Zeitpunkt des Vertragsschlusses noch nicht existieren. Auf die Lieferung bereits hergestellter oder erzeugter beweglicher Sachen ist Kaufrecht anzuwenden, ohne dass es auf die Verweisungsvorschrift des § 651 BGB ankommt. § 651 BGB ist demgegenüber immer dann anwendbar, wenn den Verkäufer/Hersteller neben seiner Verpflichtung zur Lieferung einer beweglichen Sache bzw. dieser vorgelagert eine Herstellungs- oder Erzeugungsverpflichtung trifft.[28]

11 Unter dem Begriff der Herstellung wird die Schaffung einer neuen Sache verstanden.[29] Der Begriff der Herstellung steht im Gegensatz zur Veränderung einer bereits bestehenden Sache. Daher fallen Arbeiten an bereits existenten Sachen, wie beispielsweise Reparatur-, Wartungs- oder Instandhaltungsarbeiten nicht unter § 651 BGB. Sie sollen nach dem Willen des Gesetzgebers von der Anwendbarkeit des § 651 S. 1 BGB nicht umfasst sein.[30] Das gilt auch dann, wenn die Reparatur nur mit aufwendigen Ersatzteilen möglich ist. Diese Arbeiten bleiben dem Werkvertragsrecht zugeordnet. Die Frage, ob eine Herstellung einer neuen Sache oder eine Reparatur einer alten vorliegt, ist nach der Anschauung der beteiligten Verkehrskreise zu beurteilen. Als Abgrenzungskriterien nicht zu berücksichtigen sind der Wert des zu verwendenden Materials bzw. der für die Reparatur aufgewandten Arbeitsleistung.[31] Bei Sanierungsarbeiten im Baugewerbe ist darüber hinaus zu berücksichtigen, dass diese im Regelfall an Bauwerken, d.h. an unbeweglichen Sachen durchgeführt werden, so dass eine Abgrenzung mangels Anwendbarkeit des § 651 BGB nicht erforderlich ist.[32] Muss der Hersteller/Verkäufer nicht vertretbare Sachen herstellen oder erzeugen, so können den Besteller nach §§ 651 Satz 3, 642 BGB Mitwirkungspflichten treffen.

12 Unter der Erzeugung beweglicher Sachen ist die Urproduktion zu verstehen.[33] Dies bedeutet die Schaffung von etwas Neuem nicht aus eigener Kraft, sondern mittels der Natur. Hierunter fallen insbesondere landwirtschaftliche Erzeugnisse und Rohstoffe, welche noch weiterverarbeitet werden müssen.[34]

2. Lieferung

13 Die Lieferung setzt voraus, dass der Unternehmer/Verkäufer dem Besteller/Käufer die Sache endgültig und dauerhaft überlässt. Diese Verpflichtung besteht sowohl für Kaufverträge, als auch für Werkverträge.[35] Sowohl der Unternehmer als auch der Verkäufer sind verpflichtet, alle Handlungen vorzunehmen, um dem Käufer/Besteller die Sache zu verschaffen. Das Tatbestandsmerkmal trägt daher zur Abgrenzung nicht bei. Der Unternehmer/Verkäufer ist stets verpflichtet, dem Käufer/Besteller das Eigentum an der Sache zu verschaffen, sofern ein Eigentumsübergang noch nicht kraft Gesetzes stattgefunden hat. Für die Anwendbarkeit des § 651 BGB ist damit allein maßgeblich, ob die Sache im Zeitpunkt der Lieferung beweglich ist.

---

28 Messerschmidt/Voit/*Messerschmidt/Leidig*, § 651 Rn. 20.
29 Bamberger/Roth/*Voit*, § 651 Rn. 5; Staudinger/*Peters/Jacoby*, § 651 Rn. 7; Erman/*Schwenker*, § 651 Rn. 8.
30 BT-Drucks. 14/6040, 268.
31 Bamberger/Roth/*Voit*, § 651 Rn. 5.
32 Messerschmidt/Voit/*Messerschmidt/Leidig*, § 651 Rn. 20.
33 Staudinger/*Peters/Jacoby*, § 651 Rn. 12.
34 MüKo-BGB/*Busche*, § 651 Rn. 6; AnwK-BGB/*Raab*, § 651 Rn. 18; *Rudolph*, S. 97.
35 *Rudolph*, S. 98.

3. Vertretbare Sache

§ 651 S. 3 BGB differenziert zwischen vertretbaren oder nicht vertretbaren Sachen. Diese Unterscheidung ist in den Vorgaben der Richtlinie nicht enthalten.[36] Dennoch kann die Regelung für richtlinienkonform gehalten werden, da sie innerhalb des gegenständlichen Anwendungsbereichs der Richtlinie die Rechte des Verbraucher-Käufers entweder erweitert (Einräumung des Kündigungsrechts; Kostenanschlag), was Art. 8 VerbrGKRL ausdrücklich gestattet, oder an Mitwirkungsobliegenheiten anknüpft (Entschädigung, Kündigung, Verantwortlichkeit des Bestellers für Leistungshindernis), welche die Richtlinie ebenfalls vorsieht (vgl. Art. 2 Abs. 3 aE VerbrGKRL). 14

III. Anwendung auf Bauvertragstypen

1. Verträge ohne Herstellungsverpflichtung

Die kaufrechtlichen Vorschriften sind bei Verträgen über eine bewegliche Sache, welche keine Herstellungsverpflichtungen, sondern allein Lieferverpflichtungen enthalten, direkt und ohne die Verweisungsvorschrift des § 651 BGB anwendbar, da § 651 BGB Herstellungspflichten voraussetzt.[37] Darunter fallen die Lieferung von Baustoffen wie Kies, Sand oder Beton. Ebenfalls dem Kaufrecht unterfällt die Herstellung einer beweglichen Sache aus Material, welches der Besteller gestellt hat.[38] 15

2. Baukaufrecht

Kaufrecht gelangt ebenfalls zur Anwendung, wenn der Verkäufer eine nicht von ihm selbst hergestellte oder erzeugte bewegliche Sache verkauft. Dies gilt selbst dann, wenn der Verkäufer diese Sache beim Käufer montiert, solange die Montageleistung von untergeordneter Bedeutung ist.[39] In diesem Fall bleibt es beim typischen Umsatzgeschäft, so dass die Montageverpflichtung lediglich als vertragliche Nebenpflicht, teilweise auch als Serviceleistung einzustufen ist.[40] Übernimmt der Hersteller bei einer serienmäßig gefertigten Lichtrufanlage über die Lieferung hinaus die zusätzliche Pflicht, die vom Besteller montierte Anlage in Betrieb zu nehmen und das Personal einzuweisen, dann ist der Vertrag als Kaufvertrag und nicht als Werkvertrag zu qualifizieren. Soll die Montage der Anlage dem Kunden überlassen bleiben, dann hat sich die vertragstypische Hauptleistungspflicht mit der Lieferung der Anlage erschöpft. Die zusätzlichen Pflichten sind dann lediglich Nebenpflichten von untergeordneter Bedeutung, die den Kaufvertrag ergänzen.[41] 16

Für die rechtliche Einordnung des Vertragsverhältnisses ist maßgeblich, auf welcher der beiden Leistungsteile der Schwerpunkt liegt. Wichtige Kriterien der Abgrenzung sind die Art des zu liefernden Gegenstandes und das Wertverhältnis zwischen Lieferung und Montage.[42] Des Weiteren ist den Besonderheiten des geschuldeten Ergebnisses Rechnung zu tragen, welche sich im Baubereich vor allem in der vom Leistungszweck umfassten Funktionalität des vereinbarten Erfolges widerspiegelt. Je mehr die mit dem Warenumsatz verbundene Übertragung von Eigentum und Besitz auf den Besteller/Käufer im Vordergrund steht und je weniger die individuellen Anforderungen des Kunden und die geschuldete Montageleistung des Gesamtbild des Vertragsverhältnisses prägen, desto eher ist die Annahme eines Kaufvertrages geboten.[43] Überwiegt demgegenüber die Montageverpflichtung gegenüber der Lieferung des Materials und prägt der durch die Monta- 17

---

36 *Thode,* NZBau 2002, 360, 361.
37 Messerschmidt/Voit/*Messerschmidt/Leidig,* § 651 Rn. 7.
38 *Mankowski,* MDR 2003, 854, 854.
39 Messerschmidt/Voit/*Messerschmidt/Leidig,* § 651 Rn. 8.
40 Kniffka/*Jansen,* IBR-Online-Kommentar, § 651 Rn. 6.
41 OLG Oldenburg v. 01.10.03, 5 U 57/03, BauR 2004, 1324.
42 BGH v. 03.03.2004, VIII ZR 76/03, BauR 2004, 995.
43 BGH v. 22.07.1998, VIII ZR 220/97, BauR 1999, 39.

ge geschuldete Erfolg den Vertrag, so ist dieser Vertrag wiederum als Werkvertrag einzustufen.[44] Dies wäre beispielsweise dann der Fall, wenn der Vertragsgegenstand eine Anpassung typisierter Einzelteile an die individuellen Wünsche des Bestellers erfordert hätte und eine anderweitige Verwendung nach der Montage nur noch schwer möglich gewesen wäre.[45]

3. Verträge mit Herstellungsverpflichtung

18 Beinhaltet der Vertrag allein eine Herstellungsverpflichtung, ohne dass eine Lieferung geschuldet ist, so ist dieser Vertrag ohne weiteres als Werkvertrag zu qualifizieren (z.B. Anstrich der Fassade).[46] Werkvertragsrecht ist ebenfalls anwendbar bei Verträgen über die Herstellung unbeweglicher Sachen. Klassisches Beispiel hierfür ist die Errichtung eines Einfamilienhauses auf einem Grundstück.[47] Das Bauwerk wird mit dem Grund und Boden des Grundstückes fest verbunden und so gem. §§ 93, 94 Abs. 1 BGB ebenso dessen wesentlicher Bestandteil wie gem. § 94 Abs. 2 BGB die zur Herstellung des Gebäudes eingefügten Sachen.[48] Dies ist wie bereits erörtert, auch dann der Fall, wenn der Bau auf Grund eines Erbbaurechts errichtet wurde und das Gebäude aus diesem Grund nicht wesentlicher Bestandteil des Grundstückes wurde.[49]

4. Bearbeitungsverträge

19 Werkvertragsrecht ist weiter auf Bearbeitungsverträge anzuwenden. Hierunter fallen sowohl Verträge über Arbeiten an Bauwerken, welche die Erhaltung, Wartung oder Reparatur betreffen als auch Verträge über die Umgestaltung, Erneuerung oder Verbesserung bereits existenter Sachen.[50] In Betracht kommen Sanierungsarbeiten oder Erweiterungs- bzw. Umbauarbeiten. Dies gilt sowohl für die Bearbeitung unbeweglicher Sachen, als auch für die Bearbeitung beweglicher Sachen. Bei letzeren fehlt es an den Voraussetzungen der Herstellung und der Lieferung, welche für die Anwendung von § 651 BGB erforderlich sind.[51]

5. Einbau von beweglichen Sachen in ein Bauwerk

20 Bei Verträgen über bewegliche Sachen, welche zur Errichtung oder Sanierung von Immobilien oder zum Einbau in Bauwerke bestimmt sind, stellt sich die Frage, ob diese Verträge über § 651 BGB nach Kaufrecht oder nach Werkvertragsrecht zu beurteilen sind. Vor der Schuldrechtsmodernisierung im Jahr 2002 wurden diese Verträge dem Werkvertragsrecht zugeordnet,[52] sobald es sich um eine nicht vertretbare Sache handelte, unabhängig davon, ob der Unternehmer vertraglich verpflichtet war, die Sache einzubauen.[53] Auch die sachenrechtliche Zuordnung spielte nach Ansicht des Bundesgerichtshofs keine Rolle bei der Frage, ob Werkvertragsrecht anwendbar ist.[54]

21 Nach neuem Recht ist zu differenzieren, ob der Vertrag über die Herstellung von zum Einbau bestimmten Sachen eine Einbauverpflichtung des Unternehmers enthält oder nicht. Enthält dieser keine Einbauverpflichtung, so kann der Vertrag nicht mehr als Werkvertrag qualifiziert werden. Der Unternehmer/Verkäufer schuldet lediglich die Herstellung und die Lieferung einer zum Zeitpunkt der Lieferung beweglichen Sache. Diese Verpflichtung unterfällt über § 651 BGB nunmehr

---

44 *Voit*, BauR 2009, 369, 370; *Leistner*, JA 2007, 81, 89; MüKo-BGB/*Busche*, § 651 Rn. 10.
45 BGH v. 15.02.1990, VII ZR 175/89, BauR 1990, 351.
46 Messerschmidt/Voit/*Messerschmidt/Leidig*, § 651 Rn. 9.
47 Bamberger/Roth/*Voit*, § 651 Rn. 3; MüKo-BGB/*Busche*, § 651 Rn. 9.
48 *Leistner*, JA 2007, 81, 82.
49 *Leupertz*, BauR 2006, 1648, 1651; *Metzger*, AcP 204 (2004) 231, 244f; *Voit*, BauR 2009, 369, 370; MüKo-BGB/*Busche*, § 651 Rn. 9.
50 Messerschmidt/Voit/*Messerschmidt/Leidig*, § 651 Rn. 52, 53.
51 *Voit*, BauR 2002, 145, 146; *ders.*, 2009, 369, 371; *Konopka/Acker*, BauR 2004, 251, 255.
52 BGH v. 27.03.1980, VII ZR 44/79, BauR 1980, 355; v. 26.04.1990, VII ZR 345/88, BauR 1990, 603.
53 Messerschmidt/Voit/*Messerschmidt/Leidig*, § 651 Rn. 27.
54 BGH v. 20.06.1991, VII ZR 305/90, BauR 1991, 741.

dem Kaufrecht. Dies betrifft vor allem Fälle, in denen der Hersteller und Lieferant der beweglichen Sache und der Monteur personenverschieden sind.[55] In diesen Fällen ist kein Grund ersichtlich, diese Verträge generell dem Werkvertragsrecht zu unterstellen. Es wird vom Hersteller/Lieferanten keine Leistung erbracht, welche mit dem Grundstück oder einem Bauwerk in Verbindung steht.[56]

Anders sind die Verträge zu beurteilen, in denen der Unternehmer auch den Einbau der beweglichen Sache schuldet. Bei der Einbauverpflichtung darf es sich jedoch nicht um eine Nebenleistung handeln. Entscheidend für die rechtliche Einordnung des Vertrags ist, ob nach dem Vertrag die Pflicht zur Eigentumsübertragung zu montierender Einzelteile oder eine Herstellungspflicht im Vordergrund steht; es kommt nicht darauf an, ob für den Einbau viel oder wenig Zeit benötigt wird.[57] Des Weiteren muss durch den Einbau eine hinreichend feste Verbindung mit dem Erdboden hergestellt werden, da es sich ansonsten nicht um eine unbewegliche Sache handelt. Dies ist dann der Fall, wenn der Einbau dauerhaft und fest ist. Bei lockeren und jederzeit wieder lösbaren Verbindungen handelt es sich dagegen weiterhin um bewegliche Sachen, welche nicht dem Werkvertragsrecht unterfallen.[58]

6. Verträge mit Liefer- und Herstellungsverpflichtung

Ob bei Verträgen, die sowohl eine Liefer- als auch Herstellungsverpflichtung begründen, Werkvertragsrecht oder über § 651 BGB Kaufrecht zur Anwendung gelangt, richtet sich maßgeblich danach, ob es sich bei der Herstellung oder der Erzeugung des Gegenstandes um eine bewegliche Sache handelt. Handelt es sich um eine unbewegliche Sache, so ist der Vertrag nach Werkvertragsrecht zu beurteilen, ansonsten gelangen die kaufvertraglichen Vorschriften über § 651 BGB zur Anwendung. Somit sind Verträge, welche die Lieferung von herzustellenden beweglichen Bau- oder Anlagenteilen zum Gegenstand haben, nach Kaufrecht zu beurteilen, unabhängig davon, ob die Teile in ein Bauwerk eingebaut werden sollen oder nicht.[59] Diese Wertung entspricht dem ausdrücklichen Willen des Gesetzgebers. Das Gesetz kann nicht unter Hinweis darauf umgangen werden, dass die Anwendung von Werkvertragsrecht zu sachgerechteren Ergebnissen führen würde. Eine teleologische Reduktion des § 651 BGB, welche die Verträge über die Lieferung herzustellender beweglicher Sachen, die für den Einbau in ein Bauwerk vorgesehen sind, von seinem Geltungsbereich ausnimmt, ist schon deshalb nicht veranlasst, weil das mit der Verbrauchsgüterkaufrichtlinie nicht zu vereinbaren wäre.[60] Kaufrecht ist auf sämtliche Verträge mit einer Verpflichtung zur Lieferung herzustellender oder zu erzeugender Sachen anzuwenden, unabhängig davon ob es sich um die Lieferung von typischen Massengütern oder von zum Verbrauch bestimmten Gütern handelt.[61] Maßgeblich für die Anwendung von Kaufrecht ist die Beweglichkeit der Sachen zum Lieferzeitpunkt, nicht aber die Zweckbestimmung, in ein bestimmtes Bauwerk eingebaut zu werden.[62]

7. Geistige Leistungen

Die bewegliche Sache muss als solche zu liefern sein, sie darf nicht nur das Substrat einer primär geistigen Leistung sein.[63] Wird die geistige Leistung durch die bewegliche Sache nur demonstriert bzw. verdeutlicht, so ist Werkvertragsrecht anwendbar.

---

55 Messerschmidt/Voit/*Messerschmidt/Leidig*, § 651 Rn. 29.
56 Messerschmidt/Voit/*Messerschmidt/Leidig*, § 651 Rn. 29.
57 BGH v. 22.12.2005, VII ZR 183/04, BauR 2006, 501.
58 Messerschmidt/Voit/*Messerschmidt/Leidig*, § 651 Rn. 39.
59 BGH v. 23.07.2009, VII ZR 151/08, BauR 2009, 1581; *Leupertz*, BauR 2006, 1648 f.; *Voit*, BauR 2009, 369, 370.
60 BGH v. 23.07.2009, VII ZR 151/08, BauR 2009, 1581.
61 BGH v. 23.07.2009, VII ZR 151/08, BauR 2009, 1581.
62 *Krug*, juris PR-BGHZivilR 18/2009 Anm. 3.
63 Staudinger/*Peters/Jacoby*, § 651 Rn. 8.

C. Rechtsfolgen

I. Kaufrecht, »Kaufrecht plus« oder Werkvertragsrecht

25 In § 651 Satz 1 BGB wird die Anwendung des Kaufrechts auf einen Vertrag, der die Lieferung herzustellender oder zu erzeugender beweglicher Sachen zum Gegenstand hat, angeordnet. Normen des Werkvertragsrechts sind, mit der Ausnahme der in § 651 S. 3 BGB genannten Bestimmungen nicht anwendbar. Der Gesetzgeber begründet dies damit, dass nach der Schuldrechtsreform keine wesentlichen Unterschiede zwischen Kauf- und Werkvertragsrecht mehr bestehen und daher ein gesonderter Werklieferungsvertrag nicht mehr nötig sei.[64] Diese Einschätzung des Gesetzgebers überzeugt in seiner Allgemeinheit jedoch nicht, da zwischen Kauf- und Werkvertragsrecht auch nach deren Angleichung weiterhin zahlreiche Unterschiede mit zum Teil erheblich abweichenden rechtlichen Folgen bestehen (dazu sogl.).

26 § 651 Satz 3 BGB ermöglicht immerhin die Anwendung von bestimmten Regelungen des Werkvertragsrechts. So kann der Besteller gemäß § 649 BGB den Vertrag jederzeit kündigen. Der Unternehmer ist nach § 643 BGB zur Kündigung berechtigt, wenn der Besteller gegen die ihm nach § 642 BGB obliegenden werkvertraglichen Mitwirkungspflichten verstößt. Ebenfalls anwendbar sind § 650 BGB sowie die Gefahrtragungsregelungen in § 645 BGB. Der für den Gefahrübergang maßgebliche Zeitpunkt der Abnahme wird ersetzt durch die Übergabe (§ 446 BGB) bzw. die Auslieferung (§ 447 BGB).

II. Verbleibende Unterschiede zwischen der werk- und kaufvertraglichen Qualifikation

1. Fehlende Mitwirkung des Bestellers/Käufers im Herstellungsprozess

27 Der Käufer ist bei vertretbaren Sachen nicht verpflichtet, am Herstellungsprozess mitzuwirken. Allerdings ist auch bei vertretbaren Sachen der Verkäufer oftmals von Vorgaben des Käufers abhängig. Nach § 642 BGB, auf den § 651 S. 3 BGB bei nicht vertretbaren Sachen verweist, kann der Unternehmer, wenn der Besteller durch das Unterlassen der Handlung in den Verzug der Annahme kommt, eine angemessene Entschädigung verlangen. Bei vertretbaren Sachen steht dem Unternehmer kein solcher Anspruch zu. Einer analoge Anwendung des § 642 BGB steht die Annahme einer planwidrigen Regelungslücke entgegen. Der Gesetzgeber hat sich bewusst dafür entschieden, die Verweisungsvorschrift des § 651 S. 3 BGB auf nicht vertretbare Sachen zu beschränken.[65] Es erscheint auch wenig sachgerecht, bei unterlassener Mitwirkung des Käufers eine Nebenpflichtverletzung mit der Folge eines Schadensersatzanspruches des Verkäufers anzunehmen: Hat der Käufer eine Pflichtverletzung nicht zu vertreten, so scheidet ein Schadensersatzanspruch ohnehin aus. Insbesondere muss sich der Käufer weder im Kaufrecht noch im Werkvertragsrecht über §§ 278, 254 BGB ein Verschulden von Vorunternehmern zurechnen lassen, solange diese nicht als Erfüllungsgehilfen des Käufers/Bestellers betrachtet werden. Bei einer Obliegenheitsverletzung kann dem Käufer jedoch über § 254 BGB ein Verschulden des Vorunternehmers im Verhältnis zum Nachunternehmer zugerechnet werden. § 254 Abs. 1 BGB setzt voraus, dass bei der Entstehung des Schadens ein Verschulden des Geschädigten mitgewirkt hat. Dieses Verschulden bedeutet nicht die vorwerfbare Verletzung eines gegenüber einem anderen bestehenden Leistungspflicht, sondern ein Verschulden in eigenen Angelegenheiten. Es handelt sich um ein Verschulden gegen sich selbst, um die Verletzung einer im eigenen Interesse bestehenden Obliegenheit. Nach § 254 Abs. 2 S. 2 BGB, der sich auch auf § 254 Abs. 1 BGB bezieht, ist § 278 BGB entsprechend anwendbar. Dem Geschädigten kann die schuldhafte Mitverursachung des Schadens durch Dritte entgegengehalten werden, wenn er sich dieser Person zur Erfüllung der ihn aus § 254 Abs. 1 BGB im eigenen Interesse treffenden Obliegenheit bedient hat.[66] Des Wei-

---

64 BT-Drucks. 14/6040, 268.
65 Messerschmidt/Voit/*Messerschmidt/Leidig*, § 651 Rn. 4.
66 BGH v. 27.11.2008, VII ZR 206/06, BauR 2009, 515.

teren wird der Käufer bei einem Schadensersatzanspruch stärker belastet, als der Besteller in § 642 BGB.[67]

2. Ablehnung bei geringfügigen Abweichungen

Nach § 640 Abs. 1 Satz 2 BGB kann der Besteller wegen unwesentlicher Mängel die Abnahme nicht verweigern. Unwesentlich ist ein Mangel, wenn es dem Besteller zumutbar ist, die Leistung als im Wesentlichen vertragsgemäße Erfüllung anzunehmen und sich mit den Mängelrechten gemäß § 634 BGB zu begnügen. Dies ist anhand von Art und Umfang des Mangels sowie seiner konkreten Auswirkungen nach den Umständen des Einzelfalls unter Abwägung der beiderseitigen Interessen zu beurteilen (vgl. im einzelnen die Erläuterungen von *v. Berg*, § 640 Rdn. 63 f.).[68] Diese gesetzgeberische Wertung führt zu einer Unterscheidung des Kaufrechts vom Werkvertragsrecht. Im Kaufrecht muss im Gegensatz zum Werkvertragsrecht nur die komplett mangelfreie Sache vom Käufer angenommen werden,[69] da es an einer entsprechenden Sondervorschrift fehlt. Der Käufer ist nicht verpflichtet, die Sache anzunehmen und sich auf die Gewährleistungsvorschriften verweisen zu lassen. Er kann vom Verkäufer verlangen, eine mangelfreie Sache zu erhalten. Ob im Rahmen von § 651 BGB eine anderweitige vertragliche Gestaltung möglich ist, erscheint fraglich. Im Rahmen von Allgemeinen Geschäftsbedingungen bei Verbraucherverträgen steht der Wirksamkeit einer solchen Regelung die Inhaltskontrolle entgegen. 28

3. Verantwortung für die zur Verfügung gestellten Stoffe

Gemäß § 442 Abs. 1 Satz 1 BGB sind die Rechte des Käufers wegen eines Mangels ausgeschlossen, wenn er bei Vertragsschluss den Mangel kennt. Kenntnis setzt positives Wissen der Tatsachen voraus, die in ihrer Gesamtheit den Mangel begründen.[70] Nach § 651 Satz 2 BGB ist diese Vorschrift auch anwendbar, wenn der Mangel auf den vom Besteller gelieferten Stoff zurückzuführen ist. Aus dieser Verweisung lässt sich eine Stoffverantwortung des Käufers ableiten, welche zum Ausschluss der Mängelrechte führt, wenn der Mangel der hergestellten Sache auf dem Mangel des vom Besteller gelieferten Stoffes beruht.[71] In den Fällen von verbindlichen Vorgaben und Vorleistungen ist die Eigenverantwortung des Unternehmers für die Herstellung des Werkes eingeschränkt und deshalb die verschuldensunabhängige Mängelhaftung des Unternehmers nicht uneingeschränkt interessengerecht. Hat der Unternehmer seine weiteren, auf die ordnungsgemäße Vertragserfüllung gerichteten Pflichten erfüllt, so entspricht dies auch nicht der Risikoordnung des Gesetzes, wie sie in § 645 BGB zum Ausdruck kommt. Es ist deshalb nach Treu und Glauben geboten, den Unternehmer unter der Voraussetzung aus der Mängelhaftung zu entlassen, dass er seine ebenfalls auf die ordnungsgemäße Vertragserfüllung gerichtete Pflicht erfüllt hat, den Besteller auf die Bedenken hinzuweisen, die ihm bei der gebotenen Prüfung gegen die Geeignetheit der gelieferten Stoffe gekommen ist oder bei ordnungsgemäßer Prüfung kommen müssen.[72] 29

Der deutsche Gesetzgeber hat eine § 651 S. 2 BGB vergleichbare Regelung im Rahmen des Kaufrechts nicht für erforderlich gehalten,[73] obgleich sie durch Art. 2 Abs. 3 VerbrGKRL vorgegeben war. Im nicht harmonisierten Bereich des Werkvertragsrechts steht Art. 2 Abs. 3 VerbrGKRL ohnehin nicht entgegen. Doch auch soweit die Vorschrift auf die gem. Art. 1 Abs. 4 VerbrGKRL erfassten Werklieferungsverträge Anwendung findet, ist eine Übertragung der zum Werkvertrag entwickelten Grundsätze zu befürworten. Sie entspricht dem Willen des deutschen Gesetzgebers, der 30

---

67 *Voit*, BauR 2009, 369, 373.
68 BGH v. 26.02.1981, VII ZR 287/79, BauR 1981, 1448; Palandt/*Sprau*, BGB § 640 Rn. 9.
69 *Voit*, BauR 2009, 369, 371.
70 Palandt/*Weidenkaff*, BGB § 442 BGB Rn. 7.
71 *Voit*, BauR 2009, 369, 377; BGH v. 12.05.2005, VII ZR 45/04, BauR 2005, 1314; v. 08.11.2007, VII ZR 183/05, BauR 2008, 344.
72 BGH v. 08.11.2007, VII ZR 183/05, BauR 2008, 344.
73 BT-Drucks. 14/6040, 268.

eine weitestmögliche Gleichbehandlung von Kauf- und Werkverträgen anstrebte,[74] ist aus den Gründen, die zu ihrer Entwicklung im Werkvertragsrecht geführt haben, sachgerecht, und nicht zuletzt unter europarechtlichen Kriterien zulässig, da Art. 8 VerbrGKRL einen weitergehenden Schutz der Verbraucher-Käufer gestattet.

4. Gefahrtragung

31 Beim Werkvertragsrecht geht die Leistungsgefahr erst mit der Abnahme des Werkes auf den Besteller über, während im Kaufrecht der Gefahrübergang bereits bei der Übergabe der Sache stattfindet. Auch bei Teilleistungen geht die Leistungsgefahr im Kaufrecht mit Übergabe über. Diese Unterscheidung kann in der Praxis zu unterschiedlichen Ergebnissen führen, da die Abnahme wesentlich später als die Übergabe der Sache erfolgen kann.

5. Abnahme

32 Der Gefahrübergang, welcher im Werkvertragsrecht durch die Abnahme stattfindet, wird durch die kaufvertragliche Übergabe ersetzt. Unter Übergabe versteht man die Verschaffung des unmittelbaren Besitzes i.S.d. § 854 BGB.[75] Diese Regelung führt zu einer Besserstellung des Verkäufers gegenüber dem Käufer, falls der Gefahrübergang zwischen den Parteien streitig ist. Ersterer muss durch die kaufvertragliche Regelung nur die Übergabe darlegen und beweisen, während der Unternehmer im Werkvertragsrecht vor der Abnahme zusätzlich dafür beweispflichtig ist, dass seine Leistung mangelfrei erbracht wurde.[76] Eine Besserstellung liegt jedoch nur vor, solange der Gefahrübergang noch nicht stattgefunden hat, denn auch im Werkvertragsrecht trägt der Besteller nach der Abnahme die Beweislast für das Vorhandensein von Mängeln.

6. Fälligkeit der Gegenleistung

33 Da das Kaufrecht eine dem § 632a BGB entsprechende Vorschrift nicht kennt, kann der Verkäufer vom Käufer keine Abschlagszahlungen verlangen. § 632a BGB ermöglicht es dem Unternehmer, Abschlagszahlungen für vertragsgemäße Teile eines Werkes in der Höhe zu verlangen, in welcher der Besteller einen Wertzuwachs erlangt hat. Zweck dieser Vorschrift ist es, den vorleistungspflichtigen Unternehmer zu entlasten und die mit der Vorfinanzierung verbundenen wirtschaftlichen Nachteile auszugleichen.[77] Ob eine Abschlagszahlungsverpflichtung in Allgemeinen Geschäftsbedingungen im Rahmen eines Kaufvertrages wirksam vereinbart werden kann, erscheint fraglich, da dies dem gesetzlichen Leitbild des Kaufvertrages widerspricht, der keine Abschlagszahlungsregelung kennt. Freilich erscheint es auch schwer vorstellbar, dass bei einem Kaufvertrag, der kein Sukzessivlieferungsvertrag ist, Teilleistungen erbracht werden, die zu einem Wertzuwachs im Käufervermögen führen. Den Parteien steht es jedenfalls frei, Abschlagszahlungsvereinbarungen individualvertraglich zu schließen.

7. Kaufmännische Rügepflicht

34 Nimmt der Besteller das Werk trotz ihm bekannter Mängel ab, so verliert er seine Mängelrechte. Ist zwischen den Parteien Kaufrecht anwendbar, so richtet sich der Ausschluss der Mängelrechte nach § 442 Abs. 1 S. 1 BGB. Nach dieser Vorschrift sind die Rechte des Käufers wegen eines Mangels ausgeschlossen, wenn dieser den Mangel bei Vertragsschluss kennt. Im Anwendungsbereich des § 651 BGB existiert die Sache bei Vertragsschluss jedoch noch nicht, so das ein Ausschluss der Mängelrechte nicht in Betracht kommt. Etwas anderes gilt dann, wenn der Vertrag zwischen Kaufleuten vereinbart wurde. Handelt es sich um einen Handelskauf, so treffen den

---

[74] BT-Drucks. 14/6040, 268.
[75] MüKo-BGB/*Westermann*, § 446 Rn. 7.
[76] Kleine-Möller/Merl/*Merl*, § 14 Rn. 169.
[77] Palandt/*Sprau*, BGB § 632a Rn. 1; Bamberger/Roth/*Voit*, § 632a Rn. 2.

Käufer/Besteller Untersuchungs- und Rügepflichten. Kommt er dieser Pflicht nicht nach, so verliert er seine Mängelansprüche.

8. Haftung für Werbeaussagen des Herstellers

Die Sache ist nach § 434 Abs. 1 S. 1 BGB frei von Sachmängeln, wenn sie bei Gefahrübergang die vereinbarte Beschaffenheit hat. Zu der Beschaffenheit gehören auch Eigenschaften, die der Käufer nach den öffentlichen Äußerungen des Verkäufers, des Herstellers oder seines Gehilfen insbesondere in der Werbung oder bei der Kennzeichnung über bestimmte Eigenschaften der Sache erwarten kann, es sei denn, dass der Verkäufer die Äußerung nicht kannte und auch nicht kennen musste, dass sie im Zeitpunkt des Vertragsschlusses in gleichwertiger Weise berichtigt war oder dass sie die Kaufentscheidung nicht beeinflussen konnte (§ 434 Abs. 1 S. 3 BGB). Nach dieser Vorschrift haftet der Verkäufer somit auch für Werbeaussagen des Herstellers. 35

9. Wahlrecht des Käufers hinsichtlich der Art der Nacherfüllung

Sowohl im Werkvertragsrecht als auch im Kaufrecht kann der Besteller/Käufer einen Anspruch auf Nacherfüllung geltend machen. Die Voraussetzungen dieses Anspruches sind im Wesentlichen identisch. Allerdings steht dem Käufer nach § 439 Abs. 1 BGB anders als im Werkvertragsrecht ein Wahlrecht zu, ob er Ersatzlieferung oder Nachbesserung verlangen will. Nur wenn die vom Käufer gewählte Art der Nacherfüllung mit unverhältnismäßigen Kosten verbunden ist, kann der Verkäufer diese ablehnen, § 439 Abs. 3 BGB. Der Anspruch des Käufers beschränkt sich in diesem Fall auf die andere Art der Nacherfüllung. Im Werkvertragsrecht kann demgegenüber der Unternehmer nach seiner Wahl den Mangel beseitigen oder ein neues Werk herstellen. Allein nach Treu und Glauben kann die Unzumutbarkeit der vom Unternehmer gewählten Art der Nacherfüllung für den Besteller zu einer Einschränkung führen. 36

10. Erfüllungsort der Nachlieferung

Weder im Kaufrecht noch im Werkvertragsrecht ist der Erfüllungsort der Nacherfüllung eigenständig geregelt. Es ist daher auf die allgemeinen Bestimmungen des BGB zurück zu greifen mit der Folge, dass sich der Erfüllungsort der Nacherfüllung nach § 269 BGB bestimmt. Sowohl im Kaufvertragsrecht als auch im Werkvertragsrecht bestimmt sich der Erfüllungsort des Anspruchs auf Nacherfüllung in erster Linie nach den Absprachen der Parteien. Fehlen vertragliche Abreden zwischen den Parteien über den Erfüllungsort ist somit auf die jeweiligen Umstände des Einzelfalles (§ 269 BGB), insbesondere die Natur des Schuldverhältnisses abzustellen. Für die Werkverträge hat der X. Senat angenommen, dass die Nachbesserung im Zweifel dort zu erbringen sei, wo das nachzubessernde Werk sich vertragsgemäß befinde.[78] Der Verkäufer/Unternehmer kann demgemäß nicht verlangen, dass die Sache an den ursprünglichen Erfüllungsort zurückgebracht werde.[79] Der für das Kaufrecht zuständige VIII. Senat hat diese Wertung nicht für übertragbar gehalten und siedelt den Erfüllungsort der Nacherfüllungspflicht beim Kaufvertrag im Regelfall an dem Ort an, an welchem der Verkäufer zum Zeitpunkt der Entstehung des Schuldverhältnisses seinen Wohnsitz oder seine gewerbliche Niederlassung hatte.[80] 37

11. Nebenkosten der Nachlieferung (Vor- und Nacharbeiten)

Nach § 439 Abs. 2 BGB hat der Verkäufer die zum Zwecke der Nacherfüllung erforderlichen Aufwendungen, insbesondere Transport-, Wege-, Arbeits- und Materialkosten zu tragen. Diese Vorschrift entspricht § 635 Abs. 2 BGB. Im Werkvertragsrecht hat der zur Mängelbeseitigung verpflichtete Unternehmer nicht nur die dazu erforderlichen Aufwendungen zu tragen; er muss 38

---

[78] BGH v. 08.01.2008, X ZR 97/05, BauR 2008, 829.
[79] *Voit*, BauR 2009, 369, 375.
[80] BGH v. 13.04.2011, VIII ZR 220/10.

auch Schäden am sonstigen Eigentum des Bestellers beheben, die im Zuge der Nachbesserung zwangsläufig entstehen.[81] Er hat für alle Arbeiten aufzukommen, die zur Vorbereitung der Nacherfüllung bzw. zur Wiederherstellung des ursprünglichen Zustandes erforderlich sind.[82] Darunter fallen auch die Kosten der Wiederherstellung, welche entstehen, wenn der Unternehmer fertig gestellte Teile wieder zerstören muss, um den darunter liegenden Mangel zu beheben (sog. Vor- und Nacharbeiten). Dies ist für das Werkvertragsrecht gefestigte Rechtsprechung.[83] Im Kaufrecht schuldet der Verkäufer im Ausgangspunkt keinen Einbau der gekauften Sache. Vor diesem Hintergrund hatte der BGH zunächst entschieden, dass der Verkäufer im Rahmen der Nacherfüllung nicht weniger, aber auch nicht mehr schulden könne als im Rahmen der Erfüllung.[84] Im Anschluss an nur wenig später eingeleitete Vorabentscheidungsverfahren in den Rechtssachen *Gebr. Weber* und *Putz* befand der EuGH jedoch, dass der Verkäufer verpflichtet ist, im Rahmen der Nacherfüllung entweder selbst den Ausbau der mangelhaften Leistung aus der Sache, in die es eingebaut wurde, vorzunehmen und die als Ersatz gelieferte Kaufsache in diese Sache einzubauen, oder die Kosten zu tragen, die für den Ausbau und den Einbau des als Ersatz gelieferten Verbrauchsguts notwendig sind. Diese Verpflichtung des Verkäufers besteht unabhängig davon, ob er sich im Kaufvertrag verpflichtet hatte, den ursprünglich gekauften Kaufgegenstand einzubauen. Kommt die Ersatzlieferung als einzig mögliche Art der Nacherfüllung in Betracht, so kann der Verkäufer den Ausbau der mangelhaften Kaufsache un den Einbau der mangelfreien Sache auch nicht mit der Begründung verweigern, dass dies Kosten verursachen würde, die verglichen mit dem Wert der Kaufsache unverhältnismäßig sind. Nach der Entscheidung des EuGH ist § 439 Abs. 3 S. 3 BGB als Folge richtlinienkonformer Auslegung nicht mehr anwendbar, da diese Norm im Widerspruch zur Verbrauchsgüterkaufrichtlinie steht. Zulässig bleibt aber, den Anspruch des Verbrauchers auf Erstattung der Kosten für den Ausbau des mangelhaften Verbrauchsguts in einem solchen Fall auf die Übernahme eines angemessenen Betrags durch den Verkäufer zu beschränken. Diese Deckelung darf jedoch nicht zu einer Aushöhlung des Nacherfüllungsanspruchs des Käufers führen.[85]

12. Kein Recht zur Selbstvornahme

39 Der Besteller kann nach § 637 BGB den Mangel selbst beseitigen und Ersatz der erforderlichen Aufwendungen verlangen, wenn er dem Unternehmer eine angemessene Frist zur Nacherfüllung gesetzt hat und diese erfolglos verstrichen ist. Im Kaufrecht existiert eine entsprechende Vorschrift demgegenüber nicht. Einer entsprechenden Anwendung des Selbstvornahmerechts auch im Rahmen des Kaufrechts hat der Bundesgerichtshof eine klare Absage erteilt.[86] Er begründet seine Auffassung damit, dass der Gesetzgeber bewusst auf eine solche Regelung im Rahmen des Kaufrechts verzichtet habe und es daher an einer planwidrigen Regelungslücke fehle. Allerdings sind die Unterschiede bei genauerer Betrachtung im Ergebnis nicht so groß. Zunächst ist festzuhalten, dass es dem Käufer selbstverständlich auch im Kaufrecht frei steht, den Mangel selbst zu beseitigen; ein Verbot der Selbst- oder Ersatzvornahme ist nicht normiert. Es geht allein um die Frage, wer die Kosten einer solchen Selbstvornahme tragen muss. Im Werkvertragsrecht sind die Aufwendungen der Selbstvornahme ebenfalls nur dann nach § 637 BGB erstattungsfähig, wenn dem Unternehmer eine angemessene Frist zur Nacherfüllung gesetzt wurde. Fehlt es daran, so kann der Besteller seine Aufwendungen nicht ersetzt verlangen.[87] Hat der Käufer beim Kaufvertrag demgegenüber eine – wie gesehen auch im Werkvertrag erforderliche – Frist gesetzt, die erfolglos verstrichen ist,

---

81 BGH v. 22.03.1979, VII ZR 142/78, BauR 1979, 333.
82 MüKo-BGB/*Busche*, § 635 Rn. 16.
83 BGH v. 13.12.1962, II ZR 196/60, NJW 1963, 805; v. 27.04.1972, VII ZR 144/70, NJW 1972, 1280; v. 23.03.1979, VII ZR 142/78, BauR 1979, 333.
84 BGH v. 15.07.2008, VIII ZR 211/07, BauR 2008, 1609.
85 EuGH v. 16.06.2011, verb. Rs. C-65, 87/09 – Gebr. Weber und Putz, noch nicht in Slg.
86 BGH v. 23.02.2005, VIII ZR 100/04, BauR 2005, 1021.
87 BGH v. 23.02.2005, VIII ZR 100/04, BauR 2005, 1021; *Hildebrandt*, IBR 2005, 249.

so kann er auch im Rahmen des Kaufrechts seine Aufwendungen als Schadensersatz statt der Leistung ersetzt verlangen.[88] Das beim Schadensersatzanspruch anders als beim Kostenerstattungsanspruch erforderliche Verschulden kann regelmäßig im Verstreichenlassen der angemessenen Frist zur Nacherfüllung erkannt werden.

13. Sicherheiten

Der Unternehmer kann im Werkvertragsrecht seinen Vergütungsanspruch entweder durch eine Bauhandwerkerhypothek oder eine Sicherheitsleistung des Bestellers absichern. Demgegenüber enthält das Kaufrecht keine besonderen Vorschriften über die Sicherung des Vergütungsanspruches.[89] Dies hat zur Folge, dass der Verkäufer/Unternehmer nicht berechtigt ist, die Leistung zurückzuhalten oder den Vertrag zu kündigen, wenn der Käufer/Besteller die begehrte Sicherheit nicht stellt.[90] In der Praxis wird aus diesem Grund zwischen den Parteien oftmals ein Eigentumsvorbehalt vereinbart. Werden die Bauteile jedoch in das Bauwerk eingebaut, so geht das Eigentum an diesen kraft Gesetzes auf den Grundstückseigentümer über und der Unternehmer/Verkäufer verliert seine Sicherheit wieder. In diesem Fall können die Vertragsparteien einen verlängerten Eigentumsvorbehalt vereinbaren.[91] 40

14. Verjährung

Sowohl beim Kaufrecht, als auch beim Werkvertragsrecht verjähren die Mängelansprüche bei einem Bauwerk in fünf Jahren. Der auf den ersten Blick bestehende Regelungsgleichlauf wird jedoch durch einen gravierenden Unterschied beim Verjährungsbeginn beeinträchtigt, der sich in der Praxis deutlich auswirken kann: Beim Kaufrecht beginnt die Verjährungsfrist mit der Übergabe der Sache zu laufen, im Werkvertragsrecht ist demgegenüber der Zeitpunkt der Abnahme maßgebend. 41

(...)

Titel 13: Geschäftsführung ohne Auftrag

Vor. zu §§ 677 ff.

Schrifttum
Leupertz Der Anspruch des Unternehmers auf Bezahlung unbestellter Bauleistungen beim BGB-Bauvertrag, BauR 2005, 775; *Leitzke* Vergütungsänderung bei unverändertem Werkerfolg – Versuch einer theoretischen Begründung, BauR 2008, 914; *Oberhauser* Ansprüche des Auftragnehmers auf Bezahlung nicht »bestellter« Leistungen beim Bauvertrag auf der Basis der VOB/B, BauR 2005, 919; *Stein* Die Haftungsmilderung des § 680 BGB beim Schadensersatzanspruch aus § 2 Nr. 8 Abs. 1 Satz 3 VOB/B, dargestellt an einem Alltagsfall, ZfBR 88, 252; *Thole* Die Geschäftsführung ohne Auftrag auf dem Rückzug – Das Ende des »auch fremden« Geschäfts?, NJW 2010, 1243; *von Craushaar* Abgrenzungsprobleme im Vergütungsrecht der VOB/B bei Vereinbarung von Einheitspreisen, BauR 1984, 311.

---

88 *Rudolph*, S. 277.
89 *Rudolph*, S. 282.
90 Messerschmidt/Voit/*Messerschmidt/Leidig*, § 651 Rn. 87.
91 Kniffka/*Jansen*, IBR-Online-Kommentar, § 651 Rn. 29.

Vor. zu §§ 677 ff. BGB

A. Grundsätzliches

1 Die Geschäftsführung ohne Auftrag ist in den §§ 677 bis 687 BGB geregelt. Das Gesetz unterscheidet zwischen der echten Geschäftsführung ohne Auftrag (GoA) und der unechten GoA. Bei der **echten Geschäftsführung ohne Auftrag** handelt es sich um die Geschäftsführung für einen Anderen i.S.d. § 677 BGB. Sie wird nochmals unterteilt in die Untergruppen der berechtigten und der unberechtigten GoA. Die GoA ist **berechtigt**, wenn sie dem Interesse und dem wirklichen oder dem mutmaßlichen Willen des Geschäftsherrn entspricht oder wenn die Geschäftsbesorgung der Erfüllung einer im öffentlichen Interesse liegenden Pflicht oder einer gesetzlichen Unterhaltspflicht des Geschäftsherrn dient (§§ 677, 679, 683 BGB). Der Geschäftsherr kann die Geschäftsführung beim Fehlen dieser Voraussetzungen auch nachträglich genehmigen (§ 684 S. 2 BGB). Entspricht die Geschäftsführung nicht dem wirklichen oder mutmaßlichen Willen des Geschäftsherrn und liegt auch kein Fall des § 679 BGB vor, handelt es sich um eine **unberechtigte** GoA.

Die **unechte Geschäftsführung ohne Auftrag** ist in § 687 BGB geregelt. Hierbei handelt es sich um die irrtümliche und angemaßte Eigengeschäftsführung.

2 Die **Rechtsfolgen** für die oben dargestellten Fallgruppen sind jeweils unterschiedlich. Bei der GoA handelt es sich um ein unvollkommen zweiseitiges Rechtsgeschäft, bei welchem die Pflichten des Geschäftsführers (§ 677 BGB) in keinem Gegenseitigkeitsverhältnis zu den Pflichten des Geschäftsherrn (§§ 683, 684 BGB) stehen. Die Regeln der GoA führen vielmehr nur zu einem Ausgleich der beiderseitigen Interessen. Der Geschäftsführer übernimmt die Geschäfte ohne Aufforderung durch den Geschäftsherrn. Er erhält bei der berechtigten GoA einen Aufwendungsersatzanspruch gem. §§ 670, 683 BGB und haftet bei Schäden nur eingeschränkt (§ 680 BGB). Der Geschäftsherr hingegen erhält bei ungewollter Übernahme seiner Geschäfte einen Schadensersatzanspruch und Privilegierungen beim Ersatz von Aufwendungen (§§ 678, 684, 687 Abs. 2 BGB).[1]

Bei der irrtümlichen Geschäftsführung ohne Auftrag kommen mangels Fremdgeschäftsführungswillen die Regeln der GoA nicht zur Anwendung, sondern die §§ 812 ff. BGB und §§ 823 ff. BGB. Die Rechtsfolgen der angemaßten GoA ergeben sich aus § 687 Abs. 2 BGB.[2]

B. Konkurrenzen

3 Soweit **gesetzliche Sonderregelungen** für das Verhältnis zwischen Geschäftsführer und Geschäftsherr vorliegen, ist die Anwendung der §§ 677 ff. BGB ausgeschlossen. Hierzu gehören u.a. auch das Leistungsstörungsrecht und insbesondere die Mängelhaftung im Kaufrecht und im Werkvertragsrecht.[3]

Neben der **berechtigten GoA** scheidet ein Anspruch aus **ungerechtfertigter Bereicherung** als Anspruchsgrundlage aus. Liegt berechtigte Geschäftsführung ohne Auftrag vor, so besteht für das Tätigwerden des Geschäftsführers im fremden Rechtskreis ein Rechtsgrund mit der Folge, dass für Bereicherungsansprüche des Geschäftsführers kein Raum ist.[4] Für den Geschäftsherrn scheiden auch Ansprüche aus **unerlaubter Handlung** im Hinblick auf die Übernahme des Geschäfts aus, da die berechtigte GoA nicht rechtswidrig ist.[5] Allerdings haftet der berechtigte Geschäftsführer aus unerlaubter Handlung wie auch aus pVV (§ 280 Abs. 1 BGB, § 241 Abs. 2 BGB) bei Verletzung der ihn nach § 677 BGB treffenden Sorgfaltspflichten.[6]

---

[1] *Fehrenbacher,* in: Prütting/Wegen/Weinreich, § 677 Rn. 3.
[2] Bamberger/Roth/*Gehrlein,* § 677 Rn. 8.
[3] Palandt/*Sprau,* Einf. v. § 677 Rn. 8/9.
[4] BGH, 30.09.1993, VII ZR 178/91, BauR 1994, 110, 111.
[5] Palandt/*Sprau,* Einf. v. § 677 Rn. 11 m.w.N.
[6] Bamberger/Roth/*Gehrlein,* § 677 Rn. 20.

Bei der **unberechtigten GoA** ist der Geschäftsführer gem. § 684 S. 1 BGB verpflichtet, alles, was er durch die Geschäftsführung erlangt, nach den Vorschriften über die Herausgabe einer **ungerechtfertigten Bereicherung** herauszugeben. Bei beschränkter Geschäftsfähigkeit oder Geschäftsunfähigkeit des Geschäftsführers gelten gem. § 682 BGB ausschließlich die §§ 812 ff. BGB. Bei unberechtigter GoA sind die Ansprüche aus **unerlaubter Handlung** neben §§ 677 ff. BGB anwendbar. Die Haftung des Geschäftsführers wird allerdings gem. § 680 BGB beschränkt.[7]

Auch im Falle der **unechten GoA** gem. § 687 BGB sind die §§ 812 ff. BGB und §§ 823 ff. BGB anwendbar.[8]

Die Regeln der Geschäftsführung ohne Auftrag können auch auf **öffentlich-rechtliche Rechtsbeziehungen** anwendbar sein, soweit keine abschließende gesetzliche Regelung besteht. Zu unterscheiden ist hierbei zwischen der Tätigkeit einer juristischen Person des öffentlichen Rechts und der Geschäftsbesorgung durch Private für eine juristische Person des öffentlichen Rechts, des Weiteren zwischen privatrechtlichem und öffentlich-rechtlichem Handeln.[9]

C. Verjährung

Für Ansprüche aus Geschäftsführung ohne Auftrag gilt grundsätzlich die Regelverjährung von drei Jahren gem. §§ 195, 199 BGB.[10] Dies gilt auch, wenn das geführte Geschäft einer kürzeren Verjährung unterliegt.[11] Die Rechtsprechung hat jedoch mehrfach Ausnahmen von der Anwendung der regelmäßigen Verjährung anerkannt, insbesondere bei sondergesetzlichen Regelungen (z.B. § 548 BGB, sechsmonatige Verjährungsfrist[12]).[13] Soweit der Anspruch aus GoA wegen Unwirksamkeit des Vertrags gleichsam an die Stelle des vertraglichen Anspruchs tritt, gilt dieselbe Verjährung wie für den vertraglichen Vergütungsanspruch.[14]

§ 677 Pflichten des Geschäftsführers

Wer ein Geschäft für einen anderen besorgt, ohne von ihm beauftragt oder ihm gegenüber sonst dazu berechtigt zu sein, hat das Geschäft so zu führen, wie das Interesse des Geschäftsherrn mit Rücksicht auf dessen wirklichen oder mutmaßlichen Willen es erfordert.

A. Geschäftsbesorgung

Unter der Geschäftsbesorgung nach § 677 BGB ist wie beim Auftrag (§ 662 BGB) eine rechtliche, tatsächliche oder sonstige Handlung zu verstehen. Reines Dulden, Unterlassen oder Gewährenlassen ist nicht ausreichend. Die Geschäftsführung kann auch öffentlich-rechtlichen Bezug haben.[1] Der Geschäftsführer ohne Auftrag muss nicht in eigener Person tätig werden, sondern kann sich bei der Ausführung des Geschäfts seiner Leute oder sonstiger Dritter bedienen.[2]

---

7 Palandt/*Sprau*, Einf. v. § 677 Rn. 10 f. m.w.N.
8 Bamberger/Roth/*Gehrlein*, § 677 Rn. 8.
9 Erman/*Ehmann*, Vor § 677 Rn. 12 ff. m.w.N.; Palandt/*Sprau*, Einf. v. § 677 Rn. 13 ff.
10 BGH, 20.04.1967, VII ZR 326/64, BGHZ 47, 370, 376; Erman/*Ehmann*, Vor § 677 Rn. 21.
11 BGH, 20.04.1967, VII ZR 326/64, BGHZ 47, 370, 376; BGH, 26.09.1991, I ZR 149/89, BGHZ 115, 210, 211.
12 BGH, 13.02.1974, VIII ZR 233/72, NJW 1974, 743, 744; OLG Stuttgart, 10.08.1994, 4 U 75/94 (Nichtzulassungsbeschwerde zurückgewiesen durch BGH, Beschl. v. 24.04.1996, XII ZR 203/94), NJW-RR 1996, 850, 851.
13 Staudinger/*Bergmann*, Vorbem. zu §§ 677 ff. Rn. 254 m.w.N.; MüKo-BGB/*Grothe*, § 195 Rn. 6.
14 BGH, 11.05.1995, VII ZR 257/93, BauR 1995, 699, 700; OLG Rostock, 19.06.2008, 3 U 12/08 (Nichtzulassungsbeschwerde zurückgewiesen durch BGH, 12.02.2009, VII ZR 148/08), IBR 2009, 1108; *Kniffka/Koeble*, Kompendium des Baurechts, 5. Teil, Rn. 198.
1 Palandt/*Sprau*, § 677 Rn. 2.
2 BGH, 25.11.1976, II ZR 201/74, BGHZ 67, 368, 371; NJW 1977, 530.

Die GoA kann sich sowohl auf ein einzelnes Geschäft als auch auf mehrere Geschäfte beziehen.[3]

B. Für einen Anderen

2 Das besorgte Geschäft muss einem fremden Rechts- oder Interessenkreis zugehören. Das Geschäft muss somit der »Sorge eines Anderen obliegen«.[4]

Eine Geschäftsbesorgung für einen Anderen kann auch vorliegen, wenn der Geschäftsführer ein Geschäft nicht nur als eigenes, sondern **auch als fremdes** führt, d.h. in dem Bewusstsein und mit dem Willen, zumindest auch im Interesse eines Anderen zu handeln. In diesem Zusammenhang ist zwischen objektiv und subjektiv fremden Geschäften zu unterscheiden. Bei objektiv fremden Geschäften, die schon ihrem Inhalt nach in einen fremden Rechts- oder Interessenkreis eingreifen, wird regelmäßig ein ausreichender **Fremdgeschäftsführungswille** vermutet. Das gilt grundsätzlich auch für Geschäfte, die sowohl objektiv eigene als auch objektiv fremde sind. Dabei kann es genügen, dass das Geschäft seiner äußeren Erscheinung nach nicht nur dem Besorger, sondern auch einem Dritten zugute kommt. Hingegen erhalten objektiv eigene oder neutrale Geschäfte ihren (subjektiven) Fremdcharakter erst durch den Willen des Geschäftsführers (auch) zu einer Fremdgeschäftsführung. Dafür besteht grundsätzlich keine tatsächliche Vermutung. Der Wille, ein solches Geschäft zugleich für einen Anderen zu führen, muss vielmehr hinreichend deutlich nach außen in Erscheinung treten.[5]

3 Auch bei unerkannt **nichtigem Vertragsverhältnis** und **irrtümlicher Annahme der Verpflichtung** kommt GoA in Betracht.[6]

Irrelevant ist, ob dem Geschäftsführer die Person des Geschäftsherrn bekannt ist. Ausreichend ist, dass er das Geschäft eines Anderen führen will und er für den, den es objektiv angeht, handelt. Bei einem Irrtum über die Person des Geschäftsherrn wird gem. § 686 BGB nur der wirkliche Geschäftsherr verpflichtet. Die Geschäftsführung kann auch mehrere Geschäftsherren betreffen.[7]

C. Ohne Auftrag oder sonstige Berechtigung

4 Ist der Geschäftsführer dem Geschäftsherrn gegenüber anderweitig zur Geschäftsbesorgung berechtigt oder verpflichtet, sind die Vorschriften über die Geschäftsführung ohne Auftrag nicht anwendbar. Eine derartige Berechtigung kann sich aus einem Rechtsgeschäft oder dem Gesetz ergeben. Entscheidend ist allerdings, dass die anderweitigen Rechtsverhältnisse über die in den §§ 677 ff. BGB geregelten Rechtsfolgen (z.B. Herausgabe, Aufwendungsersatz) entscheiden. Eine Norm, die allein Recht oder Pflicht zur Geschäftsbesorgung festlegt und damit auch eine Berechtigung ausspricht, hat keine Ausschlusswirkung.[8]

Die Berechtigung zur Geschäftsführung ohne Auftrag fehlt auch, wenn der Geschäftsführer außerhalb des Vertrages oder bei unwirksamem Vertrag tätig wird.[9] Auch bei einem **nichtigen Ver-**

---

3 MüKo-BGB/*Seiler*, § 677 Rn. 2.
4 MüKo-BGB/*Seiler*, § 677 Rn. 4.
5 BGH, 23.09.1999, III ZR 322/98; NJW 2000, 72, 73; BGH, 21.10.2003, X ZR 66/01, BauR 2004, 333, 335, 336; BGH, 26.01.2005, VIII ZR 66/04, NJW-RR 2005, 639, 641; BGH, 27.05.2009, VIII ZR 302/07, NJW-Spezial 2009, 529; a.A. bei pflichtgebundenem Geschäftsführer: *Thole*, NJW 2010, 1243, 1246 unter Verweis auf BGH, 16.12.2008, VI ZR 170/07, NJW 2009, 1080.
6 BGH, 30.09.1993, VII ZR 178/91, BauR 1994, 110; BGH, 04.11.2004, III ZR 172/03, ZIP 2004, 2324, 2326; BGH, 26.01.2005, VIII ZR 66/04, NJW-RR 2005, 639, 641; a.A. bei rechtsgrundlosen Leistungen und nichtigen Verträgen: *Thole*, NJW 2010, 1243, 1247 unter Verweis auf BGH, 27.05.2009, VIII ZR 302/07, BGHZ 181, 188.
7 Palandt/*Sprau*, § 677 Rn. 8.
8 MüKo-BGB/*Seiler*, § 677 Rn. 43.
9 BGH, 04.12.2003, III ZR 30/02, BGHZ 157, 168, 176; BayObLG, 26.08.1999, 2 Z BR 53/99, NJW-RR 2000, 155.

trag sind die §§ 677 ff. BGB grundsätzlich anwendbar.[10] Der Geschäftsführer hat auch in diesen Fällen die Verpflichtung aus § 677 BGB zu erfüllen.[11] Allerdings kann er im Falle eines nichtigen Vertrages wegen Verstoßes gegen ein gesetzliches Verbot keinen Aufwendungsersatz für seine erbrachten Leistungen verlangen. Hier kommen allenfalls die §§ 812 ff. BGB in Betracht.[12]

Fraglich ist, ob ein Unternehmer, der auf Grundlage eines wirksam geschlossenen Bauvertrages **nicht vergütungspflichtige Zusatzleistungen** erbringt, ohne Auftrag bzw. sonstige Berechtigung i.S.d. § 677 BGB tätig wird.[13] Der Unternehmer schuldet im Rahmen der getroffenen vertraglichen Vereinbarung ein Werk, das die Beschaffenheit aufweist, die für den vertraglich vorausgesetzten oder gewöhnlichen Gebrauch erforderlich ist. An dieser Erfolgshaftung ändert sich auch dann nichts, wenn die durch das Leistungsverzeichnis festgelegte Ausführungsart sich aus nicht in seine Risikosphäre fallenden Gründen nachträglich als unzureichend erweist.[14] In diesen Fällen ist die vertraglich vereinbarte Äquivalenz zwischen Leistung und Gegenleistung gestört. 5

Im Rahmen eines VOB/B-Vertrages schaffen die Regelungen der §§ 1 Abs. 4 S. 1, 2 Abs. 6 und 2 Abs. 8 VOB/B für diese Äquivalenzstörung einen Ausgleich. Eine entsprechende Regelung existiert im BGB-Werkvertrag nicht.[15] Im Rahmen der Sachmängelhaftung ist diese Problematik nach Billigkeitsgesichtspunkten im Wege des Vorteilsausgleiches zu lösen.[16]

Ob der Unternehmer, welcher derartige **notwendige Zusatzleistungen** eigenmächtig oder in der falschen Annahme einer rechtswirksamen Beauftragung erbracht hat, einen Anspruch aus §§ 677 ff. BGB hat, hängt vom Verständnis des Begriffs »ohne Auftrag« ab. Wenn hiermit die vergütungspflichtige, vertraglich vereinbarte Ausführungsart gemeint ist, lägen die Voraussetzungen der Geschäftsführung ohne Auftrag vor. Betrifft allerdings das Erfordernis der Auftraglosigkeit den Werkerfolg, handelt der Unternehmer bei Erbringung derartiger Zusatzleistungen nicht »ohne Auftrag«.[17] § 677 BGB ist nur einschlägig, wenn der Geschäftsführer dem Geschäftsherrn gegenüber nicht anderweitig zur Geschäftsbesorgung legitimiert oder sogar verpflichtet ist.[18] Somit handelt der Unternehmer nicht auftragslos, soweit die vertraglichen Leistungspflichten reichen. Nachdem der Unternehmer grundsätzlich alle zur Erreichung des vertraglich bestimmten Werkerfolges notwendigen Leistungen schuldet, handelt er also nie »ohne Auftrag«, wenn er solche Leistungen erbringt.[19] Der Unternehmer hat dennoch einen Anspruch auf Anpassung des Preises über die **Grundsätze der Störung der Geschäftsgrundlage (§ 313 BGB)**.[20] 6

Zu unterscheiden hiervon ist die Erbringung auftragsloser Zusatzleistungen, welche **nicht notwendig zur Erreichung des vertraglich vereinbarten Werkerfolges** sind. Hiervon sind die Fälle der nachträglichen Änderung des Bauentwurfs i.S.d. § 1 Abs. 3 VOB/B umfasst. Nachdem der

---

10 BGH, 31.05.1990, VII ZR 336/89, BauR 1990, 721, 722; BGH, 28.07.2005, III ZR 290/04, NJW 2005, 3208, 3209; MüKo-BGB/*Seiler*, § 677 Rn. 47 f. m.w.N. (auch zur Gegenmeinung).
11 BGH, 28.07.2005, III ZR 290/04, NJW 2005, 3208, 3209.
12 BGH, 31.05.1990, VII ZR 336/89, BauR 1990, 721, 722; BGH, 19.12.1996, III ZR 9/95, NJW-RR 1997, 564, 565.
13 Bejahend: BGH, 27.11.2003, VII ZR 346/01, BauR 2004, 495, 499; *von Craushaar*, BauR 1984, 311, 312; Ingenstau/Korbion/*Keldungs*, Teil B § 2 Nr. 8 Rn. 20; *Kapellmann*, in: Messerschmidt/Kapellmann, Teil B § 2 Rn. 210.
14 BGH, 22.03.1984, VII ZR 50/82, NJW 1984, 1676, 1677; BGH, 16.07.1998, VII ZR 350/96, BauR 1999, 37, 38, 39.
15 *Leupertz*, BauR 2005, 775, 785.
16 BGH, 22.03.1984, VII ZR 50/82, BauR 2005, 775, 785; *Leitzke*, BauR 2008, 914, 916; *Leupertz*, BauR 2005, 775, 785.
17 *Leupertz*, BauR 2005, 775, 786.
18 MüKo-BGB/*Seiler*, § 677 Rn. 43; Palandt/*Sprau*, § 677 Rn. 11.
19 *Leupertz*, BauR 2005, 775, 786; *Leitzke*, BauR 2008, 914, 916.
20 *Leupertz*, BauR 2005, 775, 787 f.; *Leitzke*, BauR 2008, 914, 921.

§ 678 BGB Geschäftsführung gegen den Willen des Geschäftsherrn

Bauentwurfsänderung keine wirksame rechtsgeschäftliche Vereinbarung der Vertragsparteien zugrunde liegt, handelt der Unternehmer hier »ohne Auftrag« i.S.d. § 677 BGB.[21]

D. Pflicht des Geschäftsführers zur Interessenbeachtung

7 Der Geschäftsführer muss das Geschäft so führen, wie das **Interesse** des Geschäftsherrn mit Rücksicht auf dessen **wirklichen oder mutmaßlichen Willen** es erfordert. Die Beurteilung, welche Maßnahmen danach notwendig sind, steht im pflichtgemäßen Ermessen des Geschäftsführers.[22] Nach herrschender Meinung[23] hat der Geschäftsführer bei Widerspruch zwischen Interesse und Wille des Geschäftsherrn bei der **Art und Weise der Ausführung** des Geschäfts dem wahren Interesse des Geschäftsherrn zu folgen (anders bei § 683 BGB, wo Interesse und Wille gleichrangig sind).[24] Grundsätzlich besteht allerdings keine Pflicht zur Weiterführung des Geschäfts. Etwas anderes gilt nur, wenn der Abbruch als solcher ein Ausführungsverschulden darstellen würde.[25] Dies kommt beispielsweise gemäß § 242 BGB in Betracht, wenn die Fortführung dem Geschäftsführer zumutbar ist und dem Geschäftsherrn Nachteile erspart, die bei Nichtbeginn der Geschäftsführung vermieden worden wären.[26]

Verstößt der Geschäftsführer gegen seine Pflicht aus § 677 BGB (sogenanntes **Ausführungsverschulden**), hat der Geschäftsherr gemäß §§ 280 ff. BGB Anspruch auf Schadensersatz.[27] Der Anspruch entfällt, wenn der Geschäftsherr die Ausführung genehmigt.[28]

§ 678 Geschäftsführung gegen den Willen des Geschäftsherrn

Steht die Übernahme der Geschäftsführung mit dem wirklichen oder dem mutmaßlichen Willen des Geschäftsherrn in Widerspruch und musste der Geschäftsführer dies erkennen, so ist er dem Geschäftsherrn zum Ersatz des aus der Geschäftsführung entstehenden Schadens auch dann verpflichtet, wenn ihm ein sonstiges Verschulden nicht zur Last fällt.

A. Übernahme der Geschäftsführung

1 § 678 BGB regelt den Fall des **Übernahmeverschuldens**.[1] Die unberechtigte **Ausführung** einer Fremdgeschäftsführung wird von § 677 BGB erfasst.[2]

Der Geschäftsführer muss mit der Geschäftsbesorgung i.S.d. § 677 BGB zumindest begonnen haben und er darf nicht nur im Eigeninteresse handeln. § 678 BGB ist auch nicht bei irrtümlicher Eigengeschäftsführung (§ 687 Abs. 1 BGB) anwendbar. Gemäß § 687 Abs. 2 BGB ist § 678 BGB jedoch entsprechend anwendbar, wenn der Geschäftsführer ein fremdes Geschäft besorgt, obwohl er weiß, dass er nicht dazu berechtigt ist.[3]

---

[21] *Leupertz*, BauR 2005, 775, 786 f.; *Oberhauser*, BauR 2005, 919, 923; a.A. *Kniffka*, IBR-Online-Kommentar, § 631 Rn. 705.
[22] BGH, 06.03.2008, III ZR 219/07, MDR 2008, 555, 556.
[23] Staudinger/*Bergmann*, § 677 Rn. 16 m.w.N.
[24] MüKo-BGB/*Seiler*, § 677 Rn. 52 m.w.N.
[25] Palandt/*Sprau*, § 677 Rn. 12 ff.; MüKo-BGB/*Seiler*, § 677 Rn. 53.
[26] MüKo-BGB/*Seiler*, § 677 Rn. 53 m.w.N.
[27] MüKo-BGB/*Seiler*, § 677 Rn. 56; Palandt/*Sprau*, § 677 Rn. 13.
[28] Palandt/*Sprau*, § 677 Rn. 13.
[1] BGH, 30.11.1971, VI ZR 100/70, NJW 1972, 475.
[2] Staudinger/*Wittmann*, § 678 Rn. 1.
[3] Staudinger/*Wittmann*, § 678 BGB Rn. 2.

B. Mit dem wirklichen oder dem mutmaßlichen Willen des Geschäftsherrn im Widerspruch

Hierbei handelt es sich um eine **objektive** Tatbestandsvoraussetzung. Der Widerspruch kann sich auf den Ausführungszeitpunkt, Art und Weise der Geschäftsführung, den Umfang oder auf die Person des Geschäftsführers beziehen.[4] Die **Übernahme** der Geschäftsführung muss tatsächlich dem wirklichen bzw. hilfsweise dem mutmaßlichen Willen des Geschäftsherrn (vgl. *Irl*, § 683 Rdn. 3, 4) widersprechen. 2

§ 678 BGB ist nicht anwendbar, wenn ohne die Geschäftsführung eine Pflicht des Geschäftsherren, deren Erfüllung im öffentlichen Interesse liegt, oder eine gesetzliche Unterhaltspflicht des Geschäftsherrn nicht rechtzeitig erfüllt werden würde (§ 679 BGB). Des Weiteren ist § 678 BGB nicht anwendbar, wenn der Geschäftsherr die Geschäftsführung genehmigt (§ 684 S. 2 BGB). Ein entgegenstehender Wille des Geschäftsherrn ist auch unbeachtlich, wenn er rechts- oder sittenwidrig ist (§§ 134, 138 BGB).[5]

Steht die **Übernahme** der Geschäftsführung erkennbar mit dem wirklichen oder dem mutmaßlichen Willen des Geschäftsherrn in Widerspruch, ist irrelevant, ob sie auch seinem Interesse entspricht.[6]

C. Erkennenmüssen des Geschäftsführers

Der Geschäftsführer muss den entgegenstehenden Willen des Geschäftsherrn **subjektiv** erkannt oder fahrlässig nicht erkannt haben. Letzteres ist der Fall, wenn der Geschäftsführer den entgegenstehenden Willen bei Anwendung der im Verkehr erforderlichen Sorgfalt (§ 276 Abs. 2 BGB) hätte erkennen müssen (§ 122 Abs. 2 BGB).[7] Fehlen anderweitige Anhaltspunkte für den Willen des Geschäftsherrn, ist maßgebend der Wille, der bei objektiver Betrachtung der gesamten Umstände angenommen werden muss. Darauf, ob der Geschäftsführer auch bei der Durchführung des Geschäfts schuldhaft Fehler gemacht hat, kommt es im Rahmen des § 678 BGB nicht an.[8] 3

Zu berücksichtigen ist noch, ob die Haftungsminderung des § 680 BGB eingreift.[9] Danach hat der Geschäftsführer, welcher eine dem Geschäftsherrn drohende dringende Gefahr abwenden will, nur Vorsatz oder grobe Fahrlässigkeit zu vertreten.

D. Schadensersatz

Der Geschäftsführer hat den adäquat durch die ungewünschte Übernahme der Geschäftsführung entstandenen Schaden zu ersetzen. Der Geschäftsherr ist so zu stellen, **wie er ohne das Tätigwerden des Geschäftsführers stehen würde**.[10] Die Schadensberechnung ist nach §§ 249 ff. BGB durchzuführen. Dem Geschäftsherrn zugeflossene Vorteile sind schadensmindernd im Wege der Vorteilsausgleichung zu berücksichtigen.[11] 4

Anders als bei der Delikthaftung ist es irrelevant, ob der Geschäftsführer den Schaden an und für sich verschuldet hat. Ausreichend ist allein die **schuldhafte Übernahme der Geschäftsführung**. § 678 BGB bietet dem Geschäftsherrn einen über das Deliktrecht hinausgehenden Schutz seiner nicht als absolute Rechtsgüter (§ 823 Abs. 1 BGB) oder durch Schutzgesetze (i.S.d. § 823 Abs. 2 BGB) geschützten Vermögenswerte.[12]

---

4 MüKo-BGB/*Seiler*, § 678 Rn. 4.
5 Staudinger/*Wittmann*, § 678 Rn. 3.
6 Staudinger/*Wittmann*, § 678 Rn. 3.
7 Palandt/*Sprau*, § 678 Rn. 3.
8 BGH, 30.11.1971, VI ZR 100/70, NJW 1972, 475.
9 BGH, 30.11.1971, VI ZR 100/70, NJW 1972, 475.
10 Palandt/*Sprau*, § 678 Rn. 4.
11 Bamberger/Roth/*Gehrlein*, § 678 Rn. 4.
12 Erman/*Ehmann*, § 678 Rn. 1.

§ 679 BGB Unbeachtlichkeit des entgegenstehenden Willens des Geschäftsherrn

Der Geschäftsherr trägt die Beweislast für alle Anspruchsvoraussetzungen. Der Geschäftsführer ist allerdings aufklärungs- und rechenschaftspflichtig über den Verbleib des aus der unberechtigt übernommenen Geschäftsführung Erlangten, sofern der Geschäftsherr darüber nicht unterrichtet ist.[13]

Gemäß § 195 BGB **verjährt** der Anspruch aus § 678 BGB **in drei Jahren**.[14]

§ 679 Unbeachtlichkeit des entgegenstehenden Willens des Geschäftsherrn

Ein der Geschäftsführung entgegenstehender Wille des Geschäftsherrn kommt nicht in Betracht, wenn ohne die Geschäftsführung eine Pflicht des Geschäftsherrn, deren Erfüllung im öffentlichen Interesse liegt, oder eine gesetzliche Unterhaltspflicht des Geschäftsherrn nicht rechtzeitig erfüllt werden würde.

A. Pflicht des Geschäftsherrn

1 Erfüllt der Geschäftsführer eine Pflicht des Geschäftsherrn i.S.d. § 679 BGB, wird die sonst unberechtigte Übernahme der Geschäftsführung in Ausnahme zu § 678 BGB zur berechtigten. Selbiges gilt auch bei der Ausführung der Geschäftsbesorgung i.S.d. § 677 BGB.[1]

Es muss sich um eine Rechtspflicht des Geschäftsherrn handeln, welche privat-rechtlicher oder auch öffentlich-rechtlicher Natur sein kann.[2] Die Pflicht kann durch Gesetz, Hoheitsakt oder durch Vertrag begründet sein.[3] Nicht ausreichend ist, dass die Geschäftsführung im öffentlichen Interesse liegt, also beispielsweise karitativ oder gemeinnützig ist. Des Weiteren ist eine bloß sittliche Pflicht nicht ausreichend.[4]

Die Erfüllung der Pflicht des Geschäftsherrn muss im öffentlichen Interesse liegen oder verhindern, dass eine gesetzliche Unterhaltspflicht des Geschäftsherrn nicht rechtzeitig erfüllt werden würde.

B. Im öffentlichen Interesse

2 Nicht nur die Pflicht des Geschäftsherrn, sondern auch die Geschäftsführung selbst muss im öffentlichen Interesse liegen.[5] Für ein öffentliches Interesse i.S.d. § 679 BGB ist allerdings nicht bereits das abstrakte Interesse der Gemeinschaft an der Erfüllung der Pflicht ausreichend. Erforderlich ist vielmehr ein spezielles Interesse an der Erfüllung einer bestimmten Verpflichtung, deren Nichterfüllung für die Allgemeinheit konkret fassbare Nachteile mit sich brächte.[6] Grundsätzlich darf die Frage, wann die Erfüllung einer Pflicht im öffentlichen Interesse liegt, nicht zu eng ausgelegt werden.[7] Dies gilt jedenfalls für Fallkonstellationen, in welchen Aufwendungsersatzansprüche zwischen öffentlich-rechtlichen Körperschaften oder Verwaltungsträgern im Streit stehen. Besorgt hingegen eine Privatperson ein Geschäft in Erfüllung einer öffentlich-rechtlichen Verpflichtung für einen Träger öffentlicher Verwaltung, darf durch eine »Einmischung« einer Privatperson in öffentliche Aufgaben das öffentlich-rechtliche Aufgaben- und Kompetenzgefüge nicht gefährdet werden.[8]

---

13 BGH, 05.12.1983, II ZR 56/82, NJW 1984, 1461, 1462; Palandt/*Sprau*, § 678 Rn. 4.
14 MüKo-BGB/*Seiler*, § 678 Rn. 9.
1 Palandt/*Sprau*, § 679 Rn. 1.
2 BGH, 15.12.1954, II ZR 277/53, BGHZ 16, 12, 15, 16; NJW 1955, 257, 258.
3 Staudinger/*Wittmann*, § 679 Rn. 2.
4 MüKo-BGB/*Seiler*, § 679 Rn. 3, 4.
5 BGH, 15.12.1977, III ZR 159/75, NJW 1978, 1258, 1259.
6 BSG, 02.03.2000, B 7 AL 36/99 R, NJW-RR 2001, 1282, 1284.
7 BSG, 27.06.1999, 5 RJ 39/89, NJW 1991, 2373, 2374.
8 BSG, 02.03.2000, B 7 AL 36/99 R, NJW-RR 2001, 1282, 1284 (m.w.N.).

Meist wird es um Gefahren für Leben, Körper, Gesundheit oder wichtige Sachgüter gehen. Es wird sich somit überwiegend um eine Gefährdung der öffentlichen Sicherheit i.S.d. Polizeirechts handeln.[9]

C. Gesetzliche Unterhaltspflicht

Bei gesetzlichen Unterhaltspflichten handelt es sich um Pflichten des Geschäftsherrn, welche auf familien- oder erbrechtlichen Vorschriften beruhen. Dies gilt auch dann, wenn die Pflichten vertraglich näher geregelt sind. Allein auf Vertrag beruhende Unterhaltspflichten sind dagegen ausgeschlossen.[10]

3

D. Nicht rechtzeitige Erfüllung

Weitere Voraussetzung für die Unbeachtlichkeit des entgegenstehenden Willens des Geschäftsherrn ist, dass die Pflicht des Geschäftsherrn nicht rechtzeitig erfüllt werden würde. Durch das Eingreifen des Geschäftsführers muss die Gefährdung des öffentlichen Interesses vermieden werden.[11]

4

§ 680 Geschäftsführung zur Gefahrenabwehr

Bezweckt die Geschäftsführung die Abwendung einer dem Geschäftsherrn drohenden dringenden Gefahr, so hat der Geschäftsführer nur Vorsatz und grobe Fahrlässigkeit zu vertreten.

A. Abwehr einer dringenden Gefahr

Die Geschäftsbesorgung muss der Abwehr einer dringenden, d.h. aktuellen, unmittelbar drohenden Gefahr dienen.[1] Ausreichend ist der **Versuch der Gefahrenabwehr**. Das Eintreten eines Erfolges ist nicht erforderlich.[2] Der Geschäftsführer muss die Gefahr bewusst und gewollt abwenden wollen. Nicht ausreichend ist, dass er nur bei Gelegenheit eine Gefahr abwendet oder abwenden könnte.[3] Die Haftungsmilderung kommt auch dann in Betracht, wenn der Geschäftsführer ohne Verschulden irrtümlich annimmt, dass eine Gefahrenlage besteht.[4]

1

B. Gefährdung des Geschäftsherrn

Die Gefahr kann der Person oder dem Vermögen des Geschäftsherrn gedroht haben.[5] Ausreichend ist auch, wenn die Gefahr die Person oder das Vermögen von Familien- oder Hausangehörigen des Geschäftsherrn bedroht.[6]

2

C. Haftungsminderung

Rechtsfolge des § 680 BGB ist eine Haftung nur für Vorsatz und grobe Fahrlässigkeit. Hierbei darf die Gefahrenlage, welche bereits zur Haftungsminderung nach § 680 BGB geführt hat, nicht

3

---

9 MüKo-BGB/*Seiler*, § 679 Rn. 5 m.w.N.; Palandt/*Sprau*, § 679 Rn. 3 m.w.N.
10 MüKo-BGB/*Seiler*, § 679 Rn. 10 m.w.N.; Staudinger/*Wittmann*, § 679 Rn. 8 m.w.N.; MüKo-BGB/*Seiler*, Rn. 2 m.w.N.
11 MüKo-BGB/*Seiler*, § 679 Rn. 6, 12.
1 Palandt/*Sprau*, § 680 Rn. 2.
2 BGH, 07.04.1970, VI ZR 217/68, VersR 1970, 620, 622.
3 Erman/*Ehmann*, § 680 Rn. 4; Staudinger/*Wittmann*, § 680 Rn. 5.
4 Staudinger/*Wittmann*, § 680 Rn. 5; a.A. MüKo-BGB/*Seiler*, § 680 Rn. 2.
5 BGH, 07.04.1970, VI ZR 217/68, VersR 1970, 620, 622.
6 Staudinger/*Wittmann*, § 680 Rn. 4.

nochmals im Rahmen der Verschuldensbeurteilung berücksichtigt werden.[7] Die Haftungsprivilegierung gilt nur im **Innenverhältnis zum Geschäftsherrn** und begünstigt den Geschäftsführer nicht bei einer Beschädigung Dritter.[8]

Die Reduzierung der Haftung auf Vorsatz und grobe Fahrlässigkeit greift sowohl bei unberechtigter Übernahme der Geschäftsführung (§ 678 BGB) als auch bei fehlerhafter Ausführung (§ 677 BGB).[9] Des Weiteren gilt die Haftungsmilderung auch für Ansprüche des Geschäftsherrn aus § 823 BGB[10] und aus § 280 BGB.[11]

Bei Vorliegen der Voraussetzungen des § 680 BGB ist dem Geschäftsführer im Rahmen seines Ersatzanspruches für ihm entstandene Schäden eigenes Mitverschulden nach § 254 BGB nur bei Vorsatz oder grober Fahrlässigkeit zuzurechnen.[12]

§ 681 Nebenpflichten des Geschäftsführers

Der Geschäftsführer hat die Übernahme der Geschäftsführung, sobald es tunlich ist, dem Geschäftsherrn anzuzeigen und, wenn nicht mit dem Aufschub Gefahr verbunden ist, dessen Entschließung abzuwarten. Im Übrigen finden auf die Verpflichtungen des Geschäftsführers die für einen Beauftragten geltenden Vorschriften der §§ 666 bis 668 entsprechende Anwendung.

A. Anzeigepflicht

1 Mit der Übernahme der Geschäftsführung entsteht die Anzeigepflicht. Tunlich ist die Anzeige der Geschäftsführung nach § 681 S. 1 BGB, sobald es die Verhältnisse erlauben, die Anzeige also im Interesse des Geschäftsherrn objektiv geboten und dem Geschäftsführer zuzumuten ist.[1] Nach der Anzeige muss der Geschäftsführer die Entschließung des Geschäftsherrn abwarten, wenn mit dem Aufschub nicht Gefahr verbunden ist.

B. Informations- und Herausgabepflichten

2 Nach § 681 S. 2 BGB hat der Geschäftsführer Informations- und Herausgabepflichten wie ein Beauftragter. Es gelten die §§ 666 bis 668 BGB.

C. Schadensersatz

3 Ein schuldhafter Pflichtverstoß des Geschäftsführers führt zu einem Schadensersatzanspruch gem. § 280 BGB. Der Geschäftsherr ist so zu stellen, wie er stünde, wenn der Geschäftsführer ihn rechtzeitig benachrichtigt hätte.[2]

---

7 BGH, 30.11.1971, VI ZR 100/70, NJW 1972, 475, 476.
8 BGH, 30.11.1971, VI ZR 100/70, NJW 1972, 475, 476; BGH, 24.10.1974, VII ZR 223/72, NJW 1975, 207, 209.
9 BGH, 30.11.1971, VI ZR 100/70, NJW 1972, 475, 477.
10 BGH, 30.11.1971, VI ZR 100/70, NJW 1972, 475.
11 *Stein*, ZfBR 88, 252.
12 BGH, 16.03.1965, VI ZR 210/64, NJW 1965, 1271, 1273; BGH, 17.02.1972, II ZR 46/70, MDR 1972, 487.
1 BGH, 27.04.2005, VIII ZR 140/04, NJW-RR 2005, 1426, 1428; BGH, 26.01.2005, VIII ZR 66/04, NJW-RR 2005, 639, 642.
2 BGH, 04.12.1975, VII ZR 218/73, BGHZ 65, 354, 357; BGH, 27.04.2005, VIII ZR 140/04, NJW-RR 2005, 1426, 1428.

§ 682 Fehlende Geschäftsfähigkeit des Geschäftsführers

Ist der Geschäftsführer geschäftsunfähig oder in der Geschäftsfähigkeit beschränkt, so ist er nur nach den Vorschriften über den Schadensersatz wegen unerlaubter Handlungen und über die Herausgabe einer ungerechtfertigten Bereicherung verantwortlich.

A. Geschäftsunfähiger oder beschränkt geschäftsfähiger Geschäftsführer

Der **geschäftsunfähige Geschäftsführer** ist bei berechtigter und unberechtigter GoA im Verhältnis zum Geschäftsherrn wie nach den Bestimmungen der unerlaubten Handlung und der ungerechtfertigten Bereicherung verantwortlich. Bei **beschränkter Geschäftsfähigkeit** gilt § 682 BGB nur bei Geschäftsbesorgungen tatsächlicher Art und Geschäftsbesorgungen rechtsgeschäftlicher Art, denen der gesetzliche Vertreter in entsprechender Anwendung der §§ 105 ff. BGB nicht zugestimmt hat. Liegt eine Zustimmung des gesetzlichen Vertreters vor, gilt die Haftungsbeschränkung gem. § 682 BGB nicht.[1] 1

B. Haftungsbeschränkung

§ 682 BGB enthält eine Haftungsbeschränkung zugunsten des geschäftsunfähigen oder beschränkt geschäftsfähigen Geschäftsführers auf die Vorschriften über den Schadensersatz wegen unerlaubter Handlung (§§ 823 ff. BGB, insbesondere §§ 827 bis 829 BGB) und über die Herausgabe einer ungerechtfertigten Bereicherung (§§ 812 ff. BGB, insbesondere §§ 818 Abs. 3, 819 BGB). 2

§ 683 Ersatz von Aufwendungen

Entspricht die Übernahme der Geschäftsführung dem Interesse und dem wirklichen oder dem mutmaßlichen Willen des Geschäftsherrn, so kann der Geschäftsführer wie ein Beauftragter Ersatz seiner Aufwendungen verlangen. In den Fällen des § 679 steht dieser Anspruch dem Geschäftsführer zu, auch wenn die Übernahme der Geschäftsführung mit dem Willen des Geschäftsherrn in Widerspruch steht.

A. Geschäftsbesorgung

Der Geschäftsführer muss für einen Anderen eine Geschäftsbesorgung i.S.d. § 677 BGB ohne Auftrag oder sonstige Berechtigung ausführen. (vgl. *Irl* § 677 BGB Rdn. 1). 1

B. Interesse und wirklicher oder mutmaßlicher Wille

Die Fremdgeschäftsführung ist berechtigt, wenn sie dem Interesse und dem wirklichen oder mutmaßlichen Willen des Geschäftsherrn entspricht. 2

I. Wirklicher Wille des Geschäftsherrn

Maßgeblich ist in erster Linie der tatsächlich seitens des Geschäftsherrn geäußerte Wille. Dies gilt selbst dann, wenn er unvernünftig oder interessenwidrig wäre.[1] Der Geschäftsführer muss den wirklichen Willen des Geschäftsherrn vor Beginn der Ausführung mit zumutbarem Aufwand erforschen (vgl. § 681 S. 1 BGB).[2] Ausreichend ist, dass der wirkliche Wille durch eine aus- 3

---

1 Erman/*Ehmann*, § 682 Rn. 2; Staudinger/*Wittmann*, § 682 Rn. 2; a.A. Bamberger/Roth/*Gehrlein*, § 682 Rn. 1; Palandt/*Sprau*, § 682 Rn. 1; MüKo-BGB/*Seiler*, § 682 Rn. 2 ff.
1 BGH, 02.04.1998, III ZR 251/96, BGHZ 138, 281, 287.
2 *Leupertz*, BauR 2005, 775, 776.

drückliche oder konkludente Äußerung erkennbar geworden ist, auch wenn der Geschäftsführer hiervon keine Kenntnis erlangt hat. Eine nach Übernahme der Geschäftsbesorgung eintretende Willensänderung ist dabei unerheblich.[3] Lehnt der Geschäftsherr ein Vertragsangebot des Geschäftsführers ausdrücklich ab oder gibt hierzu keine Äußerung ab, lässt dies erkennen, dass das Vorhaben des Geschäftsführers nicht seinem Willen entspricht. Bei dieser Fallgestaltung können daher die Regeln der Geschäftsführung ohne Auftrag nicht herangezogen werden, da dies anderenfalls zum Aufdrängen von Geschäftsführungsmaßnahmen führen würde.[4] Gemäß § 683 S. 2 BGB ist der wirkliche Wille des Geschäftsherrn ausnahmsweise unbeachtlich, wenn die Voraussetzungen des § 679 BGB vorliegen.

II. Mutmaßlicher Wille des Geschäftsherrn

4 Ist der wirkliche Wille des Geschäftsherrn nicht zu ermitteln, kommt es auf den mutmaßlichen Willen an.

Mutmaßlich ist derjenige Wille des Geschäftsherrn, der bei objektiver Beurteilung aller gegebenen Umstände von einem verständigen Betrachter vorauszusetzen ist.[5] Bei der Ermittlung des mutmaßlichen Willens muss eine **Gesamtbetrachtung der objektiven Umstände** vorgenommen werden. Hierbei ist zu berücksichtigen, welche Folgen für den Geschäftsherrn entstanden wären, wenn die Geschäftsbesorgung nicht durchgeführt worden wäre. Wäre beispielsweise die ursprünglich vertraglich vereinbarte Leistung unbrauchbar gewesen und ein Abbruch der Bauleistungen nicht in Betracht gekommen, wird man im Regelfall von einem Vorliegen des mutmaßlichen Willens ausgehen können.[6] Zu berücksichtigen ist auch, insbesondere bei öffentlichen Auftraggebern, das Interesse des Geschäftsherrn an einer wirtschaftlichen Erbringung der Leistung. Bei der Beurteilung des mutmaßlichen Willens darf nur auf tatsächlich vorhandene Handlungsalternativen abgestellt werden. Lediglich theoretisch denkbare Möglichkeiten können die Annahme eines mutmaßlichen Willens nicht stützen.[7]

Zusätzliche und geänderte Leistungen entsprechen regelmäßig dem mutmaßlichen Willen des Bauherrn, wenn sie zur Erreichung des Werkerfolges **notwendig** waren.[8] Dies gilt allerdings nur dann, wenn dem Bauherrn nicht andere Möglichkeiten zur Verfügung gestanden hätten, die Leistungen tatsächlich günstiger auszuführen.[9]

III. Interesse des Geschäftsherrn

5 Neben dem wirklichen oder mutmaßlichen Willen des Geschäftsherrn muss die Übernahme der Geschäftsführung auch dem Interesse des Geschäftsherrn entsprechen. Eine Geschäftsführung ist interessengerecht, wenn sie dem Geschäftsherrn **objektiv nützlich, also sachlich vorteilhaft** ist.[10] Hier ist eine objektive Betrachtung anhand der konkreten Sachlage im Einzelfall geboten, die aber subjektiv auf die Verhältnisse des Geschäftsherrn bezogen werden muss.[11] Entspricht die Ge-

---

[3] Bamberger/Roth/*Gehrlein*, § 683 Rn. 3.
[4] BGH, 25.11.1981, VIII ZR 299/80, BGHZ 82, 323, 331, 332.
[5] BGH, 04.04.1974, VII ZR 222/72, BauR 1974, 273, 274; BGH, 27.11.2003, VII ZR 346/01, BauR 2004, 495, 497, 498.
[6] *Kniffka*, IBR-Online-Kommentar, § 631 Rn. 703.
[7] BGH, 08.11.2001, VII ZR 111/00, BauR 2002, 312, 313; BGH, 27.11.2003, VII ZR 346/01, BauR 2004, 495, 498.
[8] OLG Hamburg, 26.06.2002, 4 U 217/98, BauR 2003, 253, 255; OLG Frankfurt, 04.04.2003, 24 U 188/00, BauR 2003, 1045, 1046; *Kniffka*, IBR-Online-Kommentar, § 631 Rn. 704.
[9] OLG Düsseldorf, 09.12.1999, 12 U 1995/98, BGH, 27.11.2003, VII ZR 346/01, BauR 2004, 495, 498; BauR 2000, 1198, 1201.
[10] BGH, 20.04.1967, VII ZR 326/64, NJW 1967, 1959, 1960; Bamberger/Roth/*Gehrlein*, § 683 Rn. 2.
[11] OLG München, 10.12.1987, 19 U 6312/86, NJW-RR 1988, 1013, 1015.

schäftsführung dem Interesse des Geschäftsherrn, ist im Zweifel davon auszugehen, dass sie auch dem mutmaßlichen Willen des Geschäftsherrn entspricht.[12]

C. Aufwendungsersatz gem. § 670 BGB

Entspricht die Geschäftsbesorgung dem Willen und dem Interesse des Geschäftsherrn, kann der Geschäftsführer wie ein Beauftragter Ersatz seiner Aufwendungen verlangen. Hierfür ist ausreichend, dass der Geschäftsführer die Aufwendungen nach den Umständen für erforderlich halten durfte. Erfolgt die auftraglose Besorgung eines fremden Geschäfts im Rahmen des Berufs oder Gewerbes des Geschäftsführers, so umfasst der Aufwendungsersatzanspruch nach der Rechtsprechung des Bundesgerichtshofes[13] die **übliche Vergütung**.[14]

6

Diese Auffassung wird auch von überwiegenden Teilen der Literatur geteilt.[15] Üblich ist die Vergütung, die zur Zeit des Vertragsschlusses nach allgemeiner Auffassung der beteiligten Kreise am Ort der Werkleistung gewährt zu werden pflegt.[16] Die übliche Vergütung ist im Streitfall von einem Sachverständigen **ohne Rücksicht auf die Urkalkulation** zu ermitteln. Liegt der Geschäftsbesorgung allerdings eine unwirksame Vereinbarung mit dem Geschäftsherrn zugrunde und enthält diese eine Vergütungsvereinbarung, kann der Unternehmer auch dann keine höhere Vergütung verlangen, wenn die übliche Vergütung höher liegen sollte. Dem liegt der Gedanke zugrunde, dass der Unternehmer bei einer unwirksamen Beauftragung keinen höheren Anspruch haben könne als bei einer wirksamen Beauftragung.[17]

Diese Auslegung der §§ 683, 670 BGB wird zu Recht kritisiert.[18] Entscheidend sind danach vielmehr die **tatsächlichen baustellenbezogen angefallenen Aufwendungen**.[19] Dies sind insbesondere Aufwendungen für Gerät, Material und Personal sowie einzig aufgrund der Geschäftsbesorgung eventuell darüber hinaus sich ergebender Mindererwerb. Ein Verdienstausfall kann jedoch nur in dem Umfang vorliegen, in welchem der Unternehmer die für die Geschäftsbesorgung verwendeten betrieblichen Ressourcen anderweitig gewinnbringend hätte einsetzen können.[20] Möchte der Unternehmer beispielsweise einen entgangenen Gewinn ersetzt erhalten, muss er nachweisen, dass er anstelle der Geschäftsbesorgung einen anderen Auftrag mit nachweisbarem Gewinn ausgeführt hätte.[21] Dies wird jedoch in der Praxis kaum zu beweisen sein, weshalb die kalkulatorischen Ansätze für allgemeine Geschäftskosten, Gewinn und Wagnis im Rahmen der Geschäftsbesorgung regelmäßig nicht ersatzfähig sein werden.[22]

7

Die übliche Vergütung ist allerdings dann maßgebend, wenn der Geschäftsführer einen Unternehmer zur Geschäftsführung beauftragt, den er nach üblicher Vergütung bezahlt. In diesem Fall darf er diese Aufwendungen für erforderlich halten.[23]

---

12 BGH, 20.04.1967, VII ZR 326/64, NJW 1967, 1959, 1960; BGH, 07.03.1989, XI ZR 25/88, NJW-RR 1989, 970; *Leupertz*, BauR 2005, 775, 777; *Kniffka*, IBR-Online-Kommentar, § 631 Rn. 706.
13 BGH, 07.03.1989, XI ZR 25/88, NJW-RR 1989, 970; BGH, 20.04.1967, VII ZR 326/64, NJW 1967, 1959.
14 BGH, 26.01.2005, VIII ZR 66/04, NJW-RR 2005, 639, 641; Ingenstau/Korbion/*Keldungs*, Teil B § 2 Nr. 8 Rn. 19.
15 Palandt/*Sprau*, § 683 Rn. 8; Staudinger/*Wittmann*, § 683 Rn. 3; MüKo-BGB/*Seiler*, § 683 Rn. 24 f.
16 BGH, 26.10.2000, VII ZR 239/89, BauR 2001, 249; *Kniffka*, IBR-Online-Kommentar, § 631 Rn. 709.
17 BGH, 30.09.1993, VII ZR 178/91, BauR 1994, 110, 111; *Kniffka*, IBR-Online-Kommentar, § 631 Rn. 709.
18 *Leupertz*, BauR 2005, 775, 777; *Kniffka*, IBR-Online-Kommentar, § 631 Rn. 710.
19 BGH, 05.07.2000, II ZR 58/97, NJW 2000, 3712, 3715; *Kniffka*, IBR-Online-Kommentar, § 631 Rn. 710.
20 *Leupertz*, BauR 2005, 775, 778; *Kniffka*, IBR-Online-Kommentar, § 631 Rn. 710.
21 *Leupertz*, BauR 2005, 775, 781.
22 *Kniffka*, IBR-Online-Kommentar, § 631 Rn. 710.
23 *Kniffka*, IBR-Online-Kommentar, § 631 Rn. 710.

Das Abstellen auf die tatsächlichen, baustellenbezogenen Aufwendungen und nicht auf die übliche Vergütung ist auch interessengerecht. Zum einen fehlt es überhaupt an einer Entgeltlichkeitsvereinbarung, zum anderen **fehlt es an einer der üblichen Vergütung entsprechenden Gegenleistung**. So erhält der Geschäftsherr im Rahmen einer Geschäftsführung ohne Auftrag insbesondere keine Mängelrechte gem. § 634 BGB. Darüber hinaus kann der Geschäftsherr regelmäßig keinen Einfluss auf eine bestimmte Art der Bauausführung nehmen. Zu berücksichtigen ist auch, dass die auf dem Markt durchsetzbaren Baupreise tatsächlich oft hinter der üblichen Vergütung zurückbleiben.[24]

Hätte der Unternehmer entsprechend der Rechtsprechung des Bundesgerichtshofes Anspruch auf Aufwendungsersatz in Höhe der üblichen Vergütung, stünde er im Ergebnis oftmals besser, als er bei Abschluss eines wirksamen Bauvertrages (ohne Preisabrede) gestanden hätte. Dem Geschäftsherrn hingegen würden wesentliche Vertragsrechte vorenthalten bleiben. Wie Leupertz[25] richtig ausführt, entspräche dies jedoch nicht dem Sinn und Zweck der §§ 683, 670 BGB. Danach soll der Geschäftsführer einen angemessenen Ausgleich für die im Zusammenhang mit der Geschäftsbesorgung freiwillig erbrachten Vermögensopfer erhalten, nicht jedoch vertragsgleiche oder sogar darüber hinausgehende Gewinnchancen. Der Unternehmer darf jedoch nach § 683 BGB (»so kann der Geschäftsführer wie ein Beauftragter Ersatz seiner Aufwendungen verlangen«) davon ausgehen, dass er seine Leistungen nicht unentgeltlich erbringen muss. Er kann daher Aufwendungsersatz auch für nachweisbar entgangenen Verdienst und sonstigen Gewinn verlangen.[26]

8 Dem Geschäftsherrn steht es frei, einen beispielsweise aufgrund Beauftragung durch eine rechtsgeschäftlich nicht bevollmächtigte Person (beispielsweise Bauleiter) schwebend unwirksamen Vertrag zu **genehmigen**. In diesem Fall erhält er seine Mängelrechte gem. § 634 BGB und der Unternehmer mangels anderweitiger Vergütungsabrede die übliche Vergütung.[27]

9 Ist die **Leistung** des Unternehmers, welche er im Rahmen der Geschäftsbesorgung erbracht hat, allerdings **mangelhaft**, hat er keinen Aufwendungsersatzanspruch. Eine mangelhafte Leistung steht grundsätzlich nicht im Interesse des Geschäftsherrn. Zudem ist der Geschäftsführer in diesem Fall zum Ersatz der Mangelfolgeschäden nach § 678 BGB verpflichtet.[28]

10 Der Aufwendungsersatzanspruch ist unabhängig von der Anzeige nach § 681 S. 1 BGB. Verletzt der Geschäftsführer diese Anzeigepflicht, hat er dem Geschäftsherrn den dadurch entstandenen Schaden zu ersetzen.[29]

§ 684 Herausgabe der Bereicherung

Liegen die Voraussetzungen des § 683 nicht vor, so ist der Geschäftsherr verpflichtet, dem Geschäftsführer alles, was er durch die Geschäftsführung erlangt, nach den Vorschriften über die Herausgabe einer ungerechtfertigten Bereicherung herauszugeben. Genehmigt der Geschäftsherr die Geschäftsführung, so steht dem Geschäftsführer der in § 683 bestimmte Anspruch zu.

A. Unberechtigte Übernahme der Geschäftsbesorgung

1 § 684 BGB behandelt den Fall der **unberechtigten Übernahme der Geschäftsbesorgung**. In diesem Fall hat der Geschäftsführer Anspruch auf Aufwendungsersatz nur nach den Vorschriften der §§ 812 ff. BGB.

---

24 *Kniffka,* IBR-Online-Kommentar, § 631 Rn. 710; *Leupertz,* BauR 2005, 775, 779.
25 *Leupertz,* BauR 2005, 775, 780.
26 *Leupertz,* BauR 2005, 775, 780.
27 *Leupertz,* BauR 2005, 775, 780; *Kniffka,* IBR-Online-Kommentar, § 631 Rn. 771.
28 *Kniffka,* IBR-Online-Kommentar, § 631 Rn. 712.
29 BGH, 26.01.2005, VIII ZR 66/04, NJW-RR 2005, 639, 642.

Der Geschäftsherr kann die Geschäftsbesorgung jedoch **genehmigen**. In diesem Fall steht dem Geschäftsführer gemäß § 684 S. 2 BGB ein Aufwendungsersatzanspruch gem. §§ 683, 670 BGB zu.

Die Geschäftsführung ist unberechtigt, wenn sie nicht dem wirklichen oder mutmaßlichen Willen des Geschäftsherrn entspricht. Der Unterschied zwischen der berechtigten GoA i.S.d. § 683 BGB und der unberechtigten GoA i.S.d. § 684 BGB liegt in der Beantwortung der Frage, ob die Geschäftsbesorgung dem Willen des Geschäftsherrn entspricht. (vgl. *Irl,* § 683 Rdn. 2 ff.)

B. Bereicherungsanspruch

Gemäß § 684 S. 1, §§ 812 ff. BGB kann der Geschäftsführer vom Geschäftsherrn heraus verlangen, was dieser durch die Geschäftsführung ohne Auftrag **erlangt** hat, soweit dessen Vermögen noch vermehrt ist. Die Herausgabe der Bereicherung ist gem. § 818 Abs. 2 BGB in **Wertersatz** zu leisten, wenn die Herausgabe beispielsweise der Bauleistung nicht möglich ist, da eine feste Verbindung mit dem Baugrundstück hergestellt wurde (vgl. §§ 946, 94 BGB).[1] Die geschuldete Herausgabe der Bereicherung kann in einer gegenständlichen Vermögensvermehrung (§ 818 Abs. 1 BGB) oder in ersparten Aufwendungen und abgewendeten Vermögensschäden (§ 818 Abs. 2 BGB) liegen.[2] Entscheidend ist somit, ob und gegebenenfalls in welchem Umfang die Aufwendungen des Geschäftsführers auf Seiten des Geschäftsherrn zu einer **Vermögensvermehrung** geführt haben. Die Angemessenheit und Erforderlichkeit der durch die Geschäftsführung veranlassten Aufwendungen ist im Gegensatz zu §§ 683, 670 BGB nicht relevant. Der Geschäftsführer trägt somit das volle Risiko für den wirtschaftlichen Erfolg seiner Leistung.[3]

Ist die **Leistung des Geschäftsführers mangelhaft** und führt somit nicht zum Werkerfolg, so liegt auf Seiten des Geschäftsherrn eine sogenannte aufgedrängte Bereicherung vor. Hier ist bei der Anwendung des § 818 Abs. 2 BGB oder des § 818 Abs. 3 BGB eine am subjektiven Interesse des Geschäftsherrn orientierte Wertbemessung vorzunehmen. Hierbei ist unter Mitberücksichtigung der Verkehrsauffassung auf die wirtschaftliche Planung dessen abzustellen, dem die Bereicherung aufgedrängt wurde.[4] Soweit die Werkleistung komplett mangelhaft ist, liegt auf Seiten des Geschäftsherrn keine Bereicherung vor.[5]

Des Weiteren besteht auf Seiten des Geschäftsherrn keine Vermögensmehrung, wenn der Geschäftsführer Leistungen erbracht hat, die **nicht notwendig** sind. Auch hierbei handelt es sich um eine aufgedrängte Bereicherung.[6] Etwas anderes gilt nur dann, wenn der Geschäftsherr die Leistung dennoch nutzt. Die Bereicherungsansprüche gehören dem Billigkeitsrecht an und stehen daher in besonderem Maße unter dem Grundsatz von Treu und Glauben. Mit diesem wäre es nicht zu vereinbaren, wenn der Geschäftsherr nicht die durch die Leistung des Geschäftsführers ersparten Aufwendungen zu erstatten hätte. Es widerspräche Treu und Glauben, wenn der Geschäftsherr wegen einer möglicherweise nicht vorhandenen Wertsteigerung seines Grundstückes das Erlangte unentgeltlich behalten und nutzen könnte. Er wird daher grundsätzlich dasjenige als Wertersatz zu leisten haben, was er bei eigener Vergabe für die Vollendung der Arbeiten hätte aufwenden müssen.[7]

Der dem Unternehmer danach zuzubilligende Wertersatz übersteigt allerdings regelmäßig den von ihm aufgewendeten Vermögenswert und damit den Betrag, den er bei berechtigter Geschäfts-

---

[1] *Kniffka*, IBR-Online-Kommentar, § 631 Rn. 714; *Leupertz*, BauR 2005, 795, 782.
[2] *Leupertz*, BauR 2005, 775, 780; Erman/*Ehmann*, § 684 Rn. 2.
[3] *Leupertz*, BauR 2005, 775, 782.
[4] Erman/*Ehmann*, § 684 Rn. 2.
[5] BGH, 05.11.1981, VII ZR 216/80, BauR 1982, 83, 85, 86.
[6] *Leupertz*, BauR 2005, 775, 783.
[7] BGH, 26.04.2001, VII ZR 222/99, BauR 2001, 1412, 1414; BGH, 15.11.2002, VII ZR 26/01, BauR 2002, 1245, 1247.

führung als Aufwendungsersatz gem. §§ 683, 670 BGB hätte beanspruchen können[8] (*Irl*, § 683 Rdn. 6)

Danach könnte also im Einzelfall der Geschäftsführer bei unberechtigter GoA (wenn die Bauleistungen notwendig und mangelfrei sind) besser stehen als der Geschäftsführer einer berechtigten GoA. Dies ist mit dem Sinn und Zweck der Vorschriften in §§ 683, 684 BGB nicht in Einklang zu bringen. Es ist daher nach § 242 BGB eine **normengebundene Beschränkung** des nach §§ 684 S. 1, 818 BGB zu leistenden Bereicherungsausgleiches auf den Höchstbetrag des für die berechtigte Geschäftsführung ohne Auftrag zu zahlenden Aufwendungsersatzes durchzuführen.[9]

Diese Problematik lässt sich leicht dadurch umgehen, dass der Geschäftsherr die Geschäftsbesorgung gemäß § 684 S. 2 BGB genehmigt. In diesem Falle erhielte er auch die Mängelansprüche gemäß § 634 BGB.[10]

6 Ist die **Leistung mangelhaft**, reduziert sich der Vermögenszuwachs des Geschäftsherrn bzw. die Aufwendungen, die er für diese Leistung bei der Vergabe an einen Dritten gehabt hätte. Insoweit ist der Bereicherungsanspruch des Geschäftsführers von vornherein um den Betrag zu kürzen, der für die Mängelbeseitigung aufzuwenden ist.[11]

§ 685 Schenkungsabsicht

(1) Dem Geschäftsführer steht ein Anspruch nicht zu, wenn er nicht die Absicht hatte, von dem Geschäftsherrn Ersatz zu verlangen.

(2) Gewähren Eltern oder Voreltern ihren Abkömmlingen oder diese jenen Unterhalt, so ist im Zweifel anzunehmen, dass die Absicht fehlt, von dem Empfänger Ersatz zu verlangen.

A. Verzichtswille

1 § 685 BGB bezieht sich sowohl auf den Aufwendungsersatzanspruch gem. §§ 683 S. 1, 670 BGB als auch den Bereicherungsanspruch nach §§ 684 S. 1, 812 ff. BGB.[1] Die Verzichtsabsicht stellt einen Ausschlussgrund für beide Ansprüche dar.[2]

Entscheidend für den Verzichtswillen ist der **Zeitpunkt der Übernahme der Geschäftsführung**. Er muss nach außen hervorgetreten sein und von dem Geschäftsherrn bewiesen werden.[3] Nicht ausreichend für einen Verzichtswillen ist, wenn der Geschäftsführer bei Übernahme der Geschäftsbesorgung über die spätere Geltendmachung von Ersatzansprüchen überhaupt nicht nachgedacht hat.[4]

Liegt über den Verzichtswillen hinaus **Schenkungsabsicht** vor und sind auch die übrigen Voraussetzungen einer Schenkung gegeben, finden die Vorschriften der §§ 516 bis 534, insbesondere § 516 Abs. 2 BGB Anwendung.[5] Auch wenn die Leistung nicht in der Zuwendung eines Gegenstandes bestand, sondern in der Leistung von Diensten, sind die Grundsätze über den Widerruf

---

8 *Leupertz*, BauR 2005, 775, 783; *Kniffka*, IBR-Online-Kommentar, § 631 Rn. 710.
9 *Leupertz*, BauR 2005, 775, 783, 784; *Kniffka*, IBR-Online-Kommentar, § 631 Rn. 716; a.A. Erman/*Ehmann*, § 684 Rn. 2; MüKo-BGB/*Seiler*, § 684 Rn. 9.
10 *Kniffka*, IBR-Online-Kommentar, § 631 Rn. 718.
11 KG, 17.07.2006, 24 U 374/02, BauR 2007, 1419, 1422; BGH, 31.05.1990, VII ZR 336/89, BauR 1990, 721, 723.
1 Staudinger/*Wittmann*, § 685 Rn. 1.
2 BGH, 10.10.1984, VIII ZR 152/83, NJW 1985, 313, 314.
3 Erman/*Ehmann*, § 685 Rn. 1; Staudinger/*Wittmann*, § 685 Rn. 2.
4 Staudinger/*Wittmann*, § 685 Rn. 2; Bamberger/Roth/*Gehrlein*, § 685 Rn. 2.
5 Staudinger/*Wittmann*, § 685 Rn. 2.

einer Schenkung entsprechend anwendbar.⁶ Die Beweislast für die fehlende Absicht, Ersatz zu verlangen, liegt beim Geschäftsherrn.⁷

B. Unterhaltsgewährung

Liegen Unterhaltsleistungen zwischen Verwandten in gerader Linie vor, enthält § 685 Abs. 2 BGB eine Rechtsvermutung für den Verzichtswillen.⁸ Die Vermutungsregelung greift nur, soweit keine Verpflichtung zur Unterhaltsleistung besteht und nur im Verhältnis des Leistenden zum Empfänger.⁹ Die Beweislast liegt hier beim Geschäftsführer. Dieser muss die Absicht Ersatz zu verlangen, beweisen.¹⁰ 2

§ 686 Irrtum über die Person des Geschäftsherrn

Ist der Geschäftsführer über die Person des Geschäftsherrn im Irrtum, so wird der wirkliche Geschäftsherr aus der Geschäftsführung berechtigt und verpflichtet.

A. Irrtum über die Person des Geschäftsherrn

Erforderlich für eine Geschäftsführung ohne Auftrag ist neben dem **Fremdgeschäftsführungswillen** auch ein **Fremdgeschäftsführungsbewusstsein**, also das Wissen des Geschäftsführers darüber, dass er in eine fremde Zuständigkeit eingreift. Nicht erforderlich ist, dass der Geschäftsführer konkret weiß, für wen er das Geschäft führt. Der Geschäftsführer handelt für den, den es objektiv angeht, wenn er nur ein fremdes Geschäft führen wollte. Selbst ein Irrtum über die Person des Geschäftsherrn berechtigt und verpflichtet nach § 686 BGB nur den wirklichen Geschäftsherrn.¹ 1

B. Berechtigung und Verpflichtung des wirklichen Geschäftsherrn

Wirklicher Geschäftsherr ist derjenige, auf den der soziale Sinn der Tätigkeit des Geschäftsführers weist. Dieser wird durch die Geschäftsführung berechtigt und verpflichtet.² Geschäftsführung ohne Auftrag kann auch vorliegen, wenn die Geschäftsbesorgung für einen Störer, der im Zeitpunkt der Übernahme der Geschäftsführung für die Störung noch nicht verantwortlich war oder für eine im Zeitpunkt der Übernahme der Geschäftsführung noch nicht existierende Person durchgeführt wird.³ 2

§ 687 Unechte Geschäftsführung

(1) Die Vorschriften der §§ 677 bis 686 finden keine Anwendung, wenn jemand ein fremdes Geschäft in der Meinung besorgt, dass es sein eigenes sei.

(2) Behandelt jemand ein fremdes Geschäft als sein eigenes, obwohl er weiß, dass er nicht dazu berechtigt ist, so kann der Geschäftsherr die sich aus den §§ 677, 678, 681, 682 ergebenden

---

6 Erman/*Ehmann*, § 685 Rn. 1.
7 Palandt/*Sprau*, § 685 Rn. 2.
8 BGH, 06.12.1962, VII ZR 164/61, BGHZ 38, 302, 305; BGH, 05.11.1997, XII ZR 20/96, NJW 1998, 978, 979.
9 Palandt/*Sprau*, § 685 Rn. 3.
10 Palandt/*Sprau*, § 685 Rn. 3.
1 BGH, 12.01.1951, V ZR 14/50, BGHZ 1, 57; Palandt/*Seiler*, § 687 Rn. 2; Bamberger/Roth/*Gehrlein*, § 686 Rn. 1.
2 BGH, 22.03.1966, V ZR 126/63, NJW 1966, 1360, 1361, 1362; Bamberger/Roth/*Gehrlein*, § 686 Rn. 2.
3 BGH, 22.03.1966, V ZR 126/63, NJW 1966, 1360; Staudinger/*Wittmann*, § 686 Rn. 2, Bamberger/Roth/*Gehrlein*, § 686 Rn. 2.

§ 687 BGB Unechte Geschäftsführung

Ansprüche geltend machen. Macht er sie geltend, so ist er dem Geschäftsführer nach § 684 Satz 1 verpflichtet.

A. Irrtümliche Eigengeschäftsführung

1 Besorgt jemand ein fremdes Geschäft in der Meinung, es sei sein eigenes, finden die Vorschriften über die GoA keine Anwendung. In diesem Fall fehlt es am Fremdgeschäftsführungswillen. Es handelt sich hier um ein objektiv fremdes Geschäft, welches lediglich subjektiv als eigenes geführt wird.[1] Unerheblich ist, ob der Irrtum des Geschäftsführers über die Fremdheit des Geschäfts unverschuldet ist oder auf Fahrlässigkeit beruht.[2]

Ansprüche aufgrund einer irrtümlichen Eigengeschäftsführung ergeben sich aus dem Bereicherungsrecht und für den Fall der Fahrlässigkeit aus dem § 823 ff. BGB.[3]

B. Angemaßte Eigengeschäftsführung

I. Voraussetzungen

2 Eine angemaßte Eigengeschäftsführung liegt vor, wenn dem Geschäftsführer bekannt ist, dass er keine Berechtigung für die Geschäftsbesorgung hat und er in eigennütziger Absicht agiert. Es handelt sich um eine vorsätzliche Verletzung fremder Rechte.[4]

II. Rechtsfolgen

3 Der Geschäftsherr hat im Falle der angemaßten Eigengeschäftsführung ein **Wahlrecht**, ob er seine Ansprüche aus GoA geltend machen möchte oder nicht. Tut er dies nicht, kann der Geschäftsführer auch keinen Aufwendungsersatz verlangen.[5] Allein die Verfolgung von Auskunfts- und Rechenschaftspflichten ist noch nicht als »geltend machen« i.S.d. § 687 Abs. 2 S. 1 BGB zu verstehen. Vielmehr muss der Geschäftsherr für das Entstehen des Aufwendungsersatzanspruches des Geschäftsführers Herausgabe des Erlangten gem. §§ 681, 667 BGB oder Schadensersatz gem. § 678 BGB verlangen.[6]

Macht der Geschäftsherr seine Rechte gem. § 687 Abs. 2 S. 1 BGB geltend, ist der dem Geschäftsführer nach § 684 S. 1 BGB zum Aufwendungsersatzanspruch nach Bereicherungsgrundsätzen verpflichtet.[7]

(…)

---

1 Erman/*Ehmann*, § 687 Rn. 1; Staudinger/*Wittmann*, § 687 Rn. 1.
2 Staudinger/*Wittmann*, § 687 Rn. 2; MüKo-BGB/*Seiler*, § 687 Rn. 5.
3 MüKo-BGB/*Seiler*, § 687 Rn. 7; Staudinger/*Wittmann*, § 687 Rn. 3; Bamberger/Roth/*Gehrlein*, § 637 Rn. 2.
4 MüKo-BGB/*Seiler*, § 687 Rn. 8; Erman/*Ehmann*, § 687 Rn. 4, 5 m.w.N.
5 BGH, 25.03.1963, VII ZR 270/61, BGHZ 39, 186, 188.
6 Bamberger/Roth/*Gehrlein*, § 687 Rn. 2.
7 BGH, 24.02.1961, I ZR 83/59, BGHZ 34, 320, 323, 324; Bamberger/Roth/*Gehrlein*, § 687 Rn. 4; MüKo-BGB/*Seiler*, § 687 Rn. 17.

Titel 16: Gesellschaft

Vor. zu §§ 705 ff.

Schrifttum

Adler/May Inanspruchnahme einer Vertragserfüllungsbürgin durch Mitgesellschafter einer Bau-ARGE – Regressmöglichkeiten bei der ARGE in Form einer GbR und OHG, BauR 2006, 756; *Diehr* Sicherheit gemäß § 648a BGB zugunsten des Gesellschafters gegen seine Bau-ARGE, ZfBR 2004, 3; *Jagenburg* NJW 1997, 2363; *Joussen* Das Ende der Arge als BGB-Gesellschaft?, BauR 1999, 1063; *Kirch/Kues* Alle oder Keiner? – Zu den Folgen der Insolvenz eines Mitglieds einer Bietergemeinschaft im laufenden Vergabeverfahren, VergabeR 2008, 32; *Kornblum* Rechtsfragen der Bau-ARGE, ZfBR 1992, 9; *Krause-Allenstein* Die Bau-ARGE – Haftung, Sicherheiten, Versicherung im Innen- und Außenverhältnis, BauR 2007, 617; *Langen* Die Dach-ARGE im Spannungsfeld zwischen Gesellschafts- und Bauvertragsrecht, Jahrbuch Baurecht 1999, 64; *Lotz* Haftungsbeschränkungen in Anlagenverträgen, 2. Interessenlage, ZfBR 1996, 233; *Messerschmidt/Thierau* Die Bau-ARGE, NZBau 2007, 129, 205; *dies.* Konsortium und faktische BGB-Gesellschaft am Bau, NZBau 2007, 67; *Müller* Auslegungsprobleme beim Bauträgervertrag, BauR 1981, 219; *Müller-Wrede* Grundsätze der Losvergabe unter dem Einfluss mittelständischer Interessen, NZBau, 2004, 643; *Samson* Werkvertragliche Gewährleistung beim Kauf einer sanierten oder renovierten Altbauwohnung vom Bauträger, BauR 1996, 58; *K. Schmidt* Die Gesellschafterhaftung bei der Gesellschaft bürgerlichen Rechts als gesetzliches Schuldverhältnis, NJW 2003, 1897; *Schwanecke* Formzwang des § 313 S. 1 BGB bei Durchgangserwerb von Grundeigentum, NJW 1984, 1588; *Strunz* Das verdeckte Bauherren-Modell, BauR 1990, 56; *ders.* Probleme der Vertragsgestaltung beim Bauherren-Modell, BauR 1989, 298; *Thode* Die Vollbeendigung der ARGE und deren Rechtsfolgen, BauR 2007, 610; *Ulmer* Die höchstrichterlich »enträtselte« Gesellschaft des bürgerlichen Rechts, ZIP 2001, 585; *Wagner* Bau-Gesellschaftsrecht – Rechtsfolgen nach Vollbeendigung einer ARGE, ZfBR 2006, 209; *Wertenbruch* Die Parteifähigkeit der GbR – die Änderungen für die Gerichts- und Vollstreckungspraxis, NJW 2002, 324; *Woelfing-Hamm/Hochstadt* Sicherungsumfang der Bürgschaften einer Bau-ARGE bei Insolvenz des Gesellschafters, NZBau 2007, 65; *Zerhusen/Nieberding* Der Muster-ARGE-Vertrag 2005 des Hauptverbandes der deutschen Bauindustrie e.V., BauR 2006, 296.

Mit zunehmender Größe und Komplexität werden Bauvorhaben heutzutage von einer Mehrheit von Auftragnehmern gemeinsam errichtet. Die gemeinsame Realisierung von Bauvorhaben erfolgt entweder im Rahmen einer vertikalen (Über-/Unterordnungsverhältnis, Werkvertrag) oder horizontalen (gleichberechtigte Kooperation, Gesellschaftsvertrag) vertraglichen Verbindung. Die Vorschrift des § 4 Nr. 3 VOB/A sieht entsprechend den Vorgaben in § 97 Abs. 3 GWB vor, dass umfangreichere Bauleistungen möglichst in verschiedene Lose (sog. Teillose) aufgeteilt und Bauaufträge, die Arbeiten verschiedener Handwerks- oder Gewerbezweige umfassen, nach den jeweiligen Fachgebieten oder Gewerbezweigen getrennt werden sollen (sog. Fachlose).[1] Hintergrund dieser Regelung ist zum einen die Unterstützung kleinerer bzw. mittelständischer Firmen (vgl. § 97 Abs. 3 GWB) dadurch, dass sie auch bei Großbauvorhaben zum Zuge kommen können und sollen,[2] und zum anderen, dass Leistungen – wenn möglich – durch Spezialisten erbracht werden sollen, um in Bezug auf Preis, Lebensdauer und Qualität eine wirtschaftliche Ausführung zu gewährleisten.[3] 1

Die Vorschrift des § 4 Nr. 8 VOB/B geht vor diesem Hintergrund davon aus, dass der Auftragnehmer die ihm übertragenen Leistungen grundsätzlich im eigenen Betrieb ausführt (vgl. auch § 25 Nr. 6 VOB/A), wobei er für die ausnahmsweise Übertragung von Leistungen an einen Nachunternehmer der schriftlichen Zustimmung des Auftraggeber bedarf.[4] In wettbewerbsrechtlicher Hinsicht sind sogenannte vertikale Arbeitsgemeinschaften (Kooperation von Unternehmen verschiedener Fachrichtungen) und sog. horizontale Arbeitsgemeinschaften (Kooperation von Unternehmen gleicher Fachrichtung) zu unterscheiden. Hintergrund dieser Unterscheidung ist, dass die 2

---

1 Leinemann/*Brauns*, VOB/B, § 1, Rn. 69; Ingenstau/Korbion/*Korbion*, Anhang 2, Rn. 2.
2 *Müller-Wrede*, NZBau 2004, 643 ff.; *Leinemann*, Die Vergabe, Rn. 29.
3 Ingenstau/Korbion/*Schranner*, § 4, Rn. 19.
4 Ingenstau/Korbion/*Korbion*, Anhang 2, Rn. 167; Leinemann/*Brauns*, VOB/B, § 1, Rn. 69 VOB/B.

Kooperation von Unternehmen derselben Fachrichtung/Branche eher zu einer Wettbewerbsbeschränkung führt, als die Kooperation von Unternehmen, die unterschiedliche Produkte/Leistungen anbieten.[5] Die projektbezogene Zusammenarbeit auf Auftragnehmerseite findet ihren Anlass entweder darin, dass die Kooperationspartner ihre Ressourcen bündeln oder Vorfinanzierungspflichten und (Vor-)Leistungsrisiken auf mehrere Schultern verteilen wollen oder müssen, um sich auch an Aufträgen beteiligen zu können, die für sie alleine – gemessen am Auftragswert im Verhältnis zu ihrer eigenen Größe – zu groß wären oder ein zu großes wirtschaftliches Risiko darstellen würden. In anderen Fällen ist der Hintergrund für die projektbezogene Zusammenarbeit in der hoch spezialisierten, branchen- oder fachspezifischen Ausrichtung zu sehen, wie es insbesondere bei Unternehmen der Fall ist, die Spezialbauleistungen, wie Tondichtungen in Wasserwegen oder ähnliches erbringen, oder auf dem Gebiet des Anlagenbaus tätig sind.[6]

A. Unternehmereinsatzformen

3 Bei der Erbringung von Bauleistungen sind insbesondere die nachfolgend benannten Unternehmereinsatzformen von Bedeutung, die sich maßgeblich nach den Kriterien der Gesellschaftsform, ihrer Funktion am Bau bzw. dem Verhältnis zu den anderen am Bau Beteiligten und der Art des sog. Baumodells unterscheiden:

4 Alleinunternehmer eines Bauwerkes ist grundsätzlich derjenige, der alle ihm vom Bauherrn erteilten Arbeiten in seinem Betrieb selber ausführt, ohne dass es auf die Rechtsform der Unternehmung (z.B. Einzelperson, Gesellschaft bürgerlichen Rechts oder eine der Gesellschaftsformen des Handelsrechts) ankommt.

5 Haupt- und Nebenunternehmerschaft liegen vor, wenn der Bauherr verschiedene Unternehmen jeweils aufgrund eigenständiger Verträge mit der Ausführung unterschiedlicher Lieferungen und Leistungen beauftragt und davon ein Unternehmen – den sog. Hauptunternehmer – zusätzlich mit der Koordination sämtlicher Lieferungen und Leistungen auch der anderen Unternehmer betraut.[7]

6 Der sog. Totalunternehmer erbringt typischerweise die kompletten Planungs- und Bauleistungen im Rahmen einer schlüsselfertigen Errichtung eines Bauvorhabens, bietet also für einen Investor die Realisierung eines Projektes aus einer Hand.[8] Er übernimmt in diesem Rahmen u.U. auch die Aufgaben eines Baubetreuers.

7 Der Generalübernehmer (GÜ) zeichnet sich dadurch aus, dass er typischerweise selbst keine eigenen Bauleistungen erbringt,[9] sondern (nur) die für die Vorhabensplanung notwendigen Koordinierungs- und Managementleistungen. Er verfügt allerdings über einen Komplettauftrag des Bauherrn – ist also nicht nur Projektsteuerer und Planer – und fungiert insofern als eine Art »Zwischenauftraggeber« gegenüber den eigentlichen Bauleistungserbringern (typischerweise Generalunternehmer oder mehrere Nachunternehmer) – ohne aber Bauherr zu sein.[10] Aufgrund dessen sieht sich der Hauptauftraggeber/Bauherr nur einem Vertragspartner gegenüber, mit dem er typischer Weise einen Pauschalfestpreis vereinbart hat, um keinem weiteren Preisrisiko ausgesetzt zu sein.[11] In dem Werkvertrag zwischen dem Generalübernehmer und dem Bauherrn sind daher die geschäftsbesorgungsvertraglichen Elemente im Sinne des § 675 BGB stark ausgeprägt.[12]

---

[5] *Jacob/Brauns*, Rn. 32 f.; Leinemann/*Brauns*, VOB/B, § 1, Rn. 69.
[6] *Jacob/Brauns*, Rn. 13 f.
[7] *Jacob/Brauns*, Rn. 64 f.
[8] Kapellmann/Messerschmidt/*Messerschmidt/Thierau*, Anhang VOB/B, Rn. 8; Ingenstau/Korbion/*Korbion*, Anhang 2, Rn. 185.
[9] Die Bauleistungen überträgt er typischerweise an einen Generalunternehmer.
[10] Leinemann/*Brauns*, VOB/B, § 1, Rn. 71; Ingenstau/Korbion/*Korbion*, Anhang 2, Rn. 174.
[11] BGH, 27.06.2002, VII ZR 272/01, BauR 2002, 1544, 1546; OLG Nürnberg, 15.06.1982, 3 U 3704/81, NJW 1982, 2326.
[12] Leinemann/*Brauns*, VOB/B, § 1, Rn. 71; Kapellmann/Messerschmidt/*Messerschmidt/Thierau*, Anhang, Rn. 9; *Jagenburg/Schröder*, Der ARGE Vertrag, Einleitung, Rn. 4.

Der Generalunternehmer (GU) wird im Idealfall mit allen für die Vorhabensrealisierung erforder- 8
lichen Leistungen der Baumaßnahme (Planung und Ausführung, nicht aber darüber hinausgehende Betreuerleistungen) beauftragt. Generalübernehmer als auch Generalunternehmer haben daher
eine dem Hauptunternehmer vergleichbare Stellung inne.[13] Der Generalunternehmer unterscheidet sich vom Generalübernehmer jedoch darin, dass er einen Teil der Bauleistungen selber ausführt[14] und die Fachgewerke typischerweise weiter vergibt.[15] Hierzu bedient er sich sog. Nach-
bzw. Subunternehmern (NU). Hierfür bedarf er grundsätzlich der schriftlichen Zustimmung seines AG, § 4 Abs. 8 VOB/B.

Die Nachunternehmer sind als Fachbetriebe im Verhältnis zum Generalunternehmer häufig (ech- 9
te) Alleinunternehmer. Rechtlich betrachtet sind Nachunternehmer Erfüllungsgehilfen i.S.d.
§ 278 BGB[16] des Generalunternehmers – nicht aber Verrichtungsgehilfen i.S.d. § 831 Abs. 1 S. 1
BGB.[17] Ebenso wenig haften Generalunternehmer und Nachunternehmer dem Hauptauftrag-
geber/Bauherrn gesamtschuldnerisch[18] oder der Nachunternehmer dem Hauptauftraggeber/Bau-
herrn aus einem Vertrag (zwischen NU und GU) mit Schutzwirkung zugunsten Dritter.[19] Der
Generalunternehmer ist vertragsrechtlich betrachtet Alleinunternehmer im Verhältnis zum Haupt-
auftraggeber/Bauherrn, da er im Rahmen seines Auftrages alle Lieferungen und Leistungen schuldet. Jedoch ist er nicht Alleinunternehmer im eigentlichen Sinne, weil er sich seinerseits Nachunternehmern bedient.[20] Zur Problematik der sog. Vorunternehmerhaftung[21] des GU im
Verhältnis zu seinen NU's siehe die Ausführungen zu § 6 Abs. 6 VOB/B und § 642 BGB.

Baubetreuer ist, wer gewerbsmäßig im fremden Namen Bauvorhaben für fremde Rechnung wirt- 10
schaftlich vorbereitet und/oder durchführt.[22] Dies hat zur Folge, dass eine werkvertragliche Beziehung grundsätzlich zwischen dem betreuten Bauherrn und dem Bauunternehmer zustande
kommt,[23] zwischen dem Baubetreuer und dem Betreuten hingegen überwiegend dienstvertrag-
liche Beziehungen. Zu prüfen ist beispielsweise die Stellung des Architekten als Baubetreuer bei einem von ihm initiierten Bauherrenmodell.[24] Im Rahmen der Baubetreuung wird bei den Bauherrenmodellen insbesondere im Hinblick auf die steuerrechtliche Gestaltung zwischen dem sog.
Kölner, Hamburger und dem Mietkaufmodell unterschieden.[25] Der Baubetreuer bedarf ebenso
wie der Bauträger der Erlaubnis gemäß § 34c Nr. 1 Abs. 2 GewO.

Bauträger ist, wer gewerbsmäßig im eigenen Namen auf eigene oder fremde Rechnung eine Baumaß- 11
nahme auf eigenem (oder noch zu erwerbendem) Boden vorbereitet und/oder durchführt, sich einem Erwerber gegenüber zur Übereignung des Grundstücks oder eines Anteils Wohnungseigentums
hieran verpflichtet und hierzu Vermögenswerte von Erwerbern (oder sonstigen Nutzungsberechtig-

---

13 Differenzierend Ingenstau/Korbion/*Korbion*, Anhang 2, Rn. 159.
14 Bei Geltung der VOB/A ist die Bestimmung in Abs. 3.1 VHB zu § 8 VOB/A 2006 zu beachten, wonach
   ein GU wesentliche Teile der verlangten Gesamtbauleistung selbst in seinem eigenen Betrieb ausführen
   muss.
15 Leinemann/*Brauns*, VOB/B, § 1, Rn. 71; *Jagenburg/Schröder*, Der ARGE Vertrag, Einleitung, Rn. 4; Ka-
   pellmann/Messerschmidt/*Messerschmidt/Thierau*, Anhang VOB/B, Rn. 10.
16 BGH, 23.04.1981, VII ZR 196/80, BauR 1981, 383, 385.
17 OLG Celle, 04.04.2002, 4 U 186/01, BauR 2004, 105, 106.
18 BGH, 23.04.1981, VII ZR 196/80, BauR 1981, 383, 385.
19 Kapellmann/Messerschmidt/*Messerschmidt/Thierau*, Anhang VOB/B, Rn. 11.
20 Ingenstau/Korbion/*Korbion*, Anhang 2, Rn. 160.
21 Hierzu maßgeblich BGH, 21.10.1999, VII ZR 185/98, BauR 2000, 722, 725.
22 BGH, 18.11.1977, VII ZR 150/75, BauR 1977, 58 ff.; BGH, 23.09.1982, VII ZR 183/80, ZfBR 1982,
   246; Locher/Koeble, Rn. 1 ff., 28 f.
23 BGH, 27.02.1992, IX ZR 57/91, BauR 1992, 373, 374; BGH, 18.11.1977, VII ZR 150/75, BauR
   1977, 58, 59 f.
24 Leinemann/*Brauns*, VOB/B, § 1, Rn. 71 m.w.N.; *Strunz*, BauR 1990, 560, 561 ff.; *Strunz*, BauR 1989,
   298 ff.; *Müller*, BauR 1981, 219, 221 ff.
25 BGH, 31.05.1990, VII ZR 340/88, BauR 1990, 612 ff.

ten oder Bewerbern) einsetzt.[26] Werkvertragliche Beziehungen bestehen zwischen dem Bauträger als Auftraggeber und den Bauunternehmern; das Vertragsverhältnis zwischen Bauträger und Erwerber ist ein Vertrag eigener Art, der sowohl werkvertragliche, kaufvertragliche Elemente als auch Bestandteile des Auftrags- und Geschäftsbesorgungsrechts aufweist und insgesamt eine rechtliche Einheit darstellt, aufgrund derer das gesamte Vertragsverhältnis der notariellen Beurkundungspflicht unterliegt.[27] Ein unmittelbarer Werklohnanspruch des Bauunternehmers gegen den Erwerber besteht daher – vorbehaltlich einer wirksamen Abtretung – grundsätzlich nicht, ebenso wenig wie ein Erwerber Erfüllungs- oder Mängelansprüche aus eigenem Recht gegenüber dem Bauunternehmen hat.[28]

12 In einem sog. Bauherrenmodell bestehen – anders als beim Bauträgermodell – direkte Vertragsbeziehungen zwischen der Bauherrengemeinschaft und dem (oder den) Bauunternehmen.[29] Die einzelnen Bauherren sind Gesellschafter der als Gesellschaft bürgerlichen Rechts firmierenden Bauherrengemeinschaft gegenüber den Bauunternehmern. Sie haften regelmäßig nicht gesamtschuldnerisch, sondern jeder Bauherr haftet anteilig nur in Höhe des Anteils seiner (zukünftigen) Immobilie am Gesamtvorhaben.[30]

B. Zusammenschluss von Unternehmen auf Auftragnehmerseite

13 Neben den Unternehmereinsatzformen ist immer auch die Rechtsform, in der der Auftragnehmer bzw. die Auftragnehmergemeinschaft firmiert bzw. tätig wird, von praktischer und auch rechtlicher Relevanz. Für das Einzelunternehmen – ob als Generalunternehmer, Nachunternehmer oder anders tätig – kommen grundsätzlich die bekannten nationalen Gesellschaftsformen, sei es als Einzelkaufmann, Gesellschaft bürgerlichen Rechts, Personenhandels- (OHG, KG) oder Kapitalgesellschaft (GmbH, KGaA, AG), europäische Gesellschaftsformen wie die Europäische Wirtschaftliche Interessenvereinigung (EWIV)[31] oder die Europäische Aktiengesellschaft (Societas Europaea, SE) oder die Gesellschaftsformen anderer EG-Mitgliedstaaten (z.B. Ltd.) in Betracht.[32]

14 Unternehmen aller zugelassenen Rechtsformen können sich ihrerseits wiederum projektbezogen zu Bietergemeinschaften (Biege) bzw. Arbeitsgemeinschaften (Bau-ARGE) oder Konsortien zusammenschließen.[33] Derartige projektbezogene Kooperationen sind bei Bauvertragsverhandlungen bei Geltung der VOB/A grundsätzlich wie Alleinunternehmer zu behandeln.[34] Selbstverständlich können sie sich in den Grenzen des Wettbewerbsrechts[35] auch auf Dauer und nicht nur für ein konkretes Projekt zusammenschließen, z.B. durch die Bildung gemeinsamer Tochterunternehmen als sog. Equity Joint Ventures.[36] Die Bietergemeinschaft ist ein Zusammenschluss von Unternehmen, die sich um die gemeinsame Ausführung eines mehr oder weniger konkreten Auftrages bewerben und stellt insofern eine »Vor-ARGE« da.[37]

---

26 OLG Hamm, 27.09.1991, 26 U 31/91, NJW-RR 1992, 153, 154; Kapellmann/Messerschmidt/*Messerschmidt/Thierau*, Anhang VOB/B, Rn. 84; zur Geltung der MaBV siehe BGH, 22.12.2000, VII ZR 310/99, BauR 2001, 391, 395.
27 BGH, 21.11.1985, VII ZR 366/83, BauR 1986, 208, 209; BGH, 16.12.1993, VII ZR 25/93, BauR 1994, 239, 240; *Jagenburg*, NJW 1997, 2363, 2364; *Samson*, BauR 1996, 58.
28 *Werner/Pastor*, Rn. 996.
29 BGH, 08.01.1988, VII ZR 242/87, BauR 1989, 213, 215 f.; *Werner/Pastor*, Rn. 1037.
30 BGH, 17.01.1980, VII ZR 42/78, BauR 1980, 262, 266.
31 Hierzu weiterführend *Jacob/Brauns*, Rn. 48–52.
32 Leinemann/*Brauns*, VOB/B, § 1, Rn. 72.
33 Zur Unterscheidung von Arbeitsgemeinschaften und Konsortien siehe *Jacob/Brauns*, Rn. 77 ff.
34 Ingenstau/Korbion/*Korbion*, Anhang 2, Rn. 44.
35 Zu den wettbewerbsrechtlichen Grenzen der projektbezogenen Kooperation siehe weiterführend *Jacob/Brauns*, Rn. 32 f.; Beck PersGes-HB/*Stengel*, § 21, Rn. 24 ff.
36 *Jacob/Brauns*, Rn. 81 ff. m.w.N.
37 Siehe Leinemann/*Brauns*, VOB/B, § 1, Rn. 72; Zur Bietergemeinschaft s.a. Ingenstau/Korbion/*Schranner*, § 2 VOB/A, Rn. 21; Ingenstau/Korbion/*Korbion*, Anhang 2, Rn. 40; *Messerschmidt/Thierau*, NZBau 2007, 129, 133.

Häufige Rechtsform in der Praxis bei Zusammenschlüssen von Unternehmen auf der Auftragnehmerseite sind die Bau-ARGE und das Konsortium. Bau-ARGEN sind Zusammenschlüsse von Unternehmern auf vertraglicher Grundlage mit dem Zweck, Bauaufträge für gleiche oder verschiedene Fachgebiete oder Gewerbezweige gemeinsam auszuführen. Ein Konsortium (lateinisch: *consors, -rtis* = »Schicksalsgenosse«) ist die zweckgebundene, befristete oder auch unbefristete Vereinigung mehrerer rechtlich und wirtschaftlich selbständig bleibender Unternehmen zur Durchführung eines bestimmten Geschäfts. Arbeitsgemeinschaften und Konsortien unterscheiden sich maßgeblich dadurch, dass beim Konsortium die Liefer- und Leistungspflichten gesellschaftsintern »real« aufgeteilt werden.[38] Ein Konsorte übernimmt einen fest abgrenzbaren Teil der dem Auftraggeber geschuldeten Gesamtverpflichtung zur eigenverantwortlichen Erbringung,[39] der im Innenverhältnis typischerweise durch eine Schnittstellenliste definiert wird.[40] In einer Bau-ARGE wird eine Teilung der Verpflichtungen und Risiken in »ideeller« Weise vorgenommen, d.h. grundsätzlich eine prozentual bemessene Aufteilung der von den Gesellschaftern zu erbringenden Beiträge einerseits, den Gewinnen und Verlusten andererseits.[41]

15

C. Bau-ARGE

In der Praxis erfolgt der Zusammenschluss von Unternehmen auf der Auftragnehmerseite in der Regel als Bau-ARGE. Bau-ARGEN sind Zusammenschlüsse von Unternehmern auf vertraglicher Grundlage mit dem Zweck, Bauaufträge für gleiche oder verschiedene Fachgebiete oder Gewerbezweige gemeinsam auszuführen. Im Bauindustrie- und Baugewerbebereich erfolgt der Zusammenschluss von Unternehmen zu einer Bau-ARGE nahezu ausnahmslos auf der Grundlage des vom Hauptverband der Deutschen Bauindustrie sowie dem Zentralverband des Deutschen Baugewerbes herausgegebenen Bau-ARGE-Mustervertrag.[42] Der ARGE-Mustervertrag typisiert die Bau-ARGE als Gesellschaft bürgerlichen Rechts in partieller Abwandlung der §§ 705 ff. BGB. Sowohl in der Präambel wie auch in § 2.4 des ARGE-Mustervertrages ist ausdrücklich klargestellt, dass die Gesellschafter eine BGB-Gesellschaft und nicht eine OHG abzuschließen beabsichtigten.[43]

16

§ 705 Inhalt des Gesellschaftsvertrags

Durch den Gesellschaftsvertrag verpflichten sich die Gesellschafter gegenseitig, die Erreichung eines gemeinsamen Zweckes in der durch den Vertrag bestimmten Weise zu fördern, insbesondere die vereinbarten Beiträge zu leisten.

Übersicht	Rdn.		Rdn.
A. **Bau-ARGE als Gesellschaft bürgerlichen Rechts**	1	2. Herkömmliches Verständnis der Rechtsnatur der Bau-ARGE	5
I. Rechtsform der Bau-ARGE	1	3. Herkömmliches Verständnis zur Rechtsnatur der Bau-ARGE und	
1. Bau-ARGE und die Personenhandelsgesellschaften	2	Handelsrechtsreform	6

---

38 *Jacob/Brauns*, Rn. 8 f., 16 f., 160 m.w.N.; *Messerschmidt/Thierau*, NZBau 2007, 679.
39 *Wagner*, ZfBR 2006, 209; *Lotz*, ZfBR 1996, 233, 238.
40 Hierzu *Jacob/Brauns*, Rn. 135 ff.
41 *Wagner*, ZfBR 2006, 209.
42 ARGE-Mustervertrag in der Fassung 2005; Dach-Arbeitsgemeinschaftsvertrag in der Fassung 2005, jeweils herausgegeben vom Hauptverband der Deutschen Bauindustrie e.V., Berlin, vgl. zur Neufassung der Musterverträge 2005: Zerhusen/Nieberding, BauR 2006, 296 ff.; siehe auch Burchardt/Pfülb/*Hickl*, ARGE-Kommentar, Präambel, Rn. 1 ff.
43 Kapellmann/Messerschmidt/*Messerschmidt/Thierau*, Anhang VOB/B, Rn. 128; Burchardt/Pfülb/*Hickl*, ARGE-Kommentar, Präambel, Rn. 1 ff.; *Jagenburg/Schröder*, Der ARGE-Vertrag, Präambel, Rn. 99 ff.

§ 705 BGB   Inhalt des Gesellschaftsvertrags

		Rdn.			Rdn.
	4. »Klassische« Bau-ARGE besitzt die Rechtsform der Gesellschaft bürgerlichen Rechts	10	D.	Name oder Firma der Bau-ARGE	43
II.	Teilrechtsfähigkeit der (Außen-)Gesellschaft bürgerlichen Rechts	11	E.	Beteiligungsverhältnisse der Gesellschafter an der Bau-ARGE	44
B.	Überblick über Ausgestaltungen der Bau-ARGE	17	F.	Haftung	45
I.	Bau-ARGE (horizontale ARGE)	19	I.	Eigenhaftung der ARGE	45
II.	Dach-ARGE (vertikale ARGE)	20	II.	Gesamtschuldnerische Haftung der Gesellschafter der Bau-ARGE	46
III.	Los-ARGE	21	III.	Freistellungs- oder Regressanspruch des in Anspruch genommenen Gesellschafters	47
IV.	Dauer-ARGE (fortgesetzte ARGE)	22			
V.	Innen-ARGE (Beihilfe-Gemeinschaft)	23	IV.	Haftung nachträglich beigetretener oder später ausgeschiedener Gesellschafter der Bau-ARGE	48
VI.	Konsortium	24			
VII.	Abgrenzung Konsortium gegenüber Bau-ARGE und Dach-ARGE	26	V.	Haftung der Bau-ARGE für Verrichtungs- und Erfüllungsgehilfen	49
C.	Gründung der Bau-ARGE	28	G.	Zwangsvollstreckung gegen die Bau-ARGE und ihre Gesellschafter	50
I.	Bietergemeinschaft	29			
II.	Bau-ARGE-Mustervertrag	32	I.	Zwangsvollstreckung in das Gesellschaftsvermögen der Bau-ARGE	51
III.	Form des ARGE-Vertragsschlusses	37			
IV.	Abschlussmängel beim Gesellschaftsvertrag	40	II.	Zwangsvollstreckung in das Vermögen der Gesellschafter	52

A. Bau-ARGE als Gesellschaft bürgerlichen Rechts

I. Rechtsform der Bau-ARGE

1   Die in der Baubranche üblichen Bau-ARGEN werden traditionell als Gesellschaften bürgerlichen Rechts i.S.d. §§ 705 ff. BGB eingeordnet.[1] Aus den Verträgen der Gesellschafter einer Bau-ARGE folgt in der Regel, dass es sich nur um kurzlebige vertragliche Verbindungen handelt, bei denen sich die Baubeteiligten im Einzelfall versprechen, gemeinschaftlich übernommene Bauaufgaben innerhalb einer bestimmten vorgesehenen Bauzeit gemeinschaftlich zu erfüllen. Nach herkömmlichem Verständnis sind damit die Grundkriterien einer Gesellschaft bürgerlichen Rechts, »Personenvereinigung«, »rechtsgeschäftliche Grundlage«, »Verfolgung eines bestimmten gemeinschaftlichen Zwecks« sowie »Beitragsleistung eines jeden Gesellschafters«, bei einer Bau-ARGE gegeben.

1. Bau-ARGE und die Personenhandelsgesellschaften

2   Einer Beurteilung des Zusammenschlusses als OHG/KG steht üblicherweise entgegen, dass die Gesellschafter der Bau-ARGE sich regelmäßig nur für die Dauer eines Projekts zusammenschließen. Rechtsformen wie z.B. die OHG oder KG schieden nach bisherigem Verständnis im Allgemeinen für die Begründung einer Bau-ARGE aus, da diese Gesellschaftsformen ein vollkaufmännisches Grundhandelsgewerbe voraussetzen.

3   Gemäß §§ 105 Abs. 1, 161 Abs. 2 HGB ist der Gesellschaftszweck einer OHG/KG im Regelfall der Betrieb eines kaufmännischen Handelsgewerbes. Das Vorliegen eines Gewerbes im Sinne des Handelsrechts, also eine selbständige Tätigkeit, die planmäßig, offen, erlaubt und mit Gewinnabsicht vorgenommen wird, ist bei der Bau-ARGE grundsätzlich nicht gegeben.

4   Das Merkmal der »Planmäßigkeit«, das eine auf gewisse Dauer angelegte Zusammenarbeit voraussetzt bzw. berufsmäßig angelegt sein muss,[2] ist bei der Bau-ARGE regelmäßig deshalb zu verneinen, weil die Bau-ARGE grundsätzlich nur auf ein einziges gemeinschaftliches Bauprojekt zu-

---

[1] BGH, 15.07.1997, XI ZR 154/96, NJW 1997, 2754.
[2] *Jagenburg/Schröder*, Der ARGE-Vertrag, Einleitung, Rn. 13; Beck PersGes-HB/*Bärwaldt*, § 17, Rn. 8; *Kornblum*, ZfBR 1992, 9 f.

geschnitten ist. Die Bau-ARGE betreibt in der Regel kein Gewerbe. Sie verfügt mithin nicht über die Eigenschaft als Kaufmann. Nach dem herkömmlichen Verständnis scheiden bereits aus diesem Grund für die Bau-ARGE die Rechtsformen der OHG und der KG aus. Neben der fehlenden Gewerbeeigenschaft übt die Bau-ARGE auch kein »vollkaufmännisches« Grundhandelsgewerbe aus. Auch hieran scheitert die Einordnung als OHG zusätzlich.

2. Herkömmliches Verständnis der Rechtsnatur der Bau-ARGE

Unter Zugrundelegung vorgenannter Beurteilungskriterien konnte auch vor der Handelsrechtsreform mit Wirkung ab dem 01.07.1998 nur ausnahmsweise bei der Tätigkeit einer Bau-ARGE ein Gewerbe angenommen werden. Dies war etwa der Fall, wenn die ARGE (zusätzlich) beispielsweise den geschäftsmäßigen Verkauf von Fertigbeton an Dritte betrieben hat, weil die von ihr vorgehaltenen Kapazitäten einer installierten Betonmischanlage größer waren als der Bedarf der Baustelle der ARGE (sog. Nebenerwerbs-ARGE).[3] Ein weiterer Ausnahmefall lag auch bei einer sog. Dauer-ARGE vor. Der Zweck einer Dauer-ARGE ist nicht nur die Realisierung eines Bauvorhabens, sondern mehrerer Projekte. Deshalb bedarf die Dauer-ARGE aufgrund ihrer auf Dauer angelegten Tätigkeit eines in kaufmännischer Weise eingerichteten Geschäftsbetriebes.

3. Herkömmliches Verständnis zur Rechtsnatur der Bau-ARGE und Handelsrechtsreform

Das vorstehend dargestellte herkömmliche Verständnis zur Rechtsnatur der Bau-ARGE hat sich im Zuge der Handelsrechtsreform mit Wirkung ab dem 01.07.1998 teilweise geändert.[4] Nach der Handelsrechtsreform gilt zwar der Grundsatz, dass eine Handelsgesellschaft nur dann vorliegt, wenn sie auf die Ausübung eines Handelsgewerbes ausgerichtet ist, § 105 Abs. 1 HGB. Die Definition des Handelsgewerbes hat sich durch die Handelsrechtsreform geändert. Als Handelsgewerbe wird seit dem 01.07.1998 jeder Gewerbebetrieb verstanden. Etwas anderes gilt nur, wenn das Unternehmen nach Art oder Umfang (ausnahmsweise) keinen in kaufmännischer Weise eingerichteten Geschäftsbetrieb, vgl. § 1 Abs. 2 HGB, erfordert.

Vor diesem Hintergrund wird teilweise argumentiert, dass es sich bei einer Bau-ARGE, die aufgrund ihrer Größe ein Handelsgewerbe im Sinne des § 1 Abs. 2 HGB betreibt, von ihrer Rechtsnatur her – unbeschadet entgegenstehender ausdrücklicher Vereinbarungen im ARGE-Vertrag – um eine OHG handelt. Es entspricht jedoch nach wie vor dem in der Praxis vorherrschenden Verständnis, dass die Bau-ARGE auch nach der Handelsrechtsreform von 1998 kein Handelsgewerbe betreibt. Es fehlt bei der typischen Bau-ARGE sowohl an den Voraussetzungen der Gewerbeeigenschaft wie auch am Vorliegen eines Grundhandelsgewerbes.[5] Für eine abschließende Entscheidung über die Einordnung der Bau-ARGE als Gesellschaft bürgerlichen Rechts oder OHG maßgeblich und derzeit noch streitig ist es, ob die auf eine nur beschränkte bzw. gewisse Dauer ausgerichtete planmäßige und gewinnorientierte Tätigkeit einer auf ein einziges Projekt bezogenen Kooperation dem aktuellen Gewerbebegriff aus § 1 Nr. 2 HGB genügt, wenn außerhalb des gemeinsamen Projekts keine weitere anbietende Tätigkeit am Markt stattfindet, wie es beispielsweise bei einer sog. Nebenerwerbs-ARGE oder einer sog. Dauer-ARGE der Fall ist.[6]

Das OLG Dresden geht davon aus, dass eine zum Zwecke der Errichtung eines Großbauvorhabens errichtete Dach-ARGE gewerblich im Sinne des § 1 Abs. 1 HGB tätig ist und damit die gesellschaftsrechtliche Verbindung als OHG zu qualifizieren ist.[7] Die Dach-ARGE wird auf unbe-

---

3 *Joussen*, BauR 1999, 1063, 1064.
4 *Joussen*, BauR 1999, 1063 ff.
5 Burchardt/Pfülb/*Burchardt*, ARGE-Kommentar, Präambel Rn. 4; Ingenstau/Korbion/*Korbion*, Anhang 2, Rn. 18; *Zerhusen/Nieberding*, BauR 2006, 296, 297.
6 MüKo-HGB/*Schmidt*, § 1, Rn. 28; *Joussen*, BauR 1999, 1063, 1064; vgl. Beck PersGes-HB/*Bärwaldt*, § 17, Rn. 8, 11, für Hersteller-Konsortien.
7 OLG Dresden, 20.11.2001, 2 U 1928/01, BauR 2002, 1414.

stimmte Zeit für eine unbestimmte Anzahl von Bauvorhaben abgeschlossen. Deshalb benötige die Dach-ARGE einen in kaufmännischer Weise eingerichteten Geschäftsbetrieb. Teilweise wird zudem im Schrifttum und in der Rechtsprechung vertreten, dass auch eine Bau-ARGE, die die Ausführung nur eines einzigen Projekts zum Gegenstand hat, eine OHG darstellen könne, wenn ihre Tätigkeit aufgrund der Größenordnung des Projekts (z.B. hohe Auftragssumme, lange Abwicklungszeit) als auf Dauer angelegt anzusehen ist.[8] Die insoweit ergangene Rechtsprechung ist jedoch einzelfallorientiert. Es ist bisher kein allgemeingültiges Kriterium zu erkennen, wann das Merkmal der Dauerhaftigkeit bei einer Bau-ARGE zu bejahen sein soll.[9]

9   Zu beachten ist in diesem Kontext zudem, dass, wenn eine Bau-ARGE vollkaufmännisch eingerichtet ist, sie bereits vor Eintragung in das Handelsregister als OHG zu qualifizieren wäre, wenn sie bloße Vorbereitungshandlungen (z.B. Eröffnung eines Bankkontos) zu ihrem Geschäftsbetrieb unternimmt.[10]

4. »Klassische« Bau-ARGE besitzt die Rechtsform der Gesellschaft bürgerlichen Rechts

10 Die »klassische« Bau-ARGE ist hingegen auch nach der Handelsrechtsreform als BGB-Gesellschaft zu qualifizieren. Bei dieser liegen die Voraussetzungen der Ausübung eines Gewerbes und der Unterhaltung eines in kaufmännischer Weise eingerichteten Geschäftsbetriebes nicht vor. Die Bau-ARGE erbringt üblicherweise nur gegenüber einem Auftraggeber Bauleistungen aus einem konkreten Vertrag. Sie tritt schon nicht gewerbsmäßig als Anbieter von Leistungen am Markt in Erscheinung. Soweit die Bau-ARGE zur Erfüllung ihres übernommenen Bauauftrages einzelne oder mehrere Beschaffungs-, Dienstleistungs- und Versorgungsgeschäfte eingeht, handelt es sich insoweit lediglich um Nebenfolgen des von ihr auszuführenden Auftrages. Diese haben keine eigenständige Bedeutung für ein etwaiges gewerbliches Auftreten der Bau-ARGE am Markt. Ebenso fehlt es ganz regelmäßig und typischerweise bei einer Bau-ARGE an einem für diese in kaufmännischer Weise eingerichteten Geschäftsbetrieb, da die erforderlichen Geschäftsführungsaufgaben gerade nicht unmittelbar von der Bau-ARGE, sondern von deren Gesellschaftern in deren Betrieben und Unternehmungen (mit-)erbracht werden. Die Bau-ARGE in ihrer typischen Ausprägung nach Maßgabe des Standard-ARGE-Vertrages ist deshalb nach wie vor als BGB-Gesellschaft und nicht als OHG zu qualifizieren.

II. Teilrechtsfähigkeit der (Außen-)Gesellschaft bürgerlichen Rechts

11 Die rechtliche Qualifizierung der Bau-ARGE als Gesellschaft bürgerlichen Rechts oder aber als Personengesellschaft des Handelsrechts – OHG oder KG – ist heute nicht mehr von überragender praktischer Bedeutung. Nach dem Grundsatzurteil des Bundesgerichtshofs vom 29.01.2001 besitzt die Bau-ARGE als Außengesellschaft bürgerlichen Rechts Rechtsfähigkeit, soweit sie durch Teilnahme am Rechtsverkehr eigene Rechte und Pflichten begründet.[11] In diesem Rahmen ist sie zugleich im Zivilprozess aktiv und passiv parteifähig.[12]

12 Ein Wechsel im Mitgliederbestand hat keinen Einfluss auf den Fortbestand der mit der Gesellschaft bestehenden Rechtsverhältnisse. Identitätswahrende Umwandlungen von Gesellschaften bürgerlichen Rechts in andere Rechtsformen sind unproblematisch. Die Identität des Rechtssubjekts bleibt bestehen, so dass sich die Eigentumsverhältnisse an den zum Gesellschaftsvermögen gehörenden Gegenständen nicht ändern.

---

8   KG, 08.2001, 29 AR 54/01, BauR 2001, 1790; LG Bonn, 09.09.2003, 13 O 194/03, BauR 2004, 1170; *Joussen*, BauR 1999, 1063 ff.
9   *Jagenburg/Schröder*, Der ARGE-Vertrag, Einleitung, Rn. 26 ff.
10 Ingenstau/Korbion/*Korbion*, Anhang 2, Rn. 40.
11 Kapellmann/Messerschmidt/*Messerschmidt/Thierau*, Anhang VOB/B, Rn. 125; *Jagenburg/Schröder*, Der ARGE-Vertrag, Einleitung, Rn. 16.
12 *Jagenburg/Schröder*, Der ARGE-Vertrag, Einleitung, Rn. 85.

Die Bau-ARGE ist im Zivilprozess aktiv- und passivlegitimiert. Im Aktivprozess ist nur die ARGE selbst aktiv legitimiert; eine gewillkürte Prozessstandschaft durch die geschäftsführenden Gesellschafter der ARGE ist – wie bei der OHG anerkannt – nicht zulässig. Da die Bau-ARGE auch im Passivprozess (nunmehr) parteifähig ist, können Gewährleistungs- und Schadenersatzklagen gegen die Bau-ARGE unmittelbar geführt werden. Weil die Bau-ARGE zumeist nicht über gesamthänderisch gebundenes Vermögen verfügt, wird der Auftraggeber regelmäßig seine Klage zur Erreichung der Mithaftung der ARGE-Gesellschafter nicht nur gegen die Bau-ARGE, sondern darüber hinaus auch gegen ihre Gesellschafter richten (§§ 128, 129 HGB). Anlass hierzu besteht vor allem auch deshalb, weil der Auftraggeber nicht im Stande ist, einen gegen die Bau-ARGE erstrittenen Zahlungstitel zum Zwecke der Zwangsvollstreckung auf die Bau-ARGE-Gesellschafter umschreiben zu lassen. Soweit eine Klage gegen die Gesellschafter in ihrer gesamthänderischen Verbundenheit anhängig ist, kann diese ohne hiermit einhergehende Klageänderung auf die parteifähige ARGE umgestellt werden. Die Bau-ARGE-Gesellschafter sind im Aktiv- und Passivprozess keine notwendigen, sondern lediglich einfache Streitgenossen. Im Falle eingetretener Insolvenz eines Bau-ARGE-Gesellschafters hat dies während eines Aktiv- bzw. Passivprozesses zur Folge, dass es lediglich hinsichtlich des insolventen Bau-ARGE-Gesellschafters zu einer Verfahrensunterbrechung gemäß § 240 S. 1 ZPO kommt. **13**

Ein gegen die Gesamtheit der gesamthänderisch verbundenen Gesellschafter als Partei ergangenes Urteil ist ein Urteil »gegen alle Gesellschafter« im Sinne des § 736 ZPO. Für eine Zwangsvollstreckung in das Vermögen der Gesellschaft ist damit ein auf die Gesellschaft bürgerlichen Rechts lautender Titel ausreichend.[13] Ungeachtet dessen kann die Zwangsvollstreckung in das Gesellschaftsvermögen aber auch noch mit einem Titel bewirkt werden, der gegen alle Bau-ARGE-Gesellschafter in gesamthänderischer Verbundenheit erstritten wurde. **14**

Die Gesellschaft bürgerlichen Rechts besitzt nach der Entscheidung des BGH vom 29.01.2001 – soweit sie durch Teilnahme am Rechtsverkehr eigene Rechte und Pflichten begründet – wie die OHG und KG eine eigene Rechtsfähigkeit.[14] Nach dem höchstrichterlichen Verständnis des BGH entspricht insbesondere das Verhältnis zwischen den Verbindlichkeiten der Gesellschaft und der (Mit-)Haftung ihrer Gesellschafter demjenigen bei der OHG bzw. der KG.[15] Im Hinblick darauf, dass die Rechtsverhältnisse einer Gesellschaft bürgerlichen Rechts sowie ihrer Gesellschafter und Gläubiger in Folge der jüngeren Rechtsprechung[16] an diejenigen Rechtsverhältnisse angeglichen wurden, die für die OHG und KG gelten, darf die rechtliche Einordnung der Bau-ARGE nicht überbewertet werden.[17] Die praktische Relevanz der Einordnung ist von untergeordneter Natur. **15**

Relevant ist die unterschiedliche Einordnung u.a. jedoch deshalb, weil für die OHG im Vergleich zur Gesellschaft bürgerlichen Rechts erhöhte Anforderungen hinsichtlich der Gründung (Anmeldeerfordernis zum Handelsregister gem. § 106 Nr. 1 HGB) gelten und weiterhin handelsrechtliche Sondervorschriften zu beachten sind (z.B. Pflicht zur kaufmännischen Buchführung gem. den §§ 238 ff. HGB sowie die besonderen Regelungen für Handelsgeschäfte gem. den §§ 343 ff. HGB, insbesondere die Prüfungs- und Rügeobliegenheit aus § 377 HGB). Ferner ist für die OHG gemäß § 95 GVG der Rechtsweg zu den Kammern für Handelssachen (KfH) bei Gericht unproblematisch eröffnet.[18] **16**

---

13 Kapellmann/Messerschmidt/*Messerschmidt/Thierau*, Anhang VOB/B, Rn. 160; *Jagenburg/Schröder*, Der ARGE-Vertrag, Einleitung, Rn. 91; *K. Schmidt*, NJW 2003, 1897, 1898.
14 BGH, 29.01.2001, II ZR 331/00, BauR 2001, 775 ff.
15 BGH, 29.01.2001, II ZR 331/00, BauR 2001, 775 ff.
16 BGH, 29.01.2001, II ZR 331/00, BauR 2001, 775 ff., seitdem st. Rspr., vgl. BGH, 01.07.2002, II ZR 380/00, NJW 2002, 3539, 3540; BGH, 15.01.2003, XII ZR 300/99, NJW 2003, 1043, 1044 f.
17 MüKo-BGB/*Ulmer*, § 705 BGB, Rn. 301 ff., § 718, Rn. 39 ff.; Palandt/*Sprau*, BGB, § 705, Rn. 24; *Ulmer*, ZIP 2001, 585.
18 Hierzu KG, 08.2001, 29 AR 54/01, BauR 2001, 1790 f. m. Anm. *Theurer*.

B. Überblick über Ausgestaltungen der Bau-ARGE

17 In einer früheren Fassung der Nr. 2.1 VHB (Vergabehandbuch des Bundes) zu § 8 VOB/A a.F. lautete die Begriffsbestimmung der Bau-ARGE wie folgt:

> »*2. Arbeitsgemeinschaften*
>
> *2.1 Arbeitsgemeinschaften sind Zusammenschlüsse von Unternehmern auf vertraglicher Grundlage mit dem Zweck, Bauaufträge für gleiche oder verschiedene Fachgebiete oder Gewerbezweige gemeinsam auszuführen; sie können vertikal (Unternehmen verschiedener Fachrichtungen) oder horizontal (Unternehmen gleicher Fachrichtungen, z.B. Ingenieur-Hochbau) gegliedert sein.*«

18 Diese Definition hat nach wie vor ihre Gültigkeit. Der Zusammenschluss von zwei oder mehreren selbständigen Unternehmen, die sich gegenseitig vertraglich verpflichten, ein Bauvorhaben gemeinsam auszuführen und die zur Erreichung dieses gemeinsamen Zwecks vereinbaren, die Beiträge und Leistungen in der vertraglich bestimmten Qualität und Quantität termingerecht zu erbringen, ist auch heute noch die Kernzelle des ARGE-Zusammenschlusses. Der Zusammenschluss von Unternehmen erfolgt nicht nur in der Form der »klassischen« horizontalen Bau-ARGE. Unternehmer schließen sich auch zu einer Dach-ARGE, einer Los-ARGE, einer Dauer-ARGE, einer Innen-ARGE oder zu einem Konsortium zusammen. Abhängig von dem Sinn und Zweck des Zusammenschlusses der Unternehmen zur Bau-ARGE bzw. den Absprachen der Gesellschafter untereinander ist eine Klassifizierung nach den vorgenannten Gruppen vorzunehmen.[19]

I. Bau-ARGE (horizontale ARGE)

19 Die klassische und in der Praxis am häufigsten auftretende horizontale Bau-ARGE ist eine zeitlich befristete, durch einen Gesellschaftsvertrag gegründete Gesellschaft bürgerlichen Rechts zum Zwecke der Erbringung einer Bauleistung.[20] Auftragnehmer des Bauvertrags ist die Bau-ARGE. Die Bauleistungen werden grundsätzlich von der Bau-ARGE mittels der von den beteiligten Unternehmen beigestellten Stoffen, Geräten und Arbeitskräften erbracht. Es handelt sich damit um eine gemeinschaftliche Bauleistung der Gesellschaft, zu der jeder Gesellschafter verschiedene Arten von Leistungen beizusteuern hat.[21] Teilweise werden die Bauleistungen auch von Nachunternehmern erbracht, die von der Bau-ARGE beauftragt werden. In diesem Fall stellen die einzelnen Gesellschafter der Bau-ARGE die finanziellen Mittel zur Vergütung des Nachunternehmers.

II. Dach-ARGE (vertikale ARGE)

20 Die Dach-ARGE ist eine Unterart der klassischen (horizontalen) Bau-ARGE.[22] Eine Dach-ARGE liegt vor, wenn sich Unternehmen verschiedener Fachrichtungen zur gemeinsamen Ausführung von Bauleistungen verpflichten und den an die ARGE erteilten Auftrag in einzelne Leistungsbereiche bzw. Lose aufteilen.[23] Die Dach-ARGE erbringt regelmäßig selbst keine eigenen Bauleistungen. Sämtliche Bauleistungen werden selbstständig von den Gesellschaftern im Rahmen von (Nachunternehmer-)Bauverträgen erbracht.[24] Die einzelnen Lose werden von der Dach-ARGE an die eigenen ARGE-Gesellschafter weiter beauftragt. Die Dach-ARGE zeichnet sich also im

---

19 *Messerschmidt/Thierau*, NZBau 2007, 129, 131 ff.; Kapellmann/Messerschmidt/*Messerschmidt/Thierau*, Anhang VOB/B, Rn. 131; *Jagenburg/Schröder*, Der ARGE-Vertrag, Einleitung, Rn. 36 ff.; Beck PersGes-HB/*Bärwaldt*, § 17, Rn. 18 ff.
20 *Messerschmidt/Thierau*, NZBau 2007, 129, 131 f.; *Jagenburg/Schröder*, Der ARGE-Vertrag, Einleitung, Rn. 37.
21 *Messerschmidt/Thierau*, NZBau 2007, 129, 131 f.
22 *Jagenburg/Schröder*, Der ARGE-Vertrag, Einleitung, Rn. 44.
23 *Messerschmidt/Thierau*, NzBau 2007, 132; *Jagenburg/Schröder*, Der ARGE-Vertrag, Einleitung, Rn. 44.
24 Kapellmann/Messerschmidt/*Messerschmidt/Thierau*, Anhang VOB/B/B, Rn. 133; *Jagenburg/Schröder*, Der ARGE-Vertrag, Einleitung, Rn. 44; Leinemann/*Brauns*, VOB/B, § 1, Rn. 76.

Gegensatz zur gewöhnlichen Bau-ARGE durch eine Aufteilung des Gesamtauftrages in einzelne Leistungsbereiche (Lose) aus. Die Leistungsbereiche werden von den Gesellschaftern eigenverantwortlich auf Basis der zwischen der Dach-ARGE und den für die Lose bestehenden Nachunternehmerverträgen mit den Gesellschaftern ausgeführt. In der Folge werden alle Bauleistungen durch die einzelnen ARGE-Partner als Nachunternehmer der Dach-ARGE erbracht.[25] Die Dach-ARGE kann jedoch gegebenenfalls die Planung und die Koordination der Leistungen der einzelnen Gesellschafter übernehmen.

III. Los-ARGE

Die Los-ARGE entspricht im Wesentlichen der Dach-ARGE. Sie unterscheidet sich allein dadurch, dass die ebenfalls gegründete Dach-ARGE einen Leistungsteil der von ihr dem Auftraggeber geschuldeten Gesamtleistung nicht einem einzelnen Gesellschafter, sondern im Wege eines Nachunternehmervertrags mehreren Gesellschaftern der Dach-ARGE überträgt, die wiederum selbst eine Los-ARGE bilden.[26] Bei der Los-ARGE handelt es sich um eine normale Bau-ARGE. Ihr Gesellschaftszweck ist, den mit der Dach-ARGE geschlossenen Nachunternehmervertrag zu erfüllen.[27]

21

IV. Dauer-ARGE (fortgesetzte ARGE)

Bei der Dauer-ARGE handelt es sich um eine Arbeitsgemeinschaft, die sich nicht lediglich zu dem Zweck der Erfüllung eines einzigen Bauauftrags gebildet hat.[28] Ihr Zweck liegt darüber hinaus darin, weitere Aufträge zu akquirieren und durchzuführen. Die Dauer-ARGE ist wegen der Erfüllung aller kumulativ vorliegenden Voraussetzungen des Gewerbebegriffs rechtlich als OHG zu qualifizieren.[29] Insbesondere die dauerhafte, am Markt anbietende und planmäßige Tätigkeit ist bei dieser Rechtsform bestimmend.[30] Die Dauer-ARGE bedarf aufgrund ihrer auf Dauer angelegten Tätigkeit eines in kaufmännischer Weise eingerichteten Geschäftsbetriebes (vgl. auch § 1 Nr. 2 HGB).

22

V. Innen-ARGE (Beihilfe-Gemeinschaft)

Die Innen-ARGE ist eine spezielle Form der Bau-ARGE. Sie ist ein Zusammenschluss zweier oder mehrerer Unternehmen zur Ausführung eines Bauauftrags, der nur einem oder mehreren Unternehmen als (Einzel-) Auftragnehmer bzw. als Bau-ARGE vom Auftraggeber erteilt worden ist.[31] Bei der Innen-ARGE beteiligt sich ein drittes Unternehmen am Auftragnehmer bzw. am Anteil eines Gesellschafters der Bau-ARGE, die den Auftrag erhalten hat. Es entsteht eine Beteiligung an einer Beteiligung als reine Innengesellschaft. Die Innen-ARGE ist als BGB-Innengesellschaft ohne Gesamthandsvermögen und ohne gesamtschuldnerische Haftung einzuordnen.[32] Eine BGB-Innengesellschaft tritt nicht rechtsgeschäftlich nach außen auf.

23

---

25 *Messerschmidt/Thierau*, NZBau 2007, 129, 132; *Jagenburg/Schröder*, Der ARGE-Vertrag, Einleitung, Rn. 44.
26 *Messerschmidt/Thierau*, NZBau 2007, 129, 132; MünchHdb. GesR 1/*Mantler*, § 26, Rn. 6.
27 *Messerschmidt/Thierau*, NZBau 2007, 129, 132; *Jagenburg/Schröder*, Der ARGE-Vertrag, Einleitung, Rn. 46.
28 *Messerschmidt/Thierau*, NZBau 2007, 129, 132; *Jagenburg/Schröder*, Der ARGE-Vertrag, Einleitung, Rn. 46.
29 *Messerschmidt/Thierau*, NZBau 2007, 129, 132; *Jagenburg/Schröder*, Der ARGE-Vertrag, Einleitung, Rn. 46.
30 *Messerschmidt/Thierau*, NZBau 2007, 132; MünchHdb. GesR 1/*Mantler*, § 26, Rn. 7.
31 *Messerschmidt/Thierau*, NZBau 2007, 129, 135.
32 *Messerschmidt/Thierau*, NZBau 2007, 129, 135.

VI. Konsortium

24 Ein Konsortium, welches überwiegend im Anlagenbau in Erscheinung tritt, ist der gesellschaftsrechtliche Zusammenschluss mehrerer Unternehmen – ähnlich wie bei der »horizontalen« (klassischen) Bau-ARGE zur Erbringung eines einheitlichen Gesamtauftrags gegenüber dem Auftraggeber.[33]

25 Jeder Gesellschafter des Konsortiums (Konsorte) übernimmt einen fest abgrenzbaren Teil der dem Auftraggeber geschuldeten Gesamtverpflichtung zur eigenverantwortlichen Erbringung,[34] der im Innenverhältnis typischerweise durch eine Schnittstellenliste definiert wird.[35] Für die fristgerechte, vollständige und mangelfreie Erfüllung dieser Verpflichtung steht – im Innenverhältnis – allein der zuständige Konsorte gerade, der hierfür einen festgelegten Anteil an der zu erwartenden Vergütung des Auftraggebers nach einem Beteiligungs- bzw. Verteilungsschlüssel erhält.[36] Dementsprechend übernimmt er auch das vollständige, auf diesen Liefer- und Leistungsanteil bezogene Risiko, insbesondere das Risiko aus der Richtigkeit der eigenen Kalkulation des von ihm geschuldeten Liefer- und Leistungsausschnitts – insbesondere im Zusammenhang mit der funktional-schlüsselfertig definierten Leistungspflicht gegenüber dem Auftraggeber –,[37] da ein Ausgleich von Gewinnen und Verlusten grundsätzlich nicht stattfindet.[38] Aufgrund dessen schließen Partner eines Konsortiums ein Projekt wirtschaftlich mit durchaus unterschiedlichen Ergebnissen ab.[39] Die Ausstattung der Gesellschaft mit (wesentlichen) liquiden Finanzmitteln oder Sachwerten (insbesondere Baumaschinen etc.) ist nicht erforderlich.[40]

VII. Abgrenzung Konsortium gegenüber Bau-ARGE und Dach-ARGE

26 Der Hauptunterschied zwischen einer ARGE und einem Konsortium liegt damit darin, dass die ARGE-Partner sich das mit der Erfüllung des Kundenvertrags verbundene Risiko in ideeller Weise teilen.[41] Das bedeutet, dass sämtliche ARGE-Partner das gemeinsame Projekt mit demselben Gewinn bzw. Verlust abschließen (entsprechend den zwischen ihnen vereinbarten Prozentsätzen). Während die Bau-ARGE in der Regel die von ihr geschuldeten Leistungen mit Hilfe von Nachunternehmern erbringt, verpflichtet das Konsortium nur in seltenen Ausnahmefällen Nachunternehmer.[42] Die Konsorten erbringen vielmehr die geschuldeten Lieferungen und Leistungen als Gesellschaftsbeitrag unmittelbar.[43]

27 Ein Konsortium ist trotz struktureller Ähnlichkeit auch nicht mit einer sog. Los- oder Dach-ARGE zu verwechseln. Zwischen einer Los- oder Dach-ARGE und einem Konsortium besteht nur insoweit Gemeinsamkeit, als die Gesellschafter einer Los- oder Dach-ARGE gleichfalls einen bestimmten Anteil der insgesamt zu erbringenden Lieferungen und Leistungen zur eigenverantwortlichen Ausführung übernehmen.[44] Allerdings sind die Partner einer Los- oder Dach-ARGE an dieser auf der gesellschaftsrechtlichen Ebene in ideeller Weise beteiligt und erbringen die Lieferungen und Leistungen auf einer untergeordneten, werkvertraglichen Ebene aufgrund von Nachunternehmerverträgen, welche sie mit der Los- bzw. Dach-ARGE schließen,[45] weswegen die Ge-

---

33 Leinemann/*Brauns*, VOB/B, § 1, Rn. 77 m.w.N.; *Messerschmidt/Thierau*, NZBau 2007, 129, 132 f.
34 *Wagner*, ZfBR 2006, 209; *Lotz*, ZfBR 1996, 233, 238.
35 *Jacob/Brauns*, Rn. 135 ff.
36 *Jacob/Brauns*, Rn. 8, 21, 168; *Lotz*, ZfBR 1996, 233, 238.
37 *Jacob/Brauns*, Rn. 217.
38 *Jacob/Brauns*, Rn. 10, 23 ff., 486.
39 *Jacob/Brauns*, Rn. 24, 168.
40 *Jacob/Brauns*, Rn. 34, 216 m.w.N.
41 Leinemann/*Brauns*, VOB/B, § 1, Rn. 77.
42 Leinemann/*Brauns*, VOB/B, § 1, Rn. 77.
43 Leinemann/*Brauns*, VOB/B, § 1, Rn. 77 m.w.N.
44 Burchardt/Pfülb/*Burchardt*, ARGE-Kommentar, § 25, Rn. 103, 147 f.
45 Siehe Burchardt/Pfülb/*Burchardt*, ARGE-Kommentar, § 25, Rn. 9.

sellschafter der Los- bzw. Dach-ARGE grundsätzlich sämtlich denselben Gewinn oder Verlust nach Maßgabe des vereinbarten Verteilungsschlüssels realisieren. Erst auf der nachgeordneten Ebene erwirtschaften sie als Nachunternehmer der Los- bzw. Dach-ARGE unterschiedliche Erträge.[46] Hierdurch kann es zu Divergenzen zwischen den Rechtsverhältnissen Dach-ARGE und Nachunternehmer einerseits und Dach-ARGE und Hauptauftraggeber anderseits kommen.[47] Beispiele hierfür sind auseinanderfallende Ansprüche auf Abnahme, Werklohnfälligkeit oder das unabdingbare Recht der »Gesellschafter-Nachunternehmer«, von der Dach-ARGE Sicherheit nach § 648a BGB verlangen zu können.

C. Gründung der Bau-ARGE

An einer Bau-ARGE können sich natürliche und juristische Personen beteiligen, aber auch Personengesellschaften. Eine Bau-ARGE entsteht durch Zusammenschluss von mindestens zwei selbständigen Unternehmen. Die Unternehmen verpflichten sich dabei, wechselseitig untereinander ein Bauvorhaben gemeinsam auszuführen und die zur Erreichung dieses gemeinsamen Zwecks vereinbarten Beiträge und Leistungen in der vertraglich bestimmten Qualität und Quantität termingerecht zu erbringen.[48] Häufig schließen sich Bauunternehmer bereits in der Ausschreibungsphase zusammen. In diesem Fall wird zwischen den Bauunternehmen eine Bietergemeinschaft begründet. Die Bietergemeinschaft ist ein Zusammenschluss von Unternehmen, die sich um die gemeinsame Ausführung eines konkreten Auftrags bewerben und stellt insofern eine »Vor-ARGE« dar.[49] Für die Qualifizierung als Bau-ARGE ist nicht entscheidend, ob sich die Mitglieder (Gesellschafter) der Bau-ARGE bereits in der Ausschreibungsphase zu einer Bietergemeinschaft zusammengeschlossen haben oder ob die ARGE zwischen den baubeteiligten Unternehmen erst anlässlich der Auftragserteilung gebildet wird.[50]

I. Bietergemeinschaft

Zur Gründung der Bietergemeinschaft und die Regelung der maßgeblichen gesellschaftsrechtlichen Fragen wird in der Praxis auf den Muster-Bietergemeinschaftsvertrag des Hauptverbandes der Deutschen Bauindustrie[51] zurück gegriffen Der Muster-Bietergemeinschaftsvertrag regelt die Rechtsbeziehungen der Mitglieder der Bietergemeinschaft untereinander für die Dauer des Angebots- bzw. Vergabeverfahrens.[52]

Die Ziele einer Biergemeinschaft sind grundsätzlich zweistufig. Sie verfolgt zunächst das Ziel einer gemeinsamen Auftragserteilung an die von ihnen gegründete Gesellschaft bürgerlichen Rechts. In diesem Ziel enthalten ist zudem bereits als zweite Stufe die Absicht, bei Auftragserteilung die geschuldeten Werkleistungen gemeinsam zu erbringen. Die Regelungen des Muster-Bietergemeinschaftsvertrag sehen von vornherein vor, dass mit der Auftrags- bzw. Zuschlagserteilung an die Bietergemeinschaft die dann erforderliche Gründung der Bau-ARGE erfolgt. Gemäß § 4.1 des Muster-Bietergemeinschaftsvertrags schließen sich die Gesellschafter der Bietergemeinschaft schon mit Abschluss des Bietergemeinschaftsvertrages aufschiebend bedingt durch die Auftrags- bzw.

---

46 BGH, 09.12.2002, II ZR 202/00, BauR 2003, 529, 530; LG Berlin, 01.04.2003, 19 O 439/02; *Jacob/Brauns*, Rn. 28, 79 f.; Burchardt/Pfülb/*Burchardt,* ARGE-Kommentar, § 25, Rn. 65c; *Messerschmidt/Thierau*, NZBau 2007, 679, 680.
47 Vgl. *Jacob/Brauns*, Rn. 122 ff.
48 Vgl. *Kornblum*, ZfBR 1992, 9.
49 Zur Bietergemeinschaft s.a. Ingenstau/Korbion/*Schranner*, § 2 VOB/A, Rn. 21; Ingenstau/Korbion/*Korbion*, Anhang 2, Rn. 40; *Messerschmidt/Thierau*, NZBau 2007, 129, 133.
50 *Langen*, Jahrbuch Baurecht 1999, 64, 68.
51 Die derzeit aktuelle Fassung stammt aus dem Jahr 2003.
52 Burchardt/Pfülb/*Burchardt/Class,* ARGE-Kommentar, Exkurs Bietergemeinschaftsvertrag, Rn. 4 ff.

§ 705 BGB   Inhalt des Gesellschaftsvertrags

Zuschlagserteilung zu einer Bau-ARGE zusammen.[53] Mit der Auftrags- bzw. Zuschlagserteilung des erstrebten Bauauftrags wandelt sich die Bietergemeinschaft in die Bau-ARGE.[54]

31 Die Bietergemeinschaft besteht ihrem Inhalt und Zweck nach so lange, wie das Angebotsverfahren läuft und der den Zweck des Zusammenschlusses bildende Auftrag noch nicht erteilt wurde.[55] Nach § 3.1 Muster-Bietergemeinschaftsvertrag löst sich die Bietergemeinschaft regelmäßig wegen Zweckfortfalls wieder auf, sofern die Auftrags- und Zuschlagserteilung nicht an die Bietergemeinschaft erfolgt.[56] Lediglich soweit nach wirksamer Auftragerteilung an einen anderen Bieter die sekundären Rechtsschutzansprüche weiterverfolgt werden, besteht die Bietergemeinschaft fort.[57]

II. Bau-ARGE-Mustervertrag

32 Im Baugewerbe- und Bauindustriebereich erfolgt der Zusammenschluss von Unternehmen zu einer Bau-ARGE nahezu ausnahmslos auf der Grundlage des vom Hauptverband der Deutschen Bauindustrie sowie dem Zentralverband des Deutschen Baugewerbes herausgegebenen Bau-ARGE-Mustervertrags.[58]

33 Klarzustellen ist in diesem Zusammenhang, dass die Regelungen des Bau-ARGE-Mustervertrages einer Inhaltskontrolle nach den Vorschriften über die Verwendung von Allgemeinen Geschäftsbedingungen gemäß §§ 305 ff. BGB nicht unterliegen, da beide Partner – als gleichberechtigt – nicht als »Verwender« im Sinne der AGB-Inhaltskontrolle angesehen werden können und somit keine Partei in die Vertragsfreiheit des anderen eingreift.[59] Der BGH hat vorformulierte Vertragsbedingungen der KG und der Gesellschaft bürgerlichen Rechts dem Maßstab des § 242 BGB unterworfen.[60] Dabei ist jedoch zu beachten, dass § 310 Abs. 4 BGB die Inhaltskontrolle auch auf Gesellschaftsverträge ausdehnt. Ebenfalls erschließt sich aus der Entscheidung des BGH,[61] dass auch gesellschaftliche Kooperationsformen des Beihilfevertrages, der Beihilfegemeinschaft und der Unterbeteiligung nicht der Kontrolle des § 310 Abs. 4 BGB unterworfen sind. Damit allerdings unterliegt der Muster-Bietergemeinschaftsvertrag der Überprüfung nach dem Maßstab des § 242 BGB.

34 Der ARGE-Mustervertrag typisiert die Bau-ARGE als Gesellschaft bürgerlichen Rechts in partieller Abwandlung der §§ 705 ff. BGB. Sowohl in der Präambel wie auch in § 2.4 des ARGE-Mustervertrages ist ausdrücklich klargestellt, dass die Gesellschafter eine BGB-Gesellschaft und nicht eine OHG abzuschließen beabsichtigten.[62]

35 Die Regelungen der §§ 705 ff. BGB über die Gesellschaft bürgerlichen Rechts sind zwar weitgehend dispositiv. Von zwingenden gesetzlichen Regelungen können die ARGE-Gesellschafter im ARGE-Vertrag allerdings nicht abweichen. So kann einem ARGE-Gesellschafter nach § 716 Abs. 1, 2 BGB nicht das Kontrollrecht über die Angelegenheiten der Gesellschaft genommen wer-

---

53 Burchardt/Pfülb/*Burchard/Class,* ARGE-Kommentar, Exkurs Bietergemeinschaftsvertrag, Rn. 46.
54 *Kornblum,* ZfBR 1992, 9.
55 Burchardt/Pfülb/*Burchardt/Class,* ARGE-Kommentar, Exkurs Bietergemeinschaftsvertrag, Rn. 2.
56 Burchardt/Pfülb/*Burchardt/Class,* ARGE-Kommentar, Exkurs Bietergemeinschaftsvertrag, Rn. 37 ff.
57 *Kirch/Kues,* VergabeR 2008, 32, 34 f.
58 ARGE-Mustervertrag in der Fassung 2005; Dach-Arbeitsgemeinschaftsvertrag in der Fassung 2005, jeweils herausgegeben vom Hauptverband der Deutschen Bauindustrie e.V., Berlin, vgl. zur Neufassung der Musterverträge 2005: *Zerhusen/Nieberding,* BauR 2006, 296 ff.; siehe auch Burchardt/Pfülb/*Hickl,* ARGE-Kommentar, Präambel, Rn. 1 ff.
59 BGH, 08.04.2002, II ZR 161/00, BauR 2002, 1409, 1410.
60 BGH, 22.03.1982, II ZR 74/81, NJW 1982, 2495.
61 BGH, 08.04.2002, II ZR 161/00, BauR 2002, 1409, 1410.
62 Kapellmann/Messerschmidt/*Messerschmidt/Thierau,* Anhang VOB/B, Rn. 128; Burchardt/Pfülb/*Hickl,* ARGE-Kommentar, Präambel, Rn. 1 ff.; *Jagenburg/Schröder,* Der ARGE Vertrag, Präambel, Rn. 99 ff.

den. Ferner kann gemäß § 723 Abs. 3 BGB einem Gesellschafter nicht über § 723 BGB hinaus das Recht zur Kündigung des ARGE-Vertrages abgeschnitten werden.

Im Übrigen macht der ARGE-Mustervertrag weitgehend von der Möglichkeit Gebrauch, von den Regelungen der §§ 705 ff. BGB über die Gesellschaft bürgerlichen Rechts abzuweichen.[63] Bei einer Bau-ARGE regeln sich insbesondere die Rechtsbeziehungen der Gesellschafter untereinander und bei der Vertretung der Bau-ARGE gegenüber Dritten in erster Linie nach den Bestimmungen des ARGE-Mustervertrages. Nur hilfsweise sind die §§ 705 ff. BGB heranzuziehen. Die Regelungen der §§ 705 ff. BGB greifen vielmehr immer dann ein, wenn der ARGE-Mustervertrag keine wirksam von dem Gesetz abweichende Bestimmung enthält und auch nach ergänzender Vertragsauslegung gemäß § 26 des ARGE-Mustervertrages noch regelungsbedürftige Vertragslücken verbleiben. 36

III. Form des ARGE-Vertragsschlusses

Der ARGE-Vertrag bedarf als Gesellschaftsvertrag grundsätzlich keiner besonderen Form.[64] Er wird aber regelmäßig schriftlich abgeschlossen. Allerdings ändert dies nichts daran, dass im Einzelfall auch ein konkludenter oder stillschweigender Abschluss in Betracht kommen kann. Hieraus ergeben sich aber naturgemäß beweisrechtliche Probleme, so dass in jedem Fall der schriftliche Abschluss des ARGE-Vertrages angezeigt erscheint. Der ARGE-Mustervertrag sieht den Abschluss unter Verwendung der Schriftform vor. Dies ergibt sich mittelbar aus § 8.47 ARGE-Mustervertrag, wonach es der kaufmännischen Geschäftsführung obliegt, den ARGE-Vertrag auszufertigen.[65] Jeder Gesellschafter soll gemäß den Vorgaben des ARGE-Mustervertrages eine von sämtlichen (Mit-)Gesellschaftern unterzeichnete schriftliche Vertragsfassung erhalten.[66] Damit soll der Inhalt des rechtsverbindlichen Vertragsabschlusses vollständig und richtig dokumentiert werden. Dies soll selbst dann gelten, wenn elektronische Vertragsfassungen vorab ausgetauscht wurden, um sicherzustellen, dass sich in den verwendeten Vertragsfassungen einheitliche Vertragsbedingungen befinden. Die äußere Gestalt des vorliegenden Dokumentes soll insoweit als Anschein dienen. Dementsprechend sollen auch alle zusätzlichen und ergänzenden Vereinbarungen gesondert zu § 25 des ARGE-Mustervertrages ausgewiesen werden.[67] Auch Veränderungen oder Ergänzungen zum ARGE-Vertrag bedürfen gemäß § 6.8 des ARGE-Mustervertrages grundsätzlich der schriftlichen Zustimmung aller Gesellschafter. Darüber hinaus ist auch die Aufhebung des vertraglich nach § 399 BGB vorgesehenen Abtretungsverbotes nur unter Wahrung der Schriftform bei vorheriger Zustimmung aller übrigen Gesellschafter zulässig (vgl. § 20.2 des ARGE-Mustervertrages).[68] 37

Der Abschluss des ARGE-Vertrages erfolgt – auch bei Verwendung des ARGE-Mustervertrages – im Übrigen grundsätzlich formfrei.[69] Der Bau-ARGE-Vertrag enthält grundsätzlich keine Verpflichtungen, die der notariellen Beurkundung im Sinne des § 311b Abs. 1 BGB bedürfen. Gegenstand ist vielmehr regelmäßig die Ausführung von Bauleistungen auf dem Grundstück eines Dritten (Bauherrn) und nicht der Erwerb eines Grundstücks oder aber Grundstücksteils.[70] 38

---

63 Burchardt/Pfülb/*Hickl*, ARGE-Kommentar, Präambel, Rn. 1 ff.; *Jagenburg/Schröder*, Der ARGE-Vertrag, Präambel, Rn. 99 ff.
64 *Jagenburg/Schröder*, Der ARGE-Vertrag, Präambel, Rn. 101; MüKo-BGB/*Ulmer*, § 705, Rn. 32 ff.; Beck PersGes-HB/*Bärwaldt*, § 17, Rn. 42.
65 Burchardt/Pfülb/*Mielicki/Burchardt*, ARGE-Kommentar, § 8, Rn. 65 aa.
66 Kapellmann/Messerschmidt/*Messerschmidt/Thierau*, Anhang VOB/B, Rn. 129.
67 Kapellmann/Messerschmidt/*Messerschmidt/Thierau*, Anhang VOB/B, Rn. 129; Burchardt/Pfülb/*Burchardt/Class*, ARGE-Kommentar, § 25, Rn. 6.
68 Kapellmann/Messerschmidt/*Messerschmidt/Thierau*, Anhang VOB/B, Rn. 129.
69 Beck PersGes-HB/*Bärwaldt*, § 17, Rn. 42.
70 Beck PersGes-HB/*Bärwaldt*, § 17, Rn. 42; Kapellmann/Messerschmidt/*Messerschmidt/Thierau*, Anhang VOB/B, Rn. 129.

39 Etwas anderes gilt jedoch, wenn auch der künftige Erwerb von Grundstücken oder Grundstücksteilen in Betracht kommt. In diesen Fällen ist wie folgt zu differenzieren: Bestehen insoweit bei Abschluss des ARGE-Mustervertrages noch keine weiteren, konkreten Festlegungen in Bezug auf bestimmte Immobilien, so bedarf der Gesellschaftsvertrag keiner notariellen Beurkundung. Ein bereits konkret beabsichtigtes Grundstücksgeschäft im Zusammenhang mit der Begründung des Gesellschaftsverhältnisses erfordert hingegen die notarielle Beurkundung.[71] Wenn sich ausnahmsweise einer der ARGE-Gesellschafter bei der Gründung der Bau-ARGE gegenüber der Gesellschaft und seinen Mitgesellschaftern zur Einbringung eines Grundstückes in die Gesellschaft verpflichtet, ist die Wahrung notarieller Form erforderlich.[72] Sofern jedoch ein Grundstück nur zur weiteren gemeinsamen Nutzung in das Gesellschaftsvermögen vorübergehend zur Verfügung gestellt wird, besteht demgegenüber kein Formerfordernis.[73]

IV. Abschlussmängel beim Gesellschaftsvertrag

40 Bei Vorliegen von Abschlussmängeln (§§ 104 ff., 199 ff., 125, 134, 138, 155, 181 BGB) werden die eintretenden Unwirksamkeitsfolgen aus Gründen des Bestands- und Verkehrsschutzes durch die Lehre von der sogenannten fehlerhaften Gesellschaft eingeschränkt. Regelmäßig können nach Invollzugsetzung der Gesellschaft festgestellte Mängel nicht rückwirkend, sondern nur ex nunc geltend gemacht werden. Die fehlerhaft begründete Gesellschaft kann zwar gekündigt werden, eine rückwirkende Auflösung der Gesellschaft scheidet jedoch regelmäßig aus. Ausnahmen von diesem Grundsatz bestehen nur dann, wenn dem (fehlerhaften) Bestand der Gesellschaft gewichtige Individual- bzw. Allgemeininteressen entgegenstehen. Bei einer Bau-ARGE kann dies der Fall sein, wenn gegen ein gesetzliches Zusammenschlussverbot verstoßen würde oder aber der Tatbestand besonders grober Sittenwidrigkeit gegeben ist. In derartigen Ausnahmefällen ist die Gesellschaft ex tunc rückabzuwickeln.

41 Über die gesetzlichen Regelungen hinausgehend sind in § 26 ARGE-Mustervertrag salvatorische Bestimmungen getroffen worden, die die Folgen einer Teilunwirksamkeit des Gesellschaftsvertrages regeln.[74] Danach ist für den Fall, dass Bestimmungen des Gesellschaftsvertrages rechtsunwirksam sind oder sich in dem Vertrag eine Lücke herausstellen sollte vorgesehen, dass dadurch die Gültigkeit der übrigen Bestimmungen des Vertrages nicht berührt werden. Im Übrigen wird in § 26 ARGE-Mustervertrag geregelt, dass die Gesellschafter sich so zu verhalten haben, dass der angestrebte Zweck erreicht wird und alles zu tun, was erforderlich ist, damit die Teilnichtigkeit unverzüglich behoben wird. Darüber hinaus ist vorgesehen, dass anstelle der unwirksamen Bestimmungen oder zur Ausfüllung der Lücke eine angemessene Regelung gelten soll, die – soweit rechtlich möglich – dem am nächsten kommt, was die Vertragschließenden gewollt haben oder nach dem Sinn und Zweck des Vertrages gewollt haben würden, sofern sie den außer acht gelassenen Punkt bedacht hätten.[75]

42 Der Zeitpunkt des Abschlusses des ARGE-Vertrages ist von dem des Beginns der Bau-ARGE zu unterscheiden. Ungeachtet des Zeitpunktes des Vertragsabschlusses ist die Bau-ARGE nämlich erst dann (wirksam) in Vollzug gesetzt, wenn die gemeinsame Geschäftstätigkeit tatsächlich aufgenommen wird, etwa durch die Eröffnung eines gemeinsamen ARGE-Baukontos. Spätestens beginnt der ARGE-Vertrag aber mit dem Zustandekommen des mit dem Auftraggeber abzuschließenden Bauvertrages (vgl. § 22 ARGE-Mustervertrag).

---

71 Kapellmann/Messerschmidt/*Messerschmidt/Thierau*, Anhang VOB/B, Rn. 129; *Schwanecke*, NJW 1984, 1588.
72 Kapellmann/Messerschmidt/*Messerschmidt/Thierau*, Anhang VOB/B, Rn. 129.
73 Kapellmann/Messerschmidt/*Messerschmidt/Thierau*, Anhang VOB/B, Rn. 129.
74 *Jagenburg/Schröder*, Der ARGE-Vertrag, § 26, Rn. 652 ff.; Burchardt/Pfülb/*Burchardt/Class*, ARGE-Kommentar, § 26, Rn. 1 ff.
75 *Jagenburg/Schröder*, Der ARGE-Vertrag, § 26, Rn. 658.

D. Name oder Firma der Bau-ARGE

Eine Bau-ARGE trägt üblicherweise einen Namen, der einer Kurzbezeichnung des Bauvorhabens 43 entspricht, zu dessen Zweck die Bau-ARGE gebildet wurde, unter Umständen auch die Namen der beteiligten Unternehmen.[76] Ist die Bau-ARGE eine Gesellschaft bürgerlichen Rechts, kann sie einen Gesamtnamen tragen.[77] Rechtliche Grenzen bestehen hinsichtlich der Namensauswahl nur insoweit, als eine Irreführung, insbesondere Verwechselung mit bestehenden Namen anderer ARGEN, vermieden werden müssen.[78] Sofern die Bau-ARGE als OHG eingeordnet wird, ist sie gemäß § 105 HGB firmenpflichtig.[79]

E. Beteiligungsverhältnisse der Gesellschafter an der Bau-ARGE

Das Beteiligungsverhältnis der Gesellschafter an der Bau-ARGE wird grundsätzlich in unter- 44 schiedlicher Höhe festgelegt.[80] Die maßgebliche Regelung befindet sich insoweit in § 3 ARGE-Mustervertrag. Dort ist vorgesehen, dass das Beteiligungsverhältnis der Gesellschafter untereinander und ihre Anteile an allen Rechten und Pflichten, besonders an Gewinn und Verlust, an Bürgschaften, an der Haftung und der Mängelhaftung individuell festgelegt werden.[81] Darüber hinaus ist dort klargestellt, dass die gesamtschuldnerische Haftung gegenüber Dritten, besonders dem Auftraggeber, davon nicht berührt wird.[82] Der Anteil an allen Rechten und Pflichten beinhaltet auch die Beitragspflicht des einzelnen Gesellschafters, so dass das Beteiligungsverhältnis letztlich nicht ohne Blick auf die nach Art und Umfang bestehenden Möglichkeiten eines Gesellschafters zur Leistung von Beiträgen bestimmt werden kann.[83] Der einzelne Gesellschafter ist im Übrigen nicht berechtigt, freiwillig seinen Beitrag an der Gesellschaft zu erhöhen, weil er dadurch die Beteiligungsverhältnisse der Gesellschaft verändern würde.[84]

F. Haftung

I. Eigenhaftung der ARGE

Die nach außen in Erscheinung tretende Bau-ARGE ist selbst Trägerin von Rechten und Pflich- 45 ten. Sie haftet für die von ihr eingegangenen vertraglichen Verpflichtungen, für von ihr verwirklichte Vertragsverletzungen und für gegen sie gerichtete gesetzliche Ansprüche. Da die Bau-ARGE als Gesellschaft nicht selbst handeln kann, setzt ihre Haftung regelmäßig voraus, dass Zurechnungstatbestände verwirklicht werden. Beim Abschluss von Schuldverträgen – insbesondere mit dem Auftraggeber, aber auch mit ihren Gesellschaftern – wird die Bau-ARGE vertreten. Vertreter sind vorrangig die Geschäftsführungen als ihre Organe und die Bauleitung als ihre Bevollmächtigte.

II. Gesamtschuldnerische Haftung der Gesellschafter der Bau-ARGE

Die Gesellschafter der Bau-ARGE haften für die Verbindlichkeiten der Bau-ARGE gesamtschuld- 46 nerisch, persönlich und unbeschränkt. Das folgt aus den §§ 128, 129 HGB, die auf die Bau-ARGE (entsprechend) Anwendung finden. Der Gläubiger eines Anspruchs gegen die ARGE kann also nach seiner Wahl die ARGE und/oder jeden einzelnen Gesellschafter in Anspruch nehmen.

---

76 Beck PersGes-HB/*Bärwaldt*, § 17, Rn. 42; MünchHdb. GesR 1/*Mantler*, § 26, Rn. 29.
77 MüKo-BGB/*Ulmer*, § 705, Rn. 270 ff.
78 Beck PersGes-HB/*Bärwaldt*, § 17, Rn. 42.
79 MünchHdb. GesR 1/*Mantler*, § 26, Rn. 29.
80 MünchHdb. GesR 1/*Mantler*, § 26, Rn. 28.
81 *Jagenburg/Schröder*, Der ARGE-Vertrag, § 3, Rn. 175.
82 MünchHdb. GesR 1/*Mantler*, § 26, Rn. 51; *Jagenburg/Schröder*, Der ARGE-Vertrag, § 3, Rn. 179.
83 MünchHdb. GesR 1/*Mantler*, § 26, Rn. 31.
84 Baumbach/*Hopt*, § 109, Rn. 13.

Eine Haftung einzelner Gesellschafter, die keiner Haftung der Bau-ARGE entspricht, kann sich insbesondere aufgrund unerlaubter Handlungen gegenüber Dritten ergeben.

III. Freistellungs- oder Regressanspruch des in Anspruch genommenen Gesellschafters

47 Ein Gesellschafter, der für eine Verbindlichkeit der Bau-ARGE in Anspruch genommen wird, kann von der Bau-ARGE aus §§ 713, 670 BGB Freistellung oder Regress fordern. Von seinen Mitgesellschaftern muss sich der in Anspruch genommene wegen § 707 BGB zunächst auf die Inanspruchnahme der Bau-ARGE verweisen lassen. Nur wenn diese – wegen § 12.1 Bau-ARGE-Mustervertrag nahe liegend – nicht über ausreichende Mittel verfügt, können Austrittsansprüche aus § 426 Abs. 1 BGB gegen die Mitgesellschafter geltend gemacht werden.[85] In welcher Höhe solche Ansprüche bestehen, richtet sich mangels anderer Vereinbarungen nach dem Beteiligungsverhältnis (§ 3 Abs. 1 Bau-ARGE-Mustervertrag).

IV. Haftung nachträglich beigetretener oder später ausgeschiedener Gesellschafter der Bau-ARGE

48 Weitere Gesellschafter können bereits bestehenden Bau-ARGEn nachträglich beitreten. Für Verbindlichkeiten der Bau-ARGE, die zum Zeitpunkt des Beitritts bereits bestehen, haften sie entsprechend § 130 HGB. Scheidet ein Gesellschafter aus der ARGE aus, wird er damit allerdings nicht von der Haftung der Verbindlichkeiten der Bau-ARGE frei. Seine Haftung ist allerdings nach § 736 Abs. 2 BGB, § 159 f. HGB begrenzt.

V. Haftung der Bau-ARGE für Verrichtungs- und Erfüllungsgehilfen

49 Bei schuldhaftem Handeln natürlicher Personen ist für die Haftung der Bau-ARGE zu unterscheiden. Nach § 831 BGB haftet die Bau-ARGE wegen vermutetem eigenem Verschulden für unerlaubte Handlungen ihrer Verrichtungsgehilfen. Verrichtungsgehilfe der Bau-ARGE ist, wer von ihren Weisungen abhängig ist. Nicht weisungsgebunden und damit keine Verrichtungsgehilfen sind die Gesellschafter der Bau-ARGE.[86] Ebenfalls keine Verrichtungsgehilfen, sondern Organe, sind die technischen und kaufmännischen Geschäftsführungen. Für sie haftet die Bau-ARGE jedoch entsprechend § 831 BGB ohne Entlastungsmöglichkeit[87] und zwar sowohl für unerlaubte Handlungen, als auch innerhalb von Sonderverbindungen. Obwohl die Bauleitung kein Organ ist, gilt für sie § 831 BGB entsprechend. Dies liegt nicht an der unrichtigen Bezeichnung als Organ im ARGE-Mustervertrag, sondern am weiten Verständnis des »verfassungsmäßig berufenen Vertreters« im Sinne des § 831 BGB. Verfassungsmäßig berufener Vertreter ist jeder, der einen bestimmten Aufgaben- oder Funktionsbereich innerhalb einer Organisation selbständig und eigenverantwortlich wahrnimmt. Auch wer – wie die Bauleitung nach dem Bau-ARGE-Mustervertrag – Binnenverhältnis weisungsabhängig ist, unterfällt § 831 BGB, sofern ihn nur sein Aufgabenkreis nach außen als für das Unternehmen »repräsentativ« qualifiziert. Die Bauleitung als Repräsentanz der Bau-ARGE auf der Baustelle erfüllt die Voraussetzungen. Zudem haftet die Bau-ARGE schließlich nach § 278 Abs. 1 BGB auch für Verschulden ihrer Erfüllungsgehilfen. Erfüllungsgehilfe ist unter anderem das zur Ausführung des Bauauftrages eingesetzte Personal.

---

85 Zur Versicherbarkeit *Krause-Allenstein*, BauR 2007, 617, 627 ff.
86 BGH, NJW 24.06.2003, VI ZR 434/01, 2003, 2984, 2985.
87 BGH, 24.02.2003, II ZR 385/99, NJW 2003, 1445, 1446; BGH, NJW 24.06.2003, VI ZR 434/01, 2003, 2984, 2985.

G. Zwangsvollstreckung gegen die Bau-ARGE und ihre Gesellschafter

Bei der Zwangsvollstreckung ist zu unterscheiden zwischen einer Zwangsvollstreckung in das Gesellschaftsvermögen der Bau-ARGE und einer Zwangsvollstreckung in das Vermögen der einzelnen Gesellschafter.[88]

50

I. Zwangsvollstreckung in das Gesellschaftsvermögen der Bau-ARGE

Bei einem Titel gegen die Bau-ARGE kann unmittelbar in das Gesellschaftsvermögen vollstreckt werden. Mit dem Grundsatzurteil des BGH vom 29.01.2001[89] wurde der Bau-ARGE die Rechts- und Parteifähigkeit zugesprochen. Weder der Wortlaut noch der Zweck des § 705 BGB stehen einer unmittelbaren Vollstreckung in das Gesellschaftsvermögen entgegen.[90] Vor dem Grundsatzurteil des BGH war zur Vollstreckung in das Gesellschaftsvermögen der Bau-ARGE gem. § 936 ZPO ein gegen alle ARGE-Gesellschafter ergangenes Urteil erforderlich. Nach dem seinerzeit vorherrschenden Verständnis war die Bau-ARGE nicht parteifähig. Deshalb konnte nur in das gesamthänderisch gebundene Vermögen der Gesellschaft vollstreckt werden. Gleichwohl kann die Zwangsvollstreckung in das Gesellschaftsvermögen aber auch noch mit einem Titel bewirkt werden, der gegen alle ARGE-Gesellschafter in gesamthänderischer Verbundenheit erstritten wurde.[91]

51

II. Zwangsvollstreckung in das Vermögen der Gesellschafter

Zu unterscheiden von der Vollstreckung in das Gesellschaftsvermögen ist die Vollstreckung in das Vermögen der einzelnen Gesellschafter. Sofern ein Gläubiger lediglich einen Titel gegen die Bau-ARGE aber nicht die ARGE-Gesellschafter erwirkt, kann er mit diesem Titel zwar gegenüber diesem Gesellschafter, nicht aber in das Vermögen der ARGE-Gesellschafter vollstrecken.[92] Aus § 129 Abs. 4 HGB ergibt sich für die OHG und die KG ein Verbot der direkten Vollstreckung in das Privatvermögen der Gesellschafter.

52

Die Vorschrift des § 129 Abs. 4 HGB trägt dem Umstand Rechnung, dass Gesellschaft und Gesellschafter verschiedene Rechtsobjekte sind und jeweils nur den Vollstreckungszugriff ihrer eigenen Gläubiger zu dulden haben. Zwar fehlt es letztendlich hinsichtlich des Rechts der Gesellschaft bürgerlichen Rechts bzw. der Bau-ARGE an einer § 129 Abs. 4 HGB entsprechenden Bestimmung.[93] Die im BGB-Gesellschaftsrecht ebenfalls gebotene Vermögensbarriere ergibt sich jedoch zwangsläufig aus der Anerkennung der Rechts- und Parteifähigkeit der Bau-ARGE und ihrer Eigenständigkeit gegenüber den Gesellschaftern.[94] Die Vermögensseparierung zwingt unter vollstreckungsrechtlichen Gesichtspunkten den Gläubiger der Bau-ARGE deshalb dazu, neben der Bau-ARGE deren Gesellschafter entweder parallel, oder aber zumindest nachfolgend klageweise in Anspruch zu nehmen.[95]

53

---

88 *Jagenburg/Schröder*, Der ARGE-Vertrag, Einleitung, En. 90; Kapellmann/Messerschmidt/*Messerschmidt/Thierau*, Anhang VOB/B, Rn. 161.
89 BGH, 29.01.2001, II ZR 331/00, BauR 2001, 775 ff.
90 BGH, NJW 2001, 1056.
91 Kapellmann/Messerschmidt/*Messerschmidt/Thierau*, Anhang VOB/B, Rn. 161.
92 *Wertenbruch*, NJW 2002, 324, 329.
93 *Jagenburg/Schröder*, Der ARGE Vertrag, Einleitung, En. 92; Kapellmann/Messerschmidt/*Messerschmidt/Thierau*, Anhang VOB/B, Rn. 162.
94 Kapellmann/Messerschmidt/*Messerschmidt/Thierau*, Anhang VOB/B, Rn. 162.
95 Kapellmann/Messerschmidt/*Messerschmidt/Thierau*, Anhang VOB/B, Rn. 162.

§ 706 Beiträge der Gesellschafter

(1) Die Gesellschafter haben in Ermangelung einer anderen Vereinbarung gleiche Beiträge zu leisten.

(2) Sind vertretbare oder verbrauchbare Sachen beizutragen, so ist im Zweifel anzunehmen, dass sie gemeinschaftliches Eigentum der Gesellschafter werden sollen. Das Gleiche gilt von nicht vertretbaren und nicht verbrauchbaren Sachen, wenn sie nach einer Schätzung beizutragen sind, die nicht bloß für die Gewinnverteilung bestimmt ist.

(3) Der Beitrag eines Gesellschafters kann auch in der Leistung von Diensten bestehen.

Kommentierung s. nach § 707.

§ 707 Erhöhung des vereinbarten Beitrags

Zur Erhöhung des vereinbarten Beitrags oder zur Ergänzung der durch Verlust verminderten Einlage ist ein Gesellschafter nicht verpflichtet.

1 Grundsätzlich sind in dem Gesellschaftsvertrag einer Bau-ARGE die von den Gesellschaftern zu leistenden Beiträge festzulegen. Es handelt sich insoweit um Beiträge zum Gesellschaftsvermögen des § 706 BGB (Beiträge im engeren Sinn) und sämtliche weiteren Leistungen, die die Gesellschafter zur Förderung des Gesellschaftszwecks zu erbringen haben (Beiträge im weiteren Sinn).[1] Hiervon sind die Leistungen der Gesellschafter an die Gesellschaft abzugrenzen, die auf sogenannten Drittgeschäften beruhen, in denen sich die Parteien grundsätzlich wie Dritte gegenüberstehen.[2] Die Abgrenzung richtet sich in erster Linie nach den vertraglichen Vereinbarungen.

A. Rechtliche Einordnung der Gesellschafterleistungen

2 In der Fußnote zu § 4.1 des ARGE-Mustervertrages ist geregelt, dass die gesellschaftsrechtliche Eigenheit in der Bau-ARGE darin besteht, dass die in § 4.1 des ARGE-Mustervertrages genannten Beistellungen auf der Grundlage zweiseitiger, schuldrechtlicher Rechtsgeschäfte, d.h. als sogenannte Drittleistungen der Gesellschafter an die Bau-ARGE, stattfinden.[3] Diese schuldrechtlichen Vertragsbeziehungen bestehen unter anderem aus einzelnen Kaufverträgen bei Stoffen (vgl. § 13 ARGE-Mustervertrag), aus Mietverträgen bei Geräten (vgl. § 14 ARGE-Mustervertrag) sowie aus nicht gewerblichen Personalüberlassungen gegen Kostenerstattung bei abgeordnetem Personal (vgl. § 12 ARGE-Mustervertrag), jeweils zu den im ARGE-Vertrag diesbezüglich vereinbarten Konditionen.[4]

3 Für eine Einordnung dieser Leistungen als Drittleistung spricht, dass das Entgelt für diese Leistungen fest vereinbart und nicht vom Geschäftsergebnis abhängig gemacht wird. Jedoch ist auf der anderen Seite zu beachten, dass die Gesellschafter aufgrund des ARGE-Vertrages in ihrer Eigenschaft als Gesellschafter zur Erbringung dieser Leistungen vertraglich verpflichtet sind. Die Rechte und Pflichten bezüglich der Leistungen resultieren bereits aus dem Gesellschaftsvertrag, nicht erst aus dem Drittgeschäft.[5]

4 In den §§ 4.2 und 4.3 des ARGE-Mustervertrages sind die gesellschaftsvertraglichen Sanktionen aufgeführt, wenn die Gesellschafter ihrer Leistungsverpflichtung nicht nachkommen.[6] Die gesell-

---

1 MünchHdb. GesR 1/*Mantler*, § 26, Rn. 32.
2 MüKo-BGB/*Ulmer*, § 706, Rn. 5.
3 MünchHdb. GesR 1/*Mantler*, § 26, Rn. 33.
4 MünchHdb. GesR 1/*Mantler*, § 26, Rn. 33.
5 MüKo-BGB/*Ulmer*, § 705, 187; siehe auch *Jagenburg/Schröder*, Der ARGE-Vertrag, § 4, Rn. 194.
6 *Jagenburg/Schröder*, Der ARGE-Vertrag, § 4, Rn. 196, 203 ff.

schaftsvertraglichen Sanktionen sind vorrangig gegenüber allen etwaigen Ansprüchen aus dem Leistungsstörungsrecht. Die in der Fußnote zu § 4.1 des ARGE-Mustervertrags genannten Geschäfte sind also im Wesentlichen gesellschaftsvertraglich determiniert bzw. überlagert. Im Ergebnis handelt es sich mithin nicht um reine Drittgeschäfte, sondern allenfalls um Drittgeschäfte aufgrund des Gesellschaftsvertrages, in dem ihre Begründung, ihr Inhalt und ihre Abwicklung vorbestimmt sind.[7] Die Gestellung von Personal, Baugeräten und -materialien sind Beiträge oder beitragsähnliche Leistungen gesellschaftsrechtlicher Art, die lediglich zur Steigerung der Abrechnungstransparenz in der Form gesonderter Verträge gegossen werden.[8] Daneben bestehen auch klassische Beitragspflichten der ARGE-Mitglieder. Neben der kaufmännischen und technischen Geschäftsführung zählen hierzu die Zurverfügungstellung von patentierten oder anderweitig geschützten Arbeitsmitteln und Herstellungsmethoden sowie sonstigem know-how etc.[9]

B. Umfang der Gesellschafterleistungen

I. Geld- und Sachleistungen

Gesellschafterleistungen sind im ARGE-Vertrag regelmäßig nur dem Grunde, nicht der Höhe nach festgeschrieben. Umfang und Zeitpunkt der Leistungen der Gesellschafter sind von der Entwicklung des Bauvorhabens abhängig und werden durch das zur Erreichung des Gesellschaftszwecks Erforderliche bestimmt. Bei von der Entwicklung des Bauvorhabens abhängigen Leistungen der Gesellschafter handelt es sich mithin nicht um eine Nachschusspflicht im Sinne des § 707 BGB. Fällig werden Beiträge vielmehr auf Anforderung der Geschäftsführung, der Aufsichtsstelle oder der Bauleitung (diese auf Anweisung durch die Bauaufsicht). In der Höhe erfolgt die Vergütung der einzelnen Beistellungen grundsätzlich nach dem Kostendeckungsgrundsatz.[10] 5

Zu den von den Gesellschaftern zu erbringenden Beiträgen und Leistungen zählen insbesondere die Gestellung von Geldmitteln, Bürgschaften, Geräten, Gebrauchsstoffen und Personal entsprechend dem Beteiligungsverhältnis nach § 3 ARGE-Mustervertrag. Weitere Regelungen über die Gestellung der Beiträge finden sich in §§ 4, 11 ff. des ARGE-Mustervertrages.[11] 6

Geldmittel sind regelmäßig nur zur (Vor-)Finanzierung des laufenden Geschäfts beizustellen. Gemäß dem ARGE-Mustervertrag ist grundsätzlich keine Bildung von Eigenkapital vorgesehen. Vielmehr sind in den §§ 11.2 und 11.25 Bestimmungen enthalten, nach denen alle freien Geldmittel an die Gesellschafter auszuzahlen sind, um eine Eigenkapitalbildung der Bau-ARGE zu vermeiden. Geräte mietet die Bau-ARGE von den Gesellschaftern. Stoffe werden durch Kauf von Dritten oder Gesellschaftern im Wettbewerb beschafft. Personal wird entweder abgeordnet, d.h. das Arbeitsverhältnis des Arbeitnehmers mit dem Gesellschafter bleibt bestehen, oder freigestellt, d.h. das Arbeitsverhältnis des Gesellschafters mit dem Arbeitnehmer ruht, solange dieser von der Bau-ARGE beschäftigt wird. Bürgschaften werden entweder von der Bau-ARGE an den Auftraggeber (z.B. Vertragserfüllungs-, Gewährleistungs- und Vorauszahlungsbürgschaften) und an Dritte (Banken) oder aber von den Gesellschaftern der Bau-ARGE gestellt,[12] oder auch als Partnerausschüttungsbürgschaft zur Sicherung vorläufiger Ausschüttungen nach § 11.25 ARGE-Mustervertrag.[13] 7

---

[7] OLG Frankfurt, 24.11.2005, 1 U 19/05, NZBau 2006, 376; Ingenstau/Korbion/*Korbion*, Anhang 2, Rn. 28 ff., diese gehen von Beitragsleistungen aus; a.A. Burchardt/Pfülb/*Pfülb/Burchardt*, ARGE-Kommentar, Vorbemerkung zu §§ 10–15, Rn. 8 ff., die reine Drittleistungen annehmen.
[8] OLG Frankfurt, 24.11.2005, 1 U 19/05, NZBau 2006, 376.
[9] MünchHdb. GesR 1/*Mantler*, § 26, Rn. 33.
[10] Burchardt/Pfülb/*Pfülb/Burchardt*, ARGE-Kommentar, Vorbemerkung zu §§ 10–15, Rn. 30 ff.
[11] MünchHdb. GesR 1/*Mantler*, § 26, Rn. 34.
[12] *Woelfing-Hamm/Hochstad*, NZBau 2007, 65 ff.; *Adler/May*, BauR 2006, 756 ff.
[13] *Jagenburg/Schröder*, Der ARGE-Vertrag, § 11, Rn. 400.; MünchHdb. GesR 1/*Mantler*, § 26, Rn. 34.

II. Sicherheiten der Bau-ARGE zu Gunsten des Auftraggebers

8 Die Bau-ARGE hat als Auftragnehmer an den Auftraggeber bei der Vereinbarung der VOB/B eine Sicherheit gemäß § 17 VOB/B zu leisten. Nach § 17 VOB/B kann die Sicherheitsleistung in Form von Bürgschaften erbracht werden. Die Überprüfung der Voraussetzungen für die Beibringung obliegt dabei der kaufmännischen Geschäftsführung wie auch des Inhalts der Bürgschaftsurkunden, sofern nicht bereits bei Vertragsschluss ein konkretes Muster zwischen der Bau-ARGE und dem Auftraggeber vereinbart wurde.[14] Vertragserfüllungs-, Gewährleistungs-, Vorauszahlungsbürgschaften etc. sind von der kaufmännischen Geschäftsführung der Bau-ARGE zum vertraglich geschuldeten Zeitpunkt dem Auftraggeber zur Verfügung zu stellen.[15]

1. Stellung der Bürgschaften durch Bau-ARGE

9 Vertragspartner des Auftraggebers ist die Bau-ARGE. Der Auftraggeber kann deshalb grundsätzlich die Gestellung einer einheitlichen Bürgschaft durch die Bau-ARGE erwarten.[16] Von der Bau-ARGE ist eine einheitliche Gesamtbürgschaft über den vollen zu verbürgenden Betrag dem Auftraggeber zu übergeben. Die Bau-ARGE kann jedoch nur dann eine solche Bürgschaft überreichen, wenn entweder sie für alle Gesellschafter ein einheitliches Konto führt (was selten der Fall sein dürfte) oder aber alternativ die einzelnen Gesellschafter in Bezug auf ihre jeweiligen Beteiligungsanteile sogenannte Rückbürgschaften stellen. Die Bau-ARGE kann zudem auch versuchen, dem Auftraggeber Teil-Bürgschaften ihrer Gesellschafter anstelle einer einheitlichen Gesamtbürgschaft anzudienen. Der Auftraggeber wird die Stellung derartiger Teil-Bürgschaften häufig schon deshalb nicht akzeptieren, weil es ihm um eine einheitliche Absicherung seiner Gesamtforderungen gegenüber der Bau-ARGE und nicht um die Absicherung von Teilforderungen bei einzelnen ARGE-Gesellschaftern geht.

10 Die zur Erreichung des Gesellschaftszweckes erforderlichen Beiträge sind von den Gesellschaftern zu erbringen, vgl. § 4.1 ARGE-Mustervertrag. Zu den Beiträgen gehört auch die Stellung erforderlicher Bürgschaften. Diese sind entsprechend dem jeweiligen Beteiligungsverhältnis von den Gesellschaftern zur Verfügung zu stellen, wie sich aus § 20.1 des ARGE-Mustervertrages ergibt. Die Bürgschaften sind entsprechend dem Beteiligungsverhältnis von den Gesellschaftern zu stellen.[17]

11 Zu den danach beizubringenden Bürgschaften zählen einerseits die vertraglich mit dem Auftraggeber vorgesehenen und andererseits diejenigen, die im Zuge der Bauabwicklung notwendig werden, um den Vertragszweck – Erfüllung des abgeschlossenen Bauvertrages – zu erreichen. Je nach Wahl der Gesellschafter gehen die für die Bürgschaften anfallenden Avalkosten anteilig zu ihren Lasten oder aber zu Lasten der Bau-ARGE, vgl. auch §§ 20.11 und 12 ARGE-Mustervertrag.

2. Inanspruchnahme der Bürgschaft durch Auftraggeber

12 Im Falle der Inanspruchnahme einer Gesamtbürgschaft durch den Auftraggeber erfolgt die quotale Beteiligung der jeweiligen Gesellschafter der Bau-ARGE über die für sie ausgereichten Teil-Rückbürgschaften.[18] Dem Auftraggeber verbleibt alternativ aber auch die Möglichkeit, die Bau-ARGE und ihre Gesellschafter unmittelbar in Anspruch zu nehmen. Bei der Inanspruchnahme durch den Auftraggeber treten Probleme vor allem dann auf, wenn sich der Auftraggeber dazu entschließt, lediglich einen der Bau-ARGE-Gesellschafter unmittelbar in Anspruch zu nehmen. Die Gesellschafter der Bau-ARGE haften untereinander als Gesamtschuldner. Demzufolge richtet sich der Rückgriff des betroffenen Gesellschafters nach § 426 BGB. Der auf den jeweiligen Anteil

---

14 Kapellmann/Messerschmidt/*Messerschmidt/Thierau*, Anhang VOB/B, Rn. 168.
15 Kapellmann/Messerschmidt/*Messerschmidt/Thierau*, Anhang VOB/B, Rn. 168.
16 Kapellmann/Messerschmidt/*Messerschmidt/Thierau*, Anhang VOB/B, Rn. 168.
17 Kapellmann/Messerschmidt/*Messerschmidt/Thierau*, Anhang VOB/B, Rn. 170.
18 Kapellmann/Messerschmidt/*Messerschmidt/Thierau*, Anhang VOB/B, Rn. 171.

beschränkte Ausgleichsanspruch kann gegenüber den übrigen Gesellschaftern geltend gemacht werden. Es stellt sich dann die Frage, inwieweit die zur Sicherheit ausgereichte Gesamtbürgschaft für die Bau-ARGE über § 401 BGB das Ausfall- und Insolvenzrisiko der übrigen Gesellschafter gegenüber dem rückgriffsberechtigten Gesellschafter absichert. Gemäß § 401 Abs. 1 BGB wird ausdrücklich der Übergang der Bürgschaft auf den Neugläubiger angeordnet. Im Hinblick auf diese Regelung ist es sachgerecht, dem ausgleichsberechtigten Gesellschafter auch die anteiligen Rechte an der Gesamtbürgschaft zuzugestehen.[19]

C. Leistungsstörungen bei Gesellschafterleistungen

Der ARGE-Mustervertrag enthält dezidierte Bestimmungen zu Leistungsstörungen. Sofern ein Gesellschafter trotz schriftlicher Aufforderung mit angemessener Nachfristsetzung seinen fälligen Beitragspflichten nicht (rechtzeitig) nachkommt, hat er auch ohne Verschulden Ausgleichszahlungen zu leisten, vgl § 4.2 des ARGE-Mustervertrages.[20] Durch die Erstreckung auf alle Gesellschafterleistungen und die Verschuldensabhängigkeit verschärft diese vertragliche Regel die gesetzlichen Verzugsbestimmungen auf eine verschuldensunabhängige Vertragsstrafe mit Garantiefunktion. **13**

Die Regelung des § 4.3 ARGE-Mustervertrag sieht im Übrigen vor, dass unbeschadet der Sanktionsregelung die übrigen Gesellschafter eine Vertragsanpassung in Form einer Änderung des Beteiligungsverhältnisses einstimmig beschließen können, wenn der Umfang der von dem säumigen Gesellschafter nicht erbrachten Leistungen im Verhältnis zu seiner geschuldeten Gesamtleistung einen Ausgleich durch Änderung der Beteiligungsverhältnisse billigerweise geboten erscheinen lässt.[21] Die übrigen Gesellschafter können nach dem ARGE-Mustervertrag ohne Mitwirkung des betroffenen Beitragsschuldners eine Vertragsanpassung beschließen. Dem säumigen Beitragsschuldner steht lediglich ein auf einen Monat (gerechnet vom Zugang des Tages des Beschlusses) befristetes Klagerecht gegen einen solchen Beschluss zu. Sofern er diese Frist ungenutzt verstreichen lässt, gilt die Änderung der Beteiligungsverhältnisse als gebilligt.[22] Das neu festgesetzte Beteiligungsverhältnis wird wirksam mit dem Ende des Monats, in dem der Beschluss zugegangen ist. Bei einer Bau-ARGE mit nur zwei Gesellschaftern – zweigliedrige Bau-ARGE – kann die Änderung des Beteiligungsverhältnisses nur durch Klage begehrt werden, § 4.3 ARGE-Mustervertrag. In § 27 ARGE-Mustervertrag ist für beide sowie für alle anderen Fälle verbindlich festgelegt, dass bei Streitigkeiten aus oder im Zusammenhang mit diesem Vertrag sowie über dessen Rechtswirksamkeit Klagen unter Ausschluss des ordentlichen Rechtsweges durch ein Schiedsgericht oder durch ein ordentliches Gericht erledigt werden.[23] **14**

Die Änderung der Beteiligungsverhältnisse ist eine sehr weitreichende Sanktion, zumal die Änderung nach dem ARGE-Mustervertrag kein Verschulden des Beitragsschuldners voraussetzt.[24] Als ultima ratio sieht in § 23.4 der ARGE-Mustervertrag zudem die Möglichkeit zum Ausschluss des säumigen Gesellschafters aus wichtigem Grund vor, wenn dieser den geschuldeten Betrag trotz schriftlicher Inverzugsetzung nicht oder nicht gehörig leistet.[25] **15**

§ 708 Haftung der Gesellschafter

Ein Gesellschafter hat bei der Erfüllung der ihm obliegenden Verpflichtungen nur für diejenige Sorgfalt einzustehen, welche er in eigenen Angelegenheiten anzuwenden pflegt.

---

19 Kapellmann/Messerschmidt/*Messerschmidt/Thierau*, Anhang VOB/B, Rn. 172.
20 *Jagenburg/Schröder*, Der ARGE-Vertrag, § 4, Rn. 201 ff.; MünchHdb. GesR 1/*Mantler*, § 26, Rn. 36.
21 MünchHdb. GesR 1/*Mantler*, § 26, Rn. 36; *Jagenburg/Schröder*, Der ARGE-Vertrag, § 4, Rn. 211 ff.
22 MünchHdb. GesR 1/*Mantler*, § 26, Rn. 36.
23 Siehe auch *Jagenburg/Schröder*, Der ARGE-Vertrag, § 11, Rn. 650.
24 MünchHdb. GesR 1/*Mantler*, § 26, Rn. 36.
25 MünchHdb. GesR 1/*Mantler*, § 26, Rn. 36.

§§ 709–713 BGB

1 Bei einer Bau-ARGE kommt die Haftung eines Gesellschafters insbesondere im Zusammenhang mit den Geschäftsführungspflichten in Betracht. Bei schuldhafter Verletzung von Geschäftsführungspflichten macht sich die technische bzw. kaufmännische Geschäftsführung – damit die jeweiligen Gesellschafter, die die Geschäftsführung ausüben – gegenüber den übrigen Bau-ARGE-Gesellschaftern schadenersatzpflichtig.[1] Gemäß der Präambel des ARGE-Mustervertrages ist diese Schadenersatzverpflichtung jedoch auf vorsätzliches bzw. grob fahrlässiges Fehlverhalten beschränkt. Da üblicherweise im Rahmen der geschäftsführenden Tätigkeit Pflichtverstöße nur leicht fahrlässig erfolgen, hat die Haftungsprivilegierung zur Konsequenz, dass regelmäßig gesellschaftsintern nicht für Versäumnisse im Rahmen der Geschäftsführung gehaftet wird. Bei wiederholten Pflichtverstößen kommt ein Entzug der Geschäftsführungsbefugnis nach § 6.8 ARGE-Mustervertrag durch einstimmigen Beschluss der übrigen Gesellschafter in Betracht. Dabei ist zudem zu regeln, ob aus dem Entzug der Geschäftsführungsbefugnisse auch gleichzeitig die Vertretungsmacht für die Bau-ARGE im Außenverhältnis entzogen wird. Gemäß § 23.41 des ARGE-Mustervertrages kommt als letztes Mittel bei einem nicht ordnungsgemäßen geschäftsführenden Gesellschafter auch der Ausschluss aus wichtigem Grund durch einstimmigen Beschluss der übrigen Gesellschafter in Betracht.

§ 709 Gemeinschaftliche Geschäftsführung

(1) Die Führung der Geschäfte der Gesellschaft steht den Gesellschaftern gemeinschaftlich zu; für jedes Geschäft ist die Zustimmung aller Gesellschafter erforderlich.

(2) Hat nach dem Gesellschaftsvertrag die Mehrheit der Stimmen zu entscheiden, so ist die Mehrheit im Zweifel nach der Zahl der Gesellschafter zu berechnen.

Kommentierung s. nach § 713.

§ 710 Übertragung der Geschäftsführung

Ist in dem Gesellschaftsvertrag die Führung der Geschäfte einem Gesellschafter oder mehreren Gesellschaftern übertragen, so sind die übrigen Gesellschafter von der Geschäftsführung ausgeschlossen. Ist die Geschäftsführung mehreren Gesellschaftern übertragen, so finden die Vorschriften des § 709 entsprechende Anwendung.

Kommentierung s. nach § 713.

§ 711 Widerspruchsrecht

Steht nach dem Gesellschaftsvertrag die Führung der Geschäfte allen oder mehreren Gesellschaftern in der Art zu, dass jeder allein zu handeln berechtigt ist, so kann jeder der Vornahme eines Geschäfts durch den anderen widersprechen. Im Falle des Widerspruchs muss das Geschäft unterbleiben.

Kommentierung s. nach § 713.

§ 712 Entziehung und Kündigung der Geschäftsführung

(1) Die einem Gesellschafter durch den Gesellschaftsvertrag übertragene Befugnis zur Geschäftsführung kann ihm durch einstimmigen Beschluss oder, falls nach dem Gesellschaftsvertrag die Mehrheit der Stimmen entscheidet, durch Mehrheitsbeschluss der übrigen Gesellschaf-

---

1 Kapellmann/Messerschmidt/*Messerschmidt/Thierau*, Anhang VOB/B, Rn. 142.

ter entzogen werden, wenn ein wichtiger Grund vorliegt; ein solcher Grund ist insbesondere grobe Pflichtverletzung oder Unfähigkeit zur ordnungsmäßigen Geschäftsführung.

(2) Der Gesellschafter kann auch seinerseits die Geschäftsführung kündigen, wenn ein wichtiger Grund vorliegt; die für den Auftrag geltende Vorschrift des § 671 Abs. 2, 3 findet entsprechende Anwendung.

Kommentierung s. nach § 713.

§ 713 Rechte und Pflichten der geschäftsführenden Gesellschafter

Die Rechte und Verpflichtungen der geschäftsführenden Gesellschafter bestimmen sich nach den für den Auftrag geltenden Vorschriften der §§ 664 bis 670, soweit sich nicht aus dem Gesellschaftsverhältnis ein anderes ergibt.

Die Binnenorganisation und dort insbesondere die Regelungen über die Geschäftsführung der Bau-ARGE unterscheiden sich im Regelfall erheblich von dem Leitbild der §§ 705 ff. BGB.[1] Neben der Geschäftsführung gibt es weitere Organe der Bau-ARGE, die zwar nicht unmittelbar die gemeinschaftliche Geschäftsführung betreffen, jedoch in diesem Zusammenhang zu betrachten sind. Die maßgebenden Organe der Bau-ARGE sind gem. § 5.1 ARGE-Mustervertrag die Aufsichtsstelle (Gesellschafterversammlung), die technische und die kaufmännische Geschäftsführung sowie die Bauleitung.[2] 1

A. Aufsichtsstelle (Gesellschafterversammlung)

Bei der Aufsichtsstelle handelt es sich um die Gesellschafterversammlung der ARGE-Partner (vgl. § 5.1 ARGE-Mustervertrag). Sie ist oberstes Organ der Bau-ARGE und überwacht die Geschäftstätigkeit der Bau-ARGE im Allgemeinen.[3] Die Aufsichtsstelle ist ein reines Beschlussgremium. Deshalb werden die von ihr getroffenen Entscheidungen nicht selbst durchgeführt, sondern durch die Geschäftsführung bzw. die Bauleitung umgesetzt.[4] Die Aufsichtsstelle hat über alle Fragen von grundsätzlicher Bedeutung zu entscheiden, die entweder von den Gesellschaftern unterbreitet werden oder über die sie nach dem ARGE-Vertrag zu befinden hat. 2

Fragen grundsätzlicher Bedeutung sind solche, die mit der Zweckerreichung der Bau-ARGE unmittelbar zusammenhängen (§§ 5.1, 6 ARGE-Mustervertrag). § 6.41 ARGE-Mustervertrag regelt die grundsätzlichen Aufgaben und Kompetenzen der Aufsichtsstelle. Es geht um Geschäftsführung, Kredite und Wechsel, Anforderungen von Gesellschafterbeiträgen, Festlegung und Änderung der Beteiligungsverhältnisse, Dauer und Beendigung der Geschäftsführung sowie der Bauleitung, Bauschluss von Gesellschaftern, Forderungsabtretungen, Anerkennung oder Zurückweisung von Gewährleistungsansprüchen. Die Aufsichtsstelle entscheidet ferner über die Beauftragung und Kostenübernahme für gutachterliche o.ä. juristische Tätigkeiten oder die Rechtsberatung ab Einleitung eines Rechtsstreites. Das gilt auch, wenn ein Firmenjurist der Gesellschafter damit beauftragt wird. 3

Die Sitzungen der Aufsichtsstelle finden nach Bedarf oder auf Antrag eines Gesellschafters statt. Sofern eine Aufsichtsstellensitzung beantragt wird, hat sie in der Regel innerhalb von 14 Kalen- 4

---

1 Beck PersGes-HB/*Bärwaldt*, § 17, Rn. 50.
2 MünchHdb. GesR 1/*Mantler*, § 26, Rn. 38; Kapellmann/Messerschmidt/*Messerschmidt/Thierau*, Anhang VOB/B, Rn. 138; Ingenstau/Korbion/*Korbion*, Anhang 2, Rn. 55 ff.
3 Kapellmann/Messerschmidt/*Messerschmidt/Thierau*, Anhang VOB/B, Rn. 139; MünchHdb. GesR 1/*Mantler*, § 26, Rn. 38.
4 Kapellmann/Messerschmidt/*Messerschmidt/Thierau*, Anhang VOB/B, Rn. 139; MünchHdb. GesR 1/*Mantler*, § 26, Rn. 38.

dertagen nach Stellung des Antrags stattzufinden (§ 6.5 ARGE-Mustervertrag).[5] In Fällen, in denen die Entscheidung keinen Aufschub verträgt, kann die Einladungsfrist auch kürzer sein. Gemäß § 6.5 ARGE-Mustervertrag beruft die technische Geschäftsführung regelmäßig die Sitzungen der Aufsichtsstelle ein und setzt Tagungsordnung und den Tagungsort fest. Die Einladung ist rechtzeitig, wenn sie mit einer Frist von mindestens 8 Kalendertagen schriftlich erfolgt. In Fällen, in denen die Entscheidung keinen Aufschub verträgt, kann die Einladungsfrist auch kürzer sein. Die Aufsichtsstelle ist beschlussfähig, wenn alle Gesellschafter rechtzeitig unter Angabe der Tagesordnung eingeladen und vertreten sind. Ist die Aufsichtsstelle nicht beschlussfähig, so entscheidet sie nach Feststellung der Beschlussunfähigkeit in einer zweiten rechtzeitig einberufenen Sitzung ohne Rücksicht auf die Zahl der erschienenen Gesellschafter.[6]

5 Gemäß §§ 6.6 und 6.42 des ARGE-Mustervertrages bedürfen die Beschlüsse der Aufsichtsstelle der Einstimmigkeit der anwesenden Gesellschafter, soweit nicht in dem ARGE-Vertrag etwas anderes bestimmt wurde.[7] Ausnahmsweise darf abweichend hiervon mit der einfachen Stimmenmehrheit der anwesenden Gesellschafter entschieden werden (vgl. § 6.6 des ARGE-Mustervertrages).[8] Dies gilt dann, wenn Einstimmigkeit nicht zu erzielen und eine Beschlussfassung unaufschiebbar ist. Es entscheidet in diesen Fällen in einer in Abweichung von § 6.4 ARGE-Mustervertrag die einfache Stimmenmehrheit der anwesenden Gesellschafter unverzüglich, frühestens jedoch in der auf den folgenden Tag einzuberufenden Sitzung der Aufsichtsstelle. Bei Stimmengleichheit entscheidet der nach § 7 ARGE-Mustervertrag oder § 8 ARGE-Mustervertrag zuständige geschäftsführende Gesellschafter. Die gesellschaftsrechtliche Verantwortung der Gesellschafter untereinander wird durch diese Regelung nicht berührt. In eiligen Fällen können Beschlüsse mit Einverständnis aller Gesellschafter auch brieflich, telegraphisch, fernmündlich oder fernschriftlich gefasst werden.

6 Niederschriften über die Aufsichtsstellensitzung werden von der technischen Geschäftsführung angefertigt und anschließend innerhalb von zehn Kalendertagen den Gesellschaftern zugesandt. Von den Gesellschaftern sind diese nach Eingang umgehend inhaltlich zu überprüfen. Bei unrichtigen Angaben in dem Protokoll ist schriftlich Widerspruch zu erheben, der bei der technischen Geschäftsführung spätestens innerhalb von 14 Kalendertagen einzulegen ist. Sofern innerhalb der vorgenannten Frist kein schriftlicher Widerspruch erhoben wird, gilt die Niederschrift des Protokolls als inhaltlich genehmigt (vgl. § 6.7 ARGE-Mustervertrag).[9]

7 Die schriftliche Zustimmung aller Gesellschafter ist erforderlich für Änderungen und Ergänzungen des ARGE-Mustervertrages, das Betreiben gerichtlicher Verfahren sowie in den Fällen von § 11.8. Eine unterschriebene Niederschrift ersetzt diese Schriftform nicht. Die Aufsichtsstelle kann durch einstimmigen Beschluss der übrigen Gesellschafter der technischen Geschäftsführung oder der kaufmännischen Geschäftsführung oder der Bauleitung ihre Befugnis aus wichtigem Grund entziehen.

8 Für Kosten, die durch die Tätigkeit der Mitglieder der Aufsichtsstelle den Gesellschaftern entstehen, wird eine Vergütung nicht gewährt (vgl. § 6.9 ARGE-Mustervertrag).

B. Technische und kaufmännische Geschäftsführung

9 Der Geschäftsführung obliegt das operative Geschäft der Bau-ARGE, insbesondere die Abwicklung des Bauvorhabens, die den Zweck der Gesellschaft bildet. Die kaufmännische und technische Geschäftsführung sind Ausführungsorgane aller Beschlüsse der Aufsichtsstelle. § 7 ARGE-

---

[5] *Jagenburg/Schröder*, Der ARGE-Vertrag, § 6, Rn. 283.
[6] MünchHdb. GesR 1/*Mantler*, § 26, Rn. 38.
[7] MünchHdb. GesR 1/*Mantler*, § 26, Rn. 38.
[8] *Jagenburg/Schröder*, Der ARGE-Vertrag, § 6, Rn. 285 ff.; Kapellmann/Messerschmidt/*Messerschmidt/Thierau*, Anhang VOB/B, Rn. 141.
[9] Kapellmann/Messerschmidt/*Messerschmidt/Thierau*, Anhang VOB/B, Rn. 142.

Mustervertrag regelt die technische Geschäftsführung und § 8 ARGE-Mustervertrag die kaufmännische Geschäftsführung.

I. Technische Geschäftsführung

Die technische Geschäftsführung ist grundsätzlich verantwortlich für alle technischen Fragen des Bauvorhabens, die Einhaltung des ARGE-Mustervertrages und die Ausführung von Beschlüssen der Aufsichtsstelle, soweit sie technische Fragen betreffen.[10] Sie vertritt die Bau-ARGE (in kaufmännischen Angelegenheiten im Einverständnis mit der kaufmännischen Geschäftsführung) gegenüber dem Auftraggeber (§ 7.2 ARGE-Mustervertrag). Sie verwendet Briefbogen der Bau-ARGE und unterzeichnet mit dem Namen der Bau-ARGE und dem Zusatz »Technische Geschäftsführung«.[11]

§ 7 ARGE-Mustervertrag enthält einen detaillierten und umfangreichen, aber nicht abschließenden Katalog von Aufgaben der technischen Geschäftsführung. Der technischen Geschäftsführung obliegen Verhandlungen mit dem Auftraggeber über die Abwicklung des Bauvertrages, die Bauführung, Änderungen und Erweiterungen des Bauvertrages wie auch Verhandlungen über Nachträge. Der Abschluss von Nachunternehmerverträgen bedarf des vorherigen Einverständnisses der Aufsichtsstelle und der kaufmännischen Geschäftsführung. Aufträge an Gesellschafter oder mit diesen verbundenen Unternehmen können nur gemeinschaftlich mit der kaufmännischen Geschäftsführung erteilt werden (§ 7.45 ARGE-Mustervertrag).[12] Die Aufgaben der technischen Geschäftsführung beginnen bereits vor Auftragserteilung und fallen weiter im Rahmen der Vertragsabwicklung an. Sie hat dafür zu sorgen, dass die notwendigen Unterlagen für eine Angebotsabgabe sowie nach Auftragserteilung die Dokumente für die Abrechnung und die Abnahme der Leistungen beschafft oder erstellt werden und je eine Ausfertigung in Abschrift oder Kopie allen Gesellschaftern ausgehändigt wird. Entsprechendes gilt auch für die Nachunternehmerverträge. Als Unterlagen kommen insbesondere in Betracht:

– alle Vergabeunterlagen einschließlich Leistungsbeschreibung (mit Leistungsverzeichnis und/ oder Leistungsprogramm),
– Preisermittlungen zum Angebot,
– Angebotsschreiben,
– Auftragsschreiben und ergänzende vertragliche Vereinbarungen,
– Nachtragsangebote,
– Arbeitskalkulationen,
– Abschlagsrechnungen,
– Schlussrechnungen,
– Abnahmeniederschriften und
– Nachunternehmerverträge.

Die technische Geschäftsführung umfasst insbesondere auch die verantwortliche Überwachung der Bauarbeiten sowie Unterweisung und Überwachung der Bauleitung auf der Baustelle; Beschaffung aller erforderlichen bau- und gewerberechtlichen Arbeitsgenehmigungen, soweit deren Beschaffung in die Zuständigkeit der Bau-ARGE fällt. Zu den Aufgaben der technischen Geschäftsführung gehört zudem Anwesenheit bei der Abnahme von bauvertraglichen Leistungen.

---

10 Kapellmann/Messerschmidt/*Messerschmidt/Thierau*, Anhang VOB/B, Rn. 142; Beck PersGes-HB/*Bärwaldt*, § 17, Rn. 55.
11 *Jagenburg/Schröder*, Der ARGE-Vertrag, § 7, Rn. 296; Kapellmann/Messerschmidt/*Messerschmidt/Thierau*, Anhang VOB/B, Rn. 142.
12 *Jagenburg/Schröder*, Der ARGE-Vertrag, § 7, Rn. 310; Kapellmann/Messerschmidt/*Messerschmidt/Thierau*, Anhang VOB/B, Rn. 142.

II. Kaufmännische Geschäftsführung

14 Die kaufmännische Geschäftsführung vertritt die Bau-ARGE gegenüber Dritten in kaufmännischen Belangen (§ 8.2 ARGE-Mustervertrag). Sie verwendet Briefbogen der Bau-ARGE und unterzeichnet mit dem Namen der Bau-ARGE und dem Zusatz »Kaufmännische Geschäftsführung«.[13]

15 Die kaufmännische Geschäftsführung ist verantwortlich für die ordnungsgemäße Durchführung sämtlicher kaufmännischer Arbeiten der Bau-ARGE, für die Einhaltung des ARGE-Vertrages und der Beschlüsse der Aufsichtsstelle in kaufmännischer Hinsicht. Auch in § 8 ARGE-Mustervertrag findet sich ein umfangreicher, jedoch nicht abschließender Aufgabenkatalog. Gemäß diesem Aufgabenkatalog gehört es zu den vorrangigen Aufgaben der kaufmännischen Geschäftsführung, den Geldverkehr, den Einkauf und die Materialverwaltung zu erledigen, die erforderlichen Bilanzen zu erstellen sowie sämtliche Steuerfragen zu klären. Korrespondierend mit den Geschäftsführungsbefugnissen der technischen Geschäftsführung ist die kaufmännische Geschäftsführung in kaufmännischen Angelegenheiten der Bau-ARGE uneingeschränkt vertretungsbefugt. Die kaufmännische Geschäftsführung hat den/die anderen Gesellschafter über alle wesentlichen kaufmännischen Geschäftsvorfälle, insbesondere durch Übersendung von Durchschlägen und Abschriften des Schriftwechsels, unverzüglich zu unterrichten. Sie hat der technischen Geschäftsführung Schlusszahlungen (einschließlich der Schlusszahlungen auf abgenommene Teile der Leistung) oder vergleichbare Erklärungen des Auftraggebers im Sinne von § 16 Abs. 3 VOB/B unverzüglich mitzuteilen, damit die technische Geschäftsführung fristgerecht entsprechende Vorbehalte gegenüber dem Auftraggeber erklären kann.

C. Bauleitung

16 Die Bauleitung ist nicht Teil der Geschäftsführung. Ihr obliegt vielmehr als Hilfsorgan der Geschäftsführung die Durchführung des Bauauftrages auf der Baustelle.[14] Sie ist an Weisungen der kaufmännischen und technischen Geschäftsführung gebunden (§§ 5.4, 9 ARGE-Mustervertrag).[15] Die Bauleitung zeichnet mit dem Namen der Bau-ARGE gemäß § 2.1 und dem Zusatz »Bauleitung«. Die Kompetenzen der Bauleitung sind in § 9 ARGE-Mustervertrag knapp geregelt.

17 Die Bauleitung besteht regelmäßig aus einem technischen und einem kaufmännischen Bauleiter (§ 9.2 ARGE-Mustervertrag).[16] Die Bauleitung hat den Gesellschaftern und der Fachkraft für Arbeitssicherheit rechtzeitig vor dem nachfolgenden Monat technische Wochen-Monatsberichte zu übersenden. Ferner hat sie den Gesellschaftern für jeden Monatsletzten den Personalstand, unterteilt nach Gesellschaftern und Berufsgruppen, nach abgestelltem und örtlich eingestelltem Personal bekannt zu geben. Die Bauleitung meldet den Gesellschaftern innerhalb konkret zu vereinbarender Zeiträume die im Vormonat erbrachte Bauleistung.

§ 714 Vertretungsmacht

Soweit einem Gesellschafter nach dem Gesellschaftsvertrag die Befugnis zur Geschäftsführung zusteht, ist er im Zweifel auch ermächtigt, die anderen Gesellschafter Dritten gegenüber zu vertreten.

Kommentierung s. nach § 717.

---

13 *Jagenburg/Schröder*, Der ARGE-Vertrag, § 8, Rn. 316.
14 Kapellmann/Messerschmidt/*Messerschmidt/Thierau*, Anhang VOB/B, Rn. 143.; MünchHdb. GesR 1/*Mantler*, § 26, Rn. 46.
15 MünchHdb. GesR 1/*Mantler*, § 26, Rn. 46; Kapellmann/Messerschmidt/*Messerschmidt/Thierau*, Anhang VOB/B, Rn. 143.
16 *Jagenburg/Schröder*, Der ARGE-Vertrag, § 9, Rn. 340.

§ 715 Entziehung der Vertretungsmacht

Ist im Gesellschaftsvertrag ein Gesellschafter ermächtigt, die anderen Gesellschafter Dritten gegenüber zu vertreten, so kann die Vertretungsmacht nur nach Maßgabe des § 712 Abs. 1 und, wenn sie in Verbindung mit der Befugnis zur Geschäftsführung erteilt worden ist, nur mit dieser entzogen werden.

Kommentierung s. nach § 717.

§ 716 Kontrollrecht der Gesellschafter

(1) Ein Gesellschafter kann, auch wenn er von der Geschäftsführung ausgeschlossen ist, sich von den Angelegenheiten der Gesellschaft persönlich unterrichten, die Geschäftsbücher und die Papiere der Gesellschaft einsehen und sich aus ihnen eine Übersicht über den Stand des Gesellschaftsvermögens anfertigen.

(2) Eine dieses Recht ausschließende oder beschränkende Vereinbarung steht der Geltendmachung des Rechtes nicht entgegen, wenn Grund zu der Annahme unredlicher Geschäftsführung besteht.

Kommentierung s. nach § 717.

§ 717 Nichtübertragbarkeit der Gesellschafterrechte

Die Ansprüche, die den Gesellschaftern aus dem Gesellschaftsverhältnis gegeneinander zustehen, sind nicht übertragbar. Ausgenommen sind die einem Gesellschafter aus seiner Geschäftsführung zustehenden Ansprüche, soweit deren Befriedigung vor der Auseinandersetzung verlangt werden kann, sowie die Ansprüche auf einen Gewinnanteil oder auf dasjenige, was dem Gesellschafter bei der Auseinandersetzung zukommt.

Die Trennung von technischer sowie kaufmännischer Geschäftsführung und der Bauleitung setzt sich im Bereich der Vertretungsbefugnis nach außen fort. Gemäß dem ARGE-Mustervertrag ist die technische Geschäftsführung vorrangig vertretungsberechtigt.[1] Sie ist insbesondere zunächst in allen technischen Angelegenheiten vertretungsberechtigt. In kaufmännischen Angelegenheiten ist gegenüber dem Auftraggeber ebenfalls die technische Geschäftsführung vertretungsberechtigt, wenn auch im Einverständnis mit der kaufmännischen Geschäftsführung.[2] Somit obliegt die alleinige Vertretung der Bau-ARGE gegenüber dem Auftraggeber der technischen Geschäftsführung. Die kaufmännische Geschäftsführung ist dagegen nur in den kaufmännischen Angelegenheiten vertretungsberechtigt, die nicht das Verhältnis zum Auftraggeber betreffen.[3]

Zu den Aufgaben der Bauleitung gehört die Durchführung des Bauauftrages einschließlich der Erstellung der Abrechnungsunterlagen nach Weisung der technischen und kaufmännischen Geschäftsführung. Sie ist bevollmächtigt, mit den örtlichen Organen des Auftraggebers über Fragen örtlichen Charakters zu verhandeln.[4] Zu Verhandlungen über Änderungen oder wesentliche Erweiterungen des Bauvertrages ist sie nur mit vorheriger Ermächtigung der Aufsichtsstelle berechtigt. Soweit die Bauleitung die ihr eingeräumte Vertretungsmacht überschreitet, liegt ein Handeln als Vertreter ohne Vertretungsmacht i.S.d. § 177 ff. BGB vor.[5]

---

[1] Beck PersGes-HB/*Bärwaldt*, § 17, Rn. 55.
[2] Beck PersGes-HB/*Bärwaldt*, § 17, Rn. 55.
[3] Beck PersGes-HB/*Bärwaldt*, § 17, Rn. 56.
[4] J*agenburg/Schröder*, Der ARGE-Vertrag, § 9, Rn. 340; Kapellmann/Messerschmidt/*Messerschmidt/Thierau*, Anhang VOB/B, Rn. 143.
[5] Kapellmann/Messerschmidt/*Messerschmidt/Thierau*, Anhang VOB/B, Rn. 143.

§§ 718–722 BGB

§ 718 Gesellschaftsvermögen

(1) Die Beiträge der Gesellschafter und die durch die Geschäftsführung für die Gesellschaft erworbenen Gegenstände werden gemeinschaftliches Vermögen der Gesellschafter (Gesellschaftsvermögen).

(2) Zu dem Gesellschaftsvermögen gehört auch, was auf Grund eines zu dem Gesellschaftsvermögen gehörenden Rechts oder als Ersatz für die Zerstörung, Beschädigung oder Entziehung eines zu dem Gesellschaftsvermögen gehörenden Gegenstands erworben wird.

Kommentierung s. nach § 722.

§ 719 Gesamthänderische Bindung

(1) Ein Gesellschafter kann nicht über seinen Anteil an dem Gesellschaftsvermögen und an den einzelnen dazu gehörenden Gegenständen verfügen; er ist nicht berechtigt, Teilung zu verlangen.

(2) Gegen eine Forderung, die zum Gesellschaftsvermögen gehört, kann der Schuldner nicht eine ihm gegen einen einzelnen Gesellschafter zustehende Forderung aufrechnen.

Kommentierung s. nach § 722.

§ 720 Schutz des gutgläubigen Schuldners

Die Zugehörigkeit einer nach § 718 Abs. 1 erworbenen Forderung zum Gesellschaftsvermögen hat der Schuldner erst dann gegen sich gelten zu lassen, wenn er von der Zugehörigkeit Kenntnis erlangt; die Vorschriften der §§ 406 bis 408 finden entsprechende Anwendung.

Kommentierung s. nach § 722.

§ 721 Gewinn- und Verlustverteilung

(1) Ein Gesellschafter kann den Rechnungsabschluss und die Verteilung des Gewinns und Verlustes erst nach der Auflösung der Gesellschaft verlangen.

(2) Ist die Gesellschaft von längerer Dauer, so hat der Rechnungsabschluss und die Gewinnverteilung im Zweifel am Schluss jedes Geschäftsjahrs zu erfolgen.

Kommentierung s. nach § 722.

§ 722 Anteile am Gewinn und Verlust

(1) Sind die Anteile der Gesellschafter am Gewinn und Verlust nicht bestimmt, so hat jeder Gesellschafter ohne Rücksicht auf die Art und die Größe seines Beitrags einen gleichen Anteil am Gewinn und Verlust.

(2) Ist nur der Anteil am Gewinn oder am Verlust bestimmt, so gilt die Bestimmung im Zweifel für Gewinn und Verlust.

1 Die Regelungen über das Gesellschaftsvermögen der Bau-ARGE unterscheiden sich im Regelfall erheblich von dem Leitbild der §§ 705 ff. BGB. In § 11 ARGE-Mustervertrag sind die Regelungen über die Finanzen der Bau-ARGE aufgeführt. Als Grundsatz gilt zunächst, dass die erforderlichen Geldmittel von den Gesellschaftern entsprechend ihrem Beteiligungsverhältnis und unter Berücksichtigung der jeweiligen Kontenstände der Gesellschafter nach Anforderung der kaufmännischen Geschäftsführung zur Verfügung zu stellen sind. Sollten die verfügbaren Geldmittel

nicht zur monatlichen Angleichung der Gesellschafterkonten ausreichen, so sind gem. § 11.3 AR-GE-Mustervertrag die in Rückstand befindlichen Gesellschafter auf Anforderung unverzüglich zur Bareinlage zwecks Kontenausgleichung verpflichtet.

In § 11.2 ARGE-Mustervertrag ist die Reihenfolge vorgegeben, in der die verfügbaren Gelder zu verwenden sind:
– Rückerstattung von Auslagen eines Gesellschafters für die Bau-ARGE,
– Deckung der laufenden Ausgaben,
– Zurückzahlung eines fälligen Bankkredits der Bau-ARGE und
– monatliche Angleichung der Gesellschafterkonten entsprechend dem Beteiligungsverhältnis.

A. Ausschüttungen von Überschüssen an die Gesellschafter

Die Auszahlung darüber hinaus verfügbarer Geldmittel (Überschüsse) an die Bau-ARGE-Gesellschafter erfolgt entsprechend dem Beteiligungsverhältnis. Bei der Bau-ARGE erfolgt die Gewinnermittlung und -verteilung grundsätzlich erst nach Vollbeendigung der Gesellschaft auf der Grundlage der Schlussbilanz. Die maßgeblichen Regelungen sind in § 8.6 ARGE-Mustervertrag enthalten. Bereits nach der Schlussrechnungsabwicklung gegenüber dem Auftraggeber wird eine vorläufige Schlussbilanz (ohne bilanzrechtliche Feststellungswirkung und rechtliche Bindungswirkung) erstellt.[1] Es findet keine jährliche Gewinnfeststellung statt. Etwas anderes gilt, wenn die Bau-ARGE im konkreten Fall ausnahmsweise als OHG zu qualifizieren ist. Dann ergibt sich die Pflicht zur Bilanzierung und Aufstellung von Jahresabschlüssen aus §§ 242–256 HGB.

Darüber hinaus sieht der ARGE-Mustervertrag ausdrücklich die Möglichkeit von vorläufigen Ausschüttungen von Überschüssen an die Gesellschafter nach Maßgabe ihres Beteiligungsverhältnisses, sog. Partnerausschüttungen, vor. Jedoch können diese Ausschüttungen von der Bau-ARGE jederzeit zurückgefordert werden.[2]

B. Besicherung von vorläufigen Gewinnausschüttungen

In § 11.25 des ARGE-Mustervertrages ist bei vorläufigen Gewinnausschüttungen ausdrücklich ein entsprechender ausdrücklicher Rückforderungsvorbehalt aufgenommen worden. Ferner sieht § 11.25 des ARGE-Mustervertrages vor, dass auf Verlangen nur eines Gesellschafters dieser Rückzahlungsanspruch durch eine Bürgschaft, sog. Partnerausschüttungsbürgschaft, zu besichern ist.[3]

Umstritten ist das Schicksal des Rückzahlungsanspruchs und der ihn besichernden Bürgschaft nach (z.B. insolvenzbedingtem) Ausscheiden bzw. Ausschluss des betreffenden Gesellschafters aus der Bau-ARGE. Solche Ansprüche unterliegen regelmäßig bereits vor Feststellung der Auseinandersetzungsbilanz einer Durchsetzungssperre.[4] Lediglich ausnahmsweise können Einzelansprüche der Gesellschafter gesondert weiter verfolgt werden, wenn sich aus dem Sinn und Zweck der gesellschaftsvertraglichen Bestimmungen ergibt, dass sie im Fall der Auflösung der Gesellschaft bzw. des Ausscheidens eines Gesellschafters ihre Selbständigkeit behalten sollen. Nach der wohl überwiegenden Auffassung tritt der Rückzahlungsanspruch wirtschaftlich an die Stelle des ausgezahlten Überschusses, der ansonsten als Bardepot bei der Bau-ARGE verblieben wäre und dadurch diese Ausschüttung erst ermöglicht hat.[5] Überwiegend wird die gesellschaftsvertragliche Vereinbarung über das jederzeitige Rückforderungsrecht deshalb dahingehend verstanden, dass der Rückzahlungsanspruch auch in dieser Phase seine Selbständigkeit behalten soll (keine Durchsetzungssperre).

---

1 MünchHdb. GesR 1/*Mantler*, § 26, Rn. 57.
2 MünchHdb. GesR 1/*Mantler*, § 26, Rn. 58.
3 MünchHdb. GesR 1/*Mantler*, § 26, Rn. 59 ff.
4 MünchHdb. GesR 1/*Mantler*, § 26, Rn. 59.
5 *Schmitz*, Rn. 860; MünchHdb. GesR 1/*Mantler*, § 26, Rn. 60, m.w.N.

C. Auseinandersetzungsbilanz und Rückzahlungsanspruch

7 Mit der Feststellung der Auseinandersetzungsbilanz werden Ansprüche aus dem gesellschaftsrechtlichen Verhältnis, also auch der Rückzahlungsanspruch wegen erfolgter Ausschüttungen von Überschüssen, grundsätzlich zu unselbständigen Rechnungsposten der Auseinandersetzungsbilanz.[6] Von einer Gesellschaft können jedoch unselbständige Rechnungsposten regelmäßig nicht im Wege einer Leistungsklage geltend gemacht werden. Als Ergebnis der Auseinandersetzungsbilanz kann sich zu Gunsten der Bau-ARGE zwar ein Auseinandersetzungsanspruch ergeben. Dieser ist jedoch vom umittelbaren Rückzahlungsanspruch zu unterscheiden.

8 Der Auseinandersetzungsanspruch ist nach herrschender Auffassung nicht automatisch von der Partnerausschüttungsbürgschaft besichert.[7] Nach einer Mindermeinung soll die den Rückzahlungsanspruch sichernde Bürgschaft auch den Fehlbetrag des ausgeschiedenen Gesellschafters aus der Auseinandersetzungsbilanz, allerdings nur in Höhe des vormals eigenständigen Rückzahlungsanspruchs, sichern.[8] Vor diesem Hintergrund ist in § 11.25 ARGE-Mustervertrag klargestellt, dass die Partnerausschüttungsbürgschaft auch einen eventuellen Zahlungsanspruch der Bau-ARGE gegen den ausgeschiedenen Gesellschafter aus der Auseinandersetzungsbilanz bis zur der Höhe sichert, der zum Zeitpunkt des Ausscheidens ein Rückzahlungsanspruch gegen den ausgeschiedenen Gesellschafter bestand.

9 Eine derartige Sicherung vor einer Erhöhung etwaiger Verlustanteile ist für die in der Bau-ARGE verbleibenden Gesellschafter wünschenswert, als der Negativsaldo eines ausgeschiedenen Gesellschafters zur Erhöhung des auf die übrigen Gesellschafter entfallenden Verlustes führt.[9] Der ARGE-Mustervertrag enthält jedoch keine Verpflichtung der Gesellschafter, eine Sicherheit für Ansprüche der Bau-ARGE für den Fall eines Negativsaldos zu stellen. Eine entsprechende vertragliche Regelung müsste daher gesondert in dem ARGE-Mustervertrag aufgenommen werden. So ist in § 25 ARGE-Mustervertrag ausdrücklich vorgesehen, dass zusätzliche Vereinbarungen zu den Regelungen des ARGE-Mustervertrages zwischen den Gesellschaftern getroffen werden können.

§ 723 Kündigung durch Gesellschafter

(1) Ist die Gesellschaft nicht für eine bestimmte Zeit eingegangen, so kann jeder Gesellschafter sie jederzeit kündigen. Ist eine Zeitdauer bestimmt, so ist die Kündigung vor dem Ablauf der Zeit zulässig, wenn ein wichtiger Grund vorliegt. Ein wichtiger Grund liegt insbesondere vor,
1. wenn ein anderer Gesellschafter eine ihm nach dem Gesellschaftsvertrag obliegende wesentliche Verpflichtung vorsätzlich oder aus grober Fahrlässigkeit verletzt hat oder wenn die Erfüllung einer solchen Verpflichtung unmöglich wird,
2. wenn der Gesellschafter das 18. Lebensjahr vollendet hat.

Der volljährig Gewordene kann die Kündigung nach Nummer 2 nur binnen drei Monaten von dem Zeitpunkt an erklären, in welchem er von seiner Gesellschafterstellung Kenntnis hatte oder haben musste. Das Kündigungsrecht besteht nicht, wenn der Gesellschafter bezüglich des Gegenstands der Gesellschaft zum selbständigen Betrieb eines Erwerbsgeschäfts gemäß § 112 ermächtigt war oder der Zweck der Gesellschaft allein der Befriedigung seiner persönlichen Bedürfnisse diente. Unter den gleichen Voraussetzungen ist, wenn eine Kündigungsfrist bestimmt ist, die Kündigung ohne Einhaltung der Frist zulässig.

(2) Die Kündigung darf nicht zur Unzeit geschehen, es sei denn, dass ein wichtiger Grund für die unzeitige Kündigung vorliegt. Kündigt ein Gesellschafter ohne solchen Grund zur Unzeit, so hat er den übrigen Gesellschaftern den daraus entstehenden Schaden zu ersetzen.

---

6 BGH, 14.12.2006, IX ZR 194/05, NJW 2007, 1067.
7 *Schmitz*, Rn. 860 m.w.N.
8 Siehe MünchHdb. GesR 1/*Mantler*, § 26, Rn. 58.
9 MünchHdb. GesR 1/*Mantler*, § 26, Rn. 62; MüKo-BGB/*Ulmer*, § 739, Rn. 4.

(3) Eine Vereinbarung, durch welche das Kündigungsrecht ausgeschlossen oder diesen Vorschriften zuwider beschränkt wird, ist nichtig.

Kommentierung s. nach § 729.

§ 724 Kündigung bei Gesellschaft auf Lebenszeit oder fortgesetzter Gesellschaft

Ist eine Gesellschaft für die Lebenszeit eines Gesellschafters eingegangen, so kann sie in gleicher Weise gekündigt werden wie eine für unbestimmte Zeit eingegangene Gesellschaft. Dasselbe gilt, wenn eine Gesellschaft nach dem Ablauf der bestimmten Zeit stillschweigend fortgesetzt wird.

Kommentierung s. nach § 729.

§ 725 Kündigung durch Pfändungspfandgläubiger

(1) Hat ein Gläubiger eines Gesellschafters die Pfändung des Anteils des Gesellschafters an dem Gesellschaftsvermögen erwirkt, so kann er die Gesellschaft ohne Einhaltung einer Kündigungsfrist kündigen, sofern der Schuldtitel nicht bloß vorläufig vollstreckbar ist.

(2) Solange die Gesellschaft besteht, kann der Gläubiger die sich aus dem Gesellschaftsverhältnis ergebenden Rechte des Gesellschafters, mit Ausnahme des Anspruchs auf einen Gewinnanteil, nicht geltend machen.

Kommentierung s. nach § 729.

§ 726 Auflösung wegen Erreichens oder Unmöglichwerdens des Zweckes

Die Gesellschaft endigt, wenn der vereinbarte Zweck erreicht oder dessen Erreichung unmöglich geworden ist.

Kommentierung s. nach § 729.

§ 727 Auflösung durch Tod eines Gesellschafters

(1) Die Gesellschaft wird durch den Tod eines der Gesellschafter aufgelöst, sofern nicht aus dem Gesellschaftsvertrag sich ein anderes ergibt.

(2) Im Falle der Auflösung hat der Erbe des verstorbenen Gesellschafters den übrigen Gesellschaftern den Tod unverzüglich anzuzeigen und, wenn mit dem Aufschub Gefahr verbunden ist, die seinem Erblasser durch den Gesellschaftsvertrag übertragenen Geschäfte fortzuführen, bis die übrigen Gesellschafter in Gemeinschaft mit ihm anderweitig Fürsorge treffen können. Die übrigen Gesellschafter sind in gleicher Weise zur einstweiligen Fortführung der ihnen übertragenen Geschäfte verpflichtet. Die Gesellschaft gilt insoweit als fortbestehend.

Kommentierung s. nach § 729.

§ 728 Auflösung durch Insolvenz der Gesellschaft oder eines Gesellschafters

(1) Die Gesellschaft wird durch die Eröffnung des Insolvenzverfahrens über das Vermögen der Gesellschaft aufgelöst. Wird das Verfahren auf Antrag des Schuldners eingestellt oder nach der Bestätigung eines Insolvenzplans, der den Fortbestand der Gesellschaft vorsieht, aufgehoben, so können die Gesellschafter die Fortsetzung der Gesellschaft beschließen.

(2) Die Gesellschaft wird durch die Eröffnung des Insolvenzverfahrens über das Vermögen eines Gesellschafters aufgelöst. Die Vorschrift des § 727 Abs. 2 Satz 2, 3 findet Anwendung.

Kommentierung s. nach § 729.

§ 729 Fortdauer der Geschäftsführungsbefugnis

Wird die Gesellschaft aufgelöst, so gilt die Befugnis eines Gesellschafters zur Geschäftsführung zu seinen Gunsten gleichwohl als fortbestehend, bis er von der Auflösung Kenntnis erlangt oder die Auflösung kennen muss. Das Gleiche gilt bei Fortbestand der Gesellschaft für die Befugnis zur Geschäftsführung eines aus der Gesellschaft ausscheidenden Gesellschafters oder für ihren Verlust in sonstiger Weise.

A. Kündigung durch Gesellschafter, § 723 BGB

1 Aus den in § 723 Abs. 1 BGB genannten Gründen kann eine vorzeitige Kündigung der Gesellschaft aus wichtigem Grunde durch die Gesellschafter ausgesprochen werden (vgl. § 23 ARGE-Mustervertrag). Wenn ein Gesellschafter die ihm nach dem Vertrag obliegende wesentliche Verpflichtung vorsätzlich oder aus grober Fahrlässigkeit verletzt hat, liegt ein wichtiger Kündigungsgrund vor. Es handelt sich jedoch insoweit lediglich um ein nicht abschließendes Regelbeispiel. Im Einzelfall können auch andere, schwerwiegende Gründe den Gesellschaftern ein Recht zur Kündigung aus wichtigem Grund verleihen.[1]

2 Bei der Würdigung, ob ein Kündigungsgrund vorliegt, sind alle Umstände zu beachten und es muss dem Kündigenden unzumutbar sein, mit den übrigen Gesellschaftern das Gesellschaftsverhältnis fortzusetzen. Die Berechtigung zu einer Kündigung aus wichtigem Grund kann insbesondere aus der wiederholten und endgültigen Verweigerung von Vertragspflichten folgen.[2] Auch wenn die für die Erfüllung des Gesellschaftszweckes innerhalb der Bau-ARGE vertrauensvolle Zusammenarbeit der Gesellschaft nicht mehr möglich und erreichbar ist, kann ein Recht zur Kündigung aus wichtigem Grund gegeben sein.[3] Zudem lassen schwerwiegende grobe Pflichtverletzungen oder eine irreparable Zerstörung des Vertrauensverhältnisses zwischen den Gesellschaftern die Kündigung aus wichtigem Grund zu.[4] Dieser allgemeine Rechtsgrundsatz ist in § 314 Abs. 1 S. 2 BGB kodifiziert. Die gesetzliche Definition des wichtigen Grundes zur Kündigung bestätigt schon den bisher anerkannten Grundsatz, dass die Feststellung des wichtigen Grundes zur Kündigung der Gesellschaft nicht ohne eine eingehende Würdigung der Gesamtumstände des Einzelfalls möglich ist.[5]

B. Kündigung durch Pfändungspfandgläubiger, § 725 BGB

3 Gemäß § 725 BGB können auch Gläubiger die Kündigung der Gesellschaft betreiben, sofern die Gesellschafter nicht von den ihnen zustehenden Ablösungsrecht Gebrauch machen oder aber die Fortsetzung der Gesellschaft unter den Verbleibenden gesellschaftervertraglich vereinbart ist.[6]

---

1 Palandt/*Sprau*, BGB, § 723, Rn. 4.
2 Kapellmann/Messerschmidt/*Messerschmidt/Thierau*, Anhang VOB/B, Rn. 163; Burchardt/Pfülb/*Burchardt/Class*, ARGE-Kommentar, Vorbemerkungen zu §§ 23–24, Rn. 38 ff.; *Jagenburg/Schröder*, Der ARGE-Vertrag, vor § 22–24, Rn. 597.
3 Burchardt/Pfülb/*Burchardt/Class*, ARGE-Kommentar, Vorbemerkungen zu §§ 23–24, Rn. 39; *Jagenburg/Schröder*, Der ARGE-Vertrag, vor § 22–24, Rn. 597.
4 BGH, 24.07.2000, II ZR 320/98, NJW 2000, 3491; OLG Hamm, 08.06.1999, 27 U 18/99, NJW-RR 2000, 482.
5 Burchardt/Pfülb/*Burchardt/Class*, ARGE-Kommentar, Vorbemerkungen zu §§ 23–24, Rn. 39; MüKo-BGB/*Ulmer*, § 705, Rn. 29.
6 BGH, 15.06.1959, II ZR 44/58, BGHZ, 30, 195; Palandt/*Sprau*, BGB, § 725, Rn. 4.

§ 23 ARGE-Mustervertrag sieht dementsprechend für den Fall der Kündigung des Gläubigers nach § 725 BGB vor, dass der betroffene Gesellschafter damit aus der Gesellschaft ausscheidet.

C. Auflösung wegen Erreichens oder Unmöglichwerdens des Zweckes, § 726 BGB

Die Dauer der Bau-ARGE ergibt sich regelmäßig aus dem Zeitbedarf für die Durchführung der übernommenen Bauaufgabe. Die Bau-ARGE beginnt dabei mit der Aufnahme der gemeinsamen Geschäftstätigkeit bzw. mit der Erteilung des Bauauftrags, also dem Abschluss des Bauauftrages und endet grundsätzlich mit Ablauf der Nacherfüllung zu dem durchgeführten Bauvertrag, d.h. der Zweckerreichung, vgl. § 22 ARGE-Mustervertrag.[7] Kommt es zu gerichtlichen oder schiedsgerichtlichen Auseinandersetzungen über Vergütungs- oder Gewährleistungsansprüche, so kann die Beendigung der Bau-ARGE erst mit rechtskräftigem Abschluss des anhängigen Verfahrens eintreten. Die Bau-ARGE hat also unter Umständen noch Jahre über die Fertigstellung des Bauvorhabens hinaus Bestand.[8]

D. Anteilsvereinigung in einer Hand als Auflösungsgrund

Das Recht der Gesellschaft bürgerlichen Rechts kennt grundsätzlich neben der Zweckerreichung und der Kündigung als ordentliche Auflösungsgründe unter anderem die Anteilsvereinigung in einer Hand.

Bei Personengesellschaften gibt es keine sogenannte Einmanngesellschaft. Für den Fortbestand der Bau-ARGE ist stets eine Gesellschafterzahl von wenigstens zwei natürlichen oder juristischen Personen erforderlich. Wird diese Zahl unterschritten, so liegt ein zwingender Auflösungsgrund vor.

Thode vertritt die Auffassung, dass bei einer Reduzierung der Gesellschafter auf einen Gesellschafter im Regelfall die Vollbeendigung der Gesellschaft ohne Liquidation eintritt, unabhängig des Grundes der Reduzierung der Gesellschafter.[9] Durch den verbliebenen Gesellschafter könne die Bau-ARGE nicht fortgesetzt werden, sondern erlösche.[10] Nach der Auffassung von *Thode* kann zur Beantwortung der Frage, ob der verbliebene Gesellschafter Rechtsnachfolger der Gesellschaft bürgerlichen Rechts wird, weder auf die Entscheidung des OLG Hamm vom 11.05.2004,[11] wonach im Falle der Vereinbarung zwischen den Gesellschaftern, dass der verbleibende Gesellschafter die Gesellschaft fortsetzt, dieser Gesellschafter das Gesellschaftsvermögen als Gesamtrechtsnachfolger übernehme, noch die Entscheidung des BGH vom 06.12.1993,[12] auf das sich das OLG Hamm in der vorgenannten Entscheidung berufen hat, zurückgegriffen werden. Die Entscheidung des OLG Hamm sowie des BGH betreffen nach der Auffassung von *Thode* nur das Innenverhältnis der Gesellschaft. Zudem erging das Urteil des BGH vor der Entscheidung zur Anerkennung der Teilrechtsfähigkeit der Gesellschaft bürgerlichen Rechts, nach der nunmehr diese stets Vertragspartner ist. Dieses wurde vom OLG Hamm in der genannten Entscheidung nicht berücksichtigt.[13] Wegen der Anerkennung der Rechtsfähigkeit der Gesellschaft bürgerlichen Rechts durch den BGH und der damit verbundenen Gleichstellung zwischen der Gesellschaft bürgerlichen Rechts und der OHG kann nach der Ansicht von *Thode* vielmehr auf die Grundsät-

---

7 Burchardt/Pfülb/*Burchardt/Class*, ARGE-Kommentar, § 22, Rn. 1 ff.; *Jagenburg/Schröder*, Der ARGE-Vertrag, vor § 22–24, Rn. 588 ff.
8 MünchHdb. GesR 1/*Mantler*, § 26, Rn. 53; *Jagenburg/Schröder*, Der ARGE-Vertrag, vor § 22–24, Rn. 589.
9 *Thode*, BauR 2007, 610, 611.
10 *Thode*, BauR 2007, 610, 612 m.w.N.
11 OLG Hamm, 11.05.2004, 27 U 2/03 380, NZG 2005, 175.
12 BGH, 06.12.1993, II ZR 242/92, NJW 1994, 796.
13 *Thode*, BauR 2007, 610, 612.

ze der Gesamtrechtsnachfolge des verbleibenden Gesellschafters einer OHG zurückgegriffen werden.

8   Bei einer OHG führt der verbleibende Gesellschafter die Rechtsverhältnisse der beendeten Gesellschaft fort und wird Vertragspartner und Schuldner der Gesellschaftsgläubiger. Diese Gesamtrechtsnachfolge tritt Kraft Gesetz ein, so dass eine Übernahmeerklärung des verbliebenen Gesellschafters nicht erforderlich ist. Aktiva und Passiva des Gesellschaftsvermögens gehen im Moment des Ausscheidens des vorletzten Gesellschafters auf den verbliebenen Gesellschafter über, (da die Vollbeendigung ohne Liquidation eintritt).

9   Der ARGE-Mustervertrag bestimmt im Übrigen in § 24.1, dass im Fall der Anteilsvereignung in eine Hand der Bauauftrag von dem verbliebenen Gesellschafter allein zu Ende geführt wird. Diese Anordnung betrifft jedoch allein das Verhältnis zum Auftraggeber, während das Innenverhältnis der bisherigen Gesellschafter höchstens am Rande berührt wird.

E. Auflösungsbeschluss durch die Gesellschafter die Bau-ARGE

10 Die Gesellschafter der Bau-ARGE können zwar durch einen vorzeitigen Auflösungsbeschluss die Bau-ARGE beenden (vgl. § 22 ARGE-Mustervertrag).[14] Ein Auflösungsbeschluss dürfte jedoch theoretischer Natur sein, da durch die Auflösung der Bau-ARGE die Gesellschafter im Verhältnis zum Auftraggeber nicht frei werden. Für die Gesellschafter der Bau-ARGE dürfte deshalb auch die verlustbringende Weiterführung der Bau-ARGE immer vorzuziehen sein.

F. Auflösung durch den Tod eines Gesellschafters, § 727 BGB

11 § 727 Abs. 1 BGB sieht vor, dass die Gesellschaft bürgerlichen Rechts durch den Tod eines Gesellschafters aufgelöst wird, sofern im Gesellschaftervertrag keine anderweitige Regelung zur Fortsetzung der Gesellschaft vereinbart wurde.[15] Gemäß § 736 BGB ist die Fortsetzung mit den übrigen Gesellschaftern vertraglich zu vereinbaren, so dass nur der betroffene ARGE-Gesellschafter aus der Gesellschaft ausscheidet und dessen Gesellschaftsanteil den übrigen Gesellschaftern anwächst.

G. Auflösung durch Insolvenz der Gesellschaft oder eines Gesellschafters, § 728 BGB

12 Eine Insolvenz kommt sowohl im Hinblick auf die Bau-ARGE als auch im Hinblick auf deren einzelne Gesellschafter in Betracht. Die Rechtsfolgen sind unterschiedlich.[16]

I. Insolvenz der Bau-ARGE

13 Die Bau-ARGE ist ein eigenständiges Rechtssubjekt. Sie ist gemäß § 11 InsO insolvenzfähig. Der Antrag auf Eröffnung des Insolvenzverfahrens kann bei der Bau-ARGE von jedem Gesellschafter der Bau-ARGE sowie von jedem Gläubiger gestellt werden (§ 15 Abs. 1 InsO). Die Bau-ARGE wird bei Eröffnung des Insolvenzverfahrens über ihr Vermögen gemäß § 728 Abs. 1 Satz 1 BGB aufgelöst (§ 27 InsO). Wird die Eröffnung des Insolvenzverfahrens mangels vorhandener Masse abgelehnt, führt dies nicht zur Auflösung im Sinne des § 728 Abs. 1 BGB (§ 26 InsO).[17]

14 Der Eintritt der Insolvenz der Bau-ARGE hat wesentliche prozessuale Folgen. Es kommt gemäß § 240 S. 1 ZPO zur Unterbrechung anhängiger Rechtsstreite im Fall der Eröffnung des Insolvenzverfahrens über das Vermögen der Bau-ARGE.[18]

---

14 Burchardt/Pfülb/*Burchardt/Class*, ARGE-Kommentar, § 22, Rn. 13.
15 BGH, 29.09.1977, II ZR 214/75, NJW 1978, 264.
16 Kapellmann/Messerschmidt/*Messerschmidt/Thierau*, Anhang VOB/B, Rn. 165 ff.
17 BGH, 08.10.1979, II ZR 257/78, BGHZ 75, 178.
18 Kapellmann/Messerschmidt/*Messerschmidt/Thierau*, Anhang VOB/B, Rn. 167.

II. Insolvenz eines Gesellschafters der Bau-ARGE

Gemäß § 728 Abs. 2 BGB wird die Gesellschaft bürgerlichen Rechts vom Grundsatz her auch durch die Eröffnung des Insolvenzverfahrens über das Vermögen eines ihrer Gesellschafter aufgelöst. Nur mit Zustimmung des Insolvenzverwalters kann die Gesellschaft fortgesetzt werden.[19] Abweichend von dieser gesetzlichen Regelung kann jedoch die Fortsetzung der Gesellschaft unter den verbleibenden Gesellschaftern laut Gesellschaftsvertrag im Vorfeld vertraglich vereinbart werden.[20] Dieser Möglichkeit trägt der ARGE-Mustervertrag Rechnung. Er sieht vor, dass ein Gesellschafter aus der Bau-ARGE ausscheidet, wenn über sein Vermögen das Insolvenzverfahren eröffnet oder die Eröffnung mangels Masse abgelehnt wird (vgl. § 23.5.2 des ARGE-Mustervertrages). Der betroffene Gesellschafter scheidet am Tag der Eröffnung bzw. Ablehnung des Insolvenzverfahrens aus der Bau-ARGE aus (§ 23.66 ARGE-Mustervertrag).[21]

15

Die Bau-ARGE wird nach dem insolvenzbedingten Ausscheiden eines Gesellschafters von den verbliebenen Gesellschaftern fortgesetzt, vgl. § 24.1 ARGE-Mustervertrag.[22] Die Beteiligungsquoten der übrigen Gesellschafter werden neu bestimmt, indem die Quote des ausscheidenden Gesellschafters den verbleibenden Gesellschaftern im Verhältnis ihrer Beteiligung gemäß § 3 ARGE-Mustervertrag anwächst. Sofern nach dem insolvenzbedingten Ausscheiden nur ein Gesellschafter verbleibt, so übernimmt dieser ohne besonderen Übertragungsakt mit dinglicher Wirkung die Anteile des ausscheidenden Gesellschafters. Der gegebenenfalls einzig verbleibende Gesellschafter führt die Geschäfte der Bau-ARGE mit allen Pflichten und Rechten als Geschäftsbestandteil seines eigenen Unternehmens zu Ende (vgl. § 24.1 ARGE-Mustervertrag).[23] Die vorstehend erwähnten Regelungen im ARGE-Mustervertrag stellen sicher, dass bei Anwendung des Vertrages die Bau-ARGE ihre Tätigkeiten fortsetzen kann (vgl. auch § 140 Abs. 1 S. 3 HGB).

16

§ 730 Auseinandersetzung; Geschäftsführung

(1) Nach der Auflösung der Gesellschaft findet in Ansehung des Gesellschaftsvermögens die Auseinandersetzung unter den Gesellschaftern statt, sofern nicht über das Vermögen der Gesellschaft das Insolvenzverfahren eröffnet ist.

(2) Für die Beendigung der schwebenden Geschäfte, für die dazu erforderliche Eingehung neuer Geschäfte sowie für die Erhaltung und Verwaltung des Gesellschaftsvermögens gilt die Gesellschaft als fortbestehend, soweit der Zweck der Auseinandersetzung es erfordert. Die einem Gesellschafter nach dem Gesellschaftsvertrag zustehende Befugnis zur Geschäftsführung erlischt jedoch, wenn nicht aus dem Vertrag sich ein anderes ergibt, mit der Auflösung der Gesellschaft; die Geschäftsführung steht von der Auflösung an allen Gesellschaftern gemeinschaftlich zu.

Kommentierung s. nach § 740.

§ 731 Verfahren bei Auseinandersetzung

Die Auseinandersetzung erfolgt in Ermangelung einer anderen Vereinbarung in Gemäßheit der §§ 732 bis 735. Im Übrigen gelten für die Teilung die Vorschriften über die Gemeinschaft.

Kommentierung s. nach § 740.

---

[19] Palandt/*Sprau*, BGB, § 728, Rn. 2.
[20] OLG Hamm, 22.03.1984, 24 U 258/83, BauR 1986, 462; Kapellmann/Messerschmidt/*Messerschmidt/ Thierau*, Anhang VOB/B, Rn. 166.
[21] Kapellmann/Messerschmidt/*Messerschmidt/Thierau*, Anhang VOB/B, Rn. 166; *Jagenburg/Schröder*, Der ARGE Vertrag, Vor §§ 22–24, Rn. 601.
[22] MünchHdb. GesR 1/*Mantler*, § 26, Rn. 54; Kapellmann/Messerschmidt/*Messerschmidt/Thierau*, Anhang VOB/B, Rn. 166; *Jagenburg/Schröder*, Der ARGE-Vertrag, Vor §§ 22–24, Rn. 601.
[23] Kapellmann/Messerschmidt/*Messerschmidt/Thierau*, Anhang VOB/B, Rn. 166.

§ 732 Rückgabe von Gegenständen

Gegenstände, die ein Gesellschafter der Gesellschaft zur Benutzung überlassen hat, sind ihm zurückzugeben. Für einen durch Zufall in Abgang gekommenen oder verschlechterten Gegenstand kann er nicht Ersatz verlangen.

Kommentierung s. nach § 740.

§ 733 Berichtigung der Gesellschaftsschulden; Erstattung der Einlagen

(1) Aus dem Gesellschaftsvermögen sind zunächst die gemeinschaftlichen Schulden mit Einschluss derjenigen zu berichtigen, welche den Gläubigern gegenüber unter den Gesellschaftern geteilt sind oder für welche einem Gesellschafter die übrigen Gesellschafter als Schuldner haften. Ist eine Schuld noch nicht fällig oder ist sie streitig, so ist das zur Berichtigung Erforderliche zurückzubehalten.

(2) Aus dem nach der Berichtigung der Schulden übrig bleibenden Gesellschaftsvermögen sind die Einlagen zurückzuerstatten. Für Einlagen, die nicht in Geld bestanden haben, ist der Wert zu ersetzen, den sie zur Zeit der Einbringung gehabt haben. Für Einlagen, die in der Leistung von Diensten oder in der Überlassung der Benutzung eines Gegenstands bestanden haben, kann nicht Ersatz verlangt werden.

(3) Zur Berichtigung der Schulden und zur Rückerstattung der Einlagen ist das Gesellschaftsvermögen, soweit erforderlich, in Geld umzusetzen.

Kommentierung s. nach § 740.

§ 734 Verteilung des Überschusses

Verbleibt nach der Berichtigung der gemeinschaftlichen Schulden und der Rückerstattung der Einlagen ein Überschuss, so gebührt er den Gesellschaftern nach dem Verhältnis ihrer Anteile am Gewinn.

Kommentierung s. nach § 740.

§ 735 Nachschusspflicht bei Verlust

Reicht das Gesellschaftsvermögen zur Berichtigung der gemeinschaftlichen Schulden und zur Rückerstattung der Einlagen nicht aus, so haben die Gesellschafter für den Fehlbetrag nach dem Verhältnis aufzukommen, nach welchem sie den Verlust zu tragen haben. Kann von einem Gesellschafter der auf ihn entfallende Beitrag nicht erlangt werden, so haben die übrigen Gesellschafter den Ausfall nach dem gleichen Verhältnis zu tragen.

Kommentierung s. nach § 740.

§ 736 Ausscheiden eines Gesellschafters, Nachhaftung

(1) Ist im Gesellschaftsvertrag bestimmt, dass, wenn ein Gesellschafter kündigt oder stirbt oder wenn das Insolvenzverfahren über sein Vermögen eröffnet wird, die Gesellschaft unter den übrigen Gesellschaftern fortbestehen soll, so scheidet bei dem Eintritt eines solchen Ereignisses der Gesellschafter, in dessen Person es eintritt, aus der Gesellschaft aus.

(2) Die für Personenhandelsgesellschaften geltenden Regelungen über die Begrenzung der Nachhaftung gelten sinngemäß.

Kommentierung s. nach § 740.

§ 737 Ausschluss eines Gesellschafters

Ist im Gesellschaftsvertrag bestimmt, dass, wenn ein Gesellschafter kündigt, die Gesellschaft unter den übrigen Gesellschaftern fortbestehen soll, so kann ein Gesellschafter, in dessen Person ein die übrigen Gesellschafter nach § 723 Abs. 1 Satz 2 zur Kündigung berechtigender Umstand eintritt, aus der Gesellschaft ausgeschlossen werden. Das Ausschließungsrecht steht den übrigen Gesellschaftern gemeinschaftlich zu. Die Ausschließung erfolgt durch Erklärung gegenüber dem auszuschließenden Gesellschafter.

Kommentierung s. nach § 740.

§ 738 Auseinandersetzung beim Ausscheiden

(1) Scheidet ein Gesellschafter aus der Gesellschaft aus, so wächst sein Anteil am Gesellschaftsvermögen den übrigen Gesellschaftern zu. Diese sind verpflichtet, dem Ausscheidenden die Gegenstände, die er der Gesellschaft zur Benutzung überlassen hat, nach Maßgabe des § 732 zurückzugeben, ihn von den gemeinschaftlichen Schulden zu befreien und ihm dasjenige zu zahlen, was er bei der Auseinandersetzung erhalten würde, wenn die Gesellschaft zur Zeit seines Ausscheidens aufgelöst worden wäre. Sind gemeinschaftliche Schulden noch nicht fällig, so können die übrigen Gesellschafter dem Ausscheidenden, statt ihn zu befreien, Sicherheit leisten.

(2) Der Wert des Gesellschaftsvermögens ist, soweit erforderlich, im Wege der Schätzung zu ermitteln.

Kommentierung s. nach § 740.

§ 739 Haftung für Fehlbetrag

Reicht der Wert des Gesellschaftsvermögens zur Deckung der gemeinschaftlichen Schulden und der Einlagen nicht aus, so hat der Ausscheidende den übrigen Gesellschaftern für den Fehlbetrag nach dem Verhältnis seines Anteils am Verlust aufzukommen.

Kommentierung s. nach § 740.

§ 740 Beteiligung am Ergebnis schwebender Geschäfte

(1) Der Ausgeschiedene nimmt an dem Gewinn und dem Verlust teil, welcher sich aus den zur Zeit seines Ausscheidens schwebenden Geschäften ergibt. Die übrigen Gesellschafter sind berechtigt, diese Geschäfte so zu beendigen, wie es ihnen am vorteilhaftesten erscheint.

(2) Der Ausgeschiedene kann am Schluss jedes Geschäftsjahrs Rechenschaft über die inzwischen beendigten Geschäfte, Auszahlung des ihm gebührenden Betrags und Auskunft über den Stand der noch schwebenden Geschäfte verlangen.

A. Auseinandersetzung, Geschäftsführung, § 730 BGB

Mit Abschluss der Bauarbeiten beginnt regelmäßig die Abwicklung der Bau-ARGE.[1] Um die Gewährleistungsfrist in Gang zu setzen, bemüht sich die technische Geschäftsführung der Bau-ARGE regelmäßig darum, möglichst schnell die Abnahme durch den Auftraggeber zu erreichen. Die Baustelle wird aufgelöst, noch vorhandene Sachmittel werden verteilt oder verkauft, die Arbeitnehmer der Bau-ARGE können von den Gesellschaftern übernommen werden. Es gilt hier das

1

---

[1] Beck PersGes-HB/*Bärwaldt*, § 17, Rn. 102.

Abwerbeverbot § 12.6 des ARGE-Mustervertrages. Arbeitnehmer, die von einem Gesellschafter an die Bau-ARGE abgestellt werden, dürfen von einem anderen Gesellschafter oder einem im Sinne von § 17 AktG abhängigen Unternehmen eines anderen Gesellschafters nicht abgeworben werden. Bei Angestellten gilt dies für einen Zeitraum von einem Jahr nach Beendigung ihrer Tätigkeit für die Bau-ARGE und bei gewerblichem Personal für einen Zeitraum von 6 Monaten.[2]

2 Von der kaufmännischen Geschäftsführung der Bau-ARGE wird innerhalb eines Monats nach Anerkennung der Schlussrechnung durch den Auftraggeber und Abwicklung aller Geschäftsvorfälle ein Schlussprotokoll und eine Schlussbilanz erstellt. In besonderen Fällen kann die Aufsichtsstelle eine andere Frist zur Erstellung der vorläufigen Schlussbilanz festlegen. Einsprüche gegen die Schlussbilanz können nur in schriftlicher Form mit Begründung innerhalb von 3 Monaten nach Zugang erhoben werden. Nach Eintritt der Feststellungswirkung sind alle in der Schlussbilanz enthaltenen Ansätze und Bewertungen abschließend und endgültig. Rückstellungen aus Mängelhaftung sind von jedem Gesellschafter in der eigenen Bilanz vorzunehmen.[3]

3 Ein etwaiger Gewinn der Bau-ARGE wird verteilt, wobei gemäß § 11 des ARGE-Mustervertrages schon bei laufender Bautätigkeit Gewinnauszahlungen zugelassen sind.[4] Regelmäßig erfolgt dies bei besonders hohen Vergütungen für Gesellschafterbeiträge oder bei langfristig angelegten ARGEN, um Kapitalzuflüsse zu ermöglichen sowie zum Zwecke der Bereinigung ungleich hoher Kontostände.

4 Die Auszahlung des Gewinns erfolgt jedoch in der Regel erst nach Abschluss der Bauarbeiten. Es gilt insoweit das gesetzliche Modell der §§ 730 ff. BGB.[5] Danach erfolgt die Abwicklung in folgender Reihenfolge:
– Rückgabe der zur Benutzung überlassenen Gegenstände, § 732 S. 1 BGB,
– Veräußerung des ARGE-Vermögens,
– Berichtigung der internen und externen ARGE-Schulden, § 733 Abs. 1 BGB,
– Rückerstattung der erbrachten Einlagen in Geld, § 733 Abs. 2 S. 1 BG, sowie
– Verteilung des Überschusses entsprechend der Beteiligungshöhe, § 734 BGB.[6]

B. Auseinandersetzung beim Ausscheiden, § 738 BGB

5 Die Auseinandersetzung mit dem ausgeschiedenen Gesellschafter erfolgt gemäß §§ 738 ff. BGB. Es wird zur Ermittlung des Auseinandersetzungsguthabens bzw. des -verlustanteils des ausgeschiedenen Gesellschafters bezogen auf den Stichtag seines Ausscheidens eine Auseinandersetzungsbilanz aufgestellt. Neben den gesetzlichen Grundsätzen in §§ 738 ff. BGB enthält der ARGE-Mustervertrag in § 24 eine Vielzahl weitergehender und äußerst praxisrelevanter Regelungen für die Bestimmung der Auseinandersetzung zwischen der Rest-ARGE und dem (insolvenzbedingt) ausgeschiedenen Gesellschafter.

I. Auseinandersetzungsbilanz

6 Der ausgeschiedene Gesellschafter nimmt am Gewinn und Verlust der bis zu seinem Ausscheiden ausgeführten Arbeiten teil, nicht jedoch am Gewinn und Verlust noch auszuführender Arbeiten und schwebender Geschäfte, mit Ausnahme bereits erkennbarer Verluste.[7] Ein etwaiger Geschäftswert der Bau-ARGE ist nicht zu berücksichtigen. In der Auseinandersetzungsbilanz sind die Aktiva

---

2 Das gilt nicht für das Personal eines nach § 23.2. ff. ARGE-Mustervertrag ausgeschiedenen Gesellschafters.
3 Beck PersGes-HB/*Bärwaldt*, § 17, Rn. 102.
4 Beck PersGes-HB/*Bärwaldt*, § 17, Rn. 103.
5 *Jagenburg/Schröder*, Der ARGE Vertrag, Vor §§ 22–24, Rn. 607 f.
6 *Jagenburg/Schröder*, Der ARGE Vertrag, Vor §§ 22–24, Rn. 609.
7 MünchHdb. GesR 1/*Mantler*, § 26, Rn. 55; Beck PersGes-HB/*Bärwaldt*, § 17, Rn. 115 ff.; *Jagenburg/Schröder*, Der ARGE Vertrag, § 24, Rn. 628.

und Passiva, soweit nicht anders feststellbar, im Wege der Schätzung unter Anwendung des § 738 Abs. 2 BGB zu ermitteln. Insbesondere ist – unabhängig vom Stand des Bauvorhabens im Zeitpunkt des Ausscheidens des insolventen Gesellschafters – eine angemessene Bewertung des Risikos wegen Mängelhaftung und sonstiger Risiken hinsichtlich des Gesamtbauvorhabens vorzunehmen. Für die Bewertung des Risikos wegen Mängelhaftung gilt gemäß § 24.2 ARGE-Mustervertrag ein Prozentsatz von 2 % des Auftragswertes ohne Umsatzsteuer der zum Stichtag erbrachten und vertragsgemäß noch zu erbringenden Leistungen als angemessen, es sei denn, dass zum Zeitpunkt der Bilanzaufstellung ein höherer Ansatz begründet ist. Ein ausgeschiedener Gesellschafter haftet auch für alle Kosten, welche der Bau-ARGE durch sein Ausscheiden entstehen. Hierzu gehören unter anderem die Aufwendungen der Rest-ARGE im Zusammenhang mit der Auseinandersetzung.[8]

II. Guthaben des insolventen ARGE-Gesellschafters in Auseinandersetzungsbilanz

Die zugunsten der Masse des insolventen ARGE-Gesellschafters festzustellenden Forderungen sind lediglich unselbständige Rechnungsposten in der Auseinandersetzungsbilanz. Sie können nicht isoliert und eigenständig vom Insolvenzverwalter gegenüber der Rest-ARGE geltend gemacht werden.[9] Dieser Grundsatz gilt auch für solche Leistungen, die aufgrund gesellschaftsrechtlicher Verbundenheit von dem insolventen Gesellschafter im Zeitraum zwischen der Beantragung und der Eröffnung des Insolvenzverfahrens erbracht wurden.[10] Soweit nach dem Ausscheiden aus der Bau-ARGE weitere Leistungen von dem insolventen Unternehmen erbracht wurden, unterliegen diese nicht der sich aus § 738 BGB ergebenden Durchsetzungssperre und können deshalb isoliert vom Insolvenzverwalter gegenüber der Rest-ARGE geltend gemacht werden. 7

Sind der Umfang und die Höhe möglicher Mängelhaftungs- sowie sonstiger Verpflichtungen und Risiken nicht hinreichend zu überblicken, so kann die Bau-ARGE das Ausscheidungsguthaben des ausgeschiedenen Gesellschafters bis zur Erfüllung aller Ansprüche wegen Mängelhaftung und sonstigen möglichen Verpflichtungen der Bau-ARGE zurückbehalten. 8

III. Einsprüche gegen die Auseinandersetzungsbilanz

Einsprüche gegen die Auseinandersetzungsbilanz können nur in schriftlicher Form mit Begründung innerhalb von drei Monaten nach Zugang erhoben werden. Die Frist beginnt mit dem Zugang der Auseinandersetzungsbilanz beim Insolvenzverwalter sowie der ausdrücklichen schriftlichen Aufforderung zur Zustimmung nach § 24.2 ARGE-Mustervertrag. Nach Eintritt der Feststellungswirkung sind alle in der Auseinandersetzungsbilanz enthaltenen Ansätze und Bewertungen abschließend und endgültig.[11] 9

IV. Haftung des insolventen ARGE-Gesellschafters neben Auseinandersetzungsbilanz

Der ausgeschiedene Gesellschafter haftet – unabhängig vom Ergebnis der Auseinandersetzungsbilanz – den verbleibenden Gesellschaftern gegenüber entsprechend der Höhe seines früheren Anteiles auch für solche Mängelhaftungsansprüche und sonstige Verpflichtungen sowie Verluste in Bezug auf das Gesamtbauvorhaben, welche erst nach Aufstellung der Auseinandersetzungsbilanz erkennbar geworden sind, deren Ursachen jedoch schon zum Zeitpunkt seines Ausscheidens gesetzt waren.[12] Die Haftung entfällt, wenn der ausgeschiedene Gesellschafter nachweist, dass die in 10

---

8 MünchHdb. GesR 1/*Mantler*, § 26, Rn. 55; Beck PersGes-HB/*Bärwaldt*, § 17, Rn. 115 ff.; *Jagenburg/Schröder*, Der ARGE Vertrag, § 24, Rn. 628.
9 OLG Köln, 19.10.2005, 2 U 28/05, NZBau 2006, 378.
10 OLG Frankfurt, 24.11.2005, 1 U 19/05, NZBau 2006, 376.
11 *Jagenburg/Schröder*, Der ARGE-Vertrag, § 24, Rn. 631; MünchHdb. GesR 1/*Mantler*, § 26, Rn. 55; Beck PersGes-HB/*Bärwaldt*, § 17, Rn. 115 ff.
12 *Jagenburg/Schröder*, Der ARGE-Vertrag, § 24, Rn. 637 ff.; PersGes-HB/*Bärwaldt*, § 17, Rn. 117.

der Bau-ARGE verbliebenen Gesellschafter diese Verpflichtungen und/oder Verluste allein zu vertreten haben.

V. Prozessuale Auswirkung der Insolvenz eines Bau-ARGE-Gesellschafters

11 Die Insolvenz eines Bau-ARGE-Gesellschafters hat sowohl im Aktiv- wie auch im Passivprozess der rechtlich verselbstständigten Bau-ARGE keinerlei prozessuale Bedeutung. Deshalb scheidet auch eine Unterbrechung des Rechtsstreits nach § 240 S. 1 ZPO aus.[13] Anders ist die Lage zu beurteilen bei einer Klage gegen die Bau-ARGE sowie die Gesellschafter der ARGE. In diesem Fall führt die Insolvenz eines ARGE-Gesellschafters (nur) zur Unterbrechung des Rechtsstreits gemäß § 240 S. 1 ZPO hinsichtlich dessen Verfahrensanteils als Streitgenosse.[14] Sofern Bau-ARGE-Gesellschafter direkt für die Bau-ARGE einen Aktivrechtsstreit führen, d.h. es klagt nicht die Bau-ARGE selbst, sind die Gesellschafter insoweit notwendige Streitgenossen mit der Folge, dass der Rechtsstreit unterbrochen wird, wenn einer der Gesellschafter insolvent wird. Zukünftig dürften jedoch Klagen der Bau-ARGE-Gesellschafter nur noch selten auftreten. Wie ausgeführt, ist die Bau-ARGE nunmehr ihrerseits rechts- und parteifähig. Sie kann deshalb im eigenen Namen klagen. Bei Klagen im eigenen Namen wird der Fortgang des Aktivprozesses durch die Insolvenz eines Gesellschafters nicht berührt.

(...)

Titel 20: Bürgschaft

§ 765 Vertragstypische Pflichten bei der Bürgschaft

(1) Durch den Bürgschaftsvertrag verpflichtet sich der Bürge gegenüber dem Gläubiger eines Dritten, für die Erfüllung der Verbindlichkeit des Dritten einzustehen.

(2) Die Bürgschaft kann auch für eine künftige oder eine bedingte Verbindlichkeit übernommen werden.

Übersicht	Rdn.		Rdn.
A. Einführung	1	IV. Die Beendigung der Bürgschaft	18
I. Grundlagen	1	V. Die Bürgschaft in der Insolvenz des Hauptschuldners	21
II. Die Beteiligten	2		
1. Rechtsverhältnis des Bürgen zum Gläubiger	2	VI. Verjährung des Anspruchs gegen den Bürgen	22
2. Rechtsverhältnis des Hauptschuldners zum Gläubiger	4	C. Erscheinungsformen der Bürgschaft in der Bauwirtschaft	24
3. Rechtsverhältnis des Bürgen zum Hauptschuldner	6	I. Die Vertragserfüllungsbürgschaft	24
		II. Die Mängelansprüchebürgschaft	29
III. Internationales Privatrecht	9	III. Die Abschlagszahlungsbürgschaft	31
B. Der Bürgschaftsvertrag	12	IV. Die Vorauszahlungsbürgschaft	33
I. Wirksames Zustandekommen	12	V. Die Bürgschaft nach § 648a BGB	35
II. Die gesicherte Hauptschuld	15	VI. Die Bürgschaft auf erstes Anfordern	39
III. Die Pflichten des Bürgen	17		

---

13 *Schmitz*, Rn. 881; Kapellmann/Messerschmidt/*Messerschmidt/Thierau*, Anhang VOB/B, Rn. 167.
14 *Schmitz*, Rn. 882; Kapellmann/Messerschmidt/*Messerschmidt/Thierau*, Anhang VOB/B, Rn. 167.

A. Einführung
I. Grundlagen

Die Bürgschaft stellt in der Bauwirtschaft die wichtigste Form der Sicherheitsleistung dar. Sie ist dadurch gekennzeichnet, dass der Bürge dem Gläubiger verspricht, für eine Verbindlichkeit des Schuldners einzustehen (§ 765 Abs. 1). Anders als bei Realsicherheiten (z.B. Grundschuld) ist die Werthaltigkeit einer solchen, allein auf der Person des Bürgen basierenden Sicherheit (einer Personalsicherheit) untrennbar mit der wirtschaftlichen Leistungsfähigkeit des Bürgen verbunden. Aus diesem Grunde werden am Bau gestellte Bürgschaften regelmäßig von Kreditinstituten oder Kreditversicherern übernommen (vgl. § 17 Abs. 2 VOB/B). 1

II. Die Beteiligten
1. Rechtsverhältnis des Bürgen zum Gläubiger

Zwischen dem Bürgen und dem Gläubiger kommt nach dem Wortlaut des § 765 Abs. 1 ein Vertragsverhältnis zustande, welches einseitig den Bürgen verpflichtet.[1] Dieses Vertragsverhältnis ist grundsätzlich unabhängig von demjenigen zwischen Hauptschuldner und Gläubiger. Eine rechtliche Verknüpfung beider Vertragsverhältnisse ergibt sich durch die Akzessorietät der Bürgschaft; diese ist von der gesicherten Hauptschuld abhängig (§ 767). 2

Der Gläubiger kann den Bürgen aus der Bürgschaft in Anspruch nehmen (die Bürgschaft »ziehen«), sobald die gesicherte Hauptforderung fällig ist. Dies darzulegen und zu beweisen, ist Sache des Gläubigers. Demgegenüber muss der Bürge ein Erlöschen der Bürgschaftsschuld darlegen und beweisen, bspw. aufgrund von Leistungen des Hauptschuldners.[2] 3

2. Rechtsverhältnis des Hauptschuldners zum Gläubiger

Die rechtliche Verbindung zwischen Hauptschuldner und Gläubiger (Hauptschuld) stellt den Rechtsgrund für die Bürgschaft dar. In Betracht kommen vor allem Schuldverhältnisse, hier insbesondere Werkverträge über die Erbringung von Bauleistungen, zuweilen auch Architekten- und Ingenieurverträge. Hiernach richtet sich, ob der Hauptschuldner zur Sicherheitsleistung verpflichtet ist.[3] Eine entsprechende Verpflichtung kann sich entweder aus gesetzlichen Vorschriften (z.B. §§ 632a Abs. 3, 648a) oder aus einer Sicherungsabrede der Parteien ergeben. 4

Formularmäßige Sicherungsabreden müssen sich an den Vorgaben des AGB-Rechts messen lassen. In der Praxis ergeben sich häufig Wirksamkeitsprobleme wegen unangemessener Benachteiligung des Vertragspartners (§ 307). Unwirksam wegen Übersicherung ist bspw. eine in AGB des Auftraggebers eines Bauvertrags enthaltene Klausel, dass der Auftragnehmer eine Vertragserfüllungsbürgschaft in Höhe von 10 % der Auftragssumme zu stellen hat, wenn in dem Vertrag zusätzlich bestimmt ist, dass Abschlagsrechnungen des Auftragnehmers nur zu 90 % bezahlt werden.[4] 5

3. Rechtsverhältnis des Bürgen zum Hauptschuldner

Das Rechtsverhältnis des Bürgen zum Hauptschuldner wird auch als Avalverhältnis bezeichnet. Bei der im Bauwesen typischen Bürgschaftsgestellung durch Kreditinstitute oder Kreditversicherer liegt der Übernahme der Bürgschaft regelmäßig ein Avalkreditvertrag zugrunde. Dieser ist als Geschäftsbesorgungsvertrag im Sinne des § 675 einzuordnen.[5] Der Vertrag enthält u.a. Regelungen 6

---

1 jurisPK-BGB/*Prütting*, § 765 Rn. 8.
2 BGH, NJW 1988, 906.
3 Palandt/*Sprau*, BGB Einf. v. § 765 Rn. 4a.
4 BGH, BauR 2011, 677.
5 MüKo-BGB/*Habersack*, § 765 Rn. 7.

zur Höhe der an den Bürgen zu entrichtenden Avalprovision. Der Bürge macht die Übernahme der Bürgschaft regelmäßig von der Gestellung von Sicherheiten durch den Hauptschuldner abhängig.

7 Befriedigt der Bürge den Gläubiger, so kann er nach § 670 vom Hauptschuldner Ersatz seiner Aufwendungen verlangen – dies allerdings nur, soweit er diese den Umständen nach für erforderlich halten durfte. Dies wird nur dann zu bejahen sein, wenn der Bürge dem Hauptschuldner vor der Befriedigung des Gläubigers Gelegenheit gegeben hat, etwaige Einwendungen gegen die Inanspruchnahme der Bürgschaft vorzubringen. Solche muss der Bürge dem Gläubiger entgegenhalten.[6] Wird der Bürge zu Unrecht in Anspruch genommen, darf er also nicht zu Lasten des Hauptschuldners zahlen und kann diesem etwaig an den Gläubiger geleistete Zahlungen nicht in Rechnung stellen. Anderes gilt nur dann, wenn der Bürge nach sorgfältiger Prüfung der Sach- und Rechtslage zu der Überzeugung gelangt, dass die verbürgte Forderung des Gläubigers berechtigt ist.[7]

8 Nach § 774 Abs. 1 geht die Forderung des Gläubigers im Wege des gesetzlichen Forderungsübergangs auf den Bürgen über, soweit dieser den Gläubiger befriedigt. Dies verschafft dem Bürgen nach Befriedigung des Gläubigers neben §§ 675, 670 eine zusätzliche Anspruchsgrundlage für seine Rückgriffsforderung gegen den Hauptschuldner. Dem Hauptschuldner stehen die gleichen Einwendungen wie gegenüber dem Gläubiger zu (§§ 412, 404). Außerdem kann er etwaige Einwendungen aus dem Innenverhältnis zum Bürgen geltend machen (§ 774 Abs. 1 S. 3).[8]

III. Internationales Privatrecht

9 Mit der Rom I-VO verfügen die EU-Mitgliedstaaten seit dem 17.12.2009 über ein einheitliches Internationales Privatrecht hinsichtlich des auf vertragliche Schuldverhältnisse anzuwendenden Rechts. Die Rom I-VO gilt nicht nur, wenn Berührungspunkte mit der Rechtsordnung eines anderen Mitgliedstaats vorliegen, sondern für alle Sachverhalte mit Auslandsberührung – also auch im Verhältnis zu Nicht-Mitgliedstaaten der EU (so genannte *universelle Anwendung,* Art. 2 Rom I-VO*).*

10 Die früheren §§ 27 ff. EGBGB werden durch die Rom I-VO ersetzt. In Bezug auf Bürgschaftsverträge haben sich hierdurch für das deutsche IPR keine wesentlichen Änderungen ergeben. Maßgeblich ist weiterhin vorrangig die freie Rechtswahl der Vertragsparteien (Art. 3 Rom I-VO). Diese muss entweder ausdrücklich erfolgen oder sich eindeutig aus den Bestimmungen des Vertrags oder aus den Umständen des Falles ergeben. Letzteres kann anzunehmen sein, wenn auf Vorschriften einer bestimmten Rechtsordnung, bspw. auf das deutsche Bürgschaftsrecht, Bezug genommen wird.[9]

11 Fehlt es an einer Rechtswahl der Parteien, ist an die für das Vertragsverhältnis charakteristische Leistung anzuknüpfen (Art. 4 Abs. 2 Rom I-VO). Diese erbringt bei der Bürgschaft der Bürge, sodass sich das Bürgschaftsstatut nach dem Ort der gewerblichen Niederlassung des Bürgen richtet.[10] Befindet sich diese im Ausland, unterliegen sämtliche Fragen im Zusammenhang mit der Bürgschaft (z.B. Begründung, Akzessorietät, etwaige Einwendungen des Bürgen, ein etwaiger Forderungsübergang und Regress des Bürgen)[11] einer ausländischen, dem Gläubiger möglicherweise völlig unbekannten Rechtsordnung. Will der Gläubiger vermeiden, dass der Hauptschuldner eine ausländischem Recht unterliegende Bürgschaft stellt, bedarf es entsprechender Regelungen im

---

6 BGHZ 95, 375, 388f. = NJW 86, 310, 313; *Schmitz/Wassermann/Nobbe,* in: Schimansky/Bunte/Lwowski, Bankrechts-Handbuch, § 91 Rn. 176.
7 BGH, NJW 2005, 2552, 2554; OLG Frankfurt, IBR 2010, 682.
8 BGH, NJW-RR 1992, 811, 812.
9 MüKo-BGB/*Martiny,* Art. 3 Rom I-VO Rn. 57 ff.
10 BGHZ 121, 224 = BauR 1993, 340; Palandt/*Thorn,* Rom I Rn. 27.
11 Staudinger/*Magnus,* Art. 28 EGBGB Rn. 499.

Vertrag. In der Sicherungsabrede ist festzulegen, dass die Bürgschaft durch einen Bürgen mit Sitz im Inland oder zumindest eine Bürgschaft nach deutschem Recht zu stellen ist. Nicht ausreichend in diesem Sinne ist, dass der Bürge im Inland zum Geschäftsbetrieb befugt ist. Die Befugnis zum Betrieb von Bankgeschäften (hierzu zählt auch die Übernahme von Bürgschaften) in der Bundesrepublik Deutschland ergibt sich aus einer Erlaubnis der BaFin gemäß § 32 KWG. Eine solche Erlaubnis können auch Kreditinstitute oder Kreditversicherer mit Sitz im Ausland beantragen.[12] Im Hinblick auf den europäischen Binnenmarkt im Bank- und Finanzdienstleistungsbereich benötigen Kreditinstitute aus dem Europäischen Wirtschaftsraum (EWR) gemäß § 52b KWG nicht einmal eine Erlaubnis der BaFin, sofern sie in ihrem Herkunftsstaat zugelassen sind und ihre Geschäfte von dieser Zulassung abgedeckt sind.[13]

B. Der Bürgschaftsvertrag

I. Wirksames Zustandekommen

Der Bürgschaftsvertrag wird in der Regel zwischen dem Gläubiger der Hauptschuld und dem Bürgen abgeschlossen. Dies erfolgt im Bauwesen typischerweise dergestalt, dass der Hauptschuldner die Bürgschaft bei seinem Kreditinstitut oder Kreditversicherer »beschafft«. Häufig kommt dabei ein vertraglich vereinbartes Bürgschaftsformular zur Anwendung. Der Bürge übersendet dem Gläubiger sodann, ggf. über den Hauptschuldner, die Bürgschaftsurkunde im Original. Der Gläubiger nimmt das in der Übersendung der Bürgschaftsurkunde liegende Angebot auf Abschluss eines Bürgschaftsvertrages in der Regel stillschweigend dadurch an, dass er die Bürgschaftsurkunde ohne Widerspruch entgegennimmt. Für den Vertragsabschluss gelten die Regelungen des Allgemeinen Teils des BGB.

Die für die Bürgschaftserklärung in § 766 vorgeschriebene Schriftform spielt im Bauwesen eine untergeordnete Rolle. Kaufleute, für die die Übernahme von Bürgschaften ein Handelsgeschäft darstellt, können Bürgschaften formfrei übernehmen (§ 350 HGB). Dies gilt auch für öffentlich-rechtliche Sparkassen und Versicherungsunternehmen, die als Kaufleute in diesem Sinne anzusehen sind.[14] Sofern Bürgschaften von Kreditinstituten oder Kreditversicherern nicht unterschrieben sind, steht dies der Wirksamkeit solcher Bürgschaftserklärungen nicht entgegen.

Nach dem Bestimmtheitsgrundsatz muss die Bürgschaftserklärung neben dem Verbürgungswillen die Person des Gläubigers und des Hauptschuldners sowie die gesicherte Hauptschuld zumindest bestimmbar bezeichnen.[15] Bei Unklarheiten ist die Erklärung nach allgemeinen Regeln auszulegen (§§ 133, 157). Hierbei dürfen auch außerhalb der Bürgschaftsurkunde liegende Umstände herangezogen werden. Voraussetzung ist aber, dass sich aus dem Urkundeninhalt selbst Anhaltspunkte für diese Auslegung ergeben.[16] Bei Widersprüchen innerhalb der Bürgschaftsurkunde hat eine Auslegung stattzufinden. Diese orientiert sich an der bestehenden Interessenlage und an dem mit der Bürgschaft verfolgten Zweck. Wird offenkundig ein falscher Bürgschaftsgläubiger in der Urkunde benannt, kann die Auslegung ergeben, dass die Bürgschaft zugunsten des »wirklichen« Gläubigers übernommen wurde.[17]

---

12 Vgl. EuGH, WM 2006, 1949 = EuZW 2006, 689 – »Fidium Finanz«; BVerwGE 133, 358 = VersR 2010, 509.
13 Boos/Fischer/Schulte-Mattler/*Vahldiek*, KWG, § 53b Rn. 6.
14 Baumbach/Hopt/*Hopt*, HGB § 1 Rn. 27.
15 Palandt/*Sprau*, § 765 Rn. 6.
16 BGHZ 76, 187, 189 = NJW 1980, 1459.
17 OLG München, IBR 2010, 681.

II. Die gesicherte Hauptschuld

15 Eine Bürgschaft kann für Geldschulden sowie für jede sonstige Art vermögensrechtlicher Verbindlichkeiten übernommen werden.[18] Auf die Formulierung der gesicherten Hauptschuld im Vertrag ist große Sorgfalt zu verwenden – dies nicht zuletzt deshalb, weil formularmäßige Sicherungsabreden an den Vorgaben des AGB-Rechts zu messen sind. Schuldet der Hauptschuldner eine gegenständliche Leistung (z.B. Bauerrichtung, Erfüllung von Mängelansprüchen etc.), ist im Zweifel anzunehmen, dass sich die Verpflichtung des Bürgen nur auf das Erfüllungsinteresse bezieht.[19] Regelmäßig wird im Bürgschaftsvertrag deshalb klargestellt, dass der Bürge nur auf Zahlung von Geld in Anspruch genommen werden kann.

16 Zulässig ist es auch, sich für eine erst künftig entstehende oder für eine bedingte Verbindlichkeit zu verbürgen (§ 765 Abs. 2). Einen wichtigen Anwendungsfall im Bauwesen stellt hierfür die Bürgschaft für Mängelansprüche dar. Diese soll den Auftraggeber gegen künftige Risiken im Falle des Auftretens von Mängeln absichern. Aufgrund des Bestimmtheitsgrundsatzes (o. Rdn. 14) müssen auch künftige Verbindlichkeiten zumindest bestimmbar sein.

III. Die Pflichten des Bürgen

17 Hat sich der Bürge wirksam für eine bestehende Hauptschuld verbürgt, muss er hierfür dem Gläubiger gegenüber einstehen, sobald der Bürgschaftsfall eintritt. Bei einer nicht auf Geld gerichteten Hauptschuld (z.B. Vertragserfüllungsbürgschaft, Mängelansprüchebürgschaft) tritt der Bürgschaftsfall und damit Fälligkeit ein, wenn sich die gesicherte Hauptschuld in einen Zahlungsanspruch umgewandelt hat.[20] Weiterer Voraussetzungen, etwa einer Leistungsaufforderung des Gläubigers, bedarf es nach herrschender Meinung für den Eintritt der Fälligkeit nicht.[21] Dies gilt auch bei einer Bürgschaft auf erstes Anfordern.[22] Allerdings können die Parteien des Bürgschaftsvertrages vereinbaren, dass die Bürgschaftsforderung erst mit der Inanspruchnahme durch den Gläubiger fällig werden soll.[23] Zu den Einwendungen des Bürgen siehe §§ 768 ff.

IV. Die Beendigung der Bürgschaft

18 Aufgrund der Akzessorietät der Bürgschaft ist die Verpflichtung des Bürgen davon abhängig, dass die Hauptschuld (noch) besteht. Mit dem Erlöschen der Hauptschuld erlischt daher auch die Bürgenhaftung. Des Weiteren erlischt die Bürgschaft mit Ablauf einer vereinbarten Befristung nach Maßgabe des § 777. Im Anwendungsbereich des § 17 VOB/B dürfen vom Unternehmer gestellte Bürgschaften indes nicht befristet sein (§ 17 Abs. 2 S. 2 VOB/B).

19 Im Falle einer Verjährung der Hauptschuld erlischt die Bürgschaft nicht. Der Bürge kann dem Gläubiger in diesem Fall aber gemäß § 768 die Verjährung der Hauptschuld entgegenhalten. Praktisch relevant ist dies vor allem bei der Bürgschaft für Mängelansprüche: Hierzu kann im Bauvertrag vereinbart werden, dass der Auftraggeber die Bürgschaftsurkunde nach Eintritt der Verjährung der Mängelansprüche zurückzugeben hat (vgl. § 17 Abs. 8 Nr. 2 VOB/B: spätestens nach Ablauf von zwei Jahren ab der Abnahme, wenn nichts anderes vereinbart ist). Die üblichen Bürgschaftsformulare enthalten die Bestimmung, dass mit der Rückgabe der Bürgschaftsurkunde die Verpflichtung aus der Bürgschaft erlischt. Der Auftragnehmer kann nach Wegfall des Sicherungszwecks verlangen, dass der Auftraggeber die Bürgschaft zurückgibt. Dabei kann der Auftrag-

---

18 Palandt/*Sprau*, § 765 Rn. 17.
19 BGH, NJW 1989, 1856.
20 Staudinger/*Peters/Jacoby*, § 199 Rn. 22.
21 BGHZ 175, 161 = BauR 2008, 986; BGH, Urt. v. 10.02.2011, Az. VII ZR 53/10, IBR 2011, 210; Mü-Ko-BGB/*Habersack*, § 765 Rn. 80 m.w.N.
22 BGH, BauR 2008, 1885.
23 Einen solchen Fall hat das OLG Dresden, IBR 2011, 84, angenommen.

nehmer Rückgabe an sich selbst verlangen; er muss also nicht Rückgabe an den Bürgen fordern.[24] Nach Auffassung des OLG Celle soll es sich hierbei um eine Holschuld handeln: Der Auftragnehmer könne nicht verlangen, dass der Auftraggeber die Bürgschaftsurkunde mit der Post verschickt, sondern müsse diese beim Auftraggeber abholen.[25]

Eine Kündigung des Bürgschaftsvertrages durch den Bürgen kommt nur in Ausnahmefällen in Betracht, namentlich bei entsprechender Vereinbarung oder aus wichtigem Grund gemäß § 314.[26] Einen Sonderfall stellt die Widerrufsmöglichkeit des Bürgen im Falle einer nach § 648a gestellten Bürgschaft dar: Bei einer solchen Bürgschaft kann sich der Bürge das Recht vorbehalten, sein Versprechen im Falle einer wesentlichen Verschlechterung der Vermögensverhältnisse des Auftraggebers (Hauptschuldners) zu widerrufen. Dieser Widerruf wirkt indes nur für Vergütungsansprüche aus Bauleistungen, die der Auftragnehmer bei Zugang der Widerrufserklärung noch nicht erbracht hat (§ 648a Abs. 1 S. 5). 20

V. Die Bürgschaft in der Insolvenz des Hauptschuldners

Bürgschaften dienen dem ökonomischen Zweck, dem Gläubiger in der Insolvenz des Hauptschuldners Befriedigung zu verschaffen. Nach dem insolvenzrechtlichen Grundsatz der Doppelberücksichtigung[27] (§ 43 InsO) kann der Gläubiger, dem mehrere Personen für dieselbe Leistung auf das Ganze haften, im Insolvenzverfahren gegen jeden Schuldner bis zu seiner vollen Befriedigung den ganzen Betrag geltend machen, den er zur Zeit der Eröffnung des Verfahrens zu fordern hatte. Der Gläubiger kann sich also in der Insolvenz des Hauptschuldners wegen seiner durch die Bürgschaft gesicherten Ansprüche in voller Höhe aus der Bürgschaft befriedigen; diese ist »insolvenzfest«. 21

VI. Verjährung des Anspruchs gegen den Bürgen

Der Anspruch aus der Bürgschaft verjährt selbständig. Es gilt hierfür die regelmäßige Verjährungsfrist von drei Jahren gemäß §§ 195, 199. Zur Fälligkeit des Anspruchs aus der Bürgschaft siehe oben Rdn. 17. Die kurze Verjährungsfrist von drei Jahren kann dazu führen, dass der Anspruch gegen den Bürgen vor der gesicherten Hauptschuld verjährt, etwa bei einer Bürgschaft für Mängelansprüche, welche nach fünf Jahren (§ 634a Abs. 1 Nr. 2) oder nach vier Jahren (§ 13 Abs. 4 VOB/B) verjähren. Dem begegnet die Praxis durch Verjährungsvereinbarung mit dem Bürgen, dass Ansprüche aus der Bürgschaft nicht vor der gesicherten Hauptschuld verjähren. Entsprechendes sollte bereits in der Sicherungsabrede im Bauvertrag vorgesehen werden. 22

Haftungsrisiken für den Anwalt ergeben sich aus der selbständigen Verjährung des Bürgschaftsanspruchs. Verjährungshemmende Maßnahmen gegen den Hauptschuldner haben im Verhältnis zum Bürgen keine Wirkung. Umgekehrt hemmt eine Klage gegen den Bürgen nicht die Verjährung der Hauptforderung. Verjährt diese nach Beendigung der ersten Instanz, kann der Bürge die Einrede der Verjährung der Hauptforderung auch noch im Berufungsverfahren mit Erfolg erheben.[28] 23

C. Erscheinungsformen der Bürgschaft in der Bauwirtschaft

I. Die Vertragserfüllungsbürgschaft

Der Auftraggeber hat beim Bauvertrag Anspruch auf eine vollständige und mangelfreie Erbringung der vertraglich geschuldeten Bauleistung. Erfüllt der Auftragnehmer seine vertraglich über- 24

---

24 BGH, BauR 2009, 97 (für einen VOB/B-Vertrag).
25 OLG Celle, BauR 2010, 1079.
26 Palandt/*Sprau*, § 765 Rn. 16.
27 Uhlenbruck/*Knof*, InsO, § 43 Rn. 1.
28 OLG Koblenz, IBR 2008, 26.

nommenen Verpflichtungen nicht, muss der Auftraggeber bspw. einen Dritten mit der Fertigstellung der Bauleistung oder mit der Mängelbeseitigung beauftragen. Hiermit sind in der Regel erhebliche Mehrkosten verbunden. Derartige Ansprüche sichert eine Vertragserfüllungsbürgschaft zugunsten des Auftraggebers. Die Einzelheiten ergeben sich dabei aus der Sicherungsabrede der Parteien.

25   Die Vertragserfüllungsbürgschaft sichert regelmäßig zugleich die rechtzeitige Herstellung innerhalb der von den Parteien vereinbarten Fristen. Dies schließt auch eine ggf. vereinbarte Vertragsstrafe ein.[29] Soll auch ein Anspruch des Auftraggebers auf Erstattung von Überzahlungen abgesichert werden, entspricht es dem sichersten Weg, dies in der Bürgschaft ausdrücklich vorzusehen, da ungeklärt ist, ob eine Vertragserfüllungsbürgschaft ohne eine solche Klarstellung diesen Anspruch absichert.[30]

26   Des Weiteren sichert eine Vertragserfüllungsbürgschaft die Mängelrechte des Auftraggebers vor der Abnahme (vgl. § 4 Abs. 7 VOB/B) sowie seine Rechte wegen solcher Mängel, die er bei der Abnahme vorbehalten hat. Werden Mängel hingegen erst nach der Abnahme festgestellt, so sind diese nicht mehr vom Sicherungsumfang einer Vertragserfüllungsbürgschaft umfasst – hierfür steht dem Auftraggeber ggf. eine Bürgschaft für Mängelansprüche zur Verfügung (dazu sogleich unten II.). Deshalb muss der Auftraggeber eine Vertragserfüllungssicherheit nach Abnahme und Stellung der Sicherheit für Mängelansprüche zurückgeben – es sei denn, dem Auftraggeber stehen noch nicht erfüllte Ansprüche zu, die nicht von der Sicherheit für Mängelansprüche umfasst sind (vgl. § 17 Abs. 8 Nr. 1 VOB/B).

27   Die Vertragserfüllungsbürgschaft wird regelmäßig in Höhe von ca. 5–10 % der Auftragssumme gestellt. Für das öffentliche Auftragswesen sieht die Soll-Vorschrift des § 9 Abs. 8 VOB/A eine Begrenzung auf maximal 5 % vor. Wird dem Auftragnehmer formularmäßig eine zu hohe Vertragserfüllungssicherheit abverlangt, so kann darin eine unangemessene Benachteiligung liegen (§ 307). Sicherheiten in Höhe von 15 % der Auftragssumme[31] oder gar 20 % der Auftragssumme[32] wurden als unwirksam angesehen. Ist der Auftraggeber zum Vorsteuerabzug berechtigt, sollte er zudem bei der Gestaltung der Sicherungsabrede die Netto-Auftragssumme ohne Umsatzsteuer zugrunde legen, um Wirksamkeitsrisiken zu vermeiden. Im Fall einer unwirksamen Sicherungsabrede steht dem Auftraggeber überhaupt keine Vertragserfüllungssicherheit zu.

28   Eine unangemessene Benachteiligung des Auftragnehmers (§ 307) kann sich auch durch die formularmäßige Kombination mehrerer Vertragserfüllungssicherheiten und eine daraus resultierende Übersicherung des Auftraggebers ergeben: Hat der Auftragnehmer zum einen eine Vertragserfüllungsbürgschaft in Höhe von 10 % der Auftragssumme zu stellen und sollen Abschlagsforderungen nur zu 90 % bezahlt werden, so sind nach der Rechtsprechung des Bundesgerichtshofs beide Klauseln unwirksam.[33]

II. Die Mängelansprüchebürgschaft

29   Die Bürgschaft für Mängelansprüche (früher: »Gewährleistungsbürgschaft«) sichert die Ansprüche des Auftraggebers aufgrund von Mängeln, die sich während der Verjährungsfrist für Mängelansprüche zeigen. Ob darüber hinaus auch Ansprüche wegen solcher Mängel abgesichert sind, die vor oder bei Abnahme aufgetreten sind, ist umstritten. Nach Auffassung des BGH kommt es nicht darauf an, ob die Mängel vor oder nach der Abnahme aufgetreten sind.[34] Teilweise wird

---

29 BGH, NJW-RR 1990, 811 und BauR 1982, 506.
30 Zum Streitstand Kapellmann/Messerschmidt/*Thierau*, VOB-Kommentar, § 17 VOB/B Rn. 63.
31 OLG Dresden, BauR 2008, 1670.
32 OLG Düsseldorf, BauR 2009, 1940.
33 BGH, BauR 2011, 677.
34 BGH, BauR 1998, 322; ähnlich OLG Frankfurt, BauR 1987, 101.

dagegen angenommen, dass Mängel, die vor oder bei Abnahme gerügt wurden, von einer Bürgschaft für Mängelansprüche nicht umfasst seien.[35]

Die Höhe der Bürgschaft für Mängelansprüche beträgt regelmäßig ca. 3–5 % der Abrechnungssumme. Für das öffentliche Auftragswesen sieht die Soll-Vorschrift des § 9 Abs. 8 VOB/A maximal 3 % vor. Auch hier gilt, dass AGB des Auftraggebers, mit denen eine zu hohe Sicherheit verlangt wird, zu einer unangemessenen Benachteiligung des Unternehmers führen können (§ 307; s. bereits oben I.). Klauseln, die eine höhere Sicherheit als 5 % der Abrechnungssumme vorsehen, sind risikobehaftet. Unwirksam ist eine AGB-Klausel, mit der eine Bürgschaft für Mängelansprüche in Höhe von 10 % der Bruttoauftragssumme gefordert wird.[36] 30

III. Die Abschlagszahlungsbürgschaft

Nach dem gesetzlichen Werkvertragsrecht – wie auch bei Vereinbarung der VOB/B – kann der Bauunternehmer eine Abschlagszahlung bereits dann verlangen, wenn er erforderliche Stoffe oder Bauteile auf der Baustelle angeliefert oder eigens angefertigt und bereitgestellt hat (§ 632a Abs. 1 S. 5 BGB, § 16 Abs. 1 Nr. 1 S. 3 VOB/B). Ein Einbau dieser Stoffe oder Bauteile ist also keine Voraussetzung einer Abschlagszahlung. Erst mit dem Einbau wird aber der Auftraggeber, sofern er Grundstückseigentümer ist, von Gesetzes wegen Eigentümer der Stoffe oder Bauteile (§§ 946, 93, 94). Daher steht dem Auftraggeber im Gegenzug für seine Abschlagszahlung nach seiner Wahl ein Recht auf Übereignung der Materialien oder auf Sicherheitsleistung zu. Letztere wird im Hinblick auf den üblichen Eigentumsvorbehalt des Baustofflieferanten meist vorzugswürdig sein. Eine solche Sicherheit wird regelmäßig in Form einer Abschlagszahlungsbürgschaft geleistet. 31

Eine Abschlagszahlungsbürgschaft sichert nicht den Rückzahlungsanspruch des Auftraggebers aufgrund einer Überzahlung, die darauf beruht, dass eine Abschlagszahlung im Rahmen der Schlussabrechnung nicht berücksichtigt worden ist.[37] 32

IV. Die Vorauszahlungsbürgschaft

Vorauszahlungen kann der Auftragnehmer nur aufgrund einer entsprechenden Vereinbarung der Parteien verlangen. Einen gesetzlichen Anspruch darauf gibt es nicht. Auch die VOB/B gewährt kein entsprechendes Recht. Leistet der Auftraggeber Vorauszahlungen, so liegt den Zahlungen – anders als bei Abschlagszahlungen – noch keine Leistung des Unternehmers zugrunde. Der Auftraggeber kann daher Vorauszahlungen von einer ausreichenden Sicherheitsleistung abhängig machen (§ 16 Abs. 2 Nr. 1 VOB/B). Dabei kann der Auftraggeber auch in AGB wirksam eine Bürgschaft auf erstes Anfordern verlangen.[38] Eine solche Vorauszahlungssicherheit sichert den Anspruch des Auftraggebers auf Rückzahlung, wenn nach einer Gesamtabrechnung die Summe der geleisteten Zahlungen die dem Bauunternehmer zustehende Vergütung übersteigt.[39] 33

Einen Sonderfall der Vorauszahlungsbürgschaft stellt die Bauträgerbürgschaft nach § 7 Abs. 1 MaBV dar. Diese sichert Ansprüche des Erwerbers auf Rückgewähr geleisteter Vorauszahlungen, z.B. bei mangelhafter Vertragserfüllung durch den Bauträger.[40] Ein erläutertes Muster für eine solche Bürgschaft enthält Anlage 7 zur Musterverwaltungsvorschrift zum Vollzug des § 34c GewO und der MaBV vom 13./14.05.2009 (MaBVwV).[41] 34

---

35 OLG München, BauR 2009, 994.
36 OLG München, BauR 1995, 859.
37 BGH, BauR 1992, 632.
38 OLG Frankfurt, BauR 2008, 1165; OLG Düsseldorf, IBR 2008, 268; s. auch unten Rdn. 39 f.
39 BGH, BauR 2000, 413.
40 BGH, BauR 2003, 243; BauR 2008, 1142.
41 Abgedruckt bei Marcks, MaBV, S. 361 ff.

V. Die Bürgschaft nach § 648a BGB

35 Nach § 648a kann der Bauunternehmer (ebenso der Architekt oder Ingenieur, wenn sich seine Leistung im Bauwerk verkörpert hat[42]) verlangen, dass der Auftraggeber ihm Sicherheit in Höhe der noch nicht gezahlten Vergütung zzgl. Nebenforderungen von 10 % stellt (§ 648a Abs. 1 S. 2). Neben Vergütungsansprüchen (auch aus Zusatzaufträgen) sind hiervon auch Ansprüche des Unternehmers, die an die Stelle der Vergütung treten, umfasst (§ 648a Abs. 1 S. 2).

36 Nach § 648a Abs. 2 kann die Sicherheit (neben den Sicherheiten nach § 232) auch durch eine Garantie oder ein sonstiges Zahlungsversprechen eines im Geltungsbereich dieses Gesetzes zum Geschäftsbetrieb befugten Kreditinstituts oder Kreditversicherers geleistet werden. Daraus muss sich ein unmittelbarer Zahlungsanspruch des Auftragnehmers gegen das Kreditinstitut oder den Kreditversicherer ergeben; eine Finanzierungsbestätigung genügt also nicht.[43] Meist wird die Sicherheit in Form einer Bürgschaft eines Kreditinstituts oder Kreditversicherers gewährt. Die hierfür anfallenden Avalzinsen hat regelmäßig der Auftragnehmer bis zu einer Höhe von 2 % pro Jahr zu tragen (§ 648a Abs. 3).

37 Im Rahmen einer Bürgschaft nach § 648a kann sich der Bürge das Recht vorbehalten, sein Versprechen im Falle einer wesentlichen Verschlechterung der Vermögensverhältnisse des Auftraggebers zu widerrufen. Der Widerruf wirkt nur für Vergütungsansprüche aus Bauleistungen, die der Auftragnehmer bei Zugang des Widerrufs noch nicht erbracht hat (§ 648a Abs. 1 S. 5). Zudem darf das Kreditinstitut oder der Kreditversicherer Zahlungen an den Auftragnehmer nur leisten, soweit der Auftraggeber den Vergütungsanspruch anerkennt oder durch vorläufig vollstreckbares Urteil zur Zahlung der Vergütung verurteilt worden ist. Überdies müssen die Voraussetzungen vorliegen, unter denen die Zwangsvollstreckung begonnen werden darf (§ 648a Abs. 2 S. 2).

38 Die Herausgabe einer Bürgschaft nach § 648a kann der Auftraggeber erst verlangen, wenn die gesicherten Ansprüche des Auftragnehmers vollständig erfüllt sind.[44] Im Übrigen siehe die Kommentierung zu § 648a.

VI. Die Bürgschaft auf erstes Anfordern

39 Bis vor einigen Jahren war es in der Bauwirtschaft weit verbreitete Praxis, dass Auftraggeber formularmäßig vom Auftragnehmer eine Bürgschaft auf erstes Anfordern zur Ablösung eines vereinbarten Bareinbehalts forderten. Diese Form der Bürgschaft ist für den Hauptschuldner (Auftragnehmer) äußerst riskant, da der Bürge bereits dann zahlen muss, wenn nur die vereinbarten (formellen) Voraussetzungen vorliegen. Materielle Einwendungen des Bürgen, die nicht liquide beweisbar sind, bleiben zunächst außer Betracht. Sie können erst in einem Rückforderungsprozess des Bürgen gegen den Gläubiger geltend gemacht werden.[45] Der (kaufmännische) Bürge wird sich für den Fall seiner Inanspruchnahme regelmäßig beim Hauptschuldner absichern. Letzterer trägt also das wirtschaftliche (Insolvenz-)Risiko, dass im Falle einer materiell unberechtigten Inanspruchnahme der Bürgschaft der Rückforderungsanspruch gegen den Gläubiger tatsächlich realisiert werden kann.

40 Die aus Bürgschaften auf erstes Anfordern resultierenden erheblichen Risiken für den Hauptschuldner haben dazu geführt, dass der Bundesgerichtshof formularmäßigen Sicherungsabreden, in denen eine Bürgschaft auf erstes Anfordern zur Ablösung eines Bareinbehalts vorgesehen war, eine AGB-rechtliche Unwirksamkeit nach § 307 (früher § 9 AGBG) wegen unangemessener Benachteiligung des Auftragnehmers attestiert hat. Dies wurde zunächst für Gewährleistungsbürg-

---

42 OLG Hamburg, BauR 2009, 1452.
43 BGH, BauR 2001, 386.
44 OLG Brandenburg, BauR 2004, 1636.
45 Palandt/*Sprau*, § 765 Rn. 14 ff.

schaften⁴⁶ (heute: Bürgschaft für Mängelansprüche), später auch für Vertragserfüllungsbürgschaften⁴⁷ entschieden und entspricht seither gefestigter Rechtsprechung. Die Baupraxis hat sich darauf eingestellt, sodass Bürgschaften auf erstes Anfordern in Bauverträgen seltener geworden sind (mit Ausnahme von Vorauszahlungsbürgschaften, s. oben Rdn. 33).

§ 766 Schriftform der Bürgschaftserklärung

Zur Gültigkeit des Bürgschaftsvertrags ist schriftliche Erteilung der Bürgschaftserklärung erforderlich. Die Erteilung der Bürgschaftserklärung in elektronischer Form ist ausgeschlossen. Soweit der Bürge die Hauptverbindlichkeit erfüllt, wird der Mangel der Form geheilt.

A. Bedeutung und Reichweite des Schriftformerfordernisses

Zum Schutz des Bürgen bedarf dessen Erklärung (nicht auch die Erklärung des Gläubigers) der Schriftform nach § 126; die elektronische Form ist ausgeschlossen. Auch eine Bürgschaftserklärung per Telefax genügt nicht der geforderten Schriftform.[1] **1**

Das Schriftformerfordernis erstreckt sich auch auf Nebenabreden und Änderungsvereinbarungen, die den Bürgen belasten, also bspw. nachträgliche Erweiterungen der Bürgenhaftung oder der gesicherten Hauptschuld.[2] **2**

Auch die Erteilung einer Vollmacht zur Abgabe einer Bürgschaftserklärung bedarf der Schriftform. Zum Schutz des Bürgen nimmt die Rechtsprechung eine Einschränkung des § 167 Abs. 2 vor. Eine formbedürftige Bürgschaftserklärung kann daher nicht in der Weise abgegeben werden, dass der Bürge eine Blankounterschrift leistet und einen anderen mündlich ermächtigt, die Urkunde zu ergänzen.[3] **3**

Im Bauwesen spielt das Schriftformerfordernis eine untergeordnete Rolle. Hier werden Bürgschaftserklärungen meist von Kreditinstituten oder Kreditversicherern abgegeben. Dabei handelt es sich um Kaufleute, für die die Übernahme von Bürgschaften ein Handelsgeschäft darstellt. Solche Bürgen können Bürgschaften formfrei übernehmen (§ 350 HGB). Dies gilt auch für öffentlich-rechtliche Sparkassen und Versicherungsunternehmen, die als Kaufleute in diesem Sinne anzusehen sind.[4] **4**

B. Folgen eines Verstoßes

Ein Verstoß gegen das Schriftformerfordernis führt zur Nichtigkeit der Bürgschaftserklärung gemäß § 125 S. 1. Der Formmangel wird jedoch geheilt, soweit der Bürge die Hauptverbindlichkeit erfüllt (§ 766 S. 3). Der Bürge kann das Geleistete also nicht unter Hinweis auf die fehlende Schriftform nach Bereicherungsrecht zurückverlangen. **5**

§ 767 Umfang der Bürgschaftsschuld

(1) Für die Verpflichtung des Bürgen ist der jeweilige Bestand der Hauptverbindlichkeit maßgebend. Dies gilt insbesondere auch, wenn die Hauptverbindlichkeit durch Verschulden oder Verzug des Hauptschuldners geändert wird. Durch ein Rechtsgeschäft, das der Hauptschuldner

---

46 BGHZ 136, 27 = BauR 1997, 829; BGHZ 147, 99 = BauR 2001, 1093.
47 BGHZ 150, 299 = BauR 2002, 1239; BGHZ 151, 229 = BauR 2002, 1533.
 1 BGH, BauR 1993, 340.
 2 Palandt/*Sprau*, § 766 Rn. 3 m.w.N.
 3 BGHZ 132, 119 = NJW 1996, 1467.
 4 Baumbach/Hopt/*Hopt*, HGB, § 1 Rn. 27. S. auch § 765 Rn. 13.

§ 767 BGB   Umfang der Bürgschaftsschuld

nach der Übernahme der Bürgschaft vornimmt, wird die Verpflichtung des Bürgen nicht erweitert.

(2) Der Bürge haftet für die dem Gläubiger von dem Hauptschuldner zu ersetzenden Kosten der Kündigung und der Rechtsverfolgung.

A. Bedeutung und Reichweite der Vorschrift

1   Nach dem Grundsatz der Akzessorietät der Bürgschaft ist diese von der gesicherten Hauptschuld abhängig. Der Bürge haftet daher für den »jeweiligen Bestand« der Hauptschuld, auch wenn diese durch Verschulden oder Verzug des Hauptschuldners geändert, ggf. auch erweitert wird (Abs. 1 S. 2).

2   Die Grenze der Einstandspflicht des Bürgen markiert Abs. 1 S. 3. Zum Schutze des Bürgen können Rechtsgeschäfte des Hauptschuldners nach der Übernahme der Bürgschaft die Bürgenhaftung nicht erweitern (Verbot der Fremddisposition). Die Bürgschaft bleibt in solchen Fällen in dem Umfang bestehen, den sie ohne das nachträgliche Rechtsgeschäft haben würde. Angesprochen sind hiermit vor allem Vereinbarungen zwischen Hauptschuldner und Gläubiger nach Übernahme der Bürgschaft.

B. Bedeutung im Bauwesen

3   Dem Verbot der Fremddisposition kommt zugunsten des Bürgen erhebliche Bedeutung zu. So erstreckt sich eine Bürgschaft für Werklohnforderungen des Bauunternehmers (z.B. eine Bürgschaft nach § 648a) nicht auf Entgeltforderungen aus später vom Auftraggeber verlangten Auftragsänderungen oder -erweiterungen; dies gilt auch beim VOB/B-Bauvertrag.[1] Der Bauunternehmer ist also gehalten, im Falle von Auftragserweiterungen weitere Sicherheiten zu verlangen.

4   Auch eine zeitliche Verlängerung der Bürgenhaftung, insbesondere eine Verlängerung der Bauausführungsfrist, kann als Erweiterung der Verpflichtung des Bürgen gemäß Abs. 1 S. 3 unwirksam sein.[2] Entsprechendes gilt für Vereinbarungen zwischen den Bauvertragsparteien über die Verjährung.[3]

5   Haben die Bauvertragsparteien vertraglich vereinbart, eine förmliche Abnahme durchzuführen, verzichten aber sodann darauf, kann dies eine Benachteiligung des Bürgen gemäß Abs. 1 S. 3 darstellen, wenn dieser (wie üblich) in einer Bürgschaft für Mängelansprüche auf den Bauvertrag und damit auch auf die förmliche Abnahme Bezug genommen hat. Dies kann dazu führen, dass der Auftraggeber die Bürgschaft nicht mehr in Anspruch nehmen kann.[4]

C. Die Regelung in Abs. 2

6   Nach Abs. 2 haftet der Bürge auch für die dem Gläubiger vom Hauptschuldner zu ersetzenden Kosten der Kündigung und der Rechtsverfolgung. Ist in der Bürgschaft ein bestimmter Höchstbetrag vereinbart (was im Bauwesen der Regelfall ist), so ergibt sich aus Abs. 2 keine Erweiterung dieses Betrages, soweit nicht die Parteien des Bürgschaftsvertrages etwas anderes vereinbart haben.[5]

---

1   BGH, BauR 2010, 609.
2   BGH, BauR 2004, 1159; OLG Hamm, BauR 2002, 495.
3   LG Berlin, IBR 2003, 132.
4   OLG München, IBR 2011, 140; OLG Celle, BauR 2007, 1780; OLG Frankfurt, BauR 2007, 762; OLG Köln, BauR 2005, 1199.
5   MüKo-BGB/*Habersack*, § 767 Rn. 8.

§ 768 Einreden des Bürgen

(1) Der Bürge kann die dem Hauptschuldner zustehenden Einreden geltend machen. Stirbt der Hauptschuldner, so kann sich der Bürge nicht darauf berufen, dass der Erbe für die Verbindlichkeit nur beschränkt haftet.

(2) Der Bürge verliert eine Einrede nicht dadurch, dass der Hauptschuldner auf sie verzichtet.

A. Bedeutung und Reichweite der Vorschrift

Als weitere Ausprägung des Grundsatzes der Akzessorietät der Bürgschaft regelt § 768, dass der Bürge Einreden, die dem Hauptschuldner gegenüber dem Gläubiger zustehen, in gleicher Weise wie der Hauptschuldner geltend machen kann. Es handelt sich hierbei um eines der tragenden Prinzipien des Bürgschaftsrechts, das nicht formularmäßig zulasten des Bürgen abbedungen werden kann.[1]

Ihrem Wortlaut nach gilt die Vorschrift nur für Einreden, bspw. solche aus den §§ 214, 273, 320, 821. Sonstige Einwendungen des Hauptschuldners, die keine Einreden sind (z.B. Erlöschen der Hauptschuld), kann der Bürge ohnehin nach dem Grundsatz der Akzessorietät geltend machen.[2]

B. Bedeutung im Bauwesen

Zu den Einreden nach § 768 zählt u.a. die Einrede der Verjährung der Hauptschuld. Bezieht sich hingegen die Bürgschaft auch auf verjährte (Mängel-)Ansprüche, die in unverjährter Zeit gerügt wurden, steht dem Bürgen die Einrede der Verjährung nicht zu.[3]

Eine AGB-Klausel des Auftraggebers, die vorsieht, dass der Bauunternehmer einen Sicherheitseinbehalt nur gegen Stellung einer Bürgschaft ablösen kann, die den Verzicht auf die Einreden des § 768 enthält, ist wegen unangemessener Benachteiligung des Bauunternehmers gemäß § 307 Abs. 1 S. 1 unwirksam.[4]

Eine teilweise Aufrechterhaltung der Sicherungsabrede hat der Bundesgerichtshof in einem Fall angenommen, in dem in AGB des Auftraggebers vorgesehen war, dass der Auftragnehmer eine selbstschuldnerische, unbefristete Vertragserfüllungsbürgschaft nach einem zum Vertrag gehörenden Muster zu stellen hatte; in diesem Bürgschaftsmuster war ein Verzicht des Bürgen auf die Einreden nach § 768 vorgesehen. Hierbei handele es sich um sprachlich und inhaltlich trennbare Teile der Sicherungsvereinbarung, die einer gesonderten Wirksamkeitsprüfung zugänglich seien. Unwirksam sei hier nur der Teil der Sicherungsabrede, der eine Verpflichtung zum Verzicht des Bürgen auf die Einreden nach § 768 enthielt (also das Bürgschaftsmuster). Im Übrigen wurde die Sicherungsabrede für wirksam erachtet.[5] Dieser Sonderfall ändert nichts daran, dass in AGB des Bestellers enthaltene Forderungen nach Stellung von Bürgschaften unter Verzicht auf die Einreden nach § 768 zur Ablösung eines Einbehalts grundsätzlich unwirksam sind. Eine unwirksame Sicherungsabrede kann nicht mit der Maßgabe aufrechterhalten werden, dass der Auftragnehmer eine einfache Bürgschaft beizubringen hat, um einen Einbehalt abzulösen.[6]

C. Die Regelung in Abs. 2

Nach Abs. 2 kann der Hauptschuldner durch den Verzicht auf eine Einrede die Haftung des Bürgen nicht erweitern. Das Verbot der Fremddisposition setzt sich in dieser Vorschrift fort (s. die

---

1 BGHZ 181, 278 = BauR 2009, 1742.
2 Palandt/*Sprau*, § 768 Rn. 3–5.
3 BGHZ 121, 173 = BauR 1993, 337; OLG Frankfurt, IBR 2008, 447 (str.).
4 BGHZ 181, 278 = BauR 2009, 1742.
5 BGHZ 179, 374 = BauR 2009, 809.
6 BGHZ 147, 99 = BauR 2001, 1093; KG, BauR 2009, 512.

Kommentierung zu § 767). Die Regelung gilt insbesondere für einen vom Hauptschuldner erklärten Verzicht auf die Einrede der Verjährung. Ein solcher ist im Verhältnis zwischen Gläubiger und Bürgen ohne Wirkung. Dabei ist unerheblich, ob im Zeitpunkt der Erklärung des Verjährungsverzichts durch den Hauptschuldner die Hauptschuld bereits verjährt war oder nicht.[7]

7 Hingegen wirkt eine durch Verhandlungen des Hauptschuldners mit dem Gläubiger bewirkte Hemmung der Verjährung (§ 203) auch gegenüber dem Bürgen.[8] Bei der Hemmung handelt es sich um eine gesetzlich angeordnete Rechtsfolge, die nicht der Disposition des Schuldners unterliegt. Entsprechendes gilt für andere Hemmungstatbestände, z.B. bei Rechtsverfolgung.

§ 769 Mitbürgschaft

Verbürgen sich mehrere für dieselbe Verbindlichkeit, so haften sie als Gesamtschuldner, auch wenn sie die Bürgschaft nicht gemeinschaftlich übernehmen.

1 Die Vorschrift erklärt die Regelungen über die Gesamtschuld (§§ 421 ff.) für anwendbar, wenn sich mehrere Bürgen für dieselbe Hauptschuld verbürgen. Auf eine gemeinschaftliche Übernahme der Bürgschaft kommt es dabei nicht an (vgl. § 427). Erforderlich ist aber auch hier die für die Gesamtschuld charakteristische Gleichstufigkeit der Verpflichtung. Daran fehlt es bspw. beim Verhältnis zwischen Ausfallbürgen und Vorbürgen.[1]

2 Im Bauwesen ist die Vorschrift kaum von Relevanz. Hier werden Bürgschaften regelmäßig von Kreditinstituten oder Kreditversicherern gestellt, weshalb keine Veranlassung besteht, mehrere Bürgschaften für ein und dieselbe Verbindlichkeit zu vereinbaren.

§ 770 Einreden der Anfechtbarkeit und der Aufrechenbarkeit

(1) Der Bürge kann die Befriedigung des Gläubigers verweigern, solange dem Hauptschuldner das Recht zusteht, das seiner Verbindlichkeit zugrunde liegende Rechtsgeschäft anzufechten.

(2) Die gleiche Befugnis hat der Bürge, solange sich der Gläubiger durch Aufrechnung gegen eine fällige Forderung des Hauptschuldners befriedigen kann.

A. Bedeutung und Reichweite der Vorschrift

1 Nach dem Grundsatz der Subsidiarität der Bürgenhaftung soll der Bürge grundsätzlich erst dann in Anspruch genommen werden können, wenn sich der Gläubiger nicht durch Inanspruchnahme des Hauptschuldners befriedigen kann.[1] Solange dem Hauptschuldner noch nicht ausgeübte Gestaltungsrechte wie die Anfechtung oder die Aufrechnung zustehen, ergibt sich daraus ein Leistungsverweigerungsrecht des Bürgen. Nach der wirksamen Ausübung derartiger Rechte durch den Hauptschuldner entfällt die Hauptschuld und mit ihr die akzessorische Bürgschaft.[2] In einem solchen Fall kann sich der Bürge auch dann auf das Erlöschen der Hauptforderung berufen, wenn er auf die Einrede aus § 770 verzichtet hat.[3]

---

7 BGH, BauR 2008, 138.
8 BGH, BauR 2009, 1747.
1 Palandt/*Sprau*, § 769 Rn. 3.
1 BGH, NJW 2003, 1521, 1522.
2 Palandt/*Sprau*, § 770 Rn. 1.
3 BGHZ 167, 345 = BauR 2006, 1294.

B. Bedeutung im Bauwesen

Die Einrede der Anfechtbarkeit (Abs. 1) ist im Bauwesen von untergeordneter Bedeutung. In Betracht kommen die Irrtumsanfechtung (§ 119) und die Anfechtung wegen Täuschung oder Drohung (§ 123). Für sonstige Gestaltungsrechte des Hauptschuldners gilt Abs. 1 analog, bspw. für ein Rücktritts- oder Minderungsrecht nach § 634 Nr. 3.[4] Ein Verzicht des Bürgen auf die Einrede der Anfechtbarkeit kann auch in AGB wirksam vereinbart werden. Entsprechendes ist in Bürgschaftsformularen regelmäßig vorgesehen.

Anders verhält es sich mit einem Verzicht des Bürgen auf die Einrede der Aufrechenbarkeit gemäß Abs. 2: Verlangt der Gläubiger formularmäßig, dass der Bürge auf die Einrede Abs. 2 verzichtet, ist die entsprechende Klausel nach § 307 unwirksam, wenn dieser Verzicht sich auch auf unbestrittene oder rechtskräftig festgestellte Gegenforderungen des Hauptschuldners bezieht. Dies kann zur Nichtigkeit der gesamten Sicherungsabrede führen, sodass der Bürge aus der Bürgschaft nicht in Anspruch genommen werden kann.[5]

§ 771 Einrede der Vorausklage

Der Bürge kann die Befriedigung des Gläubigers verweigern, solange nicht der Gläubiger eine Zwangsvollstreckung gegen den Hauptschuldner ohne Erfolg versucht hat (Einrede der Vorausklage). Erhebt der Bürge die Einrede der Vorausklage, ist die Verjährung des Anspruchs des Gläubigers gegen den Bürgen gehemmt, bis der Gläubiger eine Zwangsvollstreckung gegen den Hauptschuldner ohne Erfolg versucht hat.

Kommentierung siehe nach § 733 BGB.

§ 772 Vollstreckungs- und Verwertungspflicht des Gläubigers

(1) Besteht die Bürgschaft für eine Geldforderung, so muss die Zwangsvollstreckung in die beweglichen Sachen des Hauptschuldners an seinem Wohnsitz und, wenn der Hauptschuldner an einem anderen Orte eine gewerbliche Niederlassung hat, auch an diesem Orte, in Ermangelung eines Wohnsitzes und einer gewerblichen Niederlassung an seinem Aufenthaltsort versucht werden.

(2) Steht dem Gläubiger ein Pfandrecht oder ein Zurückbehaltungsrecht an einer beweglichen Sache des Hauptschuldners zu, so muss er auch aus dieser Sache Befriedigung suchen. Steht dem Gläubiger ein solches Recht an der Sache auch für eine andere Forderung zu, so gilt dies nur, wenn beide Forderungen durch den Wert der Sache gedeckt werden.

Kommentierung siehe nach § 733 BGB.

§ 773 Ausschluss der Einrede der Vorausklage

(1) Die Einrede der Vorausklage ist ausgeschlossen:
1. wenn der Bürge auf die Einrede verzichtet, insbesondere wenn er sich als Selbstschuldner verbürgt hat,
2. wenn die Rechtsverfolgung gegen den Hauptschuldner infolge einer nach der Übernahme der Bürgschaft eingetretenen Änderung des Wohnsitzes, der gewerblichen Niederlassung oder des Aufenthaltsorts des Hauptschuldners wesentlich erschwert ist,
3. wenn über das Vermögen des Hauptschuldners das Insolvenzverfahren eröffnet ist,

---

[4] MüKo-BGB/*Habersack*, § 770 Rn. 6.
[5] OLG Jena, MDR 2010 = NJW-Spezial 2010, 174, 259; a.A. OLG Düsseldorf, NZBau 2008, 767.

4. wenn anzunehmen ist, dass die Zwangsvollstreckung in das Vermögen des Hauptschuldners nicht zur Befriedigung des Gläubigers führen wird.

(2) In den Fällen der Nummern 3, 4 ist die Einrede insoweit zulässig, als sich der Gläubiger aus einer beweglichen Sache des Hauptschuldners befriedigen kann, an der er ein Pfandrecht oder ein Zurückbehaltungsrecht hat; die Vorschrift des § 772 Abs. 2 S. 2 findet Anwendung.

A. Bedeutung und Reichweite der Vorschriften

1 Die in §§ 771–773 geregelte Einrede der Vorausklage stellt eine Ausprägung des Grundsatzes der Subsidiarität der Haftung des Bürgen dar.[1] Vorrangig soll der Gläubiger im Wege der Zwangsvollstreckung Befriedigung beim Hauptschuldner suchen, bevor er sich an den Bürgen wenden kann. Für Bürgschaften wegen Geldforderungen enthält § 772 genauere Vorgaben zu den vom Gläubiger geforderten Vollstreckungsversuchen.

2 § 773 regelt die Fälle, in denen die Einrede der Vorausklage ausgeschlossen ist. Hierzu zählt u.a. der Verzicht des Bürgen auf diese Einrede (selbstschuldnerische Bürgschaft). Ein solcher Verzicht ist auch formularmäßig wirksam möglich.[2] Teilweise wird unter Hinweis auf das AGB-rechtliche Transparenzgebot (§ 307 Abs. 1 S. 2) gefordert, dass der Bürge klar und unmissverständlich darauf hinzuweisen sei, dass er nicht nur subsidiär haften solle.[3] Dem ist indes entgegenzuhalten, dass sich aus dem Transparenzgebot keine Pflicht des Klauselverwenders ableiten lässt, den Vertragspartner über die sich aus dem Gesetz ergebenden Rechte und Pflichten zu belehren.[4]

B. Bedeutung im Bauwesen

3 Die Einrede der Vorausklage ist im Bauwesen von untergeordneter Bedeutung. Hier werden Bürgschaften regelmäßig von Kreditinstituten oder Kreditinstituten übernommen – also von Bürgen, für die die Bürgschaft ein Handelsgeschäft darstellt. Solchen Bürgen steht gemäß § 349 HGB die Einrede der Vorausklage nicht zu. Einer Verzichtserklärung des kaufmännischen Bürgen bedarf es darüber hinaus nicht. Gleichwohl ist sie in den üblichen Bürgschaftsformularen vorgesehen. Die von Gesetzes wegen selbstschuldnerische Bürgschaft des kaufmännischen Bürgen begründet sich damit, dass dieser gerade nicht uneigennützig handelt, was ein höheres Haftungsrisiko rechtfertigt.

§ 774 Gesetzlicher Forderungsübergang

(1) Soweit der Bürge den Gläubiger befriedigt, geht die Forderung des Gläubigers gegen den Hauptschuldner auf ihn über. Der Übergang kann nicht zum Nachteil des Gläubigers geltend gemacht werden. Einwendungen des Hauptschuldners aus einem zwischen ihm und dem Bürgen bestehenden Rechtsverhältnis bleiben unberührt.

(2) Mitbürgen haften einander nur nach § 426.

A. Bedeutung und Reichweite der Vorschrift

1 Befriedigt der Bürge den Gläubiger, so kann er aus dem Innenverhältnis zum Hauptschuldner (in der Regel Geschäftsbesorgung nach § 675[1]) gemäß § 670 vom Hauptschuldner Ersatz seiner Aufwendungen verlangen, soweit er diese den Umständen nach für erforderlich halten durfte. Dies

---

1 MüKo-BGB/*Habersack*, § 771 Rn. 1.
2 BGH, NJW 2001, 2466, 2468.
3 MüKo-BGB/*Habersack*, § 773 Rn. 3.
4 BGH, NJW 1996, 2092, 2093.
1 MüKo-BGB/*Habersack*, § 765 Rn. 7.

setzt regelmäßig voraus, dass der Bürge dem Hauptschuldner vor der Befriedigung des Gläubigers Gelegenheit gegeben hat, etwaige Einwendungen gegen die Inanspruchnahme der Bürgschaft vorzubringen. Solche muss der Bürge dem Gläubiger entgegenhalten.[2] Wird der Bürge zu Unrecht in Anspruch genommen, darf er also nicht zu Lasten des Hauptschuldners zahlen; etwaig an den Gläubiger geleistete Zahlungen kann der Bürge vom Hauptschuldner nicht ersetzt verlangen. Anderes gilt nur dann, wenn der Bürge nach sorgfältiger Prüfung der Sach- und Rechtslage zu der Überzeugung gelangt, dass die verbürgte Forderung des Gläubigers berechtigt ist.[3]

Neben diesem Aufwendungsersatzanspruch des Bürgen gemäß § 670 geht nach § 774 Abs. 1 die Forderung des Gläubigers im Wege des gesetzlichen Forderungsübergangs (*cessio legis*) auf den Bürgen über, soweit dieser den Gläubiger befriedigt hat. Dies verschafft dem Bürgen nach Befriedigung des Gläubigers eine zusätzliche Anspruchsgrundlage für seine Rückgriffsforderung gegen den Hauptschuldner. Voraussetzung des Forderungsübergangs sind sowohl eine bestehende Bürgschaftsverpflichtung als auch das Bestehen der gesicherten Hauptschuld. Eine nicht entstandene oder erloschene Hauptforderung kann nicht auf den Bürgen übergehen. Zahlt der Bürge in einem solchen Fall an den Gläubiger, so geschieht dies ohne Rechtsgrund, woraus sich ein Bereicherungsanspruch des Bürgen gegen den Gläubiger ergibt.[4] Des Weiteren setzt der gesetzliche Forderungsübergang voraus, dass der Bürge den Gläubiger endgültig befriedigt hat. Bloße Sicherheitsleistung zur Abwendung der Zwangsvollstreckung oder Leistung aufgrund vorläufig vollstreckbaren Urteils genügen hierfür nicht.[5]

Mit der Hauptforderung gehen gemäß §§ 412, 401 auch die akzessorischen Nebenrechte auf den Bürgen über. Selbständige Nebenrechte wie bspw. Sicherungseigentum, Vorbehaltseigentum oder Sicherungsgrundschulden gehen hingegen nicht kraft Gesetzes auf den Bürgen über. Dieser kann jedoch vom Gläubiger eine rechtsgeschäftliche Übertragung solcher Rechte verlangen.[6]

Dem Hauptschuldner stehen gegenüber der übergegangenen Forderung die gleichen Einwendungen wie gegenüber dem Gläubiger zu (§§ 412, 404). Hat der Bürge bspw. auf eine verjährte Hauptforderung gezahlt, geht diese Forderung zwar nach § 774 Abs. 1 auf den Bürgen über. Der Hauptschuldner kann die Einrede der Verjährung aber auch gegenüber dem Bürgen erheben. Außerdem kann er auch gegenüber der auf den Bürgen übergegangenen Forderung etwaige Einwendungen aus dem Innenverhältnis zum Bürgen geltend machen (§ 774 Abs. 1 S. 3).[7]

Die Regelung in § 774 Abs. 2 ist in Zusammenhang mit derjenigen in § 769 zu sehen (s. dort). Danach haften Mitbürgen als Gesamtschuldner. Befriedigt einer von ihnen den Gläubiger, so kann er ungeachtet des Forderungsübergangs nach § 774 Abs. 1 gegenüber anderen Mitbürgen nur einen Ausgleichsanspruch nach § 426 geltend machen.[8]

B. Bedeutung im Bauwesen

Die Beteiligten eines Bauvertrages sind regelmäßig darauf angewiesen, dass Kreditinstitute oder Kreditversicherer bereit sind, Bürgschaften für sie zu übernehmen. Eine entsprechende Bereitschaft setzt voraus, dass der Hauptschuldner imstande ist, insolvenzfeste Sicherheiten für den Regressanspruch des Bürgen bei Inanspruchnahme der Bürgschaft zu stellen. Dies geschieht häufig dergestalt, dass der Hauptschuldner dem Bürgen zur Sicherung der Ansprüche aus dem zwischen beiden bestehenden Geschäftsbesorgungsvertrag ein Festgeldguthaben abtritt. Wird der Bürge so-

---

2 BGHZ 95, 375, 388f. = NJW 86, 310, 313; *Schmitz/Wassermann/Nobbe*, in: Schimansky/Bunte/Lwowski, Bankrechts-Handbuch, § 91 Rn. 176; s. § 765 Rn. 6 ff.
3 BGH, NJW 2005, 2552, 2554; OLG Frankfurt, IBR 2010, 682.
4 Palandt/*Sprau*, § 774 Rn. 6.
5 MüKo-BGB/*Habersack*, § 774 Rn. 4 f.
6 BGH, NJW 2001, 2327, 2330; MüKo-BGB/*Habersack*, § 774 Rn. 10.
7 BGH, NJW-RR 1992, 811, 812.
8 MüKo-BGB/*Habersack*, § 774 Rn. 22.

dann vom Gläubiger aus einer übernommenen Bürgschaft in Anspruch genommen, so hat er in der Insolvenz des Hauptschuldners ein Absonderungsrecht gemäß § 51 Nr. 1 InsO an dem Festgeldguthaben in Höhe der berechtigten Inanspruchnahme aus der Bürgschaft. Dies gilt auch, wenn der Bürge den Gläubiger erst nach Eröffnung des Insolvenzverfahrens befriedigt hat, da der Rückgriffsanspruch des Bürgen bereits aufschiebend bedingt mit Übernahme der Bürgschaft, also vor der Insolvenz entstanden ist.[9]

§ 775 Anspruch des Bürgen auf Befreiung

(1) Hat sich der Bürge im Auftrag des Hauptschuldners verbürgt oder stehen ihm nach den Vorschriften über die Geschäftsführung ohne Auftrag wegen der Übernahme der Bürgschaft die Rechte eines Beauftragten gegen den Hauptschuldner zu, so kann er von diesem Befreiung von der Bürgschaft verlangen:
1. wenn sich die Vermögensverhältnisse des Hauptschuldners wesentlich verschlechtert haben,
2. wenn die Rechtsverfolgung gegen den Hauptschuldner infolge einer nach der Übernahme der Bürgschaft eingetretenen Änderung des Wohnsitzes, der gewerblichen Niederlassung oder des Aufenthaltsorts des Hauptschuldners wesentlich erschwert ist,
3. wenn der Hauptschuldner mit der Erfüllung seiner Verbindlichkeit im Verzug ist,
4. wenn der Gläubiger gegen den Bürgen ein vollstreckbares Urteil auf Erfüllung erwirkt hat.

(2) Ist die Hauptverbindlichkeit noch nicht fällig, so kann der Hauptschuldner dem Bürgen, statt ihn zu befreien, Sicherheit leisten.

A. Bedeutung und Reichweite der Vorschrift

1   Solange der Bürge den Gläubiger nicht befriedigt hat, steht ihm der Regressanspruch aus § 774 bzw. aus §§ 675, 670 nicht zu. In diesem Zeitraum kommt aber bereits ein Befreiungsanspruch des Bürgen gegen den Hauptschuldner in Betracht. Voraussetzung ist zunächst, dass das Innenverhältnis des Bürgen zum Hauptschuldner als Auftrags- oder Geschäftsbesorgungsvertrag ausgestaltet ist. Des Weiteren muss einer der in § 775 Abs. 1 Nrn. 1–4 genannten Gefährdungstatbestände vorliegen, die das Risiko des Bürgen erhöhen.

2   Der Anspruch des Bürgen ist lediglich auf Freistellung gerichtet, nicht auf Zahlung an den Gläubiger. Dies gilt auch, wenn der Gläubiger den Bürgen bereits in Anspruch nimmt.[1] Der Bürge kann mit dem Freistellungsanspruch deshalb nicht gegen einen Zahlungsanspruch des Gläubigers aufrechnen.[2] Ist die gesicherte Hauptschuld noch nicht fällig, kann der Schuldner dem Bürgen, statt ihn zu befreien, Sicherheit leisten (§ 775 Abs. 2).

B. Bedeutung im Bauwesen

3   Der Befreiungsanspruch des Bürgen ist in der Baupraxis von untergeordneter Bedeutung. Dies dürfte vor allem darauf zurückzuführen sein, dass ein Befreiungsanspruch gegen einen Hauptschuldner, dessen Vermögensverhältnisse sich bspw. wesentlich verschlechtert haben (§ 775 Abs. 1 Nr. 1) kaum werthaltig sein wird. Kreditinstitute und Kreditversicherer sind daher regelmäßig nur bereit, Bürgschaften zu übernehmen, wenn ihnen vom Hauptschuldner Sicherheit für den Fall der Inanspruchnahme der Bürgschaft ausreichende Sicherheit geleistet wird.

---

9 BGH, NJW-RR 2008, 1007, 1008 = ZIP 2008, 885.
1 BGH, NJW 2000, 1643.
2 BGHZ 140, 270, 273 = NJW 1999, 1182.

§ 776 Aufgabe einer Sicherheit

Gibt der Gläubiger ein mit der Forderung verbundenes Vorzugsrecht, eine für sie bestehende Hypothek oder Schiffshypothek, ein für sie bestehendes Pfandrecht oder das Recht gegen einen Mitbürgen auf, so wird der Bürge insoweit frei, als er aus dem aufgegebenen Recht nach § 774 hätte Ersatz erlangen können. Dies gilt auch dann, wenn das aufgegebene Recht erst nach der Übernahme der Bürgschaft entstanden ist.

A. Bedeutung und Reichweite der Vorschrift

Befriedigt der Bürge den Gläubiger, gehen mit der gesicherten Hauptforderung auch die akzessorischen Sicherheiten gemäß § 774 auf ihn über. Dieser gesetzliche Forderungsübergang wird in Bezug auf die Sicherheiten vereitelt, wenn der Gläubiger diese aufgibt. Deshalb ordnet § 776 an, dass die Aufgabe von Sicherheiten durch den Gläubiger sich nicht zulasten des Bürgen auswirken soll: Dieser wird insoweit frei, als er aus der Sicherheit nach § 774 hätte Ersatz erlangen können. Dies gilt unabhängig davon, ob das aufgegebene Recht zum Zeitpunkt der Übernahme der Bürgschaft bereits bestand (§ 776 S. 2). 1

Die Vorschrift gilt außer für die in § 776 S. 1 genannten Rechte entsprechend für selbständige Sicherungsrechte, die nicht bereits nach § 774 auf den zahlenden Bürgen übergehen, zu deren Übertragung auf den Bürgen der Gläubiger aber verpflichtet ist.[1] Auch bei der Verwertung von beweglichen Sachen des Insolvenzschuldners, an denen ein Absonderungsrecht besteht (§§ 166 ff. InsO), kann der Schutzzweck des § 776 zugunsten eines Bürgen, der für die Forderung des absonderungsberechtigten Gläubigers haftet, zu berücksichtigen sein.[2] 2

B. Bedeutung im Bauwesen

Bei der Gestaltung von Sicherungsabreden ist zu beachten, dass ein formularmäßiger genereller Verzicht auf die Rechte aus § 776 nach § 307 von der Rechtsprechung als unwirksam angesehen wird.[3] Im Übrigen sollte der Gläubiger vor der Aufgabe von Sicherheiten stets die Einwilligung des Bürgen einholen. 3

§ 777 Bürgschaft auf Zeit

(1) Hat sich der Bürge für eine bestehende Verbindlichkeit auf bestimmte Zeit verbürgt, so wird er nach dem Ablauf der bestimmten Zeit frei, wenn nicht der Gläubiger die Einziehung der Forderung unverzüglich nach Maßgabe des § 772 betreibt, das Verfahren ohne wesentliche Verzögerung fortsetzt und unverzüglich nach der Beendigung des Verfahrens dem Bürgen anzeigt, dass er ihn in Anspruch nehme. Steht dem Bürgen die Einrede der Vorausklage nicht zu, so wird er nach dem Ablauf der bestimmten Zeit frei, wenn nicht der Gläubiger ihm unverzüglich diese Anzeige macht.

(2) Erfolgt die Anzeige rechtzeitig, so beschränkt sich die Haftung des Bürgen im Falle des Absatzes 1 S. 1 auf den Umfang, den die Hauptverbindlichkeit zur Zeit der Beendigung des Verfahrens hat, im Falle des Absatzes 1 S. 2 auf den Umfang, den die Hauptverbindlichkeit bei dem Ablauf der bestimmten Zeit hat.

---

1 Palandt/*Sprau*, § 776 Rn. 6; s. auch § 774 Rn. 3.
2 BGHZ 165, 28 = NJW 2006, 228.
3 BGHZ 144, 52, 55 = ZfBR 2000, 407, 409.

§ 777 BGB Bürgschaft auf Zeit

A. Bedeutung und Reichweite der Vorschrift

1 Die Vorschrift regelt den Fall einer zeitlichen Begrenzung der Bürgenhaftung: Der Bürge haftet in einem solchen Fall nur bis zum Ablauf der bestimmten Zeit, es sei denn, der Gläubiger nimmt ihn nach Maßgabe der Regelungen in § 777 Abs. 1 in Anspruch. Für den in der Praxis relevanten Fall der selbstschuldnerischen Bürgschaft gilt insoweit § 777 Abs. 1 S. 2: Der Gläubiger muss dem Bürgen unverzüglich nach Ablauf der Befristung anzeigen, dass er ihn in Anspruch nehme. Auch eine fristgerechte Anzeige des Gläubigers erhält ihm die Rechte aus der Bürgschaft aber nur, wenn die Fälligkeit der Hauptschuld innerhalb der Bürgschaftszeit eingetreten ist.[1] Bei rechtzeitiger Inanspruchnahme der Bürgschaft unverzüglich nach Zeitablauf beschränkt sich die Haftung des selbstschuldnerischen Bürgen auf den Umfang der Hauptverbindlichkeit zum Ablauf der Befristung (§ 777 Abs. 2).

2 Häufig wird in der Bürgschaft vereinbart, dass die Inanspruchnahme des Bürgen durch den Gläubiger bis zu einem bestimmten Termin erfolgen muss, anderenfalls die Bürgschaft erlischt. In einem solchen Fall genügt ein am letzten Tage der Frist eingereichter Antrag auf Erlass eines Mahnbescheides selbst dann nicht zur Fristwahrung, wenn die Zustellung des Mahnbescheides demnächst erfolgt.[2] Die Inanspruchnahme muss dem Bürgen in einem solchen Fall vor Fristablauf tatsächlich zugehen.

3 Von der zeitlichen Begrenzung zu unterscheiden ist die Vereinbarung einer gegenständlichen Beschränkung der Bürgenhaftung. Hierbei haftet der Bürge für sämtliche innerhalb des vereinbarten Zeitraums entstehenden Verbindlichkeiten. Derartige Vereinbarungen unterfallen nicht § 777.[3] Folglich wird der Bürge hier auch nicht nach Ablauf des bestimmten Zeitraums frei. Der Gläubiger trägt die Beweislast für seine Behauptung, es sei lediglich eine gegenständliche Beschränkung der Bürgenhaftung vereinbart; ein wesentliches Beweisanzeichen hierfür stellt es dar, wenn die Bürgschaft einen Kontokorrentkredit sichert.[4]

B. Bedeutung im Bauwesen

4 Zeitlich befristete Bürgschaften sind keine tauglichen Sicherheiten im Sinne des § 17 VOB/B (§ 17 Abs. 4 VOB/B), was ihre Bedeutung im Bauvertragsrecht erheblich einschränkt. Auch als Sicherheit nach § 648a BGB sind Zeitbürgschaften untauglich: Hier wird die Bürgschaftsforderung erst fällig, wenn der Auftraggeber die Vergütung anerkennt oder durch vorläufig vollstreckbares Urteil zur Zahlung verurteilt worden ist. Ob diese Voraussetzungen innerhalb der Befristung erfüllt sein werden, ist für den Auftragnehmer als Bürgschaftsgläubiger nicht vorhersehbar.[5]

5 Eine zeitliche Befristung im Sinne des § 777 kann sich auch aus der Abrede ergeben, dass sich eine Bürgschaft nach Ablauf einer bestimmten Zeit reduzieren soll, was bei Mängelansprüchebürgschaften häufig vereinbart wird.[6] Entsprechendes gilt für vereinbarte Reduzierungen (von Vertragserfüllungsbürgschaften) nach Erreichen eines bestimmten Baufortschritts, etwa nach Fertigstellung eines Bauabschnitts.[7] In diesen Fällen muss der Gläubiger die Vorgaben des § 777 beachten.

(...)

---

1 BGHZ 139, 325, 329 = NJW 1999, 55.
2 BGH, NJW 1982, 172.
3 BGH, NJW 1988, 908; MüKo-BGB/*Habersack*, § 777 Rn. 4; Palandt/*Sprau*, § 777 Rn. 2.
4 BGH, NJW 2004, 2232.
5 Vgl. OLG Koblenz, ZIP 2005, 1822.
6 OLG München, BauR 2007, 901.
7 BGH, BauR 2003, 870.

Titel 27: Unerlaubte Handlungen

§ 823 Schadensersatzpflicht

(1) Wer vorsätzlich oder fahrlässig das Leben, den Körper, die Gesundheit, die Freiheit, das Eigentum oder ein sonstiges Recht eines anderen widerrechtlich verletzt, ist dem anderen zum Ersatz des daraus entstehenden Schadens verpflichtet.

(2) Die gleiche Verpflichtung trifft denjenigen, welcher gegen ein den Schutz eines anderen bezweckendes Gesetz verstößt. Ist nach dem Inhalt des Gesetzes ein Verstoß gegen dieses auch ohne Verschulden möglich, so tritt die Ersatzpflicht nur im Falle des Verschuldens ein.

Kommentierung siehe § 831.

(...)

§ 831 Haftung für den Verrichtungsgehilfen

(1) Wer einen anderen zu einer Verrichtung bestellt, ist zum Ersatz des Schadens verpflichtet, den der andere in Ausführung der Verrichtung einem Dritten widerrechtlich zufügt. Die Ersatzpflicht tritt nicht ein, wenn der Geschäftsherr bei der Auswahl der bestellten Person und, sofern er Vorrichtungen oder Gerätschaften zu beschaffen oder die Ausführung der Verrichtung zu leiten hat, bei der Beschaffung oder der Leitung die im Verkehr erforderliche Sorgfalt beobachtet oder wenn der Schaden auch bei Anwendung dieser Sorgfalt entstanden sein würde.

(2) Die gleiche Verantwortlichkeit trifft denjenigen, welcher für den Geschäftsherrn die Besorgung eines der im Absatz 1 Satz 2 bezeichneten Geschäfte durch Vertrag übernimmt.

Schrifttum
Boisserée Gebäudeschäden wegen mangelhaftem Baugrund – zur Eigentumsverletzung im Rahmen einer deliktsrechtlichen Haftung des Bodenveräußerers bei Bauwerkserrichtung durch den Erwerber, Festschrift für Jagenburg 2002, 45; *Brüggemeier* Die vertragsrechtliche Haftung für fehlerhafte Produkte und der deliktsrechtliche Eigentumsschutz nach § 823 Abs. 1 BGB, VersR 1983, 501; *Freund/Barthelmess* Eigentumsverletzung durch Baumängel, NJW 1975, 281; *Ganten* Gedanken zum Deliktsrisiko des Architekten, BauR 1973, 148; *Grunewald* Eigentumsverletzungen im Zusammenhang mit fehlerhaften Werkleistungen, JZ 1987, 1098; *Gsell* Deliktsrechtlicher Eigentumsschutz bei »weiterfressendem« Mangel, NJW 2004, 1913; *Gsell* JZ 2005, 1171; *W. Jagenburg* Deliktshaftung auf dem Vormarsch – Zur Haftung des Werkunternehmers wegen Eigentumsverletzung durch Baumängel, Festschrift Horst Locher 1990, S. 93 ff.; *Kniffka* Die deliktische Haftung für durch Baumängel verursachte Schäden, ZfBR 1991, 1; *Koch* Neues zur Produzentenhaftung bei der Errichtung von Gebäuden, NZBau 2001, 649; *Kollmer* Arbeitsschutzgesetz, Beck 2005; *Littbarski* Die Auswirkungen der Rechtsprechung zu den »weiterfressenden Mängeln« auf das Haftpflicht- und Haftpflichtversicherungsrecht, Festschrift für Korbion 1986, 269 ff.; *Meyer* Obergerichtliche Rechtsprechung zur Baustellenverordnung, BauR 2006, 597 ff.; *Meyer* Die Haftung des Sicherheits- und Gesundheitskoordinators nach der BaustellenVO, NZBau 2003, 605 ff.; *Rathjen* Probleme der Haftung für den Erfüllungsgehilfen, BauR 2000, 170, 172 ff.; *Reinicke/Tiedtke* Stoffgleichheit zwischen Mangelunwert und Schäden im Rahmen der Produzentenhaftung, NJW 1986, 10; *Schlechtriem* Gewährleistung und allgemeine Verantwortlichkeit des Werkunternehmers JZ 1971, 449; *Schlechtriem* Außervertragliche Haftung für Bearbeitungsschäden und weiterfressende Mängel bei Bauwerken, ZfBR 1992, 95; *Stammkötter* Bauforderungssicherungsgesetz 3. Aufl. 2008; *Wilts* § 635 BGB und Deliktsansprüche, VersR 1967, 817.

Übersicht	Rdn.		Rdn.
A. Verhältnis deliktischer Ansprüche zu anderen Ansprüchen	1	I. Verletzungshandlung	2
B. Verletzung geschützter Rechtsgüter (§ 823 Abs. 1 BGB)	2	1. Handlung	2
		2. Verletzung von Verkehrssicherungspflichten	3

§§ 823, 831 BGB

		Rdn.			Rdn.
	a) Die Verkehrssicherungspflicht des Bauherrn	3	III.	Rechtswidrigkeit	34
			IV.	Kausalität	35
	b) Die Verkehrssicherungspflichten der am Bau Beteiligten	7	V.	Verschulden	36
			C.	**Verstoß gegen Schutzgesetz (§ 823 Abs. 2 BGB)**	38
	3. Deliktische Produkthaftung	10			
II.	Rechtsgutsverletzung	11	I.	Verstoß gegen § 319 StGB	39
	1. Verletzung des Eigentums	11	II.	Verstoß gegen § 1 BauFordSiG	40
	a) Verletzung	11	III.	Verstoß gegen § 909 BGB	47
	b) Verletzung durch Verschaffung des Eigentums an einer bereits schadhaften Sache/Schadensausweitung (»Weiterfresserschäden«)	13	IV.	Verstoß gegen Regelungen der Baustellenverordnung und Arbeitsschutzbestimmungen	48
			V.	Sonstige	50
	aa) Grundsatz	14	D.	**Haftung für den Verrichtungsgehilfen (§ 831 BGB)**	51
	bb) Eigentumsverletzung ausgeschlossen	17	E.	**Ansprüche nach dem Produkthaftungsgesetz**	52
	cc) Eigentumsverletzung möglich	23	F.	**Darlegungs- und Beweislast**	54
	2. Verletzung des Lebens und des Körpers	32	I.	Anscheinsbeweis und Beweislastumkehr	57
	3. Verletzung eines Anwartschaftsrechtes als sonstiges Recht	33	II.	Beweisvereitelung	63

A. Verhältnis deliktischer Ansprüche zu anderen Ansprüchen

1   Ein Anspruch aus § 823 Abs. 1 BGB wegen der Beschädigung fremden Eigentums kann auch dann vorliegen, wenn die verletzende Handlung oder Unterlassung im Rahmen eines Vertragsverhältnisses erfolgt und sich aus diesem Ansprüche auf Schadloshaltung ergeben. Miteinander konkurrierende Ansprüche aus Vertrag und aus § 823 Abs. 1 BGB sind nach ihren Voraussetzungen und Rechtsfolgen grundsätzlich selbstständig zu beurteilen.[1] Der BGH hat mehrfach eine Eigentumsverletzung durch eine fehlerhafte Planung oder Bauüberwachung des Architekten oder Ingenieurs trotz des zugrunde liegenden Vertragsverhältnisses für möglich gehalten.[2] Im Hinblick darauf, dass unterschiedliche Verjährungsfristen zur Anwendung kommen, die Beweislast anders verteilt ist,[3] unter Umständen vertraglich Haftungsausschlüsse vereinbart wurden und dass deliktische Ansprüche außerhalb des jeweiligen Vertragsverhältnisses bestehen können, was im Fall der Insolvenz des Vertragspartner von besonderer Bedeutung ist, kann die Frage der Anwendbarkeit der §§ 823 ff. BGB in baurechtlichen Fällen durchaus eine Rolle spielen. Hierbei muss jedoch beachtet werden, dass durch die Gewährung eines deliktsrechtlichen Schadensersatzersatzanspruchs nicht das für auf Geldzahlung gerichtete Mängelrechte vorgesehene Erfordernis einer Fristsetzung verbunden mit der Aufforderung zur Nacherfüllung unterlaufen werden darf.[4] Die Grenzziehung bereitet nicht unerhebliche Schwierigkeiten (dazu unten).

---

1   BGH, Urt. v. 24.11.1976 – VIII ZR 137/75 = BGHZ 67, 359 = NJW 1977, 379; BGH, Urt. v. 07.11.1985 – VII ZR 270/83 = BGHZ 96, 221 = NJW 1986, 922.
2   BGH, Urt. v. 27.01.2005 – VII ZR 158/03 = BGHZ 162, 86 = BauR 2005, 705 = NJW 2005, 1423 = NZBau 2005, 287; BGH, Urt. v. 09.03.2004 – X ZR 67/01 = BauR 2004, 1798 = NJW-RR 2004, 1163 = NZBau 2004, 434.
3   Vgl. BGH Urt. v. 19.10.2004 – X ZR 142/03 = BauR 2005, 96 = NJW-RR 2005, 172.
4   Werner/Pastor/*Pastor* Rn. 1842.

B. Verletzung geschützter Rechtsgüter (§ 823 Abs. 1 BGB)

I. Verletzungshandlung

1. Handlung

Die Verletzungshandlung muss in einem zurechenbaren Tun oder Unterlassen bestehen. In baurechtlichen Fällen wird überwiegend aktives Tun als Anknüpfungspunkt in Betracht kommen, beispielsweise dann, wenn durch eine Handlung des ausführenden Unternehmens direkt in das Eigentum des Bauherrn eingegriffen wird. Im Hinblick auf das Unterlassen ist die Grenze zu den Verkehrssicherungspflichten unscharf. Die Verletzung von Verkehrssicherungspflichten erfolgt regelmäßig durch Unterlassen. 2

2. Verletzung von Verkehrssicherungspflichten

a) Die Verkehrssicherungspflicht des Bauherrn

Die Verkehrssicherungspflicht des Bauherrn ergibt sich daraus, dass er Veranlasser der Baumaßnahme und der damit verbundenen Gefahrenquellen ist.[5] Schaltet der Bauherr Dritte, zur Erfüllung dieser Pflicht ein, muss er diese grundsätzlich im Hinblick auf die Erfüllung der Sicherungspflichten hin kontrollieren. Gegenüber einem als zuverlässig geltenden sachkundigen Unternehmer und Architekten kann sich eine derartige Beaufsichtigung erübrigen.[6] Unter Umständen bleibt der Geschäftsherr aber auch ihm gegenüber zur Aufsicht und gegebenenfalls zum Eingreifen verpflichtet, nämlich beispielsweise dann, wenn es Anlass zu Zweifeln gibt, ob der Unternehmer den Gefahren und Sicherungserfordernissen in der gebührenden Weise Rechnung trägt[7] oder wenn es sich um eine besonders erhöhte Gefahrenlage handelt.[8] Der Bauherr kann aufgrund der Verletzung einer Verkehrssicherungspflicht jedenfalls dann erfolgreich in Anspruch genommen werden, wenn er bei für ihn erkennbarer Gefahrenlage keine Abhilfe schafft.[9] 3

Der Umfang der erforderlichen Verkehrssicherungsmaßnahmen richtet sich nach der Art der Gefahrenquelle und danach, inwieweit die Baustelle zugänglich ist. An einer Baustelle ist grundsätzlich nur ein beschränkter Verkehr zugunsten der am Bau beschäftigen Handwerker, der Lieferanten, des Architekten, des Bauherrn, Beamten der Bauaufsichtsbehörde usw. eröffnet. Bei Eröffnung eines nur beschränkten Verkehrs entsteht auch nur eine entsprechend begrenzte Verkehrssicherungspflicht.[10] Das gilt sowohl für den Umfang der zu treffenden Sicherungsmaßnahmen, die sich bei einem Neubau grundsätzlich an den Sicherungserwartungen von mit den Gegebenheiten und den üblichen Gefahren einer Baustelle vertrauten Personen auszurichten haben,[11] als auch für den Kreis der Ersatzberechtigten bei Verletzung der Verkehrssicherungspflicht. Eine Verantwortlichkeit für den verkehrssicheren Zustand der Baustelle besteht daher nur denjenigen gegenüber, die zu dem beschränkten Personenkreis gehören, gegenüber dem der Baustellenverkehr eröffnet ist.[12] 4

---

5 Z.B. *Littbarski*, in: FS Korbion S. 235; *Locher* § 47 Rn. 711; BGH, Urt. v. 11.05.1976 – VI ZR 210/73 = BauR 1976, 441.
6 BGH, Urt. v. 11.05.1976 – VI ZR 210/73 = BauR 1976, 441; BGH, Urt. v. 27.06.1969 – V ZR 41/66 = NJW 1969, 2140; *Littbarski,* in: FS Korbion S. 236.
7 BGH, Urt. v. 07.10.1975 – VI ZR 43/74 = VersR 1976, 62; BGH, Urt. v. 10.07.1959 – VI ZR 208/58 = VersR 1959, 998; BGH, Urt. v. 22.10.1974 – VI ZR 142/73 = VersR 1975, 87; *Littbarski*, in: FS Korbion S. 238 f.
8 BGH, Urt. v. 14.10.1964 – Ib ZR 7/63 = VersR 1965, 38.
9 BGH, Urt. v. 31.06.1994 – VI ZR 233/93 = NJW 1994, 2232 = NJW-RR 1995, 23.
10 BGH, Urt. v. 11.12.1984 – VI ZR 292/82 = NJW 1985, 1078.
11 BGH, Urt. v. 11.12.1984 – VI ZR 292/82 = NJW 1985, 1078.
12 BGH, Urt. v. 11.12.1984 – VI ZR 292/82 = NJW 1985, 1078.

5   Andere Personen (z.B. Besucher) können jedoch auch zu diesem Personenkreis gehören. Diesen Personen gegenüber können auch höhere Anforderungen an die Verkehrssicherungspflicht bestehen, wenn es sich beispielsweise um nicht baustellenerfahrene Personen handelt. Gegenüber erwachsenen Personen kommt der Verkehrssicherungspflichtige jedoch dadurch nach, dass vor der Baustelle auf einer Hinweistafel Unbefugten das Betreten der Baustelle verboten wird.[13] Ist mit dem Zutritt von Kindern zur Baustelle zu rechnen, sind weitergehende Maßnahmen erforderlich.

6   Besonderheiten gelten dann, wenn der Bauherr Dritte ausdrücklich zum Zutritt zur Baustelle auffordert (Richtfest).[14]

b) Die Verkehrssicherungspflichten der am Bau Beteiligten

7   Verkehrssicherungspflichten bestehen für den Werkunternehmer einerseits im Hinblick auf andere Unternehmer (Folgehandwerker),[15] andererseits jedoch auch im Hinblick auf den Bauherrn. Auch im Verhältnis zu Dritten[16] (Besucher, Mieter des Bauherrn) können Verkehrssicherungspflichten bestehen, wobei zunächst zu entscheiden ist, ob nicht eine Haftung des Unternehmers auf vertraglicher Grundlage in Betracht kommt. Die Dritten können in den Schutzbereich des Vertrages mit dem Unternehmer einbezogen sein.[17] Gegenüber dem Auftraggeber schuldet der Unternehmer im Rahmen seiner Verkehrssicherungspflicht auch eine Prüfung des von ihm nicht beschafften, jedoch zu verarbeitenden Materials auf seine Geeignetheit,[18] was bei Unwirksamkeit des Vertrages von eigenständiger Bedeutung sein kann.

8   Gerade auch den Bauleiter im Sinne der Landesbauordnungen treffen Verkehrssicherungspflichten[19] im Hinblick auf Dritte[20] am Bau Beteiligte und im Hinblick auf den Bauherrn.[21]

9   Den planenden Architekten treffen ebenfalls Verkehrssicherungspflichten gegenüber Dritten.[22]

10 Gleiches gilt auch für den bauüberwachenden Architekten[23] und zwar in erster Linie im Hinblick auf die Vermeidung und Beseitigung erkannter und erkennbarer baustellentypischer Gefahrenquellen und gegenüber Dritten, die mit dem Bauwerk bestimmungsgemäß in Berührung kommen,[24] wozu auch der Mieter gehören kann.[25] In erster Linie ist zwar das ausführende Unternehmen für die Absicherung des Baukörpers und die Einhaltung von Unfallverhütungsvorschriften zuständig.[26] Verkehrssicherungspflichten treffen einen bauüberwachenden Architekten jedoch auch dann, wenn er selbst Maßnahmen an der Baustelle veranlasst, die sich als Gefahrenquelle erweisen können,[27] wenn Anhaltspunkte dafür vorliegen, dass das ausführende Unternehmen im

---

13 BGH, Urt. v. 11.12.1956 – VI ZR 20/56 = NJW 1957, 499 = VersR 1957, 165; vgl. zur eingeschränkten Verkehrssicherungspflicht: OLG Hamm, Urt. v. 03.05.2001 – 27 U 189/00 = NJW-RR 2001, 1602.
14 Vgl. *Locher*, § 47 Rn. 711.
15 BGH, Urt. v. 07.05.1974 – VI ZR 38/74 = VersR 1974, 972.
16 BGH, Urt. v. 11.12.1984 – VI ZR 292/82 = NJW 1985, 1078.
17 Vgl. hierzu und zur Abgrenzung vom Deliktsrecht: *Kniffka*, ZfBR 1991, 1 ff.
18 BGH, Urt. v. 16.12.1999 – VII ZR 53/97 = BauR 2000, 772 = NJW-RR 2000, 698 = NJW 2000, 1119.
19 BGH, Urt. v. 06.10.1970 – VI ZR 223/69 = NJW 1970, 2290 = VersR 1971, 84 = BauR 1971, 64.
20 BGH, Urt. v. 11.12.1984 – VI ZR 292/82 = NJW 1985, 1078.
21 BGH, Urt. v. 11.12.1984 – VI ZR 292/82 = NJW 1985, 1078.
22 BGH, Urt. v. 25.04.1964 – VI ZR 114/63 = VersR 1964, 1250.
23 BGH, Urt. v. 13.03.2007 – VI ZR 178/05 = NZBau 2007, 449 = NJW-RR 2007, 1027; BGH, Urt. v. 06.10.1970 – VI ZR 223/69 = NJW 1970, 2290 = VersR 1971, 84 = BauR 1971, 64.
24 BGH, Urt. v. 13.03.2007 – VI ZR 178/05 = NZBau 2007, 449 = NJW-RR 2007, 1027; BGH, Urt. v. 11.10.1990 – VII ZR 120/89 = NJW 1991, 562 = NJW-RR 1991, 535.
25 BGH, a.a.O.
26 BGH, Urt. v. 13.03.2007 – VI ZR 178/05 = NZBau 2007, 449 = NJW-RR 2007, 1027.
27 BGH, Urt. v. 20.09.1983 – VI ZR 248/81 = NJW 1984, 360; BGH, Urt. v. 10.06.1975 – VI ZR 131/73 = VersR 1975, 949 = BauR 1976, 96.

Hinblick auf die Erfüllung der Verkehrssicherungspflicht nicht ausreichend sachkundig oder zuverlässig ist[28] oder wenn er Gefahrenquellen erkannt hat oder bei gewissenhafter Beobachtung hätte erkennen können.[29]

3. Deliktische Produkthaftung

Die neben die Haftung nach dem Produkthaftungsgesetz tretende deliktische Produkthaftung stellt einen Unterfall der Verletzung einer Verkehrssicherungspflicht dar. In der baurechtlichen Praxis spielt die Produkthaftung keine entscheidende Rolle, was daran liegt, dass die Baumaterialien regelmäßig vom Bauunternehmer erworben werden und diesem gegenüber häufig werkvertragliche Ansprüche bestehen. An deliktische (Direkt-) Ansprüche gegen den Hersteller ist jedoch einerseits im Fall der Insolvenz des Bauunternehmers und andererseits auch dann zu denken, wenn Ansprüche gegen den Bauunternehmer mangels eigenen Verschuldens ausgeschlossen sind. Der haftungsbegründende Umstand stellt das Inverkehrbringen eines fehlerhaften Produktes dar.[30] Hinzutreten muss ein Ursachenzusammenhang zwischen Produktfehler und Schaden[31] sowie Verschulden. Das Verschulden kann im Verstoß gegen Pflichten bei der Konstruktion, Produktion, Instruktion und Produktbeobachtung liegen. Steht das Vorliegen eines Produktfehlers fest, der einen Schaden verursacht hat, obliegt dem Hersteller der Nachweis, dass keine objektive Pflichtwidrigkeit und Verschulden vorliegt.[32]

II. Rechtsgutsverletzung

1. Verletzung des Eigentums

a) Verletzung

Die Verletzung des Eigentums setzt zunächst eine Verletzungshandlung voraus, durch die auf die Sache, die Gegenstand des Eigentumsrechtes ist, mit bestimmten negativen Folgen eingewirkt wird. Ein Einwirken in diesem Sinne liegt stets bei Beeinträchtigung der Sachsubstanz durch Zerstörung, Beschädigung und bei vollständiger Entziehung der Sache vor. Das Unterfangen von Fundamenten der auf dem Nachbargrundstück stehenden Gebäude durch dortiges Einbringen von Beton stellt ein derartiges Einwirken dar.[33]

Eine Beeinträchtigung der Sachsubstanz ist jedoch nicht zwingend erforderlich. Eine Eigentumsverletzung kann auch bei einer sonstigen die Eigentümerbefugnisse treffenden tatsächlichen Einwirkung auf die Sache vorliegen, nämlich bei nicht unerheblicher Beeinträchtigung der bestimmungsgemäßen Verwendung der Sache.[34] Eine derartige Beeinträchtigung liegt bei Bauteilen dann vor, wenn diese nicht mehr für den eigentlich vorgesehenen Zweck verwendet werden können. Eine Eigentumsverletzung wurde vom BGH beispielsweise in einem Fall angenommen, in dem durch Verwendung eines nicht ausreichend geruchs- und geschmacksneutralen Gewindeschneidemittels damit in Kontakt gekommene Wasserleitungsrohre nicht mehr als Trinkwasserleitung eingesetzt werden konnten.[35]

---

28 BGH, Urt. v. 13.03.2007 – VI ZR 178/05 = NZBau 2007, 449 = NJW-RR 2007, 1027.
29 BGH, a.a.O.
30 Vgl z.B. Palandt/*Sprau*, 68. Aufl., § 823 Rn. 166 f.
31 Palandt/*Sprau*, a.a.O.
32 BGH, Urt. v. 02.02.1999 – VI ZR 392/97 = NJW-RR 1999, 671 = NJW 1999, 1028; BGH, Urt. v. 26.11.1968 – VI ZR 212/66 = NJW 1969, 269; BGH, Urt. v. 19.11.1991 – VI ZR 171/91 = NJW-RR 1992, 534 = NJW 1992, 1039; BGH, Urt. v. 11.06.1996 – VI ZR 202/95 = NJW 1996, 2507.
33 BGH, Urt. v. 27.06.1997 – V ZR 197/96 = NJW 1997, 2595.
34 BGH, Urt. v. 21.12.1970 – II ZR 133/68 = BGHZ 55, 153, 159 = NJW 1971, 886; BGH, Urt. v. 07.12.1993 – VI ZR 74/93 = NJW-RR 1994, 860 = NJW 1994, 517.
35 BGH, Urt. v. 07.12.1993 – VI ZR 74/93 = NJW-RR 1994, 860 = NJW 1994, 517.

b) Verletzung durch Verschaffung des Eigentums an einer bereits schadhaften Sache/Schadensausweitung (»Weiterfresserschäden«)

13   Wird auf eine unversehrte Sache eingewirkt, deren Eigentumsrecht sich bereits im Vermögen eines anderen befindet, gibt es im Hinblick auf die Annahme einer Eigentumsverletzung regelmäßig keine Probleme. Probleme können sich jedoch ergeben, wenn
– das Eigentum an einer Sache (regelmäßig durch Einbau) verschafft wird, es sich um eine bereits zuvor schadhafte Sache handelt und es um Schadensersatzansprüche im Hinblick auf dieses Sache geht oder
– sich der Schaden von der eigentlich schadhaften Sache ausgehend ausweitet und auf andere Teile von Sachen, die entweder gleichzeitig neu eingebaut werden oder unversehrt bereits vorhanden waren (Sanierung), erstreckt.

aa) Grundsatz

14   Die Rechtsprechung hat die Grundsätze zu den sogenannten »Weiterfresserschäden«, deren Ursprung die Schwimmerschalter-Entscheidung[36] darstellt und bei der es um den Kauf beweglicher Sachen ging, über verschiedene Nuancen bis hin zum Kriterium der Stoffgleichheit[37] auch – mehr oder minder modifiziert – auf Fälle angewandt, bei denen es um die Errichtung von Bauwerken ging.

15   Eine Eigentumsverletzung liegt nur dann vor, wenn das Integritätsinteresse und nicht lediglich das sogenannte Äquivalenzinteresse betroffen ist. Unter dem Äquivalenzinteresse wird das Interesse des Vertragspartners an dem Erlangen einer vertragsgemäßen Leistung verstanden, das Integritätsinteresse richtet sich auf den Schutz seiner sonstigen Güter vor Schädigungen durch eine mangelhafte Leistung.[38] Das Integritätsinteresse ist betroffen, wenn der geltend gemachte Schaden nicht stoffgleich mit dem der Sache von Anfang an anhaftenden Mangelunwert ist.[39] Das ist nicht der Fall, wenn sich der Mangelunwert der mangelhaften Sanierungsleistung mit dem erlittenen Schaden am Eigentum deckt. Denn dieser Schaden ist allein auf enttäuschte Vertragserwartung zurückzuführen[40] und deshalb ausschließlich über die vertraglichen Anspruchsgrundlagen geltend zu machen.[41] In jedem Fall kommt eine Eigentumsverletzung nur dann in Betracht, wenn der Schaden über den eigentlichen werkvertraglichen Mangel hinausgeht.[42] Trotz der Kritik[43] und alternativer Lösungsansätze[44] in der Literatur, ist in der Praxis von der Fortgeltung der Rechtsprechung des BGH zur Stoffgleichheit auszugehen.

16   Eine Eigentumsverletzung scheidet grundsätzlich dann aus, wenn der Gegenstand des Eigentumsrechtes nie unbeschädigt im Vermögen des Gläubigers vorhanden gewesen ist.

---

36   BGH, Urt. v. 24.11.1976 – VIII ZR 137/75 = BGHZ 67, 359 = NJW 1977, 379.
37   BGH, Urt. v. 18.01.1983 – VI ZR 310/79 = BGHZ 86, 256 = NJW 1983, 810.
38   BGH, Urt. v. 02.06.1980 – VIII ZR 78/79 = BGHZ 77, 215 = NJW 1980, 1950.
39   BGH, Urt. v. 18.01.1983 – VI ZR 310/79 = BGHZ 86, 256 = NJW 1983, 810; BGH, Urt. v. 12.12.2000 – VI ZR 242/99 = BGHZ 146, 144 = BauR 2001, 800 m.w.N. = NJW 2001, 1346.; zuletzt BGH, Urt. v. 27.01.2005 – VII ZR 158/03 = BGHZ 162, 86 = BauR 2005, 705 = NJW 2005, 1423.
40   BGH, Urt. v. 12.02.1992 – VIII ZR 276/90 = BGHZ 117, 183 = NJW 1992, 1225 = NJW-RR 1992, 1242.
41   Vgl hierzu auch Messerschmidt/Voit/*Drossart*, § 634 Rn. 11.
42   *W. Jagenburg*, in: FS Locher, S. 93, 95.
43   *Stoll*, JZ 1983, 501; *Brüggemeier*, VersR 1983, 501; *Reinicke/Tiedtke*, NJW 1986, 10.
44   *Gsell*, NJW 2004, 1913, die anstelle des Merkmals »Stoffgleichheit« zur Abgrenzung darauf abstellt, ob eine Instruktionspflichtverletzung (Hinweis auf das fehlerhafte Teil) vorliegt und die Ausbreitung des Schadens bei Erteilung des Hinweises verhindert werden kann; *Schlechtriem*, ZfBR 1992, 95, 98, der zusätzlich auf die Verletzung von Verkehrssicherungspflichten abstellt; *Kniffka*, ZfBR 1991, 1 ff., stellt ebenfalls in erster Linie auf die Verkehrssicherungspflichten ab, ohne dies jedoch ausdrücklich im Zusammenhang mit der Unterscheidung des Integritäts- vom Äquivalenzinteresse zu tun.

bb) Eigentumsverletzung ausgeschlossen

Eine Eigentumsverletzung ist aufgrund Stoffgleichheit grundsätzlich ausgeschlossen, wenn sich der Mangelunwert der mangelhaften Leistung mit dem erlittenen Schaden am Eigentum deckt, nämlich soweit der Mangel selbst der Schaden ist und nicht darüber hinausgeht.[45] Ein Anspruch aus § 823 Abs. 1 BGB besteht deshalb grundsätzlich nicht, soweit mit dem Schadensersatzanspruch allein die Kosten für die Beseitigung des Mangels der in Auftrag gegebenen Bauleistung geltend gemacht werden.[46] Ein mit dem Mangel der Bauleistung deckungsgleicher Schaden und damit Stoffgleichheit kann auch dann vorliegen, wenn der mit der Bauleistung bezweckte Erfolg nicht eingetreten ist.[47] Soll mit der Bauleistung ein bestimmter Erfolg herbeigeführt werden, so ist dieser Erfolg Gegenstand des Vertrags und damit des Äquivalenzinteresses.[48]

Eine Eigentumsverletzung scheidet auch dann aus, wenn der Gegenstand des Eigentumsrechtes von vornherein beschädigt in das Vermögen des Gläubigers gelangt ist[49] und deshalb zu keinem Zeitpunkt unbeschädigt im Vermögen vorhanden war, beispielsweise bei Übereignung mangelhafter Baumaterialien.

Eine Eigentumsverletzung liegt auch dann nicht vor, wenn mangelhafte bewegliche Gegenstände (Baumaterialien) durch Einbau wesentliche Bestandteile des Gebäudes und damit des Grundstücks werden. Einerseits wird das Eigentum am Grundstück, d.h. am Grund und Boden, hierdurch nicht beeinträchtigt. Das bebaute Grundstück andererseits steht zu keinem Zeitpunkt in mangelfreiem Zustand im Eigentum des Vertragspartners. Vielmehr erstreckt sich das Eigentum mit dem Fortschreiten des Baus auf den jeweils vollendeten Gebäudeteil, welcher wesentlicher Bestandteil des Grundstücks wird, so, wie er erstellt wurde, mit seinen durch das Einbauen der Baustoffe erzeugten Eigenschaften und Mängeln.[50] Die Verschaffung eines mit Mängeln behafteten Bauwerks zu Eigentum ist aber keine Verletzung schon vorhandenen Eigentums. Das Gebäude als wesentlicher Bestandteil des Grundstücks befand sich nie in mangelfreiem Zustand im Eigentum des Gläubigers, sondern ist mangelhaft im Vermögen entstanden. Sowohl in den Fällen, in denen der Gläubiger Grundstückseigentum erst nach der Neuerrichtung erwirbt (Bauträgervertrag) als auch in dem Fall der Neuerrichtung auf dem im Eigentum des Gläubigers befindlichen Grundstück, scheidet ein Anspruch nach § 823 Abs. 1 BGB beim Einbau mangelhafter Bauteile im Hinblick auf die hiermit unmittelbar und zwangsläufig verbundenen Schäden regelmäßig aus, da sich zu keinem Zeitpunkt mangelfreies Eigentum im Vermögen befand. Etwas anderes kann gelten, wenn ein mangelhaftes Bauteil andere Bauteile zerstört oder beeinträchtigt, welche zunächst unversehrt im Vermögen des Gläubigers vorhanden waren (dazu unten).

Auch im umgekehrten Fall, nämlich dann, wenn an sich mangelfreie Bauteile bei der Errichtung eines Gebäudes verwendet werden und eine Beschädigung im veräußerten Grundstück bereits angelegt ist, scheidet eine Eigentumsverletzung regelmäßig aus. Wird das Gebäude durch einen im Grundstück bereits angelegten Umstand (z.B. quellender Untergrund) nachträglich beschädigt,

---

45 BGH, Urt. v. 10.04.03 – VIII ZR 251/02 = BauR 2003, 1211 = NJW-RR 2003, 878; BGH, Urt. v. 27.06.2002 – VII ZR 238/01 = BauR 2003, 123 = NJW-RR 2002, 1596; Kniffka/Koeble/*Kniffka*, 6.Teil, Rn. 18.
46 Kniffka/Koeble/*Kniffka*, 6.Teil, Rn. 18.
47 Kniffka/Koeble/*Kniffka*, 6.Teil, Rn. 18.
48 BGH, Urt. v. 27.01.2005 – VII ZR 158/03 = BGHZ 162, 86 = BauR 2005, 705 = NJW 2005, 1423.
49 BGH, Urt. v. 30.05.1963 – VII ZR 236/61 = BGHZ 39, 366, 367 = NJW 1963, 1827; BGH, Urt. v. 03.12.1964 – VII ZR 61/63 = NJW 1965, 534; BGH, Urt. v. 24.06.1981 – VIII ZR 96/80 = BauR 1982, 175 = NJW 1981, 2248; BGH, Urt. v. 18.01.1983 – VI ZR 270/80 = NJW 1983, 812; BGH, Urt. v. 27.01.2005 – VII ZR 158/03 = BGHZ 162, 86 = BauR 2005, 705 = NJW 2005, 1423; vgl. hierzu *Ganten*, BauR 1973, 148, 151; kritisch *Schlechtriem*, ZfBR 1992, 95, 98; kritisch und eine Eigentumsverletzung über die Einschränkung der Nutzbarkeit weitergehend zulassend: *Freund/Barthelmess*, NJW 1975, 281 ff.
50 BGH, Urt. v. 30.05.1963 – VII ZR 236/61 = BGHZ 39, 366, 367 = NJW 1963, 1827.

soll eine Eigentumsverletzung durch den Veräußerer des Grundstücks an den eingebauten Baumaterialien regelmäßig nicht in Betracht kommen, wenn dieser Umstand im Zeitpunkt der Übereignung des Grundstücks bereits vorhanden gewesen ist.[51] Das Grundstück (ohne Gebäude als wesentlicher Bestandteil) befand sich nie in unbeschädigtem Zustand im Eigentum des Erwerbers. Die errichteten Gebäude sind rechtlich kein eigenständiges Objekt. Sie sind wesentlicher Bestandteil des Grundstücks, existierten nie mangelfrei, sondern sind erst durch den sukzessiven Einbau der Baumaterialien entstanden und bereits durch deren Verbindung mit dem Grundstück von dessen Mangel erfasst worden.[52] Eine Eigentumsverletzung setzt voraus, dass sich zumindest ein Teil der Gesamtsache unversehrt im Eigentum des Geschädigten befunden haben muss. Nur in diesem Fall kann von der Verletzung des Integritätsinteresses gesprochen werden.[53] Die Gebäude werden demgegenüber durch die Errichtung von Anfang an von der Mangelhaftigkeit des Grundstücks erfasst.[54]

21 Bei Sanierungsfällen liegt eine Eigentumsverletzung wegen Stoffgleichheit auch dann nicht vor, wenn durch die mangelhafte Leistung ein Schaden an Bauteilen entsteht, die zwar nicht erneuert werden, jedoch derart in die Sanierungsaufgabe integriert sind, dass ohne diese Einbeziehung der vertraglich geschuldete Erfolg nicht erzielt werden kann. Denn auch in diesen Fällen ist der Schaden in der Regel deckungsgleich mit dem Mangelunwert der Bauleistung. Das Interesse des Bestellers besteht dann daran, ein unter Einbeziehung der vorhandenen Bausubstanz funktionstaugliches Bauteil zu erhalten.[55] Ist beispielsweise die aufgrund eines Werkvertrages angebrachte Abdichtung eines Bauwerks mangelhaft und kommt es deshalb zum Schaden an den durch die Abdichtung zu schützenden Bauteilen, so ist auch das ein Schaden, der lediglich den auf der Mangelhaftigkeit der Leistung beruhenden Unwert ausdrückt.[56] Geht es nicht um werkvertragliche Sanierungspflichten, bei denen die werkvertragliche (funktionale) Erfolgsbezogenheit dazu führt, dass das Äquivalenzinteresse weiter gefasst ist, sondern um kaufrechtliche Pflichten und noch dazu um Pflichten, die der Verkäufer gerade im Hinblick auf die Sicherung des Integritätsinteresses übernommen hatte (Dichtigkeit von Dachabdeckungsfolie), kommt eine deliktische Haftung ausnahmsweise in Betracht[57] (vgl. dazu unten).

22 Stoffgleichheit liegt auch dann vor, wenn ein mangelhafter Baustoff (z.B. mangelhafter Sand) mit anderen Baustoffen zu einem übergeordneten Baustoff verarbeitet (z.B. Außenputz) und anschließend mit einem Bauwerk so verbunden wird, dass ein wesentlicher Bestandteil vorliegt. Stoffgleichheit liegt dann insoweit vor, als es um die Erneuerung des Putzes geht, da nur der Unwert des Mangels betroffen ist. Auch die Kosten für die anderen Putzbestandteile (die an sich mangelfrei waren) können nicht über § 823 Abs. 1 BGB verlangt werden, da diese durch die Verbindung mit dem mangelhaften Baustoff (Sand) von dessen Mangelhaftigkeit erfasst wurden und nie mangelfrei durch Vermischung und Verarbeitung ins Eigentum des Gläubigers übergegangen sind.[58]

---

[51] BGH, Urt. v. 12.12.2000 – VI ZR 242/99 = BGHZ 146, 144 = BauR 2001, 800 ff. und 1082 ff. = NJW 2001, 1346, 1348; kritisch und a.A. *Boisserée*, in: FS W. Jagenburg, 45 ff.
[52] BGH, Urt. v. 12.12.2000 – VI ZR 242/99 = BGHZ 146, 144 = BauR 2001, 800 ff. und 1082 ff. = NJW 2001, 1346, 1348.
[53] BGH, Urt. v. 12.02.1992 – VIII ZR 276/90 = BGHZ 117, 183, 189 = NJW 1992, 1225= NJW-RR 1992, 1242; BGH, Urt. v. 31.03.1998 – VI ZR 109/97 = BGHZ 138, 230, 235 = NJW 1998, 1942 ff.
[54] BGH, Urt. v. 12.12.2000 – VI ZR 242/99 = BGHZ 146, 144 = BauR 2001, 800 ff. und 1082 ff. = NJW 2001, 1346, 1348.
[55] BGH, Urt. v. 27.01.2005 – VII ZR 158/03 = BGHZ 162, 86 = BauR 2005, 705 = NJW 2005, 1423.
[56] BGH, Urt. v. 27.01.2005 – VII ZR 158/03 = BGHZ 162, 86 = BauR 2005, 705 = NJW 2005, 1423.
[57] BGH, Urt. v. 18.09.1984 – VI ZR 51/83 = BauR 1985, 102 = NJW 1985, 194.
[58] BGH, Urt. v. 11.01.1978 – VIII ZR 1/77 = NJW 1978, 1051; BGH, Urt. v. 24.06.1981 – VIII ZR 96/80 = NJW 1981, 2248, 2249; BGH, Urt. v. 30.05.1963 – VII ZR 236/61 = BGHZ 39, 366, 367 = NJW 1963, 1827.

cc) Eigentumsverletzung möglich

Eine Eigentumsverletzung kommt immer dann in Betracht, wenn das Integritätsinteresse betroffen ist, d.h., wenn ein Schaden nicht am Gegenstand der Werkleistung, sondern an anderen Rechtsgütern eintritt. Eine Eigentumsverletzung kann jedoch auch dann vorliegen, wenn der Schaden am Gegenstand der Werkleistung selbst eintritt, jedoch nicht stoffgleich mit dem eigentlichen Mangel (Mangelunwert) ist. 23

Eine Eigentumsverletzung kann beispielsweise dann vorliegen, wenn durch mangelhafte Bauleistungen andere (bewegliche) Sachen beschädigt werden.[59] 24

Der BGH hat in einer besonderen Konstellation eine Eigentumsverletzung in einem Fall angenommen, in dem es um Ansprüche gegen den Hersteller einer Dachabdichtungsfolie ging und die Mangelhaftigkeit einer Dachabdichtungsfolie dazu führte, dass der darunter befindliche, an sich ordnungsgemäße Dachaufbau durch eindringendes Wasser beschädigt wurde, wobei der mangelhaften Folie gerade die Funktion zukam, das Eindringen von Wasser zu verhindern.[60] In diesen Fällen liegt nur hinsichtlich des eigentlich mangelhaften Bauteils (Dachabdichtungsfolie) Stoffgleichheit vor. Eine Eigentumsverletzung kommt im Hinblick auf die anderen Bauteile[61] in Betracht, welche zunächst unbeschädigt im Vermögen des Gläubigers vorhanden waren. Insoweit ist gerade das Integritätsinteresse betroffen. Abgesehen von diesem Sonderfall, in dem es um eine Eigentumsverletzung durch den Hersteller ging, der lediglich kaufrechtliche Pflichten zu erfüllen hatte, der Umfang des Äquivalenzinteresses deshalb scharf begrenzt war und dieses Interesse gerade im Integritätsschutz bestand, werden bei werkvertraglichen Sanierungsleistungen Eigentumsverletzungen häufig ausscheiden, soweit es um Schäden an den mitverarbeiteten, vorhandenen Bauteilen geht. Der Grund liegt darin, dass das (werkvertragliche) Äquivalenzinteresse weit gefasst ist. Bestandteil desselben ist auch die Funktionalität. Werden vorhandene Bauteile bei der Sanierung mitverwendet, erstreckt sich das Äquivalenzinteresse auf die gesamte Werkleistung.[62] Es bleibt daher regelmäßig nur in besonderen Konstellationen Raum für eine Verletzung des Integritätsinteresses. Allerdings muss berücksichtigt werden, dass der Nacherfüllungsanspruch seit Inkrafttreten des Schuldrechtsmodernisierungsgesetzes auch im Kaufrecht vorgesehen ist und dass hierzu auch bestimmte Nebenleistungen und nicht nur der Ersatz der eigentlichen Kaufsache gehören (§ 439 Abs. 2 BGB). Der Nacherfüllungsanspruch ist die Fortsetzung des ursprünglichen Erfüllungsanspruchs. In der Literatur wurde daher die Frage aufgeworfen, ob nicht insoweit das Äquivalenzinteresse des Käufers ausgeweitet sei[63] und deshalb weitergehend Stoffgleichheit vorliege. Der BGH hat den Umfang der Nacherfüllungspflichten im Kaufrecht und damit der Kostentragung nach § 439 Abs. 2 BGB jedoch begrenzt. Weist das gekaufte und bereits eingebaute Baumaterial (Parkettstäbe) Mängel auf, gehöre zu den nach § 439 Abs. 2 BGB zu ersetzenden Kosten, nicht die Kosten des Einbaus neuer, mangelfreier Baumaterialien. Der Nacherfüllungsanspruch beschränke sich auf die Lieferung mangelfreien Materials.[64] 25

Eine Eigentumsverletzung kommt bei werkvertraglichen Sanierungs- und Reparaturleistungen deshalb in Betracht, wenn der Schaden an Sachen oder an Teilen einer Sache eintritt, die durch 26

---

59 BGH, Urt. v. 27.01.2005 – VII ZR 158/03 = BGHZ 162, 86 = BauR 2005, 705 = NJW 2005, 1423; BGH, Urt. v. 24.04.1975 – VII ZR 114/73 = NJW 1975, 1315, 1316; BGH, Urt. v. 13.02.1990 – VI ZR 354/88 = NJW-RR 1990, 726 f.; BGH, Urt. v. 11.10.1990 – VII ZR 120/89 = NJW 1991, 562 = NJW-RR 1991, 535 (Überwachungsfehler des Architekten).
60 BGH, Urt. v. 18.09.1984 – VI ZR 51/83 = BauR 1985, 102 = NJW 1985, 194.
61 BGH, Urt. v. 18.09.1984 – VI ZR 51/83 = BauR 1985, 102 = NJW 1985, 194; BGH, Urt. v. 05.05.1981 – VI ZR 280/79 = NJW 1981, 2250.
62 BGH, Urt. v. 27.01.2005 – VII ZR 158/03 = BGHZ 162, 86 = BauR 2005, 705 = NJW 2005, 1423.
63 *Koch*, NZBau 2001, 649, 652.
64 BGH, Urt. v. 15.07.2008 – VIII ZR 211/07 = NJW 2008, 2837.

die Sanierungsleistung nicht betroffen sind und zuvor unbeschädigt waren.[65] Eine Eigentumsverletzung ist denkbar, wenn durch fehlgeschlagene Baumaßnahmen in das Bauwerk eingebrachte Sachen beschädigt werden.[66] Eine Eigentumsverletzung kann ferner dann vorliegen, wenn Mängel einer Sanierungsleistung zu Schäden an anderen durch die Sanierungsmaßnahme nicht berührten Bauteilen führen.[67] Allerdings ist bei derartigen Fällen stets zu überprüfen, ob nicht das Äquivalenzinteresse im Rahmen des funktionalen Mangelbegriffes betroffen ist (vgl. oben). Im Unterschied zur mangelhaften Neuerrichtung eines Gebäudes, bei der nie mangelfreies Eigentum vorhanden war (vgl. oben), sondern Eigentum erst durch die Errichtung geschaffen wurde und eine Eigentumsverletzung daher ausscheidet, war hier zuvor mangelfreies Eigentum vorhanden. Der deliktische Schadensersatzanspruch erstreckt sich in diesem Fall nur auf das Integritätsinteresse, also auf den Ausgleich des Schadens hinsichtlich vorher unbeschädigt im Eigentum vorhandener Gegenstände und nicht auf die Beseitigung bzw. Ersatz des mangelhaften Bauteils als solchen, d.h. auf Ersatz des Mangelschadens und auch nicht auf Ersatz von vorher unversehrt im Eigentum befindlichen Bauteile, die jedoch bei der Sanierung mitverwendet werden sollten. Insoweit ist wiederum das Äquivalenzinteresse betroffen, welches ausschließlich über die vertraglichen Mängelrechte geschützt wird.

27 Waren Bauteile, in die ein fehlerhafter Baustoff – vor Einbau des Bauteils in das Gebäude – eingebracht wird, bereits übereignet, lag zunächst unbeschädigtes Eigentum des Gläubigers an den Bauteilen vor Einbau vor. In diesen Fällen ist die Annahme einer Eigentumsverletzung möglich.[68] Eine Eigentumsverletzung kommt auch dann in Betracht, wenn ein Nachunternehmer des Generalunternehmers bereits fertig gestellte Bauteile im Eigentum des Bauherrn beschädigt und es um Ansprüche des Bauherrn gegen den Nachunternehmer geht.[69]

28 Eine Eigentumsverletzung kommt auch durch Unterlassen aufgrund des Architektenvertrages gebotener Organisations- und Überwachungsleistungen in Betracht, wenn das im Eigentum des Gläubigers stehende Grundstück nachträglich durch eine Baumaßnahme (mangelhafter Abbruch) kontaminiert wird.[70]

29 Eine Eigentumsverletzung kann nach der Rechtsprechung des BGH ferner auch dann vorliegen, wenn in die mit dem Grundstück verbundenen Gebäude fehlerhafte Bauteile eingebaut und hierdurch andere, an sich unversehrte Bauteile deshalb unbrauchbar werden, da das mangelhafte Bauteil aufgrund der Verbindung nur unter Beschädigung der bisher unbeschädigten Teile entfernt werden kann.[71] Gleiches soll dann gelten, wenn ein zuvor unversehrt im Eigentum des Gläubigers der Gesamtsache stehendes Einzelteil durch unauflösliches Zusammenfügen mit fehlerhaften Teilen entweder in der Verwendbarkeit oder erheblich im Wert beeinträchtigt wird.[72] Soweit es nur um, die (Nicht)Nutzbarkeit des jeweiligen Bauteils geht, ist ausschließlich das Nutzungs- oder Äquivalenzinteresse betroffen. Eine Eigentumsverletzung kommt jedoch soweit in Betracht, als die fehlerhaften Bauteile nur unter Beschädigung oder Zerstörung anderer, vor Verbindung be-

---

65 BGH, Urt. v. 04.03.1971 – VII ZR 40/70 = NJW 1971, 1131; BGH, Urt. v. 03.02.1998 – X ZR 27/96 = NJW 1998, 2282.
66 BGH, Urt. v. 09.03.2004 – X ZR 67/01 = BauR 2004, 1798 = NJW-RR 2004, 1163.
67 BGH, Urt. v. 27.01.2005 – VII ZR 158/03 = BGHZ 162, 86 = BauR 2005, 705 = NJW 2005, 1423; Kniffka/Koeble/*Kniffka*, 6.Teil Rn. 19, OLG Köln, Urt. v. 26.08.1994 – 19 U 292/93 = NJW-RR 1995, 337, 338; grundsätzlich der Rechtsprechung zu den weiterfressenden Mängeln zustimmend: *Schlechtriem*, ZfBR 1992, 95, 98.
68 Ähnlich auch: BGH, Urt. v. 14.05.1996 – VI ZR 158/95 = NJW 1996, 2224, 2226.
69 OLG Koblenz, Urt. v. 26.11.1997 – 7 U 681/97 = BauR 1998, 351 = NJW-RR 1998, 374.
70 BGH, Urt. v. 09.03.2004 – X ZR 67/01 = BauR 2004, 1798 = NJW-RR 2004, 1163.
71 BGH, Urt. v. 12.02.1992 – VIII ZR 276/90 = BGHZ 117, 183 = NJW-RR 1992, 1242 = NJW 1992, 1225, 1227.
72 BGH, Urt. v. 31.03.1998 – VI ZR 109/97 = NJW 1998, 1942, 1943; BGH, Urt. v. 24.03.1977 – VII ZR 319/75 = NJW 1977, 1819.

reits im Eigentum des Gläubigers stehender unversehrter Gegenstände erfolgen kann.[73] Der BGH hat offen gelassen, ob eine Eigentumsverletzung bereits in der Verbindung eines fehlerhaften Bauteils mit im Eigentum des Gläubigers stehenden unversehrten Bauteilen zu sehen ist. Jedenfalls die Entfernung des fehlerhaften Bauteils stelle eine adäquat kausale Folge und damit eine Eigentumsverletzung dar.[74] In der Literatur wird zurecht bezweifelt, dass diese kaufrechtliche Rechtsprechung, die zur Rechtslage vor Inkrafttreten des Schuldrechtsmodernisierungsgesetzes erging, auf das Werkvertragsrecht übertragen werden kann, da auch Nebenarbeiten, die zur eigentlichen Mangelbeseitigung erforderlich sind, Gegenstand der werkvertraglichen Mängelrechte sind.[75]

Noch nicht abschließend geklärt ist die Frage, ob unerlaubte Handlungen durch Unternehmen in der Leistungskette (z.B. bei Eingriffen des Nachunternehmers), die nicht unmittelbare Vertragspartner sind, weitergehend in Betracht kommen können. Zwar stellt sich auch hier die oben aufgeworfene Frage, ob zu einem bestimmten Zeitpunkt mangelfreies Eigentum vorhanden war, unverändert. Im Verhältnis Bauherr zum Nachunternehmer des Generalunternehmers hilft jedoch die Differenzierung Integritätsinteresse/Äquivalenzinteresse nicht unmittelbar weiter, da keine direkten Vertragsbeziehungen bestehen. Auch wenn damit die vertraglichen Beziehungen verlassen werden (einerseits im Verhältnis Bauherr/Generalunternehmer und andererseits im Verhältnis Generalunternehmer/Nachunternehmer) könnten m.E. – in Sanierungsfällen, bei denen vor Durchführung der Eingriffe mangelfreies Eigentum vorhanden war – weitergehend Eigentumsverletzungen anzunehmen sein. Immerhin kommen die Regelungen zu den unerlaubten Handlungen neben den vertragsrechtlichen Anspruchsgrundlagen zur Anwendung (vgl. oben). 30

Wird ein bisher mangelfreies Bauteil beschädigt, scheitert die Annahme einer Eigentumsverletzung jedenfalls nicht an dem Umstand, dass noch keine Abnahme der Werkleistung betreffend das vorher unbeschädigt vorhandene Bauteil erfolgt ist.[76] Entscheidend sind ausschließlich die sachenrechtlichen Regelungen über die Verbindung und Vermischung. 31

2. Verletzung des Lebens und des Körpers

Gerade im Hinblick auf Baustellenunfälle, die auf Verletzung der Verkehrssicherungspflicht (vgl. oben) zurückzuführen sind, kommen auch deliktische Ansprüche aufgrund der Verletzung des Lebens und des Körpers in Betracht. Dies gilt bei Verletzung des Bauherrn, anderer am Bau Beteiligter und mit gewissen Einschränkungen auch bei Verletzung von Dritten. 32

3. Verletzung eines Anwartschaftsrechtes als sonstiges Recht

Auch dingliche Anwartschaftsrechte, wie z.B. der durch Vormerkung gesicherte Eigentumsverschaffungsanspruch, dessen Erstarkung zum Vollrecht durch Eintragung im Grundbuch vom Veräußerer nicht mehr verhindert werden kann, können als sonstiges Recht unter den Schutz des § 823 Abs. 1 BGB fallen.[77] Damit können deliktische Ansprüche auch vom Inhaber des dinglichen Anwartschaftsrechtes, z.B. Erwerber bei einem Bauträgervertrag, geltend gemacht werden. 33

III. Rechtswidrigkeit

Im Hinblick auf mögliche Rechtfertigungsgründe kann auf vorhandene Literatur verwiesen werden. Für die Annahme von Rechtfertigungsgründen wird regelmäßig kein Raum sein. In Einzel- 34

---

73 BGH, Urt. v. 12.02.1992 – VIII ZR 276/90 = BGHZ 117, 183 = NJW-RR 1992, 1242 = NJW 1992, 1225, 1227; NJW 1981, 2250; *Locher*, Rn. 740.
74 BGH, Urt. v. 12.02.1992 – VIII ZR 276/90 = BGHZ 117, 183 = NJW-RR 1992, 1242 = NJW 1992, 1225, 1227.
75 Kniffka/Koeble/*Kniffka*, 6.Teil Rn. 19.
76 Zutreffend *W. Jagenburg*, in: FS Horst Locher S. 95 Fn. 15; a.A. *Kaiser*, Rn. 161.
77 BGH, Urt. v. 05.04.1991 – V ZR 39/90 = BGHZ 114, 161 = NJW 1991, 2019.

fällen könnte allenfalls über das Vorliegen einer Einwilligung, wenn diese nicht bereits als tatbestandsausschließendes Element angesehen wird, nachgedacht werden. Wurde ein Bauvertrag abgeschlossen, könnte darin eine Einwilligung in die Veränderung bestellereigener Sachen liegen.[78] Problematisch wäre dann jedoch die Reichweite einer derartigen Einwilligung.[79] Der Besteller wird zwar gegebenenfalls in die Veränderung der (bereits) in seinem Eigentum stehenden Bauteile einwilligen, jedoch nur insoweit, als es um die übliche Bearbeitung geht. Um derartige Eingriffe geht es jedoch regelmäßig gerade nicht, sondern um weitergehende Beschädigungen. Die Annahme einer Einwilligung wird deshalb regelmäßig nicht weiterhelfen. Ferner hat derjenige, der ein Recht zur Verletzung behauptet, das Bestehen und auch den Umfang desselben zu beweisen.[80] Dieser Beweis wird dem Schädiger in der Praxis selten gelingen.

IV. Kausalität

35 In Hinblick auf die Ursächlichkeit zwischen Handlung und eingetretenem Schaden, d.h. haftungsbegründender und haftungsausfüllender Kausalität, gelten die allgemeinen Grundsätze.[81] Bei Schäden an einem Bauwerk kann in der baurechtlichen Praxis das Zusammenwirken von zwei Ursachen, die nur gemeinsam den Schaden hervorgerufen haben (kumulative Kausalität), vorliegen. Daneben gibt es auch Fälle, in denen ein und derselbe Schaden auf zwei, voneinander unabhängige Ursachen zurück zu führen ist (Doppelkausaltiät). Sowohl im Fall der kumulativen Kausalität als auch im Fall der Doppelkausalität sind Ansprüche gegen beide Schädiger gegeben. Zur Haftungsbegründung reicht Mitursächlichkeit aus.[82] Bei der Haftung der Höhe nach ist bei Schadensvertiefung unter Umständen eine Differenzierung vorzunehmen, wenn eine Zurechnung des Gesamtschadens zur Pflichtverletzung des »Erstschädigers« nicht möglich ist.[83]

V. Verschulden

36 Im Unterschied zu vertraglichen Ansprüchen (§ 280 Abs. 1 S. 2 BGB) hat bei deliktischen Ansprüchen der Verletze auch das Verschulden seitens des Verletzers darzulegen und zu beweisen.

37 Beruht die Mangelhaftigkeit und der hierdurch hervorgerufene Schaden auf einem für den Werkunternehmer nicht erkennbaren Produktfehler, den der Lieferant des Werkunternehmers zu vertreten hat, scheidet eine deliktische Haftung des Werkunternehmers mangels Verschulden regelmäßig aus. Die bei vertraglichen Ansprüchen diskutierte Frage der Erfüllungsgehilfeneigenschaft des Baustofflieferanten spielt im deliktischen Bereich keine Rolle (zur Haftung nach § 831 BGB siehe unten).

C. Verstoß gegen Schutzgesetz (§ 823 Abs. 2 BGB)

38 Es gibt eine Vielzahl von Schutzgesetzen im Sinne des § 823 Abs. 2 BGB, die (auch) im Rahmen der Abwicklung eines Bauvorhabens verletzt werden können, was zu einem Schadensersatzanspruch führt. Nachfolgend werden ausschließlich diejenigen Schutzgesetze dargestellt, die einen bauspezifischen Bezug aufweisen und in der Praxis häufiger zur Anwendung kommen oder diskutiert werden.

---

78 *Schlechtriem*, ZfBR 1992, 95, 98 m.w.N.
79 *Schlechtriem*, a.a.O.
80 BGH, Urt. v. 19.10.2004 – X ZR 142/03 = NJW-RR 2005, 172.
81 Vgl. hierzu z.B. Palandt/*Heinrichs*, 68. Aufl., vor § 249 Rn. 54 ff. und 86 f.
82 BGH, Urt. v. 27.06.2000 – VI ZR 201/99 = NJW 2000, 3423; BGH, Urt. v. 16.05.2002 – VII ZR 81/00 = BauR 2002, 1423 = NZBau 2002, 574 = NJW 2002, 2708; BGH, Urt. v. 26.01.1999 – VI ZR 374/97 = NJW-RR 1999, 819 = VersR 1999, 862.
83 Vgl. in allgemeiner Hinsicht zu derartigen Fällen: Palandt/*Heinrichs*, 68. Aufl., vor § 249 Rn. 86 ff.

I. Verstoß gegen § 319 StGB

Ein Verstoß gegen § 319 StGB (Baugefährdung) führt nicht zu einem Schadensersatzanspruch 39
des Bauherrn. Zwar ordnet § 319 StGB die Strafbarkeit an, wenn bei Planung, Leitung oder Ausführung eines Baues oder Abbruch eines Bauwerkes gegen die allgemein anerkannten Regeln der Technik verstoßen und hierdurch eine Gefährdung von Menschen hervorgerufen wird. § 319 StGB ist auch ein Schutzgesetz im Sine des § 823 Abs. 2 BGB, allerdings jedoch nicht dazu bestimmt, den Bauherrn vor Vermögensschäden zu bewahren, die aus vertragswidriger, mangelhafter Bauleistung entstehen.[84]

II. Verstoß gegen § 1 BauFordSiG

Eine Verletzung der Pflicht des Baugeldempfängers, das Baugeld zur Befriedigung der am Bau Beteiligten zu verwenden, war auch unter Geltung des GSB[85] sanktioniert. Nichts anderes gilt ab 40
dem 01.01.2009 nach dem Inkrafttreten des Forderungssicherungsgesetzes, mit dem auch das GSB geändert wurde und nunmehr Bauforderungssicherungsgesetz[86] heißt.

Zwar wurde die Pflicht zur Führung eines Baubuchs abgeschafft (vgl. noch § 1 Abs. 3 S. 2 Nr. 1 41
GSB). Allerdings wurde die bisherige Rechtsprechung umgesetzt und in § 1 Abs. 4 BauFordSiG ausdrücklich geregelt, dass die Beweislast den Empfänger trifft, wenn die Baugeldeigenschaft oder die Verwendung des Baugeldes streitig ist. Unter Geltung des GSB ging die Rechtsprechung von einer Umkehr der Beweislast dann aus, wenn der Empfänger der Geldbeträge kein Baubuch geführt oder dessen Herausgabe verweigert hat.[87]

Nach § 1 Abs. 3 Nr. 2 BauFordSiG gehören zum Baugeld nunmehr auch Geldbeträge, die der 42
Empfänger von einem Dritten für eine im Zusammenhang mit dem Bau stehende Leistung erhalten hat, wenn am Bau (außer dem Empfänger der Geldbeträge) weitere Unternehmer beteiligt sind, auch wenn es sich insoweit nicht um dinglich gesicherte Ansprüche handelt. Unter den Baugeldbegriff fallen zukünftig daher auch »normale« Abschlagszahlungen. Das Forderungssicherungsgesetz hat den Anwendungsbereich des BauFordSiG (bisher: GSB) insoweit ausgeweitet. Nach bisher geltendem Recht waren nur dinglich abgesicherte Geldbeträge vom Anwendungsbereich des GSB erfasst.

Aufgrund der Pflicht, das Baugeld für die Befriedigung der Personen, die an der Herstellung oder 43
dem Umbau »des Baues« (§ 1 Abs. 1 S. 1 BauFordSiG) beteiligt sind, zu verwenden, darf das Baugeld nicht ohne weiteres für andere Baustellen oder zur Deckung anderer Kosten (eigene AGK) derselben Baustelle verwendet werden.

Ein Schadensersatzanspruch setzt sowohl bei Verstößen gegen das GSB als auch bei Verstößen 44
gegen das Bauforderungssicherungsgesetz Verschulden voraus. Nach der zum GSB ergangenen Rechtsprechung soll eine Schadensersatzpflicht nur bei vorsätzlichen Verstößen gegen das GSB gegeben sein,[88] wobei an die Annahme von Vorsatz keine allzu hohen Anforderungen gestellt wurden. Ausreichend war die Darlegung von Umständen, die Eventualvorsatz begründen.[89] Als Anknüpfungspunkt sollte auch nach dem bisher geltenden GSB das Vorliegen einer Baumaßnahme mit einem gewissen Umfang ausreichen,[90] da bei derartigen Baumaßnahmen stets mit einer

---

84 BGH, Urt. v. 30.05.1963 – VII ZR 236/01 = NJW 1963, 1827; BGH, Urt. v. 03.12.1964 – VII ZR 61/63 = NJW 1965, 534.
85 Vgl. zum GSB: *Kniffka/Koeble*, 3. Aufl., 11. Teil Rn. 160 ff.
86 Vgl. zum Bauforderungssicherungsgesetz: *Stammkötter*, 3. Aufl.
87 BGH, Urt. v. 09.12.1986 – VI ZR 287/85 = BauR 1987, 229.
88 BGH, Urt. v. 13.12.2001 – VII ZR 305/99 = NJW-RR 2002, 740 = BauR 2002, 620; BGH, Urt. v. 09.10.1990 – VI ZR 230/89 = NJW-RR 1991, 141.
89 BGH, Urt. v. 13.12.2001 – VII ZR 305/99 = NJW-RR 2002, 740 = BauR 2002, 620.
90 Vgl. hierzu *Kniffka/Koeble*, Kompendium 3. Aufl., 10. Teil Rn. 202 m.w.N.

grundpfandrechtlichen Sicherung zu rechnen sei.[91] Da nach Inkrafttreten des Bauforderungssicherungsgesetzes der Anwendungsbereich ausgedehnt wurde und ausreichend ist, dass es sich um Geldbeträge von Dritten handelt, wird hierdurch zukünftig auch die Möglichkeit des Nachweises von (zumindest) Eventualvorsatz erleichtert.

45 Von besonderer Bedeutung ist, dass Verstöße gegen das GSB bzw. BauFordSiG über § 823 Abs. 2 BGB einen Zugriff auf die Organe der Unternehmen, die Baugeld erhalten haben, ermöglichen.[92]

46 Noch nicht abschließend geklärt ist, inwieweit der Baugeldempfänger das Baugeld von seinem sonstigen Vermögen zu separieren hat und ob beispielsweise baustellenbezogene Treuhandkonten eingerichtet werden müssen oder ob es sich insoweit um eine Obliegenheit aufgrund der Beweislastverteilung nach § 1 Abs. 4 BauFordSiG handelt.

III. Verstoß gegen § 909 BGB

47 § 909 BGB ist Schutzgesetz im Sinne des § 823 Abs. 2 BGB.[93] Es kommen Ansprüche des Bauherrn bei unzulässiger Vertiefung des Nachbargrundstücks, beispielsweise bei einer parallel durchgeführten Baumaßnahme in Betracht, aber auch Ansprüche des Nachbarn gegen den die Baumaßnahme durchführenden Bauherrn. Der Anspruch kann sich auch gegen die an der Vertiefung Beteiligten[94] (Architekt,[95] ausführendes Unternehmen, Sonderfachmann) richten. Voraussetzung einer Haftung des Vertiefenden ist Verschulden, d.h. dass er bei Anwendung der im Verkehr erforderlichen Sorgfalt hätte erkennen müssen, dass das später geschädigte Grundstück durch die Vertiefung die Stütze verliert.[96] Am erforderlichen Verschulden kann es beispielsweise dann fehlen, wenn der Stützverlust im Rahmen einer Grundwasserabsenkung aufgrund einer nicht erkennbaren geologischen Besonderheit hervorgerufen wird oder wenn ein Baugrund- und Gründungsgutachten vorliegt, die Folgerungen des Gutachtens für den Architekten plausibel und mit seinen eigenen Kenntnissen vereinbar sind[97] und der Architekt dieses Gutachten seinen Entscheidungen zugrunde legt. Allerdings sind an die Sorgfaltspflichten des am Bau beteiligten Architekten hohe Anforderungen zu stellen.[98]

IV. Verstoß gegen Regelungen der Baustellenverordnung[99] und Arbeitsschutzbestimmungen

48 Die Baustellenverordnung stellt ein Schutzgesetz im Sinne des § 823 Abs. 2 BGB dar. Sie dient ausweislich des § 1 Abs. 1 gerade dem Schutz der am Bau Beschäftigten vor Arbeitsunfällen.[100] Aus dieser Vorschrift ergeben sich jedoch auch der Normzweck und die daraus resultierende Beschränkung des geschützten Personenkreises. Der Bauherr ist durch die VO nicht geschützt. Insoweit sind jedoch die allgemeinen Verkehrssicherungspflichten zu beachten (vgl. oben).

49 Auch sonstige Arbeitsschutzbestimmungen stellen regelmäßig Schutzgesetze im Sinne des § 823 Abs. 2 BGB dar.[101]

---

91 OLG Bamberg, Urt. v. 10.02.2003 – 4 U 250/02 = NJW-RR 2003, 960 = NZBau 2003, 680.
92 Vgl. im Einzelnen: *Werner/Pastor,* 12. Aufl., Rn. 1868; *Kniffka/Koeble,* 3. Aufl., 10. Teil Rn. 160 ff.
93 BGH, Urt. v. 05.04.1991 – V ZR 39/90 = BGHZ 114, 161 = NJW 1991, 2019.
94 BGH, Urt. v. 22.10.2004 – V ZR 310/03 = NZBau 2005, 227 = BauR 2005, 577; BGH, Urt. v. 26.01.1996 – V ZR 264/94 = NJW-RR 1996, 852.
95 BGH, Urt. v. 26.11.1982 – V ZR 314/81 = BGHZ 85, 375 = NJW 1983, 872; BGH, Urt. v. 10.07.1987 – V ZR 285/85 = BGHZ 101, 290 = NJW 1987, 2808.
96 BGH, Urt. v. 05.11.1976 – V ZR 93/73 = NJW 1977, 763.
97 BGH, Urt. v. 26.01.1996 – V ZR 264/94 = NJW-RR 1996, 852.
98 BGH, Urt. v. 26.11.1982 – V ZR 314/81 = BGHZ 85, 375 = NJW 1983, 872.
99 Zur Baustellenverordnung: *Meyer,* BauR 2006, 597.
100 Ebenso *Meyer,* NZBau 2003, 605 m.w.N.
101 Vgl. insoweit *Kollmer,* Arbeitsschutzgesetz 2005.

V. Sonstige

Bei Unfällen auf der Baustelle ist auch immer daran zu denken, dass die Landesbauordnungen Schutzgesetze im Sinne des § 823 Abs. 2 BGB darstellen können, soweit sie Vorschriften zum Schutz von Leib und Leben enthalten.[102]

50

D. Haftung für den Verrichtungsgehilfen (§ 831 BGB)

Nach ganz h.M. sind selbstständige Unternehmen, die vom Bauherrn bzw. dem Hauptunternehmer (als Nachunternehmer) zur Durchführung bestimmter Arbeiten eingeschaltet werden, grundsätzlich keine Verrichtungsgehilfen. Sie sind auf der Grundlage eines eigenen Werkvertrags tätig und dabei im Allgemeinen nicht Weisungen des Hauptunternehmers regelmäßig nicht unterworfen, sodass sie als dessen Hilfsperson angesehen werden müssten.[103] Aus den gleichen Gründen scheidet auch eine Haftung des Werkunternehmers für Pflichtverletzung des Baustofflieferanten aus. Der Baustofflieferant ist kein Verrichtungsgehilfe des Bauherrn.

51

E. Ansprüche nach dem Produkthaftungsgesetz

Genauso wie auch bei deliktischen Ansprüchen können Ansprüche nach dem Produkthaftungsgesetz außerhalb der vertraglichen Beziehungen bestehen und hierdurch eine möglicherweise eingetretene Insolvenz des Vertragspartners umgangen werden. Allerdings ist der Anwendungsbereich des Produkthaftungsgesetzes von vornherein beschränkt. Für den Fall der Sachbeschädigung greift die Produkthaftung nur ein, wenn eine andere Sache als das fehlerhafte Produkt beschädigt wird und diese andere Sache ihrer Art nach gewöhnlich für den privaten Ge- oder Verbrauch bestimmt und hierzu auch verwendet worden ist, § 1 Abs. 1 S. 2 ProdHaftG. Ansprüche betreffend das fehlerhafte Produkt an sich und Ansprüche im gewerblichen Bereich scheiden daher aus. Im Unterschied zur deliktischen Produkthaftung ist im Anwendungsbereich des ProdHaftG Verschulden nicht Voraussetzung der Haftung.[104]

52

Haftender ist grundsätzlich der Hersteller. Zur Erleichterung sieht § 4 Abs. 1 S. 2 ProdHaftG vor, dass auch derjenige haftet, der sich als Hersteller ausgibt, auch wenn er tatsächlich nicht Hersteller ist. Als Hersteller und damit Haftender gilt nach § 4 Abs. 2 ProdHaftG unter bestimmten Umständen auch der Importeur und gem. § 4 Abs. 3 S. 1 ProdHaftG der Lieferant, sofern der Hersteller des Produktes nicht festgestellt werden kann.

In der Rechtsprechung spielen Ansprüche nach dem ProdHaftG bei baurechtlichen Sachverhalten nur eine untergeordnete Rolle.[105]

53

F. Darlegungs- und Beweislast

Neben dem Verschulden, dem Schaden und der Kausalität hat der Verletzte auch darzulegen und bei Bestreiten zu beweisen, dass derjenige gehandelt hat, der in Anspruch genommen wird. Gerade bei Schäden an Bauteilen und angesichts der Vielzahl der am Bau Beteiligten kann hieran die erfolgreiche Geltendmachung deliktischer Ansprüchen scheitern. Kommen beispielsweise zwei

54

---

102 BGH, Urt. v. 22.04.1986 – VI ZR 77/85 = NJW-RR 1986, 1350: für die Verpflichtung zur Anbringung eines Handlaufes gemäß der bayerischen Bauordnung.
103 BGH, Urt. v. 21.06.1994 – VI ZR 215/93 = BauR 1994, 780 = NJW 1994, 2756; OLG Stuttgart, Urt. v. 13.01.2000 – 7 U 208/99 = VersR 2002, 587; OLG Hamm, Urt. v. 05.08.2003 – 21 U 46/03 = NJOZ 2004, 830.
104 Vgl. z.B. Palandt/*Sprau*, ProdHaftG, 68. Aufl., 2009, Einf. Rn. 5, allerdings gibt es im Gegenzug bestimmte Ausschlusstatbestände für die Haftung, die in § 1 Abs. 2 ProdHaftG im Einzelnen ausdrücklich aufgeführt sind.
105 Zwei Beispiele: OLG Celle, Urt. v. 07.11.2001 – 9 U 162/01 = BauR 2003, 396; OLG Stuttgart, Urt. v. 14.01.1999 – 7 U 190/98 = VersR 2001, 465.

ausführende Unternehmen als Verursacher für einen Schaden in Betracht, muss durch eine Beweisaufnahme die Verursachung geklärt werden.

55 Erst wenn feststeht, dass Handlungen beider zumindest mitursächlich für den eingetretenen Schaden sind, sich jedoch die Verantwortungsanteile nicht ermitteln lassen, kommt § 840 Abs. 1 BGB zur Anwendung. § 840 Abs. 1 BGB setzt voraus, dass mehrere Personen, jeweils für sich, gegebenenfalls auch in unterschiedlichem Umfang, für denselben Schaden haften[106] und ist keine eigenständige Anspruchsgrundlage.

56 § 830 Abs. 1 S. 2 BGB setzt zwar keine Beihilfe voraus. »Beteiligt« im Sinne der vorgenannten Vorschrift sind vielmehr Personen, deren Handlungen sachlich, räumlich und zeitlich mit der Schädigung einen tatsächlich zusammenhängenden einheitlichen Vorgang bilden; die Personen müssen nichts voneinander wissen.[107] § 830 Abs. 1 S. 2 BGB kommt jedoch dann nicht zur Anwendung, wenn noch nicht einmal geklärt ist, ob der in Anspruch Genommene am Schadenseintritt überhaupt beteiligt war.[108] Vor diesem Hintergrund spielen Erleichterungen, um den Beweis führen zu können, eine nicht unerhebliche Rolle.

I. Anscheinsbeweis und Beweislastumkehr

57 Bei Verletzung der Verkehrssicherungspflicht kommt die Anwendung der Grundsätze zum Anscheinsbeweis[109] (und vorgelagert eine Verkürzung der Darlegungslast) im Hinblick auf die Kausalität zwischen einer verkehrswidrigen Gefahrenquelle und dem eingetretenen Schaden in Betracht.[110] Steht also beispielsweise fest, dass es eine Fehlstelle im Pflasterbelag auf der Baustelle gab und dass der Verletzte in unmittelbarer räumlicher Nähe zu dieser Fehlstelle gestürzt ist, kommen dem Verletzten die Grundsätze zum Anscheinsbeweis zugute.[111]

58 Ferner können die Grundsätze zum Anscheinsbeweis bei Verletzung von Schutzgesetzen im Sinne des § 823 Abs. 2 BGB zur Anwendung kommen, allerdings nur dann, wenn ein Schutzgesetz typischen Gefährdungsmöglichkeiten entgegenwirken soll und die Lebenserfahrung dafür spricht, dass der Verstoß gegen das Schutzgesetz eine Bedingung des Unfallerfolges war. Der Anscheinsbeweis kommt demnach nicht bei jeder Verletzung eines Schutzgesetzes zur Anwendung,[112] sondern dann, wenn zusätzlich im Zusammenhang mit dem Verstoß gerade derjenige Schaden eingetreten ist, der mit Hilfe des Schutzgesetzes verhindert werden sollte. Dann spricht grundsätzlich der Beweis des ersten Anscheins dafür, dass der Verstoß für den Schadenseintritt ursächlich gewesen ist.

59 Ebenso ist der Anscheinsbeweis nach ständiger Rechtsprechung bei Verstößen gegen Unfallverhütungsvorschriften gerechtfertigt, wenn sich in dem Unfall gerade die Gefahr verwirklicht hat, zu deren Verhinderung die Vorschriften erlassen worden sind.[113]

---

106 BGH, Urt. v. 07.11.1978 – VI ZR 128/76 = NJW 1979, 544.
107 Palandt/*Sprau,* 68. Aufl., Rn. 7.
108 *Werner/Pastor,* 12. Aufl., Rn. 2614; BGH, Urt. v. 21.01.1975 – VI ZR 74/73 = VersR 1975, 714; BGH. Urt. v. 24.01.1984 – VI ZR 37/82 = BGHZ 89, 383 = NJW 1984, 1226.
109 Allgemein zum Anscheinsbeweis: z.B. *Zöller,* 27. Aufl., vor § 284 Rn. 29; zur Anwendung bei baurechtlichen Fällen: *Werner/Pastor,* 12. Aufl., Rn. 2595 ff.
110 BGH, Urt. v. 02.06.2005 – III ZR 358/04 = NJW 2005, 2454 = NJW 2005, 3144; BGH, Urt. v. 14.12.1993 – VI ZR 271/92 = NJW 1994, 945: glatte Treppenstufen; BGH, Urt. v. 04.03.1997 – VI ZR 51/96 = BauR 1997, 673 = NJW 1997, 1853: Absturz von Baugerüst.
111 BGH, a.a.O.
112 BGH, Urt. v. 22.04.1986 – VI ZR 77/85 = NJW-RR 1986, 1350; BGH, Urt. v. 27.06.1975 – VI ZR 42/74 = VersR 1975, 1007.
113 BGH, Urt. v. 09.11.1971 – VI ZR 58/70 = VersR 1972, 149; BGH, Urt. v. 25.01.1983 – VI ZR 92/81 = NJW 1983, 1380= VersR 1983, 440; BGH, Urt. v. 08.05.1984 – VI ZR 296/82 = VersR 1984, 775; BGH, Urt. v. 20.09.1983 – VI ZR 248/81 = NJW 1984, 360.

Abgesehen von dem zuvor dargestellten Anwendungsbereich können die Grundsätze zum An- 60
scheinsbeweis nach wohl h.M. im Hinblick auf die Kausalität, (der objektiven) Pflichtwidrigkeit
und im Hinblick auf das Verschulden zur Anwendung kommen.[114]

Bei der deliktischen Produkthaftung ist der Anwendungsbereich des Anscheinsbeweises ausgewei- 61
tet. Steht fest, dass ein objektiver Mangel eines Produkts zu einer Eigentumsverletzung geführt
hat, ist der Geschädigte nicht nur von dem Beweis des Verschuldens, sondern auch von dem Beweis der objektiven Pflichtwidrigkeit des Herstellers entlastet.[115]

Durch die Rechtsprechung wurde die gesetzlich vorgegebene Beweislastverteilung in bestimmten 62
Konstellationen (beispielsweise beim Arzthaftungsrecht) modifiziert bis hin zu einer Umkehr der
Beweislast. Zwar kann unter bestimmten Voraussetzungen auch bei Ansprüchen betreffend Bauwerksschäden eine Umkehr der Beweislast eintreten. Dies gilt jedoch nur für Sonderfälle und ist
von der Rechtsprechung auch nur für vertragliche Ansprüche bei Verletzung der Kooperationspflicht entschieden worden.[116]

II. Beweisvereitelung

Die Grundsätze zur Beweisvereitelung[117] können auch bei deliktischen Ansprüchen zur Anwen- 63
dung kommen. Bei Ansprüchen im Zusammenhang mit der Beschädigung von Bauwerksteilen
können diese Grundsätze beispielsweise dann eine Rolle spielen, wenn der Bauherr (vorschnell)
Beschädigungen beseitigen oder überbauen lässt. Da bei deliktischen Ansprüchen der Bauherr für
alle anspruchsbegründenden Umstände beweispflichtig ist und er deshalb selten die Beweisführung des Unternehmers (sondern allenfalls die eigene) beeinträchtigen wird, ist die praktische Bedeutung im Deliktsrecht geringer als beispielsweise bei vertraglichen Ansprüchen.[118]

---

114 *Werner/Pastor*, 12. Aufl., Rn. 2601 m.w.N.
115 BGH, Urt. v. 11.06.1996 – VI ZR 202/95 = NJW 1996, 2507.
116 BGH, Urt. v. 23.10.2008 – VII ZR 64/07 = BauR 2009, 237 = NJW 2009, 360 = NZBau 2009, 117.
117 Allgemein hierzu: *Zöller*, 27. Aufl., Rn. 14a.
118 Vgl. zum Beispiel: BGH, Urt. v. 23.10.2008 – VII ZR 64/07 = BauR 2009, 237 = NJW 2009, 360 = NZBau 2009, 117.

Teil III: Vergabe- und Vertragsordnung für Bauleistungen (VOB) Teil B – Allgemeine Vertragsbedingungen für die Ausführung von Bauleistungen – DIN 1961

i.d.F. vom 31.07.2009 (Beilage zum BAnz Nr. 155)

§ 1 Art und Umfang der Leistung

(1) Die auszuführende Leistung wird nach Art und Umfang durch den Vertrag bestimmt. Als Bestandteil des Vertrags gelten auch die Allgemeinen Technischen Vertragsbedingungen für Bauleistungen (VOB/C).

(2) Bei Widersprüchen im Vertrag gelten nacheinander:
1. die Leistungsbeschreibung,
2. die Besonderen Vertragsbedingungen,
3. etwaige Zusätzliche Vertragsbedingungen,
4. etwaige Zusätzliche Technische Vertragsbedingungen,
5. die Allgemeinen Technischen Vertragsbedingungen für Bauleistungen,
6. die Allgemeinen Vertragsbedingungen für die Ausführung von Bauleistungen.

(3) Änderungen des Bauentwurfs anzuordnen, bleibt dem Auftraggeber vorbehalten.

(4) Nicht vereinbarte Leistungen, die zur Ausführung der vertraglichen Leistung erforderlich werden, hat der Auftragnehmer auf Verlangen des Auftraggebers mit auszuführen, außer wenn sein Betrieb auf derartige Leistungen nicht eingerichtet ist. Andere Leistungen können dem Auftragnehmer nur mit seiner Zustimmung übertragen werden.

Schrifttum

Bruns Schluss mit einseitigen Änderungen des Bauentwurfs nach § 1 Nr. 3 VOB/B? in: ZfBR 2005, 525 ff.; *Joussen* Die Privilegierung der VOB nach dem Schuldrechtsmodernisierungsgesetz, in: BauR 2002, 1759 ff.; *Kretschmann* Zum Vorschlag des BMJ zur Änderung der BGB-Regelungen über die Privilegierung der VOB, in: BauR 2005, 615 ff.; *Lenkeit* Das modernisierte Verjährungsrecht, in: BauR 2002, 196 ff.; *Peters* Das Baurecht im modernisierten Schuldrecht – Überblick, kritische Anmerkungen, Ausblick, in: NZBau 2002, 113 ff.; *Preussner* Das neue Werkvertragsrecht im BGB 2002, in: BauR 2002, 231 ff.; *Quack* Theorie zur Rechtsnatur von § 1 Nr. 3 VOB/B und ihre Auswirkungen auf die Nachtragsproblematik, in: ZfBR 2004, 107 ff.; *Rehbein* Auftraggeberanordnung und Risikoverteilung beim Bauwerkvertrag und VOB-Vertrag – unter besonderer Berücksichtigung der Mängelgewährleistung, 2007; *Siegburg* Baumängel aufgrund fehlerhafter Vorgaben des Bauherrn, in: Festschrift für Hermann Korbion, Düsseldorf 1986, S. 411 ff.; *Schenke* Ende der Privilegierung der VOB/B in Verbraucherverträgen, in: BauR 2008, 1972 ff.; *Schwenker/Heinze* Die VOB/B 2002 in: BauR 2002, 1143 ff.; *Thode* Nachträge wegen gestörten Bauablaufs. – Eine kritische Bestandsaufnahme, in: ZfBR 2004, 214 ff.; *ders.* Änderungsbefugnis des Bauherrn in § 1 Nr. 3 VOB/B, in: BauR 2008, 155 ff.; *v. Westphalen* AGB-Recht ins BGB – Eine erste Bestandsaufnahme, in: NJW 2002, 12 ff.; *Zanner/Keller* Das einseitige Anordnungsrecht des Auftraggebers zu Bauzeit und Bauablauf und seine Vergütungsfolgen, in: NZBau 2004, 353 ff.

Übersicht	Rdn.		Rdn.
A. Systematik	1	II. Zusätzliche Leistungen (Abs. 4)	26
B. Abschluss eines Bauvertrages (Abs. 1)	9	III. Allgemeine Grenzen des Anordnungsrechts	30
C. Einbeziehung der VOB/B in den Bauvertrag	11	IV. Rechtsfolgen einer unzulässigen Auftraggeberanordnung	33
D. Widersprüche im Vertrag (Abs. 2)	12	V. Die Inhaltskontrolle gem. §§ 305 ff. BGB	34
E. Die Anordnungsrechte des Auftraggebers	13		
I. Die Änderung des Bauentwurfs (Abs. 3)	14		

§ 1 VOB/B Art und Umfang der Leistung

A. Systematik

1 I. Die §§ 1 und 2 der VOB/B legen die zentralen Pflichten der Bauvertragsbeteiligten fest. Während § 1 VOB/B in Konkretisierung des § 631 BGB das sog. Bausoll als maßgebliche Leistungspflicht des Auftragnehmers näher bestimmt, enthält § 2 VOB/B Aussagen zur Gegenleistungspflicht des Auftraggebers. Eine besonders enge Verzahnung besteht dabei zwischen den Anordnungsrechten des Auftraggebers gem. den §§ 1 Abs. 3 und 4 VOB/B einerseits und den korrespondierenden Vorschriften zu den sich daraus ergebenden Zusatzvergütungsansprüchen des Auftragnehmers in §§ 2 Abs. 5 und 6 VOB/B andererseits.

2 II. Der Festlegung des Bausolls kommt im Hinblick auf die Erfüllungs- und Gewährleistungsansprüche des Auftraggebers einerseits sowie für die Bestimmung der Vergütungsansprüche des Auftragnehmers andererseits eine zentrale Bedeutung zu. In der Praxis erweist sich dies nicht zuletzt wegen der Besonderheiten des Bauwerkvertrages als eine nicht immer einfache Aufgabe.

3 1. Anders als bei den sonstigen Vertragsarten des Bürgerlichen Gesetzbuches ist der Werkvertrag nicht durchgehend einem typischen Alltagsgeschäft zuzuordnen. Ist es dem Auftraggeber noch ein Leichtes, dem Handwerker die von diesem geforderte Leistung – etwa die Reparatur eines Elektrogerätes – anzuweisen, erfordert der Bauvertrag in der Regel detaillierte Angaben über die funktionalen und ästhetischen Anforderungen des zu erstellenden Bauwerkes. Zur genauen Bestimmung des gewünschten Ergebnisses, also des Leistungsziels, bedarf es daher zunächst einer Reihe von Einzelangaben oder *Zieldaten*, um das Werk als solches hinreichend genau zu beschreiben.

4 2. Neben der Frage, »Was« erstellt werden soll, kommt es aber gerade beim Bauvertrag ganz entscheidend auch auf das »Wie« dieser Herstellung an. Die Art und Weise der Werkausführung ist Gegenstand der oftmals eine umfangreiche Planung erfordernden (technischen) *Ausführungsdaten*.

5 3. Schließlich ist der Auftragnehmer darüber hinaus auf sog. *Rahmendaten* angewiesen, die für den Bauablauf als solchen von Bedeutung sind. Hierzu gehören insbesondere Informationen zur Bodenbeschaffenheit oder zur Wasser- und Energieversorgung.

6 4. Zwar gibt es auch im Baubereich Fälle, in denen sich der Auftraggeber mit der Angabe des Leistungsziels in einer sog. funktionalen Leistungsbeschreibung begnügt, indem etwa nur die »Anbringung von Isolierfenstern für alle Fensteröffnungen«,[1] ggf. mit dem Zusatz in »funktionsfähiger Ausführung«[2] oder die »Asbestsanierung laut Gutachten«[3] verlangt wird. In der Praxis erfolgt aber regelmäßig eine Zusammenfassung der oben genannten Informationen in einem sog. Leistungsverzeichnis, so wie dies § 9 Abs. 6–9 VOB/A für den Bereich der öffentlichen Aufträge ausdrücklich vorsieht.

7 5. Der Werkvertrag baut ebenso wie andere Schuldverträge auf den Regeln des allgemeinen Schuldrechts auf; auch bestehen diverse Parallelen zum Kaufvertrag, zu dem die Schuldrechtsreform hinsichtlich der Gewährleistungsvorschriften eine gewisse Harmonisierung herbeigeführt hat. Der Bauvertrag ist aber im Gegensatz zu einem Kaufvertrag oder einem, auf einen punktuellen Leistungsaustausch gerichteten, Handwerksvertrag dadurch gekennzeichnet, dass die Leistung über einen längeren Zeitraum hinweg erbracht wird. Damit sind die Vertragsparteien hier, ähnlich wie bei einem Dauerschuldverhältnis, auf eine fortdauernde vertrauensvolle Zusammenarbeit angewiesen. Dieser sog. *Langzeit- bzw. Rahmencharakter* des Bauvertrages[4] hat zur Folge, dass es im Verlaufe der Ausführung aufgrund unterschiedlichster Ursachen zu Änderungen der ursprünglichen Leistungsbeschreibung kommen kann.

---

1 BGH, NJW 1997, 1772 f.
2 OLG München, BauR 2006, 689, 690.
3 OLG Düsseldorf, BauR 2002, 1104, 1105.
4 Ausführlich hierzu zuletzt: OLG Köln, NJW-RR 2002, 15, 18; *Nicklisch/Weick*, VOB/B, Einl., Rn. 2 f.

6. Aus diesen Besonderheiten ergibt sich die Notwendigkeit, auch noch während der Vertragsausführung Konkretisierungen bzw. Modifizierungen des vereinbarten Bausolls vorzunehmen. Dabei stellt es eine weitere Besonderheit des Bauvertrages dar, dass dem Auftraggeber die Möglichkeit eingeräumt wird, innerhalb bestimmter Grenzen auf das Bausoll durch einseitige Anordnungen Einfluss zu nehmen. Kompetenzregelungen hierzu finden sich ausdrücklich in den §§ 1 Abs. 3, 4 VOB/B sowie § 4 Abs. 1 Nr. 3 VOB/B. Dabei gewähren §§ 1 Abs. 4 und 4 Abs. 1 Nr. 3 VOB/B die Möglichkeit, Anordnungen in Bezug auf notwendige Änderungen des Leistungsziels bzw. der Ausführungsweise vorzunehmen, während § 1 Abs. 3 VOB/B dem Auftraggeber noch weitergehende Eingriffe in den Bauentwurf erlaubt. Obwohl das BGB derartige Bestimmungen nicht enthält, wird man dem Auftraggeber auch hier, allerdings in eingeschränktem Maße, ein einseitiges Anordnungsrecht zubilligen müssen.[5]

B. Abschluss eines Bauvertrages (Abs. 1)

§ 1 Abs. 1 S. 1 VOB/B hält zunächst die rechtsgeschäftliche Selbstverständlichkeit fest, dass das Bausoll durch den Vertrag festgelegt wird. Für den Vertragsschluss gelten keine Besonderheiten, vielmehr kommen hier – wie auch sonst – die §§ 145 ff. BGB zur Anwendung. Damit von einem Bauvertrag gesprochen werden kann, muss sich der vereinbarte Leistungserfolg auf eine Bauleistung, also auf Arbeiten beziehen, durch die eine bauliche Anlage hergestellt, instand gehalten, geändert oder beseitigt wird (§ 1 VOB/A). Einer Festlegung der Vergütung als essentialia des Vertrages bedarf es nicht, da diese gem. § 632 Abs. 1 BGB vermutet wird und gem. § 632 Abs. 2 BGB überdies auch bestimmbar ist. Hinsichtlich seines Inhaltes stellt der Bauvertrag allerdings aufgrund der in den Rdn. 3 ff. geschilderten Eigenarten oftmals besondere Anforderungen an seine Auslegung.[6]

Aus § 1 Abs. 1 S. 2 VOB/B ergibt sich, dass die Einbeziehung der VOB/B, vorbehaltlich vorrangiger Regelungen gem. § 1 Abs. 2 VOB/B, zugleich auch die Einbeziehung der *VOB/C* zur Folge hat. Da im Rahmen der Auslegung eines Vertrages gemäß den §§ 133, 157 BGB die Verkehrssitte eine zentrale Rolle spielt, kommt der VOB/C als einer der Verkehrssitte entsprechenden Regelung auch bei den Verträgen, die die vorgenannte Bestimmung nicht ausdrücklich mit einbezieht, Bedeutung zu.[7]

C. Einbeziehung der VOB/B in den Bauvertrag

Als Allgemeine Geschäftsbedingung wird die VOB/B nur dann Bestandteil des Bauvertrages, wenn sie gem. § 305 Abs. 2 BGB wirksam einbezogen wurde. Trotz der Gebräuchlichkeit der VOB/B existiert kein Handelsbrauch i.S.d. § 346 HGB und keine Verkehrssitte, wonach diese Regelung bei Bauverträgen stets gelten soll.[8] Die Einbeziehung setzt also voraus, dass der Verwender den Vertragspartner bei Vertragsschluss ausdrücklich auf die VOB/B hinweist[9] und diesem zudem die Möglichkeit verschafft, in zumutbarer Weise von deren Inhalt Kenntnis zu erlangen. Im *gewerblichen Bereich* genügt zur Einbeziehung der bloße Hinweis auf die VOB/B, da bei Unternehmern i.S.d. § 14 BGB die Kenntnis deren Inhalts unterstellt werden kann.[10] Demgegenüber muss einem *Verbraucher* i.S.d. § 13 BGB der Text der VOB/B tatsächlich zugänglich gemacht werden.[11] Hier genügt weder der Hinweis darauf, dass der Text »auf Wunsch« ausgehändigt wer-

---

5 Vgl. § 645 BGB Rdn. 12 ff.
6 Vgl. zum Problem des lückenhaften Leistungsverzeichnisses § 633 Rdn. 44–46.
7 Ingenstau/Korbion/*Vygen*, VOB/B, Einl. Rn. 35.
8 *Kemper*, in: Franke/Kemper/Zanner/Grünhagen, VOB/B, § 1 Rn. 4.
9 Der Ausnahme des Aushanges dürfte beim Bauvertrag kaum praktische Bedeutung zukommen.
10 *Kemper*, in: Franke/Kemper/Zanner/Grünhagen, VOB/B, § 1 Rn. 7; Leinemann/*Roquette*, VOB/B, § 1 Rn. 15.
11 *Kemper*, in: Franke/Kemper/Zanner/Grünhagen, VOB/B, § 1 Rn. 6; Leinemann/*Roquette*, VOB/B, § 1 Rn. 16.

de[12] noch die Tatsache, dass auf der Seite des Auftraggebers ein Architekt tätig ist,[13] außer dieser wäre direkt mit den Vertragsverhandlungen betraut.[14]

D. Widersprüche im Vertrag (Abs. 2)

12 In der Praxis stellen sich Bauverträge oftmals als umfangreiche Regelwerke aus individuellen Vereinbarungen nebst Leistungsbeschreibung, VOB/B, Besonderen und Zusätzlichen Vertragsbedingungen dar. Hierdurch bedingt bleibt es nicht aus, wenn sich hierbei Widersprüche zwischen den im Einzelnen nicht aufeinander abgestimmten Regelwerken ergeben. Diese Widersprüche will § 1 Abs. 2 VOB/B auflösen, wobei aber vorrangig eine Auslegung entsprechend den allgemeinen Regelungen gem. §§ 133, 157 BGB vorzunehmen ist.[15] Soweit Vertragsbestimmungen von dem Inhalt der VOB/B und des BGB abweichen, wird man darüber hinaus auch stets §§ 305c Abs. 1 und 2 BGB sowie die Einhaltung des Transparenzgebotes gem. § 307 Abs. 1 S. 2 BGB zu prüfen haben.[16] § 1 Abs. 2 VOB/B enthält im Übrigen eine Rangfolgenbestimmung (»gelten nacheinander«) entsprechend dem Prinzip des Vorranges der spezielleren vor der allgemeineren Regelung. Bei Widersprüchen innerhalb gleichrangiger Vertragsbestandteile muss durch Auslegung der wirkliche Parteiwille nach dem objektiven Erklärungsgehalt ermittelt werden.[17] Dabei ist davon auszugehen, dass sämtliche Vertragsbestandteile ein sinnvolles Ganzes ergeben sollen.[18]

E. Die Anordnungsrechte des Auftraggebers

13 §§ 1 Abs. 3 und 4 VOB/B enthalten zwei – und zwar die wichtigsten – Bestimmungen über das Anordnungsrecht des Auftraggebers.

I. Die Änderung des Bauentwurfs (Abs. 3)

14 Gem. § 1 Abs. 3 VOB/B bleibt es dem Auftraggeber vorbehalten, die Änderung des Bauentwurfes anzuordnen.

15 1. Bei der Änderungsbefugnis des Auftraggebers gem. § 1 Abs. 3 VOB/B handelt es sich nach zutreffender Ansicht um ein einseitiges Leistungsbestimmungsrecht im Sinne des § 315 BGB.[19]

16 2. Von einem *Bauentwurf* spricht die VOB/B nur noch in § 2 Abs. 5, um die Korrelation des dort postulierten Mehrvergütungsanspruches mit der Änderungsanordnung des § 1 Abs. 3 VOB/B kenntlich zu machen. Insbesondere § 1 Abs. 2 VOB/B nennt zwar generell alle möglichen Vertragsbestandteile, führt hier aber nur die Leistungsbeschreibung auf, ohne den Bauentwurf zu erwähnen. Hieraus folgt, dass beide Begriffe voneinander unterschieden werden müssen. Auch die Entwurfsplanung gem. §§ 15 Abs. 2 Nr. 3 HOAI ist nicht mit dem Bauentwurf im Sinne des § 1 Nr. 3 VOB/B gleichzusetzen.

17 a) Änderungen am Leistungsbild können sich oftmals noch in der Bauphase als notwendig oder zumindest zweckmäßig herausstellen. Gäbe es in einer solchen Situation die Möglichkeit einer einseitigen Modifizierung durch den Auftraggeber nicht, bliebe ihm für den Fall, dass es zu keiner

---

12 *Werner/Pastor*, Der Bauprozess, Rn. 1009.
13 OLG Saarbrücken, BauR 2006, 2060.
14 OLG Brandenburg, BauR 2005, 1971.
15 *Kemper*, in: Franke/Kemper/Zanner/Grünhagen, VOB/B, § 1 Rn. 44.
16 Ebenso: Staudinger-BGB/*Peters*, § 633 Rn. 8.
17 BGH, BauR 2003, 388.
18 BGH, BauR 1999, 897.
19 BGH, NJW 1996, 1346, 1347; ebenso: Leinemann/*Roquette*, VOB/B, § 1 Rn. 40; *Quack*, ZfBR 2004, 107, 108; a.A.: Ingenstau/Korbion/*Keldungs*, VOB/B, § 1 Nr. 3 Rn. 1, der für § 1 Nr. 3 VOB/B von einer »Verpflichtungsermächtigung« spricht; das OLG Dresden, BauR 1998, 565, 566 f. geht von einem Fall des Kontrahierungszwanges aus; vgl. näher zum Ganzen auch: *Rehbein*, Die Anordnung des Auftraggebers S. 40 f.

Einigung über die Anpassung kommt, nur noch der Weg der Kündigung des Vertrages. Auf diesem Hintergrund müssen unter dem Begriff des Bauentwurfs alle Vertragsbestandteile verstanden werden, die der Beschreibung der von dem Auftragnehmer übernommenen Leistungsverpflichtung dienen.[20] Der Bauentwurf umfasst also vorrangig die Leistungsbeschreibung, sämtliche Planungen, insbesondere die zeichnerischen Darstellungen des Bauwerks (Grundriss, Lageplan, Ansicht) inklusive aller schriftlichen wie auch möglicherweise mündlichen Erläuterungen (Berechnungen, Proben usw.).[21] § 1 Abs. 3 VOB/B stellt demnach eine Befugnis zur Modifizierung der Leistungsbeschreibung dar, womit Zieldaten (Raumaufteilung eines Hauses; Anzahl und Größe der Fensteröffnungen) wie auch Ausführungsdaten (zusätzliches Glasfasergittergewebe für den Aufbau des Straßenbelages bei einer Brückensanierung;[22] bestimmte Art der Wasserhaltung im Rahmen von Kanalisationsarbeiten;[23] sog. Vortriebsverfahren statt Bohrpressverfahren bei Tunnelarbeiten[24]) betroffen sein können, sofern diese Eingang in das Leistungsverzeichnis gefunden haben.

b) Die herrschende Meinung differenziert hier im Übrigen zwischen dem Bauinhalt, welcher zum Bauentwurf gehören soll, und den darüber hinausgehenden Bauumständen.[25] Nicht von dem Begriff des Bauentwurfs umfasst sind danach Änderungen von Vertragsbestimmungen jenseits der »inhaltlichen« oder »bautechnischen Leistung«, also in Bezug auf die Vereinbarungen zu Zahlungen, Sicherheiten und der Gewährleistung, aber auch betreffend den zeitlichen Ablauf des Bauvorhabens.[26] **18**

In der Literatur wird demgegenüber vereinzelt die Ansicht vertreten, dass auch die *Bauumstände* zum Gegenstand des Bauentwurfes gehören sollen.[27] Das Bausoll werde nach Art und Umfang von dem Vertrag bestimmt (§ 1 Abs. 1 S. 1 VOB/B). Bestandteile der Leistungsbestimmung seien aber sämtliche vertraglichen Vereinbarungen, die Art und Umfang der auszuführenden Leistungen betreffen, also die zeichnerische oder textliche Leistungsbeschreibung ebenso wie zusätzliche Vertragsbedingungen. **19**

Dieser Ansicht ist nicht zu folgen. Bereits der Wortlaut des § 2 Abs. 5 VOB/B spricht für eine engere Auslegung des Begriffs vom Bauentwurf. Denn wenn in der o.g. Regelung auch von »sonstigen Anordnungen« die Rede ist, deutet dies darauf hin, dass die Parteien dem Auftraggeber über die Möglichkeit der Bauentwurfsänderung nach § 1 Abs. 3 VOB/B hinaus noch weitergehende Rechte zur Einwirkung auf den Bauablauf einräumen können. Sinn der VOB-Vorschriften ist es darüber hinaus, einen gerechten Ausgleich in dem Spannungsverhältnis zwischen Planung und Realität einerseits sowie den wechselseitigen Interessen der Vertragsparteien andererseits herbeizuführen.[28] Den Bestimmungen der §§ 1 Abs. 3, 4 VOB/B sowie § 4 Abs. 1 Nr. 3 VOB/B liegt daher ein abgestuftes Regelungssystem zugrunde. Danach wird dem Auftraggeber in Bezug auf **20**

---

20 Nicklisch/Weick/*Weick*, VOB/B, § 1 Rn. 25.
21 Nicklisch/Weick/*Weick*, VOB/B, § 1 Rn. 25.
22 BauR 2004, 135, 136 f.
23 BauR 1988, 338 ff., BauR 1992, 759 ff.; BauR 1994, 236 ff. (»Wasserhaltung I–III«).
24 OLG Koblenz, NJW-RR 2001, 1671, 1672.
25 *Kapellmann/Schiffers*, Nachträge, Rn. 100; Kapellmann/Messerschmidt/*v. Rintelen*, VOB/B, § 1 Rn. 54; *Thode*, BauR 2008, 155, 158.
26 Ingenstau/Korbion/*Keldungs*, VOB/B § 2 Nr. 5 Rn. 18; *Jagenburg* in: Ganten/Jagenburg/Motzke, VOB/B, § 1 Nr. 3 Rn. 10 f.; Leinemann/*Roquette*, VOB/B, § 1 Rn. 44 f.; *Riedl*, in: Heiermann/Riedl/Rusam, VOB/B, § 1 Rn. 31a; Nicklisch/Weick/*Weick*, VOB/B, § 1 Rn. 25 f.
27 *Kemper* in: Franke/Kemper/Zanner/Grünhagen, VOB/B, § 1 Rn. 60; *Thode*, ZfBR 2004, 214, 215; *Zanner/Keller*, NZBau 2004, 353 ff.; unter Aufgabe der bisherigen Ansicht jetzt auch: Ingenstau/Korbion/*Keldungs*, VOB/B, § 1 Rn. 7; ähnlich wohl: OLG Braunschweig, BauR 2001, 1739, 1741 *Quack*, ZfBR 2004, 107, 109 will die §§ 1 (3) und (4) VOB/B auf die Fälle der reinen Fehlerkorrektur beschränken und Konzeptänderungen sowie gestalterische Modifikationen einer einvernehmlichen Änderung überlassen.
28 Nicklisch/Weick/*Weick*, VOB/B, § 1 Rn. 24.

das »Was« der Leistungserbringung ein möglichst breiter Entscheidungsspielraum eingeräumt, der allerdings mit der Konsequenz einer zusätzlichen Vergütungsverpflichtung verbunden ist. Für die Ausführungsart gilt das hingegen nur, sofern diese im Vertrag ausdrücklich festgelegt und damit zum Bestandteil des Bauentwurfs gemacht wurde. Dann können die Änderungen über notwendige Maßnahmen hinaus auch allein auf Zweckmäßigkeitsgesichtspunkten beruhen. Soweit das »Wie« der Ausführung hingegen nicht im Vertrag ausdrücklich bestimmt wurde, können diese Daten lediglich als Reflex zur Zieldatenbestimmung betroffen sein. Abgesehen von der Grenze, die der Begriff des Bauentwurfes selbst setzt und die sich aus den allgemeinen Bestimmungen ergibt, besteht in Bezug auf die Leistungsbestimmung eine weitere Einschränkung darin, dass zusätzliche, d.h. von der ursprünglichen Verpflichtung nicht umfasste Leistungen gem. § 1 Abs. 4 VOB/B nur verlangt werden können, wenn sie zur Ausführung des vertragsgemäßen Werkes erforderlich werden. Die zuletzt genannte Bedingung gilt gleichermaßen für Eingriffe des Auftraggebers in die – oftmals vertraglich nicht bestimmte – Art der Leistungserbringung, wie sich aus § 4 Abs. 1 Nr. 3. VOB/B ausdrücklich ergibt. Hier ist es der Auftragnehmer, der grundsätzlich frei darüber entscheiden soll, auf welchem Weg er den von dem Auftraggeber gewünschten Erfolg herbeiführt. Mehrkosten durch zusätzliche Leistungen oder solche, die durch ungerechtfertigte Erschwerungen nach Änderungen der Ausführungsdaten entstehen, hat der Auftraggeber zu ersetzen, § 2 Abs. 6 VOB/B bzw. § 4 Abs. 1 Nr. 4 S. 2 VOB/B. Diese differenzierte Kompetenzregelung, insbesondere die einschränkende Regelung des § 4 Abs. 1 Nr. 3 VOB/B verlöre ihren Sinn, würde man dem Auftraggeber auch im Hinblick auf die Bauumstände eine umfassende Anordnungsbefugnis einräumen. Bei der hier vorzunehmenden Auslegung darf letztlich auch nicht außer Betracht bleiben, dass die VOB/B als Allgemeine Geschäftsbedingung einer extensiven Auslegung nicht zugänglich ist.[29]

21 Damit ist in diesem Punkt der herrschenden Meinung zu folgen, allerdings mit einer Einschränkung. Wenn ihre Vertreter einerseits annehmen, dass zwar kein Anordnungsrecht in Bezug auf die Bauumstände besteht, dann aber bei einer dennoch ausgesprochenen und von dem Auftragnehmer befolgten Anordnung einen Mehrvergütungsanspruch gem. § 2 Abs. 5 VOB/B bejahen,[30] so ist dies widersprüchlich.[31] Kommt der Auftragnehmer einem »Wunsch« des Auftraggebers nach, so wurde eine nachträgliche Zusatzvereinbarung getroffen, die auf der Basis der vertraglichen Bedingungen auch die Grundlage für die angemessene Zusatzvergütung des Auftragnehmers in entsprechender Anwendung des § 2 Abs. 6 VOB/B oder § 632 Abs. 1, 2 BGB darstellt. Der insoweit künstlichen Konstruktion über § 2 Abs. 5 VOB/B, die in der Tat der engen Auslegung des Bauentwurfsbegriffs entgegengehalten werden könnte, bedarf es also nicht.

22 3. *Grenzen der Änderungskompetenz* ergeben sich für § 1 Abs. 3 VOB/B zunächst daraus, dass nur eine Änderung und nicht eine Neuanfertigung des Bauentwurfes erfolgen darf. Die insoweit vorzunehmende Abgrenzung ist im Einzelfall schwierig zu treffen.

23 a) Ohne jeden Zweifel geht eine Anordnung dann über eine bloße Änderung des Bauentwurfes hinaus, wenn der Auftraggeber den Bereich dessen verlässt, was der Begriff der Leistung im Sinne des § 1 Abs. 1 VOB/B abdeckt.[32] Als Leistung im Sinne der vorgenannten Vorschrift ist der Gesamtgegenstand des Vertrages, soweit er die Verpflichtung des Auftragnehmers betrifft, zu verstehen.[33] Eine Kompetenzüberschreitung läge demnach vor, wenn statt des Ein-, ein Mehrfamilienhaus errichtet oder das geplante Gewerbeobjekt nunmehr vollkommen veränderten technischen Anforderungen entsprechen soll (Lebensmittelverarbeitung statt Spielzeugmontage).

---

29 *Siegburg,* in: FS Korbion, S. 411, 424.
30 BGHZ 50, 25, 30; 95, 128, 135; KG NJW-RR 2000, 1618, 1619; Nicklisch/Weick/*Weick,* VOB/B, § 2 Rn. 61.
31 *Riedl,* in: Heiermann/Riedl/Rusam, VOB/B, § 2 Rn. 110b.
32 Daub/Piel/*Steffani,* VOB, Bd. 2, § 1, ErlZ B 1.25.
33 Nicklisch/Weick/*Weick,* VOB/B, § 1 Rn. 3; *Kemper,* in: Franke/Kemper/Zanner/Grünhagen, VOB/B, § 1 Rn. 61 sieht hierin sogar die einzige Grenze des Anordnungsrechts gem. § 1 (3) VOB/B.

b) Im Übrigen kann, wie von manchen vertreten,[34] für die Grenzziehung nicht allein auf das Interesse des Auftragnehmers abgestellt werden. Denn von dem Gesamtgefüge der Regelungen her ist keine besondere Schutzbedürftigkeit des Auftragnehmers gegeben, die ein solches Vorgehen rechtfertigen würde. Das Korrelat zum Anordnungsrecht des Auftraggebers stellt der Mehrvergütungsanspruch des Auftragnehmers gem. § 2 Abs. 5 VOB/B dar. Damit wird dem Hauptinteresse des Auftragnehmers Rechnung getragen. Dass es dem Auftragnehmer darüber hinaus auf die Erstellung gerade des ursprünglich projektierten Bauwerkes ankommt, dürfte demgegenüber ausgesprochen selten sein. Ein solches Interesse, ist es denn dem Vertrag ausdrücklich oder konkludent zu entnehmen, kann über die allgemeinen Grenzen des Anordnungsrechts gem. § 242 BGB, bei der auch Zumutbarkeitsgesichtspunkte eine Rolle spielen, hinreichend geschützt werden. Eine andere Frage betrifft den Umstand, ob die Regelung im Hinblick auf ihre dem Wortlaut nach unbegrenzte Änderungsbefugnis des Auftraggebers dem Transparenzgebot des § 307 Abs. 1 S. 2 BGB entspricht, worauf an anderer Stelle noch einzugehen sein wird.[35]

Daher ist grundsätzlich den Stimmen zu folgen, die unter Anwendung des allgemeinen Grundsatzes von Treu und Glauben (§ 242 BGB) eine Abwägung der berechtigten Interessen beider Vertragsparteien vornehmen.[36] Da aber nicht übersehen werden darf, dass es sich vorliegend um Allgemeine Geschäftsbedingungen handelt, ist dieser Ansatz dahin zu modifizieren, dass es entsprechend der bei AGB-Vorschriften üblichen objektiven Auslegung[37] auf das typische Verständnis redlicher Vertragpartner unter Abwägung der Interessen der an Geschäften dieser Art normalerweise beteiligten Kreise ankommen muss. Damit erfolgt eine gedankliche Loslösung von den wechselseitigen Parteiinteressen des konkreten Vertrages, was auch dem Umstand gerecht wird, dass es hier zunächst nur um eine reine Begriffsbestimmung, nämlich der des »Bauentwurfes« geht und individuelle Zumutbarkeitsgesichtspunkte ohnehin noch im Rahmen der allgemeinen Grenzen des Anordnungsrechts Berücksichtigung finden.

II. Zusätzliche Leistungen (Abs. 4)

Die Fälle, in denen sich erst nachträglich nicht vereinbarte Leistungen als notwendig erweisen und dementsprechend von dem Auftraggeber angeordnet werden können, regelt § 1 Abs. 4 VOB/B. Auch hier geht es also um die Leistungszielbestimmung (Zieldaten) i.S. eines einseitigen Leistungsbestimmungsrechts.[38] Danach kann der Auftraggeber nicht vereinbarte Leistungen, die zur Erstellung des vertraglich vereinbarten Werkes erforderlich werden, von dem Auftragnehmer verlangen, es sei denn, dessen Betrieb ist auf derartige Verrichtungen nicht eingerichtet. Andere Leistungen erfordern die Zustimmung des Auftragnehmers.

1. Zunächst ist § 1 Abs. 4 VOB/B von der in § 1 Abs. 3 VOB/B geregelten Anordnungskompetenz abzugrenzen. Dies erscheint auf den ersten Blick schwierig, da auch bei Abänderung des Leistungsbildes nicht selten zusätzliche Arbeiten erforderlich werden bzw. hinzukommende Leistungen zu einer Änderung des Bauentwurfes führen. § 1 Abs. 4 VOB/B ist daher nur auf solche Zusatzleistungen anzuwenden, die den ursprünglichen Bauentwurf unberührt lassen und lediglich ein ergänzendes Element hinzufügen. Ist die Anordnung des Auftraggebers mit einem Eingriff in den Bauentwurf verbunden, ist allein § 1 Abs. 3 VOB/B anwendbar.[39]

---

34 Ingenstau/Korbion/*Keldungs*, VOB/B, § 1 Nr. 3 Rn. 11; in die gleiche Richtung gehen die Ausführungen bei Leinemann/*Roquette*, VOB/B, § 1 Rn. 48.
35 Vgl. die nachfolgenden Ausführungen unter Rdn. 44–46.
36 Nicklisch/Weick/*Weick*, VOB/B, § 1 Rn. 28 f.
37 BGHZ 84, 268, 272; 22, 90, 98; BGH, NJW 1990, 1059, 1060; 1389, 1390.
38 Leinemann/*Roquette*, VOB/B, § 1 Rn. 57; a.A. (Kontrahierungszwang): *Kemper*, in: Franke/Kemper/Zanner/Grünhagen, VOB/B, § 1 Rn. 67.
39 Nicklisch/Weick/*Weick*, VOB/B, § 1, Rn. 31.

28 2. Darüber hinaus gilt, dass unter dem Begriff des »Verlangens« im Sinne des § 1 Abs. 4 VOB/B nichts anderes zu verstehen ist, als die »Anordnung« gem. § 1 Abs. 3 VOB/B.[40]

29 Von der Bestimmung des § 1 Abs. 3 VOB/B abweichend müssen die gem. § 1 Abs. 4 VOB/B angeordneten Maßnahmen zur Ausführung der vertraglichen Leistung »erforderlich« sein. Die Beurteilung der Frage, ob sich eine Änderung als erforderlich erweist, hat sich dabei an den rein objektiven Gegebenheiten und nicht an irgendeiner subjektiven Auffassung der Vertragsparteien zu orientieren.[41] Dem Auftraggeber steht eine Anordnungskompetenz also nur dann zu, wenn die von ihm gewünschte Maßnahme tatsächlich geboten ist.

III. Allgemeine Grenzen des Anordnungsrechts

30 1. Grenzen werden dem Anordnungsrecht zum einen ausdrücklich in den §§ 1 Abs. 4 und 4 Abs. 1 Nr. 4 VOB/B[42] gesetzt, die Direktiven des Auftraggebers nur insoweit erlauben, als es die Kapazität des Betriebes sowie behördliche oder gesetzliche Regelungen zulassen. Diese Ausnahmen wird man aber als Ausdruck eines allgemeinen Rechtsgedankens allen Änderungsbefugnissen zugrundelegen können.[43]

31 2. Darüber hinaus darf das Anordnungsrecht aber auch nur in den Grenzen von Treu und Glauben (§ 242 BGB) ausgeübt werden. Dies bedeutet, dass sich unzumutbare oder missbräuchliche Anordnungen als unzulässig erweisen.[44] Zum gleichen Ergebnis gelangt man über den Gedanken des § 315 BGB, der herangezogen werden kann, da von dieser Vorschrift auch nachträgliche Modifizierungen des Leistungsgegenstandes umfasst werden.[45] Selbst wenn danach die Leistungsbestimmung in das freie Belieben einer Partei gestellt wird, ist diese bei offenbarer Unbilligkeit[46] oder gar Willkür[47] unwirksam. Was billigem Ermessen entspricht, ist unter Berücksichtigung der Interessen beider Parteien und des in vergleichbaren Fällen Üblichen festzustellen.[48] M.a.W. ist darauf abzustellen, ob der Auftragnehmer aus Sicht eines verständigen Dritten den Vertrag auch dann abgeschlossen hätte, wenn die späteren Änderungen bereits in der ursprünglichen Regelung enthalten gewesen wären.

32 Von einer Unzumutbarkeit in diesem Sinne ist insbesondere dann auszugehen, wenn der Bauherr erkennbar Anordnungen erteilt, die eine die bisherige Vertragsgrundlage im Leistungsinhalt entscheidend verändernde Arbeit zur Folge hat, die aber die Grenze des Bauentwurfes noch nicht verlässt.[49] Gleiches gilt, wenn die Änderungen zwangsläufig zu einem Mangel führen müssen[50] oder wenn der geforderten Ausführung gesetzliche oder behördliche Bestimmungen entgegenstehen, insbesondere bei Gefahr von Leib und Leben für dritte Personen.[51] Es kann aber auch bereits genügen, dass der Auftraggeber auf fachlich begründete Bedenken des Auftragnehmers überhaupt nicht eingeht und die für den Fall der weisungsgemäßen Arbeitsausführung erbetene Freistellung von der Gewährleistung begründungslos ablehnt.[52]

---

40 Nicklisch/Weick/*Weick*, VOB/B, § 1 Rn. 32a.
41 Ingenstau/Korbion/*Oppler*, VOB/B, § 4 Nr. 1 Rn. 80.
42 Für die entsprechende Anwendung des § 4 Nr. 1 Abs. 3 VOB/B ausdrücklich: OLG Hamm, BauR 2001, 1594, 1596.
43 Ingenstau/Korbion/*Keldungs*, VOB/B, § 1 Rn. 12.
44 BGHZ 92, 244, 249 f.
45 MüKo-BGB/*Gottwald*, § 315 Rn. 23.
46 RGZ 99, 105, 106; BAG DB 1982, 1939.
47 Palandt/*Grüneberg*, BGB § 315 Rn. 10.
48 BGHZ 41, 271, 273.
49 Ingenstau/Korbion/*Keldungs*, VOB/B, § 1 Nr. 3 Rn. 11.
50 OLG Hamm, BauR 2001, 1594, 1596; Ingenstau/Korbion/*Keldungs*, VOB/B, § 4 Nr. 1 Rn. 95; Staudinger-BGB/*Peters*, § 633 Rn. 50.
51 OLG Karlsruhe, IBR 2004, 684.
52 BGH, MDR 1985, 222, 223.

IV. Rechtsfolgen einer unzulässigen Auftraggeberanordnung

Werden durch den Auftraggeber die aufgezeigten Grenzen der Anordnungsbefugnis überschritten, ist eine Änderung der Leistungsbestimmung nur durch eine einvernehmliche Regelung beider Parteien möglich.[53] Kommt es nicht zu einer solchen Vereinbarung, steht dem Auftragnehmer ein Leistungsverweigerungsrecht in Bezug auf die geänderte Bauausführung zu.[54] Dem Auftraggeber bleibt dann nur, sich mit der ursprünglich vereinbarten Leistung zu begnügen oder aber den Vertrag gem. § 8 Abs. 1 Nr. 1 VOB/B ganz oder teilweise zu kündigen.[55]

V. Die Inhaltskontrolle gem. §§ 305 ff. BGB

Abschließend soll noch darauf eingegangen werden, ob die in der VOB/B geregelten Anordnungsbefugnisse einer Inhaltskontrolle gem. §§ 305 ff. BGB standhalten.

1. Dazu muss zunächst ein Blick auf die Frage geworfen werden, in welchem Umfange die VOB/B überhaupt der AGB-Kontrolle unterliegt.

Bis zum Jahr 2001 entsprach es der ständigen Rechtsprechung des Bundesgerichtshofes, dass eine isolierte Inhaltskontrolle gem. den §§ 305 ff. BGB dann nicht in Betracht kommen sollte, wenn die Verdingungsordnung dem Vertrag als Ganzes zugrunde lag.[56] Diese Ansicht wurde zumeist an der Bestimmung des § 23 Abs. 2 Nr. 5 AGBG festgemacht, die den sachlichen Anwendungsbereich des AGB-Gesetzes betraf.[57] Danach sollten die Vorschriften der §§ 10 Nr. 5 AGBG (Verbot von Fiktionen) und 11 Nr. 10 lit. f AGBG (Verbot der Verkürzung von gesetzlichen Gewährleistungsfristen für neu hergestellte Sachen) auf VOB-Verträge keine Anwendung finden. Mit dem Schuldrechtsmodernisierungsgesetz wurde die Freistellung unmittelbar bei den die Inhaltskontrolle betreffenden Regelungen der §§ 308 Nr. 5 und 309 Nr. 8 lit. b ff. BGB angesiedelt, was zu heftigen Diskussionen um die Weitergeltung der Gesamtprivilegierung führte.[58] Mit dem seit dem 01.10.2009 unter Abschaffung der vorgenannten Normen eingeführten § 310 Abs. 1 S. 3 BGB wurde der alte Rechtszustand wieder hergestellt, allerdings nur insoweit, als die VOB/B einem Unternehmer, einer juristischen Person des öffentlichen Rechts oder einem öffentlich-rechtlichen Sondervermögen gegenüber verwendet wird. Darüber hinaus wurde eine dynamische Verweisung auf die jeweils geltende Fassung der VOB/B vorgenommen. An der Verfassungsmäßigkeit einer solchen Verweisung werden Zweifel geäußert, da es auf diese Weise dem Deutschen Vergabe- und Vertragsausschuss (DVA) möglich sei, sich als Verordnungsgeber an dem Willen des Gesetzgebers vorbei eine unzulässige Privilegierung zu verschaffen.[59]

Für die Fälle, in denen die VOB/B einem Verbraucher gegenüber gestellt wird, gilt die früher auch hier angenommene Privilegierung entsprechend der neuesten Rechtsprechung des Bundesgerichtshofes nicht mehr.[60] Hier kommt also die Prüfung der Einzelregelungen anhand der §§ 307 ff. BGB auch dann in Betracht, wenn die VOB/B im Ganzen zum Vertragsbestandteil ge-

---

53 Nicklisch/Weick/*Weick*, VOB/B, § 1 Rn. 29; Ingenstau/Korbion/*Keldungs* VOB/B, § 1 Nr. 3 Rn. 18.
54 Ingenstau/Korbion/*Keldungs*, VOB/B, § 1 Nr. 3 Rn. 19.
55 Ingenstau/Korbion/*Keldungs*, VOB/B, § 1 Nr. 3 Rn. 20.
56 Grundlegend: BGH, NJW 1983, 816; zuletzt: NZBau 2004, 207; *Locher*, Anh. 1 zu Ingenstau/Korbion, VOB Teil A und B, Rn. 13, 52, der die VOB/B in der Fassung von 2002 für ausgewogener als die bisherige Regelung hält; *Werner/Pastor*, Der Bauprozess, Rn. 1018.
57 Vgl. nur: BGHZ 96, 129, 131 ff.
58 Vgl. etwa: *Peters*, NZBau 2002, 113, 114 f.; *Preussner*, BauR 2002, 231, 241f; *Schwenker/Heinze*, BauR 2002, 1143, 1144.
59 Vgl. zu den Zweifeln an der Verfassungsmäßigkeit einer solch dynamischen Verweisung: *Lenkeit*, BauR 2002, 1996, 223; *Peters*, NZBau 2002, 113, 114 f.; *Schwenker/Heinze*, BauR 2002, 1143, 1145.
60 BGH, BauR 2008, 1603, 1606 f.

worden ist. Dies begründet der BGH vor allem damit, dass die Interessen der Verbraucher in dem Vergabe- und Vertragsausschuss keine hinreichende Berücksichtigung finden würden.[61]

38 2. Auf dieser Grundlage sind nunmehr die hier relevanten Einzelvorschriften der §§ 1 Abs. 3 und 4 VOB/B zu untersuchen.

39 a) Der Bundesgerichtshof hatte sich bislang nur mit § 1 Abs. 4 VOB/B zu befassen und dabei festgestellt, dass diese Vorschrift nicht zu beanstanden sei.[62]

40 b) Was nun den, die weitestgehende Änderungsmöglichkeit einräumenden, § 1 Abs. 3 VOB/B anbelangt, so wird dessen Rechtmäßigkeit durch Vygen[63] und Bruns[64] in Zweifel gezogen. Sie meinen, diese Vorschrift verstoße gegen § 308 Nr. 4 BGB, wonach eine Bestimmung in Allgemeinen Geschäftsbedingungen dann unwirksam ist, wenn sich der Verwender das Recht vorbehält, die versprochene Leistung zu ändern oder von ihr abzuweichen, sofern nicht die Vereinbarung der Änderung oder Abweichung unter Berücksichtigung der Interessen des Verwenders für den anderen Vertragsteil zumutbar ist. Andere halten aber auch diese Regelung für wirksam.[65]

41 c) Für die Beantwortung der Frage nach der Wirksamkeit der gem. §§ 1 Abs. 3 und 4 VOB/B wie auch § 4 Abs. 1 Nr. 3 VOB/B eingeräumten Anordnungskompetenzen sind zwei Fragen zu unterscheiden: Zum einen geht es um die materielle Untersuchung einer möglichen unangemessenen Benachteilung des Verwendungsgegners insbesondere im Hinblick auf den Umfang der Änderungskompetenz (§§ 307 Abs. 1 S. 1, Abs. 2; 308 Nr. 4 BGB). Zum anderen ist zu klären, in welcher Weise die entsprechenden Grenzen der Anordnungskompetenz in der jeweiligen Regelung ihren Ausdruck finden müssen (§ 307 Abs. 1 S. 2 BGB). Da die §§ 1 Abs. 3 und 4 VOB/B ausschließlich die Kompetenzen des Auftraggebers erweiternde und damit diesen allein begünstigende Vorschriften darstellen, kommt eine Unwirksamkeit nur aus der Sicht des Auftragnehmers als Verwendungsgegner in Betracht.[66]

42 In Bezug auf die Frage nach der unangemessenen Benachteiligung wurde bereits dargelegt,[67] dass das einseitige Anordnungsrecht des Auftraggebers in angemessener Abwägung der Interessen beider Vertragsparteien gerade dort seine Grenze findet, wo die Befolgung für den Auftragnehmer unzumutbar wäre.

43 aa) Nun sehen manche eine unangemessene Benachteiligung des Auftragnehmers in den Fällen als gegeben an, in denen dieser sein Hauptangebot für sich selbst nachteilig fehlerhaft kalkuliert hat und daran auch bei der Kalkulation seiner Nachtragsforderung gebunden bleibt.[68] Dem halten andere entgegen, dass durch die Vorschriften der §§ 1 Abs. 3, 4 VOB/B und § 4 Abs. 1 Nr. 3 VOB/B einerseits sowie §§ 2 Abs. 5, 6 und § 4 Abs. 4 S. 2 VOB/B andererseits ein angemessener Ausgleich zwischen dem Interesse des Auftraggebers, auf sich im Laufe des Bauvorhabens ergebende Veränderungen reagieren zu können, und der Planungssicherheit einerseits sowie dem Vergütungsinteresse des Auftragnehmers andererseits herbeigeführt werde. Sofern der Auftragnehmer durch seine eigene Kalkulation die Angemessenheit der Mehrvergütung in Schieflage bringe, beeinträchtige ihn dies nicht unangemessen, da er diesen Umstand durch sein Verhalten selbst gesetzt habe,[69] ganz abgesehen davon, dass sich andererseits auch Fehlkalkulationen – sofern sie

---

61 BGH, BauR 2008, 1603, 1606.
62 BGH, NJW 1996, 1346, 1347; im folgend zuletzt: *Schenke*, BauR 2008, 1972, 1975.
63 Bauvertragsrecht, Rn. 165.
64 ZfBR 2005, 525, 526 f.
65 *Frickel*, in: Glatzel/Hofmann/Frickel« Unwirksame Bauvertragsklauseln, S. 43; Ingenstau/Korbion/ *Keldungs*, VOB/B, § 1 Nr. 3 Rn. 15 f.; Nicklisch/Weick/*Weick*, VOB/B, § 1 Rn. 23a.
66 *v. Westphalen*, NJW 2002, 12, 17.
67 Vgl. oben Rdn. 24.
68 *Bruns*, ZfBR 2005, 525, 527.
69 Ingenstau/Korbion/*Keldungs*, VOB/B, § 1 Nr. 3 Rn. 16; *Vygen/Joussen*, Bauvertragsrecht nach VOB und BGB, Rn. 2282.

nicht das gem. § 138 I BGB zulässige Maß überschreiten[70] – zu seinen Gunsten fortschreiben würden. Dieses Argument ist für den Bereich des *§ 1 Abs. 4 VOB/B* zutreffend, da hier durch die Anordnungen des Auftraggebers Lücken ausgefüllt und damit Bestimmungen getroffen werden, die in dieser Form auch von Beginn an Gegenstand des Vertrages hätten sein können, da nur für die Bauausführung notwendige Modifizierungen angeordnet werden dürfen. Wäre der Vertrag aber von Beginn an »vollständig« getroffen worden, hätte er natürlich auch den Kalkulationsfehler enthalten und hinsichtlich des Preises genau dem Resultat entsprochen, das sich auch aus § 2 Abs. 6 VOB/B ergibt. Damit ist die vorgenannte Vorschrift im Lichte der §§ 307 Abs. 2 Nr. 1, 308 Nr. 4 BGB (vormals: § 9 Abs. 2 Nr. 1 AGBG) nicht zu beanstanden.[71] Insofern bezeichnet der Bundesgerichtshof die Grenzen der Anordnungsmöglichkeiten in § 1 Abs. 4 VOB/B zutreffenderweise als hinreichend konkret und damit transparent im Sinne des § 307 Abs. 1 Satz 2 BGB.[72] Die Gegenmeinung übersieht hier nämlich den Umstand, dass die entscheidende Einschränkung des Anordnungsrechts bereits in § 1 Abs. 4 VOB/B enthalten ist, wenn dort verlangt wird, dass die zusätzlichen Leistungen zur Erstellung eines ordnungsgemäßen Werkes »erforderlich« sein müssen. Demgegenüber stellt der Bezug auf die Berücksichtigung der Kapazitäten des Auftragnehmers lediglich einen ergänzenden Hinweis auf den allgemeinen Zumutbarkeitsgedanken dar. Nichts anderes gilt im Ergebnis auch für die in ihrer Struktur vergleichbare Anordnungsbefugnis des § 4 Abs. 1 Nr. 3 VOB/B.

bb) Für *§ 1 Nr. 3 VOB/B* stellt sich die Situation hingegen anders dar. Ob sich die Vorschrift im Lichte der §§ 307 Abs. 1 S. 1, Abs. 2, 308 Nr. 4 BGB insofern als für den Auftragnehmer unzumutbar bzw. als ihn unangemessen benachteiligend darstellt, als sich seine ursprünglichen Kalkulationsfehler über § 2 Abs. 5 VOB/B bei jeder Form der Änderung fortschreiben,[73] erscheint wie auch bei § 1 Abs. 4 VOB/B zweifelhaft. Da die Zumutbarkeit für denkbare Modifizierungen so weit reicht, als ein redlicher Auftragnehmer sich bereits bei Vertragsschluss auf diese eingelassen hätte, ist es trotz der weiten Anordnungsmöglichkeit des Auftraggebers auch hier zulässig, die ursprünglichen Kalkulationsfehler bei der Bestimmung der Zusatzvergütung infolge einer späteren Anordnung zu berücksichtigen. Es gilt im Übrigen das zu § 1 Abs. 4 VOB/B Gesagte entsprechend. 44

Die Wirksamkeit dieser Regelung ist allerdings aus einem anderen Gesichtspunkt heraus anzuzweifeln. Denn sie enthält ihrerseits keinerlei Hinweise auf eine mögliche Einschränkung des Anordnungsrechts. Die allgemeinen Grenzen werden erst durch ein ergänzendes Hineinlesen der § 1 Abs. 4 VOB/B und § 4 Abs. 1 Nr. 3 VOB/B sowie durch die Entwicklung der allgemeinen Schranken über § 242 BGB geschaffen. Diese Begrenzungen sind aber auch für einen aufmerksamen und sorgfältigen Auftragnehmer ohne Sonderwissen nicht erkennbar. Ein solches Sonderwissen kann etwa bei einem einfachen Handwerksbetrieb nicht ohne weiteres unterstellt werden. Wie der zitierten Entscheidung des Bundesgerichtshofes zu § 1 Abs. 4 VOB/B[74] zu entnehmen ist, dürfen zwar die Transparenzanforderungen[75] nicht überspannt werden, so dass man vorliegend keine minutiöse Einzelaufstellung der hier entwickelten Kriterien verlangen darf. Allerdings ist eine Regelung, die keinerlei Beschränkungen hinsichtlich der Änderungskompetenz einer Partei erkennen lässt, dazu geeignet, den Verwendungsgegner von der Geltendmachung möglicher Einwendungen abzuhalten, wodurch die Gefahr einer Benachteiligung entsteht.[76] Damit erweist sich § 1 Abs. 3 VOB/B im Hinblick auf den Verstoß gegen das Transparenzgebot in der Tat als unwirksam.[77] 45

---

70 BGH, BauR 2009, 491 f.
71 BGH, NJW 1996, 1346, 1347 f.
72 BGH, NJW 1996, 1346, 1347.
73 So: *Bruns*, ZfBR 2005, 525, 527.
74 BGH, NJW 1996, 1346, 1347.
75 Vgl. zum Transparenzgebot allgemein die Ausführungen zu § 307 BGB (*Luz*), Rn. 25.
76 Vgl. zu diesem Punkt: Palandt/*Grüneberg*, BGB § 307 Rn. 20 m.w.N.
77 *Bruns*, ZfBR 2005, 525, 526.

§ 2 VOB/B Vergütung

46 Daraus folgt: Werden die VOB/B dem Auftragnehmer gegenüber verwendet, hält § 1 Abs. 3 VOB/B einer AGB-Kontrolle nicht stand. Der Verordnungsgeber ist daher aufgerufen, zumindest eine grobe Benennung des Zumutbaren in die Regelung aufzunehmen.[78] Leider wurde auch in der nunmehr vorliegenden Neuregelung der VOB/B vom 31.07.2009 verabsäumt, eine dahingehende Modifizierung aufzunehmen.

§ 2 Vergütung

(1) Durch die vereinbarten Preise werden alle Leistungen abgegolten, die nach der Leistungsbeschreibung, den Besonderen Vertragsbedingungen, den Zusätzlichen Vertragsbedingungen, den Zusätzlichen Technischen Vertragsbedingungen, den Allgemeinen Technischen Vertragsbedingungen für Bauleistungen und der gewerblichen Verkehrssitte zur vertraglichen Leistung gehören.

(2) Die Vergütung wird nach den vertraglichen Einheitspreisen und den tatsächlich ausgeführten Leistungen berechnet, wenn keine andere Berechnungsart (z.B. durch Pauschalsumme, nach Stundenlohnsätzen, nach Selbstkosten) vereinbart ist.

(3) 1. Weicht die ausgeführte Menge der unter einem Einheitspreis erfassten Leistung oder Teilleistung um nicht mehr als 10 v.H. von dem im Vertrag vorgesehenen Umfang ab, so gilt der vertragliche Einheitspreis.
   2. Für die über 10 v.H. hinausgehende Überschreitung des Mengenansatzes ist auf Verlangen ein neuer Preis unter Berücksichtigung der Mehr- oder Minderkosten zu vereinbaren.
   3. Bei einer über 10 v.H. hinausgehenden Unterschreitung des Mengenansatzes ist auf Verlangen der Einheitspreis für die tatsächlich ausgeführte Menge der Leistung oder Teilleistung zu erhöhen, soweit der Auftragnehmer nicht durch Erhöhung der Mengen bei anderen Ordnungszahlen (Positionen) oder in anderer Weise einen Ausgleich erhält. Die Erhöhung des Einheitspreises soll im Wesentlichen dem Mehrbetrag entsprechen, der sich durch Verteilung der Baustelleneinrichtungs- und Baustellengemeinkosten und der Allgemeinen Geschäftskosten auf die verringerte Menge ergibt. Die Umsatzsteuer wird entsprechend dem neuen Preis vergütet.
   4. Sind von der unter einem Einheitspreis erfassten Leistung oder Teilleistung andere Leistungen abhängig, für die eine Pauschalsumme vereinbart ist, so kann mit der Änderung des Einheitspreises auch eine angemessene Änderung der Pauschalsumme gefordert werden.

(4) Werden im Vertrag ausbedungene Leistungen des Auftragnehmers vom Auftraggeber selbst übernommen (z.B. Lieferung von Bau-, Bauhilfs- und Betriebsstoffen), so gilt, wenn nichts anderes vereinbart wird, § 8 Abs. 1 Nr. 2 entsprechend.

(5) Werden durch Änderung des Bauentwurfs oder andere Anordnungen des Auftraggebers die Grundlagen des Preises für eine im Vertrag vorgesehene Leistung geändert, so ist ein neuer Preis unter Berücksichtigung der Mehr- oder Minderkosten zu vereinbaren. Die Vereinbarung soll vor der Ausführung getroffen werden.

(6) 1. Wird eine im Vertrag nicht vorgesehene Leistung gefordert, so hat der Auftragnehmer Anspruch auf besondere Vergütung. Er muss jedoch den Anspruch dem Auftraggeber ankündigen, bevor er mit der Ausführung der Leistung beginnt.
   2. Die Vergütung bestimmt sich nach den Grundlagen der Preisermittlung für die vertragliche Leistung und den besonderen Kosten der geforderten Leistung. Sie ist möglichst vor Beginn der Ausführung zu vereinbaren.

---

[78] Im Ergebnis ebenso: *Bruns*, ZfBR 2005, 525, 527.

(7) 1. Ist als Vergütung der Leistung eine Pauschalsumme vereinbart, so bleibt die Vergütung unverändert. Weicht jedoch die ausgeführte Leistung von der vertraglich vorgesehenen Leistung so erheblich ab, dass ein Festhalten an der Pauschalsumme nicht zumutbar ist (§ 313 BGB), so ist auf Verlangen ein Ausgleich unter Berücksichtigung der Mehr- oder Minderkosten zu gewähren. Für die Bemessung des Ausgleichs ist von den Grundlagen der Preisermittlung auszugehen.
2. Die Regelungen der Abs. 4, 5 und 6 gelten auch bei Vereinbarung einer Pauschalsumme.
3. Wenn nichts anderes vereinbart ist, gelten die Nummern 1 und 2 auch für Pauschalsummen, die für Teile der Leistung vereinbart sind; Abs. 3 Nr. 4 bleibt unberührt.

(8) 1. Leistungen, die der Auftragnehmer ohne Auftrag oder unter eigenmächtiger Abweichung vom Auftrag ausführt, werden nicht vergütet. Der Auftragnehmer hat sie auf Verlangen innerhalb einer angemessenen Frist zu beseitigen; sonst kann es auf seine Kosten geschehen. Er haftet außerdem für andere Schäden, die dem Auftraggeber hieraus entstehen.
2. Eine Vergütung steht dem Auftragnehmer jedoch zu, wenn der Auftraggeber solche Leistungen nachträglich anerkennt. Eine Vergütung steht ihm auch zu, wenn die Leistungen für die Erfüllung des Vertrags notwendig waren, dem mutmaßlichen Willen des Auftraggebers entsprachen und ihm unverzüglich angezeigt wurden. Soweit dem Auftragnehmer eine Vergütung zusteht, gelten die Berechnungsgrundlagen für geänderte oder zusätzliche Leistungen der Nummer 5 oder 6 entsprechend.
3. Die Vorschriften des BGB über die Geschäftsführung ohne Auftrag (§§ 677 ff. BGB) bleiben unberührt.

(9) 1. Verlangt der Auftraggeber Zeichnungen, Berechnungen oder andere Unterlagen, die der Auftragnehmer nach dem Vertrag, besonders den Technischen Vertragsbedingungen oder der gewerblichen Verkehrssitte, nicht zu beschaffen hat, so hat er sie zu vergüten.
2. Lässt er vom Auftragnehmer nicht aufgestellte technische Berechnungen durch den Auftragnehmer nachprüfen, so hat er die Kosten zu tragen.

(10) Stundenlohnarbeiten werden nur vergütet, wenn sie als solche vor ihrem Beginn ausdrücklich vereinbart worden sind (§ 15).

Übersicht	Rdn.
A. Überblick	1
I. Inhalt der Norm	1
II. Zusammenhang mit § 1 VOB/B	2
B. Generalklausel zur Vergütung (§ 2 Abs. 1 VOB/B)	3
I. Generalklausel	3
II. Umfang und Inhalt der vertraglich geschuldeten Leistung	5
1. Leistungsbeschreibung	5
a) Leistungsverzeichnis	6
b) funktionale Leistungsbeschreibung	7
c) Auslegung des Vertragsinhaltes als sinnvolles Ganzes	9
2. Besondere und Zusätzliche Vertragsbedingungen, zusätzliche Technische und Allgemeine technische Vertragsbedingungen	10
3. Verkehrssitte	14
4. Mehrwertsteuer	15
5. Sondervorschläge	16
C. Einheitspreisvertrag, Pauschalpreisvertrag, Stundenlohn und Selbstkostenerstattung (§ 2 Abs. 2 VOB/B)	17
I. Einheitspreisvertrag	17
1. Definition des Einheitspreisvertrages	17
2. Beweislast für die vereinbarte Vertragsart	18
3. Einheitspreis als Festpreis	19
4. Preisgleitklauseln	20
5. Zulage- Alternativ- Wahl- und Eventualposition	24
a) Zulagepositionen	25
b) Alternativpositionen und Wahlpositionen	26
c) Eventualpositionen	29
II. Pauschalpreisvertrag	32
1. Grundsätze der Pauschalierung	32
2. Detailpauschalvertrag	34
3. Globalpauschalvertrag	37

§ 2 VOB/B Vergütung

		Rdn.
III.	Gemischte Verträge (Einheitspreis- und Pauschalpreispositionen)	41
IV.	Stundenlohn	43
V.	Selbstkostenerstattung	44
D.	**Mengenabweichungen (§ 2 Abs. 3 VOB/B)**	45
I.	Anwendung beim Einheitspreisvertrag	46
II.	Mengenüberschreitungen von mehr als 10 % (§ 2 Abs. 3 Nr. 2 VOB/B)	49
	1. Verlangen	50
	2. Abrechnung der Mengenüberschreitungen	53
	a) Berücksichtigung des Toleranzrahmens des § 2 Abs. 3 Nr. 1 VOB/B	53
	b) Berechnung der neuen Einheitspreise	54
III.	Mengenunterschreitungen von mehr als 10 % (§ 2 Abs. 3 Nr. 3 VOB/B)	58
	1. Erhöhung des Einheitspreises	59
	2. Kein anderweitiger Ausgleich	60
	a) Mengenüberschreitungen in anderen Positionen	61
	b) Ausgleich in anderer Weise	62
	3. Mengenreduzierung auf Null	63
IV.	Einheitspreispositionen bei gemischten Verträgen (§ 2 Abs. 3 Nr. 4 VOB/B)	64
V.	Prozessuales	65
E.	**Selbstübernahme von Leistungen durch den Auftraggeber (§ 2 Abs. 4 VOB/B)**	66
I.	Anzeigepflicht	66
II.	Vergütungsfolge	67
III.	Beweislast	71
IV.	Ausschluss von § 2 Abs. 4 VOB/B	72
F.	**Mehrvergütungsansprüche für geänderte Leistungen (§ 2 Abs. 5 VOB/B)**	74
I.	Zusammenhang zwischen § 1 Abs. 3 und § 2 Abs. 5 VOB/B	74
II.	Änderungen des Bauentwurfs und andere Anordnungen (§ 2 Abs. 5 VOB/B)	75
	1. Leistungsänderung	75
	2. Begriff der Anordnung	76
	3. Einzelfälle der Anordnung	79
	a) Änderungen des Bauentwurfs	79
	b) Andere Anordnungen	80
	4. Anordnungen zur Bauzeit	85
	a) Unmittelbar bauzeitbezogene Anordnungen	86
	b) Mittelbare Bauzeitauswirkungen	87
	c) Sog. baubetriebliche Nachträge	93
	d) Mehrkosten infolge Vergabeverzögerung	94
	5. Baugrundrisiko	96
	a) Begriff des Baugrundrisikos	96

		Rdn.
	b) Behandlung des Mehraufwandes bei Anzeigen durch Auftragnehmer nach § 2 Abs. 6 VOB/B	102
	c) Behandlung des Mehraufwandes bei Anordnung durch Auftraggeber nach § 2 Abs. 5 VOB/B	103
	d) Behandlung des Mehraufwandes bei unterbliebener Anordnung durch den Auftraggeber nach § 2 Abs. 8 VOB/B	104
	e) Störung der Geschäftsgrundlage	105
	6. Zurechnung des Handelns Dritter	107
	a) Bauordnungsrechtliche und andere hoheitliche Anordnungen	107
	b) Architekten und Bauleiter	108
	c) Öffentlicher Auftraggeber	109
III.	Änderung der Preisgrundlagen	110
IV.	Berechnung des Mehrvergütungsanspruchs	111
	1. Basis: Preisermittlungsgrundlagen	111
	a) Begriff	111
	b) Bestandteile der Preisermittlungsgrundlagen (Urkalkulation)	112
	aa) Einzelkosten der Teilleistung (EKT)	113
	bb) Baustellenbezogene Gemeinkosten (BGK)	114
	cc) Allgemeine Geschäftskosten (AGK)	115
	dd) Wagnis und Gewinn	116
	c) Nachlass	117
	d) Rückgriff auf übliche und angemessene Vergütung i.S.d. § 632 Nr. 2 BGB	118
	e) Mischkalkulation	119
	f) Nachunternehmer	120
	2. Gegenüberstellung Mehr-/Minderkosten bei § 2 Abs. 5 VOB/B	122
	3. Folgen fehlerhafter Berechnung	125
	4. Vereinbarung über Vergütungsfolgen	127
	5. Leistungsverweigerungsrecht des Auftragnehmers	132
G.	**Vergütung zusätzlicher Leistungen (§ 2 Abs. 6 VOB/B)**	140
I.	Vorbemerkung	140
	1. Mehrvergütungsanspruch	140
	2. Verhältnis zwischen § 1 Abs. 4 und § 2 Abs. 6 VOB/B	141
II.	Verlangen einer zusätzlichen Leistung (§ 2 Abs. 6 VOB/B)	142
	1. Begriff der zusätzlichen Leistung	142
	2. Abgrenzung der zusätzlichen von der geänderten Leistung	144
	3. Verlangen	147
	4. Ankündigungspflicht (§ 2 Abs. 6 Nr. 1 S. 2 VOB/B)	148

	Rdn.
a) Formales Erfordernis	148
b) Ausnahmen von der Ankündigungspflicht	149
III. Berechnung des Mehrvergütungsanspruchs (§ 2 Abs. 6 Nr. 2 VOB/B)	154
1. Basis: Preisermittlungsgrundlagen	154
a) Begriff	154
b) Rückgriff auf übliche und angemessene Vergütung i.S.d. § 632 Nr. 2 BGB	155
c) Berechnung	156
d) Folgen fehlerhafter Berechnung	157
2. Preisvereinbarung	158
H. Änderung des Pauschalpreises (§ 2 Abs. 7 VOB/B)	160
I. Grundsatz der Unveränderlichkeit des Pauschalpreises (§ 2 Abs. 7 Nr. 1 S. 1 VOB/B)	160
II. Erhebliche Mengenabweichungen (§ 2 Abs. 7 Nr. 1 S. 2 und 3 VOB/B)	161
III. Geänderte und zusätzliche Leistungen beim Pauschalvertrag (§ 2 Abs. 7 Nr. 2 VOB/B)	166
1. Nachträgliche Anordnungen und Verlangen zusätzlicher Leistungen durch Auftraggeber	166
2. Maßgeblichkeit der Preisermittlungsgrundlagen	168
IV. Geltung des § 2 Abs. 7 VOB/B auch für Pauschalpositionen im Rahmen von gemischten Verträgen	170
I. Eigenmächtige Abweichung durch den Auftragnehmer (§ 2 Abs. 8 VOB/B)	171
I. Verhältnis zu § 2 Abs. 5 und 6 VOB/B	171
II. Grundsatz: Keine Vergütung, Beseitigungs- und Schadensersatzpflicht (§ 2 Abs. 8 Nr. 1 VOB/B)	174

	Rdn.
1. Leistungen ohne Auftrag und unter eigenmächtiger Abweichung vom Vertrag	174
2. Beseitigungspflicht	176
3. Schadensersatz	177
III. Ausnahme: Vergütungsanspruch (§ 2 Abs. 8 Nr. 2 VOB/B)	178
1. Nachträgliches Anerkenntnis der Leistung (§ 2 Abs. 8 Nr. 2 Satz 1 VOB/B)	179
2. Notwendigkeit der Leistung für die Erfüllung des Vertrages (§ 2 Abs. 8 Nr. 2 S. 2 VOB/B)	180
a) Mutmaßlicher Wille	181
b) Unverzügliche Anzeige	182
IV. Geschäftsführung ohne Auftrag (§ 2 Abs. 8 Nr. 3 VOB/B i.V.m. §§ 677 ff. BGB)	183
J. Verlangen von durch Auftragnehmer zu erbringende Planungsleistungen (§ 2 Abs. 9 VOB/B)	184
I. Nachträgliches Verlangen von Planungsleistungen (§ 2 Abs. 9 Nr. 1 VOB/B)	184
1. Planungsleistungen	184
2. Höhe der zusätzlichen Vergütung	185
II. Nicht aufgestellte technische Berechnungen (§ 2 Abs. 9 Nr. 2 VOB/B)	187
K. Vergütung von Stundenlohnarbeiten (§ 2 Abs. 10 VOB/B)	188
I. Vereinbarung	188
II. Zeitpunkt der Vereinbarung	190
III. Abrechnung der Stundenlohnarbeiten	191
IV. Folgen fehlender Vereinbarung	192

A. Überblick

I. Inhalt der Norm

§ 2 VOB/B enthält die maßgeblichen Vorschriften zur Vergütungspflicht für die vom Auftragnehmer erbrachten Leistungen. § 2 Abs. 1 VOB/B enthält die Generalklausel bzgl. der Vergütung. In § 2 Abs. 2 VOB/B sind die möglichen Vergütungsformen Einheits- oder Pauschalpreis, Stundenlohn- oder Selbstkosten behandelt. § 2 Abs. 3 VOB/B betrifft Mengenabweichungen beim Einheitspreisvertrag. § 2 Abs. 4 VOB/B systemfremd im Rahmen der Vergütung einen Fall der Teilkündigung. § 2 Abs. 5 und 6 VOB/B beschäftigen sich mit nachträglichen Eingriffen des Auftraggebers in das vertraglich bestimmte Leistungssoll und unterwerfen diese einer (Mehr-)Vergütungspflicht. § 2 Abs. 7 VOB/B betrifft die Vergütung des Auftragnehmers bei Vereinbarung eines Pauschalpreises für seine Leistungen und mögliche nachträgliche Änderungen des Pauschalpreises durch nach Vertragsschluss eintretende tatsächliche Veränderungen. § 2 Abs. 8 VOB/B behandelt den Vergütungsanspruch des Auftragnehmers für Leistungen, die ohne vertragliche Vereinbarung erbracht wurden. § 2 Abs. 9 VOB/B regelt die Behandlung von Planungsleistungen, 1

§ 2 VOB/B   Vergütung

die vom Auftragnehmer selbst erbracht werden und § 2 Abs. 10 VOB/B behandelt die Notwendigkeit der vertraglichen Vereinbarung einer Vergütung nach Stundenlohn und steht im engen Zusammenhang mit der Abrechnungsvorschrift des § 15 VOB/B.

II. Zusammenhang mit § 1 VOB/B

2   In § 2 Abs. 1 VOB/B befinden sich spiegelbildliche Regelungen zu § 1 Abs. 1 und Abs. 2 VOB/B. Mit den vereinbarten Preisen sollen sämtliche vertraglich vereinbarten Leistungen abgegolten sein, die sich aus den in § 2 Abs. 1 VOB/B aufgezählten Vertragsbestandteilen ergeben. Die Aufzählung erfolgt dabei in gleicher Reihenfolge wie in § 1 Abs. 2 VOB/B, wobei beide Normen auf die VOB/C Bezug nehmen. Daraus ergibt sich, dass sich auch bei Widersprüchen in den einzelnen aufgeführten Vertragsunterlagen die Rangfolge dieser nach der aufgeführten Reihenfolge richtet.[1] Zusätzlich zu diesen Vertragsbestandteilen ist in § 2 Abs. 1 VOB/B allerdings noch die »gewerbliche Verkehrssitte« als möglicher weiterer Faktor für die Leistungs- und Vergütungspflicht genannt. Die Regelung der Absätze 5 und 6 des § 2 VOB/B, aus denen sich der Mehrvergütungsanspruch für nachträgliche Leistungen ergibt, korrespondiert mit § 1 Abs. 4 VOB/B, demzufolge der Auftragnehmer nachträgliche Leistungen, die zur Ausführung seiner vertraglichen Leistung erforderlich werden, auf Verlangen des Auftraggebers auszuführen hat.[2]

B. Generalklausel zur Vergütung (§ 2 Abs. 1 VOB/B)

I. Generalklausel

3   § 2 Abs. 1 VOB/B enthält die Generalklausel für die dem Auftragnehmer geschuldete Vergütung im Rahmen eines VOB-Vertrages. Durch die vereinbarten Preise werden sämtliche vertraglich vereinbarten Leistungen abgegolten, wobei die nach dem Vertrag geschuldete Gesamtleistung gemäß § 2 Abs. 1 VOB/B durch die dort aufgezählten einzelnen Vertragsbestandteile bestimmt wird. § 2 Abs. 1 VOB/B bestimmt somit, welche Gegenleistung dem Auftragnehmer für die Ausführung der vertraglich vereinbarten Leistung zusteht. Der Leistungsbegriff der VOB/B versteht sich dabei sowohl erfolgsbezogen auf das zu errichtende funktionsfähige Werk als auch inhaltlich bezogen auf die konkrete Art der Ausführung.[3]

4   Die in § 2 Abs. 1 VOB/B enthaltene Aufzählung der Vertragsbestandteile erfolgt dabei in der gleichen Reihenfolge, die auch in § 1 Abs. 2 VOB/B verwendet wird. Aus diesem Umstand muss geschlossen werden, dass die in § 2 Abs. 1 VOB/B enthaltene Reihenfolge nicht willkürlich gewählt ist, sondern auch hier für die Bestimmung der Vergütung bei Widersprüchen der jeweils zuerst genannte Vertragsbestandteil Vorrang vor dem nachfolgenden hat.[4]

II. Umfang und Inhalt der vertraglich geschuldeten Leistung

1. Leistungsbeschreibung

5   Zunächst wird durch die vereinbarten Preise die Leistung abgegolten, die sich aus der Leistungsbeschreibung ergibt. Im Rahmen der VOB/A wird zwischen einer Beschreibung mit Leistungsverzeichnis (§ 7 Abs. 9–12 VOB/A) und einer Beschreibung mit Leistungsprogramm (§ 7 Abs. 13–15 VOB/A), der sogenannten funktionalen Leistungsbeschreibung, unterschieden. Für beide Formen der Leistungsbeschreibung gilt § 7 Abs. 1 und 2 VOB/A. § 7 VOB/A ist zwar nur auf öffentliche Auftragsvergaben nach der VOB/A anwendbar, enthält jedoch nach allgemeiner Ansicht grundsätzliche Pflichten jedes Auftraggebers bei der Erstellung von Leistungsbeschreibun-

---

1 Leinemann/*Leinemann*, 4. Aufl. § 2 Rn. 59.
2 Leinemann/*Leinemann*, 4. Aufl. § 1 Rn. 66.
3 *Putzier*, in: Festschrift für Götz von Craushaar, S. 299, 305 ff.
4 Ingenstau/Korbion/*Keldungs*, B § 2 Abs. 1 Rn. 1.

gen.⁵ Die von der Rechtsprechung im Zusammenhang mit öffentlichen Ausschreibungen entwickelten Grundsätze sind danach auch auf – den sonstigen Regularien der VOB/A nicht unterworfenen – private Auftraggeber und Bauherrn entsprechend anwendbar, was die Eindeutigkeit und Vollständigkeit der Leistungsbeschreibung angeht.⁶

a) Leistungsverzeichnis

Sowohl beim Einheitspreisvertrag als auch beim Detail-Pauschalvertrag ergibt sich die vertraglich geschuldete Leistung in erster Linie aus dem Leistungsverzeichnis. Hier wird festgehalten, welche Leistungen nach der Vorstellung des Auftraggebers angeboten und ausgeführt werden sollen.⁷ Aus den übrigen Vertragsunterlagen wie Vergabeprotokoll oder den Vorbemerkungen können sich jedoch Differenzen und Ergänzungen ergeben⁸ So sind Vorbemerkungen zum Leistungsverzeichnis nicht stets nachrangig zu den Positionsbeschreibungen im Leistungsverzeichnis selbst.⁹   6

b) funktionale Leistungsbeschreibung

Bei der funktionalen Leistungsbeschreibung gibt der Auftraggeber nur die von ihm durch den Verwendungszweck an das Bauvorhaben gestellten Anforderungen und Vorstellungen vor, die durch den beabsichtigten Verwendungszweck bzw. die Funktion des zu erstellenden Gebäudes bestimmt werden. Die entsprechende Planung bleibt den Auftragnehmern überlassen.¹⁰   7

Im Rahmen der funktionalen Leistungsbeschreibung sind alle Leistungen zu erbringen, die zur Erreichung des vertraglich vereinbarten Erfolges notwendig sind,¹¹ soweit nicht durch zum Gegenstand der Ausschreibung gemachte Pläne und Baugrundgutachten ein konkreter Leistungsinhalt festzustellen ist.¹²   8

c) Auslegung des Vertragsinhaltes als sinnvolles Ganzes

Im Zusammenhang mit der Vergütung stellt sich auch die Frage, welche Leistungen nach dem Vertrag geschuldet sind. Grundsätzlich muss der Leistungsumfang durch Auslegung des Vertrages ermittelt werden.¹³ Die Auslegung erfolgt gemäß den §§ 133, 157 BGB nach Treu und Glauben mit Rücksicht auf die Verkehrssitte,¹⁴ wobei die Auslegung selber unter Einbeziehung und Auswertung sämtlicher Teile des Vertrages¹⁵ als sinnvolles Ganzes vorgenommen werden muss. Ein allgemeiner Vorrang einzelner Vertragsbestandteile, wie z.B. des Leistungsverzeichnisses vor den Vorbemerkungen oder der allgemeinen Leistungsbeschreibung kann im Rahmen der Auslegung nicht angenommen werden.¹⁶ Der für die Auslegung entscheidende Empfängerhorizont ist dabei das Verständnis aller möglichen Bieter.¹⁷   9

---

5 OLG Stuttgart, Urt. v. 09.03.1992 – 5 U 164/91, BauR 1992, 639.
6 *Kemper,* in: Franke/Kemper/Zanner/Grünhagen, B § 2 Rn. 10.
7 Ingenstau/Korbion/*Keldungs,* B § 2 Abs. 1 Rn. 4.
8 Ingenstau/Korbion/*Keldungs,* B § 2 Abs. 1 Rn. 4.
9 BGH, Urt. v. 11.03.1999 – VII ZR 179/98, BauR 1999, 897.
10 *Franke/Kaiser,* in: Franke/Kemper/Zanner/Grünhagen, A § 7 Rn. 195.
11 KG, Urt. v. 15.07.2004 – 27 U 300/03, BauR 2005, 1680; OLG Hamm, Urt. v. 03.08.2004 – 21 U 173/03, BauR 2005.
12 BGH, Urt. v. 20.08.2009 – VII ZR 205/07, BauR 2009, 1724, 1731.
13 BGH, Beschl. v. 20.12.2010 – VII ZR 77/10, NJW-RR 2011, 378).
14 BGH, Urt. v. 27.07.2006 – VII ZR 202/04, BauR 2006, 2040.
15 BGH, Urt. v. 18.04.2002 – VII ZR 38/01, BauR 1394, 1395.
16 BGH, Urt. v. 11.03.1999 – VII ZR 179/98, BauR 1999, 897.
17 BGH, Urt. v. 22.04.1993 – VII ZR 118/92, BauR 1993, 595.

§ 2 VOB/B Vergütung

2. Besondere und Zusätzliche Vertragsbedingungen, zusätzliche Technische und Allgemeine technische Vertragsbedingungen

10 Als weitere Merkmale für die Bestimmung der durch die vereinbarten Preise abgegoltenen Leistungen nennt § 2 Abs. 2 VOB/B die Besonderen und Zusätzlichen Vertragsbedingungen, die zusätzlichen Technischen und Allgemeinen technischen Vertragsbedingungen. Unter den Begriff der Besonderen Vertragsbedingungen fallen neben den ausdrücklich als solche bezeichneten Bedingungen auch alle anderen ergänzenden Bedingungen zur VOB/B, die nicht bereits in § 1 Abs. 2 VOB/B bzw. § 2 Abs. 1 VOB/B genannt sind. Somit können auch der Hauptvertrag selber, sowie weitere Klauseln und Feststellungen in Angeboten oder Auftragsschreiben, welche ausdrücklich Vertragsbestandteil geworden sind, Besondere Vertragsbedingungen darstellen.[18]

11 Zusätzliche Vertragsbedingungen ergänzen die Allgemeinen Vertragsbedingungen und werden in der Regel von Auftraggebern erstellt und verwendet, die ständig Bauleistungen vergeben (§ 8 Abs. 4 Nr. 2 VOB/B), und sind für eine unbestimmte Anzahl von Bauvorhaben vorgesehen.

12 Zusätzliche technische Vertragsbedingungen ergänzen die VOB/C und gehen dieser vor.[19] Unter Allgemeinen technischen Vertragsbedingungen hingegen sind die in der VOB/C enthaltenen technischen Vorschriften und damit die DIN 18299 ff. zu verstehen. Für die Vergütung ist der jeweilige Abschnitt 4 mit der Unterscheidung zwischen Nebenleistung und Besonderer Leistung maßgeblich. Mit dem vertraglich vereinbarten Preis vergütet sind zunächst lediglich die Nebenleistungen, die Ausführung Besonderer Leistungen nach der VOB/C begründet den Anspruch des Auftragnehmers auf eine zusätzliche Vergütung.[20] Diese schematische Herangehensweise ist aber nur möglich, wenn nicht durch vorherige konkrete Vertragsauslegung etwas anderes festgestellt wird. So kann eine solche Vertragsauslegung anhand insbesondere der Leistungsbeschreibung durchaus zum Ergebnis kommen, dass Besondere Leistungen i.S.d. VOB/C vom Vertragspreis umfasst sind und keine zusätzliche Vergütung in Betracht kommt.[21] Wird keine konkrete Feststellung anhand der Leistungsbeschreibung getroffen, bleibt es dabei, dass im Rahmen der Vertragsauslegung auch die zur Vertragsgrundlage gemachte Unterscheidung in Abschnitt 4 der jeweiligen DIN der VOB/C relevant wird.[22]

13 Bei den Besonderen Vertragsbedingungen, den zusätzlichen Vertragsbedingungen und den Allgemeinen technischen Vertragsbedingungen handelt es sich um Allgemeine Geschäftsbedingungen, die einer Inhaltskontrolle nach § 307 BGB unterliegen.[23] (vgl. die Kommentierung von *Luz* zu § 307 BGB Rdn. 8 ff.).

3. Verkehrssitte

14 Zusätzlich zu dem sich aus § 1 Abs. 2 VOB/B ergebenden Katalog der vorgeschriebenen Vertragsbestandteile nennt § 2 Abs. 1 VOB/B die gewerbliche Verkehrssitte als Merkmal zur Bestimmung des durch den Vertragspreis abgegoltenen Leistungssolls. Zu diesem gehören somit als Verkehrssitte auch die Leistungen, die nach der Auffassung der betreffenden Fachleute am Ort der Leistung als zur Bauleistung gehörend zu betrachten sind, sowie die für die entsprechende Leistung einschlägig anerkannten allgemeinen Regeln der Technik.[24] Eine Berücksichtigung der gewerblichen Verkehrssitte hat allerdings auch ohne deren ausdrückliche Aufnahme in § 2 Abs. 1 VOB/B bereits im Rahmen der Vertragsauslegung nach § 157 BGB zu erfolgen. Die Pflicht des Auftragnehmers zur Beachtung der anerkannten Regeln der Technik ergibt sich darüber hinaus

---

18 Leinemann/*Schoofs*, 4. Aufl. 2010, B § 2 Rn. 65.
19 *Kapellmann/Schiffers*, Bd.1 Rn. 125.
20 Leinemann/*Schoofs*, 4. Auf. 2010, § 2 Rn. 68.
21 BGH, Urt. v. 28.02.2002 – VII ZR 376/00, BauR 2002, 935.
22 BGH, Urt. v. 27.07.2006 – VII ZR 202/04, BauR 2006, 2040.
23 BGH, Urt. v.17.06.2004 – VII ZR 75/03, BauR 2004, 1438 für die VOB/C.
24 Ingenstau/Korbion/*Keldungs*, B § 2 Abs. 1 Rn. 18.

schon aus § 4 Abs. 2 Nr. 1 S. 2 VOB/B. Es ist selbstverständlich, dass dies nicht lediglich eine »technische« Verpflichtung darstellt, sondern der Auftragnehmer die entsprechenden Leistungen auch bei Angebotserstellung und Vergütung zu berücksichtigen hat.[25] Die Erwähnung der gewerblichen Verkehrssitte kann daher nur den Sinn haben, verbliebene Lücken zu schließen, wobei es sich hierbei nur um geringfügige, aus den sonstigen Vertragsunterlagen nicht erkennbare und wenig preisrelevante Leistungen handeln kann.[26] Auch weitere in der Baupraxis verwendete Begriffe wie etwa »schlüsselfertige Herstellung«, »fix und fertige Leistung« oder »gehobener Standard« reichen für sich genommen noch nicht aus, über den Begriff der Verkehrssitte auch solche Leistungen zu von der Vergütung umfasste Leistungen zu machen, die zur vertragsgerechten Erbringung der Leistung notwendig, im Vertrag und seinen Bestandteilen aber nicht ausdrücklich genannt sind.[27]

4. Mehrwertsteuer

Nach ständiger Rechtsprechung des BGH ist die Mehrwertsteuer ein rechtlich unselbstständiger Teil des zu zahlenden Preises und daher, sofern sich aus den Umständen nichts anderes ergibt, in den vertraglich vereinbarten Preisen bereits enthalten.[28] Da dieser Grundsatz auch für VOB-Bauverträge gilt, ist auch in diesen eine besondere Vereinbarung bezüglich der Mehrwertsteuer (wie der Zusatz »netto« oder »zuzüglich Mehrwertsteuer in gesetzlicher Höhe« o.ä.) erforderlich, fehlt es an einer entsprechenden Vereinbarung oder einem Zusatz, verstehen sich die Einheitspreise als Bruttopreise.[29] Obgleich in der Praxis zwischen Bauvertragspartnern vielfach von Nettopreisen ausgegangen wird, kann für die Baubranche kein Handelsbrauch dahingehend festgestellt werden, dass bei Preisvereinbarungen zwischen vorsteuerabzugsberechtigten Parteien von Nettobeträgen auszugehen ist.[30] Von einer entsprechenden Gepflogenheit kann allenfalls im Verhältnis zwischen Generalunternehmer und Nachunternehmer aufgrund der Neuregelung des § 13b UStG ausgegangen werden, da hier die Steuerschuld beim Leistungsempfänger entsteht, soweit dieser selbst Bauleistungen erbringt, und daher vom Nachunternehmer keine Mehrwertsteuer in Rechnung gestellt wird.[31] Änderungen des Mehrwertsteuersatzes führen grundsätzlich dazu, dass die Gesamtleistung mit dem zum Zeitpunkt der abnahmereifen Fertigstellung gültigen höheren Satz beaufschlagt werden muss – auch soweit Teile der Leistungen bereits vorher erbracht wurden –, es sei denn, es liegen teilbare Leistungen und Teilabnahmen vor dem Stichtag der Änderung vor.[32] Bei Nachtragsforderungen nach § 2 Abs. 5 oder Abs. 6 VOB/B fällt ebenfalls Umsatzsteuer an.[33]

5. Sondervorschläge

Es besteht die Möglichkeit, dass der Auftragnehmer Änderungsvorschläge oder Nebenangebote unterbreitet, durch welche eine vollständig andere Leistung zur Erreichung des Erfolges angeboten oder die Art der Ausführung geändert wird.[34] Wird ein sogenannter Sondervorschlag unterbreitet und angenommen, so wird dieser Vertragsbestandteil, der Vertragsinhalt bestimmt sich insoweit nur durch den Sondervorschlag selbst.[35] In der Regel wird eine Pauschalvergütung für die

---

25 *Kemper*, in: Franke/Kemper/Zanner/Grünhagen, B § 2 Rn. 26.
26 Ingenstau/Korbion/*Keldungs*, B § 2 Abs. 1 Rn. 18.
27 Zutreffend: *Jansen*, in: Beck'scher VOB-Kommentar, B § 2 Nr. 1 Rn. 52 ff.
28 BGH, Urt. v. 26.06.1991 – VIII ZR 198/90, NJW 1991, 2484.
29 Ebenso: *Jansen*, in: Beck'scher VOB-Kommentar, B § 2 Nr. 1 Rn. 56.
30 OLG Frankfurt, BauR 1997, 524; a.A. Ingenstau/Korbion /*Keldungs*, B § 2 Abs. 1 Rn. 21.
31 Art. 14 Nr. 2 des Haushaltsbegleitgesetzes 2004 v. 29.12.2003 (BGBl. I S. 3076).
32 *Rath/Hiemer*, BauR 2006, 1655.
33 BGH, Urt. v. 24.01.2008 – VII ZR 280/05, NZBau 2008, 318.
34 Leinemann/*Schoofs*, 4. Aufl., § 3 Rn. 5.
35 *Kemper*, in: Franke/Kemper/Zanner/Grünhagen, B § 2 Rn. 47.

vom Sondervorschlag umfassten Leistungen vereinbart.[36] Der Auftragnehmer trägt das Planungs- und Mengenermittlungsrisiko.[37]

C. Einheitspreisvertrag, Pauschalpreisvertrag, Stundenlohn und Selbstkostenerstattung (§ 2 Abs. 2 VOB/B)

I. Einheitspreisvertrag

1. Definition des Einheitspreisvertrages

17 § 2 Abs. 2 VOB/B unterscheidet zwischen vier verschiedenen Vergütungsarten. Sollte keine eindeutige Vereinbarung zugunsten einer Vergütungsart vorliegen, so muss diese durch Auslegung nach §§ 133, 157 BGB ermittelt werden.[38] Die in § 2 Abs. 2 VOB/B zuerst genannte Vergütungsart ist die des Einheitspreisvertrages. Bei diesem wird die Vergütung auf der Grundlage eines positionsbezogenen Leistungsverzeichnisses und der zum Zeitpunkt des Vertragsschlusses angenommenen Mengenvordersätzen vorläufig bestimmt, indem der Auftragnehmer im Rahmen seines Angebots für eine Mengeneinheit der detailliert beschriebenen Leistung einen Preis (Einheitspreis) angibt. Aus der Multiplikation des vertraglich vorausgesetzten Mengenvordersatzes und des angebotenen Einheitspreises ergibt sich der voraussichtliche Gesamtpreis für die Position, die Summe aller Positionspreise macht dann die (vorläufige) Auftragssumme aus. Die zu zahlende Vergütung bestimmt sich jedoch nicht durch diesen vorläufigen Auftragspreis und den im Leistungsverzeichnis angenommenen Mengen, sondern ergibt sich vielmehr aus den durch das Aufmaß ermittelten tatsächlich ausgeführten Leistungen.[39] Der in der jeweiligen Position angegebene Einheitspreis wird mit der tatsächlich ausgeführten Menge multipliziert. Aus der Summierung der so ermittelten Gesamtpreise für die einzelnen Positionen ergibt sich die vom Auftraggeber zu leistende Vergütung.

2. Beweislast für die vereinbarte Vertragsart

18 Obwohl der Einheitspreisvertrag weiterhin die im Baugeschehen am häufigsten vorkommende Vertragsart ist, kann nicht davon ausgegangen werden, dass ein Einheitspreisvertrag immer dann vorliegt, wenn die Parteien keine andere Vereinbarung getroffen haben. Soweit Keldungs[40] annimmt, dass aufgrund der Formulierung des § 2 Abs. 2 VOB/B ein grundsätzliches Regel-Ausnahme-Prinzip zwischen Einheitspreis- und Pauschalpreisvertrag zu Grunde gelegt wird, und der Einheitspreisvertrag als der Normaltyp eines Bauvertrages nach der VOB/B anzusehen ist, ist dies nicht begründet. Im Streitfall muss die Vereinbarung eines Einheitspreisvertrages mit all seinen Voraussetzungen, insbesondere also den positionsbezogenen Einheitspreisen etc. ebenso vorgetragen und bewiesen werden wie abweichende Preisgestaltungen, sodass bei fehlenden Voraussetzungen kein Einheitspreisvertrag zu Grunde gelegt werden kann.[41] Die Darlegungs- und Beweislast für die Vergütungsart und Höhe trägt der Auftragnehmer.[42] Im Rahmen eines Einheitspreisvertrages muss der Auftragnehmer darüber hinaus darlegen und beweisen, dass bestimmte Einheitspreise vereinbart wurden und substantiiert vortragen, welche Bauleistungen er tatsächlich erbracht hat.[43] Trägt der Auftraggeber vor, dass eine andere Vergütungsart vereinbart war, so muss er deren

---

36 *Kemper*, in: Franke/Kemper/Zanner/Grünhagen § 2 VOB/B Rn. 48.
37 BGH, Beschl. v. 02.12.2007 – VII ZR 211/06, IBR 2008, 1110 (*Althaus*).
38 Leinemann/*Schoofs*, 4. Aufl., § 2 Rn. 72.
39 Ingenstau/Korbion/*Keldungs*, B § 2 Abs. 2 Rn. 4.
40 *Werner/Pastor*, 13. Aufl., Rn. 1495 f. m.w.N.
41 Vgl. BGH, Urt. v. 09.04.1981 – VII ZR 262/80, BauR 1981, 388; BGH, Urt. v. 28.09.1982 – VI ZR 221/80, BauR 1983, 384.
42 BGH, Urt. v. 13.10.1994 – VII 139/93, BauR 1995, 91.
43 *Werner/Pastor*, 13. Aufl., Rn. 1494.

Inhalt und die Umstände der Vereinbarung konkret darlegen, um es dem Auftragnehmer zu ermöglichen, dem Vortrag zu widersprechen. In der Regel wird hier eine Parteivernehmung geboten sein.[44]

3. Einheitspreis als Festpreis

Die vertraglich vereinbarten Einheitspreise sind grundsätzlich Festpreise, d.h. sie bleiben unveränderlich, wenn nicht nach den Bestimmungen des § 2 Abs. 3 VOB/B (erhebliche Mengenänderungen) bzw. des § 2 Abs. 5, 6 VOB/B (Leistungsänderungen und Mehrleistungen aufgrund von Anordnungen und Verlangen des Auftraggebers, die zu Preisveränderungen führen) der Einheitspreis gem. den dort genannten Regularien verändert wird.[45] Dies bedeutet, dass vereinbarte Einheitspreise unabhängig von der Entwicklung der tatsächlichen Verhältnisse auf dem Markt wie Veränderungen des Lohnniveaus und der Materialpreise bestehen bleiben, und zwar auch dann, wenn es zu von beiden Parteien unerwarteten erheblichen Preissteigerungen – etwa bei den Stahlpreisen – kommt. Nur ausnahmsweise kann man in diesen Fällen über die Grundsätze des Wegfalls der Geschäftsgrundlage nach § 313 BGB zu einer nachträglichen Anpassung der Festpreise gelangen, in der Praxis kommen solche Extremfälle, die die Anwendbarkeit des § 313 BGB rechtfertigen, jedoch kaum vor. 19

4. Preisgleitklauseln

Um die mit der Vereinbarung eines festen Einheitspreises vor allem für den Auftragnehmer verbundenen Risiken zu vermeiden und den Preis während der Laufzeit des Vertrages anpassen zu können, steht den Parteien jedoch die Möglichkeit offen, Gleitklauseln für Lohn-, Stoff- und Transportkostenerhöhungen zu vereinbaren.[46] Solche Gleitklauseln kommen auch dem Auftraggeber zugute, da davon auszugehen ist, dass bei ihrem Fehlen der Auftragnehmer entsprechende Risikozuschläge in die Preise einkalkulieren wird. Gerade bei komplexen Baumaßnahmen, die über einen längeren Vertragszeitraum abgewickelt werden, ist es daher üblich, entsprechende Lohn- und Materialpreisgleitklauseln zu vereinbaren, aufgrund derer die späteren Entwicklungen der Preise auf der Grundlage von bereits zum Vertragsschluss vereinbarten, mathematisch bestimmten Gleitklauseln bestimmt werden.[47] Derartige – auch als Preisvorbehaltsklauseln[48] bezeichnete – Vereinbarungen können auch in Allgemeinen Geschäftsbedingungen wirksam vereinbart werden, selbst sogenannte Bagatellklauseln, denen zufolge unter einem bestimmten Prozentsatz liegende Lohnerhöhungen unberücksichtigt bleiben sollen, sind als Allgemeine Geschäftsbedingungen wirksam.[49] Unklare und mehrdeutige Lohngleitklauseln sind allerdings zu Lasten des Verwenders auszulegen.[50] 20

Die Preisvorbehaltsklauseln müssen aber den Voraussetzungen des § 3 Nr. 2 WährG entsprechen und dürfen daher über die Selbstkostenerstattung nicht hinausgehen.[51] Gleiches gilt, wenn die Klausel die Anpassung an den Tariflohn koppelt und der Änderungssatz nicht den kalkulierten Lohnkosten entspricht.[52] Bei Nachunternehmerverträgen ist die Lohngleitung nur dann zu be- 21

---

44 *Budde,* in Franke/Kemper/Zanner/Grünhagen, B § 2 VOB/B Rn. 229.
45 *Kuffer,* in: Heiermann/Riedl/Rusam, B § 2 Rn. 91 m.w.N.
46 *Herig,* § 2 VOB/B Rn. 32.
47 Vgl. hierzu im Einzelnen: *Kapellmann/Schiffers,* Bd. 1, Rn. 106 ff.; BGH, Urt. v. 08.06.2006, VII ZR 13/05, BauR 2006, 1461.
48 Ingenstau/Korbion/*Keldungs,* B § 2 Abs. 1 Rn. 62 ff.
49 OLG Hamm, Urt. v. 06.11.1988 – 24 U 73/88, BauR 1991, 210.
50 BGH, Beschl. v. 24.07.2008 – VII 219/07, BauR 2009, 825.
51 BGH, Urt. v. 08.06.2006 – VII ZR 13/05, BauR 2006, 1461.
52 OLG Dresden, Urt. v. 14.06.2006 – 6 U 195/06, BauR 2006, 1519.

rechnen, wenn sowohl Hauptvertrag als auch Nachunternehmervertrag eine Lohngleitklausel in gleichem Umfang enthalten,[53] was nicht genehmigungspflichtig sein soll.[54]

22 Verlängert sich die Bauzeit aufgrund von Behinderungen, die der Auftraggeber zu vertreten hat, bleiben die vereinbarten Lohn- und Materialpreisgleitklauseln als Berechnungsgrundlage für die Preise außer Betracht. Die auftraggeberseitig verursachten Behinderungen begründen einen Schadensersatzanspruch des Auftragnehmers nach § 6 Abs. 6 VOB/B, der entstandene Schaden muss konkret berechnet werden.[55] Der Auftragnehmer ist gehalten, die tatsächlich entstandenen höheren Lohn- und Materialkosten im Einzelnen nachzuweisen und kann sich für die Berechnung des Preises nicht auf die Preisgleitklauseln berufen. Dies gilt auch für die Berechnung des Entschädigungsanspruches nach § 642 BGB.

23 Eine Abweichung vom normalen Einheitspreisvertrag stellt der heute relativ seltene Einheitspreisvertrag mit Höchstpreisklausel dar, bei dem für den Vergütungsanspruch des Auftragnehmers die Abrechnung nach tatsächlich ausgeführten Mengen nur bis zu einer bestimmten Menge und einem entsprechenden Maximalpreis vorgenommen wird, darüber hinausgehende Mengenabweichungen bleiben bei der Vergütung unberücksichtigt.[56]

5. Zulage- Alternativ- Wahl- und Eventualposition

24 Bei der Erstellung von Leistungsverzeichnissen werden in der Regel bestimmte Leistungspositionen von später zu treffenden Entscheidungen und Umständen abhängig gemacht. Solche bedingten Positionen treten in den folgenden Arten auf (zu den vergaberechtlichen Besonderheiten vgl. die Kommentierung von *Krist*, VergabeR Rdn. 90):

a) Zulagepositionen

25 Eine Zulageposition (auch: Zuschlagsposition) liegt immer dann vor, wenn im Zusammenhang mit einer sogenannten Hauptposition im Leistungsverzeichnis eine weitere Position aufgeführt wird, deren Vergütung jedoch unter dem Vorbehalt oder der aufschiebenden Bedingung steht, dass die bereits im Leistungsverzeichnis aufgeführten Umstände, die eine Zulage zur Hauptposition rechtfertigen, auch eintreten. Bei diesen Umständen handelt es sich meistens um Erschwernisse, die erst im Zuge der Bauarbeiten anzutreffen sind. Um seinen Anspruch auf Vergütung für die Zulageposition zu begründen, obliegt dem Auftragnehmer dann lediglich noch der Nachweis, dass die erschwerenden Umstände auch eingetreten sind.

b) Alternativpositionen und Wahlpositionen

26 Ist die konkrete Art der Ausführung bei der Ausschreibung noch unklar, so werden in das Leistungsverzeichnis alternative Ausführungsvarianten, sogenannte Alternativpositionen, aufgenommen. Dies bringt für den Auftraggeber den Vorteil, die Kosten für beide Ausführungsvarianten dem Wettbewerb zu unterstellen und sich bereits im Rahmen der Vertragsanbahnung bzw. zum Zeitpunkt des Vertragsschlusses für eine der Alternativen zu entscheiden (zur Angebotswertung bei öffentlicher Ausschreibung s. *Krist* VergabeR Rdn. 90 ff.). Die Entscheidung, welche Position beauftragt wird, kann bereits zusammen mit dem Vertragsschluss selber ergehen mit der Folge, dass dann auch die Angebotsbindung des Auftragnehmers an den Preis für die nicht beauftragte Alternative entfällt.[57] Die Beauftragung kann jedoch auch zunächst mit beiden Alternativpositio-

---

53 OLG Dresden, Urt. v. 28.11.2007 – 6 U 1208/06, IBR 2008, 1107 (*Müller*).
54 BGH, Beschl. v. 13.11.2008 – VII ZR 98/07, BauR 2009, 503.
55 BGH, Urt. v. 20.02.1986 – VII ZR 286/84, BauR 1986, 347.
56 OLG Frankfurt, Urt. v. 02.11.1988 – 17 U 177/87, NJW-RR 1989, 20; ausführlicher *Kemper*, in: Franke/Kemper/Zanner/Grünhagen, B§ 2 VOB/B Rn. 32, 33.
57 KG/BGH, Urt. v. 21.11.2002, 4 U 7233/00; Beschl. v. 11.12.2003, VII ZR 7/03, BauR 2004, 1779.

nen erfolgen. In diesem Fall sind beide Alternativpositionen aufschiebend bedingt beauftragt bis zu dem Zeitpunkt, in dem der Auftraggeber sich für eine der Alternativen entscheidet.[58]

Die Alternativposition ist jedoch nicht identisch mit der sogenannten Wahlposition. Im Gegensatz zur Alternativposition fallen unter den Begriff Wahlposition auch solche Positionen, die nicht ausdrücklich alternative Ausführungsvarianten vorsehen, sondern dem jeweiligen Vertragspartner ein weites Wahlrecht i.S.d. § 262 BGB zugestehen. Dabei kann eine Wahlposition ein Wahlrecht des Auftraggebers vorsehen, wie z.B. bei der Formulierung »Farbton nach Wahl des Auftraggebers«, wobei in diesem Fall das Wahlrecht regelmäßig auf die handelsüblichen Standardfarben beschränkt ist und die Wahl einer Sonderfarbe zu Mehrvergütungsansprüchen des Auftragnehmers nach § 2 Abs. 5 VOB/B führt.[59]

27

Auch die Beauftragung der Wahlposition steht unter der aufschiebenden Bedingung, dass eine Partei ihr vertraglich eingeräumtes Wahlrecht ausübt. Mit Bedingungseintritt fällt die alternativ angebotene Position nebst Preis weg. Wird diese Position dennoch später beauftragt, so kann für die Ermittlung des Preises nicht auf die ursprüngliche Ausschreibung zurückgegriffen werden, es liegt vielmehr ein Fall der Leistungsänderung nach § 2 Abs. 5 VOB/B vor.[60] Übt der Auftraggeber sein vertraglich vereinbartes Wahlrecht nicht so frühzeitig aus, dass der Auftragnehmer sich im Rahmen des kontinuierlichen Bauablaufs hierauf rechtzeitig einrichten kann, so kann dies zu einer Behinderung des Auftragnehmers nach § 6 Abs. 2a VOB/B führen.[61] Wird der Auftraggeber darüber hinaus aufgefordert, bis zu einem bestimmten Zeitpunkt im Interesse des ungestörten Bauablaufes sein Wahlrecht auszuüben und kommt er dieser Aufforderung nicht nach, so kann neben der Bauzeitverlängerung auch ein Schadensersatzanspruch nach § 6 Abs. 6 VOB/B entstehen, da nach einem entsprechenden Hinweis des Auftragnehmers die nicht rechtzeitige Ausübung des Wahlrechts durch den Auftraggeber verschuldet ist.[62]

28

c) Eventualpositionen

Unter dem Begriff Eventualposition (auch Bedarfsposition) versteht man Leistungspositionen, die nur im Falle des Eintreffens eines bestimmten Bedarfs beauftragt werden sollen. Im Unterschied zur Zulageposition, die meist im Falle des Eintritts eines Erschwernisses eine zusätzliche Vergütung des Auftragnehmers bewirkt, ist bei der Eventualposition zum Zeitpunkt des Vertragsschluss noch nicht hinreichend bestimmt und deutlich, welche Leistung zu erbringen ist. Im Gegensatz zur Alternativ- oder Wahlposition ist der Auftraggeber die Vereinbarung einer Eventualposition jedoch nicht gänzlich frei in seiner Entscheidung, die Leistung fordern zu können, die Beauftragung ist vielmehr abhängig von dem Eintreffen bestimmter technischer Umstände während der Bauausführung.[63] Auch die Eventualposition ist mit Vertragsschluss aufschiebend bedingt vereinbart, wobei die Einigung über die Höhe der Vergütung unbedingt erfolgt und nur die Frage der tatsächlichen Ausführung noch offen bleibt.[64] Bei Bedingungseintritt – oder ausdrücklicher Anordnung der Leistungserbringung durch Erklärung des Auftraggebers[65] – gilt die Eventualposition mit dem entsprechenden Preis als beauftragt, der Auftraggeber kann ohne Kündigung mit den entsprechenden Vergütungsfolgen nach § 8 Abs. 1 VOB/B die durch den Bedingungseintritt notwendig gewordenen Leistungen nicht von einem Dritten ausführen lassen, etwa weil ihm der Preis des Auftragnehmers überhöht erscheint.[66] Enthält das Leistungsverzeichnis

29

---

58 Ingenstau/*Kratzenberg*, A § 7 VOB/A Rn. 47.
59 OLG Köln, Urt. v. 15.09.1995 – 20 U 259/90, BauR 1998, 1096.
60 KG, Urt. v. 21.11.2002, 4 U 7233/00/BGH, Beschl. v. 11.12.2003 – VII ZR 7/03, BauR 2004, 1779.
61 *Vygen*, BauR 1992, 135, 139.
62 *Kemper*, in: Franke/Kemper/Zanner/Grünhagen, B § 2 VOB/B Rn. 21.
63 *Vygen*, BauR 1992, 135, 140.
64 Ingenstau/*Korbion/Kratzenberg*, § 7 VOB/A Rn. 46; *Keldungs*, ebenda, B § 2 Abs. 1 Rn. 33.
65 BGH, Urt. v. 23.01.2003 – VII ZR 10/01, BauR 2003, 536.
66 OLG Hamburg, Urt. v. 07.11.2003 – 1 U 108/02, IBR 2004, 182 (*Putzier*).

»nEP«-Positionen, handelt es sich insoweit um derartige Eventualpositionen.[67] Nach neuerer Rechtsprechung genügt für die Vergütung von Bedarfspositionen nicht das bloße Eintreten der technischen Bedingungen, unter denen die Bedarfspositionen notwendig werden, sondern ihre Vergütung soll von der »Aktivierung« im Sinne einer dem Auftraggeber zurechenbaren rechtsgeschäftlichen Erklärung abhängig sein.[68]

30 Der Vorteil der Vereinbarung einer Eventualposition besteht darin, dass der Auftraggeber im Falle der Erforderlichkeit von geänderten oder zusätzlichen Leistungen schon im Vorfeld einen Preis vereinbaren kann und nicht im Nachhinein auf die Ermittlung des Preises anhand §§ 2 Nr. 5, 6 VOB/B angewiesen ist.[69] Eventualpositionen bergen jedoch auch Risiken, da sie nicht mit entsprechenden Mengenvordersätzen versehen werden müssen.[70] In der Regel ist bei Ausschreibung und Vertragsschluss gerade unklar, ob und in welchem Umfang die Eventualposition ausgeführt werden muss. Es ist daher nicht zu beanstanden, wenn das Leistungsverzeichnis für die Eventualposition keinen Mengenvordersatz oder lediglich eine Mengeneinheit enthält.[71] Bei Eventualpositionen bleibt somit selbst bei erheblichen Mengenänderungen der vereinbarte Einheitspreis unverändert, auch wenn er sich im Nachhinein als überhöht herausstellt.[72] Andererseits erhält der Auftragnehmer auch keine Vergütung, sofern die Eventualpositionen nicht zur Ausführung kommen, insbesondere nicht nach § 8 Abs. 1 VOB/B »analog«.[73]

31 Im Gegensatz zur Wahl- und Alternativposition steht bei der Eventualposition nicht zur Entscheidung, welche von zwei Positionen ausgeführt wird, sondern ob die Position überhaupt ausgeführt wird. Aus diesem Umstand wird ersichtlich, dass die Eventualposition bei der Vereinbarung bestimmter Ausführungsfristen in der Regel nicht berücksichtigt wird (es sei denn, die Parteien haben hierüber eine – nur individualvertraglich wirksam – Vereinbarung getroffen, die dem Auftragnehmer das Leistungsrisiko innerhalb der Ausführungsfrist auferlegt). Kommt es zur Ausführung der Eventualposition, so wird man zwar einen Anspruch des Auftragnehmers auf Bauzeitverlängerung annehmen können, jedoch keinen Schadensersatzanspruch für die verlängerte Vorhaltung der Baustelleneinrichtung usw. nach § 6 Abs. 6 VOB/B, da den Auftraggeber insoweit kein Verschulden trifft:[74] Die Parteien waren sich ja gerade bei Vertragsschluss darüber einig, dass im Bedarfsfalle die Eventualposition durch den Auftragnehmer ohne Mehrkosten über den Positionspreis hinaus ausgeführt werden, so dass auch ein Anspruch des Auftragnehmers nach § 2 Abs. 5 VOB/B ausgeschlossen ist.[75]

II. Pauschalpreisvertrag

1. Grundsätze der Pauschalierung

32 § 2 Abs. 2 VOB/B nennt den Pauschalpreis als eine vom Einheitspreis abweichende Berechnungsart für die dem Auftragnehmer zustehende Vergütung, bei der die Auftragsendsumme pauschaliert wird. Sollte diese Pauschalierung im Vertrag nicht vereinbart sondern nur vorbehalten worden sein, so bleibt es bei der Vereinbarung eines Einheitspreisvertrages.[76] Die Vereinbarung eines Pauschalpreisvertrages hat für den Auftraggeber den Vorteil, dass bereits bei Vertragsschluss die Höhe der von ihm geschuldeten Vergütung weitgehend bekannt ist, der Vorteil des Auftragnehmers be-

---

67 BGH, Urt. v. 23.01.2003 – VII ZR 10/01, BauR 2003, 536.
68 OLG Dresden, Urt. v. 10.01.2007 – 6 U 519/04, BauR 2008, 518.
69 *Kapellmann/Schiffers*, 5. Aufl., Bd. 1 Rn. 580.
70 A.A. Ingenstau/Korbion/*Keldungs*, B § 2 Abs. 1 Rn. 34.
71 OLG Hamm, Urt. v. 05.03.1990 – 6 U 70/89, BauR 1991, 352, 354.
72 OLG Hamm, Urt. v. 05.03.1990 – 6 U 70/89, BauR 1991, 352.
73 OLG Hamm, Urt. v. 24.02.1989 – 12 U 170/88, BauR 1990, 744; zur »fehlenden Analogiefähigkeit bei VOB/B Klauseln« vgl. BGH, Urt. v. 02.10.1997 – VII ZR 44/97, BauR 1997, 1027, 1028.
74 *Kemper*, in: Franke/Kemper/Zanner/Grünhagen, B § 2 VOB/B Rn. 24.
75 A.A. s. auch *Vygen/Schubert/Lang*, Rn. 209.
76 OLG Schleswig, Urt. v. 29.06.2010 – 3 U 92/09= BauR 2010, 1937.

steht darin, dass keine zeitaufwendigen Aufmaße und Berechnungen für den Nachweis des Vergütungsanspruches erstellt werden müssen.[77] Teilweise wird vertreten, dass beim Pauschalpreisvertrag sowohl Preis als auch Leistung pauschaliert werden.[78] Dies ist jedoch im Grundsatz nicht richtig. Wesen des Pauschalpreises ist es zunächst, dass die sich aus dem Vertrag ergebende auszuführende Leistung mit einer Pauschale vergütet wird und lediglich die Menge, nicht aber der Inhalt der Leistung selbst unmaßgeblich bleibt.[79] Die Annahme eines Pauschalpreisvertrages erfordert jedoch eine eindeutige, darauf abzielende Pauschalierungsabrede.[80]

Maßgeblich für die Bestimmung des Leistungsinhalts bleibt auch beim Pauschalvertrag die Leistungsbeschreibung.[81] Im Bereich des Pauschalpreisvertrages existiert eine auf Kapellmann/Schiffers[82] zurückzuführende Differenzierung zwischen Detail- oder Globalpauschalverträgen.[83] Aus der reinen Feststellung, dass ein Globalpauschalvertrag vorliegt, folgt aber noch nicht zwingend, dass damit sämtliche Leistungen pauschaliert worden sind und daher der Auftragnehmer keine Mehrvergütungsansprüche nach § 2 Abs. 7 Nr. 1 S. 4 VOB/B i.V.m. § 2 Abs. 5, 2 Abs. 6 VOB/B geltend machen könne.[84] Maßgeblich bleibt in allen Fällen die konkrete Vertragsauslegung. 33

2. Detailpauschalvertrag

Bei einem Detailpauschalvertrag wird die Leistung im Einzelnen differenziert beschrieben. Der klassische Detailpauschalvertrag enthält wie der Einheitspreisvertrag ein vollständiges Leistungsverzeichnis, in welchem die Einzelelemente der Leistungen detailliert beschrieben sind, möglicherweise aber nicht notwendig einschließlich Mengenvordersätze. Die Parteien orientieren sich bei der Ermittlung der Summe der Einheitspreise und Gesamtpreise für die Positionen und Titel zwar am Einheitspreisvertrag, abschließend wird aber auf dieser Grundlage eine Pauschalvergütung vereinbart.[85] Hieraus wird auch deutlich, dass sich die Pauschalierung zunächst nur auf den Preis, nicht aber auf den Leistungsinhalt bezieht.[86] 34

Der Auftragnehmer trägt in den Fällen des Detailpauschalvertrages grundsätzlich nur das Mengenrisiko, nicht jedoch das Risiko unvollständiger Leistungsermittlung bzw. qualitativer Abweichung von der dem Pauschalvertrag zu Grunde liegenden Planung.[87] Im Zweifelsfall sind beim Detailpauschalvertrag nur die in der detaillierten Leistungsbeschreibung enthaltenen Leistungen vom Pauschalpreis umfasst, nicht auch die später notwendig werdenden.[88] Etwas anderes kann jedoch dort gelten, wo der Auftragnehmer selbst das Leistungsverzeichnis erstellt hat.[89] 35

Die Vereinbarung eines Detailpauschalvertrages setzt eine eindeutige Erklärung dahingehend voraus, dass die Parteien zusammen mit der Vereinbarung des Preises auch tatsächlich eine Pauschalvergütung vereinbaren wollen. Wenn das Angebot auf einer einheitspreisbezogenen Ausschreibung mit detailliertem Leistungsverzeichnis beruht und die Parteien nachfolgend nur noch über 36

---

77 Ausführlicher *Putzier,* Rn. 18.
78 OLG Koblenz, Urt. v. 03.07.1996 – 1 U 1375/94, BauR 1997, 143.
79 Überzeugend: *Jansen,* in: Beck'scher VOB-Kommentar, B § 2 Nr. 2 Rn. 36 ff.
80 OLG Celle, Urt. v. 19.02.2004 – 14 U 148/03, IBR 2004, 181 *(Schwenker).*
81 OLG Koblenz, Urt. v. 03.07.1996 – 1 U 1375/94, BauR 1997, 143; ausführlich *Putzier,* Rn. 193 ff.
82 *Kapellmann/Schiffers,* Bd. 2, Rn. 2 ff.
83 OLG Düsseldorf, Urt. v. 06.07.2006 – I-5 U 89/05, BauR 2006, 1887; Ingenstau/Korbion/*Keldungs,* B § 2 Abs. 7 Rn. 2 ff.
84 *Kemper,* in: Franke/Kemper/Zanner/Grünhagen, B § 2 VOB/B Rn. 35.
85 BGH, Urt. v. 11.09.2003 – VII ZR 116/02, BauR 2004, 78.
86 *Kemper,* in: Franke/Kemper/Zanner/Grünhagen, B § 2 VOB/B Rn. 36.
87 OLG Rostock, Urt. v. 14.03.2002 – 7 U 22/01, IBR 2003, 58 *(Schulze-Hagen).*
88 OLG Brandenburg, Urt. v. 09.07.2002 – 11 U 187/01, BauR 2003, 716; OLG Celle, Urt. v. 25.10.2001 – 14 U 74/00, BauR 2003, 890; OLG Düsseldorf, Urt. v. 09.12.2003 – 23 U 220/02, BauR 2005, 1367.
89 OLG Düsseldorf, Urt. v. 30.09.2002 – 21 U 47/02, BauR 2002, 1853.

den Angebotsendpreis als Summe aller Positionen und Titel verhandeln und auf diesen etwa ein prozentualer Nachlass oder eine Reduzierung gewährt wird, so ist in Abwesenheit weiterer Vereinbarungen von einem Einheitspreisvertrag auszugehen,[90] da die Vereinbarung eines Pauschalvertrages gerade eine eindeutige diesbezügliche Willensbekundung der Parteien voraussetzt, die sich nur aus der Gewährung eines Nachlasses auf den ansonsten im LV festgehaltenen Angebotsendpreis nicht entnehmen lässt. Hat der Auftragnehmer allerdings ein Leistungsverzeichnis erhalten, dieses jedoch unausgefüllt zurückgesandt und lediglich einen Gesamtpreis für die Leistungen angeboten, so kann ein Pauschalpreisvertrag angenommen werden.[91]

3. Globalpauschalvertrag

37 Beim Globalpauschalvertrag erfolgt die Bestimmung des Leistungsinhalts nicht detailliert wie beim Detailpauschalvertrag, sondern das Leistungsziel, und somit der werkvertraglich zu erzielende Erfolg als globales Element,[92] bestimmt den Vertragsinhalt.[93] Für den vereinbarten Pauschalpreis hat der Auftragnehmer alle Leistungen zu erbringen, die für die Erreichung des werkvertraglichen Erfolges notwendig sind, er trägt somit in Fällen der erkennbar unvollständigen Leistungsbeschreibung oder in Abwesenheit einer konkreten Planung und eines Entwurfsarchitekten[94] nicht nur das Risiko der Mengenermittlung, sondern auch das Risiko der Leistungsermittlung in qualitativer Hinsicht.[95]. Beim Globalpauschalvertrag wird somit nicht nur die Vergütung, sondern auch die zu erbringende Leistung des Auftragnehmers pauschaliert. Sollten jedoch im Rahmen eines Globalpauschalvertrages ausnahmsweise detaillierte Regelungen zur Leistung getroffen worden sein, gehen diese im Regelfall auch dort vor.[96] Da sogenannte Komplettheitsklauseln, die die Mehrvergütungsansprüche des Auftragnehmers per se ausschließen wollen, in Allgemeinen Geschäftsbedingungen unwirksam sind[97] (vgl. Kommentierung von *Luz* zu § 309 BGB Rdn. 18), lassen sich Mehrvergütungsansprüche beim Vorliegen eines detaillierten Leistungsverzeichnisses nicht durch Allgemeinen Geschäftsbedingungen,[98] sondern nur durch individuell vereinbarte Komplettheitsklauseln ausschließen.[99] In diesem Fall – oder wenn der Auftragnehmer selbst das Leistungsverzeichnis erstellt hat[100] – ist trotz zunächst detaillierter Leistungsbeschreibung von einem Globalpauschalvertrag auszugehen. Allein die Pauschalierungsabrede genügt jedenfalls nicht für die Annahme eines Globalpauschalvertrages.[101]

38 Die von *Kapellmann/Schiffers*[102] beim Globalpauschalvertrag vorgenommene Differenzierung zwischen dem einfachen Globalpauschalvertrag, in welchem die Leistungen so genau beschrieben sind, dass jedenfalls im Rahmen der einzelnen Gewerke die zu erbringenden Leistungen detailliert beschrieben und daher bestimmt bzw. bestimmbar sind und durch Komplettheitsklauseln ergänzt werden,[103] und dem komplexen Globalpauschalvertrag, bei dem mangels Angaben zur Leistung

---

90 OLG Celle, Urt. v. 19.02.2004 – 14 U 148/03, IBR 2004, 181 (*Schwenker*).
91 *Kemper*, in: Franke/Kemper/Zanner/Grünhagen, B § 2 VOB/B Rn. 33.
92 *Kapellmann/Schiffers*, Bd. 2, Rn. 400.
93 Zu den Einzelheiten siehe *Putzier*, Rn. 193 ff.
94 OLG Düsseldorf, Urt. v. 25.02.2003 – 21 U 44/02, BauR 2003, 1572.
95 KG, Urt. v. 14.02.2000 – 21 U 5/03, BauR 2006, 836 ff.; OLG Brandenburg, Urt. v. 06.03.2007 – 11 U 166/05, IBR 2007, 357 (*Schulze-Hagen*).
96 BGH, Urt. v. 13.03.2008 – VII ZR 194/06, BauR 2008, 1131; BGH, Urt. v. 20.08.2009 – VII ZR 205/07, BauR 2009, 1724.
97 BGH Urt. v. 05.06.1997-VII ZR 54/96, BauR 1997, 1036.
98 OLG Celle, Urt. v. 25.10.2001 – 14 U 74/00, BauR 2003, 890.
99 KG, Urt. v. 18.12.2001 – 15 U 49/01/BGH, Beschl. v. 08.05.2003 – VII ZR 106/02, IBR 2003, 343.; *Kemper*, in: Franke/Kemper/Zanner/Grünhagen, B § 2 VOB/B Rn. 39.
100 OLG Düsseldorf, Urt. v. 30.09.2003 – 23 U 204/02, BauR 2004, 506.
101 OLG Celle, Urt. v. 25.10.2001 – 14 U 74/00, BauR 2003, 890.
102 *Kapellmann/Schiffers*, Bd. 2, Rn. 406 ff.
103 *Kapellmann/Schiffers*, Bd. 2, Rn. 485.

und Ausführungsart die zu erbringende Leistung nur über den zu erzielenden Erfolg bestimmt wird,[104] führt praktisch kaum weiter.[105] Maßgeblich bleibt die Auslegung des Leistungsinhalts anhand des Vertrags und der Leistungsbeschreibung. Liegt trotz Komplettheitsklausel beim »einfachen Globalpauschalvertrag« eine detaillierte Leistungsbeschreibung vor, so ist Letztere entscheidend und rechtfertigt die Annahme eines Detailpauschalvertrags.[106] Ist die Leistung tatsächlich funktional beschrieben und daher mit dem Vertragspreis auch alles umfasst, was zur Erzielung des Leistungserfolgs notwendig ist, muss ein Globalpauschalvertrag angenommen werden.[107]

Auch im Fall eines sogenannten »Schlüsselfertigbau-Vertrags«, demzufolge der Auftragnehmer sämtliche Leistungen zu erbringen hat, die für die schlüsselfertige Errichtung eines Bauwerks notwendig sind, unabhängig davon, ob sie in der Leistungsbeschreibung, den Plänen oder ähnlichem ausdrücklich genannt wurden, ist nicht grundsätzlich von einem komplexen Globalpauschalvertrag auszugehen.[108] Allein aus der Verwendung der Begriffe »schlüsselfertig« oder »Schlüsselfertigbau« kann kein Globalpauschalvertrag angenommen werden, da auch die Verwendung dieser Begriffe nicht dazu führt, allgemein gefassten Leistungsbestimmungs- und Funktionsbeschreibungsklauseln Vorrang vor einer detaillierten Leistungsbeschreibung einzuräumen.[109] Auch in Fällen des Schlüsselfertigbaus muss die konkrete Prüfung der vertraglichen Vereinbarungen ergeben, ob davon ausgegangen werden kann, dass der Auftragnehmer zum vereinbarten Pauschalpreis alles zu erbringen hat, was für eine schlüsselfertige Leistung notwendig ist.[110] Sollte der Auftragnehmer selbst die Leistungsbeschreibung erstellt haben und die Parteien deren Vollständigkeit zur schlüsselfertigen Errichtung angenommen haben, kann sich ausnahmsweise aus dem vom Auftragnehmer verwendeten Begriff »schlüsselfertig« ergeben, dass ein Globalpauschalvertrag vorliegt.[111] **39**

Enthält die Leistungsbeschreibung keine speziellen Angaben zur Art der Ausführung, sondern lediglich »Empfehlungen«, die auch noch unter dem Vorbehalt erfolgen, dass aus statisch-konstruktiven Gründen auch eine andere aufwendigere Lösung erforderlich sein kann, muss vom Vorliegen eines Globalpauschalvertrages ausgegangen werden.[112] Gleiches gilt, wenn Zweifel an der Gültigkeit eines der Ausschreibung beigefügten Baugrundgutachtens bestehen und die konkrete Art der Gründung im Vertrag nicht vorgegeben ist, sondern dem Auftragnehmer überlassen bleibt.[113] **40**

III. Gemischte Verträge (Einheitspreis- und Pauschalpreispositionen)

Die in § 2 Abs. 2 VOB/B genannten Vergütungsarten sind nicht abschließend. Die Parteien haben die Möglichkeit, die diversen Vergütungsarten innerhalb eines Vertrages zu kombinieren und für unterschiedliche Leistungen auch verschiedene Preisvereinbarungen zu treffen.[114] **41**

Die Vergütung bestimmt sich in solchen gemischten Verträgen also teilweise nach den Grundsätzen für den Einheitspreisvertrag, teilweise nach den Grundsätzen des Pauschalpreisvertrages. Die **42**

---

104 *Kapellmann/Schiffers*, Bd. 2, Rn. 409.
105 *Kemper*, in: Franke/Kemper/Zanner/Grünhagen, B § 2 VOB/B, Rn. 40.
106 BGH, Urt. v. 22.03.1984 – VII ZR 50/82, BauR 1984, 395, 396; *Putzier* Rn. 252 ff.
107 Leinemann/*Leinemann*, 4. Aufl. § 2 Rn. 450.
108 So aber *Kapellmann/Schiffers*, Bd. 2 (2. Aufl.), Rn. 410 ff., differenziert seit der 3. Aufl. *Kapellmann/Schiffers*, Bd. 2, Rn. 426 ff.
109 BGH, Urt. v. 15.12.1994 – VII ZR 140/93, BauR 1995, 237, 238.
110 BGH, Urt. v. 22.03.1984, VII ZR 50/82, BauR 1984 – 395, 396.
111 Vgl. OLG Nürnberg, Urt. v. 11.02.1999, 2 U 3110/98, IBR 2000, 487 (*Schulze-Hagen*).
112 OLG Köln, Urt. v. 03.03.2000 – 11 U 46/98, IBR 2001, 350 (*Dähne*).
113 OLG München, Urt. v. 10.06.2008 – 9 U 2192/07/BGH, Beschl. v. 12.02.2009 – VII ZR 145/08, BauR 2009, 1156.
114 *Herig*, B § 2 VOB/B Rn. 31.

VOB/B stellt dies hinsichtlich der Rechtsfolgen von Mengenänderungen in § 2 Abs. 3 Nr. 4 VOB/B und von Nachträgen in § 2 Abs. 7 Nr. 2 VOB/B klar.

IV. Stundenlohn

43 Die Parteien haben auch die Möglichkeit zu vereinbaren, dass im Vertrag näher beschriebene Leistungen nach Stundenlöhnen abgerechnet werden. Stundenlohnverträge werden in der Baupraxis nur ausnahmsweise geschlossen,[115] und nach § 2 Abs. 10 VOB/B auch nur dann vergütet, wenn sowohl der Leistungsinhalt als auch die Höhe des Stundensatzes ausdrücklich vereinbart wurde (vgl. hierzu unten Rn. 191 ff.). Die Beweislast für diese Vereinbarung trägt derjenige, der nach Stundenlöhnen abrechnen will.[116]

V. Selbstkostenerstattung

44 Der Selbstkostenerstattungsvertrag sieht ebenso wie der Stundenlohnvertrag eine ausdrückliche Vereinbarung voraus.[117] Bei diesem Vertragstyp wird die tatsächlich erbrachte Leistung nach den Selbstkosten zuzüglich eines vereinbarten Gewinnzuschlages abgerechnet.[118] Seit dem Wegfall der Baupreisverordnung VO-PR 1/72 zum 01.07.1999[119] ist der sog. Selbstkostenerstattungsvertrag in Deutschland nur noch von geringer praktischer Bedeutung. § 4 VOB/A sieht ihn im Gegensatz zu § 5 Nr. 3 VOB/A a.F. sogar nicht mehr vor. Die Beweislast für die Vereinbarung eines Selbstkostenerstattungsvertrages sowie für die entstandenen Selbstkosten trägt der Unternehmer.[120]

D. Mengenabweichungen (§ 2 Abs. 3 VOB/B)

45 Wie bereits der Wortlaut der Vorschrift des § 2 Abs. 3 Nr. 1 VOB/B deutlich macht, gilt die Regelung des § 2 Abs. 3 VOB/B nur für den Einheitspreisvertrag bzw. nur bzgl. der mit Einheitspreisen versehenen Positionen eines gemischten Vertrages. Mengenabweichungen beim Einheitspreisvertrag sind die Regel.[121] Aus § 2 Abs. 3 VOB/B geht jedoch deutlich hervor, dass vertraglich vereinbarte Einheitspreise bei Mengenabweichungen bis zu 10 % unverändert bleiben. Daraus ergibt sich ein Toleranzrahmen zwischen 90 und 110 % der vertraglich vorausgesetzten Mengenvordersätze, in welchem die vereinbarten Einheitspreise als Festpreise gelten. Die VOB/B geht dabei davon aus, dass Mengenabweichungen innerhalb dieses Toleranzrahmens als im Bauwesen üblich anzusehen sind und erst bei darüber liegenden Mengenabweichungen das Verhältnis von Leistung und Gegenleistung so gestört wird, dass eine Anpassung zu erfolgen hat.[122]

I. Anwendung beim Einheitspreisvertrag

46 Beim Einheitspreisvertrag treffen die Parteien bei Vertragsschluss keine Vereinbarung über die abzurechnenden Mengen, es wird lediglich ein Einheitspreis vereinbart, dieser jedoch unter Zugrundelegung einer auf grober Schätzung beruhenden angenommenen Menge,[123] des Vordersatzes. Für die Höhe der Vergütung sind alleine die tatsächlich ausgeführten Mengen entscheidend, die jedoch nur äußerst selten mit den Massenvordersätzen des Vertrages übereinstimmen werden. Da in jedem Einheitspreis neben den herstellungsabhängigen Kosten anteilig auch die Gemeinkosten der Baustelle, die allgemeinen Geschäftskosten sowie Zuschläge für Wagnis und Gewinn enthal-

---

115 *Werner/Pastor*, 13. Aufl. Rn. 1570.
116 *Werner/Pastor*, 13. Aufl. Rn. 1570.
117 *Jansen*, in: Beck'scher VOB-Kommentar, § 2 Abs. 2 VOB/B Rn. 53.
118 *Jansen*, in: Beck'scher VOB-Kommentar, § 2 Abs. 2 VOB/B Rn. 54.
119 Verordnung v. 16.06.1999 (BGBl. I S. 1419).
120 *Werner/Pastor*, 13. Aufl. 2011, Rn. 1584.
121 *Kemper*. in, Franke/Kemper/Zanner/Grünhagen § 2 Abs. 2 VOB/B Rn. 52.
122 BGH, Urt. v. 18.12.1986 – VII ZR 39/86, BauR 1987, 217.
123 *Herig*, § 2 VOB/B Rn. 35.

ten sind, führen Mengenänderungen zur Änderung der Kalkulationsgrundlage des Auftragnehmers,[124] der Einheitspreis ist nicht mehr angemessen. Vor diesem Hintergrund sieht § 2 Abs. 3 VOB/B eine Regelung für die Preisanpassung vor. Eine Ankündigungspflicht des Auftragnehmers bei Erkennen der Mengenmehrung allerdings besteht nicht.[125]

Die Regelung der Mengenabweichung nach § 2 Abs. 3 VOB/B ist schließlich immer positionsbezogen anzuwenden,[126] sodass für jede Leistungsposition, die mit einem Einheitspreis versehen ist, eine Mengenabweichung zunächst gesondert zu betrachten ist. Eine Aufsummierung der Mengenabweichungen in verschiedenen Positionen, um für den gesamten Vertrag eine wertmäßige Gesamtabweichung zum ursprünglichen Vertragspreis zu erlangen, ist nach Maßgabe des § 2 Abs. 3 VOB/B ausgeschlossen.[127] 47

§ 2 Abs. 3 VOB/B betrifft jedoch nur Mengenabweichungen, die sich ohne spätere Eingriffe des Auftraggebers – gewissermaßen »raquo;von selbst« – ergeben.[128] Bei einer Mengenabweichung, die auf einer Änderung des Bauentwurfes oder auf einer Anordnung des Auftraggebers beruht, ist nicht § 2 Abs. 3 VOB/B einschlägig, sondern § 2 Abs. 5 oder § 2 Abs. 6 VOB/B, die sich mit Leistungsänderungen und zusätzlichen Leistungen befassen.[129] Von dem Geltungsbereich der zuletzt genannten Normen sind auch solche Positionen umfasst, die selbst von der Entwurfsänderung oder der verlangten zusätzlichen Leistung nicht betroffen sind, aber mittelbar auch dort zu Mengenabweichungen führen.[130] Die Regelung des § 2 Abs. 3 VOB/B steht in einem Exklusivitätsverhältnis zu den Regelungen in § 2 Abs. 5, 6 VOB/B,[131] die allerdings nicht nur für den Einheitspreisvertrag, sondern auch für den Pauschalpreisvertrag gelten.[132] 48

II. Mengenüberschreitungen von mehr als 10 % (§ 2 Abs. 3 Nr. 2 VOB/B)

Liegt eine Mengenüberschreitung außerhalb des Toleranzrahmens von 110 %, macht sie also mehr als 10 % der bei Vertrag zu Grunde gelegten Mengenvordersätze aus, so ist gem. § 2 Abs. 3 Nr. 2 VOB/B auf Verlangen einer Partei ein neuer Preis unter Berücksichtigung der Mehr- oder Minderkosten zu vereinbaren. 49

1. Verlangen

Die Änderung des vertraglich vereinbarten Einheitspreises bei über 10 % hinausgehenden Mengenüberschreitungen setzt eine hierauf gerichtete Willenserklärung einer der Parteien, das Verlangen nach Preisänderung, voraus. Wird die Anpassung des Preises aufgrund der Mengenüberschreitung von einer Partei verlangt, die Parteien können sich jedoch nicht auf einen Preis einigen, so wird dieser ggf. im Klageverfahren durch das Gericht festgesetzt.[133] Dieses Erfordernis des Verlangens entspricht aber nicht einer unverzüglichen Hinweis- oder Ankündigungspflicht des Auftragnehmers bei Erkennen der Mengenmehrung,[134] eine solche besteht bei § 2 Abs. 3 VOB/B nicht.[135] 50

---

124 *Herig*, § 2 VOB/B Rn. 35.
125 OLG Jena, Urt. v. 28.05.2003 – 7 U 1205/02, BauR 2005, 1066.
126 BGH, Urt. v. 18.12.1975 – VII ZR 248/73, BauR 1976, 135.
127 *Jansen*, in: Beck'scher VOB-Kommentar, B § 2 Nr. 3 Rn. 17.
128 OLG Düsseldorf, Urt. v. 13.03.1990 – 23 U 138/89, BauR 1991, 219, 220.
129 BGH, Urt. v. 27.11.2003 – VII ZR 346/01, BauR 2004, 495, 496.
130 OLG Düsseldorf, Urt. v. 13.03.1990 – 23 U 138/89, BauR 1991, 219, 221.
131 *Kemper*, in: Franke/Kemper/Zanner/Grünhagen, B § 2 VOB/B Rn. 56.
132 Leinemann/*Schoofs*, 4. Aufl., § 2 Rn. 83.
133 OLG Celle, Urt. v. 22.07.1980 – 14 U 44/80, BauR 1982, 381, 382.
134 *Herig*, § 2 VOB/B Rn. 39.
135 OLG Jena, Urt. v. 28.05.2003 – 7 U 1205/02, BauR 2005, 1066.

§ 2 VOB/B   Vergütung

51 Grundsätzlich besteht für das Verlangen keine zeitliche Begrenzung, es ist jedoch zu empfehlen, die Preisanpassung möglichst zeitnah und beschleunigt geltend zu machen, da es sonst zu einer Verwirkung des Rechts auf Anpassung nach den allgemeinen Grundsätzen kommen kann.[136] Nach der Schlusszahlung bzw. der Anerkennung der Schlussrechnungsforderung des Auftragnehmers durch den Auftraggeber kann ein Preisanpassungsverlangen nicht mehr erklärt werden, der Auftraggeber hat zu diesem Zeitpunkt bereits den Umfang seiner Zahlungsverpflichtungen abschließend festlegt.[137]

52 Die Parteien haben grundsätzlich auch die Möglichkeit, die Wirkung des § 2 Abs. 3 VOB/B auszuschließen. Eine entsprechende Klausel, nach der Mengenabweichungen, seien es Minderungen oder Erhöhungen, ohne Einfluss auf die vereinbarten Einheitspreise bleiben sollen, kann auch in AGB wirksam vereinbart werden.[138] Ebenso wirksam ist eine Klausel, nach der jedwede Mengenabweichung – also auch unter 10 % – zur Anpassung der Vergütung führen soll.[139] Sind die Mehr- oder Minderleistungen darauf zurückzuführen, dass der Auftraggeber im Leistungsverzeichnis schuldhaft unrichtige Mengenangaben gemacht hat, so ist er dem Auftragnehmer auch bei vertraglichem Ausschluss der Preisänderungsmöglichkeiten zum Schadensersatz nach § 280 BGB verpflichtet, der Ersatzanspruch richtet sich nach den aus § 2 Abs. 3 VOB/B ersichtlichen Maßstäben.[140]

2. Abrechnung der Mengenüberschreitungen

a) Berücksichtigung des Toleranzrahmens des § 2 Abs. 3 Nr. 1 VOB/B

53 Das Verlangen nach Vereinbarung neuer Einheitspreise hat nur außerhalb des Toleranzrahmens i.S.d. § 2 Abs. 3 Nr. 1 VOB/B Auswirkungen, da § 2 Abs. 3 Nr. 2 VOB/B nur für die über 110 % hinausgehende Überschreitung des bei Vertragsschluss vorausgesetzten Mengenvordersatzes gilt. Leistungen, die innerhalb dieser Toleranzgrenze liegen, werden ohne Anpassungen nach den vertraglich vereinbarten Einheitspreisen abgerechnet.

b) Berechnung der neuen Einheitspreise

54 § 2 Abs. 3 Nr. 2 VOB/B trifft keine Aussage darüber, ob der unter Berücksichtigung der Mehr- oder Minderkosten zu bildende neue Einheitspreis höher oder niedriger ausfallen muss als der vertraglich vereinbarte. In der Baupraxis existiert auch keine allgemeine Regel dahingehend, dass erhebliche Mengenüberschreitungen eher zu niedrigeren Einheitspreisen bezüglich der über 110 % liegenden Mengen führen.[141]

55 Die Preisermittlungsgrundlagen, auf denen die vertraglich vereinbarten Einheitspreise beruhen, bleiben auch für die neuen Einheitspreise bzgl. der Mehrmengen maßgebend,[142] der Auftragnehmer muss »gute Preise« fortschreiben und hat nicht die Möglichkeit, unzulängliche Kalkulationen seinerseits zu korrigieren.[143] Die Einzelkosten der Teilleistung wie Lohn – und Materialkosten steigen in der Regel proportional zu der Mengensteigerung,[144] Fixkosten wie Baustellengemeinkosten und allgemeine Geschäftskosten müssen jedoch nicht zwingend prozentual fortgeschrieben

---

136 BGH Urt. v. 14.04.2005 – VII ZR 14/04, BauR 2005, 1152.
137 *Kemper*, in: Franke/Kemper/Zanner/Grünhagen, B § 2 VOB/B Rn. 61.
138 BGH, Urt. v. 20.12.1990 – VII ZR 248/89, BauR 1991, 210.
139 KG, Urt. v. 29.09.2005 – 27 U 120/04, IBR 2006, 1505 (*Stemmer*).
140 OLG Nürnberg Urt. v. 24.11.2006, BauR 2007, 882; Ingenstau/Korbion/*Keldungs*, B § 2 Abs. 3 VOB/B Rn. 9.
141 So aber BGH, Urt. v. 08.07.1993 – VII ZR 79/92, BauR 1993, 723, 725.
142 *Jansen*, in: Beck'scher VOB-Kommentar, B § 2 Nr. 3 Rn. 24 ff.
143 *Herig*, § 2 VOB/B Rn. 46.
144 Ingenstau/Korbion/*Keldungs*, B § 2 Abs. 3 VOB/B Rn. 21.

werden.¹⁴⁵ Die Preisanpassungsgrundsätze gelten auch für exorbitant hohe Mengenüberschreitungen (z.B. 300 %), da die Spezialvorschrift des § 2 Abs. 3 Nr. 2 VOB/B keine Einschränkungen der Höhe nach vorsieht und ein Berufen auf den Wegfall der Geschäftsgrundlage bei Vorliegen einer Spezialnorm nicht zulässig ist.¹⁴⁶

Verlangt der Auftragnehmer höhere Einheitspreise für die über 110 % hinausgehenden Mengenüberschreitungen, hat er die Grundlagen seines Einheitspreises, mithin seine Urkalkulation, offenzulegen.¹⁴⁷ Wie bereits erwähnt, sind ebenfalls bei Fehlern in der Kalkulation des Auftragnehmers dessen Kalkulationsansätze für die ursprünglichen Einheitspreise auf die neuen Einheitspreise anzuwenden.¹⁴⁸ Bei Vorliegen eines Kalkulationsfehlers kann im Falle des vertraglichen Ausschlusses von § 2 Abs. 3 Nr. 2 VOB/B eine Änderung der Einheitspreise nach den Grundsätzen des Allgemeinen Teils des BGB (Verschulden bei Vertragsschluss), d.h. eine Anpassung der Einheitspreise, vorgenommen werden.¹⁴⁹ Liegt kein Ausschluss der Norm vor, so schließt § 2 Abs. 3 VOB/B alle übrigen schuldrechtlichen Ansprüche, etwa solche auf Vertragsanpassung wegen Störung der Geschäftsgrundlage,¹⁵⁰ oder aus c.i.c., aus.¹⁵¹

56

Fraglich ist, ob bei auffälligem wucherähnlichem Missverhältnis zwischen Preis und Bauleistung die extrem überhöhten Einheitspreise aus der Urkalkulation ebenfalls fortzuschreiben sind.¹⁵² Nach der Rechtsprechung des BGH kann der neu zu vereinbarende Preis für die über 110 % hinausgehenden Mehrmengen immer dann nicht mehr auf der Grundlage der Urkalkulation ermittelt werden, wenn diese einer Sittenwidrigkeitsprüfung nach § 138 BGB nicht standhält.¹⁵³ Im Falle eines um das 894-fache über dem üblichen Einheitspreis liegenden Preises wird die Sittenwidrigkeit vermutet. Diese Vermutung wird damit begründet, dass dem Preis offensichtlich ein verwerfliches Gewinnstreben des Auftragnehmers zugrunde liegt.¹⁵⁴ Der Auftragnehmer kann jedoch die Vermutung der Sittenwidrigkeit widerlegen, wenn er Angaben zur Preisbildung macht, die den Rückschluss auf ein sittlich verwerfliches Gewinnstreben ausschließen,¹⁵⁵ wobei die Behauptung, der vermutet sittenwidrigen Position sei bei der Kalkulation wegen ihrer mangelnden wirtschaftlichen Bedeutung keine große Aufmerksamkeit gewidmet worden, nicht ausreichend ist.¹⁵⁶ In der Rechtsprechung wird teilweise sogar angenommen, dass bei einer 8-fachen Überhöhung des Einheitspreises eine Vermutung für die Sittenwidrigkeit spricht, dies soll insbesondere dann der Fall sein, wenn die Menge im Leistungsverzeichnis um den Faktor 100 zu niedrig angegeben ist.¹⁵⁷ Die neue Rechtsprechung des BGH zur Sittenwidrigkeit hat somit die Baupraxis erreicht. Im Falle der Nichtigkeit der Urkalkulation wird der sittenwidrige vereinbarte Einheitspreis durch den üblichen Preis ersetzt.¹⁵⁸ Liegt der Vorwurf der Sittenwidrigkeit nicht vor, so kann bei einer Mischkalkulation eine Berücksichtigung der Preisbestandteile auch anderer Positionen vorgenommen werden, um den Grundsatz »guter Preis bleibt guter Preis, schlechter Preis bleibt schlechter Preis« aufrecht zu erhalten.¹⁵⁹

57

---

145 KG, Urt. v. 29.09.2005 – 27 U 120/04, IBR 2006, 611 (*Stemmer*).
146 BGH – SFH Z 2.311 Bl. 31.
147 OLG München, Urt. v. 14.07.1993 – 27 U 191/92, BauR 1993, 726.
148 Ebenso: *Jansen*, in: Beck'scher VOB-Kommentar, B § 2 Nr. 3 Rn. 29 ff.
149 BGH, Urt. v. 20.12.1990 – VII ZR 248/89, BauR 1991, 210.
150 BGH, Urt. v. 20.03.1969 – VII ZR 29/67, SFH Z 2.311 Bl. 31.
151 *Kemper*, in: Franke/Kemper/Zanner/Grünhagen, B § 2 VOB/B Rn. 64.
152 Leinemann/*Schoofs*, 4.Aufl. § 2 VOB/B Rn. 99.
153 BGH, Urt. v. 18.12.2008 – VII ZR 201/06, BauR 2009, 491.
154 BGH, Urt. v. 18.12.2008 – VII ZR 201/06, BauR 2009, 491.
155 OLG München, Urt. v. 20.07.2010 – 13 U 4489/08, IBR 2010, 608.
156 OLG Nürnberg, Urt. v. 08.03.2010 – 2 U 1709/09, BauR 2010, 1638.
157 OLG Nürnberg, Urt. v. 08.03.2010 – 2 U 1709/09, BauR 2010, 1638.
158 BGH, Urt. v. 18.12.2008 – VII ZR 201/06, BauR 2009/491.
159 Vgl. *Stemmer*, BauR 2006, 304 ff.

III. Mengenunterschreitungen von mehr als 10 % (§ 2 Abs. 3 Nr. 3 VOB/B)

58 Im Gegensatz zu § 2 Abs. 3 Nr. 2, bei dessen Anwendung die Mengenüberschreitung zur Erhöhung oder Minderung der Einheitspreise führen kann, führen Mengenunterschreitungen von mehr als 10 % nach dem Wortlaut des § 2 Abs. 3 Nr. 3, stets zur Erhöhung des Einheitspreises, es sei denn, der Auftragnehmer erhält aufgrund von Mengenüberschreitungen in anderen Positionen oder aus anderen Gründen einen Ausgleich. Die Erhöhung der Einheitspreise erfolgt auch hier ebenfalls nur auf Verlangen, welches spätestens mit der Legung der Schlussrechnung ausgesprochen werden muss.[160] In der Regel wird der Auftragnehmer die für ihn günstige Preiserhöhung verlangen. Selbst in atypischen Fällen der Einheitspreisminderung durch Mengenreduzierung kann der Auftraggeber keine Herabsetzung der Vergütung verlangen.[161]

1. Erhöhung des Einheitspreises

59 Auf die Einheitspreise werden bei der häufig anzutreffenden Zuschlagskalkulation neben den direkten Kosten wie Herstellungs-, Material- und Personalkosten etc. auch andere Fixkosten wie Baustellengemeinkosten und Allgemeine Geschäftskosten umgelegt, welche nicht von der ausgeführten Menge abhängig sind. Bei Erreichung der vorausgesetzten Mengenvordersätze zu weniger als 90 % entsteht eine Unterdeckung des Auftragnehmers im Bereich der Baustellengemeinkosten und Allgemeinen Geschäftskosten, die durch eine entsprechende Erhöhung der Einheitspreise wiederum auszugleichen ist. Die Preisermittlungsgrundlagen (Urkalkulation) bleiben aber auch für die Neuberechnung der höheren Einheitspreise maßgeblich,[162] und zwar ohne Berücksichtigung etwaiger tatsächlicher Nachunternehmerkosten.[163] Nach h.M. soll Bezugsgröße für die neue Berechnung der Einheitspreise dabei aber 100 % der vertraglich vereinbarten Mengenvordersätze sein und nicht nur 90 %.[164] Dies ist allerdings problematisch, da insoweit der in § 2 Abs. 3 Nr. 1 VOB/B zum Ausdruck kommende Grundsatz, nach dem Mengenabweichungen bis zu 10 % den vertraglichen Einheitspreis unberührt lassen sollen und mithin das Risiko der Mengenabweichung als noch vertragskonform anzusehen ist, unberücksichtigt bleibt. Der Wortlaut des § 2 Abs. 3 Nr. 3 VOB/B trägt jedenfalls die Bezugnahme auf 100 % des Mengenvordersatzes nicht,[165] da bei Mengenunterschreitungen unter 90 % zwingend die Toleranzgrenze des § 2 Abs. 3 Nr. 1 VOB/B nicht erreicht werden kann, sodass der Unterschied zu § 2 Abs. 3 Nr. 2 VOB/B, wo bei Überschreitung von mehr als 110 % die vertraglich vorausgesetzte Menge (100 %) erreicht wird, nicht rechtserheblich ist. Gerade im Hinblick auf die Regel des § 2 Abs. 3 Nr. 1 VOB/B, welche durch den Wortlaut des § 2 Abs. 3 Nr. 2 VOB/B noch einmal unterstrichen wird, ist als Bezugsgröße für die Neuberechnung der Einheitspreise nicht 100 % der vertraglich vorausgesetzten Menge zu Grunde zu legen, sondern nur 90 %, um die mit der Preisvereinbarung verbundene Risikoverteilung aufrecht zu erhalten.[166]

2. Kein anderweitiger Ausgleich

60 Der Grundsatz, dass § 2 Abs. 3 VOB/B nur positionsbezogen anzuwenden ist, wird durch die Ausnahmeregelung des § 2 Abs. 3 Nr. 3 S. 1 Hs. 2 VOB/B, der zufolge die Erhöhung der Einheitspreise ausgeschlossen ist, sofern der Auftragnehmer durch Mengenüberschreitungen in anderen Positionen oder auf andere Weise einen Ausgleich erhält, durchbrochen.[167]

---

160 *Kemper*, in: Franke/Kemper/Zanner/Grünhagen, B § 2 VOB/B Rn. 66.
161 *Herig*, § 2 VOB/B Rn. 56.
162 OLG Schleswig, Urt. v. 11.05.1995 – 7 U 214/91, BauR 1996, 127, 128.
163 Ingenstau/Korbion/*Keldungs*, B § 2 Abs. 3 Rn. 43.
164 *Kapellmann/Schiffers*, Bd. 1, Rn. 532 m.w.N.; *Kuffer*, in: Heiermann/Riedl/Rusam, B § 2 Rn. 126.
165 So aber *Kapellmann/Schiffers*, Bd. 1, Rn. 532.
166 BGH, Urt. v. 18.12.1986 – VII ZR 39/86, BauR 1987, 217.
167 *Kuffer*, in: Heiermann/Riedl/Rusam, B § 2 Rn. 130.

a) Mengenüberschreitungen in anderen Positionen

Der Auftragnehmer erhält keine Erhöhung der Einheitspreise für die Positionen, deren Mengen um mehr als 10 % unterschritten sind, wenn in anderen Positionen Mengenüberschreitungen über 110 % vorliegen.[168] Für den vorzunehmenden Ausgleich findet nur die für die über 110 % hinausgehende Menge gezahlte Vergütung auf der Basis der neuen Einheitspreise Berücksichtigung.[169] Es muss jedoch im Einzelfall geprüft und berechnet werden, ob durch die Mengenüberschreitungen in den betreffenden Positionen die Unterdeckung des Auftraggebers in den die Mengen unterschreitenden Positionen tatsächlich vollumfänglich ausgeglichen wird.[170]

61

b) Ausgleich in anderer Weise

Der in § 2 Abs. 3 Nr. 3 S. 1 Hs. 2 VOB/B gewählte Begriff »Ausgleich auf andere Weise« umfasst nicht die Ausgleiche, die auf einem anderen selbständigen Vertrag oder Auftrag beruhen, selbst wenn beide Aufträge örtlich und zeitlich in einem unmittelbaren Zusammenhang stehen.[171] In Betracht kommen hier daher nur dem Auftragnehmer zustehende Mehrvergütungsansprüche nach § 2 Abs. 5 und 6 VOB/B,[172] oder aber die nachträgliche Anerkennung von zuvor ohne Auftrag erbrachten Leistungen nach § 2 Abs. 8 Nr. 2 VOB/B.[173]

62

3. Mengenreduzierung auf Null

Aus dem Wortlaut des § 2 Abs. 3 Nr. 3 VOB/B »tatsächlich ausgeführte Menge« ergibt sich eindeutig, dass die Norm dann nicht anwendbar ist, wenn der Vertrag in einer Position Leistungen vorsieht, die im Bauablauf überhaupt nicht ausgeführt werden. Mengenreduzierungen auf Null beruhen in der Regel auf nachträglichen Eingriffen des Auftraggebers in den Bauablauf wie Kündigung oder Selbstübernahme von Leistungen. In diesen Fällen ist der Anwendungsbereich des § 2 Abs. 3 VOB/B gerade nicht eröffnet[174] und die Vergütung richtet sich nach den entsprechenden Sondervorschriften (etwa in Fällen der Kündigung nach § 8 VOB/B, der Übernahme von Leistungen durch den Auftraggeber selbst nach § 2 Nr. 4 VOB/B usw.).[175] Stellt sich eine bei Vertragsschluss vorgesehene Leistung später als nicht notwendig heraus, so hat sich »von selbst« eine Mengenreduzierung auf Null ergeben. Für diese Fälle wird für die Berechnung der Vergütung sowohl eine entsprechende Anwendung von § 649 S. 2 BGB empfohlen,[176] als auch die Anwendung von § 8 Abs. 1 Nr. 2 VOB/B befürwortet.[177] Das Ergebnis ist jedoch identisch, bei Nullpositionen ergibt sich der Anspruch auf Vergütung aus der entsprechenden Anwendung von § 2 Abs. 4, § 8 Abs. 2 VOB/B und § 649 Satz 1 BGB.[178]

63

IV. Einheitspreispositionen bei gemischten Verträgen (§ 2 Abs. 3 Nr. 4 VOB/B)

Die Regelung des § 2 Abs. 3 Nr. 4 VOB/B bezieht sich auf einen gemischten Vertrag, bei dem teils Einheitspreis teils Pauschalpreise vereinbart sind. In diesen Verträgen kann eine mittelbare Auswirkung der Mengenänderung in den Einheitspreispositionen auf die Pauschalpreise fest-

64

---

168 BGH, Urt. v. 18.12.1986 – VII ZR 39/86, BauR 1987, 217.
169 BGH, Urt. v. 18.12.1986 – VII ZR 39/86, BauR 1987, 217.
170 *Jansen*, in: Beck'scher VOB-Kommentar, B § 2 Nr. 3 Rn. 54.
171 *Herig*, § 2 VOB/B Rn. 57.
172 Sofern eine Gemeinkostendeckung vorliegt, vgl. KG, Urt. v. 29.09.2005 – 27 U 120/04, IBR 2006, 537 (*Stemmer*).
173 *Kuffer*, in: Heiermann/Riedl/Rusam, B § 2 Rn. 131.
174 A.A. OLG Bamberg Urt. v. 15.12.2010, 3 U 122/10, IBR 2011, 66 (*Mandelkow*).
175 *Nicklisch/Weick*, B § 2 Rn. 50.
176 *Kapellmann/Schiffers*, Bd. 1, Rn. 540.
177 *Nicklisch/Weick*, B § 2 Rn. 50.
178 OLG Bamberg, Urt. v. 15.12.2010 3 U 122/10.

zustellen sein, wenn z.B. Einrichtung und Räumung der Baustelle, das Vorhalten der Baustelleneinrichtung etc. als Pauschale vergütet werden.[179] Sollten solche Rückwirkungen der Veränderung der Einheitspreispositionen auf die Pauschalpreispositionen feststellbar sein, kann über § 2 Abs. 3 Nr. 4 VOB/B auch eine Anpassung des Pauschalpreises an die veränderten Umstände verlangt werden, falls die Mengenänderung den erforderlichen Toleranzrahmen überschreitet.[180]

V. Prozessuales

65 Die nach § 2 Abs. 3 VOB/B vorgesehene Preisänderung erfolgt nur aufgrund des entsprechenden Verlangens einer Vertragspartei. Die Parteien können unmittelbar auf Leistung klagen, verlangt der Auftragnehmer aufgrund von Mengenänderungen eine Anpassung der Vergütung, so muss er deren Voraussetzungen darlegen und beweisen.[181]

E. Selbstübernahme von Leistungen durch den Auftraggeber (§ 2 Abs. 4 VOB/B)

I. Anzeigepflicht

66 § 2 Abs. 4 VOB/B gibt dem Auftraggeber das Recht, nachträglich Teile der vertraglich dem Auftragnehmer übertragenen Leistungen selbst zu übernehmen, und Material selbst zu liefern. Die Selbstübernahme setzt voraus, dass der Auftraggeber dem Auftragnehmer rechtzeitig vor dessen Ausführung der Leistung die Übernahme anzeigt. Fehlt es an der rechtzeitigen Anzeige, so kann sich der Auftraggeber nach den Grundsätzen des § 280 BGB gegenüber dem Auftragnehmer schadensersatzpflichtig machen,[182] **wobei sich der Ersatzanspruch auf alle unmittelbaren und mittelbaren Nachteile erstreckt, die dem Auftragnehmer entstehen.**

II. Vergütungsfolge

67 Im Falle der Selbstübernahme gilt über die Verweisung auf § 8 Abs. 1 Nr. 2 VOB/B die Vergütungsfolge des § 649 S. 2 BGB, d.h. der Auftragnehmer behält den Anspruch auf die Vergütung, er muss sich aber dasjenige anrechnen lassen, was er infolge anderweitiger Tätigkeit erworben oder zu erwerben böswillig unterlassen hat. Umstritten ist zwar, ob es sich bei § 2 Abs. 4 VOB/B um einen Sonderfall der (Teil-) Kündigung des Auftraggebers[183] oder einen Sonderfall des Änderungsvorbehalts zugunsten des Auftraggebers i.S.v. §§ 1 Abs. 3 und 2 Abs. 5 VOB/B[184] handelt, die Vergütung wird jedoch unabhängig von der rechtlichen Bewertung bei beiden Betrachtungsweisen wie bei Vorliegen einer Teilkündigung berechnet.[185]

68 Die h.M. geht darüber hinaus davon aus, dass eine Selbstübernahme i.S.d. § 2 Abs. 4 VOB/B nur dann gegeben ist, wenn der Auftraggeber die zuvor dem Auftragnehmer übertragenen Teilleistungen tatsächlich selbst übernimmt, nicht aber, wenn er die Leistung durch ein anderes Unternehmen durchführen lässt.[186] Schaltet der Auftraggeber jedoch einen Dritten ein, so soll eine Teilkündigung nach § 8 Abs. 1 VOB/B vorliegen.[187] Die Rechtsfolgen sind jedoch identisch: Entweder der Auftraggeber hat unter Wahrung der Schriftform nach § 8 Abs. 5 VOB/B zunächst die Kündigung erklärt und dann einen anderen Unternehmer mit der gekündigten Leistung beauftragt, dann gilt § 8 Abs. 1 Nr. 2 VOB/B i.V.m. § 649 BGB unmittelbar. Oder aber er hat ohne ei-

---

179 Ingenstau/Korbion/*Keldungs*, B § 2 Abs. 3 Rn. 47.
180 *Jansen*, in: Beck'scher VOB-Kommentar, § 2 Nr. 3 Rn. 77.
181 *Budde*, in: Franke/Kemper/Zanner/Grünhagen, B § 2 VOB/B Rn. 234.
182 *Herig*, § 2 VOB/B Rn. 59; *Nicklisch/Weick*, B § 2 Rn. 58.
183 Ingenstau/Korbion/*Keldungs*, B § 2 Abs. 4 Rn. 3.
184 *Nicklisch/Weick*, § 2 VOB/B Rn. 54.
185 *Kemper*, in: Franke/Kemper/Zanner/Grünhagen, B § 2 VOB/B Rn. 73.
186 *Jansen*, in: Beck'scher VOB-Kommentar, B § 2 Nr. 4 Rn. 4; *Herig*, § 2 VOB/B Rn. 59.
187 *Nicklisch/Weick*, § 2 VOB/B Rn. 57.

ne schriftliche Kündigungserklärung dem Auftragnehmer die Teilleistungen entzogen und sie dem Drittunternehmen übertragen, dann ist nach der h.M. eine vom Auftraggeber herbeigeführte Unmöglichkeit mit den Rechtsfolgen nach § 324 BGB gegeben. Da sich aber die Rechtsfolgen des § 324 BGB mit denen des § 649 S. 2 BGB inhaltlich decken, ist es nahe liegend, auch in den Fällen einer so genannten »kalten« Kündigung, die dem Auftragnehmer einen Leistungsteil oder auch die Gesamtleistung entzieht, diesem sogleich über die Regelung des § 2 Abs. 4 VOB/B i.V.m. § 8 Abs. 1 Nr. 2 VOB/B, § 649 BGB den Vergütungsanspruch zuzusprechen.[188]

Für die Anwendung des § 2 Abs. 4 VOB/B ist jedoch erforderlich, dass tatsächlich vollständige Leistungen bzw. abtrennbare Einzelleistungen eines einheitlichen Vertrages vom Auftraggeber selbst übernommen werden, bei der Übernahme von unselbstständigen Nebenleistungen einer Position bleibt es beim vollen Vergütungsanspruch,[189] der Auftragnehmer trägt in diesen Fällen auch weiterhin die Gewährleistungspflicht.[190] 69

Die Verpflichtung zur Mangelbeseitigung des Auftragnehmers bezieht sich grundsätzlich ausschließlich auf die von ihm ausgeführten Leistungen. Werden vom Auftraggeber jedoch in Abänderung des ursprünglichen Vertrages Baustoffe geliefert, so bleibt die Mängelhaftung des Auftragnehmers für die von ihm verarbeiteten Baustoffe des Auftraggebers aufrecht erhalten, soweit er nicht nach § 4 Abs. 3 VOB/B eine Bedenkenanzeige hinsichtlich der Güte dem Auftraggeber übersandt hat.[191] 70

III. Beweislast

Die Vergütungsfolge bei Selbstübernahme durch den Auftraggeber bestimmt sich nach § 8 Abs. 1 Nr. 2 VOB/B i.V.m. § 649 BGB. Die Darlegungs- und Beweislast für die Höhe des ursprünglichen Vergütungsanspruchs und die anrechenbaren ersparten Aufwendungen trägt der Auftragnehmer, da nur er in der Lage ist, zu letzterem vorzutragen.[192] 71

IV. Ausschluss von § 2 Abs. 4 VOB/B

§ 2 Abs. 4 VOB/B geht von einem einseitigen Recht des Auftraggebers aus. Haben die Parteien daher eine Vereinbarung bezüglich der Vergütung im Falle der Selbstübernahme von Leistungen durch den Auftraggeber getroffen, so ist § 2 Abs. 4 VOB/B nicht anwendbar.[193] Dies gilt auch dann, wenn sich die Parteien darüber einig sind, dass bestimmte Teilleistungen nicht vom Auftragnehmer erbracht werden sollen, ohne die Vergütungsfrage zu klären.[194] In Allgemeinen Geschäftsbedingungen des Auftraggebers kann der komplette Ausschluss der Wirkungen des § 2 Abs. 4 VOB/B allerdings gegen § 308 Nr. 3 bzw. 4 BGB oder § 307 BGB verstoßen.[195] 72

Ebenfalls kein Fall des § 2 Abs. 4 VOB/B liegt vor, wenn eine Anordnung nach §§ 1 Abs. 3, 2 Abs. 5 VOB/B dazu führt, dass die entfallenden Leistungen durch geänderte Leistung ersetzt werden,[196] da eine Anwendung des § 2 Abs. 4 VOB/B den ersatzlosen Entfall der betroffenen (Teil-) Leistung voraussetzt.[197] 73

---

188 So im Ergebnis auch: OLG Düsseldorf, Urt. v. 30.05.1995 – 21 U 120/94, BauR 1995, 712, 713.
189 *Kemper,* in: Franke/Kemper/Zanner/Grünhagen, B § 2 VOB/B Rn. 74.
190 Ingenstau/Korbion/*Keldungs,* B § 2 Abs. 4 VOB/B Rn. 15.
191 *Kemper,* in: Franke/Kemper/Zanner/Grünhagen, B § 2 VOB/B Rn. 75.
192 *Nicklisch/Weick,* B § 2 Rn. 50.
193 Ingenstau/Korbion/*Keldungs,* B § 2 Abs. 4 VOB/B Rn. 12.
194 BGH, Urt. v. 29.04.1999 – VII ZR 248/98, BauR 1999, 1021, 1022.
195 Ingenstau/Korbion/*Keldungs,* B § 2 Abs. 4 VOB/B Rn. 13.
196 So aber *Kapellmann/Schiffers,* Bd. 1, Rn. 826.
197 *Kemper,* in: Franke/Kemper/Zanner/Grünhagen, B § 2 VOB/B Rn. 77.

F. Mehrvergütungsansprüche für geänderte Leistungen (§ 2 Abs. 5 VOB/B)

I. Zusammenhang zwischen § 1 Abs. 3 und § 2 Abs. 5 VOB/B

74 Nach § 1 Abs. 3 VOB/B hat der Auftraggeber jederzeit das Recht, die vertraglich vereinbarte Leistung abzuändern und der Auftragnehmer ist verpflichtet, die abgeänderte Leistung durchzuführen. Diesem einseitigen Leistungsänderungsrecht des Auftraggebers steht in § 2 Abs. 5 VOB/B eine entsprechende Regelung zur Änderung der Gegenleistung, also der Vergütung, gegenüber. Soweit durch die Änderungen des Leistungsinhalts die Grundlagen des Preises berührt werden, also die ursprünglich vereinbarte Gegenleistung nicht mehr der zu erbringenden Leistung entspricht, ist anhand einer Mehr- und Minderkostenberechnung ein neuer Preis zu bilden.

II. Änderungen des Bauentwurfs und andere Anordnungen (§ 2 Abs. 5 VOB/B)

1. Leistungsänderung

75 § 2 Abs. 5 VOB/B betrifft zunächst sämtliche Änderungen von Leistungen, die der Auftragnehmer nach dem Vertrag zu erbringen hat. Da sich der Leistungsbegriff aus den Komponenten Erfolgsbezogenheit und Art und Weise der Ausführung zur Erreichung des vertraglichen Erfolges zusammensetzt,[198] können sich Anordnungen nach § 2 Abs. 5 VOB/B sowohl auf den Leistungserfolg als auch auf die Art und Weise der Ausführung beziehen.

2. Begriff der Anordnung

76 Unter Anordnung im Sinne des § 2 Abs. 5 VOB/B wird eine eindeutige, die vertragliche Leistungspflicht des Auftragnehmers ändernde oder erweiternde Erklärung des Auftraggebers verstanden.[199] Die Anordnung ist eine einseitige empfangsbedürftige, rechtsgeschäftliche Willenserklärung,[200] die dem Auftraggeber nach den Regelungen der Vertretung gemäß §§ 164 ff. BGB zurechenbar sein muss.[201]

77 Spezielle Formvorschriften bestehen für die Anordnung nicht. Sie kann ausdrücklich, konkludent oder stillschweigend erfolgen,[202] setzt aber immer ein aktives Verhalten voraus. Ein bloßes Gewährenlassen des Auftragnehmers genügt nicht für die Annahme einer Anordnung des Auftraggebers.[203] So liegt eine Anordnung dann nicht vor, wenn in Ansehung von Erschwernissen die Arbeiten fortgeführt und vom Auftraggeber angenommen werden.[204]

78 Eine Anordnung wird jedoch nicht dadurch ausgeschlossen, dass die Parteien in Kenntnis von bei der Ausführung hervorgetretenen Problemen eine von der vertraglichen Vereinbarung abweichende Ausführung zunächst besprechen und der Auftraggeber diese dann verlangt.[205]

3. Einzelfälle der Anordnung

a) Änderungen des Bauentwurfs

79 § 2 Abs. 5 VOB/B nennt zunächst die Änderung des Bauentwurfes als Anordnung des Auftraggebers. Zum Bauentwurf i.S.d. § 2 Abs. 5 VOB/B zählen neben den Pläne und Zeichnungen, die

---

198 *Kemper,* in: Franke/Kemper/Zanner/Grünhagen, B § 2 VOB/B Rn. 83.
199 BGH, Urt. v. 09.04.1992 – VII ZR 129/91, BauR 1992, 759.
200 Vgl. BGH, Urt. v. 27.11.2003 – VII ZR 346/01, BauR 2004, 495.
201 Ingenstau/Korbion/*Keldungs*, B § 2 Abs. 5 Rn. 27.
202 *Herig,* § 2 VOB/B Rn. 82 ff.
203 OLG Düsseldorf, Urt. v. 20.01.2009 – 23 U 47/08, IBR 2009, 255 (*Schmidt*).
204 OLG Frankfurt, Urt. v. 25.05.2007 – 19 U 127/06/BGH, Beschl. v. 14.02.2009 – VII ZR 125/07, BauR 2008.
205 OLG Karlsruhe/BGH, Urt. v. 22.12.1998 – 17 U 220/96; Urt. v. 18.05.2000, VII ZR 29/99, IBR 2000, 361.

bei Vertragsschluss vorlagen und zur Grundlage des Vertrages oder des Angebots gemacht wurden,[206] auch sämtliche sonstigen Vertragsgrundlagen, die die Art und Weise der Ausführung näher bestimmen wie z.B. der textliche Teil der Leistungsbeschreibung. Enthält das Leistungsverzeichnis z.B. nur die Angabe eines Leitproduktes und den Zusatz »oder gleichwertiger Art«, so ist der Auftragnehmer grundsätzlich frei, ein dem Leitprodukt gleichwertiges Äquivalent zur Ausführung zu bringen. Verlangt der Auftraggeber allerdings die Ausführung des Leitproduktes, so liegt hierin eine Anordnung der Änderung nach § 2 Abs. 5 VOB/B.[207] Hingegen stellt die Freigabe von vom Auftragnehmer im Rahmen der ihm übertragenen Leistungspflichten erstellten Plänen im Regelfall keine Anordnung des Auftraggebers dar, wenn der Auftragnehmer abweichend vom vertraglichen Bau-Soll darin eine andere Ausführung als geschuldet eingetragen hat. Denn die Freigabe durch den Auftraggeber beschränkt sich nach ihrem Erklärungswert auf die technische Schlüssigkeit, nicht auf die Vertragsgerechtheit der Ausführung. Dies gilt erst recht bei Freigaben von Plänen des Nachunternehmers durch den vom Bauherrn beauftragten Architekten.[208] Nach erfolgter Freigabe durch den Auftraggeber angeordnete Änderungen an der bereits freigegebenen Planung lösen allerdings ebenfalls Nachtragsforderungen gem. § 2 Abs. 5 VOB/B aus.[209]

b) Andere Anordnungen

Als andere Anordnungen gemäß § 2 Abs. 5 VOB/B kommen alle sonstigen Eingriffe des Auftraggebers in den Bauablauf in Betracht, die – ohne den Bauentwurf selbst zu ändern – die Art und Weise der Ausführung berühren. Zu nennen sind hier Einflussnahmen auf den im Bauentwurf nicht näher beschriebenen Bauablauf, z.B. die Anordnung des Auftraggebers, statt den Innenausbau eines Gebäudes geschossweise zu vollenden, jetzt bauteilbezogen auszuführen oder aber statt der Ausführung der Straßenbauleistung während der üblichen Arbeitszeiten am Tage in der Nacht und am Wochenende ausführen zu lassen.[210] Hierzu zählen aber nicht Änderungen der Transportwege zur Baustelle.[211] 80

Soweit die vertraglich vorgesehene Leistung aber nicht geändert wird, scheidet § 2 Abs. 5 VOB/B aus. Somit liegt in folgenden Fällen keine Anordnung vor: 81

– unverbindliche Wünsche des Auftraggebers, die den Auftragnehmer lediglich zur Überprüfung seines Handelns veranlassen sollen.[212] 82
– Anordnungen i.S.d. § 4 Abs. 1 Nr. 3 VOB/B, welche eine ohnehin bestehende Vertragsverpflichtung des Auftragnehmers näher konkretisieren und der vertragsgerechten Ausführung dienen sollen.[213]
– Ausübung des Wahlrechts bei Alternativpositionen, da durch die Angabe im Leistungsverzeichnis das Wahlrecht eingeräumt wurde und insofern keine Änderung des Leistungsinhalts eintritt.[214]
– Erklärungen, welche den Leistungsinhalt in Fällen der lückenhaften bzw. widersprüchlichen Leistungsbeschreibung konkretisieren und bei denen der Auftragnehmer nicht eine bestimmte, für ihn günstige Art der Ausführung voraussetzen durfte.[215]

---

206 *Jansen*, in: Beck'scher VOB-Kommentar, B § 2 Nr. 5 Rn. 69.
207 OLG Dresden, Urt. v. 06.12.2005 – 14 U 1523/05/BGH, Beschl. v. 14.06.2007 – VII ZR 2/06, BauR 2008, 364.
208 OLG München, Urt. v. 03.05.2005 – 9 U 1708/05, BauR 2006, 689, 690.
209 Vgl. BGH, Urt. v.26.07.2007 – VII ZR 42/07, BauR 2007, 1761.
210 OLG Frankfurt, Urt. v. 28.01.1998 – 23 U 140/97, BauR 1999, 43, 46.
211 OLG Brandenburg, Urt. v. 17.10.2007 – 4 U 48/07/BGH, Beschl. v. 09.10.2008 – VII ZR 200/07, BauR 2009, 821.
212 BGH, Urt. v. 09.04.1992 – VII ZR 129/91, BauR 1992, 759.
213 BGH, Urt. v. 09.04.1992 – VII ZR 129/91, BauR 1992, 759.
214 Ingenstau/Korbion/*Keldungs*, B § 2 Abs. 5 Rn. 28.
215 BGH, Urt. v. 09.04.1992 – VII ZR 129/91, BauR 1992, 759, 760.

83 Ist die dem Vertrag zu Grunde liegende Leistungsbeschreibung lückenhaft bzw. unvollständig oder widersprüchlich, so stellt sich die Frage, inwiefern der Auftragnehmer zur Ausführung von nicht ausdrücklich oder widersprüchlich genannten Leistungen verpflichtet ist und welche Vergütung er hierfür erhält. Im Wege der Vertragsauslegung sind also der vertraglich geschuldete Leistungsumfang des Auftragnehmers sowie die hierfür vereinbarte Vergütung zu ermitteln.[216] Bei der erkennbar widersprüchlichen bzw. lückenhaften Leistungsbeschreibung steht dem Auftragnehmer kein Anspruch nach § 2 Abs. 5 VOB/B für die von ihm nicht einkalkulierten Leistungen zu.[217]

84 Dort, wo festgestellt wird, dass der Auftragnehmer die Leistungen zu erbringen hat, ihm jedoch kein vertraglicher Vergütungsanspruch nach § 2 Abs. 5 VOB/B zusteht, kommt allenfalls ein Schadensersatzanspruch aus c.i.c. (vgl hierzu die Kommentierung von *Glöckner* § 280 BGB Rdn. 24, und *Luz* § 311 BGB Rdn. 27) in Betracht,[218] sollte der Auftraggebers die fehlerhafte Erstellung der Leistungsbeschreibung verschuldet haben.

4. Anordnungen zur Bauzeit

85 Bestimmender Faktor für die Kosten einer Bauleistung ist neben dem tatsächlichen Aufwand auch der zeitliche Rahmen, in dem die Leistungen zu erbringen sind. Die Vereinbarung der Parteien zur Ausführungsfrist für die im Vertrag bestimmten Leistungen, insbesondere also Baubeginn und Fertigstellungstermin, beziehen sich in erster Linie nur auf die Preisgrundlagen für die im Vertrag vorgesehenen Leistungen und sind Bestandteil des Bau-Solls. Für die Beantwortung der Frage, wie sich nachträglich geänderte oder zusätzliche Leistungen auf die Bauzeit und die damit verbundenen Mehrvergütungsansprüche auswirken, ist zunächst zu trennen zwischen denjenigen Anordnungen, die sich unmittelbar auf die Bauzeit beziehen, und denjenigen Anordnungen und Verlangen zusätzlicher Leistungen, welche zunächst allein auf den Leistungsinhalt bezogen sind und nur mittelbar die Bauzeit berühren.

a) Unmittelbar bauzeitbezogene Anordnungen

86 In Rechtsprechung und Literatur besteht die herrschende Meinung, dass Anordnungen des Bauherrn zur Bauzeit selbst als »andere Anordnung« nach § 2 Abs. 5 VOB/B zu beurteilen sind. Hierzu sind insbesondere Anordnungen zu zählen, die die ursprüngliche Bauzeit zeitlich verschieben und dadurch die Preisgrundlage ändern.[219] Zu solchen Anordnungen i.S.d. § 2 Abs. 5 VOB/B gehören sowohl Verschiebungen der Bauzeit bei gleichbleibender Ausführungsfrist als auch Anordnungen, mit denen der Baubeginn zeitlich verschoben,[220] oder solche, in denen der Fertigstellungstermin vorgezogen oder nach hinten verschoben wird.[221] Ebenso sind zu beurteilen sind die Fälle des späteren Zuschlags durch den öffentlichen Auftraggeber,[222] da mit dem Zuschlag die Anordnung des Auftraggebers zur späteren Ausführung verbunden sein wird. (s.u. Vergabeverzögerung). Ebenso fällt hierunter die Anordnung, statt zu den normalen Arbeitszeiten in Nacht- und Wochenendarbeiten auszuführen.[223] Zu den sonstigen Anordnungen nach § 2 Abs. 5 VOB/B gehören auch die sog. Beschleunigungsanordnungen des Auftraggebers, zu welchen er nach Maßgabe des § 1 Abs. 3 und Abs. 4 VOB/B befugt ist. Mit diesen wird bei gleichbleiben-

---

216 KG, Urt. v. 15.07.2004, 27 U 300/03, BauR 2005, 1680.
217 *Kemper,* in: Franke/Kemper/Zanner/Grünhagen, B § 2 VOB/B Rn. 84.
218 BGH, Urt. v. 11.11.1993 – VII ZR 47/93, BauR 1994, 236.
219 KG, Urt. v. 12.02.2008 – 21 U 155/06/BGH, Beschl. v. 27.11.2008 – VII ZR 78/08, BauR 2009, 650.
220 BGH, Urt. v. 27.06.1985 – VII ZR 23/84, BauR 1985, 561, 564; BGH, NJW 1968, 4, 1235.
221 *Vygen/Schubert/Lang,* Rn. 174.
222 BGH, Urt. v. 11.05.2009 – VII ZR 11/08, BauR 2009, 1131.
223 OLG Frankfurt, Urt. v. 28.01.1998 – 23 U 140/97, BauR 1999, 43, 46.

dem Leistungsinhalt die vertraglich vereinbarte Ausführungsfrist verkürzt,[224] mit der Folge, dass Mehrvergütungsansprüche des Auftragnehmers entstehen.[225] Eine nach § 2 Abs. 5 VOB/B zu beurteilende Beschleunigungsanordnung liegt vor, wenn der Auftraggeber trotz Bauzeitverlängerungsansprüchen des Auftragnehmers nach § 6 Abs. 4 VOB/B am ursprünglich vereinbarten Fertigstellungstermin festhält und vom Auftragnehmer in Kenntnis der Behinderung die Fertigstellung zum ursprünglich vereinbarten Fertigstellungstermin verlangt. Bei diesen auf die Bauzeit selbst bezogenen Anordnungen geht § 2 Abs. 5 VOB/B der Regelung des § 6 Abs. 6 VOB/B vor.[226] Maßgeblich für die Vergütungspflicht ist dann aber, ob der Auftraggeber die Erreichung des Termins als geschuldeten Erfolg definiert oder aber die Beschleunigungsanordnung nicht mit der Einhaltung von Terminen verknüpft. Im letzteren Fall erhält der Auftragnehmer seine Vergütung unbedingt, im ersten Fall nur bei entsprechender Zweckvermeidung.[227] Eine Beschleunigungsanordnung liegt nicht vor, wenn der Auftraggeber trotz Differenzen bezüglich des Bestehens eines Bauzeitenverlängerungsanspruches auf die Einhaltung der Bauzeit besteht.[228]

b) Mittelbare Bauzeitauswirkungen

Es stellt sich die Frage, ob auch sich mittelbar einstellende Bauzeitverzögerungen durch leistungsbezogene Anordnungen oder das Verlangen zusätzlicher Leistungen über § 2 Abs. 5, 6 VOB/B auszugleichen sind. Änderungen des Bauentwurfs, sonstige Anordnungen, mit denen das leistungsbezogene bauvertragliche Bau-Soll verändert wird und das Verlangen zusätzlicher Leistungen können in vielfältiger Weise auf die Bauzeit Einfluss nehmen. Eine Umplanung kann zur Verkürzung (z.B. Umstellung des Rohbaus auf Fertigteilelemente) oder – und dies ist in der Praxis der häufigere Fall – zur Verlängerung der Bauzeit führen. Die Bauzeitverlängerung selbst bestimmt sich nach § 6 Abs. 2, Abs. 4 VOB/B, d.h. die tatsächliche Bauzeitauswirkung ist maßgebend, nicht eine »Kalkulatorische«.[229] Ob die durch die mittelbare Bauzeitverlängerung entstehenden Mehrkosten über § 6 VOB/B mit den entsprechenden Voraussetzungen des Schadensersatzanspruchs (Anzeige der Baubehinderung nach § 6 Abs. 1 VOB/B, Vorliegen eines Verschuldens nach § 6 Abs. 6 VOB/B, weitgehender Ausschluss des entgangenen Gewinns usw.) ausgeglichen werden müssen oder aber ob in diesen Fällen die Mehrkosten nach § 2 Abs. 5, 6 VOB/B abzurechnen sind, bleibt umstritten. **87**

Teilweise wird vertreten, dass hier § 2 Abs. 5 VOB/B anwendbar sei, da es ohne Abrechnung der zeitabhängigen Kosten über den Mehrkostenbegriff zu einer künstlichen Trennung zwischen zusammengehörigen Sachverhalten kommen würde.[230] Diese Argumente lassen sich in gleicher Weise auch für Fälle des § 2 Abs. 6 VOB/B anwenden. Auch hier führt das Verlangen zusätzlicher Leistungen nach Vertragsschluss zu einer Bauzeitenverlängerung, da die zusätzlichen Leistungen in der ursprünglichen vertraglichen Bauzeit nicht berücksichtigt wurden.[231] Der Auftragnehmer sollte jedoch entsprechend § 6 Abs. 1 VOB/B eine Behinderungsanzeige oder sonstige Mitteilung machen, um den Auftraggeber auf die mit seiner Anordnung bzw. seinem Verlangen zusammenhängenden Bauzeitauswirkungen frühzeitig hinzuweisen.[232] **88**

---

224 OLG Jena, Urt. v. 11.10.2005 – 8 U 849/04, IBR 2005, 658 (*Schultz*).
225 Mittlerweile wohl h.M.: KG Urt. v. 12.02.2008 – 21 U 155/06/BGH, Beschl. v. 27.11.2008 – VII ZR 78/08, BauR 2009, 650; Ingenstau/Korbion/*Keldungs*, § 2 Abs. 5 VOB/B Rn. 22 und § 1 Abs. 3 VOB/B Rn. 3 ff., 7; *Heinrich*, in: Kemper/Nitschke/Hochstadt, Rn. 139.
226 *Kemper*, NZBau 2001, 238, 239.
227 OLG Köln, Urt. v. 18.08.2005 – 7 U 129/04, NZBau 2006, 45.
228 OLG Koblenz, Urt. v. 12.01.2007 – 10 U 423/06, NZBau 2007, 517.
229 Ingenstau/Korbion/*Döring*, B § 6 Abs. 2 Rn. 8; a.A. wohl: Leinemann/*Leinemann*, 4. Aufl. § 6 Rn. 31.
230 Ingenstau/Korbion/*Keldungs*, B § 2 Abs. 5 Rn. 20.
231 *Kemper*, in: Franke/Kemper/Zanner/Grünhagen B § 2 VOB/B Rn. 112.
232 *Jansen*, in: Beck'scher VOB-Kommentar, B § 1 Nr. 3 Rn. 53 ff., § 2 Nr. 5 Rn. 127 f.

§ 2 VOB/B Vergütung

89 Der BGH geht in einigen älteren Entscheidungen grundsätzlich von einer alternativen Anwendung der §§ 6 Abs. 6 und 2 Abs. 5 VOB/B aus, da er beide für nebeneinander anwendbar hält.[233] Er hat dann in einem Revisionsurteil[234] vom 21.12.1989 ausdrücklich die Ausführungen des OLG Koblenz[235] dahingehend bestätigt, dass Änderungen des vertraglichen Leistungsumfangs und Zusatzaufträge als Behinderungen i.S.d. § 6 VOB/B anzusehen sind und hierdurch verursachte Bauverzögerungen und Verlängerungen der Ausführungsfristen vom Auftraggeber i.S.d. § 6 Abs. 2a) VOB/B zu vertretende Umstände darstellen, die zu einem Schadensersatzanspruch nach § 6 Abs. 6 VOB/B führen können. Die ältere Rechtsprechung geht also von einer alternativen Anwendung der §§ 2 Abs. 5, 6 oder § 6 Abs. 6 VOB/B je nach den Erfordernissen aus, so dass es dem Auftragnehmer nicht verwehrt ist, neben den unmittelbar leistungsinhaltsbezogenen Ansprüchen aus § 2 Abs. 5, 6 VOB/B auch später noch Behinderungskosten nach § 6 Abs. 6 VOB/B geltend zu machen.[236] In neuerer Zeit ist dem das OLG Hamm[237] entgegengetreten mit der Ansicht, dass der Auftragnehmer im Falle einer vertragswidrigen Anordnung auf den Schadensersatzanspruch nach § 6 Abs. 6 VOB/B beschränkt ist, während bei vertragsgemäßer Anordnung der Weg zu § 2 Abs. 5 VOB/B eröffnet sein soll. Dies bewirkt jedoch nur eine Problemverlagerung auf die Frage hin, ob die Anordnung selber vertragsgerecht oder nicht war.[238]

90 Allerdings muss die Anspruchsgeltendmachung den unterschiedlichen tatbestandlichen Voraussetzungen gerecht werden: Wer den Weg über § 2 Abs. 5 VOB/B geht, kann nur die Urkalkulation heranziehen und umgekehrt kann im Rahmen des Schadensnachweises nicht auf die Kalkulationsansätze zurückgegriffen werden.

91 Teilweise wird im Schrifttum der Umweg über § 642 BGB dergestalt gesucht, dass mit der Anwendbarkeit dieser Vorschrift im Zuge der neueren sog. »Vorunternehmer«-Entscheidungen des BGH[239] ein allgemeiner Auffangtatbestand für Ansprüche aus Bauzeitverzögerungen geschaffen sein soll, der sich unter Heranziehung der Urkalkulation wie ein Anspruch nach § 2 Abs. 5 VOB/B errechne und die Mehrkosten der Verzögerung ohne Notwendigkeit eines Schadensnachweises ausgleiche.[240] § 642 BGB soll jedoch nur die Nachteile für die Dauer des Annahmeverzugs ausgleichen und hat damit einen eingeschränkten Anwendungsbereich.[241] Zudem ist auch danach eine bauablaufbezogene Darstellung der Störungen und der konkreten Auswirkungen auf den Bauablauf notwendig.[242] Auch der Entschädigungsanspruch nach § 642 BGB unterliegt der Umsatzsteuerpflicht.[243]

92 Bei Zustandekommen einer Preisvereinbarung nach § 2 Abs. 5, 6 VOB/B ist der Auftragnehmer mit weitergehenden Ansprüchen wegen Bauzeitauswirkungen ausgeschlossen,[244] da davon ausgegangen werden muss, dass durch eine nach §§ 145 ff. BGB zustande gekommene Nachtragsver-

---

233 BGH, Urt. v. 21.12.1970 – VII ZR 184/69, BauR 1971, 202, 203; BGH, Urt. v. 27.06.1985 – VII ZR 23/84, BauR 1985, 561, 564.
234 BGH, Urt. v. 21.12.1989 – VII ZR 132/88, BauR 1990, 210, 211.
235 OLG Nürnberg, Urt. v. 13.10.1999 – 4 U 1683/99, BauR 2001, 409.
236 OLG Nürnberg, Urt. v. 13.10.1999 – 4 U 1683/99, BauR 2001, 409; OLG Düsseldorf, Urt. v. 30.05.2000 – 22 U 214/99, BauR 2000, 1336; s. dazu eingehend *Kemper*, NZBau 2001, 238, 239 f.; jüngst: KG, Urt. v. 17.10.2006 – 21 U 70/04, BauR 2007, 157, IBR 2006, 665 (*Kemper*).
237 OLG Hamm, Urt. v. 14.04.2005 – 21 U 133/04, BauR 2005, 1480.
238 *Herig*, § 2 VOB/B Rn. 74.
239 BGH, Urt. v. 21.10.1999 – VII ZR 185/98, BauR 2000, 722; BGH, Urt. v. 19.12.2002 – VII ZR 440/01, BauR 2003, 531.
240 *Leinemann*, NZBau 2009, 563.
241 OLG Köln, Urt. v. 14.08.2003, 12 U 114/02, NJW-RR 2004, 818, 819.
242 OLG München, Urt. v. 20.11.2007 – 9 U 2741/BGH, Beschl. v. 09.10.2008 – VII ZR 222/07, IBR 2009, 10 (*Althaus*).
243 BGH, Urt. v. 24.01.2008 – VII ZR 280/05, NZBau 2008, 318.
244 OLG Karlsruhe/BGH, Urt. v. 22.12.1998, 17 U 189/97/Beschl. v. 17.02.2000 – VII ZR 43/99, IBR 2000, 155 (*Schulze-Hagen*).

einbarung beide Parteien den Sachverhalt verbindlich und endgültig mit der Vereinbarung abschließen wollten.[245] Ein Anspruch auf Ersatz des Behinderungsschadens nach § 6 Abs. 6 VOB/B kann in diesen Fällen nur noch geltend gemacht werden, wenn entsprechende Vorbehalte in die Nachtragsvereinbarung aufgenommen worden sind[246] oder aber eine als Vorbehaltserklärung auszulegende Behinderungsanzeige gestellt wurde.

c) Sog. baubetriebliche Nachträge

Im Hinblick auf das uneinheitliche Meinungsbild in Literatur und Rechtsprechung ist den Parteien dringend anzuraten, Regelungen zum Änderungsrecht und seinen Auswirkungen in den Vertrag aufzunehmen und im Bauablauf diesbezügliche Ansprüche des Auftragnehmers durch entsprechende Nachtragsvereinbarungen einvernehmlich zu lösen.[247] Bei sog. Bauzeitennachträgen, also Nachträgen, die die bauzeitlichen Folgen von Störungen und Änderungen zum Inhalt haben, muss in jedem Fall zwischen den einzelnen Sachverhalten und den Anspruchsgrundlagen getrennt werden,[248] auch schon im Hinblick auf Unterschiede bei der Umsatzsteuer.[249] Bezüglich der Höhe ist auf etwaige Doppelabrechnungen – etwa bei den Gemeinkosten – besonderes Augenmerk zu richten.[250] Eine Gemeinkostenunterdeckung kann durch die Verschiebung von Leistungen infolge von Anordnungen zur Bauzeit oder unmittelbarer Bauzeitfolgen aus geänderten oder zusätzlichen Leistungen entstehen und ist demnach auch nach § 2 Abs. 5 VOB/B auszugleichen,[251] wenn die Gemeinkosten nicht durch andere Nachträge im Abrechnungsjahr erzielt werden.[252] Zeitabhängige Baustellengemeinkosten sind hingegen stets zu vergüten.[253]

93

d) Mehrkosten infolge Vergabeverzögerung

Auch Verzögerungen, die durch ein vergaberechtliches Nachprüfungsverfahren nach §§ 107 ff. GWB entstehen, haben Auswirkungen auf die kalkulierten und angebotenen Preise. Hier hat der Bundesgerichtshof in mehreren Entscheidungen eine Lösung über die Grundsätze nach § 2 Abs. 5 VOB/B gefunden:

94

– In seiner Grundsatzentscheidung vom 11.05.2009[254] hat der Bundesgerichtshof klargestellt, dass die Zuschlagserteilung auch dann zu den ausgeschriebenen Fristen und Terminen erfolgt, wenn diese infolge eines vergaberechtlichen Nachprüfungsverfahrens und dadurch entstandener Verzögerungen nicht mehr eingehalten werden können. Der Auftragnehmer soll aber in diesen Fällen einen Anspruch entsprechend § 2 Abs. 5 VOB/B darauf haben, dass zwischenzeitlich eingetretene Preisänderungen gegenüber den für die ursprünglich abgegebenen Preise kalkulierten Annahmen im Wege der ergänzenden Vertragsauslegung nach den zu § 2 Abs. 5 VOB/B entwickelten Grundsätzen zu vergüten sind.

95

– In einer weiteren Entscheidung vom 10.09.2009[255] hat der Bundesgerichtshof klargestellt, dass die zuvor genannte Entscheidung nur dann Anwendung findet, wenn sich der verspätete Zuschlag auf die vertraglich vereinbarten Ausführungsfristen auswirkt.

---

245 Kemper, in: Franke/Kemper/Zanner/Grünhagen, B § 2 VOB/B Rn. 114.
246 OLG Düsseldorf, Urt. v. 24.10.1995 – 21 U 8/95, BauR 1996, 267, 269; vgl. auch OLG Karlsruhe/ BGH, Urt. v. 22.12.1998 – 17 U 189/97; Urt. v. 17.02.2000 – VII ZR 43/99, IBR 2000, 155 (Schulze-Hagen); Kemper, NZBau 2001, 238, 240 f.
247 Kemper, in: Franke/Kemper/Zanner/Grünhagen, B § 2 VOB/B Rn. 115.
248 Kemper, NZBau 2001, 238.
249 BGH, Urt. v. 24.01.2008 – VII ZR 280/05, NZBau 2008, 318.
250 S. auch KG, Urt. v. 29.09.2005 – 27 U 120/04, IBR 2006, 537 (Stemmer).
251 Leinemann, NZBau 2009, 624, 628.
252 KG, Urt. v. 29.09.2005 – 27 U 120/04, IBR 2006, 611 (Stemmer).
253 KG, Urt. v. 12.02.2008 – 21 U 155/06/BGH, Beschl. v. 27.11.2008 – VII ZR 78/08, IBR 2009, 68 (Kainz).
254 VII ZR 11/08, BauR 2009, 1131.
255 VII ZR 82/08, BauR 2009, 1896.

– Mit einer ebenfalls vom 10.09.2009[256] stammenden Entscheidung werden die beiden vorgenannten Entscheidungen vertieft: Sieht der Vertrag zwar keine kalendermäßig bestimmten Ausführungsfristen vor, soll lediglich der Beginn der Arbeiten 12 Tage nach Zuschlagserteilung erfolgen, ist § 2 Abs. 5 VOB/B anwendbar, wenn aus den übrigen Ausschreibungsunterlagen eine vorgesehene Zuschlagsfrist als spätester Termin für das Inlaufsetzen der 12-Tages-Frist zu entnehmen ist. Gleichzeitig wird darin klargestellt, dass jedwede Verzögerungen des Zuschlags zu einem Preisanpassungsanspruch nach den zu § 2 Abs. 5 VOB/B entwickelten Grundsätzen führen können. Allerdings wird betont, dass die neue Vergütung in Anlehnung an die Grundsätze des § 2 Abs. 5 VOB/B zu ermitteln seien und daher diese Vorschrift nicht uneingeschränkt Anwendung finde, sondern die jeweiligen Besonderheiten des zu beurteilenden Sachverhalts zu berücksichtigen seien. Daher seien tatsächliche Abweichungen der ursprünglichen, nicht notwendig kalkulierten Einkaufspreise von den durch die Verzögerung des Zuschlags bedingten neuen Einkaufspreisen auszugleichen.
– Abermals am 10.09.2009[257] hat der Bundesgerichtshof dargestellt, dass für das Verhandlungsverfahren eine nachträgliche Preisanpassung ausgeschlossen ist, wenn sich die Parteien nicht hierauf verständigt haben, weil es hierbei in der Hand des Auftragnehmers liege zu entscheiden, ob er ohne einvernehmliche vertragliche Anpassung der Vergütung für den Fall eines vergaberechtlichen Nachprüfungsverfahrens sein Angebot aufrecht erhält und den Vertrag schließt oder nicht.
– Am 26.11.2009[258] hat der Bundesgerichtshof noch einmal hervorgehoben, dass eine einfache Bindungsfristverlängerung seitens des Bieters nur bedeutet, dass das ursprüngliche Vertragsangebot **inhaltlich konserviert und die rechtsgeschäftliche Bindungsfrist an das Angebot inhaltlich verlängert wird und demzufolge eine Preisanpassung in Anlehnung an die Grundsätze des § 2 Abs. 5 VOB/B vorzunehmen ist.**
– Schließlich hat der Bundesgerichtshof in zwei weiteren Entscheidungen am 22.07.2010[259] und 25.11.2010[260] entschieden, dass ein Zuschlag in einem durch ein Planfeststellungsverfahren verzögerten öffentlichen Vergabeverfahren über Bauleistungen im Zweifel auch dann zu den ausgeschriebenen Terminen erfolgt, wenn diese nicht mehr eingehalten werden können und das Zuschlagsschreiben des Auftraggebers den Hinweis auf später noch mitzuteilende exakte Fristen enthält. Auch in diesen Fällen ist der vertragliche Vergütungsanspruch in Anlehnung an die Grundsätze des § 2 Abs. 5 VOB/B anzupassen.

5. Baugrundrisiko

a) Begriff des Baugrundrisikos

96 Auch unerwartet auftretende Erschwernisse im Rahmen der Leistungsausführung können Mehrvergütungsansprüche auslösen. Das Wagnis, dass trotz sorgfältiger Begutachtung des Baugrunds und ohne Verschulden eines der Vertragspartner die tatsächlich angetroffenen Bodenverhältnisse von den vertraglich vorausgesetzten Bodenverhältnissen abweichen und hierdurch Kosten- und Bauzeitfolgen entstehen, die von einem der Vertragspartner zu tragen sind, nennt man Baugrundrisiko.[261] Dieses wird vor allem im Tiefbau relevant.

97 Der Baugrund ist der Boden, auf dem das Bauwerk errichtet wird bzw. in dem die Tiefbauleistungen erbracht werden. Der Auftraggeber ist grundsätzlich verpflichtet, die Bodenverhältnisse hin-

---

256 VII ZR 152/08, BauR 2009, 1901.
257 VII ZR 255/08, BauR 2009, 1908.
258 VII ZR 131/08, BauR 2010, 455.
259 VII ZR 213/08, BauR 2010, 1921.
260 VII ZR 201/08 = NZBau 2011, 97.
261 Ingenstau/Korbion/*Kratzenberg*, A § 7 VOB/A Rn. 55; OLG München, Urt. v. 15.10.1996 – 13 U 5857/95, BauR 1997, 523.

sichtlich ihrer Eigenschaften gemäß der DIN 18300 so zu beschreiben, dass sie vom Auftraggeber hinreichend beurteilt werden können.[262]

Das Baugrundrisiko im Sinne eines Restrisikos bei unvorhersehbaren Abweichungen des tatsächlich angetroffenen Baugrunds vom beschriebenen trägt grundsätzlich der Auftraggeber.[263] Grund hierfür soll sein, dass der Baugrund der vom Auftraggeber bereitgestellte Baustoff ist, für den der Auftraggeber nach § 645 BGB gegenüber dem Auftragnehmer zu haften hat.[264] Teilweise wird auch an das Eigentum am Grundstück und die Verantwortlichkeit für dessen Zustand als Einstandspflicht angeknüpft, diese Lösung ist jedoch nur da sinnvoll, wo der Grundstückseigentümer auch der Auftraggeber ist.[265] Der Grundsatz kommt schließlich in der Bestimmung der Entsorgung als Besondere Leistung gemäß Ziffer 4.2.1 der DIN 18299 (VOB/C) zum Ausdruck.[266]

98

In der zu Baugrundfällen ergangenen Rechtsprechung sind jedoch im Hinblick auf die zu Grunde liegenden Verträge mehrfach Ausnahmen von diesem Grundsatz gemacht worden. Das Baugrundrisiko verwirklicht sich nämlich dann nicht, wenn der tatsächlich vorgefundene Baugrund nicht von dem abweicht, was nach der Vorstellung der Parteien unter Zugrundelegung der Leistungsbeschreibung vorausgesetzt war.[267] So liegt eine Abweichung von den vertraglich vorausgesetzten Bodenverhältnissen dann nicht vor, wenn zwar im Leistungsverzeichnis bestimmte Bodenklassen genannt wurden, dabei aber auch auf ein Bodengutachten verwiesen wurde, aus dem sich ergibt, dass auch andere Bodenklassen vorhanden sind, die zu Erschwernissen führen.[268] Ebenso wenig realisiert sich das Baugrundrisiko, wenn im Gutachten Empfehlungen zum Verbau unter der einschränkenden Angabe eventuell weiterer notwendiger statisch-konstruktiver Maßnahmen enthalten sind.[269] Bei unklarer Leistungsbeschreibung kann der Auftragnehmer nicht einfach die für ihn günstigste Ausführung unterstellen und nachträglich mit einer vermeintlich hierzu eingetretenen Abweichung argumentieren. Bei erkennbar lückenhafter oder widersprüchlicher Leistungsbeschreibung hat der Auftragnehmer keinen Mehrvergütungsanspruch nach § 2 Abs. 5 oder Abs. 6 VOB/B.[270]

99

Bei genauen Angaben über die anzutreffenden Bodenklassen und widerspruchsloser Leistungsbeschreibung darf der Auftragnehmer auf die Richtigkeit der Ausschreibung vertrauen.[271] Die Einholung eines Bodengutachtens ist Sache des Auftraggebers, der für dessen Fehlen und ungenü-

100

---

262 BGH – SFH Z 2.414. Bl. 8.
263 KG, Urt. v. 13.12.2004 – 24 U 354/02, BauR 2006, 111, 112; Ingenstau/Korbion/*Keldungs*« B § 2 Abs. 5 Rn. 16.
264 *Kapellmann/Schiffers*, Bd. 1, Rn. 708 ff.
265 *Kemper,* in: Franke/Kemper/Zanner/Grünhagen B § 2 Abs. 2 VOB/B Rn. 120.
266 OLG Stuttgart/BGH, Urt. v. 30.01.2003 – 2 U 49/00; Urt. v. 28.08.2003 – VII ZR 59/03, IBR 2003, 660 (*Schulze-Hagen*).
267 OLG Hamm, Urt. v. 01.06.2007 – 12 U 9/06, IBR 2008, 313 (*Englert*); OLG Stuttgart, Urt. v. 11.08.1993 – 1 U 189/92, BauR 1994, 631; OLG Düsseldorf, Urt. v. 30.09.2002 – 21 U 47/02, BauR 2002, 1853; OLG Jena/BGH, Urt. v. 19.12.2001 – 7 U 614/98; Urt. v. 18.12.2002 – VII ZR 43/02, IBR 2003, 122 (*Schwenker*); OLG Koblenz/BGH, Urt. v. 17.04.2002 – 1 U 829/99; Urt. v. 27.02.2003 – VII ZR 188/02, IBR 2003, 181 (*Schulze-Hagen*); OLG Celle, Urt. v. 29.01.2004 – 14 U 158/03, IBR 2004, 184 (*Bolz*).
268 OLG Düsseldorf, Urt. v. 04.06.1991 – 23 U 173/90, BauR 1991, 774, 775; OLG München, Urt. v. 26.03.1996 – 9 U 1819/95, BauR 1998, 561, 562.
269 OLG Köln, Urt. v. 03.03.2000 – 11 U 46/98, IBR 2001, 350 (*Dähne*); s. auch KG, Urt. v. 14.02.2006 – 21 U 5/03, BauR 2006, 836; OLG Düsseldorf, Urt. v. 06.07.2006 – I-5 U 89/05, BauR 2006, 1887.
270 OLG München, Urt. v. 10.06.2008 – 9 U 2192/07/BGH, Beschl. v. 12.02.2009 – VII ZR 145/08, BauR 2009, 1156.
271 OLG Rostock, Urt. v. 07.12.2006 – 1 U 19/06/BGH, Beschl. v. 08.07.2009 – VII ZR 2/07, BauR 2009, 1599; OLG München, Urt. v. 10.06.2008 – 9 U 2192/07/BGH, Beschl. v. 12.02.2009 – VII ZR 145/08, BauR 2009, 1156.

gende Ausschreibung der Bodenverhältnisse einzustehen und nicht erkennbare Zusatzmaßnahmen nach § 2 Abs. 5 VOB/B zu vergüten hat.[272] Waren daher bei sorgfältiger Prüfung der Ausschreibungsunterlagen die unzutreffenden Angaben zu den Baugrundverhältnissen für den Auftragnehmer nicht erkennbar, hat er Anspruch auf Mehrvergütung,[273] nicht jedoch, wenn sich Zweifel aufdrängen.[274] Auch bei funktionaler Leistungsbeschreibung und Verantwortlichkeit des Auftragnehmers für die Einholung einer Genehmigung der beabsichtigten Bauweise wird das Baugrundgutachten mit seinen konkreten Feststellungen Leistungsinhalt, so dass bei hiervon abweichenden Bodenverhältnissen der Auftragnehmer Ansprüche nach § 2 Abs. 5 VOB/B geltend machen kann.[275] Ist mit der funktionalen Leistungsbeschreibung eine Komplettleistung verlangt, so sind auch spätere zusätzliche Entsorgungskosten nicht vergütungspflichtig.[276]

101 Unwägbarkeiten, die bei technisch optimalem Bauverfahren entsprechend den anerkannten Regeln der Technik unvorhergesehen und auch objektiv unvorhersehbar zu Mängeln am Bauwerk führen, nennt man Systemrisiko.[277] Teilweise wird vertreten, dass dieses Risiko ebenfalls vom Auftraggeber zu tragen ist, da ihm kein ungewöhnliches Wagnis aufgebürdet werden dürfe.[278] Im Hinblick darauf, dass der Auftragnehmer für den Erfolg haftet, ist es jedoch abzulehnen, dem Auftraggeber das Systemrisiko aufzubürden,[279] insbesondere unter Berücksichtigung des Umstandes, dass der Auftragnehmer trotz dieser ihn treffenden Haftung Anspruch auf Vergütung für zusätzlich erforderliche Leistungen unter dem Gesichtspunkt der Sowieso-Kosten haben kann.[280]

b) **Behandlung des Mehraufwandes bei Anzeigen durch Auftragnehmer nach § 2 Abs. 6 VOB/B**

102 Auch bei Verwirklichung des »echten« Baugrundrisikos, also in Situationen, in denen der Auftragnehmer während der Ausführung einen vom vertraglich vorausgesetzten abweichenden Boden antrifft, erhält der Auftragnehmer selbst bei Vorliegen einer entsprechenden Mehrkostenanzeige nach § 2 Abs. 6 Nr. 1 S. 2 VOB/B keine Vergütung, sollte die Ausführung der zusätzlichen Leistung nicht ausdrücklich oder konkludent verlangt werden.[281] Waren die notwendigen Mehrleistungen Gegenstand von Besprechungen und lässt der Auftraggeber die Mehrleistungen dann ausführen, kann darin ein konkludentes Verlangen gesehen werden.[282]

c) **Behandlung des Mehraufwandes bei Anordnung durch Auftraggeber nach § 2 Abs. 5 VOB/B**

103 Ordnet der Auftraggeber allerdings die Ausführung der in Anbetracht der vorgefundenen Bodenverhältnisse notwendigen geänderten Leistungen an, indem er den Auftragnehmer zur Leistungserbringung unter den veränderten Bedingungen ausdrücklich oder konkludent auffordert, so liegt hierin eine Anordnung i.S.d. § 2 Abs. 5 VOB/B und der Auftragnehmer erhält eine entsprechende Vergütung.[283] Soweit teilweise auch ohne eine Anordnung des Auftraggebers die Anwendbar-

---

272 OLG Bamberg, Beschl. v. 24.06.2008 – 4 U 37/08, BauR 2009, 647.
273 KG, Urt. v. 13.12.2004 – 24 U 354/02, BauR 2006, 111, 112.
274 OLG Düsseldorf, Urt. v. 06.07.2006 – I-5 U 89/05, BauR 2006, 1887.
275 BGH, Urt. v. 20.08.2009 – VII ZR 205/07, BauR 2009, 1724.
276 Urt. v. 14.02.2006 – 21 U 5/03/BGH, Beschl. v. 10.01.2008 – VII ZR 64/06, BauR 2008, 1318.
277 Leinemann/*Schoofs*, 4. Aufl. § 2 Rn. 311.
278 Leinemann/*Schoofs*, 4. Aufl. § 2 Rn. 311.
279 Im Ergebnis *Ganten*, BauR 2000, 643, 647 ff.
280 BGH, Urt. v. 11.11.1999 – VII ZR 403/98, BauR 2000, 411, 412.
281 Vgl. *Kemper/Schaarschmidt*, BauR 2000, 1651, 1652.
282 KG, Urt. v. 13.12.2004 – 24 U 354/02, BauR 2006, 111; OLG Jena, Urt. v. 12.01.2006 – 1 U 921/04, BauR 2006, 1897.
283 OLG Düsseldorf, Urt. v. 22.08.2001 – 19 U 22/00, IBR 2004, 1004 (*Kemper*).

keit des § 2 Abs. 5 VOB/B bejaht wird,[284] ist dies abzulehnen, da insoweit die tatbestandlichen Voraussetzungen des § 2 Abs. 5 VOB/B eben gerade nicht vorliegen.[285]

d) **Behandlung des Mehraufwandes bei unterbliebener Anordnung durch den Auftraggeber nach § 2 Abs. 8 VOB/B**

In Fällen der fehlenden Anordnung des Auftraggebers beim Antreffen von Erschwernissen oder der Verwirklichung des Baugrundrisikos werden Mehrvergütungsansprüche nur nach § 2 Abs. 8 VOB/B beurteilt.[286] 104

e) **Störung der Geschäftsgrundlage**

Im Rahmen der Geltung des § 2 Abs. 5, 6 VOB/B ist ebenso wie bei § 2 Abs. 3 VOB/B ein Rückgriff auf das Institut der Störung der Geschäftsgrundlage für die Anpassung der Preise ausgeschlossen,[287] da die VOB/B in § 2 VOB/B gerade ein geeignetes Instrument für die Preisanpassung in Fällen der nachträglichen Veränderung der zu erbringenden Leistung vorsieht.[288] 105

In extremen Einzelfällen, in denen der Auftragnehmer zur Erbringung der veränderten bzw. zusätzlichen Leistungen im Rahmen des § 1 Abs. 3, 4 S. 1 VOB/B noch verpflichtet ist, aber unter Rückgriff auf die ursprünglichen Preisermittlungsgrundlagen eine angemessenes Verhältnis von Leistung und Gegenleistung nicht mehr fest zustellen ist, kann ausnahmsweise auch beim VOB-Vertrag das Institut der Störung der Geschäftsgrundlagen heranzuziehen sein,[289] (siehe hierzu § 313 BGB). Ein Rückgriff auf das Institut der Störung der Geschäftsgrundlage ist allerdings immer dort ausgeschlossen, wo die Parteien ein Risiko im Vertrag offen einem Vertragspartner zugewiesen haben und sich dann das Risiko verwirklicht.[290] 106

6. **Zurechnung des Handelns Dritter**

a) **Bauordnungsrechtliche und andere hoheitliche Anordnungen**

Auch Handlungen Dritter wie Leistungsänderung oder die Forderung nach Erbringung einer erforderlichen zusätzlichen Leistung, die aus dem Pflichtenkreis der §§ 3, 4 VOB/B des Auftraggebers herrühren, können die Rechtsfolgen des § 2 Abs. 5, VOB/B auslösen. Dies gilt insbesondere bei hoheitlichen Anordnungen der Bauordnungsbehörde oder Verkehrsbehörden (soweit diese Anordnungen die Baustelle selbst und nicht nur die Transportwege zur Baustelle berühren[291]),[292] oder bei Änderungen des vom Auftraggeber notwendigerweise eingeschalteten Prüfingenieur, z.B. Prüfstatiker, der in den ihm zur Genehmigung vorgelegten Ausführungsplänen Änderungen vornimmt,[293] sollte dem Auftragnehmer nicht das Genehmigungsrisiko übertragen worden sein. Eine Zurechnung des Handelns von Hoheitsträgern zum Auftraggeber soll in diesen Fällen nicht aus rechtsgeschäftlichen Vertretungsregelungen, sondern aus den Pflichten des Auftraggebers nach §§ 3, 4 Abs. 1 Nr. 1 S. 2 VOB/B folgen.[294] Dies erscheint zwar praxisgerecht, ist aber rechtsdog- 107

---

284 *Jansen*, in: Beck'scher VOB-Kommentar, B § 2 Nr. 5 Rn. 45 ff.
285 *Kemper/Schaarschmidt*, BauR 2000, 1651, 1652.
286 Ebenso: *Keldungs*, in: Ingenstau/Korbion, B § 2 Abs. 8 Rn. 31; *Kemper/Schaarschmidt*, BauR 2000, 1651, 1653.
287 BGH – SFH Z 2.311 Bl. 31.
288 *Kemper*, in: Franke/Kemper/Zanner/Grünhagen, B § 2 VOB/B Rn. 127.
289 Vgl. BGH, Urt. v. 16.12.1971 – VII ZR 215/69, BauR 1972, 118.
290 KG, Urt. v. 14.02.2006 – 21 U 5/03, BauR 2006, 836, 840.
291 OLG Brandenburg, Urt. v. 17.10.2007 – 4 U 48/07/BGH, Beschl. v. 09.10.2008 – VII ZR 200/07, BauR 2009, 821.
292 OLG Düsseldorf, Urt. v. 24.10.1995 – 21 U 8/95, BauR 1996, 267.
293 Ingenstau/Korbion/*Keldungs*, B § 2 Abs. 6 Rn. 25.
294 OLG Düsseldorf, Urt. v. 24.10.1995 – 21 U 8/95, BauR 1996, 267.

matisch problematisch, da es doch um die Zurechnung einer Willenserklärung eines Dritten geht,[295] so dass in diesen Fällen der Auftraggeber zur Abgabe einer ausdrücklichen Erklärung oder konkludenten Billigen verpflichtet bleibt.[296]

b) Architekten und Bauleiter

108 Architekten ohne ausdrückliche Bevollmächtigung durch den Auftraggeber sind nicht vertretungsberechtigt, eine Duldungsvollmacht kann nur in seltenen Fällen bei Vorliegen besonderer Umstände ausnahmsweise angenommen werden.[297] Architekten können daher in der Regel keine Mehrkosten auslösende Änderungen des Bauentwurfs nach §§ 1 Abs. 3, 2 Abs. 5 VOB/B anordnen, es sei denn, ohne diese kann das Bauwerk nicht mangelfrei oder den öffentlich-rechtlichen Vorschriften entsprechend hergestellt werden.[298] Eine Anordnung liegt daher immer dann nicht vor, wenn der mit der Ausführungsplanung beauftragte Architekt einen gegenüber dem Vertragsinhalt abändernden Plan vorlegt oder der bauleitende Architekt im Rahmen von Baubegehungen oder -besprechungen ändernde oder leistungserweiternde Festlegungen trifft.[299]

c) Öffentlicher Auftraggeber

109 Die rechtsgeschäftliche Vertretungsmacht bei öffentlichen Auftraggebern richtet sich nach der jeweiligen Landesregelung im Kommunalgesetz bzw. der Kommunalordnung, so dass deren besondere Formvorschriften ebenfalls zu beachten sind, anderenfalls keine dem öffentlichen Auftraggeber zuzurechnende Willenserklärung vorliegt.[300] Eine Duldungsvollmacht ist insoweit ausgeschlossen.[301]

III. Änderung der Preisgrundlagen

110 § 2 Abs. 5 VOB/B setzt neben dem Vorliegen einer Anordnung der Leistungsänderung auch voraus, dass durch diese die Preisgrundlagen für die vertraglich vorgesehen Leistung geändert werden. Unter den Begriff der Preisgrundlage fallen alle der Preisberechnung der konkreten Leistung zu Grunde gelegten Umstände.[302] Eine Anordnung, die die Leistung zwar ändert, aber keine Auswirkungen auf den Preis hat, führt nicht zu einem Mehrvergütungsanspruch des Auftragnehmers.

IV. Berechnung des Mehrvergütungsanspruchs

1. Basis: Preisermittlungsgrundlagen

a) Begriff

111 Für die Berechnung des neuen Preises nimmt § 2 Abs. 5 VOB/B auf die »Grundlagen des Preises« sowie auf »Mehr- oder Minderkosten« der neuen Leistung Bezug. Unter den Grundlagen des Preises ist die Urkalkulation des Auftragnehmers bei Erstellung seines Angebots zu verstehen.[303] Aus der Urkalkulation ergibt sich der kalkulatorisch ermittelte Preis für die in der Leistungsbeschrei-

---

295 Dazu ausführlich: *Schrader/Borm*, BauR 2006, 1388.
296 Kritisch auch *Schrader/Borm*, BauR 2006, 1388; OLG Oldenburg, Urt. v. 22.07.2008 – 4 U 627/07, IBR 2009, 69 (*Kahle*).
297 OLG Jena, Urt. v. 09.10.2007 – 5 U 684/06/BGH, Beschl. v. 19.06.2008 – VII ZR 193/07, BauR 2008, 1899.
298 OLG Düsseldorf, Urt. v. 06.11.1997 – 5 U 89/96, BauR 1998, 1023.
299 *Kemper*, in: Franke/Kemper/Zanner/Grünhagen, B § 2 VOB/B Rn. 106.
300 BGH, Urt. v. 27.11.2003 – VII ZR 346/01, BauR 2004, 495, 497.
301 OLG Düsseldorf, Urt. v. 19.12.2008 – 23 U 48/08, IBR 2009, 193 (*Reichert*).
302 Ingenstau/Korbion/*Keldungs*, B § 2 Abs. 5 Rn. 5.
303 Ingenstau/Korbion/*Keldungs*, B § 2 Abs. 5 VOB/B Rn. 6.

bung enthaltenen Vorgaben, sie wird jedoch selber nicht Vertragsbestandteil.[304] Grundlagen für die Preisermittlung des Mehrvergütungsanspruches sind also sämtliche Faktoren, die Gegenstand der Preisberechnung des Auftragnehmers unter Berücksichtigung der Leistungsanforderung und Vorgaben in der Leistungsbeschreibung sind.

b) Bestandteile der Preisermittlungsgrundlagen (Urkalkulation)

Für die rechtliche Beurteilung von Nachtragsforderungen ist es entscheidend, einige baubetriebliche Grundbegriffe des Kalkulationswesens zu kennen, diese seien hier kurz aufgeführt:[305] 112

aa) Einzelkosten der Teilleistung (EKT)

Dies sind alle Kosten, die für die tatsächliche Erbringung einer Bauleistung entsprechend der Leistungsbeschreibung notwendig sind. Führt sie der Auftragnehmer im eigenen Betrieb aus, so sind Bestandteile der Einzelkosten der Teilleistungen auch die Lohnkosten, wobei i.d.R. unter Berücksichtigung der verschiedenen Bauarbeiter mit unterschiedlichen Lohnniveaus ein Mittellohn gebildet wird, die Stoffkosten (Material) sowie die Kosten für die notwendigerweise einzusetzenden Geräte. Will der Auftragnehmer die entsprechenden (Teil-)Leistungen nicht im eigenen Betrieb ausführen, so kalkuliert er mit Nachunternehmerleistungen.[306] 113

bb) Baustellenbezogene Gemeinkosten (BGK)

Hierunter sind alle Kosten zu verstehen, die nicht für die eigentliche Leistungserbringung notwendig sind, aber im Rahmen der Ausführung auf der Baustelle anfallen, wie z.B. die Kosten des Bauleiters, des Oberbauleiters, allgemein eingesetzter und daher nicht besonders zuzuordnender Geräte, sowie u.U. auch die Baustelleneinrichtung, sofern für sie eine gesonderte Position nicht kalkuliert ist. Es ist üblich, diese Kosten als Zuschläge auf alle Einzelkosten der Teilleistung umzulegen (Zuschlagskalkulation).[307] 114

cc) Allgemeine Geschäftskosten (AGK)

Unter AGK versteht man alle diejenigen Kosten, die beim Auftragnehmer unabhängig von der konkreten Baustelle und der Erbringung der Leistungen anfallen, also etwa seine Verwaltungskosten wie Rechnungswesen, Geschäftsführergehälter, Fuhrpark usw. Auch diese Kosten werden gemeinhin als Zuschlag berücksichtigt und umsatzbezogen auf der Grundlage des Vorjahresumsatzes ermittelt.[308] 115

dd) Wagnis und Gewinn

Die vorgenannten Kostengruppen decken lediglich den eigenen Kostenaufwand des Auftragnehmers. Zusätzlich auf die Preise umzulegen ist daher zunächst der vom Auftragnehmer angestrebte Gewinn. Darüber hinaus ist es im Bauwesen auch üblich, einen gewissen prozentualen Anteil an Wagnis dafür einzustellen, dass im Rahmen der Bauausführung unvorhergesehene, vom Auftragnehmer zu vertretende Erschwerungen und Verzögerungen eintreten. Im Hinblick auf die Rechtsprechung des BGH zu der Vergütung nach Kündigung (s. § 8 Rn. 26) sollte in der Urkalkulation aber zwischen Wagnis und Gewinn getrennt und diese Position nicht zusammengefasst werden.[309] 116

---

304 BGH, Beschl. v. 20.12.2007 – VII ZR 137/07, BauR 2008, 512.
305 S. eingehend *Kapellmann/Schiffers*, Bd. 1, Rn. 8 ff., 1000 ff.; *Vygen/Schubert/Lang*, Rn. 415 ff.
306 *Kemper*, in: Franke/Kemper/Zanner/Grünhagen, B § 2 VOB/B Rn. 133.
307 *Kemper*, in: Franke/Kemper/Zanner/Grünhagen, B § 2 VOB/B Rn. 134.
308 *Kemper*, in: Franke/Kemper/Zanner/Grünhagen, B § 2 VOB/B Rn. 135.
309 *Kemper*, in: Franke/Kemper/Zanner/Grünhagen, B § 2 VOB/B Rn. 136.

c) Nachlass

117 Fraglich ist, ob ein im Rahmen des Hauptvertrages gewährter Nachlass auch bei Mehrvergütungsansprüchen grundsätzlich ohne ausdrückliche vertragliche Regelung, zu berücksichtigen ist. Die in diesem Zusammenhang bisher zu § 2 Abs. 6 VOB/B ergangene Rechtsprechung[310] und einige Stimmen in der Literatur bejahen dies.[311] Vorherrschend wird jedoch in der Literatur mittlerweile vertreten, dass der prozentuale Nachlass nur für die Positionen des Hauptvertrages gelte und insofern Kalkulationsbestandteil der Preisermittlungsgrundlagen des Angebots sei, so dass nur die zum Zeitpunkt des Vertragsschlusses bekannten Leistungspositionen und nicht auch nachfolgende Änderungen und zusätzliche Leistungen von ihm erfasst seien.[312] Dieser Ansicht ist jedoch nicht zu folgen. Die Preisermittlungsgrundlage nach § 2 Abs. 5 VOB/B ist nicht der Angebotspreis, sondern der zum Zeitpunkt des Vertragsschlusses um den Nachlass bereits geminderte Endpreis. Ein pauschaler, auf alle Hauptvertragspositionen bezogener Nachlass kann und muss daher auch auf Nachtragsleistungen nach § 2 Abs. 5 VOB/B angerechnet werden.[313] Dies gilt erst recht bei entsprechenden vertraglichen Vereinbarungen, mögen diese auch in Allgemeinen Geschäftsbedingungen enthalten sein, da die Unwirksamkeit einer derartigen Klausel nicht anzunehmen ist.[314]

d) Rückgriff auf übliche und angemessene Vergütung i.S.d. § 632 Nr. 2 BGB

118 Ein Rückgriff auf die »ortsüblichen und angemessenen Preise« i.S.d. § 632 Nr. 2 BGB ist nur dann möglich, wenn durch die Änderungsanordnung völlig andere Leistungen zu erbringen sind, für die im ursprünglichen Vertrag keine vergleichbaren Leistungen vorhanden sind. Darüber hinaus ist ein Rückgriff nicht möglich, da die Preisermittlungsgrundlagen für die Berechnung der Mehrvergütung stets anwendbar bleiben.[315]

e) Mischkalkulation

119 Auch im Falle sog. Mischkalkulation bleibt die Urkalkulation des Auftragnehmers maßgebliche Abrechnungsgrundlage für die Bildung des Nachtragspreises, so dass sich eine nachträgliche korrigierende Berechnung verbietet.[316] Etwas anderes gilt nur bei sittenwidrig überhöhter Einheitspreisbildung.[317]

f) Nachunternehmer

120 Setzt der Auftragnehmer Nachunternehmer ein, muss wie folgt differenziert werden:[318]

121 – für Leistungen, die als Eigenleistung kalkuliert wurden, bestimmt sich die Vergütung des Auftragnehmers nur nach seiner eigenen Kalkulation, nicht nach der des Nachunternehmers,
– für Leistungen, die als Nachunternehmerleistung kalkuliert wurden, ist die Kalkulation des Nachunternehmers für den Vergütungsanspruch des Auftraggebers maßgeblich, dessen Preis er

---

310 BGH, Urt. v. 24.07.2003 – VII ZR 79/02, BauR 2003, 1892. a.A. OLG Köln, BauR 2003, 1779.
311 *Vygen/Schubert/Lang*, Rn. 235; Leinemann/*Schoofs*, 4.Aufl. § 2 Rn. 126 ff.
312 *Kuffer*, in: Heiermann/Riedl/Rusam, B § 2 Rn. 206; Ingenstau/Korbion/*Keldungs* B § 2 Abs. 6 Rn. 24; *Jansen*, in: Beck'scher VOB-Kommentar, B § 2 Nr. 5 Rn. 7 und § 2 Nr. 6 Rn. 95.
313 *Kemper*, in: Franke/Kemper/Zanner/Grünhagen, B § 2 VOB/B Rn. 137.
314 Ebenso: *Jansen*, in: Beck'scher VOB-Kommentar, B § 2 Nr. 5 Rn. 107; *Kapellmann/Schiffers*, Bd. 1, Rn. 1046.
315 *Kapellmann/Schiffers*, Bd. 1, Rn. 1012 ff.
316 OLG Frankfurt, Urt. v. 22.03.2006 – 4 U 94/05/BGH, Beschl. v. 28.09.2006 – VII ZR 88/06, BauR 2007, 124.
317 BGH, Urt. v. 18.12.2008 – VII ZR 201/06, BauR 2009, 491.
318 Vgl. ausführlich *Kemper/Wernicke*, Nachtragskalkulation bei Leistungsänderungen, die Nachunternehmer betreffen, in: Tagungsband zur 8. Interdisziplinären Tagung für Baubetriebswirtschaft und Baurecht, Hannover 2007, S. 105 ff.

seinem Angebot zugrunde gelegt hat unabhängig davon, ob dieser auch die Leistungen ausführt; zur Darlegung seines Anspruchs hat der Auftragnehmer die Urkalkulation des Nachunternehmers vorzulegen oder nachträglich aufzustellen,
- in allen Fällen bleiben nachträglich erzielte Vergabegewinne oder -verluste des Auftragnehmers unberücksichtigt,[319] weil sie nicht Bestandteil der Urkalkulation waren.

2. Gegenüberstellung Mehr-/Minderkosten bei § 2 Abs. 5 VOB/B

Bei der Bestimmung des neuen Preises bei § 2 Abs. 5 VOB/B sind die Mehr- und Minderkosten zu berücksichtigen, die durch die Änderung der Leistung entstehen. Damit ist gemeint, dass zunächst die Kosten für die ursprünglich beauftragte, unveränderte Leistung anhand der Urkalkulation ausgewiesen werden müssen.[320] Ohne eine solche auf die Urkalkulation bezogene Darlegung des ursprünglichen Preises für die später geänderte Leistung fehlt es an der Prüfbarkeit der Nachtragsforderungen. Sollten Abrechnungen ohne diese Darlegung erfolgen, sind sie wegen fehlender Prüffähigkeit zurückzuweisen.[321] Im Rahmen der Schlussrechnung ist der Darlegungslast des Auftragnehmers nicht Genüge getan, wenn er lediglich auf sein »Nachtragsangebot« verweist.[322] Der Auftragnehmer hat auch nicht die Möglichkeit, lediglich eine prozentuale Erhöhung der Preise oder einen weiteren Zuschlag geltend zu machen[323] oder aber nur die Einheitspreise für die neuen Leistungen mit entsprechender Kalkulation zu begründen.[324] Enthält die Kalkulation für gleichartige Leistungen unterschiedlich hohe Preisansätze und erklärt der Auftragnehmer während der Vergabeverhandlung, dass dem Auftraggeber über Bedarfspositionen kein Nachteil entsteht, weil niedrige Preise nicht durch hohe Bedarfspositionen ausgeglichen werden, ist er hieran bei der Preisfortschreibung gebunden.[325] Wie bereits dargelegt, findet die Heranziehung der Urkalkulation allerdings bei wucherähnlicher Spekulation ihre Grenze.[326]

122

Dieser Kostenberechnung für die ursprünglichen Leistungen in der vertraglich vereinbarten Ausführung sind anschließend die Kosten für die nun verlangte, gegenüber der ursprünglichen Leistung veränderte Ausführung gegenüberzustellen, wobei sich auch diese Kosten nach der Urkalkulation richten müssen. Hieraus ergibt sich, dass Fehler in der Kalkulation im Bereich der Mehrvergütungsansprüche ebenso zu berücksichtigen sind wie fehlender Gewinn usw.[327] Zu den Mehrkosten zählen auch etwa infolge verspäteten Zuschlags aufgrund eines Nachprüfungsverfahrens bedingte höhere Lohnkosten oder Materialpreise, sollten zwischenzeitlich Tarif- oder Preiserhöhungen eingetreten sein. Auch sind Aufwendungen zu vergüten, die der Auftraggeber vor der Anordnung für die ursprünglich geplante Ausführung bereits vorgenommen hat.[328] Umsatzsteuer fällt auch auf die geänderte Vergütung an.[329]

123

Bei der konkreten Mehrvergütungsberechnung ist die Urkalkulation nur insoweit als Basis heranzuziehen, wie die darin enthaltenen Kosten und Zuschläge für die geänderten Leistungen relevant werden. Die Fortschreibung der Urkalkulation hat jedoch nicht theoretisch-kalkulativ zu erfolgen mit der Folge fiktiver Forderungen, weil es bei § 2 Abs. 5 VOB/B stets um einen Ausgleich für

124

---

319 A.A. *Vygen*, BauR 2006, 894.
320 OLG Düsseldorf, Urt. v. 13.03.1990 – 23 U 138/89, BauR 1991, 219, 222.
321 OLG Bamberg, Urt. v. 30.07.2003 – 3 U 240/00, IBR 2003, 526 (*Miernik*).
322 *Budde,* in: Franke/Kemper/Zanner/Grünhagen, B § 2 Rn. 237.
323 OLG Koblenz, Urt. v. 09.01.1992 – 5 U 927/91, NJW-RR 1993, 210, 211.
324 OLG Düsseldorf, Urt. v. 13.03.1990 – 23 U 138/89, BauR 1991, 219, 222.
325 OLG Dresden, Urt. v. 21.07.2004 – 12 U 306/03, BauR 2005, 1679.
326 BGH, Urt. v. 18.12.2008 – VII ZR 201/06, BauR 2009, 491.
327 OLG Frankfurt, Urt. v. 22.03.2006 – 4 U 94/05/BGH, Beschl. v. 28.09.2006 – VII ZR 88/06, BauR 2007, 124.
328 KG, Urt. v. 02.10.2007 – 7 U 1/07, IBR 2008, 72 (*Krebs*); OLG Celle, Urt. v. 06.01.2005 – 22 U 223/01, BauR 2005, 885.
329 BGH, Urt. v. 24.01.2008 – VII ZR 280/05, NZBau 2008, 318.

die durch die Änderung der Leistung begründeten Mehrkosten (oder Minderkosten) geht und nicht um die Generierung zusätzlicher Vergütungsforderungen. Die Vergütung ist daher für den tatsächlich entstandenen Mehraufwand geschuldet.[330] Dementsprechend sind auch durch Leistungsänderungen erwirtschaftete Gemeinkosten bei der Berechnung nur dann im Wege des prozentualen Aufschlags fortzuschreiben, wenn nicht durch andere Zusatz- und geänderte Leistungen sowie Mehrmengen eine der Urkalkulation entsprechende Gemeinkostendeckung erfolgt ist.[331] Gewinnzuschläge bleiben jedoch bis zur Grenze der Sittenwidrigkeit[332] ohne nachträgliche Änderung erhalten.[333] Auch bei offensichtlichen Spekulations- oder Mischpreisen muss die Kalkulation vom Auftragnehmer so offengelegt werden, dass die vermischten oder spekulativ bepreisten Positionen für den Auftraggeber nachträglich erkennbar werden und dieser die tatsächlichen Kostenauswirkungen bewerten kann. Eine erkennbar unzutreffende, spekulative und insbesondere von den marktüblichen Preisen erheblich abweichende Urkalkulation kann daher nicht für die Preisermittlung maßgeblich sein.[334]

3. Folgen fehlerhafter Berechnung

125 Die vorstehenden Grundsätze sind Voraussetzung für die Geltendmachung von Mehrvergütungsansprüchen durch den Auftragnehmer. Werden geänderte Leistungen im Rahmen einer Abschlagsrechnung oder in der Schlussrechnung in unzulässiger Weise abgerechnet, kann der Auftraggeber nicht in Zahlungsverzug geraten.

126 Auch hat der Auftragnehmer kein Leistungsverweigerungsrecht bezüglich der Durchführung der geänderten Leistung, sollte der Auftraggeber mit dem vorgeschlagenen, aber nicht nachvollziehbaren höheren Preis nicht einverstanden sein. Verweigert der Auftragnehmer trotzdem widerrechtlich die Leistung, dann hat der Auftraggeber in diesem Fall ein Kündigungsrecht.[335] Rechnet der Auftraggeber die Mehrvergütungsforderung jedoch prüfbar, aber unzutreffend bzw. fehlerhaft ab, in dem er z.B. den auf den Hauptvertrag gewährten Nachlass nicht berücksichtigt, ist die Mehrvergütungsforderung entsprechend um den Nachlass zu kürzen, im Übrigen wird sie aber fällig und ist gerichtlich durchsetzbar.[336]

4. Vereinbarung über Vergütungsfolgen

127 § 2 Abs. 5 S. 2 VOB/B sieht vor, dass sich die Parteien über die Höhe des neuen Preises für die geänderte Leistung einigen. Eine entsprechende Vereinbarung soll vor der Ausführung der Leistung getroffen werden. Dieser Wortlaut macht deutlich, dass es sich nur um Soll-Vorschriften handelt und der Anspruch nicht deshalb ausgeschlossen ist, weil vor Ausführung eine Preisvereinbarung nicht zustande gekommen ist.[337] In Allgemeinen Geschäftsbedingungen kann nicht wirksam vereinbart werden, dass der Mehrvergütungsanspruch für geänderte Leistungen nur dann entsteht, wenn eine entsprechende schriftliche Vereinbarung zwischen den Parteien getroffen wurde.[338]

128 Sollten sich die Parteien über den neuen Preis weder vor noch nach Ausführung der geänderten Leistungen einigen können, so kann die Festsetzung bei Vorliegen einer vertraglichen Vereinba-

---

330 OLG Frankfurt, Urt. v. 25.05.2007 – 19 U 127/06/BGH, Beschl. v. 14.02.2008 – VII ZR 125/07, BauR 2008, 1633.
331 KG, Urt. v. 29.09.2005 – 27 U 120/04, IBR 2006, 611 (*Stemmer*); *Vygen*, BauR 2006, 894.
332 BGH, Urt. v. 18.12.2008 – VII ZR 201/06, BauR 2009, 491.
333 OLG Koblenz, Urt. v. 24.05.2006 – 6 U 1273/03/BGH, Beschl. v. 19.06.2008 – VII ZR 128/06, BauR 2008, 1893.
334 *Kemper*, in: Franke/Kemper/Zanner/Grünhagen, B § 2 VOB/B Rn. 134.
335 OLG Dresden, Urt. v. 21.11.1997 – 7 U 1905/97, BauR 1998, 565; vgl. auch BGH, Urt. v. 28.10.1999 – VII ZR 393/98, BauR 2000, 409.
336 *Kemper*, in: Franke/Kemper/Zanner/Grünhagen, B § 2 VOB/B Rn. 144.
337 Vgl. statt aller Ingenstau/Korbion/*Keldungs*, B § 2 Abs. 5 Rn. 47.
338 BGH, Urt.v. 27.11.2003 – VII ZR 190/03, BauR 2005, 94.

rung durch einen Dritten erfolgen³³⁹ oder sie muss auf eine entsprechende Klage hin durch das angerufene Gericht vorgenommen werden.³⁴⁰ Der Auftragnehmer muss jedoch nicht zunächst auf Abgabe einer Willenserklärung klagen, sondern kann sofort Klage auf Zahlung der Vergütung einreichen, deren Höhe das Gericht gegebenenfalls nach § 278 ZPO schätzen kann.³⁴¹ In Allgemeinen Geschäftsbedingungen kann wirksam vereinbart werden, dass bei Fehlen einer Preisvereinbarung für die geänderte Leistung der Auftraggeber nach billigem Ermessen einen Preis bestimmen kann.³⁴²

Haben sich die Parteien hingegen vor oder während der Ausführung in einer Vereinbarung über den Preis geeinigt, so ist der Auftragnehmer mit weiteren Nachforderungen bzgl. dieser Leistungen ausgeschlossen.³⁴³ Die Preisvereinbarung nach § 2 Abs. 5 VOB/B stellt in der Regel einen Vergleich i.S.d. § 779 BGB dar,³⁴⁴ so dass eine Kondiktion nach Bereicherungsrecht nur in den seltenen Fällen der Unwirksamkeit bzw. Anfechtbarkeit möglich ist.³⁴⁵ Sollte die Vereinbarung durch widerrechtliche Drohung des Auftragnehmers mit einer Arbeitseinstellung zustande gekommen sein, so ist diese entweder nach den Grundsätzen des § 123 BGB anfechtbar mit der Folge der Nichtigkeit oder der Auftraggeber kann mit seinem Schadensersatzanspruch aus c.i.c. – gerichtet auf Befreiung von der Verbindlichkeit – aufrechnen und insoweit die Zahlung verweigern.³⁴⁶

129

Ob der Auftraggeber trotz Abschluss einer Vereinbarung über die Mehrvergütung nachträglich noch geltend machen kann, dass die geänderte Leistung mit der Vergütung der Hauptvertragsleistungen abgegolten sei, ist umstritten: Während aufgrund der hier vertretenen weiteren Auffassung in der Nachtragsvereinbarung ein Vergleich zu sehen ist, der einen selbstständigen Rechtsgrund schafft und weitere Ansprüche beider Parteien ausschließt,³⁴⁷ lässt der BGH die Rückforderung bzw. Streichung im Rahmen der Schlussrechnungsprüfung eher zu.³⁴⁸ Insbesondere bei Schmiergeldzahlungen besteht der Anscheinsbeweis eines zur Unwirksamkeit führenden kollusiven Verhaltens und zu hoher Preise.³⁴⁹

130

In Allgemeinen Geschäftsbedingungen kann nicht wirksam vereinbart werden, dass der Auftragnehmer verpflichtet ist, geänderte Leistungen im Falle der Änderung des Bauentwurfes oder anderer Anordnungen ohne Anspruch auf Mehrvergütung auszuführen.³⁵⁰

131

5. Leistungsverweigerungsrecht des Auftragnehmers

Nach § 18 Abs. 4 VOB/B berechtigen Streitfälle den Auftragnehmer nicht, die Arbeiten einzustellen. Darüber hinaus ist er gem. § 1 Abs. 3 und Abs. 4 S. 1 VOB/B rechtlich verpflichtet, den Anordnungen des Auftraggebers Folge zu leisten und im Rahmen seiner Vorleistungspflicht die angeordneten Leistungen auch auszuführen.

132

---

339 *Nicklisch/Weick*, § 2 VOB/B Rn. 64.
340 OLG Celle, Urt. v. 22.07.1980 – 14 U 44/80, BauR 1982, 381.
341 OLG Saarbrücken, Urt.v. 29.03.2011, 4 U 242/10.
342 BGH Urt. v. 26.11.1984 – VIII ZR 214/83= NJW 1985, 623, 624.
343 OLG Düsseldorf, Urt. v. 24.10.1995 – 21 U 8/95, BauR 1996, 267.
344 OLG Karlsruhe/BGH, Urt. v. 22.12.1998 – 17 U 189/97; Urt. v. 17.02.2000, VII ZR 43/99, IBR 2000, 155 (*Schulze-Hagen*).
345 MüKo-BGB/*Pechner*, § 779 Rn. 56 ff.
346 BGH, Urt. v. 13.09.2001 – VII ZR 415/99, BauR 2002, 89.
347 Ebenso; KG, Urt. v. 04.11.2004 – 10 U 300/03, BauR 2005, 723.
348 BGH, Urt. v. 26.04.2005 – X ZR 166/04, BauR 2005, 1317.
349 Vgl. OLG Frankfurt, Urt. v. 09.02.2009 – 17 U 247/07/BGH, Beschl. v. 08.07.2009 – VII ZR 57/09, BauR 2009, 1604.
350 BGH Urt. v. 05.09.1997 – VII ZR 54/96, BauR 1997, 1036 ff.

133 Vor diesem Hintergrund ist fraglich, ob der Auftragnehmer die Arbeiten an der Baustelle einstellen kann, sofern eine von ihm geforderte Preisvereinbarung mit dem Auftraggeber für geänderte Leistungen nach § 2 Abs. 5, 6 VOB/B nicht zustande kommt.

134 Bisher war anerkannt, dass ein Leistungsverweigerungsrecht des Auftragnehmers nur ausnahmsweise in den Fällen in Betracht kommt, in denen trotz offensichtlich vorliegender Voraussetzungen des § 2 Abs. 5 VOB/B der Auftraggeber gleichwohl abschließend und endgültig eine Vereinbarung ablehnt.[351] Das OLG Düsseldorf hat für diese Fälle auch ein Kündigungsrecht nach § 9 Abs. 1 VOB/B zugestanden.[352] Es ist jedoch zu berücksichtigen, dass der BGH die Anforderungen an das Einstellen der Arbeiten und die daraufhin ergehende Kündigung im Hinblick auf den Kooperationsgedanken der VOB/B noch einmal deutlich erhöht hat und damit unterstrichen wurde, dass eine Kündigung und Leistungseinstellung nur im Ausnahmefall möglich ist.[353] Jedoch ist die Verweigerung jedweder Vergütung durch den Auftraggeber auch vom BGH als Einstellungsgrund anerkannt worden.[354]

135 Ein Leistungsverweigerungsrecht kann dem Auftragnehmer nur ausnahmsweise nach den Maßstäben des § 242 BGB dann zustehen, wenn der Auftraggeber entgegen Treu und Glauben eine Anpassung trotz Vorliegen der Voraussetzungen verweigert.[355] Die vom Auftraggeber geforderten Leistungen dürfen nicht von vorneherein bereits Leistungsinhalt des Hauptvertrages sein. In Fällen, in denen sich der Leistungsinhalt des Vertrages z.B. aufgrund von Widersprüchen innerhalb der Vertragsunterlagen und den damit verbundenen Auslegungsschwierigkeiten nur schwer feststellen lässt, scheidet ein Leistungseinstellungsrecht aus. Auch muss der Auftragnehmer seinen Mehrvergütungsanspruch in einem entsprechenden Angebot in nachvollziehbarer Weise durch Gegenüberstellung der Mehr- und Minderkosten prüfbar geltend gemacht haben. Sollte weder eine Abweichung vom vertraglichen Leistungsinhalt noch ein prüfbares Angebot vorliegen, so scheidet jedenfalls das Einstellungsrecht aus. Hat der Auftragnehmer jedoch Verhandlungen über sein Angebot gefordert, die vom Auftraggeber grundlos abgelehnt wurden, obwohl alle oben genannten Voraussetzungen für den Mehrvergütungsanspruch vorliegen, ist ausnahmsweise ein Einstellungsrecht gegeben, wenn der Auftraggeber eindeutig und ernsthaft die Vereinbarung einer Vergütung abgelehnt hat.[356]

136 Auch bei Geltendmachung der Mehrvergütungsforderungen im Rahmen von Abschlagsrechnungen müssen diese Voraussetzungen erfüllt sein, anderenfalls ist auch über § 16 Abs. 5 Nr. 3 S. 3 VOB/B ein Einstellungsrecht unbegründet.[357]

137 Dagegen sind Auffassungen, die ausgehend von diesen zu Ausnahmefällen vertretenen Ansichten ein generelles Leistungsverweigerungsrecht des Auftragnehmers bei Nichtzustandekommen einer zeitnahen Preisvereinbarung – auch allein der Höhe nach – nach § 2 Abs. 5 VOB/B annehmen wollen,[358] abzulehnen, da dies mit dem Kooperationsgedanken der VOB/B im Allgemeinen und dem Regelungsgefüge der §§ 1, 2 und 18 Abs. 4 VOB/B im Besonderen nicht zu vereinbaren ist.[359]

138 Aufgrund der hohen Anforderungen, die an das Vorliegen eines Leistungsverweigerungsrechtes zu stellen sind, ist dem Auftragnehmer in der Praxis von einem Einstellen der Arbeiten abzuraten.[360]

---

351 OLG Düsseldorf, Urt. v. 14.09.2001 – 22 U 37/01, BauR 2002, 484.
352 OLG Düsseldorf, Urt. v. 27.06.1995 – 21 U 219/94, BauR 1996, 115.
353 BGH, Urt. v. 28.10.1999 – VII ZR 393/98, BauR 2000, 409.
354 BGH, Urt. v. 13.03.2008 – VII ZR 194/06, BauR 2008, 1131.
355 *Nicklisch/Weick*, § 2 VOB/B Rn. 64.
356 BGH, Urt. v. 24.06.2004 – VII ZR 271/01, BauR 2004, 1613.
357 Vgl. *Zanner*, in: Franke/Kemper/Zanner/Grünhagen, B § 16 VOB/B Rn. 142 ff.
358 *Kapellmann/Schiffers*, Bd. 1, 975 ff.; *Herig*, § 2 VOB/B Rn. 93.
359 Ebenso: OLG Düsseldorf, Urt. v. 10.11.2005 – 21 U 1783/03, BauR 2006, 531.
360 Ingenstau/Korbion/*Keldungs*, B § 2 Abs. 5 Rn. 48.

Aus der allgemeinen Kooperationspflicht ergibt sich, dass nicht nur der Auftraggeber verhandlungsbereit sein muss, sondern auch der Auftragnehmer selbst. Macht er die Ausführung der Nachtragsleistungen von der Beauftragung des Nachtragsangebots ohne jeden Abstrich abhängig, verletzt er seinerseits die Kooperationspflicht und rechtfertigt eine außerordentliche Kündigung durch den Auftraggeber.[361] Setzt der Auftragnehmer durch Drohung mit einem Baustopp die Nachtragsvereinbarung durch, obwohl ihm kein Anspruch auf Mehrvergütung zusteht, kann der Auftraggeber wie oben dargelegt trotz abgeschlossener Nachtragsvereinbarung die Zahlung verweigern, indem er mit seinem Schadensersatzanspruch aus c.i.c. – gerichtet auf Befreiung von der Verbindlichkeit – aufrechnet.[362]

139

G. Vergütung zusätzlicher Leistungen (§ 2 Abs. 6 VOB/B)

I. Vorbemerkung

1. Mehrvergütungsanspruch

Ebenso wie § 2 Abs. 5 VOB/B knüpft auch § 2 Abs. 6 VOB/B an die nachträgliche Veränderung des Leistungsinhaltes die Folge der Vergütungsänderung, die sich bei beiden Normen nach der Preisermittlungsgrundlage zu richten hat. Im Gegensatz zu § 2 Abs. 5 VOB/B stellt § 2 Abs. 6 VOB/B jedoch nicht auf die geänderte Leistung, sondern auf das Fordern einer im Vertrag nicht vorgesehenen Leistung ab. Der Unterschied zu § 2 Abs. 5 VOB/B besteht vor allem darin, dass gemäß § 2 Abs. 6 VOB/B der Auftragnehmer verpflichtet ist, seinen Mehrvergütungsanspruch vor der Ausführung der Leistung anzukündigen.

140

2. Verhältnis zwischen § 1 Abs. 4 und § 2 Abs. 6 VOB/B

Der Auftraggeber hat nach § 1 Abs. 4 S. 1 VOB/B die Möglichkeit, vom Auftragnehmer die Ausführung von nicht vereinbarten Leistungen zu verlangen. § 2 Abs. 6 VOB/B bestimmt im Gegenzug, dass der Auftragnehmer einen Anspruch auf Vergütung der so angeforderten Leistungen hat. Ebenso wie bei § 2 Abs. 5 VOB/B wird auch im Rahmen von § 2 Abs. 6 VOB/B bei der Ermittlung der Vergütung die Preisermittlung des Hauptvertrages herangezogen. Bei Fehlen der Voraussetzungen des § 1 Abs. 4 S. 1 VOB/B, d.h. bei nicht für die vertragliche Hauptleistung erforderlichen Zusatzleistungen oder solchen, auf die der Betrieb des Auftragnehmers nicht eingerichtet ist, gilt nach § 1 Abs. 4 S. 2 VOB/B das Prinzip der freien Preisvereinbarung ohne Bindung an die Urkalkulation.[363]

141

II. Verlangen einer zusätzlichen Leistung (§ 2 Abs. 6 VOB/B)

1. Begriff der zusätzlichen Leistung

Der Wortlaut des § 2 Abs. 6 Nr. 1 S. 1 VOB/B spricht von einer »im Vertrag nicht vorgesehenen Leistung«, in der Literatur hat sich aber der Begriff der »zusätzlichen Leistung« durchgesetzt.[364] Die zusätzlich geforderte Leistung darf nicht bereits vertraglich vereinbart sein, eine zusätzliche Leistung liegt daher dann nicht vor, wenn sie vom Auftragnehmer nach den vertraglichen Bestimmungen ohnehin geschuldet und mit der vertraglich vereinbarten Vergütung gem. § 2 Abs. 1 VOB/B bereits abgegolten ist.[365] Auch hier gilt das bereits zur Leistungsänderung im Rahmen des § 2 Abs. 5 VOB/B insbesondere bei lückenhafter oder unklarer Leistungsbeschreibung Gesagte in entsprechender Weise. Die geschuldete Leistung ergibt sich aus der Auslegung des gesamten

142

---

361 OLG Brandenburg, Urt. v. 07.05.2002 – 11 U 77/01, BauR 2003, 1734.
362 BGH, Urt. v. 13.09.2001 – VII ZR 415/99, BauR 2002, 89.
363 *Kemper*, in: Franke/Kemper/Zanner/Grünhagen § 1 VOB/B Rn. 43.
364 Ingenstau/Korbion/*Keldungs*, B § 2 Abs. 6 Rn. 7.
365 Vgl. OLG Braunschweig, Urt. v. 24.10.1989 – 4 U 79/88, BauR 1990, 742, 743.

Vertrages. Ergibt diese, dass die Leistung, für die Mehrvergütung verlangt wird, bereits Bestandteil des ursprünglichen Vertragsumfanges war, ist der Mehrvergütungsanspruch unbegründet.[366]

143 Zusätzliche Leistungen sind daher all diejenigen Leistungen, die bisher keinen Niederschlag im Bauentwurf (Pläne und Leistungsbeschreibung) gefunden haben, also insbesondere im Leistungsverzeichnis nicht genannt sind.[367] Bei der Auslegung, ob eine geforderte Leistung bereits Vertragsinhalt geworden ist, oder aber als zusätzliche Leistung nach § 2 Abs. 6 VOB/B anzusehen ist, ist insbesondere ein Rückgriff auf die jeweilige Ziffer 4 der DIN 18299 ff. notwendig, da die unter Ziffer 4.1 genannten Nebenleistungen keine zusätzlichen Leistungen sind, sondern nur die als besondere Leistungen der jeweiligen Ziffer 4.2 aufgeführten Leistungen Mehrvergütungsansprüche nach § 2 Abs. 6 VOB/B auslösen.[368]

2. Abgrenzung der zusätzlichen von der geänderten Leistung

144 Die Abgrenzung zwischen geänderter und zusätzlicher Leistung bereitet in der Praxis häufig Schwierigkeiten. Die Differenzierung zwischen beiden Normen wird in der Literatur auf verschiedene Art und Weise vorgenommen. Die plausibelste Abgrenzung ist dabei diejenige, die unter § 2 Abs. 6 VOB/B nur solche Leistungen subsumiert, die weder im Leistungsverzeichnis noch in der sonstigen Leistungsbeschreibung erwähnt sind.[369] Ist im Umkehrschluss eine Leistung im Leistungsverzeichnis bereits erwähnt, so kann – auch wenn nach dem Eingriff des Auftraggebers zur Erbringung der Leistung ein erheblicher Mehraufwand usw. notwendig ist – nur § 2 Abs. 5 VOB/B in Betracht kommen. In diesem Sinne ist § 2 Abs. 5 VOB/B dort einschlägig, wo eine Teilleistung durch eine andere ersetzt wird, hingegen § 2 Abs. 6 VOB/B, wo eine zu ersetzende Teilleistung durch die neu hinzutretende Teilleistung nicht feststellbar ist.[370] Nach ähnlicher Auffassung soll Merkmal der zusätzlichen Leistung i.S.d. § 2 Abs. 6 VOB/B sein, dass der Vertrag durch sie erweitert wird, während im Fall des § 2 Abs. 5 VOB/B die im Vertrag vorgesehene Leistung geändert wird.[371]

145 Andere Stimmen in der Literatur wiederum wollen allein auf einen kalkulatorischen Ansatz abstellen und lassen § 2 Abs. 5 VOB/B dort zur Anwendung kommen, wo die Mehrleistung sich hinsichtlich ihrer Kostenstruktur noch in der Angebotskalkulation wiederfinden lässt, während § 2 Abs. 6 VOB/B anwendbar sein soll, wenn dies nicht möglich ist.[372]

146 Die unterschiedlichen Auffassungen zeigen, dass eine in sich schlüssige Abgrenzung nicht vorliegt und die Zuordnung in der Regel schwierig bleibt. In diesem Sinne kann tatsächlich einziger Anknüpfungspunkt nur sein, ob die vom Auftraggeber geforderte Leistung sich in der vertraglichen Leistungsbeschreibung oder den Plänen finden lässt oder nicht,[373] wobei der Auftragnehmer stets gehalten ist, ein Leistungsverzeichnis sorgfältig zu prüfen.[374] Dem Einwand, dass letztlich alles an erforderlicher Mehrleistung unter § 2 Abs. 5 VOB/B gefasst werden kann, je weniger der Leistungsinhalt bestimmt (»ein Bauwerk«) ist,[375] kann dabei in der Weise begegnet werden, dass die gewählte Detailliertheit der Leistungsbeschreibung für die Abgrenzung maßgeblich bleibt. Da der Leistungsbegriff zweigliederig ist, also sowohl erfolgsbezogen als auch bezogen auf die Art und Weise der Ausführung, so ist entsprechend diesem zweigliedrigen Aufbau die Abgrenzung vor-

---

366 BGH Urt. v. 20.12.2010 – VII ZR 77/10.
367 Ingenstau/Korbion/*Keldungs*, B § 2 Abs. 5 Rn. 10.
368 S. auch Franke/Kemper/Zanner/Grünhagen, S. 109.
369 Ingenstau/Korbion/*Keldungs*, B § 2 Abs. 5 Rn. 10.
370 *Herig*, § 2 VOB/B Rn. 96.
371 *Jansen*, in: Beck'scher VOB-Kommentar, B § 2 Nr. 5 Rn. 33.
372 *Kapellmann/Schiffers*, Bd. 1, Rn. 816 ff.
373 Ingenstau/Korbion/*Keldungs*, B § 2 Abs. 5 Rn. 7 f.
374 OLG Koblenz, Urt. v. 12.04.2010 – 12 U 171/09.
375 *Kapellmann/Schiffers*, Bd. 1, Rn. 816.

zunehmen. Ist die Art und Weise der Ausführung detailliert beschrieben, z.B. im Positionstext eines Leistungsverzeichnisses, so steht diese Beschreibung im Vordergrund. Unter § 2 Abs. 5 VOB/B fällt daher jede Leistung, die den im Positionstext beschriebenen Leistungsinhalt verändert. Liegt eine solche Veränderung des Positionstextes nicht vor, ist die vom Auftraggeber geforderte Leistung als zusätzliche Leistung i.S.d. § 2 Abs. 6 VOB/B anzusehen. Ist die Leistung lediglich »global« bzw. funktional beschrieben, so steht die Erfolgsbezogenheit im Vordergrund, da in diesen Fällen die Art und Weise der Bauausführung weniger deutlich vorgegeben ist, so dass bei nachträglichen Eingriffen des Auftraggebers, die vom bisherigen Vertragsinhalt noch nicht gedeckt sind, eher § 2 Abs. 6 Anwendung findet.

3. Verlangen

Auch für § 2 Abs. 6 VOB/B ist eine auf die Erbringung der zusätzlichen Leistung bezogene eindeutige und bestimmte Erklärung des Auftraggebers, welche ausdrücklich oder stillschweigend erfolgen kann, notwendige Voraussetzung, sodass auch hier nur unverbindlich geäußerte Wünsche und Anregungen des Auftraggebers[376] oder Mangelbeseitigungsaufforderungen nicht als Verlangen zusätzlicher Leistungen ausgelegt werden können.[377]

147

4. Ankündigungspflicht (§ 2 Abs. 6 Nr. 1 S. 2 VOB/B)

a) Formales Erfordernis

Nach der Rechtsprechung des BGH ist anspruchsbegründende Vorraussetzung für einen Mehrvergütungsanspruch nach § 2 Abs. 6 Nr. 1 S. 2 VOB/B, dass der Auftraggeber diesen vor der Ausführung der Leistung ankündigt.[378] Die rechtzeitige Ankündigung soll dem Auftraggeber die Möglichkeit eröffnen, preisgünstigere Lösungen zu suchen[379] und dem Generalunternehmer die Möglichkeit geben, den Mehrkostenanspruch seines Nachunternehmers an den Auftraggeber durchzustellen.[380] Nach einer anderen Meinung soll der Mehrvergütungsanspruch des Auftragnehmers bei zusätzlichen Leistungen nicht von der Ankündigung des Mehrvergütungsanspruchs abhängig sein, dafür habe der Auftraggeber bei Verletzung der Ankündigungspflicht einen zur Aufrechnung zu stellenden Schadensersatzanspruch aus positiver Vertragsverletzung.[381]

148

b) Ausnahmen von der Ankündigungspflicht

In der Praxis hat dieser rechtsdogmatische Streit wenig Bedeutung, da die Rechtsprechung des Bundesgerichtshofs zahlreiche Ausnahmen von der Ankündigungspflicht zulässt und auch in Fällen der unterbliebenen Ankündigung dem Auftragnehmer Mehrvergütungsansprüche nach § 2 Abs. 6 VOB/B zuspricht:

149

So besteht nach Ansicht des BGH ein Mehrvergütungsanspruch trotz fehlender Ankündigung dann, wenn beide Vertragsparteien bei Erteilung des Zusatzauftrages von der Entgeltlichkeit dieser Leistung ausgingen.[382] Der Schutzwzeck des § 2 Abs. 6 Nr. 1 S. 2 VOB/B, nämlich den Auftraggeber über drohende Kostenerhöhungen rechtzeitig zu informieren,[383] ist in diesen Fällen nicht gefährdet. Das gleiche gilt, wenn der Auftraggeber nach den Umständen davon ausgehen

150

---

376 Ingenstau/Korbion/*Keldungs*, B § 2 Abs. 6 Rn. 4.
377 OLG Brandenburg, Urt. v. 16.01.2008 – 4 U 49/07, IBR 2008, 208 (*Bolz*).
378 BGH, Urt. v. 20.12.1990 – VII ZR 248/89, BauR 1991, 210, 212.
379 *Herig*, § 2 VOB/B Rn. 99.
380 OLG Nürnberg, Urt. v. 24.10.2002 – 2 U 2369/99, IBR 2003, 120 (*Knychalla*).
381 *Jansen*, in: Beck'scher VOB-Kommentar, B § 2 Nr. 6 Rn. 67 ff. m.w.N.
382 BGH, Urt. v. 20.04.1978 – VII ZR 67/77, BauR 1978, 314, 316; BGH, Urt. v. 23.05.1996 – VII ZR 245/94, BauR 1996, 542, 543.
383 BGH, Urt. v. 23.05.1996 – VII ZR 245/94, BauR 1996, 542.

musste, dass vom Auftragnehmer die zusätzliche Leistung nur gegen gesonderte Vergütung ausgeführt wird,[384] ein Umstand der dann vorliegen soll, wenn zur Erbringung der Zusatzleistung umfangreiche und kostenintensive Maßnahmen notwendig sind, welche im Verhältnis zum Hauptvertragspreis als erheblich eingestuft werden müssen (im entschiedenen Fall annähernd 10 %).[385]

151 Von der Entbehrlichkeit der Ankündigung ist auch dann auszugehen, wenn dem Auftragnehmer objektiv keine Alternative zur sofortigen Ausführung der Leistung bleibt,[386] oder der Auftragnehmer die Ankündigung unverschuldet versäumt hat.[387]

152 Sollte kein geschilderter Ausnahmefall vorliegen, bleibt es dabei, dass die Ankündigung des Mehrvergütungsanspruchs eine echte Anspruchsvoraussetzung für Nachtragsforderungen des Auftragnehmers aus § 2 Abs. 6 VOB/B darstellt. Zutreffenderweise muss der Auftragnehmer aber nur den Mehrvergütungsanspruch dem Grunde nach anmelden, nicht bereits mit der Ankündigung Angaben über die ungefähre Höhe des Vergütungsanspruchs machen.[388]

153 Die Ankündigung muss jedoch nicht zwingend gegenüber dem Auftraggeber erfolgen. Es genügt, wenn sie gegenüber dem Bauleiter des Auftraggebers oder seinem bauleitenden Architekten ausgesprochen wird, da insoweit nicht die Regelungen über die rechtsgeschäftliche Vertretung nach §§ 164 ff. BGB einschlägig sind, sondern die Regelung des § 130 BGB und der Bauleiter bzw. der Architekt insoweit Empfangsboten des Auftraggebers sind.[389]

III. Berechnung des Mehrvergütungsanspruchs (§ 2 Abs. 6 Nr. 2 VOB/B)

1. Basis: Preisermittlungsgrundlagen

a) Begriff

154 Nach § 2 Abs. 6 Nr. 2 VOB/B bestimmt sich die neue Vergütung nach den Grundlagen der Preisermittlung. Hiermit ist wie im Rahmen von § 2 Abs. 5 VOB/B die Urkalkulation des Auftragnehmers bei Erstellung seines Angebots gemeint. Die Bestandteile der Preisermittlungsgrundlage sind bereits in § 2 Abs. 5 VOB/B näher beschreiben (s. Rn. 109 ff.)

b) Rückgriff auf übliche und angemessene Vergütung i.S.d. § 632 Nr. 2 BGB

155 Wie bereits auch dort erwähnt, ist im Rahmen von § 2 Abs. 5, 6 VOB/B für den VOB-Vertrag ein Rückgriff auf die »ortsüblichen und angemessenen Preise« i.S.d. § 632 Nr. 2 BGB nicht möglich, da die Preisermittlungsgrundlagen für die Berechnung der Mehrvergütung immer anwendbar bleiben.[390] Dies gilt insbesondere auch bei zusätzlichen Leistungen: Es kommt vor, dass es sich bei der zusätzlich zu erbringenden Leistung um eine völlig andersartige Leistung handelt. In diesem Fall können sich für die Einzelkosten der Teilleistung aber nur hinsichtlich der Stoffe und der Geräte keine Anknüpfungspunkte finden lassen, welche bei der Berechnung der zusätzlichen Vergütung heranzuziehen sind. Nur hierfür ist ein Rückgriff auf § 632 Nr. 2 BGB möglich, die Preisermittlungsgrundlagen für den Mittellohn und die baustellenbezogenen Gemeinkosten, die Allgemeinen Geschäftskosten wie auch der Wagnis- und Gewinnanteil bleiben erhalten.[391] Bei größeren Bauvorhaben kann sich allerdings erst nach Beendigung die Grundlage für eine AGK-

---

384 BGH SFH Z 2.310 Bl. 40; OLG Düsseldorf, Urt. v. 23.08.2002 – 22 U 25/02, BauR 2005, 438.
385 BGH, Urt. v. 23.05.1996 – VII ZR 245/94, BauR 1996, 542, 544.
386 BGH, Urt. v. 23.05.1996 – VII ZR 245/94, BauR 1996, 542, 543.
387 BGH, Urt. v. 23.05.1996 – VII ZR 245/94, BauR 1996, 542, 543.
388 BGH, Urt. v. 21.12.1989 – VII ZR 132/88, BauR 1990, 210.
389 Vgl. OLG Hamm, Urt. v. 11.02.1977 – 6 U 16/76, BauR 1978, 146.
390 *Kapellmann/Schiffers*, Bd. 1, Rn. 1012 ff.
391 *Kapellmann/Schiffers*, Bd. 1, Rn. 1105 ff.

Bilanz einstellen. Ebenso verbietet sich eine Schätzung nach § 287 ZPO, wenn der Auftragnehmer keine Urkalkulation vorlegt.[392]

c) Berechnung

Bezüglich der zusätzlichen Leistung ist eine Gegenüberstellung von Mehr- und Minderkosten wie bei § 2 Abs. 5 VOB/B ausgeschlossen, da eine ursprünglich im Vertrag vorgesehene Leistung ja gerade nicht Anknüpfungspunkt für die zusätzliche Leistung ist. Die Berechnung der Mehrvergütungsforderung nach § 2 Abs. 6 VOB/B beschränkt sich also auf die **zusätzlich notwendigen Leistungen**, muss deren Einzelkosten aber anhand der Urkalkulation des übrigen Vertrages eingehend begründen und darlegen. Ein Rückgriff auf § 632 Nr. 2 BGB ist nur ausnahmsweise für bestimmte Kostenarten zulässig. Dies gilt, soweit sich die zusätzliche Leistung als erforderlich i.S.d. § 1 Abs. 4 S. 1 VOB/B darstellt, nicht jedoch für nicht erforderliche Leistungen oder für solche, auf deren Ausführung der Betrieb des Auftragnehmers nicht eingestellt ist, weil bei § 1 Abs. 4 S. 2 VOB/B eben gerade keine Bindung an die Urkalkulation besteht.[393] Nur wenn der Auftraggeber in der Urkalkulation ausschließlich mit Nachunternehmerpreisen kalkuliert hat, reicht aus, dass er ein ihm unterbreitetes Angebot seines Nachunternehmers vorlegt, hierauf die Zulagen der baustellenbezogenen Gemeinkosten, der Allgemeinen Geschäftskosten sowie sein Wagnis und Gewinnanteil (etwa als Generalunternehmer-Zulage) beaufschlagt und diese dem Auftraggeber anbietet.[394]

156

d) Folgen fehlerhafter Berechnung

Wie bereits zu § 2 VOB/B dargelegt, kann der Auftragnehmer bei Missachtung dieser Grundsätze eine Mehrvergütungsforderung nicht geltend machen. Dies bedeutet, dass der Auftraggeber auch dann, wenn die Nachtragsleistungen im Rahmen einer Abschlagsrechnung oder in der Schlussrechnung in unzulässiger Weise abgerechnet werden, nicht in Verzug geraten kann und auch eine diesbezügliche Klage mangels Fälligkeit als derzeit unbegründet abgewiesen werden müsste.[395] Keineswegs darf der Auftragnehmer in diesem Fall die Arbeiten einstellen, etwa bis sich der Auftraggeber mit dem vorgeschlagenen, aber nicht nachvollziehbaren höheren Preis einverstanden erklärt hat, da dem Auftraggeber in diesem Fall ein Kündigungsrecht zugesprochen wird.[396] Davon zu trennen sind selbstverständlich die Fälle, in denen der Auftragnehmer seine Mehrvergütungsforderung prüfbar, aber unzutreffend abrechnet, ihm also bei der Abrechnung Fehler unterlaufen, z.B. er den auf den Hauptvertrag gewährten Nachlass nicht berücksichtigt. Hier ist dann die Nachtragsforderung entsprechend zu kürzen, im Übrigen wird sie aber fällig und ist durchsetzbar.

157

2. Preisvereinbarung

Hinsichtlich der Höhe der Vergütung bei zusätzlichen Leistungen sieht § 2 Abs. 6 Nr. 2 S. 2 VOB/B vor, dass sich die Parteien hierüber einigen und eine entsprechende Preisvereinbarung treffen. Bereits aus dem Wortlaut, dass diese Vereinbarungen »möglichst vor Beginn der Ausführung« (§ 2 Abs. 6 Abs. 2 S. 2 VOB/B), erfolgen sollen, ergibt sich, dass es sich nur um **Soll-Vorschriften** handelt und der Anspruch nicht deshalb ausgeschlossen ist, weil vor Ausführung eine Preisvereinbarung nicht zustande gekommen ist.[397]

158

---

392 A.A. OLG Koblenz, Urt. v. 24.05.2006 – 6 U 1273/03/BGH, Beschl. v. 19.06.2008 – VII ZR 128/06, BauR 2008, 1893.
393 Ebenso: *Jansen*, in: Beck'scher VOB-Kommentar, B § 2 Rn. 79.
394 *Kemper/Wernicke*, Nachtragskalkulation bei Leistungsänderungen die Nachunternehmer betreffen, in: Tagungsband zur 8. Interdisziplinären Tagung für Baubetriebswirtschaft und Baurecht, Hannover 2007, S. 105.
395 *Budde*, in: Franke/Kemper/Zanner/Grünhagen § 2 Abs. 2 VOB/B Rn. 237.
396 OLG Dresden, Urt. v. 21.11.1997 – 7 U 1905/97, BauR 1998, 565; vgl. auch BGH, Urt. v. 28.10.1999 – VII ZR 393/98, BauR 2000, 409.
397 Ingenstau/Korbion/*Keldungs*, B § 2 Abs. 5 Rn. 47.

§ 2 VOB/B   Vergütung

159 Bezüglich dieser Vereinbarung und deren Folgen gelten die Ausführungen zu § 2 Abs. 5 VOB/B, auf diese wird verwiesen (s. Rdn. 127 ff.).

H. Änderung des Pauschalpreises (§ 2 Abs. 7 VOB/B)

I. Grundsatz der Unveränderlichkeit des Pauschalpreises (§ 2 Abs. 7 Nr. 1 S. 1 VOB/B)

160 Nach § 2 Abs. 7 Nr. 1 Satz 1 bleibt beim Pauschalvertrag die Vergütung unverändert. Diese »Unveränderlichkeit« betrifft zunächst lediglich die Menge der erbrachten Leistungen und hat zur Folge, dass beim Pauschalpreis Mengenabweichungen nicht zu einer Änderung des Preises führen. § 2 Abs. 7 Nr. 1 S. 2 und 3 VOB/B und § 2 Abs. 7 Nr. 2 VOB/B enthalten jedoch Ausnahmen von dieser Regel. Zur Unterscheidung zwischen den verschiedenen Vertragstypen bei Pauschalierung siehe oben Rn. 29 ff.

II. Erhebliche Mengenabweichungen (§ 2 Abs. 7 Nr. 1 S. 2 und 3 VOB/B)

161 § 2 Abs. 7 Nr. 1 S. 2 VOB/B ist ein Sonderfall der Störung der Geschäftsgrundlage nach § 313 BGB.[398] Haben die Parteien bei Vereinbarung des Pauschalpreises eine voraussichtlich auszuführende Menge zu Grunde gelegt, so ist diese Mengenvorstellung in die Höhe des Pauschalpreises eingeflossen. Stellt sich während der Ausführung heraus, dass die zu erbringende Leistung von dieser Vorstellung so erheblich abweicht, dass einer der Parteien das Festhalten am Pauschalpreis unzumutbar ist, ist § 2 Abs. 7 Nr. 1 S. 2 VOB/B anwendbar. Auf der Basis der Preisermittlungsgrundlagen ist dann ein Ausgleich unter Berücksichtigung der Mehr- oder Minderkosten zu gewähren (§ 2 Abs. 7 Nr. 1 S. 3 VOB/B).

162 Nach der ständigen oberinstanzlichen Rechtsprechung soll eine erhebliche Abweichung im Sinne der Norm vorliegen, wenn eine prozentuale Grenze von 20 % des Pauschalpreises überschritten wird.[399] Der BGH nimmt zwar keine starre Risikogrenze in Gestalt eines bestimmten Prozentsatzes des vereinbarten Pauschalpreises an, entwickelt jedoch auch keine eigenen Kriterien für die Bestimmung der Erheblichkeitsgrenze.[400] Da sich der knappen Entscheidung des BGH nicht entnehmen lässt, aufgrund welcher Umstände eine bereits geringere Abweichung zur Anwendung des § 2 Abs. 7 Nr. 1 S. 2 VOB/B führen kann, sollte im Interesse der Rechtssicherheit und bis zu einer diese Frage klärenden Entscheidung des BGH in der Praxis auf die 20 %-Regel zurückgegriffen werden. Die Bezugsgröße für die Abweichung sind dabei nicht die jeweiligen Leistungspositionen, sondern der gesamte Pauschalpreis für alle Leistungen.[401] In Betracht kommen dabei nicht nur Mehr- sondern auch Mindermengen.[402]

163 Liegen die Voraussetzungen des § 2 Abs. 7 Nr. 1 S. 2 VOB/B vor, ist für die tatsächlich erbrachte Leistung auf Basis der Preisermittlungsgrundlagen ein neuer Pauschalpreis für die gesamte Leistung zu bilden.[403] Da § 2 Abs. 7 Nr. 1 S. 2 VOB/B gerade dann anwendbar ist, wenn die ausgeführte Leistung und die pauschale Gegenleistung nicht mehr in einem angemessenen Verhältnis gegenüberstehen, so dass für eine der Parteien das Festhalten an diesem Pauschalpreis nach § 313

---

398 Ingenstau/Korbion/*Keldungs*, B § 2 Abs. 7 Rn. 22.
399 OLG Stuttgart, Urt. v. 09.03.1992 – 5 U 164/91, BauR 1992, 639; OLG Hamm, Urt. v. 09.09.1997 – 21 U 108/96, BauR 1998, 132, 134; OLG Düsseldorf, Urt. v. 20.12.1994 – 5 U 253/93, BauR 1995, 286; vgl. auch OLG Zweibrücken, Urt. v. 26.01.1989 – 6 U 8/88, BauR 1989, 746; OLG Bamberg, Urt. v. 19.01.2005 – 3 U 53/04, BauR 2005, 1819; OLG Hamm, Urt. v. 20.09.2005 – 24 U 152/04, BauR 2006, 1899.
400 BGH, Urt. v. 02.11.1995 – VII ZR 29/95, BauR 1996, 250.
401 *Werner/Pastor*, 13. Aufl. Rn. 1548 ff.
402 BGH, Urt. v. 11.09.2003 – VII ZR 116/02, BauR 2004, 78.
403 OLG Düsseldorf, Urt. v. 20.12.1994 – 5 U 253/93, BauR 1995, 286.

BGB unzumutbar ist, ist auch eine neue Gegenleistung in Form einer den veränderten Umständen angepassten Pauschale zu verlangen.

Selbstverständlich kommen die vorstehenden Grundsätze nur in den Fällen zum Tragen, in denen der Auftragnehmer nicht durch entsprechende vertragliche Klauseln oder auf Grund einer unklaren, erkennbar unvollständigen Leistungsbeschreibung ein weitergehendes Mengenrisiko übernommen hat.[404] Ebenso sind die Parteien selbstverständlich frei, auch geringere Wertgrenzen, wie z.B. 5 %, vertraglich festzulegen.[405] 164

Die in den letzten Jahren zu verzeichnende Stahlpreisschwankungen vermitteln dem Auftragnehmer grundsätzlich keinen Anspruch auf Preisanpassung nach § 2 Abs. 7 Nr. 1 S. 2 VOB/B, da sie seinem Kalkulationsrisiko unterfallen.[406] 165

III. Geänderte und zusätzliche Leistungen beim Pauschalvertrag (§ 2 Abs. 7 Nr. 2 VOB/B)

1. Nachträgliche Anordnungen und Verlangen zusätzlicher Leistungen durch Auftraggeber

Da § 2 Abs. 7 Nr. 2 VOB/B festlegt, dass neben § 2 Abs. 4 VOB/B auch § 2 Abs. 5, 6 VOB/B gelten, wird deutlich, dass auch bei Pauschalpreisverträgen Änderungen des Bauentwurfs oder sonstige Anordnungen und das Verlangen zusätzlicher Leistungen zu Mehrvergütungsansprüchen nach diesen Regelungen führen können.[407] Verlangt der Auftraggeber nach Vertragsschluss eine nicht vorgesehene Leistung, besteht hierfür ein Mehrvergütungsanspruch des Auftragnehmers nach § 2 Abs. 6 VOB/B.[408] Auch hier ist die Ankündigung des Mehrvergütungsanspruchs nach § 2 Abs. 6 Nr. 1 S. 2 VOB/B Anspruchsvoraussetzung, hinsichtlich der Ausnahmen gelten höhere Anforderungen, da insoweit der Auftraggeber ein größeres Vertrauen in die Unveränderlichkeit des Pauschalpreises hat.[409] Aus der systematischen Stellung des § 2 Abs. 7 Nr. 2 VOB/B wird jedoch deutlich, dass § 2 Abs. 7 Nr. 1 S. 2 VOB/B insoweit keine Anwendung findet, sondern jede Änderung durch den Auftraggeber zu der Vergütungsfolge des § 2 Abs. 5 VOB/B führt.[410] 166

Ist die Leistungsbeschreibung offensichtlich widersprüchlich oder erkennbar lückenhaft, so hat der Auftragnehmer auch weitere, nicht ausdrücklich genannte Leistungen zu erbringen, da diese keine zusätzliche Leistung, sondern ohnehin geschuldete Leistung sind.[411] Treffen die Parteien auf der Basis eines detaillierten Leistungsverzeichnisses die Vereinbarung, dass zu dem vereinbarten Pauschalpreis sämtliche im Leistungsverzeichnis vorgesehenen Arbeiten enthalten sind, weist der Vertrag keine Lücke auf, wenn die Parteien bei der Bestimmung des Pauschalpreises eine Position des Leistungsverzeichnisses nicht berücksichtigt, und einen entsprechend geringeren Pauschalpreis als nach der Aufsummierung aller Einzelpositionen des Leistungsverzeichnisses vereinbart haben.[412] Grundsätzlich gehen detaillierte Beschreibungen auch im Rahmen von so genannten Globalpauschalverträgen allgemeinen Komplettheitsklauseln vor. Dort ist aber stets zu prüfen, inwieweit die Leistung nicht doch ohne zusätzliche Vergütung ausgeführt werden muss.[413] Der Nachweis, dass eine Leistung nicht Gegenstand der Pauschalpreisabrede war, obliegt 167

---

404 OLG Düsseldorf, Urt. v. 06.07.2006 – I-5 U 89/05, BauR 2006, 1887.
405 BGH, Urt. v. 11.09.2003 – VII ZR 116/02, BauR 2004, 78.
406 OLG Hamburg, Urt. v. 28.12.2005 – 14 U 124/05, BauR 2006, 680, 681.
407 OLG Düsseldorf, Urt. v. 13.11.2007 – 21 U 256/06/BGH, Beschl. v. 10.07.2008 – VII ZR 218/07, BauR 2008, 1902.
408 BGH, BauR 1985, 395, 396; OLG Düsseldorf, Urt. v. 25.02.2003 – 21 U 80/02, BauR 2003, 892.
409 OLG Dresden, Urt. v. 18.03.1998 – 13 U 1894/97, NJW-RR 1999, 170, 170 f.
410 BGH, Urt. v. 12.09.2002 – VII ZR 81/01, BauR 2002, 1847.
411 OLG Koblenz/BGH, Urt. v. 17.04.2002 – 1 U 829/99; Urt. v. 27.02.2003 – VII ZR 188/02, IBR 2003, 181 *(Schulze-Hagen)*.
412 BGH, Urt. v. 13.07.1995 – VII ZR 142/95, BauR 1995, 842, 843.
413 OLG Koblenz, Urt. v. 03.07.1996 – 1 U 1375/94, BauR 1997, 143, 144.

dem Auftragnehmer,[414] sofern nicht der Auftraggeber Pläne und Leistungsverzeichnis vorgegeben hatte.[415]

2. Maßgeblichkeit der Preisermittlungsgrundlagen

168 Auch für die Mehrvergütungsberechnung bei Pauschalverträgen sind die Preisermittlungsgrundlagen heranzuziehen.[416] Bei erheblichen Änderungen und zusätzlichen Leistungen kann dieser Rückgriff auf die Preisermittlungsgrundlagen der Pauschale wegen Wegfalls der Geschäftsgrundlage entbehrlich sein.[417] Die Berechnung anhand der Preisermittlungsgrundlagen ist schwierig, wenn die Parteien sich auf der Grundlage einer global gehaltenen (funktionalen) Leistungsbeschreibung auf einen Pauschalpreis ohne nähere Differenzierung geeinigt haben.[418]

169 Hier muss der Auftragnehmer die Kalkulation seines Angebotspreises dem Auftraggeber gegenüber offenlegen, damit eine Nachtragsforderung prüfbar wird und einen fälligen Anspruch begründet. Gegebenenfalls hat er eine diesbezügliche, die Einzelleistungen näher aufschlüsselnde Kalkulation nachträglich zu erstellen.[419]

IV. Geltung des § 2 Abs. 7 VOB/B auch für Pauschalpositionen im Rahmen von gemischten Verträgen

170 Aus § 2 Abs. 7 Nr. 3 und Nr. 4 VOB/B folgt, dass bei gemischten Verträgen die für Mengenabweichungen grundsätzlich heranzuziehende 20 %-Grenze bezogen auf die Einzelposition gilt, insofern also eine Bezugnahme auf den Gesamtvertragspreis – wie dies bei einem reinen Pauschalvertrag der Fall ist (s.o. Rdn. 166) – nicht in Betracht kommt.

I. Eigenmächtige Abweichung durch den Auftragnehmer (§ 2 Abs. 8 VOB/B)

I. Verhältnis zu § 2 Abs. 5 und 6 VOB/B

171 Zur Anwendung des § 2 Abs. 8 VOB/B gelangt man nur in denjenigen Fällen, in denen eine Mehrvergütung des Auftragnehmers nach § 2 Abs. 5, 6 VOB/B wegen Fehlens einer der dort genannten Voraussetzungen wie Anordnung oder Verlangen nicht gegeben ist. Die Stellung des § 2 Abs. 8 VOB/B zeigt, dass es sich um eine reine Vergütungsregel handelt, die gegenüber den Vorschriften des § 2 Abs. 5 und 6 nachrangig ist.[420]

172 In der Praxis ist § 2 Abs. 8 VOB/B häufig anwendbar, wenn ein Architekt, in der Regel ohne die entsprechende Vollmacht (s.o. Rdn. 108), Leistungsänderungen anordnet oder zusätzliche Leistungen verlangt. Kann in diesen Fällen auch über die Rechtsinstitute der Anscheins- und Duldungsvollmacht ausnahmsweise eine Vertretungsberechtigung des Architekten nicht unterstellt werden, so fehlt es an den Tatbestandsvoraussetzungen des § 2 Abs. 5, 6 VOB/B.[421] Sofern die Prüfung des § 2 Abs. 8 VOB/B ergibt, dass in diesen Fällen dem Auftragnehmer ein Anspruch für seinen Mehraufwand gegen den Auftraggeber nicht zusteht, bleibt er auf seinen Schadensersatzanspruch gegen den Architekten als vollmachtlosen Vertreter nach §§ 177, 179 BGB be-

---

414 OLG Düsseldorf/BGH, Urt. v. 22.08.2001 – 19 U 22/00; Urt. v. 24.07.2003 – VII ZR 333/01, IBR 2004, 1004 (Kemper).
415 OLG Düsseldorf, Urt. v. 13.11.2007 _ 21 U 256/06/BGH, Beschl. v. 10.07.2008 – VII ZR 218/07, BauR 2008, 1892.
416 S. im Einzelnen: *Kapellmann/Schiffers*, Bd. 2, Rn. 1146 ff.
417 OLG Brandenburg, Urt. v. 16.03.2000 – 8 U 66/99, NJW-RR 2000, 1338, 1339.
418 *Kemper*, in: Franke/Kemper/Zanner/Grünhagen B § 2 VOB/B Rn. 163.
419 Vgl. BGH, Urt. v. 07.11.1996 – VII ZR 82/95, BauR 1997, 304, 304 f.; s. auch BGH, Urt. v. 25.10.1990 – VII ZR 201/89, BauR 1991, 81, 82.
420 *Kemper*, in: Franke/Kemper/Zanner/Grünhagen B S. 2 VOB/B Rn. 167.
421 OLG Karlsruhe, Urt. v. 11.05.2005 – 17 U 294/03, IBR 2006, 81 *(Kimmich)*.

schränkt.⁴²² Es ist daher in der Praxis zu empfehlen, dass sich der Auftragnehmer Klarheit darüber verschafft, wer den Auftraggeber in welchem Umfang vertreten darf.⁴²³

Trifft der Auftraggeber trotz bestehender Erschwernisse keine Anordnungen nach § 2 Abs. 5, 6 VOB/B, scheidet nach der hier vertretenen Auffassung § 2 Abs. 5, 6 VOB/B mangels Vorliegen der tatbestandlichen Voraussetzungen aus. In diesen Fällen ist daher § 2 Abs. 8 VOB/B heranzuziehen.⁴²⁴ 173

II. Grundsatz: Keine Vergütung, Beseitigungs- und Schadensersatzpflicht (§ 2 Abs. 8 Nr. 1 VOB/B)

1. Leistungen ohne Auftrag und unter eigenmächtiger Abweichung vom Vertrag

Dem Auftragnehmer steht nach § 2 Abs. 8 VOB/B keine Vergütung zu, wenn er Leistungen erbracht hat, ohne hierzu vom Auftraggeber beauftragt worden zu sein oder aber wenn er von den vertraglichen Vorgaben ohne vorherige Zustimmung des Auftraggebers abgewichen ist. Diese Regelung ist grundsätzlich gerechtfertigt, da der Auftraggeber eine von ihm nicht bestellte Leistung auch nicht vergüten muss.⁴²⁵ 174

Der Anwendungsbereich dieser Vorschrift ist gegeben, wenn der Auftragnehmer wissentlich vertraglich nicht geschuldete Leistungen oder andere als die vereinbarten Leistungen ausführt. Er ist jedoch auch dann eröffnet, wenn der Auftragnehmer glaubt, zur Ausführung der Leistung verpflichtet zu sein.⁴²⁶ Eine eigenmächtige Abweichung vom Vertrag setzt voraus, dass die entsprechende Leistungsposition im Leistungsverzeichnis konkret beschrieben wurde, der Auftragnehmer die Leistung aber nicht wie vereinbart ausführt.⁴²⁷ Führt der Auftragnehmer im Gegensatz zur vertraglichen Vereinbarung Leistungen von minderer Qualität (Qualitätsabweichung) aus, ist darin ebenfalls eine eigenmächtige Abweichung vom Vertrag zu sehen.⁴²⁸ Dies gilt auch für die Ausführung von Mehr- oder Mindermengen (Quantitätsabweichung) ohne Eingriff des Auftraggebers, wobei jedoch für die Vergütungsfolgen gelten muss, dass bei quantitativen Abweichungen nach oben der Auftragnehmer lediglich für den eigenmächtig erbrachten Teil der Leistung keine Vergütung erhält,⁴²⁹ während er bei der Abweichung nach unten eine der ausgeführten Leistung entsprechende Vergütung erhält.⁴³⁰ 175

2. Beseitigungspflicht

Die so erbrachten Leistungen sind zunächst vom Auftragnehmer zu beseitigen. Besondere Regelungen hinsichtlich Form, Inhalt und Frist der Ausübung des Beseitigungsauftrages bestehen nicht.⁴³¹ Kommt der Auftragnehmer einem Anspruch auf Beseitigung jedoch auch innerhalb einer gesetzten Frist nicht nach, so ist der Auftraggeber zur Durchführung einer Ersatzvornahme berechtigt.⁴³² 176

---

422 *Kemper/Schaarschmidt*, BauR 2000, 1651, 1652 f.
423 *Herig*, § 2 VOB/B Rn. 188.
424 OLG Düsseldorf/BGH, Urt. v. 22.08.2001 – 19 U 22/00/Beschl. v. 24.07.2003 – VII ZR 333/01, IBR 2004, 1004 (*Kemper*).
425 *Kuffer*, in: Heiermann/Riedl/Rusam, B § 2 Rn. 260.
426 *Herig*, § 2 VOB/B Rn. 159.
427 *Herig*, § 2 VOB/B Rn. 161.
428 Siehe grundlegend *Kemper/Schaarschmidt*, BauR 2000, 1651, 1657 ff.
429 *Kemper/Schaarschmidt*, BauR 2000, 1651, 1658.
430 *Kemper/Schaarschmidt*, BauR 2000, 1651, 1657f.
431 *Nicklisch/Weick*, § 2 VOB/B Rn. 98.
432 *Herig*, § 2 VOB/B Rn. 173.

3. Schadensersatz

177 Neben dem Beseitigungsanspruch hat der Auftraggeber ebenfalls einen Schadensersatzanspruch für alle Nachteile, die mit der Ausführung der nicht vertraglich geschuldeten Leistung zusammenhängen.[433] Durch diese Regelung wird der ohnehin existierende Anspruch des Auftraggebers nach § 678 BGB aus dem Bereich der gesetzlichen Schuldverhältnisse zu einem vertraglichen Anspruch.[434]

III. Ausnahme: Vergütungsanspruch (§ 2 Abs. 8 Nr. 2 VOB/B)

178 § 2 Abs. 8 Nr. 2 VOB/B nennt zwei Ausnahmen vom Ausschluss des Vergütungsanspruches. Liegen die Voraussetzungen für die Ausnahmen vor, entfallen sowohl die Verpflichtungen zur Beseitigung als auch der Schadensersatzanspruch.[435]

1. Nachträgliches Anerkenntnis der Leistung (§ 2 Abs. 8 Nr. 2 Satz 1 VOB/B)

179 § 2 Abs. 8 Nr. 2 Satz 1 VOB/B bestimmt, dass bei nachträglichem Anerkenntnis der Leistung durch den Auftraggeber, ein Vergütungsanspruch des Auftragnehmers entsteht. Besondere Voraussetzungen für dieses Anerkenntnis sind nicht gegeben, so dass diese rechtsgeschäftliche Erklärung ausdrücklich oder auch konkludent erfolgen kann,[436] jedoch zum Ausdruck bringen muss, dass der Auftraggeber in Kenntnis der Abweichung die Leistung als vertragsgerecht anerkennt.[437]

2. Notwendigkeit der Leistung für die Erfüllung des Vertrages (§ 2 Abs. 8 Nr. 2 S. 2 VOB/B)

180 Notwendige Leistungen sind solche Leistungen, die zur Erfüllung des Vertrages nach objektiven Kriterien[438] erforderlich waren.[439] Ist der Auftraggeber der Auffassung, dass es sich bei den ausgeführten Leistungen um vertraglich geschuldete handelt, so waren diese notwendig im Sinne der Norm.[440] Zusätzlich hierzu müssen jedoch für die Annahme einer Ausnahme zwei weitere Kriterien gegeben sein, für deren Vorliegen der Auftragnehmer die Darlegungs- und Beweislast trägt:[441]

a) Mutmaßlicher Wille

181 Der mutmaßliche Wille des Auftraggebers ist objektiv zu bestimmen danach, was der Auftraggeber als verständiger Betrachter bei Kenntnis der Notwendigkeit der abweichenden Leistungen erklärt hätte.[442] Gibt es gegenüber der tatsächlich ausgeführten Leistung kostengünstigere Alternativen oder hätte der Auftraggeber auf einen anderen Werkunternehmer oder seinen Architekten zurückgreifen können, so entsprach die tatsächlich ausgeführte Leistung nicht seinem mutmaßlichen Willen.[443]

b) Unverzügliche Anzeige

182 Der Auftragnehmer muss dem Auftraggeber die von ihm abweichend vom Vertrag vorgenommene Leistung unverzüglich im Sinne der in § 121 BGB zu Grunde gelegten Legaldefinition[444] an-

---

433 Leinemann/*Hilgers*, 4. Aufl. § 2 VOB/B Rn. 596.
434 *Nicklisch/Weick*, § 2 VOB/B Rn. 99.
435 Leinemann/*Hilgers*, 4. Aufl. § 2 VOB/B Rn. 573.
436 *Herig*, § 2 VOB/B Rn. 166.
437 *Kemper/Schaarschmidt*, BauR 2000, 1651, 1655.
438 BGH, Urt. v. 27.11.2003 – VII ZR 346/01, BauR 2004, 495, 497 f.
439 *Nicklisch/Weick*, § 2 VOB/B Rn. 104.
440 OLG Schleswig Urt. v. 29.06.2010 – 3 U 92/09= BauR 2010, 1937.
441 *Herig*, § 2 VOB/B Rn. 167.
442 BGH, Urt. v. 27.11.2003 – VII ZR 346/01, BauR 2004, 495, 497 f.
443 Vgl. OLG Düsseldorf, Urt. v. 09.12.1999 – 12 U 195/98, BauR 2000, 1198, 1200.
444 BGH, Urt. v. 23.06.1994 – VII ZR 163/93, BauR 1994, 625.

gezeigt haben. Daraus folgt, dass die Anzeige nicht unbedingt vor oder mit Beginn der Arbeiten erfolgen muss, sondern auch noch unmittelbar nach Beginn der Ausführung ergehen kann.[445] Die Anzeige hat grundsätzlich gegenüber dem Auftraggeber[446] oder seinen Empfangsboten i.S.d. § 130 BGB zu erfolgen.[447] Die Anzeige ist hingegen entbehrlich, wenn der Auftraggeber über die auftragslos erbrachten Leistungen bereits anderweitig informiert ist.[448]

IV. Geschäftsführung ohne Auftrag (§ 2 Abs. 8 Nr. 3 VOB/B i.V.m. §§ 677 ff. BGB)

Als zusätzliche Ausnahme von § 2 Abs. 3 Nr. 1 VOB/B bestimmt § 2 Abs. 8 Nr. 3 VOB/B, dass der Auftragnehmer auch nach den Grundsätzen der Geschäftsführung ohne Auftrag §§ 677 BGB ff. einen Aufwendungsersatz verlangen kann. Für die näheren Ausführungen zu diesem Rechtsinstitut wird auf die Kommentierung zu §§ 677 BGB verwiesen. Das Vorliegen für die entsprechenden Voraussetzungen ist selbstständig zu prüfen, Rückgriffe auf Erwägungen des § 2 Abs. 8 Nr. 2 VOB/B sind nicht zulässig.[449]   183

J. Verlangen von durch Auftragnehmer zu erbringende Planungsleistungen (§ 2 Abs. 9 VOB/B)

I. Nachträgliches Verlangen von Planungsleistungen (§ 2 Abs. 9 Nr. 1 VOB/B)

1. Planungsleistungen

Im Rahmen von Generalunternehmerverträgen werden dem Auftragnehmer auch Planungsleistungen, etwa die Fortführung der Entwurfs- oder Ausführungsplanung, übertragen Diese Planungsleistungen sind mit der Vergütung abgegolten. Gleiches gilt für diejenigen Planungsleistungen, die sich aus den DIN 18300 ff. insoweit ergeben, als dort jeweils unter Ziffer 3 bzgl. der Ausführungsunterlagen den Auftragnehmer entsprechende Pflichten treffen oder als Nebenleistung gem. Ziffer 4.1 der jeweiligen DIN-Vorschrift.[450] Hingegen sind die jeweils unter der Ziffer 4.2 der jeweiligen DIN-Vorschrift aufgeführten Besonderen Leistungen bereits selbstständige Planungsleistungen i.S.d. § 2 Abs. 9 VOB/B, welche entsprechend gesondert zu vergüten sind.[451]   184

§ 2 Abs. 9 VOB/B ist hingegen einschlägig, wenn der Auftraggeber Aufgaben, die er üblicherweise selbst zu erbringen hätte, dem Auftragnehmer überträgt.[452]

2. Höhe der zusätzlichen Vergütung

Die Höhe der zusätzlich zu leistenden Vergütung ist in § 2 Abs. 9 VOB/B nicht bestimmt. Da Verweise auf § 2 Abs. 5, 6 VOB/B fehlen, bedeutet dies, dass hier die übliche Vergütung nach § 632 Nr. 2 BGB geschuldet ist, sofern die Parteien nichts anderes vereinbaren.[453]   185

Ein **Rückgriff auf die HOAI** unmittelbar ist **nicht zulässig**, da diese für Planungsleistungen im Rahmen von Bauverträgen nicht gilt. Inwieweit aber auf die HOAI zur Bestimmung der ortsübli-   186

---

445 *Kemper/Schaarschmidt*, BauR 2000, 1651, 1656.
446 Ingenstau/Korbion/*Keldungs*, B § 2 Abs. 8 Rn. 34.
447 OLG Hamm, Urt. v. 11.02.1977 – 6 U 16/76, BauR 1978, 146.
448 OLG Dresden, Urt. v. 15.01.2003 – 11 U 283/02, IBR 2003, 661 (*Oppler*).
449 *Kemper/Schaarschmidt*, BauR 2000, 1651, 1660.
450 *Kemper*, in: Franke/Kemper/Zanner/Grünhagen § 2 Abs. 2 VOB/B Rn. 194.
451 OLG Köln, Urt. v. 30.04.1992 – 7 U 183/91, BauR 1992, 637, 638.
452 *Herig*, § 2 VOB/B Rn. 177.
453 Ingenstau/Korbion/*Keldungs*, B § 2 Abs. 9 Rn. 10 (der allerdings »je nach Sachlage« auch die »entsprechende« Anwendung des § 2 Nr. 5, 6 VOB/B in Betracht ziehen will; s. dazu aber BGH, Urt. v. 02.10.1997 – VII ZR 44/97, BauR 1997, 1027, 1028).

chen Vergütung i.S.d. § 632 Nr. 2 BGB wiederum zurückgegriffen werden kann, ist eine Frage des Einzelfalls.[454]

II. Nicht aufgestellte technische Berechnungen (§ 2 Abs. 9 Nr. 2 VOB/B)

187 Gemäß § 2 Abs. 9 Nr. 2 VOB/B sind **Nachprüfungen technischer Berechnungen**, welche der Auftraggeber erstellt hat, durch den Auftragnehmer wie zusätzlich verlangte Planungsleistungen i.S.d. § 2 Abs. 9 Nr. 1 VOB/B zu verstehen.[455]

K. Vergütung von Stundenlohnarbeiten (§ 2 Abs. 10 VOB/B)

I. Vereinbarung

188 § 2 Abs. 10 VOB/B bestimmt als **Voraussetzungen des Anspruchs auf Stundenlohnvergütung eine entsprechende vertragliche Vereinbarung, um zu verhindern, dass über die Abrechenbarkeit nach Stundenaufwand Zweifel aufkommen.**[456] Die Ermächtigung eines Bauleiters, im Namen des Auftraggebers Stundenlohnzettel abzuzeichnen, beinhaltet nicht die rechtsgeschäftliche Vollmacht zum Abschluss der Vergütungsvereinbarung nach § 2 Abs. 10 VOB/B, so dass aus der nachträglichen Unterzeichnung der Stundenlohnzettel bei Fehlen einer Vereinbarung im Vertrag selbst auch keine konkludente Vereinbarung nach § 2 Abs. 10 VOB/B folgt.[457] Aber auch die vom bevollmächtigten Bauleiter abgezeichneten Stundenlohnzettel ersetzen noch nicht zwingend die notwendige Vereinbarung einer Stundenlohnvergütung nach § 2 Abs. 10 VOB/B, da die Stundenlohnzettel i.d.R. lediglich Art und Umfang der erbrachten Leistungen bescheinigen, nicht jedoch deren Vergütungspflicht begründen.[458] Dies gilt erst recht, sofern die vorgelegten Stundenlohnzettel die ausgeführten Leistungen nicht nachvollziehbar beschreiben, sondern lediglich ein Tätigkeitsnachweis ohne Bezeichnung der erbrachten Leistungen beinhalten.[459]

189 Nach der strengen Auslegung des **§ 2 Abs. 10 VOB/B** ist es nicht ausreichend, wenn die Parteien im Hauptvertrag vereinbaren, dass Stundenlohnarbeiten für zusätzliche Leistungen zu einem bestimmten Stundenlohnsatz erbracht werden sollen, ohne gleichzeitig den konkreten Leistungsinhalt zu bestimmen.[460] In diesen Fällen liegt keine wirksame Stundenlohnvereinbarung vor. Unschädlich soll es jedoch sein, wenn keine Vereinbarung über die Höhe vorliegt.[461]

II. Zeitpunkt der Vereinbarung

190 Soweit die Stundenlohnvereinbarung mit Abschluss des Hauptvertrages, spätestens aber **vor Ausführung** der mit Stundenlohnsätzen zu vergütenden Arbeiten gefordert wird,[462] folgt dies zwar aus dem Wortlaut des § 2 Abs. 10 VOB/B, erscheint indes aber nicht zwingend. Es ist kein Grund erkennbar, weshalb die Parteien nicht nachträglich eine Stundenlohnvereinbarung treffen könnten.

---

454 *Kemper,* in: Franke/Kemper/Zanner/Grünhagen, B § 2 VOB/B Rn. 198.
455 *Kemper,* in: Franke/Kemper/Zanner/Grünhagen, B § 2 VOB/B Rn. 195.
456 *Herig,* § 2 VOB/B Rn. 182.
457 OLG Dresden, Urt. v. 06.12.2005 – 14 U 1523/05/BGH, Beschl. v. 14.06.2007 – VII ZR 2/06, BauR 2008, 364.
458 BGH, Urt. v. 14.07.1994 – VII ZR 186/93, BauR 1994, 760, 761 f.
459 OLG Karlsruhe, Urt. v. 30.11.1993 – 8 U 251/93, BauR 1995, 114, 115.
460 Vgl. auch BGH, Urt. v. 24.07.2003 – VII ZR 79/02, BauR 2003, 1892, 1896.
461 *Herig,* § 2 VOB/B Rn. 186.
462 Ingenstau/Korbion/*Keldungs,* B § 2 Abs. 10 Rn. 8.

III. Abrechnung der Stundenlohnarbeiten

Liegen die Voraussetzungen des § 2 Abs. 10 VOB/B vor, ist also eine Vereinbarung über die Stundenlohnvergütung zustande gekommen, so gilt hinsichtlich ihrer Abrechnung § 15 VOB/B (s. zu den Einzelheiten § 15 VOB/B Rdn. 15). 191

IV. Folgen fehlender Vereinbarung

Sind Stundenlohnarbeiten anhand von Stundenlohnzetteln nachweisbar erbracht worden, fehlt es gleichwohl aber an der Stundenlohnvereinbarung nach § 2 Abs. 10 VOB/B, kann dennoch ein Vergütungsanspruch aus § 2 Abs. 8 Nr. 2 VOB/B oder aus § 2 Abs. 8 Nr. 3 VOB/B i.V.m. § 677 ff. BGB folgen.[463] 192

§ 3 Ausführungsunterlagen

(1) Die für die Ausführung nötigen Unterlagen sind dem Auftragnehmer unentgeltlich und rechtzeitig zu übergeben.

(2) Das Abstecken der Hauptachsen der baulichen Anlagen, ebenso der Grenzen des Geländes, das dem Auftragnehmer zur Verfügung gestellt wird, und das Schaffen der notwendigen Höhenfestpunkte in unmittelbarer Nähe der baulichen Anlagen sind Sache des Auftraggebers.

(3) Die vom Auftraggeber zur Verfügung gestellten Geländeaufnahmen und Absteckungen und die übrigen für die Ausführung übergebenen Unterlagen sind für den Auftragnehmer maßgebend. Jedoch hat er sie, soweit es zur ordnungsgemäßen Vertragserfüllung gehört, auf etwaige Unstimmigkeiten zu überprüfen und den Auftraggeber auf entdeckte oder vermutete Mängel hinzuweisen.

(4) Vor Beginn der Arbeiten ist, soweit notwendig, der Zustand der Straßen und Geländeoberfläche, der Vorfluter und Vorflutleitungen, ferner der baulichen Anlagen im Baubereich in einer Niederschrift festzuhalten, die vom Auftraggeber und Auftragnehmer anzuerkennen ist.

(5) Zeichnungen, Berechnungen, Nachprüfungen von Berechnungen oder andere Unterlagen, die der Auftragnehmer nach dem Vertrag, besonders den Technischen Vertragsbedingungen, oder der gewerblichen Verkehrssitte oder auf besonderes Verlangen des Auftraggebers (§ 2 Absatz 9) zu beschaffen hat, sind dem Auftraggeber nach Aufforderung rechtzeitig vorzulegen.

(6) 1. Die in Absatz 5 genannten Unterlagen dürfen ohne Genehmigung ihres Urhebers nicht veröffentlicht, vervielfältigt, geändert oder für einen anderen als den vereinbarten Zweck benutzt werden.
2. An DV-Programmen hat der Auftraggeber das Recht zur Nutzung mit den vereinbarten Leistungsmerkmalen in unveränderter Form auf den festgelegten Geräten. Der Auftraggeber darf zum Zwecke der Datensicherung zwei Kopien herstellen. Diese müssen alle Identifikationsmerkmale enthalten. Der Verbleib der Kopien ist auf Verlangen nachzuweisen.
3. Der Auftragnehmer bleibt unbeschadet des Nutzungsrechts des Auftraggebers zur Nutzung der Unterlagen und der DV-Programme berechtigt.

A. Allgemeines

Um den Auftragnehmer überhaupt in die Lage zu versetzen, seine Leistungen zu erbringen, muss der Auftraggeber die für die Ausführung nötigen Unterlagen zur Verfügung stellen und festlegen, an welcher Stelle das Werk zu errichten ist. § 3 VOB/B normiert Rechte und Pflichten, wobei es 1

---

463 BGH, Urt. v. 14.07.1994 – VII ZR 186/93, BauR 1994, 760, 762.

§ 3 VOB/B Ausführungsunterlagen

sich lediglich um (echte) Nebenpflichten der Vertragsparteien handelt.[1] Die festgelegte Aufgabenverteilung bietet für den VOB/B-Werkvertrag die Grundlage für die nach § 642 BGB erforderliche Mitwirkungshandlung des Auftraggebers. Die Verletzung der Mitwirkungspflichten aus § 3 VOB/B führt, anders als bei § 642 BGB, zu einem Schadensersatzanspruch aus § 280 Abs. 1 BGB und § 6 Abs. 6 VOB/B. Die Mitwirkungspflichten sind als echte, selbstständige Nebenpflichten einzuordnen und somit auch teilweise selbstständig einklagbar.[2]

B. § 3 Abs. 1 VOB/B – Ausführungsunterlagen

2 Der Auftraggeber hat die für die Ausführung nötigen Unterlagen dem Auftragnehmer unentgeltlich und rechtzeitig zu übergeben. Unter dem Begriff der Ausführungsunterlagen sind alle mündlichen Angaben und Anweisungen zu fassen, die Bauerrichtungsgrundlagen und Bauausführungsbeschreibungen enthalten. Es müssen diejenigen Unterlagen zur Verfügung gestellt werden, die für die reibungslose Ausführung des Baus unentbehrlich sind. Hierzu gehören planerische Vorgaben, Untersuchungsergebnisse, Gutachten, behördliche Genehmigungen, technische Nachweise und Wahlentscheidungen des Auftraggebers, sowie alle für das konkrete Bauvorhaben nach der baugewerblichen Sitte notwendigen Unterlagen.[3] Der Auftragnehmer hat keinen Anspruch auf Überlassung aller von ihm gewünschten Unterlagen. Übergeben werden müssen die objektiv notwendigen Unterlagen, um das Werk rechtzeitig, vollständig und mangelfrei errichten zu können. Es gehört zu den Pflichten des Auftraggebers, dem Auftragnehmer einwandfreie Pläne und Unterlagen zur Verfügung zu stellen.[4]

3 Der Auftragnehmer hat Anspruch auf unentgeltliche Überlassung der Unterlagen. Sie sind ihm in der, abhängig von der jeweiligen Bauleistung, erforderlichen Stückzahl zu überlassen.[5]

4 Die rechtzeitige Übergabe der Ausführungsunterlagen ist für den Auftragnehmer wichtig und von diesem einforderbar. Der Auftragnehmer muss die jeweils für den als nächstes notwendigen Leistungsteil erforderlichen Informationen und Unterlagen im Besitz haben. Der nach dem Vertrag erforderliche Zeitpunkt kann sich aus Bauzeitplänen und darin enthaltenen Vorlaufzeiten ergeben. Er bestimmt sich auch nach den vereinbarten Vertragsfristen und den erforderlichen Ausführungsfristen sowie Ausführungszeiten. Dem Auftragnehmer muss auch eine angemessene Zeit für die gebotene und sachgerechte Vorbereitung für die planerisch vorgegebene Durchführung der Leistung verbleiben.[6]

C. § 3 Abs. 2 VOB/B – Vorbereitungsarbeiten

5 Bevor mit der Ausführung der Bauleistung begonnen werden kann, hat der Auftraggeber die Vorbereitungshandlungen gemäß § 3 Abs. 2 VOB/B zu erfüllen.

Das Abstecken der Hauptachsen zur Festlegung der Lage des Bauwerks kann durch Aufstellen eines Schnurgerüstes, das Setzen von Pflöcken oder Schlagen von Bolzen geschehen.

Um Eingriffe in Nachbargrundstücke zu vermeiden, muss der Auftraggeber die Grenzen des Geländes abstecken, dass dem Auftragnehmer für die Bauleistung zur Verfügung gestellt wird. Diese Maßnahme dient auch dem Schutz des Auftragnehmers, denn die Überschreitung der Grenze des Baufeldes kann Schadensersatzansprüche Dritter und des Auftraggebers auslösen.[7]

---

[1] *Hofmann*, in: Beck'scher VOB-Kommentar, B vor § 3 Rn. 2.
[2] Ingenstau/Korbion/*Döring*, B § 3 Rn. 11; Kappellmann/Messerschmidt/*Havers*, B § 3 Rn. 15; *Hofmann*, in Beck'scher VOB-Kommentar, B vor § 3 Rn. 39.
[3] *Hofmann*, in: Beck'scher VOB-Kommentar, B vor § 3 Abs. 1 Rn. 14.
[4] BGH, 22.03.1984, VII ZR 50/82, BauR 1984, 395, 397.
[5] Ingenstau/Korbion/*Döring*, B § 3 Abs. 1 Rn. 7.
[6] *Hofmann*, in: Beck'scher VOB-Kommentar, B vor § 3 Abs. 1 Rn. 25 f.
[7] Kappellmann/Messerschmidt/*Havers*, B § 3 Rn. 26.

D. § 3 Abs. 3 VOB/B – Überprüfungs- und Hinweispflichten

Die vom Auftraggeber für die Ausführung übergebenen Unterlagen bilden für den Auftragnehmer die Maßgabe. Sie sind für den Auftragnehmer verbindlich und bestimmen dessen Leistungspflicht. Der Auftragnehmer hat sich an die (mängelfreie) Planvorgabe genau zu halten.[8]

Wenn der Auftragnehmer bei der gebotenen Überprüfung Unstimmigkeiten und Fehler entdeckt oder vermutet, hat er den Auftraggeber darauf hinzuweisen. Um der Hinweispflicht nachzukommen, muss der Auftragnehmer die ihm gemäß § 3 Abs. 3 VOB/B zur Verfügung gestellten Geländeaufnahmen, Absteckungen und die übrigen für die Ausführung übergebenen Unterlagen überprüfen.

Während § 4 Abs. 3 VOB/B die Pflicht des Auftragnehmers konkretisiert, Bedenken gegen die Bauausführung zu äußern, bestimmt § 3 Abs. 3 S. 2 VOB/B, dass der Auftragnehmer die Ausführungsunterlagen und Grundstücksabsteckungen zu überprüfen hat.

Die Prüf- und Hinweispflicht besteht bereits direkt nach der Übergabe der Unterlagen. Es ist davon auszugehen, dass die Prüf- und Hinweispflicht zeitlich vor der Prüf- und Bedenkenanmeldungsfrist des § 4 Abs. 3 VOB/B anzusetzen ist. Dies folgt aus dem Umstand, dass die Prüfpflicht nach § 3 Abs. 3 VOB/B bereits nach Übergabe der Unterlagen besteht, auch wenn die geplante Bauausführung zu einem deutlich späteren Zeitpunkt stattfindet und die Bedenkenanmeldungspflicht gemäß § 4 Abs. 3 VOB/B erst (möglichst) vor Beginn der Arbeiten ansetzt. Der Hinweis hat nicht zwingend schriftlich zu erfolgen.

Während § 4 Abs. 3 VOB/B Bedenken gegen die vorgesehene Art der Ausführung, gegen die Güte der vom Auftraggeber gelieferten Stoffe oder Bauteile oder gegen die Leistungen anderer Unternehmer betrifft, verpflichtet § 3 Abs. 3 VOB/B den Unternehmer die Unterlagen auf etwaige Unstimmigkeiten zu überprüfen und den Auftraggeber nicht nur auf entdeckte, sondern auch auf vermutete Mängel hinzuweisen. »Unstimmigkeiten« umfassen auch Unklarheiten und Widersprüche.[9]

Eine Verletzung der Prüf- und Hinweispflichten führt zu Ansprüchen des Auftraggebers auf Schadensersatz gemäß § 280 Abs. 1 BGB. Führt der Verstoß zu einer mangelhaften Bauleistung, sind Mängelansprüche gegeben. Wegen der primären Verantwortung des Auftraggebers (§ 3 Abs. 3 S. 1 VOB/B) ist die Haftung nach den Mitverschuldensanteilen zwischen Auftraggeber und Auftragnehmer zu verteilen.

Behauptet der Auftraggeber eine Verletzung der Prüf- und Hinweispflichten des Auftragnehmers gemäß § 3 Abs. 3 S. 2 VOB/B, trifft den Auftragnehmer die Beweislast für die Erfüllung oder die Entbehrlichkeit dieser Pflichten. Der Auftragnehmer muss sich insoweit entlasten.[10]

E. § 3 Abs. 4 VOB/B – Zustandsfeststellung

Soweit es notwendig ist, ist der Zustand der Straßen und der Geländeoberfläche, der Vorfluter und der Vorfluterleitungen sowie der baulichen Anlagen im Baubereich im Rahmen einer Beweissicherung von Auftraggeber und Auftragnehmer festzuhalten. Damit ist keine einseitige Feststellungspflicht zu Lasten des Auftragnehmers begründet. Vielmehr wird die Mitwirkungspflicht des jeweils anderen Vertragspartners erst dadurch begründet, dass ein Bauvertragspartner den Zustand für feststellungsbedürftig hält (bei objektiv bestehender Notwendigkeit). Es handelt sich um keine selbständig einklagbare vertragliche Nebenpflicht (reine Beweissicherungsfunktion). Sie kann Schadensersatzansprüche gemäß § 280 Abs. 1 BGB begründen. Verweigert der Auftraggeber die

---

[8] BGH, 01.04.1982, VII ZR 287/80, BauR 1982, 374.
[9] OLG Stuttgart, 14.10.1994, 2 U 263/93, BauR 1995, 850, 851.
[10] BGH, 29.11.1973, VII ZR 179/71, BauR 1974, 128, 129.

§ 4 VOB/B Ausführung

objektiv notwendige Kooperation und Mitwirkung an der Zustandsfeststellung, kann der Auftragnehmer Behinderung anzeigen und auch hieraus mögliche Schadensersatzansprüche ableiten.

12 Eine Kostenverteilungsregelung ist § 3 Abs. 4 VOB/B nicht zu entnehmen. Die Kostentragungspflicht kann sich aus dem Vertrag im engeren Sinne oder den weiteren Vertragsbedingungen ergeben. So zum Beispiel aus verschiedenen DIN-Normen.[11]

Fehlt eine klare vertragliche Regelung der Kostenverteilung, so soll nach herrschender Meinung der Auftraggeber verpflichtet sein, alle Kosten, die mit der beweissichernden Feststellung im ursächlichen Zusammenhang stehen, zu tragen.[12] Dies sei dem Grundgedanken des § 3 Abs. 1 VOB/B zu entnehmen. Eine solche Zuordnung übersieht aber, dass der Auftraggeber nach § 3 Abs. 1 VOB/B lediglich dazu verpflichtet ist, die für die Ausführung nötigen Unterlagen zu übergeben. Diese Verpflichtung passt gerade nicht zur Beweissicherungsfunktion des § 3 Abs. 4 VOB/B.[13]

F. § 3 Abs. 5 VOB/B – Vom Auftragnehmer zu beschaffende Unterlagen

13 Diese Vorschrift ist als Ausnahmeregelung der grundsätzlichen Verpflichtung des Auftraggebers zu verstehen, gemäß § 3 Abs. 1 VOB/B die für die Ausführung nötigen Unterlagen unentgeltlich zu überlassen. § 3 Abs. 5 VOB/B begründet keine selbständige Leistungsverpflichtung des Auftragnehmers. Vielmehr muss sich diese aus den in dieser Vorschrift genannten Vertragsgrundlagen oder der gewerblichen Verkehrssitte ergeben. Besteht insoweit eine Verpflichtung des Auftragnehmers, so müssen die Unterlagen dem Auftraggeber nach Aufforderung rechtzeitig vorgelegt werden.

G. § 3 Abs. 6 VOB/B – Verwendungsbefugnis

14 In den drei Nummern des Absatzes 6 regelt § 3 VOB/B die Verwendungsbefugnis der in Abs. 5 genannten Unterlagen (Nr. 1). Diese dürfen ohne Genehmigung ihres Urhebers nicht veröffentlicht, vervielfältigt, geändert oder für einen anderen als den vereinbarten Zweck benutzt werden. Eine spezielle Regelung für Datenverarbeitungsprogramme enthält die Nr. 2. Danach hat der Auftraggeber das Recht zur Nutzung ohne Veränderungsbefugnis. Er darf bis zu zwei Kopien herstellen und muss gegebenenfalls Rechenschaft über den Verbleib der Kopien ablegen. Schließlich bestimmt die Nr. 3 das fortbestehende, uneingeschränkte Nutzungsrecht des Auftragnehmers an den Unterlagen und Datenverarbeitungsprogrammen.

§ 4 Ausführung

(1) 1. Der Auftraggeber hat für die Aufrechterhaltung der allgemeinen Ordnung auf der Baustelle zu sorgen und das Zusammenwirken der verschiedenen Unternehmer zu regeln. Er hat die erforderlichen öffentlich-rechtlichen Genehmigungen und Erlaubnisse – z.B. nach dem Baurecht, dem Straßenverkehrsrecht, dem Wasserrecht, dem Gewerberecht – herbeizuführen.

2. Der Auftraggeber hat das Recht, die vertragsgemäße Ausführung der Leistung zu überwachen. Hierzu hat er Zutritt zu den Arbeitsplätzen, Werkstätten und Lagerräumen, wo die vertragliche Leistung oder Teile von ihr hergestellt oder die hierfür bestimmten Stoffe und Bauteile gelagert werden. Auf Verlangen sind ihm die Werkzeichnungen oder andere Ausführungsunterlagen sowie die Ergebnisse von Güteprüfungen zur Einsicht vorzulegen und die erforderlichen Auskünfte zu erteilen, wenn hierdurch keine Geschäftsgeheimnisse preisgegeben werden. Als Geschäftsgeheimnis bezeichnete Auskünfte und Unterlagen hat er vertraulich zu behandeln.

---

11 Vgl. hierzu *Hofmann*, in: Beck'scher VOB-Kommentar, B § 3 Abs. 4 Rn. 14.
12 *Hofmann*, in: Beck'scher VOB-Kommentar, B § 3 Abs. 4 Rn. 15 f.; Ingenstau/Korbion/*Döring*, B § 3 Abs. 4 Rn. 7 f.; Kapellmann/Messerschmidt/*Havers*, B § 3 Rn. 49.
13 *Schmalzl*, Baurecht 1970, 203, 205.

3. Der Auftraggeber ist befugt, unter Wahrung der dem Auftragnehmer zustehenden Leitung (Absatz 2) Anordnungen zu treffen, die zur vertragsgemäßen Ausführung der Leistung notwendig sind. Die Anordnungen sind grds. nur dem Auftragnehmer oder seinem für die Leitung der Ausführung bestellten Vertreter zu erteilen, außer wenn Gefahr im Verzug ist. Dem Auftraggeber ist mitzuteilen, wer jeweils als Vertreter des Auftragnehmers für die Leitung der Ausführung bestellt ist.
4. Hält der Auftragnehmer die Anordnungen des Auftraggebers für unberechtigt oder unzweckmäßig, so hat er seine Bedenken geltend zu machen, die Anordnungen jedoch auf Verlangen auszuführen, wenn nicht gesetzliche oder behördliche Bestimmungen entgegenstehen. Wenn dadurch eine ungerechtfertigte Erschwerung verursacht wird, hat der Auftraggeber die Mehrkosten zu tragen.

(2) 1. Der Auftragnehmer hat die Leistung unter eigener Verantwortung nach dem Vertrag auszuführen. Dabei hat er die anerkannten Regeln der Technik und die gesetzlichen und behördlichen Bestimmungen zu beachten. Es ist seine Sache, die Ausführung seiner vertraglichen Leistung zu leiten und für Ordnung auf seiner Arbeitsstelle zu sorgen.
2. Er ist für die Erfüllung der gesetzlichen, behördlichen und berufsgenossenschaftlichen Verpflichtungen gegenüber seinen Arbeitnehmern allein verantwortlich. Es ist ausschließlich seine Aufgabe, die Vereinbarungen und Maßnahmen zu treffen, die sein Verhältnis zu den Arbeitnehmern regeln.

(3) Hat der Auftragnehmer Bedenken gegen die vorgesehene Art der Ausführung (auch wegen der Sicherung gegen Unfallgefahren), gegen die Güte der vom Auftraggeber gelieferten Stoffe oder Bauteile oder gegen die Leistungen anderer Unternehmer, so hat er sie dem Auftraggeber unverzüglich – möglichst schon vor Beginn der Arbeiten – schriftlich mitzuteilen; der Auftraggeber bleibt jedoch für seine Angaben, Anordnungen oder Lieferungen verantwortlich.

(4) Der Auftraggeber hat, wenn nichts anderes vereinbart ist, dem Auftragnehmer unentgeltlich zur Benutzung oder Mitbenutzung zu überlassen:
1. die notwendigen Lager- und Arbeitsplätze auf der Baustelle,
2. vorhandene Zufahrtswege und Anschlussgleise,
3. vorhandene Anschlüsse für Wasser und Energie. Die Kosten für den Verbrauch und den Messer oder Zähler trägt der Auftragnehmer, mehrere Auftragnehmer tragen sie anteilig.

(5) Der Auftragnehmer hat die von ihm ausgeführten Leistungen und die ihm für die Ausführung übergebenen Gegenstände bis zur Abnahme vor Beschädigung und Diebstahl zu schützen. Auf Verlangen des Auftraggebers hat er sie vor Winterschäden und Grundwasser zu schützen, ferner Schnee und Eis zu beseitigen. Obliegt ihm die Verpflichtung nach Satz 2 nicht schon nach dem Vertrag, so regelt sich die Vergütung nach § 2 Absatz 6.

(6) Stoffe oder Bauteile, die dem Vertrag oder den Proben nicht entsprechen, sind auf Anordnung des Auftraggebers innerhalb einer von ihm bestimmten Frist von der Baustelle zu entfernen. Geschieht es nicht, so können sie auf Kosten des Auftragnehmers entfernt oder für seine Rechnung veräußert werden.

(7) Leistungen, die schon während der Ausführung als mangelhaft oder vertragswidrig erkannt werden, hat der Auftragnehmer auf eigene Kosten durch mangelfreie zu ersetzen. Hat der Auftragnehmer den Mangel oder die Vertragswidrigkeit zu vertreten, so hat er auch den daraus entstehenden Schaden zu ersetzen. Kommt der Auftragnehmer der Pflicht zur Beseitigung des Mangels nicht nach, so kann ihm der Auftraggeber eine angemessene Frist zur Beseitigung des Mangels setzen und erklären, dass er ihm nach fruchtlosem Ablauf der Frist den Auftrag entziehe (§ 8 Absatz 3).

(8) 1. Der Auftragnehmer hat die Leistung im eigenen Betrieb auszuführen. Mit schriftlicher Zustimmung des Auftraggebers darf er sie an Nachunternehmer übertragen. Die Zustimmung ist nicht notwendig bei Leistungen, auf die der Betrieb des Auftragnehmers nicht

eingerichtet ist. Erbringt der Auftragnehmer ohne schriftliche Zustimmung des Auftraggebers Leistungen nicht im eigenen Betrieb, obwohl sein Betrieb darauf eingerichtet ist, kann der Auftraggeber ihm eine angemessene Frist zur Aufnahme der Leistung im eigenen Betrieb setzen und erklären, dass er ihm nach fruchtlosem Ablauf der Frist den Auftrag entziehe (§ 8 Absatz 3).
2. Der Auftragnehmer hat bei der Weitervergabe von Bauleistungen an Nachunternehmer die Vergabe- und Vertragsordnung für Bauleistungen Teile B und C zugrunde zu legen.
3. Der Auftragnehmer hat die Nachunternehmer dem Auftraggeber auf Verlangen bekannt zu geben.

(9) Werden bei Ausführung der Leistung auf einem Grundstück Gegenstände von Altertums-, Kunst- oder wissenschaftlichem Wert entdeckt, so hat der Auftragnehmer vor jedem weiteren Aufdecken oder Ändern dem Auftraggeber den Fund anzuzeigen und ihm die Gegenstände nach näherer Weisung abzuliefern. Die Vergütung etwaiger Mehrkosten regelt sich nach § 2 Absatz 6. Die Rechte des Entdeckers (§ 984 BGB) hat der Auftraggeber.

(10) Der Zustand von Teilen der Leistung ist auf Verlangen gemeinsam von Auftraggeber und Auftragnehmer festzustellen, wenn diese Teile der Leistung durch die weitere Ausführung der Prüfung und Feststellung entzogen werden. Das Ergebnis ist schriftlich niederzulegen.

Übersicht		Rdn.			Rdn.
A.	§ 4 Abs. 1 VOB/B	1	H.	Pflicht des Auftragnehmers zur Selbstausführung der Leistung, § 4 Abs. 8 VOB/B	46
B.	§ 4 Abs. 2 VOB/B	8			
C.	§ 4 Abs. 3 VOB/B	14			
D.	§ 4 Abs. 4 VOB/B	15	I.	Persönliche Leistungserbringungspflicht des Auftragnehmers	46
E.	Erhaltungs- und Schutzpflichten des Auftragnehmers, § 4 Abs. 5 VOB/B	16	II.	Ausnahmen	48
I.	Allgemeines	16		1. Zustimmung	48
II.	Schutz vor Beschädigung und Diebstahl, § 4 Abs. 5 S. 1 VOB/B	19		2. Betriebsfremde Leistungen	51
			III.	Kündigungsrecht des Auftraggebers	52
III.	Schutz vor Winterschäden, Grundwasser, Beseitigung von Eis und Schnee, § 4 Abs. 5 S. 2 VOB/B	22	IV.	Vereinbarung der VOB/B mit Nachunternehmern	53
			V.	Mitteilungspflicht des Auftragnehmers	54
F.	Pflicht zur Beseitigung vertragswidriger Stoffe oder Bauteile, § 4 Abs. 6 VOB/B	23	I.	Anzeige- und Ablieferungspflicht bei Fund, § 4 Abs. 9 VOB/B	55
G.	Mängelbeseitigung und Schadensersatz vor der Abnahme, § 4 Abs. 7 VOB/B	28	I.	Allgemeines	55
I.	Allgemeines	28	II.	Anzeige- und Ablieferungspflicht, § 4 Abs. 9 S. 1 Halbsatz 2 VOB/B	56
II.	Mängelbeseitigungsanspruch, § 4 Abs. 7 S. 1 VOB/B	30	III.	Vergütung etwaiger Mehrkosten, § 4 Nr. 9 S. 2 VOB/B	58
III.	Schadensersatzanspruch, § 4 Abs. 7 S. 2 VOB/B	36	IV.	Rechte des Entdeckers	59
IV.	Kündigungsrecht des Auftraggebers, § 4 Abs. 7 S. 3 VOB/B	41	J.	§ 4 Abs. 10 VOB/B	60

A. § 4 Abs. 1 VOB/B

1 In Abs. 1 werden verschiedene **vertragliche Nebenpflichten** des Bestellers normiert, die Ausdruck der ihn grundsätzlich treffenden Aufgabe sind, an der Bauwerkserrichtung mitzuwirken und dem Unternehmer die Durchführung der von ihm vertraglich übernommenen Arbeiten zu ermöglichen. Aus Abs. 1 ergibt sich allerdings **keine Pflicht zur Verschaffung des Baugrundstücks** und erst recht keine Pflicht, dies in einem bestimmten Zustand zur Verfügung zu stellen.[1]

---

1 Anders: Ingenstau/Korbion/*Oppler*, B § 4 Abs. 1 Rn. 2, der sich hierzu auf BGH, 21.10.1999, BauR 2000, 722, 725, beruft, dem ein solcher Ansatz aber nicht zu entnehmen ist. Hier wird es vielmehr auf die kon-

Nr. 1 enthält die delegierbare Verpflichtung des Bestellers, die verschiedenen von ihm beauftragten Unternehmer zu koordinieren und für die allgemeine Ordnung auf der Baustelle zu sorgen. Zur Erfüllung dieser **Koordinationspflicht** kann sich der Besteller der Hilfe von Architekten oder Ingenieuren bedienen. Für deren Verschulden hat er nach §§ 276, 278 BGB einzustehen,[2] denn die vertraglichen Nebenpflichten des § 4 VOB/B gehen über reine Obliegenheiten hinaus.[3] Die **allgemeine Ordnung** auf der Baustelle, die der Besteller zu schaffen und aufrecht zu erhalten, hat keine über die vertraglichen Vereinbarungen der Parteien hinausgehende Bedeutung und fasst lediglich zusammen, dass der Besteller über die Einhaltung der Gesetze dem Unternehmer gegenüber verpflichtet ist, die Baustelle einschließlich Zufahrten[4] in einem vertragsgemäßen Zustand zu halten. 2

Nr. 1 S. 2 weist dem Besteller die ebenfalls delegierbare Verpflichtung zu, die für das Bauvorhaben erforderlichen **Genehmigungen** und **Erlaubnisse** herbeizuführen. Hiervon sind insbesondere die öffentlich-rechtlich zum Bau – nicht notwendigerweise zum Betrieb – erforderlichen Genehmigungen, wie die Baugenehmigung oder Planfeststellung oder andere, wegen des besonderen Bestimmungszwecks des Gebäudes erforderlichen Genehmigungen.[5] Die Nebenpflicht erfasst aber nicht solche Genehmigungen oder Erlaubnisse, die aufgrund vom Unternehmer vorgesehenen oder geplanten **Bauhilfsmaßnahmen** erforderlich werden. Will beispielsweise der Unternehmer öffentliche Verkehrsflächen in Anspruch nehmen, weil er dort einen Kran oder andere Baustelleneinrichtungen aufzustellen gedenkt, hat er die dafür zu schaffenden Voraussetzungen nach Straßenrecht selbst herbeizuführen, soweit ihm nicht vertraglich vom Besteller ausdrücklich anderes versprochen wurde. Insbesondere hat sich der Besteller in einem solchen Fall nicht irgendwelche behördlichen Anordnungen zurechnen zu lassen.[6] 3

Das in § 4 Abs. 1 Nr. 2 VOB/B normierte **Überwachungsrecht** des Bestellers ist eine Besonderheit, die nur bei Vereinbarung der VOB/B gilt und im BGB-Werkvertragsrecht keine Entsprechung hat. § 4 Abs. 1 Nr. 2 VOB/B ist dort auch nicht über § 242 BGB entsprechend anzuwenden. Begrenzt wird das Überwachungsrecht durch das in § 4 Abs. 2 Nr. 1 VOB/B verankerte Prinzip der **Eigenverantwortung** des Auftragnehmers.[7] Daraus folgt auch, dass das Überwachungsrecht keine Überwachungspflicht bedeutet, weshalb den Besteller im Regelfall keine **Mitverantwortung**[8] trifft, wenn der Unternehmer mangelhaft baut und behauptet, bei ordentlicher Überwachung seiner selbst wäre das nicht passiert. 4

Der Besteller hat ein **Zutritts- und Vorlagerecht**. Dieses umfasst alle Informationen, die der Besteller zur Überprüfung des Unternehmers benötigt, was zugleich die Grenze der Berechtigung des Bestellers darstellt. Geschäftsgeheimnisse hat der Besteller **vertraulich** zu behandeln. **Geschäftsgeheimnis** sind alle Tatsachen und Umstände, die im Zusammenhang mit einem Geschäftsbetrieb stehen, nur einem eng begrenzten Personenkreis bekannt, also nicht offenkundig sind und nach dem Willen des Geschäftsinhabers geheim gehalten werden sollen, wobei ein aus objektivierter Sicht berechtigtes wirtschaftliches Interesse an der Geheimhaltung vorhanden sein muss.[9] 5

---

krete Ausgestaltung des Vertrags und die Ausgestaltung der vertraglichen Nebenpflichten oder Obliegenheiten ankommen.
2 Ingenstau/Korbion/*Oppler*, B § 4 Abs. 1 Rn. 3.
3 *Hofmann*, in: Beck'scher VOB-Kommentar, B vor § 4 Rn. 13–14; a.A. *Vygen/Joussen*, Bauvertragsrecht, Rn. 364.
4 Ingenstau/Korbion/*Oppler*, B § 4 Abs. 1 Rn. 7.
5 Beispielsweise nach Immissions- oder Strahlenschutzrecht.
6 Anders: OLG Zweibrücken, 15.02.2002 BauR 2002, 972, ohne das zu begründen. Hier dürfte es zudem an einer Zurechnungsnorm zulasten des Bestellers fehlen.
7 *Zanner*, in: Franke/Kemper/Zanner/Grünhagen, VOB/B § 4 Rn. 16.
8 Ausnahme: OLG Köln, IBR 1999, 466, begründet mit mangelhafter Koordination.
9 *Nicklisch/Weick*, VOB, B § 4 Rn. 26.

Vogelheim

6 Stellt der Besteller bei der Überwachung fest, dass der Unternehmer nicht alle Maßnahmen ergreift, die zur vertragsgemäßen Ausführung der Leistung notwendig sind, stellt § 4 Abs. 1 Nr. 3 VOB/B dem Besteller ein flankierendes **Anordnungsrecht** zur Verfügung. Da eine solche Anordnung in Abgrenzung zu § 1 Abs. 1 und Abs. 4 VOB/B nicht eine auf Änderung der vertragsgemäßen Leistung oder die Beauftragung zusätzlicher Leistungen abstellt, sondern lediglich die Herbeiführung des ohnehin geschuldeten werkvertraglichen Erfolgs zum Ziel hat (**leistungsbestätigende Anordnung**), wird durch eine Anordnung nach § 4 Abs. 1 Nr. 3 VOB/B **keine geänderte Vergütung** nach § 2 Abs. 5 VOB/B i.S. einer »anderen Anordnung« ausgelöst.

7 Hält der Unternehmer derlei Anordnungen des Bestellers für unberechtigt oder unzweckmäßig, hat er nach § 4 Abs. 1 Nr. 4 VOB/B **Bedenken** geltend zu machen. Unter den Begriff »unberechtigt« sind all solche Anordnungen zu subsumieren, die nach Auffassung des Unternehmers entweder den vertraglichen Vereinbarungen nicht entsprechen oder deren Befolgung zur Erreichung des werkvertraglich geschuldeten Erfolgs nicht notwendig sind.[10] Im Unterschied dazu sind Anordnungen »unzweckmäßig« i.S. der Vorschrift, wenn sie nach Ansicht des Unternehmers mehrdeutig und damit unklar sind oder ihre Befolgung einen unzumutbaren Aufwand nach sich zieht, wenn der werkvertraglich geschuldete Erfolg auch durch einfachere Maßnahmen zu erreichen wäre.[11] Macht der Unternehmer seine Bedenken geltend, bleibt er auf Anordnung des Bestellers gleichwohl dazu verpflichtet, entsprechend dessen Anordnung zu verfahren. Die Bedenkenanmeldung kann jedoch, korrespondierend zu § 4 Abs. 3 VOB/B, zur Folge haben, dass der Unternehmer von der **Gewährleistung** frei wird.[12]

B. § 4 Abs. 2 VOB/B

8 § 4 Abs. 2 Nr. 1 S. 1 VOB/B enthält zunächst eine programmatische Generalklausel. Dort ist festgelegt, dass der Unternehmer die ihm übertragene Leistung **unter eigener Verantwortung** auszuführen hat. Das entspricht dem allgemeinen Grundsatz, dass derjenige, der ein Gewerbe ausübt, dafür einzustehen hat, dass er die entsprechende Kenntnis und Kunstfertigkeit besitzt.[13] Dies ist bei einem BGB-Werkvertrag genauso und gibt das Prinzip des Werkvertrags wieder, dass es Sache des Unternehmers ist, auf welche Art und Weise er den werkvertraglich geschuldeten Erfolg erreicht.

9 Dem Unternehmer wie in S. 2 aufzuerlegen, die **anerkannten Regeln der Technik** einzuhalten, hat der Gesetzgeber unterlassen. Zwar hat der Unternehmer auch bei einem BGB-Werkvertrag grundsätzlich die anerkannten Regeln der Technik zu beachten. Dies hat den Hintergrund, dass es nach der konkreten vertraglichen Ausgestaltung des Vertrags zwischen den Parteien Fälle geben kann, in denen ein Werk mangelhaft ist, obgleich die anerkannten Regeln der Technik eingehalten sind. Das kann nämlich dann der Fall sein, wenn die Parteien eine entsprechend abweichende Beschaffenheitsvereinbarung getroffen haben oder sich das Werk trotz Einhaltung der anerkannten Regeln der Technik nicht für den nach dem Vertrag vorausgesetzten Verwendungszweck eignet.[14] Zwar sichert der Unternehmer nach der Rechtsprechung[15] bei Abschluss eines Bauvertrags in der Regel konkludent zu, die anerkannten Regeln der Technik einzuhalten. Ob diese sich für das versprochene Werk als zulänglich erweisen, soll nach dem Willen des Gesetzgebers jedoch grundsätzlich im Risikobereich des Unternehmers verbleiben.[16]

---

10 Ingenstau/Korbion/*Oppler*, B § 4 Abs. 1 Rn. 88.
11 Ingenstau/Korbion/*Oppler*, B § 4 Abs. 1 Rn. 88.
12 Vgl. § 633 BGB Rdn. 87 ff. Zum Verhältnis des § 4 Abs. 1 Abs. 4 VOB/B zu § 4 Abs. 3 VOB/B siehe auch *Hofmann*, in: Beck'scher VOB-Kommentar, B § 4 Abs. 1 Rn. 234–239.
13 RG, JW 1939, 105; Ingenstau/Korbion/*Oppler*, B § 4 Abs. 2 Rn. 1.
14 Beispielsweise bei BGH, 09.07.2002, NZBau 2002, 611.
15 BGH, 14.05.1998, BauR 1998, 872 = BGHZ 139, 16 = NJW 1998, 2814.
16 BT-Drucks. 14/6040, S. 261 (Zu § 633 BGB Abs. 2 Satz 2 BGB).

Dass der Unternehmer dabei gemäß S. 2 die **gesetzlichen und behördlichen Bestimmungen** zu 10 beachten hat, ist keine Besonderheit des VOB-Vertrags. Nicht im BGB verankert ist indes die Anordnung an den Unternehmer, bei der Ausführung der Leistung die anerkannten Regeln der Technik zu beachten, was der Regelung in § 13 Abs. 1 VOB/B[17] entspricht.

In der Rechtsprechung der Instanzgerichte und der Literatur wird bei **behördlichen Anordnungen** 11 immer wieder die Auffassung vertreten, sich daraus ergebende Aufwendungen seien vom Besteller gesondert zu vergüten, weil sich der Besteller derlei behördliche Anordnungen zurechnen lassen muss.[18] Hier fehlt es jedoch an einer Zurechnungsnorm. Allenfalls kann der Besteller sich eine solche Anordnung ausdrücklich oder stillschweigend zu Eigen machen. Geschieht dies nicht, weil der Besteller dies nicht will oder von der Anordnung keine oder erst nachträglich Kenntnis erhält, liegt bereits keine nach § 2 Abs. 5 VOB/B behandelbare Anordnung des Bestellers vor.[19] In den meisten Fällen dürfte zudem keine Änderung des Bauentwurfs oder eine andere Änderung des Leistungserfolgs vorliegen, weil der Unternehmer nach S. 2 ohnehin bereits vertraglich gehalten ist, derlei Anordnungen zu befolgen.

Nr. 2 regelt die Verpflichtung des Unternehmers, sich gegenüber seinen Arbeitnehmern gesetzes- 12 treu zu verhalten. Insoweit hat die Norm keinen eigenen Regelungscharakter, sondern stellt klar, was ohnehin gilt.

Allerdings kann die alleinige Verantwortung nach Nr. 2 sowohl durch Delegation entsprechend 13 der Pflichten auf den Auftraggeber wie auch durch flankierende gesetzliche Vorschriften durchbrochen werden. So sieht beispielsweise die **BaustellVO** besondere Pflichten des Bauherrn vor, der oft auch Besteller ist, die der Sicherheit und dem Gesundheitsschutz der beim Unternehmer beschäftigten Arbeitnehmer dienen. In § 4 Abs. 2 Nr. 2 VOB/B liegt insoweit aber keine – nach der BaustellVO aber an sich mögliche – Delegation dieser Bauherrnpflichten auf den Unternehmer.

C. § 4 Abs. 3 VOB/B

Bzgl. § 4 Abs. 3 VOB/B wird auf die Kommentierung von § 633 BGB Rdn. 86 ff. verwiesen. 14

D. § 4 Abs. 4 VOB/B

§ 4 Abs. 4 VOB/B normiert, dass der Besteller dem Unternehmer Lager- und Arbeitsplätze sowie 15 Zufahrtswege zur Verfügung zu stellen hat. Ebenso wie vorhandene Anschlüsse für Wasser und Energie. Die Verbrauchskosten soll der Unternehmer tragen. Die Klausel ist dispositiv.[20] In der Praxis sind insbesondere für den Verbrauch Umlageklauseln üblich.

E. Erhaltungs- und Schutzpflichten des Auftragnehmers, § 4 Abs. 5 VOB/B

I. Allgemeines

Durch § 4 Abs. 5 VOB/B wird der Auftragnehmer verpflichtet, von ihm ausgeführte Leistungen 16 und ihm übergebene Gegenstände vor Beschädigung, Diebstahl (Satz 1), Witterungsschäden und Grundwasser (Satz 2) zu schützen. Der Auftragnehmer trägt bis zur Abnahme die Gefahr für den Untergang oder die Verschlechterung der Leistung (vgl. §§ 644 BGB, dazu o. *Glöckner*, §§ 7, 12 Abs. 6 VOB/B). Durch § 4 Abs. 5 VOB/B werden ihm aktive Maßnahmen auferlegt, um die Erhaltung des Bauwerkes zu sichern.[21] Soweit der Auftragnehmer die Pflicht hat, von ihm bereits ausgeführte Leistungen zu schützen, dient diese Pflicht der Sicherstellung seiner originären Leis-

---

17 Vgl. § 13 VOB/B Rdn. 3 ff.
18 Z.B. OLG Zweibrücken, 15.02.02 BauR 2002, 972, ohne das zu begründen; differenziert: Kapellmann/Messerschmidt, Rn. 195; *Kniffka/Koeble*, Kompendium des Baurechts, Rn. 87.
19 Kapellmann/Messerschmidt, Rn. 195; *Kniffka/Koeble*, Kompendium des Baurechts, Rn. 87.
20 Ingenstau/Korbion/*Oppler*, B § 4 Abs. 4 Rn. 2.
21 *Keller* in: Franke/Kemper/Zanner/Grünhagen, § 4 VOB/B Rn. 201; *Stuttmann*, BauR 2001, 1487, 1491.

tungspflicht. Damit handelt es sich um eine leistungsbezogene Pflicht gem. § 241 Abs. 1 BGB. Im Regelfall wird diese Pflicht in seiner Erfüllungspflicht bzw. daran anknüpfenden Ansprüchen aufgehen. Leistungsstörungen werden sich in einem Rücktrittsrecht bzw. Schadensersatzansprüchen statt der Leistung oder wegen Verzögerung niederschlagen. § 4 Abs. 5 VOB/B klärt insoweit, dass eine vorgelagerte Pflichtverletzung geeignet ist, den im Hinblick auf Schadensersatzansprüche erforderlichen Verschuldensvorwurf anzuknüpfen.

17 Soweit sich die dem Auftragnehmer übertragene Pflicht auf außerhalb seiner Leistungspflicht liegende Gegenstände bezieht, handelt es sich um eine nicht-leistungsbezogene Schutzpflicht gem. § 241 Abs. 2 BGB, die mit der Ausführung der Bauleistung beginnt und mit der Abnahme des Bauwerkes endet.[22] Kommt der Auftragnehmer seiner Erhaltungs- und Schutzpflicht schuldhaft nicht nach, so haftet er gegenüber dem Auftraggeber auf Schadensersatz gem. §§ 241 Abs. 2, 280 Abs. 1 BGB in Höhe des entstandenen Schadens. Bei groben Pflichtverletzungen kommt daneben ein Rücktritt gem. § 324 BGB in Betracht.

18 Der Rechtsgedanke des § 4 Abs. 5 S. 1 VOB/B gilt auch beim BGB-Werkvertrag.[23] Die Beweislast für den Eintritt und die Höhe des Schadens trägt der Auftraggeber; der Auftragnehmer ist demgegenüber beweispflichtig dafür, dass er seiner Schutzpflicht ordnungsgemäß nachgekommen ist.[24]

II. Schutz vor Beschädigung und Diebstahl, § 4 Abs. 5 S. 1 VOB/B

19 Die Verpflichtung des Auftragnehmers, den Auftraggeber vor Beschädigung und Diebstahl zu schützen, stellt eine vertragliche Nebenpflicht des Auftragnehmers dar.[25] Diese Pflicht wird allein durch die VOB/B begründet, wenn diese Vertragsbestandteil wurde, und bedarf weder einer weiteren Vereinbarung zwischen den Parteien noch einer Anordnung des Auftraggebers.[26]

20 Die Schutzmaßnahmen, welche der Auftragnehmer ergreifen muss, richten sich nach den Umständen des konkreten Einzelfalles. Es ist zu fragen, welche Maßnahmen nach Würdigung der Gesamtumstände erforderlich und geeignet sind und vom Auftragnehmer erwartet werden können.[27] Auf die örtlichen Gegebenheiten und die Verkehrssitte ist Rücksicht zu nehmen.[28] Für nach dieser Vorschrift geforderte Schutzmaßnahmen besteht kein gesonderter Vergütungsanspruch des Auftragnehmers.[29]

21 Die Schutzpflicht des Auftragnehmers beschränkt sich auf die von ihm ausgeführten Leistungen, welche er auf Grund seiner vertraglichen Leistungspflicht zu erbringen hat und die ihm zur Ausführung übergebenen Gegenstände. Dies sind Materialien, Geräte, Werkzeuge, das Grundstück selbst sowie vorhandene Vorleistungen anderer Unternehmer, wenn die Leistung hierauf aufbaut.[30]

III. Schutz vor Winterschäden, Grundwasser, Beseitigung von Eis und Schnee, § 4 Abs. 5 S. 2 VOB/B

22 Gemäß § 4 Abs. 5 S. 2 VOB/B ist der Auftragnehmer verpflichtet, die beschriebenen Gegenstände auch vor Winterschäden und Grundwasser zu schützen sowie Schnee und Eis zu beseitigen. Diese Pflicht wird grundsätzlich nicht von der Erhaltungspflicht gem. Satz 1 mit umfasst.[31] Sie kann jedoch zum einen zwischen den Parteien vertraglich vereinbart worden sein oder vom Auf-

---

22 Nicklisch/Weick/*Nicklisch*, § 4 VOB/B Rn. 76.
23 OLG Celle v. 26.09.2002, 22 U 109/01, BauR 2003, 550.
24 Nicklisch/Weick/*Nicklisch*, § 4 VOB/B Rn. 79.
25 Ingenstau/Korbion/*Oppler*, § 4 Abs. 5 VOB/B Rn. 2.
26 Ganten/Jagenburg/Motzke/*Hofmann*, § 4 Nr. 5 VOB/B Rn. 1.
27 Kapellmann/Messerschmidt/*Merkens*, § 4 VOB/B Rn. 129.
28 *Keller*, in: Franke/Kemper/Zanner/Grünhagen, § 4 VOB/B Rn. 205.
29 *Keller*, in: Franke/Kemper/Zanner/Grünhagen, § 4 VOB/B Rn. 202.
30 Ingenstau/Korbion/*Oppler*, § 4 Abs. 5 Rn. 8; Kapellmann/Messerschmidt/*Merkens*, § 4 VOB/B Rn. 128.
31 Ingenstau/Korbion/*Oppler*, § 4 Abs. 5 VOB/B Rn. 18.

traggeber verlangt werden. Im ersteren Fall ist die Vergütungsregelung dem Vertrag zu entnehmen, in letzterem Fall kann der Auftragnehmer eine gesonderte Vergütung gem. § 2 Abs. 6 VOB/B verlangen.

F. Pflicht zur Beseitigung vertragswidriger Stoffe oder Bauteile, § 4 Abs. 6 VOB/B

Der Auftragnehmer ist gem. § 4 Abs. 6 VOB/B verpflichtet, Stoffe oder Bauteile, die dem Vertrag oder den Proben nicht entsprechen, auf Anordnung des Auftraggebers innerhalb einer von ihm bestimmten Frist von der Baustelle zu entfernen. Kommt er dieser Anordnung nicht nach, so können sie auf Kosten des Auftragnehmers entfernt oder für seine Rechnung veräußert werden. Zweck dieser Regelung ist es, die Entstehung eines mangelhaften und vertragswidrigen Bauwerkes bereits im Ausführungsstadium zu verhindern, um so Kosten zu sparen und Mängeln vorzubeugen. Dieser Anspruch wird auch als vorweggenommener Mängelbeseitigungsanspruch bezeichnet,[32] da es sich um einen der VOB/B eigentümlichen Anspruch handelt, der schon während des Ausführungsstadiums eingreift, um durch den Einbau erst entstehende Mängel zu verhindern.[33]

23

Unter die Beseitigungspflicht gemäß § 4 Abs. 6 S. 1 VOB/B fallen nur Stoffe oder Bauteile, welche vom Auftragnehmer beschafft oder vorbereitet worden sind.[34] Des Weiteren müssen sich die Stoffe oder Bauteile auf der Baustelle, wobei das Verbringen auf einen mit der Baustelle verbundenen Lagerplatz genügt, befinden und dürfen noch nicht eingebaut worden sein. Wurden sie bereits eingebaut, so richten sich die Ansprüche des Auftraggebers nach § 4 Abs. 7 VOB/B.[35]

24

Der Beseitigungsanspruch des Auftraggebers ist nur dann gegeben, wenn die Stoffe bzw. Bauteile vertrags- oder probewidrig sind. Baustoffe und Bauteile sind vertragswidrig, wenn sie nach ihrer Beschaffenheit und Güte von den vertraglich getroffenen Vereinbarungen abweichen.[36] Hierbei ist zunächst von der zwischen den Parteien vereinbarten Leistungsbeschreibung auszugehen. Fehlt eine Leistungsbeschreibung oder ist sie unvollständig, so müssen die Stoffe oder die Bauteile den anerkannten Regeln der Technik entsprechen. Probewidrig sind die Stoffe oder Bauteile, wenn sie nicht nach Maß, Gewicht und Qualität mit den Eigenschaften übereinstimmen, welche die zum Inhalt der vertraglichen Leistung gemachte Probe hat.[37] Ob der Baustoff oder das Bauteil vertragswidrig ist, bestimmt sich nach objektiven Gesichtspunkten.[38]

25

Sind diese Voraussetzungen erfüllt, so kann der Auftraggeber die Beseitigung anordnen. Die Anordnung muss eindeutig und bestimmt sein und sollte eine angemessene Frist enthalten.[39] Die Fristsetzung ist zwar keine Wirksamkeitsvoraussetzung für den Beseitigungsanspruch, jedoch gem. § 4 Abs. 6 S. 2 VOB/B erforderlich.[40]

26

Erfüllt der Auftragnehmer seine Beseitigungspflicht nicht, so gibt § 4 Abs. 6 S. 2 VOB/B dem Auftraggeber ein an drei Voraussetzungen geknüpftes Selbsthilferecht: Die Stoffe oder Bauteile müssen objektiv vertrags- bzw. probewidrig sein. Daneben muss die angemessene Frist abgelaufen sein, ohne dass der Auftragnehmer der Entfernungsanordnung des Auftraggebers nachgekommen ist. Weitere Voraussetzungen bestehen nicht; insbesondere kommt es auf ein Verschulden nicht

27

---

32 Werner/Pastor Rn. 1610; Ingenstau/Korbion/Oppler, § 4 Abs. 6 VOB/B Rn. 2; Kapellmann/Messerschmidt/Merkens, § 4 VOB/B Rn. 132.
33 Werner/Pastor Rn. 1610; Vygen/Joussen Rn. 972; Ingenstau/Korbion/Oppler, § 4 Abs. 6 VOB/B Rn. 2.
34 Ingenstau/Korbion/Oppler, § 4 Abs. 6 VOB/B Rn. 3.
35 Kapellmann/Messerschmidt/Merkens, § 4 VOB/B Rn. 137; Nicklisch/Weick/Nicklisch, § 4 VOB/B Rn. 82.
36 Kapellmann/Messerschmidt/Merkens, § 4 VOB/B Rn. 140.
37 Ingenstau/Korbion/Oppler, § 4 Abs. 6 VOB/B Rn. 5.
38 Nicklisch/Weick/Nicklisch, § 4 VOB/B Rn. 83.
39 Keller, in: Franke/Kemper/Zanner/Grünhagen, § 4 VOB/B Rn. 236.
40 Keller, in: Franke/Kemper/Zanner/Grünhagen, § 4 VOB/B Rn. 237.

an.[41] Das Selbsthilferecht kann der Auftraggeber auf zwei verschiedene Arten ausüben: Er kann die Stoffe entweder auf Kosten des Auftragnehmers entfernen oder sie für dessen Rechnung veräußern.

G. Mängelbeseitigung und Schadensersatz vor der Abnahme, § 4 Abs. 7 VOB/B

I. Allgemeines

28 § 4 Abs. 7 VOB/B ermöglicht es dem Auftraggeber bereits während der Bauausführungsphase, Mängelansprüche geltend zu machen. Satz 1 verpflichtet den Auftragnehmer, die mangelhaften Leistungen auf eigene Kosten durch mangelfreie zu ersetzen (Ersetzungsanspruch). Unter den Voraussetzungen des Satzes 2 kann der Auftraggeber Schadensersatz fordern und gemäß Satz 3 nach Fristsetzung und Androhung den Vertrag kündigen, wenn der Auftragnehmer seiner Ersetzungspflicht nicht nachkommt. Die Ansprüche gemäß § 4 Abs. 7 VOB/B können nur während der Bauausführung geltend gemacht werden.[42] Nach der Abnahme stehen dem Auftraggeber die Mängelansprüche nach § 13 VOB/B zu.

29 Zweck dieser Regelung ist es, den Besonderheiten des Bauvertrages als Langzeitvertrag Rechnung zu tragen und dem Auftraggeber schon während der Herstellungsphase einen Anspruch an die Hand zu geben, um so Kosten zu sparen und Beweisschwierigkeiten auszuschließen. Die Regelungen in § 4 Abs. 7 VOB/B sind abschließend.[43] Die Verjährung des Ersetzungs- und des Schadensersatzanspruches richtet sich nach der regelmäßigen Verjährungsfrist des § 195 BGB.[44]

II. Mängelbeseitigungsanspruch, § 4 Abs. 7 S. 1 VOB/B

30 Der Ersetzungsanspruch gem. § 4 Abs. 7 S. 1 VOB/B stellt eine Modifikation des Erfüllungsanspruches dar, der von einem Verschulden des Auftragnehmers unabhängig ist.[45] Satz 1 stellt einen vorweggenommenen Mängelbeseitigungsanspruch dar, der im BGB keine entsprechende Regelung erfahren hat.[46]

31 Anspruchsvoraussetzung ist eine mangelhafte oder vertragswidrig erbrachte Leistung des Auftragnehmers. Leistung ist alles, was auf Grund des bestehenden Bauvertrages geschuldet wird.[47] Die Vertragswidrigkeit muss dem Bauwerk selbst anhaften. Nicht unter den Begriff kann daher die nur verzögerte Leistung gefasst werden.[48]

32 Vertragswidrig ist die Leistung, wenn sie nicht der vereinbarten Beschaffenheit entspricht.[49] Wurde die Beschaffenheit nicht vereinbart, ist die Leistung frei von Sachmängeln, wenn sie sich für die nach dem Vertrag vorausgesetzte, sonst für die gewöhnliche Verwendung eignet und eine Beschaffenheit aufweist, die bei Werken der gleichen Art üblich ist und die der Auftraggeber nach Art der Leistung erwarten kann. Der Auftraggeber kann erwarten – und insoweit handelt es sich zugleich um eine übliche Beschaffenheit –, dass die anerkannten Regeln der Technik eingehalten werden.

---

41 Ganten/Jagenburg/Motzke/*Hofmann*, § 4 Nr. 6 VOB/B Rn. 33; Kapellmann/Messerschmidt/*Merkens*, § 4 VOB/B Rn. 147.
42 Kapellmann/Messerschmidt/*Merkens*, § 4 VOB/B Rn. 155.
43 Nicklisch/Weick/*Nicklisch*, § 4 VOB/B Rn. 90.
44 Ingenstau/Korbion/*Oppler*, § 4 Abs. 7 VOB/B Rn. 25.
45 Nicklisch/Weick/*Nicklisch*, § 4 VOB/B Rn. 94; Kapellmann/Messerschmidt/*Merkens*, § 4 VOB/B Rn. 158.
46 Ob im Rahmen des BGB-Werkvertrages vor Abnahme Gewährleistungsansprüche geltend gemacht werden können ist umstritten; vgl. *Glöckner*, § 634 Rdn. 17 ff.
47 Kapellmann/Messerschmidt/*Merkens*, § 4 VOB/B Rn. 159.
48 Ingenstau/Korbion/*Oppler*, § 4 Abs. 7 Rn. 10; Kapellmann/Messerschmidt/*Merkens*, § 4 VOB/B Rn. 156.
49 Zum Mangelbegriff: *Rehbein*, § 633 Rdn. 6 ff.

Nicht fertig gestellte Leistungen fallen unter § 4 Abs. 7 VOB/B, wenn der Auftragnehmer diese als fertiggestellt betrachtet und die weitere Ausführung ablehnt.[50] Der Mangelbegriff kennt keine Erheblichkeitsschwelle. Auch unerhebliche Mängel fallen unter § 4 Abs. 7 VOB/B.[51]

33

Der Anspruch aus § 4 Abs. 7 S. 1 VOB/B setzt zwar kein Verschulden des Auftragnehmers voraus, kann aber nur dann geltend gemacht werden, wenn der Mangel in dessen Verantwortungsbereich fällt.[52]

34

Der Anspruch ist auf Beseitigung des Mangels gerichtet und bedarf weder einer Aufforderung durch den Auftraggeber noch einer Fristsetzung.[53] Dem Auftragnehmer steht es grundsätzlich frei, ob er den geschuldeten Leistungserfolg durch Nachbesserung oder durch Neuherstellung verwirklichen will.[54] Die Kosten der Ersetzung trägt der Auftragnehmer. Die Beseitigungspflicht ist ausgeschlossen, wenn sie unmöglich ist oder einen unverhältnismäßigen Aufwand erfordert. Letzteres liegt dann vor, wenn der Mangelbeseitigungsaufwand des Auftragnehmers objektiv in keinem vernünftigen Verhältnis zum angestrebten Vorteil steht.[55] Der Auftragnehmer hat vor der Abnahme die ordnungsgemäße Erfüllung zu beweisen.[56]

35

III. Schadensersatzanspruch, § 4 Abs. 7 S. 2 VOB/B

Der Auftragnehmer ist verpflichtet, dem Auftraggeber den Schaden zu ersetzen, der diesem durch die mangelhafte oder vertragswidrige Bauausführung entstanden ist. Der Schadensersatzanspruch gemäß Satz 1 tritt neben den Ersetzungsanspruch aus § 4 Abs. 7 Satz 1 VOB/B und kann grundsätzlich nur während der Bauausführungsphase, d.h. vor Abnahme, geltend gemacht werden. Er bleibt auch bei vorzeitiger Beendigung des Vertrages bestehen. Nach Abnahme richten sich die Ansprüche des Auftraggebers nach § 13 VOB/B.

36

Voraussetzung des Anspruches auf Schadensersatz ist, dass die Leistung mangelhaft oder vertragswidrig erbracht wurde und der Auftragnehmer dies zu vertreten hat. Der Auftragnehmer hat sowohl für eigenes Verschulden, als auch für das seiner Erfüllungsgehilfen nach Maßgabe der §§ 276, 278 BGB einzustehen.[57]

37

Der Schadensersatzanspruch aus § 4 Abs. 7 VOB/B umfasst alle Schäden, die auf den Mangel oder die Vertragswidrigkeit zurückzuführen sind.[58] Der Auftragnehmer hat die Schäden zu ersetzen, welche dem Auftraggeber trotz der Mängelbeseitigung verbleiben.[59] Darunter fallen alle Mangelfolgeschäden,[60] die Verzögerungsschäden,[61] sowie der entgangene Gewinn[62] und Fremdnachbesserungskosten,[63] welche der Auftraggeber aufwenden muss. Er umfasst auch Verzögerungsschäden, die darauf beruhen, dass der Auftragnehmer vertragswidrig eine Mangelbeseitigung

38

---

50 *Keller*, in: Franke/Kemper/Zanner/Grünhagen, § 4 VOB/B Rn. 247.
51 KG Berlin v. 06.05.2004, 10 U 62/03; BauR 2006, 154; OLG Bamberg v. 23.07.2007, 3 U 31/07, BauR 2007, 1780.
52 *Keller*, in: Franke/Kemper/Zanner/Grünhagen, § 4 VOB/B Rn. 248; Nicklisch/Weick/*Nicklisch*, § 4 VOB/B Rn. 95.
53 *Keller*, in: Franke/Kemper/Zanner/Grünhagen, § 4 VOB/B Rn. 249.
54 Nicklisch/Weick/*Nicklisch*, § 4 VOB/B Rn. 97.
55 Kapellmann/Messerschmidt/*Merkens*, § 4 VOB/B Rn. 166.
56 Ingenstau/Korbion/*Oppler*, § 4 Abs. 7 VOB/B Rn. 17.
57 Kapellmann/Messerschmidt/*Merkens*, § 4 VOB/B Rn. 168; Nicklisch/Weick/*Nicklisch*, § 4 Rn. 102.
58 Ingenstau/Korbion/*Oppler*, § 4 Abs. 7 VOB/B Rn. 34.
59 Kapellmann/Messerschmidt/*Merkens*, § 4 VOB/B Rn. 169; *Keller*, in: Franke/Kemper/Zanner/Grünhagen, § 4 VOB/B Rn. 262.
60 BGH v. 20.04.2000, VII ZR 164/99, BauR 2000, 1479.
61 *Keller*, in: Franke/Kemper/Zanner/Grünhagen, § 4 VOB/B Rn. 264.
62 Kapellmann/Messerschmidt/*Merkens*, § 4 VOB/B Rn. 170.
63 BGH v. 20.04.2000, VII ZR 164/99, BauR 2000, 1479.

verzögert oder unterlässt.[64] Schadensersatz wegen Nichterfüllung des gesamten Vertrages kann nach dieser Vorschrift jedoch grundsätzlich nicht verlangt werden, es sei denn die Mängel können nur durch die Beseitigung des gesamten Bauwerkes behoben werden.[65]

39 Der Umfang des Schadensersatzanspruches richtet sich nach den §§ 249 ff. BGB[66] und ist seiner Höhe nach nicht begrenzt. Erlangt der Auftraggeber durch die mangelhafte Leistung einen Vorteil, so muss er sich diesen auf den Schadensersatzanspruch anrechnen lassen,[67] sofern dies den Auftragnehmer nicht unbillig entlastet. Schadensersatz wegen entgangener Nutzungsmöglichkeiten kommt nur in Betracht, wenn die Beeinträchtigung erheblich war.[68]

40 Der Auftragnehmer muss beweisen, dass die erbrachte Leistung mangelfrei und vertragsgemäß war. Liegt die Schadensursache in seinem Verantwortungsbereich, so muss er beweisen, dass ihn kein Verschulden trifft.[69] Demgegenüber muss der Auftraggeber beweisen, dass ein Schaden eingetreten ist und dieser auf der mangelhaften oder vertragswidrigen Bauleistung des Auftragnehmers beruht.[70]

IV. Kündigungsrecht des Auftraggebers, § 4 Abs. 7 S. 3 VOB/B

41 Dem Auftraggeber wird durch § 4 Abs. 7 S. 3 VOB/B ermöglicht, dem Auftragnehmer den Auftrag zu entziehen, wenn dieser innerhalb einer angemessenen Frist der Beseitigung des Mangels nicht nachgekommen ist. Diese Vorschrift stellt eine abschließende Sonderregelung dar.[71]

42 Um nach dieser Regelung den Vertrag kündigen zu können, muss der Auftraggeber den Auftragnehmer zunächst auffordern, den Mangel oder die Vertragswidrigkeit zu beseitigen. Er muss dazu die mangelhafte Leistung so konkret angeben, dass es dem Auftragnehmer ohne Zweifel möglich ist, den Mangel zu erkennen und ihn zu beseitigen. Des Weiteren muss der Auftraggeber eine angemessene Frist zur Beseitigung des Mangels setzen. Die Angemessenheit bestimmt sich nach objektiven Kriterien anhand der besonderen Umstände des Einzelfalles. Eine Frist ist dann angemessen, wenn während ihrer Dauer die Mängel unter größten Anstrengungen des Unternehmers beseitigt werden können.[72] Setzt der Auftraggeber eine zu kurze Frist, so ist diese nicht unwirksam, sondern setzt eine angemessene Frist in Gang.[73]

43 Ist die Mangelbeseitigung unmöglich oder verweigert der Auftragnehmer sie ernsthaft und endgültig, so wäre eine Fristsetzung eine unnötige Förmelei. Sie ist daher in beiden Fällen entbehrlich.[74]

44 Mit der Fristsetzung hat der Auftraggeber dem Auftragnehmer anzudrohen, dass er den Auftrag nach fruchtlosem Fristablauf entziehen werde. Sowohl die Fristsetzung als auch die angedrohte Entziehung sind formlos möglich, müssen jedoch eindeutig und zweifelsfrei zum Ausdruck bringen, dass nach Ablauf der Frist der Auftrag gekündigt wird. Auch nach Androhung der Auftrags-

---

64 BGH v. 06.04.2000, VII ZR 199/97, BauR 2000, 1189.
65 Nicklisch/Weick/*Nicklisch*, § 4 VOB/B Rn. 104; *Keller*, in: Franke/Kemper/Zanner/Grünhagen, § 4 VOB/B Rn. 265.
66 Vgl. die Ausführungen von *Koenen*, §§ 249–255 BGB.
67 Kapellmann/Messerschmidt/*Merkens*, § 4 VOB/B Rn. 172; Nicklisch/Weick/*Nicklisch*, § 4 VOB/B Rn. 104.
68 Kapellmann/Messerschmidt/*Merkens*, § 4 VOB/B Rn. 172.
69 BGH v. 25.10.1973, VII ZR 181/72, BauR 1974, 63; Ingenstau/Korbion/*Oppler*, § 4 Abs. 7 Rn. 40.
70 Nicklisch/Weick/*Nicklisch*, § 4 VOB/B Rn. 108.
71 BGH v. 15.05.1986, VII ZR 175/85, BauR 1986, 573; v. 02.10.1997, VII ZR 44/97, BauR 1997, 1027.
72 BGH v. 23.02.2006, VII ZR 84, 05, BauR 2006, 979.
73 BGH v. 05.12.2002, VII ZR 360/01, BauR 2003, 386.
74 BGH v. 15.03.1990, VII ZR 311/88, BauR 1990, 466; v. 30.03.2004, X ZR 127/01.

entziehung bleibt der Vertrag nach Fristablauf wirksam. Dem Auftraggeber steht es frei, dem Auftragnehmer nach Ablauf der Frist den Auftrag tatsächlich zu entziehen.

Die Entziehung bedarf der Schriftform und muss gesondert erfolgen, d.h. sie kann nicht zusammen mit der Frist und der Androhung erklärt werden. Das Kündigungsrecht kann verwirkt werden, wenn zwischen Fristablauf und Kündigung ein unangemessen langer Zeitraum verging und der Auftraggeber den Eindruck erweckte, die angedrohte Kündigung nicht zu erklären. 45

H. Pflicht des Auftragnehmers zur Selbstausführung der Leistung, § 4 Abs. 8 VOB/B

I. Persönliche Leistungserbringungspflicht des Auftragnehmers

§ 4 Abs. 8 Nr. 1 Satz 1 VOB/B verpflichtet den Auftragnehmer, die Leistung im eigenen Betrieb auszuführen. Diese Vorschrift findet keine Entsprechung im BGB-Werkvertragsrecht, da dieses keine persönliche Leistungserbringungspflicht des Werkunternehmers kennt.[75] Diese Regelung wird durch die Besonderheiten des Bauvertragsrechts begründet. Der Langzeitcharakter des Bauvertrages begründet ein besonderes Vertrauensverhältnis zwischen den Vertragsparteien mit damit einhergehenden Kooperationspflichten, um so den störungsfreien Ablauf der Bauerrichtung zu gewährleisten.[76] Die persönliche Leistungserbringungspflicht ist nicht mit einer höchstpersönlichen Pflicht des Auftragnehmers (der nicht selten eine juristische Person sein wird) zu verwechseln, sondern ist betriebsbezogen zu verstehen.[77] Der Auftragnehmer kann deshalb bei der Durchführung der Bauleistung seine Mitarbeiter einsetzen. Die sachlichen Mittel kann er auch von Dritten beziehen.[78] Der Betriebsbezug bedeutet auch nicht, dass der Auftragnehmer die Bauleistung in seiner eigenen Betriebsstätte ausführen muss. Der Ort, an welchem die Leistung ausgeführt wird, ist nicht entscheidend, sondern es ist auf die fachliche Eignung des Auftragnehmers abzustellen.[79] 46

Beauftragt der Auftragnehmer eigenmächtig einen Nachunternehmer, so stellt dies eine Nebenpflichtverletzung dar, die nach verbreiteter Ansicht zu Schadensersatzansprüchen nach §§ 280 Abs. 1, 241 Abs. 2 BGB führen soll.[80] Da die Pflicht zur persönlichen Leistungserbringung die Gewähr für mangelfreie Bauerrichtung bieten soll, handelt es sich aber wohl richtigerweise um eine leistungsbezogene Pflicht gem. § 241 Abs. 1 BGB, die im Regelfall die Abmahnung gem. § 281 Abs. 3 BGB verlangt, bevor der Auftraggeber Schadensersatz statt der Leistung verlangen kann. Diese Wertung wird durch die Abmahnungspflicht bestätigt, welche die Vorschrift vor die Kündigungsmöglichkeit stellt (vgl. § 323 Abs. 3 BGB). Der Nacherfüllung durch persönliche Leistung nicht zugängliche Schäden können nach § 280 Abs. 1 BGB ersetzt verlangt werden. 47

II. Ausnahmen

1. Zustimmung

Der Auftragnehmer ist zum Einsatz von Nachunternehmern berechtigt, wenn der Auftraggeber schriftlich der Übertragung von Leistungen an den Nachunternehmer zustimmt. Dieses Erfordernis sichert das Mitbestimmungsrecht des Auftraggebers. Die Zustimmung kann entweder vor (Einwilligung) oder nach (Genehmigung) Vertragsschluss erteilt werden.[81] Eine Erteilung in All- 48

---

75 Ingenstau/Korbion/*Oppler*, § 4 Abs. 8 VOB/B Rn. 1.
76 Kapellmann/Messerschmidt/*Merkens*, § 4 VOB/B Rn. 193.
77 Nicklisch/Weick/*Nicklisch*, § 4 VOB/B Rn. 117; Ganten/Jagenburg/Motzke/*Hofmann*, § 4 Nr. 8 VOB/B Rn. 4.
78 Ingenstau/Korbion/*Oppler*, § 4 Abs. 6 VOB/B Rn. 4.
79 Ingenstau/Korbion/*Oppler*, § 4 Abs. 6 VOB/B Rn. 4.
80 Nicklisch/Weick/*Nicklisch*, § 4 VOB/B Rn. 122; Kapellmann/Messerschmidt/*Merkens*, § 4 VOB/B Rn. 211.
81 *Keller*, in: Franke/Kemper/Zanner/Grünhagen, § 4 VOB/B Rn. 309.

gemeinen Geschäftsbedingungen ist zulässig, da das Werkvertragsrecht des BGB keine Selbstausführungspflicht kennt und eine »Übertragungsklausel« keinen Verstoß gegen die §§ 305 ff. BGB begründet.[82]

49 Der Auftraggeber kann die Zustimmung unter Auflagen und Bedingungen erteilen.[83] Verstößt der Auftragnehmer gegen diese, so verletzt er seine Vertragspflichten und macht sich schadensersatzpflichtig. An die Auflagen und Bedingungen ist er nur dann nicht gebunden, wenn sie gegen Treu und Glauben oder gegen ein gesetzliches Verbot verstoßen.[84]

50 Die Zustimmung bedarf grundsätzlich der Schriftform. Von dem Formerfordernis ist jedoch abzusehen, wenn die Parteien davon ausgehen, dass eine mündliche Zustimmung ausreichen soll.[85]

2. Betriebsfremde Leistungen

51 Die Zustimmung ist gemäß § 4 Abs. 8 Nr. 1 S. 3 VOB/B auch dann nicht notwendig, wenn der Betrieb des Auftragnehmers nicht auf die zu erbringenden Leistungen eingerichtet ist. Es muss sich um betriebsfremde Leistungen handeln, welche der Auftragnehmer auf Grund seiner Personal- und Sachstruktur nicht selbst erbringen kann. Die Regelung unterstellt, dass der Auftraggeber einer Vergabe an Nachunternehmer zustimmt, wenn er einen Auftrag an einen Auftragnehmer vergibt, der nach seiner betrieblichen Einrichtung nicht zur persönlichen Erbringung in der Lage ist. Weil die Regelung eine Ausnahme vom Eigenleistungsprinzip darstellt, ist sie eng auszulegen. Sie ist im Rahmen der Bauausführung auf Leistungen zu beschränken, welche nicht ins Gewicht fallen, da der Auftragnehmer regelmäßig zu verstehen gibt, dass er die Leistung grundsätzlich in seinem Betrieb erbringen kann.

III. Kündigungsrecht des Auftraggebers

52 Für das Kündigungsrecht des Auftragnehmers wird vorausgesetzt, dass der Auftragnehmer Leistungen nicht im eigenen Betrieb erbringt, obwohl er hierzu verpflichtet ist. Greifen die Ausnahmen des § 4 Abs. 8 Nr. 1 S. 2 und 3 VOB/B ein, so steht dem Auftraggeber kein Kündigungsrecht zu. Für den Ausschluss der Kündigung genügt es, wenn die Zustimmung mündlich erteilt wurde oder sich aus den Umständen ergibt.[86] Des Weiteren muss der Auftraggeber den Auftragnehmer auffordern, innerhalb einer angemessenen Frist die ungenehmigten Nachunternehmereinsätze zu unterlassen und die Leistung im eigenen Betrieb auszuführen. Die Angemessenheit der Frist bestimmt sich nach den Umständen des Einzelfalles. Diese Aufforderung muss eindeutig und unmissverständlich formuliert und mit der Erklärung verbunden sein, dass der Auftraggeber nach fruchtlosem Ablauf der Frist dem Auftragnehmer den Auftrag entziehen werde. Die Aufforderung ist an keine Form gebunden, sollte jedoch zu Beweiszwecken schriftlich abgeben werden. Liegen die Voraussetzungen des § 4 Abs. 8 Nr. 1 S. 4 VOB/B vor, so steht dem Auftraggeber das Recht zu, den Vertrag gemäß § 8 Abs. 3 VOB/B zu kündigen.

IV. Vereinbarung der VOB/B mit Nachunternehmern

53 Der Auftragnehmer hat bei der Weitervergabe von Bauleistungen an Nachunternehmer die VOB/B und VOB/C zugrunde zu legen. Diese Verpflichtung gilt nur bei der Weitergabe von Bauleistun-

---

82 *Keller*, in: Franke/Kemper/Zanner/Grünhagen, § 4 VOB/B Rn. 308; Ingenstau/Korbion/*Oppler*, § 4 Abs. 8 VOB/B Rn. 9.
83 Kapellmann/Messerschmidt/*Merkens*, § 4 VOB/B Rn. 197.
84 *Keller*, in: Franke/Kemper/Zanner/Grünhagen, § 4 VOB/B Rn. 311.
85 Ingenstau/Korbion/*Oppler*, § 4 Abs. 8 VOB/B Rn. 12.
86 Ingenstau/Korbion/*Oppler*, § 4 Abs. 8 VOB/B Rn. 18; *Keller*, in: Franke/Kemper/Zanner/Grünhagen, § 4 VOB/B Rn. 332.

gen; andere Leistungen (Transport, Materialbeschaffung, Lieferung vorgefertigter Bauteile) werden von dieser Regelung nicht erfasst.[87]

V. Mitteilungspflicht des Auftragnehmers

Gemäß § 4 Abs. 8 Nr. 3 VOB/B ist der Auftragnehmer verpflichtet, dem Auftraggeber auf Verlangen des Auftraggebers die Nachunternehmer bekannt zu geben. Diese Pflicht dient dem Schutz des Auftraggebers und umfasst die Mitteilung von Namen und Anschrift des Nachunternehmers, welche Gewerke weitergegeben wurden, sowie die Begründung der fachlichen Eignung des Nachunternehmers.[88]

54

I. Anzeige- und Ablieferungspflicht bei Fund, § 4 Abs. 9 VOB/B

I. Allgemeines

Entdeckt der Auftragnehmer bei Ausführung der Leistung Gegenstände von Altertums-, Kunst- oder wissenschaftlichem Wert, so ist er verpflichtet, dem Auftraggeber den Fund anzuzeigen und ihm diesen nach näherer Weisung abzuliefern. »Entdecken« bedeutet, dass die Sache so wahrzunehmen ist, dass eine tatsächliche Einwirkung auf sie möglich wird.[89] Die entdeckten Gegenstände von Altertums-, Kunst- oder wissenschaftlichem Wert umfassen sowohl bewegliche als auch unbewegliche Sachen.[90] Eine Einschränkung auf bewegliche Sachen ist bei § 4 Abs. 9 VOB/B nicht gegeben. Der gefundene Gegenstand muss lediglich einen Wert i.S.v. Satz 1 besitzen. Dieser wird nach allgemeiner verkehrsüblicher Auffassung bestimmt, in der Regel durch einen sachverständigen Gutachter.[91] Wird dem Gegenstand kein Wert nach § 4 Abs. 9 VOB/B beigemessen, so ist ausschließlich § 984 BGB anwendbar.[92] Ist der Auftragnehmer zur Geltendmachung von eigenen Rechten nach § 984 BGB befugt, gehen diese in entsprechender Anwendung von § 4 Abs. 1 VOB/B auf den Auftraggeber über.[93] Durch diese Vorschrift soll verhindert werden, dass der gefundene Gegenstand beschädigt wird oder abhanden kommt.[94]

55

II. Anzeige- und Ablieferungspflicht, § 4 Abs. 9 S. 1 Halbsatz 2 VOB/B

Entdeckt der Auftragnehmer einen Fund, so hat er diesen dem Auftraggeber unverzüglich (§ 121 Abs. 1 S. 1 BGB) anzuzeigen. Die Anzeigeverpflichtung besteht bereits mit der Entdeckung des Gegenstandes und nicht erst, wenn der Auftragnehmer Gewissheit über den Wert der Sache hat.[95] Er muss, vorbehaltlich seiner Schutzpflicht (s.u.), den gefundenen Gegenstand so belassen, wie er ihn gefunden hat, und die Weisungen des Auftraggebers abwarten, bevor er mit den Ausführungen fortfahren darf.[96] Der Auftraggeber ist gehalten, die Weisungen schnellstmöglich zu erteilen, um den Stillstand möglichst gering zu halten. Kommt der Auftraggeber seiner Pflicht, dem Auf-

56

---

87 Kapellmann/Messerschmidt/*Merkens*, § 4 VOB/B Rn. 206; *Keller* in: Franke/Kemper/Zanner/Grünhagen, § 4 VOB/B Rn. 340.
88 Kapellmann/Messerschmidt/*Merkens*, § 4 VOB/B Rn. 210.
89 MüKo-BGB/*Quack*, § 984 Rn. 2.
90 Ingenstau/Korbion/*Oppler*, § 4 Abs. 9 VOB/B Rn. 2; Kapellmann/Messerschmidt/*Merkens*, § 4 VOB/B Rn. 212.
91 Ingenstau/Korbion/*Oppler*, § 4 Abs. 9 VOB/B Rn. 2; Kapellmann/Messerschmidt/*Merkens*, § 4 VOB/B Rn. 212; Nicklisch/Weick/*Nicklisch*, § 4 VOB/B Rn. 123.
92 *Keller*, in: Franke/Kemper/Zanner/Grünhagen, § 4 VOB/B Rn. 349; Ingenstau/Korbion/*Oppler*, § 4 Abs. 9 VOB/B Rn. 2.
93 Ganten/Jagenburg/Motzke/*Hofmann*, § 4 Nr. 9 VOB/B Rn. 7; Ingenstau/Korbion/*Oppler*, § 4 Abs. 9 VOB/B Rn. 2.
94 Ganten/Jagenburg/Motzke/*Hofmann*, § 4 Nr. 9 VOB/B Rn. 1; Nicklisch/Weick/*Nicklisch*, § 4 VOB/B Rn. 124.
95 Ganten/Jagenburg/Motzke/*Hofmann*, § 4 Nr. 9 VOB/B Rn. 8.
96 Kapellmann/Messerschmidt/*Merkens*, § 4 VOB/B Rn. 214.

tragnehmer unverzüglich zu antworten, nicht nach, so verletzt er eine Mitwirkungspflicht und gerät in Annahmeverzug.[97] Erschwert sich durch den Fund die weitere Bauausführung, so stehen dem Auftragnehmer die Rechte aus § 6 VOB/B, sowie aus § 642 BGB zu.[98]

57 Verletzt der Auftragnehmer seine Anzeige- und Ablieferungspflicht, so kann dies eine Haftung auf Grund einer Pflichtverletzung gemäß §§ 280 Abs. 1, 241 Abs. 2 BGB begründen, da diese Pflichten Nebenpflichten darstellen, welchen der Auftragnehmer nachkommen muss.[99] Behandelt der Auftragnehmer den von ihm gefundenen Gegenstand bis zur Ablieferung nicht sorgsam und wird dieser beschädigt, zerstört oder kommt abhanden, so haftet er auf Grund der Verletzung seiner Fürsorge- und Obhutspflicht auf Schadensersatz gem. §§ 280 Abs. 1, 241 Abs. 2 BGB.[100]

III. Vergütung etwaiger Mehrkosten, § 4 Nr. 9 S. 2 VOB/B

58 Die Vergütung entstehender Mehrkosten werden in § 4 Abs. 9 S. 2 VOB/B geregelt. Die zusätzlich anfallenden Kosten des Auftragnehmers hat der Auftraggeber nach Maßgabe von § 2 Abs. 6 VOB/B zu erstatten. Der Auftragnehmer ist nicht verpflichtet, die anfallenden Mehrleistungen, zu deren Erbringung er vertraglich nicht verpflichtet ist, ohne Kostenausgleich durchzuführen.[101] Er muss dem Auftraggeber die Mehrkosten grundsätzlich ankündigen.[102] Im Einzelfall kann die Ankündigungspflicht nach Treu und Glauben entbehrlich sein.[103] Tritt die Unterbrechung auf Grund eines behördlich verfügten Baustopps ein, so steht dem Auftragnehmer kein Anspruch auf die Erstattung der Mehrkosten gemäß § 4 Abs. 9 S. 2 VOB/B zu.[104] Er kann nur eine angemessene Entschädigung gem. § 642 BGB verlangen.

IV. Rechte des Entdeckers

59 Die Rechte des Entdeckers werden in § 4 Abs. 9 S. 3 VOB/B geregelt. Hiernach stehen diese gem. § 984 BGB dem Auftraggeber zu. Dies bedeutet, dass dem Auftraggeber die Eigentumsrechte zur Hälfte zustehen. Die andere Hälfte des entdeckten Gegenstandes steht dem Eigentümer der Sache zu, in welchem sich dieser befand. Der Auftraggeber und der Sacheigentümer sind gem. §§ 1008 ff. BGB Miteigentümer des entdeckten Gegenstandes.[105] Die Regelung des § 4 Abs. 9 S. 3 VOB/B gilt nur im Verhältnis der Bauvertragsparteien untereinander.[106]

J. § 4 Abs. 10 VOB/B

60 Bei der **Zustandsfeststellung** nach § 4 Abs. 10 VOB/B geht es um eine im BGB nicht geregelte Mitwirkungspflicht beider Parteien, die zur Vorbereitung der späteren endgültigen **Abnahme** (§ 12 VOB/B, § 640 BGB)[107] und zur Vorbereitung des **gemeinsamen Aufmaßes** (§ 14 Abs. 2 VOB/B) dient. Voraussetzung ist, dass mindestens eine Partei die Zustandsfeststellung verlangt.

---

97 Ingenstau/Korbion/*Oppler*, § 4 Abs. 9 VOB/B Rn. 4; Nicklisch/Weick/*Nicklisch*, § 4 VOB/B Rn. 127.
98 Ganten/Jagenburg/Motzke/*Hofmann*, § 4 Nr. 9 VOB/B Rn. 10; *Keller*, in: Franke/Kemper/Zanner/Grünhagen, § 4 VOB/B Rn. 356.
99 Ingenstau/Korbion/*Oppler*, § 4 Abs. 9 VOB/B Rn. 6.
100 Ganten/Jagenburg/*Motzke*, § 4 Nr. 9 VOB/B Rn. 13.
101 Ingenstau/Korbion/*Oppler*, § 4 Abs. 9 VOB/B Rn. 7; Kapellmann/Messerschmidt/*Merkens*, § 4 VOB/B Rn. 216.
102 Kapellmann/Messerschmidt/*Merkens*, § 4 VOB/B Rn. 216; Ingenstau/Korbion/*Oppler*, § 4 Abs. 9 VOB/B Rn. 7; a.A. *Keller*, in: Franke/Kemper/Zanner/Grünhagen, § 4 VOB/B Rn. 355.
103 BGH v. 23.05.1996, VII ZR 245/94, BauR 1996, 542.
104 OLG Braunschweig v. 22.04.2004, 8 U 227/02, BauR 2004, 1621.
105 Nicklisch/Weick/*Nicklisch*, § 4 VOB/B Rn. 126.
106 Ingenstau/Korbion/*Oppler*, § 4 Abs. 9 VOB/B Rn. 9; Ganten/Jagenburg/Motzke/*Hofmann*, § 4 Nr. 9 VOB/B Rn. 21.
107 Ingenstau/Korbion/*Oppler*, B § 4 Abs. 10 Rn. 3.

Abzugrenzen ist eine Zustandsfeststellung an Teilen der eigenen Leistung des Unternehmers, die von § 4 Abs. 10 VOB/B gemeint ist zu Zustandsfeststellungen zu anderen baulichen Anlagen und der Umgebung der Baustelle, also den örtlichen Vor- und Rahmenbedingungen der Bauleitung[108] in § 3 Abs. 4 VOB/B,[109] also an Sachen, die keine eigene Werkleistung des Unternehmers darstellen.

Die Vorschrift verpflichtet beide Parteien zur **Mitwirkung** an einer solchen Feststellung und dazu, das Ergebnis **schriftlich** niederzulegen, wobei die VOB/B nicht bestimmt, ob letzteres durch den Besteller oder Unternehmer zu erfolgen hat. 61

Die **Rechtsfolgen** einer Zustandsfeststellung nach § 4 Abs. 10 VOB/B sind unklar. Die Wirkung der rechtsgeschäftlichen Abnahme kommt einer Zustandsfeststellung keinesfalls zu. Zu weitgehend erscheint es auch, den im Rahmen der Zustandsfeststellung abgegebenen Erklärungen die Wirkungen eines Vergleichs oder eines Anerkenntnisses zuzuordnen.[110] Dies hätte die Folge, dass diejenige Partei, die eine von der Zustandsfeststellung abweichende Tatsachenlage behauptet, die sich aus dieser Behauptung ergebenden Rechte nicht oder nur noch unter erschwerten Bedingungen durchsetzen könnte. Dem entspricht aber nicht die Zielsetzung des § 4 Abs. 10 VOB/B, der darauf ausgelegt ist, **Wissenserklärungen** der Parteien zu dokumentieren und keine Willenserklärungen, die zur Herbeiführung einer über die bloße Zustandsfeststellung hinausgehenden Rechtsfolge erforderlich wären. 62

In der Literatur wird zuweilen behauptet,[111] ein unberechtigtes Fernbleiben bei der Zustandsfeststellung habe eine **Beweislastumkehr** zur Folge, ebenso wie die gemeinsame Feststellung, wenn Besteller oder Unternehmer zu einem späteren Zeitpunkt behaupten, die Zustandsfeststellung sei sachlich unrichtig gewesen. Dem ist nur unter Einschränkungen zu folgen. Ebenso wie sich bei der aus dem Kooperationsgebot ergebenden Pflicht des Bestellers zur Mitwirkung am gemeinsamen Aufmaß[112] hat der BGH Rechtsfolgen an einen Verstoß gegen diese Mitwirkungspflicht i.S. einer Umkehr der Darlegungs- und Beweislast nur dann angenommen, wenn das Aufmaß später nicht mehr oder nicht mehr mit zumutbarem Aufwand nachgeprüft werden kann.[113] Stets dann, wenn eine Überprüfung der gemeinsam getroffenen oder unterlassenen Tatsachenfeststellungen noch möglich war, änderte sich die Darlegungs- und Beweislast nicht.[114] Dies wird im Hinblick auf die nach § 4 Abs. 10 VOB/B gemeinsam vorzunehmende Zustandsfeststellung ebenso gelten. 63

Die VOB/B trifft keine Aussage dazu, wer die **Kosten** einer solchen Zustandsfeststellung zu tragen hat. Soweit sich derlei Zustandsfeststellungen in DIN-Normen als Nebenleistung beschrieben finden,[115] wird eine Auslegung des Vertrags im Regelfall ergeben, dass den Unternehmer entsprechende Kostentragungspflichten treffen. Fehlt eine solche Regelung oder haben die Parteien darauf verzichtet, die VOB/C in den Vertrag einzubeziehen, hilft in Ermangelung einer ausdrücklichen Regelung nur eine Auslegung des Vertrags. Ob dabei auf § 4 Abs. 7 VOB/B und die darin normierte Mängelbeseitigungspflicht des Unternehmers abgestellt und daraus gefolgert werden kann, auch die nach § 4 Abs. 10 VOB/B vorzunehmende Zustandsfeststellung sei auf dessen Kos- 64

---

108 *Hofmann*, in: Beck'scher VOB-Kommentar, B § 3 Nr. 4 Rn. 1.
109 Vgl. DIN 18303 Ziff. 4.1.1, DIN 18305 Ziff. 4.1.1., 18309 Ziff. 4.1.1., 18321 Ziff. 4.1.1.
110 Ingenstau/Korbion/*Oppler*, B § 4 Abs. 10 Rn. 6.
111 *Locher*, Das private Baurecht, Rn. 243; *Nicklisch/Weick*, VOB B § 4 Rn. 132.
112 Vgl. § 241 BGB Rdn. 8.
113 OLG Celle, 28.08.2002, BauR 2002, 1863 = NZBau 2002, 675.
114 BGH, 22.05.2003, BauR 2003, 1207 = NJW 2003, 2678; BGH, 24.07.2003, BauR 2003, 1892 = NZBau 2004, 31; BGH, 23.10.2009 IBR 2009, 15 = IBR 2009, 16 zur Beweisvereitelung bei Mängeln.
115 Z.B. DIN 18380 Ziff. 3.6.2; vgl. *Miegels/Lennerts*, in: Beck'scher VOB-Kommentar, C DIN 18380 Rn. 168.

§ 5 VOB/B Ausführungsfristen

ten durchzuführen, erscheint zweifelhaft.[116] Ebenso wenig überzeugend ist, die Kostentragungspflicht mit Hinweis auf § 3 Abs. 4 VOB/B dem Auftraggeber zuzuweisen, weil dieser angeblich eine größere »Sachnähe« habe.[117] Richtigerweise führt das unbestreitbare Fehlen einer Anspruchsgrundlage für einen solchen Kostenerstattungsanspruch vielmehr schlicht dazu, dass weder Besteller noch Unternehmer die bei Ihnen anfallenden Kosten von dem anderen ersetzt verlangen können. Das ist auch sachgerecht, weil es sich bei § 4 Abs. 10 VOB/B um eine Ausprägung der **Pflicht zur beidseitigen Kooperation** handelt.

§ 5 Ausführungsfristen

(1) Die Ausführung ist nach den verbindlichen Fristen (Vertragsfristen) zu beginnen, angemessen zu fördern und zu vollenden. In einem Bauzeitenplan enthaltene Einzelfristen gelten nur dann als Vertragsfristen, wenn dies im Vertrag ausdrücklich vereinbart ist.

(2) Ist für den Beginn der Ausführung keine Frist vereinbart, so hat der Auftraggeber dem Auftragnehmer auf Verlangen Auskunft über den voraussichtlichen Beginn zu erteilen. Der Auftragnehmer hat innerhalb von 12 Werktagen nach Aufforderung zu beginnen. Der Beginn der Ausführung ist dem Auftraggeber anzuzeigen.

(3) Wenn Arbeitskräfte, Geräte, Gerüste, Stoffe oder Bauteile so unzureichend sind, dass die Ausführungsfristen offenbar nicht eingehalten werden können, muss der Auftragnehmer auf Verlangen unverzüglich Abhilfe schaffen.

(4) Verzögert der Auftragnehmer den Beginn der Ausführung, gerät er mit der Vollendung in Verzug, oder kommt er der in Absatz 3 erwähnten Verpflichtung nicht nach, so kann der Auftraggeber bei Aufrechterhaltung des Vertrages Schadensersatz nach § 6 Absatz 6 verlangen oder dem Auftragnehmer eine angemessene Frist zur Vertragserfüllung setzen und erklären, dass er ihm nach fruchtlosem Ablauf der Frist den Auftrag entziehe (§ 8 Absatz 3).

Übersicht

		Rdn.			Rdn.
A.	Einführung, § 5 Abs. 1 VOB/B	1	I.	Allgemeines	46
I.	Regelungen zur Bauzeit im BGB	4	II.	Tatbestandsmerkmale	48
II.	Verbindlichkeit der Ausführungsfristen	8		1. Verzögerung des Beginns der Ausführung	48
III.	Art der Frist	16			
	1. Ausführungsbeginn	17		2. Nichtbefolgung der in § 5 Abs. 3 VOB/B genannten Verpflichtung	49
	2. Zwischenfristen	18			
	3. Fertigstellungsfrist	21		3. Verzug mit der Vollendung	50
B.	§ 5 Abs. 2 VOB/B	27	III.	Die Rechte des Auftraggebers	51
I.	Auskunftspflicht des Auftragnehmers	28		1. Kumulative oder alternative Anwendung der Rechte	51
II.	Pflicht zum Beginn binnen 12 Werktagen und Anzeigepflicht	32		2. Die Rechtsfolgen im Einzelnen	52
C.	§ 5 Abs. 3 VOB/B	36		a) Schadensersatz gemäß § 6 Abs. 6 VOB/B	52
I.	Angemessene Förderung der Ausführung	36		aa) Erforderlichkeit von Verschulden und Verzug	53
II.	Eingriffsrecht des Auftraggebers	37		bb) Beweislast	55
III.	Abhilfeverlangen des Auftraggebers	38		cc) Umfang des Schadensersatzanspruchs	56
IV.	Offenbare Nichteinhaltung von Ausführungsfristen	42		dd) Verjährung	59
D.	§ 5 Abs. 4 VOB/B	46			

---

116 So aber: Heiermann/Riedl/Rusam, VOB B § 4 Rn. 110; *Zanner*, in: Franke/Kemper/Zanner/Grünhagen, VOB B § 4 Rn. 169.
117 *Hofmann*, in: Beck'scher VOB-Kommentar, B § 3 Nr. 4 Rn. 15; *Maurer/Jörger*, in: Beck'scher VOB-Kommentar, C DIN 18303 Rn. 84.

	Rdn.		Rdn.
b) Möglichkeit zur Auftragsentziehung	60	ff) Ausnahmen der Berechtigung zur Kündigung trotz Fristablaufs	73
aa) Erforderlichkeit des Verschuldens	61	c) Weitere Ansprüche des Auftraggebers	75
bb) Angemessene Fristsetzung	62	E. AGB Kontrolle von § 5 VOB/B	78
cc) Androhung der Auftragsentziehung/Kündigung	69	I. Klauseln zu § 5 Abs. 1 VOB/B	79
dd) Entbehrlichkeit der Kündigungsandrohung	71	II. Klauseln zu § 5 Abs. 2 VOB/B	80
ee) Rechtsfolge	72	III. Klauseln zu § 5 Abs. 3 VOB/B	81
		IV. Klauseln zu § 5 Abs. 4 VOB/B	82

A. Einführung, § 5 Abs. 1 VOB/B

§ 5 VOB/B stellt im Bauvertragsrecht eine zentrale Regelung dar, denn der termingerechten Erfüllung der Leistungspflichten des Auftragnehmers kommt bei Bauvorhaben i.d.R. besondere Bedeutung zu. Dies hängt letztlich damit zusammen, dass auch »Bauzeit« Geld kostet. Für den Auftraggeber liegt die Bedeutung der Bauzeit auf der Hand, denn er wird das in Auftrag gegebene Bauwerk zu einem bestimmten Zeitpunkten nutzen oder zur Verfügung haben müssen, um eigenen vertraglichen Verpflichtungen nachkommen zu können (wie dies z.B. bei Bauträgern oder Generalunternehmern der Fall ist). Die Bauzeit kann auch entscheidendes Kriterium für die gesamte Finanzierung des Objektes durch Investoren sein. 1

Für den Auftragnehmer spielt die Bauzeit insoweit eine ausschlaggebende Rolle, als dass sie sich unmittelbar auf seine Kalkulation (zeitabhängige Kosten) und seine wirtschaftlichen Dispositionen, nicht zuletzt im Hinblick auf die Annahme etwaiger Anschlussaufträge, auswirkt. 2

Die Regelung des § 5 VOB/B steht im VOB-Vertrag in engem Zusammenhang mit § 6 Abs. 2 (Verlängerung von Ausführungsfristen), § 9 Abs. 1 VOB/A (Voraussetzungen und Art und Weise der Vereinbarung von Ausführungsfristen im Vergabeverfahren) und § 9 Abs. 5 VOB/A, § 11 VOB/B (Vereinbarung von Vertragsstrafen). Während § 9 Abs. 1 VOB/A den Beteiligten eines Vergabeverfahrens die Voraussetzungen und die Art und Weise der Vereinbarung von Ausführungsfristen vorgibt, regelt § 5 VOB/B die Rechte und Pflichten der Vertragspartner im Hinblick auf eine vereinbarte Bauzeit, setzt demnach eine konkrete Vereinbarung über die Bauzeit voraus. Dabei hält § 5 VOB/B Rechte und Pflichten der Vertragspartner für den gesamten Bauablauf bereit, denn § 5 Abs. 1 S. 1 VOB/B benennt die bauzeitliche Trias »Beginnen«, »Fördern« und »Vollenden« der Bauleistung. 3

I. Regelungen zur Bauzeit im BGB

Das BGB enthält lediglich an einigen Stellen Regelungen, die mit der Leistungszeit in Verbindung zu bringen sind. Diese Regelungen sind indes nicht auf die Besonderheiten des Bauvertrages abgestimmt und daher für die rechtssichere Abwicklung von Bauvorhaben kaum geeignet. 4

So enthält das BGB mit § 271 BGB eine allgemeine Regelung zur Leistungszeit, wonach der Gläubiger die Leistung sofort verlangen kann, der Schuldner diese sofort zu bewirken hat. Diese Regelung hat, soweit die Vertragsparteien zur Ausführungszeit keine anderweitigen Regelungen getroffen haben, zumindest den Charakter einer Auffangnorm. Nach der Rechtsprechung[1] hat der Auftragnehmer die Leistung danach alsbald nach Abschluss des Vertrages zu beginnen und sie in angemessener Zeit, unter Berücksichtigung der für die Herstellung notwendigen Zeit, zügig zu Ende zu führen. Aufgrund der verwandten unbestimmten Rechtsbegriffe dürfte es dem Auftraggeber schwer fallen, eine »verzögerte« Leistungserbringung zu sanktionieren, es sei denn, die Leistung wird vom Auftragnehmer für jedermann ersichtlich nachhaltig verzögert. 5

---

1 BGH, Urt. v. 21.010.2003 – X ZR 218/01, BauR 2004, 331.

6 Die Regelung des § 271 Abs. 2 BGB, die dem Auftragnehmer das Recht gibt, bei vereinbarter Leistungszeit die Leistung vorher zu bewirken, mit der Folge, einen Annahmeverzug beim Auftraggeber auszulösen, führt beim Bauvertrag zu nicht gewünschten Ergebnissen. Zum einen ist zu berücksichtigen, dass den Auftraggeber bei einem Bauvorhaben regelmäßig von ihm zu disponierende Mitwirkungshandlungen treffen (z.B. Beistellung der Ausführungsunterlagen gemäß § 3 Abs. 1 VOB/B), zum anderen greifen häufig mehrere Gewerke bei der Realisierung eines Bauvorhabens ineinander, so dass dem Auftraggeber richtiger Weise ein Annahmeverweigerungsrecht zugestanden werden muss.[2]

7 Das gesetzliche Werkvertragsrecht der §§ 631 ff. BGB enthält ausdrücklich keine Bestimmung zur Leistungs- bzw. Ausführungszeit des Auftragnehmers. Lediglich umgekehrt sind die Rechte des Auftragnehmers in §§ 642, 643 BGB für den Fall einer unterlassenen Mitwirkung durch den Auftraggeber geregelt.

II. Verbindlichkeit der Ausführungsfristen

8 Aus den einschneidenden Rechtsfolgen in § 5 Abs. 4 VOB/B (Schadenersatz/Auftragsentzug) ergibt sich, dass Ausführungsfristen verbindlich zu vereinbaren sind. Sowohl § 5 VOB/B als auch andere Regelungen in der VOB (§ 6 Abs. 2 VOB/B, § 9 Abs. 1 VOB/A) verwenden den Begriff der Frist im Sinne eines Zeitraums, dessen Beginn und Ende bestimmt oder bestimmbar sein muss.[3] Soweit von Ausführungsfristen in der VOB die Rede ist, gilt dies aber gleichermaßen für Termine, also einen Zeitpunkt, der von vornherein bestimmt oder doch zumindest bestimmbar ist. Beide Begriffe werden im Folgenden synonym verwandt.

9 Die VOB/B bedient sich für den Bauvertrag des Oberbegriffs der »Ausführungsfristen«. Diese sind in »Vertragsfristen« (§ 5 Abs. 1 S. 1 VOB/B) und »sonstige Fristen« unterteilt, wobei nur die »Vertragsfristen« im Sinne von § 5 Abs. 1 S. 1 VOB/B geeignet sind, die Rechtsfolgen nach § 5 Abs. 4 VOB/B auszulösen.[4]

10 Dass es sich um Vertragsfristen handeln soll, muss im Vertrag hinreichend deutlich zum Ausdruck gebracht werden, wobei bereits aus der Begrifflichkeit *Vertrags*frist hervorgeht, dass diese von den Vertragspartnern vereinbart werden müssen und nicht einseitig festgelegt werden können. Um die Verbindlichkeit von Ausführungsfristen im Sinne einer Vertragsfrist eindeutig zu signalisieren, empfiehlt es sich, im Rahmen der Vertragsgestaltung die Wortwahl der VOB/B selbst (»Vertragsfrist« oder »verbindlich«) zu übernehmen.[5] Auch die Verortung der Vertragsfristen im Vertragsgefüge ist so zu wählen, dass deren Bedeutung im Hinblick auf die Rechtsfolgen genüge getan wird. Soweit im Vertragstext selbst keine Regelung über Ausführungsfristen enthalten sein sollte, die ebenfalls im Sinne der Eindeutigkeit mit »Vertragsfristen« überschrieben sein sollte, gibt § 8 Abs. 6 VOB/A vor, dass alternativ Ausführungsfristen in den Zusätzlichen oder Besonderen Vertragsbedingungen geregelt werden sollen. Zwar ist die VOB/A nur für öffentliche Auftraggeber zwingend anzuwenden, doch kommt ihr unabhängig davon empfehlender Charakter zu.

11 Bei der Vereinbarung verbindlicher Ausführungsfristen ist – ähnlich den Anforderungen des § 286 Abs. 2 BGB – darauf zu achten, dass klar bestimmte Termine oder Zeiträume festgelegt werden. Die Vertragsparteien können die Frist nach Zeiteinheiten (z.B. Tage, Kalenderwochen, Monate) oder nach dem Kalender mit der Angabe eines Beginns der Leistung und des Zeitpunktes der Fertigstellung bestimmen. Maßgeblich ist, dass die Frist bestimmt oder doch zumindest bestimmbar ist.

---

2 Palandt/*Heinrichs*, BGB § 271 Rn. 11.
3 Kapellmann/Messerschmidt/*Langen*, B § 5 Rn. 9.
4 Ingenstau/Korbion/*Döring*, B § 5 Rn. 16.
5 Kapellmann/Messerschmidt/*Langen*, B § 5 Rn. 11.

Klar und zweifelsfrei ist die Fristbestimmung dann, wenn für die Leistung eine Zeit nach dem Kalender bestimmt ist (§ 286 Abs. 2 Nr. 1 BGB), was z.b. dann der Fall ist, wenn der Ausführungsbeginn und der Fertigstellungstermin mit konkreten Daten belegt sind (Ausführungsbeginn am 01.12.2010, Bezugsfertigkeit des Objekts am 31.05.2011). Dies ist aber auch dann der Fall, wenn der Leistung ein Ereignis vorauszugehen hat und eine nach dem Kalender berechenbare Leistungszeit angegeben ist (§ 286 Abs. 2 Nr. 2 BGB), wie es z.b. bei der Formulierung einer Fertigstellungsfrist 6 Monate nach Erteilung der Baugenehmigung der Fall ist. Wählen die Vertragsparteien eine kalendermäßig bestimmte Zeitspanne für die Ausführung der Leistung, ist darauf zu achten, dass über den Anfangstermin keine Unklarheiten bestehen.[6]

Der Lauf von vereinbarten Ausführungsfristen berechnet sich nach den allgemeinen Regelungen der §§ 187 ff. BGB, wobei darauf hinzuweisen ist, dass bei einer nach Werktagen bemessenen Frist Samstage als Werktage zählen, soweit vertraglich nicht ausdrücklich etwas anderes vereinbart wird.

Relativierende Bezeichnungen wie »ca.«, »etwa«, »voraussichtlich« »sollte bis« oder »je nach Witterung« sind in jedem Falle zu vermeiden, da sie keine Vertragsfristen begründen können.[7]

Auch wenn dies in § 5 VOB/B nicht ausdrücklich niedergelegt ist, sollten Ausführungsfristen ausreichend bemessen sein, da unangemessen kurze Fristen für den Auftraggeber letztlich vermeidbare Nachteile mit sich bringen. Zum einen können unangemessen kurze Fristen die Qualität der Bauleistung beeinträchtigen, zum anderen können Mehrkosten durch »Beschleunigungsmaßnahmen« auf den Auftraggeber zukommen.[8]

III. Art der Frist

Wie bereits einleitend erwähnt, betrifft § 5 VOB/B den gesamten Bauablauf, so dass es entsprechend der Trias »Beginnen«, »Fördern«, »Vollenden« möglich ist, nicht nur den Zeitraum zwischen Ausführungsbeginn und der Vollendung des Bauvorhabens mit einer Vertragsfrist zu belegen, sondern auch Zwischenfristen zu vereinbaren, anhand derer die »Förderung« des Bauvorhabens abgelesen und vom Auftraggeber beobachtet werden kann.

1. Ausführungsbeginn

Unter Ausführungsbeginn ist der Anfang der Tätigkeit zu verstehen, wobei das Einrichten der Baustelle (häufig mit eigener LV-Position versehen) zur Fristwahrung ausreicht, sofern sich die eigentliche Ausführung hieran unmittelbar anschließen kann.[9] Das alleinige Aufstellen des Bauzauns ist aber ebenso wenig ausreichend wie bloße Bauvorbereitungsarbeiten.[10] Voraussetzung für einen Verzug des Auftragnehmers im Falle der Nichtberücksichtigung des vertraglich vereinbarten Ausführungsbeginnes ist freilich die rechtliche und technische Möglichkeit, die Bauleistung zu erbringen. Die maßgebliche vom Auftraggeber nach dem Vertrag zu erbringende rechtliche Vorleistung wird im Regelfall das Beibringen der bauaufsichtsrechtlichen Genehmigung sein. In technischer Hinsicht ist Voraussetzung für den Ausführungsbeginn, dass die Leistung überhaupt erbracht werden kann. In diesem Zusammenhang sind Abhängigkeiten von Vorleistungen anderer Unternehmen von Bedeutung. Hierzu gehört auch, dass der Auftraggeber seine Bereitstellungspflichten, wie sie in der VOB/B niedergelegt sind, erfüllt, z. B. die rechtzeitige Zurverfügungstellung der Ausführungsunterlagen (§ 3 Abs. 1 VOB/B).

---

6 Ingenstau/Korbion/*Döring*, B § 5 Rn. 20.
7 OLG Düsseldorf, Urt. v. 19.01.1982 – 23 U 163/81, BauR 1982, 582; OLG Düsseldorf, Urt. v. 07.02.1992 – 22 U 159/91, BauR 1992, 765; *Vygen/Schubert/Lang*, Rn. 37.
8 Ingenstau/Korbion/*Döring*, B § 5 Rn. 25.
9 *Vygen/Schubert/Lang*, Rn. 80.
10 Leinemann/*Roquette*, § 5 Rn. 35.

2. Zwischenfristen

18 Zwischenfristen, wie sie beispielsweise in einem Bauzeitenplan festgelegt sind, die nur einen Teil der Ausführung des vertraglich geschuldeten Gesamtbausolls betreffen, werden nur dann zu Vertragsfristen, wenn dies im Vertrag ausdrücklich vereinbart ist, d.h. es muss sich um eine Vereinbarung handeln, die aus dem Wortlaut der Verdingungsunterlagen zweifelsfrei den übereinstimmenden Willen erkennen lässt, vertraglich bindende Fristen festzulegen.[11] Die Tatsache, dass in den Vertragsgrundlagen auf einen Bauzeitenplan Bezug genommen wird, macht die darin aufgeführten Einzelfristen noch nicht zu Vertragsfristen i.S.d. § 5 Abs. 1 VOB/B.[12] Zwar soll es nach BGH[13] bereits ausreichen, wenn in den Besonderen Vertragsbedingungen die im Bauzeitenplan genannten Einzelfristen zu Vertragsfristen erklärt werden. In Anbetracht der weitreichenden Folgen (Schadensersatz/Verwirkung von Vertragsstrafen/Kündigung) dürfte die Wirksamkeit einer solche Klausel, gemessen an § 305c Abs. 1 BGB (»überraschende Klausel«), kritisch zu beurteilen sein.[14] Die vorstehenden Ausführungen betreffen jedoch nur die Einzelfristen aus einem Bauzeitenplan, nicht aber die dort festgelegten Anfangs- und Endfristen für die jeweilige vertragliche Gesamtleistung. Diese können durch Inbezugnahme auf den Bauzeitenplan zu Vertragsfristen nach § 5 Abs. 1 S. 1 VOB/B werden.[15]

19 Im Rahmen von öffentlichen Vergaben ist in § 9 Abs. 2 VOB/A geregelt, dass Einzelfristen nur dann zu vereinbaren sind, wenn ein erhebliches Interesse des Auftraggebers dies erfordert. Dabei sollen die in einem Bauzeitenplan genannten Einzelfristen nur dann als vertraglich verbindliche Fristen bezeichnet werden, soweit diese für den Fortgang der Gesamtarbeiten von besonderer Bedeutung sind. Generell ist zu den Vorgaben bezüglich der Ausführungsfristen in der VOB/A anzumerken, dass diese Bestimmung nur für VOB/A-gebundene Auftraggeber verbindlich sind; sie hat aber – wie andere Regelungen in der VOB/A – auch für private Auftraggeber empfehlenden Charakter und insoweit eine »Leitbildfunktion«, unter welchen Voraussetzungen vernünftiger Weise Einzelfristen vereinbart werden.[16]

20 Inwieweit es für den Auftraggeber sinnvoll ist, Einzelfristen aus einem Bauzeitenplan zu Vertragsfristen zu erheben, ist im Einzelfall zu entscheiden. Ein berechtigtes Interesse des Auftraggebers kann aber daraus resultieren, dass die Einzelfrist für andere am Bauvorhaben eingesetzte Unternehmer für deren Leistungsbeginn von zentraler Bedeutung ist. Zudem erleichtern vereinbarte Zwischenfristen die prognostische Beurteilung des Auftraggebers nach § 5 Abs. 3 VOB/B im Hinblick auf das abzusehende Nichteinhalten der Fertigstellungsfrist.

3. Fertigstellungsfrist

21 Nach § 5 Abs. 1 S. 1 VOB/B ist die Ausführung innerhalb der vereinbarten Frist zu »vollenden«. Was unter Vollendung der Ausführung bzw. unter vertragsgemäßer Fertigstellung zu verstehen ist, richtet sich in erster Linie danach, was die Vertragsparteien im Bauvertrag vereinbart haben. So steht es im Belieben der Vertragsparteien, neben der eigentlichen Bauausführung weitere (Neben-)Pflichten als Voraussetzung für die Fertigstellung zu definieren, wie z.B. die vollständige Räumung der Baustelle, Übergabe von Bestands- und Revisionsunterlagen oder eine Betriebseinweisung.[17]

22 Fehlt es an einer vertraglichen Definition der »Fertigstellung«, so bedeutet Vollendung in diesem Zusammenhang, dass die Leistung abnahmereif fertiggestellt sein muss. Stellt man auf die Abnah-

---

[11] Ingenstau/Korbion/*Sienz*, A § 9 Rn. 16.
[12] *Motzke*, in: Beck'scher VOB-Kommentar, B § 5 Nr. 1 Rn. 44.
[13] BGH, Urt. v. 14.01.1999 – VII ZR 73/98, BauR 1999, 645.
[14] Ingenstau/Korbion/*Sienz*, A § 11 Rn. 16.
[15] Ingenstau/Korbion/*Döring*, B § 5 Abs. 1–3 Rn. 4.
[16] Kapellmann/Messerschmidt/*Langen*, B § 5 Rn. 21.
[17] Kapellmann/Messerschmidt/*Langen*, B § 5 Rn. 95.

mereife ab, so führt dies dazu, dass zum einen unwesentliche Mängel oder kleinere Restarbeiten einer Fertigstellung nicht entgegenstehen.[18] Zum anderen kommt es für die Fertigstellung nicht darauf an, ob sie vom Auftragnehmer angezeigt wurde oder ob der Auftraggeber gar die Abnahme erklärt hat.

Man wird also mangels entgegenstehender vertraglicher Regelungen davon ausgehen können, dass in der Regel die Räumung der Baustelle für die Fertigstellung nicht vorausgesetzt ist.[19] Soweit die Baustellenräumung sich indes nicht unmittelbar an die Vollendung der Bauausführung anschließt und zügig durchgeführt wird, verletzt der Auftragnehmer indes eine ihm obliegende vertragliche Nebenleistung.[20] 23

Ob die Räumung der Baustelle für die Vollendung der Bauausführung maßgeblich ist oder nicht, hängt aber letztlich vom Einzelfall und von der Art der beauftragten Leistung ab. Es kommt darauf an, ob sich durch die noch vorhandene Baustelleneinrichtung eine Einschränkung des bestimmungsgemäßen Gebrauchs der Leistung ergibt; so muss deren ungehinderte Benutzung ohne merkliche Behinderungen möglich sein.[21] Insbesondere beim Schlüsselfertigbau muss der Auftragnehmer einen Leistungsstand herstellen, der die Übernahme und Inbetriebnahme der geschuldeten Leistung zumutbar ermöglicht, was die vollständige oder doch zumindest wesentliche Räumung der Baustelleneinrichtung erfordern kann.[22] 24

Haben die Vertragsparteien Ausführungsbeginn, Fertigstellung und ggf. Einzelfristen als Vertragsfristen vereinbart, so ergibt sich daraus die Fälligkeit der jeweiligen Leistung. Die Beweislast für die fehlende Fälligkeit der jeweiligen Leistung trifft den Auftragnehmer.[23] 25

Sämtlichen Ausführungsfristen ist gemein, dass es, soweit sie kalendermäßig bestimmt oder bestimmbar sind, für den Eintritt des Verzuges keiner zusätzlichen Mahnung mehr bedarf (§ 286 Abs. 2 Nr. 1 und 2 BGB), wenn der Auftragnehmer nicht ausnahmsweise fehlendes Verschulden nachweisen kann (§ 286 Abs. 4 BGB). Ist ausnahmsweise eine Fristbestimmung erfolgt, für die § 286 Abs. 2 Nr. 1 oder 2 BGB nicht eingreift, so ist für den Eintritt des Verzuges eine Mahnung erforderlich. 26

B. § 5 Abs. 2 VOB/B

§ 5 Abs. 2 VOB/B regelt die Rechte und Pflichten der Vertragsparteien für den Fall, dass es an einer vertraglichen Festlegung des Ausführungsbeginns fehlt. 27

I. Auskunftspflicht des Auftragnehmers

Haben die Vertragsparteien den Ausführungsbeginn nicht mit einer Vertragsfrist belegt, so hat der Auftragnehmer zunächst einen Auskunftsanspruch gegenüber dem Auftraggeber über den voraussichtlichen Beginn der Arbeiten. Richtet der Auftragnehmer ein derartiges Verlangen an den Auftraggeber, so ist dieser oder auch sein in diesem Zusammenhang als bevollmächtigt geltender aufsichtsführender Architekt verpflichtet, die geforderte Auskunft zu erteilen. 28

Zum Teil wird angenommen, dass der Auftraggeber die geforderte Auskunft »unverzüglich« zu erteilen habe.[24] Die Gegenauffassung ist hingegen der Ansicht, der Wortlaut der Regelung gebe eine derartige Auslegung nicht her, so dass dem Auftraggeber zur Erteilung einer seriösen Auskunft 29

---

18 OLG München, Urt. v. 25.04.1995 – 28 U 4616/94, IBR 1997, 194.
19 *Vygen/Schubert/Lang* Rn. 84; Ingenstau/Korbion/*Döring*, B § 5 Abs. 1–3 Rn. 23; Heiermann/Riedl/Rusam, B § 5 Rn. 5.
20 OLG Celle, Urt. v. 14.02.1995 – 16 U 286/93, BauR 1995, 713.
21 Kapellmann/Messerschmidt/*Langen*, B § 5 Rn. 97.
22 Kapellmann/Messerschmidt/*Langen*, B § 5 Rn. 98; *Vygen/Schubert/Lang*, Rn. 84.
23 BGH, Urt. v. 21.10.2003 – X ZR 218/01, BauR 2004, 331.
24 Ingenstau/Korbion/*Döring*, B § 5 Abs. 1–3 Rn. 11.

eine »angemessene« Frist zuzubilligen sein wird.[25] Praktische Relevanz dürfte dieser dogmatische Streit indes kaum haben, denn der Begriff »unverzüglich« ist in § 121 BGB in der Weise legaldefiniert, dass er »ohne schuldhaftes Zögern« meint. Soweit der Auftraggeber z.B. zunächst die Fertigstellungstermine von Vorgewerken zu ermitteln oder sich Klarheit über den Planungsstand der zur Verfügung zu stellenden Ausführungsunterlagen verschaffen muss, so wird man darin kein »schuldhaftes« Zögern erblicken können; vielmehr stehen derartige Erfordernisse einer Unverzüglichkeit nicht entgegen.[26]

30   Kann der Auftraggeber die verlangte Auskunft in angemessener Frist nicht erteilen, so hat er sie ohne weiteres Verlangen nachzuholen, sobald sein Informationsstand dies zulässt.[27]

31   Unterlässt der Auftraggeber die verlangte Auskunft, so berechtigt dies den Auftragnehmer grundsätzlich unter Wahrung der Voraussetzungen in § 6 Abs. 1 VOB/B, (Behinderungsanzeige) nach § 6 Abs. 2 Nr. 1a) VOB/B eine Verlängerung der Ausführungsfrist zu verlangen.[28] Im Falle des Verschuldens des Auftraggebers kommt zudem ein Schadenersatzanspruch des Auftragnehmers gemäß § 6 Abs. 6 VOB/B oder ein Entschädigungsanspruch nach § 642 BGB in Betracht.[29] Nach der Rechtsprechung handelt es sich bei dem Auskunftsanspruch des Auftragnehmers um eine Mitwirkungspflicht des Auftraggebers auf Grundlage des § 642 BGB.[30] Schließlich kommt die Kündigung durch den Auftragnehmer in Betracht, wobei unterschiedliche Auffassungen zur Anspruchsgrundlage bestehen, was mit der dogmatischen Einordnung der Auskunftspflicht zusammenhängt. Während diejenigen, die in der Auskunftspflicht eine Mitwirkungspflicht im Sinne des § 642 sehen, konsequenter Weise auf § 9 Abs. 1 Nr. 1 VOB/B abstellen,[31] berufen sich diejenigen, die in der Auskunftspflicht des Auftraggebers eine Verpflichtung sehen, mit der der Auftraggeber in Schuldnerverzug geraten kann, auf § 9 Abs. 1 Nr. 2 VOB/B.[32] Relevanz hat die unterschiedliche Einordnung nicht, da dem Auftragnehmer in beiden Fällen das Kündigungsrecht zusteht, jedoch freilich nur unter den erweiterten Voraussetzungen des § 9 Abs. 2 VOB/B (fruchtlose Nachfristsetzung mit Androhung des Auftragsentzugs).

II. Pflicht zum Beginn binnen 12 Werktagen und Anzeigepflicht

32   Kommt der Auftraggeber dem Auskunftsverlangen des Auftragnehmers pflichtgemäß nach oder macht der Auftragnehmer von seinem Auskunftsanspruch keinen Gebrauch, so hat er binnen zwölf Werktagen nach Aufforderung durch den Auftraggeber mit der Ausführung zu beginnen. Soweit dem Bauvertrag die VOB/B zu Grunde liegt, wird mit § 5 Abs. 2 S. 2 VOB/B eine Vertragsfrist, nämlich der Ausführungsbeginn, festlegt. Wie im Zuge von Fristberechnungen üblich, ist ihre Berechnung vom Zugang der zweifelsfreien Erklärung des Auftraggebers, mit der Ausführung der vertraglichen Leistung zu beginnen, abhängig.[33] Hinsichtlich der Fristberechnung ist auf §§ 187 ff. BGB zu verweisen. In die Frist fallende Sonn- und Feiertage sind im Rahmen der Fristberechnung außer Acht zu lassen (Samstage = Werktage). Zwar sieht § 5 Abs. 2 VOB/B für die Aufforderung des Auftraggebers keine Form vor, doch empfiehlt es sich zu Beweiszwecken die Aufforderung in schriftlicher Form auszusprechen.

---

25 Kapellmann/Messerschmidt/*Langen*, B § 5 Rn. 64.
26 Im Ergebnis ebenso: Ingenstau/Korbion/*Döring*, B § 5 Abs. 1–3 Rn. 11.
27 Ingenstau/Korbion/*Döring*, B § 5 Abs. 1–3 Rn. 11; Kapellmann/Messerschmidt/*Langen*, B § 5 Rn. 64.
28 *Motzke*, in: Beck'scher VOB-Kommentar, B § 5 Nr. 2 Rn. 20.
29 Kapellmann/Messerschmidt/*Langen*, B § 5 Rn. 66.
30 OLG Celle, Urt. v. 01.04.2003 – 16 U 192/02, BauR 2003, 889; KG, Urt. v. 15.03.2004 – 26 U 28/03, BauR 2005, 1219, BGH Nichtannahmebeschl. v. 13.01.2005, VII ZR 89/04.
31 Ingenstau/Korbion/*Döring*, B § 5 Abs. 1 -3 Rn. 11; *Motzke*, in: Beck'scher VOB-Kommentar, B § 5 Nr. 2 Rn. 20.
32 Kapellmann/Messerschmidt/*Langen*, B § 5 Rn. 66.
33 OLG Düsseldorf, Urt. v. 24.11.2000 – 22 U 61/00, BauR 2001, 1459.

Unterlässt der Auftraggeber die Aufforderung zum Baubeginn, stehen dem Auftragnehmer verschiedene Rechte zu. Bei schuldhafter Verzögerung des Leistungsabrufs kommt der Schadenersatzanspruch des Auftraggebers nach § 6 Abs. 6 VOB/B sowie der Entschädigungsanspruch nach § 642 BGB unter gleichzeitiger Verlängerung der Ausführungsfrist (§ 6 Abs. 2 Nr. 1a) VOB/B) in Betracht. Nicht zuletzt kommt auch das Kündigungsrecht nach § 9 Abs. 1 Nr. 1 VOB/B unter Einschluss der sich aus § 9 Abs. 3 VOB/B ergebenden Ansprüche in Betracht.[34] 33

Soweit der Ausführungsbeginn nicht schon vertraglich ausdrücklich bestimmt ist, hat der Auftragnehmer den Beginn der Ausführung dem Auftraggeber anzuzeigen, wobei auch diesbezüglich keine besonderen Formvorschriften gelten. 34

Unterlässt der Auftragnehmer die Anzeige, kann er sich u.U. wegen Verletzung einer vertraglichen Nebenpflicht schadenersatzpflichtig machen (§§ 241 Abs. 2, 280 Abs. 1 BGB). In Betracht käme beispielsweise, dass es der Auftraggeber unterlässt, beizustellende Baustoffe rechtzeitig zu bestellen. Die Tatsache, dass ein auf Verletzung dieser Nebenpflicht beruhender Schadenersatzanspruch des Auftraggebers eher praxisfern ist, resultiert daraus, dass der Auftraggeber regelmäßig über seine Bauleitung wissen wird, wann der Auftragnehmer die Arbeiten aufgenommen hat.[35] 35

C. § 5 Abs. 3 VOB/B

I. Angemessene Förderung der Ausführung

Der Auftragnehmer ist nicht lediglich verpflichtet, die vertraglich geschuldete Leistung innerhalb der vereinbarten Vertragsfristen zu vollenden, sondern auch, wie sich aus § 5 Abs. 1 S. 1 VOB/B ergibt, die Bauausführung angemessen zu fördern. Er hat insoweit alles zu tun, um den zeitlich vorgesehenen Ablauf der Bauarbeiten einzuhalten. Auch ohne verbindliche Zwischenfristen und Baufristenpläne ist der Auftragnehmer verpflichtet, die Leistungen innerhalb einer angemessenen, sich nach den Gegebenheiten des Einzelfalls richtenden Frist zu beginnen und zügig auszuführen. Dabei hat er ständig den jeweiligen Leistungsstand im Vergleich zum bisherigen Ablauf zu beobachten und die jeweils noch offene Restleistung im Hinblick auf die nach dem Vertrag noch zur Verfügung stehende Ausführungszeit zu überdenken und entsprechend erforderliche Maßnahmen zu treffen.[36] 36

II. Eingriffsrecht des Auftraggebers

§ 5 Abs. 3 VOB/B gibt dem Auftraggeber ein Eingriffsrecht für den Fall, dass Arbeitskräfte, Geräte, Gerüste, Stoffe oder Bauteile so unzureichend sind, dass die Ausführungsfristen offenbar nicht eingehalten werden können, obgleich im Grundsatz der Auftragnehmer die Bauleistung in eigener Verantwortung zu erbringen hat (§ 4 Abs. 2 Nr. 1 VOB/B). Wie bereits erwähnt, ist der Auftragnehmer an sich auch ohne besondere Aufforderung durch den Auftraggeber gehalten, entsprechende Abhilfemaßnahmen zu ergreifen, soweit für ihn erkennbar wird, dass Ausführungsfristen nicht gehalten werden. Für den Auftraggeber hat die Regelung des § 5 Abs. 3 VOB jedoch im Hinblick auf die angeordneten Rechtsfolgen besondere Bedeutung. Während der Auftraggeber nach § 4 Abs. 1 Nr. 3 und 4 VOB/B lediglich allgemein gehaltene Anordnungsrechte besitzt, wird ihm durch das in § 5 Abs. 3 VOB/B eingeräumte Eingriffsrecht über § 5 Abs. 4 S. 1 VOB/B die Möglichkeit des Auftragsentzuges gegeben. Die Nichtbefolgung auftraggeberseitiger Anordnungen i.S.d. § 5 Abs. 3 VOB/B kann demnach für den Auftragnehmer empfindliche Konsequenzen nach sich ziehen. 37

---

34 OLG Düsseldorf, Urt. v. 25.04.1995 – 21 U 192/94, BauR 1995, 706.
35 Kapellmann/Messerschmidt/*Langen*, B § 5 Rn. 76.
36 KG, Urt. v. 15.03.2004 – 26 U 28/03; BGH, Beschl. v. 13.01.2005 – VII ZR 89/04 (Nichtzulassungsbeschwerde zurückgewiesen), vgl. Fn. 30.

III. Abhilfeverlangen des Auftraggebers

38 Die Aufforderung zur Abhilfe ist eine einseitig empfangsbedürftige Willenserklärung, die nicht an eine besondere Form gebunden ist, jedoch zu Beweiszwecken sinnvollerweise schriftlich dokumentiert werden sollte. Das Abhilfeverlangen muss eindeutig und bestimmt sein, wobei eine Bezugnahme auf die Regelung des § 5 Abs. 3 VOB/B zur entsprechend klaren Einordnung der Willenserklärung durch den Auftragnehmer zu empfehlen ist. Das Abhilfeverlangen kann auch durch den vom Auftraggeber beauftragten objektüberwachenden Architekten oder Ingenieur erklärt werden, da die Überwachung des Zeitplans gemäß § 33 HOAI i.V.m Anlage 11 bzw. § 42 HOAI i.V.m. Anlage 12 zu dessen Grundleistungen gehört.[37]

39 Einer besonderen Anordnung des Auftraggebers, wie denn Abhilfe zur Einhaltung der Ausführungsfristen zu schaffen sei, bedarf es nicht; es ist Sache des Auftragnehmers zu bestimmen, was zu unternehmen ist, um die Verpflichtung aus § 5 Abs. 3 VOB/B zu erfüllen.

40 Einer Fristsetzung innerhalb der Aufforderung bedarf es ebenfalls nicht. Der Auftragnehmer ist verpflichtet, unverzüglich Abhilfe zu schaffen und alle erforderlichen und ihm zumutbaren Maßnahmen zu treffen. Allerdings ist eine Fristsetzung im Rahmen des Abhilfeverlangens dringend zu empfehlen, da sie Voraussetzung für die Ausübung des Schadensersatzanspruchs nach § 5 Abs. 4 VOB ist.

41 Hat der Auftragnehmer bereits eine Vertragsfrist (hier: Zwischenfrist) versäumt, ist hinsichtlich dieser Frist § 5 Abs. 3 VOB/B nicht anwendbar, da die Fristüberschreitung nicht lediglich droht, sondern im Gegenteil bereits eingetreten ist. Unter den weiteren Voraussetzungen des § 5 Abs. 4 VOB/B kann der Auftraggeber bereits Rechte aus der versäumten Frist herleiten. Allerdings ist die Überschreitung einer Vertragsfrist Indiz dafür, dass auch die Einhaltung der Fertigstellungsfrist gefährdet ist, was in aller Regel eine Abhilfeaufforderung nach § 5 Abs. 3 VOB/B rechtfertigt.[38]

IV. Offenbare Nichteinhaltung von Ausführungsfristen

42 Im Zuge des Abhilfeverlangens hat der Auftraggeber den weiteren Bauablauf und dessen Auswirkungen auf die Ausführungsfristen zu prognostizieren, denn dem Auftraggeber wird durch einen Blick in die Zukunft abverlangt zu beurteilen, ob vertraglich vereinbarte Ausführungsfristen eingehalten werden oder nicht. Dabei kommt das Abhilfeverlangen nur dann in Betracht, wenn diese prognostische Betrachtung zu dem Ergebnis führt, dass die Ausführungsfristen »offenbar« nicht eingehalten werden können. Die Anforderungen an dieses Tatbestandsmerkmal werden unterschiedlich beurteilt. In Teilen der Literatur wird unter Berufung auf die Rechtsprechung des BGH gefordert, dass der Auftraggeber mit an Sicherheit grenzender Wahrscheinlichkeit davon ausgehen muss, dass die Gesamtfertigstellung der betreffenden vertraglichen Leistungen nicht bis zum Ablauf der Ausführungsfrist zu erwarten ist.[39] Noch enger ist die Auffassung, dass die Nichteinhaltung der Ausführungsfrist aus baubetrieblicher Sicht objektiv feststehen muss.[40]

43 Vom Sinn und Zweck der Regelung des § 5 Abs. 3 VOB/B ist davon auszugehen, dass dem Auftraggeber ein Eingriffsrecht zugebilligt werden soll, bevor eine Vertragsverletzung, nämlich die Überschreitung einer Vertragsfrist, feststeht. Als Ausnahmebestimmung ist § 5 Abs. 3 VOB/B zwar grundsätzlich eng auszulegen, doch dürfte es ausreichend sein, wenn ein nachvollziehbarer Soll-Ist-Vergleich zwischen der bereits erbrachten Bauleistung und der unter Berücksichtigung der zur Verfügung stehenden Bauzeit noch zu erbringenden Restleistung zu der sicheren Erwartung

---

[37] Kapellmann/Messerschmidt/*Langen*, B § 5 Rn. 81.
[38] Kapellmann/Messerschmidt/*Langen*, B § 5 Rn. 91.
[39] BGH, Urt. v. 04.05.2000, VII ZR 53/99, BauR 2000, 1182; Ingenstau/Korbion/*Döring*, B § 5 Abs. 1–3 Rn. 19.
[40] *Kemper*, in: Franke/Kemper/Zanner/Grünhagen, B § 5 Rn. 34.

führt, dass vereinbarte Vertragsfristen überschritten werden.[41] Im Rahmen dieser Prognose reichen bloße Vermutungen des Auftraggebers natürlich nicht aus. Vielmehr wird vom Auftraggeber zu verlangen sein, dass er sich auf Grund von Tatsachen Gewissheit über die vorgenannten Voraussetzungen zu verschaffen hat. In diesem Zusammenhang erlangen die in einem Bauzeitenplan aufgeführten Einzelfristen für verschiedene Teilleistungen Bedeutung, da sich zum einen hieraus erkennen lässt, mit welchen Teilleistungen sich der Auftragnehmer bereits im Rückstand befindet und zum anderen, welche Zeitansätze der Auftragnehmer selbst für die noch auszuführenden Restleistungen kalkuliert hat.[42] Ergibt sich aus diesem Abgleich, dass Ausführungsfristen ohne weitere Abhilfemaßnahmen nicht gehalten werden können, dürfte auch nach allgemeiner Erfahrung davon auszugehen sein, dass Ausführungsfristen sogar mit an Sicherheit grenzender Wahrscheinlichkeit nicht gehalten werden, denn es ist mangels anderweitiger Anhaltspunkte davon auszugehen, dass die im Bauzeitenplan gewählten Zeitansätze allgemeinen Erfahrungen entsprechen.

Abschließend ist auf den allgemein gültigen Charakter von § 5 Abs. 3 VOB/B hinzuweisen, der auch zur Anwendung kommt, wenn für die Ausführung der in Auftrag gegebenen Leistung keine verbindliche Frist i.S.d. § 5 Abs. 1 S. 1 VOB/B vereinbart worden ist.[43] Dies folgt daraus, dass der Auftragnehmer nach allgemeinen Grundsätzen der §§ 271, 242 BGB die Leistungen nach Beginn mit dem jeweils gebotenen Einsatz zügig durchzuführen und zu beenden hat. 44

Soweit der Auftragnehmer entsprechende Maßnahmen einleitet, um die vertragsgerechte Ablaufgeschwindigkeit zu erreichen und eingetretene Leistungsrückstände aufzuholen, stehen ihm für diese Form der »Beschleunigung« keine Vergütungs- oder sonstige Ansprüche zu.[44] 45

D. § 5 Abs. 4 VOB/B

I. Allgemeines

In § 5 Abs. 4 VOB/B wiederum sind die Rechtsfolgen bei Verletzung der Vertragspflichten des Auftragnehmers im Hinblick auf die Trias »Beginnen«, »Fördern« und »Vollenden« niedergelegt. Dementsprechend enthält § 5 Abs. 4 VOB/B drei Tatbestände, nämlich 46
– Verzögerung des Beginns der Ausführung
– Verzug mit der Vollendung
– Verletzung der Pflicht zur Abhilfe nach § 5 Abs. 3 VOB/B.

Zur Auslösung der in § 5 Abs. 4 VOB/B beschriebenen Rechtsfolgen 47
– Schadenersatz nach § 6 Abs. 6 VOB/B
– Auftragsentziehung nach fruchtlosem Ablauf einer angemessenen Nachfrist
müssen die zuvor genannten Tatbestandsmerkmale nicht kumulativ vorliegen. Es genügt zur Auslösung der Rechtsfolgen bereits das Vorliegen eines der drei Tatbestandsmerkmale.

II. Tatbestandsmerkmale

1. Verzögerung des Beginns der Ausführung

Der Beginn der Ausführung wird verzögert, wenn der Auftraggeber die vertraglich vereinbarte Frist nach § 5 Abs. 1 VOB/B oder die sich aus § 5 Abs. 2 VOB/B ergebende Frist nicht einhält. Hat der Auftragnehmer bereits mit der Ausführung begonnen, kann auf dieses Tatbestandsmerkmal nicht mehr zurückgegriffen werden; vielmehr ist dann § 5 Abs. 3 VOB einschlägig. Nach dem Wortlaut der Regelung ist ein Verzug des Auftragnehmers und damit ein Verschulden nicht erforderlich.[45] 48

---

41 Kapellmann/Messerschmidt/*Langen*, B § 5 Rn. 86.
42 OLG Hamm, Urt. v. 11.10.1995 – 25 U 70/95, BauR 1996, 392; Kapellmann/Messerschmidt/*Langen*, B § 5 Rn. 87.
43 BGH, Urt. v. 21.10.2003 – X ZR 218/01, BauR 2004, 331.
44 Kapellmann/Messerschmitt/*Langen*, B § 5 Rn. 53.
45 Ingenstau/Korbion/*Döring*, B § 5 Abs. 4 Rn. 4.

2. Nichtbefolgung der in § 5 Abs. 3 VOB/B genannten Verpflichtung

49 Diese liegt vor, wenn der Auftragnehmer auf das Abhilfeverlangen des Auftraggebers nicht unverzüglich (ohne schuldhaftes Zögern) Abhilfe geschaffen hat. Dabei sind unzulängliche Maßnahmen wie auch nur kurzfristige Abhilfen für die Rechte des Auftraggebers nach § 5 Nr. 4 VOBV/B ohne Einfluss. Er muss nicht erneut nach § 5 Abs. 3 VOB/B vorgehen, sondern kann sogleich seine Rechte nach § 5 Abs. 4 VOB/B geltend machen. Beim Verstoß gegen § 5 Abs. 3 VOB/B kommt es darauf an, welche Zeit ein leistungsbereiter Auftragnehmer bei gehöriger Anstrengung benötigt, um die Abhilfemaßnahmen einzuleiten.[46]

3. Verzug mit der Vollendung

50 Ein Verzug mit der Vollendung liegt vor, wenn die Herstellung der vertraglich geschuldeten Leistung trotz Ablauf der Ausführungsfrist nicht vollendet ist und der Auftragnehmer schuldhaft in Verzug geraten ist. Im Gegensatz zu den Tatbestandsmerkmalen 1 und 2 bedingt folglich das Tatbestandsmerkmal »Verzug mit der Vollendung« Verschulden. Für die Herbeiführung des Verzuges ist grundsätzlich nach § 286 Abs. 1 BGB trotz Fristablaufs eine Mahnung erforderlich. Unter den Voraussetzungen des § 286 Abs. 2 BGB kann jedoch dann auf eine Mahnung verzichtet werden, wenn die Leistungszeit kalendermäßig bestimmt ist (z.B. Fertigstellungstermin: 16.03.2010 oder Ausführungsfrist: drei Wochen ab dem 15.04.2010). Von § 286 Abs. 2 S. 2 BGB werden nunmehr auch diejenigen Fälle erfasst, nach denen der Fertigstellungstermin nach dem Kalender nur bestimmbar ist, wie beispielsweise dann, wenn die vereinbarte Ausführungszeit erst nach Eintritt eines tatsächlichen Ereignisses zu laufen beginnt (z.B. Ausführungsfrist: vier Wochen nach Vorlage der Baugenehmigung oder nach dem Abruf der Leistung). Die Mahnung kann ferner nach allgemeinen Grundsätzen dann unterbleiben, wenn der Auftragnehmer die Erfüllung ernsthaft und endgültig verweigert. Zudem würde eine Mahnung dann obsolet, wenn dem Auftragnehmer eine so schwere Vertragsverletzung zur Last gelegt wird, die ein Festhalten am Vertrag für den Auftraggeber unzumutbar macht.[47]

III. Die Rechte des Auftraggebers

1. Kumulative oder alternative Anwendung der Rechte

51 Zunächst ist zu klären, ob die in § 5 Abs. 4 VOB/B niedergelegten Rechte dem Auftraggeber kumulativ oder nur alternativ zur Verfügung stehen. Dem Wortlaut nach stehen Schadensersatz und Auftragsentziehung alternativ zueinander (»oder«). Richtig ist jedoch, dass dem Auftraggeber das Recht auf Schadensersatz und das Recht, den Auftrag zu entziehen, nebeneinander zustehen, was aus der unterschiedlichen Zweckrichtung der Ansprüche zu erklären ist. Befindet sich der Auftragnehmer im Fertigstellungsverzug, so deckt der Schadensersatzanspruch diejenigen Schäden ab, die kausal auf die verzögerte Leistungserbringung zurückzuführen sind. Für den Fall fortdauernden Leistungsverzugs soll dem Auftraggeber die Möglichkeit der Auftragsentziehung verbleiben. An den bereits verzögerungsbedingt entstandenen Schadensersatzansprüchen ändert dies nichts, was aus § 8 Abs. 3 Nr. 2 Satz 1 2. HS VOB/B folgt (»Doch bleiben seine Ansprüche auf Ersatz des etwa weitergehenden Schadens bestehen.«). Im Falle der Auftragsentziehung treten die kündigungsbedingt entstandenen Schadensersatzansprüche hinzu, so beispielsweise die Restfertigstellungskosten, die mit dem bereits eingetretenen Verzögerungsschaden nichts zu tun haben.[48]

---

46 *Motzke*, in: Beck'scher VOB-Kommentar, B § 5 Nr. 4 Rn. 64.
47 BGH, Urt. v. 04.05.2000 – VII ZR 53/99, BauR 2000, 1182.
48 Kleine-Möller/Merl, § 13 Rn. 107; *Motzke*, in: Beck'scher VOB-Kommentar, B § 8 Nr. 3 Rn. 45 f.; Kapellmann/Messerschmidt/*Langen*, B § 5 Rn. 102.

2. Die Rechtsfolgen im Einzelnen

a) Schadensersatz gemäß § 6 Abs. 6 VOB/B

Zunächst kann der Auftraggeber den Bauvertrag aufrechterhalten und Schadenersatz nach § 6 Abs. 6 VOB/B verlangen, wobei § 6 Abs. 6 VOB/B lex specialis gegenüber den Regelungen in §§ 280, 286 BGB n.F. ist. 52

aa) Erforderlichkeit von Verschulden und Verzug

Seinem Wortlaut nach fordert § 5 Abs. 4 VOB/B nur für die nicht fristgerechte Fertigstellung Verzug und damit Verschulden, nicht aber für den verzögerten Baubeginn oder den Verstoß gegen die Abhilfepflicht nach § 5 Abs. 3 VOB/B. Aufgrund der Tatsache, dass § 5 Abs. 4 VOB/B eine Rechtsgrundverweisung auf den Schadensersatzanspruch nach § 6 Abs. 6 VOB/B enthält, besteht weitgehend Einigkeit, dass Verschulden im Falle der Geltendmachung des Schadensersatzanspruchs bei allen Tatbestandsalternativen gegeben sein muss.[49] Umstritten ist indes, ob bei Geltendmachung des Verzugsschadens nach § 6 Abs. 6 VOB/B für alle Tatbestandmerkmale des § 5 Abs. 4 VOB/B neben einem Verschulden auch Verzug im Sinne des § 286 BGB vorliegen muss. Diese Diskussion dürfte für das Tatbestandmerkmal des verzögerten Ausführungsbeginns akademischer Natur sein, da der Ausführungsbeginn zumeist kalendermäßig bestimmt oder doch zumindest bestimmbar sein wird und insoweit eine verzugsauslösende Mahnung entbehrlich ist (§ 286 Abs. 2 Nr. 1 und 2 BGB). Relevant wird die Frage jedoch im Falle des Verstoßes gegen die Abhilfepflicht im Sinne des § 5 Abs. 3 VOB/B. Zwar hat der Auftragnehmer unverzüglich, d.h. ohne schuldhaftes Zögern, Abhilfe zu schaffen; dies löst aber nur die Fälligkeit der Abhilfepflicht aus. Für die Herbeiführung des Verzuges wird jedoch eine Mahnung erforderlich sein. Schon aus diesem Grunde empfiehlt es sich, die Abhilfeaufforderung mit einer klaren Frist zu versehen. 53

§ 280 Abs. 2 BGB bestimmt ausdrücklich, dass Schadensersatz wegen Verzögerung der Leistung nur unter den zusätzlichen Voraussetzungen des § 286 BGB, also des Verzuges, verlangt werden kann. Nach der hier vertretenen Auffassung soll indes im Bauvertragsrecht keine schärfere Haftung als die des BGB statuiert werden. Insoweit ist zur Auslösung der Rechtsfolge Schadensersatz nach § 5 Abs. 4 VOB/B Verzug grundsätzlich bei allen Tatbestandsmerkmalen erforderlich.[50] 54

bb) Beweislast

Hinsichtlich der Beweislast ist auszuführen, dass die Fristversäumnis und die Mahnung vom Auftraggeber darzulegen und auch zu beweisen ist, während der Auftragnehmer darzulegen und zu beweisen hat, dass er die Verzögerung nicht zu vertreten hat.[51] 55

cc) Umfang des Schadensersatzanspruchs

Im Hinblick auf den Umfang der Schadenersatzpflicht gilt, dass nach § 6 Abs. 6 VOB/B der nachweislich, also vom Auftraggeber konkret zu beweisende, durch die in § 5 Abs. 4 VOB/B genannten Tatbestandsvoraussetzungen entstandene Schaden zu ersetzen ist. Dabei muss der Schaden in einem adäquat kausalen Zusammenhang zu der verzögerten Leistungserstellung des Auftragnehmers stehen, d.h. bei objektiv nachträglicher Betrachtung muss der Eintritt des konkreten Schadens für einen optimalen Betrachter zu erwarten gewesen sein.[52] 56

---

49 Heiermann/Riedl/Rusam, B § 5 Rn. 21; Leinemann/*Roquette*, § 5 Rn. 73f; *Vygen/Schubert/Lang*, Rn. 94; Ingenstau/Korbion/*Döring*, B § 5 Abs. 4 Rn. 10; Kapellmann/Messerschmidt/*Langen*, B § 5 Rn. 105.
50 Ingenstau/Korbion/*Döring*, B § 5 Abs. 4 Rn. 6; *Vygen/Schubert/Lang*, Rn. 94; *Kemper*, in: Franke/Kemper/Zanner/Grünhagen, B § 5 VOB/B, Rn. 41; Kapellmann/Messerschmidt/*Langen*, B § 5 Rn. 104 ff.; a.A. Nicklisch/Weick, § 5 Rn. 32.
51 Ingenstau/Korbion/*Döring*, B § 5 Abs. 4 Rn. 12.
52 Palandt/*Heinrichs*, BGB Vorbemerkungen vor § 249 Rn. 59f.

57 Die Schadenermittlung richtet sich insoweit grundsätzlich nach den §§ 249 ff. BGB, allerdings mit der ausdrücklich in § 6 Abs. 6 VOB/B statuierten Ausnahme, dass entgangener Gewinn nur bei Vorsatz oder grober Fahrlässigkeit des Auftragnehmers zu ersetzen ist.

58 Eine Beschränkung des Schadenersatzes unter Ausschluss des entgangenen Gewinns nach § 6 Nr. 6 VOB/B entfällt jedoch in folgenden Fällen:
– die Bauverzögerung ist auf eine mangelhafte Bauausführung und die dadurch bedingte Mangelbeseitigung zurückzuführen; es sind demnach die Voraussetzungen des § 4 Abs. 7 S. 2 VOB/B oder § 13 Abs. 7 VOB/B gegeben;
– die Geltung der VOB ist im Bauvertrag nur nachrangig nach dem BGB vereinbart;[53]
– der Auftragnehmer verweigert die Erfüllung des Bauvertrages ernsthaft und endgültig;[54]
– der Auftragnehmer hat auch Planungsleistungen zu erbringen und er befindet sich mit diesen in Verzug.[55]

dd) Verjährung

59 Ansprüche auf Ersatz des Verzugsschadens verjähren in drei Jahren gemäß § 195 BGB, beginnend zum Ende des Jahres, in dem der Verzugsschaden entstanden ist.

b) Möglichkeit zur Auftragsentziehung

60 § 5 Abs. 4 VOB/B gibt dem Auftraggeber zudem das Recht, dem Aufragnehmer eine angemessene Frist zur Vertragserfüllung zu setzen, verbunden mit der Erklärung, dass er ihm nach fruchtlosem Ablauf der Frist den Auftrag entziehe (§ 8 Abs. 3 Nr. 1 VOB/B).

aa) Erforderlichkeit des Verschuldens

61 Für die Rechtsfolge des Schadensersatzes ist unter Rdn. 53 ausgeführt, dass Verschulden über den Wortlaut der VOB/B hinaus bei allen drei Tatbestandsmerkmalen erforderlich ist. Für die Rechtsfolge der Kündigung aus wichtigem Grunde gemäß § 5 Abs. 4 i.V.m. § 8 Abs. 3 Nr. 1 VOB/B vertritt die herrschende Meinung die Auffassung, dass § 5 Abs. 4 wörtlich zu nehmen ist, so dass Verschulden nur hinsichtlich der Fertigstellung der Leistung, nicht aber bei verzögertem Beginn oder dem Verstoß gegen die Abhilfepflicht zu verlangen ist.[56] Dies hängt damit zusammen, dass die außerordentliche Kündigung nach § 8 Abs. 3 VOB/B nur einen wichtigen Grund verlangt, ohne dass es auf ein Verschulden des Auftragnehmers ankäme. Zudem sind auch die unmittelbaren Folgen der Kündigung in Form der Beschränkung des Vergütungsanspruchs auf den erbrachten Leistungsteil, des Entfalls des Vergütungsanspruchs für nicht erbrachte Leistungen sowie der Kostenerstattungsanspruch des Auftraggebers hinsichtlich etwaiger Mehrkosten nach § 8 Abs. 3 Nr. 2 S. 1 VOB/B verschuldensunabhängig.[57]

bb) Angemessene Fristsetzung

62 Vor Auftragsentziehung hat der Auftraggeber dem Auftragnehmer durch empfangsbedürftige Willenserklärungen eine angemessene Frist zur Vertragserfüllung zu setzen und gleichzeitig zu erklären, dass er ihm nach fruchtlosem Ablauf der Frist den Auftrag entziehe. Auch diese Fristsetzung ist an keine Form gebunden, wobei im Hinblick auf die gravierenden Rechtsfolgen bei Versäumnis dieser Frist (Wegfall des Kostenerstattungsanspruchs nach § 8 Abs. 3 Nr. 2 S. 1 VOB/B) dringend die Einhaltung der Schriftform anzuraten ist, wobei zudem Übermittlungsarten gewählt

---

53 BGH, Urt. v. 27.10.1977 – VII ZR 298/75, WM 1977, 1453.
54 BGH, Urt. v. 20.04.2000 – VII ZR 164/99, BauR 2000, 1479.
55 BGH, Urt. v. 28.03.1996 – VII ZR 228/94, BauR 1996, 544.
56 Ingenstau/Korbion/*Döring*, B § 5 Abs. 4 Rn. 16; *Vygen/Schubert/Lang* Rn. 100; Nicklisch/Weick, § 5 Rn. 38; Kapellmann/Messerschmidt/*Langen*, B § 5 Rn. 118.
57 Ingenstau/Korbion/*Döring*, B § 8 Abs. 3 Rn. 41.

werden sollten, die den Zugang der Erklärung sicher gewährleisten und vor allem dokumentieren können.[58]

Hinzuweisen ist hinsichtlich der Wirksamkeit der Erklärung zudem darauf, dass der objektüberwachende Architekt oder Ingenieur ohne besondere Bevollmächtigung nicht zur Setzung einer Nachfrist mit Kündigungsandrohung berechtigt ist.[59] 63

Erste Voraussetzung für den nach fruchtlosem Fristablauf möglichen Auftragsentzug gemäß § 8 Abs. 3 Nr. 1 VOB/B ist zunächst einmal, dass die Fristsetzung angemessen war. Die Angemessenheit der Frist ist selbstverständlich einzelfallabhängig und richtet sich nach dem jeweiligen einschlägigen Tatbestandsmerkmal. Hat der Auftragnehmer nicht zur vereinbarten Vertragsfrist begonnen oder ist nach Aufforderung zum Beginn die 12-werktägige Frist abgelaufen, so muss der Auftraggeber ihm keine (erneute) Nachfrist weiterer 12 Werktage setzen. Eine Nachfrist von einer Woche wird in der Regel ausreichend sein.[60] 64

Verstößt der Auftragnehmer gegen seine Verpflichtung zur Abhilfe nach § 5 Abs. 3 VOB/B, wird entscheidend darauf abzustellen sein, welche Zeit ein leistungswilliger Auftragnehmer benötigt, um die Abhilfemaßnahmen zumindest einzuleiten.[61] 65

Bei der Fertigstellung ist für die Angemessenheit die Zeit maßgeblich, die ein leistungsfähiger, sachkundiger und zuverlässiger Auftragnehmer zur Fertigstellung der Leistung in sofort begonnener oder fortgesetzter zügiger Arbeit benötigt.[62] Zwar kann nach Auffassung der Rechtsprechung[63] eine Frist angemessen sein, innerhalb derer die Fertigstellung der geschuldeten Leistung unter größten Anstrengungen des Auftraggebers erfolgen kann (z.B. durch Erhöhung der Zahl der Arbeitskräfte sowie der Verlängerung der täglichen Arbeitszeit o.Ä.). Doch empfiehlt es sich für den Auftraggeber im Hinblick auf die Angemessenheit der Fristsetzung, den sicheren Weg zu gehen, da im Falle der Kündigung nach fruchtlosem Ablauf einer unangemessenen kurz gesetzten Frist diese Kündigung als freie Auftraggeberkündigung nach § 8 Abs. 1 Nr. 1 VOB/B zu werten wäre mit der Folge, dass sich der Auftraggeber mit den Ansprüchen nach § 649 BGB konfrontiert sähe.[64] 66

Bei der Fertigstellung der Leistung fordert § 5 Abs. 4 VOB/B seinem Wortlaut nach Verzug. Für den Fall, dass die Fertigstellungsfrist nicht nach § 286 Abs. 2 BGB kalendermäßig bestimmt oder bestimmbar ist und es insoweit einer verzugsbegründenden Mahnung bedarf, ist durch die Rechtsprechung anerkannt, dass die verzugsbegründende Mahnung mit der Nachfristsetzung unter Kündigungsandrohung verbunden werden kann.[65] 67

Hinzuweisen ist darauf, dass eine unangemessen kurze Fristsetzung nicht unwirksam ist, sondern eine angemessene Frist in Gang setzt.[66] Der Auftraggeber müsste dementsprechend nach fruchtlosem Fristablauf einer unangemessen kurzen Frist bis zur Erklärung der Kündigung noch bis in den »angemessenen Bereich« zuwarten. Nicht verschwiegen werden kann aber in diesem Zusammenhang, dass auch dieses Vorgehen ein erhebliches Risiko für den Auftraggeber in sich trägt. Denn der Auftraggeber verliert bzw. verwirkt sein Kündigungsrecht, wenn er es nach fruchtlosem Fristablauf eine gewisse Zeit nicht ausgeübt hat, den Auftragnehmer hat weiterarbeiten lassen und ihm insoweit signalisiert hat, an die Verwirkung der Frist keine Rechtsfolgen zu knüpfen.[67] Der 68

---

58 *Motzke*, in: Beck'scher VOB-Kommentar, § 5 Nr. 4 Rn. 60.
59 *Motzke*, in: Beck'scher VOB-Kommentar, § 5 Nr. 4 Rn. 58.
60 Kapellmann/Messerschmidt/*Langen*, B § 5 Rn. 127.
61 *Motzke*, in: Beck'scher VOB-Kommentar, § 5 Nr. 4 Rn. 64.
62 Ingenstau/Korbion/*Döring*, B § 5 Abs. 4 Rn. 18.
63 OLG Hamm, Urt. v. 31.05.2007 – 24 U 150/04, BauR 2007, 1737.
64 *Kemper*, in: Franke/Kemper/Zanner/Grünhagen, B § 5 Rn. 43.
65 BGH, Urt. v. 10.01.1990 – VIII ZR 337/88, NJW-RR 1990, 442.
66 BGH, Urt. v. 21.06.1985 – V ZR 134/84, NJW 1985, 2640.
67 OLG Düsseldorf, Urt. v. 28.07.1993 – 22 U 38/93, NJW-RR 1994, 149; OLG Saarbrücken, Urt. v. 02.04.2003 – 1 U 702/02-167/BGH, Beschl. v. 30.08.2004 – VII ZR 127/03, IBR 2005, 9.

Auftraggeber muss dann den Auftragnehmer ggf. erneut in Verzug setzen und ihm eine neue Frist mit Kündigungsandrohung setzen. Insoweit empfiehlt es sich, die Frist angemessen auszugestalten und sodann unmittelbar nach Ablauf der Frist die Auftragsentziehung gemäß § 8 Abs. 3 VOB/B zu erklären.

cc) Androhung der Auftragsentziehung/Kündigung

69 Des Weiteren ist die Androhung der Auftragsentziehung erforderlich, wobei es insoweit unerheblich ist, ob der Wortlaut der VOB eingehalten wird. Vielmehr genügt es, wenn der unmissverständliche Wille des Auftraggebers erkennbar wird, nach Ablauf der Frist weitere Leistungen des Auftragnehmers nicht anzunehmen.[68] Zur Meidung unnötiger Auslegungsschwierigkeiten ist es indes immer empfehlenswert, auf den Wortlaut der VOB/B bzw. der jeweiligen Regelungen ausdrücklich Bezug zu nehmen. Nicht ausreichend sind demnach Erklärungen, mit denen sich der Auftraggeber lediglich das Recht zu Kündigung vorbehält (»... behalte ich mir vor, Ihnen nach Fristablauf ...«) oder auch Fristsetzungen von Architekten/Ingenieuren, die lediglich auf eine Kündigungsempfehlung abstellen (»... werde ich dem Bauherrn empfehlen, Ihnen nach fruchtlosem Ablauf der Frist ...«).

70 Das Kündigungsrecht entsteht erst nach Ablauf der gesetzten Frist mit Kündigungsandrohung. Fehlt es an einer entsprechenden Androhung, wird das Recht zur Kündigung nicht begründet, allenfalls wird der Auftragnehmer nur in Verzug gesetzt. Ferner kann die Kündigung nicht bereits aufschiebend bedingt durch den Ablauf der Fristsetzung erklärt werden.[69]

dd) Entbehrlichkeit der Kündigungsandrohung

71 Eine Fristsetzung samt Androhung ist nur dann entbehrlich, soweit der Auftragnehmer die rechtzeitige Erfüllung seiner Vertragspflichten derart verzögert, dass das Vertrauen des Auftraggebers in eine fristgerechte Leistung so erschüttert ist, dass ihm ein Festhalten am Vertrag nicht mehr zuzumuten ist.[70] Dies kann beispielsweise der Fall sein, wenn der Auftragnehmer seine Weiterarbeit unmissverständlich von der Zahlung weiterer Vergütung abhängig macht, obwohl er erkennbar hierauf keinen Anspruch hat. Ferner ist ein Fall der Entbehrlichkeit dann anzunehmen, wenn der Auftragnehmer ernsthaft und endgültig den Beginn oder die Fortführung der Leistung verweigert, wobei diese Verweigerung klar und eindeutig erfolgt sein muss.[71]

ee) Rechtsfolge

72 Liegen die tatbestandlichen Voraussetzungen vor (fruchtloser Ablauf der angemessenen Frist mit Androhung der Auftragsentziehung oder bei Entbehrlichkeit der Fristsetzung), kann der Auftraggeber den Vertrag ganz oder teilweise (vgl. § 8 Abs. 3 Nr. 1 S. 2 VOB/B) kündigen. Verpflichtet ist er jedoch zur Kündigung nicht.

ff) Ausnahmen der Berechtigung zur Kündigung trotz Fristablaufs

73 Trotz Fristablaufs kann der Auftraggeber unter folgenden Voraussetzungen nicht kündigen:

74 – der Auftragnehmer war gemäß § 16 Abs. 5 Nr. 5 VOB/B zur Arbeitseinstellung berechtigt;
– der Auftragnehmer war auf Grund einer nicht gestellten Sicherheit für den Vergütungsanspruch nach § 648a BGB berechtigt, die Arbeiten einzustellen.

---

[68] BGH, Urt. v. 13.12.2001 – VII ZR 432/00, BauR 2002, 782.
[69] OLG Düsseldorf, Urt. v. 24.11.2000 – 22 U 61/00, BauR 2001, 1461.
[70] BGH, Urt. v. 23.05.1996 – VII ZR 140/95, BauR 1996, 705.
[71] *Vygen/Schubert/Lang*, Rn. 101 m.w.N.

c) Weitere Ansprüche des Auftraggebers

Außerhalb des § 5 Abs. 4 VOB/B stehen dem Auftraggeber bei Vorliegen der Voraussetzungen einer Auftragsentziehung folgende weitere rechtliche Möglichkeiten zu: 75

Der Auftraggeber kann weiterhin Vertragserfüllung verlangen. Hierauf kann er auch Klage erheben, wobei ein entsprechendes Urteil gemäß § 887 ZPO zu vollstrecken wäre, da es sich um eine vertretbare Handlung handelt. Dieser Weg ist jedoch wesentlich umständlicher, als durch Ausübung des Kündigungsrechtes einen Ersatzunternehmer zur Fertigstellung der Leistung zu gewinnen und besitzt daher geringe praktische Relevanz.

Der Auftraggeber kann ferner gegenüber einem fälligen Vergütungsanspruch (beispielsweise auf Abschlagszahlung) des Auftragnehmers die Einrede des nicht erfüllten Vertrages nach § 320 BGB erheben.[72] Die Einrede kann der Auftraggeber allerdings nur dann erheben, solange er am Vertrag festhält und die Bauleistungen nicht endgültig durch Kündigung abgelehnt hat. 76

Nicht möglich ist dem Auftraggeber indes die Ausübung eines Rücktrittsrechtes. Zwar sehen die §§ 281 Abs. 1 S. 1 und 323 Abs. 1 BGB n.F. ausdrücklich ein Kündigungsrecht des Auftraggebers vor, soweit der Schuldner nicht oder nicht wie geschuldet im Zeitpunkt der Fälligkeit leistet, doch handelt es sich bei § 5 Abs. 4 S. 2 VOB/B um eine das Rücktrittsrecht verdrängende Sonderregelung.[73] 77

E. AGB Kontrolle von § 5 VOB/B

Bislang ist keine Rechtsprechung ersichtlich, die § 5 VOB/B bei isolierter Inhaltskontrolle für unwirksam erklärt hätte. Dagegen existiert eine Vielzahl von Entscheidungen, die sich mit der AGB-rechtlichen Einordnung von Klauseln befasst, die Regelungen abweichend von § 5 VOB/B treffen. Es kann an dieser Stelle nur auf einige wenige Entscheidungen verwiesen werden. Eine ausführliche Betrachtung findet sich in Werken, die ausschließlich unwirksame Bauvertragsklauseln zusammengetragen haben.[74] 78

I. Klauseln zu § 5 Abs. 1 VOB/B

Unwirksam sind Klauseln, die dem Auftraggeber einseitig das Recht einräumen, Ausführungsfristen verbindlich festzulegen.[75] Soweit der Auftraggeber allerdings befugt sein soll, ein Terminbestimmungsrecht nach billigem Ermessen gemäß § 315 BGB auszuüben, so soll diese Klausel wirksam sein.[76] 79

II. Klauseln zu § 5 Abs. 2 VOB/B

Unzulässig ist eine unangemessene Verkürzung der Frist zum Ausführungsbeginn gemäß § 5 Abs. 2 S. 2 VOB/B. Eine klare Trennlinie, wann eine derartige Fristverkürzung unangemessen und damit unwirksam ist, lässt sich jedoch nicht ziehen; es wird im Einzelfall darauf ankommen, welche Vorbereitungszeit für den konkreten Auftrag zu berücksichtigen ist.[77] 80

---

72 Ingenstau/Korbion/*Döring*, B § 5 Abs. 4 Rn. 27.
73 Heiermann/Riedl/Rusam, B § 5 Rn. 28.
74 Vgl. *Glatzel/Hofmann/Frikell*, Unwirksame Bauvertragsklauseln.
75 LG München, Urt. v. 29.06.1989 – 7 O 5019/89.
76 *Motzke*, in: Beck'scher VOB-Kommentar, § 5 Nr. 1 Rn. 24.
77 Kapellmann/Messerschmidt/*Langen*, B § 5 Rn. 155.

III. Klauseln zu § 5 Abs. 3 VOB/B

81 Eine Bestimmung, die dem Auftraggeber gestattet, bei einem Rückstand mit der Ausführung Fremdfirmen auf Kosten des Auftragnehmers einzusetzen, ist unwirksam.[78] Letztlich ist Vorsicht bei jeder Art von Klausel geboten, die den Auftragnehmer verpflichtet, bestimmte Maßnahmen zur Abhilfe zu ergreifen, da diese in das Organisationsrecht des Auftragnehmers nach § 4 Abs. 2 Nr. 1 VOB/B eingreifen.

IV. Klauseln zu § 5 Abs. 4 VOB/B

82 Grundsätzlich unwirksam sind alle auftraggeberseits gestellten Klauseln, die eine Schadensersatzpflicht ohne Verschulden des Auftragnehmers statuieren.[79]

83 Unwirksam sind zudem Klauseln, nach denen der Auftragnehmer bei Überschreitung von Vertragsfristen ohne Mahnung in Verzug gerät, soweit dies nach den Bestimmungen des allgemeinen Schuldrechts (§ 286 Abs. 2 BGB) nicht ohnehin entbehrlich ist oder nach denen der Auftraggeber zur Auftragsentziehung ohne Nachfristsetzung und Kündigungsandrohung berechtigt sein soll.[80]

§ 6 Behinderung und Unterbrechung der Ausführung

(1) Glaubt sich der Auftragnehmer in der ordnungsgemäßen Ausführung der Leistung behindert, so hat er es dem Auftraggeber unverzüglich schriftlich anzuzeigen. Unterlässt er die Anzeige, so hat er nur dann Anspruch auf Berücksichtigung der hindernden Umstände, wenn dem Auftraggeber offenkundig die Tatsache und deren hindernde Wirkung bekannt waren.

(2) 1. Ausführungsfristen werden verlängert, soweit die Behinderung verursacht ist:
    a) durch einen Umstand aus dem Risikobereich des Auftraggebers,
    b) durch Streik oder eine von der Berufsvertretung der Arbeitgeber angeordnete Aussperrung im Betrieb des Auftragnehmers oder in einem unmittelbar für ihn arbeitenden Betrieb,
    c) durch höhere Gewalt oder andere für den Auftragnehmer unabwendbare Umstände.
2. Witterungseinflüsse während der Ausführungszeit, mit denen bei Abgabe des Angebots normalerweise gerechnet werden musste, gelten nicht als Behinderung.

(3) Der Auftragnehmer hat alles zu tun, was ihm billigerweise zugemutet werden kann, um die Weiterführung der Arbeiten zu ermöglichen. Sobald die hindernden Umstände wegfallen, hat er ohne weiteres und unverzüglich die Arbeiten wieder aufzunehmen und den Auftraggeber davon zu benachrichtigen.

(4) Die Fristverlängerung wird berechnet nach der Dauer der Behinderung mit einem Zuschlag für die Wiederaufnahme der Arbeiten und die etwaige Verschiebung in eine ungünstigere Jahreszeit.

(5) Wird die Ausführung für voraussichtlich längere Dauer unterbrochen, ohne dass die Leistung dauernd unmöglich wird, so sind die ausgeführten Leistungen nach den Vertragspreisen abzurechnen und außerdem die Kosten zu vergüten, die dem Auftragnehmer bereits entstanden und in den Vertragspreisen des nicht ausgeführten Teils der Leistung enthalten sind.

(6) Sind die hindernden Umstände von einem Vertragsteil zu vertreten, so hat der andere Teil Anspruch auf Ersatz des nachweislich entstandenen Schadens, des entgangenen Gewinns aber nur bei Vorsatz oder grober Fahrlässigkeit. Im Übrigen bleibt der Anspruch des Auftragneh-

---

[78] OLG Hamburg, Urt. v. 06.12.1995 – 5 U 215/94, ZfBR 1998, 35; BGH, Beschl. v. 05.06.1997 – VII ZR 54/96, ZfBR 1998, 41.
[79] LG München, Urt. v. 13.04.1989 – 7 O 19799/88.
[80] *Motzke*, in: Beck'scher VOB-Kommentar, § 5 Abs. 4 Rn. 73.

mers auf angemessene Entschädigung nach § 642 BGB unberührt, sofern die Anzeige nach Absatz 1 Satz 1 erfolgt oder wenn Offenkundigkeit nach Absatz 1 Satz 2 gegeben ist.

(7) Dauert eine Unterbrechung länger als 3 Monate, so kann jeder Teil nach Ablauf dieser Zeit den Vertrag schriftlich kündigen. Die Abrechnung regelt sich nach den Absätzen 5 und 6; wenn der Auftragnehmer die Unterbrechung nicht zu vertreten hat, sind auch die Kosten der Baustellenräumung zu vergüten, soweit sie nicht in der Vergütung für die bereits ausgeführten Leistungen enthalten sind.

Übersicht

		Rdn.
A.	Die Struktur des § 6 VOB/B	1
B.	Anspruch auf Bauzeitverlängerung, § 6 Abs. 2 VOB/B	3
I.	Behinderungstatbestände	3
	1. Umstand aus der Risikosphäre des Auftraggebers, § 6 Abs. 2 Nr. 1a VOB/B	4
	2. Streik und Aussperrung, § 6 Abs. 2 Nr. 1 VOB/B	7
	3. Höhere Gewalt und unabwendbare Umstände, § 6 Abs. 2 Nr. 1c VOB/B	9
	a) Höhere Gewalt	10
	b) Andere für den Auftragnehmer unabwendbare Umstände	13
II.	Witterungseinflüsse	16
III.	Anzeigepflicht und Offenkundigkeit, § 6 Abs. 1 VOB/B	19
	1. Anzeigepflicht	19
	2. Offenkundigkeit	22
	3. Ermittlung des Fristverlängerungsanspruchs, § 6 Abs. 4 VOB/B	23
C.	Vorläufige Abrechnung während der Unterbrechung, § 6 Abs. 5 VOB/B	28
I.	Anspruchsvoraussetzungen	29
II.	Abrechnung	31
	1. Abrechnung der erbrachten Leistungen	31
	2. Abrechnung der sonstigen entstandenen und in Vertragspreisen des nicht ausgeführten Teils enthaltenen Kosten	33

		Rdn.
D.	Kündigungsrecht bei andauernder Unterbrechung von mehr als drei Monaten, § 6 Abs. 7 VOB/B	35
I.	Anspruchsvoraussetzungen	36
	1. Unterbrechung länger als drei Monate	36
	2. Ausschluss des Kündigungsrechts nach Treu und Glauben	39
	3. Form	40
II.	Abrechnung	41
E.	Schadensersatzanspruch, § 6 Abs. 6 VOB/B	44
I.	Einführung	45
II.	Anspruchsvoraussetzungen	47
	1. Hindernde Umstände	47
	2. Kausalität	48
	3. Verschulden	50
	4. Behinderungsanzeige	54
III.	Schadenshöhe	55
	1. Begriff	55
	2. Ermittlung des Schadens	56
	3. Entgangener Gewinn	62
	4. Verjährung	63
F.	Entschädigungsanspruch des Auftragnehmers gemäß § 642 BGB i.V.m. § 6 Abs. 6 S. 2 VOB/B	64
I.	Einführung	64
II.	Anspruchsvoraussetzungen	65
	1. Annahmeverzug	65
	2. Behinderungsanzeige/Offenkundigkeit	66
	3. Höhe der Entschädigung	68

A. Die Struktur des § 6 VOB/B

§ 6 VOB/B regelt die Rechtsfolgen bei Eintritt von Behinderungen und Unterbrechungen des vertraglich vorgesehenen Bauablaufs. 1

Geregelt sind in § 6 VOB/B der Anspruch auf Bauzeitverlängerung des Auftragnehmers, der Anspruch auf vorzeitige Abrechnung bei Unterbrechung des Auftragnehmers und Auftraggebers, das Recht des Auftragnehmers und Auftraggebers zur Kündigung bei Unterbrechung von mehr als 3 Monaten sowie der Anspruch auf Schadenersatz und Entschädigung des Auftraggebers und Auftragnehmers. 2

B. Anspruch auf Bauzeitverlängerung, § 6 Abs. 2 VOB/B

I. Behinderungstatbestände

3 Voraussetzungen für einen Anspruch auf Bauzeitverlängerung des Auftragnehmers ist das Vorliegen einer der drei in § 6 Abs. 2 VOB/B genannten Behinderungstatbestände.

1. Umstand aus der Risikosphäre des Auftraggebers, § 6 Abs. 2 Nr. 1a VOB/B

4 Ausführungsfristen werden gem. § 6 Abs. 2 Nr. 1a VOB/B verlängert, soweit die Behinderung »durch einen Umstand aus der Risikosphäre des Auftraggebers« verursacht ist.

5 Ein Umstand aus dem Risikobereich des Auftraggebers liegt dann vor, wenn er einerseits selbst durch ein Tun oder Unterlassen seinen vertraglichen Mitwirkungspflichten nicht nachkommt oder andere Personen, die seinem Pflichtenkreis zuzurechnen sind, ihre Aufgaben nicht ordnungsgemäß, wie vertraglich vereinbart, erbringen.[1] Dies bedeutet, dass die hindernden Umstände nach den vertraglichen Regelungen bzw. den Verpflichtungen, die sich aus weiteren Vertragsgrundlagen ergeben können, tatsächlich dem Pflichtenkreis des Auftraggebers zuzurechnen sind. Insofern sind auch bei Vereinbarung der VOB/B die Mitwirkungspflichten nach §§ 3 und 4 VOB/B umfasst. Ebenfalls umfasst sind Änderungsanordnungen nach § 1 Abs. 3 VOB/B bzw. die Anordnung von zusätzlichen Leistungen gemäß § 1 Abs. 4 S. 1 VOB/B.[2]

6 Für den Anspruch auf Bauzeitverlängerung kommt es nicht darauf an, ob den Auftraggeber ein Verschulden für den Umstand aus seiner Risikosphäre trifft.[3]

2. Streik und Aussperrung, § 6 Abs. 2 Nr. 1 VOB/B

7 Ausführungsfristen werden ferner verlängert, soweit die Behinderung »durch Streit oder eine von der Berufsvertretung der Arbeitgeber angeordneten Aussperrung im Betrieb des Auftragnehmers oder in einem unmittelbar für ihn arbeitenden Betrieb« verursacht ist, § 6 Abs. 2 Nr. 1b VOB/B.

8 Zur Fristverlängerung kann nicht nur ein Streik und eine Aussperrung im eigenen Betrieb führen, sondern auch dann, sofern der Betrieb eines Nachunternehmers des Auftragnehmers betroffen ist. Dies gilt jedoch nur dann, sofern eine Zustimmung zum Nachunternehmereinsatz durch den Auftraggeber gemäß § 4 Abs. 8 VOB/B vorliegt.[4]

3. Höhere Gewalt und unabwendbare Umstände, § 6 Abs. 2 Nr. 1c VOB/B

9 Ausführungsfristen werden schließlich verlängert, soweit die Behinderung »durch höhere Gewalt oder andere für den Auftragnehmer unabwendbare Umstände« verursacht ist, § 6 Abs. 2 Nr. 1c VOB/B.

a) Höhere Gewalt

10 Höhere Gewalt liegt nach der Rechtsprechung des BGH vor, wenn ein von außen auf den Betrieb einwirkendes außergewöhnliches Ereignis vorliegt, das unvorhersehbar ist und selbst bei Anwendung äußerster Sorgfalt ohne Gefährdung des wirtschaftlichen Erfolges des Unternehmens nicht abgewendet werden kann und auch nicht wegen seiner Häufigkeit von Betriebsunternehmern in Rechnung zu stellen und mit in Kauf zu nehmen ist.[5]

---

1 *Zanner*, in: Franke/Kemper/Zanner/Grünhagen, B § 6 Rn. 29.
2 BGH, Urt. v. 21.12.1989 – VII ZR 132/88 = BauR 1990, 210.
3 BGH, Urt. v. 17.12.1998 – VII ZR 272/97 = BauR 1999, 511.
4 *Zanner*, in: Franke/Kemper/Zanner Grünhagen, B § 6 Rn. 33.
5 BGH, Urt. v. 23.10.1952 – III ZR 364/51 = BGHZ 7, 338.

Für das Vorliegen von höherer Gewalt kommt es darauf an, dass es sich um ein betriebsfremdes 11
von außen kommendes Ereignis handelt. Als höhere Gewalt können deshalb ungewöhnliche nicht
zu erwartende Ereignisse, wie Erdbeben, Großbrände, Hochwasser, Überschwemmungen etc. angesehen werden.

Keine höhere Gewalt liegt dann vor, wenn ein eigenes Verschulden gleichgültig in welcher Intensität vorliegt.[6] Liegt die Ursache in der Bauausführung selbst, handelt es sich nicht um ein betriebsfremdes Ereignis, so dass auch in diesem Fall höhere Gewalt ausscheidet.[7] 12

b) Andere für den Auftragnehmer unabwendbare Umstände

Ein unabwendbarer Umstand setzt nach der Rechtsprechung des BGH ein Ereignis voraus, das 13
nach menschlicher Einsicht und Erfahrung in dem Sinn unvorhersehbar ist, dass es oder seine
Auswirkung trotz wirtschaftlich erträglicher Mittel durch äußerste nach der Sachlage zu erwartende Sorgfalt nicht verhütet oder in seinen Wirkungen bis auf ein erträgliches Maß unschädlich gemacht werden kann.[8]

Im Gegensatz zur höheren Gewalt ist es nicht erforderlich, dass die Einwirkung von außen 14
stammt, also betriebsfremd ist. Ein unabwendbarer Umstand kann beispielsweise bei einer, die
Bauausführung hindernden Materialknappheit, Naturkatastrophen oder unerlaubten Handlungen
Dritter (Sachbeschädigung, Diebstahl, Brandstiftung etc.) vorliegen.[9]

Sofern den Auftragnehmer ein Verschulden an dem Eintritt des Ereignisses trifft, kann ein un- 15
wendbarer Umstand nicht angenommen werden. Das Ereignis muss objektiv unabhängig von der
konkreten Situation des betroffenen Auftragnehmers unvorhersehbar und unvermeidbar gewesen
sein. Auf subjektive Erkennbarkeit für den Auftragnehmer kommt es nicht an.[10]

II. Witterungseinflüsse

Witterungseinflüsse während der Ausführungszeit, mit denen bei Abgabe des Angebots normaler- 16
weise gerechnet werden musste, gelten nicht als Behinderung, § 6 Abs. 2 Nr. 2 VOB/B. Gemeint
sind jahreszeitlich übliche Witterungseinflüsse am Ort der Baustelle, die voraussehbar sind. Der
Auftragnehmer muss bei Abgabe seines Angebotes diese Witterungseinflüsse im Hinblick auf die
Kalkulation der Bauzeit und des Preises berücksichtigen. Es handelt sich hierbei beispielsweise
um Hitzewellen, Sturm, Schneefall, Frost in dem jahreszeitlich üblichen Ausmaß.

Nicht vorhersehbare Witterungsverhältnisse sind solche, die in ihrer Auswirkung so extrem sind, 17
dass sie nur vereinzelt über einen längeren Zeitraum von ca. 20 Jahres auftreten.

So zum Beispiel Jahrhundertwinter, wie der Winter 1996/97 mit über mehrere Monate durchgängigem Bodenfrost im Nordosten Deutschlands; Hochwasser oder Sturmfluten, wenn dabei der
Höchststand in den betroffenen Monaten innerhalb der letzten 20 Jahre vor der Ausschreibung
nicht überschritten war;[11] wolkenbruchartige Regenfälle, mit denen auf der Baustelle nur alle
20 Jahre zu rechnen ist.[12] In diesen Fällen ist von höherer Gewalt bzw. unabwendbaren Umständen im Sinne von § 6 Abs. 2 Nr. 1c VOB/B auszugehen.

---

6 BGH, Urt. v. 16.10.1997 – VII ZR 64/96 = BauR 1997, 1021.
7 *Döring*, in: Ingenstau/Korbion, B § 6 Abs. 2 Rn. 19.
8 BGH, Urt. v. 12.07.1973 – VII ZR 196/72 = BauR 1973, 317.
9 *Zanner*, in: Franke/Kemper/Zanner Grünhagen, VOB Kommentar, 4. Aufl. 2010 B § 6 Rn. 33.
10 BGH, Urt. v. 21.08.1997 – VII ZR 17/96= BauR 1997, 1019, BGH, Urt. v. 16.10.1997 – VII ZR 64/96 = BauR 1997, 1021.
11 *Döring*, in: Ingenstau/Korbion, B § 6 Abs. 2 Rn. 28.
12 OLG Koblenz, Urt. v. 14.06.1978 – 1 U 830/77 = S-F-H Nr. 1 zu § 6 Nr. 2.

18 Verschiebt sich die ursprünglich in einer günstigen Jahreszeit liegende Bauzeit durch Anordnung des Bauherrn zur Bauzeit selbst oder Anordnung von geänderten oder zusätzlichen Leistungen gemäß § 1 Abs. 3 VOB/B bzw. § 1 Abs. 4 S. 1 VOB/B in die ungünstige Jahreszeit und sind witterungsabhängige Leistungen hiervon betroffen, gilt die Regelung des § 6 Abs. 2 Nr. 2 VOB/B nicht.

III. Anzeigepflicht und Offenkundigkeit, § 6 Abs. 1 VOB/B

1. Anzeigepflicht

19 Glaubt sich der Auftragnehmer in der ordnungsgemäßen Ausführung der Leistung behindert, so hat er es dem Auftraggeber unverzüglich schriftlich anzuzeigen. Wie sich aus der Regelung selbst ergibt, hat der Auftragnehmer die Behinderungsanzeige unverzüglich, d.h. ohne schuldhaftes Zögern (§ 121 BGB) an den Auftraggeber selbst zu übermitteln. Dies gilt auch für eine sich anbahnende Behinderung, damit der Auftraggeber in die Lage versetzt wird, schnellstmöglich Abhilfe schaffen zu können. Sofern der Auftragnehmer seine Anmeldung verspätet ausführt, kann er gegenüber dem Auftraggeber schadensersatzpflichtig werden, da es sich bei der Anzeigepflicht um eine vertragliche Nebenpflicht handelt.

20 Die Behinderung ist ausschließlich an den Auftraggeber als Adressat selbst zu übermitteln, außer es wurden von ihm ausdrücklich Dritte zur Annahme derartiger Erklärungen beauftragt (§ 164 BGB).

21 Die in § 6 Abs. 1 S. 1 VOB/B festgelegte Schriftform dient im Wesentlichen Beweiszwecken des Auftragnehmers. Eine mündliche Behinderungsanzeige ist daher nicht ohne Weiteres wirkungslos.[13] Die Schriftform ist nicht Anspruchsvoraussetzung.[14] Daher ist es möglich, dass eine Behinderungsanzeige, die in das Bautagebuch aufgenommen wurde und dessen Inhalt dem Auftraggeber oder dessen vertretenden Architekten es weitergeleitet worden ist, ausreichend ist, sofern der Auftragnehmer sämtliche Tatsachen und deren Auswirkungen, die zur Behinderung führen, klar und unmissverständlich in das Bautagebuch aufgenommen hat.[15]

Dies kann auch für Baubesprechungsprotokolle gelten, sofern die hindernden Umstände vollständig klar innerhalb der Besprechungszeiten seitens des Auftragnehmers vorgetragen wurden, diese in das Besprechungsprotokoll entsprechend aufgenommen worden sind und dieses Protokoll dem Auftraggeber oder dessen Vertreter zur Kenntnis übergeben worden ist bzw. der Auftraggeber oder dessen Vertreter selbst an der Baubesprechung teilgenommen hat.[16]

2. Offenkundigkeit

22 Unterlässt der Auftragnehmer die Behinderungsanzeige, so hat er nur dann einen Anspruch auf Berücksichtigung der hindernden Umstände, wenn dem Auftraggeber offenkundig die Tatsache und deren hindernde Wirkung bekannt waren. Hierbei kann es sich beispielsweise um einen behördlich angeordneten Baustopp, Streik oder unvorhersehbare Witterungsverhältnisse handeln, sofern der Auftraggeber darüber offensichtlich unterrichtet war und deren Wirkungen ihm offenkundig gewesen sind. Möglich ist auch, dass der Auftraggeber die negativen Auswirkungen auf den Baufortschritt aus der Zeitung, Rundfunk oder Fernsehen wahrgenommen hat und die Auswirkungen für ihn klar erkennbar gewesen sind. Nicht ohne Weiteres offenkundig sind vom Auftraggeber angeordnete Leistungsänderungen oder zusätzliche Leistungen.[17]

---

13 *Döring*, in: Ingenstau/Korbion, B § 6 Abs. 1 Rn. 5.
14 *Zanner*, in: Franke/Kemper/Zanner/Grünhagen, B § 6 Rn. 12.
15 *Döring*, in: Ingenstau/Korbion, B § 6 Abs. 1 Rn. 5.
16 *Zanner*, in: Franke/Kemper/Zanner/Grünhagen, B § 6 Rn. 14.
17 OLG Düsseldorf, Urt. v. 29.06.2001 – 22 U 221/00 = NZBau 2002, 226.

3. Ermittlung des Fristverlängerungsanspruchs, § 6 Abs. 4 VOB/B

Die Fristverlängerung wird berechnet nach der Dauer der Behinderung mit einem Zuschlag für die Wiederaufnahme der Arbeiten und die etwaige Verschiebung in eine ungünstige Jahreszeit, § 6 Abs. 4 VOB/B.

Der Auftragnehmer ist damit verpflichtet, die Dauer der eigentlichen Behinderung zu ermitteln und darzulegen. Dies ist, sofern die Arbeiten vollständig unterbrochen werden, in der Regel unproblematisch. Schwierig sind die Konstellationen, in denen eine Vielzahl von Behinderungen vorliegt, sich die einzelnen Behinderungszeiträume überlappen, teilweise aufeinander Einfluss haben und teilweise keinen Einfluss auf weitere Behinderungen oder auf die Vertragsfristen entfalten. In diesem Fall muss der Auftragnehmer in der Regel durch Erarbeitung eines neuen Detailterminplans die Auswirkungen der einzelnen Behinderungen auf den ursprünglich vorgesehenen Bauablauf bzw. die einzelnen Arbeitsschritte darlegen. In schwierigen Konstellationen wird dieser Nachweis in der Regel durch bauzeitliche Gutachten geführt.

Darüber hinaus wird der Dauer der eigentlichen Behinderung ein Zuschlag für die Wiederaufnahme der Arbeiten anzurechnen sein. Dies ist in der Regel dann von Bedeutung, wenn die Arbeiten gänzlich unterbrochen worden sind oder, sofern die Arbeiten nicht vollständig unterbrochen worden sind, beispielsweise bei GU-Leistungen ein Teilbereich, z.B. alle Fliesenarbeiten, gänzlich unterbrochen worden sind. So kann es beispielsweise für den Auftragnehmer erforderlich sein, von der Baustelle abgezogenes Personal zurück zu beordern. Dabei ist jedoch zu berücksichtigen, dass der Auftragnehmer gemäß § 6 Abs. 3 S. 2 VOB/B verpflichtet ist, unverzüglich und ohne Weiteres die Arbeiten wieder aufzunehmen, sobald die hindernden Umstände weggefallen sind.

Eine Verschiebung der Leistungen aufgrund von Behinderungen oder Unterbrechungen in eine witterungsbedingt ungünstige Jahreszeit ist ebenfalls beim Anspruch auf Berechnung der Fristverlängerung zu berücksichtigen, sofern die jahreszeitlich üblichen Witterungsverhältnisse negative Auswirkungen auf den tatsächlich vertraglich vorgesehenen Bauablauf hatten. Inwieweit eine Verschiebung der Bauzeit in eine jahreszeitlich günstigere Periode zu einer Fristverkürzung führen, ist umstritten.

Ebenfalls bei der Ermittlung des Anspruchs des Auftragnehmers auf Bauzeitverlängerung ist seine Pflicht gemäß § 6 Abs. 3 S. 1 VOB/B zu berücksichtigen, denn der Auftragnehmer hat alles zu tun, was ihm billigerweise zugemutet werden kann, um die Weiterführung der Arbeiten zu ermöglichen. Wenn er in bestimmten Leistungsbereichen behindert ist, ist er beispielsweise verpflichtet, die Arbeiten anderenorts auf der Baustelle, sofern dies möglich ist, fortzuführen, auch wenn das vom vertraglich geschuldeten Bauablauf zunächst so nicht vereinbart oder vorgesehen war.

C. Vorläufige Abrechnung während der Unterbrechung, § 6 Abs. 5 VOB/B

Wird die Ausführung für voraussichtlich längere Dauer unterbrochen, ohne dass die Leistung dauernd unmöglich wird, so sind die ausgeführten Leistungen nach den Vertragspreisen abzurechnen und außerdem die Kosten zu vergüten, die dem Auftragnehmer bereits entstanden sind und in den Vertragspreisen des nicht ausgeführten Teils der Leistungen enthalten sind, § 6 Abs. 5 VOB/B.

I. Anspruchsvoraussetzungen

Voraussetzung ist zunächst, dass eine Unterbrechung, d.h. völliger Stillstand der Arbeiten auf der Baustelle von einer voraussichtlich längeren Dauer vorliegt bzw. zu erwarten ist. Nach Wegfall der Unterbrechung müssen die Arbeiten wieder aufgenommen werden können. Für den Fall einer dauernden Unmöglichkeit ist § 6 Abs. 5 VOB/B nicht einschlägig.[18]

---

18 *Zanner*, in: Franke/Kemper/Zanner/Grünhagen, B § 6 Rn. 63.

30 Welcher Zeitraum den Tatbestand der »längeren Dauer« erfüllt, ist vom Einzelfall abhängig. Nach der Regelung in § 6 Abs. 7 VOB/B besteht ein Anspruch auf Kündigung, sofern die Unterbrechung mehr als drei Monate anhält, da durch diese Regelung eine weitere Rechtsfolge hinzukommt, ist davon auszugehen, dass für eine längere Dauer im Sinne von § 6 Abs. 5 VOB/B auch ein kürzerer Zeitraum, als die drei Monate ausreichend sind dürfte.

II. Abrechnung

1. Abrechnung der erbrachten Leistungen

31 Die Regelung in § 6 Abs. 5 VOB/B stellt einen Sonderfall der Regelung in § 16 Abs. 3 VOB/B dar. § 6 Abs. 5 VOB/B regelt eine Teilfälligkeit der Vergütung unter den vorgenannten Anspruchsvoraussetzungen mit entsprechender Teilabnahme der Leistungen im Sinne von § 12 Abs. 2 VOB/B. Fälligkeitsvoraussetzung ist auch, dass der Auftragnehmer eine prüffähige Schlussrechnung stellt.

32 Abzurechnen sind sämtliche Leistungen, die nach dem Vertrag bis zum Zeitpunkt der Abrechnung erbracht worden sind.

2. Abrechnung der sonstigen entstandenen und in Vertragspreisen des nicht ausgeführten Teils enthaltenen Kosten

33 Darüber hinaus steht dem Auftragnehmer auch ein Anspruch auf Erstattung der Kosten, die ihm bereits entstanden sind, jedoch in den Vertragspreisen des nicht ausgeführten Teils der Leistung enthalten sind, zu. Es sind dies insbesondere Leistungen, die bereits Kosten verursacht haben, aber aufgrund des Zahlungsplans noch nicht abrechenbar sind. Dies können beispielsweise Lieferleistungen sein, die aber noch nicht eingebaut worden sind und nach dem Vertrag erst abgerechnet werden könnten, wenn sie eingebaut werden.

34 Daneben können auch die Kosten abgerechnet werden, die durch die Unterbrechung selbst entstanden sind, z.B. Sicherungsmaßnahmen der Baustelle, Baustelleneinrichtung etc.[19]

D. Kündigungsrecht bei andauernder Unterbrechung von mehr als drei Monaten, § 6 Abs. 7 VOB/B

35 Dauert eine Unterbrechung länger als drei Monate, so ist jeder Teil berechtigt, nach Ablauf dieser Zeit den Vertrag schriftlich zu kündigen. Die Abrechnung regelt sich nach den Absätzen 5 und 6. Wenn der Auftragnehmer die Unterbrechung nicht zu vertreten hat, sind auch die Kosten der Baustellenräumung zu vergüten, soweit sie nicht in der Vergütung für die bereits ausgeführten Leistungen enthalten sind, § 6 Abs. 7 VOB/B.

I. Anspruchsvoraussetzungen

1. Unterbrechung länger als drei Monate

36 Bereit aus dem Wortlaut von § 6 Abs. 7 VOB/B ergibt sich, dass die Unterbrechung länger als drei Monate andauern muss. Leistungen im Zusammenhang mit Sicherung und Unterhalt bereits erbrachter Leistungsteile, wie Wasserhaltung etc., sind dabei nicht zu berücksichtigen. Weitere Voraussetzung ist jedoch wie bei § 6 Abs. 5 VOB/B, dass die Leistung grundsätzlich noch möglich wäre, d.h. die Leistungserbringung nicht unmöglich geworden ist. Die Berechnung der 3-Monatsfrist regelt sich nach § 186 ff. BGB.

---

19 *Zanner*, in: Franke/Kemper/Zanner/Grünhagen, B § 6 Rn. 71.

Steht mit Sicherheit fest, dass die Unterbrechung länger als drei Monate andauern wird, ist eine 37
Kündigung bereits vor Ablauf der 3-Monatsfrist als gerechtfertigt anzusehen. Denn die Verpflichtung der Einhaltung der 3-Monatsfrist wäre reine Förmelei.[20]

Nach zum Teil vertretener Auffassung soll auch dann ein Kündigungsrecht bestehen, wenn mit 38
Sicherheit feststeht, dass sich der vertraglich vereinbarte Beginntermin um mehr als drei Monate verschiebt.[21]

2. Ausschluss des Kündigungsrechts nach Treu und Glauben

Im Einzelfall kann eine Kündigung des Auftragnehmers gegen das Gebot von Treu und Glauben 39
(§ 242 BGB) verstoßen. Dies beispielsweise dann, wenn zwar die 3-Monatsfrist abgelaufen ist, jedoch auch feststeht, dass die Arbeiten in aller Kürze wieder aufgenommen werden können und der Vertragspartei das Festhalten am Vertrag zuzumuten ist.[22]

3. Form

Die Kündigung nach § 6 Abs. 7 S. 1 VOB/B hat schriftlich zu erfolgen. Eine mündlich erklärte 40
Kündigung ist gemäß § 125 S. 2 BGB nichtig.

II. Abrechnung

Grundsätzlich erfolgt die Abrechnung nach § 6 Abs. 5 und Abs. 6 VOB/B, wie sich bereits aus 41
dem Wortlaut der Regelung ergibt. Anders als bei § 6 Abs. 5 VOB/B hat der Auftragnehmer jedoch auch einen Anspruch auf Vergütung der Leistungen, die infolge der Unterbrechung erforderlich waren, insbesondere beispielsweise ein Tätigwerden zur Reduzierung der Auswirkungen der Behinderungen oder Unterbrechung. Dies wird damit begründet, dass es sich im Gegensatz zu § 6 Abs. 5 VOB/B um eine endgültige Abrechnung handelt.[23]

Da die Regelung in § 6 Abs. 7 S. 2 VOB/B auch auf die Abrechnung in § 6 Abs. 6 VOB/B verweist, können auch Schadensersatzansprüche angesetzt werden, sofern sie durch diese Regelung 42
abgedeckt sind. Insofern stellt die Regelung einen Rechtsgrundverweis dar. Wenn der Auftragnehmer Schadensersatzansprüche geltend machen möchte, müssen die Voraussetzungen des § 6 Abs. 6 VOB/B ebenfalls erfüllt sein.

Fälligkeitsvoraussetzung nach § 6 Abs. 7 VOB/B setzt sowohl die Abnahme der Leistungen als 43
auch die Erteilung einer im Sinne von § 14 VOB/B prüfbaren Schlussrechnung voraus.

E. Schadensersatzanspruch, § 6 Abs. 6 VOB/B

Sind die hindernden Umstände von einem Vertragsteil zu vertreten, so hat der andere Teil Anspruch auf Ersatz des nachweislich entstandenen Schadens, des entgangenen Gewinns aber nur 44
bei Vorsatz oder grober Fahrlässigkeit, § 6 Abs. 6 S. 1 VOB/B.

I. Einführung

Für alle Fälle der Behinderung und der Unterbrechung stellt § 6 Abs. 6 S. 1 VOB/B eine abschließende Regelung dar. Es handelt sich um einen Auffangtatbestand mit eigener Anspruchs- 45
grundlage für diese Fälle.[24]

---

20 BGH, Urt. v. 13.05.2004 – VII ZR 363/02 = BauR 2004, 1285.
21 BGH, Urt. v. 13.05.2004 – VII ZR 363/02 = BauR 2004, 1285.
22 BGH, Urt. v. 20.10.2005 – VII ZR 190/02 = BauR 2006, 371.
23 *Zanner*, in: Franke/Kemper/Zanner/Grünhagen, B § 6 Rn. 128.
24 *Döring*, in: Ingenstau/Korbion, B § 6 Abs. 6 Rn. 1; Franke/Kemper/Zanner/Grünhagen, B § 6 Rn. 74.

46 Eine Anspruchskonkurrenz mit den Vergütungsansprüchen des § 2 Abs. 5 und Abs. 6 VOB/B ist ausgeschlossen. Denn Änderungen des Bauentwurfs gemäß § 1 Abs. 3 VOB/B und das Verlangen zusätzlicher Leistungen gemäß § 1 Abs. 4 S. 1 VOB/B sind vertragskonform, also rechtmäßige Anordnungen, die gemäß § 2 Abs. 5 bzw. Abs. 6 VOB/B eine entsprechende Vergütungsanpassung zur Folge haben.[25]

II. Anspruchsvoraussetzungen

1. Hindernde Umstände

47 Nach dem Wortlaut in § 6 Abs. 6 S. 1 VOB/B reicht für einen Anspruch auf Schadensersatz aus, dass »hindernde Umstände« vorliegen, das bedeutet, dass eine Unterbrechung der Leistungen nicht erforderlich ist. Bereits eine Behinderung kann entsprechend zu einem Schadensersatzanspruch führen (zu den Behinderungstatbeständen vgl. o. Rdn. 3 ff.).

2. Kausalität

48 Macht der Auftraggeber oder der Auftragnehmer einen Schadensersatz geltend, muss der entstandene Schaden seine Ursache in den behaupteten hindernden Umstände haben (Adäquanztheorie). Ein Schaden ist dann adäquat-kausal auf die hindernden Umstände zurückzuführen, wenn sie im Allgemeinen und nach dem gewöhnlich vorhergesehenen Verlauf der Dinge geeignet sind, den eingetretenen Schaden herbeizuführen.[26]

49 Kausalität liegt beispielsweise vor, wenn der Auftraggeber entgegen den vertraglichen Vereinbarungen für die Fortführung der Arbeiten erforderliche Planunterlagen nicht wie vereinbart zu spät überreicht.

3. Verschulden

50 § 6 Abs. 6 S. 1 VOB/B setzt als Voraussetzung für einen Schadensersatzanspruch stets ein Verschulden der Vertragspartei voraus (§ 276 BGB) oder eine Zurechnung des Verschuldens eines Erfüllungsgehilfen gemäß (§ 278 BGB). Typische Erfüllungsgehilfen des Auftraggebers können beispielsweise die Planer, Projektsteuerer etc. sein, des Auftragnehmers die von ihm eingesetzten Nachunternehmer.

51 Ausgangspunkt für eine schuldhafte Verletzung von Vertragspflichten sind die Regelungen des geschlossenen Vertrages, § 4 VOB/B, die gesetzlichen Regelungen des BGB und weitere Verpflichtungen einer Vertragspartei.

52 Sind die verbindlich vereinbarten Ausführungsfristen durch Zusatzaufträge verlängert[27] oder infolge von Behinderungen oder Unterbrechungen im Sinne von § 6 Abs. 2 VOB/B verschoben, ist für den Eintritt des Verzuges eine Mahnung nach Fälligkeit erforderlich.[28]

53 Sofern ein Verschulden beider Vertragsparteien im Hinblick auf die hindernden Umstände vorliegt, ist eine angemessene Haftungsverteilung unter den allgemeinen Rechtsgedanken des § 254 BGB vorzunehmen.

4. Behinderungsanzeige

54 Ein Schadenersatzanspruch des Auftragnehmers setzt stets eine Behinderungsanzeige im Sinne von § 6 Abs. 1 S. 1 VOB/B oder Offenkundigkeit der Behinderung voraus. Sofern der Auftrag-

---

25 *Zanner/Keller*, NZBau 2004, 353; *Zanner*, BauR 2006, 177; *Zanner*, in: Franke/Kemper/Zanner/Grünhagen, B § 6 Rn. 76.
26 *Zanner*, in: Franke/Kemper/Zanner/Grünhagen, B § 6 Rn. 81.
27 BGH, Urt. v. 22.05.2003 – VII ZR 469/01 = BauR 2003, 1215.
28 *Zanner*, in: Franke/Kemper/Zanner/Grünhagen, B § 6 Rn. 84.

geber wegen Verzuges des Auftragnehmers Schadensersatzansprüche oder Vertragsstrafenansprüche geltend macht, kann der Auftragnehmer sich allerdings trotz unterlassener Behinderungsanzeige auf den Behinderungstatbestand beziehen, sofern ihn kein Verschulden an den Verzögerungen trifft.[29] Der Auftraggeber ist im Gegensatz zum Auftragnehmer nicht zur Behinderungsanzeige verpflichtet.

III. Schadenshöhe

1. Begriff

Jeder adäquat auf die von dem Vertragspartner zu vertretenden hindernden Umstände zurückzuführender Schaden stellt einen vom Vertragsgegner im Sinne von § 6 Abs. 6 S. 1 VOB/B zu ersetzenden Vermögensnachteil dar. Der Vermögensnachteil muss gerade seine Ursache in den »hindernden Umständen« und dem schuldhaften Verhalten des Vertragspartners haben. 55

2. Ermittlung des Schadens

Der zu ersetzende Schaden ist nach den Grundsätzen von §§ 249 ff. BGB zu ermitteln. Ersetzungsfähig ist der Schaden, der dem Geschädigten an seinem Vermögen oder sonstigen rechtlich geschützten Gütern entstanden ist. 56

Die Schadensermittlung hat konkret zu erfolgen, dass heißt eine abstrakte Schadensberechnung ist nicht zulässig.[30] Dies bedeutet, dass der Anspruchsinhaber sich konkret auf einen nachweislich entstandenen unmittelbaren Schaden berufen muss. Zu berücksichtigen ist allerdings bei der Ermittlung des Schadens die Darlegungserleichterung gemäß § 287 ZPO. 57

Nach Ansicht des BGH ist es erforderlich, eine bauablaufbezogene Darstellung, aus denen die behaupteten Schadensersatzansprüche abgeleitet werden, möglichst konkret darzulegen.[31] 58

Zur Ermittlung der Schadenshöhe ist ein Vergleich zweier Vermögenslagen mit und ohne schädigendem Ereignis darzustellen (Differenztheorie). 59

Typische Schäden des Auftraggebers sind Mehrkosten für nicht beschäftigtes Personal, Kosten für die verlängerte Projektsteuerung, Vertragsstrafenanspruch, Finanzierungskosten etc. 60

Typische Schäden des Auftragnehmers sind Stillstandskosten für die Vorhaltung und Unterhaltung der Baustelleneinrichtung, Personalkosten, zeitabhängige Erhöhung der Gemeinkosten der Baustelle, verlängerte Vorhaltung und Einsatzzeiten von Geräten, Preiserhöhung bei Subunternehmerleistungen etc. Umstritten ist, inwiefern Allgemeine Geschäftskosten bei verlängerter Bauzeit ebenfalls als Schaden geltend gemacht werden können. Der BGH verlangt hierfür einen konkreten Nachweis.[32] Die Tendenzen in der Rechtsprechung und Literatur gehen in die Richtung, dass Allgemeine Geschäftskosten bei der Schadensermittlung des Auftragnehmers mit einzubeziehen sind.[33] 61

3. Entgangener Gewinn

Ein Anspruch auf entgangenen Gewinn ist nur bei Vorsatz oder grober Fahrlässigkeit zu ersetzen, § 6 Abs. 6 S. 1 VOB/B. Die Regelung stellt eine Abweichung vom gesetzlichen Leitbild dar, wo- 62

---

29 BGH, Urt. v. 14.01.1999 – VII ZR 73/98 = BauR 1999, 645.
30 BGH, Urt. v. 20.02.1986 – VII ZR 286/84 = BauR 1986, 347.
31 BGH, Urt. v. 21.03.2002 – VII ZR 224/00 = BauR 2002, 1249; BGH, Urt. v. 24.02.2005 – VII ZR 141/03 = BauR 2005, 857.
32 BGH, Urt. v. 15.01.1976 – VII ZR 52/74 = BauR 1976, 128.
33 *Zanner*, in: Franke/Kemper/Zanner/Grünhagen, B § 6 Rn. 106, 107; OLG Düsseldorf, Urt. v. 28.04.1987 – 23 U 151/86 = BauR 1988, 487; OLG München, Urt. v. 09.11.1990 – 23 U 4090/90 = BauR 1992, 74.

nach Schadensersatzansprüche auch bei einfacher Fahrlässigkeit zu ersetzen sind.[34] Der Verwender der VOB/B kann sich einerseits nicht auf die AGB-Widrigkeit dieser Regelung beziehen, andererseits kann der Verwendungsgegner sich auf die AGB-Widrigkeit und damit Unwirksamkeit dieser Vorschrift stützen, wenn im Vertragswerk des Verwenders die VOB/B verändert wurde. In diesem Fall hat der Verwendungsgegner, i.d.R. der Auftragnehmer, trotz der Regelung in § 6 Abs. 6 S. 1 VOB/B auch bei einfacher Fahrlässigkeit einen Anspruch auf entgangenen Gewinn.

4. Verjährung

63   Schadensersatzansprüche nach § 6 Abs. 6 S. 1 VOB/B verjähren binnen drei Jahren gemäß § 195 BGB. Die Verjährungsfrist beginnt mit Ende des Jahres zu laufen, in dem der Anspruch entstanden ist und der Gläubiger von den anspruchsbegründenden Tatsachen Kenntnis erlangt hat, § 199 BGB.

F. Entschädigungsanspruch des Auftragnehmers gemäß § 642 BGB i.V.m. § 6 Abs. 6 S. 2 VOB/B

I. Einführung

64   Trotz des abschließenden Charakters der Regelung von § 6 Abs. 6 VOB/B hat der BGH klargestellt, dass der Anspruch aus § 642 BGB auf Entschädigung nicht von § 6 Abs. 6 VOB/B verdrängt wird.[35] Diese Rechtsprechung wurde entsprechend in § 6 Abs. 6 S. 2 VOB/B aufgenommen, wonach klargestellt wird, dass ein Anspruch des Auftragnehmers auf angemessene Entschädigung nach § 642 BGB von der Regelung in § 6 Abs. 6 S. 1 VOB/B unberührt bleibt.

II. Anspruchsvoraussetzungen

1. Annahmeverzug

65   Voraussetzung für einen Entschädigungsanspruch des Auftragnehmers ist, dass der Auftraggeber in Annahmeverzug gerät. Er gerät dann in Annahmeverzug, wenn der Auftragnehmer seine Leistungsbereitschaft ankündigt, der Auftraggeber die Leistungen des Auftragnehmers, wie vertraglich vereinbart, jedoch nicht annehmen kann. Die Anspruchsvoraussetzung ist auch erfüllt, wenn eine Behinderung im Sinne von § 6 Abs. 2 Nr. 1 VOB/B vorliegt.[36]

2. Behinderungsanzeige/Offenkundigkeit

66   Ein Anspruch des Auftragnehmers entsteht nur, sofern der Auftragnehmer eine Anzeige nach § 6 Abs. 1 S. 1 VOB/B getätigt hat oder die hindernden Umstände im Sinne von § 6 Abs. 1 S. 2 VOB/B offenkundig sind, siehe hierzu Rdn. 19 ff.

67   Die Behinderungsanzeige entspricht einer Inverzugsetzung bzw. Anmeldung der Leistungsbereitschaft des Auftragnehmers.

3. Höhe der Entschädigung

68   Die Höhe der Entschädigung des Auftragnehmers richtet sich nach dem Zeitraum der Behinderung/Annahmeverzug und der ursprünglich vereinbarten Vergütung, die der Auftragnehmer erhalten hätte, sofern ein Annahmeverzug nicht vorgelegen wäre. Der Auftragnehmer muss sich jedoch das anrechnen lassen, was er infolge des Verzuges von Aufwendungen erspart hat oder durch anderweitige Verwendung der Arbeitskraft oder Geräte erwerben konnte.

---

34 *Döring*, in: Ingenstau/Korbion, B § 6 Abs. 2 Rn. 4.
35 BGH, Urt. v. 21.10.1999 – VII ZR 185/98 = BauR 2000, 722.
36 *Zanner*, in: Franke/Kemper/Zanner/Grünhagen, B § 6 Rn. 133.

Es handelt sich hierbei um einen vergütungsähnlichen Anspruch. Daher sind Vergütungsmaßstäbe heranzuziehen. Dies ist in Literatur und Rechtsprechung noch umstritten. So lehnt der BGH einen Anspruch auf Wagnis und Gewinn des Auftragnehmers ab.[37] Da der Entschädigungsanspruch Vergütungscharakter hat und Wagnis und Gewinn, Allgemeine Geschäftskosten sowie Baustellengemeinkosten Bestandteil der Kalkulation des Auftragnehmers sind, wird berechtigterweise durch eine starke Literaturmeinung vertreten, dass ein Entschädigungsanspruch auch diese Kostenanteile beinhaltet.[38]

69

§ 7 Verteilung der Gefahr

(1) Wird die ganz oder teilweise ausgeführte Leistung vor der Abnahme durch höhere Gewalt, Krieg, Aufruhr oder andere objektiv unabwendbare vom Auftragnehmer nicht zu vertretende Umstände beschädigt oder zerstört, so hat dieser für die ausgeführten Teile der Leistung die Ansprüche nach § 6 Absatz 5; für andere Schäden besteht keine gegenseitige Ersatzpflicht.

(2) Zu der ganz oder teilweise ausgeführten Leistung gehören alle mit der baulichen Anlage unmittelbar verbundenen, in ihre Substanz eingegangenen Leistungen, unabhängig von deren Fertigstellungsgrad.

(3) Zu der ganz oder teilweise ausgeführten Leistung gehören nicht die noch nicht eingebauten Stoffe und Bauteile sowie die Baustelleneinrichtung und Absteckungen. Zu der ganz oder teilweise ausgeführten Leistung gehören ebenfalls nicht Hilfskonstruktionen und Gerüste, auch wenn diese als Besondere Leistung oder selbständig vergeben sind.

Schrifttum

Kaiser Die Gefahrtragung im Bauvertrag, in: Festschrift für Hermann Korbion zum 60. Geburtstag, Pastor (Hrsg.), 1986, S. 197; *Micklitz* Die Richtlinie 93/13/EWG des Rates der Europäischen Gemeinschaft vom 05.04.1993 über missbräuchliche Klauseln in Verbraucherverträgen und ihre Auswirkung auf die VOB Teil B, Gutachten im Auftrag des Verbraucherzentrale Bundesverbandes e.V., 2004.

Übersicht

		Rdn.			Rdn.
A.	Strukturen	1	C.	Rechtsfolgen	15
B.	Voraussetzungen	9	I.	Benachrichtigungspflicht	15
I.	Ganz oder teilweise ausgeführte Leistung, § 7 Abs. 2, 3 VOB/B	9	II.	Zusatzvergütung	16
			III.	Keine Ersatzpflicht für andere Schäden	18
II.	Begriffsbestimmungen	10	D.	Beweislast	19
III.	Zerstörung oder Beschädigung der Leistung	14	E.	Abweichende Regelung	20

A. Strukturen[1]

§ 7 VOB/B knüpft an die gesetzlichen Gefahrtragungsregeln in §§ 275, 326, 644 BGB an und modifziert diese. Bei den Regeln über die Verteilung der Gefahr handelt es sich um Bestimmungen, wer die nachteiligen Folgen von Beschädigungen oder Zerstörungen zu tragen hat, die weder von der einen Seite noch von der anderen zu vertreten sind.[2] Die Gefahrtragungsregelungen sind Bestandteil des Allgemeinen Schuldrechts des BGB (zur Leistungsgefahr vgl. § 275 BGB Rdn. 4;

1

---

37 BGH, Urt. v. 21.10.1999 – VII ZR 185/98 = BauR 2000, 722.
38 *Döring*, in: Ingenstau/Korbion, B § 6 Abs. 6 Rn. 62; *Zanner*, in: Franke/Kemper/Zanner/Grünhagen, B § 6 Rn. 138; *Kapellmann/Schiffers*, Bd. 1 Rn. 1650.

1 Für die wertvolle Unterstützung bei der Vorbereitung und Erstellung des Manuskripts danke ich Frau ass.iur. *Grete Langjahr*.
2 Nicklisch/Weick/*Weick*, § 7 VOB/B Rn. 2.

zur Vergütungsgefahr § 326 BGB Rdn. 5 ff.), die durch Normen im Besonderen Schuldrecht, insb. § 644 BGB (vgl. § 644 BGB Rdn. 5) ergänzt oder abgeändert werden.[3] Es ist zwischen der Leistungs- und der Vergütungsgefahr zu differenzieren.

2 Die Leistungsgefahr, unter welcher man das Risiko versteht, das Werk beim zufälligen Untergang oder der zufälligen Verschlechterung nochmals herstellen zu müssen, ohne dafür eine Gegenleistung zu erhalten, wird von § 7 VOB/B nicht erfasst. Insoweit ist § 12 Abs. 6 VOB/B maßgeblich.

3 In § 7 VOB/B wird ausschließlich die Vergütungsgefahr (oder Gegenleistungsgefahr) geregelt. Sie betrifft das Risiko, das Werk bezahlen zu müssen, ohne es zu erhalten. § 7 VOB/B muss im Zusammenhang mit § 12 Abs. 6 VOB/B und den §§ 644–646 BGB gelesen werden.[4] Nach § 12 Abs. 6 VOB/B gehen sowohl die Leistungs- als auch die Preisgefahr[5] mit der Abnahme auf den Auftraggeber über. Dies entspricht inhaltlich, soweit es um die Preisgefahr geht, der Vorschrift des § 644 BGB. Allerdings gilt es zu beachten, dass die Abnahmeregelungen der VOB/B von denen des BGB abweichen.[6]

4 Durch den Verweis auf § 7 VOB/B wird in § 12 Nr. 6 VOB/B jedoch die Reichweite der Gefahrtragung durch den Unternehmer vor der Abnahme eingeschränkt. Nach § 7 Abs. 1 VOB/B trägt der Besteller auch vor Abnahme bereits die Preisgefahr, insoweit die ganz oder teilweise ausgeführte Leistung durch höhere Gewalt, Krieg, Aufruhr oder andere objektiv unabwendbare vom Auftragnehmer nicht zu vertretende Umstände beschädigt oder zerstört wurde. Nach § 644 Abs. 1 Satz 1 BGB trüge der Unternehmer demgegenüber die Preisgefahr in vollem Umfang bis zur Abnahme des Werkes, da er für den Erfolg der übernommenen Leistung einzustehen hat. Dies bedeutet, dass er bei zufälligem Untergang oder zufälliger Verschlechterung seines Werkes insoweit keine Zusatzvergütung beanspruchen kann. Von diesem Grundsatz macht § 7 Abs. 1 VOB/B bei unabwendbaren, nicht vom Auftragnehmer zu vertretenden Ereignissen eine Ausnahme.[7] Die Besserstellung des Auftragnehmers in § 7 VOB/B gegenüber der allgemeinen Vorschrift des § 644 BGB wird gemeinhin mit den Besonderheiten des Bauvertrages gerechtfertigt: Die Errichtung eines Bauwerkes vom ersten Spatenstich bis zur Abnahme kann sich über einen längeren Zeitraum erstrecken. Daneben wird das Werk meist auf dem Grundstück des Auftraggebers errichtet und nicht auf dem Betriebsgelände des Auftragnehmers, auf welchem dieser entsprechende Sicherheitsvorkehrungen, wie beispielsweise eine Umzäunung oder eine Überdachung, treffen kann. Aus diesen Gründen sind Bauwerke im Gegensatz zu anderen Werkleistungen zum Teil erhöhten, vor allem witterungsbedingten Risiken ausgesetzt. Diese Risiken während der Herstellungsphase soll nicht allein der Auftragnehmer zu tragen haben.[8] Für andere als die in § 7 Nr. 1 1. Halbs. VOB/B genannten Schäden erhält der Auftragnehmer keine Vergütung, § 7 Nr. 1 2. Halbs. VOB/B.

5 Da es sich bei den Regelungen der VOB/B um Allgemeine Geschäftsbedingungen nach §§ 305 ff. BGB handelt,[9] stellt sich die Frage der Wirksamkeit von § 7 VOB/B, wenn die VOB/B vom Unternehmer-Auftragnehmer gegenüber Nicht-Unternehmer-Auftraggebern gestellt wurde, selbst wenn die VOB/B als Ganzes vereinbart wurde.[10] Gemäß § 307 Abs. 2 Nr. 1 BGB enthält eine AGB-Klausel im Zweifel eine unangemessene Benachteiligung des Vertragspartners, wenn sie von

---

3 *Kaiser*, in: FS Korbion, S. 197, 198.
4 Nicklisch/Weick/*Weick*, § 7 VOB/B Rn. 5.
5 Kapellmann/Messerschmidt/*Havers*, § 12 VOB/B Rn. 112; Ingenstau/Korbion/*Oppler*, § 12 Abs. 6 VOB/B Rn. 1; Heiermann/Riedl/Rusam/*Mansfeld*, § 12 VOB/B Rn. 126.
6 Vgl. § 12 VOB/B.
7 Kapellmann/Messerschmidt/*Lederer*, § 7 VOB/B Rn. 7.
8 Nicklisch/Weick/*Weick*, § 7 VOB/B Rn. 5.
9 BGH v. 16.12.1982, VII ZR 92/82, BauR 1983, 161; v. 02.10.1997, VII ZR 44/97, BauR 1997, 1027; Kapellmann/Messerschmidt/*von Rintelen*, VOB/B Einl Rn. 44; Ingenstau/Korbion/*Vygen* Einl. Rn. 38; Beck'scher VOB-Kommentar/*Ganten* Einl. II Rn. 5.
10 BGH v. 24.07.2008, VII ZR 55/07, BauR 2008, 1603.

der gesetzlichen Regelung abweicht und gleichzeitig mit wesentlichen Grundgedanken dieser gesetzlichen Regelung nicht zu vereinbaren ist.[11] Der Auftragnehmer erhält bei Vorliegen der Voraussetzungen des § 7 VOB/B eine Teilvergütung, welche ihm nach § 644 Abs. 1 S. 1 BGB nicht zustehen würde. Ob darin eine unangemessene Benachteiligung des Auftraggebers mit der Konsequenz der Unwirksamkeit der Klausel zu erkennen ist, ist streitig.[12] Der BGH hat diese Frage noch nicht beantwortet, legt aber § 7 VOB/B sowohl bei den Tatbestandsvoraussetzungen als auch bei den Rechtsfolgen restriktiv aus.[13]

Die vom Gesetzgeber getroffene Entscheidung, dass dem Auftragnehmer bis zur Abnahme kein Anspruch auf Zusatzvergütung für gesteigerten Aufwand infolge zwischenzeitlich eingetretener Verschlechterungen zusteht, wird von § 7 VOB/B durchbrochen. Das gesetzliche Leitbild des Werkvertrages wird durch die Erfolgsbezogenheit und das bis zur Abnahme bestehende Unternehmerrisiko geprägt.[14] Dieses Leitbild des Werkvertragsrechts wurde für die Vergütungsgefahr in § 644 Abs. 1 S. 1 BGB verankert. Dieser Grundsatz findet sich im Allgemeinen Schuldrecht in § 326 Abs. 1 Satz 1 BGB wieder. Zwar verdrängen die §§ 644, 645 BGB die Vorschriften der §§ 320 ff. BGB im Rahmen ihres Anwendungsbereiches. Allerdings sind die dort getroffenen Wertungen als gesetzgeberisches Leitbild anzusehen.[15] Eine Risikoverlagerung vor Abnahme sieht das Gesetz nur in zwei Ausnahmefällen vor. Zum einen tritt eine solche ein, wenn der Besteller mit der Abnahme in Verzug gerät, § 644 Abs. 1 Satz 2 BGB. Zum anderen ist der Unternehmer für den zufälligen Untergang oder eine zufällige Verschlechterung des vom Besteller gelieferten Stoffes nicht verantwortlich, § 644 Abs. 1 Satz 3 BGB. Somit ist § 7 VOB/B mit wesentlichen Grundgedanken der gesetzlichen Regelung nicht vereinbar.

6

Dies führt jedoch nicht automatisch zu einer Unwirksamkeit der Klausel. Ob diese Abweichung den Auftraggeber unangemessen benachteiligt, ist in einem zweiten Schritt festzustellen. Bei der Prüfung der Angemessenheit von AGB-Klauseln spielen verschiedene Aspekte eine Rolle. Zunächst ist vorliegend von Bedeutung, dass angesichts der Aufteilung der Risiken durch Gefahrtragungsregeln i.e.S. die Unangemessenheit kaum aus der Abwälzung *per se* resultieren kann, da jede Gefahrtragungsregel in gewisser Weise einer der Parteien ein Risiko zuweist, für dessen Realisierung »sie nichts kann«. Auch der Gesichtspunkt der Versicherbarkeit[16] spricht eher für eine großzügige Behandlung von Parteivereinbarungen, da sowohl der Auftragnehmer als auch der Auftraggeber Bauleistungsversicherungen und/oder eine Feuerrohbauversicherung abschließen können, durch welche die jeweiligen Risiken abgedeckt werden.

7

Von Bedeutung für die Unangemessenheit kann demgegenüber sein, ob den Parteien ein Risiko auferlegt wird, das sie nicht einmal beschränken können, weil sie die Risikofaktoren nicht kontrollieren können. Eine Abwälzung der Vergütungsgefahr auf den Auftraggeber wird diesen deshalb unangemessen benachteiligen, wenn er das Werk in der Herstellungsphase nicht besitzt und deshalb äußere Risiken nicht begrenzen kann. Bei Bauverträgen ist demgemäß zu differenzieren: Wird die Bauleistung auf dem im Besitz des Bauherrn-Auftraggebers stehenden Grundstück erbracht, so spricht nichts gegen eine beschränkte Übertragung der Vergütungsgefahr, wie § 7 VOB/B sie vorsieht. Anders sieht es aus, wenn allein der Auftragnehmer die äußeren Umstände der Bau-(werk-)Leistung kontrolliert, wie etwa beim Bauträgervertrag. Auch soweit § 7 VOB/B

8

---

11 MüKo-BGB/*Kieninger*, § 307 Rn. 60.
12 Eine Unwirksamkeit bejahend: *Micklitz*, S. 102 ff.; *Hensen*, in: Ulmer/Brandner/Hensen, Anh. § 310 Rn. 1000; verneinend: Ingenstau/Korbion/*Oppler*, § 7 Abs. 1–3 Rn. 1, 2; Kapellmann/Messerschmidt/*Lederer*, § 7 VOB/B Rn. 8, Nicklisch/Weick/*Weick*, § 7 VOB/B Rn. 6.
13 BGH v. 06.11.1980, VII ZR 47/80, BauR 1981, 71 (durch anderen Unternehmer verursachter Brand kein unabwendbares Ereignis); v. 21.08.1997, VII ZR 17/96, BauR 1997, 1019 (»Jahrhunderthochwasser« nicht unvorhersehbar); v. 16.10.1997, VII ZR 64/96, BauR 1997, 1021.
14 BGH v. 21.12.1972, VII ZR 215/71, NJW 1973, 368, 369.
15 *Micklitz*, S. 103.
16 MüKo-BGB/*Kieninger*, § 307 Rn. 38, 43f.

wirksam vereinbart wurde, bleiben die Regelungen der §§ 644 Abs. 1 S. 2, Abs. 2 BGB bestehen.[17]

B. Voraussetzungen

I. Ganz oder teilweise ausgeführte Leistung, § 7 Abs. 2, 3 VOB/B

9 Die erbrachte Leistung muss entweder ganz oder in Teilen bereits erbracht worden sein, allerdings wird nicht verlangt, dass sie abnahme- oder teilabnahmereif ist.[18] Nach § 7 Abs. 2 VOB/B gehören zu der ganz oder teilweise ausgeführten Leistung alle mit der baulichen Anlage unmittelbar verbundenen, in ihre Substanz eingegangenen Leistungen, unabhängig von deren Fertigstellungsgrad. Nicht erfasst werden nach § 7 Abs. 3 VOB/B die noch nicht eingebauten Stoffe und Bestandteile sowie die Baustelleneinrichtung und Absteckungen. Ebenfalls nicht erfasst werden Hilfskonstruktionen und Gerüste, auch wenn diese als Besondere Leistung oder selbständig vergeben wurden. § 7 VOB/B erfasst auch nur Bauleistungen. Andere Leistungen im Zusammenhang mit der Errichtung eine Bauwerkes, die keine Bauleistungen sind (z.B. Planungsleistungen[19]), werden von dieser Norm selbst dann nicht erfasst, wenn sie in einem unmittelbaren Zusammenhang mit der Bauerrichtung stehen.

II. Begriffsbestimmungen

10
— Höhere Gewalt liegt vor, wenn ein von außen einwirkendes und objektiv unabwendbares Ereignis eingetreten ist, welches selbst bei Anwendung äußerster Sorgfalt ohne Gefährdung des wirtschaftlichen Erfolges des Unternehmers nicht abgewendet werden kann und auch nicht wegen seiner Häufigkeit von dem Betriebsunternehmer in Rechnung zu stellen und mit in Kauf zu nehmen ist.[20]
— Krieg ist die militärische Auseinandersetzung zwischen Staaten oder innerhalb eines Staates zwischen der Regierung und militärisch organisierten Aufständischen.[21]
— Unter Aufruhr versteht man eine öffentliche Zusammenrottung zahlenmäßig nicht unerheblicher Teile des Volkes, die mit einer Störung der öffentlichen Ruhe und Ordnung verbunden ist.[22]
— Unabwendbare vom Auftragnehmer nicht zu vertretende Umstände sind Ereignisse, die nach menschlicher Einsicht und Erfahrung in dem Sinne unvorhersehbar sind, dass sie oder ihre Auswirkungen trotz Anwendung wirtschaftlich erträglicher Mittel durch die äußerste nach der Sachlage zu erwartende Sorgfalt nicht verhütet oder in ihren Wirkungen bis auf ein erträgliches Maß unschädlich gemacht werden können. Danach ist ein Ereignis nicht schon dann unvorhersehbar, wenn es für den Auftragnehmer unabwendbar war. Die Voraussetzungen des § 7 Abs. 1 VOB/B sind nur dann erfüllt, wenn das Ereignis objektiv unabhängig von der konkreten Situation des betroffenen Auftragnehmers unvorhersehbar und unvermeidbar war.[23] Im Unterschied zur höheren Gewalt erfasst das unabwendbare Ereignis auch unvorhersehbare nicht betriebsfremde Ereignisse.[24]

11 Ob Schäden durch Witterungseinflüsse nach § 7 VOB/B ersetzt werden, ist eine Frage des Einzelfalles. Witterungseinflüsse, mit denen der Auftraggeber normalerweise rechnen muss, zählen nicht zu den unabwendbaren Ereignissen. Es liegt im Wesen des Bauvertrages, dass Bauwerke zum

---

17 Ingenstau/Korbion/*Oppler*, § 7 VOB/B Rn. 12; Nicklisch/Weick/*Weick*, § 7 VOB/B Rn. 7.
18 Ingenstau/Korbion/*Oppler*, § 7 Abs. 1–3 VOB/B Rn. 3.
19 Kapellmann/Messerschmidt/*Lederer*, § 7 VOB/B Rn. 56.
20 BGH v. 21.08.1997, VII ZR 17/96, BauR 1997, 1019.
21 Kapellmann/Messerschmidt/*Lederer*, § 7 VOB/B Rn. 66.
22 Vgl. § 115 StGB.
23 BGH v. 21.08.1997, VII ZR 17/96, BauR 1997, 1019.
24 BGH v. 23.11.1961, VII ZR 141/60, BB 1962, 111.

größten Teil unter freiem Himmel errichtet werden und daher Witterungseinflüssen ausgesetzt sind. Normale Wettereinwirkungen auf das Bauwerk sind jedem Bauvertrag immanent und fallen in den Risikobereich des Auftragnehmers. Nur bei ganz außergewöhnlichen Wetterbedingungen kann dieses Risiko nach § 7 VOB/B auf den Auftraggeber übergehen. Ein Fall des objektiv unabwendbaren Ereignisses liegt nur dann vor, wenn ausgehend von den langjährigen meteorologischen Erfahrungen am Ort der zu erbringenden Bauleistung zu der betreffenden Jahreszeit auch im ungünstigsten Fall nicht mit den Witterungseinflüssen zu rechnen war und die Sicherung der Bauleistung gegen den Eintritt derartiger Witterungsverhältnisse für den Auftragnehmer völlig unzumutbar ist.[25] Dies kann beispielsweise bei langanhaltenden Kälteperioden der Fall sein[26] oder bei wolkenbruchartigen Regenfällen von 64 mm/m² an einem Septembertag sein, wenn die maximal beobachtete Niederschlagsmenge im Zeitraum von August bis November zwischen 40–50 mm/m² pro Tag liegt.[27] Nicht zu den unabwendbaren Ereignissen gehören demgegenüber beispielsweise Windstärke 9 im November im Rheinland[28] oder Windstärke 12 an der Nordseeküste.[29]

Gewöhnliche Streiks und Aussperrungen fallen nicht unter § 7 VOB/B.[30] Etwas anderes kann gelten, wenn es während des Streikes oder der Aussperrung zu Ereignissen kommt, welche von keiner der Parteien vorhersehbar war und auch nicht mit zumutbaren Mitteln hätte verhindert werden können. **12**

Diebstähle können zu einer Zerstörung oder Beschädigung des Bauwerkes führen, wenn der Dieb bereits in das Bauwerk eingebaute Bestandteile wegnimmt. Dies kann aber auch dann der Fall sein, wenn bereits eingebaute Bestandteile zum Zweck der Fortführung der Bauarbeiten wieder entfernt werden mussten und diese dann mangels spezieller Sicherung gestohlen wurden.[31] Ansonsten ist der Auftragnehmer nach § 4 Abs. 5 Satz 1 verpflichtet, die von ihm ausgeführten Leistungen vor Diebstahl zu schützen. Kommt er dieser Verpflichtung nicht nach, so begeht er eine Pflichtverletzung, hinsichtlich derer ihm die Entlastung gem. § 280 Abs. 1 S. 2 BGB nicht gelingen wird, wodurch die Anwendbarkeit von § 7 VOB/B ausgeschlossen wird. **13**

III. Zerstörung oder Beschädigung der Leistung

Als weitere Voraussetzung verlangt § 7 VOB/B, dass die Leistung entweder zerstört oder beschädigt wurde. Dies bedeutet, dass das Bauwerk (teilweise) schon bestehen muss und durch das Ereignis in seiner Substanz verletzt bzw. zerstört wird. Schäden, welche der Auftragnehmer erleidet, ohne dass es zu einer Substanzverletzung am Bauwerk kommt, kann er nicht über § 7 VOB/B ersetzt verlangen. **14**

C. Rechtsfolgen

I. Benachrichtigungspflicht

Der Auftraggeber muss vom Auftragnehmer benachrichtigt werden, wenn die in § 7 VOB/B aufgeführten Ereignisse eingetreten sind bzw. einzutreten drohen. Diese Verpflichtung ergibt sich aus der vertraglichen Fürsorgepflicht des Auftragnehmers als Ausfluss von Treu und Glauben. Mit der Benachrichtigungspflicht ist die Pflicht verbunden, den zu erwartenden Schaden möglichst abzuwenden. Sollte dies nicht möglich sein, hat der Auftraggeber die Pflicht, den Schaden so gering **15**

---

25 Kapellman/Messerschmidt/*Lederer*, § 7 VOB/B Rn. 67.
26 Kapellmann/Messerschmidt/*Lederer* § 7 VOB/B Rn. 68.
27 BGH v. 12.07.1973, VII ZR 196/72, NJW 1973, 1698.
28 OLG Köln v. 27.06.1972, 15 U 35/72, VersR 1973, 43.
29 OLG Bremen v. 12.10.1992, 6 U 37/92, BauR 1997, 854.
30 Nicklisch/Weick/*Weick*, § 7 VOB/B Rn. 14; Kapellmann/Messerschmidt/*Lederer*, § 7 VOB/B Rn. 69.
31 BGH v. 24.06.1968, VII ZR 43/66, VersR 1968, 991.

wie möglich zu halten. Kommt er diesen Verpflichtungen nicht nach, so ist hierin eine Pflichtverletzung zu sehen, welche zu einem Vertretenmüssen des Auftragnehmers führt und die Anwendung des § 7 VOB/B auf weitere Schäden ausschließt.[32]

II. Zusatzvergütung

16 Liegen die Voraussetzungen des § 7 VOB/B vor, so steht dem Auftragnehmer ein Zusatzvergütungsanspruch zu. Dessen Reichweite bestimmt sich gem. § 7 Abs. 1 VOB/B nach § 6 Abs. 5 VOB/B. Danach sind die ausgeführten Leistungen nach den Vertragspreisen abzurechnen und außerdem die Kosten zu vergüten, die dem Auftragnehmer bereits entstanden und in den Vertragspreisen des nicht ausgeführten Teils der Leistung enthalten sind. Für die Abrechnung müssen die fertig gestellten Teilleistungen ermittelt werden und mit den Vertragspreisen bewertet werden.[33] Dies geschieht durch Aufmaß auf der Basis der Maßeintragungen in den Ausführungsplänen. Die aufgemessenen Mengen werden den Positionen des Leistungsverzeichnisses zugeordnet und mit dem zwischen den Parteien vereinbarten Einheitspreis multipliziert.[34] Kosten, die dem Auftragnehmer bereits entstanden sind, sind vor allem Materialkosten. Diese bekommt er jedoch über §§ 7, 6 Abs. 5 VOB/B nur ersetzt, wenn sie bereits eingebaut oder verwertet wurden, da sie ansonsten nach § 7 Abs. 3 VOB/B nicht erfasst sind. Des Weiteren bekommt der Auftragnehmer keinen Ersatz für die Kosten, die ihm auf Grund des unabwendbaren Ereignisses selbst entstehen, d.h. Personalkosten oder die Kosten für die Baustellenräumung.

17 Da § 7 VOB/B allein die Vergütungsgefahr und nicht die Leistungsgefahr regelt (vgl. o. Rdn. 3), bleibt der Auftragnehmer bis zur Abnahme verpflichtet, das Werk herzustellen. Für die Neu-/ Wiedererrichtung des Bauwerkes kann der Auftragnehmer die vereinbarte Vergütung verlangen.[35] Der Zahlungsanspruch des Auftragnehmers besteht in voller Höhe. Eine entsprechende Anwendung des § 254 BGB scheidet aus, da § 7 VOB/B ein unabwendbares Ereignis voraussetzt und ein Mitverschulden des Auftragnehmers bereits die Anwendbarkeit dieser Vorschrift ausschließt.

III. Keine Ersatzpflicht für andere Schäden

18 Nach § 7 Abs. 1 letzter Halbs. VOB/B besteht im Rahmen von § 7 VOB/B keine Ersatzpflicht für andere Schäden, wodurch der Ausnahmecharakter der Regelung verdeutlicht wird: Liegt kein Fall des § 7 VOB/B vor, so greifen entweder § 12 Abs. 6 VOB/B oder § 644 BGB mit der Konsequenz ein, dass die Gefahr erst mit der Abnahme auf den Auftraggeber übergeht. Allerdings schließt die Vereinbarung der VOB/B die Vorschrift des § 645 Abs. 1 Satz 1 nicht aus, da die VOB/B für diesen Fall keine abweichende Sonderregelung trifft.[36]

D. Beweislast

19 Die Darlegungs- und Beweislast für das Vorliegen der Voraussetzungen des vorzeitigen Gefahrüberganges nach § 7 VOB/B trägt der Auftragnehmer.[37] Diese Regelung führt zu einer Privilegierung des Auftragnehmers, da er einen vorzeitigen Vergütungsanspruch geltend machen kann, ohne seine Pflichten aus dem Vertrag bereits vollständig erfüllt zu haben.[38] Nach den allgemeinen

---

32 Ingenstau/Korbion/*Oppler*, § 7 Abs. 1–3 VOB/B Rn. 16.
33 Kapellmann/Messerschmidt/*Kapellmann*, § 6 VOB/B Rn. 45.
34 Kapellmann/Messerschmidt/*Lederer*, § 8 VOB/B Rn. 28.
35 BGH v. 12.07.1973, VII ZR 196/72, NJW 1973, 1698.
36 BGH v. 16.10.1997, VII ZR 64/96, BauR 1997, 1021, 1023.
37 BGH v. 31.01.1991, VII ZR 291/88, BauR 1991, 331; OLG Frankfurt v. 06.07.1995, 1 U 85/94, BauR 1996, 394; OLG Jena v. 29.10.1997, 2 U 417/97, NJW-RR 1999, 895.
38 Nicklisch/Weick/*Weick*, § 7 VOB/B Rn. 7; Ingenstau/Korbion/*Oppler*, § 7 VOB/B Abs. 1–3 Rn. 17.

Grundsätzen[39] trägt er daher die Darlegungs- und Beweislast im Hinblick auf die Beschädigung oder Zerstörung durch unabwendbare von ihm nicht zu vertretende Umstände.[40]

E. Abweichende Regelung

Treffen der Auftragnehmer und der Auftraggeber individualvertraglich eine andere Vereinbarung als in § 7 VOB/B normiert, so ergeben sich keine Bedenken. Den Parteien steht es frei, ob sie einen vorzeitigen Gefahrübergang vereinbaren wollen oder nicht. 20

Wird § 7 VOB/B in Allgemeinen Geschäftsbedingungen abbedungen, so ist fraglich, ob diese Vereinbarung wirksam ist. Zunächst ist festzustellen, dass § 7 VOB/B eine Ausnahmevorschrift darstellt, welche die gesetzlichen Gefahrtragungsregelungen der §§ 644, 645 BGB modifiziert. Schließt man die Anwendbarkeit von § 7 VOB/B aus, so greifen auch bei objektiv unabwendbaren Umständen, die vom Auftraggeber nicht zu vertreten sind, die Grundregeln in § 644 BGB ein. Beim bloßen Ausschluss von § 7 VOB/B ist eine Inhaltskontrolle dieser Vereinbarung nach § 307 Abs. 3 BGB nicht möglich. Eine über die Grenze von §§ 644, 645 BGB hinausgehende Gefahrverlagerung zulasten des Auftragnehmers verstößt jedoch gegen § 307 BGB.[41] Dasselbe gilt, wenn die Preisgefahr weitergehend als durch § 7 VOB/B auf den Auftraggeber überbürdet wird. 21

§ 8 Kündigung durch den Auftraggeber

(1) 1. Der Auftraggeber kann bis zur Vollendung der Leistung jederzeit den Vertrag kündigen.
2. Dem Auftragnehmer steht die vereinbarte Vergütung zu. Er muss sich jedoch anrechnen lassen, was er infolge der Aufhebung des Vertrags an Kosten erspart oder durch anderweitige Verwendung seiner Arbeitskraft und seines Betriebs erwirbt oder zu erwerben böswillig unterlässt (§ 649 BGB).

(2) 1. Der Auftraggeber kann den Vertrag kündigen, wenn der Auftragnehmer seine Zahlungen einstellt, von ihm oder zulässigerweise vom Auftraggeber oder einem anderen Gläubiger das Insolvenzverfahren (§§ 14 und 15 InsO) beziehungsweise ein vergleichbares gesetzliches Verfahren beantragt ist, ein solches Verfahren eröffnet wird oder dessen Eröffnung mangels Masse abgelehnt wird.
2. Die ausgeführten Leistungen sind nach § 6 Abs. 5 abzurechnen. Der Auftraggeber kann Schadensersatz wegen Nichterfüllung des Restes verlangen.

(3) 1. Der Auftraggeber kann den Vertrag kündigen, wenn in den Fällen des § 4 Abs. 7 und 8 Nr. 1 und des § 5 Abs. 4 die gesetzte Frist fruchtlos abgelaufen ist (Entziehung des Auftrags). Die Entziehung des Auftrags kann auf einen in sich abgeschlossenen Teil der vertraglichen Leistung beschränkt werden.
2. Nach der Entziehung des Auftrags ist der Auftraggeber berechtigt, den noch nicht vollendeten Teil der Leistung zu Lasten des Auftragnehmers durch einen Dritten ausführen zu lassen, doch bleiben seine Ansprüche auf Ersatz des etwa entstehenden weiteren Schadens bestehen. Er ist auch berechtigt, auf die weitere Ausführung zu verzichten und Schadensersatz wegen Nichterfüllung zu verlangen, wenn die Ausführung aus den Gründen, die zur Entziehung des Auftrags geführt haben, für ihn kein Interesse mehr hat.
3. Für die Weiterführung der Arbeiten kann der Auftraggeber Geräte, Gerüste, auf der Baustelle vorhandene andere Einrichtungen und angelieferte Stoffe und Bauteile gegen angemessene Vergütung in Anspruch nehmen.

---

39 *Prütting*, in: Baumgärtel/Laumen/Prütting, § 5 VOB/B Rn. 20 m.w.N.
40 Nicklisch/Weick/*Weick*, § 7 VOB/B Rn. 7.
41 Ganten/Jagenburg/Motzke/*Rüßmann*, § 7 Nr. 3 VOB/B Rn. 38; Korbion/*Locher*, Rn. 146.

4. Der Auftraggeber hat dem Auftragnehmer eine Aufstellung über die entstandenen Mehrkosten und über seine anderen Ansprüche spätestens binnen 12 Werktagen nach Abrechnung mit dem Dritten zuzusenden.

(4) Der Auftraggeber kann den Auftrag entziehen, wenn der Auftragnehmer aus Anlass der Vergabe eine Abrede getroffen hatte, die eine unzulässige Wettbewerbsbeschränkung darstellt. Die Kündigung ist innerhalb von 12 Werktagen nach Bekanntwerden des Kündigungsgrundes auszusprechen. Absatz 3 gilt entsprechend.

(5) Die Kündigung ist schriftlich zu erklären.

(6) Der Auftragnehmer kann Aufmaß und Abnahme der von ihm ausgeführten Leistungen alsbald nach der Kündigung verlangen; er hat unverzüglich eine prüfbare Rechnung über die ausgeführten Leistungen vorzulegen.

(7) Eine wegen Verzugs verwirkte, nach Zeit bemessene Vertragsstrafe kann nur für die Zeit bis zum Tag der Kündigung des Vertrags gefordert werden.

Schrifttum

Bopp Der Bauvertrag in der Insolvenz, 2009; *Franke* Spannungsverhältnis InsO und § 8 Abs. 2 VOB/B neu – Ende der Kündigungsmöglichkeit bei Vermögensverfall des Auftragnehmers?, BauR 2007, 774; *Handschuhmacher* Der Vergütungsanspruch gemäß § 8 Nr. 3 Abs. 3 VOB/B, BauR 2001, 872; *Heidland* Der Bauvertrag in der Insolvenz von Auftraggeber und Auftragnehmer, 2. Aufl. 2003; *Kapellmann* In sich abgeschlossene Teile der Leistung gemäß VOB/B, in: Festschrift für Reinhold Thode, Kniffka/Quack/Vogel/Wagner (Hrsg.), 2005, S. 29; *Kessen* Die Kündigung wegen und in der Insolvenz, BauR 2011, 352; *ders.* Das Ende der Verrechnung im Werkvertragsrecht und seine Folgen, BauR 2005, 1691; *Koenen* Die Kündigung wegen und in der Insolvenz, BauR 2011, 352 f.; *ders.* Die Kündigung nach § 8 Nr. 2 VOB/B und deren Abrechnungsprobleme, BauR 2005, 202; *Lang* Die Teilkündigung, BauR 2006, 1956; *Reus* Die Kündigung durch den Auftraggeber gemäß § 8 VOB/B, BauR 1995, 636; *Schmitz* Die Bauinsolvenz, 4. Aufl., 2007; *ders.* Handlungsmöglichkeiten von Auftragnehmer und Auftraggeber in der wirtschaftlichen Krise des Vertragspartners, BauR 2005, 169 f.

Übersicht

	Rdn.
A. Strukturen	1
I. Überblick	1
II. Kündigung im System der Rechtsbehelfe der VOB/B	2
III. Kündigung nach § 8 VOB/B und weitere Kündigungstatbestände im VOB-Vertrag	5
B. Freie Kündigung, § 8 Abs. 1 VOB/B	**7**
C. Kündigung wegen Zahlungseinstellung oder Insolvenz, § 8 Abs. 2 VOB/B	**8**
I. Normzweck	8
II. Anwendbarkeit	11
1. Wirksame Einbeziehung der VOB/B	11
2. Insolvenz in der Bau-ARGE	12
III. Bestand des Kündigungsrechts im Insolvenz-(eröffnungs)-verfahren?	13
1. Verstoß gegen § 119 InsO	13
a) Kündigung zwischen Antragstellung und Insolvenzeröffnung	14
b) Kündigung nach Verfahrenseröffnung	16
aa) Unzulässigkeit der Kündigung	17
bb) Kein Verstoß gegen § 119 InsO	18
cc) Differenzierte Betrachtung/Sonderfall Erfüllungswahl	19
2. Verstoß gegen § 307 Abs. 2 Nr. 1 BGB	21
IV. Kündigungsgründe	24
1. Zahlungseinstellung	26
2. Insolvenzantragstellung; vergleichbares Verfahren	27
3. Insolvenzeröffnung	28
4. Abweisung mangels Masse	29
V. Kündigungserklärung	30
1. Schriftform	30
2. Erklärungsempfänger	31
VI. Rechtsfolge, § 8 Abs. 2 Nr. 2 VOB/B	33
1. Abrechnung und Fälligkeit der Vergütung, § 8 Abs. 2 Nr. 2 Satz 1 VOB/B	34
a) Abzurechnender Leistungsumfang	34
b) Abnahmeerfordernis	35
c) Schlussrechnungsstellung	36
2. Schadenersatzanspruch des Auftraggebers, § 8 Abs. 2 Nr. 2 Satz 2 VOB/B	37
a) Umfang des Anspruchs	37
b) Durchsetzbarkeit des Anspruchs	38
aa) keine Verrechnung	39
bb) Aufrechnung	40

	Rdn.		Rdn.
D. Kündigung wegen Fristablaufs, § 8 Abs. 3 VOB/B	45	3. Aufstellung der Kosten der Ersatzvornahme, § 8 Abs. 3 Nr. 4 VOB/B	64
I. Kündigungsgründe, § 8 Abs. 3 Nr. 1 VOB/B	45	**E. Kündigung wegen wettbewerbswidriger Absprachen, § 8 Abs. 4 VOB/B**	65
II. »Auftragsentziehung«, § 8 Abs. 3 Nr. 1 S. 1 VOB/B	46	I. Wettbewerbswidrige Absprachen, § 8 Abs. 4 S. 1 VOB/B	65
1. Zeitliche Schranken	46	II. Kündigungsfrist, § 8 Abs. 4 S. 2 VOB/B	71
2. Auftragsentziehung als Kündigung...	47	III. Rechtsfolgen, § 8 Abs. 4 S. 3 VOB/B ...	72
3. Teilkündigung, § 8 Abs. 3 Nr. 1 S. 2 VOB/B	48	**F. Kündigungserklärung**	73
III. Rechtsfolgen, § 8 Abs. 3 Nr. 2–4 VOB/B	50	I. Kündigung als rechtsgeschäftliche Erklärung........................	73
1. Ansprüche des Auftraggebers, § 8 Abs. 3 Nr. 2 VOB/B	50	1. Bestimmtheit	73
a) Mehrkosten der Ersatzvornahme, § 8 Abs. 3 Nr. 2 S. 1 VOB/B	51	2. Zeitpunkt.....................	77
b) Weiterer Schaden, § 8 Abs. 3 Nr. 2 S. 1 Halbs. 2 VOB/B......	54	II. Schriftformerfordernis, § 8 Abs. 5 VOB/B............................	79
c) Verzicht auf Fertigstellung, § 8 Abs. 3 Nr. 2 S. 2 VOB/B	56	**G. Folgen der Kündigung**	81
2. Befugnis des Auftraggebers zur Nutzung und Ablöse, § 8 Abs. 3 Nr. 3 VOB/B.........................	60	I. Umwandlung in Abrechnungsverhältnis.	81
		II. Restabwicklung, § 8 Abs. 6 VOB/B	82
		III. Mängelansprüche	85
		H. Vertragsstrafe, § 8 Abs. 7 VOB/B	86

A. Strukturen

I. Überblick

In § 8 VOB/B werden die Voraussetzungen und die Rechtsfolgen einer Kündigung durch den Auftraggeber geregelt. Die Absätze 1 bis 4 regeln verschiedene Kündigungsgründe. Wurde die VOB/B zwischen den Vertragsparteien wirksam vereinbart, so kann der Auftraggeber nach § 8 Abs. 1 VOB/B den Vertrag jederzeit kündigen (freie oder ordentliche Kündigung). In § 8 Abs. 2–4 VOB/B sind demgegenüber Kündigungsmöglichkeiten aus wichtigem Grund normiert. Nach § 8 Abs. 2 VOB/B kann der Auftragnehmer wegen Zahlungseinstellung oder Insolvenz kündigen. Nach § 8 Abs. 3 VOB/B ist ihm dies möglich, wenn der Auftragnehmer den Vertrag nicht ordnungsgemäß oder nicht fristgerecht erfüllt. In § 8 Abs. 4 VOB/B wird dem Auftraggeber schließlich eine Kündigungsmöglichkeit eröffnet, wenn der Auftragnehmer sich wettbewerbswidrig verhält. In den Absätzen 5–7 werden Bestimmungen getroffen, welche für alle Kündigungen nach § 8 Abs. 1–4 VOB/B gelten.

1

II. Kündigung im System der Rechtsbehelfe der VOB/B

Das Rechtsbehelfssystem der VOB/B differenziert danach, ob die Mängelrechte vor oder nach der Abnahme geltend gemacht werden. Die Rechte des Auftraggebers vor der Abnahme sind in § 4 Abs. 7 VOB/B geregelt, die Mängelansprüche nach der Abnahme demgegenüber in § 13 VOB/B. Vor Abnahme hat der Auftraggeber zwar bereits einen Anspruch auf Mängelbeseitigung, ist allerdings auch der Obliegenheit unterworfen, eine Frist zur Mängelbeseitigung zu setzen, § 4 Abs. 7 S. 1, 3 VOB/B. Nach Abnahme gilt dasselbe auf der Grundlage von § 13 Abs. 5 VOB/B. Erst nach Ablauf der Frist bzw. wenn die Mängelbeseitigung für den Auftragnehmer unzumutbar, unmöglich oder unverhältnismäßig ist, kann der Auftraggeber die weiteren Mängelansprüche geltend machen. Der Auftraggeber kann insoweit eine kostenpflichtige Ersatzvornahme durchführen lassen, die Vergütung mindern oder Schadensersatz verlangen, nicht aber vom Vertrag zurücktreten. Anstatt vom Vertrag zurückzutreten, kann der Auftraggeber während der Bauphase jedoch nach § 8 VOB/B den Vertrag kündigen.

2

3 Die Gewährung eines an sich nur bei Dauerschuldverhältnissen bestehenden Kündigungsrechts (vgl. nur § 314 BGB) bei allenfalls ausnahmsweise als Dauerschuldverhältnis ausgestalteten (Bau-)Werkverträgen ist bereits im BGB-Bauvertrag (vgl. § 649 BGB) durch und durch atypisch. Die weitergehende Verwendung des Rechtsinstituts beim VOB-Bauvertrag, mit der signifikant vom Mängelrecht nach BGB abgewichen wird, soll die gerade im Bauvertragsrecht komplizierte Rückabwicklung vermeiden. Die an die Stelle des Rücktritts tretende Kündigung hat den Vorteil, dass sie allein für die Zukunft wirkt und bereits erbrachte Leistungen im Regelfall nicht mehr berührt. Allerdings ist zu beachten, dass die Zäsur zwischen wirksamen (Teil-)Leistungen und der *ex nunc* wirkenden Beendigung des Vertrages, die bei Dauerschuldverhältnissen durch einen Zeitpunkt (nämlich den der wirksamen Kündigungserklärung) bewirkt wird, nunmehr durch einen anderen Akt zu leisten ist, den die Praxis in der abnahmefähigen Teilleistung[1] erkennt. Vor diesem Hintergrund ist freilich die Regelung in § 8 Abs. 3 Nr. 1 S. 2 VOB/B misslungen, denn maßgeblich sollte nicht sein, ob der herausgekündigte Teil der Leistung in sich abgeschlossen, sondern ob der bestehen bleibende Restteil abnahmefähig ist.

4 Diese Zäsur klärt zugleich, ob der Auftraggeber in der Folge Mängelansprüche wegen des abgenommenen Teilwerks geltend machen kann, oder ob es sich um die ausgebliebene Restfertigstellung handelt, hinsichtlich derer der Auftragnehmer als Folge der *ex nunc* Wirkung der Kündigung freigeworden ist.

III. Kündigung nach § 8 VOB/B und weitere Kündigungstatbestände im VOB-Vertrag

5 In § 8 VOB/B wird ausschließlich die Kündigung durch den Auftraggeber im Hinblick auf die in den Absätzen 1–4 genannten Kündigungsgründe normiert. Zum einen ist jedoch davon auszugehen, dass im Hinblick auf Kündigungen des Auftraggebers eine analoge Anwendung von § 649 S. 1 BGB geboten ist. Wenn die freie Kündigung stets zulässig ist, was § 8 Abs. 1 VOB/B bestätigt, muss dies erst recht für die Kündigung aus wichtigem Grund gelten. Insoweit regelt bei VOB-Verträgen § 8 Abs. 2–4 VOB/B die Materie nicht abschließend. Im Gegenteil ist eine analoge Anwendung der Vorschrift auf alle Kündigungen des Auftraggebers aus wichtigem Grund geboten.[2] Stets bildet die *ex nunc* wirkende Kündigung ein milderes Mittel gegenüber dem zur Rückabwicklung führenden Rücktritt. Folgerichtig sollten die Rücktrittsgründe gem. §§ 323, 324 BGB (vgl. dazu die Erläuterungen § 323 BGB Rdn. 2 f., § 324 BGB Rdn. 3 ff.) als wichtige, zur Kündigung berechtigende Gründe anerkannt werden.

6 Für den Auftragnehmer ist ein Kündigungsrecht in § 9 VOB/B allein im Hinblick auf die Verletzung von Mitwirkungsobliegenheiten und Leistungspflichtverletzungen des Auftraggebers geregelt. Der soeben entwickelte Grundsatz macht indes deutlich, dass der Auftragnehmer auch im Rahmen des VOB-Vertrages abgesehen von den in § 9 VOB/B geregelten Kündigungsgründen[3] in Analogie zu § 324 BGB stets berechtigt sein muss, den Bauvertrag zu kündigen, wenn durch eine Pflichtverletzung des Auftraggebers der Vertragszweck so gefährdet ist, dass dem Auftragnehmer die Fortsetzung des Vertragsverhältnisses unzumutbar ist.[4] Ob dies der Fall ist, ist anhand der konkreten Umstände des Einzelfalles zu beurteilen, wobei beim Bauvertrag der Pflicht zur Kooperation eine gesteigerte Bedeutung beigemessen wird. Aus dem Kooperationsverhältnis ergeben sich Obliegenheiten und Pflichten zur Mitwirkung und gegenseitigen Information.[5] Die Kooperationspflichten sollen unter anderem gewährleisten, dass in Fällen, in denen nach der Vorstellung einer oder beider Parteien die vertraglich vorgesehene Vertragsdurchführung oder der Inhalt des Vertrages an die geänderten tatsächlichen Umstände angepasst werden muss, entstandene Mei-

---

1 Vgl. BGH v. 20.08.2009, VII ZR 212/07, BauR 2009, 1736 Rn. 20 ff.
2 Kapellmann/Messerschmidt/*Lederer*, § 8 VOB/B Rn. 2 ff.; *Motzke*, in: Ganten/Jagenburg/Motzke, § 8 Nr. 3 VOB/B Rn. 3, 15.
3 BGH v. 20.08.2009, VII ZR 212/07, BauR 2009, 1736 Rn. 26.
4 BGH v. 28.10.1999, VII ZR 393/98, BauR 200, 409; v. 23.05.1996, VII ZR 140/95, BauR 1996, 704.
5 BGH v. 23.05.1996, VII ZR 245/94, BauR 1996, 542.

nungsverschiedenheiten oder Konflikte nach Möglichkeit einvernehmlich beigelegt werden.[6] Ist ein Vertragspartner nicht zur Kooperation bereit, indem er eine einvernehmliche Lösung dauerhaft verweigert, so stellt dies einen Kündigungsgrund dar.[7] In diesen Fällen bedarf es der Fristsetzung nur, wenn dadurch erreicht werden kann, dass der Auftragnehmer sich vertragsgerecht verhält. Auch in einer unwirksamen außerordentlichen Teilkündigung des Auftraggebers und der nachfolgenden nachdrücklichen Weigerung, sich davon zu distanzieren, kann eine derart erhebliche Pflichtverletzung erkannt werden, welche die Kündigung des Auftragnehmers aus wichtigem Grund rechtfertigt.[8]

B. Freie Kündigung, § 8 Abs. 1 VOB/B

Da § 8 Abs. 1 VOB/B inhaltlich mit der Vorschrift des § 649 BGB übereinstimmt,[9] wird an dieser Stelle auf die Erläuterungen von *Lubojanski* zu § 649 BGB verwiesen.

C. Kündigung wegen Zahlungseinstellung oder Insolvenz, § 8 Abs. 2 VOB/B

I. Normzweck

§ 8 Abs. 2 VOB/B gibt dem Auftraggeber unter den dort genannten Voraussetzungen
– Zahlungseinstellung oder
– zulässiger Insolvenz- oder vergleichbarer Verfahrensantrag gestellt oder
– Insolvenzeröffnung oder
– Abweisung mangels Masse
ein Kündigungsrecht, das sich im Hinblick auf die Rechtsfolgen für ihn deutlich günstiger als eine
– jederzeit mögliche – Kündigung gem. § 8 Abs. 1 VOB/B bzw. § 649 S. 1 BGB (volle Vergütung abzgl. ersparter Aufwendungen) gestaltet.[10] Begründet wird dies mit dem Vermögensverfall des Auftragnehmers. Es wird vermutet, dass die Leistungsfähigkeit und Zuverlässigkeit des Auftragnehmers für den Auftraggeber ein wesentlicher Gesichtspunkt (§ 313 BGB – Störung der Geschäftsgrundlage) vor Abschluss des Bauvertrages war, so dass bei deren Wegfall eine Fortführung des Vertrages für den Auftraggeber unzumutbar ist.[11] Da der Vermögensverfall in der Sphäre des Auftragnehmers begründet ist, sollen sich zwangsläufig die Rechtsfolgen von denen einer Kündigung nach § 649 S. 1 BGB unterscheiden.

Es geht also weniger um die Frage, ob der Auftraggeber überhaupt kündigen kann, sondern vielmehr um deren Rechtsfolgen, ob also der Auftraggeber weiteren Vergütungsansprüchen für nicht erbrachte Leistungen ausgesetzt ist und ob er mit ihm aus der Kündigung entstehenden Schadensersatzansprüchen gegenüber dem Werklohnanspruch des Insolvenzschuldners (später dem Insolvenzverwalter) aufrechnen darf.[12]

Dass die VOB/B nicht auch im umgekehrten Fall der Insolvenz des Auftraggebers dem Auftragnehmer ein Kündigungsrecht einräumt, ist mit dem ursprünglichen Regelungsgehalt der VOB zu erklären. Sie ist die Vertragsordnung zwischen öffentlichem Auftraggeber und Auftragnehmer. Eine Insolvenz des öffentlichen Auftraggebers i.S. der InsO ist allerdings beim öffentlichen Auftraggeber regelmäßig ausgeschlossen, so dass es insoweit einer Regelung aus Sicht des Verordnungsgebers nicht bedarf. Wenn die VOB/B als Normenwerk zwischen Privaten vereinbart wird, müsste ein Kündigungsrecht des Auftragnehmers gesondert vereinbart werden.

---

6 BGH v. 28.10.1999, VII ZR 393/98, BauR 2000, 409; Nicklisch/Weick/*Nicklisch/Weick*, Einl Rn. 14 ff.
7 Kapellmann/Messerschmidt/*Lederer*, § 8 VOB/B Rn. 85.
8 BGH v. 20.08.2009, VII ZR 212/07, BauR 2009, 1736 Rn. 26.
9 Kapellmann/Messerschmidt/*Lederer*, § 8 VOB/B Rn. 7; Nicklisch/Weick/*Nicklisch*, § 8 VOB/B Rn. 1.
10 BGH v. 26.09.1985, VII ZR 19/85, BauR 1986, 91; Leinemann/*Franz*, § 8 VOB/B Rn. 96.
11 Ingenstau/Korbion/*Schmitz*, § 8 Abs. 2 VOB/B Rn. 2.
12 *Koenen*, BauR 2011, 352.

II. Anwendbarkeit

1. Wirksame Einbeziehung der VOB/B

11 Eine Kündigung nach § 8 Abs. 2 VOB/B setzt die wirksame Einbeziehung der VOB/B in den Bauvertrag voraus. Eine entsprechende Anwendung auf den BGB-Vertrag ist abzulehnen.[13]

2. Insolvenz in der Bau-ARGE

12 Ist Auftragnehmer eine ARGE, so ist umstritten, ob § 8 Abs. 2 VOB/B bereits dann anwendbar ist, wenn die Voraussetzungen bei einem ARGE-Partner vorliegen. Da Vertragspartner die rechtsfähige und im Übrigen selbst nach § 15 Abs. 1 InsO insolvenzfähige ARGE ist, reicht der Vermögensverfall eines Mitglieds nicht aus.[14] Zwar wird vertreten, dass dem Auftraggeber dann ein Kündigungsrecht zustehen müsse, wenn aus objektiver Sicht die verbleibenden Mitglieder der ARGE nicht in der Lage sind, den Vertrag in sachlicher und zeitlicher Hinsicht zu erfüllen.[15] Dies ist mangels hinreichender Bestimmbarkeit bei einem außerordentlichen Kündigungsrecht wie dem des § 8 Abs. 2 VOB/B abzulehnen und im Übrigen mit dem Wortlaut nicht zu vereinbaren. Denn in § 8 Abs. 2 VOB/B ist die Rede von »*dem Auftragnehmer*«, nicht einem seiner Gesellschafter. Dabei ist insbesondere zu berücksichtigen, dass es sich bei dem Kündigungsgrund des § 8 Abs. 2 VOB/B um ein aus Allgemeinen Geschäftsbedingungen hergeleitetes Kündigungsrecht handelt, das, gerade wenn es vom AG in den Vertrag eingeführt wurde, weniger als individualvertragliche Klauseln einer extensiven Auslegung zugänglich ist.

III. Bestand des Kündigungsrechts im Insolvenz-(eröffnungs)-verfahren?

1. Verstoß gegen § 119 InsO

13 Seit einiger Zeit wird zunehmend diskutiert, ob § 8 Abs. 2 VOB/B in der 2. und 3. Alternative (Insolvenzantragstellung und Insolvenzeröffnung) gegen § 119 InsO verstößt. Nach dieser Vorschrift sind Vereinbarungen unwirksam, durch die im Voraus die Anwendung der §§ 103 bis 118 InsO ausgeschlossen oder beschränkt wird. Konkret stellt sich die Frage, ob die Kündigung des Bauvertrages dem Insolvenzverwalter das ihm von § 103 InsO eingeräumte Recht nimmt, die Erfüllung des Vertrages zu verlangen.

a) Kündigung zwischen Antragstellung und Insolvenzeröffnung

14 Entgegen mehreren obergerichtlichen Entscheidungen[16] sowie einigen Literaturstimmen,[17] nach denen eine vor Insolvenzeröffnung erklärte Kündigung gem. § 8 Abs. 2 VOB/B nicht gegen § 119 InsO verstößt, nehmen in der Literatur die Stimmen zu, die bereits ab Insolvenzantragstellung die Kündigung für unwirksam halten.[18]

15 Für erstere Meinung spricht bereits, dass – unabhängig von allen anderen wechselseitig vorgetragenen Argumenten – begriffsnotwendig eine Beeinträchtigung des Wahlrechtes des Insolvenzverwalters nach § 103 InsO die Verfahrenseröffnung voraussetzt[19] und es dem Auftraggeber i.Ü.

---

13 Ingenstau/Korbion/*Schmitz*, § 8 Abs. 2 VOB/B Rn. 1; Staudinger/*Peters/Jacoby*, § 649 Rn. 77.
14 Ingenstau/Korbion/*Schmitz*, § 8 Abs. 2 VOB/B Rn. 6; Leinemann/*Franz*, § 8 VOB/B Rn. 108; vgl. auch OLG Celle v. 17.08.2007, 13 Verg 9/07, VergR 2007, 765.
15 Leinemann/*Franz*, § 8 VOB/B Rn. 108, Messerschmidt/Voit/*Voit*, § 8 VOB/B Rn. 4.
16 OLG Karlsruhe v. 26.07.2002, 14 U 207/00, IBR 2006, 398; OLG Düsseldorf v. 08.09.2006, 23 U 35/06, BauR 2006, 1908; OLG Brandenburg v. 16.12.2009, 4 U 44/09, IBR 2010, 210.
17 Ingenstau/Korbion/*Schmitz*, § 8 VOB/B Rn. 10; Staudinger/*Peters/Jacoby*, Anh. Zu § 631 Rn. 33.
18 Leinemann/*Franz*, § 8 VOB/B Rn. 103; *Bopp*, Der Bauvertrag in der Insolvenz, S. 200 ff.
19 OLG Karlsruhe v. 26.07.2002, 14 U 207/00, IBR 2006, 398; OLG Brandenburg v. 16.12.2009, 4 U 44/09, IBR 2010, 210.

nicht zuzumuten ist abzuwarten, ob und wann ein Insolvenzverfahren eröffnet wird und ob in einem eröffneten Verfahren der Insolvenzverwalter die Erfüllung des Vertrages wählt.[20] Ein vertragliches Kündigungsrecht kann das im Eröffnungsverfahren noch gar nicht bestehende Wahlrecht nicht beeinträchtigen.[21] Das gilt umso mehr, als ein vorläufiger Insolvenzverwalter die Dauer des Zeitraumes zwischen Antragstellung und Eröffnung durchaus beeinflussen kann.

b) Kündigung nach Verfahrenseröffnung

Ob nach Eröffnung des Insolvenzverfahrens § 119 InsO dem vertraglichen Kündigungsrecht entgegensteht, wird unterschiedlich beurteilt. Gerade in jüngerer Zeit werden hierzu verschiedene Auffassungen vertreten. Maßgeblich für die Beurteilung der Wirksamkeit dieser vertraglichen Lösungsklauseln dürfte die Beantwortung der Frage sein, ob sie darauf gerichtet sind, das Wahlrecht des Verwalters zu beschränken.[22] 16

aa) Unzulässigkeit der Kündigung

In der Literatur wird zunehmend vertreten, dass § 8 Abs. 2 VOB/B in der 2. und 3. Alternative nach Verfahrenseröffnung gegen § 119 InsO verstoße. Begründet wird dies damit, dass es zum Schutzzweck des § 119 InsO gehöre, das Wahlrecht des Insolvenzverwalters nicht durch Schadenersatzansprüche des Vertragspartners aufgrund einer von diesem ausgesprochenen Kündigung zu beeinträchtigen.[23] 17

bb) Kein Verstoß gegen § 119 InsO

Der BGH hat noch unter Geltung der Konkursordnung, die allerdings keine dem § 119 InsO vergleichbare Regelung enthielt, entschieden, dass eine Kündigung auch nach Eröffnung eines Konkursverfahrens und Erfüllungswahl des Konkursverwalters nach § 8 Abs. 2 VOB/B wirksam sei.[24] Ihm folgend hat das OLG Düsseldorf festgestellt, dass auch unter der Geltung der InsO der Kündigungsgrund des § 8 Abs. 2, 3. Alt. (Verfahrenseröffnung) VOB/B nicht wegen Verstoßes nach § 119 InsO unwirksam sei.[25] Begründet wird dies unter anderem damit, dass im Regierungsentwurf in § 137 Abs. 2 S. 1 ursprünglich vorgesehen war, dass »Vereinbarungen, die vor Eröffnung des Insolvenzverfahrens die Auflösung eines gegenseitigen Vertrages vorsehen oder der anderen Partei das Recht geben, sich einseitig vom Vertrag zu lösen«, unwirksam seien. Die Regelung des § 137 Abs. 2 S. 1 des Regierungsentwurfes wurde auf Empfehlung des Rechtsausschusses in dem Gesetzgebungsverfahren gestrichen. Damit habe sich der Gesetzgeber für die Wirksamkeit von Lösungsklauseln wie der des § 8 Abs. 2 VOB/B entschieden.[26] 18

cc) Differenzierte Betrachtung/Sonderfall Erfüllungswahl

In der Tat darf bei der Beurteilung der Folgen eines Verstoßes nach § 119 InsO der Wille des Gesetzgebers nicht unberücksichtigt bleiben: Zum einen ist ein ausdrückliches Kündigungsverbot, wie es § 112 Nr. 2 InsO enthält, für andere Vertragstypen vom Gesetzgeber nicht vorgesehen, 19

---

20 *Schmitz*, Rn. 69f.; *Heidland*, Der Bauvertrag, Rn. 939, 214.
21 MüKo-InsO/*Huber*, § 119 InsO Rn. 22.
22 Uhlenbruck/*Sinz*, § 119 InsO Rn. 12.
23 Leinemann/*Franz*, § 8 VOB/B Rn. 102; Ingenstau/Korbion/*Schmitz*, § 8 Abs. 2 VOB/B Rn. 11; *Bopp*, Der Bauvertrag in der Insolvenz, S. 199 f.; *Franke*, BauR 2007, 774; Nehrlich/Römermann/*Balthasar*, § 119 InsO Rn. 16.
24 BGH v. 26.09.1985, VII ZR 19/85, BauR 1986, 91.
25 OLG Düsseldorf v. 06.09.2006, I-23 U 35/06, BauR 2006, 1908.
26 OLG Bamberg v. 12.04.2010, 4 U 48/09, IBR 2011, 87; OLG Düsseldorf v. 06.09.2006, I-23 U 35/06, BauR 2006, 1908; Staudinger/*Peters/Jacoby*, Anh. Zu § 631 Rn. 33; MüKo-InsO/*Huber*, § 119 InsO Rn. 23; Messerschmidt/Voit/*Voit*, § 8 VOB/B Rn. 5; *Schmitz*, Rn. 215 ff.

zum anderen wurde der § 137 Abs. 2 Satz 1 RegE-InsO gerade nicht umgesetzt. Im Übrigen hat sich die Interessenlage des Vertragspartners allein durch die Eröffnung des Insolvenzverfahrens nicht geändert. Mit Verfahrenseröffnung erfolgt keine materiellrechtliche Umgestaltung des gegenseitigen Vertrages, die Parteien können lediglich ihre noch ausstehenden Erfüllungsansprüche nicht durchsetzen.[27] Der Auftraggeber hat daher nach wie vor einen leistungsunfähigen Auftragnehmer zum Vertragspartner, so dass jedenfalls die Vermögensverschlechterung allein schon die Lösung vom Vertrag aufgrund vertraglicher Vereinbarung rechtfertigt. Im Übrigen ist zu beachten, dass mit der Verfahrenseröffnung in aller Regel die Zahlungseinstellung einhergeht. Da nach ganz herrschender Auffassung insolvenzunabhängige Klauseln, die z.B. an die Vermögensverschlechterung anknüpfen, nicht gegen § 119 InsO verstoßen,[28] muss dies auch für eine Kündigung nach Verfahrenseröffnung gelten, unabhängig davon, ob sie mit der Verfahrenseröffnung oder der Zahlungseinstellung begründet wird. Zudem ist schon wegen des ohnehin bestehenden jederzeitigen Kündigungsrechts des Auftraggebers gem. § 649 BGB nicht erkennbar, dass § 8 Abs. 2 VOB/B gerade darauf ausgerichtet ist, das Wahlrecht des Insolvenzverwalters zu unterlaufen.[29] Das bedeutet allerdings nach der hier vertretenen Auffassung nicht, dass der wirksam kündigende Auftraggeber in den uneingeschränkten Genuss aller in § 8 Abs. 2 VOB/B genannten Rechtsfolgen käme, insbesondere die Möglichkeit erhielte, Werklohnansprüchen des Insolvenzverwalters Restfertigstellungsmehrkosten entgegenzuhalten (vgl. dazu Rdn. 42 ff.).[30]

20   Etwas anderes gilt allerdings für den Zeitraum nach Erfüllungswahl durch den Insolvenzverwalter.[31] Wählt der Insolvenzverwalter Erfüllung, bevor der Auftraggeber kündigt, besteht eine entsprechende Masseforderung auf Herstellung des Werkes. Die Vermögenslage der Insolvenzmasse ist aufgrund der insolvenzrechtlichen Besonderheit nicht mit der des Schuldners identisch. Wählt der Insolvenzverwalter Erfüllung, hat er – schon um eine persönliche Haftung zu vermeiden – die auf Erfüllung des Vertrages gerichtete Leistungsfähigkeit der Insolvenzmasse zuvor sorgfältig geprüft. Sie steht dem Auftraggeber sodann als Haftungsmasse zur Verfügung, auch wenn die Gefahr der Masseunzulänglichkeit nie auszuschließen ist. Kann der Gläubiger die Unsicherheitseinrede nach § 321 BGB nicht mehr erheben, weil sich die Vermögenslage des Schuldners erkennbar verbessert,[32] liegen auch die Voraussetzungen für eine Kündigung nach § 8 Abs. 2 VOB/B nicht mehr vor, denn der Normzweck ist mit dem des § 321 BGB identisch.

2. Verstoß gegen § 307 Abs. 2 Nr. 1 BGB

21   Zum Teil wird vertreten, dass § 8 Abs. 2 VOB/B einer Inhaltskontrolle nach § 307 Abs. 2 Nr. 1 BGB nicht standhalte. Der Auftraggeber könne sich zu einfach mit der bloß glaubhaft zu machenden Behauptung eines Insolvenzgrundes von dem Bauvertrag lösen, obgleich die Voraussetzungen für die Eröffnung des Insolvenzverfahrens gar nicht vorlägen.[33] Auch verstoße die Regelung gegen das gesetzliche Leitbild, weil unabhängig von seinem Verursachungsbeitrag der Auftragnehmer »entschädigungslos«, und damit entgegen § 649 Satz 2 BGB, seine restlichen Vergütungsanspruch verliere und er zudem einem Gegenanspruch wegen Restfertigstellungsmehrkos-

---

27 BGH v. 25.04.2002, IX ZR 313/99, BauR 2002, 1264.
28 Uhlenbruck/*Sinz*, § 119 InsO Rn. 12.
29 Uhlenbruck/*Sinz*, § 119 InsO Rn. 14, unter Hinweis auf BGH v. 17.11.2005, IX ZR 162/04, ZIP 2006, 087.
30 Zu demselbern Ergebnis gelangt *Voit*, der zwar die Kündigungsmöglichkeit nach § 8 Abs. 2 VOB/B als mit § 119 InsO als vereinbar ansieht, nicht aber die Schadensersatzpflicht des § 8 Abs. 2 Satz 2 VOB/B, Messerschmidt/*Voit*/*Voit*, § 8 VOB/B Rn. 6.
31 Wie hier *Kemper*, in: Franke/Kemper/Zanner/Grünhagen, § 8 VOB/B Rn. 43; a.A. ausdrücklich Messerschmidt/*Voit*/*Voit*, § 8 VOB/B Rn. 5 a.E.
32 Staudinger/*Otto*, § 321 Rn. 15.
33 Leinemann/*Franz*, § 8 VOB/B Rn. 104 ff.

ten ausgesetzt werde, den das Gesetz ohne die besonderen Voraussetzungen der §§ 280, 281 BGB nicht kenne.³⁴

*Huber*³⁵ beispielsweise ist demgegenüber der Meinung, nur das durch § 8 Abs. 2 VOB/B für den Fall des Drittantrages und des Auftraggeberantrages eingeräumte Kündigungsrecht halte der AGB-rechtlichen Inhaltskontrolle nicht stand. Denn in diesen Fällen habe es der frivole Auftraggeber in der Hand, sich mittels eines nur glaubhaft zu machenden Insolvenzgrundes aus dem Bauvertrag zu verabschieden, was den Vertragspartner unangemessen benachteilige. Die Rechtsprechung hatte mit der Wirksamkeit des Kündigungsrechts unter AGB-Gesichtspunkten bisher – soweit ersichtlich – keine Schwierigkeiten.³⁶ 22

Der Auffassung, nach der keine AGB-rechtlichen Bedenken bestehen, ist zuzustimmen: (1) So einfach kann ein Auftraggeber die Kündigungsvoraussetzungen nämlich zulässigerweise nicht herbeiführen, so dass die vornehmlich angeführten Missbrauchserwägungen nicht überzeugen. Der Auftraggeber müsste nach § 14 Abs. 2 InsO nicht nur den Insolvenzgrund, sondern auch seine eigene Forderung glaubhaft machen. Soll der Insolvenzgrund allein aus seiner Forderung hergeleitet werden, reicht die Glaubhaftmachung nicht aus, denn das Insolvenzverfahren wird in diesem Fall nur dann eröffnet, wenn die Forderung zur Überzeugung des Insolvenzgerichts feststeht.³⁷ Dem Auftraggeber steht es zudem jederzeit frei, den Vertrag gem. § 649 BGB zu kündigen. Wenn sich die Rechtsfolgen dann aufgrund eines Vermögensverfalls beim Auftragnehmer von denen des § 649 BGB unterscheiden, mag dies wegen drohender Gegenforderungen des Auftraggebers für eine Insolvenzmasse nachteilig sein.³⁸ Ein Verstoß gegen § 307 Abs. 2 Nr. 1 BGB ist jedoch nicht erkennbar.³⁹ (2) Zudem wird keineswegs auf das für Schadensersatzansprüche nach §§ 280, 281 BGB grundsätzlich notwendige Verschulden verzichtet. Denn Insolvenzgrund kann immer nur eine unzureichende finanzielle Ausstattung des Auftragnehmers sein. Geld allerdings hat man zu haben (Prinzip der unbeschränkten Vermögenshaftung).⁴⁰ 23

IV. Kündigungsgründe

Die Tatbestandvoraussetzungen der einzelnen Kündigungsgründe müssen zum Zeitpunkt der Kündigung vorliegen. Unerheblich ist, ob der ursprünglich vorliegende Kündigungsgrund später wieder entfällt, z.B. der Insolvenzantrag zurückgenommen oder der Eröffnungsbeschluss in der Beschwerdeinstanz aufgehoben wird.⁴¹ Für den letztgenannten Fall ergibt sich dies bereits aus § 34 Abs. 3 S. 3 InsO. 24

Kündigt der Auftraggeber gem. § 8 Abs. 2 VOB/B, obwohl dessen Voraussetzungen nicht vorliegen, wird man mangels anderslautender Erklärung im Zweifel davon ausgehen müssen, dass eine Kündigung nach § 8 Abs. 1 VOB/B mit den entsprechenden Rechtsfolgen erklärt worden ist.⁴² Die Kündigung nach § 8 Abs. 2 VOB/B ist daher in der 1. und 2. Alternative (Zahlungseinstellung und Insolvenzantrag) durchaus mit einem Risiko für den Auftraggeber verbunden. 25

---

34 *Koenen*, BauR 2011, 352, der u.a. wegen des geforderten »zulässigen« Antrags i.Ü. auch einen Verstoß gegen das Transparenzgebot annimmt.
35 MüKo-InsO/*Huber*, § 119 InsO Rn. 51.
36 OLG Brandenburg v. 16.12.2009, 4 U 44/09, IBR 2010, 210.
37 BGH v. 29.03.2007, IX ZB 141/06, NZI 2007, 408, 409.
38 Vgl. dazu allerdings die hier vertretene Ansicht zur insolvenzrechtlich unzulässigen Aufrechnung mit Restfertigstellungsmehrkosten, Rdn. 42 ff.
39 So auch Ingenstau/Korbion/*Schmitz*, § 8 Abs. 2 VOB/B Rn. 14.
40 Staudinger/*Löwisch/Caspers*, § 275 Rn. 72.
41 Leinemann/*Franz*, § 8 VOB/B Rn. 98, a.A. Ingenstau/Korbion/*Schmitz*, § 8 Abs. 2 VOB/B Rn. 25.
42 BGH v. 24.07.2003, VII ZR 218/02, BauR 2003, 1889; *Kemper*, in: Franke/Kemper/Zanner/Grünhagen, § 8 VOB/B Rn. 46; Leinemann/*Franz*, § 8 VOB/B Rn. 99.

§ 8 VOB/B Kündigung durch den Auftraggeber

1. Zahlungseinstellung

26 Gemäß § 17 Abs. 2 S. 2 InsO wird das Vorliegen der Zahlungsunfähigkeit vermutet, wenn der Schuldner seine Zahlungen eingestellt hat. Umgekehrt kann allerdings zwar eine Zahlungsunfähigkeit, aber noch keine Zahlungseinstellung vorliegen. Letztere liegt nach der Rechtsprechung vor, wenn der Schuldner nicht in der Lage ist, seine fälligen Zahlungspflichten im Wesentlichen zu erfüllen und dieser Zustand nach außen hin so in Erscheinung tritt, dass er für die beteiligten Verkehrskreise erkennbar wird.[43] Selbst die Zahlung beträchtlicher Beträge schließt die Zahlungseinstellung nicht aus.[44] Eine äußere Erkennbarkeit der Unfähigkeit, seine fälligen Zahlungspflichten zu erfüllen, liegt z.B. vor bei fruchtlosen Pfändungen, der Abgabe der eidesstattlichen Versicherung, schleppender Zahlung von Löhnen und Sozialversicherungsbeiträgen, Wechselprotesten etc.[45] In der Praxis wird der Kündigungsgrund der Zahlungseinstellung mangels umfassender Kenntnis des Auftraggebers über die Vermögensverhältnisse des Auftragnehmers allerdings kaum eine Bedeutung haben.

2. Insolvenzantragstellung; vergleichbares Verfahren

27 Diese Alternative des § 8 Abs. 2 VOB/B hat in der Praxis die weitaus größte Bedeutung. Außer bei einem Eigenantrag des Auftragnehmers gibt § 8 Abs. 2 VOB/B dem Auftraggeber ein Kündigungsrecht, wenn er selbst oder ein anderer Gläubiger zulässigerweise einen Insolvenzantrag stellt. Dies bedeutet, dass bei einem Fremdantrag ein Kündigungsrecht nur dann besteht, wenn die Voraussetzungen des § 14 Abs. 1 InsO vorliegen. Der Auftraggeber bzw. andere Gläubiger müssen ihre eigenen Forderungen und den Eröffnungsgrund – Zahlungsunfähigkeit bzw. Überschuldung des Auftragnehmers – glaubhaft machen. Zudem muss ein rechtliches Interesse an der Verfahrenseröffnung bestehen. Hieran fehlt es, wenn der Antragsteller im Falle der Eröffnung des Insolvenzverfahrens nicht beteiligt ist oder er insolvenzfremde Zwecke verfolgt.[46] Unter »vergleichbarem gesetzlichen Verfahren« fallen nur Anträge, die im Ausland gestellt werden. Außer der InsO existiert in Deutschland kein vergleichbares Verfahren.

3. Insolvenzeröffnung

28 Die Eröffnung des Insolvenzverfahrens wird gem. §§ 30, 9 InsO im Internet unter *www.Insolvenzbekanntmachungen.de* bekannt gemacht. Die Kündigung bleibt wirksam, auch wenn der Eröffnungsbeschluss später in der Beschwerdeinstanz aufgehoben wird.[47] Dies ergibt sich bereits aus § 34 Abs. 3 S. 3 InsO, wonach auch die Wirkungen der Rechtshandlungen, die gegenüber dem Insolvenzverwalter vorgenommen worden sind, durch eine Aufhebung der Insolvenzeröffnung nicht berührt werden. § 8 Abs. 2 VOB/B will dem Auftraggeber gerade die Möglichkeit geben, bei vermuteter Leistungsunfähigkeit und Unzuverlässigkeit des Auftragnehmers eine Kündigung mit den dort genannten Rechtsfolgen zu erklären. Ihm soll dagegen nicht das Risiko einer Beseitigung der Vermutung auferlegt werden.

4. Abweisung mangels Masse

29 Auch die Abweisung des Insolvenzantrages mangels einer die Kosten des Verfahrens deckenden Masse wird im Internet unter *www.Insolvenzbekanntmachungen.de* veröffentlicht. Diese Alternative hat in der Praxis kaum eine Bedeutung.

---

43 BGH v. 14.02.2008, IX ZR 38/04, ZIP 2008, 706; v. 21.06.2007, IX ZR 231/04, ZIP 2007, 1469.
44 BGH v. 12.10.2006, IX ZR 228/03, BauR 2007, 117.
45 *Uhlenbruck*, § 17 InsO Rn. 31.
46 *Uhlenbruck*, § 14 InsO Rn. 42.
47 Leinemann/*Franz*, § 8 VOB/B Rn. 98, a.A. Ingenstau/Korbion/*Schmitz*, § 8 Abs. 2 VOB/B Rn. 25.

V. Kündigungserklärung

1. Schriftform

Die Kündigung nach § 8 Abs. 2 VOB/B ist – wegen § 125 Satz 2 BGB konstitutiv –[48] schriftlich gem. § 8 Abs. 5 VOB/B zu erklären.

30

2. Erklärungsempfänger

Hat das Insolvenzgericht nach §§ 21 Abs. 2 Nr. 2, 1. Alt., 22 InsO einen Verwalter bestellt, auf den die Verwaltungs- und Verfügungsbefugnis übergeht, ist die Kündigung gegenüber diesem sog. starken vorläufigen Insolvenzverwalter zu erklären. Ist dagegen – wie überwiegend – nach § 21 Abs. 2 Nr. 2, 2. Alt. InsO angeordnet worden, dass Verfügungen des Schuldners nur mit Zustimmung eines sog. schwachen vorläufigen Insolvenzverwalters wirksam sind, ist die Kündigung nach wie vor gegenüber dem Schuldner zu erklären. Nach Eröffnung des Verfahrens ist die Kündigung gegenüber dem Insolvenzverwalter auszusprechen, es sei denn, es wurde gem. §§ 270 ff. InsO die Eigenverwaltung angeordnet. In diesem Fall ist die Kündigung gegenüber dem Schuldner zu erklären.

31

Zu beachten ist zudem § 117 InsO. Etwa vom späteren Insolvenzschuldner erteilte Vollmachten an Dritte, z.B. Architekten, Projektsteuerer oder auch anwaltliche Berater, sogar die des Prozessbevollmächtigten,[49] erlöschen mit der Eröffnung des Verfahrens.

32

VI. Rechtsfolge, § 8 Abs. 2 Nr. 2 VOB/B

Mit Zugang der Kündigungserklärung wird der Vertrag *ex nunc* aufgelöst. Die weiteren Folgen der Kündigung des Vertrages durch den Auftraggeber regelt § 8 Abs. 2 Nr. 2 VOB/B: der Auftragnehmer kann seine erbrachten Leistungen abrechnen, Satz 1, der Auftraggeber kann Schadensersatz wegen Nichterfüllung verlangen, Satz 2.

33

1. Abrechnung und Fälligkeit der Vergütung, § 8 Abs. 2 Nr. 2 Satz 1 VOB/B

a) Abzurechnender Leistungsumfang

Nach § 8 Abs. 2 Nr. 2 S. 1 VOB/B sind (nur) die ausgeführten Leistungen nach den Vorgaben des § 6 Abs. 5 VOB/B abzurechnen. Für die noch nicht erbrachten Leistungen erhält der Auftragnehmer also anders als bei der freien Kündigung nach § 8 Abs. 1 VOB/B nichts. Die Verweisung auf § 6 Abs. 5 VOB/B enthält zunächst keine Einschränkung. Dies würde bedeuten, dass der Auftragnehmer auch einen Anspruch auf Vergütung der Kosten hätte, die ihm bereits entstanden und in den Vertragspreisen des nicht aufgeführten Teils der Leistung enthalten sind. Dieser Verweis ist jedoch dahingehend zu verstehen, dass der Auftragnehmer im Fall der Kündigung nach § 8 Abs. 2 VOB/B seine Vorbereitungskosten nur insoweit erstattet verlangen kann, als sie in den bereits ausgeführten Leistungsteil eingeflossen sind,[50] wenn nicht ausnahmsweise nach Treu und Glauben dem Auftraggeber die Verwendung der Leistung zuzumuten ist.[51]

34

b) Abnahmeerfordernis

Trotz der Kündigung ist für die Fälligkeit der Vergütungsforderung des Auftragnehmers grundsätzlich die Abnahme erforderlich,[52] wenn nicht einer der in der Rechtsprechung entwickelten

35

---

48 OLG Düsseldorf v. 13.03.1991, 19 U 47/90, BauR 1991, 612; Staudinger/*Peters/Jacoby*, § 649 Rn. 73; Kemper, in: Franke/Kemper/Zanner/Grünhagen, § 8 Rn. 84.
49 Uhlenbruck/*Sinz* § 117 InsO Rn. 4.
50 BGH v. 09.03.1995, VII ZR 23/93, BauR 1995, 545; OLG Köln v. 11.09.1995, 18 W 20/95, BauR 1996, 257; Ingenstau/Korbion/*Schmitz*, § 8 Abs. 2 VOB/B Rn. 28.
51 BGH v. 07.01.2003, X ZR 16/01, BauR 2003, 877.
52 BGH v. 11.05.2006, VII ZR 146/04, BauR 2006, 1294.

Ausnahmetatbestände (vgl. § 641 Rdn. 9 ff.) eingreift wie endgültige Abnahmeverweigerung (vgl. § 640 Rdn. 69), Übergang in eine Abrechnungsverhältnis (vgl. § 641 Rdn. 13 ff.) etc.

c) Schlussrechnungsstellung

36 Die Schlussrechnung ist nach Eröffnung des Verfahrens durch den Insolvenzverwalter zu stellen. Da er in aller Regel nicht in vollem Umfang auf die Kenntnisse des Insolvenzschuldners zurückgreifen kann, sind an die Schlussrechnung jedoch geringere Anforderungen zu stellen.[53]

2. Schadenersatzanspruch des Auftraggebers, § 8 Abs. 2 Nr. 2 Satz 2 VOB/B

a) Umfang des Anspruchs

37 Die Besonderheit des Kündigungsrechts gem. § 8 Abs. 2 VOB/B besteht darin, dass dem Auftraggeber ein Schadensersatzanspruch wegen Nichterfüllung hinsichtlich der Restleistungen, die aufgrund seiner Kündigung nicht mehr zur Ausführung kommen, gewährt wird. Hinsichtlich des Umfangs ist der Schadenersatzanspruch nicht begrenzt. Der Auftraggeber kann verlangen, so gestellt zu werden, als habe der Auftragnehmer die Leistung vollständig erbracht.[54] In der Regel sind dies die Fertigstellungsmehrkosten, die dem Auftraggeber durch Beauftragung eines anderen Unternehmers entstehen, Kosten der Feststellung des Bautenstandes zwecks Leistungsabgrenzung bei Weitervergabe der Leistung an einen Nachfolgeunternehmer sowie die Schäden wegen verzögerter Fertigstellung einschließlich entgangenem Gewinn.

b) Durchsetzbarkeit des Anspruchs

38 Fraglich ist allerdings, ob der Auftraggeber solche Gegenansprüche nach § 8 Abs. 2 Nr. 2 Satz 2 VOB/B den Restwerklohnansprüchen des Insolvenzverwalters gem. § 8 Abs. 2 Nr. 2 Satz 1 i.V.m. § 6 Abs. 5 VOB/B entgegenhalten kann.

aa) keine Verrechnung

39 Das OLG Dresden[55] und das OLG Hamm[56] haben, der bis dahin gefestigten Rechtsprechung des Bundesgerichtshof folgend,[57] angenommen, die sich gegenüberstehenden Ansprüche auf Restwerklohn und Schadensersatz könnten im Wege der Saldierung miteinander verrechnet werden, so dass sich die Frage eines etwa bestehenden Aufrechnungsverbotes in der Insolvenz nicht stellt. Spätestens seit der Entscheidung des Bundesgerichtshofs im Jahr 2005[58] besteht jedoch weitestgehend Einigkeit darin, dass sich der Werklohnanspruch des Auftragnehmers für erbrachte Leistungen und der Schadensersatzanspruch des Auftraggebers in Höhe der Fertigstellungsmehrkosten als selbstständige Forderungen aufrechenbar gegenüberstehen und nicht in ein Verrechnungsverhältnis eingestellt werden können.

bb) Aufrechnung

40 Wenn man mit dem BGH davon ausgeht, dass sich der Werklohnanspruch des Auftraggebers bei Kündigung gem. § 8 Abs. 2 VOB/B und der Anspruch des Auftraggebers auf Ersatz der Fertigstellungsmehrkosten als selbstständige Forderungen gegenüberstehen, unterliegen sie zwangsläufig

---

53 BGH v. 23.09.2004, VII ZR 173/03, BauR 2004, 1937; Ingenstau/Korbion/*Schmitz*, § 8 Abs. 2 VOB/B Rn. 27; Leinemann/*Franz*, § 8 VOB/B Rn. 117.
54 BGH v. 16.01.1986, VII ZR 138/85, BauR 1986, 339; *Reus*, BauR 1995, 636.
55 OLG Dresden v. 26.06.2003, 19 U 2278/02, BauR 2003, 1736.
56 OLG Hamm v. 28.06.2005, 21 U 4/04, BauR 2005, 1788.
57 BGH v. 05.05.1977, VII ZR 85/76, BauR 1977, 284; v. 16.01.1986, VII ZR 138/85, BauR 1986, 339.
58 BGH v. 23.06.2005, VII ZR 197/03, BauR 2005, 1477.

den Regeln zur Aufrechnung.[59] Aufrechnungen sind nach der InsO allerdings nur in begrenztem Umfang gegenüber der Insolvenzmasse möglich, so dass sich die Frage nach ihrer Zulässigkeit stellt.

(1) Vereinbarkeit mit dem Insolvenzrecht?

Erfolgt die Kündigung nach § 8 Abs. 2 VOB/B, stellt sich die Frage, ob die Aufrechnung gem. 41 § 95 Abs. 1 Satz 3 InsO ausgeschlossen ist. Dies kommt dann in Betracht, wenn die Forderung des Auftraggebers auf Ersatz der Fertigstellungsmehrkosten später als die Werklohnforderung des insolventen Auftragnehmers fällig wird. Der BGH stellt hier ohne Begründung fest, dass der Schadensersatzanspruch des Auftraggebers jedenfalls nicht nach dem Werklohnanspruch fällig werde.[60] Hilfsweise zieht der BGH in Erwägung, dass der Anspruch auf Zahlung des Werklohnes und der Anspruch auf Ersatz der Fertigstellungsmehrkosten in einer so engen synallagmatischen Verbundenheit stehe, dass nach Sinn und Zweck des Aufrechnungsverbotes eine Aufrechnung nicht ausgeschlossen werden könne.[61] Der VII. Zivilsenat des BGH verneint deshalb das Bestehen eines Aufrechnungsverbotes mit der Folge, dass der Insolvenzverwalter in der Regel auf den noch offenen Restwerklohn in Folge der Aufrechnung mit den Restfertigstellungsmehrkosten nichts erhält.

(2) Unzulässigkeit der Aufrechnung

(a) Aufrechnung nach Verfahrenseröffnung

Die Entscheidung des VII. Senats des BGH ist jedoch insolvenzrechtlich unzutreffend. Zunächst 42 ist es dem Insolvenzverwalter ohne Weiteres möglich, durch Stellung einer prüffähigen Schlussrechnung und das Verlangen nach Abnahme (§ 640 Abs. 1 Satz 3 BGB) die Fälligkeitsvoraussetzung für die Werklohnforderung zu schaffen, bevor der Auftraggeber überhaupt in der Lage ist, seine Schadensersatzforderung durch Abrechnung der Fertigstellungsmehrkosten fällig zu stellen. In diesem Fall ist die Aufrechnung nach dem eindeutigen Wortlaut des § 95 Abs. 1 Satz 3 InsO zweifellos ausgeschlossen. Mit dem Sinn und Zweck des § 95 Abs. 1 Satz 3 InsO ist die Auslegung des BGH ebenfalls nicht zu vereinbaren. Die Norm soll verhindern, dass der Insolvenzgläubiger mit der Erfüllung seiner Schuld so lange zuwartet, bis er aufrechnen kann. Wenn man daher mit dem BGH die wechselseitigen Forderungen nach der Kündigung gem. § 8 Abs. 2 VOB/B nicht in ein Verrechnungsverhältnis einstellt, sondern die Regeln der Aufrechnung anwendet, muss man konsequent die Aufrechnung nach § 95 Abs. 1 Satz 3 InsO ausschließen.[62] Eine Einschränkung des Aufrechnungsverbotes für »*in besonders enger synallagmatischer Verbundenheit stehende Forderungen*«[63] kennt die Insolvenzordnung nicht.

Man mag es aus Sicht des Auftraggebers für unangemessen halten, wenn er eine unfertige Leis- 43 tung vergüten muss, obwohl ihm Gegenansprüche in einer die Werklohnforderung übersteigender Höhe zustehen.[64] Umgekehrt ist es im Hinblick auf § 119 InsO insolvenzrechtlich zwar hinnehmbar, dass der Auftraggeber bei einer Kündigung nach § 8 Abs. 2 VOB anders als bei einer Kündigung nach § 8 Abs. 1 VOB/B bzw. § 649 Satz 1 BGB Vergütungsansprüchen für nicht erbrachte Leistungen nicht weiter ausgesetzt ist. Ihm aber entgegen dem eindeutigen Wortlaut und dem Sinn und Zweck des § 95 Abs. 1 Satz 3 InsO eine Ausnahme vom Aufrechnungsverbot zu

---

59 So ausdrücklich BGH v. 23.06.2005, VII ZR 197/03, BauR 2005, 1477.
60 BGH v. 23.06.2005, VII ZR 197/03, BauR 2005, 1477.
61 BGH v. 23.06.2005, VII ZR 197/03, BauR 2005, 1477; so auch Ingenstau/Korbion/*Schmitz*, § 8 Abs. 2 VOB/B Rn. 55; *Kemper*, in: Franke/Kremper/Zanner/Grünhagen, § 8 VOB/B Rn. 49; a.A. zu § 103 Abs. 2 S. 1 InsO Uhlenbruck/*Wegener*, § 103 InsO Rn. 177 ff.
62 So zu § 103 Abs. 2 Satz 1 InsO auch Uhlenbruck/*Wegener*, § 103 InsO Rn. 177 ff.
63 BGH v. 23.06.2005, VII ZR 197/03, BauR 2005, 1477.
64 *Kessen*, BauR 2005, 1691, 1693.

gewähren und ihn so gegenüber anderen Insolvenzgläubigern zu bevorzugen, ist dagegen *contra legem*.[65]

(b) Aufrechnung vor Verfahrenseröffnung

44 Bei einer Kündigung vor Verfahrenseröffnung ist es zwar grundsätzlich möglich, dass die Schadensersatzforderung ebenfalls vor Eröffnung des Verfahrens fällig wird, sodass dann einer Aufrechnung § 95 Abs. 1 Satz 3 InsO nicht entgegensteht. Allerdings stellt die Kündigung seitens des Auftraggebers mit dem Ziel der Aufrechnung eine die Gläubigerbenachteiligung ermöglichende Rechtshandlung dar.[66] Die Aufrechnung ist dann gemäß § 96 Abs. 1 Nr. 3 i.V.m. § 130 Abs. 1 Nr. 2 InsO aus den zuvor genannten Gründen unzulässig.[67]

D. Kündigung wegen Fristablaufs, § 8 Abs. 3 VOB/B

I. Kündigungsgründe, § 8 Abs. 3 Nr. 1 VOB/B

45 § 8 Abs. 3 Nr. 1 S. 1 VOB/B normiert keine selbstständigen Kündigungsgründe, sondern verweist auf die Kündigungstatbestände der §§ 4 Abs. 7 und 8 Nr. 1, 5 Abs. 4 VOB/B. Der Auftraggeber hat nach diesen Vorschriften ein Kündigungsrecht, wenn der Auftragnehmer die Leistung mangelhaft (Mangel vor Abnahme, § 4 Abs. 7 VOB/B) oder in anderer Weise vertragswidrig (unzulässige Ausführung durch Subunternehmer, § 4 Abs. 8 Nr. 1 VOB/B; Verzug, § 5 Abs. 4 VOB/B) erbracht hat und er der Aufforderung, den Mangel zu beseitigen oder die Leistung rechtzeitig zu erbringen, nicht innerhalb der ihm gesetzten Nachfrist nachgekommen ist. Zu den jeweiligen Voraussetzungen vgl. dort.

II. »Auftragsentziehung«, § 8 Abs. 3 Nr. 1 S. 1 VOB/B

1. Zeitliche Schranken

46 Die Kündigung nach § 8 Abs. 3 VOB/B ist – anders als der Rücktritt gem. § 323 BGB – unverzüglich nach Ablauf der dem Auftragnehmer gesetzten Nachfrist zu erklären, da ansonsten dieser Kündigungsgrund verwirkt ist und der Auftraggeber eine erneute Nachfrist mit Kündigungsandrohung setzen muss.[68]

2. Auftragsentziehung als Kündigung

47 Die in § 8 Abs. 3 VOB/B vorgenommene Klammerdefinition der Auftragsentziehung erfolgt im Hinblick auf die Formulierungen in §§ 4 Abs. 7 bzw. 8 Nr. 1, 5 Abs. 4 VOB/B und ist den Gebräuchen im Bauwesen geschuldet. Der Sache nach handelt es sich um eine Kündigung im Rechtssinne. Im Übrigen wird auf die Erläuterungen zu den entsprechenden Vorschriften verwiesen.

3. Teilkündigung, § 8 Abs. 3 Nr. 1 S. 2 VOB/B

48 Nach § 8 Abs. 3 Nr. 1 S. 2 VOB/B kann der Auftraggeber die Entziehung des Auftrages auf einen in sich abgeschlossenen Teil der vertraglichen Leistung beschränken. Unter welchen Voraussetzun-

---

65 So auch *Koenen*, BauR 2005, 202.
66 MüKo-InsO/*Kirchhof*, § 130 InsO Rn. 13.
67 Im Ergebnis auch *Koenen*, BauR 2011, 352, 362, allerdings mit Hinweis auf § 133 InsO, der mangels Rechtshandlung des Schuldners nicht anwendbar ist.
68 BGH v. 02.10.1997, VII ZR 44/97, BauR 1997, 1027; OLG Düsseldorf v. 28.07.1993, 22 U 38/93, BauR 1993, 775; Kapellmann/Messerschmidt/*Lederer*, § 8 VOB/B Rn. 88; Ingenstau/Korbion/*Vygen*, § 8 Abs. 3 VOB/B Rn. 12.

gen ein Teil der vertraglichen Leistung als abgeschlossen anzusehen ist, war umstritten.[69] Es ging im Kern um die Frage, ob der Begriff der Abgeschlossenheit in § 8 Abs. 3 Nr. 1 S. 2 VOB/B ebenso zu verstehen ist wie in § 12 Abs. 2 VOB/B. Der BGH hat diese Frage nunmehr bejaht.[70] Ein Begriff, der innerhalb eines AGB-Klauselwerks mehrfach verwendet wird, ist grundsätzlich für alle Klauseln einheitlich auszulegen. Dies bedeutet, dass bei der Auslegung des Begriffes »in sich abgeschlossener Teil einer Leistung« nicht allein Sinn und Zweck des § 8 Abs. 3 Nr. 1 S. 2 VOB/B herangezogen werden dürfen, sondern auch die Wertungen des § 12 Abs. 2 VOB/B zu beachten sind (vgl. dazu *von Berg*, § 12 VOB/B Rdn. 26 ff.).[71]

Eine unwirksame Teilkündigung kann u.U. in eine das gesamte Vertragsverhältnis beendende Kündigung umgedeutet werden. Gibt der Auftraggeber aber ausdrücklich zu erkennen, dass er die Fortführung der Arbeiten im Hinblick auf einen nicht gekündigten Leistungsteil wünscht, so fehlt es an der Voraussetzung für eine Umdeutung in eine unbeschränkte außerordentliche Auftragsentziehung.[72] 49

III. Rechtsfolgen, § 8 Abs. 3 Nr. 2–4 VOB/B

1. Ansprüche des Auftraggebers, § 8 Abs. 3 Nr. 2 VOB/B

§ 8 Abs. 3 Nr. 2 VOB/B regelt allein die Ansprüche, welche dem Auftraggeber zustehen, wenn er dem Auftragnehmer den Auftrag entzogen hat. Nicht geregelt sind die gegengerichteten Ansprüche des Auftragnehmers hinsichtlich seiner Vergütung für bereits erbrachte Bauleistungen. Es entspricht aber dem Wesen der Kündigung, dass dem Auftragnehmer für seine bereits erbrachten Leistungen ein Vergütungsanspruch zusteht.[73] Insoweit ist jedoch zwischen dem in § 8 Abs. 3 Nr. 2 S. 1 VOB/B geregelten Normalfall, in welchem der Auftraggeber bereits erbrachte Leistungsteile verwenden kann, und dem in § 8 Abs. 3 Nr. 2 S. 2 VOB/B geregelten Sonderfall zu differenzieren, in welchem das Interesse des Auftraggebers entfällt: 50

a) Mehrkosten der Ersatzvornahme, § 8 Abs. 3 Nr. 2 S. 1 VOB/B

Im Normalfall erlischt durch die *ex nunc*-Wirkung der Kündigung der Resterfüllungsanspruch des Auftraggebers, aber auch der Restvergütungsanspruch des Auftragnehmers. Die insoweit ausstehenden Leistungen kann der Auftraggeber durch einen Dritten auf Kosten (»zu Lasten«) des gekündigten Auftragnehmers durchführen lassen. Fallen durch die Ersatzvornahme Mehrkosten im Vergleich zur eingesparten Restvergütung des gekündigten Auftragnehmers an, so sind diese vom Auftragnehmer auf der Grundlage von § 8 Abs. 3 Nr. 2 S. 1 VOB/B zu erstatten. Der Anspruch besteht in Höhe der Differenz zwischen der mit dem Auftragnehmer vereinbarten Vergütung für die infolge der Kündigung nicht mehr erbrachte und auch nicht mehr geschuldete Leistung und der für diese Leistung erforderlichen tatsächlichen Kosten der Ersatzvornahme.[74] 51

Der Auftraggeber hat die als Ersatzvornahme erbrachten Leistungen, die dadurch entstandenen Kosten und die infolge der Kündigung nicht mehr an den Auftragnehmer zu zahlende Vergütung sowie schließlich die Berechnung der sich daraus ergebenden Differenz darzulegen und zu beweisen. Welche Anforderungen an die Darlegung dazu im Einzelfall zu stellen sind, hängt von den Umständen der gesamten Vertragsabwicklung mit dem Auftragnehmer sowie der Ersatzvornahme 52

---

[69] Kapellmann/Messerschmidt/*Lederer*, § 8 VOB/B Rn. 90; Ingenstau/Korbion/*Vygen*, § 8 Abs. 3 VOB/B Rn. 31; Lang, BauR 2006, 1956; Kapellmann, in: FS Thode, S. 29, 37; *Motzke*, in: Ganten/Jagenburg/Motzke § 8 Nr. 3 VOB/B Rn. 29.
[70] BGH v. 20.08.2009, VII ZR 212/07, BauR 2009, 1736.
[71] BGH v. 20.08.2009, VII ZR 212/07, BauR 2009, 1736.
[72] BGH v. 20.08.2009, VII ZR 212/07, BauR 2009, 1736 Rn. 25.
[73] BGH v. 09.03.1995, VII ZR 23/93, BauR 1995, 545; v. 25.06.1987, VII ZR 251/86, BauR 1987, 689.
[74] BGH v. 25.11.1999, VII ZR 468/98, BauR 2000, 571.

ab. Sie bestimmen sich danach, welche Angaben dem Auftraggeber möglich und zumutbar sind, und nach dem Kontroll- und Informationsinteresse des Auftragnehmers.[75]

53 Der Auftraggeber muss im Rahmen seiner – auch insoweit bestehenden – Schadensminderungsobliegenheit die Kosten so gering wie möglich halten.[76] Insoweit ist zu beachten, dass die in § 8 Abs. 3 Nr. 3 VOB/B geregelte Möglichkeit, Geräte und Materialien des gekündigten Auftragnehmers zu benutzen, nicht allein ein Recht des Auftraggebers, sondern zugleich eine korrespondierende Obliegenheit begründet.[77]

b) Weiterer Schaden, § 8 Abs. 3 Nr. 2 S. 1 Halbs. 2 VOB/B

54 Gemäß § 8 Abs. 3 Nr. 2 S. 1 Halbs. 2 VOB/B bleiben die Ansprüche des Auftraggebers auf Ersatz des weiteren Schadens unberührt. Die Vorschrift enthält indes keine Anspruchsgrundlage, sondern setzt diese voraus.[78] In Betracht kommt § 4 Abs. 7 S. 2 VOB/B, aber auch §§ 280 Abs. 1, 2, 286 BGB für den Verzögerungsschaden.[79] Der Begriff des weiteren Schadens umfasst zunächst zwanglos die außerhalb des Bauwerks entstandenen Schäden.

55 Allerdings ist davon auszugehen, dass dieser Schadensersatzanspruch auch auf den eigentlichen Mangelschaden im Sinne der Beeinträchtigung des Äquivalenzinteresses des Auftraggebers gerichtet sein kann. Bei Mängeln kann der Auftraggeber nach Fristablauf und Kündigung auch die Kosten der Beauftragung eines Drittunternehmers als Schadensersatz gem. § 4 Abs. 7 S. 2 VOB/B geltend machen.[80] Insoweit greift allerdings § 254 BGB unmittelbar im Hinblick auf die Obliegenheit, vorhandene Geräte und Materialien zu nutzen (vgl. dazu o. Rdn. 53) ein. Der Auftraggeber kann aber auch auf die Ersatzvornahme verzichten und die Beeinträchtigung seines Äquivalenzinteresses (insb. die Wertminderung) über §§ 8 Abs. 3 Nr. 2 Halbs. 2, 4 Abs. 7 S. 2 VOB/B als Schadensersatz geltend machen, wenn die Voraussetzungen dieser Norm, insbesondere das Verschuldenserfordernis, erfüllt sind.

c) Verzicht auf Fertigstellung, § 8 Abs. 3 Nr. 2 S. 2 VOB/B

56 Hat der Auftraggeber demgegenüber an der weiteren Bauausführung kein Interesse mehr, so kann er auf die Fertigstellung durch eine Ersatzvornahme verzichten und stattdessen insgesamt Schadensersatz wegen Nichterfüllung verlangen, wenn die Mängel oder die Verzögerung, welche die Entziehung des Auftrages ermöglichten, ursächlich für den Wegfall des Interesses an der Bauausführung sind.

57 Die Diktion der VOB wurde auch im Rahmen der Novelle 2009 nicht an die modernere Sprache des BGB angepasst und führt den Anwender nunmehr in die Irre: Der in dieser Vorschrift gewährte Schadensersatz wegen Nichterfüllung umfasst an sich das positive Interesse gem. §§ 249 ff. BGB.[81] In Verbindung mit der Befugnis des Auftraggebers, auf die weitere Ausführung zu verzichten, scheint die Vorschrift vorzugeben, dass der Auftraggeber allein unter der Voraussetzung des Interessewegfalls auf die Restleistung verzichten und das beeinträchtigte Äquivalenzinteresse als Schadensersatz geltend machen kann. Dem ist nicht so: Wie gezeigt, wird diese Möglichkeit bereits von § 8 Abs. 3 Nr. 2 S. 1, 2. Halbs. VOB/B eröffnet.

---

75 BGH v. 25.11.1999, VII ZR 468/98, BauR 2000, 571.
76 Kapellmann/Messerschmidt/*Lederer*, § 8 VOB/B Rn. 99.
77 BGH v. 07.01.2003, X ZR 16/01, BauR 2003, 877; Ingenstau/Korbion/*Vygen*, § 8 Abs. 3 VOB/B Rn. 60.
78 *Motzke*, in: Ganten/Jagenburg/Motzke, § 8 VOB/B Rn. 45.
79 Ingenstau/Korbion/*Vygen*, § 8 Abs. 3 VOB/B Rn. 51.
80 Ingenstau/Korbion/*Oppler*, § 4 Abs. 7 VOB/B Rn. 30.
81 Nicklisch/Weick/*Nicklisch*, § 8 VOB/B Rn. 43; *Motzke*, in: Ganten/Jagenburg/Motzke, § 8 VOB/B Rn. 48.

Tatsächlich interpretiert die allgemeine Meinung den Begriff des Schadensersatzes wegen Nichterfüllung im Rahmen dieser Norm enger im Sinne des Schadensersatzes statt der ganzen Leistung (vgl. § 281 Abs. 1 S. 2, 3, Abs. 5 BGB; früher »großer Schadensersatz«).[82] Der besonderen Schwelle des Interessewegfalls bedarf es lediglich, weil im Zuge des so umschriebenen Schadensersatzes Leistungen rückabzuwickeln sind: Der Auftraggeber kann nach dieser Vorschrift nämlich auch die bereits erbrachte Leistung zurückweisen und schuldet dem Auftragnehmer keine Vergütung mehr – auch nicht für die bereits erbrachten Leistungen. Bereits geleistete Zahlungen kann er zurückfordern.[83] Des Weiteren kann er den durch die Nacherfüllung entstandenen Schaden ersetzt verlangen.[84] Obgleich der Wortlaut der Norm offen ist, gebietet insbesondere das Erfordernis des Interessewegfalls eine solche einschränkende Auslegung. 58

Zunächst genügt daher ein Interessewegfall nicht, wenn er auf anderen Ursachen als denjenigen beruht, die zur Kündigung berechtigen.[85] Im Hinblick auf die quantitativen Anforderungen ist die Relevanzschwelle noch höher als bei § 323 Abs. 5 S. 1 BGB anzusiedeln, damit die Wertung der VOB/B, den Rücktritt im Grundsatz auszuschließen, um die aufwendige Rückabwicklung zu vermeiden,[86] nicht unterlaufen wird. Im Ergebnis werden namentlich relative Fixgeschäfte zum Interessewegfall führen. Dasselbe gilt für Fälle, in denen das mangelhafte Werk für den Auftraggeber wertlos und die Mängelbeseitigung unmöglich oder zwar möglich, aber für den Auftraggeber unzumutbar ist.[87] 59

2. Befugnis des Auftraggebers zur Nutzung und Ablöse, § 8 Abs. 3 Nr. 3 VOB/B

Zweck dieser Vorschrift ist es, primär im Interesse des Auftraggebers einen schnellen Fortgang der Arbeiten zu ermöglichen und den zusätzlichen, aus dem Wechsel des Verpflichteten resultierenden Transaktionsaufwand, für welchen im Regelfall ohnehin der Auftragnehmer entweder unter dem Gesichtspunkt der Kosten der Ersatzvornahme oder als Schadensersatz gem. § 8 Abs. 3 Nr. 2 S. 2 2. Halbs. VOB/B einzustehen hat, so gering wie möglich zu halten.[88] 60

Für die Weiterführung der Arbeiten, d.h. im Fall der Ersatzvornahme, ist der Auftraggeber deshalb befugt, Geräte, Gerüste, auf der Baustelle vorhandene andere Einrichtungen wie Unterkünfte, Büroräumen, Container und angelieferte Stoffe und Bauteile, die sich zum Zeitpunkt der Kündigung auf der Baustelle befinden, gegen angemessene Vergütung in Anspruch zu nehmen. Nicht unter das Nutzungsrecht fallen zum Handgebrauch bestimmte Werkzeuge.[89] Stoffe oder Bauteile, die noch nicht angeliefert wurden, werden von § 8 Abs. 3 Nr. 3 VOB/B ebenfalls nicht umfasst. 61

Unter dem Gesichtspunkt der Schadensminderungsobliegenheit kann in entgegengesetzter Richtung der Auftraggeber gehalten sein, vom gekündigten Auftragnehmer für ihn nach Maß angefertigte Stoffe und Bauteile nach der Kündigung zu verwenden.[90] Dafür müssen aber die bereits gelieferten Baustoffe für die Weiterführung des Bauvorhabens uneingeschränkt tauglich sein. Gegen ihre Verwendung dürfen auch aus der Sicht des Ersatzunternehmers keine Bedenken bestehen und der Auftragnehmer muss ohne weiteres bereit sein, die Baustoffe dem Auftraggeber zur Verfügung zu stellen. Des Weiteren darf der gekündigte Auftragnehmer für diese Stoffe keine anderweitige Verwendungsmöglichkeit haben. Liegen diese Voraussetzungen vor, so gebieten Treu und 62

---

82 Ingenstau/Korbion/*Vygen*, § 8 Abs. 3 VOB/B Rn. 58.
83 *Motzke*, in: Ganten/Jagenburg/Motzke, § 8 VOB/B Rn. 48; Ingenstau/Korbion/*Vygen*, § 8 Abs. 3 VOB/B Rn. 58.
84 Ingenstau/Korbion/*Vygen*, § 8 Abs. 3 VOB/B Rn. 58.
85 Nicklisch/Weick/*Nicklisch*, § 8 VOB/B Rn. 41.
86 OLG Celle v. 31.01.2006, 16 U 179/05, BauR 2007, 720; Kleine-Möller/Merl/*Merl*, § 15 Rn. 898.
87 Ingenstau/Korbion/*Vygen*, § 8 Abs. 3 VOB/B Rn. 55.
88 Ingenstau/Korbion/*Vygen*, § 8 Abs. 3 VOB/B Rn. 60.
89 Ingenstau/Korbion/*Vygen*, § 8 Abs. 3 VOB/B Rn. 62.
90 BGH v. 07.01.2003, X ZR 16/01, BauR 2003, 877.

Glauben dem Auftraggeber, von der Möglichkeit Gebrauch zu machen, auf diese Stoffe zurückzugreifen.[91] Darüber hinausgehend ist insgesamt eine Obliegenheit des Auftraggebers anzuerkennen, nicht allein maßgefertigte Stoffe und Bauteile, für welche der gekündigte Auftragnehmer im Regelfall keine anderweitige Verwendung hat, sondern generell alle nutzbaren und die Aufwendungen der Ersatzvornahme mindernden Geräte, Gerüste, Bauteile oder auch Baustoffe auf der Baustelle in Anspruch zu nehmen, wenn ihm dies nach den geschilderten Grundsätzen zumutbar ist.[92]

63 Da der Hauptvertrag durch die Kündigung beendet wurde, entsteht durch die einseitige Inanspruchnahme ein eigenständiges Gebrauchsüberlassungsverhältnis, in dessen Rahmen der Auftraggeber die Nutzung der Geräte zu dulden hat.[93] Der Auftraggeber hat dem Auftragnehmer für die Inanspruchnahme eine angemessene Vergütung zu bezahlen. Die Berechnung des Vergütungsanspruches ist umstritten.[94] Die Wortwahl »angemessene Vergütung« spricht für eine Berechnung nach § 632 Nr. 2 BGB; es gilt jedoch zu beachten, dass § 8 Abs. 3 Nr. 3 VOB/B einen Ausgleich der widerstreitenden Interessen der Vertragsparteien bezweckt und keine der Vertragsparteien aus der Verwendung der Geräte etc. einen Gewinn erzielen darf.[95] Jedenfalls wäre aus der Sicht des Auftraggebers eine Vergütung unangemessen, bei welcher er die Materialien günstiger von dritter Seite bezieht. Bei der Bemessung ist zu berücksichtigen, dass Vergleiche mit dem freien Beschaffungsmarkt nicht allein wegen des Gewinnanteils hinken, sondern dass im Regelfall preisbestimmende Transaktionskosten wegfallen: Der Baukran oder das Baugerüst sind bereits überführt und aufgebaut, die Baumaterialien ausgeliefert.

3. Aufstellung der Kosten der Ersatzvornahme, § 8 Abs. 3 Nr. 4 VOB/B

64 Der Auftraggeber hat dem Auftragnehmer eine Aufstellung über die entstandenen Mehrkosten und über andere Ansprüche innerhalb von zwölf Werktagen nach Abrechnung mit dem Dritten zuzusenden. Bei dieser Aufstellung handelt es sich nicht um die endgültige Abrechnung. Die Zwölftagesfrist wird erst mit der tatsächlichen Abrechnung in Lauf gesetzt. Sie stellt keine Ausschlussfrist dar. Dem Auftraggeber gehen bei Fristüberschreitung seine Ansprüche nicht verloren, sondern er kann den Erstattungsanspruch aus § 8 Abs. 3 Nr. 2 VOB/B weiterhin geltend machen.[96] Die Norm begründet lediglich eine vertragliche Nebenpflicht des Auftraggebers, um dem gekündigten Auftragnehmer die Möglichkeit zu erhalten, nach der Ersatzvornahme eingetretene Leistungsänderungen oder Zusatzleistungen, die innerhalb des ursprünglichen Vertrages Ansprüche auf Zusatzvergütung oder Sowieso-Kosten begründet hätten, zu erkennen und geltend zu machen. Bei einer Verletzung dieser Nebenpflicht können Schäden des gekündigten Auftragnehmers darin erkannt werden, dass er sich wegen der verzögerten Abrechnung refinanzieren muss, oder er in Beweisschwierigkeiten im Hinblick auf den Einwand von nicht zu berücksichtigenden Kosten für Änderungen oder Zusatzleistungen gerät.[97] Durch die verspätete Abrechnung können Dokumentations- und Befundsicherungspflichten verletzt werden. Diese sind als Unterfälle der Beweisvereitelung zu sehen, mit der Folge, dass der beweisbelasteten Partei Beweiserleichterungen zuzubilligen sind, die bis zur Umkehr der Beweislast gehen können.[98]

---

91 BGH v. 09.03.1995, VII ZR 23/93, BauR 1995, 545; OLG Düsseldorf v. 19.02.1992, 19 U 43/91, BauR 1993, 123.
92 Ingenstau/Korbion/*Vygen*, § 8 Abs. 3 VOB/B Rn. 60.
93 Kapellmann/Messerschmidt/*Lederer*, § 8 VOB/B Rn. 104.
94 *Motzke*, in: Ganten/Jagenburg/Motzke, § 8 Nr. 3 VOB/B Rn. 51.
95 Kapellmann/Messerschmidt/*Lederer*, § 8 VOB/B Rn. 106; *Handschuhmacher*, BauR 2001, 872.
96 BGH v. 25.11.1999, VII ZR 468/98, BauR 2000, 571; Beck'scher VOB-Komm/*Kleinecke* § 8 VOB/B Rn. 37; Kapellmann/Messerschmidt/*Lederer*, § 8 VOB/B Rn. 108.
97 Ingenstau/Korbion/*Vygen*, § 8 Abs. 3 VOB/B Rn. 77; Nicklisch/Weick/*Nicklisch*, § 8 VOB/B Rn. 39a.
98 Thomas/*Putzo*, § 286 ZPO Rn. 18; Rosenberg/Schwab/*Gottwald*, § 114 Rn. 21; Vgl. BGH v. 23.11.2005, VIII ZR 43/05, NJW 2006, 434; v. 23.09.2003, XI ZR 380/00, NJW 2004, 222.

E. Kündigung wegen wettbewerbswidriger Absprachen, § 8 Abs. 4 VOB/B

I. Wettbewerbswidrige Absprachen, § 8 Abs. 4 S. 1 VOB/B

Gemäß § 8 Abs. 4 S. 1 VOB/B kann der Auftraggeber den Auftrag entziehen, wenn der Auftragnehmer aus Anlass der Vergabe eine Abrede getroffen hatte, die eine unzulässige Wettbewerbsbeschränkung darstellt. Unter wettbewerbsbeschränkende Abreden fallen nicht allein § 1 GWB oder Art. 101 AEUV verletzende Vereinbarungen (namentlich Submissionsabsprachen, vertikale Preisbindung) und abgestimmte Verhaltensweisen sowie die Beteiligung an Beschlüssen von Unternehmensvereinigungen (typischerweise Verbände), die eine Beschränkung des Wettbewerbs bezwecken oder bewirken, sondern auch die Zahlung von Schmiergeldern.[99] Die wettbewerbswidrige Absprache muss bereits vor Vertragsschluss, regelmäßig im Verlauf des Vergabeverfahrens, getroffen worden sein.[100]

65

Liegt dem geschlossenen Bauvertrag eine Submissionsabsprache oder eine Schmiergeldvereinbarung zugrunde, so ist diese entweder gem. § 134 BGB wegen Verstoßes gegen die kartellrechtlichen Vorschriften bzw. die §§ 263, 298, 299 StGB oder aber wegen Sittenwidrigkeit[101] nichtig: Schmiergeldzahlungen verstoßen gegen die einfachsten und grundlegenden Regeln des geschäftlichen Anstandes und kaufmännischer guter Sitte. Das Anstößige eines solchen Verhaltens liegt darin, dass der Verhandlungsführer einen Teil der Gegenleistung, zu der der Vertragspartner bereit ist, seinem Geschäftsherrn entzieht und in die eigene Tasche lenkt.[102] Provisionszusagen sind unter diesem Gesichtspunkt allerdings nur dann nichtig, wenn der Versprechende weiß oder damit rechnet und billigend in Kauf nimmt, dass der Sachwalter diese Vereinbarung seinem Prinzipal verschweigen will.[103]

66

Folgeverträge, wie insbesondere die auf der Grundlage der Schmiergeldzahlung oder der Submissionsabsprache abgeschlossenen Bau- oder Architektenverträge, werden allerdings nicht ohne weiteres nach §§ 134, 138 BGB nichtig.[104] Auch die § 299 StGB zugrundeliegende, in § 3 UWG umfassend normierte rechtliche Missbilligung bestimmter wettbewerbsverzerrender Verhaltensweisen erlaubt für sich allein nicht die Annahme, ein daran anschließender Vertrag verstoße seinerseits gegen ein gesetzliches Verbot im Sinne des § 134 BGB. Voraussetzung für die Nichtigkeit gemäß 134 BGB aus wettbewerbsrechtlichen Gründen ist, dass der rechtsgeschäftlichen Verpflichtung selbst die Wettbewerbswidrigkeit des Verhaltens innewohnt.[105]

67

Auf der Grundlage von Schmiergeldzahlungen geschlossene Verträge sind auch nicht ohne weiteres sittenwidrig, sondern nur dann, wenn die Schmiergeldabrede zu einer für den Geschäftsherrn nachteiligen Vertragsgestaltung geführt hat. Fehlt ein solcher Nachteil, so ist der Vertrag trotz der Bestechung nicht sittenwidrig. Ist dagegen ein Anhaltspunkt für einen Nachteil gegeben, so hat nicht der Geschäftsherr den Nachteil, sondern umgekehrt derjenige das Fehlen eines Nachteils zu beweisen, der bestochen hat; hier gelten die Grundsätze über den Beweis des ersten Anscheins. Vor allem bei gesetzlichen Vergütungsregelungen, wie sie die HOAI enthält, kann die Vermutung der Nachteiligkeit widerlegt werden.[106] Die Nachteiligkeit kann insbesondere solange nicht ohne weiteres angenommen werden, als der Geschäftsherr den Vertrag auch in Kenntnis aller Umstände für sinnvoll und ausgewogen hält.

68

---

99 Kapellmann/Messerschmidt/*Lederer*, § 8 VOB/B Rn. 109.
100 Kapellmann/Messerschmidt/*Lederer*, § 8 VOB/B Rn. 110; Nicklisch/Weick/*Nicklisch*, § 8 VOB/B Rn. 50.
101 OLG Frankfurt v. 07.11.2006, 11 U 53/03, BauR 2007, 1294.
102 BGH v. 05.12.1990, IV ZR 187/89, NJW-RR 1991, 483 Rn. 16.
103 BGH v. 07.12.2000, IX ZR 330/99, NJW 2001, 1062 Rn. 23.
104 Ingenstau/Korbion/*Vygen*, § 8 Abs. 4 VOB/B Rn. 1.
105 BGH v. 06.05.1999, VII ZR 132/97, BauR 1999, 1047 Rn. 12.
106 BGH v. 06.05.1999, VII ZR 132/97, BauR 1999, 1047 Rn. 15.

69 Diese, mit der Nichtigkeit von Folgeverträgen so zurückhaltend umgehende Rechtsprechung könnte auf den ersten Blick für korruptionsfördernd gehalten werden. Eine solche Einschätzung vernachlässigte aber die weitere Lösung des Problems: Ein Geschäftsführer ist im Zweifel ohne vorherige Information seines Geschäftsherrn nicht befugt, für diesen einen Vertrag mit dem Verhandlungspartner abzuschließen, der den Geschäftsführer gerade bestochen hat. Daraus wird sich ergeben, dass der vom bestochenen Vertreter geschlossene Vertrag entsprechend § 177 Abs. 1 BGB (Missbrauch der Vertretungsmacht) schwebend unwirksam ist und damit dem Geschäftsherrn die Möglichkeit eröffnet ist, das Rechtsgeschäft zu genehmigen.[107] Dadurch weist der Bundesgerichtshof auf die zutreffende Lösung: Nicht die generelle Nichtigkeit dient den Interessen des hintergangenen Prinzipals am meisten, sondern die größtmögliche Gestaltungsfreiheit: Der Geschäftsherr soll entweder an einem für ihn – trotz der Bestechung – vorteilhaften Geschäft festhalten oder die Bindungswirkung eines ihn belastenden Geschäfts beseitigen können.

70 Selbst nach einer Genehmigung bliebe das Recht der Beklagten zur außerordentlichen Kündigung unberührt. Dieses Recht wird im VOB-Vertrag in § 8 Abs. 4 VOB/B niedergelegt. Insoweit genügt das Vorhandensein einer wettbewerbswidrigen Absprache. Ein dem Auftraggeber entstandener materieller Schaden ist nicht erforderlich.[108] Der Auftraggeber hat die wettbewerbswidrige Abrede sowie die Einhaltung der Formalien der Kündigung darzulegen und zu beweisen.[109]

II. Kündigungsfrist, § 8 Abs. 4 S. 2 VOB/B

71 Der Auftraggeber kann die Kündigung nach § 8 Abs. 4 VOB/B nur innerhalb von zwölf Werktagen aussprechen, nachdem er Kenntnis vom Kündigungsgrund erlangt hat. Er muss auch in diesem Fall das Schriftformerfordernis nach § 8 Abs. 5 VOB/B einhalten. Überschreitet er diese Frist, so ist seine Kündigung unwirksam, da es sich um eine vertraglich vereinbarte Ausschlussfrist handelt.[110] Eine unwirksame außerordentliche Kündigung nach § 8 Abs. 4 VOB/B kann jedoch in eine freie Kündigung nach § 8 Abs. 1 VOB/B umgedeutet werden.[111] Überdies ist zu beachten, dass eine u.U. bestehende schwebende Unwirksamkeit wegen Missbrauchs der Vertretungsmacht (vgl. o.) länger besteht als das Kündigungsrecht.

III. Rechtsfolgen, § 8 Abs. 4 S. 3 VOB/B

72 Wegen der Folgen der Kündigung verweist § 8 Abs. 4 S. 3 VOB/B auf § 8 Abs. 3 VOB/B. Zu beachten ist aber, dass die Vergütung für bereits erbrachte Leistungen nur dann anhand des vertraglich vereinbarten Preises ermittelt werden kann, wenn durch die wettbewerbswidrige Abrede kein erhöhtes Entgelt zu entrichten war. Ob die Verweisung auch die Teilkündigung nach § 8 Abs. 3 Nr. 1 S. 2 VOB/B mitumfasst, ist umstritten,[112] aber abzulehnen: Der Kündigungsgrund des § 8 Abs. 4 VOB/B beruht auf dem Verlust des Vertrauensverhältnisses zwischen den Vertragsparteien, welches durch die wettbewerbswidrige Abrede entweder ganz oder gar nicht zerstört wurde.[113] Eine Teilkündigung auf Grund des § 8 Abs. 4 VOB/B kommt deshalb nicht in Betracht.

---

107 BGB v. 06.05.1999, VII ZR 132/97, BauR 1999, 1047 Rn. 22.
108 Nicklisch/Weick/*Nicklisch*, § 8 VOB/B Rn. 52; Kapellmann/Messerschmidt/*Lederer*, § 8 VOB/B Rn. 110.
109 Nicklisch/Weick/*Nicklisch*, § 8 VOB/B Rn. 57.
110 Ingenstau/Korbion/*Vygen*, § 8 Abs. 4 VOB/B Rn. 10.
111 Kapellmann/Messerschmidt/*Lederer*, § 8 VOB/B Rn. 111.
112 Dafür: Nicklisch/Weick/*Nicklisch*, § 8 VOB/B Rn. 54; dagegen: Kapellmann/Messerschmidt/*Lederer*, § 8 VOB/B Rn. 112; Kleine-Möller/Merl/*Siebert*, § 18 Rn. 133.
113 Kapellmann/Messerschmidt/*Lederer*, § 8 VOB/B Rn. 112.

F. Kündigungserklärung

I. Kündigung als rechtsgeschäftliche Erklärung

1. Bestimmtheit

Die Kündigung erfolgt durch eine einseitige empfangsbedürftige Willenserklärung des Auftraggebers. Die Kündigung muss eindeutig abgefasst sein, d.h. den Vertragsparteien muss bewusst sein, dass durch die Kündigung der Vertrag beendet wird. Es genügt nicht, wenn einem Schreiben des Auftraggebers lediglich der Wille entnommen werden kann, dass der Auftragnehmer die Arbeit vorübergehend bis zur Entscheidung über die Weiterarbeit oder eine eventuell endgültige Beendigung der Vertragsbeziehungen nach Überprüfung der bisher geleisteten und schon abgerechneten Arbeiten einstellen soll.[114]

73

Lässt der Auftraggeber den Auftragnehmer trotz ausgesprochener Kündigung weiter arbeiten, so wird bisweilen angenommen, dass entweder keine Kündigung erfolgte oder die Kündigung zurückgezogen wurde.[115] Insoweit ist zu differenzieren: Die ausgesprochene Kündigung ist als einseitige Willenserklärung mit Zugang bindend. Eine darüber hinausgehende Möglichkeit des Widerrufs oder der Rücknahme besteht nicht. In Betracht kommt demgegenüber, dass die Parteien einverständlich durch schlüssiges Verhalten den ursprünglichen Vertrag bestätigen oder aber, dass jedenfalls dem Auftraggeber die Berufung auf die Kündigung im Anschluss an seine Entgegennahme der Leistungen des Auftragnehmers als selbstwidersprüchliches Verhalten gem. § 242 BGB versagt wird.

74

Des Weiteren muss aus dem Kündigungsschreiben eindeutig hervorgehen, ob es sich um eine freie Kündigung oder eine Kündigung aus wichtigem Grund handelt. Ist letzteres der Fall, so muss der Auftraggeber angeben, auf welchen Grund er seine Kündigung stützt, wobei ausreichend ist, dass der Auftragnehmer aus den Umständen erkennen kann, aus welchem wichtigen Grund der Vertrag gekündigt wurde.[116] Kündigungsgründe, welche zum Zeitpunkt der Kündigung vorgelegen haben, aber erst später bekanntgeworden sind, können nachgeschoben werden.[117]

75

Eine unwirksame Kündigung aus wichtigem Grund kann in eine wirksame ordentliche Kündigung umgedeutet werden, § 140 BGB. Im Regelfall wird davon auszugehen sein, dass eine solche Umdeutung dem Willen des Kündigenden entsprochen hätte. Wenn keine freie Kündigung gewollt ist, muss dies deutlich zum Ausdruck gebracht werden. Unter diesen Umständen kann allerdings der Vertrag wirksam bleiben, insoweit auch die freie Kündigung ausgeschlossen wird. Zur Umdeutung der unwirksamen Teilkündigung in eine wirksame vollständige Kündigung vgl. bereits o. Rdn. 49.

76

2. Zeitpunkt

Die Kündigung kann jederzeit erklärt werden. Im Hinblick auf die freie Kündigung begrenzt § 8 Abs. 1 VOB/B die Kündigungsmöglichkeit ausdrücklich auf den Zeitraum bis zur Vollendung. Das Werk ist vollendet, wenn es in allen Teilen fertiggestellt wurde und zur Abnahme bereit steht.[118] Sind noch Mängel vorhanden, welche den Auftraggeber zur Abnahmeverweigerung berechtigen, so ist das Werk noch nicht vollendet und eine freie Kündigung ist weiterhin möglich. Hat der Auftraggeber das Werk bereits abgenommen, so kann er den Vertrag demgegenüber nicht mehr kündigen, unabhängig davon, ob er bei der Abnahme seine Rechte wegen bereits festgestellter Mängel vorbehalten hat.[119]

77

---

114 OLG Frankfurt v. 11.04.1991, 3 U 82/90, BauR 1991, 612.
115 Ingenstau/Korbion/*Vygen*, § 8 VOB/B Rn. 2.
116 BGH v. 24.07.2004, VII ZR 218/02, BauR 2003, 1889; Ingenstau/Korbion/*Vygen*, § 8 VOB/B Rn. 5.
117 BGH v. 22.10.1981, VII ZR 310/79, BauR 1982, 79; v. 25.03.1993, X ZR 17/92, BauR 1993, 469.
118 Ingenstau/Korbion/*Vygen*, § 8 Abs. 1 VOB/B Rn. 10.
119 BGH v. 06.02.1975, VII ZR 244/73, BauR 1975, 280.

78 Im Hinblick auf die übrigen Kündigungstatbestände fehlen zwar entsprechende Regelungen. Es ist aber auch insoweit im Grundsatz von einer Beschränkung durch den Zeitpunkt der Abnahme auszugehen.[120] Das ergibt sich im Hinblick auf die Kündigung wegen Mängeln gem. § 4 Abs. 7 VOB/B bereits aus der zeitlichen Begrenzung dieses Rechts – nach Abnahme greift allein[121] § 13 VOB/B ein. Im Hinblick auf § 5 Abs. 4 VOB/B ist ebenfalls der letzte vorstellbare Kündigungszeitpunkt der des Verstreichens des Fertigstellungszeitpunktes, da nur bis dahin der Auftragnehmer mit der Vollendung in Verzug kommen kann. Insoweit gelten die Ausführungen zu § 8 Abs. 1 VOB/B. Allein im Hinblick auf die Kündigung wegen unzulässigen Einsatzes von Subunternehmern gem. § 4 Abs. 8 Nr. 1 VOB/B besteht eine gewisse Unschärfe. Die das grundsätzliche Verbot der VOB und das damit einhergehende Kündigungsrecht tragenden Erwägungen[122] treffen grundsätzlich auch für den Einsatz von Subunternehmern in der Nacherfüllungsphase zu. Die im Regelfall klare Begrenzung des Anwendungsbereichs von § 4 VOB/B auf die Ausführungsphase bis zur Abnahme bedarf insoweit der Korrektur.

II. Schriftformerfordernis, § 8 Abs. 5 VOB/B

79 Die Kündigung ist schriftlich zu erklären, insbesondere genügt die Textform nicht.[123] Um das Schriftformerfordernis zu wahren, müssen die Voraussetzungen der §§ 126, 127 BGB eingehalten werden, d.h. der Kündigende oder sein bevollmächtigter Vertreter müssen die Kündigungserklärung eigenhändig unterschreiben.[124] Es genügt jedoch, wenn die Kündigung per Telefax übermittelt wird.[125] Bei einer Kündigung in elektronischer Form muss der Kündigende das Schriftstück mit einer qualifizierten elektronischen Signatur versehen.

80 Nicht schriftlich erklärte Kündigungen entfalten, da sie nach § 125 S. 2 BGB formnichtig sind, keine Wirksamkeit. Das Schriftformerfordernis gilt für alle Vertrags- oder Teilkündigungen, welche in § 8 Abs. 1–4 VOB/B normiert sind. Durch das zwingende Schriftformerfordernis soll dem Auftraggeber die Bedeutung der Kündigung samt ihrer rechtlichen Folgen vor Augen geführt werden. Den Parteien steht es jedoch frei, einverständlich auf die Schriftform zu verzichten und durch eine einverständliche Vertragsaufhebung den Vertrag zu beenden. In diesem Fall greifen die gleichen Rechtsfolgen ein, die bei Einhaltung der Schriftform unmittelbar Anwendung gefunden hätten.[126] U.U. kann in der Respektierung einer formunwirksam erklärten Kündigung eine konkludente Aufhebung des Schriftformerfordernisses erkannt werden, die als Individualvereinbarung dem als AGB vereinbarten Schriftformerfordernis vorgeht.[127]

G. Folgen der Kündigung

I. Umwandlung in Abrechnungsverhältnis

81 Nach allgemeinen Grundsätzen beendet die Kündigung den Bauvertrag für die Zukunft. Die Kündigung kann auch auf einen Teil der Leistung bezogen werden. Durch die Kündigung wird das bestehende Vertragsverhältnis in ein Abrechnungsverhältnis umgewandelt. Der Auftragneh-

---

120 Kuffer/Wirth/*Oberhauser*, 3. Kapitel Rn. 54.
121 Kapellmann/Messerschmidt/*Merkens*, § 4 VOB/B Rn. 1; *Motzke*, in: Ganten/Jagenburg/Motzke, § 4 Nr. 7 VOB/B Rn. 4.
122 Vgl. dazu Ingenstau/Korbion/*Oppler*, § 4 Abs. 8 VOB/B Rn. 17 ff.
123 Palandt/*Ellenberger*, § 126 Rn. 2, 8; MüKo-BGB/*Einsele*, § 126 Rn. 6, 10 ff.
124 Ingenstau/Korbion/*Vygen*, § 8 Abs. 5 VOB/B Rn. 1.
125 BGH v. 22.04.1996, II ZR 65/95, NJW-RR 1996, 866; OLG Düsseldorf v. 30.01.1992, 5 U 133/91, NJW 1992, 1050.
126 Kapellmann/Messerschmidt/*Lederer*, § 8 VOB/B Rn. 116.
127 BGH v. 20.10.1994, III ZR 76/94, NJW-RR 1995, 179; v. 15.05.1986, IX ZR 96/85, NJW 1986, 3131.

mer kann eine Vergütung für die bisher von ihm erbrachten Leistungen verlangen und dem Auftraggeber können gegebenenfalls Gegenansprüche zustehen.[128]

II. Restabwicklung, § 8 Abs. 6 VOB/B

Nach § 8 Abs. 6 VOB/B kann der Auftragnehmer Aufmaß und Abnahme der von ihm ausgeführten Leistungen alsbald nach der Kündigung verlangen. Dies setzt einen bereits bestehenden Vergütungsanspruch des Auftragnehmers voraus.[129] Die Vorschrift gilt für alle Kündigungen nach § 8 Abs. 1–4 VOB/B.[130] Die Ermittlung des Aufmaßes dient als Grundlage für die Abrechnung und hat sowohl bei einem Pauschal- als auch bei einem Einheitspreisvertrag zu erfolgen.[131] Dem Auftragnehmer steht ein Anspruch auf die Erstellung des Aufmaßes gemeinsam mit dem Auftraggeber zu.[132] Verweigert der Auftraggeber die Mitwirkung, so kann der Auftragnehmer das Aufmaß selbstständig erstellen. 82

Des Weiteren hat der Auftragnehmer einen Anspruch auf Abnahme seiner bereits erbrachten Leistungen. Bei der Abnahme handelt es sich um eine Abnahme im Rechtssinne gem. § 12 VOB/B. Sie ist Fälligkeitsvoraussetzung für den Vergütungsanspruch des Auftragnehmers und dient zum einen der Klärung, ob die erbrachte Bauleistung vertragsgemäß, d.h. mangelfrei, erbracht wurde. Zum anderen bestimmt sie den Beginn der Verjährungsfrist der Mängelansprüche des Auftraggebers bezüglich dieser Teilleistungen.[133] Verweigert der Auftraggeber die Abnahme, so kann der Auftragnehmer eine angemessene Frist zur Abnahme nach § 640 Abs. 1 S. 3 BGB setzen mit der Folge, dass der fruchtlose Fristablauf der Abnahme gleichsteht.[134] 83

Schließlich hat der Auftragnehmer § 8 Abs. 6 Halbs. 2 VOB/B unverzüglich, d.h. ohne schuldhaftes Zögern, eine prüfbare Rechnung über die ausgeführten Leistungen vorzulegen, da er einen Anspruch auf Vergütung seiner bereits erbrachten Bauleistungen hat. Er ist beweispflichtig dafür, dass die (Teil-)Leistungen mangelfrei erbracht wurden.[135] 84

III. Mängelansprüche

Soweit der Vertrag teilerfüllt wurde, bleibt er wirksam. Dasselbe gilt für das vertragliche Leistungsprogramm des Auftragnehmers gem. § 1 Abs. 1, 2, § 4 Abs. 2 VOB/B. Im Grundsatz kann der Auftraggeber daher auch nach der Kündigung Mängelansprüche gem. § 13 Abs. 5–7 VOB/B hinsichtlich des abgenommenen Teilwerks geltend machen. Anderes gilt freilich hinsichtlich derjenigen Mängel, die gem. § 4 Nr. 7 Grund für die Auftragsentziehung nach § 8 Abs. 3 Nr. 1 S. 1 VOB/B sind. Insoweit ist der Nacherfüllungsanspruch mit der Kündigung untergegangen und von den in § 8 VOB/B geregelten Folgeansprüchen abgelöst worden. 85

H. Vertragsstrafe, § 8 Abs. 7 VOB/B

Eine wegen Verzuges verwirkte Vertragsstrafe kann nur für die Zeit bis zum Tag der Kündigung des Vertrages gefordert werden kann. Diese Vorschrift gilt für alle Kündigungsgründe des § 8 VOB/B[136] und begünstigt im Vergleich zur Regelung des BGB den Auftraggeber, indem sie den 86

---

128 Kuffer/Wirth/*Oberhauser*, 3. Kapitel Rn. 56.
129 BGH v. 09.03.1995, VII ZR 23/93, BauR 1995, 545.
130 BGH v. 08.10.1987, VII ZR 45/87, BauR 1988, 82; Kapellmann/Messerschmidt/*Lederer*, § 8 VOB/B Rn. 117; Ingenstau/Korbion/*Vygen*, § 8 Abs. 6 VOB/B Rn. 1.
131 Nicklisch/Weick/*Nicklisch*, § 8 VOB/B Rn. 59.
132 Nicklisch/Weick/*Nicklisch*, § 8 VOB/B Rn. 60.
133 Ingenstau/Korbion/*Vygen*, § 8 Abs. 6 VOB/B Rn. 10.
134 Kapellmann/Messerschmidt/*Lederer*, § 8 VOB/B Rn. 118.
135 Kapellmann/Messerschmidt/*Lederer*, § 8 VOB/B Rn. 119.
136 Ingenstau/Korbion/*Vygen*, § 8 Abs. 7 VOB/B Rn. 1.

Umfang der Vertragsstrafe begrenzt.[137] Zunächst ist jedoch festzustellen, ob der Auftragnehmer zum Zeitpunkt der Kündigung mit seiner Fertigstellungsverpflichtung bereits in Verzug war. War er zu diesem Zeitpunkt nicht im Verzug mit der Fertigstellung, so ist die vereinbarte Vertragsstrafe selbst dann nicht verwirkt, wenn das Bauwerk auf Grund eines vom Auftraggeber zu vertretenden Rückstandes erst nach dem Gesamtfertigstellungstermin fertig gestellt wurde.[138] Befand sich der Auftragnehmer mit seiner Fertigstellungsverpflichtung zum Zeitpunkt der Kündigung bereits im Verzug, so richtet sich eine vor der Kündigung verwirkte Vertragsstrafe in ihrem Umfang auch nach den Umständen, welche erst nach Vertragsbeendigung liegen.[139]

§ 9 Kündigung durch den Auftragnehmer

(1) Der Auftragnehmer kann den Vertrag kündigen:
1. wenn der Auftraggeber eine ihm obliegende Handlung unterlässt und dadurch den Auftragnehmer außerstande setzt, die Leistung auszuführen (Annahmeverzug nach §§ 293 ff. BGB),
2. wenn der Auftraggeber eine fällige Zahlung nicht leistet oder sonst in Schuldnerverzug gerät.

(2) Die Kündigung ist schriftlich zu erklären. Sie ist erst zulässig, wenn der Auftragnehmer dem Auftraggeber ohne Erfolg eine angemessene Frist zur Vertragserfüllung gesetzt und erklärt hat, dass er nach fruchtlosem Ablauf der Frist den Vertrag kündigen werde.

(3) Die bisherigen Leistungen sind nach den Vertragspreisen abzurechnen. Außerdem hat der Auftragnehmer Anspruch auf angemessene Entschädigung nach § 642 BGB; etwaige weitergehende Ansprüche des Auftragnehmers bleiben unberührt.

Schrifttum
Vgl. Gesamtliteraturverzeichnis.

A. Kündigungsgründe (§ 9 Abs. 1 VOB/B)

I. Gläubigerverzug (§ 9 Abs. 1 Nr. 1 VOB/B)

1 Der Auftragnehmer kann den Bauvertrag kündigen, wenn der Auftraggeber seine Mitwirkungspflichten verletzt und in Annahmeverzug gerät. Die Mitwirkungspflichten des Auftraggebers sind insbesondere in §§ 3 und 4 VOB/B als Nebenpflichten ausgestaltet. Zu den Mitwirkungspflichten, die dem Auftragnehmer eine Kündigung nach § 9 Abs. 1 Nr. 1 VOB/B ermöglichen, zählen insbesondere:
– wenn zum Baubeginn die durch den Auftraggeber gem. § 4 Abs. 1 Nr. 1 S. 2 VOB/B herbeizuführende Baugenehmigung noch nicht vorliegt, und zwar unabhängig davon, ob dem Auftraggeber hieran ein Verschulden trifft,[1]
– sofern dem Auftragnehmer zum im Bauvertrag vereinbarten Beginntermin keine Baufreiheit für die Erbringung seiner Bauleistungen geschaffen wurde,[2]
– wenn der Auftraggeber auf ein Verlangen des Auftragnehmers nach Information über den voraussichtlichen Baubeginn gem. § 5 Abs. 2 S. 1 VOB/B die verlangte Auskunft nicht erteilt,[3]
– sofern der Auftraggeber die zur Ausführung benötigten Pläne und Unterlagen auf entsprechendes Verlangen des Auftragnehmers entgegen seiner Mitwirkungspflicht gem. § 3 Abs. 1

---

137 Kapellmann/Messerschmidt/*Lederer*, § 8 VOB/B Rn. 121.
138 Kapellmann/Messerschmidt/*Lederer*, § 8 VOB/B Rn. 121.
139 Kapellmann/Messerschmidt/*Lederer*, § 8 VOB/B Rn. 121.
1 LG München, Urt. v. 14.02.1978 – 9 U 2388/77 = BauR 1980, 274.
2 OLG Düsseldorf, Urt. v. 25.04.1995 – 21 U 192/94 = BauR 1995, 706.
3 OLG Celle, Urt. v. 01.04.2003 – 16 U 129/02 = IBR 2003, 406 (*Roskosny*).

VOB/B nicht übergibt, wobei der Auftraggeber für von seinem Architekten verursachte Verzögerungen gem. § 278 BGB einzustehen hat,[4]
- wenn der Auftraggeber trotz einer Bedenkenanzeige des Auftragsnehmers die weitere Ausführung der Leistung ohne jede Änderung verlangt, obgleich hierdurch Gefahren für Leib und Leben entstehen oder vorangegangene Fehler und Mängel des Vorunternehmers zwingend zur Mangelhaftigkeit auch der Leistungen des nachfolgenden Unternehmers führen.[5] Dabei ist dem Auftragnehmer aber nicht nach jeder Bedenkenanzeige, der sich der Auftraggeber verschließt, ein Kündigungsrecht eingeräumt.[6]
- wenn der Auftraggeber trotz Berechtigung des Auftragnehmers bezüglich einer Nachtragsforderung jedwede Beauftragung dem Grunde nach ernsthaft und endgültig verweigert und sich auch Verhandlungen hierüber verschließt, obwohl der Auftragnehmer unter Hinweis auf den Kooperationsgedanken der VOB/B entsprechende Verhandlungen verlangt hat.[7] Allerdings wird dies nur bei derartig eindeutigen Verweigerungshaltungen des Auftraggebers der Fall sein, nicht schon bei Entstehen von Streit über die Berechtigung des Nachtrages dem Grunde nach oder gar nur hinsichtlich der Höhe.[8] Insbesondere in Fällen, in denen der Auftragnehmer vertragliche Risiken sehenden Auges übernommen hat, kann er bei deren Verwirklichung nicht gem. § 9 Abs. 1 Nr. 1 VOB/B kündigen.[9]

Betreibt der Auftragnehmer über § 9 Abs. 1 Nr. 1 VOB/B die Kündigung, ohne hierzu berechtigt zu sein, ist der Auftraggeber seinerseits zur Gegenkündigung – nach entsprechender Aufforderung, mit den Arbeiten fortzufahren, anderenfalls seinerseits gekündigt werde – gem. § 8 Abs. 3 VOB/B berechtigt.[10] Die Möglichkeit für den Auftragnehmer, sich nach § 9 Abs. 1 Nr. 1 VOB/B vom Vertrag zu lösen, kann vom Auftraggeber nicht in seinen Allgemeinen Geschäftsbedingungen (AGB) wirksam ausgeschlossen werden, weil diese Kündigungsmöglichkeit dem Leitbild der §§ 642, 643 BGB entspricht.[11] 2

Neben den vorstehenden materiellen Voraussetzungen ist jeweils noch notwendig, dass der Auftragnehmer die Voraussetzungen des verschuldensunabhängigen Annahmeverzuges nach §§ 293 ff. BGB durch ein tatsächliches oder wörtliches Angebot schafft, d.h. die materiellen Voraussetzungen der Verletzung einer Mitwirkungspflicht genügen allein noch nicht. In der Regel ist ein wörtliches Angebot gem. § 295 BGB ausreichend, d.h. ein tatsächliches Angebot, etwa durch Verbringen von Maschinen auf die Baustelle oder Erscheinen des Personals auf der Baustelle, muss nicht zwingend unterbreitet werden.[12] Allerdings muss der Auftragnehmer leistungsbereit und -willig sein. 3

Auch wenn der Auftragnehmer grundsätzlich die Darlegungs- und Beweislast für die Voraussetzungen des Kündigungsrechts nach § 9 Abs. 1 VOB/B trägt,[13] so ist zu berücksichtigen, dass der Auftraggeber seinerseits die Darlegungs- und Beweislast dafür trägt, dass er sich nicht in Annahmeverzug befunden hat oder dass der Auftragnehmer ohnehin nicht in der Lage war, die Leistungen zu erbringen, weil er keine entsprechende Leistungsbereitschaft hatte.[14] 4

---

4 Ingenstau/Korbion/*Vygen*, B § 9 Abs. 1 Rn. 7.
5 OLG Düsseldorf, Urt. v. 07.10.1987 – 19 U 13/87 = BauR 1988, 478.
6 *Kemper*, in: Franke/Kemper/Zanner/Grünhagen, B § 9 Rn. 7.
7 OLG Düsseldorf, Urt. v. 14.09.2001 – 22 U 37/01 = BauR 2002, 484; OLG Celle, Urt. v. 04.11.1998 – 14 AU 195/97 = BauR 1999, 262; vgl. auch BGH, Urt. v. 13.03.2008 – VII ZR 194/06 = BauR 2008, 1131.
8 Vgl. *Kemper*, in: Franke/Kemper/Zanner/Grünhagen, B § 9 Rn. 167.
9 OLG Düsseldorf, Urt. v. 25.02.2003 – 21 U 44/02 = NJW-RR 2003, 1324.
10 BGH, Urt. v. 28.10.1999 – VII ZR 393/98 = BauR 2000, 409; OLG Brandenburg, Urt. v. 24.05.2007 – 12 U 118/06 = IBR 2008, 315 (*Schrammel*).
11 Glatzel/Hofmann/Frikell, S. 216.
12 Vgl. *Kemper*, in: Franke/Kemper/Zanner/Grünhagen, B § 9 Rn. 3.
13 OLG Düsseldorf, Urt. v. 07.10.1987 – 19 U 13/87 = BauR 1988, 476.
14 KG, Urt. v. 17.09.1996 – 5 U 3157/96 = NJW-RR 1997, 1059.

II. Zahlungs- oder sonstiger Schuldnerverzug (9 Abs. 1 Nr. 2 VOB/B)

5 Die Kündigung nach § 9 Abs. 1 Nr. 2 VOB/B kommt hinsichtlich Verzugs mit Abschlagszahlungen gem. § 16 Abs. 1 Nr. 3 VOB/B in Betracht, sofern der Auftraggeber auch auf eine Nachfristsetzung gem. § 16 Abs. 5 Nr. 3 VOB/B nicht reagiert hat. Zu beachten ist, dass in jedem Fall eine Mahnung erforderlich ist, weil § 286 Abs. 3 BGB bei Vereinbarung der VOB/B nicht gilt.[15] Macht der Auftraggeber Einbehalte wegen Mängeln am Werk des Auftragnehmers geltend, verbleibt aber auch nach Abzug des Druckzuschlags – gem. § 641 Abs. 3 BGB in der Regel in Höhe des Doppelten der für die Beseitigung des Mangels erforderlichen Kosten – aus der Abschlagsrechnung noch ein Guthaben zugunsten des Auftragnehmers, so bleibt das Kündigungsrecht des Auftragnehmers aufrecht erhalten.[16]

6 Neben der Zahlung hat der Auftraggeber gem. § 12 VOB/B bzw. § 640 BGB die weitere Hauptpflicht, nach im Wesentlichen mangelfreier Fertigstellung der Leistungen das Werk abzunehmen. Sonstiger Schuldnerverzug im Sinne des § 9 Abs. 1 Nr. 2 VOB/B tritt daher ein, wenn der Auftraggeber eine Abnahme verweigert, obwohl er zur Abnahme verpflichtet ist.[17] Daneben ist Schuldnerverzug auch denkbar, sobald sich der Auftraggeber zur Übergabe einer Vertragserfüllungsbürgschaft vertraglich verpflichtet hat und diese auf Aufforderung des Auftragnehmers nicht rechtzeitig beibringt.[18]

III. Sonstige in Betracht kommende Kündigungsgründe

7 Es ist allgemein anerkannt, dass neben den in § 9 Abs. 1 VOB/B ausdrücklich genannten Kündigungsgründen auch weitere ungeschriebene außerordentliche Kündigungsgründe in Betracht kommen können, die den Auftragnehmer zur Kündigung nach § 9 VOB/B berechtigen. Hierzu zählen insbesondere:
- wenn der Auftraggeber seinerseits den Auftragnehmer außerordentlich kündigt, obwohl er hierzu nicht berechtigt ist.[19]
- wenn der Auftraggeber einen vertraglich vereinbarten Finanzierungsnachweis als Voraussetzung für den Beginn der Arbeiten durch den Auftragnehmer nicht vorgelegt hat, es sei denn der Auftragnehmer hat bereits ohne Vorlage mit den Arbeiten begonnen und dadurch deutlich gemacht, dass er auf die vorhergehende Vorlage keinen Wert mehr legt.[20]
- wenn der Auftraggeber weitere Zahlung endgültig und ernsthaft verweigert.[21]
- wenn der Auftraggeber die Eröffnung des Insolvenzverfahrens über sein Vermögen beantragt hat,[22] wobei auch dann allerdings die Formerfordernisse des § 9 Abs. 2 VOB/B zu beachten sind.[23]

IV. Weitere Kündigungsmöglichkeiten des Auftragnehmers

8 Da im Unterschied zu § 649 S. 1 BGB bzw. § 8 Nr. 1 VOB/B der Auftragnehmer nicht ohne besondere Voraussetzungen den Bauvertrag frei kündigen kann, bedarf es zur einseitigen Beendigung des Vertragsverhältnisses durch den Auftragnehmer stets eines im Gesetz oder in der VOB/B

---

15 Ingenstau/Korbion/*Locher*, B § 16 Abs. 5 Rn. 19.
16 OLG Rostock, Urt. v. 15.06.2005 – 7 U 43/04 = IBR 2006, 1423 (*Wolber*).
17 Ingenstau/Korbion/*Vygen*, B § 9 Abs. 1 Rn. 38.
18 *Kemper*, in: Franke/Kemper/Zanner/Grünhagen, B § 9 Rn. 12.
19 OLG München, Urt. v. 13.11.2007 – 9 U 2947/07 = BauR 2008, 1474.
20 OLG Hamm, Urt. v. 24.02.2006 – 26 U 45/04, Revision durch den BGH nicht angenommen, Beschl. v. 12.07.2007 – VII ZR 100/06 = IBR 2008, 258 (*Stern*).
21 BGH, Urt. v. 10.06.1974 – VII ZR 30/73 = BauR 1975, 136.
22 OLG München, Urt. v. 11.03.1986 – 9 U 4403/86 = BauR 1988, 605.
23 *C. Schmitz*, Die Bauinsolvenz, 4. Aufl., Rn. 427.

vorgesehenen Kündigungsgrundes. Außer den vorstehenden, in § 9 Abs. 1 VOB/B vorgesehenen außerordentlichen Kündigungsgründen besteht für den Auftragnehmer die Möglichkeit zur Kündigung im Rahmen des § 6 Abs. 7 VOB/B nach einer mehr als dreimonatigen Unterbrechung der Bauarbeiten (zu den Einzelheiten, s. Kommentierung zu § 6 Abs. 7 VOB/B) sowie gem. §§ 648a Abs. 5 BGB (vgl. zu den Voraussetzungen die Kommentierung zu § 648a BGB). Der Auftragnehmer kann in seinen Allgemeinen Geschäftsbedingungen nicht wirksam vorsehen, dass er sich ohne außerordentlichen Kündigungsgrund vom Vertrag lösen kann, etwa im Rahmen eines § 8 Abs. 1 VOB/B bzw. § 649 BGB nachgebildeten freien Kündigungsrechts[24] oder bei Problemen mit seinem Lieferanten.[25]

B. Formerfordernisse (§ 9 Abs. 2 VOB/B)

I. Schriftform

Die Schriftform ist – wie auch bei der Kündigung durch den Auftraggeber gem. § 8 Abs. 5 VOB/B – eine echte Wirksamkeitsvoraussetzung der Kündigung gem. § 9 Abs. 2 S. 1 VOB/B.[26] Hierzu ist die Übersendung per Telefax ausreichend,[27] wenn auch die Darlegungs- und Beweislast für den Zugang der Kündigung, die grundsätzlich beim Auftragnehmer liegt,[28] allein durch die Vorlage des Telefaxprotokolls nicht angetreten wird, insbesondere existiert kein Anscheinsbeweis für den Zugang des Telefaxes.[29] Emails wahren die Schriftform nur unter der Voraussetzung einer entsprechenden Vertragsvereinbarung und einer qualifizierten elektronischen Signatur nach dem Signaturgesetz (§ 126a BGB), die praktisch nie im Baugeschäftsverkehr verwendet wird. Ohne Wahrung der Schriftform ist die Kündigung nicht wirksam, so dass der Auftragnehmer bei Einstellung seiner Arbeiten Gefahr läuft, seinerseits vom Auftraggeber nach § 8 Nr. 3 VOB/B gekündigt zu werden.[30]

9

II. Vorausgehende Nachfristsetzung mit Kündigungsandrohung

Der Auftragnehmer muss nach Fälligkeit bzw. Verzug dem Auftraggeber zur Nachholung der ausstehenden Mitwirkungshandlung oder Zahlung eine Nachfrist setzen, die angemessen sein muss. Mit der Nachfristsetzung muss die Kündigungsandrohung verbunden werden.[31] Diese muss wiederholt werden, wenn der Auftragnehmer nach fruchtlosem Ablauf dennoch seine Leistungen fortsetzt,[32] oder aus den sonstigen Umständen, wie z.B. einer Teilnahme an Besprechungen oder dem Verstreichenlassen der Kündigung über mehrere Tage, für den Auftraggeber nicht mehr deutlich wird, dass die Kündigungsandrohung noch erst gemeint ist.[33] Nach Abnahmereife, also vollständiger Fertigstellung des Werks ohne wesentliche Mängel, kann der Auftragnehmer das Kündigungsrecht nicht mehr ausüben.[34] Klauseln in AGB des Auftragnehmers, wonach er unmittelbar auch ohne Nachfristsetzung zur Kündigung schreiten kann, sind unwirksam.[35]

10

---

24 Glatzel/Hofmann/Frikell, S. 218.
25 OLG Stuttgart, Urt. v. 23.01.1981 – 2 U 140/80 = ZIP 1981, 875.
26 Ingenstau/Korbion/*Vygen*, B § 9 Abs. 2 Rn. 3.
27 BGH, Urt. v. 22.04.1996 – II ZR 65/95 = NJW-RR 1996, 866.
28 BGH, Urt. v. 13.05.1987 – VIII ZR 137/86 = BGHZ 101, 49.
29 Kammergericht, Urt. v. 22.09.2003 – 8 U 176/02 = KG Report 2004, 97.
30 *Kemper*, in: Franke/Kemper/Zanner/Grünhagen, B § 8 Rn. 59.
31 Ingenstau/Korbion/*Vygen*, B § 9 Abs. 2 Rn. 3.
32 OLG Düsseldorf, Urt. v. 28.07.1993 – 22 U 38/93 = NJW-RR 1994, 149.
33 BGH, Urt. v. 28.10.2004 – VII ZR 18/03 = BauR 2005, 425; vgl. auch OLG Düsseldorf, Urt. v. 27.06.1995 – 21 U 219/94 = BauR 1996, 115.
34 OLG Brandenburg, Urt. v. 27.04.2005 – 4 U 64/02 = BauR 2005, 1971.
35 OLG Köln, Urt. v. 25.11.1988 – 6 U 69/38 = WM 1989, 526.

C. Abrechnung (§ 9 Abs. 3 VOB/B)

I. Erbrachte Leistungen

11 Die vom Auftragnehmer bis zur Kündigung erbrachten Leistungen sind nach den vertraglich vereinbarten Preisen gem. § 9 Abs. 3 S. 1 VOB/B zu vergüten, wobei bei Pauschalpreisen eine entsprechende Aufgliederung des Pauschalpreises und Trennung zwischen bis zur Kündigung erbrachten Leistungen von den infolge der Kündigung nicht mehr zu erbringenden Leistungen zu erfolgen hat, und wozu die Urkalkulation heranzuziehen ist.[36] Dieser Abrechnung ist beim Einheitspreisvertrag ein Aufmaß zugrunde zu legen. Für den Pauschalpreisvertrag bedarf es einer Bautenstandsfeststellung der zum Kündigungszeitpunkt erbrachten Leistungen und deren preisliche Bewertung anteilig am Pauschalpreis ebenfalls entsprechend der Kalkulation. Etwas anderes gilt nur, wenn die Parteien übereinstimmend eine andere Berechnungsmethode vereinbart haben.[37] Fordert der Auftragnehmer den Auftraggeber nach Ausspruch der Kündigung zur Bautenstandsfeststellung auf und bleibt der Auftraggeber der gemeinsamen Bautenstandsfeststellung fern, so kommt es zu einer Beweislastumkehr, d.h. der Auftraggeber muss im nachfolgenden Prozess beweisen, dass der im Rahmen der Bautenstandsfeststellung einseitig festgestellte Leistungsstand unzutreffend ist.[38]

II. Infolge Kündigung nicht mehr zu erbringende Leistungen

12 Hinsichtlich der infolge der Kündigung nicht mehr zu erbringenden Restleistungen verweist § 9 Abs. 3 S. 2 VOB/B auf § 642 BGB. Daher ist im Rahmen der Berechnung für die nicht erbrachten Leistungen weder § 6 Abs. 6 VOB/B noch § 649 S. 2 BGB ergänzend heranzuziehen.[39] Unter § 9 Abs. 3 S. 2 VOB/B ist neben der Abgeltung für das Bereithalten von Arbeitskraft und Geschäftskapital[40] auch der entgangene Gewinn zu berechnen und vergütungspflichtig.[41] Weitergehende Ansprüche wie verschuldensabhängige Schadensersatzansprüche sind ebenfalls nicht ausgeschlossen (§ 9 Abs. 3 S. 2 2. HS. VOB/B). Soweit nicht § 13b UStG zur Anwendung kommt, kann der Auftragnehmer auch für den Entschädigungsanspruch den entsprechenden Umsatzsteueranteil verlangen.[42] Eine AGB-Klausel in AGB des Auftraggebers, die den Anspruch des Auftragnehmers auf Vergütung nach § 9 Abs. 3 S. 2 VOB/B ausschließen will, ist unwirksam.[43]

III. Fälligkeit und Verjährung

13 Die Vergütung des Auftragnehmers wird nur nach prüffähiger Abrechnung im Rahmen einer Schlussrechnung fällig. Hierzu bedarf es insbesondere der Trennung zwischen erbrachten und nicht erbrachten Leistungen.[44] Abschlagsrechnungen kann der Auftragnehmer nicht mehr verlangen.[45] Auch die Abnahme bleibt nach Kündigung weitere Fälligkeitsvoraussetzung.[46] Der Entschädigungsanspruch aus § 9 Abs. 3 VOB/B i.V.m. § 642 BGB verjährt nach § 195 BGB in drei

---

36 BGH, Urt. v. 04.07.1996 – VII ZR 227/93 = BauR 1996, 846; Kammergericht, Urt. v. 26.09.1997 – 4 U 3098/95 = BauR 1998, 348.
37 OLG Hamm, Urt. v. 24.02.2006 – 26 U 45/04, Revision durch BGH nicht zugelassen, Beschl. v. 12.07.2007 – VII ZR 100/06 = IBR 2008, 314 (*Stern*).
38 BGH, Urt. v. 22.05.2003, VII ZR 143/02 = BauR 2003, 1207.
39 OLG Celle, Urt. v. 24.02.1999 – 14a U 4/98 = BauR 2000, 416.
40 Ingenstau/Korbion/*Vygen*, B § 9 Abs. 3 Rn. 8.
41 *Kemper*, in: Franke/Kemper/Zanner/Grünhagen, B § 9 Rn. 24 m.w.N.
42 BGH, Urt. v. 24.01.2008 – VII ZR 280/05 = BauR 2008, 821.
43 BGH, Urt. v. 04.10.1984 – VII ZR 65/83 = BauR 1985, 77.
44 BGH, Urt. v. 09.10.1986 – VII ZR 249/85 = BauR 1987, 95.
45 BGH, Urt. v. 21.02.1985 – VII ZR 160/83 = BauR 1985, 456.
46 Vgl. BGH, Urt. v. 11.05.2006 – VII ZR 146/04 = BauR 2006, 1294.

Jahren beginnend gem. § 199 Abs. 1 BGB mit dem Schluss des Jahres, in dem die Kündigung wirksam wird und prüffähig abgerechnet wurde.[47]

§ 10 Haftung der Vertragsparteien

(1) Die Vertragsparteien haften einander für eigenes Verschulden sowie für das Verschulden ihrer gesetzlichen Vertreter und der Personen, deren sie sich zur Erfüllung ihrer Verbindlichkeiten bedienen (§§ 276, 278 BGB).

(2) 1. Entsteht einem Dritten im Zusammenhang mit der Leistung ein Schaden, für den auf Grund gesetzlicher Haftpflichtbestimmungen beide Vertragsparteien haften, so gelten für den Ausgleich zwischen den Vertragsparteien die allgemeinen gesetzlichen Bestimmungen, soweit im Einzelfall nichts anderes vereinbart ist. Soweit der Schaden des Dritten nur die Folge einer Maßnahme ist, die der Auftraggeber in dieser Form angeordnet hat, trägt er den Schaden allein, wenn ihn der Auftragnehmer auf die mit der angeordneten Ausführung verbundenen Gefahr nach § 4 Absatz 3 hingewiesen hat.
2. Der Auftragnehmer trägt den Schaden allein, soweit er ihn durch Versicherung seiner gesetzlichen Haftpflicht gedeckt hat oder durch eine solche zu tarifmäßigen, nicht auf außergewöhnliche Verhältnisse abgestellten Prämien und Prämienzuschlägen bei einem im Inland zum Geschäftsbetrieb zugelassenen Versicherer hätte decken können.

(3) Ist der Auftragnehmer einem Dritten nach den §§ 823 ff. BGB zu Schadensersatz verpflichtet wegen unbefugten Betretens oder Beschädigung angrenzender Grundstücke, wegen Entnahme oder Auflagerung von Boden oder anderen Gegenständen außerhalb der vom Auftraggeber dazu angewiesenen Flächen oder wegen der Folgen eigenmächtiger Versperrung von Wegen oder Wasserläufen, so trägt er im Verhältnis zum Auftraggeber den Schaden allein.

(4) Für die Verletzung gewerblicher Schutzrechte haftet im Verhältnis der Vertragsparteien zueinander der Auftragnehmer allein, wenn er selbst das geschützte Verfahren oder die Verwendung vorgeschrieben und auf das Schutzrecht hingewiesen hat.

(5) Ist eine Vertragspartei gegenüber der anderen nach den Absätzen 2, 3 oder 4 von der Ausgleichsfrist befreit, so gilt diese Befreiung auch zu Gunsten ihrer gesetzlichen Vertreter und Erfüllungsgehilfen, wenn sie nicht vorsätzlich oder grob fahrlässig gehandelt haben.

(6) Soweit eine Vertragspartei von dem Dritten für einen Schaden in Anspruch genommen wird, den nach den Absätzen 2, 3 oder 4 die andere Vertragspartei zu tragen hat, kann sie verlangen, dass ihre Vertragspartei sie von der Verbindlichkeit gegenüber dem Dritten befreit. Sie darf den Anspruch des Dritten nicht anerkennen oder befriedigen, ohne der anderen Vertragspartei vorher Gelegenheit zur Äußerung gegeben zu haben.

Übersicht	Rdn.			Rdn.
A. Vertragliche Haftung der Parteien untereinander (§ 10 Abs. 1 VOB/B)	1	C.	Alleinhaftung des Auftragnehmers bei unerlaubter Handlung (§ 10 Abs. 3 VOB/B)	19
I. Objektiver Haftungsgrund	2			
II. Subjektive Handlungsvoraussetzungen	3	D.	Alleinhaftung des Auftragnehmers bei Verletzung gewerblicher Schutzrechte (§ 10 Abs. 4 VOB/B)	21
B. Schadensausgleich zwischen Auftraggeber und Auftragnehmer (§ 10 Abs. 2 VOB/B)	8	E.	Anwendbarkeit der Ausgleichsregeln auf gesetzliche Vertreter und Erfüllungsgehilfen (§ 10 Abs. 5 VOB/B)	23
I. Inhalt	9			
II. Anordnung des Auftraggebers	14			
III. Versicherbarkeit des Schadens	16			

---

[47] Vgl. *Budde*, in: Franke/Kemper/Zanner/Grünhagen, B § 9 Rn. 37.

	Rdn.		Rdn.
F. Inanspruchnahme des Haftungsbefreiten durch den geschädigten Dritten (§ 10 Abs. 6 VOB/B)	25	I. Freistellungsanspruch	26
		II. Anerkenntnis	28

A. Vertragliche Haftung der Parteien untereinander (§ 10 Abs. 1 VOB/B)

1   Die Bestimmung des § 10 Abs. 1 VOB/B befasst sich mit der Haftung der Vertragsparteien untereinander, ohne dabei einen eigenen Regelungsgehalt aufzuweisen. Sie verweist lediglich auf die Vorschriften der §§ 276, 278 BGB.

I. Objektiver Haftungsgrund

2   Der objektive Haftungsgrund ist anhand der zwischen den Parteien geschlossenen Vereinbarung und der jeweiligen Verletzung einer hieraus resultierenden Vertragspflicht zu ermitteln. In Betracht kommen dabei insbesondere Mängelhaftungs- oder Schadensersatzansprüche sowie Ansprüche aus Leistungs- oder Annahmeverzug sowie aus Kündigung.[1] Neben den allgemeinen Haftungsregeln kann sich ein objektiver Haftungsgrund auch aus der Verletzung vertraglicher Nebenpflichten, hier vor allem aus der Verletzung besonderer Schutz- und Obhutspflichten ergeben. So hat der Auftragnehmer eines VOB-Vertrages die allgemeine Pflicht, das Eigentum des Auftraggebers, mit dem er bei der Bauausführung in Berührung kommt, pfleglich zu behandeln und Beschädigungen zu unterlassen.[2] Ein weiterer Haftungsgrund ist § 618 BGB, welcher auf den VOB-Vertrag entsprechend angewendet wird. Der Auftraggeber ist für Schutzmaßnahmen verantwortlich, wenn er Räume, Vorrichtungen oder Gerätschaften zur Bauausführung zur Verfügung stellt.[3]

II. Subjektive Handlungsvoraussetzungen

3   Subjektive Haftungsvoraussetzung ist ein Verschulden der Vertragsparteien im Sinne des § 276 BGB. Es muss also eine vorsätzliche oder fahrlässige Handlung vorliegen. Vorsatz ist das Wissen und Wollen des pflichtwidrigen Erfolges.[4] Fahrlässig handelt, wer die im Verkehr erforderliche Sorgfalt außer acht lässt wobei Vorhersehbarkeit und Vermeidbarkeit des pflichtwidrigen Erfolges vorausgesetzt wird.[5] Als Maßstab für sorgfältiges Arbeiten sind in diesem Zusammenhang vor allem die DIN-Vorschriften, Unfallverhütungsvorschriften und die Baustellenverordnung zu nennen.[6]

4   Haftungsmilderungen oder -verschärfungen können sich aus dem Gesetz ergeben (§§ 300, 287 S. 2 BGB) oder aber auch vertraglich vereinbart werden. Begrenzt wird diese Möglichkeit durch § 138 und § 242 BGB. Bei einer formularvertraglichen Regelung ist § 309 Nr. 7b BGB zu beachten, der einen Haftungsausschluss bzw. eine Haftungsbeschränkung bei grobem Verschulden in AGB ausschließt. Des Weiteren kann eine Haftung für Vorsatz wegen § 276 Abs. 3 BGB nicht im Voraus erlassen werden.

5   Die Vertragsparteien haften nicht nur für eigenes Verschulden, sondern müssen sich durch den Verweis auf § 278 BGB in § 10 Abs. 1 VOB/B, auch das Verschulden ihrer gesetzlichen Vertreter bzw. Erfüllungsgehilfen als eigenes Verschulden zurechnen lassen.

---

1   *Zanner,* in: Franke/Kemper/Zanner/Grünhagen, B § 10 Rn. 9.
2   BGH, NJW 1977, 376; BGH, NJW 1983, 113.
3   Ingenstau/Korbion/*Wirth,* B § 10 Abs. 1 Rn. 8.
4   Palandt/*Grüneberg,* BGB § 276 Rn. 10.
5   Palandt/*Grüneberg,* BGB § 276 Rn. 12.
6   *Zanner,* in: Franke/Kemper/Zanner/Grünhagen, B § 10 Rn. 13.

Der Begriff des gesetzlichen Vertreters ist weit zu verstehen und umfasst neben Eltern, Vormund und Betreuer auch sonstige Personen, die aufgrund gesetzlicher Vorschriften für andere handeln können,[7] wie der Testamentsvollstrecker, Insolvenz-, Zwangs- und Nachlassverwalter. Die Organe juristischer Personen fallen hingegen nicht unter § 278 BGB. Eine Verschuldenszurechnung erfolgt hier über §§ 30, 31, 86, 89 BGB.[8] Dies gilt kraft Gewohnheitsrecht auch für die OHG.[9] 6

Als Erfüllungsgehilfe ist jede Person anzusehen, derer sich der Auftragnehmer zur Erfüllung seiner bauvertraglichen Leistungspflicht bedient.[10] Auch der Architekt ist Erfüllungsgehilfe des Auftragnehmers, wobei dies aber nur bezüglich seiner Bauplanung und Koordinierungspflicht gilt, nicht aber bzgl. der Bauüberwachung.[11] 7

B. Schadensausgleich zwischen Auftraggeber und Auftragnehmer (§ 10 Abs. 2 VOB/B)

§ 10 Abs. 2 VOB/B bestimmt, wie die Vertragsparteien intern haften, wenn einem Dritten ein Schaden entsteht, für den im Außenverhältnis sowohl Auftraggeber als auch Auftragnehmer haften. 8

I. Inhalt

In § 10 Abs. 2 Nr. 1 S. 1 VOB/B wird eine Grundregel für den Schadensausgleich im Innenverhältnis zwischen Auftraggeber und Auftragnehmer aufgestellt. Der Ausgleich erfolgt nach den allgemeinen gesetzlichen Bestimmungen, also nach §§ 830, 840 Abs. 1 i.V.m. § 426 Abs. 1 BGB nach Verantwortlichkeit, wobei als Maßstab insbesondere das Vertragsverhältnis, der Bauvertrag, dient. § 10 Abs. 1 VOB/B findet auch auf Verträge zwischen Haupt- und Subunternehmern Anwendung.[12] 9

Zunächst fallen die Haftungstatbestände der §§ 823 ff. BGB und damit auch Ansprüche aus der Verletzung von Schutzgesetzen, sowie Ansprüche aus der Verletzung von nicht durch § 823 Abs. 2 BGB erfassten Verkehrssicherungs- und Sorgfaltspflichten in den Anwendungsbereich des § 10 Abs. 2 Nr. 1 VOB/B.[13] Umstritten ist aber die Anwendung für die Fälle, in denen mindestens einer der Vertragspartner dem Geschädigten auch oder ausschließlich aus Vertrag haftet. 10

Bei einer engen Auslegung des Begriffs der gesetzlichen Haftpflichtbestimmungen werden vertragliche Ansprüche nicht von der Regelung des § 10 Abs. 2 erfasst. Es bleibt in solchen Fällen dann beim gesetzlichen Innenausgleich nach individuellen Haftungsteilen.[14] 11

Versteht man den Begriff aber im haftpflichtversicherungsrechtlichen Sinn, so umfasst er in Anlehnung an § 1 AHB auch vertragliche Schadensersatzansprüche, die das Integritätsinteresse des Geschädigten betreffen. Da aber im Verhältnis zu Dritten nur das Integritätsinteresse betroffen sein kann, wären damit alle denkbaren Fälle abgedeckt.[15] 12

Für die weitere zweite Auslegung spricht bereits der unmittelbare Bezug auf die Haftpflichtversicherung in § 10 Abs. 2 VOB/B. Zudem ist bereits für die zur Gesamtschuldnerschaft maßgebliche Norm des § 840 BGB anerkannt, dass diese nicht bloß auf gesetzliche Ansprüche zu beschränken ist, sondern auch bei Haftung eines der Beteiligten aus Vertrag anwendbar ist.[16] Auf- 13

---

7 BGH, NJW 1958, 670.
8 Ingenstau/Korbion/*Wirth,* B § 10 Abs. 1 Rn. 15.
9 Palandt/*Grüneberg,* BGB § 278 Rn. 6; a.A. wohl Ingenstau/Korbion/*Wirth,* B § 10 Abs. 1 Rn. 15.
10 *Werner,* in: Werner/Pastor, Der Bauprozess, Rn. 2456.
11 OLG Frankfurt, NJW 1968, 1333, 1334; *Zanner,* in: Franke/Kemper/Zanner/Grünhagen, B § 10 Rn. 19.
12 BGH, NJW 1999, 414.
13 *Zanner,* in: Franke/Kemper/Zanner/Grünhagen, B § 10 Rn. 25.
14 Heiermann/Riedel/Rusam, B § 10 Rn. 19.
15 *Zanner,* in: Franke/Kemper/Zanner/Grünhagen, B § 10 Rn. 29.
16 Palandt/*Sprau,* BGB § 840 Rn. 1.

grund der praktisch zumeist fließenden Übergänge zwischen deliktischer und vertraglicher Haftung wäre eine klare Abgrenzung i.S.d. Rechtssicherheit überhaupt nicht möglich. Auch systembedingt überzeugt die Überlegung, dass die Privilegierung eines Vertragsteils allein deshalb wegfallen soll, weil er oder der andere zusätzlich oder ausschließlich vertraglich haftet, nicht.

II. Anordnung des Auftraggebers

14 Als Ausnahme von dieser Grundregel bestimmt § 10 Abs. 2 Nr. 1 S. 2 VOB/B, dass der Auftraggeber dann alleine haftet, wenn er die schädigende Handlung ausdrücklich anordnet und der Auftragnehmer hiergegen Bedenken angemeldet hat. Diese Bestimmung ist ein Ausfluss von Treu und Glauben und trägt den Besonderheiten bauvertraglicher Verhältnisse Rechnung.[17] Eine Bestätigung dieser Regelung findet sich in § 13 Abs. 3 VOB/B, wonach der Auftraggeber die Verantwortung für die Nichtbefolgung einer berechtigten Bedenkenanzeige zu tragen hat.[18]

15 Voraussetzung dieser Privilegierung ist zum einen eine verbindliche Anordnung des Auftraggebers z.B. nach § 1 Abs. 3 oder § 4 Abs. 1 Nr. 3 VOB/B. Zum anderen bedarf es einer schriftlichen Anmeldung der Bedenken durch den Auftragnehmer, § 4 Abs. 3 VOB/B.

III. Versicherbarkeit des Schadens

16 Von zentraler Bedeutung ist die Regelung des § 10 Abs. 2 Nr. 2 VOB/B, wonach der Auftragnehmer bei Versicherbarkeit des Schadens im Innenverhältnis allein haftet. Typische Schäden sind nämlich normalerweise bereits durch die Baubetriebshaftpflichtversicherung abgedeckt.[19] Ist nur eine Teildeckung gegeben, verbleibt es wegen des nicht gedeckten Schadenteils bei der Grundregel des § 10 Abs. 2 Nr. 1 S. 1 VOB/B.[20]

17 Die Haftungsbefreiung des § 10 Abs. 2 Nr. 2 VOB/B greift aber nicht in Fällen, in denen der Auftraggeber vorsätzlich oder grob fahrlässig handelt.[21] Dies kann laut BGH aus dem Begriff der Versicherbarkeit des Schadens abgeleitet werden, da einer Freistellung von der Haftung für Vorsatz und grobe Fahrlässigkeit im Innenverhältnis die Regelung der §§ 61, 67 Abs. 1 S. 3 VVG a.F. entgegensteht.[22]

18 Ferner ist § 10 Abs. 2 Nr. 2 VOB/B auch uneingeschränkt auf Verträge zwischen Haupt- und Subunternehmern anwendbar.[23]

C. Alleinhaftung des Auftragnehmers bei unerlaubter Handlung (§ 10 Abs. 3 VOB/B)

19 § 10 Abs. 3 VOB/B bestimmt, dass der Auftragnehmer für bestimmte unerlaubte Handlungen, die sich auf Dritte schädigend auswirken, gegenüber dem Auftraggeber alleine haftet. Welche Fallgruppen hiervon genau erfasst sind, ist in § 10 Abs. 3 VOB/B abschließend aufgezählt. Hierzu gehören das unbefugte Betreten oder Beschädigen angrenzender Grundstücke, wozu auch nicht unmittelbar angrenzende Grundstücke gehören, die entfernter liegen aber gleichwohl von den Baumaßnahmen betroffen sind, die Entnahme oder Auflagerung von Boden und sonstigen Gegenständen sowie das mangels Befugnis eigenmächtige Versperren von Wegen und Wasserläufen durch den Auftragnehmer.[24]

---

17 Ingenstau/Korbion/*Wirth*, B § 10 Abs. 2 Rn. 89.
18 *Zanner*, in: Franke/Kemper/Zanner/Grünhagen, B § 10 Rn. 34.
19 *Zanner*, in: Franke/Kemper/Zanner/Grünhagen, B § 10 Rn. 29.
20 Ingenstau/Korbion/*Wirth*, B § 10 Abs. 2 Rn. 92.
21 BGH, BauR 1999, 414.
22 BGH, BauR 1999, 414, 416.
23 *Zanner*, in: Franke/Kemper/Zanner/Grünhagen, B § 10 Rn. 43.
24 Vgl. zu den einzelnen Fallgruppen Ingenstau/Korbion/*Wirth*, B § 10 Abs. 3 Rn. 4–10; Kapellmann/Messerschmidt/*von Rintelen*, VOB § 10 Rn. 40–45.

Der Auftragnehmer muss dem Dritten aber grundsätzlich aus §§ 823 ff. BGB haften, wobei auch 20
Ansprüche aus der Verletzung von Verkehrssicherungspflichten in Betracht kommen. Bestehende
Duldungspflichten müssen berücksichtigt werden.[25] Beruht der Schaden auf einer ausdrücklichen
Anordnung des Auftraggebers, so bleibt es bei der Regelung des § 10 Ab. 2 Nr. 1 S. 2 VOB/B.

D. Alleinhaftung des Auftragnehmers bei Verletzung gewerblicher Schutzrechte (§ 10 Abs. 4 VOB/B)

Wie bereits § 10 Abs. 2 und Abs. 3 VOB/B setzt auch § 10 Abs. 4 VOB/B die Schädigung eines 21
Dritten voraus. Diese muss auf einer Verletzung gewerblicher Schutzrechte beruhen, die sich u.a.
im Patent-, Gebrauchsmuster-, Geschmacksmuster-, Marken- und dem Urheberrechtsgesetz, sowie im Gesetz gegen unlauteren Wettbewerb finden.[26]

Der Auftragnehmer haftet im Verhältnis zum Auftraggeber zum einen für den Fall, dass er selbst 22
das geschützte Verfahren oder die Verwendung geschützter Gegenstände angeboten hat, Alt. 1. Er
haftet darüber hinaus aber auch allein in den Fällen, in denen die Verwendung vom Auftraggeber
vorgeschrieben wurde, dieser aber auf das bestehende Schutzrecht hingewiesen hat.[27] Versäumt es
der Auftraggeber, den Auftragnehmer auf das Bestehen eines Schutzrechtes hinzuweisen, erfolgt
der Ausgleich regulär nach § 10 Abs. 2 Nr. 1 S. 1 VOB/B.[28]

E. Anwendbarkeit der Ausgleichsregeln auf gesetzliche Vertreter und Erfüllungsgehilfen (§ 10 Abs. 5 VOB/B)

Die Ausgleichsregeln § 10 Abs. 2, Abs. 3 und Abs. 4 VOB/B sind auch zugunsten gesetzlicher Er- 23
füllungsgehilfen anwendbar, sofern diese bei der Schadensverursachung nicht vorsätzlich oder
grob fahrlässig gehandelt haben.[29] Dies entspricht auch § 309 Nr. 7b BGB.[30]

Es handelt sich damit bei der Vorschrift des § 10 Abs. 5 VOB/B um einen echten Vertrag zuguns- 24
ten Dritter gem. §§ 328 ff. BGB.[31]

F. Inanspruchnahme des Haftungsbefreiten durch den geschädigten Dritten (§ 10 Abs. 6 VOB/B)

Allgemeine Voraussetzung des § 10 Abs. 6 VOB/B ist, dass eine der Vertragsparteien gegenüber 25
einem Dritten haftet, im Innenverhältnis Auftraggeber, Auftragnehmer, aber eine Haftungsbefreiung aus § 10 Abs. 2, Abs. 3 oder Abs. 4 VOB/B vorliegt.[32]

I. Freistellungsanspruch

Dem in Anspruch Genommenen steht ein Freistellungsanspruch nach § 257 BGB gegen den im 26
Innenverhältnis Verantwortlichen zu, § 10 Abs. 6 S. 1 VOB/B. Dem zur Freistellung Verpflichteten steht es dabei frei, wie die Freistellung erfolg. Er kann entweder selbst nach § 267 Abs. 1
BGB an den Geschädigten Dritten leisten, oder mit diesem eine Schuldübernahme oder einen Erlass vereinbaren.[33] Der Ersatzverpflichtete kann aber nur dann direkt an den Ersatzberechtigten
zahlen, wenn dieser sich damit einverstanden erklärt. Der Ersatzberechtigte kann wiederum nur

---

25 *Zanner*, in: Franke/Kemper/Zanner/Grünhagen, B § 10 Rn. 47.
26 *Zanner*, in: Franke/Kemper/Zanner/Grünhagen, B § 10 Rn. 54.
27 Leinemann/*Hafkesbrink*, B § 10 Rn. 51.
28 *Zanner*, in: Franke/Kemper/Zanner/Grünhagen, B § 10 Rn. 55.
29 Kapellmann/Messerschmidt/*von Rintelen*, VOB § 10 Rn. 53.
30 Leinemann/*Hafkesbrink*, B § 10 Rn. 52.
31 Ingenstau/Korbion/*Wirth*, B § 10 Abs. 5 Rn. 2.
32 Ingenstau/Korbion/*Wirth*, B § 10 Abs. 6 Rn. 1.
33 Palandt/*Grüneberg*, BGB § 257 Rn. 2.

dann Zahlung an sich selbst verlangen, wenn er bereits selbst an den Geschädigten Dritten geleistet hat.[34]

27 Der Freistellungsanspruch umfasst auch die Verpflichtung, unbegründete Ansprüche vom Vertragsgegner abzuwehren.[35] Er stellt eine vertragliche Nebenpflicht dar, deren Verletzung, wie z.B. die Zahlungsverweigerung durch den Alleinhaftenden, zu einem Schadensersatzanspruch aus § 280 BGB führt.[36]

II. Anerkenntnis

28 Die in Anspruch genommene Vertragspartei darf nach § 10 Abs. 6 S. 2 VOB/B den Anspruch des Geschädigten Dritten weder anerkennen, noch befriedigen, bevor dem im Innverhältnis Ersatzverpflichteten nicht die Gelegenheit zur Äußerung gegeben wurde. Auch bei dieser Pflicht handelt es sich um eine vertragliche Nebenpflicht, deren Verletzung zu einem Schadensersatzanspruch aus § 280 BGB führt und zwar unabhängig davon, ob eine Freistellung nach § 10 Abs. 6 S. 1 VOB/B verlangt wurde oder nicht. Die Pflicht findet ihre Grenze in dem Grundsatz von Treu und Glauben, § 242 BGB.[37]

§ 11 Vertragsstrafe

(1) Wenn Vertragsstrafen vereinbart sind, gelten die §§ 339 bis 345 BGB.

(2) Ist die Vertragsstrafe für den Fall vereinbart, dass der Auftragnehmer nicht in der vorgesehenen Frist erfüllt, so wird sie fällig, wenn der Auftragnehmer in Verzug gerät.

(3) Ist die Vertragsstrafe nach Tagen bemessen, so zählen nur Werktage; ist sie nach Wochen bemessen, so wird jeder Werktag angefangener Wochen als 1/6 Woche gerechnet.

(4) Hat der Auftraggeber die Leistung abgenommen, so kann er die Strafe nur verlangen, wenn er diese bei der Abnahme vorbehalten hat.

Schrifttum
Vgl. Literaturübersicht zu § 339 BGB.

A. Anwendung gesetzlicher Bestimmungen (§ 11 Abs. 1 VOB/B)

1 § 11 Abs. 1 VOB/B verweist (deklaratorisch) auf die Geltung der gesetzlichen Bestimmungen in §§ 339 bis 345 BGB. Die VOB/B verzichtet somit im Grundsatz auf eine eigenständige Ausgestaltung der Vertragsstrafe.[1] Zu den gesetzlichen Bestimmungen siehe die Kommentierung bei § 339 BGB.

B. Vertragsstrafe wegen nicht fristgerechter Erfüllung (§ 11 Abs. 2 VOB/B)

2 Die Bestimmung des § 11 Abs. 2 VOB/B betrifft die Verwirkung der Vertragsstrafe und beschränkt sich auf die für Bauverträge typische Alternative der nicht fristgerechten Erfüllung.[2] Zur Verwirkung der Vertragsstrafe siehe die Kommentierung bei § 339 Rdn. 22 ff.

---

34 Ingenstau/Korbion/*Wirth*, B § 10 Abs. 6 Rn. 2.
35 BGH, NJW 1970, 1594.
36 *Zanner*, in: Franke/Kemper/Zanner/Grünhagen, B § 10 Rn. 65.
37 Ingenstau/Korbion/*Wirth*, B § 10 Abs. 6 Rn. 5 f.
1 *Bewersdorf*, in: Beck'scher VOB-Kommentar, B § 11 Nr. 1 Rn. 1; Ingenstau/Korbion/*Döring*, VOB/B § 11 Nr. 1 Rn. 1.
2 Als Unterfall der nicht gehörigen Erfüllung im Sinne der §§ 339 S. 1 Alt. 1, 341 BGB.

Auch wenn § 11 Abs. 2 VOB/B gegenüber § 339 S. 1 BGB von seinem Wortlaut her keinen weiteren Regelungsgehalt hat, erlangt diese Bestimmung eigenständige Bedeutung, wenn sich aus der Vertragsstrafenvereinbarung selbst deren Verschuldensabhängigkeit nicht ergibt.[3] Nach dem BGH[4] ergänze die Regelung des § 11 Abs. 2 VOB/B nach ihrem Sinn und Zweck die im Vertrag an anderer Stelle getroffene Vertragsstrafenvereinbarung. Es sei nicht erforderlich, dass § 11 Abs. 2 VOB/B in der die Vertragsstrafe selbst regelnden Vertragsklausel aufgeführt wird, sondern es genüge, dass die VOB/B in den Vertrag einbezogen ist. Die Vertragsstrafe werde dann gemäß § 11 Abs. 2 VOB/B nur fällig, wenn der Auftragnehmer in Verzug gerät, und sei damit verschuldensabhängig.[5] Nach zutreffender Auffassung müsste das aber schon allein aufgrund der gesetzlichen Bestimmung in § 339 Satz 1 BGB gelten, die ebenfalls auf einen Verzug abstellt.[6] Ferner ist diese Rechtsprechung vor dem Hintergrund der Unklarheitenregelung des § 305c Abs. 2 BGB kritisch zu sehen.

C. Berechnung der Vertragsstrafe (§ 11 Abs. 3 VOB/B)

In § 11 Abs. 3 VOB/B ist die Berechnung der Vertragsstrafe näher geregelt. Im VOB-Vertrag werden danach – vorbehaltlich abweichender, vorrangiger Vereinbarungen – bei der Berechnung des insoweit maßgeblichen Verzugszeitraumes nur Werktage gezählt, gleich ob die Vertragstrafe nach Tagen (HS. 1) oder nach Wochen (HS. 2) bemessen ist. Sonn- und Feiertage werden also nicht mitgezählt. Samstage gelten hingegen als Werktage; ob und inwieweit an Samstagen im Baugewerbe praktisch gearbeitet wird, spielt dabei keine Rolle.[7] Im BGB-Vertrag sind – soweit nichts abweichend vereinbart ist – die §§ 187 ff. BGB anzuwenden; hiernach werden Samstage, Sonntage und Feiertage mitberechnet. Allein für den Verzugsbeginn kann sich aus § 193 BGB etwas anderes ergeben.[8]

Für die Berechnung der Vertragsstrafe im Fall einer Kündigung bleibt ferner die Bestimmung des § 8 Abs. 7 VOB/B zu berücksichtigen, wonach insoweit nur der bis zum Tag der Kündigung verstrichene Zeitraum maßgeblich sein kann. Aus Gründen der Akzessorietät gilt wegen der verzugsbeendenden Wirkung der Kündigung für einen BGB-Vertrag insoweit nichts anderes.[9]

D. Vorbehalt bei Abnahme (§ 11 Abs. 4 VOB/B)

Siehe zum Vorbehalt bei Abnahme die Kommentierung bei § 339 Rdn. 14 f. und 47 ff.

§ 12 Abnahme

(1) Verlangt der Auftragnehmer nach der Fertigstellung – gegebenenfalls auch vor Ablauf der vereinbarten Ausführungsfrist – die Abnahme der Leistung, so hat sie der Auftraggeber binnen 12 Werktagen durchzuführen; eine andere Frist kann vereinbart werden.

(2) Auf Verlangen sind in sich abgeschlossene Teile der Leistung besonders abzunehmen.

---

3 Vgl. zum Verschuldenserfordernis für Vertragsstrafen in AGB die Kommentierung bei § 339 Rdn. 12 f.
4 BGH, Urt. v. 13.12.2001 – VII ZR 432/00, BauR 2002, 782, 783, und Urt. v. 07.03.2002 – VII ZR 41/01, BauR 2002, 1086, 1087.
5 Ähnlich bereits BGH, Urt. v. 25.09.1986 – VII ZR 276/84, BauR 1987, 92, 93, für einen Fall, in dem allerdings die Vertragsstrafenvereinbarung eine Bezugnahme auf § 11 VOB/B enthält. Bis zur Entscheidung des BGH v. 13.12.2001, a.a.O., wurden deshalb verschuldensabhängige AGB-Klauseln, die nicht ausdrücklich auf § 11 VOB/B verwiesen, in der Literatur (so etwa *Kemper*, BauR 2001, 1015, 1016 m.w.N.) und Rechtsprechung (so etwa OLG Hamm, Urt. v. 18.04.1996 – 17 U 132/95, BauR 1997, 663, 664) stellenweise als unwirksam erachtet.
6 Vgl. Korbion/Locher/*Sienz*, AGB, Teil K Rn. 90 f.
7 BGH, Urt. v. 25.09.1978 – VII ZR 263/77, BauR 1978, 485.
8 *Vogel*, ZfIR 2005, 373, 386.
9 *Kniffka*, IBR-Online-Kommentar, § 631 Rn. 280; *Vogel*, a.a.O, m.w.N.

§ 12 VOB/B Abnahme

(3) Wegen wesentlicher Mängel kann die Abnahme bis zur Beseitigung verweigert werden.

(4) 1. Eine förmliche Abnahme hat stattzufinden, wenn eine Vertragspartei es verlangt. Jede Partei kann auf ihre Kosten einen Sachverständigen zuziehen. Der Befund ist in gemeinsamer Verhandlung schriftlich niederzulegen. In die Niederschrift sind etwaige Vorbehalte wegen bekannter Mängel und wegen Vertragsstrafen aufzunehmen, ebenso etwaige Einwendungen des Auftragnehmers. Jede Partei erhält eine Ausfertigung.

2. Die förmliche Abnahme kann in Abwesenheit des Auftragnehmers stattfinden, wenn der Termin vereinbart war oder der Auftraggeber mit genügender Frist dazu eingeladen hatte. Das Ergebnis der Abnahme ist dem Auftragnehmer alsbald mitzuteilen.

(5) 1. Wird keine Abnahme verlangt, so gilt die Leistung als abgenommen mit Ablauf von 12 Werktagen nach schriftlicher Mitteilung über die Fertigstellung der Leistung.

2. Wird keine Abnahme verlangt und hat der Auftraggeber die Leistung oder einen Teil der Leistung in Benutzung genommen, so gilt die Abnahme nach Ablauf von 6 Werktagen nach Beginn der Benutzung als erfolgt, wenn nichts anderes vereinbart ist. Die Benutzung von Teilen einer baulichen Anlage zur Weiterführung der Arbeiten gilt nicht als Abnahme.

3. Vorbehalte wegen bekannter Mängel oder wegen Vertragsstrafen hat der Auftraggeber spätestens zu den in den Nummern 1 und 2 bezeichneten Zeitpunkten geltend zu machen.

(6) Mit der Abnahme geht die Gefahr auf den Auftraggeber über, soweit er sie nicht schon nach § 7 trägt.

Schrifttum

v. Craushaar Die Regelungen des Gesetzes zur Beschleunigung fälliger Zahlungen im Überblick, BauR 2001, 471; *Deckers* Unwirksame VOB/B-Klauseln im Verbrauchervertrag, NZBau 2008, 627; *Kniffka* Das Gesetz zur Beschleunigung fälliger Zahlungen – Neuregelung des Bauvertragsrechts und seine Folgen, ZfBR 2000, 227; *Niemöller* Abnahme und Abnahmefiktionen nach dem Gesetz zur Beschleunigung fälliger Zahlungen, BauR 2001, 481; *Thode* Werkleistung und Erfüllung im Bau- und Architektenvertrag, ZfBR 1999, 116.

Übersicht

		Rdn.			Rdn.
A.	**Vorbemerkung**	1	I.	Begriff der Teilleistung	26
I.	Das Verhältnis des § 12 VOB/B zu § 640 BGB	4	II.	Sonderfall Gemeinschafts-/Teileigentum	29
II.	§ 12 VOB/B als Allgemeine Geschäftsbedingung	6	III.	Teilabnahme und AGB	30
	1. Einbeziehung in den Vertrag	7	D.	**Recht zur Abnahmeverweigerung, § 12 Abs. 3 VOB/B**	32
	2. AGB-rechtliche Privilegierung?	8	I.	Wesentlicher Mangel	33
	3. Keine Privilegierung gegenüber Verbrauchern	9	II.	Verweigerung der Abnahme	35
III.	Eingeschränkte praktische Bedeutung des § 12 VOB/B	10	E.	**Förmliche Abnahme, § 12 Abs. 4 VOB/B**	36
IV.	Abgrenzung zur Zustandsfeststellung i.S.d. § 4 Abs. 10 VOB/B	12	I.	Durchgeführte förmliche Abnahme	37
B.	**Abnahmeverlangen des Auftragnehmers, § 12 Abs. 1 VOB/B**	13		1. Verlangen nach förmlicher Abnahme	37
I.	Verlangen des Auftragnehmers	15		2. Der Abnahmetermin	38
II.	Zeitpunkt des Abnahmeverlangens	17		3. Das Abnahmeprotokoll	39
III.	Frist zur Durchführung der Abnahme	20	II.	Einseitige förmliche Abnahme nach § 12 Abs. 4 Nr. 2 VOB/B	42
IV.	Abnahmeerklärung	22	F.	**Fiktive Abnahme nach § 12 Abs. 5 VOB/B**	45
V.	Abnahmeverweigerung	23	I.	Allgemeine Voraussetzungen der fiktiven Abnahme	46
C.	**Abnahme von Teilen der Leistung, § 12 Abs. 2 VOB/B**	25		1. Geltung der fiktiven Abnahmetatbestände	47

	Rdn.		Rdn.
2. Kein Abbedingen der fiktiven Abnahme	50	II. Die fiktive Abnahme nach § 12 Abs. 5 Nr. 1 VOB/B	66
3. Keine Abnahmeverweigerung des Auftraggebers	54	1. Schriftliche Fertigstellungsmitteilung	67
		2. Fristablauf	69
4. Keine wesentlichen Mängel?	55	III. Die fiktive Abnahme nach § 12 Abs. 5 Nr. 2 VOB/B	70
a) Mangelfreiheit im Wesentlichen notwendig	58	1. Inbenutzungnahme der Leistung oder eines Teils	71
b) Mangelfreiheit im Wesentlichen nicht erforderlich	59	2. Fristablauf	76
c) Keine »ganz erheblichen Mängel«	60	IV. Vorbehalte des Auftraggebers bei fiktiver Abnahme, § 12 Abs. 5 Nr. 3 VOB/B	77
d) Stellungnahme	61	G. **Gefahrübergang mit Abnahme, § 12 Abs. 6 VOB/B**	78
5. Kein Abnahmeverlangen	65		

A. Vorbemerkung

Die rechtsgeschäftliche Abnahme ist eine der zentralen Vorschriften des Werkvertragsrechts. Mit ihr als vertraglicher Hauptpflicht des Auftraggebers sind elementare Rechtsfolgen für beide Vertragspartner verbunden: **1**

– das Erfüllungsstadium des Bauvertrages ist beendet, der Auftraggeber auf die Durchsetzung von Nacherfüllungsansprüchen beschränkt;
– die Vergütung wird fällig;
– die Leistungs- und Vergütungsgefahr geht auf den Besteller über (letztere mit evtl. Einschränkungen infolge § 7 VOB/B[1]);
– die Beweislast für das Vorhandensein von Mängeln im Zeitpunkt der Abnahme trägt ab jetzt der Besteller und
– die Verjährungsfrist für Mängelansprüche beginnt zu laufen.

Daneben hat die Abnahme Bedeutung u.a. auch für den zu ihrem Zeitpunkt notwendigen Vertragsstrafevorbehalt, § 341 Abs. 3 BGB,[2] in Zusammenhang mit dem Sicherungszweck von Gewährleistungsbürgschaften[3] und im Steuerrecht.[4] **2**

Aufgrund der Rechtssystematik – die VOB/B ist »nur« Allgemeine Geschäftsbedingung – sind die Rechtsgrundlagen, Tatbestandsvoraussetzungen und Rechtsfolgen in der Kommentierung zu § 640 BGB enthalten, so dass auf die dortigen Ausführungen zu verweisen ist. Im Folgenden soll nur auf die Besonderheiten des § 12 VOB/B gegenüber der gesetzlichen Regelung eingegangen werden. **3**

I. Das Verhältnis des § 12 VOB/B zu § 640 BGB

Die Abnahme nach § 12 VOB/B ist in ihrer Rechtsnatur (vertragliche Hauptpflicht des Auftraggebers[5]/rechtsgeschäftsähnliche Handlung[6]), nach ihren Voraussetzungen und in ihren Rechtsfolgen identisch mit derjenigen nach § 640 BGB,[7] enthält allerdings über die gesetzliche Regelung hinaus noch zusätzliche, explizit erwähnte Abnahmetatbestände (in § 12 Nr. 5 Abs. 1 und 2 VOB/B), Klarstellungen (z.B. in § 12 Nr. 6 VOB/B) und Verfahrensanweisungen an die Vertragsbeteiligten (z.B. in § 12 Nr. 1, Nr. 4 Abs. 1 und 2 VOB/B). **4**

---

1 Vgl. § 7 VOB/B, Rdn. 1 ff.
2 Vgl. § 339 BGB Rdn. 47 ff.
3 Vgl. § 640 Rdn. 124 f.
4 Vgl. § 640 Rdn. 127 f.
5 Vgl. § 640 BGB, Rdn. 17.
6 Vgl. § 640 BGB, Rdn. 25.
7 Leinemann/*Jansen*, § 12 VOB/B Rn. 2; Ingenstau/Korbion/*Oppler*, § 12 VOB/B Rn. 7.

5 Soweit einzelne Regelungen des § 12 VOB/B von § 640 BGB abweichen, sind sie als die Spezielleren vorrangig zu beachten.[8]

II. § 12 VOB/B als Allgemeine Geschäftsbedingung

6 Wo die Regelungen in § 12 VOB/B von denjenigen des BGB abweichen, stellt sich die Frage nach deren AGB-Festigkeit, wenn sie in das Vertragsverhältnis wirksam einbezogen wurden. Problematisch ist das insbesondere bei den fiktiven Abnahmetatbeständen nach § 12 Abs. 5 Nr. 1 und 2 VOB/B (zu den Einzelheiten der Vereinbarkeit mit den §§ 305 BGB ff. siehe unten Rdn. 47 f. u. 50 ff.).

1. Einbeziehung in den Vertrag

7 Für die in § 12 VOB/B enthaltenen, vom Gesetz in seinem Kernbereich abweichenden Regelungen gilt i.Ü. nichts anderes als für die VOB/B insgesamt: es handelt sich um eine Allgemeine Geschäftsbedingung, die durch eine oder beide Parteien in den Vertrag einbezogen wurde. Als solche ist sie immer nur in Verbindung mit der gesetzlichen Regelung in § 640 BGB zu sehen. Denn es gibt nicht »den BGB-Vertrag« oder »den VOB/B-Vertrag«,[9] sondern nur das Werkvertragsrecht des BGB, das durch wirksame Einbeziehung der VOB/B in den Grenzen des Gesetzes, insbesondere der etwa anzuwendenden AGB-rechtlichen Vorschriften, durch § 12 VOB/B modifiziert und ergänzt ist.

2. AGB-rechtliche Privilegierung?

8 Ist die VOB/B bei Verwendung gegenüber Nicht-Verbrauchern nicht als ganzes und damit völlig unverändert[10] in den Vertrag einbezogen, ist jeweils die Vereinbarkeit der jeweiligen Tatbestände mit dem gesetzlichen Leitbild zu prüfen, soweit sie nicht von beiden Vertragspartnern einvernehmlich in den Vertrag einbezogen wurde, also beide Verwender i.S.d. § 305 Abs. 1 Satz 1 BGB sind.[11]

3. Keine Privilegierung gegenüber Verbrauchern

9 Der Bundesgerichtshof hat entschieden, dass auch bei unveränderter Einbeziehung der VOB/B deren jeweilige Regelungen an den Maßstäben des AGB-Rechts zu messen sind, wenn Verwendungsgegner ein Verbraucher i.S.d. § 13 BGB ist.[12]

III. Eingeschränkte praktische Bedeutung des § 12 VOB/B

10 Bei größeren Bauverträgen erfahren die Abnahmeregelungen des § 12 VOB/B fast immer derart einschneidende Änderungen, dass sie kaum noch eigenständige Bedeutung haben:
 – außer der förmlichen Abnahme werden alle anderen Abnahmeformen ausgeschlossen;
 – Fristen zur Beantragung der Abnahme und deren konkrete Durchführung werden individuell oder in AGB gesondert vereinbart;
 – der Zeitpunkt für die Erklärung von Vorbehalten wegen bekannter Mängel, zumindest aber wegen der Geltendmachung der Vertragsstrafe, wird hinausgeschoben usw.

11 Deshalb ist stets sorgfältig zu prüfen, ob § 12 VOB/B uneingeschränkt Anwendung findet.

---

8 *Zanner*, in: Franke/Kemper/Zanner/Grünhagen, § 12 VOB/B Rn. 49; Kapellmann/Messerschmidt/*Havers*, § 12 VOB/B Rn. 2.
9 Vgl. Einführung III, Rdn. 1.
10 BGH, Urt. v. 22.01.2004, VII ZR 419/02, BauR 2004, 668.
11 BGH, Urt. v. 17.02.2010, VIII ZR 67/09, BGHZ 184, 259.
12 BGH, Urt. v. 24.07.2008, VII ZR 55/07, BauR 2008, 1603.

IV. Abgrenzung zur Zustandsfeststellung i.S.d. § 4 Abs. 10 VOB/B

Die rechtsgeschäftliche Abnahme nach § 640 BGB bzw. § 12 VOB/B hat nichts gemein mit der technischen Zustandsfeststellung nach § 4 Abs. 10 VOB/B, auch wenn beide zeitlich zusammenfallen können. Letztere dient der Überprüfung bereits erbrachter Leistungsteile auf Mangelfreiheit und damit insbesondere der Beweissicherung.[13]

B. Abnahmeverlangen des Auftragnehmers, § 12 Abs. 1 VOB/B

Haben die Parteien zum Abnahmeprocedere nichts abweichendes und damit gegenüber § 12 VOB/B Vorrangiges vereinbart, ist die – formlose – Abnahme auf das Verlangen des Auftragnehmers durchzuführen. Verlangt er die förmliche Abnahme, beginnt mit dem Abnahmeverlangen des Auftragnehmers nach § 12 Abs. 1 VOB/B das in § 12 Abs. 4 Nr. 1 und 2 VOB/B näher beschriebene Verfahren.

Nachvollziehbarer Weise schwebt dem Verfasser der VOB der Idealfall der Abnahme als anzustrebender Regelfall vor: Nach im Wesentlichen mangelfreier Leistungserbringung verlangt der Auftragnehmer vom Auftraggeber die Abnahme, die dieser dann – in Erfüllung der ihn treffenden vertraglichen Hauptpflicht[14] – vertragstreu binnen angemessener Zeit, also innerhalb 12 Werktagen, mit dem Auftragnehmer durchführt. *Peters/Jacoby* sprechen in diesem Sinne davon, Abs. 1 regele die Fälligkeit der Abnahme.[15] Das ist zutreffend, werden hier doch nur die Voraussetzungen für die Durchführung des Abnahmetermins behandelt, nicht die Abnahme selbst.

I. Verlangen des Auftragnehmers

Der Auftragnehmer muss dem Auftraggeber – nicht etwa dem insoweit nicht gesondert bevollmächtigten bauleitenden Architekten[16] – gegenüber zum Ausdruck bringen, dass er die Abnahme wünscht. Die Erklärung muss nicht den Begriff »Abnahme« enthalten. Es ist ausreichend, wenn für den Erklärungsempfänger hinreichend deutlich wird, dass der Auftragnehmer die Abnahmeerklärung des Auftraggebers erlangen will, z.B. durch die Aufforderung, die »Schlussbegehung durchzuführen«.[17] Es gelten die allgemeinen Auslegungsgrundsätze. Ob allerdings die i.Ü. kommentarlose Übersendung der Schlussrechnung ausreicht,[18] erscheint zwar einerseits zweifelhaft, andererseits ist nicht erkennbar, warum hier anderes gelten sollte als es die Rechtsprechung für die Fertigstellungsmitteilung i.S.d. § 12 Abs. 5 Nr. 1 VOB/B angenommen hat.[19]

Die Klausel sieht für das Verlangen die Einhaltung einer bestimmten Form nicht vor. Gleichwohl empfiehlt sich schon aus Beweiszwecken die mit Zugangsnachweis verbundene Schriftlichkeit.

II. Zeitpunkt des Abnahmeverlangens

Das Verlangen muss nach der Fertigstellung erfolgen.[20] Fertigstellung bedeutet hier wie bei § 640 Abs. 1 BGB, dass nur noch geringe Restarbeiten[21] und allenfalls unwesentliche Mängel[22] vorliegen. Fraglich ist, ob ein vor der Fertigstellung geäußertes Verlangen gegenstandslos ist oder die

---

13 OLG Düsseldorf, Urt. v. 23.05.1995, 23 U 153/94, BauR 1996, 121; *Keller*, in: Franke/Kemper/Zanner/Grünhagen/, § 4 VOB/B Rn. 359.
14 Für alle: Ingenstau/Korbion/*Oppler*, § 12 VOB/B Rn. 18.
15 Staudinger/*Peters/Jacoby*, § 640 BGB, Rn. 70.
16 Ingenstau/Korbion/*Oppler*, § 12 Abs. 1 VOB/B, Rn. 8.
17 *Zanner*, in: Franke/Kemper/Zanner/Grünhagen, § 12 VOB/B Rn. 60.
18 So *Herig*, § 12 VOB/B Rn. 41.
19 BGH, Urt. v. 20.04.1998, VII ZR 334/87, BauR 1989, 603.
20 Leinemann/*Jansen*, § 12 VOB/B Rn. 73.
21 Staudinger/*Peters/Jacoby*, § 640 BGB Rn. 38; Bamberger/Roth/*Voit*, § 640 BGB Rn. 31.
22 BGH, Urt. v. 25.01.1996, VII ZR 26/95, BauR 1996, 390; Urt. v. 26.02.1981, VII ZR 287/79, BauR 1981, 284.

Frist von zwölf Tagen auslösen kann, gerechnet ab dem Zeitpunkt der Fertigstellung. Für Fristsetzungen zur Geltendmachung gesetzlicher Ansprüche wird das regelmäßig angenommen und dürfte deshalb auch hier gelten.[23]

18 Anderes wird gelten müssen, wenn im konkreten Fall die Einbeziehung der VOB/B durch den Auftragnehmer als Verwender erfolgt ist. Dann muss er sich an dem von ihm selbst gestellten Regelwerk wortgetreu festhalten lassen mit der Folge, dass er nach Fertigstellung eine neue Aufforderung aussprechen muss, um die 12-Tages-Frist in Gang zu setzen.

19 Klargestellt wird vom Klauseltext, dass das Verlangen auch vor Ablauf des vereinbarten Fertigstellungszeitpunktes erfolgen kann, was das Gesetz in § 271 Abs. 2 BGB (»*ist eine Zeit [für die Leistung] bestimmt, so ist im Zweifel anzunehmen, dass der Gläubiger die Leistung nicht vor dieser Zeit verlangen, der Schuldner aber sie vorher bewirken kann.*«) ohnehin vorsieht.

III. Frist zur Durchführung der Abnahme

20 Die 12-Tages-Frist ist ein Appell an den Auftraggeber, dessen Missachtung letztlich für ihn ohne Konsequenzen bleibt. Mit Ablauf der Frist kann der Auftragnehmer den Auftraggeber gerichtlich auf Abnahme in Anspruch nehmen[24] oder alternativ nach § 640 Abs. 1 S. 3 BGB vorgehen. Verbindet der Auftragnehmer das Abnahmeverlangen sogleich mit einer angemessenen Frist, treten zugleich die Abnahmewirkungen nach § 640 Abs. 1 Satz 3 BGB ein, soweit die Leistung tatsächlich fertig gestellt und im Wesentlichen mangelfrei ist.[25]

21 Dass die Parteien von der Regelfrist von zwölf Werktagen einvernehmlich abweichen können, ist selbstverständlich und der Privatautonomie geschuldet. Tun sie das, stellt sich allein die Frage, ob – soweit das durch AGB des Auftraggebers geschieht – damit gleichzeitig die angemessene Frist des § 640 Abs. 1 S. 3 BGB bestimmt wird. Dann allerdings muss sie im Hinblick auf die konkreten Umstände des Bauvorhabens (Umfang, Komplexität, aufwändige Prüfverfahren etc.) noch angemessen sein, weil sie ansonsten den Auftragnehmer unangemessen benachteiligen könnte.

IV. Abnahmeerklärung

22 Der Auftraggeber hat bei Vorliegen der Voraussetzungen – Fertigstellung ohne wesentliche Mängel – die Abnahme zu erklären. Das kann ausdrücklich oder konkludent – letzteres nur, wenn nicht eine Partei das Verlangen nach förmlicher Abnahme i.S.d. § 12 Abs. 4 VOB/B gestellt hat – geschehen. Zu den Einzelheiten der konkludenten Abnahme vgl. die Kommentierung zu § 640 BGB.[26] Jedenfalls keine konkludente Abnahme der Werkleistung des Auftragnehmers liegt in einer Eigennachbesserung, schon gar nicht in deren Ankündigung.[27]

V. Abnahmeverweigerung

23 Verweigert der Auftraggeber grundlos die Abnahme, liegt Annahme (= Gläubiger)verzug vor. Der Auftragnehmer kann auf Abnahme klagen[28] oder auf Feststellung, dass die Abnahmewirkungen eingetreten sind.[29] Die Gefahr des zufälligen Unterganges geht gem. § 644 Abs. 1 Satz 2 BGB damit auf den Auftraggeber über[30] und der Auftragnehmer hat nach § 300 BGB nur noch Vorsatz und grobe Fahrlässigkeit zu vertreten.

---

23 Messerschmidt/Voit/*Voit*, § 12 VOB/B Rn. 3.
24 BGH, Urt. v. 26.02.1981, VII ZR 287/79, BauR 1981, 284; PWW/*Leupertz*, § 640 BGB Rn. 2.
25 § 640 BGB Rdn. 54 ff.
26 § 640 BGB Rdn. 50 ff.
27 BGH, Urt. v. 27.02.1996, X ZR 3/94, BauR 1996, 386.
28 BGH, Urt. v. 26.02.1981, VII ZR 287/79, BauR 1981, 284; PWW/*Leupertz*, § 640 Rn. 2.
29 BGH, Urt. v. 27.02.1996, X ZR 3/94, BauR 1996, 386; Bamberger/Roth/*Voit*, § 640 Rn. 27.
30 Vgl. zu den Einzelheiten § 644 Rdn. 3.

Verweigert der Auftraggeber die Abnahme endgültig grundlos, treten alle Abnahmewirkungen sofort ein.[31] Das gilt auch, wenn die Abnahme zunächst berechtigter Weise verweigert wird, der Auftraggeber dann allerdings erklärt, er werde nicht abnehmen, was immer auch der Unternehmer im Folgenden zur Mängelbeseitigung unternehme.[32]

24

C. Abnahme von Teilen der Leistung, § 12 Abs. 2 VOB/B

Die VOB/B sieht in § 12 Abs. 2 VOB/B ausdrücklich eine Teilnahme vor, die nach den werkvertraglichen Vorschriften des BGB nur in Betracht kommt, wenn sie vereinbart ist.[33] Die Teilabnahme hat dieselben Rechtsfolgen für die Teilleistung wie die einheitliche Gesamtabnahme.[34]

25

I. Begriff der Teilleistung

Was als Teil einer Leistung – vorbehaltlich einer abweichenden individualvertraglichen Regelung der Bauvertragsparteien[35] – teilabnahmefähig ist, wird durch den unbestimmten Rechtsbegriff des »*in sich abgeschlossenen Teils der Leistung*« für die unmittelbare praktische Anwendung nur völlig unzulänglich beschrieben.

26

Nach herrschender Meinung liegen in sich abgeschlossene Teile der Leistung vor, wenn sie nach der Verkehrsauffassung selbstständig und von anderen Teilen der Leistung hinreichend deutlich abgrenzbar sind.[36] Dabei müssen sie eine eigenständige Funktionalität aufweisen, also für sich genommen gebrauchsfähig und demgemäß auch isoliert auf Mangelfreiheit überprüfbar sein.[37] Vereinzelt gibt es hierzu bestätigende Entscheidungen der Instanzgerichte,[38] die aber naturgemäß nur den jeweiligen Einzelfall zu beurteilen hatten und die deshalb keine grundsätzlichen Erwägungen zur »Abgeschlossenheit« enthalten.

27

Klarheit gebracht hat die Entscheidung des Bundesgerichtshofs[39] zu der Frage, unter welchen Voraussetzungen eine Teilkündigung gemäß §§ 4 Abs. 7, 8 Abs. 3 VOB/B möglich ist. Denn innerhalb eines Regelwerkes mit AGB-Charakter dürfte wohl nur eine einheitliche Bestimmung des identischen Rechtsbegriffes möglich sein, so dass das Verständnis der Teilkündigung in § 8 Abs. 3 Nr. 1 VOB/B kein anderes sein kann als in § 12 Abs. 2 VOB/B. Daraus folgt mit der oben genannten herrschenden Meinung in der Literatur: Leistungsteile innerhalb eines Gewerkes sind grundsätzlich nicht als abgeschlossen anzusehen, weil die für die eigenständige Beurteilung der Teilleistung erforderliche Selbstständigkeit fehlt. Nur bei klarer räumlicher oder zeitlicher Trennung der Leistungsteile eines Gewerkes kann das anders sein, wenn z.B. Estricharbeiten in verschiedenen Gebäuden erbracht werden. Bei Estricharbeiten auf verschiedenen Etagen desselben Gebäudes ist dies schon wieder zweifelhaft. Entscheidend für die Beurteilung ist hier wohl letztlich die technische Betrachtungsweise nach Eigenständigkeit, Funktionalität und Überprüfbarkeit.

28

---

31 BGH, Urt. v. 30.09.1999, VII ZR 162/97, BauR 2000, 128; *Kniffka*, ZfBR 1998, 113.
32 BGH, Urt. v. 15.05.199, X ZR 128/88, ZfBR 1990, 228.
33 § 640 Rdn. 66 f.
34 Staudinger/*Peters/Jacoby*, § 640 Rn. 73; Messerschmidt/Voit/*Voit*, § 12 VOB/B Rn. 7.
35 § 640 BGB Rdn. 67.
36 Ingenstau/Korbion/*Oppler*, § 12 Abs. 2 VOB/B, Rn. 6; Leinemann/*Jansen*, § 12 VOB/B, Rn. 80.
37 *Werner/Pastor*, Rn. 1382; Leinemann/*Jansen*, § 12 VOB/B Rn. 82; Kapellmann/Messerschmidt/*Havers*, § 12 VOB/B Rn. 79; *Thode*, ZfBR 1999, 118.
38 OLG Düsseldorf, Urt. v. 30.05.2008, I-22 U 16/08, BauR 2010, 1767; OLG Hamm, Urt. v. 05.07.1996, 12 U 168/95, BauR 1997, 472.
39 BGH, Urt. v. 20.08.2009, VII ZR 212/07, BauR 2009, 1736.

II. Sonderfall Gemeinschafts-/Teileigentum

29 Anders allerdings als Havers[40] das meint, sind Gemeinschaftseigentum einerseits und Teileigentum andererseits grundsätzlich nicht als in sich abgeschlossene Teilleistungen im Sinne des § 12 Abs. 2 VOB/B anzusehen. Soweit er sich auf eine Entscheidung des BGH[41] beruft, ist das dieser nach hiesiger Auffassung nicht zu entnehmen. Dort lag weder die VOB/B zu Grunde, noch wird deutlich, ob die Parteien nicht zumindest konkludent separate Abnahmen vereinbart hatten. Dass solche Teilabnahmen bei vertraglicher Vereinbarung auch dann möglich sind, wenn es sich nicht um in sich abgeschlossene Teilleistungen handelt, liegt vor dem Hintergrund der Vertragsautonomie auf der Hand.[42]

III. Teilabnahme und AGB

30 Gegen die in § 12 Abs. 2 VOB/B niedergelegte Verpflichtung, Teilabnahmen durchzuführen, bestehen keine ABG-rechtlichen Bedenken.[43] Zwar kennt das Gesetz keine Pflicht des Auftraggebers, Teilabnahmen durchzuführen. Wie die Regelung in § 641 Abs. 1 Satz 2 BGB aber zeigt, ist dem Gesetz die Teilabnahme nicht fremd und dürfte auch keine unangemessene Benachteiligung des Auftraggebers – wenn der Auftragnehmer die VOB/B gestellt hat – sein.

31 Genau so ist es selbstverständlich möglich, trotz Vereinbarung der VOB/B im Übrigen die Möglichkeit von Teilabnahmen auszuschließen.[44] Was man durch AGB vereinbaren kann, kann man auch wieder mit ihrer Hilfe ausschließen. I.Ü. kann schon deshalb kein Verstoß gegen ein gesetzliches Leitbild vorliegen, weil das BGB einen Anspruch auf Teilabnahme nicht kennt.

D. Recht zur Abnahmeverweigerung, § 12 Abs. 3 VOB/B

32 Wegen wesentlicher Mängel kann die Abnahme bis zur Beseitigung verweigert werden. Diese positiv gewendete Formulierung entspricht der negativen Formulierung in § 640 Abs. 1 Satz 2 BGB: »*Wegen unwesentlicher Mängel kann die Abnahme nicht verweigert werden.*« Gemeint ist freilich dasselbe,[45] auch wenn zunächst in der Literatur die Auffassung vertreten wurde, aus der Negativformulierung in § 640 Abs. 1 S. 2 BGB ergebe sich eine Beweislastumkehr dahin, dass der Besteller die Wesentlichkeit des Mangels beweisen müsse.[46]

I. Wesentlicher Mangel

33 Nach der Rechtsprechung des BGH[47] liegt ein nur unwesentlicher Mangel dann vor, wenn es dem Auftraggeber nach den Umständen des Einzelfalls unter Abwägung der wechselseitigen Interessen zumutbar ist abzunehmen und nicht mehr auf den Rechtsvorteilen, die ihn vor der Abnahme begünstigen, zu bestehen. Wann ein Mangel wesentlich i.S.d. § 12 Abs. 3 VOB/B ist, ist also immer eine Frage des Einzelfalls. Regelmäßig dürfte eine Gesamtschau folgender Aspekte maßgeblich sein:[48]

---

40 Kapellmann/Messerschmidt/*Havers*, § 12 VOB/B Rn. 79.
41 Urt. v. 30.06.1983, VII ZR 185/81, BauR 1983, 573.
42 Vgl. § 640 BGB Rdn. 67.
43 OLG Naumburg, Urt. v. 01.03.2000, 12 U 63/98, BauR 2001, 1928 (für formularmäßige Teilabnahmeverpflichtung nach § 15 Abs. 1 Nr. 8 HOAI a.F.); Staudinger/*Peters/Jacoby*, § 640 Rn. 73; a.A. für den Verbrauchervertrag *Deckers*, NZBau 2008, 627.
44 Messerschmidt/Voit/*Voit*, § 12 VOB/B Rn. 7.
45 Leinemann/*Jansen*, § 12 VOB/B Rn. 86; Ingenstau/Korbion/*Oppler*, § 12 Abs. 3 VOB/B Rn. 1; *Kniffka*, ZfBR 2000, 227; *Niemöller*, BauR 2001, 481.
46 *v. Craushaar*, BauR 2001, 471.
47 BGH, Urt. v. 25.01.1996, VII ZR 26/95, BauR 1996, 390; Urt. v. 26.02.1981, VII ZR 287/79, BauR 1981, 284.
48 OLG München, Urt. v. 15.01.2008, 13 U 4378/07, BauR 2008, 1163; *Werner/Pastor*, Rn. 1366.

- der Umfang der Mängelbeseitigungsmaßnahmen, insbesondere die Höhe der dadurch verursachten Kosten;[49]
- die Auswirkungen des Mangels auf die Funktionsfähigkeit der Gesamtwerkleistung und
- das Maß der – möglicherweise auch nur optischen – Beeinträchtigung.

Sind Mängel sicherheitsrelevant, kommt es allerdings auf die Schwere des Mangels genau so wenig an wie auf die Höhe der Mängelbeseitigungskosten.[50] Auch das Fehlen wichtiger Dokumentationen, die für einen störungsfreien Betrieb und eine zuverlässige Wartung notwendig sind, berechtigen zur Abnahmeverweigerung.[51] Schließlich kann auch eine Vielzahl unwesentlicher Mängel in ihrer Gesamtschau einen wesentlichen Mangel darstellen.[52] Bei optischen Mängeln ist besonders genau aufzuklären, inwieweit die vertragsgemäße Optik für die Erreichung des Vertragsziels wesentlich ist, was dann nicht nur Auswirkungen auf die Frage der Abnahmefähigkeit hat, sondern auch darauf, ob sich der Auftraggeber auf Minderung verweisen lassen muß.[53] 34

II. Verweigerung der Abnahme

Im Regelungsgefüge des § 12 VOB/B ist die Erklärung des Auftraggebers, nicht abzunehmen, mit keinen Rechtsfolgen verbunden. Es gelten vielmehr die oben unter B.V. dargestellten Grundsätze.[54] 35

E. Förmliche Abnahme, § 12 Abs. 4 VOB/B

Zwecks Abbedingung der für beide Bauvertragsparteien mit nicht unerheblichen Unsicherheiten verbunden fiktiven und auch konkludenten Abnahmetatbestände, aber auch zu Beweiszwecken, wird häufig die Durchführung einer förmlichen Abnahme vereinbart, deren näheres Procedere – mangels abweichender Vereinbarung – in § 12 Abs. 4 VOB/B beschrieben ist. 36

I. Durchgeführte förmliche Abnahme

1. Verlangen nach förmlicher Abnahme

Haben die Parteien nicht ohnehin eine förmliche Abnahme vereinbart und sind schon deshalb alle anderen Abnahmeformen konkludent abbedungen,[55] ist eine förmliche Abnahme durchzuführen, wenn nur eine Partei das verlangt. Das Verlangen ist also vom Vertragspartner selbst oder seinem Bevollmächtigten auszusprechen, nicht z.B. von seinem Subunternehmer direkt gegenüber dem Bauherrn. Es muß dem Anderen zugehen. 37

2. Der Abnahmetermin

Der Abnahmetermin muß mit ausreichendem Vorlauf angekündigt werden. Beide Parteien haben das Recht, auf eigene Kosten einen Sachverständigen zuzuziehen. Erscheint für eine Seite nur ein Sachverständiger, kann er als zur Abgabe der Abnahmeerklärung bevollmächtigt angesehen werden.[56] Durch die gemeinsame Anwesenheit der Parteien und sachkundiger Dritter sollen etwa bestehende technische Differenzen möglichst im Termin geklärt werden, jedenfalls aber Einigkeit über den erhobenen Befund erzielt werden.[57] 38

---

49 BGH, Urt. v. 15.06.2000, VII ZR 30/99, BauR 2000, 1482.
50 OLG Hamm, Urt. v. 26.11.2003, 12 U 112/02, BauR 2005, 731.
51 BGH, Urt. v. 29.06.1993, X ZR 129/01, WM 2004, 1246.
52 *Werner/Pastor*, Rn. 1366.
53 Vgl. § 635 BGB Rdn. 47.
54 Vgl. oben Rdn. 23 f.
55 BGH, Urt. v. 25.01.1996, VII ZR 233/94, BauR 1996, 378.
56 BGH, Urt. v. 06.03.1986, VII ZR 235/84, BauR 1986, 444.
57 Ingenstau/Korbion/*Oppler*, § 12 Abs. 4 VOB/B Rn. 9.

3. Das Abnahmeprotokoll

39 Nach § 12 Abs. 4 Nr. 1 Satz 3 VOB/B ist ein Protokoll zu fertigen, das möglichst präzise das Ergebnis des Termins festhält, ist dieses nun einvernehmlich oder nicht. Dazu gehört die Auflistung aller Mangelerscheinungen bzw. derjenigen Erscheinungen, die der Auftraggeber als Mängel ansieht. Zur Reichweite des notierten Mangels ist auf die Symptomrechtsprechung des BGH zu verweisen.[58] Wichtig ist in diesem Zusammenhang, dass die entdeckte Mangelerscheinung nicht nur festgehalten wird, sondern auch ein entsprechender Vorbehalt aufzunehmen ist, anderenfalls der Auftraggeber seine Rechte wegen § 640 Abs. 2 BGB verliert. Der Zusatz im Protokoll »unter Vorbehalt« reicht dafür.[59] Die besondere Beweiskraft des Abnahmeprotokolls als Privaturkunde nach § 416 ZPO ist zu beachten.

40 Gemäß § 341 Abs. 3 BGB bzw. § 11 Abs. 4 VOB/B muß sich der Auftraggeber bzw. sein zur Abnahme entsandter und deshalb insoweit umfassend bevollmächtigter Vertreter[60] bei der »Annahme« = Abnahme[61] die Vertragsstrafe vorbehalten, wobei auch hier die durch § 12 Abs. 4 Nr. 1 VOB/B vereinbarte Schriftform durch Aufnahme in die Niederschrift und Unterschrift zumindest des Auftraggebers[62] einzuhalten ist, anderenfalls der Vorbehalt – wie für die aufgefundenen Mängel – unwirksam ist.[63] Wegen dieser weitreichenden Bedeutung der Niederschrift, aber auch wegen ihres Beweiswertes, hat jede Partei Anspruch auf eine Ausfertigung, § 12 Abs. 4 Nr. 1 Satz 5 VOB/B.

41 Unterschreibt der Auftragnehmer das Protokoll, liegt darin weder ein Anerkenntnis in Bezug auf die dort niedergelegten Mängel noch bezüglich der vorbehaltenen Vertragsstrafe.[64] Umgekehrt akzeptiert auch der Auftraggeber mit seiner Unterschrift nicht die von ihm auf Verlangen des Auftragnehmers aufgenommenen Einwendungen.[65] Auch eine etwa enthaltene Frist zur Mängelbeseitigung erkennt der Auftragnehmer durch seine Unterschrift nicht als angemessen i.S.d. § 13 Abs. 5 Nr. 2 VOB/B an.

II. Einseitige förmliche Abnahme nach § 12 Abs. 4 Nr. 2 VOB/B

42 § 12 Abs. 4 Nr. 2 VOB/B regelt den in der Praxis seltenen Fall, dass zwar der Auftraggeber zum Abnahmetermin erscheint, nicht aber der Auftragnehmer. Ungewöhnlich ist das deshalb, weil es insbesondere das Interesse des Auftragnehmers ist, dem Auftraggeber die »*Rechtsvorteile, die ihn vor der Abnahme begünstigen*«[66] zu nehmen, also selbst in den Genuss ihrer Vorteile zu kommen (z.B. Fälligkeit der Vergütung, Umkehr der Beweislast wegen Mängeln, Gefahrübergang etc.).

43 Trotz Nichterscheinens des Auftragnehmers kann der Auftraggeber die Abnahme alleine durchführen, wenn ein Abnahmetermin fest vereinbart war oder der Auftraggeber mit ausreichender Frist eingeladen hatte, § 12 Abs. 4 Nr. 2 Satz 1 VOB/B. Anderes gilt nur bei unverschuldeter Verhinderung an der Teilnahme, wobei der Auftragnehmer dem Auftraggeber den Hinderungsgrund unverzüglich mitzuteilen hat.[67]

---

58 BGH, Urt. v. 17.01.2002, VII ZR 488/00, BauR 2002, 784; Urt. v. 26.03.1992, VII ZR 258/90, BauR 1992, 503.
59 OLG Hamm, Urt. v. 14.03.2008, 21 U 34/07, BauR 2008, 677.
60 OLG Düsseldorf, Urt. v. 18.18.1984, 23 U 142/84, BauR 1986, 457.
61 BGH, Urt. v. 10.02.1977, VII ZR 17/75, BauR 1977, 280.
62 BGH, Urt. v. 25.09.1986, VII ZR 276/84, BauR 1987, 92; Staudinger/*Peters/Jacoby*, § 640 BGB Rn. 79.
63 BGH, Urt. v. 25.01.1973, VII ZR 149/72, BauR 1973, 192.
64 BGH, Urt. v. 25.09.1986, VII ZR 276/84, BauR 1987, 92; Ingenstau/Korbion/*Oppler*, § 12 Abs. 4 VOB/B Rn. 16.
65 Messerschmidt/Voit/*Voit*, § 12 VOB/B Rn. 11.
66 BGH, Urt. v. 26.02.1981, VII ZR 287/79, BauR 1981, 284.
67 Vgl. zu den Einzelheiten Ingenstau/Korbion/*Oppler*, § 12 Abs. 4 VOB/B Rn. 20 ff.

Führt der Auftragnehmer die Abnahme berechtigter Weise alleine durch, ist sie voll wirksam, wobei sich das Problem stellt, wie sich der Auftraggeber seine Rechte wegen bekannter Mängel und einer etwaigen Vertragsstrafe vorbehält. Weil die Abnahme des Auftraggebers zugangsbedürftige Willenserklärung ist,[68] muss der Auftraggeber seine etwaigen Vorbehalte dem Auftragnehmer zu dem Zeitpunkt mitteilen, in dem diesem die Abnahmeerklärung zugeht. Das geschieht in der Regel durch die nach § 12 Abs. 4 Nr. 2 Satz 2 VOB/B ohnehin vorgesehene Übersendung des Ergebnisses des Abnahmetermins. 44

F. Fiktive Abnahme nach § 12 Abs. 5 VOB/B

Mit den Abnahmetatbeständen in § 12 Abs. 5 Nr. 1 und Nr. 2 VOB/B hat die VOB schon immer eine Fiktion vorgesehen, die der Gesetzgeber – wenn auch unter anderen Voraussetzungen – erst mit dem Gesetz zur Beschleunigung fälliger Zahlungen durch § 640 Absatz 1 S. 3 BGB eingeführt hat. Angesichts der stetig zunehmenden Neigung, eine förmliche Abnahme zu verlangen, verliert die fiktive Abnahme in der Praxis weiter an Bedeutung. Nicht selten wird ihr aber wieder zu Relevanz verholfen, z.B. wenn die Parteien – häufig konkludent – auf die Durchführung einer förmlichen Abnahme verzichten.[69] 45

I. Allgemeine Voraussetzungen der fiktiven Abnahme

Wesentliches Merkmal der fiktiven Abnahme nach § 12 Abs. 5 Nr. 1 und Nr. 2 VOB/B ist, dass allein aus äußeren Umständen auf die Abnahmeerklärung des Auftraggebers geschlossen wird.[70] Obgleich die Abnahmeerklärung eine rechtsgeschäftliche Handlung des Auftraggebers ist, kommt es auf seine innere Willensbildung und seine nach außen gerichtete Willensäußerung in diesem Fall nicht an, solange er nicht seinen entgegenstehenden Willen – sei es ausdrücklich, sei es durch schlüssiges Verhalten – kund tut.[71] Beides wird durch die vertragliche Fiktion ersetzt. Sie wird gefolgert entweder aus seinem Untätigbleiben auf die Fertigstellungsmitteilung, § 12 Abs. 5 Nr. 1 VOB/B, oder aus seiner Ingebrauchnahme der Leistung, § 12 Abs. 5 Nr. 2 VOB/B. 46

1. Geltung der fiktiven Abnahmetatbestände

Wird, was selten vorkommen dürfte, die VOB/B in ihrer Reinform vereinbart, stehen der Anwendung der beiden fiktiven Abnahmetatbestände des § 12 Abs. 5 Nr. 1 und Nr. 2 VOB/B keine Bedenken entgegen,[72] zumindest solange sie nicht gegenüber einem Verbraucher verwendet wird.[73] Sind beide Vertragspartner Verwender, stellt sich das AGB-Problem naturgemäß ebenfalls nicht.[74] 47

Ist jedoch der Auftragnehmer Verwender und wird die VOB/B nicht als Ganzes vereinbart oder ist der Verwendungsgegner Verbraucher, scheitert die Wirksamkeit der Klausel über die fiktive Abnahme zulasten des Auftraggebers bereits daran, dass sie auch bei wesentlichen Mängeln eingreift, was evident gegen das gesetzliche Leitbild des § 640 Abs. 1 S. 3 BGB verstößt, nach dem der Auftraggeber nur bei unwesentlichen Mängeln die Abnahme nicht verweigern darf, im übrigen gegen das Fiktionsverbot des § 308 Nr. 5 BGB verstößt.[75] Ist hingegen der Auftraggeber Verwender, 48

---

68 Vgl. § 640 BGB Rdn. 31.
69 Vgl. § 640 BGB Rdn. 47 f.
70 MüKo-BGB/*Busche*, § 640 BGB Rn. 58.
71 Ingenstau/Korbion/*Oppler*, § 12 Abs. 5 VOB/B Rn. 1.
72 BGH, Urt. v. 22.01.2004, VII ZR 419/02, BauR 2004, 668.
73 In diesem Fall ist nach BGH, Urt. v. 24.07.2008, VII ZR 55/07, BauR 2008, 1603 gleichwohl jede einzelne Regelung der AGB-rechtlichen Inhaltskontrolle zu unterwerfen.
74 BGH, Urt. v. 17.02.2010, VIII ZR 67/09, BGHZ 184, 259.
75 § 308 BGB Rdn. 18 unter Hinweis auf die durch das Forderungssicherungsgesetz entfallene Privilegierung der §§ 12 Nr. 5 Abs. 1 und 2 VOB/B a.F.

stellt sich die Frage nach der Wirksamkeit nicht, denn die fiktive Abnahme benachteiligt zum einen den Verwendungsgegner, also den Auftragnehmer, nicht, zum anderen kann sich der Verwender einer unwirksamen AGB ohnehin hierauf nicht berufen.[76]

49 Eine fiktive Abnahme ist i.Ü. per se ausgeschlossen, wenn der Vertrag wirksam gekündigt ist.[77]

2. Kein Abbedingen der fiktiven Abnahme

50 Oft haben die Bauvertragsparteien eine fiktive Abnahme ausgeschlossen, entweder, indem das im Vertrag – gegebenenfalls auch AGB-rechtlich wirksam – ausdrücklich so vereinbart ist oder, weil die Parteien übereinstimmend nur eine förmliche Abnahme gelten lassen wollen.[78]

51 Ein Ausschluss der fiktiven Abnahme in AGB des Auftragnehmers ist ohne weiteres wirksam,[79] in AGB des Auftraggebers nur dann, wenn nur die Tatbestände des § 12 Abs. 5 Nr. 1 und Nr. 2 VOB/B ausgeschlossen sind, nicht jedoch derjenige des § 640 Abs. 1 S. 3 BGB.[80]

52 Tatsächlich schwierig wird es, wenn sich aus den Umständen ergibt, dass die Parteien stillschweigend auf die Durchführung der förmlichen Abnahme verzichtet haben.[81] Geschieht das noch dadurch, dass beide über längere Zeit nicht auf die Förmlichkeit zurückkommen,[82] ist ab diesem Zeitpunkt (dessen Festlegung nur im Einzelfall und mit erheblichen Problemen möglich sein wird[83]) die fiktive Abnahme wieder möglich.

53 Wird die fiktive Abnahme nach § 12 Abs. 5 VOB/B ausgeschlossen, ist die VOB/B jedenfalls nicht mehr als Ganzes vereinbart mit der Folge, dass sie auch bei Verwendung gegenüber einem Unternehmer der vollen Inhaltskontrolle unterliegt.[84]

3. Keine Abnahmeverweigerung des Auftraggebers

54 Gemeinsam ist den beiden fiktiven Abnahmetatbeständen auch, dass sie nur eingreifen, wenn der Auftraggeber nicht zuvor die Abnahme der Leistung ausdrücklich oder konkludent endgültig abgelehnt hat[85] – mit welcher Begründung auch immer. Denn die Fiktion bezieht sich gerade auf die Erklärung des Auftraggebers, die Leistung als im Wesentlichen vertragsgerecht anzuerkennen. Für sie ist kein Raum mehr, wenn der Auftraggeber genau das Gegenteil bereits zu erkennen gegeben hat.[86]

4. Keine wesentlichen Mängel?

55 Uneinheitlich in der Literatur wird die Frage behandelt, ob die fiktive Abnahme nur in Betracht kommt, wenn die Leistung im Wesentlichen mangelfrei hergestellt ist.

56 Anders als die seit dem 01.05.2000 in das BGB eingefügte fiktive Abnahme gemäß § 640 Abs. 1 S. 3 BGB, die nur in Betracht kommt, wenn das Werk im wesentlichen mangelfrei ist, setzt § 12 Abs. 5 VOB/B die Mängelfreiheit im wesentlichen seinem Wortlaut nach nicht voraus, denn der Bedingungstext enthält eine solche Einschränkung nicht. Das benachteiligt den Auftraggeber als

---

76 BGH, Urt. v. 04.12.1986, VII ZR 354/85, BauR 1987, 205; Staudinger/*Coester*, § 307 BGB Rn. 94.
77 BGH, Urt. v. 19.12.2002, VII ZR 103/00, BauR 2003, 689.
78 OLG Dresden, Urt. v. 13.12.2006, 6 U 649/06, nur bei ibr-online.
79 Staudinger/*Peters/Jacoby*, § 640 BGB Rn. 85.
80 *Kniffka*, ZfBR 2000, 227.
81 OLG Düsseldorf, Urt. v. 20.11.1998, 22 U 104/98, BauR 1998, 892; s.a. § 640 BGB Rdn. 47 ff.
82 BGH, Urt. v. 21.04.1977, VII ZR 108/76, BauR 1977, 340.
83 Zu den Anforderungen: OLG Düsseldorf, Urt. v. 31.10.2006, 12 U 39/06, BauR 2007, 1254.
84 OLG Brandenburg, Urt. v. 24.04.2008, 12 U 189/07, IBR 2008, 514.
85 BGH, Urt. v. 27.02.1996, X ZR 3/94, BauR 1996, 386.
86 OLG Düsseldorf, Urt. v. 01.06.1976, 21 U 224/74, BauR 1976, 433.

Verwendungsgegner unangemessen i.S.d. § 307 BGB, so dass in dieser Konstellation bei Vorliegen von wesentlichen Mängeln eine fiktive Abnahme schon aus AGB-rechtlichen Gründen scheitert.[87]

Gleichwohl bleibt für den Fall z.B. der übereinstimmenden Einbeziehung oder der Einbeziehung durch den Auftraggeber die Frage, ob die »Mangelfreiheit im wesentlichen« ungeschriebenes Tatbestandsmerkmal des § 12 Abs. 5 VOB/B ist oder über den Hinweis in § 12 Abs. 1 VOB/B, nach dem die Abnahme grundsätzlich die »Fertigstellung« erfordert, die wiederum die Mangelfreiheit im Wesentlichen voraussetzt, gilt. 57

a) Mangelfreiheit im Wesentlichen notwendig

Die wohl herrschende Meinung[88] leitet aus dem Begriff der »Fertigstellung« ab, dass das Werk »im Wesentlichen mängelfrei« sein muß. Das habe auch der Bundesgerichtshof so entschieden.[89] 58

b) Mangelfreiheit im Wesentlichen nicht erforderlich

Havers[90] und *Jagenburg*[91] weisen demgegenüber darauf hin, es komme bei der fiktiven Abnahme weder auf die innere Willensrichtung des Auftraggebers an, noch auf den objektiven Zustand der Werkleistung, weshalb auch bei unfertigen und mit wesentlichen Mängeln behafteten Leistungen die fiktive Abnahme nach § 12 Abs. 5 VOB/B erfolgen könne. 59

c) Keine »ganz erheblichen Mängel«

Voit[92] vertritt hierzu eine vermittelnde Meinung: die Leistung müsse im Wesentlichen vollständig erbracht sein. Mängel, mit Ausnahme ganz erheblicher, hinderten die fiktive Abnahme nicht. Um die Regeln der fiktiven Abnahme nicht zu entwerten, sei dies aber nur in sehr seltenen Ausnahmefällen anzunehmen. Es gelte der Beurteilungsmaßstab des § 242 BGB. Dies ist wohl so zu verstehen, dass zwar den Anspruch auf Abnahme hindernde Mängel i.S.d. § 640 Abs. 1 Satz 3 BGB vorliegen können, sie aber nicht so gravierend sein dürfen, dass das Berufen auf die fiktive Abnahme treuwidrig ist. 60

d) Stellungnahme

Im Ergebnis ist der herrschenden Meinung zuzustimmen, auch wenn sich deren Richtigkeit jedenfalls nicht mit letzter Sicherheit aus den dazu bemühten Entscheidungen des BGH ergibt. 61

Im Kern geht es um die Frage, ob § 12 Abs. 5 VOB/B die Fertigstellung der Leistung erfordert oder nicht. Der Wortlaut scheint für die Auffassung von *Havers* und *Jagenburg* zu sprechen, denn weder in § 12 Abs. 5 Nr. 1 VOB/B noch in § 12 Abs. 5 Nr. 2 VOB/B ist die Fertigstellung erwähnt. Nr. 1 spricht nur von der »Mitteilung über die Fertigstellung«, Nr. 2 stellt gar nur auf die Benutzung ab. Gleichwohl ist die im Wesentlichen mängelfreie Erstellung des Werkes zu fordern, was nichts anderes meint als Fertigstellung i.S.d. § 12 Abs. 1 VOB/B. Denn die Regelung in § 12 Abs. 5 ist zusammen mit der Regelung über die Fälligkeit der Abnahme in § 12 Abs. 1 VOB/B 62

---

87 Staudinger/*Peters/Jacoby*, § 640 BGB Rn. 86.
88 OLG Düsseldorf, Urt. v. 31.10.2006, 12 U 39/06, BauR 2007, 1254; Leinemann/*Jansen*, § 12 VOB/B Rn. 102; Ingenstau/Korbion/*Oppler*, § 12 Abs. 5 VOB/B Rn. 2 u. 6; *Zanner*, in: Franke/Kemper/Zanner/Grünhagen, § 12 VOB/B Rn. 127; Nicklisch/Weick/*Niklisch*, § 12 VOB/B Rn. 76.
89 BGH, Urt. v. 25.01.1973, VII ZR 149/72, BauR 1973, 192; Urt. v. 21.121978, VII ZR 269/77; BauR 1979, 159.
90 Kapellmann/Messerschmidt/*Havers*, § 12 VOB/B Rn. 106.
91 Beck'scher VOB-Kommentar/*Jagenburg*, § 12 Nr. 5 VOB/B Rn. 7 f.
92 Messerschmidt/Voit/*Voit*, § 12 VOB/B Rn. 15.

zu lesen. Dort ist von Fertigstellung ausdrücklich die Rede, die Voraussetzung für das Verlangen nach Abnahme ist. Auch aus den beiden vorgenannten BGH-Entscheidung ist dies nach hiesiger Auffassung zumindest herauszulesen, denn in den Entscheidungsgründen seines Urteils vom 25.01.1973 heißt es: »*Grundsätzlich kommt eine Abnahme jedoch erst in Betracht, wenn das Werk fertig gestellt, d.h. wenn es vollendet ist*«. »Vollendung« kann aber nichts anderes bedeuten als Mangelfreiheit zumindest im Wesentlichen.

63 Die vermittelnde Meinung von *Voit* birgt zunächst fast unüberwindliche Abgrenzungsschwierigkeiten in der Praxis, findet im Übrigen weder im Gesetz noch der VOB/B eine Stütze, denn entweder man fordert die Fertigstellung (= im Wesentlichen Mangelfreiheit) unter Bezugnahme auf § 12 Abs. 1 VOB/B oder man verzichtet auf dieses Tatbestandsmerkmal.

64 Dabei wird nicht verkannt, dass die vermeintliche fiktive Abnahme in der Praxis zu größten Schwierigkeiten führen kann, z.B. in folgendem Fall: ist das Werk augenscheinlich mängelfrei, würde es der Auftraggeber bei durchgeführter Abnahme voraussichtlich abnehmen. Nun stellt sich nach 4 Jahren heraus, dass das Werk mit einem schweren Mangel behaftet ist. Wegen Übersendung der Schlussrechnung sind beide Partien über Jahre von eine fiktiv erfolgten Abnahme ausgegangen. Nun wird klar, dass die Abnahme wegen der Schwere des Mangels nie eingetreten war. Alle angenommenen Wirkungen der Abnahme entfallen nicht etwa rückwirkend, sondern sind nie eingetreten. Der Auftragnehmer muß plötzlich für Beschädigungen der Sache einstehen, trägt er doch bis zur Abnahme die Sachgefahr. Die Verjährung hat noch gar nicht zu laufen begonnen etc. Man wird erwägen müssen, ob das Erfordernis der Mangelfreiheit im Wesentlichen = Fertigstellung bei der fiktiven Abnahme nicht danach zu beurteilen ist, ob aus objektiver Sicht bei Durchführung eines Termins die Abnahme erklärt worden wäre.[93] Die Klärung solcher hypothetischer Sachverhalte ist zwar ebenfalls mit Schwierigkeiten verbunden, würde aber zu einem sachgerechten Ergebnis führen. Denn selbstverständlich ist entgegen *Havers* und *Jagenburg* der Auftragnehmer, der durch die Fertigstellungsmitteilung trotz erkennbarer wesentlicher Mängel in den Genuss der Abnahme zu kommen hofft, nicht schutzwürdig.

5. Kein Abnahmeverlangen

65 Die jeweils anfängliche Formulierung in § 12 Abs. 5 Nr. 1 und Nr. 2 VOB/B: »*Wird keine Abnahme verlangt …*« ist zunächst selbsterklärend. Nicht selten verfolgen die Parteien ein zunächst geäußertes Abnahmeverlangen, insbesondere durch Vereinbarung einer förmlichen Abnahme, nicht weiter. Wird das Verlangen dann durch Zeitablauf[94] oder andere Umstände, aus denen auf den Verzicht auf das Abnahmeverlangen geschlossen werden kann, wirkungslos, ist für die fiktive Abnahme wieder Raum.[95] Allerdings sind an den konkludenten Verzicht, insbesondere bei vereinbarter förmlicher Abnahme, strenge Anforderungen zu stellen, denn der dafür notwendige Verzichtswille muß erkennbar werden.[96]

II. Die fiktive Abnahme nach § 12 Abs. 5 Nr. 1 VOB/B

66 Liegen die vorstehend unter I. dargestellten Voraussetzungen vor, ist Raum für die fiktive Abnahme nach Fertigstellungsmitteilung und Fristablauf, § 12 Abs. 5 Nr. 1 VOB/B.

---

93 In diese Richtung wohl auch *Zanner*, in: Franke/Kemper/Zanner/Grünhagen, § 12 VOB/B Rn. 127 unter Hinweis auf *Thode*, ZfBR 1999, 116.
94 OLG Bamberg, Urt. v. 05.05.1997, 4 U 188/96, MDR 1998, 465.
95 Ingenstau/Korbion/*Oppler*, § 12 Abs. 5 VOB/B Rn. 4; Nicklisch/Weick/*Nicklisch*, § 12 VOB/B Rn. 75.
96 BGH, Urt. v. 03.11.1992, X ZR 83/90, NJW 1993, 1063; OLG Düsseldorf, Urt. v. 20.11.1998, 22 U 104/98, BauR 1999, 404.

1. Schriftliche Fertigstellungsmitteilung

Der Auftragnehmer muß den Auftraggeber schriftlich über die Fertigstellung unterrichten. Die Einhaltung der Schriftform ist dabei konstitutiv,[97] so dass mündliche Mitteilungen nie reichen.[98] Sie muß, weil sie empfangsbedürftige Willenserklärung ist,[99] dem Auftraggeber oder seinem insoweit Bevollmächtigten zugehen.[100] Der Zugang beim bauleitenden Architekten reicht deshalb nicht.[101] 67

Dabei ist es nicht erforderlich, dass der Auftragnehmer ausdrücklich die Fertigstellung anzeigt. Wie bei jeder Willenserklärung ist ggfls. durch Auslegung zu ermitteln, ob aus Sicht eines objektiven Erklärungsempfängers der Auftraggeber aus der schriftlichen Mitteilung erkennen konnte, dass der Auftragnehmer die Fertigstellung anzeigt. Angenommen worden ist das z.B. bei Übersendung der Schlussrechnung.[102] Aber auch die Mitteilung, die Baustelle werde jetzt geräumt, soll ausreichen.[103] Allerdings ist vor einer typisierenden Betrachtung zu warnen, vielmehr der jeweilige Sachverhalt genau darauf zu untersuchen, ob dem Verhalten des Auftragnehmers wirklich eine solche Fertigstellungsmitteilung entnommen werden kann.[104] 68

2. Fristablauf

Die Abnahme wird fingiert, wenn seit dem Zugang der Fertigstellungsmitteilung 12 Werktage (einschließlich Samstage, vgl. § 11 Abs. 3 VOB/B) vergangen sind und der Auftraggeber innerhalb dieser Zeit nicht durch Erklärung gegenüber dem Auftragnehmer die Abnahme verweigert[105] oder seinerseits eine Abnahme verlangt.[106] 69

III. Die fiktive Abnahme nach § 12 Abs. 5 Nr. 2 VOB/B

Auch die Benutzung der Werkleistung kann unter bestimmten Umständen zur fiktiven Abnahme der Leistung durch den Auftraggeber führen. 70

1. Inbenutzungnahme der Leistung oder eines Teils

Zunächst muss der Auftraggeber die Leistung selbst oder durch Dritte (z.B. Mieter) in Benutzung nehmen, und zwar zu ihrem vertragsgemäßen Gebrauch.[107] Auch das ist anhand der Umstände des Einzelfalles zu beurteilen. Vor einer typisierenden Betrachtung sei auch hier gewarnt. Gleichwohl haben sich in Rechtsprechung und Literatur Regelfälle entwickelt, in denen die Inbenutzungnahme unterstellt wird: 71
– Einzug in eine Haus oder eine Wohnung bzw. Bezug von Büro- und Gewerbeflächen;[108]
– Freigabe von Verkehrsflächen für den öffentlichen Verkehr;[109]
– Inbetriebnahme von Industrieanlagen;[110]

---

97 Nicklisch/Weick/*Nicklisch*, § 12 VOB/B Rn. 80; Ingenstau/Korbion/*Oppler*, § 12 Abs. 5 VOB/B Rn. 10.
98 *Zanner*, in: Franke/Kemper/Zanner/Grünhagen, § 12 VOB/B Rn. 132.
99 Leinemann/*Jansen*, § 12 VOB/B Rn. 104.
100 Ingenstau/Korbion/*Oppler*, § 12 Abs. 5 VOB/B Rn. 10.
101 *Zanner*, in: Franke/Kemper/Zanner/Grünhagen, § 12 VOB/B Rn. 134.
102 BGH, Urt. v. 20.04.1989, VII ZR 334/87, BauR 1989, 603; OLG Dresden, Urt. v. 03.07.2007, 5 U 1860/06, IBR 2008, 259.
103 Ingenstau/Korbion/*Oppler*, § 12 Abs. 5 VOB/B Rn. 11; Leinemann/*Jansen*, § 12 VOB/B Rn. 103.
104 So z.B. im Fall OLG Düsseldorf, Urt. v. 16.05.1997, 22 U 232/96, BauR 1997, 842.
105 Leinemann/*Jansen*, § 12 VOB/B Rn. 105;.
106 Ingenstau/Korbion/*Oppler*, § 12 Abs. 5 VOB/B Rn. 12.
107 Leinemann/*Jansen*, § 12 VOB/B Rn. 108; Ingenstau/Korbion/*Oppler*, § 12 Abs. 5 VOB/B Rn. 24.
108 BGH, Urt. v. 12.06.1975, VII ZR 55/73, BauR 1975, 344; Urt. v. 20.09.1984, VII ZR 377/83, BauR 1985, 200.
109 Ingenstau/Korbion/*Oppler*, § 12 Abs. 5 VOB/B Rn. 21.
110 Leinemann/*Jansen*, § 12 VOB/B Rn. 108.

72 Problematisch ist die Benutzung dann, wenn nur Teile ihrer bestimmungsmäßigen Verwendung zugeführt werden, z.B. wenn bei einem 10-geschossigen Bürogebäude 9 Geschosse bezogen werden, eines aber leer stehen bleibt.[111] Bei einer derart überwiegenden Nutzung, bei der insbesondere die Allgemeineinrichtungen wie Haustechnik, Aufzüge, Außenanlage, Tiefgarage etc. voll genutzt werden, wird man wohl von einer Ingebrauchnahme im Ganzen ausgehen müssen. Eine Lösung dieser Situation über das Tatbestandsmerkmal »einen Teil der Leistung« kommt wohl nicht in Betracht, weil es sich bei 9 von 10 Geschossen nicht um eine Teilleistung i.S. der VOB/B handelt.[112] Eine Ingebrauchnahme im Ganzen wurde auch angenommen in dem Fall, dass neben den Tierklinikräumen einer umgebauten Scheune die dort befindlichen Wohnräume (noch) nicht sofort, sondern erst einige Tage später bezogen wurden, denn es genügt »bei einem einheitlichen Gebäude, das zu verschiedenen Zwecken genutzt wird, wenn für das insgesamt fertiggestellte und nutzbare Bauwerk eine Nutzungsart aufgenommen wird. Dies ist dann nicht anders zu beurteilen, als wenn ein einheitlich nutzbares Gebäude aus freier Entscheidung des Bestellers zunächst nur teilweise in Gebrauch genommen wird.«[113]

73 Keine fiktive Abnahme tritt ein, wenn der Auftraggeber in zeitlichem Zusammenhang mit der Ingebrauchnahme auf wesentliche Mängel hingewiesen hat und gleichwohl die Leistung benutzt, z.B. um Folgeschäden zu minimieren (z.B. Vertragsstrafeansprüche des gewerblichen Mieters oder drohende Mietausfälle[114]) oder wegen einer bestehenden Zwangslage (z.B. Pflicht zur Räumung der bisherigen Wohnung).[115]

74 Eine fiktive Teilabnahme kommt nur dann in Betracht, wenn es sich um eine Teilleistung i.S. der VOB/B handelt, sie also die für ihre Beurteilung notwendige Selbständigkeit aufweist, es sei denn, es besteht eine deutliche Räumliche oder zeitliche Trennung.[116]

75 Eine fiktive (Teil-)Abnahme kommt im Übrigen schon nach dem Bedingungstext nicht in Betracht, wenn sie »zur Weiterführung der Arbeiten« erfolgt, § 12 Abs. 5 Nr. 2 Satz 2 VOB/B; so, wenn der Folgeunternehmer auf die Rohbaudecke seinen Estrich einbringt.

2. Fristablauf

76 6 Werktage nach der – ununterbrochenen[117] – Ingebrauchnahme treten alle Abnahmewirkungen ein, wobei Samstage nicht mitzählen[118] – § 11 Abs. 3 VOB/B. Für die Fristberechnung gelten die §§ 186 BGB ff, so dass der erste Tag der Frist derjenige nach der Ingebrauchnahme ist, § 187 Abs. 1 BGB, und bei Berechnung des Fristendes § 193 BGB (Sonn- und Feiertag; Sonnabend) zu beachten ist. Die deutlich kürzere Frist gegenüber § 12 Abs. 5 Nr. 1 VOB/B von 12 Werktagen rechtfertigt sich aus dem Umstand, dass der Auftragnehmer trotz der Ingebrauchnahme zunächst bis zum Eintritt der Abnahme die Sachgefahr weiter trägt und sein diesbezügliches Risiko infolge der Benutzung steigt.

IV. Vorbehalte des Auftraggebers bei fiktiver Abnahme, § 12 Abs. 5 Nr. 3 VOB/B

77 Vorbehalte wegen bekannter Mängel oder wegen Vertragsstrafen hat der Auftraggeber entweder binnen 12 Werktagen, § 12 Abs. 5 Nr. 1 VOB/B oder binnen 6 Werktagen,[119] § 12 Abs. 5 Nr. 2

---

111 Offen gelassen in BGH, Urt. v. 20.09.1984, VII ZR 377/83, BauR 1985, 200.
112 BGH, Urt. v. 20.08.2009, VII ZR 212/07, BauR 2009, 1736; vgl. auch oben Rdn. 26 ff.
113 BGH, Urt. v. 20.09.1984, VII ZR 377/83, BauR 1985, 200.
114 BGH, Urt. v. 23.11.1978, VII ZR 29/78, BauR 1979, 152.
115 OLG Hamm, Urt. v. 10.05.2001, 21 U 101/00, BauR 2001, 1914, OLG Düsseldorf, Urt. v. 12.11.1993, 22 U 91/93, BauR 1994, 148 (Ls.).
116 BGH, Urt. v. 20.08.2009, VII ZR 212/07, BauR 2009, 1736; vgl. auch oben Rdn. 26 ff.
117 Ingenstau/Korbion/*Oppler*, § 12 Abs. 5 VOB/B Rn. 26.
118 BGH, Urt. v. 12.06.1975, VII ZR 55/73, NJW 1975, 1701.
119 BGH, Urt. v. 03.11.1960, VII ZR 150/59, BGHZ 33, 236.

VOB/B, geltend zu machen, § 12 Abs. 5 Nr. 3 VOB/B. Der Vorbehalt muß vom Auftraggeber selbst oder seinem dazu Bevollmächtigten gegenüber dem Auftragnehmer selbst oder seinem insoweit bevollmächtigten Vertreter erfolgen, denn es handelt sich um eine empfangsbedürftige Willenserklärung,[120] für die die allgemeinen Regeln gelten.

G. Gefahrübergang mit Abnahme, § 12 Abs. 6 VOB/B

Mit der Abnahme geht die Vergütungsgefahr auf den Auftraggeber über. Die Regelung entspricht § 644 BGB – zu den Einzelheiten siehe deshalb dort.[121] Nichts anders gilt grundsätzlich für die Leistungsgefahr, also das Herstellungsrisiko,[122] allerdings mit der Einschränkung nach § 7 VOB/B. 78

§ 13 Mängelansprüche

(1) Der Auftragnehmer hat dem Auftraggeber seine Leistung zum Zeitpunkt der Abnahme frei von Sachmängeln zu verschaffen. Die Leistung ist zur Zeit der Abnahme frei von Sachmängeln, wenn sie die vereinbarte Beschaffenheit hat und den anerkannten Regeln der Technik entspricht. Ist die Beschaffenheit nicht vereinbart, so ist die Leistung zur Zeit der Abnahme frei von Sachmängeln,
1. wenn sie sich für die nach dem Vertrag vorausgesetzte,
   sonst
2. für die gewöhnliche Verwendung eignet und eine Beschaffenheit aufweist, die bei Werken der gleichen Art üblich ist und die der Auftraggeber nach der Art der Leistung erwarten kann.

(2) Bei Leistungen nach Probe gelten die Eigenschaften der Probe als vereinbarte Beschaffenheit, soweit nicht Abweichungen nach der Verkehrssitte als bedeutungslos anzusehen sind. Dies gilt auch für Proben, die erst nach Vertragsabschluss als solche anerkannt sind.

(3) Ist ein Mangel zurückzuführen auf die Leistungsbeschreibung oder auf Anordnungen des Auftraggebers, auf die von diesem gelieferten oder vorgeschriebenen Stoffe oder Bauteile oder die Beschaffenheit der Vorleistung eines anderen Unternehmers, haftet der Auftragnehmer, es sei denn, er hat die ihm nach § 4 Abs. 3 obliegende Mitteilung gemacht.

(4) 1. Ist für Mängelansprüche keine Verjährungsfrist im Vertrag vereinbart, so beträgt sie für Bauwerke 4 Jahre, für andere Werke, deren Erfolg in der Herstellung, Wartung oder Veränderung einer Sache besteht, und für die vom Feuer berührten Teile von Feuerungsanlagen 2 Jahre. Abweichend von S. 1 beträgt die Verjährungsfrist für feuerberührte und abgasdämmende Teile von industriellen Feuerungsanlagen 1 Jahr.
2. Ist für Teile von maschinellen und elektrotechnischen/elektronischen Anlagen oder Teilen davon, bei denen die Wartung Einfluss auf die Sicherheit und Funktionsfähigkeit hat, nichts anderes vereinbart, beträgt für diese Anlagenteile die Verjährungsfrist für Mängelansprüche abweichend von Nr. 1 zwei Jahre, wenn der Auftraggeber sich dafür entschieden hat, dem Auftragnehmer die Wartung für die Dauer der Verjährungsfrist nicht zu übertragen; dies gilt auch, wenn für weitere Leistungen eine andere Verjährungsfrist vereinbart ist.
3. Die Frist beginnt mit der Abnahme der gesamten Leistung; nur für in sich abgeschlossene Teile der Leistung beginnt sie mit der Teilabnahme (§ 12 Abs. 2).

---

[120] Ingenstau/Korbion/*Oppler*, § 12 Abs. 5 VOB/B Rn. 29.
[121] § 644 BGB Rdn. 1.
[122] § 644 BGB Rdn. 6.

(5) 1. Der Auftragnehmer ist verpflichtet, alle während der Verjährungsfrist hervortretenden Mängel, die auf vertragswidrige Leistung zurückzuführen sind, auf seine Kosten zu beseitigen, wenn es der Auftraggeber vor Ablauf der Frist schriftlich verlangt. Der Anspruch auf Beseitigung der gerügten Mängel verjährt in 2 Jahren, gerechnet vom Zugang des schriftlichen Verlangens an, jedoch nicht vor Ablauf der Regelfristen nach Abs. 4 oder der an ihrer Stelle vereinbarten Frist. Nach Abnahme der Mängelbeseitigungsleistung beginnt für diese Leistung eine Verjährungsfrist von 2 Jahren neu, die jedoch nicht vor Ablauf der Regelfristen nach Abs. 4 oder der an ihrer Stelle vereinbarten Frist endet.

2. Kommt der Auftragnehmer der Aufforderung zur Mängelbeseitigung in einer vom Auftraggeber gesetzten angemessenen Frist nicht nach, so kann der Auftraggeber die Mängel auf Kosten des Auftragnehmers beseitigen lassen.

(6) Ist die Beseitigung des Mangels für den Auftraggeber unzumutbar oder ist sie unmöglich oder würde sie einen unverhältnismäßig hohen Aufwand erfordern und wird sie deshalb vom Auftragnehmer verweigert, so kann der Auftraggeber durch Erklärung gegenüber dem Auftragnehmer die Vergütung mindern (§ 638 BGB).

(7) 1. Der Auftragnehmer haftet bei schuldhaft verursachten Mängeln für Schäden aus der Verletzung des Lebens, des Körpers oder der Gesundheit.

2. Bei vorsätzlich oder grob fahrlässig verursachten Mängeln haftet er für alle Schäden.

3. Im Übrigen ist dem Auftraggeber der Schaden an der baulichen Anlage zu ersetzen, zu deren Herstellung, Instandhaltung oder Änderung die Leistung dient, wenn ein wesentlicher Mangel vorliegt, der die Gebrauchsfähigkeit erheblich beeinträchtigt und auf ein Verschulden des Auftragnehmers zurückzuführen ist. Einen darüber hinausgehenden Schaden hat der Auftragnehmer nur dann zu ersetzen,

   a) wenn der Mangel auf einem Verstoß gegen die anerkannten Regeln der Technik beruht,
   b) wenn der Mangel in dem Fehlen einer vertraglich vereinbarten Beschaffenheit besteht oder
   c) soweit der Auftragnehmer den Schaden durch Versicherung seiner gesetzlichen Haftpflicht gedeckt hat oder durch eine solche zu tarifmäßigen, nicht auf außergewöhnliche Verhältnisse abgestellten Prämien und Prämienzuschlägen bei einem im Inland zum Geschäftsbetrieb zugelassenen Versicherer hätte decken können.

4. Abweichend von Abs. 4 gelten die gesetzlichen Verjährungsfristen, soweit sich der Auftragnehmer nach Nr. 3 durch Versicherung geschützt hat oder hätte schützen können oder soweit ein besonderer Versicherungsschutz vereinbart ist.

5. Eine Einschränkung oder Erweiterung der Haftung kann in begründeten Sonderfällen vereinbart werden.

Übersicht

	Rdn.
A. Die Struktur des § 13 VOB/B	1
B. Der Mangelbegriff des § 13 Abs. 1 VOB/B	3
C. Mängelhaftung bei Leistung noch Probe (§ 13 Abs. 2 VOB/B)	6
D. Ausschluss der Mängelhaftung des Auftragnehmers (§ 13 Abs. 3 VOB/B)	9
I. Ausschlussgründe aus der Risikosphäre des Auftraggebers	11
1. Leistungsbeschreibung	12
2. Anordnungen des Auftraggerbers	13
3. Vom Auftraggeber gelieferte oder vorgeschriebene Baustoffe/-teile	14
4. Vorleistungen anderer Unternehmer	15
II. Weitere Voraussetzungen	17
1. Bedenkenanzeige nach § 4 Abs. 3 VOB/B	18
2. Verantwortlichkeit des Auftraggebers für den Mangel	21
a) Alleinverantwortlichkeit des Auftraggebers	22

			Rdn.
	b)	Alleinverantwortlichkeit des Auftragnehmers	23
	c)	Verantwortlichkeit beider Parteien	24
III.	Rechtsfolgen		26
E.	**Verjährungsfrist für Mängelansprüche**		28
I.	Dauer der Verjährungsfrist für Mängelansprüche		28
	1.	Vorrangigkeit vertraglicher Abreden	29
	2.	Grundsatz: 4 Jahre	30
	3.	Ausnahmen	32
II.	Sonderproblem: Organisationsverschulden		34
III.	Beginn, Hemmung und Neubeginn der Verjährung		35
IV.	Verlängerung der Verjährungsfrist nach § 13 Abs. 5 Nr. 1 S. 2 VOB/B		40
V.	Verjährungsfrist für Mangelbeseitigungsleistungen		42
F.	**Anspruch auf Mangelbeseitigung (§ 13 Abs. 5 VOB/B)**		43
I.	Vorliegen eines Mangels		44
II.	Mangelbeseitigungsaufforderung		45
	1.	Nachbesserungsrecht des Auftragnehmers	45
	2.	Mängelrüge	46
		a) Form	46
		b) Bestimmtheit	47
		c) Benennung der Mängelsymptome	49
	3.	Folgen fehlender Mangelbeseitigungsaufforderung	50
III.	Mangelbeseitigungspflicht des Auftragnehmers		51
IV.	Ersatzvornahme durch Auftraggeber (§ 13 Abs. 5 Nr. 2 VOB/B)		53
	1.	Voraussetzungen	53
		a) Mangelbeseitigungsaufforderung	53
		b) Angemessene Frist	54
		c) Fruchtloser Fristablauf	56
		d) Entbehrlichkeit der Fristsetzung	57
		e) Rechtsfolgen bei Fehlen der Voraussetzungen	59
	2.	Kostenerstattungsanspruch	60
		a) Beauftragung eines Ersatzunternehmers	61
		b) Selbsthilfe des Auftraggebers	63
		c) Inhalt und Höhe des Kostenerstattungsanspruchs	64

			Rdn.
	3.	Kostenvorschussanspruch	65
G.	**Minderung (§ 13 Abs. 6 VOB/B)**		66
I.	Voraussetzungen		67
	1.	Mängelbeseitigung für den Auftraggeber unzumutbar	67
	2.	Unmöglichkeit der Mangelbeseitigung	68
	3.	Unverhältnismäßig hoher Aufwand	70
II.	Durchführung der Minderung		74
	1.	Erklärung des Auftraggebers	75
	2.	Einwand des Auftragnehmers	76
	3.	Ausschluss des Minderungsrechts	77
	4.	Einvernehmliche Vereinbarung	78
III.	Höhe der Minderung		79
H.	**Schadensersatzanspruch (§ 13 Abs. 7 VOB/B)**		81
I.	Kein Ausschluss des Rücktritts		84
II.	Voraussetzungen des Schadensersatzanspruchs		85
	1.	§ 13 Abs. 7 Nr. 1 VOB/B: Schadensersatz bei Verletzung bestimmter höchstpersönlicher Rechtsgüter	85
	2.	§ 13 Abs. 7 Nr. 2 VOB/B: Schadensersatz bei Vorsatz und grober Fahrlässigkeit	86
	3.	§ 13 Abs. 7 Nr. 3. S. 1 und 2 VOB/B: Eingeschränkte Schadensersatzpflicht	87
		a) Wesentlicher Mangel	88
		b) Beeinträchtigung der Gebrauchsfähigkeit	90
		c) Verschulden des Auftragnehmers	91
III.	»Kleiner Schadensersatzanspruch« (§ 13 Abs. 7 Nr. 3 S. 1 VOB/B)		93
	1.	Begrenzung des Umfangs	93
	2.	Inhalt des Schadensersatzanspruchs	95
IV.	»Großer Schadensersatzanspruch« (§ 13 Abs. 7 Nr. 3 S. 2 VOB/B)		97
	1.	Umfang	97
	2.	Zusätzliche Voraussetzungen	98
		a) Verstoß gegen anerkannte Regeln der Technik	99
		b) Fehlen einer vertraglich vereinbarten Beschaffenheit	100
		c) Versicherte oder versicherbare Leistung	102
	3.	Inhalt des Schadensersatzanspruchs	103

A. Die Struktur des § 13 VOB/B

Die VOB/B regelt die Mängelhaftung sowohl in § 4 als auch in § 13 VOB/B. Zeigen sich bereits während der Ausführung Mängel, muss der Auftraggeber seine aus § 4 folgenden Ansprüche geltend machen. Die Regelungen des § 13 VOB/B sind demgegenüber erst nach Abnahme einschlä- 1 gig.¹ Die Regelungen des § 4 VOB/B und des § 13 VOB/B schließen sich somit grundsätzlich aus.

2 Aufgrund der Modernisierung des Schuldrechts sind die Regelungen des § 13 VOB/B erheblich geändert und an das neu gefasste gesetzliche Leitbild der §§ 633 ff. BGB angepasst worden. Insbesondere ist der Mangelbegriff weitgehend gleichgeschaltet worden. Trotz dieser Anpassungen enthält die VOB/B in § 13 VOB/B nach wie vor Abweichungen gegenüber den gesetzlichen Vorschriften in §§ 633 ff. BGB. Beispielsweise enthält § 13 Abs. 2 VOB/B eine besondere Regelung hinsichtlich Leistungen nach Probe, die sich im Werkvertragsrecht des BGB nicht findet. In § 13 Abs. 3 VOB/B findet sich ferner eine ausdrückliche Regelung, wann der Auftragnehmer bei Erfüllung der ihn gem. § 4 Abs. 3 VOB/B treffenden Prüfungs- und Hinweispflichten von seiner Haftung für Mängel frei wird. Ein Rückgriff auf die Grundsätze von Treu und Glauben gem. § 242 BGB bedarf es bei einem VOB-Vertrag somit nicht. Schließlich definiert § 13 Abs. 5 VOB/B gegenüber dem Werkvertragsrecht des BGB abweichende Regelungen zur Verjährung etwaiger Mängelhaftungsansprüche.

B. Der Mangelbegriff des § 13 Abs. 1 VOB/B

3 Infolge der Schuldrechtsmodernisierung wurde der Mangelbegriff gem. § 13 Abs. 1 VOB/B neu gefasst. § 13 Abs. 1 S. 1 VOB/B bestimmt nunmehr, dass der Auftragnehmer seine Leistung dem Auftraggeber zum Zeitpunkt der Abnahme frei von Sachmängeln zu verschaffen hat. Die Prüfung der Frage, ob ein Mangel vorliegt, ist nach dem Wortlaut in drei Stufen vorzunehmen. Die VOB/B folgt somit dem dreistufigen Aufbau des § 633 Abs. 2 BGB. Eine andere Auslegung, wonach sich die Frage der Sachmängelfreiheit nur nach § 13 Abs. 1 S. 2 VOB/B bestimmt und § 13 Abs. 1 S. 3a) und b) VOB/B demgegenüber keine eigenständige Bedeutung hat, lässt sich schon mit dem Wortlaut des § 13 Abs. 1 VOB/B nicht vereinbaren.² Gem. § 13 Abs. 1 S. 2 VOB/B ist daher zunächst zu untersuchen, ob die Leistung zum Zeitpunkt der Abnahme die vereinbarte Beschaffenheit hat und den anerkannten Regeln der Technik entspricht (1. Stufe). Anders als in der gesetzlichen Grundlage des § 633 Abs. 1 BGB, werden die »anerkannten Regeln der Technik« ausdrücklich in Bezug genommen. Sollte sich allerdings eine vertraglich vereinbarte Beschaffenheit anhand des Parteiwillens nicht ermitteln lassen, ist die Leistung nur dann frei von Mängeln, wenn sie gem. § 13 Abs. 1 S. 3a) VOB/B sich für die nach Vertrag vorausgesetzte Verwendung eignet (2. Stufe). Sollte auch eine solche Verwendungseignung nicht anhand des Parteiwillens ermittelbar und eine Überprüfung der Leistung nach Maßgabe des § 13 Abs. 1 S. 3a) VOB/B somit nicht möglich sein, ist die Leistung schließlich gem. § 13 Abs. 1 S. 3b) VOB/B dahingehend zu überprüfen, ob sie sich für die gewöhnliche Verwendung eignet und eine Beschaffenheit aufweist, die bei Werken der gleichen Art üblich und der Auftraggeber nach Art der Leistung erwarten kann (3. Stufe).

4 Diese Rangefolge der Mangeltatbestände infolge des wörtlichen Verständnisses führt gleichwohl zu Auslegungsproblemen: in der 1. Stufe ist bestimmt, dass eine Leistung nur dann frei von Mängeln ist, wenn sie neben der vereinbarten Beschaffenheit auch den anerkannten Regeln der Technik entspricht. Schon hier ist fraglich, ob eine Leistung dann automatisch mangelhaft ist, wenn die anerkannten Regeln der Technik mit der vertraglich vereinbarten Beschaffenheit nicht erreicht werden. Hinzu kommt, dass bei einem engen Verständnis der vorgegebenen Rangfolge die anerkannten Regeln der Technik als Maßstab zur Beurteilung der Leistung nur bei der ersten Stufe des Mangelbegriffs berücksichtigt werden können, da sie in der zweiten und dritten Stufe nicht

---

1 Die Regelungen des § 13 VOB/B gelten im Fall einer Kündigung auch für die bis zur Kündigung erbrachten Leistungen, wobei die erbrachten Leistungen trotz der Kündigung vom Auftraggeber abzunehmen sind, vgl. BGH, Urt. v. 19.12.200 – VII ZR 103/00 = BauR 2003, 689.
2 *Kemper*, BauR 2002, 1613, 1614: a.A. *Weyer*, BauR 2003, 613; Kapellmann/Messerschmidt/*Weyer*, B § 13 Rn. 18; *Mundt*, NZBau 2003, 73, 76 f.

benannt sind.³ Gleiche Schwierigkeiten ergeben sich in den Fällen, in denen mit der vertraglich vereinbarten Beschaffenheit allein ein funktionstüchtiges Werk nicht zu erreichen ist. Infolgedessen besteht eine Notwendigkeit, die anerkannten Regeln der Technik über die erste Stufe des Mangelbegriffs hinaus und ggf. trotz abweichender Beschaffenheitsvereinbarungen zur Bestimmung der Mangeltatbestände heranzuziehen.⁴ Die zum Verhältnis der Mangeltatbestände vertretenden und vom Wortlaut abweichenden Auffassungen – insbesondere, dass die Mängeltatbestände nicht in einer Rangfolge stünden, sondern deshalb kumulativ gelten sollen, weil sie nach Maßgabe der Verbrauchsgüterkaufrichtlinie richtlinienkonform auszulegen seien⁵ – überzeugen nicht. Eine Auslegung über den ausdrücklichen Wortlaut hinaus ist nicht möglich. Vielmehr ist im Zweifelsfall eine Lösung über die Beschaffenheitsvereinbarung der Parteien und somit auf der ersten Stufe der Mangeltatbestände zu suchen. Die Beschaffenheitsvereinbarung der Parteien wird zumindest konkludent regelmäßig von der Einhaltung der anerkannten Regeln der Technik und von der Funktionalität des Werkes ausgehen. Wollen die Parteien von diesen Mindeststandards abweichen, bedarf es einer ausdrücklichen Vereinbarung.⁶ Ein entsprechendes Verständnis der ersten Stufe der Rangfolgeregelung des Mangelbegriffs führt allerdings dazu, dass für die Auffangtatbestände der zweiten und dritten Stufe regelmäßig kein Anwendungsbereich mehr verbleibt, da zumindest die Funktion des Werkes immer zwischen den Parteien bestimmt sein dürfte.

Ansonsten deckt sich der Mangelbegriff des § 13 Abs. 1 VOB/B mit dem des gesetzlichen Leitbildes. Die Definition der Begrifflichkeiten verläuft deshalb entsprechend (vgl. die Kommentierung von *Rehbein*, § 633 BGB Rdn. 19 ff.). Dies gilt auch für die bereits im Rahmen des § 633 BGB beschriebenen Probleme bei der Verwendung neuartiger Baustoffe (vgl. *Rehbein*, § 633 BGB Rdn. 29) oder der Bedeutung der unselbständigen Prüf- und Hinweispflichten des Auftragnehmers (vgl. *Rehbein*, § 633 BGB Rdn. 86 ff.). Insgesamt ergeben sich bei der Bestimmung des Mangelbegriffs im Rahmen eines VOB-Vertrages daher nur noch geringfügige und wenig praxisrelevante Abweichungen gegenüber einem BGB-Werkvertrag. Beispielsweise fehlt im Rahmen der VOB/B eine § 633 Abs. 1 und Abs. 3 BGB vergleichbare Regelung, wonach der Auftragnehmer verpflichtet ist, dass Werk frei von Rechtsmängeln zu verschaffen. Ebenfalls fehlt eine Bestimmung für den Fall, dass der Auftragnehmer etwas anderes herstellt als bestellt war. Auch die Lieferung einer zu geringen Menge ist in der VOB/B nicht geregelt. Infolgedessen gelten die Bestimmungen des BGB in den vorgenannten Fällen jeweils ergänzend. 5

C. Mängelhaftung bei Leistung noch Probe (§ 13 Abs. 2 VOB/B)

Die Regelung in § 13 Abs. 2 VOB/B geht zurück auf die kaufrechtliche Bestimmung des § 494 BGB a. F., die allerdings im Rahmen der Schuldrechtsmodernisierung ersatzlos weggefallen ist. Das BGB enthält somit keine Regelung mehr bezüglich einer Leistung nach Probe. Trotzdem wurde die Bestimmung des § 13 Abs. 2 VOB/B nach der Schuldrechtsmodernisierung nur redaktionell geändert. Dass die Bestimmung des § 13 Abs. 2 VOB/B bisher in der baurechtlichen Praxis nur geringe Bedeutung erlangt hat,⁷ liegt weniger daran, dass sich hieraus nicht Fragen und Probleme der Mängelhaftung ergeben, sondern eher daran, dass ihre Behandlung nach anderen Vorschriften erfolgt. Die praktische Relevanz liegt jedoch nahe: 6

Wie § 13 Abs. 2 S. 2 VOB/B klarstellt, ist die Bestimmung des § 13 Abs. 2 VOB/B auch für solche »Bauleistungen nach Probe« anwendbar, die nach Vertragsschluss vereinbart werden. Damit sind auch die in einer Vielzahl von Bauverträgen vorgesehenen »Bemusterungen« als Leistungen nach Probe i.S.d. § 13 Abs. 2 VOB/B anzusehen. Sofern daher in einem Vertrag für eine be- 7

---

3 *Kemper*, BauR 2002, 1613, 1614.
4 *Koeble*, in: FS Steffen Kraus, S. 389, 391.
5 Vgl. dazu insbesondere *Thode*, NZBau 2002, 297, 304, und *Kniffka*, IBR-Online-Kommentar, § 633 Rn. 5, jeweils zu dem gesetzlichen Leitbild des § 633 BGB.
6 *Koeble*, in: FS Steffen Kraus, S. 389, 392.
7 *Ganten*, in: Beck'scher VOB-Kommentar, B § 13 Abs. 1 Rn. 34 ff., B § 13 Abs. 2 Rn. 1.

stimmte Leistung eine nach Vertragsschluss zu erfolgende Bemusterung des Auftraggebers durch den Auftragnehmer zur Festlegung des geschuldeten Leistungsinhalts vertraglich vereinbart wird, gelten die der Probe anhaftenden Eigenschaften auch hinsichtlich der weiteren Leistungserbringung nach § 13 Abs. 2 S. 1 VOB/B als vereinbarte Beschaffenheit. Der zweite Halbsatz dieser Bestimmung schränkt dann jedoch die an sich aus § 13 Abs. 1 VOB/B folgende Mängelhaftung bei auch nur geringfügigen Abweichungen von der vereinbarten Beschaffenheit dahingehend ein, dass »Abweichungen nach der Verkehrssitte als bedeutungslos anzusehen sind«. Daraus folgt für die Praxis: Entspricht die ausgeführte Leistung weitgehend der vom Auftragnehmer erstellten Probe und sind die Abweichungen hinsichtlich der Funktionsfähigkeit und der Gebrauchsfähigkeit des Werks als vernachlässigenswert anzusehen, so ist die ausgeführte Leistung nicht mangelhaft.[8] Hierbei ist jedoch zu beachten, dass eine Bemusterung immer nur der Spezifizierung innerhalb eines vorgegebenen Rahmens und nicht dessen Abänderung dient. Eine Freigabe ändert das vertraglich vereinbarte Leistungsziel somit nicht.[9]

8 Keine Besonderheiten ergeben sich allerdings dann, wenn die Probe bereits selbst mangelhaft war, ohne dass dies vom Auftragnehmer oder vom Auftraggeber bei Bemusterung erkannt wurde. Setzt sich der bei der Probe der Leistung bereits innewohnende Mangel auch in der später erbrachten vollständigen Leistung fort, so ist der Auftragnehmer ohne jede Einschränkung nach § 13 Abs. 1 VOB/B gewährleistungspflichtig.[10]

D. Ausschluss der Mängelhaftung des Auftragnehmers (§ 13 Abs. 3 VOB/B)

9 Der Auftragnehmer kann von seiner aus § 13 Abs. 1 VOB/B folgenden Haftung für Mängel befreit sein, wenn sich der Mangel auf Grund von ursprünglich aus der Sphäre des Auftraggebers stammenden Umständen realisiert und er den Auftraggeber vor der Ausführung gem. § 4 Abs. 3 VOB/B auf dieses Risiko hingewiesen hat.

10 Eine § 13 Abs. 3 entsprechende ausdrückliche Regelung findet sich im Werkvertragsrecht des BGB nicht. Dort ist eine Haftungsbefreiung nur über die allgemeinen Grundsätze von Treu und Glauben gem. § 242 BGB begründbar. Allerdings wird auch im Rahmen eines VOB-Vertrages die Prüfungs- und Hinweispflicht nicht erst durch die Regelungen der §§ 4 Abs. 3, 13 Abs. 3 VOB/B geschaffen und dann erst über § 242 BGB auf das allgemeine Werkvertragsrecht übertragen. Vielmehr stellt die Prüfungs- und Hinweispflicht sowie die hieraus ggf. folgende Haftungsfreizeichnung des Auftragnehmers ein allgemeines Rechtsinstitut des Werkvertragsrechts dar. Infolgedessen gelten die im Rahmen des § 633 BGB erläuterten Grundsätze auch bei Anwendung des § 13 Abs. 3 VOB/B.

I. Ausschlussgründe aus der Risikosphäre des Auftraggebers

11 § 13 Abs. 1 VOB/B nennt vier mögliche Bereiche, die grundsätzlich der Risikosphäre des Auftraggebers zuzurechnen sind:

1. Leistungsbeschreibung

12 Ist die vom Auftragnehmer auszuführende Leistung durch die dem Vertrag zu Grunde gelegten Leistungsverzeichnisse, Pläne oder sonstigen Angaben verbindlich vorgegeben, kann ein Haftungsausschluss nach § 13 Abs. 3 VOB/B in Betracht kommen. Dies ergibt sich letztlich auch aus § 1 Abs. 1 und Abs. 2 VOB/B, wonach das Bau-Soll durch die Leistungsbeschreibung und die weiteren Vertragsgrundlagen bestimmt wird. Dabei kann der Auftragnehmer im Hinblick auf § 1

---

8 Ebenso: Ingenstau/Korbion/*Wirth*, B § 13 Abs. 2 Rn. 7; a.A., *Ganten*, in: Beck'scher VOB-Kommentar, § 13 Abs. 2 Rn. 4.
9 OLG Braunschweig, Urt. v. 01.12.2006 – 8 U 182/05 = IBR 2007, 1210 (Büchner).
10 Ingenstau/Korbion/*Wirth*, B § 13 Abs. 2 Rn. 8; OLG Frankfurt, Urt. v. 19.01.2005 – 1 U 82/00 = BauR 2005, 1937.

Abs. 2 VOB/B nicht etwa die vom Auftraggeber vorgegebene Leistungsbeschreibung als vorrangig geschuldet gegenüber der nach dieser Bestimmung als nachrangig anzusehenden Verpflichtung zur Erbringung der Leistungen entsprechend den anerkannten Regeln der Technik nach §§ 4 Abs. 2 Nr. 1 S. 2, 13 Abs. 1 VOB/B bei möglichen Widersprüchen zu Grunde legen, sondern ist im Hinblick auf § 13 Abs. 3 VOB/B gehalten, eine Bedenkenanzeige nach § 4 Abs. 3 VOB/B zu erstellen. Widerspricht also die Leistungsbeschreibung den anerkannten Regeln der Technik und enthält sie verbindliche Vorgaben für die Ausführung durch den Auftragnehmer, welche sich nicht nur auf Anregungen oder Wünsche beschränken, sondern tatsächlich dem Auftragnehmer keine Wahl hinsichtlich der Ausführung lassen,[11] so bleibt es bei der Notwendigkeit der Bedenkenanzeige, um nach § 13 Abs. 3 VOB/B eine Freiheit von der Mängelhaftung des Auftragnehmers annehmen zu können.

2. Anordnungen des Auftraggerbers

Auch Anordnungen des Auftraggebers können zu einer Haftungsbefreiung des Auftragnehmers führen. Anordnungen i.S.d. § 13 Abs. 3 VOB/B sind allerdings nur solche eindeutigen und zur Leistungsbefolgung zwingenden Anweisungen, die dem Auftragnehmer keine andere Wahl hinsichtlich der Ausführung lassen.[12] Solche Anordnungen können daher insbesondere diejenigen nach § 4 Abs. 1 Nr. 3 und Nr. 4 VOB/B sein[13] wie auch solche nach §§ 1 Abs. 3, Abs. 2, Abs. 5 VOB/B zur Leistungsänderung. Auch hier gilt, dass der Auftraggeber für Architekten und Sonderfachleute als dessen Erfüllungsgehilfen einzustehen hat. In den Fällen, in denen der Architekt des Auftraggebers einen geänderten Plan übergibt oder eine Anordnung nach § 4 Abs. 1 Nr. 3 und Nr. 4 VOB/B trifft, die im Widerspruch zu den vertraglichen Vereinbarungen oder dem geschuldeten Leistungsbild der Einhaltung der anerkannten Regeln der Technik i.S.d. § 13 Abs. 1 VOB/B steht, ist der Auftragnehmer aus zweierlei Gründen gehalten, den Auftraggeber zu informieren: Zunächst muss er sich über die geschuldete Leistung bzw. deren mögliche Änderung gegenüber dem Auftraggeber Sicherheit verschaffen, dass diese vom Architekten stammenden Anordnungen auch tatsächlich dem Willen des Auftraggebers entsprechen.[14] Zum anderen hat er gleichzeitig auf mögliche Bedenken hinsichtlich der zu erwartenden Mangelhaftigkeit bei Ausführung entsprechend der Anordnung hinzuweisen.

13

3. Vom Auftraggeber gelieferte oder vorgeschriebene Baustoffe/-teile

Die Grenzen zu den vorangegangenen beiden Fallgruppen sind hinsichtlich der vom Auftraggeber vorgeschriebenen Baustoffe oder -teile insoweit fließend, als sich das »Vorgeschriebene« i.d.R. entweder auf die Leistungsbeschreibung oder auf entsprechende Anordnungen des Auftraggebers beziehen wird. Auch hier gilt, dass diese Baustoffe so eindeutig und vertraglich bindend im Sinne einer rechtsgeschäftlichen Vereinbarung vom Auftraggeber verlangt werden müssen, dass dem Auftragnehmer keine Wahl bleibt und er die Vorgaben zu befolgen hat.[15] Allerdings ist dies nicht bereits dann der Fall, wenn der Auftraggeber ganz allgemein bestimmte Werkstoffe oder Bauteile benennt, von denen wiederum eine Vielzahl möglicher Alternativen in Betracht kommen.[16] Die

14

---

11 OLG Hamm, Urt. v. 09.02.1987 – 6 U 73/85 = BauR 1988, 481, 482; BGH, Urt. v. 22.05.1975 – VII ZR 204/74 = BauR 1975, 421.
12 OLG Hamm, Urt. v. 09.02.1987 – 6 U 73/85 = BauR 1988, 481.
13 Ingenstau/Korbion/*Wirth*, B § 13 Nr. 3 Rn. 27.
14 KG, Urt. v. 02.06.2006 – 21 U 56/03 = BauR 2008, 357.
15 OLG Hamm, Urt. v. 09.02.1987 – 6 U 73/85 = BauR 1988, 481; OLG Brandenburg, Urt. v. 09.05.2007 – 13 U 103/03; sehr weitreichend OLG Hamm, Urt. v. 04.04.2003 – 34 U 132/01 = IBR 2003, 409 (Büchner), wonach schon in der Versendung des Entwurfs eines Leistungsverzeichnisses eine Anordnung liegen soll.
16 So wird der Auftragnehmer beispielsweise nicht von der Mängelhaftung frei, wenn der Auftraggeber nur ein ihm nach Maßgabe des Leistungsverzeichnisses zukommendes Auswahlrecht ausübt, OLG Düsseldorf, Urt. v. 13.01.2006 – 22 U 114/05 = IBR 2007, 73.

Vorgabe muss sich vielmehr auf ein bestimmtes individualisierbares Material oder Fabrikat mit einer allein in Betracht kommenden Herstellerquelle beziehen.[17] Genauso wenig sind Baustoffe dann im Sinne einer Anordnung vorgeschrieben, wenn sie auf Vorschlag des Auftragnehmers in die Leistungsbeschreibung aufgenommen wurden.[18]

4. Vorleistungen anderer Unternehmer

15 Gerade bei der gewerkeweisen Vergabe von Bauleistungen sind die nachfolgenden Bauunternehmer verpflichtet zu prüfen, ob bereits durch die Beschaffenheit der Vorleistungen ihr nachfolgendes Werk mangelhaft werden könnte.[19] Zudem hat sich der Auftragnehmer mit Vor- und Folgeunternehmern abzustimmen, damit durch die gegebenenfalls erforderliche geeignete, verzahnte Reihenfolge der Arbeitsschritte die Funktionsfähigkeit der Werkleistung sichergestellt wird.[20] Für die Mängelhaftung des nachfolgenden Auftragnehmers ist also nicht zwingend notwendig, dass bereits die Werkleistung des Vorunternehmers selbst mangelhaft ist. Maßgeblich ist vielmehr, ob die Ausführung zu einer Mangelhaftigkeit einer Werkleistung des nachfolgenden Unternehmers führt, wie z.B. bei einem durch den Vorunternehmer angebrachten Wandanstrich, auf den die Fliesen des nachfolgenden Unternehmers zwar ordnungsgemäß verlegt werden, wegen der Ausführung des Anstrichs jedoch nach Abnahme Risse an den Fliesen entstehen: Hier haftet auch der nachfolgende Unternehmer unter dem Gesichtspunkt des Schadensersatzes dafür, die gerissenen Fliesen auszutauschen, wenn er nicht zuvor die Vorleistungen untersucht und eine Bedenkenanzeige gem. § 4 Abs. 3 VOB/B erstellt hat.

16 Die Prüfungs- und Hinweispflicht des Auftragnehmers ist durch seinen Leistungsumfang begrenzt. Sofern seine Leistung auf Vorleistungen anderer Unternehmer aufbaut, hat er sie zu überprüfen. Allerdings ist er grundsätzlich nicht zur Prüfung verpflichtet, ob die Leistung nachfolgender Unternehmer frei von Mängeln ist. Dementsprechend obliegt ihm auch keine Prüfungs- und Hinweispflicht gegenüber dem Auftraggeber. Etwas anderes ist nur ausnahmsweise dann anzunehmen, wenn sich schon aus der Planung des Auftraggebers ergibt, dass ein Nachfolgegewerk nicht mangelfrei ausgeführt werden kann, wenn der Auftragnehmer seine Leistung bestimmungsgemäß ausführt.[21] In diesem Fall hat sich der Auftragnehmer abzustimmen und eine geeignete Reihenfolge der Arbeiten sicherzustellen.

II. Weitere Voraussetzungen

17 Allein das Vorliegen einer der vorgenannten vier Voraussetzungen des § 13 Abs. 3 VOB/B genügt jedoch nicht für eine Haftungsbefreiung des Auftragnehmers.

1. Bedenkenanzeige nach § 4 Abs. 3 VOB/B

18 Hinzukommen muss zunächst eine Bedenkenanzeige nach § 4 Abs. 3 VOB/B. Diese Anzeige muss eindeutig die Gründe anführen, die den Auftragnehmer zu der Einsicht gelangen lassen, dass Mängel entstehen können, um dem Auftraggeber die Möglichkeit der Prüfung und Umentscheidung zu ermöglichen. Deshalb darf sich der Auftragnehmer auch nicht darauf verlassen, dass der Auftraggeber mit einem Architekten sachkundig vertreten ist und vom gleichen Kenntnis-

---

17 Ingenstau/Korbion/*Wirth*, B § 13 Nr. 3 Rn. 36.; zu »bauseits« beigestellten Materialien OLG Hamm, Urt. v. 27.10.2006 – 12 U 47/06 = IBR 2009, 208 (Metzger); OLG Saarbrücken, Urt. v. 21.08.2007 – 4 U 448/03 = IBR 2008, 24 (Bolz).
18 BGH, Urt. v. 17.05.1984 – VII ZR 169/82 = BGHZ 91, 206, 214; BGH, Urt. v. 12.05.2005 – VII ZR 45/04 = BauR 2005, 1314.
19 Ingenstau/Korbion/*Wirth*, B § 13 Nr. 3 Rn. 43.
20 OLG München, Urt. v. 03.05.2005 – 9 U 1708/05 = BauR 2006, 418.
21 OLG Brandenburg, Urt. v. 30.01.2002 – 4 U 104/01 = BauR 2002, 1709; OLG Oldenburg, Urt. v. 27.04.2006 – 8 U 243/05 = IBR 2007, 131 (Merl).

stand wie er ausgeht.²² Allerdings findet die Mitteilungspflicht nach § 4 Abs. 3 VOB/B dort ihre Grenze, wo der Auftragnehmer nicht die gleiche Fachkunde wie der durch seine besondere Ausbildung geprägte Fachplaner haben kann, etwa bei anspruchsvollen haustechnischen Gewerken.²³ Von dem Auftragnehmer ist regelmäßig »nur« das dem neuesten Stand der Technik entsprechende Normalwissen zu verlangen.²⁴

Die Mitteilungspflicht nach § 4 Abs. 3 VOB/B besteht unabhängig vom subjektiven Kenntnisstand des Auftraggebers. Auch bei Offensichtlichkeit der drohenden Mangelhaftigkeit trifft den Auftragnehmer deshalb eine Hinweispflicht. Etwas anderes kann ausnahmsweise gelten, wenn nachgewiesen werden kann, dass der Auftraggeber Anordnungen in Kenntnis des Mangels getroffen hat.²⁵ Der Auftragnehmer muss z.B. dann nicht auf etwaige Mängelarbeiten hinweisen, wenn der Auftraggeber bewusst den Einsatz eines nicht erprobten Materials vorschreibt.²⁶ Dies muss der Auftragnehmer allerdings lückenlos beweisen können. 19

Die nach § 4 Abs. 3 VOB/B erforderliche Schriftform der Bedenkenanzeige ist zwingende Voraussetzung für die Haftungsbefreiung des Auftragnehmers. Eine solche schriftliche Bedenkenanzeige muss grundsätzlich an den Auftraggeber selbst gerichtet werden, insbesondere wenn gegenüber dem planenden Architekten die Bedenken geltend gemacht, von diesem aber nicht geteilt werden.²⁷ 20

2. Verantwortlichkeit des Auftraggebers für den Mangel

Schließlich muss der Auftraggeber für den Mangel verantwortlich sind, also durch sein Verhalten einen kausalen Verursachungsbeitrag zur Herbeiführung des Mangels gesetzt haben. Folgende Fallgruppen sind denkbar: 21

a) Alleinverantwortlichkeit des Auftraggebers

Der Auftraggeber ist für einen Mangel allein verantwortlich, den er selbst oder seine Architekten, dessen Verschulden er sich nach §§ 278, 254 BGB ebenfalls zurechnen lassen muss,²⁸ herbeigeführt haben. Er kann deshalb keine Mängelhaftung gegen den Auftragnehmer mehr durchsetzen, wenn er auf die Bedenkenanzeige des Auftragnehmers nicht reagiert, sondern die Ausführung wie in der Leistungsbeschreibung oder auf Grund seiner sonstigen Anordnungen vorgegeben, ausführen lässt und dann Mängel entstehen. 22

b) Alleinverantwortlichkeit des Auftragnehmers

Der Auftragnehmer ist trotz grundsätzlicher Verantwortlichkeit des Auftraggebers für die von ihm bereit gestellte Planung und seiner Anordnungen dann allein verantwortlich, wenn er vorsätzlich eine Bedenkenanzeige unterlässt, obwohl er mit Gewissheit davon ausgegangen ist, dass der später 23

---

22 KG, SFH Z 2. 410 Bl. 21.
23 Ingenstau/Korbion/*Wirth*, B § 13 Nr. 3 Rn. 22; BGH, Urt. v. 11.10.1990 – VII ZR 228/89 = BauR 1991, 79, 80.
24 OLG Brandenburg, Urt. v. 20.03.2003 – 12 U 14/02 = BauR 2003, 1054.
25 Ingenstau/Korbion/*Wirth*, B § 13 Nr. 3 Rn. 55; problematisch auch: BGH, Urt. v. 30.06.1977 – VII ZR 325/74 = BauR 1977, 420, 421; wie hier wiederum: BGH, Urt. v. 19.01.1989 – VII ZR 87/88 = BauR 1989, 467, 468 f. (Tragwerksplanung); OLG Düsseldorf, Urt. v. 13.03.2003 – 5 U 71/01 = IBR 2003, 408 (Groß).
26 OLG Hamm, Urt. v. 04.04.2003 – 34 U 132/01 = IBR 2003, 409 (Büchner).
27 BGH, Urt. v. 10.04.1975 – VII ZR 183/74 = BauR 1975, 278, 279.
28 BGH, Urt. v. 11.10.1990 – VII ZR 228/89 = BauR 1991, 79, 80; BGH, Urt. v. 19.01.1989 – VII ZR 87/88 = BauR 1989, 467, 469; BGH, Urt. v. 04.03.1971 – VII ZR 204/69 = BauR 1971, 265, 269; BGH, Urt. v. 15.12.1969 – VII ZR 8/68 = BauR 1970, 57, 59.

eingetretene Mangel bei Ausführung wie vom Auftraggeber verlangt entstehen wird.[29] Diese strenge Rechtsfolge tritt jedoch nicht schon dann ein, wenn der Unternehmer den Planungsfehler lediglich hätte erkennen können oder müssen. Voraussetzung der vollen Haftung des Auftragnehmers ist vielmehr die bewusste Ausführung einer fehlerhaften Planung.[30]

c) Verantwortlichkeit beider Parteien

24 Abgesehen von den vorgenannten Fällen sind Umstände denkbar, bei denen keine alleinige Verantwortlichkeit einer Partei anzunehmen ist, sondern nach § 254 BGB ein beiderseitiges Mitverschulden vorliegt. Bei der Beurteilung der Verursachungsbeiträge und Bestimmung der jeweiligen Haftungsquote sind die von einem Fachunternehmen seiner Branche zu erwartenden Kenntnisse des Auftragnehmers den technischen Anforderungen der geplanten Leistung und ihrer Üblichkeit gegenüberzustellen.[31] Je geringer also die Fachkenntnisse des Auftragnehmers und je ausgefallener die geplante Leistung sind, umso größer ist der Verursachungsbeitrag des Auftraggebers gegenüber dem Verursachungsbeitrag des Auftragnehmers. Umgekehrt ist bei einem Fachunternehmen, welches auf dem jeweiligen Gebiet als fachkundig ausgewiesen ist, und durchschnittlichen planerischen Anforderungen der Verursachungsbeitrag des Auftragnehmers bei Unterbleiben der Bedenkenanzeige größer.

25 Die Rechtsprechung ist bei der grundsätzlichen Beurteilung von Verursachungsbeiträgen jedoch uneinheitlich: Ist die Bedenkenanzeige fahrlässig nicht erfolgt, weil der Auftragnehmer erkennbare Mängel nicht in einer Bedenkenanzeige dem Auftraggeber mitgeteilt hat, so soll die Planung des Architekten als dem Auftraggeber zuzurechnende entscheidende Ursache für Mängel anzusehen sein. Die Folge ist, dass in einem solchen Fall dem Auftraggeber zu 70 % und dem Auftragnehmer zu 30 % die Verantwortlichkeit für den später entstandenen Mangel treffen soll.[32] Demgegenüber erachtet der BGH den Verursachungsbeitrag des Auftragnehmers als »die eigentliche Ursache« für den Mangel, was für ein überwiegendes Mitverschulden des Auftragnehmers spricht.[33]

III. Rechtsfolgen

26 Ist der Auftragnehmer seinen Prüfpflichten nachgekommen und hat er den Auftraggeber auf Bedenken bzgl. der in § 13 Abs. 3 VOB/B genannten Umstände hingewiesen, so wird der Auftragnehmer von der Mängelhaftung frei. Er ist auch nicht im Rahmen einer ergänzenden Vertragsauslegung zur Mangelbeseitigung gegen gesonderte Vergütung verpflichtet, wenn dies vom Auftraggeber verlangt wird. Weigert sich der Auftraggeber, auf eine berechtigte Bedenkenanzeige zu reagieren und eine Entscheidung zur Änderung der Ausführung zu treffen, obwohl mit an Sicherheit grenzender Wahrscheinlichkeit feststeht, dass es zu einem Mangel kommt, entsteht zugunsten des Auftragnehmers ein Leistungsverweigerungsrecht. Im Ausnahmefall kann dies sogar zu einer Kündigungsmöglichkeit für den Auftragnehmer nach § 9 Abs. 1a) VOB/B. Dem Auftragnehmer kann bei einer an Sicherheit grenzenden Wahrscheinlichkeit nicht zugemutet werden kann, sehenden Auges in eine Auseinandersetzung mit dem Auftraggeber zu geraten.[34]

27 Hat der Auftragnehmer bei Vorliegen der Ausschlussgründe die genannten Ausschlussvoraussetzungen nicht geschaffen, so haftet er grundsätzlich im Rahmen des § 13 Abs. 1 VOB/B für die Mängel. Der Auftraggeber kann also weiterhin die Ansprüche aus der Mängelhaftung gem. § 13

---

29 BGH, Urt. v. 11.10.1990 – VII ZR 228/89 = BauR 1991, 79, 80.
30 OLG Karlsruhe, Urt. v. 19.10.2004 – 17 U 107/04 = BauR 2005, 879.
31 BGH, Urt. v. 11.10.1990 – VII ZR 228/89 = BauR 1991, 79, 80.
32 OLG Hamm, Urt. v. 14.04.1989 – 26 U 14/87 = BauR 1990, 731.
33 BGH, Urt. v. 11.10.1990 – VII ZR 228/89 = BauR 1991, 79, 80; ähnlich OLG Brandenburg, Urt. v. 18.01.2007 – 12 U 120/06 = IBR 2007, 1208 (Frank).
34 OLG Düsseldorf, Urt. v. 07.10.1987 – 19 U 13/87 = BauR 1988, 478.

Abs. 5 bis Abs. 7 VOB/B geltend machen. Falls Mängel des Vor- und Nachunternehmers zusammenwirken, kommt auch eine gesamtschuldnerische Haftung beider in Betracht, wenn identische Ansprüche aus Mängelhaftung vorliegen. Soweit die Bedenkenanzeige nur fahrlässig versäumt wurde und daher eine Mithaftung des Auftraggebers in Betracht kommt, kann der Auftragnehmer grundsätzlich eine Beteiligung des Auftraggebers an den erforderlichen Nachbesserungsarbeiten verlangen, und zwar in Form eines auf Geld gerichteten Zuschussanspruches.

E. Verjährungsfrist für Mängelansprüche

I. Dauer der Verjährungsfrist für Mängelansprüche

Im Zuge der Modernisierung des Schuldrechts wurde die Diskrepanz zwischen der gesetzlichen Verjährungsfrist von fünf Jahren und der fünfjährigen Verjährungsfrist der VOB/B angepasst. Die Verjährungsfrist gem. § 13 Abs. 4 VOB/B beträgt nunmehr grundsätzlich vier Jahre. 28

1. Vorrangigkeit vertraglicher Abreden

Wie aber bereits der Wortlaut des § 13 Abs. 4 Nr. 1 S. 1 VOB/B deutlich macht, gilt die Verjährungsfrist der VOB/B nur dann, sofern im Vertrag keine anderweitige Vereinbarung getroffen wurde. Es ist heute allgemein üblich, dass trotz Vereinbarung der VOB/B die Parteien als Frist zur Mängelhaftung eine Dauer von 5 Jahren entsprechend der gesetzlichen Regelung des § 634a Abs. 2 Nr. 1 BGB vereinbaren, was selbst in Allgemeinen Geschäftsbedingungen zulässigerweise vereinbart werden kann[35] Diese Üblichkeit führt jedoch noch nicht zu einem Handelsbrauch i.S.d. § 354 HGB, die entsprechende Vereinbarung bleibt also zwingend. 29

2. Grundsatz: 4 Jahre

Während § 634a Abs. 2 Nr. 1 BGB die Dauer der Gewährleistungsfrist für Bauwerke mit 5 Jahren bestimmt, sieht § 13 Abs. 4 Nr. 1 S. 1 VOB/B für Bauwerke verkürzte Gewährleistungsfrist von lediglich 4 Jahren vor. Mithin hält diese Regelung einer Inhaltskontrolle nicht Stand.[36] Ist allerdings der Auftraggeber Verwender dieser Regelung, indem er die VOB/B stellt, kann er sich auf eine etwaige Unwirksamkeit nicht berufen und muss sich an der kürzeren Verjährungsfrist festhalten lassen.[37] 30

Der Begriff des Bauwerks in § 13 Abs. 4 Nr. 1 S. 1 VOB/B entspricht demjenigen in § 634a Abs. 2 Nr. 1 BGB: Leistungen für Bauwerke stellen sämtliche Bauarbeiten dar, die sich auf die Errichtung, Änderung, Erweiterung oder den Erhalt des Bauwerks beziehen und hierzu ursächlich beitragen.[38] 31

3. Ausnahmen

Folgende Ausnahmen bestehen von dem Grundsatz der vierjährigen Verjährung auch ohne ausdrückliche vertragliche Regelung: 32

– Für andere Werke, deren Erfolg in der Herstellung, Wartung oder Veränderung einer Sache besteht
 Einschränkend von der grundsätzlich vierjährigen Verjährung bestimmt § 13 Abs. 4 Nr. 1 S. 1 VOB/B im Gleichlauf mit dem gesetzlichen Leitbild des § 634a Abs. 1 Nr. 1 BGB, dass Mängelansprüche bei Werken, deren Erfolg in der Herstellung, Wartung oder Veränderung einer 33

---

35 BGH, Urt. v. 23.02.1989 – VII ZR 89/87 = BauR 1989, 322; BGH, Urt. v. 21.03.1991 – VII ZR 110/90 = BauR 1991, 458.
36 BGH, Urt. v. 28.11.2002 – VII ZR 4/00 = BauR 2003, 380.
37 OLG Jena, Urt. v. 08.04.2005 – 1 U 603/03 = BauR 2005, 1682 (Ls.).
38 Ingenstau/Korbion/*Wirth*, B § 13 Abs. 4 Rn. 73; vgl. im Einzelnen *Riedl/Mansfeld*, in: Heiermann/Riedl/Rusam, B § 13 Rn. 57.

Sache besteht, in zwei Jahren verjähren. Hierunter fallen zunächst Arbeiten an einem Grundstück, also bloße Arbeiten am Grund und Boden, welche selbst nicht im Zusammenhang mit der Bauwerkserrichtung stehen.[39] Davon ist auszugehen, soweit sich die Leistungen des Auftragnehmers in einer Veränderung des natürlichen Zustandes des Grunds und Bodens erschöpfen.[40] Arbeiten für andere Werke, deren Erfolg in der Herstellung, Wartung oder Veränderung einer Sache bestehen, liegen schließlich auch hinsichtlich derjenigen Mangelbeseitigungsleistungen eines Drittunternehmens vor, welche im Zuge der Ersatzvornahme nach §§ 4 Abs. 7, Abs. 8 Nr. 3 S. 2 bzw. § 13 Abs. 5 Nr. 2 VOB/B durchgeführt werden und sich hierauf beschränken.[41]

– Vom Feuer berührte Teile von Feuerungsanlagen
§ 13 Abs. 4 Nr. 1 S. 1 VOB/B sieht zudem für Feuerungsanlagen, also die Errichtung von Heizungen und Öfen, eine zweijährige Mängelhaftung für die vom Feuer und damit von besonderem Verschleiß berührten Teile vor, unabhängig davon, ob diese Anlage im Rahmen von Arbeiten an einem Bauwerk erbracht werden. Auch insoweit findet sich eine entsprechende Regelung im gesetzlichen Leitbild des § 634a BGB nicht. Allerdings gilt die kürzere Verjährungsfrist des § 13 Abs. 4 Nr. 1 S. 2 VOB/B nicht für die Feuerungsanlagen insgesamt, sondern nur für die Teile, die vom Feuer unmittelbar berührt werden oder erreicht werden.

– Feuerberührte und abgasdämmende Teile von industriellen Feuerungsanlagen
Für feuerberührte und abgasdämmende Teile von industrielle Feuerungsanlagen bestimmt § 13 Abs. 4 Nr. 1 S. 3 VOB/B schließlich eine Verjährungsfrist für die Mängelhaftung von nur einem Jahr. Diese Regelung betrifft z.B. Hochöfen. Aufgrund der dort ständig herrschenden hohen Temperaturen und der damit einhergehenden hohen Beanspruchung, ist die wesentlich kürzere Verjährungsfrist für die Mängelhaftung eingeführt worden.[42]

– Wartungsbedürftige maschinelle oder elektrotechnische Anlagen
Sofern der Auftraggeber bei Teilen von maschinellen und elektrotechnischen/elektronischen Anlagen, bei denen die Wartung Einfluss auf Sicherheit und Funktionsfähigkeit hat, die Wartung für den Zeitraum der Mängelhaftung nicht dem Auftragnehmer überträgt, beträgt die Verjährungsfrist abweichend von § 13 Abs. 4 Nr. 1 VOB/B nur zwei Jahre. Gegenstand dieser Regelung sind allerdings nicht grundsätzlich maschinelle Anlagenteile, sondern nur solche, die wartungsabhängig sind. Im Zuge der VOB/B 2006 wurde insoweit klargestellt, dass diese Regelung auch bei Vereinbarung längerer Fristen als der Regelverjährung zur Anwendung kommt, sofern § 13 Abs. 4 Nr. 2 VOB/B nicht ausdrücklich abbedungen wurde.

– Arglistiges Verschweigen
Nicht die vier, zwei- oder einjährige Mängelhaftung des § 13 Abs. 4 Nr. 1 VOB/B, sondern eine dreijährige Verjährungsfrist gem. §§ 195, 634a Abs. 3 BGB gilt, sofern der Auftragnehmer einen Mangel arglistig verschwiegen hat.[43] Dann gilt keine der in § 13 Abs. 4 VOB/B genannten kurzen Verjährungsfristen. Zwar enthält § 13 Abs. 4 VOB/B keinen § 634a Abs. 3 BGB entsprechenden Vorbehalt. Den Parteien des Bauvertrages kann jedoch nicht der – im Übrigen gegen § 639 BGB verstoßende – Wille unterstellt werden, dass die von den gesetzlichen Regelungen abweichenden Verjährungsfristen des § 13 Abs. 4 VOB/B auch dann gelten sollen, wenn etwaige Mängel vom Auftragnehmer arglistig verschwiegen werden. Gem. § 634a Abs. 3 S. 2 BGB läuft die allgemeine Verjährungsfrist jedoch nicht vor Ablauf der besonderen Verjährungsfrist des § 634a Abs. 2 Nr. 1 BGB – d. h. bei Bauwerken also fünf Jahren – ab.

---

39 Ingenstau/Korbion/*Wirth*, B § 13 Abs. 4 Rn. 78.
40 BGH, Urt. v. 16.09.1971 – VII ZR 5/70 = BauR 1971, 259, 260; OLG Düsseldorf, Urt. v. 26.03.1999 – 22 U 210/98 = BauR 2000, 734; OLG Düsseldorf, Urt. v. 12.05.2000 – 22 U 194/99 = BauR 2000, 1912; vgl. aber OLG Oldenburg, Urt. v. 06.10.1999 – 2 U 148/99 = BauR 2000, 731.
41 OLG Hamm, Urt. v. 28.10.1998 – 12 U 99/97 = BauR 1999, 766.
42 Vgl. *Kratzenberg*, NZBau 2002, 177, 181.
43 BGH, Urt. v. 23.06.1981 – VI ZR 42/80 = BauR 1981, 591, 594, m.w.N. noch zu § 195 BGB a. F., wonach die regelmäßige Verjährung 30 Jahre betrug.

II. Sonderproblem: Organisationsverschulden

Die dreijährige (bzw. fünfjährige) Verjährungsfrist wegen arglistigen Verschweigens eines Mangels greift auch in den Fällen sog. Organisationsverschuldens des Auftragnehmers, der in einem arbeitsteiligen Prozess die Herstellung des Werks durch verschiedene Mitarbeiter oder Nachunternehmer bewirkt und die den Umständen nach notwendige Überwachung und Prüfung unterlässt.[44] Davon kann allerdings nur bei besonders gravierenden und auffälligen Mängeln an wichtigen Gewerken ausgegangen werden.[45] Der Auftragnehmer muss geeignete organisatorische Maßnahmen ergreifen, damit sichergestellt ist, dass das fertig gestellte Werk keine Fehler aufweist. Anderenfalls muss er sich so behandeln lassen, als hätte er den später aufgetretenen Fehler gekannt und verschwiegen.[46] Welche Kontrollmaßnahmen ergriffen werden müssen ist Tatfrage des Einzelfalls: Die Einweisung der Mitarbeiter genügt nicht, vielmehr hat ein – oder bei größeren Baustellen haben auch mehrere – Bauleiter die Arbeiten zu kontrollieren und muss insbesondere bei bedeutenden Arbeitsschritten präsent sein und seiner Überwachungspflicht nachkommen, was etwa im Bautagebuch zu dokumentieren ist.[47] In jüngster Zeit ist die Rechtsprechung insoweit allerdings restriktiv. Allein aus der Schwere eines Baumangels kann deshalb nicht auf eine Verletzung der Obliegenheit, die Bauüberwachung arbeitsteilig zu organisieren, geschlossen werden. Vielmehr muss die Verletzung der Organisationspflicht ein dem arglistigen Verschweigen vergleichbares Gewicht haben.[48]

34

III. Beginn, Hemmung und Neubeginn der Verjährung

Die Verjährungsfrist beginnt grundsätzlich mit der Abnahme der Leistung zu laufen. Die VOB/B beinhaltet hierfür spezielle Regelungen. In der Praxis läuft die an die Abnahme anschließende Verjährung selten störungsfrei. Sie kann gehemmt sein oder neu beginnen. Dementsprechende, weitere Spezialregelungen sieht die VOB/B allerdings nicht vor, so dass auf die allgemeinen Regelungen des BGB zurückzugreifen ist. Die Vorschriften der §§ 203 ff. BGB gelten daher auch im Rahmen des VOB-Vertrages.[49]

35

Die Verjährungsfrist für Mängelansprüche beginnt gem. § 13 Abs. 4 Nr. 3 VOB/B mit der Abnahme der Gesamtleistung, bei Teilabnahmen nach § 12 Abs. 2 VOB/B hinsichtlich der abgenommenen Teile auch bereits zu diesem Zeitpunkt. Bezüglich der Mangelbeseitigungsleistungen bestimmt § 13 Abs. 5 Nr. 1 S. 3 VOB/B ergänzend, dass für den Lauf der Frist insofern ebenfalls die Abnahme dieser Mängelbeseitigungsleistungen notwendig ist. Wann eine Abnahme für den Beginn nach § 13 Abs. 4 Nr. 3 VOB/B vorliegt, bestimmt sich nach § 12 VOB/B. Der Abnahme steht die endgültige Abnahmeverweigerung durch den Auftraggeber gleich,[50] und zwar unabhängig davon, ob sie berechtigt war oder nicht, solange es sich nicht nur um eine vorübergehende Abnahmeverweigerung unter Aufrechterhaltung des Mangelbeseitigungsverlangens handelt.[51]

36

Für den Beginn der Frist für Mängelansprüche ist es auch ohne jeden Belang, ob der Auftraggeber vom Mangel Kenntnis hatte oder haben konnte.[52] Wenn also in der Baupraxis wiederholt vom

37

---

44 Grundlegend BGH, Urt. v. 12.03.1992 – VII ZR 5/91 = BauR 1992, 500 f.
45 OLG Frankfurt, Urt. v. 10.06.1998 – 15 U 67/97 = NJW-RR 1999, 24 = BauR 1999, 283; OLG Bamberg, Urt. v. 24.01.2000 – 4 U 174/99 = IBR 2000, 374 (Vogel).
46 BGH, Urt. v. 21.02.1992 – V ZR 273/90 = BauR 1992, 508, 510; OLG Düsseldorf, Urt. v. 20.03.1998 – 22 U 173/97 = BauR 1998, 1021, 1022; OLG Braunschweig, Urt. v. 07.10.1999 – 8 U 91/99 = BauR 2000, 109, 111 f.; OLG Bamberg, Urt. v. 24.01.2000 – 4 U 174/99 = IBR 2000, 374 (Vogel).
47 OLG Köln, Urt. v. 01.07.1994 – 11 U 29/94 = BauR 1995, 107, 108; *Kniffka*, ZfBR 1993, 255, 257 f.
48 BGH, Urt. v. 27.11.2008 – VII ZR 206/06 = BauR 2009, 515.
49 BGH, Urt. v. 15.06.1972 – VII ZR 64/71 = BauR 1972, 308.
50 BGH, Urt. v. 18.12.1980 – VII ZR 43/80 = BauR 1981, 201, 202 m.w.N.; OLG Köln, Urt. v. 29.06.1999 – 22 U 249/98 = BauR 2000, 134.
51 Ingenstau/Korbion/*Wirth*, B § 13 Abs. 4 Rn. 154.
52 Ingenstau/Korbion/*Wirth*, B § 13 Abs. 4 Rn. 171.

sog. versteckten Mangel (oder verdeckter Mangel) die Rede ist, so handelt es sich hierbei um keinen Rechtsbegriff, der etwa abweichend von den Verjährungsfristen in § 13 Abs. 4 VOB/B zu einer Verlängerung der Frist führen würde. Notwendig hierzu wäre, dass der Mangel vom Auftragnehmer arglistig verschwiegen wurde, was nur selten der Fall sein dürfte. Ansonsten sind versteckte Mängel wie alle anderen Mängel auch zu behandeln. Ihre Verjährung beginnt mit der Abnahme zu laufen.

38 Hinsichtlich der Frage der Hemmung der Verjährung enthält die VOB/B keine besonderen Regelungen. Es ist deshalb auf die allgemeinen Regelungen des BGB zurückzugreifen. Gem. § 209 BGB wird der Zeitraum, in welchem die Verjährung gehemmt ist, nicht in die Verjährungsfrist eingerechnet. Es kommt demnach zu einem Stillstand des Fristenlaufs. Die Frist läuft erst weiter, wenn der Umstand, der zu einer Hemmung geführt hat, weggefallen ist. Die Verjährungsfrist verlängert sich dann um den Zeitraum der Hemmung.

39 Die Hemmungstatbestände sind infolge der Schuldrechtsmodernisierung erheblich erweitert worden. Die Tatbestände, die früher eine Unterbrechung der Verjährung zur Folge hatten, sind nunmehr grundsätzlich als Hemmungstatbestände gefasst. Für den Anspruchsinhaber bedeutet dies regelmäßig eine zeitliche Verkürzung seiner Mängelansprüche, da die Verjährungsfrist bei Wegfall des Ereignisses nicht wie im Fall der Unterbrechung von neuem zu laufen beginnt.

IV. Verlängerung der Verjährungsfrist nach § 13 Abs. 5 Nr. 1 S. 2 VOB/B

40 Ab Zugang der schriftlichen Aufforderung zur Mängelbeseitigung wird gemäß § 13 Abs. 5 Nr. 1 S. 2 VOB/B bezüglich der in § 13 Abs. 4 VOB/B benannten Fristen für die gerügten Mängel eine neue zweijährige Verjährungsfrist in Gang gesetzt. Zudem bestimmt § 13 Abs. 5 Nr. 1 S. 2 VOB/B, dass die Verjährung der gerügten Mängel nicht vor Ablauf der Regelverjährung bzw. der vereinbarten Frist eintritt. Maximal kann aufgrund der Regelung des § 13 Abs. 5 Nr. 1 S. 2 VOB/B also eine »Verlängerung« der Verjährung um zwei Jahre erreicht werden. Dieser Tatbestand wird auch als »Quasi-Unterbrechung« bezeichnet.[53] Diese Verlängerungsmöglichkeit nach § 13 Abs. 5 Nr. 1 S. 2 VOB/B gilt nicht nur für den Fall, dass für Bauwerke die Frist des § 13 Abs. 4 Nr. 1 VOB/B von zwei Jahren vereinbart wurde, sondern gilt auch dann, wenn kraft vertraglicher Abrede die gesetzliche Verjährungsfrist von fünf Jahren vereinbart wurde.[54] Dann verlängert sich die Verjährungsfrist allerdings nicht nochmals um die fünfjährige Dauer, sondern nur um die Regelfrist des § 13 Abs. 4 VOB/B von zwei Jahren.[55]

41 Durch die Kombination der Vereinbarung von fünfjähriger Verjährungsfrist und der VOB/B im Übrigen, lässt sich also eine ggf. relevant werdende Verjährungsfrist von annähernd sieben Jahren erreichen. Die Verlängerung der Verjährungsfrist gilt allerdings nur für die Mängel, die in der Mängelanzeige bezeichnet worden sind. Etwaige Mängel, die nicht entdeckt und somit ausdrücklich bezeichnet worden sind, verjähren demgegenüber in der Regelfrist. Offen ist zudem die Grundsatzsatzfrage, ob die Quasi-Unterbrechung des § 13 Abs. 5 Nr. 1 S. 2 VOB/B überhaupt einer Inhaltskontrolle standhält.[56] Immerhin handelt es sich bei der Regelung um eine relativ weit reichende Abweichung von dem gesetzlichen Hemmungs- und Unterbrechungstatbeständen, in der durchaus eine unangemessene Benachteiligung gesehen werden könnte. Zwar lässt auch das BGB Verjährungsverlängerungen zu. Die Grenze zu einer unangemessenen Benachteiligung dürf-

---

53 Ingenstau/Korbion/*Wirth*, B § 13 Abs. 4 Rn. 271.
54 BGH, Urt. v. 09.10.1986 – VII ZR 184/85 = BauR 1987, 84, 85; BGH, Urt. v. 13.01.2005 – VII ZR 15/04 = BauR 2005, 710; OLG Hamm, Urt. v. 12.02.1993 – 12 U 76/92 = NJW-RR 1993, 718, 719; a.A. OLG Koblenz, Urt. v. 24.11.2004 – 1 U 532/04 = BauR 2005, 1644.
55 OLG Schleswig, Urt. v. 04.08.1993 – 9 U 16/93 = BauR 1995, 101, 102; OLG Karlsruhe, Urt. v. 23.09.2003 – 17 U 234/02 = IBR 2004, 66 (Zanner).
56 LG Halle, Urt. v. 08.07.2005 – 1 S 68/05 = BauR 2006, 128; LG Halle, Urt. v. 29.11.2005 – 12 O 49/05 = IBR 2006, 1512 (Moufang).

te jedoch dann überschritten sein, wenn die Allgemeinen Geschäftsbedingungen des Verwenders zusätzlich noch längere Verjährungsfristen als die VOB/B vorsehen.

V. Verjährungsfrist für Mangelbeseitigungsleistungen

Soweit der Auftragnehmer Mangelbeseitigungsarbeiten vornimmt, unterliegen auch diese der eigenständigen Frist des § 13 Abs. 4 VOB/B, wie § 13 Abs. 5 Nr. 1 S. 3 VOB/B klarstellt. Für den Beginn ist ebenfalls eine Abnahme notwendig ist.[57] Es laufen insofern allerdings die Regelfristen des § 13 Abs. 4 VOB/B, nicht die vertraglich vereinbarten, ggf. längeren Fristen, ohne das dies zu einer Verkürzung der vereinbarten Frist führen kann.[58] 42

F. Anspruch auf Mangelbeseitigung (§ 13 Abs. 5 VOB/B)

§ 13 Abs. 5, Abs. 6 und Abs. 7 VOB/B regeln die Rechtsfolgen bei einer mangelhaften Leistung für den Zeitraum nach der Abnahme. Demgegenüber gelten für den Zeitraum vor der Abnahme die Regelungen des § 4 Abs. 6 und Abs. 7 VOB/B. Da die Regelungen der Mängelhaftung der VOB/B ein abgeschlossenes System darstellen, gelten die allgemeinen Bestimmungen des BGB daneben grundsätzlich nicht.[59] 43

I. Vorliegen eines Mangels

Der Anspruch auf Mangelbeseitigung aus § 13 Abs. 5 Nr. 1 S. 1 VOB/B setzt zunächst das Vorhandensein eines Mangels nach § 13 Abs. 1 und Abs. 2 VOB/B voraus. Soweit § 13 Abs. 5 Nr. 1 S. 1 VOB/B als Anknüpfungspunkt die »vertragswidrige Leistung« benennt, entspricht dies nicht dem erweiterten Haftungstatbestand für die vertragswidrige Ausführung i.S.d. § 4 Abs. 7 VOB/B, sondern der Anspruch auf Mängelhaftung beschränkt sich ausschließlich auf Baumängel i.S.d. § 13 Abs. 1 und Abs. 2 VOB/B. 44

II. Mangelbeseitigungsaufforderung

1. Nachbesserungsrecht des Auftragnehmers

Der Mangelbeseitigungsverpflichtung aus § 13 Abs. 5 Nr. 1 VOB/B entspricht das Recht des Auftragnehmers, von ihm zu verantwortende Mängel selbst beseitigen zu dürfen.[60] Allerdings ist er nur innerhalb der ihm gemäß § 13 Abs. 5 Nr. 2 VOB/B gesetzten Frist zur Mängelbeseitigung berechtigt. Nach fruchtlosem Fristablauf darf er die Mängelbeseitigung nur noch mit Zustimmung des Auftraggebers vornehmen; dieser ist also nicht mehr verpflichtet, die Mängelbeseitigung durch den Auftragnehmer anzunehmen.[61] 45

2. Mängelrüge

a) Form

Soweit § 13 Abs. 5 Nr. 1 S. 1 VOB/B ein Schriftformgebot enthält, handelt es sich nicht um eine Schriftformklausel i.S.d. § 125 Abs. 3 BGB, die bei Nichtbeachtung zur Unwirksamkeit der Mängelrüge führte.[62] Daher genügt grundsätzlich auch eine mündlich erteilte Mängelbeseitigungsaufforderung für die Geltendmachung des Anspruchs aus § 13 Abs. 5 VOB/B. Neben den stets zu berücksichtigenden Beweisschwierigkeiten bei mündlichen Mängelrügen ist allerdings zu 46

---

57 BGH, Urt. v. 11.07.1985 – VII ZR 14/84 = NJW-RR 1986, 98.
58 Ingenstau/Korbion/*Wirth*, B § 13 Abs. 4 Rn. 294.
59 BGH, Urt. v. 29.10.1964 – VII ZR 52/63 = BGHZ 42, 232.
60 Ingenstau/Korbion/*Wirth*, B § 13 Abs. 5 Rn. 7.
61 BGH, Urt. v. 27.02.2003 – VII ZR 338/01 = BauR 2003; OLG Nürnberg, Urt. v. 28.07.2005 – 13 U 896/05 = BauR 2005, 1790 (Ls.).
62 BGHZ 58, 332, 334; OLG Celle, Urt. v. 14.12.1993 – 16 U 10/93 = BauR 1994, 250.

beachten, dass die in § 13 Abs. 5 Nr. 1 S. 2 VOB/B vorgesehene Verlängerung der Gewährleistungsfrist für die gerügten Mängel nur bei schriftlicher Mängelrüge eintritt. Sowohl im Kauf- als auch im Werkvertragsrecht ist es ein allgemeiner Grundsatz, dass Mängelbeseitigungsrechte nur dann geltend gemacht werden können, wenn eine angemessene Frist zur Nacherfüllung gesetzt wurde.[63]

b) Bestimmtheit

47 Die vom Auftraggeber gerügten Mängel müssen so konkret bezeichnet werden, dass dem Auftragnehmer Art und Umfang der von ihm vorzunehmenden Nachbesserungen bewusst wird und insbesondere auch die örtliche Lage des Mangels erkennbar ist, so dass die bloße Mängelrüge »an einigen Fensterrahmen blättert die Farbe ab« ohne Bezeichnung des Stockwerks oder der Räume nicht ausreichend ist.[64] Das Erfordernis der Bestimmtheit der lokalen Angaben besteht dabei unabhängig von der Rechtsprechung, nach der mit den gerügten Mängeln nicht nur die an Ort und Stelle benannten und sichtbaren Mängel gerügt worden sind, sondern sämtliche am Bauwerk bestehenden und auf der gleichen Mängelursache beruhenden Mängel.[65] Es ist daher grundsätzlich zu verlangen, dass der Auftraggeber auch die lokale Stelle benennt, an der der gerügte Mangel auftritt. Anderenfalls entsteht die Mangelbeseitigungspflicht des Auftragnehmers nicht.[66] Der Auftragnehmer muss mithin aus der Rüge klar die Behauptung des Auftraggebers erkennen können, dass es sich um einen Teil der von ihm erbrachten Leistung handelt.

48 Die Mängelrüge muss auch klar zum Ausdruck bringen, dass der Auftraggeber die Mangelbeseitigung verlangt und nicht bereit ist, die Nichtbeachtung der Aufforderung hinzunehmen.[67] Es genügt daher nicht, wenn etwa der Generalunternehmer eine ihm vom Bauherrn oder Nutzer übersandte Mängelrüge ohne eigenes Mangelbeseitigungsverlangen dem Nachunternehmer übersendet, da nicht klar wird, ob dies lediglich zur Information geschieht, oder der Generalunternehmer hier eigene Rechtsfolgen aus der Mängelrüge des Bauherrn bzw. Mieters auch gegenüber dem Nachunternehmer geltend machen will.[68] Dem Bestimmtheitsgebot für eine Mängelrüge nach § 13 Abs. 5 Nr. 1 S. 1 VOB/B genügen insbesondere nicht pauschale Mängelbehauptungen, mit denen nur eine nicht näher spezifizierte Leistung des Auftragnehmers als »mangelhaft«, »untauglich« oder »völlig ungenügend« behauptet und die Beseitigung »sämtlicher Mängel« verlangt wird.[69]

c) Benennung der Mängelsymptome

49 Nach der ständigen sog. Symptom-Rechtsprechung ist der Auftraggeber nicht verpflichtet, die Ursachen eines Mangels in der Mängelrüge zu bezeichnen, sondern es genügt, wenn er die äußeren Erscheinungen hinlänglich deutlich beschreibt.[70] Hierzu reicht es beispielsweise aus, auf ein dem Beseitigungsverlangen beigefügtes Gutachten aus einem selbstständigen Beweisverfahren zu verweisen.[71] Mit den durch ihre Mangelerscheinungen näher bezeichneten Mängel sind damit sämt-

---

63 BGH, Urt. v. 30.10.1958 – VII ZR 24/58 = NJW 1959, 142.
64 KG, Urt. v. 23.10.1973 – 7 U 871/73 = BauR 1974, 345.
65 BGH, Urt. v. 15.06.1989 – VII ZR 14/88 = BauR 1989, 606; BGH, Urt. v. 30.10.2007 – X ZR 101/06 = BauR 2008, 514; OLG Hamm, Urt. v. 17.07.2008 – 21 U 145/05 = IBR 2008, 731 (Schulze-Hagen); Ingenstau/Korbion/*Wirth*, B § 13 Abs. 5 Rn. 38; vgl. auch: *Merl*, in: FS Soergel, S. 217, 221.
66 *Merl*, in: FS Soergel, S. 217, 222.
67 BGH, Urt. v. 29.04.1974 – VII ZR 29/73 = BauR 1974, 280; BGH, Urt. v. 20.03.1975 – VII ZR 221/73 = BauR 1975, 341; OLG Hamm, Urt. v. 25.09.1987 – 12 U 141/86 = BauR 1988, 476, 477.
68 BGH, Urt. v. 20.04.1978 – VII ZR 94/77 = ZfBR 1978, 77, 78.
69 *Merl*, in: FS Soergel, S. 217, 220.
70 BGH, Urt. v. 28.10.1999 – VII ZR 115/97 = BauR 2000, 261, 262; BGH, Urt. v. 14.01.1999 – VII ZR 185/97 = BauR 1999, 899, 890; BGH, Urt. v. 20.11.1986 – VII ZR 360/85 = BauR 1987, 207.
71 OLG Celle, Urt. v. 18.06.2008 – 14 U 147/07 = BauR 2008, 2046.

liche für die Herbeiführung des Mangels verantwortlichen Ursachen gerügt und insbesondere auch die für die Verlängerung der Verjährung nach § 13 Abs. 5 Nr. 1 S. 2 VOB/B notwendigen Voraussetzungen geschaffen.

3. Folgen fehlender Mangelbeseitigungsaufforderung

Werden die vorgenannten Voraussetzungen der Mängelrüge nicht gewahrt, kann der Auftraggeber grundsätzlich nicht die aus § 13 Abs. 5 Nr. 2 VOB/B folgenden Kostenerstattungs- und Kostenvorschussansprüche für eine Ersatzvornahme geltend machen und ebenso wenig eine mögliche Verlängerung der Verjährungsfrist über § 13 Abs. 5 Nr. 1 S. 2 VOB/B erreichen. 50

III. Mangelbeseitigungspflicht des Auftragnehmers

Ist der Auftragnehmer nach § 13 Abs. 5 Nr. 1 VOB/B zur Mängelbeseitigung verpflichtet, hat er sämtliche Maßnahmen zu ergreifen, die zur Beseitigung des Mangels notwendig sind. Dabei kann der Nachbesserungsanspruch ggf. auch auf Neuherstellung des Werks gerichtet sein, wenn nur auf diese Weise die Mängel nachhaltig zu beseitigen sind.[72] Neben den eigentlichen Kosten der Mangelbeseitigung sind auch sämtliche Nebenkosten zur Erbringung der Mangelbeseitigungsarbeiten, wie Transport-, Lohn- und Materialkosten etc. vom Auftragnehmer zu tragen.[73] Sind im Zusammenhang mit den Nachbesserungsarbeiten zur Wiederherstellung des vorangegangenen Zustandes Ausbesserungsarbeiten an anderen Gewerken, wie z.B. Maurer-, Putz-, Maler- oder Reinigungsarbeiten notwendig, so gehören auch diese Kosten zu den Aufwendungen, die vom Auftragnehmer zu tragen sind.[74] 51

Allerdings hat der Auftragnehmer ein Wahlrecht hinsichtlich der zur Mangelbeseitigung erforderlichen Leistungen.[75] Grundsätzlich kann der Auftraggeber vom Auftragnehmer nicht eine bestimmte Art der Nachbesserung verlangen. Vielmehr obliegt es ihm, die zur Beseitigung des Mangels geeignete Maßnahme selbst zu wählen.[76] Etwas anderes gilt nur dann, wenn ausschließlich durch eine bestimmte Art und Weise der Nachbesserung der Mangel endgültig beseitigt werden kann.[77] Letztlich bestimmt sich der Umfang der Mängelbeseitigungspflicht des Auftragnehmers im Rahmen des § 13 Nr. 5 Abs. 1 VOB/B wie bei § 635 BGB. Auf die dort erläuterten Grundsätze kann deshalb verwiesen werden. 52

IV. Ersatzvornahme durch Auftraggeber (§ 13 Abs. 5 Nr. 2 VOB/B)

1. Voraussetzungen

a) Mangelbeseitigungsaufforderung

Das Recht des Auftraggebers, einen vom Auftragnehmer verursachten Mangel selbst zu beseitigen oder durch ein Drittunternehmen auf Kosten des Auftragnehmers beseitigen zu lassen (§ 13 Abs. 5 Nr. 2 VOB/B) entsteht nur hinsichtlich der vom Auftraggeber nach § 13 Abs. 5 Nr. 1 VOB/B gerügten Mängel. Schriftform ist zwar dringend anzuraten, aber nicht zwingende Voraussetzung, so dass der Kostenerstattungsanspruch aus § 13 Abs. 5 Nr. 2 VOB/B auch bei mündli- 53

---

72 BGH, Urt. v. 10.10.1985 – VII ZR 303/84 = BauR 1986, 93, 95; BGH, Urt. v. 16.10.1997 – VII ZR 249/96 = BauR 1998, 123, 124; OLG Frankfurt, Urt. v. 28.09.2005 – 7 U 189/03 = IBR 2006, 198 (Fries).
73 Ingenstau/Korbion/*Wirth*, B § 13 Abs. 5 Rn. 83.
74 BGH, Urt. v. 07.11.1985 – VII ZR 270/83 = BauR 1986, 211, 212; BGH, Urt. v. 22.03.1979 – VII ZR 142/78 = BauR 1979, 333.
75 BGH, Urt. v. 16.10.1997 – VII ZR 249/96 = BauR 1998, 123, 124; BGH, Urt. v. 27.11.2003 – VII ZR 93/01 = IBR 2004, 64 (Miernik).
76 BGH, Urt. v. 24.04.1997 – VII ZR 110/96 = BauR 1997, 638, 639; BGH, Urt. v. 08.10.1987 – VII ZR 45/87 = BauR 1988, 82, 85; BGH, Urt. v. 12.07.1984 – VII ZR 268/83 = BauR 1984, 634.
77 BGH, Urt. v. 24.04.1997 – VII ZR 110/96 = BauR 1997, 638, 640.

chen Mangelbeseitigungsaufforderungen gilt. Die Erstattungspflicht greift allerdings nur insoweit, wie im Rahmen der Mangelbeseitigungsaufforderung auch einzelne Mängel konkret benannt sind. Sind daher nur einige wenige Mängel in der Mangelbeseitigungsaufforderung durch den Auftraggeber gerügt worden, werden im Rahmen der Ersatzvornahme dann aber weitergehende Mangelbeseitigungsarbeiten durch das Drittunternehmen erbracht, bleibt die Erstattungsfähigkeit auf die schriftlich gerügten Mängel beschränkt. Im Rahmen des Erstattungsanspruchs aus § 13 Abs. 5 Nr. 2 VOB/B ist also eine ergänzende Prüfung der Mängelrüge nach § 13 Abs. 5 Nr. 1 VOB/B notwendig.

b) Angemessene Frist

54 Die Mängelrüge allein genügt noch nicht für die Entstehung des Erstattungsanspruchs aus § 13 Abs. 5 Nr. 2 VOB/B. Erforderlich ist vielmehr, dass der Auftraggeber darüber hinaus auch eine angemessene Frist zur Beseitigung des gerügten Mangels gesetzt hat, wobei die Fristsetzung nicht notwendig mit der Mängelrüge verbunden sein muss, sondern auch später erfolgen kann.[78]

55 Zu beachten ist, dass sich die zu setzende Frist auf den Abschluss der Mängelbeseitigungsarbeiten beziehen muss. Eine Frist zur Aufnahme der Mängelbeseitigung und zur Vorlage entsprechender Nachweise (z.B. Beauftragung eines Drittunternehmers) genügt der Voraussetzung des § 13 Abs. 5 Nr. 2 VOB/B demgegenüber grundsätzlich nicht. Allenfalls in eng begrenzten Ausnahmefällen, wenn das passive Verhalten des Auftragnehmers nach einer derartigen Fristsetzung zur Aufnahme der Arbeiten begründeten Anlass zur Sorge gibt, dieser werde sich der Pflicht zur Mängelbeseitigung entziehen, kann eine vorgezogene Fristsetzung ausreichend sein. Dann wäre es dem Auftraggeber nämlich nicht zuzumuten, noch eine Vornahmefrist zu setzen und diese erst ablaufen zu lassen.[79] Im Rahmen der allgemeinen Kooperationspflicht dürfte der Auftragnehmer sowieso verpflichtet sein, sich hinsichtlich der Aufnahme der Mängelbeseitigungsarbeiten zu erklären.

c) Fruchtloser Fristablauf

56 Hat der Auftragnehmer innerhalb der vom Auftraggeber gesetzten und als angemessen anzusehenden Frist den Mangel nicht oder nicht erfolgreich[80] beseitigt, entsteht das Ersatzvornahmerecht des Auftraggebers. Der Auftraggeber ist nach fruchtlosem Fristablauf nicht mehr verpflichtet, vom Auftragnehmer noch angebotene Mangelbeseitigungsarbeiten anzunehmen, sondern kann stattdessen die Ersatzvornahme durch ein Drittunternehmen durchführen lassen oder selbst durchführen.[81] Nimmt er allerdings nach Fristablauf Mangelbeseitigungsleistungen des Auftragnehmers noch an, gelingt dem Auftragnehmer die Mangelbeseitigung jedoch nicht, ist der Auftraggeber zur Durchführung der Ersatzvornahme gehalten, eine erneute Mangelbeseitigungsaufforderung mit Fristsetzung vorzunehmen.[82]

d) Entbehrlichkeit der Fristsetzung

57 Die Mängelrüge unter Fristsetzung ist gegenüber dem Auftragnehmer dann entbehrlich, wenn sie sich als bloße Förmelei darstellt, weil der Auftragnehmer bereits zuvor die Beseitigung der Mängel endgültig abgelehnt hat.[83] Dies ist auch anzunehmen, wenn der Auftragnehmer seine Pflicht zur

---

78 Ingenstau/Korbion/Wirth, B § 13 Abs. 5 Rn. 128.
79 BGH, Urt. v. 23.02.2006 – VII ZR 84/05 = IBR 2006, 265 (Schulze-Hagen).
80 Ingenstau/Korbion/Wirth, B § 13 Abs. 5 Rn. 158.
81 KG, Urt. v. 18.12.1989 – 24 U 2745/88 = BauR 1990, 472, 472 f.; problematisch daher OLG Düsseldorf, Urt. v. 15.01.1999 – 22 U 120/98 = BauR 1999, 1030, 1031.
82 Ingenstau/Korbion/Wirth, B § 13 Abs. 5 Rn. 161.
83 BGH, Urt. v. 07.07.1988 – VII ZR 320/87 = BauR 1988, 592; BGH, Urt. v. 22.11.1984 – VII ZR 287/82 = BauR 1985, 198; OLG Düsseldorf, Urt. v. 14.07.1970 – 21 U 18/69 = BauR 1971, 57; OLG Frankfurt, Urt. v. 12.12.1970 – 1 U 92/69 = NJW 1970, 1084.

Mangelbeseitigung hinsichtlich der gerügten Mängel bestreitet[84] oder das Vorhandensein der gerügten Mängel negiert.[85]

Die Mängelrüge mit Fristsetzung soll ausnahmsweise auch dann entbehrlich sein, wenn ein vollständiger Vertrauensverlust des Auftraggebers in die Leistungsfähigkeit des Auftragnehmers zur Beseitigung der Mängel eingetreten ist.[86] Dies kann z.b. der Fall sein, wenn sich der Auftragnehmer bereits während der Vertragsausführung als besonders unzuverlässig erwiesen hat und sich dann auch lediglich zu einer Nachbesserung bereit erklärt, die den vertraglich geschuldeten Erfolg nicht herbeiführen kann.[87] Auch soweit der Auftragnehmer trotz mehrerer Nachbesserungsversuche nicht in der Lage war, den Mangel abzustellen, kommt ein solcher endgültiger Vertrauensverlust in Betracht, der nicht der weiteren Fristsetzung bedarf.[88] Dies setzt allerdings voraus, dass im Zusammenhang mit den vorangegangenen Mängelbeseitigungsaufforderungen Fristsetzungen erfolgt sind. Wie viele Nachbesserungsversuche dem Auftragnehmer zuzubilligen sind, ist eine Frage des Einzelfalls. Ausdrückliche Vorgaben enthalten weder die VOB/B noch die werkvertraglichen Regelungen des BGB. Einen Anhaltspunkt bietet § 440 BGB, nach dem im Kaufrecht eine Nachbesserung spätestens nach dem zweiten Versuch als fehlgeschlagen gilt.[89]

58

e) Rechtsfolgen bei Fehlen der Voraussetzungen

Schafft der Auftraggeber die vorgenannten Voraussetzungen nach § 13 Abs. 5 VOB/B nicht, so verliert er hinsichtlich der durch ein Drittunternehmen durchgeführten Mangelbeseitigungsarbeiten seinen Kostenerstattungsanspruch gegenüber dem Auftragnehmer,[90] wobei dann auch kein Ersatzanspruch aus ungerechtfertigter Bereicherung nach §§ 812 ff. BGB, aus Geschäftsführung ohne Auftrag oder entsprechender Anwendung von § 326 Abs. 2, Abs. 4 BGB hinsichtlich Anrechnung auf den zu zahlenden Werklohn besteht. Dies kann sogar dazu führen, dass dem Auftragnehmer sein voller Werklohn für die unbrauchbare Leistung zukommt.[91] Sowohl im Kauf- als auch im Werkvertragsrecht ist es ein allgemeiner Grundsatz, dass Mängelbeseitigungsrechte nur dann geltend gemacht werden können, wenn eine angemessene Frist zur Nacherfüllung gesetzt wurde.

59

2. Kostenerstattungsanspruch

Der Kostenerstattungsanspruch aus § 13 Abs. 5 Nr. 2 VOB/B ist ein dem Mangelbeseitigungsanspruch zuzurechnender Anspruch auf Mängelhaftung und kein Schadensersatzanspruch.[92] Er ist daher nach Inhalt und Höhe beschränkt. Da allerdings der Schadensersatzanspruch aus § 13 Abs. 7 VOB/B neben dem Anspruch auf Mängelhaftung anwendbar bleibt, kann ein über den Kostenerstattungsanspruch hinausgehender Schaden hierüber ausgeglichen werden.

60

a) Beauftragung eines Ersatzunternehmers

Der Auftraggeber ist nicht verpflichtet, das zur Ersatzvornahme herangezogene Drittunternehmen erst nach Ablauf der dem Auftragnehmer gesetzten Frist zur Mangelbeseitigung zu beauftragen.

61

---

[84] BGH, Urt. v. 22.11.1984 – VII ZR 287/82 = BauR 1985, 198; BGH, Urt. v. 24.02.1983 – VII ZR 210/82 = BauR 1983, 258, 259.
[85] BGH, Urt. v. 20.03.1975 – VII ZR 65/74 = BauR 1976, 285.
[86] BGH, Urt. v. 10.06.1974 – VII ZR 4/73 = BauR 1975, 137 m.w.N.
[87] OLG Düsseldorf, Urt. v. 13.08.1996 – 22 U 42/96 = BauR 1996, 906 f.
[88] OLG Rostock, Urt. v. 28.10.1997 – 4 U 56/96 = BauR 1998, 552.
[89] Vgl. Palandt/*Sprau*, § 636 Rn. 15.
[90] BGH, Urt. v. 12.07.1984 – VII ZR 268/83 = BauR 1984, 634; BGH, Urt. v. 09.04.1981 – VII ZR 263/79 = BauR 1981, 395.
[91] BGH, Urt. v. 08.10.1987 – VII ZR 45/87= BauR 1988, 82; BGH, Urt. v. 23.02.2005 – VII ZR 100/04 = BauR 2005, 1021; a.A. OLG Koblenz, Urt. v. 16.01.2004 – 8 U 889/03 = NJW-RR 2004, 1670.
[92] Ingenstau/Korbion/*Wirth*, B § 13 Abs. 5 Rn. 173.

Erforderlich ist für die Aufrechterhaltung des Erstattungsanspruchs aus § 13 Abs. 5 Nr. 2 VOB/B lediglich, dass der Ersatzunternehmer nicht vor Ablauf der gesetzten Frist mit den Mangelbeseitigungsleistungen beginnt.[93] Bei einer früheren Beauftragung riskiert der Auftraggeber allerdings, dass der Auftragnehmer doch den Mangel beseitigt, den Ersatzunternehmer ggf. kündigen zu müssen und zur Vergütung nach § 649 S. 2 BGB verpflichtet zu sein.

62 Der Auftraggeber ist vor Beauftragung des Ersatzunternehmers nicht gehalten, zunächst im Rahmen eines Ausschreibungsverfahrens das günstigste Angebot zu ermitteln und diesen Bieter mit der Mangelbeseitigung zu beauftragen.[94] Deshalb sind auch nicht mehrere Kostenanschläge verschiedener Auftragnehmer einzuholen. Korrektiv zur Höhe der Vergütung für den Drittunternehmer bleibt insofern allein § 632 Abs. 2 BGB, so dass bei eklatanter Unüblichkeit des Werklohns für den Drittunternehmer eine Beschränkung des Erstattungsanspruchs in Betracht kommt.

b) Selbsthilfe des Auftraggebers

63 Der Auftraggeber ist nach § 13 Abs. 5 Nr. 2 VOB/B außerdem nicht gehalten, ein Drittunternehmen mit der Ersatzvornahme zu beauftragen, sondern kann die Mangelbeseitigungsarbeiten selbst oder im eigenen Betrieb ausführen. In diesem Fall kann er seinen Personal- und Materialaufwand sowie Gemeinkosten abrechnen, muss diese aber gegenüber dem Auftragnehmer im Einzelnen nachweisen.[95] Die Beurteilung der Frage, was im Einzelnen angemessen ist, dürfte sich in entsprechender Anwendung der Grundsätze des § 249 BGB beantworten. Regelmäßig wird dieser Aufwand jedoch geringer seien, als der Preis, den der Auftraggeber bei Durchführung entsprechender Arbeiten einen Dritten in Rechnung stellt.

c) Inhalt und Höhe des Kostenerstattungsanspruchs

64 Der Kostenerstattungsanspruch aus § 13 Abs. 5 Nr. 2 VOB/B ist auf die für die Mangelbeseitigung erforderlichen Aufwendungen beschränkt. Erstattungsfähig sind daher nur diejenigen Kosten, die notwendig sind, um die nachhaltige Beseitigung des Mangels zu erreichen.[96] Ist der Auftraggeber zum Vorsteuerabzug berechtigt, umfasst der Kostenerstattungsanspruch nur den Nettobetrag und nicht die Umsatzsteuer. Hinsichtlich der Einzelheiten des Inhalts des Kostenerstattungsanspruches kann auf die Darstellung zu § 637 BGB verwiesen werden.

3. Kostenvorschussanspruch

65 Auch im Rahmen eines VOB/B-Vertrages ist der Auftraggeber nicht gehalten, wegen der Kosten der Ersatzvornahme für den Auftragnehmer in Vorlage zu treten. Der Auftraggeber ist daher berechtigt, vom Auftragnehmer einen Kostenvorschuss auf die für die Ersatzvornahme nach § 13 Abs. 5 Nr. 2 VOB/B zu erwartenden Mangelbeseitigungskosten zu verlangen.[97] Der Kostenvorschussanspruch besteht in Höhe der mutmaßlichen Nachbesserungskosten,[98] soweit diese für eine technisch sinnvolle und Erfolg versprechende Mangelbeseitigung erforderlich sind.[99] Die Vorschusspflicht des Auftragnehmers umfasst allerdings nicht nur die Kosten der eigentlichen Mängelbeseitigung im vorgenannten Sinne, sondern auch die Kosten, die zur Beseitigung der Schäden am sonstigen Eigentum des Auftraggebers anfallen und im Zuge der Nachbesserung zwangsläufig entstehen werden.[100] Im Anwendungsbereich der VOB/B kann der Auftraggeber bei Verstreichen

---

93 BGH, Urt. v. 30.06.1977 – VII ZR 205/75 = BauR 1977, 422, 423.
94 Ingenstau/Korbion/*Wirth*, B § 13 Abs. 5 Rn. 180.
95 Ingenstau/Korbion/*Wirth*, B § 13 Abs. 5 Rn. 194.
96 OLG Köln, Urt. v. 07.06.1988 – 23 U 189/87 = BauR 1989, 329, 331.
97 Ingenstau/Korbion/*Wirth*, B § 13 Abs. 5 Rn. 201; *Mauer*, in: FS Mantscheff, S. 123 ff.
98 BGH, Urt. v. 24.10.1996 – VII ZR 98/94 = BauR 1997, 129, 131.
99 OLG Frankfurt, Urt. v. 13.12.1996 – 24 U 51/95 = BauR 1997, 481.
100 OLG Karlsruhe, Urt. v. 01.03.2005 – 17 U 114/04 = BauR 2005, 1485.

der gem. § 13 Abs. 5 Nr. 2 VOB/B gesetzten Frist den Vorschuss zugleich ggf. als Schadensersatz gem. § 13 Abs. 7 Nr. 3 VOB/B geltend machen, sodass eine Rückforderung des Kostenanspruchs praktisch kaum denkbar ist.[101]

G. Minderung (§ 13 Abs. 6 VOB/B)

Bereits infolge der Schuldrechtsmodernisierung ist die VOB/B in § 13 Abs. 6 VOB/B an das gesetzliche Leitbild des § 638 BGB angepasst worden. Infolgedessen ist nunmehr das Minderungsrecht als Gestaltungsrecht ausgeformt. Sofern die in § 13 Abs. 6 VOB/B alternativ benannten drei Voraussetzungen der Minderung gegeben sind, kann der Auftraggeber die Vergütung durch einfache Erklärung gegenüber dem Auftragnehmer mindern. Er muss demgegenüber nicht mehr die Minderung der Vergütung verlangen, wie es noch im Rahmen des § 13 Abs. 6 VOB/B der VOB/B 2000 der Fall war. 66

I. Voraussetzungen

1. Mängelbeseitigung für den Auftraggeber unzumutbar

Ausnahmsweise kann der Auftraggeber die Nacherfüllung verweigern und eine Minderung verlangen, wenn für ihn die Beseitigung des Mangels unzumutbar ist. An die Unzumutbarkeit der Mangelbeseitigung für den Auftraggeber sind strenge Anforderungen zu stellen. Die Regelung ist eng auszulegen. Unzumutbarkeit ist daher nur dann gegeben, wenn trotz objektiv möglicher Mangelbeseitigung, dessen Aufwand auch nicht unverhältnismäßig hoch ist, vom Auftraggeber besondere persönliche bzw. wirtschaftliche Opfer abverlangt werden, die es diesem nicht – auch nicht über eine Entschädigung nach § 13 Abs. 7 VOB/B – zumutbar erscheinen lässt, die Mangelbeseitigung durchführen zu lassen.[102] Insofern kommen nur in den persönlichen Verhältnissen des Auftraggebers beruhende Umstände (z.B. Alter, Gebrechlichkeit usw.) in Betracht oder besondere wirtschaftliche Umstände. Für das Vorliegen dieser Ausnahmevoraussetzungen, hat der Auftraggeber die Darlegungs- und Beweislast. 67

2. Unmöglichkeit der Mangelbeseitigung

Die Unmöglichkeit der Mangelbeseitigung i.S.d. § 13 Abs. 6 Alt. 2 VOB/B ist in tatsächlicher Hinsicht objektiv und nicht lediglich subjektiv auszulegen. Infolge dessen liegt Unmöglichkeit nur dann vor, wenn bei sachgerechter technischer Beurteilung der Mangel nicht nur vom Auftragnehmer nicht zu beseitigen ist, sondern auch jedem Dritten die Mangelbeseitigung nicht möglich ist.[103] Erschwernisse allein genügen nicht.[104] Dabei kommt es auch nicht darauf an, ob der Mangel mit dem in der Leistungsbeschreibung vorgesehenen Arbeiten durch den Betrieb des Auftragnehmers beseitigt werden kann, wenn eine Nachbesserung nur auf anderem Wege technisch möglich ist. 68

Teilweise wird in diesem Zusammenhang bei unverhältnismäßig hohem Aufwand der Neuherstellung der Anspruch auf diese als nicht mehr maßgeblich angesehen, sondern nur noch der Anspruch auf Minderung zuerkannt, ggf. ergänzt um einen allgemeinen Nachbesserungsanspruch. Zutreffend ist jedoch, dass auch bei erheblichem Aufwand der einzig möglichen Nachbesserung kein Fall der Unmöglichkeit gegeben ist, sondern dem Auftragnehmer allenfalls der Einwand der Unverhältnismäßigkeit der Kosten zusteht.[105] Dies allerdings auch nur dann, wenn die Neuher- 69

---

101 OLG Nürnberg, Urt. v. 27.06.2003 – 6 U 3219/01 = NZBau 2003, 614 = IBR 2003, 529 (Schulze-Hagen), allerdings noch zu § 633 Abs. 3 BGB a. F.
102 Ingenstau/Korbion/*Wirth*, B § 13 Abs. 6 Rn. 18.
103 Ingenstau/Korbion/*Wirth*, B § 13 Abs. 6 Rn. 25.
104 OLG Düsseldorf, Urt. v. 13.11.1998 – 22 U 96/98 = IBR 1999, 160.
105 OLG Düsseldorf, Urt. v. 23.06.1981 – 23 U 37/81 = BauR 1982, 587, 589.

stellung nicht das einzige Mittel ist, um den vertraglich vorausgesetzten Erfolg herbeizuführen. Ansonsten bleibt der Anspruch auf Neuherstellung aufrechterhalten und eine Minderung nach § 13 Abs. 6 VOB/B kommt wegen Unmöglichkeit nicht in Betracht.

3. Unverhältnismäßig hoher Aufwand

70 Soweit die Mangelbeseitigung objektiv nicht unmöglich ist, aber einen unverhältnismäßig hohen finanziellen Aufwand bedeuten würde, ist die Minderung nach § 13 Abs. 6 Alt. 3 VOB/B möglich, sofern der Auftragnehmer die Nacherfüllung verweigert.

71 Die Unverhältnismäßigkeit des Aufwandes richtet sich dabei nicht nach dem Verhältnis der Kosten zu dem für die Herstellung vereinbarten Preis, sondern allein nach den zur Beseitigung erforderlichen Kosten, welche dem Vorteil des Auftraggebers, den dieser durch die Mangelbeseitigung erlangt, gegenüberzustellen sind.[106] Der Einwand der Unverhältnismäßigkeit des zur Mangelbeseitigung erforderlichen Aufwandes folgt aus § 242 BGB. Er begründet sich damit, dass es Treu und Glauben widersprechen würde, wenn der Auftraggeber uneingeschränkt Nachbesserung verlangen könnte, obwohl bei Abwägung aller Umstände die zur Beseitigung des Mangels erforderlichen Geldaufwendungen in keinem vernünftigen Verhältnis zu dem dabei zu erzielenden Erfolg stehen.[107]

72 Im Hinblick hierauf ist eine Unverhältnismäßigkeit des Aufwandes aber nicht gegeben, wenn umfassende, auch auf Neuherstellung des Werks gerichtete Mangelbeseitigungsarbeiten notwendig sind, um die Funktionsfähigkeit des Gebäudes zu erreichen und erst damit der werkvertraglich geschuldete Erfolg herbeizuführen ist.[108] Auch wenn die Kosten hierfür höher sind als die der ursprünglichen Herstellung, kann der Auftragnehmer dem nicht den Einwand der Unverhältnismäßigkeit entgegensetzen.[109]

73 Weitere Voraussetzung neben der Feststellung der Unverhältnismäßigkeit der Nacherfüllung ist, dass der Auftragnehmer die Nacherfüllung mit dieser Begründung ablehnt. Dem Auftragnehmer steht es frei, sich auf die Unverhältnismäßigkeit zu berufen. Macht er von seinem Recht keinen Gebrauch, ist er trotz Unverhältnismäßigkeit zur Mängelbeseitigung verpflichtet. Die Weigerung des Auftragnehmers muss zudem eindeutig erkennen lassen, auf welche Tatsachen die Unverhältnismäßigkeit gestützt wird. Die Weigerung kann formlos erfolgen; muss aber innerhalb der seitens des Auftraggebers gesetzten Fristen gem. § 13 Abs. 5 Nr. 2 VOB/B erfolgen.

II. Durchführung der Minderung

74 Der Anspruch des Auftraggebers auf Minderung kann ausnahmsweise neben dem Mangelbeseitigungsanspruch auch dann geltend gemacht werden, wenn nach erfolgter Nachbesserung noch ein Minderwert des Werks verbleibt.[110]

1. Erklärung des Auftraggebers

75 Zur Durchführung der Minderung reicht nunmehr eine einfache Erklärung des Auftraggebers aus, dass er sein Gestaltungsrecht ausübt. Insoweit handelt es sich um eine empfangsbedürftige,

---

106 OLG Düsseldorf, Urt. v. 04.08.1992 – 23 U 236/91 = BauR 1993, 82, 84 f.; BGH, Urt. v. 27.03.2003 – VII ZR 443/01 = BauR 2003, 1209; BGH, Urt. v. 10.11.2005 – VII ZR 137/04 = BauR 2006, 382.
107 BGH, Urt. v. 23.02.1995 – VI ZR 235/93 = BauR 1995, 540, 541 m.w.N.
108 BGH, Urt. v. 10.10.1985 – VII ZR 303/84 = BauR 1986, 93, 95; BGH, Urt. v. 04.07.1996 – VI ZR 24/95 = BauR 1996, 858, 859.
109 OLG Karlsruhe, Urt. v. 14.06.2005 – 17 U 82/04 = IBR 2006, 19 (Karczewski).
110 BGH, Urt. v. 09.03.1972 – VII ZR 202/70 = NJW 1972, 901 m.w.N.; OLG Saarbrücken, Urt. v. 10.03.1999 – 1 U 449/98-83 = IBR 1999, 367 (Karczewski).

einseitige und rechtsgestaltende Erklärung, in der der Umfang der verlangten Minderung und der Mangel, aufgrund dessen gemindert wird, vom Auftraggeber anzugeben sind.[111]

2. Einwand des Auftragnehmers

Teilweise wird angenommen, der Auftragnehmer könne nur hinsichtlich der Unverhältnismäßigkeit des Aufwandes die Mangelbeseitigung verweigern.[112] Diese Auslegung des § 13 Abs. 6 VOB/B ist jedoch nicht zwingend: Zum einen ist der Wortlaut nicht so eindeutig, dass sich das »deshalb« in § 13 Abs. 6 VOB/B auf die 3. Variante und nicht auch auf die 2. Variante bezöge. Zum anderen ist es dem Auftragnehmer nicht verwehrt, sich auf die Unmöglichkeit der Mangelbeseitigung zu berufen und auch insofern dem Auftraggeber die Verweigerung der Mangelbeseitigung entgegenzuhalten. In diesem Fall trägt er eben nur das Risiko, dass dem Auftraggeber die Mangelbeseitigung doch gelingt und er für die Kosten dafür nach § 13 Abs. 5 Nr. 2 VOB/B haftet. Ausnahmsweise ist ihm die Verweigerung der Mangelbeseitigung aber dann verwehrt, wenn ihn ein erhebliches Verschulden an der Verursachung der Mängel trifft.[113]   76

3. Ausschluss des Minderungsrechts

Der Auftraggeber kann Minderung des Werklohns nicht verlangen, wenn er in Kenntnis des Mangels die Abnahme erklärt hat, sich die Mängelansprüche und mithin auch den Anspruch auf Minderung aber nicht vorbehalten hat.   77

4. Einvernehmliche Vereinbarung

Kommen die Parteien darin überein, statt der Mangelbeseitigung Minderung für einen bestimmten Mangel zu vereinbaren, so ist jedenfalls damit dem Auftraggeber ein Rückgriff auf die Nacherfüllungsansprüche, die ihn im Übrigen auch nach Ausspruch des Verlangens nach § 13 Abs. 6 VOB/B noch zuständen, verwehrt. Der Auftraggeber, der sich wegen eines Mangels mit dem Auftragnehmer auf Minderung des Werklohns geeinigt hat, kann wegen dieses Mangels auch dann nicht Mangelbeseitigung oder Schadensersatz nach § 13 Abs. 7 VOB/B verlangen, wenn sich nachträglich herausstellt, dass aus diesen zunächst nur optischen Mängeln weitergehende funktionelle Beeinträchtigungen folgen, es sei denn, der Auftragnehmer hat den Auftraggeber wider besseren Wissens nicht darüber aufgeklärt, dass der sich als rein optischer Mangel darstellende Mangel in Wahrheit auch technischer funktioneller Natur ist.   78

III. Höhe der Minderung

Maßgeblicher Zeitpunkt für die Berechnung der Höhe der Minderung ist nunmehr aufgrund des Verweises auf § 638 BGB der Zeitpunkt des Vertragsschlusses (§ 638 Abs. 3 S. 1 BGB). Obwohl dies zu Wertungswidersprüchen führen kann,[114] kommt es für die Berechnung der Minderung nicht mehr auf den Wert der Bauleistung zum Zeitpunkt der Abnahme an, wie es bis zur Schuldrechtsmodernisierung herrschende Meinung war.[115] Dies ist nur noch möglich, wenn die Parteien des Vertrages eine entsprechende Regelung treffen.[116]   79

Die Berechnung der Höhe der Minderung bestimmt sich grundsätzlich gemäß § 638 BGB. Während die ständige Rechtsprechung des BGH bei der Schätzung des Minderungsbetrages gem. § 638 Abs. 3 BGB, § 287 ZPO den Geldbetrag in Ansatz bringt, der aufgewendet werden muss, um die vorhandenen Mängel zu beseitigen, also die volle Höhe der Mangelbeseitigungskosten als   80

---

111 Vgl. Palandt/*Sprau*, § 638 Rn. 3.
112 Vgl. Ingenstau/Korbion/*Wirth*, B § 13 Abs. 6 Rn. 14.
113 OLG Düsseldorf, Urt. v. 04.08.1992 – 23 U 236/91 = BauR 1993, 82, 85.
114 Vgl. Ingenstau/Korbion/*Wirth*, B § 13 Abs. 6 Rn. 54 ff.
115 BGHZ 58, 181.
116 Palandt/*Sprau*, § 638 Rn. 5.

Minderung zuspricht,[117] dürfte dies für alle Fallgruppen des Minderungsrechts nach § 13 Abs. 6 VOB/B zu weit gehend sein.[118] Berücksichtigt man nämlich, dass bei Unmöglichkeit der Mangelbeseitigung Kosten für diese grundsätzlich nicht in Betracht kommen können, zum anderen die Minderung gerade dann vom Auftragnehmer eingewandt werden kann, wenn die Mangelbeseitigung einen unverhältnismäßig hohen Aufwand erfordert und die Minderung in Höhe der Mangelbeseitigungskosten genau diesen unverhältnismäßig hohen Aufwand wiederum bestätigen würde, bliebe bei konsequenter Anwendung dieses Grundsatzes nur die Fallgruppe der Unzumutbarkeit für den Auftraggeber einschlägig.

H. Schadensersatzanspruch (§ 13 Abs. 7 VOB/B)

81 § 13 Abs. 7 VOB/B bestimmt die Voraussetzungen der Haftung des Auftragnehmers für Schäden infolge von ihm schuldhafter verursachter Mängel. Diese Voraussetzungen sind im Rahmen der Schuldrechtsmodernisierung umfassend neu geregelt und an das gesetzliche Leitbild des BGB angepasst worden: Die Voraussetzungen eines Schadensersatzanspruches sind in § 13 Abs. 7 VOB/B nunmehr in drei selbständigen Schadensersatztatbeständen geregelt:

82 – Nr. 1 regelt einen Schadensersatzanspruch für die Verletzung bestimmter höchstpersönlicher Rechtsgüter (Leben, Körper, Gesundheit).
– Nr. 2 bestimmt dann die Voraussetzungen eines Schadensersatzspruches bei vorsätzlich oder grob fahrlässig verursachten Mängeln.
– Nr. 3 bestimmt schließlich die Tatbestandsvoraussetzungen eines Schadensersatzspruches infolge wesentlicher Mängel (S. 1) und für darüber hinausgehende Schäden (S. 2).

83 Der Schadensersatzanspruch steht nicht alternativ zu den Ansprüchen auf Mangelbeseitigung und Minderung, sondern ist kumulativ neben diesen Ansprüchen anwendbar.[119] Lediglich hinsichtlich der Höhe des Schadensersatzes sind mögliche Mangelbeseitigungskosten und Minderungsbeträge zu berücksichtigen, ohne dass aber das Vorliegen von Mangelbeseitigungsarbeiten oder der tatbestandlichen Voraussetzungen des § 13 Abs. 6 VOB/B ohne Vollziehung der Minderung den Schadensersatzanspruch bereits ausschlössen.

I. Kein Ausschluss des Rücktritts

84 Grundsätzlich führt nach § 640 Abs. 2 BGB die Abnahme in Kenntnis eines Mangels ohne gleichzeitigen Vorbehalt der Gewährleistungsansprüche durch den Auftraggeber dazu, dass dessen Anspruch auf Nacherfüllung nach § 13 Abs. 5 VOB/B und auf Minderung nach § 13 Abs. 6 VOB/B verloren gehen. Demgegenüber bleibt der Schadensersatzanspruch aus § 13 Abs. 7 VOB/B erhalten, da dieser Verschulden voraussetzt und § 640 Abs. 2 BGB nur die Ansprüche aus §§ 634 Abs. 1–4 BGB ausschließt, nicht aber den ebenfalls Verschulden voraussetzenden Schadensersatzanspruch des § 634 Abs. 4 BGB und die Regelung in § 13 Abs. 7 VOB/B insoweit dem gesetzlichen Leitbild entspricht.[120] Verlangt daher der Auftraggeber Mangelbeseitigung für einen ihm bei der Abnahme bekannten, aber nicht vorbehaltenen Mangel, so kann er nach fruchtlosem Fristablauf gegenüber dem Auftragnehmer die notwendigen Kosten der Mangelbeseitigung durch ein Drittunternehmen im Rahmen der Ersatzvornahme auch als Schadensersatz nach § 13 Abs. 7 VOB/B geltend machen.[121]

---

117 Grundlegend BGH, Urt. v. 24.02.1972 – VII ZR 177/70 = BauR 1972, 242, 243; BGH, Urt. v. 27.06.1996 – VII ZR 151/93 = BauR 1996, 851, 853; BGH, BauR 1997, 700; dem folgend Ingenstau/Korbion/*Wirth*, B § 13 Abs. 6 Rn. 58.
118 BGH, Urt. v. 09.01.2003 – VII ZR 181/00 = BauR 2003, 533.
119 Ingenstau/Korbion/*Wirth*, B § 13 Abs. 7 Rn. 12.
120 BGH, Urt. v. 12.06.1980 – VII ZR 228/79 = BauR 1980, 460, 461, noch zu §§ 633, 634 und 635 BGB a. F.
121 Vgl. OLG Düsseldorf, Urt. v. 06.10.1995 – 22 U 62/95 = BauR 1997, 355.

II. Voraussetzungen des Schadensersatzanspruchs

1. § 13 Abs. 7 Nr. 1 VOB/B: Schadensersatz bei Verletzung bestimmter höchstpersönlicher Rechtsgüter

Nach § 13 Abs. 7 Nr. 1 VOB/B haftet der Auftragnehmer bei schuldhaft verursachten Mängeln für Schäden aus der Verletzung des Lebens, des Körpers oder der Gesundheit. Für Schäden an diesen besonderen Rechtsgütern haftet der Auftragnehmer somit bereits bei Fahrlässigkeit (§ 276 BGB), also bereits bei leichter Fahrlässigkeit. Bei diesem, dem Deliktsrecht nachgebildeten vertraglichen Schadensersatzanspruch muss sich das Verschulden des Auftragnehmers nur auf den Mangel und nicht auf den Schaden beziehen.[122]

85

2. § 13 Abs. 7 Nr. 2 VOB/B: Schadensersatz bei Vorsatz und grober Fahrlässigkeit

Für alle Schäden an weiteren Rechtsgütern haftet der Auftragnehmer gem. § 13 Abs. 7 Nr. 2 VOB/B bei vorsätzlich oder grob fahrlässig verursachten Mängeln. Grobe Fahrlässigkeit liegt vor, wenn die im Verkehr erforderliche Sorgfalt in besonders schwerem Maße verletzt worden ist, schon einfachste, ganz nahe liegende Überlegungen nicht angestellt werden und das nicht beachtet wird. Insoweit sind also die subjektiv in der Individualität des Handelnden begründenden Umstände bei der Bestimmung des Verschuldens zu berücksichtigen.[123] Ob ein grob fahrlässiges Verhalten in vorgenanntem Sinne vorliegt, ist immer eine Frage des Einzelfalls. Ein Baumangel wird aber immer dann grob fahrlässig verursacht sein, wenn bei der Ausführung die einleuchtendsten Vorsichtsmaßnahmen außer Acht gelassen wurden oder der Unternehmer gegen Regeln verstößt, deren Einhaltung für ein mangelfreies Werk zwingend erforderlich sind.[124]

86

3. § 13 Abs. 7 Nr. 3. S. 1 und 2 VOB/B: Eingeschränkte Schadensersatzpflicht

§ 13 Abs. 7 Nr. 3 VOB/B begründet aufgrund der zusätzlichen Voraussetzungen eine nur eingeschränkte Schadensersatzpflicht. Diese Regelung entspricht dem früheren § 13 Abs. 7 Nr. 1 und Nr. 2 VOB/B 2000 und gilt für alle nicht von § 13 Abs. 7 Nr. 1 bzw. Nr. 2 VOB/B erfassten Fallgestaltungen. Bei dem Schadensersatzanspruch des § 13 Abs. 7 Nr. 3 VOB/B handelt es sich um die praktisch relevantesten Schadensersatzansprüche. In der baurechtlichen Praxis wird zwischen dem sog. kleinen Schadensersatzanspruch (§ 13 Abs. 7 Nr. 3 S. 1 VOB/B) und dem sog. großen Schadensersatzanspruch (§ 13 Abs. 7 Nr. 3 S. 2 VOB/B) unterschieden. Anders als in den Fällen des § 13 Abs. 7 Nr. 1 bzw. Nr. 2 VOB/B genügt allein das Vorliegen eines Mangels für die Entstehung des Schadensersatzanspruches nach § 13 Abs. 7 Nr. 3 VOB/B nicht. Erforderlich ist vielmehr, dass der Mangel wesentlicher Art ist und ein Verschulden des Auftragnehmers vorliegt. Diese Voraussetzungen gelten sowohl für den kleinen als auch für den großen Schadensersatzanspruch.[125] Gemeinsame Voraussetzungen sind somit folgende:

87

a) Wesentlicher Mangel

Der Begriff des wesentlichen Mangels in § 13 Abs. 7 VOB/B deckt sich nicht notwendig mit dem der Abnahmeverweigerung in § 12 Abs. 3 VOB/B. Im Rahmen der Gewährleistung ist ein Mangel nach § 13 Abs. 7 VOB/B dann wesentlich, wenn er unter Berücksichtigung des im Vertrag zum Ausdruck gekommenen speziellen Interesses des Auftraggebers an der vertragsgerechten Leistung und dessen mit dem Bauwerk verfolgten Nutzungs- oder Verwendungszwecken der Mangel von Bedeutung ist[126] und dieses subjektive Kriterium unter Berücksichtigung der all-

88

---

122 Ingenstau/Korbion/*Wirth*, B § 13 Abs. 7 Rn. 35.
123 BGHZ 10, 16, 17; BGHZ 119, 149.
124 OLG Zweibrücken, Urt. v. 30.11.1999 – 8 U 62/99; BGH, Nichtannahmebeschluss v. 23.11.2000 – VII ZR 481/99 = IBR 2001, 181 (Groß).
125 Kapellmann/Messerschmidt/*Weyer*, B § 13 Rn. 343; Ingenstau/Korbion/*Wirth*, B § 13 Abs. 7 Rn. 58 ff.
126 OLG Stuttgart, Urt. v. 05.05.1978 – 10 U 200/77 = BauR 1979, 432.

gemeinen Verkehrsauffassung ebenfalls zur Beachtlichkeit führt oder aber die Abweichung der Ist-Beschaffenheit von der vertraglich vereinbarten Soll-Beschaffenheit nicht nur unwesentlich ist.[127]

89 Entscheidend sind somit Art, Umfang und insbesondere die Auswirkungen des Mangels.[128] Sofern bei Vertragsschluss subjektive Vorstellungen des Auftragnehmers hinreichend zum Ausdruck gekommen sind, ist auch ein spezieller Nutzungs- und Verwendungszweck des Auftraggebers bei der Bestimmung der Frage, ob ein Mangel wesentlich ist, zu berücksichtigen.[129]

b) Beeinträchtigung der Gebrauchsfähigkeit

90 Im Rahmen der Wesentlichkeit des Mangels ist die weitere in § 13 Abs. 7 Nr. 3 S. 1 VOB/B genannte Voraussetzung, nämlich die Beeinträchtigung der Gebrauchsfähigkeit, notwendiger Inhalt der Wesentlichkeitsprüfung eines Mangels, so dass diesem Begriff keine weiter gehende Bedeutung zukommt.

c) Verschulden des Auftragnehmers

91 Da es sich bei § 13 Abs. 7 Nr. 3 VOB/B um einen Schadensersatzanspruch handelt, ist entsprechend §§ 276 ff. BGB ein Verschulden des Auftragnehmers notwendig. Der Begriff des Verschuldens in § 13 Abs. 7 Nr. 3 VOB/B folgt der gesetzlichen Regelung in § 276 BGB, so dass der Auftragnehmer für (einfache/leichte oder grobe) Fahrlässigkeit und Vorsatz seiner selbst wie auch seiner Erfüllungsgehilfen einzustehen hat.[130] Dementsprechend ist hinsichtlich der im Rahmen der Fahrlässigkeit heranzuziehenden Sorgfaltspflichtprüfung auf den allgemeinen Kenntnisstand in der jeweiligen Branche oder Berufsgruppe abzustellen. Deshalb ist bei späteren Erkenntnissen und Änderungen der Regeln der Technik ein Verschulden dann ausgeschlossen, wenn der Auftragnehmer die zum Zeitpunkt der Abnahme geltenden Regeln der Technik berücksichtigt hat, ohne dass dies zur Vermeidung der Mangelhaftigkeit des Werks geführt hat.

92 Im Hinblick auf den erweiterten Pflichtenkreis nach §§ 4 Abs. 3, 13 Abs. 3 VOB/B ist Verschulden auch insoweit anzunehmen, als der Auftragnehmer die aus der Sphäre des Auftraggebers stammenden Mängelursachen nicht prüft oder auf Bedenken nicht hinweist. Infolgedessen scheidet nicht bereits im Rahmen des haftungsbegründenden Tatbestandes ein Schadensersatzanspruch aus, sondern allenfalls ist im Rahmen des haftungsausfüllenden Tatbestandes ein mögliches Mitverschulden des Auftraggebers zu berücksichtigen.

III. »Kleiner Schadensersatzanspruch« (§ 13 Abs. 7 Nr. 3 S. 1 VOB/B)

1. Begrenzung des Umfangs

93 Der in § 13 Abs. 7 Nr. 3 S. 1 VOB/B enthaltene sog. kleine Schadensersatzanspruch (in Abgrenzung zum sog. großen Schadensersatzanspruch des § 13 Abs. 7 Nr. 3 S. 2 VOB/B) ist begrenzt auf diejenigen Schäden, welche an der baulichen Anlage selbst entstanden sind. Dadurch werden nicht nur solche Folgen von Mängeln an der eigenen Bauleistung des Auftragnehmers von der Schadensersatzpflicht des § 13 Abs. 7 Nr. 1 VOB/B erfasst, sondern auch die Mangelfolgeschäden, welche zwar außerhalb des Werks des Auftragnehmers auftreten, aber in engem Zusammenhang mit diesem stehen.[131] Zur baulichen Anlage gehört das gesamte Bauwerk, innerhalb dessen der Auftragnehmer gearbeitet hat und nicht nur die durch seine Leistungen betroffenen Bereiche.

---

127 Ingenstau/Korbion/*Wirth*, B § 13 Abs. 7 Rn. 59.
128 BGH, Urt. v. 26.02.1981 – VII ZR 287/79 = BauR 1981, 284.
129 Vgl. Ingenstau/Korbion/*Wirth*, B § 13 Abs. 7 Rn. 59 ff.; Kapellmann/Messerschmidt/*Weyer*, B § 13 Rn. 346, jeweils m.w.N.
130 Ingenstau/Korbion/*Wirth*, B § 13 Abs. 7 Rn. 74.
131 BGH, Urt. v. 07.11.1985 – VII ZR 270/83 = BauR 1986, 211, 213.

Daraus folgt, dass die zum BGB-Werkvertragsrecht bis zur Schuldrechtsmodernisierung gemachte 94
Unterscheidung zwischen den nach § 635 BGB a. F. zu behandelnden engen Mangelfolgeschäden
und dem Schadensersatzanspruch aus positiver Vertragsverletzung für entfernte Mangelfolgeschäden entsprechend auf § 13 Abs. 7 zu übertragen ist. Nach dem neuen Werkvertragsrecht des BGB
werden demgegenüber alle Schäden von §§ 634 Abs. 4, 280 BGB umfasst.[132]

2. Inhalt des Schadensersatzanspruchs

Der Auftraggeber kann die für die Mangelbeseitigung notwendigen Kosten einer Ersatzvornahme 95
über § 13 Abs. 7 Nr. 3 S. 1 VOB/B als Schadensersatz verlangen, sofern er die Voraussetzungen
des § 13 Abs. 5 Nr. 2 VOB/B erfüllt hat. Der Schadensersatzanspruch des § 13 Abs. 7 VOB/B
darf nämlich nicht zu einer Umgehung des Nachbesserungsrechts des Auftragnehmers führen.[133]
Der Auftraggeber ist aber zur Geltendmachung der Mangelbeseitigungskosten im Wege des Schadensersatzes auch dann berechtigt, wenn er tatsächlich die Durchführung der Mangelbeseitigungsarbeiten nicht beabsichtigt.

Im Übrigen deckt sich der Inhalt des »kleinen Schadensersatzanspruchs« gem. § 13 Nr. 7 Abs. 3 96
VOB/B mit den allgemeinen Grundsätzen, die im Rahmen der Kommentierung zu § 634 Abs. 4
BGB dargestellt werden.

IV. »Großer Schadensersatzanspruch« (§ 13 Abs. 7 Nr. 3 S. 2 VOB/B)

1. Umfang

Der sog. große Schadensersatzanspruch nach § 13 Abs. 7 Nr. 3 S. 2 VOB/B entspricht dem für 97
das BGB-Werkvertragsrecht vor der Schuldrechtsmodernisierung entwickelten Schadensersatzanspruch für entfernte Mangelfolgeschäden aus positiver Vertragsverletzung. Der nach § 13
Abs. 7 Nr. 3 S. 1 VOB/B noch notwendige enge Zusammenhang zwischen eingetretenem Schaden und baulicher Anlage ist hier nicht mehr erforderlich, so dass jeder Schaden unter § 13 Abs. 7
Nr. 3 S. 1 VOB/B fällt, der adäquat-kausal auf den Mangel zurückzuführen ist.[134]

2. Zusätzliche Voraussetzungen

§ 13 Abs. 7 Nr. 3 S. 2 VOB/B enthält drei weitere Voraussetzungen, von denen zumindest eine 98
erfüllt sein muss, um den großen Schadensersatzanspruch auszulösen (»einen darüber hinausgehenden Schaden hat der Auftragnehmer nur dann zu ersetzen ...«). Damit wird zugleich deutlich, dass neben diesen Voraussetzungen selbstverständlich auch die Voraussetzungen des kleinen
Schadensersatzspruchs nach § 13 Abs. 7 Nr. 3 S. 1 VOB/B vorliegen müssen, also die Wesentlichkeit des Mangels und Verschulden des Auftragnehmers.

a) Verstoß gegen anerkannte Regeln der Technik

Verstößt der Auftragnehmer gegen die allgemein anerkannten Regeln der Technik i.S.d. §§ 13 99
Abs. 1, 4 Abs. 2 Nr. 1 S. 2 VOB/B, so haftet er ohne Weiteres für den weitergehenden Schaden
nach § 13 Abs. 7 Nr. 3 S. 2a) VOB/B. Im Gegensatz zu § 13 Abs. 7 Nr. 2 VOB/B ist hier nicht
grobe Fahrlässigkeit zu fordern, sondern es genügt auch die leichte Fahrlässigkeit nach § 276
BGB.[135]

---

132 Ingenstau/Korbion/*Wirth*, B § 13 Abs. 7 Rn. 84.
133 Ingenstau/Korbion/*Wirth*, B § 13 Abs. 7 Rn. 90.
134 Ingenstau/Korbion/*Wirth*, B § 13 Abs. 7 Rn. 113 f.
135 Ingenstau/Korbion/*Wirth*, B § 13 Abs. 7 Rn. 126.

b) Fehlen einer vertraglich vereinbarten Beschaffenheit

100 Haben die Parteien des Bauvertrages eine Beschaffenheit vertraglich vereinbart und ist das Werk mangelhaft, weil diese Beschaffenheit fehlt, so haftet der Auftragnehmer nach § 13 Abs. 7 Nr. 3 S. 2b) VOB/B auch hinsichtlich des weiter gehenden Schadens. Der Begriff der vertraglich vereinbarten Beschaffenheit gem. § 13 Abs. 7 Nr. 3 S. 2b) VOB/B entspricht der des § 13 Abs. 1 VOB/B.

101 Da aber auch im Rahmen des § 13 Abs. 7 Nr. 3 S. 2b) VOB/B die Voraussetzungen des § 13 Abs. 7 Nr. 3 S. 1 VOB/B gegeben sein müssen, scheidet eine Haftung bei fehlendem Verschulden des Auftragnehmers oder bei Unwesentlichkeit des Mangels aus.[136]

c) Versicherte oder versicherbare Leistung

102 § 13 Abs. 7 Nr. 3 S. 2c) VOB/B enthält eine bemerkenswerte Durchbrechung allgemeiner Haftungsgrundsätze nach §§ 276 ff. BGB: Der haftungsbegründende Tatbestand für den großen Schadensersatzanspruch soll auch dann gegeben sein, wenn das durch den Mangel eingetretene Risiko seitens des Auftragnehmers vor Realisierung versichert oder versicherbar war. Hat der Auftragnehmer also Versicherungsschutz durch Abschluss einer Haftpflichtversicherung, die den eingetretenen Schaden deckt oder hätte dieser Schaden durch entsprechenden Versicherungsschutz gedeckt werden können, so soll die Haftungsbegrenzung aus § 13 Abs. 7 Nr. 3 S. 1 VOB/B nicht auch dem hinter dem Auftragnehmer stehenden Haftpflichtversicherer zugute kommen, sondern die Haftung auch auf den großen Schadensersatz nach § 13 Abs. 7 Nr. 3. S. 2 VOB/B ausgedehnt werden.[137] In diesem Rahmen ist daher ein Rückgriff auf den Versicherungsvertrag, den der Auftragnehmer mit dem Haftpflichtversicherer geschlossen hat oder aber auf die üblichen, im Baugewerbe geltenden Versicherungsbedingungen zur Prüfung der erweiterten Haftung des Auftragnehmers notwendig.[138]

3. Inhalt des Schadensersatzanspruchs

103 Der große Schadensersatzanspruch des § 13 Abs. 7 Nr. 3 S. 2 VOB/B eröffnet dem Auftraggeber zunächst die Möglichkeit, zwischen dem kleinen Schadensersatz, bei dem er die mangelhafte Leistung behält, und dem großen Schadensersatz, in dessen Rahmen er auch das volle Erfüllungsinteresse – die Kosten der Neuherstellung beinhaltend – geltend machen kann, zu wählen.[139] Abgesehen von diesem weitest möglichen Schadensersatzanspruch, der nur gegeben sein dürfte, wenn die vom Auftragnehmer erbrachte Bauleistung tatsächlich völlig unbrauchbar ist,[140] kommen aber auch bei Ausübung des Wahlrechts hinsichtlich des Behaltens der Bauleistungen über § 13 Abs. 7 Nr. 3 S. 1 VOB/B hinausgehende weitere Schadenspositionen in Betracht, die nicht mehr in dem dort noch geforderten engen Zusammenhang mit der baulichen Anlage stehen müssen. Hierzu zählen insbesondere Beschädigungen anderer Rechtsgüter des Auftraggebers infolge der Mangelhaftigkeit, z.B. Zerstörung von dessen Einrichtungsgegenständen oder sonstigen in seinem Eigentum stehenden Sachen,[141] die Kosten für die Unterbringung des Auftraggebers oder seiner Mieter während der Dauer der Nachbesserungsarbeiten bei Unbewohnbarkeit der Wohnung, insbesondere also Hotelkosten,[142] oder die Kosten eines Vorprozesses, die etwa einem Generalunternehmer

---

136 Ingenstau/Korbion/*Wirth*, B § 13 Abs. 7 Rn. 129.
137 Ingenstau/Korbion/*Wirth*, B § 13 Abs. 7 Rn. 120.
138 Vgl. hierzu: *Ganten*, in: Beck'scher VOB-Kommentar, B § 13 Nr. 7 Rn. 171 ff.; Ingenstau/Korbion/ *Wirth*, B § 13 Abs. 7 Rn. 135 ff.
139 *Ganten*, in: Beck'scher VOB-Kommentar, B § 13 Nr. 7 Rn. 225; *Riedl/Mansfeld*, in: Heiermann/Riedl/ Rusam, B § 13 Rn. 204 f.
140 Ebenso: Ingenstau/Korbion/*Wirth*, B § 13 Abs. 7 Rn. 133.
141 OLG Koblenz, Urt. v. 22.01.1988 – 2 U 1681/86 = NJW-RR 1988, 532.
142 Ingenstau/Korbion/*Wirth*, B § 13 Abs. 7 Rn. 113; OLG Schleswig, Urt. v. 07.12.2007 – 4 U 51/07 = IBR 2009, 22 (Leitzke).

im Rechtsstreit mit dem Bauherrn wegen vom Nachunternehmer verschuldeter Mängel entstanden sind und dieser gegenüber dem Nachunternehmer geltend machen kann.[143] Zum ersatzfähigen Schaden nach § 13 Abs. 7 Nr. 3 S. 2 VOB/B zählt schließlich auch der Ersatz für Gesundheitsschäden, die der Auftraggeber auf Grund der Mangelhaftigkeit der Leistung des Auftragnehmers erlitten hat.[144]

§ 14 Abrechnung

(1) Der Auftragnehmer hat seine Leistungen prüfbar abzurechnen. Er hat die Rechnungen übersichtlich aufzustellen und dabei die Reihenfolge der Posten einzuhalten und die in den Vertragsbestandteilen enthaltenen Bezeichnungen zu verwenden. Die zum Nachweis von Art und Umfang der Leistung erforderlichen Mengenberechnungen, Zeichnungen und andere Belege sind beizufügen. Änderungen und Ergänzungen des Vertrags sind in der Rechnung besonders kenntlich zu machen; sie sind auf Verlangen getrennt abzurechnen.

(2) Die für die Abrechnung notwendigen Feststellungen sind dem Fortgang der Leistung entsprechend möglichst gemeinsam vorzunehmen. Die Abrechnungsbestimmungen in den Technischen Vertragsbedingungen und den anderen Vertragsunterlagen sind zu beachten. Für Leistungen, die bei Weiterführung der Arbeiten nur schwer feststellbar sind, hat der Auftragnehmer rechtzeitig gemeinsame Feststellungen zu beantragen.

(3) Die Schlussrechnung muss bei Leistungen mit einer vertraglichen Ausführungsfrist von höchstens 3 Monaten spätestens 12 Werktage nach Fertigstellung eingereicht werden, wenn nichts anderes vereinbart ist; diese Frist wird um je 6 Werktage für je weitere 3 Monate Ausführungsfrist verlängert.

(4) Reicht der Auftragnehmer eine prüfbare Rechnung nicht ein, obwohl im der Auftraggeber dafür eine angemessene Frist gesetzt hat, so kann sie der Auftraggeber selbst auf Kosten des Auftragnehmers aufstellen.

Übersicht	Rdn.
Einleitung	1
A. Abrechnungspflicht des Unternehmers und Rechnungsmodalitäten (Abs. 1)	2
I. Anwendungsbereich	2
II. Pflicht des Unternehmers zur prüfbaren Abrechnung (§ 14 Abs. 1 S. 1)	5
1. Rechtliche Einordnung der Abrechnungspflicht	5
2. Kriterien der Prüfbarkeit	8
3. Rechtsmissbräuchliche Berufung auf fehlende Prüfbarkeit	9
a) Anderweitige Kenntnis des Bestellers	10
b) Objektives Fehlen der Prüfbarkeit als bloßer Formaleinwand	11
c) Teilweise Prüffähigkeit der Abrechnung	12
d) Vereitelung einer prüfbaren Abrechnung auf Grund Fortführung der Arbeiten durch Drittunternehmer	13
e) Unmöglichkeit oder Unzumutbarkeit einer prüfbaren Abrechnung aus anderen Gründen	14
f) Abrechnung durch den Insolvenzverwalter	15
4. Prüfbare Abrechnung als Fälligkeitsvoraussetzung	16
a) Fälligkeit von Abschlagszahlungen	16
b) Fälligkeit der Schlusszahlung	17
5. Prozessuale Behandlung einer nicht prüfbaren Abrechnung	18
a) Geltung der Dispositionsmaxime	18
b) Hinweispflicht des Gerichtes	19
c) Heilungsmöglichkeit für den Unternehmer	20
d) Gerichtlicher Beurteilungsmaßstab	21
III. Rechnungsaufbau (Abs. 1 S. 2)	22
1. Begriff der Rechnung	22
2. Übersichtliche Rechnungsaufstellung	23

---

143 BGH, Urt. v. 30.06.1983 – VII ZR 185/81 = BauR 1983, 573, 575 f.
144 Ebenso: Ingenstau/Korbion/*Wirth*, B § 13 Abs. 7 Rn. 114 m.w.N.

§ 14 VOB/B   Abrechnung

		Rdn.			Rdn.
IV.	Unterlagen zur Rechnung (Abs. 1 S. 3)..	24	III.	Durch Baufortschritt verdeckte Leistungen (Abs. 2 S. 3)	32
V.	Abrechnung von Vertragsänderungen und -ergänzungen (Abs. 1 S. 4)	27	C.	Frist zur Einreichung der Schlussrechnung (Abs. 3)	35
B.	Aufmaß (Abs. 2)	28	D.	Rechnungsaufstellung durch Besteller (Abs. 4)	38
I.	Möglichst gemeinsames Aufmaß (Abs. 2 S. 1)	28			
II.	Beachtung der Abrechnungsbestimmungen (Abs. 2 S. 2)	31			

Einleitung

1   Während das BGB erstmalig mit § 632a Abs. 1 S. 4 BGB für Werkvertragsabschlüsse ab 01.01.2009 eine Pflicht des Unternehmers normiert, Abschlagszahlungen zu Grunde liegende Leistungen durch eine Aufstellung nachzuweisen, die eine rasche und sichere Beurteilung der Leistungen ermöglichen muss, legt § 14 VOB/B eine umfassende Pflicht des Unternehmers zur prüfbaren Abrechnung seiner Leistungen nebst möglichst gemeinsamem Aufmass fest. In Verbindung mit § 16 VOB/B wird, abweichend vom BGB, die Vorlage einer prüfbaren Abrechnung zur zusätzlichen Fälligkeitsvoraussetzung für Vergütungsansprüche des Unternehmers erhoben. Schließlich gewährt § 14 VOB/B nach Ablauf festgelegter Fristen zur Schlussrechnungseinreichung durch den Unternehmer, ebenfalls abweichend vom BGB, dem Besteller das Recht zur Aufstellung einer prüfbaren Rechnung im Wege der Ersatzvornahme auf Kosten des Unternehmers.

A. Abrechnungspflicht des Unternehmers und Rechnungsmodalitäten (Abs. 1)

I. Anwendungsbereich

2   Die Regelungen zu § 14 Abs. 1 VOB/B gelten uneingeschränkt für Schlussrechnungen des Unternehmers. Unterschiedliche Auffassungen bestehen zu der Frage, ob die Vorschriften auch uneingeschränkt auf Abschlagsrechnungen Anwendung finden.

Nach wohl noch überwiegender Meinung ist § 14 Abs. 1 VOB/B zwar grundsätzlich auch auf Abschlagsrechnungen anwendbar, werden jedoch durch § 16 Abs. 1 Nr. 1 S. 2 VOB/B im Hinblick auf die Vorläufigkeit der Abschlagsrechnung die strengen Prüffähigkeitskriterien des § 14 VOB/B herabgesetzt.[1]

3   Nach anderer Auffassung werden die Prüfungsanforderungen gemäß § 14 Abs. 1 VOB/B uneingeschränkt auf Abschlagsrechnungen i.S.v. § 16 Abs. 1 VOB/B übertragen.[2] Zur Begründung wird angeführt, dass der BGH im Hinblick auf Abschlagsrechnungen von Architekten und Ingenieuren gemäß § 8 Abs. 2 HOAI a.F. entschieden hat, dass sich auch diese Rechnungen wie die Schlussrechnung am Abrechnungssystem des HOAI zu orientieren haben.[3]

4   Ein Vergleich zwischen der Formulierung des § 8 Abs. 2 HOAI a.F. bzw. § 15 Abs. 2 HOAI n.F., wonach Abschlagszahlungen für nachgewiesene Leistungen gefordert werden können, und § 16 Abs. 1 Nr. 1 S. 2 VOB/B, wonach die abschlagsweise berechneten Leistungen durch eine prüfbare Aufstellung nachzuweisen sind, die eine rasche und sichere Beurteilung der Leistungen ermöglichen muss, spricht dagegen, dass die Anforderungen an die Prüfbarkeit von Abschlagsrechnungen im Rahmen von VOB/B-Verträgen geringer zu bewerten sind als im Rahmen von Architekten/Ingenieurverträgen. § 16 Abs. 1 Nr. 1 S. 2 VOB/B geht seinem Wortlaut nach sogar über § 632a

---

1   BGH, Urt. v. 09.01.1997, VII ZR 69/96, BauR 1997, 468; BGH, Urt. v. 19.03.2002, X ZR 125/00, BauR 2002, 1257, 1259; Ingenstau/Korbion/*Locher*, B § 16 Abs. 1 Rn. 20; Kapellmann/Messerschmidt/*Messerschmidt*, B § 16 Rn. 101.
2   *Kniffka*, IBR-Online-Kommentar, Stand 26.05.2009, § 632a BGB Rn. 18.
3   BGH, Beschl. v. 22.12.2005, VII ZB 84/05, BauR 2006, 674, 676.

Abs. 1 S. 4 BGB hinaus, wonach die abschlagsweise berechneten Leistungen nur durch eine Aufstellung nachzuweisen sind, ohne dass die Prüfbarkeit der Aufstellung besonders erwähnt wird, vgl. dazu § 632a BGB Rdn. 67.

II. Pflicht des Unternehmers zur prüfbaren Abrechnung (§ 14 Abs. 1 S. 1)

1. Rechtliche Einordnung der Abrechnungspflicht

Der Unternehmer hat seine Leistungen prüfbar abzurechnen. Es handelt sich um eine vertragliche Verpflichtung, deren schuldhafte Verletzung zu Schadensersatzansprüchen des Bestellers gem. § 280 BGB führen kann.[4] Darüber hinaus begründet die Regelung nach herrschender Meinung einen einklagbaren Erfüllungsanspruch des Bestellers auf Erteilung einer prüfbaren Schlussrechnung durch den Unternehmer.[5]

Allerdings hat der Besteller vor Geltendmachung von Schadensersatzansprüchen oder Erfüllungsansprüchen im Hinblick auf die Nichterteilung einer prüfbaren Abrechnung seitens des Unternehmers diesem auf Grund der Kooperationspflicht der Bauvertragsparteien die Rechnung zur Vervollständigung zurückzugeben, wenn er nach Durchsicht der Unterlagen zu dem Ergebnis kommt, dass die Rechnung nicht den Anforderungen der Prüfbarkeit genügt.[6]

Die Zwangsvollstreckung eines Urteils auf Erstellung einer prüfbaren Schlussrechnung erfolgt nach Maßgabe des § 888 Abs. 1 ZPO als unvertretbare Handlung jedenfalls dann, wenn der Umfang der erbrachten Leistungen durch Dritte nicht mehr feststellbar ist.[7]

2. Kriterien der Prüfbarkeit

Grundsätzlich hängt es von den Umständen des Einzelfalls ab, welche Anforderungen an eine prüffähige Abrechnung zu stellen sind. Prüffähig ist die Abrechnung erst, wenn der Besteller in die Lage versetzt wird, die Berechtigung der Forderung, gemessen an den vertraglichen Vereinbarungen, zu überprüfen. Er muss die Möglichkeit bekommen, eventuelle Unrichtigkeiten einer Abrechnung zu erkennen. Die Prüffähigkeit einer Abrechnung ist insofern kein Selbstzweck. Maßstab für die Prüfbarkeit sind vielmehr die Informations- und Kontrollinteressen des Bestellers.[8] In welchem Umfang die Abrechnung aufgeschlüsselt werden muss, ist eine Frage des Einzelfalls, die vor allem von den Besonderheiten der Vertragsgestaltung und der Vertragsdurchführung abhängt.[9] Entscheidend sind der Empfängerhorizont sowie die Kenntnisse und Fähigkeiten des Bestellers.[10] Bei Einschaltung eines mit der Bauüberwachung einschließlich Rechnungsprüfung beauftragten Architekten ist die Rechnung so aufzustellen, dass der sachkundige Architekt sie prüfen kann.[11]

3. Rechtsmissbräuchliche Berufung auf fehlende Prüfbarkeit

Die Berufung auf eine objektiv fehlende Prüfbarkeit kann unter Verstoß gegen Treu und Glauben rechtsmissbräuchlich sein. Entsprechendes ist im Einzelfall im Hinblick auf die Maßgeblichkeit

---

4 Ingenstau/Korbion/*Locher*, B § 14 Abs. 1 Rn. 2; *Voit*, in: Beck'scher VOB-Kommentar, B vor § 14 Rn. 9.
5 OLG Dresden, Beschl. v. 23.08.1999, 2 U 1731/99, BauR 2000, 103; Ingenstau/Korbion/*Locher*, B § 14 Abs. 1 Rn. 2; *Voit*, in: Beck'scher VOB-Kommentar, B vor § 14 Rn. 9, a.A. noch Vorauflage *Cuypers*, in: Beck'scher VOB-Kommentar, B § 14 Rn. 5.
6 Ingenstau/Korbion/*Locher*, B § 14 Abs. 1 VOB/B, Rn. 3.
7 OLG Köln, Beschl. v. 22.06.2001, 2 W 107/01, BauR 2001, 1788, 1789.
8 BGH, Urt. v. 11.02.1999, VII ZR 399/97, BauR 1999, 635, 637; BGH, Urt. v. 29.04.1999, VII ZR 127/98, BauR 1999, 1185, 1186; BGH Urt. v. 06.07.2000, VII ZR 22/98, BauR 2000, 1485; BGH, Urt. v. 26.10.2000, VII ZR 99/99, BauR 2001, 251.
9 BGH, Urt. v. 09.06.1994, VII ZR 87/93, BauR 1994, 655, 656.
10 Ingenstau/Korbion/*Locher*, B § 14 Abs. 1 Rn. 7.
11 BGH, Urt. v. 22.11.2001, VII ZR 168/00, BauR 2002, 468, 469.

der Informations- und Kontrollinteressen des Bestellers, vgl. Rdn. 8, zu beurteilen. Es haben sich insofern Fallgruppen herausgebildet, bei denen grundsätzlich eine Rechtsmissbräuchlichkeit der Berufung auf eine gemäß § 14 VOB/B und/oder § 16 Abs. 1 Nr. 1 S. 2 VOB/B objektiv fehlende Prüfbarkeit anzunehmen ist:

a) Anderweitige Kenntnis des Bestellers

10 Der Besteller kann sich auf eine fehlende Prüfbarkeit nicht berufen, wenn er oder das von ihm zur Rechnungsprüfung eingeschaltete Hilfspersonal die fehlenden Informationen anderweit erlangt hat oder nicht benötigt.[12] Allerdings ist der Besteller nicht verpflichtet, selbst ein Aufmaß zu nehmen, um die Prüfbarkeit herbeizuführen.[13]

b) Objektives Fehlen der Prüfbarkeit als bloßer Formaleinwand

11 Der Besteller handelt rechtsmissbräuchlich, wenn er sich auf eine objektiv fehlende Prüfbarkeit einer Abrechnung beruft, obwohl
– er oder sein Architekt die Abrechnung geprüft und als prüfbar bezeichnet hat,[14]
– er die sachliche und rechnerische Richtigkeit der Abrechnung nicht bestreitet,[15]
– ihm die Überprüfung der Abrechnung trotz einzelner fehlender Angaben insgesamt möglich ist.[16]

c) Teilweise Prüffähigkeit der Abrechnung

12 Ist die Abrechnung nur in Teilen prüffähig bzw. die Berufung des Bestellers auf die fehlende Prüffähigkeit bezüglich einzelner Einzelabrechnungspositionen rechtsmissbräuchlich, kann der Unternehmer insofern die Zahlung eines ihm zustehenden Guthabens beanspruchen, soweit dieses unter Berücksichtigung eventueller Voraus- und Abschlagszahlungen vom Besteller geschuldet ist.[17] Allerdings beginnt auch für die lediglich teilweise prüfbaren Abrechnungspositionen die Verjährungsfrist einheitlich erst mit Erteilung einer insgesamt prüfbaren Abrechnung.[18]

d) Vereitelung einer prüfbaren Abrechnung auf Grund Fortführung der Arbeiten durch Drittunternehmer

13 Der Einwand der fehlenden Prüfbarkeit ist dem Besteller auch versagt, wenn er ein Aufmaß des Unternehmers dadurch vereitelt hat,[19] dass er die Arbeiten des Unternehmers nach Kündigung des Vertrages durch einen Drittunternehmer fertigstellen lässt. Auf eine Beteiligungsabsicht oder ein Verschulden des Bestellers kommt es insofern nicht an.[20]

e) Unmöglichkeit oder Unzumutbarkeit einer prüfbaren Abrechnung aus anderen Gründen

14 Allgemein kann die Durchsetzung einer Werklohnvergütung nicht von einem Aufmaß abhängig gemacht werden, wenn feststeht, dass das Aufmaß nicht mehr oder nur noch mit unzumutbarem

---

12 BGH, Urt. v. 27.11.2003, VII ZR 288/02, BauR 2004, 316, 319.
13 Kniffka/*von Rintelen*, IBR-Online-Kommentar, § 631 Rn. 386.
14 BGH, Urt. v. 11.11.2001, VII ZR 168/00, BauR 2002, 468, 469.
15 BGH, Urt. v. 18.09.1997, VII ZR 300/96, BauR 1997, 1065, 1066.
16 BGH, Urt. v. 08.10.1998, VII ZR 296/97, BauR 1999, 63, 64; BGH Urt. v. 22.11.2001, VII ZR 168/00, BauR 2002, 468, 469.
17 BGH, Urt. v. 27.11.2003, VII ZR 288/02, BauR 2004, 316, 321, zu Architektenhonorar; Kapellmann/Messerschmidt/*Messerschmidt*, B § 16 Rn. 177.
18 BGH, Urt. v. 27.11.2003, VII ZR 288/02, BauR 2004, 316, 321 f.
19 BGH, Urt. v. 29.04.2004, VII ZR 337/02, BauR 2004, 1443, 1444; Urt. v. BGH 27.07.2006, VII ZR 202/04, BauR 2006, 2040.
20 Kniffka/*von Rintelen*, IBR-Online-Kommentar, § 631 Rn. 388.

Aufwand genommen werden kann, z.B. infolge Zeitablaufes.[21] Dabei ist die Grenze das mutwillige Unterlassen eines Aufmaßes oder ein schwerwiegendes Verschulden an dem Fehlen des Aufmaßes auf Seiten des Unternehmers.[22] Ansonsten hat im Zweifel eine Schätzung zu Lasten des Unternehmers gemäß § 287 ZPO auf der Grundlage der von dem Unternehmer vorzutragenden und unter Beweis zu stellenden Schätzgrundlagen zu erfolgen.[23]

f) Abrechnung durch den Insolvenzverwalter

Eine weitere Ausnahme von der Pflicht zur prüfbaren Abrechnung nebst Aufmaß ist anzunehmen, wenn wegen Insolvenz des Unternehmers und Zeitablaufs die Erstellung einer prüffähigen Abrechnung durch den Insolvenzverwalter nicht mehr möglich ist. Auch in diesem Falle ist ausreichend, aber auch erforderlich, dass die Leistungen von Seiten des Insolvenzverwalters so dargelegt werden, dass eine Schätzung nach § 287 ZPO möglich ist.[24] 15

4. Prüfbare Abrechnung als Fälligkeitsvoraussetzung

a) Fälligkeit von Abschlagszahlungen

Gemäß § 16 Abs. 1 Nr. 3 VOB/B ist Fälligkeitsvoraussetzung für Abschlagszahlungen die Vorlage einer prüfbaren Aufstellung nach Maßgabe des § 16 Abs. 1 Nr. 1 S. 2 VOB/B, die also eine rasche und sichere Beurteilung der Leistungen ermöglichen muss. Ob die Aufstellung uneingeschränkt die Voraussetzungen des § 14 Abs. 1 VOB/B erfüllen muss, ist umstritten vgl. Rdn. 2 ff. Nicht abschließend geklärt ist, ob und gegebenenfalls welche Prüfungsfrist für den Besteller im Hinblick auf Abschlagsrechnungen besteht, nach deren Ablauf nachträgliche Einwendungen des Bestellers gegen die Prüfbarkeit der Abschlagsrechnung ausgeschlossen sind, vgl. dazu § 16 VOB/B Rdn. 27. 16

b) Fälligkeit der Schlusszahlung

Voraussetzung für die Fälligkeit der Schlusszahlung gem. § 16 Abs. 3 Nr. 1 VOB/B ist nach einhelliger Auffassung in Rechtsprechung und Literatur eine nach § 14 VOB/B prüfbare Schlussabrechnung.[25] Dies gilt bei jeder Form der vereinbarten Vergütung, also auch bei Pauschalverträgen.[26] Gemäß § 16 Abs. 3 Nr. 1 S. 2 VOB/B kann der Besteller sich nicht mehr auf die fehlende Prüfbarkeit berufen, wenn er nicht spätestens innerhalb von zwei Monaten nach Zugang der Schlussrechnung Einwendungen gegen die Prüfbarkeit unter Angabe der Gründe erhoben hat, vgl. im Einzelnen § 16 Abs. 3 VOB/B Rdn. 68 ff. 17

5. Prozessuale Behandlung einer nicht prüfbaren Abrechnung

a) Geltung der Dispositionsmaxime

Das Gericht hat streitgegenständliche Rechnungen nicht von Amts wegen auf ihre Prüffähigkeit hin zu beurteilen, sondern nur auf entsprechendes Bestreiten des Bestellers hin.[27] Andernfalls hat das Gericht zwingend eine Sachprüfung im Hinblick auf die Begründetheit der Vergütungsforderung vorzunehmen und die Klage endgültig auf Grund eines unschlüssigen Klagevortrages zu- 18

---

21 BGH, Urt. v. 22.12.2005, VII ZR 316/03, BauR 2006, 678, 680.
22 Kniffka/*von Rintelen*, IBR-Online-Kommentar, § 632 Rn. 389.
23 BGH, Urt. v. 22.12.2005, VII ZR 316/03, BauR 2006, 678, 680; Kniffka/*von Rintelen*, IBR-Online-Kommentar, § 631 Rn. 389.
24 BGH, Urt. v. 23.09.2004, VII ZR 173/03, BauR 2004, 1937, 1939.
25 BGH, Urt. v. 10.05.1990, VII ZR 257/89, BauR 1990, 605, 607; BGH Urt. v. 08.11.2001, VII ZR 480/00, BauR 2002, 313, 314; Ingenstau/Korion/*Locher*, B 14 Abs. 1 VOB/B Rn. 5.
26 BGH, Urt. v. 20.10.1988, VII ZR 302/87, BauR 1989, 87, 88; Ingenstau/Korbion/*Locher*, a.a.O.
27 BGH, Beschl. v. 14.06.2007, VII ZR 230/06, BauR 2007, 1577, 1578; OLG Bamberg, Urt. v. 15.12.2003, 4 U 92/03, BauR 2004, 1188.

rückzuweisen, wenn und soweit sich nicht die fehlende Prüfbarkeit der Rechnung durch Schätzung eines Mindestbetrages nach § 287 ZPO heilen lässt.[28]

b) Hinweispflicht des Gerichtes

19 Bei Zweifeln an der rechtzeitig vom Besteller gerügten Prüffähigkeit der Abrechnung hat das Gericht den Unternehmer darauf hinzuweisen und ihm Gelegenheit zur Beseitigung der entsprechenden Bedenken zu geben.[29] Aus dem Hinweis muss sich ergeben, welche Angaben im Einzelnen dem Gericht für die Prüfbarkeit fehlen.[30] Entsprechendes gilt für einen Hinweis des Berufungsgerichts, wenn das Vorgericht die Prüfbarkeit zu Unrecht bejaht hat und dies vom Besteller mit der Berufung angegriffen wird.[31]

c) Heilungsmöglichkeit für den Unternehmer

20 Der Unternehmer ist berechtigt, Nachweise und Belege zur Begründung und zum Nachweis der zur Abrechnung gestellten Leistungen im Rahmen des anhängigen Verfahrens nachzureichen oder aber zu Recht beanstandete Rechnungen durch prüffähige zu ersetzen.[32] Die Vorlage einer neuen prüfbaren Rechnung während des Rechtsstreits oder ergänzender Sachvortrag zur Herbeiführung der Prüffähigkeit einer vorgelegten Rechnung stellt keine Klageänderung dar und ist auch in der Berufungsinstanz noch ohne Präklusion zulässig.[33] Bleiben weiterhin durchgreifende Bedenken gegen die vom Besteller fristgerecht und substantiiert gerügte Prüffähigkeit, ist die Klage nicht endgültig, sondern lediglich als derzeit unbegründet abzuweisen.[34]

d) Gerichtlicher Beurteilungsmaßstab

21 Die Frage der Prüfbarkeit der Schlussrechnung ist eine Rechtsfrage, die grundsätzlich allein vom Gericht zu entscheiden ist.[35] Die der Beurteilung der Prüfbarkeit zu Grunde liegenden Tatsachen, z.B. die örtlichen Gegebenheiten einer Rechnungsstellung, sind jedoch durch Sachverständigengutachten zu ermitteln.[36]

III. Rechnungsaufbau (Abs. 1 S. 2)

1. Begriff der Rechnung

22 Rechnungen sind alle schriftlichen Aufstellungen über Vergütungsansprüche des Unternehmers, unabhängig von der vereinbarten Vergütungsart und Fälligkeit der jeweiligen Vergütung.[37]

---

28 BGH, Beschl. v. 14.06.2007, VII ZR 230/06, BauR 2007, 1577, 1578; Ingenstau/Korbion/*Locher*, B § 14 Abs. 1 Rn. 8.
29 BGH, 11.02.1999, VII ZR 399/97, BauR 1999, 635, 638; OLG Bamberg, Urt. v. 15.12.2003, 4 U 92/03, BauR 2004, 1188; OLG Brandenburg, Urt. v. 02.11.1999, 11 U 3/99, BauR 2000, 583, 584.
30 BGH, Urt. v. 11.02.1999, VII ZR 399/97, BauR 1999, 635, 638; Brandenburgisches OLG, Urt. v. 02.11.1999, 11 U 3/99, BauR 2000, 583, 584; OLG Hamm, Urt. v. 16.10.2003, 21 U 18/03, BauR 2004, 693 zu Architektenhonorar.
31 BGH, Beschl. v. 28.09.2006, VII ZR 103/05, BauR 2007, 110, 111.
32 BGH, Urt. v. 11.02.1999, VII ZR 399/97, BauR 1999, 635, 637; OLG Hamm, Urt. v. 16.01.1998, 12 U 74/97, BauR 1998, 819.
33 BGH, Urt. v. 09.10.2003, VII ZR 355/02, BauR 2004, 115, 116; BGH, Urt. v. 06.10.2005, VII ZR 229/03, BauR 2005, 1959; Ingenstau/Korbion/*Locher*, B § 14 Abs. 1 Rn. 8.
34 BGH, Urt. v. 11.02.1999, VII ZR 399/97, BauR 1999, 635, 636; BGH, Urt. v. 28.09.2000, VII ZR 42/98, BauR 2001, 106.
35 OLG Stuttgart, Urt. v. 11.01.1999, 19 U 253/97, BauR 1999, 514.
36 OLG Stuttgart, Urt. v. 14.03.2005, 8 W 71/05, NZBau 2005, 640, 641; Ingenstau/Korbion/*Locher*, B § 14 Abs. 1 Rn. 8; Kapellmann/Messerschmidt/*Messerschmidt*, B § 14 Rn. 16.
37 Ingenstau/Korbion/*Locher*, B § 14 Abs. 1 Rn. 10.

2. Übersichtliche Rechnungsaufstellung

Der Unternehmer hat die Rechnung übersichtlich aufzustellen und dabei die Reihenfolge der Posten einzuhalten und die in den Vertragsbestandteilen enthaltenen Bezeichnungen zu verwenden. Insofern wird grundsätzlich die Einhaltung einer äußeren Übereinstimmung mit den Vertragsunterlagen gefordert.[38] Maßgebend sind auch hier jedoch die jeweiligen Informations- und Kontrollinteressen des Bestellers, vgl. Rdn. 8. Der Prüfbarkeit der Schlussrechnung steht eine fehlende Spiegelbildlichkeit zum Leistungsverzeichnis nicht entgegen, wenn sich die Schlussrechnungspositionen denen des Leistungsverzeichnisses ohne Mühe zuordnen lassen.[39] 23

IV. Unterlagen zur Rechnung (Abs. 1 S. 3)

Der Rechnung beizufügen sind zum Nachweis von Art und Umfang der Leistungen erforderliche Mengenberechnungen, Zeichnungen und andere Belege. Die Belege müssen der Rechnung tatsächlich beigefügt sein. Eine Bereithaltung zur Einsichtnahme für den Besteller reicht nicht.[40] Der Umfang der beizufügenden Unterlagen wird einmal mehr durch die Informations- und Kontrollinteressen des Bestellers bestimmt,[41] vgl. Rdn. 8. Je nach Einzelfall sind Abrechnungsunterlagen zur Prüfbarkeit einer Schlussrechnung nicht erforderlich, so dass dann auch die Pflicht zur Vorlage entsprechender Unterlagen entfällt.[42] 24

Nach wohl herrschender Auffassung soll eine Beifügung der Unterlagen regelmäßig entbehrlich sein, wenn der Besteller die Bauleitung selbst in die Hand genommen hat, oder einen Architekten damit beauftragt hat.[43] Nach anderer Auffassung ist der Unternehmer nicht allein durch die bloße Möglichkeit des Bestellers, die Abrechnungsangaben des Unternehmers an Ort und Stelle zu überprüfen, befreit.[44] 25

Der letztgenannten Auffassung ist zuzustimmen. Da der Besteller bzw. sein Architekt im Rahmen der Bauleitung sich in erster Linie darauf konzentriert, dass das Bauvorhaben in qualitativer und zeitlicher Hinsicht vertragsgerecht erstellt wird, erscheint es überzogen, der jeweiligen Bauleitung auch noch die Überprüfung der Abrechnungsgrundlagen aufzubürden. Vielmehr ist es Aufgabe des Unternehmers, hier durch Vorlage entsprechender Unterlagen für Klarheit zu sorgen. Allenfalls die positive Kenntnis von Abrechnungsgrundlagen auf Seiten des Bestellers bzw. seines Architekten macht die Vorlage diesbezüglicher Unterlagen entbehrlich, vgl. Rdn. 10. 26

V. Abrechnung von Vertragsänderungen und -ergänzungen (Abs. 1 S. 4)

Änderungen und Ergänzungen des Vertrages insbesondere sog. Nachträge, sind in der Rechnung besonders kenntlich zu machen; sie sind auf Verlangen getrennt abzurechnen. Die entsprechende Verpflichtung gilt auch bei Änderungen oder Ergänzungen im Rahmen von Pauschalverträgen.[45] 27

---

38 OLG Hamm, Urt. v. 20.06.2002, 23 U 50/01, BauR 2004, 86, 87; OLG Hamm, Urt. v. 22.01.2008, 24 U 46/07, BauR 2008, 2077, 2078, Ingenstau/Korbion/*Locher*, B § 14 Abs. 1 Rn. 11.
39 Brandenburgisches OLG, Urt. v. 02.11.1999, 11 U 3/99, BauR 2000, 583, 584.
40 Brandenburgisches OLG, Urt. v. 16.03.1999, 11 U 107/98, BauR 2001, 1450, 1453.
41 BGH, Urt. v. 10.05.1990, VII ZR 257/89, BauR 1990, 605; BGH Urt. v. 22.12.2005, VII ZR 316/03, BauR 2006, 678; Ingenstau/Korbion/*Locher*, B § 14 Abs. 1 Rn. 13.
42 BGH, Urt. v. 10.05.1990, VII ZR 257/89, BauR 1990, 605, 607.
43 OLG München, Urt. v. 03.02.1993, 27 U 232/92, BauR 1993, 346, 347; Ingenstau/Korbion/*Locher*, B § 14 Abs. 1 Rn. 13.
44 Kapellmann/Messerschmidt/*Messerschmidt*, B § 14 Rn. 26.
45 BGH, Urt. v. 20.10.1988, VII ZR 302/87, BauR 1989, 87.

B. Aufmaß (Abs. 2)

I. Möglichst gemeinsames Aufmaß (Abs. 2 S. 1)

28 Umstritten ist, ob § 14 Abs. 2 S. 1 VOB/B eine vertragliche Verpflichtung der Parteien zu einem gemeinsamen Aufmaß begründet, bei deren Nichteinhaltung Erfüllungs- und/oder Schadensersatzansprüche bestehen.[46] Der BGH hat diese Frage offen gelassen.[47]

29 Die Formulierung, wonach lediglich »möglichst« für die Abrechnung notwendige Feststellungen dem Fortgang der Leistungen entsprechend gemeinsam vorzunehmen sind, spricht im Ergebnis gegen eine uneingeschränkte vertragliche Verpflichtung und mehr für einen Appell an die Vertragsparteien. Verweigert sich der Besteller der Aufforderung des Unternehmers zu einem gemeinsamen Aufmaß, besteht die Rechtsfolge in einer Beweislastumkehr zu Lasten des Bestellers bei nachträglichem Bestreiten der Richtigkeit und Vollständigkeit des einseitig von dem Unternehmer erstellten Aufmaßes, vgl. § 632 BGB Rdn. 102.

30 Zur Frage einer Anerkenntniswirkung des gemeinsamen Aufmaßes wird auf die Ausführungen zu § 632 BGB Rdn. 91 ff. verwiesen. In jedem Fall trägt derjenige die Beweislast, der nach einem gemeinsamen Aufmaß davon abweichende Mengen behauptet, vgl. § 632 BGB Rdn. 101.

II. Beachtung der Abrechnungsbestimmungen (Abs. 2 S. 2)

31 Die DIN 18300 ff. enthalten jeweils unter Nr. 5 Bestimmungen über die Art der Abrechnung (Abrechnungsregelungen), die grundsätzlich zu beachten sind. Sie unterliegen der AGB-rechtlichen Inhaltskontrolle.[48] Bei Nichteinhaltung der Abrechnungsbestimmungen fehlt es zwar nicht ohne weiteres an der Prüfbarkeit der Rechnung. Diese kann jedoch unrichtig sein.[49]

III. Durch Baufortschritt verdeckte Leistungen (Abs. 2 S. 3)

32 § 14 Abs. 2 S. 3 VOB/B begründet eine uneingeschränkte Pflicht des Unternehmers, bei Leistungen, die bei der Weiterführung der Arbeiten nur schwer feststellbar sind, rechtzeitig gemeinsame Feststellungen zu beantragen. Etwaige durch einen zu spät gestellten Antrag eintretende Behinderungen und Unterbrechungen der Arbeiten hat der Unternehmer als Pflichtverletzung zu vertreten.[50] Gleiches gilt für alle Erschwernisse, insbesondere den zusätzlichen Kostenaufwand, der zum Zwecke der Feststellung bzw. Prüfung der wirklich ausgeführten Leistungen dem Besteller entstehen.

33 Sofern sich zuverlässige Feststellungen später nicht mehr treffen lassen, geht dies zu Lasten des Unternehmers, zumal er für seine vergütungsmäßig ins Gewicht fallenden Leistungen ohnehin darlegungs- und beweispflichtig ist.[51]

34 Kommt der Besteller dagegen der Aufforderung des Unternehmers gemäß § 14 Abs. 2 S. 3 VOB/B zu gemeinsamen Feststellungen nicht nach, führt dies, wie allgemein bei der Aufforderung zu einem gemeinsamen Aufmaß seitens des Unternehmers, vgl. Rdn. 29, zu einer Beweislastumkehr zu Lasten des Bestellers. Dieser hat das einseitig erstellte Aufmaß des Unternehmers zu widerlegen, wenn später eine Überprüfung dieses Aufmaßes nicht mehr zumutbarem Aufwand möglich ist.[52]

---

[46] Dafür Kapellmann/Messerschmidt/*Messerschmidt*, B § 14 Rn. 62; dagegen Ingenstau/Korbion/*Locher*, B § 14 Abs. 2 Rn. 4.
[47] BGH, Urt. v. 29.04.1999, VII ZR 127/98, BauR 1999, 1185.
[48] OLG Düsseldorf, Urt. v. 07.05.1991, 23 U 165/90, BauR 1991, 772, 773; Ingenstau/Korbion/*Locher*, B § 14 Abs. 2 Rn. 17.
[49] Vgl. BGH, Urt. v. 09.10.2001, X ZR153/99, BauR 2002, 775, 777; Ingenstau/Korbion/*Locher*, a.a.O.
[50] Ingenstau/Korbion/*Locher*, B § 14 Abs. 3 Rn. 19.
[51] Vgl. Ingenstau/Korbion/*Locher*, B § 14 Abs. 3 Rn. 19.
[52] BGH, Urt. v. 22.05.2003, VII ZR 143/02, BauR 2003, 1207, 1208; Ingenstau/Korbion/*Locher*, B § 14 Abs. 3 Rn. 19.

C. Frist zur Einreichung der Schlussrechnung (Abs. 3)

Im Gegensatz zum BGB legt die VOB/B nicht nur die Pflicht des Unternehmers zur prüfbaren Abrechnung fest, sondern gibt bezüglich der Schlussabrechnung auch Fristen vor. 35

Nach § 14 Abs. 3 VOB/B muss die Schlussrechnung bei Leistungen mit einer vertraglichen Ausführungsfrist von höchstens drei Monaten innerhalb einer Frist von 12 Werktagen nach Fertigstellung eingereicht werden, die sich jeweils um sechs Werktage für je weitere drei Monate Ausführungsfrist verlängert, soweit nichts anderes vereinbart worden ist.

Die Fertigstellung der Leistungen wird regelmäßig durch die Abnahme indiziert, auch wenn Restleistungen bei Abnahme fehlen sollten. Stehen allerdings noch wesentliche Restleistungen aus, kann sich aus deren Gewicht und den Bauumständen ergeben, dass die Leistungen noch nicht fertig gestellt sind und auf Grund dessen noch keine Pflicht des Unternehmers zur Vorlage einer Schlussabrechnung besteht. Vielmehr ist die Abnahme in diesem Falle bei interessengerechter Auslegung lediglich als Teilabnahme der erbrachten Teilleistungen zu werten.[53] 36

Bei der Frist zur Einreichung der Schlussrechnung gem. § 14 Abs. 3 VOB/B handelt es sich um keine Ausschlussfrist. Vielmehr ergeben sich bei Überschreitung der Frist nur folgende Rechtsfolgen: 37
– der Besteller kann nach herrschender Meinung eine Klage auf Erteilung der Schlussrechnung erheben, vgl. Rdn. 5;
– der Besteller hat nach Ablauf einer von ihm gemessenen Nachfrist das Recht zur Erstellung der Schlussrechnung im Wege der Ersatzvornahme gem. § 14 Abs. 4 VOB/B, siehe Rdn. 38 ff.;
– der Besteller kann Verzugsschadensersatzansprüche gemäß § 286 BGB geltend machen.[54]

D. Rechnungsaufstellung durch Besteller (Abs. 4)

Reicht der Unternehmer eine prüfbare Schlussabrechnung nicht fristgerecht ein, kann der Besteller ihn nicht nur klageweise auf Rechnungslegung in Anspruch nehmen. Die VOB/B gibt dem Besteller darüber hinaus das Recht (nicht die Pflicht), selbst auf Kosten des Unternehmers eine Schlussrechnung aufzustellen, wenn der Unternehmer innerhalb der Fristen des § 14 Abs. 3 VOB/B keine prüfbare Schlussrechnung eingereicht hat und eine ihm von dem Besteller gesetzte angemessene Frist zur Einreichung fruchtlos verstrichen ist. Es handelt sich insofern um eine Nachfrist nach Ablauf der Fristen gem. § 14 Abs. 3 VOB/B.[55] 38

Die von dem Besteller im Wege der Ersatzvornahme aufgestellte Rechnung hat im Hinblick auf Fälligkeit, Beginn der Verjährungsfrist usw. die gleichen rechtlichen Wirkungen wie die Stellung der prüfbaren Schlussrechnung seitens des Unternehmers.[56] Voraussetzung ist, dass die Ersatzabrechnung des Bestellers ebenso den Anforderungen an die Prüfbarkeit genügt wie die Schlussrechnung des Unternehmers, soweit dem Besteller die Einhaltung möglich ist.[57] 39

Die Fälligkeit der Schlusszahlung tritt im Falle der Erstellung der Rechnung durch den Besteller nicht erst mit Ablauf der Frist von zwei Monaten gemäß § 16 Abs. 3 Nr. 1 VOB/B ein, da es von vornherein keiner Prüfung durch den Besteller im Hinblick auf die von ihm selbst erstellte Rechnung bedarf. Nach herrschender Meinung wird die Schlusszahlung vielmehr mit Zugang der von dem Besteller erstellten Schlussabrechnung beim Unternehmer fällig.[58] 40

---

53 BGH, Urt. v. 20.08.2009, VII ZR 205/07, BauR 2009, 1724, 1730.
54 Ingenstau/Korbion/*Locher*, B § 14 Abs. 3 Rn. 3; Kapellmann/Messerschmidt/*Messerschmidt*, B § 14 Rn. 68.
55 Ingenstau/Korbion/*Locher*, B § 14 Abs. 4 Rn. 4.
56 OLG Celle, Urt. v. 07.09.2005, 7 U 12/05, BauR 2005, 1933, 1935; Ingenstau/Korbion/*Locher*, B § 14 Abs. 4 Rn. 10.
57 BGH, Urt. v. 08.11.2001, VII ZR 480/00, BauR 2002, 313; Ingenstau/Korbion/*Locher*, a.a.O.
58 BGH, Urt. v. 08.11.2001, VII ZR 480/00, BauR 2002, 313; Kapellmann/Messerschmidt/*Messerschmidt*, B § 14 Rn. 84; *Voit*, in: Beck-scher VOB-Kommentar, B § 14 Nr. 4 Rn. 19; a.A. Ingenstau/Korbion/

41 Auch eine von dem Besteller gem. § 14 Abs. 4 VOB/B erstellte Schlussrechnung ist als Voraussetzung für die vorbehaltlose Annahme einer Schlusszahlung geeignet.[59] Voraussetzung für den Beginn der Frist von 24 Werktagen, innerhalb derer der Vorbehalt gem. § 16 Abs. 3 Nr. 5 VOB/B zu erklären ist, ist auf Grund der einschneidenden Folgen einer vorbehaltlosen Annahme der Schlusszahlung der Zugang der vom Besteller erstellten Schlussrechnung beim Unternehmer.[60]

42 § 14 Abs. 4 VOB/B hält auch einer isolierten AGB-rechtlichen Inhaltskontrolle stand, weil es sich bei dem Recht zur Selbstaufstellung der Rechnung durch den Besteller um eine Konsequenz aus der Verletzung der vertraglichen Nebenpflicht des Unternehmers handelt.[61] Ein formularmäßiger Verzicht auf Ansprüche des Unternehmers gegen die vom Besteller erstellte Schlussabrechnung wäre dagegen wegen Verstoßes gegen § 307 BGB unwirksam.[62]

§ 15 Stundenlohnarbeiten

(1) 1. Stundenlohnarbeiten werden nach den vertraglichen Vereinbarungen abgerechnet.
   2. Soweit für die Vergütung keine Vereinbarungen getroffen worden sind, gilt die ortsübliche Vergütung. Ist diese nicht zu ermitteln, so werden die Aufwendungen des Auftragnehmers für Lohn- und Gehaltskosten der Baustelle, Lohn- und Gehaltsnebenkosten der Baustelle, Stoffkosten der Baustelle, Kosten der Einrichtungen, Geräte, Maschinen und maschinellen Anlagen der Baustelle, Fracht-, Fuhr- und Ladekosten, Sozialkassenbeiträge und Sonderkosten, die bei wirtschaftlicher Betriebsführung entstehen, mit angemessenen Zuschlägen für Gemeinkosten und Gewinn (einschließlich allgemeinem Unternehmerwagnis) zuzüglich Umsatzsteuer vergütet.

(2) Verlangt der Auftraggeber, dass die Stundenlohnarbeiten durch einen Polier oder eine andere Aufsichtsperson beaufsichtigt werden, oder ist die Aufsicht nach den einschlägigen Unfallverhütungsvorschriften notwendig, so gilt Absatz 1 entsprechend.

(3) Dem Auftraggeber ist die Ausführung von Stundenlohnarbeiten vor Beginn anzuzeigen. Über die geleisteten Arbeitsstunden und den dabei erforderlichen, besonders zu vergütenden Aufwand für den Verbrauch von Stoffen, für Vorhaltung von Einrichtungen, Geräten, Maschinen und maschinellen Anlagen, für Frachten, Fuhr- und Ladeleistungen sowie etwaige Sonderkosten sind, wenn nichts anderes vereinbart ist, je nach der Verkehrssitte werktäglich oder wöchentlich Listen (Stundenlohnzettel) einzureichen. Der Auftraggeber hat die von ihm bescheinigten Stundenlohnzettel unverzüglich, spätestens jedoch innerhalb von 6 Werktagen nach Zugang, zurückzugeben. Dabei kann er Einwendungen auf den Stundenlohnzetteln oder gesondert schriftlich erheben. Nicht fristgemäß zurückgegebene Stundenlohnzettel gelten als anerkannt.

(4) Studenlohnrechnungen sind alsbald nach Abschluss der Stundenlohnarbeiten, längstens jedoch in Abständen von 4 Wochen, einzureichen. Für die Zahlung gilt § 16.

(5) Wenn Stundenlohnarbeiten zwar vereinbart waren, über den Umfang der Stundenlohnleistungen aber mangels rechtzeitiger Vorlage der Stundenlohnzettel Zweifel bestehen, so kann der Auftraggeber verlangen, dass für die nachweisbar ausgeführten Leistungen eine Vergütung vereinbart wird, die nach Maßgabe von Absatz 1 Nummer 2 für einen wirtschaftlich vertretbaren Aufwand an Arbeitszeit und Verbrauch von Stoffen, für Vorhaltung von Einrichtungen, Gerä-

---

Locher, B § 14 Abs. 4 VOB/B, wonach es auf den Zeitpunkt der Erstellung der Schlussrechnung durch den Besteller ankommen soll.
59 OLG Celle, Urt. v. 07.09.2005, 7 U 12/05, BauR 2005, 1933, 1935; Ingenstau/Korbion/*Locher*, B § 14 Abs. 4 VOB Rn. 12.
60 Ingenstau/Korbion/*Locher*, a.a.O.
61 Ingenstau/Korbion/*Locher*, B § 14 Abs. 4 Rn. 13; *Voit*, in: Beck'scher VOB-Kommentar, B § 14 Nr. 4 Rn. 1.
62 Ingenstau/Korbion/*Locher*, a.a.O.

ten, Maschinen und maschinellen Anlagen, für Frachten, Fuhr- und Ladeleistungen sowie etwaige Sonderkosten ermittelt wird.

Schrifttum
Digel/Knickenberg Die Darlegungs- und Beweislast beim Stundenlohn, BauR 2010, 21; *Losert* Die Bedeutung der Unterschrift und einem Stundenlohnzettel, ZfBR 1993, 1; *Korbion* Stundenlohnarbeiten beim BGB-Bauvertrag, FS, *Soergel* Seite 131 ff.; *Dähne* Angehängte Stundenlohnarbeiten – juristisch betrachtet, FS, *Jagenburg* 2002, 57 ff.; *Voit* Die Bedeutung der Bestätigung von Aufmass und Stundenlohnzetteln, in: FS Motzke, 2006, 421.

Übersicht	Rdn.			Rdn.
A. Einleitung	1	D.	§ 15 Abs. 3 VOB/B: Wechselseitige Pflichten	25
I. Begriff	1	I.	§ 15 Abs. 3 S. 1 VOB/B: Anzeigepflicht des Auftragnehmers	25
II. Systematik	4		1. Anzeige vor Beginn	25
1. § 4 VOB/A	5		2. Entbehrlichkeit der Beginnsanzeige	26
2. § 2 Abs. 10 VOB/B	6		3. Zusammenfallen von Anzeige und Beginn	27
a) Abschluss einer ausdrücklichen Stundenlohnvereinbarung	6		4. Anzeige gegenüber dem Auftraggeber	28
b) Keine Stundenlohnvereinbarung durch Entgegennahme/Duldung von Stundenlohnarbeiten oder spätere Gegenzeichnung von Stundenlohnzetteln	7		5. Form	29
			6. Rechtslage bei Verstoß gegen die Anzeigepflicht	30
c) Vertretung bei/Vollmacht zum Abschluss einer Stundenlohnvereinbarung	8		a) Anwendung des § 280 BGB i.V.m. § 15 Abs. 5 VOB/B analog	31
d) Zeitpunkt der Vereinbarung	9		b) Anwendung des § 15 Abs. 5 VOB/B direkt	33
III. Struktur der Vorschrift	10		c) Stellungnahme	34
1. § 15 Abs. 1 VOB/B	10	II.	§ 15 Abs. 3 S. 2 VOB/B: Pflicht des Auftragnehmers zur Vorlage von Stundenlohnzetteln	35
2. § 15 Abs. 2 VOB/B	11		1. Frist	35
3. § 15 Abs. 3 VOB/B	12		2. Inhalt der Stundenlohnzettel	36
4. § 15 Abs. 4 VOB/B	13		a) Erforderliche Angaben	36
5. § 15 Abs. 5 VOB/B	14		b) Fahrtkosten	37
B. § 15 Abs. 1 VOB/B: Höhe der Stundenlohnvergütung	15		c) Detaillierungsgrad	38
I. § 15 Abs. 1 Nr. 1 VOB/B: Abrechnung entsprechend der vertraglichen Vereinbarung	15		3. Verstoß gegen die Vorlagepflicht	39
			a) Kein Verlust des Vergütungsanspruchs	39
1. Vergütung der reinen Arbeitsleistung	16		b) Rechtsnatur der Vorlagepflicht	40
2. Gesonderte Vergütung für Material, Maschinen etc.?	17		c) Rechtsfolge: § 15 Abs. 5 VOB/B	41
a) Die herrschende Meinung	18	III.	§ 15 Abs. 3 S. 3 und 4 VOB/B: Pflicht des Auftraggebers zur unverzüglichen Prüfung und Rückgabe	42
b) Vergütung nach dem vereinbarten Leistungserfolg	19		1. Allgemeines	42
II. § 15 Abs. 1 Nr. 2 VOB/B: Fehlen einer vertraglichen Vereinbarung	20		2. Fristen	45
1. Ortsübliche Vergütung	20		3. Bescheinigung	46
2. Maßgeblicher Zeitpunkt	21		4. Wirkung als deklaratorisches Schuldanerkenntnis	47
3. Schwierigkeiten bei der Feststellung der ortsüblichen Vergütung	22		5. Umkehr der Beweislast	48
C. § 15 Abs. 2 VOB/B: Aufsichtsvergütung	23		6. Gegenzeichnung durch Architekten/Bauleiter	49
I. Verlangen einer besonderen Aufsicht durch den Auftraggeber	23		a) Bindungswirkung für den Auftraggeber	50
II. Aufsicht nach den Unfallverhütungsvorschriften erforderlich	24			

§ 15 VOB/B Stundenlohnarbeiten

		Rdn.			Rdn.
	b) Keine Bindung ohne ausdrückliche Vollmacht	51		3. Kein Einwendungsausschluss trotz Anerkenntniswirkung	59
IV.	§ 15 Abs. 3 S. 4 VOB/B: Erhebung von Einwendungen	52	E.	§ 15 Abs. 4 VOB/B: Abrechnung der Stundenlohnarbeiten	60
	1. Form	52	I.	Frist	60
	2. Begründung	53	II.	Stundenlohnabrechnung	61
V.	§ 15 Abs. 3 S. 5 VOB/B: Rechtsfolge bei Verstoß gegen die Rückgabepflicht	54	III.	Inhalt der Abrechnung	63
	1. Anerkenntnisfiktion	54	IV.	Verweis auf § 16 VOB/B	65
	2. Entfallen der Anerkenntnisfiktion bei Verletzung der Vorlagepflicht?	55	F.	§ 15 Abs. 5 VOB/B: Vereinbarung einer Vergütung nach Maßgabe des wirtschaftlich vertretbaren Aufwandes auf Verlangen des Auftraggebers	66
	a) Anerkenntnisfiktion nur im Fall vertragstreuen Verhaltens des Auftragnehmers	56	I.	Verletzung der Vorlagepflicht durch den Auftragnehmer und Zweifel über den Umfang der Arbeiten beim Auftraggeber	66
	b) Anerkenntnisfiktion auch bei Verletzung der Vorlagepflicht durch den Auftragnehmer	57	II.	Ausdrückliches Verlangen im Sinne einer Einrede	68
	c) Anerkenntnisfiktion bei Verletzung der Rückgabepflicht auch im Fall der Verletzung der Vorlagepflicht	58	III.	Rechtsfolge: Verweis auf § 15 Abs. 1 Nr. 2 VOB/B	70

A. Einleitung

I. Begriff

1   Stundenlohnarbeiten werden in der Praxis oft auch als »Regiearbeiten« oder »Arbeiten auf Regiebasis« etc. bezeichnet. Unabhängig von der Begrifflichkeit ist damit gemeint, dass der Zeitaufwand vergütet wird, der für die Erbringung der Bauleistung erforderlich ist. Vergütet wird also die Anzahl der Stunden, die der Auftragnehmer für die Ausführung der geschuldeten Leistung benötigt hat. Diese wird mit dem vereinbarten Stundensatz multipliziert. Zur schlüssigen Begründung eines nach Zeitaufwand zu bemessenden Vergütungsanspruchs muss der Auftragnehmer daher grundsätzlich nur darlegen, wie viele Stunden für die Erbringung der Vertragsleistungen angefallen sind.[1] Ob auch der Aufwand für Anfahrt, Vorbereitungsmaßnahmen, Material und Gerät zu vergüten ist, hängt von der konkreten Vereinbarungen bzw. der Auslegung ab.[2]

2   Obwohl die Vergütung zeitabhängig ist, ist nicht Dienstvertragsrecht nach §§ 611 ff. BGB, sondern Werkvertragsrecht nach §§ 631 ff. BGB anwendbar, weil der Auftragnehmer auch bei Ausführung von Stundenlohnarbeiten einen Werkerfolg schuldet.[3]

3   Die Vereinbarung einer Stundenlohnvergütung für Werkleistungen begründet nach Treu und Glauben eine vertragliche Nebenpflicht zur wirtschaftlichen Betriebsführung.[4] Eine Verletzung dieser vertraglichen Nebenpflicht wirkt sich nicht unmittelbar vergütungsmindernd aus, sondern lässt einen vom Auftraggeber geltend zu machenden Gegenanspruch aus § 280 Abs. 1 BGB entstehen.[5] Dessen tatsächliche Voraussetzungen muss der Auftraggeber nach allgemeinen Grundsätzen darlegen und beweisen.[6] Da die zeitabhängige Vergütung das Risiko der Benachteiligung des Arbeitgebers in sich trägt, normiert die VOB/B für die Vergütung von Stundenlohnarbeiten strenge Anforderungen, deren Nichtbeachtung sowohl für den Auftragnehmer (im Hinblick auf seinen

---

[1] BGH, Urt. v. 17.04.2009, VII ZR 164/07, BauR 2009, 1162.
[2] OLG Düsseldorf, Urt. v. 16.05.2000, 21 U 145/99, BauR 2000, 1334.
[3] Nicklisch/Weick/*Weick*, § 15 VOB/B Rn. 2.
[4] BGH, Urt. v. 17.04.2009, VII ZR 164/07, BauR 2009, 1162.
[5] BGH, Urt. v. 17.04.2009, VII ZR 164/07, BauR 2009, 1162.
[6] BGH, Urt. v. 01.02.2000, X ZR 189/97, BauR 2000, 1196.

Vergütungsanspruch) als auch – quasi als Ausgleich – für den Auftraggeber (im Hinblick auf seine Zahlungsverpflichtung) gravierende Folgen haben können.

II. Systematik

§ 15 VOB/B kann nicht isoliert, sondern nur im Zusammenhang mit § 4 VOB/A und § 2 Abs. 10 VOB/B betrachtet werden.

1. § 4 VOB/A

Aus § 4 VOB/A ergibt sich zunächst, dass der von der VOB vorgesehene Regelfall die Vergütung von Bauleistungen nach Leistung ist (sog. »Leistungsvertrag«), und zwar entweder nach Einheitspreisen, § 4 Abs. 1 Nr. 1 VOB/A, oder – »in geeigneten Fällen« – zum Pauschalpreis, § 4 Abs. 1 Nr. 2 VOB/A. Im Stundenlohn sollen gem. § 4 Abs. 2 VOB/A »abweichend von Abs. 1« (also vom Regelfall des Leistungsvertrages) nur Bauleistungen »geringeren Umfangs, die überwiegend Lohnkosten verursachen«, vergeben werden. Der Ausnahmecharakter des Stundenlohnvertrages ergibt sich daher zum einen aus der Formulierung »abweichend von Abs. 1« und zum anderen aus den einschränkenden Tatbestandsmerkmalen des Absatzes 2. Die Beurteilung, ob Arbeiten überwiegend Lohnkosten verursachen, dürfte dabei in der Regel leichter fallen als die Bewertung, wann es sich um Bauleistungen »geringeren Umfanges« handelt. Ersteres wird man annehmen können, wenn die Lohnkosten mindestens 50 % der Kosten ausmachen;[7] letzteres dürfte in der Regel nur dann der Fall sein, wenn es sich um Neben- oder Hilfsarbeiten handelt, die im Rahmen eines größeren Auftrages anfallen. In der Praxis sind für derartige Arbeiten in Leistungsverzeichnissen oft gesonderte Positionen vorgesehen, mit denen im LV vergessene oder zusätzlich erforderliche Leistungen erfasst werden sollen (sog. »angehängte« Stundenlohnarbeiten[8]). Dass Leistungen ausschließlich, d.h. ohne Verbindung mit Leistungsverträgen, im Stundenlohn ausgeführt werden (sog. »selbständige« Stundenlohnarbeiten[9]), kommt dagegen in der Praxis regelmäßig nur bei Ausführung kleinerer Reparatur- und Instandsetzungsarbeiten oder bei Arbeiten im Bestand vor.[10] § 15 VOB/B ist jedoch auf beide Varianten anwendbar.

2. § 2 Abs. 10 VOB/B

a) Abschluss einer ausdrücklichen Stundenlohnvereinbarung

Voraussetzung für die Anwendbarkeit des § 15 VOB/B ist gem. § 2 Abs. 10 VOB/B der Abschluss einer ausdrücklichen Vereinbarung über die Vergütung der Arbeiten im Stundenlohn vor dem Beginn ihrer Ausführung. Nur wenn vom Auftragnehmer eine solche Vereinbarung nachgewiesen werden kann, kommt eine Vergütung von Stundenlohnarbeiten entsprechend den Regelungen in § 15 VOB/B in Betracht. Erforderlich ist nach dem Wortlaut also zunächst eine nach den allgemeinen Regeln zustande gekommene, unmissverständliche Abrede der Parteien, dass bzw. welche Leistungen im Stundenlohn ausgeführt und bezahlt werden sollen. Daher reicht es auch nicht aus, wenn im LV eine (Stundenlohn-) Position »für Unvorhergesehenes« oder »nach Bedarf« enthalten ist, die bereits einen Stundensatz enthält. In diesem Fall haben die Bauvertragsparteien lediglich bereits die Höhe der Stundenlohnvergütung festgelegt. Die erforderliche ausdrückliche Beauftragung ist damit noch nicht verbunden.[11]

---

7 Ingenstau/Korbion/*Schranner*, § 4 VOB/A, Rn. 31.
8 Ingenstau/Korbion/*Keldungs*, § 15 VOB/B, Rn. 6.
9 Ingenstau/Korbion/*Keldungs*, § 15 VOB/B, Rn. 6.
10 Kapellmann/Messerschmidt/*Messerschmidt*, § 15 VOB/B, Rn. 3.
11 Leinemann/*Schoofs*, § 15 VOB/B, Rn. 13.

b) Keine Stundenlohnvereinbarung durch Entgegennahme/Duldung von Stundenlohnarbeiten oder spätere Gegenzeichnung von Stundenlohnzetteln

7   Gleiches gilt für die bloße Entgegennahme oder Duldung von Stundenlohnarbeiten oder die spätere Gegenzeichnung von Stundenlohnzetteln, die der Auftragnehmer dem Auftraggeber vorlegt.[12] Denn damit bestätigt der Auftraggeber lediglich, dass die in dem Stundenlohnzettel enthaltenen Arbeiten ausgeführt wurden, nicht aber, dass die erforderliche Vereinbarung zu deren Vergütung auf Stundenbasis geschlossen wurde.[13]

c) Vertretung bei/Vollmacht zum Abschluss einer Stundenlohnvereinbarung

8   Die Wirksamkeit der Stundenlohnvereinbarung richtet sich nach den allgemeinen Regeln. Dementsprechend müssen die Personen, die die Stundenlohnvereinbarung abschließen, dazu auch bevollmächtigt sein. Probleme treten in diesem Zusammenhang in der Praxis insbesondere auf Seiten des Auftraggebers auf, wenn nämlich der Architekt oder Bauleiter Stundenlohnarbeiten beauftragt, ohne dazu vom Auftraggeber bevollmächtigt zu sein. Daran ändert auch die spätere Unterzeichnung von Stundenlohnzetteln durch den (nicht zur Beauftragung von Stundenlohnarbeiten bevollmächtigten) Architekten/Bauleiter nichts, denn eine dem Architekten/Bauleiter erteilte Vollmacht zur Abzeichnung von Stundenlohnzetteln umfasst nicht auch die Berechtigung zum Abschluss einer Stundenlohnvereinbarung.[14] Auch eine nachträgliche Stundenlohnvereinbarung erfordert daher eine entsprechende Vollmacht für denjenigen, der die Stundenlohnnachweise unterzeichnet.[15]

d) Zeitpunkt der Vereinbarung

9   Dagegen ist es – entgegen dem Wortlaut – nicht erforderlich, dass die Stundenlohnvereinbarung bereits bei Vertragsschluss oder vor Beginn der Bauarbeiten als solche getroffen wird. Vielmehr reicht es aus, wenn die Stundenlohnvereinbarung vor Beginn der sie betreffenden Arbeiten geschlossen wird.[16]

III. Struktur der Vorschrift

1. § 15 Abs. 1 VOB/B

10 Abs. 1 regelt, wie Stundenlohnarbeiten im Fall ihrer Vereinbarung abzurechnen sind. Enthält der Vertrag eine entsprechende Regelung, hat diese gem. Nr. 1 Vorrang, falls nicht, ist Nr. 2 anwendbar. Die Struktur des Abs. 1 entspricht damit im Prinzip der Regelung in §§ 631 Abs. 1, 632 Abs. 2 BGB.

2. § 15 Abs. 2 VOB/B

11 Abs. 2 regelt den Sonderfall, dass der Auftraggeber eine besondere Aufsicht für die Ausführung der Stundenlohnarbeiten verlangt oder diese nach den einschlägigen Unfallverhütungsvorschriften notwendig ist.

3. § 15 Abs. 3 VOB/B

12 Abs. 3 legt die wechselseitigen Verpflichtungen der Bauvertragsparteien sowie die Rechtsfolgen im Fall der (Nicht-) Erfüllung dieser Verpflichtungen fest.

---

12 OLG Dresden, Urt. v. 06.12.2005, 14 U 1523/05, BauR 2008, 364.
13 OLG München, Urt. v. 01.02.2000, 13 U 3864/99, Ibr 2002, 240.
14 BGH, Urt. v. 24.07.2003 – VII ZR 79/02, BauR 2003, 1892.
15 BGH, Urt. v. 24.07.2003 – VII ZR 79/02, BauR 2003, 1892.
16 Ingenstau/Korbion/*Keldungs*, § 15 VOB/B, Rn. 8.

4. § 15 Abs. 4 VOB/B

Abs. 4 regelt, wie Stundenlohnarbeiten abzurechnen sind. 13

5. § 15 Abs. 5 VOB/B

Abs. 5 regelt, wie im Fall von Zweifeln über den Umfang der Stundenlohnleistungen mangels 14
rechtzeitiger Vorlage der Stundenlohnzettel zu verfahren ist und ergänzt insoweit Abs. 3.

B. § 15 Abs. 1 VOB/B: Höhe der Stundenlohnvergütung

I. § 15 Abs. 1 Nr. 1 VOB/B: Abrechnung entsprechend der vertraglichen Vereinbarung

Enthält der Bauvertrag Regelungen bezüglich der Abrechnung von Stundenlohnarbeiten, sind die- 15
se anzuwenden, d.h. die Arbeiten nach den im Vertrag angegebenen Stundensätzen und den ggf.
vereinbarten Regelungen über Material- und Fahrtkosten abzurechnen.

1. Vergütung der reinen Arbeitsleistung

Gängig sind zwei Abrechnungsverfahren:[17] Im Regelfall werden im LV oder einem Verhandlungs- 16
protokoll Stundensätze für unterschiedlich qualifizierte Mitarbeiter (Helfer, Facharbeiter, Meister)
angegeben. Soweit nichts anderes bestimmt ist, sind diese abschließend, d.h. Lohn- und Lohnnebenkosten sowie Zuschläge für AGK, BGK, Wagnis und Gewinn bereits enthalten.[18] Alternativ
werden den Hauptkosten (Löhne, Lohnnebenkosten, Stoffkosten etc.) bestimmte Prozentsätze für
AGK, BGK, Wagnis/Gewinn und Umsatzsteuer zugeschlagen.[19]

2. Gesonderte Vergütung für Material, Maschinen etc.?

Fraglich ist, ob neben dem reinen Stundenlohn auch Materialien, Maschinen etc. gesondert ver- 17
gütet verlangt werden können.

a) Die herrschende Meinung

In der Kommentierung[20] wird übereinstimmend vertreten, dass die Materialkosten bei beiden 18
Abrechnungsverfahren in der Regel gesondert abgerechnet werden. Eine nähere Begründung findet sich dazu nicht. Offenbar wird die Möglichkeit, auch diesen Aufwand zusätzlich abzurechnen,
in die Preisabsprache hineininterpretiert, auch wenn sich dafür keine äußeren Anzeichen finden
lassen.

b) Vergütung nach dem vereinbarten Leistungserfolg

Nach hiesiger Beobachtung ist eine solche zusätzliche Abrechnung von Material, Maschinen etc. 19
ohne gesonderte Abrede der Parteien weder in der Praxis die Regel noch entspricht sie im Zweifel
der Vereinbarung der Parteien. Vielmehr sind, wenn eine vertragliche Vereinbarung über eine gesonderte Berechnung nicht getroffen wurde, die Material- und Maschinenkosten insbesondere im
Fall angehängter Stundenlohnarbeiten in der Regel im Stundensatz bereits enthalten und können
nicht gesondert abgerechnet werden. Grund für diese Praxis dürfte sein, dass es sich meist um ar-
beitsintensive Leistungen handelt, bei denen die Material- und Maschinenkosten eine lediglich
untergeordnete Rolle spielen und daher bereits im Stundensatz eingepreist sind. Aber auch die juristische Auslegung der typischen Stundenlohnabrede führt zu diesem Ergebnis. Wer vereinbart,

---

17 Kapellmann/Messerschmidt/*Messerschmidt*, § 15 VOB/B, Rn. 15.
18 Nicklisch/Weick/*Weick*, § 15 VOB/B, Rn. 9.
19 Nicklisch/Weick/*Weick*, a.a.O.
20 Ingenstau/Korbion/*Keldungs*, § 15 Abs. 1 VOB/B, Rn. 3; *Kemper*, in: Franke/Kemper/Zanner/Grünha-
gen, § 15 VOB/B, Rn. 3; Kapellmann/Messerschmidt/*Messerschmidt*, § 15 VOB/B, Rn. 16.

dass bestimmte Arbeiten im Stundenlohn ausgeführt werden, z.B. das Herstellen oder Schließen von Durchbrüchen, und dafür einen Stundensatz vereinbart, wird in der Regel eine abschließende Vergütungsvereinbarung für die Erreichung des so beschriebenen Leistungserfolges treffen wollen. Dass sich die Parteien wegen der reinen Arbeitsleistung auf die Vergütung einigen, das bezüglich der Materialien und Geräte aber nicht wollen, sondern hier auf § 632 BGB zurückgreifen, dürfte als lebensfremd zu betrachten sein. Mangels anderweitiger Anhaltspunkte ist deshalb eine gesonderte Abrechnung von Material und Maschinen nicht möglich.

II. § 15 Abs. 1 Nr. 2 VOB/B: Fehlen einer vertraglichen Vereinbarung

1. Ortsübliche Vergütung

20 Für den Fall, dass es die Bauvertragsparteien versäumt oder unterlassen haben, eine vertragliche Regelung hinsichtlich der Höhe der Vergütung zu treffen, gilt nach § 632 Abs. 2 BGB die ortsübliche Vergütung als vereinbart. Dabei handelt es sich im Grundsatz um die Vergütung, die zur Zeit des Vertragsschlusses für nach Art, Güte und Umfang gleiche Leistungen nach allgemeiner Auffassung der beteiligten Kreise am Ort der Werkleistung gewährt zu werden pflegt.[21]

2. Maßgeblicher Zeitpunkt

21 Streitig ist lediglich, auf welchen Zeitpunkt abzustellen ist: Den Zeitpunkt des Vertragsschlusses[22] – wobei dies nach einer weiteren Auffassung nur für die Zuschläge für Gemeinkosten und Gewinn gelten soll[23] – oder denjenigen der Erbringung der Leistung.[24] Richtigerweise muss auf den Zeitpunkt des Vertragsschlusses, also der Vereinbarung der Stundenlohnarbeiten abgestellt werden.[25] Denn bei dem von der VOB vorgesehenen Regelfall des Leistungsvertrages trägt grundsätzlich der Auftragnehmer Chancen und Risiken der Entwicklung der Marktpreise. Allein die Tatsache, dass die Leistung des Auftragnehmers nach Stunden vergütet wird, rechtfertigt keine Verlagerung des Risikos von Preiserhöhungen auf den späteren Zeitpunkt der Ausführung der Bauleistung[26] und damit den Auftraggeber.

3. Schwierigkeiten bei der Feststellung der ortsüblichen Vergütung

22 Für den Fall, dass sich die ortsübliche Vergütung nicht oder nur mit unzumutbarem bzw. unverhältnismäßigem Aufwand[27] feststellen lässt, werden gemäß den Abrechnungsgrundlagen in Satz 2 die Aufwendungen des Auftragnehmers, die bei wirtschaftlicher Betriebsführung entstehen, zuzüglich angemessener Zuschläge für Gemeinkosten und Gewinn sowie Umsatzsteuer vergütet. Der Auftragnehmer muss in diesem Fall also darlegen und beweisen, welche Aufwendungen ihm im Zusammenhang mit der Ausführung der Stundenlohnarbeiten konkret entstanden sind und dass diese nach den Grundsätzen einer wirtschaftlichen Betriebsführung notwendig waren.

C. § 15 Abs. 2 VOB/B: Aufsichtsvergütung

I. Verlangen einer besonderen Aufsicht durch den Auftraggeber

23 Die Vorschrift regelt den Sonderfall, dass der Auftraggeber eine »besondere« Aufsicht verlangt oder eine Aufsicht nach den einschlägigen Unfallverhütungsvorschriften notwendig ist. Mit »besonderer« Aufsicht ist gemeint, dass der Aufsichtsführende nicht selbst mitarbeitet, sondern nur

---

21 Palandt/*Sprau*, § 632 BGB Rn. 15.
22 *Kemper*, in: Franke/Kemper/Zanner/Grünhagen, § 15 VOB/B, Rn. 5.
23 Ingenstau/Korbion/*Keldungs*, § 15 Abs. 1 VOB/B, Rn. 5.
24 Nicklisch/Weick/*Weick*, § 15 VOB/B, Rn. 12.
25 So auch Kapellmann/Messerschmidt/*Messerschmidt*, § 15 VOB/B, Rn. 20.
26 Leinemann/*Schoofs*, § 15 VOB/B, Rn. 24.
27 Ingenstau/Korbion/*Keldungs*, § 15 Abs. 1 VOB/B, Rn. 6.

die Aufsicht führt.[28] Arbeitet dagegen ohnehin ein Polier oder Meister mit, der gleichzeitig auch die Arbeiten beaufsichtigt, richtet sich die Vergütung allein nach Abs. 1.[29] Voraussetzung für die Vergütung nach Abs. 2 ist daher, dass die Aufsichtsperson entsprechend qualifiziert und befugt ist, Anordnungen hinsichtlich der Ausführung zu treffen und auch tatsächlich die Aufsicht über die Arbeiten geführt hat.

II. Aufsicht nach den Unfallverhütungsvorschriften erforderlich

Die Gestellung einer besonderen Aufsichtsperson ist auch dann zu vergüten, wenn dies nach den einschlägigen Unfallverhütungsvorschriften notwendig ist. Eines besonderen Verlangens des Auftraggebers bedarf es in diesem Fall nicht, weil der Auftragnehmer gem. § 4 Abs. 2 Nr. 2 VOB/B ohnehin gehalten ist, die berufsgenossenschaftlichen Verpflichtungen einzuhalten. Ergibt sich eine solche Verpflichtung erst während der Ausführung der Stundenlohnarbeiten, steht dem Auftragnehmer auch ohne vorherige Ankündigung ein zusätzlicher Vergütungsanspruch entsprechend § 2 Abs. 6 VOB/B zu.[30]

24

D. § 15 Abs. 3 VOB/B: Wechselseitige Pflichten

I. § 15 Abs. 3 S. 1 VOB/B: Anzeigepflicht des Auftragnehmers

1. Anzeige vor Beginn

Nach dem Wortlaut muss der Auftragnehmer dem Auftraggeber die Ausführung von Stundenlohnarbeiten »vor Beginn« anzeigen. Sinn und Zweck der Vorschrift ist es, dem Auftraggeber die Möglichkeit der Kontrolle über die Stundenlohnarbeiten, insbesondere deren Umfang, zu geben.

25

2. Entbehrlichkeit der Beginnsanzeige

Daher ist die Beginnsanzeige dann entbehrlich, wenn der Auftraggeber ohnehin über den Beginn der Stundenlohnarbeiten informiert ist, also sein Kontrollrecht auch ohne gesonderte Mitteilung des Auftragnehmers ausüben kann.[31] Dies ist zum Beispiel dann der Fall, wenn sich die Ausführung der Stundenlohnarbeiten unmittelbar an deren Beauftragung anschließt.

26

3. Zusammenfallen von Anzeige und Beginn

Ist die Beginnsanzeige nicht entbehrlich, können Anzeige und Beginn nur dann zusammenfallen,[32] wenn dem Auftraggeber gleichwohl eine ausreichende Kontrolle möglich ist. Hierfür ist der Auftragnehmer im Streitfall darlegungs- und beweispflichtig. Andernfalls bleibt es dabei, dass die Beginnsanzeige vor der Ausführung zugehen muss.

27

4. Anzeige gegenüber dem Auftraggeber

Nach dem Wortlaut hat die Baubeginnsanzeige gegenüber dem Auftraggeber zu erfolgen. Zumindest dann, wenn ein Architekt oder Bauleiter für den Auftraggeber den Stundenlohnaufwand kontrolliert – was die Regel sein dürfte –, genügt auch die Anzeige gegenüber dem Architekten oder Bauleiter,[33] da dieser in der Regel ohnehin die Kontrolle des Aufwandes bei Stundenlohnarbeiten vorzunehmen hat (vgl. Anlage 11 zu § 33 HOAI n.F.).

28

---

28 Ingenstau/Korbion/*Keldungs*, § 15 Abs. 2 VOB/B, Rn. 2.
29 Ingenstau/Korbion/*Keldungs*, § 15 Abs. 2 VOB/B, Rn. 2.
30 Ingenstau/Korbion/*Keldungs*, § 15 Abs. 2 VOB/B, Rn. 4; Kemper, in: Franke/Kemper/Zanner/Grünhagen, § 15 VOB/B, Rn. 8.
31 Ingenstau/Korbion/*Keldungs*, § 15 Abs. 3 VOB/B, Rn. 2.
32 *Kemper*, in: Franke/Kemper/Zanner/Grünhagen, § 15 VOB/B, Rn. 10.
33 Ingenstau/Korbion/*Keldungs*, § 15 Abs. 3 VOB/B, Rn. 2; Nicklisch/Weick/*Weick*, § 15 VOB/B, Rn. 24.

5. Form

29 Nachdem die Vorschrift kein Formerfordernis enthält, kann die Baubeginnsanzeige – vorbehaltlich einer vertraglichen Regelung – auch (fern-)mündlich erfolgen. Der besseren Beweisbarkeit wegen ist jedoch eine schriftliche Anzeige empfehlenswert.

6. Rechtslage bei Verstoß gegen die Anzeigepflicht

30 Darüber, dass ein Verstoß gegen die Anzeigepflicht nicht zu einem Verlust des Vergütungsanspruches führt, besteht Einigkeit.[34] Über die Rechtsfolgen gibt es jedoch unterschiedliche Auffassungen:

a) Anwendung des § 280 BGB i.V.m. § 15 Abs. 5 VOB/B analog

31 Eine Auffassung[35] sieht den Verstoß gegen die Anzeigepflicht als Verletzung einer Vertragspflicht an, die grundsätzlich zu einem Schadensersatzanspruch nach § 280 BGB führt. Allerdings soll nicht nur ein eventueller Mehraufwand für die Prüfung der Stundenlohnzettel erstattet werden, sondern der Verstoß dazu führen, dass nur die angemessene Vergütung nach § 15 Abs. 5 VOB/B geschuldet ist, der Vergütungsanspruch also gleichsam auf die angemessene Vergütung gemindert wird.

32 Der Wortlaut des Absatzes 5 erfasse zwar den Fall der Nichtanzeige nicht. Dadurch, dass Satz 1 aber ebenso dem Kontrollinteresse des Auftraggebers dient wie Satz 2, der zur Anwendung des Absatzes 5 führt, sei eine entsprechende Anwendung geboten.[36] Dies gelte auch bei schuldlos unterlassener Baubeginnsanzeige, es sei denn, man sieht die Unterlassung der Baubeginnsanzeige ohnehin immer als fahrlässige Verletzung einer Vertragspflicht an, so dass in diesem Fall immer Verschulden vorliegt.[37]

b) Anwendung des § 15 Abs. 5 VOB/B direkt

33 Die andere Auffassung[38] hält in diesem Fall grundsätzlich § 15 Abs. 5 VOB/B für direkt anwendbar.

c) Stellungnahme

34 Richtig ist, dass der Verstoß gegen die Anzeigepflicht eine Verletzung einer vertraglichen Pflicht darstellt. Eine direkte oder analoge Anwendung des § 15 Abs. 5 VOB/B ist – auch wenn die Anzeigepflicht ebenso wie die Vorlagepflicht des Satzes 2 dem Kontrollinteresse des Auftraggebers dient – aber nicht gerechtfertigt, weil dies mit dem Bestimmtheitsgebot nicht vereinbar ist. Schließlich handelt es sich bei der VOB/B um Allgemeine Geschäftsbedingungen, deren Verwender in der Regel der Auftraggeber ist. Hätte dieser den Verstoß gegen die Anzeigepflicht mit der Rechtsfolge des Absatzes 5 ahnden wollen, hätte er dies regeln müssen. Eine automatische Minderung auf die angemessene Vergütung nach Abs. 5 kommt daher nicht in Betracht. Vielmehr muss der Auftraggeber die Tatbestandsvoraussetzungen des § 280 BGB darlegen und beweisen, also auch die Höhe des entstandenen Schadens. Dieser Anspruch kann dann gegen den Vergütungsanspruch aufgerechnet werden.

---

34 Franke/Kemper/Zanner/Grünhagen, § 15 VOB/B, Rn. 11; Leinemann/*Schoofs*, § 15 VOB/B, Rn. 40; Kapellmann/Messerschmidt/*Messerschmidt*, § 15 VOB/B, Rn. 43.
35 Ingenstau/Korbion/*Keldungs*, § 15 Abs. 3 VOB/B, Rn. 3.
36 Ingenstau/Korbion/*Keldungs*, § 15 Abs. 3 VOB/B, *Rn. 3*.
37 *Kemper*, in: Franke/Kemper/Zanner/Grünhagen, § 15 VOB/B, Rn. 11.
38 *Voit*, in: Ganten/Jagenburg/Motzke, § 15 Nr. 3 VOB/B, Rn. 13.

II. § 15 Abs. 3 S. 2 VOB/B: Pflicht des Auftragnehmers zur Vorlage von Stundenlohnzetteln

1. Frist

Sofern nichts anderes vereinbart ist, hat der Auftragnehmer je nach der Verkehrssitte werktäglich oder wöchentlich Stundenlohnzettel vorzulegen. Eine vertragliche Regelung hat also grundsätzlich Vorrang. Eine Klausel, nach der Stundenlohnarbeiten nur vergütet werden, wenn die Stundenlohnzettel spätestens am nächsten Tag der Bauleitung bzw. dem Auftraggeber vorgelegt werden, ist jedoch gem. § 307 Abs. 1 BGB unwirksam.[39] Fehlt eine vertragliche Regelung, kommt es darauf an, was in dem betreffenden Beritt üblich ist;[40] dies ist ggf. durch Einholung einer Auskunft bei der örtlichen Handwerks- oder Handelskammer festzustellen. Die Angabe werktäglich oder wöchentlich in der Vorschrift soll die Unter-/Obergrenze markieren.[41]

35

2. Inhalt der Stundenlohnzettel

a) Erforderliche Angaben

Um dem Auftraggeber die Kontrolle über den Umfang der Stundenlohnarbeiten zu ermöglichen, müssen die Stundenlohnzettel die in Satz 2 genannten Angaben (»über die geleisteten Arbeitsstunden und den damit erforderlichen, besonders zu vergütenden Aufwand für den Verbrauch von Stoffen, für Vorhaltung von Einrichtungen, Geräten, Maschinen und maschinellen Anlage, für Frachten, für Fuhr- und Ladeleistungen sowie etwaige Sonderkosten«) enthalten sowie das eingesetzte Personal nebst jeweiliger Funktion, dazu Ort und Art des Einsatzes[42] angeben, im Endeffekt also die Stundenlohnarbeiten hinreichend dokumentieren.

36

b) Fahrtkosten

Verlangen kann der Auftragnehmer in der Regel auch den Aufwand für Fahrten zur Beschaffung solcher Materialien, die durch den vorgegebenen Auftragsumfang nicht vorhersehbar waren und für den zügigen Fortgang des Gewerkes erforderlich sind.[43] Nicht vergütet werden dagegen in der Regel An- und Abfahrt zum Bauobjekt, weil dies im Baugewerbe – zumindest bei Arbeiten, die mehr als ein bis zwei Stunden erfordern – unüblich ist.[44]

37

c) Detaillierungsgrad

Da auch für Stundenlohnabrechnungen die gleichen Anforderungen an die Prüffähigkeit wie die bei Abrechnungen nach § 14 VOB/B gelten,[45] müssen die Angaben in den Stundenlohnzetteln so detailliert sein, dass der Auftraggeber diese im Rahmen seiner Prüfung oder ein Sachverständiger später nachvollziehen kann.[46] Erforderlich ist also eine detaillierte Beschreibung der ausgeführten Leistungen nach Art der Arbeit (Leistung), Personen und Zeit.[47] Sämtliche Angaben müssen leserlich sein. Bereits an den unzureichenden und unleserlichen Angaben auf den Rapporten scheitern in der Praxis viele Ansprüche auf Vergütung von Stundenlohnarbeiten. Auch wenn dies im Alltag auf der Baustelle nicht einfach umzusetzen ist, müssen Auftragnehmer deshalb penibel darauf achten, dass Stundenlohnzettel in beschriebener Weise ausgefüllt werden. Denn nur so be-

38

---

39 OLG Düsseldorf, Urt. v. 04.07.2006, I-21 U 149/05, BauR 2009, 1315.
40 Ingenstau/Korbion/*Keldungs*, § 15 Abs. 3 VOB/B, Rn. 12.
41 Leinemann/*Schoofs*, § 15 VOB/B, Rn. 43.
42 Ingenstau/Korbion/*Keldungs*, § 15 Abs. 3 VOB/B, Rn. 8.
43 OLG Düsseldorf, Urt. v. 04.07.2006, I-21 U 149/05, BauR 2009, 1315.
44 OLG Düsseldorf, Urt. v. 04.07.2006, I-21 U 149/05, BauR 2009, 1315.
45 *Heiermann*, in: Heiermann/Riedl/Rusam, § 15 VOB/B, Rn. 30.
46 OLG Frankfurt, Urt. v. 23.09.1999, 15 U 48/99, BauR 1999, 1460.
47 OLG Frankfurt, Urt. v. 14.06.2000, 23 U 78/99; BauR 2000, 1913 (Ls.).

steht Aussicht auf eine erfolgreiche – nötigenfalls gerichtliche – Durchsetzung der Stundenlohnvergütung.

3. Verstoß gegen die Vorlagepflicht

a) Kein Verlust des Vergütungsanspruchs

39 Kommt der Auftragnehmer seiner Verpflichtung zur Vorlage der Stundenlohnzettel nicht rechtzeitig nach, verliert er dadurch nicht den Anspruch auf Vergütung.[48] Allerdings kann der Auftraggeber in diesem Fall nach § 15 Abs. 5 VOB/B verlangen, dass eine Vergütung vereinbart wird, die dem wirtschaftlich vertretbaren Aufwand entspricht.

b) Rechtsnatur der Vorlagepflicht

40 Hinsichtlich der Rechtsnatur der Vorlagepflicht bestehen unterschiedliche Auffassungen: zum einen wird vertreten, dass es sich nur um eine Obliegenheit handele, weil die Vorlage der Stundenlohnzettel ausschließlich dem Beweisinteresse des Auftragnehmers diene[49] und nicht bzw. nicht in erster Linie das Kontrollinteresse des Auftraggebers schütze. Zum anderen, dass es sich – wie bei der Anzeigepflicht – um eine vertragliche Nebenpflicht handele, deren schuldhafte Verletzung einen Schadensersatzanspruchs nach § 280 BGB nach sich ziehe,[50] weil auch die Vorlagepflicht in erster Linie dem Kontrollinteresse des Auftraggebers diene.

c) Rechtsfolge: § 15 Abs. 5 VOB/B

41 Unabhängig davon, ob die Pflicht zur rechtzeitigen Vorlage der Stundenlohnzettel Obliegenheit oder vertragliche Nebenpflicht ist, hat der Verordnungsgeber hier – anders als im Fall der Anzeigepflicht – die Rechtsfolge ausdrücklich geregelt, nämlich dass der Auftraggeber im Fall einer verspäteten Vorlage die Vereinbarung einer Vergütung verlangen kann, die dem wirtschaftlich vertretbaren Aufwand entspricht. In erster Linie ist also § 15 Abs. 5 VOB/B anwendbar, jedoch nur dann, wenn sich der Auftraggeber auch darauf beruft.[51] Da es sich nach hiesiger Ansicht um eine vertragliche Nebenpflicht handelt, sind darüber hinausgehende Schadensersatzansprüche nach § 280 BGB nicht ausgeschlossen; allerdings muss der Auftraggeber die Höhe des Schadens darlegen und beweisen.

III. § 15 Abs. 3 S. 3 und 4 VOB/B: Pflicht des Auftraggebers zur unverzüglichen Prüfung und Rückgabe

1. Allgemeines

42 Nach der Vorschrift hat der Auftraggeber »die von ihm bescheinigten Stundenlohnzettel« unverzüglich, spätestens jedoch innerhalb von sechs Werktagen nach Zugang, zurückzugeben. Die Verpflichtung steht im Zusammenhang mit den Regelungen in Satz 4 über die Erhebung von Einwendungen und der Anerkenntnisfiktion in Satz 5. Diese normieren in ihrer Gesamtheit die Verpflichtungen des Auftraggebers bzw. die Rechtsfolgen im Fall ihrer Nichteinhaltung.

43 Ebenso wie die Anzeige- und Vorlagepflicht des Auftragnehmers dienen auch die Prüf- und Rückgabepflicht des Auftraggebers dem Zweck, möglichst bald Klarheit über den der späteren Stundenlohnrechnung zugrunde zu legenden Leistungsumfang zu schaffen.[52] Schließlich wird es, je mehr Zeit vergeht, immer schwerer, den in den Stundenlohnzetteln aufgeführten Aufwand nachzuvollziehen.

---

48 OLG Frankfurt, Urt. v. 30.09.1999, 15 U 48/99, BauR 1999, 1460.
49 *Voit*, in: Ganten/Jagenburg/Motzke, § 15 Nr. 3 VOB/B, Rn. 25.
50 OLG Frankfurt, Urt. v. 30.09.1999, 15 U 48/99, BauR 1999, 1460.
51 OLG Saarbrücken, Urt. v. 29.03.2011, 4 U 242/10, NJW-Spezial 2011, 268.
52 Ingenstau/Korbion/*Keldungs*, § 15 Abs. 3 VOB/B, Rn. 12.

Aufgrund der recht drastischen Rechtsfolge des Verstoßes gegen die fristgerechte Rückgabeverpflichtung (Anerkenntnisfiktion), stellen die Klauseln einen Ausgleich für die strengen Anforderungen an den Auftragnehmer dar.

2. Fristen

Für die in der Vorschrift angegebenen Fristen – unverzüglich bzw. sechs Werktage nach Zugang – gelten die allgemeinen Regelungen des BGB. Unverzüglich meint also »ohne schuldhaftes Zögern«,[53] § 121 Abs. 1 Satz 1 BGB; die Berechnung der Sechstagesfrist erfolgt gem. §§ 186 ff. BGB. Dies gilt übrigens auch im Fall des gekündigten Bauvertrages.[54] Aus dem Wortlaut »zurückgeben« ergibt sich im Übrigen, dass die Stundenlohnzettel dem Auftragnehmer innerhalb der Frist wieder zugegangen sein müssen, § 130 BGB.

3. Bescheinigung

Mit »von ihm bescheinigt« ist die Billigung der Angaben in den Stundenlohnzetteln durch den Auftraggeber gemeint.[55] Ausführungen zum Inhalt der Stundenlohnzettel sind hierfür nicht erforderlich. Vielmehr reicht die bloße Unterschrift des Auftraggebers oder eines bevollmächtigten Vertreters.

4. Wirkung als deklaratorisches Schuldanerkenntnis

Die Bescheinigung hat nach einhelliger Meinung die Wirkung eines deklaratorischen Anerkenntnisses.[56] Dadurch wird aber nur bestätigt, dass die in den Stundenlohnzetteln aufgeführten Leistungen nach Art und Umfang erbracht wurden, nicht aber, dass die dafür aufgeschriebenen Stunden auch erforderlich waren und angemessen sind[57] und schon gar nicht dafür, dass überhaupt ein Auftrag auf Stundenlohnbasis erteilt wurde.[58] Künftige Einwendungen gegen den Inhalt der Stundenlohnzettel werden dadurch jedoch nicht ausgeschlossen. Vielmehr steht dem Auftraggeber die Einwendung, dass der vom Auftraggeber angegebene Aufwand für die anerkannten Leistungen nicht erforderlich war, immer offen.[59]

5. Umkehr der Beweislast

Allerdings bewirkt das Anerkenntnis die Umkehr der Beweislast dahingehend, dass der Auftraggeber – will er sich nicht (mehr) daran halten – darlegen und beweisen muss, dass die Angaben tatsächlich unrichtig sind sowie, dass bzw. warum er oder sein Bevollmächtigter von dieser Unrichtigkeit bisher nichts gewusst hat oder gewusst haben konnte.[60]

6. Gegenzeichnung durch Architekten/Bauleiter

Ob der Auftraggeber die Gegenzeichnung durch seinen Architekten oder Bauleiter gegen sich gelten lassen muss, wenn diese ohne entsprechende Vollmacht handelten, ist streitig.

---

53 Palandt/*Ellenberger*, § 121 BGB, Rn. 3.
54 OLG Düsseldorf, Urt. v. 26.09.2000, 21 U 43/00, BauR 2001, 117.
55 Kapellmann/Messerschmidt/*Messerschmidt*, § 15 VOB/B, Rn. 56.
56 BGH, Urt. v. 14.07.1994, VII ZR 186/93, BauR 1994, 760; OLG Karlsruhe, Urt. v. 15.10.2002, 17 U 96/01, BauR 2003, 737; *Kemper*, in: Franke/Kemper/Zanner/Grünhage*n*, § 15 VOB/B, Rn. 17; Nicklisch/Weick/*Weick*, § 15 VOB/B, Rn. 29.
57 BGH, Urt. v. 17.04.2009, VII ZR 164/07, BauR 2009, 1162; OLG Köln, Urt. v. 16.09.2008, 24 U 167/07, BauR 2009, 257.
58 Vgl. dazu oben Rdn. 7.
59 OLG Köln, Urt. v. 16.09.2008, 24 U 167/07, BauR 2009, 257.
60 Ingenstau/Korbion/*Keldungs*, § 15 Abs. 3 VOB/B, Rn. 22.

a) Bindungswirkung für den Auftraggeber

50 Nach früherer Rechtsprechung wurde dies verneint, ggf. konnte sich eine Bindung allenfalls nach den Grundsätzen der Anscheins- oder Duldungsvollmacht ergeben. Zwischenzeitlich wird vertreten, dass der Architekt auf der Grundlage von § 15 Abs. 2 Nr. 8 HOAI a.F. bzw. Anlage 11 zu § 33 HOAI n.F. auch ohne besondere Vollmacht Stundenlohnzettel prüfen und den Auftraggeber durch Unterschrift an den Inhalt binden kann, es sei denn, dies wäre im Bauvertrag mit dem Auftragnehmer ausdrücklich ausgeschlossen worden.[61] Begründet wird dies damit, dass der Architekt zur Billigung eines zusammen mit dem Auftragnehmer vorgenommenen Aufmasses befugt ist und es sich bei den Stundenlohnzetteln um eine Art »Ersatzaufmass« handele.

b) Keine Bindung ohne ausdrückliche Vollmacht

51 Auch wenn der Architekt oder Bauleiter in der Regel derjenige sein wird, der für den Auftraggeber die Berechtigung der Stundenlohnarbeiten prüft, ist es doch angesichts der Wirkung als deklaratorisches Schuldanerkenntnis und der damit verbundenen Beweislastumkehr bedenklich, den Eintritt dieser Wirkungen auch dann anzunehmen, wenn der Architekt/Bauleiter diese Wirkungen herbeiführen kann, ohne dazu bevollmächtigt zu sein. Auch wenn der Auftraggeber den Architekten oder Bauleiter dazu bevollmächtigt hat, Stundenlohnzettel abzuzeichnen, ergibt sich – entgegen einer weit verbreiteten Meinung in der Baupraxis – jedenfalls noch keine Vollmacht zum Abschluss einer (nachträglichen) Stundenlohnvereinbarung,[62] bzw. keine Bestätigung dafür, dass eine Stundenlohnvereinbarung existiert.[63]

IV. § 15 Abs. 3 S. 4 VOB/B: Erhebung von Einwendungen

1. Form

52 Einwendungen gegen den Inhalt der Stundenlohnzettel muss der Auftraggeber auf den Stundenlohnzetteln selbst oder gesondert schriftlich erheben. Nach dem Wortlaut ist die Schriftform also zwingend, d.h. die mündliche Erhebung von Einwendungen reicht nicht aus.[64]

2. Begründung

53 Abgesehen von der Schriftform setzt die Erhebung von Einwendungen auch die Angabe von Gründen voraus; nicht ausreichend ist, dass der Auftraggeber oder sein Bevollmächtigter die Stundenlohnzettel lediglich »unter Vorbehalt« unterzeichnet[65] oder schlicht Streichungen vornimmt.

V. § 15 Abs. 3 S. 5 VOB/B: Rechtsfolge bei Verstoß gegen die Rückgabepflicht

1. Anerkenntnisfiktion

54 Nicht, nicht fristgemäß, ohne Unterschrift oder ohne schriftliche Einwendungen zurückgegebene Stundenlohnzettel gelten als anerkannt.[66] Gleiches gilt selbstverständlich auch für gegengezeichnete, aber verspätet zurückgegebene Stundenlohnzettel. Rechtsfolge ist das oben beschriebene deklaratorische Schuldanerkenntnis mit der Folge der Umkehr der Beweislast.

---

[61] Ingenstau/Korbion/*Keldungs*, § 15 Abs. 3 VOB/B, Rn. 16.
[62] BGH, Urt. v. 24.07.2003, VII ZR 79/02, BauR 2003, 1892.
[63] Vgl. dazu oben Rdn. 7.
[64] Nicklisch/Weick/*Weick*, § 15, Rn. 31; *Kemper*, in: Franke/Kemper/Zanner/Grünhagen, § 15 VOB/B, Rn. 20; Ingenstau/Korbion/*Keldungs*, § 15 Abs. 3 VOB/B, Rn. 18.
[65] *Kemper*, in: Franke/Kemper/Zanner/Grünhagen, § 15 VOB/B, Rn. 20.
[66] Nicklisch/Weick/*Weick*, § 15 VOB/B, Rn. 34.

2. Entfallen der Anerkenntnisfiktion bei Verletzung der Vorlagepflicht?

Streitig ist, ob die Anerkenntnisfiktion im Fall verspäteter Rückgabe entfällt, wenn der Auftragnehmer die Stundenlohnzettel entgegen seiner Verpflichtung aus Satz 2 nicht fristgerecht vorgelegt hat. 55

a) Anerkenntnisfiktion nur im Fall vertragstreuen Verhaltens des Auftragnehmers

Eine Auffassung[67] verneint dies mit der Begründung, die Fiktion nach Satz 5 könne nach Treu und Glauben nur dann eingreifen, wenn sich der Auftragnehmer seinerseits vertragstreu verhalten und insbesondere die Stundenlohnzettel rechtzeitig eingereicht hat. 56

b) Anerkenntnisfiktion auch bei Verletzung der Vorlagepflicht durch den Auftragnehmer

Nach der anderen Auffassung[68] tritt die Anerkenntniswirkung im Regelfall auch dann ein, wenn der Auftraggeber verspätet vorgelegte Stundenlohnzettel nicht rechtzeitig zurückgibt. Nur ausnahmsweise, wenn dem Auftraggeber eine Überprüfung der Richtigkeit des dokumentierten Aufwands nicht mehr möglich ist, sei der Eintritt der Anerkenntnisfiktion ausnahmsweise gerechtfertigt.[69] Dies setzt jedoch einen entsprechenden Sachvortrag des Auftraggebers voraus. Argument dieser Auffassung ist der Wortlaut bzw. Regelungsgehalt des § 15 Abs. 3 bzw. 5 VOB/B. Zum einen enthält Abs. 3 weder in Satz 2, 3 oder 5 einen Hinweis darauf, dass die Anerkenntnisfiktion im Fall nicht eingereichter Stundenlohnzettel entfallen soll. Zum anderen enthält Abs. 5 eine interessengerechte Regelung, wie sich der Auftraggeber vor Rechtsnachteilen aus verspätet eingereichten Stundenlohnzettel schützen kann, nämlich dadurch, dass er für die nachweisbar ausgeführten Leistungen die Vereinbarung einer Vergütung verlangt, die sich an dem vertretbaren Aufwand orientiert. 57

c) Anerkenntnisfiktion bei Verletzung der Rückgabepflicht auch im Fall der Verletzung der Vorlagepflicht

Letzterer Auffassung ist zu folgen. Auch wenn die Verpflichtungen nach Abs. 3 S. 2 (Vorlagepflicht) und S. 3 (Prüf-/Rückgabepflicht) dem Interesse beider Parteien dienen, klare Rechtsverhältnisse zu schaffen und eine für längere Zeit anhaltende Unsicherheit zu verhindern,[70] entsprach es nicht dem Willen des Verordnungsgebers, die Anerkenntnisfiktion bei verspätet vorgelegten Stundenlohnzetteln entfallen zu lassen. Denn ansonsten hätte er dies so geregelt. Der Auftraggeber muss also auch dann, wenn der Auftragnehmer die Stundenlohnzettel erst mit der Schlussrechnung einreicht, diese binnen sechs Tagen zurückgeben und sich – wenn Zweifel über den Umfang der Leistungen bestehen – auf Abs. 5 berufen. Er kann also nicht die zweimonatige Prüffrist in Anspruch nehmen. 58

3. Kein Einwendungsausschluss trotz Anerkenntniswirkung

Trotz der Anerkenntniswirkung sind künftige Einwendungen des Auftraggebers aber nicht vollständig ausgeschlossen. Denn nach der Rechtsprechung kann der Auftraggeber auch im Nachhinein darlegen und beweisen, dass die in den Stundenlohnzetteln ausgewiesenen Arbeiten zu unverhältnismäßigen Kosten führen und daher einen unverhältnismäßigen Aufwand darstellen.[71] Denn der Auftragnehmer ist grundsätzlich – und damit auch bei einer Stundenlohnvereinbarung 59

---

67 *Heiermann*, in: Heiermann/Riedl/Rusam, § 15 VOB/B, Rn. 33.
68 OLG Saarbrücken, Urt. v. 29.03.2011, 4 U 242/10, NJW-Spezial 2011, 268; Ingenstau/Korbion/*Keldungs*, § 15 Abs. 3 VOB/B, Rn. 21.
69 Nicklisch/Weick/*Weick*, § 15 VOB/B, Rn. 29 ff.
70 BGH, Urt. v. 23.06.1958, VII ZR 84/57; NJW 1958, 1535.
71 OLG Frankfurt, Urt. v. 14.06.2000, 23 U 78/99, BauR 2000, 1913 (Ls.).

– nach Treu und Glauben verpflichtet, wirtschaftlich zu arbeiten.[72] Nach der Rechtsprechung des BGH[73] handelt es sich dabei nicht um eine immanente Grenze des Werklohnanspruchs, sondern eine vertragliche Nebenpflicht, deren Verletzung zu einem Schadensersatzanspruch nach § 280 Abs. 1 BGB führt.[74] Nach den allgemeinen Regeln muss der Auftraggeber in diesem Fall also darlegen und beweisen, dass der abgerechnete Aufwand gegen den Grundsatz der wirtschaftlichen Betriebsführung verstößt, wobei die Anforderungen hierfür nicht hoch sind.[75] Da der Auftraggeber in der Regel keinen Einblick in die Sphäre des Unternehmers hat und somit nur schwerlich zur Unwirtschaftlichkeit des betrieblichen Aufwandes vortragen kann, trifft den Auftragnehmer zumindest in den Fällen, in denen der Leistungsgegenstand nicht im Vertrag beschrieben ist, eine sekundäre Darlegungslast, zu Art und Inhalt der nach Zeitaufwand abgerechneten Leistungen jedenfalls so viel vorzutragen, dass dem für die Unwirtschaftlichkeit der Leistungsausführung darlegungs- und beweisbelasteten Besteller eine sachgerechte Rechtswahrung ermöglicht wird.[76] Welchen Sachvortrag der Auftragnehmer danach zur Erfüllung seiner sekundären Darlegungslast konkret zu führen hat, ist einer generalisierenden Betrachtung nicht zugänglich und muss im Einzelfall unter Berücksichtigung des jeweiligen Vorbringens der Gegenseite beurteilt werden. Maßstab hierfür ist das Informations- und Kontrollbedürfnis des Bestellers.[77]

E. § 15 Abs. 4 VOB/B: Abrechnung der Stundenlohnarbeiten

I. Frist

60 Die Stundenlohnarbeiten sind alsbald nach ihrem Abschluss, längstens jedoch in Abständen von vier Wochen, abzurechnen. Für die Zahlung gilt § 16 VOB/B. Auch diese Vorschrift dient dem Interesse des Auftraggebers an einer bestmöglichen Überprüfung.

II. Stundenlohnabrechnung

61 Aus der Vorschrift ergibt sich, dass Stundenlohnarbeiten gesondert abzurechnen und nicht in die Abschlags- oder Schlussrechnungen der anderen Leistungen aufzunehmen sind.[78] Stundenlohnarbeiten, die sich über einen längeren Zeitraum als vier Wochen erstrecken, sind demnach längstens im Vier-Wochen-Rhythmus abzurechnen, wobei die erste Frist ab dem Tage des Beginns der Stundenlohnarbeiten zu berechnen ist.[79] Weitere Stundenlohnrechnungen schließen sich dann jeweils vier Wochen später an. Stundenlohnarbeiten, die weniger als vier Wochen dauern, sind »alsbald« abzurechnen, also möglichst schnell, längstens in vier Wochen nach deren Abschluss.[80]

62 Hält der Auftragnehmer die in Abs. 4 genannten Fristen nicht ein, verletzt er dadurch eine vertragliche Nebenpflicht.[81] Damit schadet sich der Auftragnehmer jedoch in erster Linie selbst, weil sein Werklohnanspruch dadurch nicht fällig wird.

III. Inhalt der Abrechnung

63 Inhaltlich muss die Abrechnung den Auftraggeber in die Lage versetzen, den Umfang der abgerechneten Leistungen überprüfen zu können. Für die schlüssige Begründung des Anspruchs reicht

---

72 BGH, Urt. v. 01.01.2000, X ZR 198/97, BauR 2000, 1196.
73 BGH, Urt. v. 17.04.2009, VII ZR 164/07, BauR 2009, 1162.
74 BGH, Urt. v. 17.04.2009, VII ZR 164/07, BauR 2009, 1162.
75 BGH, Urt. v. 01.02.2000, X ZR 198/97, BauR 2000, 1196.
76 *Digel/Knickenberg*, BauR 2010, 21.
77 BGH, Urt. v. 17.04.2009, VII ZR 164/07, BauR 2009, 1162.
78 *Kemper*, in: Franke/Kemper/Zanner/Grünhagen, § 15 VOB/B, Rn. 23.
79 Ingenstau/Korbion/*Keldungs*, § 15 Abs. 4 VOB/B, Rn. 3.
80 Ingenstau/Korbion/*Keldungs*, § 15 Abs. 4 VOB/B, Rn. 3.
81 Nicklisch/Weick/*Weick*, § 15 VOB/B, Rn. 35.

es jedoch aus, dass der Auftragnehmer darlegt, wie viele Stunden für die Vertragsleistung angefallen sind.[82]

Hat der Auftraggeber die Stundenlohnzettel bereits gegengezeichnet oder greift die Anerkenntniswirkung nach Abs. 3 S. 5, genügt der Verweis auf die nochmals beigefügten Stundenlohnzettel.[83] Ansonsten – insbesondere bei sogenannten angehängten Stundenlohnarbeiten, die regelmäßig ohne festumschriebenen Leistungsumfang für Unvorhergesehenes erfolgen – reicht der bloße Verweis auf die Stundenlohnzettel dagegen nicht aus. Vielmehr muss der Auftragnehmer zu Art und Inhalt der nach Zeitaufwand abgerechneten Leistungen so viel vortragen, dass der Auftraggeber die Wirtschaftlichkeit des abgerechneten Zeitaufwandes beurteilen kann (sekundäre Darlegungslast).[84]

64

IV. Verweis auf § 16 VOB/B

Bei dem Verweis auf § 16 VOB/B handelt es sich um eine Fälligkeitsregelung. Für Stundenlohn-Abschlagsrechnungen gilt deshalb § 16 Abs. 1 VOB/B, so dass die Fälligkeit bereits 18 Werktage nach Zugang bei dem Auftraggeber eintritt; für Stundenlohn-Schlussrechnungen gilt dagegen § 16 Abs. 3 Nr. 1 VOB/B, so dass die Fälligkeit also spätestens zwei Monate nach Zugang eintritt,[85] wobei diese Regelung unter AGB-Gesichtspunkten in vom Auftraggeber gestellten Allgemeinen Geschäftsbedingungen, um die es sich bei der VOB/B handelt,[86] den Auftragnehmer unangemessen benachteiligt.[87]

65

F. § 15 Abs. 5 VOB/B: Vereinbarung einer Vergütung nach Maßgabe des wirtschaftlich vertretbaren Aufwandes auf Verlangen des Auftraggebers

I. Verletzung der Vorlagepflicht durch den Auftragnehmer und Zweifel über den Umfang der Arbeiten beim Auftraggeber

Verletzt der Auftragnehmer seine Pflicht zur rechtzeitigen Vorlage der Stundenlohnzettel nach Abs. 3 S. 2, kann der Auftraggeber – wenn sich daraus Zweifel über den Umfang der Arbeiten ergeben – die Vereinbarung einer Vergütung verlangen, die dem wirtschaftlich vertretbaren Aufwand entspricht.

66

Darlegungs- und beweispflichtig für das Vorliegen der Tatbestandsvoraussetzungen »verspätete Vorlage« und darauf beruhende »Zweifel über den Umfang der Stundenlohnarbeiten« ist der Auftraggeber. Die Anforderungen hieran sollen nicht allzu streng sein;[88] allgemeine Zweifel reichen jedoch nicht aus; erforderlich ist, dass der Auftraggeber seine Zweifel im Einzelnen bezeichnet, so dass diese eine sachliche Grundlage haben.[89] Erhebt der Auftraggeber berechtigterweise das Verlangen, trifft den Auftragnehmer die Verpflichtung, den Umfang der von ihm ausgeführten und abgerechneten Stundenlohnarbeiten darzulegen und zu beweisen. Denn durch Abs. 5 wird die Darlegungs- und Beweislast nicht geändert.[90]

67

II. Ausdrückliches Verlangen im Sinne einer Einrede

Des Weiteren erforderlich ist ein entsprechendes Verlangen des Auftraggebers, sprich der Auftraggeber muss sich darauf im Sinne einer Einrede berufen. Tut er dies nicht, verbleibt es dem

68

---

82 BGH, Urt. v. 28.05.2009, VII ZR 74/07, BauR 2009, 1291.
83 *Kemper*, in: Franke/Kemper/Zanner/Grünhagen, § 15 VOB/B, Rn. 24.
84 Leinemann/*Schoofs*, § 15 VOB/B, Rn. 70.
85 Ingenstau/Korbion/*Keldungs*, § 15 Abs. 4 VOB/B, Rn. 5.
86 Vgl. Einl. III, Rdn. 7.
87 OLG Celle, Urt. v. 18.12.2008, 6 U 65/08, BauR 2010, 1764; OLG München, Urt. v. 26.07.1994, 13 U 1804/94, BauR 1995, 138 (Ls.).
88 Ingenstau/Korbion/*Keldungs*, § 15 Abs. 5 VOB/B, Rn. 5.
89 Ingenstau/Korbion/*Keldungs*, § 15 Abs. 5 VOB/B, Rn. 5.
90 Ingenstau/Korbion/*Keldungs*, § 15 Abs. 5 VOB/B, Rn. 6.

§ 16 VOB/B Zahlung

Umfang nach bei den vom Auftragnehmer zur Abrechnung gestellten Stundenlohnabrechnungen.[91]

69 Damit kann sich der Auftraggeber aber nicht zu viel Zeit lassen. Vielmehr gebietet der Grundsatz von Treu und Glauben, dass das Verlangen spätestens bis zum Eintritt der Fälligkeit in der jeweiligen Stundenlohnabschlags- oder -schlussrechnung behoben wird.[92] Ist das Verlangen des Auftraggebers berechtigt, muss der Auftragnehmer darauf eingehen; andernfalls kann er analog § 14 Abs. 4 VOB/B vorgehen und selbst eine Stundenlohnabrechnung vornehmen.[93]

III. Rechtsfolge: Verweis auf § 15 Abs. 1 Nr. 2 VOB/B

70 Für die Berechnung der angemessenen Vergütung verweist Abs. 5 auf Abs. 1 Nr. 2. Demnach gilt zunächst die ortsübliche Vergütung. Ist diese nicht feststellbar, greift Abs. 1 Nr. 2 S. 2, wobei bzgl. des Mengenansatzes auf den wirtschaftlich vertretbaren Aufwand abzustellen ist. Darlegungs- und beweispflichtig für die angemessene Vergütung ist der Auftraggeber.

§ 16 Zahlung

(1) 1. Abschlagszahlungen sind auf Antrag in möglichst kurzen Zeitabständen oder zu den vereinbarten Zeitpunkten zu gewähren, und zwar in Höhe des Wertes der jeweils nachgewiesenen vertragsgemäßen Leistungen einschließlich des ausgewiesenen, darauf entfallenden Umsatzsteuerbetrags. Die Leistungen sind durch eine prüfbare Aufstellung nachzuweisen, die eine rasche und sichere Beurteilung der Leistungen ermöglichen muss. Als Leistungen gelten hierbei auch die für die geforderte Leistung eigens angefertigten und bereitgestellten Bauteile sowie die auf der Baustelle angelieferten Stoffe und Bauteile, wenn dem Auftraggeber nach seiner Wahl das Eigentum an ihnen übertragen ist oder entsprechende Sicherheit gegeben wird.
2. Gegenforderungen können einbehalten werden. Andere Einbehalte sind nur in den im Vertrag und in den gesetzlichen Bestimmungen vorgesehenen Fällen zulässig.
3. Ansprüche auf Abschlagszahlungen werden binnen 18 Werktagen nach Zugang der Aufstellung fällig.
4. Die Abschlagszahlungen sind ohne Einfluss auf die Haftung des Auftragnehmers; sie gelten nicht als Abnahme von Teilen der Leistung.

(2) 1. Vorauszahlungen können auch nach Vertragsabschluss vereinbart werden; hierfür ist auf Verlangen des Auftraggebers ausreichende Sicherheit zu leisten. Die Vorauszahlungen sind, sofern nichts anderes vereinbart wird, mit 3 v.H. über dem Basiszinssatz des § 247 BGB zu verzinsen.
2. Vorauszahlungen sind auf die nächstfälligen Zahlungen anzurechnen, soweit damit Leistungen abgegolten sind, für welche die Vorauszahlungen gewährt worden sind.

(3) 1. Der Anspruch auf die Schlusszahlung wird alsbald nach Prüfung und Feststellung der vom Auftragnehmer vorgelegten Schlussrechnung fällig, spätestens innerhalb von 2 Monaten nach Zugang. Werden Einwendungen gegen die Prüfbarkeit unter Angabe der Gründe hierfür nicht spätestens innerhalb von 2 Monaten nach Zugang der Schlussrechnung erhoben, so kann der Auftraggeber sich nicht mehr auf die fehlende Prüfbarkeit berufen. Die Prüfung der Schlussrechnung ist nach Möglichkeit zu beschleunigen. Verzögert sie sich, so ist das unbestrittene Guthaben als Abschlagszahlung sofort zu zahlen.

---

91 Kapellmann/Messerschmidt/*Messerschmidt*, § 15 VOB/B, Rn. 103.
92 Ingenstau/Korbion/*Keldungs*, § 15 Abs. 5 VOB/B, Rn. 8.
93 LG Mannheim, Urt. v. 30.06.1980, 13 O 35/79, BauR 1982, 71; Ingenstau/*Korbion/Keldungs*, § 15 Abs. 5 VOB/B, Rn. 9.

2. Die vorbehaltlose Annahme der Schlusszahlung schließt Nachforderungen aus, wenn der Auftragnehmer über die Schlusszahlung schriftlich unterrichtet und auf die Ausschlusswirkung hingewiesen wurde.
3. Einer Schlusszahlung steht es gleich, wenn der Auftragnehmer unter Hinweis auf geleistete Zahlungen weitere Zahlungen endgültig und schriftlich ablehnt.
4. Auch früher gestellte, aber unerledigte Forderungen werden ausgeschlossen, wenn sie nicht nochmals vorbehalten werden.
5. Ein Vorbehalt ist innerhalb von 24 Werktagen nach Zugang der Mitteilung nach den Nummern 2 und 3 über die Schlusszahlung zu erklären. Er wird hinfällig, wenn nicht innerhalb von weiteren 24 Werktagen – beginnend am Tag nach Ablauf der in Satz 1 genannten 24 Werktagen – eine prüfbare Rechnung über die vorbehaltenen Forderungen eingereicht oder, wenn das nicht möglich ist, der Vorbehalt eingehend begründet wird.
6. Die Ausschlussfristen gelten nicht für ein Verlangen nach Richtigstellung der Schlussrechnung und -zahlung wegen Aufmaß-, Rechen- und Übertragungsfehlern.

(4) In sich abgeschlossene Teile der Leistung können nach Teilabnahme ohne Rücksicht auf die Vollendung der übrigen Leistungen endgültig festgestellt und bezahlt werden.

(5) 1. Alle Zahlungen sind aufs äußerste zu beschleunigen.
2. Nicht vereinbarte Skontoabzüge sind unzulässig.
3. Zahlt der Auftraggeber bei Fälligkeit nicht, so kann ihm der Auftragnehmer eine angemessene Nachfrist setzen. Zahlt er auch innerhalb der Nachfrist nicht, so hat der Auftragnehmer vom Ende der Nachfrist an Anspruch auf Zinsen in Höhe der in § 288 Absatz 2 BGB angegebenen Zinssätze, wenn er nicht einen höheren Verzugsschaden nachweist.
4. Zahlt der Auftraggeber das fällige unbestrittene Guthaben nicht innerhalb von 2 Monaten nach Zugang der Schlussrechnung, so hat der Auftragnehmer für dieses Guthaben abweichend von Nummer 3 (ohne Nachfristsetzung) ab diesem Zeitpunkt Anspruch auf Zinsen in Höhe der in § 288 Absatz 2 BGB angegebenen Zinssätze, wenn er nicht einen höheren Verzugsschaden nachweist.
5. Auftragnehmer darf in den Fällen der Nummern 3 und 4 die Arbeiten bis zur Zahlung einstellen, sofern die dem Auftraggeber zuvor gesetzte angemessene Nachfrist erfolglos verstrichen ist.

(6) Der Auftraggeber ist berechtigt, zur Erfüllung seiner Verpflichtungen aus den Absätzen 1 bis 5 Zahlungen an Gläubiger des Auftragnehmers zu leisten, soweit sie an der Ausführung der vertraglichen Leistung des Auftragnehmers auf Grund eines mit diesem abgeschlossenen Dienst- oder Werkvertrags beteiligt sind, wegen Zahlungsverzugs des Auftragnehmers die Fortsetzung ihrer Leistung zu Recht verweigern und die Direktzahlung die Fortsetzung der Leistung sicherstellen soll. Der Auftragnehmer ist verpflichtet, sich auf Verlangen des Auftraggebers innerhalb einer von diesem gesetzten Frist darüber zu erklären, ob und inwieweit er die Forderungen seiner Gläubiger anerkennt; wird diese Erklärung nicht rechtzeitig abgegeben, so gelten die Voraussetzungen für die Direktzahlung als anerkannt.

Schrifttum

Bergmann Grundlagen der Vergütungsregelung nach BGB und § 16 VOB Teil B, ZfBR 1998, 59; *Brauns* Zur Anfechtbarkeit der Werklohnzahlung oder der Besicherung von Vergütungsansprüchen des Auftragnehmers durch den Insolvenzverwalter über das Vermögen des Auftraggebers, BauR 2003, 301; *Deckers* Unwirksame VOB/B-Klauseln im Verbrauchervertrag, NZBau 2008, 627; *Huber* Vorsatzanfechtung einer Direktzahlung auch gegenüber dem Bauherrn in der späteren Insolvenz des Generalunternehmers, NZBau 2008, 737; *Kainz* Zur Wertung von Skontoangeboten bei öffentlichen Aufträgen, BauR 1998, 219; *Oberhauser* Die Einrede des nicht erfüllten Vertrages – »ganz oder gar nicht«?, BauR 2008, 421; *Stellmann/Isler* Der Skontoabzug im Bauvertragswesen, ZfBR 2004, 633; *Tempel* Ist die VOB/B noch zeitgemäß? Eine kritische Skizze zur Neufassung 2002 – Teil 2, NZBau 2002, 539.

§ 16 VOB/B Zahlung

Übersicht

		Rdn.
A.	**Voraussetzungen für Abschlagszahlungen (§ 16 Abs. 1 Nr. 1 VOB/B)**	
I.	Begriff der Abschlagszahlung	1
II.	Antragserfordernis	2
III.	Zeitpunkt der Abschlagszahlungen	3
IV.	Höhe der Abschlagszahlungen	4
V.	Vertragsgemäße Leistungen	5
VI.	Umsatzsteuer	8
VII.	Nachweis bisher erbrachter Leistungen	11
VIII.	Abschlagszahlungen für Stoffe und Bauteile	12
	1. Für die geforderte Leistung eigens angefertigte und bereit gestellte Bauteile	13
	2. Auf der Baustelle gelieferte Stoffe oder Bauteile	15
	3. Eigentumsübertragung oder Sicherheitsleistung	16
IX.	Abweichende Vereinbarungen	20
	1. Kürzung von Abschlagszahlungen	20
	2. Vereinbarung von Einbehalten	21
B.	**Einbehalte des Bestellers (§ 16 Abs. 1 Nr. 2 VOB/B)**	22
I.	Gegenforderungen (Abs. 1 Nr. 1 S. 1)	22
II.	Andere Einbehalte (Abs. 1 Nr. 2 S. 2)	23
C.	**Fälligkeit von Abschlagszahlungen (§ 16 Abs. 1 Nr. 3 VOB/B)**	26
D.	**Klarstellung der Vorläufigkeit der Abschlagszahlungen (§ 16 Abs. 1 Nr. 4 VOB/B)**	29
E.	**Voraussetzungen und Bedingungen für Vorauszahlungen (§ 16 Abs. 2 Nr. 1 VOB/B)**	33
I.	Voraussetzungen für Vorauszahlungen (§ 16 Abs. 2 Nr. 1 S. 1 HS. 1 VOB/B)	33
II.	Sicherheitsleistung (§ 16 Abs. 2 Nr. 1 S. 1 2. HS. 2 VOB/B)	37
	1. Anspruch auf Sicherheitsleistung auf einseitiges Verlangen des Bestellers	37
	2. Höhe der Sicherheitsleistung	38
	3. Art der Sicherheitsleistung	39
	4. Sicherungszweck	41
	a) Rückerstattungsansprüche wegen Überzahlung des Unternehmers	42
	b) Rückerstattungsansprüche auf Grund Mängeln der bevorschussten Leistungen des Unternehmers	43
	c) Rückerstattungsansprüche des Bestellers auf Grund nicht rechtzeitiger Herstellung der bevorschussten Leistungen des Unternehmers	44
	d) Rückerstattungsansprüche auf Grund Mehrkosten des Bestellers im Zusammenhang mit Fertigstellung des Bauvorhabens	45
	5. Zurückbehaltungsrecht des Bestellers	46
	6. Rückgabe der Sicherheitsleistung	47
III.	Verzinsung der Vorauszahlung (§ 16 Abs. 2 Nr. 1 S. 2)	48
F.	**Anrechnung der Vorauszahlungen auf nächstfällige Zahlungen (§ 16 Abs. 2 Nr. 2 VOB/B)**	50
G.	**Begriff der Schlusszahlung**	54
H.	**Begriff der Schlussrechnung**	57
I.	**Fälligkeit der Schlusszahlung (§ 16 Abs. 3 Nr. 1 VOB/B)**	59
I.	Fälligkeitsvoraussetzungen (§ 16 Abs. 3 Nr. 1 S. 1 VOB/B)	59
	1. Vorlage einer prüfbaren Schlussrechnung des Unternehmers	60
	2. Prüfung und Feststellung der Schlussrechnung	61
	3. Zeitpunkt der Fälligkeit der Schlusszahlung	63
	4. Reichweite der Fälligkeit	66
	5. AGB-rechtliche Inhaltskontrolle	67
II.	Frist zur Erhebung von Einwendungen gegen die Prüfbarkeit der Schlussrechnung (§ 16 Abs. 3 Nr. 1 S. 2 VOB/B)	68
III.	Beschleunigung der Prüfung (§ 16 Abs. 3 Nr. 1 S. 3 VOB/B)	72
IV.	Sofortige Auszahlung des unbestrittenen Guthabens als Abschlagszahlung (§ 16 Abs. 3 Nr. 1 S. 2 VOB/B)	74
	1. Abschlagszahlung bei verzögerter Schlussrechnungsprüfung	74
	2. Entsprechende Anwendung bei teilweiser Prüfbarkeit einer Schlussrechnung	77
J.	**Ausschluss weitergehender Ansprüche des Unternehmers bei vorbehaltloser Annahme der Schlusszahlung (§ 16 Abs. 3 Nr. 2 bis Nr. 6 VOB/B)**	78
I.	Ausschluss von Nachforderungen durch Schlusszahlung (§ 16 Abs. 3 Nr. 2 VOB/B)	79
	1. Schlusszahlung im Hinblick auf Schlussrechnung	79
	2. Schlusszahlungserklärung seitens des Bestellers	82
	3. Schriftliche Unterrichtung über die Schlusszahlung	83
	4. Schriftlicher Hinweis auf Ausschlusswirkung der vorbehaltlosen Annahme der Schlusszahlung	84
	5. Adressat der Schlusszahlungserklärung und des Hinweises auf die Ausschlusswirkung der vorbehaltlosen Annahme der Schlusszahlung	86
	6. Annahme der Schlusszahlung	87
	7. Ausschluss von Nachforderungen	88

	Rdn.
8. Ausschlusswirkung nur auf Grund Einrede des Bestellers	91
II. Ausschluss von Nachforderungen durch Ablehnung weiterer Zahlungen (§ 16 Abs. 3 Nr. 3 VOB/B)	93
1. Schlussrechnung	94
2. Endgültige und schriftliche Ablehnung weiterer Zahlungen unter Hinweis auf geleistete Zahlungen	95
3. Schriftlicher Hinweis auf die Ausschlusswirkung	99
4. Schlusszahlungsgleiche Erklärung von Seiten des Bestellers	100
5. Adressat der schlusszahlungsgleichen Erklärung	101
III. Ausschluss auch bei früher gestellten, unerledigten Forderungen (§ 16 Abs. 3 Nr. 4 VOB/B)	105
IV. Vorbehaltserklärung und -begründung (§ 16 Abs. 3 Nr. 5 VOB/B)	107
1. Vorbehaltserklärung (§ 16 Abs. 3 Nr. 5 S. 1 VOB/B)	107
2. Fristgemäße Vorbehaltsbegründung (§ 16 Abs. 3 Nr. 5 S. 2 VOB/B)	116
V. Nicht von der Ausschlusswirkung erfasster Bereich (§ 16 Abs. 3 Nr. 6 VOB/B)	119
K. **Teilschlussrechnung und Teilschlusszahlung, § 16 Abs. 4 VOB/B**	120
I. Allgemeines	120
II. Voraussetzungen des Anspruchs auf Teilschlusszahlung	123
1. In sich abgeschlossene Teile der Leistung	123
2. Abnahme der Teilleistung	124
3. Prüfbare (Teil-)Schlussrechnung	125
III. Rechtsfolgen	126
L. **Beschleunigungsgebot, Skontoabzüge, Zahlungsverzug und Leistungsverweigerung durch Arbeitseinstellung, § 16 Abs. 5 VOB/B**	127
I. Beschleunigungsgebot, § 16 Abs. 5 Nr. 1 VOB/B	127
II. Skontoabzug, § 16 Abs. 5 Nr. 2 VOB/B	128

	Rdn.
1. Skonto: begriffliche Klarstellung – dogmatische Einordnung	128
2. Wirksame Skontovereinbarung	129
3. Rechtzeitige Zahlung innerhalb der Skontofrist	132
4. Beweislast	134
III. Zahlungsverzug des Auftraggebers, § 16 Abs. 5 Nr. 3 und Nr. 4 VOB/B	135
1. Allgemeines	135
2. Voraussetzungen für den Zahlungsverzug des Auftraggebers	137
3. Verzugsfolgen nach § 16 Abs. 5 Nr. 3 und 4 VOB/B	140
IV. Leistungsverweigerung durch Arbeitseinstellung, § 16 Abs. 5 Nr. 5 VOB/B	142
1. Allgemeines	142
2. Voraussetzungen für die Arbeitseinstellung des Auftragnehmers	143
3. Folgen der Arbeitseinstellung durch den Auftragnehmer	145
M. **Zahlungen des Auftraggebers an Dritte mit schuldbefreiender Wirkung, § 16 Abs. 6 VOB/B**	146
I. Allgemeines	146
II. Voraussetzungen der Berechtigung des Auftraggebers zur Vornahme einer schuldbefreienden Direktzahlung an Dritte	149
1. Zahlungspflicht des Auftraggebers gegenüber dem Auftragnehmer	149
2. Forderung des Dritten aus Dienst- oder Werkvertrag gegen den Auftragnehmer	150
3. Leistungsverweigerung des Dritten infolge des Zahlungsverzugs des Auftragnehmers	151
III. Erkundigungsrecht des Auftraggebers und Fiktion der Voraussetzungen der Direktzahlung	152
IV. Rechtsfolgen der Direktzahlung an Dritte	153
V. Risiken der Vorschrift	154

§ 16 Abs. 1 Nr. 1 VOB/B stellt nach einhelliger Auffassung eine praktikable vertragliche Regelung im Hinblick auf die Voraussetzungen von Abschlagszahlungen an den Unternehmer dar und war insofern Vorbild für die zum 01.01.2009 in Kraft getretene gesetzliche Regelung des § 632a Abs. 1 BGB. § 16 Abs. 1 Nr. 2 VOB/B regelt abschließend das Recht des Bestellers zu Einbehalten von Abschlagszahlungen. § 16 Abs. 1 Nr. 3 VOB/B erhebt abweichend vom BGB den Zugang einer prüfbaren Aufstellung zur Fälligkeitsvoraussetzung für Abschlagszahlungen. § 16 Abs. 1 Nr. 4 VOB/B schließlich hat klarstellende Bedeutung im Hinblick auf die Vorläufigkeit von Abschlagszahlungen.

§ 16 VOB/B Abschlagszahlungen

A. Voraussetzungen für Abschlagszahlungen (§ 16 Abs. 1 Nr. 1 VOB/B)

I. Begriff der Abschlagszahlung

1 Hierzu wird auf die Kommentierung zu § 632a BGB Rdn. 3 ff. verwiesen.

II. Antragserfordernis

2 Voraussetzung für die Fälligkeit von Abschlagszahlungen ist ein Antrag des Unternehmers, auch soweit die Zeitpunkte für Abschlagszahlungen vertraglich vereinbart worden sind. Bei dem Antrag handelt es sich um ein empfangsbedürftige Willenserklärung, die keiner Formvorschrift unterliegt. Aus Beweisgründen ist dem Unternehmer jedoch die Einhaltung der Schriftform anzuempfehlen. Regelmäßig erfolgt die Beantragung durch Vorlage einer Abschlagsrechnung.[1]

III. Zeitpunkt der Abschlagszahlungen

3 Soweit nicht Zeitpunkte vereinbart sind, sind Abschlagszahlungen in möglichst kurzen Zeitabständen zu leisten. Die entsprechende Beantragung liegt im Ermessen des Unternehmers. Dieser ist allerdings gehalten, die Abstände so einzurichten, dass zwischen ihnen auch wirklich beachtliche, d.h. vergütungsmäßig für sich eindeutig nachvollziehbare Leistungen fertiggestellt worden sind.[2] Als vereinbarte Zeitpunkte für Abschlagszahlungen kommen Termine, Fristen oder Bauleistungsstände in Betracht.

IV. Höhe der Abschlagszahlungen

4 Abschlagszahlungen können in Höhe des Wertes der jeweils nachgewiesenen vertragsgemäßen Leistungen verlangt werden. Maßgebend ist insofern nicht der objektive Wert der erbrachten Teilleistungen, sondern der auf die erbrachte Teilleistung entfallende anteilige vereinbarte Werklohn, vgl. Ausführungen zu § 632a BGB Rdn. 36 und 62. Insofern sind Bezugsgröße für die jeweilige Abschlagszahlung die vertraglich vereinbarten Leistungen, die gemäß § 2 Abs. 1 VOB/B durch die vereinbarten Preise abgegolten werden sollen.[3] Darüber hinaus können aber auch Abschlagszahlungen im Hinblick auf geänderte oder zusätzliche Vergütungen nach Maßgabe des § 2 Abs. 3 bis Abs. 6 VOB/B verlangt werden, auch soweit es diesbezüglich noch zu keiner Vereinbarung zwischen den Vertragsparteien gekommen ist.[4] Schließlich können Abschlagszahlungen auch im Hinblick auf vergütungsgleiche Ansprüche, z.B. für Stillstandskosten nach § 6 Abs. 6 VOB/B gefordert werden,[5] vgl. § 632a BGB Rdn. 6.

V. Vertragsgemäße Leistungen

5 Vertragsgemäße Leistungen sind grundsätzlich alle Leistungselemente, die vom Unternehmer im Rahmen des Bauvertrages geschuldet und nach § 2 Abs. 1 VOB/B von der vereinbarten Vergütung erfasst sind.[6] Im Regelfall muss es sich um Leistungen handeln, die sich im Bauwerk unmittelbar verkörpern, vgl. § 632a BGB Rdn. 11.

6 Während § 632a BGB a.F. undifferenziert die Vertragsgemäßheit der Leistungen zur Voraussetzung für Abschlagszahlungen erhebt, vgl. § 632a BGB Rdn. 12 ff., und gemäß § 632a BGB n.F. nach fast einhelliger Meinung wesentliche Mängel der Fälligkeit von Abschlagszahlungen ent-

---

1 Ingenstau/Korbion/*Locher*, B § 16 Abs. 1 Rn. 17; *Kandel*, in: Beck'scher VOB-Kommentar, B § 16 Nr. 1 Rn. 42.
2 Ingenstau/Korbion/*Locher*, B § 16 Abs. 1 Rn. 18.
3 BGH, Urt. v. 21.12.1978, VII ZR 269/77, BauR 1979, 159, 161 = BGHZ 73, 140, 143; Ingenstau/Korbion/*Locher*, B § 16 Abs. 1 Rn. 8.
4 BGH, Urt. v. 21.03.1968, VII ZR 84/67, NJW 1968, 1234, 1235; Ingenstau/Korbion/*Locher*, a.a.O.
5 OLG Hamm, Urt. v. 21.02.2004, 17 U 56/00, BauR 2004, 1304, 1306.
6 BGH, Urt. v. 21.12.1978, VII ZR 269/77, BauR 1979, 159, 161 = BGHZ 73, 140, 143; Ingenstau/Korbion/*Locher*, B § 16 Abs. 1 Rn. 8.

gegenstehen, vgl. § 632a BGB Rdn. 66, gibt § 16 Abs. 1 Nr. 1 VOB/B einen vertraglichen Anspruch auf Abschlagszahlungen in Höhe des jeweiligen Wertes der Leistungen, der im Falle von Mängeln lediglich gemindert ist.[7]

Nach einhelliger Auffassung steht dem Besteller jedoch auch gegenüber Abschlagszahlungsforderungen des Unternehmers gemäß § 16 Abs. 1 VOB/B wegen Mängeln der abgerechneten Leistungen ein Zurückbehaltungsrecht bis zur Mängelbeseitigung in Höhe des Mängelbeseitigungsaufwandes unter Berücksichtigung des Druckzuschlages entsprechend § 641 Abs. 3 BGB zu.[8] Der Unternehmer kann vor Fertigstellung und Abnahme seiner Leistungen im Hinblick auf Abschlagszahlungen nicht bessergestellt werden, als nach Abnahme seiner Leistungen im Hinblick auf die Schlusszahlung. In beiden Fällen hat der Besteller ein berechtigtes Interesse, durch den Druckzuschlag eine zügige und mängelfreie Leistungsausführung zu erzwingen.[9]

VI. Umsatzsteuer

§ 16 Abs. 1 Nr. 1 S. 1 VOB/B trägt im Hinblick auf die Umsatzsteuer dem steuergesetzlichen Umstand Rechnung, dass für den Unternehmer auch Abschlagszahlungen für Teilleistungen gemäß § 13 Abs. 1 Nr. 1a S. 3 UStG umsatzsteuerpflichtig sind, vgl. § 632 BGB Rdn. 253.

Ebenfalls entsprechend der steuerlichen Gesetzgebung ist Voraussetzung für die Inrechnungstellung der auf die Abschlagszahlung entfallenden Umsatzsteuer der Ausweis in der Abschlagsrechnung gemäß § 14 UStG.

Umsatzsteuer fällt für den Unternehmer nicht an und ist dementsprechend auch nicht in der Abschlagsrechnung auszuweisen im Falle des § 13b Abs. 5 S. 2 i.V.m. Abs. 2 Nr. 4 UStG bei Bestellern, die selbst Bauleistungen erbringen und Bauaufträge an Nachunternehmer vergeben. Insofern hat der Besteller als Leistungsempfänger die Umsatzsteuer abzuführen, vgl. § 632 BGB Rdn. 260 ff.

VII. Nachweis bisher erbrachter Leistungen

Gemäß § 16 Abs. 1 Nr. 1 S. 2 VOB/B sind Leistungen durch eine prüfbare Aufstellung nachzuweisen, die eine rasche und sichere Beurteilung der Leistungen ermöglichen muss. Umstritten ist, ob an die Überprüfbarkeit der Aufstellung entsprechend hohe Anforderungen zu stellen sind wie an die Schlussabrechnung. Insofern wird auf die Kommentierungen zu § 632a BGB Rdn. 67 sowie zu § 14 VOB/B Rdn. 2 ff., verwiesen.

VIII. Abschlagszahlungen für Stoffe und Bauteile

Den Leistungen i.S.v. § 16 Abs. 1 Nr. 1 S. 1 VOB/B gleichgestellt werden die für die geforderten Leistungen eigens angefertigten und bereit gestellten Bauteile sowie die auf der Baustelle angelieferten Stoffe und Bauteile, wenn dem Besteller nach seiner Wahl das Eigentum an ihnen übertragen ist oder entsprechende Sicherheit gegeben wird.

1. Für die geforderte Leistung eigens angefertigte und bereit gestellte Bauteile

Der Begriff der geforderten Leistung entspricht dem Begriff der Erforderlichkeit i.S.d. § 632a BGB, d.h. die eigens angefertigten und bereit gestellten Bauteile müssen objektbezogen bzw. für das vertraglich vereinbarte Werk bestimmt sein, vgl. § 632a BGB Rdn. 19.

---

[7] Vgl. Ingenstau/Korbion/*Locher*, B § 16 Abs. 1 Rn. 9.
[8] BGH, Urt. v. 21.12.1978, VII ZR 269/77, BauR 1979, 159, 161 = BGHZ 73, 140, 144; OLG Karlsruhe, Urt. v. 22.10.2003, 7 U 49/03, BauR 2004, 685, 686; Ingenstau/Korbion/*Locher*, B 16 Abs. 1 Rn. 12; Kapellmann/Messerschmidt/*Messerschmidt*, B § 16 Rn. 108.
[9] BGH, a.a.O.; Ingenstau/Korbion/*Locher*, B § 16 Abs. 1 Rn. 12; Kapellmann/Messerschmidt/*Messerschmidt*, B § 16 Rn. 108.

14 Zum Begriff der eigens angefertigten und bereit gestellten Bauteile wird auf die Kommentierung zu § 632a BGB Rdn. 20 f. verwiesen. Das Erfordernis der Bereitstellung der Bauteile ergab sich nach der Rechtsprechung schon unter der Geltung des § 632a BGB in der bis zum 31.12.2008 geltenden Fassung, vgl. § 632a BGB Rdn. 20, und ist unter § 16 Abs. 1 Nr. 1 S. 3 VOB/B wie im Rahmen von § 632a BGB in der ab 01.01.2009 geltenden Fassung ausdrücklich formuliert worden, vgl. § 632a BGB Rdn. 70.

2. Auf der Baustelle gelieferte Stoffe oder Bauteile

15 Insofern wird auf die Kommentierung zu § 632a BGB Rdn. 22 verwiesen.

3. Eigentumsübertragung oder Sicherheitsleistung

16 Nach § 16 Abs. 1 Nr. 1 S. 4 VOB/B sind Abschlagszahlungen nur von der Eigentumsübertragung oder Sicherheitsleistung im Hinblick auf eigens angefertigte und bereitgestellte oder auf der Baustelle angelieferte Stoffe und Bauteile abhängig. Insofern ist § 632a BGB in der ab 01.01.2009 geltenden Fassung an die entsprechende Vorschrift des § 16 Abs. 1 VOB/B angepasst worden, während § 632a BGB in der bis zum 31.12.2008 geltenden Fassung eine Eigentumsübertragung oder Sicherheitsleistung auch für erbrachte, d.h. im Bauwerk verkörperte Leistungen zur Voraussetzung für Abschlagszahlungen gemacht hat vgl. § 632a BGB Rdn. 24 ff.

17 Zur Eigentumsübertragung an eigens angefertigten und bereit gestellten sowie angelieferten Stoffen und Bauteilen ist ein rechtsgeschäftlicher Eigentumsübertragung nach § 929 ff. BGB erforderlich, vgl. § 632a BGB Rdn. 25.

18 Zur Sicherheitsleistung wird auf die Kommentierung zu § 632a BGB Rdn. 26 ff. verwiesen. Danach ist Sicherungszweck nicht nur die Verschaffung des Eigentums an den Bauteilen und Stoffen, sondern auch die Absicherung des Einbaurisikos bezüglich dieser Teile entsprechend einer Gewährleistungs- bzw. Vertragserfüllungssicherheit.

19 Im Gegensatz zu § 632a BGB a.F., wonach dem Unternehmer das Wahlrecht im Hinblick auf Eigentumsverschaffung oder Sicherheitsleistung zusteht, vgl. § 632a BGB Rdn. 24, weist § 16 Abs. 1 Nr. 1 S. 3 VOB/B das Wahlrecht ausdrücklich dem Besteller zu. Dem ist § 632a BGB n.F. gefolgt, vgl. § 632a BGB Rdn. 70.

IX. Abweichende Vereinbarungen

1. Kürzung von Abschlagszahlungen

20 Allgemeine Geschäftsbedingungen des Bestellers die, abweichend von § 16 Abs. 1 VOB/B und § 632a BGB, im Verhältnis zum Wert der erbrachten Teilleistungen geringere Abschlagszahlungen bzw. diesbezügliche Abzüge vorsehen, sind wegen Verstoßes gegen das gesetzliche Leitbild des § 632a BGB gem. § 307 BGB unwirksam, vgl. § 632a BGB Rdn. 33. Unabhängig davon führt eine abweichende Vereinbarung sowohl im Rahmen Allgemeiner Geschäftsbedingungen wie auch im Rahmen von Individualvereinbarungen zu einem Verlust der Privilegierung der VOB/B insgesamt.[10]

2. Vereinbarung von Einbehalten

21 Abzugrenzen ist von Vereinbarungen, mit denen gemäß § 16 Abs. 2 VOB zulässige Einbehalte vertraglich vereinbart werden, z.B. im Hinblick auf Sicherheitseinbehalte nach Maßgabe des § 17 VOB/B. Die Vereinbarung von Sicherheitseinbehalten ist auch im Rahmen Allgemeiner Geschäftsbedingungen wirksam und führt nicht zu einem Fortfall der Privilegierung der VOB/B, da

---

[10] Ingenstau/Korbion/*Locher*, B § 16 Abs. 1 Rn. 11; Kapellmann/Messerschmidt/*Messerschmidt*, B § 16 Rn. 114.

Voraussetzung für die Anwendbarkeit des § 17 VOB/B gerade die Vereinbarung einer Sicherheitsleistung ist. Insofern bedarf es jedoch einer hinreichend klaren und inhaltlich zweifelsfreien Vereinbarung. Eine Klausel, nach der von den Abschlagszahlungen ein bestimmter Prozentsatz einbehalten werden kann, reicht insofern nicht,[11] vgl. § 632a BGB Rdn. 34.

B. Einbehalte des Bestellers (§ 16 Abs. 1 Nr. 2 VOB/B)

I. Gegenforderungen (Abs. 1 Nr. 1 S. 1)

Auf Grund der Vorläufigkeit der Abschlagszahlungen sieht § 16 Abs. 1 Nr. 2 S. 1 VOB/B keine Aufrechnung mit Gegenforderungen vor, sondern lediglich einen Einbehalt. Die endgültige Aufrechnung soll gegenüber dem Schlussvergütungsanspruch erfolgen.[12] Voraussetzung ist jedoch eine Aufrechenbarkeit der Gegenforderungen i.S.v. § 387 BGB, also Gegenseitigkeit, Gleichartigkeit und Fälligkeit.[13] Insofern ist auch § 215 BGB (Aufrechnung und Zurückbehaltung nach Eintritt der Verjährung) entsprechend anzuwenden.[14]

22

II. Andere Einbehalte (Abs. 1 Nr. 2 S. 2)

Andere Einbehalte sind gemäß § 16 Abs. 1 Nr. 2 S. 2 VOB/B nur in den vertraglich vereinbarten und gesetzlich geregelten Fällen zulässig. Vertraglich vereinbar sind z.B. Sicherheitseinbehalte nach § 17 VOB/B, vgl. Rdn. 21.

23

Als gesetzliche Einbehaltsrechte sind vor allem Zurückbehaltungs- bzw. Leistungsverweigerungsrechte im Hinblick auf Mängel der Leistungen gemäß § 320 BGB mit Druckzuschlag entsprechend § 641 BGB zu sehen, vgl. Rdn. 6 f. Allgemeine Geschäftsbedingungen des Unternehmers, die solche gesetzlichen Zurückbehaltungs- und Leistungsverweigerungsrechte ausschließen, verstoßen gegen § 309 Abs. 2 BGB und sind daher unwirksam.[15] Auch vorformulierte Vertragsbedingungen, die das Zurückbehaltungs- bzw. Leistungsverweigerungsrecht des Bestellers umgehen sollen, z.B. eine formularmäßige Bankgarantie für Abschlagszahlungen des Bauherrn nach Baufortschritt, sind unwirksam.[16] Derartige Klausel führen außerdem zum Verlust der Privilegierung der VOB/B.[17]

24

Ein vereinbarter Sicherheitseinbehalt hindert den Besteller nicht, zusätzlich Zurückbehaltungs- bzw. Leistungsverweigerungsrechte wegen Mängeln geltend zu machen.[18] Es findet insofern auch keine Anrechnung des Sicherheitseinbehalts auf den zurückhaltbaren Betrag in Höhe des Mängelbeseitigungsaufwandes zzgl. Druckzuschlag statt.[19]

25

C. Fälligkeit von Abschlagszahlungen (§ 16 Abs. 1 Nr. 3 VOB/B)

§ 16 Abs. 1 Nr. 3 VOB/B erhebt zunächst im Gegensatz zum BGB den Zugang einer prüfbaren Aufstellung nach Maßgabe des § 16 Abs. 1 Nr. 1 S. 2 VOB/B beim Besteller zur Fälligkeitsvoraussetzung für Abschlagszahlungen. Insofern tritt die Fälligkeit 18 Werktage nach Zugang der Aufstellung ein.

26

---

11 BGH, Urt. v. 24.03.1988, VII ZR 126/87, NJW-RR 1988, 851; Ingenstau/Korbion/*Locher*, B § 16 Abs. 1 Rn. 11; Kapellmann/Messerschmidt/*Messerschmidt*, B § 16 Rn. 115.
12 Vgl. Ingenstau/Korbion/*Locher*, B § 16 Abs. 1 Rn. 38; Kapellmann/Messerschmidt/*Messerschmidt*, B § 16 Rn. 129.
13 Ingenstau/Korbion/*Locher*, B § 16 Abs. 1 VOB/B Rn. 37.
14 Ingenstau/Korbion/*Locher*, a.a.O.
15 BGH, Urt. v. 31.03.2005, VII ZR 180/04, BauR 2005, 1010, 1011; Ingenstau/Korbion/*Locher*, B § 16 Abs. 1 Rn. 42.
16 Vgl. BGH, Urt. v. 16.09.1993, VII ZR 206/92, BauR 1994, 108, 109.
17 OLG Karlsruhe, Urt. v. 22.10.2003, 7 U 49/03, BauR 2004, 685, 686.
18 BGH, Urt. v. 09.07.1981, VII ZR 40/80, BauR 1981, 577, 580.
19 Ingenstau/Korbion/*Locher*, B § 16 Abs. 1 Rn. 43.

27 Während § 16 Abs. 3 Nr. 1 S. 2 VOB/B im Hinblick auf die Schlusszahlung ausdrücklich die Berufung des Bestellers auf eine fehlende Prüfbarkeit der Schlussrechnung abschneidet, wenn der Besteller Einwendungen gegen die Prüfbarkeit unter Angabe der Gründe hierfür nicht spätestens innerhalb von zwei Monaten nach Zugang der Schlussrechnung erhebt, fehlt eine diesbezügliche Regelung zu Abschlagszahlungen in der VOB/B. Die zuvor genannte Regelung zur Schlusszahlung stellt jedoch lediglich eine Umsetzung der bereits vorhergehenden Rechtsprechung des BGH dar, die wiederum auf der Kooperationspflicht zwischen den Vertragsparteien beruht, vgl. Rdn. 68. Entsprechend dürfte der Besteller mit der Berufung auf eine fehlende Prüfbarkeit von Abschlagsrechnungen ausgeschlossen sein, wenn er nicht innerhalb von 18 Werktagen ab Zugang der Abschlagsrechnung, spätestens innerhalb von zwei Monaten, Einwendungen gegen die Prüfbarkeit unter Angabe der Gründe hierfür erhebt.[20] Eine höchstrichterliche Entscheidung zur Frage einer Einwendung gegen die Prüfbarkeit ausschließenden Prüfungsfrist und gegebenenfalls deren Länge im Hinblick auf Abschlagsrechnungen auf Grund VOB/B-Bauvertrages ist soweit ersichtlich noch nicht ergangen.

28 Innerhalb der Zahlungsfrist von 18 Werktagen hat der Besteller die für die Leistung der Abschlagszahlungen erforderlichen Handlungen vorzunehmen. Obwohl gem. § 270 Abs. 1 BGB der Schuldner im Zweifel Geld auf seine Gefahr und seine Kosten dem Gläubiger an dessen Wohnsitz zu übermitteln hat, gilt als Leistungsort gemäß § 270 Abs. 4 i.V.m. § 269 Abs. 1 BGB der Wohnsitz des Schuldners.[21] Umstritten ist die Beurteilung bei Überweisungen. Nach bisheriger Auffassung ist die Leistungshandlung des Schuldners und damit der Eingang des Überweisungsauftrages beim ausführenden Kreditinstitut maßgebend.[22] Gemäß Art. 3 Abs. 1c Ziff. ii. Zahlungsverzugsrichtlinie 009/35/EG zur Bekämpfung von Zahlungsverzug im Geschäftsverkehr soll es dagegen auf den Zeitpunkt der Gutschrift des Überweisungsbetrages auf dem Konto des Gläubigers ankommen.[23]

D. Klarstellung der Vorläufigkeit der Abschlagszahlungen (§ 16 Abs. 1 Nr. 4 VOB/B)

29 § 16 Abs. 1 Nr. 4 VOB/B hat nur klarstellende Funktion im Hinblick auf die Vorläufigkeit von Abschlagszahlungen, vgl. § 632a BGB Rdn. 42 ff.

30 Danach haben Abschlagszahlungen zum einen keinen Einfluss auf die Haftung des Unternehmers, begründen also kein Anerkenntnis der Vertragsgemäßheit der abschlagsweise berechneten Leistungen bzw. einen Verzicht auf diesbezügliche Ansprüche des Bestellers. Diesem bleiben vielmehr trotz vorbehaltloser Leistung von Abschlagszahlungen sämtliche Mängel- und sonstige Haftungsansprüche gegenüber dem Unternehmer erhalten.

31 Zum anderen gelten Abschlagszahlungen nicht als Teilabnahme von Teilleistungen, so dass die Darlegungs- und Beweislast für Vertragsgemäßheit bzw. Mängelfreiheit der abschlagsweise abgerechneten Leistungen auch nach Vornahme der Abschlagszahlungen seitens des Bestellers beim Unternehmer bleibt, vgl. § 632a BGB Rdn. 16 f.

32 Grundsätzlich begründen Abschlagszahlungen keinerlei Anerkenntnis im Hinblick auf die in Rechnung gestellten Rechnungspositionen. Vielmehr bleiben dem Besteller sämtliche Einwen-

---

20 So LG Frankfurt/M., Urt. v. 03.12.2007, 3/01 O 104/07, BauR 2008, 842, 844; Ingenstau/Korbion/*Locher*, B § 16 Abs. 1 Rn. 48; a.A. *Kandel*, in: Beck'scher VOB-Kommentar, B § 16 Nr. 1 Rn. 61; vgl. auch BGH, Urt. v. 16.03.2005, XII ZR 269/01, IBR 2005, 689 und OLG Celle, Urt. v. 08.04.2009, 14 U 11/08, BauR 2009, 1016 (LS.) = IBR 2009, 399; danach 2-monatige Rügefrist bei Abschlagsrechnungen von Architekten/Ingenieuren.
21 Vgl. BGH, Urt. v. 11.02.1998, VII ZR 287/97, BauR 1998, 398, 399 zur Einhaltung einer Skontofrist; Ingenstau/Korbion/*Locher*, B § 16 Abs. 1 Rn. 45.
22 OLG Köln, Urt. v. 11.01.1990, 7 U 51/89, BauR 1990, S. 367, 369.
23 EUGH, Urt. v. 03.04.2008, Rs. C-306/06, IBR 2008, 254; Ingenstau/Korbion/*Locher*, B § 16 Abs. 1 Rn. 46.

dungen und Einreden gegen die Vergütungsansprüche im Rahmen der Schlussabrechnung vorbehalten,[24] vgl. § 632a BGB Rdn. 43.

§ 16 Abs. 2 Nr. 1 VOB/B enthält Regelungen zu Sicherheitsleistung und Verzinsung im Hinblick auf Vorauszahlungen, § 16 Abs. 2 Nr. 2 VOB/B Regelungen zur Anrechnung von Vorauszahlungen.

E. Voraussetzungen und Bedingungen für Vorauszahlungen (§ 16 Abs. 2 Nr. 1 VOB/B)

I. Voraussetzungen für Vorauszahlungen (§ 16 Abs. 2 Nr. 1 S. 1 HS. 1 VOB/B)

Vorauszahlungen unterscheiden sich von den übrigen unter § 16 VOB/B bestimmten Zahlungsarten grundlegend dadurch, dass sie im Gegensatz zu diesen nicht zur Voraussetzung haben, dass der Unternehmer die von ihm vertraglich geschuldeten Leistungen oder Teile derselben bereits erbracht hat,[25] vgl. § 632a BGB Rdn. 4. 33

Es besteht kein gesetzlicher Anspruch des Unternehmers auf Vorauszahlungen seitens des Bestellers. Hintergrund ist das gesetzliche Leitbild der Vorleistungspflicht des Unternehmers. Insofern bedarf es einer Vereinbarung zwischen den Vertragsparteien im Hinblick auf den Anspruch des Unternehmers auf Vorauszahlungen. 34

Auch die Vereinbarung der VOB/B begründet für sich noch keinen Vorauszahlungsanspruch des Unternehmers. Vielmehr bedarf es auch bei der Geltung der VOB/B einer Vorauszahlungsvereinbarung zwischen den Parteien. § 16 Abs. 2 Nr. 1 S. 1 HS. 1 stellt insofern klar, dass eine entsprechende Vereinbarung auch nach Vertragsabschluss erfolgen kann. 35

Vorformulierte Bedingungen des Unternehmers, die diesem Vorauszahlungsansprüche einräumen, sind auf Grund der grundliegenden Abweichung von dem gesetzlichen Leitbild der Vorleistungspflicht des Unternehmers wegen Verstoßes gegen § 307 Abs. 2 BGB unwirksam.[26] 36

II. Sicherheitsleistung (§ 16 Abs. 2 Nr. 1 S. 1 2. HS. 2 VOB/B)

1. Anspruch auf Sicherheitsleistung auf einseitiges Verlangen des Bestellers

Während gemäß § 17 Abs. 1 Nr. 1 VOB/B Voraussetzung für einen Anspruch auf Gestellung einer Sicherheitsleistung eine Vereinbarung zwischen den Parteien ist, räumt § 16 Abs. 2 Nr. 1 S. 1 HS. 2 VOB/B dem Besteller auf einseitiges Verlangen hin einen Anspruch auf Leistung einer ausreichenden Sicherheit seitens des Unternehmers ein, ohne dass es zur ausdrücklichen Vereinbarung einer Sicherheitsleistung kommen müsste. Nach dem eindeutigen Wortlaut ist Voraussetzung die Vereinbarung von Vorauszahlungen nach Vertragsabschluss, obwohl der Besteller auch bei Vorauszahlungsvereinbarungen bei Vertragsabschluss ein erhebliches Sicherungsbedürfnis insbesondere gegenüber marktstarken Unternehmen hat.[27] 37

---

24 Vgl. BGH, Urt. v. 30.09.2004, VII ZR 187/03, BauR 2004, 1940, 1941; Ingenstau/Korbion/*Locher*, B § 16 Abs. 1 Rn. 60.
25 BGH Urt. v. 23.01.1986, IX ZR 46/85, BauR 1986, 361, 364.
26 Ingenstau/Korbion/*Locher*, B § 16 Abs. 2 Rn. 2, Kapellmann/Messerschmidt/*Messerschmidt*, B § 16 Rn. 156.
27 Ingenstau/Korbion/*Locher*, B § 16 Abs. 2, Rn. 7; Kapellmann/Messerschmidt/*Messerschmidt*, B § 16 Rn. 157; *Kandel*, in: Beck'scher VOB-Kommentar, B § 16 Nr. 2 Rn. 9; andere Ansicht noch Vorauflage *Motzke*, in: Beck'scher VOB-Kommentar, VOB/B § 16 Nr. 2 Rn. 3, der dem Besteller einen Anspruch auf Sicherheitsleistung auch bei Vorauszahlungsvereinbarungen im Rahmen des Vertragsabschlusses gewährt.

2. Höhe der Sicherheitsleistung

38 Zur Höhe der Sicherheit muss das Risiko des Bestellers aus der hingegebenen Vorauszahlung hinreichend gesichert sein. Im Allgemeinen ist Höchstgrenze der Sicherheitsleistung der Betrag der Vorauszahlung zzgl. Zinsen,[28] zur Höhe der Zinsen vgl. Rdn. 48.

3. Art der Sicherheitsleistung

39 Die Arten der Sicherheitsleistung ergeben sich aus § 232 BGB.[29] Im Übrigen ist auf die Sicherheitsleistung § 17 VOB/B anwendbar.[30] Bei einer Vorauszahlungsbürgschaft sind die Vorgaben des § 17 Abs. 4 S. 3 VOB/B zu beachten.[31] Danach kann der Besteller keine Bürgschaft fordern, die den Bürgen auf Zahlung auf erstes Anfordern verpflichtet.

40 Unklar ist, ob in Abweichung von § 17 Abs. 4 S. 3 VOB/B in Allgemeinen Geschäftsbedingungen des Bestellers die Verpflichtung des Unternehmers zur Gestellung einer Vorauszahlungsbürgschaft auf erstes Anfordern festgelegt werden kann. Auf Grund des hohen Sicherungsbedürfnisses des Bestellers bei Vorauszahlungen an den Unternehmer werden entsprechende AGB-Klauseln des Bestellers bisher grundsätzlich für zulässig erachtet.[32] Erforderlich ist allerdings, dass die Bürgschaft nicht auch Vertragserfüllungsansprüche sichern darf.[33]

4. Sicherungszweck

41 Art und Umfang des Sicherungszwecks der Sicherheitsleistung, die der Besteller von dem Unternehmer mit Vereinbarung von Vorauszahlungen nach Vertragsabschluss verlangen kann, sind nicht eindeutig definiert. Es hängt von der Lage des Einzelfalls ab, was als ausreichende Sicherheit angesehen werden kann.[34] Die weitreichende Formulierung der Pflicht des Unternehmers zur Leistung einer ausreichenden Sicherheit spricht für einen entsprechend weitreichenden Sicherungszweck zu Gunsten des Bestellers, auch im Hinblick auf das grundsätzlich den Unternehmer treffende Vorleistungsrisiko.

a) Rückerstattungsansprüche wegen Überzahlung des Unternehmers

42 Es entspricht einhelliger Auffassung, dass der Besteller von dem Unternehmer eine Sicherheitsleistung im Hinblick auf Rückerstattungsansprüche wegen Überzahlung des Unternehmers durch die Vorauszahlung verlangen kann (Vorauszahlungssicherheit im engeren Sinne). Dies gilt sowohl in dem Fall, dass die Vorauszahlung die bei vollständiger Fertigstellung der Werkleistungen tatsächlich geschuldete Vergütung übersteigt, als auch dann, wenn es nicht zur vollständigen Fertigstellung der Werkleistung durch den Unternehmer kommt, weil das Vertragsverhältnis vorzeitig beendet wird.[35] Abzusichern ist im Falle der Insolvenz des Unternehmers auch der Anspruch des Bestellers gemäß § 103 Abs. 2 S. 1 InsO, soweit er auf Rückerstattung der nicht verbrauchten Vo-

---

[28] Ingenstau/Korbion/*Locher*, a.a.O.; Kapellmann/Messerschmidt/*Messerschmidt*, B § 16 Rn. 159.
[29] Kapellmann/Messerschmidt/*Messerschmidt*, B § 16 Rn. 162.
[30] Ingenstau/Korbion/*Locher*, B § 16 Abs. 2 Rn. 7.
[31] Vgl. OLG Karlsruhe, Urt. v. 11.07.1984, 7 U 122/82, BauR 1986, 227, 228 f.
[32] Vgl. BGH, Urt. v. 12.07.2001, IX ZR 380/98, BauR 2002, 123, 125, allerdings für eine Vorauszahlung i.H.v. knapp 50 % des vereinbarten Pauschalfestpreises; OLG Düsseldorf, Urt. v. 04.11.2003, I-21 U 36/03, BauR 2004, 1319, 1320; OLG Frankfurt, Beschl. v. 16.01.2008, 23 U 51/07, BauR 2008, 1165, 1166; Ingenstau/Korbion/*Locher*, B § 16 Abs. 2 Rn. 9; Kapellmann/Messerschmidt/*Messerschmidt*, B § 16 Rn. 162.
[33] OLG Düsseldorf, a.a.O.; OLG Frankfurt, a.a.O.
[34] Ingenstau/Korbion/*Locher*, B § 16 Abs. 2 Rn. 7; Kapellmann/Messerschmidt/*Messerschmidt*, B § 16 Rn. 160.
[35] Vgl. *Kandel*, in: Beck'scher VOB-Kommentar, B § 16 Nr. 2 Rn. 33.

rauszahlung gerichtet ist.³⁶ Schließlich hat die Vorauszahlungssicherheit Rückerstattungsansprüche des Bestellers für den Fall abzudecken, dass die vom Unternehmer erbrachten Leistungen wertmäßig hinter dem Betrag der Vorauszahlung zurückbleiben.³⁷

b) Rückerstattungsansprüche auf Grund Mängeln der bevorschussten Leistungen des Unternehmers

Die weite Formulierung des § 16 Abs. 2 Nr. 1 S. 1 HS. 2 VOB/B spricht dafür, dass der Besteller jedenfalls in der Regel auch eine Absicherung von Rückerstattungsansprüchen auf Grund Mängeln der bevorschussten Leistungen des Unternehmers verlangen kann. Gemäß § 641 Abs. 3 BGB kann der Besteller im Falle von Mängeln ein Zurückbehaltungs- bzw. Leistungsverweigerungsrecht in Höhe des Mängelbeseitigungsaufwandes zzgl. Druckzuschlag bis zur Mängelbeseitigung geltend machen. Dies gilt auch gegenüber Abschlagszahlungen gemäß VOB/B, vgl. § 16 VOB/B, Rdn. 7. Wenn der Unternehmer die Mängel nicht beseitigt, stehen dem Besteller aufrechenbare Gegenansprüche auf Vorschusszahlung im Hinblick auf die Mängelbeseitigungskosten auf Erstattung aufgewendeter Mängelbeseitigungskosten oder auf Schadensersatz zu. Der Besteller hat insofern ein berechtigtes Interesse an der Sicherstellung von Rückerstattungsansprüchen infolge der Aufrechnung bzw. Verrechnung mit entsprechenden mängelbedingten Gegenansprüchen. Demgemäß besteht in der Rechtsprechung eine Tendenz, Vorauszahlungsbürgschaften in dem Sinne auszulegen, dass sie sich auch auf Mängelansprüche erstrecken und insofern Vertragserfüllungs- bzw. Gewährleistungssicherheiten darstellen.³⁸

43

c) Rückerstattungsansprüche des Bestellers auf Grund nicht rechtzeitiger Herstellung der bevorschussten Leistungen des Unternehmers

Rückerstattungsansprüche des Bestellers können auch dadurch entstehen, dass der Besteller gegenüber Vergütungsansprüchen des Unternehmers mit Verzugschadensersatzansprüchen und ggfls. Vertragsstrafeansprüchen, z.B. auf Grund Überschreitung vertraglich vereinbarter Zwischentermine, aufrechnen kann und auf Grund dessen eine Überzahlung des Unternehmers auf Grund der Vorschusszahlung verbleibt. Im Hinblick auf Vorauszahlungsbürgschaften gemäß § 7 MaBV hat der BGH allerdings entschieden, dass diese nicht Ansprüche des Bestellers auf Grund nicht rechtzeitiger Herstellung absichern,³⁹ vgl. § 632a BGB Rdn. 79. Wenn und soweit die Parteien allerdings verbindliche Zwischentermine mit Vertragsstrafebewehrung vereinbart haben, dürfte der Anspruch des Bestellers auf ausreichende Sicherung auch diesbezügliche Vertragsstrafeansprüche umfassen, so dass Rückerstattungsansprüche auf Grund Überzahlungen des Unternehmers infolge Aufrechnung mit den Vertragsstrafeansprüchen abzusichern wären.

44

d) Rückerstattungsansprüche auf Grund Mehrkosten des Bestellers im Zusammenhang mit Fertigstellung des Bauvorhabens

Zu weit gehen würde ein Anspruch des Bestellers auf Gestellung einer Vorauszahlungssicherheit zur Abdeckung von Schadensersatzansprüchen wegen Mehrkosten der Fertigstellung, z.B. gemäß § 8 Abs. 3 Nr. 2 VOB/B oder § 103 Abs. 2 S. 1 InsO. Wenn und soweit die fälligen Vergütungsansprüche des Unternehmers für die bis zur vorzeitigen Vertragsbeendigung mängelfrei und frist-

45

---

36 Vgl. OLG Frankfurt, Urt. v. 20.12.1994, 5 U 253/93, NJW-RR 1995, 1388, 1389.
37 Vgl. OLG Karlsruhe, Urt. v. 05.05.2004, 19 U 185/02, BauR 2005, 909 (LS.).
38 BGH, Urt. v. 14.01.1999, IX ZR 140/98, BauR 1999, 659, 661; BGH, Beschl. v. 02.05.2002, VII ZR 178/01, BauR 2002, 1390, 1391 zu Vorauszahlungsbürgschaft gemäß § 7 MaBV; Kapellmann/Messerschmidt/*Messerschmidt*, B § 16 Rn. 170; a.A. *Kandel*, in: Beck'scher VOB-Kommentar, B § 16 Nr. 2 Rn. 33.
39 BGH, Urt. v. 21.01.2003, XI ZR 145/02, BauR 2003, 700, 701, vgl. § 632a BGB Rn. 79; gegen Absicherung von Verzugs- und Vertragsstrafeansprüche durch Vorauszahlungsbürgschaft auch *Kandel*, in: Beck'scher VOB-Kommentar, B § 16 Nr. 3 Rn. 33.

gerecht erbrachten Vertragsleistungen die Vorauszahlung des Bestellers übersteigen, ist die Vorauszahlung verbraucht und die Vorauszahlungssicherheit zurückzugeben, vgl. Rdn. 47 und 50. Der Besteller kann nicht durch nachträgliche Auf- bzw. Verrechnung mit Erstattungsansprüchen wegen Mehrkosten der Fertigstellung des Bauvorhabens gegenüber den zunächst fälligen Vergütungsansprüchen des Unternehmers dem Verbrauch der Vorauszahlung und der Rückgabe der Vorauszahlungssicherheit wieder den Boden entziehen.

5. Zurückbehaltungsrecht des Bestellers

46 Solange der Unternehmer die Sicherheitsleistung nicht stellt, steht dem Besteller gegenüber dem vereinbarten Anspruch auf Vorauszahlung ein Zurückbehaltungsrecht gemäß § 273 BGB zu.[40]

6. Rückgabe der Sicherheitsleistung

47 Die vom Unternehmer gewährte Sicherheit ist mit Wegfall des Sicherungszwecks freizugeben. Der Sicherungszweck fällt weg, wenn die Vorauszahlung auf die fälligen Zahlungen angerechnet wird, die der Unternehmer für die vorzufinanzierenden Leistungen verlangen kann.[41] Maßgebend ist insofern die Anrechnungsregelung des § 16 Abs. 2 Nr. 2 VOB/B, vgl. Rdn. 50 ff.[42] Der Bürge hat darzulegen und zu beweisen, dass die Vorauszahlungsbürgschaft erloschen und die Bürgschaftsverpflichtung damit beendet ist.[43] Auf Grund der Akzessorietät der Vorauszahlungsbürgschaft gemäß § 767 BGB erlischt die Bürgschaftsschuld jeweils in Höhe der Anrechnung.[44] Insofern kann der Unternehmer einen Austausch gegen eine Vorauszahlungssicherheit in Höhe des verbleibenden Restbetrages der nicht verbrauchten Vorauszahlung verlangen.[45]

III. Verzinsung der Vorauszahlung (§ 16 Abs. 2 Nr. 1 S. 2)

48 Bei Vereinbarung der VOB/B ergibt sich auch ohne besondere Vereinbarung ein Anspruch des Bestellers auf Verzinsung der Vorauszahlung i.H.v. 3 % über dem Basiszinssatz gemäß § 247 BGB. Die Parteien können eine davon abweichende Vereinbarung bis zu einem völligen Ausschluss der Verzinsung oder einer weitergehenden Verzinsung der Vorauszahlung treffen.[46]

49 Die Verpflichtung zur Verzinsung dauert von dem Empfang der jeweiligen Vorauszahlungen bis zu deren Anrechnung auf die nächst fällige Zahlung. Entscheidend kommt es dabei auf den Zeitpunkt der Fälligkeit der zu ersetzenden Zahlungen an.[47]

F. Anrechnung der Vorauszahlungen auf nächstfällige Zahlungen (§ 16 Abs. 2 Nr. 2 VOB/B)

50 Gemäß § 16 Abs. 2 Nr. 2 VOB sind Vorauszahlungen auf die nächst fälligen Zahlungen anzurechnen, soweit damit Leistungen abzugelten sind, für welche die Vorauszahlungen gewährt worden sind. Voraussetzung ist die jeweilige Fälligkeit der Abschlagszahlung, auf die die Vorauszahlung anzurechnen ist. Die bloße Ausführung von Leistungen und/oder nicht prüfbare Abrech-

---

40 Ingenstau/Korbion/*Locher*, B § 16 Abs. 2 Rn. 7.
41 Kapellmann/Messerschmidt/*Messerschmidt*, B § 16 Rn. 168; *Kandel*, in: Beck'scher VOB-Kommentar, B § 16 Nr. 2 Rn. 24, abweichend wohl Ingenstau/Korbion/*Locher*, B § 16 Abs. 2 Rn. 7, wonach der Zweck der Sicherheitsleistung mit dem Zeitpunkt endet, in dem die Teilleistung, für die die Vorauszahlung gewährt wurde, erbracht ist.
42 Vgl. OLG Karlsruhe, Urt. v. 11.07.1984, 7 U 122/82, BauR 1986, 227, 228; Kapellmann/Messerschmidt/*Messerschmidt*, B § 16 Rn. 168.
43 OLG Karlsruhe, Urt. v. 05.05.2004, 19 U 185/02, BauR 2005, 909 (LS.).
44 *Kandel*, in: Beck'scher VOB-Kommentar, B § 16 Nr. 2 Rn. 25.
45 Vgl. Kapellmann/Messerschmidt/*Messerschmidt*, B § 16 Rn. 169.
46 Ingenstau/Korbion/*Locher*, § 16 Abs. 2 VOB/B Rn. 10.
47 Ingenstau/Korbion/*Locher*, a.a.O.; Kapellmann/Messerschmidt, § 16 VOB/B Rn. 165.

nung derselben begründet mangels Fälligkeitseintritt nicht die Anrechnungspflicht.[48] Es handelt sich insofern um eine Anrechnungspflicht für beide Vertragsparteien, unabhängig davon, ob Vorauszahlungen bei oder erst nach Vertragsabschluss vereinbart worden sind.[49]

Die Anrechnungspflicht besteht allerdings nur für nächstfällige Zahlungen bezüglich Leistungen, für welche die Vorauszahlungen gewährt worden sind. Ist eine Vorauszahlung für die Beschaffung bestimmter Bauteile erbracht worden, so kann diese nicht auf Abschlagszahlungen für den erfolgten Einbau anderer Bauteile angerechnet werden.[50] 51

Die Vertragspartner können, auch im Rahmen von Allgemeinen Geschäftsbedingungen, abweichende Anrechnungsregelungen treffen.[51] Die Darlegungs- und Beweislast für solche abändernden Vereinbarungen trifft diejenige Partei, die sich darauf beruft. 52

§ 16 Abs. 3 VOB/B behandelt die Schlusszahlung. Im Gegensatz zur Abschlagszahlung ist die Schlusszahlung im BGB nicht geregelt. § 16 Abs. 3 Nr. 1 VOB/B legt die Voraussetzungen für die Fälligkeit der Schlusszahlung fest. § 16 Abs. 3 Nr. 2 bis Nr. 6 VOB/B regelt den Sondertatbestand der vorbehaltlosen Annahme der Schlusszahlung, welche unter den genannten Voraussetzungen Nachforderungen des Unternehmers ausschließt. 53

G. Begriff der Schlusszahlung

Der Begriff der Schlusszahlung ist dem bürgerlichen Recht nicht bekannt und hat auch im allgemeinen Zahlungsverkehr keine feste Bedeutung.[52] 54

In Bezug auf § 16 Abs. 3 Nr. 1 VOB/B wird als Schlusszahlung der gesamte Betrag verstanden, der dem Unternehmer nach den bauvertraglichen Bedingungen und Bestimmungen noch zusteht, abzgl. etwaiger, jedoch nicht notwendig vorausgegangener Abschlags-, Voraus- und Teilschlusszahlungen, ungeachtet einer etwa nach § 17 Abs. 8 VOB/B noch nicht zurückzugewährenden Sicherheitsleistung.[53]

In Bezug auf § 16 Abs. 3 Nr. 2 bis Nr. 6 VOB/B ist der Begriff der Schlusszahlung allerdings subjektiv orientiert, und zwar aus der Sicht des Bestellers. Danach ist Schlusszahlung die Zahlung des Bestellers, die nach dessen erkennbarer Ansicht dem Unternehmer noch zusteht.[54] 55

Voraussetzung für eine Schlusszahlung ist grundsätzlich die Aufstellung und Einreichung einer Schlussrechnung durch den Unternehmer bzw. im Falle des § 14 Abs. 4 VOB/B durch den Besteller[55] Während der Anspruch auf Schlusszahlung gemäß § 16 Abs. 3 Nr. 1 VOB/B die Vorlage einer prüfbaren Schlussrechnung voraussetzt, vgl. Rdn. 60, muss die Schlussrechnung als Voraussetzung für die Schlusszahlung i.S.v. § 16 Abs. 3 Nr. 2 VOB/B nicht prüffähig sein,[56] vgl. Rdn. 81. 56

---

48 Kapellmann/Messerschmidt/*Messerschmidt*, B § 16 Rn. 167; *Kandel*, in: Beck'scher VOB-Kommentar, B § 16 Nr. 2 Rn. 27; Ingenstau/Korbion/*Locher*, B § 16 Abs. 2 Rn. 13.
49 Ingenstau/Korbion/*Locher*, B § 16 Abs. 3 Nr. 2 Rn. 11.
50 Ingenstau/Korbion/*Locher*, B § 16 Abs. 2 Rn. 12; Kapellmann/Messerschmidt/*Messerschmidt*, B § 16 Rn. 166.
51 Ingenstau/Korbion/*Locher*, a.a.O.; *Kandel*, in: Beck'scher VOB-Kommentar, B § 16 Nr. 2 Rn. 28.
52 BGH, Urt. v. 02.12.1982, VII ZR 63/82, BauR 1983, 165, 167.
53 Ingenstau/Korbion/*Locher*, B § 16 Abs. 3 Rn. 1.
54 Ingenstau/Korbion/*Locher*, B § 16 Abs. 3 Rn. 2.
55 BGH, Urt. 22.12.1983, VII ZR 213/82, BauR 1984, 182, 184; Ingenstau/Korbion/*Locher*, B § 16 Abs. 3 Rn. 3.
56 BGH; Urt. 22.01.1987, VII ZR 96/85, BauR 1987, 329, 331 f.; *Kandel*, in: Beck'scher VOB-Kommentar, B § 16 Nr. 3 Rn. 63.

H. Begriff der Schlussrechnung

57 Unter einer Schlussrechnung ist die Äußerung des Unternehmers zu verstehen, welche endgültige Vergütung er insgesamt für seine Leistung aus dem betreffenden Bauvertrag fordert.[57] Die Rechnung muss alle vom Unternehmer übernommenen und ausgeführten Arbeiten enthalten, so dass sich eine weitere Rechnung erkennbar erübrigt.[58] Insofern kann bei hinreichender Kennzeichnung und Abgrenzbarkeit eine Schlussrechnung auch aus mehreren Einzelrechnungen bestehen.[59] Eine Schlussrechnung ist dagegen nicht anzunehmen, wenn sich der Unternehmer in der Rechnung noch weitergehende Vergütungsansprüche vorbehält.[60]

58 Insofern kann eine Schlussrechnung auch in der nachträglichen Erklärung gesehen werden, dass ursprünglich vorbehaltene weitergehende Forderungen endgültig nicht mehr geltend gemacht werden sollen.[61] Umgekehrt können die Parteien einvernehmlich den Charakter einer Rechnung als Schlussrechnung aufheben.[62]

I. Fälligkeit der Schlusszahlung (§ 16 Abs. 3 Nr. 1 VOB/B)

I. Fälligkeitsvoraussetzungen (§ 16 Abs. 3 Nr. 1 S. 1 VOB/B)

59 § 16 Abs. 3 Nr. 1 S. 1 VOB/B legt zusätzlich zur Abnahme als Fälligkeitsvoraussetzung gemäß § 641 Abs. 1 BGB weitere Fälligkeitsvoraussetzungen für den Schlussvergütungsanspruch des Unternehmers fest, und zwar auch für Pauschalverträge.[63]

1. Vorlage einer prüfbaren Schlussrechnung des Unternehmers

60 Fälligkeitsvoraussetzung für die Schlussvergütung ist zum einen die Vorlage einer Schlussrechnung, d.h. einer abschließenden Berechnung der dem Unternehmer aus seiner Sicht zustehenden Vergütung für sämtliche vertraglich vereinbarten Leistungen, vgl. Rdn. 57. Zum anderen ist Voraussetzung eine Prüfbarkeit der Schlussrechnung. Dies ergibt sich aus § 14 Abs. 1 VOB/B, wonach der Unternehmer seine Leistungen prüfbar abzurechnen hat,[64] vgl. § 14 VOB/B Rdn. 17.

2. Prüfung und Feststellung der Schlussrechnung

61 Prüfung und Feststellung bedeuten die inhaltliche Nachprüfung der Rechnungsangaben des Unternehmers unter Beachtung der entsprechenden bauvertraglichen Vereinbarungen, insbesondere auch durch Gegenüberstellung der Leistungs- und Preisangaben im Leistungsverzeichnis oder in den sonstigen Vertragsunterlagen mit der tatsächlich erbrachten Leistung. Es handelt sich bei der anzustellenden Prüfung um Ermittlungen im Wege des Vergleichs und Nachrechnens, ggf. auch des Korrigierens. Die Feststellung bedeutet die Zusammenfassung dieses Ermittlungsergebnisses im Sinne einer endgültigen Schlussziehung.[65]

---

57 Ingenstau/Korbion/*Locher*, B § 16 Abs. 3 VOB/B Rn. 4.
58 BGH, Urt. v. 12.06.1975, VII ZR 55/73, BauR 1975, 344; OLG Köln, Urt. v. 18.08.2005, 7 U 129/04, BauR 2006, 1143, 1144.
59 BGH, Urt. v. 23.10.1986, VII ZR 49/86, BauR 1987, 96.
60 BGH, Urt. v. 11.03.1982, VII ZR 104/81, BauR 1982, 282, 283; OLG Köln, a.a.O.; Ingenstau/Korbion/*Locher*, B § 16 Abs. 3 Rn. 5.
61 BGH Urt. v. 13.02.1975, VII ZR 120/74, BauR 1975, 282, 283; Ingenstau/Korbion/*Locher*, B § 16 Abs. 3 Rn. 6.
62 BGH, Urt. v. 26.06.1975, VII ZR 164/73; BauR 1975, 349, 350.
63 BGH, Urt. v. 20.10.1988, VII ZR 302/87, BauR 1989, 87, 89.
64 BGH, Urt. v. 10.05.1990, VII ZR 257/89, BauR 1990, 605, 607; BGH, Urt. v. 08.11.2001, VII ZR 480/00, BauR 2002, 313, 314.
65 BGH, Urt. v. 20.10.1988, VII ZR 302/87, BauR 1989, 87, 88; Ingenstau/Korbion/*Locher*, B § 16 Abs. 3 Rn. 18.

Der Prüf- und Freigabevermerk des Architekten auf der Schlussrechnung des Unternehmers und sogar ein Anerkenntnisvermerk des Bestellers selbst auf der Schlussrechnung begründen ohne Hinzutreten besonderer Umstände noch kein deklaratorisches Anerkenntnis, vgl. § 632 BGB Rdn. 246 f.

3. Zeitpunkt der Fälligkeit der Schlusszahlung

Die Schlusszahlung wird alsbald nach Prüfung und Feststellung der prüfbaren Schlussrechnung des Unternehmers durch den Besteller bzw. seinen Architekten fällig. Der Besteller hat in einem solchen Falle alle Anstrengungen zu unternehmen, die Schlusszahlung noch vor dem Ablauf von zwei Monaten nach Zugang der prüfbaren Schlussrechnung zu erbringen. Dies kommt vor allem bei Pauschalverträgen in Frage.[66]

Voraussetzung für die Vorverlegung des Fälligkeitstermins ist, dass der Rechnungsbetrag von dem Besteller tatsächlich zuvor festgestellt und dem Unternehmer mitgeteilt wurde. Der Unternehmer kann sich insofern nicht auf ein früheren Fälligkeitstermin mit der Behauptung stützen, dem Besteller sei eine frühere Prüfung möglich gewesen,[67] vgl. Rdn. 72. Bei Verzögerung kann der Unternehmer nur eine vorzeitige Auszahlung des unbestrittenen Guthabens als Abschlagszahlung gemäß § 16 Abs. 3 Nr. 1 S. 4 VOB/B verlangen, vgl. Rdn. 74 ff. Unabhängig von der Prüfung und Feststellung der vom Unternehmer vorgelegten Schlussrechnung ist die Schlusszahlung spätestens innerhalb von zwei Monaten nach Zugang der Schlussrechnung fällig.

Ausnahmsweise kann bei Vorliegen objektiv anzuerkennender sachlicher Gründe, auf Grund derer der Besteller bei aller ihm auferlegten Beschleunigung nicht in der Lage ist, innerhalb von zwei Monaten nach Zugang die Prüfung der Schlussrechnung insgesamt und abschließend vorzunehmen, ein Hinausschieben der Fälligkeit in Betracht kommen.[68] Entsprechendes kommt insbesondere bei Großbauvorhaben in Betracht[69] oder bei Nichtzugänglichkeit der benötigten Abrechnungsunterlagen aus vom Besteller nicht zu vertretenden Gründen.[70] Persönliche Verhinderungen des Bestellers oder seines Vertreters sind dagegen grundsätzlich unbeachtlich, da der Besteller sich rechtzeitig darauf einzustellen hat, innerhalb der Zweimonatsfrist für eine Prüfung und Feststellung der von dem Unternehmer vorgelegten prüfbaren Schlussrechnung Sorge zu tragen.[71]

4. Reichweite der Fälligkeit

Mit Eintritt der Fälligkeitsvoraussetzungen werden sämtliche vergütungs- und vergütungsähnlichen Ansprüche des Unternehmers bzgl. des schlussabgerechneten Bauvorhabens fällig, auch wenn sie bewusst oder unbewusst nicht in die Schlussrechnung aufgenommen worden sind.[72] Voraussetzung ist, dass die betreffenden Forderungen in der Schlussrechnung bereits hätten enthalten sein können.[73] Die entsprechende einheitliche Fälligkeit führt dazu, dass auch von dem einheitlichen Beginn der Verjährungsfrist für alle Forderungen des Unternehmers auszugehen ist, und die Verjährungsfrist nicht etwa durch Nachschieben von weiteren Forderungen hinausgeschoben werden kann.[74]

---

66 BGH, Urt. v. 20.10.1988, VII ZR 302/87, BauR 1989, 87, 89.
67 BGH, Urt. v. 22.04.1982, VII ZR 191/81, NJW 1982, 1815; Ingenstau/Korbion/*Locher*, B § 16 Abs. 3 Rn. 25; *Werner/Pastor*, Rn. 1396; *Kandel*, in: Beck'scher VOB-Kommentar, § 16 Nr. 3 Rn. 40.
68 BGH Urt. v. 16.12.1968, VII ZR 141/66, NJW 1969, 428; OLG Düsseldorf, BauR 1981, 479; Ingenstau/Korbion/*Locher*, B § 16 Abs. 3 VOB/B Rn. 22; Kapellmann/Messerschmidt/*Messerschmidt*, § 16 Rn. 195.
69 Ingenstau/Korbion/*Locher*, B § 16 Abs. 3 Rn. 21.
70 BGH Urt. v. 16.12.1968, VII ZR 141/66, NJW 1969, 428; Ingenstau/Korbion/*Locher*, a.a.O.
71 Ingenstau/Korbion/*Locher*, B § 16 Abs. 3 VOB/B Rn. 20.
72 OLG Celle, Urt. v. 29.03.2007, 5 U 171/04, BauR 2008, 1471, 1473; OLG Düsseldorf, Urt. v. 13.11.2007, I – 21 U 256/06, BauR 2008, 1903, 1905.
73 Ingenstau/Korbion/*Locher*, B § 16 Abs. 3 Rn. 13.
74 Ingenstau/Korbion/*Locher*, a.a.O.

5. AGB-rechtliche Inhaltskontrolle

67 Nach Rechtsprechung und überwiegenden Meinung in der Literatur hält § 16 Abs. 3 Nr. 1 Abs. 1 VOB/B im Hinblick auf die Schlusszahlungsfrist von bis zu 2 Monaten einer isolierten Inhaltskontrolle nach § 307 BGB nicht Stand und ist daher nur bei Vereinbarung der VOB/B als Ganzes wirksam.[75]

II. Frist zur Erhebung von Einwendungen gegen die Prüfbarkeit der Schlussrechnung (§ 16 Abs. 3 Nr. 1 S. 2 VOB/B)

68 Voraussetzung für die Fälligkeit der Schlusszahlung ist die Prüfbarkeit der Schlussrechnung des Unternehmers, Rdn. 60. Der BGH hat bereits für den entsprechenden Fall der Prüfbarkeit der Schlussrechnung als Fälligkeitsvoraussetzung für das Schlusshonorar des Architekten bzw. Ingenieurs gemäß § 8 Abs. 1 HOAI a.F. entschieden, dass auch eine nicht prüfbare Honorarschlussrechnung mit der Folge des Verjährungsbeginns fällig wird, wenn der Besteller nicht innerhalb von zwei Monaten nach Zugang der Schlussrechnung substantiierte Einwendungen gegen die Prüffähigkeit vorgebracht hat.[76] Entsprechendes hat der BGH für den VOB/B-Vertrag entschieden.[77] Dieser Rechtsprechung ist durch Aufnahme des § 16 Abs. 3 Nr. 1 S. 2 VOB/B bereits in die VOB/B 2006 entsprochen worden.

69 Damit wird die Schlusszahlung auch zwei Monate nach Zugang einer nicht prüfbaren Schlussrechnung fällig, es sei denn, dass der Besteller Einwendungen gegen die Prüfbarkeit unter Angabe der Gründe innerhalb dieser Frist vorgebracht hat. Das allgemeine Bestreiten der Prüfbarkeit ohne Begründung reicht nicht.[78] Der BGH hat zum Architektenhonorar entschieden, dass der Besteller neben dem substantiierten Bestreiten der Prüfbarkeit zum Ausdruck bringen muss, dass er nicht bereit sei, sich vor Vorlage einer prüfbaren Rechnung inhaltlich mit der Abrechnung auseinanderzusetzen,[79] vgl. § 632 BGB Rdn. 232. Es ist absehbar, dass der BGH Entsprechendes für den VOB/B-Vertrag entscheiden wird.

70 Der Unterschied zum Schlusshonorar des Architekten besteht darin, dass die prüfbare Honorarschlussrechnung nach der HOAI sofort fällig ist, während bei einer nicht prüfbaren Schlussrechnung eine Differenzierung des Fälligkeitszeitpunktes vorzunehmen ist. Danach tritt die Fälligkeit des Architekten/Ingenieurhonorars spätestens zwei Monate nach Zugang der nicht prüffähigen Schlussrechnung ein, wenn bis dahin keine substantiierten Einwendungen gegen die Prüfbarkeit erhoben werden, auf Grund derer der Besteller eine inhaltliche Auseinandersetzung mit der Abrechnung verweigert. Die Fälligkeit kann allerdings auch früher eintreten, wenn für den Architekten bzw. Ingenieur Umstände sichtbar werden, auf Grund derer die Berufung des Bestellers auf die fehlende Prüfbarkeit rechtsmissbräuchlich wäre.[80] Dies macht die Festlegung des Zeitpunkts der Fälligkeit und damit des Verjährungsbeginns für das Schlusshonorar des Architekten bzw. Ingenieurs unter Umständen schwierig, vgl. § 632 BGB Rdn. 233.

71 Die Schlusszahlung beim VOB/B-Vertrag wird dagegen einheitlich mit Ablauf von zwei Monaten nach Zugang der Schlussrechnung fällig, unabhängig davon, ob die Rechnung prüfbar ist oder im Falle der fehlenden Prüfbarkeit bis zum Ablauf der Frist keine substantiierten Einwendungen des

---

75 OLG Düsseldorf, Urt. v. 11.03.2005, 22 U 99/04, BauR 2006, 120, 122; OLG Naumburg, Urt. v. 04.11.2005, 10 U 11/05, BauR 2006, 849; Ingenstau/Korbion/*Locher*, B § 16 Abs. 3 Rn. 12; a.A. *Kandel*, in: Beck'scher VOB-Kommentar, B § 16 Nr. 3 Rn. 7 f.
76 BGH, Urt. v. 27.11.2003, VII ZR 288/02, BauR 2004, 316, 319.
77 BGH, Urt. v. 23.09.2004, VII ZR 173/03, BauR 2004, 1937, 1939.
78 BGH, Urt. v. 27.11.2003, VII ZR 288/02, BauR 2004, 316, 320 im Hinblick auf Schlussrechnung des Architekten.
79 BGH, Urt. v. 22.04.2010, VII ZR 48/07, BauR 2010, 1248, 1251.
80 BGH a.a.O.

Bestellers gegen die Prüfbarkeit erhoben werden, auch wenn vor Ablauf der Frist der Tatbestand einer Rechtsmissbräuchlichkeit der Berufung auf die fehlende Prüfbarkeit sichtbar wird. Lediglich bei vorzeitiger Mitteilung des Ergebnisses der Prüfung und der Feststellung der Schlussrechnung seitens des Bestellers gegenüber dem Unternehmer wird die Schlusszahlung gemäß § 16 Abs. 3 Nr. 1 S. 1 VOB/B vor Ablauf der 2-Monats-Frist fällig vgl. Rdn. 63 f.

III. Beschleunigung der Prüfung (§ 16 Abs. 3 Nr. 1 S. 3 VOB/B)

Die Prüfung der Schlussrechnung ist nach Möglichkeit zu beschleunigen. Eine insofern pflichtwidrige Ausnutzung der Frist von zwei Monaten, die etwa bei Pauschalverträgen ohne Leistungsänderungen und/oder Erweiterungen in Betracht käme, führt jedoch nicht etwa zur vorzeitigen Fälligkeit der Schlussvergütung vor Mitteilung des Ergebnisses der Prüfung und Feststellung der Schlussrechnung des Unternehmers, bzw. vor Ablauf von zwei Monaten nach Zugang der Schlussrechnung. 72

Der Besteller kann sich allerdings trotz fristgerechter Einwendung einer objektiv fehlenden Prüfbarkeit der Schlussrechnung nach Treu und Glauben nicht auf die mangelnde Fälligkeit der Schlussrechnung berufen, wenn er diese nach Zugang nicht unverzüglich daraufhin überprüft hat, ob alle von ihm für notwendig erachteten Unterlagen beiliegen, und fehlende Unterlagen nicht unverzüglich angefordert hat, wenn davon auszugehen ist, dass dem Besteller die erforderlichen Unterlagen so rechtzeitig zugegangen wären, dass die Rechnungsprüfung innerhalb von zwei Monaten hätte erfolgen können.[81] 73

IV. Sofortige Auszahlung des unbestrittenen Guthabens als Abschlagszahlung (§ 16 Abs. 3 Nr. 1 S. 2 VOB/B)

1. Abschlagszahlung bei verzögerter Schlussrechnungsprüfung

Verzögert sich die von dem Besteller gemäß § 16 Abs. 3 Nr. 1 S. 3 VOB/B nach Möglichkeit zu beschleunigende Prüfung der Schlussrechnung, steht dem Unternehmer bereits vor Ablauf der Zweimonatsfrist ein Anspruch auf Abschlagszahlung zu, wenn und soweit diesbezüglich ein unbestrittenes Guthaben besteht. 74

Während die Fälligkeit einer Abschlagszahlung nach § 632a BGB und § 16 Abs. 1 VOB/B grundsätzlich ein entsprechendes Verlangen bzw. einen entsprechenden Antrag des Unternehmers voraussetzt, wird das unbestrittene Guthaben als Abschlagszahlung i.S.v. § 16 Abs. 3 Nr. 1 S. 4 VOB/B ohne entsprechenden Antrag bzw. Verlangen fällig.[82] 75

Ein unstreitiges Guthaben kann sich nicht auf einzelne Positionen der Schlussrechnung beziehen, sondern setzt voraus, dass sich aus der Gesamtabrechnung des Vertrages eine Gesamtsumme von unbestrittenen Einzelpositionen ergibt, die ein unstreitiges Guthaben erst begründet.[83] Gegenansprüche des Bestellers schließen ein unstreitiges Guthaben aus.[84] 76

2. Entsprechende Anwendung bei teilweiser Prüfbarkeit einer Schlussrechnung

Grundsätzlich ist in der Schlussrechnung der Vertrag insgesamt prüfbar abzurechnen.[85] Ist allerdings beim gekündigten Vertrag die Schlussrechnung nur hinsichtlich der nicht erbrachten Leis- 77

---

81 OLG Nürnberg, Urt. v. 09.07.1999, 6 U 3845/98, BauR 1999, 1316.
82 Ingenstau/Korbion/*Locher*, B § 16 Abs. 3 Rn. 23.
83 BGH, Urt. v. 09.01.1997, VII ZR 69/96, BauR 1997, 468.
84 Ingenstau/Korbion/*Locher*, a.a.O.; Kapellmann/Messerschmidt/*Messerschmidt*, § 16 Rn. 207; LG Hamburg, Urt. v. 18.12.1994, 405 O 119/94; BauR 1995, 399.
85 BGH Urt. v. 09.06.1994, VII ZR 87/93, BauR 1994, 655; BGH, Urt. v. 09.01.1997, VII ZR 69/96, BauR 1997, 468.

tungen nicht prüfbar, kann die auf die erbrachten Leistungen gestützte Vergütungsklage nicht als derzeit unbegründet abgewiesen werden.[86] Soweit danach die Rechnung teilweise prüffähig ist, ist dem Besteller zuzumuten, die Prüfung vorzunehmen und ein eventuell bereits feststehendes Guthaben auszuzahlen. Dieser auch der Regelung in § 16 Abs. 3 Nr. 1 S. 4 VOB/B zu Grunde liegende Rechtsgedanke leitet sich allgemein aus Treu und Glauben ab. Denn der Unternehmer, der seine Vorleistung bereits erbracht hat, hat ein anerkanntes Interesse an einer beschleunigten Zahlung.[87] Dies gilt allgemein bei einer nur teilweisen Prüfbarkeit der Schlussrechnung, vgl. § 14 VOB/B Rdn. 12.

J. Ausschluss weitergehender Ansprüche des Unternehmers bei vorbehaltloser Annahme der Schlusszahlung (§ 16 Abs. 3 Nr. 2 bis Nr. 6 VOB/B)

78   Bei den Regelungen gemäß § 16 Abs. 3 Nr. 2 bis Nr. 6 VOB/B handelt es sich um Klauseln, die auf Grund ihrer einschneidenden Wirkung zu Lasten des Unternehmers im Hinblick auf den Ausschluss auch berechtigter Vergütungsansprüche durch bloßes Schweigen des Unternehmers einer AGB-rechtlichen Inhaltskontrolle nicht Stand halten und lediglich bei der Vereinbarung der VOB/B als Ganzes wirksam sind.[88] Durch die im Rahmen der VOB/B 2002 aufgenommene Obliegenheit des Bestellers zum Hinweis auf die Ausschlusswirkung der vorbehaltlosen Annahme der Schlusszahlung hat sich daran nichts geändert.[89]

I. Ausschluss von Nachforderungen durch Schlusszahlung (§ 16 Abs. 3 Nr. 2 VOB/B)

1. Schlusszahlung im Hinblick auf Schlussrechnung

79   Eine Schlusszahlung setzt zwingend eine Schlussrechnung, d.h. eine erkennbar abschließende Abrechnung sämtlicher übernommenen und ausgeführten Arbeiten seitens des Unternehmers voraus, auf die die Schlusszahlung erfolgt, vgl. Rdn. 56.[90] Ohne Vorlage einer Schlussrechnung seitens des Unternehmers kann der Besteller nicht die Ausschlusswirkung herbeiführen.[91]

80   Insofern besteht für den Besteller nur die Möglichkeit, unter den Voraussetzungen des § 14 Abs. 4 VOB/B selbst eine Schlussrechnung zu erstellen und auf deren Grundlage die Voraussetzungen für eine vorbehaltlose Annahme der Schlusszahlung herbeizuführen, vgl. § 14 VOB/B Rdn. 41.

81   Auf die Prüfbarkeit der Schlussrechnung kommt es bei Vornahme einer Schlusszahlung i.S.v. § 16 Abs. 3 Nr. 2 VOB/B nicht an.[92] Dies ergibt sich aus einem Umkehrschluss aus § 16 Abs. 3 Nr. 5 S. 2 VOB/B, wonach eine prüfbare Rechnung zur Geltendmachung vorbehaltener Forderungen erst nachgereicht werden muss.

2. Schlusszahlungserklärung seitens des Bestellers

82   Dem Unternehmer muss eine Erklärung seitens des Bestellers zugehen, die sich zweifelsfrei auf eine bestimmte Schlussrechnung des Unternehmers bezieht und insofern zum Ausdruck bringt, dass eine bestimmte Zahlung des Bestellers auf diese Schlussrechnung des Unternehmers ab-

---

86 BGH, Urt. v. 17.09.1998, VII ZR 160/96, BauR 1999, 265, 266, BGH Urt. v. 27.11.2003, VII ZR 288/02, BauR 2004, 316, 319 zu Architektenhonorar.
87 BGH, Urt. v. 27.11.2003, VII ZR 288/02, BauR 2004, 317, 321.
88 BGH, Urt. v. 19.03.1998, VII ZR 116/97, BGHZ 138, 176, 178= NJW 1998, 2053, 2054.
89 Vgl. Kapellmann/Messerschmidt/*Messerschmidt*, B § 16 Rn. 212; *Kandel*, in: Beck'scher VOB-Kommentar, B § 16 Nr. 3 Rn. 48.
90 BGH, Urt. v. 22.01.1987, VII ZR 96/85, BauR 1987, 329, 331.
91 BGH a.a.O.
92 BGH a.a.O.; Kapellmann/Messerschmidt/*Messerschmidt*, B § 16 Rn. 214.

schließend sein soll.[93] Zur Schlusszahlungserklärung eines Dritten wird auf die Ausführungen zu Rdn. 100 verwiesen.

3. Schriftliche Unterrichtung über die Schlusszahlung

Der Besteller muss den Unternehmer schriftlich auf die beabsichtigte oder aber bereits getätigte Schlusszahlung hinweisen. Die Einhaltung der Schriftform ist unabdingbare Wirksamkeitsvoraussetzung.[94] Die Erklärung bedarf keiner Begründung. Der Betrag der zu leistenden Schlusszahlung braucht nicht angegeben zu werden. Es muss lediglich für den Unternehmer eine Zuordnung der bestimmten Zahlung des Bestellers zu der Schlusszahlungserklärung möglich sein.[95] 83

4. Schriftlicher Hinweis auf Ausschlusswirkung der vorbehaltlosen Annahme der Schlusszahlung

Ebenso schriftlich muss der Hinweis des Bestellers auf die Ausschlusswirkung des § 16 Abs. 3 Nr. 2 bis Nr. 6 VOB/B sein.[96] Der bloße Hinweis auf die genannten Vorschriften kann nicht ausreichen. Vielmehr ist im Zweifel ausdrücklich darauf hinzuweisen, dass die Ausschlusswirkung eintreten wird oder eintritt, wenn der Unternehmer nicht innerhalb von 24 Werktagen nach Zugang der Mitteilung einen Vorbehalt erklärt, und dass dieser wieder hinfällig wird, wenn der Unternehmer nicht innerhalb von 24 weiteren Werktagen eine prüfbare Rechnung über die vorbehaltenen Forderungen vorlegt, oder wenn das nicht möglich ist, den Vorbehalt eingehend begründet, § 16 Abs. 3 Nr. 5 VOB/B.[97] 84

Nach überwiegender Meinung müssen Schlusszahlungsunterrichtung und Hinweis auf die Ausschlusswirkung in einem Schreiben erfolgen, da nur dann der bezweckten Warnfunktion genüge getan ist.[98] 85

5. Adressat der Schlusszahlungserklärung und des Hinweises auf die Ausschlusswirkung der vorbehaltlosen Annahme der Schlusszahlung

Adressat der schriftlichen Unterrichtung über die Schlusszahlung und des Hinweises auf die Ausschlusswirkung der vorbehaltlosen Annahme der Schlusszahlung ist der Unternehmer bzw. sein bevollmächtigter Vertreter. Bei Abtretung der Werklohnforderung ist dagegen Adressat der Abtretungsempfänger, soweit der Besteller von der Abtretung nachweisbar Kenntnis hat. Andernfalls tritt die Ausschlusswirkung gemäß § 407 Abs. 1 BGB durch Schlusszahlungserklärung und Hinweis auf die Ausschlusswirkung gegenüber dem Abtretenden ein,[99] vgl. Rdn. 102 f. auch zu abweichenden Meinungen. 86

---

93 BGH, Urt. v. 17.12.1998, VII ZR 37/98, BauR 1999, 396, 398; Ingenstau/Korbion/*Locher*, B § 16 Abs. 3 Rn. 95 f.; Kapellmann/Messerschmidt/*Messerschmidt*, B § 16 Rn. 215; MüKo-BGB/*Busche*, § 641 Rn. 50.
94 BGH, Urt. v. 17.12.1998, VII ZR 37/98, NJW 1999, 944, 945.
95 Kapellmann/Messerschmidt/*Messerschmidt*, B § 16 Rn. 216.
96 BGH, Urt. v. 17.12.1998, VII ZR 37/98, BauR 1999, 396, 397.
97 KG, Urt. v. 23.03.1999, 4 U 1635/97, BauR 2000, 575, 576; Ingenstau/Korbion/*Locher*, § 16 Abs. 3 Rn. 103; Kapellmann/Messerschmidt/*Messerschmidt*, B § 16 Rn. 217.
98 OLG Dresden, Urt. v. 08.10.1998, 7 U 1478/98, BauR 2000, 279; Kapellmann/Messerschmidt/*Messerschmidt*, B § 16 Rn. 219; *Kandel*, in: Beck'scher VOB-Kommentar, § 16 Nr. 3 Rn. 79; a.A. OLG Köln, Urt. v. 06.05.1994, 19 U 205/92, BauR 1994, 634, 635, wonach gerade umgekehrt getrennte Schreiben zur Wahrung der Warnfunktion erforderlich seien; Ingenstau/Korbion/*Locher*, B § 16 Abs. 3 Rn. 103, wonach eine zeitliche Trennung zwischen Unterrichtung über die Schlusszahlung und Hinweis auf die Ausschlusswirkung zulässig sei.
99 *Kandel*, in: Beck'scher VOB-Kommentar, B § 16 Nr. 3 Rn. 81.

6. Annahme der Schlusszahlung

87 Dem Unternehmer muss die Schlusszahlung zugegangen sein. Die Annahme der Zahlung liegt in der Entgegennahme dessen, was als Zahlung oder als Erfüllungssurrogat an deren Stelle bestimmt ist. Insofern kommt es nicht auf die Erfüllung einer Zahlungsverbindlichkeit im bürgerlich-rechtlichen Sinne an. Vielmehr reicht für die Annahme der Zahlung die Entgegennahme eines Schecks[100] oder eines Auszuges der Bank[101]

7. Ausschluss von Nachforderungen

88 Durch die vorbehaltlose Annahme der Schlusszahlung werden alle Ansprüche des Unternehmers aus dem Bauvertrag, bezüglich dessen die Schlusszahlung des Bestellers erfolgt, erfasst. Dies gilt auch für Forderungen, die nicht in die Schlussrechnung des Unternehmers eingestellt sind oder in sonstiger Weise von diesem gegenüber dem Besteller bekannt gemacht worden sind.[102]

89 Von der Ausschlusswirkung erfasst sind nicht nur Vergütungsansprüche auf Grund des Vertrages jeglicher Art, also auch Ansprüche aus Zusatz- und Nachtragsaufträgen gemäß § 2 Abs. 5 und Abs. 6 VOB/B, selbst wenn bis zur Schlusszahlung noch kein neuer Preis vereinbart worden ist.[103] Darüber hinaus schließt die vorbehaltlose Annahme der Schlusszahlung auch sonstige Ansprüche des Unternehmers, die im Vertrag ihre Grundlage haben und mit der Vertragsleistung im Zusammenhang stehen, aus, wie z.B. Schadensersatzansprüche.[104]

90 Von der Ausschlusswirkung nicht erfasst sind Ansprüche, die der Besteller nicht in Abrede stellt, die jedoch zur Zeit noch nicht fällig sind, insbesondere der Sicherheitseinbehalt. Voraussetzung ist jedoch, dass der Besteller bei der Prüfung und Feststellung des Schlusszahlungsbetrages den Sicherheitseinbehalt als offenstehend ausgewiesen hat. Anders liegt der Fall, wenn der Besteller Gegenforderungen zur Aufrechnung oder Verrechnung stellt und damit eindeutig zum Ausdruck bringt, dass auch der Sicherheitseinbehalt davon ergriffen ist.[105] Von der Ausschlusswirkung ebenso wenig betroffen sind Ansprüche bei Gelegenheit der Bauausführung.[106]

8. Ausschlusswirkung nur auf Grund Einrede des Bestellers

91 Nach einhelliger Auffassung gibt die vorbehaltlose Annahme der Schlusszahlung dem Besteller nur eine Einrede, auf die er sich also ausdrücklich berufen muss.[107] Entsprechend dem Beschluss des Großen Senats für Zivilsachen des BGH vom 23.06.2008[108] zur Verjährungseinrede ist die erstmalige Einrede der vorbehaltlosen Annahme der Schlusszahlung in der Berufungsinstanz zuzulassen, wenn die der Einrede der zu Grunde liegenden tatsächlichen Umstände zwischen den Prozessparteien unstreitig sind.[109]

---

100 BGH, Urt. v. 19.01.1970, VII ZR 95/68, BauR 1970, 117, 118.
101 BGH, Urt. v. 05.10.1972, VII ZR 187/71, BauR 1972, 382.
102 Ingenstau/Korbion/Locher, B § 16 Abs. 3 Rn. 87.
103 OLG Köln Urt. v. 06.05.1994, 19 U 205/92, BauR 1994, 634, 635; Ingenstau/Korbion/*Locher*, B § 16 Abs. 3 Rn. 88.
104 BGH Urt. v. 06.12.1973, VII ZR 37/73, BauR 1974, 132, 133 = BGHZ 62, 15, 16 f.; BGH Urt. v. 02.12.1982, VII ZR 63/82, BauR 1983, 165, 167; Kapellmann/Messerschmidt/*Messerschmidt*, B § 16 Rn. 222; Ingenstau/Korbion/*Locher*, B § 16 Abs. 3 Rn. 91.
105 OLG Frankfurt, Urt. v. 23.12.1983, 10 U 10/83; BauR 1985, 460; Ingenstau/Korbion/*Locher*, B § 16 Abs. 3 Rn. 92.
106 Ingenstau/Korbion/*Locher*, B § 16 Abs. 3 Rn. 93.
107 BGH, Urt. v. 08.07.1982, VII ZR 13/81, BauR 1982, 499; Ingenstau/Korbion/*Locher*, B § 16 Abs. 3 VOB/B Rn. 76.
108 BGH, Beschl. v. 23.06.2008, GSZ 1/08, NJW 2008, S. 3434 ff.
109 Ingenstau/Korbion/*Locher*, B § 16 Abs. 3 Rn. 77.

Im Übrigen sind die Vorschriften zur Verjährungseinrede entsprechend anwendbar, z.B. im Hinblick auf § 215 BGB. Danach schließt die Einrede der vorbehaltlosen Annahme der Schlusszahlung das Recht des Unternehmers nicht aus, mit weitergehenden Vergütungsansprüchen gegenüber Ansprüchen des Bestellers aufzurechnen, soweit sich die Ansprüche aufrechenbar gegenüber standen.[110]

92

II. Ausschluss von Nachforderungen durch Ablehnung weiterer Zahlungen (§ 16 Abs. 3 Nr. 3 VOB/B)

Einer Schlusszahlung i.S.v. § 16 Abs. 3 Nr. 2 VOB/B steht es gleich, wenn der Besteller unter Hinweis auf früher geleistete Zahlungen oder Erfüllungssurrogate weitere Zahlungen endgültig und schriftlich ablehnt (sog. schlusszahlungsgleiche Erklärung).

93

1. Schlussrechnung

Ebenso wie bei einer vorbehaltlosen Annahme der Schlusszahlung, vgl. Rdn. 79 ff., ist Voraussetzung der Ausschlusswirkung der Ablehnung weiterer Zahlungen die vorhergehende Vorlage einer Schlussrechnung des Unternehmers oder der Ersatzschlussrechnung des Bestellers gemäß § 14 Abs. 4 VOB/B, auf die sich die Ablehnungserklärung bezieht.[111]

94

2. Endgültige und schriftliche Ablehnung weiterer Zahlungen unter Hinweis auf geleistete Zahlungen

Voraussetzung für eine schlusszahlungsgleiche Erklärung ist eine endgültige und schriftliche Ablehnung weiterer Zahlungen. Die bloße Geltendmachung von Leistungsverweigerungs- oder Zurückbehaltungsrechten genügt dagegen nicht.[112] Um eine Gleichstellung mit einer eigentlichen Schlusszahlung zu erreichen, muss der Besteller eine eindeutige, inhaltlich ganz zweifelsfreie Erklärung abgeben, dass bereits eine Überzahlung vorliegt.[113]

95

Innerhalb des schriftlichen Ablehnungsschreibens ist auf geleistete Zahlungen hinzuweisen. Geleisteten Zahlungen gleichzustellen sind Erfüllungssurrogate, wie Aufrechnung, Verrechnung, Hinterlegung usw.[114] Unerheblich ist insofern, ob die zur Aufrechnung, Verrechnung oder Hinterlegung in Bezug genommene Forderung tatsächlich besteht oder nicht.[115] Andere Einwände des Bestellers reichen dagegen nicht.[116]

96

Umstritten ist, inwieweit die geleisteten Zahlungen bzw. Erfüllungssurrogate von dem Besteller im Rahmen der schlusszahlungsgleichen Erklärung bezeichnet werden müssen. Nach der weitestgehenden Auffassung muss der Besteller den Gesamtbetrag der erfolgten Zahlungen und bei mehreren Abschlagszahlungen auch die jeweiligen Daten und Beträge der Zahlungen bei seiner Ablehnung angeben.[117] Nach anderer Auffassung wird die genaue Berechnung der bisher geleisteten Zahlungen nicht gefordert. Die Erklärung des Bestellers müsse lediglich deutlich und unmissver-

97

---

110 BGH, Urt. v. 23.04.1981, VII ZR 207/80, BauR 1981, 393; BGH Urt. v. 08.07.1982, VII ZR 13/81, BauR 1982, 499; Ingenstau/Korbion/*Locher*, B § 16 Abs. 3 Rn. 8.
111 BGH, Urt. v. 22.12.1983, VII ZR 213/82, BauR 1984, 182; Ingenstau/Korbion/*Locher*, B § 16 Abs. 3 Rn. 111; Kapellmann/Messerschmidt/*Messerschmidt*, § B 16 Rn. 229.
112 BGH, Urt. v. 11.10.1990, VII ZR 110/89, BauR 1991, 84 f.
113 BGH, Urt. v. 17.12.1998, VII ZR 37/98, BauR 1999, 396, 398.
114 BGH, Urt. v. 22.12.1983, VII ZR 213/82, BauR 1984, 182, 185; Ingenstau/Korbion/*Locher*, B § 16 Abs. 3 Rn. 110; Kapellmann/Messerschmidt/*Messerschmidt*, B § 16 Rn. 231.
115 Kapellmann/Messerschmidt/*Messerschmidt*, a.a.O.
116 BGH, Urt. v. 22.12.1983, VII ZR 213/82, BauR 1984, 182, 185; Ingenstau/Korbion/*Locher*, B § 16 Abs. 3 Rn. 110.
117 Ingenstau/Korbion/*Locher*, B § 16 Abs. 3 Rn. 112.

ständlich zum Ausdruck bringen, dass er von einer Überzahlung des Unternehmers ausgehe und jede weitere Zahlung auf Grund dessen endgültig ablehne.[118]

98 Damit das Erfordernis des Hinweises auf geleistete Zahlungen im Sinne des § 16 Abs. 3 Nr. 3 VOB/B nicht nur eine leere Hülse ist, ist es als erforderlich zu betrachten, dass der Besteller zunächst angibt, inwieweit er sich auf geleistete Zahlungen einerseits und/oder Erfüllungssurrogate andererseits beruft, sowie den Gesamtbetrag der geleisteten Zahlungen und/oder Erfüllungssurrogate mitteilt. Im Gegensatz zu § 16 Abs. 3 Nr. 5 Satz 2 VOB/B im Hinblick auf die Vorbehaltsbegründung sieht § 16 Abs. 3 Nr. 3 VOB/B jedoch keine nähere Begründung der geleisteten Zahlungen vor. Auf Grund dessen erscheint es überzogen, zur Erreichung der Ausschlusswirkung einer schlusszahlungsgleichen Erklärung die Einzelbeträge und Daten der geleisteten Zahlungen bzw. Erfüllungssurrogate im Einzelnen darzulegen.[119]

3. Schriftlicher Hinweis auf die Ausschlusswirkung

99 Auch im Rahmen des § 16 Abs. 3 Nr. 3 VOB muss die schlusszahlungsgleiche Erklärung des Bestellers mit dem schriftlichen Hinweis auf die Ausschlusswirkung der vorbehaltlosen Annahme der Schlusszahlung verbunden werden.[120] Entsprechendes ergibt sich zwar nicht unmittelbar aus § 16 Abs. 3 Nr. 3 VOB/B. Jedoch besteht gegenüber der schlusszahlungsgleichen Erklärung des Bestellers ebenso eine Schutzwürdigkeit des Unternehmers im Hinblick auf den Ausschluss von Nachforderungen auf Grund vorbehaltloser Annahme wie bei der Schlusszahlung.

4. Schlusszahlungsgleiche Erklärung von Seiten des Bestellers

100 Nach § 16 Abs. 3 Nr. 3 VOB/B schlusszahlungsgleiche Erklärungen von Dritten vermögen nur dann einen Ausschluss von Nachforderungen zu bewirken, wenn der Dritte von dem Besteller bevollmächtigt ist. Der nur intern mit der Rechnungsprüfung für den Besteller befasste Architekt ist ohne besondere Vollmacht des Bestellers nicht befugt, für diesen eine wirksame Erklärung nach § 16 Abs. 3 Nr. 3 VOB/B abzugeben.[121] Ausreichend kann insofern allenfalls eine Duldungs- oder Anscheinsvollmacht des Dritten sein.[122]

5. Adressat der schlusszahlungsgleichen Erklärung

101 Die endgültige und schriftliche Ablehnung weiterer Zahlungen unter Hinweis auf geleistete Zahlungen muss an den Unternehmer gerichtet sein oder an einen bevollmächtigten Dritten, z.B. den Rechtsanwalt, den der Unternehmer bereits mit der Geltendmachung seiner Werklohnforderung beauftragt hat.[123]

102 Umstritten ist, an wen die Schlusszahlungserklärung im Falle der Abtretung der Werklohnforderung durch den Unternehmer zu richten ist. Die überwiegende Meinung nimmt als Adressaten der Erklärung den Abtretungsempfänger an, soweit der Besteller gemäß § 407 BGB Kenntnis von der Abtretung hat.[124]

103 Nach anderer Auffassung müssen die schlusszahlungsgleiche Erklärung und der Hinweis auf die Ausschlusswirkung der vorbehaltlosen Annahme der Schlusszahlung auch bei Kenntnis des Be-

---

118 LG Berlin, Urt. v. 18.03.2004, 5 O 352/03, BauR 2004, 1781, 1782.
119 *Kandel*, in: Beck'scher VOB-Kommentar, B § 16 Nr. 3 Rn. 75.
120 BGH, Urt. v. 17.12.1998, VII ZR 37/98, BauR 1999, 396, 397; Ingenstau/Korbion/*Locher*, B § 16 Abs. 3 VOB Rn. 115.
121 Ingenstau/Korbion/*Locher*, B § 16 Abs. 3 VOB/B Rn. 116; *Kandel*, in: Beck'scher VOB-Kommentar, B § 16 Nr. 3 Rn. 70.
122 BGH, Urt. v. 20.11.1986, VII ZR 322/85, BauR 1987, 218 f.
123 Ingenstau/Korbion/*Locher*, B § 16 Abs. 3 Rn. 117.
124 OLG Frankfurt/M., Urt. v. 19.03.1992, 1 U 176/89, BauR 1994, 251, 253; Ingenstau/Korbion/*Locher*, B § 16 Abs. 3 Rn. 117; *Kandel*, in: Beck'scher VOB-Kommentar, B § 16 Nr. 3 Rn. 70.

stellers von der Abtretung sowohl gegenüber dem Abtretenden wie auch gegenüber dem Abtretungsempfänger erfolgen.[125] Nach wieder anderer Auffassung ist in diesem Falle die schlusszahlungsgleiche Erklärung an den Abtretungsempfänger, der Hinweis auf die Ausschlusswirkung demgegenüber an den Abtretenden als Vertragspartner zu richten.[126]

Der herrschenden Meinung ist zu folgen. Da die Ausschlusswirkung auf Grund vorbehaltloser Annahme der Schlusszahlung nur auf Einrede des Bestellers hin gilt, ist nach § 404 BGB die entsprechende Einrede mit allen erforderlichen Erklärungen dem Abtretungsempfänger als neuem Gläubiger gegenüber zu erheben.[127] Auf Grund der unterschiedlichen Auffassungen kann es jedoch geboten sein, bei Kenntnis des Bestellers von der Abtretung zur sicheren Erhaltung der Ausschlusswirkung die Schlusszahlungserklärung und den Hinweis auf die Ausschlusswirkung sowohl an den Abtretenden wie auch an den Abtretungsempfänger zu richten. 104

III. Ausschluss auch bei früher gestellten, unerledigten Forderungen (§ 16 Abs. 3 Nr. 4 VOB/B)

Zunächst stellt die Regelung klar, dass zur Vermeidung der Ausschlusswirkung der Vorbehalt gemäß § 16 Abs. 3 Nr. 5 VOB/B auch erklärt werden muss, wenn bereits vor Erteilung der Schlussrechnung von dem Besteller nicht anerkannte Forderungen gestellt bzw. vorbehalten worden sind.[128] 105

Im Übrigen hat die Regelung keinen abschließenden Charakter, sondern nur deklaratorische Bedeutung. Die Ausschlusswirkung bezieht sich nicht nur auf früher gestellte, aber unerledigte Forderungen, sondern auch auf Forderungen des Unternehmers, die zu keinem Zeitpunkt gestellt worden sind, jedoch in der Schlussrechnung hätten gestellt werden können vgl. Rdn. 88.[129] 106

IV. Vorbehaltserklärung und -begründung (§ 16 Abs. 3 Nr. 5 VOB/B)

1. Vorbehaltserklärung (§ 16 Abs. 3 Nr. 5 S. 1 VOB/B)

Zur Vermeidung der Ausschlusswirkung hat der Unternehmer innerhalb von 24 Werktagen nach Zugang der Mitteilung nach § 16 Abs. 3 Nr. 2 und Nr. 3 VOB/B über die Schlusszahlung gegenüber dem Besteller einen Vorbehalt zu erklären. Die Vorbehaltserklärung bedarf nicht der Schriftform, die allerdings aus Beweisgründen angeraten erscheint. Denn die Beweislast für die ordnungsgemäße Erklärung des Vorbehalts und deren fristgerechten Zugang hat der Unternehmer.[130] 107

Erforderlich ist eine Erklärung des Unternehmers, aus der sich zweifelsfrei entnehmen lässt, dass er aus dem in der Abwicklung befindlichen Bauvertragsverhältnis noch Nachforderungen geltend macht, die über die bisherigen Zahlungen des Bestellers einschließlich seiner Schlusszahlung hinausgehen. Die Äußerung muss unbedingt und bestimmt sein.[131] Es sind keine zu strengen Anforderungen an die Vorbehaltserklärung zu stellen. Es reicht, dass der Unternehmer erklärt, er halte vorbehaltlich einer näheren Prüfung an seiner weitergehenden Forderung fest.[132] 108

---

125 Vgl. Nachweise bei Ingenstau/Korbion/*Locher*, B § 16 Abs. 3 Rn. 117.
126 Kapellmann/Messerschmidt/*Messerschmidt*, § 16 Rn. 233; Vorauflage *Motzke*, in: Beck'scher VOB-Kommentar, Urt. v. 24.04.1981, 21 U 681/81, § 16 Nr. 3 Rn. 79.
127 Ingenstau/Korbion/*Locher*, B § 16 Abs. 3 Rn. 117; *Werner/Pastor*, Rn. 2293.
128 Ingenstau/Korbion/*Locher*, B § 16 Abs. 3 VOB/B Rn. 121; Kapellmann/Messerschmidt/*Messerschmidt*, B § 16 Rn. 140.
129 Kapellmann/Messerschmidt/*Messerschmidt*, B § 16 Rn. 241.
130 BGH, Urt. v. 05.10.1972, VII ZR 187/71, BauR 1972, 382, 383; OLG Hamm, Urt. v. 08.02.1986, 24 U 221/85, BauR 1986, 587.
131 Ingenstau/Korbion/*Locher*, B § 16 Abs. 3 VOB/B Rn. 132.
132 BGH, Urt. v. 18.04.2002, VII ZR 260/01, BauR 2002, 1253, 1256.

109 Im Falle der Abtretung der Werklohnforderung durch den Unternehmer kann auch der Abtretungsempfänger den Vorbehalt wirksam erklären, weil es sich bei seiner Geltendmachung nicht um ein einseitiges Gestaltungsrecht handelt, das einer besonderen Abtretung bedarf.[133]

110 Die Vorbehaltserklärung muss gegenüber dem Besteller oder einem bevollmächtigten Dritten, z.B. dem Architekten des Bestellers, erfolgen. Insofern ist der Architekt zur Entgegennahme des Vorbehalts befugt, falls er mit der Bauabrechnung befasst und vom Besteller bevollmächtigt ist, dem Unternehmer die Auseinandersetzung über deren Werklohnforderung zu führen, oder der Besteller dies zumindest duldet.[134]

111 In Ausnahmefällen ist nach dem Grundsatz von Treu und Glauben von dem Erfordernis des Vorbehalts abzusehen. So ist eine kurz vor Erhalt der Schlusszahlungserklärung, also in einem engen zeitlichen Zusammenhang damit, erfolgte klare Äußerung des Unternehmers, dass er einen bestimmten Betrag nachfordere, nachdem hierüber schon längere Verhandlungen mit dem Besteller geführt worden, noch als Vorbehalt in der Weise gelten zu lassen, als sei er zugleich mit dem Eingang der genannten Mitteilung erklärt.[135]

112 Der Vorbehalt ist auch dann entbehrlich, wenn die Mehrforderung bereits gerichtlich anhängig ist, wofür die Anhängigkeit im Mahnverfahren genügt.[136] Insoweit kommt § 167 ZPO (§ 270 Abs. 3 ZPO a.F.) für die Wahrung der Vorbehaltsfrist bei Klageerhebung entsprechend zur Anwendung.[137]

113 Es reicht für einen Vorbehalt eine in einem anhängigen Prozess bereits erklärte Aufrechnung mit der umstrittenen Forderung des Unternehmers.[138] Fraglich ist, ob dies auch für Hilfsaufrechnungen gilt.[139] Die Hilfsaufrechnung ist insofern nicht anders zu behandeln wie die Streitverkündung, vgl. nachfolgende Rdn. 114. Sowohl die Hilfsaufrechnung wie auch die Streitverkündung kündigen zwar Ansprüche an, dies jedoch nur bedingt. Im Rahmen der Streitverkündung ist die Bedingung ein Unterliegen des Streitverkünders im Rahmen des Prozesses, indem der Streit verkündet wird. Bei der Hilfsaufrechnung ist die Bedingung das Bestehen der von dem Aufrechnenden in erster Linie angegriffenen Gegenforderung. In beiden Fällen fehlt es an der notwendigen Eindringlichkeit der Erklärungen des Unternehmers, um dem Besteller den Eindruck zu vermitteln, dass er sich auf Nachforderungen des Unternehmers einrichten muss.

114 Die Streitverkündung des Unternehmers gegenüber dem Besteller macht den Vorbehalt nicht entbehrlich, da daraus noch nicht die erforderliche Eindeutigkeit zu erkennen ist, dass der Unternehmer tatsächlich Nachforderungen gegenüber dem Besteller geltend machen will.[140]

115 Die Fristberechnung von 24 Werktagen erfolgt ab Zugang der schriftlichen Mitteilung nach § 16 Abs. 3 Nr. 2 und Nr. 3 VOB/B beim Unternehmer.[141] Die Vorschriften der § 186 ff. BGB sind anwendbar. Gemäß § 187 Abs. 1 BGB wird der Tag des Eingangs der schriftlichen Mitteilung nicht mit gerechnet. Da es sich auch bei arbeitsfreien Samstagen um Werktage handelt, bedeutet

---

133 OLG Frankfurt, Urt. v. 19.03.1992, 1 U 176/89, BauR 1994, 251, 253.
134 BGH, Urt. v. 12.05.1977, VII ZR 270/75, BauR 1977, 356, 358; BGH Urt. v. 20.04.1978, VII ZR 67/77, BauR 1978, 314, 315; Ingenstau/Korbion/*Locher*, B § 16 Abs. 3 Rn. 136; Kapellmann/Messerschmidt/*Messerschmidt*, B § 16 Rn. 247.
135 BGH, Urt. v. 28.06.1979, VII ZR 242/78, BauR 1979, 527, 529; Ingenstau/Korbion/*Locher*, B § 16 Abs. 3 Rn. 123.
136 BGH, Urt. 20.12.1976, VII ZR 37/76, BauR 1977, 135, 137 = BGHZ 68 38, 40.
137 BGH, Urt. v. 08.07.1982, VII ZR 13/81, BauR 1982, 499, 500.
138 Ingenstau/Korbion/*Locher*, B § 16 Abs. 3 Rn. 127.
139 Dafür Ingenstau/Korbion/*Locher*, a.a.O., dagegen OLG Hamm, Urt. v. 13.02.1979, 26 U 16/78, BauR 1980, 81.
140 BGH, Urt. v. 05.05.1977, VII ZR 289/74, BauR 1977, 287, 288= BGHZ 68, 368, 371; OLG Hamm, Urt. v. 13.02.1979, 26 U 16/78, BauR 1980, 81, 82.
141 Vgl. BGH, Urt. v. 18.04.2002, VII ZR 260/01, BauR 2002, 1253, 1256.

dies, dass im Falle eines Fristablaufs zu einem Samstag gemäß § 193 BGB die Frist erst an dem darauf folgenden Montag endet.[142]

2. Fristgemäße Vorbehaltsbegründung (§ 16 Abs. 3 Nr. 5 S. 2 VOB/B)

Der Vorbehalt wird hinfällig, wenn der Unternehmer nicht innerhalb von weiteren 24 Werktagen eine prüfbare Rechnung über die vorbehaltenen Forderungen einreicht oder, wenn das nicht möglich ist, den Vorbehalt eingehend begründet. Die früher streitige Frage, ob die entsprechende Vorbehaltsbegründungsfrist mit Ablauf der Vorbehaltsfrist oder mit vorzeitigem Zugang der Vorbehaltserklärung beginnt, ist nunmehr ausdrücklich in dem Sinne geregelt worden, dass sich in jedem Fall die Vorbehaltsbegründungsfrist an die Vorbehaltserklärungsfrist anschließt. 116

Einer prüfbaren Rechnung bedarf es im Übrigen nicht, wenn eine solche bereits vor Schlusszahlungserklärung des Bestellers übergeben worden ist.[143] Ansonsten muss der Unternehmer eine den Voraussetzungen des § 14 VOB/B entsprechende prüfbare Rechnung nachliefern.[144] Ist ihm dies innerhalb der Vorbehaltsbegründungsfrist nicht möglich, kann der Unternehmer stattdessen den Vorbehalt eingehend begründen. Es muss sich um eine aus objektiv vernünftiger, zu billigender Sicht sachlich begründete Unmöglichkeit handelt. Insofern ist Voraussetzung, dass die prüfbare Rechnung gegenwärtig nicht oder nur mit großen Schwierigkeiten aufgestellt werden kann, deren Behebung innerhalb von weiteren 24 Werktagen nicht möglich ist, weil noch zeitlich länger dauernde Feststellungen zu treffen sind. 117

Die Beweislast für die entsprechenden Voraussetzungen obliegt dem Unternehmer. Ist nur eine teilweise Einreichung der prüfbaren Rechnung möglich, weil über einzelne Punkte noch Unterlagen beschafft werden müssen, ist die Rechnung einzureichen, soweit es möglich ist, und im Übrigen eingehend zu begründen.[145] 118

V. Nicht von der Ausschlusswirkung erfasster Bereich (§ 16 Abs. 3 Nr. 6 VOB/B)

Die Ausschlusswirkungen gemäß § 16 Abs. 3 Nr. 2 bis Nr. 5 VOB/B gelten nicht bei Aufmass-, Rechnungs- und Übertragungsfehlern, deren Richtigstellung der Unternehmer im Hinblick auf Schlussrechnung und Schlusszahlung verlangt. Davon zu unterscheiden sind leistungsbezogene Beurteilungsfehler der Parteien. Derartige Fehler liegen vor, wenn die Abrechnungsfähigkeit bestimmter Leistungen falsch eingeschätzt worden ist. Unterlässt z.B. der Unternehmer die gesonderte Abrechnung von geänderten oder zusätzlichen Bauleistungen, so handelt es sich dabei um einen typischen Beurteilungs- und nicht etwa um einen bloßen Aufmassfehler.[146] Eine vorbehaltlose Annahme der Schlusszahlung schließt insofern die Nachberechnung der geänderten oder zusätzlichen Bauleistungen durch den Unternehmer aus. 119

K. Teilschlussrechnung und Teilschlusszahlung, § 16 Abs. 4 VOB/B

I. Allgemeines

Der Auftragnehmer hat gem. § 16 Abs. 4 VOB/B für in sich abgeschlossene Teile der zu erbringenden Leistung das Recht, eine Teilschlussrechnung zu stellen sowie hieraus eine Teilschlusszahlung zu verlangen. Mit der Teilschlusszahlung wird die erbrachte Teilleistung endgültig abgerechnet. Darin unterscheidet sich die Teilschlusszahlung von der Abschlagszahlung gem. § 16 Abs. 1 120

---

142 BGH, Urt. v. 28.06.1979, VII ZR 242/78, BauR 1979, 527, 529.
143 BGH, Urt. v. 05.02.1998, VII ZR 279/96, BauR 1998, 613 f.; Ingenstau/Korbion/*Locher*, B § 16 Abs. 3 Rn. 147.
144 Ingenstau/Korbion/*Locher*, B § 16 Abs. 3 VOB/B, Rn. 145.
145 Ingenstau/Korbion/*Locher*, a.a.O.
146 Kapellmann/Messerschmidt/*Messerschmidt*, B § 16 Rn. 269; Ingenstau/Korbion/*Locher*, B § 16 Abs. 3 Rn. 153.

VOB/B und der Vorauszahlung gem. § 16 Abs. 2 VOB/B. Im systematischen Aufbau der VOB/B werden die Rechte des Auftragnehmers durch § 16 Abs. 4 VOB/B folgerichtig komplettiert: An den Anspruch auf Teilabnahme gem. § 12 Abs. 2 VOB/B fügen sich das Recht zur Teilschlussrechnungslegung und der Anspruch auf Teilschlusszahlung.

121 Bei Vorliegen der Voraussetzungen hat der Auftragnehmer aus § 16 Abs. 4 VOB/B einen vertraglichen Anspruch auf Teilschlusszahlung.[147] Eine ausdrückliche Vereinbarung hierzu im Bauvertrag ist nicht erforderlich.[148] Der Auftragnehmer ist nicht verpflichtet, eine Teilschlussrechnung zu stellen und hieraus eine Teilschlusszahlung zu verlangen.[149] Es steht vielmehr zur Disposition des Auftragnehmers, ob er eine Teilschlussrechnung stellt oder seinen Vergütungsanspruch bei Vorliegen der jeweiligen Voraussetzungen in Form einer Abschlagszahlung oder (Gesamt-)Schlusszahlung fordert.[150] Daraus folgt, dass die Teilschlusszahlung von einer der Vertragsparteien tatsächlich verlangt werden muss.[151]

122 Der BGB-Bauvertrag sieht mit § 641 Abs. 1 S. 2 BGB eine Regelung für Teilzahlungen für isoliert abzunehmende Teilleistungen vor, die sich jedoch deutlich von § 16 Abs. 4 VOB/B unterscheidet.[152] Der Anwendungsbereich des § 641 Abs. 1 S. 2 BGB wird erst durch eine ausdrückliche vertragliche Vereinbarung der Abnahme von Teilleistungen eröffnet. Der in sich konsequent aufgebaute Regelungskomplex der §§ 12 Abs. 2, 16 Abs. 4 VOB/B – Teilabnahme, Teilschlussrechnung, Teilschlusszahlung – füllt das Erfordernis einer vertraglichen Regelung im Sinne des gesetzlichen Leitbildes aus.[153] Daraus folgt, dass die isolierte formularmäßige Einbeziehung des § 16 Abs. 4 VOB/B in den Bauvertrag einer Inhaltskontrolle nach § 307 BGB standhält.[154] Im VOB/B-Bauvertrag können die Vertragsparteien demgegenüber den Regelungskomplex der §§ 12 Abs. 2, 16 Abs. 4 VOB/B durch Allgemeine Geschäftsbedingungen ausschließen. Die VOB/B ist in diesem Fall jedoch nicht mehr als Ganzes vereinbart.[155] In der Praxis kann das Bedürfnis bestehen, bestimmte Teilleistungen gesondert abzurechnen, auch wenn sie keine in sich abgeschlossene Teilleistungen darstellen und § 16 Abs. 4 VOB/B deshalb nicht zur Anwendung kommt. Über Allgemeine Geschäftsbedingungen oder individualvertragliche Vereinbarungen können die Vertragsparteien die Voraussetzungen für die Abnahme von Teilleistungen (Bsp.: Verpflichtung zur Abnahme von Teilleistungen, die sich nach Bauzeit oder rein technisch definieren) ihren praktischen Bedürfnissen anpassen und so einen Anspruch auf Teilschlusszahlung außerhalb den Grenzen von § 16 Abs. 4 VOB/B ermöglichen.[156]

---

147 *Kandel*, in: Beck'scher VOB-Kommentar, B § 16 Nr. 4 Rn. 14; Kapellmann/Messerschmidt/*Messerschmidt*, B § 16 Rn. 280; a.A. Nicklisch/Weick/*Weick*, § 16 Rn. 72, der von einer Ermessensregelung ausgeht (»*können*«).
148 A.A. Nicklisch/Weick/*Weick*, § 16 Rn. 72; *Bergmann*, ZfBR 1998, 59, 63.
149 Ingenstau/Korbion/*Locher*, B § 16 Abs. 4 Rn. 7; *Kandel*, in: Beck'scher VOB-Kommentar, B § 16 Nr. 4 Rn. 14; Kapellmann/Messerschmidt/*Messerschmidt*, B § 16 Rn. 280.
150 Vgl. Kapellmann/Messerschmidt/*Messerschmidt*, B § 16 Rn. 280.
151 Ingenstau/Korbion/*Locher*, B § 16 Abs. 4 Rn. 7; *Kandel*, in: Beck'scher VOB-Kommentar, B § 16 Nr. 4 Rn. 14.
152 Vgl. *Kandel*, in: Beck'scher VOB-Kommentar, B § 16 Nr. 4 Rn. 4.
153 Vgl. *Kandel*, in: Beck'scher VOB-Kommentar, B § 16 Nr. 4 Rn. 6 und 7; a.A. *Deckers*, NZBau 2008, 627, 632.
154 Kapellmann/Messerschmidt/*Messerschmidt*, B § 16 Rn. 274; *Kandel*, in: Beck'scher VOB-Kommentar, B § 16 Nr. 4 Rn. 7.
155 *Kandel*, in: Beck'scher VOB-Kommentar, B § 16 Nr. 4 Rn. 18; Leinemann/*Leinemann*, § 16 Rn. 171.
156 Kapellmann/Messerschmidt/*Messerschmidt*, B § 16 Rn. 274; *Kandel*, in: Beck'scher VOB-Kommentar, B § 16 Nr. 4 Rn. 19; Ingenstau/Korbion/*Locher*, B § 16 Abs. 4 Rn. 8.

II. Voraussetzungen des Anspruchs auf Teilschlusszahlung

1. In sich abgeschlossene Teile der Leistung

Der Auftragnehmer ist nur dann berechtigt, eine Teilschlussrechnung zu stellen sowie eine Teilschlusszahlung zu verlangen, wenn es sich bei der endgültig abzurechnenden Leistung, um eine in sich abgeschlossene Teilleistung handelt. In sich abgeschlossen ist eine Leistung, wenn sie sich über ihre Funktionalität von der Gesamtbauleistung abgrenzen lässt.[157] Die Begriffe der »in sich abgeschlossenen Teilleistung« im Sinn des § 16 Abs. 4 VOB/B und des § 12 Abs. 2 VOB/B sind kongruent.[158] Zu den Einzelheiten wird auf die Kommentierung von *von Berg* zu § 12 VOB/B Rdn. 26 ff. verwiesen.

123

2. Abnahme der Teilleistung

Der Anspruch auf Teilschlusszahlung setzt zwingend eine erfolgte Abnahme der abzurechnenden Teilleistung voraus. Der VOB/B-Bauvertrag sieht mit § 12 Abs. 2 VOB/B eine spezielle Regelung für die Abnahme von Teilleistungen vor (vgl. *von Berg*, § 12 VOB/B Rdn. 25). Die Abnahmefiktion nach § 12 Abs. 5 Nr. 1 VOB/B scheidet aus, weil zum Zeitpunkt des Verlangens der Teilschlusszahlung eine Gesamtfertigstellung der Bauleistungen in der Regel nicht vorliegt.[159] Die Feststellung einer erbrachten Teilleistung nach § 4 Abs. 10 VOB/B durch die Parteien stellt keine Abnahme der Teilleistung dar.[160]

124

3. Prüfbare (Teil-)Schlussrechnung

Der Anspruch auf Teilschlusszahlung setzt weiter die Vorlage einer prüfbaren Teilschlussrechnung voraus. Die Teilschlussrechnung muss nach den Kriterien der § 14 Abs. 1 und 2 VOB/B prüffähig sein.[161] Auch für die Teilschlussrechnung gilt für den Auftraggeber die Frist zur Erhebung von Einwendungen gegen die Prüffähigkeit nach § 16 Abs. 3 Nr. 1 S. 2 VOB/B.[162] Wird vom Auftragnehmer eine prüffähige Teilschlussrechnung nicht innerhalb einer gesetzten Frist eingereicht, so steht dem Auftraggeber das Recht zu, nach den Grundsätzen des § 14 Abs. 4 VOB/B selbst eine Teilschlussrechnung aufzustellen.[163]

125

III. Rechtsfolgen

Gemäß § 16 Abs. 3 Nr. 1 VOB/B wird der Anspruch auf Teilschlusszahlung nach Prüfung und Feststellung der Teilschlussrechnung durch den Auftraggeber oder spätestens zwei Monate nach Zugang der Teilschlussrechnung fällig.[164] Der Charakter der Teilschlussrechnung als Unterform der Schlussrechnung wird bei der Verjährung deutlich. Für jede Teilschlussrechnung muss die Verjährungsfrist selbstständig ermittelt werden.[165] Ist die Forderung aus einer Teilschlussrechnung

126

---

157 Ingenstau/Korbion/*Locher*, B § 16 Abs. 4 Rn. 2; Kapellmann/Messerschmidt/*Messerschmidt*, B § 12 Rn. 79.
158 BGH v. 24.06.1999, VII ZR 120/98, BauR 1999, 1300, 1301; Leinemann/*Leinemann*, § 16 Rn. 170.
159 Vgl. Leinemann/*Leinemann*, § 16 Rn. 172; *Kandel*, in: Beck'scher VOB-Kommentar, B § 16 Nr. 4 Rn. 11.
160 Kapellmann/Messerschmidt/*Messerschmidt*, B § 16 Rn. 275.
161 OLG Hamm v. 27.6.2002, 21 U 111/99, BauR 2002, 1105; Ingenstau/Korbion/*Locher*, B § 16 Abs. 4 Rn. 4.
162 *Kandel*, in: Beck'scher VOB-Kommentar, B § 16 Nr. 4 Rn. 12; zu den Einzelzeiten der Frist zur Erhebung von Einwendungen gegen die Prüffähigkeit vgl. Rdn. 68 f.
163 Leinemann/*Leinemann*, § 16 Rn. 172; zu den Einzelheiten der Aufstellung der Schlussrechnung durch den Auftraggeber vgl. *Dören*, § 14 Abs. 4 VOB/B Rdn. 38 ff.
164 *Kandel*, in: Beck'scher VOB-Kommentar, B § 16 Nr. 4 Rn. 15; Leinemann/*Leinemann*, § 16 Rn. 172; zu Fragen der Fälligkeit der Schlusszahlung vgl. o. Rdn. 59 ff.
165 Kapellmann/Messerschmidt/*Messerschmidt*, B § 16 Rn. 282.

verjährt, so kann sie nicht mehr im Rahmen einer zeitlich nachfolgenden Schlussrechnung erneut geltend gemacht werden.[166] Dies ist ein entscheidender Unterschied zur verjährten Abschlagsforderung, der sich dadurch erklärt, dass die Teilschlussrechnung im Gegensatz zur Abschlagsrechnung eine endgültige Abrechnung einer Teilleistung darstellt. Der Teilschlusszahlung kommt die gleiche Wirkung zu wie einer Schlusszahlung, vgl. § 16 Abs. 3 Nr. 2 bis 5 VOB/B.[167] Zu den Folgen der Schlusszahlung wird auf Rdn. 78 ff. verwiesen.

L. Beschleunigungsgebot, Skontoabzüge, Zahlungsverzug und Leistungsverweigerung durch Arbeitseinstellung, § 16 Abs. 5 VOB/B

I. Beschleunigungsgebot, § 16 Abs. 5 Nr. 1 VOB/B

127 Aus § 16 Abs. 5 Nr. 1 VOB/B geht hervor, dass alle Zahlungen auf das Äußerste zu beschleunigen sind. Konkrete klagbare Rechte können die Parteien aus diesem Beschleunigungsgebot aber nicht ableiten. Insoweit wird lediglich von einem Programmsatz gesprochen.[168]

II. Skontoabzug, § 16 Abs. 5 Nr. 2 VOB/B

1. Skonto: begriffliche Klarstellung – dogmatische Einordnung

128 Der Begriff Skonto erklärt sich mit der Ermächtigung des Schuldners, einen Abzug von dem geschuldeten Rechnungsbetrag vorzunehmen (ital. *scontare*, den Preis herabsetzen), wenn bestimmte Zahlungsvereinbarungen eingehalten worden sind (Bsp.: Zahlung innerhalb einer festgelegten Zeitspanne, Barzahlung).[169] Auch wenn sich der ursprüngliche Skontobegriff an einer Zahlung vor Fälligkeit orientiert, kann bei einer entsprechenden Vereinbarung das Ende der Skontofrist nach dem Eintritt der Fälligkeit liegen.[170] Dogmatisch stellt sich die Skontovereinbarung als aufschiebend bedingter Teilerlass dar.[171] Damit lässt sich die Skontovereinbarung von Preisnachlässen wie Rabatt oder Abgebot abgrenzen. Der Preisnachlass wird unabhängig von der Einhaltung der Skontobedingungen gewährt, weshalb eine Umdeutung einer unwirksamen Skontovereinbarung in einen Preisnachlass ausgeschlossen ist.[172]

2. Wirksame Skontovereinbarung

129 Nach § 16 Abs. 5 Nr. 2 VOB/B ist für die Zulässigkeit von Skontoabzügen eine ausdrückliche Vereinbarung zwischen den Vertragsparteien notwendig. Die alleinige Einbeziehung der VOB/B genügt hierfür nicht.[173] Eine Skontovereinbarung kann auch über Allgemeine Geschäftsbedingungen vereinbart werden. Ihrem Grundsatz nach hält die Skontovereinbarung einer isolierten Inhaltskontrolle nach § 307 BGB stand.[174] Skontovereinbarungen können direkt im Bauvertrag oder auch während der Vertragsabwicklung geschlossen werden. Die laufenden Zahlungen des Auftraggebers unter der Vornahme eines Skontoabzugs trotz abgelaufener Skontofrist können zugleich als Angebot zu einer nachträglichen Änderung der Skontobedingungen angesehen werden. Dabei muss berücksichtigt werden, dass eine widerspruchslose Entgegennahme dieser Zahlungen

---

166 Kapellmann/Messerschmidt/*Messerschmidt*, B § 16 Rn. 282; Ingenstau/Korbion/*Locher*, B § 16 Abs. 4 Rn. 6.
167 Ingenstau/Korbion/*Locher*, B § 16 Abs. 4 Rn. 6; Kapellmann/Messerschmidt/*Messerschmidt*, B § 16 Rn. 274, 281.
168 Leinemann/*Leinemann*, § 16 Rn. 174.
169 Kapellmann/Messerschmidt/*Messerschmidt*, B § 16 Rn. 290; *Vygen/Joussen*, Rn. 2605.
170 *Kandel*, in: Beck'scher VOB-Kommentar, B § 16 Nr. 5 Rn. 9.
171 BGH v. 11.02.1998, VIII ZR 287/97, BauR 1998, 398, 399; Ingenstau/Korbion/*Locher*, B § 16 Abs. 5 Rn. 3.
172 Kapellmann/Messerschmidt/*Messerschmidt*, B § 16 Rn. 291; *Kainz*, BauR 1998, 219, 226.
173 Ingenstau/Korbion/*Locher*, B § 16 Abs. 5 Rn. 4.
174 BGH v. 25.01.1996, VII ZR 233/94, BauR 1996, 378, 379; Leinemann/*Leinemann*, § 16 Rn. 178.

durch den Auftragnehmer noch keine Annahme des Angebots auf Vertragsänderung darstellt. Dafür ist eine objektiv erkennbare Äußerung des Annahmewillens erforderlich, die sich nicht auf die Annahme der Zahlung beschränken darf.[175]

Eine Skontovereinbarung ist wirksam, wenn sich die Skontobedingungen und die von der Skontovereinbarung umfassten Zahlungen zumindest nach einer Vertragsauslegung inhaltlich klar bestimmen lassen.[176] Grundsätzlich kann sich die Skontovereinbarung auf alle Zahlungsarten des § 16 Abs. 1 bis 4 VOB/B beziehen. Auch hinsichtlich jeder einzelnen Rate eines von den Parteien vereinbarten Zahlungsplans ist ein Skontoabzug bei entsprechender Vereinbarung möglich.[177] In diesem Fall sind die Voraussetzungen des Skontoabzugs bei jeder skontoabzugsfähigen Zahlung separat zu prüfen. Das heißt, dass bei jeder fristgerechten Zahlung, Skonto zu gewähren ist, auch wenn andere Raten nicht fristgerecht bezahlt werden.[178] Bei unklaren oder sehr allgemein gehaltenen Vereinbarungen, auf welche Zahlungen Skonto gewährt werden soll, ist umstritten, ob in diesen Fällen nur bei der Schlusszahlung[179] oder auch bei Voraus- und Abschlagszahlungen[180] Skonto berechnet werden kann. 130

Zu den erforderlichen Skontobedingungen gehören zudem Reglungen hinsichtlich der Höhe des zu gewährenden Skontos, der Skontofrist sowie des Beginns der Skontofrist. Fehlen diese Voraussetzungen, liegt eine unwirksame Skontovereinbarung vor.[181] Bei unklaren oder allgemeinen Formulierungen ist auch bezüglich dieser Voraussetzungen auf die Auslegung zurückzugreifen. Die Vereinbarung Skonto »bei Einhaltung der Zahlung nach VOB/B« zu gewähren, genügt den Anforderungen der Bestimmtheit.[182] Als überraschend i.S.d. § 305c BGB und damit unwirksam werden Klauseln angesehen, die eine Skontofrist weit über den Fälligkeitszeitpunkt hinaus vorsehen.[183] Eine formularmäßige Skontovereinbarung verstößt gegen § 307 BGB, wenn der Beginn der Skontofrist von der Prüfung der Schlussrechnung durch den Architekten oder den Auftraggeber abhängig gemacht wird.[184] Durch Bezugnahme auf § 16 VOB/B wird in der Praxis verbreitet auf den Zugang der Schlussrechnung als Beginn der Skontofrist abgestellt. Ist die Schlussrechnung nicht prüffähig und wird dies vom Auftraggeber innerhalb der Skontofrist unter der Angabe konkreter Gründe gerügt, so beginnt die Skontofrist mit der Vorlage einer prüffähigen Schlussrechnung neu.[185] 131

3. Rechtzeitige Zahlung innerhalb der Skontofrist

Der Auftraggeber leistet rechtzeitig, wenn er innerhalb der vereinbarten Skontofrist seiner ihm obliegenden Zahlungspflicht durch Vornahme der erforderlichen Zahlungshandlung nachkommt. Ist die Vergütung bar zu entrichten, muss der Geldbetrag bis Ende der Skontofrist an den Auf- 132

---

175 OLG Köln v. 14.08.2003, 8 U 24/03, IBR 2004, 189; Ingenstau/Korbion/*Locher*, B § 16 Abs. 5 Rn. 5; *Stellmann/Isler*, ZfBR 2004, 633.
176 BGH v. 11.02.1998, VIII ZR 287/97, BauR 1998, 398, 399; Kapellmann/Messerschmidt/*Messerschmidt*, B § 16 Rn. 292.
177 BGH v. 29.06.2000, VII ZR 186/99, BauR 2000, 1754, 1755; Kapellmann/Messerschmidt/*Messerschmidt*, B § 16 Rn. 298.
178 BGH v. 29.06.2000, VII ZR 186/99, BauR 2000, 1754, 1755.
179 OLG Oldenburg v. 18.11.1998, 2 U 188/98, IBR 1999, 252; Ingenstau/Korbion/*Locher*, B § 16 Abs. 5 Rn. 8.
180 OLG Brandenburg v. 16.12.2009, 4 U 28/08, IBR 2010, 130; *Kandel*, in: Beck'scher VOB-Kommentar, B § 16 Nr. 5 Rn. 20; *Vygen/Joussen*, Rn. 2609; *Werner/Pastor*, Rn. 1691.
181 Ingenstau/Korbion/*Locher*, B § 16 Abs. 5 Rn. 12 und 13.
182 OLG Köln v. 08.10.2002, 22 U 48/02, BauR 2003, 771; *Vygen/Joussen*, Rn. 2608.
183 LG München I v. 11.08.2006, 18 O 22392/04, IBR 2007, 1219; Ingenstau/Korbion/*Locher*, B § 16 Abs. 5 Rn. 16.
184 LG Berlin v. 18.10.1984, 93 S 1/84, BauR 1986, 700, 701; *Werner/Pastor*, Rn. 1694.
185 Vgl. OLG München v. 27.02.1987, 23 U 4946/86, BauR 1988, 381; *Vygen/Joussen*, Rn. 2615.

tragnehmer übergeben werden.[186] Bei Zahlung durch Überweisung muss der Überweisungsauftrag vor Fristende beim ausführenden Kreditinstitut erteilt werden.[187] Erfolgt die Zahlung mittels Verrechnungsscheck, muss dieser innerhalb der Skontofrist übergeben oder abgesandt werden.[188]

133 Um einen Skontoabzug vornehmen zu können, muss der Auftraggeber zudem seinen Zahlungsverpflichtungen in vollem Umfang nachkommen.[189] Nimmt der Auftraggeber unberechtigte Abzüge vor oder leistet er nur eine Teilzahlung, so kann Skonto nicht mehr gewährt werden.[190] Hält der Auftraggeber wegen der mangelhaften Ausführung der Leistung einen Teil der Vergütung berechtigt zurück, so kann er bei der übrigen Zahlung Skonto abziehen, wenn diese vollständig und rechtzeitig erfolgt.[191] Die Skontofrist hinsichtlich des wegen Mängeln einbehaltenen Teils der Vergütung beginnt erst nach der Beseitigung der Mängel, weshalb der Auftraggeber bei rechtzeitiger Zahlung auch hinsichtlich des Einbehalts zum Skontoabzug berechtigt ist.[192]

4. Beweislast

134 Der Auftraggeber trägt die Darlegungs- und Beweislast für das Bestehen einer wirksamen Skontovereinbarung und die Vornahme einer rechtzeitigen Zahlung innerhalb der Skontofrist.[193]

III. Zahlungsverzug des Auftraggebers, § 16 Abs. 5 Nr. 3 und Nr. 4 VOB/B

1. Allgemeines

135 Die Voraussetzungen und Rechtsfolgen des Zahlungsverzugs des Auftraggebers werden in § 16 Abs. 5 Nr. 3 und 4 VOB/B geregelt. Diese Vorschrift stellt eine abschließende Regelung dar, weshalb auf die Verzugsregelungen des BGB, insbesondere auf § 286 Abs. 3 BGB, nicht zurückgegriffen werden kann.[194] So trifft § 16 Abs. 5 Nr. 3 und 4 VOB/B auch eine abschließende Regelung für den Zinsanspruch des Auftragnehmers.[195] Daher steht dem Auftragnehmer bei einem VOB/B-Bauvertrag ein Anspruch auf Fälligkeitszinsen nach § 641 Abs. 4 BGB nicht zu.[196] Über eine formularmäßige Regelung können die Parteien jedoch die Anwendung des § 641 Abs. 4 BGB vereinbaren. Einem solchen Vorgehen steht die Inhaltskontrolle des § 307 BGB nicht entgegensteht. Im Prozess kann der Auftragnehmer über § 291 BGB Prozesszinsen geltend machen.[197]

136 Die Frage, ob die Verzugsregelungen der VOB/B einer isolierten Inhaltskontrolle nach § 307 BGB standhalten, ist höchst umstritten. Nach einer weitverbreiteten Ansicht verstößt § 16 Abs. 5 Nr. 3 VOB/B wegen der erschwerten Bedingungen des Verzugseintritts gegen das gesetzliche Leitbild des § 286 BGB und damit auch gegen § 307 BGB. Nach der Gegenansicht berücksichtigen

---

186 Kapellmann/Messerschmidt/*Messerschmidt*, B § 16 Rn. 301.
187 OLG Düsseldorf v. 19.11.1999, 22 U 90/99, BauR 2000, 729; 730; OLG Köln v. 11.01.1990, 7 U 51/89, BauR 1990, 367, 369.
188 BGH v. 11.02.1998, VIII ZR 287/97, BauR 1998, 398, 399; *Vygen/Joussen*, Rn. 2612.
189 OLG Düsseldorf v. 08.09.2000, 22 U 25/00, BauR 2001, 1268, 1269; Leinemann/*Leinemann*, § 16 Rn. 182.
190 *Kandel*, in: Beck'scher VOB-Kommentar, B § 16 Nr. 5 Rn. 32; *Werner/Pastor*, Rn. 1692.
191 *Stellmann/Isler*, ZfBR 2004, 633, 637.
192 *Werner/Pastor*, Rn. 1692; *Vygen/Joussen*, Rn. 2614; *Stellmann/Isler*, ZfBR 2004, 633, 637.
193 OLG Düsseldorf v. 08.09.2000, 22 U 25/00, BauR 2001, 1268, 1269; *Kandel*, in: Beck'scher VOB-Kommentar, B § 16 Nr. 5 Rn. 37.
194 LG Bochum v. 04.10.2001, 14 O 61/01, BauR 2002, 344, 345; Ingenstau/Korbion/*Locher*, B § 16 Abs. 5 Rn. 19.
195 Ingenstau/Korbion/*Locher*, B § 16 Abs. 5 Rn. 22; *Kandel*, in: Beck'scher VOB-Kommentar, B § 16 Nr. 5 Rn. 48.
196 *Kandel*, in: Beck'scher VOB-Kommentar, B § 16 Nr. 5 Rn. 48.
197 LG Bochum v. 04.10.2001, 14 O 61/01, BauR 2002, 344, 345; Ingenstau/Korbion/*Locher*, B § 16 Abs. 5 Rn. 39; *Werner/Pastor*, Rn. 1705.

die Verzugsregelung der VOB/B die Besonderheiten und Schwierigkeiten des Bauvertrages, weshalb ein Verstoß gegen § 307 BGB nicht vorliegt.[198]

2. Voraussetzungen für den Zahlungsverzug des Auftraggebers

Grundvoraussetzung für den Zahlungsverzug ist auch bei einem VOB/B-Bauvertrag die Nichtzahlung auf einen fälligen Zahlungsanspruch des Auftragnehmers; zur Fälligkeit der Abschlagszahlung vgl. o. Rdn. 26 ff., zur Fälligkeit der Schlusszahlung vgl. o. Rdn. 59 ff. Ein Leistungsverweigerungsrecht des Auftraggebers steht der Fälligkeit und damit dem Eintritt des Zahlungsverzugs entgegen. 137

In den Fällen des § 16 Abs. 5 Nr. 3 VOB/B muss dem Auftraggeber eine angemessene Nachfrist gesetzt werden, um den Zahlungsverzug begründen zu können. Zu den formalen und inhaltlichen Anforderungen an die Nachfristsetzung wird auf die Ausführungen von *Glöckner*, § 281 BGB Rdn. 12 ff., verwiesen. Eine Nachfrist von zwei Wochen ist grundsätzlich ausreichend.[199] Zu weiteren Fragen der Angemessenheit und zu den Rechtsfolgen einer zu kurz bemessenen Frist vgl. *Glöckner*, § 281 BGB Rdn. 21. Unter gewissen Voraussetzungen ist die Nachfristsetzung entbehrlich. Zu § 281 Abs. 1 S. 1 BGB wurden hierzu Grundsätze entwickelt, auf welche im Rahmen von § 16 Abs. 5 Nr. 3 VOB/B zurückgegriffen werden kann.[200] Besonders praxisrelevant ist die Entbehrlichkeit der Nachfrist im Fall der ernsthaften und endgültigen Erfüllungsverweigerung des Auftraggebers, vgl. hierzu *Glöckner*, § 281 BGB Rdn. 25 ff. 138

Eine Nachfristsetzung ist in den Fällen des § 16 Abs. 5 Nr. 4 VOB/B für die Begründung des Zahlungsverzuges nicht erforderlich. Vielmehr genügt es, dass der Auftraggeber fällige unbestrittene Guthaben nicht innerhalb von zwei Monaten (§ 16 Abs. 3 Nr. 1 VOB/B) nach Zugang der Schlussrechnung ausgleicht. Der Anwendungsbereich des § 16 Abs. 5 Nr. 4 VOB/B beschränkt sich auf den Zahlungsverzug hinsichtlich der Schlussrechnungen.[201] 139

3. Verzugsfolgen nach § 16 Abs. 5 Nr. 3 und 4 VOB/B

Befindet sich der Auftraggeber in Zahlungsverzug, so steht dem Auftragnehmer gem. § 16 Abs. 5 Nr. 3 und 4 VOB/B ein Anspruch auf Verzugszinsen zu. Mit Ablauf der gesetzten Nachfrist oder der Frist gem. § 16 Abs. 5 Nr. 4 VOB/B kann der Auftragnehmer für die Dauer des Verzugs Zinsen in Höhe der in § 288 Abs. 2 BGB angegebenen Zinssätze beanspruchen. Die einschlägigen Regelungen der VOB/B zur Höhe der Verzugszinsen wurden in den letzten Jahren mehrfach geändert. Daher ist zur Bestimmung der genauen Höhe der Verzugszinsen auf die dem Bauvertrag zugrunde gelegte Fassung der VOB/B abzustellen.[202] Erst mit der VOB/B 2002, 2009 wird auf die basiszinsorientierte Regelung des § 288 Abs. 2 BGB abgestellt.[203] 140

Ist dem Auftragnehmer ein über die Verzugszinsen nach § 288 Abs. 2 BGB hinausgehender höherer Verzugsschaden entstanden, so kann er diesen gegenüber dem Auftraggeber geltend machen, § 16 Abs. 5 Nr. 3 und Nr. 4 VOB/B. Dem Auftragnehmer obliegt die Darlegungs- und Beweislast für die einzelnen Umstände, welche einen höheren Verzugsschaden begründen.[204] Ein höhe- 141

---

198 Leinemann/*Leinemann*, § 16 Rn. 187; Kapellmann/Messerschmidt/*Messerschmidt*, B § 16 Rn. 323; Vygen/Joussen Rn. 2628.
199 Kapellmann/Messerschmidt/*Messerschmidt*, B § 16 Rn. 310, Ingenstau/Korbion/*Locher*, B § 16 Abs. 5 Rn. 27 geht im Allgemeinen bei 10 Tagen von einer angemessenen Frist aus.
200 Vgl. OLG Düsseldorf v. 13.03.2003, I-5 U 102/02, BauR 2003, 1579, 1580; Ingenstau/Korbion/*Locher*, B § 16 Abs. 5 Rn. 40.
201 Kapellmann/Messerschmidt/*Messerschmidt*, B § 16 Rn. 326.
202 Leinemann/*Leinemann*, § 16 Rn. 194; Kapellmann/Messerschmidt/*Messerschmidt*, B § 16 Rn. 322.
203 Zur Zinshöhe in älteren Fassungen der VOB/B vgl. Leinemann/*Leinemann*, § 16 Rn. 194 ff.; Kapellmann/Messerschmidt/*Messerschmidt*, B § 16 Rn. 319 ff.
204 Ingenstau/Korbion/*Locher*, B § 16 Abs. 5 Rn. 36; Werner/Pastor Rn. 1706.

rer Verzugsschaden kommt insbesondere bei einer auf den Zahlungsverzug zurückzuführenden Kreditaufnahme in Betracht.

IV. Leistungsverweigerung durch Arbeitseinstellung, § 16 Abs. 5 Nr. 5 VOB/B

1. Allgemeines

142 Unabhängig von seinem Anspruch auf Verzugszinsen ist der Auftragnehmer bei Verzug des Auftraggebers gem. § 16 Abs. 5 Nr. 5 VOB/B zur Arbeitseinstellung berechtigt.[205] Dogmatisch stellt das Recht zur Arbeitseinstellung eine Unterart der Einrede des nicht erfüllten Vertrags nach § 320 BGB dar.[206] Das Leistungsverweigerungsrecht des Auftragnehmers nach § 16 Abs. 5 Nr. 5 VOB/B, § 320 BGB kann nicht durch Allgemeine Geschäftsbedingungen ausgeschlossen oder eingeschränkt werden, weil solche Klauseln gegen §§ 309 Nr. 2, 307 BGB verstoßen.[207]

2. Voraussetzungen für die Arbeitseinstellung des Auftragnehmers

143 Der Auftragnehmer kann gem. § 16 Abs. 5 Nr. 5 VOB/B die Ausführung der von ihm geschuldeten Arbeiten einstellen, wenn der Auftraggeber fällige Forderungen aus dem Vertragsverhältnis trotz angemessener Nachfristsetzung nicht innerhalb der gesetzten Frist ausgleicht. In sämtlichen Fällen (§ 16 Abs. 5 Nr. 3 und 4 VOB/B) muss dem Auftraggeber vorher eine angemessene Nachfrist gesetzt werden.[208] Das Recht zur Arbeitseinstellung steht dem Auftragnehmer über die Verweisung auf § 16 Abs. 5 Nr. 3 und 4 VOB/B für Abschlagszahlungen und Teilschlusszahlungen zu.[209] Kommt der Auftraggeber mit einer Schlusszahlung in Verzug, ist eine Arbeitseinstellung nicht möglich, weil die Erteilung der Schlussrechnung den Abschluss der Arbeiten voraussetzt.[210] Das Recht zur Arbeitseinstellung ist auch dann ausgeschlossen, wenn der Auftragnehmer sich hinsichtlich der Ausführung anderer Leistungsteile in Verzug befindet, weshalb der Auftraggeber die geforderten Zahlungen berechtigt verweigern kann[211] oder dem Auftraggeber sonstige Zurückbehaltungsrechte zustehen (z.B. wegen mangelhafter Leistung des Auftragnehmers, § 641 Abs. 3 BGB).[212] Bei Berücksichtigung des Kooperationsgebots und des Grundsatzes der Verhältnismäßigkeit aus § 320 Abs. 2 BGB kann der Auftragnehmer gehalten sein, bei einem lediglich unerheblichen Zahlungsrückstand von der Arbeitseinstellung abzusehen oder zumindest den Auftraggeber erneut zu kontaktieren.[213]

144 Nach dem Wortlaut des § 16 Abs. 5 Nr. 5 VOB/B ist der Auftragnehmer grundsätzlich nicht verpflichtet, dem Auftraggeber die Einstellung der Arbeiten vorher anzukündigen. Zu Recht wird wegen der einschneidenden Wirkung der Arbeitseinstellung von der wohl herrschenden Ansicht auf das Kooperationsgebot zwischen den Parteien des Bauvertrages verwiesen und eine vorherige Ankündigung der Arbeitseinstellung gefordert.[214] Dem Auftragnehmer wird daher geraten, die

---

205 Leinemann/*Leinemann*, § 16 Rn. 202; Ingenstau/Korbion/*Locher*, B § 16 Abs. 5 Rn. 43.
206 *Kandel*, in: Beck'scher VOB-Kommentar, B § 16 Nr. 5 Rn. 49; *Oberhauser*, BauR 2008, 421.
207 BGH v. 31.03.2005, VII ZR 180/04, NZBau 2005, 392; Palandt/*Heinrichs*, § 309 Rn. 12; Ingenstau/Korbion/*Locher*, B § 16 Abs. 5 Rn. 48.
208 Kapellmann/Messerschmidt/*Messerschmidt*, B § 16 Rn. 331, sieht eine Woche als angemessen an.
209 Kapellmann/Messerschmidt/*Messerschmidt*, B § 16 Rn. 328.
210 *Kandel*, in: Beck'scher VOB-Kommentar, B § 16 Nr. 5 Rn. 50; Ingenstau/Korbion/*Locher*, B § 16 Abs. 5 Rn. 44.
211 OLG Düsseldorf v. 19.02.1992, 19 U 43/91, BauR 1993, 123; Ingenstau/Korbion/*Locher*, B § 16 Abs. 5 Rn. 44.
212 BGH v. 06.05.1999, VII ZR 180/98, BauR 1999, 1025, 1026; Kapellmann/Messerschmidt/*Messerschmidt*, B § 16 Rn. 328.
213 Vgl. Ingenstau/Korbion/*Locher*, B § 16 Abs. 5 Rn. 45; Leinemann/*Leinemann*, § 16 Rn. 202.
214 Kapellmann/Messerschmidt/*Messerschmidt*, B § 16 Rn. 332; Ingenstau/Korbion/*Locher*, B § 16 Abs. 5 Rn. 46; Leinemann/*Leinemann*, § 16 Rn. 203; a.A. Nicklisch/Weik/*Weik*, § 16 Rn. 85.

Arbeitseinstellung vorher anzukündigen, um Unsicherheiten bezüglich der Rechtmäßigkeit der Arbeitseinstellung zu vermeiden.

3. Folgen der Arbeitseinstellung durch den Auftragnehmer

Die berechtigte Arbeitseinstellung führt zu einer Behinderung der Leistungsausführung, für welche der Auftraggeber verantwortlich ist. Deshalb sind die Ausführungsfristen für die Leistung nach § 6 Abs. 2 VOB/B zu verlängern. Zudem steht dem Auftragnehmer ein Anspruch auf Schadensersatz wegen Verzugsschäden nach § 6 Abs. 6 VOB/B zu.[215] Der Auftragnehmer kann nach § 9 Abs. 1 Nr. 2 VOB/B den Vertrag kündigen. Bei einer berechtigten Arbeitseinstellung durch den Auftragnehmer steht dem Auftraggeber das Kündigungsrecht nach § 8 Abs. 3 VOB/B nicht zu, weshalb er lediglich von seinem allgemeinen Kündigungsrecht nach § 8 Abs. 1 VOB/B Gebrauch machen kann.[216] Stellt der Auftragnehmer demgegenüber zu Unrecht die Arbeiten ein, so kann der Auftraggeber gem. § 8 Abs. 3 VOB/B kündigen und Schadensersatz verlangen.[217]

145

M. Zahlungen des Auftraggebers an Dritte mit schuldbefreiender Wirkung, § 16 Abs. 6 VOB/B

I. Allgemeines

Der Auftraggeber kann gem. § 16 Abs. 6 VOB/B an Gläubiger des Auftragnehmers (Dritte), welche dieser zur Ausführung seiner gegenüber dem Auftraggeber bestehenden Leistungspflichten im Rahmen eines Dienst- oder Werkvertrags hinzugezogen hat, leisten, um seine Zahlungsverpflichtung gegenüber dem Auftragnehmer zu erfüllen.

146

Der Auftraggeber (Bauherr) hat den Auftragnehmer (Generalunternehmer) mit der Planung und Erstellung einer Werkhalle beauftragt. Der Auftragnehmer führt selbst keine Elektroinstallationen durch, weshalb er dieses Gewerk an einen Elektroinstallateur (Subunternehmer) vergibt. Weil der Auftragnehmer eine geschuldete Abschlagszahlung für bereits ausgeführte Elektroinstallationen nicht vornimmt, verweigert der Elektroinstallateur zu Recht die weitere Ausführung der Leistung. Der Auftraggeber hat ein schutzwürdiges Interesse daran, dass der Elektroinstallateur seine Arbeiten unverzüglich fortsetzt, damit keine weiteren Verzögerungen im Bauablauf entstehen.

Im BGB-Bauvertrag ist für eine schuldbefreiende Direktzahlung an Dritte nach §§ 362 Abs. 2, 185 BGB die Zustimmung des Auftraggebers erforderlich. Die formularmäßige Einbeziehung des § 16 Abs. 6 VOB/B wird in Teilen der Literatur als Ermächtigung i.S.d. § 185 BGB angesehen.[218]

Verbreitet wird hinsichtlich der Möglichkeit des Auftraggebers zur Vornahme einer Direktzahlung an den Dritten von einem Wahlrecht gesprochen;[219] wobei es sich nicht um eine Wahlschuld i.S.d. §§ 262 ff. BGB handelt.[220] Der Auftraggeber ist bei Vorliegen der Voraussetzungen des § 16 Abs. 6 VOB/B nicht verpflichtet, an einen Dritten zu leisten.[221] Zwischen dem Auftraggeber und dem Dritten besteht keine Vertragsbeziehung, weshalb der Dritte keinen vertraglichen An-

147

---

215 Leinemann/*Leinemann*, § 16 Rn. 204; Kapellmann/Messerschmidt/*Messerschmidt*, B § 16 Rn. 334.
216 Kapellmann/Messerschmidt/*Messerschmidt*, B § 16 Rn. 335; Ingenstau/Korbion/*Locher*, B § 16 Abs. 5 Rn. 47.
217 Leinemann/*Leinemann*, § 16 Rn. 204; vgl. ferner BGH v. 13.09.2001, VII ZR 415/99, BauR 2002, 89.
218 Vgl. *Kandel*, in: Beck'scher VOB-Kommentar, B § 16 Nr. 6 Rn. 5; Leinemann/*Leinemann*, § 16 Rn. 226.
219 Kapellmann/Messerschmidt/*Messerschmidt*, B § 16 Rn. 339; *Zanner*, in: Franke/Kemper/Zanner/Grünhagen, § 16 VOB/B Rn. 201.
220 *Kandel*, in: Beck'scher VOB-Kommentar, B § 16 Nr. 6 Rn. 5.
221 *Vygen/Joussen*, Rn. 2665; Ingenstau/Korbion/*Locher*, B § 16 Abs. 6 Rn. 6.

spruch auf Direktzahlung gegen den Auftraggeber hat.[222] Dem Dritten stehen auch keine Ansprüche aus auftragsloser Geschäftsführung oder Bereicherungsrecht zu.[223] Verpflichtet sich der Auftraggeber gegenüber dem Dritten von seinem Recht zur Direktzahlung gem. § 16 Abs. 6 VOB/B Gebrauch zu machen, so stellt dies keine Bürgschaft für Forderungen des Dritten gegen den Auftragnehmer dar. Der Auftraggeber verpflichtet sich lediglich zur Bereitstellung von Mitteln, welche für die Vergütung des Auftragnehmers bestimmt waren. Er steht damit nicht für die Forderung des Dritten gegen den Auftragnehmer mit seinem eigenen freien Vermögen ein, wie es die Bürgschaft voraussetzt.[224] In diesem Fall setzt sich der Auftraggeber aber der Gefahr von Schadensersatzansprüchen wegen Nichterfüllung aus, wenn er bei Vorliegen der Voraussetzungen des § 16 Abs. 6 VOB/B nicht zahlt.[225] Der Dritte hat zumindest dann einen Anspruch gegen den Auftraggeber, wenn dieser den Dritten drängt, die Arbeiten am Bau fortzusetzen und sich bereit erklärt, im Falle der Zahlungsunfähigkeit des Auftragnehmers die Vergütung des Dritten zu übernehmen. Die Erklärung des Auftraggebers ist in diesem Fall als Schuldbeitritt zu qualifizieren.[226]

148 Sobald über das Vermögen des Auftragnehmers das Insolvenzverfahren eröffnet wird, ist nach den insolvenzrechtlichen Vorschriften, vgl. §§ 81, 82, 21 Abs. 2 Nr. 2 InsO, eine schuldbefreiende Direktzahlung an den Dritten ausgeschlossen.[227] Eine Anwendung des § 16 Abs. 6 VOB/B ist auch dann ausgeschlossen, wenn der Auftragnehmer seine Forderung gegen den Auftraggeber an einen Dritten abgetreten hat oder wenn die Forderung von einem Dritten gepfändet wurde.[228]

II. Voraussetzungen der Berechtigung des Auftraggebers zur Vornahme einer schuldbefreienden Direktzahlung an Dritte

1. Zahlungspflicht des Auftraggebers gegenüber dem Auftragnehmer

149 Hintergrund für die Zahlung an den Dritten muss eine bestehende Zahlungsverpflichtung des Auftraggebers zugunsten des Auftragnehmers sein. Vorausgesetzt wird eine Zahlungspflicht gemäß § 16 Abs. 1 bis 4 VOB/B.[229] Erfasst werden folglich Zahlungen jeder Art. Zudem muss die Forderung des Auftragnehmers fällig sein, um die Rechtsfolgen des § 16 Abs. 6 VOB/B herbeiführen zu können.[230]

2. Forderung des Dritten aus Dienst- oder Werkvertrag gegen den Auftragnehmer

150 Zwischen dem Dritten und dem Auftragnehmer muss ein Dienst- oder Werkvertrag bestehen, nach welchem der Dritte an der Ausführung der vertraglichen Leistung des Auftragnehmers zugunsten des Auftraggebers beteiligt ist.[231] Praxisrelevant ist die Vorschrift für den Dritten (Sub-

---

222 BGH v. 17.06.1999, IX ZR 176/98, BauR 2009, 1189; BGH v. 30.11.2000, IX ZR 276/99, NZBau 2001, 448; Leinemann/*Leinemann*, § 16 Rn. 227; Kapellmann/Messerschmidt/*Messerschmidt*, B § 16 Rn. 339.
223 BGH v.15.04.2004, VII ZR 212/03, BauR 2004, 1151.
224 BGH v. 30.11.2000, IX ZR 276/99, NZBau 2001, 448; Messerschmidt/Voit/*Voit*, VOB/B Teil B, § 16 Rn. 42; Ingenstau/Korbion/*Locher*, B § 16 Abs. 6 Rn. 9.
225 BGH v. 30.11.2000, IX ZR 276/99, NZBau 2001, 448; Messerschmidt/Voit/*Voit*, VOB/B Teil B, § 16 Rn. 42.
226 BGH v. 26.10.2000, VII ZR 117/99, BauR 2001, 626, 627.
227 Vgl. BGH v.17.06.1999, IX ZR 176/98, BauR 1999, 1189; Ingenstau/Korbion/*Locher*, B § 16 Abs. 6 Rn. 24.
228 *Kandel*, in: Beck'scher VOB-Kommentar, B § 16 Nr. 6 Rn. 8, 10; Kapellmann/Messerschmidt/*Messerschmidt*, B § 16 Rn. 354, 355; Ingenstau/Korbion/*Locher*, B § 16 Abs. 6 Rn. 13; a.A. *Bartsch*, BB 1989, 529; *Bergmann*, ZfBR 1998, 59, 64.
229 Leinemann/*Leinemann*, § 16 Rn. 239; *Kandel*, in: Beck'scher VOB-Kommentar, B § 16 Nr. 6 Rn. 19.
230 Ingenstau/Korbion/*Locher*, B § 16 Abs. 6 Rn. 15; *Vygen/Joussen*, Rn. 2660.
231 *Kandel*, in: Beck'scher VOB-Kommentar, B § 16 Nr. 6 Rn. 21; Ingenstau/Korbion/*Locher*, B § 16 Abs. 6 Rn. 16.

unternehmer), welcher vom Auftragnehmer (Generalunternehmer) mit der Ausführung der Bauleistung beauftrag wird. Direktzahlungen nach § 16 Abs. 6 VOB/B sind auch an die Arbeitnehmer des Auftragsnehmers sowie an vom Auftragnehmer beauftragte Architekten und Ingenieure möglich.[232] Forderungen aus Kaufverträgen wegen Lieferung von Baustoffen fallen nicht in den Anwendungsbereich des § 16 Abs. 6 VOB/B. Auch der Werklieferungsvertrag richtet sich gemäß § 651 BGB nach Kaufrecht, weshalb der Auftraggeber auf Forderungen hieraus nicht schuldbefreiend leisten kann. Etwas anders gilt für Werklieferungsverträge über nicht vertretbare Sachen, die teleologisch von § 16 Abs. 6 VOB/B erfasst werden, weil diese Bauteile für das konkrete Bauvorhaben speziell angefertigt worden sind.[233]

3. Leistungsverweigerung des Dritten infolge des Zahlungsverzugs des Auftragnehmers

Weitere Voraussetzung ist nicht nur die Fälligkeit der Forderung des Dritten gegenüber dem Auftragnehmer, sondern vielmehr der Zahlungsverzug des Auftragnehmers.[234] Infolge des Zahlungsverzugs muss der Dritte sich auf ein ihm zustehendes Leistungsverweigerungsrecht nach § 16 Abs. 5 VOB/B oder § 320 BGB berufen und die weitere Ausführung der Bauleistungen verweigern.[235] Die Direktzahlung des Auftraggebers muss den Zweck verfolgen, die Fortsetzung der Ausführung der Bauleistungen durch den Dritten sicherzustellen. Diese Zweckrichtung der Zahlung des Auftraggebers ist ebenfalls Voraussetzung des § 16 Abs. 6 VOB/B.[236] Aus dem Vorstehenden folgt, dass bei bereits abgeschlossenen Bauleistungen eine Zahlung des Auftraggebers an den Dritten keine schuldbefreiende Wirkung entfaltet.[237]

151

III. Erkundigungsrecht des Auftraggebers und Fiktion der Voraussetzungen der Direktzahlung

Nach § 16 Abs. 6 S. 2 VOB/B ist der Auftraggeber berechtigt, sich über das Bestehen der Forderung des Dritten gegenüber dem Auftragnehmer zu erkundigen. Auf Verlangen des Auftraggebers hat der Auftragnehmer sich innerhalb einer gesetzten Frist darüber zu erklären, ob und inwieweit er die Forderungen des Dritten anerkennt. Der Auftraggeber ist aber nicht verpflichtet, von seinem Erkundigungsrecht Gebrauch zu machen.[238] Erklärt sich der Auftragnehmer nicht innerhalb der gesetzten Frist, so gelten die Voraussetzungen für die Direktzahlung als anerkannt. Der Auftraggeber trägt das volle Risiko hinsichtlich des Vorliegens der Voraussetzungen des § 16 Abs. 6 VOB/B und der damit verbundenen Erfüllungswirkung seiner Zahlung. Grundsätzlich hat der Auftraggeber jedoch nur begrenzt Einsicht in das Vertragsverhältnis des Auftragnehmers mit dem Dritten. Der Auftraggeber sollte deshalb sein Erkundigungsrecht nutzen, um Informationslücken und die damit verbundenen Risiken hinsichtlich der Voraussetzungen des § 16 Abs. 6 VOB/B,

152

---

232 Kapellmann/Messerschmidt/*Messerschmidt*, B § 16 Rn. 344; *Kandel*, in: Beck'scher VOB-Kommentar, B § 16 Nr. 6 Rn. 21; *Dähne*, BauR 1976, 29, 30.
233 Leinemann/Leinemann, § 16 Rn. 237; Ingenstau/Korbion/*Locher*, B § 16 Abs. 6 Rn. 17, Nicklisch/Weick/*Weick*, § 16 Rn. 91; *Dähne*, BauR 1976, 29, 30.
234 Kapellmann/Messerschmidt/*Messerschmidt*, B § 16 Rn. 345; Ingenstau/Korbion/*Locher*, B § 16 Abs. 6 Rn. 18.
235 *Kandel*, in: Beck'scher VOB-Kommentar, B § 16 Nr. 6 Rn. 25.
236 Kapellmann/Messerschmidt/*Messerschmidt*, B § 16 Rn. 348; Ingenstau/Korbion/*Locher*, B § 16 Abs. 6 Rn. 18.
237 *Zanner*, in: Franke/Kemper/Zanner/Grünhagen, § 16 VOB/B Rn. 202; *Tempel*, NZBau 2002, 532, 533.
238 *Kandel*, in: Beck'scher VOB-Kommentar, B § 16 Nr. 6 Rn. 27; Kapellmann/Messerschmidt/*Messerschmidt*, B § 16 Rn. 349; Leinemann/*Leinemann*, § 16 Rn. 240; a.A. Ingenstau/Korbion/*Locher*, B § 16 Abs. 6 Rn. 22, welcher eine Erkundigungspflicht des Auftraggebers als Nebenpflicht aus den beiderseitigen Treuepflichten ableitet.

die das Vertragsverhältnis Auftragnehmer/Dritter betreffen, zu minimieren.[239] Zudem ist die Aufforderung des Auftragnehmers vor dem Hintergrund einer möglichen Anerkennungsfiktion sinnvoll.[240]

IV. Rechtsfolgen der Direktzahlung an Dritte

153 Bei Vorliegen sämtlicher Voraussetzungen des § 16 Abs. 6 VOB/B führt die Direktzahlung an den Dritten zur Erfüllung des Anspruchs des Auftragnehmers gegen den Auftraggeber und des Anspruchs des Dritten gegen den Auftragnehmer. Diese Erfüllungswirkung tritt jedoch nicht ein, wenn nicht sämtliche Voraussetzungen des § 16 Abs. 6 VOB/B vorliegen. Befindet der Auftragnehmer sich nicht in Verzug, weil er sich gegenüber dem Dritten auf ein Leistungsverweigerungsrecht berufen kann, so ist der Auftraggeber nicht zur Direktzahlung berechtigt.[241] Erklärt sich der Auftragnehmer innerhalb der Frist des § 16 Abs. 6 S. 2 VOB/B nicht und liegen die Voraussetzungen der Direktzahlung nicht vor, so beschränkt sich die Erfüllungswirkung auf das Verhältnis Auftragnehmer und Auftraggeber. Der Auftragnehmer ist hinsichtlich etwaiger unberechtigter Zahlungen an den Dritten auf Ansprüche gegen diesen aus den Vorschriften des Bereicherungsrechts angewiesen.[242] Zahlt der Auftraggeber an den Dritten ohne Vorliegen der Voraussetzungen des § 16 Abs. 6 VOB/B und ohne Eingreifen der Anerkenntnisfiktion, so ist er nach wie vor dem Auftragnehmer zur Zahlung verpflichtet. Gegen den Dritten steht ihm aber ein Anspruch aus ungerechtfertigter Bereicherung zu.

V. Risiken der Vorschrift

154 Die Ausgangslage der Direktzahlung nach § 16 Abs. 6 VOB/B wird in der Regel von Zahlungsschwierigkeiten des Auftragnehmers bestimmt, weshalb die Anwendung der Vorschrift in der Praxis zu insolvenzrechtlichen Folgeproblemen führen kann. Die Direktzahlung an den Dritten ist als inkongruente Deckung zu qualifizieren, weshalb zulasten des Dritten als Begünstigten der Anwendungsbereich des § 131 InsO eröffnet wird.[243] Die für den Anfechtungstatbestand des § 131 Abs. 1 Nr. 3 InsO vorausgesetzte Kenntnis des Begünstigen (Dritten) von der Gläubigerbenachteiligung, die durch die Deckungshandlung verursacht wurde, liegt in den Fällen des § 16 Abs. 6 VOB/B in der Regel vor. Direktzahlungen an den Dritten, die innerhalb von drei Monaten vor dem Antrag auf Eröffnung des Insolvenzverfahrens über das Vermögen des Auftragnehmers geleistet wurden, sind demnach meist zur Insolvenzmasse zurückzugewähren.[244] Die insolvenzrechtliche Anfechtung ist hinsichtlich des Auftraggebers wegen des Vorliegens einer kongruenten Deckung auf die Vorsatzanfechtung nach § 133 InsO beschränkt.[245] Der Auftragnehmer wurde durch die Zahlung an den Dritten von seiner Verbindlichkeit gegenüber dem Insolvenzschuldner (Auftragnehmer) befreit, weshalb die mit der Direktzahlung verbundene Verrechnungsabrede mit dem Insolvenzschuldner angefochten werden kann.[246] Voraussetzung hierfür ist die Kenntnis des Auftraggebers vom Gläubigerbenachteiligungsvorsatz des Insolvenzschuldners (Auftragnehmers).

---

239 Vgl. Kapellmann/Messerschmidt/*Messerschmidt*, B § 16 Rn. 349.
240 Messerschmidt/Voit/*Voit*, VOB/B Teil B, § 16 Rn. 42; Nicklisch/Weick/*Weick*, § 16 Rn. 96.
241 Kapellmann/Messerschmidt/*Messerschmidt*, B § 16 Rn. 345 spricht diesbezüglich von leistungs- und/oder abrechnungsbezogenen Einwendungen gegenüber dem Dritten.
242 *Kandel*, in: Beck'scher VOB-Kommentar, B § 16 Nr. 6 Rn. 29.
243 BGH v. 16.10.2008, IX ZR 2/05, BauR 2009, 250, 251; *Kandel*, in: Beck'scher VOB-Kommentar, B § 16 Nr. 6 Rn. 13; a.A. *Brauns*, BauR 2003, 301, 311; Leinemann/*Leinemann*, § 16 Rn. 233, die von einer kongruenten Deckung ausgehen.
244 Vgl. BGH v.06.06.2002, IX ZR 425/99, BauR 2002, 1408, 1409; BGH v. 16.10.2008, IX ZR 2/05, BauR 2009, 250, 251; *Huber*, NZBau 2008, 737; Ingenstau/Korbion/*Locher*, B § 16 Abs. 6 Rn. 4.
245 Ingenstau/Korbion/*Locher*, B § 16 Abs. 6 Rn. 5.
246 BGH v. 29.11.2007, IX ZR 121/06, NJW 2008, 1067, 1068; *Vygen/Joussen*, Rn. 2664.

Nach der Rechtsprechung des BGH bestanden hinsichtlich des § 16 Abs. 6 VOB/B a.F. Bedenken, ob die Vorschrift einer isolierten Inhaltskontrolle standhält, weshalb in der VOB/B 2002 die Vorschrift geändert wurde. In den Tatbestand neu aufgenommen wurde die Zweckrichtung der Zahlung an den Dritten zur Sicherstellung der Fortsetzung der Leistungsausführung. Nach einer Ansicht verfolgt der Auftraggeber nun ein schutzwürdiges Interesse, weshalb keine Wirksamkeitsbedenken mehr bestehen.[247] Umstritten ist jedoch weiterhin die Frage, ob § 16 Abs. 6 VOB/B gegen das Fiktionsverbot des § 308 Nr. 5 VOB/B verstößt. Bei einer formularmäßigen Einbeziehung des § 16 Abs. 6 VOB/B sollte der Auftraggeber wegen der nach wie vor unklaren Frage, ob ein Verstoß gegen § 307 BGB vorliegt, nur im Einvernehmen mit dem Auftragnehmer an den Dritten zahlen.[248]

155

Wegen des insolvenzrechtlichen Risikos der Anfechtung durch den Insolvenzverwalter, der Probleme mit der Inhaltskontrolle nach § 307 BGB sowie wegen der grundsätzlichen Informationsschwierigkeiten hinsichtlich der Voraussetzungen und des damit verbundenen Risikos einer Doppelzahlung wird von Direktzahlungen an den Dritten nach § 16 Abs. 6 VOB/B abgeraten.[249]

156

§ 17 Sicherheitsleistung

(1) 1. Wenn Sicherheitsleistung vereinbart ist, gelten die §§ 232 bis 240 BGB, soweit sich aus den nachstehenden Bestimmungen nichts anderes ergibt.
2. Die Sicherheit dient dazu, die vertragsgemäße Ausführung der Leistung und die Mängelansprüche sicherzustellen.

(2) Wenn im Vertrag nichts anderes vereinbart ist, kann Sicherheit durch Einbehalt oder Hinterlegung von Geld oder durch Bürgschaft eines Kreditinstituts oder Kreditversicherers geleistet werden, sofern das Kreditinstitut oder der Kreditversicherer
1. in der Europäischen Gemeinschaft oder
2. in einem Staat der Vertragsparteien des Abkommens über den Europäischen Wirtschaftsraum oder
3. in einem Staat der Vertragsparteien des WTO-Übereinkommens über das öffentliche Beschaffungswesen
zugelassen ist.

(3) Der Auftragnehmer hat die Wahl unter den verschiedenen Arten der Sicherheit; er kann eine Sicherheit durch eine andere ersetzen.

(4) Bei Sicherheitsleistung durch Bürgschaft ist Voraussetzung, dass der Auftraggeber den Bürgen als tauglich anerkannt hat. Die Bürgschaftserklärung ist schriftlich unter Verzicht auf die Einrede der Vorausklage abzugeben (§ 771 BGB); sie darf nicht auf bestimmte Zeit begrenzt und muss nach Vorschrift des Auftraggebers ausgestellt sein. Der Auftraggeber kann als Sicherheit keine Bürgschaft fordern, die den Bürgen zur Zahlung auf erstes Anfordern verpflichtet.

(5) Wird Sicherheit durch Hinterlegung von Geld geleistet, so hat der Auftragnehmer den Betrag bei einem zu vereinbarenden Geltinstitut auf ein Sperrkonto einzuzahlen, über das beide nur gemeinsam verfügen können (»Und-Konto«). Etwaige Zinsen stehen dem Auftragnehmer zu.

(6) 1. Soll der Auftraggeber vereinbarungsgemäß die Sicherheit in Teilbeträgen von seinen Zahlungen einbehalten, so darf er jeweils die Zahlung um höchstens 10 v.H. kürzen, bis

---

247 Kapellmann/Messerschmidt/*Messerschmidt*, B § 16 Rn. 359; *Kandel*, in: Beck'scher VOB-Kommentar, B Vor § 16 Rn. 37 ff., B § 16 Abs. 6 Rn. 6; a.A. Ingenstau/Korbion/*Locher*, B § 16 Abs. 6 Rn. 3; *Vygen/Joussen*, Rn. 2663; *Tempel*, NZBau 2002, 532.
248 *Vygen/Joussen*, Rn. 2663.
249 Vgl. Kapellmann/Messerschmidt/*Messerschmidt*, B § 16 Rn. 358; *Vygen/Joussen*, Rn. 2665.

§ 17 VOB/B Sicherheitsleistung

die vereinbarte Sicherheitssumme erreicht ist. Sofern Rechnungen ohne Umsatzsteuer gemäß § 13b UStG gestellt werden, bleibt die Umsatzsteuer bei der Berechnung des Sicherheitseinbehalts unberücksichtigt. Den jeweils einbehaltenen Betrag hat er dem Auftragnehmer mitzuteilen und binnen 18 Werktagen nach dieser Mitteilung auf ein Sperrkonto bei dem vereinbarten Geldinstitut einzuzahlen. Gleichzeitig muss er veranlassen, dass dieses Geldinstitut den Auftragnehmer von der Einzahlung des Sicherheitsbetrags benachrichtigt. Absatz 5 gilt entsprechend.
2. Bei kleineren oder kurzfristigen Aufträgen ist es zulässig, dass der Auftraggeber den einbehaltenen Sicherheitsbetrag erst bei der Schlusszahlung auf ein Sperrkonto einzahlt.
3. Zahlt der Auftraggeber den einbehaltenen Betrag nicht rechtzeitig ein, so kann ihm der Auftragnehmer hierfür eine angemessene Nachfrist setzen. Lässt der Auftraggeber auch diese verstreichen, so kann der Auftragnehmer die sofortige Auszahlung des einbehaltenen Betrags verlangen und braucht dann keine Sicherheit mehr zu leisten.
4. Öffentliche Auftraggeber sind berechtigt, den nach Sicherheit einbehaltenen Betrag auf eigenes Verwahrgeldkonto zu nehmen; der Betrag wird nicht verzinst.

(7) Der Auftragnehmer hat die Sicherheit binnen 18 Werktagen nach Vertragsabschluss zu leisten, wenn nichts anderes vereinbart ist. Soweit er diese Verpflichtung nicht erfüllt hat, ist der Auftraggeber berechtigt, vom Guthachten des Auftragnehmers einen Betrag in Höhe der vereinbarten Sicherheit einzubehalten. Im Übrigen gelten die Absätze 5 und 6 außer Nummer 1 Satz 1 entsprechend.

(8) 1. Der Auftraggeber hat eine nicht verwertete Sicherheit für die Vertragserfüllung zum vereinbarten Zeitpunkt, spätestens nach Abnahme und Stellung der Sicherheit für Mängelansprüche zurückzugeben, es sei denn, dass Ansprüche des Auftraggebers, die nicht von der gestellten Sicherheit für Mängelansprüche umfasst sind, noch nicht erfüllt sind. Dann darf er für diese Vertragserfüllungsansprüche einen entsprechenden Teil der Sicherheit zurückhalten.
2. Der Auftraggeber hat eine nicht verwertete Sicherheit für Mängelansprüche nach Ablauf von 2 Jahren zurückzugeben, sofern kein anderer Rückgabezeitpunkt vereinbart worden ist. Soweit jedoch zu diesem Zeitpunkt seine geltend gemachten Ansprüche noch nicht erfüllt sind, darf er einen entsprechenden Teil der Sicherheit zurückhalten.

Übersicht	Rdn.			Rdn.
A. Einleitung	1		2. Verzicht auf die Einrede der Vorausklage	23
B. Vereinbarung der Sicherheitsleistung (§ 17 Abs. 1 VOB/B)	4		3. Weitere Anforderungen	24
I. Notwendigkeit einer Vereinbarung (§ 17 Abs. 1 Nr. 1 VOB/B)	4	III.	Bürgschaft auf erstes Anfordern (§ 17 Abs. 4 S. 3 VOB/B)	27
		IV.	Inanspruchnahme des Bürgen	28
II. Zweck der Sicherheitsleistung (§ 17 Abs. 1 Nr. 2 VOB/B)	8	V.	Verjährung	32
1. Sicherheit für die vertragsgemäße Ausführung der Leistung	9	F.	Sicherheit durch Hinterlegung (§ 17 Abs. 5 VOB/B)	34
2. Sicherheiten für Mängelansprüche	12	I.	Abweichung von der gesetzlichen Regelung	34
C. Arten der Sicherheitsleistung (§ 17 Abs. 2 VOB/B)	13	II.	Voraussetzungen der Hinterlegung	36
D. Wahl- und Austauschrecht des AN (§ 17 Abs. 3 VOB/B)	15	G.	Sicherheit durch Einbehalt (§ 17 Abs. 6 VOB/B)	40
E. Sicherheit durch Bürgschaft (§ 17 Abs. 4 VOB/B)	16	I.	Die Vereinbarung des Einbehalts in Teilbeträgen (§ 17 Abs. 6 Nr. 1 VOB/B)	40
I. Tauglichkeit des Bürgen (§ 17 Abs. 4 S. 1 VOB/B)	18		1. Höhe des Einbehalts	42
II. Inhalt und Form der Bürgschaftserklärung	20		2. Weitere Voraussetzungen	45
1. Schriftform	20		a) Informationen des AN	45
			b) Einzahlung des Einbehalts auf ein Sperrkonto	46

	Rdn.		Rdn.
c) Unterlassene Einzahlung, § 17 Abs. 6 Nr. 3 VOB/B	47	I. Rückgabe der Sicherheit (§ 17 Abs. 8 VOB/B)	54
d) Benachrichtigung des AN von der Einzahlung	49	I. Sicherheit für Vertragserfüllung (§ 17 Abs. 8 Nr. 1 VOB/B)	56
II. Kleinere oder kurzfristige Aufträge (§ 17 Abs. 6 Nr. 2 VOB/B)	50	II. Sicherheit für Mängelansprüche (§ 17 Abs. 8 Nr. 2 VOB/B)	58
III. Öffentliche AG (§ 17 Abs. 6 Nr. 4 VOB/B)	51	J. Darlegungs- und Beweislast	61
H. Frist zur Sicherheitsleistung durch den AN (§ 17 Abs. 7 VOB/B)	52		

A. Einleitung

§ 17 VOB/B dient ausschließlich der Sicherung von Ansprüchen des AG. Eine entsprechende Regelung zugunsten des AN fehlt in der VOB/B. Die zugunsten des AG vereinbarte Sicherheit dient dazu, die vertragsgemäße Ausführung der Leistung und die Mängelansprüche sicherzustellen. Besondere Bedeutung gewinnt die Sicherheit damit im Falle der Insolvenz des AN und im Rahmen der Durchsetzung von Ansprüchen während der Gewährleistung. 1

Die Sicherung des AN im Falle der Zahlungsunfähigkeit des AG ist in der VOB/B zwar nicht geregelt; die Parteien können aber einen entsprechende Sicherheit vereinbaren. Dies ist für den AN immer dann empfehlenswert, wenn keine ständige Geschäftsbeziehung besteht und der AG dem AN damit noch unbekannt ist. Inwieweit sich derartige Sicherheiten in der Praxis tatsächlich durchsetzen lassen, ist aber fraglich. Unbenommen bleibt dem AN aber der Anspruch gemäß § 648a BGB auf eine Bauhandwerkersicherung. Allerdings hat das Fordern einer Sicherheit gemäß § 648a BGB nach Vertragsschluss in aller Regel eine Belastung des Vertragsverhältnisses zur Folge: Wird der AG nach Vertragsschluss mit einem Sicherheitsbegehren des AN konfrontiert, welches in aller Regel eine nicht unerhebliche Höhe hat und seine Kreditlinien ungeplant und unvorbereitet erheblich belasten kann, muss der AN damit rechnen, dass der AG verärgert ist. Aus diesem Grunde empfiehlt sich, bereits vertraglich eine Sicherheit zu vereinbaren. 2

Im Gegensatz zur VOB/B regelt das BGB die Sicherheit zugunsten des AG nicht. Wie die VOB/B (dazu unten mehr) setzt das BGB voraus, dass eine Sicherheitsleistung vereinbart ist. In einem solchem Falle gelten die Regelungen der §§ 232 bis 240 BGB. Eine Verpflichtung zur Stellung von Sicherheiten folgt hieraus nicht. Ausschließlich auf Grundlage der vertraglichen Vereinbarung zwischen den Parteien ist eine Sicherheit zu leisten, wodurch dann eine entsprechende Verpflichtung entsteht. Das Wahlrecht, welche Sicherheit überreicht werden soll, liegt dann auf Seiten des zur Sicherheitsleistung Verpflichteten, wie sich aus § 232 Abs. 1 BGB ergibt. 3

B. Vereinbarung der Sicherheitsleistung (§ 17 Abs. 1 VOB/B)

I. Notwendigkeit einer Vereinbarung (§ 17 Abs. 1 Nr. 1 VOB/B)

Trotz des eindeutigen Wortlauts des § 17 Abs. 1 Nr. 1 VOB/B, der eine Vereinbarung der Sicherheitsleistung voraussetzt, ist in der Praxis häufig der Irrtum anzutreffen, dass allein die Vereinbarung der VOB/B eine Verpflichtung des AN beinhaltet, eine Sicherheit zu leisten. Tatsächlich müssen aber zwei Voraussetzungen vorliegen: 4
1. Vereinbarung der VOB/B »als Ganzes«.[1]
2. Vertragliche Vereinbarung zwischen den Parteien.

---

[1] Zur Vereinbarung der VOB/B als Ganzes und die daraus resultierenden Privilegierungen: BGH, Urt. v. 16.12.1982, VII ZR 92/82, BGHZ 86, 135, 141; BGH, Urt. v. 22.01.2004, VII ZR 419/02, BGHZ, 157, 346, 348, BauR 2004, 668, 669; BGH, Urt. v. 24.07.2008, VII ZR 55/07, BauR 2008, 1603.

5   Bei der vertraglichen Vereinbarung handelt es sich um die sogenannte Sicherungsabrede oder Sicherheitenvereinbarung.[2] Die Sicherungsabrede ist grundsätzlich formfrei und findet sich häufig in Allgemeinen Geschäftsbedingungen, beispielsweise besonderen oder zusätzlichen Vertragsbedingungen des AG. Ein Schriftformerfordernis folgt nur aus § 311b Abs. 1 BGB, wenn also neben der Bauverpflichtung gleichzeitig der Grundstückserwerb vertraglich vereinbart wird.[3]

6   Inhaltlich muss sich aus der Sicherungsabrede ausdrücklich oder zumindest konkludent ergeben, in welchem Fall die vereinbarte Sicherheit verwertet werden darf. Ohne ausdrückliche Regelung muss durch ergänzende Vertragsauslegung ermittelt werden, wann der AG auf die Sicherheit zugreifen darf.[4] Die Mindestanforderungen, die sich aus einer Sicherungsabrede ergeben müssen, stellen sich wie folgt dar:
1. Für welchen Zweck die Sicherheit gegeben wird.
2. In welcher Art und Höhe Sicherheit zu leisten ist.
3. Wann der Sicherheitsfall vorliegt.
4. Wann und unter welchen Voraussetzungen die Sicherheit zurückzugeben ist.[5]

7   Der Sicherungszweck wird bereits durch die Bezeichnung der zu sichernden Ansprüche dargestellt. Unter Zugrundelegung des § 17 VOB/B kommen hierbei zunächst Vertragserfüllungs- und Mängelansprüche in Betracht, § 17 Abs. 1 Nr. 2 VOB/B (dazu im Folgenden). Der Sicherungsfall ist eingetreten, wenn der gesicherte Anspruch in eine Geldforderung übergegangen ist, beispielsweise in einen Anspruch auf Kostenvorschuss oder Schadensersatz.[6] Auf eine für Mängelansprüche ausgereichte Bürgschaft kann daher noch nicht zurückgegriffen werden, wenn nur ein Nachbesserungsanspruch durch den AG geltend gemacht wird.[7]

II. Zweck der Sicherheitsleistung (§ 17 Abs. 1 Nr. 2 VOB/B)

8   Im Gegensatz zu einem BGB-Bauvertrag ist aufgrund der Auslegungsregel des § 17 Abs. 1 Nr. 2 VOB/B der Zweck der Sicherheitsleistung nicht ausdrücklich zu vereinbaren. Fehlt in einem VOB/B-Bauvertrag eine ausdrückliche Zweckbestimmung, so gilt die Sicherheit für die vertragsgemäße Ausführung der Leistung und für die Mängelansprüche als vereinbart. Aufgrund der Differenzierung der VOB/B in Mängelansprüche vor Abnahme (§ 4 Abs. 7 VOB/B) und nach Abnahme (§ 13 Abs. 5 VOB/B) ist die Klausel des § 17 Abs. 1 Nr. 2 VOB/B dahingehend zu verstehen, dass sowohl Mängelansprüche vor Abnahme als auch nach Abnahme mit einer vereinbarten Sicherheit abgesichert sein sollen, wenn die Parteien keine weitergehende Zweckbestimmung getroffen haben.[8]

1. Sicherheit für die vertragsgemäße Ausführung der Leistung

9   Zunächst werden von dieser Sicherheit Ansprüche auf ordnungsgemäße Vertragserfüllung umfasst. Dazu zählen:
– Ansprüche auf Mängelbeseitigungskosten nach durchgeführter Ersatzvornahme ohne Druckzuschlag.[9]
– Schadensersatzansprüche gemäß § 4 Abs. 7 VOB/B.[10]

---

2   Ausführlich dazu: *Joussen*, in: Ingenstau/Korbion, § 17 Abs. 1 VOB/B, Rn. 1 ff. m.w.N.
3   Vgl. hierzu und auch zu weiteren Fällen des Schriftformerfordernisses Palandt/*Grüneberg*, BGB, 70. Aufl. 2011, § 311b, Rn. 1 ff., 32. ff.
4   BGH, Urt. v. 28.09.2000, VII ZR 460/97, BauR 2001, 109, 112; *Kuffer*, BauR 2003, 155 ff.
5   *Kainz*, in: Kuffer/Wirth, Handbuch des Fachanwalts Bau- und Architektenrecht, S. 682, Rn. 204 m.w.N.
6   BGH, Urt. v. 13.09.2001, VII ZR 467/00, BauR 2001, 1893; *Kainz*, a.a.O., Rn. 206 m.w.N.
7   *Joussen*, a.a.O., § 17 Abs. 1 VOB/B, Rn. 8, 9, m.w.N.
8   *Joussen*, a.a.O., § 17 Abs. 1 VOB/B, Rn. 19.
9   Vgl. hierzu die ausführliche Darstellung von *Joussen*, a.a.O., § 17 Abs. 1 VOB/B, Rn. 15 ff., m.w.N.
10 *Joussen*, a.a.O.; BGH, Urt. v. 23.01.2003, VII ZR 210/01, BauR 2003, 870 ff.

– Ansprüche des AG auf eine vereinbarte Vertragsstrafe.[11]
– Ansprüche auf Schadensersatz wegen Nichterfüllung.[12]
– Absicherungen des Freistellungsanspruchs gemäß § 10 Abs. 6 VOB/B.
– Ob eine Überzahlung von einer Vertragserfüllungssicherheit erfasst wird, ist strittig.[13]

Der BGH legt bei einer überreichten Vertragserfüllungsbürgschaft die Bürgschaftserklärung eng aus.[14] Der Bürge haftet danach nicht schon allein aus der Vertragserfüllungsbürgschaft für Ansprüche aus Überzahlung. Rückforderungsansprüche nach einer Überzahlung, beispielsweise aus einer überhöhten Abschlags- oder Vorauszahlung, stehen mit der vertragsgemäßen Ausführung der Leistung des AN im Sinne des § 17 Abs. 1 Nr. 2 VOB/B in keinem Zusammenhang und werden daher nicht erfasst.[15] Sofern die Parteien Überzahlungen absichern wollen, müssen sie hierfür im Vertrag eine entsprechende Abrede treffen. Im Gegensatz zu der schlichten Überzahlung sind Rückforderungsansprüche, denen ein Schadensersatzanspruch wegen Nichterfüllung bzw. statt der Leistung zugrunde liegt, über die Sicherheitsleistung abgedeckt. Es handelt sich hierbei um einen Schadensersatzanspruch aus dem Ausführungsstadium, der von § 17 Abs. 1 Nr. 2 VOB/B erfasst wird.[16]

10

Ist in der Sicherungsabrede zwischen den Parteien nichts Näheres geregelt, gilt eine Erfüllungssicherheit auch für Mängelansprüche, d.h. für Ansprüche nach Abnahme. Die Mangelfreiheit auch während der Gewährleistungszeit gehört noch zur ordnungsgemäßen Vertragserfüllung durch den AN.[17] Nach diesseitiger Auffassung ist mit der überwiegenden Ansicht davon auszugehen, dass die Mangelfreiheit während der Gewährleistungsfrist ebenfalls noch zur Vertragserfüllung des AN gehört.[18] Etwas anderes kann nur dann gelten, wenn die Parteien Gegenteiliges vereinbart haben, d.h. eine Vertragserfüllungssicherheit, die bis Abnahme gelten soll und nachfolgend nach Abnahme eine Gewährleistungssicherheit.[19]

11

2. Sicherheiten für Mängelansprüche

Haben die Parteien ausschließlich für den Gewährleistungszeitraum eine Sicherheit vereinbart, so wird von dieser Sicherheit ausschließlich ein Anspruch im Rahmen des § 13 VOB/B erfasst. Ansprüche gemäß § 4 Abs. 7 VOB/B fallen nicht hierunter, da diese Ansprüche durch die Vertragserfüllungssicherheit abgedeckt sind. Dies gilt auch für Ansprüche, die bei Abnahme vorbehalten werden (Mängelvorbehalt).[20] Der Druckzuschlag fällt nicht unter eine Gewährleistungssicherheit. Sinn und Zweck des Zuschlages ist die Durchsetzung des Erfüllungsinteresses des AG, welches

12

---

11 BGH, Urt. v. 07.06.1982, VIII ZR 154/81, BauR 1982, 506; BGH, Urt. v. 23.01.2003, VII ZR 210/01, BauR 2003, 870 ff.
12 BGH, Urt. v. 17.12.1987, IX ZR 263/86, BauR 1988, 220.
13 Ausführlich hierzu *Joussen*, a.a.O., § 17 Abs. 1 VOB/B, Rn. 18.
14 BGH, Urt. v. 12.03.1980, VIII ZR 57/79, NJW 1980, 1459; BGH, Urt. v. 12.06.1980, VII ZR 270/79, BauR 1980, 574.
15 BGH, Urt. v. 12.03.1980, VII ZR 57/79; BGH, Urt. v. 17.12.1987, IX ZR 263/86, BauR 1988, 220, 221 f.; *Joussen*, a.a.O., § 17 Abs. 1 VOB/B, Rn. 18, m.w.N.
16 BGH, Urt. v. 17.12.1987, VII ZR 263/86, BauR 1988, 220, 221 f.; *Joussen*, a.a.O., § 17 Abs. 1 VOB/B, Rn. 18 m.w.N.
17 Strittig: OLG Brandenburg, Urt. v. 25.03.1999, 12 U 157/98, BauR 2002, 127, 128; ablehnend hierzu OLG Karlsruhe, Urt. v. 20.11.1997, 4 U 74/97, BauR 1998, 640.
18 So auch OLG Brandenburg, Urt. v. 20.11.1997, 4 U 74/97, BauR 1998, 614; *Joussen*, a.a.O., § 17 Abs. 1 VOB/B, Rn. 19, m.w.N.
19 BGH, Urt. v. 24.10.2002, VII ZR 255/00, BauR 2003, 246, 249; *Joussen*, a.a.O., § 17 Abs. 1 VOB/B, Rn. 19 m.w.N.
20 BGH, Urt. v. 04.12.1997, IX ZR 247/96, BauR 1998, 332, 334; OLG München, Urt. v. 18.11.2008, 28 U 3572/08, BauR 2009, 994.

sich durch diesen aber nicht betragsmäßig erhöht.[21] Von der Gewährleistungssicherheit wird dagegen neben dem Kostenerstattungsanspruch auch der Anspruch auf Kostenvorschuss abgedeckt.[22] Weiterhin umfasst sind die Ansprüche des AG auf Minderung gemäß § 13 Abs. 6 VOB/B und Schadensersatz gemäß § 13 Abs. 7 VOB/B.[23] Zudem erfasst sind Ansprüche des AG auf Restfertigstellung der Leistung.[24] Die Sicherheit für Mängelansprüche deckt nur die Mängelansprüche ab, welche für ein konkretes Bauvorhaben entstehen.[25] Eine Inanspruchnahme der Gewährleistungssicherheit für ein anderes Bauvorhaben, welches nicht vertragsgegenständlich ist, scheidet daher grundsätzlich aus.

C. Arten der Sicherheitsleistung (§ 17 Abs. 2 VOB/B)

13 Den Parteien eines VOB/B-Bauvertrages steht es frei, die Sicherungsmittel zu wählen. Es besteht keine Bindung an die in § 17 Abs. 2 VOB/B genannten Sicherheiten. Dies folgt bereits aus der Formulierung »wenn im Vertrag nichts anderes vereinbart ist …«. Treffen die Parteien keine konkrete Vereinbarung über eine Sicherheit, so bestimmt sich diese nach dem Katalog des § 17 Abs. 2, wonach die Sicherheit
— entweder durch Einbehalt von Geld oder
— durch Hinterlegung von Geld, oder
— durch Bürgschaft
geleistet werden kann. Sofern der AG von dem AN eine andere Sicherheit wünscht, muss dies ausdrücklich vertraglich vereinbart werden. In aller Regel werden die Sicherheiten zwischen den Bauvertragsparteien nicht abweichend von der VOB/B geregelt. Der Auftragnehmer kann daher regelmäßig aus den drei verschiedenen Arten der Sicherheit gemäß § 17 Abs. 3 VOB/B wählen. Er kann zudem eine Sicherheit durch eine andere ersetzen, vgl. § 17 Abs. 3 VOB/B.

14 Der Einbehalt von Geld erfolgt in der Regel dadurch, dass der AG von fälligen Abschlags- oder Schlussrechnungen einen Teilbetrag einbehält. Die Hinterlegung von Geld nimmt der AG durch Einbehalt eines prozentualen Anteils von einer fälligen Abschlags- oder Schlussrechnung vor, den er dann auf ein Sperrkonto, über welches die Parteien nur gemeinsam verfügen können (»Und-Konto«), einzahlt. Die Hinterlegungsordnung findet keine Anwendung. Die Sicherheitsleistung durch Bürgschaft erfolgt durch Übergabe einer solchen, wobei die Vorgaben des § 17 Abs. 2 Nr. 1 bis 3 eingehalten werden müssen. Damit ist klargestellt, dass die Bürgschaft von einem dort genannten Kreditinstitut oder Kreditversicherer überreicht werden muss. Der Bürge muss durch den AG als tauglich anerkannt werden. Im Gegensatz zu § 239 Abs. 1 BGB, wo für den »tauglichen Bürgen« lediglich vorausgesetzt wird, dass er seinen Sitz im Inland hat und ein der Höhe der zu leistenden Sicherheit angemessenes Vermögen besitzt, verlangt also die VOB/B noch die Anerkennung des Bürgen durch den AG. Da die Vorschrift des § 17 Abs. 1 VOB/B den gesetzlichen Vorschriften vorgeht, sind folglich ausschließlich die Anforderungen und Voraussetzungen des § 17 Abs. 4 VOB/B maßgeblich. Um die Anerkennung des Bürgen aufgrund der subjektiven Komponente (»Anerkennung durch den AG«) nicht dem Gutdünken des AG zu unterwerfen, wird teilweise angenommen, dass der AG den von dem AN vorgeschlagenen Bürgen nicht aus willkürlichen Gründen zurückweisen darf.[26] Da auch der Begriff der »Willkür« auslegungsfähig und damit auslegungsbedürftig ist, ist es richtig, davon auszugehen, dass der AG den Bürgen als

---

21 OLG Koblenz, Urt. v. 08.05.2003, 5 U 1515/02, BauR 2004, 349, 350; *Joussen*, a.a.O., § 17 Abs. 1 VOB/B, Rn. 23 m.w.N.
22 BGH, Urt. v. 05.04.1984, VII ZR 167/83, BauR 1984, 406; *Joussen* a.a.O, § 17 Abs. 1 VOB/B, Rn. 24.
23 BGH, Urt. v. 04.12.1997, IX ZR 247/96, BauR 1998, 332, 334.
24 BGH, Urt. v. 25.02.1982, VII ZR 161/80, BauR 1982, 277, 279; BGH, Urt. v. 19.12.2002, VII ZR 103/00, BauR 2003, 689, 691 f.; *Joussen*, a.a.O., § 17 Abs. 1 VOB/B, Rn. 26 m.w.N.
25 OLG Düsseldorf, Urt. v. 23.02.2007, 22 U 115/06, BauR 2007, 1587.
26 *Jagenburg*, in: Beck'scher VOB-Kommentar, 3. Aufl., München 2010, § 17 Nr. 4, Rn. 4.

tauglich anzusehen hat, wenn die objektiven Kriterien, insbesondere die Bonität des Bürgen, nachgewiesen sind. Lehnt der AG folglich ohne weitere Begründung den vorgeschlagenen Bürgen trotz Vorliegens der objektiven Kriterien als untauglich ab, so dürfte der AG sein Recht auf Stellung einer Sicherheit verlieren.[27]

D. Wahl- und Austauschrecht des AN (§ 17 Abs. 3 VOB/B)

Gemäß § 17 Abs. 3 VOB/B kann der AN nach seiner Wahl eine Sicherheit aus dem Katalog des § 17 Abs. 2 VOB/B überreichen. Er kann eine Sicherheit durch eine andere ersetzen. Sofern in der Sicherungsabrede zwischen den Parteien ein bestimmtes Sicherungsmittel konkret bezeichnet wird, scheidet das Wahlrecht des AN aus.[28] Das Wahl- und Austauschrecht des AN kann von diesem auch noch geltend gemacht werden, wenn der AG Mängelansprüche erhebt.[29] Ist der Sicherungsanspruch und folglich ein geldwerter Zahlungsanspruch auf Seiten des AG entstanden, so kann das Austauschrecht nicht mehr uneingeschränkt geltend gemacht werden.[30] Die individualvertragliche Beschränkung des Wahlrechts ist immer möglich. Nach überwiegender Auffassung wird aber auch eine Vereinbarung über das Wahlrecht in Allgemeinen Geschäftsbedingungen als wirksam angesehen. Die Beschränkung des Wahlrechts ist nicht von vorne herein nachteilig für den AN.[31] Im Einzelfall ist aber immer zu prüfen, ob der AN durch die Regelung in den Allgemeinen Geschäftsbedingungen unangemessen benachteiligt wird, beispielsweise dadurch, weil er keinen entsprechenden Ausgleich dafür erhält, dass ihm fällige Anteile seiner Vergütung nicht ausgezahlt werden, weil diese als Sicherheitseinbehalt durch den AG zurückgehalten werden.[32]

15

E. Sicherheit durch Bürgschaft (§ 17 Abs. 4 VOB/B)

In der Baupraxis ist die Bürgschaft das wichtigste Sicherungsmittel überhaupt. Es steht in der VOB/B gleichrangig neben dem Einbehalt und der Hinterlegung. Damit unterscheidet sich die Regelung in der VOB/B von den gesetzlichen Regelungen. § 232 Abs. 2 BGB sieht das Stellen einer Bürgschaft nur als nachrangiges Sicherungsmittel vor. Nur wenn der zur Sicherheitsleistung Verpflichtete nicht in der Lage ist, ein anderes als in § 232 Abs. 1 BGB vorgesehenes Sicherungsmittel zu leisten, kann er (nachrangig) eine Bürgschaft stellen. Folge ist, dass der AG ohne eine entsprechende vertragliche Vereinbarung nicht verpflichtet ist, eine Bürgschaft zu akzeptieren. In der Baupraxis finden sich aber auch in BGB-Bauverträgen regelmäßig Vertragsklauseln, wonach der AN berechtigt ist, eine Sicherheit durch Bürgschaft zu leisten.

16

In § 17 Abs. 4 VOB/B befinden sich im Einzelnen die Voraussetzungen, die eine Bürgschaft, welche im Rahmen eines VOB/B-Bauvertrages gestellt wird, erfüllen muss:
1. Der Bürge muss zunächst vom AG als tauglich anerkannt werden.
2. Die Bürgschaft muss schriftlich ausgestellt sein und der Bürge muss auf die Einrede der Vorausklage verzichten, § 771 BGB.
3. Die Bürgschaft muss unbefristet sein.
4. Die Bürgschaft muss nach Vorschrift des AG ausgestellt sein.
5. Die Bürgschaft darf den Bürgen nicht zur Zahlung auf erstes Anfordern verpflichten.

17

---

27 So auch *Joussen*, a.a.O., § 17 Abs. 4, Rn. 13.
28 OLG Dresden, Urt. v. 25.09.1995, 2 U 976/95, BauR 1997, 484, 485.
29 BGH, Urt. v. 07.03.2002, VII ZR 182/01, BauR 2002, 1543.
30 BGH, Urt. v. 13.09.2001, VII ZR 467/00, BauR 2001, 1893; näher und ausführlich dazu: *Kainz*, a.a.O., S. 684, Rn. 210, m.w.N.
31 BGH, Urt. v. 05.06.1997, VII ZR 324/95, BauR 1997, 829, 831; zu einzelnen Klauseln vgl. *Kaiser*, in: Markus/Kaiser/Kapellmann, AGB-Handbuch Bauvertragsklauseln, Rn. 865 f.
32 BGH, Urt. v. 05.06.1997, VII ZR 324/95, BauR 1997, 829, 830.

§ 17 VOB/B   Sicherheitsleistung

I. Tauglichkeit des Bürgen (§ 17 Abs. 4 S. 1 VOB/B)

18   Zunächst setzt eine Sicherheitsleistung durch Bürgschaft voraus, dass der Bürge als »tauglich« anerkannt ist. Im Gegensatz zum § 239 Abs. 1 BGB ist subjektive Voraussetzung, dass der Bürge durch den Auftraggeber als tauglich anerkannt wird. § 239 Abs. 1 BGB verlangt lediglich (objektiv), dass der Bürge ein ausreichendes/angemessenes Vermögen besitzen muss. Allerdings lässt die VOB/B gemäß § 17 Abs. 2 nur Kreditinstitute oder Kreditversicherer zu, die
- in der Europäischen Gemeinschaft oder
- in einem Staat der Vertragsparteien des Abkommens über den Europäischen Wirtschaftsraum oder
- in einem Staat der Vertragsparteien des WTO-Übereinkommens über das öffentliche Beschaffungswesen

zugelassen ist. Folglich spielt die Frage des »tauglichen« Bürgen nur im Rahmen der vertraglichen Vereinbarungen dahingehend eine Rolle, dass der AG bestimmte Kreditinstitute oder Kreditversicherer ablehnen kann, wenn diese nicht den Vorgaben des § 17 Abs. 2 VOB/B entsprechen oder entgegen einer vertraglichen Vereinbarung keine Bürgschaft einer in der Europäischen Gemeinschaft/EU zugelassenen Großbank entspricht.

19   Das »objektive Kriterium« des § 239 Abs. 1 BGB, also das »ausreichende Vermögen« des Bürgen, spielt in die Wertung des AG, den Bürgen als tauglich anzuerkennen, hinein. In der Regel ist es dem AG verwehrt, die Bürgschaft eines Kreditinstituts oder Kreditversicherers abzulehnen, dessen Bonität eindeutig nachgewiesen ist. Verweigert der AG trotz dieses Nachweises die Entgegennahme der Bürgschaft, verliert er das Recht auf Sicherheitsleistung.[33] Liegen also die objektiven Voraussetzungen, den Bürgen als tauglich anzuerkennen, vor, ist der AG grundsätzlich verpflichtet, die Bürgschaft anzunehmen.

II. Inhalt und Form der Bürgschaftserklärung

1. Schriftform

20   § 17 Abs. 4 S. 2 VOB/B enthält ein zwingendes Schriftformerfordernis. Dies stellt allerdings keine Besonderheit der VOB/B dar, da § 766 S. 1 BGB bereits gesetzlich die Schriftform für Bürgschaftserklärungen vorschreibt. Ist diese Form nicht eingehalten, ist die Bürgschaft unwirksam. Bedeutsam ist die Regelung des § 17 Abs. 4 S. 2 VOB/B vor dem Hintergrund des § 350 HGB: Eine Bürgschaft ist danach auch ohne Einhaltung der Schriftform wirksam, wenn Sie unter Kaufleuten ausgestellt wird. § 17 Abs. 4 S. 2 VOB/B schränkt folglich § 350 HGB wieder ein, weil auch unter Kaufleuten bei Zugrundelegung der VOB/B eine Bürgschaftserklärung schriftlich abgegeben werden muss. Das Schriftformerfordernis richtet sich unter Zugrundelegung der VOB/B aber nicht nach den Vorschriften des § 126 BGB, sondern nach § 127 BGB, also der gewillkürten Schriftform.[34]

21   Bedeutsam ist das Formerfordernis für die Übermittlung von Willenserklärungen durch Telefax. Gemäß § 126 BGB (gesetzliche Schriftform), dessen Geltung § 766 S. 1 BGB für den nichtkaufmännischen Bürgen fordert, ist eine Übermittlung der Bürgschaftserklärung per Telefax nicht ausreichend.[35]

22   Übermittelt ein Bürge, der Kaufmann ist, eine Bürgschaftserklärung per Telefax, so ist die Bürgschaft gemäß § 127 S. 2 BGB wirksam. Das Formerfordernis des § 17 Abs. 4 S. 2 VOB/B greift

---

33   *Joussen*, in: Ingenstau/Korbion, § 17 Abs. 4 VOB/B, Rn. 13.
34   *Joussen*, in: Ingenstau/Korbion, § 17 Abs. 4 VOB/B, Rn. 18 m.w.N.; *Kemper/Schwarz*, in: Franke/Kemper/Zanner/Grünhagen, VOB, § 17, Nr. 16 VOB/B; *Jagenburg*, in: Heiermann/Riedl/Rusam, VOB/B, § 17 Nr. 4 VOB/B, Rn. 8 ff.; *Kainz*, in: Kuffer/Wirth, Handbuch des Fachanwalts Bau- und Architektenrecht, S. 691, Rn. 224 f.
35   BGH, Urt. v. 28.01.1993, IX ZR 259/91, BauR 1993, 340, 341 ff.

also ausschließlich zwischen den Bauvertragsparteien. Der AG kann demnach eine nicht dem Schriftformerfordernis des § 17 Abs. 4 S. 2 VOB/B entsprechende Bürgschaftserklärung gegenüber dem AN zurückweisen. Gegenüber dem bauvertraglich mit dem AG nicht verbundenen Bürgen ist dies nicht möglich. Die Einhaltung der Schriftform gemäß § 127 BGB ist in diesem Verhältnis nicht erforderlich. Es gelten die gesetzlichen Formvorschriften einschließlich § 350 HGB. Der Bürge kann also eine Bürgschaftserklärung auch per Telefax überreichen.[36]

2. Verzicht auf die Einrede der Vorausklage

In Übereinstimmung mit § 239 Abs. 2 BGB fordert § 17 Abs. 4 S. 2 VOB/B die Verpflichtung des Bürgen, auf die Einrede der Vorausklage gemäß § 771 BGB zu verzichten. Dieser Verzicht muss in der Bürgschaftserklärung enthalten sein. Der Bürge ist hierbei berechtigt, sich durch Hinterlegung des in der Bürgschaft aufgenommenen Betrages von dieser Verpflichtung zu befreien.[37] In der Praxis wird die Hinterlegungsbefugnis meist vertraglich ausgeschlossen.[38] Zudem findet sich häufig die Regelung, dass der Bürge auch auf die Einrede der Anfechtung und Aufrechnung verzichtet. Enthält die Bürgschaft keinen Verzicht auf die Einrede der Vorausklage, kann der AG diese zurückweisen. 23

3. Weitere Anforderungen

Die Bürgschaft muss unbefristet sein. Sie darf keinen über den Zeitpunkt ihrer Ausstellung hinausgehenden Anfangs- oder Endzeitpunkt aufweisen.[39] Die Bürgschaft darf auch keine aufschiebende oder auflösende Bedingung enthalten. Ausnahme: Aufgrund der Berechtigung des AN zum Austausch von Sicherheiten gemäß § 17 Abs. 3 VOB/B darf eine Bürgschaft unter der Bedingung ausgestellt werden, dass sie erst wirksam wird, wenn der AG einen einbehaltenen Betrag auf ein bei dem Bürgen bestehendes Konto eingezahlt hat.[40] Ist die Bürgschaft befristet, kann der AG diese zurückweisen. 24

§ 17 Abs. 4 S. 2 zweiter Halbsatz VOB/B fordert, dass die Bürgschaft nach Vorschrift des AG ausgestellt werden muss. Damit ist ausgeschlossen, dass der AN und der Bürge den Inhalt der Bürgschaft frei bestimmen. In der Praxis überreicht der AG häufig bereits bei Vertragsschluss Muster für die Bürgschaften, von denen der AN ohne weitere Vereinbarung nicht abweichen darf. Entspricht die Bürgschaft nicht den Anforderungen, kann der AG diese zurückweisen. Behält sich die bürgende Bank in der Bürgschaft die Hinterlegungsbefugnis vor und ist dies im Vertrag nicht ausdrücklich ausgeschlossen, kann der AG die Bürgschaft jedoch nicht zurückweisen.[41] Grundsätzlich verbleibt es aber, wie dargestellt, dabei, dass die Bürgschaft nach Vorschrift des AG auszustellen ist. Änderungen, die allein auf Initiative der Bank erfolgen, muss der AG daher nicht akzeptieren und kann auf das vertraglich vereinbarte Muster verweisen. 25

Sofern die Parteien im Bauvertrag nichts anderes vereinbart haben, hat der AN die Kosten der Bürgschaft zu tragen.[42] 26

---

36 *Joussen*, a.a.O., § 17 Abs. 4 VOB/B, Rn. 18; *Jagenburg*, a.a.O., § 17 Nr. 4 VOB/B, Rn. 8 f.; *Kemper/Schwarz*, a.a.O., § 17 VOB/B, Rn. 17; *Kainz*, a.a.O., S. 691, Rn. 225, jeweils m.w.N.
37 *Kemper/Schwarz*, a.a.O., § 17 Abs. 22, m.w.N.; *Joussen*, a.a.O., § 17 Abs. 4 VOB/B, Rn. 30, m.w.N.; *Kainz*, a.a.O., S. 694, Rn. 31, m.w.N.
38 *Thierau*, in: Beck'scher VOB-Kommentar, a.a.O., § 17 VOB/B, Rn. 134.
39 *Joussen*, a.a.O., § 17 Abs. 4 VOB/B, Rn. 83, m.w.N.; *Kemper/Schwarz*, a.a.O., § 17 VOB/B, Rn. 32, m.w.N.; *Jagenburg*, a.a.O., § 17 Nr. 4, Rn. 19 ff., m.w.N.
40 OLG Naumburg, Urt. v. 25.03.2004, 2 U 77/03, OLGR 2004, 349 f.; *Joussen*, a.a.O., § 17 Abs. 4 VOB/B, Rn. 83, m.w.N.
41 OLG Köln, Urt. v. 16.07.1993, 19 U 240/92, BauR 1994, 114; OLG Stuttgart, Urt. v. 03.02.1999, 4 U 77/97, BauR 1999, 1057; *Kemper/Schwarz*, a.a.O., § 17 VOB/B, Rn. 36, m.w.N.
42 *Joussen*, a.a.O., § 17 Abs. 4 VOB/B, Rn. 85.

III. Bürgschaft auf erstes Anfordern (§ 17 Abs. 4 S. 3 VOB/B)

27 Seit der VOB/B 2002 ist in § 17 Abs. 4 S. 3 VOB/B ausdrücklich festgehalten, dass der AG keine Bürgschaft auf erstes Anfordern verlangen kann. Eine abweichende Regelung können die Parteien jedoch treffen.[43] Eine solche Vereinbarung würde aber einen Eingriff in die VOB/B darstellen, sodass alle Regelungen der VOB/B wieder einer Inhaltskontrolle gemäß §§ 307 ff. BGB unterliegen.[44] Eine gesetzliche Regelung zur Bürgschaft auf erstes Anfordern gibt es nicht. Eine solche Bürgschaft soll dem AG bei Eintritt des Sicherungsfalls ohne weitere Beweisführung, d.h. durch bloße schriftliche Aufforderung, ermöglichen, eine Zahlung vom Bürgen zu erhalten. Die Bürgschaft auf erstes Anfordern dient damit einer beschleunigten Befriedigung des AG, da dieser erst sein Geld erhält und erst danach ggf. ein Prozess geführt werden muss.[45]

IV. Inanspruchnahme des Bürgen

28 Die Bürgschaft wird durch den AG verwertet, indem er den selbstschuldnerisch haftenden Bürgen unmittelbar in Anspruch nimmt.[46] Voraussetzung für die Inanspruchnahme ist, dass der in der Bürgschaft festgelegte und beschriebene Sicherungsfall eingetreten ist. Fehlt eine ausdrückliche Vereinbarung, ist der Sicherungsfall durch Auslegung zu bestimmen.[47] Voraussetzungen für die Inanspruchnahme sind damit,
 – dass die Hauptforderung fällig und
 – der Sicherungsfall eingetreten ist.

29 Wird dies durch den AG dargelegt und zahlt der Bürge, kann er gleichzeitig die Rückgabe der Bürgschaft verlangen und seine Zahlung hiervon abhängig machen (§ 371 BGB analog). Der Bürge kann sich bei seiner Inanspruchnahme aufgrund des Verzichts auf die Einrede der Vorausklage nicht darauf berufen, dass der AG zunächst die Befriedigung seiner Forderung bei dem AN suchen und durchsetzen muss. Mit den sonstigen Einwendungen und Einreden, die dem AN als Hauptschuldner zustehen, ist der Bürge jedoch gemäß § 768 Abs. 1 BGB nicht ausgeschlossen. Individualvertraglich kann der Verzicht des Bürgen auf die Erhebung der dem Hauptschuldner zustehenden Einrede vereinbart werden. Ein in durch den AG gestellten AGB wäre aber ein solcher Verzicht gemäß § 307 BGB unwirksam, da er den Bürgen unangemessen benachteiligen würde.[48] In Betracht kommen hierbei die Einrede des nicht rechtzeitigen Vorbehalts der Vertragsstrafe gemäß § 11 VOB/B oder die Geltendmachung eines Zurückbehaltungs- oder Leistungsverweigerungsrechts gemäß § 320 BGB bzw. § 273 BGB.[49] Der Bürge kann sich insbesondere auch auf die Verjährung der Hauptschuld berufen.[50]

30 Sind Mängelansprüche verjährt und geht der AG aus einer Bürgschaft für Mängelansprüche nach Ablauf dieser Verjährungsfrist vor, muss er grundsätzlich die Verjährungshemmung (§§ 203 ff. BGB) oder die Verlängerung der Verjährungsfrist (§ 13 Abs. 5 Nr. 1 S. 2 VOB/B) darlegen. Hierbei muss er auch die rechtzeitige Mängelrüge vor Ablauf der Verjährungsfrist für die Mängelansprüche nachweisen, wobei er darauf zu achten hat, dass die Mängelrüge nicht gegenüber dem Bürgen, sondern gegenüber dem AN ausgebracht wird, bzw. wurde.[51] Bereits in der Rechtspre-

---

43 Zur Zulässigkeit der Vereinbarung einer Bürgschaft auf erstes Anfordern vgl. *Joussen*, a.a.O., § 17 Abs. 4, Rn. 59 ff., m.w.N.
44 *Jagenburg*, a.a.O., § 17 Abs. 4 VOB/B, Rn. 28, m.w.N.
45 *Kemper/Schwarz* a.a.O., § 17 VOB/B, Rn. 38; *Jagenburg*, a.a.O., § 17 Abs. 4 VOB/B, Rn. 27 ff., m.w.N.; sehr ausführlich: *Joussen*, a.a.O., § 17 Abs. 4 VOB/B, Rn. 33 ff.
46 *Joussen*, a.a.O., § 17 Abs. 4 VOB/B, Rn. 91; *Kemper/Schwarz*, a.a.O., § 17 VOB/B, Rn. 42 ff.; *Kainz*, a.a.O., S. 704, Rn. 248 ff.
47 *Joussen*, a.a.O., § 17 Abs. 4 VOB/B, Rn. 94, m.w.N.; *Kainz*, a.a.O., S. 704, Rn. 248, m.w.N.
48 So auch *Joussen*, a.a.O., § 17 Abs. 4 VOB/B, Rn. 40.
49 *Joussen*, a.a.O., § 17 Abs. 4 VOB/B, Rn. 97 m.w.N.
50 *Joussen*, a.a.O., § 17 Abs. 4 VOB/B, Rn. 98.
51 *Kemper/Schwarz*, a.a.O., § 17 VOB/B, Rn. 43, m.w.N.

chung zur VOB/B 2000 war die einhellige Auffassung zu finden, dass der AG eine Sicherheit nach einem vereinbarten Rückgabetermin nur verwerten durfte, wenn er Ansprüche in unverjährter Zeit dem AN angezeigt hatte.[52] Nach der VOB/B 2006 ist eine nicht verwertete Sicherheit für die Vertragserfüllung zum vereinbarten Zeitpunkt, spätestens nach Abnahme und Stellungnahme der Sicherheit für Mängelansprüche zurückzugeben, es sei denn, dass Ansprüche des AG, die nicht von der gestellten Sicherheit für Mängelansprüche umfasst sind, noch nicht erfüllt sind (§ 17 Abs. 8 Nr. 1 VOB/B). Dann darf er für diese Vertragserfüllungsansprüche einen entsprechenden Teil der Sicherheit zurückhalten. Nach der aktuellen Rechtsprechung ist anerkannt, dass eine Sicherheit für Mängelansprüche durch den AG nur zurückgehalten werden darf, wenn der AG vor Ablauf der zwei Jahre (oder einem vereinbarten Rückgabezeitpunkt) die Mängelansprüche geltend macht.[53] Unter »Geltendmachung« ist hierbei eine Mängelbeseitigungsaufforderung durch den AG vor Ablauf der Gewährleistung anzusehen.[54]

Bei einer Gewährleistungsbürgschaft ist der Sicherungsfall eingetreten, wenn der gesicherte Anspruch in eine Geldforderung übergegangen ist (ereignisloser Ablauf einer gesetzten Nacherfüllungsfrist), beispielsweise in einen Anspruch auf Vorschuss auf Mängelbeseitigungskosten, Erstattung von Aufwendungen für Mängelbeseitigung, Schadensersatz oder Minderung.[55] Dieser Sicherungsfall ist bei einer Bürgschaft auf erstes Anfordern nicht darzulegen. Das Aufforderungsschreiben des AG an den Bürgen ist ausreichend. 31

V. Verjährung

In der Praxis wird häufig übersehen, dass der AG sowohl die Verjährungsfrist für die gesicherte Hauptforderung, als auch die Frist für die Verjährung der Forderung aus der Bürgschaft zu berücksichtigen und zu beachten hat. Unabhängig voneinander verjähren beide Forderungen selbstständig, wobei für die Bürgschaftsforderung die regelmäßige Verjährungsfrist gemäß § 195 BGB (3 Jahre) gilt. Folglich kann sie insbesondere bei Mängelbürgschaften vor der gesicherten Hauptforderung verjähren.[56] Umstritten war bislang, wann die Verjährungsfrist für die Bürgschaftsforderung zu laufen beginnt. Bei einer selbstschuldnerischen Bürgschaft, wie sie einem VOB/B-Vertrag zugrunde liegt, beginnt die Verjährung der Bürgschaftsschuld mit der Fälligkeit der Hauptforderung. Dies hat der BGH zwischenzeitlich klargestellt.[57] In seinem Urt. v. 29.01.2008 hat der BGH nicht nur ausgeführt und festgestellt, dass eine selbstschuldnerische Bürgschaft mit der Fälligkeit der Hauptschuld eintritt, sondern auch, dass es einer Leistungsaufforderung des Gläubigers und damit des Auftraggebers nicht bedarf.[58] 32

Die häufig bei Gewährleistungsbürgschaften auftretende Frage, ob der AG auf die Bürgschaft noch zurückgreifen kann, wenn er Mängel in unverjährter Zeit gerügt, dann aber nichts getan hat, um die Verjährungsfrist seiner Mängelansprüche zu hemmen, hat der BGH dahingehend entschieden, dass der AG auch bei verjährten Mängelansprüchen die Gewährleistungsbürgschaft verwerten darf, wenn die Mängel gegenüber dem AN in unverjährter Zeit gerügt worden sind.[59] Die Forderung aus einer Sicherheit für Mängelansprüche ist dann fällig, wenn dem AG nach Ablauf 33

---

52 BGH, Urt. v. 21.01.1993, VII UR 221/91; BauR 1993, 337; OLG München, Urt. v. 06.11.2007, 9 U 2387/07; BauR 2008, 1328, 1327.
53 OLG Köln, Urt. v. 13.10.2004, 11 U 184/03, BauR 2005, 1363.
54 *Joussen*, a.a.O., § 17 Abs. 8 VOB/B, Rn. 18, m.w.N.
55 *Kainz*, a.a.O., S. 704, Rn. 248, m.w.N.
56 *Kainz*, a.a.O., S. 705, Rn. 251 ff.; *Joussen*, a.a.O., § 17 Abs. 4 VOB/B, Rn. 97, Rn. 106 ff., m.w.N.; *Kemper/Schwarz*, a.a.O., § 17 VOB/B, Rn. 45, m.w.N.
57 *Joussen*, a.a.O., § 17 Abs. 4 VOB/B, Rn. 106, m.w.N.; *Kemper/Schwarz*, a.a.O., § 17 VOB/B, Rn. 46, m.w.N.; *Kainz*, a.a.O., S. 705, Rn. 251 ff.
58 BGH, Urt. v. 29.01.2008, XI ZR 160/07, IBR 2008, 266.
59 BGH, Urt. v. 21.01.1993, VII ZR 127/91, IBR 1993, 139; Urt. v. 21.01.1993, VII ZR 221/91, IBR 1993, 189; ausführlich hierzu: *Kainz*, a.a.O., S. 709, Rn. 254, m.w.N.

der gesetzten Mängelbeseitigungsfrist ein auf Geldzahlung gerichteter Anspruch zusteht, also beispielsweise auf Kostenvorschuss oder Schadensersatz.[60]

F. Sicherheit durch Hinterlegung (§ 17 Abs. 5 VOB/B)

I. Abweichung von der gesetzlichen Regelung

34 Abweichend von den gesetzlichen Regelungen des BGB (§ 232 BGB) findet auf die Hinterlegung gemäß § 17 Abs. 5 VOB/B nicht die Hinterlegungsordnung Anwendung. Gelder, die auf Grundlage eines VOB/B-Bauvertrages hinterlegt werden müssen, sind daher nicht bei einem Amtsgericht einzuzahlen. Vielmehr bestimmt § 17 Abs. 5 VOB/B, dass Hinterlegungsbeträge auf ein Und-Konto einzuzahlen sind. Bei dieser Vorschrift handelt es sich um eine neue Regelung der VOB/B 2006. Damit ist eine Hinterlegung auf Grundlage der VOB/B nur auf ein Konto möglich, über das beide Parteien des VOB/B Bauvertrages verfügen können.

35 Die praktische Bedeutung des § 17 Abs. 5 VOB/B ist gering, da in der Praxis üblicherweise Einbehalte von fälligen Zahlungen vorgenommen werden, auf die § 17 Abs. 6 VOB/B Anwendung findet. Die grundsätzliche Bedeutung des § 17 Abs. 5 VOB/B darf vor diesem Hintergrund aber nicht unterschätzt werden: Die Grundsätze, die in § 17 Abs. 5 VOB/B für die Hinterlegung gelten, finden auch im Rahmen des § 17 Abs. 6 und Abs. 7 Anwendung.[61]

II. Voraussetzungen der Hinterlegung

36 Voraussetzung ist zunächst, dass die Parteien eine entsprechende Hinterlegungsvereinbarung im Vertrag treffen. Diese Vereinbarung muss beinhalten, welche Geldsumme durch Einzahlung auf ein Sperrkonto eingezahlt wird. Hierbei muss auch das Geldinstitut benannt werden. Die Voraussetzungen stellen sich in der Übersicht daher wie folgt dar:[62]
1. Zwischen den Parteien muss die Hinterlegung eines Geldbetrages vereinbart werden. Das Geldinstitut, bei welchem der Betrag hinterlegt werden soll, ist zu bezeichnen.
2. Es muss sich um ein sogenanntes Und-Konto handeln: Voraussetzung ist damit, dass beide Parteien nur gemeinsam über das Konto verfügen dürfen.
3. Das eingezahlte Geld ist zugunsten des AN zu verzinsen.

37 Nur wenn beide Parteien über das Konto verfügen dürfen und es Zinsen zugunsten des AN festlegt, ist den Voraussetzungen des § 17 Abs. 5 VOB/B genüge getan. Im Insolvenzfall ist das hinterlegte Geld der Insolvenzmasse nur entzogen, wenn es sich um ein »Und-Konto« handelt.[63]

38 In der Praxis findet sich in den seltensten Fällen bereits im Vertrag die Festlegung des Geldinstituts. Aus diesem Grunde wird häufig erst nach Abschluss des Vertrages die Festlegung des Geldinstitutes erfolgen müssen. Der AG ist verpflichtet, bei der Festlegung des Geldinstituts mitzuwirken. Unterlässt er dies trotz Fristsetzung durch den AN, kann der AN den zu hinterlegenden Betrag auf ein »Und–Konto« eines vom ihm ausgewählten Kreditinstituts einzahlen.[64]

39 Entsprechend § 233 BGB besitzt der AN einen Rückzahlungsanspruch an dem hinterlegten Geld, welches in das Eigentum des Geldinstituts übergeht, bei welchem es eingezahlt wird. Der AG erwirbt ein Pfandrecht an diesem Rückzahlungsanspruch.[65] Die Wertung des hinterlegten Betrages erfolgt durch einvernehmliche Freigabe des Betrages, da nur beide Parteien des Bauvertrages über

---

60 *Kainz*, a.a.O., S. 704, Rn. 248, m.w.N.
61 *Joussen*, a.a.O., § 17 Abs. 5 VOB/B, Rn. 1; *Kemper/Schwarz*, a.a.O., § 17 VOB/B, Rn. 47, m.w.N.; *Kainz*, a.a.O., S. 685, Rn. 212, m.w.N.
62 *Kemper/Schwarz*, a.a.O., § 17 VOB/B, Rn. 48.
63 *Joussen*, BauR 2004, 1677, 1681.
64 *Joussen*, a.a.O., § 17 Abs. 5 VOB/B, Rn. 2 m.w.N.; *Kemper/Schwarz*, a.a.O., § 17 VOB/B, Rn. 49, m.w.N.
65 *Kemper/Schwarz*, a.a.O., § 17 VOB/B, Rn. 50, m.w.N.

den hinterlegten Betrag verfügen können (»Und-Konto«). Sofern sich der AG weigert, den hinterlegten Betrag freizugeben, muss der AN die Freigabe im Klageweg gemäß § 894 ZPO weiterverfolgen.[66]

G. Sicherheit durch Einbehalt (§ 17 Abs. 6 VOB/B)

I. Die Vereinbarung des Einbehalts in Teilbeträgen (§ 17 Abs. 6 Nr. 1 VOB/B)

In der Praxis wird weit häufiger als die Hinterlegung zwischen den Parteien vereinbart, dass der AG von den durch ihn zu leistenden Zahlungen einen Sicherheitseinbehalt vornehmen darf. Die auf Grundlage einer solchen Vereinbarung geltenden Voraussetzungen finden sich in § 17 Abs. 6 VOB/B. 40

In der Baupraxis vereinbaren die Parteien vornehmlich als Sicherheit für Mängelansprüche einen Sicherheitseinbehalt. Aufgrund dieser Abrede kann der AG Einbehalte vornehmen, um dann ggf. auf diese Beträge zurückzugreifen, wenn der AN seinen Mängelverpflichtungen nicht nachkommt. Der AG kann folglich – wenn nichts anderes vereinbart ist – schlicht von fälligen Abschlagsrechnungen sowie von der Schlussrechnung einen prozentualen Betrag einbehalten, den er dann auf ein Sperrkonto einzahlen muss. Wird zwischen den Parteien vereinbart, dass lediglich von Abschlagsrechnungen ein Einbehalt vorgenommen werden darf, spricht dies dafür, dass die Sicherheit nur für Vertragserfüllungsansprüche vereinbart werden soll.[67] 41

1. Höhe des Einbehalts

Die Höhe des Einbehalts wird zwischen den Parteien vereinbart. Fehlt es an einer Vereinbarung, so darf der Auftraggeber gemäß § 17 Abs. 6 Nr. 1 S. 1 VOB/B die Zahlungen jeweils um höchstens 10 % kürzen, bis die vereinbarte Sicherheitssumme erreicht ist. Aus dieser Formulierung wird deutlich, dass die VOB/B davon ausgeht, dass die Parteien über die Gesamtsumme des Sicherheitseinbehalts eine Vereinbarung getroffen haben. Anzumerken ist in diesem Zusammenhang, dass eine in AGB vereinbarte Kombination von Sicherheiten (Einbehalt und Bürgschaft) zu einer Übersicherung des AG und folglich zu einem Verstoß gegen § 307 BGB führt.[68] Für den öffentlichen AG findet sich in § 9 Abs. 8 VOB/A eine Regelung, wonach die Sicherheit für die Erfüllung sämtlicher Verpflichtungen aus dem Vertrag 5 % der Auftragssumme nicht überschreiten soll. Die Sicherheit für Mängelansprüche soll 3 % der Abrechnungssumme nicht überschreiten. Sofern die Parteien eines VOB/B-Bauvertrages die Gesamtsumme der zu erbringenden Sicherheit nicht vereinbart haben, so hat der AG nach überwiegender Auffassung ein Leistungsbestimmungsrecht gemäß §§ 316, 315 Abs. 1 BGB.[69] 42

Die Berechnung des Sicherheitseinbehalts erfolgt auf Grundlage des Bruttobetrages der Auftragssumme zum Zeitpunkt des Vertragsschlusses oder des Bruttobetrages der Abschlags- oder Schussrechnung. Eine Ausnahme gilt nur, wenn § 13b UStG zu beachten ist (dazu im Folgenden unten). Diese ergibt sich aus dem Vertrag. Eine Vertragserfüllungssicherheit wird in aller Regel ausschließlich auf der Grundlage des Vertrages berechnet. Hintergrund ist die Tatsache, dass beispielsweise Mengenmehrungen oder -änderungen gemäß § 2 Abs. 3 VOB/B oder Leistungsänderungen gemäß § 2 Abs. 5 VOB/B bzw. zusätzliche Leistungen gemäß § 2 Abs. 6 VOB/B erst im Laufe der Vertragsdurchführung auftreten. Somit ist eine für Mängel vereinbarte Sicherheit unter Zugrundelegung der Mehr- oder Minderkosten zu berechnen.[70] 43

---

66 *Joussen*, a.a.O., § 17 Abs. 5 VOB/B, Rn. 5 m.w.N.
67 *Joussen*, a.a.O., § 17 Abs. 6 VOB/B, Rn. 2 ff., m.w.N.;
   Kemper/Schwarz, a.a.O., § 17 VOB/B, Rn. 52, 53, m.w.N.;
   Kainz, a.a.O., S. 686, Rn. 213, m.w.N.
68 OLG Düsseldorf, Urt. v. 06.10.2009, 21 U 130/08, IBR 2010, 24.
69 *Kemper/Schwarz*, a.a.O., § 17 VOB/B, Rn. 10, m.w.N.
70 *Thierau*, in: Beck'scher VOB-Kurzkommentar, 3. Aufl., Rn. 87, m.w.N.

44 Zu berücksichtigen ist, dass seit dem Jahre 2004 § 13b UStG Anwendung findet. Sofern dieser Paragraph keine Anwendung findet, ist die Abrechnungssumme die Bruttovergütung einschließlich der Umsatzsteuer.[71] Findet § 13b UStG Anwendung (was vornehmlich im Nachunternehmerverhältnis der Fall ist), so ist zunächst die Abrechnungssumme aus dem Vertrag zu ermitteln. Steht die Abrechnungssumme fest, so bleibt gemäß § 17 Abs. 6 Nr. 1 Satz 2 VOB/B die Umsatzsteuer unberücksichtigt, wenn die Rechnungen gemäß § 13b UStG ohne Umsatzsteuer auszustellen sind.[72]

2. Weitere Voraussetzungen

a) Informationen des AN

45 Sofern der AG einen Sicherheitseinbehalt vornimmt, hat er den AN hiervon zu unterrichten. Aus dieser Mitteilung muss insbesondere die Höhe des vorgenommenen Einbehalts für den AN unzweifelhaft ersichtlich werden. Hierbei reicht es, wenn sich der vorgenommene Einbehalt aus einer Rechnungsprüfung ergibt. Allein die Kürzung einer Rechnung ist nach überwiegender Auffassung nicht ausreichend.[73]

b) Einzahlung des Einbehalts auf ein Sperrkonto

46 Gemäß § 17 Abs. 6 Nr. 1 S. 3 VOB/B hat der AG den einbehaltenen Betrag innerhalb von 18 Werktagen nach der Mitteilung gegenüber dem AN über die Tatsache, dass er einen Einbehalt vornimmt, auf ein Sperrkonto bei dem vereinbarten Geldinstitut einzuzahlen. Durch diese Regelung wird zunächst klargestellt, dass der AG über den vorgenommenen Einbehalt nicht frei verfügen kann. Es handelt sich um einen Sicherheitseinbehalt, der getrennt von dem Vermögen des AG verwahrt werden muss.[74] Im Falle der Insolvenz trägt die Einzahlung auf ein Sperrkonto dazu bei, dass der Sicherheitseinbehalt insolvenzsicher ist. Die Einzahlung auf ein Sperrkonto muss innerhalb von 18 Werktagen erfolgen. Dies bedeutet unter Zugrundelegung der VOB/B, dass auch die Samstage als Werktage in die Fristberechnung einzurechnen sind (arg.ex. § 11 Abs. 3 VOB/B). Haben die Parteien zum Zeitpunkt der Vorname des Einbehalts noch kein Kreditinstitut vereinbart, so ist es ausreichend, wenn spätestens zu diesem Zeitpunkt eine solche Vereinbarung zustande kommt.[75]

c) Unterlassene Einzahlung, § 17 Abs. 6 Nr. 3 VOB/B

47 Unterlässt der AG die Einzahlung auf ein Sperrkonto, stellt dies zunächst eine positive Vertragsverletzung gemäß § 280 BGB dar. Der AN kann also Schadensersatzansprüche geltend machen.[76] Gleichzeitig ist der AN gemäß § 17 Abs. 6 Nr. 3 VOB/B berechtigt, dem AG eine angemessene Nachfrist zur Einzahlung des Sicherheitseinbehalts zu setzen. Als Nachfrist wird in der Regel eine Frist von sechs Werktagen als angemessen angesehen.[77] Sofern der AG auch diese Nachfrist verstreichen lässt, kann der AN die sofortige Auszahlung des einbehaltenen Betrages verlangen. Er ist dann von jeglicher Pflicht zur Leistung einer Sicherheit frei. Die Fristsetzung ist nach allgemeinen Grundsätzen insbesondere dann entbehrlich, wenn der AG von vorne herein erklärt, nicht bereit zu sein, den Sicherheitseinbehalt auf ein Sperrkonto einzuzahlen. Diese Fälle sind in der Praxis je-

---

71 *Joussen*, a.a.O., § 17 Abs. 1, Rn. 40., m.w.N.
72 Näher dazu: *Joussen*, a.a.O., § 17 Abs. 6 VOB/B, Rn. 9 m.w.N.
73 *Joussen*, a.a.O., § 17 Abs. 6 VOB/B, Rn. 12, m.w.N.; *Kemper/Schwarz*, a.a.O., § 17 VOB/B, Rn. 54, m.w.N.
74 *Kainz*, a.a.O., S. 686, Rn. 214, m.w.N.; *Joussen*, a.a.O., § 17 Abs. 6 VOB/B, Rn. 13, m.w.N.; *Kemper/Schwarz*, § 17 VOB/B, Rn. 55, m.w.N.
75 *Kainz*, a.a.O., wie vor; *Joussen*, a.a.O., wie vor; *Kemper/Schwarz*, a.a.O., wie vor.
76 *Joussen*, a.a.O., § 17 Abs. 6 VOB/B, Rn. 13 ff.
77 *Kemper/Schwarz*, a.a.O., § 17 VOB/B, Rn. 58, m.w.N.

doch selten. Die Berechtigung des AN im Falle der unterbliebenen Einzahlung des Sicherheitseinbehalts auf ein Sperrkonto, keine weitere Sicherheit mehr leisten zu müssen, bezieht sich im Übrigen auf alle vereinbarten Sicherheitsleistungen, also sowohl auf vereinbarte Sicherheitseinbehalte, als auch beispielsweise auf Bürgschaften.[78]

Häufig tritt der AG dem Auszahlungsbegehren des AN damit entgegen, dass er Mängel der Bauleistung behauptet. Sofern der AG aus diesem Grunde ein Zurückbehaltungsrecht geltend macht oder aufrechnet, ist er hierzu berechtigt.[79] Allerdings ist es dem AG nur möglich, wegen Ansprüchen aus demselben Bauvorhaben ein Zurückbehaltungsrecht geltend zu machen oder eine Aufrechnung zu erklären (Erfordernis des Konnexität gemäß § 273 BGB: »… aus demselben rechtlichen Verhältnis«). Hintergrund ist die Tatsache, dass der Sicherheitseinbehalt für das konkrete Bauvorhaben vereinbart wurde. 48

d) Benachrichtigung des AN von der Einzahlung

Aufgrund der Tatsache, dass der Sicherheitseinbehalt auf ein Sperrkonto eingezahlt wird und sich damit nicht mehr im Vermögen des AG befindet, muss der AG die Bank veranlassen, den AN über die Einzahlung auf ein Sperrkonto zu unterrichten.[80] In welcher Form die Unterrichtung durch die Bank erfolgt, bleibt dieser überlassen. In der Regel wird dem AN ein Kontoauszug zugestellt. 49

II. Kleinere oder kurzfristige Aufträge (§ 17 Abs. 6 Nr. 2 VOB/B)

Gemäß § 17 Abs. 6 Nr. 2 VOB/B ist der AG bei kleineren oder kurzfristigen Aufträgen berechtigt, den einbehaltenen Sicherheitsbetrag erst bei der Schlussrechnung auf ein Sperrkonto einzuzahlen. Kurzfristige Aufträge sind solche, die in aller Regel durch eine Schlusszahlung abgeschlossen werden oder höchstens eine Abschlagszahlung beinhalten.[81] Ob es sich hierbei auch zeitlich um einen kurzfristigen Auftrag handelt, wird in der Regel unter Zugrundelegung der Zweimonatsfrist des § 16 Abs. 3 Nr. 1 VOB/B beurteilt: Handelt es sich um einen Auftrag, der nicht länger als zwei Monate zu seiner Durchführung benötigt, so ist es ein kurzfristiger Auftrag.[82] Was unter einem »kleineren Auftrag« zu verstehen ist, wird nicht einheitlich beurteilt. Nach einer Auffassung handelt es sich hierbei um solche Aufträge, bei denen die Vergütung so gering ist, dass es sich auch vor dem Hintergrund des zu betreibenden Kostenaufwandes nicht lohnt, diesen Betrag auf ein Sperrkonto einzuzahlen. Dies wird in der Regel als gegeben angesehen, wenn der einzuzahlende Sicherheitseinbehalt nur wenige hundert Euro umfasst.[83] Nach anderer Auffassung wird der kleinere Auftrag danach definiert, wie hoch der Vergütungsanspruch des AN ist: Bis zu einem Vergütungsanspruch in Höhe von maximal 10.000,00 € soll von einem kleineren Auftrag gesprochen werden.[84] Ob insofern ein Widerspruch zwischen den Auffassungen besteht, ist zweifelhaft: Bei einem Auftragsvolumen von maximal 10.000,00 € wird in aller Regel der Sicherheitseinbehalt nur wenige hundert Euro betragen. 50

III. Öffentliche AG (§ 17 Abs. 6 Nr. 4 VOB/B)

Im Gegensatz zu einem privaten AG ist der öffentliche AG gemäß § 17 Abs. 6 Nr. 4 VOB/B berechtigt, den als Sicherheit einbehaltenen Betrag auf ein eigenes Verwahrgeldkonto zu nehmen, 51

---

78 *Kemper/Schwarz*, a.a.O., § 17 VOB/B, Rn. 60, m.w.N.; *Joussen*, a.a.O., § 17 Abs. 6 VOB/B, Rn. 32, m.w.N.
79 *Kemper/Schwarz*, a.a.O., § 17 VOB/B, Rn. 60, m.w.N.; *Joussen*, a.a.O., § 17 Abs. 6 VOB/B, Rn. 35, m.w.N.; *Kainz*, a.a.O., Rn. 216, m.w.N.
80 *Kemper/Schwarz*, a.a.O., § 17 VOB/B, Rn. 56, m.w.N.; *Joussen*, a.a.O., § 17 Abs. 6 VOB/B, Rn. 16, m.w.N.
81 *Joussen*, a.a.O., § 17 Abs. 6 VOB/B, Rn. 27, m.w.N.
82 *Joussen*, a.a.O., wie vor.
83 *Joussen*, a.a.O., § 17 Abs. 6 VOB/B, Rn. 26.
84 *Kemper/Schwarz*, a.a.O., § 17 VOB/B, Rn. 62.

ohne den eingezahlten Betrag verzinsen zu müssen. Folglich kann ein öffentlicher AG den Sicherheitseinbehalt auch auf ein internes Eigenkonto einzahlen. Die Verpflichtung zur Eröffnung eines gesonderten Kontos bei einer Bank besteht nicht.[85] Als öffentlicher AG werden in aller Regel juristische Personen des öffentlichen Rechts oder öffentlich-rechtliche Sondervermögen anzusehen sein. Kapitalgesellschaften fallen nicht hierunter, auch wenn die Gesellschaftsanteile zu 100 % von der öffentlichen Hand gehalten werden.[86]

H. Frist zur Sicherheitsleistung durch den AN (§ 17 Abs. 7 VOB/B)

52 Nur für den Fall der Sicherheitsleistung durch Bürgschaft und Hinterlegung bestimmt § 17 Abs. 7 VOB/B, dass innerhalb einer Frist von 18 Werktagen nach Abschluss des Vertrages die Sicherheit zu leisten ist. Der Fall der Sicherheitsleistung durch Einbehalt ist ausschließlich von § 17 Abs. 6 VOB/B umfasst. Sofern der AN keine vereinbarte Sicherheit innerhalb der 18 Werktage stellt, kann der AG vom Guthaben des AN einen Betrag in Höhe der vereinbarten Sicherheit einbehalten. § 17 Abs. 7 S. 2 VOB/B ermöglicht es dem AG somit, bereits die Forderung des AN aus einer ersten Abschlagsrechnung in Höhe des vereinbarten Sicherheitseinbehaltes zu kürzen.[87] Auch dieser Einbehalt ist auf ein Sperrkonto einzuzahlen, welches denselben Anforderungen unterliegt wie das in § 17 Abs. 6 VOB/B aufgeführte Konto.[88] Die 18-Werktage-Frist gilt auch für die Stellung einer Gewährleistungssicherheit. Vereinbaren die Parteien nichts anderes, ist also auch eine Gewährleistungsbürgschaft 18 Werktage nach Abschluss des Vertrages zu leisten. Den Parteien steht es aber frei, eine abweichende Vereinbarung zu treffen, beispielsweise, dass die Gewährleistungssicherheit 18 Werktage nach Abnahme zu leisten ist.

53 Allerdings wird in der Praxis zumeist die Sicherheitsleistung durch Einbehalt erfolgen (§ 17 Abs. 6 VOB/B), der gemäß § 17 Abs. 3 VOB/B durch eine Gewährleistungsbürgschaft abgelöst werden kann. Besteht eine solche Vereinbarung zwischen den Parteien, findet die 18-Tage-Frist des § 17 Abs. 7 VOB/B keine Anwendung.[89]

I. Rückgabe der Sicherheit (§ 17 Abs. 8 VOB/B)

54 Gemäß § 17 Abs. 8 VOB/B hat der AG eine nicht verwertete Sicherheit für die Vertragserfüllung zum vereinbarten Zeitpunkt, spätestens nach Abnahme und Stellung der Sicherheit für Mängelansprüche, zurückzugeben. Eine nicht verwertete Sicherheit für Mängelansprüche ist nach Ablauf von zwei Jahren zurückzugeben, sofern die Parteien nichts anderes vereinbart haben.

55 § 17 Abs. 8 VOB/B regelt damit die Rechtsfolgen für den Zeitpunkt, in dem der Sicherungszweck entfallen ist.[90] Im Gegensatz dazu regelt § 17 Abs. 3 VOB/B das Austauschrecht des AN, bei welchem nicht der Sicherungszweck entfällt, sondern eine Sicherheit durch eine andere ersetzt wird.

I. Sicherheit für Vertragserfüllung (§ 17 Abs. 8 Nr. 1 VOB/B)

56 Ist eine Sicherheit für das Erfüllungsstadium vereinbart, ist diese spätestens nach Abnahme und Stellung der Sicherheit für Mängelansprüche zurückzugeben, es sei denn, dass Ansprüche des AG, die nicht von der gestellten Sicherheit für Mängelansprüche umfasst sind, noch nicht erfüllt sind. Dann darf der AG gemäß § 17 Abs. 8 Nr. 1 S. 2 VOB/B für diese Vertragserfüllungsansprüche einen entsprechenden Teil der Sicherung zurückhalten.

---

85 *Joussen*, a.a.O., § 17 Abs. 6 VOB/B, Rn. 36, m.w.N.
86 Ausführlich hierzu: *Joussen*, a.a.O., § 17 Abs. 6 VOB/B, Rn. 37, m.w.N.; *Kemper/Schwarz*, a.a.O., § 17 VOB/B, Rn. 63, m.w.N.
87 *Joussen*, a.a.O., § 17 Abs. 7 VOB/B, Rn. 3, m.w.N.; *Kemper/Schwarz*, a.a.O., § 17 VOB/B, Rn. 66, m.w.N.
88 *Joussen*, a.a.O., § 17 Abs. 7 VOB/B, Rn. 3, m.w.N.
89 *Joussen*, a.a.O., § 17 Abs. 7 VOB/B, Rn. 4, m.w.N.
90 *Kemper/Schwarz*, a.a.O., § 17 VOB/B, Rn. 67.

Werden bei der Abnahme Mängel festgestellt und hat sich der AG seine Recht bei Abnahme vor- 57
behalten, kann er die Vertragserfüllungsbürgschaft zurückhalten, bis die Mängelbeseitigung erfolgt ist, da die Vertragserfüllungsbürgschaft auch Mängelansprüche absichert, die bei Abnahme
festgestellte Mängel betreffen.[91] Haben die Parteien – wie in der Praxis üblich – sowohl eine Vertragserfüllungssicherheit als auch eine Gewährleistungssicherheit vereinbart, muss die Vertragserfüllungssicherheit erst nach der Abnahme und Stellung der Gewährleistungssicherheit zurückgegeben werden, wenn die Vertragserfüllungssicherheit, wie zuvor dargestellt, nicht in Anspruch
genommen wird. Gemäß § 17 Abs. 8 Nr. 1 VOB/B ist der AN bezüglich der Übergabe der Gewährleistungssicherheit vorleistungspflichtig.[92] Nach der neueren Rechtssprechung des BGH
kann der AN sowohl die Rückgabe der Sicherheit an den Bürgen als auch an sich selbst verlangen.
Voraussetzung ist dabei, dass die VOB/B wirksam in den Vertrag einbezogen wurde.[93]

II. Sicherheit für Mängelansprüche (§ 17 Abs. 8 Nr. 2 VOB/B)

§ 17 Abs. 8 Nr. 2 VOB/B umfasst Sicherheiten für die nach der Abnahme bestehenden Mängel- 58
ansprüche. Hauptanwendungsfall ist damit die Mängelansprüche sichernde Bürgschaft, da diese
in der Praxis Hauptsicherungsmittel für Mängelansprüche innerhalb der Verjährungsfrist ist.

Haben die Parteien nichts Abweichendes geregelt, ist diese Sicherheit nach zwei Jahren zurück- 59
zugeben. Bei einer nicht gemäß § 13 Abs. 4 Nr. 1 VOB/B zugrunde gelegten Gewährleistungsfrist
entsteht so eine Lücke von zwei Jahren, in denen der AG keine Sicherheit hat. Es ist daher empfehlenswert, vertraglich zu regeln, dass die Sicherheit gleichlaufend mit der Verjährungsfrist für
Mängelansprüche erst dann zurückzugeben ist, wenn die Verjährung für Mängelansprüche eingetreten ist. § 17 Abs. 8 Nr. 2 S. 1 VOB/B lässt eine abweichende Vereinbarung des Rückgabezeit-
punktes ausdrücklich zu.

Sofern während der Frist, in der die Sicherheit dem AG zur Verfügung steht, Mängel auftreten, 60
kann der AG einen entsprechenden Teil der Sicherheit zurückhalten, § 17 Abs. 8 Nr. 2 S. 2
VOB/B. Hierbei bestimmt sich die Höhe des Einbehalts danach, inwieweit der AG von seinem
Leistungsverweigerungsrecht Gebrauch machen darf, §§ 320, 641 Abs. 3 BGB.[94] Der Druckzuschlag ist bei Freigabe eines Sicherheitseinbehaltes zu berücksichtigen. Bei der Rückgabe einer
Bürgschaft wird aber teilweise die Auffassung vertreten, dass nur der einfache Betrag der Mängelbeseitigungskosten in Ansatz gebracht werden kann.[95] Sofern innerhalb der Zweijahresfrist, in
welcher die Sicherheit zurückzugeben ist, Mängel gerügt werden, kann die Sicherheit folglich in
der entsprechenden Höhe einbehalten werden: Allerdings müssen innerhalb der Zweijahresfrist
(sofern keine andere Frist vertraglich vereinbart ist) Mängelansprüche »geltend gemacht werden«.
Hierzu ist es ausreichend, wenn vor Ablauf der Verjährungsfrist der Mängelansprüche und innerhalb der Rückgabefrist für die vereinbarte Sicherheit Mängelbeseitigung verlangt wird.[96]

J. Darlegungs- und Beweislast

Sofern der AG eine Sicherheit in Anspruch nehmen will, muss er grundsätzlich die Voraussetzung 61
für die Inanspruchnahme der Sicherheit darlegen und beweisen. Hierzu ist es erforderlich, dass er
sowohl die vertragliche Vereinbarung einer Sicherheit darlegt und beweist, als auch den Eintritt

---

91 *Kemper/Schwarz*, a.a.O., § 17 VOB/B, Rn. 68, m.w.N.; *Joussen*, a.a.O., § 17 Abs. 8 VOB/B, Rn. 6, m.w.N.
92 *Joussen*, a.a.O., § 17 Abs. 8 VOB/B, Rn. 8, m.w.N.
93 BGH, Urt. v. 09.10.2008 – VII ZR 227/07; *Kemper/Schwarz*, a.a.O., § 17 VOB/B, Rn. 70, m.w.N.
94 *Kemper/Schwarz*, a.a.O., § 17 VOB/B, Rn. 73; *Joussen*, a.a.O., § 17 Abs. 8 VOB/B, Rn. 17, m.w.N.
95 *Joussen*, a.a.O., § 17 Abs. 8 VOB/B, Rn. 17; *Kemper/Schwarz*, a.a.O., § 17 VOB/B, Rn. 73, m.w.N.
96 *Joussen*, a.a.O., § 17 Abs. 8 VOB/B, Rn. 18, m.w.N.; *Kemper/Schwarz*, a.a.O., § 17 VOB/B, Rn. 74, m.w.N.

des Sicherungsfalls.[97] Insofern der AG eine vereinbarte Sicherheit nicht oder nicht zum vereinbarten Zeitpunkt zurückgibt, ist der AN im Zweifel gezwungen, auf Freigabe der Sicherheit zu klagen.[98] Seinen Anspruch hat der AN dann nach allgemeinen Grundsätzen darzulegen und zu beweisen.

§ 18 Streitigkeiten

(1) Liegen die Voraussetzungen für eine Gerichtsstandvereinbarung nach § 38 Zivilprozessordnung vor, richtet sich der Gerichtsstand für Streitigkeiten aus dem Vertrag nach dem Sitz der für die Prozessvertretung des Auftraggebers zuständigen Stelle, wenn nichts anderes vereinbart ist. Sie ist dem Auftragnehmer auf Verlangen mitzuteilen.

(2) 1. Entstehen bei Verträgen mit Behörden Meinungsverschiedenheiten, so soll der Auftragnehmer zunächst die der auftraggebenden Stelle unmittelbar vorgesetzte Stelle anrufen. Diese soll dem Auftragnehmer Gelegenheit zur mündlichen Aussprache geben und ihn möglichst innerhalb von 2 Monaten nach der Anrufung schriftlich bescheiden und dabei auf die Rechtsfolgen des Satzes 3 hinweisen. Die Entscheidung gilt als anerkannt, wenn der Auftragnehmer nicht innerhalb von 3 Monaten nach Eingang des Bescheides schriftlich Einspruch beim Auftraggeber erhebt und dieser ihn auf die Ausschlussfrist hingewiesen hat.

2. Mit dem Eingang des schriftlichen Antrages auf Durchführung eines Verfahrens nach Nummer 1 wird die Verjährung des in diesem Antrag geltend gemachten Anspruchs gehemmt. Wollen Auftraggeber oder Auftragnehmer das Verfahren nicht weiter betreiben, teilen sie dies dem jeweils anderen Teil schriftlich mit. Die Hemmung endet 3 Monate nach Zugang des schriftlichen Bescheides oder der Mitteilung nach Satz 2.

(3) Daneben kann ein Verfahren zur Streitbeilegung vereinbart werden. Die Vereinbarung sollte mit Vertragsabschluss erfolgen.

(4) Bei Meinungsverschiedenheiten über die Eigenschaft von Stoffen und Bauteilen, für die allgemein gültige Prüfungsverfahren bestehen, und über die Zulässigkeit oder Zuverlässigkeit der bei der Prüfung verwendeten Maschinen oder angewendeten Prüfungsverfahren kann jede Vertragspartei nach vorheriger Benachrichtigung der anderen Vertragspartei die materialtechnische Untersuchung durch eine staatliche oder staatlich anerkannte Materialprüfungsstelle vornehmen lassen; deren Feststellungen sind verbindlich. Die Kosten trägt der unterliegende Teil.

(5) Streitfälle berechtigen den Auftragnehmer nicht, die Arbeiten einzustellen.

Übersicht	Rdn.			Rdn.
A. Absatz 1	1	II.	Meinungsverschiedenheiten	11
I. Anwendungsbereich	1	III.	Form	12
II. Passivprozesse	2	IV.	Nächst höhere Stelle	13
III. Aktivprozesse	3	V.	Bescheid	14
IV. Öffentliche oder private Auftraggeber	4	VI.	VI. Verjährungsfrist	18
V. Gerichtsstandsvereinbarung, § 38 ZPO	5	C.	Absatz 3	19
VI. Streitigkeiten	6	D.	Absatz 4	20
VII. Bauverträge	7	I.	Anwendungsbereich	20
VIII. AGB	8	II.	Meinungsverschiedenheiten	21
IX. Anderslautende Vereinbarung	9	III.	Eigenschaften von Stoffen und Bauteilen	22
B. Absatz 2	10			
I. Anwendungsbereich	10			

---

[97] *Kemper/Schwarz/Budde*, a.a.O., § 17 VOB/B, Rn. 104, m.w.N.
[98] *Joussen*, a.a.O., § 17 Abs. 8 VOB/B, Rn. 33, m.w.N.

	Rdn.		Rdn.
IV. Zulässigkeit oder Zuverlässigkeit von Maschinen oder angewendeten Prüfungsverfahren	24	VI. Schiedsgutachterabrede	27
		VII. Verjährung	30
		E. Absatz 5	32
V. Benachrichtigungspflicht	26		

A. Absatz 1

I. Anwendungsbereich

§ 18 Abs. 1 VOB/B enthält eine Gerichtsstandsregelung. Sie bezieht sich auf die **örtliche Zuständigkeit** des Gerichts nicht dagegen die sachliche Zuständigkeit oder internationale Zuständigkeit.[1] **1**

II. Passivprozesse

Dem Wortlaut nach gilt § 18 Abs. 1 VOB/B in jedem Falle bei **Passivprozessen** gegen den öffentlichen Auftraggeber. **2**

Die Klagen sind dann bei dem Gericht an dem **Sitz der für die Prozessvertretung zuständigen Behörde** einzureichen.[2] Letztere ist im jeweiligen Einzelfall festzustellen.[3] Häufig wird der Sitz des Auftraggebers identisch sein mit der Stelle, die den Zuschlag bzw. den Auftrag erteilt hat.[4] Der Auftraggeber ist zudem gem. § 18 Abs. 1 S. 2 VOB/B verpflichtet, dem Auftragnehmer auf Befragen die zuständige Stelle mitzuteilen. Kommt er dieser Verpflichtung trotz Aufforderung des Auftragnehmers nicht nach, kann er sich gem. § 280 Abs. 1 BGB **schadensersatzpflichtig** machen.[5]

III. Aktivprozesse

Auch bei **Aktivprozessen** findet § 18 Abs. 1 VOB/B Anwendung.[6] Umstritten ist, ob bei Aktivprozessen für den Auftraggeber § 18 Abs. 1 VOB/B eine **ausschließliche Zuständigkeit** begründet, wenn keine andere Vereinbarung getroffen wurde. Die herrschende Meinung bejaht dies mit der Begründung, dass die in § 18 Abs. 1 VOB/B liegende **Konzentrationsmaxime** von Aktiv- und Passivprozess am Sitz des Auftraggebers im Vordergrund stehe und dass daher kein Grund ersichtlich sei, dem Auftraggeber darüber hinaus noch alternative örtliche Zuständigkeiten zu gewähren.[7] Die Gegenmeinung vertritt den Standpunkt, dass § 18 Abs. 1 VOB/B nur für Passivprozesse der öffentlichen Auftraggeber gilt. Dieser habe kein Interesse daran sich die Möglichkeit nehmen zu lassen, seinerseits Klagen am allgemeinen Gerichtsstand des Auftraggebers oder dem Ort des Bauwerks als Erfüllungsort einreichen zu können.[8] **3**

---

1 Ingenstau/Korbion/*Joussen*, § 18 Abs. 1 VOB/B Rn. 4–7; Kapellmann/Messerschmidt/*Merkens*, § 18 Rn. 12 VOB/B; Bewersdorf, in: Beck'scher VOB-Kommentar, § 18 Nr. 1 Rn. 7.
2 Ingenstau/Korbion/*Joussen*, § 18 Abs. 1 VOB/B Rn. 17.
3 Kapellmann/Messerschmidt/*Merkens*, § 18 Rn. 7; Bewersdorf, in: Beck'scher VOB-Kommentar, § 18 Nr. 1 Rn. 66.
4 Kapellmann/Messerschmidt/*Merken*, § 18 VOB/B Rn. 7.
5 Kapellmann/Messerschmidt/*Merkens*, § 18 VOB/B Rn. 7; *Bewersdorf*, in: Beck'scher VOB-Kommentar, § 18 Nr. 1 Rn. 69.
6 Ingenstau/Korbion/*Joussen*, § 18 Abs. 1 VOB/B Rn. 17; BGH 18.04.1985, VII ZR 359/83, BauR 1985, 475.
7 Ingenstau/Korbion/*Joussen*, § 18 Abs. 1 VOB/B Rn. 42; OLG Nürnberg 13.12.2006 3, AR 2.517/06, NZBau 2007, 792; OLG Frankfurt 18.12.1998, 21 AR 99/98, NJW-RR 1999, 604; OLG Stuttgart 15.09.1997, 5 U 99/97, BauR 1999, 683; a. A. *Bewersdorf*, in: Beckscher VOB-Kommentar, § 18 Nr. 1 Rn. 15 OLG Schleswig 02.06.2006, 2 W 80/06, NJW 2006, 3360; *Merkens*, NZBau 2008, 150, 151.
8 *Bewersdorf*, in: Beck'scher VOB-Kommentar, § 18 Nr. 1 Rn. 15; OLG Schleswig 02.06.2006, 2 W 80/06, NJW 2006, 3360; *Merkens*, NZBau 2008, 150, 151.

IV. Öffentliche oder private Auftraggeber

4 Umstritten ist auch, ob § 18 Abs. 1 VOB/B nur **für den öffentlichen Auftraggeber** oder auch für **private Auftraggeber** gilt. Bis zur Entscheidung des Bundesgerichtshofes vom 29.01.2009[9] war die herrschende Meinung der Auffassung, dass Absatz 1 sowohl auf private als auch auf öffentliche Auftraggeber anwendbar ist.[10] Der Bundesgerichtshof hat seine abweichende Auffassung damit begründet, dass nach der Entstehungsgeschichte und dem Sinn und Zweck der Vorschrift diese nicht auf private Auftraggeber zugeschnitten ist. Dem widerspricht *Joussen* in Ingenstau/Korbion.[11] Nach ausführlicher Erörterung der Argumente kommt er zu dem Ergebnis, dass die Entscheidung des Bundesgerichtshofs nicht überzeugt.[12]

V. Gerichtsstandsvereinbarung, § 38 ZPO

5 § 18 Abs. 1 VOB/B ist nur anwendbar, wenn die Voraussetzungen für eine **Gerichtsstandsvereinbarung nach § 38 ZPO** vorliegen. Der Verweis bezieht sich jedoch nur auf die Absätze 1 und 2 des § 38 ZPO.[13] § 38 Abs. 3 ZPO ist deshalb nicht relevant, weil er sich auf Vereinbarungen nach Beginn der gerichtlichen Streitigkeit bezieht. Wegen der zeitlichen Reihenfolge kommt der Vorschrift für Streitigkeiten aus einem Bauvertrag keine Bedeutung zu.

Zu den Voraussetzungen des § 38 Abs. 1 und 2 ZPO wird auf die dortige Kommentierung verwiesen.

VI. Streitigkeiten

6 § 18 Abs. 1 VOB/B bezieht sich auf Streitigkeiten aus einem **Bauvertrag**. Unter **Streitigkeiten** versteht man **gerichtliche Auseinandersetzungen**. Allerdings ist zu beachten, dass bei **ausschließlichen Zuständigkeiten, die nach § 40 Abs. 2 ZPO** nicht unter die Parteidisposition fallen, § 18 Abs. 1 VOB/B keine Anwendung findet. So z.B. beim **selbstständigen Beweisverfahren** (hier gilt § 486 ZPO), bei **Mahnverfahren** (hier gilt § 689 ZPO) und bei Verfahren im Rahmen des **einstweiligen Rechtsschutzes** (hier gilt § 802 ZPO).[14] Auf selbstständige Beweisverfahren findet die Vorschrift jedoch mittelbar Anwendung, weil diese Verfahren bei den Gerichten einzuleiten sind, die für die Hauptsache zuständig sind oder bei denen diese schon anhängig sind, § 486 Abs. 1 ZPO.[15] Keine Streitigkeiten im Sinne des § 18 Abs. 1 VOB/B sind **Schiedsgerichtsverfahren**.[16] Dagegen gilt § 18 Abs. 1 VOB/B auch **bei Urkundsprozessen**.[17]

VII. Bauverträge

7 Die Vorschrift ist nur anwendbar, wenn es sich um **Bauverträge** handelt, bei denen die **VOB/B** vereinbart wurde.

---

9 BGH 29.01.2009 VII ZB 79/08, BauR 2009, 1001.
10 *Werner/Pastor*, Rn. 416; Kapellmann/Messerschmidt/*Merkens*, § 18 VOB/B Rn. 2; Ingenstau/Korbion/*Joussen*, § 18 Abs. 1 VOB/B Rn. 18, 19; OLG Stuttgart 15.09.1997 5 U 99/97, BauR 1999, 683; OLG Frankfurt 18.12.1998 21 AR 99/98, NJW-RR 1999, 604; *Bewersdorf*, in: Beck'scher VOB-Kommentar, § 18 Nr. 1 VOB/B Rn. 4.
11 Ingenstau/Korbion/*Joussen*, § 18 Abs 1 VOB/B Rn. 18.
12 Ingenstau/Korbion/*Joussen*, § 18 Abs. 1 VOB/B Rn. 18/19.
13 Ingenstau/Korbion/*Joussen*, § 18 Abs 1 VOB/B Rn. 20, 26; *Bewersdorf*, in: Beck'scher VOB-Kommentar, § 18 Nr. 1 Rn. 48; nach Kapellmann/Messerschmidt/*Merkens*, § 18 VOB/B Rn. 5 soll der Verweis sich nur auf § 38 Abs 1 ZPO beziehen.
14 Ingenstau/Korbion/*Joussen*, § 18 Abs. 1 VOB/B Rn. 36, 37, 38; *Bewersdorf*, in: Beck'scher VOB-Kommentar, § 18 Nr. 1 Rn. 32 ff.; Kapellmann/Messerschmidt/*Merkens*, § 18 VOB/B Rn. 11.
15 *Bewersdorf*, in: Beck'scher VOB-Kommentar, § 18 Nr. 1 Rn. 41.
16 Ingenstau/Korbion/*Joussen*, § 18 Abs. 1 VOB/B Rn. 35.
17 *Bewersdorf*, in: Beck'scher VOB-Kommentar, § 18 Nr. 1 Rn. 34.

Unter Streitigkeiten aus dem Vertrag versteht man einmal solche, die **unmittelbar** die wechselseitigen Rechte und Pflichten aus dem Vertrag betreffen, wie den Anspruch auf Vergütung und denjenigen auf Erbringung der Bauleistungen.[18] Da die Vorschrift jedoch nach allgemeiner Meinung **weit auszulegen** ist,[19] fallen auch Ansprüche darunter, die **ihren Ursprung in dem Bauvertrag** haben bzw. mit ihm in einem **unmittelbaren Zusammenhang** stehen.[20] § 18 Abs. 1 VOB/B gilt so auch für Streitigkeiten, die sich auf die Wirksamkeit des Vertrages beziehen und für solche, die im wirtschaftlichen Zusammenhang mit dem Vertrag stehen, wie z.B. Ansprüche aus culpa in contrahendo (§ 311 Abs. 2 und 3 BGB), aus Geschäftsführung ohne Auftrag (die trotz bestehenden Bauvertrags daneben vorliegen können), aus Bereicherungsrecht (z.B. wegen überzahltem Werklohn) oder aber aus Deliktsrecht, soweit sie neben vertraglichen Ansprüchen existieren.[21]

VIII. AGB

Die Vorschrift hält auch einer **AGB**-Kontrolle stand, selbst wenn sie isoliert vereinbart ist. Sie benachteiligt den Vertragspartner nicht unangemessen und verstößt daher nicht gegen § 307 BGB.[22]

8

IX. Anderslautende Vereinbarung

Voraussetzung für das Eingreifen des § 18 Abs. 1 VOB/B ist, dass **keine anderslautende Vereinbarung** über den Gerichtsstand getroffen wurde. Eine anderslautende Vereinbarung kann wirksam unter der Voraussetzungen des § 38 ZPO getroffen werden (siehe im Einzelnen zu den Voraussetzungen die Kommentierung zu § 38 ZPO). Findet sich eine solche abweichende Vereinbarung in allgemeinen Geschäftsbedingungen, so ist jeweils zu überprüfen, ob diese einer AGB-Kontrolle Stand hält.[23]

9

B. Absatz 2

I. Anwendungsbereich

Diese Vorschrift regelt das Verfahren zur **außergerichtlichen Streitbeilegung**, wenn Behörden beteiligt sind. Voraussetzung ist somit, dass Verträge mit **öffentlich-rechtlichen Körperschaften** vorliegen.[24] Die Einleitung des Schlichtungsverfahrens ist **nicht zwingend**. Sowohl Auftragnehmer als auch die Behörden sind nicht verpflichtet, ein solches Verfahren durchzuführen.[25] *Joussen* in Ingenstau/Korbion weist zurecht darauf hin, dass die Sollvorschrift des § 18 Abs. 2 VOB/B zwar kein Hindernis für eine unmittelbare Klage darstellt, unter Umständen aber eine Streitschlichtung nach § 15a EGZPO obligatorisch sein kann.[26]

10

---

18 Kapellmann/Messerschmidt/*Mertens*, § 18 VOB/B Rn. 10.
19 *Bewersdorf*, in: Beck'scher VOB-Kommentar, § 18 Nr. 1 Rn. 19 ff.; Kapellmann/Messerschmidt/*Mertens*, § 18 VOB/B Rn. 10.
20 Beckscher VOB-Kommentar *Bewersdorf*, § 18 Nr. 1 VOB/B Rn. 22.
21 Ingenstau/Korbion/*Joussen*, § 18 Abs. 1 VOB/B Rn. 39; OLG Stuttgart 12.07.1995 2 U 2/95, BauR 1996, 149; OLG Stuttgart 08.11.2007/7 U 104/07, OLGR 2008, 305; *Bewersdorf*, in: Beck'scher VOB-Kommentar, § 18 Nr. 1 Rn. 21–28.
22 Ingenstau/Korbion/*Joussen*, § 18 Abs. 1 VOB/B Rn. 43; OLG Oldenburg 24.04.1996 2 U 49/96, NRW-RR 1996, 1.486; *Bewersdorf*, in: Beck'scher VOB-Kommentar, § 18 Nr. 1 Rn. 2; Kapellmann/Messerschmidt/*Merkens*, § 18 VOB/B Rn. 3.
23 Vgl. im Einzelnen dazu auch Ingenstau/Korbion/*Joussen*, § 18 Abs. 1 VOB/B Rn. 46 f.; *Bewersdorf*, in: Beck'scher VOB-Kommentar, 18 Nr. 1 Rn. 77 ff.
24 Kapellmann/Messerschmidt/*Merkens* VOB/B § 18 Rn. 16.
25 Ingenstau/Korbion/*Joussen*, § 18 Abs. 2 VOB/B Rn. 2, 6.
26 Ingenstau/Korbion/*Joussen*, § 18 Abs. 2 VOB/B Rn. 7.

Die praktische Bedeutung des § 18 Abs. 2 VOB/B wird allerdings teilweise als gering eingestuft,[27] was damit begründet wird, dass es an einer zwingenden Regelung zur Dauer fehlt und die Auftragnehmer die Befürchtung haben, dass die vorgesetzte Stelle ohnehin nur die Meinung der nachgeordneten Stelle bestätigen wird.[28]

II. Meinungsverschiedenheiten

11 Unter Meinungsverschiedenheiten in Bezug auf **Verträge mit Behörden** versteht man **bauvertragliche Streitigkeiten** im weitesten Sinne wie sie auch in § 18 Abs. 1 VOB/B verstanden werden.[29] Dagegen bezieht sich die Vorschrift **nicht** auf Meinungsverschiedenheiten vor Vertragsabschluss, so z.B. im **Vergabeverfahren**.[30]

III. Form

12 Es ist **keine bestimmte Form** für die Anrufung vorgeschrieben, sie kann also auch mündlich erfolgen, was allerdings wegen des Problems der Nachweisbarkeit nicht ratsam ist. Es gibt auch keine einzuhaltenden Fristen. Allgemein wird jedoch die Auffassung vertreten, dass nur bis zum Ende der Gewährleistungszeit die Anrufung erfolgen kann.[31]

IV. Nächst höhere Stelle

13 Die Ermittlung erfolgt durch die **nächst höhere Stelle** im Verwaltungsaufbau. Falls diese nicht bekannt ist, so muss der Auftraggeber dem Auftragnehmer diese auf Verlangen mitteilen.[32] Dies ergibt sich zwar nicht aus dem Text der Vorschrift selbst, wird aber nach den Grundsätzen von Treu und Glauben (§ 242 BGB) angenommen.[33] Bei Verletzung dieser Pflicht kann sich der Auftraggeber nach § 280 Abs. 1 BGB schadensersatzpflichtig machen.[34]

Umstritten ist, inwieweit § 18 Abs. 2 VOB/B nur bei **mehrstufigem Behördenaufbau** anwendbar ist oder ob er beispielsweise auch bei Gemeinden und Gemeindeverbänden gilt. Nach Auffassung von Joussen in Ingenstau/Korbion ist die unmittelbar vorgesetzte Stelle in diesen Fällen die Aufsichtsbehörde, die die Tätigkeit der Behörden überwacht. Auf ein Weisungsverhältnis oder eine Vertretungsbefugnis komme es hier maßgeblich nicht an.[35] Diese Auffassung wird jedoch teilweise abgelehnt mit der Begründung, dass es sich bei kommunalen Auftraggebern um eine einstufige Organisation handelt und die Kreisverwaltung nicht die vorgesetzte Stelle sei, weil sie nur die Rechtsaufsicht führt.[36]

V. Bescheid

14 Ist das Verfahren eingeleitet, erlässt die vorgesetzte Stelle einen **schriftlichen Bescheid**. Sie hat allerdings vorher dem Auftragnehmer die Möglichkeit einzuräumen, eine **mündliche Aussprache**

---

[27] Kapellmann/Messerschmidt/*Merkens*, § 18 VOB/B Rn. 16.
[28] Kapellmann/Messerschmidt/*Merkens*, § 18 VOB/B Rn. 16.
[29] *Bewersdorf*, in: Beck'scher VOB-Kommentar, § 18 Nr. 2 Rn. 6/7; Kapellmann/Messerschmidt/*Merkens*, § 18 VOB/B Rn. 17.
[30] Ingenstau/Korbion/*Joussen*, § 18 Abs. 2 VOB/B Rn. 9; Kapellmann/Messerschmidt/*Merkens*, § 18 VOB/B Rn. 17; Beckscher VOB-Kommentar/*Bewersdorf*, § 18 Nr. 2 Rn. 6.
[31] Ingenstau/Korbion/*Joussen*, § 18 Abs. 2 VOB/B Rn. 11; Kapellmann/Messerschmidt/*Merkens*, § 18 VOB/B Rn. 19.
[32] Ingenstau/Korbion/*Joussen*, § 18 Abs. 2 VOB/B Rn. 12.
[33] *Bewersdorf*, in: Beck'scher VOB-Kommentar, § 18 Nr. 2 VOB/B Rn. 12.
[34] Ingenstau/Korbion/*Joussen*, § 18 Abs. 2 VOB/B Rn. 12; *Bewersdorf*, in: Beck'scher VOB-Kommentar, § 18 Nr. 2 Rn. 12.
[35] Ingenstau/Korbion/*Joussen*, § 18 Abs. 2 VOB/B Rn. 12.
[36] Heiermann/Riedl/Rusam, § 18 VOB/B Rn. 10; *Bewersdorf*, in: Beck'scher VOB-Kommentar, § 18 VOB/B Rn. 5.

durchzuführen. Der Auftragnehmer ist jedoch nicht gezwungen von der Gelegenheit Gebrauch zu machen. Eine bestimmte **Frist für den Erlass des Bescheides** ist nicht zwingend vorgeschrieben. Die in der Vorschrift angegebene **Zweimonatsfrist** ist eine **Sollfrist**. Der Bescheid muss auch nicht den Hinweis enthalten, dass der Auftragnehmer innerhalb von 3 Monaten gegen den Bescheid Einspruch einlegen kann. Es handelt sich auch insoweit nur um eine **Sollbestimmung**. Will der Auftraggeber allerdings die in § 18 Abs. 2 Satz 3 VOB/B aufgeführte Anerkenntniswirkung herbeiführen ist der **Hinweis,** dass die Entscheidung als anerkannt gilt, wenn der Auftragnehmer nicht innerhalb von drei Monaten nach Eingang des Bescheides schriftlich Einspruch beim Auftraggeber einlegt, **zwingend.**

Dem Auftragnehmer steht es frei sein Recht im **Klagewege** geltend zu machen, wenn er nicht innerhalb der Frist von 2 Monaten einen schriftlichen Bescheid erhält und die mündliche Aussprache erfolglos verlaufen ist oder aber eine erfolglose mündliche Aussprache überhaupt nicht stattgefunden hat.[37] **15**

Wenn ein schriftlicher Bescheid mit entsprechender Belehrung gem. § 18 Abs. 2 Satz 3 VOB/B vorliegt, dann gilt die Entscheidung als anerkannt, wenn der Auftragnehmer nicht innerhalb einer Frist von 3 Monaten schriftlich **Einspruch** einlegt. Eine **Begründung** des Einspruchs ist nicht erforderlich. Die Einhaltung der **Dreimonatsfrist** ist ebenso wie die Einhaltung der **Schriftform zwingende Wirksamkeitsvoraussetzung** für den Einspruch.[38] Dabei kommt es nicht entscheidend darauf an, dass auch das Wort Einspruch verwendet wird. Vielmehr reicht es aus, dass aus dem Schriftsatz folgt, dass der Auftragnehmer mit der getroffenen Entscheidung nicht einverstanden ist.[39] Es kann auch lediglich ein **Teileinspruch** eingelegt werden.[40] Entscheidend für den **Fristbeginn** ist der **Zugang** des Bescheides bei dem Auftragnehmer. Für die Berechnung der Fristen gelten die §§ 187 ff. BGB.[41] **16**

Nach dem Wortlaut des § 18 Abs. 2 VOB/B muss der **Einspruch bei dem Auftraggeber** eingelegt werden. Es wird aber auch als wirksam angesehen, wenn er **bei der den Einspruch erlassenden Stelle** eingelegt wird. Diese ist als empfangsberechtigt anzusehen.[42]

Für die **Auftraggeberseite** ist der **Bescheid verbindlich,** was daraus abzuleiten ist, dass nur der Auftragnehmer gegen den Bescheid Einspruch einlegen kann.[43]

Wird nicht rechtzeitig Einspruch eingelegt, so gilt die Entscheidung der vorgesetzten Stelle als **anerkannt**. Über die **dogmatische Einordnung** besteht insoweit jedoch **keine Einigkeit**.[44] **17**

Teilweise wird ein Einverständnis des Auftragnehmers mit dem Inhalt des Bescheides unwiderleglich vermutet, wenn kein Einspruch eingelegt wird und unter der Bescheid sämtliche erforderlichen Angaben enthält. Werden in dem Bescheid Tatsachen festgestellt, so handelt es sich nach dieser Meinung um ein deklaratorisches Anerkenntnis, enthält der Bescheid dagegen rechtsgeschäftliche Erklärungen, so stellen sie ein Angebot dar. Die §§ 145 ff. BGB sind insoweit anwendbar. Im Unterlassen des Einspruchs wird dann unwiderleglich eine Annahme vermutet, so dass auf diese Weise eine vertragliche Vereinbarung zustande kommt.[45]

---

37 Ingenstau/Korbion/*Joussen,* § 18 Abs. 2 VOB/B Rn. 16.
38 Ingenstau/Korbion/*Joussen,* § 18 Abs. 2 VOB/B Rn. 18.
39 Ingenstau/Korbion/*Joussen,* § 18 Abs. 2 VOB/B Rn. 18.
40 Ingenstau/Korbion/*Joussen,* § 18 Abs. 2 VOB/B Rn. 18, 19 Kapellmann/Messerschmidt/*Merkens,* § 18 VOB/B Rn. 26.
41 Ingenstau/Korbion/*Joussen,* § 18 Abs. 2 VOB/B Rn. 18.
42 Kapellmann/Messerschmidt/*Merkens,* § 18 VOB/B Rn. 25; Ingenstau/Korbion/*Joussen,* § 18 Abs. 2 VOB/B Rn. 19.
43 Kapellmann/Messerschmidt/*Merkens,* § 18 VOB/B Rn. 25.
44 Kapellmann/Messerschmidt/*Merkens,* § 18 VOB/B Rn. 27; *Bewersdorf,* in: Beck'scher VOB-Kommentar, § 18 Nr. 2 Rn. 27 mit ausführlicher Darstellung; Ingenstau/Korbion/*Joussen,* § 18 Abs. 2 VOB/B Rn. 23.
45 *Bewersdorf,* in: Beck'scher VOB-Kommentar, § 18 Nr. 2 Rn. 36/37.

Joussen[46] sieht in dem Bescheid der vorgesetzten Stelle ein Angebot des Auftraggebers mit dem Inhalt die Meinungsverschiedenheiten in der vorgeschlagenen Form zu erledigen. Dieses kann entweder durch ein ausdrückliches Einverständnis angenommen werden oder durch ein aufgrund unterlassenem Einspruch fingiertes Einverständnis.[47] Die Anerkenntniswirkung aufgrund fingierter Erklärung bei Unterlassung des Einspruches widerspricht nach seiner Auffassung auch nicht den AGB Grundsätzen, selbst dann, wenn die VOB/B nicht als Ganzes vereinbart wurde, da weder ein Verstoß gegen § 308 Nr. 5 BGB noch gegen § 307 BGB ist gegeben ist.[48]

Merkens[49] geht dagegen davon aus, dass bei fehlendem oder nicht rechtzeitigem Einspruch die Rechtswirkungen kraft vertraglicher Vereinbarung der Parteien über die Einbeziehung des Verfahrens nach § 18 Abs. 2 VOB/B eintreten.

Wegen noch weitergehender Theorien wird auf die ausführliche Kommentierung im Beckschen VOB Kommentar und in Ingenstau/Korbion/Joussen verwiesen.[50]

VI. Verjährungsfrist

18 Für die Dauer des Verfahrens wird der Lauf der **Verjährungsfrist gehemmt**. Die Regelung ist 2002 ausdrücklich in die VOB/B aufgenommen worden. Streit besteht darüber, was für die vorher abgeschlossenen Verträge gilt, da die Rechtslage vor Änderung der VOB/B im Jahre 2002 unterschiedlich beurteilt wurde. Nach Auffassung von Joussen[51] gilt die Hemmungswirkung auch für die Altfälle. Teilweise wird dies aber auch abgelehnt.[52] Allerdings wird eine Hemmung der Verjährung auch in diesen Fällen angenommen, wenn aus den jeweiligen Einzelumständen das Vorliegen eines Stillhalteabkommens abgeleitet werden kann.[53]

Die Hemmung **beginnt** mit Eingang des schriftlichen Antrags auf Durchführung des Verfahrens bei der vorgesetzten Stelle. Sie **endet** laut § 18 Abs. 2 Nr. 2 VOB/B **drei Monate** nach Zugang des schriftlichen Bescheides bei dem Auftragnehmer bzw. nach Zugang der schriftlichen Mitteilung einer der Parteien an die andere Partei, dass das Verfahren nicht weiter betrieben werden soll.[54] Anders als bei § 203 Satz 1 BGB ist somit für die Beendigung der Hemmungswirkung nicht nur ein Weigerung der Fortsetzung der Verhandlungen erforderlich, sondern eine entsprechende **schriftliche** Mitteilung.[55]

C. Absatz 3

19 Die Vorschrift, die 2006 in die VOB/B eingefügt wurde, gilt sowohl für den **öffentlichen Auftraggeber** als auch für den **privaten Auftraggeber**.[56] Unabhängig von dieser Regelung konnten und können die Vertragsparteien immer andere Streitbeilegungsverfahren wählen, so dass die Vor-

---

46 Ingenstau/Korbion/*Joussen*, § 18 Abs. 2 VOB/B Rn. 23.
47 Ingenstau/Korbion/*Joussen*, § 18 Abs. 2 VOB/B Rn. 23.
48 Ingenstau/Korbion/*Joussen*, § 18 Abs. 2 VOB/B Rn. 24.
49 Kapellmann/Messerschmidt/*Merkens*, § 18 VOB/B Rn. 27.
50 *Bewersdorf*, in: Beck'scher VOB-Kommentar, § 18 Nr. 2 Rn. 27 ff.; Ingenstau/Korbion/*Joussen*, § 18 Abs. 2 VOB/B Rn. 23.
51 Ingenstau/Korbion/*Joussen*, § 18 Abs. 2 VOB/B Rn. 27.
52 Kapellmann/Messerschmidt/*Merkens*, § 18 VOB/B Rn. 22; OLG Köln, 14.03.2000, 22 U 174/99, OLGR 2000, 345.
53 Kapellmann/Messerschmidt/*Merkens*, § 18 VOB/B Rn. 22; BGH 28.02.2002, VII ZR 455/00, NJW 2002, 1488.
54 Ingenstau/Korbion/*Joussen*, § 18 Abs. 2 VOB/B Rn. 29.
55 Ingenstau/Korbion/*Joussen*, § 18 Abs. 2 VOB/B Rn. 29.
56 Ingenstau/Korbion/*Joussen*, § 18 Abs. 3 VOB/B Rn. 2; Kapellmann/Messerschmidt/*Merkens*, § 18 VOB/B Rn. 30.

schrift eher deklaratorische Bedeutung hat.[57] § 18 Abs. 3 VOB/B verweist als Kann-Bestimmung auf die Möglichkeit der Vereinbarung beispielsweise von Schiedsgerichtsverfahren, Schiedsgutachterverfahren oder sonstige Vorgehensweisen zur Streitvermeidung.[58] Ein bestimmter Zeitpunkt für die Vereinbarung ist nicht vorgeschrieben, ebenso wenig eine bestimmte Form. Angeregt wird allerdings, dass die Vereinbarung bereits bei Vertragsschluss getroffen werden sollte, zwingend ist dies jedoch nicht. Bei dem Abschluss von Schiedsgerichtsvereinbarungen ist darauf zu achten, dass sowohl was den Inhalt als auch die Form angeht die Voraussetzungen der §§ 1029 ff. ZPO eingehalten werden.

Das Verfahren nach § 18 Abs. 4 VOB/B dient der außergerichtlichen Streitbeilegung, kommt also nicht in Betracht, wenn bereits ein Rechtsstreit in der streitigen Frage anhängig ist.[59]

D. Absatz 4

I. Anwendungsbereich

Die Vorschrift gilt nicht nur für **öffentliche**, sondern auch für **private Auftraggeber**.[60] 20

Sie soll den Parteien die Möglichkeit geben Differenzen ohne Anrufung eines staatlichen Gerichts zu klären.[61]

II. Meinungsverschiedenheiten

Es geht einmal um Meinungsverschiedenheiten über die **Eigenschaft von Stoffen** und **Bauteilen**, 21 für die **allgemeingültige Prüfungsverfahren** bestehen und des weiteren um Meinungsverschiedenheiten, die in Bezug auf die **Zulässigkeit oder Zuverlässigkeit** der bei der Prüfung **verwendeten Maschinen** oder angewendeten **Prüfungsverfahren** bestehen.

III. Eigenschaften von Stoffen und Bauteilen

Unter **Eigenschaft von Stoffen und Bauteilen** versteht man nur die Sacheigenschaften in Bezug 22 auf Qualitätsmerkmale wie z.B. Stoffbeschaffenheit, den Stoffbestand und die Größe, die Herkunft sowie sonstige wertbildende Faktoren.[62] **Bauteile** sind Sachen, die bereits einen höheren Fertigstellungsgrad erreicht haben als reine Baustoffe.[63]

Weiterhin ist Voraussetzung, dass es **allgemeingültige Prüfungsverfahren** gibt, die für die Feststel- 23 lung der Eigenschaft der Stoffe oder Bauteile geeignet sind. Hierunter fallen z.B. Prüfverfahren entsprechend den DIN oder EN Normen.

IV. Zulässigkeit oder Zuverlässigkeit von Maschinen oder angewendeten Prüfungsverfahren

Geht es um die **Zulässigkeit** oder **Zuverlässigkeit** der bei der Prüfung verwendeten **Maschinen** 24 oder **angewendeten Prüfverfahren**, setzt dies voraus, dass bereits eine Prüfung stattgefunden haben muss. Es muss Differenzen geben über den Prüfungshergang und das daraus gewonnene Ergebnis.[64]

---

57 Ingenstau/Korbion/*Joussen*, § 18 Abs. 3 VOB/B Rn. 1.
58 Ingenstau/Korbion/*Joussen*, § 18 Abs. 3 VOB/B Rn. 4.
59 Ingenstau/Korbion/*Joussen*, § 18 Abs. 4 VOB/B Rn. 7.
60 Ingenstau/Korbion/*Joussen*, § 18 Abs. 4 VOB/B Rn. 1.
61 Ingenstau/Korbion/*Joussen*, § 18 Abs. 4 VOB/B Rn. 1; Kapellmann/Messerschmidt/*Merkens*, § 18 VOB/B Rn. 29.
62 Ingenstau/Korbion/*Joussen*, § 18 Abs. 4 VOB/B Rn. 3.
63 Kapellmann/Messerschmidt/*Merkens*, § 18 VOB/B Rn. 31.
64 Ingenstau/Korbion/*Joussen*, § 18 Abs. 4 VOB/B Rn. 5.

25 Die staatlichen oder staatlich anerkannten Materialprüfungsstellen können von jedem Vertragsteil nach vorheriger Benachrichtigung des Vertragspartners eingeschaltet werden. Die Benachrichtigung ist erforderlich, damit die andere Partei an den Verfahrensvorgängen teilnehmen kann. Sie ist eine Ausprägung des **Anspruchs auf rechtlichen Gehörs**, weil die Feststellungen der Prüfstelle verbindlich sind und auch eine Kostenregelung beinhalten.[65]

V. Benachrichtigungspflicht

26 Die Benachrichtigungspflicht trifft nur die **Vertragspartner untereinander**.[66] Die Prüfstelle selber ist nicht verpflichtet, eine **vorherige Anhörung** der Parteien durchzuführen.[67] Joussen[68] diskutiert in diesem Zusammenhang die Frage, ob nicht gleichwohl die Forderung gestellt werden muss, dass der Gutachter vor Erstellung des Gutachtens den Parteien die Gelegenheit zur Stellungnahme einräumen muss mit der Folge, dass bei Verletzung dieser Pflicht dem Gutachten die Verbindlichkeit zu versagen wäre. Allerdings geht Joussen im weiteren davon aus, dass anders als beim Gerichtsverfahren das Schiedsgutachten im materiellen Bereich auf der Ebene der Vertragsparteien bleibt, selbst wenn es später einer gerichtlichen Entscheidung zugrunde gelegt wird,[69] deshalb stehe es dem Schiedsgutachter frei wie er zu seinen Erkenntnissen kommt.[70]

Merkens[71] ist der Meinung, dass aufgrund der Mitteilungspflicht in Bezug auf die Einleitung des Verfahrens die benachrichtigte Partei ohnehin die Möglichkeit hat ihre Auffassung sowie Unterlagen dem Gutachter nahezubringen. Darüber hinaus handelt es sich um eine staatliche oder staatlich anerkannte Materialprüfungsstelle bei der nur allgemein gültige Prüfungsverfahren zur Anwendung kommen. Ferner macht er geltend, dass sich die Wirkungen auf die Feststellungen beschränken, die konkret geprüft wurden, so dass andere Einwendungen, die nicht das Prüfungsverfahren selbst betreffen noch vorgebracht werden können. Er sieht es deshalb – zu Recht – nicht als bedenklich an, dass lediglich eine Mitteilungspflicht der Parteien untereinander und keine Anhörungsverpflichtung Seitens des Gutachters besteht.[72]

Fehlt es an der – auch **formfrei** möglichen – **Benachrichtigung** des Vertragspartners durch den anderen, entfällt die Verbindlichkeit der Prüfung durch das Materialprüfungsamt und das Gutachten kann nur als Privatgutachten verwertet werden.[73]

VI. Schiedsgutachterabrede

27 Bei der Regelung des Abs. 4 handelt es sich rechtlich gesehen um eine **Schiedsgutachterabrede**.[74] Die Rechtsbeziehungen zwischen Materialprüfungsstelle und den Vertragsparteien beruht daher auf einem abzuschließenden **Schiedsgutachtervertrag**, dabei handelt es sich um einen Geschäftsbesorgungsvertrag mit Dienstleistungscharakter.[75]

---

65 Ingenstau/Korbion/*Joussen*, § 18 Abs. 4 VOB/B Rn. 9; Kapellmann/Messerschmidt/*Merkens*, § 18 VOB/B Rn. 34.
66 Ingenstau/Korbion/*Joussen*, § 18 Abs. 4 VOB/B Rn. 9.
67 Ingenstau/Korbion/*Joussen*, § 18 Abs. 4 VOB/B Rn. 10.
68 Ingenstau/Korbion/*Joussen*, § 18 Abs. 4 VOB/B Rn. 9.
69 Ingenstau/Korbion/*Joussen*, § 18 Abs. 4 VOB/B Rn. 10.
70 Ingenstau/Korbion/*Joussen*, § 18 Abs. 4 VOB/B Rn. 10.
71 Kapellmann/Messerschmidt/*Merkens*, § 18 VOB/B Rn. 34.
72 Kapellmann/Messerschmidt/*Merkens*, § 18 VOB/B Rn. 34.
73 Ingenstau/Korbion/*Joussen*, § 18 Abs. 4 VOB/B Rn. 9; BGH 05.10.1967, VII ZR 64/65.
74 Ingenstau/Korbion/*Joussen*, § 18 Abs. 4 VOB/B Rn. 16; *Altschwager*, BauR 1991, 157; Heiermann/Riedl/Rusam, § 18 VOB/B Rn. 22.
75 Ingenstau/Korbion/*Joussen*, § 18 Abs. 4 VOB/B Rn. 17.

Das **Schiedsgutachten** der Materialprüfungsstelle ist für beide Parteien **verbindlich**, d.h. sie sind an das Ergebnis des Gutachtens gebunden. 28

Die **Grenzen der Bindungswirkung** ergeben sich einmal aus dem Gebot der Einhaltung der Verfahrensvorschriften des § 18 Abs. 4 VOB/B (z.B. der Benachrichtigungspflicht) und zum anderen aus §§ 317 ff. BGB (z.B. bei offenbarer Unrichtigkeit).[76]

Auch wenn nach dem Wortlaut des Absatz 4 lediglich die Rede davon ist, dass eine Materialprüfungsstelle bei den in der Vorschrift genannten Meinungsverschiedenheiten eingeschaltet werden kann, so ist dies, anders als dem Wortlaut zu entnehmen ist, **zwingend**, wenn es auf die Feststellungen der Materialprüfungsstelle in einem Prozess ankommt.[77] Fehlt es an der Einschaltung der Materialprüfungsstelle kann dies als **Einrede** von Seiten des Prozessgegners im Prozessverfahren geltend gemacht werden. Eine Klage ist dann als zurzeit unbegründet abzuweisen.[78] Es kann auch kein Grundurteil ergehen.[79] Die Einrede des fehlenden Schiedsgutachterverfahrens kann auch im **selbständigen Beweisverfahren** erhoben werden.[80] 29

VII. Verjährung

Nach Meinung von Joussen in Ingenstau/Korbion wird durch Einleitung des Verfahrens nach § 18 Abs. 4 VOB/B der Lauf der **Verjährungsfrist** gehemmt soweit es um Ansprüche geht, die mit der Einleitung des Schiedsgutachterverfahrens verbunden sind und zwar beginnend mit der Abrede ein Verfahren nach § 18 Abs. 4 VOB/B durchzuführen, spätestens aber mit Beauftragung des Gutachters (§ 204 Abs. 1 Nr. 8 BGB).[81] Außerdem schließt das Gutachterverfahren auch den Verzug des an sich Leistungspflichtigen aus.[82] Anders sieht dies in Bezug auf die Hemmung der Verjährung Merkens in Kapellmann/Messerschmidt.[83] Er begründet seine Auffassung unter anderem damit, dass im Gegensatz zu § 18 Abs. 2 VOB/B in § 18 Abs. 4 VOB/B gerade nicht ausdrücklich von einer Hemmungswirkung aufgrund Durchführung des Verfahrens die Rede ist.[84] 30

Die **Kosten** der Beauftragung der Materialprüfungsstelle werden entsprechend dem Obsiegen und Unterliegen verteilt. Im **Außenverhältnis** zur Materialprüfungsstelle hin ist allerdings derjenige zunächst einmal ausschließlich zur Kostentragung verpflichtet, der diese beauftragt hat. Die Kostenteilung gilt nur für **das Innenverhältnis**.[85] 31

E. Absatz 5

§ 18 Abs. 5 VOB/B hat lediglich **klarstellende Funktion**. Leistungsverweigerungsrechte, die dem Auftragnehmer nach VOB/B oder anderen gesetzlichen Vorschriften zustehen, werden hierdurch nicht abgeschnitten.[86] Trotz der Vorschrift ist eine Arbeitseinstellung ferner dann möglich, wenn 32

---

76 Ingenstau/Korbion/*Joussen*, § 18 Abs. 4 VOB/B Rn. 19 mit ausführlicher Darstellung der Grenzen.
77 Ingenstau/Korbion/*Joussen*, § 18 Abs. 4 VOB/B Rn. 12.
78 Ingenstau/Korbion/*Joussen*, § 18 Abs. 4 VOB/B Rn. 12; OLG Zweibrücken 31.07.1979, 5 U 88/78, BauR 1980, 482; OLG Düsseldorf, 09.06.1986, 5 U 203/85, NJW-RR 1986, 1.061.
79 Ingenstau/Korbion/*Joussen*, § 18 Abs. 4 VOB/B Rn. 12.
80 Ingenstau/Korbion/*Joussen*, § 18 Abs. 4 VOB/B Rn. 13.
81 Ingenstau/Korbion/*Joussen*, § 18 Abs. 4 VOB/B Rn. 14; a.A. Kapellmann/Messerschmidt/*Merkens*, § 18 VOB/B Rn. 37.
82 Ingenstau/Korbion/*Joussen*, § 18 Abs. 4 VOB/B Rn. 14.
83 Kapellmann/Messerschmidt/*Merkens*, § 18 VOB/B Rn. 37.
84 Kapellmann/Messerschmidt/*Merkens*, § 18 VOB/B Rn. 37.
85 Ingenstau/Korbion/*Joussen*, § 18 Abs. 4 VOB/B Rn. 26.
86 BGH 25.01.1996, VII ZR 233/94, BauR 1996, 378; Ingenstau/Korbion/*Joussen*, § 18 Abs. 5 VOB/B Rn. 1.

die Leistungsfortführung dem Auftragnehmer nach Treu und Glauben nicht zuzumuten ist.[87] Es sind allerdings strenge Maßstäbe anzusetzen. Die Vorkommnisse müssen auf ein grobes Verschulden des Auftraggebers zurückzuführen sein, die bei objektiver Bewertung zu einer völligen Zerstörung des zwischen den Parteien bestehenden Vertrauensverhältnisses geführt haben.[88]

---

[87] Locher, Das private Baurecht, Rn. 750; Ingenstau/Korbion/*Joussen*, § 18 Abs. 5 VOB/B Rn. 4; *Bewersdorf*, in: Beck'scher VOB-Kommentar, § 18 Abs. 5 Rn. 5; BGH 25.01.1996, VII ZR 233/94, BauR 1996, 378.

[88] Ingenstau/Korbion/*Joussen*, § 18 Abs. 5 VOB/B Rn. 5.

Teil IV: Bauprozessrecht

Teil 1: Internationale Zuständigkeit

Schrifttum

Bayons/Mayr (Hrsg.) Die Übereinkommen von Brüssel und Lugano (1997); *Besse* Die justizielle Zusammenarbeit in Zivilsachen nach dem Vertrag von Amsterdam und das EuGVÜ, ZEuP 1999, 7; *Bitter* Auslegungszusammenhang zwischen der Brüssel I-Verordnung und der künftigen Rom I-Verordnung, IPRax 2008, 96; *Bogdan* (Hrsg.) The Brussels Jurisdiction and Enforcement Convention – an EC Court Case Book (1996); *Brenn* Europäischer Zivilprozess (2005); *Briggs/Rees* Civil Jurisdiction and Judgments (2009); *Burgstaller* Internationales Zivilverfahrensrecht (2000); *Calvo Caravaca* Brussels Regulation (2005); *Czernich/Tiefenthaler/Kodek* Kurzkommentar Europäisches Gerichtsstands- und Vollstreckungsrecht[3] (2009); *Dasser/Oberhammer* Kommentar zum Lugano-Übereinkommen (2008); *Donzallas* La Convention de Lugano, 3 Bde (1996/98); *Fentiman/Nuyts/Tagaras/Watté* (Hrsg.) L'espace judiciaire européen en matières civile et commerciale (1999); *Gaudement-Tallon* Compétence et exécution en Europe[4] (2010); *Geimer* Internationales Zivilprozessrecht[6] (2009); *ders.* Die allgemeinen Gerichtsstände der Brüssel I-VO, in: FS Lindacher (2007) 53; *Geimer/Schütze* (Hrsg.) Internationaler Rechtsverkehr in Zivil- und Handelssachen, Bd II (2010); *dies.* Europäisches Zivilverfahrensrecht[3] (2010); *Goedel* Aspekte der Streiterledigung bei internationalen Bauverträgen und das Arbitral-Referee-Verfahren, in: Böckstiegel (Hrsg.), Vertragsgestaltung und Streiterledigung in der Bauindustrie und im Anlagenbau (1984), 33; *Grolimund* Drittstaatenproblematik des europäischen Zivilverfahrensrechts (2000); *Hau* Positive Kompetenzkonflikte im internationalen Zivilprozessrecht – Überlegungen zur Bewältigung von multi-forum disputes (1996); *Hausmann* Die Revision des Brüsseler Übereinkommens von 1968, Teil I: Internationale Zuständigkeit, EuLF 2000/01, 40; *Heinze/Dutta* Ungeschriebene Grenzen für europäische Zuständigkeiten bei Streitigkeiten mit Drittstaatenbezug, IPRax 2005, 224; *Hertz* Jurisdiction in Contract and Tort under the Brussels Convention (1998); *Hess* Die »Europäisierung« des internationalen Zivilprozessrechts durch den Amsterdamer Vertrag – Chancen und Gefahren, NJW 2000, 23; *ders.* Europäisches Zivilprozessrecht (2010); *Jayme* Subunternehmervertrag und Europäisches Gerichtsstands- und Vollstreckungsübereinkommen (EuGVÜ), in: FS Pleyer (1986), 371; *Junker* Vom Brüsseler Übereinkommen zur Brüsseler Verordnung – Wandlungen des Internationalen Zivilprozessrechts, RIW 2002, 569; *Kartzke* Internationaler Erfüllungsortsgerichtsstand bei Bau- und Architektenverträgen, ZfBR 1994, 1; *Kaye* European Case Law on the Judgments Convention (1998); *Klauser* EuGVÜ und EVÜ (1999); *ders* JN-ZPO II Europäisches Zivilprozessrecht (2002); *Kronke* Reform des Internationalen Zivilprozessrechts in Europa: Grundfragen der Regelung internationaler Zuständigkeit, in: FS Broggini (1996) 223; *Kropholler* Europäisches Zivilprozessrecht[8] (2005); *ders* Internationale Zuständigkeit, in: Hdb. IZVR I Kap. III (1982); *Lechner/Mayr* Das Übereinkommen von Lugano (1996); *Linke/Hau* Internationales Zivilprozessrecht[5] (2011); *Magnus/Mankowski* (Hrsg.) Brussels I Regulation (2007); *Mari* Il diritto processuale civile della Convenzione di Bruxelles, Bd. I: Il sistema della competenza (1999); *Mayr* EuGVÜ und LGVÜ (2001); *Mayr* Europäisches Zivilprozessrecht (2011); *Mayss/Reed* European Business Litigation 13 (1998), 389; *Micklitz/Rott* Vergemeinschaftung des EuGVÜ in der Verordnung (EG) Nr. 44/2001, EuZW 2001, 325 und 2002, 15; Münchener Kommentar zur Zivilprozessordnung Bd. 3, IZPR[3] (2008); *Nagel/Gottwald* Internationales Zivilprozessrecht[6] (2007); *Paal* Grenzüberschreitende Bauverträge und Internationales Zivilprozessrecht, BauR 2008, 228; *Piltz* Vom EuGVÜ zur Brüssel I-Verordnung, NJW 2002, 789; *Rauscher* (Hrsg.) Europäisches Zivilverfahrens- und Kollisionsrecht – EuZPR/EuIPR: Brüssel I-VO/LugÜbk 2007 (2011); *Salerno* La convenzione di Bruxelles del 1968 e sua revisione (2000); *Schack* Internationales Zivilverfahrensrecht[5] (2010); *Schlosser* EU-Zivilprozessrecht[3] (2009); *Schmidt* Europäisches Zivilprozessrecht (2004); *Schmidt-Parzefall* Die Auslegung des Parallelübereinkommens von Lugano (1995); *Stadler* Vertraglicher und deliktischer Gerichtsstand im europäischen Zivilprozessrecht, in FS Musielak (2004) 569; *Stone* Civil Jurisdiction and Judgments in Europe (1998); *Vial* Die Gerichtsstandswahl und der Zugang zum internationalen Zivilprozess im deutsch-italienischen Rechtsverkehr (1999); *Wagner* Vom Brüsseler Übereinkommen über die Brüssel I-Verordnung zum Europäischen Vollstreckungstitel, IPRax 2002, 75; *Weiss* Die Konkretisierung der Gerichtsstandsregeln des EuGVÜ durch den EuGH (1997).

IntZust Bauprozess

Übersicht	Rdn.
A. Allgemeines	1
I. Rechtsquellen	1
1. Europäische Gerichtsstands- und Vollstreckungsverordnung (EuGVVO)	2
2. Luganer Übereinkommen (LugÜ)	3
3. Autonomes Recht	4
II. Der Anwendungsbereich der europäischen Zuständigkeitsordnung	5
1. Sachlicher Anwendungsbereich	6
a) Zivil- und Handelssachen	6
b) Ausgeschlossene Rechtsgebiete	8
2. Zeitlicher Anwendungsbereich	11
3. Räumlicher Anwendungsbereich	12
4. Persönlicher Anwendungsbereich	13
a) Grundsatz	14
b) Ausnahmen	15
c) Internationaler Sachverhalt	16
d) Bloßer Drittstaatenbezug	17
5. Konkurrenzen	18
a) EuGVVO und Luganer Übereinkommen	18
b) EuGVVO und Staatsverträge auf besonderen Rechtsgebieten	19
c) EuGVVO und autonomes Recht	20
B. Wichtige Gerichtsstände für Klagen aus internationalen Bau- und Architektenverträgen	21
I. Allgemeiner Gerichtsstand	21
1. Grundsatz	21
2. Wohnsitzbestimmung nach Art. 59 EuGVVO	22
3. Sitzbestimmung nach Art. 60 EuGVVO	23
4. Maßgebender Zeitpunkt	24
5. Örtlicher Gerichtsstand	25
II. Gerichtsstand des vertraglichen Erfüllungsorts	26
1. Allgemeines	27
2. Vertragliche Ansprüche	29
a) Auslegung	29
b) Einzelheiten	30
c) Ausgeschlossene Ansprüche	34
d) Anspruchskonkurrenz	35
3. Vereinbarung über den Erfüllungsort	37
4. Gesetzlicher Erfüllungsort für Dienstleistungsverträge, Art. 5 Nr. 1 lit. b EuGVVO	40
a) Allgemeines	40
b) Begriff der Dienstleistung	42
c) Ort der Dienstleistungserbringung	45
5. Auffanggerichtsstand nach Art. 5 Nr. 1 lit. a EuGVVO	51

	Rdn.
III. Verbrauchergerichtsstand	56
1. Der Begriff des Verbrauchers	58
2. Die nach Art. 15 Abs. 1 EuGVVO geschützten Geschäfte	61
a) Keine Beschränkung auf bestimmte Vertragstypen	62
b) Hinreichender Bezug der Geschäftsanbahnung zum Wohnsitzstaat des Verbrauchers	63
c) Beschränkung auf Vertragsklagen	68
3. Der räumliche Anwendungsbereich des 4. Abschnitts	69
a) Der Vorbehalt zugunsten von Art. 4 und Art. 5 Nr. 5 EuGVVO	69
b) Vertragspartner des Verbrauchers mit Wohnsitz in einem Drittstaat	70
4. Die Zuständigkeitsregelung in Art 16 EuGVVO	72
a) Internationale und örtliche Zuständigkeit	72
b) Klagen des Verbrauchers	73
c) Klagen gegen den Verbraucher	75
5. Die Schranken für Gerichtsstandsvereinbarungen in Art. 17 EuGVVO	76
IV. Niederlassungsgerichtsstand	77
1. Allgemeines	77
2. Der Begriff der Niederlassung	81
3. Betriebsbezogenheit der Klage	83
V. Gerichtsstände des Sachzusammenhangs	84
1. Allgemeines	84
2. Streitgenossenschaft, Art. 6 Nr. 1 EuGVVO	86
a) Anwendungsbereich	87
b) Konnexität	89
c) Missbrauchskontrolle	90
d) Beklagtenwohnsitz	91
3. Gewährleistungs- und Interventionsklage, Art. 6 Nr. 2 EuGVVO	92
VI. Vereinbarter Gerichtsstand	93
1. Anwendungsbereich	95
2. Vereinbarung	96
3. Form	97
a) Schriftlichkeit	98
b) Schriftliche Bestätigung einer mündlichen Vereinbarung	99
c) Gepflogenheiten zwischen den Parteien	100
d) Internationaler Handelsbrauch	101
4. Zulässigkeit	103
a) Bestimmtes Rechtsverhältnis	103
b) Bestimmtes Gericht	104
c) Schranken	105
5. Wirkungen	106

A. Allgemeines

I. Rechtsquellen

Die von den deutschen Gerichten zu beachtenden Regeln über die internationale Zuständigkeit in Streitigkeiten auf dem Gebiet des Baurechts ergeben sich vorrangig aus sekundärem EG-Recht und völkerrechtlichen Verträgen, hilfsweise aus dem autonomen Zivilverfahrensrechts, insbesondere der Zivilprozessordnung.

1. Europäische Gerichtsstands- und Vollstreckungsverordnung (EuGVVO)

Wichtigste Rechtsquelle ist die am 22.12.2000 ergangene Verordnung (EG) Nr. 44/2001 über die gerichtliche Zuständigkeit und die Anerkennung und Vollstreckung von Entscheidungen in Zivil- und Handelssachen (EuGVVO).[1] Sie ist nach ihrem Art. 76 für die Bundesrepublik Deutschland und die übrigen damaligen Mitgliedstaaten der EU – mit Ausnahme Dänemarks – am 01.03.2002 in Kraft getreten. Für die zehn neuen Mitgliedstaaten gilt die EuGVVO seit dem 01.05.2004, für Bulgarien und Rumänien seit dem 01.01.2007. Dänemark hat sich aufgrund eines Protokolls zum Amsterdamer Vertrag nicht an der Annahme dieser Verordnung beteiligt. Am 19.10.2005 ist jedoch zwischen Dänemark und der EG ein Übereinkommen geschlossen worden, mit dem der Inhalt der EuGVVO auf das Verhältnis zu Dänemark erstreckt und die Kompetenz des EuGH für die Auslegung dieses Übereinkommens begründet wurde;[2] dieses Übereinkommen ist am 01.07.2007 in Kraft getreten.[3] Die nachfolgenden Ausführungen basieren im Wesentlichen auf der EuGVVO, deren Geltung nach der jüngeren Rechtsprechung des EuGH[4] nicht mehr auf EG-Binnensachverhalte beschränkt ist. Die Regeln der Verordnung über die internationale Zuständigkeit können vielmehr auch in Sachverhalten mit Bezug zu Drittstaaten zur Anwendung kommen und verdrängen deshalb das autonome Zuständigkeitsrecht der Mitgliedstaaten weitgehend.

2. Luganer Übereinkommen (LugÜ)

Durch das am 16.09.1988 in Lugano zwischen den Mitgliedstaaten der EG und der Europäischen Freihandelsassoziation (EFTA) geschlossene Parallel-Übereinkommen zum EuGVÜ werden dessen wesentliche Errungenschaften, nämlich eine einheitliche europäische Zuständigkeitsordnung und ein beschleunigtes Anerkennungs- und Vollstreckungsverfahren, auf den gesamten Europäischen Wirtschaftsraum (EWR) erstreckt.[5] Das Übereinkommen war seit dem 01.01.1992 schrittweise in Kraft getreten; für die Bundesrepublik Deutschland galt es seit dem 01.03.1995.[6] Am 30.10.2007 hat sich die EG mit Dänemark, Island, Norwegen und der Schweiz auf ein **Nachfolgeübereinkommen** geeinigt, mit dem der Text des Lugano-Übereinkommens weitgehend an die EuGVVO angeglichen wird.[7] Das neue Lugano-Übereinkommen ist am 01.01.2010 für die Mitgliedstaaten der EuGVVO sowie für Dänemark und Norwegen in Kraft getreten; die Schweiz ist dem Übereinkommen mit Wirkung vom 01.01.2011 beigetreten.

3. Autonomes Recht

Soweit keine EU-Verordnungen oder Staatsverträge eingreifen, ergibt sich die internationale Zuständigkeit der deutschen Gerichte aus dem autonomen Verfahrensrecht. Das deutsche Recht kennt Vorschriften, die ausdrücklich die internationale Zuständigkeit regeln, bisher im Wesentli-

---

1 ABl. EG 2001 Nr. L 12, 1 ff.
2 ABl. EU 2005 Nr. L 299, 62.
3 Text im ABl. EU 2007 Nr. L 94, 70 ff.
4 Dazu unten Rdn. 17.
5 BGBl. 1994 II, 2660; *Jayme/Hausmann*[14] Nr. 152.
6 BGBl. 1995 II, 221.
7 Text im ABl. EU 2007 Nr. L 339, 3 ff.

chen nur im Familien- und Erbrecht (§§ 98 ff. FamFG). Für Rechtsstreitigkeiten aus Schuldverträgen regelt die ZPO die internationale Zuständigkeit hingegen nicht ausdrücklich, sondern nur mittelbar durch stillschweigende Verweisung auf die Vorschriften der §§ 12 ff. über den Gerichtsstand. Grundsätzlich darf man jedoch aus der örtlichen zugleich auf die internationale Zuständigkeit eines deutschen Gerichts schließen (**Doppelfunktionalität der Gerichtsstandsnormen**).[8] Dieser Grundsatz gilt insbesondere auch für den vertraglichen Gerichtsstand des Erfüllungsorts (§ 29 ZPO); eingeschränkt ist er lediglich für die internationale Zuständigkeit, die allein auf die Belegenheit von Vermögen des Beklagten im Inland gestützt wird (§ 23 ZPO).

II. Der Anwendungsbereich der europäischen Zuständigkeitsordnung

5 Wegen des Vorrangs der EuGVVO vor dem autonomen Verfahrensrecht der Mitgliedstaaten bedarf es der Bestimmung ihres Anwendungsbereichs in sachlicher, räumlicher und zeitlicher Hinsicht.

1. Sachlicher Anwendungsbereich

a) Zivil- und Handelssachen

6 Die EuGVVO ist nach ihrem Art. 1 Abs. 1 nur auf »Zivil- und Handelssachen« anzuwenden. Um sicherzustellen, dass sich aus der Verordnung für die Mitgliedstaaten und die betroffenen Personen soweit wie möglich einheitliche Rechte und Pflichten ergeben, kann der Begriff der »Zivil- und Handelssachen« nicht als bloße Verweisung auf das innerstaatliche Recht eines der beteiligten Staaten verstanden werden, sondern ist im Wege **autonomer Qualifikation** zu bestimmen;[9] dies gilt insbesondere für die Abgrenzung zu öffentlich-rechtlichen Streitigkeiten, die in den einzelnen Mitgliedstaaten sehr unterschiedlich und zT – namentlich in den Common Law-Staaten – überhaupt nicht scharf gezogen wird.[10] Als Orientierung haben dabei die Zielsetzung und Systematik der Verordnung sowie eine vergleichende Betrachtung der Rechtsordnungen der Mitgliedstaaten zu dienen.[11] Danach ist die Anwendung der EuGVVO nicht schon deshalb ausgeschlossen, weil sich in einem Rechtsstreit eine **staatliche Behörde als Bauherr** und ein privater Bauunternehmer gegenüber stehen. Maßgebend ist vielmehr »die Natur der zwischen den Parteien bestehenden Rechtsbeziehungen« und der »Gegenstand des Rechtsstreits«.[12]

7 Eine Zivil- und Handelssache liegt nur dann nicht vor, wenn die streitgegenständliche Tätigkeit der Behörde im Zusammenhang mit der **Ausübung hoheitlicher Befugnisse** steht.[13] Soweit staat-

---

8 Allg. M., vgl. grundlegend BGH 14.06.1965 – GSZ 1/65, BGHZ 44, 46, 47 f. = JZ 1966, 237 m. Anm. *Neuhaus*; seither st. Rspr., vgl. BGH, 02.07.1991 – XI ZR 206/90, BGHZ 115, 90, 91 f. = NJW 1991, 3092; BGH 03.12.1992 – IX ZR 229/91, BGHZ 120, 334, 337 = NJW 1993, 1073; BGH, 21.11.1996 – IX ZR 148/95, BGHZ 134, 116, 117; BGH 16.12.2003 – XI ZR 474/02, BGHZ 157, 224, 227; *Wieczorek/Schützel Hausmann*, § 12 Rn. 48; *Geimer*, IZPR Rn. 943 ff.; *Schack*, IZVR Rn. 236; *Linke/Hau*, IZPR Rn. 117 f.; *Paal*, BauR 2008, 228, 231; *Thode/Wenner*, Rn. 485, jeweils m.w.N.
9 Vgl. zum EuGVÜ EuGH, 14.10.1976, Rs 29/76 – *LTU/Eurocontrol* – Slg. 1976, 1541, 1550 [Rn. 3] = NJW 1977, 489 m. Anm. *Geimer*; EuGH, 16.12.1980, Rs 814/79 – *Niederlande/Rüffer* – Slg. 1980, 3807, 3819 [Rn. 7] = IPRax 1981, 169 m. Anm. *Schlosser* 154; EuGH, 21.04.1993, Rs C-172/91 – *Sonntag/Waidmann* – Slg. 1993 I, 1963, 1996 [Rn. 18] = IPRax 1994, 37 m. Anm. *Hess* 10; EuGH, 15.05.2003, Rs C-266/01 – *Préservatrice foncière TIARD/Niederlande* – Slg. 2003 I, 4867, 4889 [Rn. 20] = IPRax 2003, 528 m. Anm. *Geimer* 512.
10 Vgl. *Lehmann*, ZZP Int. 9 (2004) 172, 174; *Magnus/Mankowski/Rogerson*, Art. 1 Rn. 12.
11 *Lorenz/Unberath*, IPRax 2004, 298, 299; *Rauscher/Mankowski*, Art. 1 Rn. 2.
12 EuGH, (Fn. 9), jeweils a.a.O.
13 EuGH, 14.07.1977, Rs 9 und 10/77 – *Bavaria/Eurcontrol* – Slg. 1977, 1517, 1524 [Rn. 2]: Flugsicherung; EuGH, 16.12.1980, Rs 814/79 – *Niederlande/Rüffer* – Slg. 1980, 3807, 3819 f. [Rn. 10 ff.]: Strompolizei; EuGH 14.11.2002, Rs C 271/00 – *Steenbergen/Baten* – Slg. 2002 I, 10489, 10519 [Rn. 30] – IPRax 2004, 237 m. Anm. *Martiny* 195: Sozialhilfe; EuGH 15.02.2007, Rs C-292/05 – *Lechouritou/*

liche Stellen Dienstleistungen anbieten, kommt es maßgeblich darauf an, ob sie sich hoheitlicher Gestaltungsformen (zB Verwaltungsakt, öffentlich-rechtlicher Vertrag) bedienen oder auf der Ebene der Gleichordnung (Schuld–)Verträge mit Privatpersonen abschließen. Im ersteren Fall liegt regelmäßig eine öffentlich-rechtliche Streitigkeit vor; dies gilt insbesondere dann, wenn die Inanspruchnahme der öffentlichen Leistungen zwingend ist und die Gebührensätze von der Behörde einseitig gegenüber den Benutzern festgesetzt werden.[14] Bei der **Vergabe von öffentlichen Aufträgen** kann es daher nicht darauf ankommen, ob diese von dem anwendbaren nationalen Recht öffentlich-rechtlich oder privatrechtlich eingeordnet wird;[15] entscheiden muss vielmehr auch hier eine vertragsautonome Qualifikation.[16] Danach gilt die EuGVVO, wenn der öffentliche Auftrag in Gestalt eines privatrechtlichen Vertrages vergeben wird.[17] Unerheblich ist nach Art. 1 Abs. 1 S. 1 EuGVVO hingegen die Art der Gerichtsbarkeit nach dem autonomen Verfahrensrecht der Mitgliedstaaten.[18]

b) **Ausgeschlossene Rechtsgebiete**

EuGVVO und LugÜ regeln die internationale Zuständigkeit auch nicht für alle Zivil- und Handelssachen; vielmehr sind in Art. 1 Abs. 2 insbesondere Insolvenzverfahren, Fragen der sozialen Sicherheit und die Schiedsgerichtsbarkeit aus dem sachlichen Anwendungsbereich der Verordnung ausdrücklich ausgenommen. Auch die Reichweite dieser Ausnahmetatbestände ist autonom[19] und grundsätzlich eng auszulegen.[20] Sie greifen insbesondere nur dann ein, wenn der Gegenstand des Rechtsstreits selbst in eines der ausgeschlossenen Gebiete fällt; Präjudizialität genügt hingegen nicht, mag auch die außerhalb des sachlichen Anwendungsbereichs der Verordnung liegende Vorfrage für den Ausgang des anhängigen Verfahrens eine wesentliche Rolle spielen.[21] Mehrere Streitgegenstände eines Verfahrens sind im Hinblick auf Art. 1 Abs. 2 EuGVVO isoliert zu betrachten. Im Falle der Anspruchskonkurrenz kann das nach Art. 2 ff. EuGVVO international zuständige Gericht nur über diejenigen Ansprüche entscheiden, die in den sachlichen Anwendungsbereich der Verordnung fallen.[22] In internationalen Bauprozessen sind insbesondere die Ausschlusstatbestände in Art. 1 Abs. 2 lit. b (Insolvenzrecht) und lit. d (Schiedsgerichtsbarkeit) relevant.

8

Der Ausschluss von **Konkursen, Vergleichen und ähnlichen Verfahren** aus dem sachlichen Anwendungsbereich der EuGVVO gilt nicht nur für entsprechende Gesamtverfahren, die seit dem 31.05.2005 von der EG-Verordnung Nr. 1346/2000 über Insolvenzverfahren (EuInsVO) vom 29.05.2000[23] erfasst werden, sondern auch für solche Einzelverfahren, die sich unmittelbar aus dem Insolvenzverfahren ergeben und sich eng in dessen Bahnen halten.[24] Als insolvenzrechtlich zu qualifizieren sind insbesondere die in Art. 4 EuInsVO aufgezählten Materien. Dies trifft etwa

9

Bundesrepublik Deutschland – Slg. 2007 I, 1519 = EuZW 2007, 252: Kriegsverbrechen von Streitkräften.

14 So EuGH 14.10.1976 a.a.O. (Fn. 9), Slg. 1976, 1541, 1551 [Rn. 4]; VG Schleswig 30.10.1990 – 2 A 240/89, NJW 1991, 1129 (Baugenehmigungsgebühr).
15 So *Kropholler*, Art. 1 Rn. 9.
16 *Schlosser*, Art. 1 Rn. 12 für die »marchés publics« des französischen Rechts.
17 BG 19.08.1988, BGE 124 III 436, 440 f.; *Rauscher/Mankowski*, Art. 1 Rn. 3a.
18 Dazu *Lehmann*, ZZP Int. 9 (2004) 172, 175 f.
19 EuGH 22.02.1979, Rs 133/178 – *Gourdain/Nadler* – Slg. 1979, 733, 743 [Rn. 3] = RIW 1979, 273; *Kropholler*, Art. 1 Rn. 16.
20 *Wieczorek/Schütze/Hausmann*, Art. 1 EuGVÜ Rn. 18; *Geimer/Schütze*, Art. 1 Rn. 49.
21 EuGH 25.07.1991, Rs 190/89 – *Mark Rich/Impianti* – Slg. 1991 I, 3855, 3902 [Rn. 26 ff.] = IPRax 1992, 312 m. Anm. *Haas* 292; *Mankowski*, JZ 1998, 898, 900; *Kropholler*, Art. 1 Rn. 17.
22 *Wieczorek/Schütze/Hausmann*, Art. 1 EuGVÜ Rn. 21 f.; *Rauscher/Mankowski*, Art. 1 Rn. 6; a.A. *Schlosser*, Art. 1 Rn. 13.
23 ABl. EG 2000 Nr. L 160, 1 ff.
24 EuGH 22.02.1979, Rs 133/178 – *Gourdain/Nadler* – Slg. 1979, 733, 743 [Rn. 4 f.].

auf die **Insolvenzanfechtungsklage** nach §§ 129 ff. InsO zu, die deshalb nach Art. 3 Abs. 1 EuInsVO vor den Gerichten des Eröffnungsstaates zu erheben ist;[25] örtlich zuständig ist in Deutschland analog § 19a ZPO i.V.m. § 3 InsO, Art. 102 § 1 EGInsO das sachlich zuständige Streitgericht für den Sitz des eröffnenden Insolvenzgerichts.[26] Klagt der Insolvenzverwalter eines Bauunternehmers hingegen vertragliche Ansprüche ein, die der Gemeinschuldner vor der Insolvenzeröffnung begründet hatte, so beurteilt sich die internationale Zuständigkeit nach der EuGVVO;[27] ebenso, wenn der Insolvenzverwalter von Gläubigern des Bauunternehmers aus solchen Verträgen in Anspruch genommen wird.[28] Ferner sind auch Klagen aus Verträgen, die der Insolvenzverwalter erst nach Eröffnung des Insolvenzverfahrens – zB in Fortführung des überschuldeten Bauunternehmens – neu abschließt, nicht nach Art. 1 Abs. 2 lit. b aus dem Anwendungsbereich der EuGVVO ausgeschlossen.[29] Gleiches gilt, wenn es sich bei dem eingeklagten vertraglichen Anspruch um eine Masseforderung handelt.[30]

10 Der Begriff der **Schiedsgerichtsbarkeit** in Art. 1 Abs. 2 lit. d EuGVVO wird weit ausgelegt. Aus dem Anwendungsbereich der Verordnung ausgeschlossen sind daher nicht nur Verfahren vor Bauschiedsgerichten, sondern auch solche vor staatlichen Gerichten, soweit sie einem Schiedsverfahren dienen, ein Schiedsgericht unterstützen oder seine Funktionsfähigkeit herstellen sollen.[31] Dies gilt etwa für die Benennung oder Abberufung von Schiedsrichtern durch staatliche Gerichte, selbst wenn das Bestehen oder die Gültigkeit einer Schiedsvereinbarung nur eine Vorfrage in dem Rechtsstreit darstellt.[32] Aber auch dann, wenn über die (Un-)Gültigkeit einer Schiedsvereinbarung als Hauptfrage vor einem staatlichen Gericht gestritten wird, greift der Ausschluss nach Art. 1 Abs. 2 lit. d EuGVVO ein.[33] Hingegen sind die staatlichen Gerichte der Mitgliedstaaten nicht daran gehindert, im Rahmen der Prüfung ihrer internationalen Zuständigkeit incidenter über die Wirksamkeit einer Schiedsvereinbarung zu entscheiden. An dieser Prüfung können sie auch nicht durch eine »anti-suit injunction« des Gerichts eines anderen Mitgliedstaats gehindert werden, mit der einer Partei die Einleitung oder Fortführung des Verfahrens vor dem staatlichen Gericht mit der Begründung verboten wird, dieses Verfahren verstoße gegen eine Schiedsvereinbarung.[34] Hat das Gericht eines Mitgliedstaats eine Schiedsvereinbarung übersehen oder für unwirksam gehalten und in der Sache entschieden, so darf der Entscheidung allein aus diesem Grunde auch die Anerkennung in den übrigen Mitgliedstaaten nicht versagt werden.[35] Der Ausschluss nach Art. 1 Abs. 2 lit. d EuGVVO gilt ferner für Verfahren über Anträge auf Aufhebung, Ände-

---

25 Vgl. EuGH 12.02.2009, Rs C-339/07 – *Seagon/Deko* – RIW 2009, 234, 235 f. [Rn. 15 ff.]; dazu die Vorlageentscheidung BGH 21.09.2007 – IX ZR 39/06, NZI 2007, 538 sowie *Reithmann/Martiny/Hausmann*, IVR Rn. 5638 f. m.w.N.; **a.A.** OLG Frankfurt 26.01.2006 – 15 U 200/05, ZIP 2006, 769, 770 ff. m. zust. Anm. *Thole* 1383.
26 BGH 19.05.2009 – IX ZR 39/06, NJW 2009, 2215, 2216 f.
27 Vgl. allg. OLG Koblenz 11.01.2001 – 6 U 1139/98, NZG 2001, 759 m. Anm. *C. Schwarz*; OLG Jena 05.08.1998 – 4 U 1774/97, ZIP 1998, 1996; *Haubold*, IPRax 2002, 157, 162; *M. Stürner*, IPRax 2005, 426, 428; *Geimer/Schütze*, Art. 1 Rn. 132; *Rauscher/Mankowski*, Art. 1 Rn. 20 ff. m.w.N.
28 App. Paris 13.03.1991, Clunet 1992, 187 m. Anm. *Huet*.
29 Cass. com. 13.04.1992, Rev. crit. 1993, 67 m. Anm. *Rémery*; Cass. com. 24.05.2005, Rev. crit. 2005, 489 m. Anm. *Bureau*; *Geimer/Schütze*, Art. 1 Rn. 132; *Kropholler*, Art. 1 Rn. 37; **a.A.** OLG Zweibrücken 30.06.1992 – 3 W 13/92, EWS 1993, 264 m. Anm. *K. Schmidt* 388.
30 *Geimer/Schütze*, Art. 1 Rn. 90; MüKo-ZPO/*Gottwald*, Art. 1 Rn. 19.
31 BGH 05.02.2009 – IX ZB 89/06, EuZW 2009, 308; *Kropholler*, Art. 1 Rn. 47; *Rauscher/Mankowski*, Art. 1 Rn. 28.
32 EuGH 25.07.1991, Rs 190/89 – *Mark Rich/Impianti* – Slg 1991 I, 3855, 3902 [Rn. 26 ff.] = IPRax 1992, 312 m. Anm. *Haas* 292.
33 Thomas/Putzo/*Hüßtege*, Art. 1 Rn. 9; Zöller/*Geimer*, Art. 1 Rn. 43; *Rauscher/Mankowski*, Art. 1 Rn. 29c m.w.N.
34 EuGH 10.02.2009, Rs C-185/07 – *Allianz/West Tankers Inc.* – NJW 2009, 1655, 1666 [Rn. 26 ff.] = IPRax 2009, 336 m. zust. Anm. *Illmer* 312 = EuZW 2009, 215 m. Anm. *Schroeder*.
35 MüKo-ZPO/*Gottwald*, Art. 1 Rn. 26; *Rauscher/Mankowski*, Art. 3 Rn. 31a.

rung, Anerkennung oder Vollstreckung von Schiedssprüchen,[36] nicht hingegen für einstweilige Maßnahmen, die lediglich der Sicherung eines Anspruchs dienen, auch wenn über den Bestand dieses Anspruchs in der Hauptsache in einem Schiedsverfahren zu entscheiden ist.[37]

2. Zeitlicher Anwendungsbereich

Für die Frage, ab wann die EuGVVO das EuGVÜ verdrängt, kommt es nach Art. 66 Abs. 1 EuGVVO nicht auf den Zeitpunkt des Vertragsschlusses, sondern auf den **Zeitpunkt der Klageerhebung** an. Die Vorschriften des II. Kapitels der EuGVVO über die internationale Zuständigkeit gelten daher vor deutschen Gerichten nur für solche Klagen, die seit dem 01.03.2002 erhoben wurden; entsprechend gilt das neue Luganer Übereinkommen im Verhältnis zu Norwegen und der Schweiz nur für die ab dem 01.01.2010 bzw. 01.01.2011 erhobenen Klagen. Der Zeitpunkt der Klageerhebung ist auch in denjenigen Mitgliedstaaten, die der EU erst zum 01.05.2004[38] oder zum 01.01.2007 beigetreten sind, dafür maßgeblich, ob die Zuständigkeitsvorschriften der EuGVVO oder jene des nationalen Prozessrechts anzuwenden sind. Ein nach dem – zur Zeit der Klageerhebung noch geltenden – autonomen Verfahrensrecht vorliegender Mangel der internationalen Zuständigkeit wird nicht dadurch geheilt, dass die EuGVVO im Laufe des Verfahrens für den betreffenden Staat in Kraft getreten ist.[39] Über die Frage, wann die Klage i.S.v. Art. 66 Abs. 1 EuGVVO bei Gericht erhoben wurde, entscheidet das autonome Prozessrecht der jeweiligen lex fori.[40] Nach deutschem Recht kommt es auf den Zeitpunkt an, zu dem die Klageschrift dem Beklagten zugestellt (§ 253 Abs. 1 ZPO) bzw. die Rechtshängigkeit der Klage nach §§ 696 Abs. 3, 700 Abs. 2 ZPO fingiert wird.[41]

11

3. Räumlicher Anwendungsbereich

In räumlicher Hinsicht gilt die EuGVVO gem. Art. 249 Abs. 2 EG seit dem 01.03.2002 für die 15 Altmitgliedstaaten mit Ausnahme Dänemarks (Art. 1 Abs. 3 EuGVVO), seit dem 01.05.2004 für die 10 Neumitgliedstaaten Mittel- und Osteuropas (Estland, Lettland, Litauen, Malta, Polen, Slowakei, Slowenien, Tschechien, Ungarn und Zypern) und seit dem 01.01.2007 auch für Bulgarien und Rumänien. Der räumliche Anwendungsbereich des primären Unionsrechts und der darauf gestützten Akte des sekundären Unionsrechts beurteilt sich nach Art. 52 EU und Art. 355 AEUV. Die Hoheitsgebiete der Mitgliedstaaten sind daher anhand der jeweiligen Verfassung sowie nach allgemeinen völkerrechtlichen Grundsätzen zu ermitteln. Nach Art. 355 Abs. 1 AEUV

12

---

36 *Schlosser*-Bericht Rn. 64 f.
37 BGH 05.02.2009 – IX ZB 89/06, EuZW 2009, 308, 309; OLG München 05.04.2000 – 25 W 1067/00, RIW 2000, 465, 469; *Rauscher/Mankowski*, Art. 1 Rn. 28b; vgl. auch EuGH 17.11.1998, Rs C-391/95 – *van Uden Maritime/Deco-Line* – Slg. 1998 I, 7091, 7133 [Rn. 34]; öst. OGH 04.09.2001, IPRax 2003, 64 m. Anm. *Reiner* 74.
38 Dazu OLG Dresden 11.04.2007 – 8 U 1939/06, EuLF 2007 II, 117, 119.
39 Vgl. zum EuGVÜ BGH 14.11.1991 – IX ZR 250/90, BGHZ 116, 77, 80 = IPRax 1992, 377 m. Anm. *Hess* 358; zum LugÜ schwz. BG 09.09.1993, BGE 119 II 391, 393 = SZIER 1995, 39 m. Anm. *Schwander*; öst. OGH 18.03.1997, RIW 1998, 637, 638 m. Anm. *Seidl-Hohenfeldern*.
40 So zum EuGVÜ EuGH 07.06.1984, Rs 129/83 – *Zelger/Salinitri* – Slg. 1984, 2397, 2408 [Rn. 15] = RIW 1984, 737 m. Anm. *Linke*; ebenso zur EuGVVO OLG Düsseldorf 30.01.2004 – 23 U 70/03, IHR 2004, 108 Rn. 18 ff. und 22.12.2005 – 1-24 U 86/05, RIW 2006, 633; OLG Hamm 27.10.2005 – 27 U 167/03, OLGR 2006, 206; *Rauscher/Staudinger*, Art. 66 Rn. 2; **a.A.** [Art. 30 EuGVVO analog] BGH 19.02.2004 – III ZR 226/03, NJW 2004, 1652, 1653; öst. OGH 30.06.2003, ZfRV 2004, 32; *Hess*, IPRax 2004, 374, 375; *Kropholler*, Art. 66 Rn. 2; *Schlosser*, Art. 66 Rn. 11.
41 OLG Düsseldorf 22.12.2005 – 1-24 U 86/05, RIW 2006, 633; MüKo-ZPO/*Gottwald*, Art. 66 Rn. 2; ebenso zum EuGVÜ BGH 28.02.1996 – XII ZR 181/93, BGHZ 132, 105, 107 = NJW 1996, 1411; zum LugÜ LG München I 29.05.1995 – 1 O 23363/94, NJW 1996, 401 = IPRax 1996, 266 m. Anm. *Trunk* 249; OLG Koblenz 08.02.1996 – 5 U 999/95, NJW-RR 1997, 638; *Wagner* ZIP 1994, 82; zu Zuständigkeitsvereinbarungen siehe unten Rdn. 93 ff.

gilt die EuGVVO etwa für die französischen überseeischen Départements und Gebiete, für die portugiesischen Azoren, sowie für die zu Spanien gehörenden Kanarischen Inseln.[42] Besonderheiten ergeben sich für bestimmte europäische Hoheitsgebiete; danach gilt die EuGVVO etwa für Gibraltar,[43] nicht hingegen für Andorra, Monaco und San Marino.[44] Vom Geltungsbereich ausgenommen bleiben nach Art. 355 Abs. 5 AEUV ferner die britischen Kanal-Inseln sowie die Isle of Man.[45]

4. Persönlicher Anwendungsbereich

13 In der EuGVVO fehlt – ebenso wie schon im EuGVÜ und LugÜ – eine eindeutige Regelung über den persönlichen Anwendungsbereich der Verordnung. Dieser lässt sich für die Zwecke der internationalen Zuständigkeit daher nur aus den einzelnen Gerichtsstandsregeln unter Berücksichtigung der Entstehungsgeschichte und der Zielsetzung der Verordnung bestimmen.

a) Grundsatz

14 Aus Art. 2 Abs. 1 und 4 Abs. 1 EuGVVO ist der Grundsatz zu entnehmen, dass die Anwendung der Zuständigkeitsnormen der Verordnung davon abhängt, dass der **Beklagte** seinen **Wohnsitz** (Art. 59 EuGVVO) **in einem Mitgliedstaat** hat; bei Gesellschaften und juristischen Personen entscheidet der Sitz (Art. 60 EuGVVO).[46] Auf die Staatsangehörigkeit der Parteien sowie auf den Wohnsitz des Klägers kommt es nicht an. Das Kapitel II der Verordnung (Art. 2–31) findet also grundsätzlich auch dann Anwendung, wenn der Kläger in einem Drittstaat ansässig ist.[47] Der Wohnsitz bzw. Sitz des Beklagten in einem Mitgliedstaat ist also das zentrale Anknüpfungsmerkmal für die Anwendbarkeit der europäischen Zuständigkeitsordnung.[48] Fehlt es an einem Wohnsitz des Beklagten in einem Mitgliedstaat, so beurteilt das angerufene Gericht seine internationale Zuständigkeit nach seinem nationalen Prozessrecht.[49]

b) Ausnahmen

15 Während die Anwendung der Art. 2, 5 und 6 EuGVVO stets davon abhängt, dass der Beklagte seinen Wohnsitz bzw. Sitz in einem Mitgliedstaat der Verordnung hat, schränken die nachfolgenden Abschnitte diesen Grundsatz zum Teil ein. So wird der Anwendungsbereich der Zuständigkeitsregeln für Verbrauchersachen aus Gründen des Schutzes der schwächeren Vertragspartei erweitert. Nach Art. 15 Abs. 2 EuGVVO reicht es nämlich aus, dass der Vertragspartner des Verbrauchers im Hoheitsgebiet eines Mitgliedstaats lediglich eine Niederlassung unterhält, sofern die Klage einen hinreichenden Bezug zu dieser Niederlassung aufweist.[50] Auch der Katalog der ausschließlichen Zuständigkeiten des Art. 22 EuGVVO gilt – wie der Einleitungssatz und der Vorbehalt in Art. 4 Abs. 1 zeigen – unabhängig davon, ob der Beklagte im räumlichen Anwendungsbereich der Verordnung wohnt.[51] Weiterhin kommen auch die Vorschriften über die Zuständigkeitsvereinbarungen nach dem Wortlaut des Art. 23 Abs. 1 EuGVVO bereits dann zur

---

42 *Kropholler*, Einl. Rn. 25, 28.
43 *Rauscher/Staudinger*, Einl. Rn. 16.
44 *Kropholler*, Einl. Rn. 22.
45 *Rauscher/Staudinger*, Einl. Rn. 18.
46 Dazu unten Rdn. 21 ff.
47 EuGH 13.07.2000, Rs C-412/98 – *Group Josi/UGIC* – Slg. 2000 I, 5925, 5952 ff. [Rn. 33 ff., 59 ff.] = NJW 2000, 3121= EuLF 2000, 49 m. zust. Anm. *Geimer* = IPRax 2000, 520 m. Anm. *Staudinger* 483.
48 *Zöller/Geimer*, Art. 2 Rn. 7; *Kropholler*, vor Art. 2 Rn. 9; vgl. auch Erwägungsgrund (8) zur EuGVVO.
49 BGH 12.06.2007 – IX ZR 290/06, EuLF 2007 II 78, 80 m. Anm. *Calabresi-Scholz* = IPRax 2008, 128 m. Anm. *Staudinger* 107.
50 Vgl. näher unten Rdn. 69 ff.
51 *Zöller/Geimer*, Art. 2 Rn. 8; *Rauscher/Mankowski*, Art. 22 Rn. 2.

Anwendung, wenn nur der Kläger seinen Wohnsitz bzw. Sitz in einem Mitgliedstaat hat.[52] Schließlich dürfte es für die Begründung einer Zuständigkeit durch rügelose Einlassung zur Hauptsache nach Art. 24 EuGVVO sogar ausreichen, dass der Beklagte sich nur vor dem Gericht eines Mitgliedstaats auf das Verfahren einlässt; dies auch dann, wenn keine der Parteien einen Wohnsitz in einem Mitgliedstaat hat.[53]

c) **Internationaler Sachverhalt**

Die Art. 2 ff. EuGVVO finden keine Anwendung auf reine Inlandssachverhalte.[54] Dies gilt auch insoweit, als die Verordnung – wie etwa in ihren Art. 5 und 6 – zugleich die örtliche Zuständigkeit festlegt. Das erforderliche internationale Element folgt daraus, dass die Verordnung ihre Grundlage in Art. 65 EG (jetzt: Art. 81 AEUV) hat, der eine Kompetenz der EG nur für Maßnahmen mit »grenzüberschreitenden Bezügen« begründet.

16

d) **Bloßer Drittstaatenbezug**

Ob das Vorliegen eines internationalen Sachverhalts für die Anwendung der Zuständigkeitsordnung der Verordnung ausreicht, wenn der Auslandsbezug lediglich zu einem Drittstaat besteht, ist umstritten. Gegen die – unter der Geltung des EuGVÜ verbreitete – Auffassung, dass der Rechtsstreit Berührungspunkte zu mindestens einem weiteren Mitgliedstaat haben müsse,[55] wird zu Recht eingewandt, sie trage erhebliche Unsicherheit in die Rechtsanwendung, weil sich nicht eindeutig klären lasse, welcher Art die Berührungspunkte zu einem anderen Mitgliedsstaat sein müssten; auch der Normzweck der Art. 2 ff. verlangt eine solche teleologische Reduktion des Wortlauts nicht.[56] Seit Inkrafttreten der EuGVVO spricht zusätzlich Erwägungsgrund (8) der Verordnung gegen eine teleologische Reduktion ihres räumlich-persönlichen Anwendungsbereichs. Denn hiernach soll es ausdrücklich genügen, dass die unter die Verordnung fallenden Rechtsstreitigkeiten »einen Anknüpfungspunkt an das Hoheitsgebiet eines der Mitgliedstaaten aufweisen«. Die Art. 2 ff. EuGVVO gelten damit auch für Sachverhalte, die ihre internationale Dimension allein aus dem Bezug zu einem Drittstaat gewinnen.[57]

17

---

52 Zöller/*Geimer*, Art. 2 Rn. 9; dazu näher unten Rdn. 95 m.w.N.
53 EuGH 13.07.2000, Rs C-412/98 – *Group Josi/UGIC* – Slg. 2000 I, 5925, 5954 [Rn. 44 f.]; *Oberhammer*, IPRax 2004, 264; *Schlosser*, Art. 24 Rn. 1; **a.A.** [Erfordernis des Wohnsitzes einer Partei in einem Mitgliedstaat analog Art. 23] die bisher h.M., vgl. *Geimer/Schütze*, Art. 24 Rn. 22 ff.; *Kropholler*, Art. 24 Rn. 3, jeweils m.w.N.
54 Vgl. öst. OGH 20.04.2004, IPRax 2006, 607 m. Anm. *Heiderhoff* 612; *Piltz*, NJW 2002, 789, 790; *Schack*, IZVR Rn. 238 f.; *Linke*, IZPR Rn. 321; Thomas/Putzo/*Hüßtege*, Vorbem. EuGVVO Rn. 11; *Rauscher/Mankowski*, vor Art. 2 Rn. 13; ebenso schon zum EuGVÜ EuGH 01.03.2005, Rs C-281/02 – *Owusu/Jackson* – Slg. 2005 I, 1445, 1456 [Rn. 25 f.] = IPRax 2005, 244 m. Anm. *Heinzel/Dutta* 224; *Wieczorek/Schützel Hausmann*, vor Art. 2 EuGVÜ Rn. 9 m.w.N.
55 Dafür *Piltz*, NJW 1979, 1071, 1072; *Benecke* S. 143 ff.; *Schack*, IZVR Rn. 241; im Erg. Ebenso BGH 12.10.1989 – VII ZR 339/88, BGHZ 109, 29, 34 = IPRax 1990, 318 m. Anm. *W. Lorenz* 292; BGH 21.11.1996 – IX ZR 264/95, BGHZ 134, 127 = WM 1996, 2294.
56 So vor allem *Geimer*, IPRax 1991, 31 f.; *Geimer/Schütze*, Art. 2 Rn. 111 ff.; zust. EuGH 01.03.2005, Rs 281/02 – *Owusu/Jackson* – Slg. 2005 I, 1445, 1456 [Rn. 24 ff.] = EuZW 2005, 345; BGH 28.09.2005 – XII ZR 17/03, FamRZ 2005, 1987.
57 Vgl. *Hausmann*, EuLF 2000/01, 40, 43 f.; *Piltz* NJW 2002, 789, 790; *Gebauer*, ZEuP 2001, 943, 954; *Thiele*, RIW 2002, 696, 698 f.; *Grolimund*, Rn. 165 ff.; Thomas/Putzo/*Hüßtege*, Vorbem. EuGVVO Rn. 12; *Kropholler*, Vor Art. 2 Rn. 8; *Schlosser*, Vor Art. 2 Rn. 5; *Rauscher/Mankowski*, Vorbem. Art. 2 Rn. 11 f. m.w.N.; vgl. i.d.S. auch ausdrücklich EuGH a.a.O. [Rn. 35, zum EuGVÜ].

5. Konkurrenzen

a) EuGVVO und Luganer Übereinkommen

18 Konkurrenzprobleme zwischen der EuGVVO und dem (neuen) Luganer Übereinkommen vom 30.10.2007 haben angesichts der weitergehenden Übereinstimmung beide Regelungswerke keine praktische Bedeutung mehr. Das Luganer Übereinkommen gilt auf dem Gebiet der internationalen Zuständigkeit nach seinem Art. 64 Abs. 2 lit. a nur für Fälle, in denen der Beklagte seinen Wohnsitz in einem Vertragsstaat des Luganer Übereinkommens hat, der nicht Mitgliedstaat der EU ist, oder in denen die Gerichte eines solchen Vertragsstaats nach Art. 22 oder 23 LugÜ zuständig sind.[58] Aus deutscher Sicht hat die Zuständigkeitsordnung des Luganer Übereinkommens nur noch Bedeutung im Verhältnis zu Island, Norwegen und der Schweiz.

b) EuGVVO und Staatsverträge auf besonderen Rechtsgebieten

19 Regelt ein Übereinkommen auf einem besonderen Rechtsgebiet die internationale Entscheidungszuständigkeit abschließend, so hat diese Regelung gem. Art. 71 Abs. 1 EuGVVO Vorrang vor der Verordnung und dem Luganer Übereinkommen. Die in einem solchen Spezialübereinkommen normierten Zuständigkeitsregeln erweitern den numerus clausus der besonderen Gerichtsstände nach Art. 5 ff. EuGVVO, so dass der Beklagte, der an einem vom Spezialabkommen eröffneten Gerichtsstand belangt wird, sich nicht auf Art. 3 Abs. 1 EuGVVO berufen kann.[59] Auf dem Gebiet des internationalen Baurechts sind aus deutscher Sicht indes keine Staatsverträge i.S.v. Art. 71 EuGVVO in Kraft.

c) EuGVVO und autonomes Recht

20 Die EuGVVO gilt nach Art. 288 Abs. 2 AEUV in allen Mitgliedstaaten (mit Ausnahme Dänemarks) unmittelbar. Als Teil des sekundären Unionsrechts genießt die Verordnung **Anwendungsvorrang** vor dem gesamten nationalen Recht einschließlich des Verfassungsrechts.[60] Damit ist in ihrem Geltungsbereich für eine Anwendung nationaler Zuständigkeitsvorschriften nur insoweit Raum, als die Verordnung eine Regelungskompetenz nicht in Anspruch nimmt,[61] wie dies in Teilbereichen insbesondere für die örtliche Zuständigkeit zutrifft (vgl. Art. 2 Abs. 1 und 22 EuGVVO). Hingegen regelt die Verordnung die internationale Zuständigkeit – wie Art. 3 Abs. 1 EuGVVO klarstellt – in ihrem Anwendungsbereich abschließend. Auch wenn Art. 3 Abs. 2 i.V.m. Anh. I zur Verordnung aus dem deutschen autonomen Zuständigkeitsrecht nur den Vermögensgerichtsstand des § 23 ZPO ausdrücklich ausschließt, verbietet die Verordnung darüber hinaus in ihrem Geltungsbereich die Heranziehung sämtlicher deutscher Regeln über die Begründung der internationalen Zuständigkeit, und zwar unabhängig davon, ob sie in der ZPO oder in Sondergesetzen enthalten sind.[62] Diese sind daher nur anwendbar, soweit Art. 4 Abs. 1 EuGVVO auf das autonome Zuständigkeitsrecht der Mitgliedstaaten verweist.

---

[58] Vgl. schon zum LugÜ 1988 BGH 22.02.2001 – IX ZR 19/00, NJW 2001, 1731 (Schweiz) und BGH 07.12.2000 – VII ZR 404/99, NJW 2001, 1936 (Norwegen).

[59] *Schlosser*-Bericht Rn. 240; *Geimer/Schütze*, Art. 71 Rn. 15.

[60] BGH 21.11.1996 – IX ZR 264/95, BGHZ 134, 127, 133 = WM 1996, 2294; BGH 17.12.1998 – IX ZR 196/97, NJW 1999, 1395, 1396; BGH 25.02.1999 – VII ZR 408/97, NJW 1999, 2442 = BauR 1999, 677; *Kropholler*, Einl. Rn. 19; *Rauscher/Staudinger*, Einl. Rn. 27.

[61] *Piltz*, NJW 2002, 789, 791; Thomas/Putzo/*Hüßtege*, Vorbem. EuGVVO Rn. 4.

[62] AllgM., vgl. EuGH 13.11.1979, Rs 25/79 – *Sanicentral/Collin* – Slg. 1979, 3423, 3429 [Rn. 5] = RIW 1980 285; EuGH 15.11.1983, Rs 288/82 – *Duijnstee/Goderbauer* – Slg. 1983, 3663, 3674 f. [Rn. 13] = IPRax 1985, 92 m. Anm. *Stauder* 76; OLG Stuttgart 09.11.1990 – 2 U 16/90, IPRax 1992, 86, 88 m. Anm. *H. Roth* 67; *Geimer/Schütze*, Art. 3 Rn. 10; *Rauscher/Mankowski*, Art. 3 Rn. 1.

B. Wichtige Gerichtsstände für Klagen aus internationalen Bau- und Architektenverträgen

I. Allgemeiner Gerichtsstand

Art. 2

(1) Vorbehaltlich der Vorschriften dieser Verordnung sind Personen, die ihren Wohnsitz im Hoheitsgebiet eines Mitgliedstaats haben, ohne Rücksicht auf ihre Staatsangehörigkeit vor den Gerichten dieses Mitgliedstaats zu verklagen.

1. Grundsatz

Die EuGVVO geht in ihrem Art. 2 Abs. 1 vom Grundsatz »actor sequitur forum rei« aus. Der Wohnsitz bzw. Sitz des Beklagten in einem Mitgliedstaat ist damit nicht nur Anwendungsvoraussetzung für die europäische Zuständigkeitsordnung, sondern zugleich Ausgangspunkt ihres Zuständigkeitssystems. Anders als im internationalen Vertragsrecht (Art. 4 Rom I-VO; dazu Teil B.I. Rdn. 45) kommt es also nicht auf den gewöhnlichen Aufenthalt an. Auch die Gläubiger- oder Schuldnerstellung nach materiellem Recht ist unerheblich; abzustellen ist allein auf die **formale Parteirolle**.[63] Deshalb ist auch eine negative Feststellungsklage am Wohnsitz des Beklagten zu erheben. Hat dieser mehrere Wohnsitze, so genügt es, dass ein Wohnsitz im Gerichtsstaat besteht.[64] Damit wird allen in einem Mitgliedstaat ansässigen Personen auch in baurechtlichen Streitigkeiten an ihrem Wohnsitz ein allgemeiner Passivgerichtsstand garantiert, und zwar auch dann, wenn der Kläger seinen Wohnsitz in einem Drittstaat hat.[65] Für die den Beklagten begünstigende Regelung (favor defensoris) spricht, dass die Verteidigung im Ausland wegen der meist bestehenden Sprachbarrieren und der dem Beklagten fremden Gerichtsorganisation sowie wegen der Notwendigkeit des Erscheinens vor einem räumlich weit entfernten Gericht regelmäßig nicht unerheblich erschwert ist. Der Schutz des Art. 2 Abs. 1 EuGVVO erstreckt sich auch auf Angehörige von Drittstaaten, die ihren Wohnsitz in einem Mitgliedstaat der EU haben; denn die Staatsangehörigkeit des Beklagten ist für die Begründung einer internationalen Zuständigkeit nach Art. 2 Abs. 1 EuGVVO unerheblich.[66]

2. Wohnsitzbestimmung nach Art. 59 EuGVVO

Die EuGVVO definiert für natürliche Personen den für ihre Zuständigkeitsordnung zentralen Begriff des Wohnsitzes nicht autonom, sondern sieht hierfür eine kollisionsrechtliche Lösung vor.[67] Ob eine Partei ihren Wohnsitz i.S.v. Art. 2 Abs. 1 im Gerichtsstaat hat, beurteilt das angerufene Gericht gemäß Art. 59 Abs. 1 EuGVVO nach seinem eigenen Recht; ein deutsches Gericht entscheidet hierüber daher nach §§ 7–11 BGB.[68] Hat der Beklagte nach dem Recht der lex fori keinen Wohnsitz im Gerichtsstaat, so ist zu prüfen, ob er in einem anderen Mitgliedstaat wohnt, weil davon die Annahme einer besonderen Zuständigkeit i.S.v. Art. 5 ff. EuGVVO im Gerichtsstaat abhängt. Maßgebend für die Wohnsitzbestimmung nach Art. 59 Abs. 2 EuGVVO ist das (prozessuale oder materielle) Sachrecht des präsumtiven Wohnsitzstaats; dessen Kollisionsrecht bleibt hingegen außer Betracht.[69] Beweispflichtig für den Wohnsitz in einem anderen Mitglied-

---

63 BGH 11.12.1996 – VII ZR 187/95, BGHZ 134, 201, 205 = NJW 1997, 870; *Kropholler*, Art. 2 Rn. 1.
64 *Geimer*, NJW 1986, 1438; *Rauscher/Mankowski*, Art. 2 Rn. 5.
65 EuGH 15.07.2000, Rs C-412/98 – *Group Josi/UGIC* – Slg. 2000 I, 5929, 5952 f. [Rn. 33 ff.] = NJW 2000, 3121; BGH 28.09.2005 – XII ZR 17/03, EuLF 2005 II, 152; *Magnus/Mankowski/Vlas*, Art. 2 Rn. 3.
66 *Zöller/Geimer*, Art. 2 Rn. 13.
67 *Kropholler*, Art. 59 Rn. 1; *Geimer/Schütze*, Art. 59 Rn. 1, 6 ff.
68 *Rauscher/Staudinger*, Art. 59 Rn. 1.
69 Vgl. *Kropholler*, Art. 59 Rn. 7; Thomas/Putzo/*Hüßtege*, Art. 59 Rn. 2.

staat ist der Beklagte.⁷⁰ Hat dieser einen Wohnsitz sowohl im Gerichtsstaat als auch in einem anderen Mitgliedstaat, so geht der Wohnsitz im Gerichtsstaat vor.

3. Sitzbestimmung nach Art. 60 EuGVVO

23 Bei Gesellschaften und juristischen Personen tritt gem. Art. 60 EuGVVO an die Stelle des Wohnsitzes der Sitz.⁷¹ Die Verordnung definiert die von ihr erfassten Gesellschaften und juristischen Personen nicht selbst. Der Begriff der »Gesellschaften und juristischen Personen« ist für ihre Zwecke weit auszulegen; er umfasst jede Vereinigung und Vermögensmasse, die selbständig verklagt werden kann und deshalb einen allgemeinen Gerichtsstand i.S.v. Art. 2 Abs. 1 EuGVVO haben muss.⁷² Die Fragen der Rechts- und Parteifähigkeit von Gesellschaften sind hingegen in der EuGVVO nicht geregelt. Insoweit gelten die – inzwischen durch die EuGH-Rechtsprechung zur Niederlassungsfreiheit modifizierten – Grundsätze des internationalen Gesellschaftsrechts der jeweiligen lex fori.⁷³ Für die Bestimmung des »Wohnsitzes« von Gesellschaften und juristischen Personen hat sich der Verordnungsgeber – anders als bei natürlichen Personen – in Art. 60 EuGVVO für eine autonome Definition entschieden, um positive oder negative Kompetenzkonflikte möglichst zu vermeiden; die dort verwendeten Begriffe sind daher in der gesamten EU einheitlich auszulegen.⁷⁴ Nach Art. 60 Abs. 1 EuGVVO haben Gesellschaften und juristische Personen ihren »Wohnsitz« dort, wo sich ihr **satzungsmäßiger Sitz**, ihre **Hauptverwaltung**⁷⁵ oder ihre **Hauptniederlassung**⁷⁶ befindet. Da der Kläger zwischen diesen drei alternativen Anknüpfungen ein Wahlrecht hat,⁷⁷ wird die Gerichtspflichtigkeit von Gesellschaften und juristischen Personen erweitert, soweit diese Anknüpfungspunkte auf verschiedene Mitgliedstaaten verweisen.⁷⁸

4. Maßgebender Zeitpunkt

24 Die Verordnung enthält keine Regeln über den Zeitpunkt, zu dem der Wohnsitz natürlicher Personen bzw. der Sitz von Gesellschaften oder juristischen Personen in einem Mitgliedstaat gegeben sein muss. Diese Lücke ist durch die Übernahme des weithin anerkannten Grundsatzes der **perpetuatio fori** zu schließen.⁷⁹ Entfallen daher die Zuständigkeitsvoraussetzungen während des Prozesses, etwa weil der Beklagte seinen Wohnsitz aus einem Mitgliedstaat in einen Drittstaat verlegt hat, so ist zum Schutz des Klägers von einer Fortdauer der zunächst nach Art. 2 Abs. 1 EuGVVO wirksam begründeten internationalen Zuständigkeit der Gerichte seines früheren Wohnsitzstaates auszugehen.⁸⁰ Andererseits reicht es aus, wenn die Zuständigkeitsvoraussetzungen nach der Verordnung erst während des Prozesses eintreten. Verlegt also der Beklagte vor dem Schluss der mündlichen Verhandlung in der letzten Tatsacheninstanz seinen Wohnsitz aus einem Drittstaat nach Deutschland, so sind die deutschen Gerichte gem. Art. 2 Abs. 1 EuGVVO international zu-

---

70 OLG Hamm 27.10.2005 – 27 U 167/03, OLGR 2006, 206; *Kropholler*, Art. 59 Rn. 8.
71 Vgl. Brandenburgisches OLG 25.05.2000 – 12 U 159/99, BauR 2002, 119, wo der Sitz des vom österreichischen Auftraggeber verklagten deutschen Architektenbüros zu Unrecht nach autonomem Prozessrecht (§ 17 ZPO) bestimmt wurde.
72 *Geimer/Schütze*, Art. 60 Rn. 1; *Schack*, IZVR Rn. 250.
73 Vgl. dazu näher *Reithmann/Martiny/Hausmann*, IVR Rn. 5031 ff. m.ausf.Nachw.
74 *Kropholler*, Art. 60 Rn. 2; *Schlosser*, Art. 60 Rn. 2.
75 Vgl. BGH 27.06.2007 – VII ZB 114/06, NJW-RR 2008, 551; BAG 24.09.2009 – AZR 306/08, RIW 2010, 232, 234.
76 BAG 23.01.2008 – 5 AZR 60/07, AP § 38 ZPO Nr. 22 Rn. 16.
77 *Hausmann*, EuLF 2000/01, 40, 43; *Piltz*, NJW 2002, 789, 792; *Rauscher/Staudinger*, Art. 60 Rn. 1.
78 *Schack*, IZVR Rn. 253.
79 Vgl. EuGH 05.12.2004, Rs C-18/02 – *DFDS Torline/SEKO* – Slg. 2004 I, 1417, 1455 [Rn. 37] = EuLF 2004, 38; *Kropholler*, Vor Art. 2 Rn. 14; *Rauscher/Mankowski*, Art. 2 Rn. 4; Thomas/Putzo/*Hüßtege*, Art. 2 Rn. 8.
80 *Mankowski*, RIW 2004, 481, 496; *Schack*, IZVR Rn. 392.

ständig, auch wenn bis dahin eine Zuständigkeit nach dem autonomen deutschen Zivilprozessrecht nicht gegeben war.[81]

5. Örtlicher Gerichtsstand

Art. 2 Abs. 1 EuGVVO normiert allerdings ausschließlich die internationale Zuständigkeit der Gerichte des Wohnsitzstaates. Welches Gericht innerhalb des Wohnsitzstaates im Einzelfall örtlich zuständig ist, richtet sich dagegen nach der autonomen Zuständigkeitsordnung des betreffenden Mitgliedstaates. Soweit die internationale Zuständigkeit der deutschen Gerichte sich auf Art. 2 Abs. 1 EuGVVO gründet, sind daher in erster Linie die §§ 12 ff. ZPO für die Bestimmung des örtlichen Gerichtsstands maßgebend.

25

II. Gerichtsstand des vertraglichen Erfüllungsorts

Die in der Praxis bei weitem bedeutendste besondere Zuständigkeit für Vertragsklagen – und damit auch für Klagen aus **Bau- und Architektenverträgen** – enthält Art. 5 Nr. 1 EuGVVO:

26

Art. 5

Eine Person, die ihren Wohnsitz im Hoheitsgebiet eines Mitgliedstaats hat, kann in einem anderen Mitgliedstaat verklagt werden:
1. *a) wenn ein Vertrag oder Ansprüche aus einem Vertrag den Gegenstand des Verfahrens bilden, vor dem Gericht des Ortes, an dem die Verpflichtung erfüllt worden ist oder zu erfüllen wäre;*
    b) im Sinne dieser Vorschrift – und sofern nichts anderes vereinbart worden ist – ist der Erfüllungsort der Verpflichtung
    – für den Verkauf beweglicher Sachen der Ort in einem Mitgliedstaat, an dem sie nach dem Vertrag geliefert worden sind oder hätten geliefert werden müssen;
    – für die Erbringung von Dienstleistungen der Ort in einem Mitgliedstaat, an dem sie nach dem Vertrag erbracht worden sind oder hätten erbracht werden müssen;
    c) ist Buchstabe b) nicht anwendbar, so gilt Buchstabe a);

1. Allgemeines

Durch die Eröffnung einer Zuständigkeit am vertraglichen Erfüllungsort erleichtert Art. 5 Nr. 1 EuGVVO dem Gläubiger die Rechtsverfolgung, weil er alle Rechtsstreitigkeiten, die im Zusammenhang mit der streitigen vertraglichen Verpflichtung stehen – einschließlich der Anordnung einstweiliger oder sichernder Maßnahmen[82] –, an diesem Gerichtsstand konzentrieren kann.[83] Die Vorschrift schützt damit das Interesse des Gläubigers an einer überschaubaren und vom Schuldner nicht manipulierbaren Zuständigkeitsanknüpfung.[84] Vor allem bei Streitigkeiten im Zusammenhang mit der Vertragsdurchführung verfügt das Gericht am Erfüllungsort zudem idR über die größte Sach- und Beweisnähe.[85] Schließlich soll der Schuldner nach der Grundregel in Art. 5 Nr. 1 lit. a EuGVVO möglichst dort gerichtspflichtig sein, wo er auch nach materiellem

27

---

81 *Kropholler*, vor Art. 2 Rn. 13; *Rauscher/Mankowski*, Art. 2 Rn. 4a.
82 EuGH 17.11.1998, Rs C-391/95 – *van Uden Maritime/Deco Line* – Slg. 1998 I, 7122, 7131 [Rn. 21 f.] = JZ 1999, 1103 m. Aufs. *Stadler* 1089 = IPRax 1999, 240 m. Anm. *Hess/Vollkommer* 220.
83 Vgl. EuGH 22.03.1983, Rs 34/82 – *Peters/ZNAV* – Slg. 1983, 987, 1002 [Rn. 11] = IPRax 1984, 85 m. Anm. *Schlosser* 65.
84 EuGH 28.09.1999, Rs C-440/97 – *Groupe Concorde* – Slg. 1999 I, 6307, 6350 [Rn. 24] = NJW 2000, 719; *Geimer/Schütze*, Art. 5 Rn. 4.
85 EuGH 19.02.2002, Rs C-256/00 – *Besix/Kretzschmar* – Slg. 2002 I, 1699, 1727 f. [Rn. 31] = IPRax 2002, 392 m. Anm. *Hess* 376.

Recht leisten muss.[86] Dies gilt im Interesse der Rechtssicherheit auch dann, wenn das Gericht am Erfüllungsort nicht dasjenige mit der engsten Verbindung zum Rechtsstreit ist.[87] Der im internationalen Baurecht im Vordergrund stehende Gerichtsstand nach Art. 5 Nr. 1 lit. b EuGVVO ist demgegenüber unabhängig vom materiellen Leistungsort; auch er dient aber dem Ziel, den Parteien einen ohne Schwierigkeiten zu bestimmenden und vorhersehbaren Gerichtsstand zur Verfügung zu stellen, der eine enge Verknüpfung mit dem streitgegenständlichen Vertrag aufweist.[88]

28 Art. 5 Nr. 1 EuGVVO begründet einen **besonderen Gerichtsstand**, der dem Kläger wahlweise neben dem allgemeinen Gerichtsstand des Art. 2 Abs. 1 EuGVVO und etwaigen weiteren besonderen Gerichtsständen (zB nach Art. 5 Nr. 3 oder Nr. 5 bzw. auch Art. 6 EuGVVO) zur Verfügung steht. Wird der Vertrag tatsächlich an einem anderen Ort erfüllt als an dem vertraglich oder gesetzlich bestimmten Leistungsort – zB aufgrund einer Wohnsitzverlegung des Schuldners oder des Gläubigers – so kann der Kläger nach Art. 5 Nr. 1 EuGVVO nur noch an dem tatsächlichen Leistungsort klagen, weil nur zu ihm die für den Gerichtsstand wesentliche enge Beziehung besteht.[89] Der Vertragsgerichtsstand wird durch eine ausschließliche Zuständigkeit nach Art. 22 EuGVVO verdrängt und kann durch eine Gerichtsstandsvereinbarung nach Art. 23 abbedungen[90] und durch rügelose Einlassung nach Art. 24 EuGVVO ausgeschaltet werden. Ferner scheidet eine Berufung auf Art. 5 Nr. 1 EuGVVO im Anwendungsbereich der Abschnitte 3–5 des II. Kapitels der Verordnung (Versicherungs-, Verbraucher- und Arbeitssachen) aus. Schließlich wird die Anwendung nationalen Zuständigkeitsrechts durch Art. 5 Nr. 1 EuGVVO vollständig – also auch hinsichtlich der Regelung der örtlichen Zuständigkeit – ausgeschlossen.[91]

2. Vertragliche Ansprüche

a) Auslegung

29 Der EuGH hat den Vertragsbegriff für die Zwecke des EuGVÜ zu Recht **autonom** qualifiziert;[92] für die EuGVVO gilt insoweit nichts anderes. Damit scheidet im Anwendungsbereich von Art. 5 Nr. 1 EuGVVO ein Rückgriff auf den Vertragsbegriff des Gerichtsstaates (lex fori) ebenso aus wie die Anwendung des auf den Vertrag anzuwendenden Rechts (lex causae).[93] Die Auslegung hat sich vielmehr in erster Linie an der Systematik und der Zielsetzung der Verordnung auszurich-

---

86 *Schlosser*, in: FS Bruns (1980) 52 ff.; *Geimer*, EuZW 1992, 518; MüKo-ZPO/*Gottwald*, Art. 5 Rn. 1; krit. *Schack*, ZEuP 1998, 936; *Rauscher/Leible*, Art. 5 Rn. 8 m.w.N.
87 EuGH 29.06.1994, Rs C-288/92 – *Custom Made Commercial/Stawa Metallbau* – Slg. 1994 I, 2949, 2957 [Rn. 21] = JZ 1995, 244 m. zust. Anm. *Geimer*.
88 EuGH 03.05.2007, Rs C-386/05 – *Color Drack/Lexx International* – Slg. 2007 I, 3699, 3734 [Rn. 19 ff.] = NJW 2007, 1799; EuGH 23.04.2009, Rs C-533/07 – *Falco Privatstiftung/Weller-Lindhorst* – EuLF 2009, 76, 78 [Rn. 23 f.]; krit. zum Argument der Sach- und Beweisnähe *Piltz*, NJW 2007, 182; *Geimer/Schütze*, Art. 5 Rn. 6 ff.
89 BayObLG 26.04.2001 – 4 Z AR 56/01, RIW 2001, 862; *Kropholler*, Art. 5 Rn. 34; **a.A.** [Wahlrecht] *Geimer/Schütze*, Art. 5 Rn. 142; vgl. auch Rdn. 20 ff.
90 Dazu unten Rdn. 93
91 *Rauscher/Leible*, Art. 5 Rn. 4.
92 EuGH 22.03.1983, Rs 34/82 – *Peters/ZNAV* – Slg. 1983, 987, 1002 [Rn. 10] = IPRax 1984, 85; EuGH 08.03.1988, Rs 9/87 – *Arcado/Haviland* – Slg. 1988, 1539, 1554 [Rn. 10 f.] = NJW 1989, 1424 = RIW 1988, 987 m. Anm. *Schlosser*, RIW 1989, 139; EuGH 17.06.1992, Rs C-26/91 – *Handte/TMCS* – Slg. 1992 I, 3990, 3993 [Rn. 10] = JZ 1995, 90 m. Anm. *Pfeiffer*; EuGH 27.10.1998, Rs C-51/97 – *Réunion européenne SA/Spliethoff's* – Slg. 1998 I, 6511, 6542 [Rn. 15] = IPRax 2000, 210 m. Anm. *Koch* 186; zust. BGH 22.04.2009 – VIII ZR 156/07, NJW 2009, 2606, 2607 [Rn. 13]; ebenso zum LugÜ öst. OGH 09.09.1997, RIW 1998, 634.
93 Thomas/Putzo/*Hüßtege*, Art. 5 Rn. 2; *Kropholler*, Art. 5 Rn. 8; *Schack*, IZVR Rn. 261; **a.A.** *Schlosser*, Art. 5 Rn. 3a; *Geimer/Schütze*, Art. 5 Rn. 16. Soweit sich die internationale Zuständigkeit in vertraglichen Streitigkeiten ausnahmsweise noch nach dem nationalen Prozessrecht bestimmt – in Deutschland also nach § 29 ZPO – erfolgt die Qualifikation der vertraglichen Ansprüche nach der lex fori, vgl. *Schack* a.a.O.

ten.[94] Danach setzt Art. 5 Nr. 1 EuGVVO nicht notwendig einen Vertragsschluss voraus, sondern nur eine »freiwillig gegenüber einer anderen Person eingegangene Verpflichtung«.[95] Dies erfordert zwar nicht unbedingt einen rechtsgeschäftlichen Bindungswillen, wohl aber ein auf autonomer Selbstbindung beruhendes Rechtsgeschäft.[96] Daher können auch Ansprüche aus einseitig verpflichtenden Verträgen im Gerichtsstand des Art. 5 Nr. 1 EuGVVO geltend gemacht werden. Gleiches gilt für Ansprüche aus einem letter of intent.[97]

b) Einzelheiten

Der Begriff der vertraglichen Ansprüche i.S.v. Art. 5 Nr. 1 EuGVVO ist grundsätzlich **weit auszulegen**.[98] Erfasst werden nicht nur die (Primär-) Ansprüche auf Vertragserfüllung, zB auf Leistung[99] oder Unterlassung,[100] sondern auch zB die Geltendmachung von Vertragsstrafen,[101] die Bestellung von Sicherheiten[102] und deren Freigabe[103] sowie vor allem (Sekundär-) Ansprüche auf **Schadensersatz** wegen Nicht- oder Schlechterfüllung oder wegen der Verletzung von vertraglichen Nebenpflichten, auch wenn sie ihre Grundlage nicht unmittelbar im Vertrag, sondern im Gesetz haben;[104] der Gerichtshof hat im Rahmen der autonomen europäischen Auslegung des Vertragsbegriffs ferner zu Recht Art. 10 EVÜ (heute: Art. 12 Rom I-VO) herangezogen.[105] Demgemäß fallen auch Klagen, die das Erlöschen von vertraglichen Verpflichtungen sowie die **Verjährung** von Vertragsansprüchen oder die Aufrechnung gegen sie zum Gegenstand haben, in den Anwendungsbereich des Art. 5 Nr. 1 EuGVVO. Gleiches gilt für Klagen auf **Rückabwicklung** von Verträgen; auf die Qualifikation als vertragliches oder gesetzliches Schuldverhältnis nach der jeweiligen lex causae kommt es auch insoweit nicht an.[106] Dementsprechend können nicht nur Ansprüche auf Rückgewähr der Leistungen im Falle des Rücktritts vom Vertrag[107] oder der Vertragsaufhebung,[108] sondern auch bereicherungsrechtliche Ansprüche nach einer Anfechtung des Vertrages – in Übereinstimmung mit ihrer vertraglichen Qualifikation in Art. 12 Abs. 1 lit. e Rom I-VO – im Gerichtsstand des Erfüllungsorts erhoben werden.[109] In Wechsel- oder Scheckstrei-

30

---

94 EuGH 05.02.2004, Rs C-265/02 – *Frahuil SA/Assitalia SpA* – Slg. 2004 I, 1543, 1555 [Rn. 22] = IPRax 2004, 334; *Rauscher/Leible*, Art. 5 Rn. 15 f.
95 EuGH 17.06.1992, Rs C-26/91 – *Handte/TMCS* – Slg. 1992 I, 3990, 3994 [Rn. 15]; EuGH 17.09.2002, Rs C-344/00 – *Tacconi/Wagner* – Slg. 2002 I, 7357, 7393 [Rn. 23]; zust. BGH 22.04.2009 – VIII ZR 156/07, NJW 2009, 2606, 2607 [Rn. 13].
96 EuGH 28.01.2005, Rs C-27/02 – *Engler/Janus Versand* – Slg. 2005 I, 481, 517 [Rn. 50] = IPRax 2005, 239 m. Anm. *Lorenz/Unberath* 219; *Rauscher/Leible*, Art. 5 Rn. 18; krit. *Stadler*, in: FS Musielak (2004) 569, 580 ff.
97 Cass. civ. 10.02.1993, Rev. crit. 1993, 622 m. Anm. *Sinay-Cytermann*.
98 MüKo-ZPO/*Gottwald*, Art. 5 Rn. 6; *Rauscher/Leible*, Art. 5 Rn. 20.
99 BGH 31.01.1991 – III ZR 150/88, RIW 1991, 513 = ZZP 104 [1991] 449 m. Anm. H *Roth*.
100 Vgl. BGH 16.10.1984 – VI ZR 14/83, NJW 1985, 561, 562 = IPRax 1986, 102 m. Anm. *Geimer* 80.
101 OLG Hamm 20.01.1989 – 29 U 155/86, NJW 1990, 652, 653.
102 OLG Köln 29.04.1983 – 9 U 221/82, IPRax 1985, 161 m. Anm. *Schröder* 145.
103 OLG Bremen 28.09.1997 – 2 U 83/97, RIW 1998, 63, 64.
104 Vgl. EuGH 08.03.1988, Rs 9/87 – *Arcado/Havilland* – Slg. 1988, 1539, 1555 [Rn. 13 ff.] = IPRax 1989, 227 m. Anm. *Mezger* 207; öst. OGH 11.05.2005, ÖJZ 2005, 837; BayObLG 26.04.2001 – 4 Z AR 56/01, RIW 2001, 862; OLG Koblenz 23.02.1990 – 2 U 1795/89, IPRax 1991, 241, 243; OLG Stuttgart 24.03.2004 – 14 U 21/01, RIW 2004, 711 = IPRax 2006, 472 m. Anm. *Stürner* 450; *Wieczorek/Schütze/Hausmann*, Art. 5 EuGVÜ Rn. 6.
105 EuGH 08.03.1988, Rs 9/87 – *Arcado/Havilland* – Slg. 1988, 1539, 1555 [Rn. 15].
106 *Rauscher/Leible*, Art. 5 Rn. 30.
107 OLG Oldenburg 14.11.1975 – 6 U 74/75, WM 1976, 1288 m. Anm. *Geimer*.
108 Vgl. BGH 22.10.1980 – VII ZR 264/79, BGHZ 78, 257, 259 = IPRax 1981, 129 m. Anm. *Schlechtriem* 113.
109 OLG Naumburg 12.12.2006 – 9 U 106/06, IPRspr. 2006, Nr. 142; öst. OGH 11.05.2005, IPRax 2006, 489 f. m. zust. Anm. *Hau* 507; *S. Lorenz/Unberath*, IPRax 2005, 518; *Martiny*, in: FS Geimer (2002) 641, 658; *Geimer/Schütze*, Art. 5 Rn. 68; *Schack*, IZVR Rn. 263; *Kropholler*, Art. 5 Rn. 15; eben-

tigkeiten werden nicht nur Ansprüche aus dem Grundgeschäft, sondern auch aus dem Begebungsvertrag von Art. 5 Nr. 1 EuGVVO erfasst.[110]

31 Aufgrund der weiten Auslegung des Begriffs der »Ansprüche aus einem Vertrag« wurde der Gerichtsstand des Art. 5 Nr. 1 EuGVÜ/LugÜ zT auch für Schadensersatzansprüche aus **culpa in contrahendo** eröffnet, soweit das Verschulden sich auf das Zustandekommen oder Scheitern des Vertragsschlusses bezog. Angesichts der unterschiedlichen Einordnung dieser Ansprüche in den Rechten der Mitgliedstaaten[111] wurden allerdings überwiegend nur vorvertragliche Aufklärungs- und Beratungspflichten als vertragsähnlich i.S.v. Art. 5 Nr. 1 EuGVÜ, sonstige Verkehrs- und Schutzpflichten hingegen als deliktsähnlich i.S.v. Art. 5 Nr. 3 EuGVÜ qualifiziert.[112] Demgegenüber ist mit der neueren Rechtsprechung des EuGH[113] danach zu unterscheiden, ob es zwischen den Parteien im weiteren Verlauf doch noch zum Abschluss eines Vertrags gekommen ist oder nicht: Haben die Parteien einen Vertrag geschlossen, so sind auch Ansprüche aus Verschulden bei den Vertragsverhandlungen oder wegen sonstiger vorvertraglicher Pflichtverletzungen für die Zwecke der internationalen Zuständigkeit vertragsakzessorisch nach Art. 5 Nr. 1 EuGVVO anzuknüpfen, sofern die verletzte Pflicht einen hinreichenden Bezug zu dem geschlossenen Vertrag aufweist.[114] Dies trifft namentlich auf die Verletzung vorvertraglicher Aufklärungs- und Beratungspflichten zu, nicht hingegen auf die Verletzung von Schutz- und Obhutspflichten. Fehlt es an dem erforderlichen Zusammenhang zwischen der vorvertraglichen Pflichtverletzung und dem später geschlossenen Vertrag, so sind (Schadensersatz-)Ansprüche des Verletzten hingegen im Deliktsgerichtsstand des Art. 5 Nr. 3 EuGVVO geltendzumachen. Dies gilt erst recht, wenn es zwischen den Parteien – häufig gerade wegen der vorvertraglichen Pflichtverletzung – überhaupt nicht zum Abschluss eines Vertrages gekommen ist. Fehlt es nämlich an einer freiwillig eingegangenen Verpflichtung des Schuldners, so handelt es sich bei der culpa in contrahendo aus der Sicht des europäischen Rechts um ein außervertragliches Schuldverhältnis.[115] Dies hat der Gesetzgeber inzwischen für das Kollisionsrecht in Art. 1 Abs. 2 lit. i Rom I-VO und Art. 12 Rom II-VO klargestellt; diese Wertung muss dann aber auch für die EuGVVO maßgebend sein.[116]

32 Probleme bereitet die autonome Abgrenzung von vertraglichen und deliktischen Ansprüchen auch bei der **Produkthaftung**.[117] Hat der Hersteller eine selbständige Garantieverpflichtung gegenüber dem Endabnehmer (z.B. dem Bauherrn) übernommen, so kann er von diesem im Gerichtsstand des Art. 5 Nr. 1 EuGVVO verklagt werden.[118] Hingegen ist die Haftung eines Produzenten, der mit dem geschädigten Endabnehmer keinen Vertrag geschlossen hat, für die Zwe-

---

so zum EuGVÜ *Schlosser*, IPRax 1984, 66; *W. Lorenz* IPRax 1993, 46; *Holl* IPRax 1998, 122; a.A. *Kleinwort, Benson Ltd. v. Glasgow City Council* [1999] 1 AC 153 [HL]; BGH 28.02.1996 – XII ZR 181/93, BGHZ 132, 105, 108 = IPRax 1997, 187 m. Anm. *Mankowski* 173; ferner *Lipp*, RIW 1994, 18, 20; MüKo-ZPO/*Gottwald*, Art. 5 Rn. 11; Thomas/Putzo/*Hüßtege*, Art. 5 Rn. 2.
110 BGH 16.12.2003 – XI ZR 474/02, BGHZ 157, 224, 230 ff. = NJW 2004, 1456; OLG Düsseldorf 22.11.2002 – 17 U 49/02, IHR 2003, 81.
111 Vgl. dazu näher S. *Lorenz*, ZEuP 1994, 218 f.
112 LG Braunschweig 10.01.2002 – 10 O 2753/00, IPRax 2002, 213, 214; ebenso noch heute MüKo-ZPO/*Gottwald*, Art. 5 Rn. 10; gegen eine vertragliche Qualifikation vorvertraglicher Ausklärungspflichten *Schack*, IVZR Rn. 313.
113 EuGH 17.09.2002, Rs C-334/00 – *Tacconi/Wagner* – Slg. 2002 I, 7357, 7394 [Rn. 27] = IPRax 2003, 143 m. abl. Anm. *Mankowski* 127.
114 LG Braunschweig a.a.O. (Fn. 112), IPRax 2002, 213, 214 f.; *Geimer/Schützel/Auer*, IRV, Art. 5 Rn. 132; *Rauscher/Leible*, Art. 5 Rn. 27; *Schlosser*, Art. 5 Rn. 5; *Schack*, IZVR Rn. 30.
115 So für Schadensersatzanspruch wegen ungerechtfertigten Abbruchs der Vertragsverhandlungen EuGH 17.09.2002, Rs C-334/00 a.a.O. [Rn. 23]; ferner Zöller/*Geimer*, Art. 5 Rn. 12.
116 Vgl. näher *Henk*, Die Haftung für culpa in contrahendo im IPR und IZVR (2007); *Lüttringhaus*, RIW 2008, 193, 199.
117 Dazu *Schlosser*, IPRax 1984, 66 f.
118 Vgl. LG Saarbrücken 27.04.1989 – 11 S 82/88, NJW-RR 1989, 1085.

cke der Verordnung deliktisch zu qualifizieren.[119] Denn vertragliche Ansprüche i.S.v. Art. 5 Nr. 1 EuGVVO werden nur dann geltend gemacht, wenn die Vertragsbeziehung gerade zwischen den Prozessparteien besteht.[120] Der Hersteller braucht hingegen nicht damit zu rechnen, von Abnehmern seines Vertragspartners (z.B. des Bauunternehmers), mit denen er selbst keine Vertragsbeziehungen eingegangen ist, im vertraglichen Gerichtsstand des Art. 5 Nr. 1 EuGVVO in Anspruch genommen zu werden.[121]

Obwohl Art. 5 Nr. 1 EuGVVO hierzu schweigt, ist der Gerichtsstand auch dann eröffnet, wenn streitig ist, ob überhaupt ein wirksamer Vertrag geschlossen wurde. Denn wenn eine Partei nur den Vertragsschluss oder die Gültigkeit des Vertrages zu bestreiten bräuchte, um die Zuständigkeit der Gerichte am Erfüllungsort auszuschalten, könnte Art. 5 Nr. 1 leicht bedeutungslos werden.[122] Die Zuständigkeit besteht auch dann fort, wenn sich im Verlauf des Verfahrens herausstellt, dass der **Vertrag nichtig** ist.[123] Die Vorschrift erfasst daher auch (positive und negative) Feststellungsklagen, mit denen das Fortbestehen[124] oder das Nichtbestehen[125] des gesamten Vertragsverhältnisses geltend gemacht wird.[126] Wird die Entstehung eines Vertrages bestritten, so ist es Sache des Klägers, die auf einen Vertragsschluss hindeutenden Umstände schlüssig darzulegen (doppelrelevante Tatsache).[127] Dies gilt auch, wenn streitig ist, ob der Vertrag gerade zwischen den Streitparteien zustande gekommen ist.[128] Auf den Gerichtsstand nach Art. 5 Nr. 1 EuGVVO kann sich schließlich auch ein Kläger berufen, der als Einzel- oder Gesamtrechtsnachfolger in das Vertragsverhältnis eingetreten ist, denn der Gerichtsstand begünstigt nicht eine bestimmte Kategorie von Klägern.[129] 33

c) **Ausgeschlossene Ansprüche**

Art. 5 Nr. 1 EuGVVO ist nicht anwendbar auf Ansprüche, die ihren Grund nicht in einem Vertrag, sondern in einem **gesetzlichen Schuldverhältnis** haben,[130] soweit diese nicht in engem Zusammenhang mit einem tatsächlich erfolgten, beabsichtigten oder gescheiterten Vertragsschluss stehen.[131] Keine Klage aus Vertrag ist daher die Anfechtungsklage nach dem Anfechtungsgesetz, die keine freiwillig eingegangene Verpflichtung des Schuldners erfordert.[132] Ferner kann auch die Klage aus einem **Wechsel oder Scheck**, die zur Begleichung von Werklohn hingegeben worden ist, nicht im Gerichtsstand des Erfüllungsorts der Werklohnforderung erhoben werden; denn die Ver- 34

---

119 *Kropholler*, Art. 5 Rn. 16; *Schack*, IZVR Rn. 263; *Klima*, RIW 1991, 415.
120 EuGH 17.06.1992, Rs C-26/91 – *Handte/TMCS* – Slg. 1992 I, 3990, 3994 [Rn. 15 f.] = JZ 1995, 90 m. Anm. *Pfeiffer*.
121 EuGH 17.06.1992, a.a.O. [Rn. 18 f.]; zust Cass. com. 18.10.1994, Rev. crit. 1995, 721 m. Anm. *Sinay-Cytermann*.
122 EuGH 04.03.1982, Rs 38/81 – *Effer/Kantner* – Slg. 1982, 825, 834 [Rn. 7] = IPRax 1983, 31 m. Anm. *Gottwald* 13; EuGH 20.01.2005, Rs C-27/02 – *Engler/Janus Versand* – Slg. 2005 I, 481, 515 [Rn. 40] = NJW 2005, 811; BGH 09.03.1994 – VIII ZR 185/92, NJW 1994, 2699, 2700; BAG 12.06.1986 – 2 AZR 398/85, RIW 1987, 464, 465.
123 *Piltz*, NJW 1981, 1876; *Gottwald*, IPRax 1983, 16.
124 Vgl. OLG Frankfurt 28.11.1979 – 21 U 59/79, RIW 1980, 585; OLG Stuttgart 07.08.1999 – 5 W 26/98, IPRax 1999, 103 m. Anm. *Wolf* 82, 85 f.; *Geimer/Schütze*, Art. 5 Rn. 55.
125 BGH 27.04.2010 – IX ZR 108/09, IHR 2010, 212, 215; Cass. civ. 25.01.1983, Rev. crit. 1983, 516 m. Anm. *Gaudemet-Tallon*.
126 *Kropholler*, Art. 5 Rn. 8; *Schack*, IZVR Rn. 264.
127 Vgl. OLG Koblenz 29.09.2005 – 5 U 131/05, RIW 2006, 311, 312; *Rauscher/Leible*, Art. 5 Rn. 22.
128 OLG Naumburg 19.06.2003 – 2 U 68/02, IPRspr. 2003 Nr. 136.
129 BGH 22.04.2009 – VIII ZR 156/07, NJW 2009, 2606, 2607 [Rn. 14 f.]; öst. OGH 11.05.2005, IPRax 2006, 489, 490 m. Anm. *Hau* 507: Legalzession; *Martiny*, in: FS Geimer (2002) 641, 661.
130 BGH 28.02.1996 – VII ZR 181/93, NJW 1996, 1411, 1412; *Rauscher/Leible*, Art. 5 Rn. 21.
131 Vgl. zur culpa in contrahendo Rdn. 31; zur ungerechtfertigten Bereicherung Rdn. 30.
132 *Geimer/Schütze*, Art. 5 Rn. 32.

pflichtung des Scheckausstellers zur Einlösung des Wechsels/Schecks folgt nicht aus dem Werkvertrag.[133] Weiterhin ist der Vertragsgerichtsstand des Art. 5 Nr. 1 auch für quasivertragliche Ansprüche – zB aus Geschäftsführung ohne Auftrag – nicht eröffnet.[134]

d) Anspruchskonkurrenz

35 Das für eine Klage aus **unerlaubter Handlung** nach Art. 5 Nr. 3 EuGVVO zuständige Gericht am Handlungs- oder Erfolgsort darf nicht über konkurrierende Ansprüche wegen Vertragsverletzung mitentscheiden. Dies folgt im Geltungsbereich der EuGVVO nicht etwa aus dem autonomen deutschen Zivilprozessrecht, das einer Zuständigkeit kraft Sachzusammenhangs jedenfalls auf dem Gebiet der internationalen Zuständigkeit überwiegend ablehnend gegenübersteht.[135] Der EuGH hat die Spaltungstheorie vielmehr für Art. 5 Nr. 3 EuGVÜ im Wege der *vertragsautonomen Interpretation* des Übereinkommens begründet.[136] Danach sind die in Art. 5 und 6 aufgezählten »besonderen Zuständigkeiten« als Ausnahmen vom Grundsatz der Wohnsitzzuständigkeit einschränkend auszulegen, zumal der Kläger stets die Möglichkeit habe, seine Klage unter sämtlichen Gesichtspunkten vor das Wohnsitzgericht des Beklagten zu bringen. Ferner ermögliche Art. 28 EuGVVO dem zuerst angerufenen Gericht, über den gesamten Rechtsstreit zu befinden, wenn zwischen den vor verschiedenen Gerichten erhobenen Klagen ein Zusammenhang bestehe. Überzeugend ist diese Aufspaltung der Zuständigkeiten in Fällen der Anspruchsgrundlagenkonkurrenz nicht; die besseren Argumente sprechen für die Zulassung einer Annexzuständigkeit kraft Sachzusammenhangs auch im europäischen Zivilprozessrecht.[137]

36 Anerkannt werden sollte jedenfalls eine **Annexzuständigkeit der Gerichte am vertraglichen Erfüllungsort** zur Entscheidung über konkurrierende deliktische Ansprüche. Dafür spricht nämlich zusätzlich, dass im Allgemeinen das Vertragsverhältnis die Rechtsbeziehung zwischen Schädiger und Geschädigtem prägt, so dass eine gemeinsame Behandlung aller Ansprüche in diesem Gerichtsstand sachgerecht erscheint.[138] Dem entspricht auch die vertragsakzessorische Anknüpfung konkurrierender deliktischer Ansprüche im europäischen Kollisionsrecht (vgl. Art. 4 Abs. 3 S. 2 Rom II-VO). Dies muss jedenfalls für Schadensersatzansprüche gelten, die an einen Vertrag i.S.v. Art. 5 Nr. 1 EuGVVO anknüpfen, auch wenn sie von der maßgeblichen *lex causae* deliktisch qualifiziert werden.[139] Zwischen den Zuständigkeiten nach Art. 5 Nr. 1 und Nr. 3 EuGVVO besteht allerdings in Fällen der Anspruchskonkurrenz kein Subsidiaritätsverhältnis; dem Geschädigten steht es deshalb trotz des engen Zusammenhangs von vertraglichen und deliktischen Ansprüchen

---

133 Vgl. BGH 16.12.2003 – IX ZR 474/02, BGHZ 157, 224, 230 ff. = NJW 2004, 1456.
134 MüKo-ZPO/*Gottwald*, Art. 5 Rn. 11; *Geimer/Schütze*, Art. 5 Rn. 46; a.A. *Schlosser*, IPRax 1984, 66.
135 Vgl. BGH 28.02.1996 – VII ZR 181/93, BGHZ 132, 105, 111 ff. = IPRax 1997, 187 m. Anm. *Mankowski* 173; BGH 07.12.2004 – XI ZR 366/03, RIW 2005, 307, 309 f.; anders aber für die örtliche Zuständigkeit BGH 10.12.2002 – X ARZ 208/02, BGHZ 153, 173, 176 ff. = NJW 2003, 828; zust. *Zöller/Vollkommer*, § 12 Rn. 20 m. ausf. Nachw.
136 EuGH 27.09.1988, Rs 189/87 – *Kalfelis/Schröder* – Slg. 1988, 5565, 5585 [Rn. 16 ff.] = NJW 1988, 3088 m. Anm. *Geimer*; zust. BGH 07.12.2004 – XI ZR 366/03, EuLF 2005 I 67 = IPRax 2006, 40 m. zust. Anm. *Looschelders* 14; OLG Hamm 25.11.1999 – 27 U 46/99, RIW 2000, 305, 306; *Rauscher/Leible*, Art. 5 Rn. 59; *Schlosser*, Art. 5 Rn. 2.
137 Vgl. *Geimer*, IPRax 1986, 80, 81 f.; *Geimer/Schütze*, Art. 5 Rn. 55, 222; *Mansel*, IPRax 1989, 84, 85; *Wolf*, IPRax 1999, 86 f.; *Otte*, Umfassende Streitentscheidung durch Beachtung von Sachzusammenhängen [1998] 504 ff. m.w.N.
138 *Gaudemet-Tallon*, Rev. crit. 1989, 122 f.; *Geimer*, IPRax 1986, 80, 82; *Kropholler*, Art. 5 Rn. 79; *Rauscher/Leible*, Art. 5 Rn. 59; *Schlosser*, vor Art. 5 Rn. 2; *Schack*, IZVR Rn. 349; tendenziell auch BGH 25.05.1993 – XI ZR 45/91, XI ZR 59/9, RIW 1993, 671, 672; a.A. *Looschelders*, IPRax 2006, 14, 15 f.; Thomas/Putzo/*Hüßtege*, Art. 5 Rn. 2; MüKo-ZPO/*Gottwald*, Art. 5 Rn. 12.
139 OLG Koblenz 23.02.1990 – 2 U 1795/89, IPRax 1991, 241 m. Anm. *Hanisch* 215.

frei, letztere auch im Gerichtsstand des Art. 5 Nr. 3 geltend zu machen.[140] Aus Art. 28 EuGVVO kann hingegen eine Zuständigkeit kraft Sachzusammenhangs nicht hergeleitet werden.[141]

3. Vereinbarung über den Erfüllungsort

Die Vertragsparteien können den Erfüllungsort abweichend von den gesetzlichen Erfüllungsorten nach Art. 5 Nr. 1 lit. a-c EuGVVO durch Vereinbarung festlegen.[142] Solche Vereinbarungen werden vor allem im kaufmännischen Rechtsverkehr sehr häufig getroffen; sie finden sich neben Gerichtsstands- und Rechtswahlklauseln regelmäßig in den Allgemeinen Geschäftsbedingungen von Lieferanten und Werkunternehmern. Ein wirksam vereinbarter Erfüllungsort hat **Vorrang vor dem gesetzlichen Erfüllungsort** nach Art. 5 Nr. 1 lit. b EuGVVO, wie die Verordnung ausdrücklich klarstellt (»sofern nichts anderes vereinbart worden ist«).[143] Nichts anderes gilt aber – wie bisher – auch im Anwendungsbereich von Art. 5 Nr. 1 lit. a.[144] 37

Eine Erfüllungsortsvereinbarung begründet den Gerichtsstand nach Art. 5 Nr. 1 EuGVVO selbst dann, wenn die in Art. 23 Abs. 1 S. 3 EuGVVO für Gerichtsstandsvereinbarungen vorgeschriebene Form nicht eingehalten worden ist.[145] Dies folgt aus der unterschiedlichen systematischen Stellung beider Vorschriften in der Verordnung, sowie daraus, dass Art. 5 Nr. 1 – im Gegensatz zu Art. 23 – einen objektiven Zusammenhang zwischen dem Gegenstand des Rechtsstreits und dem vereinbarten Gerichtsstand erfordert. Die Anforderungen an die Gültigkeit einer Erfüllungsortsvereinbarung sind daher allein dem als Vertragsstatut nach Art. 3 ff. Rom I-VO zur Anwendung berufenen materiellen Recht zu entnehmen.[146] Hingegen bleibt das autonome Zuständigkeitsrecht des betroffenen Mitgliedstaates außer Betracht.[147] § 29 Abs. 2 ZPO findet daher auch dann keine Anwendung, wenn der Vertrag deutschem Recht untersteht. Über die **Formgültigkeit der Vereinbarung** entscheiden die mitgliedstaatlichen Gerichte nach Maßgabe von Art. 11 Rom I-VO.[148] Nach deutschem Recht genügt etwa die mündliche Vereinbarung über den Erfüllungsort zwischen Kaufleuten[149] oder die stillschweigende Einbeziehung einer Erfüllungsortsklausel in AGB.[150] Hingegen enthält die Lieferungsklausel »frei Baustelle« keine selbständige Vereinbarung des Erfüllungsortes i.S.v. Art. 5 Nr. 1 EuGVVO.[151] Derartige Lieferklauseln können 38

---

140 BGH 27.05.2008 – VI ZR 69/07, IPRax 2009, 150, 151 m. Anm. *Spickhoff* 128; *Wolf,* IPRax 1999, 82, 85 f.; **a.A.** OLG Stuttgart 07.08.1998 – 5 U 26/98, IPRax 1999, 103, 104.
141 EuGH 05.10.1999, Rs C-420/97 – *Leathertex/Bodetex* – Slg. 1999 I, 6747, 6791 f. [Rn. 38] = NJW 2000, 721.
142 Dazu umfassend *Klemm,* Erfüllungsortsvereinbarungen im europäischen Zivilprozessrecht (2005).
143 Vgl. dazu BGH 01.06.2005 – VIII ZR 256/04, EuLF 2005 I, 224 = IPRax 2006, 594 m. krit. Anm. *Leible/Sommer* 568; OLG München 01.02.2005 – 28 U 3355/04, IPRspr. 2005 Nr. 93b; *Klemm* (vorige Fn.), S. 70 ff.
144 BGH 22.04.2009 – VIII ZR 156/07, NJW 2009, 2006; *Geimer/Schütze,* Art. 5 Rn. 124; *Rauscher/Leible,* Art. 5 Rn. 43 m.w.N.
145 EuGH 17.01.1980, Rs 56/79 – *Zelger/Salinitri* – Slg. 1980, 89, 96 [Rn. 3–5] = WM 1980, 720 m. Anm. *Schütze* = IPRax 1981, 89 m. Anm. *Spellenberg* 75; BGH 28.03.1996 – III ZR 95/95, NJW 1996, 1819; OLG Dresden 24.11.1998 – 14 U 713/98, IPRax 2000, 121 m. Anm. *Haubold* 91; *Kropholler,* Art. 5 Rn. 35; krit. *Rauscher/Leible,* Art. 5 Rn. 44a; *Schack,* IZVR Rn. 341.
146 BGH 02.10.2002 – VIII ZR 163/01, NJW-RR 2003, 192; BGH 01.06.2005 – VIII ZR 256/04, IPRax 2006, 594, 596 m. insoweit zust. Anm. *Leible/Sommer,* 568, 571; öst. OGH 14.12.2204, EuLF 2005 II, 80, 81; OLG Karlsruhe 11.02.1993 – 4 U 61/92, RIW 1994, 1046; OLG Düsseldorf 30.01.2004 – 23 U 70/03, I-23 U 70/03, IHR 2004, 113; schwz. BG 21.02.1996, BGE 122 III 249, 251; *Klemm,* S. 74; *Piltz,* IHR 2006, 53/55.
147 Vgl. dazu allg. oben A.II Rdn. 20.
148 *Micklitz/Rott,* EuZW 2001, 325, 328].
149 BGH 07.07.1980 – III ZR 15/78, RIW 1980, 725.
150 BGH 17.10.1984 – I ZR 130/82, NJW 1985, 560 f.; vgl. auch *Rauscher,* ZZP 104 [1991] 308 ff.
151 OLG Koblenz 04.10.2002 – 8 U 1909/01, IHR 2003, 66.

allenfalls für die Bestimmung des Lieferorts in Art. 5 Nr. 1 lit. b EuGVVO Bedeutung erlangen.[152]

39 Die von Art. 23 Abs. 1 S. 3 EuGVVO abweichende Beurteilung der Formerfordernisse einer Erfüllungsortsvereinbarung nach nationalem Recht ist freilich nur dann gerechtfertigt, wenn die Parteien den vereinbarten Erfüllungsort ernsthaft als tatsächlichen Leistungsort festlegen wollen; beweispflichtig hierfür ist der Kläger.[153] »**Abstrakte**« **Erfüllungsortsvereinbarungen,** die keinen Bezug zur Vertragswirklichkeit haben und den gesetzlichen Leistungsort für Vertragspflichten nicht ändern, sondern lediglich zuständigkeitsrechtlich wirken sollen, sind hingegen an Art. 23 Abs. 1 EuGVVO zu messen; denn andernfalls könnten die strengen Formvorschriften für Gerichtsstandsvereinbarungen allein dadurch umgangen werden, dass die Vereinbarung als »Erfüllungsortsvereinbarung« bezeichnet wird.[154] Dies gilt etwa für die Vereinbarung eines Erfüllungsorts für alle Vertragspflichten am Sitz des Bauunternehmers, obwohl die Errichtung des Bauwerks am Sitz des Bestellers vereinbart ist.[155]

4. Gesetzlicher Erfüllungsort für Dienstleistungsverträge, Art. 5 Nr. 1 lit. b EuGVVO

a) Allgemeines

40 Fehlt es in Bau- oder Architektenverträgen an einer wirksamen Vereinbarung des vertraglichen Erfüllungsorts, so ist der Gerichtsstand in erster Linie nach Art. 5 Nr. 1 lit. b EuGVVO zu bestimmen, weil diese Vertragstypen »Dienstleistungen« in dem weiten Sinne dieser Vorschrift zum Gegenstand haben.[156] Ein Rückgriff auf die Grundregel in Art. 5 Nr. 1 lit. a EuGVVO ist dann nur ausnahmsweise unter den Voraussetzungen der lit. c zulässig. Der Erfüllungsort für Warenkauf- und Dienstleistungsverträge ist nach Art. 5 Nr. 1 lit. b EuGVVO stets **autonom,** dh. ohne Rückgriff auf das nach dem IPR der lex fori als Vertragsstatut maßgebliche nationale Recht, zu bestimmen.[157] Diese autonome Qualifikation des prozessualen Erfüllungsorts soll nach den Vorstellungen der Kommission[158] an rein **faktische Kriterien** anknüpfen.[159] Der Erfüllungsort ist für alle Klagen aus Warenkauf- und Dienstleistungsverträgen einheitlich, dh unabhängig davon zu bestimmen, welche Verpflichtung den Streitgegenstand bildet; an dem Liefer- bzw. Dienstleistungsort ist daher auch die Gegenleistung auf Zahlung des Kaufpreises bzw. des Werklohns oder der

---

152 OLG Dresden 11.06.2007 – 3 U 336/07, IHR 2008, 162, 164.
153 Schwz. BG 21.02.1996, BGE 122 III 249; *Spellenberg,* IPRax 1981, 79; *Rauscher,* ZZP 104 [1991] 306 f.; *Kropholler,* Art. 5 Rn. 36; a.A. (Beweislast beim Beklagten) *Geimer/Schütze,* Art. 5 Rn. 127.
154 EuGH 20.02.1997, Rs C-106/95 – *MSG/Les Gravières Rhénanes* – Slg. 1997 I, 932, 943 f. [Rn. 31 ff.] = IPRax 1999, 31 m. Anm. *Kubis* 10; dazu BGH 16.06.1997 – II ZR 37/94, RIW 1997, 871; ebenso Cass. com. 27.02.1996, Rev. crit. 1996, 736 m. Anm. *Gaudemet-Tallon; Spellenberg,* ZZP 91 (1978) 61 f.; MüKo-ZPO/*Gottwald,* Art. 5 Rn. 39; a.A. noch OLG Karlsruhe 11.02.1993 – 4 U 61/92, RIW 1994, 1046 = DZWiR 1994, 70 m. Anm. *Chillagano-Busl; Schütze,* WM 1980, 723.
155 *Leible/Sommer,* IPRax 568, 571 gegen BGH 01.06.2005 – VIII ZR 256/04, IPRax 2006, 594, 596 (Kaufvertrag).
156 Vgl. näher unten Rdn. 42 ff.
157 EuGH 03.05.2007, Rs C-386/05 – *Color Drack/Lexx International* – Slg. 2007 I, 3699, 3734 f. [Rn. 24, 39] = NJW 2007, 1799; EuGH 25.01.2010, Rs C-381/08 – *Car Trim/Keysafety Systems* – EuLF 2010 I, 10, 13 [Rn. 49 f.]; BGH 02.03.2006 – IX ZR 15/05, NJW 2006, 1806, 1807; BGH 09.07.2008 – VIII ZR 184/07, IHR 2008, 189, 190; BGH 22.04.2009 – VIII ZR 156/07, NJW 2009, 2606, 2607 [Rn. 17]; BGH 23.06.2010 – VIII ZR 135/08, EuLF 2010 II, 63, 65; OLG Düsseldorf 30.01.2004 – 23 U 70/03, OLGR 2004, 208 = IHR 2004, 108 Rn. 24; OLG Köln 14.03.2005 – 16 U 89/04, RIW 2005, 778 und 12.01.2007 – 19 U 11/07, IHR 2007, 200; OLG Hamm 06.12.2005 – 19 U 120/05, IHR 2006, 84, 85 f; OLG Karlsruhe 12.06.2008 – 19 U 5/08, IHR 2008, 194, 195; Zöller/*Geimer,* Art. 5 Rn. 3; Thomas/Putzo/*Hüßtege,* Art. 5 Rn. 4.
158 KOM [1999] 348 endg.
159 Zust. OLG Oldenburg 20.12.2007 – 8 U 138/07, IHR 2008, 112; *Piltz,* IHR 2006, 53, 56; *Kropholler,* Art. 5 Rn. 48.

sonstigen Vergütung einzuklagen.[160] Nur wenn der so bestimmte Erfüllungsort nicht in einem Mitgliedstaat der Verordnung liegt, verbleibt es auch für Dienstleistungsverträge nach Art. 5 Nr. 1 lit. c bei der lex-causae-Qualifikation gemäß Art. 5 Nr. 1 lit. a EuGVVO.[161]

Zwar können die Vertragsparteien auch im Rahmen von lit. b einen vom Liefer- bzw. Dienstleistungsort **abweichenden Erfüllungsort vereinbaren**;[162] dies kann auch konkludent geschehen.[163] Sie sind hingegen nicht berechtigt, die Systematik des Art. 5 Nr. 1 EuGVVO dadurch zu unterlaufen, dass sie sich darauf beschränken, die Anwendbarkeit der lit. b durch Vereinbarung auszuschließen mit der Folge, dass der Erfüllungsort auch für Dienstleistungsverträge weiterhin nach der lex causae (lit. a) bestimmt werden müsste.[164] Keine Bedenken bestehen hingegen, den Vertragsparteien das Recht einzuräumen, die durch lit. b angestrebte Konzentration der Zuständigkeit am Erfüllungsort für die vertragscharakteristische Dienstleistungsverpflichtung dadurch auszuschalten, dass sie – in Übereinstimmung mit der Grundregel in lit. a – für die Zahlungspflicht des Dienstberechtigten einen abweichenden Erfüllungsort vereinbaren.[165] Die von manchen geforderte teleologische Reduktion, wonach ein Erfüllungsort im Geltungsbereich von lit. b nur einheitlich für alle Vertragspflichten vereinbart werden kann,[166] widerspricht nicht nur dem Wortlaut der lit. b, sondern steht auch mit dem vom EuGH ansonsten stets betonten Vorrang der Privatautonomie nicht im Einklang. 41

b) Begriff der Dienstleistung

Der Begriff der »Dienstleistung« ist – in Anlehnung an Art. 4 Abs. 1 lit. a und b Rom I-VO (dazu oben Teil B.I. Rdn. 44) – für die Zwecke des Art. 5 Nr. 1 lit. b EuGVVO *autonom* zu qualifizieren.[167] Dabei ging man bisher überwiegend von einem *weiten* Begriff der Dienstleistung aus[168] und orientierte sich diesbezüglich am Dienstleistungsbegriff in Art. 50 EG (jetzt: Art. 57 AEUV). Danach gelten als Dienstleistungen insbesondere gewerbliche, kaufmännische, handwerkliche und freiberufliche Tätigkeiten, soweit sie entgeltlich erbracht werden und nicht den Vorschriften über den freien Waren- und Kapitalverkehr und über die Freizügigkeit von Personen unterliegen.[169] Diesem Verständnis ist der EuGH indessen jüngst entgegengetreten und hat auf die unterschiedliche Zielsetzung von Art. 50 EG einerseits, Art. 5 Nr. 1 lit. b EuGVVO andererseits hinge- 42

---

160 EuGH 03.05.2007, Rs. C-386/05 a.a.O. [Rn. 26]; EuGH 11.03.2010, Rs C-19/09 – *Wood Floor/Silva Trade* – EuLF 2010 I, 7, 8 [Rn. 23]; BGH 02.03.2006 – IX ZR 15/05, NJW 2006, 1806, 1807; BGH 09.07.2008 – VIII ZR 184/07, IHR 2008, 189, 191; OLG Düsseldorf 30.01.2004, IHR 2004, 108 Rn. 23; OLG Düsseldorf 21.09.2007 – 16 U 230/06, NJW-RR 2008, 223; *Piltz*, IHR 2006, 53, 55; *Kropholler*, Art. 5 Rn. 27, 46; *Zöller/Geimer*, Art. 5 Rn. 4.
161 Vgl. BGH 22.04.2009 – VIII ZR 156/07, NJW 2009, 2606 [Türkei]; OLG Frankfurt 08.09.2004 – 4 U 23/04, RIW 2004, 864 [Bosnien-Herzegowina]; *Hausmann*, EuLF 2000/01, 40, 44 f.; *Jayme/Kohler*, IPRax 1999, 404 ff.; *Piltz*, IHR 2006, 53, 55; *Kropholler/von Hinden*, in: FS Lüderitz (2000) 401 ff.; dazu unten Rdn. 51.
162 Dazu näher oben Rdn. 37 ff.
163 *Magnus*, IHR 2002, 45, 48.
164 *Leible/Sommer*, IPRax 2006, 568, 570 f.
165 *Hausmann*, EuLF 2000/01, 40, 45; *Piltz*, IHR 2006, 53, 55; *Klemm*, S. 79 f.; *Kropholler*, Art. 5 Rn. 51; *Geimer/Schütze*, Art. 5 Rn. 92.
166 Dafür *Micklitz/Rott*, EuZW 2001, 325, 328; *Rauscher*, in: FS Heldrich (2005), 933, 946 f.; Thomas/*Putzo/Hüßtege*, Art. 5 Rn. 5; *Rauscher/Leible*, Art. 5 Rn. 57.
167 BGH 02.03.2006 – IX ZR 15/05, NJW 2006, 1806, 1807; OLG Düsseldorf 30.01.2004 – 23 U 70/03, IHR 2004, 108 Rn. 24 f. und 21.09.2007 – 16 U 230/06, NJW-RR 2008, 223; OLG Köln 14.03.2005 – 16 U 89/04, RIW 2005, 778; *Rauscher/Leible*, Art. 5 Rn. 49; *Kropholler*, Art. 5 Rn. 42; ebenso schon zu Art. 13 Abs. 1 Nr. 3 EuGVÜ BGH 26.10.1993 – XI ZR 42/93, BGHZ 123, 380, 385 = IPRax 1994, 449 m. Anm. *W. Lorenz* 429.
168 *Looschelders*, IPRax 2006, 14 f.; *Micklitz/Rott*, EuZW 2001, 325, 328; *Kropholler*, Art. 5 Rn. 42.
169 BGH 02.03.2006 a.a.O.; öst. OGH 17.02.2005, ÖJZ 2005, 710; OLG Düsseldorf 30.01.2004 – 23 U 70/03, I-23 U 70/03, OLGR 2004, 208 = IHR 2004, 110; OLG Köln 14.03.2005 – 16 U 89/04,

wiesen. Während die weite Auslegung des Begriffs Dienstleistung in Art. 50 EG den Zweck habe, möglichst viele wirtschaftliche Tätigkeiten unter die Grundfreiheiten des EG-Vertrags zu subsumieren, bestehe für eine entsprechend weite Auslegung in Art. 5 Nr. 1 lit. b EuGVVO kein Grund, weil dem Kläger die Möglichkeit bleibe, in den Gerichtsständen der Art. 2 und 5 Nr. 1 lit. a EuGVVO zu klagen. Der Begriff der Dienstleistung in Art. 5 Nr. 1 lit. b EuGVVO sei daher **eng auszulegen** und erfasse nur die Erbringung von Tätigkeiten gegen Entgelt. Daher habe ein Lizenzvertrag, mit dem der Inhaber eines Immaterialgüterrechts seinem Vertragspartner das Recht zur Nutzung dieses Rechts gegen Entgelt einräumt, keine Dienstleistung zum Gegenstand, weil der Lizenzgeber keine Tätigkeit schulde.[170]

43 Auch nach dieser engen Auslegung des Dienstleistungsbegriffs erfasst Art. 5 Nr. 1 lit. b EuGVVO jedoch nicht nur Dienstverträge in dem engen Sinn von § 611 BGB, zB Verträge mit Rechtsanwälten[171] oder Steuerberatern,[172] sondern auch Verträge mit stark werkvertraglichem Einschlag,[173] wie insbesondere Werkverträge und damit auch **Bau- und Architektenverträge**.[174] Eine Dienstleistung zum Gegenstand haben ferner auch Maklerverträge (zB über die Vermittlung von Grundstücken, Krediten oder Kapitalanlagen).[175]

44 Für **gemischte Verträge** gilt Art. 5 Nr. 1 lit. b, 2. Fall EuGVVO, wenn die Erbringung von Dienstleistungen den Vertrag prägt.[176] Die Dienstleistung steht etwa bei *Franchiseverträgen*, *Handelsvertreterverträgen*,[177] *Vertragshändlerverträge*[178] und sonstigen Vertriebsverträgen im Vordergrund.[179] Ob hingegen auch *Kreditverträge* maßgeblich durch die Finanzdienstleistungen des Kreditinstituts geprägt werden, so dass sie – anders als noch gemäß Art. 13 Abs. 1 Nr. 3 EuGVÜ – aus dem Anwendungsbereich von Art. 5 Nr. 1 lit. b EuGVVO nicht ausgeschlossen sind,[180] erscheint unter dem vom EuGH[181] befürworteten engen Dienstleistungsbegriff fraglich. In jedem Fall ist Art. 5 Nr. 1 lit. b EuGVVO auf Klagen, die auf Versicherungs-, Verbraucher- oder Arbeitsverträge iS der Abschnitte 3–5 des II. Kapitels gestützt werden, nicht anwendbar. Bei Verträgen, die neben werk- auch kaufvertragliche Elemente enthalten, kommt es im Rahmen von Art. 5

RIW 2005, 778; OLG Koblenz 13.03.2008 – 6 U 947/07, IHR 2008, 199, 200; *Thorn*, IPRax 1995, 298 m.w.N.

170 EuGH 23.04.2009, Rs C-533/07 – *Falco Privatstiftung/Weller-Lindhorst* – EuLF 2009 I, 76, 78 [Rn. 30 ff.] = IPRax 2009, 509 m. Anm. *Brinkmann* 487.

171 BGH 02.03.2006 a.a.O.; OLG Karlsruhe 24.08.2007 – 14 U 72/06, NJW 2008, 85 = IPRax 2008, 348 m. Anm. *Mankowski* 333.

172 *Ferid*, IPR Rn. 6–32.

173 OLG Düsseldorf 30.01.2004 – 23 U 70/03, IHR 2004, 108 Rn. 25 und 29.07.2005 – 23 U 9/05, BauR 2006, 1192 (LS); vgl. auch BGH 26.10.1993 – XI ZR 42/93, NJW 1994, 262, 263; OLG Koblenz 07.03.2003 – 23 U 199/02, IPRspr. 2003 Nr. 129; *Paal*, BauR 2008, 228, 233; *Geimer/Schütze*, Art. 5 Rn. 90.

174 *Metzger*, IPRax 2010, 420, 423.

175 Öst. OGH 17.02.2005, IPRax 2006, 608 m. zust. Anm *Kienle* 614; *Magnus/Mankowski*, Art. 5 Rn. 89 ff.

176 *Kropholler*, Art. 5 Rn. 44; *Geimer/Schütze*, Art. 5 Rn. 91; zust. OLG Köln 14.03.2005 – 16 U 89/04, RiW 2005, 778 (Entwicklung von KFZ-Fensterhebern usw.).

177 EuGH 11.03.2010, Rs. C-19/09 – *Wood Floor/Silva Trade*, EuLF 2010 I, 7, 9 [Rn. 34 ff.]; OLG Saarbrücken 27.10.2006 – 1 U 138/06-42, OLGR 2007, 77; OLG Düsseldorf 21.09.2007 – 16 U 230/06, NJW-RR 2008, 223; OLG Koblenz 13.03.2008 – 6 U 947/07, NJW-RR 2009, 502 = IHR 2008, 198; *Thume*, IHR 2009, 141, 152.

178 OLG Köln 12.01.2007 – 19 U 11/07, IHR 2007, 200; Cass. [Italien] 01.07.2004, IHR 2005, 115 m. Anm. *Wurmnest* 107.

179 Vgl. *Emde*, RIW 2003, 511 f.; *Wurmnest*, IHR 2005, 107, 113; *Kropholler*, Art. 5 Rn. 42 f.; *Rauscher/Leible*, Art. 5 Rn. 50.

180 So *Looschelders*, IPRax 2006, 14; *Micklitz/Rott*, EuZW 2001, 325, 328; Thomas/Putzo/*Hüßtege*, Art. 5 Rn. 8; *Rauscher/Leible*, Art. 5 Rn. 50; **a.A.** *Schlosser* Art. 5 Rn. 10b.

181 EuGH 23.04.2009, Rs C-533/07 a.a.O. [Rn. 91].

Nr. 1 lit. b EuGVVO für die Abgrenzung zwischen den Anwendungsbereichen der beiden Spiegelstriche darauf an, welche Leistung im Vordergrund steht und den Vertragstyp charakterisiert.[182] Daher sind **Werklieferungsverträge** – trotz ihres Dienstleistungselements – für die Zwecke des Art. 5 Nr. 1 lit. b EuGVVO i.d.R. als Kaufverträge, nicht als Dienstleistungsverträge zu qualifizieren. Sie sind daher an dem Ort zu erfüllen, an dem die Ware nach dem Vertrag geliefert worden ist oder hätte geliefert werden müssen.[183]

c) **Ort der Dienstleistungserbringung**

Für die autonome Bestimmung des Orts, an dem die Dienstleistung i.S.v. Art. 5 Nr. 1 lit. b 45 EuGVVO nach dem Vertrag erbracht worden ist oder hätte erbracht werden müssen, ist bei Bau- und Werkverträgen danach zu unterscheiden, ob die Werkleistung bereits erbracht worden ist oder nicht. Im ersteren Fall begründet allein der **tatsächliche Leistungsort** den Gerichtsstand nach Art. 5 Nr. 1 lit. b EuGVVO, sofern der Besteller die Werkleistung dort als vertragsmäßig abgenommen hat.[184] Dies ist bei Bauverträgen der Ort, an dem das Bauvorhaben errichtet worden ist.[185] Dies gilt auch dann, wenn der Besteller die Werkleistung an einem anderen als dem vertraglich vereinbarten Leistungsort abgenommen hat; darin liegt dann eine einvernehmliche nachträgliche Änderung des Leistungsorts.[186]

Ist die Werkleistung vom Unternehmer noch nicht erbracht worden, so ist der **vertraglich verein-** 46 **barte Leistungsort** maßgeblich.[187] Denn da Art. 5 Nr. 1 lit. b EuGVVO auf dem Gebiet der internationalen Zuständigkeit vor allem den Zweck verfolgt, Rechtssicherheit und Vorhersehbarkeit hinsichtlich der möglichen Gerichtsstände für Kläger und Beklagten zu schaffen,[188] hat sich die Bestimmung des Erfüllungsorts in erster Linie an den diesbezüglich von den Parteien getroffenen Vereinbarungen zu orientieren.[189]

Art. 5 Nr. 1 lit. b EuGVVO ist auf Bau- und Werkverträge auch dann anzuwenden, wenn **mehre-** 47 **re Erfüllungsorte** in Betracht kommen; denn auch in diesem Fall ist gewährleistet, dass nur ein dem Vertrag räumlich nahestehendes Gericht entscheidet. Liegen die mehreren Erfüllungsorte im Gebiet eines Mitgliedstaats, so kann der Kläger den Beklagten freilich nicht vor einem Gericht des Erfüllungsorts seiner Wahl verklagen, weil dies mit dem Normzweck des Art. 5 Nr. 1 lit. b EuGVVO, die gerichtliche Zuständigkeit für Rechtsstreitigkeiten über sämtliche Vertragspflichten an einem Ort zu konzentrieren, nicht vereinbar wäre. Zuständig ist in diesem Falle vielmehr das Gericht am **Ort der hauptsächlichen Werkleistung**, die nach wirtschaftlichen Kriterien vom an-

---

182 EuGH 25.01.2010, Rs. C-381/08 – *Car Trim GmbH/Key Safety Systems Srl* – EuLF 2010 I, 10, 12 [Rn. 31 ff.] = IPRax 2010, 438 m. Anm. *Metzger* 420; BGH 09.07.2008 – VIII ZR 184/07, IHR 2008, 189, 191 f.; OLG Köln 14.03.2005 – 16 U 89/04, RIW 2005, 778, 779 und 30.04.2007 – 16 U 50/06, EuLF 2007 II, 112; *Rauscher/Leible*, Art. 5 Rn. 46; **a.A.** OLG Dresden 11.06.2007 – 3 U 336/07, IHR 2008, 162, 165, wo darauf abgestellt wird, ob der Schuldner eine Dienstleistung oder die Übereignung beweglicher Sachen schuldet.
183 EuGH 25.01.2010 a.a.O. (vorige Fn.), Rn. 36 ff.; BGH IHR 2010, 215, 217; OLG Karlsruhe 12.06.2008 – 19 U 5/08, IHR 2008, 194, 195 und 17.01.2009 – 4 U 72/07, NJOZ 2009, 2282, 2286; *Theiss/Bronnen*, EWS 2004, 353 ff.; *Kropholler*, Art. 5 Rn. 8, 40.
184 Vgl. zum Kaufvertrag BGH 22.04.2009 – VIII ZR 156/07, NJW 2009, 2606, 2607 [Rn. 17]; OLG Karlsruhe 12.06.2008 – 19 U 5/08, IHR 2008, 194, 195 ff.; *Magnus*, IHR 2002, 46, 47; *Ferrari*, IPRax 2007, 61, 66; *Rauscher/Leible*, Art. 5 Rn. 51 f.; *Geimer/Schütze*, Art. 5 Rn. 142 f.
185 OLG Düsseldorf 29.07.2005 – 23 U 9/05, BauR 2006, 1192 (LS).
186 OLG Oldenburg 20.12.2007 – 8 U 138/07, IHR 2008, 112, 118; *Ferrari*, a.a.O.
187 OLG Oldenburg a.a.O.; *Kienle*, IPRax 2005, 113, 114; *Ferrari*, IPRax 2007, 61, 66 (jeweils zum Lieferort).
188 EuGH 03.05.2007, Rs C-386/05 – *Color Drack/Lexx International* – Slg. 2007 I, 3699, 3734 [Rn. 19 f] = NJW 2007, 1299 m. Anm. *Piltz*; EuGH 23.04.2009, Rs C-533/07 – *Falco Privatstiftung/Weller-Lindhorst* – EulF 2009 I, 76, 78 [Rn. 26].
189 EuGH 25.01.2010 (Fn. 181), Rn. 54 f.

gerufenen nationalen Gericht zu ermitteln ist.¹⁹⁰ Ein Wahlrecht des Klägers zwischen den mehreren Leistungsorten innerhalb des gleichen Mitgliedstaats besteht nur ausnahmsweise dann, wenn sich der Ort einer Hauptleistung nicht feststellen lässt.¹⁹¹

48 Gleiches muss auch dann gelten, wenn **Dienstleistungen in verschiedenen Mitgliedstaaten** erbracht worden oder zu erbringen sind; denn das Ziel, mit Art. 5 Nr. 1 lit. b EuGVVO einen einheitlichen und für die Parteien vorhersehbaren Gerichtsstand für alle Ansprüche aus dem Vertrag zu schaffen, wird nur erreicht, wenn auch in einem solchen Fall auf den Tätigkeitsschwerpunkt abgestellt wird.¹⁹² Im Hinblick auf das vom Verordnungsgeber angestrebte Ziel der Vorhersehbarkeit und unter Berücksichtigung des Wortlauts von Art. 5 Nr. 1 lit. b, wonach maßgebend ist, an welchem Ort in einem Mitgliedstaat die Dienstleistung »nach dem Vertrag« erbracht worden sind oder hätten erbracht werden müssen, ist der Ort der hauptsächlichen Leistungserbringung nach Möglichkeit aus den Bestimmungen des Vertrages selbst abzuleiten.¹⁹³ Danach liegt aber der Erfüllungsort für die **Werkleistung des Bauunternehmers** grundsätzlich am Ort des Bauwerks.¹⁹⁴ Gleiches gilt für die von einem Architekten geschuldete Leistung jedenfalls dann, wenn diesem sowohl die Planung als auch die Bauaufsicht übertragen worden ist.¹⁹⁵

49 Kann der Ort der hauptsächlichen Leistungserbringung anhand des geschlossenen Vertrages nicht ermittelt werden, weil dieser entweder mehrere Erbringungsorte oder gar keinen bestimmten Erbringungsort vorsieht, sind aber bereits solche Leistungen erbracht worden, so ist hilfsweise der Ort heranzuziehen, an dem der Dienstleister seine Tätigkeit zur Erfüllung des Vertrags **tatsächlich überwiegend vorgenommen** hat, vorausgesetzt, die Erbringung der Dienstleistungen an diesem Ort widerspricht nicht dem Parteiwillen, wie er sich aus den Vertragsbestimmungen ergibt. Dabei kann insbesondere an diesen jeweiligen Orten aufgewendete Zeit und die Bedeutung der dort ausgeübten Tätigkeit berücksichtigt werden.¹⁹⁶ Lässt sich der Ort der hauptsächlichen Leistungserbringung weder anhand der Bestimmungen des Vertrags, noch aufgrund von dessen tatsächlicher Erfüllung bestimmen, so ist im Zweifel der Ort maßgebend, an dem der **Dienstleister seinen Geschäftssitz** bzw. seinen Wohnsitz hat. Dieser Ort kann nämlich immer mit Sicherheit ermittelt werden und ist demnach vorhersehbar. Darüber hinaus weist er eine räumliche Nähe zum Rechtsstreit auf, da der Verpflichtete dort aller Wahrscheinlichkeit nach einen nicht unerheblichen Teil seiner Dienstleistungen erbringen wird.¹⁹⁷ Demgemäß liegt der Ort der hauptsächlichen Leistungserbringung für einen Rechtsanwalt an seinem Kanzleisitz, auch wenn er zur Durchführung des Mandats an Verhandlungen vor einem Gericht oder Schiedsgericht in einem anderen Mitgliedstaat teilnimmt.¹⁹⁸ Für einen Handelsvertreter, dem die Alleinvertretung für mehrere europäische Länder eingeräumt ist, kommt es auf seinen Geschäftssitz an, von dem aus er seine Tätigkeit organisiert.¹⁹⁹ Entsprechend liegt der Hauptdienstleistungsort für einen Architekten am Ort seines Büros, auch wenn er von dort aus Bauwerke in verschiedenen Ländern plant.

---

190 EuGH 03.05.2007, Rs C-386/05 – *Color Drack/Lexx International* – Slg. 2007 I, 3699, 3737 f. [Rn. 38 ff.] = IPRax 2007, 444 m. Anm. *Mankowski* 404 (Kaufvertrag).
191 EuGH a.a.O. (vorige Fn.) [Rn. 42 ff.].
192 EuGH 11.03.2010, Rs C-19/09 – *Wood Floor/Silva Trade*, EuLF 2010 I, 7 [Rn. 32 ff.]: »Ort der hauptsächlichen Leistungserbringung«; OLG Düsseldorf 21.09.2007 – I-16 U 230/06, NJW-RR 2008, 223; *Rauscher/Leible*, Art. 5 Rn. 55; ebenso für Transportleistungen auch EuGH 09.07.2009, Rs C-204/08 – *Rehder/Air Baltic Corporation* – EuLF 2009 I, 132, 135 [Rn. 38 ff.]; zust. *Mankowski*, IPRax 2007, 404, 411 ff.
193 EuGH 09.07.2009 a.a.O. (vorige Fn.) [Rn. 38 f.].
194 Vgl. (zu § 269 BGB) BGH 05.12.1985 – I ARZ 737/85, NJW 1986, 935 = BauR 1986, 241.
195 Vgl. (zu § 269 BGB) BGH 07.12.2000 – VII ZR 404/99, NJW 2001, 1936, 1937.
196 EuGH 11.03.2010, Rs C-19/09 (Fn. 191) [Rn. 40].
197 EuGH 11.03.2010, Rs. C-19/09 [Rn. 41 f.; zum Handelsvertretervertrag].
198 BGH 02.03.2006 – IX ZR 15/05, NJW 2006, 1806, 1807 f.
199 OLG Koblenz 13.03.2008 – 6 U 947/07, NJW-RR 2009, 502 = IHR 2008, 198, 200.

An dem so ermittelten Erfüllungsort sind – obwohl dies im Wortlaut der Vorschrift nicht hinreichend deutlich zum Ausdruck kommt[200] – **sämtliche Ansprüche aus dem Vertrag** einzuklagen,[201] also nicht nur die Primäransprüche, sondern auch Sekundäransprüche (zB Schadensersatz- oder Gewährleistungsansprüche).[202] Anders als nach Art. 5 Nr. 1 EuGVÜ und Art. 5 Nr. 1 lit. a EuGVVO kommt es also nicht auf den Erfüllungsort für die konkret streitige Verpflichtung an; deshalb ist auch die Klage des Bauunternehmers auf Zahlung des Werklohns an dem Ort zu erheben, an dem der Unternehmer seine Werkleistung nach dem Vertrag zu bringen hat.[203] 50

5. Auffanggerichtsstand nach Art. 5 Nr. 1 lit. a EuGVVO

Nur in den praktisch seltenen Fällen, in denen Verträge auf dem Gebiet des internationalen Baurechts nicht die Erbringung einer Dienstleistung zum Gegenstand haben, ist weiterhin auf die Grundregel in Art. 5 Nr. 1 lit. a EuGVVO zurück zu greifen.[204] Dies trifft etwa auf die **Veräußerung schlüsselfertiger Häuser** zu, auch wenn sie nach der lex causae als Werkverträge eingeordnet werden sollten. Art. 5 Nr. 1 lit. a EuGVVO kommt ferner als Auffanggerichtsstand nach lit. c auch dann zur Anwendung, wenn der gesetzliche Erfüllungsort für die zu erbringende Dienst- oder Werkleistung **nicht in einem Mitgliedstaat** der Verordnung, sondern in einem Drittstaat liegt.[205] Die Auslegung der Grundregel in Art. 5 Nr. 1 lit. a EuGVVO hat sich dann weiterhin an den zu Art. 5 Nr. 1 EuGVÜ entwickelten Grundsätzen zu orientieren.[206] 51

Danach ist der Erfüllungsort – anders als nach lit. b – nicht für die vertragscharakteristische Verpflichtung zur Erbringung der Werk- oder Dienstleistung zu bestimmen; vielmehr kommt es auf die konkret **streitgegenständliche Verpflichtung** an.[207] Eine Auslegung der Grundregel in Art. 5 Nr. 1 lit. a EuGVVO in Anlehnung an die Sonderregel für Warenkauf- und Dienstleistungsverträge in lit. b kommt nicht in Betracht.[208] Klagt der Bauunternehmer oder Architekt daher die geschuldete Vergütung ein, so ist der Erfüllungsort für diese Zahlungsverpflichtung maßgebend. 52

Abzustellen ist grundsätzlich auf den Erfüllungsort für die **primäre vertragliche Hauptpflicht**. Nebenpflichten sowie durch Leistungsstörungen, Rücktritt, Kündigung etc. entstandene Sekundärpflichten werden daher nicht selbstständig angeknüpft, sondern folgen zuständigkeitsrechtlich der Hauptpflicht, an deren Stelle sie getreten oder aus der sie hervorgegangen sind.[209] Verlangt 53

---

200 Krit. deshalb *Kropholler*, Art. 5 Rn. 45.
201 Vgl. die Begründung des Kommissionsentwurfs, KOM 1999 [348] endg, 15.
202 Vgl. OLG Oldenburg 20.12.2007 – 8 U 138/07, IHR 2008, 112, 118; OLG Dresden 11.06.2007 – 3 U 0336/07, IHR 2008, 162, 163; öst. OGH 02.09.2003, IPRax 2004, 349, 350; LG Freiburg 13.05.2005 – 2 O 401/04, IPRspr. 2005 Nr. 108.
203 EuGH 03.05.2007, Rs C-386/05 – *Color Drack/Lexx International* – Slg. 2007 I, 3699, 3735 [Rn. 26] zum Kaufvertrag.
204 Vgl. zu einem Lizenzvertrag EuGH 23.04.2009, Rs C-533/07 – *Falco Privatstiftung/Weller-Lindhorst*, EuLF 2009 I, 76, 78 [Rn. 30 ff.]; zu einem Vergleich BGH 27.04.2010 – IX ZR 108/09, IHR 2010, 212; zu einem Poolvertrag OLG Stuttgart 24.03.2004 –14 U 21/03, RIW 2004, 711 = IPRax 2006, 472 m. Anm. *Stürner* 450.
205 Vgl. BGH 22.04.2009 – VIII ZR 156/07, NJW 2009, 2606.
206 EuGH 23.04.2009 a.a.O. [Rn. 50 ff.]; *Kropholler*, Art. 5 Rn. 30; MüKo-ZPO/*Gottwald*, Art. 5 Rn. 29; krit. *Hau*, IPRax 2000, 354, 360; *Rauscher/Leible*, Art. 5 Rn. 56 m.w.N.
207 EuGH 06.10.1976, Rs 14/76 – *de Bloos/Bouyer* – Slg. 1976, 1497, 1508 [Rn. 9 f.] = NJW 1977, 491 m. Anm. *Geimer*; EuGH 29.06.1994, Rs C-288 – *Custom Made Commercial/Stawa Metallbau*, Slg. 1994 I, 2949, 2957 [Rn. 9 f.] = NJW 1995, 183; zust. BGH 11.12.1996 – VII ZR 187/95, BGHZ 134, 201, 205 = NJW 1997, 870; *Thode/Wenner*, Rn. 538 ff.; *Wieczorek/Schützel/Hausmann*, Art. 5 EuGVÜ Rn. 13 m.w.N.
208 EuGH 23.04.2009 a.a.O. [Rn. 41 ff.]; *Schlosser*, Art. 5 Rn. 9; **a.A.** *Jayme/Kohler*, IPRax 1999, 405; *Hau*, IPRax 2000, 354, 359 f.; *Kropholler*, Art. 5 Rn. 31.
209 EuGH 06.10.1976 a.a.O. [Rn. 14]; EuGH 15.01.1987, Rs 266/85 – *Shenavai/Kreischer* – Slg. 1987, 239, 254 [Rn. 9]; dazu *Wieczorek/Schützel/Hausmann*, Art. 5 EuGVÜ Rn. 17 ff.

der Bauherr daher Schadensersatz wegen Baumängeln, so ist der Erfüllungsort für die verletzte Hauptpflicht, den Bau mangelfrei zu errichten, und nicht der Erfüllungsort für die Schadensersatzleistung maßgebend.[210] Entsprechend ist auch bei Klagen aus Rückgewährschuldverhältnissen (z.B. nach Rücktritt, Widerruf, Anfechtung) nicht auf den Erfüllungsort des Rückgewähranspruchs, sondern auf den Erfüllungsort des zugrundeliegenden primären Erfüllungsanspruchs abzustellen.[211]

54 Ferner wird der maßgebende Erfüllungsort für die Zwecke des Art. 5 Nr. 1 lit. a EuGVVO nicht autonom, sondern weiterhin gemäß der sog. **Tessili-Regel** des EuGH[212] nach dem Recht ermittelt, das nach den Kollisionsnormen des mit dem Rechtsstreit befassten Gerichts für die streitige Verpflichtung maßgebend ist.[213] Das angerufene Gericht eines Mitgliedstaats der Verordnung hat daher für die Zwecke des Art. 5 Nr. 1 lit. a EuGVVO das auf den Bau- oder Architektenvertrag anwendbare materielle Recht mit Hilfe der Art. 3 ff. Rom I-VO zu bestimmen.[214]

55 Unterliegt der Vertrag danach **deutschem Recht**, so bestimmt sich der vertragliche Erfüllungsort nach § 269 BGB.[215] Danach ergibt sich – in Ermangelung einer abweichenden Vereinbarung – aus der Natur des Bauvertrags grundsätzlich ein einheitlicher Erfüllungsort für alle vertraglichen Ansprüche am Ort des Bauvorhabens; an diesem ist daher auch die Werklohnforderung des Bauunternehmers zu erfüllen.[216] Gleiches gilt für Ansprüche aus einem Architektenvertrag zumindest dann, wenn dem Architekten nicht nur die Planung, sondern auch die Bauaufsicht übertragen war.[217] Denn es liegt im wohlverstandenen Interesse beider Vertragsparteien, einen Rechtsstreit möglichst dort auszutragen, wo dieser – einschließlich der regelmäßig erforderlichen Beweisaufnahme – auf Grund der räumlichen Nähe zum Bauvorhaben kostengünstig durchgeführt werden kann. Dies gilt auch für die Klage auf den Werklohn, weil ihr gegenüber regelmäßig Werkmängel eingewendet werden.[218] Der Annahme eines solchen einheitlichen Erfüllungsort am Ort des Bauvorhabens steht die Rechtsprechung des EuGH, der im Rahmen des Art. 5 Nr. 1 lit. a EuGVVO auf die konkret streitgegenständliche Verpflichtung abstellt,[219] nicht entgegen, weil die Bestimmung des Erfüllungsorts für letztere nach dieser Rechtsprechung ausdrücklich dem nationalen Recht überlassen bleibt.

---

210 BGH 07.12.2000 – VII ZR 404/99, NJW 2001, 1936, 1937.
211 OLG Düsseldorf 09.07.1986 – 17 U 162/85, IPRax 1987, 234, 236 m. Anm. *Schack* 215; *Wieczorek/Schützel Hausmann*, Art. 5 EuGVÜ Rn. 18.
212 EuGH 06.10.1976, Rs 1276 – *Tessili/Dunlop* – Slg. 1976, 1473, 1486 [Rn. 13] = NJW 1977, 491; EuGH 29.06.1994 a.a.O. [Rn. 29]; EuGH 28.09.1999, Rs. C-440/97 – Slg. 1999 I, 6307 = NJW 2000, 719; zust. BGH 07.12.2000 – VII ZR 404/99, BauR 2001, 1936; dazu *Wieczorek/Schützel Hausmann*, Art. 5 EuGVÜ Rn. 22 ff. m. ausf. w. Nachw.
213 EuGH 23.04.2009 a.a.O. [Rn. 47 ff.].
214 Vgl. i.d.S. zum bisherigen Kollisionsrecht (Art. 27 ff. EGBGB a.F.) BGH 25.02.1999 – VII ZR 408/97, BauR 1999, 677, 678; KG 28.05.1999 -21 U 1947/99, IPRax 2000, 405. Dazu näher Teil B.I.: Rom I-VO Anwendbares Recht.
215 Vgl. aus der deutschen Praxis zum EuGVÜ OLG Köln 23.03.1983 – 16 U 136/82, RIW 1984, 314 (Werklohnanspruch aus Bauvertrag); OLG Köln 29.04.1983 – 9 U 221/82, IPRax 1985, 161 m. Anm. *Schröder* 145 (Anspruch auf Bewilligung der Eintragung einer Bauhandwerkersicherungshypothek); LG Kaiserslautern 05.05.1987 – 2 S 123/84, NJW 1988, 652 (Honoraranspruch aus Architektenvertrag); OLG Hamm 20.01.1989 – 29 U 155/86, NJW 1990, 652 (Anspruch auf Vertragsstrafe); OLG Schleswig 14.01.1982 – 2 W 85/81, IPRax 1993, 95 m. Anm. *Vollkommer* 79 (Klage auf Werklohn).
216 BGH 25.02.1999 – VII ZR 408/97, BauR 1999, 677, 678; OLG Köln 23.03.1983 – 16 U 136/82, RIW 1984, 314; KG 28.05.1999 – 21 U 1947/99, IPRax 2000, 405; LG Hamburg 18.09.2003 – 313 O 291/02, IPRspr. 2003 Nr. 141.
217 BGH 05.12.1985 – 1 ARZ 737/85, NJW 1986, 935 = BauR 1986, 241; BGH 07.12.2000 – VII ZR 404/99, BauR 2001, 979, 981.
218 BGH 07.12.2000 a.a.O.; KG 28.05.1999 a.a.O.; *Kartzke*, ZfBR 1994, 1, 4.
219 Vgl. oben Rdn. 52.

III. Verbrauchergerichtsstand

Art. 15

(1) Bilden ein Vertrag oder Ansprüche aus einem Vertrag, den eine Person, der Verbraucher, zu einem Zweck geschlossen hat, der nicht der beruflichen oder gewerblichen Tätigkeit dieser Person zugerechnet werden kann, den Gegenstand des Verfahrens, so bestimmt sich die Zuständigkeit unbeschadet des Artikels 4 und des Artikels 5 Nummer 5 nach diesem Abschnitt,
 a) wenn es sich um den Kauf beweglicher Sachen auf Teilzahlung handelt,
 b) wenn es sich um ein in Raten zurückzuzahlendes Darlehen oder ein anderes Kreditgeschäft handelt, das zur Finanzierung eines Kaufs derartiger Sachen bestimmt ist, oder
 c) in allen anderen Fällen, wenn der andere Vertragspartner in dem Mitgliedstaat, in dessen Hoheitsgebiet der Verbraucher seinen Wohnsitz hat, eine berufliche oder gewerbliche Tätigkeit ausübt oder eine solche auf irgend einem Wege auf diesen Mitgliedstaat oder auf mehrere Staaten, einschließlich dieses Mitgliedstaats, ausrichtet und der Vertrag in den Bereich dieser Tätigkeit fällt.

Art. 16

(1) Die Klage eines Verbrauchers gegen den anderen Vertragspartner kann entweder vor den Gerichten des Mitgliedstaats erhoben werden, in dessen Hoheitsgebiet dieser Vertragspartner seinen Wohnsitz hat, oder vor dem Gericht des Ortes, an dem der Verbraucher seinen Wohnsitz hat.

(2) Die Klage des anderen Vertragspartners gegen den Verbraucher kann nur vor den Gerichten des Mitgliedstaats erhoben werden, in dessen Hoheitsgebiet der Verbraucher seinen Wohnsitz hat.

(3) Die Vorschriften dieses Artikels lassen das Recht unberührt, eine Widerklage vor dem Gericht zu erheben, bei dem die Klage selbst gemäß den Bestimmungen dieses Abschnitts anhängig ist.

Art. 17

Von den Vorschriften dieses Abschnitts kann im Wege der Vereinbarung nur abgewichen werden:
1. wenn die Vereinbarung nach der Entstehung der Streitigkeit getroffen wird,
2. wenn sie dem Verbraucher die Befugnis einräumt, andere als die in diesem Abschnitt angeführten Gerichte anzurufen, oder
3. wenn sie zwischen einem Verbraucher und seinem Vertragspartner, die zum Zeitpunkt des Vertragsabschlusses ihren Wohnsitz oder gewöhnlichen Aufenthalt in demselben Mitgliedstaat haben, getroffen ist und die Zuständigkeit der Gerichte dieses Mitgliedstaats begründet, es sei denn, dass eine solche Vereinbarung nach dem Recht dieses Mitgliedstaats nicht zulässig ist.

Eine Sonderregelung der internationalen Zuständigkeit sieht die EuGVVO im 4. Abschnitt ihres II. Kapitels in Verbrauchersachen vor. Dieser Abschnitt hat auch im internationalen Baurecht immer dann Bedeutung, wenn der Bauherr den **Bau- oder Architektenvertrag für private Zwecke** – zB für den Bau eines privat genutzten Wohnhauses – abschließt.[220] 56

Die Regelung in Art. 15–17 EuGVVO ist von dem Bestreben getragen, den Verbraucher als den wirtschaftlich schwächeren und rechtlich weniger erfahrenen Vertragspartner zu schützen und ihm den Entschluss zur gerichtlichen Wahrnehmung seiner Rechte nicht dadurch zu erschweren, dass er vor den Gerichten im Sitzstaat seines Vertragspartners klagen muss.[221] Da der Verbraucher ein Interesse daran haben kann, nicht auf eine Klageerhebung vor den Gerichten seines Wohnsitzstaates beschränkt zu sein, eröffnet ihm die Verordnung eine – wenn auch begrenzte – Wahlmöglichkeit zwischen den Gerichten verschiedener Mitgliedstaaten, während der Vertragspartner 57

---

220 Vgl. BGH 30.03.2006 – VIII ZR 249/04, BGHZ 167, 83 = ZfBR 2006, 462 (Architektenvertrag).
221 EuGH 19.01.1993, Rs C-89/91 – *Shearson/TVB* – Slg. 1993 I, 139, 187 [Rn. 18] = IPRax 1995, 92 m. Anm. *Koch* 71; *Kropholler*, Art. 15 Rn. 1; krit *Schack*, IZVR Rn. 279.

grundsätzlich nur im Wohnsitzstaat des Verbrauchers klagen kann. Zum Schutz des Verbrauchers wird ferner die Zulässigkeit von Gerichtsstandsvereinbarungen stark eingeschränkt. Zur Erreichung dieser Ziele regelt der 4. Abschnitt die Zuständigkeit in Verbrauchersachen **abschließend**; damit scheidet ein Rückgriff auf die allgemeinen Zuständigkeitsvorschriften des 1. und 2. Abschnitts (Art. 2–6) aus, soweit nicht im 4. Abschnitt auf diese ausdrücklich verwiesen ist.[222] Der Verbraucher kann seinen Vertragspartner (Werkunternehmen, Architekten) daher insbesondere nicht am vertraglichen Erfüllungsort (Art. 5 Nr. 1 EuGVVO) verklagen.[223]

1. Der Begriff des Verbrauchers

58 Der besondere Schutz des 4. Abschnitts soll nur privaten Endverbrauchern zugute kommen. Als solche kommen nur **natürliche Personen** in Betracht; juristische Personen oder Personengesellschaften können sich auf die Art. 15 ff. EuGVVO nicht berufen[224] Art. 15 Abs. 1 definiert den Verbrauchervertrag – in Übereinstimmung mit Art 6 Abs 1 Rom I-VO – als einen Vertrag, dessen Zweck nicht der beruflichen oder gewerblichen Tätigkeit der geschützten Person zugerechnet werden kann. Die Verordnung begnügt sich mit dieser negativen Abgrenzung, verzichtet mithin auf eine positive Bestimmung des Verbraucherbegriffs.[225] Dieser ist im Wege **autonomer Auslegung** für die EuGVVO wie für die Rom I-VO möglichst einheitlich zu präzisieren.[226] Der Verbraucherbegriff des § 13 BGB findet insoweit keine Anwendung.[227] Der Begriff des »Verbrauchers« knüpft nicht an den Status der beteiligten Person, sondern an deren Stellung innerhalb des konkreten Vertrages an (funktionelle Betrachtung). Danach ist nur Verbraucher, wer den streitgegenständlichen Vertrag ohne jeden Bezug zu einer beruflichen oder gewerblichen Tätigkeit allein zu dem Zweck abgeschlossen hat, seinen Eigenbedarf beim privaten Verbrauch zu decken.[228] Danach sind auch Bau- und Architektenleistungen zu privaten (Wohn-) Zwecken erfasst.[229] Die Zurechnung zur privatem Sphäre des Verbrauchers entfällt aber nicht schon deshalb, weil dieser sich professioneller Hilfe bedient.[230] Dagegen kann nicht als Verbraucher angesehen werden, wer einen Vertrag zum Zwecke einer zukünftigen beruflichen Tätigkeit geschlossen hat (Existenzgründer).[231]

59 Bei Streitigkeiten aus **gemischten Verträgen**, die teils beruflichen/gewerblichen, teils privaten Zwecken dienen, scheidet nach Ansicht des EuGH eine Aufspaltung des Vertrages mit der Folge konkurrierender Gerichtsstände aus Gründen der Rechtssicherheit aus; der Rechtsstreit aus einem solchen Vertrag kann nur aufgrund einer Gesamtbewertung entweder insgesamt Verbrauchersache iS der Art. 15 ff. EuGVVO oder eine allgemeine vertragliche Streitigkeit iS der Art. 2, 5 Nr. 1

---

222 EuGH 20.01.2005, Rs 27/02 – *Engler/Janus Versand* – Slg. 2005 I, 481, 515 f. [Rn. 42 f.] = NJW 2005, 811; *Geimer/Schütze*, Art. 15 Rn. 3.
223 *Mankowski*, RIW 1997, 1001, 1005.
224 EuGH 19.01.1993, Rs C 89/91 – *Shearson/TVB* – Slg. 1993 I, 139, 188 [Rn. 22]; *Rauscher/Staudinger*, Art. 15 Rn. 2.
225 *Geimer/Schütze*, Art. 15 Rn. 18 ff.; *Wieczorek/Schütze/Hausmann*, Art. 13 EuGVÜ Rn. 3 ff. m.w.N.
226 Vgl. EuGH 19.01.2003, Rs C-89/91 – *Shearson/TVB* – Slg. 1993 I, 139, 186 [Rn. 13]; EuGH 03.07.1997, Rs C-269/95 – *Benincasa/Dentalkit* – Slg. 1997 I, 3767, 3794 [Rn. 12] = JZ 1998, 896 m. Anm *Mankowski*; EuGH 11.07.2002, Rs C-96/00 – *Gabriel* – Slg. 2002 I, 6367, 6400 f [Rn. 42 ff.], jeweils zum EuGVÜ; ebenso zu Art. 15 EuGVVO OLG Nürnberg 20.07.2004 – 1 U 991/04, IPRax 2005, 248 m. Anm. *Heiderhoff* 230; *Kropholler*, Art. 15 Rn. 4 ff.; *Schlosser*, Art. 15 Rn. 3; *Bitter*, IPRax 2008, 96, 100; krit. *Schack*, IZVR Rn. 280.
227 OLG Nürnberg (vorige Fn.) a.a.O.
228 EuGH 03.07.1997, Rs C-209/95 – *Benincasa/Dentalkit* – Slg. 1997 I, 3767, 3795 [Rn. 16 ff.].
229 BGH 30.03.2006 – VII ZR 249/04, ZfRB 2006, 462, 464.
230 OLG Hamburg 23.06.2004 – 4 U 156/03, IPRax 2005, 231 m. Anm. *Heiderhoff* 230.
231 Vgl. EuGH 03.07.1997, Rs C-269/95 a.a.O.; BGH 30.06.2006 – VIII ZR 249/04, BauR 2006, 1169; dazu *Mankowski*, JZ 1998, 898; *Rauscher/Staudinger*, Art. 15 Rn. 2.

EuGVVO sein.[232] Für die Abgrenzung kommt es auch nicht darauf an, ob bei objektiver Betrachtung aus der Sicht des Vertragspartners der berufliche/gewerbliche oder der private Zweck überwiegt;[233] vielmehr schließt bereits eine auch nur teilweise berufliche Zweckbestimmung des Vertrages die Anwendbarkeit der Art. 15–17 EuGVVO insgesamt aus. Baut daher ein Rechtsanwalt oder Arzt ein Wohnhaus, in dem er zugleich seine Kanzlei oder Praxis betreiben möchte, so handelt es sich nicht um einen Verbrauchervertrag i.S.v. Art. 15 EuGVVO. Etwas anderes kann nur gelten, wenn die berufliche Zweckverfolgung nach dem Inhalt des Vertrages und den objektiven Umständen bei Vertragsschluss nur eine »ganz untergeordnete Rolle« spielt. Beweispflichtig für den rein privaten Zweck ist diejenige Partei, die sich auf den Schutz des 4. Abschnitts beruft.[234] Für die Entscheidung, ob der Vertrag beruflich-gewerblichen oder privaten Zwecken dient, kommt es auf den Empfängerhorizont des Vertragspartners des (vermeintlichen) Verbrauchers an. Wird diesem gegenüber (zB durch Verwendung von Briefpapier, Lieferadresse etc.) der Anschein eines Erwerbs zu beruflichen Zwecken erweckt, so sind die Art. 15–17 EuGVVO nicht anwendbar, auch wenn in Wirklichkeit ein privater Zweck verfolgt wird.[235]

Da der Grundsatz »actor sequitur forum rei« (Art. 2 Abs. 1 EuGVVO) durch die Sonderregelung des 4. Abschnitts stark eingeschränkt wird, ist der Verbraucherbegriff in Art. 15 EuGVVO **restriktiv auszulegen**.[236] Die Verordnung schützt als Verbraucher daher nur Personen, die persönlich als Kläger oder Beklagter an dem Verfahren teilnehmen. Tritt der Verbraucher seine Ansprüche aus einem Verbrauchervertrag also zum Zwecke der gerichtlichen Geltendmachung an einen Dritten ab, der diese Ansprüche sodann in Ausübung seiner beruflichen oder gewerblichen Tätigkeit durchzusetzen sucht, so kann sich der Zessionar nicht auf die besonderen Zuständigkeitsregeln der Art. 16, 17 EuGVVO berufen, weil er nicht selbst privater Endverbraucher ist.[237] Aus diesem Grunde können auch Verbandsklagen i.S.v. §§ 1 ff. UKlaG nicht in den Verbrauchergerichtsständen der EuGVVO erhoben werden.[238] Andererseits finden die Art. 15–17 EuGVVO auch auf Privatgeschäfte zwischen Verbrauchern keine Anwendung; dies stellt heute Art. 15 Abs. 1 lit. c EuGVVO klar.[239] 60

2. Die nach Art. 15 Abs. 1 EuGVVO geschützten Geschäfte

Art. 15 Abs. 1 EuGVVO begrenzt den prozessualen Verbraucherschutz auf ganz bestimmte Erwerbsgeschäfte, die entweder wegen ihres Gegenstands (lit. a und lit. b) oder wegen der Umstände des Vertragsschlusses (lit. c) als besonders gefährlich für den Verbraucher erachtet werden. Für Klagen aus internationalen Bau- und Architektenverträgen können Art. 15 Abs. 1 lit. a (Kauf beweglicher Sachen auf Teilzahlung) und lit. b (Kreditgeschäfte zur Finanzierung eines Kaufs beweglicher Sachen) außer Betracht bleiben. Von Interesse ist allein **Art. 15 Abs. 1 lit. c EuGVVO**. In dieser Vorschrift wird der prozessuale Schutz des Verbrauchers auf weitere Verträge ausgedehnt, sofern diese nur einen hinreichend engen Bezug zum Wohnsitzstaat des Verbrauchers aufweisen. Damit hat der Verordnungsgeber einen Auffangtatbestand geschaffen, der in sachlicher Hinsicht deutlich weiter reicht als die Vorgängernorm in Art. 13 Abs. 1 Nr. 3 EuGVÜ. Ferner wurden 61

---

232 EuGH 20.01.2005, Rs C-464/01 – *Gruber/BayWA AG* – Slg. 2005 I, 439, 475 [Rn. 44] = NJW 2005, 653.
233 So schwz. BG 04.08.1995, BGE 121 III 336 = SZIER 1996, 84, 87 m. Anm. *Volken*; *Geimer/Schütze*, Art. 15 Rn. 23.
234 EuGH 20.01.2005, Rs C-464/01 a.a.O. [Rn. 39, 46].
235 EuGH 20.01.2005, Rs C-464/01 a.a.O. [Rn. 47 ff.].
236 *Magnus/Mankowski/Nielsen*, Art. 15 Rn. 16.
237 EuGH 19.01.1993, Rs C-89/91 – *Shearson/TVB* – Slg. 1993 I, 139, 188 [Rn. 23] = NJW 1993, 1251; dazu BGH 20.04.1993 – XI ZR 17/90, NJW 1993, 2683, 2684 = IPRax 1995, 98 m. Anm. *Koch* 71.
238 EuGH 01.10.2002, Rs C-167/00 – *Verein für Konsumenteninformation/Henkel* – Slg. 2002 I, 8111, 8188 [Rn. 33 f.] = IPRax 2003, 341 m. Anm. *Michailidou* 223; *Tonner*, VuR 1993, 48, 49; *Kartzke*, NJW 1994, 823, 824 f.
239 *Kropholler*, Art. 15 Rn. 22.

auch die Kriterien für den erforderlichen Bezug zum Wohnsitzstaat des Verbrauchers erheblich gelockert, um vor allem den neuen Formen des elektronischen Handels Rechnung zu tragen.[240]

a) Keine Beschränkung auf bestimmte Vertragstypen

62 Mit Inkrafttreten der EuGVVO ist vor allem die zuvor in Art. 13 Abs. 1 Nr. 3 EuGVÜ enthaltene Beschränkung des prozessualen Verbraucherschutzes auf Verträge, welche die Erbringung einer Dienstleistung oder die Lieferung beweglicher Sachen zum Gegenstand haben, entfallen. Art. 15 Abs. 1 lit. c EuGVVO ist daher nicht mehr auf Fallgestaltungen beschränkt, in denen die Parteien synallagmatische Pflichten vereinbart haben.[241] Die Vorschrift gilt vielmehr **für alle Verbraucherverträge**, die nicht bereits von lit. a oder lit. b erfasst werden. Dies trifft insbesondere auf Verträge zu, die schon bisher als Dienstleistungsverträge unter den Schutz des Art. 13 Abs. 1 Nr. 3 EuGVÜ fielen,[242] wie Verträge mit Angehörigen freier Berufe (zB Architektenverträge)[243] sowie Werk- und Werklieferungsverträge und damit auch **Bauverträge** jeder Art. Art. 15 Abs. 1 lit. c EuGVVO bezieht aber auch Vertragstypen in den Anwendungsbereich des 4. Abschnitts ein, für die unter Geltung des EuGVÜ prozessualer Verbraucherschutz überhaupt nicht gewährt wurde. Dies gilt insbesondere für **Kreditgeschäfte** mit Verbrauchern, auch wenn kein Bezug zu einem Warenkauf i.S.v. lit. b gegeben ist.[244] Ferner können auch **Timesharing-Verträge** als Verbraucherverträge – und nicht als Mietverträge über unbewegliche Sachen i.S.v. Art. 22 Nr. 1 EuGVVO – zu qualifizieren sein, wenn nicht das »Teilzeiteigentum« an der Immobilie, sondern die Dienstleistungen des Verkäufers im Vordergrund stehen.[245]

b) Hinreichender Bezug der Geschäftsanbahnung zum Wohnsitzstaat des Verbrauchers

63 Der Verbraucher kann den prozessualen Schutz des 4. Abschnitts in den Fällen des Art. 15 Abs. 1 lit. c EuGVVO freilich nur beanspruchen, wenn die Anbahnung des geschlossenen Vertrages eine hinreichend enge Verbindung zu seinem Wohnsitzstaat hatte. Die hierfür maßgebenden Kriterien sind durch die EuGVVO neu gefasst und im Interesse des Verbraucherschutzes flexibler gestaltet worden. So ist die Voraussetzung, dass der Verbraucher die zum Abschluss des Vertrages erforderlichen Rechtshandlungen in seinem Wohnsitzstaat vorgenommen haben muss, ersatzlos entfallen. Geschützt wird damit auch der »**aktive Verbraucher**«, der auf Veranlassung seines Vertragspartners ins Ausland reist und den Vertrag dort abschließt.[246] Ferner ist es nicht mehr unbedingt erforderlich, dass dem Vertragsschluss ein ausdrückliches Angebot oder eine Werbung des Vertragspartners im Wohnsitzstaat des Verbrauchers vorausgegangen ist. Stattdessen genügt es, dass der in einem anderen Mitgliedstaat der EuGVVO ansässige Vertragspartner seine berufliche Tätigkeit so stark auf den Wohnsitzstaat des Verbrauchers »ausrichtet«, dass es gerechtfertigt erscheint, ihn dort auch gerichtspflichtig zu machen. Insgesamt werden Anbieter von Dienst- und Werkleistungen auf dem europäischen Binnenmarkt durch die Neuregelung in Art. 15 Abs. 1 lit. c EuGVVO in erheblich weiterem Umfang im Wohnsitzstaat des Auftraggebers/Bestellers gerichtspflichtig als unter dem bisherigen Recht.

64 Der hinreichende Bezug ist nach Art. 15 Abs. 1 lit. c, 1. Fall EuGVVO jedenfalls dann gegeben, wenn der Vertragspartner (Bauunternehmer, Architekt) **im Wohnsitzstaat des Verbrauchers eine berufliche oder gewerbliche Tätigkeit ausübt**. Dies erfordert nicht zwingend die Unterhaltung einer (Zweig-) Niederlassung im Wohnsitzstaat des Verbrauchers. Ausreichend ist vielmehr, dass

---

240 *Micklitz/Rott*, EuZW 2001, 325, 331; *Rauscher/Staudinger*, Art. 15 Rn. 7.
241 EuGH 14.05.2009, Rs C-180/06 – *Ilsinger/Dreschers* – EuLF 2009 I, 76, 79 [Rn. 51].
242 Dazu *Wieczorek/Schütze/Hausmann*, Art. 13 EuGVÜ Rn. 15.
243 BGH 30.03.2006 – VIII ZR 249/04, BGHZ 167, 83 = ZfRB 2006, 462.
244 *Neumann/Rosch*, IPRax 2001, 257, 259; *Rauscher/Staudinger*, Art. 15 Rn. 8.
245 *Jayme*, IPRax 1995, 235 f. und 1997, 233, 235; *Hausmann*, EuLF 2000/01, 40, 45; *Micklitz/Rott*, EuZW 2001, 325, 330; *Thomas/Putzo/Hüßtege*, Art. 15 Rn. 5.
246 OLG Dresden 15.12.2004 – 8 U 1855/04, IPRax 2006, 44; *Kropholler*, Art. 15 Rn. 27.

sich der Vertragspartner von seinem ausländischen Wohnsitz oder Sitz aus aktiv am Wirtschaftsleben im Verbraucherstaat beteiligt;[247] der bloße Vertragsschluss im Wohnsitzstaat des Verbrauchers reicht hierfür jedoch nicht aus.[248] Erst recht scheidet eine Anwendung von Art. 15 Abs. 1 lit. c EuGVVO dann aus, wenn der Vertragspartner des Verbrauchers seine berufliche Tätigkeit erst nach dem Vertragsschluss mit dem Verbraucher in dessen Wohnsitzstaat aufnimmt, zB um den geschlossenen Werkvertrag dort zu erfüllen, ohne dass er zuvor seine Tätigkeit auf diesen Staat ausgerichtet hätte. Der bloße Umstand, dass ein Architekt mit Sitz in Deutschland den Bau eines privaten Wohnhauses in Frankreich geplant und überwacht hat, begründet daher die internationale Zuständigkeit der deutschen Gerichte nach Art. 15 Abs. 1 lit. c, 16 Abs. 1, 2. Alt. EuGVVO dann nicht, wenn der Architekt seine Tätigkeit nicht schon vor Vertragsschluss – z.B. durch Internetwerbung – auf Frankreich ausgerichtet hatte.[249]

Ausreichend ist es jedoch nach Art. 15 Abs. 1 lit. c, 2. Fall auch, dass der Vertragspartner des Verbrauchers seine berufliche oder gewerbliche Tätigkeit nur auf irgendeinem Wege auf den Wohnsitzstaat des Verbrauchers (oder auf mehrere Staaten einschließlich des Wohnsitzstaates des Verbrauchers) **ausrichtet** und der Vertrag in den Bereich dieser Tätigkeit fällt. Durch diese Erweiterung des Anwendungsbereiches sollte vor allem der zunehmenden Bedeutung des elektronischen Handels in der EU Rechnung getragen werden.[250] Denn insbesondere bei der Bestellung von Waren oder Inanspruchnahme von Dienstleistungen durch den Verbraucher über eine interaktive Website ist nachträglich meist nicht zu klären, wo die Bestellungshandlung vorgenommen worden ist. Aus diesem Grunde hat der Verordnungsgeber auf das bisherige Erfordernis, dass der Verbraucher die zum Vertragsschluss erforderlichen Rechtshandlungen in seinem Wohnsitzstaat vorgenommen haben musste, verzichtet. Stattdessen wird die notwendige Verbindung zum Wohnsitzstaat des Verbrauchers schon dadurch geschaffen, dass der Vertragspartner seine Tätigkeit auf diesen Staat ausrichtet.[251] Im Mittelpunkt der Neuregelung steht daher die Frage, wie vor diesem Hintergrund der Begriff des »Ausrichtens« zu verstehen ist. 65

Einigkeit besteht darüber, dass der Verbraucherschutz durch Art. 15 Abs. 1 lit. c EuGVVO gegenüber der Vorläuferregelung in Art. 13 Abs. 1 Nr. 3 EuGVÜ nicht eingeschränkt, sondern erweitert werden sollte. Daraus folgt, dass der Tatbestand des »Ausrichtens« jedenfalls dann erfüllt ist, wenn dem Vertragsschluss im Wohnsitzstaat des Verbrauchers ein ausdrückliches Angebot oder eine Werbung des Vertragspartners vorausgegangen ist;[252] nur eingeschränkt gilt dies allerdings für Werbung über eine sog »passive« Website. Der Begriff des »Ausrichtens« in Art. 15 Abs. 1 lit. c EuGVVO und in Art. 6 Abs. 1 lit. b Rom I-VO ist einheitlich auszulegen. Weiterhin kann der Verbraucher den prozessualen Schutz nach Art. 15 Abs. 1 lit. c EuGVVO nur in Anspruch nehmen kann, wenn das »Ausrichten« der Tätigkeit des Vertragspartners auf den Wohnsitzstaat des Verbrauchers auch zu einem Vertragsschluss geführt hat.[253] Dieses Erfordernis der **Kausalität** wird in der Vorschrift dadurch zum Ausdruck gebracht, dass der Vertrag »in den Bereich der auf den Wohnsitzstaat des Verbrauchers ausgerichteten Tätigkeit fallen« muss.[254] Demgegenüber gibt es keinen allgemeinen Grundsatz, wonach der Begriff des »Ausrichtens« weit auszulegen sein soll.[255] 66

---

247 Thomas/Putzo/*Hüßtege*, Art. 5 Rn. 7.
248 *Rauscher/Staudinger*, Art. 15. Rn. 12.
249 BGH 30.03.2006 – VIII ZR 249/04, BGHZ 167, 83 [Rn. 21] = ZfRB 2006, 462, 464 = JR 2007, 457 m. Anm. *Looschelders*; dazu auch *Paal*, BauR 2008, 228, 234 f.
250 *Micklitz/Rott*, EuZW 2001, 325, 331.
251 BGH 17.09.2008 – III ZR 71/08, IPRax 2009, 258, 259; *Kropholler*, Art. 15 Rn. 23.
252 AllgM., vgl. BGH 30.03.2006 – VIII ZR 249/04, BGHZ 167, 83 [Rn. 28]; *Rauscher/Staudinger*, Art. 15 Rn. 13; *Magnus/Mankowski/Nielsen*, Art. 15 Rn. 33; *Schlosser*, Art. 15 Rn. 8a.
253 *Mankowski*, IPRax 2008, 333, 336 ff.
254 OLG Karlsruhe 24.08.2007 – 14 U 72/06, NJW 2008, 85; zust. m. ausf. Begründung *Mankowski*, IPRax 2008, 333, 336 ff.; *Leible/Müller*, EuZW 2009, 27 f.
255 *Von Hein*, IPRax 2006, 16, 19 f.; *Rauscher/Staudinger*, Art. 15 Rn. 14; **a.A.** OLG Dresden 15.12.2004 – 8 U 1855/04, IPRax 2006, 44, 45 f.; OLG Karlsruhe 24.08.2007 (vorige Fn.).

67 Besonders umstritten ist die Frage, welche Anforderungen an das »Ausrichten« unternehmerischer Tätigkeit im **elektronischen Handel** zu stellen sind, ob vor allem zwischen (inter-) aktiven und passiven Websites zu unterscheiden ist.[256] Nach dem Erwägungsgrund (24) zur Rom I-VO genügt es nicht, wenn sich der Verbraucher des Angebots bestimmter Dienstleistungen durch eine in seinem Wohnsitzstaat zugängliche *passive Website* bewusst wird, sofern keine Möglichkeit zum Abschluss des Vertrages mit Hilfe von Fernkommunikationsmitteln besteht.[257] Nicht erforderlich für eine aus dem Ausland auf den Wohnsitzstaat des Verbrauchers »ausgerichtete« Tätigkeit im e-commerce ist allerdings, dass dem Verbraucher die Möglichkeit zum Abschluss des Vertrages über das Internet eröffnet wird; vielmehr reicht es aus, wenn ihm irgendeine andere Art des Vertragsschlusses im Fernabsatz angeboten wird.[258] Es genügt daher etwa das Vorhalten von interaktiv ausfüllbaren Vertragsformularen in der Landessprache des Verbrauchers[259] oder die Aufforderung zum Vertragsschluss per Telefax;[260] nicht entscheidend ist dann, ob der Verbraucher von diesen Möglichkeiten zum Vertragsschluss tatsächlich Gebrauch gemacht hat.[261]

c) Beschränkung auf Vertragsklagen

68 Der 4. Abschnitt gilt gem. Art. 15 Abs. 1 EuGVVO nur, wenn »ein Vertrag oder Ansprüche aus einem Vertrag« mit einem Verbraucher den Gegenstand des Verfahrens bilden. Wegen der weitreichenden Ausnahmen des 4. Abschnitts von Grundsatz des Art. 2 EuGVVO ist auch der Vertragsbegriff in Art. 15 Abs. 1 restriktiv auszulegen.[262] Der Verbraucher kann sich jedoch auf die Zuständigkeitsregeln des Art. 16 EuGVVO auch dann stützen, wenn er bestreitet, dass überhaupt ein wirksamer Vertrag zustande gekommen ist. Bestreitet der beklagte Vertragspartner des Verbrauchers, dass mit ihm ein Vertrag geschlossen wurde, so genügt es, wenn der klagende Verbraucher das Zustandekommen des Vertrags schlüssig vorträgt.[263] Ferner können Schadensersatz- oder Rückabwicklungsansprüche auch dann im Verbrauchergerichtsstand erhoben werden, wenn sie nicht unmittelbar aus dem Vertrag, sondern aus ergänzendem Gesetzesrecht folgen.[264] Auch Bereicherungsansprüche im Zusammenhang mit der Rückabwicklung von Verbraucherverträgen fallen in den sachlichen Anwendungsbereich des Art. 15 Abs. 1 EuGVVO.[265] Obwohl es sich bei Schadensersatzansprüchen aus **culpa in contrahendo** aus europäischer Sicht um außervertragliche Schuldverhältnisse handelt (vgl. Art. 12 Rom II-VO), sollte für sie – ebenso wie für deliktische Schadensersatzansprüche[266] – im Gerichtsstand des Art. 16 EuGVVO eine Annexzuständigkeit

---

256 Dazu zuletzt eingehend *Mankowski*, IPRax 2009, 238 ff.
257 BGH 30.03.2006 – VII ZR 249/04, BGHZ 167, 83 [Rn. 28] = NJW 2006, 1672; BGH 17.09.2008 – III ZR 71/08, EuZW 2009, 26 f. m. Anm. *Leible/Müller* = IPRax 2009, 258 m. Anm. *Mankowski* 238; *Hausmann*, EuLF 2000/01, 40, 45; *Kropholler*, Art. 15 Rn. 24; *Schlosser*, Art. 15 Rn. 8; *Geimer/Schütze*, Art. 15 Rn. 38; MüKo-ZPO/*Gottwald*, Art. 15 Rn. 5; gegen eine Unterscheidung zwischen aktiven und passiven Websites aber *Mankowski*, IPRax 2009, 238, 239 ff.
258 Vgl. die Gemeinsame Erklärung von Rat und Kommission: »mit welchem Mittel auch immer«.
259 OLG Dresden 15.12.2004 – 8 U 1855/04, IPRax 2006, 44 m. Anm. *von Hein* 16; Thomas/Putzo/*Hüßstege*, Art. 15 Rn. 8.
260 *Rauscher/Staudinger*, Art. 15 Rn. 14.
261 LG München I 18.07.2007 – 9 O 16842/06, CR 2008, 331. Ausführlich zum Begriff des »Ausrichtens« auf den Aufenthaltsstaat des Verbrauchers durch einen Internetauftritt des Unternehmers zuletzt EuGH 07.12.2010, RS 585/08 – *Pammer/Reederei Schlüter* – Rn. 47 ff., 92 ff.
262 EuGH 20.01.2005, Rs 27/02 – *Engler/Janus Versand* – Slg. 2005 I, 481, 513 [Rn. 29 f.; zu Art. 13 EuGVÜ]; *Rauscher/Staudinger*, Vorbem. zu Art. 15 Rn. 3.
263 OLG Koblenz 29.09.2005 – 5 U 131/05, EuLF 2006 II 8 = RIW 2006, 311; *Zöller/Geimer*, Art. 15–17 Rn. 23.
264 *Geimer*, EWiR Art 13 1/91 S 370.
265 LG Darmstadt 18.05.2004 – 8 O 143/03, ZIP 2004, 1924; ebenso *Staudinger*, ZEuP 2004, 767, 780; *Zöller/Geimer*, Art. 15–17 Rn. 12.
266 Zust. BGH 05.10.2010 – VI ZR 159/09, RIW 2011, 73 Rn. 22 ff.

eröffnet werden.[267] Dafür spricht nicht zuletzt die vertragsakzessorische Anknüpfung von Ansprüchen wegen Verschuldens bei den Vertragsverhandlungen in Art. 12 Abs. 1 Rom II-VO. Für isolierte deliktische Ansprüche gelten die Art. 15, 16 EuGVVO hingegen nicht.[268]

3. Der räumliche Anwendungsbereich des 4. Abschnitts

a) Der Vorbehalt zugunsten von Art. 4 und Art. 5 Nr. 5 EuGVVO

Durch den Hinweis auf Art. 4 stellt Art. 15 Abs. 1 EuGVVO klar, dass die besondere Zuständigkeitsordnung des 4. Abschnitts grundsätzlich nur anzuwenden ist, wenn der Beklagte seinen Wohnsitz in einem Mitgliedstaat hat. Ist dies nicht der Fall, so beurteilt sich die internationale Gerichtszuständigkeit nach dem autonomen Zivilprozessrecht der lex fori.[269] Soweit der Anwendungsbereich des 4. Abschnitts nicht gemäß Art. 15 Abs. 2 erweitert wird,[270] kann das angerufene Gericht seine internationale Zuständigkeit dann auch auf die im Anhang I zur EuGVVO aufgeführten exorbitanten Zuständigkeitsvorschriften stützen, zB in Deutschland auf § 23 ZPO.[271] Durch den Vorbehalt zugunsten von Art. 5 Nr. 5 eröffnet Art. 15 Abs. 1 EuGVVO den **Niederlassungsgerichtsstand** in Verbrauchersachen. Der Verbraucher kann seinen Vertragspartner, der in einem anderen Mitgliedstaat wohnt, daher im Inland verklagen, wenn dieser hier eine Zweigniederlassung, Agentur oder sonstige Niederlassung unterhält und die Streitigkeit ihren Grund im Betrieb dieser Niederlassung hat.[272] Dies gilt auch dann, wenn der Vertragspartner seine Geschäfte im Inland durch eine rechtlich selbständige Gesellschaft abwickeln lässt.[273]

69

b) Vertragspartner des Verbrauchers mit Wohnsitz in einem Drittstaat

Zum Schutz des Verbrauchers erweitert Art. 15 Abs. 2 EuGVVO den Anwendungsbereich des gesamten 4. Abschnitts auf Fälle, in denen der Vertragspartner des Verbrauchers zwar keinen Sitz oder Wohnsitz, wohl aber eine Zweigniederlassung, Agentur oder sonstige Niederlassung in einem Mitgliedstaat unterhält. Diese Erweiterung gilt allerdings nur für Klagen des Verbrauchers; für **Klagen des Vertragspartners** gilt die EuGVVO bereits nach Art. 15 Abs. 1 i.V.m. Art. 4 Abs. 1 EuGVVO. Der Niederlassungsbegriff des Art. 15 Abs. 2 stimmt mit dem vom EuGH bereits näher konkretisierten Begriff in Art. 5 Nr. 5 EuGVVO überein.[274] Er erfordert keine selbständigen Entscheidungsbefugnisse der Niederlassung. Ausreichend ist auch, dass gegenüber dem Verbraucher nur der Rechtsschein des Bestehens einer Niederlassung hervorgerufen wird.[275] Dies gilt allerdings nur, wenn der Rechtsschein von dem beklagten drittstaatlichen Unternehmen selbst (und nicht nur von der deutschen Niederlassung) erweckt wurde.[276]

70

---

267 Zust. für cic-Ansprüche *Benicke*, WM 1997, 945, 952; *Geimer/Schütze*, Art. 15 Rn. 26; *Rauscher/Staudinger*, Vorbem zu Art. 15–17 Rn. 4; **a.A.** OLG Stuttgart 20.04.2009 – 5 U 197/08, OLGR 2009, 717; *Thomas/Putzo/Hüßtege*, Art. 15 Rn. 1; MüKo-ZPO/*Gottwald*, Art. 15 Rn. 8.
268 OLG Stuttgart (vorige Fn.).
269 EuGH 15.09.1994, Rs C-318/93 – *Brenner, Noller/Dean Witter Reynolds Inc.* – Slg. 1994 I, 4275, 4291 f. [Rn. 15 ff.] = IPRax 1995, 315 m. Anm. *Rauscher* 289; vgl. dazu den Vorlagebeschluss BGH 25.03.1993 – XI ZR 45/91, WM 1993, 1215 m. Aufs. *Nassall* 1950 = EuZW 1993, 518 m. Anm. *Geimer* und die Abschlussentscheidung BGH 22.11.1994 – XII ZB 178/94, NJW 1995, 1225 = IPRax 1995, 316 m. Anm *Rauscher* 289.
270 Dazu Rdn. 70 f.
271 *Geimer/Schütze*, Art. 15 Rn. 7.
272 *Rauscher/Staudinger*, Art. 15 Rn. 18.
273 OLG Düsseldorf 26.05.1995, WM 1995, 1349, 1350; zum Begriff der »Niederlassung« und zur »Betriebsbezogenheit« der Klage näher unter IV. Rdn. 81 ff.
274 OLG München 21.01.1992 – 25 U 2987/91, NJW-RR 1993, 701, 702 f.; *Benicke*, WM 1997, 945, 949; dazu näher unter IV. Rdn. 81 f.
275 BGH 06.06.2007 – III ZR 315/06, IPRspr 2007 Nr. 139, S. 392; LG Darmstadt 18.05.2004 – 8 U 143/03, ZIP 2004, 1924; vgl. auch unter IV. Rdn. 82.
276 OLG Koblenz 29.09.1005 – 5 U 131/05, EuLF 2006 II, 8 = RIW 2006, 311.

71 Drittstaatliche Unternehmen sind in einem Mitgliedstaat der Verordnung nach Art. 15 Abs. 2 EuGVVO allerdings nur für solche Klagen des Verbrauchers gerichtspflichtig, die sich **aus dem Betrieb der Niederlassung** ergeben.[277] Dies erfordert eine Beteiligung der Niederlassung am Vertragsschluss; bloße Werbemaßnahmen der Niederlassung reichen nicht aus.[278] Allerdings genügt es auch insoweit, dass für den Verbraucher der Anschein erweckt wird, dass die Niederlassung am Vertragsschluss beteiligt war.[279] Für diese Fälle kann der Verbraucher alle zu seinen Gunsten im 4. Abschnitt eröffneten Zuständigkeiten in Anspruch nehmen. Andererseits kann sich auch sein Vertragspartner auf den Schutz des Art. 16 Abs. 1 EuGVVO berufen; die exorbitanten Zuständigkeiten des nationalen Prozessrechts können ihm gegenüber nicht geltend gemacht werden.[280] Die Anwendung der Art. 16 Abs. 1, 17 gegenüber Vertragspartnern mit Sitz in einem Drittstaat ist nicht auf den Fall beschränkt, dass die Niederlassung in einem anderen Mitgliedstaat als dem Wohnsitzstaat des Verbrauchers liegt.[281] Drittstaatliche Unternehmen, die sich über Zweigniederlassungen am Geschäftsverkehr in der Europäischen Union beteiligen, sind hier vielmehr auch dann gerichtspflichtig, wenn sie eine Niederlassung nur im Wohnsitzstaat des Verbrauchers unterhalten.[282] Die Niederlassung muss allerdings im Zeitpunkt der Klageerhebung noch bestehen, so dass das drittstaatliche Unternehmen am Ort der Niederlassung nicht verklagt werden kann, wenn diese bei Klageerhebung bereits aufgelöst ist.[283]

4. Die Zuständigkeitsregelung in Art 16 EuGVVO

a) Internationale und örtliche Zuständigkeit

72 Art. 16 EuGVVO regelt in Abs. 1, 1. Alt für Klagen des Verbrauchers im Wohnsitzstaat des Vertragspartners und in Abs. 2 für Klagen des Vertragspartners im Wohnsitzstaat des Verbrauchers allein die internationale Zuständigkeit.[284] Ein örtlicher Gerichtsstand wird in Verbrauchersachen nur in Art. 16 Abs. 1, 2. Alt (Klagen des Verbrauchers in seinem Wohnsitzstaat), in Art. 15 Abs. 1 i.V.m. Art. 5 Nr. 5 (Gerichtsstand der Niederlassung) und in Art. 16 Abs. 3 (Gerichtsstand der Widerklage) bestimmt; im Übrigen wird die Festlegung des örtlich zuständigen Gerichts dem nationalen Recht überlassen. Das autonome deutsche Zivilprozessrecht kennt besondere Verbrauchergerichtsstände nur für Haustürgeschäfte und für Fernunterrichtsverträge (§ 29c ZPO bzw § 26 FernUSG). Für sonstige Verbraucherstreitigkeiten bestimmt sich die örtliche Zuständigkeit hingegen nach den allgemeinen Vorschriften der §§ 12 ff. ZPO.

b) Klagen des Verbrauchers

73 Gem Art. 16 Abs. 1, 1. Alt kann der Verbraucher seinen Vertragspartner, also zB den Bauunternehmen oder Architekten, zunächst vor den Gerichten des Staates verklagen, in dem der Vertragspartner seinen Wohnsitz hat. Darüber hinaus ist der Vertragspartner des Verbrauchers aber auch am Wohnsitz des Verbrauchers gerichtspflichtig (Art. 16 Abs. 1, 2. Alt. EuGVVO). Dies setzt freilich voraus, dass der Vertragspartner entweder seinen Wohnsitz bzw. Sitz in einem anderen

---

277 EuGH 15.09.1994, Rs C-318/93 – *Brenner, Noller/Dean Witter Reynolds Inc.* – Slg. 1994 I, 4275, 4292 [Rn. 18] = IPRax 1995, 315 m. Anm. *Rauscher* 289.
278 *Kropholler*, Art. 15 Rn. 16; *Schlosser*, Art. 15 Rn. 9.
279 BGH 06.06.2007 – III ZR 315/06, IPRspr. 2007 Nr. 139; OLG Dresden 15.12.2004 – 8 U 1855/04, IPRax 2006, 44, 45 m. Anm. *von Hein* 16.
280 *Geimer/Schütze*, Art. 15 Rn. 10.
281 So aber OLG München 21.01.1992 – 25 U 2987/91, NJW-RR 1993, 701, 702; *Benicke*, WM 1997, 945, 947 f.; zu Recht krit. *Geimer*, RIW 1994, 59, 61; vgl. auch OLG Dresden 15.12.2004 a.a.O. (Fn. 58).
282 *Geimer/Schütze*, Art. 15 Rn. 15; *Rauscher*, IPRax 1995, 292 f.; a.A. *Benicke*, WM 1997, 945.
283 BGH 12.06.2007 – XI ZR 290/06, RIW 2007, 873 = IPRax 2008, 128 m. krit. Anm. *Staudinger* 107.
284 Öst. OGH 15.10.1996, ZfRV 1997, 33; *Kropholler*, Art. 16 Rn. 1.

Mitgliedstaat der Verordnung hat oder nach Art. 15 Abs. 2 EuGVVO so zu behandeln ist, als ob dies der Fall wäre.[285] Ein US-amerikanisches Unternehmen kann daher von einem deutschen Verbraucher nicht im Gerichtsstand des Art. 16 Abs. 1, 2. Alt. EuGVVO verklagt werden, wenn die inländische Zweigniederlassung dieses Unternehmens in den Abschluss oder die Durchführung des zwischen den Parteien geschlossenen Vertrags nicht eingeschaltet war.

Maßgebend ist der Wohnsitz des Verbrauchers zum **Zeitpunkt der Klageerhebung**. Dies gilt auch in den Fällen des Art. 15 Abs. 1 lit. c EuGVVO; dessen Voraussetzungen müssen zwar im Zeitpunkt des Vertragsschlusses erfüllt sein, damit der 4. Abschnitt überhaupt anwendbar ist. Für die Zuständigkeit nach Art. 16 Abs. 1, 2. Alt. EuGVVO kommt es jedoch auf den Wohnsitz bei Klageerhebung an, auch wenn der Verbraucher erst nach Abschluss des Vertrages in den Gerichtsstaat verzogen ist.[286] Auf den Klägergerichtsstand des Art. 16 Abs. 1, 2. Alt. EuGVVO kann sich aber stets nur der private Endverbraucher selbst berufen; dieser Gerichtsstand ist ferner im Hinblick auf die Systematik der Verordnung eng auszulegen.[287]

74

c) Klagen gegen den Verbraucher

Der Verbraucher kann außerhalb seines Wohnsitzstaates grundsätzlich nicht verklagt werden, Art. 16 Abs. 2 EuGVVO. Maßgebend ist auch insoweit der Wohnsitz im Zeitpunkt der Klageerhebung und nicht bei Vertragsschluss.[288] Eine Ausnahme gilt nach Art. 16 Abs. 3 EuGVVO für (konnexe) Widerklagen, die auch der Vertragspartner des Verbrauchers an jedem Gerichtsstand erheben kann, in dem er vom Verbraucher verklagt wird.

75

5. Die Schranken für Gerichtsstandsvereinbarungen in Art. 17 EuGVVO

Art. 17 EuGVVO beschränkt die Prorogationsmöglichkeiten in Verbrauchersachen auf die in Nr. 1–3 abschließend aufgeführten Fälle. Danach ist die Prorogation nach der Entstehung der Streitigkeit (Nr. 1) uneingeschränkt, vorher aber nur zugunsten des Verbrauchers (Nr. 2) oder für den Fall zulässig, dass der Verbraucher und sein Vertragspartner ihren Wohnsitz oder gewöhnlichen Aufenthalt in demselben Mitgliedstaat haben und die Zuständigkeit dieses Staates für den Fall eines späteren Wohnsitzwechsels einer Partei ins Ausland vereinbaren. Art. 17 Nr. 3 EuGVVO enthält damit eine Ausnahme von der allgemeinen Regel, dass bei Prorogation auf ein Gericht des gemeinsamen Wohnsitzstaates die Bestimmungen der Verordnung nicht eingreifen. Auch für Gerichtsstandsvereinbarungen in Verbrauchersachen gelten im Übrigen – insbesondere hinsichtlich der Formerfordernisse – die allgemeinen Voraussetzungen für die Prorogation nach Art. 23 EuGVVO. Eine **rügelose Einlassung** nach Art. 24 EuGVVO ist hingegen auch in Verbrauchersachen uneingeschränkt zulässig.[289]

76

---

285 EuGH 15.09.1994, Rs C-318/93 – *Brenner, Noller/Dean Witter Reynolds Inc.* – Slg. 1994-I, 4275, 4292 [Rn. 17 f.] = IPRax 1995, 315 m. Anm. *Rauscher* 289; dazu die Abschlussentscheidung BGH 22.11.1994 – XI ZR 45/91, NJW 1995, 1225.
286 BayObLG 20.07.2005 – 1 Z AR 118/05, NJW 2006, 924; *Schlosser*-Bericht Nr. 161; *Geimer/Schütze*, Art. 16 Rn. 6.
287 EuGH 20.01.2005, Rs C-64/01 – *Gruber/BayWa AG* – Slg. 2005 I, 439, 473 [Rn. 32 f.].
288 *Geimer/Schütze*, Art. 16 Rn. 11.
289 EuGH 20.05.2010, Rs C-111/09 – *CPP/Bilas* – EuLF 2010 I, 64, 66 [Rn. 32 f.]; ebenso zu Art. 18 EuGVÜ OLG Koblenz 08.03.2000 – 2 U 1788/99, RIW 2000, 636; BGH 01.06.2005 – VIII ZR 256/04, RIW 2005, 776; OLG Frankfurt aM 20.04.2005 – 4 U 233/04, NJW-RR 2005, 935 f.; *Kropholler*, Art. 24 Rn. 17; a.A. *Mankowski*, IPRax 2001, 310 ff.

IV. Niederlassungsgerichtsstand

Art. 5

Eine Person, die ihren Wohnsitz im Hoheitsgebiet eines Mitgliedstaats hat, kann in einem anderen Mitgliedstaat verklagt werden:

...

5. wenn es sich um eine Streitigkeit aus dem Betrieb einer Zweigniederlassung, einer Agentur oder einer sonstigen Niederlassung handelt, vor dem Gericht des Ortes, an dem sich diese befindet;

1. Allgemeines

77 Erweitert ein Unternehmer seinen Geschäftsbereich dadurch, dass er eine Zweigniederlassung, Agentur oder sonstige Niederlassung im Ausland gründet, können alle gegen ihn gerichtete Klagen aus Schuldverträgen, die durch diese Niederlassung geschlossen oder erfüllt wurden nach Art. 5 Nr. 5 EuGVVO, auch am Ort dieser Niederlassung erhoben werden.

78 Der besondere Niederlassungsgerichtsstand ist nicht ausschließlich und kann durch eine Vereinbarung nach Art. 23 EuGVVO ausgeschlossen werden. Er greift nur ein, wenn sich der **Hauptsitz des Beklagten in einem Mitgliedstaat** befindet;[290] andernfalls kann Klage am Ort einer inländischen Zweigniederlassung gem. Art. 4 Abs. 1 EuGVVO nur nach Maßgabe des autonomen Prozessrechts – in Deutschland nach § 21 ZPO – erhoben werden.[291] Außerhalb des sachlichen bzw. räumlichen Anwendungsbereichs der Verordnung (und des Luganer Übereinkommens) begründet § 21 Abs. 1 ZPO mit der örtlichen zugleich die internationale Zuständigkeit der deutschen Gerichte am Ort der inländischen Niederlassung eines ausländischen Unternehmens.[292]

79 Die Eröffnung eines Gerichtsstands gegen den Geschäftsinhaber an dem – vom Geschäftssitz verschiedenen – Ort einer Niederlassung ist vor allem deshalb gerechtfertigt, weil der Beklagte seine Geschäftstätigkeit von diesem Ort aus entfaltet hat und es deshalb unbillig erschiene, wenn er den Kläger für daraus resultierende Streitigkeiten auf den allgemeinen Gerichtsstand des Art. 2 EuGVVO verweisen könnte.[293] Dieser Normzweck rechtfertigt den Gerichtsstand allerdings nur für **Klagen gegen den Inhaber** der Niederlassung, nicht hingegen für Aktivklagen des Inhabers der Niederlassung gegen das Stammhaus oder gegen Dritte.[294] Passiv legitimiert für die in diesem Gerichtsstand erhobenen Klagen ist nicht die Niederlassung selbst, sondern diejenige natürliche Person oder Gesellschaft, welche die Niederlassung gegründet hat und die ihrerseits ihren Wohnsitz in einem anderen Mitgliedstaat hat.[295] Maßgeblicher Zeitpunkt für das Bestehen der Niederlassung ist die Klageerhebung bzw. der Schluss der letzten mündlichen Tatsachenverhandlung.[296] Nach Auflösung der Niederlassung ist eine Klage in diesem besonderen Gerichtsstand ausgeschlossen.[297]

80 Im Interesse einer einheitlichen Anwendung des Art. 5 Nr. 5 EuGVVO durch die Gerichte der Mitgliedstaaten und damit der Rechtssicherheit befürwortet der EuGH zu Recht eine **autonome Auslegung** der in der Vorschrift verwendeten Begriffe der »Zweigniederlassung, Agentur oder

---

290 BGH 12.06.2007 – XI 290/06, IPRax 2008, 128 = RIW 2007, 873.
291 App. Paris 17.11.1993, Clunet 1994, 673; MüKo-ZPO/*Gottwald*, Art. 5 Rn. 82.
292 BGH 13.07.1987 – II ZR 188/86, NJW 1987, 3081, 3082 = IPRax 1989, 166 m. Anm. *Samtleben* 148; dazu näher *Wieczorek/Schütze/Hausmann*, § 21 Rn. 31 ff. m.w.N.
293 OLG Rostock 18.03.2009 – 1 U 232/08, OLGR 2009, 588; *Geimer/Schütze*, Art. 5 Rn. 296.
294 *Geimer/Schütze*, Art. 5 Rn. 298; *Schlosser*, Art. 5 Rn. 24; *Kropholler*, Art. 5 Rn. 101.
295 Vgl. *Rauscher/Leible*, Art. 5 Rn. 100.
296 OLG Saarbrücken 03.04.1979 – 2 U 185/76, RIW 1980, 796; BayObLG 25.01.1989 – AR 1 Z 112/88, WM 1989, 871.
297 LAG Hessen 12.02.2007 – 16 Sa 1366/06, IPRax 2008, 131; *Schlosser*, Art. 5 Rn. 24; vgl. auch BGH 12.06.2007 – XI ZR 290/06, IPRax 2008, 128, 129 m.w.N.

sonstigen Niederlassung« sowie der »aus dem Betrieb« einer solchen Niederlassung hervorgegangenen Streitigkeiten.[298] Die Systematik der Verordnung und der Gesichtspunkt der Rechtssicherheit legen insoweit eine restriktive Auslegung nahe.[299]

2. Der Begriff der Niederlassung

Eine »Zweigniederlassung« oder »Agentur« ist nach Ansicht des EuGH »wesentlich dadurch charakterisiert, dass sie der **Aufsicht und Leitung des Stammhauses** unterliegt«.[300] Deshalb begründet die Vorschrift keinen Gerichtsstand gegen einen Hersteller an der gewerblichen Niederlassung seines Alleinvertriebshändlers, der wirtschaftlich auf eigene Rechnung handelt,[301] oder eines Handelsvertreters, der seine Tätigkeit frei gestalten und seine Arbeitszeit bestimmen kann, ohne dass das Stammhaus befugt ist, ihm insoweit Weisungen zu erteilen.[302] Weiterhin muss die Zweigniederlassung als **Mittelpunkt der geschäftlichen Tätigkeit** des ausländischen Stammhauses im Inland hervortreten. Dies erfordert eine eigene Geschäftsführung, die personell und sachlich so ausgestattet ist, dass sie Verträge zwischen den inländischen Kunden und dem im Ausland ansässigen Stammhaus abschließen kann.[303] Hingegen erfordert der Niederlassungsbegriff der EuGVVO weder eine Befugnis zum eigenständigen Vertragsschluss, noch Vertretungsmacht für das Stammhaus. Vielmehr kann auch die bloße Vermittlung von Vertragsofferten genügen, wenn die Niederlassung der Kontrolle durch das Stammhaus unterliegt und als dessen Außenstelle hervortritt.[304] Die ist insbesondere bei Unterhaltung eines eigenen Büros gegeben, das dem Verkehr mit Kunden dient.[305] Eine reine Kontakt- oder Anlaufadresse, unter der keine Geschäftstätigkeit von gewisser Selbständigkeit und Dauerhaftigkeit entfaltet wird, begründet den Gerichtsstand nach Art. 5 Nr. 5 EuGVVO hingegen nicht.[306]

81

Maßgebend für das Vorliegen der genannten Kriterien ist nicht die interne Ausgestaltung der Beziehungen zwischen Stammhaus und ausländischer Niederlassung, sondern der im Geschäftsverkehr hervorgerufene **Rechtsschein**.[307] Deshalb ist Art. 5 Nr. 5 EuGVVO auch auf den Fall anwendbar, dass eine in einem Mitgliedstaat ansässige juristische Person ihre Tätigkeit in einem anderen Vertragsstaat mit Hilfe einer gleichnamigen selbständigen Gesellschaft mit identischer Geschäftsführung entfaltet, die in ihrem Namen verhandelt und Geschäfte abschließt und deren sie sich wie einer Außenstelle bedient.[308] Der Rechtsschein muss von dem verklagten Stammhaus,

82

---

298 EuGH 22.11.1978, Rs 33/78 – *Somafer/Saar-Ferngas* – Slg. 1978, 2183, 2192 [Rn. 8] = RIW 1979, 56; EuGH 18.03.1981, Rs 139/80 – *Blanckaert & Willems/Trost* – Slg. 1981, 819, 828 f. [Rn. 11 f.] = IPRax 1982, 64 m. Anm. *Linke* 46; EuGH 09.12.1987, Rs 218/86 – *Schotte/Parfums Rothschild* – Slg. 1987, 4905, 4919 [Rn. 9 f.] = RIW 1988, 136 m. Anm. *Geimer* 220; *Magnus/Mankowski*, Art. 5 Rn. 273.
299 *Thorn*, IPRax 1997, 98, 100; **a.A.** OLG Rostock 18.03.2009 – 1 U 232/08, OLGR 2009, 588; *Zöller/Geimer*, Art. 5 Rn. 40.
300 EuGH 06.10.1976, Rs 14/76 – *De Bloos/Bouyer* – Slg. 1976, 1497, 1509 f. [Rn. 20 f.] = RIW 1977, 42 m. Anm. *Linke*.
301 EuGH 06.10.1976 a.a.O.; *Kropholler*, Art. 5 Rn. 104 m.w.N.
302 EuGH 18.03.1981, Rs 139/80 – *Blanckaert & Willems/Trost* – Slg. 1981, 819, 829 [Rn. 12 f.].
303 EuGH 22.11.1978, Rs 33/78 – *Somafer/Saar-Ferngas* – Slg. 1978, 2183, 2193 [Rn. 12] = RIW 1979, 56.
304 Vgl. zur typischen »Repräsentanz« ausländischer Firmen im Inland OLG Düsseldorf 26.01.1988 – 4 U 190/87, WM 1989, 50, 54; *Wach/Weberpals* AG 1989, 193, 197; zu weitgehend OLG Düsseldorf 26.05.1995 – 17 U 240/94, IPRax 1997, 115 m. krit. Anm. *Thorn* 98.
305 OLG Rostock 18.03.2009 – 1 U 232/08, OLGR 2009, 588.
306 LG Wuppertal 08.09.1993 – 2 O 25/93, NJW-RR 1994, 191; OLG Düsseldorf 26.10.1998 – 13 U 192/94, IPRax 1998, 210, 211 m. Anm. *Zimmer*; vgl. zur Abgrenzung OLG Rostock 14.10.2005 – 8 U 84/04, NJW-RR 2006, 209; OLG Düsseldorf 02.03.2004 – 4 U 141/03, NJW-RR 2004, 1720.
307 EuGH 09.12.1987, Rs 218/86 – *Schotte/Parfums Rothschild* – Slg. 1987, 4905, 4920 [Rn. 16]; OLG Rostock 14.10.2005 – 8 U 84/04, NJW-RR 2006, 209; *Rauscher/Leible*, Art. 5 Rn. 104.
308 EuGH 09.12.1987 (vorige Fn.); zust. MüKo-ZPO/*Gottwald*, Art. 5 Rn. 79.

nicht von der Niederlassung allein hervorgerufen worden sein.[309] Die bloße konzernrechtliche Abhängigkeit der als juristische Person organisierten inländischen Niederlassung vom ausländischen Stammhaus (zB aufgrund eines Beherrschungsvertrages) reicht hingegen für die Begründung des Gerichtsstands nach Art. 5 Nr. 5 EuGVVO nicht aus. Die inländische Niederlassung muss vielmehr im Namen der ausländischen Muttergesellschaft gehandelt und dadurch dem Geschäftspartner gegenüber den Eindruck erweckt haben, diese andere Gesellschaft werde für die von ihr eingegangenen Verbindlichkeiten einstehen.[310] Daher ist am Sitz der inländischen Tochtergesellschaft eines ausländischen Unternehmens dann kein Gerichtsstand nach Art. 5 Nr. 5 EuGVVO begründet, wenn die Tochter – wie im Regelfall – Geschäfte im eigenen Namen abschließt und in ihren täglichen Geschäften nicht der Aufsicht und Leitung durch die ausländische Mutter unterliegt.[311]

3. Betriebsbezogenheit der Klage

83 Der von Art. 5 Nr. 5 EuGVVO weiterhin geforderte Bezug des Rechtsstreits zum Betrieb der Niederlassung ist vor allem bei Rechtsstreitigkeiten gegeben, in denen es um vertragliche Ansprüche im Zusammenhang mit der Unterhaltung der Niederlassung selbst geht, wie etwa »die Rechte und Pflichten im Zusammenhang mit der Vermietung des Grundstücks, auf dem die Niederlassung errichtet ist, oder mit der am Ort vorgenommenen Einstellung des dort beschäftigten Personals«.[312] Betriebsbezogen sind ferner »Rechtsstreitigkeiten, die sich auf Verbindlichkeiten beziehen, die der vorstehend beschriebene Mittelpunkt geschäftlicher Tätigkeit im Namen des Stammhauses eingegangen ist und die in dem Vertragsstaat zu erfüllen sind, in dem dieser Mittelpunkt besteht«.[313] Daraus folgt aber nicht, dass der Erfüllungsort i.S.v. Art. 5 Nr. 1 EUGVVO im Staat der Niederlassung liegen müsste, denn andernfalls käme dem internationalen Niederlassungsgerichtsstand nach Art. 5 Nr. 5 EuGVVO neben dem Gerichtsstand des Erfüllungsorts praktisch keine eigenständige Bedeutung zu; er könnte dann allenfalls eine weitere *örtliche* Zuständigkeit begründen.[314] Den hinreichenden Bezug zum Geschäftsbetrieb der Niederlassung haben danach nicht nur die dort zu erfüllenden, sondern auch die dort lediglich geschlossenen – und in einem anderen Staat zu erfüllenden – Verträge sowie Klagen aus Vertragsverletzungen, die am Ort der Niederlassung begangen wurden. Hingegen fehlt es an einer Streitigkeit »aus dem Betrieb« der Zweigniederlassung, wenn der Vertrag bereits vor der Errichtung dieser Niederlassung geschlossen wurde.[315]

V. Gerichtsstände des Sachzusammenhangs

Art. 6

Eine Person, die ihren Wohnsitz im Hoheitsgebiet eines Mitgliedstaats hat, kann auch verklagt werden:

1. wenn mehrere Personen zusammen verklagt werden, vor dem Gericht des Ortes, an dem einer der Beklagten seinen Wohnsitz hat, sofern zwischen den Klagen eine so enge Beziehung gegeben ist, dass eine gemeinsame Verhandlung und Entscheidung geboten erscheint, um zu vermeiden, dass in getrennten Verfahren widersprechende Entscheidungen ergehen könnten;

---

309 OLG Koblenz 29.09.2005 – 5 U 131/05, RIW 2006, 311, 312.
310 Vgl. näher *Kronke*, IPRax 1989, 81, 83; MüKo-ZPO/*Gottwald*, Art. 5 Rn. 78 f.; krit. *Droz*, Rev. crit. 1988, 739; *Bischoff*, Clunet 1988, 546.
311 *Kropholler*, Art. 5 Rn. 107 m.w.N.
312 EuGH 22.11.1978, Rs 33/78 – *Somafer/Saar-Ferngas* – Slg. 1978, 2183, 2193 [Rn. 13] = RIW 1979, 56.
313 EuGH 22.11.1978 (vorige Fn.).
314 EuGH 06.04.1995, Rs C-439/93 – *Lloyd's Register/Société Bernard* – Slg. 1995 I, 974, 980 [Rn. 17] = RIW 1995, 585; ebenso schon OLG Saarbrücken 03.04.1979 – 2 U 185/76, RIW 1980, 796.
315 OLG Celle 29.11.2001 – 11 U 344/00, OLGR 2002, 59.

2. wenn es sich um eine Klage auf Gewährleistung oder um eine Interventionsklage handelt, vor dem Gericht des Hauptprozesses, es sei denn, dass die Klage nur erhoben worden ist, um diese Person dem für sie zuständigen Gericht zu entziehen;

1. Allgemeines

EuGVVO und Luganer Übereinkommen messen dem Sachzusammenhang im Interesse der Vermeidung widersprüchlicher Entscheidungen der Gerichte verschiedener Mitgliedstaaten in weitem Umfang kompetenzrechtliche Bedeutung zu. Sie haben daher in Art. 6 EuGVVO außer dem auch im deutschen Recht bekannten Gerichtsstand der Widerklage (Nr. 3) sowie der Möglichkeit, bestimmte Vertragsklagen auch im dinglichen Gerichtsstand zu erheben (Nr. 4), die Gerichtsstände der Streitgenossenschaft (Nr. 1) und der Gewährleistungs- und Interventionsklage (Nr. 2) in ihren Zuständigkeitskatalog aufgenommen.

Durch diese weite Anerkennung der **Konnexität als Kompetenzgrund** wird der durch Art. 2 Abs. 1 EuGVVO garantierte Grundsatz »actor sequitur forum rei« erheblich stärker eingeschränkt als nach autonomem deutschen Prozessrecht.[316] Die Aufzählung der Gerichtsstände des Sachzusammenhangs in Art. 6 EuGVVO ist *abschließend*; ein allgemeiner Gerichtsstand des Sachzusammenhangs kann insbesondere nicht aus Art. 28 EuGVVO hergeleitet werden.[317] In Versicherungs-, Verbraucher- und Arbeitssachen findet Art. 6 keine Anwendung.[318]

2. Streitgenossenschaft, Art. 6 Nr. 1 EuGVVO

Während das deutsche Recht im Falle der Streitgenossenschaft auf der Beklagtenseite nur die Möglichkeit eröffnet, ein gemeinsames Gericht nach § 36 Nr. 3 ZPO bestimmen zu lassen, normiert Art. 6 Nr. 1 EuGVVO einen allgemeinen Gerichtsstand der Streitgenossenschaft. Danach kann eine Person, die ihren Wohnsitz im Hoheitsgebiet eines Mitgliedstaats hat, im Falle bestehender Konnexität auch vor dem Gericht des Ortes verklagt werden, an dem ein anderer Beklagter seinen Wohnsitz hat. Dieser Gerichtsstand hat insbesondere in **Bauprozessen**, in denen häufig mehrere am Bauvorhaben beteiligte Unternehmen und Personen (Bauunternehmer, Subunternehmer, Architekten etc.) zusammen verklagt werden, große praktische Bedeutung.

a) Anwendungsbereich

Voraussetzung für die Anwendung von Art. 6 Nr. 1 EuGVVO ist damit in jedem Falle, dass der **Wohnsitz des Erstbeklagten** sich **in einem Mitgliedstaat** befindet. Keinesfalls kann eine Person, die ihren Wohnsitz im Hoheitsgebiet eines Mitgliedstaats hat, daher in einem anderen Mitgliedstaat nur deshalb verklagt werden, weil vor einem dortigen Gericht, eine – auf das nationale Zuständigkeitsrecht gestützte (Art. 4 Abs. 1 EuGVVO) – Klage gegen einen Mitbeklagten mit Wohnsitz in einem Drittstaat anhängig ist; dies gilt auch dann, wenn der Rechtsstreit einen unteilbaren Charakter aufweist.[319] Denn auf diese Weise würde einem Beklagten mit Wohnsitz in einem Mitgliedstaat – entgegen Art. 3 Abs. 1 EuGVVO – der durch die Verordnung gewährte Schutz entzogen.[320] Umstritten ist hingegen, ob – umgekehrt – nach Art. 6 Nr. 1 EuGVVO am Wohnsitz eines in einem Mitgliedstaat wohnhaften Streitgenossen auch gegen einen Mitbeklagten

---

316 *Geimer/Schütze*, Art. 6 Rn. 1.
317 EuGH 24.06.1981, Rs 150/80 – *Elefantenschuh/Jacqmain* – Slg. 1981, 1671, 1687 [Rn. 19] = IPRax 1982, 234 m. Anm. *Leipold* 222; *Magnus/Mankowski/Muir Watt*, Art. 6 Rn. 10.
318 EuGH 22.05.2008, Rs C-462/06 – *Glaxosmithkline/Rouard* – Slg. 2008, 3965, [Rn. 19 ff.] = EuZW 2008, 369 m. Anm. *Sujecki*.
319 EuGH 27.01.1998, Rs C-51/97 – *Réunion Européenne/Spliethoff's* – Slg. 1998 I, 6511, 6549 [Rn. 52] = EuZW 1999, 59.
320 EuGH 27.01.1998 (vorige Fn.) [Rn. 46]; zust. *Kropholler*, Art. 6 Rn. 6; *Rauscher/Leible*, Art. 6 Rn. 6; *Thomas/Putzo/Hüßtege*, Art. 6 Rn. 1.

vorgegangen werden kann, der seinen Wohnsitz in einem Drittstaat hat. Nach dem Wortlaut des Art. 6 Nr. 1 EuGVVO scheidet diese Möglichkeit aus. Da dies zu einer Privilegierung von Personen mit Wohnsitz in einem Drittstaat gegenüber solchen mit Wohnsitz in einem anderen Mitgliedstaat führen würde, wird allerdings verbreitet eine analoge Anwendung der Vorschrift auf diesen Fall befürwortet.[321] Art. 6 Nr. 1 erfordert nicht, dass die Klagen gegen sämtliche Streitgenossen gleichzeitig erhoben werden; es genügt vielmehr, wenn die Klage gegen eine Partei im Laufe des Verfahrens auf andere Parteien erweitert wird.[322]

88 Art. 6 Nr. 1 EuGVVO regelt auch die **örtliche Zuständigkeit**. Haben zumindest zwei der Beklagten ihren Wohnsitz in verschiedenen Mitgliedstaaten, so können an jedem Beklagtenwohnsitz auch Personen mitverklagt werden, die ihren Wohnsitz ebenfalls im Gerichtsstaat haben.[323] Streitig ist hingegen, ob Art. 6 Nr. 1 EuGVVO die örtliche Zuständigkeit am deutschen Wohnsitz eines der Beklagten auch dann begründet, wenn sämtliche Beklagten ihren Wohnsitz in Deutschland haben, sofern der Sachverhalt nur einen sonstigen Auslandsbezug aufweist (zB Klägerwohnsitz im Ausland).[324] Da sich die internationale Zuständigkeit der deutschen Gerichte in diesem Fall bereits aus Art. 2 Abs. 1 EuGVVO ergibt, würde Art. 6 Nr. 1 EuGVVO dem Kläger für die Klage gegen sämtliche Beklagte ein Wahlrecht zwischen den örtlichen Gerichtsständen am Wohnsitz der verschiedenen Beklagten einräumen. Dies ist aber nicht die Funktion der Vorschrift; diese setzt vielmehr nach ihrem Einleitungssatz voraus, dass zumindest ein Beklagter in einem von seinem Wohnsitzstaat verschiedenen Mitgliedstaat verklagt wird. Maßgebend ist in diesem Fall daher das innerstaatliche Recht, in Deutschland also § 36 Nr. 3 ZPO.[325]

b) Konnexität

89 Art. 6 Nr. 1 EuGVVO gibt dem Kläger kein Recht, eine Klage gegen mehrere Beklagte allein zu dem Zweck zu erheben, einen dieser Beklagten der Zuständigkeit der Gerichte seines Wohnsitzstaates zu entziehen.[326] Zwischen den Klageansprüchen muss daher »eine so enge Beziehung gegeben (sein), dass eine gemeinsame Verhandlung und Entscheidung geboten erscheint, um zu vermeiden, dass in getrennten Verfahren widersprechende Entscheidungen ergehen könnten«[327] Der erforderliche Sachzusammenhang ist im Wege autonomer Auslegung des Art. 6 Nr. 1 EuGVVO zu konkretisieren;[328] dabei kann allerdings auch auf die in den nationalen Prozessrechten entwickelten Kriterien – zB auf die Voraussetzungen der notwendigen Streitgenossenschaft in § 60 ZPO – zurückgegriffen werden.[329] Die Beweislast für die Konnexität trägt der Kläger.[330] Eine

---

321 Vgl. *Geimer/Schütze*, Art. 6 Rn. 4 ff.; MüKo-ZPO/*Gottwald*, Art. 6 Rn. 3; *Kropholler*, Art. 6 Rn. 7; *Rauscher/Leible*, Art. 6 Rn. 7; *Schack*, IZVR Rn. 411; a.A. zu Recht OLG Hamburg 09.07.1992 – 6 U 57/92, IPRspr. 1992 Nr. 193; *Grolimund* Rn. 415, 423; *Vogenauer*, IPRax 2001, 253, 256 f.; Thomas/Putzo/*Hüßtege*, Art. 6 Rn. 1; *Wieczorek/Schütze/Hausmann*, Art. 6 EuGVÜ Rn. 3.
322 OLG Köln 29.01.2009 – 18 U 143/08, EuLF 2009 II, 71, 72; BGH 30.11.2009 – II ZR 55/09, IPRax 2010, 533 m. Anm. *Mock* 510.
323 *Geimer/Schützel/Auer*, IRV Art. 6 Rn. 14; *Rauscher/Leible*, Art. 6 Rn. 4a.
324 So KG 09.04.2001 – 28 AR 8/01, IPRax 2002, 515 m. zust. Anm. *Brand/Scherber* 500; *Vossler*, IPRax 2007, 281, 283 f.
325 BayObLG 25.03.1997 – 1 Z AR 2/97, RIW 1997, 596, 597 und 10.11.2004 – 1 Z AR 137/04, NJOZ 2005, 4360; *Schlosser*, Art. 6 Rn. 2; *Kropholler*, Art. 6 Rn. 2; *Rauscher/Leible*, Art. 6 Rn. 4a; *Geimer/Schütze*, Art. 6 Rn. 15.
326 *Kropholler*, Art. 6 Rn. 8.
327 Vgl. zum EuGVÜ EuGH 27.09.1988, Rs 189/87 – *Kalfelis/Schröder* – Slg. 1988, 5565, 5584 [Rn. 13] = NJW 1988, 3088 m. Anm. *Geimer* = IPRax 1989, 288 m. Anm. *Gottwald* 272; zust. OLG Düsseldorf 03.04.2003 – I-6 U 147/02, RIW 2004, 230 = NZG 2004, 869.
328 EuGH 27.09.1988, Rs 189/87 a.a.O., Nr. 10 ff.; *Althammer* IPRax 2006, 558 [560 f.]; *Rauscher/Leible*, Art. 6 Rn. 8; a.A. noch öst. OGH 17.05.2001, ZfRV 2002, 23; App. Paris 10.05.1989, RIW 1989, 569 m. Anm. *Sterzing*.
329 *Kropholler*, Art. 6 Rn. 10; *Wieczorek/Schütze/Hausmann*, Art. 6 EuGVÜ Rn. 60.
330 BAG 23.01.2008 – 5 AZR 60/07, NJW 2008, 2797.

Konnexität hatte der EuGH zwar für den Gerichtsstand nach Art. 5 Nr. 3 EuGVVO verneint, wenn sich die Klagebegehren gegen einen Beklagten auf eine deliktische, gegen den anderen Beklagten auf eine vertragliche Grundlage stützten.[331] Diese Bewertung war in der Rechtsprechung der Mitgliedstaaten anschließend auch auf Art. 6 Nr. 1 EuGVVO übertragen worden.[332] Inzwischen hat der EuGH freilich klargestellt, dass weitere Beklagte in diesem Gerichtsstand mitverklagt werden können, ohne dass die erhobenen Klagen auf den gleichen – vertraglichen oder außervertraglichen – Rechtsgrundlagen beruhen müssen.[333] Die Konnexität wird auch nicht dadurch ausgeschlossen, dass sich die Ansprüche gegen die verschiedenen Beklagten nach unterschiedlichem Recht richten.[334]

c) Missbrauchskontrolle

Zwar dient bereits das Erfordernis der Konnexität dem Ziel, eine missbräuchliche Ausnutzung des Gerichtsstands nach Art. 6 Nr. 1 EuGVVO zu Lasten eines Beklagten zu verhindern.[335] Der EuGH lässt jedoch in engen Grenzen eine weitergehende Missbrauchskontrolle zu. Seiner Ansicht nach kann die besondere Zuständigkeitsregel in Art. 6 Nr. 1 EuGVVO nicht so ausgelegt werden, dass sie dem Kläger die Möglichkeit eröffnet, eine Klage gegen mehrere Beklagte allein zu dem Zweck zu erheben, einen dieser Beklagten der Zuständigkeit der Gerichte seines Wohnsitzstaates zu entziehen.[336] Ein solcher Missbrauch liegt insbesondere nahe, wenn die Klage gegen den im Gerichtsstand ansässigen Beklagten schon im Zeitpunkt ihrer Erhebung unzulässig oder unschlüssig ist;[337] allerdings reicht die Unzulässigkeit der Klage gegen den im Gerichtsstaat wohnhaften Beklagten nach dem nationalen Prozessrecht allein für die Annahme eines Missbrauchs nicht aus.[338] Eine allgemeine Missbrauchskontrolle findet im Rahmen des Art. 6 Nr. 1 EuGVVO jedoch nicht statt, weil der Verordnungsgeber die in Art. 6 Nr. 2 EuGVVO genannte Schranke bewusst nicht in die Nr. 1 übernommen hat.[339]

90

d) Beklagtenwohnsitz

Als Gerichtsstand der Streitgenossenschaft kommt allein der allgemeine Gerichtsstand eines Beklagten nach Art. 2 Abs. 1 i.V.m. Art. 59, 60 EuGVVO in Betracht. Hingegen reicht der gegen einen der Beklagten in einem Mitgliedstaat begründete besondere Gerichtsstand des Begehungsorts nach Art. 5 Nr. 3 EuGVVO nicht aus, um die Zuständigkeit dieses Gerichts auch gegen andere Beklagte i.S.v. Art. 6 Nr. 1 EuGVVO zu begründen.[340] Da Art. 6 Nr. 1 EuGVVO mit der internationalen auch die örtliche Zuständigkeit am Wohnsitz eines Beklagten begründet, ist es er-

91

---

331 EuGH 27.09.1988, Rs C 51-97 – *Réunion Européenne/Spliethoff's* – Slg. 1998 I, 6511, 6549 Nr. 50; zu Recht krit. dazu *Gaudemet-Tallon*, Rev. crit. 1999, 339 f.; *Leclerc*, Clunet 1999, 635.
332 Cass. civ. 08.01.2002, Rev. crit. 2003, 126 m. Anm. *Gaudemet-Tallon*; ebenso für die Konkurrenz von Ansprüchen aus Delikt und ungerechtfertigter Bereicherung BGH 23.10.2001 – XI ZR 83/01, NJW-RR 2002, 1149 = EuLF 2002, 82 [zum LugÜ]; krit. *Kropholler*, Art. 6 Rn. 9.
333 EuGH 11.10.2007, Rs C-98/06 – *Freeport/Arnoldsson* – Slg. 2007 I, 8319, 8353 f. [Rn. 38 ff.] = IPRax 2008, 253 m. Anm. *Althammer* 228; zust. BGH 30.11.2009 – II ZR 55/09, IPRax 2010, 533 m. Anm. *Mock* 510.
334 OLG Köln 29.01.2009 – 18 U 143/08, EuLF 2009 II, 71, 72 = OLGR 2009, 597.
335 *Geimer/Schütze*, Art. 6 Rn. 23; *Staudinger/Leible*, Art. 6 Rn. 9.
336 EuGH 13.07.2006, Rs C-103/05 – *Reisch Montage/Kiesel* – Slg. 2006 I, 6827, 6850 [Rn. 32] = IPRax 2006 m. Anm. *Althammer* 558; ähnlich schon öst. OGH 02.02.2005, EuLF 2005 II, 108; zust. *Kropholler*, Art. 6 Rn. 15; *Schlosser*, Art. 6 Rn. 3; *Geimer/Schütze*, Art. 6 Rn. 23.
337 BAG 23.01.2008 – 5 AZR 60/07, NJW 2008, 2797.
338 Vgl. EuGH 13.07.2006 a.a.O. [Rn. 31]; *Zöller/Geimer*, Art. 6 Rn. 2a; **a.A.** *Althammer*, IPRax 2006, 558, 560 f.
339 EuGH 11.10.2007, Rs C-89/06 – *Freeport/Arnoldsson*, Slg. 2007 I, 8319, 8357 [Rn. 51 ff.] = NJW 2007, 3702 m. Anm. *Sujecki*.
340 *Kropholler*, Art. 6 Rn. 12.

forderlich, dass einer der Beklagten im Bezirk des angerufenen Gerichts – und nicht nur irgendwo in diesem Mitgliedstaat – wohnt.[341] Der von Art. 6 Nr. 1 EuGVVO geforderte Bezug zum Wohnsitz eines Beklagten kann auch nicht durch die Vereinbarung eines Gerichtsstands mit nur einem der Beklagten nach Art. 23 EuGVVO oder durch rügelose Einlassung nach Art. 24 EuGVVO ersetzt werden.[342] Hingegen kann der Gerichtsstand der Streitgenossenschaft durch eine wirksame Gerichtsstandvereinbarung nach Art. 23 EuGVVO abbedungen werden.[343]

3. Gewährleistungs- und Interventionsklage, Art. 6 Nr. 2 EuGVVO

92 Nach dem Vorbild der romanischen Rechtsordnungen eröffnet Art. 6 Nr. 2 EuGVVO eine besondere Zuständigkeit am Ort des Hauptprozesses für Gewährleistungs- und Interventionsklagen. Danach kann ein Kläger, der im Fall des Unterliegens im Hauptprozess gegen einen Dritten Anspruch auf Gewährleistung, Schadloshaltung oder Freistellung hat, diesen Dritten in den Rechtsstreit hineinziehen, auch wenn das Gericht des Hauptprozesses für den Rechtsstreit gegen den Dritten nach den allgemeinen Regeln (Art. 2, 5 EuGVVO) nicht zuständig wäre.[344] Aufgrund des von der Bundesrepublik Deutschland erklärten Vorbehalts nach Art. 65 EuGVVO kann die in Art. 6 Nr. 2 EuGVVO vorgesehene internationale Zuständigkeit vor deutschen Gerichten allerdings nicht in Anspruch genommen werden. Gleiches gilt aufgrund entsprechender Vorbehalte in Österreich, Ungarn und – für das Luganer Übereinkommen – in der Schweiz. Wird der Hauptprozess daher vor einem deutschen Gericht geführt, so können Drittbeteiligte nur nach den Vorschriften über die Streitverkündung (§§ 72–74 ZPO) und die Nebenintervention (§ 68 ZPO) einbezogen werden.[345] Allerdings müssen die in einem ausländischen Gerichtsstand der Gewährleistungs- und Interventionsklage ergangenen Urteile gemäß Art. 65 Abs. 2 EuGVVO auch in Deutschland anerkannt und vollstreckt werden.[346] Umgekehrt tritt die Nebeninterventionswirkung nach § 74 ZPO gem. Art. 65 Abs. 2 S. 2 EuGVVO auch gegenüber einem Streitverkündeten mit Wohnsitz in einem anderen Mitgliedstaat der Verordnung ein.[347] Die Gerichtspflichtigkeit vor den Gerichten anderer Mitgliedstaaten nach Art. 6 Nr. 2 EuGVVO kann durch Gerichtsstandsvereinbarung ausgeschlossen werden.[348]

VI. Vereinbarter Gerichtsstand

Art. 23

(1) Haben die Parteien, von denen mindestens eine ihren Wohnsitz im Hoheitsgebiet eines Mitgliedstaats hat, vereinbart, dass ein Gericht oder die Gerichte eines Mitgliedstaats über eine bereits entstandene Rechtsstreitigkeit oder über eine künftige aus einem bestimmten Rechtsverhältnis entspringende Rechtsstreitigkeit entscheiden sollen, so sind dieses Gericht oder die Gerichte dieses Mitgliedstaats zuständig. Dieses Gericht oder die Gerichte dieses Mitgliedstaats sind ausschließlich zuständig, sofern die Parteien nichts anderes vereinbart haben. Eine solche Gerichtsstandsvereinbarung muss geschlossen werden

---

341 LG Düsseldorf 25.03.1999 – 4 O 198/97, GRUR Int. 1999, 775; *Geimer/Schütze*, Art. 6 Rn. 26.
342 *Geimer/Schütze/Auer*, IRV, Art. 6 Rn. 7; *Wieczorek/Schütze/Hausmann*, Art. 6 EuGVÜ Rn. 11.
343 Vgl. BGH 19.03.1987 – I ARZ 903/86, NJW 1988, 646; *Kropholler*, Art. 6 Rn. 17.
344 Vgl. zu den Voraussetzungen des Art. 6 Nr. 2 näher EuGH 15.05.1990, Rs C-365/88 – *Kongressagentur Hagen/Zeehaghe* – Slg. 1990 I, 1845 ff. = IPRax 1992, 310 m. Anm. *Coester-Waltjen* 290; EuGH 26.05.2005, Rs C-77/04 – *GIE Réunion Européenne/Zurich España* – Slg. 2005 I, 4509, 4533 [Rn. 34] = IPRax 2005, 535 m. Anm. *Rüfner* 500; *Rauscher/Leible*, Art. 6 Rn. 11 ff.; *Kropholler*, Art. 6 Rn. 26 ff.
345 Krit. zu dieser Einschränkung des Rechtsschutzes vor deutschen Gerichten im Hinblick auf Art. 12 EG (Art. 18 AEUV) *Zöller/Geimer*, Art. 6 Rn. 3.
346 Vgl. OLG Hamburg 05.08.1993 – 6 W 92/89, IPRax 1995, 391; ebenso in Österreich OGH 20.01.2004, TranspR 2004, 251.
347 Zu Einzelheiten *Kropholler*, Art. 6 Rn. 19 ff.
348 *Kropholler*, Art. 6 Rn. 34.

a) schriftlich oder mündlich mit schriftlicher Bestätigung,

b) in einer Form, welche den Gepflogenheiten entspricht, die zwischen den Parteien entstanden sind, oder

c) im internationalen Handel in einer Form, die einem Handelsbrauch entspricht, den die Parteien kannten oder kennen mussten und den Parteien von Verträgen dieser Art in dem betreffenden Geschäftszweig allgemein kennen und regelmäßig beachten.

(2) Elektronische Übermittlungen, die eine dauerhafte Aufzeichnung der Vereinbarung ermöglichen, sind der Schriftform gleichgestellt.

(3) Wenn eine solche Vereinbarung von Parteien geschlossen wurde, die beide ihren Wohnsitz nicht im Hoheitsgebiet eines Mitgliedstaats haben, so können die Gerichte der anderen Mitgliedstaaten nicht entscheiden, es sei denn, das vereinbarte Gericht oder die vereinbarten Gerichte haben sich rechtskräftig für unzuständig erklärt.

(4) Ist in schriftlich niedergelegten trust-Bedingungen bestimmt, dass über Klagen gegen einen Begründer, trustee oder Begünstigten eines trust ein Gericht oder die Gerichte eines Mitgliedstaats entscheiden sollen, so ist dieses Gericht oder sind diese Gerichte ausschließlich zuständig, wenn es sich um Beziehungen zwischen diesen Personen oder ihre Rechte oder Pflichten im Rahmen des trust handelt.

(5) Gerichtsstandsvereinbarungen und entsprechende Bestimmungen in trust-Bedingungen haben keine rechtliche Wirkung, wenn sie den Vorschriften der Artikel 13, 17 und 21 zuwiderlaufen oder wenn die Gerichte, deren Zuständigkeit abbedungen wird, aufgrund des Artikels 22 ausschließlich zuständig sind.

Vorrang vor den zuvor behandelten gesetzlichen Gerichtsständen hat auch für Streitigkeiten aus internationalen Bau- und Architektenverträgen ein nach Maßgabe von Art. 23 EuGVVO wirksam vereinbarter Gerichtsstand: 93

Gerichtsstandsvereinbarungen spielen in der Praxis des grenzüberschreitenden Handels- und Wirtschaftsverkehrs zwar heute eine bedeutende Rolle, weil sie den Parteien die Möglichkeit geben, schon bei Vertragsschluss Rechtssicherheit über den Austragungsort etwaiger aus dem Vertrag entstehender Rechtsstreitigkeiten zu schaffen. Im internationalen Baurecht werden Gerichtsstandsvereinbarungen indessen heute in weitem Umfang durch **Schiedsvereinbarungen** verdrängt. Die Vorteile einer schiedsrichterlichen Streiterledigung liegen vor allem in der Abkürzung der Verfahrensdauer durch die Beschränkung auf eine Instanz, der größeren Freiheit der Verfahrensgestaltung und der Möglichkeit, die Entscheidung Schiedsrichtern zu übertragen, die über spezielle Sachkunde im Recht der Bau- und Anlagenverträge verfügen.[349] Aus diesem Grunde werden nachfolgend nur einige kurze Hinweise zu internationalen Gerichtsstandsvereinbarungen gegeben; wegen der Einzelheiten wird auf die Spezialliteratur zum internationalen Prozessrecht verwiesen.[350] 94

1. Anwendungsbereich

Der räumlich-persönliche Anwendungsbereich von Art. 23 EuGVVO ist weiter als der Anwendungsbereich der gesetzlichen Zuständigkeiten nach Art. 2 ff. EuGVVO. Denn abweichend von den Grundregeln in Art. 2 Abs. 1 und 4 Abs. 1 EuGVVO[351] genügt es auch, dass nur der Kläger 95

---

349 Zu den Vorteilen der Schiedsgerichtsbarkeit im internationalen Wirtschaftsverkehr vgl. statt vieler *Hausmann*, in: Reithmann/Martiny[7] Rn. 6550. Zu internationalen Schiedsvereinbarungen umfassend *Hausmann* a.a.O., Rn. 6502–6811.

350 Ausführlich zu internationalen Gerichtsvereinbarungen *Hausmann*, in: Reithmann/Martiny[7] Rn. 6352–6547 m. ausf. Nachw.

351 Vgl. oben A.II.4 Rdn. 14.

seinen Wohnsitz in einem Mitgliedstaat der Verordnung hat.[352] Ferner ist auch ein Bezug zu einem weiteren Mitgliedstaat entbehrlich.[353] Auch die Gerichtsstandsvereinbarung zwischen einem deutschen Bauunternehmer und einem Auftraggeber, der seinen Sitz in einem Drittstaat (z.B. in China) hat, ist daher an Art. 23 EuGVVO zu messen, wenn das Gericht eines Mitgliedstaats der EU (mit Ausnahme von Dänemark) als zuständig vereinbart wird. Das nationale Prozessrecht (in Deutschland also die §§ 38, 40 ZPO) finden nur noch Anwendung, wenn entweder beide Vertragsparteien ihren (Wohn-) Sitz in Drittstaaten haben oder wenn die Zuständigkeit der Gerichte in einem Drittstaat vereinbart wird. In seinem Geltungsbereich verdrängt Art. 23 EuGVVO das nationale Recht der Mitgliedstaaten vollständig.[354] Unanwendbar sind daher in Verfahren vor deutschen Gerichten nicht nur die §§ 38, 40 ZPO, sondern auch sonstige Prorogationsschranken, etwa die Einbeziehungs- oder Inhaltskontrolle von Gerichtsstandsklauseln in AGB nach § 307 BGB[355] oder die Annahme der Unwirksamkeit einer Gerichtsstandsvereinbarung, wenn vor dem prorogierten Gericht die Durchsetzung inländischer Eingriffsnormen nicht gewährleistet ist.[356]

2. Vereinbarung

96 Art. 23 Abs. 1 S. 1 EuGVVO verlangt, dass die Parteien über die gerichtliche Zuständigkeit eine Vereinbarung getroffen haben. Maßgebend für das Zustandekommen dieser Vereinbarung ist in erster Linie europäisches Einheitsrecht.[357] Danach muss die Zustimmung jedenfalls in den Fällen des Art. 23 Abs. 1 S. 3 lit. a und b EuGVVO klar und deutlich zum Ausdruck gebracht worden sein.[358] Eine ausdrückliche Abrede ist freilich nicht erforderlich; vielmehr reicht die stillschweigende Vereinbarung eines Gerichtsstands – z.B. durch Verweisung auf AGB – grundsätzlich aus.[359] Entspricht die Form der Vereinbarung einem internationalen Handelsbrauch i.S.v. Art. 23 Abs. 1 S. 3 lit. c EuGVVO, so begründet die Einhaltung der Form allerdings eine Vermutung dafür, dass sich die Parteien über den Gerichtsstand auch wirksam geeinigt haben.[360] Diejenigen Voraussetzungen einer wirksamen Willenseinigung, die – wie z.B. der Zugang, die Bindungswirkung und die Auslegung von Willenserklärungen sowie die Folgen von Willensmängeln – in Art. 23 EuGVVO auch nicht ansatzweise geregelt sind, beurteilen sich nach dem Recht, das nach dem IPR der lex fori auf die Vereinbarung anzuwenden ist (Prorogationsstatut).[361]

---

352 EuGH 13.07.2000, RS. C-412/98 – *Group Josi/UGIC* – Slg. 20000 I, 5925, 5954 [Rn. 19] = EuLF 2000/01, 49 m. Anm. *Geimer*.

353 Vgl. EuGH 01.03.2005, Rs. C-281/02 – *Owusu/Jackson* – Slg. 2005 I, 1445, 1459 [Rn. 35] = IPRax 2005, 244 m. Anm. *Heinze/Dutta* 224; *Hausmann*, in: *Reithmann/Martiny*[7] Rn. 6376 ff. m.w.N.

354 Vgl. zu strengen nationalen Formerfordernissen EuGH 16.03.1999, Rs. C-159/97 – *Transporti Castelletti/Hugo Trumpy* – Slg. 1999 I, 1597, 1611 [Rn. 37 f.] = IPRax 2000, 119 m. Anm. *Girsberger* 87; zu Anforderungen an die Vertragssprache EuGH 24.06.1981, Rs. 150/80 – *Elefanten Schuh/Jacqmain* – Slg. 1981, 1671, 1688 [Rn. 26] = IPRax 1982, 234 m. Anm. *Leipold* 222.

355 *Hausmann*, in: *Reithmann/Martiny*[7] Rn. 6390 ff. m. ausf. Nachw.

356 *Zöller/Geimer*, Art. 23 Rn. 46; *Schlosser*, Art. 23 Rn. 23; a.A. noch BGH 12.03.1984 – II ZR 10/83, NJW 1984, 2037.

357 EuGH 10.03.1992, Rs. C-214/89 – *Powell Duffryn/Petereit* – Slg. 1992 I, 1745, 1774 [Rn. 13 f.] = NJW 1992, 1671; dazu *Hausmann*, in: *Reithmann/Martiny*[7] Rn. 6411 ff. m.w.N.

358 EuGH 14.12.1970, Rs. 24/76 – *Colzani/RÜWA* – Slg. 1976, 1831, 1841 [Rn. 7] = NJW 197, 499; dazu *Hausmann*, in: *Reithmann/Martiny*[7] Rn. 6412 m.w.N.

359 BGH 09.03.1994 – VII ZR 185/92, NJW 1994, 2099; BGH 28.03.1996, NJW 1996, 1819; *Magnus*, in: *Magnus/Mankowski*, Art. 23 Rn. 78.

360 EuGH 20.02.1997, Rs C-106/95 – *MSG/Les Gravières Rhénanes* – Slg. 1997 I, 932, 940 f. [Rn. 19 f.] = NJW 1997, 1431; dazu *Hausmann*, in: *Reithmann/Martiny*[7] Rn. 6415 m.w.N.

361 *Kropholler*, Art. 23 Rn. 27; MüKo-ZPO/*Gottwald*, Art. 23 Rn. 15.

3. Form

Die Anforderungen an die Form der Gerichtsstandsvereinbarung sind im Wege **autonomer Interpretation** aus Art. 23 Abs. 1 S. 3 EuGVVO selbst zu entnehmen. Nationale Formvorschriften – wie z.B. § 126 BGB zur Schriftform – bleiben außer Betracht.[362] Da der vereinbarte Gerichtsstand von den gesetzlichen Zuständigkeiten nach Art. 2 ff. EuGVVO und der ihnen zugrunde liegenden Interessenbewertung abweicht, sind die Formerfordernisse grundsätzlich eng auszulegen.[363] Ihre Einhaltung dient nicht nur Beweiszwecken, sondern ist materielle Wirksamkeitsvoraussetzung der Gerichtsstandsvereinbarung.[364] Die Beweislast für die Einhaltung der Formerfordernisse trägt vor dem prorogierten Gericht der Kläger, vor dem derogierten Gericht der Beklagte.[365]

97

a) Schriftlichkeit

Eine schriftliche Vereinbarung i.S.v. Art. 23 Abs. 1 lit. a, 1. Alt. EuGVVO liegt vor, wenn beide Vertragsparteien ihre Willenserklärung schriftlich so niedergelegt haben, dass sie ihren Urheber erkennen lassen; eine eigenhändige Unterschrift ist nicht erforderlich.[366] Ausreichend ist daher – wie Art. 23 Abs. 2 EuGVVO klarstellt – auch die elektronische Übermittlung durch moderne Kommunikationsmittel (e-mail, Telefax), die zwar eine Unterschrift nicht ermöglichen, wohl aber eine dauerhafte Aufzeichnung der Vereinbarung.[367] Auch der Vertragsschluss im **Internet** kann wegen der Möglichkeit der Reproduktion des Textes die Schriftform erfüllen.[368] Da es auf eine ausdrückliche Vereinbarung nicht ankommt, genügt auch die pauschale Annahme eines Angebots, das eine Gerichtsstandsvereinbarung enthält.[369] Die Schriftform nach Art. 23 Abs. 1 S. 3 lit. a, 1. Alt. EuGVVO kann insbesondere auch durch **Bezugnahme auf AGB** erfolgen, die eine Gerichtsstandsklausel enthalten. Erforderlich ist allerdings ein ausdrücklicher Hinweis auf die AGB im Text des Vertrages oder in einer Offerte bzw. Auftragsbestätigung, sofern der Empfänger dieser schriftlich zustimmt.[370] Die bloße Übergabe oder Beifügung der AGB oder der bloße Abdruck auf der Rückseite des Vertrages oder auf Auftragsbestätigungen/Rechnungen reicht daher nicht aus.[371] Ein Hinweis auf die Gerichtsstandsklausel selbst ist hingegen nicht erforderlich.[372] Der Verwender muss die AGB der anderen Vertragspartei darüber hinaus so zur Verfügung stellen, dass diese in zumutbarer Weise von ihrem Inhalt Kenntnis nehmen kann.[373] Die deutschen Grundsätze über die erleichterte Einbeziehung von AGB im kaufmännischen Rechtsverkehr gelten insoweit nicht. Allerdings sollte es im internationalen kaufmännischen Rechtsverkehr

98

---

362 EuGH 16.03.1999, Rs. C-159/97 – *Trasporti Castelletti/Hugo Trumpy SpA* – Slg. 1999 I, 1597, 1648 ff. [Rn. 37 f.].
363 EuGH 14.12.1976, Rs. 24/76 – *Colzani/Rüwa* – Slg. 1976, 1831, 1841 [Rn. 7], st. Rspr.
364 *Kropholler*, Art. 23 Rn. 32; *Geimer/Schütze*, Art. 23 Rn. 102, jeweils m.w.N.
365 *Schlosser*, Art. 23 Rn. 16; *Rauscher/Mankowski*, Art. 23 Rn. 1.
366 Öst. OGH 28.10.2000, JBl. 2001, 117, 119; *Schlosser*, Art. 23 Rn. 19.
367 *Zöller/Geimer*, Art. 23 Rn. 14; *Magnus*, in: *Magnus/Mankowski*, Art. 23 Rn. 130.
368 *Geimer/Schütze*, Art. 23 Rn. 105; *Hausmann*, in: *Reithmann/Martiny*[7] Rn. 6443.
369 BGH 28.03.1996 – III ZR 95/95, NJW 1996, 1819; *Kropholler*, Art. 23 Rn. 33.
370 EuGH 14.12.1976, Rs. 24/76 – *Colzani/Rüwa* – Slg. 1976, 1831, 1841 [Rn. 10]; dazu ausführlich *Hausmann*, in: *Reithmann/Martiny*[7] Rn. 6437 ff. m. Nachw.
371 EuGH 14.12.1976, Rs. 25/76 – *Segoura/Bonakdarian* – Slg. 1976, 1851, 1860 f. [Rn. 8 ff.]; OLG Düsseldorf 30.01.2004 – 23 U 70/03, IHR 2004, 108; *Zöller/Geimer*, Art. 23 Rn. 22; *Schlosser*, Art. 23 Rn. 20.
372 OLG Düsseldorf 16.03.2000 – 6 U 90/99, RIW 2001, 63, 64; MüKO-ZPO/*Gottwald*, Art. 23 Rn. 27.
373 OLG Karlsruhe 15.03.2001 – 19 U 48/00, RIW 2001, 621, 622; dazu *Hausmann*, in: Reithmann/Martiny[7] Rn. 6440 ff.

genügen, dass der Verwender auf die auf seiner Homepage im Internet zugänglichen AGB verweist.[374]

b) Schriftliche Bestätigung einer mündlichen Vereinbarung

99 Nach Art. 23 Abs. 1 S. 3 lit. a, 2. Alt EuGVVO ist die Form auch gewahrt, wenn sich die Parteien nur mündlich über den Gerichtsstand geeinigt haben, sofern diese Einigung anschließend von einer Partei schriftlich bestätigt wird (sog. »**halbe Schriftlichkeit**«). Ist die Gerichtsstandsklausel in AGB enthalten, so müssen diese dem Vertragspartner bereits bei der mündlichen Einigung vorgelegen haben, so dass er bei normaler Sorgfalt von ihnen Kenntnis nehmen konnte.[375] An Form und Inhalt der Bestätigung sind die gleichen Anforderungen zu stellen wie an einen schriftlichen Vertrag; die Bestätigung kann daher auch in elektronischer Form nach Art. 23 Abs. 2 EuGVVO erfolgen.[376] Die Bestätigung muss sich mit der mündlichen Einigung decken; sie muss nicht notwendig durch diejenige Vertragspartei erklärt werden, der die Gerichtsstandsvereinbarung entgegengehalten werden soll.[377]

c) Gepflogenheiten zwischen den Parteien

100 Mit der Formalternative in Art. 23 Abs. 1 S. 3 lit. b EuGVVO wird die Rechtsprechung des EuGH zur erleichterten Einbeziehung von Gerichtsstandsvereinbarungen im Rahmen von laufenden Geschäftsbeziehungen präzisiert. Gepflogenheiten setzen eine gewisse Häufigkeit von Vertragsschlüssen voraus, denen jeweils eine – meist in AGB enthaltene – Gerichtsstandsklausel zugrundelag.[378] In diesem Fall kann auch das bloße Schweigen oder ein mündlicher Vertragsschluss zur wirksamen Einbeziehung der Gerichtsstandsklausel führen. Die Gepflogenheiten ersetzen allerdings nur die Form nach lit. a, nicht jedoch die – zumindest am Beginn der Geschäftsbeziehungen einmal erzielte – Einigung der Parteien über den Gerichtsstand.[379]

d) Internationaler Handelsbrauch

101 Art. 23 Abs. 1 S. 3 lit. c EuGVVO lässt schließlich auch Zuständigkeitsvereinbarungen zu, die »im internationalen Handel« in einer Form geschlossen werden, »die einem Handelsbrauch entspricht, den die Parteien kannten oder kennen mussten«. Ob ein Handelsbrauch besteht, ist nicht nach nationalem Recht, sondern im Wege europäisch-autonomer Auslegung zu entscheiden;[380] danach kommt es allein auf die faktische Gebräuchlichkeit einer bestimmten Form in dem Geschäftszweig an, in dem die Parteien tätig sind. Der Nachweis eines solchen Handelsbrauchs, der sich im internationalen Handel, dh. bei grenzüberschreitenden Geschäften entwickelt haben muss, obliegt derjenigen Partei, die sich auf ihn beruft.[381]

102 Danach besteht in den meisten Branchen der Handelsbrauch, dass das Schweigen auf ein **kaufmännisches Bestätigungsschreiben** als Zustimmung zu einer darin – oder in den in Bezug genommen AGB – enthaltenen Gerichtsstandsklausel gilt.[382] Demgegenüber führt der mangelnde Widerspruch des Empfängers einer schriftlichen Auftragsbestätigung gegen die erstmals in dieser

---

374 OLG Dresden 07.05.2009 – 10 U 1816/08, EuLF 2009 II, 68, 70; a.A. OLG Celle 24.07.2009 – 13 W 48/09, RIW 2009, 164, 165.
375 BGH 09.03.1994 – VII ZR 185/92, NJW 1994, 2699, 2700; BGH 28.03.1996 – III ZR 95/95, NJW 1996, 1819.
376 *Geimer/Schütze*, Art. 23 Rn. 109.
377 EuGH 11.07.1985, Rs. 221/84 – *Berghofer/ASA* – Slg. 1985, 2699, 2703 [2] = RIW 1985, 736.
378 *Schlosser*, Art. 23 Rn. 23; *Hausmann*, in: Reithmann/Martiny⁷ Rn. 6451.
379 BGH 06.07.2004 – X ZR 171/02, IPRax 2005, 338 m. Anm. *Hau* 301.
380 EuGH 20.02.1997, Rs. C-106/95 – *MSG/Les Gravières Rhénanes* – Slg. 1977 I, 932 [Rn. 23].
381 *Rauscher/Mankowski*, Art. 23 Rn. 33.
382 EuGH 20.02.1997 a.a.O. [Rn. 20, 25]; BGH 16.06.1997 – II ZR 37/94, RIW 1997, 871.

oder in den ihr beigefügten AGB enthaltenen Gerichtsstandsklausel nicht zu ihrer Einbeziehung in den Vertrag, weil ein entsprechender Handelsbrauch nicht besteht.[383]

4. Zulässigkeit

a) Bestimmtes Rechtsverhältnis

Nach Art. 23 Abs. 1 S. 1 EuGVVO muss sich die Zuständigkeitsvereinbarung auf eine bereits entstandene oder auf eine »künftige, aus einem bestimmten Rechtsverhältnis entspringende Rechtsstreitigkeit« beziehen. Durch dieses Bestimmtheitserfordernis soll verhindert werden, dass die wirtschaftlich stärkere Vertragspartei der anderen mit einer einzigen umfassenden Klausel auch für Streitigkeiten aus allen in der Zukunft abzuschließenden Verträgen einen Gerichtsstand aufzwingt.[384] Zulässig ist aber die Vereinbarung eines einheitlichen Gerichtsstands für eine Vielzahl von Verträgen, etwa für die auf der Grundlage eines Rahmenvertrags geschlossenen Einzelverträge.[385]

103

b) Bestimmtes Gericht

Weiterhin muss auch das als zuständig vereinbarte Gericht zumindest im Zeitpunkt der Klageerhebung eindeutig bestimmbar sein. Hierzu ist es nicht erforderlich, dass sich das zuständige Gericht schon aus dem Wortlaut der Vereinbarung entnehmen lässt; es müssen aber die objektiven Kriterien genannt sein, die unter Berücksichtigung der Umstände des konkreten Falles die Bestimmung des prorogierten Gerichts ermöglichen.[386] Zulässig ist daher auch die Vereinbarung von **Wahlgerichtsständen**,[387] sowie von **alternativen Gerichtsständen** am Wohnsitz des künftigen Klägers oder Beklagten.[388] Ferner können sich die Parteien auch auf die Vereinbarung der internationalen Zuständigkeit beschränken und die Festlegung des örtlichen Gerichtsstands dem Prozessrecht der lex fori überlassen.[389]

104

c) Schranken

Weitere Schranken für die Zulässigkeit von Gerichtsstandsvereinbarungen ergeben sich aus Art. 23 Abs. 5 EuGVVO. Danach ist es den Parteien untersagt, die ausschließlichen Zuständigkeiten nach Art. 22 EuGVVO zu derogieren. Diese zwingende Schranke der Prorogationsfreiheit greift auch ein, soweit die Zuständigkeit der Gerichte eines Drittstaats vereinbart wird.[390] Darüber hinaus sind auch die im 3.-5. Abschnitt der Verordnung zum Schutz von Versicherungsnehmern, Verbraucher und Arbeitnehmern bestimmten Gerichtsstände nur eingeschränkt abdingbar. Grundsätzlich darf von ihnen durch Vereinbarung nach Art. 23 Abs. 5 i.V.m. Art. 13, 17 und 21 EuGVVO nur abgewichen werden, wenn die Streitigkeit bereits entstanden ist oder wenn die Klagemöglichkeiten des geschützten Personenkreises erweitert werden sollen. Eine noch weitergehende Missbrauchskontrolle von Gerichtsstandsvereinbarungen findet hingegen grundsätzlich nicht statt.[391]

105

---

383 BGH 09.03.1994 – VII ZR 95/95, NJW 1994, 2699, 2700.
384 *Kropholler*, Art. 23 Rn. 69; *Geimer/Schütze*, Art. 23 Rn. 156.
385 OLG Oldenburg 28.07.1997 – 15 U 59/97, IPRax 1999, 458.
386 EuGH 09.11.2000, Rs. C-387/98 – *Coreck Maritime GmbH/Handelsveem BV* - Slg. 2000 I, 9337, 9334 [Rn. 14 f.].
387 OLG Hamm 20.09.2005 – 19 U 40/05, IPRax 2007, 125.
388 EuGH 09.11.1978, Rs. 23/78 – *Meeth/Glacetal* – Slg. 1978, 2133, 2141 [Rn. 5] = RIW 1978, 814.
389 Öst. OGH 06.05.2002, IPRax 2004, 259.
390 *Kropholler*, Art. 23 Rn. 84; *Magnus*, in: *Magnus/Mankowski*, Art. 23 Rn. 133.
391 EuGH 16.03.1999, Rs. C 159/97 – *Trasporti Castelletti/Hugo Trumpy SpA* - Slg. 1999 I, 1597, 1654 [Rn. 51].

5. Wirkungen

106 Eine Gerichtsstandsvereinbarung nach Art. 23 EuGVVO begründet im Zweifel die **ausschließlich Zuständigkeit** des vereinbarten Gerichts, schließt also sämtliche allgemeinen und besonderen Gerichtsstände nach Art. 2, 5 und 6 EuGVVO aus.[392] Dies gilt allerdings nach Art. 23 Abs. 1 S. 2 EuGVVO nur, wenn die Parteien nichts anderes vereinbart haben. Im Rahmen ihrer vom europäischen Prozessrecht respektierten Vertragsfreiheit können diese also auch einen Gerichtsstand vereinbaren, der nur konkurrierend neben die übrigen Zuständigkeiten der Verordnung treten soll; ein entsprechender Parteiwille muss allerdings eindeutig zum Ausdruck gebracht werden.[393] Schließlich sind auch Gerichtsstandsvereinbarungen möglich, die eine Partei einseitig begünstigen, weil nur ihr die Möglichkeit eingeräumt wird, an verschiedenen Gerichtsständen zu klagen, während die andere Partei auf den prorogierten Gerichtsstand beschränkt ist.[394]

---

[392] Zöller/*Geimer*, Art. 23 Rn. 14; *Kropholler*, Art. 23 Rn. 90.
[393] BGH 23.07.1998 – II ZR 286/97, RIW 1998, 964; *Kropholler*, Art. 23 Rn. 92.
[394] Vgl. dazu näher *Hausmann*, in: Reithmann/Martiny[7] Rn. 6503 ff. m.w.N.

Teil 2: Zivilprozessordnung

vom 30.01.1877 (RGBl. 83) i.d.F. v. 05.12.2005 (BGBl. I S. 3202, 2006 S. 431, 2007 S. 1781), zuletzt geändert durch Gesetz v. 24.09.2009 (BGBl I S. 3145)

(Auszug)

Schrifttum
Berding/Deckenbrock Der Streithelfer als Kosten- und Vorschussschuldner bei Beweisanträgen, NZBau 2006, 337; *Breyer/Zwecker* Auswirkung der neuen BGH Rechtssprechung zur Parteifähigkeit der Gesellschaft des bürgerlichen Rechts auf dem besonderen Gerichtsstand bei Werklohnklagen, BauR 2001, 7005; *Buscher* Das Vorbehaltsurteil gemäß § 302 ZPO im Werklohnprozess des Unternehmers, BauR 2002, 870; *Greger* Zweifelsfragen und erste Entscheidungen zur neuen ZPO, NJW 2002, 3049; *Joch* NJW 1974, 1956; *Kessen* Das Ende der Verrechnung im Werkvertragsrecht und seine Folgen, BauR 2005, 1691; *Kraft/Locher* BB 2002, 1171; *Lembcke* Urkundenprozess in Bausachen, BauR 2009, 19; *Merkens* NZBau 2008, 150; *Prütting/Werth* ZZP 1998, 138; *Schmidt* Die BGB Außengesellschaft: rechts- und parteifähig, NJW 2001, 993 ff.; *Sohn* Haftungsfalle Streitverkündung, BauR 2007, 1308; *Zekoll/Bolt* Die Pflicht zur Vorlage von Urkunden im Zivilprozess – amerikanische Verhältnisse in Deutschland? NJW 2002, 3129.

Einleitung

Die Kommentierung der zivilprozessualen Vorschriften wird im folgenden Abschnitt unter dem **baurechtlichen Fokus** vorgenommen. Es werden deshalb nicht alle Normen angesprochen. Bei denjenigen, die kommentiert werden, liegt der Schwerpunkt der Darstellung bei baurechtlichen Fragestellungen. Alles andere wird als bekannt vorausgesetzt oder nur kursorisch angesprochen, soweit es für das Verständnis der übrigen Ausführungen erforderlich ist. 1

Themenschwerpunkte sind insbesondere: Zuständigkeitsfragen, Partei- und Prozessfähigkeit, Nebenintervention und Streitverkündung, ferner die verschiedenen Klagearten, das Berufungsverfahren, das Beweisverfahren, Arrest und einstweilige Verfügung, der Urkundenprozess, Besonderheiten im Vollstreckungsrecht, sowie Beweise und Beweiswürdigung. 2

(…)

§ 17 Allgemeiner Gerichtsstand juristischer Personen

(1) Der allgemeine Gerichtsstand der Gemeinden, der Korporationen sowie derjenigen Gesellschaften, Genossenschaften oder anderen Vereine und derjenigen Stiftungen, Anstalten und Vermögensmassen, die als solche verklagt werden können, wird durch ihren Sitz bestimmt. Als Sitz gilt, wenn sich nichts anderes ergibt, der Ort, wo die Verwaltung geführt wird.

(2) Gewerkschaften haben den allgemeinen Gerichtsstand bei dem Gericht, in dessen Bezirk das Bergwerk liegt, Behörden, wenn sie als solche verklagt werden können, bei dem Gericht ihres Amtssitzes.

(3) Neben dem durch die Vorschriften dieses Paragraphen bestimmten Gerichtsstand ist ein durch Statut oder in anderer Weise besonders geregelter Gerichtsstand zulässig.

Zu den **juristischen Personen** gehören juristische Personen des öffentlichen Rechts, des Privatrechts und alle parteifähigen Personenvereinigungen ohne eigene Rechtspersönlichkeit.[1] Dazu 1

---

[1] Zöller/*Vollkommer*, § 17 Rn. 3–5.

zählen die OHG, KG, Partnerschaften nach dem Partnerschaftsgesetz und infolge der Entscheidung des Bundesgerichtshofs[2] zur Teilrechtsfähigkeit der **BGB-Gesellschaft** auch die BGB-Außengesellschaft, ferner die (rechtsfähigen) **Wohnungseigentümergemeinschaften**.[3] Allerdings gilt insoweit seit dem 01.07.2007 die Regelung des § 43 WEG, der § 17 ZPO verdrängt.

2 Bei einer Bau **ARGE** oder Dach ARGE handelt es sich in der Regel, wenn keine anderen Anhaltspunkte vorliegen, um eine BGB-Außengesellschaft.[4] Maßgeblich für Klagen gegen diese Gesellschaften ist der **Sitz der Gesellschaft**.[5] Lässt sich dem Dach ARGE-Vertrag nicht entnehmen, welchen Sitz die Dach ARGE im Sinne des § 17 Abs. 1 S. 1 ZPO haben soll, dann ist mangels eines solchen festgelegten Sitzes nach § 17 Abs. 1 S. 2 ZPO der **Verwaltungsort** maßgeblich. Darunter versteht man denjenigen Ort, der den Mittelpunkt der gesamten geschäftlichen Oberleitung darstellt und wo die grundlegenden Entscheidungen der Unternehmensleitung in laufenden Geschäftsführungsakten umgesetzt werden.[6] Lässt sich dies nicht feststellen, weil die Geschäftsführung in kaufmännische und technische Geschäftsführung zwischen mehreren Gesellschaften aufgeteilt wurde, gibt es keinen einheitlichen Ort der Verwaltung.[7] Gegebenfalls muss dann eine Gerichtsstandbestimmung entsprechend § 36 Abs. 1 Nr. 3 ZPO durchgeführt werden.[8]

(...)

§ 29 Besonderer Gerichtsstand des Erfüllungsortes

(1) Für Streitigkeiten aus einem Vertragsverhältnis und über dessen Bestehen ist das Gericht des Ortes zuständig, an dem die streitige Verpflichtung zu erfüllen ist.

(2) Eine Vereinbarung über den Erfüllungsort begründet die Zuständigkeit nur, wenn die Vertragsparteien Kaufleute, juristische Personen des öffentlichen Rechts oder öffentlich-rechtliche Sondervermögen sind.

A. Absatz 1 – Erfüllungsort

1 Der gesetzliche Erfüllungsort hängt von der jeweiligen **Leistung** ab.

I. Bauwerksvertrag

2 Als Erfüllungsort für die beiderseitigen Verpflichtungen aus einem Bauwerksvertrag gilt nach ständiger Rechtsprechung des Bundesgerichtshofs[1] der **Ort des Bauvorhabens**. Dementsprechend können die Auftraggeber/Bauherren ihre Erfüllungs-, Nacherfüllungs- oder **Mängelansprüche** am Gerichtsort des Bauvorhabens ebenso einklagen wie umgekehrt die bauausführenden Unternehmen und übrigen Baubeteiligten ihre **Werklohnansprüche**.

---

2 BGH, 29.01.2001, II ZR 331/00, BauR 2001, 775.
3 Zöller/*Vollkommer*, § 17, Rn. 5.
4 BGH, 29.01.2001, II ZR 331/00, BauR 2001, 775; BGH, 21.01.2009, Xa ARZ 273/08, IBR 2009, 211; OLG Köln, 28.05.2003, 5 W 54/03, NJW 2004, 862; Ingenstau/Korbion/*Korbion*, Anhang 2, Rn. 40.
5 *Locher/Koeble/Frik*, HOAI, § 1, Rn. 26; Breyer/*Zwecker*, BauR 2001, 705 ff.
6 BGH, 21.01.2009 – Xa ARZ 273/08; Breyer/*Zwecker*, BauR 2001, 705 ff.
7 BGH, 21.01.2009 – Xa ARZ 273/08.
8 BGH, 21.01.2009 – Xa ARZ 273/08; OLG Celle, 16.05.2001, 4 AR 33/01, OLGR 2001, 198; PG/*Wern*, § 17 Rn. 9; Ingenstau/Korbion/*Korbion*, VOB/B Anhang 2, Rn. 47.
1 BGH, 05.12.1985, I AZR 737/85, BauR 1986, 241 f.; BGH, 07.12.2000, VII ZR 404/99, BauR 2001, 979 f.

Der Ort des Bauwerks als Erfüllungsort soll dagegen nicht für Erdbauarbeiten bei laufenden Streckenkilometern gelten.[2]

Bei VOB-Verträgen ist § 18 Abs. 1 VOB/B zu beachten.[3]

II. Architekten- und Ingenieurvertrag

Der Ort des Bauvorhabens gilt grundsätzlich auch für **Architekten und Ingenieurverträge als Erfüllungsort**[4] der beiderseitigen Verpflichtungen. Dies zumindest dann, wenn sich der Architekt verpflichtet hat die Planung und Bauaufsicht zu erbringen und das Bauwerk unter seiner Mitwirkung realisiert wurde.[5]

3

Umstritten im Zusammenhang mit **Architektenhonorarklagen** ist, ob der Ort des Bauvorhabens auch dann als Erfüllungsort anzusehen ist, wenn das geplante Objekt gebaut wird, der Architekt jedoch nicht mit der Objektüberwachung beauftragt war.[6] Teilweise wird dies abgelehnt.[7] Die gegenteilige Meinung ist zutreffend und wird damit begründet, dass es entscheidend darauf ankommt, ob sich die Planung im Bauwerk realisiert hat.[8]

Anders ist es, wenn das Objekt nicht gebaut wird. In diesen Fällen scheidet der Ort des »Bauvorhabens« als Erfüllungsort aus.[9] Die Honorarklage kann dann am Wohnsitz des Schuldners erhoben werden.

Strittig und höchstrichterlich noch nicht entschieden ist die Frage, ob die Klage darüber hinaus auch am Bürositz des Architekten als Erfüllungsort der beiderseitigen Verpflichtungen eingereicht werden kann. Teilweise wird dies abgelehnt und die Meinung vertreten, dass in diesen Fällen grundsätzlich das Honorar am Wohnort/Sitz des Auftragsgebers einzuklagen ist.[10] Wenn das Objekt nicht errichtet wird sei dieser gemäß § 17 ZPO der richtige Gerichtsstand,[11] in allen anderen Fällen sei der Wohnsitz/Sitz des Auftraggebers Erfüllungsort i.S.d. § 29 ZPO für das Architektenhonorar.[12] Die herrschende Rechtsprechung[13] begründet dies damit, dass in solchen Fällen nicht

---

2 PG/*Wern*, § 29 Rn. 14; Zöller/*Vollkommer*,, § 29 Rn. 25; Ingenstau/Korbion/*Joussen*, VOB/B § 18 Abs. 1 Rn. 10.
3 PG/*Wern*, ZPO § 29 Rn. 14; OLG Stuttgart, 15.09.1997, 5 U 99/97, BauR 1999, 683; OLG Frankfurt, 18.12.1998, 21 AR 99/98, NJW-RR 1999, 604.
4 BGH, a.a.O. BauR 2001, 979 f.; *Werner/Pastor*, Rn. 420; *Locher/Koeble/Frik*, HOAI § 1 Rn. 27; Korbion/Mantscheff/Vygen, HOAI § 8 Rn. 75; Kuffer/Wirth/*Neumeister,* 10. Kap. D. Rn. 324.
5 *Werner/Pastor* Rn. 420; *Kniffka/Koeble*, 12.Teil Rn. 349; *Locher/Koeble/Frik*, HOAI § 1 Rn. 27; Korbion/Mantscheff/Vygen, § 8 Rn. 75; *Pott/Dahlhoff/Kniffka/Rath*, § 8 Rn. 21; *Koeble*, BauR 1997, 191; BGH, a.a.O. BauR 2001, 979.
6 *Kniffka/Koeble*, 12. Teil Rn. 349.
7 OLG Köln, 14.12.1993, 22 W 43/93, NJW-RR 1994, 986; LG Tübingen, 24.04.1990, 3 O 543/89, BauR 1991, 795; LG Flensburg, 31.03.1998, 4 O 120/98, BauR 1998, 1047; KG, 28.04.1998, 21 U 8396/97, BauR 1999, 940.
8 *Kniffka/Koeble*, 12.Teil Rn. 349, *Locher/Koeble/Frik*, HOAI § 1 Rn. 27; *Werner/Pastor* Rn. 421; *Pott/Dahlhoff/Kniffka/Rath*, § 8 Rn. 21; *Koeble*, BauR 1997, 191; Korbion/Mantscheff/Vygen, § 8 Rn. 75; Thode/Wirth/Kuffer/*Budde*, § 325 Rn. 55.
9 *Koeble*, BauR 1997, 191; OLG Zweibrücken, 06.11.1989, 4 U 83/89, BauR 1990, 513.
10 Ingenstau/Korbion/*Joussen*, VOB/B § 18 Abs. 1, Rn. 10; LG Kaiserslautern, 05.05.1987, 2 S 123/84, NJW 1988, 652; OLG Oldenburg, 26.11.1998, 8 U 215/97, NJW-RR 1999, 865; PG/*Wern*, § 29 Rn. 14; ibr-online: LG Ellwangen, Beschl. v. 18.11.2009, 10 O 132,/09.
11 PG/*Wern*, § 29 Rn. 14; OLG Oldenburg, 26.11.1998, 8 U 215/97, NJW-RR 1999, 865.
12 PG/*Wern*, § 29 Rn. 14; OLG Köln, 14.12.1993, 22 W 43/93, NJW-RR 1994 986.
13 OLG Köln, 14.12.1993, 22 W 43/93, NJW-RR 1994, 986; KG, 28.04.1998, 21 U 8396/97, BauR 1999, 940; OLG Zweibrücken, 06.11.1989, 4 U 83/89, BauR 1990, 513; LG Ulm, 17.10.2000, 4 O 624/00, BauR 2001, 441; LG Mainz, 16.12.1998, 9 O 205/98, NJW-RR 1999, 670; LG München I, 07.03.1995, 8 O 14088/94, BauR 1996, 421.

von einem gemeinsamen Erfüllungsort für die Zahlungsverpflichtung des Auftraggebers einerseits und die Leistungspflicht des Architekten andererseits ausgegangen werden könne, weil der gemeinsame Erfüllungsort nur damit begründbar sei, dass eine besondere Ortsbezogenheit (z.B. Ort des Bauvorhabens) der vertragstypischen Leistungen vorliege. Bei reinen Planungsaufträgen wiesen die Architektenleistungen keine besondere Ortsbezogenheit auf, sie könnten im Büro des Architekten oder auch außerhalb erbracht werden. Erst recht wiesen die Leistungen des Auftraggebers keinen Ortsbezug zum Planungsbüro des Architekten auf.[14]

Die Gegenmeinung geht davon aus, dass auch der Bürositz des Auftraggebers als Erfüllungsort im Sinne des § 29 ZPO grundsätzlich in Betracht kommt.[15] So soll nach der Entscheidung des Landgerichts Flensburg[16] dies für den Bodengutachter gelten, wenn Analysen von Proben im Büro durchgeführt werden.[17] Das Landgericht München I[18] nimmt als Erfüllungsort für die gegenseitigen Leistungen den Bürositz des Architekten zumindest dann an, wenn es um die Geltendmachung von Honoraransprüchen aus den Leistungsphasen 1 und 2 des § 15 HOAI geht, weil insbesondere die Leistungsphasen 1 und 2 eine intensive Zusammenarbeit der Parteien am Sitz des Architekten erfordern. *Koeble*[19] und *Kniffka/Koeble*[20] halten die herrschende Auffassung ebenfalls für zu pauschal und nicht sachgerecht und wollen im Einzelfall feststellen, wo der Schwerpunkt der Tätigkeit für beide Parteien liegt. Finden Besprechungen am Bürositz des Architekten statt, dann könne noch bis zur Leistungsphase 7 der Bürositz des Architekten als gemeinsamer Erfüllungsort in Betracht kommen.[21]

Geht es um Klagen auf **Erfüllung** von **Architektenleistungen** oder wegen **Mängeln** können diese am Erfüllungsort der Architektenleistung geltend gemacht werden. Hier ist maßgeblich an welchem Ort bei Planungsaufgaben der Schwerpunkt der Tätigkeit entfaltet wird.[22] In der Regel wird dies am Büro- bzw. Geschäftssitz des Architekten sein.[23]

4 Geht es um Honoraransprüche des Subplaners ist nach denselben Kriterien zu urteilen.[24]

III. ARGE

5 § 29 ZPO gilt auch für Ansprüche von und gegen eine **ARGE**, wenn es sich um bauvertragliche Ansprüche handelt.[25]

IV. Gesamtschuldner

6 Der Ort des Bauwerks als Erfüllungsort gilt ferner auch für Klagen über den **Innenausgleich zwischen Gesamtschuldnern**.[26]

---

14 KG, 28.04.1998, 21 U 8396/97, BauR 1999, 940; OLG Zweibrücken, 06.11.1989, 4 U 83/89, BauR 1990, 513; LG Ulm, 17.10.2000, 4 O 624/00, BauR 2001, 441; LG Mainz, 16.12.1998, 9 O 205/98, NJW-RR 1999, 670.
15 *Schwenker*, IBR 2009, 177; *Locher/Koeble/Frik*, § 1 Rn. 28; *Kniffka/Koeble*, 12.Teil Rn. 349; LG München I, 18.04.1992, 2 O 5760/92, NJW-RR 1993, 212; Thode/Wirth/Kuffer/*Budde*, § 25 Rn. 55; LG Flensburg, 31.03.1998, 4 O 120/98, BauR 1998, 1047.
16 LG Flensburg, 31.03.1998, 4 O 120/98, BauR 1998, 1047.
17 Anderer Auffassung LG Ulm, 17.10.2000, 4 O 624/00, BauR 2001, 441.
18 18.04.1992, 2 O 5760/92, NJW-RR 1993, 212.
19 *Koeble*, BauR 1997, 191.
20 *Kniffka/Koeble*, 12.Teil Rn. 349.
21 *Koeble*, BauR 1997, 191.
22 PG/*Wern*, § 29 Rn. 14; KG, 28.04.1998, 21 U 8396/97, BauR 1999, 940.
23 PG/*Wern*, § 29 Rn. 14; KG, 28.04.1998, 21 U 8396/97, BauR 1999, 940.
24 *Koeble*, BauR 1997, 191; *Werner/Pastor*, Rn. 420.
25 *Werner/Pastor*, Rn. 420.
26 LG Heilbronn, 20.03.1997, 6 O 2760/95-Fi, BauR 1997, 1073; *Werner/Pastor*, Rn. 420.

B. Absatz 2 – Vereinbarung

Die Parteien können eine **Vereinbarung** über den Erfüllungsort treffen. Dies kann sowohl ausdrücklich als auch konkludent erfolgen.[27] Wird damit gleichzeitig auch über den Gerichtsstand bestimmt, ist dies jedoch nur zulässig, wenn die Vertragsparteien Kaufleute, juristische Personen des öffentlichen Rechts oder öffentlich-rechtliche Sondervermögen sind.

Es soll dadurch eine Umgehung des § 38 ZPO verhindert werden.[28]

§ 29b Besonderer Gerichtsstand bei Wohnungseigentum

(weggefallen)

Die Vorschrift ist seit dem 01.07.2007 weggefallen. Für Klagen Dritter gegen die Wohnungseigentümer oder die Wohnungseigentümergemeinschaft, die sich auf das Gemeinschaftseigentum, dessen Verwaltung sowie das Sondereigentum beziehen, gilt nunmehr § 43 Nr. 5 WEG. Ausschließlich örtlich zuständig ist das Gericht der belegenen Sache.

(...)

§ 33 Besonderer Gerichtsstand der Widerklage

(1) Bei dem Gericht der Klage kann eine Widerklage erhoben werden, wenn der Gegenanspruch mit dem in der Klage geltend gemachten Anspruch oder mit den gegen ihn vorgebrachten Verteidigungsmitteln in Zusammenhang steht.

(2) Dies gilt nicht, wenn für eine Klage wegen des Gegenanspruchs die Vereinbarung der Zuständigkeit des Gerichts nach § 40 Abs. 2 unzulässig ist.

A. Allgemein

Die Vorschrift dient der **Prozesswirtschaftlichkeit**. Sie soll der Zersplitterung eines Streitstoffes in eine Vielzahl von Prozessen vorbeugen und die Gefahr widersprüchlicher Entscheidungen reduzieren.[1]

B. Streitgegenstand

Die Widerklage ist als echte Klage anzusehen und muss deshalb über einen **eigenständigen Streitgegenstand** verfügen[2] Es reicht daher nicht aus, wenn lediglich beantragt wird festzustellen, dass der Beklagte den eingeklagten Betrag nicht schuldet.[3] Sie stellt eine selbstständige Klage dar, sodass die **Rücknahme der Hauptklage** die Wirksamkeit der erhobenen Widerklage unberührt lässt.[4] Gleiches gilt auch für die **Erledigung der Hauptsache**.[5] Wird die Widerklage zulässig erhoben, finden auf sie, da es sich nicht um Angriffs- und Verteidigungsmittel, sondern um eine

---

27 MüKo-ZPO/*Patzina*, § 29 Rn. 22; *Baumbach/Lauterbach/Hartmann*, § 29 Rn. 35.
28 *Baumbach/Lauterbach/Hartmann*, a.a.O.
1 *Baumbach/Lauterbach/Hartmann*, § 33 Rn. 2; Zöller/*Vollkommer*, § 33 Rn. 2; PG/*Wern*, § 33 Rn. 2.
2 MüKo-ZPO/*Patzina*, § 33 Rn. 8; BGH, 29.01.1986, IV b ZR 8/85, NJW 1986, 1178; BGH, 16.05.1991, IX ZR 245/90, WM 1991, 1154; Zöller/*Vollkommer*, § 33 Rn. 7.
3 Zöller/*Vollkommer*, § 33 Rn. 7; MüKo-ZPO/*Patzina*, § 33 Rn. 8.
4 PG/*Wern*, § 33 Rn. 34; Zöller/*Vollkommer*, § 33 Rn. 17.
5 PG/*Wern*, § 33 Rn. 34.

selbstständige Klage handelt, die **Präklusionsvorschriften** keine Anwendung.[6] Das Gericht muss daher neues Vorbringen in der Widerklage auch in der Hauptklage berücksichtigen.[7] Der Erlass eines Teilurteils zur Hauptklage ist nicht möglich, wenn dadurch Vorbringen aus der Widerklage präkludiert würde und ferner die Gefahr widersprechender Entscheidungen entsteht.[8]

I. Allgemeine Prozessvoraussetzungen

3 Die **allgemeinen Prozessvoraussetzungen** müssen gegeben sein. § 33 ZPO regelt nur die örtliche, nicht dagegen die sachliche Zuständigkeit.[9]

II. Sachzusammenhang

4 Zwischen Klage und Widerklage muss ferner ein **Sachzusammenhang** bestehen. Streit besteht darüber, ob es sich insoweit um eine besondere Prozessvoraussetzung für die Widerklage handelt, ohne deren Vorliegen die Widerklage unzulässig ist,[10] oder ob es sich lediglich um eine besondere Tatbestandsvoraussetzung des § 33 ZPO handelt,[11] die Norm also nur einen zusätzlichen besonderen Gerichtsstand für die Widerklage gibt. Nach beiden Auffassungen ist der Begriff des Sachzusammenhangs jedoch **weit auszulegen**.[12]

Ein **rechtlicher Zusammenhang** mit dem Klageanspruch besteht, wenn Klage und Widerklage dem gleichen Rechtsverhältnis entspringen.[13] Ein solcher rechtlicher Zusammenhang liegt beispielsweise bei Werklohn-, oder Architektenhonorarklage einerseits und der Geltendmachung von Gegenansprüchen aufgrund von Mängeln andererseits vor.[14]

Forderung und Gegenforderung müssen nicht in synallagmatischer Abhängigkeit stehen.[15] Allerdings reicht ein nur tatsächlicher, zeitlicher bzw. örtlicher oder wirtschaftlicher Zusammenhang nicht aus.[16]

III. Zusammenhang zwischen Widerklage und Verteidigungsmitteln

5 § 33 ZPO lässt auch einen Zusammenhang zwischen Widerklage und Verteidigungsmitteln ausreichen. Auch hier muss es sich um einen rechtlichen Zusammenhang handeln.[17] Ein solcher Zusammenhang liegt auch dann vor, wenn mit einer **nicht konnexen** Gegenforderung aufgerechnet und bezüglich des überschießenden Anspruchs Widerklage erhoben wird.[18]

---

6 PG/*Wern*, § 33 Rn. 3, 34.
7 PG/*Wern*, § 33 Rn. 34 m.w.N.
8 PG/*Wern*, § 33 Rn. 34; BGH 15.12.1994, VII ZR 13/94, NJW 1995, 1223; Zöller/*Vollkommer*, § 33 Rn. 9; a.A. *Prütting/Weth*, ZZP 1998, 131, 138.
9 Zöller/*Vollkommer*, § 33 Rn. 12; MüKo-ZPO/*Patzina*, § 33 Rn. 4 mit weiteren Einzelheiten zur sachlichen Zuständigkeit.
10 BGH, 21.02.1975, V ZR 148/73, NJW 1975, 1228.
11 So Baumbach/Lauterbach/*Hartmann*, § 33 Rn. 1; Zöller/*Vollkommer*, § 33 Rn. 1.
12 PG/*Wern*, § 33 Rn. 1.
13 MüKo-ZPO/*Patzina*, § 33 Rn. 20; Zöller/*Vollkommer*, § 33 Rn. 15.
14 MüKo-ZPO/*Patzina*, § 33 Rn. 20; Zöller/*Vollkommer*, § 33 Rn. 15; BGH, 05.04.2001, VII ZR 135/00, NJW 2001, 2094.
15 MüKo-ZPO/*Patzina*, § 33 Rn. 21; Zöller/*Vollkommer*, § 33 Rn. 15.
16 Zöller/*Vollkommer*, § 33 Rn. 15; MüKo-ZPO/*Patzina*, § 33 Rn. 20; Baumbach/Lauterbach/*Hartmann*, § 33 Rn. 8.
17 MüKo-ZPO/*Patzina*, § 33 Rn. 22; Baumbach/Lauterbach/*Hartmann*, § 33 Rn. 8.
18 Zöller/*Vollkommer*, § 33 Rn. 16.

C. Besondere Formen der Widerklage

Zulässig ist auch die **Feststellungswiderklage** sowie die **Zwischenfeststellungswiderklage**, beispielsweise, wenn der Kläger nur Teilklage erhoben hat.[19] Möglich ist auch die **Wider-Widerklage**, ferner die **Hilfs- oder Eventualwiderklage**,[20] wenn sie von einer mit der Verteidigung der Widerklage zusammenhängenden Bedingung abhängig gemacht wird.[21] Eine **Hilfswiderklage gegen einen Dritten** ist jedoch nicht zulässig.[22] 6

D. Drittwiderklage, isolierte Drittwiderklage

I. Drittwiderklage

Es gibt die Möglichkeit einer **Drittwiderklage**. So kann Widerklage gegen den Kläger und zugleich gegen einen bisher nicht an dem Rechtsstreit beteiligten Dritten eingelegt werden (**streitgenössische oder parteierweiternde Drittwiderklage**).[23] Die Drittwiderklage ist auch möglich, wenn der Dritte bereits am Rechtsstreit als Streitgenosse auf der Gegenseite beteiligt ist.[24] Bei der Drittwiderklage handelt es sich um eine **Parteierweiterung**. Es müssen die Voraussetzungen für eine Klageänderung gemäß § 263 ZPO vorliegen.[25] 7

Da durch die Widerklage gegen einen Dritten dieser und der Kläger Streitgenossen werden, müssen auch die **Voraussetzungen der §§ 59, 60 ZPO** gegeben sein.[26]

Hat der Drittwiderbeklagte seinen **Gerichtsstand nicht am Ort des Gerichts der Klage**, stellt sich die Frage, ob das Gericht dennoch über § 33 ZPO zuständig sein kann. Nach der Rechtsprechung ist die parteierweiternde Widerklage zulässig, wenn der Drittwiderbeklagte seinen allgemeinen oder besonderen Gerichtsstand am Ort der Klage hat oder er die örtliche Zuständigkeit nicht rügt. Es darf außerdem keine anderweitige ausschließliche Zuständigkeit bestehen (siehe auch § 33 Abs. 2).[27] Ist keine gemeinsame örtliche Zuständigkeit gegeben, kann das übergeordnete Gericht in entsprechender Anwendung des § 36 Abs. 1 Nr. 3 ZPO den Ort der Klage als gemeinsamen Gerichtsstand bestimmen.[28] Handelt es sich bei dem Drittwiderbeklagten um den bisher nicht am Verfahren beteiligten Zedenten der Klageforderung ist jedoch § 33 ZPO entsprechend auf die Drittwiderklage anzuwenden.[29] 8

II. Isolierte Drittwiderklage

Die Drittwiderklage kann auch nur gegen einen bisher am Rechtsstreit nicht beteiligten Dritten erhoben werden, sog. **isolierte Drittwiderklage**.[30] Es kann auch ein Streithelfer des Beklagten gegen den Kläger oder gegen diesen und einen bisher nicht am Rechtsstreit Beteiligten Widerklage erheben.[31] Nach ständiger Rechtsprechung ist eine isolierte Drittwiderklage bis auf Ausnahmefälle unzulässig.[32] 9

---

19 PG/*Wern*, § 33 Rn. 21.
20 PG/*Wern*, § 33 Rn. 21.
21 PG/*Wern*, § 33 Rn. 21.
22 PG/*Wern*, § 33 Rn. 23; Musielak/*Heinrich*, § 33 Rn. 12.
23 Zöller/*Vollkommer*, § 33 Rn. 19; MüKo-ZPO/*Patzina*, § 33 Rn. 27; PG/*Wern*, § 33 Rn. 18.
24 Zöller/*Vollkommer*, § 33 Rn. 19; MüKo-ZPO/*Patzina*, § 33 Rn. 27.
25 BGH, 12.10.1995, VII ZR 209/94, BGHZ 131, 76; PG *Wern*, § 33 Rn. 18.
26 BGH, 21.02.1975, V ZR 148/73, NJW 1975, 1228; PG *Wern*, § 33 Rn. 18.
27 BGH, 24.06.2008, X AZR 69/08, NJW-RR 2008, 1516; BGH, 28.02.1991, I AZR 711/90, NJW 1991, 2838; PG/*Wern*, § 33 Rn. 18.
28 PG *Wern*, § 33 Rn. 18; BGH, 24.06.2008, X AZR 69/08, NJW-RR 2008, 1516.
29 BGH, 30.09.2010, Xa AZR 191/10.
30 Zöller/*Vollkommer*, § 33 Rn. 20.
31 Zöller/*Vollkommer*, § 33 Rn. 21.
32 BGH, 13.03.2007, VI ZR 129/06, NJW 2007, 1753; BGH, 05.04.2001, VII ZR 135/00, BGHZ 147, 220; PG/*Wern*, § 33 Rn. 19.

10 Beliebt ist es zum Zwecke der Gewinnung von Zeugen, Forderungen abzutreten, z.B. Werklohn- oder aber Architekten- und Ingenieurhonorarforderungen. Klagt der Zessionar die Forderung ein, kann der Auftraggeber ausnahmsweise unter bestimmten Voraussetzungen auch isoliert mit einer **Drittwiderklage gegen den Zedenten** vorgehen. Voraussetzung ist, dass die isoliert gegen den Zedenten erhobene Drittwiderklage tatsächlich und rechtlich eng mit der Klage verknüpft ist. Außerdem darf kein schutzwürdiges Interesse des Widerbeklagten gegen die Einbeziehung in den Rechtsstreit der Parteien sprechen. Der Bundesgerichtshof hat deshalb in seiner Entscheidung vom 05.04.2001[33] eine isolierte Drittwiderklage des Auftraggebers gegen den Zedenten (Architekt) für zulässig erachtet, wenn durch die Widerklage die Vervielfältigung und Zersplitterung von Prozessen vermieden und über zusammengehörende Ansprüche entschieden wird (hier abgetretene Honorarforderung des Architekten und Schadensersatzforderung des Bauherrn wegen mangelhafter Architektenleistung).

Auch eine isolierte Drittwiderklage auf **Feststellung**, dass dem Zedenten der Klageforderung keine Ansprüche gegen den Beklagten zustehen, hat der Bundesgerichtshof für zulässig angesehen.[34]

11 Grundsätzlich müssen aber auch bei einer isolierten Drittwiderklage die **allgemeinen Prozessvoraussetzungen** der Widerklage und die Voraussetzungen für eine Klageänderung gegeben sein.[35] Der BGH hat eine isolierte Drittwiderklage für unzulässig gehalten, wenn der Drittwiderbeklagte seinen allgemeinen oder besonderen Gerichtsstand nicht am Ort der Klage hat.[36] Hier muss im Übrigen dasselbe gelten wie bei der Widerklage (s.o. Rdn. 8). Das OLG München geht davon aus, dass dann, wenn bei einer auf negative Feststellung gerichteten isolierten Drittwiderklage Zedent und Kläger keinen gemeinsamen Gerichtsstand am Ort der Klage haben, das übergeordnete Gericht analog § 36 Abs. 1 Nr. 3 ZPO einen gemeinsamen Gerichtsstand bestimmen kann.[37] Der Bundesgerichtshof hat diese Auffassung dagegen abgelehnt und wendet stattdessen § 33 ZPO entsprechend an.[38]

Eine isolierte Drittwiderklage gegen den Zedenten auf Feststellung, dass ihm keine Ansprüche zustehen ist zulässig, wenn ein Feststellungsinteresse besteht.[39] Bei einer negativen Feststellungsklage ergibt sich nach der Rechtsprechung des BGH das Interesse an einer der Rechtskraft fähigen Entscheidung regelmäßig daraus, dass mit der richterlichen Feststellung die Führung eines neuen Rechtsstreits über einen Anspruch ausgeschlossen wird, der nur teilweise eingeklagt wird oder dessen sich der Anspruchsgegner jedenfalls außergerichtlich berühmt[40] oder vom Standpunkt des Widerklägers nicht ausgeschlossen werden kann, dass die Abtretung unwirksam ist.

E. Beschränkungen und Unzulässigkeit

12 Im **Berufungsrechtszug** erstmals erhobene Widerklagen unterliegen den Beschränkungen des § 533 ZPO. Eine erstmalige Erhebung der Widerklage in der **Revisionsinstanz** ist nicht zulässig (§ 559 ZPO). Unzulässig ist eine Drittwiderklage auch im **Arrest** und **einstweiligen Verfügungsverfahren**.[41] Ist allerdings die Hauptsacheklage anhängig kann der Aufhebungsantrag nach § 927 ZPO in Form der Widerklage erhoben werden.[42]

---

33 BGH, 05.04.2001, VII ZR 135/00, BauR 2001, 1288.
34 BGH, 13.06.2008, V ZR 114/07, IBR 2009, 119.
35 PG/*Wern,* § 33 Rn. 19.
36 BGH, 06.05.1993, VII ZR 7/93, NJW 1993, 2120; so auch PG/*Wern,* § 33 Rn. 19.
37 OLG München, 31.03.2009, 31 AR 090/09; OLG München, Beschl. v. 01.06.2010, 34 AR 64/10.
38 BGH, 30.09.2010 Xa ARZ 191/10.
39 BGH, 13.06.2008 V ZR 114/07, NJW 2008, 2852.
40 BGH, 13.06.2008 V ZR 114/07, NJW 2008, 2852.
41 PG/*Wern,* § 33 Rn. 13; Zöller/*Vollkommer,* § 33 Rn. 19.
42 PG/*Wern,* § 33 Rn. 13.

Nicht zulässig ist die Widerklage ferner in **Urkundsprozessen**, während aber in ordentlichen Verfahren die Urkundswiderklage möglich ist.[43]

F. Absatz 2 – Unzulässigkeit der Widerklage

Unzulässig ist die Widerklage, wenn bezüglich der Gegenansprüche die Vereinbarung der Zuständigkeit nach § 40 Abs. 2 ZPO nicht zulässig ist. Das ist dann der Fall, wenn nicht vermögensrechtliche Ansprüche betroffen sind, die den Amtsgerichten ohne Rücksicht auf den Wert des Streitgegenstands zugewiesen worden sind, § 40 Abs. 2 Nr. 1 ZPO oder bei denen für die Klage ein ausschließlicher Gerichtsstand begründet ist § 40 Abs. 2 Nr. 2 ZPO.

13

(...)

§ 36 Gerichtliche Bestimmung der Zuständigkeit

(1) Das zuständige Gericht wird durch das im Rechtszug zunächst höhere Gericht bestimmt:
1. wenn das an sich zuständige Gericht in einem einzelnen Fall an der Ausübung des Richteramtes rechtlich oder tatsächlich verhindert ist;
2. wenn es mit Rücksicht auf die Grenzen verschiedener Gerichtsbezirke ungewiss ist, welches Gericht für den Rechtsstreit zuständig sei;
3. wenn mehrere Personen, die bei verschiedenen Gerichten ihren allgemeinen Gerichtsstand haben, als Streitgenossen im allgemeinen Gerichtsstand verklagt werden sollen und für den Rechtsstreit ein gemeinschaftlicher besonderer Gerichtsstand nicht begründet ist;
4. wenn die Klage in dem dinglichen Gerichtsstand erhoben werden soll und die Sache in den Bezirken verschiedener Gerichte belegen ist;
5. wenn in einem Rechtsstreit verschiedene Gerichte sich rechtskräftig für zuständig erklärt haben;
6. wenn verschiedene Gerichte, von denen eines für den Rechtsstreit zuständig ist, sich rechtskräftig für unzuständig erklärt haben.

(2) Ist das zunächst höhere gemeinschaftliche Gericht der BGH, so wird das zuständige Gericht durch das Oberlandesgericht bestimmt, zu dessen Bezirk das zuerst mit der Sache befasste Gericht gehört.

(3) Will das Oberlandesgericht bei der Bestimmung des zuständigen Gerichts in einer Rechtsfrage von der Entscheidung eines anderen Oberlandesgerichts oder des BGH abweichen, so hat es die Sache unter Begründung seiner Rechtsauffassung dem BGH vorzulegen. In diesem Fall entscheidet der BGH.

Die Möglichkeit einer gerichtlichen Zuständigkeitsbestimmung ist für die Fälle vorgesehen, in denen aus tatsächlichen oder rechtlichen Gründen ein zuständiges Gericht nicht zweifelsfrei festgestellt werden kann.[1] Für Rechtsstreitigkeiten im Baubereich ist insbesondere **§ 36 Abs. 1 Nr. 3 ZPO** wichtig, wenn gegen Streitgenossen geklagt werden soll und hierfür kein gemeinsamer allgemeiner oder besonderer Gerichtsstand gegeben ist Es muss dann ein gemeinsamer Gerichtsstand bestimmt werden. Werden beispielsweise **BGB-Gesellschafter neben der BGB-Außengesellschaft** verklagt und lässt sich ein gemeinsamer, allgemeiner oder besonderer Gerichtsstand (z.B. § 29 ZPO) nicht feststellen, sind die Voraussetzungen des Abs. 1 Nr. 3 ZPO gegeben.[2] Gleiches gilt

1

---

43 PG *Wern*, § 33 Rn. 13; BGH, 28.11.2001, VIII ZR 75/00, BGHZ 149, 222; Zöller/*Vollkommer*, § 33 Rn. 19.
1 Zöller/*Vollkommer*,, § 36 Rn. 1.
2 BGH, 21.01.2009 – Xa ARZ 273/08; Ingenstau/Korbion/*Korbion*, VOB/B Anhang 2, Rn. 47.

auch, wenn mehrere Baubeteiligte von dem Bauherrn wegen Mängeln in Anspruch genommen werden. Soll ein **Drittwiderbeklagter** in den Rechtsstreit mit einbezogen werden, der keinen allgemeinen, besonderen oder ausschließlichen Gerichtsstand am Ort der Klage hat, dann kann ebenfalls nach § 36 Abs. 1 Nr. 3 ZPO der Ort der Klage als gemeinsamer Gerichtsstand bestimmt werden.[3] Bei einer Drittwiderklage gegen den Zedenten einer Forderung ist jedoch § 36 Abs. 1 Nr. 3 ZPO nicht anzuwenden[4] (siehe dazu auch § 33 ZPO Rdn. 8, 11). Allerdings hat die Norm angesichts der Rechtsprechung des Bundesgerichtshofes zum Ort des Bauvorhabens als Erfüllungsort (§ 29 ZPO) für Streitigkeiten im Baurecht keine große praktische Bedeutung.

2 Eine Gerichtsstandsbestimmung nach § 36 Abs. 1 Nr. 3 analog in Verbindung mit Abs. 2 ZPO ist auch dann möglich, wenn keiner der Beklagten seinen allgemeinen Gerichtsstand im Bezirk des angerufenen Gerichts hat. Es genügt jedenfalls, dass eine nicht offensichtlich unwirksame Gerichtsstandsvereinbarung einen möglichen Anknüpfungspunkt für die Zuständigkeit des angerufenen Gerichts bietet.[5]

3 Eine Gerichtsstandsbestimmung nach Abs. 1 Nr. 3 ist nicht dadurch unmöglich, dass gegen einen der verklagten Streitgenossen ein **Insolvenzverfahren** eröffnet wurde.[6] Die Gerichtsstandbestimmung betrifft nur die Zuständigkeit und nicht die Hauptsache selbst und hat deshalb nur vorbereitenden Charakter.[7]

4 Auch, wenn für einen der Streitgenossen ein **ausschließlicher Gerichtsstand** gegeben ist, schließt dies die Bestimmung eines gemeinsamen Gerichtstandes nicht aus. Es muss auch nicht der ausschließliche Gerichtsstand gewählt werden.[8]

5 Die Gerichtsstandsbestimmung hat im Regelfall vor Anhängigkeit des Rechtsstreits zu erfolgen, kann aber auch nach Rechtshängigkeit noch getroffen werden.[9]

(...)

Titel 3: Vereinbarungen über die Zuständigkeit der Gerichte

§ 38 Zugelassene Gerichtsstandsvereinbarung

(1) Ein an sich unzuständiges Gericht des ersten Rechtszuges wird durch ausdrückliche oder stillschweigende Vereinbarung der Parteien zuständig, wenn die Vertragsparteien Kaufleute, juristische Personen des öffentlichen Rechts oder öffentlich-rechtliche Sondervermögen sind.

(2) Die Zuständigkeit eines Gerichts des ersten Rechtszuges kann ferner vereinbart werden, wenn mindestens eine der Vertragsparteien keinen allgemeinen Gerichtsstand im Inland hat. Die Vereinbarung muss schriftlich abgeschlossen oder, falls sie mündlich getroffen wird, schriftlich bestätigt werden. Hat eine der Parteien einen inländischen allgemeinen Gerichtsstand, so kann für das Inland nur ein Gericht gewählt werden, bei dem diese Partei ihren allgemeinen Gerichtsstand hat oder ein besonderer Gerichtsstand begründet ist.

---

3 PG/*Wern*, § 33 Rn. 18; BGH, 24.06.2008, X AZR 69/08, NJW-RR 2008, 1516.
4 BGH, 30.09.2010, Xa ARZ 191/10.
5 BGH, 21.01.2009, Xa ARZ 273/08.
6 BayOblGZ 1985, 314; BGH, 21.01.2009, Xa ARZ 273/08.
7 BGH, 21.01.2009, Xa ARZ 273/08; BayOblGZ 1985, 314; Musielak/*Stadler*, § 249 Rn. 5.
8 MüKo-ZPO/*Patzina*, § 36 Rn. 26.
9 Zöller/*Vollkommer*, § 36 Rn. 16; MüKo-ZPO/*Patzina*, § 36 Rn. 28.

(3) Im Übrigen ist eine Gerichtsstandsvereinbarung nur zulässig, wenn sie ausdrücklich und schriftlich
1. nach dem Entstehen der Streitigkeit oder
2. für den Fall geschlossen wird, dass die im Klageweg in Anspruch zu nehmende Partei nach Vertragsschluss ihren Wohnsitz oder gewöhnlichen Aufenthaltsort aus dem Geltungsbereich dieses Gesetzes verlegt oder ihr Wohnsitz oder gewöhnlicher Aufenthalt im Zeitpunkt der Klageerhebung nicht bekannt ist.

A. Absatz 1 – Ausdrückliche oder konkludente Vereinbarung

I. Allgemeines

1. Anwendungsbereich

Durch Gerichtsstandsvereinbarung kann sowohl die **örtliche als auch sachliche Zuständigkeit** eines Gericht ausgeschlossen (**derogiert**) als auch begründet (**prorogiert**) werden. Ferner kann auch eine Vereinbarung über die **internationale Zuständigkeit** erfolgen.[1] In letzterem Fall muss allerdings geklärt werden, ob dann wenn die Zuständigkeit deutscher Gerichte abbedungen wird, nach dem einschlägigen ausländischen Recht die Gerichtsstandsvereinbarung zulässig ist, sonst wird die Gerichtsstandsvereinbarung als unwirksam angesehen.[2] Die Vereinbarung eines bestimmten Gerichtsstandes steht nicht im Widerspruch zu der Wirksamkeit einer Schiedsvereinbarung.[3]

2. Prozessvertrag

Bei der Gerichtsstandsvereinbarung handelt es sich um einen **Prozessvertrag**.[4] Sie kann formfrei geschlossen werden, soweit nicht in bestimmten Fällen eine Form verlangt wird (siehe Abs. 2, 3). Zu beachten ist, dass die Vereinbarung nur in bestimmten Fällen vorprozessual möglich ist (Absatz 1, 2, 3 Nr. 3). Für das Zustandekommen und den Umfang einer Gerichtsstandsvereinbarung gelten die allgemeinen Regeln der Rechtsgeschäftslehre.[5] Im Hinblick auf die Reichweite ist auf das wohlverstandene Interesse beider Parteien abzustellen. Im Zweifel ist davon auszugehen, dass nicht nur die Ansprüche aus dem Hauptvertrag von der Vereinbarung erfasst sein sollen, sondern auch solche aus ergänzenden **Nebenvereinbarungen**, da Zweck der Abrede gerade auch ist, widersprüchliche Entscheidungen zu vermeiden.[6] Geht es um die Frage der Wirksamkeit des Vertrages, so ist nach h.M. davon auszugehen, dass die Gerichtsstandsvereinbarung auch den Streit über die Nichtigkeit oder das Zustandekommen des Vertrages erfassen soll, es sei denn es geht gerade um die Frage der Nichtigkeit der Gerichtsstandsklausel.[7]

II. Vertragsparteien

1. Kaufleute, Juristische Personen des öffentlichen Rechts und öffentlich-rechtliche Sondervermögen

Nach § 38 Abs. 1 ZPO ist eine Gerichtsstandsvereinbarung uneingeschränkt zwischen **Kaufleuten, juristischen Personen des öffentlichen Rechts und öffentlich rechtlichen Sondervermögen** möglich. Kaufmann ist, wer ein Handelsgewerbe betreibt. Handelsgewerbe ist jeder Gewerbebetrieb, es sei denn, dass das Unternehmen einen kaufmännisch eingerichteten Geschäftsbetrieb

---

1 PG/*Lange*, § 38 Rn. 3; Zöller/*Vollkommer*, § 38 Rn. 3.
2 PG/*Lange*, § 38 Rn. 3.
3 BGH, 25.01.2007, 19 VII ZR 105/06, NJW-RR 2007, 1719; Zöller/*Vollkommer*, § 38, Rn. 3, 15.
4 Zöller/*Vollkommer*, § 38, Rn. 4.
5 PG/*Lange*, § 38 Rn. 2.
6 PG/*Lange*, § 38 Rn. 2.
7 PG/*Lange*, § 38 Rn. 2; Zöller/*Vollkommer*, § 38 Rn. 8.

nicht erfordert. Zu den Kaufleuten gehören Einzelpersonen, die ein Handelsgewerbe in kaufmännischer Weise betreiben, § 1 Abs. 2 HGB, außerdem Handelsgesellschaften wie OHG, KG, AG, GmbH etc. Ferner zählen dazu die übrigen eingetragenen Kaufleute gemäß § 2, 3 Abs. 2, § 5 HGB.[8] Für Handwerker und Unternehmer besteht eine widerlegbare Vermutung dafür, dass sie Kaufleute sind, weil sie ein Gewerbe im handelsrechtlichen Sinne betreiben und der Geschäftsbetrieb in kaufmännischer Weise eingerichtet ist.[9] Die Gerichtstandsvereinbarung erstreckt sich auch auf die **Rechtsnachfolger** der Parteien,[10] selbst wenn diese nicht prorogationsbefugt sind.[11]

2. Keine Kaufleute

4 Keine Kaufleute sind **Architekten und Ingenieure**.[12] Etwas anderes gilt nur dann, wenn die Architekten und Ingenieure gesellschaftsrechtlich beispielsweise in Form einer GmbH organisiert sind.[13]

Eine **BGB-Außengesellschaft** ist in der Regel kein Kaufmann. Dies gilt auch für eine Dach-ARGE, wenn sie nicht als OHG sondern als BGB-Außengesellschaft organisiert ist.[14]

III. Zeitpunkt

5 Entscheidender **Zeitpunkt** für das Vorliegen der Voraussetzung der Prorogationsbefugnis ist derjenige des Abschlusses der Vereinbarung,[15] spätere Änderungen können nicht zum Wegfall oder einer nachträglichen Wirksamkeit der Vereinbarung führen.

IV. VOB/B-Verträge

6 Für **VOB/B-Verträge** gilt § 18 Abs. 1 VOB/B. Danach richtet sich der Gerichtsstand für Streitigkeiten aus dem VOB/B-Vertrag nach dem Sitz der für die Prozessvertretung des Auftraggebers zuständigen Stelle. Er ist dem Auftragnehmer auf Verlangen mitzuteilen. § 18 Abs. 1 VOB/B gilt allerdings nur, wenn die Voraussetzungen für eine Gerichtsstandsvereinbarung nach § 38 ZPO vorliegen. Die Klausel ist bei einem kaufmännischen Auftraggeber wirksam, wenn auch der Vertragspartner zum Personenkreis nach § 38 Abs. 3 gehört.[16]

§ 18 Abs. 1 S. 1 VOB/B findet nur auf die **örtliche** nicht auf die internationale Zuständigkeit Anwendung.[17] Die Vorschrift des § 18 Abs. 1 VOB/B gilt für öffentliche Auftraggeber.[18] Umstritten ist, inwieweit sie auch auf private Auftraggeber anzuwenden ist (siehe hierzu die Kommentierung zu § 18 VOB/B). Sie ist nicht als unangemessen im Sinne des **§ 307 BGB** anzusehen, wenn einem öffentlichen Auftraggeber ein vollkaufmännisches Bauunternehmen gegenüber steht.[19]

§ 18 Abs. 1 VOB/B findet nur Anwendung, wenn die Parteien nicht wirksam eine andere Gerichtsstandsvereinbarung getroffen haben.

---

8 Zöller/*Vollkommer*, § 38, Rn. 18.
9 *Werner/Pastor*, Rn. 414 m.w.N.
10 OLG Köln, 21.11.1991, 18 U 113/91; NJW-RR 1992, 571.
11 OLG Köln, 21.11.1991, 18 U 113/91; NJW-RR 1992, 571; PG/*Lange*, § 38 Rn. 5.
12 *Werner/Pastor*, Rn. 414; *Locher/Koeble/Frik*, § 1, Rn. 29.
13 *Werner/Pastor*, Rn. 414.
14 BGH, 21.01.2009 – Xa ARZ 273/08; anderer Auffassung: Zöller/*Vollkommer*, § 38, Rn. 18.
15 MüKo-ZPO/*Patzina*, § 38 Rn. 19.
16 Zöller/*Vollkommer*, § 38 Rn. 22; Ingenstau/Korbion/*Joussen*, § 18 Abs. 1, Rn. 20.
17 *Werner/Pastor*, Rn. 416; BGH, 18.04.1985, VI ZR 359/83, BauR 1985, 475; Ingenstau/Korbion/*Joussen*, § 18 Abs. 1, Rn. 4–6.
18 *Werner/Pastor*, Rn. 416 m.w.N.; Ingenstau/Korbion/*Joussen* § 18 Abs. 1, Rn. 15 ff.
19 *Werner/Pastor*, Rn. 416; Ingenstau/Korbion/*Joussen*, § 18 Abs. 1, Rn. 42.

V. AGB

Gerichtsstandsvereinbarungen können in **AGBs** getroffen werden. Maßstab für ihre Zulässigkeit sind §§ 305c, § 307 BGB.[20]

B. Absatz 2 – Keinen allgemeinen Gerichtsstand im Inland

Die Vorschrift erfasst die Fälle, in denen mindestens **eine der Parteien keinen** allgemeinen **Gerichtsstand im Inland** hat.

§ 38 Abs. 1 ZPO ist in Fällen mit Auslandsberührung anwendbar. Sie wird jedoch durch speziellere Normen im internationalen Zivilprozessrecht verdrängt. **§ 23 EuGVO** verdrängt im Anwendungsbereich der EuGVO § 38 Abs. 2 ZPO vollständig, ebenso **Art. 17 LugÜ**, so dass die Beschränkungen des § 38 Abs. 2 ZPO nicht zur Anwendung kommen.[21] Bei Verbrauchern ist ferner **Art. 17 EuGVO** zu beachten.[22]

Das Verhältnis zwischen § 38 Abs. 1 und Abs. 2 ZPO ist streitig. Meinungsverschiedenheiten bestehen darüber, ob, wenn mindestens einer der Beteiligten Kaufmann mit Auslandssitz ist, die strengeren Voraussetzungen des Absatz 1 oder die die weniger strengen des Abs. 2 gelten sollen. Nach wohl überwiegender Meinung ist § 38 Abs. 1 ZPO die Spezialvorschrift und geht auch bei Fällen mit Auslandsberührung dem Abs. 2 vor.[23]

Unter **Schriftlichkeit** im Sinne dieser Vorschrift ist nicht dasselbe zu verstehen wie in § 126 BGB unter dem Begriff der »Schriftform«. Es muss keine Unterzeichnung beider Parteien auf einem Schriftstück erfolgen. Ausreichend sind auch zwei getrennte, aber inhaltlich übereinstimmende Schriftstücke, z.B. in Form eines Briefwechsels.[24] Alternativ sieht § 38 Abs. 2 S. 2 ZPO auch eine schriftliche Bestätigung einer mündlich getroffenen Vereinbarung vor. Voraussetzung ist eine gewisse zeitliche Nähe zwischen verbindlicher mündlicher Einigung und schriftlicher Bestätigung.[25]

Zu beachten ist die Beschränkung des **§ 38 Abs. 2 S. 3 ZPO**, wenn eine der Parteien einen allgemeinen inländischen Gerichtsstand hat. Er schränkt die Wahlfreiheit auf diesen allgemeinen oder etwaige bestehende besondere Gerichtstände ein.

C. Absatz 3 – Zulässigkeit der Gerichtsstandvereinbarung im Übrigen

I. Anwendungsbereich

§ 38 Abs. 1 ZPO und § 38 Abs. 2 ZPO gehen § 38 Abs. 3 ZPO als Spezialvorschriften vor,[26]

Abs. 3 gibt mehr Freiheit für Gerichtsstandsvereinbarungen, wenn der Rechtsstreit begonnen hat und mindestens eine der Parteien nicht prorogationsbefugt ist. Ausreichend für die Anwendbarkeit der Vorschrift ist, dass zwischen den Parteien **Meinungsverschiedenheiten** über das bestehende Rechtsverhältnis entstanden sind, ein Rechtsstreit muss noch nicht anhängig sein.[27] Nicht anwendbar ist die Regelung jedoch, wenn es bereits im Stadium der Vertragsanbahnung Streitig-

---

[20] Zu den Einzelfällen: Ingenstau/Korbion/*Joussen*, § 18 Abs. 1, Rn. 15, 46; Zöller/*Vollkommer*, § 38 Rn. 22; *Werner/Pastor*, Rn. 416 m.w.N.
[21] PG/*Lange*, § 38 Rn. 8; Zöller/*Vollkommer*, § 38 Rn. 24.
[22] PG/*Lange*, § 38 Rn. 8.
[23] PG/*Lange*, § 38 Rn. 8; OLG München, 23.03.2000, 1 U 5958/99, OLGR 2001, 27; OLG Saarbrücken, 13.10.1999, 1 U 190/99-37, NJW 2000, 670, 671; MüKo-ZPO/*Patzina* § 38 Rn. 23; a.A Zöller/*Vollkommer*, § 38 Rn. 25; AG Charlottenburg, 23.12.1974, 7 C 785/74 B, NJW 1975, 502.
[24] PG/*Lange*, § 38 Rn. 11; OLG Düsseldorf, 30.01.2004, I – 23 U 70/03, OLGR 2004, 208.
[25] PG/*Lange*, § 38 Rn. 11; OLG Düsseldorf, 02.10.1997, 12 U 198/96, NJW-RR 1998, 1145, 1147.
[26] PG/*Lange*, § 38 Rn. 14; Zöller/*Vollkommer*, § 38 Rn. 35a.
[27] PG/*Lange*, § 38 Rn. 15.

keiten gibt und eine Vereinbarung im Vertrag für mögliche zukünftige Auseinandersetzungen aufgenommen werden soll.[28]

II. Schriftlichkeit

11 Die Anforderungen an die **Schriftlichkeit** entsprechen denen in Abs. 2.[29] **Ausdrücklich** ist eine Vereinbarung im Sinne der Vorschrift nur, wenn sie hinreichend klar und deutlich bzw. bestimmt ist. Auch ein Laie muss erkennen, welche Folgen die Vereinbarung auslöst.[30]

(...)

Abschnitt 2: Parteien

Titel 1: Parteifähigkeit; Prozessfähigkeit

§ 50 Parteifähigkeit

(1) Parteifähig ist, wer rechtsfähig ist.

(2) Ein Verein, der nicht rechtsfähig ist, kann klagen und verklagt werden; in dem Rechtsstreit hat der Verein die Stellung eines rechtsfähigen Vereins.

A. Allgemeines

1 Die Parteifähigkeit hängt von der **Rechtsfähigkeit** ab. Rechtsfähig sind alle natürlichen Personen sowie die juristischen Personen des öffentlichen und privaten Rechts und rechtsfähige Personengesellschaften. Rechtsfähige Personengesellschaften ohne eigene Rechtspersönlichkeit sind Handelsgesellschaften nach dem HGB und die BGB-Außengesellschaften.[1]

Umstritten ist, ob die **Bau-ARGE** als OHG oder als BGB-Außengesellschaft anzusehen ist.[2] Der Bundesgerichtshof hat in seinem Beschl. v. 21.01.2009[3] ausgeführt, dass ohne anderslautende sichere Anhaltspunkte die Bau-ARGE als BGB-Gesellschaft zu qualifizieren ist. Eine gewerblich tätige Dach-ARGE ist eine OHG.[4] In Innenstreitigkeiten gegen ihre eigenen Gesellschafter ist sie daher parteifähig.[5]

B. BGB-Außengesellschaft

2 Die BGB-Außengesellschaft kann unter der BGB-Gesellschafts-Bezeichnung in das **Grundbuch** eingetragen werden. Nach Entscheidung des BGH vom 04.12.2008 war es ausreichend, dass die BGB-Außengesellschaft ohne Nennung der Gesellschafter im Grundbuch eingetragen wird.[6] Der

---

28 PG/*Lange*, § 38 Rn. 15; BGH 20.01.1986, II ZR 56/85, NJW 1986, 1438.
29 PG/*Lange*, § 38 Rn. 16.
30 PG/*Lange*, § 38 Rn. 16.
1 BGH, 29.01.2001, II ZR 331/00, NJW 2001, 1056; Zöller/*Vollkommer*, § 50, Rn. 18, m.w.N; *Schmidt*, NJW 2001, 993 ff. mit weiteren Einzelheiten zur rechts- und parteifähigen BGB-Außengesellschaft.
2 OLG Karlsruhe, 07.03.2006, 17 U 73/05, IBR 2006, 332; OLG Frankfurt, 10.12.2004, 21 AR 138/04, NZBau 2005, 590.
3 BGH, 21.01.2009, Xa ARZ 273/08, IBR 2009, 211.
4 Ingenstau/Korbion, Anhang 2 Rn. 50.
5 Ingenstau/Korbion, Anhang 2 Rn. 50.
6 BGH, 04.12.2008, V ZB 74/08, NJW 2009, 594.

Gesetzgeber hat in dem am 18.08.2009 in Kraft getretenen § 47 Abs. 2 GBO allerdings eine andere Regelung getroffen. Neben der BGB-Außengesellschaft sind auch deren Gesellschafter im Grundbuch anzugeben. Weiterhin ist in § 899a BGB nunmehr festgehalten, dass sich der öffentliche Glaube des Grundbuchs auch darauf bezieht, dass die eingetragenen Personen Gesellschafter der BGB Gesellschaft sind und es darüber hinaus keine weiteren Gesellschafter gibt.

Bei einer Werklohnforderung gegen die BGB-Gesellschaft ist die **Eintragung einer Bauhandwerkersicherungshypothek** und auch die Eintragung einer Vormerkung im Wege des einstweiligen Verfügungsverfahrens möglich, wenn die BGB-Gesellschaft Eigentümerin des Baugrundstückes ist.[7]

Die Teilrechtsfähigkeit der BGB-Außengesellschaft führt dazu, dass **Forderungen der Gesellschaft** von der Gesellschaft selbst geltend gemacht werden müssen, nicht aber von den Gesellschaftern als Streitgenossen.[8] Treten statt der BGB-Gesellschaft **einzelne Gesellschafter** als Kläger auf, ist es eine Frage der Auslegung, ob nicht tatsächlich die Gesellschaft die Ansprüche geltend macht.[9] Wird während des Rechtsstreits dann das Rubrum geändert, kann es sich entweder um eine reine Rubrumsberichtigung handeln oder aber um eine Klageänderung.[10] Welche der beiden Alternativen gegeben ist, hängt vom jeweiligen Einzelfall ab.

3

Richtet sich die Klage gegen die einzelnen Wohnungseigentümer, obwohl nur die Wohnungseigentümergemeinschaft als teilrechtsfähiger Verband verpflichtet ist, so ist die Klage wegen mangelnder Passivlegitimation als unbegründet abzuweisen. Eine Rubrumsberichtigung kommt in der Regel nicht in Betracht.[11] Dies wird damit begründet, dass eine Rubrumsberichtigung nur dann zulässig ist, wenn die Identität der Partei zu der das Prozessrechtsverhältnis begründet worden ist, gewahrt bleibt.[12] Bei einem Aktivprozess kann die Wertung insoweit anders ausfallen als bei einem Passivprozess. Bei Passivprozessen kommt im Hinblick auf die akzessorische Haftung der Gesellschafter sowohl die Haftung der Gesellschafter selbst als auch der Gesellschaft in Betracht. Es handelt sich um unterschiedliche Haftungsmassen. Würde man in diesen Fällen eine Rubrumsberichtigung zulassen, dann wären die Interessen Dritter gefährdet. Der Dritte würde mit einem Prozess konfrontiert, auf den er bisher keinen Einfluss nehmen konnte.[13]

Entsprechendes gilt auch, wenn eine BGB-Außengesellschaft verklagt wird. Existiert diese tatsächlich nicht, dann kann jedoch eine Rubrumsberichtigung dahingehend erfolgen, dass die Gesellschafter Beklagte sind.[14]

Neben der BGB-Außengesellschaft können auch die einzelnen Gesellschafter mitverklagt werden, da sie neben der Gesellschaft persönlich haften.

D. Wohnungseigentümergemeinschaft

Auch die **Wohnungseigentümergemeinschaft** ist parteifähig. Dies ist zwischenzeitlich nach der WEG-Novelle gesetzlich in § 10 Abs. 6 WEG geregelt.

4

---

7 OLG Frankfurt, 04.01.2008, 8 U 138/07, NJW-RR 2008, 1117.
8 BGH, 15.01.2003, XII ZR 300/99, NJW 2003, 1043.
9 BGH, 15.01.2003, XII ZR 300/99, NJW 2003, 1043.
10 OLG Brandenburg, 14.12.2005, 4 O 86/05; IBR 2006, 203; OLG Brandenburg, 29.03.2007, 5 O 118/06, IMR 2008, 71; OLG München, Beschl. v. 13.07.2005, 34 Wx 61/05.
11 OLG Hamm, Urt. v. 25.02.2010, 24 U 62/06; BGH, Beschl. v. 12.12.2006, I ZB 83/06.
12 BGH, Beschl. v. 12.12.2006 I ZB 83/06).
13 OLG Hamm, Urt. v. 25.02.2010, 24 U 62/06.
14 OLG Celle, 19.08.2009, 7 U 257/08.

Die WEG ist rechts- und parteifähig soweit sie bei der Verwaltung des gemeinschaftlichen Eigentums am Rechtsverkehr teilnimmt.[15] Die Rechtsfähigkeit gilt sowohl im Verhältnis zu Dritten als auch zu den einzelnen Wohnungseigentümern.[16]

Die WEG kann durch Mehrheitsbeschluss die Durchsetzung der auf ordnungsgemäße Herstellung des Gemeinschaftseigentums gerichteten Rechte der Erwerber von Wohnungseigentum wegen Mängeln des Gemeinschaftseigentums an sich ziehen. Macht sie von dieser Möglichkeit Gebrauch, begründet dies ihre alleinige Zuständigkeit. Im Gerichtsverfahren tritt die WEG dann als gesetzlicher Prozessstandschafter (siehe auch unten Rdn. 5) auf. Eine WEG kann als gewillkürter Prozessstandschafter (siehe auch unten Rdn. 5) Ansprüche verfolgen, die in engem wirtschaftlichen und rechtlichem Zusammenhang mit der Verwaltung gemeinschaftlichen Eigentums stehen und an deren Durchsetzung sie ein eigenes schutzwürdiges Interesse hat. Sie kann von den einzelnen Wohnungseigentümern ermächtigt werden neben den Ansprüchen wegen Mängeln am Gemeinschaftseigentum auch Ansprüche wegen Mängeln am Sondereigentum geltend zu machen,[17] sowie ferner auch Ansprüche von Erwerbern von Wohnungseigentum aus Bürgschaften nach § 7 MaBV.[18]

E. Prozessführungsbefugnis

5 Wer ohne eigene materiellrechtliche Beziehung über das behandelte streitige Recht als Partei in eigenem Namen ein fremdes Recht prozessual geltend macht, muss prozessführungsbefugt sein. Die Geltendmachung **fremder Rechte** wird als Prozessstandschaft bezeichnet.[19]

Für die **gewillkürte Prozessstandschaft** muss eine **Ermächtigung** vorliegen und ein **schutzwürdiges Interesse** der Partei an der Geltendmachung der fremden Rechte bestehen.[20]

Ein **schutzwürdiges Interesse** ist anzunehmen bei der Klage
- des Bauträgers gegen den Bauhandwerker aus an den Bauherrn abgetretenen Mängelrechten, sowie der Generalunternehmerin, die durch Erfüllung des geltend gemachten Anspruchs von Verbindlichkeiten gegenüber dem Zessionar frei wird.[21] Der Bauträger hat ein eigenes rechtliches Interesse an der Geltendmachung der Ansprüche, wenn er subsidiär haftet.[22]
- des einzelnen Wohnungseigentümers auf Kostenvorschuss wegen Mängeln am Gemeinschaftseigentum und des Sondereigentums.[23] Für die Geltendmachung von Minderungs- oder Schadensersatzansprüchen am Gemeinschaftseigentum bestehender Mängel bedarf es dagegen eines mehrheitlichen Beschlusses der WEG insoweit.[24]
- der WEG aus Mängeln am Sondereigentum und aus einer dafür erteilten Gewährleistungsbürgschaft (siehe oben Rdn. 4).[25]
- des einzelnen Wohnungseigentümers auf Minderung oder Schadensersatz wegen das Sondereigentum beeinträchtigender Mängel am Gemeinschaftseigentum.[26]

---

15 PG/*Gehrlein*, § 50 Rn. 28.
16 PG/*Gehrlein*, § 50 Rn. 28; BGH, 02.06.2005, V ZB 32/05, NJW 2005, 2061; BGH, 12.04.2007, VII ZR 236/05, NJW 2007, 1952.
17 BGH, 12.04.2007, VII ZR 236/05, NJW 2007, 1952, BGH, 12.04.2007,VII ZR 50/06, NJW 2007, 1957.
18 BGH, 12.04.2007,VII ZR 50/06, NJW 2007, 1957.
19 PG/*Gehrlein*, § 50 Rn. 33.
20 PG/*Gehrlein*, § 50 Rn. 33.
21 PG/*Gehrlein*, § 50 Rn. 43; BGH, 03.04.2003, IX ZR 287/99, NJW 2003, 2231; BGH, 23.02.1978, VII ZR 11/76, NJW 1978, 1375; Kuffer/Wirth/*Ulbrich*, 13. Kap. A. Rn. 58.
22 Kuffer/Wirth/*Ulbrich*, 13. Kap. A. Rn. 58.
23 PG/*Gehrlein*, § 50 Rn. 43; BGH, 07.05.1987, VII ZR 366/85, NJW-RR 1987, 1046.
24 Kuffer/Wirth/*Ulbrich*, 13. Kap. A. Rn. 58; BGH. 12.04.2007, VII ZR 236/05, NJW 2007, 1952.
25 PG/*Gehrlein*, § 50 Rn. 43; BGH, 12.04.2007,VII ZR 50/06, NJW 2007, 1957.
26 PG/*Gehrlein*, § 50 Rn. 43; BGH, 15.02.1990,VII ZR 269/88, NJW 1990, 1663.

§ 51 Prozessfähigkeit, gesetzliche Vertretung, Prozessführung

(1) Die Fähigkeit einer Partei, vor Gericht zu stehen, die Vertretung nicht prozessfähiger Parteien durch andere Personen (gesetzliche Vertreter) und die Notwendigkeit einer besonderen Ermächtigung zur Prozessführung bestimmt sich nach den Vorschriften des bürgerlichen Rechts, soweit nicht die nachfolgenden Paragraphen abweichende Vorschriften enthalten.

(2) Das Verschulden eines gesetzlichen Vertreters steht dem Verschulden der Partei gleich.

(3) Hat eine nicht prozessfähige Partei, die eine volljährige natürliche Person ist, wirksam eine andere natürliche Person schriftlich mit ihrer gerichtlichen Vertretung bevollmächtigt, so steht diese Person einem gesetzlichen Vertreter gleich, wenn die Bevollmächtigung geeignet ist, gemäß § 1896 Abs. 2 Satz 2 BGB die Erforderlichkeit einer Betreuung entfallen zu lassen.

A. Allgemein

Prozessfähigkeit ist die Fähigkeit einer Partei ihre prozessualen Rechte selbst wahrzunehmen.[1]   1

B. BGB-Außengesellschaft und Wohnungseigentümergemeinschaft

Die **BGB-Außengesellschaft** und die **Wohnungseigentümergemeinschaft** sind prozessfähig.   2

Die BGB-Außengesellschaft wird durch ihren geschäftsführenden Gesellschafter vertreten, soweit in dem Gesellschaftervertrag ein solcher bestimmt wird (§ 714 BGB).[2] Ansonsten sind sämtliche Gesellschafter gemeinschaftlich zur Geschäftsführung befugt (§ 709 BGB).

Die Wohnungseigentümergemeinschaft wird durch den Verwalter in Passivprozessen gesetzlich vertreten (§ 27 Abs. 2 Nr. 3 WEG). Bei Aktivprozessen bedarf es eines Beschlusses der Wohnungseigentümergemeinschaft (§ 27 Abs. 2 Nr. 5 WEG).[3]

(...)

Titel 2: Streitgenossenschaft

§ 59 Streitgenossenschaft bei Rechtsgemeinschaft oder Identität des Grundes

Mehrere Personen können als Streitgenossen gemeinschaftlich klagen oder verklagt werden, wenn sie hinsichtlich des Streitgegenstandes in Rechtsgemeinschaft stehen oder wenn sie aus demselben tatsächlichen und rechtlichen Grund berechtigt oder verpflichtet sind.

Kommentierung siehe § 60.

§ 60 Streitgenossenschaft bei Gleichartigkeit der Ansprüche

Mehrere Personen können auch dann als Streitgenossen gemeinschaftlich klagen oder verklagt werden, wenn gleichartige und auf einem im Wesentlichen gleichartigen tatsächlichen und rechtlichen Grund beruhende Ansprüche oder Verpflichtungen den Gegenstand des Rechtsstreits bilden.

---

[1] MüKo-ZPO/*Lindacher*, § 51 Rn. 1; *Baumbach/Lauterbach/Hartmann*, § 51 Rn. 4.
[2] BGH, 07.12.2006 V ZB 166/05, NJW 2007, 995.
[3] Zöller/*Vollkommer*, § 51, Rn. 4.

A. Allgemein

1 Eine Streitgenossenschaft ist gegeben, wenn in einem Prozess mehrere Personen in derselben Parteistellung auftreten. Man spricht von **aktiver Streitgenossenschaft**, wenn mehrere Personen auf der Klägerseite auftreten und von **passiver**, wenn auf Beklagtenseite eine Personenmehrheit vorliegt.[1] Es handelt sich um die Zusammenfassung mehrerer Prozesse aus prozesswirtschaftlichen Gründen.[2]

B. Voraussetzungen

2 Eine einheitliche Klage durch oder gegen mehrere Streitgenossen ist unter bestimmten Voraussetzungen, die weit auszulegen sind, zulässig.[3] Aus prozessökonomischen Gründen ist die Verbindung mehrerer Prozesse häufig zweckmäßig.[4] Eine Streitgenossenschaft setzt entweder eine **Rechtsgemeinschaft** hinsichtlich des Streitgegenstandes voraus oder die Berechtigung oder Verpflichtung aufgrund eines im Wesentlichen gleichartigen tatsächlichen oder **rechtlichen Grundes**. Es muss in letzterem Falle nicht vollständige Identität bestehen, sondern es reicht eine Gleichartigkeit zu einem wesentlichen Teil aus.[5]

I. Rechtsgemeinschaften

3 Unter **Rechtsgemeinschaften** fasst man zum Beispiel **Miteigentum**, unter Umständen auch **Wohnungseigentum** (s.o. § 50 ZPO). Ferner fallen darunter **Gesamthandsgemeinschaften, Gesamtschuld** (§§ 421, 427, 840 BGB), **Teilschuld, akzessorische Schuldverhältnisse** (Hauptschuldner/Bürge; OHG/persönlich haftender Gesellschafter; BGB-Außengesellschaft/Gesellschafter) sowie die anteilige Haftung mehrerer Bauherren einer Bauherrengemeinschaft.[6]

II. Gleichartigkeit

4 Eine **Gleichartigkeit** von Ansprüchen ist beispielsweise bei mehreren Verantwortlichen für einen Mangel an demselben Bauvorhaben gegeben,[7] z.B. bei planendem Architekt und bauaufsichtsführendem Architekt, bauausführendem Unternehmer und Architekt oder auch mehreren Handwerkern.[8] Gleichartigkeit liegt auch bei der Klage des Unternehmers gegen anteilig haftende Mitglieder einer Bauherrengemeinschaft vor.[9]

C. Zulässigkeit

5 Liegen die Voraussetzungen des §§ 59, 60 ZPO nicht vor und ist gleichwohl eine gemeinsame Klage oder Klage gegen mehrere Beklagte eingereicht worden und wird dies gerügt, so muss das Gericht die Prozesse trennen, wenn nicht die Voraussetzungen des § 147 ZPO vorliegen.[10]

6 Es muss für jeden Streitgenossen gesondert die **Zulässigkeit** geprüft werden, weil es sich um gesonderte Rechtsverhältnisse handelt, die nur äußerlich zu einem Verfahren verbunden sind.[11] Dies ist insbesondere im Bezug auf den Gerichtsstand wichtig. Liegt kein gemeinsamer Gerichtsstand

---

1 *Baumbach/Lauterbach/Albers/Hartmann*, Übers. § 59 Rn. 4; MüKo-ZPO/*Schultes*, § 59 Rn. 3.
2 *Baumbach/Lauterbach/Albers/Hartmann*, Übers. § 59; Zöller/*Vollkommer*, § 60 Rn. 4.
3 Zöller/*Vollkommer*, § 60 Rn. 4, 7; *Baumbach/Lauterbach/Albers/Hartmann*, § 60 Rn. 1.
4 Zöller/*Vollkommer*, § 60 Rn. 4; BGH, 19.11.1991, X ARZ 10/91, NJW 1992, 981; BGH, 23.05.1990, I AZR 186/90, NJW-RR 1991, 381.
5 Zöller/*Vollkommer*, § 60 Rn. 7; *Baumbac/Lauterbach/Albers/Hartmann*, § 60 Rn. 3.
6 Zöller/*Vollkommer*, § 60 Rn. 5; *Werner/Pastor*, Rn. 1038, 1100.
7 Zöller/*Vollkommer*, § 60 Rn. 7; PG/*Gehrlein*, §§ 59, 60 Rn. 10.
8 PG/*Gehrlein*, §§ 59, 60 Rn. 10.
9 Zöller/*Vollkommer*, § 60 Rn. 7; PG/*Gehrlein*, §§ 59, 60 Rn. 10.
10 Zöller/*Vollkommer*, § 60 Rn. 8; MüKo-ZPO/*Schultes*, § 59 Rn. 12.
11 Zöller/*Vollkommer*, § 60 Rn. 9; *Baumbach/Lauterbach/Albers/Hartmann*, § 60 Rn. 7, 8.

vor, muss entweder ein Verweisungsantrag gestellt werden oder es muss eine Zuständigkeitsbestimmung gem. § 36 Abs. 1 Nr. 3 ZPO erfolgen.[12]

§ 61 Wirkung der Streitgenossenschaft

Streitgenossen stehen, soweit nicht aus den Vorschriften des bürgerlichen Rechts oder dieses Gesetzes sich ein anderes ergibt, dem Gegner dergestalt als Einzelne gegenüber, dass die Handlungen des einen Streitgenossen dem anderen weder zum Vorteil noch zum Nachteil gereichen.

A. Allgemein

Die Wirkung der Streitgenossenschaft beschränkt sich auf das eigene Rechtsverhältnis. Der eine Streitgenosse kann aber im Prozess dem anderen Streitgenossen als **Streithelfer** beitreten.[1] Ein Streitgenosse kann während des laufenden Verfahrens **kein Zeuge** sein, sondern erst nach seinem Ausscheiden aus dem Prozess.[2] Eine Ausnahme gilt nur dann, wenn es um Beweisthemen geht, die lediglich den anderen Streitgenossen betreffen.[3] 1

B. Selbstständigkeit der Verfahren

Bei nicht notwendigen Streitgenossen ist das **Verfahren** jedes Streitgenossen **selbständig**. Jeder kann Behauptungen des Gegners bestreiten oder nicht, Geständnisse machen, Vergleiche schließen, Klageänderungen, Klagerücknahmen, Anerkenntnisse und Verzichte aussprechen.[4] Die Zustellungen erfolgen an alle Streitgenossen, Fristen laufen für jeden gesondert.[5] 2

Die Entscheidung kann für jeden Streitgenossen unterschiedlich ausfallen. Ist bezüglich eines Streitgenossen die Sache entscheidungsreif, dann kann zwar ein Teilurteil erlassen werden, allerdings ist sorgfältig zu prüfen, ob dadurch nicht die Gefahr widersprüchlicher Entscheidungen entsteht. In diesem Falle ist der Erlass eines Teilurteils unzulässig.[6] 3

Bei **Insolvenz oder Tod** eines Streitgenossen kann das Verfahren gegenüber dem anderen Streitgenossen fortgesetzt und durch ein Urteil (Teilurteil) abgeschlossen werden.[7]

Da die Entscheidungen gegenüber den Streitgenossen unterschiedlich ausfallen können, kann jeder Streitgenosse soweit er unterliegt **eigenständig Rechtsmittel** gegen ein Urteil einlegen. Umgekehrt kann auch gegen die Streitgenossen einzeln ein Rechtsmittel eingelegt werden. Aufgepasst werden muss dann, wenn ein Streitgenosse aus dem Verfahren ausgeschieden ist. Legt dann der andere Streitgenosse gegen das Urteil Rechtsmittel ein, so kann im Wege der unselbständigen Anschlussberufung nicht gegen den ausgeschiedenen Streitgenossen vorgegangen werden.[8] Umgekehrt kann auch der ausgeschiedene Streitgenosse dann, wenn gegen den anderen Streitgenossen

---

12 Zöller/*Vollkommer*, § 60 Rn. 9.
1 Zöller/*Vollkommer*, § 61 Rn. 4; BGH, 12.10.1995 VII ZR 209/94, NJW 1996, 196.
2 Zöller/*Vollkommer*, § 61 Rn. 4; *Baumbach/Lauterbach/Albers/Hartmann*, § 61 Rn. 9; OLG Koblenz, 19.12.2002 5 U 5402/02, NJW-RR 2003, 283.; OLG Celle, 08.08.1989, 8 W 94/89, NJW RR 1991, 62.
3 Zöller/*Vollkommer*, § 61 Rn. 4; BGH, 11.07.1990, VIII ZR 165/89, NJW-RR 1991, 256; BGH, 16.05.1983, VIII ZR 34/82, MDR 1984, 47; BGH, 06.10.1998, XI ZR 244/97, MDR 1999, 47; OLG Celle, 08.08.1989, 8 W 94/89, NJW-RR 1991, 62; *Baumbach/Lauterbach/Albers/Hartmann*, § 61 Rn. 9.
4 Zöller/*Vollkommer*, § 61 Rn. 8; *Baumbach/Lauterbach/Albers/Hartmann*, § 61 Rn. 7.
5 PG/*Gehrlein*, § 61 Rn. 4.
6 PG/*Gehrlein*, § 61 Rn. 5; BGH, 25.11.2003 VI ZR 8/03, NJW 2004, 1452; BGH, 19.12.2002, VII ZR 176/02, NJW-RR 2003, 1002; BGH, 12.01.1999 VI ZR 77/98, NJW 1999, 1035.
7 Zöller/*Vollkommer*, § 61 Rn. 8; BGH, 07.11.2006 X ZR 149/04, NJW 2007, 156.
8 Zöller/*Vollkommer*, § 61 Rn. 9; *Baumbach/Lauterbach/Albers/Hartmann*, § 61 Rn. 8.

Berufung eingelegt wird, nicht im Wege der Anschlussberufung gegen den Gegner vorgehen.[9] Unzulässig ist auch das Hilfsanschlussrechtsmittel des Klägers für den Fall, dass das Gericht den Anspruch eines nicht notwendigen Streitgenossen abweist.[10]

§ 62 Notwendige Streitgenossenschaft

(1) Kann das streitige Rechtsverhältnis allen Streitgenossen gegenüber nur einheitlich festgestellt werden oder ist die Streitgenossenschaft aus einem sonstigen Grund eine notwendige, so werden, wenn ein Termin oder eine Frist nur von einzelnen Streitgenossen versäumt wird, die säumigen Streitgenossen als durch die nicht säumigen vertreten angesehen.

(2) Die säumigen Streitgenossen sind auch in dem späteren Verfahren zuzuziehen.

A. Prozessrechtlich notwendige Streitgenossenschaft

1 Die notwendige Streitgenossenschaft im Sinne der 1. Alternative des § 62 Abs. 1 ZPO, auch **prozessrechtlich notwendige** Streitgenossenschaft genannt, setzt voraus, dass ein streitiges Rechtsverhältnissen nur allen **Streitgenossen** gegenüber **einheitlich** festgestellt werden kann.[1] Die nur einem Streitgenossen gegenüber ergehende Entscheidung hat auch gegenüber den anderen Streitgenossen Rechtskraft oder Gestaltungswirkung.[2] Eine solche einheitliche Feststellung ist z.B. dann notwendig, wenn sich die **Rechtskraftentscheidung** auf alle Streitgenossen erstreckt, falls nur einer klagt oder verklagt wird.[3]

Kein Fall der notwendigen Streitgenossenschaft in diesem Sinne liegt vor, in dem Verhältnis **OHG und Gesellschafter** sowie **BGB-Außengesellschaft und Gesellschafter**.[4] Gleiches gilt auch für das Verhältnis von **Hauptschuldner und Bürgen**[5] sowie bei **Gesamtgläubigerschaft** oder **Gesamtschuld** (§§ 425 Abs. 2, 429 Abs. 2, 431, 432 Abs. 2).[6]

B. Materiellrechtlich notwendige Streitgenossenschaft

2 Nach der 2. Alternative des § 62 Abs. 1 ZPO kann sich eine notwendige Streitgenossenschaft auch aus **materiellrechtlichen Gründen** ergeben.[7] Eine solche notwendige Streitgenossenschaft liegt z.B. bei mehreren **Gesamthändern** als Kläger vor.[8]

C. Gesonderte Prozessrechtsverhältnisse

3 Da nur für alle notwendigen Streitgenossen eine einheitliche Entscheidung ergehen kann, hat dies Auswirkungen auf die prozessualen Möglichkeiten der einzelnen Streitgenossen. Dennoch ist grundsätzlich zu beachten, dass trotz des gemeinsamen Gegners jeweils gesonderte Prozessrechtsverhältnisse bestehen.[9] Für die notwendige Streitgenossenschaft gilt daher folgendes:

---

9 Zöller/*Vollkommer*, § 61 Rn. 9; BGH, 17.03.1989, V ZR 233/87, NJW-RR 1989, 1099.
10 *Baumbach/Lauterbach/Albers/Hartmann*, § 61 Rn. 8; BGH, 06.06.1989, VI ZR 241/88, MDR 1989, 899.
1 *Baumbach/Lauterbach/Albers/Hartmann*, § 62 Rn. 2.
2 PG/*Gehrlein*, § 62 Rn. 2.
3 *Baumbach/Lauterbach/Albers/Hartmann*, § 62 Rn. 4; Zöller/*Vollkommer*, § 62 Rn. 2; BAG, 20.11.2003, 8 AZR 580/02, NJW 2004, 2849.
4 Zöller/*Vollkommer*, § 62 Rn. 7 m.w.N.
5 Zöller/*Vollkommer*, § 62 Rn. 8; *Baumbach/Lauterbach/Albers/Hartmann*, § 62 Rn. 9.
6 BGH, 24.06.1992, VIII ZR 203/91, NJW 1992, 2413; *Baumbach/Lauterbach/Albers/Hartmann*, § 62 Rn. 11.
7 Zöller/*Vollkommer*, § 62 Rn. 11.
8 Zöller/*Vollkommer*, § 62 Rn. 8; *Baumbach/Lauterbach/Albers/Hartmann*, § 62 Rn. 11.
9 Zöller/*Vollkommer*, § 62 Rn. 22.

I. Zulässigkeit

Im Verhältnis zu jedem Streitgenossen ist die **Zulässigkeit** der Klage getrennt zu prüfen.[10] Dabei ist zwischen notwendiger Streitgenossenschaft aus prozessualen und solcher aus materiellrechtlichen Gründen zu unterscheiden.[11] In ersterem Fall ist auch bei Unzulässigkeit der Klage gegen einen Streitgenossen der Prozess weiterzuführen, wenn er gegen die übrigen zulässig ist. Anders bei der zweiten Alternative: die Unzulässigkeit führt auch zur Unzulässigkeit der übrigen Klagen.[12]

II. Verjährung

Die **Hemmung der Verjährung** durch Klageerhebung gegenüber dem einen notwendigen Streitgenossen aus sachenrechtlichen Gründen bewirkt nicht die Hemmung der Verjährung gegenüber dem anderen Streitgenossen.[13]

III. Angriffs- und Verteidigungsmittel

Jeder notwendige Streitgenosse kann unabhängig von den anderen **Angriffs- und Verteidigungsmittel** vorbringen, soweit nicht eine einheitliche Entscheidung gefährdet ist.[14] **Geständnisse** eines Streitverkündeten binden nur ihn. Im Hinblick auf die übrigen Streitgenossen kann ein Geständnis aber nach § 286 ZPO frei gewürdigt werden.[15]

IV. Prozesshandlungen

Bei der **Klagerücknahme** muss wiederum differenziert werden: Im Falle der notwendigen Streitgenossenschaft aus prozessualen Gründen bewirkt die Klagerücknahme des einzelnen Streitgenossen, dass er aus dem Prozess ausscheidet. Bei § 62 Abs. 1 2. Alternative ZPO scheidet dagegen eine einseitige Klagerücknahme aus.[16]

Die Wirksamkeit von **Klageänderung, Verzicht** und **Anerkenntnis** hängt von allen Streitgenossen ab. Erkennt lediglich einer der Streitgenossen den Anspruch an, kann zwar ein Anerkenntnisurteil ergehen, dies wird jedoch nicht rechtskräftig, wenn die übrigen Streitgenossen dagegen Berufung einlegen.[17]

Ein **Prozessvergleich** kann nur von allen Streitgenossen, die materiell verfügungsbefugt sind, gemeinsam geschlossen werden.[18] Gleiches gilt auch für die Erledigungserklärung.[19]

Bei Säumnis nur eines notwendigen Streitgenossen kann gegen diesen nicht ein **Versäumnisurteil** erlassen werden.[20]

---

10 Zöller/*Vollkommer*, § 62 Rn. 22.
11 Zöller/*Vollkommer*, § 62 Rn. 23.
12 Zöller /*Vollkommer*, § 62 Rn. 23.
13 BGH, 12.01.1996 V ZR 246/94, NJW 1996, 1060, 1061; *Baumbach/Lauterbach/Albers/Hartmann*, § 62 Rn. 15.
14 *Baumbach/Lauterbach/Albers/Hartmann*, § 62 Rn. 18 m.w.N.; BGH, 12.01.1996, V ZR 246/94, BGHZ 131, 379.
15 *Baumbach/Lauterbach/Albers/Hartmann*, § 62 Rn. 18.
16 Zöller/*Vollkommer*, § 62 Rn. 25; *Baumbach/Lauterbach/Albers/Hartmann*, § 62 Rn. 20; PG/*Gehrlein*, § 62 Rn. 19; a.M. OLG Rostock, 07.07.1994, 1 U 61/94, NJW RR 1995, 381.
17 Zöller/*Vollkommer*, § 62 Rn. 26.
18 Zöller/*Vollkommer*, § 62 Rn. 27.
19 PG/*Gehrlein*, § 62 Rn. 19.
20 Zöller/*Vollkommer*, § 62 Rn. 28.

Bei **Insolvenzeröffnung** gegen einen Streitgenossen wird das Verfahren gegen alle notwendigen Streitgenossen unterbrochen.[21]

V. Urteil

8 Es kann nur gegen alle Streitgenossen einheitlich entschieden werden, ein **Teilurteil** gegen nur einen der Streitgenossen ist daher nicht zulässig.[22]

VI. Fristen

9 Die Zustellungen sind an jeden einzelnen Streitgenossen zu bewirken.[23]

Fristen laufen für jeden Streitgenossen getrennt. Ein fristgerecht eingelegtes Rechtsmittel durch einen Streitgenossen gilt zugunsten der übrigen Streitgenossen auch dann, wenn deren **Rechtsmittelfrist** verstrichen ist.[24] Der säumige Streitgenosse wird gleichwohl Partei im Rechtsmittelverfahren.[25] Das Rechtsmittel ist somit wirksam eingelegt, wenn ein notwendiger Streitgenosse innerhalb einer laufenden Frist Rechtsmittel eingelegt hat.[26] Das Urteil im Rechtsmittelzug gilt dann auch für die anderen Streitgenossen.[27] Ein gegen einen einzelnen Streitgenossen ergangenes **Prozessurteil** erlangt mit Ablauf der für ihn maßgeblichen Rechtsmittelfrist Rechtskraft. Anders ist es bei einem **Sachurteil**. Solange noch ein Streitgenosse ein Rechtsmittel einlegen kann, bleibt die Rechtskraft der angefochtenen Entscheidung in der Schwebe.[28] Ein unzulässiges Teilurteil entfaltet nur gegenüber dem Streitgenossen Rechtskraft, demgegenüber es ergangen ist.[29]

Der Gegner muss Rechtsmittel gegenüber jedem Streitgenossen einlegen, sonst ist das Rechtsmittel unzulässig.[30]

(...)

§ 66 Nebenintervention

(1) Wer ein rechtliches Interesse daran hat, dass in einem zwischen anderen Personen anhängigen Rechtsstreit die eine Partei obsiege, kann dieser Partei zum Zwecke ihrer Unterstützung beitreten.

(2) Die Nebenintervention kann in jeder Lage des Rechtsstreits bis zur rechtskräftigen Entscheidung, auch in Verbindung mit der Einlegung eines Rechtsmittels, erfolgen.

A. Allgemein

1 Durch die Nebenintervention beteiligt sich ein **Dritter** an einem Prozess zwischen anderen Parteien. Der Dritte darf als Streithelfer nicht Hauptpartei des Rechtsstreits sein. Auch der gesetzliche

---

21 Zöller/*Vollkommer*, § 62 Rn. 29.
22 Zöller/*Vollkommer*, § 62 Rn. 30.
23 PG/*Gehrlein*, § 62 Rn. 19.
24 *Baumbach/Lauterbach/Albers/Hartmann*, § 62 Rn. 19.
25 Zöller/*Vollkommer*, § 62 Rn. 32.PG/*Gehrlein*, § 62 Rn. 24.
26 OLG Hamm, 27.08.2003, 20 U 12/03, NJW-RR 2003, 1613; *Baumbach/Lauterbach/Albers/Hartmann*, § 62 Rn. 26.
27 *Baumbach/Lauterbach/Albers/Hartmann*, § 62. Rn. 26.
28 BGH, 12.01.1996, V ZR 246/94, BGHZ 131, 382; OLG Koblenz, 13.06.1996, 5 U 891/95, NJW-RR 1998, 64; *Baumbach/Lauterbach/Albers/Hartmann*, § 62 Rn. 26; PG/*Gehrlein*, § 62 Rn. 25.
29 PG/*Gehrlein*, § 62 Rn. 25; BGH, 21.12.1988, VIII ZR 277/87, NJW 1989, 2133.
30 BGH, FamRZ 1975, 406; *Baumbach/Lauterbach/Albers/Hartmann*, § 62 Rn. 26; BGH, 12.01.1996, V ZR 246/94, BGHZ 131, 382.

Vertreter einer Partei kann nicht Nebenintervenient sein.[1] Eine Nebenintervention ist bei Streitgenossenschaften möglich. Es handelt sich insoweit um mehrere selbständige, aber verbundene Prozesse, sodass jeder einfacher Streitgenosse dem anderen oder aber auch dem Gegner beitreten kann.[2]

Der Streithelfer kann nur einer der beiden Parteien beitreten, nicht gleichzeitig beiden.[3] Er kann allerdings erst der einen Partei und später der anderen Partei beitreten,[4] denn der Nebenintervenient kann analog § 269 Abs. 2 ZPO den Beitritt zurücknehmen. Eine Zustimmung der Prozessparteien ist hierfür nicht erforderlich.[5] Es tritt dann allerdings die Kostenfolge des § 269 Abs. 2 S. 3 ZPO ein. Die bisherigen Rechtshandlungen des Nebenintervenienten werden durch den Rücktritt nicht berührt, ebenso bleiben die Wirkungen des § 68 ZPO bestehen.[6]

Voraussetzung für den Beitritt einmal auf der einen und später dann auf der anderen Seite ist allerdings, dass jeweils die Voraussetzungen des § 66 ZPO gegeben sein müssen.[7] Diskutiert im Zusammenhang mit dem Beitrittswechsel wird die Frage, ob auch der Streitverkündete es sich beliebig aussuchen kann, auf welcher Seite er dem Rechtsstreit beitreten will, oder ob die freie Entscheidung nicht rechtsmissbräuchlich sein kann. Das OLG München hält es nicht für rechtsmissbräuchlich, wenn der Streitverkündete der gegnerischen Partei beitritt sobald für ihn erkennbar wird, dass das Urteil zu Lasten des Streitverkünders ausgehen wird.[8] Eine andere Meinung vertreten einige Obergerichte, die eine Kostenerstattung ablehnen, wenn der Streitverkündete auf Seiten des Streitverkündungsgegners beitritt.[9] Letztere Meinung ist abzulehnen. Die Streitverkündung beinhaltet gerade das wirtschaftliche Risiko, dass der Gegner unterstützt werden kann. Dieses wird bewusst eingegangen. Insofern ist nicht ersichtlich, warum das Verhalten des Streitverkündeten rechtsmissbräuchlich sein sollte.

B. Rechtsstreit

Der **Begriff des Rechtsstreits** ist weit auszulegen. Eine Nebenintervention ist deshalb auch im **Mahnverfahren** möglich.[10] Ferner kann der Nebenintervenient auch im **selbstständigen Beweisverfahren** beitreten.[11] Die Drittbeteiligung durch Nebenintervention im **schiedsgerichtlichen Verfahren** ist bei entsprechender Vereinbarung möglich. Bei der Streitverkündung im Schiedsverfahren setzt eine Bindungswirkung voraus, dass der Streitverkündungsempfänger an die Schiedsvereinbarung gebunden ist.[12]

---

1 Zöller/*Vollkommer*, § 66 Rn. 7.
2 Zöller/*Vollkommer*, § 66 Rn. 6 m.w.N.
3 *Baumbach/Lauterbach/Albers/Hartmann*, § 66 Rn. 5.
4 *Baumbach/Lauterbach/Albers/Hartmann*, § 66 Rn. 5.
5 MüKo-ZPO/*Schultes,* § 66 Rn. 25.
6 MüKo-ZPO/*Schultes,* § 66 Rn. 25.
7 MüKo-ZPO/*Schultes,* § 66 Rn. 20, 25.
8 OLG München, 29.01.2008, 13 U 4811/07, IBR 2009, 121; so auch OLG Nürnberg, 10.12.2007, 12 U 210/07, IBR 2008, 252.
9 OLG Hamm, 19.11.1999, 12 U 92/99, IBR 2000, 467; OLG Dresden, 19.02.2003, 12 U 1922/01, IBR 2004, 175.
10 BGH, 10.01.2006, VIII ZB 82/05, NJW 2006, 773.
11 BGH, 05.12.1996, VII ZR 108/95, NJW 1997, 859; KG, 15.02.1999, 25 W 689/98, NJW-RR 2000, 514; OLG Köln, 29.11.2004, 22 W 27/04, OLGR 2005, 219; Zöller/*Vollkommer*, § 66 Rn. 2a.
12 Zöller/*Vollkommer*, § 66 Rn. 3, § 1042 Rn. 42; OLG Stuttgart, 16.07.2002, 1 Sch 8/02, NJW-RR 2003, 496.

C. Anhängigkeit

3   Umstritten ist, ob der Rechtsstreit **anhängig**[13] oder **rechtshängig** sein muss.[14] Nach der wohl herrschenden Meinung[15] reicht Anhängigkeit aus.

D. Interesse am Obsiegen

4   Der Beitritt setzt ein **rechtliches** und nicht nur rein **tatsächliches Interesse** des Nebenintervenienten an einem Obsiegen der Partei, der er beitritt, voraus.[16] Die Entscheidung oder Vollstreckung aus dieser muss sich rechtlich auf die Rechtsverhältnisse des Streithelfers auswirken.[17] Berechtigt zur Nebenintervention sind daher **Gesamtgläubiger** oder **Gesamtschuldner**,[18] der **Haftpflichtversicherer** im Prozess des Versicherungsnehmers[19] und der **Rechtsnachfolger** (§ 265 ZPO).

E. Zeitpunkt des Beitritts

5   Der Streithelfer kann dem Rechtsstreit zu jedem **Zeitpunkt** des Verfahrens beitreten, auch noch nach der mündlichen Verhandlung bis zur Rechtskraft der Entscheidung.[20] Er kann auch nach Erlass eines Urteils den Beitritt erklären und gleichzeitig Rechtsmittel gegen die Entscheidung einlegen.[21] Der Beitritt geschieht bis zur Einlegung des Rechtsmittels in der unteren Instanz, danach in der **Rechtsmittelinstanz**.[22] Wird durch die Nebenintervenienten ein Rechtsmittel eingelegt, ist entscheidend die Frist, die für die von ihm unterstützte Partei gilt.

(...)

§ 67 Rechtsstellung des Nebenintervenienten

Der Nebenintervenient muss den Rechtsstreit in der Lage annehmen, in der er sich zur Zeit seines Beitritts befindet; er ist berechtigt, Angriffs- und Verteidigungsmittel geltend zu machen und alle Prozesshandlungen wirksam vorzunehmen, insoweit nicht seine Erklärungen und Handlungen mit Erklärungen und Handlungen der Hauptpartei in Widerspruch stehen.

A. Allgemein

1   § 67 regelt den Fall der **gewöhnlichen unselbständigen Streithilfe**. Der Nebenintervenient wird durch den Beitritt nicht Partei des Rechtsstreits, sondern nur Helfer der unterstützten Partei kraft eigenen Rechts.[1] Er kann daher auch Zeuge sein.[2] Der Streithelfer muss die Rechtslage so hinneh-

---

13 BGH, 04.10.1984, VII ZR 342/83, NJW 1985, 328; Zöller/*Vollkommer*, § 66 Rn. 4; MüKo-ZPO/*Schultes*, § 66 Rn. 3.
14 *Baumbach/Lauterbach/Albers/Hartmann*, § 66 Rn. 3.
15 BGH, 04.10.1984, VII ZR 342/83, NJW 1985, 328; Zöller/*Vollkommer*, § 66 Rn. 4; MüKo-ZPO/*Schultes*, § 66 Rn. 3, PG/*Gehrlein*, § 66 Rn. 2; BGH, 04.10.1984, VII ZR 342/83, NJW 1985, 328.
16 *Baumbach/Lauterbach/Albers/Hartmann*, § 66 Rn. 6.
17 *Baumbach/Lauterbach/Albers/Hartmann*, § 66 Rn. 6.; MüKo-ZPO/*Schultes* § 66 Rn. 7.
18 *Baumbach/Lauterbach/Albers/Hartmann*, § 66 Rn. 9.
19 *Baumbach/Lauterbach/Albers/Hartmann*, § 66 Rn. 9.
20 BGH, 04.10.1990, IX ZB 78/90, NJW 1991, 229, 230.
21 *Baumbach/Lauterbach/Albers/Hartmann*, § 66 Rn. 18; PG/*Gehrlein*, § 66 Rn. 15; BGH, 16.01.1997, I ZR 208/94, NJW 1997, 2385.
22 *Baumbach/Lauterbach/Albers/Hartmann*, § 66 Rn. 18; MüKo-ZPO/*Schultes*, § 70 Rn. 4; Zöller/*Vollkommer*, § 66 Rn. 15; BGH, 01.02.1995, VIII ZB 53/94, NJW 1995, 1095.
1   *Baumbach/Lauterbach/*Albers/*Hartmann*, § 67 Rn. 1; BGH, 16.01.1997, I ZR 208/94, NJW 1997, 2385; BGH, 27.06.1985, III ZB 12/85, NJW 1986, 257.
2   *Baumbach/Lauterbach/Albers/Hartmann*, § 67 Rn. 5.

men, wie sie sich zum Zeitpunkt des Streitbeitritts darstellt. Dies gilt für die Fristversäumnisse ebenso wie für Gerichtsstandvereinbarungen, Geständnisse, Verzichtserklärungen etc.[3]

B. Prozesshandlungen gegen den Nebenintervenienten

Anträge und **Rechtsbehelfe** gegen den Nebenintervenienten als Partei sind nicht möglich.[4] Allerdings kann gegen ihn eine **parteierweiternde Widerklage** eingelegt werden, selbst wenn er auf Seiten des Beklagten dem Rechtsstreit beigetreten ist.[5]

2

C. Befugnisse des Nebenintervenienten

Der Nebenintervenient kann aber selbst alle **der Hauptpartei zustehenden Rechtshandlungen** vornehmen. So kann er Angriffs- und Verteidigungsmittel vortragen, Beweismittel anbieten, Richter ablehnen und seinerseits Streitverkündungen aussprechen.[6] Ist die Hauptpartei säumig, kann der Streitverkündete durch sein Auftreten in der mündlichen Verhandlung den Erlass eines **Versäumnisurteils** abwenden.[7]

3

Der Nebenintervenient kann jedoch selbst keine **Widerklage oder Feststellungsklage** erheben oder die Klage zurücknehmen.[8] Er kann nichts unternehmen, was ihn in **Widerspruch** zu der unterstützten Partei setzt. Seine Erklärungen und Handlungen, die im Widerspruch zur unterstützten Partei stehen, sind unwirksam. Dies gilt jedoch erst, wenn die unterstützte Partei sich ausdrücklich gegen die Erklärungen und Handlungen wendet. Ist nichts Gegenteiliges aus dem Verhalten der unterstützten Partei abzuleiten, sind sie wirksam.[9] Solange daher nicht feststeht, dass die Hauptpartei widerspricht, ist es im Interesse des Nebenintervenienten geboten, Einwendungen vorzutragen, um das Risiko zu vermeiden später im Nachfolgeprozess mit den Argumenten ausgeschlossen zu sein.[10] Der Nebenintervenient kann auch Geständnisse der Hauptpartei widerrufen, wenn die Voraussetzungen des § 290 ZPO vorliegen.[11]

4

Der Nebenintervenient kann neben der Hauptpartei **Rechtsmittel** einlegen. Legen Hauptpartei und Nebenintervenient jeweils selbstständig Rechtsmittel ein, dann handelt es sich um ein einheitliches Rechtsmittel.[12] Maßgeblich für den Nebenintervenienten ist die Frist, die für die unterstützte Partei gilt.[13] Die Einlegung des Rechtsmittels darf aber nicht dem Willen der unterstützten Partei zuwider laufen.[14]

5

Der Gegner kann sich dem Rechtsmittel des Nebenintervenienten anschließen, auch wenn die Hauptpartei selbst kein Rechtsmittel einlegt. Das Rechtsmittel richtet sich dann gegen die Hauptpartei.[15] Wenn die Hauptpartei neben dem Nebenintervenienten ein Rechtsmittel einlegt und dieses später zurücknimmt, dann wird das Rechtsmittel des Nebenintervenienten nicht hinfällig. Etwas anderes gilt nur, wenn sich aus den Gesamtumständen ergibt, dass die Hauptpartei die Fortsetzung des Verfahrens nicht wünscht, da der Nebenintervenient sich nicht in Widerspruch

---

3 *Baumbach/Lauterbach/Albers/Hartmann*, § 67 Rn. 5 m.w.N.
4 *Baumbach/Lauterbach/Albers/Hartmann*, § 67 Rn. 5.
5 *Zöller/Vollkommer*, § 67 Rn. 10.
6 *Zöller/Vollkommer*, § 67 Rn. 3.
7 *Zöller/Vollkommer*, § 67 Rn. 3.
8 *Baumbach/Lauterbach/Albers/Hartmann*, § 67 Rn. 6.
9 *Baumbach/Lauterbach/Albers/Hartmann*, § 67 Rn. 8; *Kniffka/Koeble*, 17. Teil, Rn. 25.
10 *Kniffka/Koeble*, 17. Teil, Rn. 26 m.w.N.
11 BGH, 14.10.1975, VI ZR 226/74, NJW 1976, 292; *Kniffka/Koeble*, 17. Teil, Rn. 25.
12 BGH, 21.05.1987, VII ZR 296/86, NJW 1988, 712.
13 BGH, 27.06.1985, III ZB 12/85, NJW 1986, 257; BGH 15.06.1989, VII ZR 227/88, NJW 1990, 190.
14 OLG Dresden, 08.03.2005, 9 U 2240/05, BauR 2006, 871; *Kniffka/Koeble*, 17. Teil, Rn. 25.
15 *Baumbach/Lauterbach/Albers/Hartmann*, § 67 Rn. 13.

zum Willen der Hauptpartei setzen darf.[16] Der Nebenintervenient kann auch **Verlängerung der Rechtsmittelfrist** beantragen. Eine gewährte Fristverlängerung wirkt auch zugunsten der Hauptpartei.[17] Er darf sich dem Rechtsmittel des Gegners anschließen, auch wenn die Hauptpartei nur Zurückweisung der gegnerischen Berufung beantragt hat.[18] Falls die Partei das Rechtsmittel nicht weiterverfolgt, kann er es beschränken oder zurücknehmen.[19]

6 In dem **selbstständigen Beweisverfahren** kann der Nebenintervenient den Antrag auf Fristsetzung zur Klageerhebung nach § 494a Abs. 1 ZPO stellen. Bei Nichtbeachtung der Frist hat er einen Anspruch auf Kostenerstattung gemäß § 494a Abs. 2 ZPO.[20] Die Hauptpartei trägt die Kosten des auf der Gegenseite beigetretenen Nebenintervenienten auch dann, wenn sie die Frist zur Klageerhebung verstreichen lässt, weil der Gegner insolvent geworden ist.[21]

§ 68 Wirkung der Nebenintervention

Der Nebenintervenient wird im Verhältnis zu der Hauptpartei mit der Behauptung nicht gehört, dass der Rechtsstreit, wie er dem Richter vorgelegen habe, unrichtig entschieden sei; er wird mit der Behauptung, dass die Hauptpartei den Rechtsstreit mangelhaft geführt habe, nur insoweit gehört, als er durch die Lage des Rechtsstreits zur Zeit seines Beitritts oder durch Erklärungen und Handlungen der Hauptpartei verhindert worden ist, Angriffs- oder Verteidigungsmittel geltend zu machen, oder als Angriffs- oder Verteidigungsmittel, die ihm unbekannt waren, von der Hauptpartei absichtlich oder durch grobes Verschulden nicht geltend gemacht sind.

1 Die Nebenintervention entfaltet nur Wirkung, wenn der **Beitritt wirksam** ist und nicht nach § 71 ZPO zurückgewiesen wurde.[1] Es muss ferner ein **rechtskräftiges Sachurteil** zugunsten der Hauptpartei vorliegen. Ausreichend ist auch ein Grundurteil oder ein Teilurteil.[2] Ein Prozessurteil reicht dagegen nicht aus.[3] Die Intervention wirkt nur zwischen dem Nebenintervenienten und der unterstützten Partei.[4] Die Interventionswirkung ist unteilbar. Sie kann dem Nebenintervenienten nur insgesamt oder gar nicht entgegengehalten werden, d.h. die Partei kann sich nicht ausschließlich auf die für sie günstigen Teile des Urteils berufen.[5]

Die Parteien können die Interventionswirkung abbedingen.[6]

2 Entsprechend § 325 ZPO gilt die **Rechtskrafterstreckung** auch für Rechtsnachfolger der Beteiligten.[7]

3 Die Intervention bewirkt gemäß § 68 ZPO, dass der Nebenintervenient mit dem Einwand der **unrichtigen Entscheidung** des Vorprozesses und der Einrede **mangelhafter Prozessführung** aus-

---

16 *Kniffka/Koeble*, 17. Teil, Rn. 26; BGH, 10.11.1988, VII ZB 8/88, BauR 1989, 114; BGH, 21.05.1987, VII ZR 296/86, NJW 1988, 712.
17 *Baumbach/Lauterbach/Albers/Hartmann*, § 67 Rn. 12; BGH, 15.06.1989, VII ZR 227/88, NJW 1990, 190.
18 *Baumbach/Lauterbach/Albers/Hartmann*, § 67 Rn. 12.
19 *Baumbach/Lauterbach/Albers/Hartmann*, § 67 Rn. 12; BGH, 28.09.1998, II ZB 16/98, NJW-RR 1999, 285.
20 PG/*Gehrlein*, § 67 Rn. 3; OLG Düsseldorf, 25.03.2004, I – 5 W 61/03, BauR 2004, 1657.
21 PG/*Gehrlein*, § 67 Rn. 3.
1 Zöller/*Vollkommer*, § 68 Rn. 3.
2 Zöller/*Vollkommer*, § 68 Rn. 4.
3 Zöller/*Vollkommer*, § 68 Rn. 4.
4 Zöller/*Vollkommer*, § 68 Rn. 6.
5 Zöller/*Vollkommer*, § 68 Rn. 6; BGH, 19.01.1989, IX ZR 83/88, NJW-RR 1989, 766.
6 Zöller/*Vollkommer*, § 68 Rn. 14.
7 Zöller/*Vollkommer*, § 68 Rn. 7; BGH, 15.05.1997, III ZR 46/96, WM 1997, 1757.

geschlossen ist. Das gilt aber nur, soweit der Nebenintervenient auf die Prozessführung der Hauptpartei Einfluss nehmen konnte. Siehe insoweit auch § 74 ZPO.

(...)

§ 70 Beitritt des Nebenintervenienten

(1) Der Beitritt des Nebenintervenienten erfolgt durch Einreichung eines Schriftsatzes bei dem Prozessgericht und, wenn er mit der Einlegung eines Rechtsmittels verbunden wird, durch Einreichung eines Schriftsatzes bei dem Rechtsmittelgericht. Der Schriftsatz ist beiden Parteien zuzustellen und muss enthalten:
1. die Bezeichnung der Parteien und des Rechtsstreits;
2. die bestimmte Angabe des Interesses, das der Nebenintervenient hat;
3. die Erklärung des Beitritts.

(2) Außerdem gelten die allgemeinen Vorschriften über die vorbereitenden Schriftsätze.

A. Zeitpunkt des Beitritts, Formalien

Der Nebenintervenient kann dem Rechtsstreit **zu jedem Zeitpunkt** des Verfahrens beitreten. Der Beitritt kann auch nur zum Zwecke des Abschlusses eines Vergleiches erfolgen.[1] Für den Beitritt gilt beim Anwaltsprozess, dass der Beitrittsschriftsatz von einem Anwalt unterzeichnet sein muss.[2] 1

B. Zustellung, Beitrittserklärung

Die **Zustellung des Beitrittsschriftsatzes** erfolgt von Amts wegen. Sie ist nicht Wirksamkeitsvoraussetzung für den Beitritt.[3] Der Beitritt kann auch konkludent erfolgen, zum Beispiel durch Einlegung eines Rechtsmittels im Namen des Streitverkündeten.[4] 2

Der Beitritt kann auch zurückgenommen werden. Hierfür ist die Form des § 269 Abs. 2 ZPO erforderlich.

C. Sonstige Voraussetzungen

Das Gericht untersucht von Amts wegen, ob die **Prozessvoraussetzungen** gegeben sind.[5] Ob die sonstigen Voraussetzungen, wie notwendiger Inhalt und Form des Beitrittschreibens nach § 70 ZPO vorliegen, wird dagegen nicht von Amts wegen berücksichtigt. Ihr Nichtvorliegen muss daher gerügt werden.[6] Die Mängel sind heilbar.[7] Wird das Fehlen der Voraussetzungen des § 70 ZPO gerügt, ergeht eine Entscheidung nach § 71 ZPO.[8] 3

---

1 Zöller/*Vollkommer*, § 70 Rn. 1.
2 Zöller/*Vollkommer*, § 70 Rn. 1.
3 Zöller/*Vollkommer*, § 70 Rn. 1.
4 Zöller/*Vollkommer*, § 70 Rn. 1.
5 *Baumbach/Lauterbach/Albers/Hartmann*, § 70 Rn. 8; OLG Köln, 19.10.1992, 9 W 64/92, NJW 1993, 1662.
6 Zöller/*Vollkommer*, § 70 Rn. 2.
7 Zöller/*Vollkommer*, § 70 Rn. 2; *Baumbach/Lauterbach/Albers/Hartmann*, § 70 Rn. 8; BGH, 14.10.1975, VI ZR 226/74, NJW 1976, 292.
8 Zöller/*Vollkommer*, § 70 Rn. 1; *Baumbach/Lauterbach/Albers/Hartmann*, § 70 Rn. 9.

§ 71 Zwischenstreit über Nebenintervention

(1) Über den Antrag auf Zurückweisung einer Nebenintervention wird nach mündlicher Verhandlung unter den Parteien und dem Nebenintervenienten entschieden. Der Nebenintervenient ist zuzulassen, wenn er sein Interesse glaubhaft macht.

(2) Gegen das Zwischenurteil findet sofortige Beschwerde statt.

(3) Solange nicht die Unzulässigkeit der Intervention rechtskräftig ausgesprochen ist, wird der Intervenient im Hauptverfahren zugezogen.

A. Zulassung der Nebenintervention

1　Grundsätzlich ist eine **förmliche Zulassung** des Streithelfers nicht erforderlich, es sei denn die Voraussetzungen des § 66 ZPO liegen nicht vor oder der Zulassung wird widersprochen.[1]

B. Antrag auf Zurückweisung

2　Der Antrag auf Zurückweisung der Nebenintervention kann von jeder Partei gestellt werden, auch von einem Streitgenossen. Der Streitverkünder kann den Antrag nur stellen, wenn der Verkündungsempfänger dem Gegner beitritt.[2]

C. Zwischenstreit

3　Es entsteht durch den Widerspruch ein **Zwischenstreit**. Über den Antrag auf Zurückweisung ist mündlich zu verhandeln, es sei denn, dass das schriftliche Verfahren nach § 128 Abs. 2 ZPO möglich ist.[3] Der Nebenintervenient muss das rechtliche Interesse an einem Beitritt darlegen. Im Falle der Streitverkündung ersetzt diese nicht den Interventionsgrund.[4] Die Nebenintervention kann zurückgewiesen werden, wenn sie rechtsmissbräuchlich ist.[5]

D. Widerspruch

4　Der Widerspruch gegen den Beitritt muss rechtzeitig erhoben werden. § 295 ZPO ist anwendbar.[6]

E. Zwischenurteil

5　Die Zulassung oder Zurückweisung des Beitritts erfolgt durch **Zwischenurteil**. Dieses ist mit der sofortigen Beschwerde angreifbar. Wenn die Zulassung des Beitritts in dem Endurteil erfolgt, ist dies ebenfalls mit der sofortigen Beschwerde insoweit anfechtbar.

§ 72 Zulässigkeit der Streitverkündung

(1) Eine Partei, die für den Fall des ihr ungünstigen Ausganges des Rechtsstreits einen Anspruch auf Gewährleistung oder Schadloshaltung gegen einen Dritten erheben zu können glaubt oder den Anspruch eines Dritten besorgt, kann bis zur rechtskräftigen Entscheidung des Rechtsstreits dem Dritten gerichtlich den Streit verkünden.

---

[1] *Baumbach/Lauterbach/Albers/Hartmann*, § 71 Rn. 4.
[2] *Zöller/Vollkommer*, § 71 Rn. 1; OLG Düsseldorf, OLGR 2008, 158.
[3] *Zöller/Vollkommer*, § 71 Rn. 2; *Baumbach/Lauterbach/Albers/Hartmann*, § 71 Rn. 6.
[4] *Zöller/Vollkommer*, § 71 Rn. 2.
[5] OLG München, 03.07.2007, 9 U 4446/06, IBR 2007, 592.
[6] OLG München, 03.07.2007, 9 U 4446/06, IBR 2007, 592.

(2) Das Gericht und ein vom Gericht ernannter Sachverständiger sind nicht Dritter im Sinne dieser Vorschrift. § 73 Satz 2 ist nicht anzuwenden.

(3) Der Dritte ist zu einer weiteren Streitverkündung berechtigt.

A. Allgemein

Eine Streitverkündung erfolgt, um einem nicht beteiligten Dritten in einem anhängigen Rechtsstreit die Möglichkeit zu geben, sich an dem Prozess zu beteiligen. **Dritter** im Sinne der Streitverkündung kann auch der Streitgenosse des Verkünders oder der Gegner sein.[1] Die Streitverkündung wird durchgeführt, um gegenüber dem Dritten die Interventionswirkung der §§ 74 Abs. 3, 68 ZPO herbeizuführen, d.h. um im **Folgeprozess** zwischen Streitverkünder und Streitverkündungsempfänger eine Bindungswirkung zu erreichen. Außerdem ermöglicht die Streitverkündung materiellrechtlich auch eine **Hemmung der Verjährung**.[2]

B. Zeitpunkt der Streitverkündung

Die Streitverkündung ist möglich sobald ein **Rechtsstreit anhängig** ist.[3] Sie kann schon mit Klageerhebung erfolgen.[4] Zulässig ist auch eine Streitverkündung zwischen den Instanzen oder in der **Rechtsmittelinstanz**. Sie ist bis zur **rechtskräftigen Entscheidung** möglich.[5]

Das bedeutet, dass die Streitverkündung auch noch im Verfahren der Beschwerde gegen die Nichtzulassung der Revision erklärt werden kann.[6] Voraussetzungen für eine zulässige Streitverkündung ist, dass die streitverkündende Partei einen **Rückgriffsanspruch** gegen den Streitverkündeten haben könnte, für den Fall, dass der Rechtsstreit ungünstig für sie ausgeht, oder aber dass sie befürchtet in diesem Fall in Anspruch genommen zu werden. Eine Streitverkündung ist auch bei **alternativer Schuldnerschaft** oder zur **Abwehr von Drittansprüchen** möglich. Die Tatbestände werden weit ausgelegt.[7]

C. Im Baurecht typische Fälle

I. Zulässige Streitverkündung (siehe im Einzelnen auch *Kniffka/Koeble*)[8]

– Streitverkündung durch den Bauherrn im Rechtsstreit mit dem Bauunternehmer wegen Mängeln gegenüber dem Architekten, wenn es um Mitverschulden des Bauherrn aufgrund eines Planungsfehlers des Architekten geht.
– Streitverkündung des Bauherrn gegenüber dem planenden Architekt im Prozess mit dem bauleitenden Architekten, weil nach neuer Rechtsprechung der Bauherr sich das Planungsverschulden seines Architekten auch gegenüber dem objektüberwachenden Architekten anrechnen lassen muss.[9]
– Streitverkündung des Hauptunternehmers im Prozess mit dem Bauherrn gegenüber dem Subunternehmer, wenn es um Ausführungsfehler des Subunternehmers geht.

---

[1] OLG Hamm, 10.10.1995, 7 U 12/95, NJW-RR 1996, 969; Zöller/*Vollkommer*, § 72 Rn. 1, siehe auch oben § 66.
[2] *Kniffka/Koeble*, 17. Teil, Rn. 4; BGH, 09.10.1975, VII ZR 130/73, NJW 1976, 39; BGH, 08.10.1981, VII ZR 341/80, NJW 1982, 281.
[3] *Kniffka/Koeble*, 17. Teil, Rn. 4; BGH, 04.10.1984, VII ZR 342/83, BauR 1985, 97; anderer Auffassung: *Baumbach/Lauterbach/Albers/Hartmann*, § 72 Rn. 3, siehe hierzu auch oben § 66, Rdn. 3.
[4] *Kniffka/Koeble*, 17. Teil, Rn. 4.
[5] MüKo-ZPO/*Schultes*, § 72 Rn. 4.
[6] BGH, 12.11.2009, IX ZR 152/08, MDR 2010, 323.
[7] *Kniffka/Koeble*, 17. Teil, Rn. 10.
[8] *Kniffka/Koeble*, 17. Teil, Rn. 6 ff.
[9] BGH, 27.11.2008, VII ZR 206/06, IBR 2009, 90 ff.

- Streitverkündung des Bauherrn im Prozess gegen den Nachunternehmer, wenn unklar ist, ob allein eine alternative Haftung oder eine gesamtschuldnerische Haftung mit dem Vorunternehmer in Betracht kommt. Entscheidend ist allerdings, ob der Bauherr objektiv davon ausgehen konnte, dass kein Fall der ausschließlichen gesamtschuldnerischen Haftung vorliegt.[10]
- Streitverkündung des Hauptunternehmers im Rechtstreit mit dem Bauherrn gegenüber dem Subunternehmer, wenn der Bauherr im Werklohnprozess gegenüber dem Hauptunternehmer Mängelansprüche geltend macht.
- Streitverkündung des Hauptunternehmers im Prozess gegen den Bauherrn gegenüber dem Subunternehmer, wenn es um Nachträge, Mehrkosten wegen Behinderung etc. geht. Voraussetzung für die Streitverkündungswirkung ist hier jedoch, dass die Vertragsbedingungen in den einzelnen Vertragsverhältnissen identisch sind.
- Streitverkündung des Architekten in dem Rechtstreit mit dem Bauherrn gegenüber dem bauausführenden Unternehmer, wenn es um Ausführungsfehler geht.
- Streitverkündung des Architekten bzw. des Bauunternehmers, wenn beide von dem Bauherrn wegen Mängeln verklagt worden sind. Sie können sich gegenseitig als Streitgenossen den Streit verkünden.
- Streitverkündung des Generalplaners im Prozess mit dem Bauherrn gegenüber dem Subplaner, wenn es um Mehrkosten, zum Beispiel wegen Behinderung geht und die Vertragsbedingungen gleichlautend sind.
- Streitverkündung des Bauunternehmers im Prozess mit dem Bauherrn gegenüber dem Architekten, wenn es um Werklohn geht und die Frage der Bevollmächtigung im Raume steht.
- Streitverkündung des Versicherungsnehmers im Prozess mit dem Bauherrn gegenüber der Versicherung, wenn diese im Mängelprozess ihre Einstandspflicht verneint.

II. Keine zulässige Streitverkündung (siehe im Einzelnen auch *Kniffka/Koeble*)[11]

4 − Wenn der Bauherr im Prozess mit dem Unternehmer wegen eines Ausführungsfehlers dem bauüberwachenden Architekten den Streit verkündet.
- Wenn der Bauherr im Prozess mit dem Architekten wegen Planungs- und Ausführungsfehlern gegenüber dem bauausführenden Unternehmen den Streit verkündet.
- Wenn im Prozess des Bauherrn gegen den planenden Architekten von Seiten des Bauherrn dem bauaufsichtführenden Architekten der Streit verkündet wird.

Unzulässig ist daher eine Streitverkündung immer dort, wo eine gesamtschuldnerische Haftung vorliegt.

III. Streitverkündung gegenüber Bürgen

5 Zulässig ist eine Streitverkündung des **Bürgen** gegenüber dem Schuldner auch in dem Prozess des Bürgen mit dem Gläubiger.[12]

Dagegen ist in dem Prozess Gläubiger/Schuldner eine Streitverkündung gegenüber dem Bürgen nach herrschender Meinung unzulässig, weil die Inanspruchnahme des Bürgen nicht davon abhängig ist, dass der Hauptprozess ungünstig ausgeht.[13]

IV. Streitverkündung gegenüber gerichtlichen Sachverständigen

6 Unzulässig ist eine Streitverkündung gegenüber dem **gerichtlichen Sachverständigen** (§ 72 Abs. 2 ZPO). Eine solche unzulässige Streitverkündung gegenüber dem Sachverständigen darf diesem

---

10 *Kniffka/Koeble*, 17. Teil, Rn. 10; BGH, 22.12.1977, VII ZR 94/76, BauR 1978, 149.
11 *Kniffka/Koeble*, 17. Teil, Rn. 9 ff.
12 PG/*Gehrlein*, § 72 Rn. 9.
13 *Kniffka/Koeble*, 17. Teil, Rn. 13.

auch nicht zugestellt werden.[14] Hintergrund ist, dass verhindert werden soll, dass der Sachverständige trotz unzulässiger Streitverkündung sich veranlasst sieht, dem Rechtsstreit beizutreten und dadurch einer Partei den Vorwand bietet, ihn als befangen abzulehnen. Wird dennoch eine Zustellung der Streitverkündung vorgenommen, dann wird das bis zum Beitritt des Gutachters erstattete Gutachten als verwertbar angesehen soweit kein Anlass besteht, dass Befangenheitsgründe schon vor Erstellung des Gutachtens bestanden.[15]

V. Streitverkündung im Mahnverfahren

Teilweise hält man die Streitverkündung auch im **Mahnverfahren** für zulässig.[16] Dies wird damit begründet, dass der Bundesgerichtshof gegen eine Nebenintervention im Mahnverfahren keine Einwendungen erhoben hat.[17]

7

VI. Streitverkündung im selbständigen Beweisverfahren

Zulässig ist eine Streitverkündung auch im **selbständigen Beweisverfahren**.[18] Ein Streitbeitritt kann allerdings nur bis zum Ende des Verfahrens zum Beispiel bis zum Ablauf der Stellungnahmefrist zum Gutachten erfolgen.[19]

8

Die Streitverkündung im Beweisverfahren führt analog § 204 Abs. 1 Nr. 6 BGB zur **Verjährungshemmung**.[20] Es muss bei einer Fortsetzung nach zunächst erfolgter Beendigung des Beweisverfahrens, dem Streitverkündeten der Antrag auf Fortsetzung jedoch zugestellt werden, wenn durch das weitere Verfahren die Verjährung gehemmt werden soll.[21] Das Ergebnis des Beweisverfahrens kann dem Streitverkündeten in einem Folgeprozess entgegen gehalten werden.[22]

In dem selbstständigen Beweisverfahren ist es dem Streitverkünder zwar gestattet Gegenanträge zu stellen, die sowohl das Verhältnis zum Gegner als auch dem Streitverkündeten betreffen; unzulässig sind jedoch Anträge, die ausschließlich das Verhältnis zum Streitverkündeten betreffen.[23]

Die Beachtung der Zulässigkeitsvoraussetzungen der Streitverkündung ist deshalb wichtig, weil in dem Vorprozess das Gericht nicht prüft, ob die Voraussetzungen vorliegen.[24] Auch wenn der Streitverkündete dem Rechtsstreit beitritt, führt dies nicht zu einer Hemmung der Verjährung, wenn die Voraussetzungen der Streitverkündung nicht vorliegen.[25]

VII. Weitere Streitverkündung

Zulässig ist auch eine **weitere Streitverkündung** (§ 72 Abs. 3 ZPO) sowohl im selbständigen Beweisverfahren als auch im Hauptverfahren.[26] Das Recht, eine weitere Streitverkündung vorzunehmen, ist nicht abhängig davon, ob der Streitverkündete zu 1) dem Rechtsstreit beigetreten ist.[27] Die Streitverkündungswirkungen treten zwischen dem Streitverkündeten zu 1) und dem weiteren

9

---

14 BGH, 27.07.2006, VII ZB 16/06, BauR 2006, 1780.
15 BGH, 26.04.2007, VII ZB 18/06, BauR 2007, 1605.
16 *Kniffka/Koeble,* 17. Teil, Rn. 4; *Messerschmidt,* Kap. S. Rn. 38.
17 *Kniffka/Koeble,* 17. Teil, Rn. 4.
18 BGH, 05.12.1996, VII ZR 108/95, NJW 1997, 859; *Kniffka/Koeble,* 17. Teil, Rn. 5; OLG Düsseldorf, 21.12.2000, 5 W 51/00, OLGR 2001, 303.
19 OLG Düsseldorf, 21.12.2000, 5 W 51/00, OLGR 2001, 303.
20 *Kniffka/Koeble,* 17. Teil, Rn. 5; BGH, 05.12.1996, VII ZR 108/95, NJW 1997, 859.
21 OLG München, 12.06.2007, 9 U 5699/06, BauR 2008, 1929.
22 *Kniffka/Koeble,* 17. Teil, Rn. 5; BGH, 05.12.1996, VII ZR 108/95, NJW 1997, 859.
23 OLG Hamm, 04.11.2008, 19 W 28/08, IBR 2009, 185.
24 BGH, 10.01.2006, VIII ZB 82/05, NJW 2006, 773.
25 *Kniffka/Koeble,* 17. Teil, Rn. 4; BGH, 09.10.1975, VII ZR 130/73, NJW 1976, 39.
26 *Kniffka/Koeble,* 17. Teil, Rn. 5; OLG Düsseldorf, 21.12.2000, 5 W 51/00, OLGR 2001, 303.
27 BGH, 16.05.1997, III ZR 46/96, WM 1997, 1757; Zöller/*Vollkommer,* § 72 Rn. 10.

Streitverkündeten ein. Zulässig sind auch doppelte Streitverkündungen, d.h. jede Partei des Rechtsstreits kann dem Dritten den Streit verkünden. Es kommt dann jedoch nur zu einer Interventionswirkung im Verhältnis zur unterlegenen Partei, nicht zur obsiegenden.[28]

VIII. Rückstreitverkündungen

10 Auch **Rückstreitverkündungen** sind möglich. So kann derjenige, dem der Streit verkündet wurde seinerseits auch dem Verkünder wieder den Streit verkünden, beispielsweise, wenn er der Meinung ist nicht er, sondern der Streitverkünder hafte für die Mängel. Auf diese Weise kann er eine Bindungswirkung auch zu seinen Gunsten herbeiführen.[29] Es können sich die als **Gesamtschuldner** von dem Auftraggeber in Anspruch genommenen Beklagten auch gegenseitig den Streit verkünden, um für Gesamtschuldnerausgleichsansprüche die Verjährung zu hemmen und eine Bindungswirkung herbeizuführen. Gleiches gilt auch, wenn nur ein Baubeteiligter am Prozess beteiligt ist und dieser dem nichtbeteiligten Dritten, den er für verantwortlich hält den Streit verkündet. Dieser kann dann eine Rückstreitverkündung erklären.[30]

§ 73 Form der Streitverkündung

Zum Zwecke der Streitverkündung hat die Partei einen Schriftsatz einzureichen, in dem der Grund der Streitverkündung und die Lage des Rechtsstreits anzugeben ist. Der Schriftsatz ist dem Dritten zuzustellen und dem Gegner des Streitverkünders in Abschrift mitzuteilen. Die Streitverkündung wird erst mit der Zustellung an den Dritten wirksam.

A. Schriftsatz

1 Die Streitverkündung erfolgt durch **Einreichung eines Schriftsatzes** bei Gericht. Dieser muss nebst Anlagen dem Streitverkündungsempfänger zugestellt werden. Dies geschieht von Amts wegen.[1] Zur Sicherheit sollte man sich von dem Gericht die Zustellung jedoch bestätigen lassen, weil diese erst zur Wirksamkeit der Streitverkündigung führt.

B. Inhalt

2 Die **Angaben zum Streitverkünder und dem Streitverkündeten** entsprechen den Voraussetzungen des § 253 Abs. 3 ZPO.[2]

3 Der **Grund der Streitverkündung** muss dargelegt werden, und zwar so klar und deutlich, dass der Streitverkündungsempfänger ausreichend beurteilen kann, ob Anlass besteht, dem Rechtsstreit auf Seiten des Streitverkündenden beizutreten. Der Inhalt der Streitverkündungsbegründung bestimmt den Umfang der Bindungswirkung. Ergeben sich zusätzliche neue Aspekte, z.B. tauchen neue Mängel auf, muss gegebenenfalls auch die Streitverkündungsbegründung erweitert werden, um eine ausreichende Bindungswirkung zu erhalten.

4 Erforderlich sind Angaben zur **Lage des Rechtsstreits**, die Bezeichnung der im Prozess beteiligten Parteien und des Streitgegenstandes. Die Wiedergabe des bisherigen Akteninhalts ist nicht vorgeschrieben.[3] Umstritten ist, ob die Übersendung von Abschriften der Vorgänge des bisherigen Verfahrens erforderlich ist. Teilweise wird die Auffassung vertreten, dass der Streitverkündete inso-

---

28 Zöller/*Vollkommer*, § 72 Rn. 11.
29 Kuffer/Wirth/*Ulbrich*, 13. Kap. A. Rn. 65.
30 Kuffer/Wirth/*Ulbrich*, 13. Kap. A. Rn. 65.
1 Zöller/*Vollkommer*, § 73 Rn. 3; MüKo-ZPO/*Schultes*, § 73 Rn. 3.
2 *Kniffka/Koeble*, 17. Teil, Rn. 15.
3 Zöller/*Vollkommer*, § 73 Rn. 1; MüKo-ZPO/*Schultes*, § 73 Rn. 2.

weit auf Akteneinsicht gemäß § 299 ZPO angewiesen ist.[4] Die Übersendung der Schriftsätze und Protokolle sowie gerichtlichen Verfügungen wird jedoch zum Zwecke der Sachstanddarstellung und der Mitteilung über den Verfahrensstand als sinnvoll angesehen.[5] Teilweise wird aus der Tatsache, dass es sich bei der Streitverkündungsschrift um einen bestimmenden Schriftsatz i.S.d. § 130 ZPO handelt, der Schluss gezogen, dass dem Schriftsatz gem. § 131 Abs. 1 ZPO sämtliche Anlagen beizufügen sind, insbesondere die Schriftsätze aus dem laufenden Prozess, etwaige Beschlüsse des Gerichts, Sachverständigengutachten und Terminsladungen, damit sich der Streitverkündungsempfänger über die Lage des Prozesses informieren kann.[6] Nur in Ausnahmefällen (§ 131 Abs. 3 ZPO) soll darauf verzichtet werden können.[7]

C. Heilung

Sind die Formalien nicht eingehalten und tritt der Streitverkündungsempfänger trotzdem dem Rechtsstreit bei, ist umstritten, ob dadurch **Formfehler** gemäß § 295 ZPO **geheilt** werden.[8] Wird kein Beitritt erklärt, müssen zur Vermeidung von Bindungswirkungen die Formfehler im Folgeprozess gerügt werden.[9] 5

Die Heilung bezieht sich allerdings nur auf die Interventionswirkung, nicht auf die verjährungshemmende Wirkung der Streitverkündung. Diese kann nur eintreten, wenn die Formalien der Streitverkündung gem. § 73 ZPO eingehalten wurden.[10]

Die Streitverkündung kann zurückgenommen werden (entsprechend § 269 ZPO).[11] Dies muss bis zur Beendigung des Vorprozesses geschehen.[12] Bei Rücknahme entfällt die Interventionswirkung.[13] 6

§ 74 Wirkung der Streitverkündung

(1) Wenn der Dritte dem Streitverkünder beitritt, so bestimmt sich sein Verhältnis zu den Parteien nach den Grundsätzen über die Nebenintervention.

(2) Lehnt der Dritte den Beitritt ab oder erklärt er sich nicht, so wird der Rechtsstreit ohne Rücksicht auf ihn fortgesetzt.

(3) In allen Fällen dieses Paragraphen sind gegen den Dritten die Vorschriften des § 68 mit der Abweichung anzuwenden, dass statt der Zeit des Beitritts die Zeit entscheidet, zu welcher der Beitritt infolge der Streitverkündung möglich war.

A. Allgemein

Die Streitverkündung hat prozessuale und materiell rechtliche Auswirkungen. Sie treten unabhängig davon ein, ob der Streitverkündete dem Rechtsstreit beitritt oder nicht. Tritt der Streitverkün- 1

---

4 PG/*Gehrlein*, § 73 Rn. 2; MüKo-ZPO/*Schultes*, § 73 Rn. 2; *Baumbach/Lauterbach/Albers/Hartmann*, § 73 Rn. 7.
5 *Kniffka/Koeble*, 17. Teil, Rn. 15.
6 *Sohn*, BauR 2007, 1308, 1312.
7 *Sohn*, BauR 2007, 1308, 1312.
8 Dafür: h.M u.a. *Baumbach/Lauterbach/Albers/Hartmann*, § 73 Rn. 7; *Kniffka/Koeble*, 17. Teil, Rn. 16 m.w.N; a.A. MüKo-ZPO/*Schultes*, § 73 Rn. 4, § 72 Rn. 17.
9 *Kniffka/Koeble* 17. Teil, Rn. 16; BGH, 14.10.1975, VI ZR 226/74, NJW 1976, 292; MüKo-ZPO/*Schultes*, § 73 Rn. 4.
10 *Kniffka/Koeble*, 17. Teil, Rn. 16; *Sohn*, BauR 2007, 1308, 1312; BGH, 16.06.2000, LwZR 13/99, VersR 2001, 253, 254.
11 Zöller/*Vollkommer*, § 73 Rn. 1.
12 Zöller/*Vollkommer*, § 73 Rn. 1.
13 Zöller/*Vollkommer*, § 74 Rn. 9.

dete dem Rechtsstreit bei, gelten für das weitere Verhältnis die Vorschriften über die Nebenintervention, d.h. er wird Streithelfer.[1]

B. Prozessuale Wirkung

2   Die **prozessuale Wirkung** setzt neben der zulässigen Streitverkündung eine rechtskräftige Sachentscheidung voraus.[2] Die Streitverkündung bindet das Gericht im Folgeprozess zwischen Streitverkünder und Streitverkündungsempfänger, nicht jedoch in einem Prozess des Streitverkündeten mit dem ehemaligen Prozessgegner.[3] Der Streitverkündete wird im Verhältnis zum Streitverkünder im Folgeprozess nicht mehr mit der Behauptung gehört, dass der Rechtsstreit unrichtig entschieden worden oder der Prozess fehlerhaft geführt worden sei. Maßgeblich ist allerdings der Zeitpunkt der Streitverkündung (§ 74 Abs. 3 ZPO).

3   Die Wirkung ergreift sowohl den Tenor des Urteils des Vorprozesses als auch dessen tatsächliche und rechtliche Grundlagen,[4] d.h. insbesondere die tragenden Feststellungen.[5] **Überschießende Feststellungen**, die nicht entscheidungserheblich waren, entfalten keine Bindungswirkung.[6] Entscheidend ist, worauf das Urteil im Vorprozess objektiv und nach zutreffender Würdigung beruht. Dies prüft das Gericht im Folgeprozess eigenverantwortlich.[7] Auch **Mehrfachbegründungen** lösen keine Bindungswirkung aus, weil der Nebenintervenient bzw. der Streitverkündete die ihn belastenden Zusatzbegründungen nicht alleine mit dem Rechtsmittel angreifen kann.[8]

4   Der Streitverkündete muss sich die Unaufklärbarkeit von Tatsachen, d.h. Beweislastentscheidungen zulasten des Streitverkünders im Folgeprozess entgegen halten lassen.[9] Die Streitverkündungswirkung beschränkt sich nicht auf den Streitgegenstand, wie zum Beispiel bei **Teilklagen**. Erfasst sind vielmehr auch tatsächliche und rechtliche Grundlagen auf denen das Urteil beruht.[10]

5   Die Streitverkündung gilt nur **zugunsten** des **Streitverkünders**, nicht zu seinen Lasten. Sie gilt auch nur im Verhältnis zwischen Streitverkünder und Streitverkündeten nicht aber hinsichtlich des Gegners oder anderen Prozessbeteiligten, wenn diese nicht ihrerseits eine Streitverkündung ausgebracht haben.[11] Die in erster Instanz erklärte Streitverkündung wirkt auch in der nächsten Instanz fort.

6   **Keine Bindungswirkung** ist dann gegeben, wenn die Streitverkündung nach Schluss der letzten mündlichen Tatsachenverhandlung in einem nicht mehr **revisibelen** Rechtsstreit ausgesprochen wird[12] oder wenn eine rechtskräftige Zurückweisung im Sinne des § 71 ZPO erfolgt.[13]

---

1   Kuffer/Wirth/*Ulbrich,* 13. Kap. A. Rn. 61.
2   Zöller/*Vollkommer,* § 68, Rn. 4.
3   BGH, 10.10.1989, XI ZR 11/89, NJW-RR 1990, 121.
4   BGH, 18.03.2004, IX ZR 255/00, NJW 2004, 1521; *Baumbach/Lauterbach/Albers/Hartmann,* § 74 Rn. 5.
5   BGH, 09.11.1982, VI ZR 293/79, NJW 1983, 820.
6   Zöller/*Vollkommer,* § 68 Rn. 10; BGH, 27.11.2003, V ZB 43/03, MDR 2004, 464.
7   Kuffer/Wirth/*Ulbrich,* 13. Kap. A. Rn. 61.
8   Zöller/*Vollkommer,* § 68 Rn. 10; OLG Brandenburg, 06.09.2006, 13 U 37/06, BauR 2006, 2110.
9   Zöller/*Vollkommer,* § 68 Rn. 10.
10 *Kniffka/Koeble,* 17. Teil, Rn. 21; BGH, 21.02.2002, IX ZR 127/00, NJW 2002, 1414; Zöller/*Vollkommer,* § 68 Rn. 10.
11 *Baumbach/Lauterbach/Albers/Hartmann,* § 74 Rn. 5; *Kniffka/Knoeble,* 17. Teil, Rn. 22.
12 *Baumbach/Lauterbach/Albers/Hartmann,* § 74 Rn. 5; OLG Köln, 26.02.1982, 20 U 197/81, MDR 1983, 409.
13 *Baumbach/Lauterbach/Albers/Hartmann,* § 74 Rn. 5.

C. Materiellrechtliche Wirkungen

Nach § 204 Abs. 1 Nr. 6 BGB wird durch Zustellung der Streitverkündung die Verjährung gehemmt. Für die Zustellung gilt § 167 ZPO. Die Rückwirkung des § 167 ZPO bei Zustellung alsbald nach Einreichung der Streitverkündung gilt auch dann, wenn die Zustellung noch vor Ablauf der Verjährungsfrist erfolgt.[14]

Über den Wortlaut des § 204 Abs. 1 Nr. 6 BGB hinaus gilt nach ständiger Rechtsprechung des Bundesgerichtshofs, dass eine Hemmung nur eintritt, wenn die Streitverkündung nach § 72 Abs. 1 1. Alternative und 2. Alternative ZPO zulässig ist.[15] An dieser Rechtsprechung hat der Bundesgerichtshof auch nach der Schuldrechtsreform festgehalten.[16] Die Zulässigkeit ist von dem Gericht im Folgeprozess zu prüfen.[17] Unerheblich ist, ob der Streitverkündete in dem Vorprozess dem Rechtsstreit beigetreten ist.[18]

Die Hemmungswirkung tritt auch ein, wenn die Streitverkündung erst nach Erlass des Grundurteils im Verfahren zur Höhe ausgesprochen wird.[19] Gleiches gilt, wenn die Streitverkündung erst im Verfahren gegen die Nichtzulassung der Revision erhoben wird.[20]

Ob und in welcher Richtung die Hemmungswirkung nach § 204 Abs. 1 Nr. 6 BGB auch bei Fällen des § 72 Abs. 1 2. Alternative ZPO eingreift, war bis vor kurzem höchstrichterlich noch nicht entschieden. Der BGH hat am 11.02.2009[21] dazu nunmehr ausgeführt, dass in Anbetracht der Funktion der Streitverkündung und der berechtigten Interessen der beteiligten Parteien die Hemmungswirkung auch dann eingreifen muss, wenn nicht das Gewährleistungsrecht selbst, sondern ein der vertraglichen (Haupt-) Pflicht (dort ging es um Gebrauchsgewährung), auf die sich die Gewährleistung bezieht, gegenüberstehender Anspruch des Streitverkünders (dort: Mietzinsanspruch) in Rede steht. Wird daher beispielsweise von dem Untermieter der Mietzins wegen Mängeln gemindert und mindert daraufhin der Hauptmieter im Verhältnis zum Vermieter den Mietzins ebenfalls, dann kann der Hauptmieter, wenn er von Vermieter auf Zahlung des Mietzinses verklagt wird, dem Untermieter in dem Verfahren zulässigerweise den Streit verkünden mit der Wirkung, dass die auf das Gewährleistungsrecht ausgesprochene Streitverkündung auch die Verjährung in Bezug auf den Mietzinsanspruch hemmt. Sinn und Zweck der Streitverkündung erfordern eine Hemmungswirkung auch in dieser Fallkonstellation, weil andernfalls der Hauptmieter gezwungen würde noch während des laufenden Prozesses mit dem Vermieter, den Untermieter auf Zahlung der Miete zu verklagen, obwohl dies überflüssig wäre, wenn sich das Vorliegen von Mängeln im Erstprozess bestätigt. Dies widerspräche – so der BGH – dem Sinn und Zweck der Streitverkündung, der darin besteht überflüssige Prozesse zu vermeiden.[22]

Die verjährungshemmende Wirkung der Streitverkündung tritt nicht ein, wenn und soweit – auch vom Standpunkt der streitverkündenden Partei aus – der der Streitverkündung zugrundeliegende vermeintliche Anspruch durch den Ausgang des Rechtsstreits nicht berührt werden kann.[23]

Die Hemmung endet **sechs Monate nach Rechtskraft** der Entscheidung oder sonstigen Prozessbeendigungen, § 204 Abs. 2 BGB.

---

[14] BGH, 17.12.2009, IX ZR 4/08.
[15] BGH, 06.12.2007, IX ZR 143/06, NJW 2008, 519, BGHZ 175, 1, 6 ff.
[16] ibr-online: BGH, 11.02.2009, XII ZR 114/06 mit ausführlicher Stellungnahme.
[17] BGH, 06.12.2007, IX ZR 143/06, NJW 2008, 519.
[18] BGH, 06.12.2007, IX ZR 143/06, NJW 2008, 519; BGHZ 175, 1, 8; ibr-online: BGH, 11.02.2009 – XII ZR 114/06.
[19] BGH, NJW 1979, 264; *Messerschmidt,* Kap. S, Rn. 43.
[20] BGH, 12.11.2009, IX ZR 152/08, MDR 2010, 323.
[21] ibr-online: BGH, 11.02.2009, XII ZR 114/06.
[22] ibr-online: BGH, 11.02.2009 – XII ZR 114/06.
[23] BGH, NJW 1979, 264; BGH, 21.02.2002, IX ZR 127/00, NJW 2002, 1414, 1416.

D. Mangelbeseitigungsverlangen

8 Umstritten ist, ob die Streitverkündung ein **Mängelbeseitigungsverlangen** nach § 13 Abs. 5 VOB/B ersetzt.[24]

E. Schiedsgerichtsverfahren

9 Im **Schiedsgerichtsverfahren** ist die Streitverkündung im Vorprozess nur beachtlich, wenn sich dies aus der Schiedsvereinbarung ergibt.[25] Eine Bindungswirkung liegt nach der Entscheidung des OLG Hamburg zumindest dann vor, wenn die betroffene Partei rechtlich beim Schiedsgerichtsverfahren gehört worden ist.[26]

Die Streitverkündung ist auch im Schiedsgerichtsverfahren zulässig, wenn sich der Dritte vorher oder nachträglich der Entscheidungszuständigkeit des Schiedsgerichts unterwirft.[27]

F. Vergleich

10 **Keine Interventionswirkung** entsteht, wenn sich die Parteien in dem Vorprozess **verglichen** haben.[28] Etwas anderes kann gelten, wenn aufgrund eines Vergleiches der Streitverkünder das Rechtsmittel zurückgenommen hat und das erstinstanzliche Urteil Rechtskraft erlangt.[29] So hat der Bundesgerichtshof für den Fall, dass der Streitverkündete dem Rechtsstreit nicht beigetreten ist, entschieden, dass durch Rücknahme des Rechtsmittels im Rahmen des Vergleichs das erstinstanzliche Urteil zu Lasten des Streitverkündeten Bindungswirkung entfaltet.[30] Anders ist die Situation zu beurteilen, wenn der Streitverkündete gegen das erstinstanzliche Urteil seinerseits ebenfalls Berufung eingelegt hat. Nimmt der Streitverkünder aufgrund eines mit dem Gegner geschlossenen Vergleichs das Rechtsmittel zurück, so kann er sich im Folgeprozess nicht auf die Bindungswirkung des Ersturteils berufen, weil er dem Streitverkündeten die Möglichkeit genommen hat gegen dieses Urteil vorzugehen.[31] An einer Bindungswirkung fehlt es auch, wenn die Klage oder die Streitverkündung zurückgenommen wird.[32]

(...)

§ 100 Kosten bei Streitgenossen

(1) Besteht der unterliegende Teil aus mehreren Personen, so haften sie für die Kostenerstattung nach Kopfteilen.

(2) Bei einer erheblichen Verschiedenheit der Beteiligung am Rechtsstreit kann nach dem Ermessen des Gerichts die Beteiligung zum Maßstab genommen werden.

(3) Hat ein Streitgenosse ein besonderes Angriffs- oder Verteidigungsmittel geltend gemacht, so haften die übrigen Streitgenossen nicht für die dadurch veranlassten Kosten.

---

24 So *Messerschmidt*, Kap. S., Rn. 44; *Mienik*, IBR 2004, 199; anderer Auffassung OLG Düsseldorf, 28.10.2003, 23 U 6/03, BauR 2004, 1344.
25 *Kraft/Locher*, BB 2002, 1171; Zöller/*Vollkommer*, § 68 Rn. 10.
26 OLG Hamburg, 17.01.2002, 6 Sch 7/01, IBR 2002, 453.
27 Zöller/*Vollkommer*, § 1042, Rn. 42.
28 *Kniffka/Koeble*, 17. Teil, Rn. 22.
29 BGH, 21.05.1969, VIII ZR 141/67, NJW 1969, 1480; Zöller/*Vollkommer*, § 68, Rn. 4.
30 BGH, 21.05.1969, VIII ZR 141/67, NJW 1969, 1480.
31 BGH, 21.05.1987, VII ZR 296/86, NJW 1988, 712.
32 *Messerschmidt*, Kap. S., Rn. 44.

(4) Werden mehrere Beklagte als Gesamtschuldner verurteilt, so haften sie auch für die Kostenerstattung, unbeschadet der Vorschrift des Absatzes 3, als Gesamtschuldner. Die Vorschriften des bürgerlichen Rechts, nach denen sich diese Haftung auf die im Absatz 3 bezeichneten Kosten erstreckt, bleiben unberührt.

Kommentierung siehe § 101.

§ 101 Kosten einer Nebenintervention

(1) Die durch eine Nebenintervention verursachten Kosten sind dem Gegner der Hauptpartei aufzuerlegen, soweit er nach den Vorschriften der §§ 91 bis 98 die Kosten des Rechtsstreits zu tragen hat; soweit dies nicht der Fall ist, sind sie dem Nebenintervenienten aufzuerlegen.

(2) Gilt der Nebenintervenient als Streitgenosse der Hauptpartei (§ 69), so sind die Vorschriften des § 100 maßgebend.

A. Allgemein

Die **Kosten der Nebenintervention** sind in §§ 100, 101 ZPO geregelt. § 101 Abs. 1 ZPO gilt für die **unselbstständige Nebenintervention**. Ist der Nebenintervenient dagegen Streitgenosse der Hauptpartei (§ 69 ZPO) gilt gemäß § 101 Abs. 2 ZPO die Vorschrift des § 100 ZPO. 1

§ 101 ZPO regelt nur das Kostenverhältnis zwischen Streithelfer und dem Gegner der von ihm unterstützten Partei.[1] Will der Streithelfer von der unterstützten Partei Kostenerstattung verlangen, muss er dies in einem gesonderten Rechtsstreit gegen diese geltend machen.[2]

Da das Gesetz die Kosten regelt, können die Hauptparteien in einem Vergleich nicht wirksam vereinbaren, dass der Streithelfer keinen Kostenerstattungsanspruch hat oder die Erstattung von der zwischen den Parteien vereinbarten Kostenquote abweicht. Der Kostenerstattungsanspruch unterliegt somit nicht der Dispositionsbefugnis der Parteien.[3]

Der Gegner trägt die Kosten des Streithelfers, soweit er die Kosten des Rechtsstreites zu tragen hat. Im Übrigen trägt der Streithelfer bzw. der Nebenintervenient seine Kosten selbst. Ist der Streitwert für den Streithelfer, weil er nur wegen eines Teils dem Rechtsstreit beigetreten ist, geringer, so ist bei der Kostenentscheidung maßgeblich, wie das Obsiegen und Unterliegen bezüglich dieses Teils ausfällt.[4] 2

B. Kostenaufhebung gegeneinander

Da für den Streitverkündeten die Kostenquote maßgeblich ist, die unter dem Prozessparteien gilt, trägt er seine Kosten vollständig selbst, wenn die Kosten der Parteien gegeneinander aufgehoben werden.[5] 3

Dies gilt auch dann, wenn die Parteien unter **Kostenaufhebung** gegeneinander einen Vergleich schließen, bei dem die Kosten des Streitverkündeten ausdrücklich ausgenommen worden sind.[6] Selbst dann, wenn die Parteien die Kostenregelung in dem Vergleich gerade deshalb getroffen haben, um einen Erstattungsanspruch des Streithelfers auszuschließen, muss dies nicht zwingend eine sittenwidrige Schädigung oder ein kollusives Zusammenwirken der Hauptparteien zu Lasten

---

1 Zöller/*Herget*, § 101 Rn. 1.
2 Zöller/*Herget*, § 101 Rn. 1.
3 Zöller/*Herget*, § 101 Rn. 8.
4 Zöller/*Herget*, § 101 Rn. 2.
5 *Kniffka/Koeble*, 17. Teil, Rn. 32; BGH, 03.04.2004, V ZB 44/02, NJW 2003, 1948; OLG Düsseldorf, 29.09.2006, 23 U 52/06, IBR 2006, 1586.
6 *Kniffka/Koeble*, 17. Teil, Rn. 33.

des Streithelfers bedeuten. Die Kostenaufhebung entspricht dem § 98 ZPO für den Fall, dass keine Kostenregelung getroffen wird. Das gilt auch für die Streitverkündung, sodass die Kostenaufhebungsvereinbarung nicht rechtsmissbräuchlich ist.[7] Allerdings kann sich die unterstützte Partei durch eine Kostenregelung, die den Streitverkündeten bewusst benachteiligt, wegen vertragswidrigem Verhalten oder sittenwidriger Schädigung schadensersatzpflichtig machen.[8] Es ist jedoch nicht Sache des über die Kosten entscheidenden Gerichts einen Rechtsmissbrauch auf Seiten der Hauptparteien zu prüfen.[9]

C. Rücknahmen

4 Wird aufgrund eines Vergleichs die Klage zurückgenommen, gilt für den Streitverkündeten nicht § 269 Abs. 3 ZPO, sondern die im Vergleich getroffene Kostenregelung.[10] Werden **Klage und Widerklage** zurückgenommen und auf Kostenerstattung verzichtet, trägt der Nebenintervenient seine Kosten selbst.[11] Einen Erstattungsanspruch in Höhe der Hälfte seiner Kosten hat der Nebenintervenient jedoch dann, wenn die Kosten von den Parteien jeweils zu 50 % zu tragen sind.

D. Beitritt auf Seiten des Gegners, Seitenwechsel

5 Umstritten ist, ob der Streitverkündete einen Kostenerstattungsanspruch hat, wenn er aus Kostengründen dem Gegner des Streitverkünders im Rechtsstreit beitritt (siehe oben § 66 ZPO Rdn. 1).

Wechselt der Nebenintervenient von der zunächst unterstützenden Partei zur obsiegenden Partei, so sind die Kosten der Nebenintervention zu quoteln.[12] Wenn der Nebenintervenient im **selbstständigen Beweisverfahren** die später unterlegene Partei, im Hauptprozess aber die obsiegende Partei unterstützt, so trägt er seine Kosten des Beweisverfahrens selbst.[13] Wenn der Streithelfer dem Rechtsstreit nur hinsichtlich eines Teils beitritt, dann hat der Gegner alle Kosten des Streithelfers zu tragen, wenn die unterstützte Partei soweit voll obsiegt.[14]

Eine Entscheidung über die durch die Nebenintervention auf Seiten des Antragsgegners verursachten Kosten ist in einem selbstständigen Beweisverfahren nicht möglich, wenn der Antragsteller Hauptsacheklage gegen den Antragsgegner erhoben hat. Bei einem Beitritt auf Seiten mehrerer Antragsgegner gilt dies auch dann, wenn die Klage nur gegen einen Antragsgegner erhoben wird. Über die Kosten der Streithilfe wird dann im Hauptsacheverfahren entsprechend § 101 ZPO entschieden.[15]

E. Umfang der vom Nebenintervenienten zu tragenden Kosten

6 Zu den Kosten, die der Nebenintervenient zu tragen hat, gehören auch die einer von ihm allein **veranlassten Beweisaufnahme**.[16]

---

[7] BGH, 10.03.2005, VII ZB 32/04, BauR 2005, 1057.
[8] BGH, 10.03.2005, VII ZB 32/04, BauR 2005, 1057; OLG Düsseldorf, 29.09.2006, I-23 W 52/06, BauR 2007, 148.
[9] PG/*Schneider*, § 101 Rn. 13; BGH, 10.03.2005, VII ZB 32/04, BauR 2005, 1057.
[10] *Kniffka/Koeble*, 17. Teil Rn. 34; BGH, 24.06.2004, VII ZB 4/04, NJW-RR 2004, 1506.
[11] *Kniffka/Koeble*, 17. Teil, Rn. 34.
[12] Zöller/*Herget*, § 101, Rn. 2; OLG München, 21.09.1988, 11 W 2352/81, MDR 1989, 73; andere Auffassung: OLG Hamm, 03.10.1983, 6 UF 336/82, JurBüro 1989, 401.
[13] OLG Hamburg, 03.06.1989, 8 W 97/89, MDR 1989, 825.
[14] OLG Hamm, OLGR 2008, 195; Zöller/*Herget*, § 101, Rn. 2; anderer Auffassung: MüKo-ZPO/*Geibel*, § 101 Rn. 13.
[15] BayOLG, 23.07.2009-VII ZB 3/07.
[16] *Berding/Deckenbrock*, NZBau 2006, 327; Zöller/*Herget*, § 101, Rn. 3.

Wenn der Nebenintervenient **allein Rechtsmittel** einlegt, dann ergeht die Kostengrundentscheidung unmittelbar ihm gegenüber.[17] Legt er neben der Hauptpartei Rechtsmittel ein, dann gilt diese als prozessführende Partei, die die Kosten auch zu tragen hat.[18] Nimmt die Hauptpartei das Rechtsmittel während des Verfahrens zurück und verfolgt der Nebenintervenient zulässigerweise das Rechtsmittel weiter, dann trägt die Hauptpartei nur die bis zur Rücknahme entstandenen Kosten.[19]

F. Kostengrundentscheidung

Das Gericht fällt die **Kostengrundentscheidung** auch bezüglich den Kosten der Streitverkündung im Urteil. Es muss deshalb der Urteilstenor sorgfältig daraufhin überprüft werden, ob er auch die Kostenentscheidung bezüglich des Streithelfers mit umfasst. Gegebenenfalls muss der Tenor im Zusammenhang mit den Entscheidungsgründen ausgelegt werden und notfalls eine Korrektur über die §§ 319 ff. ZPO gesucht werden.[20] Dabei ist besonders auf die Frist in § 321 ZPO zu achten. Die zweiwöchige Frist gilt ab Zustellung des Urteils an den Streitverkündeten. Schließen die Parteien einen **Vergleich**, an dem sich der Streithelfer nicht beteiligt, dann kommt es darauf an, ob der Kostenerstattungsanspruch des Streithelfers im Vergleich mit geregelt ist. Ist das nicht der Fall, kann der Streithelfer bei Gericht einen entsprechenden Antrag stellen. Das Gericht befindet darüber durch **Beschluss**.[21] Lehnt das Gericht eine Kostenentscheidung ab, kann der Nebenintervenient die sofortige Beschwerde einlegen. Zuständig für die Entscheidung über die Kosten des Nebenintervenienten ist das Berufungsgericht, wenn der Prozessvergleich in diesem Rechtzug abgeschlossen wurde. Dies gilt selbst dann, wenn der Nebenintervenient im Berufungsverfahren nicht mehr beteiligt ist.[22]

7

Eine ausführliche Darstellung zu den Kostenverteilungen anhand von Tabellen und Beispielen findet sich in Prütting/Gehrlein.[23]

8

(...)

§ 142 Anordnung der Urkundsvorlegung

(1) Das Gericht kann anordnen, dass eine Partei oder ein Dritter die in ihrem oder seinem Besitz befindlichen Urkunden und sonstigen Unterlagen, auf die sich eine Partei bezogen hat, vorlegt. Das Gericht kann hierfür eine Frist setzen sowie anordnen, dass die vorgelegten Unterlagen während einer von ihm zu bestimmenden Zeit auf der Geschäftsstelle verbleiben.

(2) Dritte sind zur Vorlegung nicht verpflichtet, soweit ihnen diese nicht zumutbar ist oder sie zur Zeugnisverweigerung gemäß den §§ 383 bis 385 berechtigt sind. Die §§ 386 bis 390 gelten entsprechend.

(3) Das Gericht kann anordnen, dass von in fremder Sprache abgefassten Urkunden eine Übersetzung beigebracht wird, die ein Übersetzer angefertigt hat, der für Sprachübertragungen der betreffenden Art in einem Land nach den landesrechtlichen Vorschriften ermächtigt oder öffentlich bestellt wurde. Eine solche Übersetzung gilt als richtig und vollständig, wenn dies von dem Übersetzer bescheinigt wird. Die Bescheinigung soll auf die Übersetzung gesetzt werden, Ort und Tag der Übersetzung sowie die Stellung des Übersetzers angeben und von ihm unter-

---

17 OLG Köln, 27.01.1994, 1 U 52/93, OLGR 1994, 83; Zöller/*Herget*, § 101, Rn. 4.
18 Zöller/*Herget*, § 101 Rn. 4.
19 Zöller/*Herget*, § 101 Rn. 4; MüKo-ZPO/*Belz*, § 101 Rn. 26.
20 *Baumbach/Lauterbach/Albers/Hartmann*, § 101 Rn. 12 ff.
21 Zöller/*Herget*, § 101 Rn. 9.
22 Zöller/*Herget*, § 101, Rn. 9; OLG Frankfurt, 01.06.1990, 5 U 51/89, MDR 1990, 929.
23 PG/*Schneider*, 3 100 Rn. 1 ff.

§ 142 ZPO Anordnung der Urkundsvorlegung

schrieben werden. Der Beweis der Unrichtigkeit oder Unvollständigkeit der Übersetzung ist zulässig. Die Anordnung nach Satz 1 kann nicht gegenüber dem Dritten ergehen.

A. Allgemein

1 Die Vorschrift dient dazu, dem Gericht die Möglichkeit zu geben undeutlichen oder unvollständigen Parteivortrag zu klären und sich einen **Überblick über den Streitstoff** zu verschaffen.[1] Das Gericht kann daher auch ohne entsprechenden Beweisantritt und ohne Darlegung der Beweisbedürftigkeit und Eignung die Vorlage von Urkunden und anderen Unterlagen verlangen.[2] Unterlagen sind zum Beispiel Fotos und Pläne.[3] Die Anordnung dient auch der Bereitstellung von Beweismitteln.[4] Die Regelung darf jedoch nicht zu **Ausforschungszwecken** eingesetzt werden.[5] Voraussetzung für eine Vorlageanordnung ist zumindest ein schlüssiger Sachvortrag.[6] Es reicht aber aus, wenn die Partei oder der Streithelfer sich nicht ausdrücklich, sondern nur sinngemäß auf die Urkunde bzw. Unterlagen beziehen.[7] Eine bloße Behauptung der Existenz von Unterlagen ins Blaue hinein, um sich Sachkenntnisse erst zu verschaffen, ist dagegen unzulässig.[8]

Die Vorlageanordnung steht im **Ermessen** des Gerichts.[9] Dabei hat das Gericht auch berechtigte Geheimhaltungsinteressen der Parteien zu berücksichtigen.[10]

B. Form der Anordnung

2 Die Anordnung der Vorlage kann durch **Beschluss** des Gerichts oder durch **Verfügung** des Vorsitzenden gemäß § 273 Abs. 3 Nr. 5 ZPO erfolgen.[11] Die Vorlage kann jedoch gegenüber einer Partei nicht erzwungen werden.[12] Die Nichtverfolgung kann aber entweder zu einem ungenügenden Sachvortrag führen oder im Rahmen der Beweiswürdigung gemäß § 286 ZPO als Beweisvereitelung gewürdigt werden.[13]

C. Voraussetzungen der Vorlagepflicht

3 Ein Dritter kann zur Vorlage von Unterlagen und Urkunden nur unter den Voraussetzungen des Abs. 2 aufgefordert werden. Ist die Vorlage nicht unzumutbar und liegen keine Zeugnisverweigerungsgründe vor, kann eine Anordnung ergehen. Das Gericht kann dem Dritten gegenüber die Anordnung auch mit Ordnungsmitteln durchsetzen.[14]

(...)

---

1 MüKo-ZPO/*Wagner*, § 142, Rn. 1.
2 Zöller/*Greger*, § 142, Rn. 1.
3 Musielak/*Stadler*, § 142, Rn. 2; Zöller/*Greger*, § 142, Rn. 1.
4 Musielak/*Stadler*, § 142, Rn. 1; MüKo-ZPO/*Wagner*, § 142, Rn. 1.
5 Zöller/*Greger*, § 142, Rn. 1; Musielak/*Stadler*, § 142, Rn. 1; *Greger*, NJW 2002, 3049, 3050.
6 *Greger*, NJW 2002, 3049, 3050.
7 Zöller/*Greger*, § 142, Rn. 2.
8 *Greger*, NJW 2002, 3049, 3050; Zöller/*Greger*, § 142, Rn. 2.
9 *Greger*, NJW 2002, 3049, 3050: Musielak/*Stadler*, § 142, Rn. 1.
10 Zöller/*Greger*,, § 142, Rn. 2; *Zekoll/Bolt*, NJW 2002, 3129, 3130. 3131.
11 Zöller/*Greger*, § 142, Rn. 2.
12 Musielak/*Stadler*, § 142, Rn. 7; Zöller/*Greger*, § 142, Rn. 4.
13 Musielak/*Stadler*, § 142, Rn. 7; Zöller/*Greger*, § 142, Rn. 4.
14 Musielak/*Stadler*, § 142, Rn. 9; Zöller/*Greger*, § 142 Rn. 4a; *Zekoll/Bolt*, NJW 2002, 3129, 3133.

Buch 2: Verfahren im ersten Rechtszug

Abschnitt 1: Verfahren vor den Landgerichten

Titel 1: Verfahren bis zum Urteil

§ 253 Klageschrift

(1) Die Erhebung der Klage erfolgt durch Zustellung eines Schriftsatzes (Klageschrift).

(2) Die Klageschrift muss enthalten:
1. die Bezeichnung der Parteien und des Gerichts;
2. die bestimmte Angabe des Gegenstandes und des Grundes des erhobenen Anspruchs, sowie einen bestimmten Antrag.

(3) Die Klageschrift soll ferner die Angabe des Wertes des Streitgegenstandes enthalten, wenn hiervon die Zuständigkeit des Gerichts abhängt und der Streitgegenstand nicht in einer bestimmten Geldsumme besteht, sowie eine Äußerung dazu, ob einer Entscheidung der Sache durch den Einzelrichter Gründe entgegenstehen.

(4) Außerdem sind die allgemeinen Vorschriften über die vorbereitenden Schriftsätze auch auf die Klageschrift anzuwenden.

(5) Die Klageschrift sowie sonstige Anträge und Erklärungen einer Partei, die zugestellt werden sollen, sind bei dem Gericht schriftlich unter Beifügung der für ihre Zustellung oder Mitteilung erforderlichen Zahl von Abschriften einzureichen. Einer Beifügung von Abschriften bedarf es nicht, soweit die Klageschrift elektronisch eingereicht wird.

A. Allgemein

Die Klageerhebung ist als **Prozesshandlung** grundsätzlich **bedingungsfeindlich**.[1] Deshalb ist die **subjektive eventuelle Klagehäufung** unzulässig, das heißt, es ist nicht möglich die Klage hilfsweise gegen einen Zweitbeklagten zu erheben, für den Fall, dass die Klage gegen den Erstbeklagten nicht erfolgreich ist.[2] So kann, wenn streitig ist, wer einem Unternehmer einen Auftrag erteilt hat, dieser nicht gegen beide möglichen Auftraggeber dergestalt vorgehen, dass er Klage gegen den einen erhebt und hilfsweise im selben Prozess auch den anderen verklagt, für den Fall des Unterliegens gegen ersteren. 1

Dagegen kann die Klage von einer innerprozessualen Bedingung abhängig gemacht werden. So ist eine **Hilfswiderklage** für den Fall des Obsiegens des Klägers zulässig, beispielsweise eine **Eventualwiderklage**, für den Fall, dass die primäre Aufrechnung gegen den Klageanspruch unzulässig ist.[3] Auch eine **eventuelle Widerwiderklage**, die nur für den Fall einer erfolgreichen Widerklage erhoben wird, ist zulässig.[4]

B. Inhalt der Klageschrift

Die **Bezeichnung der Parteien** muss so genau sein, dass keine Zweifel an klagender bzw. verklagter Person bestehen. Bei einer **BGB-Außengesellschaft** reicht es aus, wenn die Personen- 2

---

1 Zöller/*Greger*, § 253, Rn. 1; MüKo-ZPO/*Lüke*, § 253, Rn. 16.
2 Zöller/Greger, § 253, Rn. 1; MüKo-ZPO/*Lüke*, § 253, Rn. 17.
3 BGH, NJW 1961, 1862; Zöller/*Greger*, § 253; Rn. 1; MüKo-ZPO/*Lüke*, § 253, Rn. 19.
4 MüKo-ZPO/*Lüke*, § 253, Rn. 19; Zöller/*Greger*, § 253, Rn. 1.

vereinigung identifizierbar beschrieben wird.[5] Bei der **WEG** genügt die Adresse oder Grundstücksnummer.[6] Die Bezeichnung der Partei ist auslegungsfähig.[7] Ungenaue oder unrichtige Parteibezeichnungen sind unschädlich, wenn die Identität trotz Berichtigung gewahrt bleibt.[8] Bei unternehmensbezogenem Handeln ist derjenige Partei, der erkennbar als wahrer Rechtsträger hinter der Falschbezeichnung steht.[9] Abzugrenzen ist die Falschbezeichnung von der Parteiänderung nach § 263 ZPO.

C. Antrag

3 Der Antrag muss hinreichend bestimmt sein. In Betracht kommen neben Zahlungsanträgen auch Anträge auf Herausgabe, Unterlassung und Freistellung.

I. Zahlungsantrag Zug um Zug

4 In Bausachen kommen ferner häufig auch Anträge auf Zahlung Zug um Zug gegen Beseitigung von Mängeln/Nacherfüllung in Betracht. Dies gilt sowohl für Werkverträge nach dem BGB als auch für VOB Verträge. Ist ein Werk abgenommen, jedoch mangelbehaftet, dann kann der Auftraggeber, wenn er auf Zahlung der Vergütung in Anspruch genommen wird, die Leistung wegen des ihm gegenüber dem Unternehmer zustehenden Nacherfüllungsanspruchs verweigern (§ 320 BGB).[10]

Ist die Werklohnforderung selbst unstreitig, kann der **Auftraggeber** beantragen, dass eine Zahlung nur Zug um Zug gegen Nacherfüllung zugesprochen wird. Entsprechendes gilt auch, wenn die Abnahme noch nicht erfolgt ist oder es zumindest zweifelhaft ist, ob eine solche vorliegt.[11]

Auch der **Unternehmer** kann einen derartigen Antrag stellen. Liegen Mängel vor, kann der Auftragnehmer dem Auftraggeber anbieten, die Nacherfüllung durchzuführen. Kommt der Auftraggeber seinen Mitwirkungshandlungen nicht nach oder lehnt er die Annahme der Nachbesserung ab, dann kommt er in Annahmeverzug. Der Auftragnehmer kann dann zwar unbedingt Zahlung beantragen, umstritten ist jedoch, ob nicht gleichwohl nur eine Zug-um-Zug-Verurteilung erfolgen kann.[12] Er kann deshalb von vorneherein auch nur eine Zug-um-Zug-Verurteilung beantragen. In beiden Fällen sollte er jedoch zusätzlich beantragen festzustellen, dass der Auftraggeber mit der Annahme der Nacherfüllung in **Verzug** ist. Er kann dann auch bei einer Zug um Zug Verurteilung nach §§ 756, 765 ZPO vollstrecken, ohne vorher die ihm obliegende Leistung erbringen zu müssen.

Trifft den Auftraggeber ein Mitverschulden an dem Auftreten der Mängel, beispielsweise, weil er sich ein Planungsverschulden seines Architekten zurechnen lassen muss, dann kann es auch zu einer **doppelten Zug-um-Zug-Verurteilung** kommen.[13] Das Gericht verurteilt in diesen Fällen den Auftraggeber zur Zahlung der Vergütung Zug um Zug gegen Nacherfüllung, die wiederum nur gegen Zahlung eines Zuschusses in bestimmter Höhe zu erfolgen hat.

Eine Verurteilung Zug um Zug ist ferner bei Rücktritt zu beantragen. Es wird dann Rückzahlung der Vergütung Zug um Zug gegen Rückgewähr der empfangenen Leistung beantragt.

---

5 Zöller/*Greger*, § 253, Rn. 8a.
6 Zöller/*Greger*, § 253, Rn. 81.
7 Zöller/*Vollkommer*, vor § 50, Rn. 6.
8 Zöller/*Vollkommer*, vor § 50, Rn. 7.
9 Zöller/*Vollkommer*, vor § 50, Rn. 7, m.w.N.
10 Ingenstau/Korbion/*Wirth*, § 13 Abs. 5, Rn. 235; BGH, 28.04.1980, VII ZR 109/79, BauR 1980, 357.
11 OLG Hamm, 18.10.2005, 24 U 59/05, NZBau 2006, 580.
12 So OLG Düsseldorf, 28.06.1991, 22 U 1/91, BauR 1992, 72; a.A. Werner/*Pastor*, Rn. 2529; OLG Köln, 25.11.1975, 15 U 43/75, BauR 1977, 275; *Siegburg*, BauR 1992, 419, die die Geltendmachung des Zurückbehaltungsrechts in diesen Fällen für rechtsmissbräuchlich erachten.
13 BGH, 22.03.1984, VII ZR 286/82, BauR 1984, 401.

II. Unterlassungsantrag

Ein **Unterlassungsantrag** muss so hinreichend konkret gefasst sein, dass eine Vollstreckung möglich ist. Das ist dann der Fall, wenn die zu unterlassende Beeinträchtigung so ausreichend bestimmt beschrieben und so genau bezeichnet wird, dass der Streitgegenstand klar umrissen ist, sodass sich der Beklagte ausreichend verteidigen kann und dem Vollstreckungsgericht nicht überlassen bleibt, festzulegen, was verboten ist.[14]

III. Antrag auf Vornahme einer Handlung

Der auf **Vornahme einer Handlung** gerichtete Antrag muss Art und Umfang bestimmt bezeichnen.[15] Wenn er auf Beseitigung eines Mangels gerichtet ist, genügt die Angabe des begehrten Erfolgs. Der Bauherr muss in dem Prozess gegen den Bauunternehmer auf Mängelbeseitigung nach der herrschenden Symptomtheorie die Art, Anzahl und Lage der zu beseitigenden Mängel lediglich genau beschreiben.[16]

Es bleibt dem Schuldner überlassen unter mehreren zur Beseitigung der Mängel geeigneten Mittel zu wählen.[17]

IV. Feststellungsantrag

Bei dem **Freistellungsantrag** ist es erforderlich die Forderung, von der freigestellt werden soll, dem Grund und der Höhe nach genau zu bezeichnen.[18] Wichtig ist, dass die Bezeichnung so genau erfolgt, dass der Titel vollstreckungsfähig ist.[19] Es reicht nicht, den Antrag aus den Gläubiger von etwaigen Verbindlichkeiten freizustellen.[20] Es ist jedoch nicht erforderlich eine bestimmte Form der Freistellung zu beantragen. Es steht dem Befreiungsschuldner grundsätzlich frei, auf welche Weise er die Befreiung bewirkt.[21] Eine bestimmte Form der Freistellung kann jedoch dann beantragt werden, wenn keine andere Möglichkeit in Betracht kommt.[22] Ist der Antrag auf Freistellung auf eine Geldleistung gerichtet, muss diese dem Grund und der Höhe nach beziffert werden.[23]

Freistellungsansprüche kommen beispielsweise dann in Betracht, wenn ein Generalunternehmer wegen Mängeln, die auf Leistungen der Nachunternehmer beruhen, von dem Auftraggeber in Anspruch genommen wird. Hat der Generalunternehmer noch nicht an den Auftragnehmer gezahlt, dann ist er in Höhe der Mängelfolgeschäden mit einer Verbindlichkeit belastet und kann insoweit Befreiung verlangen.[24] Problematisch wird es, wenn der Generalunternehmer von dem Nachunternehmer auf Werklohn in Anspruch genommen wird und er an den Auftraggeber noch keinen Schadensersatz geleistet hat. Steht der Schaden der Höhe nach fest, so kann eine Zug-um-Zug-Verurteilung in Höhe des Befreiungsanspruches ausgesprochen werden, da ein Zurückbehaltungsrecht des Generalunternehmers besteht.[25] Ist der Freistellungsanspruch jedoch nicht bezifferbar,

---

14 BGH, 29.05.2009, V ZR 15/08, betreffend die Unterlassung einer Vertiefung.
15 Zöller/*Greger*, § 253, Rn. 13c.
16 *Werner/Pastor*, Rn. 446.
17 Zöller/*Greger*, § 253, Rn. 13c; *Werner/Pastor*, Rn. 1472, 1568.
18 MüKo-ZPO/*Lüke*, § 253, Rn. 146; Zöller/*Greger*, § 253, Rn. 13; *Kniffka/Koeble*, 17. Teil, Rn. 16; BGH, 04.10.2000, VIII ZR 109/99, NJW 2001, 155.
19 BGH, 30.03.1983, VIII ZR 3/82, NJW 2001, 155.
20 *Kniffka/Koeble*, 15. Teil, Rn. 16; BGH, 30.03.1983, VIII ZR 3/82, NJW 2001, 155.
21 BGH, 11.04.1984, VIII ZR 302/82, NJW 1984, 2151; BGH, 16.02.2000, II ZR 155/98, NJW 2000, 1641, 1642; *Kniffka/Koeble*, 15. Teil, Rn. 18.
22 BGH, 16.02.2000, II ZR 155/98, NJW 2000, 1641, 1642; *Kniffka/Koeble*, 15. Teil, Rn. 18.
23 *Kniffka/Koeble*, 15. Teil, Rn. 21; BGH, 04.06.1996, VI ZR 123/95, NJW 1996, 2725.
24 *Kniffka/Koeble*, 15. Teil, Rn. 14.
25 *Kniffka/Koeble*, 15. Teil, Rn. 20.

dann besteht grundsätzlich kein Zurückbehaltungsrecht.[26] *Kniffka/Koeble* plädieren daher dafür, insoweit Ausnahmen zuzulassen, um den Generalunternehmer nicht zu benachteiligen.[27] Befreiungsansprüche kommen auch in Betracht, wenn mehrere Unternehmer oder Architekten/Ingenieure sich zu einer BGB-Außengesellschaft zusammen geschlossen haben. Haftet im Innerverhältnis lediglich einer der Gesellschafter, dann kann dieser im Falle der ernsthaften Möglichkeit einer Inanspruchnahme durch den Gläubiger der Gesellschaft, den im Innenverhältnis haftenden Gesellschafter auf Freistellung in Anspruch nehmen.[28]

Ein unzulässiger Freistellungsantrag enthält als Minus einen Feststellungsantrag dahingehend, den Beklagten zu verpflichten, den Kläger von unberechtigter Inanspruchnahme freizustellen.[29]

V. Unbezifferte Leistungsklage

8 Eine **unbezifferte Leistungsklage** in Bausachen soll überall dort neben der Feststellungsklage zulässig sein, wo es um die Herabsetzung einer Vertragsstrafe, die gerichtliche Schätzung des Schadens gem. § 287 ZPO, eine hypothetische Schadensberechnung (§ 242 BGB) sowie um die Schadensfeststellung durch einen gerichtlichen Sachverständigen geht.[30]

Ähnlich wie bei Schmerzensgeldklagen empfiehlt es sich hier im Rahmen des Klageantrages bzw. der Klagebegründung einen Mindestbetrag anzusetzen, da andernfalls mangels Beschwer bei einem vom Kläger nicht akzeptierten Betrag ein Rechtsmittel nicht eingelegt werden kann.[31]

§ 254 Stufenklage

Wird mit der Klage auf Rechnungslegung oder auf Vorlegung eines Vermögensverzeichnisses oder auf Abgabe einer eidesstattlichen Versicherung die Klage auf Herausgabe desjenigen verbunden, was der Beklagte aus dem zugrunde liegenden Rechtsverhältnis schuldet, so kann die bestimmte Angabe der Leistungen, die der Kläger beansprucht, vorbehalten werden, bis die Rechnung mitgeteilt, das Vermögensverzeichnis vorgelegt oder die eidesstattliche Versicherung abgegeben ist.

A. Auskunftsanspruch

1 Der Architekt kann gegen den Bauherrn einen Anspruch auf Auskunft haben, wenn er seine Leistungen auf Basis der Kostenfeststellung abrechnen will/muss, hierfür aber nicht über ausreichende Informationen verfügt, weil er beispielsweise bei der Vergabe oder Abrechnung nicht oder nur teilweise beteiligt war[1] oder der Vertrag vorzeitig gekündigt wurde. Auch, wenn die getroffene Pauschalvereinbarung möglicherweise unter den Mindestsätzen liegt, hat der Architekt einen solchen Anspruch, der sich aus § 242 BGB ableiten lässt.[2]

Er kann jedoch nach höchstrichterlicher Rechtsprechung stattdessen die Kosten schätzen, soweit ihm die erforderlichen Informationen nicht vorliegen.[3] Der Bauherr muss vor Erstellung einer solchen Kostenfeststellung nicht zur Auskunft oder Herausgabe der Belege aufgefordert werden.[4]

---

26 *Kniffka/Koeble*, 15. Teil, Rn. 22.
27 *Kniffka/Koeble*, 15. Teil, Rn. 22 ff. mit näherer Begründung.
28 BGH, 15.10.2007, II ZR 136/06, BauR 2008, 381.
29 MüKo-ZPO/*Lüke*, § 253, Rn. 146.
30 *Werner/Pastor*, Rn. 450.
31 *Werner/Pastor*, Rn. 450 m.w.N.
1 *Werner/Pastor*, Rn. 854; *Locher/Koeble/Frik*, § 10 Rn. 63 ff.; BGH, 16.04.1998, VII ZR 176/96, NJW 1998, 2672; BGH, 27.10.1994, VII ZR 217/93, NJW 1995, 399, 401.
2 *Locher/Koeble/Frik*, § 10 Rn. 63; KG, 26.11.2001, 26 U 17/01, BauR 2002, 1576.
3 BGH, 27.10.1994, VII ZR 217/93, NJW 1995, 399, 401; *Locher/Koeble/Frik*, § 10 Rn. 63.
4 *Locher/Koeble/Frik*, § 10 Rn. 67.

Wenn der Bauherr die geschätzten Angaben in der Kostenfeststellung substantiiert bestreiten will, so muss er die tatsächlich angefallenen Kosten vortragen und belegen.[5]

Geht der Architekt im Wege der Auskunftsklage vor, ist es ausreichend, aber auch erforderlich, dass ein Anspruch dem Grunde nach besteht.[6] Ob ein solcher Leistungsanspruch besteht muss das Gericht bereits auf der ersten Stufe feststellen.[7] 2

B. Eidesstattliche Versicherung

Der Architekt hat auch einen Anspruch darauf, dass der Bauherr die Richtigkeit seiner Angaben eidesstattlich versichert.[8] 3

C. Urteil

Wird die Stufenklage insgesamt abgewiesen, ergeht ein Endurteil. Ansonsten ergeht über den Auskunftsanspruch und ggf. den Antrag auf eidesstattliche Versicherung ein Teilurteil.[9] 4

(...)

§ 256 Feststellungsklage

(1) Auf Feststellung des Bestehens oder Nichtbestehens eines Rechtsverhältnisses, auf Anerkennung einer Urkunde oder auf Feststellung ihrer Unechtheit kann Klage erhoben werden, wenn der Kläger ein rechtliches Interesse daran hat, dass das Rechtsverhältnis oder die Echtheit oder Unechtheit der Urkunde durch richterliche Entscheidung alsbald festgestellt werde.

(2) Bis zum Schluss derjenigen mündlichen Verhandlung, auf die das Urteil ergeht, kann der Kläger durch Erweiterung des Klageantrags, der Beklagte durch Erhebung einer Widerklage beantragen, dass ein im Laufe des Prozesses streitig gewordenes Rechtsverhältnis, von dessen Bestehen oder Nichtbestehen die Entscheidung des Rechtsstreits ganz oder zum Teil abhängt, durch richterliche Entscheidung festgestellt werde.

A. Allgemein

Die Feststellungsklage zielt anders als die Leistungsklage nicht unmittelbar auf eine Rechtsänderung.[1] Sie kann als **positive oder negative Klage** ausgestaltet sein.[2] Eine negative Feststellungswiderklage kann beispielsweise dann erhoben werden, wenn der Kläger im Wege der Teilklage vorgeht und der Beklagte festgestellt wissen will, dass dem Kläger keine über die Teilklageforderung hinausgehenden Ansprüche zustehen.[3] 1

B. Rechtsverhältnis

Die Erhebung der Feststellungsklage setzt ein zwischen den Parteien bestehendes **Rechtsverhältnis** voraus. Unter bestimmten Voraussetzungen reicht auch ein strittiges Drittverhältnis.[4] Rechtsver- 2

---

5 *Locher/Koeble/Frik*, § 10 Rn. 67; *Werner/Pastor*, Rn. 856.
6 KG, 26.11.2001, 26 U 17/01, BauR 2002, 1576, 1579; PG/*Geisler*, § 254 Rn. 12.
7 PG/*Geisler*, § 254 Rn. 12.
8 *Werner/Pastor*, Rn. 855; LG Bonn, 23.07.1993, 15 O 381/91, BauR 1994, 138.
9 Zöller/*Greger*, § 254 Rn. 9; PG/*Geisler*, § 254 Rn. 12.
1 Zöller/*Greger*, § 256, Rn. 1; Musielak/*Foerste*, § 256, Rn. 1.
2 Zöller/*Greger*, § 256, Rn. 2.
3 MüKo-ZPO/*Lüke*, § 256, Rn. 20.
4 Zöller/*Greger*, § 256, Rn. 3b.

hältnisse gegebenenfalls sogar zwischen Dritten sind feststellungsfähig, wenn ein **Feststellungsinteresse** auch gegenüber dem Beklagten besteht.[5]

C. Rechtliches Interesse

3   Besondere Zulässigkeit der Feststellungsklage ist das Bestehen eines **rechtlichen Interesses**

Ein Interesse an einer baldigen Feststellung besteht, wenn einem Recht oder Rechtsverhältnis eine gegenwärtige Gefahr droht, weil es bestritten wird. Eine Feststellungsklage ist jedoch in der Regel nicht zulässig, wenn die Erhebung der **Leistungsklage** möglich ist. Die Zulässigkeit der Feststellungsklage ist ausnahmsweise trotz möglicher Leistungsklage dann gegeben, wenn ihre Durchführung prozesswirtschaftlich eine sinnvolle und sachgerechte Erledigung der Streitpunkte,[6] d.h. eine endgültige Streitbeilegung erwarten lässt.[7]

I. Beispielsfälle für fehlendes und vorhandenes Feststellungsinteresse

4   Droht **Verjährung,** dann ist ein Feststellungsinteresse stets zu **bejahen**, wenn mit der Klage die Verjährung gehemmt werden soll.[8]

Ein **Feststellungsinteresse** wird ferner **bejaht**, wenn beantragt wird festzustellen, dass ein Dritter, das vom Kläger beanspruchte Recht, nicht an den Beklagten abgetreten hat.[9] Auch die Klage des Bauträgers, der seine Gewährleistungsansprüche gegen den Unternehmer an den Erwerber abgetreten hat und nunmehr den Unternehmer verklagt auf Feststellung des Bestehens von Gewährleistungsansprüchen, ist zulässig.[10] Das Feststellungsinteresse – so Pastor – ergibt sich daraus, dass der Bauträger aus der eigenen Gewährleistung nur befreit ist, wenn der Erwerber die abgetretenen Ansprüche gegen den Bauunternehmer durchsetzen kann.[11]

Das Vorliegen eines Feststellungsinteresses wurde vom OLG München dagegen **verneint** bei dem Verlangen des Klägers die Einstandspflicht des Bürgen aus der Gewährleistungsbürgschaft festzustellen.[12]

5   **Zulässig** ist die **Feststellungsklage**, wenn die **Schadensentwicklung** noch nicht abgeschlossen ist[13] oder der Mangel bzw. Mangelfolgeschaden noch nicht abschließend feststeht.[14] Auch wenn, weil der Sachverhalt noch nicht abschließend feststeht, nur ein Teil des Anspruchs **bezifferbar** ist, darf insgesamt Feststellungsklage erhoben werden.[15] Dies gilt zumindest dann, wenn der Anspruch sinnvoll erst nach Abschluss der Entwicklung beziffert werden kann.[16]

Teilweise wird die Auffassung vertreten, dass die Feststellungsklage zulässig ist, wenn die Schadensentwicklung zwar abgeschlossen ist, die Höhe des Schadens aber nicht zuverlässig beziffert

---

5   Musielak/*Foerste*, § 256, Rn. 5.
6   BGH, 15.03.2006 IV ZR 4/05, NJW 2006, 2549; OLG München, 18.11.2008, 28 U 3572/08, OLGR 2009, 614.
7   Zöller/*Greger*, § 256 Rn. 8.
8   BGH, VersR 1972, 459; Zöller/*Greger*, § 256 Rn. 9.
9   Musielak/*Foerste*, § 256, Rn. 5; BGH, 17.10.1978, III ZR 155/66, NJW 1969, 136.
10 *Werner/Pastor*, Rn. 429.
11 *Werner/Pastor*, Rn. 429.
12 OLG München, 18.11.2008, 28 U 3572/08, OLGR 2009, 614.
13 Zöller/*Greger*, § 256, Rn. 7a; *Kniffka/Koeble*, 15. Teil, Rn. 4.
14 *Kniffka/Koeble*, 15. Teil, Rn. 4; BGH, 17.09.1987, VII ZR 166/86, BauR 1987, 702; BGH, 30.03.1983, VIII ZR 3/82, NJW 1984, 1552.
15 *Kniffka/Koeble*, 15. Teil, Rn. 4; Zöller/*Greger*, § 256, Rn. 7a; BGH, 30.03.1983, VIII ZR 3/82, NJW 1984, 1552, 1554; BGH, 21.02.1991, III ZR 204/89, VersR 1991, 788.
16 BGH, 30.03.1983, VIII ZR 3/82, NJW 1984, 1552, 1554.

werden kann.[17] Dies ist beispielsweise dann der Fall, wenn die Mangelbeseitigungskosten und **Folgekosten nur mit Schwierigkeiten** und nicht annähernd genau ermittelt werden können.[18] In diesen Fällen wird zu Recht die Auffassung vertreten, dass der Verweis auf eine Leistungsklage für den Bauherrn ein unzumutbares Prozessrisiko darstellen würde.[19] Es ist dem Bauherrn nicht zumutbar, kostspielige Gutachten in Auftrag zu geben oder auf Basis von teuren Kostenvoranschlägen, Leistungsklage zu erheben, zumal die Zuverlässigkeit solcher Voranschläge problematisch ist.[20] Deshalb geht *Pastor*[21] davon aus, dass bei Bauprozessen die Zulassung der Feststellungsklage wegen der Komplexität der Materie großzügig gehandhabt werden muss.

Dem steht auch nicht die Entscheidung des Bundesgerichtshofes vom 03.04.1996[22] entgegen. Dort war die Möglichkeit gegeben, dass die Schadensersatzansprüche im Wege der Stufenklage sogleich mit einem unbezifferten Klageantrag hätten verfolgt werden können und dadurch ein weiterer Prozess zu vermeiden gewesen wäre.[23]

An einem **Feststellungsinteresse fehlt** es, wenn alleine mit dem Ziel der Mangelfeststellung Klage 6 erhoben wird, da hierfür das selbständige Beweisverfahren zur Verfügung steht.[24] Eine Feststellungsklage wegen Schadensersatzes aufgrund bisher nicht bekannter Mängel ist ebenfalls unzulässig; anders aber, wenn eine gewisse Wahrscheinlichkeit für einen späteren Schadenseintritt spricht, selbst, wenn die Mängel noch nicht zutage getreten sind.[25]

II. Wechsel zur Leistungsklage

Ein einmal **vorhandenes Feststellungsinteresse entfällt nicht**, wenn der Kläger während des lau- 7 fenden Verfahrens in die Lage versetzt wird, den Anspruch zu beziffern.[26] Ausnahmsweise hat der Bundesgerichtshof eine Umstellung dann für erforderlich gehalten, wenn in erster Instanz die Schadensentwicklung bereits voll abgeschlossen ist und der Übergang zur Leistungsklage keine Verzögerung darstellt,[27] auch wenn die Beibehaltung der Feststellungsklage zulässig ist. Wenn einmal ein Feststellungsinteresse bestanden hat, so ist es empfehlenswert für den Kläger im Laufe des Prozesses auf eine Leistungsklage überzugehen, wenn die Mängelbeseitigungskosten oder Schadensersatzkosten bezifferbar sind. Bei gleich bleibendem Klagegrund ist darin in der Regel keine unzulässige Klageänderung zu sehen.[28]

III. Wegfall des Feststellungsinteresses

Das **Feststellungsinteresse kann wegfallen**, wenn bei einer negativen Feststellungsklage der Beklag- 8 te seinerseits wegen desselben Streitgegenstandes Leistungsklage erhebt. Das Feststellungsinteresse bleibt dann nur noch so lange erhalten, bis über die Leistungsklage streitig verhandelt worden ist.[29]

---

17 *Kniffka/Koeble*, 15. Teil, Rn. 7; *Werner/Pastor*, Rn. 437; a.A. OLG Düsseldorf, 02.04.1987, 10 U 181/87, MDR 1987, 1032; OLG Frankfurt 29.10.1986, 7 U 101/85, BauR 1987, 595.
18 *Kniffka/Koeble*, 15. Teil, Rn. 7; *Werner/Pastor*, Rn. 437.
19 *Werner/Pastor*, Rn. 437; so auch *Kniffka/Koeble*, 15. Teil, Rn. 7.
20 *Werner/Pastor*, Rn. 438.
21 *Werner/Pastor*, Rn. 438 mit ausführlicher Begründung.
22 BGH, 03.04.1996, VIII ZR 3/95, NJW 1996, 2097.
23 BGH, 03.04.1996, VIII ZR 3/95, NJW 1996, 2097, 2098; *Kniffka/Koeble*, 15. Teil, Rn. 7.
24 *Kniffka/Koeble*, 15. Teil, Rn. 12.
25 *Kniffka/Koeble*, 15. Teil, Rn. 12; BGH, 26.09.1991, VII ZR 245/90, BauR 1992, 115; BGH, 24.03.1994, IX ZR 149/93, NJW 1994, 1659, BGH, Urt. v. 25.02.2010, VII ZR 187/08.
26 *Zöller/Greger*, § 256, Rn. 7c; *Werner/Pastor*, Rn. 444; *Kniffka/Koeble*, 15. Teil, Rn. 8; BGH, 30.03.1983, VIII ZR 3/82, NJW 1984, 1552, 1554; BGH, 15.11.1977, VI ZR 101/76, NJW 1978, 210; BGH, 17.10.2003, V ZR 84/02, NJW-RR 2004, 79, 80.
27 *Werner/Pastor*, Rn. 445; LM zu § 256 Nr. 5.
28 *Werner/Pastor*, Rn. 445.
29 *Zöller/Greger*, § 256, Rn. 7d.

D. Feststellungsklage neben der Leistungsklage

9 Die **Feststellungsklage** kann auch **neben** der **Leistungsklage** erhoben werden.[30] Dies kann zum Beispiel zum Zwecke der **Hemmung der Verjährung** erfolgen. Das erforderliche Feststellungsinteresse ist bei einer Feststellungsklage immer gegeben, wenn sie zum Zwecke der Hemmung der Verjährung erhoben wird.[31]

Wird daher lediglich **Teilklage** auf Minderung, Schadensersatz oder Erstattung von Ersatzvornahmekosten erhoben, kann zum Zwecke der Hemmung der Verjährung daneben eine Feststellungsklage eingereicht werden. Werden alle zurzeit der Klage bekannten Schäden geltend gemacht, liegt dagegen keine Teilklage vor. Die Klage kann dann später, wenn sich die Beträge erhöhen, erweitert werden, ohne dass die Einrede der Verjährung wirksam erhoben werden kann.[32] Durch ein Urteil im Schadensersatzprozess wird der Schaden nicht rechtskräftig auf die geltend gemachte Höhe begrenzt, wenn sich der Anspruchsteller bereits im Ausgangsprozess ausdrücklich oder konkludent die Geltendmachung weiterer Schäden vorbehält.[33] Die Rechtskraft des ersten Urteils steht der Geltendmachung einer weiteren Forderung in solchen Fällen nicht entgegen.[34] Wird durch den Bauherrn Klage auf Ersatz der Kosten für eine erfolgreiche Teilnachbesserung erhoben, hemmt die eingereichte Klage dagegen die Verjährung des Ersatzes von Aufwendungen über den eingeklagten Betrag hinaus nicht.[35] In diesen Fällen ist eine Feststellungsklage zur Hemmung der Verjährung erforderlich. Anders allerdings, wenn eine Klage auf **Vorschuss** zur Mängelbeseitigung erhoben wird. Diese hemmt die Verjährung auch dann, wenn später höhere Beträge, zum Beispiel wegen zwischenzeitlicher Baukostensteigerung geltend gemacht werden, und zwar unabhängig davon, ob dies als weiterer Vorschuss oder als Erstattung für eine durchgeführte Ersatzvornahme erfolgt.[36] Die Erhebung einer Feststellungsklage zum Zwecke der Verjährungshemmung ist in diesen Fällen zwar nicht erforderlich, aber zulässig.[37]

E. Inhalt des Schriftsatzes

10 Das Rechtsverhältnis muss in dem **Feststellungsantrag** genau bezeichnet werden.[38] Mängel müssen genau und jeweils im Einzelnen aufgeführt werden. Nach der Symptomtheorie reicht es jedoch aus, die jeweiligen Mangelerscheinungen anzugeben.[39] Angegeben werden muss ferner auch, ob Nachbesserung, Ersatz für Mängelbeseitigungskosten, Schadensersatz etc. verlangt wird.[40]

Wird **Feststellungsklage neben** einer auf **Vorschuss** gerichteten Leistungsklage erhoben, muss bei Formulierung des Feststellungsantrags darauf geachtet werden, dass nicht Schadensersatz verlangt wird, weil dies nur bei Untergang des Erfüllungsanspruchs erfolgen kann.[41] Etwas anderes gilt nur dann, wenn es sich um Mangelfolgeschäden handelt.[42]

---

30 *Kniffka/Koeble*, 15. Teil, Rn. 9; BGH, 28.02.1991, VII ZR 171/90, BauR 1991, 460.
31 BGH, 19.12.2002, VII ZR 103/00, BauR 2003, 689; *Kniffka/Koeble*, 15. Teil, Rn. 1; Zöller/*Greger*, § 256, Rn. 8a.
32 *Kniffka/Koeble*, 15. Teil, Rn. 1; BGH, 19.02.1982, V ZR 251/80, BauR 1982, 398.
33 *Kniffka/Koeble*, 15. Teil, Rn. 2.
34 *Kniffka/Koeble*, 15. Teil, Rn. 2; BGH, 20.11.2007, VII ZR 26/97, BauR 1998, 368.
35 *Kniffka/Koeble*, 15. Teil, Rn. 1; BGH, 18.03.1976, VII ZR 35/75, BauR 1976, 202.
36 BGH, 18.03.1976, VII ZR 35/75, BauR 1976, 202; BGH. 25.09.2008, VII ZR 204/07.
37 BGH, 20.02.1986, VII ZR 318/84, BauR 1986, 345; BGH, Urt. v. 06.12.2001 – VII ZR 440/00; BauR 2002, 471; *Kniffka/Koeble*, 15. Teil, Rn. 10.
38 *Werner/Pastor*, Rn. 446.
39 *Kniffka/Koeble*, 15. Teil, Rn. 6; BGH, 06.12.2001 – VII ZR 440/00, BauR 2002, 471, 472; BGH, 04.10.2000, VIII ZR 289/99, NJW 2001, 445; *Werner/Pastor*, Rn. 446.
40 *Werner/Pastor*, Rn. 446.
41 *Kniffka/Koeble*, 15. Teil, Rn. 10.
42 *Kniffka/Koeble*, 15. Teil, Rn. 10.

F. Umfang der Entscheidung

Im Rahmen der Prüfung, inwieweit ein Rechtsverhältnis zwischen den Parteien besteht, ist bei Schadensersatzklagen auch über die Frage des **Mitverschuldens** zu urteilen, da dies den Grund der Schadensersatzpflicht betrifft.[43] Eine fehlende Feststellung hat Bindungswirkung auch für den Folgeprozess, kann dort also nicht nachgeholt werden. Anders ist dies bei **Sowieso-Kosten**. Hier kann eine Korrektur im späteren Verfahren erfolgen, wenn sich herausstellt, dass die im Feststellungsurteil angenommenen Kosten unrichtig oder überholt sind. Dies wird damit begründet, dass die Höhe der Sowieso-Kosten erst feststeht, wenn die endgültigen Schadensbeseitigungskosten feststehen. Wer mit einer Feststellungsklage umfassenden Rechtsschutz anstrebt, muss sich zwangsläufig mit den verbundenen Unsicherheiten bei der Berechnung der Sowieso-Kosten im Feststellungsprozess abfinden.[44]

11

(...)

§ 263 Klageänderung

Nach dem Eintritt der Rechtshängigkeit ist eine Änderung der Klage zulässig, wenn der Beklagte einwilligt oder das Gericht sie für sachdienlich erachtet.

Kommentierung siehe § 264.

§ 264 Keine Klageänderung

Als eine Änderung der Klage ist es nicht anzusehen, wenn ohne Änderung des Klagegrundes
1. die tatsächlichen oder rechtlichen Anführungen ergänzt oder berichtigt werden;
2. der Klageantrag in der Hauptsache oder in Bezug auf Nebenforderungen erweitert oder beschränkt wird;
3. statt des ursprünglich geforderten Gegenstandes wegen einer später eingetretenen Veränderung ein anderer Gegenstand oder das Interesse gefordert wird.

A. Allgemein

Bei der Klageänderung ist zwischen **objektiver und subjektiver Klageänderung** zu differenzieren.

1

B. Objektive Klageänderung

Unter **objektiver Klageänderung** versteht man die **Änderung des Streitgegenstandes**.[1] Eine solche Änderung liegt vor, wenn sich entweder der Klageantrag und/oder der Klagegrund ändern.[2] Eine besondere Rolle spielt die Klageänderung in Bauprozessen im Rahmen der Geltendmachung von Mängelrechten.

2

Der Auftraggeber kann auch nach Klageerhebung noch von einem **Gewährleistungsrecht/Mängelrecht** auf ein anderes wechseln.[3] So kann man zum Beispiel von einem Vorschussanspruch auf Schadensersatz übergehen. Es handelt sich dann jedoch um einen anderen Lebenssachverhalt und

---

43 *Kniffka/Koeble*, 15. Teil, Rn. 11; BGH, 14.06.1988, VI ZR 279/87, NJW 1989, 105; Zöller/*Greger*, § 256, Rn. 4a.
44 BGH, 19.05.1988, VII ZR 111/87; *Kniffka/Koeble*, 15. Teil, Rn. 1.
1 MüKo-ZPO/*Lüke*, § 263 Rn. 7.
2 MüKo-ZPO/*Lüke*, § 263 Rn. 7; PG/*Geisler*, § 263 Rn. 1.
3 *Werner/Pastor*, Rn. 1653.

damit um einen anderen Streitgegenstand, d.h. es liegt eine Klageänderung vor.[4] Teilweise wird jedoch die Auffassung vertreten, dass hier nur ein Fall des § 264 Ziff. 3 ZPO gegeben ist, weil mit Wahl des **Schadensersatzanspruchs der Anspruch auf Vorschuss** untergeht;[5] mit Wahl des Schadensersatzanspruchs sei das Interesse an die Stelle des Erfüllungsanspruchs getreten. Das soll auch für den Fall gelten, dass der in erster Instanz unterlegene Kläger von einem Mängelbeseitigungsverlangen in 2. Instanz zu einem Schadensersatzanspruch übergeht, wenn er nach der mündlichen Verhandlung 1. Instanz erst die Voraussetzungen für einen Schadensersatzanspruch geschaffen hat.[6]

Auch bei einem Wechsel von Gewährleistungsansprüchen nach der **VOB/B** liegt eine Änderung des jeweiligen Streitgegenstandes vor, sodass eine Klageänderung gemäß § 263 gegeben ist.[7]

3 **Keine Klageänderung** ist dagegen gegeben, wenn von einem **Kostenvorschussanspruch** auf Erstattung der **Mängelbeseitigungskosten** nach § 13 Abs. 5 VOB/B gewechselt wird. Es handelt sich dann um einen Fall des § 264 Nr. 3 ZPO.[8] Ein Fall des § 264 Nr. 2 ZPO liegt vor bei dem Übergang von der **Feststellungs- zur Leistungsklage**[9] und **umgekehrt**,[10] wenn der Sachverhalt gleich bleibt. Diese Änderung kann auch noch in der **Berufungsinstanz** erfolgen.[11] An einer Klageänderung fehlt es auch bei Übergang von **Abschlagszahlung auf Zahlung aus der Schlussrechnung.**[12] Bei Verlangen von **Zahlung** statt **Befreiung von einer Verbindlichkeit** handelt es sich ebenfalls nicht um eine Klageänderung, sondern nur um eine Klageerweiterung, wenn beide Ansprüche auf derselben Verpflichtung des Schuldners auf Schadensersatz beruhen.[13]

C. Subjektive Klageänderung

4 Der gewillkürte Parteiwechsel ist als Klageänderung anzusehen.[14] Es muss u.U. jedoch im Wege der Auslegung festgestellt werden, ob nur eine unrichtige Benennung der Partei mit der Folge **einer Rubrumsberichtigung** vorliegt oder tatsächlich die Auswechslung der Partei.[15]

D. Zulässigkeit

5 Liegt eine Klageänderung und kein Fall des § 264 Nr. 1 bis Nr. 3 vor, dann ist es erforderlich, dass die Gegenseite der Klageänderung **zustimmt** oder das Gericht diese als **sachdienlich** erachtet. Sachdienlich ist die Klageänderung beispielsweise dann, wenn der Kläger zunächst Nacherfüllung verlangt und später auf Minderung wechselt, nachdem sich herausgestellt hat, dass die Mängelbeseitigung nicht möglich ist.[16]

---

4 *Werner/Pastor*, Rn. 1653; *Schmalz/Lauer/Wurm*, Rn. 209; BGH, 20.11.1997, VII ZR 26/97, BauR1998, 369; BGH, 11.11.2004, VII ZR 95/04, BauR 2005, 386.
5 *Kniffka/Koeble*, 18.Teil, Rn. 10; OLG Brandenburg, 09.11.2000, 8 U 43/00, BauR 2001, 1938.
6 So *Kniffka/Koeble*, 18.Teil Rn. 9; a.A. OLG Düsseldorf, 10.07.2003, I-5 U 162/02, BauR 2004, 1813.
7 *Werner/Pastor*, Rn. 1708, 1709; OLG Karlsruhe, 28.102004, 17 U 19/01, BauR 2006, 540.
8 BGH, 12.01.2006 VII ZR 73/04, BauR 2006, 717; BGH, 26.11.2009, VII ZR 133/08, BauR 2010, 494.
9 *Baumbach/Lauterbach/Albers/Hartmann*, § 264 Rn. 12; PG/*Geisler*, § 264 Rn. 4; BGH, 16.05.2001/XII ZR 199/98, NJW-RR 2002, 283.
10 PG/*Geisler*, § 264 Rn. 4; BGH, 04.10.1984,VII ZR 162/83, NJW 1985, 1784.
11 PG/*Geisler*, § 264 Rn. 4.
12 BGH, 11.11.2004, VII ZR 128/03, BauR 2005, 400; BGH, 21.02.1985, VII ZR 160/83, NJW 1985, 1840; BGH, 08.12.2005, VII ZR 191/04, BauR 2006, 414; *Kniffka/Koeble*, 18. Teil, Rn. 12.
13 PG/*Geisler*, § 264 Rn. 4; BGH, 25.11.1993, IX ZR 51/93, NJW 1994, 944.
14 PG/*Geisler*, § 263 Rn. 6.
15 PG/*Geisler*, § 264 Rn. 4; siehe hierzu auch § 50 Rdn. 3.
16 *Werner/Pastor*, Rn. 1708.

E. Klageänderung in der Berufungsinstanz

Bei einer **Klageänderung in der Berufungsinstanz** müssen weiterhin die Voraussetzungen der §§ 529, 533 Nr. 2 ZPO geprüft werden (siehe hierzu auch die Kommentierung zu §§ 529 ff.). Die Klageänderung ist zulässig, wenn die Tatsachen, die dem geänderten Antrag zugrunde liegen, im Rechtzug erster Instanz noch nicht geltend gemacht werden konnten.[17] Nach einer Entscheidung des Bundesgerichtshofes[18] ist die Geltendmachung eines Schadensersatzanspruches nach erfolgter Fristsetzung zur Nacherfüllung in der zweiten Instanz unabhängig von den Voraussetzungen des § 531 Abs. 2 ZPO zuzulassen. Unter neuen Angriffs- und Verteidigungsmitteln fällt nur streitiges beweisbedürftiges Vorbringen. Nicht beweisbedürftiges Vorbringen kann der Entscheidung dagegen zugrunde gelegt werden.[19] So kann auch eine in erster Instanz erfolgte Fristsetzung berücksichtigt werden, auch wenn es sich nicht um eine neue Tatsache handelt, sondern dadurch die Rechtslage verändert wird. Hier gilt nichts anderes als bei einem erstmals in zweiter Instanz ausgeübten Gestaltungsrecht oder der Erhebung der Einrede der Verjährung.[20] Bedenken bestehen allerdings, wenn der Kläger mit seinem Mängelbeseitigungsbegehren erstinstanzlich erfolgreich war und mit der Berufung Schadensersatz fordert, nachdem die Voraussetzungen hierfür nunmehr vorliegen. Es liegt dann keine Beschwer durch das erstinstanzliche Urteil vor.[21] Dagegen ist der in erster Instanz mit einem Kostenvorschussanspruch erfolgreiche Kläger nicht gehindert, in zweiter Instanz als Berufungsbeklagter seinen Antrag auf Zurückweisung der Berufung statt auf Kostenvorschuss auf Kostenerstattungsansprüche zu stützen. Wenn der Betrag nicht von dem erstinstanzlich Zuerkannten abweicht, bedarf es hierzu auch nicht einer Anschlussberufung.[22]

(…)

§ 287 Schadensermittlung; Höhe der Forderung

(1) Ist unter den Parteien streitig, ob ein Schaden entstanden sei und wie hoch sich der Schaden oder ein zu ersetzendes Interesse belaufe, so entscheidet hierüber das Gericht unter Würdigung aller Umstände nach freier Überzeugung. Ob und inwieweit eine beantragte Beweisaufnahme oder von Amts wegen die Begutachtung durch Sachverständige anzuordnen sei, bleibt dem Ermessen des Gerichts überlassen. Das Gericht kann den Beweisführer über den Schaden oder das Interesse vernehmen; die Vorschriften des § 452 Abs. 1 Satz 1, Abs. 2 bis 4 gelten entsprechend.

(2) Die Vorschriften des Absatzes 1 Satz 1, 2 sind bei vermögensrechtlichen Streitigkeiten auch in anderen Fällen entsprechend anzuwenden, soweit unter den Parteien die Höhe einer Forderung streitig ist und die vollständige Aufklärung aller hierfür maßgebenden Umstände mit Schwierigkeiten verbunden ist, die zu der Bedeutung des streitigen Teiles der Forderung in keinem Verhältnis stehen.

A. Allgemein

Die Vorschrift wurde aus Gründen der **Prozesswirtschaftlichkeit** geschaffen.[1] Sie ermöglicht es dem Gericht über die Grenzen der Vorschriften des Strengbeweises (§ 286 ZPO) hinaus die Schadenshöhe zu schätzen. Es kann dann, wenn die Mängel noch nicht beseitigt wurden und die

---

17 *Schmalzl/Lauer/Wurm*, Rn. 211; OLG Koblenz, 30.03.2007, 10 U 640/06, IBR 2007, 1358.
18 BGH, 20.05.2009, VIII ZR 247/06, IBR 2009, 487.
19 BGH, 18.11.2004, IX ZR 229/03, NJW 2005, 291.
20 BGH, 20.05.2009, VIII ZR 247/06, IBR 2009, 487 mit Anmerkungen von *Schwenker*.
21 *Kniffka/Koeble*, 18. Teil, Rn. 10.
22 BGH, 12.01.2006, VII ZR 73/04, BauR 2006, 717.
1 *Baumbach/Lauterbach/Albers/Hartmann*, § 287 Rn. 1.

tatsächlichen Kosten für die Beseitigung nicht feststehen, den Schaden unter Würdigung aller Umstände nach freier Überzeugung schätzen.[2] Es müssen jedoch **ausreichende tatsächliche Grundlagen** für eine Schätzung vorhanden sein.[3] Eine Schadensschätzung scheidet daher dann aus, wenn mangels greifbarer Anhaltspunkte eine Schätzung vollkommen in der Luft hängen würde.[4]

B. Schadensersatzansprüche

2   Bei Unsicherheit über die entstehenden Kosten kann nur der Betrag im Wege der Schadensschätzung ausgeurteilt werden, der im Zeitpunkt der mündlichen Verhandlung mit ausreichender Sicherheit anzunehmen ist.[5] Der Besteller hat keinen Anspruch auf einen Überschuss, sodass bei einer Schätzungsbandbreite regelmäßig der untere Betrag ausgeurteilt werden muss.[6] Will der Auftraggeber den Mangel zu geringeren Kosten beseitigen lassen als zu den voraussichtlichen Mängelbeseitigungskosten, dann hat der Besteller in der Regel nur einen Anspruch auf die tatsächlich entstehenden Kosten, wenn die Mängelbeseitigung durch die vorgesehene Maßnahme vertragsgemäß erfolgt.[7] Anders als bei Autoschäden – insoweit ist *Kniffka/Koeble* zuzustimmen – sind bei Bauschäden die Schätzungen von Sachverständigen nämlich von vorneherein mit erheblichen Unsicherheiten behaftet.[8] Nach Auffassung des OLG Hamm ist eine billigere Schadensbeseitigung zugunsten des Schädigers dagegen nur in Ausnahmefällen zu berücksichtigen, nämlich wenn die Schätzung des Sachverständigen nicht dem Marktwert entspricht.[9]

C. Vorschussansprüche

3   Bei **Vorschussansprüchen** ist die Anwendung des § 287 ZPO unproblematisch, da diese später abzurechnen sind.

D. Kostenschätzung bei Behinderung/Bauzeitverzögerung

4   Macht ein Auftragnehmer Schadensersatz geltend wegen Erschwernis oder Behinderung der Bauleistung, dann trägt er die Darlegungs- und Beweislast für alle anspruchsbegründenden Voraussetzungen.[10] Lediglich bei der Frage des Verschuldens liegt die Darlegungs- und Beweislast auf Auftraggeberseite.[11]

I. Haftungsbegründende Kausalität

5   Dies bedeutet, dass der Auftragnehmer zunächst den Verzug mit einer Leistungspflicht des Auftraggebers als Ursache für eine sich daraus ergebende Behinderung bzw. Erschwernis darlegen und beweisen muss und weiterhin den Zusammenhang zwischen Behinderung und dem Auftreten eines bestimmten Schadens.[12]

---

2   *Kniffka/Koeble*, 6. Teil, Rn. 163.
3   *Werner/Pastor*, Rn. 2685.
4   *Werner/Pastor*, Rn. 2685; BGH, 12.10.1993, X ZR 65/92, NJW 1994, 663, 665; BGH, 11.03.2004, VII ZR 339/02, BauR 2004, 1290.
5   *Kniffka/Koeble*, 6. Teil, Rn. 163.
6   *Kniffka/Koeble*, 6. Teil, Rn. 163; BGH, 10.04.2003, VII ZR 251/02, BauR 2003, 1211.
7   *Kniffka/Koeble*, 6. Teil, Rn. 164.
8   *Kniffka/Koeble*, 6.Teil, Rn. 164.
9   OLG Hamm, 06.12.2005, 21 U 66/05, BauR 2006, 704.
10 *Kniffka/Koeble*, 8. Teil, Rn. 48.
11 *Kniffka/Koeble*, 8. Teil, Rn. 48; Ingestau/Korbion/*Döring*, § 6 Abs. 6, Rn. 22.
12 *Kniffka/Koeble*, 8. Teil, Rn. 48; *Werner/Pastor*, Rn. 1821.

Maßstab für den Nachweis des Leistungsverzugs und der sich daraus ergebenden Behinderung ist § 286 ZPO. Hier ist somit der Vollbeweis zu erbringen.[13] Zum Grund des Schadensersatzanspruches gehört auch die Feststellung, dass aus dem geltend gemachten Haftungsgrund ein Schaden entstanden sein kann.[14]

Bei der Darlegung und dem Nachweis der **haftungsbegründenden Kausalität** ergeben sich in der Praxis häufig Schwierigkeiten. Der Auftragnehmer hat nicht nur die Pflichtverletzung zu beweisen, sondern auch die darauf zurückzuführende konkrete Störung. Es muss dargestellt und nachgewiesen werden, wie sich der Bauablauf ohne Störung entwickelt hätte. Vielfach gibt es selbst dann, wenn überhaupt Bauablaufpläne existieren, Änderungen oder vom Auftraggeber nicht zu vertretende Störungen, die bei dem hypothetischen Bauablauf mit berücksichtigt werden müssen.[15]

II. Haftungsausfüllende Kausalität

Geht es um die **haftungsausfüllende Kausalität**, d.h. den Nachweis des Schadens, der aufgrund einer festgestellten Behinderung entstanden ist, ist § 287 ZPO anwendbar.[16] Nicht zur haftungsbegründenden, sondern haftungsausfüllenden Kausalität gehört die Frage, inwieweit eine konkrete Behinderung von bestimmter Dauer zu einer Verlängerung der gesamten Bauzeit geführt hat, weil sich am Ende der Bauzeit Gewerke verzögert haben.[17] § 287 ZPO ist ferner anwendbar, wenn es um die Frage geht, inwieweit verschiedene Behinderungen Einfluss auf eine festgestellte Verlängerung der Gesamtbauzeit hatten.[18]

6

Auch die **Verursachungsanteile** bei Auftraggeber und Auftragnehmer zu vertretenden Verzögerungen (§ 254 BGB) unterliegen der Schätzung nach § 287 ZPO.[19]

Bei einer Schätzung nach § 287 ZPO müssen ausreichende Anhaltspunkte vorgetragen werden, die Grundlage für eine Schätzung bieten können. So ist von dem Auftragnehmer zu verlangen, dass eine aus **mehreren Behinderungen** abgeleitete Bauzeitverlängerung möglichst konkret dargelegt werden muss.[20]

(...)

Titel 2: Urteil

§ 300 Endurteil

(1) Ist der Rechtsstreit zur Endentscheidung reif, so hat das Gericht sie durch Endurteil zu erlassen.

(2) Das Gleiche gilt, wenn von mehreren zum Zwecke gleichzeitiger Verhandlung und Entscheidung verbundenen Prozessen nur der eine zur Endentscheidung reif ist.

Der Prozess wird durch Endurteil entschieden, wenn die Sache entscheidungsreif ist.

1

---

13 *Kniffka/Koeble,* 8. Teil, Rn. 48; BGH, 24.02.2005, VII ZR 225/03, BauR 2005, 861; BGH, 24.02.2005, VII ZR 141/03, BauR 2005, 857; BGH, 20.02.1986, VII ZR 286/84, BauR 1986, 347.
14 *Kniffka/Koeble,* 8. Teil, Rn. 48; BGH, 07.05.2004, V ZR 77/03, BauR 2004, 1772.
15 *Kniffka/Koeble,* 8. Teil, Rn. 49 mit genauen Ausführungen; *Werner/Pastor,* Rn. 1822.
16 *Kniffka/Koeble,* 8. Teil, Rn. 54; BGH, 24.02.2005, VII ZR 225/03, BauR 2005, 861.
17 BGH, 24.02.2005, VII ZR 225/03, BauR 2005, 861.
18 BGH, 24.02.2005, VII ZR 225/03, BauR 2005, 861.
19 BGH, 14.01.1993, VII ZR 185/91, BauR 1993, 600.
20 BGH, 24.02.2005, VII ZR 225/03, BauR 2005, 861.

§ 302 ZPO Vorbehaltsurteil

Wird auf Grundlage einer nicht prüfbaren Architektenhonorarrechnung geklagt, ist der Honoraranspruch nicht fällig. Die Klage ist dann als derzeit nicht begründet abzuweisen.[1] Diese Tenorierung ist nicht zwingend, sie sollte jedoch aus Klarstellungsgesichtspunkten erfolgen.[2] Allerdings reicht es auch, wenn diese Einschränkung sich aus den Entscheidungsgründen ergibt.[3]

2 Liegt der Klage eine prüfbare Honorarrechnung zugrunde oder kann der Einwand mangelnder Prüffähigkeit nicht mehr geltend gemacht werden, weil die zweimonatige Prüfungsfrist abgelaufen ist,[4] dann ist die Honorarrechnung fällig.[5] Es ist dann, insbesondere, wenn die Honorarrechnung nicht prüffähig ist, darauf zu achten, dass der Anspruch schlüssig vorgetragen wird, da ansonsten die Abweisung der Klage als endgültig unbegründet droht.

(...)

§ 302 Vorbehaltsurteil

(1) Hat der Beklagte die Aufrechnung einer Gegenforderung geltend gemacht, so kann, wenn nur die Verhandlung über die Forderung zur Entscheidung reif ist, diese unter Vorbehalt der Entscheidung über die Aufrechnung ergehen.

(2) Enthält das Urteil keinen Vorbehalt, so kann die Ergänzung des Urteils nach Vorschrift des § 321 beantragt werden.

(3) Das Urteil, das unter Vorbehalt der Entscheidung über die Aufrechnung ergeht, ist in Betreff der Rechtsmittel und der Zwangsvollstreckung als Endurteil anzusehen.

(4) In Betreff der Aufrechnung, über welche die Entscheidung vorbehalten ist, bleibt der Rechtsstreit anhängig. Soweit sich in dem weiteren Verfahren ergibt, dass der Anspruch des Klägers unbegründet war, ist das frühere Urteil aufzuheben, der Kläger mit dem Anspruch abzuweisen und über die Kosten anderweit zu entscheiden. Der Kläger ist zum Ersatz des Schadens verpflichtet, der dem Beklagten durch die Vollstreckung des Urteils oder durch eine zur Abwendung der Vollstreckung gemachte Leistung entstanden ist. Der Beklagte kann den Anspruch auf Schadensersatz in dem anhängigen Rechtsstreit geltend machen; wird der Anspruch geltend gemacht, so ist er als zur Zeit der Zahlung oder Leistung rechtshängig geworden anzusehen.

A. Allgemein

1 Die Vorschrift gibt die Möglichkeit den Beklagten zu verurteilen bevor über seine Einwendungen entschieden wird,[1] wenn die Entscheidungsreife zwar über die Klageforderung, nicht aber über die Gegenforderung gegeben ist. Die Vorschrift soll der Beschleunigung bei der Durchsetzung von Forderungen dienen.

B. Entscheidungsreife der Klageforderung

2 Die **Klageforderung,** die in der Regel auf Leistung gerichtet ist, muss **entscheidungsreif** sein. Ist sie lediglich in Bezug auf den Grund entscheidungsreif, kann ein Vorbehaltsurteil dem Grunde nach erlassen werden.[2]

---

1 Thode/Wirth/Kuffer/*Budde*, § 25 Rn. 54; BGH, 27.10.1994, VII ZR 217/93, BauR 1995, 126; BGH, 11.02.1999, VII ZR 399/97, BauR 1999, 635.
2 Thode/Wirth/Kuffer/*Budde*, § 25 Rn. 54; BGH, 28.10.1999, VII ZR 326/98, BauR 2000, 430, 434.
3 BGH, 28.10.1999, VII ZR 326/98, BauR 2000, 430, 434.
4 Siehe insoweit BGH, 27.11.2003, VII ZR 288/02, BauR 2004, 316.
5 BGH, 27.11.2003, VII ZR 288/02, BauR 2004, 316.
1 Zöller/*Vollkommer*, § 302 Rn. 1.
2 Baumbach/Lauterbach/Albers/*Hartmann*, § 302 Rn. 7; Zöller/*Vollkommer*, § 302 Rn. 2.

C. Gegenforderung

Zu den **Gegenforderungen**, die geltend gemacht werden können, gehört die Aufrechnung sowie die Eventualaufrechnung.[3] Forderungen und Gegenforderungen können aus unterschiedlichen oder aus demselben Rechtsverhältnis stammen.[4] Das Vorbehaltsurteil kommt daher bei Klagen auf Werklohn und Architekten- bzw. Ingenieurhonorarforderungen in Betracht, aber auch bei Schadensersatzklagen des Auftraggebers, zum Beispiel, wenn der Architekt oder der Ingenieur mit seiner Honorarforderung aufrechnet. Der Rechtsstreit bleibt dann wegen der zur Aufrechnung gestellten Architektenhonorarforderung weiter anhängig.[5]

3

Die Gegenforderung darf nicht entscheidungsreif sein. Ein Vorbehaltsurteil darf daher nicht ergehen, wenn feststeht, dass die Aufrechnung unzulässig oder unbegründet ist.[6]

D. Ermessen des Gerichts

Der Erlass eines Vorbehaltsurteils steht im **Ermessen** des Gerichts.[7]

4

Handelt es sich bei der zur Aufrechnung gestellten Gegenforderung um eine solche aus demselben Rechtsverhältnis, so sind dem Ermessen enge Grenzen gesetzt.

5

I. Werkvertrag

Der Erlass eines Vorbehaltsurteils bei **Werklohnklagen** wurde in solchen Fällen vielfach abgelehnt mit der Begründung, dass kein Aufrechnungsverhältnis, sondern ein Verrechnungsverhältnis vorläge, wenn Schadensersatzansprüche wegen Mängeln des Bauvorhabens von Auftraggeberseite geltend gemacht werden.[8] Es fehle in diesen Fällen gerade an einer selbständigen Gegenforderung. Diese Begründung lässt sich jedoch nach dem Urteil des Bundesgerichtshofes vom 23.06.2005[9] nicht mehr aufrecht erhalten. Danach ist von einer Aufrechnung und nicht Verrechnung auszugehen, soweit es nicht den großen Schadensersatzanspruch betrifft. Dennoch hält der Bundesgerichtshof den Erlass eines Vorbehaltsurteils bei Werklohnklagen für ermessensfehlerhaft und daher unzulässig, wenn der Bauherr mit Mängelbeseitigungskosten oder Fertigstellungskosten aufrechnet.[10] Das Vorbehaltsurteil führt zu einer vorübergehenden Aussetzung der Wirkung einer materiell-rechtlich begründeten Aufrechnung. Das hat zur Folge, dass der Kläger einen Titel über eine Forderung erhält, die tatsächlich in Folge der Aufrechnung nicht besteht. Diese Wirkung ist grundsätzlich nicht gerechtfertigt, wenn der Besteller gegenüber einer Werklohnforderung mit Ansprüchen aufrechnet, die dazu dienen, das durch den Vertrag geschaffene Äquivalenzverhältnis von Leistung und Gegenleistung herzustellen. Diese synallagmatische Verknüpfung findet zunächst ihren Ausdruck in einem Leistungsverweigerungsrecht des Bestellers im Falle mangelhafter Leistung. In diesen Fällen ist eine Durchsetzung der Werklohnforderung mittels Vorbehaltsurteils nicht möglich. Es ist daher nicht hinnehmbar, wenn bei der Aufrechnung mit Mängelbeseitigungskosten bzw. Fertigstellungskosten etwas anderes gelten würde. Deshalb sei ein Vorbehaltsurteil grundsätzlich ausgeschlossen, wenn der Besteller gegenüber der Werklohnforderung mit einem Anspruch auf Ersatz der Kosten der Mängelbeseitigung oder Fertigstellung aus demselben

6

---

3 Zöller/*Vollkommer*, § 302, Rn. 3.
4 Zöller/*Vollkommer*, § 302, Rn. 3; *Kniffka/Koeble*, 12. Teil, Rn. 387.
5 OLG Dresden, 01.07.2008, 10 U 736/07 IBR 2008, 661.
6 Zöller/*Vollkommer*, § 302 Rn. 5.
7 *Baumbach/Lauterbach/Albers/Hartmann*, § 302 Rn. 9; Zöller/*Vollkommer*, § 302 Rn. 6.
8 OLG Hamm, 04.12.2003, 24 U 34/03, BauR 2005, 1344; OLG Celle, 17.03.2005, 14 U 76/08, NJW-RR 2005, 654; OLG Koblenz, 10.01.2002, 2 U 825/01, BauR 2002, 1124; OLG Oldenburg, 25.02.2003, 2 U 232/02, BauR 2003, 1079; OLG Hamm, 31.07.2003, 17 U 8/03, BauR 2003, 1746.
9 BGH, 23.07.2005, VII ZR 197/03, BauR 2005, 1477.
10 BGH, 24.11.2005, VII ZR 304/04, BauR 2006, 411; so auch OLG Düsseldorf, 23.06.2009, I-23 U 140/08.

Vertrag aufrechnet. Nur in den Grenzen eines eng gesteckten Ermessens ist eine Ausnahme möglich und zwar dann, wenn auf der Grundlage des gesamten Streitstoffes nach Einschätzung des Gerichts die Gegenansprüche nur geringe Aussichten auf Erfolg haben und es unter Berücksichtigung der beiderseitigen Interessen und der voraussichtlichen Dauer des Verfahrens angezeigt ist, dem Unternehmer durch einen Titel die Möglichkeit zu eröffnen, sich sofortige Liquidität zu verschaffen.[11]

In der Regel hat somit der Auftragnehmer keinen Anspruch auf einen schnellen Titel, wenn er mangelhaft geleistet hat.[12]

7 Etwas anderes kann gelten, wenn es um die Aufrechnung mit Forderungen geht, die **nicht im Synallagma** stehen, beispielsweise Mangelfolgeschäden, die unabhängig von einer Nachbesserung eintreten[13] oder wegen Schäden aufgrund von Behinderungen.[14] Hierfür gelten die obigen einschränkenden Grundsätze nicht.

II. Architekten- und Ingenieurverträge

8 Bei **Architekten- und Ingenieurverträgen** kommt dem Vorbehaltsurteil eine andere Bedeutung bei als bei Werkunternehmerklagen, da der Architekt/Ingenieur in der Regel nicht auf Nachbesserung, sondern nur auf Schadensersatz haftet.[15]

Für den Fall, dass Architektenhonorar eingeklagt wird und der Bauherr wegen Mängeln Schadensersatzansprüche zur Aufrechnung stellt, wird überwiegend die Meinung vertreten, dass grundsätzlich ein Vorbehaltsurteil ergehen kann.[16] Anders sieht dies das Oberlandesgericht Schleswig.[17] Ein Vorbehaltsurteil über Honoraransprüche soll nicht in Betracht kommen, wenn Schadensersatzansprüche aus demselben Bauvorhaben geltend gemacht werden. Ausnahmsweise kann das Gericht dennoch im Rahmen seines Ermessens ein Vorbehaltsurteil erlassen, wenn die geltend gemachten Gegenansprüche geringe Aussichten auf Erfolg haben.

Geht man mit der h.M. von der Möglichkeit des Erlasses eines Vorbehaltsurteils aus, so ist im Rahmen der Ermessensabwägung zu prüfen inwieweit der Architekt ein Interesse an einer zügigen Entscheidung über seinen entscheidungsreifen Anspruch hat. Eine hohe Vergütungsforderung, die ersichtliche dem Lebensunterhalt des Architekten dient, kann Anlass für den Erlass eines Vorbehaltsurteils sein.[18]

E. Wirkung des Vorbehaltsurteils

9 Das Gericht ist an das rechtskräftige Vorbehaltsurteil gebunden und zwar insoweit als über die Zulässigkeit der Aufrechnungsforderung entschieden wurde.[19] Das Vorbehaltsurteil ist selbstständig mit dem Rechtsmittel angreifbar.[20]

---

11 Zustimmend hierzu *Kniffka/Koeble*, 12. Teil, Rn. 387.
12 *Kessen*, BauR 2005, 1691, 1695.
13 BGH, 27.09.2007, VII ZR 80/05, NJW-RR 2008, 31.
14 OLG Düsseldorf, 23.06.2009, I-23 U 140/08.
15 OLG Düsseldorf, 19.12.2000, 21 U 38/00, BauR 2001, 290; Kuffer/Wirth/*Neumeister*, 10. Kap. D, Rn. 326; *Kniffka/Koeble*, 12.Teil, Rn. 387; OLG Düsseldorf, 23.06.2009 – I-23 U 140/08.
16 *Kniffka/Koeble*, 12. Teil, Rn. 387; OLG Düsseldorf, 19.12.2000, 21 U 38/00, BauR 2001, 290; OLG Düsseldorf, 17.08.2001, 22 U 223/00, BauR 2002, 510; OLG Hamburg, 08.06.2001, 12 U 8/97, BauR 2002, 514.
17 26.01.2007, 1 U 101/06, BauR 2007, 1925.
18 OLG Düsseldorf, 23.06.2009 – I-23 U 140/08.
19 Zöller/*Vollkommer*, § 302 Rn. 7.
20 Zöller/*Vollkommer*, § 302 Rn. 7.

F. Nachverfahren

Das **Nachverfahren** kann schon vor Rechtskraft des Vorbehalturteils beginnen. Im Nachverfahren kann die Klage erweitert werden. Wenn neue Einwendungen entstanden sind, kann die Klageforderung auch angegriffen werden.[21]

Das Vorbehaltsurteil ist auflösend bedingt abhängig von der Entscheidung im Nachverfahren.[22] Wird das nicht rechtskräftige Vorbehaltsurteil im Rechtsmittelverfahren aufgehoben, weil die Klageforderung nicht gegeben ist, dann wird auch ein rechtkräftiges Schlussurteil wirkungslos.[23]

(…)

§ 416 Beweiskraft von Privaturkunden

Privaturkunden begründen, sofern sie von den Ausstellern unterschrieben oder mittels notariell beglaubigten Handzeichens unterzeichnet sind, vollen Beweis dafür, dass die in ihnen enthaltenen Erklärungen von den Ausstellern abgegeben sind.

Eine **Urkunde** ist die schriftliche Verkörperung eines Gedankens in Abgrenzung zum Augenschein (§ 371 ZPO), der auf die Sinneswahrnehmung der Personen oder Sache abstellt.[1] Fotos sind keine Urkunden, sondern Objekte des Augenscheins.[2]

Bei Vorlage von **Bauzeichnungen** ist es fraglich, ob es sich um Urkunden oder Augenscheinsbeweis handelt.[3] Laut *Pastor*[4] sind Urkunden im Sinne des § 415 ff. Bauverträge, Zeichnungen, Übergabeprotokolle, statistische Berechnungen, Stundenlohnzettel etc. sowie die Gesamtheit des privaten Schriftwechsels.

Auch **Privatgutachten** können im Wege des Urkundsbeweises verwertet werden.[5] Diese stellen zudem Parteivortrag dar.[6] Grundsätzlich ersetzt aber sonst die Vorlage von Urkunden keinen substantiierten Sachvortrag.[7]

Die Urkunden erbringen vollen Beweis für die Abgabe der beurkundeten Erklärung. Kein Beweis erbringen sie für die inhaltliche Richtigkeit.[8]

(…)

---

21 Zöller/*Vollkommer*, § 302 Rn. 7.
22 Zöller/*Vollkommer*, § 302 Rn. 15.
23 Zöller/*Vollkommer*, § 302 Rn. 15.
1 *Baumbach/Lauterbach/Albers/Hartmann*, Übersicht § 415, Rn. 4; Zöller/*Geimer*, vor § 415, Rn. 2.
2 Zöller/*Geimer*, vor § 415, Rn. 2; *Baumbach/Lauterbach/Albers/Hartmann*, Übersicht § 415, Rn. 6.
3 So OLG Hamm, 03.10.1983, 6 UF 336/82, Juristisches Büro 1984, 401; a.A. *Werner/Pastor*, Rn. 2630.
4 *Werner/Pastor*, Rn. 2630.
5 *Kniffka/Koeble*, 20. Teil, Rn. 33; *Werner/Pastor*, Rn. 151; a.A. *Werner/Pastor*, Rn. 2633.
6 Werner Pastor, Rn. 2633; *Kniffka/Koeble*, 20. Teil, Rn. 33; BGH, 10.12.1991, VI ZR 234/90, NJW 1992, 1459; BGH, 05.05.1986, III ZR 233/84, NJW 1986, 3077, 3079.
7 *Kniffka/Koeble*, 20. Teil, Rn. 21.
8 Zöller/*Geimer*, § 415 Rn. 5.

Vor. zu §§ 485 ff. ZPO

Titel 12: Selbständiges Beweisverfahren

Vor. zu §§ 485 ff.

Übersicht

	Rdn.			Rdn.
A.	Einleitung	1	II. Nachteile eines derartigen selbständigen Beweisverfahrens	19
B.	Privatsachverständiger	3	D. Schiedsgutachten	22
C.	Sachverständiger im selbständigen Beweisverfahren	13		
I.	Vorteile der Einleitung eines selbständigen Beweisverfahrens	14		

A. Einleitung

1 Für den Baujuristen hat das selbständige Beweisverfahren eine große **Bedeutung**, werden doch die meisten größeren Bauprozesse durch ein derartiges Verfahren vorbereitet. Der Fachanwalt für Bau- und Architektenrecht hat sich daher im Rahmen nahezu jeder Auseinandersetzung, wenn ihm die Entscheidungsnotwendigkeit nicht dadurch abgenommen wird, dass bereits die Gegenseite oder ein anderer Beteiligter dieses Verfahren einleitet, die Frage zu stellen, ob er seinem Mandanten nicht anraten sollte oder sogar muß, ein derartiges Verfahren einzuleiten oder aber – im Gegenteil – von einem derartigen Verfahren dringlich Abstand zu nehmen. Letztlich wird ihm diese notwendige Beratung auch nicht in den Fällen abgenommen, in denen bereits durch andere Beteiligte ein derartiges Verfahren begonnen wurde. Auch in diesen Fällen bleibt nämlich die Notwendigkeit, darüber nachzudenken, ob es angesichts des bereits eingeleiteten selbständigen Beweisverfahrens genügt, sich auf die Passivrolle in diesem Verfahren zu beschränken, oder ob es nicht aus anwaltlicher Vorsorge zu bedenken gilt, ob nicht – wie häufig – zusätzlich eine aktive Rolle in diesem oder gegebenenfalls einem parallel dazu einzuleitenden Verfahren dringlich geboten ist.

2 Die **wesentlichen Gründe**, über die Einleitung eines selbständigen Beweisverfahrens nachzudenken, bzw. in einem bereits von anderer Seite eingeleiteten Beweisverfahren eigenständige Beweissicherungsschritte zu erwägen, sind, dass die Ursachen eines sichtbar gewordenen Baumangels unklar bzw. zwischen den Beteiligten streitig sind und damit auch die zuzuordnenden Verantwortlichkeiten für diesen Baumangel, Maßnahmen zur Beseitigung des Mangels, die vorherige Beweissicherungsmaßnahmen notwendig machen, kurzfristig ergriffen werden müssen, bzw. bei Erkennen des Mangels bereits lange Zeiträume seit der Abnahme der Leistungen verstrichen sind und deshalb eine Verjährung von Ansprüchen droht. Der Fachanwalt hat in diesen Fällen die Auswahl zwischen **verschiedenen Handlungsalternativen:**

B. Privatsachverständiger

3 Er kann seinem Mandanten zunächst anraten, einen **Privatsachverständigen** zu beauftragen, die Ursachen und Verantwortlichkeiten für den Baumangel zu klären.

4 **Vorteile** dieser Lösungsmöglichkeit sind:

5 Dem Privatsachverständigen müssen vorab keine konkreten Fragen – anders als im Rahmen eines selbständigen Beweisverfahrens – gestellt werden. Vielmehr ermittelt der Privatsachverständige eigenständig in alle ihm naheliegend erscheinenden Richtungen (Ausforschung). Dies ist vor allem dann von Bedeutung, wenn der vom Baumangel Betroffene nur unzureichend die Situation einschätzen kann und deshalb überfordert ist, wenn er den lediglich undeutlich wahrgenommenen Tatbestand hinterfragen soll.

6 Der Privatsachverständige ist auf Wunsch zumeist kurzfristig verfügbar. Dies spielt immer dann eine entscheidende Rolle, wenn der vorhandene, zu untersuchende Zustand umgehend beseitigt werden soll oder wegen drohender Gefahr sogar muß.

Nachteile der Einschaltung eines Privatsachverständigen sind: 7

Dem Privatsachverständigen wird im Regelfall die Neutralität und Unvoreingenommenheit abgesprochen, die einem gerichtlich beauftragten Sachverständigen wie selbstverständlich zugestanden wird. 8

Diesem Bedenken kann in weiten Teilen dadurch begegnet werden, dass ein Privatsachverständiger gewählt wird, der amtlich bestellt und vereidigt ist und der damit einen Eid auf seine Neutralität bei der Bewertung fachlicher Sachverhalte abgelegt hat. Soweit der Mandant im Gegensatz dazu einen ihm geschäftlich oder privat verbundenen Sachverständigen wählen möchte, ist er dringlich auf die Risiken eines derartigen Vorgehens – eventuelle Unverwertbarkeit des Gutachtens – hinzuweisen. 9

Erfahrungsgemäß nehmen Privatsachverständige, zumal wenn sie aufgrund ihrer Kompetenz gefragt sind und eine eilige Begutachtung von Nöten ist, bei privater Beauftragung höhere Stundensätze als ihnen in gerichtlichen Beweisverfahren zugestanden werden. Darauf ist der Mandant aufmerksam zu machen. Er muß daraufhin abwägen, was ihm eine prompte Erledigung des Auftrages wert ist. 10

Durch die Beauftragung eines Privatsachverständigen werden laufende Verjährungsfristen nicht gehemmt. Dies ist, wenn es auf diesen Gesichtspunkt entscheidend ankommt, der größte Nachteil der Beauftragung eines Privatsachverständigen. 11

Zwar ist es denkbar, diesen Nachteil dadurch zu kompensieren, dass mit der bzw. den Gegenseiten ein vorübergehender Verjährungsverzicht vereinbart wird. Für den Anwalt besteht in diesem Fall allerdings nicht nur das Problem, eine wirksame Verjährungsverzichtserklärung zu entwerfen. Vielmehr muß er zumeist sehr kurzfristig eine einvernehmliche Regelung unter allen Beteiligten zustande bringen. Dies wird ihm häufig – zumal bei vielen Beteiligten – nicht gelingen. 12

C. Sachverständiger im selbständigen Beweisverfahren

Rät der Fachanwalt seinem Mandanten stattdessen, einen Sachverständigen im Rahmen eines **selbständigen Beweisverfahrens** eine Begutachtung vornehmen zu lassen, hat er folgendes zu bedenken. 13

I. Vorteile der Einleitung eines selbständigen Beweisverfahrens

Fristen werden in diesem Fall unmittelbar mit Einreichung des Antrages – bei nachfolgender demnächstiger Zustellung des Antrags beim Antragsgegner (vom Anwalt zu kontrollieren) – **gehemmt** (§ 167 ZPO). Die Hemmung der Verjährung erstreckt sich auf Ansprüche aller Art (§ 204 Abs. 1 Nr. 7 BGB), betreffend alle Mängel, die mit dem im Antrag beschriebenen Erscheinungsbild zusammenhängen (Symptom-Rechtsprechung des Bundesgerichtshofes).[1] Sie wirkt allerdings nur im Verhältnis des Berechtigten zum Verpflichteten. Die Beantragung des selbständigen Beweisverfahrens wegen eigener Ansprüche hemmt daher nicht die Verjährung von Ansprüchen aus abgetretenem Recht und umgekehrt.[2] Wird die Berechtigung erst nachträglich erworben, tritt die Hemmungswirkung erst zu diesem Zeitpunkt ein.[3] Angesichts der zwischenzeitlich anerkannten Parteifähigkeit der BGB-Gesellschaft,[4] reicht die Beantragung durch diese bzw. gegen diese aus; dies gilt auch für die Wohnungseigentümergemeinschaft.[5] 14

---

1 BGH, BauR 1989, 79; BauR 2000, 261.
2 BGH, NJW 2008, 519 Tz. 28 (522).
3 BGH, BauR 1993, 473; OLG Düsseldorf, NJW-RR 1994, 1046; OLG Köln, BauR 1995, 702.
4 BGH, BauR 2001, 775.
5 Zu den Besonderheiten bei der Wohnungseigentümergemeinschaft siehe *Kniffka/Koble*, 2. Teil Rn. 137.

15 Nachdem der Bundesgerichtshof entschieden hat, dass auch im selbständigen Beweisverfahren die **Streitverkündung** zulässig ist und verjährungshemmende Wirkung entfaltet,[6] ist sowohl für den Antragsteller als auch für den Antragsgegner die Möglichkeit gegeben, im Wege der Streitverkündung weitere Beteiligte, die augenblicklich noch nicht primär als Verantwortliche erkannt worden sind, dies aber zukünftig werden könnten, in das Verfahren verjährungshemmend miteinzubeziehen.

16 Bei Vereinbarung einer Entscheidung im Streitfalle durch ein Schiedsgericht ist die Einleitung eines selbständigen Beweisverfahrens häufig die einzige Möglichkeit, verjährungshemmend gegenüber Dritten tätig zu werden, da im Schiedsverfahren die Möglichkeit der Streitverkündung grundsätzlich ausscheidet. Häufig bleibt in der Schiedsgerichtsvereinbarung ausdrücklich die Durchführung eines selbständigen Beweisverfahrens vorbehalten. Im übrigen soll die Möglichkeit der Durchführung eines selbständigen Beweisverfahrens bei einer Schiedsgerichtsvereinbarung grundsätzlich gegeben sein.[7]

17 Das im selbständigen Beweisverfahren eingeholte Gutachten steht einem im Hauptverfahren eingeholten Gutachten gleich (siehe § 493 ZPO), wenn auch nicht mit der vielfach zu Unrecht angenommenen Konsequenz, dass es im nachfolgenden Hauptsacheprozess nicht mehr angegriffen werden kann.

18 Soweit nach der gesetzlichen Vorstellung (siehe § 485 Abs. 2 S. 2 ZPO) das selbständige Beweisverfahren der gütlichen Beilegung der Streitigkeit zwischen den Beteiligten dienen soll, zeigt die Praxis leider, dass dies nur selten – und sodann zumeist auch nur bei einfacheren Sachverhalten mit wenigen Beteiligten – gelingt. Grund dafür ist, dass durch die fachliche und juristische Diskussion in einem derartigen Verfahren, ausgelöst durch das vorgelegte Gutachten – zumal dann, wenn der Sachverständige schwach oder sogar unfähig ist –, die Streitigkeit zwischen den Parteien eher weiter entfacht statt eingedämmt wird.

II. Nachteile eines derartigen selbständigen Beweisverfahrens

19 Da die Gerichte derartige Verfahren im Regelfalle entgegen den gesetzlichen Vorgaben nicht als Eilverfahren behandeln, dauert es bis zur Beauftragung des Sachverständigen und Versendung der Gerichtsakte an diesen häufig sehr lange. Daraufhin verschiebt sich der für den Antragsteller häufig entscheidende, vom Sachverständigen anzuberaumende Ortstermin – erst danach ist frühestens eine Veränderung des tatsächlichen Zustands möglich – weit nach hinten. Werden sodann auch noch durch den Antragsgegner bzw. bei Unzufriedenheit mit dem Gutachter gezwungenermaßen auch durch den Antragsteller bzw. weitere Beteiligte nach Vorlage des Gutachtens umfängliche zusätzliche Fragen gestellt, die gegebenenfalls eine erneute Anberaumung eines Ortstermins erforderlich machen, ist der Antragsteller monate-, gegebenenfalls auch jahrelang daran gehindert, den Mangelzustand zu beseitigen, um nicht notwendige Beweismittel zu vernichten. Bei akutem Beweissicherungsbedarf scheidet aus diesen Gründen das selbständige Beweisverfahren **wegen langer Verfahrensdauer** von vornherein aus.

20 Zu beobachten ist zudem, dass selbständige Beweisverfahren nach und nach – zumal bei Beteiligung vieler – ein Eigenleben entfalten, das dazu führt, dass zunehmend nicht mehr die tatsächlichen Fakten unter fachlichen Gesichtspunkten im Vordergrund stehen, sondern vielmehr die Hinterfragung juristischer Verantwortlichkeiten. Dadurch wird wertvolle Zeit ebenso wie Geld vergeudet, ohne dass dies den Parteien weiterhilft. Über die juristischen Verantwortlichkeiten wird nun einmal erst im nachfolgenden Hauptsacheprozess entschieden und in diesem ist das Gericht keinesfalls an juristische Voreinschätzungen im Sachverständigengutachten gebunden, wenngleich

---

6 Siehe BGH, BauR 1997, 347.
7 OLG Koblenz, BauR 1999, 1055; OLG Frankfurt, BauR 1993, 504.

nicht zu verkennen ist, dass die Instanzgerichte derartige Wertungen aus dem Gutachten nur zu gerne übernehmen.

Selbständige Beweisverfahren, die der Klärung von fachlichen Gegebenheiten und Ursachen dienen sollen, werden auf diesem Wege zum Diskussionsforum, ohne dass dies dem Antragsteller, der zumeist an einer möglichst kurzfristigen sachlichen Klärung interessiert ist, dient. Auch dies ist vom Anwalt bereits zu berücksichtigen, wenn er zur Einleitung eines selbständigen Beweisverfahrens raten möchte. 21

D. Schiedsgutachten

Alternativ zum Privatsachverständigengutachten bzw. dem Gutachten im selbständigen Beweisverfahren ist zur Klärung der Ursachen von Baumängeln auch die Vereinbarung eines **Schiedsgutachtens** denkbar. 22

Vorteil eines Schiedsgutachtens ist, dass nicht – wie vorstehend für das Privatsachverständigengutachten aufgezeigt – die Kompetenz des Sachverständigen nachträglich in Frage gestellt werden kann; schließlich haben die Parteien sich auf diesen vorab einvernehmlich verständigt. Außerdem gibt es – anders als bei einem im Rahmen eines selbständigen Beweisverfahrens eingeholten Gutachtens – keine ausufernde Diskussionen über die Ergebnisse der gutachterlichen Äußerungen. Vielmehr beschränkt das Gesetz die Angriffsmöglichkeiten gegen ein Schiedsgutachten auf offenbare Unrichtigkeiten (siehe § 319 Abs. 1 BGB). Für den Anwalt folgt aus dieser Bindungswirkung des Schiedsgutachtens allerdings die Verpflichtung, seinem Mandanten vorab – sei es bei der Aufnahme einer Schiedsgutachtenklausel in den Vertrag,[8] sei es im Falle einer nachträglichen Schiedsgutachten-Vereinbarung – auf diese Konsequenzen und damit verbundenen Risiken – insbesondere im Falle vorher nicht erkannter Unfähigkeit bzw. Unwilligkeit des Sachverständigen – deutlich hinzuweisen. Ist diese Bindungswirkung nicht gewünscht, verbleibt nur die Möglichkeit eines gemeinsam einzuholenden Sachverständigengutachtens, das allerdings sodann von den Parteien vielfältig angegriffen werden kann. 23

Nachteile einer Schiedsgutachtenvereinbarung zur Klärung von Baumängeln/Beweissicherung sind – korrespondierend zum Privatsachverständigengutachten –, dass Streitverkündungen entfallen und damit eine Bindungswirkung an das Gutachten im Verhältnis zu Dritten auf diesem Wege ebenso wenig herbeigeführt werden kann wie eine Verjährungshemmung diesen gegenüber. Im Verhältnis der Parteien der Schiedsgutachtenvereinbarung tritt eine verjährungshemmende Wirkung gemäß § 204 Abs. 1 Nr. 8 BGB ein. 24

Der mit der Notwendigkeit der Feststellung der Ursachen von Baumängeln und Verantwortlichkeiten in Kenntnis kurzer Fristen – 3 Jahre im Falle des Gesamtschuldnerausgleichs; 4 Jahre im Falle eines wirksam vereinbarten VOB-Vertrages und im übrigen im Regelfall 5 Jahre – konfrontierte Fachanwalt wird – fußend auf den vorstehenden Darlegungen – zur Einleitung eines selbständigen Beweisverfahrens immer dann raten, wenn Verjährungsgesichtspunkte eine Rolle spielen und Dritte mit in die Feststellungen einbezogen werden müssen (Streitverkündung). Er wird von einem derartigen Verfahren Abstand nehmen, wenn die Ursachen und Wirkungszusammenhänge noch so undurchsichtig sind, dass sie von einem Laien noch nicht sinnvoll dargestellt werden können, und stattdessen in diesen Fällen zu einem ausforschenden Privatsachverständigengutachten raten. Ein solches ist zwangsläufig die einzige Lösung, wenn der Mangel zügig beseitigt werden soll oder muß. 25

Spielen zeitliche Gesichtspunkte hingegen keine entscheidende Rolle, wird der Anwalt eher an eine einvernehmliche Gutachteneinholung denken, dabei allerdings die strengen Folgen eines Schiedsgutachtens zu bedenken haben. Sind die Mängel hingegen eindeutig, steht nur die Frage im Raum, wer sie zu vertreten hat, wird es sich – um die Angelegenheit nicht unnötig zu ver- 26

---

[8] Zum Formulierungsvorschlag siehe Kleine-Möller/Merl, § 2 Rn. 472.

zögern und zu verteuern – zumeist anbieten, sofort das streitige Verfahren vor Gericht anzugehen, weil nur dieses im Ergebnis unter Wertung der Gesamtumstände die entscheidende juristische Beurteilung der Verantwortlichkeiten vornehmen kann.

§ 485 Zulässigkeit

(1) Während oder außerhalb eines Streitverfahrens kann auf Antrag einer Partei die Einnahme des Augenscheins, die Vernehmung von Zeugen oder die Begutachtung durch einen Sachverständigen angeordnet werden, wenn der Gegner zustimmt oder zu besorgen ist, dass das Beweismittel verloren geht oder seine Benutzung erschwert wird.

(2) Ist ein Rechtsstreit noch nicht anhängig, kann eine Partei die schriftliche Begutachtung durch einen Sachverständigen beantragen, wenn sie ein rechtliches Interesse daran hat, dass
1. der Zustand einer Person oder der Zustand oder Wert einer Sache,
2. die Ursache eines Personenschadens, Sachschadens oder Sachmangels,
3. der Aufwand für die Beseitigung eines Personenschadens, Sachschadens oder Sachmangels

festgestellt wird. Ein rechtliches Interesse ist anzunehmen, wenn die Feststellung der Vermeidung eines Rechtsstreits dienen kann.

(3) Soweit eine Begutachtung bereits gerichtlich angeordnet worden ist, findet eine neue Begutachtung nur statt, wenn die Voraussetzungen des § 412 erfüllt sind.

Übersicht	Rdn.		Rdn.
A. Einleitung	1	I. Rechtliches Interesse des Antragstellers	12
B. Zustimmung des Antragsgegners	3	II. Sonstige Zulässigkeitsvoraussetzungen	15
C. Drohender Verlust des Beweismittels	6	III. Antragsinhalt	16
D. Feststellungsverfahren	11		

A. Einleitung

1 Es gibt drei Arten des selbständigen Beweisverfahrens. In der Praxis wird insoweit häufig nicht deutlich genug bei Antragstellung unterschieden:
– selbständiges Beweisverfahren mit Zustimmung des Antragsgegners, § 485 Abs. 1 ZPO
– selbständiges Beweisverfahren bei drohendem Verlust des Beweismittels, § 485 Abs. 1 ZPO
– selbständiges Beweisverfahren zur Feststellung, § 485 Abs. 2 ZPO

2 Der eindeutige Schwerpunkt liegt in der Praxis beim sog. Feststellungsverfahren (§ 485 Abs. 2 ZPO), zumal die Voraussetzungen zur Einleitung eines selbständigen Beweisverfahrens bei dieser Verfahrensart am unkompliziertesten zu erfüllen sind.

B. Zustimmung des Antragsgegners

3 Die in der Praxis verbreitete Vorsicht von Anwälten, eine **Zustimmung** zum Verfahren zu erklären, hat ihren Grund darin, dass zumindest die Instanzgerichte, wenn sie sich mit der Einordnung gutachterlicher Ausführungen überfordert fühlen, gerne jedes Argument aufgreifen, das es ihnen ermöglicht, Einwendungen der Gegenseite gegen ein eingeholtes Gutachten zurückzuweisen. Die vorher erteilte Zustimmung zur Durchführung des selbständigen Beweisverfahrens und gegebenenfalls das darüber hinausgehend noch erklärte Einverständnis mit der Begutachtung durch einen bestimmten Sachverständigen bieten in diesem Zusammenhang den Gerichten häufig willkommene – vom Anwalt des Antragsgegners gerade nicht beabsichtigte – Ansatzpunkte.

4 Außerdem wird in diesem Zusammenhang zu wenig differenziert, ob der Antragsgegner die Zustimmung lediglich beschränkt darauf erteilt, dass überhaupt ein selbständiges Beweisverfahren eingeleitet wird, oder sich aber seine Zustimmung weitergehend auch auf die konkrete Art der

Fragestellung sowie deren Inhalt und Umfang erstreckt. Nur im letzten Fall gilt, dass bei Einverständnis des Antragsgegners mit der Beweissicherung alle Fragen – auch solche, die im Rahmen der weiteren Arten des selbständigen Beweisverfahrens nicht zulässig sind – gestellt werden können.

Das Einverständnis muß als **Prozesshandlung** dem Gericht gegenüber erklärt werden. Es ist nach herrschender Meinung unwiderruflich und nicht anfechtbar.[1] Eine Glaubhaftmachung (§ 294 ZPO) soll ausreichend sein.[2] Dies ist im Hinblick darauf, dass es entscheidend auf den Umfang der Zustimmungserklärung ankommt (siehe dazu vorstehend Rdn. 4) bedenklich. 5

C. Drohender Verlust des Beweismittels

Wird das Beweisverfahren wegen **drohenden Verlustes des Beweismittels** eingeleitet – in diesem Fall ist wie bei der Beweissicherung mit Zustimmung des Antragsgegners neben der Begutachtung durch einen Sachverständigen als Beweismittel auch Augenschein und Zeugenvernehmung möglich (in der Baupraxis allerdings nicht einschlägig) –, so ist neben den allgemeinen Zulässigkeitsvoraussetzungen (siehe dazu im einzelnen nachfolgend unter D.) als weitere besondere Voraussetzung eine »Veränderung« des zu begutachtenden Gegenstandes notwendig. Neben tatsächlichen Umständen sind hier auch rechtlich verändernde Umstände denkbar, gegebenenfalls auch der drohende Eintritt der Verjährung.[3] Das Gericht entscheidet nach freiem Ermessen. 6

In Bausachen sind Gründe für die Gefahr des Beweismittelverlustes zumeist fortschreitende Bauarbeiten, die die Begutachtung im fraglichen Bereich für die Zukunft verhindern bzw. deutlich erschweren und die dringende Notwendigkeit der Ausführung von Mängelbeseitigungsarbeiten mit der Folge der Veränderung bzw. Vernichtung des tatsächlichen Zustands. Zumeist wird in diesen Fällen von vornherein von der Einleitung eines selbständigen Beweisverfahrens abgesehen werden müssen, weil eine kurzfristige Begutachtung im Rahmen des selbständigen Beweisverfahrens nicht sicher erreicht werden kann (siehe dazu auch Vorbemerkung Rdn. 19). Im übrigen wird in diesem Zusammenhang für den Antragsteller erschwerend streitig diskutiert, inwieweit es dem Antragsteller zumutbar ist, das Beweismittel noch längerfristig vorzuhalten. Bei der vom Gericht vorzunehmenden Bewertung ist das anerkennenswerte Interesse des Antragstellers nach der hier vertretenen Ansicht vorrangig. Grenze der Berücksichtigung dieses Interesses des Antragstellers ist ein rechtsmissbräuchliches Verhalten des Antragstellers.[4] Jedenfalls kann dem Antragsteller nicht zugemutet werden, den Beweisgegenstand im vertragswidrigen Zustand bis zu einem sich anschließenden Mängelprozess vorzuhalten.[5] 7

Umstritten ist, ob sich der Antrag auf Beweissicherung bei drohendem Beweismittelverlust (§ 485 Abs. 1 ZPO) neben der Feststellung der Mängel und der Mängelursachen auch auf den Umfang notwendiger Mängelbeseitigungsarbeiten und den darauf entfallenden Kostenaufwand erstrecken kann. Es gelten insoweit für alle drei Arten der selbständigen Beweissicherung einheitliche Grundsätze (siehe dazu nachfolgend D.). 8

Anders als nach § 485 Abs. 2 ZPO (Feststellungsverfahren) sind die Beweissicherungen mit Zustimmung des Gegners und bei drohendem Beweismittelverlust (§ 485 Abs. 1 ZPO) sowohl während als auch außerhalb eines Streitverfahrens zulässig. Hauptsacheverfahren ist dasjenige Streitverfahren, das den dem selbständigen Beweisverfahren zugrundeliegenden Sachverhalt zum Gegenstand hat. In diesem Verfahren darf eine Begutachtung gerichtlicherseits noch nicht ange- 9

---

1 Siehe *Cuypers*, NJW 1994, 1985; *Schmitz*, BauR 1981, 40; a.A. (widerruflich unter den Voraussetzungen des § 290 ZPO): *Wieczorek*, § 485 ZPO, Anm. B.IIIb.
2 Siehe *Werner/Pastor*, Rn. 14.
3 Strittig; ablehnend bzgl. § 485 Abs. 1 ZPO: Kleine-Möller/Merl, § 19 Rn. 37; bejahend *Kniffka/Koeble*, 2. Teil Rn. 71.
4 *Hesse*, BauR 1984, 23; *Ulrich*, Rn. 41.
5 So auch *Werner/Pastor*, Rn. 20.

ordnet worden sein (siehe § 485 Abs. 3 ZPO); anderenfalls ist eine neue Begutachtung im Rahmen des selbständigen Beweisverfahrens nur zulässig, wenn die Voraussetzungen des § 412 BGB erfüllt sind, d.h. das Gutachten für ungenügend erachtet wird.

10 Die Bestimmung des **§ 485 Abs. 3 ZPO** ist im selbständigen Beweisverfahren nicht praktikabel:[6] Solange lediglich die Anordnung der Begutachtung im Hauptsacheverfahren erfolgt ist, kann noch gar nicht entschieden werden, ob diese ungenügend sein könnte. Vor allem darf aber das Gericht des selbständigen Beweisverfahrens Untersuchungen zur Geeignetheit eines eingeholten Gutachtens gar nicht anstellen. Soweit daher im Hauptsachverfahren eine Begutachtung angeordnet ist, entfällt automatisch die Zulässigkeit eines auf dieselben Sachverhalte bezogenen selbständigen Beweisverfahrens.[7] Ein bereits anhängiges selbständiges Beweisverfahren mit umgekehrtem Rubrum schließt allerdings die Zulässigkeit des einzuleitenden selbständigen Beweisverfahrens nicht aus.[8]

D. Feststellungsverfahren

11 Der Hauptanwendungsfall der Einleitung eines selbständigen Beweisverfahrens ist damit § 485 Abs. 2 ZPO (sog. **Feststellungsverfahren**). In diesem Verfahren kann allerdings anders als nach Absatz 1 nur eine schriftliche Begutachtung durch einen Sachverständigen gefordert werden; eine andere Beweiserhebung ist nicht zulässig. Außerdem ist das selbständige Beweisverfahren nach Absatz 2 auch nur zulässig, wenn ein Rechtsstreit noch nicht anhängig ist.

I. Rechtliches Interesse des Antragstellers

12 Entscheidend für die Zulässigkeit dieser Art der Einleitung des selbständigen Beweisverfahrens ist das **rechtliche Interesse** des Antragstellers an der Feststellung. Der Begriff des rechtlichen Interesses ist weit zu fassen und hinsichtlich seiner Voraussetzungen schon dann erfüllt, wenn die festzustellenden Umstände für Ansprüche des Antragstellers oder gegen diesen bei vorprozessualen Auseinandersetzungen bedeutsam werden können, sei es mittelbar (zum Beispiel drohende Regressansprüche), sei es unmittelbar (Mängel- bzw. Schadenersatzansprüche).[9]

13 § 485 Abs. 2 ZPO nennt nur einen **Beispielsfall** für das rechtliche Interesse, nämlich dass dargelegt wird, dass die Feststellung der Vermeidung eines Rechtsstreits dienen kann. Allgemein anerkannt ist allerdings, dass auch andere Umstände das rechtliche Interesse begründen können, etwa die Vorbereitung einer Prozessführung.[10] Dabei ist das rechtliche Interesse nicht von vornherein ausgeschlossen, wenn der Antragsgegner bisher eine Bereitschaft zu einer gütlichen Beilegung der Streitigkeit nicht hat erkennen lassen.[11] Das rechtliche Interesse entfällt auch nicht dadurch, dass der Antragsgegner finanziell nicht mehr in der Lage ist, irgendwelche Ansprüche zu erfüllen (z.B. Unpfändbarkeit, Insolvenz).[12] Auch verjährte Ansprüche sollen das rechtliche Interesse nicht ausschließen.[13] Der drohende Eintritt der Verjährung genügt nach überwiegender Ansicht, um ein rechtliches Interesse zu begründen.[14]

---

[6] Siehe dazu auch OLG Hamm, BauR 2003, 1763, das den Wortlaut von Abs. 3 für irreführend erachtet, da nicht die Anordnung der Begutachtung, sondern allein die Erstellung des Gutachtens gemeint sein könne.
[7] BGH, BauR 2000, 599.
[8] Siehe *Kniffka/Koeble*, 2. Teil Rn. 72.
[9] Siehe z.B. OLG Düsseldorf, BauR 2001, 128 und BauR 2001, 1290; OLG Bamberg, NJW-RR 1995, 893; OLG Celle, BauR 1992, 405 und KG, BauR 1992, 403; siehe auch *Quack*, BauR 1991, 278 (281).
[10] OLG Stuttgart, BauR 2000, 923; OLG Saarbrücken, NJW 2000, 3439.
[11] Siehe dazu OLG Düsseldorf, BauR 2001, 1287; OLG Oldenburg, BauR 1995, 132.
[12] OLG Düsseldorf, BauR 2001, 1290.
[13] Siehe OLG Düsseldorf, BauR 2001, 128; OLG Celle, BauR 2003, 167.
[14] Siehe dazu *Enaux*, Jahrbuch BauR 1999, 162 (169).

Unstreitig ist, dass die Klärung von Rechtsfragen ein rechtliches Interesse nicht begründet. Dies folgt bereits daraus, dass das Beweissicherungsverfahren grundsätzlich der Klärung derartiger Fragen nicht dient. 14

II. Sonstige Zulässigkeitsvoraussetzungen

Die **Zulässigkeit** des Feststellungsverfahrens – dies gilt im übrigen auch für die beiden weiteren Arten der Beweissicherung – ist nicht davon abhängig, dass die zu beweisenden Tatsachen für ein Hauptsacheverfahren erheblich werden können.[15] Etwas anderes gilt nur, wenn erkennbar weder ein Anspruch noch ein Rechtsverhältnis zwischen den Parteien erkennbar sind. Auch die Erfolgsaussichten einer Klage sind im Rahmen der Zulässigkeit eines selbständigen Beweisverfahrens ebenso wenig zu prüfen wie die Frage der Durchführbarkeit der Beweissicherung.[16] Kritischer zu beurteilen ist schon die Frage, welche Anforderungen an die Schlüssigkeit bzw. Erheblichkeit des Sachvortrages des Antragstellers zu stellen sind.;[17] siehe dazu nachfolgend Rdn. 18 ff. 15

III. Antragsinhalt

Inhalt des Antrages auf Einleitung eines selbständigen Beweisverfahrens zur Feststellung können verschiedene Feststellungen sein: 16

Zunächst einmal können vom Antragsteller im Rahmen des § 485 Abs. 2 ZPO **Feststellungen des Sachverständigen zum Zustand einer Sache und zu den Ursachen eines Sachmangels** gefordert werden. Dabei kann es sich etwa um die Feststellung von Mängeln, noch auszuführender Restarbeiten sowie darum handeln, etwa nach Kündigung oder Insolvenz den Stand der Arbeiten zum entscheidenden Zeitpunkt festzuhalten. 17

Das Problem der Praxis ist häufig darin begründet, dass der Antragsteller den zur Feststellung gewünschten Zustand der Sache bzw. den Sachmangel in seinem Antrag nur ungenau angibt. Dies führt dazu, dass im Rahmen der Ortsbesichtigung durch den Sachverständigen Unklarheiten hinsichtlich des zu untersuchenden Gegenstandes auftreten, die nicht nur die im Rahmen des selbständigen Beweisverfahrens nicht gewollte Auseinandersetzung der Parteien erneut befördern, sondern auch den Sachverständigen in die Gefahr einer Überschreitung seiner Kompetenzen bringen und ihn damit im Ergebnis der Gefahr einer Ablehnung durch eine Partei aussetzen. 18

Grundsatz im selbständigen Beweisverfahren ist, dass die Fragestellungen an den Sachverständigen nicht auf eine **Ausforschung** hinauslaufen dürfen.[18] Andererseits geht die wohl überwiegende Meinung dahin, dass im Rahmen eines selbständigen Beweisverfahrens die Anforderungen an die Darlegung der Tatsachen nicht derart gestellt werden dürfen wie in einem Hauptsacheverfahren (siehe dazu auch § 487 Rdn. 5). Nach allgemeiner Ansicht hilft in diesem Zusammenhang dem Antragsteller die Symptomrechtsprechung des Bundesgerichtshofes. Danach ist nämlich lediglich die Beschreibung des äußeren Erscheinungsbildes notwendig.[19] Es genügt daher, dass die maßgeblichen Tatsachen so geschildert werden, wie sie sich für einen bautechnischen Laien darstellen. Dieser darf nicht gezwungen werden, zuvor ein Privatsachverständigengutachten einholen zu müssen, um seine Fragen im selbständigen Beweisverfahren sachgerecht stellen zu können. Ausreichend ist es daher, wenn der Antragsteller etwa bekundet, dass sich eine Abdichtung im Sockelbereich löst, ein Farbanstrich abblättert oder z.B. Putz stellenweise herunterfällt. Unverzichtbar und für einen Laien auch unkompliziert darstellbar ist allerdings, dass die Örtlichkeit, an der sich 19

---

15 Siehe dazu BGH, BauR 2006, 1332.
16 Siehe OLG Celle, BauR 2003, 1067 und OLG Düsseldorf, BauR 2001, 128.
17 Siehe BGH, BauR 2004, 1975.
18 Allgemeine Ansicht: *Werner/Pastor*, Rn. 56; *Siegburg*, BauR 2001, 875 (884); OLG Köln, BauR 2002, 1120.
19 Siehe etwa BGH, BauR 2000, 261 sowie BGH, BauR 1997, 1029.

der Mangel befinden soll, konkret angegeben wird und nicht global z.B. ein Riss in der Außenfassade gerügt wird, ohne diesen konkret in der Örtlichkeit einzuordnen.

20 Dieser Verpflichtung zur **konkreten Darlegung** des Zustands der Sache **nach dem äußeren Erscheinungsbild** kann sich der Antragsteller nicht dadurch entziehen, dass er lediglich global danach fragt, ob eine Ausführung mangelhaft ist bzw. den anerkannten Regeln der Technik entspricht. Zwar sind dies durchaus zulässige Sachverständigenfragen;[20] sie können allerdings vom Sachverständigen nur auf der Grundlage einer detaillierteren Schilderung des äußeren als mangelhaft angenommenen Erscheinungsbildes beantwortet werden.

21 Umstritten ist auch, ob, um beispielsweise Ansprüche wegen arglistigen Verschweigens nachträglich auf der Basis des Sachverständigengutachtens gegebenenfalls durchsetzen zu können, der Sachverständige danach befragt werden kann, ob die Mängel aufgrund konkret bezeichneter Erscheinungen von einem Nutzer hätten bemerkt werden müssen.[21] Der Bundesgerichtshof – 5. Zivilsenat – hat jüngst[22] zutreffend entschieden, dass einem Sachverständigen im Rahmen eines selbständigen Beweisverfahrens auch die Frage vorgelegt werden darf, ob Schäden und Mängel eines Gebäudes für dessen Eigentümer bzw. Bewohner – aus sachverständiger Sicht – erkennbar waren. Es gehe in diesen Fällen darum, ob sich die zu prüfenden Schäden und Mängel dem Bewohner des Hauses mit den ihm typischerweise zu Gebote stehenden Erkenntnismöglichkeiten von selbst erschließen oder ob es dazu besonderer Fähigkeiten oder Anstrengungen bedarf.[23]

22 Mit der Frage der Verursachung, die gemäß § 485 Abs. 2 ZPO in jedem Fall zulässig ist, wird häufig verbunden die Frage nach der **Verantwortlichkeit der Beteiligten.** Wer für den Mangel im Ergebnis einzustehen hat, ist grundsätzlich eine juristisch zu beantwortende Frage, die im selbständigen Beweisverfahren nicht zuzulassen ist. Es kann daher – darüber ist man sich weitestgehend einig – in diesem Zusammenhang nicht um die juristische Verantwortlichkeit, sondern nur um die technische Verursachung gehen. Schon der Begriff der technischen Verantwortlichkeit, wie er zumeist im Rahmen der Fragestellung an den Sachverständigen verwandt wird, assoziiert allerdings eine vorweggenommene juristische Würdigung und ist daher möglichst zu vermeiden. Gerade weil die Instanzgerichte deutlich dazu neigen, von Sachverständigen erkannte Verantwortlichkeiten automatisch in juristische Verantwortlichkeiten umzusetzen, ist das Gericht bei der Abfassung des Beweisbeschlusses im selbständigen Beweisverfahren gehalten, darauf zu achten, dass an den Sachverständigen nur technische Fragen gestellt werden, die es möglichst ausschließen, dass der Sachverständige sich in das für ihn unzulässige Gebiet der juristischen Bewertung begibt. Dies tut er bereits häufig genug, wenn er in seinem Gutachten festhält, dass der eine oder andere Beteiligte an dieser Stelle habe Bedenken äußern müssen.

23 Entsprechendes gilt, wenn der Sachverständige weitergehend veranlasst werden soll, Quoten der Verursachung zwischen verschiedenen Beteiligten festzulegen. Auch hier kann es ausschließlich um die technische Bewertung gehen, die mit der juristischen keinesfalls übereinstimmen muß.

24 Umstritten ist, in welchem Umfang im Rahmen des selbständigen Beweisverfahrens über den Aufwand für die Mängelbeseitigung hinausgehend, der ausdrücklich gemäß § 485 Abs. 2 ZPO erfasst ist, auch Fragen nach den **Kosten der Mängelbeseitigung** und einer etwaigen Wertminderung zulässig sind. Im Rahmen eines Beweisantrages gemäß § 485 Abs. 2 ZPO wird allgemein die Frage nach Kosten und Wertminderung zugelassen.[24] Zutreffenderweise muß dies auch für Beweisfragen gemäß § 485 Abs. 1 ZPO geltend. Für die Parteien ist die Beantwortung der Kostenfrage wesentlich für die Einschätzung der in Frage stehenden Sanierungsmaßnahmen und damit auch ge-

---

20 Siehe etwa OLG München, BauR 1994, 275; kritisch bzgl. globaler Fragestellung nach Mangelhaftigkeit und Einhaltung der Regeln der Technik: *Siegburg*, BauR 2001, 875.
21 Siehe dazu insgesamt auch *Kniffka/Koeble*, 2. Teil Rn. 85 ff. sowie OLG Köln, BauR 1999, 195.
22 BGH, BauR 2010, 248 ff.
23 Siehe auch OLG Köln, BauR 1999, 195.
24 Siehe zusammenfassend *Werner/Pastor*, Rn. 23 f.

gebenenfalls anstehender Vergleichsbemühungen. Für das Gericht ermöglicht die Benennung der Mängelbeseitigungskosten eine bessere Einschätzung des Streitwerts des Verfahrens, auch wenn nach zutreffender Ansicht die vom Sachverständigen ermittelten Kosten dabei nur einen Teilaspekt darstellen (siehe dazu näher § 494a ZPO Rdn. 12). Häufig scheitert die Beantwortung dieser Frage auch eher daran, dass der Sachverständige sich nicht für kompetent genug ansieht, den Umfang der Mängelbeseitigungskosten marktgerecht einzuschätzen. Dieses Problem besteht auch bei etwaigen Fragestellungen, wie sie grundsätzlich für zulässig erachtet werden, nach der Dauer der Sanierungsmaßnahmen sowie den Kosten anfallender Nebenarbeiten. Gegebenenfalls ist zur Beantwortung dieser Fragen die ergänzende Einschaltung eines weiteren Sachverständigen nötig.

Die Feststellung eines **merkantilen Minderwertes** wird allgemein als zulässig angesehen.[25] Dies geht im Grunde auch bereits aus § 485 Abs. 2 Nr. 1 ZPO hervor, wenn dort vom zu hinterfragenden Wert einer Sache die Rede ist. 25

§ 486 Zuständiges Gericht

(1) Ist ein Rechtsstreit anhängig, so ist der Antrag bei dem Prozessgericht zu stellen.

(2) Ist ein Rechtsstreit noch nicht anhängig, so ist der Antrag bei dem Gericht zu stellen, das nach dem Vortrag des Antragstellers zur Entscheidung in der Hauptsache berufen wäre. In dem nachfolgenden Streitverfahren kann sich der Antragsteller auf die Unzuständigkeit des Gerichts nicht berufen.

(3) In Fällen dringender Gefahr kann der Antrag auch bei dem Amtsgericht gestellt werden, in dessen Bezirk die zu vernehmende oder zu begutachtende Person sich aufhält oder die in Augenschein zu nehmende oder zu begutachtende Sache sich befindet.

(4) Der Antrag kann vor der Geschäftsstelle zu Protokoll erklärt werden.

A. Einleitung

Welches **Gericht** für den Antrag auf Durchführung eines selbständigen Beweisverfahrens zuständig ist, richtet sich gemäß § 486 ZPO zunächst danach, ob bereits ein Rechtsstreit anhängig ist. Dabei ist jedoch nicht jeder Rechtsstreit zwischen den Parteien von Bedeutung; vielmehr ist entscheidend, ob der Rechtsstreit dieselbe Streitfrage aufgrund desselben Lebenssachverhaltes zum Gegenstand hat.[1] Der Antragsteller muss dazu im Hauptsacheverfahren nicht als Kläger auftreten; es reicht aus, wenn er sich im Rechtsstreit als Beklagter zur Verteidigung auf Tatsachen beruft, die im selbständigen Beweisverfahren zu klären sind.[2] 1

I. Anhängigkeit eines Rechtsstreits

Gemäß § 486 Abs. 1 ZPO ist bei **Anhängigkeit eines Rechtsstreits** auch für das selbständige Beweisverfahren das Prozessgericht zuständig. Es genügt in diesem Fall bereits die Anhängigkeit des Verfahrens; Rechtshängigkeit ist nicht gefordert.[3] Dabei kommt die Zuständigkeit gemäß § 486 Abs. 1 ZPO von vornherein nur in den Fällen des § 485 Abs. 1 ZPO in Betracht. 2

Ist lediglich ein **Mahnbescheid** beantragt bzw. erlassen worden, begründet dies noch keine Anhängigkeit im Sinne von § 486 Abs. 1 ZPO, da in diesen Fällen das Hauptsachegericht aufgrund der später erfolgenden Abgabe noch nicht bestimmt ist. Vielmehr wird der Rechtsstreit erst mit 3

---

25 Siehe etwa Schl.-Holsteinisches OLG, OLGR 2000, 61.
1 Stein/Jonas/*Leipold*, § 486 Rn. 2.
2 OLG Hamm, OLGR 2004, 278; Stein/Jonas/*Leipold*, § 486 Rn. 2.
3 OLG Frankfurt, NJW 1965, 306; MüKo-ZPO/*Schreiber*, § 486 Rn. 2; Zöller/*Herget*, § 486 Rn. 3; Stein/Jonas/*Leipold*, § 486 Rn. 1.

der Anspruchsbegründung anhängig.[4] Auch laufende Arrest- bzw. Verfügungsverfahren sind keine Rechtsstreite im Sinne des § 486 Abs. 1 ZPO, sodass auch hier die Zuständigkeit des Gerichts für das selbständige Beweisverfahren gemäß § 486 Abs. 2 ZPO zu ermitteln ist.[5]

4   Da durch die Vorschrift des § 486 Abs. 1 ZPO die Unmittelbarkeit der Beweisaufnahme durch das Prozessgericht gewährleistet werden soll,[6] ist das Gericht erster Instanz nur zuständig, bis das Berufungsgericht das selbständige Beweisverfahren zum Gegenstand seiner Beweiserhebung macht.[7] Dagegen ist das Revisionsgericht grundsätzlich nicht für die Durchführung von selbständigen Beweisverfahren zuständig, es sei denn das Revisionsgericht hat ausnahmsweise eine Beweistatsache selbst festzustellen.[8]

5   Eine Klagerücknahme im Hauptsacheverfahren hat keine Auswirkungen auf die einmal begründete Zuständigkeit des Gerichts für das selbständige Beweisverfahren; sie kann aber das rechtliche Interesse und damit die Zulässigkeit des Antrages entfallen lassen.[9] Gleiches gilt für eine rechtskräftige Entscheidung in der Hauptsache.[10] Auch Gesetzesänderungen nach Eingang des Antrages über die Durchführung des selbständigen Beweisverfahrens sind unerheblich für die Zuständigkeit.[11] Liegt eine Schiedsgerichts- oder Schiedsgutachtervereinbarung zwischen den Parteien vor, bleiben die staatlichen Gerichte zumindest neben dem Schiedsgericht für das selbständige Beweisverfahren zuständig.[12] Gleiches gilt bei Vorliegen einer Schlichtungsvereinbarung jedenfalls bis zur Einleitung des Schlichtungsverfahrens.[13]

6   Entsprechend der Zuständigkeit im Hauptsacheprozess ist für die Entscheidung über den Antrag auf Durchführung des selbständigen Beweisverfahrens entweder der Einzelrichter oder die Kammer zuständig.[14] Bei Zuständigkeit der Kammer für Handelssachen hat deren Vorsitzender zu entscheiden.[15]

II. Fehlende Anhängigkeit

7   Ist ein **Hauptsacheverfahren noch nicht anhängig**, ist für das selbständige Beweisverfahren gemäß § 486 Abs. 2 ZPO das Gericht zuständig, welches zur Entscheidung in der Hauptsache berufen wäre. Diese Regelung soll Zuständigkeitskonflikte zwischen dem Beweissicherungsgericht und dem Hauptsachegericht im Falle späterer Anhängigkeit eines Hauptsacheverfahrens vermeiden und die Unmittelbarkeit der Beweisaufnahme gewährleisten.[16]

---

4   Stein/Jonas/*Leipold*, § 486 Rn. 1; Musielak/*Huber*, § 486 Rn. 2; a.A. OLG Jena, OLGR 2000, 59 bzgl. Antrag auf Erlass eines Mahnbescheides.
5   OLG Frankfurt, NJW 1985, 811; MüKo-ZPO/*Schreiber*, § 486 Rn. 2; Stein/Jonas/*Leipold*, § 486 Rn. 3.
6   BGHZ 17, 117; MüKo-ZPO/*Schreiber*, § 486 Rn. 2.
7   Zöller/*Herget*, § 486 ZPO Rn. 3; a.A. Stein/Jonas/*Leipold*, a.a.O. welcher eine Zuständigkeit des Berufungsgerichts bereits dann annimmt, wenn gegen das Urteil Rechtsmittel eingelegt worden ist.
8   BGHZ 17, 117; BVerwG NJW 1961, 1228; Zöller/*Herget*, § 486 Rn. 3; Stein/Jonas, § 486 Rn. 2; a.A. MüKo-ZPO/*Schreiber*, § 486 Rn. 2, der die Zuständigkeit des Revisionsgerichts nie begründet sehen will.
9   Zöller/*Herget*, § 486 Rn. 3; MüKo-ZPO/*Schreiber*, § 486 Rn. 2; Stein/Jonas/*Leipold*, § 486 Rn. 1.
10 LG Berlin, MDR 1993, 1015; Zöller/*Herget*, § 486 Rn. 3.
11 OLG München, BauR 1993, 502.
12 OLG Frankfurt, BauR 1993, 504: wahlweise neben Schiedsgericht; OLG Koblenz, BauR 1999, 1055: solange Schiedsgericht nicht konstituiert oder Schiedsgutachten eingeholt ist; OLG Brandenburg, BauR 2002, 1737: Schiedsgutachterabrede schließt Zuständigkeit der staatlichen Gerichte nicht in jedem Fall aus.
13 OLG Köln, BauR 2002, 1120.
14 Stein/Jonas/*Leipold*, § 486 Rn. 5.
15 Zöller/*Herget*, § 486 Rn. 3.
16 MüKo-ZPO/*Schreiber*, § 486 Rn. 2.

Entscheidend für die Feststellung der Zuständigkeit oder Unzuständigkeit eines Gerichts ist der Vortrag des Antragstellers. Für die Abgrenzung zwischen Landgerichts- und Amtsgerichtszuständigkeit hat der Antragsteller seinen Anspruch zu benennen, um auf dieser Grundlage den Streitwert ermitteln zu können.[17] Entscheidend für die Streitwertbestimmung ist der Zeitpunkt der Antragstellung. Nachträglich festgestellte höhere Kosten aufgrund z.B. Ausführungen des Sachverständigen sind für die Zuständigkeitsfrage ohne Bedeutung.[18]

8

Indem der Antragsteller den Antrag an ein bestimmtes Gericht richtet, übt er das ihm zustehende Wahlrecht bezüglich mehrerer möglicher Gerichtsstände aus und ist im selbständigen Beweisverfahren an diese Wahl gebunden.[19] Sind verschiedene Antragsgegner vorhanden, ohne dass ein gemeinsamer Gerichtsstand besteht (wegen § 29 ZPO in Bausachen selten), findet § 36 ZPO nach allgemeiner Meinung Anwendung.[20]

9

Wird während des selbständigen Beweisverfahrens ein Hauptsacheprozess bei einem anderen Gericht anhängig gemacht, ist eine Abgabe des selbständigen Beweisverfahrens an das Gericht des Hauptsacheverfahrens erforderlich.[21] Allerdings ist die Zuständigkeit des Hauptsachegerichts erst dann gegeben, wenn dieses eine Beweisaufnahme für erforderlich hält und die Akten des selbständigen Beweisverfahrens beizieht.[22]

10

Trotz der für das selbständige Beweisverfahren getroffenen Wahl des Gerichtsstandes ist der Antragsteller berechtigt, das Hauptsacheverfahren vor einem anderen Gericht anhängig zu machen.[23] Gemäß § 486 Abs. 2 Satz 2 ZPO ist der Antragsteller allerdings mit einer Unzuständigkeitsrüge im Hauptsacheverfahren ausgeschlossen, wenn der Antragsgegner für seine Klage das Gericht des selbständigen Beweisverfahrens wählt.[24] Dem Antragsgegner steht es dagegen frei, im Hauptsacheverfahren die Zuständigkeit des Gerichts zu rügen, auch wenn er im selbständigen Beweisverfahren eine entsprechende Rüge bezüglich desselben Gerichts nicht erhoben hat, da eine Prorogation gemäß § 39 ZPO im selbständigen Beweisverfahren nicht möglich ist.[25]

11

III. Eilzuständigkeit

Der Möglichkeit der **Eilzuständigkeit gemäß § 486 Abs. 3 ZPO** kommt in Bausachen regelmäßig keine große Bedeutung zu. Es mag auch bezweifelt werden, ob die Tatsache der Zuständigkeit des Amtsgerichts allein eine Beschleunigung bedeutet. In Bausachen ist jedenfalls die örtliche Zuständigkeit der belegenen Sache regelmäßig kein Gewinn gegenüber der allgemeinen Zuständigkeit nach Abs. 1 und 2, da alle Gerichtsstände mit Rücksicht auf § 29 ZPO zumeist übereinstimmen.

12

Da zudem nach herrschender Meinung die in § 486 Abs. 3 ZPO vorausgesetzte Eilbedürftigkeit das bereits gemäß § 485 Abs. 1 Alt. 2 ZPO geforderte Verlust- oder Beeinträchtigungsrisiko noch übersteigen muß,[26] sind diese hohen Anforderungen nicht geeignet, bevorzugt die örtliche und sachliche Eilzuständigkeit nach Abs. 3 zu wählen. Dies gilt umso mehr, als im Hinblick auf das

13

---

17 Zöller/*Herget*, § 486 Rn. 4; Musielak/*Huber*, § 486 Rn. 4.
18 OLG Frankfurt, NJW-RR 1998, 1610; OLG Celle, BauR 2005, 253; Stein/Jonas/*Leipold*, § 486 Rn. 6; Zöller/*Herget*, § 486 Rn. 2.
19 OLG Jena, OLGR 2008, 353; Zöller/*Herget*, § 486 Rn. 4; Musielak/*Huber*, § 486 Rn. 1, 4.
20 OLG Brandenburg, MDR 2006, 1184; OLG Zweibrücken, NJW-RR 2000, 1084; BayOLG, NJW-RR 1998, 209; KG, BauR 2000, 1092; Musielak/*Huber*, § 486 Rn. 6.
21 OLG Schleswig, OLGR 2005, 39.
22 BGH, BauR 2004, 1656; Zöller/*Herget*, § 486 Rn. 7 bzgl. Zuständigkeit des AG gemäß § 486 Abs. 3 ZPO; *Fischer*, MDR 2001, 608; Stein/Jonas/*Leipold*, § 486 Rn. 10.
23 OLG Jena, OLGR 2008, 353; OLG Celle, NJW-RR 2000, 1737; Zöller/*Herget*, § 486 Rn. 4.
24 OLG Celle, NJW-RR 2000, 1737; *Cuypers*, MDR 2004, 244 (249); Zöller/*Herget*, § 486 Rn. 4.
25 OLG Celle, NJW-RR 2000, 1737; Zöller/*Herget*, § 486 Rn. 4.
26 Zöller/*Herget*, § 486 Rn. 5.

§ 487 ZPO Inhalt des Antrages

Wahlrecht des Antragstellers, an welches Gericht er den Antrag richtet, die Gefahr einer notwendigen gerichtlichen Bestimmung der Zuständigkeit nach § 36 ZPO[27] gegeben ist und damit die Gefahr einer Verzögerung, die dem Eilgedanken des Abs. 3 deutlich widerspricht, besteht.[28]

14 Ist vor Abschluss des selbständigen Beweisverfahrens mit Sonderzuständigkeit des Amtsgerichts gemäß § 486 Abs. 3 ZPO ein Hauptsacheverfahren anhängig gemacht geworden, endet jedenfalls die Zuständigkeit des Amtsgerichts mit Anordnung der Beiziehung der Beweissicherungsakten durch das Gericht der Hauptsache gemäß § 493 ZPO.[29]

B. Unzuständigkeit des Gerichts; Antrag auf Verweisung

15 Wird vom Antragsgegner die **Unzuständigkeit des Gerichts** zurecht gerügt, ist der Antrag auf Durchführung des selbständigen Beweisverfahrens durch Beschluss zurückzuweisen.[30] Dies gilt nicht, wenn der Antragsteller auf Rüge hin einen Antrag auf Verweisung an das zuständige Gericht stellt. In diesen Fällen ist eine Verweisung analog § 281 ZPO vorzunehmen. Streitig ist in diesem Zusammenhang, ob diese **Verweisung** bindend ist.[31] Wendet man § 281 ZPO zutreffenderweise analog an, ist kein Grund ersichtlich, weshalb ausnahmsweise im selbständigen Beweisverfahren eine derartige Verweisung nicht bindend sein soll.

16 Wird das selbständige Beweisverfahren aufgrund Antrages des Antragstellers analog § 281 ZPO verwiesen, ist es dem Antragsteller entgegen § 486 Abs. 2 Satz 2 ZPO möglich, im sich anschließenden Hauptsacheverfahren die Unzuständigkeit dieses Gerichtes, an welches das selbständige Beweisverfahren verwiesen wurde, für das Hauptsacheverfahren zu rügen, wenn er die Verweisung unter Aufrechterhaltung seines Rechtsstandpunktes lediglich hilfsweise beantragt hat, um einer Zurückweisung seines Antrags entgegenzuwirken und eine möglichst rasche Beweissicherung zu ermöglichen. Der Antragsteller soll durch § 486 Abs. 2 Satz 2 ZPO nämlich nur dazu angehalten werden, sich nicht mit früherem Vorbringen in Widerspruch zu setzen.[32]

§ 487 Inhalt des Antrages

Der Antrag muß enthalten:
1. Die Bezeichnung des Gegners;
2. Die Bezeichnung der Tatsachen, über die Beweis erhoben werden soll;
3. Die Benennung der Zeugen oder die Bezeichnung der übrigen nach § 485 zulässigen Beweismittel;
4. Die Glaubhaftmachung der Tatsachen, die die Zulässigkeit des selbständigen Beweisverfahrens und die Zuständigkeit des Gerichts begründen sollen.

1 Für den Antrag auf Durchführung des selbständigen Beweisverfahrens besteht kein Anwaltszwang; lediglich für eine ggfl. stattfindende mündliche Verhandlung ist bei Vorliegen der Voraussetzungen des § 78 Abs. 1 oder 2 ZPO die Postulationsfähigkeit gefordert.[1]

---

27 MüKo-ZPO/*Schreiber*, Rn. 5; Stein/Jonas/*Leipold*, § 486 Rn. 15; *Baumbach/Lauterbach/Albers/Hartmann*, § 486 Rn. 11.
28 MüKo-ZPO/*Schreiber*, § 486 Rn. 5.
29 BGH, BauR 2004, 1656; Hk-ZPO/*Pukall*, § 486 Rn. 9; Zöller/*Herget*, § 486 Rn. 7.
30 Zöller/*Herget*, § 486 Rn. 2.
31 Für Bindungswirkung wohl: OLG Frankfurt, NJW-RR 1998, 1610; OLG Brandenburg, MDR 2006, 1184; OLG Dresden, BauR 2004, 1338; Stein/Jonas/*Leipold*, § 486 Rn. 34; gegen Bindungswirkung: Zöller/*Herget*, § 486 Rn. 2; OLG Zweibrücken, BauR 1997, 885.
32 Stein/Jonas/*Leipold*, § 486 Rn. 34; LG Köln, BauR 2000, 143.
1 Zöller/*Herget*, § 487 Rn. 1; MüKo-ZPO/*Schreiber*, § 487 Rn. 1; Stein/Jonas/*Leipold*, § 486 Rn. 39.

Soweit § 487 Nr. 1 ZPO die **Bezeichnung des Gegners** vorschreibt, hat der Anwalt regelmäßig 2
vor Antragstellung zu hinterfragen, wer als möglicher Verursacher des Schadens in Betracht
kommt und deshalb in das selbständige Beweisverfahren eingebunden werden sollte. Die Gerichte
lassen in diesem Zusammenhang eine erst im Verfahren erfolgende Ermittlung des bzw. der Verursacher zu (eingeschränkte Ausforschung).[2] Es muß allerdings dargelegt werden, dass jedenfalls
möglicherweise ein Anspruch gegen jeden der Beteiligten auf Antragsgegnerseite besteht.

Von dieser erweiterten Möglichkeit der Einbeziehung aller in Betracht kommender Verursacher 3
in das selbständige Beweisverfahren sollte der Anwalt Gebrauch machen. Eine frühzeitige Einbeziehung etwaig Verantwortlicher hemmt diesen gegenüber nämlich frühzeitig die Verjährung.[3]
Außerdem wird durch eine frühzeitige Einbindung gewährleistet, dass der Betreffende sich nicht
darauf berufen kann, kein hinreichendes rechtliches Gehör infolge verspäteter Einbindung in das
Verfahren erhalten zu haben. Schließlich ist die Einbeziehung weiterer Antragsgegner im fortgeschrittenen Stadium des Verfahrens gegebenenfalls unzulässig, wenn durch die im Verfahrensverlauf erst sehr späte Erweiterung des Kreises der Antragsgegner eine Verzögerung eintritt.[4] Nach
OLG Düsseldorf[5] soll allerdings die noch ausstehende mündliche Anhörung des Sachverständigen
ausreichend sein, um die Ausdehnung des Verfahrens auf einen weiteren Antragsgegner noch zu
diesem Zeitpunkt zuzulassen.

Welche Anforderungen gemäß § 487 Nr. 2 ZPO an die **Bezeichnung der Tatsachen**, über die Be- 4
weis erhoben werden soll, zu stellen sind, wird in Rechtsprechung und Literatur teilweise sehr unterschiedlich beurteilt. Einigkeit besteht allein darüber, dass jedenfalls ein Ausforschungsbeweis
ausgeschlossen sein soll.[6]

Während teilweise vertreten wird, dass an die Darlegung der Tatsachen im selbständigen Beweis- 5
verfahren die gleichen Anforderungen zu stellen sind wie an die Grundlagen einer Beweisaufnahme
im Hauptsacheverfahren,[7] wird überwiegend im Hinblick auf die Besonderheiten des selbständigen Beweisverfahrens – es ist das kostenmäßige und inhaltliche Risiko des Antragstellers, eingeholte Beweisergebnisse unter Umständen im Hauptsacheverfahren nicht verwerten zu können[8] –
eine gewisse Reduzierung der Darlegungsanforderungen angenommen[9] (siehe dazu auch § 485
Rdn. 19). Entscheidend ist, dass der Verfahrensgegenstand abgrenzbar ist und ein Sachverständiger Art und Umfang seiner Tätigkeit unzweifelhaft erkennen kann.[10] Es genügt daher, wenn bei
der Geltendmachung von Mängeln die Schadstellen und die auftretenden Mängel von dem Antragsteller laienhaft beschrieben werden, ohne dass die konkrete Mangelursache benannt wird.[11] Der
Antragsteller ist daher nicht gezwungen, vorab bereits ein Privatsachverständigengutachten einzuholen, um auf dieser Grundlage erst seine Fragen für das Verfahren formulieren zu können.[12]

Auch kann Gegenstand eines selbständigen Beweisverfahrens die Frage sein, ob ein Verstoß gegen 6
die allgemein anerkannten Regeln der Technik vorliegt.[13] Allerdings muß vorhergehend die Man-

---

2 OLG Frankfurt, BauR 1995, 275; OLG Frankfurt, MDR 2003, 772; *Cuypers*, MDR 2004, 315.
3 BGH, NJW 1980, 1458; Zöller/*Herget*, § 487 Rn. 3; MüKo-ZPO/*Schreiber*, § 487 Rn. 3.
4 OLG Celle, BauR 2005, 1670; Stein/Jonas/*Leipold*, § 487 Rn. 2.
5 OLG Düsseldorf, NJW-RR 1995, 1216; kritisch: Stein/Jonas/*Leipold*, § 487 Rn. 2.
6 MüKo-ZPO/*Schreiber* § 487 Rn. 4; Musielak/*Huber*, § 487 Rn. 3; *Siegburg*, BauR 2001, 875; *Ulrich*, AnwBl. 2003, 31; a.A. OLG Frankfurt, NJW-RR 1995, 831.
7 *Schmitz*, BauR 1980, 96.
8 MüKo-ZPO/*Schreiber*, § 487 Rn. 4.
9 BGH, BauR 1992, 503; BGH, BauR 1998, 632; OLG Celle, BauR 1994, 800; KG, BauR 1992, 407; Musielak/*Huber*, § 487 Rn. 3.
10 KG, NJW-RR 1999, 1369; Musielak/*Huber*, § 487 Rn. 3.
11 BGH, BauR 1992, 913; BGH, BauR 1998, 692; OLG Celle, BauR 1994; OLG Köln, BauR 2002, 1120; *Ulrich*, BauR 2007, 1634.
12 Zöller/*Herget*, § 487 Rn. 4.
13 OLG München, BauR 1994, 275.

gelerscheinung vom Antragsteller konkret bezeichnet und zumindest laienhaft erklärt werden, worin der Verstoß gegen die allgemein anerkannten Regeln der Technik liegen soll. Die bloße Frage nach der Einhaltung der Regeln der Technik bedeutet ansonsten eine unzulässige Ausforschung. Rechtsfragen können niemals Gegenstand einer selbständigen Beweiserhebung sein.[14]

7 Gemäß § 487 Nr. 3 ZPO sind die **Beweismittel** – Sachverständigengutachten, Augenscheinseinnahme, Zeugenvernehmung – zu bezeichnen. In Bausachen kommt als Beweismittel regelmäßig nur die Einholung eines Sachverständigengutachtens in Betracht.

8 Die **Benennung des Sachverständigen** erfolgt auch im selbständigen Beweisverfahren durch das Gericht gemäß § 404 ZPO.[15] Vorschläge der Parteien zum in Betracht kommenden Sachverständigen sind möglich, für das Gericht aber nicht bindend.[16] Etwas anderes gilt nur dann, wenn die Parteien sich auf einen Sachverständigen verständigt haben; in diesem Fall ist das Gericht gemäß § 404 Abs. 4 ZPO an den Parteienvorschlag gebunden.

9 Unter taktischen Gesichtspunkten verbietet sich zumeist der einseitige Vorschlag eines Sachverständigen, da erfahrungsgemäß die Gegenseite zwangsläufig der Beauftragung dieses Sachverständigen widerspricht. Wird daher ein Sachverständiger für ein außerordentlich spezialisiertes Fachgebiet gesucht und ist der Markt für derartige Sachverständige sehr eng, bietet sich im Vorfeld der Versuch einer Verständigung der Beteiligten auf einen Sachverständigen an.

10 In dem Antrag auf Durchführung des selbständigen Beweisverfahrens sind diejenigen Tatsachen **glaubhaft zu machen,** die die Zulässigkeit des selbständigen Beweisverfahrens und die Zuständigkeit des Gerichts begründen. Dazu gehören insbesondere die in §§ 485, 486 ZPO genannten Voraussetzungen. Mittel der Glaubhaftmachung sind vor allem die in § 294 ZPO genannten. In Bausachen erfolgt die Glaubhaftmachung häufig auch durch Vorlage von Urkunden, durch die voller Beweis angetreten wird (§ 420 ZPO). Daneben spielt die eidesstattliche Versicherung des Antragstellers bzw. eines Mitarbeiters des Antragstellers eine Rolle. Die Anforderungen an die Glaubhaftmachung dürfen nicht überzogen werden;[17] andererseits sind formularmäßige Erklärungen nicht zur Glaubhaftmachung geeignet.

11 Eine Glaubhaftmachung ist entbehrlich, wenn der Gegner dem selbständigen Beweisverfahren zustimmt.[18] Für die Zustimmung ist nach wohl herrschender Meinung ebenfalls eine Glaubhaftmachung ausreichend.[19] Bestreitet der Antragsgegner die Angaben im Beweissicherungsantrag nicht, erübrigt sich eine weitergehende Glaubhaftmachung.[20]

12 Umstritten ist, ob auch der für die Zuständigkeit des Gerichtes maßgebliche Streitwert glaubhaft zu machen ist. Die wohl herrschende Meinung geht davon aus, dass eine Glaubhaftmachung aufgrund des Wortlauts des § 487 Nr. 4 ZPO erforderlich ist.[21] Angesichts der Schwierigkeit der Belegung des Streitwerts – im Grunde müsste vorab ein Gutachten eingeholt werden – wird zumeist eine schlüssige und glaubhafte Behauptung in diesem Zusammenhang für ausreichend erachtet.[22]

(…)

---

14 Zöller/*Herget*, § 487 Rn. 4; siehe auch BGH, Beschl. v. 08.10.2009 Akt.: V ZB 84/09.
15 OLG Frankfurt, OLGR 1994, 179; OLG Brandenburg, OLGR 1995, 34.
16 OLG Düsseldorf, OLGR 1994, 85; OLG München, BauR 1992, 540; Stein/Jonas/*Leipold*, § 487 Rn. 4; a.A. *Baumbach/Lauterbach/Albers/Hartmann*, § 487 Rn. 6.
17 Siehe dazu *Kniffka/Koeble*, 2. Teil Rn. 64 ff.
18 Zöller/*Herget*, § 487 Rn. 6.
19 *Werner/Pastor*, Rn. 14 (bedenklich).
20 Siehe OLG Oldenburg, OLGR 1995, 135.
21 MüKo-ZPO/*Schreiber*, § 487 Rn. 6; Zöller/*Herget*, § 487 ZPO Rn. 6.
22 Siehe Musielak/*Huber*, § 487 Rn. 6; *Kniffka/Koeble*, 2. Teil Rn. 66.

§ 490 Entscheidung über den Antrag

(1) Über den Antrag entscheidet das Gericht durch Beschluss.

(2) In dem Beschluss, durch welchen dem Antrag stattgegeben wird, sind die Tatsache, über die der Beweis zu erheben ist, und die Beweismittel unter Benennung der zu vernehmenden Zeugen und Sachverständigen zu bezeichnen. Der Beschluss ist nicht anfechtbar.

A. Prüfung durch das Gericht

Das Gericht hat auf Grundlage der in den §§ 485 ff. ZPO genannten Voraussetzungen über den Antrag auf Durchführung des selbständigen zu entscheiden. Es hat also zu überprüfen, ob der **Beweisantrag** überhaupt **zulässig** ist;[1] das Gericht hat hingegen nicht zu untersuchen, ob die unter Beweis gestellten Behauptungen für einen Hauptsacheprozess erheblich und beweisbedürftig sind.[2] Eine Ausnahme gilt dann, wenn ein Rechtsverhältnis zwischen den Parteien bzw. ein Anspruch überhaupt nicht erkennbar sind.[3] Das Nichtbestehen des Anspruchs muß in diesen Fällen evident sein. Dabei ist das Gericht bei seiner Prüfung an die Tatsachenbehauptungen des Antragstellers gebunden.[4] Eine Bindung des Gerichtes besteht auch an die vom Antragsteller bezeichneten Beweismittel. An den vom Antragsteller vorgeschlagenen Sachverständigen ist das Gericht allerdings nicht gebunden; vielmehr wählt es den Sachverständigen frei.[5]

1

Es ist dem Gericht freigestellt, ob die Entscheidung nach mündlicher Verhandlung ergeht. In der Praxis geschieht dies regelmäßig nicht, obwohl durchaus Fälle denkbar sind – unklare Fragestellungen, Doppelungen und Widersprüche –, in denen eine der Gutachtenerstattung durch einen Sachverständigen vorhergehende Erörterung der Fragestellungen durchaus für alle Parteien und den Sachverständigen hilfreich wäre.

2

Den Prozessbeteiligten ist auch im selbständigen Beweisverfahren **rechtliches Gehör** zu gewähren.[6]

3

Artikel 103 GG gebietet grundsätzlich, dass dem Antragsgegner vor Erlass eines Beweisbeschlusses die Möglichkeit zur Anhörung gewährt wird, damit er gegebenenfalls noch rechtzeitig auf den Inhalt des Beweisbeschlusses Einfluss nehmen kann.[7] Lediglich im dringenden Gefahrenfall und bei außergewöhnlicher, vom Antragsteller glaubhaft zu machender Eilbedürftigkeit reicht die nachträgliche Anhörung des Antragsgegners aus.[8]

4

Beabsichtigt das Gericht, den Antrag abzulehnen, hat es vorab dem Antragsteller rechtliches Gehör zu gewähren.[9] Der Antragsgegner ist hingegen in diesen Fällen nicht zwingend anzuhören, da er in seinen Rechten durch eine Zurückweisung des Antrages nicht beeinträchtigt wird.[10]

5

Grundsätzlich ist auch dem **Streitverkündeten** rechtliches Gehör zu gewähren. Im Falle der unmittelbaren Streitverkündung im Zusammenhang mit der Beantragung des selbständigen Beweisverfahrens werden ihm daher dieselben Möglichkeiten des rechtlichen Gehörs eingeräumt werden

6

---

1 BGH, BauR 2000, 599.
2 Thomas/Putzo, § 485 ZPO Rn. 4; Zöller/*Herget*, § 485 ZPO Rn. 4; BGH, BauR 2000, 599; OLG Hamm, NJW-RR 1998, 68; OLG Düsseldorf, BauR 2001, 128; OLG Celle, OLGR 2004, 281.
3 BGH, BauR 2004, 1975.
4 BGH, BauR 2000, 599.
5 OLG Frankfurt, NJW-RR 1993, 1341.
6 Siehe BVerfGE 17, 356; 21, 362.
7 So auch *Kniffka/Koeble*, 2. Teil, Rn. 122; anders: Ingenstau/Korbion, Anhang 4, Rn. 76: Eine nachträgliche Anhörung ist regelmäßig ausreichend; siehe auch OLG Karlsruhe, BauR 1983, 188.
8 Siehe Werner/Pastor, Rn. 76 (str. s. Fn 7).
9 *Baumbach/Lauterbach/Albers/Hartmann*, § 490 ZPO Rn. 6.
10 Siehe *Baumbach/Lauterbach/Albers/Hartmann*, § 490 ZPO Rn. 6.

müssen wie den Hauptparteien. Schwieriger zu entscheiden ist jedoch, in welchem Umfange einem Streitverkündeten rechtliches Gehör zu gewähren ist, der erst während des Laufs des Verfahrens in das selbständige Beweisverfahren miteinbezogen wird. In diesen Fällen kann durch die Einbeziehung eines weiteren Beteiligten nicht das gesamte Verfahren zum Stillstand kommen bzw. von vorne beginnen. Es wird hier eine Frage des Einzelfalles sein, in welcher Form zu diesem Zeitpunkt des Verfahrens dem Streitverkündeten angemessen rechtliches Gehör gewährt werden kann. Die Eilbedürftigkeit des Verfahrens schließt jedenfalls auch in diesen Fällen eine angemessene Berücksichtigung des Anspruchs des Streitverkündeten auf rechtliches Gehör nicht aus. Eine nicht ausreichende Gewährung rechtlichen Gehörs infolge verspäteter Einbeziehung des Streitverkündeten in das Verfahren kann der Streitverkündete im nachfolgenden Verfahren dem Streitverkünder gegenüber einwenden.

B. Beschluss

7   Einen die Beweissicherung **ablehnenden Beschluss** hat das Gericht zu begründen.[11] Dies gilt auch für den teilweise ablehnenden Beschluss hinsichtlich des abgelehnten Beweisteils.

8   Der den Antrag auf Durchführung eines selbständigen Beweisverfahrens ablehnende Beschluss ist mit der sofortigen Beschwerde gemäß § 567 Abs. 1 Nr. 2 ZPO angreifbar, die Beschwerdeentscheidung gegebenenfalls noch mit der Rechtsbeschwerde gemäß § 574 ZPO. Dies gilt auch, soweit eine teilweise Ablehnung des Antrages stattfindet.[12] Als teilweise Ablehnung des Antrages ist es allerdings nicht anzusehen, wenn das Gericht einen anderen als den vom Antragsteller vorgeschlagenen Sachverständigen beauftragt.[13] Auch gegen die Anordnung der Einzahlung eines Auslagenvorschusses ist die sofortige Beschwerde nicht zulässig.[14]

9   Der dem Antrag auf Durchführung des selbständigen Beweisverfahrens **stattgebende Beschluss** des Gerichtes entspricht inhaltlich einem Beweisbeschluss gemäß § 359 ZPO. Anders als ein ablehnender Beschluss – dort ist eine Zustellung im Hinblick auf § 329 Abs. 3 ZPO notwendig – reicht beim stattgebenden Beschluss grundsätzlich eine formlose Mitteilung des Inhalts an die Verfahrensbeteiligten aus.[15]

10 Der dem Antrag stattgebende Beschluss ist unanfechtbar.[16] Gemäß den allgemeinen prozessualen Grundsätzen gilt eine Ausnahme nur, wenn eine greifbare Gesetzwidrigkeit vorliegt.[17] Eine solche soll nicht gegeben sein, wenn die Fragestellungen auf eine reine Ausforschung hinauslaufen,[18] der antragstellende Verwalter einer Wohnungseigentumsanlage nicht von allen bevollmächtigt ist[19] bzw. das zugrunde liegende Gesuch unzulässig ist.[20]

11 Bei Stattgeben bzw. Ablehnung des Erlasses eines Beweissicherungsbeschlusses auf Gegenantrag des Antragsgegners bzw. des Streithelfers gelten die vorstehend dargelegten Grundsätze entsprechend.[21]

---

11 Siehe Zöller/*Herget*, § 490 ZPO Rn. 2; anders: *Baumbach/Lauterbach/Albers/Hartmann*, § 490 ZPO Rn. 7: Der Beschluss ist immer zu begründen.
12 Zöller/*Herget*, § 490 ZPO Rn. 4; Thomas/Putzo, § 490 ZPO Rn. 3.
13 Siehe OLG München, BauR 1992, 540; ebenso OLG Frankfurt, NJW-RR 1993, 1341.
14 Siehe BGH, NZBau 2009, 444; OLG Hamm, BauR 2007, 1452; OLG Frankfurt, MDR 2004, 1255; OLG Rostock, OLGR 2007, 841; anders: OLG Koblenz, OLGR 2003, 346.
15 Zöller/*Herget*, § 490 ZPO Rn. 2; *Baumbach/Lauterbach/Albers/Hartmann*, § 490 ZPO Rn. 7.
16 Das OLG Frankfurt, NJW-RR 1990, 1023 will eine Anfechtung bei antragsüberschreitender Beweisanordnung zulassen.
17 Siehe OLG Frankfurt, BauR 1999, 1206; KG, MDR 1998, 564; KG, NJW-RR 1999, 1369 sowie OLG Brandeburg, BauR 2001, 1143.
18 Siehe KG, NJW-RR 1999, 1369.
19 Siehe OLG Frankfurt, BauR 1999, 1206.
20 Siehe Brandenburgisches OLG, BauR 2001, 1727.
21 Siehe *Baumbach/Lauterbach/Albers/Hartmann*, § 490 ZPO Rn. 7 sowie Zöller/*Herget*, § 490 ZPO Rn. 2.

C. Abänderung/Aufhebung des Beschlusses

Soweit ein ordentlicher Rechtsbehelf gegen den Beschluss im selbständigen Beweisverfahren nicht gegeben ist, ist streitig, ob und vor allem auf welcher Grundlage dennoch eine **Abänderung bzw. Aufhebung des Beschlusses** in Betracht kommt: 12

Stellt man den im selbständigen Beweisverfahren ergehenden Beschluss im wesentlichen inhaltlich einem Beweisbeschluss im Hauptverfahren gleich, ist die Abänderung bzw. Aufhebung des Beschlusses in analoger Anwendung des § 360 ZPO denkbar.[22] Nach dieser Vorschrift kann das Gericht den Beschluss mit Zustimmung der Parteien abändern oder aber von Amts wegen bzw. auf Antrag einer Partei eine Abänderung vornehmen, wenn es sich nur um die Berichtigung oder Ergänzung der im Beschluss angegebenen Beweistatsachen handelt. 13

Ansonsten bleibt den Parteien der Weg der **Gegenvorstellung**.[23] Dies soll nach der neueren Rechtssprechung auch in Fällen greifbarer Gesetzwidrigkeit gelten. Die außerordentliche Beschwerde soll in diesen Fällen nicht zulässig sein, sondern vielmehr die Gegenvorstellung.[24] 14

Zu beachten ist in diesem Zusammenhang, dass aus Gründen der Rechtssicherheit für die Gegenvorstellung die zeitliche Grenze des § 321a ZPO (Gehörsrüge) in entsprechender Anwendung dieser Vorschrift gilt.[25] Dies bedeutet, dass die Gegenvorstellung **fristgebunden** ist und innerhalb der Zwei-Wochen-Frist des § 321a ZPO eingelegt werden muß. 15

Soweit auf Gegenvorstellung des Antragsgegners hin der gerichtliche Beschluss abgeändert wird, ist dagegen, soweit die Abänderung zu Lasten des Antragstellers erfolgt, die sofortige Beschwerde gemäß § 567 Abs. 1 Nr. 2 ZPO gegeben.[26] 16

Soweit nach Vorliegen des Gutachtens im selbständigen Beweisverfahren die Einholung eines **neuen Gutachtens nach § 412 ZPO** beantragt und dieser Antrag vom Gericht zurückgewiesen wird, findet nach nahezu einhelliger Auffassung keine sofortige Beschwerde statt.[27] 17

§ 491 Ladung des Gegners

(1) **Der Gegner ist, sofern es nach den Umständen des Falles geschehen kann, unter Zustellung des Beschlusses und einer Abschrift des Antrags zu dem für die Beweisaufnahme bestimmten Termin so zeitig zu laden, dass er in diesem Termin seine Rechte wahrzunehmen vermag.**

(2) **Die Nichtbefolgung dieser Vorschrift steht der Beweisaufnahme nicht entgegen.**

Übersicht	Rdn.			Rdn.
A. Einleitung	1	II.	Sachverständigenablehnung	7
B. Rechte des Antragsgegners	2	III.	Ergänzungs-/Gegenantrag	14
I. Einwendungen	3	C.	Pflichten des Antragsgegners	18

---

22 Siehe dazu Thomas/Putzo, § 490 ZPO Rn. 2; *Schilden*, ZZP 1992, 257.
23 Siehe etwa KG, NJW-RR 1999, 1369; OLG Frankfurt, BauR 1999, 1206.
24 Siehe dazu KG, NJW-RR 1999, 1369; Brandenburgisches OLG, BauR 2001, 1143; anders: OLG Frankfurt, MDR 1991, 1193. Siehe vor allem BGHZ 150, 133: Kein außerordentliches Rechtsmittel wegen greifbarer Gesetzwidrigkeit zum Bundesgerichtshof.
25 Siehe vor allem BGHZ 150, 133.
26 So Thomas/Putzo, § 490 ZPO Rn. 2; OLG Zweibrücken, IBR 2009, 186.
27 Siehe Zöller/*Herget*, § 490 ZPO Rn. 4; *Baumbach/Lauterbach/Albers/Hartmann*, § 490 ZPO Rn. 9; OLG Rostock, MDR 2008, 999; OLG Koblenz, MDR 2007, 736; OLG Köln, NJW-RR 2000, 729; OLG Frankfurt, NJW-RR 2007, 18; OLG Hamm, OLGR 1996, 203 sowie OLG Düsseldorf, BauR 1998, 366; anderer Ansicht: OLG Frankfurt, BauR 2008, 1183.

§ 491 ZPO Ladung des Gegners

A. Einleitung

1 Die **Rechte und Pflichten des Antragsgegners** im selbständigen Beweisverfahren sind gesetzlich nur undeutlich, lediglich auf einzelne – in der Praxis zudem noch nicht einmal besonders bedeutsame – Fallgestaltungen bezogen geregelt. So verweist § 491 ZPO letztlich nur auf die Ladung von Amts wegen nach den allgemeinen Vorschriften. Wegen der Folgen einer unterbliebenen oder verfahrensfehlerhaften Ladung siehe § 493 ZPO.

B. Rechte des Antragsgegners

2 Zu den **Rechten des Antragsgegners** im Verfahren haben sich in Rechtsprechung und Literatur folgende – i.e. allerdings teils umstrittene – **Grundsätze** herausgebildet:

I. Einwendungen

3 Dem Antragsgegner stehen zunächst alle Einwendungen gegen die **Zulässigkeit des Antrags** zur Verfügung (siehe §§ 485–487 ZPO). Ihm ist rechtliches Gehör zu gewähren, und zwar regelmäßig vor Erlass eines Beschlusses;[1] eine kurze Fristsetzung ist angesichts der Eilbedürftigkeit des Verfahrens ausreichend.[2] Nur bei absoluter Eilbedürftigkeit, die vom Antragsteller darzulegen und glaubhaft zu machen ist, kann die Anhörung des Antragsgegners nachgeholt werden.[3] Bei gerichtlicher Zurückweisung des Antrags bedarf es keiner vorherigen Anhörung des Antragsgegners, da dessen Rechte in diesem Fall nicht negativ berührt sind.[4]

4 Nach herrschender Meinung ist dem Einwand der fehlenden **Aktiv- oder Passivlegitimation**, der fehlenden Anspruchsgrundlage und der **Einrede der Verjährung** im selbständigen Beweisverfahren gerichtlicherseits nicht nachzugehen.[5] Dieser Grundsatz erfährt allerdings eine Einschränkung dann, wenn ersichtlich im Verhältnis der Parteien zueinander keinerlei Ansprüche bestehen können.[6]

5 Im Umkehrschluss dazu besteht keinerlei Verpflichtung des Antragsgegners, Einwendungen unter diesen Gesichtspunkten bereits im selbständigen Beweisverfahren vorzutragen. Es mag auch gute Gründe geben, dies nicht zu tun, wenn z.B. aufgrund fehlender Aktiv- bzw. Passivlegitimation der Parteien die entscheidende Hemmungswirkung des Verfahrens nicht eintreten kann und daher nachfolgend die Erhebung der Einrede der Verjährung möglich erscheint.[7]

6 Die **erstmalige Geltendmachung dieser Einwendungen im Hauptsacheprozess** ist daher regelmäßig ausreichend, da es nicht Aufgabe des selbständigen Beweisverfahrens ist, die Ansprüche der Beteiligten juristisch zu hinterfragen. Der Antragsgegner hat im übrigen auch keinen Anspruch darauf, bereits im selbständigen Beweisverfahren in Erfahrung zu bringen, welche Einwendungen seinen Anspruchstellungen gegenüber erhoben werden.

II. Sachverständigenablehnung

7 Der vom Antragsteller benannte, vom Gericht ausgewählte und beauftragte **Sachverständige** unterliegt häufig Bedenken, da die Gerichte zumeist ungeprüft etwaigen Vorschlägen des Antragstellers folgen. Denkbar ist, dass aufgrund deutlicher Ortsnähe des Sachverständigen zum gewerblich

---

1 Str.; *Baumbach/Lauterbach/Albers/Hartmann*, § 490 Rn. 5; *Zöller/Herget*, § 490 Rn. 1; Kleine-Möller/Merl, § 19 Rn. 135; anders *Werner/Pastor*, Rn. 76.
2 So *Kniffka/Koeble*, 2. Teil Rn. 122.
3 S. u.a. Kleine-Möller/Merl, § 19 Rn. 136.
4 *Baumbach/Lauterbach/Albers/Hartmann*, § 490 Rn. 5.
5 BGH, BauR 2004, 1975.
6 So BGH, BauR 2004, 1975; *Werner/Pastor*, Rn. 34.
7 Siehe auch *Kniffka/Koeble*, 2. Teil Rn. 172.

tätigen Antragsteller die Gefahr persönlicher und geschäftlicher Verflechtungen besteht oder aber der Sachverständige entweder überhaupt nicht vereidigt ist oder aber für ein Sachgebiet, das erkennbar im Rahmen der Beweissicherung keine Rolle spielt.

Die Möglichkeiten des Antragsgegners in diesen Fällen mit Erfolg gegen den Sachverständigen vorzugehen – **Sachverständigenablehnung** –, sind gering, da ihm regelmäßig weder der Nachweis derartiger persönlicher oder geschäftlicher Verflechtungen gelingen wird noch das Gericht zumeist bereit ist, sich mit der Qualifikation des Sachverständigen näher zu befassen. Außerdem sehen die Gerichte – zum Teil unter Außerachtlassung der gesetzlichen Regelung – nur selten Veranlassung, eine Befangenheit des Sachverständigen anzunehmen. Es ist daher für den Antragsgegner regelmäßig eine schwierige Entscheidung, ob er angesichts der erkennbaren Aussichtslosigkeit seines Vorgehens gegen den Sachverständigen den Versuch von vornherein unterlässt, um den Sachverständigen gegebenenfalls nicht unnötig gegen sich aufzubringen oder aber gerade durch ein derartiges Vorgehen den Sachverständigen zu veranlassen versucht, die Gutachtenerstellung möglichst neutral vorzunehmen und gegebenenfalls auch einen Ansatz für eine erneute Gutachteneinholung im Hauptsacheprozess zu schaffen. Zumindest aber ist in diesen Fällen eine kritische Beobachtung des Sachverständigen insbesondere im Termin vor Ort anzuraten, um auf diesem Wege zumindest zu diesem Zeitpunkt gegebenenfalls tragfähige Ansätze für eine Ablehnung des Sachverständigen zu gewinnen. Ansonsten verbleibt nur die spätere kritische Auseinandersetzung mit den Sachverständigenausführungen. 8

Die Sachverständigenablehnung ist grundsätzlich unter den gleichen Voraussetzungen möglich wie die Ablehnung eines Richters (§ 406 Abs. 1 ZPO). Die **Besorgnis der Befangenheit** ist gegeben, wenn ein Grund vorliegt, der geeignet ist, Misstrauen gegen die Unparteilichkeit des Sachverständigen zu rechtfertigen. Dieses Misstrauen muß bei verständiger Würdigung vom Standpunkt des Ablehnenden aus berechtigt sein.[8] 9

Der Antrag ist gemäß § 406 Abs. 2 ZPO binnen zwei Wochen nach Verkündung oder Zustellung des Beschlusses über die Ernennung des Sachverständigen zu stellen, es sei denn der Antragsteller macht glaubhaft, dass er ohne sein Verschulden verhindert war, den Ablehnungsgrund früher geltend zu machen (§ 406 Abs. 2 Satz 2 ZPO). 10

Strittig ist, ob diese **2-Wochen-Frist** zur Geltendmachung von Ablehnungsgründen auch gilt, wenn diese erst später entstehen bzw. erkennbar werden: 11

Für den Fall, dass sich der Grund für die Ablehnung des Sachverständigen erst aus dem von diesem erstatteten Gutachten ergibt, hat der Bundesgerichtshof entschieden,[9] dass die Frist zur Ablehnung des Sachverständigen wegen Besorgnis der Befangenheit im allgemeinen gleichzeitig mit der vom Gericht gesetzten Frist zur Stellungnahme nach § 411 Abs. 4 ZPO abläuft, da der Anspruch einer Prozesspartei auf einen aus ihrer Sicht unparteiischen Sachverständigen unmittelbarer Ausfluss des Rechtsstaatsprinzips ist und die Durchsetzung dieses Anspruches nicht durch verfahrensrechtliche Hürden unangemessen erschwert werden darf.

Wird eine derartige Frist gerichtlicherseits bei Übermittlung des Sachverständigengutachtens nicht gesetzt oder ergeben sich Ablehnungsgründe gegenüber dem Sachverständigen während des Laufs des Verfahrens, z.B. aus Einlassungen des Sachverständigen während des Ortstermins bzw. Ausführungen gegenüber dem Gericht, sollte aus anwaltlicher Vorsorge – auch wenn die Ausführungen des Bundesgerichtshof zutreffenderweise eine andere Betrachtungsweise nahe legen – diese 2-Wochen-Frist unbedingt beachtet werden. 12

Unbefriedigend ist in diesem Zusammenhang, dass dem Sachverständigen trotz Bedenken ihm gegenüber im Regelfall dennoch ein **Vergütungsanspruch** zugestanden wird. Dieser soll selbst bei 13

---

8 Beispielsfall: OLG Celle, BauR 2008, 559.
9 BGH, BauR 2005, 1205.

III. Ergänzungsantrag

14 Nach herrschender Meinung kann der Antragsgegner seinerseits im Verfahren **Ergänzungsfragen** stellen, soweit diese denselben Sachkomplex betreffen, ein rechtlicher Zusammenhang zum Beweissicherungsantrag besteht und die Fragen ohne zeitliche Verzögerungen vom beauftragten Sachverständigen beantwortet werden können.[11]

Für den Antragsgegner bieten sich derartige Fragen an, um
- Alternativursachen zur Diskussion zu stellen,
- die Verantwortlichkeit anderer Beteiligter sowie gegebenenfalls Verantwortungsteile zu klären,
- Sowieso-Kosten sowie sonstige Vorteilsausgleichungsgesichtspunkte zu hinterfragen.

15 Das Recht zu ergänzenden Fragestellungen hat unter den genannten Voraussetzungen auch der **Streithelfer**, soweit sich seine Fragen nicht gegen die unterstützte Partei richten.

16 Durch seine Ergänzungsanträge wird der Antragsgegner zumeist die ihm notwendig erscheinenden zusätzlichen Klärungen treffen können. Zu bedenken ist allerdings, dass insbesondere wenn der Auftragnehmer ein Beweisverfahren einleitet, auch seitens des Auftraggebers die Notwendigkeit bestehen kann, die Verjährung zu hemmen. Durch den auftragnehmerseitigen Antrag werden nämlich auftraggeberseitige Ansprüche nicht gehemmt. Nach zutreffender Auffassung des OLG Saarbrücken hemmt der Antrag des Auftragnehmers auf Durchführung des selbständigen Beweisverfahrens auch nicht die Verjährung seines Werklohnanspruches.[12] Da zudem keinerlei gesicherte Erkenntnisse dazu vorliegen, ob Ergänzungsfragen des Antragsgegners im selbständigen Beweisverfahren eine eigenständige **Hemmungswirkung** entfalten, besteht in diesen Fällen die Notwendigkeit eigenständiger Antragstellung.

17 Offen ist, ob § 485 Abs. 3 ZPO in diesem Fall ein völlig neues Verfahren ausschließt; allgemein wird zumindest ein eigenständiger **Gegenantrag** für zulässig erachtet.[13] Um mit diesem die gegebenenfalls bezweckte Hemmungswirkung zu erreichen, muß dieser allerdings ausdrücklich als eigenständiger Gegenbeweisantrag gestellt und dem Antragsteller zugestellt werden. Er muß sämtliche Voraussetzungen eines Beweissicherungsantrages im Sinne der §§ 485 ff. ZPO erfüllen, u.a. also auch glaubhaft gemacht werden.

C. Pflichten des Antragsgegners

18 Es bestehen aber auch Pflichten des Antragsgegners:

Hat dieser einen Ergänzungs- oder Gegenantrag gestellt, ist er verpflichtet, den **Vorschuss für den Sachverständigen** für den auf ihn entfallenden Teil der gutachterlichen Untersuchungen zu zahlen.[14]

---

10 OLG Schleswig-Holstein, BauR 2007, 752 und OLG Jena, BauR 2007, 918: Der Sachverständige verliert seinen Entschädigungsanspruch, wenn er einen Auftrag zur Erstellung eines Gutachtens übernimmt, obwohl er nicht über die ausreichende Sachkunde zur umfassenden Beantwortung der Beweisfragen verfügt.
11 OLG Köln, BauR 2005, 752; OLG Hamm BauR 2003, 1763; OLG Frankfurt, BauR 1996, 585.
12 OLG Saarbrücken, BauR 2006, 561.
13 OLG Köln, a.a.O.; Zöller/*Herget* § 485 Rn. 3; Kleine-Möller/Merl, § 19 Rn. 99 ff. Zur Kostenfolge s. OLG Nürnberg, BauR 2010, 1271.
14 Siehe auch OLG Köln, BauR 2009, 1335; Kleine-Möller/Merl, § 19 Rn. 235; *Kniffka/Koeble*, 2. Teil, Rn. 124; BGH, NJW-RR 2009, 1433.

Sind die Untersuchungen – wie zumeist – auf dem Grundstück des Antragsgegners durchzuführen, hat dieser den Beteiligten **Zugang** zu gewähren.[15] Strittig kann sein, wie groß der Kreis der von ihm auf seinem Grundstück zu duldenden Teilnehmer ist (z.B. Privatsachverständige, Firmenangestellte, usw.).[16]   19

Sind **Bauteilöffnungen** oder sonstige **zerstörende Untersuchungen** erforderlich, hängt es vom Ausmaß der zerstörenden Untersuchungen – dauerhafte oder vorübergehende negative Konsequenzen –, vom anerkennenswerten Interesse des Antragstellers sowie davon ab, ob nicht auch mit anderen, weniger einschneidenden Mitteln Klarheit geschaffen werden kann, ob der Antragsgegner als Eigentümer diese dulden muß (siehe dazu umfassend § 492 ZPO Rdn. 7 ff.).   20

Umstritten ist auch, ob, falls das zu begutachtende Objekt im Eigentum eines Dritten steht, dieser zur Duldung von Bauteilöffnungen verpflichtet ist.[17]   21

Ob der Sachverständige seinerseits verpflichtet ist, in die Bausubstanz einzugreifen und ggf. sogar Bauteile selbst zu öffnen oder ob dies die Verpflichtung des Antragstellers ist, ist höchstrichterlich noch nicht entschieden;[18] siehe dazu näher § 492 ZPO Rdn. 7.   22

Der Antragsgegner hat im übrigen die Pflicht, dem Sachverständigen diejenigen **Informationen und Unterlagen** zur Verfügung zu stellen, die nur er besitzt. Dabei darf diese Mitwirkungsverpflichtung des Antragsgegners aber nicht missverstanden werden im Sinne einer allumfassenden Beschaffungsverpflichtung des Antragsgegners. Zu berücksichtigen ist nämlich, dass das Verfahren einseitig durch den Antragsteller eingeleitet wird und es daher auch dessen Aufgabe ist, die für den Sachverständigen notwendigen Unterlagen und Informationen zusammenzustellen, selbst wenn dies mit einem größeren Aufwand verbunden ist. Die Verpflichtung des Antragsgegners greift nur, wenn der Antragsteller zu einer derartigen Informationsbeschaffung objektiv nicht in der Lage ist.   23

Müssen für den Sachverständigen **Gerätschaften** (z.B. Gerüste) bereitgestellt oder **Handwerker** beigestellt werden, trifft auch diese Verpflichtung zunächst den Antragsteller[19] bzw. ist der Sachverständige berechtigt und verpflichtet, derartige Aufträge nach Rücksprache mit dem Gericht an Drittfirmen zu erteilen. Der Antragsgegner ist hingegen nicht verpflichtet, diese Leistungen zu erbringen, zumal nicht ohne entsprechende Bezahlung, selbst wenn sein Betrieb auf derartige Leistungen eingerichtet ist. Es sind für ihn vielmehr gute Gründe denkbar – Haftungsrisiken –, eine solche Aufgabe nicht zu übernehmen.   24

Folge einer **unberechtigten Verweigerung der Mitwirkung** durch den Antragsgegner ist gegebenenfalls eine Beweislastumkehr (siehe näher § 492 Rdn. 10). Allerdings muß diese Weigerung angesichts ihrer gravierenden rechtlichen Konsequenzen dem Gericht gegenüber auf eine Anordnung nach den §§ 273 Abs. 2 Nr. 2, 144 Abs. 1 ZPO hin erfolgen.[20] Eine ergebnislose Aufforderung durch den Sachverständigen allein reicht dazu nicht aus.   25

Soweit Sachverständige häufig Unterlagen und Informationen ohne jegliche Unterscheidung von »den Parteien« anfordern, richtet sich eine derartige Aufforderung regelmäßig zunächst an den Antragsteller und hat dieser darzutun, dass bzw. inwieweit er zu einer entsprechenden Informations- bzw. Unterlagenbeschaffung nicht in der Lage ist, bevor die entsprechende Verpflichtung auf   26

---

15 Kleine-Möller/Merl, § 19 Rn. 201 i.V.m. Rn. 218.
16 Zu den Mitwirkungspflichten in diesem Zusammenhang siehe auch *Wussow*, NJW 1969, 1406 f.
17 Siehe etwa KG, NJW-RR 2006, 241.
18 Zum Streitstand siehe: OLG Hamm, IBR 2007, 160; *Dötsch*, IBR 2007, 159: Antragsteller; OLG Celle, BauR 2005, 1358; OLG Jena, BauR 2007, 441: Sachverständiger: *Ulrich*, IBR 2007, 159; *Kamphausen*, IBR 2007, 160.
19 Siehe *Kleine-Möller/Merl*, § 19 Rn. 216.
20 Zur gerichtlichen Anordnung nach diesen Vorschriften auch im selbständigen Beweisverfahren, s. *Ulrich*, Rn. 137 f.

§ 492 ZPO   Beweisaufnahme

den Antragsgegner übergeht, sofern dieser seinerseits diese Unterlagen in zumutbarer Weise zur Verfügung stellen kann.

§ 492 Beweisaufnahme

(1) Die Beweisaufnahme erfolgt nach den für die Aufnahme des betreffenden Beweismittels überhaupt geltenden Vorschriften.

(2) Das Protokoll über die Beweisaufnahme ist bei dem Gericht, das sie angeordnet hat, aufzubewahren.

(3) Das Gericht kann die Parteien zur mündlichen Erörterung laden, wenn eine Einigung zu erwarten ist; ein Vergleich ist zu gerichtlichem Protokoll zu nehmen.

Übersicht	Rdn.			Rdn.
A. Sachverständigenbeweis	1	IV.	Ablehnung des Sachverständigen	17
I. Gutachten	2	V.	Haftung des Sachverständigen	21
II. Ortstermin; Bauteilöffnung	5	VI.	Beendigung des Beweisverfahrens	22
III. Ergänzungsgutachten	13	B.	Erörterungstermin	28

A. Sachverständigenbeweis

1   In Bausachen erfolgt die **Beweisaufnahme** regelmäßig **durch Sachverständigenbeweis**. Augenscheinseinnahme und Zeugenbeweis sind dagegen ohne Bedeutung.

I. Gutachten

2   Der Sachverständige ist **zur Gutachtenerstattung verpflichtet**, wenn die Voraussetzungen des § 407 Abs. 1 ZPO gegeben sind (im Regelfall öffentliche Bestellung) und keine Verweigerungsgründe nach § 408 Abs. 1 S. 1 ZPO vorliegen. Ein Recht zur Selbstablehnung wegen Befangenheit nach § 48 ZPO besitzt der Sachverständige nicht. Etwaige Ablehnungsgründe (z.B. vorherige Tätigkeit im Rahmen des Beweisthemas als Privatsachverständiger) sollten dem Gericht allerdings unverzüglich mitgeteilt werden, damit dieses ihn von der Verpflichtung zur Erstattung des Gutachtens entbinden kann (§ 408 Abs. 1 ZPO).

3   Hilfskräfte darf der Sachverständige zur Vorbereitung des Gutachtens nur in begrenztem Umfang einsetzen, z.B. für Messungen, Materialsammlung usw. Seine persönliche Verantwortung für das Gutachten muß uneingeschränkt beachtet werden.

4   Das Gericht soll gemäß § 411 Abs. 1 ZPO dem Sachverständigen eine Frist zur Gutachtenerstattung setzen. Bei Verstößen kann gegen ihn ein Ordnungsgeld festgesetzt werden. Allerdings machen die Gerichte zumeist erst sehr spät von den ihnen in diesem Zusammenhang zustehenden Rechten Gebrauch; dies geht im Zweifelsfalle zu Lasten der antragstellenden Partei

II. Ortstermin; Bauteilöffnung

5   Zur **Durchführung des Ortstermins** hat der Sachverständige alle Parteien – auch Streithelfer – ordnungsgemäß – Ladungsnachweis erforderlich – und rechtzeitig zu laden (siehe § 491 ZPO bzw. § 493 Abs. 2 ZPO). Wegen des Eilcharakters des selbständigen Beweisverfahrens sind die Ladungsfristen des § 214 ZPO nicht zwingend einzuhalten; ihre Einhaltung ist aber geboten, um dem Antragsgegner die Wahrung seiner Rechte zu ermöglichen. Die Ladung hat an den anwaltlichen Vertreter der Partei zu erfolgen.

6   Der Ortstermin dient ausschließlich der Inaugenscheinnahme und Untersuchung durch den Sachverständigen. Eine Erörterung von Tatsachen- und Rechtsfragen kommt nicht in Betracht.

Missachtet der Sachverständige dies, bietet er den Parteien Anlass für eine Ablehnung (siehe dazu nachfolgend IV.).

Die **Bauteilöffnung**, die häufig zur ordnungsgemäßen Untersuchung notwendig sein wird, bietet für den Sachverständigen ein besonderes Risiko. Sein Interesse geht daher dahin, in den Fällen der Notwendigkeit eines Eingriffs in die Bausubstanz die Verpflichtung auf den Antragsteller abzuwälzen. Es ist allerdings umstritten – eine höchstrichterliche Entscheidung liegt nicht vor –, ob der Sachverständige sich dieser Verpflichtung entziehen kann. Teilweise wird eine Verpflichtung des Sachverständigen zur Bauteilöffnung bejaht,[1] während teilweise unter Hinweis auf die Haftungsrisiken des Sachverständigen der Antragsteller für zuständig erklärt wird[2] (siehe dazu auch § 491 ZPO Rdn. 22). 7

Es dürfte insoweit zu unterscheiden sein: Ist der Antragsteller Eigentümer des Gebäudes, an dem die Bauteilöffnung vorgenommen werden soll, ist es ihm zumutbar, die entsprechenden Voraussetzungen selbst zu schaffen (die Kosten sind gegebenenfalls Kosten des selbständigen Beweisverfahrens). Ein Bedürfnis, die Verantwortung in diesen Fällen auf den Sachverständigen zu verlagern, ist nicht ersichtlich. 8

Befindet sich das zu öffnende Bauteil im Eigentum des Antragsgegners, ist der Antragsteller regelmäßig nicht in der Lage, gegen den Willen des Antragsgegners für eine Öffnung auf fremdem Grund und Boden Sorge zu tragen. In diesen Fällen bleibt im Grunde lediglich die Bauteilöffnung durch den Sachverständigen oder man verpflichtet den Antragsgegner, eine Bauteilöffnung an seinem Eigentum durch den Antragsteller zu dulden. In jedem Fall bedarf es eines gerichtlichen Beschlusses, in dem die Bauteilöffnung konkret festgelegt und angeordnet wird, wer sie vorzunehmen hat. Ergeht ein derartiger Beschluss, sind die vom Beschluss Betroffenen zur Veranlassung bzw. Duldung verpflichtet. Der Sachverständige haftet für etwaige Schäden bei Bauteilöffnung, auch wenn er sich der Hilfe Dritter bedient. 9

Widersetzt sich der Antragsgegner einem Beschluss, an seinem Grundstück Bauteilöffnungen vornehmen zu lassen, kehrt sich die Beweislast zu seinen Lasten um bzw. treten die Folgen einer **Beweisvereitelung** nach § 371 Abs. 3 ZPO ein (die aufgestellten Mängelbehauptungen werden als bewiesen angesehen), es sei denn der Eingriff in die Bausubstanz ist mit erheblichen Risiken und gegebenenfalls dauerhaften Schäden verbunden und aus diesen Gründen dem Antragsgegner nicht zumutbar.[3] In diesen Fällen ist seine Weigerung nach § 286 ZPO frei zu würdigen.[4] Regelmäßig ist allerdings zuvor zu fragen, ob nicht auch mit weniger einschneidenden Mitteln Klarheit geschaffen werden kann und das anerkennenswerte Interesse des Antragstellers tatsächlich so groß ist, dass es eine derartig einschneidende Maßnahme rechtfertigt. Denkbar ist in Ausnahmefällen ein materiell-rechtlicher Anspruch auf Duldung, der gegebenenfalls im Wege einer einstweiligen Verfügung durchgesetzt werden kann.[5] 10

Um die **Risiken**, die mit einer Bauteilöffnung verbunden sein können, nachvollziehbar zu machen und zum eigenen Schutz des Sachverständigen hat dieser, wenn er aufgrund eines gerichtlichen Beschlusses zur Bauteilöffnung verpflichtet wird, den von der Bauteilöffnung Betroffenen auf diese Risiken ausdrücklich hinzuweisen. 11

Umstritten ist, ob für den Fall, dass das zu öffnende Bauteil sich nicht im **Eigentum** einer Partei befindet, auch **Dritte** durch gerichtlichen Beschluss gezwungen werden können, Eingriffe dieser 12

---

1 OLG Celle, BauR 2005, 1358; OLG Jena, IBR 2007, 159; OLG Düsseldorf, BauR 1997, 697.
2 OLG Hamm, IBR 2007, 160; Brandb. OLG, BauR 1996, 432; OLG Bamberg, BauR 2002, 829; OLG Rostock, BauR 2003, 757; LG Kiel, IBR 2009, 358; siehe auch OLG Celle, BauR 2009, 1476.
3 So auch Kleine-Möller/Merl, § 19 Rn. 213.
4 *Baumbach/Lauterbach* Übersicht § 371 Rn. 8; *Zöller/Greger*, § 371 Rn. 5.
5 Siehe dazu Kleine-Möller/Merl, § 19 Rn. 209.

Art durch einen Sachverständigen in ihr Eigentum vornehmen zu lassen. Das Kammergericht bejaht eine derartige Verpflichtung unter Hinweis auf § 144 Abs. 1 S. 3 i.V.m. Abs. 2 ZPO.[6]

III. Ergänzungsgutachten

13 Das schriftliche Gutachten des Sachverständigen wird nur selten das Beweisverfahren beenden; im Regelfall wird eine bzw. werden die Parteien durch schriftliche Nachfrage den Sachverständigen zu einem **Ergänzungsgutachten** veranlassen. Soweit in diesem Zusammenhang manche Gerichte von den Parteien eine konkrete Vorformulierung der Fragen fordern, ist diese Forderung im Interesse der Konzentrierung des Verfahrens durchaus sachgerecht. Häufig werden die Parteien ihre Fragen aber im Voraus gar nicht konkret formulieren können. Es genügt daher nach Auffassung des Bundesgerichtshofes, wenn die betreffende Partei allgemein angibt, in welche Richtung sie durch ihre Fragen eine weitere Aufklärung wünscht.[7] Zweckmäßigerweise setzt das Gericht von vornherein Fristen, innerhalb derer es den Parteien die Möglichkeit ergänzender Fragestellungen gibt. Eine derartige Fristsetzung schafft nämlich auch Klarheit hinsichtlich des Endes der Hemmungswirkung des selbständigen Beweisverfahrens (siehe dazu eingehend nachfolgend VI.).

14 Die in der Praxis häufig anzutreffenden fortdauernden ergänzenden Fragestellungen durch die Parteien sind vielfach weniger durch fachliche Gesichtspunkte als durch den Wunsch geprägt, die juristischen Argumentationen auf diesem Wege bestmöglich vorzubereiten. Häufig erfolgen sie aber auch in der Befürchtung, gegebenenfalls in einem nachfolgenden Hauptsacheverfahren mit derartigen Fragestellungen/Einwendungen ausgeschlossen zu werden (siehe dazu, dass diese Befürchtung im Regelfall unbegründet ist, § 493 ZPO Rdn. 6 ff.).

15 Soweit fortdauernde Ergänzungsfragen an den Sachverständigen nur der verzweifelte Versuch einer Partei sind, den aus ihrer Sicht falsch urteilenden Sachverständigen durch immer neue Argumente von seiner einmal gefassten Auffassung abzubringen, sollte die Auseinandersetzung mit dem Sachverständigen in den Hauptsacheprozess verlagert werden.[8] Der Antrag auf Bestellung eines **Obergutachters** im selbständigen Beweisverfahren nach § 412 ZPO, der zum Teil als zulässig angesehen wird,[9] ist im selbständigen Beweisverfahren nicht sachgerecht, weil das im Beweisverfahren zuständige Gericht das Gutachten nicht zu werten hat, § 412 Abs. 1 ZPO eine solche Wertung aber voraussetzt.

16 Letztlich bleibt den Parteien, die **mündliche Erläuterung des Gutachtens** durch den Sachverständigen in einem Gerichtstermin zu beantragen. Einem derartigen Antrag hat das Gericht stattzugeben, auch wenn es die Erläuterung nicht für geboten erachtet.[10] Ein Vorstoß gegen diese Pflicht verletzt den Anspruch der Partei auf rechtliches Gehör.[11]

IV. Ablehnung des Sachverständigen

17 Die **Ablehnung des Sachverständigen** ist nach den allgemeinen Vorschriften (§ 406 ZPO) wegen Besorgnis der Befangenheit möglich. Zu beachten ist die drohende Verfristung des Ablehnungsrechts (§ 406 Abs. 2 ZPO: zwei Wochen). Allerdings nimmt der Bundesgerichtshof[12] an, dass für den Fall, dass sich der Grund zur Ablehnung des Sachverständigen aus dem Gutachten ergibt, die

---

6 KG, NJW-RR 2006, 241; Entscheidung des KG wird bedenklich gesehen von *Werner/Pastor*, Rn. 90.
7 Siehe dazu BGH, BauR 2007, 1610.
8 So auch OLG Hamm, BauR 2000, 1372.
9 Siehe Thomas/Putzo, § 492 Rn. 1. Nach KG, BauR 2010, 502 f. ist jedenfalls gegen Zurückweisung des Antrags keine sofortige Beschwerde gegeben.
10 BGH, BauR 2009, 1773; BGH, BauR 2007, 1610; OLG Köln, BauR 1996, 754 (755).
11 BGH, BauR 2009, 1773; OLG Celle, BauR 2009, 1476; einschränkend OLG Bamberg, OLGR 2008, 851.
12 BauR 2005, 1205.

Frist zur Ablehnung des Sachverständigen gleichzeitig mit der vom Gericht gesetzten Frist zur Stellungnahme zum Gutachten abläuft, wenn sich die Partei zur Begründung des Antrags mit dem Inhalt des Gutachtens auseinandersetzen muß (siehe dazu auch § 491 Rdn. 11).

Ablehnungsgründe sind 18
- enge persönliche Beziehungen zu einer Partei bzw. dem Prozessbevollmächtigten einer Partei
- besondere wirtschaftliche Beziehungen zu einer Partei
- wirtschaftliches Interesse am in Frage stehenden Objekt
- vorhergehende Befassung mit dem Streitstoff, z.B. als Privatsachverständiger, Schiedsrichter
- gar keine oder einseitige Ladung zum Ortstermin[13]
- einseitige Parteinahme im Ortstermin
- Verwertung von Informationen und Unterlagen, die nicht allen Beteiligten zugänglich sind
- eigenmächtige Abänderung bzw. Überschreitung der Fragestellungen des Beweisbeschlusses[14]

Als Ablehnungsgründe **nicht anerkannt** sind 19
- mangelnde Qualifikation[15]
- Rechtsausführungen im Gutachten[16]
- heftige Reaktion auf provokatives Verhalten einer Partei

Tendenziell sind Gerichte nur in besonders krassen Fällen bereit, die Befangenheit eines Sachverständigen anzunehmen.

Das Gericht entscheidet über das Ablehnungsgesuch durch **Beschluss** bei freigestellter mündlicher 20 Verhandlung. Gegen den ablehnenden Beschluss ist die sofortige Beschwerde zulässig (§§ 406 Abs. 5, 2. HS, 567 ZPO). Im Berufungs- oder Beschwerdeverfahren beim Land- oder Oberlandesgericht ist nur die Rechtsbeschwerde möglich, wenn sie zugelassen wurde (§ 574 ZPO). Der die Ablehnung für begründet erklärende Beschluss ist **unanfechtbar** (§ 406 Abs. 5, 1. HS ZPO). Er ist auch für den Sachverständigen nicht anfechtbar.

V. Haftung des Sachverständigen

Die **Haftung des Sachverständigen** richtet sich nach § 839a BGB. Danach haftet der Sachverständige nur für Vorsatz und grobe Fahrlässigkeit. Die Haftung des Sachverständigen tritt im übrigen nur ein, wenn das Verfahren durch eine abschließende gerichtliche Entscheidung endet; dies ist erst im Hauptsacheverfahren möglich. 21

VI. Beendigung des Beweisverfahrens

Der Zeitpunkt der **Beendigung des Beweisverfahrens** ist deshalb von besonderer Bedeutung, weil 22 häufig der Antrag auf Beweissicherung in Bausachen der Hemmung laufender Verjährungsfristen dient (siehe § 204 Abs. 1 Nr. 7 BGB). In diesen Fällen ist es zur Berechnung des Zeitraums der **Hemmung der Verjährung** wichtig, neben dem Anfangsdatum auch den konkreten Endzeitpunkt des Beweisverfahrens zu kennen, um von diesem ab den restlichen Hemmungszeitraum von sechs Monaten nach § 204 Abs. 2 BGB berechnen zu können.

Bei schriftlicher Begutachtung durch den Sachverständigen ist das selbständige Beweisverfahren 23 mit der **Übermittlung des Gutachtens** an die Parteien beendet.[17] Werden mehrere Gutachten nacheinander eingeholt und betreffen einzelne Gutachten selbständige Gegenstände, tritt nach Auffassung der Gerichte eine Teilbeendigung mit der Folge ein, dass für die verschiedenen Gegen-

---

13 Nach OLG Celle, fehlende Ladung kein Grund zur Ablehnung wegen Befangenheit (BauR 2009, 1007).
14 Siehe aber OLG Naumburg, BauR 2006, 1345 und OLG Celle, BauR 2006, 559.
15 BGH, BauR 2005, 1205.
16 OLG Nürnberg, BauR 2002, 129.
17 BGH, BauR 2002, 1115.

stände unterschiedliche Verjährungsfristen laufen.[18] Aus anwaltlicher Sicht ist eine derartige Teilbeendigung mit der Folge des Laufs unterschiedlicher Fristen ein erhebliches Haftungsproblem.

24 Streitig ist, in welchem Zeitraum nach Vorlage des Gutachtens die Parteien noch Ergänzungswünsche äußern und damit die Beendigung des Beweisverfahrens hinauszögern können. Der Bundesgerichtshof legt einen »angemessenen« Zeitraum zugrunde.[19] Das OLG Bamberg[20] nimmt einen Zeitraum von zwei Monaten nach Zusendung des Ergänzungsgutachtens an; das OLG Düsseldorf[21] hält einen Zeitraum von über drei Monaten für zu lang; das OLG Hamm[22] erachtet einen Zeitraum von einem Monat als ausreichend. Aus anwaltlicher Fürsorge sollte von letzterem Zeitraum regelmäßig ausgegangen werden.

25 Werden Einwendungen verspätet vorgetragen, setzt sich das selbständige Beweisverfahren nur fort, wenn das Gericht die verspäteten Fragestellungen in demselben Verfahren noch zulässt (gegebenenfalls ist § 204 Abs. 2 BGB zu beachten). Ansonsten bleibt es bei der Beendigung des Verfahrens mit Gutachtenübermittlung. Klarheit im Interesse aller Beteiligten kann das Gericht dadurch schaffen, dass es eine **Frist** setzt, innerhalb derer **Einwendungen** gegen das Gutachten erhoben werden können (§§ 492 Abs. 1, 411, Abs. 4 Satz 2 ZPO; eine Belehrung über die Folgen der Fristversäumung ist erforderlich[23]). Mit Ablauf dieser Frist ist nach allgemeiner Auffassung das Verfahren beendet.[24]

26 Erläutert der Sachverständige sein Gutachten noch mündlich, endet das selbständige Beweisverfahren mit der Verlesung und Genehmigung des Sitzungsprotokolls über die Anhörung des Sachverständigen.[25]

27 Betreibt der Antragsteller das Verfahren nicht mehr, indem er beispielsweise den angeforderten Vorschuss nicht einzahlt, so endet die Hemmungswirkung des eingeleiteten Verfahrens mit der Zustellung der gerichtlichen Aufforderung zur Zahlung. Wird das Verfahren sodann später durch Einzahlung fortgesetzt, läuft während des Zeitraums, in dem das Verfahren nicht betrieben wird, die Frist weiter (siehe § 204 Abs. 2 BGB).

B. Erörterungstermin

28 Die **Erörterung (Abs. 3)** soll wie allgemein in gerichtlichen Verfahren der möglichst raschen gütlichen Einigung der Parteien dienen. In Bausachen wird die Beilegung der Streitigkeit im selbständigen Beweisverfahren allerdings kaum – allenfalls bei überschaubaren Verfahren geringerer Wertigkeit und mit wenigen Beteiligten – gelingen. Da das Gericht die gutachterlichen Stellungnahmen nicht juristisch zu werten hat, wird es nämlich nur selten in der Lage sein, die Parteien im Rahmen von Vergleichsbemühungen angemessen zu unterstützen. Dies gilt selbst dann, wenn – wie es sachgerecht ist – der Erörterungstermin mit einem Termin zur Anhörung des Sachverständigen verbunden wird. Bei Nichterscheinen einer Partei zum Termin – nach herrschender

---

18 Siehe BGH, BauR 1993, 221; OLG München, BauR 2007, 1095; OLG Düsseldorf, BauR 1985, 326; anders (aus diesseitiger Sicht zutreffend): OLG Hamm, BauR 1990, 104 (108) und OLG Hamm, BauR 2009, 1477.
19 BGH, BauR 2009, 979. Allerdings soll das Verfahren auch bei rechtzeitigen Einwendungen beendet sein, wenn Gericht zum Ausdruck bringt, keine weitere Beweisaufnahme durchzuführen und dagegen keine Einwendungen erhoben werden (BGH, BauR 2011, 287 ff.).
20 BauR 2006, 560.
21 OLG Düsseldorf, BauR 2004, 1979; so auch OLG Frankfurt, Beschl. v. 07.10.2009 – 19 W 64/09.
22 BauR 2005, 752.
23 Siehe BGH, NJW-RR 2006, 428.
24 BGH, BauR 2002, 1115; OLG Düsseldorf, BauR 2001, 675 und BauR 2004, 1979. S. auch OLG Hamm, BauR 2010, 658 f.: selbst bei versehentlichem Übergehen einer Beweisfrage.
25 BGH, BauR 2009, 316 (darauf, ob der Sachverständige die Beweisfragen vollständig beantwortet hat, kommt es nicht an); OLG Düsseldorf, BauR 2009, 1776, rechtskräftig durch Beschluss des BGH, vom 24.03.2009 (VII ZR 200/08); BGH, BauR 1993, 221; OLG Hamm, BauR 2005, 752.

Meinung besteht in diesem Termin Anwaltszwang – kann ein Versäumnisurteil, da es sich nicht um einen Verhandlungstermin handelt, nicht ergehen.[26]

§ 493 Benutzung im Prozess

(1) Beruft sich eine Partei im Prozess auf Tatsachen, über die selbständig Beweis erhoben worden ist, so steht die selbständige Beweiserhebung einer Beweisaufnahme vor dem Prozessgericht gleich.

(2) War der Gegner in einem Termin im selbständigen Beweisverfahren nicht erschienen, so kann das Ergebnis nur benutzt werden, wenn der Gegner rechtzeitig geladen war.

A. Verwertung im Hauptsacheverfahren

Das **Beweisergebnis** des selbständigen Beweisverfahrens ist, da es der Vorbereitung und beweismäßigen Vereinfachung des Hauptsacheverfahrens dient, wie ein vor dem Prozessgericht erhobener Beweis zu behandeln (kein Urkundenbeweis).[1] Dies gilt allerdings nur bei inländischen Beweisverfahren.[2] 1

Voraussetzung einer derartigen Verwertung der Ergebnisse des selbständigen Beweisverfahrens im Hauptsacheverfahren ist die **Identität** der Beteiligten im selbständigen Beweisverfahren und im nachfolgenden Hauptsacheprozess sowie die Identität der zu beweisenden Behauptungen in beiden Verfahren. Ist der Streithelfer bereits am selbständigen Beweisverfahren beteiligt gewesen, gilt dies auch für ihn. 2

Die Beweisverwertung im Hauptsacheverfahren erfolgt in diesem Rahmen von Amts wegen; es bedarf daher keines gesonderten Beweisantrages der Parteien. Diejenige Partei, für die das im selbständige Beweisverfahren eingeholte Gutachten nachteilig ist, kann dessen Verwertung im Hauptsacheprozesse folglich nicht verhindern; Ausnahme: Die Parteien sind sich darin einig, das Gutachten als für ihr Rechtsverhältnis nicht maßgeblich ansehen zu wollen. 3

Nach allgemeiner Meinung bedarf es einer Feststellung der Beweisverwertung und der Beweiserörterung – sofern letztere nicht bereits nach § 492 Abs. 3 ZPO stattgefunden hat – im Protokoll (§ 160 Abs. 3 ZPO).[3] Ein Unterlassen bedeutet einen Berufungs- bzw. Revisionsgrund. 4

Eine **erneute Begutachtung** kann nach allgemeiner Ansicht unter den Voraussetzungen des § 412 ZPO verlangt werden, nämlich wenn das Hauptsachegericht das Gutachten für ungenügend erachtet. Dies ist regelmäßig der Fall, wenn es erkennbar Mängel aufweist, von unzutreffenden Tatsachen ausgeht, widersprüchlich ist oder die Ausführungen Zweifel an der Sachkunde des Sachverständigen aufkommen lassen.[4] Angezeigt ist eine erneute Begutachtung gemäß § 412 ZPO im übrigen regelmäßig, wenn auf berechtigte Einwendungen einer Partei im vorausgehenden selbständigen Beweisverfahren hin seitens des Sachverständigen gegebene Antworten die Annahme nahe legen, dass der Sachverständige – in der Praxis eine häufige Erfahrung – nicht bereit ist, sich mit Einwendungen gegen sein Gutachten überhaupt inhaltlich ernsthaft und vertieft zu beschäftigen. 5

In der Praxis entscheidender als die Frage einer erneuten Begutachtung ist die Frage, inwieweit **Einwendungen gegen die Sachverständigenausführungen** im selbständigen Beweisverfahren auch 6

---

26 Siehe *Kniffka/Koeble*, 2. Teil Rn. 134.
1 BGH, NJW 2008, 523.
2 NJW 1983, 2779.
3 Siehe *Zöller/Herget*, § 493 Rn. 1.
4 *Werner/Pastor*, Rn. 122; OLG Düsseldorf, BauR 1997, 515 (517). Kein Rechtsmittel gegen Ablehnung: BGH, BauR 2010, 932 ff.

noch im Hauptsacheverfahren vorgetragen werden können, wenn diese bereits im vorausgehenden Beweisverfahren vorgetragen, vom Sachverständigen aber inhaltlich nicht hinlänglich beantwortet wurden, oder aber Einwendungen im Hauptsacheprozess erstmalig geltend gemacht werden sollen. Insbesondere bei den Instanzgerichten[5] besteht häufig die Vorstellung einer angeblichen Präklusion, die es in dieser Form nicht gibt. Es ist vielmehr zu differenzieren:

7 Uneingeschränkt geltend gemacht werden können Einwendungen, die sich überhaupt erst aus dem Vortrag im Hauptsacheprozess ergeben.

8 Soweit Einwendungen bereits im selbständigen Beweisverfahren vorgebracht, aus Sicht der vortragenden Partei vom Sachverständigen aber nicht hinlänglich berücksichtigt wurden, gilt: Nach herrschender Meinung sind derartige Einwendungen im Hauptsacheprozess nicht ausgeschlossen. Es besteht keinerlei Bindungswirkung des Hauptsachegerichts, da das für das selbständige Beweisverfahren zuständige Gericht derartige Einwendungen nicht zu würdigen hatte und es daher erstmalig das Hauptsachegericht ist, das derartige Einwendungen würdigt (Gewährung rechtlichen Gehörs). Insoweit kommt eine Ausschlusswirkung mit derartigen Einwendungen im Hauptsacheverfahren von vornherein nicht in Betracht.[6]

9 Soweit Einwendungen im selbständigen Beweisverfahren noch nicht vorgebracht wurden, allerdings hätten vorgebracht werden können, tritt auch insoweit keine Präkludierung für das Hauptsacheverfahren ein. Die Begründungen dafür sind vielfältig: Während *Kleine-Möller/Merl*[7] dies vordergründig damit begründen wollen, dass die betreffende Partei nicht – wie dies nach der Rechtsprechung des Bundesgerichtshofs notwendig gewesen wäre – auf die Folgen der Fristversäumung ordnungsgemäß hingewiesen wurde bzw. die die Präklusion statuierende Vorschrift des § 296 Abs. 1 und 2 ZPO im Verhältnis zwischen selbständigem Beweisverfahren und Hauptsacheverfahren mangels einer entsprechenden gesetzlichen Regelung nicht anwendbar ist, stützt sich das OLG Zweibrücken[8] unter Berufung auf Zöller[9] darauf, dass eine Verzögerung im Sinne von § 296 Abs. 1 ZPO nur zwischen Klagebegründung und der letzten mündlichen Verhandlung denkbar ist. Das entscheidende Argument ist auch in diesem Zusammenhang, dass den Parteien vor dem Hauptsachegericht rechtliches Gehör zu gewähren ist.[10]

10 Bewirkt der Umstand, dass die Einwendung erst im Hauptsacheprozess geltend gemacht wird, obwohl sie objektiv betrachtet bereits im vorausgehenden selbständigen Beweisverfahren hätte geltend gemacht werden können, dass ein Beweismittel verloren geht, weil dieses zum Zeitpunkt des Hauptsacheprozesses nicht mehr zur Verfügung steht, ist nach den allgemeinen Grundsätzen der Beweislast zu entscheiden.[11] Dabei ist allerdings zu berücksichtigen, ob die Einwendung schuldhaft nicht früher geltend gemacht wurde.

11 Nach einhelliger Auffassung haben die Parteien außerdem stets das Recht, die mündliche Anhörung des Sachverständigen vor dem Hauptsachegericht zu verlangen.[12]

12 Das Recht, eine Nachbegutachtung gemäß § 412 ZPO zu fordern bzw. Einwendungen gegen das Gutachten des selbständigen Beweisverfahrens im Hauptsacheprozess vorzubringen bzw. eine Anhörung des Sachverständigen zu fordern (siehe vorstehend Rdn. 5 sowie § 492 Rdn. 16), hat auch der **Streithelfer** des selbständigen Beweisverfahrens. Dabei ist selbstverständlich, dass er lediglich

---

5 Siehe Brandenburgisches OLG, IBR 2008, 623; OLG Celle, NJW-RR 2009, 1364.
6 Siehe OLG Hamm, BauR 2000, 1372; *Werner/Pastor*, Rn. 121; Kleine-Möller/Merl, § 19 Rn. 357 unter Hinweis auf § 296 Abs. 1 ZPO i.V.m. §§ 492 Abs. 1, 411 Abs. 4 S. 3 ZPO.
7 § 19 Rn. 354 ff.; siehe in diese Richtung gehend auch OLG Celle, NJW-RR 2009, 1364.
8 Urt. v. 01.12.2005, Az. 4 U 276/04; Leitsatz abgedruckt BauR 2006, 420.
9 Zöller/*Greger*, § 296 Rn. 4a.
10 So auch OLG Zweibrücken, a.a.O.; *Kniffka/Koeble*, 2. Teil Rn. 146.
11 So *Wussow*, NJW 1969, 1401 (1406).
12 Siehe BGH, NJW-RR 2007, 1294.

Einwendungen wirksam vortragen kann, mit denen er sich nicht in Widerspruch zum Vortrag der von ihm unterstützen Hauptpartei setzt.[13]

B. Verfahrensfehler im selbständigen Beweisverfahren

Verfahrensfehler im selbständigen Beweisverfahren sind im Hauptsacheverfahren nur eingeschränkt zu beachten: 13

Unerheblich sind Verfahrensfehler, soweit sie die Zulässigkeit des selbständigen Beweisverfahrens betreffen (Nichteinhaltung der Voraussetzungen der §§ 485–487 ZPO).[14] Hat das Gericht des selbständigen Beweisverfahrens die Beweiserhebung zugelassen, obwohl es nicht zuständig war bzw. die Voraussetzungen der §§ 485 oder 487 ZPO nicht vorgelegen haben, ist diese Unzulässigkeit des ursprünglichen Antrags für die Verwertbarkeit der Beweisaufnahme ohne Bedeutung.[15] Das Hauptsachegericht hat allerdings zu entscheiden, ob eine gesetzmäßige Beweisaufnahme vorlag, z.B. das Fragerecht bzw. Anwesenheitsrecht der Partei beachtet wurde. Erheblich ist in diesem Zusammenhang stets eine Verletzung des rechtlichen Gehörs.[16] Allerdings sind derartige erhebliche Verfahrensfehler im Hauptsacheprozess nur zu berücksichtigen, wenn sie spätestens im Termin zur mündlichen Verhandlung geltend gemacht werden (§ 295 ZPO); ansonsten tritt **Rügeverlust** ein. 14

Ein **relatives Verwertungsverbot** regelt **Absatz 2** für den Fall, dass der Antragsgegner zum Termin im selbständigen Beweisverfahren nicht erschienen und nicht rechtzeitig geladen worden war. In diesem Fall verbleibt ihm das uneingeschränkte Recht zum Beweisantritt im Hauptsacheprozess.[17] Ein Verzicht auf die Einhaltung der Voraussetzung der Ladung ist allerdings möglich, z.B. auch konkludent durch vorbehaltslose Beschäftigung des Antragsgegners mit den Ergebnissen des Beweisaufnahmetermins. Spätestens mit der rügelosen Einlassung im nächsten Termin zur mündlichen Verhandlung verliert der nicht zum Ortstermin geladene Antragsgegner sein Rügerecht (§ 295 ZPO). Dem Antragsteller bleibt es in all diesen Fällen unbenommen, das Ergebnis des selbständigen Beweisverfahrens zumindest urkundenbeweislich in den Hauptsacheprozess einzuführen.[18] 15

C. Verwertung Beweisergebnis gegenüber nicht am Beweisverfahren Beteiligten

Wird der Streithelfer bzw. eine Partei des Hauptsacheprozesses erstmalig in das nachfolgende Hauptsacheverfahren – und nicht in das voraufgehende selbständigen Beweisverfahren – einbezogen, entfaltet sich dieser Partei gegenüber grundsätzlich nicht die Wirkung gemäß § 493 ZPO (Beweisverwertung des Gutachtens des selbständigen Beweisverfahrens im Hauptsacheprozess). Vielmehr hat im Hinblick auf die von ihr zu beanspruchende Unmittelbarkeit der Beweisaufnahme diese Partei das Recht, eine neue Beweiserhebung vor dem Prozessgericht durchführen zu lassen.[19] Dies gilt jedenfalls für die **am selbständigen Beweisverfahren nicht beteiligte Hauptpartei** des späteren Prozesses. Der **Streithelfer** ist hingegen auf die Rechte der von ihm unterstützen Hauptpartei – neues Gutachten lediglich unter den Voraussetzungen des § 412 ZPO – beschränkt, da der Hauptsacheprozess nicht der Klärung von Ansprüchen zwischen ihm und der von ihm unterstützen Hauptpartei dient. Der Streithelfer kann daher erst in der nachfolgenden 16

---

13 So offensichtlich auch *Wussow,* NJW 1969, 1401 (1406).
14 Siehe dazu Kleine-Möller/Merl, § 19 Rn. 342.
15 Kleine-Möller/Merl, a.a.O.
16 Zöller/*Herget*, § 493 ZPO Rn. 3.
17 Siehe Zöller/*Herget*, § 493 Rn. 5; *Baumbach/Lauterbach/Albers/Hartmann*, § 493 Rn. 4; *Kleine-Möller/ Merl*, § 19 Rn. 345; OLG Hamm, BauR 2003, 930.
18 MüKo-ZPO/*Huber* § 493 Rn. 3.
19 Siehe Fn. 17.

Auseinandersetzung mit der von ihm unterstützten Hauptpartei einwenden, dass die Beweisaufnahme ihm gegenüber nicht ordnungsgemäß erfolgt ist.

17 Allerdings ist ein Verzicht des Streithelfers auf eine Neubegutachtung – auch konkludent – denkbar. Lässt er sich z.B. zu den im Beweisverfahren eingeholten gutachterlichen Ausführungen inhaltlich ein, stellt er möglicherweise sogar Ergänzungsanträge oder verlangt er die Anhörung des Sachverständigen, wird man sein Verhalten dahin auszulegen haben, dass er auf seinen Anspruch auf Neubegutachtung im Verhältnis zu der von ihm unterstützten Hauptpartei verzichtet. Will der Streithelfer diese Verzichtswirkung vermeiden, hat er dies im Verhältnis zu der von ihm unterstützen Hauptpartei rechtzeitig klarzustellen.

18 Im übrigen verbleibt für das Gericht in all den Fällen, in denen am Hauptsacheprozess Parteien beteiligt sind, die nicht Beteiligte des vorausgehenden selbständigen Beweisverfahrens waren, die Möglichkeit, das im selbständigen Beweisverfahren eingeholte Gutachten unter den Voraussetzungen des § 411a ZPO zu berücksichtigen.[20] Danach steht es dem Gericht frei, ein gerichtlich eingeholtes Sachverständigengutachten aus einem anderen Verfahren zu verwerten. Von diesem Ermessen sollte das Gericht allerdings nur vorsichtig Gebrauch machen, da mit einer derartigen Vorgehensweise der Grundsatz der Beweisunmittelbarkeit gemäß § 355 ZPO außer Kraft gesetzt wird. Das Gericht sollte daher in diesen Fällen, wenn sich nicht die am selbständigen Beweisverfahren nicht beteiligten Parteien ohnehin im Hauptsacheprozess uneingeschränkt auf die gutachterlichen Ausführungen aus dem vorausgegangenen Beweisverfahren berufen, von diesen eine Zustimmung zur Verwertung dieses Gutachtens im Verfahren erbitten und sich für den Fall der Verweigerung dieser Zustimmung zumindest die insoweit maßgeblichen Gründe darlegen lassen, um daraus eine hinlängliche Grundlage für die vom Gericht nach § 411a ZPO geforderte Ermessensausübung zu gewinnen.

§ 494 Unbekannter Gegner

(1) **Wird von dem Beweisführer ein Gegner nicht bezeichnet, so ist der Antrag nur dann zulässig, wenn der Beweisführer glaubhaft macht, dass er ohne sein Verschulden außer Stande sei, den Gegner zu bezeichnen.**

(2) **Wird dem Antrag stattgegeben, so kann das Gericht dem unbekannten Gegner zur Wahrnehmung seiner Rechte bei der Beweisaufnahme einen Vertreter bestellen.**

1 In Bausachen ist kaum denkbar, dass der Verursacher eines Baumangels gänzlich unbekannt ist. Das selbständige Beweisverfahren gegen einen unbekannten Gegner spielt daher in Bausachen praktisch keine Rolle.

2 Nach allgemeiner Auffassung darf, um dem absoluten **Ausnahmecharakter der Vorschrift** des § 494 ZPO Rechnung zu tragen, überhaupt kein denkbarer Verursacher bekannt sein. Es genügt daher keinesfalls, wenn aus einem größeren Kreis möglicher Verantwortlicher der tatsächliche Verursacher nicht feststeht.[1] In diesem Fall kann das Verfahren gegen alle in Betracht kommenden Verantwortlichen eingeleitet werden.[2] Es werden also hohe Anforderungen an den Nachweis des nicht zu ermittelnden Gegners gestellt; so hat der Antragsteller umfassende Nachforschungen anzustellen und die Umstände und getroffenen Maßnahmen zu schildern, die seine unverschuldete fehlende Kenntnis vom Gegner begründen sollen.[3]

---

20 Siehe *Kniffka/Koeble*, 2. Teil Rn. 148.
1 Siehe Kleine-Möller/Merl, § 19 Rn. 106; *Werner/Pastor*, Rn. 44.
2 OLG Frankfurt, OLGR 2003, 117; BauR 1995, 275.
3 HK-ZPO/*Pukall*, § 494 Rn. 1.

Als einzig in Betracht kommende Fälle eines Beweissicherungsantrages gegenüber einem unbekannten Gegner in Baustreitigkeiten werden folgende **Sachverhaltskonstellationen** diskutiert: 3

Der Bauträger hat seine Gewährleistungsansprüche an den Bauherrn abgetreten; er wird insolvent. 4
In diesem Fall – diese Auffassung wird vertreten[4] – soll der Bauherr, der die einzelnen Subunternehmer nicht kennt und daher diesen gegenüber keine Mängelansprüche geltend machen kann, gegebenenfalls auf das selbständige Beweisverfahren gegen Unbekannt im Sinne des § 494 ZPO zurückgreifen dürfen. Richtigerweise ist in diesem Fall die Voraussetzung für die Anwendung des § 494 ZPO nicht gegeben. Abgesehen davon, dass häufig bereits im Bauträgervertrag die einzelnen Subunternehmer benannt werden, ist jedenfalls für den Bauherren der Kreis der Subunternehmer unschwer zu ermitteln. Der Insolvenzverwalter ist nämlich zur Auskunft über die Subunternehmer des Gemeinschuldners verpflichtet. Dem Insolvenzverwalter sind aber in jedem Fall diese Subunternehmer bekannt.

Nachdem der Bundesgerichtshof entschieden hat,[5] dass das selbständige Beweisverfahren durch 5
die Eröffnung des Insolvenzverfahrens über das Vermögen einer der beteiligten Parteien nicht unterbrochen wird und dies damit begründet, dass die Unterbrechung/Aussetzung des Verfahrens mit dem Sinn und Zweck des eilbedürftigen selbständigen Beweisverfahrens nicht in Einklang zu bringen sei, ist davon auszugehen, dass damit gleichzeitig auch die Unterbrechung des Verfahrens im Fall des Todes einer Partei entfällt (§ 239 ZPO i.V.m. § 246 Abs. 1 ZPO). Es ist danach die Konstellation denkbar, dass ein gegen einen ursprünglich bekannten Anspruchsgegner eingeleitetes Beweisverfahren weiterläuft, obwohl nach dessen Tod dessen Erben nicht bekannt sind. Es handelt sich in diesem Falle allerdings nicht um einen tatsächlich unbekannten, sondern lediglich vorübergehend nicht festzustellenden, grundsätzlich aber feststehenden Antragsgegner. Eine unmittelbare Anwendung des § 494 ZPO kommt daher nicht in Betracht. Zu überlegen ist allerdings, ob in diesen Fällen nicht in entsprechender Anwendung des § 494 Abs. 2 ZPO das Gericht die Möglichkeit haben sollte, dem vorübergehend nicht zu ermittelnden Gegner zur Wahrnehmung seiner Rechte im fortdauernden Verfahren einen Vertreter zu bestellen. Damit wird das Verfahren aber nicht zu einem Verfahren gegen einen unbekannten Gegner. Es verbleibt vielmehr bei der einmal bewirkten Hemmung der Verjährung durch die Einleitung des Verfahrens.[6]

Wird ein **Vertreter nach Absatz 2** bestellt – eine Pflicht zur Übernahme des Amtes besteht nicht[7] –, 6
so hat dieser die Stellung eines gesetzlichen Vertreters im Sinne von § 51 ZPO im Rahmen des selbständigen Beweisverfahrens; die Aufforderung zur Fristsetzung gemäß § 494a ZPO ist allerdings nicht mehr von seiner Vertretungsbefugnis umfasst.[8] Die Kosten des Vertreters hat zunächst der Antragsteller zu tragen.[9] Ein Vorschussanspruch ist, da ein Anspruch gegen die Staatskasse nicht besteht, nicht gegeben.

Der entscheidende Nachteil eines Verfahrens gegen einen unbekannten Gegner ist, dass zwar die 7
prozessuale **Wirkung** der Verwertung des Gutachtens des selbständigen Beweisverfahrens im Hauptsacheprozess eintritt, nicht jedoch die materiell-rechtliche Wirkung zum Beispiel der Verjährungshemmung.[10] Damit ist auch unter diesem Gesichtspunkt das Verfahren nach § 494 ZPO für die baurechtliche Praxis nicht hilfreich.

---

4 *Wussow*, Seite 31.
5 BGH, BauR 2004, 531.
6 Siehe auch Zöller/*Herget*, § 494 Rn. 2; Kuffer/Wirth, 13. Kap., Rn. 23; *Baumbach/Lauterbach/Albers/Hartmann*, § 494 Rn. 5 sowie HK-ZPO/*Pukall*, § 494 Rn. 2.
7 HK-ZPO/*Pukall*, § 494 Rn. 2; *Baumbach/Lauterbach/Albers/Hartmann*, § 494 Rn. 5.
8 Kleine-Möller/Merl, § 19 Rn. 110.
9 Siehe Thomas/Putzo, § 494 Rn. 2; Zöller/*Herget*, § 494 Rn. 2.
10 BGH, BauR 1980, 364; *Werner/Pastor*, Rn. 45; Kleine-Möller/Merl, § 19 Rn. 111.

§ 494a Frist zur Klageerhebung

(1) Ist ein Rechtsstreit nicht anhängig, hat das Gericht nach Beendigung der Beweiserhebung auf Antrag ohne mündliche Verhandlung anzuordnen, dass der Antragsteller binnen einer zu bestimmenden Frist Klage zu erheben hat.

(2) Kommt der Antragsteller dieser Anordnung nicht nach, hat das Gericht auf Antrag durch Beschluss auszusprechen, dass er die dem Gegner entstandenen Kosten zu tragen hat. Die Entscheidung unterliegt der sofortigen Beschwerde.

Übersicht	Rdn.			Rdn.
A. Einleitung	1	I.	Identität von Partei und Streitgegenstand	22
B. Voraussetzungen eines Kostenerstattungsanspruchs nach § 494a ZPO	2	II.	Tatsächliche Verwertung	24
C. Voraussetzungen für gerichtliche Klageanordnung	7	III.	Mehrere Antragsgegner im selbständigen Beweisverfahren	25
D. Klageerhebung	10	IV.	Klagerücknahme	26
E. Streitwert bei unterbliebener Klageerhebung	11	V.	Gerichtskosten	27
F. Isolierte Kostenentscheidung	15	H.	Materiell-rechtlicher Kostenerstattungsanspruch	28
G. Kostenentscheidung im Hauptsacheverfahren	21	I.	Ansprüche des Streithelfers	31

A. Einleitung

1 Sinn und Zweck der Vorschrift ist es, dem Antragsgegner einen Kostenerstattungsanspruch zu geben, wenn das im selbständigen Beweisverfahren eingeholte Gutachten für den Antragsteller nicht günstig ist und dieser daher seine Ansprüche nicht weiter verfolgt. Grundsätzlich findet nämlich im selbständigen Beweisverfahren keine Kostenerstattung statt. Vielmehr gehören die Kosten des Beweisverfahrens zu den Kosten der Hauptsache und sind von der Kostenentscheidung im Hauptsacheverfahren erfasst.

B. Voraussetzungen eines Kostenerstattungsanspruchs nach § 494a ZPO

2 Die Voraussetzungen eines Kostenerstattungsanspruchs nach § 494a ZPO sind:
– Es muß die **Beendigung des selbständigen Beweisverfahrens** eingetreten sein. Ohne Beendigung des Verfahrens ist allenfalls eine isolierte Kostenentscheidung denkbar (siehe dazu nachfolgend F.).

3 – Es muß ein **Antrag** vorliegen. Dieser ist regelmäßig vom Antragsgegner zu stellen. Soweit teilweise die Auffassung vertreten wird, auch dem Auftragnehmer, welcher erfolgreich ein Verfahren zur negativen Feststellung von Mängeln gegen den Auftraggeber durchgeführt habe, müsse ein Recht nach § 494a ZPO eingeräumt werden,[1] ist dies mit dem Zweck der Vorschrift (siehe dazu vorstehend A.) nicht vereinbar.

4 – Zu richten ist der Antrag an das Gericht, das die Beweiserhebung angeordnet hat. Strittig ist, ob für die Antragstellung Postulationsfähigkeit erforderlich ist.[2]

---

1 *Lenzen*, BauR 2005, 303; *Kniffka/Koeble*, 2. Teil Rn. 156.
2 Bejahend: Thomas/Putzo, § 494a Rn. 1; Zöller/*Herget*, § 494a Rn. 6; Kleine-Möller/Merl, § 19 Rn. 318; verneinend: Baumbach/Lauterbach/Albers/Hartmann, § 494a Rn. 4; OLG Düsseldorf, BauR 1999; 197; OLG Schleswig, BauR 1996, 590; *Schmitz*, BauR 1996, 340.

Der Antrag ist unzulässig, wenn der Antragsgegner die den Gegenstand des selbständigen Beweisverfahrens bildenden Mängel anerkannt bzw. beseitigt hat sowie bei verspäteter Antragstellung.[3]

Der Antrag ist unzulässig, wenn ein Hauptsacheverfahren bereits anhängig ist. Nicht anhängig ist ein solches, wenn der Kostenvorschuss noch nicht gezahlt ist.[4] Nach Auffassung des OLG Hamm schließt auch ein vom Antragsgegner eingeleitetes, aber nicht betriebenes Mahnverfahren die gerichtliche Klageanordnung nicht aus.[5]

C. Voraussetzungen für gerichtliche Klageanordnung

Die gerichtliche **Klageanordnung** ergeht nach Anhörung des Antragstellers.[6]

Sie ist ausgeschlossen,
- wenn der Antragsteller wegen der im selbständigen Beweisverfahren streitgegenständlichen Mängel der Werklohnforderung des Antragsgegners gegenüber die Aufrechnung erklärt oder ein Zurückbehaltungsrecht geltend macht. Insoweit dürfte das Rechtsschutzbedürfnis für den Antrag schon dann entfallen, wenn eine derartige Aufrechnung/Zurückbehaltung/Verrechnung außergerichtlich ausdrücklich erklärt wird. Allgemein wird lediglich die Aufrechnung mit bzw. Zurückbehaltung wegen derartiger Ansprüche im Prozess diskutiert;[7] siehe dazu später Rdn. 10.
- Die Klageanordnung ist weiterhin ausgeschlossen, wenn der Antragsteller glaubhaft darlegt, wegen Vermögensverfalls des Antragsgegners von einem Klageverfahren abzusehen.[8]

Die gerichtliche Klageanordnung ergeht unter Fristsetzung.[9] Allgemein anerkannt ist allerdings, dass auch eine nach Ablauf der Frist erfolgende Hauptsacheklage den Erlass eines Beschlusses nach § 494a ZPO ausschließt.[10] Bei Klageeinreichung nach Erlass des Beschlusses kommt eine Aufhebung des Beschlusses allerdings nicht in Frage, sondern wird über die Kosten vielmehr im Hauptsacheverfahren entschieden.[11]

Ein Rechtsbehelf gegen den stattgebenden Beschluss (Fristsetzung zur Klageerhebung) steht dem Antragsteller nicht zu.[12] Er kann allerdings gegen den späteren Kostentragungsbeschluss im Wege der sofortigen Beschwerde nach Absatz 2 vorgehen.

D. Klageerhebung

Die **Klageerhebung** kann in unterschiedlicher Weise geschehen:
- Sie kann im Wege der Vorschuss-, Feststellungs- oder Schadensersatzklage erfolgen. Es kann sich auch um eine Widerklage im Verfahren handeln. Bei Vereinbarung eines Schiedsgerichtes steht insoweit die Schiedsklage gleich. Entscheidend ist allein, dass die Klage den konkreten Gegenstand aus dem selbständigen Beweisverfahren betrifft.

---

3 BGH, BauR 2003, 575; OLG Celle, BauR 2002, 1888; OLG Frankfurt, BauR 1999, 435; nach OLG Braunschweig, BauR 2004, 1820 gilt dies auch für den Fall, dass einer von mehreren Gesamtschuldnern erfüllt hat. Zum Verlust des Antragsrechts bei verspäteter Antragstellung s. BGH, BauR 2010, 651 ff.
4 OLG Dresden, BauR 2004, 700.
5 OLG Hamm, BauR 2009, 1774.
6 Siehe dazu *Kniffka/Koeble*, 2. Teil Rn. 155.
7 Siehe etwa *Kniffka/Koeble*, 2. Teil Rn. 158.
8 KG, NZBau 2004, 157; OLG Rostock, BauR 1997, 169; anderer Ansicht: OLG Dresden, BauR 2000, 137; OLG Frankfurt, NJW-RR 2008, 1552; OLG Hamm, BauR 2007, 2118.
9 OLG Dresden, BauR 2004, 700.
10 BGH, BauR 2007, 1606.
11 Streitig; siehe dazu OLG Bamberg, OLGR 1998, 367.
12 OLG Hamm, BauR 2002, 522; Zöller/*Herget*, § 494a Rn. 3.

- Diskutiert wird, ob der Antrag bereits eine konkrete Klageerhebung vorgeben muß.[13] Eine auf Erstattung der dem Antragsteller im selbständigen Beweisverfahren entstandenen Kosten gerichtete Klage ist jedenfalls nicht ausreichend.[14]
- Nach allgemeiner Auffassung reicht es zur Klageerhebung aus, wenn lediglich Teile des Streitgegenstandes des selbständigen Beweisverfahrens zum Inhalt der Klage gemacht werden.[15]
- Nach OLG Karlsruhe steht die Geltendmachung der Ansprüche durch Mahnbescheid der Klageerhebung gleich.[16]
- Der Klageerhebung steht es weiterhin gleich, wenn der Antragsteller in einem Hauptsacheverfahren wegen der im selbständigen Beweisverfahren streitgegenständlichen Mängel die Aufrechnung/Verrechnung erklärt bzw. ein Zurückbehaltungsrecht geltend macht.[17]

E. Streitwert bei unterbliebender Klageerhebung

11 Folge einer unterbliebenen Klageerhebung auf Antrag hin ist der durch sofortige Beschwerde angreifbare Beschluss, demzufolge dem Antragsteller aufgegeben wird, die dem Antragsgegner entstandenen Kosten zu tragen.

12 Streitig ist lange Zeit gewesen, wie der **Streitwert** für das selbständige Beweisverfahren anzusetzen ist. Insoweit wurden verschiedene Abzüge vom Hauptsachestreitwert diskutiert.[18] Nach der Entscheidung des Bundesgerichtshofs aus dem Jahre 2004[19] steht nunmehr fest, dass derartige Abzüge nicht in Betracht kommen. Vielmehr bemisst sich der Streitwert des selbständigen Beweisverfahrens nach dem Hauptsachewert oder dem Teil des Hauptsachewerts, auf den sich die Beweiserhebung bezieht. Dabei ist der Hauptsachewert zum Zeitpunkt der Verfahrenseinleitung maßgeblich und nicht die durch den Sachverständigen festgestellten Mängelbeseitigungskosten.[20] Vielmehr sind auch diejenigen Mängel zu berücksichtigen, die durch den Sachverständigen nicht bestätigt wurden.[21] Der vom Antragsteller bei Verfahrenseinleitung geschätzte Wert ist in diesem Zusammenhang weder bindend noch maßgeblich. Er kann, soweit er realistische Grundannahmen enthält, einen Hinweis geben. Im Ergebnis hat das Gericht jedoch eigenständig den Hauptsachewert zu schätzen; dabei kann es sich gegebenenfalls der Mithilfe des Sachverständigen bedienen.[22] Auch etwaige bei Mängelbeseitigung zu erwartende Folgeschäden sind Gegenstand des selbständigen Beweisverfahrens und damit im Rahmen der Streitwertfestsetzung zu berücksichtigen.[23] Eine Berücksichtigung des Druckzuschlages kommt allerdings nicht in Betracht.[24]

13 Bei Beteiligung verschiedener Antragsgegner ist für diese gegebenenfalls ein unterschiedlicher Streitwert festzusetzen, wenn der Antragsteller in seinem Antrag deutlich gemacht hat, welche Beweisbehauptung für welchen Antragsgegner gelten soll. Anderenfalls ist der Streitwert einheitlich festzusetzen.[25]

---

13 So etwa OLG Düsseldorf, BauR 1995, 279 f.
14 BGH, NJW-RR 2004, 1580; Kleine-Möller/Merl, § 19 Rn. 318.
15 BGH, BauR 2005, 429 sowie BauR 2004, 1485.
16 OLG Karlsruhe, NJW-RR 2008, 1196.
17 Siehe BGH, BauR 2005, 1799; OLG Stuttgart, BauR 2007, 1098; anders: OLG Zweibrücken, BauR 2004, 1490.
18 Siehe dazu den Überblick bei *Kniffka/Koeble*, 2. Teil Rn. 164.
19 BGH, BauR 2004, 1975.
20 BGH, BauR 2004, 1975; OLG Celle, NJW-RR 2004, 234; *Zöller/Herget* § 3 Rn. 16 Stichwort »Selbständiges Beweisverfahren«.
21 OLG Hamburg, NJW-RR 2000, 827.
22 Kleine-Möller/Merl, § 19 Rn. 301.
23 Kleine-Möller/Merl, § 19 Rn. 301.
24 OLG Düsseldorf, BauR 2001, 838.
25 OLG Rostock, BauR 2008, 559; anders offensichtlich OLG Celle, OLGR 2009, 752.

Gegen den Streitwertbeschluss findet Beschwerde bei einem Wert des Beschwerdegegenstandes 14 über 200,00 € statt.[26] Die weitere Beschwerde ist nur zulässig, wenn das Landgericht als Beschwerdegericht sie wegen der grundsätzlichen Bedeutung der zur Entscheidung stehenden Frage zugelassen hat. Über die weitere Beschwerde entscheidet das Oberlandesgericht.

F. Isolierte Kostenentscheidung

Nach allgemeiner Ansicht stellt die Vorschrift des § 494a ZPO nicht den einzigen Fall einer **iso-** 15 **lierten Kostenentscheidung** im selbständigen Beweisverfahren dar.[27] Vielmehr sind noch weitere Fälle denkbar:

Wird der Antrag auf Beweissicherung als unzulässig zurückgewiesen, ist nach herrschender Meinung eine Auferlegung der Kosten auf den Antragsteller im Rahmen des selbständigen Beweisverfahrens zulässig.[28] 16

Nach herrschender Meinung ist weiterhin eine Kostenentscheidung bei **Rücknahme des Antrags** 17 zu erlassen.[29] Dabei bedarf es der ausdrücklichen Erklärung der Rücknahme nicht. Es reicht aus, dass sich aus den Erklärungen des Antragstellers eine derartige Rücknahme entnehmen lässt (entsprechende Anwendung von § 269 ZPO). Ist allerdings zum Zeitpunkt der Rücknahme des Beweissicherungsantrages bereits der Hauptsacheprozess anhängig, ergeht keine isolierte Kostenentscheidung.[30]

Da eine einseitige Erledigungserklärung im selbständigen Beweisverfahren unzulässig ist, ist eine 18 solche in der Regel als Rücknahme des Antrages auszulegen.[31] Das OLG Düsseldorf will allerdings eine einseitige Erledigungserklärung nach Wegfall des Interesses des Antragstellers nicht als eine solche Antragsrücknahme auslegen.[32]

Einigkeit besteht darüber, dass bei übereinstimmender Erledigungserklärung kein Raum für eine 19 Kostenentscheidung gegeben ist, auch nicht in entsprechender Anwendung von § 91a ZPO.[33]

Eine Kostenentscheidung in analoger Anwendung des § 269 ZPO ist dann denkbar, wenn der 20 Antragsteller, ohne den Antrag zurückzunehmen bzw. den Antrag für erledigt zu erklären, schlicht das Verfahren nicht fortsetzt.[34]

G. Kostenentscheidung im Hauptsacheverfahren

Wird im Anschluss an das selbständige Beweisverfahren das Hauptsacheverfahren durchgeführt, 21 ergeht die Entscheidung über die Kosten des selbständigen Beweisverfahrens im Rahmen der **Kostentscheidung im Hauptsacheverfahren**:

---

26 § 68 Abs. 1 Satz 2 GKG.
27 Siehe etwa OLG Stuttgart, BauR 1995, 278 f.; Thür. OLG, BauR 2002, 667.
28 OLG Köln, BauR 2009, 1623; OLG Karlsruhe, BauR 2000, 1529: OLG Stuttgart, BauR 1995, 278; OLG Brandenburg, BauR 1996, 584; OLG Braunschweig, BauR 1993, 122; OLG Celle, BauR 2011, 145 f.
29 OLG Hamm, NZBau 2005, 696; OLG Frankfurt, BauR1998, 891.
30 BGH, BauR 2005, 1056.
31 Siehe etwa BGH, BauR 2005, 133.
32 OLG Düsseldorf, BauR 2005, 1974; siehe auch BGH, BauR 2004, 1181; OLG Hamburg, IBR 2006, 708. Ähnlich Schl.-Holsteinisches OLG, NJW-RR 2009, 1437: wenn Erledigungserklärung nicht aus freien Stücken, sondern aufgrund sachlicher Zwänge erfolgt.
33 BGH, BauR 2007, 1446.
34 Siehe Thür. OLG Jena, BauR 2002, 667: Akzeptierung eines vom Antragsgegner eingeholten Privatsachverständigengutachtens; anders OLG Düsseldorf, BauR 2002, 350: Nichteinzahlung des Auslagenvorschusses nicht ohne weiteres ausreichend; OLG München, NZBau 2001, 332: Fallenlassen der Ansprüche sowie OLG München, BauR 2001, 993: keine weitere Durchführung des Verfahrens; KG, BauR 2000, 1903: Erklärung, das Verfahren soll nicht festgesetzt werden.

I. Identität von Partei und Streitgegenstand

22 Voraussetzung ist die Identität zwischen vorausgehendem selbständigem Beweisverfahren und Hauptsacheverfahren, und zwar hinsichtlich der Parteien und des Streitgegenstandes.
- **Parteiidentität** ist auch gegeben, wenn der Insolvenzverwalter der Partei des selbständigen Beweisverfahrens im Hauptsacheprozess auftritt bzw. wenn eine Partei in gewillkürter Prozeßstandschaft kraft Ermächtigung des am Beweisverfahrens beteiligten Rechtsinhabers den Rechtsstreit führt. Wird die Forderung nach Durchführung des selbständigen Beweisverfahrens abgetreten, so ist auch bei der Geltendmachung der Forderung durch den Zessionar Parteienidentität gegeben.[35]
- Darüber hinaus muß auch der Streitgegenstand in beiden Verfahren identisch sein. Dabei umfasst der Begriff des Streitgegenstandes eines selbständigen Beweisverfahrens alle denkbaren Ansprüche, die sich aus dem Vortrag des Antragstellers mithilfe des zu sichernden Beweises ergeben könnten sowie das Rechtsverteidigungsvorbringen.[36]

23 Nach dem Urteil des Bundesgerichtshofs[37] liegt **Identität der Streitgegenstände** bereits vor, wenn nur Teile des Streitgegenstands eines selbständigen Beweisverfahrens zum Gegenstand der anschließenden Klage gemacht werden. Dabei ist sowohl der Fall denkbar, dass die Hauptsacheklage hinter dem Verfahrensgegenstand des selbständigen Beweisverfahrens zurückbleibt, als auch, dass Streitstoff des Hauptsacheverfahrens noch andere Streitgegenstände sind. Im letzteren Fall erfolgt eine anteilige Erstattung.[38] Auch bei Zurückbleiben der Hauptsacheklage hinter dem Verfahrensgegenstand des selbständigen Beweisverfahrens sollen in entsprechender Anwendung des § 96 ZPO die dem Antragsgegner durch den überschießenden Teil des selbständigen Beweisverfahrens entstandenen Kosten auferlegt werden; allerdings sind Einzelheiten in diesem Zusammenhang nach den vorliegenden Entscheidungen der Gerichte nicht eindeutig. In jedem Fall einhellige Auffassung ist jedoch, dass bei überschießendem Streitgegenstand des selbständigen Beweisverfahrens wegen des nicht den Streitgegenstand des Hauptsacheverfahrens bildenden Teils kein Antrag nach § 494a ZPO gestellt werden kann.

II. Tatsächliche Verwertung

24 Darauf, ob das Gutachten aus dem selbständigen Beweisverfahren tatsächlich verwertet wurde, kommt es in diesem Zusammenhang nicht an.[39]

III. Mehrere Antragsgegner im selbständigen Beweisvefahren

25 Soweit das selbständige Beweisverfahren gegen mehrere Antragsgegner erhoben wurde, gehören die Gerichtskosten des selbständigen Beweisverfahrens dennoch in vollem Umfange zu den Kosten der Hauptsacheklage gegenüber einem Antragsgegner.[40]

IV. Klagerücknahme

26 Auch im Falle der Klagerücknahme verbleibt es dabei, dass die Kosten des selbständigen Beweisverfahrens Kosten des Hauptsacheverfahrens sind.[41] Etwas anderes gilt nur, wenn das selbständige Beweisverfahren zum Zeitpunkt der Klagerücknahme noch anhängig ist.[42]

---

35 OLG Köln, OLGR 1993, 265 (266).
36 Thüring. OLG, OLGR 2001, 252.
37 BGH, BauR 2007, 1094.
38 OLG Hamm, BauR 2005, 140.
39 BGH, BauR 2004, 1487.
40 BGH, BauR 2004, 1809.
41 BGH, BauR 2007, 1094 bzw. 587.
42 BGH, ZfBR 2005, 790.

V. Gerichtskosten

Die Gerichtskosten des selbständigen Beweisverfahrens (Gebühren und Sachverständigenkosten) sind Gerichtskosten der Hauptsache und nicht – wie früher überwiegend vertreten – »außergerichtliche Kosten des Hauptverfahrens«.[43] Von Bedeutung ist diese Festlegung für den Fall eines Abschlusses eines Vergleichs im Hauptverfahren. 27

H. Materiell-rechtlicher Kostenerstattungsanspruch

Kommt ein Kostenerstattungsanspruch gemäß vorstehenden Ziffern nicht in Betracht, verbleibt ein **materiell-rechtlicher Kostenerstattungsanspruch**: 28

Für den **Antragsteller** (Auftraggeber) sind die Kosten des selbständigen Beweisverfahrens Schadenersatzkosten (§§ 634 Nr. 4, 280 Abs. 1 BGB). Die Geltendmachung dieses Anspruches setzt Verzug des Auftragnehmers mit der Mängelbeseitigung nicht zwingend voraus.[44] 29

Der **Antragsgegner**, der in ein selbständiges Beweisverfahren hineingezogen wird, besitzt dagegen in der Regel keinen materiell-rechtlichen Anspruch auf Erstattung seiner Kosten und Auslagen. In seltenen Fällen sind gegebenenfalls Ansprüche nach §§ 823 ff. BGB begründbar und kann er gegebenenfalls über eine negative Feststellungsklage (§ 256 ZPO) zu einem prozessualen Kostenerstattungsanspruch gelangen. 30

I. Ansprüche des Streithelfers

Teilweise strittig ist, in welchen Fällen auch der **Streithelfer** die Ansprüche gemäß vorstehend Ziffern B. und F. besitzt. 31

Einhellige Auffassung ist, dass im Falle der **Antragsrücknahme** auch der Streithelfer einen Kostenerstattungsanspruch besitzt.[45] 32

Umstritten ist hingegen, ob auch der Streithelfer durch einen **Antrag nach § 494a ZPO** einen Kostentitel erlangen kann. Stellt der Antragsgegner diesen Antrag und ergeht daraufhin eine entsprechende Kostenentscheidung, kann der Streithelfer auf deren Grundlage Festsetzung auch seiner Kosten beantragen.[46] 33

Stellt der Antragsgegner hingegen keinen Antrag, ist der Streithelfer nur dann berechtigt, seinerseits einen entsprechenden Antrag zu stellen, wenn er sich dadurch nicht in Widerspruch zu der von ihm unterstützten Partei setzt.[47] Angesichts der gegebenenfalls einschneidenden Konsequenz eines derartigen Antrages, dass nämlich der unterstützten Partei ein Hauptsacheverfahren aufgedrängt wird, dürfte es nicht ausreichen, dass sich der Antragsgegner in diesem Zusammenhang nicht äußert. Eine Vermutung, dass danach ein Widerspruch des Antragsgegners nicht gegeben ist, besteht nicht. Vielmehr bedarf es der ausdrücklichen Bestätigung des Einverständnisses der unterstützten Partei zu diesem Antrag.[48] 34

Lässt man bei ausdrücklichem Einverständnis der unterstützten Partei den Antrag nach § 494a ZPO durch den Streithelfer zu, kann dieser jedenfalls nur die Klageerhebung des Antragstellers gegen den Antragsgegner beantragen.[49] 35

---

43 BGH, BauR 2004, 1487.
44 Siehe *Kniffka/Koeble*, 2. Teil Rn. 154.
45 BGH, BauR 2005, 134.
46 Siehe OLG Oldenburg, NJW-RR 1995, 829.
47 BGH, NJW-RR 2008, 261.
48 Siehe dazu auch Kleine-Möller/Merl, § 19 Rn. 327; *Kniffka/Koeble*, 2. Teil Rn. 161.
49 Siehe OLG Koblenz, NJW-RR 2003, 880.

36 Erhebt der Antragsteller gegen den Antragsgegner, dem der Streithelfer u.a. beigetreten ist, Klage, ist ein Kostenbeschluss nach § 494a ZPO zugunsten des Streithelfers ausgeschlossen. Über die Kosten der Streithilfe ist in diesem Fall im Hauptsacheverfahren zu entscheiden.[50]

37 Haben die **Hauptparteien** des selbständigen Beweisverfahrens sich **außergerichtlich geeinigt** und das selbständige Beweisverfahren für beendet erklärt, kann der Streithelfer keinen Kostenerstattungsanspruch gemäß § 494a ZPO durchsetzen.[51]

(...)

Buch 3: Rechtsmittel

Abschnitt 1: Berufung

§ 511 Statthaftigkeit der Berufung

(1) Die Berufung findet gegen die im ersten Rechtszug erlassenen Endurteile statt.

(2) Die Berufung ist nur zulässig, wenn
1. der Wert des Beschwerdegegenstandes 600 EUR übersteigt oder
2. das Gericht des ersten Rechtszuges die Berufung im Urteil zugelassen hat.

(3) Der Berufungskläger hat den Wert nach Absatz 2 Nr. 1 glaubhaft zu machen; zur Versicherung an Eides statt darf er nicht zugelassen werden.

(4) Das Gericht des ersten Rechtszuges lässt die Berufung zu, wenn
1. die Rechtssache grundsätzliche Bedeutung hat oder die Fortbildung des Rechts oder die Sicherung einer einheitlichen Rechtsprechung eine Entscheidung des Berufungsgerichts erfordert und
2. die Partei durch das Urteil mit nicht mehr als 600 EUR beschwert ist.

Das Berufungsgericht ist an die Zulassung gebunden.

A. Allgemein

1 Die Berufung richtet sich gegen in erster Instanz erlassene **Endurteile** der Amts- und Landgerichte. Liegen gemischte Urteile vor (ein Versäumnis- und Endurteil) gibt es dagegen kein einheitliches Rechtsmittel. Die Berufung ist nur gegen das kontradiktorische Urteil einzulegen.[1]

B. Voraussetzungen

2 Die Berufung kann eingelegt werden, wenn der **Beschwerdegegenstand 600,00 €** übersteigt oder das Gericht des erstinstanzlichen Rechtszuges die **Berufung** im Urteil **zugelassen** hat.

C. Beschwerdegegenstand

3 Der Beschwerdegegenstand ergibt sich aus den **Berufungsanträgen**, mit denen das erstinstanzliche Urteil bekämpft wird.[2] Der Beschwerdegegenstand kann nicht höher sein als die Beschwer aus

---

50 Siehe BGH, BauR 2009, 1619.
51 BGH, NJW-RR 2008, 261; OLG Frankfurt, BauR 2004, 536.
1 PG/*Lemke*, § 511 Rn. 10.
2 *Kniffka/Koeble*, 18. Teil, Rn. 3; PG/*Lemke*, § 511 Rn. 16.

dem angefochtenen Urteil.³ Für die Bestimmung des Beschwerdegegenstandes kann eine nach Schluss der mündlichen Verhandlung geltend gemachte Klageerweiterung nicht berücksichtigt werden.⁴

D. Beschwer

Der **Umfang** der Beschwer ergibt sich aus dem angefochtenen Urteil. Sie besteht aus dem Unterschied zwischen demjenigen, was der Rechtsmittelführer in erster Instanz beantragt hat und dem was das erstinstanzliche Urteil zugesprochen hat. Sie kann daher auch höher sein als der Beschwerdegegenstand.⁵ Für die Zulässigkeit der Berufung ist die sich aus der **Kostenentscheidung** ergebene Beschwer unerheblich.⁶

Keine Beschwer liegt dann vor, wenn das erstinstanzliche Gericht bei mehreren Anspruchsgrundlagen auf Basis einer der Anspruchsgrundlagen der Klage vollständig stattgegeben hat.⁷

Anders ist es jedoch, wenn in erster Instanz ein Klageantrag mit **mehreren Ansprüchen** begründet wird oder sich auf **mehrere Positionen** stützt, die in der Summe den Klageantrag übersteigen. In diesen Fällen kann eine Beschwer auch dann gegeben sein, wenn die Klagesumme in vollem Umfange ausgeurteilt wird, ein Teil der geltend gemachten Ansprüche bzw. Positionen jedoch vom Gericht geprüft und abgelehnt wurde. Wenn es sich bei den abgewiesenen Ansprüchen um **selbstständige Streitgegenstände** handelt oder bei den einzelnen **Rechtspositionen** die Abweisung in Rechtskraft erwächst, dann ist der Rechtsmittelführer durch deren Ablehnung beschwert.⁸ Eine rechtskräftige Abweisung ist dann anzunehmen, wenn die einzelnen Positionen ausdrücklich in der angegebenen Reihenfolge von dem erstinstanzlichen Gericht geprüft und abgelehnt werden.⁹

Eine Beschwer für **beide Parteien** kann dann vorliegen, wenn das erstinstanzliche Gericht eine Klage als **derzeit nicht begründet** abweist, z.B. wegen fehlender Prüffähigkeit einer Honorarschlussrechnung. Hat die in Anspruch genommene Partei die endgültige Klageabweisung begehrt, dann ist auch sie durch den Urteilsausspruch beschwert.¹⁰

Auch bei einer **Zug um Zug** Verurteilung kann eine Beschwer für beide Parteien gegeben sein, wenn die eine Partei vollständige Klageabweisung verlangt und die andere Partei eine unbedingte Zahlung angestrebt hat.¹¹ Für die Höhe der Beschwer des Klägers sind die Mangelbeseitigungskosten, für die des Beklagten die Höhe des Zahlungsbetrages maßgeblich.¹² Die Beschwer richtet sich nach der **Höhe der Mängelbeseitigungskosten**, auch dann, wenn der Auftraggeber mit dem Rechtsmittel geltend macht, dass bestimmte Mängel nicht berücksichtigt wurden. Das gilt auch bei einem Zurückbehaltungsrecht.¹³

Bei einer **Aufrechnung** ist zu differenzieren:

Handelt es sich um eine **Hauptaufrechnung** und wird der Beklagte dennoch verurteilt, dann ist er bis zur Höhe der Klageforderung beschwert.¹⁴ Anders ist es bei einer **Hilfsaufrechnung**.

---

3 PG/*Lemke*, § 511 Rn. 16.
4 BGH, 19.03.2009, IX ZR 152/08, Praxisreport 2009, 145.
5 Kuffer/Wirth/*Irl*, 13. Kap. D., Rn. 19.
6 PG/*Lemke*, § 511 Rn. 17; BGH, 18.01.2007, IX ZB 170/06, NJW-RR 2007, 765.
7 PG/*Lemke*, § 511 Rn. 17; BGH, 10.03.1993, VIII ZR 85/92, NJW 1993, 2052, 2053.
8 *Kniffka/Koeble*, 18. Teil, Rn. 5.
9 *Kniffka/Koeble*, 18. Teil, Rn. 5; BGH, 20.07.1999, X ZR 175/98, BauR 2000, 140.
10 *Kniffka/Koeble*, 18. Teil, Rn. 5; BGH, 04.05.2000, VII ZR 53/99, BauR 2000, 1182.
11 *Kniffka/Koeble*, 18. Teil, Rn. 5.
12 *Kniffka/Koeble*, 18. Teil, Rn. 5.
13 *Kniffka/Koeble*, 18. Teil, Rn. 5; BGH, 20.09.1996, V ZR 173/95, BauR 1997, 354.
14 PG/*Lemke*, § 511 Rn. 19.

Wird der Beklagte trotz Hilfsaufrechnung verurteilt, dann ergibt sich die Beschwer aus der Höhe der Klageforderung sowie der abgewiesenen Gegenforderung.[15] Wird die Klage aufgrund der Hilfsaufrechnung abgewiesen, liegt die Beschwer des Klägers in Höhe der Abweisung und die des Beklagten in der Höhe der zu Unrecht angenommenen Klageforderung. Bei Abweisung der Klage wird dagegen nicht über die Hilfsaufrechnung entschieden, sodass der Kläger nur in Höhe des nicht zugesprochenen Klagebetrages beschwert ist.[16]

8 Im Falle einer **einseitigen Erledigungserklärung** des Klägers richtet sich die Beschwer des Beklagten nach der Summe der bis zum Zeitpunkt der Erledigungserklärung entstandenen Kosten.[17] Bei einer **positiven Feststellungsklage** ist der Beklagte mit 80 % des Wertes der Forderung oder des Rechtsverhältnisses beschwert, wenn der Klage stattgegeben wird. Im umgekehrten Falle ist die Beschwer des Klägers in gleicher Höhe anzusetzen.[18]

E. Streitgegenstand

9 **Unzulässig** ist eine Berufung, wenn sie allein auf einen **neuen Streitgegenstand** gestützt wird.[19] Anders ist es allerdings, wenn mit dem Hauptantrag der alte Streitgegenstand weiterverfolgt wird und der neue Streitgegenstand lediglich hilfsweise geltend gemacht wird.[20] Dann liegt jedoch, soweit kein Fall des § 264 ZPO gegeben ist, eine Klageerweiterung vor, deren Zulässigkeit nach § 533 ZPO zu beurteilen ist.[21]

Stützt sich die Partei dagegen mit dem Hauptantrag auf den neuen Streitgegenstand und macht den alten nur hilfsweise geltend, dann ist die Berufung nur hinsichtlich des Hilfsantrages zulässig.[22]

10 Auch, wenn es in beiden Fällen um die Mängelbeseitigungskosten geht, handelt es sich bei einer Klage auf Zahlung eines **Kostenvorschuss** und einer Klage auf **Schadensersatz** um unterschiedliche Streitgegenstände. Das Klageziel bei einem Kostenvorschussanspruch ist ein anderes als das bei dem Schadensersatzanspruch. Letzterer ist auf endgültige Abwicklung des Schadens gerichtet, während der Kostenvorschussanspruch abzurechnen ist.[23]

11 **Kein neuer Streitgegenstand** liegt in den Fällen des § 264 ZPO vor. So weist Kniffka/Koeble darauf hin, dass ein in erster Instanz geltend gemachter **Mängelbeseitigungsanspruch** in der Berufungsinstanz als **Schadensanspruch** in der Höhe der Mängelbeseitigungskosten weiterverfolgt werden kann, wenn erst nach Schluss der mündlichen Verhandlung die Voraussetzungen für einen Schadensersatzanspruch geschaffen wurden. Es liegt dann ein Fall des § 264 Nr. 3 ZPO vor.[24] Es können allerdings Bedenken gegen die Zulässigkeit einer Berufung bestehen, wenn der Kläger mit dem Mangelbeseitigungsbegehren erstinstanzlich erfolgreich war und nunmehr mit der Berufung Schadensersatz gefordert wird, denn dann wird keine Beschwer aus dem erstinstanzlichen Urteil geltend gemacht.[25]

---

15 PG/*Lemke*, § 511 Rn. 19.
16 PG/*Lemke*, § 511 Rn. 19.
17 PG/*Lemke*, § 511 Rn. 22; *Kniffka/Koeble*, 18. Teil, Rn. 6; BGH, 13.07.2005, XII ZR 295/02, NJW-RR 2005, 1728.
18 PG/*Lemke*, § 511 Rn. 23.
19 BGH, 08.06.1994, VIII ZR 178/93, NJW 1994, 2896; BGH, 25.11.1992, XII ZR 116/91, NJW 1993, 597, 598.
20 *Kniffka/Koeble*, 18. Teil, Rn. 7.
21 *Kniffka/Koeble*, 18. Teil, Rn. 7.
22 *Kniffka/Koeble*, 18. Teil, Rn. 7; BGH, 11.10.2000, VIII ZR 321/99, NJW 2001, 226.
23 *Kniffka/Koeble*, 18. Teil, Rn. 8.
24 *Kniffka/Koeble*, 18. Teil, Rn. 9.
25 *Kniffka/Koeble*, 18. Teil, Rn. 10; so auch OLG Düsseldorf, 10.07.2003, I-5 U 162/02, BauR 2004, 1813.

Wenn von dem **Kostenvorschussanspruch** in zweiter Instanz auf **Kostenerstattung** übergegangen wird, liegt ebenfalls kein neuer Streitgegenstand vor.[26] Entsprechendes gilt, wenn lediglich zur Begründung des **gleichen Klageziels andere Anspruchsgrundlagen** gewählt werden. Ist der Sachverhalt bzw. sind die tatsächlichen Voraussetzungen in erster Instanz bereits vorgetragen worden, hätte bereits das erstinstanzliche Gericht die Anspruchsgrundlagen eigenständig prüfen müssen, selbst wenn sie von dem Kläger nicht erwähnt wurden.[27] Dementsprechend kann auch Vortrag zu einer in der ersten Instanz nicht erwähnten, von Amts wegen aber zu prüfenden Anspruchsgrundlage kein neues Angriffsmittel in der Berufung darstellen. § 531 Abs. 2 ZPO ist hier nicht anwendbar.[28] Auch eine **neue Rechnung** stellt keinen neuen Streitgegenstand dar.

In dem Wechsel von **Abschlagszahlung** auf Klage aus der **Schlussrechnung** liegt keine Klageänderung.[29]

F. Glaubhaftmachung

Der **Wert des Beschwerdegegenstandes ist glaubhaft** zu machen (Abs. 3). Hierzu kann sich der Berufungskläger aller Beweismittel bedienen. Tatsachen hierzu können auch noch im Laufe des Verfahrens vorgebracht werden, da der entscheidende Zeitpunkt an dem der Wert des Beschwerdegegenstandes feststehen muss erst der Schluss der mündlichen Verhandlung ist.[30]

12

(...)

§ 529 Prüfungsumfang des Berufungsgerichts

(1) Das Berufungsgericht hat seiner Verhandlung und Entscheidung zugrunde zu legen:
1. die vom Gericht des ersten Rechtszuges festgestellten Tatsachen, soweit nicht konkrete Anhaltspunkte Zweifel an der Richtigkeit oder Vollständigkeit der entscheidungserheblichen Feststellungen begründen und deshalb eine erneute Feststellung gebieten;
2. neue Tatsachen, soweit deren Berücksichtigung zulässig ist.

(2) Auf einen Mangel des Verfahrens, der nicht von Amts wegen zu berücksichtigen ist, wird das angefochtene Urteil nur geprüft, wenn dieser nach § 520 Abs. 3 geltend gemacht worden ist. Im Übrigen ist das Berufungsgericht an die geltend gemachten Berufungsgründe nicht gebunden.

A. Festgestellte Tatsachen

Das Berufungsgericht hat bei seiner Entscheidung die von dem **erstinstanzlichen Gericht festgestellten Tatsachen** zugrunde zu legen. Werden mit der Berufungsbegründung jedoch konkrete Anhaltspunkte für **Zweifel an der Richtigkeit oder Vollständigkeit** der entscheidungserheblichen Feststellungen begründet, ist eine erneute Feststellung in zweiter Instanz geboten.

1

---

26 *Kniffka/Koeble*, 18. Teil, Rn. 10; BGH, 26.11.2009, VII ZR 133/08, BauR 2010, 494.
27 *Kniffka/Koeble*, 18. Teil, Rn. 11.
28 BGH, 26.06.2003, VII ZR 281/02, BauR 2003, 1559; *Kniffka/Koeble*, 18. Teil, Rn. 11.
29 *Kniffka/Koeble*, 18. Teil, Rn. 12; BGH, 11.11.2004, VII ZR 128/03, BauR 2005, 400; BGH, 08.12.2005, VII ZR 191/04, BauR 2006, 414.
30 PG/*Lemke*, § 511 Rn. 36.

B. Tatbestand und Entscheidungsgründe

2 Welche Tatsachen erstinstanzlich festgestellt sind ergibt sich aus dem Urteil erster Instanz. Der Begriff »**Tatsachen**« ist nicht identisch mit dem »**Tatbestand**« im Urteil. Zu den tatsächlichen Feststellungen gehören vielmehr auch solche, die sich in den Entscheidungsgründen finden[1] oder sich aus dem Protokoll der dem Urteil vorangegangenen mündlichen Verhandlung ergeben.[2]

In zweiter Instanz ist jedoch kein Sachvortrag ausgeschlossen, der im Tatbestand nicht wiedergegeben ist, soweit er schriftsätzlich zuvor vorgetragen wurde. Insoweit hat der Tatbestand keine **negative Beweiskraft**.[3] Dagegen hat der Tatbestand **positive Beweiskraft** hinsichtlich der Tatbestände, die in ihm festgestellt werden.[4] Bei einem Widerspruch zwischen dem Tatbestand des Urteils und dem schriftsätzlichen Vortrag geht der Tatbestand vor. Es muss daher wegen dessen positiver Beweiskraft **Tatbestandsberichtigung** beantragt werden, wenn man sich in zweiter Instanz auf die richtige Darstellung des Sachverhaltes stützen will.[5]

Nimmt das erstinstanzliche Gericht einen Sachverhalt als **unstreitig** an, weil es rechtsfehlerhafter Weise davon ausgeht, dass der Vortrag nicht substantiiert bestritten wurde, dann entsteht insoweit **keine Bindungswirkung** für das zweitinstanzliche Gericht.[6] Ebenso wenig ist das Berufungsgericht an die Auslegung von Willenserklärungen durch das erstinstanzliche Gericht gebunden, wenn es dessen Ausführungen z.B. zwar für vertretbar aber angesichts der Gesamtumstände für nicht überzeugend hält. In diesem Fall kann es selbst eine Auslegung vornehmen.[7]

C. Konkrete Anhaltspunkte begründen Zweifel

3 Eine **erneute Feststellung** ist geboten, wenn **konkrete Anhaltspunkte Zweifel** an der Richtigkeit und Vollständigkeit der entscheidungserheblichen Tatsachenfeststellungen begründen.

I. Zweifel

4 **Zweifel** liegen vor, wenn nach Auffassung des zweitinstanzlichen Gerichtes eine gewisse – nicht notwendig überwiegende – Wahrscheinlichkeit dafür spricht, dass eine erneute Feststellung zu einem anderen Ergebnis führen wird.[8] Die Zweifel müssen nicht erheblich sein. Sie müssen jedoch objektiv und rational für das Gericht nachvollziehbar und nicht ohne weiteres von der Hand zu weisen sein. So können Anhaltspunkte für Zweifel an der Richtigkeit und Vollständigkeit der erstinstanzlichen Feststellungen dann bestehen, wenn das Gericht das Recht fehlerhaft angewandt hat.[9]

II. Konkrete Anhaltspunkte

5 Es müssen **konkrete Anhaltspunkte** für die Zweifel vorgetragen werden. Solche können sich auch aus der Möglichkeit unterschiedlicher Wertungen ergeben oder aber daraus, dass das Berufungsgericht der **Beweiswürdigung** des erstinstanzlichen Gerichtes nicht folgt und eine erneute Beweisaufnahme deshalb für erforderlich hält, z.B. wenn es die **Glaubwürdigkeit** von Zeugen anders be-

---

1 PG/*Oberheim*, § 529 Rn. 6; *Kniffka/Koeble*, 18. Teil, Rn. 19; BGH, 09.03.2005 VIII ZR 381/03, NJW-RR 2005, 962; BGH, 26.03.1997, IV ZR 275/96, NJW 1997, 1931.
2 PG/*Oberheim*, § 521 Rn. 6; *Kniffka/Koeble*, 18. Teil, Rn. 19.
3 PG/*Oberheim*, § 529 Rn. 6; *Kniffka/Koeble*, 18. Teil, Rn. 19.
4 *Kniffka/Koeble*, 18. Teil, Rn. 19.
5 *Kniffka/Koeble*, 18. Teil, Rn. 19.
6 *Kniffka/Koeble*, 18. Teil, Rn. 19.
7 PG/*Oberheim*, § 529 Rn. 9; BGH, 14.07.2004, VIII ZR 164/03, NJW 2004, 2751.
8 PG/*Oberheim*, § 529 Rn. 11; *Kniffka/Koeble*, 18. Teil, Rn. 22.
9 PG/*Oberheim*, § 529 Rn. 11; BGH, 08.06.2004, VI ZR 230/03, NJW 2004, 2828.

urteilt oder aber Gutachten für ergänzungsbedürftig hält.[10] Zweifel können auch dann gegeben sein, wenn Beweise nicht erhoben wurden.[11]

Will man die Beweisaufnahme erster Instanz, insbesondere das Ergebnis eines dort eingeholten Sachverständigengutachtens, angreifen, so müssen **nachvollziehbare Tatsachen oder Argumente** vorgetragen werden, die an der Richtigkeit des Gutachtens zweifeln lassen. Es reicht nicht aus lediglich das Ergebnis selbst als falsch hinzustellen. Befasst sich beispielsweise das erstinstanzlich eingeholte Gutachten nicht mit allen entscheidungserheblichen Punkten, dann hat das Berufungsgericht sogar von Amts wegen auf die Vervollständigung des Gutachtens hinzuwirken. Das Berufungsgericht muss in diesen Fällen auch einem erstmals in zweiter Instanz gestellten Antrag auf Anhörung des Sachverständigen stattgeben, wenn er entscheidungserhebliche Gesichtspunkte betrifft, die das erstinstanzliche Gericht aufgrund fehlerhafter Beurteilung der Rechtslage übersehen hat.[12]

Um solche Zweifel zu begründen kann auch noch **in zweiter Instanz** ein **Privatgutachten** eingereicht werden. Die auf ein solches Gutachten gestützten Argumente gegen ein in erster Instanz eingeholtes gerichtliches Gutachten können in zweiter Instanz nicht nach § 531 Abs. 2 ZPO als verspätetes neues Vorbringen zurückgewiesen werden, weil die Parteien nicht verpflichtet sind Einwendungen gegen ein Gutachten mittels eines Privatgutachtens vorzutragen.[13]

Gibt es Anhaltspunkte, die Zweifel an der Richtigkeit und Vollständigkeit der tatbestandlichen Feststellung des erstinstanzlichen Gerichts begründen, muss das Berufungsgericht den gesamten Akteninhalt, der Gegenstand der mündlichen Verhandlung geworden ist, berücksichtigen. Hierzu gehören auch die vorgelegten Anlagen insbesondere auch Privatgutachten. 6

D. Neufeststellungen von Tatsachen

Die **Neufeststellung von Tatsachen** erfolgt durch das Berufungsgericht in der mündlichen Verhandlung. In diesem Zusammenhang kann das Gericht auch eine erneute Beweisaufnahme durchführen, wenn es Fehler bei der Beweisaufnahme oder Würdigung des erstinstanzlichen Gerichtes feststellt oder aber eine in erster Instanz unterlassene Beweisaufnahme nachholen will. Beabsichtigt das Berufungsgericht von der Würdigung der Zeugenbeweise erster Instanz abzuweichen, ist eine Wiederholung der Vernehmung der Zeugen geboten.[14] Eine erneute Beweisaufnahme ist dann jedoch nicht erforderlich, wenn lediglich aufgrund schriftlicher Aussage von Zeugen entschieden wurde oder aber überhaupt keine Beweiswürdigung durch das erstinstanzliche Gericht erfolgt ist.[15] 7

Das zweitinstanzliche Gericht kann auch neue Tatsachen im Rahmen der Überprüfung der Berufung berücksichtigen. Dies allerdings nur unter den Voraussetzungen der §§ 530 f. (siehe dort). 8

§ 530 Verspätet vorgebrachte Angriffs- und Verteidigungsmittel

Werden Angriffs- oder Verteidigungsmittel entgegen den §§ 520 und 521 Abs. 2 nicht rechtzeitig vorgebracht, so gilt § 296 Abs. 1 und 4 entsprechend.

---

10 PG/*Oberheim*, § 529 Rn. 12.
11 BGH, 19.03.2004, V ZR 104/03, NJW2004, 2152.
12 *Kniffka/Koeble*, 18. Teil, Rn. 25; BGH, 08.06.2004, VI ZR 230/03, NJW 2004, 2828.
13 *Kniffka/Koeble*, 18. Teil, Rn. 29; BGH, 21.12.2006, VII ZR 279/05, BauR 2007, 585; BGH, 16.12.2004, VII ZR 270/03, BauR 2005, 590.
14 PG/*Oberheim*, § 529 Rn. 14.
15 PG/*Oberheim*, § 529 Rn. 14.

§ 531 ZPO Zurückgewiesene und neue Angriffs- und Verteidigungsmittel

A. Allgemein

1 Auch in **zweiter Instanz** sind Angriffs- und Verteidigungsmittel **rechtzeitig** vorzutragen. Neue Angriffs- und Verteidigungsmittel müssen daher in der Berufungsbegründung oder Berufungserwiderung eingeführt werden, weil ansonsten auch in zweiter Instanz eine Verspätung nach den Grundsätzen des § 296 Abs. 1 und 4 ZPO vorliegen kann.

B. Angriffs- und Verteidigungsmittel

2 **Angriffs- und Verteidigungsmittel** sind vorgebrachte Tatsachen, Behauptungen, Bestreiten, neue Beweisantritte, materielle und prozessuale Einwendungen. Nicht darunter fallen die mit der Stellung eines neuen oder mit der Änderung des bisherigen Antrags verbundenen Angriffs- und Verteidigungsmittel, wie Klageerweiterung, Klageänderung, Widerklage, Anschlussberufung.[1]

C. Neue Angriffs- und Verteidigungsmittel

3 Grundlage für die Frage, ob **neue Angriffs- und Verteidigungsmittel** vorliegen ist das gesamte erstinstanzliche Vorbringen der Parteien, welches Gegenstand der mündlichen Verhandlung erster Instanz geworden ist.[2] Angriffs- und Verteidigungsmittel, die bereits erstinstanzlich vorgebracht und von dem Gericht **zurückgewiesen** wurden bleiben in der Berufungsinstanz ausgeschlossen, es sei denn, sie wurden zu Unrecht in erster Instanz als verspätet zurückgewiesen.[3] Ist dies der Fall sind sie Prozessstoff auch des zweitinstanzlichen Verfahrens.[4]

D. Frist

4 Zu beachten ist, dass die mit **Anschlussberufung** vorgetragenen Angriffs- und Verteidigungsmittel innerhalb der Berufungserwiderungsfrist vorgetragen müssen. Ansonsten sind sie nach §§ 524 Abs. 2, 521 Abs. 2, 530 ZPO präkludiert.[5]

E. Zulassung neuer Angriffs- und Verteidigungsmittel

5 Neue Angriffs- und Verteidigungsmittel sind dann zuzulassen, wenn nach der **freien Überzeugung** des Gerichts ihre Zulassung die Erledigung des Rechtsstreits nicht verzögert, § 296 Abs. 1 ZPO. Eine **Verzögerung** des Verfahrens liegt schon dann vor, wenn die Zulassung des verspäteten Vortrags die Erledigung des Rechtsstreites in zweiter Instanz zeitlich hinausschieben würde.[6] Dies ist dann nicht der Fall, wenn eine Beweisaufnahme nicht erforderlich wird, z.B. deshalb, weil der Sachvortrag unstreitig ist.

6 Eine Zurückweisung kommt dann nicht in Betracht, wenn die Partei die Verspätung **entschuldigt**. Das setzt jedoch voraus, dass noch nicht einmal leichte Fahrlässigkeit gegeben ist.[7]

§ 531 Zurückgewiesene und neue Angriffs- und Verteidigungsmittel

(1) Angriffs- und Verteidigungsmittel, die im ersten Rechtszuge zu Recht zurückgewiesen worden sind, bleiben ausgeschlossen.

(2) Neue Angriffs- und Verteidigungsmittel sind nur zuzulassen, wenn sie

---

1 PG/*Oberheim*, § 531 Rn. 3.
2 *Kniffka/Koeble*, 18. Teil, Rn. 26.
3 IBR Online: OLG Celle, 28.10.2009 – 14:77/09; PG/*Oberheim*, § 530 Rn. 7.
4 PG/*Oberheim*, § 530 Rn. 7.
5 PG/*Oberheim*, § 530 Rn. 7.
6 BGH, 16.12.2004, VII ZR 16/03, NJW-RR 2005, 669, 671; PG/*Oberheim*, § 531 Rn. 9.
7 PG/*Oberheim*, § 530 Rn. 11.

1. einen Gesichtspunkt betreffen, der vom Gericht des ersten Rechtszuges erkennbar übersehen oder für unerheblich gehalten worden ist,
2. infolge eines Verfahrensmangels im ersten Rechtszug nicht geltend gemacht wurden oder
3. im ersten Rechtszug nicht geltend gemacht worden sind, ohne dass dies auf einer Nachlässigkeit der Partei beruht.

Das Berufungsgericht kann die Glaubhaftmachung der Tatsachen verlangen, aus denen sich die Zulässigkeit der neuen Angriffs- und Verteidigungsmittel ergibt.

Zur Frage was Angriffs- und Verteidigungsmittel sind wird auf § 530 Rdn. 2 verwiesen. 1

A. Abs. 1 – Erstinstanzlich zurückgewiesene Angriffs- und Verteidigungsmittel

Erstinstanzlich zurückgewiesene Angriffs- und Verteidigungsmittel bleiben auch in zweiter Instanz ausgeschlossen. Nicht anzuwenden ist § 531 Abs. 1 auf Vorbringen, das nicht zurückgewiesen wurde, sondern lediglich unberücksichtigt blieb ohne das eine förmliche Zurückweisung erfolgt ist.[1] Vorbringen, welches in erster Instanz nach der mündlichen Verhandlung oder nach Ablauf einer Schriftsatznachlassfrist erfolgt, fällt nicht unter § 531 Abs. 1 ZPO. Diese Angriffs- und Verteidigungsmittel gelten als in erster Instanz nicht vorgetragen und sind daher unter § 531 Abs. 2 ZPO zu prüfen.[2] 2

B. Abs. 2

I. Erstmals vorgetragene Angriffs- und Verteidigungsmittel

Erstmals in zweiter Instanz vorgetragene Angriffs- und Verteidigungsmittel können unter bestimmten Voraussetzungen, die sich in Abs. 2 finden, berücksichtigt werden. Neu sind Angriffs- und Verteidigungsmittel, wenn sie im erstinstanzlichen Verfahren vor Schluss der letzten mündlichen Verhandlung nicht vorgetragen wurden (siehe hierzu auch § 530 Rdn. 3). Neu ist auch Sachvortrag, der erstinstanzlich zwar vorgetragen aber wieder fallen gelassen wurde oder erst nach Schluss der mündlichen Verhandlung innerhalb der Schriftsatznachlassfrist vorgetragen wurde.[3] **Neuer** Sachvortrag liegt auch dann vor, wenn er erstmals zur Substantiierung der Ansprüche oder Gegenansprüche führt.[4] **Nicht neu** ist dagegen Vorbringen, das nur zur Konkretisierung, Verdeutlichung oder Erläuterung eines bereits erstinstanzlich vorgetragenen Sachverhalts dient.[5] Bei der Frage, ob lediglich eine Verdeutlichung, Konkretisierung oder Erläuterung bzw. gänzlich neuer Sachvortrag vorliegt sind insbesondere auch die in Bezug genommenen Anlagen erster Instanz zu berücksichtigen. 3

Nicht neu ist auch Vorbringen, dass in erster Instanz vorgetragen wurde, aber für unerheblich gehalten wurde und deshalb im Tatbestand keine Erwähnung gefunden hat.[6]

II. Unstreitiges Vorbringen

Unstreitiges Vorbringen ist auch in der Berufungsinstanz immer zu berücksichtigen.[7] 4

So ist eine erstmals in der Berufungsinstanz erhobene **Einrede der Verjährung** nicht als verspätet zurückzuweisen, wenn die Erhebung der Verjährungseinrede und die den Verjährungseintritt

---

1 BGH, 24.04.1985, VIII ZR 95/84, NJW 1985, 1539; PG/*Oberheim*, § 531 Rn. 6.
2 PG/*Oberheim*, § 531 Rn. 6.
3 PG/*Oberheim*, § 531 Rn. 8.
4 BGH, 08.06.2004, VI ZR 199/03, NJW 2004, 2825, 2827; *Kniffka/Koeble*, 18. Teil, Rn. 29.
5 PG/*Oberheim*, § 531 Rn. 8; *Kniffka/Koeble*, 18. Teil, Rn. 29.
6 BGH, Urt. v. 22.04.2010, IX ZR 160/09, Rn. 10, 12; BGH, Urt. v. 14.05.2009, I ZR 98/06 Rn. 16.
7 *Kniffka/Koeble*, 18. Teil, Rn. 30.

begründeten Tatsachen zwischen den Parteien unstreitig sind.[8] Auch eine erstmals in der Berufungsinstanz erfolgte **unstreitige Fristsetzung zur Nacherfüllung** ist unabhängig von den Voraussetzungen des § 531 Abs. 2 Nr. 1–3 ZPO zuzulassen.[9] Unstreitiges Vorbringen ist auch dann zu berücksichtigen, wenn dadurch erst eine Beweisaufnahme erforderlich wird.[10]

III. § 531 Abs. 2 Nr. 1 ZPO

5 Zu berücksichtigen sind neue Angriffs- und Verteidigungsmittel zu **erkennbar übersehenen oder unerheblich gehaltenen Gesichtspunkten.**

Übersehen ist das, was das erstinstanzliche Gericht in seine Urteilsbegründung nicht einbezogen hat, bzw. von ihm für unerheblich gehalten wurde, ebenso das, was erhoben aber verworfen wurde.[11]

Die Regelung greift auch ein, wenn das Berufungsgericht **anderer Rechtsauffassung** ist als das Erstgericht.[12] Allerdings ist nach Sinn und Zweck der Vorschrift des § 531 Abs. 2 S. 1 ZPO insoweit einschränkend auszulegen, als die objektiv fehlerhafte Rechtsauffassung des erstinstanzlichen Gerichtes den Sachvortrag der Partei in erster Instanz beeinflusst haben muss und deswegen ein Verfahrensfehler vorliegt.[13] Eine solche Beeinflussung wird angenommen, wenn das erstinstanzliche Gericht durch Hinweise Veranlassung gegeben hat zu Geschichtspunkten nicht weiter vorzutragen, weil es sie für unerheblich hält oder aber, wenn der Kläger und das Erstgericht übereinstimmend von einer fehlerhaften Rechtsauffassung ausgegangen sind.[14] Anders ist es jedoch, wenn das Erstgericht es offen gelassen hat welcher Rechtsauffassung es folgen wird.[15]

IV. § 531 Abs. 2 Nr. 2 ZPO

6 Besondere Bedeutung hat hier die **Verletzung der Prozessförderungspflicht** nach § 139 ZPO.[16]

Insoweit wird verwiesen auf die umfangreiche Literatur und Rechtssprechung zur Anwendbarkeit und Auslegung des § 139 ZPO. Bei Anwaltsprozessen ist besonders zu berücksichtigen, dass Hinweispflichten des Gerichtes nicht im selben Maße bestehen wie in Prozessen, in denen die Partei nicht anwaltlich vertreten ist.

V. § 531 Abs. 2 Nr. 3 ZPO

7 Neuer Vortrag ist möglich, wenn die Verspätung nicht auf **Nachlässigkeit** beruht. Nachlässig handelt eine Partei dann, wenn sie Tatsachen nicht vorträgt, die ihr bekannt sind und deren Bedeutung für die Entscheidung sie kennt oder zumindest hätte kennen müssen. Insoweit reicht leichte Fahrlässigkeit aus.[17] Der Bundesgerichtshof hat allerdings der Tendenz in der Rechtsprechung die Anforderungen an die Pflichten der Parteien zu überspannen in einer Entscheidung aus dem Jahre 2008 entgegengewirkt. Dort führt er aus, dass der Prozessbevollmächtigte einer Partei nicht verpflichtet ist, um dem Vorwurf nachlässigen Verhaltens zu entgehen, umfangreiche staatsanwalt-

---

8 BGH, 21.06.2008, GZR 1/08, NJW 2008, 3434.
9 BGH, Praxisreport 2009, 225.
10 *Kniffka/Koeble*, 18. Teil, Rn. 30; BGH, 18.11.2004 IX ZR 229/03, NJW 2005, 291; BGH, 16.10.2008, IX ZR 135/07, BauR 2009, 281.
11 PG/*Oberheim*, § 531 Rn. 9.
12 *Kniffka/Koeble*, 18. Teil, Rn. 32.
13 *Kniffka/Koeble*, 18. Teil, Rn. 32.
14 BGH, 08.06.2004, VI ZR 230/03, NJW 2004, 2828; *Kniffka/Koeble*, 18. Teil, Rn. 32.
15 *Kniffka/Koeble*, 18. Teil, Rn. 32.
16 PG/*Oberheim*, § 531 Rn. 10; *Kniffka/Koeble*, 18. Teil, Rn. 33.
17 BGH, 19.03.2004, V ZR 104/03, NJW 2004, 2152; PG/*Oberheim*, § 531 Rn. 31; *Kniffka/Koeble*, 18. Teil, Rn. 34.

schaftliche Ermittlungsakten darauf durchzusehen, ob ihnen Anhaltspunkte für bestimmte Pflichtverletzungen zu entnehmen sind, die nach dem bisherigen Sachvortrag nicht im Raume standen.[18]

Kein Verschulden oder grobe Nachlässigkeit liegt dann vor,[19] wenn der Auftraggeber Umstände, die ihm zunächst nicht bekannt sind erst im Laufe des Rechtsstreits ermittelt und vorträgt. Ein Auftraggeber muss im Zusammenhang mit Werkmängeln tatsächliche Umstände, die ihm noch gar nicht bekannt sind nicht gleich zu Beginn des Rechtsstreits von sich aus ermitteln: Es fehlt daher an einer groben Nachlässigkeit, wenn der Bauherr erst im Laufe des Rechtsstreits zu Mängeln vorträgt, die er nicht ohne Einschaltung eines Gutachters erkennen kann. Auch in zweiter Instanz können deshalb Einwendungen gegen ein erstinstanzliches Gerichtsgutachten noch unter Vorlage eines Privatgutachtens erstmals vorgetragen werden.[20]

Zuzulassen sind neue Angriffs- und Verteidigungsmittel immer dann, wenn sie in erster Instanz nicht vorgetragen werden konnten.[21] So liegt keine Nachlässigkeit vor, wenn Angriffs- und Verteidigungsmittel erst nach Schluss der mündlichen Verhandlung erster Instanz entstanden sind, denn sie konnten von den Parteien im ersten Rechtszug nicht in das Verfahren eingeführt werden. Dabei kommt es nicht darauf an, ob die Parteien in erster Instanz die Möglichkeit hatten die Voraussetzungen für die Angriffs- und Verteidigungsmittel zu schaffen.[22] Es kann sich bei den neuen Angriffs- und Verteidigungsmitteln einmal um neue Beweismittel für bereits früher entstandene Tatsachen handeln oder um neu entstandene Tatsachen einschließlich der entsprechenden Beweismittel.[23]

Eine erstmals in zweiter Instanz vorgelegte **prüffähige Schlussrechnung**, die erst die Fälligkeitsvoraussetzungen für den Anspruch auf Honorarzahlung nach der HOAI oder bei VOB-Verträgen der Werklohnforderung des Unternehmers nach VOB schafft, kann daher nicht als verspätet zurückgewiesen werden, auch wenn sie in erster Instanz bereits hätte erstellt und eingereicht werden können.[24] Allerdings ist darauf zu achten, dass nicht bereits in erster Instanz aufgrund einer nicht prüffähigen Rechnung Fälligkeit eingetreten ist. Insoweit ist auch bei Honorarschlussrechnungen der Architekten auf die zweimonatige Rügefrist zu achten.

(...)

§ 533 Klageänderung; Aufrechnungserklärung; Widerklage

Klageänderung, Aufrechnungserklärung und Widerklage sind nur zulässig, wenn
1. der Gegner einwilligt oder das Gericht dies für sachdienlich hält und
2. diese auf Tatsachen gestützt werden können, die das Berufungsgericht seiner Verhandlung und Entscheidung über die Berufung ohnehin nach § 529 zugrunde zu legen hat.

A. Allgemein

Klageänderungen, Aufrechnungserklärungen und Widerklagen können nur unter bestimmten Voraussetzungen in zweiter Instanz erhoben bzw. geltend gemacht werden. 1

---

18 BGH, 06.11.2008, III ZR 231/07, Praxisreport 2009, 25 mit Anmerkung *Osterloh*.
19 OLG Celle, 28.10.2009, 14 U 77/09 mit Anmerkung von *Vesting*, Praxisreport 2010, 55; BGH, 13.12.2006, XII ZB 176/03, BauR 2007, 587.
20 BGH, 13.12.2006, XII ZB 176/03, BauR 2007, 587.
21 *Kniffka/Koeble*, 18. Teil, Rn. 36; BGH, 06.10.2005, VII ZR 229/03, BauR 2005, 1959.
22 *Kniffka/Koeble*, 18. Teil, Rn. 36; BGH, 09.10.2003, VII ZR 335/02, BauR 2004, 115.
23 MüKo-ZPO/*Rimmelspacher*, § 531 Rn. 24.
24 *Kniffka/Koeble*, 18. Teil, Rn. 36; BGH, 06.10.2005, VII ZR 229/03, BauR 2005, 1959; OLG Karlsruhe, 24.05.2006, 9 U 113/05, BauR 2007, 1770.

§ 533 ZPO Klageänderung; Aufrechnungserklärung; Widerklage

Entweder muss der Gegner zustimmen oder die Zulassung muss sachdienlich sein. Ferner müssen die Voraussetzungen des § 533 Nr. 2 ZPO vorliegen.

I. Einwilligung

2   Zunächst ist zu prüfen, ob der Gegner eingewilligt hat. Eine **Einwilligung** kann ausdrücklich oder konkludent erklärt werden. Auch eine rügelose Einlassung auf den neuen Prozessstoff reicht aus.[1]

II. Sachdienlichkeit

3   **Sachdienlich** ist eine Änderung des Streitstoffes, eine Aufrechnung und Widerklage, wenn durch ihre Zulassung ein weiteres Verfahren vermieden werden kann und außerdem der prozessuale Aufwand bei der Einbeziehung in das Verfahren geringer ist, als bei Einleitung eines neuen Verfahrens.[2] Nicht sachdienlich ist es, wenn ein spruchreifer Prozess durch eine nicht spruchreife Erweiterung verzögert wird. Zu berücksichtigen ist auch, ob eine Instanz verloren geht.[3]

III. Klageänderung

4   Bei der **Klageänderung** ist darauf zu achten, dass § 533 ZPO nicht die Fälle des § 264 ZPO erfasst, z.B. die Klageerhöhung nach § 264 Nr. 2 ZPO.[4] Die Beschränkung der Zulassung durch § 533 ZPO entspricht nicht der Prozesswirtschaftlichkeit. Es entsprach schon nicht dem früheren Recht (§ 533 ZPO alter Fassung) in der Berufungsinstanz solche Änderungen nicht zuzulassen. Daran hat sich auch durch die neue Rechtslage nach der ZPO-Reform nichts geändert.[5] Über § 525 ZPO ist auch § 264 ZPO auf das Berufungsverfahren anzuwenden.

IV. Aufrechnung

5   Unter § 533 fällt die **Aufrechnung**, nicht dagegen die Geltendmachung eines Zurückbehaltungsrechtes. Dessen Zulassung in zweiter Instanz ist nach den Voraussetzungen des § 531 ZPO zu beurteilen.[6] Neu ist die Aufrechnung, wenn sie erstmals in zweiter Instanz im Prozess geltend gemacht wird. Es kommt nicht darauf an, ob die Aufrechnungslage bereits zuvor bestand und wann die Aufrechnung materiellrechtlich erklärt wurde.[7] Zuzulassen ist die Aufrechnung, wenn die Gegenforderung feststeht, weil sie **unstreitig** ist oder **rechtskräftig festgestellt** wurde. In beiden Fällen ist eine Sachprüfung durch das Berufungsgericht nicht erforderlich.[8]

Nicht neu ist eine Aufrechnung dann, wenn sie bereits in erster Instanz erhoben wurde, aber von dem erstinstanzlichen Gericht zu Unrecht zurückgewiesen wurde.[9] Gleiches gilt auch, wenn die Gegenforderung erst während des Berufungsverfahrens fällig wurde.[10] Wird die Aufrechnung in erster Instanz beispielsweise auf eine Architektenrechnung gestützt, die nicht prüffähig ist und wird in zweiter Instanz eine neue prüffähige Rechnung vorgelegt, dann wird durch die neue Rechnung nicht erstmals eine neue Forderung zur Aufrechnung gestellt.[11]

---

1   PG/*Oberheim*, § 533 Rn. 100.
2   BGH, 27.09.2006 VIII ZR 19/04, NJW 2007, 2414, 2415; PG/*Oberheim*, § 533 Rn. 11.
3   PG/*Oberheim*, § 533 Rn. 11.
4   BGH, 19.03.2004, V ZR 104/03, NJW 2004, 2152; BGH, Urt. v. 22.04.2010, IX ZR 160/09, Rn. 12; BGH, Urt. v. 14.05.2009, I ZR 98/06.
5   BGH, 19.03.2004, V ZR 104/03, NJW 2004, 2152; BGH, 08.12.2005, VII ZR 158/04, NZBau 2006, 254.
6   PG/*Oberheim*, § 533 Rn. 16.
7   PG/*Oberheim*, § 533 Rn. 17.
8   PG/*Oberheim*, § 533 Rn. 23.
9   MüKo-ZPO/*Rimmelspacher*, § 533 Rn. 25.
10 MüKo-ZPO/*Rimmelspacher*, § 533 Rn. 25; BGH, 06.10.2005, VII ZR 229/03, BauR 2005, 1959.
11 BGH, 06.10.2005, VII ZR 229/03, BauR 2005, 1959.

V. Widerklage

Unter § 533 fallen alle Arten der **Widerklage**, d.h. auch die Hilfswiderklage, die Widerwiderklage 6 und die Drittwiderklage.[12] Dagegen kann die Zwischenfeststellungswiderklage auch ohne die Voraussetzungen des § 533 ZPO eingereicht werden. Sie richtet sich nach §§ 525, 256 Abs. 2 ZPO.[13]

B. Neuer Prozessstoff

Die Berufung kann im Übrigen nur auf solchen Tatsachen gestützt werden, die das Berufungs- 7 gericht bei der Verhandlung über die Entscheidung der Berufung nach § 529 ZPO ohnehin zugrunde zu legen hat. Ebenso wie bei der Klageänderung kann die Aufrechnung und Widerklage daher nur auf denselben Prozessstoff gestützt werden wie die bisherige Klage.[14] Neuer Prozessstoff kann allerdings nach den Voraussetzungen des § 531 Abs. 2 ZPO Berücksichtigung finden.[15]

Bei der rechtlichen Beurteilung des geänderten Klageantrages, der Aufrechnung oder der Widerklage kann das Berufungsgericht den gesamten erstinstanzlichen Streitstoff zugrunde legen und nicht nur die vom erstinstanzlichen Gericht festgestellten Tatsachen.[16] Bei Zweifeln im Sinne des § 529 Abs. 1 Nr. 1 ZPO ist das zweitinstanzliche Gericht weiterhin zu eigenen Feststellungen berechtigt und verpflichtet.[17]

(...)

Buch 5: Urkunden und Wechselprozess

§ 592 Zulässigkeit

Ein Anspruch, welcher die Zahlung einer bestimmten Geldsumme oder die Leistung einer bestimmten Menge anderer vertretbarer Sachen oder Wertpapiere zum Gegenstand hat, kann im Urkundenprozess geltend gemacht werden, wenn die sämtlichen zur Begründung des Anspruchs erforderlichen Tatsachen durch Urkunden bewiesen werden können. Als ein Anspruch, welcher die Zahlung einer Geldsumme zum Gegenstand hat, gilt auch der Anspruch aus einer Hypothek, einer Grundschuld, einer Rentenschuld oder einer Schiffshypothek.

A. Nachweis mit Urkunden

Im Urkundenprozess müssen alle anspruchsbegründenden Tatsachen mit Urkunde nachgewiesen 1 werden.[1] **Sachverständigengutachten** sind keine Urkunden.[2] Das OLG Brandenburg hat jedoch ein Schiedsgutachten als Urkunde i.S.d. § 592 ZPO angesehen.[3] Wird ein Anspruch auf Werklohn geltend gemacht, müssen neben den vertraglichen Grundlagen, die Erbringung der Werkleistung, Höhe des Werklohnanspruchs und die weiteren Fälligkeitsvoraussetzungen urkundlich nachgewiesen werden.

---

12 PG/*Oberheim*, § 533 Rn. 26.
13 PG/*Oberheim*, § 533 Rn. 26.
14 *Kniffka/Koeble*, 18. Teil, Rn. 45.
15 BGH, 19.03.2004, V ZR 104/03, NJW 2004, 2152; *Kniffka/Koeble*, 18. Teil Rn. 45.
16 BGH, 19.03.2004, V ZR 104/03, NJW 2004, 2152.
17 BGH, 19.03.2004, V ZR 104/03, NJW 2004, 2152.
1 Zöller/*Greger*, § 592 Rn. 7.
2 Zöller/*Greger*, § 592 Rn. 14.
3 OLG Brandenburg, 13.11.2003 – 8 U 29/03; Kuffer/Wirth/*Ulbrich*, 13. Kap. A, Rn. 68.

2 Die **Beauftragung** ergibt sich in der Regel aus schriftlichen Vertragsurkunden. Problematisch ist es, wenn Teile der abgerechneten Leistungen nicht schriftlich beauftragt wurden und von dem Auftraggeber bestritten werden.

3 Die **Höhe des Werklohns** muss sich ebenfalls aus Urkunden ergeben. Dies ist bei einem Pauschalpreisvertrag einfach. Wird dagegen ein Einheitspreisvertrag geschlossen, müssen die erbrachten Leistungen nachgewiesen werden. Dies kann durch ein beiderseitiges Aufmaß geschehen.[4] Ein nur vom Auftragnehmer gefertigtes Aufmaß reicht dagegen nicht aus.[5] Bei Stundenlohnarbeiten kann die Anzahl der geleisteten Stunden durch Stundenlohnzettel bewiesen werden.[6]

4 Die **Schlussrechnung** ist beim VOB-Vertrag Fälligkeitsvoraussetzung. Sie muss auch beim BGB-Vertrag vorgelegt werden, wenn es sich um einen Einheitspreisvertrag handelt, weil sie die vertragsgemäße Berechnung enthält.[7]

5 Die **Abnahme** muss ebenfalls urkundlich nachgewiesen werden. Vor dem 01.01.2009 hat § 641a BGB den Nachweis der Fälligkeit erleichtern sollen, indem die Abnahme durch die Fälligkeitsbescheinigung ersetzt werden konnte, wenn der Auftraggeber die Abnahme verweigerte. Die Norm wurde jedoch abgeschafft. Sie war stark kritisiert worden und erwies sich als nicht praktikabel.

6 Können einzelne Tatsachen nicht urkundlich bewiesen werden, dann ist der Urkundsprozess jedoch gleichwohl zulässig, wenn sie **unstreitig** oder zugestanden sind.[8] Kann der Werkunternehmer die anspruchsbegründenden Tatsachen wie Vertrag und Abnahme mit Urkunden belegen, die Höhe der Forderung aber nur durch die geprüfte Schlussrechnung und bleibt diese unstreitig, ist der Urkundsprozess statthaft.[9]

B. Bürgschaftsurkunden

7 Auch **Bürgschaftsforderungen** können im Urkundsprozess geltend gemacht werden. Bei einer Bürgschaft auf erstes Anfordern kann der Bürge bereits im Erstprozess einwenden, der Gläubiger dürfe ihn nicht in Anspruch nehmen, weil keine Hauptschuld bestehe. Im Bürgschaftsprozess muss sich der Einwand jedoch aus dem unstreitigen Sachverhalt oder den Vertragsurkunden ergeben.[10] Für eine Rückforderung eines aufgrund einer Bürgschaft auf erstes Anfordern geleisteten Betrages ist dagegen der Urkundsprozess nach seinem Sinn und Zweck regelmäßig unstatthaft.[11]

8 Die Einrede des Schiedsvertrages kann auch im Urkundsprozess erhoben werden.[12]

C. Unzulässigkeit

9 Unzulässig ist der Urkundsprozess, wenn die **Befreiung von einer Schuld** oder Auskunft im Rahmen einer **Stufenklage** verlangt wird.[13]

---

[4] *Kniffka/Koeble*, 20. Teil, Rn. 68.
[5] *Kniffka/Koeble*, 20. Teil, Rn. 68.
[6] *Kniffka/Koeble*, 20. Teil, Rn. 69.
[7] *Kniffka/Koeble*, 20. Teil, Rn. 69.
[8] *Zöller/Greger*, § 592 Rn. 11; BGH, 24.04.1974, VIII ZR 211/72, NJW 1974, 1199; *Kniffka/Koeble*, 20. Teil, Rn. 67; BGH, 20.12.2006, VIII ZR 112/06, NJW 2007, 1061.
[9] *Kniffka/Koeble*, 20. Teil, Rn. 67.
[10] BGH, 10.02.2000, IX ZR 397/98, BauR 2000, 887; Kuffer/Wirth/*Ulbrich*, 13. Kap. A, Rn. 68.
[11] PG/*Hall*, § 592 Rn. 7.
[12] PG/*Hall*, § 592 Rn. 4; BGH, 31.05.2007, II ZR 22/06, BGHZ 165, 376, 380.
[13] PG/*Hall*, § 592 Rn. 6.

§ 593 Klageinhalt; Urkunden

(1) Die Klage muss die Erklärung enthalten, dass im Urkundenprozess geklagt werde.

(2) Die Urkunden müssen in Urschrift oder in Abschrift der Klage oder einem vorbereitenden Schriftsatz beigefügt werden. Im letzteren Fall muss zwischen der Zustellung des Schriftsatzes und dem Termin zur mündlichen Verhandlung ein der Einlassungsfrist gleicher Zeitraum liegen.

Die **Urkunden** müssen mit den vorbereitenden Schriftsätzen zumindest in **Kopie** mit übersandt werden. Geschieht dies nicht, darf bei Ausbleiben des Beklagten kein **Versäumnisurteil** ergehen.[1] Der Mangel wird geheilt, wenn der im Termin erschienene Beklagte die fehlende Übersendung nicht rügt.[2] Wenn er dagegen den Mangel rügt, muss vertagt werden, damit die Einlassungsfrist gewahrt wird.[3]

(...)

§ 598 Zurückweisung von Einwendungen

Einwendungen des Beklagten sind, wenn der dem Beklagten obliegende Beweis nicht mit den im Urkundenprozess zulässigen Beweismitteln angetreten oder mit solchen Beweismitteln nicht vollständig geführt ist, als im Urkundenprozess unstatthaft zurückzuweisen.

A. Einwendungen

Gegen eine schlüssige urkundlich belegte Werklohnforderung kann der Auftraggeber sich mit Einwendungen nur erfolgreich zur Wehr setzten, wenn er auch dies wiederum urkundlich belegt oder sie unstreitig sind. Macht der Auftraggeber beispielsweise ein Zurückbehaltungsrecht wegen **Mängeln** geltend oder rechnet er mit Kostenerstattungsansprüchen/Schadensersatzansprüchen wegen Mängeln auf, dann muss er das Vorliegen von Mängeln urkundlich belegen. Ein **Gutachten im selbstständigen Beweisverfahren** kann nicht verwertet werden, weil es sich nicht um eine im Urkundenprozess zulässige Beweisführung handelt.[1] Der Beweis durch Sachverständigengutachten ist im Urkundenprozess nicht zugelassen.[2]

B. Primäraufrechnung

Kann der Beklagte bei einer **Primäraufrechnung** die Gegenforderung nicht mit den Mitteln des § 595 Abs. 2 ZPO nachweisen, dann ist die Aufrechnung als im Urkundenprozess unstatthaft zurückzuweisen.[3]

Bei einer Primäraufrechnung wird die Klage als unbegründet abgewiesen, wenn die aufgerechnete Gegenforderung urkundlich belegt werden kann oder unstreitig ist. Umstritten ist, ob in diesen Fällen auch ein Vorbehaltsurteil nach § 302 ZPO ergehen kann.[4] Die Klage wird durch Prozessurteil als in der gewählten Art unstatthaft abgewiesen, wenn der Beklagte seine Gegenforderung

---

1 Zöller/*Greger*, § 593 Rn. 5, 10.
2 Zöller/*Greger*, § 593 Rn. 11.
3 Zöller/*Greger*, § 593 Rn. 11.
1 *Kniffka/Koeble*, 20. Teil, Rn. 70.
2 Zöller/*Greger*, vor § 592, Rn. 2.
3 MüKo-ZPO/*Braun*, § 598 Rn. 3.
4 Dafür: Zöller/*Greger*, § 598 Rn. 5 m.w.N.; dagegen *Joch*, NJW 1974, 1956; MüKo-ZPO/*Braun*, § 597 Rn. 4; § 598 Rn. 3.

urkundlich belegen kann und der Kläger dem schlüssig aber nicht urkundlich belegt entgegentritt.[5]

C. Hilfsaufrechnung

3   Wird nur **hilfsweise** eine **Aufrechnung** erklärt, kommt es zunächst darauf an, ob die Einwendungen mit den Mitteln des § 595 Abs. 2 ZPO nachgewiesen werden können. Ist dies der Fall, dann wird die Klage abgewiesen, es sei denn der Kläger nimmt von dem Urkundenprozess Abstand. Kann der Beklagte zwar nicht die Einreden, aber die Eventualaufrechnungsforderung mit den Mitteln des § 595 Abs. 2 ZPO nachweisen, dann erfolgt eine Klageabweisung gem. § 597 Abs. 2 ZPO als in der gewählten Prozessart unstatthaft.[6] Wird gegen eine urkundlich nicht nachgewiesene Klageforderung mit einer urkundlich belegten oder unstreitigen Gegenforderung hilfsweise die Aufrechnung erklärt, dann ist ebenfalls § 597 Abs. 2 ZPO anzuwenden.[7]

4   Anders als beim Wechselprozess kann die **Einrede des Schiedsvertrages** auch im Urkundenprozess erhoben werden,[8] wenn nichts anderweitiges in der Schiedsvereinbarung geregelt ist.

(...)

§ 756 Zwangsvollstreckung bei Leistung Zug um Zug

(1) Hängt die Vollstreckung von einer Zug um Zug zu bewirkenden Leistung des Gläubigers an den Schuldner ab, so darf der Gerichtsvollzieher die Zwangsvollstreckung nicht beginnen, bevor er dem Schuldner die diesem gebührende Leistung in einer den Verzug der Annahme begründenden Weise angeboten hat, sofern nicht der Beweis, dass der Schuldner befriedigt oder im Verzug der Annahme ist, durch öffentliche oder öffentlich beglaubigte Urkunden geführt wird und eine Abschrift dieser Urkunden bereits zugestellt ist oder gleichzeitig zugestellt wird.

(2) Der Gerichtsvollzieher darf mit der Zwangsvollstreckung beginnen, wenn der Schuldner auf das wörtliche Angebot des Gerichtsvollziehers erklärt, dass der die Leistung nicht annehmen werde.

Übersicht	Rdn.			Rdn.
A. **Anwendungsbereich und Regelungszweck**	1	III.	Wörtliches Angebot durch den Gerichtsvollzieher, § 756 Abs. 2 ZPO	13
B. **Vollstreckung durch den Gerichtsvollzieher**	5	IV.	Folgen für den Bauunternehmer	15
I. Annahmeverzug des Bauherrn/Auftraggebers, § 756 Abs. 1 Alt. 1 ZPO	6	C.	**Tenorierungsprobleme**	16
1. Materielles Recht	6	D.	**Rechtsfolgen bei Verstoß und Rechtsbehelfe**	19
2. Maßgeblicher Zeitpunkt	10	I.	Bauunternehmer	19
II. Nachweis der Befriedigung oder des Annahmeverzugs des Schuldners/Auftraggebers, § 756 Abs. 1 Alt. 2 ZPO	11	II.	Auftraggeber	20

---

5 Zöller/*Greger*, § 598 Rn. 5.
6 Zöller/*Greger*, § 598 Rn. 6.
7 Zöller/*Greger*, § 598 Rn. 6.
8 Zöller/*Greger*, vor § 592, Rn. 3; BGH, 12.01.2006, III ZR 214/05, NJW 2006, 779.; BGH, 31.05.2007, II ZR 22/06, BGHZ 165, 376; *Lembcke*, BauR 2009, 19.

A. Anwendungsbereich und Regelungszweck

Einen in der Baupraxis typischen Fall des § 756 ZPO stellt die Erlangung eines vollstreckbaren Titels des Bauwerkunternehmers (Unternehmer, Architekt oder Sonderfachmann) gegen den Bauherrn/Auftraggeber auf Zahlung von Werklohnforderung/Vergütung oder Honorar »Zug um Zug gegen Nacherfüllung« dar.[1] 1

Zu einer solchen Zug-um-Zug-Verurteilung kann es im Baurecht nur kommen, wenn der Bauherr die werkvertraglichen Leistungen abgenommen hat. Ist das im Einzelfall streitig oder nicht feststellbar, kann gleichwohl eine Zug-um-Zug-Verurteilung erfolgen, wenn der in Anspruch genommene Bauherr eine entsprechende Verurteilung beantragt.[2] Ist eine Werkleistung hingegen noch nicht abgenommen, so ist die Werklohnforderung überhaupt noch nicht fällig und Mängelrügen führen zur Klageabweisung.[3] Erst nach der vom Bauherrn vorgenommenen Abnahme kann es dann zu einer Zug-um-Zug-Verurteilung kommen. Hat der Bauherr die Werkleistung abgenommen und zeigen sich danach Mängel und verlangt der Bauherr daher Nacherfüllung, so lautet das Urteil auf Zahlung Zug um Zug gegen Nacherfüllung. Eine Abweisung wegen fehlender Fälligkeit ist nicht mehr möglich. Das gilt so uneingeschränkt auch im VOB-Vertrag.[4] 2

Ob eine Zug-um-Zug-Verurteilung im Einzelfall vorliegt, kann im Zweifel allein aus dem Tenor und den Entscheidungsgründen ersichtlich sein. Werden hier Formulierungen wie »nach dem der Unternehmer die Mängel beseitigt hat«, »zuerst« und »zwar sofort« benutzt, die auf eine weitere Vorleistungspflicht des Werkunternehmers weisen, so wird gem. §§ 133, 157, 242 BGB im Zweifel davon auszugehen sein, dass die Parteien und das Gericht auch für das Vollstreckungsverfahren einen entsprechenden Leistungsaustausch und damit keine von der materiellen Rechtslage abweichende Regelung treffen wollten.[5] 3

Die Vorschrift des § 756 ZPO ist zusammen mit § 726 Abs. 2 ZPO zu lesen. Bei einem Titel, der eine Zug um Zug zu erbringende Gegenleistung des Gläubigers anordnet, wird die Klausel sofort erteilt (§ 726 Abs. 1 ZPO). Ob ordnungsgemäß nachgebessert wurde, muss daher im Vollstreckungsverfahren geprüft werden.[6] Der BGH[7] hat die Verlagerung der an sich materiellen Probleme des Baurechts in das Vollstreckungsverfahren ausdrücklich gebilligt.[8] Der Grundsatz der formalisierten Zwangsvollstreckung beinhaltet eigentlich, dass dem Vollstreckungsorgan im Allgemeinen die Prüfung der materiell-rechtlichen Fragen und Einwendungen versagt sind; davon machen die §§ 756, 765 ZPO eine Ausnahme.[9] 4

B. Vollstreckung durch den Gerichtsvollzieher

Die Verurteilung des Bestellers zur Zahlung des Werklohns Zug um Zug gegen die Beseitigung der Mängel durch den Werkunternehmer bedeutet, dass der Gerichtsvollzieher nur unter den Voraussetzungen des § 756 ZPO vollstrecken darf. 5

I. Annahmeverzug des Bauherrn/Auftraggebers, § 756 Abs. 1 Alt. 1 ZPO

1. Materielles Recht

Vollstreckt werden darf nach § 756 Abs. 1 Alt. 1 ZPO, wenn der Gerichtsvollzieher dem Schuldner die Gegenleistung in einer den Annahmeverzug begründenden Weise angeboten hat. Damit 6

---

1 *Werner/Pastor*, Rn. 2715.
2 Vgl. OLG Hamm, Urt. v. 18.10.2005, 24 U 59/05 = BauR 2006 1151, 1151.
3 Herrschende Meinung vgl. *Werner/Pastor*, Rn. 2719, 2534 m.w.N.
4 BGH, Urt. v. 22.02.1971, VII ZR 243/69 = BGHZ 55, 354, 357/358; *Werner/Pastor*, Rn. 2719.
5 *Werner/Pastor*, Rn. 2723.
6 BGH, Urt. v. 04.06.1973, VII ZR 112/71 = BGHZ 61, 42, 45 f.; PG/*Kroppenberg*, § 756 Rn. 1.
7 BGH, Urt. v. 04.06.1973, VII ZR 112/71 = BGHZ 61, 42, 46.
8 Zöller/*Stöber*, § 756 Rn. 7.
9 *Werner/Pastor*, Rn. 2718.

sind die materiell-rechtlichen Vorschriften der §§ 293 ff. BGB vom Gerichtsvollzieher zu untersuchen.[10] Der Gerichtsvollzieher hat also zu prüfen, ob die angebotene Leistung die dem Schuldner gebührende ist und Annahmeverzug eingetreten ist.[11] Besteht die Gegenleistung in einer Mangelbeseitigung, muss der Gerichtsvollzieher dies feststellen. Fehlt ihm die Sachkunde, hat er einen Sachverständigen hinzuziehen.[12]

7 Gem. § 294 BGB muss die Mangelbeseitigung dem Bauherrn tatsächlich angeboten werden. Die bloß wörtlich erklärte Bereitschaft zur Leistung genügt grundsätzlich nicht.[13] Daraus folgt, dass in Bausachen jedenfalls die Verurteilung zur Werklohnzahlung Zug um Zug gegen Nacherfüllung praktisch nichts anderes ist, als eine Verurteilung auf Leistung nach Empfang der Gegenleistung; ein Unterschied im Vollstreckungsablauf besteht nicht.[14] Der Bauunternehmer muss daher nacherfüllen, bevor er den Werklohn erhält.[15]

8 Ein wörtliches Angebot reicht gem. § 295 BGB, wenn der Bauunternehmer dem Bauherrn/Auftraggeber erklärt hat (was urkundlich nachzuweisen ist), er lehne die Annahme der Gegenleistung ab. § 756 Abs. 2 ZPO enthält insofern eine Erweiterung der Vollstreckungsmöglichkeit, als diese auch dann zulässig ist, wenn der Schuldner die Annahme der Gegenleistung erst zu Beginn der Vollstreckungsverfahrens auf das wörtliche Angebot des Gerichtsvollziehers hin verweigert.[16] Dieses wörtliche Angebot ist eine geschäftsähnliche Handlung. Auf sie sind die Vorschriften des BGB bezüglich Willenserklärungen entsprechend anwendbar. Daher muss der Bauunternehmer den Gerichtsvollzieher anweisen und ermächtigen, das wörtliche Angebot abzugeben.[17]

9 Zu beachten ist, dass die Mangelbeseitigung in der Regel nicht ohne die Mitwirkung des Bauherrn erfolgen kann. Weigert sich der Bauherr trotz entsprechender Aufforderung durch den Unternehmer, einen ihm genehmen Termin für die Nacherfüllung zu nennen, so wird der Bauherr bereits durch die erfolglose Aufforderung zur Mitwirkung bei der Mängelbeseitigung in Verzug gesetzt.[18]

2. Maßgeblicher Zeitpunkt

10 Es reicht, wenn der Annahmeverzug vor Erlass des zu vollstreckenden Titels eingetreten ist; auch im Fall des Annahmeverzugs hat eine Zug-um-Zug-Verurteilung zu erfolgen.[19] Der Schuldner kann mit der Erinnerung nach § 766 ZPO geltend machen, der Annahmeverzug sei nach dem Schluss der letzten mündlichen Verhandlung, aber vor dem Schluss der letzten mündlichen Verhandlung wieder entfallen.[20]

II. Nachweis der Befriedigung oder des Annahmeverzugs des Schuldners/Auftraggebers, § 756 Abs. 1 Alt. 2 ZPO

11 Von in der Baupraxis weniger bedeutsamen Fällen der vorherigen Befriedigung – und auch des Annahmeverzuges – abgesehen kann der Unternehmer als Baugläubiger bei einer Zug-um-Zug-Verurteilung in aller Regel nur vollstrecken, wenn er seine Gegenleistung, z.B. die Nacherfüllung der

---

10 Vgl. *Baumbach/Lauterbach*, § 756 Rn. 4; PG/*Kroppenberg*, § 756 Rn. 5.
11 BGH, Urt. v. 04.06.1973, VII ZR 112/71 = BGHZ 61, 42, 46; Musielak/*Lackmann*, § 756 Rn. 8.
12 OLG Köln, Beschl. v. 14.04.1986, 17 W 85/86 = MDR 1986, 1033; Musielak/*Lackmann*, § 756 Rn. 8.
13 OLG Stuttgart, Beschl. v. 02.08.1988, 8 W 328/88 = DGVZ 1989, 11; LG Aachen, Beschl. v. 17.02.1977, 5 T 47/77 = DGVZ 1977, 88.
14 *Werner/Pastor*, Rn. 2734.
15 *Werner/Pastor*, Rn. 2734.
16 PG/*Kroppenberg*, § 756 Rn. 6.
17 *Baumbach/Lauterbach*, § 756 Rn. 8.
18 Vgl. LG Hamburg, Beschl. v. 13.04.1984, 2 T 80/84 = DGVZ 1984, 115; *Werner/Pastor*, Rn. 2736.
19 Musielak/*Lackmann*, § 756 Rn. 7; PG/*Kroppenberg*, § 756 Rn. 5.
20 PG/*Kroppenberg*, § 756 Rn. 5.

im Tenor aufgeführten Mängel, erbracht hat.²¹ Die Befriedigung (oder der Annahmeverzug) des Schuldners/Auftraggebers muss durch öffentliche oder öffentlich beglaubigte Urkunden nachgewiesen werden, die dem Schuldner bereits zugestellt sind oder gleichzeitig zugestellt werden. Die vollständige und richtige Befriedigung der im Titel genannten Mangelbeseitigung ist nachzuweisen. Es sind öffentliche oder öffentlich beglaubigte Urkunden vorzulegen, aus denen sich die Befriedigung, der Annahmeverzug oder die Voraussetzungen des Abs. 2 im vollen Umfang ergeben.

Da die Feststellung des Gerichtsvollziehers sich immer nur auf die Befriedigung des Bauherrn/Schuldners durch eine Leistung des Unternehmers/Gläubigers bezieht, stellt die Leistung eines durch den Bauherrn/Schuldner beauftragten Drittunternehmers keine Befriedigung im Sinne des § 756 ZPO dar.²² 12

III. Wörtliches Angebot durch den Gerichtsvollzieher, § 756 Abs. 2 ZPO

Ein wörtliches Angebot des Gerichtsvollziehers reicht aus, wenn der Schuldner/Bauherr erklärt, er nehme die Leistung nicht an (§ 756 Abs. 2 ZPO). Dem steht es gleich, wenn der Bauherr/Schuldner zwar eine Annahmebereitschaft erklärt, die ihm obliegende Leistung jedoch verweigern will.²³ 13

Aus der Begründung kann gefolgert werden, dass nicht mehr geprüft werden soll, ob die Leistung durch den Vollstreckungsgläubiger auch ordnungsgemäß angeboten wurde.²⁴ Dies kommt im Wortlaut des Abs. 2 aber nicht zum Ausdruck. Es ist zu fordern, dass der Gerichtsvollzieher sich zuvor beim Gläubiger vergewissert, dass der Gläubiger zum tatsächlichen Angebot der geschuldeten Leistung in der Lage wäre.²⁵ Nur dann könnte materiell-rechtlich Annahmeverzug eintreten, der Schuldner wäre vor Missbrauch geschützt, der Zweck des Absatzes 2, unnütze Transportkosten zu verhindern, wäre erreicht.²⁶ 14

IV. Folgen für den Bauunternehmer

Die Verurteilung des Bestellers zur Zahlung des Werklohns Zug um Zug gegen die Beseitigung der Mängel bedeutet, dass der Bauunternehmer Vergütung für die Werkleistung grundsätzlich nur gegen Nachweis der erfolgten Nachbesserung verlangen und aus einem etwa erwirkten Titel vollstrecken kann.²⁷ Der Werkunternehmer kann seinen Werklohn nur vollstrecken, wenn er – zuvor – seine Pflichten aus dem Werkvertrag vollumfänglich erfüllt hat.²⁸ Besteht die Gegenleistung in einer Nachbesserung, muss der Mangel beseitigt werden.²⁹ Der Werkunternehmer kann nicht einmal verlangen, dass der Bauherr/Auftraggeber den titulierten Werklohn während der Durchführung der Nacherfüllungsarbeiten bei dem Gerichtsvollzieher hinterlegt.³⁰ 15

C. Tenorierungsprobleme

Die Gegenleistung des Gläubigers muss so erbracht oder wörtlich angeboten (§ 765 Abs. 2 ZPO) werden, wie es im Titel beschrieben ist. Ist die Angabe im Titel zu ungenau, darf nicht vollstreckt werden.³¹ Ist die Beschreibung der Gegenleistung im Titel zu unbestimmt, so besteht ein von 16

---

21 *Werner/Pastor*, Rn. 2731.
22 OLG Brandenburg, Beschl. v. 22.12.2005, 4 U 143/05 = BauR 2006, 1507, 1509.
23 OLG Hamm, Beschl. v. 27.07.1995, 14 W 59/95.
24 BT-Drucks. 13/3451, S. 15.
25 Musielak/*Lackmann*, § 756 Rn. 8; a.A. Zöller/*Stöber*, § 756 Rn. 12.
26 Musielak/*Lackmann*, § 756 Rn. 8.
27 PG/*Kroppenberg*, § 756 Rn. 4.
28 LG Stuttgart, Beschl. v. 07.06.1988, 2 T 301/88 = DGVZ 1990, 92; *Werner/Pastor*, Rn. 2715.
29 Musielak/*Lackmann*, § 756 Rn. 4.
30 LG Stuttgart, Beschl. v. 07.06.1988, 2 T 301/88 = DGVZ 1990, 92.
31 BGH, Beschl. v. 23.09.1993, LwZR 10/92 = NJW 1993, 3206, 3207; Musielak/*Lackmann*, § 756 Rn. 4; Zöller/*Stöber*, § 756 Rn. 3.

Amts wegen zu beachtendes Vollstreckungsverbot.[32] Dies folgt schon daraus, dass es dem Gerichtsvollzieher möglich sein muss, die von dem Bauunternehmer zu erbringende Gegenleistung auf ihre ordnungsgemäße Erbringung zu überprüfen.[33] Als Faustregel lässt sich sagen, dass die Gegenleistung so bestimmt sein muss, dass diese selbst zum Gegenstand einer Leistungsklage gemacht werden könnte.[34]

17 Der Bauherr selbst kann allerdings aus einem Zug um Zug Urteil, das der Unternehmer erstritten hat, nicht vollstrecken.[35] Kommt der Werkunternehmer seiner Nacherfüllungspflicht nicht nach, so kann der Auftraggeber/Bauherr nicht seinerseits nach § 887 Abs. 1 ZPO vollstrecken.[36]

18 Eine ungenaue Bezeichnung der Gegenleistung hindert allerdings eine Vollstreckung nicht, wenn durch ein weiteres Urteil der Nachweis erbracht wird, dass der Schuldner zwischenzeitlich befriedigt worden ist.[37]

D. Rechtsfolgen bei Verstoß und Rechtsbehelfe

I. Bauunternehmer

19 Lehnt der Gerichtsvollzieher die Vollstreckung ab, weil er annimmt, die Voraussetzungen des § 756 ZPO lägen nicht vor, so kann der Bauunternehmer/Gläubiger hiergegen die Erinnerung nach § 766 Abs. 2 ZPO einlegen. Ist die Zug-um-Zug-Leistung im Titel zu unbestimmt und hat der Gerichtsvollzieher die Vollstreckung zu Recht abgelehnt, bleibt dem Gläubiger/Bauunternehmer nur eine Klage auf Feststellung des Urteilsinhaltes.[38]

II. Auftraggeber

20 Der Schuldner kann mit der Vollstreckungserinnerung nach § 766 ZPO geltend machen, die Voraussetzungen des § 756 ZPO lägen nicht vor. Verstöße gegen § 756 ZPO machen die Vollstreckung anfechtbar, aber nicht unwirksam.[39]

(…)

§ 767 Vollstreckungsabwehrklage

(1) Einwendungen, die den durch das Urteil festgestellten Anspruch selbst betreffen, sind von dem Schuldner im Wege der Klage bei dem Prozessgericht des ersten Rechtszuges geltend zu machen.

(2) Sie sind nur insoweit zulässig, als die Gründe auf denen sie beruhen, erst nach dem Schluss der mündlichen Verhandlung, in der die Einwendungen nach den Vorschriften dieses Gesetzes spätestens hätten geltend gemacht werden müssen, entstanden sind und durch Einspruch nicht mehr geltend gemacht werden können.

---

32 BVerfG, Kammerbeschl. v. 13.03.1997, 1 BVR 116/97 = NJW 1997, 2167, 2168; BGH, Beschl. v. 23.09.1993, LwZR 10/92 = NJW 1993, 3206, 3207.
33 *Werner/Pastor*, Rn. 2727.
34 BGH, Urt. v. 02.06.1966, VII ZR 162/64 = NJW 1966, 1755.
35 AG Wuppertal, Beschl. v. 25.10.1990, 44 M 8700/90 = DGVZ 1991, 43; *Werner/Pastor*, Rn. 2725.
36 Vgl. BGH, Urt. v. 22.03.1984, VII ZR 286/82 = ZfBR 1984, 176, 182.
37 KG Berlin, Beschl. v. 13.04.1973, 1 W 254/73 = WM 1974, 1145, 1146; *Werner/Pastor*, Rn. 2725.
38 BGH, Urt. v. 23.09.1976, VII ZR 14/75 = MDR 1977, 133; Musielak/*Lackmann*, § 756 Rn. 11; *Baumbach/Lauterbach*, § 756 Rn. 14.
39 Musielak/*Lackmann*, § 756 Rn. 12.

(3) Der Schuldner muss in der von ihm zu erhebenden Klage alle Einwendungen geltend machen, die er zur Zeit der Erhebung der Klage geltend zu machen im Stande ist.

A. Einleitung

Nach § 767 Abs. 1 ZPO können Einwendungen, die den durch Urteil festgestellten Anspruch betreffen, vom Schuldner im Wege der Vollstreckungsgegenklage beim Prozessgericht des ersten Rechtszuges geltend gemacht werden. Sie sind nur insoweit zulässig, als die Gründe auf denen sie beruhen, erst nach dem Schluss der mündlichen Verhandlung, in der Einwendungen nach der Zivilprozessordnung spätestens hätten geltend gemacht werden müssen, entstanden sind und durch Einspruch nicht mehr geltend gemacht werden können, § 767 Abs. 2 ZPO. 1

Ziel der Vollstreckungsgegenklage ist es, die Vollstreckbarkeit des titulierten Anspruchs zu beseitigen. Hat bereits ein Vollstreckungsabwehrverfahren und damit eine gerichtliche Überprüfung der titulierten Forderung stattgefunden, so ist in einem zweiten Vollstreckungsabwehrverfahren § 767 Abs. 2 ZPO mit der Folge anzuwenden, dass alle Einwendungen ausgeschlossen sind, die in einem früheren Verfahren rein zeitlich objektiv hätten geltend gemacht werden können.[1] 2

In Bausachen hat die Vollstreckungsgegenklage vor allem Bedeutung für Fälle, in denen sich der Bauherr gegen die Vollstreckung aus einem Titel über eine Werklohnforderung des Bauunternehmers richtet und in denen sich der Bauunternehmer gegen einen titulierten Gewährleistungs- oder Schadensersatzanspruch mit nachträglich entstandenen Einwendungen verteidigt.[2] 3

B. Vollstreckungsgegenklage des Auftraggebers/Bauherrn

I. Einwendungen des Bauherrn gegen eine Werklohnforderung

Der Auftraggeber kann alle, nicht nach § 767 Abs. 2 ZPO präkludierten, rechtshemmenden und rechtsvernichtenden Einwendungen gegen die Werklohnforderung des Bauunternehmers geltend machen. Dazu gehören z.B. Aufrechnung, Erfüllung, Rücktritt, Minderung, Zurückbehaltungsrechte wegen Mängeln, Stundung und Verjährung.[3] Die Beweislast bezüglich der Tatsachen, auf denen sich die Einwendungen stützen, folgt dabei den materiell-rechtlichen Regeln.[4] Für vom Bauherrn behauptete Mängel richtet sich die Beweislast mithin danach, ob der Bauunternehmer die Abnahme beweisen kann oder ob diese unstreitig ist. Ist dies der Fall, hat der Bauherr die Mängel zu beweisen.[5] Erhebt der Bauherr Vollstreckungsgegenklage wegen Baumängeln, sind diese genau zu bezeichnen, so dass sie Gegenstand des Urteils werden können.[6] 4

II. Keine Präklusion

Gegenüber einer titulierten Werklohnforderung kann der Bauherr nur solche Einwendungen geltend machen, die nicht nach § 767 Abs. 2 ZPO präkludiert sind, d.h. die Einwendungen sind nur insoweit zulässig, als die Gründe auf denen sie beruhen, erst nach dem Schluss der mündlichen Verhandlung, in der Einwendungen nach der Zivilprozessordnung spätestens hätten geltend gemacht werden müssen, entstanden sind und durch Einspruch nicht mehr geltend gemacht werden können. Der Auftraggeber kann sich also nicht auf solche Einwendungen stützen, die zum Zeitpunkt der Schluss der letzten mündlichen Verhandlung, bzw. im Zeitpunkt bis zum dem die Schriftsätze nach § 283 ZPO eingereicht werden können, entstanden sind; dabei kommt es auf 5

---

1 BGH, Urt. v. 28.05.1991, IX ZR 181/90 = NJW 1991, 2281.
2 *Kniffka/Koeble*, 16. Teil Rn. 1.
3 *Kniffka/Koeble*, 16. Teil Rn. 2.
4 BGH, Urt. v. 03.04.2001, XI ZR 120/00 = NJW 2001, 2096; *Kniffka/Koeble*, 16.Teil Rn. 2.
5 *Kniffka/Koeble*, 16. Teil Rn. 2.
6 *Kniffka/Koeble*, 16. Teil Rn. 2.

die objektive Möglichkeit an, die Einwendung geltend zu machen.[7] Der Bauherr trägt die Beweislast dafür, dass die Einwendungen erst nachträglich entstanden sind.[8]

6   Soweit der Bauherr/Auftraggeber gegen die Werklohnforderung die Einwendung der nachträglichen Erfüllung durch eine Aufrechnung, z.B. mit Gewährleistungsansprüchen, geltend macht, ist er mit diesem Einwand präkludiert, wenn die Aufrechnungslage bereits im Zeitpunkt der letzten mündlichen Verhandlung es Erstprozesses bestand. Bestand während des ersten Prozesses hingegen nur ein Nacherfüllungsanspruch, kann nach Abschluss des Prozesses mit einem erst danach entstandenen Schadensersatz- oder Vorschussanspruch bzw. Kostenerstattungsanspruch aufgerechnet werden.[9] Demgegenüber kann der Bauherr im Rahmen der Vollstreckungsgegenklage nicht den Einwand geltend machen, er habe nach Schluss der mündlichen Verhandlung die Aufrechnung erklärt, wenn die Aufrechnungslage bereits zuvor bestand. Dies ist nach h.M. bereits dann zu bejahen, wenn der Auftraggeber ein Gestaltungsrecht hätte ausüben können.[10]

III. Vollstreckungsgegenklage gegen Unterwerfungserklärungen

7   Häufig werden in Bauträger- oder Generalunternehmerverträgen Unterwerfungserklärungen in der Weise abgefasst, dass sich der Bauherr bzw. der Auftraggeber wegen der Werklohnforderung der Zwangsvollstreckung unterwirft.[11]

1. Materielle Rechtslage

a) Unterwerfungserklärungen mit sog. Nachweisverzicht

8   Wird die Unterwerfungserklärungen in der Weise abgefasst, dass sich der Bauherr bzw. der Auftraggeber wegen der Werklohnforderung der Zwangsvollstreckung unterwirft und der Notar ermächtigt wird, die Vollstreckungsklausel zu erteilen, ohne dass der Nachweis für die Anspruchsvoraussetzungen erbracht sein muss (sog. Nachweisverzicht), ist diese in aller Regel unwirksam.[12]

aa) Unterwerfungserklärung mit sog. Nachweisverzicht in Bauträgerverträge im Sinne des MaBV

9   In einem Bauträgervertrag (vgl. § 1 MaBV i.V.m. § 34 GewO) ist diese Unterwerfungserklärung nach dem BGH wegen eines Verstoßes wegen §§ 3, 12 MaBV unwirksam.[13] Denn ein solcher Nachweisverzicht ermöglicht es dem Bauträger im Wege der Zwangsvollstreckung auf das Vermögen des Erwerbers zuzugreifen, ohne dass die entsprechende Gegenleistung sicher gestellt ist. Dabei ist es unerheblich, ob in der Unterwerfungserklärung ausdrücklich klargestellt ist, dass keine Beweislastumkehr stattfindet.[14]

bb) Sonstige Verträge

10 Liegt kein Bauträgervertrag im Sinne des MaBV vor, ist die Rechtslage differenzierter. Hier kann die Nichtigkeit einer solchen Klausel nicht aus §§ 3, 12 MaBV hergeleitet werden. Eine individuelle vereinbarte Unterwerfungserklärung ist wirksam. Ist hingegen die Unterwerfungserklärung durch AGBs des Bauunternehmers in den Vertrag einbezogen worden, hält diese Vereinbarung

---

7   Vgl. PG/*Scheuch*, § 767, Rn. 40, 43.
8   Vgl. BGH, Urt. v. 16.02.1961, VII ZR 191/59 = BGHZ 34, 274, 281.
9   BGH, Urt. v. 07.07.2005, VII ZR 351/03 = BauR 2005, 1664.
10 BGH, Urt. v. 21.12.1960, IV ZR 162/60 = NJW 1961, 1067, 1068; BGH, Urt. v. 26.03.1085, VI ZR 285/83 = NJW 1985, 2482; BGH, Urt. v. 16.11.2005, VIII ZR 218/04 = NJW-RR 2006, 229.
11 *Kniffka/Koeble*, 16. Teil Rn. 8; *Werner/Pastor*, Rn. 2710.
12 *Werner/Pastor*, Rn. 2710 ff.
13 BGH, Urt. v. 22.10.1998, VII ZR 99/97 = BGHZ 139, 387; *Baumbach/Lauterbach*, § 794 Rn. 37; PG/*Scheuch*, § 767 Rn. 5; *Werner/Pastor*, Rn. 2711; *Zöller/Herget*, § 767 Rn. 36.
14 BGH, Urt. v. 03.04.2001, XI ZR 120/00 = BGHZ 147, 203; *Zöller/Herget*, § 767 Rn. 36.

der Inhaltskontrolle nach § 307 BGB[15] nicht stand, wenn sie mit einem Nachweisverzicht verbunden ist. Denn es ist unangemessen, den Bauherrn in die Verteidigungsrolle zu drängen, in dem die Zwangsvollstreckung eingeleitet wird, ohne dass eine Prüfung stattfindet, ob die Voraussetzungen für das Werklohnverlangen vorliegen.[16]

b) Sonstige Unterwerfungserklärungen

Noch nicht geklärt ist, ob die Unterwerfung unter die sofortige Zwangsvollstreckung mit Fälligkeitsnachweis im notariellen Bauträgervertrag wirksam ist. Eine Unterwerfungserklärung ohne Nachweisverzicht ist von der Rechtsprechung jedenfalls bisher noch nicht beanstandet worden. Eine solche hat für den Bauträger den Vorteil, dass sie eine wirksame vollstreckbare Urkunde darstellt, die jedenfalls zur dreißigjährigen Verjährung führt (§ 197 Abs. 1 Nr. 4 ZPO). Allerdings ist eine Vollstreckung daraus schwierig, denn der Nachweis der Fälligkeit der Werklohnforderung kann in der Regel nicht mit öffentlichen Urkunden geführt werden.[17] Die dreißigjährige Verjährung gem. § 218 Abs. 1 S. 2 BGB a.F. bzw. 197 Abs. 1 Nr. 4 BGB n.F. gilt nicht, wenn die Unterwerfungserklärung wegen eines Verstoßes gegen §§ 3, 12 MaBV nichtig ist.[18] Nichtig ist die Unterwerfungserklärung, wenn der Sicherungsmechanismus des § 3 MaBV unterlaufen wird.[19] Jeder Versuch, die Durchsetzung der Forderung entgegen den Voraussetzungen des § 3 MaBV zu erleichtern, muss nach § 12 MaBV, § 134 BGB scheitern. Es muss daher hinsichtlich der einzelnen Raten sicher gestellt sein, dass die Fälligkeitsvoraussetzungen des § 3 Abs. MaBV vorliegen, abgesehen davon, dass die sonstigen Voraussetzungen des § 3 Abs. MaBV auch gegeben sein müssen.[20]

11

c) Prozessuale Möglichkeiten

Nach der Rechtsprechung des BGH ist es möglich, eine gegen die Vollstreckung gerichtete Klage mit dem Einwand zu erheben, die Unterwerfungserklärung sei nichtig.[21] Es handelt sich um eine prozessuale Gestaltungsklage (Titelgegenklage) in analoger Anwendung des § 767 ZPO.[22] Mit ihr kann beantragt werden, die Zwangsvollstreckung aus der Unterwerfungserklärung für unzulässig zu erklären.[23] Entgegen einer überholten Entscheidung des BGH[24] findet keine Umkehr der Beweislast statt.[25] Soweit über den Anspruch des Bauunternehmers nicht bereits rechtskräftig entschieden ist, trägt dieser nach den allgemeinen Regeln die Darlegungs- und Beweislast für die anspruchsbegründenden Tatsachen. Wird die Vollstreckungsgegenklage gegen die Vollstreckung aus der Unterwerfungserklärung erhoben, ist noch nicht rechtskräftig über den Anspruch entschieden worden, so dass der Werkunternehmer bzw. Bauunternehmer diejenigen Tatsachen darlegen und beweisen muss, aus denen er seine Werklohnforderung begründet.[26]

12

Die Klage kann mit der Vollstreckungsgegenklage nach § 767 ZPO, die auf die materiell-rechtlichen Einwendungen gestützt wird, verbunden werden.[27] Soll die Klage auch auf die Unwirk-

13

---

15 Vgl. Musielak/*Lackmann*, § 794 Rn. 30, 35.
16 BGH, Urt. v. 27.09.2001, VII ZR 99/97 = BauR 2002, 83.
17 *Kniffka/Koeble*, 16. Teil Rn. 9.
18 BGH, Urt. v. 22.10.1998, VII ZR 99/97 = BGHZ 139, 387.
19 *Kniffka/Koeble*, 16. Teil Rn. 10; *Werner/Pastor*, Rn. 2711.
20 *Kniffka/Koeble*, 16. Teil Rn. 10.
21 BGH, Urt. v. 14.05.1992, VII ZR 204/90 = BGHZ 118, 229.
22 BGH, Urt. v. 27.09.2001, VII ZR 388/00 = BauR 2002, 83; OLG Düsseldorf, Urt. v. 20.08.2001, 23 U 197/00 = BauR 2002, 515; Musielak/*Lackmann*, § 767 Rn. 9b; PG/*Scheuch*, § 767 Rn. 5; Zöller/*Herget*, § 767 Rn. 7.
23 *Kniffka/Koeble*, 16. Teil Rn. 13.
24 BGH, Urt. v. 25.06.1981, III ZR 179/79 = NJW 1981, 2756.
25 *Kniffka/Koeble*, 16. Teil Rn. 7; BGH, Urt. v. 03.04.2001, XI ZR 120/00 = NJW 2001, 2096.
26 Vgl. *Kniffka/Koeble*, 16. Teil Rn. 7.
27 BGH, Beschl. v. 23.08.2007, VII ZB 115/06 = BauR 2007, 1934; Zöller/*Herget*, § 767 Rn. 7.

samkeit der Unterwerfungserklärung gestützt werden, muss das mit der Klagebegründung vorgebracht werden, weil dieser Grund ein eigener Streitgegenstand der Vollstreckungsgegenklage ist; die Überprüfung erfolgt also nicht von Amts wegen.[28]

14 Der Auftraggeber kann die Vollstreckungsabwehrklage, auch wenn die Unterwerfungserklärung unwirksam ist, nur auf materiell-rechtlichen Einwendungen stützen.[29] Er muss die Unwirksamkeit nicht geltend machen. Seine Klage bleibt zulässig, obwohl sie sich gegen einen unwirksamen Titel richtet.[30] Wird also die Vollstreckungsgegenklage mit der Einwendung begründet, dem Werklohnanspruch stünden Mängelansprüche entgegen, kann die Klage nicht abgewiesen werden, weil die Unterwerfungserklärung aus materiell-rechtlichen Gründen unwirksam ist.[31]

C. Vollstreckungsgegenklage des Auftragnehmers

15 Geht der Auftraggeber mit einem titulierten Gewährleistungs- oder Schadensersatzanspruch gegen den Bauunternehmer/Auftraggeber vor, kann dieser sich mit der Vollstreckungsgegenklage gegen nachträglich entstandenen Einwendungen, die nicht nach § 767 Abs. 2 ZPO präkludiert sind, verteidigt.[32] So kann der Bauunternehmer sich gegen die Zwangsvollstreckung aus einem Titel über die Verpflichtung zur Mängelbeseitigung damit verteidigen, er habe den titulierten Mängelbeseitigungsanspruch erfüllt[33] oder die Vollstreckung werde wegen eines Anspruchs betrieben, der nicht mehr besteht oder nicht mehr durchsetzbar ist.[34]

(...)

§ 887 Vertretbare Handlungen

(1) Erfüllt der Schuldner die Verpflichtung nicht, eine Handlung vorzunehmen, deren Vornahme durch Dritte erfolgen kann, so ist der Gläubiger von dem Prozessgericht des ersten Rechtszugs auf Antrag zu ermächtigen, auf Kosten des Schuldners diese Handlung vornehmen zu lassen.

(2) Der Gläubiger kann zugleich beantragen, den Schuldner zur Vorauszahlung der Kosten zu verurteilen, die durch die Vornahme der Handlung entstehen werden, unbeschadet des Rechts auf eine Nachforderung, wenn die Vornahme der Handlung einen größeren Kostenaufwand verursacht.

(3) Auf die Zwangsvollstreckung zur Erwirkung der Herausgabe oder Leistung von Sachen sind die vorstehenden Vorschriften nicht anzuwenden.

Übersicht	Rdn.		Rdn.
A. Einleitung	1	IV. Nichtvornahme der Handlung	11
B. Voraussetzungen	2	1. Möglichkeit der Handlungen	12
I. Statthaftigkeit: Vertretbare Handlungen	2	2. Erfüllungseinwand des Unternehmers	15
II. Antrag des Gläubigers (Bauherrn)	6		
III. Allgemeine Voraussetzungen der Zwangsvollstreckung	10	C. Die Entscheidung nach § 887 Abs. 1 ZPO	17

---

28 *Kniffka/Koeble*, 16. Teil Rn. 13.
29 BGH, Urt. v. 14.05.1992, VII ZR 204/90 = BGHZ 118, 229; Musielak/*Lackmann*, § 767 Rn. 9b; Zöller/*Herget*, § 767 Rn. 7.
30 Vgl. MüKO-ZPO/*Schmidt*, § 767 Rn. 34.
31 BGH, Urt. v. 14.05.1992, VII ZR 204/90 = BGHZ 118, 229; *Kniffka/Koeble*, 16. Teil Rn. 14.
32 *Kniffka/Koeble*, 16. Teil Rn. 1.
33 Vgl. OLG Hamm, Beschl. v. 22.05.20003, 24 U 111/02 = BauR 2004, 102.
34 BGH, Urt. v. 08.10.1992, VII ZR 272/90 = BauR 1993, 112.

	Rdn.		Rdn.
I. Rechtsnatur	17	D. Der Vorauszahlungsbeschluss nach	
II. Durchführung des Zwangsvollstreckung/		§ 887 Abs. 2 ZPO	24
Rechtsfolgen	18	E. Rechtsbehelfe	29
III. Recht des Unternehmers, der Pflicht		F. Gebühren	30
noch selbst nachzukommen	20	I. Gerichtsgebühren	30
IV. Kosten der Ersatzvornahme	22	II. Anwaltskosten	31

A. Einleitung

Häufig schließt sich in der Praxis einem Erkenntnisverfahren, das eine Mängelbeseitigung durch den Bauunternehmer zum Ziel hat, das Beschlussverfahren nach § 887 ZPO an.[1] Danach kann, wenn ein Bauunternehmer zur Erfüllung oder Nacherfüllung von Baupflichten verurteilt wurde und er untätig bleibt, das Gericht den Gläubiger/Bauherrn durch Beschluss ermächtigen, die Erfüllung oder Nacherfüllung auf Kosten des Schuldners vornehmen zu lassen oder selbst vorzunehmen (§ 887 Abs. 1 ZPO).[2] Auch kann der Gläubiger/Bauherr eine Vorauszahlung der Kosten auf Grundlage eines gerichtlichen Beschlusses erwirken (§ 887 Abs. 2 ZPO).

1

B. Voraussetzungen

I. Statthaftigkeit: Vertretbare Handlungen

Zunächst muss der zu vollstreckende Anspruch in der Pflicht bestehen, eine vertretbare Handlung vorzunehmen. Baumaßnahmen sind dann vertretbare Handlungen im Sinne des § 887 Abs. 1 ZPO, wenn es bei ihnen dem Bauherrn (Gläubiger) rechtlich und wirtschaftlich unwichtig ist, ob sie der Bauunternehmer (Schuldner) selbst erfüllt oder ein Dritter, der sog. Drittunternehmer.[3] Bei Baumaßnahmen wird es sich in der Regel um vertretbare Handlungen in diesem Sinne handeln.[4] Die Tatsache, dass der Schuldner/Bauunternehmer ein Wahlrecht hat, auf welche Weise er eine Mängelbeseitigung vornimmt, macht die Handlung nicht unvertretbar.[5] Selbst wenn die Bauleistung mit der Abgabe einer Willenserklärung verbunden ist, kann es sich noch um eine vertretbare Handlung nach § 887 Abs. 1 ZPO handeln.[6] Demgegenüber liegt eine unvertretbare Handlung im Sinne des § 888 ZPO vor, wenn der Unternehmer zur Erstellung einer Schlussrechnung verurteilt wird, der Umfang der erbrachten Leistung für einen Dritten nicht mehr feststellbar ist.[7]

2

Sind begleitende Einzelmaßnahmen erforderlich, um eine »Handlung« im Sinne des § 887 Abs. 1 ZPO durchzuführen, so hindert dies eine Vollstreckbarkeit nach § 887 ZPO so lange nicht, als die notwendigen zusammenhängenden Einzelmaßnahmen ebenfalls als vertretbare Handlungen im Sinne des § 887 Abs. 1 ZPO zu qualifizieren sind.[8] Diese Voraussetzung wird bei Baumaßnahmen ebenfalls nahezu immer gegeben sein.[9] Insbesondere sog. Mischfälle, Lieferung und Einbau von Baumaterialien, sind einheitlich nach § 887 Abs. 1 ZPO zu behandel, denn im Baurecht

3

---

1 *Werner/Pastor*, Rn. 2749.
2 Vgl. MüKo-ZPO/*Gruber*, § 887 Rn. 26.
3 OLG Dresden, Beschl. v. 08.10.2001, 3 W 1411/01.
4 BGH, Urt. v. 22.03.1984, VII ZR 286/82 = BGHZ 90, 354, 360 = BauR 1984, 401; BGH, Urt. v. 08.10.1992, VII ZR 272/90 = BauR 1993, 111, 112; *Baumbach/Lauterbach*, § 887 Rn. 22, 28; Musielak/*Lackmann*, § 887 Rn. 10, 14; PG/*Olzen*, § 887 Rn. 25; Thomas/Putzo/*Hüßtege*, § 887 Rn. 2; *Werner/Pastor*, Rn. 2755.
5 Vgl. OLG Düsseldorf, Beschl. v. 09.02.1998, 9 W 7/98 = NJW-RR 1998, 1768; PG/*Olzen*, § 887 Rn. 16.
6 OLG Köln, Beschl. v. 02.02.1972, 2 W 7/72 = ZMR 1973, 253 = DB 1972, 1030.
7 OLG Köln, Beschl. v. 22.06.2001, 2 W 107/01 = BauR 2001, 1788.
8 *Werner/Pastor*, Rn. 2757.
9 *Werner/Pastor*, Rn. 2757.

wird die von einem Unternehmer zu erbringende Bauleistung gegenüber seiner Lieferungspflicht immer im Vordergrund stehen.[10]

4 Geht es allerdings um »komplexe Baumaßnahmen mit ungewissem Ausgang«, bei denen mehrere zusammenwirken müssen, so soll nach dem OLG München[11] eine unvertretbare Handlung im Sinne des § 888 ZPO vorliegen.

5 Der mit der (Nach-) Erfüllung bzw. Mängelbeseitigung beauftragte Drittunternehmer muss die Handlung, die vollstreckt werden soll, selbständig, d.h. ohne die Mitwirkung des verurteilten Unternehmers, vornehmen können.[12] Ist zur Vornahme der Handlung die Zustimmung eines Dritten, z.B. des Baunachbarn erforderlich, dann muss diese schon bei Erlass des Ermächtigungsbeschlusses nach § 887 Abs. 1 ZPO vorliegen.[13] Das Fehlen erforderlicher behördlicher Genehmigungen hindern denn Erlass eines Ermächtigungsbeschlusses jedoch noch nicht, sofern die Genehmigung noch nicht endgültig versagt wurde.[14]

II. Antrag des Gläubigers (Bauherrn)

6 Der Gläubiger/Bauherr muss einen hinreichend bestimmten Antrag auf Erlass eines Beschlusses nach § 877 Abs. 1 ZPO bei dem zuständigen Gericht stellen. Zuständig ist ausschließlich (§ 802 ZPO) das Gericht des ersten Rechtszuges, auch wenn der Rechtsstreit noch in der höheren Instanz anhängig ist.[15] Anwaltszwang besteht, wenn Prozessgericht erster Instanz das Landgericht ist; sonst kann der Antrag schriftlich oder zu Protokoll des Urkundsbeamten gestellt werden.[16]

7 Die zur Herbeiführung der geschuldeten Handlung verlangten Maßnahmen, zu deren Ausführung ermächtigt werden soll, sind in dem Antrag hinreichend bestimmt zu bezeichnen.[17] Es ist Sache des Gläubigers/Bauherrn, hinreichend konkret darzulegen, welchen Mangel er auf Kosten des Schuldners/Bauunternehmers beseitigen möchte. Dies ist deshalb erforderlich, weil andernfalls die Grundlage fehlt, ob die Zwangsvollstreckung nach § 887 ZPO oder nach § 888 ZPO zu erfolgen hat.[18] Der Gläubiger muss jedoch nicht jeden einzelnen Arbeitsschritt angeben; ebenso wenig muss ein Dritter, der die Ersatzvornahme ausführt, namentlich benannt werden. Erforderlich ist die Darlegung der Ausführungsfähigkeit des Gläubigers oder eines Dritten.[19]

8 Das OLG Hamm[20] meint in Übereinstimmung mit dem OLG Düsseldorf[21] – doch in Abweichung von der in Rechtsprechung und Lehre überwiegende vertretenen Ansicht,[22] wonach eine genaue Bezeichnung für die zu vollstreckende Handlung auch im Verfahren nach § 887 ZPO verlangt wird –, der Gläubiger/Bauherr brauche seinen Antrag nach § 887 Abs. 1 ZPO nicht genauer zu fassen als seinen Klageantrag nach § 633 Abs. 3 BGB a.F. Denn würde der Bauunternehmer

---

10 *Werner/Pastor*, Rn. 2757.
11 *Zöller/Stöber*, § 887 Rn. 3.
12 OLG Schleswig, Beschl. v. 29.12.1965, 1 W 284/65 = DGVZ 1966, 106; *Werner/Pastor*, Rn. 2756.
13 OLG Frankfurt, Beschl. v. 15.04.1982 = MDR 1983, 141; *Zöller/Stöber*, § 887 Rn. 7.
14 Vgl. LG Köln, Urt. v. 14.06.1960, 12 S 51/60 = ZMR 1960, 317, 318; OLG Celle, Beschl. v. 08.06.1961, 8 W 43/61 = MDR 1961, 859; *Zöller/Stöber*, § 887 Rn. 7.
15 PG/*Olzen*, § 887 Rn. 8; *Zöller/Stöber*, § 887 Rn. 5.
16 PG/*Olzen*, § 887 Rn. 8; *Zöller/Stöber*, § 887 Rn. 4.
17 PG/*Olzen*, § 887 Rn. 9; *Zöller/Stöber*, § 887 Rn. 4 m.w.N.
18 PG/*Olzen*, § 887 Rn. 9.
19 *Baumbach/Lauterbach*, § 887 Rn. 12; *Musielak/Lackmann*, § 887 Rn. 7; PG/*Olzen*, § 887 Rn. 9.
20 OLG Hamm, Beschl. v. 21.03.1984, 26 W 4/84 = BauR 1984, 547.
21 OLG Stuttgart, Beschl. v. 04.12.1985, 12 W 59/85 = BauR 1986, 490; OLG München, Beschl. v. 02.07.1987, 28 W 1163/87 = BauR 1988, 377; OLG Düsseldorf, Beschl. v. 14.07.1994, 5 W 25/94 = OLGR 1995, 36, 37.
22 Vgl. OLG Zweibrücken, Beschl. v. 30.10.1973, 3 W 100/73 = MDR 1974, 409; OLG Köln, Beschl. v. 10.01.1984, 2 W 173/83 = OLGZ 1984, 238; OLG Koblenz, Beschl. v. 08.05.1998, 5 W 290/98 = BauR 1999, 942.

auf bestimmte Einzelmaßnahmen festgelegt, so sei nicht auszuschließen, dass die sich an Ort und Stelle als ungeeignet und unvollständig erwiesen und dass der zugezogene Architekt bzw. Drittunternehmer für die verlangte Sanierungsart keine Gewähr übernehmen wolle. Dem Gläubiger sei es aber nicht zuzumuten, einen erneuten Antrag nach § 887 ZPO zu stellen.

Es bleibt festzuhalten, dass der Antrag nach § 887 ZPO zumindest die eine dem Urteilstenor entsprechende, hinreichende genaue inhaltliche Bestimmtheit aufweisen muss.[23] Ist der Urteilsspruch ungenau und kann er auch im Verfahren nach § 887 ZPO nicht korrigiert werden, ist – gegebenenfalls nach einem richterlichen Hinweis[24] – ein Antrag nach § 887 Abs. 1 ZPO zurück zu weisen.[25] 9

III. Allgemeine Voraussetzungen der Zwangsvollstreckung

Die allgemeinen Voraussetzungen der Zwangsvollstreckung müssen bei der Entscheidung über den Antrag erfüllt sein.[26] 10

IV. Nichtvornahme der Handlung

Weitere Voraussetzung für einen Beschluss nach § 887 Abs. 1 oder Abs. 2 ZPO ist, dass der Schuldner die vertretbare Handlung, trotz objektiver Möglichkeit der Erfüllung, Aufforderung und ausreichend Zeit seit Eintritt der Vollstreckbarkeit des Titels, nicht vornimmt.[27] Der Gläubiger braucht bei seinem Antrag allerdings nur zu behaupten, dem Schuldner sei angemessene Zeit gewährt worden.[28] Wird das von dem Unternehmer bestritten, so ist nach dem OLG Zweibrücken darüber gegebenenfalls Beweis zu erheben.[29] 11

1. Möglichkeit der Handlungen

Die Länge der Ausführungsfrist ist eine Frage des Einzelfalls. So kann es dem Bauunternehmer insbesondere bei größeren Bauvorhaben unmöglich sein, unmittelbar nach Erlass des vorläufig vollstreckbaren Titels mit den Arbeiten zu beginnen. Er wird möglicherweise die Baustelle neu einrichten oder einen Architekten oder anderen Fachmann heranziehen müssen, um seiner Nachbesserungspflicht nachkommen zu können.[30] 12

In der Praxis sind vor allem diejenigen Fälle bedeutsam, in welchen der Unternehmer das Recht auf Nacherfüllung nach Erlass des Urteils dadurch verloren hat, dass er sich weigert, die Nachbesserung vorzunehmen oder aber nach angemessener Fristsetzung nicht beginnt.[31] Unzumutbar ist dem Bauherrn das weitere Zuwarten, wenn der Unternehmer es vorzieht, nach dem Erlass des Urteils andere Aufträge auszuführen; denn dann kann der Bauherr den Eindruck haben, dass der Unternehmer auch in der Folgezeit den Nachbesserungspflichten aus dem Urteil nicht mit der Aufmerksamkeit und Sorgfalt widmen wird, wie dies der Bauherr erwarten darf.[32] In diesem Fall kann der Bauherr weitere Nachbesserungen durch den Unternehmer ablehnen, was in der Stellung des Antrags nach § 887 Abs. 1 ZPO bereits hinreichend zum Ausdruck gebracht wird.[33] 13

---

23 Vgl. Thomas/Putzo/*Hüßtege*, § 887 Rn. 5.
24 OLG Koblenz, Beschl. v. 08.05.1998, 5 W 290/98.
25 *Werner/Pastor*, Rn. 2754.
26 *Baumbach/Lauterbach*, § 887 Rn. 3; MüKo-ZPO/*Gruber*, § 887 Rn. 23; Thomas/Putzo/*Hüßtege*, § 887 Rn. 3 Zöller/*Stöber*, § 887 Rn. 5.
27 PG/*Olzen*, § 887 Rn. 12; *Werner/Pastor*, Rn. 2759.
28 *Baumbach/Lauterbach*, § 887 Rn. 4; Musielak/*Lackmann*, § 887, Rn. 7.
29 OLG Zweibrücken, Beschl. v. 25.03.1982, 3 W 5/82 = JurBüro 1982, 939, 941.
30 *Werner/Pastor*, Rn. 2759.
31 *Werner/Pastor*, Rn. 2761.
32 OLG Düsseldorf, Beschl. v. 14.03.1978, 21 W 8/78 = BauR 1978, 503, 504.
33 *Werner/Pastor*, Rn. 2762.

14 Hat der Schuldner/Bauunternehmer vor Antragsstellung seine Nachbesserungspflicht schon erfüllt[34] oder der Gläubiger die Ersatzvornahme bereits durchgeführt, so fehlt dem Bauherrn für einen Antrag nach § 887 ZPO das Rechtsschutzinteresse.[35] Nimmt der Gläubiger die Ersatzvornahme eigenmächtig ohne einen vorherigen Beschluss nach § 887 Abs. 1 ZPO vor, so kann er die Kosten nicht im Vollstreckungsverfahren geltend machen. Er muss so dann eine gesonderte Leistungsklage erheben und ist für Grund und Höhe seines Anspruchs beweispflichtig.[36]

2. Erfüllungseinwand des Unternehmers

15 In der Praxis sind Fälle der (Teil)-Erfüllung durch den Unternehmer häufiger. Es ist umstritten, ob der Unternehmer mit einem solchen Erfüllungseinwand im Rahmen des § 887 Abs. 1, 2 ZPO überhaupt gehört werden darf, oder ob er auf die Vollstreckungsgegenklage nach § 767 ZPO zu verweisen ist.[37] Der BGH hat sich für eine generelle Zulässigkeit des Erfüllungseinwandes ausgesprochen. Der Einwand des Schuldners, der zu vollstreckende Anspruch sei erfüllt, ist daher im Ermächtigungsverfahren nach § 887 ZPO zu berücksichtigen.[38] Wenn die Erfüllung streitig ist, ist im Verfahren nach § 887 Beweis zu erheben.[39]

16 Ausgeschlossen ist daher die Ermächtigung zur Ersatzvornahme, wenn der Schuldner die Handlung bereits ordnungsgemäß vorgenommen hat.[40] Dass die Vornahme der Handlung für ihn unzumutbar geworden sei, oder nicht zum Erfolg führe, kann der Schuldner im Vollstreckungsverfahren jedoch nicht geltend machen.[41] Ein solcher materiell-rechtlicher Einwand bleibt der Vollstreckungsabwehrklage vorbehalten.[42]

C. Die Entscheidung nach § 887 Abs. 1 ZPO

I. Rechtsnatur

17 Die Entscheidung ergeht nach § 891 S. 1 ZPO durch begründeten Beschluss, der beiden Parteien nach § 329 Abs. 2 ZPO zuzustellen ist und einen Vollstreckungstitel nach § 794 Abs. 1 Nr. 3 ZPO darstellt.[43] Im Beschluss ist nach § 891 S. 3 ZPO über die Kosten zu entscheiden und zwar nach § 91 ff. ZPO. Die Kosten des Beschlussverfahrens sind von den Kosten der Durchführung zu trennen.[44]

II. Durchführung des Zwangsvollstreckung/Rechtsfolgen

18 Der Beschluss weist entweder den Antrag zurück, wenn eine der genannten Voraussetzungen fehlt, oder ermächtigt den Gläubiger, die genau bezeichnete Handlung vornehmen zu lassen oder selber vorzunehmen.[45] Beide Möglichkeiten können zur Wahl des Gläubigers alternativ in dem

---

34 *Baumbach/Lauterbach*, § 887 Rn. 12.
35 *Musielak/Lackmann*, § 887 Rn. 7.
36 OLG Hamm, Beschl. v. 16.02.1972, 14 W 79/71 = MDR 1972, 615; MüKo-ZPO/*Gruber*, § 887 Rn. 31.
37 *Werner/Pastor*, Rn. 2774.
38 BGH, Beschl. v. 05.11.2004, IXa ZB 32/04 = BGHZ 161, 67 m.w.N. für diese lange Zeit umstritten gewesene Frage; BGH, Beschl. v. 26.04.2007, I ZB 82/06 = NJW-RR 2007, 1475; Zöller/*Stöber*, § 887 Rn. 7; a.A. Musielak/*Lackmann*, § 887, Rn. 19; MüKo-ZPO/*Gruber*, § 887 Rn. 17 ff.
39 Zöller/*Stöber*, § 887 Rn. 7.
40 BGH, Urt. v. 22.061995, IX TR 100/94 = MDR 1995, 1060; Zöller/*Stöber*, § 887 Rn. 7.
41 BGH, Beschl. v. 07.04.2005 I ZB 2/05 = MDR 2005, 1314; Zöller/*Stöber*, § 887 Rn. 7.
42 BGH, Beschl. v. 07.04.2005, I ZB 2/05 = NJW-RR 2006, 202, 203; OLG Düsseldorf, Beschl. v. 22.10.1990, 9 W 92/90 = MDR 1991, 260; a.A. PG/*Olzen*, § 887 Rn. 14.
43 PG/*Olzen*, § 887 Rn. 38.
44 PG/*Olzen*, § 887 Rn. 38.
45 Thomas/Putzo/*Hüßtege*, § 887 Rn. 8.

Beschluss vorgesehen werden.[46] Wenn das Gericht eine allgemeine Ermächtigung ausspricht, behält der Gläubiger das Wahlrecht.[47] Wer beauftragt werden kann, muss nicht angegeben werden.[48]

Soweit zur Ersatzvornahme erforderlich, kann dem Schuldner im Rahmen des § 887 Abs. 1 ZPO aufgegeben werden, notwendige Vorbereitungsmaßnahmen (z.B. das Betreten eines Grundstücks) zu dulden.[49] Leistet der Schuldner Widerstand, so kann dieser mit Hilfe des Gerichtsvollziehers gebrochen werden, § 892 ZPO.[50] Auf der anderen Seite können sich Mitwirkungspflichten für den Bauherrn ergeben. Denn der Unternehmer wird seiner Nachbesserungspflicht aus dem Urteil im Zweifel ohne Mitwirkung des Bauherrn nicht nachkommen können. Als Mitwirkungspflichten kommen beispielsweise die Bereitstellung von Plänen und sonstigen zur Ausführung erforderlichen Unterlagen oder die Erbringung von notwendigen Vorarbeiten durch den Bauherrn in Betracht. Solange der Bauherr seiner Mitwirkungspflicht nicht nachkommt, hat auch der verurteilte Bauunternehmer nicht tätig zu werden. Ein Antrag des Bauherrn aus § 887 Abs. 1 ZPO wäre wegen Rechtsmissbrauch zurück zuweisen.[51] 19

III. Recht des Unternehmers, der Pflicht noch selbst nachzukommen

Auch nach Erlass eines Ermächtigungsbeschlusses nach § 887 Abs. 1 ZPO ist und bleibt der Unternehmer berechtigt, der ihm obliegende Pflicht zur Nacherfüllung selbst nachzukommen.[52] Selbst wenn im Ermächtigungsbeschluss eine bestimmte Art der Erfüllungshandlung bezeichnet ist, kann der Schuldner weiterhin, soweit er hierzu nach dem materiellen Recht berechtigt ist, auf eine andere mögliche Art und Weise erfüllen.[53] Dieses Recht hat der Unternehmer, solange der Bauherr die vom Unternehmer geschuldete Leistung nicht durch einen Dritten im Wege der Ersatzvornahme hat ausführen lassen,[54] der Gläubiger keine berechtigte Zweifel an der Ernstlichkeit des Erfüllungswillens des Unternehmers haben kann[55] oder wenn der Schuldner auf Grund seines Verhaltens das Vertrauen des Gläubigers in die ordnungsgemäße und zuverlässige Mängelbeseitigung nachhaltig erschüttert hat.[56] 20

Das Erfüllungsrecht des Unternehmers nach Erlass eines Beschlusses gem. 887 ZPO und vor Ersatzvornahme ist in der Praxis jedoch meist von untergeordneter Bedeutung; denn in aller Regel hat der Unternehmer spätestens im Zeitpunkt des Beschlusses nach § 887 Abs. 1 ZPO das Recht erlangt, weitere Nacherfüllungsversuche des Unternehmers zurückzuweisen. In der Regel wird zwischen Eintritt der Vollstreckbarkeit und Erlass eines Ermächtigungsbeschlusses nach § 887 ZPO so viel Zeit liegen, dass von einer Unzumutbarkeit der Nachbesserung/Nacherfüllung auszugehen ist.[57] 21

---

46 MüKo-ZPO/*Gruber*, § 887 Rn. 26.
47 *Baumbach/Lauterbach*, § 887 Rn. 7.
48 Musielak/*Lackmann*, § 887, Rn. 20.
49 OLG Hamm, Beschl. v. 23.09.1983, 14 W 121/83 = NJW 1985, 274; MüKo-ZPO/*Gruber*, § 887 Rn. 27.
50 Musielak/*Lackmann*, § 887 Rn. 22.
51 Vgl. BGH, Urt. v. 29.11.1971, VII ZR 101/70 = WM 1972, 800, 801; *Werner/Pastor*, Rn. 2764 ff.
52 Vgl. BGH, Urt. v. 08.10.1992, VII ZR 272/90 = NJW 1993, 1394, 1395; BGH, Urt. v. 22.06.1995 IV ZR 100/94 = NJW 1995, 3189; *Werner/Pastor*, Rn. 2772; Zöller/*Stöber*, § 887 Rn. 7.
53 BGH, Urt. v. 22.06.1995, IX ZR 100/94 = NJW 1995, 3189, 3190; MüKo-ZPO/*Gruber*, § 887 Rn. 29.
54 BGH, Urt. v. 22.06.1995, IX ZR 100/94= NJW 1995, 3189, 3190; OLG Düsseldorf, Beschl. v. 22.09.1981, 21 W 42/81 = MDR 1982, 61; MüKo-ZPO/*Gruber*, § 887 Rn. 29.
55 BGH, Urt. v. 22.06.1995, IX ZR 100/94 = NJW 1995, 3189, 3190; OLG Düsseldorf, Beschl. v. 22.09.1981, 21 W 42/81 = MDR 1982, 61.
56 BGH, Urt. v. 22.06.1995, IX ZR 100/94 = NJW 95, 3189, 3190; OLG Düsseldorf, Beschl. v. 22.09.1981, 21 W 42/81 = MDR 1982, 62; Zöller/*Stöber*, § 887 Rn. 7.
57 *Werner/Pastor*, Rn. 2773.

IV. Kosten der Ersatzvornahme

22 Der Ermächtigungsbeschluss nach § 877 Abs. 1 ZPO enthält die Anordnung der Ersatzvornahme auf Kosten des Schuldners.[58] Der Gläubiger kann die auf Kosten des Schuldners erfolgende Ersatzvornahem vorfinanzieren und anschließend – soweit die Kosten notwendig waren (§ 91 ZPO) – deren Ersatz über § 788 ZPO als Kosten der Zwangsvollstreckung beitreiben. Kosten der Ersatzvornahme sind damit ohne besonderen Titel beitreibbar.[59]

23 Ob die Kosten i.S.d. §§ 788, 91 ZPO notwendig waren, ist vom Gericht im Kostenfestsetzungsverfahren zu prüfen.[60] Die Notwendigkeit der Kosten richtet sich nach den allgemeinen Maßstäben der §§ 788 Abs. 1, 91 ZPO. Maßgeblich ist daher, was ein verständig abwägender, dem Gesichtspunkten der Wirtschaftlichkeit Rechnung tragender Gläubiger in der konkreten Situation für sachgerecht halten durfte.[61] Zu den ersatzfähigen Kosten gehören alle durch die ersatzweise Vornahme der geschuldeten Handlung entstehenden Vermögensaufwendungen, z.B. Architektenhonorare, soweit der Architekt sie nach der HOAI beanspruchen kann[62] und Finanzierungskosten, die der Bauherr aufwenden muss.[63]

D. Der Vorauszahlungsbeschluss nach § 887 Abs. 2 ZPO

24 Auf Antrag des Bauherrn ist der Unternehmer zu einer Kostenvorschusszahlung zu verurteilen (§ 887 Abs. 2 ZPO), so dass eine Vorfinanzierung durch den Gläubiger vermieden und das Risiko für ihn vermindert werden kann.[64] Die Höhe des Vorschusses setzt das Gericht im Rahmen des vom Gläubiger beantragten Betrages (§ 308 ZPO) nach billigem Ermessen fest, wobei die voraussichtlichen Kosten der Ersatzvornahme als Grundlage zu schätzen sind.[65] Die Schätzungsgrundlage muss der Gläubiger möglichst genau darlegen, in der Regel durch die Vorlage eines Kostenvoranschlages.[66] Der Antragsteller/Bauherr wird daher zweckmäßigerweise, um dem Gericht ausreichend Beurteilungsgrundlage zu geben, detaillierte Kostenanschläge vorlegen oder wiederum ein Gutachten über die Kosten der Mängelbeseitigung einholen;[67] solche Gutachterkosten sind Kosten der Zwangsvollstreckung (§ 788 ZPO) und daher erstattungsfähig.[68] Übersteigt der Vorschuss die tatsächlichen Kosten, findet § 788 Abs. 2 ZPO keine Anwendung, der Schuldner muss notfalls auf Rückzahlung klagen.[69]

25 Wenn das Gericht den Gläubiger zur Vornahme einer solchen Handlung ermächtigt, für die er eine Gegenleistung (z.B. den Werklohn) schuldet, kann er als Vorschuss nur die Mehrkosten der Ersatzvornahme fordern.[70]

---

58 PG/*Olzen*, § 887 Rn. 38.
59 MüKo-ZPO/*Gruber*, § 887 Rn. 33.
60 OLG Zweibrücken, Beschl. v. 21.07.1995, 3 W 93/94 = MDR 1994, 1044; a.A. OLG Stuttgart, Beschl. v. 14.05.1982, 8 WF 70/81 = JurBüro 1982, 1420 (Vollstreckungsgegenklage).
61 OLG Köln, Beschl. v. 11.11.1991, 17 W 135 = OLGR Köln 1992, 126; MüKo-ZPO/*Gruber*, § 887 Rn. 35.
62 *Werner/Pastor*, Rn. 2786.
63 OLG Düsseldorf, Beschl. v. 14.12.1983, 21 W 35/83 = MDR 1984, 323; Musielak/*Lackmann*, § 887 Rn. 23; MüKo-ZPO/*Gruber*, § 887 Rn. 34; *Werner/Pastor*, Rn. 2786.
64 Musielak/*Lackmann*, § 887 Rn. 1.
65 BGH, Urt. v. 08.10.1992, VII ZR 272/90 = NJW 1993, 1394 f.; Musielak/*Lackmann*, § 887, Rn. 24; *Werner/Pastor*, Rn. 2782.
66 *Baumbach/Lauterbach*, § 887 Rn. 19; Musielak/*Lackmann*, § 887, Rn. 24.
67 *Werner/Pastor*, Rn. 2782.
68 OLG Frankfurt, Beschl. v. 10.09.1982, 20 W 139/82 = MDR 1983, 140.
69 Musielak/*Lackmann*, § 887 Rn. 25.
70 OLG Hamm, Beschl. v. 29.03.1996, 12 W 15/95 = BauR 1996, 900, 902 f.; *Baumbach/Lauterbach*, § 887 Rn. 19; Musielak/*Lackmann*, § 887 Rn. 25.

Ein Recht des Gläubigers auf Nachforderung eines höheren Kostenaufwandes wird gem. § 887 **26**
Abs. 2 ZPO durch den Vorauszahlungsbeschluss nicht ausgeschlossen. Der erhöhte Betrag kann
bis zur Ersatzvornahme auch durch den Antrag auf Erhöhung der Vorauszahlung nach Abs. 2,[71]
im Übrigen im Wege der Zwangsvollstreckung geltend gemacht werden.[72] Soweit der Gläubiger
den Kostenvorschuss im Wege des § 887 Abs. 2 ZPO erlangen kann, fehlt einer diesbezüglichen
Klage das Rechtsschutzbedürfnis.[73]

Nach heute überwiegender Ansicht kann der Schuldner die Aufrechnung gegenüber der Vor- **27**
schusszahlung geltend machen.[74] Eine Aufrechnung nach § 387 BGB scheidet allerdings dann
aus, wenn die Werklohnforderung erst nach Durchführung der vertretbaren Handlung fällig
wird.[75]

Da der Einwand der (teilweisen) Erfüllung auch im Rahmen des § 887 Abs. 2 ZPO keine Be- **28**
rücksichtigung finden kann, ist er auch bei einem Vorschuss nicht zu berücksichtigen. Der Unternehmer muss daher, sofern er nicht den Weg des § 767 ZPO beschreiten will, die Abrechnung
des Bauherrn über den gezahlten Vorschuss abwarten und eine wegen bereits vorgenommen
Teilleistung nicht verbrauchten Vorschuss zurückfordern. Beides, Abrechnung und gegeben falls
Rückzahlung schuldet der Bauherr.[76]

E. Rechtsbehelfe

Als Rechtsbehelfe stehen dem Schuldner und dem Gläubiger sowohl gegen den Ermächtigungsbe- **29**
schluss nach § 887 Abs. 1 ZPO als auch gegen die Anordnung des Kostenvorschusses nach Abs. 2
die sofortige Beschwerde gem. §§ 567 Abs. 1 Nr. 1, 793 ZPO zur Verfügung.[77] Der Schuldner
kann mit der Behauptung einer Erfüllung stets die Vollstreckungsabwehrklage nach § 767 ZPO
erheben.[78] Er muss diesen Weg gehen, sofern das Verfahren nach § 887 ZPO formell rechtskräftig beendet ist.[79]

F. Gebühren

I. Gerichtsgebühren

Für die Gerichtsgebühren gilt gem. KV 2110 zum GKG eine Festgebühr von 15.00 €. Hierbei **30**
gelten mehrere Verfahren als ein Verfahren, wenn sie innerhalb eines Rechtszuges denselben Anspruch und denselben Gegenstand betreffen. § 12 Abs. 4 GKG sieht eine Vorauszahlungspflicht
vor.[80]

II. Anwaltskosten

Die Tätigkeit des Anwaltes ist grundsätzlich mit der Vollstreckungsgebühr nach VV 3309 sowie **31**
bei mündlicher Verhandlung zusätzlich mit der Gebühr nach VV 3310 abgegolten (§ 18 Nr. 3
RVG). Die Vollstreckung der Entscheidung, durch die der Schuldner zur Vorauszahlung der Kosten verurteilt wird, die durch die Vornahme der Handlung entstehen, gilt aber als besondere An-

---

71 OLG Hamburg, Beschl. v. 19.01.1983, 16 WF 3/83 = FamRZ 1983, 1252; PG/*Olzen*, § 887 Rn. 44.
72 OLG Hamm, Beschl. v. 21.03.1984, 26 W 4/84 = MDR 1984, 591; MüKo-ZPO/*Gruber*, § 887 Rn. 37;
  PG/*Olzen*, § 887 Rn. 44.
73 MüKo-ZPO/*Gruber*, § 887 Rn. 37.
74 BGH, Urt. v. 28.06.1983, VI ZR 285/81 = NJW 1983, 2438; *Baumbach/Lauterbach*, § 887 Rn. 18; Mü-
  Ko-ZPO/*Gruber*, § 887 Rn. 39.
75 MüKo-ZPO/*Gruber*, § 887 Rn. 39.
76 OLG Düsseldorf, Beschl. v. 14.03.1978, 21 W 8/78 = BauR 1978, 503, 505; *Werner/Pastor*, Rn. 2783.
77 MüKo-ZPO/*Gruber*, § 887 Rn. 41.
78 *Baumbach/Lauterbach*, § 887 Rn. 16.
79 *Baumbach/Lauterbach*, § 887 Rn. 16.
80 MüKo-ZPO/*Gruber*, § 887 Rn. 42.

§ 887 ZPO   Vertretbare Handlungen

gelegenheit (§ 18 Nr. 14 RVG), so dass die Vollstreckungsgebühren doppelt anfallen.[81] Soweit wegen einen nachträgliche Erhöhung des Kostenvorschusses vollstreckt wird, bildet der Nachforderungsbeschluss mit der ursprünglichen Anordnung der Vorauszahlung gebührenrechtlich nur eine Angelegenheit.[82]

---

81 Musielak/*Lackmann*, § 887 Rn. 26.
82 MüKo-ZPO/*Gruber*, § 887 Rn. 43.

Teil V: Insolvenzordnung

vom 05.10.1994 (BGBl. I S. 2866), zuletzt geändert durch Gesetz vom 09.12.2010 (BGBl. I S. 1885)

(Auszug)

(...)

Zweiter Abschnitt: Erfüllung der Rechtsgeschäfte. Mitwirkung des Betriebsrats

§ 103 Wahlrecht des Insolvenzverwalters

(1) Ist ein gegenseitiger Vertrag zur Zeit der Eröffnung des Insolvenzverfahrens vom Schuldner und vom anderen Teil nicht oder nicht vollständig erfüllt, so kann der Insolvenzverwalter anstelle des Schuldners den Vertrag erfüllen und die Erfüllung vom anderen Teil verlangen.

(2) Lehnt der Verwalter die Erfüllung ab, so kann der andere Teil eine Forderung wegen der Nichterfüllung nur als Insolvenzgläubiger geltend machen. ²Fordert der andere Teil den Verwalter zur Ausübung seines Wahlrechts auf, so hat der Verwalter unverzüglich zu erklären, ob er die Erfüllung verlangen will. ³Unterlässt er dies, so kann er auf die Erfüllung nicht bestehen.

Schrifttum

Canaris Bankvertragsrecht, 3. Auflage 1988; *Feuerborn* Die Geltendmachung von Gewährleistungsansprüchen im Bauträgerkonkurs, ZIP 1994, 14; *Heidland* Welche Änderungen ergeben sich für den Bauvertrag durch die Insolvenzordnung im Verhältnis zur bisherigen Rechtslage? Wie ist der Wortlaut der VOB Teil A und B zu ändern?, BauR 1998, 643; *Heidland* Die Behandlung von Abschlagszahlungen in der Insolvenz des Bestellers (Auftraggebers), ZInsO 2009, 752; *Huber* Vertragsspaltung in der Insolvenz des Auftragnehmers auch für mangelhafte Teilleistung vor Verfahrenseröffnung, ZInsO 2005, 449; Kölner Schrift zur Insolvenzordnung herausgegeben vom Arbeitskreis für Insolvenz- und Schiedsgerichtswesen e.V. in Köln, 2. Auflage; *Kreft* Die Wende in der Rechtsprechung zu § 17 KO, ZIP 1997, 865; *Kreft* Teilbare Leistungen nach § 105 InsO (unter besonderer Berücksichtigung des Bauvertragsrechts), Festschrift für Uhlenbruck, 387; *Muthorst* § 348 BGB in der Insolvenz – zum Anwendungsbereich von § 103 InsO, KTS 2009, 467; *Prütting/Vallender* Insolvenzrecht in Wissenschaft und Praxis, Festschrift für Wilhelm Uhlenbruck, 2000; *Schmitz* Die Dreiteilung des im Insolvenz-(eröffnungs-)verfahren fortgeführten Bauvertrags – Auswirkungen auf Gegenrechte des Bestellers, ZInsO 2004, 1051; *Schmitz* Mängel nach Abnahme und offener Werklohnanspruch – ein wesentlicher Anwendungsbereich des § 103 InsO bei Bauträgern, ZIP 2001, 765; *Thode* Erfüllungs- und Gewährleistungssicherheiten in innerstaatlichen und grenzüberschreitenden Bauverträgen, ZfIR 2000, 165; *Tintelnot* Die gegenseitigen Verträge im neuen Insolvenzverfahren, ZIP 1995, 616; *Vogel* Bürgschaften in der Insolvenz, BauR 2005, Sonderheft 218; *Wellensiek* Fortführung des Bauvertrages nach Insolvenzantrag des Auftragnehmers und nach Eröffnung des Insolvenzverfahrens, BauR 2005, Sonderheft 169; *Vogel* Bürgschaften in der Insolvenz, BauR 2005, Sonderheft 218; *Vogel* Ein weites Feld – Einige Probleme aus der Schnittmenge von Bau- und Insolvenzrecht, Jahrbuch Baurecht 2004, 107; *Wietersheim* Vorzeitige Rückgewähr von Gewährleistungssicherheiten in der Insolvenz geklärt?, ZInsO 1999, 393.

Übersicht	Rdn.			Rdn.
Einleitung	1	II.	Kündigung nach § 8 Abs. 2 Nr. 1 VOB/B	15
A. Ablauf eines Insolvenzverfahrens	2			
B. Normzweck	9	III.	Rücktritt, insbes. nach § 321 Abs. 2 S. 2 BGB	16
C. Konkurrenzen	12			
I. Kündigung nach § 649 BGB bzw. § 8 Abs. 1 VOB/B	13	IV.	Kündigung nach § 6 Abs. 7 VOB/B	21
		D.	Anwendbarkeit	22

§ 103 InsO Wahlrecht des Insolvenzverwalters

		Rdn.			Rdn.
I.	Unabdingbarkeit	22	5. Mängelbeseitigungsansprüche		78
II.	Lösungsklauseln	23	6. Vertragsstrafe		82
III.	Vorangegangener Rücktritt, Kündigung	24	7. Sicherheiten		84
IV.	Forderungszuständigkeit	26	8. Sicherheitseinbehalt		86
V.	Vorläufiges Insolvenzverfahren, Eigenverwaltung	27	9. Abnahmeverpflichtung		87
			II.	Erfüllungswahl in der Insolvenz des Auftragnehmers	89
E.	Tatbestandsvoraussetzungen	29		1. Werklohnforderung der Masse	90
I.	Gegenseitiger Vertrag	29		2. Mängelbeseitigungsansprüche	94
II.	Beiderseitig keine vollständige Erfüllung	32		3. Sicherheitseinbehalt	97
	1. Maßgeblicher Zeitpunkt	32		4. Vertragsstrafe/Verzug	99
	2. Fehlende vollständige Erfüllung auf Auftraggeberseite	33	III.	Rechtsfolge bei Erfüllungsablehnung in der Insolvenz des Auftraggebers	102
	a) Fehlende Abnahme	34		1. Anspruch für erbrachte Teilleistungen	102
	b) Keine vollständige Werklohnzahlung	36		2. Schadensersatzanspruch nach § 103 Abs. 2 S. 1 InsO	105
	3. Fehlende vollständige Erfüllung auf Auftragnehmerseite	40		3. Aufrechnungs-/Saldierungsmöglichkeiten	108
	a) Restleistungen	40		4. Sicherheiten	109
	b) Mängelfreiheit/Untergang	41		5. Abnahme	112
III.	Wahlrecht des Insolvenzverwalters	44		6. Besonderheiten bei Insolvenz des Generalunternehmers	116
	1. Rechtsnatur des Wahlrechts	44	IV.	Rechtsfolge bei Erfüllungsablehnung in der Insolvenz des Auftragnehmers	118
	2. Erklärung des Insolvenzverwalters	46		1. Forderung für erbrachte Leistungen	118
	a) Konkludente Erklärung	52		2. Schadensersatzanspruch nach § 103 Abs. 2 S. 1 InsO	119
	b) Fehlende konkludente Erklärung	53		3. Aufrechnungs-/Saldierungsmöglichkeiten	122
	3. Fristsetzung nach § 103 Abs. 2 S. 2 InsO	54		4. Sicherheiten	127
F.	Rechtsfolge	58		5. Mängelbeseitigungsansprüche	129
I.	Erfüllungswahl in der Insolvenz des Auftraggebers	58		6. Sicherheitseinbehalte	130
	1. Teilbarkeit	60		7. Abnahme	131
	2. Werklohnforderung als Masseverbindlichkeit/Insolvenzforderung	65			
	3. Werklohnforderung bei Masseunzulänglichkeit	72			
	4. Fristsetzungen	76			

Einleitung

1 § 103 InsO ist für den Bauvertrag die zentrale Vorschrift des Insolvenzrechts. Zum besseren Verständnis der Vorschrift wird der Kommentierung eine kurze Darstellung des Ablaufs eines Insolvenzverfahrens vorangestellt. Die Kommentierung selbst beschränkt sich auf die Besonderheiten des Bauvertrages und differenziert zwischen der Insolvenz des Auftraggebers und der des Auftragnehmers.

A. Ablauf eines Insolvenzverfahrens

2 Der Antrag auf Eröffnung des Insolvenzverfahrens kann entweder vom Schuldner selbst oder von einem Gläubiger gestellt werden, § 13 Abs. 1 InsO. Örtlich zuständig ist grundsätzlich das Insolvenzgericht, in dessen Bezirk der Schuldner seinen allgemeinen Gerichtsstand hat, § 3 Abs. 1 S. 1 InsO. Stellt der Schuldner selbst den Antrag, hat er den Eröffnungsgrund hinreichend in substantiierter, nachvollziehbarer Form darzulegen. Eine Glaubhaftmachung ist dagegen nicht erforderlich.[1] Stellt ein Gläubiger einen Insolvenzantrag, hat er gemäß § 14 Abs. 1 InsO seine Forderung

---

1 BGH, ZIP 2008, 359.

und den Eröffnungsgrund glaubhaft zu machen. An einem rechtlichen Interesse an der Verfahrenseröffnung fehlt es dann, wenn der Gläubiger im Falle der Eröffnung des Insolvenzverfahrens nicht beteiligt ist oder er insolvenzfremde Zwecke verfolgt.[2] In der Praxis wird zunehmend der Einsatz von sog. Druckanträgen beobachtet, die allein den Zweck haben, die – zum Teil bestrittene – Forderung des Gläubigers durchzusetzen. Ist dies nachweisbar, ist der Insolvenzantrag mangels rechtlichem Interesse an der Verfahrenseröffnung unzulässig.[3]

Bei einem Regelinsolvenzverfahren (außerhalb der reinen Verbraucherinsolvenzverfahren nach §§ 304 ff. InsO) beauftragt das Insolvenzgericht auf der Grundlage des § 5 Abs. 1 InsO einen Sachverständigen, um festzustellen, ob ein Insolvenzgrund vorliegt und eine die Kosten des Verfahrens deckende Masse vorhanden ist. Dieser Sachverständige/Insolvenzgutachter ist in aller Regel personenidentisch mit dem vom Gericht bestellten vorläufigen bzw. endgültigen Insolvenzverwalter. Der Insolvenzgutachter hat jedoch keinerlei Befugnisse, wie sie dem vorläufigen/endgültigen Insolvenzverwalter übertragen werden bzw. ihm kraft Gesetzes zustehen. 3

Des Weiteren hat das Insolvenzgericht nach § 21 InsO alle Maßnahmen zu treffen, die erforderlich erscheinen, um bis zur Entscheidung über den Antrag eine den Gläubigern nachteilige Veränderung in der Vermögenslage des Schuldners zu verhüten. Die häufigste Sicherungsmaßnahme besteht in der Bestellung eines vorläufigen Insolvenzverwalters. Überwiegend wird nach § 21 Abs. 2 Nr. 2, 2. Alt. InsO angeordnet, dass Verfügungen des Schuldners nur mit Zustimmung des vorläufigen Insolvenzverwalters wirksam sind. Es handelt sich hierbei um den sog. schwachen vorläufigen Insolvenzverwalter. Dieser haftet ggf. persönlich nach § 311 Abs. 3 BGB.[4] Alternativ kann das Insolvenzgericht nach §§ 21 Abs. 2 Nr. 2, 1. Alt., 22 InsO einen Verwalter bestellen, auf den die Verwaltungs- und Verfügungsbefugnis übergeht. Dies ist der sog. starke vorläufige Insolvenzverwalter. Ihn trifft die Haftung nach §§ 60, 61 InsO. Darüber hinaus werden durch sein Handeln gemäß § 55 Abs. 2 InsO Masseverbindlichkeiten bereits vor Eröffnung des Verfahrens begründet. Dies ist der wesentliche Grund, warum in der Praxis von der Anordnung einer starken vorläufigen Insolvenzverwaltung wenig Gebrauch gemacht wird. Allerdings erfolgt die Fortführung des Geschäftsbetriebes des Schuldners im Eröffnungsverfahren maßgeblich durch den vorläufigen Insolvenzverwalter – unabhängig davon, ob dieser die Stellung eines schwachen oder starken vorläufigen Insolvenzverwalters hat. 4

Die Bestellung eines vorläufigen Insolvenzverwalters ist – anders als die Beauftragung eines Insolvenzgutachters – vom Insolvenzgericht bekannt zu machen, § 23 Abs. 1 InsO; und zwar gemäß § 9 Abs. 1 InsO durch eine Veröffentlichung im Internet unter der Adresse *www.insolvenzbekanntmachungen.de*. Ist das Gericht von dem Vorliegen eines Insolvenzgrundes überzeugt und eine die Kosten des Verfahrens deckende Masse vorhanden, wird das Insolvenzverfahren durch Beschluss eröffnet, § 27 Abs. 1 InsO. Mit Eröffnung des Insolvenzverfahrens wird der Termin für die erste Gläubigerversammlung und ein Prüftermin für die angemeldeten Forderungen bestimmt, § 29 InsO. Die Termine werden in der Regel zusammengefasst. Auch der Eröffnungsbeschluss wird gemäß §§ 30, 9 InsO im Internet unter *www.insolvenzbekanntmachungen.de* bekannt gemacht. 5

Nach Eröffnung des Insolvenzverfahrens geht das Verwaltungs- und Verfügungsrecht über das zur Insolvenzmasse gehörende Vermögen auf den Insolvenzverwalter über, § 80 Abs. 1 InsO. Er muss insbesondere entscheiden, ob und in welchem Umfang der schuldnerische Geschäftsbetrieb nach Eröffnung des Verfahrens fortgesetzt wird. Zentrale Bedeutung bei Bauinsolvenzen hat die Vorschrift des § 103 InsO, die dem Insolvenzverwalter ein Wahlrecht einräumt, ob er bei »stecken gebliebenen Bauverträgen« eine Erfüllung des Vertrages wählt, oder ob er die Insolvenzmasse mit einem derartigen Bauvertrag nicht belasten möchte. Neben der Durchsetzung der insolvenzspezi- 6

---

2 Uhlenbruck, § 14 InsO, Rn. 42.
3 BGHZ 157, 242, 246 f.; HK/*Kirchhof*, § 14, Rn. 27.
4 BAG, ZIP 2009, 1772, 1774.

fischen Anfechtungs- und Haftungsansprüche hat der Insolvenzverwalter insbesondere das vorhandene Vermögen des Schuldners zu verwerten, z.B. im Rahmen einer übertragenden Sanierung. Alternativ kann er bzw. der Schuldner nach § 218 InsO einen Insolvenzplan vorlegen.

7 Obwohl das Gesetz (§ 187 InsO) ausdrücklich eine frühzeitige Befriedigung der Insolvenzgläubiger zulässt, erfolgt in aller Regel eine Ausschüttung an die Insolvenzgläubiger erst nach Erstellung des Schlussberichtes und Durchführung des Schlusstermins. Die Ausschüttungsquote in Bauinsolvenzen liegt jedoch oftmals nur im einstelligen Prozentbereich.

8 Der Insolvenzverwalter hat nach Eröffnung des Insolvenzverfahrens die Masseverbindlichkeiten nach § 55 Abs. 1 InsO aus der Masse zu erfüllen. Es handelt sich zum einen um die Verbindlichkeiten, die durch Handlungen des Insolvenzverwalters und in anderer Weise durch die Verwaltung, Verwertung und Verteilung der Insolvenzmasse begründet werden (§ 55 Abs. 1 Nr. 1 InsO). Im Rahmen von Bauverträgen entstehen dann Masseverbindlichkeiten, wenn der Insolvenzverwalter bei einem beiderseitig nicht erfüllten Vertrag Erfüllung zur Insolvenzmasse verlangt, § 55 Abs. 1 Nr. 2 InsO. Erkennt der Insolvenzverwalter, dass die Insolvenzmasse tatsächlich oder voraussichtlich nicht ausreichen wird, um die Masseverbindlichkeiten zu erfüllen, so hat er gemäß § 208 Abs. 1 InsO Masseunzulänglichkeit anzuzeigen. Erfolgt die Anzeige nicht rechtzeitig, haftet der Verwalter nach § 61 InsO den Massegläubigern. Nach Anzeige der Masseunzulänglichkeit sind die Massegläubiger in der Rangfolge des § 209 InsO wie folgt zu befriedigen: nach den Kosten des Insolvenzverfahrens (Gerichtskosten und Vergütung für die Tätigkeit als vorläufiger und als endgültiger Insolvenzverwalter) sind zunächst die Masseverbindlichkeiten, die nach Anzeige der Masseunzulänglichkeit begründet werden, zu erfüllen. Erst im Anschluss daran sind die übrigen Masseverbindlichkeiten, mithin auch die, die bis zur Masseunzulänglichkeitsanzeige entstanden sind, zu bedienen.

B. Normzweck

9 Die Regelungen des § 103 InsO entsprechen, abgesehen von einer redaktionellen Überarbeitung, inhaltlich denen des § 17 KO, zu den Einzelheiten s. § 8 VOB/B Rdn. 13 ff.[5]

10 Zweck der Norm ist, die Durchsetzbarkeit der Ansprüche aus einem gegenseitigen, beiderseitig noch nicht voll erfüllten Vertrag von einer Entscheidung des Insolvenzverwalters abhängig zu machen.[6] Der Verwalter hat sich bei der Ausübung des Wahlrechts ausschließlich an dem Insolvenzzweck, dem Nutzen der Gesamtheit aller Gläubiger, zu orientieren. Die Funktion des Wahlrechts besteht daher darin, dem Insolvenzverwalter ein Instrumentarium an die Hand zu geben, um die Masse durch die Erfüllungswahl zu mehren oder durch die Erfüllungsablehnung Schaden von ihr abzuwenden. Der BGH sah dagegen in Entscheidungen zu § 17 KO den Zweck dieser Vorschrift dahingehend, bei gegenseitigen Verträgen in erster Linie und möglichst lange den Vertragsgegner des Schuldners zu schützen.[7] Dies ist aber mit der sanierungsorientierten Zielsetzung der InsO, die auch in § 1 S. 1 InsO zum Ausdruck kommt, nicht zu vereinbaren.

11 Wählt der Verwalter Erfüllung, so schützt § 103 InsO den Vertragspartner, indem der Insolvenzverwalter verpflichtet ist, die vereinbarte Gegenleistung aus der Masse zu erbringen. Lehnt der Insolvenzverwalter die Erfüllung ab, hat der andere Vertragsteil nur eine Forderung wegen Nichterfüllung als Insolvenzforderung. Beides ist nur Rechtsfolge der Erfüllungswahl und nicht Zweck dieser Vorschrift.

---

5 Begr. RegE, BT-Drucks. 12/2243, S. 145.
6 BGHZ 150, 138, 148; Uhlenbruck/*Wegener*, § 103 Rn. 2.
7 BGHZ 58, 246, 249.

C. Konkurrenzen

In der Insolvenz des Auftraggebers bzw. Auftragnehmers kann der Bauvertrag auch nach Vorschriften des BGB bzw. der VOB/B beendet werden. Diese stehen zwangsläufig in einem Konkurrenzverhältnis zu § 103 InsO. 12

I. Kündigung nach § 649 BGB bzw. § 8 Abs. 1 VOB/B

Der Auftraggeber kann den Vertrag gemäß § 649 BGB bzw. § 8 Abs. 1 VOB/B jederzeit kündigen. Unter den Voraussetzungen des § 8 Abs. 3 VOB/B kann der Auftraggeber im Verfahren über das Vermögen des Auftragnehmers kündigen. Der Verwalter im Insolvenzverfahren über das Vermögen des Auftraggebers kann die Rechte nur geltend machen, nachdem er zuvor die Erfüllung des Vertrages verlangt hat. Kündigt der Insolvenzverwalter über das Vermögen des Auftraggebers gemäß § 649 BGB bzw. § 8 Abs. 1 VOB/B, hat er die Ansprüche des Auftragnehmers aus § 649 S. 2 BGB bzw. § 8 Abs. 1 Nr. 2 VOB/B allerdings als Masseverbindlichkeit zu erfüllen, da sie aus einem gegenseitigen Vertrag resultieren, dessen Erfüllung er verlangt hatte (§ 55 Abs. 1 Nr. 2 InsO). Die Kündigung wird er daher nur erklären, wenn die Vertragserfüllung entgegen seiner ursprünglichen Kalkulation der Insolvenzmasse keine Vorteile bringt und er durch die Kündigung unter Berücksichtigung dieser Ansprüche nach § 649 S. 2 BGB, § 8 Abs. 1 Nr. 2 VOB/B Schaden von der Insolvenzmasse abwenden kann. 13

Der Vertragspartner des in der Insolvenz befindlichen Auftragnehmers kann die o.g. Kündigungserklärungen jederzeit, vor und nach Eröffnung des Insolvenzverfahrens, abgeben. Er muss nicht abwarten, bis der Insolvenzverwalter Erfüllung des Vertrages verlangt hat. Für den Auftraggeber wird sich diese Kündigung jedoch nur in Ausnahmefällen empfehlen, da der Insolvenzverwalter die Ansprüche nach § 649 S. 2 BGB, § 8 Abs. 1 Nr. 2 VOB/B gegenüber dem Auftraggeber geltend machen kann, ohne dass dieser dagegen mit eigenen Ansprüchen aufrechnen kann. Eine derartige Aufrechnung wäre nach § 96 Abs. 1 Nr. 1 InsO unwirksam. 14

II. Kündigung nach § 8 Abs. 2 Nr. 1 VOB/B

Der Auftraggeber kann den Vertrag nach § 8 Abs. 2 Nr. 1 VOB/B auch kündigen, wenn das Insolvenzverfahren über das Vermögen des Auftragnehmers eröffnet worden ist. Die Forderungen des Auftraggebers auf Schadensersatz nach § 8 Abs 2 Nr. 2 Abs. 2 VOB/B[8] sind Insolvenzforderungen. Dieses Recht des Auftraggebers wird durch die Vorschrift des § 103 InsO grundsätzlich nicht berührt.[9] 15

III. Rücktritt, insbes. nach § 321 Abs. 2 S. 2 BGB

Ist dem Vertragspartner des Insolvenzschuldners ein vertragliches Rücktrittsrecht eingeräumt, kann er dieses unter den vereinbarten Voraussetzungen sowohl vor als auch nach Eröffnung des Insolvenzverfahrens ausüben. Die Ausübung ist nicht von einer vorherigen Erklärung des Insolvenzverwalters, insbesondere einer Erfüllungswahl abhängig. 16

Nach § 321 Abs. 2 S. 2 BGB wird dem Auftragnehmer ein gesetzliches Rücktrittsrecht vom Vertrag eingeräumt, wenn die Gegenleistung des zur Vorleistung Verpflichteten gefährdet und der Vertragspartner innerhalb einer angemessenen Frist weder die Gegenleistung erbracht noch Sicherheit dafür geleistet hat. 17

Umstritten ist, ob der Auftragnehmer berechtigt ist, gem. § 321 Abs. 1 BGB seine Leistungen zu verweigern, bis der Insolvenzverwalter den Werklohn im Voraus gezahlt oder Sicherheit dafür ge- 18

---

[8] Vgl. § 8 VOB/B, Rdn. 37 ff.
[9] OLG Düsseldorf, BauR 2006, 2054, 2058; OLG Brandenburg, IBR 2010, 210; a.A. *Schmitz*, Rn. 204 ff.

leistet hat. Die Insolvenzeröffnung selbst stellt zwar keine unmittelbare Vermögensverschlechterung dar, sie wird aber i.S.d. § 321 Abs. 1 S. 1 BGB erkennbar, da das Gericht auf diesen Zeitpunkt die Überschuldung bzw. Zahlungsunfähigkeit festgestellt hat. Dass bereits durch einen Insolvenzantrag eine Verschlechterung der Vermögenslage erkennbar ist, ergibt sich im Übrigen auch aus § 112 Nr. 2 InsO bzw. § 8 Abs. 2 Nr. 1 VOB/B. Die Rechte aus § 321 BGB können jedoch nur dann geltend gemacht werden, wenn die Gegenleistung des zur Vorleistung Verpflichteten gefährdet ist. Diese Gefahr besteht nicht allein wegen der Insolvenzeröffnung, da der Insolvenzverwalter bei Erfüllungswahl verpflichtet ist, die Werklohnforderung des Auftragnehmers als Masseverbindlichkeit zu erfüllen.[10] Durch die Verfahrenseröffnung ist daher eine Gefährdung der Gegenleistung nicht erkennbar i.S.d. § 321 BGB.[11]

19 Hat der Insolvenzverwalter Masseunzulänglichkeit gem. § 208 InsO angezeigt, ist der Anspruch des Auftragnehmers gegenüber der Insolvenzmasse jedoch als gefährdet anzusehen.[12] Dies gilt auch, wenn der Insolvenzverwalter die Masseunzulänglichkeit vor der Erfüllungswahl angezeigt hatte, mithin die Forderungen des Auftragnehmers bevorrechtigte Neumasseverbindlichkeiten i.S.d. § 209 Abs. 1 Nr. 2, Abs. 2 Nr. 1 InsO wären.[13] Es besteht dann die Gefahr, dass der Auftragnehmer aufgrund der vorrangig zu erfüllenden Kosten des Insolvenzverfahrens (Gerichtskosten und Vergütung des Insolvenzverwalters) sowie ggf. gleichrangiger Neumasseverbindlichkeiten keine volle Befriedigung erhält. Darüber hinaus steht dem Insolvenzverwalter in diesem Fall die Vollstreckungsabwehrklage nach § 767 ZPO zu.[14] Die nach der Anzeige der Masseunzulänglichkeit auf § 321 BGB gestützte Leistungsverweigerung und Fristsetzung gibt dem Auftragnehmer in aller Regel ein Rücktrittsrecht gemäß § 321 Abs. 2 S. 2 BGB.

20 Liegen zum Zeitpunkt der Verfahrenseröffnung die Voraussetzungen des § 323 Abs. 1 BGB vor, kann der Vertragspartner des Schuldners gleichwohl keinen Rücktritt vom Vertrag erklären. Die gegenseitigen vertraglichen Erfüllungsansprüche bestehen zwar fort, können aber nicht durchgesetzt werden.[15] Ein verzugsabhängiges Gestaltungsrecht, wie es der Rücktritt gemäß § 323 Abs. 1 BGB ist, erlischt mit Verzugsbeendigung, so auch, wenn die Forderung infolge der Verfahrenseröffnung undurchsetzbar wird.[16]

IV. Kündigung nach § 6 Abs. 7 VOB/B

21 Gemäß § 6 Abs. 7 VOB/B kann der Bauvertrag von jedem Vertragspartner gekündigt werden, wenn seine Ausführung unterbrochen wird und die Unterbrechung länger als drei Monate dauert. Die Frage, ob das Kündigungsrecht auch dann besteht, wenn die Unterbrechung vor oder nach Eröffnung des Verfahrens begonnen hat, stellt sich nur für den Fall, in dem der Insolvenzverwalter Erfüllung gewählt hat. Lehnt der Insolvenzverwalter die Erfüllung ab, ist das Vertragsverhältnis ohnehin mit Eröffnung des Verfahrens beendet. Bei Erfüllungswahl muss die Unterbrechungszeit in die Drei-Monats-Frist des § 6 Abs. 7 VOB/B mit eingerechnet werden. Unerheblich ist, ob die Unterbrechung vor oder nach Verfahrenseröffnung begonnen und vor oder nach dem Erfüllungsverlangen eine Dauer von mehr als drei Monaten erreicht hat.[17] Dass die wechselseitigen Ansprüche mit der Verfahrenseröffnung nach der Rechtsprechung des BGH bis zur Erfüllungswahl

---

10 BGH, WM 1960, 377, 380; Uhlenbruck/*Wegener*, § 103 Rn. 136; KPB/*Tintelnot*, § 103, Rn. 6; Staudinger/*Otto*, § 321, Rn. 15; a.A. *Heidland*, Der Bauvertrag, Rn. 611 ff.
11 A.A. Palandt/*Grüneberg*, § 321 Rn. 5.
12 Uhlenbruck/*Wegener*, § 103, Rn. 136; MüKo-BGB/*Huber*, § 103, Rn. 63; Im Ergebnis so auch Staudinger/*Otto*, § 321, Rn. 15.
13 *Heidland*, Der Bauvertrag, Rn. 618.
14 BGH, NZI 2007, 721 f.
15 Siehe hierzu unten Rdn. 45.
16 Uhlenbruck/*Wegener*, § 103, Rn. 107, MüKo-BGB/*Huber*, § 103, Rn. 139.
17 *Heidland*, Der Bauvertrag, Rn. 649 ff.

rechtlich nicht durchsetzbar sind,[18] kann keinen Einfluss auf den tatsächlichen Lauf der Unterbrechungszeit i.S.d. § 6 Abs. 7 VOB/B haben. Es ist nicht Zweck des § 103 InsO, die vertraglichen Kündigungsrechte einzuschränken, die in keinem unmittelbaren Zusammenhang mit der Insolvenzeröffnung stehen. Der Vertragspartner des Insolvenzverwalters hat daher unabhängig von der Verfahrenseröffnung bei einer Unterbrechung von mehr als drei Monaten das Kündigungsrecht unter den Voraussetzungen des § 6 Abs. 7 VOB/B. Dieses Kündigungsrecht steht aber auch dem Insolvenzverwalter zu, wenn er zuvor Erfüllung verlangt hat. Dies wird er möglicherweise dann tun, wenn er feststellt, dass die Erfüllungswahl für die Insolvenzmasse entgegen seinen vorherigen Annahmen nicht so günstig war, wie er angenommen hatte.[19]

D. Anwendbarkeit

I. Unabdingbarkeit

Weder die Anwendbarkeit noch die Rechtsfolgen des § 103 InsO sind einer vertraglichen Vereinbarung zugänglich. Die Parteien können im Voraus die Anwendung des § 103 InsO nicht ausschließen, beschränken oder erschweren.[20] Damit soll verhindert werden, dass das Wahlrecht des Insolvenzverwalters durch vorausgegangene vertragliche Vereinbarungen inhaltlich beeinflusst wird. Weder an die Insolvenzeröffnung noch an die Ausübung des Wahlrechts können die Vertragspartner des Insolvenzschuldners begünstigende Regelungen aufgenommen werden, wie z.B. die Vereinbarung einer Vertragsstrafe für den Fall der Erfüllungsablehnung, die Pauschalierung von Schadensersatz oder die Qualifizierung der Forderungen als Masseverbindlichkeit unabhängig von der Ausübung des Wahlrechts durch den Insolvenzverwalter.[21] Dies ergibt sich unmittelbar aus § 119 InsO, der die Unwirksamkeit von Vereinbarungen, durch die im Voraus die Anwendung des § 103 InsO ausgeschlossen oder beschränkt wird, anordnet.

22

II. Lösungsklauseln

Weder die Regelungen des § 8 Abs. 2 VOB/B noch andere vertragliche Lösungsklauseln, die an die Insolvenz des Vertragspartners anknüpfen und damit das Wahlrecht des Insolvenzverwalters verhindern, verstoßen gegen § 119 InsO. Im Regierungsentwurf war in § 137 Abs. 2 S. 1 ursprünglich vorgesehen, dass »Vereinbarungen, die vor Eröffnung des Insolvenzverfahrens die Auflösung eines gegenseitigen Vertrages vorsehen oder der anderen Partei das Recht geben, sich einseitig vom Vertrag zu lösen« für unwirksam zu erklären. Diese Regelung wurde auf Empfehlung des Rechtsausschusses im Gesetzgebungsverfahren gestrichen. Damit ist geklärt, dass Lösungsklauseln im Geltungsbereich der InsO wirksam sind.[22]

23

III. Vorangegangener Rücktritt, Kündigung

§ 103 InsO ist bei vorangegangener Kündigung (§ 8 Abs. 1 VOB/B, §§ 649, 648a Abs. 5 BGB) nicht anwendbar. Die Rechtsfolgen ergeben sich unmittelbar aus diesen Vorschriften. Der Insolvenzverwalter kann durch nachfolgende Ausübung des Wahlrechts hieran nichts ändern: Es bestehen keine durchsetzbaren Ansprüche aus dem Synallagma mehr. Etwas anderes gilt allerdings für die vor Wirksamwerden der Kündigungserklärung bestehenden wechselseitigen Vertragspflichten. Wenn z.B. bei Ausspruch der Kündigung Mängelbeseitigungsansprüche bestehen, sind diese vom Auftragnehmer trotz der Kündigung zu erfüllen.[23] Hat der Auftraggeber zudem die bis zur Kün-

24

---

18 BGH, ZIP 2002, 1093, 1094.
19 *Heidland*, Der Bauvertrag, Rn. 665.
20 Vgl. Uhlenbruck/*Berscheid/Lüer*, § 103 InsO, Rn. 95.
21 Vgl. Uhlenbruck/*Berscheid/Lüer*, § 103 InsO, Rn. 95.
22 BGHZ 124, 76, 79; OLG München, ZInsO 2006, 1060, 1062; *Heidland*, BauR 1998, 643; MüKoBGB/*Huber*, § 103, Rn. 90.
23 BGH, BauR 1988, 82; BauR 1989, 462; Ingenstau/Korbion, vor §§ 8, 9 VOB/B, Rn. 8.

digung vom Auftragnehmer erbrachten Leistungen noch nicht vollständig bezahlt, liegt ein beiderseits nicht vollständig erfülltes Vertragsverhältnis vor. Die nicht erfüllten Gewährleistungsverpflichtungen einerseits und die Zahlungsansprüche andererseits genügen für die Annahme eines von § 103 InsO erfassten Vertragsverhältnisses.[24]

25 Nachdem zunächst angenommen wurde, § 103 InsO sei im Fall des Rücktritts auch auf Rückgewährschuldverhältnisse anwendbar, geht man nun überwiegend davon aus, dass im Fall der Ausübung eines Rücktritts vom Vertrag dem Insolvenzverwalter kein Wahlrecht mehr zusteht.[25] Für den Bauvertrag hat ein vertragliches Rücktrittsrecht bei einem bereits begonnen Bauvorhaben mangels Vereinbarung ohnehin keine praktische Bedeutung.

IV. Forderungszuständigkeit

26 Zum Teil wird vertreten, dass § 103 InsO keine Anwendung finde, wenn der Schuldner nicht Forderungsinhaber ist.[26] Bei einer Sicherungsabtretung folgt die Anwendbarkeit des § 103 InsO dagegen unmittelbar aus der Einziehungsberechtigung des Insolvenzverwalters nach § 166 Abs. 2 InsO. Aber auch bei einer vollständigen, nicht nur sicherungshalber erfolgten Abtretung bleibt § 103 InsO anwendbar, da die Forderungsabtretung keinen Vertragsübergang darstellt, mithin die Erfüllungsansprüche beim Schuldner verbleiben.[27]

V. Vorläufiges Insolvenzverfahren, Eigenverwaltung

27 Die Vorschrift des § 103 InsO ist weder auf den schwachen (§ 21 Abs. 2 Nr. 2, 2. Alt. InsO) noch auf den starken (§ 21 Abs. 2 Nr. 2, 1. Alt. InsO) vorläufigen Insolvenzverwalter analog anwendbar.[28] Das Wahlrecht steht nur dem – endgültigen – Insolvenzverwalter nach Eröffnung des Verfahrens zu. Der Vertragspartner kann den vorläufigen Insolvenzverwalter daher auch nicht vor Eröffnung des Verfahrens zur Abgabe der Erklärung nach § 103 Abs. 2 S. 2 InsO wirksam auffordern.[29] Diese verfrühte Aufforderung entfaltet auch nach Eröffnung des Verfahrens keine Wirkung. Will der Vertragspartner die Rechtsfolge des § 103 Abs. 2 S. 3 InsO herbeiführen, muss er die Aufforderung nach Verfahrenseröffnung wiederholen.

28 Bei der nach §§ 270 ff. InsO angeordneten Eigenverwaltung wird das Wahlrecht gemäß § 279 InsO durch den Schuldner und nicht durch den Sachwalter ausgeübt.[30] Die Aufforderung nach § 103 Abs. 2 S. 2 InsO ist daher unmittelbar an den Schuldner zu richten. Der Sachwalter ist insoweit auch nicht Vertreter des Schuldners.

E. Tatbestandsvoraussetzungen

I. Gegenseitiger Vertrag

29 Der Begriff des »gegenseitigen Vertrages« in § 103 InsO ist mit dem des § 320 BGB identisch. Darunter fallen vollkommen zweiseitige Verträge, bei denen die Hauptleistungspflichten nach dem Parteiwillen wechselseitig bedingt sind, ohne dass es auf deren Gleichwertigkeit ankommt.[31]

---

24 *Kreft*, Festschrift Uhlenbruck 2000, 387, 397; *Schmitz*, ZIP 2001, 765, 766; *Heidland*, Der Bauvertrag, Rn. 1008.
25 Vgl. BGH ZIP, 2009, 428; *Muthorst*, KTS 2009, 467; a.A. Uhlenbruck/*Wegener*, § 103 Rn. 95.
26 HK/*Marotzke*, § 103, Rn. 17.
27 KPB/*Tintelnot*, § 103, Rn. 49; MüKo-BGB/*Huber*, § 103, Rn. 205.
28 BGH, ZIP 2007, 2322, 2323; OLG Düsseldorf, ZInsO 2005, 820, 821; KPB/*Tintelnot, Rn. 51.*
29 BGH, ZIP 2007, 2322.
30 KPB/*Tintelnot*, § 103, Rn. 52; Uhlenbruck/*Wegener*, § 103, Rn. 98; MüKo-BGB/*Huber*, § 103, Rn. 152.
31 BGH, NJW 2006, 2773, 2775.

Sowohl Bauverträge als auch Bauträgerverträge sind gegenseitige Verträge.[32] Bei letzteren ist das Wahlrecht des Insolvenzverwalters im Hinblick auf die Grundstücksübertragung bei Eintragung einer Auflassungsvormerkung regelmäßig durch § 106 InsO ausgeschlossen. Es bleibt aber stets das Wahlrecht hinsichtlich der Erstellung des Gebäudes.[33]

Der gegenseitige Vertrag muss zur Zeit der Eröffnung des Insolvenzverfahrens noch mit den im Gegenseitigkeitsverhältnis stehenden Vertragspflichten bestehen. Ist das Vertragsverhältnis bereits durch Kündigung, Wandlung, Rücktritt oder Anfechtung beendet worden, liegt kein gegenseitiger Vertrag i.S.d. § 103 InsO mehr vor.[34] 30

Für die Anwendbarkeit des § 103 InsO ist jedoch nicht erforderlich, dass eine oder beide Parteien ihre Hauptleistungspflichten nicht vollständig erfüllt haben. Auch das Ausbleiben einer bloßen Nebenleistung bei einem gegenseitigen Vertrag schließt die Vollständigkeit der Vertragserfüllung aus.[35] Unselbständige, auch nachvertragliche Nebenpflichten, denen keine Leistungspflicht zugrunde liegt, sondern nur durch Schadensersatzansprüche sanktioniert werden, führen dagegen nicht zur Anwendbarkeit des § 103 InsO.[36] 31

II. Beiderseitig keine vollständige Erfüllung

1. Maßgeblicher Zeitpunkt

Ob beiderseitig keine vollständige Erfüllung vorliegt, ist ausschließlich auf den Zeitpunkt der Eröffnung des Insolvenzverfahrens zu entscheiden. In Einzelfällen kann es sogar auf die Uhrzeit ankommen, die im Eröffnungsbeschluss gemäß § 27 Abs. 2 Nr. 3 InsO genannt werden soll; fehlt die Angabe, so gilt das Insolvenzverfahren gemäß § 27 Abs. 3 InsO als um 12.00 Uhr des Eröffnungstages eröffnet. 32

2. Fehlende vollständige Erfüllung auf Auftraggeberseite

Der Auftraggeber hat den Bauvertrag nicht vollständig erfüllt, wenn er entweder die Leistung nicht abgenommen oder den geschuldeten Werklohn nicht voll bezahlt hat. 33

a) Fehlende Abnahme

Die Abnahme nach § 640 BGB bzw. § 12 VOB/B ist Hauptleistungspflicht des Auftraggebers.[37] 34

Ist keine Abnahme erfolgt, hat der Auftraggeber den Werkvertrag selbst dann nicht vollständig erfüllt, wenn er den gesamten Werklohn bereits bezahlt haben sollte. 35

b) Keine vollständige Werklohnzahlung

Der Auftraggeber hat den Werkvertrag nicht vollständig erfüllt, wenn er im Zeitpunkt der Verfahrenseröffnung den Werklohn nicht restlos bezahlt hat. Unerheblich ist, ob der offenstehende Werklohn bereits fällig war oder der Auftraggeber ein Leistungsverweigerungsrecht besaß, das ihn berechtigt, den Werklohn zurück zu halten. 36

---

32 BGH, ZIP 2002, 1093; KPB/*Tintelnot*, § 103 Rn. 22; MüKo-BGB/*Huber*, § 103, Rn. 67 f.; Uhlenbruck/*Wegener*, § 103 Rn. 27 f.
33 BGH, ZIP 1981, 250 f.; Uhlenbruck/*Wegener*, § 103, Rn. 28; MüKo-BGB/*Huber*, § 103, Rn. 68; KPB/*Tintelnot*, § 103, Rn. 22.
34 S. oben Rdn. 12 ff.
35 BGHZ 58, 246, 249; Uhlenbruck/*Wegener*, § 103 Rn. 58; MüKo-BGB/*Huber*, § 103, Rn. 123; a.A. KPB/*Tintelnot*, § 103, Rn. 37.
36 Uhlenbruck/*Wegner*, § 103, Rn. 99; MüKo-BGB/*Huber*, § 103 Rn. 150.
37 *Werner/Pastor*, Rn. 1339. Zu der Abnahme nach § 640 BGB s. dort Rdn. 17, zur Abnahme nach § 12 VOB/B s. dort Rdn. 4.

37 Hat der Auftraggeber dagegen mit Schadensersatzansprüchen oder mit Zahlungsansprüchen aus Kostenvorschuss- oder Kostenerstattungsansprüchen für die Mängelbeseitigung bzw. aus einer verwirkten Vertragsstrafe aufgerechnet und verbleibt nach der Aufrechnung keine Restwerklohnforderung des Auftragnehmers mehr, ist der Bauvertrag auf Seiten des Auftraggebers vollständig erfüllt. Auf den Zeitpunkt der Aufrechnungserklärung kommt es nicht an, da diese gem. § 389 BGB auf den Zeitpunkt des Eintritts der Aufrechnungslage zurückwirkt. Die Aufrechnung kann daher seitens des Vertragspartners des Insolvenzschuldners oder vom Insolvenzverwalter auch nach Eröffnung des Verfahrens erklärt werden, so dass dadurch u.U. die Leistung des Auftraggebers vollständig erfüllt ist. Voraussetzung ist jedoch, dass die Aufrechnung auch insolvenzrechtlich wirksam ist. Erklärt der Vertragspartner des Insolvenzverwalters die Aufrechnung mit einer Forderung, die anders als die Forderung des Insolvenzschuldners zum Zeitpunkt der Verfahrenseröffnung noch nicht fällig ist, ist die Aufrechnung nach § 95 Abs. 1 S. 3 InsO unwirksam. Es bleibt dann dabei, dass der Vertrag seitens des Auftraggebers nicht vollständig erfüllt ist, mithin das Wahlrecht nach § 103 InsO besteht.

38 An einer vollständigen Werklohnzahlung fehlt es auch dann, wenn der Auftraggeber einen Sicherheitseinbehalt vornimmt und ihn nicht auszahlt, gleichgültig, ob der Auftraggeber hierzu vertraglich berechtigt ist oder nicht.[38] Wird dem Auftragnehmer der Sicherheitseinbehalt vorzeitig, z.B. gegen Gestellung einer Bürgschaft, ausgezahlt, liegt dagegen insoweit eine vollständige Erfüllung vor.[39] Auf den potentiellen Rückgriffsanspruch des Bürgen bei auftretender Mängel kommt es dann nicht an, wenn im Zeitpunkt der Verfahrenseröffnung keine Mängel erkennbar sind.[40]

39 Auch wenn der Auftraggeber ein Zurückbehaltungsrecht an der Werklohnzahlung wegen bestehender Mängel geltend macht, hat er nicht vollständig erfüllt. Dies gilt selbst dann, wenn der zurückbehaltene Betrag genau dem entspricht, was an Ersatzvornahmekosten entstehen würde bzw. entstanden ist. Rechnet er dagegen mit der Vorschussforderung für Mängelbeseitigungskosten gegen die Werklohnforderung auf, so dass keine Zahlungspflicht mehr verbleibt, hat er vollständig erfüllt. Gleiches gilt, wenn er berechtigterweise mit Schadensersatzansprüchen z.B. nach § 634 Nr. 4 BGB oder § 13 Abs. 7 VOB/B aufrechnet. Mindert der Auftraggeber den Werklohn nach § 634 Nr. 3 BGB bzw. § 13 Abs. 6 VOB/B in berechtigter Höhe, so dass keine Zahlungspflicht mehr verbleibt, hat er auch in diesem Fall vollständig erfüllt.

3. Fehlende vollständige Erfüllung auf Auftragnehmerseite

a) Restleistungen

40 Der Bauvertrag ist vom Auftragnehmer nicht restlos und ordnungsgemäß vollständig erfüllt, wenn er die ihm obliegenden Leistungen nach dem Vertrag nicht vollständig, mithin vertragsgerecht, fehlerfrei und abnahmereif erbracht hat. Ob der Auftraggeber berechtigt ist, die Einrede des nicht erfüllten Vertrages zu erheben oder dies wegen geringfügiger Restleistung nach § 320 Abs. 2 BGB ausgeschlossen ist, ändert an der fehlenden vollständigen Erfüllung nichts. Dies gilt auch dann, wenn der Auftraggeber nach § 640 Abs. 1 S. 2 BGB bzw. § 12 Abs. 3 VOB/B verpflichtet ist, das Werk abzunehmen, weil die Mängel oder Restleistungen unwesentlich sind. Eine Einschränkung kann allenfalls dahingehend vorgenommen werden, dass die nicht erbrachte Restleistung völlig unbedeutend ist.[41] Unerheblich ist, ob das Werk seitens des Auftraggebers abgenommen wurde. Durch die Abnahme des Werkes tritt keine Erfüllung i.S.d. § 103 Abs. 1 InsO ein, weil auch nach der Abnahme die Mängelbeseitigungsverpflichtung verbleibt.[42]

---

38 MüKo-BGB/*Huber*, § 103 InsO, Rn. 134; Uhlenbruck/*Wegener*, § 103 InsO, Rn. 64.
39 *Schmitz*, Bauinsolvenz, Rn. 166; Uhlenbruck/*Wegener*, § 103 InsO, Rn. 64; *Vogel*, Jahrbuch Baurecht 2004, 107, 121.
40 Anders MüKo-BGB/*Huber*, § 103, Rn. 134; KPB/*Tintelnot*, § 103, Rn. 39a.
41 BGHZ 58, 246, 249.
42 BGH, ZIP 1999, 199; Uhlenbruck/*Wegener*, § 103, Rn. 63; MüKo-BGB/*Huber*, § 103, Rn. 134.

b) Mängelfreiheit/Untergang

Da der Mängelbeseitigungsanspruch ein modifizierter Erfüllungsanspruch ist,[43] hat der Auftragnehmer nicht vollständig erfüllt, wenn seine Leistungen mit Mängeln behaftet sind,[44] auch wenn es sich nicht um erhebliche Mängel handelt. Ob eine mangelfreie Leistung vorliegt, ist für den Zeitpunkt der Verfahrenseröffnung zu entscheiden. Es kommt auch nicht darauf an, ob trotz der Mängel das Werk abgenommen worden ist.[45] Unerheblich ist auch, ob die Mängel bei Verfahrenseröffnung sichtbar waren, ob sie vom Auftraggeber oder vom Insolvenzverwalter bemerkt wurden oder hätten bemerkt werden können.[46] Sind allerdings keine Mängel erkennbar, hat der Auftragnehmer insoweit vollständig erfüllt. Dies gilt unabhängig davon, ob für die Dauer der Gewährleistungsfrist ein Sicherheitseinbehalt vereinbart und nicht ausgezahlt wurde.[47]

41

Hat der Auftraggeber vor Verfahrenseröffnung wegen der zu diesem Zeitpunkt bestehenden Mängel den Werklohn gemäß § 634 Nr. 3 BGB bzw. § 13 Abs. 6 VOB/B gemindert, ist der Erfüllungsanspruch des Auftraggebers insoweit erloschen.

42

Ist die Leistungsgefahr mangels Abnahme des Werkes noch nicht auf den Auftraggeber übergegangen, hat der Auftragnehmer nicht vollständig erfüllt, wenn seine Leistung vor Verfahrenseröffnung beschädigt oder zerstört wurde.[48] Hat der Auftragnehmer bei Verfahrenseröffnung dagegen seine Leistung vollständig und mängelfrei erbracht und wird das Werk nach diesem Zeitpunkt beschädigt oder zerstört, ist die Anwendung des § 103 InsO ausgeschlossen, auch wenn der Auftraggeber noch nicht voll erfüllt hat. Da es für die Beurteilung der vollständigen Erfüllung auf den Zeitpunkt der Verfahrenseröffnung ankommt, geht die Leistungsgefahr entgegen § 644 Abs. 1 BGB ab Verfahrenseröffnung dann auf den Schuldner über. Dies gilt auch bei einem VOB/B-Vertrag, da § 7 VOB/B nur hinsichtlich der Vergütungsgefahr eine zu § 644 Abs. 1 BGB abweichende Regelung enthält. Der Insolvenzverwalter des Auftraggebers kann in diesem Fall nicht nach § 103 InsO die Herstellung des Werkes verlangen. Der Auftragnehmer dagegen kann seine Forderung zur Tabelle anmelden, die dann vom Insolvenzverwalter auch festzustellen ist.

43

III. Wahlrecht des Insolvenzverwalters

1. Rechtsnatur des Wahlrechts

Bis 1988 ging die Rechtsprechung und die herrschende Meinung in der Literatur davon aus, dass die beiderseitigen Erfüllungsansprüche bis zur Entscheidung des Konkursverwalters in der Schwebe waren.[49] Die Erfüllungsablehnung hatte danach konstitutive Wirkung. Mit den Entscheidungen vom 11.02.1988[50] und 20.12.1988[51] entwickelte der BGH die Erlöschenstheorie, nach der mit Verfahrenseröffnung die gegenseitigen Erfüllungsansprüche automatisch erlöschen und an die Stelle des Erfüllungsanspruches des Vertragspartners des Schuldners die einseitige Forderung wegen Nichterfüllung als Insolvenzforderung tritt, es sei denn, der Insolvenzverwalter verlangt Erfüllung. Die Erfüllungsablehnung des Verwalters hatte also keine konstitutive Wirkung; die bestehende Rechtslage wurde nicht geändert, sondern die Erfüllungsansprüche blieben erloschen. Umgekehrt kam nach der Erlöschenstheorie der Erfüllungswahl nunmehr Gestaltungswirkung zu, indem die Erfüllungsansprüche mit dem alten Inhalt neu entstehen.[52]

44

---

43 BGH, NJW 1976, 143; BGH, BauR 1979, 420, 425.
44 BGH, BauR 1987, 689 f.; MüKo-BGB/*Huber,* § 103, Rn. 134.
45 MüKo-BGB/*Huber,* § 103, Rn. 134.
46 *Vogel,* Jahrbuch Baurecht 2004, 107, 121; *Thode,* ZfIR 2000, 165, 179.
47 *Schmitz,* Bauinsolvenz, Rn. 177, a.A. *Thode,* ZfIR 2000, 165, 179.
48 *Heidland,* Der Bauvertrag, Rn. 580.
49 RGZ 4, 207; *Kuhn/Uhlenbruck,* § 17 KO, Rn. 21.
50 BGH, NJW 1988, 1790.
51 BGHZ 106, 236, 241, siehe auch BGHZ 156, 158.
52 Zur Erlöschenstheorie: *Kreft,* ZIP 1997, 865; *Heidland,* Der Bauvertrag, Rn. 569 f.; MüKo-BGB/*Kreft,* § 103, Rn. 3 ff.

45 In der Entscheidung vom 25.04.2002[53] kehrte der BGH zu der bis 1988 herrschenden Meinung zurück, indem er bestätigte, dass die Verfahrenseröffnung keine materiellrechtliche Umgestaltung des gegenseitigen Vertrages bewirke, sondern wegen der beiderseitigen Nichterfüllungseinrede nur zur Folge habe, dass die Parteien ihre noch ausstehenden Erfüllungsansprüche, soweit es sich nicht um Ansprüche auf die Gegenleistung für schon erbrachte Leistungen handele, nicht durchsetzen können. Die Erfüllungswahl hat insoweit gestaltende Wirkung, als die gegenseitigen Ansprüche aus dem Bauvertrag nunmehr wieder durchsetzbar werden. Allerdings gilt dies unter Aufrechterhaltung der weiten Auslegung des Begriffs der Teilbarkeit[54] nur für die zum Zeitpunkt der Verfahrenseröffnung noch nicht erbrachten Teilleistungen. Die Ansprüche wegen der bis zur Verfahrenseröffnung erbrachten Leistungen sind Insolvenzforderungen (§ 105 S. 1 InsO). Die Erfüllungsablehnung hat insofern konstitutive Bedeutung, als die Ansprüche wegen Nichterfüllung gemäß § 103 Abs. 2 S. 1 InsO als Insolvenzforderung geltend gemacht werden können.

2. Erklärung des Insolvenzverwalters

46 Das Erfüllungsverlangen bzw. die -ablehnung des Insolvenzverwalters erfolgt durch einseitige, empfangsbedürftige Willenserklärung.[55]

47 Die Erklärung bedarf keiner Form, auch dann nicht, wenn der Vertrag selbst z.B. gemäß § 311b BGB formbedürftig war.[56] Die Vorschriften der §§ 130 bis 132 BGB finden Anwendung. Die Erfüllungswahl bzw. die -ablehnung sind als Gestaltungserklärung unwiderruflich[57] und bedingungsfeindlich.[58] Eine Erklärung unter Vorbehalt stellt eine Erfüllungsablehnung verbunden mit einem Angebot zum Neuabschluss eines Vertrages unter veränderten Bedingungen dar, die der andere annehmen kann.[59]

48 Die Erklärung des Insolvenzverwalters ist zwar unter den Voraussetzungen der §§ 119 ff. BGB anfechtbar,[60] der Insolvenzverwalter kann seine Erklärung jedoch nicht mit der Begründung anfechten, er habe geglaubt, diese sei für die Insolvenzmasse günstig, er sich hierin aber geirrt habe. Das wäre ein unbeachtlicher Motivirrtum.[61]

49 Zum Teil wird vertreten, dass der Insolvenzverwalter seine Erfüllungswahl auf Teile der noch ausstehenden Leistungen des Schuldners beschränken könne. So soll er berechtigt sein, zum Schutze der Masse nur hinsichtlich der bereits gerügten Mängel Nachbesserung und damit Vertragserfüllung zu wählen, während er bei weiteren, später gerügten Mängeln wiederum die Erfüllung ablehnen könne.[62] § 103 InsO sieht eine Teilbarkeit jedoch nicht vor. Der Insolvenzverwalter muss bei seiner Erfüllungswahl das Risiko einkalkulieren, auch hinsichtlich weiterer Mängel auf Beseitigung in Anspruch genommen zu werden.

50 Der Insolvenzverwalter ist grundsätzlich nicht an die (von ihm ggf. persönlich als vorläufiger Insolvenzverwalter abgegebenen) Erklärungen gebunden.[63] Ein Verstoß gegen Treu und Glauben ist

---

53 BGH, ZIP 2002, 1093; nachfolgend BGH, ZIP 2005, 909; BGH, ZIP 2006, 87; BGH, ZIP 2008, 2372.
54 Hierzu unten Rdn. 60 ff.
55 BGH, NJW 1998, 992.
56 Uhlenbruck/*Wegener*, § 103 Rn. 113; Nerlich/Römermann/*Baltasar*, § 103 Rn. 39; MüKo-BGB/*Huber*, § 103 Rn. 154.
57 BGH, NJW 2007, 1594, 1595; OLG Hamburg, MDR 1952, 754, 755.
58 BGH, WM 1958, 430, 432.
59 BGH, NJW 1988, 1790; MüKo-BGB/*Huber*, § 103, Rn. 159 f.
60 MüKo-BGB/*Huber*, § 103, Rn. 208 f.; KPB/*Tintelnot*, § 103 Rn. 59; Uhlenbruck/*Wegener*, § 103, Rn. 125.
61 *Heidland*, Der Bauvertrag, Rn. 596.
62 *Vogel*, Jahrbuch Baurecht 2004, 107, 124; KPB/*Tintelnot*, § 103, Rn. 66a.
63 LG Köln, ZIP 1988, 931; Uhlenbruck/*Wegener*, § 103, Rn. 156 InsO; MüKo-BGB/*Huber*, § 103, Rn. 150, 203; a.A. HK/*Marotzke*, § 103, Rn. 62.

insoweit kaum denkbar.⁶⁴ Im Übrigen würde dies im Ergebnis die Ausübung der Erfüllungswahl durch den vorläufigen Insolvenzverwalter bedeuten,⁶⁵ für den § 103 InsO gerade nicht analog anwendbar ist. Liegt keine ausdrückliche oder konkludente Erklärung des Insolvenzverwalters vor, kann der Auftragnehmer die Rechtswirkung der Erfüllungsablehnung dadurch herbeiführen, dass er den Insolvenzverwalter nach § 103 Abs. 2 S. 2 InsO zur Ausübung seines Wahlrechts auffordert. Gibt dieser seine Erklärung nicht unverzüglich ab, ist dieses Schweigen im Ergebnis wie eine Erfüllungsablehnung zu behandeln.

Ist über das Vermögen beider Vertragspartner ein Insolvenzverfahren eröffnet, was in der Bauwirtschaft durchaus vorkommt, kann jeder Insolvenzverwalter im Rahmen seines Verfahrens das Wahlrecht ausüben. Die Erfüllungswahl eines Insolvenzverwalters kann den anderen nicht binden.⁶⁶ Selbst wenn ein Verwalter Erfüllung wählt, kann der andere diese gleichwohl mit der Folge ablehnen, dass der Vertrag endgültig nicht durchgeführt wird. Anderenfalls würde man einem Insolvenzverwalter sein Wahlrecht nach § 103 InsO versagen und ihn zwingen, einen Vertrag zu Lasten der Insolvenzmasse nur deshalb zu erfüllen, weil sich sein Vertragspartner im Insolvenzverfahren befindet. Ein Grund für diese Differenzierung ist nicht ersichtlich. 51

a) Konkludente Erklärung

Da die Erklärung nicht in einer bestimmten Form zu erfolgen hat, kann sie auch durch konkludentes Verhalten erklärt werden.⁶⁷ Da der Insolvenzverwalter für die Insolvenzmasse mit der Erklärung nach § 103 InsO für die Insolvenzmasse möglicherweise bedeutende Entscheidungen abgibt, kann ein konkludentes Erfüllungsverlangen nur unter strengen Voraussetzungen angenommen werden.⁶⁸ Das Verhalten des Insolvenzverwalters muss daher für den Vertragspartner klar und eindeutig eine Vertragserfüllung erkennen lassen.⁶⁹ Die Erfüllungswahl kann zum Beispiel dadurch erklärt werden, dass der Insolvenzverwalter die vom Schuldner geschuldete Werkleistung durch eigenes Personal oder durch Dritte vollständig bzw. teilweise erbringt.⁷⁰ Gleiches gilt, wenn der Schuldner selbst mit Zustimmung des Insolvenzverwalters die Leistungen erbringt. Ist der Auftraggeber vorleistungspflichtig und fordert der Insolvenzverwalter des Auftragnehmers die Vorleistung an oder den Auftraggeber auf, Sicherheiten nach § 648a BGB zu leisten, liegt hierin ebenfalls eine konkludente Erfüllungswahl.⁷¹ Gleiches gilt im Fall der Geltendmachung von Mängelbeseitigungsansprüchen, da der Auftragnehmer insoweit nicht vollständig erfüllt hat und der Insolvenzverwalter die Ausführung dieser – nicht erfüllten Leistung – verlangt.⁷² Die Erfüllungsablehnung kann z.B. konkludent durch die Kündigung des Vertrages erklärt werden.⁷³ 52

b) Fehlende konkludente Erklärung

Keine konkludente Erfüllungswahl liegt in der Aufforderung zur Werklohnzahlung, sei es durch außergerichtliche Geltendmachung oder durch Klageerhebung, es sei denn, der Auftraggeber ist 53

---

64 Vgl. BGH, ZIP 2003, 2379, 2381.
65 MüKo-BGB/*Huber*, § 103 InsO, Rn. 158.
66 A.A. Uhlenbruck/*Berscheid*, 12. Aufl., § 103 Rn. 74.
67 BGHZ 15, 333, 335; OLG Köln, ZIP 1980, 100; OLG Stuttgart, ZIP 2005, 588, 589; OLG Brandenburg, NZI 2009, 117.
68 OLG Stuttgart, ZIP 2005, 588, 589; OLG Brandenburg, NZI 2009, 117; *Vogel*, Jahrbuch Baurecht 2004, 107, 125 f.
69 OLG Stuttgart, ZIP 2005, 588, 589; OLG Brandenburg, NZI 2009, 117; OLG Dresden, ZIP 2002, 815, 816.
70 OLG Frankfurt, NJW-RR 1988, 1338; *Vogel*, Jahrbuch Baurecht 2004, 107, 129.
71 OLG Düsseldorf, BauR 2005, 572, 573; *Heidland*, Der Bauvertrag, Rn. 1031.
72 *Heidland*, Der Bauvertrag, Rn. 734; a.A. MüKo-BGB/*Huber*, § 103, Rn. 171.
73 Uhlenbruck/*Wegener*, § 103, Rn. 154.

vorleistungspflichtig.[74] Eine Abtretung von Gewährleistungsansprüchen durch den Insolvenzverwalter stellt selbst dann keine konkludente Erfüllungswahl dar, wenn zum Zeitpunkt der Verfahrenseröffnung bereits Mängel erkennbar waren.[75] Insoweit erfolgt keine Erklärung gegenüber dem Auftragnehmer, selbst wenn dieser Kenntnis von der Abtretung erlangt. Eine konkludente Erfüllungswahl liegt auch nicht in der stillschweigenden Duldung der weiteren Leistung des Vertragspartners nach Eröffnung des Insolvenzverfahrens, auch wenn der Vertragspartner in Absprache mit dem (personenidentischen) vorläufigen Insolvenzverwalter seine Verpflichtung weiter erfüllt hatte. Auch wenn der Schuldner ohne Zustimmung des Insolvenzverwalters die Bauleistungen weiter erbringt, ist hierin keine konkludente Erfüllungswahl gegenüber dem Vertragspartner zu sehen. Die Beteiligung des Insolvenzverwalters als Antragsgegner in einem selbstständigen Beweisverfahren, welches der Auftraggeber eingeleitet hat, stellt ebenfalls keine konkludente Erfüllungswahl dar.[76]

3. Fristsetzung nach § 103 Abs. 2 S. 2 InsO

54 Der Insolvenzverwalter kann noch lange nach Verfahrenseröffnung, u.U. Jahre später, von seinem Wahlrecht Gebrauch machen. Dies ist dann auch nicht rechtsmissbräuchlich.[77] Es unterliegt nicht der Verwirkung. Der Insolvenzverwalter ist auch wegen einer spät abgegebenen Erklärung nicht schadenersatzpflichtig. Dies folgt daraus, dass es dem Vertragspartner freisteht, den Insolvenzverwalter nach § 103 Abs. 2 S. 2 InsO zur Abgabe einer Erklärung aufzufordern. Nach Zugang der Aufforderung hat der Insolvenzverwalter unverzüglich, mithin gemäß § 121 Abs. 2 S. 2 BGB ohne schuldhaftes Zögern zu erklären, ob er die Erfüllung verlangen will. Unterlässt er dies, so kann er nach § 103 Abs. 2 S. 3 InsO Erfüllung des Vertrages nicht mehr verlangen; die mit der Verfahrenseröffnung wechselseitig bestehenden Leistungspflichten sind nicht mehr durchsetzbar.

55 Umstritten ist, ob die Anmeldung einer Schadensersatzforderung nach § 103 Abs. 2 S. 1 InsO gleichzeitig als konkludente Aufforderung zur Ausübung des Wahlrechts anzusehen ist. Zum Teil wird dies angenommen, da der Insolvenzverwalter durch die Forderungsanmeldung zwangsläufig aufgefordert sei, über die Erfüllung des Vertrages zu entscheiden.[78] Bei einer Anmeldung zur Tabelle macht der Vertragspartner jedoch eine Schadensersatzforderung geltend und geht gerade nicht davon aus, dass noch ein Wahlrecht seitens des Insolvenzverwalters besteht. Mangels Eindeutigkeit ist hierin keine konkludente Aufforderung zu sehen.[79]

56 Umstritten ist, welcher Zeitraum nach Aufforderung durch den Vertragspartner dem Insolvenzverwalter, insbesondere vor dem Berichtstermin, für die Ausübung des Wahlrechts eingeräumt werden soll. Ihm steht nach allgemeiner Auffassung eine stets nach den Umständen angemessene Frist zur Erklärung der Voraussetzungen für die durchdachte Ausübung der Wahl zur Verfügung.[80] Zum Teil wird vertreten, dass die Regelung des § 107 Abs. 2 InsO, die sich auf einen Kaufvertrag mit Eigentumsvorbehalt bezieht, auch auf andere beiderseitig noch nicht erfüllte Rechtsgeschäfte, also auch auf den Bauvertrag, anwendbar sei,[81] die Frist des § 103 Abs. 2 S. 2 InsO daher nicht vor dem Berichtstermin ablaufen könne. Zum Teil wird auch die Meinung ver-

---

74 *Schmitz*, Bauinsolvenz, Rn. 200; *Vogel*, Jahrbuch Baurecht 2004, 107, 127.
75 *Heidland*, Der Bauvertrag, Rn. 734; *Vogel*, Jahrbuch Baurecht 2004, 107, 131; KPB/*Tintelnot*, § 103 InsO, Rn. 56; vgl. auch MüKo-BGB/*Huber*, § 103, Rn. 157; a.A. *Feuerborn*, ZIP 1994, 14, 17.
76 *Schmitz*, Bauinsolvenz, Rn. 202; *Vogel*, Jahrbuch Baurecht 2004, 107, 130.
77 BGHZ 81, 90, 93; MüKo-BGB/*Huber*, § 103, Rn. 204; Uhlenbruck/*Wegener*, § 103, Rn. 97; MüKo-BGB/*Huber*, § 103, Rn. 204.
78 Uhlenbruck/*Wegener*, § 103, Rn. 128.
79 So auch KPB/*Tintelnot*, § 103, Rn. 70; MüKo-BGB/*Huber*, § 103, Rn. 171.
80 OLG Köln, ZIP 2003, 543, 544.
81 *Tintelnot*, ZIP 1995, 616, 617; *Pape*, Kölner Schrift, S. 531, 550 Rn. 26, 27; Nerlich/Römermann/*Baltasar*, § 103 Rn. 45; Hamburger Kommentar/*Ahrendt*, § 103, Rn. 26; im Ergebnis auch OLG Köln, ZIP, 2003, 543, 544; Uhlenbruck/*Wegener*, § 103, Rn. 129, MüKo-BGB/*Huber*, § 103, Rn. 174.

treten, dass es insbesondere bei Bauverträgen darauf ankomme, ob der Vertragspartner Arbeitskräfte vorhalten müsse, die mangels anderer Aufträge nicht anderweitig eingesetzt werden können.[82]

Berücksichtigt man, dass nach § 29 Abs. 1 Nr. 1 InsO der Berichtstermin vom Insolvenzgericht nicht über drei Monate nach Eröffnung des Verfahrens hinaus angesetzt werden darf, würde insbesondere bei größeren Bauvorhaben ein Schwebezustand entstehen, der bei weitem zu lang ist. Im Übrigen wäre kaum bestimmbar, wie viel Arbeitskräfte in welchem Zeitraum vorgehalten werden müssen. Die entsprechende Anwendung des § 107 Abs. 2 InsO erscheint daher nicht angebracht.[83] Dem Insolvenzverwalter bleibt es unbenommen, gemäß § 67 Abs. 1 InsO einen vorläufigen Gläubigerausschuss einzuberufen, der innerhalb weniger Tage über die Erfüllungswahl entscheiden kann, wenn er diese u.U. für die Masse und für seine eigene mögliche Haftung bedeutsame Entscheidung nicht allein treffen will. 57

F. Rechtsfolge

I. Erfüllungswahl in der Insolvenz des Auftraggebers

Mit der Erfüllungswahl werden die gegenseitigen Erfüllungsansprüche wieder durchsetzbar. Es gelten grundsätzlich die Vertragsbedingungen und sonstigen Vereinbarungen, die zwischen Schuldner und Vertragspartner vereinbart wurden. Die Forderungen des Vertragspartners, die nach der Erfüllungswahl entstehen, werden gemäß § 55 Abs. 1 Nr. 2, 1. Alt. InsO Masseverbindlichkeit.[84] Die Forderungen des Auftraggebers stellen Masseforderungen dar, die durch den Insolvenzverwalter geltend gemacht werden. Dies ergibt sich unmittelbar aus § 103 InsO i.V.m. den vertraglichen Vereinbarungen zwischen Schuldner und Vertragspartner, ohne dass es insoweit einer Auslegung bedarf.[85] 58

Der Erfüllungsanspruch des Vertragspartners unterliegt allerdings den insolvenzrechtlichen Besonderheiten. Insbesondere bei der Durchsetzbarkeit bestehen wesentliche Unterschiede zwischen der Rechtslage ohne Insolvenzverfahren und der bei Erfüllungswahl durch den Insolvenzverwalter.[86] Der Vertragspartner des Insolvenzverwalters kann die Unsicherheitseinrede nach § 321 BGB nur im Falle der Anzeige der Masseunzulänglichkeit gemäß § 208 InsO erheben.[87] Hat der Vertragspartner die Einrede nach § 321 BGB berechtigterweise vor Eröffnung des Verfahrens bereits gegenüber dem Schuldner erhoben, gilt sie gegenüber dem Insolvenzverwalter nicht mehr fort. Zwar entstehen die gegenseitigen Leistungspflichten nach der jetzigen Rechtsprechung des BGH nicht neu, sondern werden lediglich wieder durchsetzbar, gleichwohl ist die Vermögenslage der Insolvenzmasse aufgrund der insolvenzrechtlichen Besonderheiten nicht mit der des Schuldners identisch. Im Übrigen ist anerkannt, dass die Einrede des § 321 BGB nicht mehr erhoben werden kann, wenn sich die Vermögenslage des Schuldners erkennbar verbessert hat.[88] Aus der Sicht des Vertragspartners hat sich die Vermögenslage des Schuldners durch die Verfahrenseröffnung dadurch verbessert, dass die Insolvenzgläubiger ihre Forderungen nur nach den Vorschriften der InsO verfolgen und insbesondere nicht mehr vollstrecken können, §§ 87, 89 InsO, während seine Forderungen das Privileg der Masseverbindlichkeit nach § 55 Abs. 1 Nr. 2 InsO genießen. 59

---

82 KPB/*Tintelnot*, § 103 Rn. 72.
83 *Schmitz*, Bauinsolvenz, Rn. 193; vgl. dazu auch *Heidland*, Der Bauvertrag, Rn. 56.
84 Zum Umfang s.u. Rdn. 65 ff.
85 A.A. MüKo-BGB/*Kreft*, § 103, Rn. 42.
86 Siehe hierzu unten Rdn. 65 ff.
87 Siehe oben Rdn. 19.
88 Staudinger/*Otto*, § 321, Rn. 15.

1. Teilbarkeit

60 Die Erfüllungswahl des Insolvenzverwalters erfasst den gesamten Vertrag. Er kann grundsätzlich nur Erfüllung des gesamten Vertrages wählen.[89] Fraglich ist aber, wie zu entscheiden ist, wenn der Auftragnehmer vor Verfahrenseröffnung nur einen Teil der Leistungen ausgeführt, der insolvente Auftraggeber diese Leistungen jedoch nicht voll bezahlt hat. Würde man § 103 InsO uneingeschränkt anwenden, würde dies dazu führen, dass der Insolvenzverwalter die Werklohnforderung des Auftragnehmers in vollem Umfang als Masseverbindlichkeit erfüllen müsste. Hat der insolvente Auftraggeber vor Verfahrenseröffnung die von seinem Auftragnehmer erbrachten Leistungen bereits vom Bauherrn bezahlt bekommen, müsste der Insolvenzverwalter die Leistungen seines Auftragnehmers, die dieser vor Verfahrenseröffnung erbracht hat, vergüten, ohne eine entsprechende Gegenleistung vom Bauherrn zu erhalten.

61 Zu einem anderen Ergebnis gelangt man, wenn § 105 InsO angewendet werden kann. Die Vorschrift des § 105 InsO lautet:

> »Sind die geschuldeten Leistungen teilbar und hat der andere Teil die ihm obliegende Leistung zur Zeit der Eröffnung des Insolvenzverfahrens bereits teilweise erbracht, so ist er mit dem der Teilleistung entsprechenden Betrag seines Anspruches auf die Gegenleistung Insolvenzgläubiger, auch wenn der Insolvenzverwalter wegen der noch ausstehenden Leistung Erfüllung verlangt. Der andere Teil ist nicht berechtigt, wegen der Nichterfüllung seines Anspruches auf die Gegenleistung die Rückgabe einer vor der Eröffnung des Verfahrens in das Vermögen des Schuldners übergegangenen Teilleistung aus der Insolvenzmasse zu verlangen.«

62 Der Vertragspartner des Insolvenzschuldners ist im Fall der Teilbarkeit der Leistungen mit seinem Anspruch auf die Gegenleistung für die bis zur Eröffnung des Verfahrens von ihm erbrachte Teilleistung nur Insolvenzgläubiger, wenn der Insolvenzverwalter wegen der noch ausstehenden Leistungen Erfüllung verlangt. Der Insolvenzverwalter des Auftraggebers kann daher bei Anwendung des § 105 InsO Erfüllung des Vertrages verlangen, ohne die bis zur Verfahrenseröffnung erbrachten Leistungen als Masseschuld bezahlen zu müssen. Der Vertragspartner kann seine Forderung für die bis zur Verfahrenseröffnung erbrachten Leistungen nur zur Tabelle anmelden.

63 Entscheidend ist daher, ob eine Bauleistung allgemein oder nur im konkreten Fall eine teilbare Leistung i.S.d. § 105 InsO darstellt. Der BGH hatte noch zu § 36 VerglO die Auffassung vertreten, dass nur dann eine teilbare Leistung vorliege, wenn sich die Gesamtleistung in hinreichend verselbständigte Teile aufspalten lässt und wirtschaftlich einem entsprechenden Teil der Gegenleistung zugeordnet werden kann.[90] Diese Rechtsprechung hat der BGH bereits unter Geltung der KO aufgegeben: Für eine Teilbarkeit sei ausreichend, wenn sich eine erbrachte Teilleistung feststellen und bewerten lasse.[91] Da eine rechnerische Ermittlung der Teilleistungen bei Bauverträgen in aller Regel möglich sein wird, hat der BGH die Teilbarkeit von Bauleistungen für den Regelfall angenommen.[92] Eine Vereinbarung der Vertragsparteien, eine nach der Rechtsprechung des BGH teilbare Leistung solle eine unteilbare Leistung sein, wäre unwirksam.[93]

64 Diese Rechtsprechung wird zumindest im Hinblick auf die Begründung zu Recht kritisiert. Es sind keine Anhaltspunkte dafür erkennbar, dass der Gesetzgeber bei § 105 InsO unter »Teilbare Leistungen« eine rechnerische Bewertung ausreichen lassen wollte. Man wird daher die allgemeine Auslegung der Teilbarkeit i.S.d. §§ 420, 427, 431, 432 BGB heranziehen müssen, wonach eine Teilleistung dann vorliegt, wenn sie ohne Wertminderung und ohne Beeinträchtigung des Leis-

---

[89] BGHZ 103, 250, 253.
[90] BGHZ 67, 242, 249; 125, 270, 274 f.
[91] BGHZ 129, 336, 343 f.; BGHZ 147, 28, 34; BGHZ 150, 353, 359.
[92] BGHZ 129, 336, 344 f.; BGHZ 147, 28, 33; BGHZ 150, 353, 359.
[93] *Thode*, ZfIR 2000, 165, 181; *Kreft*, Festschrift für Uhlenbruck, S. 387, 396.

tungszwecks in Teilleistungen zerlegt werden kann.[94] Die werkvertragliche Pflicht zur Herstellung **einer Sache** muss daher nicht nur i.S.d. vorgenannten Vorschriften, sondern auch i.S.d. § 105 InsO als unteilbar angesehen werden.[95] Im Übrigen widerspricht die Rechtsprechung des BGH der des BFH, der für eine Teilleistung nach § 13 Abs. 1 Nr. 1 lit. a S. 3 UStG verlangt, dass das Entgelt für bestimmte Teile einer wirtschaftlich teilbaren Leistung gesondert vereinbart wird.[96] Der BFH kommt aus diesem Grund nur in den seltensten Fällen zu Teilleistungen i.S.d. § 13 Abs. 1 Nr. 1 lit. a S. 3 UStG. Dies führt zu dem erstaunlichen Ergebnis, dass der Insolvenzverwalter des Auftraggebers, wenn er Erfüllung des Bauvertrages verlangt, für die vor Verfahrenseröffnung erbrachten Leistungen des Auftragnehmers zwar keinen Werklohn an diesen, gleichwohl die Umsatzsteuer für die vom Bauherrn hierfür nach Verfahrenseröffnung erhaltenen Zahlungen abführen muss. Solange man mit dem BGH die Teilbarkeit der Bauleistungen nur im Hinblick auf die Einordnung der Gegenleistung als Masseverbindlichkeit bzw. Insolvenzforderung vornimmt, führt die Rechtsprechung in der Praxis gleichwohl zu vertretbaren Ergebnissen.

2. Werklohnforderung als Masseverbindlichkeit/Insolvenzforderung

Unter Geltung der Rechtsprechung des BGH zur Teilbarkeit der Bauleistung führt das Erfüllungsverlangen des Insolvenzverwalters dazu, dass die Werklohnforderung des Auftragnehmers für die ab Eröffnung des Verfahrens erbrachten Leistungen Masseverbindlichkeit i.S.d. § 55 Abs. 1 Nr. 1, 1. Alt. InsO ist. Für die bei Eröffnung des Verfahrens bereits erbrachten Leistungen kann der Auftragnehmer dagegen nur eine Forderung zur Insolvenztabelle anmelden, auf die er allenfalls eine Quote erhält. Hintergrund ist, dass die Masse nur für solche Leistungen belastet werden soll, die ihr nach Verfahrenseröffnung auch tatsächlich zugute kommen.[97] 65

Der Auftragnehmer kann im Hinblick auf seine Insolvenzforderung nicht die Einrede des nicht erfüllten Vertrages gemäß § 320 BGB erheben.[98] 66

Der Auftragnehmer hat einen Anspruch auf Abschlagszahlungen in Höhe der vereinbarten Beträge der nachgewiesenen erbrachten Leistungen, § 16 Abs. 1 Nr. 1 S. 1 VOB/B, bzw. in Höhe des Wertzuwachses, § 632a BGB. Die Höhe des Anspruches auf Abschlagszahlung ist allein anhand der Leistungen nach Verfahrenseröffnung zu berechnen.[99] 67

Bei einem Einheitspreisvertrag berechnet sich die Vergütung für die ab Eröffnung des Verfahrens erbrachten Leistungen nach Massen und Einheitspreisen. Bei einem Pauschalpreisvertrag ist die Höhe der Vergütung für die noch nicht erbrachten Leistungen nach dem Verhältnis des Wertes dieser Leistungen zu dem Wert der nach dem Pauschalpreisvertrag geschuldeten Gesamtleistung zu errechnen.[100] Hinsichtlich der Berechnungen ergeben sich insoweit keine Besonderheiten.[101] 68

Die Kosten, die dem Auftragnehmer durch die infolge der Verfahrenseröffnung erzwungenen Untätigkeit in der Zeit zwischen Verfahrenseröffnung und Erfüllungsverlangen entstanden sind (Stillstandskosten, Baustellenräumungskosten etc.), können bei Erfüllung der jeweiligen Tatbestandsvoraussetzungen, z.B. § 6 Abs. 6 VOB/B als Masseverbindlichkeiten geltend gemacht werden. Durch die Erfüllungswahl werden die wechselseitigen Forderungen ab Eröffnung des Verfahrens wieder durchsetzbar. Die Erfüllungswahl wirkt daher auf den Zeitpunkt der Insolvenzeröffnung zurück. Soweit dem Auftragnehmer daher derartige Kosten ab Eröffnung des Verfahrens entstanden sind, stellen auch diese Sekundäransprüche, die sich aus der Verschiebung des 69

---

94 Staudinger/*Noack*, § 420, Rn. 13.
95 *Heidland*, Der Bauvertrag, Rn. 712 ff.
96 BFH/NV 2006, 1530.
97 BGH, ZIP 1997, 688, 689.
98 Uhlenbruck/*Wegener*, § 103, Rn. 21; MüKo-BGB/*Kreft*, § 103, Rn. 47; KPB/*Tintelnot*, § 103, Rn. 5.
99 *Heidland*, ZInsO 2009, 752, 756 f.
100 BGH, BauR 2001, 251 ff.
101 Siehe § 632, Rdn. 223.

Baubeginns oder der Unterbrechung der Bauarbeiten ergeben, Masseverbindlichkeiten dar.[102] Der Insolvenzverwalter wiederum muss bei seiner Entscheidung auch diese Kosten einkalkulieren.

70 Wenn die restlichen Bauleistungen, wie sie im Bauvertrag vereinbart sind, infolge des Zeitablaufes oder der inzwischen geänderten technischen Umstände nicht oder nur in geänderter Form erbracht werden können, hat der Auftragnehmer möglicherweise einen Anspruch nach § 326 Abs. 2 S. 1 BGB. Beruht die Unmöglichkeit auf der späten Erfüllungswahl des Insolvenzverwalters, dürfte er hierfür auch verantwortlich sein i.S.d. § 323 Abs. 2 S. 1 BGB. Da dieser Anspruch erst nach Verfahrenseröffnung und Erfüllungswahl des Insolvenzverwalters entstanden ist, ist auch dieser Anspruch eine Masseverbindlichkeit. Gleiches gilt für Ansprüche des Auftragnehmers aus § 649 BGB bzw. § 8 Abs. 1 VOB/B, wenn der Insolvenzverwalter nach Erfüllungswahl den Vertrag kündigt.

71 Ansprüche, die dem Auftragnehmer wegen Verzögerung vor Eröffnung des Insolvenzverfahrens entstanden sind, kann er dagegen nur als Insolvenzforderung zur Tabelle anmelden.

3. Werklohnforderung bei Masseunzulänglichkeit

72 Obwohl der Insolvenzverwalter nach § 208 Abs. 1 InsO Masseunzulänglichkeit angezeigt hat, da die Insolvenzmasse tatsächlich bzw. voraussichtlich nicht ausreicht, um sämtliche fälligen Masseverbindlichkeiten zu erfüllen, hat er nach § 208 Abs. 3 InsO gleichwohl die Pflicht, das Insolvenzverfahren fortzuführen und die Masse zu verwerten. Er ist daher auch berechtigt und ggf. verpflichtet, gegenseitige Verträge nach Anzeige der Masseunzulänglichkeit fortzuführen. Wählt der Insolvenzverwalter nach der Masseunzulänglichkeit Vertragserfüllung gemäß § 103 InsO, handelt es sich bei den Ansprüchen des Vertragspartners um sog. Neumasseverbindlichkeiten i.S.d. § 209 Abs. 1 Nr. 2, Abs. 2 Nr. 1 InsO. Diese Forderungen des Auftragnehmers sind daher im Rang vor den bis zur Anzeige der Masseunzulänglichkeit begründeten Masseverbindlichkeiten (sog. Altmasseverbindlichkeiten) zu erfüllen.

73 Hat der Insolvenzverwalter die Vertragserfüllung bereits vor Anzeige der Masseunzulänglichkeit verlangt, stellt sich die Frage, ob ihm nach Anzeige der Masseunzulänglichkeit in entsprechender Anwendung des § 103 InsO erneut ein Wahlrecht zusteht. In § 320 Abs. 2 RegE war zunächst vorgesehen, dass die Vorschriften über die Erfüllung gegenseitiger Verträge im Insolvenzverfahren entsprechend für die Masseverbindlichkeiten gelten sollen, die zwischen der Insolvenzeröffnung und dem Antrag auf Feststellung der Masseunzulänglichkeit begründet worden sind.[103] Diese Regelung wurde jedoch ausdrücklich nicht in das Gesetz übernommen; es sollte vielmehr der Rechtsprechung überlassen werden, ob die Regelung über die Erfüllung gegenseitiger Verträge auf derartige vom Insolvenzverwalter selbst begründete Masseverbindlichkeiten übertragen werden können.[104]

74 Aufgrund der Tatsache, dass eine Masseunzulänglichkeit für die Massegläubiger ähnliche Wirkung wie die Eröffnung des Insolvenzverfahrens für die Insolvenzgläubiger hat, wird zum Teil eine analoge Anwendung des § 103 InsO bejaht.[105] Dem ist nicht zuzustimmen. Dem Insolvenzverwalter steht das Wahlrecht nach § 103 InsO nur einmal zu. Er ist hieran auch nach Masseunzulänglichkeitsanzeige gebunden.[106] Für eine analoge Anwendung fehlt es insoweit an einer planwidrigen Gesetzeslücke. Der Gesetzgeber wollte offensichtlich keine zweite Erfüllungswahl nach Masseunzulänglichkeitsanzeige einführen.

---

102 *Heidland*, Der Bauvertrag, Rn. 605b a.E.
103 Begründung zu § 320 RegE, BT-Drucks. 12/2443, Rz. 1600.
104 *Kübler/Prütting*, S. 634.
105 MüKo-BGB/*Hefermehl*, § 209 Rn. 25; HK/*Landfermann*, § 209, Rn. 12; KPB/*Pape*, § 209 Rn. 12 f.
106 Uhlenbruck, § 209 Rn. 12.

Für den Auftragnehmer stellt sich jedoch insbesondere die Frage, ob seine Werklohnforderung für die nach Anzeige der Masseunzulänglichkeit erbrachten Leistungen bevorrechtigte Neumasseverbindlichkeit i.S.d. § 209 Abs. 1 Nr. 2, Abs. 2 Nr. 1 InsO sind. Begründet ist die Werklohnforderung vor der Masseunzulänglichkeitsanzeige, so dass man davon ausgehen könnte, der gesamte Vergütungsanspruch stelle nur eine Altmasseverbindlichkeit dar. Folgt man allerdings der Rechtsprechung des BGH zur Teilbarkeit der Bauleistungen im Zeitpunkt der Insolvenzeröffnung, so kann man § 105 InsO auch auf die Abgrenzung von Alt- zu Neumasseverbindlichkeiten anwenden.[107] Die auf die Leistungen nach Anzeige der Masseunzulänglichkeit entfallende Vergütung ist daher als bevorrechtigte Neumasseverbindlichkeit anzusehen. Dies entspricht auch der Intention des Gesetzgebers, der offensichtlich die Differenzierung zwischen Neu- und Altmasseverbindlichkeiten bei Erfüllung gegenseitiger Verträge nach Masseunzulänglichkeitsanzeige der Rechtsprechung überlassen wollte. 75

4. Fristsetzungen

Nach der Rechtsprechung des BGH werden die gegenseitigen Ansprüche der Parteien eines Bauvertrages mit der Erfüllungswahl des Insolvenzverwalters wieder durchsetzbar.[108] Die beiderseitigen Erfüllungsansprüche befinden sich bis zur Erfüllungswahl/-ablehnung in einem Schwebezustand. Sind dem Schuldner vom Auftraggeber vor Eröffnung des Verfahrens Fristen gesetzt worden, die im Zeitpunkt der Verfahrenseröffnung noch nicht abgelaufen sind, können diese bis zur Erfüllungswahl nicht ablaufen, denn weder der Auftragnehmer noch der Insolvenzverwalter haben einen durchsetzbaren Anspruch, wegen dessen sie in Verzug gesetzt werden könnten. Ohne Erfüllungswahl kann weder der Auftragnehmer noch der Insolvenzverwalter Erfüllung des Vertrages verlangen. Wählt der Insolvenzverwalter Erfüllung, stellt sich die Frage, ob die Frist ab Verfahrenseröffnung weitergelaufen ist. Dies wird allgemein bejaht, jedoch eine angemessen Verlängerung[109] bzw. Hemmung verlangt.[110] Soweit es sich um eine Nachfrist gemäß § 281 Abs. 1 BGB handelt, fehlt es zwischen Verfahrenseröffnung und Erfüllungswahl an einem durchsetzbaren Anspruch. Die Frist verlängert sich daher automatisch um diesen Zeitraum. Gleiches gilt für Fristen, die sich die Parteien vor Eröffnung des Verfahrens gesetzt haben. Es bedarf daher weder vom Insolvenzverwalter noch von seinem Vertragspartner einer erneuten Fristsetzung. Die zum Zeitpunkt der Verfahrenseröffnung noch nicht abgelaufenen Fristen laufen vielmehr ab der Erfüllungswahl weiter. 76

Entsprechendes gilt, wenn vertraglich ein Zeitpunkt für den Arbeitsbeginn vereinbart wurde. Das ergibt sich bei einem VOB/B-Vertrag aus § 6 Abs. 1 und 2 VOB/B, da die Verfahrenseröffnung und der damit verbundene Schwebezustand bis zur Erfüllungswahl des Insolvenzverwalters ein »offenkundiger« hindernder Umstand im Sinne dieser Vorschrift ist.[111] Bei einem BGB-Bauvertrag werden die Grundsätze des § 6 Abs. 1 und 2 VOB/B als allgemeingültige Rechtsgrundsätze entsprechend angewendet.[112] War vertraglich ein Fertigstellungstermin vereinbart, verschieben sich bei einem VOB-Vertrag diese Termine gemäß § 6 Abs. 2 Nr. 1a VOB/B i.V.m. § 6 Abs. 4 VOB/B um die Zeit der Behinderung, d.h. um die Zeit, bis der Insolvenzverwalter Erfüllung gewählt hat.[113] Ergeben sich aufgrund einer späten Erfüllungswahl weitere Behinderungen (z.B. wegen ungünstiger Jahreszeit), so sind diese Behinderungen zusätzlich zu berücksichtigen. Für eine weitere Verlängerung der Fertigstellungstermine allein aufgrund der Tatsache, dass die Arbeiten 77

---

107 Uhlenbruck, § 209 Rn. 13.
108 BGH, ZIP 2002, 1093, 1094.
109 Uhlenbruck/*Berscheid*, 12. Aufl., § 103, Rn. 76.
110 *Heidland*, Der Bauvertrag, Rn. 594c.
111 Vgl. § 6 VOB/B Rdn. 22.
112 *Heidland*, Der Bauvertrag, Rn. 599.
113 *Heidland*, Der Bauvertrag, Rn. 606.

unterbrochen werden mussten, besteht keine Rechtsgrundlage. Dem Auftragnehmer stand es frei, den Insolvenzverwalter unmittelbar nach Verfahrenseröffnung zur Erfüllungswahl aufzufordern.

5. Mängelbeseitigungsansprüche

78 Für die nach Verfahrenseröffnung erbrachten Leistungen des Auftragnehmers hat der Insolvenzverwalter den Werklohn als Masseverbindlichkeit zu erfüllen. Er kann auch die Mängelbeseitigung für diese Leistungen verlangen. Fraglich ist, ob er auch Mängelbeseitigungsansprüche im Hinblick auf die vor Verfahrenseröffnung erbrachten Leistungen hat. Würde man die Rechtsprechung des BGH von der Teilbarkeit der Bauleistungen dahingehend verstehen, dass der Bauvertrag insgesamt aufgeteilt wird, könnte der Insolvenzverwalter im Hinblick auf die vor Verfahrenseröffnung erbrachten Leistungen keine Ansprüche mehr geltend machen. Für die Mängelbeseitigung würde dies bedeuten, dass er keinen durchsetzbaren Anspruch auf Beseitigung der Mängel an den vor Verfahrenseröffnung erbrachten Leistungen hätte.[114] Er wäre vielmehr darauf angewiesen, einen neuen Vertrag mit dem Auftragnehmer hinsichtlich dieser Mängel zu schließen.[115]

79 Dem ist nicht zuzustimmen. Ist die Werkleistung bei Verfahrenseröffnung noch nicht vollständig erbracht, hat der Insolvenzverwalter bei Erfüllungswahl einen Anspruch auf mangelfreie Herstellung des Werkes, §§ 631 Abs. 1, 633 Abs. 1 BGB. Sind an den bei Verfahrenseröffnung bereits erbrachten Leistungen Mängel erkennbar, sind die Leistungen des Auftragnehmers auch insoweit nicht erbracht, so dass der entsprechende Anspruch des Insolvenzverwalters nach der Rechtsprechung des BGH wieder durchsetzbar wird.[116] Das ist auch insoweit konsequent, als bei vollständiger – aber mangelhafter – Erbringung aller Leistungen die Erfüllungswahl nach § 103 InsO möglich ist. Sie bezieht sich dann noch auf die Beseitigung der Mängel an dem gesamten Werk.[117] Die Eröffnung des Insolvenzverfahrens führt insoweit auch nicht zu einer Spaltung des teilweise erfüllten Vertrages in einen erfüllten und einen nicht erfüllten Vertragsteil.[118]

80 Beseitigt der Auftragnehmer nach Erfüllungswahl Mängel an dem Werk, stellt sich die Frage, wie der für die Mängelbeseitigung zu zahlende Werklohn zu berechnen ist. Ist der Auftragnehmer für die bei Verfahrenseröffnung – zunächst mangelhafte – Teilleistung noch nicht bezahlt worden, wird er die Auffassung vertreten, dass er den vollen Werklohn bezüglich der Teilleistung allein aufgrund der Mängelbeseitigung verlangen kann. Der Insolvenzverwalter wird der bloßen Mängelbeseitigung wertmäßig nur eine geringere Bedeutung beimessen. Die Mängelbeseitigung an den vor Verfahrenseröffnung erbrachten Arbeiten stellt eine eigene Teilleistung des Auftragnehmers dar, die als Masseverbindlichkeit zu vergüten ist. Der Wert dieser Erfüllungsleistung muss objektiv – notfalls durch Sachverständigengutachten – wertmäßig bestimmt werden.[119]

81 Werden innerhalb der Gewährleistungsfrist Mängel an den bis zur Verfahrenseröffnung erbrachten Teilleistungen erkennbar, kann der Insolvenzverwalter auch Beseitigung dieser Mängel vom Auftragnehmer verlangen, obwohl dieser seine Werklohnforderung für die bis zur Verfahrenseröffnung erbrachten Teilleistungen nur zur Tabelle anmelden kann. Der Gewährleistungsanspruch der Insolvenzmasse ist Teil des (modifizierten) Erfüllungsanspruches. Der Auftragnehmer hat das Werk nach Verfahrenseröffnung und Erfüllungswahl so herzustellen, dass es dauerhaft mängelfrei ist. Treten dennoch Mängel auf, so trifft ihn auch dann eine Gewährleistungsverpflichtung, wenn ein Teil der Leistungen vor Verfahrenseröffnung erbracht wurde, da die Verpflichtung zur Herstel-

---

114 Vgl. *Schmitz*, Bauinsolvenz Rn. 228 ff.; MüKo-BGB/*Huber*, § 103, Rn. 146a; *Huber*, ZInsO 2005, 449, 452; Hamburger Kommentar/*Ahrendt*, § 103, Rn. 31; *Wellensiek*, BauR 2005, 169, 197.
115 *Heidland*, Der Bauvertrag, Rn. 741 f.
116 Uhlenbruck/*Wegener*, § 103 InsO, Rn. 90; *Kreft*, in: Festschrift Uhlenbruck, S. 387, 399.
117 Siehe auch unten Rdn. 24.
118 Missverständlich Uhlenbruck/*Wegener*, § 103, Rn. 16; MüKo-BGB/*Kreft*, § 103, Rn. 47.
119 Vgl. Uhlenbruck/*Wegener*, § 103 InsO, Rn. 90.

lung des dauerhaften mangelfreien Gesamtwerkes bis zur Abnahmereife eine Masseforderung ist.[120]

6. Vertragsstrafe

Ist die Vertragsstrafe des Auftragnehmers zum Zeitpunkt der Verfahrenseröffnung bereits verwirkt, kann der Insolvenzverwalter diese gegenüber dem Auftragnehmer geltend machen. Hat dieser eine fällige Werklohnforderung gegenüber dem Auftraggeber, so steht es ihm frei, insoweit die Aufrechnung zu erklären. Ist die Werklohnforderung, z.B. eine Abschlagszahlung, bei Verfahrenseröffnung jedoch noch nicht fällig, scheitert eine Aufrechnung an § 95 Abs. 1 S. 3 InsO.   82

Mit den bei Verfahrenseröffnung noch nicht erbrachten Teilleistungen befindet sich der Auftragnehmer in der Zeit zwischen Verfahrenseröffnung und Erfüllungswahl nicht in Verzug, da diese Ansprüche bis zum Zeitpunkt der Erfüllungswahl nicht durchsetzbar sind.[121] Für diesen Zeitraum können daher keine Vertragsstrafenansprüche verwirkt werden. Unabhängig davon stehen dem Insolvenzverwalter Vertragsstrafenansprüche aus anderen Gründen gegenüber dem Auftragnehmer jedoch uneingeschränkt zu.   83

7. Sicherheiten

Hat der Auftraggeber Sicherheiten aus seinem Vermögen gestellt, so steht dem Auftragnehmer in der Insolvenz des Auftraggebers ein Absonderungsanspruch für die von ihm vor Verfahrenseröffnung erbrachten Leistungen in Höhe der insoweit zu zahlenden Vergütung zu. Hinsichtlich der Werklohnforderung für die Leistungen ab Eröffnung hat er eine Masseforderung. Erfüllt der Insolvenzverwalter diese z.B. wegen Masseunzulänglichkeit nicht, kann der Auftragnehmer auf die ihm ursprünglich vom Schuldner gewährten Sicherheiten nicht zurückgreifen. Nach Verfahrenseröffnung kann er ohne Vereinbarung mit dem Insolvenzverwalter keine Rechte an Gegenständen erwerben, die zur Insolvenzmasse gehören, § 91 Abs. 1 InsO. Will der Auftragnehmer erreichen, dass sein Sicherungsrecht auch die Forderungen ab Verfahrenseröffnung erfasst, muss er eine gesonderte Vereinbarung mit dem Insolvenzverwalter schließen, zu der dieser nicht verpflichtet ist. Der Auftragnehmer kann aber eine Sicherheit nach § 648a BGB verlangen.   84

Hat ein Dritter für die Werklohnforderung des Auftragnehmers eine Sicherheit gestellt, so erfasst diese nicht nur die bis zur Verfahrenseröffnung entstandenen Insolvenzforderungen, sondern auch die nach Eröffnung entstehenden Masseforderungen gegenüber dem Insolvenzverwalter.[122] § 91 Abs. 1 InsO ist insoweit nicht anwendbar. Da die Ansprüche nach der Erfüllungswahl wieder durchsetzbar werden, gilt dies in gleichem Maße für die Rechte des Auftragnehmers gegenüber dem Drittsicherungsgeber. Die Einordnung als Insolvenzforderung oder Masseverbindlichkeit hat keinen Einfluss auf das Vertragsverhältnis zwischen Drittsicherungsgeber und Auftragnehmer.   85

8. Sicherheitseinbehalt

War ein Sicherheitseinbehalt als Gewährleistungssicherheit vereinbart, ist im Hinblick auf die Verpflichtung des Insolvenzverwalters zur Auszahlung zu differenzieren: Hat der Auftragnehmer vor Eröffnung des Verfahrens keine Leistungen erbracht und wählt der Insolvenzverwalter Erfüllung, muss er den Sicherheitseinbehalt bei Ablauf der Gewährleistungsfrist in voller Höhe als Masseverbindlichkeit auszahlen, falls keine Mängel bestehen. Ist das Werk bei Verfahrenseröffnung nur zum Teil hergestellt, kann er den Gewährleistungseinbehalt nur im Hinblick auf die Werklohnforderung vornehmen, die Masseverbindlichkeit ist. Treten innerhalb der Gewährleistungsfrist bezüglich der Teilleistungen, die nach Verfahrenseröffnung erbracht worden sind, Mängel auf, so   86

---

120 A.A. *Heidland*, Der Bauvertrag, Rn. 1089 ff.
121 Siehe oben, Rdn. 45.
122 MüKo-BGB/*Kreft*, § 103, Rn. 44 ff.

gelten im Hinblick auf das Verhältnis zwischen Insolvenzverwalter und Auftragnehmer die allgemeinen Bestimmungen des BGB bzw. der VOB/B.

9. Abnahmeverpflichtung

87 Wählt der Insolvenzverwalter Erfüllung, ist er wie jeder Auftraggeber verpflichtet, die fertig gestellte Bauleistung in der dafür vertraglich vorgesehenen Form abzunehmen. Unproblematisch ist dies für ab Verfahrenseröffnung erbrachte Leistungen.

88 Für die bis zur Eröffnung erbrachten Teilleistungen könnte man vertreten, dass insoweit keine Verpflichtung des Insolvenzverwalters zur Abnahme besteht, da sich das Erfüllungsverlangen nur auf die noch nicht erbrachten Teile der Bauleistung entsprechend § 105 InsO beziehe.[123] Unabhängig davon, dass die isolierte Abnahme der ab Verfahrenseröffnung erbrachten Teilleistungen kaum durchführbar sein wird, ist diese Differenzierung auch rechtlich nicht zu begründen. Die gegenseitigen Ansprüche aus dem Bauvertrag, mithin auch der Anspruch auf Abnahme, werden mit der Erfüllungswahl wieder durchsetzbar. Die Anwendung des § 105 InsO bedeutet nur, dass der Auftragnehmer wegen seines Anspruches auf die Gegenleistung für die bis zur Verfahrenseröffnung erbrachten Teilleistungen Insolvenzgläubiger ist. Die Abnahmeverpflichtung des Auftraggebers ist jedoch keine Gegenleistung für die Erbringung der Werkleistungen durch den Auftragnehmer. Im Übrigen ist der Auftragnehmer nach Erfüllungswahl verpflichtet, auch die Mängel an den vor Verfahrenseröffnung erbrachten Teilleistungen zu beseitigen.[124] Wenn er verpflichtet ist, die Mängel auch hinsichtlich der Teilleistungen vor Verfahrenseröffnung zu beseitigen, muss dies zwangsläufig mit einer Abnahmeverpflichtung des Auftraggebers korrespondieren. Bei Erfüllungswahl des Insolvenzverwalters ist dieser daher uneingeschränkt verpflichtet, eine Abnahme des Werkes in der vertraglich vorgesehenen Form für die gesamte Bauleistung vorzunehmen.

II. Erfüllungswahl in der Insolvenz des Auftragnehmers

89 Auch in der Insolvenz des Auftragnehmers gelten bei Erfüllungswahl des Verwalters grundsätzlich die Vertragsbedingungen und sonstigen Vereinbarungen. Die Rechtsprechung des BGH im Hinblick auf die Teilbarkeit von Bauleistungen hat in der Insolvenz des Auftragnehmers keine Bedeutung, da der Leistungsanspruch des Auftraggebers nicht die Gegenleistung des Bauvertrages ist.

1. Werklohnforderung der Masse

90 Ist der Schuldner vor Verfahrenseröffnung für die von ihm erbrachten Leistungen nicht vollständig bezahlt worden, ergibt sich der Anspruch der Masse auf Zahlung der Werklohnforderung nach Erfüllungswahl unmittelbar aus dem Vertrag. Infolge der Erfüllungswahl werden die gegenseitigen Ansprüche wieder durchsetzbar. Die bis zur Verfahrenseröffnung erbrachten Leistungen sind vom Insolvenzverwalter auch nicht gesondert abzurechnen, sondern können in einer einheitlichen Rechnung mit den nach Verfahrenseröffnung erbrachten Leistungen fakturiert werden.[125]

91 Die Rechtsprechung des BGH zur Anwendung des § 105 InsO wird teilweise dahingehend verstanden, dass der gesamte Bauvertrag mit Erfüllungswahl in zwei Teile – in einen bei Verfahrenseröffnung erfüllten und einen nicht erfüllten – aufgeteilt werde.[126] Dem ist nicht zuzustimmen. Die wechselseitigen Ansprüche werden vielmehr mit der Erfüllungswahl wieder durchsetzbar. Materiell-rechtlich hat die Erfüllungswahl gerade keine Auswirkung. Lediglich im Hinblick auf die Gegenleistung ist der Auftragnehmer in der Insolvenz des Auftraggebers für die bis zur Verfahrenseröffnung erbrachten Leistungen auf die Anmeldung zur Insolvenztabelle beschränkt. Dies

---

123 Siehe *Heidland*, Der Bauvertrag, Rn. 1082 f.
124 Siehe oben Rdn. 79.
125 Anders *Heidland*, Rn. 1089 ff.; *Thode*, ZfIR 2000, 165, 178.
126 Uhlenbruck/*Wegener*, § 103, Rn. 16.

gilt jedoch nicht in der Insolvenz des Auftragnehmers für die von ihm zu erbringenden Leistungen. Wählt der Insolvenzverwalter Erfüllung, hat er die Werkleistungen als Masseverbindlichkeit in vollem Umfang zu erfüllen.

Zum Teil wird vertreten, dass der Insolvenzverwalter nur insoweit leisten müsse, als dies mit dem noch ausstehenden Werklohn korrespondiere[127] bzw. der Auftraggeber erneut zur anteiligen Vergütungszahlung zur Masse verpflichtet sei.[128] Eine praktische Bedeutung hat dies dann, wenn der Auftraggeber eine Überzahlung vorgenommen hat, mithin der insolvente Auftragnehmer weniger geleistet hat, als dies dem bereits gezahlten Werklohn entspricht. Würde man eine Spaltung des Bauvertrages mit Erfüllungswahl annehmen, bräuchte der Insolvenzverwalter trotz Erfüllungswahl die Leistungen nicht zu erbringen, die wertmäßig der Überzahlung entsprechen. Das würde dazu führen, dass der Auftraggeber hinsichtlich eines – im Übrigen nicht zu bestimmenden – Teiles seiner Herstellungsforderung keinen durchsetzbaren Anspruch hat. Eine derartige Aufspaltung findet jedoch weder in § 105 InsO noch in der Rechtsprechung des BGH zur Teilbarkeit der Bauleistungen eine Grundlage. Der Insolvenzverwalter muss vielmehr – wie bei anderen Verträgen – entscheiden, ob unter Berücksichtigung der à-conto-/Überzahlung die Erfüllungswahl Vorteile zur Gunsten der Insolvenzmasse bringt. Gegebenenfalls muss er die Erfüllung ablehnen und einen neuen Vertrag mit dem Auftraggeber über die Restfertigstellung schließen. In diesem Fall ist die à-conto-/Überzahlung für den Auftraggeber insoweit verloren, als er diese als Schadenersatzforderung i.S.d. § 103 Abs. 2 S. 2 InsO nur zur Tabelle anmelden kann. Gleiches gilt in dem – unwahrscheinlichen – Fall, dass der Insolvenzverwalter Erfüllung wählt und der Auftraggeber insgesamt vor Verfahrenseröffnung mehr gezahlt hat, als der Insolvenzverwalter für die nach Verfahrenseröffnung erbrachten Leistungen insgesamt fordern kann. In diesem Fall kann er trotz Erfüllungswahl die Differenz zur Tabelle anmelden, da diese Forderung vor Eröffnung i.S.d. § 38 InsO begründet ist.

Gegen die Werklohnforderung der Masse kann der Auftraggeber nicht mit Ansprüchen aufrechnen, die bereits vor Verfahrenseröffnung entstanden sind. Das ergibt sich unmittelbar aus dem Aufrechnungsverbot des § 96 Abs. 1 Nr. 1 InsO.[129]

2. Mängelbeseitigungsansprüche

Treten an den nach Erfüllungswahl erbrachten Bauleistungen Mängel auf, sind diese zweifellos als Masseverbindlichkeiten zu beseitigen. Hat der Schuldner die Leistungen vor Verfahrenseröffnung mangelhaft erbracht, ist umstritten, ob der Insolvenzverwalter nach Erfüllungswahl diese Mängel auf Kosten der Masse beseitigen muss. Zum Teil wird die Auffassung vertreten, dass mit der Erfüllungswahl eine Vertragsspaltung eintrete und diese auch den Erfüllungsanspruch auf vertragsgemäße Herstellung der vor Insolvenzeröffnung erbrachten Teilleistungen erfasse. Der Insolvenzverwalter sei daher nicht verpflichtet, die der Werkleistung vor Verfahrenseröffnung anhaftenden Mängel zu beseitigen.[130]

Dem ist nicht zuzustimmen. Der Auftraggeber hat bei Erfüllung einen Anspruch gegenüber dem Insolvenzverwalter auf Herstellung eines mangelfreien Werkes.[131] Genau diese Leistung hat er zu erbringen. Von einer Mängelbeseitigung zu sprechen, ist insoweit irreführend, da kein isolierter Anspruch auf Beseitigung von Mängeln, sondern nur ein Erfüllungsanspruch besteht.

Da die Insolvenzmasse nach Erfüllungswahl den vollen Erfüllungsanspruch des Auftraggebers zu erfüllen hat, trifft sie daher auch die Verpflichtung zur Erfüllung der Gewährleistungsansprüche

---

127 *Kreft*, Festschrift für Uhlenbruck, S. 387, 400; *Heidland*, Der Bauvertrag, Rn. 189 f.; *Schmitz*, Rn. 266 ff.
128 *Vogel*, Jahrbuch Baurecht 2004, 107, 123.
129 Uhlenbruck/*Wegener*, § 103 InsO, Rn. 152.
130 *Schmitz*, Bauinsolvenz, Rn. 228 ff.; MüKo-BGB/*Huber*, § 103 Rn. 146a; *Huber*, ZInsO 2005, 449.
131 Uhlenbruck/*Wegener*, § 103, Rn. 90.

für die gesamte Werkleistung, unabhängig davon, ob der Mangel im Zusammenhang mit Leistungen vor oder nach Eröffnung des Verfahrens steht.[132]

3. Sicherheitseinbehalt

97 Haben die Parteien des Bauvertrages einen Sicherheitseinbehalt vereinbart, ist der Insolvenzverwalter bei der Geltendmachung der Vergütungsforderung der Masse an diese Vereinbarung gebunden; er kann nicht mehr und keine anderen Rechte für die Masse beanspruchen, als sie dem Schuldner zustünden.[133] Der Auftraggeber ist daher berechtigt, den vereinbarten Sicherheitseinbehalt von der gesamten Schlussrechnungssumme in Abzug zu bringen, unabhängig davon, welche Zahlungen er zuvor geleistet hat.[134] Auch das Interesse der Gläubiger an einem alsbaldigen Abschluss des Insolvenzverfahrens rechtfertigt es selbst dann nicht, eine Auszahlung des Sicherheitseinbehaltes vor Ablauf der Gewährleistungsfrist zu verlangen, wenn keine Mängel an der Leistung erkennbar sind.[135]

98 Wurden bereits vor Verfahrenseröffnung Leistungen des Schuldners erbracht, stellt sich die Frage, in welcher Höhe der Auftraggeber bei Erfüllungswahl des Insolvenzverwalters berechtigt ist, gegenüber der Insolvenzmasse einen Sicherheitseinbehalt vorzunehmen. Da die Ansprüche des Auftraggebers auf Mängelbeseitigung am gesamten Werk und nicht nur an den nach Verfahrenseröffnung erbrachten Teilleistungen durchsetzbar werden,[136] ist der Sicherheitseinbehalt von der Gesamtvergütung des Bauvertrages zu berechnen,[137] unabhängig davon, welche Teilleistungen nach Verfahrenseröffnung noch erbracht worden sind.

4. Vertragsstrafe/Verzug

99 Mit der Erfüllungswahl werden die wechselseitigen Ansprüche aus dem Bauvertrag wieder durchsetzbar. Dies muss konsequent dann auch für Ansprüche auf Zahlung einer Vertragsstrafe und für Schadenersatzansprüche wegen Verzuges gelten. Dies gilt auch dann, wenn bereits vor Verfahrenseröffnung die Vertragsstrafe verwirkt bzw. Schadenersatzansprüche wegen Verzuges entstanden sind.[138] Überwiegend wird vertreten, dass bei Verfahrenseröffnung bereits entstandene Schadenersatz- und Vertragsstrafenansprüche als Insolvenzforderungen einzustufen seien, da bei einer Aufrechnungsmöglichkeit der Insolvenzmasse für die erbrachten Leistungen kein entsprechender äquivalenter Gegenwert zufließe.[139]

100 Grundlage der Berechnung des für den Auftraggeber erbrachten Gegenwertes sind jedoch stets die vertraglichen Vereinbarungen einschließlich der Verzugs- und Vertragsstrafenansprüche. Dies gilt insbesondere vor dem Hintergrund, dass der Auftraggeber z.B. gegenüber dem Bauherrn ebenfalls mit diesen Ansprüchen belastet ist, so dass auch der Wert der reinen Werkleistung des Auftragnehmers für ihn entsprechend geringer ist. Da Ansprüche aus Vertragsstrafe bzw. wegen Verzuges keine Gegenleistung i.S.d. § 105 InsO sind, bedarf es auch keiner Aufteilung der vor und nach Verfahrenseröffnung verwirkten Vertragsstrafe, um ggf. dann eine Aufrechnung zuzulassen.[140] Bei Vertragsstrafenansprüchen ist dies im Übrigen in aller Regel nur dann relevant, wenn die Vertragsstrafe bereits aufgrund der Versäumung von Anfangs- bzw. Zwischenfristen verwirkt worden ist.

---

132 Im Ergebnis auch KPB/*Tintelnot*, § 103, Rn. 66.
133 BGH, ZIP 1999, 199, 200.
134 Anders *Schmitz*, ZInsO 2004, 1051.
135 BGH, ZIP 1999, 199; Ingenstau/Korbion/*Joussen*, VOB/B § 17 Abs. 8, Rn. 21.
136 Siehe Rdn. 79.
137 So im Ergebnis auch *Heidland*, Der Bauvertrag, Rn. 1097.
138 Nerlich/Römermann/*Balthasar*, § 103 InsO, Rn. 52.
139 MüKo-BGB/*Hefermehl*, § 55 InsO, Rn. 111; Uhlenbruck/*Wegener*, § 103 InsO, Rn. 142; KPB/*Tintelnot*, § 103, Rn. 76; differenzierend *Schmitz*, ZInsO 2004, 1051, 1056.
140 Anders *Heidland*, Der Bauvertrag, Rn. 1111 ff.

Unberücksichtigt bleibt allerdings der Zeitraum zwischen Verfahrenseröffnung und Erfüllungswahl, da die Ansprüche des Auftraggebers bis zur Erfüllungswahl undurchsetzbar sind. Für diesen Zeitraum stehen dem Auftraggeber keine aufrechenbaren Gegenansprüche gegenüber dem Insolvenzverwalter zu. Der Insolvenzverwalter muss daher bei seiner Entscheidung über die Erfüllungswahl berücksichtigen, ob derartige Ansprüche bereits entstanden sind und er diese ggf. aufgrund einer vertraglichen Regelung durch rechtzeitige Fertigstellung zu Lasten der Masse verhindern kann. Um eine Aufrechnung seitens des Auftraggebers zu verhindern, kann er die Erfüllung ablehnen und ggf. einen neuen Vertrag über die zu erbringenden Restleistungen schließen. Bei dieser Vorgehensweise ist eine Aufrechnung mit derartigen Ansprüchen durch den Auftraggeber nach § 96 Abs. 1 Nr. 1 InsO ausgeschlossen.

III. Rechtsfolge bei Erfüllungsablehnung in der Insolvenz des Auftraggebers

1. Anspruch für erbrachte Teilleistungen

Der Anspruch des Auftragnehmers für die erbrachten (Teil-)Leistungen ist nach § 105 Abs. 1 InsO auch bei Erfüllungsablehnung als Insolvenzforderung geltend zu machen.[141] Dieser Anspruch ist nicht Teil des Schadensersatzanspruches nach § 103 Abs. 2 S. 1 InsO, der sich nur auf die zum Zeitpunkt der Verfahrenseröffnung nicht erbrachten (Teil-)Leistungen bezieht.

Bei einem Einheitspreisvertrag berechnet sich die Vergütung nach den Massen und Einheitspreisen, bei einem Einheitspreisvertrag nach den Massen und Einheitspreisen, bei einem Pauschalpreisvertrag ist die Höhe der Vergütung für die erbrachten Leistungen nach dem Verhältnis des Wertes dieser Leistungen zu dem Wert der nach dem Pauschalpreisvertrag geschuldeten Gesamtleistung zu errechnen.[142]

Weist die Leistung des Auftragnehmers Mängel auf, vermindert sich seine Werklohnforderung für die erbrachten Leistungen um die Höhe der Mängelbeseitigungskosten.[143]

2. Schadensersatzanspruch nach § 103 Abs. 2 S. 1 InsO

Nach § 103 Abs. 2 S. 1 InsO kann der Auftragnehmer einen Schadensersatzanspruch wegen Nichterfüllung als Insolvenzgläubiger geltend machen. Er kann diese Forderung nur zur Tabelle anmelden. Macht der Auftragnehmer den Schadensersatzanspruch nicht geltend, verbleibt es zwar materiellrechtlich bei seinem Erfüllungsanspruch, der wegen der Erfüllungsablehnung jedoch bis zur Verfahrensaufhebung nicht durchsetzbar ist und auch nicht zur Tabelle angemeldet werden kann.[144]

Nach h.M. handelt es sich um einen Schadensersatzanspruch wegen Nichterfüllung, den der Auftragnehmer geltend machen kann. Die Rechtsgrundlage ist zum Teil umstritten, hat aber auf den Inhalt des Schadensersatzanspruches keine praktische Auswirkung, so dass auch der BGH die Frage der Rechtsgrundlage offen lässt.[145] Der Schadensersatzanspruch des Auftragnehmers für die nicht erbrachten Leistungen ist nach der Differenztheorie zu berechnen. Der Anspruch besteht in der Differenz zwischen der Vermögenslage, die bei ordnungsgemäßer Erfüllung eingetreten wäre und der, die durch die Nichterfüllung tatsächlich entstanden ist.[146] Der Auftragnehmer hat daher wie bei § 649 S. 2 BGB bzw. § 8 Abs. 1 Nr. 2 VOB/B für die nicht erbrachten Leistungen einen Anspruch auf den vollen Werklohn abzüglich dessen, was er durch die Nichterfüllung des Auftra-

---

141 Uhlenbruck/*Wegener*, § 103 InsO, Rn. 172.
142 BGH, BauR 2001, 251 ff.
143 *Heidland,* Der Bauvertrag, Rn. 745b.
144 Uhlenbruck/*Wegener*, § 103 Rn. 157 f.
145 NJW 1987, 1702; Uhlenbruck/*Wegener*, § 103, Rn. 166 m.w.N.
146 BGH, ZIP 2001, 31, 32.

ges erspart.[147] Anders als bei § 649 S. 2 BGB bzw. § 8 Abs. 1 Nr. 2 VOB/B ist allerdings von der vereinbarten Vergütung nicht das abzuziehen, was der Auftragnehmer durch anderweitige Verwendung seiner Arbeitskraft erwirbt oder zu erwerben böswillig unterlässt, da § 103 Abs. 2 S. 1 InsO anders als die Ansprüche aus § 649 S. 2 BGB bzw. § 8 Abs. 1 Nr. 2 VOB/B kein modifizierter Erfüllungsanspruch ist.

107 Der Schadensersatzanspruch verjährt innerhalb der für den Hauptleistungsanspruch geltenden Verjährungsfrist.[148] Die Verjährung beginnt mit Zugang der Ablehnungserklärung des Insolvenzverwalters bzw. dem Ablauf der Erklärungsfrist gemäß § 103 Abs. 2 S. 2 InsO.[149] Die Verjährungsfrist wird durch Anmeldung beim Insolvenzverwalter gemäß § 204 Abs. 1 Nr. 10 BGB gehemmt.

3. Aufrechnungs-/Saldierungsmöglichkeiten

108 Ergibt sich nach einer durchgeführten Abrechnung für die bereits erbrachten Leistungen, dass die vom Auftraggeber vor Insolvenzeröffnung geleisteten Zahlungen den Betrag, den der Auftragnehmer für die bis zur Verfahrenseröffnung ausgeführten Leistungen beanspruchen kann, übersteigen, hat die Insolvenzmasse isoliert betrachtet einen Anspruch in Höhe des Saldos. Macht der Auftragnehmer einen Anspruch wegen Nichterfüllung nach § 103 Abs. 2 S. 1 InsO geltend, kann die Insolvenzmasse einen Rückforderungsanspruch jedoch nur dann durchsetzen, wenn bei Saldierung beider Ansprüche ein Saldo zu Gunsten der Insolvenzmasse verbleibt.[150] Dieser Saldierung steht auch nicht § 95 Abs. 1 S. 3 InsO entgegen.[151] Ergibt sich unter Berücksichtigung der wechselseitigen Ansprüche ausnahmsweise ein Rückforderungsanspruch der Insolvenzmasse, kann der Auftragnehmer dagegen mit einer Forderung aus einem anderen Bauvorhaben, sei es auf Zahlung des Werklohnes oder wegen Nichterfüllung gemäß § 103 Abs. 2 S. 1 InsO nur dann aufrechnen, wenn seine Forderung vor der der Insolvenzmasse fällig geworden ist, § 95 Abs. 1 S. 3 InsO.

4. Sicherheiten

109 Hatte der Schuldner Sicherheiten aus eigenem Vermögen gestellt, z.B. durch Hinterlegung von Wertpapieren, Verpfändung oder Sicherungsübereignung, durch Einzahlung des Werklohns auf ein Sperrkonto oder durch Bestellung eines Grundpfandrechtes an dem Baugrundstück oder an einem anderen in seinem Eigentum stehenden Grundstück, steht ihm an dieser Sicherheit ein Absonderungsrecht auch im Hinblick auf die Schadensersatzforderung nach § 103 Abs. 2 S. 1 InsO zu.[152] Der Auftragnehmer sollte den Insolvenzverwalter unmittelbar nach Verfahrenseröffnung darauf hinweisen, dass ihm derartige Absonderungsrechte zustehen.

110 Wenn der Auftragnehmer für seine Forderung Sicherheiten von Dritten zur Absicherung seiner Ansprüche gegen den Auftraggeber erhalten hat, decken diese auch die Ansprüche wegen Nichterfüllung nach § 103 Abs. 2 S. 1 InsO bei Erfüllungsablehnung ab. Dies gilt auch bei akzessorischen Sicherheiten, wie Bankbürgschaft oder Hypothek. Die Bürgschaft wurde zwar ursprünglich für eine Werklohnforderung gestellt, die für die nicht erbrachten Leistungen jedoch nicht mehr geltend gemacht werden kann, so dass die Hauptverbindlichkeit nicht mehr besteht. Allerdings ist man sich dahingehend einig, dass entsprechend § 767 Abs. 1 S. 2 BGB die akzessorische Sicher-

---

147 Zur Berechnung der Ansprüche nach § 649 BGB bzw. § 8 Abs. 1 Nr. 2 VOB/B siehe § 649 BGB, Rdn. 21 ff.
148 BGHZ 48, 203; Uhlenbruck/*Wegener*, § 103, Rn. 176; MüKo-BGB/*Huber*, § 103, Rn. 195.
149 Uhlenbruck/*Wegener*, a.A. MüKo-BGB/*Huber*, § 103, Rn. 195.
150 BGH, NJW 2001, 1136, 1137.
151 Siehe hierzu unten Rdn. 125.
152 *Heidland*, Der Bauvertrag, Rn. 695; MüKo-BGB/*Kreft*, § 103, Rn. 24.

heit auch für die Forderung wegen Nichterfüllung nach § 103 Abs. 2 S. 1 InsO in Anspruch genommen werden kann.[153]

Hat der Auftragnehmer eine Vertragserfüllungsbürgschaft gestellt, die sich im Besitz des Insolvenzverwalters befindet, ist in Rechtsprechung und Literatur umstritten, ob der Auftragnehmer einen Anspruch auf Herausgabe der Bürgschaft gegenüber dem Insolvenzverwalter hat. Überwiegend wird zu Recht vertreten, dass der Auftragnehmer einen Aussonderungsanspruch gemäß § 47 InsO gegen den Insolvenzverwalter auf Herausgabe der Bürgschaft an sich hat.[154] 111

5. Abnahme

Im Falle der Erfüllungsablehnung stellt sich die Frage, ob und wem gegenüber der Auftragnehmer sein Recht auf Abnahme im Insolvenzverfahren über das Vermögen des Auftraggebers durchsetzen kann. Bei Erfüllungsablehnung kann die Forderung auf Abnahme der bereits vor Eröffnung des Verfahrens erbrachten Leistungen gegenüber dem Insolvenzverwalter als Masseverbindlichkeit nicht durchgesetzt werden. Eine Abnahmeerklärung wäre eine Erfüllungshandlung des Insolvenzverwalters, zu der er nach der Erfüllungsablehnung nicht mehr befugt und auch nicht verpflichtet ist. Der Auftragnehmer kann die grundsätzlich bestehende Forderung auf Abnahme der Teilleistungen auch nicht nach einer entsprechenden Umrechnung nach § 45 InsO zur Tabelle anmelden, da er seine Werklohnforderung unmittelbar als Insolvenzforderung geltend machen kann.[155] 112

Der Insolvenzschuldner selbst ist aufgrund der Eröffnung des Insolvenzverfahrens und dem Übergang der Verwaltungs- und Verfügungsbefugnis auf den Insolvenzverwalter gem. § 80 Abs. 1 InsO gehindert, die Abnahme zu erklären. Der Anspruch des Schuldners auf Herstellung des Werkes ist ein zur Insolvenzmasse gehörendes Vermögen i.S.d. § 80 Abs. 1 InsO. Aufgrund des Verwaltungsmonopols des Verwalters ist es dem Schuldner nach Eröffnung des Verfahrens nicht möglich, wirksam eine Abnahme zu erklären. Dies ergibt sich aus § 81 Abs. 1 InsO, der für rechtsgeschäftsähnliche Handlungen, wie die Abnahme[156] anwendbar ist.[157] Dies gilt auch im Falle der Erfüllungsablehnung, da diese keine Freigabe aus dem Insolvenzbeschlag darstellt, sondern lediglich konstitutive Bedeutung dahingehend hat, als die Ansprüche wegen Nichterfüllung gemäß § 103 Abs. 2 S. 2 InsO als Insolvenzforderungen geltend gemacht werden können. 113

Nach einer älteren Rechtsprechung des BGH war eine Abnahme nicht erforderlich, wenn der Besteller die Abnahme des Werkes ernsthaft und endgültig ablehnt.[158] Nunmehr ist bei Kündigung eines Bauvertrages eine Abnahme der bis zur Kündigung erbrachten Leistungen nicht mehr entbehrlich.[159] Würde man die Rechtsprechung zur Kündigung auf den Fall der Erfüllungsablehnung anwenden, wäre auch eine Abnahme der für die bis zur Verfahrenseröffnung erbrachten Teilleistungen erforderlich.[160] 114

Dem ist nicht zu folgen. Bei einem gekündigten Bauvertrag richtet sich die Fälligkeit der Vergütungsforderung für den beschränkten Leistungsumfang weiterhin nach den werkvertraglichen Regelungen, wie sie auch für den ursprünglichen Vertragsumfang galten.[161] Bei einer Erfüllungsablehnung dagegen sind nicht die werkvertraglichen Fälligkeitsvoraussetzungen, sondern die insolvenzrechtlichen Regelungen maßgeblich. Der Auftragnehmer kann die Forderung nur zur Ta- 115

---

153 *Canaris*, Bankvertragsrecht, Rn. 1136; MüKo-BGB/*Kreft*, § 103, Rn. 24.
154 OLG München, BauR 2009, 1635; OLG Brandenburg, BauR 2000, 280; LG Bremen, BauR 2003, 1914, a.A. OLG München, NJW-RR 1998, 992; *Vogel*, BauR 2005, 218, 226 f.
155 *Heidland*, Der Bauvertrag, Rn. 550 ff.
156 S. *von Berg*, § 640, Rdn. 24 ff.
157 Uhlenbruck, § 81 InsO, Rn. 4; MüKo-BGB/*Ott/Vuia*, § 81 InsO, Rn. 5.
158 BGH, NJW-RR 1998, 1027.
159 BGH, BauR 2006, 1294.
160 So *Schmitz*, ZInsO 2004, 1051, 1053.
161 BGH, BauR 2006, 1294, 1296.

belle anmelden und sie gerade nicht mehr gegenüber dem Schuldner durchsetzen. Im Übrigen darf nicht unberücksichtigt bleiben, dass im Falle einer Kündigung der Auftraggeber in der Lage ist, eine Abnahme vorzunehmen, während bei Erfüllungsablehnung weder der Insolvenzverwalter noch der Schuldner eine Abnahme erklären dürfen. Wenn beide aus rechtlichen Gründen daran gehindert sind, eine Abnahme zu erklären, tritt die Abnahmewirkung vielmehr mit Eröffnung des Verfahrens ein.[162] Da die rechtsverbindliche Erklärung des Insolvenzverwalters auf den Zeitpunkt der Insolvenzeröffnung wirkt, gilt dies auch für den Eintritt der Abnahmewirkung.[163]

6. Besonderheiten bei Insolvenz des Generalunternehmers

116 Lehnt der Insolvenzverwalter in der Insolvenz des Generalunternehmers die Erfüllung ab, stellt sich die Frage, ob er bei auftretenden Mängeln berechtigt bzw. verpflichtet ist, den Nachunternehmer zur Mängelbeseitigung aufzufordern. Nach der Rechtsprechung des BGH ist es ihm unzumutbar, vom Nachunternehmer Mängelbeseitigung zu verlangen oder auch diese nur zu dulden. Begründet wird dies damit, dass der Bauherr bei Erfüllungsablehnung nur eine Schadensersatzforderung nach § 103 Abs. 2 S. 1 InsO als Insolvenzforderung geltend machen könne und bei Durchführung der Mängelbeseitigung trotz Erfüllungsablehnung nach Eröffnung des Verfahrens seine Hauptforderung erfüllt bekommen würde. Dies würde eine bevorzugte Befriedigung auf Kosten der Masse bedeuten. Vielmehr könne der Insolvenzverwalter die Werklohnforderung des Nachunternehmers durch einseitige Erklärung nach § 13 Abs. 6, 2. Alt. VOB/B mindern, ohne diesem zuvor eine Frist zur Nachbesserung setzen zu müssen.[164]

117 Dem ist nur für den Fall zuzustimmen, dass der Insolvenzverwalter auch die Erfüllung gegen den Nachunternehmer abgelehnt hat. In diesem Fall ist dieser aus rechtlichen Gründen gehindert, Mängelbeseitigungsansprüche gegenüber dem Nachunternehmer geltend zu machen. Gleiches gilt im Verhältnis zum Bauherrn bei Erfüllungsablehnung. Auch insoweit ist der Insolvenzverwalter nicht mehr berechtigt, Gewährleistungsansprüche gegenüber dem Bauherrn zu erfüllen. Ist dagegen § 103 InsO in beiden Vertragsverhältnissen nicht anwendbar, ist der Rechtsprechung des BGH nicht zuzustimmen. Steht der Insolvenzmasse ein Mängelbeseitigungsanspruch gegenüber dem Nachunternehmer zu, den der Insolvenzverwalter auch gegenüber dem Bauherrn erfüllen kann, ist kein Grund für die Entbehrlichkeit einer Nachfristsetzung ersichtlich. Im Falle der Mängelbeseitigung erfolgt dies auch nicht »auf Kosten der Masse«,[165] sondern aufgrund der vertraglichen Verpflichtung des Nachunternehmers, deren Erfüllung für die Masse nicht nachteilig ist. Denn ohne Nachfrist an den Nachunternehmer steht der Masse eben nur ein Nacherfüllungsanspruch gegen den Nachunternehmer zu, dessen Erfüllung die Masse gerade nicht auf Kosten der anderen Gläubiger schmälert. Es steht ihr bis dahin kein Zahlungs- bzw. Minderungsanspruch zu, um den sie durch die Nacherfüllung vermindert werden könnte. Erst wenn dieser die Mängelbeseitigung verweigert, entsteht ein Anspruch der Masse auf Zahlung der Nacherfüllungskosten.

IV. Rechtsfolge bei Erfüllungsablehnung in der Insolvenz des Auftragnehmers

1. Forderung für erbrachte Leistungen

118 Der Insolvenzverwalter hat unbestritten einen Anspruch auf den Werklohn für die bis zur Verfahrenseröffnung vom Schuldner ausgeführten Bauleistungen. Überwiegend wird angenommen, dass sich der Anspruch unmittelbar aus dem mit dem Auftraggeber geschlossenen Vertrag ergibt, wobei man allerdings auch bei anderer dogmatischer Herleitung zu gleichen Ergebnissen kommt.[166] Bei einem Einheitspreisvertrag berechnet sich die Vergütung für die erbrachten Leistungen nach

---

162 *Heidland*, Der Bauvertrag, Rn. 552.
163 *Heidland*, Der Bauvertrag, Rn. 552.
164 BGH, ZIP 2006, 1736, 1737.
165 So *Schmitz*, Bauinsolvenz, Rn. 669; MüKo-BGB/*Huber*, § 103, Rn. 147b.
166 Offen gelassen in BGH, NJW 1977, 1345.

Massen und Einheitspreisen. Bei einem Pauschalpreisvertrag ist die Höhe der Vergütung für die noch nicht erbrachten Leistungen nach dem Verhältnis des Wertes dieser Leistungen der nach dem Pauschalpreisvertrag geschuldeten Gesamtleistung zu errechnen.[167] Der Insolvenzverwalter ist insoweit verpflichtet, eine Schlussrechnung für die erbrachten Leistungen zu erstellen. Der Schuldner bzw. der Geschäftsführer dürfte trotz seiner Mitwirkungspflicht nach §§ 101 Abs. 1 S. 1, 97 Abs. 2 InsO nicht verpflichtet sein, die Schlussrechnung für den Insolvenzverwalter zu erstellen.[168]

2. Schadensersatzanspruch nach § 103 Abs. 2 S. 1 InsO

In der Insolvenz des Auftragnehmers steht dem Auftraggeber bei Erfüllungsablehnung der Schadensersatzanspruch nach § 103 Abs. 2 S. 1 InsO zu, den er zur Tabelle anmelden kann.[169] Der Anspruch geht auf Schadensersatz wegen Nichterfüllung. Der Auftraggeber ist daher so zu stellen, wie er bei ordnungsgemäßer Erfüllung des Vertrages durch den Schuldner bzw. den Insolvenzverwalter stünde.[170] Demgemäß muss der Auftraggeber eines Bauvertrages alle Mehrkosten geltend machen können, die ihm durch den Abschluss eines neuen Vertrages mit einem anderen Auftragnehmer entstehen, um das Objekt fertig zu stellen. Hierunter fallen u.a. die erhöhten Mehrkosten der Neubeauftragung, die Kosten für die Mängelbeseitigung an den bereits erbrachten Leistungen, Vermögensschäden, die dadurch entstanden sind, dass er mit seinen Leistungen wegen der Insolvenz des Auftragnehmers gegenüber seinem Auftraggeber in Verzug geraten ist und dieser deshalb Schadensersatz- oder Vertragsstrafenansprüche ihm gegenüber geltend macht, Stillstandskosten der Baustelle oder Mietausfälle, da nach Erfüllungsablehnung ein Nachunternehmer erst später gefunden werden wird, wodurch der vorgesehene Fertigstellungstermin überschritten wird. Werden dem Auftraggeber später weitere Umstände bekannt, die seinen Schadensersatzanspruch erhöhen, so kann er die Forderung auch noch später bis zum Schlusstermin zur Tabelle anmelden. An der Schlussverteilung nimmt die nachträglich angemeldete Forderung jedoch nur dann teil, wenn sie bis zum Zeitpunkt der Veröffentlichung des Schlussverzeichnisses angemeldet wird. 119

Eine vertragliche Vereinbarung, die einen pauschalierten Schadensersatz für den Insolvenzfall vorsieht, wäre nach § 119 InsO unwirksam.[171] 120

Die Verjährung des Schadensersatzanspruches des Auftraggebers richtet sich nach der maßgeblichen Verjährungsfrist des ursprünglichen Vertrages. Sie beginnt mit der Erfüllungsablehnung.[172] Da der Schadensersatzanspruch an die Stelle der vertraglichen Erfüllungs- und Gewährleistungsansprüche tritt und gegenüber diesen Ansprüchen einen neuen, selbstständigen Anspruch darstellt, ist es unerheblich, ob einzelne Gewährleistungsansprüche bereits zu einem früheren Zeitpunkt verjährt wären.[173] Es verbleibt daher bei einer einheitlichen Verjährung des gesamten Schadensersatzanspruches des Auftraggebers. 121

3. Aufrechnungs-/Saldierungsmöglichkeiten

Hat die Insolvenzmasse für die bis zur Verfahrenseröffnung erbrachten Leistungen des Auftragnehmers eine Werklohnforderung, stellt sich die Frage, ob und mit welchen Forderungen der Auftraggeber eine Verrechnung vornehmen kann. 122

---

167 BGH, BauR 2001, 251 ff.; zur Berechnung siehe § 632 BGB, Rdn. 223 und *Schmitz*, Bauinsolvenz, Rn. 306 ff.
168 *Schmitz*, Bauinsolvenz, Rn. 312 f.; a.A. LG Bonn, ZIP 2000, 747, 751.
169 Siehe oben Rdn. 105 ff.
170 RGZ 91, 30, 33.
171 HK-InsO/*Marotzke*, § 103, Rn. 79; *Heidland,* Der Bauvertrag, Rn. 1196.
172 Uhlenbruck/*Wegener*, § 103, Rn. 176; a.A. MüKo-BGB/*Huber*, § 103, Rn. 195.
173 BGH, NJW 1986, 1176, 1177; MüKo-BGB/*Huber*, § 103 Rn. 195.

123 Die Ansprüche des Auftraggebers nach §§ 634 Nr. 2, Nr. 4, 280, 281 BGB, § 13 Abs. 7 Nr. 1 und Nr. 2 VOB/B, auf Ersatz der Fertigstellungsmehrkosten sowie Vertragsstrafen- und Schadensersatzansprüche wegen Leistungsverzuges sind zunächst Forderungen, die vor Verfahrenseröffnung begründet sind, § 38 InsO.

124 Es stellt sich dann die Frage, ob der Auftraggeber diese Ansprüche den Restwerklohnansprüchen des Insolvenzverwalters für die erbrachten Leistungen entgegenhalten kann oder ob eine Verrechnung bzw. Aufrechnung nach § 95 Abs. 1 S. 3 InsO ausgeschlossen ist. In der Rechtsprechung hat man zunächst angenommen, dass die sich gegenüberstehenden Ansprüche auf Restwerklohn und Schadensersatz im Wege der Saldierung miteinander verrechnet werden können.[174] Da keine Aufrechnung, sondern nur eine Verrechnung unselbständiger Rechnungsposten stattfindet, würden danach die Aufrechnungsverbote der InsO, insbesondere § 95 Abs. 1 S. 3 InsO, nicht anwendbar sein.

125 Der BGH stellt allerdings nunmehr ausdrücklich fest, dass sich der Werklohnanspruch des Auftraggebers bei Kündigung gemäß § 8 Abs. 2 VOB/B und der Anspruch des Auftraggebers auf Schadensersatz als selbständige Forderung gegenüber stehen und mithin zwangsläufig den Regeln zur Aufrechnung unterliegen. Die Aufrechnung sei jedoch gemäß § 95 Abs. 1 S. 3 InsO deshalb nicht ausgeschlossen, da der Schadensersatzanspruch des Auftraggebers jedenfalls nicht nach dem Werklohnanspruch fällig werde und die wechselseitigen Ansprüche zudem in einer so engen synallagmatischen Verbundenheit stehen, dass nach dem Sinn und Zweck des Aufrechnungsverbotes eine Aufrechnung nicht ausgeschlossen werden könne.[175] Man wird annehmen müssen, dass der BGH entsprechend bei einer Erfüllungsablehnung nach § 103 InsO entscheiden wird. Dem ist jedoch nicht zuzustimmen. Zunächst ist es dem Insolvenzverwalter ohne Weiteres möglich, durch Stellung einer prüffähigen Schlussrechnung und Verlangen nach Abnahme (§ 640 Abs. 1 S. 3 BGB) die Fälligkeitsvoraussetzungen für die Werklohnforderung zu schaffen, bevor der Auftraggeber überhaupt in der Lage ist, seine Schadensersatzforderung durch Abrechnung der Fertigstellungsmehrkosten fällig zu stellen. Die Aufrechnung ist dann nach dem eindeutigen Wortlaut des § 95 Abs. 1 S. 3 InsO ausgeschlossen. Eine Einschränkung des Aufrechnungsverbotes für »in besonders enger synallagmatischer Verbundenheit stehende Forderungen« kennt die Insolvenzordnung nicht. So mag man es aus der Sicht des Auftraggebers für unangemessen halten, wenn er eine unfertige Leistung an die Insolvenzmasse vergüten muss, obwohl ihm Gegenansprüche in einer die Werklohnforderung übersteigender Höhe zustehen.[176] Ihm aber entgegen dem eindeutigen Wortlaut und dem Sinn und Zweck des § 95 Abs. 1 S. 3 InsO eine Ausnahme vom Aufrechnungsverbot zu gewähren und ihn so gegenüber anderen Insolvenzgläubigern zu bevorzugen, ist dagegen *contra legem*.[177]

126 Will der Auftraggeber gegen die Werklohnforderung der Insolvenzmasse dagegen mit einer Gegenforderung aus einem anderen Rechtsverhältnis aufrechnen, so ist dies nur unter Berücksichtigung der Besonderheiten der Aufrechnung in der Insolvenz, §§ 94 bis 96 InsO, möglich.[178]

4. Sicherheiten

127 Sicherheiten des Schuldners oder Drittsicherheiten decken auch die Ansprüche wegen Nichterfüllung nach § 103 Abs. 2 S. 1 InsO bei Erfüllungsablehnung. Insoweit ergibt sich kein Unterschied zur Erfüllungsablehnung in der Insolvenz des Auftraggebers.[179]

---

174 BGH, BauR 1986, 339; OLG Dresden, BauR 2003, 1736; OLG Hamm, BauR 2005, 1788.
175 BGH, BauR 2005, 1477. Im Ergebnis auch *Schmitz*, Bauinsolvenz, Rn. 344 ff und MüKo-BGB/*Huber*, § 103, Rn. 145.
176 *Kessen*, BauR 2005, 1691, 1693.
177 So auch Uhlenbruck/*Wegener*, Rn. 177 ff.
178 Siehe *Schmitz*, Bauinsolvenz, Rn. 449 ff.
179 Siehe oben, Rdn. 109 ff.

Der Insolvenzverwalter des Auftragnehmers hat vom Auftraggeber gestellte Bürgschaften an diesen herauszugeben.[180] Es besteht insoweit ein Aussonderungsrecht nach § 47 InsO. 128

5. Mängelbeseitigungsansprüche

Ansprüche wegen Mängeln an den bis zur Verfahrenseröffnung ausgeführten Leistungen sind Insolvenzforderungen. Mit der Erfüllungsablehnung können derartige Ansprüche nicht gegenüber der Insolvenzmasse geltend gemacht werden.[181] Soweit Mängelansprüche des Auftraggebers bestehen, kann er gegen die Werklohnforderung für die bis zur Verfahrenseröffnung erbrachten Leistungen aufrechnen[182] bzw. diese im Rahmen des Schadensersatzanspruches nach § 103 Abs. 2 S. 1 InsO geltend machen.[183] 129

6. Sicherheitseinbehalte

Haben die Vertragsparteien einen Sicherheitseinbehalt vereinbart, ist der Insolvenzverwalter in der Insolvenz des Auftragnehmers an eine derartige Vereinbarung gebunden; er kann nicht mehr und keine anderen Rechte für die Masse beanspruchen, als sie dem Schuldner zustünden.[184] Der BGH hat dies zwar bislang nicht für den Fall der Erfüllungsablehnung entschieden, es besteht jedoch kein Grund, für diesen Fall von der Grundregel abzuweichen. Im Hinblick auf die Werklohnforderung des Auftragnehmers für die vor Verfahrenseröffnung erbrachten Teilleistungen ist der Auftraggeber daher berechtigt, den vereinbarten Sicherheitseinbehalt vorzunehmen. Zwar ist der Insolvenzverwalter aufgrund der Erfüllungsablehnung nicht berechtigt und verpflichtet, Gewährleistungsansprüche für die vor Verfahrenseröffnung erbrachten Teilleistungen zu erfüllen.[185] Gleichwohl bleiben die Gewährleistungsansprüche für die insoweit erbrachten Teilleistungen als Insolvenzforderungen erhalten.[186] Treten keinerlei Mängel auf, hat der Insolvenzverwalter nach Ablauf der vereinbarten Gewährleistungsfrist einen Anspruch auf Auszahlung des Sicherheitseinbehaltes. Treten innerhalb der Gewährleistungsfrist Mängel auf, kann der Auftraggeber gegenüber der Forderung des Insolvenzverwalters auf Auszahlung des Sicherheitseinbehaltes mit seinen Mängelbeseitigungskosten aufrechnen.[187] Im Übrigen steht es dem Auftraggeber frei, bei der Berechnung seines Schadensersatzanspruches nach § 103 Abs. 2 S. 1 InsO gegen die Forderung des Insolvenzverwalters auf Auszahlung des Sicherheitseinbehaltes die Aufrechnung zu erklären. 130

7. Abnahme

Anders als bei der Insolvenz des Auftraggebers ist dieser in der Insolvenz des Auftragnehmers rechtlich nicht daran gehindert, die bis zur Verfahrenseröffnung erbrachten Teilleistungen abzunehmen. Nach der neueren Rechtsprechung des BGH ist nach Kündigung eines Bauvertrages eine Abnahme der bis zur Kündigung erbrachten Leistungen nicht entbehrlich.[188] Es ist daher kein Grund ersichtlich, warum die Abnahme in der Insolvenz des Auftragnehmers entbehrlich sein sollte.[189] Es gelten daher insoweit die vertraglichen Vereinbarungen zwischen Schuldner und Auftraggeber. 131

---

180 OLG München, BauR 2009, 1635; OLG Brandenburg, BauR 2000, 280; LG Bremen, BauR 2003, 1914; a.A. LG München, NJW-RR 1998, 992; *Vogel*, BauR 2005, 218, 226 f.
181 MüKo-BGB/*Huber*, § 103, Rn. 145.
182 Siehe oben, Rdn. 125.
183 Siehe oben, Rdn. 119.
184 BGH, ZIP 1999, 199, 200.
185 Siehe Rdn. 129.
186 *Heidland*, Der Bauvertrag, Rn. 1178.
187 *Heidland*, Der Bauvertrag, Rn. 1178b; *Schmitz*, Bauinsolvenz, Rn. 430; a.A. *v. Wietersheim*, ZInsO 1999, 393, 395.
188 BGH, BauR 2006, 1294.
189 *Schmitz*, Bauinsolvenz, Rn. 305; anders noch *Heidland*, Der Bauvertrag, Rn. 1155.

Teil C: Öffentliches Baurecht

Teil I: Verordnung über die Pflichten der Makler, Darlehens- und Anlagenvermittler, Anlageberater, Bauträger und Baubetreuer (Makler- und Bauträgerverordnung – MaBV)

i.d.F. v. 07.11.1990 (BGBl. I S. 2479), zuletzt geändert durch Art. 13 Gesetz v. 22.06.2011 I, 1126

Einleitung

Schrifttum

Basty Keine Vorauszahlung gegen Bürgschaft nach 7 MaBV, DNotZ 2005, 94; *Drasdo* Rechtsfolgen bei Verstoß gegen MaBV-Normen, NJW 2007, 2741; *Grziwotz* Freistellungsverpflichtung und Wahlrecht der Banken beim Bauträgervertrag, ZIP 2002, 825; *Hartmann* Die Aufspaltung des Bauträgervertrages in Kauf- und Werkvertrag, MittRhNotK 2000, 12; *Joussen* Sicherungsumfang einer MaBV-Bürgschaft, NZBau 2011, 275; *Kaufmann* Die Verpflichtung aus Bürgschaft nach § 7 MaBV, BauR 2002, 997; *Kanzleiter* Keine Vorauszahlungen gegen Bürgschaft nach § 7 MaBV?, DNotZ 2005, 191; *Reithmann* Zwangsvollstreckungsunterwerfung unter Verzicht auf Nachweis des Grundes und der Fälligkeit der Forderung, DNotZ 2000, 126; *Schmucker* Wahlschuld des Bürgen im Muster der Bundesnotarkammer für Freistellungsverpflichtungen, DNotZ 2005, 380; *Speck* Die Bürgschaft gemäß § 7 MaBV in Bauträgerverträgen, MittRhNotK 1995, 117; *Vogel* Keine Anwendung der MaBV bei kleineren Renovierungsarbeiten!, IBR 2005, 328; *Wippler* Anmerkung zu BGH, Urt. v. 09.12.2010, VII ZR 206/09, DNotZ 2011, 356.

A. Zweck der Makler- und Bauträgerverordnung

Die Makler- und Bauträgerverordnung (im folgenden: MaBV) ist die grundlegende Norm des Bauträgergeschäfts.[1] Der Verordnungsgeber hat die MaBV im Jahr 1974 erlassen, um damit schwerwiegenden Missständen im Bauträgergeschäft zu begegnen. Insbesondere sollten Erwerber vor dem Verlust ihrer Anzahlungen bei einer Bauträgerpleite geschützt werden.[2] Teilweise kam es auch zu Veruntreuungen solcher Anzahlungen.[3] *Wolfsteiner* spricht von einem bösartigen Wildwuchs an Form und Inhalt der Bauträgerverträge in der überschäumenden Baukonjunktur der sechziger Jahre.[4] 1

B. Struktur

Da die Schaffung eines zivilrechtlichen Bauträgervertragsrechts in kurzer Zeit nicht möglich gewesen ist,[5] hat der Gesetzgeber eine öffentlich-rechtliche Lösung gewählt und auf Basis der gewerberechtlichen Verordnungsermächtigung in § 34c Abs. 3 Gewerbeordnung die seit 1974 vielfach geänderte Makler- und Bauträgerverordnung erlassen. Die Makler- und Bauträgerverordnung ist damit eine rein öffentlich-rechtliche Norm und eine Regelung des Gewerberechts.[6] Die Makler- und Bauträgerverordnung untersagt dem Bauträger, der in der Sprachregelung der MaBV der Gewerbetreibende genannt wird, die Entgegennahme und Verwendung von Zahlungen des Käufers, der in der Sprachregelung der MaBV der Auftraggeber genannt wird, sofern nicht die Sicherungs- 2

---

1 Auf die Kommentierung der Regelungen betr. Makler und Anlageberater wird verzichtet.
2 *Grziwotz*, MaBV, Einleitung Rn. 8.
3 *Hansen* in: Hansen/Nitschke/Brock, Bauträgerrecht, 1. Teil Rn. 36.
4 Kersten/Bühling/*Wolfsteiner*, Formularbuch und Praxis der Freiwilligen Gerichtsbarkeit, § 33 Rn. 4.
5 *Grziwotz*, MaBV, Einleitung Rn. 10.
6 Allg. M., vgl. nur BGH, Urt. v. 22.12.2000, VII ZR 310/99 = BauR 2001, 391.

§ 1 MaBV Anwendungsbereich

pflichten der §§ 3 oder 7 MaBV eingehalten werden. Adressat des Verbotes, die Gelder des Käufers ohne die vorgeschriebene Sicherheit entgegen zu nehmen, ist der Bauträger.[7]

3 Trotz des öffentlich-rechtlichen Charakters hat die Verordnung zivilrechtliche Auswirkungen. Jede gegen die Regelungen der MaBV verstoßende Vereinbarung ist gemäß § 134 BGB nichtig, da der mit den Verboten der MaBV bezweckte Schutz des Käufers nur durch Nichtigkeit einer gegen diese Regelungen verstoßenden Vereinbarung zu erreichen ist.[8]

4 Ob die Nichtigkeit der gegen die MaBV verstoßenden Vereinbarung das ganze Rechtsgeschäft erfasst, richtet sich nach § 139 BGB. In der zuvor zitierten Entscheidung ist der Bundesgerichtshof nur zu einer Nichtigkeit der beanstandeten Klauseln unter Aufrechterhaltung des Vertrages im Übrigen gelangt. Eine weitere Schranke für die Beurkundung von Klauseln, die gegen die MaBV verstossen, folgt aus § 4 Beurkundungsgesetz und § 14 BNotO, wonach der Notar die Beurkundung ablehnen soll, wenn erkennbar unerlaubte Zwecke verfolgt werden, was bei einer Beurkundung von Klauseln der Fall ist, die zu Lasten des Auftragnehmers, also z. B. des Käufers, von der MaBV abweichen.[9]

5 Ein weiterer Schutz des Auftragnehmers ergibt sich aus der Erlaubnispflicht für die Gewerbeausübung durch den Bauträger. Allerdings haben das Fehlen oder der Widerruf der Genehmigung keine zivilrechtlichen Auswirkungen, weil § 34c Gewerbeordnung, der die Erlaubnispflicht normiert, keine Verbotsnorm im Sinne des § 134 BGB darstellt.[10] Ob das Fehlen der Genehmigung den Käufer zur Anfechtung des Vertrages wegen arglistiger Täuschung oder wegen eines Irrtums über verkehrswesentliche Eigenschaften berechtigt,[11] erscheint fraglich und dürfte nur für den Fall zu bejahen sein, dass eine entsprechende Nachfrage des Käufers vom Bauträger wahrheitswidrig beantwortet wird.

C. MaBV als Mindestschutz

6 Die Regelungen der MaBV stellen Vertragsstandards da, die flächendeckend angewendet werden. Da die MaBV nach allgemeiner Ansicht nur einen lückenhaften Schutz des Erwerbers bietet, ist daneben wegen des sehr häufig vorliegenden Seriencharakters von Vertragsentwürfen auch das Recht der Allgemeinen Geschäftsbedingungen in den §§ 305 ff. BGB zu beachten. Schon wenn ein Notar im Auftrag des Bauträgers ein Vertragsmuster entwirft, welches der Bauträger dem Erwerber mit der Absicht der Mehrfachverwendung vorlegt, ist der Anwendungsbereich der §§ 305 ff. BGB eröffnet.[12] Zahlreiche Entscheidungen zu wichtigen Einzelfragen des Bauträgerkaufs wurden auf Grundlage des Rechts der Allgemeinen Geschäftsbedingungen entschieden. Auf die Ausführungen von *Luz* § 305 ff. BGB wird verwiesen.

§ 1 Anwendungsbereich

Diese Verordnung gilt für Gewerbetreibende, die Tätigkeiten nach § 34c Absatz 1 der Gewerbeordnung ausüben, unabhängig vom Bestehen einer Erlaubnispflicht. Die Verordnung gilt nicht, soweit § 34c Absatz 5 der Gewerbeordnung Anwendung findet.[1] Gewerbetreibende, die
1. **als Versicherungs- oder Bausparkassenvertreter im Rahmen ihrer Tätigkeit für ein der Aufsicht der Bundesanstalt für Finanzdienstleistungsaufsicht unterliegendes Versicherungs- oder Bausparunternehmen den Abschluss von Verträgen über Darlehen vermitteln oder die Gelegenheit zum Abschluss solcher Verträge nachweisen oder**

---

7 BGH, Urt. v. 22.12.2000, VII ZR 310/99 = BauR 2001, 391.
8 BGH, Urt. v. 22.10.1998, VII ZR 99/97 = BauR 1998, 579.
9 Grziwotz/*Everts*, MaBV § 1 Rn. 2.
10 BGH, Urt. v. 23.10.1980, IVa ZR 33/80 = NJW 1981, 387.
11 So: *von Heymann*/Wagner/Rösler, MaBV für Notare und Kreditinstitute, Rn A.5.
12 *Hansen* in: Hansen/Nitschke/Brock, Bauträgerrecht, 1. Teil Rn. 92.
1 § 1 Satz 1 u. 2: Früher Satz 1 gem. u. idF d. Art. 2 Nr. 1 V v. 09.03.2010 I 264 mWv 18.03.2010.

2. den Abschluss von Verträgen über die Nutzung der von ihnen für Rechnung Dritter verwalteten Grundstücke, grundstücksgleichen Rechte, gewerblichen Räume oder Wohnräume vermitteln oder die Gelegenheit zum Abschluss solcher Verträge nachweisen,
unterliegen hinsichtlich dieser Tätigkeit nicht den Vorschriften dieser Verordnung.[2]

A. Geltungsbereich

Die Makler- und Bauträgerverordnung gilt für Gewerbetreibende, die Tätigkeiten nach § 34 Abs. 1 GewO ausüben. 1

B. Gewerbsmäßig

Die sechs in § 34c GewO aufgeführten Tätigkeiten unterfallen nur dann den Regelungen der MaBV, wenn sie gewerbsmäßig durchgeführt werden. Eine solche Gewerbsmäßigkeit liegt vor bei einer erlaubten, selbständigen, auf Erzielung von Gewinn gerichteten und nicht nur gelegentlich ausgeübten Tätigkeit, ausgenommen die bloße Verwaltung eigenen Vermögens, die Urproduktion und die freien Berufe.[3] Fraglich ist die Auslegung des Tatbestandsmerkmales der »nicht nur gelegentlich ausgeübten Tätigkeit«. Mangels anderer Anhaltspunkte werden überwiegend die steuerlichen Abgrenzungskriterien für die Frage der Gewerblichkeit übernommen.[4] Entscheidend ist, ob mehr als drei Objekte (Eigentumswohnung, Ein- oder Zweifamilienhäuser) innerhalb von fünf Jahren veräußert werden oder veräußert werden sollen.[5] Sofern die Grenze nicht überschritten wird, liegt lediglich eine private Vermögensverwaltung und keine Gewerblichkeit vor. Selbst unterhalb der Drei-Objekt-Grenze kann sich eine Gewerbsmäßigkeit aus anderen Gründen ergeben.[6] 2

C. Der Bauträger

§ 34c Abs. 1 Nr. 4a GewO enthält eine Definition des Bauträgers. Bauträger ist danach, wer gewerbsmäßig als Bauherr im eigenen Namen für eigene oder fremde Rechnung ein Bauvorhaben vorbereitet oder durchführt und dazu Vermögenswerte von Erwerbern, Mietern, Pächtern oder sonstigen Nutzungsberechtigten und von Bewerbern um Erwerbs- oder Nutzungsrechte verwendet. Der Bauträger hat die Planung und den Ablauf des Bauvorhabens in der Hand und wickelt die öffentlich-rechtlichen Belange des Bauvorhabens in eigener Verantwortung ab. Er beantragt und erhält die Baugenehmigung und ist der Ansprechpartner der Behörden. Alle Verträge mit den Architekten, den Ingenieuren und den bauausführenden Unternehmen schließt er im eigenen Namen ab.[7] Er ist Eigentümer des Grundbesitzes oder hat zumindest eine konkrete Erwerbsaussicht, da er den Weiterverkauf plant. Gleiches gilt, wenn er Erbbaurechte an dem Grundbesitz veräußern will. 3

D. Baubetreuer

Auch die Tätigkeit als gewerbsmäßiger Baubetreuer fällt unter § 34c Abs. 1 GewO. Baubetreuer ist, wer ein Bauvorhaben im fremden Namen für fremde Rechnung wirtschaftlich vorbereitet oder durchführt, vgl. § 34c Abs. 1 Nr. 4b GewO. Im Unterschied zum Bauträger wird der Baubetreuer somit nicht im eigenen, sondern nur im Namen des Bauherren tätig und handelt im Innenver- 4

---

[2] § 1 Satz 3 (früher Satz 2) Nr. 1: IdF d. Art. 2 Nr. 1 V v. 24.04.2003 I 547 mWv 01.05.2003; jetzt Satz 3 Nr. 1 gem. Art. 2 Nr. 1 V v. 09.03.2010 I 264 mWv 18.03.2010.
[3] *Marcks*, MaBV, § 34c GewO Rn. 7.
[4] Grziwotz/*Everts*, MaBV, § 1 Rn. 6.
[5] BFH, Urt. v. 17.09.1998, X R 68/95 = NJW 1999, 166; Grziwotz/*Everts*, MaBV § 1 Rn. 6.
[6] Grziwotz/*Everts*, MaBV § 1 Rn. 8.
[7] *Hansen* in: Hansen/Nitschke/Brock, Bauträgerrecht, 1. Teil Rn. 40.

hältnis auf Rechnung des Bauherren.⁸ Das gesamte Bauherrenwagnis trägt somit der Betreute. Rechte und Pflichten aus den Planungs- und Bauverträgen treffen ihn, weil der Baubetreuer in seinem Namen tätig wird. Der Baubetreuer beschafft häufig auch die Baufinanzierungen, und er verfügt über das Baukonto. Typische Baubetreuung findet bei den Bauherrenmodellen statt, bei denen im Rahmen eines fertigen Bau- und Finanzierungskonzepts sämtliche notwendigen Schritte zur Finanzierung und zum Bau des Objektes, einschließlich Vermietung, von dem Baubetreuer durchgeführt werden, wobei aus steuerlichen Gründen immer die Notwendigkeit besteht, dass der Baubetreuer selbst nicht Bauherr wird, sondern dass dies der Betreute, häufig ein Anleger im Rahmen größerer Modelle, bleibt.⁹ Inzwischen hat das Bauherrenmodell aufgrund geänderter steuerrechtlicher Rechtsprechung an Bedeutung verloren, weil Anleger im Bauherrenmodell einkommenssteuerlich nicht mehr als Bauherren, sondern als Erwerber eines bebauten Grundstückes angesehen werden.[10]

E. Generalunternehmer und Generalübernehmer

5 Nicht unter § 34c Abs. 1 GewO fällt die Tätigkeit eines Generalunternehmers. Dieser erbringt im Verhältnis zu dem Bauherren sämtliche für ein Bauvorhaben notwendige Bauleistungen und zwar entweder selbst oder durch Subunternehmer. Auch der Generalübernehmer bedarf keiner Genehmigung nach der GewO. Im Unterschied zu dem Generalunternehmer erbringt der Generalübernehmer selbst keine Bauleistungen, sondern vergibt sie an Generalunternehmer oder im Wege der Einzelvergabe.[11] In beiden Fällen wird die Bauleistung nicht auf eigenem Boden des Unternehmers ausgeführt, sondern von vornherein auf fremdem Grund und Boden.

F. Verwendung von Vermögenswerten

6 Eine Tätigkeit i.S.d. § 34c Abs. 1 Nr. 4 GewO wird nur dann ausgeübt, wenn der Bauträger für das Bauvorhaben Vermögenswerte von den Erwerbern verwendet. Erhält der Bauträger die Zahlungen erst nach Fertigstellung des Objektes und Sicherstellung des Eigentumserwerbs der Käufer oder kann der Bauträger nur mit Zustimmung des Erwerbers über Vermögenswerte verfügen, ist die MaBV nicht anwendbar.[12]

G. Bauvorhaben

7 Die Tätigkeit i.S.d. § 34c Abs. 1 Nr. 4 GewO setzt die Durchführung eines Bauvorhabens voraus. Bauvorhaben sind neben der Errichtung von Wohn- und Gewerberaum auch die Altbausanierung und sonstige Bauvorhaben. Dies betrifft zum Beispiel den Fall, dass der Bauträger nur den (erweiterten) Rohbau eines Gebäudes schuldet. Genauso zählt das Anlegen eines Golfplatzes als Bauvorhaben.[13]

8 Streitig ist, ob die bloße Herstellung von Erschließungsanlagen als ein Bauvorhaben im Sinne der Gewerbeordnung und der MaBV anzusehen ist. Relevant wird diese Streitfrage bei einer Fallgestaltung, bei der Bauträger zunächst die Erschließung des Grundstücks oder eines gesamten Areals durchführt und dann das erschlossene Grundstück als Bauland weiterverkauft. Da auch die Herstellung der Erschließungsanlagen eine Bauleistung ist, erscheint die Anwendung der MaBV auf diese Fallgestaltung nahe liegen.[14] Die noch herrschende Meinung wehrt sich gegen diese Ansicht mit verschiedenen Argumenten. So werde die Erschließung reflexhaft im Rahmen des

---

8 *Marcks*, MaBV, § 34g GewO Rn. 54.
9 *Marcks*, MaBV, § 34c GewO Rn. 55.
10 BFH, Urt. v. 14.11.1989, X R 198/84 = NJW 1990, 729; Marcks, MaBV, § 34c GewO Rn. 56.
11 *Kniffka/Koeble*, Kompendium des Baurechts, 11. Teil Rn. 8.
12 *Hansen* in: Hansen/Nitschke/Brock, Bauträgerrecht, 1. Teil Rn. 47; Grziwotz/*Everts*, MaBV, § 1 Rn. 26.
13 *Hansen* in: Hansen/Nitschke/Brock, Bauträgerrecht, 1. Teil Rn. 43.
14 *Basty*, Der Bauträgervertrag, Rn. 113 f.

Verkaufs des Baugrundstückes mitgeliefert, ohne dass dem Erwerber ein werkvertraglicher Anspruch darauf erwachse; insbesondere dann, wenn ein Erschließungsvertrag mit der örtlichen Kommune besteht und zur Erfüllung des Vertrages die Erschließung hergestellt werde. Auch erschöpfe sich die Leistung in der Bauvorbereitung und setze sich nicht in dem später zu errichteten Bauwerk auf dem Grundstück fort.[15]

H. Untergeordnete Restleistungen

Nach herrschender Meinung setzt ein Bauvorhaben ein gewisse Intensität und Nachhaltigkeit der baulichen Maßnahme voraus. Geringfügige Renovierungsarbeiten oder bloße Schönheitsreparaturen seien damit nicht gemeint.[16] Fraglich ist, wie geringfügige Renovierungsarbeiten oder bloße Schönheitsreparaturen von Bauvorhaben abzugrenzen sind. So hat das BayObLG in einem Fall die Nichtanwendung der MaBV gebilligt, bei dem eine Altbauwohnung verkauft wurde und Modernisierungsarbeiten im Wert von etwa 11 % des Wohnungspreises von dem Verkäufer noch zu erbringen waren.[17]

Überzeugend ist diese Entscheidung nicht, zumal sie im Rahmen einer Beschwerde gegen eine notarielle Kostenrechnung erging. Ein Indiz für die Anwendbarkeit der MaBV ist die Notwendigkeit einer Baugenehmigung,[18] wobei der umkehrte Fall keine Indizwirkung hat. Auch wenn die geschuldeten Arbeiten eine wesentliche Bedeutung für die Konstruktion, den Bestand, die Erhaltung oder die Erneuerung des Gebäudes haben, spricht dies für die Anwendbarkeit der MaBV.[19] Alles in allem gibt es keine griffigen Kriterien, und die Entscheidung im Einzelfall sollte sich daran orientieren, dass die Anforderungen für die Annahme des Vorliegens eines Bauvorhabens eher gering anzusetzen sind.[20]

I. Tätigkeit nach § 34c Abs. 1 GewO und Erlaubnis

Seit der Änderung der MaBV zum 18.März 2010 gilt diese für sämtliche Gewerbetreibende, die Tätigkeiten nach § 34c Abs. 1 GewO ausüben, unabhängig vom Bestehen einer Erlaubnispflicht.[21] Daher sind auch ausländische Gewerbetreibende, die im Inland tätig werden, aber gem. § 4 GewO keiner Erlaubnis bedürfen, den Regelungen der MaBV unterworfen. Im Übrigen kommt es nicht darauf an, ob die notwendige Erlaubnis im Einzelfall auch vorliegt.

J. Ausnahmen

Ausgenommen vom Anwendungsbereich der MaBV sind die in § 34c Abs. 5 GewO genannten Personen sowie Versicherungs- und Bausparkassenvertreter sowie Hausverwalter, die Nutzungsverträge über die verwalteten Grundstücke nachweisen.

§ 2 Sicherheitsleistung, Versicherung

(1) Bevor der Gewerbetreibende zur Ausführung des Auftrages Vermögenswerte des Auftraggebers erhält oder zu deren Verwendung ermächtigt wird, hat er dem Auftraggeber in Höhe dieser Vermögenswerte Sicherheit zu leisten oder eine zu diesem Zweck geeignete Versicherung

---

15 *Hansen* in: Hansen/Nitschke/Brock, Bauträgervertrag, 1. Teil Rn. 45 f.
16 *Grziwotz/Everts*, MaBV § 1 Rn. 12.
17 BayObLG, Beschl. v. 01.10.2004, 3 ZBR 129/04 = IBR 2005, 328.
18 *Schmidt/Eue*, Münchener Vertragshandbuch Bd. 5, Bürgerliches Recht, I 32 Anmerkung 5.
19 *Basty*, Der Bauträgervertrag, Rn. 523.
20 A.A. *Vogel*, IBR 2005, 328, wonach die MaBV als Verbotsvorschrift eng auszulegen ist.
21 Die frühere Anknüpfung der Geltung der MaBV an die Erlaubnispflicht der Tätigkeit gem. § 34c Abs. 1 GewO musste wegen der Erlaubnisfreiheit grenzüberschreitender Tätigkeiten im EU-Binnenmarkt aufgegeben werden.

abzuschließen; dies gilt nicht in den Fällen des § 34c Abs. 1 Satz 1 Nr. 4 Buchstabe a der Gewerbeordnung, sofern dem Auftraggeber Eigentum an einem Grundstück übertragen oder ein Erbbaurecht bestellt oder übertragen werden soll. Zu sichern sind Schadensersatzansprüche des Auftraggebers wegen etwaiger von dem Gewerbetreibenden und den Personen, die er zur Verwendung der Vermögenswerte ermächtigt hat, vorsätzlich begangener unerlaubter Handlungen, die sich gegen die in Satz 1 bezeichneten Vermögenswerte richten.

(2) Die Sicherheit kann nur durch die Stellung eines Bürgen geleistet werden. Als Bürge können nur Körperschaften des öffentlichen Rechts mit Sitz im Geltungsbereich dieser Verordnung, Kreditinstitute, die im Inland zum Geschäftsbetrieb befugt sind, sowie Versicherungsunternehmen bestellt werden, die zum Betrieb der Bürgschaftsversicherung im Inland befugt sind. Die Bürgschaftserklärung muß den Verzicht auf die Einrede der Vorausklage enthalten. Die Bürgschaft darf nicht vor dem Zeitpunkt ablaufen, der sich aus Absatz 5 ergibt.

(3) Versicherungen sind nur dann im Sinne des Absatzes 1 geeignet, wenn
1. das Versicherungsunternehmen zum Betrieb der Vertrauensschadensversicherung im Inland befugt ist und
2. die allgemeinen Versicherungsbedingungen dem Zweck dieser Verordnung gerecht werden, insbesondere den Auftraggeber aus dem Versicherungsvertrag auch in den Fällen des Insolvenzverfahrens des Gewerbetreibenden unmittelbar berechtigen.

(4) Sicherheiten und Versicherungen können nebeneinander geleistet und abgeschlossen werden. Sie können für jeden einzelnen Auftrag oder für mehrere gemeinsam geleistet oder abgeschlossen werden. Der Gewerbetreibende hat dem Auftraggeber die zur unmittelbaren Inanspruchnahme von Sicherheiten und Versicherungen erforderlichen Urkunden auszuhändigen, bevor er Vermögenswerte des Auftraggebers erhält oder zu deren Verwendung ermächtigt wird.

(5) Die Sicherheiten und Versicherungen sind aufrechtzuerhalten
1. in den Fällen des § 34c Absatz 1 Satz 1 Nummer 1, 1a und 2 der Gewerbeordnung, bis der Gewerbetreibende die Vermögenswerte an den in dem Auftrag bestimmten Empfänger übermittelt hat,
2. in den Fällen des § 34c Abs. 1 Satz 1 Nr. 4 Buchstabe a der Gewerbeordnung, sofern ein Nutzungsverhältnis begründet werden soll, bis zur Einräumung des Besitzes und Begründung des Nutzungsverhältnisses,
3. in den Fällen des § 34c Abs. 1 Satz 1 Nr. 4 Buchstabe b der Gewerbeordnung bis zur Rechnungslegung; sofern die Rechnungslegungspflicht gemäß § 8 Abs. 2 entfällt, endet die Sicherungspflicht mit der vollständigen Fertigstellung des Bauvorhabens.

Erhält der Gewerbetreibende Vermögenswerte des Auftraggebers in Teilbeträgen, oder wird er ermächtigt, hierüber in Teilbeträgen zu verfügen, endet die Verpflichtung aus Absatz 1 Satz 1, erster Halbsatz, in bezug auf die Teilbeträge, sobald er dem Auftraggeber die ordnungsgemäße Verwendung dieser Vermögenswerte nachgewiesen hat; die Sicherheiten und Versicherungen für den letzten Teilbetrag sind bis zu dem in Satz 1 bestimmten Zeitpunkt aufrechtzuerhalten.

(6) Soweit nach den Absätzen 2 und 3 eine Bürgschaft oder Versicherung verlangt wird, ist von Gewerbetreibenden aus einem anderen Mitgliedstaat der Europäischen Union oder einem anderen Vertragsstaat des Abkommens über den Europäischen Wirtschaftsraum als Nachweis eine Bescheinigung über den Abschluss einer Bürgschaft oder Versicherung als hinreichend anzuerkennen, die von einem Kreditinstitut oder einem Versicherungsunternehmen in einem anderen Mitgliedstaat oder Vertragsstaat ausgestellt wurde, sofern die in diesem Staat abgeschlossene Versicherung im Wesentlichen vergleichbar ist zu der, die von in Deutschland niedergelassenen Gewerbetreibenden verlangt wird, und zwar hinsichtlich der Zweckbestimmung, der vorgesehenen Deckung bezüglich des versicherten Risikos, der Versicherungssumme und möglicher Ausnahmen von der Deckung. Bei nur teilweiser Gleichwertigkeit kann eine zusätzliche Sicherheit verlangt werden, die die nicht gedeckten Risiken absichert.

Die §§ 2 bis 8 MaBV sollen den Auftraggeber vor Vermögensschädigungen durch den Gewerbetreibenden schützen. § 2 MaBV ist die Grundvorschrift, auf die alle anderen Bestimmungen aufbauen.

A. Geltungsbereich

§ 2 MaBV gilt für alle Gewerbetreibenden im Sinne der MaBV mit Ausnahme der Bauträger, für die in den §§ 3 und 7 MaBV besondere Pflichten normiert worden sind. Für Bauträger gilt die Vorschrift nur dann, wenn die §§ 3 und 7 MaBV nicht eingreifen, insbesondere wenn Bauträger Vermögenswerte von Mietern oder Pächtern verwenden wollen, denen sie später kein Eigentum verschaffen. Besondere Bedeutung hat § 2 MaBV für Baubetreuer. Grundstücks-, Wohnungs- und Anlagevermittler als auch Darlehensvermittler, die ebenfalls von § 2 MaBV erfasst werden, vermeiden die Absicherungspflicht meistens dadurch, dass sie überhaupt keine Fremdgelder ihrer Kunden annehmen.[1]

B. Vermögenswerte des Auftraggebers

Gemäß Abs. 1 hat der Gewerbetreibende, bevor er zur Ausführung des Auftrages Vermögenswerte des Auftraggebers erhält oder zu deren Verwendung ermächtigt wird, Sicherheit in Höhe der Vermögenswerte zu leisten oder eine zu diesem Zweck geeignete Versicherung abzuschließen. Zu den Vermögenswerten zählen hauptsächlich Bargeld, Forderungen gegen Kreditinstitute und Ansprüche gegen Darlehensgeber, die zur Finanzierung des Auftrags eingesetzt werden. Erhält der Gewerbetreibende weitere Vermögenswerte wie Provisionen und Honorare, die bei ihm nach Durchführung des Auftrags verbleiben und nicht zur Weiterverwendung an Dritte gedacht sind, muss er diese nicht absichern.

Die Absicherung muss vor der Entgegennahme erfolgen, da ansonsten kein ausreichender Schutz der Vermögenswerte gegeben ist. Ausreichend ist es jedoch, wenn der Sicherungsvertrag vor Entgegennahme der Vermögenswerte abgeschlossen ist, die Verpflichtungen des Sicherungsgebers hieraus aber erst dann entstehen, wenn der Gewerbetreibende die Vermögenswerte erhalten oder verwendet hat. Auch in diesem Fall ist eine ausreichende Sicherung gegeben.[2]

Die Tatbestandsmerkmale »erhält oder zu deren Verwendung ermächtigt wird« sorgen für eine weitgehende Absicherung. Erfasst werden Besitz oder Eigentum an Vermögenswerten, die Überweisung auf ein Konto des Gewerbetreibenden, die Abtretung von Forderungen an ihn, die Begleichung von Schulden.[3] Eine Verfügungsbefugnis des Gewerbetreibenden liegt zum Beispiel dann vor, wenn er über ein Konto des Auftraggebers verfügen darf. Kann er dagegen nur gemeinsam mit dem Auftraggeber verfügen, greift § 2 MaBV nicht ein. Das gleiche gilt, wenn der Auftraggeber selbst auf eigene Rechnung Bauhandwerker bezahlt.[4]

Soweit der Baubetreuer Vermögenswerte erhält, die er nicht zur Ausführung eines dem § 34c GewO oder der MaBV unterfallenden Auftrages erhält, muss er diese nicht absichern. Daher sind zum Beispiel Zahlungen von Mietern oder sonstige Tätigkeiten im Zusammenhang mit der Hausverwaltung nicht abzusichern.[5]

C. Zivilrechtliche Auswirkung

Es wird vertreten, dass die Verpflichtung zur Absicherung der Vermögenswerte auch ohne vertragliche Vereinbarung zwischen Bauträger und Erwerber eine zivilrechtliche Hauptleistungspflicht

---

1 *Marcks*, MaBV § 2 Rn. 1.
2 *Marcks*, MaBV § 2 Rn. 2.
3 *Marcks*, MaBV § 2 Rn. 4.
4 *Marcks*, MaBV § 2 Rn. 4.
5 Grziwotz/*Krause*, MaBV § 2 Rn. 12.

sei und der Auftragnehmer sie einklagen könne.[6] Das erscheint angesichts des öffentlich-rechtlichen Charakters der MaBV als Verbotsnorm zweifelhaft. Unstreitig ist es jedenfalls, dass der Auftraggeber seine Leistung bei Fehlen der erforderlichen Absicherung nach § 817 Abs. 1 BGB zurückfordern kann.[7]

D. Kostentragung

8 Das Überwälzen der Kosten der Sicherheitsleistung auf den Auftraggeber in Allgemeinen Geschäftsbedingungen wird als unwirksam angesehen, da nach allgemeinen Grundsätzen derjenige, der eine Sicherheit stellen muss, auch deren Kosten zu tragen hat, so dass eine unangemessene Benachteiligung gem. § 307 Abs. 2 BGB anzunehmen ist.[8] In einem Individualvertrag dürften solchen Kostenüberwälzungen zulässig sind.[9]

E. Sicherungsumfang

9 Zu sichern sind Schadensersatzansprüche des Auftraggebers wegen vorsätzlich begangener unerlaubter Handlungen, die sich gegen die erhaltenen Vermögenswerte richten. Zu sichern ist nicht nur vor Handlungen des Gewerbetreibenden, sondern auch der Personen, die er zur Verwendung der Vermögenswerte ermächtigt hat. Hauptanwendungsbereich sind Ansprüche aus den §§ 823 ff. BGB. Insbesondere können Schadensersatzansprüche aus der Verletzung von Schutzgesetzen im Sinne von § 823 Abs. 2 BGB entstehen. Hierzu zählen Vermögensschäden in Folge von Untreue, Betrug, Unterschlagung sowie aus der Verletzung der in den §§ 4–6 MaBV niedergelegten Verpflichtungen, da letztere auch Schutzgesetze sind, nicht also nur den Schutz der Allgemeinheit und damit nur reflexhaft den Schutz des Auftraggebers bezwecken.[10]

F. Art der Sicherheit

10 Zulässige Sicherheiten sind entweder eine Bürgschaft (Abs. 2) oder eine Versicherung (Abs. 3). Andere Sicherheitsleistungen, wie zum Beispiel Hinterlegung, sind nicht ausreichend.

11 Taugliche Bürgen können nur sein:
– Körperschaften des öffentlichen Rechts mit Sitz im Geltungsbereich der MaBV,
– Kreditinstitute, die im Inland zum Geschäftsbetrieb befugt sind, sowie
– Versicherungsunternehmen, die zum Betrieb der Bürgschaftsversicherung im Inland befugt sind

Ausländische Institute sind daher nur geeignet, wenn sie die vorstehenden Voraussetzungen erfüllen.[11] Gewerbetreibende aus einem anderen Mitgliedstaat der EU oder des EWR, die in Deutschland keine Niederlassung haben, können dagegen auch vergleichbare Sicherheiten ausländischer Institute aus einem Vertrags- oder Mitgliedstaat vorlegen, vgl. Abs. 6.

12 Die Bürgschaft muss den Verzicht auf die Einrede der Vorausklage enthalten und darf nicht vor dem Zeitpunkt ablaufen, der sich aus Abs. 5 ergibt. Ist in dem Vertrag zwischen Gewerbetreibenden und Auftraggeber vereinbart, dass Zahlungen nur auf ein bestimmtes Konto erfolgen dürfen,

---

6 Grziwotz/*Krause*, MaBV § 2 Rn. 8.
7 OLG München, Urt. v. 17.06.1999, 19 U 6498/98 = NJW-RR 2001, 13.
8 Palandt/*Grüneberg*, BGB § 307 Rn. 87; LG Bremen, Urt. v. 14.12.1993, 1 S 382/93a = NJW-RR 1994, 476.
9 A.A. Grziwotz/*Krause*, MaBV § 2 Rn. 9; *Speck*, MittRhNotK 1995, 117 (nichtig nach § 134 BGB i.V.m. § 12 MaBV).
10 Grziwotz/*Krause*, MaBV § 2 Rn. 13; Marcks, MaBV § 2 Rn. 7; a.A. OLG Dresden, Urt. v. 27.06.1997, 7 U 860/97 = NJW-RR 1997, 1506.
11 Weiterführend: *Marcks*, MaBV § 2 Rn. 9.

ist eine Bürgschaft zulässig, die ebenfalls festlegt, dass die Zahlungen nur auf dieses Konto erfolgen dürfen.[12]

Versicherungen sind nur dann geeignet, wenn sie zum Betrieb der Vertrauensschadensversicherung im Inland befugt sind und ihre allgemeinen Versicherungsbedingungen dem Zweck der MaBV gerecht werden, insbesondere den Auftraggeber aus dem Versicherungsvertrag auch in den Fällen der Insolvenz des Gewerbetreibenden unmittelbar berechtigen (Abs. 3). Da somit ein Direktanspruch des Auftraggebers gegen die Versicherung notwendig ist, scheiden Berufshaftpflicht- und Vermögensschadensversicherungen, die diesen Direktanspruch nicht gewähren, als Sicherheitengeber aus.[13]   13

G. Wahlrecht zwischen den Sicherungen

Nach Abs. 4 können Sicherheiten und Versicherungen nebeneinander geleistet und abgeschlossen werden. Sie können für jeden einzelnen Auftrag oder für mehrere gemeinsam geleistet und abgeschlossen werden. Der Gewerbetreibende kann daher mit dem Bürgen oder der Versicherung einen Mantelvertrag über den Höchstbetrag der abzusichernden Vermögenswerte abschließen.[14]   14

Eine Vermischung der Sicherheit ist zulässig, so dass der Gewerbetreibende für bestimmte Raten Bürgschaften und hinsichtlich anderer Versicherungen abschließen kann.[15] Die Bürgschafts- und Versicherungsurkunde ist dem Auftraggeber auszuhändigen, damit dieser seine Rechte durchsetzen kann.   15

H. Dauer der Absicherung

Abs. 5 S. 1 regelt die Dauer der Aufrechterhaltung von Sicherungen und Versicherungen unterschiedlich für verschiedene Vertragskonstellationen. Grundstücks- und Wohnungsmakler, Darlehens- und Anlagevermittler haben die Sicherheit aufrecht zu erhalten, bis die Vermögenswerte an den in dem Auftrag bestimmten Empfänger übermittelt worden sind (Abs. 5 S. 1 Nr. 1). Empfänger können zum Beispiel der Verkäufer des Grundstücks, der Vermieter der Wohnung, der Darlehensnehmer sein. Bauträger, die ein Nutzungsverhältnis mit Mietern, Pächtern oder sonstigen Nutzungsberechtigen oder Bewerbern vorbereiten, haben die Sicherungen und Versicherungen bis zur Einräumung des Besitzes und Begründung des Nutzungsverhältnisses, zum Beispiel Abschluss des Mietvertrages und Schlüsselübergabe, aufrechtzuerhalten.   16

Bei Baubetreuern sind die Sicherheiten oder Versicherungen bis zur Rechnungslegung aufrecht zu erhalten. Liegen die Voraussetzungen des § 8 Abs. 2 MaBV vor, verzichtet also der Auftraggeber nach Beendigung des Auftrages schriftlich auf die Rechnungslegung oder hat der Gewerbetreibende mit den Vermögenswerten des Auftraggebers seine Leistung zu einem Festpreis zu erbringen, endet die Sicherungspflicht mit der vollständigen Fertigstellung des Bauvorhabens.   17

In Bezug auf erhaltene Teilbeträge endet die Sicherungspflicht schon dann, wenn die ordnungsgemäße Verwendung dieser Teilbeträge nachgewiesen worden ist. Der Nachweis erfolgt durch Rechnungslegung über den Teilbetrag.[16] Der letzte Teilbetrag ist allerdings bis zum dem in Abs. 5 Satz 1 bestimmten Endtermin abzusichern.   18

---

12 Grziwotz/*Krause,* MaBV § 2 Rn. 17.
13 Grziwotz/*Krause,* MaBV § 2 Rn. 18.
14 *Marcks,* MaBV § 2 Rn. 11.
15 Grziwotz/*Krause,* MaBV § 2 Rn. 20.
16 *Marcks,* MaBV § 2 Rn. 17.

§ 3 Besondere Sicherungspflichten für Bauträger

(1) Der Gewerbetreibende darf in den Fällen des § 34c Abs. 1 Satz 1 Nr. 4 Buchstabe a der Gewerbeordnung, sofern dem Auftraggeber Eigentum an einem Grundstück übertragen oder ein Erbbaurecht bestellt oder übertragen werden soll, Vermögenswerte des Auftraggebers zur Ausführung des Auftrages erst entgegennehmen oder sich zu deren Verwendung ermächtigen lassen, wenn
1. der Vertrag zwischen dem Gewerbetreibenden und dem Auftraggeber rechtswirksam ist und die für seinen Vollzug erforderlichen Genehmigungen vorliegen, diese Voraussetzungen durch eine schriftliche Mitteilung des Notars bestätigt und dem Gewerbetreibenden keine vertraglichen Rücktrittsrechte eingeräumt sind,
2. zur Sicherung des Anspruchs des Auftraggebers auf Eigentumsübertragung oder Bestellung oder Übertragung eines Erbbaurechts an dem Vertragsobjekt eine Vormerkung an der vereinbarten Rangstelle im Grundbuch eingetragen ist; bezieht sich der Anspruch auf Wohnungs- oder Teileigentum oder ein Wohnungs- oder Teilerbbaurecht, so muss außerdem die Begründung dieses Rechts im Grundbuch vollzogen sein,
3. die Freistellung des Vertragsobjekts von allen Grundpfandrechten, die der Vormerkung im Rang vorgehen oder gleichstehen und nicht übernommen werden sollen, gesichert ist, und zwar auch für den Fall, dass das Bauvorhaben nicht vollendet wird,
4. die Baugenehmigung erteilt worden ist oder, wenn eine Baugenehmigung nicht oder nicht zwingend vorgesehen ist,
   a) von der zuständigen Behörde bestätigt worden ist, dass
      aa) die Baugenehmigung als erteilt gilt oder
      bb) nach den baurechtlichen Vorschriften mit dem Vorhaben begonnen werden darf, oder,
   b) wenn eine derartige Bestätigung nicht vorgesehen ist, von dem Gewerbetreibenden bestätigt worden ist, dass
      aa) die Baugenehmigung als erteilt gilt oder
      bb) nach den baurechtlichen Vorschriften mit dem Bauvorhaben begonnen werden darf,
und nach Eingang dieser Bestätigung beim Auftraggeber mindestens ein Monat vergangen ist.

Die Freistellung nach Satz 1 Nr. 3 ist gesichert, wenn gewährleistet ist, dass die nicht zu übernehmenden Grundpfandrechte im Grundbuch gelöscht werden, und zwar, wenn das Bauvorhaben vollendet wird, unverzüglich nach Zahlung der geschuldeten Vertragssumme, andernfalls unverzüglich nach Zahlung des dem erreichten Bautenstand entsprechenden Teils der geschuldeten Vertragssumme durch den Auftraggeber. Für den Fall, dass das Bauvorhaben nicht vollendet wird, kann sich der Kreditgeber vorbehalten, an Stelle der Freistellung alle vom Auftraggeber vertragsgemäß im Rahmen des Absatzes 2 bereits geleisteten Zahlungen bis zum anteiligen Wert des Vertragsobjekts zurückzuzahlen. Die zur Sicherung der Freistellung erforderlichen Erklärungen einschließlich etwaiger Erklärungen nach Satz 3 müssen dem Auftraggeber ausgehändigt worden sein. Liegen sie bei Abschluss des notariellen Vertrages bereits vor, muss auf sie in dem Vertrag Bezug genommen sein; andernfalls muss der Vertrag einen ausdrücklichen Hinweis auf die Verpflichtung des Gewerbetreibenden zur Aushändigung der Erklärungen und deren notwendigen Inhalt enthalten.

(2) Der Gewerbetreibende darf in den Fällen des Absatzes 1 die Vermögenswerte ferner in bis zu sieben Teilbeträgen entsprechend dem Bauablauf entgegennehmen oder sich zu deren Verwendung ermächtigen lassen. Die Teilbeträge können aus den nachfolgenden Vomhundertsätzen zusammengesetzt werden:
1. 30 vom Hundert der Vertragssumme in den Fällen, in denen Eigentum an einem Grundstück übertragen werden soll, oder 20 vom Hundert der Vertragssumme in den Fällen, in denen ein Erbbaurecht bestellt oder übertragen werden soll, nach Beginn der Erdarbeiten,

2. vom der restlichen Vertragssumme
   - 40 vom Hundert nach Rohbaufertigstellung, einschließlich Zimmererarbeiten,
   - 8 vom Hundert für die Herstellung der Dachflächen und Dachrinnen,
   - 3 vom Hundert für die Rohinstallation der Heizungsanlagen,
   - 3 vom Hundert für die Rohinstallation der Sanitäranlagen,
   - 3 vom Hundert für die Rohinstallation der Elektroanlagen,
   - 10 vom Hundert für den Fenstereinbau, einschließlich der Verglasung,
   - 6 vom Hundert für den Innenputz, ausgenommen Beiputzarbeiten
   - 3 vom Hundert für den Estrich,
   - 4 vom Hundert für die Fliesenarbeiten im Sanitärbereich,
   - 12 vom Hundert nach Bezugsfertigkeit und Zug um Zug gegen Besitzübergabe,
   - 3 vom Hundert für die Fassadenarbeiten,
   - 5 vom Hundert nach vollständiger Fertigstellung.

Sofern einzelne der in Satz 2 Nr. 2 genannten Leistungen nicht anfallen, wird der jeweilige Vomhundertsatz anteilig auf die übrigen Raten verteilt. Betrifft das Bauvorhaben einen Altbau, so gelten die Sätze 1 und 2 mit der Maßgabe entsprechend, dass der hiernach zu errechnende Teilbetrag für schon erbrachte Leistungen mit Vorliegen der Voraussetzungen des Absatzes 1 entgegengenommen werden kann.

(3) Der Gewerbetreibende darf in den Fällen des § 34c Abs. 1 Satz 1 Nr. 4 Buchstabe a der Gewerbeordnung, sofern ein Nutzungsverhältnis begründet werden soll, Vermögenswerte des Auftraggebers zur Ausführung des Auftrages in Höhe von 20 vom Hundert der Vertragssumme nach Vertragsabschluß entgegennehmen oder sich zu deren Verwendung ermächtigen lassen; im übrigen gelten Absatz 1 Satz 1 Nr. 1 und 4 und Absatz 2 entsprechend.

Übersicht

		Rdn.
A.	Anwendungsbereich	1
B.	Tatbestandsvoraussetzungen gemäß § 3 Abs. 1 MaBV	4
I.	Rechtswirksamer Vertrag, § 3 Abs. 1 Satz 1 Nr. 1 MaBV	5
II.	Schriftliche Mitteilung durch den Notar	6
III.	Keine vertraglichen Rücktrittsrechte des Gewerbetreibenden	7
IV.	Auflassungsvormerkung, § 3 Abs. 1 Satz 1 Nr. 2 MaBV	8
V.	Lastenfreistellung, § 3 Abs. 1 S. 1 Nr. 3 i.V.m. S. 2 bis 5 MaBV	11
	1. Vollendung des Bauvorhabens	12
	2. Steckengebliebener Bau	14
	3. Rechtsnatur der Freistellungserklärung	21
	4. Aushändigen der Freistellungserklärung und Bezugnahme im Vertrag	22
	5. Alternativen zur Freistellungserklärung	23
VI.	Baugenehmigung, § 3 Abs. 1 Nr. 4 MaBV	25
	1. Bestandskraft der Baugenehmigung?	26
	2. Surrogate der Baugenehmigung	27
C.	Ratenplan, § 3 Abs. 2 MaBV	28
I.	Erste Rate (Erdarbeiten)	34
II.	Berechnung der weiteren Teilraten	38
III.	Zweite Rate (Rohbaurate)	40
IV.	Dritte Rate (Dachflächen und Dachrinnen)	42
V.	Vierte Rate (Heizungsanlage)	43
VI.	Fünfte Rate (Sanitäranlagen)	44
VII.	Sechste Rate (Elektroanlagen)	45
VIII.	Siebente Rate (Fenstereinbau einschließlich Verglasung)	46
IX.	Achte Rate (Innenputz)	47
X.	Neunte Rate (Estrich)	48
XI.	Zehnte Rate (Fliesenarbeiten im Sanitärbereich)	49
XII.	Elfte Rate (nach Bezugsfertigkeit und Zug um Zug gegen Besitzübergabe)	50
XIII.	Zwölfte Rate (Fassadenarbeiten)	54
XIV.	Dreizehnte Rate (Fertigstellung)	56
XV.	Mängel der Teilleistung	59
XVI.	Bauvorhaben	60
XVII.	Entfall von Leistungen	62

§ 3 MaBV Besondere Sicherungspflichten für Bauträger

A. Anwendungsbereich

1 Die Norm regelt die Frage, unter welchen Voraussetzungen ein Bauträger im Sinne von § 34c Abs. 1 Nr. 4a GewO Vermögenswerte des Auftraggebers zur Ausführung des Auftrages entgegen nehmen oder sich zu deren Verwendung ermächtigen lassen darf. Ist ein Tatbestandsmerkmal des § 34c Abs. 1 Nr. 4a GewO nicht erfüllt, so ist § 3 nicht einschlägig. Daraus folgt, dass das Verbot der Entgegennahme von Vermögenswerten des Auftraggebers dann nicht mehr gilt, wenn das Bauvorhaben durchgeführt ist. Nach herrschender Auffassung ist dies nach endgültiger Fertigstellung gegeben.[1] Dem gegenüber wird auch vertreten, dass das Bauvorhaben schon mit Bezugsfertigkeit durchgeführt sei.[2] Es sei nicht angemessen, wenn der Bauträger dann noch einer gewerberechtlichen Erlaubnis bedürfe, wenn der Käufer bereits einziehen könne.[3] Allerdings führt diese Auffassung zu einer Schutzlücke für den Auftragnehmer, da regelmäßig auch noch nach Bezugsfertigkeit Arbeiten zu erbringen sind und selbst nach der MaBV die Schlussrate gemäß § 3 Abs. 2 Nr. 2 MaBV erst nach vollständiger Fertigstellung entgegengenommen werden kann.

2 Keine Anwendung findet die MaBV auch dann, wenn der Gewerbetreibende nicht der Bauherr ist, vgl. § 34c Abs. 1 Nr. 4a GewO. Für die Annahme der Bauherreneigenschaft sprechen der bestimmende Einfluss auf die Planung und den Ablauf des Bauvorhabens, weiter das Stellen des Bauantrags im eigenen Namen, der Abschluss der baubezogenen Verträge als Vertragspartner und schließlich die umfassende dingliche Berechtigung des Bauträgers als Eigentümer oder Erbbaurechtsnehmer des Baugrundstücks.[4] Die Bauherreneigenschaft ist dann zu verneinen, wenn der Gewerbetreibende auf dem Grundstück seines Auftraggebers, also nicht auf einem eigenen Grundstück baut.[5] Auch Generalüber- und Generalunternehmer sind keine Bauherren, da der Auftraggeber bestimmenden Einfluss auf Bauplanung und -ablauf hat und außerdem das Bauvorhaben auf fremdem Grund durchgeführt wird.[6]

3 § 3 MaBV ist auch dann nicht anwendbar, wenn der Gewerbetreibende weder Eigentum an einem Grundstück noch ein Erbbaurecht verschaffen soll, wobei hier aber nach dem Schutzzweck zu differenzieren ist: Auch im Erwerbsfällen findet § 3 MaBV dann keine Anwendung, wenn die Zahlungen erst nach Eigentumserwerb des Auftraggebers fällig werden, da dann die Bauleistungen als wesentlicher Bestandteil des Grundstückes Eigentum des Auftraggebers werden. Eine Ausnahme gilt dann, wenn das Eigentum nur eine wirtschaftlich wertlose Hülse ist, z.B., wenn in diesen Fällen Grundpfandrechte des Bauträgers auf dem Grundstück eingetragen sind.[7] Eine Anwendung der MaBV kann auch dann in Ausnahmefällen in Betracht kommen, wenn das Grundstück nicht von dem Gewerbetreibenden, sondern von einem Dritten verschafft wird. Hat der Gewerbetreibende maßgeblichen Einfluss auf den Grundstückskaufvertrag mit dem Dritten und ist er zum Bau auf dem Grundstück des Dritten berechtigt, soll die Anwendbarkeit der MaBV gegeben sein.[8]

B. Tatbestandsvoraussetzungen gemäß § 3 Abs. 1 MaBV

4 Dieser Absatz listet die Voraussetzungen auf, unter denen der Gewerbetreibende Vermögenswerte des Auftraggebers entgegennehmen oder sich zu deren Verwendung ermächtigen lassen darf. Die Definition der Entgegennahme von Vermögenswerten oder der Ermächtigung zu deren Verwendung entspricht § 2 MaBV, und auf die dortige Kommentierung wird verwiesen.

---

1 *Basty*, Der Bauträgervertrag, Rn. 116; *Speck*, MittRhNotK 1995, 117 ff.
2 Friauf/*Höfling*, GewO § 34c Rn. 44 f.
3 Bergmeister/*Reiß*, MaBV für Bauträger, Rn. B 9.
4 *Marcks*, MaBV, § 34c GewO Rn. 46.
5 BGH, Urt. v. 26.01.1978, VII ZR 50/77 = NJW 1978, 1054.
6 *Marcks*, MaBV, § 34c GewO Rn. 49.
7 Grziwotz/*Bischoff*, MaBV § 3 Rn. 11.
8 *Basty*, Der Bauträgervertrag, Rn. 122; *Hartmann*, MittRhNotK 2000, 11, 19 f.; a.A. *Kutter*, in: Beck'sches Notarhandbuch, A II Rn. 143; *Reithmann*, DNotZ 2000, 130: Anwendung von § 2 MaBV.

I. Rechtswirksamer Vertrag, § 3 Abs. 1 Satz 1 Nr. 1 MaBV

Der Vertrag muss rechtswirksam sein. Das ist dann der Fall, wenn alle Bedingungen des schuldrechtlichen Geschäfts vorliegen, dies sind insbesondere: Genehmigung des vollmachtslosen Handels eines Vertreters (§§ 177, 184 BGB), Genehmigung des Vormundschaftsgerichts (§§ 1821, 1822, 1643 BGB), Genehmigung nach § 2 Grundstücksverkehrsgesetz, Genehmigung nach § 7 Grundstücksverkehrsordnung (bei Grundstücken im Beitrittsgebiet), öffentlich-rechtliche Genehmigungen nach § 22 BauGB (Gemeinde mit Fremdenverkehrsfunktion) und § 8 BauO-NW (Teilungsgenehmigung), Genehmigung zur Veräußerung des Wohnungseigentums gemäß § 12 WEG, Zustimmung zur Veräußerung des Erbbaurechts gemäß § 5 ErbbauRG, Genehmigung im Umlegungsgebiet gemäß § 51 BauGB, Genehmigung im Sanierungsgebiet gemäß § 144 BauGB. Keine Genehmigung im eigentlichen Sinne und damit nicht Wirksamkeitsvoraussetzung sind die steuerliche Unbedenklichkeitsbescheinigung gemäß § 22 GrEStG und die Erklärung der Gemeinde über das Nichtbestehen oder die Nichtausübung des Vorkaufsrechts gemäß § 24, 28 Abs. 1 Satz 2 BauGB.

II. Schriftliche Mitteilung durch den Notar

Die Rechtswirksamkeit und das Vorliegen der für den Vollzug des Vertrages erforderlichen Genehmigungen sind durch den Notar schriftlich den Beteiligten mitzuteilen. Die schriftliche Mitteilung ist Tatbestandsvoraussetzung. Durch die Beurkundung des Vertrages verpflichtet sich der Notar zumindest konkludent gegenüber den Vertragsparteien, sofern möglich, diesen das Vorliegen der Voraussetzung der Vertragsparteien mitzuteilen.

III. Keine vertraglichen Rücktrittsrechte des Gewerbetreibenden

Es dürfen keine vertraglichen Rücktrittsrechte bestehen, oder solche Rücktrittsrechte müssen erloschen sein, z.B. durch Fristablauf, Verzicht auf die Ausübung.[9]

IV. Auflassungsvormerkung, § 3 Abs. 1 Satz 1 Nr. 2 MaBV

Zur Sicherung des Anspruchs des Auftraggebers auf Eigentumsübertragung oder Bestellung oder Übertragung eines Erbbaurechts an dem Vertragsobjekt muss eine Vormerkung an der vereinbarten Rangstelle im Grundbuch eingetragen sein. Ist vertraglich die Übereignung von Wohnungs- oder Teileigentum respektive eines Wohnungs- oder Teilerbbaurechts geschuldet, muss außerdem die Begründung dieses Rechts im Grundbuch vollzogen sein. Das heißt, dass die Wohnungs- und Teileigentumsgrundbücher bzw. Wohnungs- und Teileigentumserbbaugrundbücher gebildet sein müssen. Die Vormerkung wird dann im jeweiligen vorgenannten Grundbuch eingetragen. Nicht ausreichend ist die Eintragung der Vormerkung im Grundbuch des noch nicht in Wohnungs- oder Teileigentum aufgeteilten Grundstücks.

Die Vormerkung muss an der vertraglich vereinbarten Rangstelle im Grundbuch eingetragen sein. Üblicherweise geht das Finanzierungsgrundpfandrecht des Bauträgers (Globalgrundschuld) im Grundbuch der Vormerkung im Rang vor, was deswegen unschädlich ist, weil die Lastenfreistellung gesichert ist, vgl. Rdn. 11. Regelmäßig verlangen auch die den Kaufpreis aus dem Bauträgervertrag finanzierenden Banken den Vorrang ihrer Grundschuld vor der Auflassungsvormerkung des Erwerbers. Auch dies ist unproblematisch. Verkaufen Gemeinden ein Grundstück nur dann, wenn sich der Erwerber zur Bebauung innerhalb eines bestimmten Zeitraumes verpflichtet, sichern sie sich den Rückübereignungsanspruch bei Fristablauf durch eine Rückauflassungsvormerkung ab. Dies hindert die Entgegennahme von Vermögenswerten nicht, wenn die Vorrangigkeit der Rückauflassungsvormerkung im Bauträgervertrag vereinbart ist.[10]

---

9 Grziwotz/*Bischoff*, MaBV § 3 Rn. 31.
10 Zu den Belehrungspflichten des Notars in diesem Fall: Grziwotz/*Bischoff*, MaBV § 3 Rn. 36.

10 Verzögert sich die Eintragung der Auflassungsvormerkung und damit die Fälligkeit des Kaufpreises, wollen sich die Parteien häufig mit einer gutachterlichen Bestätigung des Notars behelfen, wonach die Eintragung der Vormerkung sichergestellt ist. Obwohl diese Gestaltung bei einem Grundstückskauf üblich und nicht zu beanstanden ist und von den finanzierenden Banken üblicherweise akzeptiert wird, ist sie bei der Abwicklung eines Bauträgervertrages nicht zulässig, da das Risiko, dass die Eintragung scheitert, vom Verordnungsgeber als zu hoch angesehen wird. Zutreffenderweise wird auch die Abtretung der Eigentumsvormerkung des Bauträgers an den Erwerber als unzureichend angesehen, da die Sicherung des Zweiterwerbs des Auftraggebers nicht gewährleistet ist wegen der Gefahr, dass der Erstkaufvertrag aus Gründen, die der Auftraggeber nicht beeinflussen kann, nicht durchgeführt wird.[11] In diesem Fall wird die Vormerkung wirkungslos.

V. Lastenfreistellung, § 3 Abs. 1 S. 1 Nr. 3 i.V.m. S. 2 bis 5 MaBV

11 Weitere Voraussetzung der Entgegennahme von Vermögenswerten des Auftraggebers ist die Sicherung der Freistellung des Vertragsobjekts von Grundpfandrechten, die der Auflassungsvormerkung vorgehen oder gleichstehen und die nicht von dem Käufer übernommen werden. Regelmäßig finanziert der Bauträger den Erwerb des Grundstücks und den Bau und lässt zur Sicherheit für den Darlehensgeber Finanzierungsgrundpfandrechte im Grundbuch eintragen. Ohne die Sicherstellung der Löschung dieser Grundpfandrechte besteht die Gefahr, dass der Grundpfandrechtsgläubiger den Vertragsgegenstand zwangsweise verwertet und dadurch der Anspruch des Auftraggebers auf Verschaffung von lastenfreiem Eigentum nicht mehr erfüllt werden kann. Die Lastenfreistellung ist daher von grundlegender Bedeutung für den Erwerber. § 3 Abs. 1 S. 2 und 3 MaBV regelt die Anforderungen an die Freistellung für den Fall der Vollendung des Bauvorhabens als auch des endgültigen Steckenbleibens des Baus.

1. Vollendung des Bauvorhabens

12 Die Freistellung ist bei Vollendung des Bauvorhabens gesichert, wenn gewährleistet ist, dass die Löschung der Grundpfandrechte unverzüglich nach Zahlung der geschuldeten Vertragssumme erfolgt. Im Einzelfall kann es zweifelhaft sein, wann das Bauvorhaben vollendet ist, z.B. wenn bei einer Reihenhausanlage noch nicht alle Häuser fertig gestellt sind oder wenn bei einer Eigentumswohnungsanlage noch nicht alle Wohnungen oder das Gemeinschaftseigentum fertig gestellt sind. Bei Wohnungs- oder Teileigentum dürfte die Fertigstellung des erworbenen Sondereigentums als auch des Gemeinschaftseigentums ausreichen,[12] entsprechendes wird im erstgenannten Fall gelten.

13 Die geschuldete Vertragssumme wird häufig, aber nicht immer, der im Vertrag genannte Preis sein. Hat der Erwerber gemindert, aufgerechnet oder den Preis nachträglich einvernehmlich mit dem Bauträger geändert, ist der geänderte Preis maßgebend.[13] Eine unzulässige Einschränkung der Freistellungsverpflichtung wäre es, wenn die Lastenfreistellung von der Zahlung des vollen, im Vertrag festgelegten Preises abhängig gemacht werden würde.[14] In diesem Fall dürfte der Bauträger den Kaufpreis nicht entgegennehmen.[15]

---

11 Grizwotz/*Bischoff*, MaBV § 3 Rn. 29.
12 Nach Grizwotz/*Koeble*/*Schmucker*, Rn. 3/474 soll bei Gemeinschaftseigentum die Bezugs- und Gebrauchsmöglichkeit ausreichen, zweifelhaft.
13 KG, Urt. v. 20.02.2003, 10 U 403/01 = IBR 2004, 73.
14 Grizwotz/*Bischoff*, MaBV § 3 Rn. 57 m.w.N.
15 Nach OLG Dresden, Urt. v. 27.06.1997, 7 U 860/97 = IBR 1998, 344 ist die Bauträgerbank allerdings auch nicht zur Pfandfreigabe verpflichtet.

2. Steckengebliebener Bau

Wird das Bauvorhaben nicht vollendet, gibt es zwei Möglichkeiten der Freistellung. Die erste besteht darin, die Grundpfandrechte nach Zahlung des dem erreichten Bautenstand entsprechenden Teils der geschuldeten Vertragssumme zu löschen. Dabei ist festzustellen, welcher Wert dem unfertigen Gebäude im Verhältnis zum vereinbarten Kaufpreis zukommt,[16] wobei die Ermittlung des Leistungsstandes häufig ein Sachverständigengutachten voraussetzen dürfte. 14

Vorgeschlagen zur Wertermittlung wird folgende Formel: 15

$$\frac{\text{Vertraglich vereinbarter Kaufpreis}}{\text{Verkehrswert des vollendeten Objekts}} * \text{Verkehrswert des unvollendeten Objektes}^{17}$$

Der Verkehrswert spielt nur im Rahmen der vorgenannten Berechnungsformel eine Rolle. Der Ratenplan ist für die Ermittlung der Ablösezahlung unerheblich.[18] Mängelansprüche und Schadensersatz verringern die Vertragssumme,[19] da der Erwerber für die Lastenfreistellung nicht mehr aufwenden soll, als er dem Bauträger schuldet.[20] 16

Hat der Käufer den Bauträger überzahlt, hat er einen Anspruch auf Rückerstattung der Überzahlung. Da dieser Anspruch im Fall des Steckenbleibens des Baus überwiegend nicht werthaltig ist, stellt sich die Frage, ob die Überzahlung auch von der Bauträgerbank zurückgefordert werden kann. Vielfach wird das Bestehen eines solchen Anspruchs unter Hinweis auf das fehlende Rechtsverhältnis zur Bauträgerbank abgelehnt,[21] teilweise aber mit dem Argument bejaht, dass der Käufer mit seinen Zahlungen auch eine Leistung an die Bauträgerbank erbringe.[22] 17

Die Freistellung ist aber auch gesichert, wenn sich der Kreditgeber vorbehält, die Zahlungen des Erwerbers bis zum anteiligen Wert des Vertragsobjekts zurückzuzahlen. Zinsen und durch Aufrechnungen getilgte Beträge sind nicht zu erstatten,[23] da nur tatsächlich geleistete Zahlungen zurückzuzahlen sind, da sich auch nur diese in der Verfügungsgewalt des Kreditgebers befinden.[24] Aus der Begrenzung der Rückzahlungspflicht auf den anteiligen Wert des Vertragsobjekts folgert die überwiegende Meinung, dass die Höhe der Zahlungen außerdem durch den Verkehrswert und nicht den evt. höheren Vertragswert des steckengebliebenen Bauwerks begrenzt ist.[25] Die Konsequenzen der Rückzahlung für den Erwerber werden deswegen teilweise als unangemessen angesehen,[26] wobei allerdings daran zu erinnern ist, dass die MaBV nur einen Kompromiss zwischen Schutzvorschriften zugunsten des Erwerbers und den Interessen der Kreditwirtschaft darstellt und somit als gesetzliche Wertung hinzunehmen ist. Der Rückzahlungsvorbehalt ist vertragsrechtlich allerdings nur wirksam, wenn er als solcher auch im Bauträgervertrag vereinbart ist.[27] Nur dann hat der Bauträger vertraglich Anspruch auf Erhalt der vereinbarten Raten gegen Vorlage einer mit Rückzahlungsvorbehalt versehenen Freistellungserklärung. Die gewerberechtliche Erlaubnis, Vermögenswerte gegen Übergabe einer solchen Freistellungserklärung entgegenzuneh- 18

---

16 *Hansen*, in: Hansen/Nitschke/Brock, Bauträgerrecht, 2. Teil, Rn. 144; weiterer Berechnungsvorschlag bei *Kutter*, in: Beck'sches Notarhandbuch, Rn. 65f.
17 *Basty*, Der Bauträgervertrag, Rn. 359.
18 Grizwotz/*Bischoff*, MaBV § 3 Rn. 64.
19 Allg. M., vgl. nur *Basty*, Der Bauträgervertrag, Rn. 360 f.
20 Grizwotz/*Bischoff*, MaBV § 3 Rn. 66.
21 Z.B. Grizwotz/*Bischoff*, MaBV § 3 Rn. 68.
22 *Hansen, in:* Hansen/Nitschke/Brock, Bauträgerrecht, 2.Teil, Rn. 145 unter Hinweis auf BGH, Urt. v. 10.02.2005, VII ZR 184/04 = BauR 2005, 866.
23 *Hansen*, in: Hansen/Nitschke/Brock, Bauträgerrecht, 2.Teil, Rn. 148.
24 Regelmäßig erfolgen die Zahlungen auf ein Konto bei der Bauträgerbank, das an die Bank verpfändet ist.
25 *Hansen*, in: Hansen/Nitschke/Brock, Bauträgerrecht, 2.Teil, Rn. 148.
26 *Grizwotz*, ZIP 2002, 825, 827.
27 *Hansen*, in: Hansen/Nitschke/Brock, Bauträgerrecht, 2.Teil, Rn. 147.

men, ist streng davon zu unterscheiden, ob der Erwerber dies vertraglich hinnehmen und zahlen muss.

19 Die Freistellungserklärung ist je nach Formulierung eine Wahlschuld i.S.d. §§ 262 ff. BGB (insbesondere, wenn im Formular festgelegt wird, dass die Bauträgerbank nach ihrer Wahl die Pfandfreigabe oder die Rückzahlung vornimmt)[28] oder eine Ersetzungsbefugnis, wenn an sich die Pfandfreigabe geschuldet ist, die Bank aber »an deren Stelle« die Rückzahlung vornehmen kann.[29] Prozessual wirkt sich der Unterschied dahingehend aus, dass der Erwerber bei Vorliegen einer Wahlschuld Leistungsklage mit alternativem Inhalt erheben kann und die Bank noch in der Zwangsvollstreckung wählen kann, ob sie freigibt oder zurückzahlt, vgl. § 264 BGB.[30] Bei der Ersetzungsbefugnis hat der Erwerber nur Anspruch auf die Pfandfreigabe und kann nur diese einklagen, wobei er auch in diesem Fall damit rechnen muss, dass die Bank noch die Rückzahlung wählt. Das Wahlrecht ist nach überwiegender Meinung unverzüglich auszuüben, da ansonsten ein für den Erwerber unerträglicher Schwebezustand entstünde.[31] Jedenfalls bei Vorliegen einer Wahlschuld hat es der Erwerber in der Hand, durch Rücktritt vom Vertrag die Pfandfreigabe unmöglich werden zu lassen, und so die Leistungspflicht der Bank gem. § 265 BGB auf die Rückzahlung einzuschränken.[32]

20 Ab wann man davon ausgehen kann, dass das Bauvorhaben nicht mehr vollendet wird, kann im Einzelfall zweifelhaft sein. Die Insolvenz des Bauträgers allein dürfte nicht ausreichen, da der Insolvenzverwalter die Erfüllung des Vertrages wählen kann. Die Unsicherheit, ob und wann dieses Wahlrecht ausgeübt wird, kann der Erwerber beenden, indem er den Verwalter zur Erklärung auffordert. Nicht beendet wird das Bauvorhaben, wenn das Insolvenzverfahren mangels Masse nicht eröffnet wird.[33] Die nur zeitweise Baueinstellung oder bloße Bauverzögerungen sind nicht ausreichend.[34]

3. Rechtsnatur der Freistellungserklärung

21 Durch die Entgegennahme der Freistellungserklärung schließen der Käufer und die Bauträgerbank einen Vertrag ab, wobei es einer ausdrücklichen Annahmeerklärung des Käufers ist wegen des lediglich rechtlich vorteilhaften Charakters des Freistellungsangebots der Bank gem. § 151 BGB nicht bedarf.[35] Der BGH hat demgegenüber in einer älteren Entscheidung angenommen, dass Bauträger und Bank einen Vertrag zugunsten des Erwerbers abschließen, diese Frage in einer späteren Entscheidung offen gelassen.[36] Allerdings hat der Erwerber keinen eigenen Anspruch gegen die Bank auf Abgabe der Freistellungserklärung. Er hat nur einen Anspruch gegen den Bauträger, eine solche Freistellungserklärung zu beschaffen.[37]

4. Aushändigen der Freistellungserklärung und Bezugnahme im Vertrag

22 Die Freistellungserklärung muss dem Erwerber ausgehändigt werden, was voraussetzt, dass sie schriftlich vorliegt.[38] Nach h.M. reicht es aus, wenn dem Erwerber, ggf. von dem Notar, eine Ko-

---

28 *Hansen*, in: Hansen/Nitschke/Brock, Bauträgerrecht, 2.Teil, Rn. 145.
29 *Schmucker*, DNotZ 2005, 383, 384.
30 *Hansen*, in: Hansen/Nitschke/Brock, Bauträgerrecht, 2.Teil, Rn. 146.
31 *Pause*, Bauträgerkauf, Rn. 261; dogmatische Bedenken im Falle der Wahlschuld hat *Basty*, Der Bauträgervertrag, Rn. 371.
32 *Hansen*, in: Hansen/Nitschke/Brock, Bauträgerrecht, 2. Teil, Rn. 145.
33 *Pause*, Bauträgerkauf, Rn. 975.
34 *Hansen*, in: Hansen/Nitschke/Brock, Bauträgerrecht, 2. Teil, Rn. 143.
35 OLG Brandenburg, Urt. v. 12.09.2002, 5 U 176/01 = IBR 2004, 204.
36 BGH, Urt. v. 28.05.1997, V ZR 203/75 = DNotZ 1977, 356; BGH, Urt. v. 10.06.1983, V ZR 252/08 = DNotZ 1984, 322.
37 *Hansen*, in: Hansen/Nitschke/Brock, Bauträgerrecht, 2. Teil, Rn. 139.
38 Grizwotz/*Bischoff*, MaBV § 3 Rn. 90.

pie der Erklärung ausgehändigt wird.[39] Liegt die Freistellungserklärung bei Beurkundung des Vertrages schon vor, muss auf sie im Vertrag Bezug genommen werden. Diese Bezugnahme im Vertrag ist nur ein Hinweis auf eine von einem Dritten abgegebene Erklärung und keine Bezugnahme im beurkundungsrechtlichen Sinne, sodass die Erklärung weder verlesen noch der Niederschrift beigefügt werden muss.[40] Liegt sie noch nicht vor, muss der Vertrag einen ausdrücklichen Hinweis auf die Verpflichtung zur Aushändigung der Freistellungserklärung und deren notwendigen Inhalt haben. Das Fehlen der Bezugnahme und des Hinweises sollen zivilrechtlich unschädlich sein.[41] Eine teilweise vorgeschlagene treuhänderische Verwahrung der Freistellungserklärung durch den Notar ist nicht notwendig, da die Erklärung nach Erledigung nicht mehr zurückgegeben werden muss.

5. Alternativen zur Freistellungserklärung

Allgemein wird als zulässige Alternative zur Freistellungserklärung ein Rangrücktritt der Grundschulden hinter die Auflassungsvormerkung angesehen,[42] da der Erwerber dann gem. §§ 888 Abs. 1, 883 Abs. 3 BGB von dem nachrangigen Gläubiger die Löschung der Grundschulden verlangen kann. 23

Zulässig ist auch die (selten vereinbarte) Übernahme der Grundschuld durch den Erwerber. Die Übernahme der Grundschuld durch den Erwerber ist einer Entgegennahme von Vermögenswerten des Erwerbers durch den Bauträger gleichzusetzen, genauso, als wenn der Erwerber dem Bauträger Geldmittel übergibt. Sie ist daher nur zulässig, wenn und soweit die Voraussetzungen von Abs. 1 und 2 vorliegen, sodass der Betrag der Grundschuld nicht über den zulässigen Baufortschrittsraten liegen darf.[43] 24

VI. Baugenehmigung, § 3 Abs. 1 Nr. 4 MaBV

Das Risiko, für ein möglicherweise baurechtswidriges Vorhaben bezahlen zu müssen, hat der Verordnungsgeber als unzumutbar angesehen. Daher muss entweder eine Baugenehmigung oder eines der in den Bauordnungen der Länder vorgesehenen Surrogate vorliegen. Ist eine Baugenehmigung notwendig, darf sie nicht unter Auflagen oder Bedingungen stehen, die dem geplanten Bauvorhaben widersprechen.[44] Auch Teilbaugenehmigungen erlauben nicht die Entgegennahme von Vermögenswerten.[45] 25

1. Bestandskraft der Baugenehmigung?

Nach überwiegender Meinung muss die Baugenehmigung nicht bestandskräftig sein, da die Bestandskraft in Abs. 1 Nr. 4 nicht erwähnt wird. Oft ist der Eintritt der Bestandskraft zeitlich nicht genau feststellbar, weil nicht erkennbar ist, ob und gegebenenfalls bis wann Nachbarwidersprüche noch möglich sind.[46] An dieser Stelle wird zum wiederholten Male deutlich, dass die MaBV nur einen begrenzten Erwerberschutz bietet. Wird die Baugenehmigung widerrufen oder ist sie erloschen, darf der Bauträger keine Gelder entgegennehmen oder hat sie gegebenenfalls zurückzugeben. Teilweise wird auch vertreten, dass der Bauträger keine Vermögenswerte annehmen darf, wenn über einen Nachbarwiderspruch noch nicht rechtskräftig entschieden ist oder über eine An- 26

---

39 *Basty*, Der Bauträgervertrag, Rn. 426.
40 *Kutter*, in: Beck'sches Notarhandbuch, A II Rn. 72.
41 *Grizwotz/Bischoff*, MaBV § 3 Rn. 92, zweifelhaft.
42 Siehe nur: *Blank*, Bauträgervertrag, Rn. 143; *Basty*, Der Bauträgervertrag, Rn. 334 weist darauf hin, dass eine solche Regelung gegen § 307 BGB verstoßen könnte.
43 *Marcks*, MaBV § 3 Rn. 28.
44 *Grizwotz/Bischoff*, MaBV § 3 Rn. 102.
45 *Hansen*: in Hansen/Nitschke/Brock, Bauträgerrecht, 2. Teil Rn. 153.
46 *Marcks*, MaBV § 3 Rn. 22; a.A. 3.3.1.4 MaBVwV.

fechtung der Baugenehmigung noch kein rechtskräftiges Urteil vorliegt. Gewerberechtlich besteht allerdings kein Verbot, in diesem Fall Gelder entgegenzunehmen. Jedoch hat der Bauträger zivilrechtlich die Pflicht, die Erwerber über die Risken der Zahlung in diesem Fall aufzuklären. Lediglich dann, wenn z.B. aufgrund einstweiliger Verfügung der Weiterbau untersagt wird, dürfte die nicht vollzugsfähige Baugenehmigung der fehlenden Baugenehmigung gleichstehen und es bestünde ein Verbot, Vermögenswerte entgegenzunehmen.[47]

2. Surrogate der Baugenehmigung

27 Nach den Bauordnungen der Länder sind zahlreiche Bauvorhaben mit geringerer Bedeutung genehmigungsfrei. Dem tragen Abs. 4 a) und b) Rechnung, indem sie die Entgegennahme der Vermögenswerte in diesem Fall auch ohne Baugenehmigung zulassen. Zum Schutz des Erwerbers muss der Bauträger die Genehmigungsfreiheit dem Erwerber mitteilen, und es muss mindestens ein Monat nach Eingang der Bestätigung bei dem Erwerber vergangen sein, bevor der Bauträger Vermögenswerte entgegen nehmen kann. In dieser Zeit hat der Erwerber Gelegenheit, die Richtigkeit der Bestätigung des Bauträgers bei der zuständigen Baubehörde zu überprüfen. Es ist nicht Aufgabe des Notars, das Vorliegen dieser Voraussetzungen zu überprüfen. Tut er dies dennoch, haftet er auch für die Richtigkeit seiner Mitteilung.[48]

C. Ratenplan, § 3 Abs. 2 MaBV

28 Liegen die Voraussetzung gemäß Abs. 1 vor, darf der Gewerbetreibende Vermögenswerte gem. Abs. 2 entsprechend dem Bauablauf entgegennehmen. Fehlt nur eine der Voraussetzungen nach Abs. 1, darf der Gewerbetreibende selbst dann keine Vermögenswerte entgegennehmen, wenn der Baufortschritt dies ermöglichen würde. Abs. 2 Nr. 2 benennt zwölf mögliche Raten, wobei der Gewerbetreibende Vermögenswerte allerdings nur in bis zu sieben Teilbeträgen entgegennehmen darf, also aus den zwölf möglichen höchstens sieben Raten bilden darf. Die in Abs. 2 Nr. 2 genannten Raten stellen die Höchstsätze dar und dürfen nicht überschritten werden. Eine Zusammenfassung einzelner der zwölf Raten ist notwendig, damit die Höchstgrenze von sieben Raten nicht überschritten wird. Weniger als sieben Raten sind zulässig. Gerade bei fortgeschrittenem Bautenstand werden üblicherweise die schon erreichten Raten in einer Rate zusammengefasst. Danach kann der Bauträger noch bis zu sechs weitere Raten festlegen, wobei diese allerdings nicht kleiner sein dürfen, als die in Abs. 2 Nr. 2 angebenden Raten, so dass bei fortgeschrittenem Bautenstand der Fall eintreten kann, dass die Höchstgrenze von sechs weiteren Raten nicht mehr zur Verfügung steht.[49]

29 Die Raten dürfen nur entsprechend dem tatsächlichen Bauablauf entgegengenommen werden, so dass Abweichungen von der in Abs. 2 Nr. 2 vorgegeben Reihenfolge im Einzelfall denkbar sind.[50]

30 Bemessungsgrundlage für die Höchstwerte der Raten ist die Vertragssumme. Ist die Vertragssumme mit einer wirksamen Preiserhöhungsklausel versehen und erhöht sich demgemäß der Vertragspreis, ist eine Neuberechung der Gesamtraten vorzunehmen. Preiserhöhungsklauseln finden sich häufig bei Verträgen, die kurz vor der Erhöhung von Umsatzsteuersätzen abgeschlossen werden. Erhöhen sich dadurch bereits gezahlte Raten, ist der Erhöhungsbeitrag sofort fällig, ansonsten ist er mit den künftigen Raten einzuziehen.[51] Preisanpassungen können sich auch bei dem Kauf unvermessener Trennstücke von Grundstücken ergeben, wenn das verkaufte Grundstück nach Vermessung nicht genau die im Vertrag angegebene Größe hat. Auch dann ist der Ratenplan entsprechend anzupassen. Auch etwaige Mehr- oder Minderkosten für Sonderwünsche sind in die

---

47 Vgl. auch *Basty*, Der Bauträgervertrag, Rn. 444 f.
48 Grizwotz/*Bischoff*, MaBV § 3 Rn. 109 f.
49 Grizwotz/*Bischoff*, MaBV § 3 Rn. 124.
50 Beispiel bei Grizwotz/*Bischoff*, MaBV, § 3 Rn. 123.
51 *Hansen*, in: Hansen/Nitschke/Brock, Bauträgerrecht, 2. Teil Rn. 158.

Vertragssumme einzurechnen. Es ist auf jeden Fall unzulässig, Sonderwünsche außerhalb des Ratenplanes gesondert in Rechnung zu stellen.[52] Werden Sonderwünsche, die Einfluss auf den Vertragspreis haben, erst nach Beurkundung vereinbart, wird gelegentlich die Anpassung des Ratenplanes übersehen. Dies kann zur Unwirksamkeit des Ratenplanes führen. Der Ratenplan ist auch anzupassen, wenn nachträglich preisreduzierende Eigenleistungen des Erwerbers vereinbart werden.

Aufgrund der pauschalierten Berechnungsweise aus Abs. 2 ist es fast als Regelfall anzusehen, dass die Raten nicht genau dem Wert der erbrachten Leistung entsprechen. Dennoch dürfen auch zivilrechtlich die Raten entsprechend dem Ratenplan der MaBV vereinbart werden. Ein Ratenplan, der sich an § 3 orientiert, hält der Inhaltskontrolle nach § 307 BGB stand.[53] Verstößt der Ratenplan dagegen gegen Abs. 1 oder die Höchstsätze gemäß Abs. 2, ist er gemäß § 134 BGB nichtig. Rechtsfolge ist, dass an die Stelle der nichtigen Zahlungsvereinbarung § 641 Abs. 1 BGB tritt. Ein Rückgriff auf den Zahlungsplan des § 3 Abs. 2 MaBV oder auf § 632a BGB kommt nicht in Betracht.[54] Die Zahlungsregelung aus § 3 Abs. 2 MaBV ist keine Norm des Zivilrechts und tritt damit nicht als zivilrechtliche Ersatzregelung an die Stelle eines nichtigen vertraglichen Zahlungsplans. Vielmehr regelt § 3 Abs. 2 MaBV ausschließlich gewerberechtliche Verbote und Gebote, deren alleiniger Normadressat der Bauträger ist. Die sich aus einer Nichtigkeit der Zahlungsregelung ergebenden Lücke wird allein durch § 641 Abs. 1 S. 1 BGB geschlossen. Auch § 1 S. 1 HausbauVO enthält keine Regelung für den Fall, dass eine vertragliche Zahlungsbestimmung den Anforderungen des § 3 Abs. 2 MaBV nicht entspricht. Auch § 632a BGB steht nicht als Ersatzregelung für den nichtigen Zahlungsplan zur Verfügung, da dies in § 632a Abs. 2 BGB ausdrücklich ausgeschlossen ist. 31

Die Raten unterliegen nicht der Bauabzugssteuer.[55] 32

Üblicherweise wird der Ratenplan im Vertrag schon fixiert, weil alle Beteiligten Planungssicherheit wünschen. Streitig ist, ob auch eine flexible Fälligkeitsregelung, bei der dem Bauträger das Recht zum Abruf der Raten nach seinem Ermessen (selbstverständlich im Rahmen der Höchstgrenzen) zugebilligt wird, zulässig ist. Der Wunsch des Erwerbers nach Planungssicherheit ist jedenfalls kein ausreichendes Argument für die Auffassung, dass die Raten schon im Vertrag festzulegen seien.[56] Für die Zulässigkeit einer flexiblen Fälligkeitsregelung spricht auch, dass in § 3 Abs. 2 S. 1 MaBV die Pflicht zur endgültigen Festlegung der Raten im Vertrag nicht erwähnt ist. 33

I. Erste Rate (Erdarbeiten)

Die Raten dürfen jeweils erst nach Erreichen des Bautenstandes entgegengenommen werden. 34

Die erste Teilrate gemäß Absatz 2 Nr. 1 darf in den Fällen, in denen dem Erwerber Eigentum an einem Grundstück übertragen werden soll, dreißig von Hundert der Vertragssumme betragen und nach Beginn der Erdarbeiten entgegengenommen werden. Wird ein Erbbaurecht bestellt oder übertragen, dürfen zwanzig von Hundert der Vertragssumme entgegengenommen werden. 35

---

52 Grizwotz/*Bischoff*, MaBV § 3 Rn. 129.
53 BGH, Urt. v. 22.07.2007, VII ZR 268/05 = NJW 2007, 1947; *Drasdo*, NJW 2007, 2741; Palandt/*Grüneberg*, BGB § 307 Rn. 87; a.A. *Basty*, Der Bauträgervertrag, Rn. 473 f.; Grizwotz/*Bischoff*, MaBV § 3 Rn. 121.
54 BGH, Urt. v. 22.07.2007 – VII ZR 268/05 = NJW 2007, 1947 in Fortführung von BGH, Urt. v. 22.12.2000 – VII ZR 310/99 = BauR 2001, 391.
55 Vgl. Gesetz zur Eindämmung illegaler Betätigung im Baugewerbe, da der Erwerber kein Bauherr ist: BMF Schreiben vom 27.12.2002 – IV A 5-F 2272 Rn. 18, Fundstelle: www.bundesfinanzministerium.de.
56 So auch *Basty*, Der Bauträgervertrag, Rn. 489; vgl. auch OLG Celle, Urt. v. 06.08.2003, 7 U 36/03 = BauR 2004, 1007; a.A. Grizwotz/*Bischoff*, MaBV § 3 Rn. 126, da auch § 632a BGB im Rahmen eines Werkvertrages Abschlagszahlungen ohne vertragliche Regelung zulässt.

Die Erdarbeiten beginnen mit der Abtragung des Mutterbodens, bildhaft gesprochen mit dem ersten Spatenstich.[57] Der erste Spatenstich darf aber nicht nur ein rein symbolischer Festakt sein, sondern muss tatsächlich den Beginn der Erdarbeiten darstellen.[58]

36 Nicht als Beginn der Erdarbeiten anzusehen sind: Vorbereitung für den Erdaushub, wie z.B. das Säubern der Baustelle, das Fällen von Bäumen,[59] Erdarbeiten außerhalb des Grundstücks, wie z.B. Erschließungsarbeiten, Erschließungs- und Erdarbeiten für benachbarte Grundstücke im Rahmen desselben Vorhabens,[60] Bereitstellung von Baumaschinen,[61] Abriss alter Gebäude (anders ist dies nur dann, wenn die Baugrube nach Abriss des alten Gebäudes Teil der Baugrube des Neuen ist),[62] Beseitigung von Bodenverunreinigungen, es sei denn, in diesem Zusammenhang wird bereits die Baugrube ausgehoben.[63]

37 Dass die erste Rate sehr ungenau ist, hat der Verordnungsgeber hingenommen. Es ist daher unerheblich, wenn es z.B. wegen eines geringen Grundstückswertes bei der ersten Rate zu einer Überzahlung durch den Erwerber kommt.

II. Berechnung der weiteren Teilraten

38 Die weiteren Teilbeträge gemäß Absatz 2 Nr. 2 werden aus der restlichen Vertragssumme gebildet, also bis zu 70 %, wenn Eigentum verschafft werden soll und bis zu 80 % bei der Verpflichtung zur Bestellung oder Übertragung eines Erbbaurechts. Dieser Restteil der Vertragssumme ist zum Zwecke der Berechnung wieder als hundert Prozent anzusetzen. Die Vomhundertsätze in Absatz 2 Nr. 2 sind daher nicht auf den gesamten Erwerbspreis anzuwenden.

39 Umgerechnet in Prozentsätze aus der *gesamten* Vertragssumme ergeben sich folgende Raten:
– Wird das Eigentum an einem Grundstück übertragen, kann der Bauträger 30 % der Vertragssumme nach Beginn der Erdarbeiten verlangen, soll ein Erbbaurecht bestellt oder übertragen werden, 20 % der Vertragssumme.
– Bei einer Übertragung von Eigentum kann der Bauträger 28 % von der restlichen Vertragssumme nach Rohbaufertigstellung, einschließlich Zimmererarbeiten, verlangen, 32 % bei Bestellung oder Übertragung eines Erbbaurechts.
– Für die Herstellung der Dachflächen und Dachrinnen kann der Bauträger 5,6 % bei Übertragung des Eigentums, 6,4 % bei Bestellung oder Übertragung des Erbbaurechts verlangen.
– Für die Rohinstallation der Heizungsanlagen kann der Bauträger 2,1 % bei der Übertragung des Eigentums, 2,4 % bei Bestellung oder Übertragung des Erbbaurechts verlangen.
– Für die Rohinstallation der Sanitäranlagen kann der Bauträger 2,1 % bei Übertragung des Eigentums, 2,4 % bei Bestellung oder Übertragung des Erbbaurechts verlangen.
– Für die Rohinstallation der Elektroanlagen kann der Bauträger 2,1 % bei der Übertragung des Eigentums, 2,4 % bei Bestellung oder Übertragung des Erbbaurechts verlangen.
– Für den Fenstereinbau einschließlich der Verglasung kann der Bauträger 7,0 % bei Übertragung des Eigentums, 8,0 % bei Bestellung oder Übertragung des Erbbaurechts verlangen.
– Für den Innenputz, ausgenommen Beiputzarbeiten kann der Bauträger 4,2 % bei der Übertragung des Eigentums verlangen, 4,8 % bei Bestellung oder Übertragung des Erbbaurechts.
– Für den Estrich kann der Bauträger 2,1 % bei der Übertragung des Eigentums am Grundstück verlangen, 2,4 % für den Fall der Bestellung oder Übertragung des Erbbaurechts.
– Für die Fliesenarbeiten im Sanitärbereich kann der Bauträger 2,8 % bei Übertragung des Eigentums verlangen, 3,2 % bei Bestellung oder Übertragung des Erbbaurechts.

---

57 *Marcks*, MaBV § 3, Rn. 30.
58 Grizwotz/*Bischoff*, MaBV § 3 Rn. 144.
59 *Marcks*, MaBV § 3 Rn. 30.
60 *Marcks*, MaBV § 3 Rn. 30.
61 Grizwotz/*Bischoff*, MaBV § 3 Rn. 144.
62 *Basty*, Der Bauträgervertrag, Rn. 502.
63 Grizwotz/*Bischoff*, MaBV § 3 Rn. 148.

- Nach Bezugsfertigkeit und Zug um Zug gegen Besitzübergabe kann der Bauträger 8,4 % bei Übertragung des Eigentums verlangen, 9,6 % bei Bestellung oder Übertragung des Erbbaurechts.
- Für die Fassadenarbeiten kann der Bauträger 2,1 % bei Übertragung des Eigentums verlangen, 2,4 % bei Bestellung oder Übertragung des Erbbaurechts.
- Nach vollständiger Fertigstellung ergibt sich bei Übertragung des Eigentums dann noch einmal eine Rate von 3,5 %, bei Bestellung oder Übertragung des Erbbaurechts eine Rate von 4 %.

III. Zweite Rate (Rohbaurate)

Diese Rate darf nach Fertigstellung des Rohbaus einschließlich Zimmererarbeiten entgegengenommen werden. Zu diesen Arbeiten rechnen die Herstellung der tragenden Teile des Bauwerks, der Schornsteine, der Treppen und aller damit zusammenhängenden Erd-, Maurer- und Betonarbeiten und die hierzu erforderlichen Abdichtungsleistungen. An Zimmererarbeiten müssen der Dachstuhl und sämtliche Verschalungsarbeiten fertig gestellt sein. Damit zusammenhängende Imprägnierungsarbeiten und Holzschutzmaßnahmen müssen durchgeführt sein.[64] 40

Nicht hierzu zählen die Dachkonstruktionen, da es hierfür eine eigene (dritte) Rate gibt. Auch nicht tragende Wände oder eine Dacheindeckung auf den Lattungen oder die Durchführung von Fassadenarbeiten (diese sind in der zwölften Rate enthalten), sind für das Geltendmachung der Rate nicht erforderlich.[65] Fallen für die Herstellung des Daches keine Zimmererarbeiten an, kann die Rate schon dann entgegengenommen werden, wenn die erforderlichen Betonarbeiten betreffend das Dach durchgeführt worden sind.[66] 41

IV. Dritte Rate (Dachflächen und Dachrinnen)

Dachflächen und Dachrinnen sind hergestellt, wenn die Dacheindeckung samt First und damit zusammenhängende Lattungen fertig gestellt ist. Genauso müssen etwaige nach der Baubeschreibung geschuldete Wärmedämmarbeiten durchgeführt sein. Fallrohre müssen nicht fertig gestellt sein.[67] Nicht notwendig ist die Herstellung von Verwahrungen und Einfassungen am Kamin oder ähnliche Arbeiten. Etwaige Begrünungsarbeiten auf dem Dach können später durchgeführt werden.[68] Das Dach muss dicht sein, sodass etwaige Dachflächenfenster und Lichtkuppeln eingebaut sein müssen.[69] 42

V. Vierte Rate (Heizungsanlage)

Die Rohinstallation der Heizungsanlage umfasst alle Rohrleitungen und -anlagen, die zum Betrieb der Heizung erforderlich sind, außer Thermostate, Temperaturregler und Bedienungselemente sowie Heizkörper und deren Anschlüsse. Der Heizkessel muss aufgestellt sein, die Heizungsanlage muss insgesamt betriebsbereit sein, sofern es nicht auf die der Endinstallation zuzurechnende Einrichtung und den Anschluss an das öffentliche Versorgungsnetz ankommt. Bei einer Fußbodenheizung ist der Einbau der Heizschlangen erforderlich.[70] 43

---

64 *Hansen*, in: Hansen/Nitschke/Brock, Bauträgerrecht, 2. Teil Rn. 165; Grizwotz/*Bischoff*, MaBV § 3 Rn. 152 f.
65 *Hansen*, in: Hansen/Nitschke/Brock, Bauträgerrecht, 2. Teil Rn. 165.
66 *Hansen*, in: Hansen/Nitschke/Brock, Bauträgerrecht, 2. Teil Rn. 166.
67 *Marcks*, MaBV § 3 Rn. 36, *Basty*, Der Bauträgervertrag, Rn. 509; a.A. *Hansen*, in: Hansen/Nitschke/Brock, 2.Bauträgerrecht, 2. Teil Rn. 166.
68 *Hansen, in:* Hansen/Nitschke/Brock, Bauträgerrecht, 2. Teil Rn. 166.
69 Grizwotz/*Bischoff*, MaBV § 3 Rn. 154.
70 *Hansen, in:* Hansen/Nitschke/Brock, Bauträgerrecht, 2. Teil Rn. 166; Marcks, MaBV § 3 Rn. 37.

VI. Fünfte Rate (Sanitäranlagen)

44 Die Rohinstallation der Sanitäranlagen umfasst alle Wasser- und Abwasserleitungen einschließlich der Leitungen zur öffentlichen Kanalwasserleitung für Küchen (Spüle und Spülmaschinen), Bäder und Toiletten, die Wandanschlüsse für Badewannen, Waschbecken und Toiletten. Die Sanitäreinrichtungen wie Wannen, Duschen, Waschbecken sind dagegen Bestandteil der Endinstallation.[71]

VII. Sechste Rate (Elektroanlagen)

45 Die Rohinstallation der Elektroanlagen umfasst den Einbau aller elektrischen Leitungen des Hauses, die unter oder auf Putz verlegt werden bis zu den Decken- und Wandauslässen. Auch die üblichen elektrischen Sicherungsanlagen sowie die Anbindung an das Energieversorgungsnetz müssen vorliegen. Wird ein Aufzug eingebaut, soll auch dessen Einbau als Bestandteil der Rohinstallation der Elektroanlagen gelten.[72]

VIII. Siebente Rate (Fenstereinbau einschließlich Verglasung)

46 Hierzu gehören neben den eigentlichen Fenstern auch der Einbau von Balkon- und Terrassentüren. Der Einbau eines Wintergartens ist nur hierzu zu zählen, wenn das Gebäude ohne den Wintergarten nicht abgeschlossen wäre.[73]

IX. Achte Rate (Innenputz)

47 Der gesamte Innenputz muss fertig gestellt sein. Streitig ist, ob hierzu auch eine etwaige Wärmedämmung innerhalb des Gebäudes oder eine aus Gipsplatten bestehende Deckenabhängung gehören.[74] Richtigerweise darf der Wortlaut als Auslegungsgrenze nicht überschritten werden, auch wenn der Verordnungsgeber bei der Begrifflichkeit nicht alle Formen des Innenausbaus berücksichtigt hat. Die Fertigstellung der Wärmedämmung oder der Einbau von Gipsplatten sind daher keine Voraussetzung für die Entgegennahme der Rate.

X. Neunte Rate (Estrich)

48 Hierzu gehören alle Estricharbeiten, nicht aber Leistungen, wie z.B. der Einbau von Holzfußböden, die an die Stelle von Estricharbeiten treten. Auch hier ist der Wortlaut der Verordnung die Grenze der Auslegung.[75]

XI. Zehnte Rate (Fliesenarbeiten im Sanitärbereich)

49 Diese Rate betrifft die Fliesenarbeiten in Bädern und Toiletten, also das Aufbringen der Fliesen auf Böden und Wänden einschließlich des Verfugens. Fliesenarbeiten außerhalb des Sanitärbereichs, z.B. in Wohnräumen, sind nicht Gegenstand dieser Rate.[76]

---

71 Zum Zwecke des Erreichens der Bezugsfertigkeit, vgl. *Hansen*, in: Hansen/Nitschke/Brock, Bauträgerrecht, 2. Teil Rn. 168; Grizwotz/*Bischoff*, MaBV § 3 Rn. 158.
72 *Hansen*, in: Hansen/Nitschke/Brock, Bauträgerrecht, 2. Teil Rn. 169; Grizwotz/Bischoff, MaBV § 3 Rn. 159.
73 *Basty*, Der Bauträgervertrag, Rn. 513.
74 Dagegen *Basty*, Der Bauträgervertrag, Rn. 514; dafür *Hansen:* in Hansen/Nitschke/Brock, Bauträgerrecht, 2. Teil Rn. 171.
75 *Hansen*, in: Hansen/Nitschke/Brock, Bauträgerrecht, 2. Teil Rn. 172; a.A. Grizwotz/*Bischoff*, MaBV § 3 Rn. 163.
76 *Hansen*, in: Hansen/Nitschke/Brock, Bauträgerrecht, 2. Teil Rn. 173.

XII. Elfte Rate (nach Bezugsfertigkeit und Zug um Zug gegen Besitzübergabe)

Die Bezugsfertigkeit ist dann gegeben, wenn das Gebäude oder die Wohnung einen Zustand erreicht haben, der einen Bezug durch den Erwerber oder einen Mieter zumutbar erscheinen lässt. Dieser Zeitpunkt ist nach objektiven Kriterien zu bestimmen. Auf subjektive Einschätzungen des Erwerbers, dass er die Bezugsfertigkeit als gegeben erachte, kommt es nicht an.[77] Vereinbarungen zwischen Bauträger und Erwerber, die die Bezugsfertigkeit fingieren, heben das Entgegennahmeverbot in Bezug auf diese Rate nicht auf. 50

Auch auf behördliche Genehmigungen kommt es nicht an. Entscheidend ist allein, dass Erwerber oder Nutzer das normale Wohnbedürfnis ohne Gefahr für die Sicherheit oder Gesundheit uneingeschränkt und dauerhaft erfüllen können. Der Zugang zu dem Objekt muss sicher sein, Türen, Fenster, Licht, Wasser, Heizung, Kochmöglichkeiten und sämtliche Sanitäreinrichtungen müssen vorhanden sein und genutzt werden können.[78] Die Beheizungsmöglichkeit muss selbst dann gegeben sein, wenn die Übergabe außerhalb der Heizperiode stattfindet.[79] Die Benutzbarkeit der Wohnung muss gegeben sein, so dass es nicht ausreicht, wenn der Bauträger zwar alle Leistungen erbracht hat, aber zum Beispiel eine Parkettversiegelung noch nicht ausreichend ausgehärtet ist.[80] Die Bezugsfertigkeit kann vorliegen, obwohl noch Rollläden an Gaubenfenstern fehlen oder die Brüstungshöhe der Fenster falsch ist oder es noch Mängel des Gemeinschaftseigentums gibt.[81] Zur Bezugsfertigkeit einer Wohnung gehört auch, dass das Treppenhaus fertig gestellt ist. Baulärm aus anderen, später fertig gestellten Wohnungen, spricht nicht gegen die Bezugsfertigkeit, wenn Baulärm und Bauschmutz nur noch in einem tolerierbaren Umfang in das Treppenhaus dringen und es nicht zu einer erheblichen Lärmbelastung kommt. Die Fertigstellung des Wärmedämmputzes gehört zur Bezugsfertigkeit, weil ohne diesen Putz die Gefahr der Bildung von Kondensat und Schimmelpilzen in diesem Bereich besteht.[82] Der Außenputz wird ansonsten nicht als Voraussetzung der Bezugsfähigkeit angesehen. Grundsätzlich ist die Fertigstellung einer Garage oder eine Stellplatzes nicht die Voraussetzung der Bezugsfähigkeit.[83] Notwendig ist die Erbringung der Fliesen- und Plattenarbeiten, Tischler- und Parkettlegearbeiten, Metallbau- und Schlosserarbeiten, Maler- und Tapezierarbeiten und gegebenenfalls der Einbau der Kücheneinrichtung.[84] 51

Ist die Bezugsfertigkeit gegeben, darf die Rate nur Zug um Zug gegen Besitzübergabe entgegengenommen werden. Besitzübergabe bedeutet die Einräumung der tatsächlichen Sachherrschaft, vgl. § 854 Abs. 2 BGB. Regelmäßig erfolgt die Besitzübergabe durch Aushändigung der Schlüssel.[85] Dass noch andere Personen, wie der Bauträger und die beauftragen Handwerker Zutritt zum Vertragsobjekt erhalten, um Mängel zu beseitigen und Restarbeiten durchzuführen, ist unschädlich.[86] Ein Bezug des Objektes ist für die Annahme der Besitzeinräumung nicht notwendig.[87] 52

Die Rate darf nur Zug um Zug gegen Besitzübergang entgegen genommen werden, was in der Praxis zu erheblichen Problemen führt, mit der Folge, dass die Zug um Zug Abwicklung eher die 53

---

77 *Hansen,* in: Hansen/Nitschke/Brock, Bauträgerrecht, 2. Teil Rn. 174; Basty, Der Bauträgervertrag, Rn. 517.
78 *Hansen,* in: Hansen/Nitschke/Brock, Bauträgerrecht, 2. Teil Rn. 174.
79 *Basty,* Der Bauträgervertrag, Rn. 519; *Hansen,* in: Hansen/Nitschke/Brock, Bauträgerrecht, 3. Teil Rn. 174; a.A. Grziwotz/*Bischoff,* MaBV § 3 Rn. 166.
80 OLG Schleswig, Urt. v. 12.08.2005, 1 U 211/00 = IBR 2006, 337.
81 OLG Frankfurt, Urt. v. 13.11.2002, 32 U 248/01 = IBR 2003, 608.
82 OLG Hamm, Urt. v. 31.05.2007, 24 U 150/04 = IBR 2007, 1371.
83 *Hansen,* in: Hansen/Nitschke/Brock, Bauträgerrecht, 2. Teil Rn. 174.
84 *Marcks,* MaBV, § 3 Rn. 40 unter Hinweis auf die Begründung zur Änderungsverordnung vom 14.02.1997 (Seite 7 BR-Drucks. 1004/96).
85 *Basty,* Der Bauträgervertrag, Rn. 525.
86 *Basty,* Der Bauträgervertrag, Rn. 525.
87 Grziwotz/*Bischoff,* MaBV § 3 Rn. 171.

Ausnahme als die Regel ist. Eine reine Zug um Zug Leistung würde nur dann vorliegen, wenn Bargeld oder ein bankbestätigter Barscheck gegen Besitz, also Schlüsselübergabe, übergeben werden.[88] Demgegenüber erfolgt die Abwicklung dieser Rate in der Realität häufig so, dass eine Vorbesichtigung der Wohnung erfolgt, bei der die Parteien klären, ob sie die Bezugsfertigkeit für gegeben halten. Der Erwerber überweist danach die Rate an den Bauträger und erhält nach Geldeingang die Schlüssel. Diese Abwicklung entspricht nicht der MaBV, wobei das Entgegennahmeverbot nur solange besteht, bis der Besitz eingeräumt ist, sodass allenfalls das Restrisiko eines Ordnungswidrigkeitenverfahrens gemäß § 18 MaBV bleibt. Zur Lösung dieser Problematik wird diskutiert, dass der Erwerber die fällige Rate auf Notaranderkonto oder ein anderes treuhänderisch geführtes Konto einzahlt, der Bauträger nach Einzahlung den Besitz übergibt und der Notar bzw. der sonstige Treuhänder danach den Ratenbetrag an den Bauträger auszahlt. Trotz Bedenken wird diese Form der Abwicklung für zulässig erachtet.[89] Die Vereinbarung über Anderkontenabwicklung und auch die entsprechenden Treuhandverträge müssen allerdings gewährleisten, dass der Erwerber den hinterlegten Betrag zurück erhält, wenn das Objekt nicht bezugsfertig ist oder nicht übergeben wird, da ansonsten das Leistungsverweigerungsrecht gesetzeswidrig erschwert wird, vgl. § 309 Nr. 2 a) BGB.[90]

XIII. Zwölfte Rate (Fassadenarbeiten)

54 Fassadenarbeiten umfassen alle Arbeiten, die die Außenwände des Gebäudes nach Rohbaufertigstellung betreffen, wie etwa Aufbringen des Putzes und Wärmeschutzarbeiten. Streitig ist die Behandlung von Fallrohren. Nach herrschender Meinung gehören diese zu den Fassadenarbeiten.[91]

55 Klinkerarbeiten sind grundsätzlich Rohbau- und keine Fassadenarbeiten. Anderes soll gelten, wenn es sich um eine vorgehängte Klinkerfassade handelt.[92]

XIV. Dreizehnte Rate (Fertigstellung)

56 Diese Rate kann fällig gestellt werden, wenn alle vertraglich geschuldeten Leistungen fertig gestellt worden sind. Wann das der Fall ist, ist umstritten, und es werden im Wesentlichen die folgenden Meinungen vertreten. Nach der strengsten Auffassung muss die Leistung mangelfrei erbracht worden sein, und das Vorliegen dieses Tatbestandsmerkmals könne erst nach Ablauf der Verjährungsfrist für Sach- und Rechtsmängel zu bejahen werden.[93] Nach einer vermittelnden Meinung kann von einer vollständigen Fertigstellung dann ausgegangen werden, wenn alle Mängel, insbesondere die so genannten Protokollmängel, vollständig beseitigt sind.[94]

57 Nach einer dritten Auffassung ist die vollständige Fertigstellung bereits dann gegeben, wenn das Objekt abnahmereif ist, also keine wesentlichen Mängel mehr vorhanden sind.[95] Unwesentliche Protokollmängel würden danach das Recht zur Entgegennahme der Raten nicht beeinträchtigen. Nach einer vierten Auffassung berechtigen Mängelrügen den Auftraggeber jedenfalls nach MaBV nicht zur Einbehaltung der jeweiligen Rate.[96]

---

88 *Basty,* Der Bauträgervertrag, Rn. 526.
89 Vgl. insbesondere *Basty,* Der Bauträgervertrag, Rn. 528; Grziwotz/*Bischoff,* MaBV § 3 Rn. 175.
90 Grziwotz/*Bischoff,* MaBV § 3 Rn. 175.
91 Vgl. nur Grziwotz/*Bischoff,* MaBV § 3 Rn. 155; a.A. Basty, Der Bauträgervertrag, Rn. 533.
92 *Hansen,* in: Hansen/Nitschke/Brock, Bauträgerrecht, 2. Teil Rn. 175.
93 *Thode,* WuB I E 5.-601; Kaufmann, BauR 2002, 997, 1004.
94 OLG Naumburg, Urt. v. 01.07.1999, 3 U 57/98 = IBR 1999, 532; OLG Koblenz, Urt. v. 18.12.1998, 10 U 692/98 = NJW-RR 1996, 671.
95 *Pause,* Bauträgerkauf, Rn. 336.
96 *Marcks,* MaBV § 3 Rn. 43.

Vorzugswürdig ist die vermittelnde Auffassung, wonach die Abnahmereife gegeben und die Protokollmängel, mögen sie auch unwesentlich sein, beseitigt sein müssen.[97] Auch der BGH scheint diese Auffassung zu teilen.[98] Die strengste Auffassung dagegen führt zu dem seltsamen Ergebnis, dass der Schutz durch die MaBV stärker wäre als der über das allgemeine Zivilrecht.[99] Die Vertreter der vierten Auffassung haben zwar für sich das Argument, dass sie den Unterschied zwischen gewerberechtlichem Entgegennahmeverbot und den zivilrechtlichen Schutznormen wie dem Zurückbehaltungsrecht klar und deutlich herausarbeiten. Andererseits kann sicherlich nicht von einer Fertigstellung des Vertragsgegenstandes ausgegangen werden, wenn die Beteiligten sich darüber einig sind, dass das Objekt nicht abnahmefähig ist und dies im Abnahmeprotokoll festhalten.[100] Dies spricht auch gegen die dritte Auffassung. Der Unterschied zwischen der vierten Auffassung und der vermittelnden Auffassung besteht letztlich im Ergebnis nur darin, dass nach der vierten Auffassung der Erwerber sein Zurückbehaltungsrecht ausüben muss, während nach den vermittelnden Auffassung schon gewerberechtlich ein Verbot der Entgegennahme der Rate besteht.

58

XV. Mängel der Teilleistung

Mängel von Teilleistungen führen nicht zu einem Verbot der Entgegennahme der betreffenden Rate. Etwas anderes gilt nur dann, wenn die in Rechnung gestellte Teilleistung wesentliche Mängel hat, da dann der einzelne Bauabschnitt noch nicht fertig gestellt ist.[101]

59

XVI. Bauvorhaben

Die Fälligkeiten der einzelnen Raten orientiert sich an dem Baufortschritt des Bauvorhabens. Werden neben dem Haus oder der Wohnung noch weitere Gebäude sowie eine Garage veräußert, kommt es bei dem Recht zur Anforderung der Raten nach herrschender Meinung nur auf das Hauptgebäude und nicht auf den Bautenstand etwaiger Nebenanlagen wie Garagen, Einstellplätzen oder Außenanlagen an.[102] Nach anderer Auffassung kommt es auf den Bautenstand des Gesamtvorhabens an, sodass die Rohbaurate z.B. erst nach Fertigstellung des Rohbaus einer Garage angefordert werden könne. Das daraus resultierende Hinausschieben des Rechts zur Entgegennahme von Zahlungen soll dann aber durch die Möglichkeit, für die Nebenanlage einen gesonderten Kaufpreisteil mit gesonderten Raten im Vertrag auszuweisen, kompensierbar sein.[103] Gegen die letztgenannte Auffassung spricht, dass sich die Fertigstellung von Außenanlagen und Garagen zwanglos unter die Fertigstellungsrate subsumieren lässt. Eine Tiefgarage dagegen mit entsprechenden Stellplatz wird schon überwiegend aus konstruktiven Gründen keine Nebenanlage sein, die noch nach Bezugsfertigkeit fertig gestellt werden kann, so dass sich daraus auch kein Argument gegen die herrschende Meinung entnehmen lässt.[104] Werden Wohnungs- bzw. Teileigentum nach Wohnungseigentumsgesetz erworben, ist es ausreichend, dass der Bautenstand am erworbenen Sondereigentum erreicht ist. Bei den anderen Sondereigentumseinheiten muss der Bautenstand noch nicht erreicht sein, so dass es zum Beispiel nicht darauf ankommt, dass Innenputzarbeiten auch in anderen Wohnungen abgeschlossen sind.[105]

60

---

97 *Hansen*, in: Hansen/Nitschke/Brock, Bauträgerrecht, 2. Teil Rn. 204.
98 BGH, Urt. v. 22.10.2002, XI ZR 393/01, BauR 2003, 243.
99 *Basty*, Der Bauträgervertrag, Rn. 542.
100 So auch *Hansen*, in: Hansen/Nitschke/Brock, Bauträgerrecht, 2. Teil Rn. 203.
101 Grziwotz/*Bischoff*, MaBV § 3 Rn. 137.
102 OLG Hamm, Beschl. v. 03.11.1994, 21 W 16/92 = MittRhNotK 1995, 142; *Marcks*, MaBV § 3 Rn. 26; Grziwotz/*Bischoff*, § 3 Rn. 134.
103 *Basty*, Der Bauträgervertrag, Rn. 592 f.; *Blank*, Bauträgervertrag, Rn. 219 f.
104 A.A. *Basty*, Der Bauträgervertrag, Rn. 592.
105 Grziwotz/*Bischoff*, MaBV § 3 Rn. 187.

61 Hinsichtlich des Gemeinschaftseigentums ist zu berücksichtigen, dass dieses nicht künstlich aufgespalten werden kann, sodass der Bautenstand der jeweiligen Rate bei dem gesamten Gemeinschaftseigentum vorhanden sein muss. Demzufolge muss der Rohbau des gesamten Objekts fertig gestellt sein. Auch die Estrichrate kann erst angefordert werden, wenn in dem gesamten Objekt der Estrich eingebracht ist.[106] Eine Ausnahme soll bei Mehrhausanlagen gelten, wenn es sich um mehrere bautechnisch selbständige Häuser handelt oder bei Außenseiten von Fenstern, weil diese bei funktionaler Betrachtungsweise einem anderen Sondereigentum zuzurechnen seien.[107] Entscheidend ist die vertragliche Vereinbarung, also was von dem Bauträger gegenüber dem Erwerber als Bauleistung geschuldet ist. Bei Einzel- oder Reihenhäusern werden häufig nur der Bau des Hauses des Erwerbers und die Erstellung der für alle Erwerber nutzbaren Gemeinschaftsanlagen geschuldet sein, nicht aber Anlagen, die per Sondernutzungsrecht einem anderer Erwerber zugeordnet sind.[108] Vorsorglich sollte im Kaufvertrag eine Klarstellung über den Leistungsumfang erfolgen.

XVII. Entfall von Leistungen

62 Werden einzelne Leistungen nicht erbracht, z.B. weil nur ein Rohbau geschuldet ist oder weil Ausbauleistungen vom Erwerber selbst erbracht werden, ist nach Abs. 2 S. 3 der jeweilige Vomhundertsatz anteilig auf die übrigen Raten zu verteilen. Der prozentuale Anteil für die entfallene Leistung ist nach h.M. auf alle verbleibenden Raten, einschließlich die Grundstücksrate zu verteilen und nicht etwa nur auf die sechs Raten, die der Erwerber noch zu leisten hat.[109] Nach anderer Auffassung sind die prozentual weggefallenen Anteile nur auf die zeitlich der weggefallenen Rate nachfolgenden Raten zu verteilen.[110] Der Wortlaut der Regelung spricht für die h.M., sodass auch zeitlich vorhergehende Raten einschließlich der Baubeginnrate entsprechend anzupassen sind. Die Anpassung erfolgt nach folgender Formel:

$$\frac{\text{Prozentsatz der zu berechnenden Einzelrate} \times 100}{100 - \text{Prozentsatz der entfallenen Rate}} = \text{neue Einzelrate in Prozent}$$

63 Entfällt z.B. wegen Eigenleistungen das Gewerk Fliesenarbeiten im Sanitärbereich (4 %), wird die Grundstücksrate (30 %) wie folgt berechnet:

$$\frac{30\ \% \times 100}{100 - 4\ \%} = 31{,}91\ \% \text{ (Höhe der Grundstücksrate)}^{111}$$

§ 4 Verwendung von Vermögenswerten des Auftraggebers

(1) Der Gewerbetreibende darf Vermögenswerte des Auftraggebers, die er erhalten hat oder zu deren Verwendung er ermächtigt worden ist, nur verwenden
1. in den Fällen des § 34c Absatz 1 Satz 1 Nummer 1, 1a und 2 der Gewerbeordnung zur Erfüllung des Vertrages, der durch die Vermittlung oder die Nachweistätigkeit des Gewerbetreibenden zustande gekommen ist,
2. in den Fällen des § 34c Abs. 1 Satz 1 Nr. 4 der Gewerbeordnung zur Vorbereitung und Durchführung des Bauvorhabens, auf das sich der Auftrag bezieht; als Bauvorhaben gilt das einzelne Gebäude, bei Einfamilienreihenhäusern die einzelne Reihe.

---

106 BayObLG, Beschl. v. 16.12.1993, 2 ZBR 13/93 = NJW-RR 1994, 598.
107 OLG Hamm, Urt. v. 22.08.1991, 15 W 166/91 = NJW-RR 1992, 148; Grziwotz/*Bischoff*, MaBV § 3 Rn. 189.
108 Grziwotz/*Bischoff*, MaBV, § 3 Rn. 189.
109 Grziwotz/*Bischoff*, MaBV, § 3 Rn. 183 ff.
110 *Blank*, Bauträgervertrag, Rn. 241.
111 Vgl. auch Grziwotz/*Bischoff*, MaBV § 3 Rn. 185; Basty, Der Bauträgervertrag, Rn. 566 ff.

(2) Der Gewerbetreibende darf in den Fällen des § 34c Abs. 1 Satz 1 Nr. 4 Buchstabe b der Gewerbeordnung, in denen er das Bauvorhaben für mehrere Auftraggeber vorbereitet und durchführt, die Vermögenswerte der Auftraggeber nur im Verhältnis der Kosten der einzelnen Einheiten zu den Gesamtkosten des Bauvorhabens verwenden.

Kommentierung s. § 6 MaBV.

§ 5 Hilfspersonal

Ermächtigt der Gewerbetreibende andere Personen, Vermögenswerte des Auftraggebers zur Ausführung des Auftrages entgegenzunehmen oder zu verwenden, so hat er sicherzustellen, daß dies nur nach Maßgabe der §§ 3 und 4 geschieht.

Kommentierung s. § 6 MaBV.

§ 6 Getrennte Vermögensverwaltung

(1) Erhält der Gewerbetreibende zur Ausführung des Auftrages Vermögenswerte des Auftraggebers, so hat er sie von seinem Vermögen und dem seiner sonstigen Auftraggeber getrennt zu verwalten. Dies gilt nicht für vertragsgemäß im Rahmen des § 3 Abs. 2 oder 3 geleistete Zahlungen.

(2) Der Gewerbetreibende hat Gelder, die er vom Auftraggeber erhält, unverzüglich für Rechnung des Auftraggebers auf ein Sonderkonto bei einem Kreditinstitut im Sinne des § 2 Abs. 2 Satz 2 einzuzahlen und auf diesem Konto bis zur Verwendung im Sinne des § 4 zu belassen. Er hat dem Kreditinstitut offenzulegen, dass die Gelder für fremde Rechnung eingelegt werden und hierbei den Namen, Vornamen und die Anschrift des Auftraggebers anzugeben. Er hat das Kreditinstitut zu verpflichten, den Auftraggeber unverzüglich zu benachrichtigen, wenn die Einlage von dritter Seite gepfändet oder das Insolvenzverfahren über das Vermögen des Gewerbetreibenden eröffnet wird, und dem Auftraggeber jederzeit Auskunft über den Stand des Kontos zu erteilen. Er hat das Kreditinstitut ferner zu verpflichten, bei diesem Konto weder das Recht der Aufrechnung noch ein Pfand- oder Zurückbehaltungsrecht geltend zu machen, es sei denn wegen Forderungen, die in bezug auf das Konto selbst entstanden sind.

(3) Wertpapiere im Sinne des § 1 Abs. 1 des Gesetzes über die Verwahrung und Anschaffung von Wertpapieren, die der Gewerbetreibende vom Auftraggeber erhält, hat er unverzüglich für Rechnung des Auftraggebers einem Kreditinstitut im Sinne des § 2 Abs. 2 Satz 2 zur Verwahrung anzuvertrauen. Absatz 2 Satz 2 bis 4 ist anzuwenden.

A. Bindung der Vermögensverwendung, § 4 MaBV

§ 4 MaBV verbessert den Schutz des Auftraggebers dadurch, dass der Gewerbetreibende die Vermögenswerte nur objektbezogen verwenden darf. Der Gewerbetreibende darf also nur Forderungen von Bauunternehmen und Bauhandwerkern, die für das bestimmte Objekt tätig geworden sind, begleichen, und keinesfalls darf er Forderungen betreffend andere Vorhaben bedienen. 1

I. Zivilrechtliche Auswirkungen

§ 4 MaBV ist ein Schutzgesetz im Sinne von § 823 Abs. 2 BGB und kann somit bei Nichtbeachtung zu Schadensersatzansprüchen des Auftraggebers führen.[1] Bei Vorsatz liegt auch eine Untreue gem. § 266 StGB vor.[2] 2

---

[1] OLG Celle, Urt. v. 12.02.2001, 4 U 289/99 = BauR 2001, 178, allg. M.
[2] *Marcks*, MaBV § 4 Rn. 3.

3 Bauunternehmen und Bauhandwerker sind allerdings nicht von § 4 MaBV geschützt, da sie nur reflexhaft begünstigt sind.[3] Fraglich ist, ob der Auftraggeber ein Zurückbehaltungsrecht bei einem Verstoß gegen § 4 MaBV hat. Dies ist umstritten, genauso wie bei dem strukturähnlichen Problem in § 2 MaBV. Richtigerweise dürfte der Auftraggeber ein Zurückbehaltungsrecht haben, da der Gewerbetreibende selbst keinen Anspruch auf Erhalt der Vermögenswerte hätte und sich durch die Entgegennahme sogar schadensersatzpflichtig machen würde.[4]

II. Objektbezogene Verwendung

4 Bauträger und Baubetreuer dürfen die Vermögenswerte des Auftraggebers nur zur Vorbereitung und Durchführung des Bauvorhabens verwenden, auf das sich der Auftrag bezieht. Dies schränkt die Finanzierungsmöglichkeiten für diese Personengruppe erheblich ein, wird aber zwecks Erreichung einer größeren Sicherheit für den Auftraggeber in Kauf genommen. Sämtliche projektbezogenen Kosten dürfen beglichen werden, also z.B. Kaufpreis, Erschließungskosten, öffentlich-rechtliche Folgekosten, Architektenhonorar, Baukosten des Gebäudes sowie der Nebenanlagen.[5] In Abs. 1 Nr. 2 wird die Verwendungsmöglichkeit der Vermögenswerte weiter eingegrenzt, und zwar dadurch, dass als Bauvorhaben entweder das einzelne Gebäude bzw. bei Einfamilienreihenhäusern die einzelne Reihe definiert wird. Nur hierfür dürfen die Vermögenswerte verwendet werden. Der Grund für diese Einschränkung liegt darin, dass nach Vorstellung des Verordnungsgebers größere Bauvorhaben, z.B. mehrere Hochhäuser oder mehrere Reihenhäuser eher die Gefahr eines Steckenbleibens in sich bergen, als kleinere Einheiten, so dass die Auftraggeber, deren Wohnungen nicht mehr fertig gestellt werden, leer ausgehen könnten.[6]

5 Neben Einfamilien-, Zwei- und Mehrfamilienhäusern sowie sonstigen Bauten sind auch sämtliche weiteren denkbaren Bauformen bis hin zum Hochhaus mit Eigentumswohnungen erfasst.

6 Stellen Bauunternehmen Rechnungen über mehrere Objekte, so hindert dies Begleichung nicht. Vielmehr darf der Bauträger dann die gezahlten Beträge auf die einzelnen Objekte aufteilen.[7]

7 Die Ausnahme in § 6 Abs. 1 Satz MaBV betrifft nur das Entfallen der Pflicht zur getrennten Vermögensverwaltung, nicht aber die objektbezogene Mittelverwendung. Gewinn aus den erhaltenen Mitteln darf der Bauträger erst nach vollständiger Fertigstellung des Bauvorhabens und Begleichung sämtlicher Handwerkerrechnungen entnehmen, da erst zu diesem Zeitpunkt feststeht, ob überhaupt ein Gewinn erzielt worden ist.[8]

8 Ein Baubetreuer, der ein Bauvorhaben für mehrere Auftraggeber vorbereitet und durchführt, darf die Vermögenswerte im Verhältnis der Kosten der einzelnen Einheit zu den Gesamtkosten des Bauvorhabens verwenden. Der Baubetreuer wird hierdurch gezwungen, vor Beginn des Bauvorhabens dessen gesamte Finanzierung sicherzustellen, so dass die Gefahr des Steckenbleibens verringert wird. Er hat einen Verteilungsschlüssel festzulegen, der für die Anteile der einzelnen Auftraggeber an den Baufortschrittsraten Anwendung findet. Sofern Sonderleistungen anfallen, die nicht alle Auftraggeber betreffen, können die betreffenden Auftraggeber gesondert mit den angefallen Kosten belastet werden.[9]

---

3 *Grziwotz/Heinemann*, MaBV § 4 Rn. 16.
4 *Pause*, Bauträgerkauf, Rn. 378; a.A. *Grziwotz/Heinemann*, MaBV § 4 Rn. 17.
5 *Marcks*, MaBV § 4 Rn. 4.
6 *Marcks*, MaBV § 4 Rn. 5.
7 *Marcks*, MaBV § 4 Rn. 5.
8 *Marcks*, MaBV § 4 Rn. 7.
9 *Marcks*, MaBV § 4 Rn. 10.

B. Erstreckung auf Hilfspersonen, § 5 MaBV

Schaltet der Gewerbetreibende bei der Durchführung des Auftrages Hilfspersonal ein, so hat er sicherzustellen, dass auch diese Personen die Regelungen der §§ 3 und 4 MaBV einhalten. Er kann sich somit auch nicht durch Einschaltung von Hilfspersonal von den Verpflichtungen der MaBV freimachen. Der Gewerbetreibende hat daher sein Hilfspersonal einzuweisen und die Beachtung seiner Weisungen zu kontrollieren und ist zum Schadensersatz verpflichtet, wenn er dies unterlässt und die Hilfspersonen gegen die §§ 3 oder 4 MaBV verstoßen. Ausgeschlossen ist seine Haftung aber dann, wenn er im Hinblick auf Einweisung und Überwachung seines Hilfspersonals das Zumutbare getan hat und es dennoch zu einer Schädigung gekommen ist.[10] Wegen dieser Exkulpationsmöglichkeit ist die Art und Weise der Sicherstellung schriftlich zu dokumentieren.

C. Pflicht zur getrennten Vermögensverwaltung, § 6 MaBV

I. Hilfsfunktion

Die Pflicht zur getrennten Vermögensverwaltung gem. § 6 MaBV hat eine Hilfsfunktion gegenüber den §§ 2 und 4 MaBV. Drei Zwecke werden hiermit verfolgt: Der Gewerbetreibende wird zur Beachtung der zweckgebundenen Verwendung der Vermögenswerte angehalten. Die Aufsichtsbehörde kann bei einer Betriebsprüfung den Verbleib der Gelder kontrollieren. Außerdem wird der Auftraggeber vor Verlusten durch Einzelzwangsvollstreckung von Gläubigern des Gewerbetreibenden oder im Rahmen einer Insolvenz des Gewerbetreibenden geschützt. In der Insolvenz hat der Auftraggeber ein Aussonderungsrecht nach § 47 InsO. Bei einer Pfändung kann er Drittwiderspruchsklage nach § 771 ZPO erheben. Bauträger sind von der getrennten Vermögensverwaltung befreit, da sie Vermögenswerte sowieso nur nach Baufortschritt gem. den Regelungen in § 3 Abs. 2 und 3 MaBV entgegennehmen dürfen und in diesem Fall die Bauleistungen, die mit den Vermögenswerten beglichen werden, schon erbracht sind. Es bleibt aber immer bei der Verpflichtung zur objektbezogenen Verwendung gem. § 4 MaBV.

II. Umgang mit erhaltenen Geldern

Erhaltene Gelder sind auf ein Sonderkonto einzuzahlen und bis zur Verwendung im Sinne des § 4 MaBV dort zu belassen (Abs. 2 Satz 1). Die Tatsache, dass es sich um Fremdgeld handelt, ist dem Kreditinstitut gegenüber offen zulegen und Name, Vorname und Anschrift des Auftraggebers sind anzugeben. Bei einer Pfändung muss das Kreditinstitut den Auftraggeber unverzüglich benachrichtigen. Entsprechendes gilt bei einem Insolvenzverfahren. Diese Verpflichtung hat der Gewerbetreibende dem Kreditinstitut aufzuerlegen. Außerdem muss er das Kreditinstitut verpflichten, auf das Recht zur Aufrechnung zu verzichten und Pfand- oder Zurückbehaltungsrechte nicht geltend zu machen. Ausgenommen von dem Verbot sind Forderungen, die aus dem Sonderkonto selbst entstehen. Für die in Abs. 3 genannten Wertpapiere gilt Entsprechendes hinsichtlich der Verwahrung durch Kreditinstitute. Dem Auftraggeber muss ein Auskunftsanspruch eingeräumt werden,[11] da er ansonsten keine Kontrollmöglichkeit über die Einhaltung der getrennten Vermögensverwaltung hat.

§ 7 Ausnahmevorschrift

(1) Gewerbetreibende im Sinne des § 34c Abs. 1 Satz 1 Nr. 4 Buchstabe a der Gewerbeordnung, die dem Auftraggeber Eigentum an einem Grundstück zu übertragen oder ein Erbbaurecht zu bestellen oder zu übertragen haben, sind von den Verpflichtungen des § 3 Abs. 1 und 2, des § 4 Abs. 1 und der §§ 5 und 6, die übrigen Gewerbetreibenden im Sinne des § 34c

---

10 *Marcks*, MaBV, § 5 Rn. 2.
11 Grziwotz/*Heinemann*, MaBV § 6 Rn. 12.

§ 7 MaBV Ausnahmevorschrift

Abs. 1 der Gewerbeordnung sind von den Verpflichtungen des § 2, des § 3 Abs. 3 und der §§ 4 bis 6 freigestellt, sofern sie Sicherheit für alle etwaigen Ansprüche des Auftraggebers auf Rückgewähr oder Auszahlung seiner Vermögenswerte im Sinne des § 2 Abs. 1 Satz 1 geleistet haben. § 2 Abs. 2, Abs. 4 Satz 2 und 3 und Abs. 5 Satz 1 gilt entsprechend. In den Fällen des § 34c Abs. 1 Satz 1 Nr. 4 Buchstabe a der Gewerbeordnung, in denen dem Auftraggeber Eigentum an einem Grundstück übertragen oder ein Erbbaurecht bestellt oder übertragen werden soll, ist die Sicherheit aufrechtzuerhalten, bis die Voraussetzungen des § 3 Abs. 1 erfüllt sind und das Vertragsobjekt vollständig fertiggestellt ist. Ein Austausch der Sicherungen der §§ 2 bis 6 und derjenigen des § 7 ist zulässig.

(2) Der Gewerbetreibende ist von den in Absatz 1 Satz 1 erwähnten Verpflichtungen auch dann freigestellt, wenn es sich bei dem Auftraggeber um
1. eine juristische Person des öffentlichen Rechts oder ein öffentlich-rechtliches Sondervermögen oder
2. einen in das Handelsregister oder das Genossenschaftsregister eingetragenen Kaufmann

handelt und der Auftraggeber in gesonderter Urkunde auf die Anwendung dieser Bestimmungen verzichtet. Im Falle des Satzes 1 Nr. 2 hat sich der Gewerbetreibende vom Auftraggeber dessen Eigenschaft als Kaufmann durch einen Auszug aus dem Handelsregister oder dem Genossenschaftsregister nachweisen zu lassen.

A. Ausnahmen von § 3 MaBV

1 § 7 MaBV ermöglicht es dem Gewerbetreibenden, Vermögenswerte des Auftraggebers auch dann entgegenzunehmen, wenn die Tatbestandsvoraussetzungen der vermögensbezogenen Vorschriften der §§ 2 bis 6 MaBV nicht vorliegen. Hauptanwendungsfälle sind:

2 – Wohnungs- oder Teileigentum (Wohnungs- oder Teilerbbaurecht) sind noch nicht gebildet worden, weil z.B. die Abgeschlossenheitsbescheinigung noch fehlt oder die Teilungserklärung im Grundbuch noch nicht vollzogen ist
 – die Auflassungsvormerkung ist noch nicht im Grundbuch eingetragen
 – die Baugenehmigung ist noch nicht erteilt worden
 – abweichend vom Ratenplan wird die sofortige Zahlung des Erwerbspreises vereinbart

3 Wählt der Gewerbetreibende die Bürgschaftslösung nach § 7 Abs. 1 MaBV, muss er Vermögenswerte des Auftraggebers nicht für das bestimmte Bauvorhaben verwenden (§ 4 MaBV) und muss die Vermögenswerte des Auftraggebers auch nicht getrennt von seinem sonstigen Vermögen verwalten, vgl. § 6 MaBV.

4 Da § 7 MaBV nur Ausnahmen von einem öffentlich-rechtlichen Verbot der Entgegennahme von Vermögenswerten regelt, aber keine zivilrechtlichen Auswirkungen auf die Vertragsbeziehung zwischen Bauträger und Erwerber hat, kann der Bauträger die Bürgschaftslösung nur dann wählen, wenn die Befugnis hierzu in dem Vertrag mit dem Auftraggeber ausdrücklich geregelt ist.[1]

B. Sicherheit

5 Die Sicherheit kann wegen der Verweisung in § 7 Abs. 1 Satz 2 MaBV auf § 2 Abs. 2 MaBV nur als Bürgschaft geleistet werden.[2] Es muss sich um einen tauglichen Bürgen im Sinne von § 2 Abs. 2 Satz 2 MaBV handeln.

I. Bürgschaftshöhe

6 Die Bürgschaft muss für alle etwaigen Ansprüche des Auftraggebers auf Rückgewähr oder Auszahlung seiner Vermögenswerte geleistet werden, vgl. Abs. 1 Satz 1. Erhält der Gewerbetreibende die

---

[1] *Hansen*, in: Hansen/Nitschke/Brock, Bauträgerrecht, 2. Teil Rn. 180 (allg. M.).
[2] *Marcks*, MaBV § 7 Rn. 8.

Vermögenswerte in Teilbeträgen, reicht es aus, für jeden Teilbetrag vor Erhalt einen entsprechende Teilbürgschaft auszustellen.³

II. Vermischung oder Austausch der Sicherungssysteme

Eine Kombination der Sicherheiten dergestalt, dass teilweise Ratenzahlung und teilweise Zahlung gegen Bürgschaftssicherung erfolgt, ist unzulässig.⁴ Es ist daher nicht möglich, eine Bürgschaft jeweils um die Raten sukzessive zu vermindern, die schon gemäß § 3 Abs. 1 MaBV (Vormerkungslösung) auch ohne Bürgschaft fällig werden könnten und jeweils nur noch die Vorauszahlung hinsichtlich der nicht erreichten Bautenstände abzusichern (Abschmelzen der Bürgschaft). Eine Vermischung bzw. Kombination der Sicherheiten ist unzulässig. 7

Zulässig und allgemein üblich ist aber der komplette Übergang von der Bürgschaftsabsicherung zur Absicherung gemäß § 3 Abs. 1 MaBV, vgl. § 7 Abs. 1 Satz 4 MaBV. Liegen also die Sicherungsvoraussetzungen gemäß § 3 Abs. 1 MaBV vor, kann der Bauträger verlangen, dass die Bürgschaften entsprechend der Höhe des erreichten Bautenstandes zurückzugeben sind. Ist der Bautenstand allerdings noch nicht erreicht, ist ein Wechsel des Sicherungssystems insoweit nicht möglich. Insbesondere kann der Bauträger dann nicht die Rückgabe der Bürgschaften für den bereits erreichten Bautenstand verlangen und die Bürgschaften für spätere Bautenstände bei dem Auftraggeber belassen. Dies würde zu einer unzulässigen Vermischung der Sicherungssysteme führen.⁵ 8

III. Vorauszahlungsbürgschaft

Gewerberechtlich lässt § 7 MaBV die Entgegennahme der gesamten Vertragssumme vor Fertigstellung der Bauleistungen zu, also vor Abnahme und auch abweichend von dem Ratenplan des § 3 Abs. 2 MaBV. Zivilrechtlich werden Zahlungen, die über die erreichten Bautenstände hinausgehen, nach herrschender Meinung allerdings dann für unzulässig erachtet, wenn der Erwerber Verbraucher ist und die Vorauszahlungsklausel in Allgemeinen Geschäftsbedingungen enthalten ist.⁶ Vorauszahlung auf Bauleistungen sind daher zur Ausnahme geworden und in Verbraucherverträgen nur noch dann zulässig, wenn die Vertragsparteien in einer Art und Weise über die Vorauszahlungen verhandelt haben, die die Abrede zu einer Individualvereinbarung macht. 9

IV. Umfang der Bürgschaftssicherung

Die Bürgschaften werden durchweg anhand des Wortlautes von Anlage 7 der MaBVwV formuliert. Dies hat den Vorteil, dass etwaige Unklarheiten, Missverstände oder ein Zurückbleiben hinter dem Sicherungsumfang der MaBV mit entsprechend fatalen Folgen für das Recht des Bauträgers, Geldbeträge entgegennehmen oder behalten zu dürfen, vermieden werden. Die Bürgschaft sichert alle Ansprüche auf Rückgewähr von Vermögenswerten ohne Beschränkung auf bestimmte Ansprüche,⁷ allerdings nur, soweit diese von dem Sicherungszweck der Bürgschaft umfasst werden. Wird die Bürgschaft deswegen überreicht, weil der Bauträger Zahlungen trotz Fehlens der Voraussetzungen des § 3 Abs. 1 MaBV entgegennehmen will, die Zahlungen ansonsten aber nur nach Baufortschritt gem. § 3 Abs. 2 MaBV erfolgen, sichert die Bürgschaft auch nur solche Rückzahlungsansprüche ab, die sich daraus ergeben, dass die Vertragsdurchführung scheitert, weil die 10

---

3 Grziwotz/*Krause*, § 7 MaBV Rn. 16.
4 BGH, Urt. v. 16.05.2003, XI ZR 32/02 = BauR 2003, 1383.
5 Grziwotz/*Krause*, MaBV § 7 Rn. 60.
6 BGH, Beschl. v. 02.05.2002, VII ZR 178/01 = BauR 2002, 1390 i.V.m. der gerichtlichen Mitteilung des Vorsitzenden des VII. Zivilsenats vom 22.12.2004, zitiert nach *Basty*, DNotZ 2005, 94; in dem Schreiben teilte das Gericht mit, dass es die Vorauszahlungsklausel in Abweichung des Beschl. v. 02.05.2002 inzwischen für unwirksam nach §§ 24a, 9 AGBG erachte, woraufhin die Berufung gegen das entsprechende Urteil des OLG Karlsruhe vom 19.04.2001, 4 U 83/00 zurückgenommen worden ist; a.A.: *Marcks*, MaBV, § 7 Rn. 3 sowie *Kanzleiter*, DNotZ 2005, 191.
7 BGH, Urt. v. 18.09.2007, XI ZR 211/06 = IBR 2008, 121 = BauR 2008, 392.

Schaffung der Voraussetzungen gem. § 3 Abs. 1 MaBV nicht gelingt. Mängelansprüche sind in diesem Fall nicht von der Bürgschaft abgesichert.[8]

Dient die Übergabe der Bürgschaft dagegen (auch) dazu, frühzeitig unter Abweichung von dem Ratenplan gem. § 3 Abs. 2 MaBV Zahlungen zu erhalten, sichert die Bürgschaft auch mängelbedingte Rückzahlungsansprüche ab.[9] Schon nach dem Wortlaut sichert sie Rückgewähransprüche bei mängelbedingter Wandelung des Vertrages oder Minderung. Aber auch Ansprüche auf Ersatz von Aufwendungen für die Mängelbeseitigung gem. § 633 Abs. 3 BGB a.F.[10] (jetzt § 637 Abs. 1 BGB) sind abgesichert. Zwar handelt es sich bei letzteren nicht um Rückgewähransprüche im engeren Sinne, jedoch verlangen Sinn und Zweck der Bürgschaft die Ausdehnung des Sicherungszwecks auf diese Ansprüche. Denn dem Erwerber wird durch die Bürgschaftslösung die Möglichkeit genommen, seine Mängelansprüche bei Anforderung der einzelnen Raten dadurch durchzusetzen, dass er gegenüber Abschlagszahlungen sein Zurückbehaltungsrecht nach § 320 BGB ausübt und ggf. mit Schadensersatzansprüchen aus mangelhafter Bauleistung aufrechnet.[11] Die Bürgschaft sichert alle Geldansprüche des Auftraggebers ab, die sich aus mangelhafter oder unterlassener Erfüllung des Vertrages ergeben können. Umfasst sind alle Ansprüche, die sich aus einer Störung des Gleichgewichts zwischen den geschuldeten oder geleisteten Zahlungen und dem Wert der geschuldeten oder erbrachten Bautenstände ergeben.[12] Sofern nach dem Vorgenannten Mängelansprüche von der Bürgschaft abgesichert sind, umfasst diese daher neben den schon erwähnten Ansprüchen auch den Rückzahlungsanspruch in Falle eines mängelbedingten Rücktritts vom Vertrag,[13] die Rückzahlung im Rahmen der Rückabwicklung des Vertrages im Wege des großen Schadensersatzes[14] und Ansprüche auf Vorschuss auf Mängelbeseitigungskosten.[15] Auch Architekten- und Rechtsanwaltskosten, die ihre Ursache in der Schlecht- oder Nichterfüllung des Vertrags haben, sind von der Bürgschaft erfasst.[16] Allerdings sind Ansprüche wegen Mängeln am Gemeinschaftseigentum nur in Höhe des Anteils gesichert, welcher dem Haftungsanteil des Erwerbers im Verhältnis zur Wohnungseigentümergemeinschaft für Aufwendungen der Instandsetzung und Instandhaltung entspricht.[17] Ansprüche auf Rückzahlung wegen Mängeln, die erst nach Abnahme geltend gemacht worden sind, sind nicht abgesichert, da der Erwerber bei Abnahme sowieso zahlen muss und es keine abzusichernde Vorleistung gibt.[18] Der gegen Bürgschaft vorauszahlende Erwerber wäre außerdem besser gestellt, als der nach Baufortschritt zahlende. Denn letzterer könnte sein Zurückbehaltungsrecht nach Zahlung der letzten Raten nicht mehr ausüben. Außerdem müsste der Bauträger die Bürgschaft dann bis zum Ende der Gewährleistungsfrist aufrechterhalten, was von den Parteien nicht gewollt ist.[19]

Die Bürgschaft sichert grundsätzlich den sich nach der Saldierung ergebenen Schadensersatzanspruch des Erwerbers bis zur Höhe der Vorauszahlung, und in die Saldierung können auch die Kosten eingestellt werden, die der Erwerber zur Finanzierung hatte. Ansprüche aus Verzug mit

---

8 BGH, Urt. v. 09.12.2010, VII ZR 206/09 = BauR 2011, 510; a.A. unter Hinweis § 305c Abs. 2 BGB: *Joussen*, NZBau 2011, 275.
9 BGH, Urt. v. 14.01.1999, XI ZR 140/98 = BauR 1998, 813 und BauR 1999, 659; BGH, Urt. v. 09.12.2010, VII ZR 206/09 = BauR 2011, 510.
10 BGH, Urt. v. 14.01.1999, XI ZR 140/98 = BauR 1998, 813 und BauR 1999, 659.
11 BGH, Urt. v. 14.01.1999, XI ZR 140/98 = BauR 1998, 813 und BauR 1999, 659; BGH, Urt. v. 09.12.2010, VII ZR 206/09 = BauR 2011, 510.
12 BGH, Beschl. v. 02.05.2002, VII ZR 178/01 = BauR 2002, 1390.
13 BGH, Urt. v. 30.09.2004, VII ZR 458/02 = BauR 2005, 91; BGH, Beschl. v. 02.05.2002, VII ZR 178/01 = BauR 2002, 1390.
14 BGH, Urt. v. 09.02.2006, VII ZR 228/04 = IBR 2006, 264.
15 BGH, Beschl. v. 02.05.2002, VII ZR 178/01 = BauR 2002, 1390.
16 BGH, Urt. v. 21.01.2003, XI ZR 145/02 = BauR 2003, 700.
17 BGH, Urt. v.12.04.2007, VII ZR 50/06 = IBR 2007, 302.
18 BGH, Urt. v. 18.07.2002, XI ZR 359/01 = BauR 2002, 1547.
19 BGH, Urt. v. 22.10.2001, XI ZR 394/01 = IBR 2003, 23, 27.

der Fertigstellung werden dagegen nicht abgesichert, weil sie nicht darauf beruhen, dass die Unternehmerleistung hinter der vertraglich vorausgesetzten Gebrauchstauglichkeit oder Werthaltigkeit zurückbleibt.[20] Diese Kosten stellen einen selbstständigen, weitergehenden und damit nicht ersatzfähigen Verzögerungsschaden da.[21] Nicht erfasst werden aus diesem Grund Architekten- und Rechtsanwaltskosten, die nur aufgrund der Verzögerung der Fertigstellung entstanden sind. Aber auch Schäden aus dem Ausfall von erwarteten Steuervorteilen und Nutzungen,[22] Mietausfallschäden oder Schäden wegen vom Eigentümer zu erbringender öffentlicher Sanierungsabgaben[23] sind nicht erfasst, da sie nicht auf einer Störung des Äquivalenzprinzips beruhen.[24]

Die Bürgschaft sichert, unabhängig, ob sie zur Freistellung von den Voraussetzungen des § 3 Abs. 1 MaBV oder § 3 Abs. 2 MaBV überreicht wurde, auch den Rückzahlungsanspruch im Falle der Nichtigkeit des Vertrages als auch nach einvernehmlicher Aufhebung des Vertrages.[25]

Eine Bürgschaft nur für die Schlussrate ist, wie oben dargestellt, als eine Vermischung der Sicherungssysteme unzulässig. Geht man von der Sicherheit nach § 3 Abs. 1 MaBV auf die Bürgschaftslösung über, wäre dies nur dann zulässig, wenn sämtliche, also auch schon bezahlte Raten, von der Bürgschaft abgesichert werden. Eine isolierte Bürgschaft für die Schlusszahlung wird daher von der herrschenden Meinung abgelehnt.[26]

11

C. Freigestellter Personenkreis, § 7 Abs. 2 MaBV

Die dort genannten Auftraggeber sind selbst in der Lage, die Risiken des Bauträgergeschäftes abzuschätzen und Maßnahmen zur Sicherung ihrer eigenen Rechtspositionen zu treffen, sodass sie aus dem Schutzbereich von § 7 Abs. 1 MaBV ausgenommen sind. Sie müssen allerdings in gesonderter Urkunde auf die Anwendung der Bestimmungen der MaBV verzichten, wobei Urkunde nicht im Sinne des Beurkundungsgesetzes gemeint ist. Vielmehr reicht es auch, wenn man den Verzicht auf einem gesonderten Blatt erklärt. Dieser Verzicht kann zu Beweiszwecken der Kaufvertragsurkunde beigeheftet werden, ohne beurkundungsbedürftiger Teil der Urkunde zu werden. Genauso gut kann der Verzicht auch in dem Vertrag selbst als Teil der Urkunde erklärt werden.[27] Freiberufler und Kleingewerbetreibende sind allerdings nicht von der Ausnahmevorschrift erfasst.[28]

12

§ 8 Rechnungslegung

(1) Hat der Gewerbetreibende zur Ausführung des Auftrages Vermögenswerte des Auftraggebers erhalten oder verwendet, so hat er dem Auftraggeber nach Beendigung des Auftrages über die Verwendung dieser Vermögenswerte Rechnung zu legen. § 259 des Bürgerlichen Gesetzbuchs ist anzuwenden.

(2) Die Verpflichtung, Rechnung zu legen, entfällt, soweit der Auftraggeber nach Beendigung des Auftrages dem Gewerbetreibenden gegenüber schriftlich darauf verzichtet oder der Gewerbetreibende mit den Vermögenswerten des Auftraggebers eine Leistung zu einem Festpreis zu erbringen hat.

Kommentierung s. § 19 MaBV.

---

20 BGH, Beschl. v. 10.04.2008, VII ZR 102/07 = IBR 2008, 389.
21 BGH, Urt. v. 21.01.2003, XI ZR 145/02 = BauR 2003, 700.
22 BGH, Urt. v. 18.06.2002, XI ZR 359/01 = BauR 2002, 1547.
23 BGH, Urt. v. 22.10.2002, XI ZR 393/01 = BauR 2003, 243.
24 Vgl. auch *Wippler*, Anm. zu BGH, Urt. v. 09.12.2010, VII ZR 206/09, DNotZ 2011, 356.
25 BGH, Urt. v. 05.04.2005, XI ZR 294/03 = BauR 2005, 1156.
26 *Basty*, Der Bauträgervertrag, Rn. 640, a.A: Grziwotz/*Krause*, MaBV, § 7 Rn. 65 f.
27 Grziwotz/*Krause*, MaBV § 7 Rn. 72.
28 Grziwotz/*Krause*, MaBV § 7 Rn. 73.

§ 9 Anzeigepflicht

Der Gewerbetreibende hat der zuständigen Behörde die jeweils mit der Leitung des Betriebes oder einer Zweigniederlassung beauftragten Personen unverzüglich anzuzeigen. Dies gilt bei juristischen Personen auch für die nach Gesetz, Satzung oder Gesellschaftsvertrag jeweils zur Vertretung berufenen Personen. In der Anzeige sind Name, Geburtsname, sofern er vom Namen abweicht, Vornamen, Staatsangehörigkeit, Geburtstag, Geburtsort und Anschrift der betreffenden Personen anzugeben.

Kommentierung s. § 19 MaBV.

§ 10 Buchführungspflicht

(1) Der Gewerbetreibende hat von der Annahme des Auftrages an nach Maßgabe der folgenden Vorschriften Aufzeichnungen zu machen sowie Unterlagen und Belege übersichtlich zu sammeln. Die Aufzeichnungen sind unverzüglich und in deutscher Sprache vorzunehmen.

(2) Aus den Aufzeichnungen und Unterlagen sämtlicher Gewerbetreibender müssen ersichtlich sein
1. der Name und Vorname oder die Firma sowie die Anschrift des Auftraggebers,
2. folgende Angaben, soweit sie im Einzelfall in Betracht kommen,
   a) das für die Vermittler- oder Nachweistätigkeit oder für die Tätigkeit als Baubetreuer vom Auftraggeber zu entrichtende Entgelt; Wohnungsvermittler haben das Entgelt in einem Bruchteil oder Vielfachen der Monatsmiete anzugeben;
   b) ob der Gewerbetreibende zur Entgegennahme von Zahlungen oder sonstigen Leistungen ermächtigt ist;
   c) Art und Höhe der Vermögenswerte des Auftraggebers, die der Gewerbetreibende zur Ausführung des Auftrages erhalten oder zu deren Verwendung er ermächtigt werden soll;
   d) dass der Gewerbetreibende den Auftraggeber davon unterrichtet hat, dass er von ihm nur im Rahmen des § 3 Vermögenswerte entgegennehmen oder sich zu deren Verwendung ermächtigen lassen und diese Vermögenswerte nur im Rahmen des § 4 verwenden darf, es sei denn, dass nach § 7 verfahren wird;
   e) Art, Höhe und Umfang der vom Gewerbetreibenden für die Vermögenswerte zu leistenden Sicherheit und abzuschließenden Versicherung, Name oder Firma und Anschrift des Bürgen und der Versicherung;
   f) Vertragsdauer.

(3) Aus den Aufzeichnungen und Unterlagen von Gewerbetreibenden im Sinne des § 34c Absatz 1 Satz 1 Nummer 1, 2 und 3 der Gewerbeordnung müssen ferner folgende Angaben ersichtlich sein, soweit sie im Einzelfall in Betracht kommen,
1. bei der Vermittlung oder dem Nachweis der Gelegenheit zum Abschluss von Verträgen über den Erwerb von Grundstücken oder grundstücksgleichen Rechten: Lage, Größe und Nutzungsmöglichkeit des Grundstücks, Art, Alter und Zustand des Gebäudes, Ausstattung, Wohn- und Nutzfläche, Zahl der Zimmer, Höhe der Kaufpreisforderung einschließlich zu übernehmender Belastungen, Name, Vorname und Anschrift des Veräußerers;
2. bei der Vermittlung oder dem Nachweis der Gelegenheit zum Abschluss von Verträgen über die Nutzung von Grundstücken oder grundstücksgleichen Rechten: Lage, Größe und Nutzungsmöglichkeit des Grundstücks, Art, Alter und Zustand des Gebäudes, Ausstattung, Wohn- und Nutzfläche, Zahl der Zimmer, Höhe der Mietforderung sowie gegebenenfalls Höhe eines Baukostenzuschusses, einer Kaution, einer Mietvorauszahlung, eines Mieterdarlehens oder einer Abstandssumme, Name, Vorname und Anschrift des Vermieters;
3. bei der Vermittlung oder dem Nachweis der Gelegenheit zum Abschluss von Verträgen über die Nutzung von gewerblichen Räumen oder Wohnräumen: Lage des Grundstücks und der

Räume, Ausstattung, Nutz- und Wohnfläche, Zahl der Räume, Höhe der Mietforderung sowie gegebenenfalls Höhe eines Baukostenzuschusses, einer Kaution, einer Mietvorauszahlung, eines Mieterdarlehens oder einer Abstandssumme, Name, Vorname und Anschrift des Vermieters;
4. (weggefallen)
5. bei der Vermittlung von Verträgen über den Erwerb von Anteilen an Investmentvermögen, die von einer inländischen Kapitalanlagegesellschaft oder Investmentaktiengesellschaft im Sinne der §§ 96 bis 111a des Investmentgesetzes ausgegeben werden, oder von ausländischen Investmentanteilen, die nach dem Investmentgesetz öffentlich vertrieben werden dürfen, oder der auf diese bezogenen Anlageberatung: Firma und Sitz der Kapitalanlagegesellschaft, Investmentaktiengesellschaft oder ausländischen Investmentgesellschaft, je ein Stück der Vertragsbedingungen oder der Satzung, des ausführlichen und gegebenenfalls des vereinfachten Verkaufsprospektes sowie der Jahres- und Halbjahresberichte für das Investmentvermögen, jeweils in deutscher Sprache (§ 121 Abs. 1 und 3 sowie § 123 des Investmentgesetzes); bei der Vermittlung von Verträgen über den Erwerb von ausländischen Investmentanteilen, die im Geltungsbereich des Investmentgesetzes öffentlich vertrieben werden dürfen, oder bei der auf diese bezogenen Anlageberatung außerdem Angaben darüber, ob die ausländische Investmentgesellschaft in ihrem Sitzstaat im Hinblick auf das Investmentgeschäft einer staatlichen Aufsicht untersteht, ob und seit wann die ausländische Investmentgesellschaft zum öffentlichen Vertrieb ihrer Investmentanteile berechtigt ist sowie ob und wann die Bundesanstalt für Finanzdienstleistungsaufsicht den öffentlichen Vertrieb untersagt hat oder die Berechtigung zum öffentlichen Vertrieb durch Verzicht erloschen ist;
6. bei der Vermittlung von Verträgen über den Erwerb von sonstigen öffentlich angebotenen Vermögensanlagen, die für gemeinsame Rechnung der Anleger verwaltet werden, sowie über den Erwerb von öffentlich angebotenen Anteilen an einer Kommanditgesellschaft oder der jeweils auf diese bezogenen Anlageberatung:
   a) die Kosten, die insgesamt jeweils von jeder Zahlung des Erwerbers abgezogen werden;
   b) die laufenden Kosten, die darüber hinaus jährlich nach den Vertragsbedingungen einbehalten werden;
   c) (weggefallen)
   d) ob rechtsverbindlich öffentliche Finanzierungshilfen zugesagt worden sind;
   e) ob die eingezahlten Gelder von einem Kreditinstitut treuhänderisch verwaltet werden, sowie Firma und Sitz dieses Kreditinstituts;
   f) ob bei einer Kommanditgesellschaft die Kapitalanteile von Kommanditisten als Treuhänder für die Anleger gehalten werden, sowie Name, Vorname oder Firma und Anschrift oder Sitz dieser Treuhänder;
   g) wie hoch der Anteil der Fremdfinanzierung an der gesamten Finanzierung ist, ob die Kredite fest zugesagt sind und von wem;
   h) ob ein Kontrollorgan für die Geschäftsführung bestellt ist und welche Befugnisse es hat;
   i) ob die Haftung des Erwerbers auf die Einlage beschränkt ist;
   j) ob weitere Zahlungsverpflichtungen für den Erwerber bestehen oder entstehen können;
   k) Firma und Sitz des Unternehmens, das die angebotene Vermögensanlage verwaltet, oder der Gesellschaft, deren Anteile angeboten werden;
7. bei der Vermittlung von Verträgen über den Erwerb von öffentlich angebotenen Anteilen an einer Kapitalgesellschaft oder verbrieften Forderungen gegen eine Kapitalgesellschaft oder Kommanditgesellschaft oder der jeweils auf diese bezogenen Anlageberatung:
   a) Firma, Sitz und Zeitpunkt der Gründung der Gesellschaft;
   b) ob und an welchen Börsen die Anteile oder Forderungen gehandelt werden;
   c) ob ein Emissionsprospekt und ein Börsenprospekt vorliegen;
   d) nach welchem Recht sich die Beziehungen zwischen dem Erwerber und der Gesellschaft richten;
   e) sämtliche mit dem Erwerb verbundenen Kosten;

bei verbrieften Forderungen außerdem Angaben über Zinssatz, Ausgabekurs, Tilgungs- und Rückzahlungsbedingungen und Sicherheiten.

(4) Aus den Aufzeichnungen und Unterlagen von Gewerbetreibenden im Sinne des § 34c Abs. 1 Satz 1 Nr. 4 der Gewerbeordnung müssen zusätzlich zu den Angaben nach Absatz 2 folgende Angaben ersichtlich sein, soweit sie im Einzelfall in Betracht kommen,
1. bei Bauvorhaben, die ganz oder teilweise zur Veräußerung bestimmt sind: Lage und Größe des Baugrundstücks, das Bauvorhaben mit den von der Bauaufsicht genehmigten Plänen nebst Baubeschreibung, sofern das Bauvorhaben nicht genehmigungspflichtig ist, neben den vorerwähnten Plänen und der Baubeschreibung die Bestätigung der Behörde oder des Gewerbetreibenden gemäß § 3 Abs. 1 Satz 1 Nr. 4 Buchstabe a oder b, der Zeitpunkt der Fertigstellung, die Kaufsache, die Kaufpreisforderung, die Belastungen, die Finanzierung, soweit sie nicht vom Erwerber erbracht werden soll;
2. bei Bauvorhaben, die ganz oder teilweise vermietet, verpachtet oder in anderer Weise zur Nutzung überlassen werden sollen: Lage und Größe des Baugrundstücks, das Bauvorhaben mit den von der Bauaufsicht genehmigten Plänen nebst Baubeschreibung, sofern das Bauvorhaben nicht genehmigungspflichtig ist, neben den vorerwähnten Plänen und der Baubeschreibung die Bestätigung der Behörde oder des Gewerbetreibenden gemäß § 3 Abs. 1 Satz 1 Nr. 4 Buchstabe a oder b, der Zeitpunkt der Fertigstellung, der Vertragsgegenstand, die Miet-, Pacht- oder sonstige Forderung, die darüber hinaus zu erbringenden laufenden Leistungen und die etwaigen einmaligen Leistungen, die nicht zur Vorbereitung oder Durchführung des Bauvorhabens verwendet werden sollen;
3. bei Bauvorhaben, die der Gewerbetreibende als Baubetreuer wirtschaftlich vorbereiten oder durchführen soll: Lage und Größe des Baugrundstücks, das Bauvorhaben mit Plänen und Baubeschreibung, der Zeitpunkt der Fertigstellung, die veranschlagten Kosten, die Kostenobergrenze und die von dem Gewerbetreibenden bei Dritten zu beschaffende Finanzierung.

(5) Aus den Aufzeichnungen, Unterlagen und Belegen sämtlicher Gewerbetreibender müssen ferner ersichtlich sein, soweit dies im Einzelfall in Betracht kommt,
1. Art und Höhe der Vermögenswerte des Auftraggebers, die der Gewerbetreibende zur Ausführung des Auftrages erhalten hat oder zu deren Verwendung er ermächtigt wurde,
2. das für die Vermittler- oder Nachweistätigkeit oder für die Tätigkeit als Baubetreuer vom Auftraggeber entrichtete Entgelt,
3. eine Bestätigung des Auftraggebers über die Aushändigung der in § 2 Abs. 4 Satz 3 bezeichneten Unterlagen,
4. Kopie der Bürgschaftsurkunde und des Versicherungsscheins,
5. Verwendungen von Vermögenswerten des Auftraggebers durch den Gewerbetreibenden nach Tag und Höhe, in den Fällen des § 2 Abs. 5 Satz 2 auch eine Bestätigung des Auftraggebers darüber, dass ihm die ordnungsgemäße Verwendung der Teilbeträge nachgewiesen worden ist,
6. Tag und Grund der Auftragsbeendigung,
7. Tag der Beendigung des Bürgschaftsvertrages und der Versicherung,
8. die in § 7 Abs. 2 erwähnten Unterlagen,
9. Nachweis, dass dem Auftraggeber die in § 11 bezeichneten Angaben rechtzeitig und vollständig mitgeteilt worden sind.

(6) Sonstige Vorschriften über Aufzeichnungs- und Buchführungspflichten des Gewerbetreibenden bleiben unberührt.

Kommentierung s. § 19 MaBV.

§ 11 Informationspflicht und Werbung

(1) Der Gewerbetreibende hat dem Auftraggeber schriftlich und in deutscher Sprache folgende Angaben mitzuteilen, soweit sie im Einzelfall in Betracht kommen:
1. in den Fällen des § 34c Abs. 1 Satz 1 Nr. 1 der Gewerbeordnung unmittelbar nach der Annahme des Auftrages die in § 10 Abs. 2 Nr. 2 Buchstaben a und f erwähnten Angaben und spätestens bei Aufnahme der Vertragsverhandlungen über den vermittelten oder nachgewiesenen Vertragsgegenstand die in § 10 Abs. 2 Nr. 2 Buchstabe b bis e und Abs. 3 Nr. 1 bis 3 erwähnten Angaben,
2. in den Fällen des § 34c Abs. 1 Satz 1 Nr. 2 und 3 der Gewerbeordnung vor der Annahme des Auftrages die in § 10 Abs. 2 Nr. 2 und Abs. 3 Nr. 6 und 7 erwähnten Angaben,
3. in den Fällen des § 34c Abs. 1 Satz 1 Nr. 4 der Gewerbeordnung spätestens bis zur Annahme des Auftrages die in § 10 Abs. 2 Nr. 2 und Abs. 4 erwähnten Angaben. Vor diesem Zeitpunkt hat der Gewerbetreibende dem Auftraggeber die Angaben zu machen, die zur Beurteilung des Auftrages nach dem jeweiligen Verhandlungsstand erforderlich sind. Im Falle des § 10 Abs. 4 Nr. 3 entfällt die Verpflichtung, soweit die Angaben vom Auftraggeber stammen.

Ist der Auftraggeber eine natürliche Person, kann er die Übermittlung der Angaben in der Amtssprache eines Mitgliedstaates der Europäischen Union oder eines Vertragsstaates des Abkommens über den Europäischen Wirtschaftsraum verlangen, wenn er in diesem Mitgliedstaat oder Vertragsstaat seinen Wohnsitz hat.

(2) In den Fällen des § 34c Abs. 1 Satz 1 Nr. 2 und 3 der Gewerbeordnung gelten beim Vertrieb von Anteilen an Investmentvermögen im Sinne des Investmentgesetzes § 121 Abs. 1 und 3 sowie § 123 des Investmentgesetzes entsprechend. Für die von dem Gewerbetreibenden nach § 34c Abs. 1 Satz 1 Nr. 2 und 3 der Gewerbeordnung verwandte oder veranlasste Werbung in Textform für den Erwerb von Anteilen eines Investmentvermögens im Sinne des Investmentgesetzes gilt § 124 Abs. 1 und 2 des Investmentgesetzes entsprechend.

Kommentierung s. § 19 MaBV.

§ 12 Unzulässigkeit abweichender Vereinbarungen

Der Gewerbetreibende darf seine Verpflichtungen nach den §§ 2 bis 8 sowie die nach § 2 Abs. 1 zu sichernden Schadensersatzansprüche des Auftraggebers durch vertragliche Vereinbarung weder ausschließen noch beschränken.

Kommentierung s. § 19 MaBV.

§ 13 (weggefallen)

§ 14 Aufbewahrung

(1) Die in § 10 bezeichneten Geschäftsunterlagen sind 5 Jahre in den Geschäftsräumen aufzubewahren. Die Aufbewahrungsfrist beginnt mit dem Schluss des Kalenderjahres, in dem der letzte aufzeichnungspflichtige Vorgang für den jeweiligen Auftrag angefallen ist. Vorschriften, die eine längere Frist bestimmen, bleiben unberührt.

(2) Die nach Absatz 1 aufzubewahrenden Unterlagen können auch in Form einer verkleinerten Wiedergabe aufbewahrt werden, wenn gesichert ist, dass die Wiedergabe mit der Urschrift übereinstimmt. Der Gewerbetreibende hat auf Verlangen der zuständigen Behörde auf seine Kosten die erforderliche Anzahl ohne Hilfsmittel lesbarer Reproduktionen vorzulegen; bei Er-

mittlungen oder Prüfungen in den Geschäftsräumen sind für verkleinerte Wiedergaben die erforderlichen Lesegeräte bereitzuhalten.

Kommentierung s. § 19 MaBV.

§ 15 (weggefallen)

§ 16 Prüfungen

(1) Gewerbetreibende im Sinne des § 34c Abs. 1 Satz 1 Nr. 2 und 4 der Gewerbeordnung haben auf ihre Kosten die Einhaltung der sich aus den §§ 2 bis 14 ergebenden Verpflichtungen für jedes Kalenderjahr durch einen geeigneten Prüfer prüfen zu lassen und der zuständigen Behörde den Prüfungsbericht bis spätestens zum 31. Dezember des darauffolgenden Jahres zu übermitteln. Sofern der Gewerbetreibende im Berichtszeitraum keine nach § 34c Abs. 1 Satz 1 der Gewerbeordnung erlaubnispflichtige Tätigkeit ausgeübt hat, hat der spätestens bis zu dem in Satz 1 genannten Termin anstelle des Prüfungsberichts eine entsprechende Erklärung zu übermitteln. Der Prüfungsbericht muss einen Vermerk darüber enthalten, ob Verstöße des Gewerbetreibenden festgestellt worden sind. Verstöße sind in dem Vermerk aufzuzeigen. Der Prüfer hat den Vermerk mit Angabe von Ort und Datum zu unterzeichnen.

(2) Die zuständige Behörde ist befugt, Gewerbetreibende im Sinne des § 34c Abs. 1 der Gewerbeordnung auf deren Kosten aus besonderem Anlass im Rahmen einer außerordentlichen Prüfung durch einen geeigneten Prüfer überprüfen zu lassen. Der Prüfer wird von der zuständigen Behörde bestimmt. Absatz 1 Satz 3 bis 5 gilt entsprechend.

(3) Geeignete Prüfer sind
1. Wirtschaftsprüfer, vereidigte Buchprüfer, Wirtschaftsprüfungs- und Buchprüfungsgesellschaften,
2. Prüfungsverbände, zu deren gesetzlichem oder satzungsmäßigem Zweck die regelmäßige und außerordentliche Prüfung ihrer Mitglieder gehört, sofern
   a) von ihren gesetzlichen Vertretern mindestens einer Wirtschaftsprüfer ist,
   b) sie die Voraussetzungen des § 63b Abs. 5 des Gesetzes betreffend die Erwerbs- und Wirtschaftsgenossenschaften erfüllen oder
   c) sie sich für ihre Prüfungstätigkeit selbständiger Wirtschaftsprüfer oder vereidigter Buchprüfer oder einer Wirtschaftsprüfungs- oder Buchprüfungsgesellschaft bedienen.

Bei Gewerbetreibenden im Sinne des § 34c Abs. 1 Satz 1 Nr. 1 und 1a der Gewerbeordnung können mit der Prüfung nach Absatz 2 auch andere Personen, die öffentlich bestellt oder zugelassen worden sind und die auf Grund ihrer Vorbildung und Erfahrung in der Lage sind, eine ordnungsgemäße Prüfung in dem jeweiligen Gewerbebetrieb durchzuführen, sowie deren Zusammenschlüsse betraut werden. § 13a Absatz 1 und 2 Satz 1 und 2, Absatz 5 bis 7 der Gewerbeordnung gilt für die in Satz 2 genannten Personen, die mit der Prüfung betraut werden können, entsprechend. Ungeeignet für eine Prüfung sind Personen, bei denen die Besorgnis der Befangenheit besteht.

Kommentierung s. § 19 MaBV.

§ 17 Rechte und Pflichten der an der Prüfung Beteiligten

(1) Der Gewerbetreibende hat dem Prüfer die Einsicht in die Bücher, Aufzeichnungen und Unterlagen zu gestatten. Er hat ihm alle Aufklärungen und Nachweise zu geben, die der Prüfer für eine sorgfältige Prüfung benötigt.

(2) Der Prüfer ist zur gewissenhaften und unparteiischen Prüfung und zur Verschwiegenheit verpflichtet. Er darf nicht unbefugt Geschäfts- und Betriebsgeheimnisse verwerten, die er bei

seiner Tätigkeit erfahren hat. Ein Prüfer, der vorsätzlich oder fahrlässig seine Pflichten verletzt, ist dem Gewerbetreibenden zum Ersatz des daraus entstehenden Schadens verpflichtet. Mehrere Personen haften als Gesamtschuldner.

Kommentierung s. § 19 MaBV.

§ 18 Ordnungswidrigkeiten

(1) Ordnungswidrig im Sinne des § 144 Abs. 2 Nr. 6 der Gewerbeordnung handelt, wer
1. Vermögenswerte des Auftraggebers annimmt oder sich zu deren Verwendung ermächtigen lässt, bevor er
   a) nach § 2 Abs. 1 Sicherheit geleistet oder eine Versicherung abgeschlossen oder
   b) die in § 2 Abs. 4 Satz 3 bezeichneten Urkunden ausgehändigt hat,
2. entgegen § 2 Abs. 5, auch in Verbindung mit § 7 Abs. 1 Satz 2, oder § 7 Abs. 1 Satz 3 die Sicherheit oder Versicherung nicht aufrechterhält,
3. einer Vorschrift des § 3 über die Entgegennahme oder die Ermächtigung zur Verwendung von Vermögenswerten des Auftraggebers zuwiderhandelt,
4. einer Vorschrift des § 4 über die Verwendung von Vermögenswerten des Auftraggebers zuwiderhandelt,
5. einer Vorschrift des § 6 Abs. 1, Abs. 2 Satz 1 oder 2, Abs. 3 Satz 1 oder Abs. 3 Satz 2 in Verbindung mit Abs. 2 Satz 2 über die getrennte Vermögensverwaltung zuwiderhandelt,
6. entgegen § 9 die Anzeige nicht, nicht richtig, nicht vollständig oder nicht rechtzeitig erstattet,
7. entgegen § 10 Abs. 1 bis 5 erforderliche Aufzeichnungen nicht, nicht richtig, nicht vollständig, nicht ordnungsgemäß oder nicht rechtzeitig macht oder Unterlagen oder Belege nicht oder nicht übersichtlich sammelt,
8. entgegen § 11 Abs. 1 Satz 1 Nr. 1 bis 3 dem Auftraggeber die dort bezeichneten Angaben nicht, nicht richtig, nicht vollständig oder nicht rechtzeitig mitteilt,
9. (weggefallen)
10. entgegen § 14 Abs. 1 Satz 1 Geschäftsunterlagen nicht während der vorgeschriebenen Frist aufbewahrt,
11. (weggefallen)
12. entgegen § 16 Abs. 1 Satz 1 oder 2 einen Prüfungsbericht nicht, nicht richtig, nicht vollständig oder nicht rechtzeitig oder eine dort genannte Erklärung nicht, nicht richtig oder nicht rechtzeitig vorlegt oder
13. den Duldungs- oder Mitwirkungspflichten des § 17 Abs. 1 nicht, nicht ausreichend oder nicht rechtzeitig nachkommt.

(2) Ordnungswidrig im Sinne des § 145 Abs. 2 Nr. 9 der Gewerbeordnung handelt, wer vorsätzlich oder fahrlässig eine in Absatz 1 bezeichnete Handlung in Ausübung eines Reisegewerbes begeht.

(3) Ordnungswidrig im Sinne des § 146 Abs. 2 Nr. 11a der Gewerbeordnung handelt, wer vorsätzlich oder fahrlässig eine in Absatz 1 bezeichnete Handlung in Ausübung eines Messe-, Ausstellungs- oder Marktgewerbes begeht.

Kommentierung s. § 19 MaBV.

§ 19 Anwendung bei grenzüberschreitender Dienstleistungserbringung

(1) Üben Gewerbetreibende von einer Niederlassung in einem anderen Mitgliedstaat der Europäischen Union oder einem anderen Vertragsstaat des Abkommens über den Europäischen Wirtschaftsraum aus im Geltungsbereich dieser Verordnung vorübergehend selbständig gewerbsmäßig eine Tätigkeit nach § 34c Absatz 1 Satz 1 Nummer 1 oder Nummer 4 der Gewer-

beordnung aus, sind die §§ 8 bis 11, 14 bis 17, 18 Absatz 1 Nummer 6 bis 13, jeweils auch in Verbindung mit § 18 Absatz 2 und 3, insoweit nicht anwendbar. § 4 Absatz 2 der Gewerbeordnung gilt entsprechend.

(2) In den Fällen des § 34c Absatz 1 Satz 1 Nummer 1 oder Nummer 4 der Gewerbeordnung sind die §§ 2, 4 bis 8, 10 bis 18 Absatz 1 Nummer 1, 2, 4, 5 und 7 bis 13, jeweils auch in Verbindung mit § 18 Absatz 2 und 3, auch anzuwenden, wenn der im Inland niedergelassene Gewerbetreibende die Dienstleistungsfreiheit in einem anderen Mitgliedstaat der Europäischen Union oder einem anderen Vertragsstaat des Abkommens über den Europäischen Wirtschaftsraum in Anspruch nimmt und dort vorübergehend selbständig gewerbsmäßig tätig wird.

A. Pflicht zur Rechnungslegung, § 8 MaBV

1 Die Pflicht zur Rechnungslegung in § 8 MaBV ist ein weiterer Baustein bei dem Schutz des Auftraggebers. Wegen der Einzelheiten verweist § 8 MaBV auf § 259 BGB. Die Norm erfasst alle in der MaBV erfassten Fälle, in denen der Gewerbetreibende Vermögenswerte erhält oder verwendet. Gerichtlich kann der Anspruch auf Rechnungslegung im Wege der Stufenklage nach § 254 ZPO zugleich mit dem Anspruch auf eidesstattliche Versicherung und dem sich aus der Abrechnung ergebenden Leistungsanspruch verbunden werden.

2 § 8 Abs. 2 MaBV enthält zwei wichtige Ausnahmen von der Rechnungslegungspflicht. Neben dem schriftlichen Verzicht des Auftraggebers kommt der zweiten Ausnahme bei Erbringung einer Leistung zu einem Festpreis erhebliche Bedeutung zu. Die meisten Bauträgerverträge sind solche Festpreisverträge,[1] sodass Bauträger regelmäßig keine Rechnungslegungspflicht haben. Auch nachträglich entstehende Erschließungskosten und Kosten für Sonderwünsche führen nicht zu einer Rechnungslegungspflicht, da sie sich von dem Festpreis für das Objekt separieren lassen. Für die Sonderwünsche ist dann allerdings Rechnung zu legen.[2]

B. Anzeigepflicht, § 9 MaBV

3 Durch die Anzeigepflicht in § 9 MaBV erfährt die zuständige Behörde von Personalveränderungen im Gewerbebetrieb nach erstmaliger Erlaubniserteilung, die sich möglicherweise auf den Bestand der Erlaubnis auswirken können. Die Erlaubnis setzt die Zuverlässigkeit des Antragstellers und eines Betriebsleiters voraus (§ 34c Abs. 2 Nr. 1 GewO). Die Anzeigepflicht beim Wechsel des Gewerbetreibenden (Betriebsinhabers) selbst ist in § 14 GewO geregelt und muss im § 9 MaBV nicht erneut aufgenommen werden. Zivilrechtliche Folgen hat ein Verstoß gegen die Anzeigepflicht nicht.

C. Buchführungs- und Informationspflicht, §§ 10, 11 MaBV

4 Der Gewerbetreibende wird nach § 10 MaBV zur Aufzeichnung der aufgelisteten Tatsachen sowie der Sammlung von Unterlagen und Belegen verpflichtet. Diese gewerberechtliche Buchführung soll den Prüfern einer Pflichtprüfung oder außerordentlichen Prüfung (§ 16 MaBV) sowie den Behörden anlässlich einer Nachschau gemäß § 29 Abs. 2 GewO Einblick in das Geschäftsgebaren des Gewerbetreibenden mit allen sich für ihn daraus ergebenen Konsequenzen vermitteln.[3] Darüber hinaus hat der Auftraggeber einen Informationsanspruch aus § 11 MaBV, der sich auf die in § 10 MaBV erwähnten Aufzeichnungen bezieht. In welcher Weise der Gewerbetreibende seiner Aufzeichnungspflicht nachkommt, ist ihm selbst überlassen. Lediglich die Übersichtlichkeit muss gewahrt sein.

---

1 *Nitschke*, in: Hansen/Nitschke/Brock, Bauträgerrecht, 2. Teil, Rn. 24.
2 Grziwotz/*Bischoff*, MaBV § 8 Rn. 12.
3 *Marcks*, MaBV § 10 Rn. 1.

§ 11 MaBV gewährt dem Auftraggeber einen Anspruch, von dem Gewerbetreibenden die zur Beurteilung der Durchführung des Auftrages notwendigen Informationen schriftlich zu erhalten. Die Verletzung der Informationspflicht kann bei Nichtbeachtung Schadensersatzansprüche des Auftraggebers wegen positiver Vertragsverletzung hervorrufen. Darüber hinaus hat er ein Leistungsverweigerungsrecht gemäß § 273 BGB und kann ggf. mit daraus resultierenden Gegenansprüchen aufrechnen.[4]

D. Unzulässigkeit abweichender Vereinbarungen, § 12 MaBV

§ 12 MaBV legt fest, dass die Verpflichtungen aus den §§ 2 bis 8 der MaBV nicht zur Disposition des Gewerbetreibenden stehen. Zivilrechtlich führt ein Verstoß zur Nichtigkeit der entsprechenden Bestimmung. Dies hat der BGH bei einem Verstoß gegen § 3 MaBV festgestellt.[5] Es ist davon auszugehen, dass ein Verstoß gegen andere in §§ 2 bis 8 MaBV geregelte Bestimmungen ebenfalls die Nichtigkeit gemäß § 134 BGB zur Folge hat.[6]

Allerdings führt der Verstoß nicht zu der Gesamtnichtigkeit des Vertrages, sondern nur zur Nichtigkeit der einzelnen Bestimmung. Die auftretende Lücke kann nur durch das BGB, in Bezug auf einen unwirksamen Ratenplan gemäß § 3 MaBV durch das Werkvertragsrecht des BGB geschlossen werden.

E. Aufbewahrungspflicht, § 14 MaBV

Die Geschäftsunterlagen gem. § 14 MaBV sind fünf Jahre in den Geschäftsräumen aufzubewahren. Die fünf Jahre beginnen erst mit dem letzten aufzeichnungspflichtigen Vorgang für den jeweiligen Auftrag. Dies ist regelmäßig der Vermerk gemäß § 10 Abs. 5 Nr. 6 MaBV über Tag und Grund der Auftragsbeendigung.

F. Prüfung, §§ 16, 17 MaBV

Die Pflicht zur Prüfung gem. §§ 16 und 17 MaBV erstreckt sich auf Anlagevermittler, Bauträger und Baubetreuer im Sinne des § 34c Abs. 1 GewO, egal ob es sich um eine natürliche oder juristische Person handelt.

G. Ordnungswidrigkeiten, § 18 MaBV

In § 18 MaBV werden Bußgeldtatbestände für einzelne Verstöße gegen Regelungen der MaBV normiert.

H. Grenzüberschreitende Dienstleistungserbringung, § 19 MaBV

§ 19 MaBV enthält besondere Informationspflichten für eine vorübergehende grenzüberschreitende Tätigkeit im EU-Binnenmarkt.

---

4 *Marcks*, MaBV § 11 Rn. 3.
5 BGH, Urt. v. 22.12.2000, VII ZR 310/99 = BauR 2001, 391.
6 Grziwotz/*Bischoff*, MaBV § 12 Rn. 5.

Teil II: Gesetz über die Sicherung der Bauforderungen (Bauforderungssicherungsgesetz – BauFordSiG)

v. 01.06.1909 (RGBl. S. 449), zuletzt geändert durch Gesetz v. 29.07.2009 (BGBl. I, S. 2436)

Vor. zu §§ 1, 2 BauFordSiG[1]

Schrifttum

Bieneck Die Zahlungseinstellung in strafrechtlicher Sicht, wistra 1992, 90; *Bittmann* Insolvenzstrafrecht, 2004; *Boecken/Beck* Zur Insolvenzanfechtung von GSB-konformen Zahlungen an Baugläubiger – Zugleich Besprechung von OLG Hamm, Urt. v. 12.12.2006 – 27 U 98/06, ZfIR 2007, 827; *Brand* Untreue und Bankrott in der KG und GmbH & Co KG, 2010; *ders.* »Rechtsfähige Gesamthand« und Versicherungsrecht, VersR 2009, 306; *ders.* Abschied von der Interessentheorie – und was nun?, NStZ 2010, 9; *ders.* »Weißt du wie das wird?« – Zum Verhältnis von § 266a StGB und § 64 S. 1 GmbHG, GmbHR 2010, 237; *ders./Sperling* Die Bedeutung des § 283d StGB im GmbH-Strafrecht, ZStW 121 (2009), 281; *Bruns* Informationsbeschaffung der Gläubiger bei insolventer GmbH, MDR 2006, 904; *ders.* Können öffentliche Fördermittel Baugeld im Sinne des Gesetzes über die Sicherung der Bauforderungen sein?, BauR 2000, 1814; *ders.* Wer ist Baugeldempfänger nach dem Gesetz über die Sicherung der Bauforderungen?, NZBau 2000, 180; *ders.* Zur haftungsrechtlichen Bedeutung des Gesetzes über die Sicherung der Bauforderungen, in: Jahrbuch Baurecht 2001, 49; *ders.* Das BauFordSiG – ein Gesetz wird 100 Jahre alt, in: Jahrbuch Baurecht: Aktuelles, Grundsätzliches, Zukünftiges, Kapellmann (Hrsg.) (zit.: Jahrb BauR), 2010, S. 1; *ders./Rensing* Schadensrechtliche Auswirkungen der Umsatzsteuerpflicht bei Haftung wegen zweckwidriger Verwendung von Baugeld, NZBau 2001, 670; *Dörner* Zur Dogmatik der Schutzgesetzgebung – BGH, NJW 1982, 1037 und NJW 1985, 134, JuS 1987, 522; *Frank/Hecht* Gesetz über die Sicherung der Bauforderungen, 1909; *Frerick* Modifizierter Entwurf eines Forderungssicherungsgesetzes – der wesentliche Inhalt, ZfBR 2004, 627; *Gartz* Die neuen Baugeldempfänger des BauFordSiG, NZBau 2009, 630; *Gehrlein* Aktuelle Rechtsprechung zur Insolvenzanfechtung in systematischer Darstellung – Teil I, WM 2009, Sonderbeil. 1 zu Heft 32, 1; *Gleichenstein* Zur Behandlung von Baugeld in der Insolvenz, EWiR 2007, 441; *Greeve/Leipold* (Hrsg.) Handbuch des Baustrafrechts, 2004; *Hagelberg* Sicherung der Bauforderungen, 1911; *Handschumacher* Zu den Tatbestandsvoraussetzungen von § 1 Abs. 1 Satz 1 GSB, BauR 2005, 1650; *Harnier* Bauforderungen, 3. Aufl., 1912; *Heerdt* Der Schutz des Erwerbers beim Bauträgervertrag nach dem GSB, BauR 2004, 1661; *dies.* Baugeld: Ist der Sicherheitseinbehalt Teil des Schadensersatzanspruches?, IBR 2006, 1082; *Heerdt/Schramm* Das Bauforderungssicherungsgesetz oder »Die Medizinmänner wissen keine Hilfe«, BauR 2009, 1353; *Illies* BauFordSiG: Nur Entnahmerecht für Eigenleistung kann Vorfinanzierung verhindern!, BauR 2010, 546; *Ischebeck* Die Sorgfalt eines ordentlichen Geschäftsmanns und das Strafrecht in der Unternehmenskrise, wistra 2009, 95; *Jacobi* Gesetz über die Sicherung der Bauforderungen, 1910; *Jaeger* (Hrsg.) Insolvenzordnung, Band 1 (§§ 1–55 InsO), 2004; *Jänchen/Solle* Auswirkungen des BauFordSiG auf die Finanzierung von Immobilienprojekten, ZfIR 2009, 733; *Joussen* Der Nachunternehmer im Anwendungsbereich des Bauforderungssicherungsgesetzes, NZBau 2009, 737; *Kiese* Zur Frage der Pfändbarkeit der Baugelderforderungen, JW 1909, 382; *Kölbl* Generalunternehmer in der Falle? Praktische Auswirkungen der Änderungen des Baugeldbegriffs, NZBau 2010, 220; *Korsukewitz* Das GSB – Eine vergessene Anspruchsgrundlage, BauR 1986, 383; *Krause* Ordnungsgemäßes Wirtschaften und erlaubtes Risiko, 1995; *Leinemann* Das Forderungssicherungsgesetz – Neue Perspektiven im Bauvertragsrecht?, NJW 2008, 3745; *Lemme* Das Gesetz zur Sicherung von Bauforderungen in der Strafrechtspraxis, wistra 1998, 41; *ders.* Anmerkung zu BGH v. 11.04.2001, 3 StR 456/00, NStZ 2001, 602; *Lüdtke-Handjery* Die Sicherung von Geldforderungen des Bauunternehmers, DB 1972, 2193; *Maier-Reimer* Schutzgesetze – Verhaltensnormen, Sanktionen und ihr Adressat, NJW 2007, 3157; *Maurer* Der »innere Zusammenhang« im Bankrottstrafrecht, wistra 2003, 253; *Mergel* Die Sicherung der Bauforderungen in Recht und Praxis mit Hinweisen auf das schweizerische und französische Recht, 1989; *Metzner* Entfremdung von Baugeld – Straflose Übeltat? (Teil 1), Die Polizei 2001, 211; *Meyer* Die Bedeutung des Gesetzes über die Sicherung von Bauforderungen für Nachkriegsbauten, JZ 1954, 140; *Möller* Die Haftung des Generalunternehmers nach dem GSB als unmittelbare Haftung des Geschäftsführers/Vorstandes, BauR 2005, 8; *Opolony*

---

1 Bauforderungssicherungsgesetz i.d.F. der im BGBl. Teil III, Gliederungsnummer 213-2, veröffentlichten bereinigten Fassung, zuletzt geändert durch Gesetz v. 29.07.2009, BGBl. I S. 2436.

Vor. zu §§ 1, 2 BauFordSiG

Der Schutz des Arbeitnehmers durch das Gesetz über die Sicherung der Bauforderungen, AuR 2001, 206; *Orlowski* Zu den Tatbestandsvoraussetzungen des § 1 Abs. 1 S. 1 GSB, BauR 2005, 1651; *Peters* Verbesserung der Zahlungsmoral im Baugewerbe, NZBau 2004, 1; *Pluta/Heidrich* Keine Vorrechte für Baugeldgläubiger in der Insolvenz – Anmerkung zu OLG Hamm, Urt. v. 12.12.2006, 27 U 98/06, jurisPR-InsR 24/2007 Anm. 2; *Schauf* Dornröschen. Das Gesetz über die Sicherung der Bauforderungen, BrBp 2004, 447; *Schlüchter* Anmerkung zu BGH v. 20.12.1978, 3 StR 408/78, JR 1979, 513; *Schmidt* Ansprüche des Auftragnehmers aus dem Gesetz über die Sicherung der Bauforderungen (1), BauR 2001, 150; *Schmitz* Anmerkung zu OLG Hamm, Urt. v. 12.12.2006, 27 U 98/06, IBR 2007, 195; *ders.* Sicherheiten für die Bauvertragsparteien (Stand 18.10.2010); *Schulze-Hagen* Schadensersatz bei zweckwidriger Verwendung von Baugeld, NJW 1986, 2403; *Seifert* Zur Honorierung von neu hergestellten technischen Anlagen in Bestandsgebäuden, BauR 2001, 35; *Simon* Das Reichsgesetz über die Sicherung der Bauforderungen, 1909; *Stammkötter* Bauforderungssicherungsgesetz – Aktueller Stand, Nachunternehmer und Treuhand –, BauR 2009, 1521; *ders.* Bauforderungssicherungsgesetz, 3. Aufl. 2009; *ders.* Anmerkung zu OLG Hamm: GSB: Überziehungskredit ist auch in Höhe des nicht abgerufenen Betrages Baugeld!, IBR 2006, 444; *ders.* Anmerkung zu OLG Schleswig v. 06.06.2008, 1 U 175/06, IBR 2008, 737; *ders.* Anmerkung zu OLG Düsseldorf v. 07.03.2003, 22 U 129/02 und BGH v. 08.07.2004, VII ZR 78/03, IBR 2004, 505; *ders.* Das BauFordSiG: Die aktuelle Entwicklung, BauR 2010, 2012; *ders./Reichelt* Das GSB und die Haftung der Banken, ZfBR 2005, 429; *Tiedemann* Grundfragen bei der Anwendung des neuen Konkursstrafrechts, NJW 1977, 777; *Trügl/Habetha* § 283 Abs. 6 StGB und der »tatsächliche Zusammenhang«, wistra 2007, 365; *Uhlenbruck* Probleme des Eröffnungsverfahrens nach dem Insolvenzrechts-Reformgesetz 1994, KTS 1994, 169; *Vogel* Umfang der Schadensersatzhaftung von Organen bei Verstößen gegen die Baugeldverwendungspflicht, ZfIR 2007, 6; *ders.* Haftet die Bank bei unberechtigter Verrechnung von Baugeld?, IBR 2005, 490; *Weyand* Straf- und zivilrechtliche Folgen bei Verstößen gegen das Gesetz über die Sicherung der Bauforderungen, INF 2006, 436; *Wilhelm* Strafbares Verhalten und objektive Strafbarkeitsbedingung bei § 283b I Nr. 3b StGB, NStZ 2003, 511; *Wittjen* Praktische Folgen des neuen Bauforderungssicherungsgesetzes, ZfBR 2009, 418.

1 Bauhandwerker sind vorleistungspflichtig und verlieren durch Einbau das Eigentum an ihren Materialien. Ein Forderungsausfall trifft sie daher besonders hart. Der Gesetzgeber hat diesem Missstand bislang nur in Ansätzen Rechnung getragen. Verstärkte Bedeutung kommt seit den 80er Jahren des letzten Jahrhunderts insoweit dem Bauforderungssicherungsgesetz (BauFordSiG, bis Ende 2008: Gesetz über die Sicherung der Bauforderungen – GSB) zu, das über § 823 Abs. 2 BGB eine Durchgriffshaftung von Organen und Hintermännern insolventer Kapitalgesellschaften schafft, sofern dort anvertrautes Baugeld zweckwidrig verwendet wurde.

2 Baugeld i.S.d. BauFordSiG sind finanzielle Mittel, die ein Geldgeber im Immobilienbereich zu Bauzwecken ausreicht, vor allem aus Darlehen (auch aus Zwischenkrediten), aber auch aus staatlichen Fördermitteln oder als Eigenmittel (§ 1 Abs. 3 S. 1 Nr. 2 BauFordSiG). § 1 Abs. 1 S. 1 BauFordSiG sieht vor, dass Baugeld zur Befriedigung solcher Personen zu verwenden ist, die an der Herstellung oder dem Umbau eines Baues aufgrund eines Werk-, Dienst- oder Kaufvertrags beteiligt sind. § 2 BauFordSiG flankiert diese Pflicht mit einer Strafdrohung, die an Vorsatz und die Insolvenz des Baugeldnehmers (im Folgenden kurz: Empfänger) anknüpft.

3 Bereits das Reichsgericht erkannte, dass es sich bei § 1 BauFordSiG (damals: § 1 GSB) um ein Schutzgesetz i.S.d. § 823 Abs. 2 BGB handelt.[2] § 2 BauFordSiG (damals: § 5 GSB) blieb unbeachtet, so dass gem. § 823 Abs. 2 S. 2 BGB für jedes schuldhafte Verhalten gehaftet wurde. Im Grunde war dies noch die Rechtslage bis weit in das vorige Jahrhundert hinein.[3] Erst im Jahr 1982 entschied der BGH, dass hinsichtlich der Schuldform auf § 5 GSB (Vorsatz) abzustellen ist, um die Haftpflicht »in zweckentsprechenden Grenzen zu halten«.[4] Eine Übernahme des in § 5

---

2 RG v. 16.02.1914, VI ZR 599/13, RGZ 84, 188, 190.
3 Vgl. OLG Karlsruhe v. 03.05.1979, 4 U 133/78, BB 1980, 233; *Lüdtke-Handjery*, DB 1972, 2193, 2194. Die Zäsur liegt wohl in der Einf. des § 15 StGB zum 01.01.1975 durch Gesetz v. 13.07.1973, BGBl. I S. 909 ff., vgl. auch BGH v. 19.11.1985, VI ZR 148/84, NJW 1986, 1105, 1106.
4 BGH v. 24.11.1981, VI ZR 47/80, NJW 1982, 1037, 1038.

GSB als objektive Strafbarkeitsbedingung normierten Merkmals der Vermögenslosigkeit lehnte der BGH mit Hinweis auf die Rechtsprechung des Reichsgerichts ab.[5] Unabhängig davon, dass das Reichsgericht dafür keine Erklärung gegeben hatte, überzeugt diese Auffassung nicht (vgl. Rn. 44). Der Rückgriff auf ein Strafgesetz fordert die Erfüllung seines vollen objektiven und subjektiven Tatbestands, weil sich die Verhaltensnorm für gesetzliche Vertreter des Empfängers erst aus der Strafnorm ergibt.[6] Für besondere Gesichtspunkte wie z.B. ein Strafantragserfordernis mag dies anders sein. Objektive Bedingungen der Strafbarkeit stehen zum Verschulden aber in einem solch engen Zusammenhang, dass ihre Nichtberücksichtigung einer Art Rosinentheorie gleichkäme. § 1 BauFordSiG und § 2 BauFordSiG dienen zumindest auch dem Interesse derjenigen, für die das Baugeld bestimmt ist (im Folgenden kurz: Baugläubiger), und bilden damit zusammen ein Schutzgesetz i.S.d. § 823 Abs. 2 BGB.

In der Funktion als Schutzgesetz erschöpft sich die zivilrechtliche Bedeutung des BauFordSiG. 4
Die §§ 1, 2 BauFordSiG sind auch die einzig verbliebenen Vorschriften des GSB, das im Juni 1909 in Kraft getreten ist.[7] Dessen zweiter und umfangreichster Abschnitt enthält Verfahrensvorschriften zur dinglichen Sicherung von Forderungen derjenigen, die an der Herstellung eines Baus aufgrund eines Werk-, Dienst- oder Kaufvertrags beteiligt sind. Sie sehen ein kompliziertes, mit der Einrichtung einer Spezialbehörde (sog. Bauschöffenamt) verbundenes Sicherungsverfahren vor, das bis heute nirgendwo eine gem. § 9 Abs. 1 S. 1 GSB[8] für jede einzelne Gemeinde erforderliche »landesherrliche« Umsetzung erfahren hat. Bedeutung haben die auf 58 Paragrafen verteilten Vorschriften dieses Abschnitts damit nur noch als Auslegungshilfe für die den ersten Abschnitt des Gesetzes bildenden §§ 1 und 2 BauFordSiG. Problematisch ist dabei, nach welchen Kriterien sich deren Anwendung richtet. Zu eng ist die Ansicht, nur die Schlussbestimmungen (§§ 61 bis 67 GSB) seien hierfür geeignet.[9] Auf der anderen Seite bedarf jedes Heranziehen von Vorschriften des zweiten Abschnitts einer besonderen Rechtfertigung. Die höchstrichterliche Rechtsprechung bedient sich ihrer gleichwohl frei und ohne jede Begründung.[10] Hiergegen spricht jedenfalls nicht, dass der Gesetzgeber das GSB im Jahr 1958 um die Vorschriften des zweiten Abschnitts »bereinigt« hat,[11] weil dies zum einen nicht zu einer Aufhebung dieser Vorschriften führen konnte,[12] zum anderen eine historische Auslegung ohnehin auf einen nicht mehr gültigen Normenbestand gestützt werden kann.

Die Haftung wegen Baugeldveruntreuung ist eine dornige Materie. Der Umstand, dass in den 5
letzten Jahren ausweislich der veröffentlichten Urteile nur wenig Klagen abgewiesen worden sind, darf nicht darüber hinwegtäuschen, dass der Aufwand für die Vorbereitung eines solchen Gerichtsprozesses groß ist. Das Entscheidungsmaterial lässt insbes. nicht erkennen, wie viele Klagen zurückgenommen wurden und wie hoch die Zahl der Vergleiche ist. Mit Wirkung zum

---

5 BGH v. 24.11.1981, VI ZR 47/80, NJW 1982, 1037, 1038.
6 Vgl. *Maier-Reimer*, NJW 2007, 3157, 3158 f.
7 Vom 01.06.1909, RGBl. S. 449.
8 Abdruck der Vorschriften des 2. Abschnitts bei *Stammkötter*, Anh. 6; *Bruns*, Anh. III.
9 So *Hagelberg*, Anm. 4 vor § 1. Aus seinen weiteren Ausführungen wird deutlich, dass es ihm letztlich sogar nur um die analoge Anwendung des § 61 Abs. 3 GSB ging.
10 So bereits RG v. 01.10.1932, IX 165/32, RGZ 138, 156, 161; ebenso BGH v. 24.11.1981, VI ZR 47/80, NJW 1982, 1037, 1038; Urt. v. 16.12.1999, VII ZR 39/99, BGHZ 143, 301 = NJW 2000, 956, 957; Urt. v. 15.06.2000, VII ZR 84/99, NJW-RR 2000, 1261, 1262.
11 Gesetz über die Sammlung des Bundesrechts v. 10.07.1958, BGBl. I S. 437; BGBl. III 213-2 mit der Anmerkung: »Zweiter Abschnitt: Nicht anwendbar, da die in § 9 vorgesehenen landesrechtlichen Bestimmungen über den Geltungsbereich des zweiten Abschnitts nicht erlassen worden sind«.
12 A.A. *Schmidt*, BauR 2001, 150, 151. Auch der Versuch des hessischen Gesetzgebers, das GSB durch Art. 16 des Gesetzes v. 04.03.1998, GBl. I S. 38 insgesamt aufzuheben, konnte diesen Zweck wegen Art. 31 GG nicht erreichen, was der damalige hessische Justizminister im September 1998 in einer öffentlichen Erklärung denn auch einräumen musste.

01.01.2009 hat der Gesetzgeber[13] diese Schwierigkeiten für Veruntreuungshandlungen ab dem Jahr 2009[14] abgemildert, indem er den Baugeldbegriff in § 1 Abs. 3 S. 1 Nr. 2 BauFordSiG von der dinglichen Sicherung abgekoppelt und in § 1 Abs. 4 BauFordSiG den Empfängern den Beweis für die Baugeldeigenschaft auferlegt hat. Dies ändert aber nichts daran, dass der Haftungsgläubiger im Grunde zwei Prozesse führen muss, nämlich einen ganz normalen Entgeltprozess (regelmäßig geht es dabei um Werklohn), woran sich der eigentliche Haftungsprozess anschließt. Hat er für den ersten Teil bereits einen Titel, hilft ihm dies bei Insolvenz seines Vertragspartners nicht, da die Rechtskraft des Urteils regelmäßig nicht über die Parteien hinauswirkt (§ 325 Abs. 1 ZPO)[15] und für die Frage der Durchgriffshaftung im Rahmen der Schadensschätzung (§ 287 Abs. 1 ZPO) allenfalls indizielle Bedeutung hat. Mit einem Titel ist die Pfändung von Baugeld sogar gefährlich. Zwar dürfen Baugläubiger das Baugeld pfänden.[16] Nach Ansicht des OLG Hamm unterliegt dies aber für gewisse Zeit der Insolvenzanfechtung.[17] Für den zweiten Prozessteil benötigt der Baugeldgläubiger verschiedene Informationen, um halbwegs sicher zu sein, wen er verklagen muss, dass Baugeld zur Verfügung stand und davon nichts mehr davon für die Begleichung offener Entgeltforderungen vorhanden ist. Ist nicht nur der Empfänger, sondern auch der Durchgriffsschuldner insolvent, hat ein solches Vorgehen ohnehin kaum Sinn. Für die Informationsgewinnung ist es in jedem Fall hilfreich, wenn über das Vermögen des Empfängers, dessen Organe bzw. Hintermänner in die Baugeldhaftung genommen werden sollen, ein Insolvenzverfahren eröffnet worden ist, da der Anspruchsteller selbst dann, wenn er das Verfahren nicht selbst in Gang gebracht hat, gem. § 4 InsO i.V. mit § 299 Abs. 2 ZPO das Recht hat, die Insolvenzakte einzusehen und so an aussagekräftiges Material zu kommen.[18] Nach Auffassung des BGH darf ihm dies nicht deshalb verwehrt werden, weil sich der Durchgriffsanspruch nicht gegen den Gemeinschuldner richtet.[19]

6 Die Durchsetzung einer Haftung wegen Baugeldveruntreuung gehört heute zum normalen Handwerkszeug eines mit Bausachen befassten Rechtsanwalts. Die zum 01.01.2009 eingeführte Beweislastumkehr in § 1 Abs. 4 BauFordSiG hat diese Arbeit erheblich vereinfacht. Gleichwohl erscheinen die neuen Gesetzesänderungen nicht hinreichend durchdacht. Selbst die augenfälligste Änderung, die Neubezeichnung des GSB als BauFordSiG, hat keinen tieferen Sinn. Der Bundestag hat am 18.06.2009 in einem Korrekturgesetz[20] dann aber nur eine Änderung des § 1 Abs. 2

---

13 Gem. Art. 3 des Gesetzes v. 23.10.2008, BGBl. I S. 2022; dazu BT-Drucks. 16/511, BT-Drucks. 16/9787. Eine hiergegen eingelegte Verfassungsbeschwerde hat das BVerfG mit Beschl. v. 27.01.2011, 1 BvR 3222/09 (NZBau 2011, 282), nicht zur Entscheidung angenommen.
14 *Stammkötter*, Exkurs II Rn. 9: Zeitpunkt der Tathandlung entscheidend; ebenso wohl BGH v. 19.08.2010, VII ZR 169/09, Rn. 6, NJW 2010, 3365; OLG Koblenz v. 03.02.2011, 5 U 631/10, Juris Rn. 9.
15 Für den Tabelleneintrag gilt gem. § 178 Abs. 3 InsO nichts anderes: OLG Jena v. 21.12.2004, 8 U 353/04, Juris Rn. 102; OLG Celle v. 13.01.2005, 6 U 123/04, BauR 2006, 685, 687.
16 Dazu *Bruns*, Rn. 361.
17 OLG Hamm v. 12.12.2006, 27 U 98/06, ZIP 2007, 240, 241 ff.; zustimmend *Pluta/Heidrich*, jurisPR-InsR 24/2007 Anm. 2; *v. Gleichenstein*, EWiR 2007, 441, 442; *Schmitz*, IBR 2007, 195; *Gehrlein*, WM 2009, Sonderbeil. 1 zu Heft 32, 1, 20; ebenso bereits *Vogel*, ZfIR 2007, 6, 9 f. Dieser Auffassung ist nicht zu folgen, da der Grundsatz *par condicio creditorum* Ausnahmen duldet und § 1 Abs. 1 BauFordSiG eine Sonderbehandlung für die Verteilung des Baugeldes anordnet. Baugeld fällt gem. § 36 Abs. 1 S. 1 InsO daher nicht in die Insolvenzmasse, so auch Jaeger/*Henckel*, § 36 Rn. 25; Wimmer/*Schumacher*, § 36 Rn. 24; i.E. *Boecken/Beck*, ZfIR 2007, 827, 830; vgl. BGH v. 26.06.2001, IX ZR 209/98, NJW 2001, 3187, 3190; OLG Düsseldorf v. 20.03.2002, 15 U 100/97, I-15 U 100/97, ZIP 2002, 902, 903. Damit stellt sich auch nicht die Frage, ob der Insolvenzverwalter hinsichtlich des Baugeldes ein Sonderinsolvenzverfahren durchzuführen hat, dazu *Boecken/Beck*, ZfIR 2007, 827, 829.
18 Zu den Möglichkeiten der Informationsbeschaffung *Bruns*, MDR 2006, 904 ff.
19 BGH v. 05.04.2006, IV AR (VZ) 1/06, NZI 2006, 472, 473.
20 Gesetz zur Änderung des Gesetzes über die Sicherung der Bauforderungen v. 29.07.2009, BGBl. I S. 2436; dazu BT-Drucks. 16/13159, BT-Drucks. 16/13415, BR-Drucks. 607/09 auf Vorlage BR-Drucks. 443/09 = BT-Drucks. 16/13159; ablehnend zunächst der Bundesrat BT-Drucks. 16/13345 v.

BauFordSiG verabschiedet, mit der vor allem die Eigenverwendungsquote in das Ermessen des Empfängers gestellt wurde. Dies geschah auf Druck der Bauindustrie in bislang kaum gekannter Eile und hebt sich damit deutlich von dem Aufwand ab, der für die zum 01.01.2009 in Kraft getretenen Änderungen zugunsten der Bauhandwerker benötigt wurde.[21] Diese Eile war auch den Parlamentariern bewusst, weshalb sie eine Evaluierung der Neuregelungen für das Jahr 2011 planten.[22] Seit Mitte 2010 kursiert ein weiterer Referentenentwurf, der die Position der Bauwirtschaft nochmals stark verbessern soll. Hiernach werden die Lieferanten und Arbeitnehmer aus dem Schutzbereich des BauFordSiG herausgenommen. Die baustellenspezifische Pflicht zur Verwendung des Baugeldes soll aufgehoben und das Baugeld zur Sicherung von Krediten genutzt werden dürfen. Im Gegenzug soll der Empfänger die Verwendung des Baugeldes wieder (ähnlich dem bisherigen § 2 GSB) dokumentieren und das Baugeld gesondert verbuchen müssen. Diese Änderungen sind handwerklich misslungen und erschweren die Durchsetzung der Veruntreuungshaftung in unerträglicher Weise;[23] sie sind daher abzulehnen.

Erster Abschnitt: Allgemeine Sicherungsmaßregeln

§ 1

(1) Der Empfänger von Baugeld ist verpflichtet, das Baugeld zur Befriedigung solcher Personen, die an der Herstellung oder dem Umbau des Baues auf Grund eines Werk-, Dienst- oder Kaufvertrags beteiligt sind, zu verwenden. Eine anderweitige Verwendung des Baugeldes ist bis zu dem Betrag statthaft, in welchem der Empfänger aus anderen Mitteln Gläubiger der bezeichneten Art bereits befriedigt hat. Die Verpflichtung nach Satz 1 hat auch zu erfüllen, wer als Baubetreuer bei der Betreuung des Bauvorhabens zur Verfügung über die Finanzierungsmittel des Bestellers ermächtigt ist.

(2) Ist der Empfänger selbst an der Herstellung oder dem Umbau beteiligt, so darf er das Baugeld in Höhe des angemessenen Wertes der von ihm erbrachten Leistungen für sich behalten.

(3) Baugeld sind Geldbeträge,
1. die zum Zweck der Bestreitung der Kosten eines Baues oder Umbaues in der Weise gewährt werden, dass zur Sicherung der Ansprüche des Geldgebers eine Hypothek oder Grundschuld an dem zu bebauenden Grundstück dient oder die Übertragung eines Eigentums an dem Grundstück erst nach gänzlicher oder teilweiser Herstellung des Baues oder Umbaues erfolgen soll, oder
2. die der Empfänger von einem Dritten für eine im Zusammenhang mit der Herstellung des Baues oder Umbaues stehende Leistung, die der Empfänger dem Dritten versprochen hat, erhalten hat, wenn an dieser Leistung andere Unternehmer (§ 14 des Bürgerlichen Gesetzbuchs) auf Grund eines Werk-, Dienst- oder Kaufvertrags beteiligt waren.

Beträge, die zum Zweck der Bestreitung der Kosten eines Baues oder Umbaues gewährt werden, sind insbesondere Abschlagszahlungen und solche, deren Auszahlung ohne nähere Bestim-

---

15.06.2009, Anl. 3, der die Änderung am 10.07.2009 dann aber passieren ließ, ohne den Vermittlungsausschuss anzurufen.
21 Dieses Gesetzgebungsvorhaben stammt aus den 90er Jahren des vorigen Jahrhunderts (vgl. BT-Drucks. 14/673 v. 26.03.1999), wurde wiederholt in den Bundestag eingebracht und beschäftigte ihn so über 3 Legislaturperioden hinweg.
22 Vgl. BT-Drucks. 16/13415 mit Bericht des Abgeordneten *Hettlich*.
23 Näher dazu *Stammkötter*, BauR 2010, 2012, 2013 ff. Der Bauindustrie gehen selbst diese Änderungen noch nicht weit genug. Deren Hauptverband fordert in einer Stellungnahme v. 07.02.2011 die ersatzlose Abschaffung des BauFordSiG. Dies war auch schon Ziel zweier Gesetzentwürfe aus dem Jahr 2002: BT-Drucks. 14/8783 und 14/9848.

§ 1 BauFordSiG

mung des Zweckes der Verwendung nach Maßgabe des Fortschrittes des Baues oder Umbaues erfolgen soll.

(4) Ist die Baugeldeigenschaft oder die Verwendung des Baugeldes streitig, so trifft die Beweislast den Empfänger.

Übersicht	Rdn.			Rdn.
A. Aktivlegitimation	2	II.	Veruntreuungshandlung	21
B. Baugeldveruntreuung	3	1.	Empfänger	22
I. Baugeld	4	2.	Verletzung der Verwendungspflicht	26
1. Geldmittel	5		a) Verwendungspflicht	26
a) Grundpfandrechtlich abgesicherte Darlehen, § 1 Abs. 3 S. 1 Nr. 1 BauFordSiG	6		b) Verletzungshandlung	37
		C.	Passivlegitimation	39
		D.	Vermögensverfall des Empfängers	44
b) Geldmittel nach § 1 Abs. 3 S. 1 Nr. 2 BauFordSiG	9	E.	Rechtswidrigkeit	46
		F.	Verschulden	47
2. Baukosten	10	G.	Schaden	51
3. Zweckabrede	15	H.	Mitverschulden	56
4. Darlegungs- und Beweislast	19	I.	Verjährung	57

1 In der baurechtlichen Praxis spielen die Regelungen der §§ 1, 2 BauFordSiG ausschließlich für die Durchsetzung einer Haftung wegen Baugeldveruntreuung eine Rolle. Daher werden im Folgenden nur die Anspruchsvoraussetzungen und Rechtsfolgen dieser Haftung unter Einbezug von Merkmalen aus § 2 BauFordSiG besprochen, während die Kommentierung zu § 2 BauFordSiG den strafrechtlichen Belangen vorbehalten bleibt. Aus dem Gesetzestext ergibt sich folgender Anspruchsaufbau, dem die nachfolgenden Erläuterungen folgen:[1]
– Aktivlegitimation
– Baugeldveruntreuung (Baugeld, Veruntreuungshandlung)
– Passivlegitimation
– Vermögensverfall des Empfängers
– Rechtswidrigkeit
– Verschulden
– Schaden
– Mitverschulden
– Verjährung.

A. Aktivlegitimation

2 Das Baugeld dient der Begleichung von Forderungen der Baugläubiger. Entgegen dem Wortlaut gibt § 1 BauFordSiG den Baugläubigern keine primären Schutz- oder Sicherungsansprüche gegen die zweckwidrige Verwendung von Baugeldern. Vor allem haben die Baugläubiger keinen direkten Anspruch auf Auszahlung des Baugeldes. Andernfalls würde die dem Empfänger zustehende Verteilungsfreiheit (vgl. § 1 Abs. 2 BauFordSiG) zu stark beschnitten. Der Empfänger muss das Baugeld deshalb weder anteilig oder in einer bestimmten Rangfolge auskehren.[2] Rechte aus dem Baugeld erwachsen den Baugläubigern erst im Rahmen eines Schadensersatzanspruchs gem. § 823 Abs. 2 BGB i.V. mit §§ 1, 2 BauFordSiG (vgl. Rdn. 3 Vor. zu §§ 1, 2 BauFordSiG). Anspruchs-

---

1 Der Anspruchsaufbau richtet sich nach Zweckmäßigkeitsgesichtspunkten. Abweichend von der hier vorgeschlagenen Reihenfolge prüft z.B. *Weise*, Rn. 670, wie folgt: Baugeldeigenschaft – Anspruchsinhaber = Baugläubigerschaft – Anspruchsgegner = Empfängerschaft – Verstoß gegen die Verwendungspflicht – geschützte Forderung nach Art und Höhe = Schaden – Verschulden.
2 RG v. 01.10.1932, IX 165/32, RGZ 138, 156, 159; BGH v. 06.06.1989, VI ZR 281/88, NJW-RR 1989, 1045, 1046; Urt. v. 11.04.2001, 3 StR 456/00, NJW 2001, 2484, 2485.

berechtigt sind dann alle Baugläubiger vom zweiten Empfänger bis zum letzten Glied der Baugeldkette.

▶ **Beispiel**

Bank B finanziert einen Neubau für den Bauherrn (Bauträger). Dieser beauftragt einen Generalübernehmer (GÜ), dieser einen Generalunternehmer (GU), dieser wiederum Auftragnehmer für die Einzelgewerke, die ihrerseits mit Subunternehmern arbeiten.

Reicht B das Baugeld an den Bauherrn aus, sind anspruchsberechtigt der GÜ,[3] der GU[4] sowie alle weiteren Subunternehmer, Arbeitnehmer und Lieferanten, Bauleiter, Planer und Architekten.[5] Der Bauherr bzw. Erwerber der Immobilie ist hingegen nicht geschützt, weil er nicht zu den Personen gehört, die i.S.d. § 1 Abs. 1 S. 1 BauFordSiG »an der Herstellung oder dem Umbau des Baues ... beteiligt sind«.[6] Die Baugläubiger müssen die Haftung auch nicht gemeinsam geltend machen, nur weil nicht feststeht, wer das Baugeld bekommen hätte.[7] Dies kann dazu führen, dass in Parallelprozessen insgesamt ein höherer Geldbetrag ausgeurteilt wird als Baugeld insgesamt zweckentfremdet wurde. Dieses Problem lässt sich durch Hinterlegung des kleinsten eingeklagten Baugeldbetrags (das ist nicht unbedingt der eingeforderte Schadensersatz, s. Rdn. 54) zugunsten aller Prozessparteien bewältigen. Die Kläger bilden auch bei getrennten Prozessen insoweit eine Gesamtgläubigerschaft (§ 428 BGB), da sie im Rahmen der Baugeldhaftung Anspruch auf ihren Teil des zweckentfremdeten Baugeldes haben. Durch die Verweisung des § 429 Abs. 3 BGB auf § 422 Abs. 1 S. 2 BGB kommt auch dem Erfüllungssurrogat der Hinterlegung (§ 372 BGB) zur Schuldabwicklung Gesamtwirkung zu. Sofern der Schuldner ohne Verschulden über die Person des Gläubigers im Ungewissen ist, darf er gem. § 372 S. 2 BGB den Leistungsgegenstand unter Verzicht auf die Rücknahme (§ 376 Abs. 2 Nr. 1 BGB) hinterlegen. Die erforderliche Ungewissheit über die Person des Gläubigers besteht, da unklar ist, wie das Baugeld auf die einzelnen Gläubiger zu verteilen ist.[8] Die Wirkung, nämlich Befreiung von der Schuld (§ 378 BGB), erstreckt sich dann auf alle Gesamtgläubiger. Stellt die Baugeldveruntreuung gleichzeitig eine strafrechtliche Untreuehandlung (§§ 266, 52 StGB) dar und schwebt über das Vermögen des Empfängers ein Insolvenzverfahren, besteht für die Haftung auch hier Gesamtgläubigerschaft, nunmehr zwischen den mit ihren Vergütungsansprüchen ausgefallenen Baugläubigern und dem Insolvenzverwalter;[9] Schadensersatzansprüche gegen (ehemalige) gesetzliche Vertreter des insolventen Empfängers gehören nicht in die Insolvenzmasse.[10]

B. Baugeldveruntreuung

Für eine Baugeldhaftung muss Baugeld empfangen und veruntreut worden sein. 3

I. Baugeld

Baugeld sind bestimmte Geldmittel, die im Immobilienbereich zu Bauzwecken ausgereicht werden. 4

---

[3] *Stammkötter*, § 1 Rn. 51; a.A. KG Berlin v. 10.07.1985, 24 U 6328/84, NJW-RR 1986, 185. Die Anspruchsberechtigung des Baugläubigers in der Kette direkt nach dem Bauherrn besteht allerdings nur in der Baugeldvariante des § 1 Abs. 3 S. 1 Nr. 1 BauFordSiG, dazu Rdn. 6.
[4] Vgl. OLG Hamm v. 27.06.2005, 13 U 193/04, BauR 2006, 123, 124.
[5] Vgl. LG München I v. 22.10.2009, 2 O 14141/07, DWW 2010, 227, 228. S. auch Rdn. 14.
[6] *Weise*, Rn. 707; *Schmidt*, BauR 2001, 150, 153; *Heerdt*, BauR 2004, 1661 f.; Ingenstau/Korbion/*Joussen*, Anhang 2 Rn. 232; Kuffer/Wirth/*Kainz*, 2. Kapitel Rn. 123; a.A. *Kniffka/Koeble*, 10. Teil Rn. 171.
[7] RG v. 01.10.1932, IX 165/32, RGZ 138, 156, 159. Für Parallelprozesse gilt das Prioritätsprinzip, vgl. *Weise*, Rn. 748, 761; *Stammkötter*, § 1 Rn. 208.
[8] Vgl. BGH v. 27.06.1958, VI ZR 98/57, BGHZ 28, 68 = NJW 1958, 1588, 1589.
[9] OLG München v. 12.10.2004, 9 U 2662/04, NJW-RR 2005, 390, 391.
[10] OLG Dresden v. 23.02.2006, 4 U 1017/05, BauR 2007, 1067, 1068.

§ 1 BauFordSiG

1. Geldmittel

5 Geldmittel ist jeder Geldzufluss, aber auch schon eine Kreditlinie,[11] da der Empfänger über solches Geld ebenfalls verfügen darf. Im Rahmen des neuen Baugeldtatbestands (§ 1 Abs. 3 S. 1 Nr. 2 BauFordSiG, dazu Rdn. 9) wird nicht mehr danach gefragt, woher die Geldmittel kommen. Bislang waren nur Darlehen erfasst. Nunmehr sind dies alle Gelder, für die eine Durchgriffsfälligkeit nach § 641 Abs. 2 BGB n.F. in Betracht kommt, also auch Eigen- und Fördermittel.[12]

a) Grundpfandrechtlich abgesicherte Darlehen, § 1 Abs. 3 S. 1 Nr. 1 BauFordSiG

6 Nach der bisherigen, allein stehenden Regelung des § 1 Abs. 3 S. 1 GSB (nunmehr § 1 Abs. 3 S. 1 Nr. 1 BauFordSiG) kommen als Baugeld nur am Baugrundstück abgesicherte Darlehen in Betracht. Diese Beschränkung des Geldmittelbegriffs entnimmt der BGH der Art und Weise, wie diese Geldmittel gewährt werden. Weitergehend bedingt der Zusammenhang mit der Sicherungsfunktion eine unmittelbare Verknüpfung zwischen der Gewährung der Geldbeträge und der grundpfandrechtlichen Bindung.[13]

7 Der Begriff des Darlehens ist damit eng auszulegen. Öffentliche Fördermittel fallen nach Auffassung des BGH auch dann nicht darunter, wenn sie unter Vorbehalt der zweckgerechten Verwendung gewährt werden und nur der aufschiebend bedingte Rückzahlungsanspruch am Grundstück abgesichert wird.[14] Darlehen sind nur insoweit Baugeld, als sie für die Baukosten bestimmt sind. Mit Krediten, die der Eigenkapitalhilfe oder Stärkung der Betriebsmittel dienen und sich damit allenfalls mittelbar auf ein konkretes Bauvorhaben beziehen, wird kein Baugeld begründet.[15] Zudem bleiben Kreditanteile unberücksichtigt, die von vornherein nicht den Baugläubigern zukommen sollen. Dies gilt vor allem für Kreditbestandteile, die der Finanzierung des Baugrundstücks dienen, ferner für alle Kreditnebenkosten.[16] Die Frage, auf welche Summe sich das Baugeld beläuft, lässt sich in dieser Baugeldvariante damit erst nach eingehender Prüfung der Finanzierungsunterlagen sicher beantworten.

8 Zu Baugeld werden Darlehensmittel in dieser Variante nur, wenn zu ihrer Sicherung eine Hypothek oder Grundschuld an dem zu bebauenden Grundstück eingetragen ist oder – was kaum vorkommt und deshalb hier außer Betracht bleiben soll – die Sicherung durch Eigentumsvorbehalt erfolgt (§ 1 Abs. 3 S. 1 Nr. 1 BauFordSiG). Der Bezug zum Grundpfandrecht ist zwingend. Regelmäßig erfolgt die Sicherung am Grundstück selbst. Mit der Bezugnahme in § 11 ErbbauVO auf die grundstücksbezogenen Vorschriften, zu denen das BauFordSiG gehört, kann jedoch auch eine durch Belastung eines Erbbaurechts gesicherte Zahlung Baugeld sein.[17] Das Grundpfandrecht muss nicht für den Baugeldgeber bestellt sein. Mittelbare Sicherungen genügen. So reicht es aus, dass das Grundpfandrecht an den Baugeldgeber verpfändet wird oder es nicht den Rückzahlungsanspruch, sondern den Rückgriffsanspruch gegen den Bürgen sichert. Fällt die grundpfandrechtliche Sicherung weg, weil etwa die Grundschuld gelöscht wird, endet die Baugeldeigenschaft.[18] Damit entfällt auch die Verwendungspflicht.[19]

---

11 OLG Hamm v. 27.06.2005, 13 U 193/04, BauR 2006, 123, 124.
12 Vgl. BT-Drucks. 16/511 S. 16, 23.
13 BGH v. 15.06.2000, VII ZR 84/99, NJW-RR 2000, 1261.
14 BGH v. 15.06.2000, VII ZR 84/99, NJW-RR 2000, 1261, 1262; ablehnend *Bruns*, BauR 2000, 1814, 1815 f.
15 OLG Karlsruhe v. 03.11.1989, 15 U 146/89, BauR 1990, 630, 631 zum Betriebsmittelkredit; OLG Dresden v. 23.06.1999, 12 U 637/99, NJW-RR 1999, 1469 zum Eigenkapitalhilfe-Darlehen.
16 BGH v. 13.12.1988, VI ZR 260/88, NJW-RR 1989, 788, 789.
17 BGH v. 12.12.1989, VI ZR 311/88, NJW-RR 1990, 914, 915.
18 OLG Dresden v. 31.07.2002, 18 U 3034/01, S. 18 (n.v.); a.A. *Werner/Pastor*, Rn. 1866; Ingenstau/Korbion/*Joussen*, Anhang 2 Rn. 224.
19 A.A. OLG Dresden v. 31.07.2002, 18 U 3034/01, S. 18 (n.v.).

b) Geldmittel nach § 1 Abs. 3 S. 1 Nr. 2 BauFordSiG

Dem bisherigen Baugeldbegriff hat der Gesetzgeber mit Wirkung zum 01.01.2009 § 1 Abs. 3 S. 1 Nr. 2 BauFordSiG an die Seite gestellt, wonach auch derjenige Empfänger ist, welcher sich dem Dritten, von dem er die Geldmittel (nicht unbedingt direkt) bekommt, zu Bauleistungen unter Beteiligung anderer Unternehmer (§ 14 BGB) verpflichtet hat. Mit dieser Baugeldvariante müssen Geldmittel weder Darlehen noch dinglich gesichert sein, um Baugeldschutz zu vermitteln. Der wesentliche Unterschied zum traditionellen Baugeldbegriff besteht darin, dass der Bauherr bzw. die Darlehensstufe ausgeblendet wird. Diese Vorschrift trifft zudem keine Aussage zum Kreis der (der Verwendungspflicht unterliegenden) Empfänger. Vor allem lässt sich ihr nicht entnehmen, dass nunmehr alle in der Baugeldkette, die Baugeld ausreichen, der Verwendungspflicht unterliegen. Da es auf der 1. Stufe kaum einmal zu einem Haftungsfall kommt, erscheint die Beibehaltung der ursprünglichen Regelung (nunmehr § 1 Abs. 3 S. 1 Nr. 1 BauFordSiG) vor dem Hintergrund der Neuregelung sogar überflüssig.

2. Baukosten

Der Begriff »Bau« entspricht dem des »Bauwerks« in den §§ 648 Abs. 1 BGB, 638 Abs. 1 S. 1 BGB a.F. Darunter fallen nicht nur Gebäude i.S.d. § 94 Abs. 1 S. 1 BGB, sondern auch Brücken, Denkmäler und eingetragene Seeschiffe, ferner Tiefbauwerke wie Straßen, Hofpflasterungen, Gleisanlagen und Gasrohrnetze.[20] Das Bauvorhaben muss kein Neubau sein. Auch Umbauten werden erfasst,[21] ferner Ausbauten und Sanierungsvorhaben.[22] Der Gesetzeszweck fordert einen weiten Gegenstand der Baukosten. Die Baumaßnahme muss nicht in die Bausubstanz eingreifen und das Bauwerk auch nicht wesentlich umgestalten.[23] Der Gesetzgeber hat zum 01.01.2009 in § 1 BauFordSiG den Begriff des Umbaus neben den des Baus gestellt und den Rechtsanwender damit vor die Frage gestellt, ob dies nur der Klarstellung dient. Richtigerweise ist das zu bejahen, da die Gesetzesnovelle den weiten Baugeldbegriff, wie er bislang unter Einbezug von Umbaumaßnahmen galt, nur präzisieren und damit Rechte der Baugläubiger nicht beschneiden wollte.[24] Zur Auslegung des Begriffs »Umbau« verweisen die Gesetzesmaterialien auf § 3 Nr. 5 HOAI,[25] reißen ihn damit aber aus dem Zusammenhang; die Erneuerung einer technischen Gebäudeausrüstung mag nach den preisrechtlichen Gesichtspunkten der HOAI kein Umbau sein,[26] gehört aber in den Schutzbereich der Baugeldverwendung. Kosten für Sanierungen und Renovierungen alter Häuser fallen jedenfalls dann darunter, wenn Innenwände in erheblichem Umfang versetzt und die sanitären Einrichtungen erneuert werden, und zwar auch dann, wenn dabei die Fassade des Hauses nicht umgestaltet wird.[27]

Von § 1 Abs. 1 S. 1 BauFordSiG erfasst werden Entgeltansprüche aus einem »Werk-, Dienst- oder Kaufvertrag«. Dabei muss nur der mit dem Anspruchsteller geschlossene (letzte) Vertrag wirksam sein; für dazwischen liegende Verträge kommt es allein auf den Baugeldzufluss an.[28] Insbesondere

---

20 OLG Koblenz v. 03.02.2011, 5 U 631/10, Juris Rn. 12. In dieser Weite wurde der Baubegriff schon immer vertreten, s. *Bruns*, Jahrbuch Baurecht 2001, 49, 54 m.N.
21 BGH v. 13.10.1987, VI ZR 270/86, NJW 1988, 263 f.; zur neuen Gesetzesfassung sogleich im Text.
22 BGH v. 13.10.1987, VI ZR 270/86, NJW 1988, 263.
23 BGH v. 13.10.1987, VI ZR 270/86, NJW 1988, 263, 264.
24 Vgl. BT-Drucks. 16/511 S. 1: »sollen Handwerksbetriebe in die Lage versetzt werden, ihre Werklohnforderung effektiv zu sichern.«
25 BT-Drucks. 16/9787 S. 19.
26 So OLG Brandenburg v. 05.11.1999, 4 U 47/99, NZBau 2000, 206; zustimmend Korbion/Mantscheff/Vygen/*Vygen*, § 3 Rn. 33; *Motzke/Wolff*, Anm. zu § 3; *Seifert*, BauR 2001, 35 f.
27 BGH v. 13.10.1987, VI ZR 270/86, NJW 1988, 263, 264; OLG Jena v. 28.09.2004, 8 U 1131/03; OLG Brandenburg v. 18.10.2006, 13 U 90/06, zu II. 2 b.
28 Ingenstau/Korbion/*Joussen*, Anhang 2 Rn. 231a; weitergehend OLG Dresden v. 22.04.2005, 11 W 104/05, BauR 2005, 1649, 1650; *Orlowski*, BauR 2005, 1651: Vertrag mit dem Anspruchsteller muss nicht wirksam sein.

§ 1 BauFordSiG

bedarf es hierbei keiner Kette wirksamer Verträge zwischen dem Darlehensgeber und dem Anspruchsteller.[29]

12 Aufgrund des Schutzzwecks der Baugeldverwendungspflicht sind nicht alle mit der Bauerrichtung in Zusammenhang stehenden Forderungen zu begleichen, sondern nur die Vergütungsansprüche einschl. Umsatzsteuer. Der strukturelle Ansatzpunkt für diesen Schutz ist die Sicherungsfunktion des Baugeldes. Abgestellt wird auf den planmäßigen, also unfallfreien Bauablauf, so dass die veranschlagten bzw. zu erwartenden, auch auf Nachträgen beruhenden Vergütungsforderungen vom Baugeldschutz umfasst sind,[30] nicht dagegen Restvergütungen nach § 649 S. 2 BGB und Verzugszinsen,[31] schon gar nicht Vertragsstrafen oder Sekundäransprüche. Etwas anderes ergibt sich auch nicht daraus, dass der mit Wirkung zum 01.01.2009 eingefügte § 1 Abs. 1 S. 1 Nr. 2 BauFordSiG nicht wie die heutige Nr. 1 ausdrücklich auf den Zweck der Bestreitung von Baukosten beschränkt ist, mag der Wortlaut »im Zusammenhang mit der Herstellung des Baues oder Umbaues stehende Leistung« daran auch zweifeln lassen. Andernfalls würde der ursprünglich schon sehr weite, vor allem nicht auf Werkverträge beschränkte Gegenstand des Baugeldes bis zur Unkenntlichkeit verzerrt.[32] Dass der Gesetzgeber mit der Umformulierung eine Erweiterung des Schutzgegenstands bezweckte, lässt sich auch der Gesetzesbegründung nicht entnehmen. Vielmehr spricht der Rechtsausschuss des Bundestags, auf dessen Initiative diese Änderung zurückgeht, insofern nur von einer Klarstellung.[33]

13 Baugeld ist nur für diejenigen zu verwenden, die an der »Herstellung ... des Baues« beteiligt sind (§ 1 Abs. 1 S. 1 BauFordSiG). Mit dieser Formulierung hat sich der Gesetzgeber bewusst an die des § 94 Abs. 2 BGB (»zur Herstellung des Gebäudes eingefügte Sachen«) angelehnt.[34] Der »Herstellung des Baues« dienen somit nur solche Leistungen, die sich auf wesentliche Bestandteile des Gebäudes beziehen.[35] Damit ist das Baugeld nur für diejenigen zu verwenden, die ihre Materialien verbauen und damit zu wesentlichen Bestandteilen des Gebäudes werden lassen. Zubehör und andere nicht wesentliche Bestandteile bleiben außen vor. Auf der anderen Seite darf dem Gesichtspunkt der Geprägebildung nicht zu große Bedeutung beigelegt werden. Anliegen des Gesetzes war ursprünglich der Ausgleich des Eigentumsverlustes (§ 946 BGB). Damit gehören etwa Malerarbeiten, die im Zusammenhang mit der Sanierung und Modernisierung eines Hauses anfallen, ebenfalls zur Herstellung eines Baues i.S.d. § 1 Abs. 1 S. 1 BauFordSiG.[36]

14 Anders ist die Lage bei den am Bau tätigen Dienstverpflichteten und Werkunternehmern (etwa Bauleiter, Gerüstbauer), die nichts verbauen und für die eine Ausfallgefahr nur aufgrund ihrer Vorleistungspflicht (§§ 614, 641 Abs. 1 BGB) besteht. Deren Leistungen sind ebenfalls geschützt (§ 1 Abs. 1 S. 1 BauFordSiG). Unter Bezugnahme auf die Gesetzesmaterialien fordert die Rechtsprechung jedoch, dass auch diese Leistungen »einen unmittelbaren Beitrag zur Herstellung des Baus bilden, der in der Schaffung von Mehrwert seinen Ausdruck findet«.[37] Tatsächlich erhöhen diese Leistungen den Grundstückswert aber nicht. Richtig ist wohl, für den Begriff der Herstel-

---

29 Dies ergibt sich jetzt auch aus § 1 Abs. 1 S. 3 BauFordSiG. Der danach verpflichtete Baubetreuer weist eine Vertragsbeziehung nur zum Bauherrn auf, ist in die Vertragskette also nicht eingebunden; a.A. *Hagenloch*, Rn. 250; *Handschumacher*, BauR 2005, 1650; *Stammkötter*, § 1 Rn. 75; ähnl. *Weise*, Rn. 710: lückenlose Vertragskette zw. Empfänger und Anspruchsteller erforderlich.
30 OLG Jena v. 19.02.2009, 1 U 972/07, BauR 2010, 1770, 1771.
31 A.A. OLG Düsseldorf v. 07.03.2003, 22 U 129/02, zu B. I. 1 d), BeckRS 2005, 03323; LG München I v. 22.10.2009, 2 O 14141/07, DWW 2010, 227, 229.
32 A.A. *Stammkötter*, § 1 Rn. 341; *Wittjen*, ZfBR 2009, 418, 420; beide Autoren geben jedoch nicht an, worin die Unterschiede liegen sollen.
33 BT-Drucks. 16/9787 S. 19.
34 BGH v. 06.06.1989, VI ZR 281/88, NJW-RR 1989, 1045, 1047 m.w.N.
35 BGH v. 12.12.1989, VI ZR 311/88, NJW-RR 1990, 914.
36 BGH v. 13.10.1987, VI ZR 270/86, NJW 1988, 263, 264; OLG Dresden v. 28.07.2000, 3 U 574/00, NZBau 2002, 393, 394.
37 BGH v. 08.01.1991, VI ZR 109/90, NJW-RR 1991, 728, 729.

lung auch hinsichtlich dieses Personenkreises alles das unter die Baukosten zu fassen, was der unmittelbaren Planverwirklichung dient, also auch Kosten für Ausbesserungsarbeiten und Schönheitsreparaturen.[38] Diese Auslegung gilt einheitlich für beide Baugeldtatbestände des § 1 Abs. 3 S. 1 BauFordSiG. Geschützte Dienstleister sind etwa Bauarbeiter[39] und Bauleiter[40] hinsichtlich ihrer kalkulatorisch auf die Baustelle bezogenen Leistungen.[41] Nicht zu berücksichtigen sind die Kosten der Anmietung von Gerätschaften, die auf der Baustelle benötigt werden, da Vertragsgrundlage weder ein Werk-, noch ein Dienst- oder Kaufvertrag ist.[42] Bei gemischten Verträgen (z.B. mit Gerüstbauern) ist auf den Schwerpunkt des Vertrags abzustellen.[43] Baubezogene öffentlich-rechtliche Forderungen sind ebenfalls nicht erfasst, mögen sie Vergütungsforderungen für Dienstleistungen auch ähneln.[44] Vom Baugeldschutz erfasst sind zudem die Kosten derjenigen, die aufgrund eines Kaufvertrags beteiligt sind (§ 1 Abs. 1 S. 1 BauFordSiG),[45] also der Lieferanten.

3. Zweckabrede

Geldmittel werden erst durch entsprechende Widmung zu Baugeld. Der Zweck darf nicht nur Motiv bleiben.[46] Erforderlich ist eine zumindest konkludente Vereinbarung.[47] Voraussetzung ist nur, dass die Abrede wirksam ist.[48] 15

Dienen darlehensweise gewährte Finanzierungsmittel nicht allein der Bestreitung der Baukosten, sondern auch anderen Zwecken wie etwa der Grundstücksfinanzierung (sog. modifiziertes Baugelddarlehen), vermitteln die nicht baubezogenen Anteile keinen Baugeldschutz und sind herauszurechnen. Kreditverträge bestimmen gelegentlich, wie der Kreditbetrag zu verwenden ist. Dies ist unter anderem sinnvoll, um den Umfang der Pfändbarkeit zu klären. Im Bereich der Bauträgerfinanzierung weisen die Darlehensverträge den Anteil, der auf die Baukosten entfällt, aus steuerlichen Gründen praktisch immer aus. Diese Aufteilung ist baukostenlastig, als Schätzungsgrundlage für die Bestimmung des Baugeldanteils aber noch geeignet. 16

Die Zweckabrede bestimmt den Inhalt der Verwendungspflicht. Auszahlungsmodalitäten können die Verwendungspflicht begrenzen. So kann vereinbart sein, dass das Geld vorrangig an bestimmte Baubeteiligte zu zahlen ist. Ein Zahlungsplan beinhaltet solche Vorgaben noch nicht.[49] 17

---

38 Vgl. OLG Schleswig v. 06.06.2008, 1 U 175/06, NZBau 2008, 646, 648: Kosten für Baufeuchtemaßnahmen und Entsorgung von Bauabfällen.
39 RG v. 01.10.1932, IX 165/32, RGZ 138, 156, 161.
40 BGH v. 08.01.1991, VI ZR 109/90, NJW-RR 1991, 728, 729; OLG Schleswig v. 06.06.2008, 1 U 175/06, NZBau 2008, 646, 648.
41 *Möller*, BauR 2005, 8, 10, 13. Zutreffend deshalb *Opolony*, AuR 2001, 206, 208, wonach Arbeitgeberanteile zur Sozialversicherung und Kosten für Entgeltfortzahlung nicht unter den Baugeldschutz fallen; ebenso *Stammkötter*, § 1 Rn. 187, 188; *Möller*, BauR 2005, 8, 10. Gleiches gilt für den Annahmeverzugslohn.
42 OLG Düsseldorf v. 01.02.1996, 5 U 93/95; OLG Stuttgart v.19.05.2004, 3 U 222/03, OLGR 2004, 298, 299 f.; MüKo-StGB/*Wegner*, Rn. 13 zu § 2 BauFordSiG.
43 So OLG Hamburg v. 20.08.1993, 11 U 82/92, BauR 1994, 123 f. für den Schutz des Gerüstbauers.
44 A.A. OLG Schleswig v. 06.06.2008, 1 U 175/06, NZBau 2008, 646, 647 f., betr. Kosten für Ver- und Entsorgungsleistungen bei Hausanschlüssen sowie Baugenehmigungskosten; wie hier *Stammkötter*, IBR 2008, 737.
45 Nach *Stammkötter*, § 1 Rn. 182, sollen nur Lieferungen geschützt sein, die sich auf wesentliche Bestandteile des Grundstücks erstrecken; ebenso OLG Düsseldorf v. 01.02.1996, 5 U 93/95 für die Lieferung elektrischer Energie. Diese Auffassung ist zu eng und ohnehin auf die Baugelddefinition des § 1 Abs. 3 S. 1 Nr. 1 BauFordSiG zu begrenzen.
46 OLG Schleswig v. 17.04.2008, 5 U 156/07, NZBau 2009, 248, 249.
47 BGH v. 11.04.2001, 3 StR 456/00, NJW 2001, 2484; OLG Schleswig v. 17.04.2008, 5 U 156/07, NZBau 2009, 248, 249.
48 A.A. *Stammkötter*, § 1 Rn. 395.
49 BGH v. 12.12.1989, VI ZR 311/88, NJW-RR 1990, 914; KG Berlin v. 08.06.1990, 9 U 775/90, BauR 1991, 484. Eine Ausnahme soll gelten, falls das Baugeld durch Treuhänder gestellt wird, die Treuhand-

18 Durch nachträgliche Änderung, insbes. Aufhebung der Zweckbestimmung kann die einmal begründete Verwendungspflicht nicht zum Nachteil der oder einzelner Baugläubiger beseitigt werden.[50]

4. Darlegungs- und Beweislast

19 Wer Schadensersatz wegen zweckwidriger Baugeldverwendung geltend macht, hat die Umstände für eine Veruntreuung von Baugeld darzulegen und zu beweisen. Für Veruntreuungshandlungen ab dem 01.01.2009 (vgl. Rdn. 5 Vor. zu §§ 1, 2 BauFordSiG) gilt hierzu eine Beweislastumkehr, wonach der Empfänger die Baugeldeigenschaft zu beweisen hat (§ 1 Abs. 4 BauFordSiG). Vor diesem Hintergrund macht es keinen Sinn, dass die Vermutung des § 1 Abs. 3 S. 2 Nr. 1 GSB im Gesetz verblieben ist (nunmehr § 1 Abs. 3 S. 2 Alt. 2 BauFordSiG).[51] Stattdessen hätte die Reichweite der Beweislastumkehr präzisiert werden sollen. § 1 Abs. 4 BauFordSiG lässt nicht erkennen, ob sich die Beweislastumkehr auch auf die Baugeldhöhe bezieht. Dies ist angesichts des Zwecks, die Beweissituation der Bauhandwerker zu verbessern, zu bejahen.[52] Freilich entbindet dies den Anspruchsteller nicht von der Notwendigkeit, entsprechende Berechnungen schon vor Klageerhebung anzustellen; er darf die Baugeldhöhe nicht »ins Blaue hinein« behaupten.[53] Damit wird er den Darlehensvertrag oder Finanzierungsunterlagen vorlegen bzw. Zeugen benennen müssen, die die Umstände der Baukostenfinanzierung belegen. In der Praxis wissen die Baugläubiger allerdings nur wenig über die Finanzierung des Bauvorhabens, an dem sie tätig waren. Will der Anspruchsteller kein Risiko eingehen, ist die Aufgabe nur lösbar, wenn er sich (z.B. gem. § 406e StPO über die Staatsanwaltschaft) Einblick in die Finanzierungsunterlagen verschaffen kann. Ist die Finanzierung durch eine Hypothek gesichert, befindet sich der Darlehensvertrag bei den Grundakten. Auskunftsbereit wird auch der Bauherr sein, wenn der zwischengeschaltete Empfänger insolvent ist und mit dem Anspruchsteller weitergebaut werden soll.

20 Auf der anderen Seite muss der Anspruchsgegner noch mehr als früher für eine effektive Datenvorhaltung sorgen. Insbesondere sollte er, wenn er Baugeld zu verteilen hat, immer damit rechnen, dass die Kapitalgesellschaft, für die er dies tut, einmal insolvent werden könnte, und er an das Datenmaterial, das er zum Vortrag der Baugeldeigenschaft und der Baugeldzahlungen benötigt, nur noch bei Kooperationsbereitschaft des Insolvenzverwalters bzw. desjenigen, der die Geschäftsunterlagen in Besitz hat, herankommt. Auch ein Geschäftsführer wird damit zu kämpfen haben, vor allem dann, wenn er ausgetauscht wurde. Wie der Anspruchsgegner das macht, ist seine Sache. Kaum umsetzbar dürfte der mitunter gehörte Ratschlag sein, die Berechtigung zur Datenentnahme bzw. Zugriffsrechte des Mitarbeiters bereits im Arbeitsvertrag zu vereinbaren.

---

funktion nicht nur für den Bauherrn, sondern auch für den Geldgeber wahrnehmen: BGH v. 13.10.1987, VI ZR 270/86, NJW 1988, 263, 264, mit Ergänzung in BGH v. 12.12.1989, VI ZR 109/90, NJW-RR 1990, 914.

50 BGH v. 14.01.1986, VI ZR 164/84 NJW-RR 1986, 446, 447 f.; OLG Düsseldorf v. 07.03.2003, 22 U 129/02, zu B. I. 1c, BeckRS 2005, 03323; *Stammkötter*, IBR 2004, 505; vgl. bereits RG v. 16.02.1914, VI 599/12, RGZ 84, 188, 193; a.A. nunmehr *Stammkötter*, § 1 Rn. 390; i.E. anders auch *Weise*, Rn. 679: Baugeldeigenschaft geht verloren.

51 Durch die Neufassung »sind« ist an der Vermutungswirkung nichts geändert worden. Insbesondere wollte der Gesetzgeber keine Fiktionswirkung erreichen, so aber *Stammkötter*, § 1 Rn. 356; vgl. BT-Drucks. 16/511 S. 23, wo zur Begründung der Aufnahme der in § 1 Abs. 3 S. 2 BauFordSiG mitgenannten Abschlagszahlungen von einer bloßen Klarstellung die Rede ist. Die Beibehaltung dieser Regelung schafft in der Variante des § 1 Abs. 3 S. 1 Nr. 1 BauFordSiG das weitere Problem, ob die auf das Verhältnis zw. Darlehensnehmer und Darlehensgeber, also auf die Erstausreichung des Darlehens beschränkte Reichweite der Vermutung (so BGH v. 18.04.1996, VII ZR 157/95, NJW-RR 1996, 976 f.) erhalten bleibt.

52 A.A. *Stammkötter*, § 1 Rn. 91; *Heerdt/Schramm*, BauR 2009, 1353, 1358.

53 Vgl. LG Magdeburg v. 18.01.2005, 10 O 60/04.

II. Veruntreuungshandlung

Die Haftung erfordert eine Veruntreuung von Baugeld durch den Empfänger. **21**

1. Empfänger

Die Pflicht zur zweckgerechten Verwendung des Baugeldes trifft denjenigen, der Baugeld in Empfang nimmt und hierüber verfügen kann. Eine Baugesellschaft, an die Baugeld gezahlt wird, nimmt rechtlich nur selbst das Geld in Empfang.[54] Ihre Organe haben für die Erfüllung der Verwendungspflicht zwar neben dem Empfänger zu haften und sich nach § 2 BauFordSiG auch strafrechtlich zu verantworten.[55] Die Grundlage hierfür ist aber in § 2 BauFordSiG und den Vorschriften des Allgemeinen Teils des StGB (§§ 14, 26 f.) zu suchen, nicht schon in der Ausgestaltung der Verwendungspflicht. **22**

Empfänger von Baugeld kann zunächst einmal (in der Variante des § 1 Abs. 3 S. 1 Nr. 1 BauFordSiG) der Bauherr selbst sein, da er über die Verwendung des Baugeldes entscheidet. Dies gilt auch für Verkäufer schlüsselfertiger Häuser.[56] Zum Schutz der Baugläubiger ist der Begriff des Empfängers weit auszulegen.[57] Der Empfänger muss kein Kaufmann oder Unternehmer (§ 14 Abs. 1 BGB) sein. Insbesondere ist zu gewährleisten, dass die Baugeldqualität nicht verloren geht, wenn das Geld in Hände gelangt, für die es nicht bestimmt ist. Damit ist eine Identität von Empfänger und Grundstückseigentümer nicht erforderlich. Auch muss der Empfänger keine vertragliche Beziehung zum Baugeldgeber aufweisen.[58] Der Empfänger muss im Fall des § 1 Abs. 3 S. 1 Nr. 1 BauFordSiG auch nicht die grundpfandrechtliche Sicherung veranlasst haben. Entscheidend ist allein, dass er über Baugeld verfügt. Empfänger kann damit auch ein GÜ sein.[59] Wer als Baubetreuer bei der Durchführung des Bauvorhabens zur Verfügung über die Finanzierungsmittel des Bestellers ermächtigt ist, hat für die zweckgerechte Verwendung der Baugelder ebenfalls zu sorgen (§ 1 Abs. 1 S. 3 BauFordSiG). Aus § 1 Abs. 2 BauFordSiG ergibt sich, dass Empfänger auch sein kann, wer selbst an der Herstellung des Bauwerks beteiligt ist. Damit kann ein GU Empfänger sein, obwohl er das Baugeld als Werklohn für eigene Leistungen erhält.[60] Wie ein GÜ ist auch der GU in die finanzielle Organisation des Bauvorhabens eingebunden und weist die durch die Ausreichung des Baugeldes vermittelte treuhänderähnliche Stellung auf. Oft ist es auch zufällig, ob ein Bauunternehmen alles fremdvergibt oder selbst, vielleicht nur geringfügig, Hand anlegt. **23**

Obwohl der Empfängerbegriff weit auszulegen ist, muss im Rahmen einer Haftung nach § 823 Abs. 2 BGB i.V. mit einer Strafnorm der strafrechtliche Bestimmtheitsgrundsatz Berücksichtigung finden.[61] Die Rechtsprechung hat dieses Spannungsfeld durch Begrenzung des Kreises der abge- **24**

---

54 OLG Dresden v. 08.12.1999, 18 U 1117/99, NZBau 2000, 136; Urt. v. 13.09.2001, 19 U 346/01, BauR 2002, 486, 488.
55 Rdn. 29 ff. zu § 2 BauFordSiG.
56 BGH v. 19.11.1985, VI ZR 148/84, NJW 1986, 1105, 1106; Urt. v. 16.12.1999, VII ZR 39/99, BGHZ 143, 301 = NJW 2000, 956, 957.
57 BGH v. 24.11.1981, VI ZR 47/80, NJW 1982, 1037, 1038; Urt. v. 16.12.1999, VII ZR 39/99, BGHZ 143, 301 = NJW 2000, 956, 957.
58 OLG Dresden v. 13.09.2001, 19 U 346/01, BauR 2002, 486, 487; a.A. KG Berlin v. 17.08.2000, 27 U 4813/99.
59 BGH v. 10.07.1984, VI ZR 222/82, NJW 1985, 134, 135; Urt. v. 19.11.1985, VI ZR 148/84, NJW 1986, 1105, 1106; Urt. v. 09.10.1990, VI ZR 230/89, NJW-RR 1991, 141; Urt. v. 16.12.1999, VII ZR 39/99, BGHZ 143, 301 = NJW 2000, 956, 957; Urt. v. 11.04.2001, 3 StR 456/00, NJW 2001, 2484, 2485.
60 Vgl. nur BGH v. 16.12.1999, VII ZR 39/99, BGHZ 143, 301 = NJW 2000, 956, 957; Urt. v. 19.08.2010, VII ZR 169/09 Rn. 12, NJW 2010, 3365 f.; Urt. v. 14.01.2003, 4 StR 336/02, NStZ 2004, 284; OLG Jena v. 28.09.2004, 8 U 1131/03, OLG-NL 2005, 75, 76; a.A. OLG Köln v. 14.03.1977, 12 U 168/76, WM 1977, 1180, 1181; *Möller*, BauR 2005, 8, 13 ff.
61 Vgl. BGH v. 07.06.1988, VI ZR 203/87, NJW-RR 1988, 1177, 1178.

leiteten Empfänger gelöst. Aus der Ausgestaltung der Verwendungspflicht wird deutlich, dass die Pflichtenstellung nur denjenigen zukommen soll, die am Bauvorhaben konzeptionell beteiligt sind bzw. die Gesamtverantwortung für das Bauvorhaben tragen und deshalb die Verfügungsgewalt über das gesamte Baugeld erlangen.[62] Das sind neben dem Bauherrn, der vom Eigentumsverlust der Bauhandwerker unmittelbar profitiert, regelmäßig nur der GÜ, der GU und der Baubetreuer i.S.d. § 1 Abs. 1 S. 3 BauFordSiG. Den (anderen) Baugläubigern bleibt regelmäßig nur die Möglichkeit, sich im Insolvenzfall an die Verantwortlichen dieser Betriebe zu halten. An dieser Einschränkung ist trotz Ausweitung des Baugeldbegriffs festzuhalten, da die Begründung der Entscheidung BGHZ 143, 301 auch ohne Beschränkung der Verwendungspflicht auf immobiliargesicherte Finanzierungsmittel Sinn macht.[63] Auf der anderen Seite soll die Eigenschaft als Empfänger ausnahmsweise bei einer Beauftragung mit Teilleistungen bestehen können.

▶ **Beispiel**

(nach *OLG Schleswig*, NZBau 2009, 248): Die mittlerweile insolvente B-GmbH bot den Eheleuten P die Errichtung ihres Einfamilienhauses zum Preis von 91.500 Euro an. Aus diesem Angebot wurde ein Betrag von 17.500 Euro herausgenommen, weil sich die Eheleute entschlossen, eine sog. Futura-Boden-platte herstellen zu lassen. Die B-GmbH erhielt Geld aus einem am Baugrundstück gesicherten Darlehen und arbeitete den reduzierten Auftragsumfang mit mindestens 4 Subunternehmen ab.

Nach Auffassung des OLG Schleswig ändert der Umstand, dass die Bodenplatte herausgenommen wurde, nichts an der umfassenden Verfügungsgewalt über das erlangte Geld.[64] Diese Auffassung ist abzulehnen, weil sie den Kreis der Verantwortlichen (auch unter strafrechtlichen Gesichtspunkten) nicht klar genug begrenzt.

25 Banken sind insoweit keine Empfänger, als sie das Baugeld überhaupt erst bereitstellen. Eigene Verfügungsmacht über das Baugeld und damit eine treuhandähnliche Stellung gegenüber den Baugläubigern erlangen sie auch dann nicht, wenn sie für sich von Bauherren zur Sicherheit abgetretene Kaufpreisforderungen einziehen, die Baugeldfunktion haben.[65] Sie werden auch nicht dadurch zu Baugeldempfängern, dass Sie auf Weisung des Kontoführers über das Baugeldguthaben verfügen; dies gilt selbst dann, wenn das Konto als Bausonderkonto bzw. Treuhandkonto ausgewiesen ist.[66]

2. Verletzung der Verwendungspflicht

a) Verwendungspflicht

26 Die Verwendungspflicht trifft jeden Empfänger. Die Pflicht, das Baugeld zweckgerecht zu verwenden, beginnt, sobald er über das Baugeld verfügen kann. Hierzu muss das Baugeld nicht durch seine Hände gehen. Er ist auch dann verwendungspflichtig, wenn er den Baugeldgeber anweist, das Geld unmittelbar an einen Dritten auszuzahlen. Ob die Mittel vor, während oder sogar – wie bei Sicherheitseinbehalten – erst nach der Bauausführung abgerufen werden, spielt

---

[62] BGH 16.12.1999, VII ZR 39/99, BGHZ 143, 301 = NJW 2000, 956, 957; BGH v. 19.08.2010, VII ZR 169/09, Rn. 11, NJW 2010, 3365; krit. *Bruns*, NZBau 2000, 180 f.

[63] So auch *Stammkötter*, § 1 Rn. 323; a.A. *Frerick*, ZfBR 2004, 627, 631; *Möller*, BauR 2005, 1849, 1856; *Gartz*, NZBau 2009, 630, 631; *Joussen*, NZBau 2009, 737, 739; *Schmitz*, Rn. 524; wohl auch *Wittjen*, ZfBR 2009, 418, 421. Etwas anderes lässt sich auch nicht den Gesetzesmaterialien entnehmen, wonach alle Gelder umfasst sind, die ein Unternehmer »in der Kette nach dem Bauherrn« erhält (BT-Drucks. 16/511 S. 23), weil diese Formulierung nur den Kreis der Baugläubiger umschreibt.

[64] OLG Schleswig v. 17.04.2008, 5 U 156/07, NZBau 2009, 248, 249 f.; ebenso BGH v. 19.08.2010, VII ZR 169/09, Rn. 14, NJW 2010, 3365, 3366; wohl auch *Stammkötter*, § 1 Rn. 20.

[65] OLG München v. 13.11.1989, 26 U 2877/89, NJW-RR 1991, 279, 280.

[66] OLG Karlsruhe v. 31.10.2002, 12 U 182/01, IBRRS 43571, mit zust. Anm. *Stammkötter*, IBR 2004, 140.

keine Rolle. Selbst wenn der Empfänger eine Kreditlinie nicht ausschöpft, ist er für das gesamte Kreditvolumen verwendungspflichtig, weil er darüber in voller Höhe verfügen darf.[67] Die Überziehung eines Baugeldkontos ist dann Entnahme von Baugeld, wenn weitere Baugeldzahlungen zu erwarten sind, mit denen der eingeräumte Überziehungskredit wieder zurückgeführt werden soll.[68]

Der Empfänger darf mit dem Baugeld nur Baugläubiger bezahlen. Das schließt eine Verwendung zur Bezahlung des Baugrundstücks ebenso aus[69] wie für Notar- und Maklerkosten,[70] für eine Zwischenfinanzierung oder für Kreditnebenkosten (z.B. Agio).[71] Aufwand für Außenanlagen darf mit Baugeld ebenfalls nicht beglichen werden,[72] auch wenn § 1 Abs. 3 S. 1 Nr. 2 BauFordSiG nunmehr Leistungen schützt, die »im Zusammenhang mit der Herstellung des Baues oder Umbaues« stehen.[73] Nur eine scheinbare Ausnahme erlaubt § 1 Abs. 1 S. 2 BauFordSiG: Hiernach ist eine anderweitige Verwendung des Baugeldes insoweit statthaft, als der Empfänger Baugläubiger bereits aus anderen – baugeldfremden Mitteln – befriedigt hat. In diesem Fall findet nur eine Verrechnung statt. 27

Durch die Bezugnahme auf Kosten »des« Baus in § 1 Abs. 1 S. 1 BauFordSiG ist vorgegeben, dass das Baugeld nur für eine bestimmte Baustelle, also für jeden Bau gesondert, zu verwenden ist. Daher sollten keine Sammelkonten für mehrere Baustellen eingerichtet werden. Bei Aufteilung in Losen ist auf den Inhalt der Zweckabrede (z.B. Darlehensvertrag) abzustellen. Kurz vor Ablauf der 16. Legislaturperiode ist im Bundestag ein Gesetzesentwurf der Bunderegierung gescheitert, demzufolge die Verwendungspflicht auf die Baugelder aller Baustellen des Empfängers erstreckt werden sollte.[74] Im Hinblick darauf, dass nunmehr auch Eigenmittel gebunden sind und der Baugeldbegriff vom Grundbuch abgekoppelt wurde, hätte die Aufhebung der Separierungspflicht indes nicht viel gebracht, insbes. den Empfängern nicht die Verwendung gebundener Barmittel für Zwischenfinanzierungen, also ein besseres Liquiditätsmanagement, ermöglicht. Denn nach der neuen Baugeldvariante sind Geldmittel, die in der dort beschriebenen Weise verwendet werden, zwingend und unbeschränkbar gebunden. Diese Regelung stellt ein Verbotsgesetz i.S.d. § 134 BGB dar, das zur Nichtigkeit von baugeldbezogenen Sicherungsabtretungen führt, die zur Realisierung einer Fremdfinanzierung vereinbart werden (z.B. sofort fällige Forderung auf Auszahlung des Baugeldes wird vom GU zur Erlangung von Geldmitteln an Bank abgetreten); da solche Abtretungen von vornherein unwirksam sind, lässt sich hier auch nicht mit einer dinglichen Teilverzichtsklausel helfen.[75] 28

Den fiduziarischen Charakter des Baugeldes unterstreicht eine BGH-Entscheidung, wonach der Empfänger verpflichtet ist, das Baugeld bei Pfändungsgefahr durch Überweisung auf ein Treuhandkonto vor dem Zugriff Dritter, insbesondere weiterer Banken, über Nr. 14 Abs. 3 S. 1 AGB-Banken bzw. Nr. 21 Abs. 2 S. 1 AGB-Sparkassen aber auch der eigenen Bank, zu schützen. 29

---

67 OLG Hamm v. 27.06.2005, 13 U 193/04, BauR 2006, 123, 125; *Stammkötter*, IBR 2006, 444.
68 BGH v. 12.12.1989, VI ZR 12/89, NJW-RR 1990, 280, 281.
69 OLG Dresden v. 23.02.2006, 4 U 1017/05, BauR 2007, 1067, 1068.
70 OLG Celle v. 29.11.2001, 13 U 165/01, BauR 2002, 1869, 1870; OLG Dresden v. 23.02.2006, 4 U 1017/05, BauR 2007, 1067, 1068.
71 BGH v. 13.12.1988, VI ZR 260/88, NJW-RR 1989, 788, 789.
72 BGH v. 12.12.1989, VI ZR 12/89, NJW-RR 1990, 280; Urt. v. 11.04.2001, 3 StR 456/00, NJW 2001, 2484; Urt. v. 14.01.2003, 4 StR 336/02, NStZ 2004, 284, 285.
73 A.A. *Stammkötter*, § 1 Rn. 46, 345. Nr. 2 präzisiert wie Nr. 1 nur die Vorschrift des § 1 Abs. 1 S. 1 BauFordSiG (Beteiligung an der Herstellung oder dem Umbau des Baues); ebenso BT-Drucks. 16/9787 S. 19, wonach die Formulierung der Nr. 2 sich nur auf Bauwerke bezieht.
74 BR-Drucks. 443/09 = BT-Drucks. 16/13159; Ablehnung durch den Bundesrat: BT-Drucks. 16/13345 v. 15.06.2009, Anlage 3; für erledigt erklärt gem. Empfehlung des federführenden Ausschusses, BT-Drucks. 16/13415, in der 227. Sitzung des Bundestages am 18.06.2009.
75 So aber *Jänchen/Stolle*, ZfIR 2009, 733, 736.

§ 1 BauFordSiG

▶ **Beispiel**

(nach *BGH*, NJW 1988, 263): E beauftragte einen GU mit der Sanierung des auf eigenem Grundstück befindlichen Hauses. Hierfür wurde Baugeld ausgereicht. Der GU nahm das Geld entgegen und verbuchte es auf dem allgemeinen Geschäftskonto.

Der BGH urteilte, der GU hätte die erhaltenen Baugelder auf ein Treuhandkonto überweisen müssen, als damit zu rechnen war, dass die Kreditinstitute ihr Zurückbehaltungsrecht ausüben und auf dieses Geld zugreifen. Sobald sich dieses Risiko realisiert, könne der GU sich weder damit entschuldigen, er habe über das Baugeld nicht verfügen können, noch einwenden, zur Bedienung von Entgeltforderungen sei noch anderweitig Geld vorhanden gewesen.[76] Indem der Empfänger für diese Sicherung zu sorgen hat, wird ihm eine Vermögensbetreuungspflicht auferlegt und die Baugeldveruntreuung an ein Unterlassen geknüpft. Die Entscheidung des BGH ist insofern wegweisend, als sich dem Gesetz (§ 1 Abs. 1 S. 1 BauFordSiG) eine derartige Pflicht nicht entnehmen lässt. Eine allgemeine Verpflichtung, Baugelder von vornherein auf Sonderkonten anzulegen, wird man der Entscheidung nicht entnehmen können.[77] Wird ein Treuhandkonto angelegt, muss jedenfalls darauf geachtet werden, dass ein zur Aussonderung nach § 47 InsO geeignetes Treuhandverhältnis geschaffen wird, indem die Gelder in das Vermögen des Kreditinstituts gelangen und dort unterscheidbar vorhanden sind. Allein die Bezeichnung als »Treuhandkonto« erfüllt diesen Zweck nicht.[78] Enthält das Konto auch nur den geringsten Betrag an (nicht unterscheidbarem) Eigengeld, scheidet jedes Absonderungsrecht des Treugebers, mithin der Nachunternehmer und Lieferanten, aus.[79] Hingegen behält das Konto seine Schutzfunktion, wenn aus diesem Buchgeld nicht nur Forderungen der Baugläubiger bedient werden. Aus Haftungsgründen sollte der Kontoinhaber davon aber auch keine eigenen Kosten bezahlen, sondern es vollständig für die Forderungen der Nachunternehmer und Lieferanten verwenden.

30 Die Verwendungspflicht schützt die Baugläubiger nur indirekt. Ihr korrespondiert keine Anspruchstellung. Den Baugläubigern steht daher auch kein Anspruch auf Rechnungslegung zu. Grund hierfür ist der Umstand, dass das Baugeld zur Deckung der Baukosten nicht ausreichen muss – und regelmäßig auch nicht ausreicht.[80] Das bedingt einen Verteilungsspielraum des Empfängers, der nicht durch Erfüllungs-, Bereicherungs- oder Unterlassungsansprüche der Baugläubiger ausgehebelt werden darf.

31 Ist der Empfänger zugleich Baugläubiger, durfte er bislang aus dem Baugeld den zur Bezahlung der Hälfte seiner »in den Bau verwendeten Leistung« erforderlichen Betrag für sich entnehmen (§ 1 Abs. 2 GSB = § 1 Abs. 2 BauFordSiG a.F.). Der Sinn dieser Regelung bestand darin, dass der

---

76 BGH v. 13.10.1987, VI ZR 270/86, NJW 1988, 263, 264 f.
77 A.A. Ingenstau/Korbion/*Joussen*, Anhang 2 Rn. 238; *Weise*, Rn. 724, der das Baugeld gegenständlich verortet.
78 Vgl. BAG v. 24.09.2003, 10 AZR 640/02, NZA 2004, 980, 982 f. Das Pfandrecht entsteht auch dann nicht, wenn das Kreditinstitut die Baugeldeigenschaft bekannt ist: BGH v. 25.06.1973, II ZR 104/71, BGHZ 61, 72 = NJW 1973, 1754; Urt. v. 13.10.1987, VI ZR 270/86, NJW 1988, 263, 265; Urt. v. 26.06.2001, IX ZR 209/98, BGHZ 148, 175 = NJW 2001, 3187, 3190. Bei unberechtigter Verrechnung bedarf es der Konstruktion eines Vertrags mit Schutzwirkung zu Gunsten der Baugläubiger nicht, so aber *Stammkötter/Reichelt*, ZfBR 2005, 429, 430 f.; gegen diese Konstruktion LG Ravensburg v. 21.09.2006, 1 O 27/06, WM 2007, 886, 887 f.; ablehnend wohl auch *Vogel*, IBR 2005, 490.
79 BGH v. 24.06.2003, IX ZR 120/02, NJW-RR 2003, 1375, 1376; Urt. v. 07.07.2005, III ZR 422/04, NZI 2005, 625, 626. Gleiches gilt, wenn der Treuhänder auf ein Treuhandkonto eingezahlte Fremdgelder als eigenes Vermögen behandelt: BGH v. 10.02.2011, IX ZR 49/10, Rn. 16, NJW-RR 2011, 779, 781. Zur Ausgestaltung solcher Konten *Jänchen/Solle*, ZfIR 2009, 733, 739; *Kölbl*, NZBau 2010, 220, 223.
80 Vgl. OLG Dresden v. 08.12.1999, 18 U 1117/99, OLG-NL 2000, 123, 126. Ob dieser Befund mit Ausweitung des Baugeldbegriffs auf Eigenmittel, staatliche Fördergelder und nicht am Baugrundstück gesicherte Darlehen noch zu halten ist, mag zweifelhaft sein, spielt für die Frage der Anspruchstellung aber keine Rolle.

§ 1 BauFordSiG

Empfänger ohne diesen Halbteilungsgrundsatz entweder in der Lage gewesen wäre, sich durch Vollanrechnung ggü. den anderen Baugläubigern, vor allem hinsichtlich der Ausbaugewerke, einen ungerechtfertigten Vorteil zu verschaffen, oder aber er hätte – ebenso ungerechtfertigt – hinter die anderen Baugläubiger zurücktreten müssen. Im Juni 2009, kurz vor Ablauf der 16. Legislaturperiode, hat der Bundestag diesen Halbteilungsgrundsatz aufgehoben, um den Empfängern eine bessere Finanzierung ihrer Bauvorhaben zu ermöglichen (s. Rdn. 6 Vor. zu §§ 1, 2 BauFordSiG). Richtig daran ist, dass das Abwägungsergebnis nicht mehr stimmt, seitdem auch Eigenanteile zum Baugeld zählen. Allerdings wird die Abwägung dadurch nicht entbehrlich. Vor diesem Hintergrund hätte der Anrechnungsteil nur mäßig und nicht auf 100 % erhöht werden dürfen.[81] Hierbei hätte auch bedacht werden müssen, dass der Empfänger hinsichtlich der Bezahlung seiner Eigenleistungen ohnehin privilegiert ist, weil er seinen Anteil dem Baugeld selbst dann entnehmen darf, wenn es nicht für alle Baugläubiger reicht.

Fraglich ist, ob nur Gelder für Leistungen anrechenbar sind, die unmittelbar in die Herstellung des Baus eingegangen sind und für einen Mehrwert gesorgt haben,[82] oder ob es ausreicht, dass die Leistungen überhaupt angefallen sind. Indem das Gesetz den Empfänger in gleicher Weise schützt wie andere Baubeteiligte, legt es auch dem Anrechnungsgegenstand einen weiten Baugeldbegriff zugrunde. Richtigerweise sind damit auch im Anrechnungsweg alle Baukosten zu berücksichtigen, die plangemäß auf die Bauerrichtung entfallen. Dazu gehören Verkaufsprovisionen, Vermessungs-, Erschließungs- und Vertriebskosten nicht,[83] wohl aber Aufwand für Planung und Bauleitung sowie die Gemeinkosten des Empfängers, sofern sie sich dem Bauvorhaben zuordnen lassen.[84] Im Ergebnis unterscheidet sich diese Auffassung von der BGH-Auffassung mit ihrem Unmittelbarkeitspostulat (dazu o. Rdn. 14) aber kaum. In diesem Sinne sind wohl auch die Gesetzesmaterialien zur Neufassung des § 1 Abs. 2 BauFordSiG zu verstehen, wonach vom sachlich ohne Änderungsabsicht eingefügten Begriff »der von ihm erbrachten Leistungen« insbesondere Allgemeine Geschäftskosten (AGK), Gemeinkosten (GK) sowie Wagnis und Gewinn, Umsatzsteuerzahllast an das Finanzamt, Löhne und Gehälter des eigenen Personals, lohngebundene Kosten des Personals, Lohnnebenkosten, Kosten für gemietete Gegenstände auf Baustellen sowie Kosten für Investitions- und Finanzierungsmaßnahmen erfasst sind.[85] Das Gesetz trennt in der Neufassung des § 1 Abs. 2 BauFordSiG nicht mehr zwischen Leistungen, die »in den Bau verwendet« werden, und solchen, die dafür erst vorgesehen sind. In jedem Fall müssen sie sich auf die konkrete Baustelle beziehen.[86]

Der angemessene Wert deckt sich regelmäßig mit dem üblichen Preis i.S. der §§ 612 Abs. 2, 632 Abs. 2 BGB, kann in Sonderfällen jedoch abweichen, z.B. bei besonders billigen oder besonders teuren Objekten.[87] Für erst teilweise erbrachte Leistungen bietet sich der Rückgriff auf den nach handelsrechtlichen Grundsätzen zur Bewertung unfertiger Erzeugnisse und Leistungen beizulegenden Wert an.[88]

---

81 So bereits BT-Drucks. 14/8783 S. 5, 22: Erhöhung auf 70 %.
82 So BGH v. 12.12.1989, VI ZR 104/71, NJW-RR 1990, 280; 1991, 728, 729; vgl. Verhandlungen des Reichstags, XII Legislaturperiode, I. Session, Bd. 242 S. 2141 f.
83 Zu den Vermessungskosten: OLG Dresden v. 31.07.2002, 18 U 3034/01, S. 35 (n.v.); zu den Erschließungskosten: BGH v. 09.12.1986, VI ZR 287/85, NJW 1987, 1196, 1197; OLG Düsseldorf v. 30.03.1995, 12 U 280/93, WM 1997, 913, 915; OLG Hamm v. 27.06.2005, 13 U 193/04, BauR 2006, 123, 124; zu den Vertriebskosten: OLG Dresden v. 10.12.98, 19 U 1807/97; zu den Courtagekosten: OLG Hamm v. 27.06.2005, 13 U 193/04, BauR 2006, 123, 124.
84 Gegen eine Berücksichtigung von Gemeinkosten, Gehältern und Bürokosten RG v. 18.10.1917, VI 143/17, RGZ 91, 72, 78; BGH v. 14.01.1986, VI ZR 164/84, NJW-RR 1986, 446, 447; OLG Stuttgart v. 06.10.2004, 4 U 105/04; ebenso hins. der Gemeinkosten *Weise*, Rn. 734.
85 BT-Drucks. 16/13159 S. 6.
86 *Illies*, BauR 2010, 546, 548.
87 *Illies*, BauR 2010, 546, 548 f.; zu starr hingegen *Stammkötter*, § 1 Rn. 263, der den angemessenen Wert mit der der üblichen Vergütung gleichsetzt.
88 LG Verden v. 02.02.2011, 7 O 217/10, Juris Rn. 17 (Berufung anhängig beim OLG Celle, 99 U 282/11).

§ 1 BauFordSiG

34 Wie der Empfänger die Anrechnung vornimmt, bleibt ihm überlassen. Er muss das Geld nicht erkennbar entnehmen. Die Anrechnung kann auch im Nachhinein, sogar noch im Rahmen des Schadensersatzprozesses, erfolgen.[89]

35 Um zu vermeiden, dass sich der Empfänger aus dem Baugeld übermäßig bedient, hat die Rechtsprechung die Anrechnungsmöglichkeit bei Baugeld, das in Raten nach Baufortschritt gezahlt wird, eingeschränkt.

> ▶ **Beispiel**
>
> (nach *BGH*, NJW 1986, 1105): A war Inhaber eines Handwerksbetriebs auf dem Gebiet des Sanitär- und Heizungsbaus, B Geschäftsführer der später insolventen I-Bau-GmbH. Dieses Unternehmen ließ mit Baugeld durch eigene Kräfte und durch Subunternehmer Häuser errichten, die es an Interessenten schlüsselfertig verkaufte. In den Kaufverträgen wurde vereinbart, dass die Käufer 30 % des Kaufpreises bei Vertragsabschluss und den Rest in 5 Raten entsprechend dem Baufortschritt zu zahlen hatten, die dritte Rate in Höhe von 30 % nach Fertigstellung der Sanitär- und Heizungsinstallation. A führte im Auftrag der I Installationsarbeiten für 4 Häuser aus, fiel mit einem Teil seiner Werklohnforderung dann aber aus. A nahm B wegen Baugeldveruntreuung auf Zahlung des Restwerklohns in Anspruch. B wandte ein, das Baugeld sei ordnungsgemäß verwandt worden, I habe die Beträge aus der jeweils dritten Rate für seine Eigenleistungen verbraucht und gem. § 1 Abs. 2 BauFordSiG so auch verfahren dürfen.

Der BGH akzeptierte diese Verteidigung nicht. Ohne besondere Vereinbarung seien die Baugeldraten zwar auch für Eigenleistungen verwendbar. Zum Schutz der Subunternehmer müsse das Entnahmerecht des § 1 Abs. 2 BauFordSiG bei Zahlungen nach Maßgabe des Baufortschritts aber angepasst werden. In diesen Fällen könne der Empfänger von den mit einer Rate abzugeltenden Beträgen die Hälfte des Wertes seiner Leistungen nur insoweit für sich entnehmen, als diese Leistungen der Rate zuzuordnen sind.[90] Nach dieser Rechtsprechung, die sich auf die Neufassung des § 1 Abs. 2 BauFordSiG mit der dort bestimmten Vollanrechnung übertragen lässt, hat der Zahlungsplan doch die Wirkung einer Verwendungsregel, nur eben auf den Anrechnungsbereich beschränkt. Dem ist zuzustimmen. Andernfalls würden die ersten Gewerke privilegiert, da Baugeld oft nicht ausreicht, um alle Gewerke zu bedienen. Für Leistungen, die – wie etwa Planungsleistungen – nur zu Beginn der Arbeiten erbracht werden, bleibt es bei der vollen Anrechnungsmöglichkeit.[91]

36 Die Verwendungspflicht ruht, wenn und solange der Empfänger über das Geld nicht verfügen kann, weil über dem Vermögen des Empfängers ein Insolvenzverfahren schwebt,[92] oder weil es gepfändet wurde. Die Verwendungspflicht endet, sobald kein Baugeld mehr vorhanden ist. Die zu kurz gekommenen Baugläubiger können in diesem Fall nicht geltend machen, sie seien zu Unrecht übergangen worden.

---

89 OLG Dresden v. 08.12.1999, 18 U 1117/99, OLG-NL 2000, 123, 125.
90 BGH v. 19.11.1985, VI ZR 148/84, NJW 1986, 1105, 1106; Urt. v. 14.01.1986, VI ZR 164/84, NJW-RR 1986, 446, 448; Urt. v. 06.06.1989, VI ZR 281/88, NJW-RR 1989, 1045, 1047; Urt. v. 08.01.1991, VI ZR 109/90, NJW-RR 1991, 728, 729.
91 BGH v. 08.01.1991, VI ZR 109/90, NJW-RR 1991, 728, 729.
92 OLG Dresden v. 23.02.2006, 4 U 1017/05, BauR 2007, 1067, 1069 f.; OLG Hamm v. 12.12.1006, 27 U 98/06, ZIP 2007, 240. Etwas anderes gilt, sobald der Insolvenzverwalter nach § 103 Abs. 1 InsO für die Vertragserfüllung optiert, vgl. BGH v. 26.06.2001, IX ZR 209/98, BGHZ 148, 175 = NJW 2001, 3187, 3190; vgl. auch u. Rdn. 51.

b) Verletzungshandlung

Gegen die Baugeldverwendungspflicht muss der Empfänger – das ist nicht unbedingt der Vertragspartner des Baugläubigers, der die Haftung geltend macht – verstoßen haben. Für die Erfüllung der Verwendungspflicht besteht keine zeitliche Grenze. Der Empfänger muss das Baugeld der Höhe nach auszahlen. Wann und wie er das macht, bleibt ihm überlassen, sofern die Finanzierung hierfür keine Vorgaben bereithält. In diesem Zusammenhang wird die Meinung vertreten, der Empfänger müsse zunächst die für das Bauvorhaben vorgesehenen Eigenmittel bzw. ungesicherten Kreditmittel nutzen und dürfe erst danach das Baugeld auskehren.[93] Diese Ansicht findet im Gesetz keine Stütze. Die Baugläubiger sind nur hinsichtlich des Baugeldes geschützt. Andernfalls wären auch die anderen, eben ›freien‹ Mittel gebunden.[94] 37

Obwohl der Anspruchsteller grundsätzlich die anspruchsbegründenden Umstände darzulegen und notfalls zu beweisen hat, muss er dies nach Auffassung des BGH nur insoweit darlegen und beweisen, als der Empfänger Baugeld zumindest in Höhe der ausstehenden (einredefreien) baubezogenen Geldforderung des Anspruchstellers erhalten hat und davon nichts mehr vorhanden ist. Nach hier vertretener Auffassung ist Letzteres über das Merkmal des Vermögensverfalls des Empfängers (unten D.) zu prüfen und damit auch materiell-rechtlich eingebunden. Der Anspruchsgegner hat sodann die ordnungsgemäße Verwendung des Baugeldes nachzuweisen.[95] Dabei ist ihm der Einwand versperrt, der Empfänger, mithin die insolvente Kapitalgesellschaft, deren Organ er war, sei inzwischen veräußert worden, so dass er über keine Unterlagen mehr verfüge, oder der Insolvenzverwalter halte diese Unterlagen zurück.[96] Für Veruntreuungshandlungen ab dem 01.01.2009 (vgl. o. Rdn. 5 Vor. zu §§ 1, 2 BauFordSiG) hat der Gesetzgeber diese Beweislastumkehr festgeschrieben (§ 1 Abs. 4 BauFordSiG). Diese Formulierung ist jedoch unpräzise, weil sie sich auf den Empfänger bezieht, es aber nur darum geht, eine Beweislastverteilung für die Durchgriffshaftung zu finden. Der Empfänger selbst ist insolvent und wird daher an keinem Passivprozess mehr beteiligt sein. 38

C. Passivlegitimation

Nach § 823 Abs. 2 BGB i.V. mit §§ 1, 2 BauFordSiG haften bei Kapitalgesellschaften diejenigen, die als Repräsentanten des Empfängers die strafrechtliche Verantwortung für das Unternehmen tragen. Nach § 2 BauFordSiG sind insolvente Empfänger zu bestrafen, wenn sie zum Nachteil von Baugläubigern gegen § 1 BauFordSiG verstoßen haben. § 2 BauFordSiG ist auch im Rahmen der Prüfung einer zivilrechtlichen Haftung als Vorschrift des Nebenstrafrechts, also nach strafrechtlichen Kriterien auszulegen. Bei einem Fehlverhalten im Organisationsbereich von Kapitalgesellschaften ist somit für die Bestimmung der Handlungsverantwortlichkeit auf § 14 StGB abzustellen. Die Empfängerschaft ist das besondere persönliche Merkmal.[97] Der Repräsentantenbegriff des § 14 StGB ist weit zu verstehen. Er geht über die gesetzliche Organstellung hinaus. In 39

---

93 OLG Düsseldorf v. 12.07.1996, 22 U 266/95, NJW-RR 1996, 1363, 1364; OLG Dresden v. 15.04.1999, 9 U 3454/97, BauR 2000, 585, 587; Urt. v. 23.02.2006, 4 U 1017/05, BauR 2007, 1067; *Hagenloch*, Rn. 44; *Weise*, Rn. 691; *Stammkötter*, § 1 Rn. 3, 109, 409.
94 BGH v. 19.08.2010, VII ZR 169/09, Rn. 22, NJW 2010, 3365, 3366 f.; OLG Dresden v. 08.12.1999, 18 U 1117/99, OLG-NL 2000, 123, 125 ff.; *Schmidt*, BauR 2001, 150, 151 f.; Ingenstau/Korbion/*Joussen*, Anhang 2 Rn. 237.
95 BGH v. 10.07.1984, VI ZR 222/82, NJW 1985, 134; Urt. v. 13.10.1987, VI ZR 270/86, NJW 1988, 263, 264; Urt. v. 12.12.1989, VI ZR 311/88, NJW-RR 1990, 280; Urt. v. 09.10.1990, VI ZR 230/89, NJW-RR 1991, 141, 142; Urt. v. 08.01.1991, VI ZR 109/90, NJW-RR 1991, 728, 729; Urt. v. 13.12.2001, VII ZR 305/99, NJW-RR 2002, 740; Urt. v. 19.08.2010, VII ZR 169/09, Rn. 18, NJW 2010, 3365, 3366.
96 Vgl. BGH v. 08.01.1991, VI ZR 109/90, NJW-RR 1991, 728, 729; Urt. v. 19.08.2010, VII ZR 169/09, Rn. 17, NJW 2010, 3365, 3366.
97 *Stammkötter*, § 2 Rn. 8.

§ 1 BauFordSiG

die Haftung geraten kann nicht nur der Geschäftsführer der als Empfänger auftretenden Komplementär-GmbH,[98] sondern nach § 14 Abs. 2 S. 1 Nr. 2 StGB auch ein Prokurist oder sonstiger Bevollmächtigter, wenn die Baugeldverwendung in seinen Verantwortungsbereich fiel.[99]

40 Wird ein organschaftlich bestellter Vertreter in die Haftung genommen, haftet er nur dann, wenn die zweckwidrige Verwendung in seine Amtszeit fiel. Bei einem Amtswechsel muss der bislang zuständige Vertreter darlegen, dass das Baugeld während seiner Amtszeit nicht zweckwidrig verwendet wurde.[100] Darüber hinaus wird man fordern müssen, dass der scheidende Geschäftsführer/ Vorstand seinen Nachfolger über die Baugeldeigenschaft in Kenntnis setzt, wenn noch Baugeld zu verteilen ist. Andernfalls bleibt er weiterhin haftbar. Bei einer Verantwortlichkeit anderer Mitarbeiter, z.B. von Prokuristen, ist insoweit auf den Zeitpunkt ihres Ausscheidens aus dem Betrieb bzw. dem Entzug ihrer internen Verantwortlichkeit für die Verteilung des Baugeldes abzustellen. War zu diesem Zeitpunkt noch genug Baugeld vorhanden, um die Forderung des Anspruchstellers zu bedienen, haften sie nicht. Anders als ein Geschäftsführer müssen sie ihre Nachfolger nicht ohne weiteres über offenes Baugeld und die damit verbundene Auszahlungspflicht aufklären.

41 Bei mehreren Geschäftsführern bzw. Vorständen sind grundsätzlich. alle zur ordnungsgemäßen Verwendung der Baugelder verpflichtet.[101] Kam nach der internen Aufgabenverteilung die Verwendungspflicht nur bestimmten Personen zu, steht den anderen der Entlastungsbeweis offen.[102] Die Zuständigkeitsordnung befreit aber nicht vollkommen. Die Verwendungspflicht der anderen geht dann in eine Kontrollpflicht über, deren Verletzung ebenfalls als Baugeldveruntreuung zu werten ist. Dies wird flankiert durch Informationsansprüche eines jeden Vorstands bzw. Geschäftsführers gegen die Gesellschaft für alle Angelegenheiten der Gesellschaft.[103] Hinsichtlich der Ausgestaltung dieser Pflichtenstellung kann auf die Grundsätze zurückgegriffen werden, die die Rechtsprechung zur Auslegung des § 266a StGB entwickelt hat.[104] Hierbei ist auch an die Frage zu denken, welcher Obstruktionsaufwand einem für die Baugeldverwendung nicht zuständigen Organ abzuverlangen ist, wenn er erkennt, dass Baugeld nicht zweckentsprechend verwendet wird.[105]

42 Wegen Baugeldveruntreuung haften kann auch ein Geschäftsführer/Vorstand, dessen Bestellung unwirksam ist, oder wer als sog. faktischer Geschäftsführer/Vorstand die Geschäfte führt.[106] Für die Stellung und Verantwortlichkeit einer Person als faktischer Geschäftsführer/Vorstand ist erforderlich, dass der Betreffende die Geschicke der Kapitalgesellschaft durch eigenes Handeln (z.B. durch Führung des wesentlichen kaufmännischen oder finanziellen Geschäftsbereichs, Verfügungsgewalt über Geschäftskonten oder Buchhaltung, Personalentscheidungen, Erteilung von Weisungen an das satzungsmäßige Organ) maßgeblich in die Hand genommen hat.[107] Dabei kommt es auf das Gesamterscheinungsbild seines Auftretens an, also darauf, wie sich diese Machtstellung im Außenverhältnis darstellt.[108] Danach ist es allerdings nicht erforderlich, dass der Handelnde die gesetzliche Geschäftsführung völlig verdrängt. Entscheidend ist vielmehr, dass der Betreffende die Geschicke der Gesellschaft – über die interne Einwirkung auf die satzungsmäßige Geschäftsführung hinaus – durch eigenes Handeln im Außenverhältnis, das die Tätigkeit des

---

[98] BGH v. 13.12.1988, VI ZR 260/88, NJW-RR 1989, 788, 789.
[99] BGH v. 24.11.1981, VI ZR 47/80, NJW 1982, 1037, 1039.
[100] OLG Dresden v. 19.04.2000, 18 U 2749/99, S. 9 (n.v.).
[101] BGH v. 09.10.1990, VI ZR 230/89, NJW-RR 1991, 141, 142.
[102] BGH v. 09.10.1990, VI ZR 230/89, NJW-RR 1991, 141, 142; OLG Hamburg v. 09.09.2009, 11 U 148/08, BauR 2010, 639, 642.
[103] OLG Koblenz v. 22.11.2007, 6 U 1170/07, NZG 2008, 397, 398.
[104] Vgl. BGH v. 15.11.1996, VI ZR 319/95, NJW 1997, 130.
[105] Dazu *Bruns*, Rn. 372.
[106] OLG Hamburg v. 09.09.2009, 11 U 148/08, BauR 2010, 639, 641 f.
[107] BGH v. 11.07.2005, II ZR 235/03, NZG 2005, 816.
[108] BGH v. 27.06.2005, II ZR 113/03, NZG 2005, 755; zu möglichen Indizien OLG Stuttgart v. 06.10.2004, 4 U 105/04, Juris Rn. 36 ff.; LG Itzehoe v. 25.08.2006, 3 O 534/04, Juris Rn. 35 ff.

rechtlichen Geschäftsführungsorgans nachhaltig prägt, maßgeblich in die Hand genommen hat.[109] Dazu reicht der alleinige Zugriff auf das Gesellschafterkonto und die Vornahme einzelner Zahlungen nicht aus.[110] Auch eine Bevollmächtigung ist hierfür noch kein taugliches Indiz. Gesellschaftsinterne Einwirkungen im Konzern begründen ebenfalls nicht ohne Weiteres eine faktische Geschäftsführung; dies gilt selbst dann, wenn der satzungsmäßige Geschäftsführer/Vorstand dadurch zu einem reinen Befehlsempfänger ›degradiert‹ wird.[111] Erforderlich ist ferner, dass die Erlangung der faktischen Stellung als Geschäftsführer/Vorstand von den Gesellschaftern gebilligt wird. Eine Mehrheit ist dann ausreichend, wenn sie nach den gesellschaftsvertraglich getroffenen Bestimmungen ausreichend wäre, die formelle Bestellung eines Geschäftsführers zu beschließen.[112]

Bei Vorliegen einer Bezugstat kommen weitere Verantwortliche in Betracht, sobald sie sich in strafrechtlich relevanter Weise an der Haupttat beteiligen.[113] Das kann ein Gesellschafter der Baugeld nehmenden GmbH sein, der den Geschäftsführer zur Baugeldveruntreuung bewegt.[114] Das kann die Bank sein, die das Darlehen ausgereicht hat und den Geschäftsführer/Vorstand drängt, mit dem Baugeld den Saldo auf dem Geschäftskonto zurückzuführen.[115] Als Beteiligungsformen kommen hierbei nur Anstiftung und Beihilfe (§§ 26, 27 StGB) in Betracht, da es sich bei § 2 BauFordSiG um ein Sonderdelikt handelt, wonach als Täter nur die beim Empfänger für die Verteilung des Baugeldes Verantwortlichen bestraft werden können.[116]

43

D. Vermögensverfall des Empfängers

Vom Gesichtspunkt der Verletzungshandlung, die an die Erschöpfung des Baugeldes anknüpft, gedanklich zu trennen ist das Erfordernis der Insolvenz des Empfängers, bei dem der Anspruchsgegner tätig war.[117] Diese Anspruchsvoraussetzung ergibt sich aus § 2 BauFordSiG als Teil des einheitlichen Schutzgesetzes (s.o. Rdn. 3 Vor. zu §§ 1, 2 BauFordSiG). Daher lässt sich eine Haftung nach § 823 Abs. 2 BGB i.V. mit den §§ 1, 2 BauFordSiG nicht gegen Organe eines GÜ durchsetzen, wenn nur der in der Baugeldkette nachfolgende GU vermögenslos geworden ist.[118]

44

Der Begriff der Zahlungseinstellung entspricht dem in § 283 StGB.[119] Zahlungseinstellung ist nicht dasselbe wie Zahlungsunfähigkeit. Sie beschreibt keine wirtschaftliche Verfassung, sondern ein Verhalten, nämlich das generelle Aufhören mit der Begleichung von Schulden, deren Erfüllung die Gläubiger ernsthaft, aber erfolglos fordern. Das Nichtbegleichen einzelner Schulden begründet die Zahlungseinstellung noch nicht, ebenso wenig eine vorübergehende Zahlungsstockung. Der Zahlungseinstellung steht nach § 2 BauFordSiG die Eröffnung des Insolvenzverfahrens über das Vermögen des Empfängers gleich. Beendet sein muss das Insolvenzverfahren nicht.[120] Ist es zur Eröffnung eines Insolvenzverfahrens nicht gekommen, hat der Anspruchsteller

45

---

109 BGH v. 25.02.2002, II ZR 196/00, BGHZ 150, 61 = NJW 2002, 1803, 1805; Urt. v. 27.06.2005, II ZR 113/03, NZG 2005, 755; Urt. v. 11.07.2005, II ZR 235/03, NZG 2005, 816.
110 BGH v. 11.02.2008, II ZR 291/06, NJW-RR 2008, 1066, 1067.
111 BGH v. 27.06.2005, ZR II 113/03, NZG 2005, 755, 756.
112 Vgl. OLG Karlsruhe v. 07.03.2006, 3 Ss 190/05, NJW 2006, 1364.
113 RG v. 16.02.1914, VI 599/13, RGZ 84, 188, 192 f.; BGH v. 17.10.1989, VI ZR 27/89, NJW-RR 1990, 88; OLG München v. 13.11.1989, 26 U 2877/89, NJW-RR 1991, 279, 280; OLG Karlsruhe v. 25.04.1991, 4 U 66/90, BauR 1992, 791, 792; Urt. v. 31.10.2002, 12 U 182/01; OLG Stuttgart v. 06.10.2004, 4 U 105/04; LG Ravensburg v. 21.09.2006, 1 O 27/06, WM 2007, 886, 888.
114 Bei Minderheitsgesellschaftern stellt sich auch hier die Frage nach dem zumutbaren Obstruktionsaufwand, dazu *Bruns*, Rn. 372.
115 So im Fall LG Bielefeld v. 30.10.2001, 2 O 650/99, BauR 2003, 398.
116 S. auch Rdn. 36 zu § 2 BauFordSiG.
117 Zutreffend OLG Celle v. 05.07.2006, 7 U 260/05, BauR 2007, 410, 411.
118 So aber wohl LG Dresden v. 28.01.2004, 6 O 2080/03, NZBau 2004, 449 f.
119 S. auch Rdn. 16, 17 zu § 2 BauFordSiG.
120 OLG Dresden v. 28.07.2000, 3 U 574/00, NZBau 2002, 393, 394.

die Zahlungseinstellung auf Seiten des Empfängers darzulegen und zu beweisen.[121] Ist die Zahlungseinstellung nicht offensichtlich, muss dies anhand von Indizien geschehen. Bloße Vermutungen reichen nicht. Ist der Baugläubiger im Besitz eines Titels und kann er darlegen, dass er gegen den Empfänger bereits einen fruchtlosen Vollstreckungsversuch unternommen hat, spricht eine tatsächliche Vermutung für die Zahlungseinstellung. Dies gilt auch dann, wenn der Vollstreckungsversuch daran gescheitert ist, dass der Empfänger nicht mehr auffindbar ist.

E. Rechtswidrigkeit

46 Die Voraussetzungen der §§ 1, 2 BauFordSiG als Schutzgesetz sind nur erfüllt, wenn die Rechtswidrigkeit der Verwendungshandlung feststeht. Nach allgemeinen haftungsrechtlichen Grundsätzen wird die Rechtswidrigkeit durch Verwirklichung des objektiven Haftungstatbestandes indiziert, sofern keine Rechtfertigungsgründe vorliegen.[122] Das *OLG Brandenburg* hat den Rechtfertigungsgrund der Einwilligung für den Fall bejaht, dass der Anspruchsinhaber einer anderweitigen Verwendung der Baugelder – z.B. im Rahmen einer Gesamtlösung – zugestimmt hat.[123] Diese Ansicht verkennt, dass das in den §§ 1, 2 BauFordSiG geschützte Rechtsgut auch einen öffentlich-rechtlichen Schutzzweck aufweist[124] und damit von vornherein nicht einwilligungsfähig ist. Allerdings dürfte in diesem Fall der Einwand widersprüchlichen Verhaltens (§ 242 BGB) greifen. Keinen Erfolg verspricht im Hinblick auf die Zweckgebundenheit des Baugeldes der Einwand, die Weiterleitung des Baugeldes sei wegen Abgabenverpflichtungen oder anderer vorrangiger Forderungen, deren Nichterfüllung staatliche Sanktionen nach sich ziehen, also aufgrund eines Notstands, unterblieben; hier hat keiner der abzuwägenden Rechtsgüter Vorrang.[125]

F. Verschulden

47 Hinsichtlich des Verschuldensgrades, der für eine Schutzgesetzverletzung zu fordern ist, bestimmt § 823 Abs. 2 S. 2 BGB, dass jedes Verschulden ausreicht, wenn nach dem Inhalt des Schutzgesetzes ein Verstoß auch ohne Verschulden sanktioniert wird. Im Umkehrschluss gilt, dass im Übrigen auf die Schuldform des Schutzgesetzes abzustellen ist. Bei der Baugeldveruntreuung ergibt sich die Verbotsnorm aus § 2 BauFordSiG. Diese enthält keine Anforderungen an die Schuldform. Da diese Vorschrift eine solche des Nebenstrafrechts ist, gilt ergänzend das allgemeine Strafrecht und damit § 15 StGB, wonach strafbar nur vorsätzliches Handeln ist, wenn nicht das Gesetz fahrlässiges Handeln ausdrücklich unter Strafe stellt. Zur Verwirklichung des Haftungstatbestandes ist hier damit (bedingter) Vorsatz nötig.[126]

48 Irrtumsfolgen sind, da es sich bei § 2 BauFordSiG um eine Strafrechtsnorm handelt, nach den §§ 16, 17 StGB zu beurteilen.[127] Hiernach bedeutet die Nichtkenntnis von Tatbestandsvoraussetzungen (vor allem der Baugeldfunktion der ausgekehrten Gelder, aber auch der Angemessenheit der nach § 1 Abs. 2 BauFordSiG abgezweigten Beträge) einen Vorsatz ausschließenden Tatbestandsirrtum (§ 16 StGB). Macht der Anspruchsgegner geltend, seine Pflichtenstellung aus dem BauFordSiG nicht gekannt zu haben, liegt ein Verbotsirrtum vor. In diesem Fall kommt es gem. § 17 StGB auf die Vermeidbarkeit des Irrtums an. Ein fahrlässiger Verbotsirrtum schließt

---

121 OLG Dresden v. 13.09.2001, 19 U 346/01, BauR 2002, 486, 488.
122 S. auch Rdn. 26 zu § 2 BauFordSiG.
123 OLG Brandenburg v. 02.05.2001, 7 U 173/99 (n.v.).
124 RG v. 16.02.1914, VI 599/13, RGZ 84, 188, 190; BGH v. 19.09.1985, III ZR 55/84, NJW 1986, 1104; Urt. v. 16.12.1999, VII ZR 39/99, BGHZ 143, 301 = NJW 2000, 956.
125 I.E. OLG Düsseldorf v. 12.01.1988, 4 U 34/87, BauR 1989, 234, 236; OLG Koblenz v. 03.02.2011, 5 U 631/10, Juris Rn. 23; vgl. BGH v. 18.01.2010, II ZA 4/09, Rn. 4, NJW-RR 2010, 701, 702.
126 St. Rspr. seit BGH v. 24.11.1981, VI ZR 47/80, NJW 1982, 1037, 1038; s.o. Rdn. 3 Vor. zu §§ 1, 2 BauFordSiG; zuletzt BGH v. 19.08.2010, VII ZR 169/09, Juris Rn. 30; s. auch BGH v. 13.12.2001, VII ZR 305/99, NJW-RR 2002, 740.
127 BGH v. 10.07.1984, VI ZR 222/82, NJW 1985, 134, 135.

die Vorsatztat nicht aus. Allgemein gilt, dass bei schwieriger Rechtslage oder Heranziehung von Rechtsrat ein Rechtsirrtum entschuldigen kann. Dabei ist auch im nicht kaufmännischen Geschäftsverkehr ein strenger Maßstab anzulegen. Bei Zweifeln über die Rechtslage sind Erkundigungen einzuholen.[128] Grundsätzlich ist jeder im Rahmen seines Wirkungskreises verpflichtet, sich über das Bestehen von Schutzgesetzen zu unterrichten, die in seinen Arbeitsbereich fallen.[129] Von den Geschäftsführern einer Bauträgergesellschaft etwa wird man die Kenntnis der Pflichtenstellung nach dem BauFordSiG erwarten können.[130] Dieser Sorgfaltsmaßstab wird für Baugesellschaften im Allgemeinen gelten müssen.[131]

Sofern es um die Verantwortlichkeit Dritter geht, nimmt § 830 Abs. 2 BGB auf die strafrechtlichen Begrifflichkeiten Bezug.[132] Deshalb haftet der Teilnehmer gem. § 26 StGB (als Anstifter) bzw. § 27 StGB (als Gehilfe) wegen Baugeldveruntreuung nicht schon bei Fahrlässigkeit, sondern erst dann, wenn er ebenfalls vorsätzlich gehandelt hat (sog. doppelter Vorsatz).[133] Objektiv muss die Beihilfehandlung zwar nicht für den Taterfolg ursächlich gewesen sein, die tatbestandsmäßige Handlung aber gefördert, erleichtert oder den Täter in seinem Entschluss zur Tatbegehung bestärkt haben.[134] 49

Der Anspruchsteller hat die Vorsatz begründenden Umstände darzulegen und zu beweisen.[135] Dies bedarf eines sorgfältigen Vortrags. Mit Einführung des weiten Baugeldbegriffs in § 1 Abs. 3 S. 1 Nr. 2 BauFordSiG hat sich die Darlegung des Vorsatzes insoweit erheblich vereinfacht, weil hiernach Kenntnisse zum Grundbuchstand irrelevant sind. In der Alternative des § 1 Abs. 3 S. 1 Nr. 1 BauFordSiG ergibt sich die Kenntnis der grundpfandrechtlichen Sicherung nicht schon aus dem Wissen um die Ausreichung eines Baudarlehens. Sie ist allerdings bei größeren Bauvorhaben immer zu vermuten, da es für Kapitalgesellschaften wirtschaftlich wenig sinnvoll ist, ihr Vermögen in einer einzelnen Maßnahme zu binden, um den Bau gänzlich ›frei‹ zu finanzieren, und die Finanzierung solcher Projekte daher regelmäßig unter Besicherung des Baugrundstücks erfolgt.[136] Sie ist aber auch bei kleineren Bauvorhaben zu vermuten, wenn der Bauherr ersichtlich nicht in der Lage ist, die Baukosten aus eigenen Mitteln zu bestreiten.[137] Einer Darlegung konkreter Indizien für die Kenntnis bedarf es in diesen Fällen somit nicht. 50

---

128 BGH v. 10.07.1984, VI ZR 222/82, NJW 1985, 134, 135; OLG Schleswig v. 06.06.2008, 1 U 175/06, NZBau 2008, 646, 649.
129 BGH v. 24.11.1981, VI ZR 47/80, NJW 1982, 1037, 1038; Urt. v. 10.07.1984, VI ZR 222/82, NJW 1985, 134, 135; OLG Hamm v. 27.06.2005, 13 U 193/04, BauR 2006, 123, 126. Diese Regel wurde gerade im Hinblick auf § 1 GSB entwickelt. Bemerkenswert dabei ist, dass der BGH das GSB erst durch die Entscheidung v. 24.11.1981, VI ZR 47/80 (NJW 1982, 1037) wieder in das Bewusstsein der Öffentlichkeit rückte, es also in den Jahren 1974 bis 1976 (GSB-Verstoß zwischen Nov. 1974 – Ztp. des Vertragsschlusses – und 10.12.1976 – Eröffnung des Konkursverfahrens) in der Baubranche nicht mehr bzw. noch nicht bekannt war.
130 BGH v. 09.10.1990, VI ZR 230/89, NJW-RR 1991, 141, 142, noch zum GSB. Einschränkend für einen Schlossermeister und Inhaber eines Stahlbaubetriebs BGH v. 11.04.2001, 3 StR 456/00, NJW 2001, 2484, 2485.
131 S. etwa OLG Celle v. 05.07.2006, 7 U 260/05, BauR 2007, 410, 412.
132 BGH v. 24.01.1984, VI ZR 37/82, BGHZ 89, 383 = NJW 1984, 1226, 1228; Urt. v. 04.11.1997, VI ZR 348/96, BGHZ 137, 89 = NJW 1998, 377, 381 f.; Urt. v. 25.07.2005, II ZR 390/03, BGHZ 164, 50 = NJW 2005, 3137, 3139.
133 BGH v. 25.07.2005, II ZR 390/03, BGHZ 164, 50 = NJW 2005, 3137, 3139.
134 BGH v. 25.07.2005, II ZR 390/03, BGHZ 164, 50 = NJW 2005, 3137, 3139.
135 OLG Karlsruhe v. 23.06.1989, 14 U 318/87, NJW-RR 1989, 1182; OLG Stuttgart v. 19.05.2004, 3 U 222/03, OLGR 2004, 298, 300.
136 BGH v. 13.12.2001, VII ZR 305/99, NJW-RR 2002, 740; OLG Stuttgart v. 19.05.2004, 3 U 222/03, OLGR 2004, 298, 300; OLG Jena v. 28.09.2004, 8 U 1131/03, OLG-NL 2005, 75, 76 f.; OLG Brandenburg v. 18.10.2006, 13 U 90/06, Juris Rn. 20.
137 OLG Bamberg v. 10.02.2003, 4 U 150/02, NJW-RR 2003, 960, 961; ebenso wohl LG Itzehoe v. 25.08.2006, 3 O 534/04; nicht jedoch bei einer Stahlhalle für 500.000 DM: LG Bremen v. 04.02.2004, 6 O 2012/02.

§ 1 BauFordSiG

G. Schaden

51 Der Schaden besteht in dem Geldbetrag, der dem Anspruchsteller aus seiner Tätigkeit am Bau vertraglich zusteht und bei ordnungsgemäßem Umgang aus dem Baugeld hätte gezahlt werden können.[138] Nach dem Schutzzweck des BauFordSiG ist dem Empfänger hierbei die Einrede versperrt, er hätte das Baugeld bei ordnungsgemäßer Verwendung nicht an den Anspruchsteller, sondern an andere Baugläubiger weitergeleitet.[139] Voraussetzung ist die Fälligkeit der Vergütungsforderung.[140] Dies setzt bei Werkverträgen (auch nach Kündigung)[141] zwar grundsätzlich die Abnahme voraus. Auf die Abnahme kommt es jedoch nicht an, wenn der Auftraggeber keine Erfüllung mehr verlangt.[142] Da der Verstoß gegen die Verwendungspflicht auch weiterhin besteht und auch betagte Forderungen erfasst, lässt sich nicht einwenden, dass die Vergütungsforderung im Zeitpunkt des anderweitigen Verbrauchs noch nicht fällig war oder erst fällig wurde, als der Anspruchsgegner nicht mehr für die Verteilung des Baugeldes zuständig war.[143] Ohne Bedeutung ist damit auch, ob die Forderung erst zu einer Zeit fällig wurde, als der Empfänger, bei dem der Haftungsgegner tätig war, bereits seine Zahlungen eingestellt hatte,[144] ob zu diesem Zeitpunkt schon ein Insolvenzverfahren über das Vermögen des Empfängers eröffnet war[145] und ob eine Zahlung auf die Entgeltforderung gem. § 130 Nr. 1 InsO anfechtbar wäre.[146] Wird über das Vermögen des Empfängers ein Insolvenzverfahren eröffnet, darf der Insolvenzverwalter gem. § 103 Abs. 1 InsO Erfüllung wählen, so dass es bei einer vertraglichen Beziehung zwischen Empfänger und Anspruchsteller auf eine Baugeldhaftung nicht mehr ankommt. Lehnt der Insolvenzverwalter die Erfüllung ab, so dass der Anspruchsteller seinen Entgeltanspruch nur noch als einfache Insolvenzforderung durchsetzen kann, mindert dies den Durchgriffsanspruch nicht.[147] Letztlich können diese Fragen offenbleiben. Denn die Pflichtverletzung besteht dann darin, das Baugeld nicht rechtzeitig auf ein Treuhandkonto geleitet zu haben (s. Rdn. 29).

52 Abzuziehen ist die in der Rechnung des Anspruchstellers ausgewiesene Umsatzsteuer, da der Leistende bei Realisierung der Haftung nur Schadensersatz erhält.[148] Nach den steuerlichen Vorschriften lassen sich die Ausgangsrechnungen steuerunschädlich korrigieren. Zu berücksichtigen ist die Umsatzsteuer allerdings in der Gegenrechnung nach § 1 Abs. 2 BauFordSiG, wenn der Empfänger seine Bauleistungen für einen Dritten erbringt und das Entgelt auch vereinnahmt.[149] Unabhängig

---

138 BGH v. 09.10.1990, VI ZR 230/89, NJW-RR 1991, 141, 142 f.
139 RG v. 01.10.1932, IX 165/32, RGZ 138, 156, 159; BGH v. 10.07.1984, VI ZR 222/82, NJW 1985, 134; OLG Karlsruhe v. 03.05.1979, 4 U 133/78, BB 1980, 233.
140 BGH v. 10.07.1984, VI ZR 222/82, NJW 1985, 134; OLG Dresden v. 01.03.2005, 5 U 1854/04, BauR 2005, 1346, 1348; Ingenstau/Korbion/*Joussen*, Anhang 2 Rn. 243, mit dem zutr. Hinweis, dass die Fälligkeit spätestens bis zum Ende der mündl. Verhandlung im Schadensersatzprozess eingetreten sein muss. Allein der Umstand, dass eine wertsteigernde Leistung erbracht wurde, reicht nicht aus, so aber *Stammkötter*, § 1 Rn. 84.
141 BGH v. 19.12.2002, VII ZR 103/00, BGHZ 153, 244 = NJW 2003, 1450, 1451 f.
142 BGH v. 22.09.2005, VII ZR 117/03, BGHZ 164, 159 = NJW 2005, 3574, 3575; OLG Dresden v. 01.03.2005, 5 U 1854/04, BauR 2005, 1346, 1348.
143 OLG Hamburg v. 20.08.1999, 14 U 205/98, Juris Rn. 50.
144 So aber OLG Dresden v. 19.04.2000, 18 U 2749/99 (n.v.).
145 So aber LG Magdeburg v. 22.07.2010, 5 O 549/10, BeckRS 2010, 19943.
146 *Stammkötter*, § 1 Rn. 211; a.A. LG Berlin v. 19.11.2007, 6 O 236/07, Juris Rn. 30; LG Magdeburg v. 22.07.2010, 5 O 549/10, BeckRS 2010, 19943.
147 OLG Dresden v. 01.03.2005, 5 U 1854/04, BauR 2005, 1346, 1348; Ingenstau/Korbion/*Joussen*, Anhang 2 Rn. 233.
148 OLG Jena v. 28.09.2004, 8 U 1131/03, OLG-NL 2005, 75, 77; OLG Dresden v. 23.02.2006, 4 U 1017/05, BauR 2007, 1067, 1071; *Bruns/Rensing*, NZBau 2001, 670, 671 f.; a.A. OLG Schleswig v. 06.06.2008, 1 U 175/06, NZBau 2008, 646, 648.
149 OLG Dresden v. 08.12.1999, 18 U 1117/99, OLG-NL 2000, 123, 124; Urt. v. 23.02.2006, 4 U 1017/05, BauR 2007, 1067.

davon, wem gegenüber der Entgeltanspruch besteht und ob er bereits anderweitig tituliert ist,[150] kann der Anspruchsgegner Mängel oder andere Gegenansprüche (z.B. auf Zahlung einer Vertragsstrafe) einwenden, die nach dem im Schadensrecht geltenden Bereicherungsverbot den Schaden mindern.[151] Im Wege der Schadensberechnung wird der Entgeltvertrag nicht abgewickelt, was schon deshalb nicht möglich ist, weil der Haftungsgegner nicht der Vertragspartner des Baugläubigers ist. Deshalb mindern Mängel den Schaden auch dann, wenn die Mängelbeseitigung zu Recht verweigert wurde oder sich der Baugläubiger insoweit bei seinem Nachunternehmer schadlos halten kann.[152] Durch einen vereinbarten Sicherheitseinbehalt wird der Schaden hingegen nicht gemindert. Dies gilt auch dann, wenn der Einbehalt nicht gem. § 17 Abs. 2 VOB/B durch Bankbürgschaft abgelöst oder gem. § 17 Abs. 5 VOB/B auf ein Sperrkonto geleistet wurde, da er mit der erbrachten Werkleistung als Grundlage der Schadensberechnung nichts zu tun hat.[153] Vom Schaden abzusetzen ist der Betrag, den der Anspruchsteller aus einer Kreditversicherung erhalten hat.[154] Diese Versicherung ist eine Schadensversicherung, auf die § 86 Abs. 1 S. 1 VVG Anwendung findet, so dass der Baugläubiger über die Forderung insoweit nicht mehr verfügen kann.[155] Da die Kreditversicherung dem Ausgleich des Forderungsausfalls dient und damit auch den Schädiger entlasten soll, sind die Versicherungsleistungen nicht unter normativen Gesichtspunkten aus dem Vorteilsausgleich herauszunehmen.[156] Ebenfalls aufgrund Legalzession ist der Schadensersatz bei Lohnforderungen reduziert, sofern Insolvenzgeld gewährt wurde (§ 116 Abs. 1 SGB X).[157] Die Höhe des geschuldeten Entgelts hat der Anspruchsteller zu beweisen. Auf die Angemessenheit kommt es im Gegensatz zur Anrechnungsregel des § 1 Abs. 2 BauFordSiG nur an, wenn die Vergütung nicht vertraglich fixiert wurde (§§ 612 Abs. 2, 632 Abs. 2 BGB). Für die Fälligkeit des Vergütungsanspruchs liegt die Beweislast ebenfalls beim Anspruchsteller.

Der Schadensersatz ist begrenzt auf den Betrag des nicht zweckgerecht verwendeten Baugeldes. Wegen des sachlichen Schutzbereiches der §§ 1, 2 BauFordSiG gilt dies aber nur für die Vergütungsforderung, nicht auch für weitere, auf der Verletzung der Verwendungspflicht adäquat beruhende Schadensbestandteile (s. Rdn. 54). 53

Zum Schaden zählen frustrierte Aufwendungen, sofern sie auf der Verletzung der Verwendungspflicht beruhen. Solche Schadenspositionen gehören zwar nicht zur Vergütung, sind aber nach dem Grundsatz der Totalrestitution (§ 249 Abs. 1 BGB) zu ersetzen. Damit dürfen sie auch den Wert der baugeldgeschützten Entgeltforderung übersteigen.[158] Dies ist etwa hinsichtlich Detektivkosten der Fall, die zur Ermittlung des für die Darlegung des Schadensersatzanspruchs er- 54

---

150 Unklar OLG Jena v. 19.02.2009, 1 U 972/07, BauR 2010, 1770, 1771, wonach die offene Forderung durch ein gegen den Gemeinschuldner ergangenes Versäumnisurteil oder deren Aufnahme in die Insolvenztabelle feststehen soll.
151 OLG Dresden v. 31.07.2002, 18 U 3034/01, S. 65 (n.v.); OLG München v. 12.10.2004, 9 U 2262/04, NJW-RR 2005, 390, 391; *Bruns*, Rn. 389; *Kniffka/Koeble*, 10. Teil Rn. 206; Kuffer/Wirth/*Kainz*, 2. Kapitel Rn. 145; Ingenstau/Korbion/*Joussen*, Anhang 2 Rn. 242; a.A. wohl OLG Stuttgart v. 19.05.2004, 3 U 222/03, OLGReport 2004, 298, 301.
152 A.A. *Vogel*, ZfIR 2007, 6, 8. Etwas anderes gilt allerdings, wenn noch Nacherfüllungsansprüche bestehen, so auch *Kniffka/Koeble*, 10. Teil Rn. 206.
153 A.A. OLG Celle v. 13.01.2005, 6 U 123/04, BauR 2006, 685, 687; *Heerdt*, IBR 2006, 1082; *Vogel*, ZfIR 2007, 6 in Fn. 1; Ingenstau/Korbion/*Joussen*, Anhang 2 Rn. 243. Daher kommt bei fehlender Ablösung auch keine Zug-um-Zug-Verurteilung in Betracht, so aber OLG Dresden v. 23.06.1999, 12 U 637/99, OLG-NL 1999, 195, 196.
154 OLG Stuttgart v. 19.05.2004, 3 U 222/03, OLGReport 2004, 298, 301. Dafür lassen sich die mit dem Eintritt der Versicherung verbundenen Prämienerhöhungen als Schaden erfassen, a.A. wohl OLG Stuttgart v. 19.05.2004, 3 U 222/03, OLGReport 2004, 298, 301.
155 OLG Stuttgart v. 19.05.2004, 3 U 222/03, OLGReport 2004, 298, 301.
156 OLG Stuttgart v. 19.05.2004, 3 U 222/03, OLGReport 2004, 298, 301, aber zw.; vgl. Staudinger/*Schiemann*, § 249 Rn. 159.
157 *Opolony*, AuR 2001, 206, 209.
158 A.A. OLG München v. 12.10.2004, 9 U 2662/04, NJW-RR 2005, 390.

forderlichen Vortrags angefallen sind. Nicht erfasst sind hingegen Verzugszinsen (s.o. Rdn. 12), Vertragsstrafen oder Sekundäransprüche, da diese Positionen nicht auf die Baugeldveruntreuung zurückzuführen sind, sondern auf Vertragsverletzungen. Richtigerweise fallen hierunter auch keine Rechtsverfolgungskosten aus einem gegen den Empfänger geführten Rechtsstreit, selbst wenn der Prozess den Gegenstand des Baugeldes betraf.[159]

55 Sofern der Anspruchsteller aus der Insolvenzmasse des Empfängers für seinen Vergütungsanspruch eine Quote erhält, ist dieser Betrag vom Schadensersatz abzuziehen. Diese Folge ist hinderlich, da für die Masse oft Rechtsstreitigkeiten geführt werden und es so noch Jahre dauern kann, bis die Quote bestimmt ist. Allerdings darf der Anspruchsgläubiger seinen Anspruch auf Auszahlung der Quote entsprechend § 255 BGB an den Schädiger abtreten.[160] In der Praxis wird die Abtretung Zug um Zug gegen Zahlung des Schadensersatzes erklärt.

H. Mitverschulden

56 Der Schadensersatzanspruch ist gem. § 254 BGB zu kürzen, sofern den Anspruchsteller bei der Entstehung des Schadens oder im Rahmen seiner Schadensminderungspflicht ein Mitverschulden trifft. Wird über das Vermögen des Empfängers ein Insolvenzverfahren eröffnet, muss der Anspruchsteller seine Vergütungsforderung gem. § 174 Abs. 1 InsO beim Insolvenzverwalter anmelden. Tut er das nicht und erhält er deshalb aus der Insolvenzmasse keine Quote, ist ihm dies als Mitverschulden anzulasten.[161] Mitunter wird geltend gemacht, der Anspruchsteller habe nicht versucht, Sicherheiten nach §§ 648, 648a BGB zu erlangen und sich so vor Schaden zu bewahren. Dieser Einwand greift nicht durch. Abgesehen davon, dass die Einforderung von Sicherheiten kaum einmal Erfolg gebracht hätte, tritt eine solche Obliegenheitsverletzung gegenüber einer vorsätzlichen Verletzung der Verwendungspflicht vollkommen in den Hintergrund.[162]

I. Verjährung

57 Der Schadensersatzanspruch verjährt unabhängig von der Entgeltforderung nach 3 Jahren mit einer Anlaufhemmung bis zum Jahresende, gerechnet ab dem Zeitpunkt, in welchem der Anspruchsteller von den Haftungsmerkmalen und der Person des Anspruchsgegners Kenntnis erlangt oder erlangen könnte (§§ 195, 199 Abs. 1 Nr. 2 BGB). Damit kann eine an sich verjährte Werklohnforderung über den Schadensersatzanspruch wieder Bedeutung gewinnen. Hinsichtlich des Kenntnisstands wird man auf die Rechtsprechung zu § 852 Abs. 1 BGB a.F. Bezug nehmen können, wonach der Geschädigte anhand der ihm bekannten Umstände in der Lage sein muss, eine Erfolg versprechende, wenn auch nicht risikolose Schadensersatzklage zu erheben.[163]

58 Die Bestimmung des Zeitpunktes der (möglichen) Kenntnisnahme kann schwierig sein. Nach der neuen Baugeldvariante des § 1 Abs. 3 S. 1 Nr. 2 BauFordSiG reicht es für den Verjährungsbeginn aus, dass der Anspruchsteller vom Umstand Kenntnis erlangt hat oder hätte erlangen können, dass der GU, GÜ oder Baubetreuer, bei dem der in die Haftung genommene Verantwortliche tätig war, seine Zahlungen eingestellt hat. Für den Baugeldtatbestand des § 1 Abs. 1 S. 1 Nr. 1 Bau-

---

[159] A.A. BGH v. 12.12.1989, VI ZR 12/89, NJW-RR 1990, 280, 281; OLG München v. 12.10.2004, 3 U 2662/04, NJW-RR 2005, 390, 391; OLG Düsseldorf v. 07.03.2003, 22 U 129/02, BeckRS 2005, 03323; LG München I v. 22.10.2009, 2 O 14141/07, DWW 2010, 227, 229. Diese Ansicht verkennt, dass kein Anspruch auf Auszahlung von Baugeld besteht; wie hier *Stammkötter*, § 1 Rn. 175.
[160] Vgl. BGH v. 05.02.2007, II ZR 234/05, NJW-RR 2007, 759, 761.
[161] OLG Dresden v. 01.03.2005, 5 U 1854/04, BauR 2005, 1346, 1348.
[162] OLG Dresden v. 19.04.2000, 18 U 2749/99, S. 17 f. (n.v.); ablehnend auch OLG Bamberg v. 10.02.2003, 4 U 150/02, NJW-RR 2003, 960, 961: § 648a BGB habe nicht den Zweck, eine Baugeldveruntreuung zu verhindern.
[163] BGH v. 06.05.1993, III ZR 2/92, BGHZ 122, 317 = NJW 1993, 2303, 2305; Urt. v. 17.02.2000, IX ZR 436/98, NJW 2000, 1498, 1500; Urt. v. 04.06.2009, III ZR 144/05, Rn. 34, BGHZ 181, 199 = EuZW 2009, 865, 870; OLG Dresden v. 23.02.2006, 4 U 1017/05, BauR 2007, 1067, 1071 f.

FordSiG reicht dies nicht.[164] Das Gesetz fordert vom Anspruchsteller keine Eigenrecherchen, so dass die Verjährung in dieser Variante im Zweifel erst dann beginnt, wenn der Geschädigte seinen Anspruch erstmals (außergerichtlich) geltend macht.

§ 2

Baugeldempfänger, welche ihre Zahlungen eingestellt haben oder über deren Vermögen das Insolvenzverfahren eröffnet worden ist und deren in § 1 Abs. 1 BauFordSiG bezeichnete Gläubiger zur Zeit der Zahlungseinstellung oder der Eröffnung des Insolvenzverfahrens benachteiligt sind, werden mit Freiheitsstrafe bis zu fünf Jahren oder Geldstrafe bestraft, wenn sie zum Nachteil der bezeichneten Gläubiger den Vorschriften des § 1 BauFordSiG zuwidergehandelt haben.

Übersicht

		Rdn.			Rdn.
A.	Objektiver Tatbestand	4	D.	Rechtswidrigkeit	26
I.	»Baugeldempfänger«	5	E.	Täterkreis in gesellschaftsrechtlichem Kontext	29
II.	Verstoß gegen die Verwendungspflicht i.S.v. § 1 Abs. 1 Satz 1 BauFordSiG	7	I.	Normadressaten innerhalb juristischer Personen	30
III.	Die Gläubigerbenachteiligung	9	II.	Normadressaten innerhalb der Personengesellschaften	33
B.	Subjektiver Tatbestand	12		1. Taugliche Täter in der Personenhandelsgesellschaft	34
C.	Objektive Bedingung der Strafbarkeit	15		2. Taugliche Täter in der (Außen-)GbR	35
I.	Zahlungseinstellung	16	F.	Täterschaft und Teilnahme	36
II.	Eröffnung des Insolvenzverfahrens	18	G.	Konkurrenzen	39
III.	Notwendigkeit eines Zusammenhangs zwischen Krise und »Baugeldveruntreuung«?	20	H.	Rechtsfolgen und Verjährung	41
IV.	Benachteiligung der Baugläubiger	23			

Der heute in § 2 BauFordSiG verankerte Tatbestand der »Baugeldveruntreuung« blickt auf eine lange Geschichte zurück. Im Jahre 1909 wurde dieser Sondertatbestand in Reaktion auf zahlreiche Missbrauchsfälle in der Bauwirtschaft geschaffen und ganz der Mode dieser Zeit verpflichtet in einem Sondergesetz, dem GSB, außerhalb des Strafgesetzbuchs normiert. An dieser Positionierung hat sich bis heute nichts geändert, obschon es einem weit verbreiteten Trend entspricht, die in Nebengesetzen versteckten Straftatbestände in das Strafgesetzbuch zurückzuführen, um damit ihrer häufig geringen praktischen Bedeutung entgegenzuwirken. Zwar hat es an einem solchen Bestreben für § 2 BauFordSiG, der in der Strafverfolgungspraxis bislang ein Schattendasein fristet,[1] nicht gefehlt – im Rahmen des Gesetzgebungsverfahrens zur Ablösung des GSB durch das BauFordSiG war der Vorschlag laut geworden, den heutigen § 2 BauFordSiG als § 283e StGB in das Strafgesetzbuch zu integrieren[2] – durchgesetzt hat es sich letztendlich nicht. Daher bleibt abzuwarten, ob die Strafverfolgungsbehörden den § 2 BauFordSiG nicht zuletzt vor dem Hintergrund der strafrechtlichen Aufarbeitung der Weltwirtschaftskrise, die ja bekanntlich ihren Ausgangspunkt im Bauwesen genommen hat, aus seinem Dornröschenschlaf erwecken. 1

---

164 OLG Dresden v. 23.02.2006, 4 U 1017/05, BauR 2007, 1067, 1072; a.A. OLG Düsseldorf v. 18.07.2003, 14 U 63/03, m. abl. Anm. *Stammkötter*, IBR 2004, 317; Ingenstau/Korbion/*Joussen*, Anhang 2 Rn. 250.

1 Zu diesem Befund Greeve/Leipold/*Busch*, § 49 Rn. 11; *Stammkötter*, § 2 BauFordSiG Rn. 4; *Metzner*, Die Polizei 2001, 211, 213.

2 Krit. gegenüber der Beibehaltung der Strafsanktion, die »den Geist der Rache« atme, aber *Peters*, NZBau 2004, 1, 3.

§ 2 BauFordSiG

2 Strafrechtsdogmatisch handelt es sich bei § 2 BauFordSiG – genauso wie bei dem strukturverwandten § 283 StGB[3] – um ein sog. Sonderdelikt, da der Täterkreis auf Baugeldempfänger beschränkt ist.[4] Damit scheiden ungeachtet ihres Beteiligungsgrades an der »Baugeldveruntreuung« all diejenigen Personen als Täter aus, die keine Baugeldempfänger i.S.v. § 1 BauFordSiG sind. Eine Erweiterung erfährt der Täterkreis des § 2 BauFordSiG aber durch § 14 StGB, dessen Voraussetzungen später noch ausführlich erläutert werden (dazu u. Rdn. 29 ff.).

3 Eine weitere »Spezialität«, die § 2 BauFordSiG von den meisten anderen Straftatbeständen unterscheidet, ist die Statuierung einer objektiven Bedingung der Strafbarkeit[5] (vgl. dazu u. Rdn. 15 ff.).

A. Objektiver Tatbestand

4 Der objektive Tatbestand des § 2 BauFordSiG besteht im Wesentlichen[6] aus drei Merkmalen: der Baugeldempfängereigenschaft, einem Verstoß gegen die Vorgaben des § 1 BauFordSiG und einer darauf beruhenden Benachteiligung der Gläubiger.

I. »Baugeldempfänger«

5 Was das Merkmal »Baugeldempfänger« anbelangt, so richtet sich dessen Auslegung im Sinne einer strikten Zivilrechtsakzessorietät nach dem Verständnis, das man diesem Terminus in § 1 BauFordSiG beilegt. Das heißt, die zu § 1 BauFordSiG in Rdn. 22 ff. gemachten Ausführungen beanspruchen für die Interpretation des § 2 BauFordSiG uneingeschränkt Geltung, weshalb – um Wiederholungen zu vermeiden – darauf verwiesen sei. Als Täter kommen somit nicht nur der Darlehensnehmer in Betracht, der das Baugeld von der finanzierenden Bank erhält, sondern auch der Generalübernehmer[7] bzw. der Generalunternehmer,[8] weil ihnen in Bezug auf das Baugeld typischerweise eine »treuhänderische Funktion« übertragen wurde.[9] Ob der Täterkreis des § 2 BauFordSiG infolge der Erweiterung des Baugeldbegriffs in § 1 Abs. 3 Nr. 2 BauFordSiG nunmehr auch sämtliche Nachunternehmer ungeachtet ihrer treuhänderischen Stellung hinsichtlich des als Werklohn empfangenen Baugeldes erfasst,[10] wird derzeit kontrovers diskutiert, wobei die Mehrheit eine Ausdehnung des Täterkreises ablehnt.[11]

---

3 Zu diesem »Verwandtschaftsverhältnis« s. schon *Kiese*, JW 1909, 382, 383; *Frank/Hecht*, § 5 GSB Anm 1; *Hagelberg*, § 5 GSB Anm 1; *Harnier*, § 5 GSB Anm 1; *Simon*, § 5 GSB Anm 6; *Meyer*, JZ 1954, 140, 141; ferner Greeve/Leipold/*Busch*, § 49 Rn. 10.
4 S. nur Achenbach/Ransiek/*Wegner*, Kap. VII 3 Rn. 8, 50.
5 Achenbach/Ransiek/*Wegner*, Kap. VII 3 Rn. 39; Greeve/Leipold/*Busch*, § 49 Rn. 16.
6 Nicht speziell hervorgehoben werden hier die allgemeinen Merkmale »Kausalität« und »objektive Zurechnung«.
7 Zu dessen Täterstellung BGH v. 11.04.2001, 3 StR 456/00, BGHSt 46, 373, 378; BGH v. 14.01.2003, 4 StR 336/02, wistra 2003, 301, 303.
8 Zur Tätertauglichkeit des Letzteren s. BGH v. 11.04.2001, 3 StR 456/00, BGHSt 46, 373, 378; *Lemme*, wistra 1998, 41, 44; a.A., den Generalunternehmer aus dem Kreis der Baugeldempfänger herausnehmend, falls dieser vom Darlehensnehmer nicht über den Umfang des Baugeldanteils am bezahlten Werklohn aufgeklärt wurde, bereits *Möller*, BauR 2005, 8, 13 ff.
9 Dazu BGH v. 16.12.1999, VII ZR 39/99, BGHZ 143, 301, 304 f.; BGH v. 11.04.2001, 3 StR 456/00, BGHSt 46, 373, 378; OLG Schleswig v. 17.04.2008, 5 U 156/07, BauR 2009, 1322, 1323; MüKo-StGB/*Wegner*, § 2 BauFordSiG Rn. 9; zur Bedeutung des Topos »treuhänderische Funktion« auch unter dem Regime des BauFordSiG eingehend *Stammkötter*, § 1 BauFordSiG Rn. 17 f.; *ders.*, BauR 2009, 1521, 1523. A.A. bzgl. des Generalübernehmers/Generalunternehmers aber *Mergel*, S. 87 f., dem zufolge diese nur dann Baugeldempfänger sind, wenn sie diese Stellung von ihrem Vordermann ausdrücklich übernehmen.
10 Dafür etwa Kuffer/Wirth/*Kainz*, Kap. 2 Rn. 147; *Gartz*, NZBau 2009, 630, 631 ff.; scheinbar auch *Leinemann*, NJW 2008, 3745, 3750.
11 S. nur *Stammkötter*, BauR 2009, 1521, 1523.

§ 2 BauFordSiG

Weniger eindeutig stellt sich die Rechtslage dar, wenn das Baugeld an eine juristische Person oder Personengesellschaft ausgereicht wurde. Richtigerweise ist Baugeldempfänger in solchen für die Praxis besonders bedeutsamen Konstellation diejenige Vereinigung, die den Darlehens- bzw. den Generalübernehmer-/Generalunternehmervertrag abgeschlossen hat, und zwar unabhängig davon, ob es sich um eine juristische Person oder eine Personengesellschaft handelt.[12] Damit scheiden die vertretungsberechtigten Gesellschafter/Organe entgegen einer im Schrifttum vertretenen Ansicht[13] als Baugeldempfänger aus. Wollte man dies anders sehen und jeden innerhalb des Verbands, der selbstständig mit dem Baugeld verfahren kann, als Baugeldempfänger und somit als tauglichen Täter des § 2 BauFordSiG begreifen, würde einerseits die mit der Schaffung des § 14 StGB bezweckte Restriktion des Täterkreises unterlaufen und andererseits Abgrenzungsschwierigkeiten – welche Art der Selbstständigkeit ist erforderlich, um zum Baugeldempfänger zu avancieren? – Tür und Tor geöffnet, was vor dem Hintergrund des Bestimmtheitsgebotes zumindest problematisch ist. 6

II. Verstoß gegen die Verwendungspflicht i.S.v. § 1 Abs. 1 Satz 1 BauFordSiG

Die Tathandlung des § 2 BauFordSiG erschöpft sich in einem Verstoß gegen § 1 BauFordSiG. Der Baugeldempfänger muss also das in § 1 Abs. 3 BauFordSiG näher umschriebene Baugeld (vgl. dazu § 1 BauFordSiG, Rdn. 4 ff.) entgegen den Vorgaben des § 1 Abs. 1 Satz 1 BauFordSiG nicht zur Befriedigung der dort genannten Baugläubiger, sondern zu anderen Zwecken eingesetzt haben (vgl. dazu § 1 BauFordSiG, Rdn. 10 ff., 26 ff.). 7

Entsteht der Verdacht einer zweckwidrigen Verwendung von Baugeld, so hat die Pönalisierung solchen Verhaltens nach § 2 BauFordSiG – nicht zuletzt infolge der Abschaffung des Baubuchs i.S.v. § 2 GSB – mit erheblichen Nachweisschwierigkeiten zu kämpfen.[14] Denn entgegen der Beweislastumkehr des § 1 Abs. 4 BauFordSiG muss im Strafverfahren wegen des dort geltenden Grundsatzes *in dubio pro reo* der Nachweis geführt werden, dass es sich bei den vermeintlich zweckwidrig eingesetzten Mitteln um Baugeld handelte und nicht um Mittel, die trotz ihrer grundpfandrechtlichen Absicherung oder ihres anderweitig begründeten Baugeldcharakters (etwa über § 1 Abs. 3 Nr. 2 BauFordSiG) dem Empfänger zur freien Verfügung stehen sollten.[15] Insbesondere bei großen Bauvorhaben kann dieser Umstand Gerichte und Anklagebehörden mit einem nicht zu unterschätzenden Ermittlungsaufwand belasten, was angesichts knapper personeller Ressourcen häufig zu Verfahrenseinstellungen bzw. Verfahrensabsprachen führen dürfte. Diese Schwierigkeiten auf der Ebene des Tatnachweises potenzieren sich, wenn der Angeklagte einwendet, zur Einbehaltung des Baugeldes aufgrund von Mängeln in der Bauausführung berechtigt gewesen zu sein. Will die Anklagebehörde diese Behauptung entkräften, so muss sie darlegen und beweisen, dass Mängel, die zur Einbehaltung des Baugeldes berechtigen würden, nicht vorgelegen 8

---

12 Mit der Promotion sämtlicher (Außen-)Personengesellschaften zu rechtsfähigen Entitäten wurden diese den juristischen Personen jedenfalls insoweit gleichgestellt, als sie selbst die Berechtigten und Verpflichteten eines in ihrem Namen abgeschlossenen Vertrages sind. Zur Angleichung auch in vermögensmäßiger Hinsicht vgl. nur *Brand*, VersR 2009, 306 ff.
13 Dafür etwa *Mergel*, S. 83, 86 f., 100; wohl auch *Schulze-Hagen*, NJW 1986, 2403, 2407; *Korbion/Wietersheim*, F Rn. 3.2; diff. *Stammkötter*, § 2 BauFordSiG Rn. 8 f., der im Falle einer rechtsfähigen (Außen-)GbR ungeachtet des § 14 StGB jeden Gesellschafter als Baugeldempfänger und damit tauglichen Täter des § 2 BauFordSiG begreift.
14 Instruktiv zu diesem Themenkomplex *Lemme*, wistra 1998, 41, 43 ff.; a.A. unter Geltung des neuen § 2 BauFordSiG aber Müller-Gugenberger/Bieneck/*Bieneck*, § 78 Rn. 58, allerdings ohne Begründung.
15 Müller-Gugenberger/Bieneck/*Bieneck*, § 78 Rn. 61; MüKo-StGB/*Wegner*, § 2 BauFordSiG Rn. 26, 29; *Stammkötter*, § 2 BauFordSiG Rn. 13a; nach *Metzner*, Die Polizei 2001, 211, 215 f. soll es hierfür jedoch nicht genügen, wenn der Darlehensgeber ohne nähere Bestimmung eine anderweitige Verwendung des ausgereichten Darlehens lediglich billigt. Zur Ermittlung des Baugeldanteils bei sog. »modifizierten Baudarlehen« s. instruktiv OLG Schleswig. v. 17.04.2008, 5 U 156/07, BauR 2009, 1322; Greeve/Leipold/*Busch*, § 49 Rn. 37; s. ferner auch BGH v. 11.04.2001, 3 StR 456/00, BGHSt 46, 373, 376 ff.

haben[16] – ein Unterfangen, das mit erheblichem Aufwand versehen ist und deshalb die Bereitschaft des Gerichts zum »Dealen« signifikant steigern wird. Nichtsdestotrotz geht es aber – schon wegen der Möglichkeit, die erforderlichen Nachweise im Wege des Sachverständigengutachtens zu führen[17] – zu weit, einer Anklage wegen § 2 BauFordSiG jegliche Erfolgsaussicht abzusprechen.[18]

III. Die Gläubigerbenachteiligung

9 Der Verstoß gegen die Verwendungspflicht des § 1 Abs. 1 Satz 1 BauFordSiG muss schließlich zum Nachteil der Gläubiger, also derjenigen Personen, denen das Baugeld zugedacht ist (näher zu diesem Personenkreis o. § 1 BauFordSiG, Rdn. 13 f.), erfolgt sein. Insoweit herrscht Konsens darüber, dass die Auslegung des Nachteilsbegriffs mit der zu § 266 Abs. 1 StGB vertretenen gleichläuft.[19] Erforderlich ist also die Verschlechterung der Vermögenslage bei wenigstens einem Gläubiger,[20] weil das Baugeld zu anderen als den in § 1 Abs. 1 Satz 1 BauFordSiG festgelegten Zwecken eingesetzt wurde. Erfüllt ist diese Voraussetzung jedenfalls dann, wenn die Bauforderung im Zeitpunkt des Eintritts der objektiven Strafbarkeitsbedingung nicht befriedigt wurde.

10 Dagegen sollen bloß kurzfristige Zahlungsstockungen selbst dann nicht genügen, falls der Baugeldempfänger die Pflicht des § 1 Abs. 1 Satz 1 BauFordSiG verletzt.[21] Indes fehlt es in solchen Fällen regelmäßig schon an einer Zahlungseinstellung (dazu u. Rdn. 16 f.),[22] weshalb für eine Ausnahme, die mit dem hier maßgeblichen Nachteilsbegriff i.S.v. § 266 Abs. 1 StGB nicht kompatibel wäre, kein Bedarf besteht.[23]

11 Inwieweit sich darüber hinaus ein Nachteil damit begründen lässt, dass die Durchsetzung des Zahlungsanspruchs eines Baugläubigers durch die missbräuchliche Verwendung des Baugeldes erschwert ist, wird kontrovers beurteilt.[24] Richtigerweise genügt eine solche Erschwerung, da es zur Strafbarkeit erst kommt, wenn der Baugeldempfänger seine Zahlungen eingestellt hat oder über sein Vermögen das Insolvenzverfahren eröffnet wurde, mithin eine Situation eingetreten ist, in der die Ansprüche der Baugläubiger ohnehin schon einer höchsten und damit »verlustgleichen« Gefährdung ausgesetzt sind.

B. Subjektiver Tatbestand

12 Die Strafbarkeit nach § 2 BauFordSiG setzt Vorsatz (wobei dolus eventualis ausreicht) hinsichtlich der eben geschilderten objektiven Tatbestandsmerkmale voraus.[25] Im Unterschied zu der verwandten Vorschrift des § 283 StGB genügt die fahrlässige Verwirklichung des Tatbestandes – wie sich aus § 15 StGB ergibt – mithin nicht.[26]

---

16 Dazu s. *Lemme*, wistra 1998, 41, 45; ferner Greeve/Leipold/*Busch*, § 49 Rn. 40.
17 S. dazu *Metzner*, S. 5.
18 So aber noch *Lemme*, wistra 1998, 41, 46; relativierend nunmehr *ders.*, NStZ 2001, 602; zu weiteren Möglichkeiten der Nachweisführung s. *Metzner*, Die Polizei 2001, 211, 217; wie hier auch Greeve/Leipold/*Busch*, § 49 Rn. 41.
19 MüKo-StGB/*Wegner*, § 2 BauFordSiG Rn. 32.
20 Dazu, dass die Verschlechterung der Vermögenslage bei nur einem Gläubiger genügt, s. *Harnier*, § 5 GSB Anm 1; ferner *Stammkötter*, § 2 BauFordSiG Rn. 16, 48.
21 So MüKo-StGB/*Wegner*, § 2 BauFordSiG Rn. 32; *Stammkötter*, § 2 BauFordSiG Rn. 16 ff.
22 So im Erg. auch *Stammkötter*, § 2 BauFordSiG Rn. 19.
23 In diese Richtung weisen auch die Ausführungen von *Mergel*, S. 93.
24 Vgl. MüKo-StGB/*Wegner*, § 2 BauFordSiG Rn. 32 einerseits und Greeve/Leipold/*Busch*, § 49 Rn. 30 andererseits.
25 Zu diesem Erfordernis s. nur BGH v. 19.11.1985, VI ZR 148/84, NJW 1986, 1105, 1106; BGH v. 24.11.1981, VI ZR 47/80, NJW 1982, 1037, 1038; OLG Frankfurt/M v. 09.07.1997, 9 U 114/96 Rn. 15 (juris); Müller-Gugenberger/Bieneck/*Bieneck*, § 78 Rn. 62; *Stammkötter*, § 2 BauFordSiG Rn. 3, 22; Hofmann/*Koppmann*, S. 276; *Mergel*, S. 98; *Metzner*, S. 10; *Korsukewitz*, BauR 1986, 383, 385.
26 Greeve/Leipold/*Busch*, § 49 Rn. 51; Kuffer/Wirth/*Kainz*, Kap. 2 Rn. 154; Kniffka/Koeble/*Koeble*, Kap. 10 Rn. 201; *Weyand*, INF 2006, 436, 438; *Möller*, BauR 2005, 8, 12.

Gemäß § 16 Abs. 1 Satz 1 StGB fehlt es am erforderlichen Vorsatz, wenn der potentielle Täter sich über die Baugeldeigenschaft der zweckwidrig eingesetzten Mittel irrt und annimmt, es handle sich hierbei um ungebundenes Vermögen.[27] Denn die Charakterisierung eines bestimmten Vermögensbestandes als Baugeld begründet ein normatives Tatbestandsmerkmal, dessen sozialer Bedeutungsgehalt dem Täter verschlossen bleibt, wenn er um diese Eigenschaft nicht weiß. Es liegt dann ein vorsatzausschließender Tatbestands- und nicht lediglich ein Verbotsirrtum in Form eines Subsumtionsirrtums vor. Wer jedoch glaubt, der Angeklagte eines Vergehens nach § 2 BauFordSiG könne sich mit einer solchen Argumentation generell aus der Strafhaftung »herausreden«, der irrt. Gerade bei großen Bauunternehmungen werden die dem Darlehensnehmer nachgeordneten Baugeldempfänger – das sind regelmäßig Generalunternehmer bzw. Generalübernehmer – regelmäßig um die zumindest partielle Baugeldeigenschaft der empfangenen Mittel wissen.[28] Das gilt umso mehr, nachdem der Gesetzgeber in § 1 Abs. 3 Nr. 2 BauFordSiG den Baugeldbegriff deutlich ausgeweitet und von der Bestellung einer Grundschuld/Hypothek entkoppelt hat, da ab der Ebene Generalunternehmer/Bauträger sämtliche zur Vergütung von Bauleistungen eingesetzte Mittel Baugeld sind, soweit an der Herstellung des Baues neben dem Generalunternehmer/Bauträger noch weitere Unternehmer mitwirken.[29] Insbesondere vor diesem Hintergrund dürfte die Annahme eines Tatbestandsirrtums bzgl. des Merkmals »Baugeld« künftig eher die Ausnahme sein.[30] 13

Dagegen begründet die fehlende Kenntnis von der Verwendungspflicht des § 1 Abs. 1 Satz 1 BauFordSiG lediglich einen vermeidbaren Verbotsirrtum i.S.v. § 17 Satz 2 StGB,[31] der den Weg zu einer fakultativen Strafmilderung nach § 49 StGB eröffnet. 14

C. Objektive Bedingung der Strafbarkeit

Wie der Tatbestand des § 283 StGB setzt auch § 2 BauFordSiG den Eintritt einer sog. objektiven Bedingung der Strafbarkeit voraus.[32] Hierunter versteht man objektive Voraussetzungen, auf die sich der Vorsatz nicht erstrecken muss.[33] Bei § 2 BauFordSiG handelt es sich um die Zahlungseinstellung (sub I.) bzw. (alternativ) die Eröffnung des Insolvenzverfahrens (sub II.) sowie eine Benachteiligung der Baugläubiger im Zeitpunkt des Kriseneintritts (sub IV.). 15

I. Zahlungseinstellung

Das Merkmal der Zahlungseinstellung ist nicht i.S.d. Insolvenzrechts, das als legaldefinierte Antragsgründe nur die Überschuldung, die Zahlungsunfähigkeit sowie die drohende Zahlungsunfähigkeit kennt, zu verstehen, sondern strafrechtsautonom zu interpretieren. Aufgrund der schon erwähnten Verwandtschaft des § 2 BauFordSiG mit § 283 StGB herrscht Konsens darüber, die Auslegung dieses Merkmal an derjenigen zu § 283 Abs. 6 StGB auszurichten (s. auch § 1 Bau- 16

---

27 OLG Frankfurt/M v. 09.07.1997, 9 U 114/96 Rn. 18 (juris); MüKo-StGB/*Wegner*, § 2 BauFordSiG Rn. 33; Greeve/Leipold/*Busch*, § 49 Rn. 52; *Hagelberg*, § 5 GSB Anm 21; *Weyand*, INF 2006, 436, 440.
28 Zu dieser Argumentation BGH v. 13.12.2001, VII ZR 305/99, ZfBR 2002, 349; MüKo-StGB/*Wegner*, § 2 BauFordSiG Rn. 33; *Korbion/Wietersheim*, F Rn. 6.6; *Weyand*, INF 2006, 436, 439; *Schauf*, BrBp 2004, 447, 450; ähnlich auch *Möller*, BauR 2005, 8, 16 f.; zweifelnd *Lemme*, wistra 1998, 41, 46.
29 Hofmann/Koppmann, S. 277 f.; *Heerdt/Schramm*, BauR 2009, 1353, 1356; krit. in Bezug auf Eigenmittel aber *Wittjen*, ZfBR 2009, 418, 421.
30 In diese Richtung zielen auch die Äußerungen von *Bruns*, Jahrb BauR 2010, 1, 31.
31 MüKo-StGB/*Wegner*, § 2 BauFordSiG Rn. 33; Greeve/Leipold/*Busch*, § 49 Rn. 52; *Lemme*, wistra 1998, 41, 46.
32 Zur Herleitung und zu abw. Ansichten (etwa *Hagelberg*, § 5 GSB Anm 3) in den Anfangsjahren des GSB s. *Stammkötter*, § 2 BauFordSiG Rn. 28 ff.
33 S. nur Greeve/Leipold/*Busch*, § 49 Rn. 16; MüKo-StGB/*Wegner*, § 2 BauFordSiG Rn. 34; *Stammkötter*, § 2 BauFordSiG Rn. 27.

FordSiG, Rdn. 45).[34] Dort spricht man von Zahlungseinstellung, wenn der Schuldner die fälligen und ernsthaft eingeforderten Verbindlichkeiten nicht mehr bedient, wobei es unerheblich sei, ob dieser Umstand tatsächlich auf fehlenden Zahlungsmitteln beruhe oder sich der Schuldner diese Situation lediglich irrigerweise vorstelle.[35] Dagegen soll die bloß vorrübergehende Zahlungsstockung bzw. die Nichtbegleichung nur einzelner Verbindlichkeiten den Schritt zur Annahme der Zahlungseinstellung nicht rechtfertigen.[36]

17 Erklärt sich der Schuldner über sein künftiges Zahlungsverhalten nicht ausdrücklich, so kann man in Abgrenzung zur bloßen Zahlungsstockung auf das Vorliegen von Zahlungsunfähigkeit auch im Strafprozess dann schließen, wenn bestimmte sog. kriminalistische Beweisanzeichen feststehen. Hierzu rechnen etwa die Erfolglosigkeit von Zwangsvollstreckungsversuchen, die fehlende Auffindbarkeit des Schuldners sowie gehäuft auftretende Wechselproteste (s. auch § 1 BauFordSiG, Rdn. 45).[37]

II. Eröffnung des Insolvenzverfahrens

18 Während die Zahlungseinstellung ein faktisches Verhalten des Täters umschreibt,[38] setzt das Merkmal »Eröffnung des Insolvenzverfahrens« einen formellen Akt, eben die Verfahrenseröffnung durch Gerichtsbeschluss gemäß § 27 InsO voraus.[39] Der Strafrichter ist bei der Beurteilung eines Verhaltens im Rahmen des § 2 BauFordSiG an die rechtskräftige Verfahrenseröffnung gebunden und darf nicht selbst nachprüfen, ob die Voraussetzungen für die Eröffnung eines Insolvenzverfahrens auch tatsächlich vorgelegen haben.[40]

19 Fraglich ist, wie es sich auf die Strafbarkeit des Baugeldempfängers nach § 2 BauFordSiG auswirkt, wenn das Insolvenzgericht von einer Eröffnung des Insolvenzverfahrens mangels Vorhandenseins einer die Verfahrenskosten deckenden Masse[41] (vgl. § 26 Abs. 1 InsO) absieht. Anders als bei § 283 Abs. 6 StGB findet sich im Wortlaut des § 2 BauFordSiG kein Hinweis darauf, dass auch die Einstellung des Insolvenzverfahrens mangels Masse die objektive Strafbarkeitsbedingung erfüllt.[42] Zwar könnte man sich auf den – rechtstatsächlich zumeist sicherlich zutreffenden – Standpunkt stellen, wonach sämtliche Fälle einer mangels Masse unterbliebenen Verfahrenseröffnung bereits vom Merkmal der Zahlungseinstellung umfasst sind.[43] Jedoch ist die Begründung der objektiven Strafbarkeitsbedingung mithilfe des formalen Nichteröffnungsbeschlusses i.S.v. § 26 InsO einer Rekurrierung auf das Merkmal »Zahlungseinstellung« überlegen, da sich im ersteren Fall jegliche Sachverhaltsermittlungen erübrigen. Allerdings dürfte einem Vorgehen, das die objektive Strafbarkeitsbedingung des § 2 BauFordSiG allein unter Rückgriff auf einen Nichteröffnungsbeschluss i.S.v. § 26 InsO begründet,[44] die Wortlautgrenze und damit Art. 103 Abs. 2 GG entgegenstehen.[45] Denn im Unterschied zu dem Verhältnis von Überschuldung und drohender Zahlungsunfähigkeit – letztere ist typischerweise dem Stadium der Überschuldung vorgelagert

---

34 So auch Greeve/Leipold/*Busch*, § 49 Rn. 20; *Weyand*, INF 2006, 436, 438.
35 *Stammkötter*, § 2 BauFordSiG Rn. 32; MüKo-StGB/*Wegner*, § 2 BauFordSiG Rn. 35; aus dem Schrifttum zu § 283 StGB s. nur Schönke/Schröder/*Heine*, § 283 Rn. 60; Satzger/Schmitt/Widmaier/*Bosch*, Vor §§ 283 ff. Rn. 16; Lackner/*Kühl*, § 283 Rn. 27; *Bieneck*, wistra 1992, 89, 90.
36 S. zum Ganzen *Fischer*, Vor § 283 Rn. 13; Schönke/Schröder/*Heine*, § 283 Rn. 60; Satzger/Schmitt/Widmaier/*Bosch*, Vor §§ 283 ff. Rn. 16; *Hagelberg*, § 5 GSB Anm 5.
37 Dazu ferner *Stammkötter*, § 2 BauFordSiG Rn. 34.
38 *Stammkötter*, § 2 BauFordSiG Rn. 32; *Bieneck*, wistra 1992, 89, 90.
39 *Fischer*, Vor § 283 Rn. 13 f.; Greeve/Leipold/*Busch*, § 49 Rn. 18.
40 *Fischer*, Vor § 283 Rn. 14; *Stammkötter*, § 2 BauFordSiG Rn. 37; *Hagelberg*, § 5 GSB Anm 6.
41 Zu den hierzu gehörenden Kosten s. nur *Uhlenbruck*, KTS 1994, 169, 174.
42 Krit. gegenüber dieser Rechtslage Greeve/Leipold/*Busch*, § 49 Rn. 17; *Weyand*, INF 2006, 436, 438.
43 So etwa Greeve/Leipold/*Busch*, § 49 Rn. 17; *Stammkötter*, § 2 BauFordSiG Rn. 34; *Weyand*, INF 2006, 436, 438; ferner schon *Hagelberg*, § 5 GSB Anm 5.
44 Dafür noch unter Geltung des GSB scheinbar *Mergel*, S. 98.
45 So wohl auch MüKo-StGB/*Wegner*, § 2 BauFordSiG Rn. 36.

und damit in dieser enthalten –[46] verhalten sich die Eröffnung bzw. die Nichteröffnung eines Insolvenzverfahrens nicht wie zwei hintereinandergeschaltete Phasen, die partiell ineinander übergehen, sondern stehen in einem Verhältnis des »Entweder-Oder« zueinander. An den Gesetzgeber ist indes zu appellieren, bei der nächsten Novellierung des BauFordSiG diesem Missstand abzuhelfen, und die Nichteröffnung des Insolvenzverfahrens mangels Masse in den Reigen der objektiven Strafbarkeitsbedingungen aufzunehmen.

III. Notwendigkeit eines Zusammenhangs zwischen Krise und »Baugeldveruntreuung«?

Im Schrifttum wird seit jeher ein Ursächlichkeitszusammenhang zwischen der tatbestandlichen Handlung – hier also des Einsatzes von Baugeld entgegen den Vorgaben des § 1 Abs. 1 Satz 1 BauFordSiG – und dem Eintritt der objektiven Strafbarkeitsbedingung gefordert.[47] Jedoch bleibt genauso wie bei § 283 StGB unklar, worin genau dieser Zusammenhang bestehen soll.[48] Einigkeit herrscht nur insoweit, als der Eintritt der objektiven Strafbarkeitsbedingung nicht kausal i.S.d. conditio-Formel auf der Tathandlung beruhen muss,[49] sondern ein weniger enger Zusammenhang genügt. Allenthalben liest man daher, der Zusammenhang zwischen tatbestandlicher Handlung und objektiver Strafbarkeitsbedingung liege vor, wenn beide in einem tatsächlichen und zeitlichen Bezug zueinander stünden.[50]

20

Überzeugend ist das freilich nicht.[51] Denn anders als bei § 283 StGB, der über die in Abs. 1 aufgelisteten Tatmodalitäten das Verdikt der Strafwürdigkeit erst fällt, wenn diese während einer Krise vorgenommen wurden, sieht § 2 BauFordSiG eine vergleichbare Einschränkung nicht vor. Vielmehr genügt es, dass der Baugeldempfänger seine Pflichten aus § 1 Abs. 1 Satz 1 BauFordSiG verletzt. Zu welchem Zeitpunkt er dies tut, ist dagegen nach dem Buchstaben des Gesetzes unerheblich. Vor diesem Hintergrund spricht dann aber viel für die Annahme, wonach § 2 BauFordSiG sämtliche Fälle gesetzeswidriger Baugeldverwendung erfasst, und zwar ungeachtet des Bestehens eines wie auch immer gearteten Ursächlichkeitszusammenhangs, zumal der Gesetzgeber des BauFordSiG, hätte er Restriktionstendenzen befürwortet, nur solche Verstöße gegen § 1 Abs. 1

21

---

46 S. zu dieser Argumentation, die es im Rahmen des § 283d StGB gestattet, die Überschuldung trotz ihrer fehlenden Nennung im Tatbestand bei der Feststellung einer Krisenlage mit zu berücksichtigen *Brand/Sperling*, ZStW 121 (2009), 281, 287 ff.
47 Dafür im Kontext des § 2 BauFordSiG: Achenbach/Ransiek/*Wegner*, Kap. VII 3 Rn. 42; Müller-Gugenberger/Bieneck/*Bieneck*, § 78 Rn. 59; *Hagelberg*, § 5 GSB Anm 8; im Zusammenhang mit den Bankrottdelikten s. BGH v. 20.12.1978, 3 StR 408/78, BGHSt 28, 231, 233 f.; BGH v. 28.10.1969, 1 StR 243/69, bei *Herlan*, GA 1971, 37, 38; BGH v. 20.03.1951, 1 StR 67/50, bei *Herlan*, GA 1953, 72, 73; BayObLG v. 08.08.2002, 5 St RR 202/2002a, b, NStZ 2003, 214 f.; *Tiedemann*, NJW 1977, 777, 782.
48 Zu dieser Einschätzung s. auch *Maurer*, wistra 2003, 253, 254.
49 *Stammkötter*, § 2 BauFordSiG Rn. 44; *Hagelberg*, § 5 GSB Anm 7; *Jacobi*, § 5 GSB Anm 3; aus der Rspr. und Lit. zu § 283 StGB: BGH v. 10.02.1981, 1 StR 625/80, bei *Holtz*, MDR 1981, 452, 454; BGH v. 20.12.1978, 3 StR 408/78, BGHSt 28, 231, 234; BayObLG v. 08.08.2002, 5 St RR 202/2002a, b, NStZ 2003, 214; Schönke/Schröder/*Heine*, § 283 Rn. 59; Satzger/Schmitt/Widmaier/*Bosch*, Vor §§ 283 ff. Rn. 18; Lackner/*Kühl*, § 283 Rn. 29; *Wilhelm*, NStZ 2003, 511, 514 f.; *Maurer*, wistra 2003, 253, 254; *Schlüchter*, JR 1979, 513, 515; krit. *Tiedemann*, NJW 1977, 777, 782 f.; a.A. sogar *Trüg/Habetha*, wistra 2007, 365, 366, 370, beschränkt freilich auf die Bankrottdelikte des StGB.
50 So Achenbach/Ransiek/*Wegner*, Kap. VII 3 Rn. 42; MüKo-StGB/*Wegner*, § 2 BauFordSiG Rn. 37; *Stammkötter*, § 2 BauFordSiG Rn. 43; ferner BGH v. 10.02.1981, 1 StR 625/80, bei *Holtz*, MDR 1981, 452, 454; Satzger/Schmitt/Widmaier/*Bosch*, Vor §§ 283 ff. Rn. 18; maßgebend auf den zeitlichen Bezug abstellend *Wilhelm*, NStZ 2003, 511, 515; eine tatsächliche Beziehung hervorhebend Schönke/Schröder/*Heine*, § 283 Rn. 59.
51 So verwundert es auch nicht, dass diejenigen, die sich um die Nennung von Beispielsfällen bemühen, in denen es an dem Ursächlichkeitszusammenhang fehlt, nicht fündig werden; vgl. instruktiv *Stammkötter*, § 2 BauFordSiG Rn. 46 f.; krit. gegenüber einem solchen Ursächlichkeitszusammenhang, freilich beschränkt auf das Feld der Bankrottdelikte *Bieneck*, wistra 1992, 89, 91.

Satz 1 BauFordSiG strafbewehrt hätte, die in der Krise begangen wurden. Hiergegen lässt sich auch nicht einwenden, dass der Ursächlichkeitszusammenhang zwischen Tathandlung und objektiver Strafbarkeitsbedingung i.R.d. § 283 StGB bzw. seines konkursrechtlichen Vorläufers gerade in Reaktion auf das fehlende Erfordernis einer Krisenlage bei Begehung der tatbestandlichen Handlung gefordert wurde.[52] Im Unterschied zu § 283 StGB sanktioniert § 2 BauFordSiG nämlich nicht »nur« den schädlichen Umgang mit dem eigenen Vermögen, sondern bezieht seine Strafandrohung ganz konkret auf solche Vermögensbestandteile, die § 1 Abs. 1 Satz 1 BauFordSiG zumindest *de facto* bereits den Baugläubigern zuweist.[53] Folglich läuft § 2 BauFordSiG nicht Gefahr, ohne die Statuierung eines Ursächlichkeitszusammenhangs den Umgang mit dem eigenen Vermögen quasi lahmzulegen, da sich § 2 BauFordSiG zum einen lediglich auf einen Ausschnitt des Schuldnervermögens bezieht und zum anderen schon § 1 Abs. 1 Satz 1 BauFordSiG die Verfügungsmöglichkeit über das Baugeld beschränkt. Darüber hinaus geht es § 2 BauFordSiG im Unterschied zu § 283 StGB nicht darum, einen solchen Umgang mit eigenem Vermögen zu pönalisieren, der die Gefahr einer Insolvenz begründet.

22 Gegen die Ablehnung eines solchen Ursächlichkeitszusammenhangs lässt sich schließlich auch nicht einwenden, dass auf diese Weise der Strafbarkeitsradius des § 2 BauFordSiG unerträglich ausgeweitet würde. Insbesondere die Fallgestaltung, in welcher der Baugeldempfänger das pflichtwidrig eingesetzte Baugeld später wieder zurückführt, zwingt zu keinem anderen Ergebnis. Denn Strafrechtsrelevanz gewinnt der Verstoß gegen § 1 Abs. 1 Satz 1 BauFordSiG ohnehin erst, wenn der Baugeldempfänger seine Zahlungen eingestellt hat bzw. über sein Vermögen das Insolvenzverfahren eröffnet wurde. Erstattet er zu diesem Zeitpunkt das entzogene Baugeld zurück, so ist hierin lediglich eine Wiedergutmachung zu erblicken, die allenfalls auf dem Sektor der Strafzumessung Bedeutung erlangt, keinesfalls aber die einmal verwirkte Strafbarkeit wieder entfallen lassen kann.

IV. Benachteiligung der Baugläubiger

23 Komplettiert wird die objektive Strafbarkeitsbedingung des § 2 BauFordSiG durch das Erfordernis der Gläubigerbenachteiligung im Zeitpunkt der Zahlungseinstellung bzw. Insolvenzverfahrenseröffnung. Eine solche Benachteiligung tritt ein, wenn zumindest ein Baugläubiger zu dem Zeitpunkt, in dem der Baugeldempfänger entweder seine Zahlungen einstellt oder über sein Vermögen das Insolvenzverfahren eröffnet wird, seine Ansprüche nicht oder nicht vollständig realisiert hat, wobei eine Erschwerung der Anspruchsdurchsetzung genügt.[54]

24 Dabei spielt es keine Rolle, dass der benachteiligte Baugläubiger selbst dann nicht befriedigt worden wäre, falls der Baugeldempfänger das Baugeld entsprechend § 1 Abs. 1 Satz 1 BauFordSiG eingesetzt hätte (so auch für den Schadensersatzanspruch aus § 823 Abs. 2 BGB § 1 BauFordSiG, Rdn. 51).[55] Die Berufung auf ein solches rechtmäßiges Alternativverhalten scheidet – wie im Strafrecht auch sonst – aus.

25 Schließlich setzt die Benachteiligung nicht voraus, dass der Baugläubiger im Insolvenzverfahren über das Vermögen des Baugeldempfängers mit seinen Forderungen jedenfalls teilweise ausfällt. Vielmehr genügt das Bestehen von Außenständen aus Bauforderungen zurzeit der Zahlungseinstellung bzw. der Insolvenzverfahrenseröffnung.[56]

---

52 Zu diesem Zusammenhang s. *Bieneck*, wistra 1992, 89, 91; dazu im Kontext des § 283b StGB auch *Trüg/Habetha*, wistra 2007, 365, 368.
53 Zu einer vergleichbaren Argumentation, freilich in anderem Kontext s. *T. Boecken/Beck*, ZfIR 2007, 827, 831.
54 *Stammkötter*, § 2 BauFordSiG Rn. 49; MüKo-StGB/*Wegner*, § 2 BauFordSiG Rn. 38.
55 *Stammkötter*, § 2 BauFordSiG Rn. 51 ff.
56 *Stammkötter*, § 2 BauFordSiG Rn. 64.

D. Rechtswidrigkeit

Die Rechtswidrigkeit, die durch die Verwirklichung des objektiven Tatbestandes indiziert wird (s. auch § 1 BauFordSiG, Rdn. 46),[57] könnte entfallen, wenn der Baugeldempfänger mit dem empfangenen Baugeld andere, vorrangig zu bedienende Forderungen erfüllt hat.[58] Angesprochen ist die Möglichkeit einer Rechtfertigung gemäß § 34 StGB für den Fall, dass der sich in einer wirtschaftlichen Schieflage befindliche Baugeldempfänger die Mittel, die er nach § 1 Abs. 1 Satz 1 BauFordSiG zur Befriedigung der Baugläubiger einsetzen soll, in Höhe des Arbeitnehmeranteils am Sozialversicherungsaufkommen an die Sozialversicherungsträger abführt, um einer Strafbarkeit gemäß §§ 266a Abs. 1, 14 StGB zu entgehen. Denn der 5. Strafsenat des BGH, dem sich der bislang opponierende II. Zivilsenat mittlerweile im Wesentlichen angeschlossen hat,[59] steht auf dem Standpunkt, dass die Bedienung von Arbeitnehmeranteilen zur Sozialversicherung in der wirtschaftlichen Krise des Arbeitgebers Vorrang gegenüber der Erfüllung anderer Verpflichtungen besitzt.[60] Allerdings betrifft diese »Vorrangrechtsprechung« lediglich das Verhältnis zu § 64 Satz 1 GmbHG, der es untersagt, in der Unternehmenskrise Vermögen wegzugeben, sofern diese Weggabe nicht mit der eng zu verstehenden Sorgfalt eines ordentlichen Geschäftsmanns i.S.v. § 64 Satz 2 GmbHG vereinbar ist.[61] Ob Gleiches auch gegenüber der Verwendungspflicht des § 1 Abs. 1 Satz 1 BauFordSiG gilt, ob also der Baugeldempfänger bzw. dessen Organwalter zur Not – mangels anderweitiger Liquidität – die Arbeitnehmeranteile an der Sozialversicherung aus dem Baugeld bedienen müssen, ist völlig ungeklärt, erscheint jedoch mehr als zweifelhaft: Im Unterschied zu § 64 GmbHG ist der Verstoß gegen die Verwendungspflicht des § 1 Abs. 1 Satz 1 BauFordSiG nämlich seinerseits via § 2 BauFordSiG strafbewehrt, weshalb auf das Argument der Rechtsprechung, wonach sich der generelle Vorrang der Pflicht zur Abführung des Arbeitnehmeranteils am Sozialversicherungsaufkommen aus ihrer Strafbewehrung ergebe,[62] nicht zurückgegriffen werden kann; eine Rechtfertigung gemäß § 34 StGB scheitert deshalb schon am fehlenden Überwiegen der von § 266a Abs. 1 StGB geschützten Güter.[63]

26

Doch auch das Instrument der Pflichtenkollision kann einen solchen Verstoß gegen die Verwendungspflicht des § 1 Abs. 1 Satz 1 BauFordSiG nicht rechtfertigen: Nach diesem gewohnheitsrechtlich anerkannten Rechtfertigungsgrund liegt es im Ermessen des Pflichtenadressaten, welche von mehreren gleichwertigen Pflichten er erfüllt, wenn er nur einer von ihnen nachkommen kann.[64] Das aber heißt: Da § 2 BauFordSiG ein positives Tun – nämlich die Verwendung des Baugeldes entgegen § 1 Abs. 1 Satz 1 BauFordSiG – sanktioniert, während die Strafandrohung des § 266a Abs. 1 StGB an ein Unterlassen anknüpft, gelangt der auf kollidierende Handlungspflichten zugeschnittene Rechtfertigungsgrund der Pflichtenkollision bereits von seinem dogmatischen Ansatzpunkt her nicht zur Anwendung. Doch selbst wer soweit nicht gehen will, muss eine besondere Rechtfertigung in Form eines Interessenübergewichts feststellen, wenn er einer Handlungspflicht – hier der Abführung der Arbeitnehmeranteile zur Sozialversicherung – Vorrang vor einer Unterlassungspflicht – das Baugeld nicht zur Befriedigung anderer Forderungen als derjeni-

27

---

57 Dazu im Kontext des BauFordSiG nur *Stammkötter*, § 2 BauFordSiG Rn. 66.
58 Der Tatbestand des § 2 BauFordSiG entfällt in solchen Konstellationen freilich nicht. Insbesondere § 1 Abs. 2 BauFordSiG vermag ein anderes Ergebnis nicht zu tragen, da die dort geregelten Eigenleistungen, die der Baugeldempfänger vorrangig aus dem Baugeld bedienen darf, richtigerweise einen Bezug zu der jeweiligen Baustelle, für die das Baugeld gewährt wurde, voraussetzt; vgl. dazu *Illies*, BauR 2010, 546, 548.
59 S. nur BGH v. 14.05.2007, II ZR 48/06, GmbHR 2007, 757.
60 Pars pro toto BGH v. 30.07.2003, 5 StR 221/03, BGHSt 48, 307 ff.
61 Zum Ganzen ausf. *Brand*, GmbHR 2010, 237 ff. m.w.N.
62 Zu diesem Argument BGH v. 28.05.2002, 5 StR 16/02, BGHSt 47, 318, 321 f.; BGH v. 09.08.2005, 5 StR 67/05, GmbHR 2005, 1419, 1420.
63 So im Erg. auch *Bruns*, Jahrb BauR 2010, 1, 30.
64 Schönke/Schröder/*Lenckner/Sternberg-Lieben*, Vorbem. §§ 32 ff. Rn. 73.

gen der Baugläubiger einzusetzen – gewähren will.[65] Wie gesehen fehlt es indes an einem solchen Interessenübergewicht. Hinzu kommt, dass vom Baugeldempfänger nicht die Begehung einer Straftat verlangt werden kann, um dem strafbewehrten Gebot, die Arbeitnehmeranteile zur Sozialversicherung abzuführen, nachzukommen. Mithin rechtfertigt der Einsatz des Baugeldes zur Befriedigung der Sozialversicherungsträger die Verwirklichung des Tatbestandes des § 2 BauFordSiG nicht.[66] Nur umgekehrt wird »ein Schuh daraus«: Verwendet der Arbeitgeber die letzten flüssigen Mittel statt zur Begleichung der Sozialversicherungsansprüche zur Bezahlung der Baugläubiger, so macht er sich nicht gemäß § 266a Abs. 1 StGB strafbar, wenn es sich bei diesen Mitteln um Baugeld handelt.[67]

28 Ob eine Einwilligung der Baugläubiger in die von § 1 Abs. 1 Satz 1 BauFordSiG abweichende Baugeldverwendung seitens des Baugeldempfängers die Tatbestandsverwirklichung rechtfertigt, wird im Schrifttum streitig diskutiert und hängt letztendlich davon ab, welches Rechtsgut man von § 2 BauFordSiG als geschützt ansieht. Wer § 2 BauFordSiG lediglich als Ausprägung eines speziellen Gläubigerschutzes begreift, muss eine rechtfertigende Einwilligung zulassen,[68] während diejenigen Stimmen, die dem § 2 BauFordSiG zusätzlich das öffentliche Rechtsgut »Sicherung der Bauwirtschaft« entnehmen,[69] der Möglichkeit einer Einwilligung naturgemäß eher skeptisch bis ablehnend gegenüberstehen.

E. Täterkreis in gesellschaftsrechtlichem Kontext

29 Von besonderer praktischer Bedeutung ist die Reichweite des § 2 BauFordSiG, wenn Baugeldempfänger keine natürliche, sondern eine juristische Person oder Personen(handels)gesellschaft ist. In solchen – die Praxis beherrschenden Konstellationen[70] – stellt sich die Frage nach dem bzw. den tauglichen Tätern besonders drängend. Da ein Personenverband nach deutschem Recht nicht straffähig ist,[71] kommen als Täter des § 2 BauFordSiG nur deren Organwalter bzw. Vertreter in Betracht. Dreh- und Angelpunkt bei der Ermittlung des Täterkreises ist § 14 StGB. Was die Darstellung anbelangt, so bietet es sich an, zwischen juristischen Personen einerseits und Personengesellschaften andererseits zu differenzieren, wobei letztere noch in Personenhandelsgesellschaften und Gesellschaften bürgerlichen Rechts (GbR) unterteilt werden müssen.

I. Normadressaten innerhalb juristischer Personen

30 Ist Baugeldempfängerin die in der Praxis dominierende GmbH – für die Aktiengesellschaft und eG gilt insoweit aber nichts anderes –, so avanciert deren Geschäftsführer via § 14 Abs. 1 Nr. 1 StGB unter den dort genannten Voraussetzungen zum tauglichen Täter des § 2 BauFordSiG. Indes dürfte es auf den in letzter Zeit wieder an Fahrt gewonnenen Streit um die Auslegung der Partikel »als«[72]

---

65 Dazu im Kontext der Untreue s. *Ischebeck*, wistra 2009, 95, 101.
66 In diese Richtung weisen auch die auf das private Baurecht beschränkten Äußerungen von *Jänchen/Solle*, ZfIR 2009, 733, 734, wonach selbst öffentliche Steuern und Abgaben mit Mitteln des Baugeldes erst bezahlt werden dürfen, wenn die vorrangigen Baugläubiger befriedigt worden sind; so wohl auch *Möller*, BauR 2005, 8, 13.
67 Vgl. allg. zu diesen Konstellationen Schönke/Schröder/*Lenckner/Sternberg-Lieben*, Vorbem. §§ 32 ff. Rn. 71/72.
68 S. etwa Achenbach/Ransiek/*Wegner*, Kap. VII 3 Rn. 46.
69 So wohl *Stammkötter*, § 1 BauFordSiG Rn. 2; für eine öffentliche Schutzrichtung auch BGH v. 16.12.1999, VII ZR 39/99, BGHZ 143, 301, 304; *Meyer*, JZ 1954, 140, 141.
70 Zu dieser Einschätzung s. nur *Jänchen/Solle*, ZfIR 2009, 733, 736; ferner in Bezug auf die Rechtsform der GmbH *Lemme*, wistra 1998, 41.
71 Zu diesem de lege lata unumstrittenen Grundsatz s. *Brand*, S. 248 f. m.w.N.
72 Dazu BGH v. 10.02.2009, 3 StR 372/08, NStZ 2009, 673, 674 f., der in diesem Beschluss die Abkehr von der bis dato durchgängig vertretenen Interessentheorie angekündigt hat; zu dieser Entscheidung s. ausf. *Brand*, NStZ 2010, 9 ff. m.w.N.

ähnlich wie bei § 266a Abs. 1 StGB nicht entscheidend ankommen.[73] Anders als im Falle der Bankrottdelikte, wo die Auseinandersetzung, wann ein Organwalter »als« Organ i.S.v. § 14 Abs. 1 Nr. 1 StGB handelt, für die Abgrenzung insbesondere zwischen § 283 Abs. 1 Nr. 1 StGB und § 266 Abs. 1 StGB erhebliche Bedeutung erlangt und hieraus auch ihren tieferen dogmatischen Sinn schöpft,[74] besteht ein vergleichbares Bedürfnis im Anwendungsbereich des § 2 BauFordSiG nicht. Denn der über § 2 BauFordSiG strafbewehrte Verstoß gegen die Verwendungspflicht des § 1 Abs. 1 Satz 1 BauFordSiG führt im Unterschied zu den in § 283 Abs. 1 Nr. 1 StGB aufgelisteten Verhaltensweisen weder typischerweise zu einer Schädigung des Gesellschaftsvermögens noch bewegt er sich regelmäßig im Fahrtwasser der Untreue. Das liegt darin begründet, dass § 2 BauFordSiG im Gegensatz zu § 283 Abs. 1 StGB kein »Selbstschädigungsdelikt« in einem weiteren Sinne verkörpert,[75] sondern die Beeinträchtigung der Gläubigerinteressen sogar zum Tatbestandsmerkmal erhebt, woraus sein eindeutiger Fremdschädigungscharakter folgt. Mit anderen Worten steht im Fokus des § 2 BauFordSiG nicht die Schädigung des eigenen Vermögens, deren weitere Folge dann erst eine mittelbare Benachteiligung der Gläubiger ist, sondern die »Veruntreuung« eines Vermögensbestandes, der wirtschaftlich bereits einer bestimmten Gläubigergruppe, nämlich den in § 1 BauFordSiG näher umschriebenen Baugläubigern, zugewiesen ist. Die Frage, wann die Schädigung des Gesellschaftsvermögens als eine eigene aufzufassen ist, stellt sich somit nicht. Folglich handelt der Geschäftsführer, der das Baugeld zu anderen als den in § 1 Abs. 1 Satz 1 BauFordSiG umschriebenen Zwecken einsetzt, immer »als« Organ i.S.d. § 14 Abs. 1 Nr. 1 StGB, wenn er betriebsintern für die ordnungsgemäße Baugeldverwendung zuständig ist.[76]

Die Eigenschaft eines Organs im Sinne von § 14 Abs. 1 Nr. 1 StGB erfüllt im Übrigen nach herrschender Meinung auch der faktische Geschäftsführer. Zur Annahme einer solchen Position soll es indes nicht genügen, dass etwa der Gesellschafter kraft seines umfassenden Weisungsrechts (vgl. § 37 GmbHG) den ordnungsgemäß bestellten Geschäftsführer quasi zu seiner »Marionette degradiert«. Vielmehr müsse der faktische Geschäftsführer – wenn auch nicht wirksam – in sein Amt berufen worden sein und nach außen für die Gesellschaft auftreten.[77] 31

Neben dem (faktischen) Geschäftsführer kommen als taugliche Täter »kraft Zurechnung« gemäß § 14 Abs. 2 StGB auch solche rechtsgeschäftlich bestellten Vertreter in Betracht, die entweder mit der (partiellen) Leitung des Betriebes vom Geschäftsinhaber beauftragt worden sind (Abs. 2 Satz 1 Nr. 1) oder denen die Wahrnehmung einzelner Aufgaben innerhalb des Betriebs obliegt (Abs. 2 Satz 1 Nr. 2). So macht sich etwa der Prokurist, den der Geschäftsinhaber mit der ordnungsgemäßen Verwendung des Baugeldes betraut hat, gemäß §§ 2 BauFordSiG, 14 Abs. 2 Satz 1 Nr. 2 StGB strafbar, wenn er das Baugeld entgegen den Vorgaben des § 1 Abs. 1 Satz 1 BauFordSiG einsetzt und der Geschäftsinhaber anschließend in die Insolvenz verfällt bzw. seine Zahlungen einstellt (s. auch § 1 BauFordSiG, Rdn. 39).[78] 32

II. Normadressaten innerhalb der Personengesellschaften

Da die GbR, selbst wenn es sich bei ihr um eine sog. (Außen-)GbR handelt, trotz der Rspr. des BGH, der einem solchen Konstrukt seit seiner Grundsatzentscheidung aus dem Jahre 2001 die Rechts- und Parteifähigkeit attestiert,[79] und trotz gesetzgeberischer Entscheidungen vor allem auf 33

---

73 Dazu, dass die Bestimmung des Täterkreises nach § 14 Abs. 1 Nr. 1 StGB bei den einzelnen Sonderdelikten durchaus unterschiedlich ausfallen kann, s. *Brand*, S. 234 f.
74 S. *Brand*, NStZ 2010, 9.
75 Zu dieser Charakterisierung des § 283 Abs. 1 Nr. 1 StGB s. *Brand*, 235 f. m.w.N.
76 So im Erg. auch BGH v. 11.04.2001, 3 StR 456/00, BGHSt 46, 373, 378; ferner *Stammkötter*, § 1 BauFordSiG Rn. 14.
77 S. etwa MüKo-StGB/*Wegner*, § 2 BauFordSiG Rn. 40.
78 So wohl auch *Stammkötter*, § 2 BauFordSiG Rn. 8.
79 BGH v. 29.01.2001, II ZR 331/00, BGHZ 146, 341 ff.

den Gebieten des Umwandlungs- und Insolvenzrechtes,[80] die diese Gesellschaftsform den Personenhandelsgesellschaften weitgehend angenähert haben, nach wie vor von weiten Teilen des strafrechtlichen Schrifttums sub specie § 14 Abs. 1 Nr. 2 StGB anders behandelt wird, als ihre handelsrechtlichen Geschwister, werden diese beiden Gesellschaftstypen – wie oben bereits angekündigt – getrennt dargestellt.

1. Taugliche Täter in der Personenhandelsgesellschaft

34 Für die Personenhandelsgesellschaften oHG und KG gelangt § 14 Abs. 1 Nr. 2 StGB zur Anwendung, wonach der vertretungsberechtigte Gesellschafter, in der Regel also der Komplementär, Zurechnungsadressat des Merkmals »Baugeldempfänger« ist.[81] Verstößt er gegen die Verwendungspflicht des § 1 Abs. 1 Satz 1 BauFordSiG so macht er sich – die übrigen Voraussetzungen unterstellt – nach §§ 2 BauFordSiG, 14 Abs. 1 Nr. 2 StGB strafbar. Für sonstige, rechtsgeschäftlich bestellte Repräsentanten der Personenhandelsgesellschaft gilt das Gleiche wie im Rahmen einer juristischen Person: Sie rücken dann in die Täterstellung des § 2 BauFordSiG ein, wenn ihre Stellung den Anforderungen des § 14 Abs. 2 Satz 1 StGB entspricht.

2. Taugliche Täter in der (Außen-)GbR

35 Weitaus schwieriger ist die Rechtslage, wenn eine (Außen-)GbR, etwa die im Baurecht besonders verbreitete ARGE, Empfängerin des Baugeldes ist. Stellt sich nach Eintritt der Insolvenz einer solchen ARGE heraus, dass einzelne Gesellschafter Baugeld zweckwidrig verwendet haben, so wird die Frage virulent, ob diese Gesellschafter gemäß § 2 BauFordSiG strafbar sind. Die Antwort hierauf hängt davon ab, ob der Anwendungsbereich des § 14 Abs. 1 Nr. 2 StGB auf die Personenhandelsgesellschaften beschränkt ist oder nach der Änderung seines Wortlauts, der nunmehr von rechtsfähigen Personengesellschaften spricht, auch die (Außen-)GbR erfasst. Stellt man sich auf den Standpunkt, wonach § 14 Abs. 1 Nr. 2 StGB mit der Formulierung »rechtsfähige Personengesellschaften«[82] lediglich die Personenhandelsgesellschaften meint, so muss man konsequenterweise nicht die rechtsfähige (Außen-)GbR, sondern sämtliche ihrer Gesellschafter als Baugeldempfänger einstufen,[83] wodurch letztere automatisch – also ohne den Umweg über § 14 Abs. 1 Nr. 2 StGB – in die Täterstellung des § 2 BauFordSiG einrückten.[84] Richtig ist das freilich nicht. So ist schon die gesellschaftsrechtliche Prämisse, wonach die Gesellschafter zumindest neben »ihrer« GbR Inhaber des Baugeldes sind, in höchstem Maße anfechtbar,[85] da in Rechtsprechung und Schrifttum Tendenzen erkennbar sind, die darauf abzielen, mit der Rechtsfähigkeit der (Außen-)GbR ernst zu machen und diese auch vermögensmäßig den juristischen Personen gleichzustellen.[86] Eine dingliche Beteiligung der Gesellschafter am Gesellschaftsvermögen lässt sich auf dem Boden dieser zutreffenden Weiterentwicklung der Vermögensverfassung der rechtsfähigen GbR nicht mehr begründen, weshalb die Gesellschafter schon zivilrechtlich keine Baugeldempfänger sein können. Doch auch strafrechtliche Überlegungen zwingen dazu, den Täterkreis des § 2 BauFordSiG bei Beteiligung einer (Außen-)GbR über § 14 Abs. 1 Nr. 2 StGB zu bestimmen. Dafür streitet neben dem Umstand, dass der Gesetzgeber in § 14 Abs. 1 Nr. 2 StGB den aus § 14

---

80 Dazu s. nur *Brand*, S. 144 m.w.N.
81 S. etwa Hofmann/*Koppmann*, S. 275.
82 Geändert mit Gesetz v. 22.08.2002, BGBl I, S. 3387; bis dahin sprach § 14 Abs. 1 Nr. 2 StGB nur von den Personenhandelsgesellschaften.
83 So etwa *Stammkötter*, § 1 BauFordSiG Rn. 23 und § 2 BauFordSiG Rn. 9; Greeve/Leipold/*Busch*, § 49 Rn. 15; ferner, allerdings ohne auf die Problematik des § 14 StGB bzw. seines Vorläufers einzugehen, *Mergel*, S. 83, der aber die notwendige Einflussnahmemöglichkeit nur den geschäftsführenden Gesellschaftern und damit nicht den Kommanditisten bzw. stillen Gesellschaftern zuerkennen will.
84 *Stammkötter*, § 2 BauFordSiG Rn. 9.
85 Zur Kritik an dieser Prämisse *Brand*, S. 175 ff. m.w.N.
86 S. dazu nur *Brand*, VersR 2009, 306, 311.

BGB her bekannten Terminus der rechtsfähigen Personengesellschaft eingeführt hat,[87] vor allem der andernfalls drohende Verstoß gegen das Analogieverbot. Denn die Ansicht, die § 14 Abs. 1 Nr. 2 StGB nicht anwendet, sobald eine (Außen-)GbR beteiligt ist, bezieht auf diese Weise – wie gesehen – sämtliche Gesellschafter unabhängig von ihrer Vertretungsberechtigung in den Täterkreis des § 2 BauFordSiG ein, wodurch dieser eine nicht unerhebliche, vom Gesetz so nicht vorgesehene Ausweitung erfährt. Mithin muss der Täterkreis des § 2 BauFordSiG, wenn Baugeld einer (Außen-)GbR »veruntreut« wird, ebenfalls über § 14 Abs. 1 Nr. 2 StGB bestimmt werden.

F. Täterschaft und Teilnahme

Wie bereits erwähnt, handelt es sich bei § 2 BauFordSiG um ein Sonderdelikt, Täter können deshalb lediglich der Baugeldempfänger bzw. die diesem über § 14 StGB gleichgestellten Personen sein. 36

Jedoch schließt der Sonderdeliktscharakter des § 2 BauFordSiG eine Teilnahme in Form der Beihilfe oder Anstiftung nicht aus, sofern ein tauglicher Täter den Tatbestand in vorsätzlicher und rechtswidriger Weise verwirklicht hat. Dies setzt freilich voraus, dass der Teilnehmer sowohl die in §§ 26, 27 StGB näher umschriebenen Teilnahmehandlungen vorsätzlich begeht als auch mit Vorsatz im Hinblick auf den Tatbestand des § 2 BauFordSiG handelt. Das Vorliegen der objektiven Strafbarkeitsbedingung muss er dagegen nicht in seinen Vorsatz aufgenommen haben.[88] 37

Im Schrifttum nicht einheitlich behandelt wird die Konstellation, in der ein Gläubiger, der nicht zum Kreis der Baugläubiger i.S.v. § 1 BauFordSiG rechnet, eine Bezahlung seitens des Baugeldempfängers annimmt, wohl wissend, dass die hierfür eingesetzten Mittel aus dem Baugeldbestand stammen. Befragt man zur Lösung dieses Falles die einschlägige Kommentarliteratur, so herrscht die Ansicht vor, wonach der Empfänger des Baugeldes, sub specie §§ 2 BauFordSiG, 27 StGB straflos bleibt, obschon die Annahme des Baugeldes die weit zu verstehenden Voraussetzungen an ein Hilfeleisten i.S.v. § 27 StGB erfüllt. Zur Begründung dieses Ergebnisses wird auf die Figur der sog. notwendigen Teilnahme verwiesen, der zufolge solches Verhalten unter dem Blickwinkel der Beihilfe straflos ist, ohne das der Tatbestand der Strafnorm überhaupt nicht erfüllt werden kann.[89] Für § 2 BauFordSiG trifft dies jedoch gerade nicht zu, weshalb die Gegenansicht den Vorzug verdient.[90] Hierfür spricht, dass der Tatbestand des § 2 BauFordSiG nicht den Einsatz des Baugeldes zugunsten solcher Gläubiger verlangt, die an der Erstellung des Baues nicht beteiligt sind, sondern auch bspw. ein Beiseiteschaffen durch den Baugeldempfänger genügen lässt.[91] Im Unterschied zu § 283c StGB, der einen Prototyp der notwendigen Teilnahme verkörpert, umschreibt § 2 BauFordSiG die Tathandlung nicht dahingehend, dass einem Gläubiger begriffsnotwendig Befriedigung oder Sicherheit gewährt wird, obschon er hierauf keinen Anspruch hat.[92] Darüber hinaus verfängt auch der Einwand nicht, wonach der Gläubiger, der das Baugeld zu seiner Befriedigung vom Baugeldempfänger entgegennimmt, sich dann nicht gemäß §§ 2 BauFordSiG, 27 StGB strafbar machte, sofern er Baugeldforderungen in der entsprechenden Höhe pfänden und sich zur Einziehung überweisen ließe.[93] Denn gerade die Prämisse von der freien Pfändbarkeit der Baugeldforderung durch einen beliebigen Gläubiger trifft richtigerweise nicht 38

---

87 Dazu am Bsp. des Bankrotts nur *Brand*, S. 284 m.w.N.
88 Richtig *Stammkötter*, § 2 BauFordSiG Rn. 77; a.A., allerdings vor dem dogmatischen Hintergrund, wonach es sich bei den heute als objektive Strafbarkeitsbedingung eingestuften Voraussetzungen um objektive Tatbestandsmerkmale handele, *Hagelberg*, § 5 GSB Anm 26.
89 MüKo-StGB/*Wegner*, § 2 BauFordSiG Rn. 41; *Mergel*, S. 105; *Jacobi*, § 5 GSB Anm 5.
90 Für eine Teilnehmerstrafbarkeit des das Baugeld zu Unrecht entgegennehmenden Gläubigers *Schulze-Hagen*, NJW 1986, 2403, 2408; ferner auch schon *Hagelberg*, § 5 GSB Anm 27; *Harnier*, § 5 GSB Anm 1; wohl auch *Meyer*, JZ 1954, 140, 144.
91 Das erkennt auch MüKo-StGB/*Wegner*, § 2 BauFordSiG Rn. 41.
92 Darauf weist schon *Hagelberg*, § 5 GSB Anm 27 hin.
93 Dazu *Mergel*, S. 79, 81, 105.

zu.⁹⁴ Allenfalls ausbezahltes Baugeld unterliegt dem Pfändungszugriff durch sämtliche Gläubiger,⁹⁵ jedoch nur solange als es nicht – was in der Praxis die Regel sein dürfte⁹⁶ – auf einem gesonderten Treuhandkonto verbucht ist.⁹⁷ Folglich macht sich ein Gläubiger, der wissentlich Baugeld entgegen nimmt, obschon er kein Baugläubiger ist, gemäß §§ 2 BauFordSiG, 27 StGB strafbar, falls auch die übrigen Voraussetzungen, insbesondere der sog. doppelte Gehilfenvorsatz bzgl. der Merkmale des § 2 BauFordSiG einerseits und der Merkmale des § 27 Abs. 1 StGB andererseits vorliegen.

G. Konkurrenzen

39 Verwirklicht der Baugeldempfänger neben § 2 BauFordSiG den Tatbestand des § 283 StGB, so stehen diese beiden Tatbestände gemäß § 52 StGB in Tateinheit zueinander,⁹⁸ da sie unterschiedliche Rechtsgutsträger schützen – § 2 BauFordSiG ist auf den Schutz lediglich der Baugläubiger beschränkt, während § 283 StGB die Interessen sämtlicher Gläubiger erfasst.⁹⁹ Wenn im Schrifttum zum Teil vertreten wird, dem § 2 BauFordSiG komme der Vorrang gegenüber § 283 StGB zu,¹⁰⁰ überzeugt diese Aussage in ihrer Pauschalität nicht. Die Annahme eines solchen Vorrangs, die insbesondere für die Reichweite der Inhabilität i.S.v. § 6 Abs. 2 Satz 2 Nr. 3 GmbHG Bedeutung erlangen kann,¹⁰¹ lässt sich nur dann begründen, wenn die beeinträchtigten Gläubiger ausschließlich Baugläubiger sind. Andernfalls – bei Benachteiligung sämtlicher Gläubiger – ist kein Grund ersichtlich, den Baugeldempfänger gegenüber anderen Schuldnern *sub specie* gesellschaftsrechtlicher Inhabilität zu privilegieren.

40 Im Wesentlichen ungeklärt ist auch das Zusammenspiel zwischen den §§ 1, 2 BauFordSiG und der Untreue. Geht man mit einer teilweise vertretenen Ansicht davon aus, dass die Baugeldverwendungspflicht des § 1 Abs. 1 Satz 1 BauFordSiG eine Vermögensbetreuungspflicht des Baugeldempfängers gegenüber seinen Baugläubigern hervorruft,¹⁰² so stellt sich besonders drängend die Frage, in welchem Verhältnis § 2 BauFordSiG und § 266 Abs. 1 StGB zueinander stehen. Denn wer die Vermögensbetreuungspflicht mithilfe des § 1 Abs. 1 Satz 1 BauFordSiG begründet, gelangt bei jedem vorsätzlichen Verstoß gegen diese Verwendungspflicht – einen Nachteil der Gläubiger vorausgesetzt – zur Bestrafung wegen Untreue, ohne dass es auf den Eintritt der objektiven Strafbarkeitsbedingung noch entscheidend ankäme. Die Gefahr einer Umgehung der engeren Strafbarkeitsanforderungen des § 2 BauFordSiG liegt mithin auf der Hand. Allerdings lässt sich diese Gefahr nicht bannen, indem man § 2 BauFordSiG zur lex specialis gegenüber der Untreue erklärt,¹⁰³ da im Falle der Verwirklichung eines Regelbeispiels i.S.v. § 266 Abs. 2 i.V.m. § 263 Abs. 3 StGB doch wieder aus Klarstellungsgründen Tateinheit bestünde. Richtigerweise ist deshalb für eine Sperrwirkung des § 2 BauFordSiG zu plädieren, wenn die Betreuungspflichtverletzung lediglich in einem Verstoß gegen § 1 Abs. 1 Satz 1 BauFordSiG gründet.

---

94 *Stammkötter*, § 1 BauFordSiG Rn. 430.
95 BGH v. 13.10.1987, VI ZR 270/86, BauR 1988, 107, 110.
96 Für eine generelle Pflicht, das empfangene Baugeld auf einem Treuhandkonto anzulegen, Motzke/Bauer/Seewald/*Gribl*, § 3 Rn. 90; ferner wohl *Heerdt/Schramm*, BauR 2009, 1353, 1356 f.
97 Dazu s. nur BGH v. 13.10.1987, VI ZR 270/86, BauR 1988, 107, 110; *Stammkötter*, § 1 BauFordSiG Rn. 434; Kuffer/Wirth/*Koenen*, Kap. 7 Rn. 201.
98 So auch MüKo-StGB/*Wegner*, § 2 BauFordSiG Rn. 43; Müller-Gugenberger/Bieneck/*Bieneck*, § 78 Rn. 63; Greeve/Leipold/*Busch*, § 49 Rn. 53.
99 Müller-Gugenberger/Bieneck/*Bieneck*, § 78 Rn. 63.
100 Dafür MüKo-StGB/*Wegner*, § 2 BauFordSiG Rn. 43; *Krause*, S. 296 m. Fn. 43.
101 Darauf weist MüKo-StGB/*Wegner*, § 2 BauFordSiG Rn. 43 zu Recht hin.
102 Dafür wohl Greeve/Leipold/*Greeve/Garbuio*, § 27 Rn. 31; a.A. *Bittmann*, § 12 Rn. 265 allerdings beschränkt auf das Verhältnis Generalunternehmer – Subunternehmer.
103 So MüKo-StGB/*Wegner*, § 2 BauFordSiG Rn. 43; a.A., für Tateinheit Müller-Gugenberger/Bieneck/*Bieneck*, § 78 Rn. 63; ebenso wohl auch Greeve/Leipold/*Busch*, § 49 Rn. 53.

H. Rechtsfolgen und Verjährung

Der Tatbestand des § 2 BauFordSiG ahndet den Verstoß gegen die Baugeldverwendungspflicht mit Freiheitsstrafe bis zu fünf Jahren bzw. mit Geldstrafe. Für den Teilnehmer an einer solchen Tat gilt grundsätzlich das Gleiche, wobei zu bedenken ist, dass seine Strafe – wegen der fehlenden Täterstellung – gemäß § 28 Abs. 2 i.V.m. § 49 Abs. 1 StGB gemildert werden muss. Handelt es sich bei dem Teilnehmer um einen Gehilfen i.S.d. § 27 StGB, so wird die Frage virulent, ob in diesem Fall eine doppelte Milderung sowohl nach § 28 Abs. 2 StGB als auch nach § 27 Abs. 2 Satz 2 StGB zu erfolgen hat. Wenn die wohl allgemeine Meinung eine Doppelmilderung für die Konstellation ablehnt, in der die Milderungsmöglichkeit des § 27 Abs. 2 Satz 2 StGB ausschließlich auf der fehlenden Täterstellung des Gehilfen beruht,[104] so bestehen hieran erhebliche Bedenken unter dem Gesichtspunkt des Analogieverbotes. Denn § 50 StGB gestattet die Nichtberücksichtigung von Milderungsgründen der gleichen Art nur, sofern ein minder schwerer Fall mit einem besonderen gesetzlichen Milderungsgrund zusammentrifft. Das Zusammentreffen zweier besonderer gesetzlicher Milderungsgründe erfasst § 50 StGB hingegen nicht,[105] weshalb es vorzugswürdig sein dürfte, die Strafe des Gehilfen zu einer Tat nach § 2 BauFordSiG doppelt zu mildern. 41

Gemäß § 78 Abs. 3 Nr. 4 StGB verjährt die Baugeldveruntreuung nach § 2 BauFordSiG innerhalb von fünf Jahren.[106] Diese Verjährungsfrist beginnt mit der Beendigung der Tat zu laufen (vgl. § 78a StGB). Beendet ist die Tat, wenn das gesamte Handlungsgeschehen, das Tatunrecht seinen Abschluss gefunden hat.[107] Auch der Eintritt der objektiven Strafbarkeitsbedingung ist also für die Verjährungsberechnung relevant.[108] Dennoch dürfte der Verjährungsbeginn der »Baugeldveruntreuung« regelmäßig mit dem Forderungsausfall der Baugläubiger einhergehen, da der Baugeldempfänger zu diesem Zeitpunkt seine Zahlungen eingestellt haben wird.[109] 42

---

104 BGH v. 08.01.1975, 2 StR 567/74, BGHSt 26, 53, 54 f.; Schönke/Schröder/*Stree/Kinzig*, § 50 Rn. 6; *Fischer*, § 27 Rn. 30.
105 So auch Schönke/Schröder/*Stree/Kinzig*, § 50 Rn. 6.
106 Dazu nur *Stammkötter*, § 2 BauFordSiG Rn. 87.
107 *Stammkötter*, § 2 BauFordSiG Rn. 82.
108 MüKo-StGB/*Wegner*, § 2 BauFordSiG Rn. 45; Achenbach/Ransiek/*Wegner*, Kap. VII 3 Rn. 49.
109 *Stammkötter*, § 2 BauFordSiG Rn. 86.

Teil III: Planungs- und Ordnungsrecht

Vorbemerkung

Der Fachanwalt für Bau- und Architektenrecht beschäftigt sich erfahrungsgemäß schwerpunktmäßig mit zivilrechtlichen Fragestellungen. Im Vordergrund stehen dabei oft Fragen der Sachmängelgewährleistung und der Vergütung. Trotz der Fokussierung auf zivilrechtliche Fragestellung darf jedoch das öffentliche Baurecht nicht aus den Augen verloren werden; es ist von nicht geringer Bedeutung für das Rechtsverhältnis zwischen Unternehmer und Besteller. Bevor man sich Gedanken über das Verhältnis des öffentlichen Baurechtes zum Werkvertragsrecht macht, sollte man sich noch einmal die unterschiedlichen Facetten des öffentlichen Baurechtes, namentlich des Bauordnungs- und Bauplanungsrechtes und deren abstrakten Regelungsgehalt vor Augen führen.

Das Bauordnungsrecht – früher auch als Baupolizeirecht bezeichnet – ist von dem Gedanken der Gefahrenabwehr im weiteren Sinne beherrscht. Es stellte dezidierte Anforderungen an die Bauausführung sowie die Nutzung eines Bauwerkes und später auch an dessen Unterhaltung. Diese Anforderungen reichen von statischen Bestimmungen und technischen Anforderungen an die Bauprodukte über von dem Bauvorhaben aus verschiedenen Gründen einzuhaltenden Abständen zu anderen Bauwerken oder Grundstücksgrenzen bis hin zu aus Gründen der Gefahrenabwehr notwendigen Anforderungen an die innere Ausgestaltung der Vorhaben etwa unter dem Gesichtspunkt der aus Gründen des Brandschutzes notwendigen Rettungswege oder die Belüftung und Besonnung von Aufenthaltsräumen. Das Bauordnungsrecht dient schließlich auch der Gewährleistung der Einhaltung der für ein Bauvorhaben maßgeblichen gesetzlichen Bestimmungen. Mit der Bauausführung darf nämlich grundsätzlich erst begonnen werden, wenn eine Baugenehmigung vorliegt. Eine Baugenehmigung wird aber nur erteilt, wenn sichergestellt ist, dass das Vorhaben alle für das Vorhaben einschlägigen öffentlichen – rechtlichen Vorschriften einhält.

Das Bauplanungsrecht, auch als Städtebaurecht bezeichnet, regelt demgegenüber die rechtliche Qualität des Bodens und bestimmt damit die flächenbezogenen Anforderungen an ein Bauvorhaben. Zielsetzung des Bauplanungsrechtes ist die Sicherstellung einer geordneten Bodennutzung. Zu diesem Zweck regelt das Bauplanungsrecht die planerischen Voraussetzungen für die Bebauung bzw. die Nutzung einzelner Grundstücke. Es regelt an welcher Stelle was mit welcher Nutzung und in welcher Dimensionierung gebaut werden darf. Räumliche Perspektive des Bauplanungsrechtes ist die jeweilige Kommune.

Das öffentliche Baurecht im vorstehenden definierten Sinne ist auf unterschiedlichen Ebenen von Einfluss auf den zivilrechtlichen Bauvertrag zwischen dem Werkunternehmer und dem Besteller. Wesentliche Bedeutung erlangt das öffentliche Baurecht zunächst für den Architektenvertrag. Der Architekt schuldet nämlich eine genehmigungsfähige Planung.[1] Damit der im zivilen Baurecht aktive Rechtsanwalt sicher beurteilen kann, ob die Planung des Architekten genehmigungsfähig ist bzw. auf welche Weise unter Umständen eine bislang fehlende Genehmigungsfähigkeit herbeigeführt werden kann, sind daher auch für den im zivilen Baurecht tätigen Rechtsanwalt profunde Kenntnisse des öffentlichen Baurechts unerlässlich. Das Bauordnungsrecht enthält darüber hinaus teilweise detaillierte Vorgaben auch für die im Rahmen der Bauausführung zu verwendenden Bauprodukte. So kann ein Planungsfehler beispielsweise auch darin liegen, dass ein Architekt ein Vorhaben plant, dass zwar bauplanungsrechtlich zulässig ist jedoch nur unter Verwendung von brennbaren Bauprodukten realisiert werden kann, die aus bauordnungsrechtlichen Gründen unzulässig sind.[2] Bedeutung kann das öffentliche Baurecht auch für den Bereich von Werkliefe-

---

[1] Vgl. nur OLG Celle, 31.03.2009, 7 U 77/07.
[2] OLG Frankfurt, 11.03.2008, 10 U 118/07, NZBau 2008, 516 ff.

Vorbemerkung   Planungs- und Ordnungsrecht

rungsverträgen über Fertigprodukte – wie beispielsweise Wintergärten, Garagen oder Gartenhäuser – erlangen wenn die zuliefernden Produkte entgegen den Vorstellungen der Parteien aus öffentlich-rechtlichen Gründen nicht zulässig ist.[3] Es wird sich dann regelmäßig die Frage stellen, in wessen Verantwortungsbereich die gegebene baurechtliche Unzulässigkeit des Vorhabens fällt und welchen Einfluss dies auf die wechselseitig übernommenen Verpflichtungen hat.

3   Nachfolgend sind diejenigen Vorschriften aus dem Bauordnungs- und Bauplanungsrecht kommentiert, die erfahrungsgemäß besonders häufig zu Schwierigkeiten in der Umsetzung führen daher Gegenstand von rechtlichen Auseinandersetzungen sind. Aufgrund der Zielsetzung der nachfolgenden Kommentierung – nämlich lediglich überblicksartig eine Erläuterung der typischen Reibungspunkte im öffentlichen Baurecht zu geben – muss diese zwangsläufig lückenhaft sein. Sollte daher der ein oder andere ein Rechtsproblem zu lösen haben, das auf den nachfolgenden Seiten nicht behandelt ist, wird sich eine Lösung in den meisten Fällen in einem der in den jeweiligen Literaturverzeichnis angegebenen Werken finden lassen.

---

3   OLG Köln, 14.06.1996, 19 U 8/96, BauR 1997, 307 ff.

Teil 1: Baugesetzbuch (BauGB)

i.d.F. vom 23.09.2004 (BGBl. I S. 2414), zuletzt geändert durch Gesetz v. 12.04.2011 (BGBl. I S. 619)

(Auszug)

(...)

Vierter Abschnitt: Zusammenarbeit mit Privaten; vereinfachtes Verfahren

§ 11 Städtebaulicher Vertrag

(1) Die Gemeinde kann städtebauliche Verträge schließen. Gegenstände eines städtebaulichen Vertrags können insbesondere sein:
1. die Vorbereitung oder Durchführung städtebaulicher Maßnahmen durch den Vertragspartner auf eigene Kosten; dazu gehören auch die Neuordnung der Grundstücksverhältnisse, die Bodensanierung und sonstige vorbereitende Maßnahmen, die Ausarbeitung der städtebaulichen Planungen sowie erforderlichenfalls des Umweltberichts; die Verantwortung der Gemeinde für das gesetzlich vorgesehene Planaufstellungsverfahren bleibt unberührt;
2. die Förderung und Sicherung der mit der Bauleitplanung verfolgten Ziele, insbesondere die Grundstücksnutzung, auch hinsichtlich einer Befristung oder einer Bedingung, die Durchführung des Ausgleichs im Sinne des § 1a Abs. 3, die Deckung des Wohnbedarfs von Bevölkerungsgruppen mit besonderen Wohnraumversorgungsproblemen sowie des Wohnbedarfs der ortsansässigen Bevölkerung;
3. die Übernahme von Kosten oder sonstigen Aufwendungen, die der Gemeinde für städtebauliche Maßnahmen entstehen oder entstanden sind und die Voraussetzung oder Folge des geplanten Vorhabens sind; dazu gehört auch die Bereitstellung von Grundstücken;
4. entsprechend den mit den städtebaulichen Planungen und Maßnahmen verfolgten Zielen und Zwecken die Nutzung von Netzen und Anlagen der Kraft-Wärme-Kopplung sowie von Solaranlagen für die Wärme-, Kälte- und Elektrizitätsversorgung.

(2) Die vereinbarten Leistungen müssen den gesamten Umständen nach angemessen sein. Die Vereinbarung einer vom Vertragspartner zu erbringenden Leistung ist unzulässig, wenn er auch ohne sie einen Anspruch auf die Gegenleistung hätte.

(3) Ein städtebaulicher Vertrag bedarf der Schriftform, soweit nicht durch Rechtsvorschriften eine andere Form vorgeschrieben ist.

(4) Die Zulässigkeit anderer städtebaulicher Verträge bleibt unberührt.

Schrifttum
Bick Städtebauliche Verträge, DVBl. 2001, 154 ff.; *Diehr* Möglichkeit und Grenzen der Planwertabschöpfung durch Gemeinden – dargestellt anhand des brandenburgischen Landesrechtes; *Fischer* Sanierungsverträge in der Praxis, BauR 2000, 833; *Grziwotz* Verkauf von Baurecht, BauR 2005, 812 ff.; *Huber* Rechtliche Grenzen von Planungswertausgleich und städtebaulichen Verträgen, DÖV 1999, 173 ff.; *Oerder* Praktische Probleme der Städtebaulichen Verträge nach § 11 BauGB, BauR 1998, 22, 31 ff.; *Quaas* Städtebauliche Verträge zur Umsetzung der naturschutzrechtlichen Eingriffsregelung, NVwZ 1995, 840 ff.; *Scharmer* Städtebauliche Verträge nach § 6 BauGB Maßnahmengesetz, NVwZ 1995, 219, 222.

§ 11 BauGB Städtebaulicher Vertrag

Übersicht

	Rdn.			Rdn.
A.	**Begriff**	1	IV. Sparsame und effiziente Nutzung von Energien	18
B.	**Typen städtebaulicher Verträge**	2	C. **Schranken der Vertragsfreiheit**	20
I.	Maßnahmenverträge	3	D. **Form**	26
II.	Zielbindungsverträge	8		
III.	Folgekostenverträge	15		

A. Begriff

1 Städtebauliche Verträge sind ein Mittel der Zusammenarbeit der öffentlichen Hand mit privaten Investoren. Sie werden zumeist im Zusammenhang mit Bebauungsplanverfahren abgeschlossen. Sie dienen der Erfüllung städtebaulicher Aufgaben und ergänzen auf diese Weise das hoheitliche Instrumentarium des Städtebaurechts.

B. Typen städtebaulicher Verträge

2 Städtebauliche Verträge lassen sich in Maßnahmen-, Zielbindungs- und Folgekostenverträge einteilen. Die Aufzählung in § 11 Abs. 1 ist nicht abschließend.[1]

I. Maßnahmenverträge

3 Maßnahmenverträge haben die Vorbereitung oder Durchführung von städtebaulichen Maßnahmen durch den Vertragspartner auf eigene Kosten zum Gegenstand. Solche Maßnahmen können insbesondere die Neuordnung der Grundstücksverhältnisse, die Bodensanierung (vgl. insbesondere §§ 11–16 BBodSchG) sowie Ausarbeitung der städtebaulichen Planung sein.[2] Eine wirtschaftliche Beteiligung des Vorhabenträgers an den gemeindeintern entstandenen Kosten ist nach herrschender aber nicht unbestrittener Auffassung insoweit zulässig, wie es sich um Kosten für solche Arbeiten der Gemeinde handelt, die auch auf einen Dritten hätten ausgelagert werden können.[3]

4 Wichtig ist, dass gemäß § 11 Abs. 1 Nr. 1 HS. 2 zwar die Ausarbeitung eines städtebaulichen Plans, beispielsweise eines Bebauungsplans, Gegenstand eines städtebaulichen Vertrages sein kann. Gleichwohl ist der Satzungsbeschluss ausschließlich durch die Gemeinde zu fassen und nicht vertraglich zu delegieren. Damit korrespondiert die Regelung in § 1 Abs. 3 S. 2, wonach ein Anspruch auf die Aufstellung eines Bebauungsplans oder einer städtebaulichen Satzung durch Vertrag nicht begründet werden kann.[4] Dies bedeutet allerdings nicht, dass es den Vertragsparteien verwehrt wäre, an den Nichteintritt des vorausgesetzten Erfolges (Aufstellung eines Bebauungsplanes) bestimmte Folgen zu knüpfen.

5 Die Möglichkeit der Übertragung der städtebaulichen Maßnahmen auf den Vertragspartner auf seine Kosten schließt es nicht aus, dass sich die Gemeinde zu einer anteiligen Kostenübernahme verpflichtet.

6 Die Bodensanierung, also vor allem die Entsorgung von Altlasten, kann für die Planverwirklichung von besonderer Bedeutung sein. Unabhängig von einer Bebauungsplanung sieht auch § 13 Abs. 4 BBodSchG die Möglichkeit eines Sanierungsvertrags zur Altlastensanierung vor.[5] Hier geht es in erster Linie um die technische Ausführung der Bodensanierung, so dass sich diese Vorschriften mit den Vorschriften in § 11 ergänzen.

---

1 *Stich*, in: Berliner Kommentar zum BauGB, § 11 Rn. 23; Battis/Krautzberger/*Löhr*, BauGB § 11 Rn. 25.
2 Battis/Krautzberger/*Löhr*, BauGB § 11 Rn. 6.
3 BVerwG, 25.11.2005, 4 C 15/04, BauR 2006, 649, 652 f.; a.A. *Oerder*, BauR 1998, 22, 27.
4 Battis/Krautzberger/*Löhr*, BauGB § 11 Rn. 6; *Stich*, in: Berliner Kommentar zum BauGB, § 11 Rn. 26.
5 Vgl. *Fischer*, BauR 2000, 833.

Zu den sonstigen vorbereitenden Maßnahmen gehört beispielsweise die Freilegung von Grundstücken. Dabei sind unter »Freilegung« sämtliche Maßnahmen zur Beseitigung von tatsächlichen Hindernissen zu verstehen, die der Errichtung einer Erschließungsanlage oder von baulichen Anlagen entgegenstehen.[6]

II. Zielbindungsverträge

§ 11 Abs. 1 S. 2 Nr. 2 nimmt die Zielbindungs- oder Planverwirklichungsverträge in Bezug. Hierbei handelt es sich um solche Verträge, die Gemeinden in der Regel vor der Aufstellung eines Bebauungsplans mit den Grundstückseigentümern im Plangebiet abschließen, um die Verwirklichung einer bestimmten planerischen Absicht der Gemeinde sicherzustellen.[7]

Der wichtigste Fall eines Zielbindungs- bzw. Planverwirklichungsvertrags ist die Vereinbarung einer Bauverpflichtung mit dem Ziel, die Bebauung des Plangebiets zügig voranzutreiben und Baulücken möglichst zu vermeiden und die Erschließung von weiteren Baugebieten aus Kosten- und Umweltgesichtspunkten möglichst einzugrenzen.[8] Darüber hinaus können auch andere mit dem Bebauungsplan in Zusammenhang mit der Grundstücksnutzung verfolgte Ziele, beispielsweise die Entsiegelung von Flächen oder der Rückbau von baulichen Anlagen, der Betrieb eines Kinos, die Festlegung von Nutzungszeiten für einen Bolzplatz, die besondere Berücksichtigung des Stadtbilds bei der Verwirklichung eines Bauvorhabens oder eine bestimmte Art der Bepflanzung können Gegenstand eines Zielbindungsvertrages sein. Ob die entsprechenden Verpflichtungen auch in einem Bebauungsplan festgesetzt werden können, ist insoweit unerheblich.

Darüber hinaus erwähnt § 11 Abs. 1 S. 2 Nr. 2 ausdrücklich die Durchführung des Ausgleichs für Eingriffe in Natur und Landschaft gemäß § 1a Abs. 3. Es ist danach über die Regelung des § 135a Abs. 2 S. 1 hinaus möglich, dass sich ein Investor dazu verpflichtet, die notwendigen Kompensationsmaßnahmen auch außerhalb des Gebiets des Bebauungsplans oder ggf. sogar außerhalb des Gemeindegebiets herzustellen.[9]

Weder eine räumliche Nähe zwischen Eingriff und Ausgleich noch ein funktionaler Zusammenhang ist notwendig. Im Vertrag können daher die Maßnahmen einzeln festgelegt werden, es kann jedoch auch beispielsweise auf einen Grünordnungsplan und die hiernach erforderlichen Maßnahmen verwiesen werden.

Über die Festsetzungsmöglichkeiten gemäß § 9 Abs. 1 Nrn. 7 und 8 hinaus können in einem städtebaulichen Vertrag auch Verpflichtungen des Investors zur Wohnraumversorgung einkommensschwacher Bevölkerungsgruppen begründet werden. Bei der Formulierung eines entsprechenden Vertrags ist dringend darauf zu achten, dass diese Verträge gemäß § 11 nur zu städtebaulichen Zwecken – in Abgrenzung zu allgemeinen sozialen oder wohnungspolitischen Zielen – abgeschlossen werden können.[10]

Als Regelungsbeispiel ist in § 11 Abs. 1 S. 2 Nr. 2 beispielhaft die Deckung des Wohnbedarfs der ortsansässigen Bevölkerung genannt. Die Zulässigkeit dieser Verträge mit kommunalpolitischer Stoßrichtung hat das BVerwG in seiner Entscheidung zum Weilheimer Modell anerkannt.[11] Bei Verträgen nach dem sog. »Weilheimer Modell« macht die Gemeinde die Aufstellung eines Bebauungsplans davon abhängig, dass der Eigentümer ihr das Grundstück zeitlich befristet zum Verkauf anbietet, wobei die Gemeinde das Angebot nur annehmen darf, wenn der Eigentümer das Grund-

---

6 Battis/Krautzberger/*Löhr*, BauGB § 128 Rn. 15.
7 Battis/Krautzberger/*Löhr*, BauGB § 11 Rn. 10.
8 Battis/Krautzberger/*Löhr*, BauGB § 11 Rn. 10.
9 Battis/Krautzberger/*Löhr*, BauGB § 11 Rn. 12; BVerwG, 09.05.1997, 4 N 1/96, DVBl. 1997, 1121, 1123; *Quaas*, NVwZ 1995, 840 ff.
10 Battis/Krautzberger/*Löhr*, BauGB § 11 Rn. 13; *Stich*, in: Berliner Kommentar zum BauGB, § 11 Rn. 35.
11 BVerwG, 11.02.1993, 4 C 18/91, BVerwGE 92, 56, 65; Battis/Krautzberger/*Löhr*, BauGB § 11 Rn. 16.

stück an einen Ortsfremden verkauft.[12] Ihre rechtlichen Grenzen finden entsprechende Verträge in der Regel über die Angemessenheit, § 11 Abs. 2.

14 Die Möglichkeit des Abschlusses entsprechender Vereinbarungen ist nicht nur auf Wohnraum beschränkt, sondern kann sich auch auf Gewerbe beziehen.[13]

III. Folgekostenverträge

15 Folgekostenverträge sind Verträge, mit denen Aufwendungen vor- oder refinanziert werden, die den Gemeinden jenseits der beitragsfähigen Erschließung als Folge neuer Ansiedlungen für Anlagen und Einrichtungen des Gemeinbedarfs entstehen.[14] Vom Erschließungsvertrag wird der Folgekostenvertrag danach abgegrenzt, dass beitrags- oder gebührenfinanzierbare Aufwendungen ausgeschlossen sind. Folgekostenverträge können wirksam nur vor dem Beschluss des Bebauungsplans geschlossen werden; danach hat der Vorhabenträger nämlich regelmäßig einen Anspruch auf Genehmigung seines Vorhabens.[15]

16 Ausgeschlossen ist eine allgemeine Abschöpfung der beim privaten Grundstückseigentümer durch eine gemeindliche Planung entstehenden Bodenwertsteigerung. Es muss sich um Aufwendungen der Gemeinde handeln. Aufwendungen anderer Hoheitsträger, beispielsweise für eine Polizeiwache des Landes oder eines städtischen Kindergartens, sind nicht abwälzbar.[16]

17 Erforderlich für die rechtmäßige Übernahme von Kosten und sonstigen Aufwendungen der Gemeinde durch den Vertragspartner ist immer, dass die städtebaulichen Maßnahmen Voraussetzung oder Folge des vom Vertragspartner der Gemeinde geplanten Vorhabens sind. Es handelt sich insoweit um das Erfordernis des Sachzusammenhangs, das aus dem Kopplungsverbot folgt.[17] Ein Verstoß gegen das Kopplungsverbot liegt dann vor, wenn die vereinbarte Leistung nicht in einem sachlichen Zusammenhang mit der in Aussicht gestellten Gegenleistung steht.[18] Die notwendige Kausalität im Zusammenhang mit Folgekosten ist formell und materiell zu prüfen. Formell lässt sich die geforderte Kausalität im Nachhinein nur nachweisen, wenn in der Kostenvereinbarung die zu refinanzierenden Anlagen und Einrichtungen mit ihren jeweiligen Kosten konkret bezeichnet sind.[19] In materieller Hinsicht gilt, dass zwar einerseits keine naturwissenschaftliche Kausalität bestehen braucht, die Gemeinde andererseits aber auch gehindert ist, Sowiesokosten oder einen allgemeinen Nachholbedarf im Bereich der gemeindlichen Infrastruktur auf den Vertragspartner abzuwälzen.[20] Eine Folgemaßnahme kann auch lediglich teilweise unmittelbar kausal zum Vorhaben sein.[21] Eine teilweise Kausalität setzt jedoch eine Teilbarkeit der Maßnahme voraus.

IV. Sparsame und effiziente Nutzung von Energien

18 Die Regelung des § 11 Abs. 1 S. 2 Nr. 4 stellt klar und fördert, dass in städtebaulichen Verträgen im Zusammenhang mit der Aufstellung von Bebauungsplänen und der Durchführung städtebaulicher Sanierungs- oder Entwicklungsmaßnahmen auch Vereinbarungen über die Nutzung von

---

12 Zu weiteren Gestaltungsmodellen: vgl. *Oerder,* BauR 1998, 22, 28.
13 OVG München, 04.02.1999, 1 B 98.1800 NVwZ 1999, 1008, 1010.
14 BVerwG, 06.07.1973, BVerwGE 42, 331, 336 f.; BVerwG, 14.08.1992, 8 C 19/90, BVerwGE 90, 310, 311 f.
15 *Quaas,* in: Schrödter, Kommentar zum BauGB (im Folgenden: BauGB) § 11 Rn. 25.
16 *Quaas,* in: Schrödter, BauGB § 11 Rn. 26.
17 Instruktiv zum Kopplungsverbot: BGH, 02.10.1998, V ZR 45/98, DVBL. 1999, 233 ff.; BVerwG, 26.05.2000, 4 C 4/99, BauR 2000, 1699 ff.
18 BVerwG, 26.05.2000, 4 C 4/99, BauR 2000, 1699, 1700.
19 BVerwG, 06.07.1973, BVerwGE 42, 331, 343.
20 Vgl. zum Ganzen instruktiv: *Oerder,* BauR 1998, 22, 31 ff.
21 *Scharmer,* NVwZ 1995, 219, 222.

Netzen und Anlagen der Kraftwärmekopplung und von Solaranlagen für die Wärme-, Kälte- und Elektrizitätsversorgung von Baugebieten getroffen werden können. Der Gesetzgeber hat damit den Gemeinden auch für städtebauliche Verträge ein Instrument an die Hand gegeben, um der Verantwortung für den Klimaschutz und die sparsame und effiziente Nutzung von Energie gerecht zu werden.

Flankiert werden können Verträge gemäß § 11 Abs. 1 S. 2 Nr. 4 mit den kommunalrechtlich möglichen Anschluss- und Benutzungszwang an Anlagen der Kraftwärmekopplung. 19

C. Schranken der Vertragsfreiheit

§ 11 Abs. 2 enthält eine für alle städtebaulichen Verträge geltende Begrenzung der Vertragsfreiheit. Von zentraler Bedeutung ist das Gebot der Angemessenheit. Der Gesetzgeber knüpft damit an die Regelung in § 56 Abs. 1 S. 2 VwVfG und § 124 Abs. 3 an. Fehlt die Angemessenheit, führt dies zur Nichtigkeit des Vertrags. Die Frage der Angemessenheit unterliegt als unbestimmter Rechtsbegriff im Konfliktfalle der vollen richterlichen Nachprüfung.[22] 20

Die Frage der Angemessenheit muss einzelfallbezogen betrachtet werden.[23] Im Rahmen der Angemessenheitsprüfung ist eine wirtschaftliche Betrachtung vorzunehmen. Die vom Vertragspartner der Gemeinde übernommene Leistung muss danach objektiv noch in einem angemessenen Verhältnis zum Gesamtvolumen seines durch die gemeindliche Gegenleistung ermöglichten Vorhabens stehen. Die vom Vertragspartner übernommene Leistung darf dabei subjektiv für ihn, aber auch für denjenigen, an den er die übernommenen Aufwendungen weitergibt, keine unzumutbare Belastung darstellen.[24] 21

Als objektiv nachprüfbare Kriterien für die Kostenverteilung kommt der Gesamtumfang der vom Baubeginn getätigten Investitionen im Verhältnis zu der vereinbarten Kostenübernahme, die Rentabilität der Investition und die durch die gemeindliche Planung bedingte Werterhöhung der dem Vertragspartner gehörenden Grundstücke in Betracht.[25] Insbesondere der letztgenannte Indikator führt in der Praxis gelegentlich zu dem Verständnis, Folgekostenverträge könnten als Instrument der Bodenwertabschöpfung verwendet werden. Dass eine Wertabschöpfung, die im BauGB nicht geregelt ist, auch nicht über städtebauliche Verträge eingeführt werden kann, liegt auf der Hand.[26] Allerdings können die durch städtebauliche Planung und Maßnahmen bedingten Erhöhungen des Bodenwerts ein objektiver Indikator für Angemessenheit einer Kostenregelung sein.[27] Im wirtschaftlichen Ergebnis kann die Gemeinde somit durch städtebauliche Verträge die planungsbedingte Wertsteigerung nach Maßgabe von § 11 Abs. 2 S. 1 und auf der Grundlage eines städtebaulichen Vertrags zur Finanzierung von Folgekosten verwenden. Diese Vorgehensweise ist in der Literatur nicht unumstritten.[28] 22

Das in § 11 Abs. 2 S. 2 angeordnete Kopplungsverbot regelt, dass durch einen verwaltungsrechtlichen Vertrag nichts miteinander verknüpft werden kann, was nicht ohnedies schon in einem engeren Zusammenhang steht, und dass hoheitliche Entscheidungen ohne entsprechende gesetzliche Ermächtigung nicht von der wirtschaftlichen Gegenleistung abhängig gemacht werden dürfen, es sei denn erst die Gegenleistung würde ein der Entscheidung entgegenstehendes rechtliches Hindernis beseitigen.[29] Die Vereinbarung einer Gegenleistung ist danach unzulässig, wenn der Ver- 23

---

22 *Quaas*, in: Schrödter, BauGB § 11 Rn. 39; *Stich*, in: Berliner Kommentar zum BauGB, § 11 Rn. 49.
23 *Stich*, in: Berliner Kommentar zum BauGB, § 11 Rn. 49.
24 BVerwG, 06.07.1973, BVerwGE 42, 331, 345.
25 *Krautzberger*, in: Ernst/Zinkahn/Bielenberg, BauGB § 11 Rn. 167.
26 *Krautzberger*, in: Ernst/Zinkahn/Bielenberg, BauGB § 11 Rn. 167a.
27 *Krautzberger*, in: Ernst/Zinkahn/Bielenberg, BauGB § 11 Rn. 167a; *Diehr*, BauR 2000, 1, 6.
28 Vgl. nur *Bick*, DVBl. 2001, 154, 159; *Huber*, DÖV 1999, 173 ff.; *Grziwotz*, BauR 2005, 812 ff. – jeweils m.w.N.
29 Vgl. OVG Lüneburg, 03.05.2006, 1 Lc 170/04, BauR 2006, 1703.

tragspartner auch ohne die Vereinbarung der Gegenleistung einen entsprechenden Anspruch hätte. Für städtebauliche Verträge, die öffentlich-rechtlicher Natur sind, ist in § 56 Abs. 2 VwVfG weiter geregelt, dass nur eine solche Gegenleistung vereinbart werden kann, die bei Erlass eines Verwaltungsakts Inhalt einer Nebenbestimmung gemäß § 36 VwVfG sein könnte.

24 Besteht ein Anspruch auf die Erteilung einer Baugenehmigung oder des gemeindlichen Einvernehmens, ist in dieser Beziehung für eine Vereinbarung kein Raum.[30] Das Kopplungsverbot bezweckt vor allem, den Ausverkauf von Hoheitsrechten zu verhindern.[31]

25 Gemäß § 62 S. 2 VwVfG sind ergänzend zum öffentlich-rechtlichen Vertrag die Vorschriften des BGB heranzuziehen. Dies bedeutet, dass öffentlich-rechtliche Verträge, die nach dem 31.12.2001 abgeschlossen worden sind, auch am Maßstab der §§ 305 ff. BGB gemessen werden müssen.[32]

D. Form

26 Städtebauliche Verträge bedürfen gemäß § 11 Abs. 3 der Schriftform. Sofern im Rahmen eines städtebaulichen Vertrags die Verpflichtung zur Grundeigentumsübertragung inkorporiert ist, sind städtebauliche Verträge gemäß § 311 BGB notariell zu beurkunden. Für die Beurkundungspflicht ist es unerheblich, ob es sich um einen öffentlich-rechtlich oder zivilrechtlich einzuordnenden städtebaulichen Vertrag handelt.[33]

27 Gemäß § 126 Abs. 2 BGB bedeutet Schriftform grundsätzlich die Unterzeichnung der Parteien auf demselben Dokument.[34]

§ 12 Vorhaben- und Erschließungsplan

(1) Die Gemeinde kann durch einen vorhabenbezogenen Bebauungsplan die Zulässigkeit von Vorhaben bestimmen, wenn der Vorhabenträger auf der Grundlage eines mit der Gemeinde abgestimmten Plans zur Durchführung der Vorhaben und der Erschließungsmaßnahmen (Vorhaben- und Erschließungsplan) bereit und in der Lage ist und sich zur Durchführung innerhalb einer bestimmten Frist und zur Tragung der Planungs- und Erschließungskosten ganz oder teilweise vor dem Beschluss nach § 10 Abs. 1 verpflichtet (Durchführungsvertrag). Die Begründung des Planentwurfs hat die nach § 2a erforderlichen Angaben zu enthalten. Für die grenzüberschreitende Beteiligung ist eine Übersetzung der Angaben vorzulegen, soweit dies nach den Vorschriften des Gesetzes über die Umweltverträglichkeitsprüfung notwendig ist. Für den vorhabenbezogenen Bebauungsplan nach Satz 1 gelten ergänzend die Absätze 2 bis 6.

(2) Die Gemeinde hat auf Antrag des Vorhabenträgers über die Einleitung des Bebauungsplanverfahrens nach pflichtgemäßem Ermessen zu entscheiden. Auf Antrag des Vorhabenträgers oder sofern die Gemeinde es nach Einleitung des Bebauungsplanverfahrens für erforderlich hält, informiert die Gemeinde diesen über den voraussichtlich erforderlichen Untersuchungsrahmen der Umweltprüfung nach § 2 Abs. 4 unter Beteiligung der Behörden nach § 4 Abs. 1.

(3) Der Vorhaben- und Erschließungsplan wird Bestandteil des vorhabenbezogenen Bebauungsplans. Im Bereich des Vorhaben- und Erschließungsplans ist die Gemeinde bei der Bestimmung der Zulässigkeit der Vorhaben nicht an die Festsetzungen nach § 9 und nach der auf Grund von § 9a erlassenen Verordnung gebunden; die §§ 14 bis 18, 22 bis 28, 39 bis 79, 127

---

30 *Krautzberger*, in: Ernst/Zinkahn/Bielenberg, BauGB § 11 Rn. 168.
31 BVerwG, 06.07.1973, IV C 22.72, BauR 1973, 285.
32 Vgl. OLG Stuttgart, 18.01.2006, 3 U 150/05, BauR 2006, 884; *Krautzberger*, in: Ernst/Zinkahn/Bielenberg, BauGB § 11 Rn. 169.
33 BVerwG, 17.07.2001, 4 B 24/01, NVwZ 2002, 473, 474.
34 BVerwG, 03.03.1995, 8 C 32/93, NJW 1996, 608, 610; OVG Lüneburg, 13.08.1991, 9 L 362/89, KStZ 1992, 93, 94.

bis 135c sind nicht anzuwenden. Soweit der vorhabenbezogene Bebauungsplan auch im Bereich des Vorhaben- und Erschließungsplans Festsetzungen nach § 9 für öffentliche Zwecke trifft, kann gemäß § 85 Abs. 1 Nr. 1 enteignet werden.

(3a) Wird in einem vorhabenbezogenen Bebauungsplan für den Bereich des Vorhaben- und Erschließungsplans durch Festsetzung eines Baugebiets auf Grund der Baunutzungsverordnung oder auf sonstige Weise eine bauliche oder sonstige Nutzung allgemein festgesetzt, ist unter entsprechender Anwendung des § 9 Abs. 2 festzusetzen, dass im Rahmen der festgesetzten Nutzungen nur solche Vorhaben zulässig sind, zu deren Durchführung sich der Vorhabenträger im Durchführungsvertrag verpflichtet. Änderungen des Durchführungsvertrags oder der Abschluss eines neuen Durchführungsvertrags sind zulässig.

(4) Einzelne Flächen außerhalb des Bereichs des Vorhaben- und Erschließungsplans können in den vorhabenbezogenen Bebauungsplan einbezogen werden.

(5) Ein Wechsel des Vorhabenträgers bedarf der Zustimmung der Gemeinde. Die Zustimmung darf nur dann verweigert werden, wenn Tatsachen die Annahme rechtfertigen, dass die Durchführung des Vorhaben- und Erschließungsplans innerhalb der Frist nach Absatz 1 gefährdet ist.

(6) Wird der Vorhaben- und Erschließungsplan nicht innerhalb der Frist nach Absatz 1 durchgeführt, soll die Gemeinde den Bebauungsplan aufheben. Aus der Aufhebung können Ansprüche des Vorhabenträgers gegen die Gemeinde nicht geltend gemacht werden. Bei der Aufhebung kann das vereinfachte Verfahren nach § 13 angewendet werden.

Übersicht		Rdn.			Rdn.
A.	Vorhaben- und Erschließungsplan	1	II.	Inhalt und Rechtsnatur	22
I.	Begriff	1	III.	Umsetzung	27
II.	Inhalt	2	IV.	Verhältnis Vorhabenträger – Gemeinde	29
III.	Rechtwirkungen des vorhabenbezogenen Bebauungsplans	10	V.	Zeitpunkt und Form	31
			C.	Einbeziehung weiterer Flächen, § 12 Abs. 4 BauGB	32
IV.	Voraussetzungen auf Seiten des Vorhabenträgers	12	D.	Trägerwechsel, § 12 Abs. 5 BauGB	34
V.	Ausgeschlossene Vorschriften	15	E.	Nicht fristgemäße Durchführung, § 12 Abs. 6 BauGB	35
B.	Durchführungsvertrag	21			
I.	Begriff	21	F.	Rechtsschutz	36

A. Vorhaben- und Erschließungsplan

I. Begriff

Der Vorhaben- und Erschließungsplan (VEP) legt Vorhaben- und Erschließungsmaßnahmen im Rahmen eines vorhabenbezogenen Bebauungsplanes fest. Ein vorhabenbezogene Bebauungsplan ist ein verbindlicher Bebauungsplan, der durch seine besondere Vorhabenbezogenheit gekennzeichnet ist.[1] Für ihn sind alle für Bebauungspläne geltenden materiell- und verfahrensrechtlichen Vorschriften anzuwenden, sofern sich nicht ausnahmsweise aus § 12 Abs. 2–6 etwas anderes ergibt.[2] Einem vorhabenbezogenen Bebauungsplan muss daher auch eine Begründung beigefügt werden. In dieser Begründung sind neben den Zielen, den Zwecken und den wesentlichen Auswirkungen insbesondere auch die Umstände darzutun, die die Wahl des Instruments des vorhabenbezogenen Bebauungsplans anstelle eines regulären Bebauungsplans rechtfertigen.[3] Die konzeptionelle und zeichnerische Erarbeitung des Plans liegt beim Vorhabenträger und nicht bei

1

---

1 Vgl. OVG Münster, 03.12.2003, 7 a D 42.01. NE; BauR 2004, 715.
2 *Gatz*, in: Berliner Kommentar zum BauGB, § 12 Rn. 2.
3 *Gatz*, in: Berliner Kommentar zum BauGB, § 12 Rn. 28.

der Gemeinde.[4] Der vorhabenbezogene Bebauungsplan ist nicht auf die Feststellung einer verbindlichen städtebaulichen Ordnung für private und öffentliche Nutzungen beschränkt. Er ist zugleich auch auf die unmittelbare anschließende zügige Durchführung des Vorhabens und der notwendigen Erschließungsmaßnahme angelegt.[5] Die Durchführungsverpflichtung bezieht sich auf den Vorhaben- und Erschließungsplan und damit letztlich auf den Bebauungsplan selbst.[6]

II. Inhalt

2   Ein vorhabenbezogener Bebauungsplan regelt die planungsrechtliche Zulässigkeit von Vorhaben abschließend. Gegenstand eines Vorhaben- und Erschließungsplans können ein oder mehrere Vorhaben sein.[7] Der Begriff des Vorhabens deckt sich dabei grundsätzlich mit dem Vorhabenbegriff des § 29 Abs. 1, hat jedoch insoweit eine überschießende Tendenz, als er auch bestimmte Aspekte ohne unmittelbare städtebauliche Relevanz regeln kann.[8] Vorhaben gemäß § 12 Abs. 1 können Neubauvorhaben ebenso wie Um- oder Ausbauten sein. Auch ein Anbau kommt in Betracht. Mit Hilfe eines Vorhaben- und Erschließungsplan kann schließlich auch die Nutzungsänderung eines Vorhabens planungsrechtlich vorbereitet werden.[9]

3   § 2 Abs. 1 nimmt einen »vorhabenbezogenen Bebauungsplan« in Bezug. Dies bedeutet, dass ein Vorhaben- und Erschließungsplan nach § 2 dann nicht in Betracht kommt, wenn der Plan nicht vorhabenbezogen ist, er also nicht die planungsrechtlichen Grundlagen für ein bestimmtes oder mehrere bestimmte Vorhaben darstellt.[10] Ein Vorhaben- und Erschließungsplan darf daher – vorbehaltlich der Regelung in § 12 Abs. 3a – keine Festsetzungen enthalten, die beliebige Vorhaben zulassen.[11] Zulässig ist allerdings, dass der Vorhabenplan aufgrund der vorgesehenen Festsetzungen jedenfalls eine gewisse Bandbreite an zulässigen Nutzungen enthält, die dann durch den Durchführungsvertrag weiter konkretisiert werden.[12] Werden durch einen vorhabenbezogenen Bebauungsplan die Voraussetzungen für eine größere Palette an Nutzungen geschaffen, müssen Vorkehrungen getroffen werden, um das planerisch vorgegebene Nutzungsspektrum in seinem Kern zu erhalten.[13]

4   Die mit der BauGB Novelle 2007 eingeführte Regelung des § 12 Abs. 3a erweitert den Anwendungsbereich des Durchführungsvertrags auf solche Fälle, in denen der vorhabenbezogene Bebauungsplan für den Bereich des Vorhaben- und Erschließungsplans eine bauliche oder sonstige Nutzung lediglich allgemein festsetzt. Dies war nach der bisherigen Rechtsprechung unzulässig. Die Regelung des § 12 Abs. 3a S. 1 bietet eine Lösung für solche Vorhaben, zu deren Durchführung sich der Vorhabenträger im Durchführungsvertrag verpflichtet hat. Für die im Bebauungsplan festgesetzten Nutzungen ist unter entsprechender Anwendung des § 9 Abs. 2 festzusetzen, dass die festgesetzten Nutzungen in Bezug auf ihre Zulässigkeit als unter Vorbehalt der entsprechenden Verpflichtung in einem Durchführungsvertrag stehen.[14] Die durch entsprechende Festsetzungen beschriebene Nutzung stellt noch kein Vorhaben im Sinne des § 29 dar. Das Vorhaben muss daher im Durchführungsvertrag so genau beschrieben werden, dass deutlich wird, wozu sich der

---

4   *Gatz*, in: Berliner Kommentar zum BauGB, § 12 Rn. 3.
5   *Gatz*, in: Berliner Kommentar zum BauGB, § 12 Rn. 4.
6   Battis/*Krautzberger*/Löhr, BauGB § 12 Rn. 17.
7   OVG Saarland, BauR 2003, 293.
8   OVG Münster, 03.12.2003, 7 aD 42/01.NE, ZfBR 2004, 473, 475; *Quaas/Kukk*, in: Schrödter, Kommentar zum BauGB, § 12 Rn. 18.
9   Vgl. *Krautzberger*, in: Ernst/Zinkahn/Bielenberg, BauGB § 12 Rn. 48 f.
10 Vgl. *Krautzberger*, in: Ernst/Zinkahn/Bielenberg, BauGB § 12 Rn. 48 f.
11 OVG Münster, 03.12.2003, 7 aD 42/01.NE, ZfBR 2004, 473, 475.
12 OVG Münster, 03.12.2003, 7 aD 42/01.NE, ZfBR 2004, 473, 475.
13 OVG Münster, Urt. v. 03.12.2003, 7 aD 42/01.NE, ZfBR 2004, 473, 475; *Krautzberger*, in: Ernst/Zinkahn/Bielenberg, BauGB § 12 Rn. 48 f.
14 Vgl. Muster-Einführungserlass der Fachkommission Städtebau der ARGE BAU.

Vorhabenträger konkret verpflichtet hat. Vorhaben, die zwar vom vorhabenbezogenen Bebauungsplan, nicht aber vom Durchführungsvertrag erfasst werden, sind unzulässig. Sie können jedoch durch eine Änderung des Durchführungsvertrages zulässig werden.[15] Eine Änderung des vorhabenbezogenen Bebauungsplans ist nicht erforderlich. Die Regelung des § 12 Abs. 3a erhöht als die Flexibilität auf Seiten des Vorhabenträgers, weil sie eine Änderung des Vorhabens ermöglicht, ohne dass das formell komplizierte Bebauungsplanverfahren noch einmal wiederholt werden muss.

Der Inhalt des VEP ist allgemein vorgegeben, weil er möglicherweise auch ohne sonstige Bestimmungen ausschließlicher Inhalt des vorhabenbezogenen Bebauungsplans sein kann.[16] Der Vorhaben- und Erschließungsplan muss als Bestandteil des Bebauungsplans grundsätzlich den rechtlichen Anforderungen an einen Bebauungsplan genügen. Insbesondere muss der Vorhaben- und Erschließungsplan mit einer geordneten städtebaulichen Entwicklung i.S.d. § 1 Abs. 3–7 vereinbar sein.[17] Der Vorhaben- und Erschließungsplan ist den Zielen der Raumordnung anzupassen. Er muss auch unter Berücksichtigung der in § 1 Abs. 5 und 6 genannten Planungsleitsätze und Belangen den Anforderungen des Abwägungsgebots genügen. Er muss schließlich aus einem Flächennutzungsplan entwickelt sein. Zulässig sind auch sog. selbstständige vorhabenbezogene Bebauungspläne, das Parallelverfahren und der vorzeitige vorhabenbezogene Bebauungsplan gemäß § 8 Abs. 2 S. 2, Abs. 3 und 4. In diesen Fällen bedarf der vorhabenbezogene Bebauungsplan gemäß § 10 Abs. 2 der Genehmigung der höheren Verwaltungsbehörde.[18] Der Vorhaben- und Erschließungsplan muss Vorhaben so konkret beschreiben, dass danach die städtebauliche Beurteilung i.S.d. § 30 Abs. 2 möglich ist. 5

§ 12 ermächtigt lediglich zu städtebaulichen Regelungen. Im VEP können daher keine vom Bauordnungsrecht abweichende Festlegung getroffen werden.[19] Inhaltlich hat sich der VEP daran zu orientieren, was Inhalt eines Bebauungsplans, wenn ein solcher aufgestellt werden würde, zu sein hätte. Der VEP wird insbesondere Festsetzungen eines qualifizierten Bebauungsplans gemäß § 30 enthalten. Gemäß § 12 Abs. 3 S. 2 ist der VEP von einer Bindung an § 9 und die BauNVO freigestellt. Dies hat insbesondere Bedeutung für Bestimmungen, die nicht bodenrechtlicher Natur sind, sondern andere Regelungsbereiche betreffen, wie beispielsweise das Bauordnungsrecht, das Naturschutzrecht, das Denkmalschutzrecht, das Wasserrecht usw.[20] 6

Soweit es um Festsetzungen mit bodenrechtlichem Inhalt geht, sollte sich gleichwohl grundsätzlich an § 9 und der BauNVO orientiert werden. Dies dient einerseits der Rechtsklarheit, und andererseits wird damit dem Umstand Rechnung getragen, dass der vorhabenbezogene Bebauungsplan mit dem VEP als seinem zentralen Bestandteil die Funktion des sonst erforderlichen Bebauungsplans erfüllen muss. Im Übrigen sind Festsetzungsbeschränkungen, die sich aus § 9 oder der BauNVO ergeben, teilweise Ausdruck eines übergeordneten Prinzips oder bestimmter gesetzlicher Wertungen (Bestimmtheitsgrundsatz, vorsorgender Gesundheitsschutz etc.).[21] Problematisch wäre daher beispielsweise, im Bereich eines VEP aus Gründen des Emissionsschutzes einen sog. Zaunwert als Summenpegel festzusetzen.[22] Bei einer Mischung von Nutzungen, die jegliche Orientierung an den §§ 1–14 BauNVO vermissen ließe, läge ein Verstoß gegen das Abwägungsgebot nahe.[23] Dogmatisch ist die Freistellung von der Bindung an § 9 und die BauNVO im Be- 7

---

15 *Krautzberger*, in: Ernst/Zinkahn/Bielenberg, BauGB § 12 Rn. 101 a ff.
16 Battis/*Krautzberger*/Löhr, BauGB § 12 Rn. 6.
17 *Gatz*, in: Berliner Kommentar zum BauGB, § 12 Rn. 19; Battis/*Krautzberger*/Löhr, BauGB § 12 Rn. 24.
18 *Gatz*, in: Berliner Kommentar zum BauGB, § 12 Rn. 19.
19 Battis/*Krautzberger*/Löhr, BauGB § 12 Rn. 8.
20 *Gatz*, in: Berliner Kommentar zum BauGB, § 12 Rn. 22.
21 *Gatz*, in: Berliner Kommentar zum BauGB, § 12 Rn. 22.
22 BVerwG, 16.12.1999, 4 CN 7/98, NVwZ 2000, 815.
23 *Gatz*, in: Berliner Kommentar zum BauGB, § 12 Rn. 22.

reich des VEP dadurch zu erklären, dass das Erfordernis gesetzlicher Bestimmungen von Inhalt und Schranken des Eigentums dann zurückstehen kann, wenn sich der eigentumsrechtliche Verfügungsbefugte vertraglich Selbstbindungen unterwirft, wie es der Vorhabenträger im Durchführungsvertrag tut.[24]

8 Gemäß § 12 Abs. 3 wird der Vorhaben- und Erschließungsplan Bestandteil des vorhabenbezogenen Bebauungsplans. Aus diesem Grund muss der Vorhaben- und Erschließungsplan inhaltlich auch Gegenstand des Bebauungsplanverfahrens, vor allem also der Beteiligung der Öffentlichkeit und der Behörden sowie sonstiger Träger öffentlicher Belange, gewesen sein.[25]

9 Solange der VEP nicht als Bestandteil eines vorhabenbezogenen Bebauungsplans beschlossen ist, kann der Vorhabenträger ihn in Abstimmung mit der Gemeinde modifizieren. Eine einseitige Überarbeitung des VEP durch die Gemeinde ist ausgeschlossen. Dem Vorhabenträger darf nämlich kein Plan aufgedrängt werden, den er so gar nicht durchführen will.

III. Rechtwirkungen des vorhabenbezogenen Bebauungsplans

10 Die Rechtswirkungen des vorhabenbezogenen Bebauungsplans ergeben sich daraus, dass er einschließlich des Vorhaben- und Entwicklungsplans ein rechtsverbindlicher Bauleitplan i.S.d. §§ 1 Abs. 2, 8 ist. Die Zulässigkeit von Vorhaben im Geltungsbereich eines vorhabenbezogenen Bebauungsplanes ergeben sich aus § 30 Abs. 2 BauGB; er hat die Rechtswirkungen eines qualifizierten Bebauungsplanes. Soweit der Vorhaben- und Erschließungsplan die notwendigen Anlagen zur Erschließung der in ihm vorgesehenen Vorhaben enthält, hat die Verpflichtungserklärung im Durchführungsvertrag nach § 12 Abs. 1 S. 1 gleichzeitig den Inhalt und die Wirkung eines Erschließungsvertrags gemäß § 124 Abs. 1. Bei Vorliegen auch der weiteren Voraussetzungen des § 12 Abs. 1 S. 1 ist damit bezüglich der im Vorhaben- und Erschließungsplan vorgesehenen Anlagen die Erschließung i.S.d. § 30 Abs. 2 gesichert.[26]

11 Die Vorschrift des § 31 Abs. 1 und 2 über Ausnahmen und Befreiungen sind auch im Rahmen eines vorhabenbezogenen Bebauungsplans grundsätzlich anwendbar.[27] Ausnahmen kommen allerdings nur in Betracht, soweit der Bebauungsplan die Vorschriften der BauNVO ausdrücklich in Bezug nimmt. Die Erteilung von Ausnahmen oder Befreiungen von Bestimmungen des Durchführungsvertrages ist ausgeschlossen, da § 31 nur Befreiungen und Ausnahmen von Bebauungsplänen ermöglicht.

IV. Voraussetzungen auf Seiten des Vorhabenträgers

12 Der Vorhabenträger muss auf der Grundlage des von ihm vorgelegten Plans sowohl bereit als auch in der Lage sein, die beabsichtigte Maßnahme innerhalb einer bestimmten Frist durchzuführen. Als Vorhabenträger kommt dabei sowohl eine natürliche als auch eine juristische Person in Betracht. Mehrere Projektträger können sich auch in der Form einer Gesellschaft bürgerlichen Rechts als Vorhabenträger zusammenschließen.[28] Vorhabenträger können auch Körperschaften des öffentlichen Rechts oder im Eigentum einer Kommune stehenden juristische Personen sein.[29] Lediglich die Gemeinde selbst scheidet als Vorhabenträger aus. Sie kann mit sich selbst keinen Durchführungsvertrag abschließen.

---

24 *Gatz*, in: Berliner Kommentar zum BauGB, § 12 Rn. 22.
25 *Gatz*, in: Berliner Kommentar zum BauGB, § 12 Rn. 21.
26 *Gatz*, in: Berliner Kommentar zum BauGB, § 12 Rn. 29.
27 *Gatz*, in: Berliner Kommentar zum BauGB, § 12 Rn. 29.
28 Battis/*Krautzberger*/Löhr, BauGB § 12 Rn. 10.
29 Battis/*Krautzberger*/Löhr, BauGB § 12 Rn. 12.

Die Gemeinde ist zur Prüfung der finanziellen Leistungsfähigkeit des Vorhabenträgers berechtigt 13
und verpflichtet. Insbesondere muss ausreichend abgesichert sein, dass die Maßnahmen im öffentlichen Raum, vor allem die Erschließung, durchgeführt werden können. Nachgewiesen werden kann die Leistungsfähigkeit durch Kreditzusagen geeigneter Banken oder Bürgschaftserklärungen etc.[30]

Der Vorhabenträger muss nicht zwingend Eigentümer der vom VEP betroffenen Flächen sein. Erforderlich ist lediglich die privatrechtliche Befugnis zur baulichen und sonstigen Nutzung des Grundstücks.[31] Dies kann sich beispielsweise aus langfristigen Pachtverträgen, einem Erbbaurecht oder ggf. einer in das Grundbuch eingetragenen Vormerkung zur Sicherung des Anspruchs auf Eintragung einer Grunddienstbarkeit ergeben. 14

V. Ausgeschlossene Vorschriften

Im Bereich des Vorhaben- und Erschließungsplans sind die Vorschriften über die Plansicherung 15
gemäß §§ 14–18, 22–28 (Veränderungssperre, Zurückstellung von Vorhaben, Vorkaufsrechte) nicht anzuwenden. Der Ausschluss der Plansicherungsinstrumente ist eine Folge der gesetzgeberischen Annahme, dass der Vorhabenträger die Planung wegen seiner Verfügungsbefugnis über die Grundstücke selbst ausreichend absichern kann.

Ausgeschlossen ist die Anwendung des Planungsschadensrechts (§§ 39–44). Der Ausschluss bezieht sich nur auf Nutzungsänderungen bei Aufstellung oder Änderung eines Vorhaben- und Erschließungsplans einschließlich seiner Aufhebung nach § 6, nicht jedoch auf spätere Änderungen der vereinbarten Nutzungen außerhalb des Vertrags nach § 12.[32] 16

Ausgeschlossen ist auch die Anwendung des Umlegungsrechts gemäß §§ 45–79. Dieser Ausschluss ergibt sich wiederum daraus, dass der Gesetzgeber von einer Verfügungsbefugnis des Vorhabenträgers ausgeht. 17

Das Erschließungsbeitragsrecht ist aufgrund der vorrangig vorgesehenen vertraglichen Regelungen ausgeschlossen. 18

Gemäß § 12 Abs. 3 S. 3 sind die Vorschriften über die Enteignung in §§ 85–122 im Bereich des Vorhaben- und Erschließungsplans nur insoweit anwendbar, als der vorhabenbezogene Bebauungsplan Festsetzungen für öffentliche Zwecke trifft. 19

Die vorstehenden Einschränkungen gelten nicht, soweit Flächen außerhalb des Vorhaben- und Erschließungsplans in den vorhabenbezogenen Bebauungsplan einbezogen werden. 20

B. Durchführungsvertrag

I. Begriff

Die zügige Durchführung wird nicht unmittelbar durch den vorhabenbezogenen Bebauungsplan, 21
sondern durch den Durchführungsvertrag gesichert.[33] Der Durchführungsvertrag ist ein Vertrag, dem sich der Vorhabenträger zur Durchführung der im Vorhaben- und Erschließungsplan vorgesehenen Vorhaben- und Erschließungsmaßnahmen innerhalb einer bestimmten Frist und zur ganzen oder teilweisen Tragung der Planungs- und Erschließungskosten verpflichtet.[34]

---

30 Battis/*Krautzberger*/Löhr, BauGB § 12 Rn. 10.
31 VGH München, 24.07.2001, 1 N 15.0074, NVwZ-RR 2002, 260; Battis/*Krautzberger*/Löhr, BauGB § 12 Rn. 11.
32 Battis/*Krautzberger*/Löhr, BauGB § 12 Rn. 30.
33 *Gatz*, in: Berliner Kommentar zum BauGB, § 12 Rn. 4.
34 *Quaas/Kukk*, in: Schrödter, BauGB § 12 Rn. 23.

II. Inhalt und Rechtsnatur

22 Gemäß § 12 Abs. 1 S. 1 verpflichtet sich der Vorhabenträger im Durchführungsvertrag zur Durchführung der Vorhaben- und Erschließungsmaßnahmen innerhalb bestimmter Fristen sowie zur Tragung der Planungs- und Erschließungskosten.[35] Es ist zweckmäßig, den Beginn der Durchführungsfristen an das Vorliegen der jeweiligen Baugenehmigungen zu knüpfen. Der Durchführungsvertrag ist ein öffentlich-rechtlicher Vertrag i.S.d. § 54 VwVfG und auch ein städtebaulicher Vertrag i.S.d. § 11 Abs. 4.[36] Der Durchführungsvertrag kann den Vorhabenträger einseitig verpflichten; Verpflichtungen der Gemeinde sind aber nicht ausgeschlossen.

23 Gemäß § 12 Abs. 1 S. 1 soll sich der Vorhabenträger zur Tragung der Planungs- und Erschließungskosten verpflichten. Die Kosten sollen vollständig getragen werden. In Betracht kommt allerdings auch eine nur teilweise Kostentragung. Dies insbesondere dann, wenn die umzusetzende Erschließung gleichzeitig der Erschließung weiterer, außerhalb des Vertragsgebiets liegender Baugebiete dient und insoweit das eigene Interesse der Gemeinde überwiegt. Die Obergrenze für eine Kostenübernahme ergibt sich in diesen Fällen aus der sinngemäßen Anwendung des § 11 Abs. 1 S. 2 Nr. 3.[37] Die Übernahme der Planungskosten erfolgt normalerweise bereits dadurch, dass der Vorhabenträger den Plan selbst erstellt und vorlegt. Denkbar ist jedoch auch, dass sich im Zusammenhang mit der Planung weitere Planungskosten ergeben, die der Vorhabenträger ganz oder teilweise übernehmen soll. Dies betrifft insbesondere u.a. Altlastenuntersuchungen und Untersuchungen zu den Auswirkungen großflächiger Einzelhandelsbetriebe auf die Siedlungs- und Versorgungsstruktur. Die Frage der Übernahme der Kosten ist vor allem für die Erschließung von Bedeutung. Die Regelung des § 12 ist sowohl gegenüber dem Erschließungsbeitragsrecht des BauGB als auch gegenüber dem sog. Folgekostenvertrag gemäß § 11 Abs. 1 S. 2 Nr. 3 eine abschließende Sonderregelung. Der Begriff der Erschließungsmaßnahme ist dabei weiter als im Rahmen des § 123 zu verstehen, erfasst wird u.a. auch der Anschluss an Elektrizität, Wasser, Gas, Fernwärme und die Abwasserentsorgung.

24 Zwischen dem Bebauungsplan und dem Durchführungsvertrag dürfen grundsätzlich keine inhaltlichen Widersprüche bestehen.[38] Dies bedeutet, dass der Bebauungsplan für den Bereich des Vorhaben- und Erschließungsplan keine anderen bzw. weitergehenden Nutzungen vorsehen darf, als solche zu deren Realisierung sich der Vorhabenträger im Durchführungsvertrag verpflichtet.[39] Unzulässig wäre dementsprechend beispielsweise ein vorhabenbezogener Bebauungsplan, der bauplanungsrechtlich sowohl eine nichtstörende gewerbliche als auch eine Wohnnutzung festsetzt während sich der Vorhabenträger im Durchführungsvertrag nur zur Herstellung von Wohnbauung verpflichtet hat.[40]

25 Nicht ausgeschlossen ist, in den Durchführungsvertrag besondere Verpflichtungselemente, auch solche nicht bodenrechtlicher Art, aufzunehmen, solange sie nicht in Widerspruch zum Bebauungsplan stehen. Umgekehrt dürfen auch im Bebauungsplan (vgl. § 12 Abs. 4) weitere städtebauliche Bestimmungen getroffen werden.

26 Der mit der BauGB-Novelle 2007 eingefügte § 12 Abs. 3a erweitert den Anwendungsbereich des Durchführungsvertrags auf solche Fälle, in denen der vorhabenbezogene Bebauungsplan für den Bereich des Vorhaben- und Erschließungsplans eine bauliche oder sonstige Nutzung allgemein festsetzt. Vorhaben, die zwar vom vorhabenbezogenen Bebauungsplan, nicht jedoch vom Durchführungsvertrag erfasst werden, sind grundsätzlich unzulässig, können aber nach § 12 Abs. 3a S. 2

---

35 Battis/*Krautzberger*/Löhr, BauGB § 12 Rn. 14.
36 Battis/*Krautzberger*/Löhr, BauGB § 12 Rn. 13.
37 Battis/*Krautzberger*/Löhr, BauGB § 12 Rn. 19; *Quaas/Kukk*, in: Schrödter, BauGB § 12 Rn. 32.
38 BVerwG, 18.09.2004 – 4 CN 3/02, NVwZ 2004, 229; OVG Münster, 03.12.2003, 7 aD 42/01.NE, ZfBR 2004, 473, 475.
39 OVG Münster, 03.12.2003, 7 aD 42/01.NE, ZfBR 2004, 473, 474.
40 OVG Münster, 03.12.2003, 7 aD 42/01.NE, ZfBR 2004, 473, 474.

durch eine Änderung des Durchführungsvertrags zulässig werden, ohne dass es hierfür einer Änderung des vorhabenbezogenen Bebauungsplans bedarf. Ist der Durchführungsvertrag bereits erfüllt worden und hat er sich damit erledigt, kann ein neuer Durchführungsvertrag abgeschlossen werden. Denkbar ist in diesem Zusammenhang auch ein Wechsel des Vorhabenträgers gemäß § 12 Abs. 5.[41]

III. Umsetzung

Die Verpflichtung des Vorhabenträgers zur Umsetzung des Durchführungsvertrags erlischt, wenn der Bebauungsplan nicht dem Durchführungsvertrag entspricht und die Gemeinde die Mängel nicht beseitigt. Erfüllt der Vorhabenträger die sich aus dem Durchführungsvertrag ergebenden Verpflichtungen nicht, soll die Gemeinde den Bebauungsplan gemäß § 12 Abs. 6 aufheben. 27

Zur Sicherung der Verpflichtungen des Vorhabenträgers kann die Gemeinde zusätzlich Vertragsstrafen vereinbaren oder sich über Bankbürgschaften absichern. Grundsätzlich kommt auch die Unterwerfung unter die sofortige Zwangsvollstreckung gemäß § 61 VwVfG in Betracht. 28

IV. Verhältnis Vorhabenträger – Gemeinde

Ein Anspruch des Vorhabenträgers auf Erlass der Satzung besteht nicht. Dies folgt bereits unmittelbar aus § 1 Abs. 3 S. 2. Auch durch den Durchführungsvertrag wird ein Anspruch auf Aufstellung des vorhabenbezogenen Bebauungsplans nicht begründet. Aus § 12 Abs. 2 S. 1 ergibt sich jedoch zumindest ein Anspruch auf ermessensfehlerfreie Entscheidung über einen vom Vorhabenträger gestellten Antrag auf Einleitung eines Bebauungsplanverfahrens.[42] 29

Der Vorhabenträger kann sich jedoch durch eine Risikovereinbarung vor vergeblichen Aufwendungen vor Erlass der Satzung absichern. Eine solche Vereinbarung enthält die Verpflichtung der Gemeinde dem Vorhabenträger unter bestimmten Umständen seine Planungskosten zu ersetzen. Das Risiko des Ausbleibens einer beiderseits zugrunde gelegten Planverwirklichung kann nach der ständigen Rechtsprechung des Bundesgerichtshofs nämlich von der Gemeinde vertraglich übernommen werden obwohl es grundsätzlich in der Risikosphäre des Vorhabenträgers liegt.[43]. 30

V. Zeitpunkt und Form

Der Durchführungsvertrag bedarf gemäß § 57 VwVfG der Schriftform; sofern sich der Träger oder die Gemeinde zur Übereignung von bestimmten Grundstücken verpflichtet, bedarf er gemäß § 311 BGB i.V.m. § 62 VwVfG zusätzlich der notariellen Beurkundung. Er muss vor dem Beschluss gemäß § 10 Abs. 1 über den vorhabenbezogenen Bebauungsplan abgeschlossen sein, weil der Durchführungsvertrag ggf. für die Abwägungsentscheidung von Bedeutung ist.[44] Der Durchführungsvertrag ist jedoch nicht Bestandteil der auszulegenden Unterlagen. Fehlt der nach dem Kommunalrecht notwendige Gemeinderatsbeschlusses ist der Durchführungsvertrag schwebend unwirksam.[45] Dieser Mangel kann in einem ergänzenden Verfahren nach § 214 Abs. 4 BauGB behoben werden. Hierzu muss dem Durchführungsvertrag von dem Gemeinderat nachträglich zugestimmt werden, der Satzungsbeschluss wiederholt und schließlich der Bebauungsplan erneut in Kraft gesetzt werden. 31

---

41 Battis/*Krautzberger*/Löhr, BauGB § 12 Rn. 21a; *Gatz*, in: Berliner Kommentar zum BauGB, § 12 Rn. 20.
42 *Krautzberger*, in: Ernst/Zinkahn/Bielenberg, BauGB § 12 Rn. 107 ff.
43 BGH, 22.11.1979, III ZR 186.77, NJW 1990, 826 ff.
44 VGH München, 24.07.2001 – 1 N 001574, BauR 2001, 1870; VGH Mannheim, 14.11.2002 – 5 S 1635/00, ZfBR 2002, 268.
45 VGH München, 24.07.2001 – 1 N 001574, BauR 2001, 1870.

C. Einbeziehung weiterer Flächen, § 12 Abs. 4 BauGB

32 Gemäß § 12 Abs. 4 können einzelne Flächen jenseits des Bereichs des VEP in den vorhabenbezogenen Bebauungsplan einbezogen werden. Ob sich die Gemeinde entsprechend entscheidet, ist auf der Grundlage des § 1 Abs. 3 S. 1 zu beurteilen. Für eine geordnete städtebauliche Entwicklung ist die Einbeziehung weiterer Flächen dann erforderlich, wenn die vom Vorhabenträger geplanten Maßnahmen auf den von ihm dafür vorgesehenen Flächen den Anforderungen an eine geordnete städtebauliche Entwicklung nicht genügen.[46] Denkbar ist auch, dass angrenzende Bereiche aus städtebaulichen Gründen der Entwicklung im unmittelbaren Plangebiet angepasst werden sollen, ohne dass entsprechende Maßnahmen den Vorhabenträger unmittelbar zugerechnet werden können oder sollen.[47]

33 Zweifelhaft ist, ob sich der Durchführungsvertrag auf die einzubeziehenden Flächen erstrecken muss. Sofern und soweit die Einbeziehung einzelner Flächen notwendig ist, weil das im vorgelegten VEP beabsichtigte Vorhaben ansonsten lediglich einen Torso darstellen würde, muss sich der Durchführungsvertrag auch auf die einbezogenen Flächen und die durchzuführenden Maßnahmen erstrecken.[48] Ist die Einbeziehung städtebaulich notwendig, weil es zusätzlichen Bedarf gibt, der bei Gelegenheit der Durchführung des VEP miterfüllt werden kann oder muss, hat die Gemeinde darüber zu entscheiden, ob und inwieweit es zweckmäßig ist, solche Maßnahmen auch in den Durchführungsvertrag einzubeziehen.[49]

D. Trägerwechsel, § 12 Abs. 5 BauGB

34 Gemäß § 12 Abs. 5 kann der Träger des Vorhabens nur mit Zustimmung der Gemeinde ausgewechselt werden. Ein Trägerwechsel kommt nur dann in Betracht, wenn die vertraglich übernommenen Bau- und Erschließungsmaßnahmen und das Tragen der Planungs- und Erschließungskosten auch nach dem Wechsel noch gesichert sind.[50]

E. Nicht fristgemäße Durchführung, § 12 Abs. 6 BauGB

35 Gemäß § 12 Abs. 6 S. 1 kann die Satzung aufhoben werden, wenn der Vorhaben- und Erschließungsplan nicht innerhalb der in § 12 Abs. 1 S. 1 vorgegebenen Fristen umgesetzt wird. Um die Entscheidungsfreiheit der Gemeinde zu schützen, ordnet § 12 Abs. 6 S. 2 an, dass bei Aufhebung keine Ersatzansprüche gegen die Gemeinde entstehen.[51]

F. Rechtsschutz

36 Der vorhabenbezogene Bebauungsplan einschließlich VEP unterliegt der verwaltungsgerichtlichen Normenkontrolle gemäß § 47 VwGO.[52] Daneben kommt auch eine inzidente Rechtmäßigkeitskontrolle im Rahmen anderer verwaltungsgerichtlicher Verfahren, etwa bei Anfechtungsklagen gegen Baugenehmigungen, in Betracht. Die Vorschriften über die Planerhaltung der §§ 214–216 sind anzuwenden. Rechtsstreitigkeiten aus dem Durchführungsvertrag sind öffentlich-rechtlicher Natur.

(...)

---

[46] *Gatz*, in: Berliner Kommentar zum BauGB, § 12 Rn. 26; Battis/*Krautzberger*/Löhr, BauGB § 12 Rn. 36.
[47] Battis/*Krautzberger*/Löhr, BauGB § 12 Rn. 36.
[48] *Gatz*, in: Berliner Kommentar zum BauGB, § 12 Rn. 27.
[49] *Gatz*, in: Berliner Kommentar zum BauGB, § 12 Rn. 27.
[50] Battis/*Krautzberger*/Löhr, BauGB § 12 Rn. 41.
[51] Battis/*Krautzberger*/Löhr, BauGB § 12 Rn. 43.
[52] BVerwG, 09.05.1994 – 4 NB 18/94, NVwZ 1995, 266; *Gatz*, in: Berliner Kommentar zum BauGB, § 12 Rn. 44.

Dritter Teil: Regelung der baulichen und sonstigen Nutzung; Entschädigung

Erster Abschnitt: Zulässigkeit von Vorhaben

§ 29 Begriff des Vorhabens; Geltung von Rechtsvorschriften

(1) Für Vorhaben, die die Errichtung, Änderung oder Nutzungsänderung von baulichen Anlagen zum Inhalt haben, und für Aufschüttungen und Abgrabungen größeren Umfangs sowie für Ausschachtungen, Ablagerungen einschließlich Lagerstätten gelten die §§ 30 bis 37.

(2) Die Vorschriften des Bauordnungsrechts und andere öffentlich-rechtliche Vorschriften bleiben unberührt.

Schrifttum
Friedrich Anlagen der Außenwerbung in der neueren Rechtsprechung, Baurecht 1996, 504 ff.

Übersicht	Rdn.		Rdn.
A. Allgemeines	1	I. Errichtung	9
B. Begriff des Vorhabens	2	II. Änderung	10
C. Bauliche Anlagen	3	III. Nutzungsänderung	11
I. Verbindung mit dem Erdboden	4	E. Aufschüttung, Abgrabung, Ausschachtung, Ablagerung und Lagerstätten	16
II. Bodenrechtliche Relevanz	7		
D. Errichtung, Änderung und Nutzungsänderung	9		

A. Allgemeines

Die Vorschrift des § 29 Abs. 1 BauGB definiert den Anwendungsbereich der §§ 30–37 BauGB. Die §§ 30–37 BauGB gelten nur für solche Vorhaben, die eine der in § 29 Abs. 1 BauGB im Einzelnen aufgeführten Maßnahmen zum Gegenstand haben.[1] Die Rechtmäßigkeit von Maßnahmen, die in § 29 Abs. 1 BauGB nicht aufgeführt sind, beurteilt sich nicht nach den §§ 30–37 BauGB. Dies gilt beispielsweise für den Abbruch von baulichen Anlagen.[2]

B. Begriff des Vorhabens

Der Bauherr bestimmt das Vorhaben regelmäßig durch seinen Genehmigungsantrag.[3] Ob bei einer technisch teilbaren Anlage einzelne Teile zur Genehmigung gestellt sind und jeder Teil für sich ein Vorhaben darstellt, oder ob die gesamte Anlage als ein einziges Vorhaben Gegenstand der Beurteilung sein soll, bestimmt sich grundsätzlich nach dem erkennbaren Willen des Antragstellers. Dem Bestimmungsrecht des Bauherrn sind dabei bei der Zusammenfassung bzw. Trennung jedoch Grenzen gesetzt.[4] So darf beispielsweise ein von dem Bauherrn angegebener Nutzungszweck, der nach der Gestalt der baulichen Anlage objektiv nicht verwirklicht wird, nicht zur Grundlage der Zulässigkeitsprüfung gemacht werden. Maßgeblich ist dann der Nutzungszweck, der sich bei objektiver Betrachtungsweise aus den eingereichten Bauvorlagen ergibt.[5] Ferner darf

---

1 Battis/Krautzberger/*Löhr*, BauGB § 29 Rn. 1; *Halama*, in: Berliner Kommentar zum BauGB, § 29 Rn. 21; *Rieger*, in: Schrödter, Kommentar zum BauGB § 29 Rn. 1.
2 *Rieger*, in: Schrödter, BauGB § 29 Rn. 1.
3 BVerwG, NJW 1981, 776; *Rieger*, in: Schrödter, BauGB § 29 Rn. 5; Battis/Krautzberger/*Löhr*, BauGB § 29 Rn. 6.
4 BVerwG, DVBl. 1992, S. 40; BVerwG NJW 1981, 776.
5 BVerwGE 90, 140, 142.

die Frage nach der Zulässigkeit eines Vorhabens, das zu einer bestimmten Gesamtanlage gehören soll und diese erweitert oder verändert, nicht isoliert, sondern nur unter Berücksichtigung der baurechtlichen Zulässigkeit der Gesamtanlage beurteilt werden.[6]

C. Bauliche Anlagen

3   Der Gesetzgeber verwendet in § 29 Abs. 1 BauGB den Begriff der baulichen Anlage zur Bestimmung des Vorhabensbegriffs. In den jeweiligen Landesbauordnungen werden baulichen Anlage regelmäßig als unmittelbar mit dem Erdboden verbundene, aus Bauprodukten hergestellte Anlage definiert (vgl. nur § 2 Abs. 1 BauO NW). Nach diesen Vorschriften gelten daneben auch bestimmte Anlagen kraft Gesetzes als bauliche Anlagen. Auf die Erfüllung der vorbezeichneten Begriffsbestimmung kommt es dann nicht an.

I. Verbindung mit dem Erdboden

4   Trotz weitgehender inhaltlicher Übereinstimmung ist der Begriff der baulichen Anlagen i.S.d. § 29 BauGB ein von den landesrechtlichen Begriffsbestimmungen eigenständiger und unabhängiger Begriff.[7] Zweckrichtung und Zielsetzung des Bauplanungsrechts und des Bauordnungsrechts unterscheiden sich wesentlich. Während der bauordnungsrechtliche Begriff vor allem Anlagen erfassen soll, von denen für die für Bauwerke typische Gefahren ausgehen können, zielt das Bauplanungsrecht im Wesentlichen auf solche Vorhaben ab, die Bedeutung für die städtebauliche Entwicklung haben können.[8]

5   Das BVerwG definiert bauliche Anlagen i.S.v. § 29 folglich als solche Anlagen, die im weitesten Sinne gebaut, also in einer auf Dauer gedachten Weise künstlich mit dem Erdboden verbunden sind, und die dabei grundsätzlich geeignet sind, die in § 1 Abs. 6 BauGB genannten Belange (z.B. gesunde Wohn- und Arbeitsverhältnisse, soziale und kulturelle Bedürfnisse der Bevölkerung, Belange der Baukultur, Belange des Umweltschutz, Belange der Land- und Forstwirtschaft etc.) so zu berühren, dass das Bedürfnis nach einer ihre Zulässigkeit regelnden verbindlichen Bauleitplanung hervorgerufen wird.[9]

6   Entscheidend ist die künstliche Verbindung mit dem Erdboden. Auf die konkrete konstruktive Beschaffenheit und die Art der Verbindung mit dem Erdboden kommt es nicht an. Daher kann beispielsweise auch eine lediglich mittelbare Verbindung durch Befestigung der Anlage an einer Hauswand genügen.[10] Das Material, aus dem die betreffende Anlage hergestellt ist, ist ebenfalls nicht entscheidend. Aus diesem Grund kann beispielsweise auch das Aufbringen von Splitt zur Befestigung von Ausstellungs- oder Abstellplätzen für die Annahme einer baulichen Anlage i.S.v. § 29 BauGB ausreichend sein.[11] Ein ohne jede bauliche Verfestigung errichteter Flugplatz für Modellflugzeuge ist demgegenüber keine bauliche Anlage.[12] Gleiches gilt für die Errichtung eines unbefestigten Pkw-Stellplatzes.[13] Ob die Anlage von Menschen betreten werden kann, ist ohne Belang.[14]

---

6   BVerwG, BRS 52 Nr. 52; *Rieger*, in: Schrödter, BauGB § 29 Rn. 5.
7   BVerwGE 44, 59, 61; *Rieger*, in: Schrödter, BauGB § 29 Rn. 6.
8   *Rieger*, in: Schrödter, BauGB § 29 Rn. 6.
9   BVerwGE 44, 59, 62; BVerwG, NJW 1977, 2019; Battis/Krautzberger/*Löhr*, BauGB § 29 Rn. 9 ff.
10 BVerwG, NVwZ 1995, 899; Battis/Krautzberger/*Löhr*, BauGB § 29 Rn. 10.
11 BVerwG, NVwZ 1994, 293.
12 OVG Niedersachsen, BauR 1995, 667.
13 BVerwG, NVwZ 1993, 985.
14 BVerwG, BauR 2000, 1161.

II. Bodenrechtliche Relevanz

Neben der künstlichen Verbindung mit dem Erdboden verlangt der Begriff der baulichen Anlage 7
i.S.v. § 29 BauGB auch, dass zumindest eine gewisse Dauerhaftigkeit beabsichtigt ist. In diesem
Zusammenhang hat die Rechtsprechung des BVerwG beispielsweise bereits ein Hausboot auf einem See, das über einen Steg mit dem Ufer verbunden war, als bauliche Anlage qualifiziert.[15]
Maßgeblich war insoweit, dass anhand der Funktion des Vorhabens erkennbar war, dass es an die
Stelle eines üblicherweise mit dem Boden ortsfest verbundenen Vorhabens, beispielsweise eines
Ferienhauses, treten sollte. Daher können auch bewegliche Anlagen wie z.B. Bauwagencontainer,
Zelte o.Ä. bauliche Anlagen i.S.d. § 29 BauGB sein, wenn sie nur die Funktion einer ortsfesten
Anlage erfüllen.[16]

Damit ein Vorhaben als bauliche Anlage i.S.d. § 29 BauGB qualifiziert werden kann, muss 8
schließlich eine bodenrechtliche bzw. bauplanungsrechtliche Relevanz vorliegen. Dies ist dann der
Fall, wenn das Vorhaben die in § 1 Abs. 5 und 6 BauGB genannten Belange in einer Weise berührt bzw. berühren kann, die geeignet ist, das Bedürfnis nach einer ihre Zulässigkeit regelnden
verbindlichen Bauleitplanung hervorzurufen.[17] Ein Bedürfnis einer verbindlichen Bauleitplanung
ist dabei nicht erst dann gegeben, wenn die Anlage als Einzelobjekt städtebauliche Belange i.S.d.
§ 1 Abs. 5 und 6 BauGB berührt. Abzustellen ist vielmehr darauf, ob die Anlage im Falle einer
hypothetischen Häufung Anlass zu einer ihre Zulässigkeit regelnden Planung gibt.[18] Anlass für
das regelnde Eingreifen der Bauleitplanung gibt ein Vorhaben allerdings nur dann, wenn das
bauplanungsrechtliche Steuerungsinstrumentarium überhaupt geeignet ist, regelnd einzugreifen.
Beispielsweise kann eine Dachgaube, die sich weder auf die Art noch das Maß der baulichen Nutzung auswirkt, mangels geeigneter Festsetzungsmöglichkeiten (vgl. § 9 BauGB) nicht unter bauplanungsrechtlichen Gesichtspunkten abgewehrt werden.[19] Aus demselben Grund können auch
Vorhaben, die an sich von Einfluss auf das Stadtbild sind, in solchen Bereichen nicht planungsrechtlich abgewehrt werden, die auf Grund besonderer Kompetenzregelungen dem Bauplanungsrecht entzogen sind. Dies gilt beispielsweise für Bundeswasserstraßen oder ähnliche Bereiche.[20]

D. Errichtung, Änderung und Nutzungsänderung

I. Errichtung

Unter Errichtung i.S.d. § 29 Abs. 1 BauGB ist der Neubau eines Gebäudes, die erstmalige Her- 9
stellung einer Anlage oder deren Aufstellung zu verstehen.[21] Der Begriff der Errichtung schließt
die erstmalige Herstellung und den des Wiederaufbaus mit ein. In diesem Zusammenhang gilt es
zu beachten, dass die Errichtung eines Ersatzbaus für ein zerstörtes Gebäude die neuerliche vollständige Prüfung der Zulässigkeit des Vorhabens notwendig macht. Der Bestandsschutz allein
rechtfertigt einen Ersatzbau nicht.[22]

II. Änderung

Eine Änderung i.S.d. § 29 BauGB liegt vor, wenn ein vorhandenes Gebäude in städtebaulich rele- 10
vanter Weise baulich umgestaltet wird.[23] Das ist dann der Fall, wenn die Bauarbeiten zur Veränderung des Gebäudes mit einer Erhöhung des Nutzungsmaßes verbunden sind. Allerdings kön-

---

15 BVerwGE 44, 59, 61; *Rieger*, in: Schrödter, BauGB § 29 Rn. 4.
16 Vgl. BVerwG, DÖV 1971, 638.
17 BVerwGE 44, 59, 62.
18 Vgl. BVerwGE 91, 234, 236 f.
19 Vgl. BVerwG, NVwZ 2000, 1169, 1171; *Halama*, in: Berliner Kommentar zum BauGB § 29 Rn. 7.
20 Vgl. Battis/Krautzberger/*Löhr*, BauGB § 29 Rn. 14.
21 Battis/Krautzberger/*Löhr*, BauGB § 29 Rn. 17.
22 BVerwGE 42, 8, 13.
23 BVerwG, BauR 2006, 481; Battis/Krautzberger/*Löhr*, BauGB § 29 Rn. 18.

nen auch in solchen Fällen, in denen das Erscheinungsbild des Gebäudes unangetastet bleibt und das Bauvolumen nicht erweitert wird, die an der Anlage vorgenommenen Bauarbeiten das Merkmal einer Änderung i.S.v. § 29 BauGB aufweisen. Das ist dann der Fall, wenn die Anlage nach einer baulichen Maßnahme als eine andere erscheint. Maßgeblich sind insoweit Art und Umfang der Baumaßnahme. Eingriffe in die vorhandene Bausubstanz sind dann als Änderung i.S.d. § 29 BauGB zu qualifizieren, wenn das Bauwerk dadurch seiner ursprünglichen Identität beraubt wird. Dies ist nicht nur dann der Fall, wenn der Eingriff in den vorhandenen Bestand so intensiv ist, dass er die Standfestigkeit des gesamten Bauwerks berührt und eine statische Nachberechnung erforderlich macht, sondern auch dann, wenn die Bausubstanz ausgetauscht wird oder die Baumaßnahmen praktisch einer Neuerrichtung gleichkommen.[24] Bei der Bewertung der Änderungsarbeiten ist für die Frage der bauplanungsrechtlichen Zulässigkeit das Gesamtvorhaben in seiner neuen Gestalt der Beurteilung zu Grunde zu legen.[25] Daher kann beispielsweise die Prüfung der städtebaulichen Relevanz der Erweiterung eines Einzelhandelsbetriebs wegen der Grenze der Großflächigkeit nicht auf die isolierte Betrachtung der Erweiterung beschränkt werden, sondern muss das Gesamtvorhaben in seiner veränderten Gestalt berücksichtigen.[26]

III. Nutzungsänderung

11 Gemäß § 29 Abs. 1 BauGB unterfallen auch Änderungen in der Nutzung von baulichen Anlagen den Regelungen der §§ 30–37 BauGB. Dabei ist jedoch nicht jede Änderung der Art und Weise der Benutzung bodenrechtlich relevant.

12 Eine bodenrechtlich relevante Nutzungsänderung liegt dann vor, wenn von einer der in den §§ 2 ff. BauNVO im Einzelnen aufgeführten Nutzungsarten zu einer anderen Nutzungsart übergegangen wird[27] oder von einer der Kategorien der in den Vorschriften über die Baugebiete unter einer einzelnen Nummer zusammengefassten Nutzungsarten zu einer anderen gewechselt wird.[28]

13 Die Änderung der Zweckbestimmung einer nach außen gleichbleibend in Erscheinung tretenden Nutzung kann eine bauplanungsrechtlich relevante Nutzungsänderung darstellen. Maßgeblich für die bauplanungsrechtliche Qualifikation ist nämlich auch die durch eine besondere Nutzung bestimmte Funktion der baulichen Anlage. Die Qualität der Wohnnutzung eines einem landwirtschaftlichen Betrieb zugeordneten Gebäudes im Außenbereich ändert seine rechtliche Qualität beispielsweise dann, wenn der Landwirt die Landwirtschaft aufgibt. Gleiches gilt für die Umwandlung von Wohnungen für Aufsichts- und Bereitschaftspersonal in Gewerbe- und Industriebetrieben in frei verfügbaren Wohnraum[29] und die Umnutzung einer im Außenbereich privilegierten landwirtschaftlichen Scheune in einen Lagerraum für einen im Außenbereich nicht zulässigen Gewerbebetrieb.[30]

14 Eine Nutzungsänderung kann auch dann vorliegen, wenn sich die Immissionsverhältnisse der baulichen Anlage infolge der Nutzung verändern. Aus diesem Grund ist beispielsweise der Übergang von einer Rinderhaltung im Festmistverfahren zur Schweinemast im Flüssigmistverfahren unabhängig von der immissionsschutzrechtlich relevanten Zahl der Mastschweineplätze eine Nutzungsänderung i.S.d. § 29 Abs. 1 BauGB.[31]

15 Eine Nutzungsänderung liegt schließlich auch dann vor, wenn sich unter sonstigen Aspekten der bauplanungsrechtliche Maßstab verändert. Dies gilt beispielsweise bezüglich der Umnutzung ei-

---

24 BVerwG, BauR 2006, 481, 482.
25 BVerwG, NVwZ 1994, 294, 295; *Rieger*, in: Schrödter, BauGB § 29 Rn. 15.
26 BVerwG, DVBl. 1987, 1006; BVerwG NVwZ 2009, 779, 780.
27 BVerwGE 68, 360, 362; Battis/Krautzberger/*Löhr*, BauGB § 29 Rn. 20.
28 *Halama*, in: Berliner Kommentar zum BauGB § 29 Rn. 11.
29 BVerwG, BauR 1983, 443.
30 *Halama*, in: Berliner Kommentar zum BauGB § 29 Rn. 11.
31 BVerwG, ZfBR 1993, 243, 247.

nes Hotels oder eines Kinderheims in ein Altenheim. Hierbei handelt es sich um eine Nutzungsänderung, weil wegen der andersartigen Bedürfnisse alter Menschen neue städtebauliche Probleme aufgeworfen werden.[32] Gleiches gilt für den Übergang von einer Wochenendhausnutzung zu einer Dauerwohnnutzung, weil ein Wochenendhaus wegen seines geringeren Erschließungsbedürfnisses die Umgebung weniger stark belastet als ein gewöhnliches Wohnhaus.[33]

E. Aufschüttung, Abgrabung, Ausschachtung, Ablagerung und Lagerstätten

Der Gesetzgeber erstreckt den Anwendungsbereich der §§ 30–37 BauGB auch auf solche Aufschüttungen, Abgrabungen, Ausschachtungen, Ablagerungen und Lagerstätten, bei denen es zwar an dem Tatbestandsmerkmal »bauliche Anlage« fehlt, die aber gleichwohl wegen ihrer Dimension oder auf Grund der von ihnen ausgehenden Immissionen bodenrechtlich relevant sind. 16

Aufschüttungen i.S.d. § 29 Abs. 1 BauGB sind für längere Zeit bestimmte künstliche Erhöhungen der natürlichen Erdoberfläche.[34] 17

Abgrabungen sind künstliche Vertiefungen der natürlichen Erdoberfläche, die beispielsweise dem Zweck der Sand-, Kies- oder Gesteingewinnung dienen.[35] 18

Aufschüttungen und Abgrabungen werden nur dann von § 29 BauGB erfasst, wenn sie einen größeren Umfang haben. Die in den Landesbauordnungen insoweit für Aufschüttungen oder Abgrabungen mit einer bestimmten Dimension vorgesehene Genehmigungsfreistellung (je nach Bundesland bis zu einer Größe von etwa 300 qm und einer Höhe bzw. Tiefe von 2–3 m) für die Qualifikation lediglich als Anhaltspunkte herangezogen werden. Der Begriff der Aufschüttung und Abgrabung ist ein bundesrechtlicher Begriff, der einer Definition durch den Landesgesetzgeber entzogen ist.[36] Maßgeblich ist allein, ob die Aufschüttung oder Abgrabung von ihrem Umfang her geeignet ist, bodenrechtliche Belange zu berühren. Dies dürfte jedenfalls bei einer Fläche 300 qm der Fall sein.[37] 19

Der Begriff der Lagerstätte i.S.d. § 29 Abs. 1 BauGB umfasst Grundstücksflächen, auf denen dauerhaft Gegenstände im weitesten Sinne gelagert, d.h. abgelegt oder abgestellt werden, ohne dass es sich dabei um eine bauliche Anlage handelt. Relevant ist einerseits der Zweck, den der Betreiber der Lagerstätte mit der Lagerung verfolgt, und andererseits auch, ob innerhalb welcher Zeiträume die gelagerten Gegenstände jeweils ausgewechselt werden.[38] 20

§ 30 Zulässigkeit von Vorhaben im Geltungsbereich eines Bebauungsplans

(1) Im Geltungsbereich eines Bebauungsplans, der allein oder gemeinsam mit sonstigen baurechtlichen Vorschriften mindestens Festsetzungen über die Art und das Maß der baulichen Nutzung, die überbaubaren Grundstücksflächen und die örtlichen Verkehrsflächen enthält, ist ein Vorhaben zulässig, wenn es diesen Festsetzungen nicht widerspricht und die Erschließung gesichert ist.

(2) Im Geltungsbereich eines vorhabenbezogenen Bebauungsplans nach § 12 ist ein Vorhaben zulässig, wenn es dem Bebauungsplan nicht widerspricht und die Erschließung gesichert ist.

---

32 BVerwG, ZfBR 1998, 195, 196.
33 BVerwG, NVwZ 1984, 510, 511.
34 *Halama*, in: Berliner Kommentar zum BauGB § 29 Rn. 14.
35 *Halama*, in: Berliner Kommentar zum BauGB § 29 Rn. 14.
36 *Rieger*, in: Schrödter, BauGB § 29 Rn. 21.
37 OVG Lüneburg, BRS 44 Nr. 139.
38 BVerwG, BauR 1999, 1133 ff.

§ 30 BauGB Zulässigkeit von Vorhaben im Geltungsbereich eines Bebauungsplans

(3) Im Geltungsbereich eines Bebauungsplans, der die Voraussetzungen des Absatzes 1 nicht erfüllt (einfacher Bebauungsplan), richtet sich die Zulässigkeit von Vorhaben im Übrigen nach § 34 oder § 35.

Schrifttum
Boeddinghaus Änderung der Vorschriften über den Vorrang planungsrechtlicher Regelungen vor den bauordnungsrechtlichen Abstandsregelungen, BauR 2003, 1664 ff.; *Jäde* Wie verfassungswidrig ist das Bauordnungsrecht?, ZfBR 2006, 9 ff.; *Runkel* Das Verhältnis der naturschutzrechtlichen Eingriffe zum Baurecht nach dem Investitionserleichterungs- und Wohnbaulandgesetz, UPR 1993, 203 ff.

A. Begrifflichkeiten

I. Qualifizierter Bebauungsplan

1 Ein Bebauungsplan, der die in § 31 Abs. 1 aufgeführten Mindestfestsetzungen enthält, wird als qualifizierter Bebauungsplan bezeichnet. Die für das Vorliegen eines qualifizierten Bebauungsplans notwendigen Mindestfestsetzungen können sich dabei entweder aus einem einzigen Bebauungsplan oder aus einer Gesamtbetrachtung mehrerer Pläne, die für sich betrachtet jeweils nur einfache Bebauungspläne darstellen würden, ergeben.[1]

2 Die bauplanungsrechtliche Zulässigkeit eines Vorhabens im Geltungsbereich eines qualifizierten Bebauungsplans bestimmt sich ausschließlich nach den Festsetzungen des Bebauungsplans und den im Bebauungsplan in Bezug genommenen sonstigen baurechtlichen Vorschriften. Hierbei handelt es sich insbesondere um die Regelungen der Baunutzungsverordnung. Durch die Festsetzung eines in der Baunutzungsverordnung definierten Baugebiets werden die dort enthaltenen Regelungen über die Art der baulichen Nutzung, also über die Zweckbestimmung des betreffenden Gebietes und die in diesem Gebiet allgemein oder ausnahmsweise zulässigen baulichen Anlagen, unmittelbar Bestandteil des Bebauungsplans.[2]

3 Diejenigen Grundstücksbereiche, die im Gebiet des Bebauungsplans baulich ausgenutzt werden dürfen, werden gemäß § 23 BauNVO durch Baulinien, Baugrenzen oder Bebauungstiefen bestimmt. Dabei verlangt § 30 Abs. 1 BauGB nicht, dass die zur Bebauung vorgesehenen Grundstücksflächen nach allen Seiten durch entsprechende Festsetzungen begrenzt werden müssen. Der Gemeinde steht es frei, die überbaubaren Grundstücksflächen nur in einzelnen Beziehungen – etwa durch Bestimmung einer Baulinie – festzusetzen.[3]

4 Die örtlichen Verkehrsflächen werden gemäß § 9 Abs. 1 Nr. 11 BauGB festgesetzt. Verkehrsflächen im Sinne des Bauplanungsrechts sind insbesondere die privaten und öffentlichen Flächen für den fließenden und ruhenden Straßenverkehr.[4]

II. Vorhabenbezogener Bebauungsplan

5 Die Regelung des § 30 Abs. 2 stellt einen vorhabenbezogenen Bebauungsplan in seinen Rechtswirkungen einem qualifizierten Bebauungsplan gleich, obwohl ein vorhabenbezogener Bebauungsplan nicht alle Festsetzungen enthalten muss, die einen qualifizierten Bebauungsplan ausmachen.[5] Ein vorhabenbezogener Bebauungsplan besteht aus dem Bebauungsplan selbst, einem Vorhaben- und Erschließungsplan, der das Vorhaben städtebaulich beschreibt, sowie einem Durchführungsvertrag, in dem sich der Investor gegenüber der Gemeinde verpflichtet, auf der

---

[1] BVerwG, NJW 1976, 1329, 1330; *Roeser*, in: Berliner Kommentar zum BauGB, § 30 Rn. 3; Battis/Krautzberger/*Löhr*, BauGB § 30 Rn. 1.
[2] *Roeser*, in: Berliner Kommentar zum BauGB, § 30 Rn. 4; Battis/Krautzberger/*Löhr*, BauGB § 30 Rn. 4.
[3] BVerwGE 29, 49, 51; Battis/Krautzberger/*Löhr*, BauGB § 30 Rn. 5.
[4] Battis/Krautzberger/*Löhr*, BauGB § 9 Rn. 41.
[5] *Roeser*, in: Berliner Kommentar zum BauGB, § 30 Rn. 16.

Grundlage des von ihm im Vorhaben- und Erschließungsplan vorgelegten Bebauungskonzepts das Vorhaben auf eigenes wirtschaftliches Risiko innerhalb eines vertraglich bestimmten Zeitraums umzusetzen.[6] (vgl. die Kommentierung zu § 12 BauGB). Vorhabenbezogene Bebauungspläne beziehen sich häufig lediglich auf einzelne Grundstücke. Sie enthalten deswegen beispielsweise keine Festsetzungen über örtliche Verkehrsflächen. Damit in diesen Fällen zur Bestimmung der Zulässigkeit eines Vorhabens nicht ergänzend auf die Regelungen der §§ 34 oder 35 BauGB zurückgegriffen werden muss, werden in § 30 Abs. 2 die Rechtswirkungen eines vorhabenbezogenen Bebauungsplans den Rechtswirkungen eines qualifizierten Bebauungsplans gleichgestellt. Ein bestimmter Mindestinhalt wird für einen vorhabenbezogenen Bebauungsplan nicht vorgeschrieben. Der Gesetzgeber hat es – in den Grenzen des § 1 BauGB – dem planerischen Ermessen der Gemeinde überlassen, die für ihre städtebauliche Konzeption notwendigen Festsetzungen in einem Bebauungsplan zu treffen.[7]

III. Einfacher Bebauungsplan

Sofern in einem Bebauungsplan Festsetzungen entweder über Art und Maß der baulichen Nutzung, die überbaubaren Grundstücksflächen oder über die örtlichen Verkehrsflächen fehlen, liegt ein einfacher Bebauungsplan gemäß § 30 Abs. 3 BauGB vor. Einfache Bebauungspläne werden vor allem im Rahmen der Überplanung von bereits vorhandenem Bestand eingesetzt.[8] Ein einfacher Bebauungsplan unterscheidet sich in materieller und verfahrensrechtlicher Hinsicht im Übrigen nicht von einem qualifizierten Bebauungsplan.

6

B. Voraussetzungen der Zulässigkeit

I. Gemeindliches Einvernehmen

Grundsätzlich ist für die Entscheidung über die Zulässigkeit eines Vorhabens die nach dem jeweiligen Bauordnungsrecht zuständige Baugenehmigungsbehörde berufen. Im Rahmen einer Entscheidung gemäß § 30 Abs. 1 oder 2 BauGB ist insoweit das gemäß § 36 Abs. 1 S. 1 BauGB grundsätzlich erforderliche gemeindliche Einvernehmen nicht notwendig. Der entsprechende planerische Wille der Gemeinde hat nämlich bereits im Bebauungsplan seinen Ausdruck gefunden.[9] Soweit es um die Zulässigkeit eines Vorhabens im Geltungsbereich eines einfachen Bebauungsplans geht, ist demgegenüber das Einvernehmen der Gemeinde – soweit die §§ 34 oder 35 BauGB zur Anwendung kommen – erforderlich.

7

II. Bauplanungsrechtliche Zulässigkeit

Im Geltungsbereich eines qualifizierten oder vorhabenbezogenen Bebauungsplans ist ein Vorhaben zulässig, wenn es den Festsetzungen des Bebauungsplans nicht widerspricht. Ist ein Vorhaben im Plangebiet nach der festgesetzten Art der baulichen Nutzung nicht allgemein zulässig – etwa eine Mobilfunkanlage in einem allgemeinen Wohngebiet gemäß § 4 BauNVO –, ist für seine Zulässigkeit eine Abweichungsentscheidung gemäß § 31 BauGB herbeizuführen.[10] Bebauungspläne setzen regelmäßig nur einen Rahmen für die Art und das Maß der baulichen Nutzung fest. Dem Bauherrn bleibt daher im Geltungsbereich eines Bebauungsplans häufig ein weiter Spielraum für die Grundstücksnutzung. Sofern beispielsweise in einem Bebauungsplan die Höhe einer baulichen Anlage gemäß § 16 Abs. 3 und 4 BauNVO als absolute Höchstgrenze festgesetzt ist, ist ein Vorhaben zulässig, soweit es unterhalb der festgesetzten Höchstgrenze bleibt. Etwas anderes gilt dann, wenn der Bebauungsplan beispielsweise zwingende Festsetzungen (vgl. § 16

8

---

6 Battis/*Krautzberger*/Löhr, BauGB § 12 Rn. 5.
7 BVerwG, ZfBR 1990, 43, 44.
8 Battis/Krautzberger/*Löhr*, BauGB § 30 Rn. 8.
9 Battis/Krautzberger/*Löhr*, BauGB § 30 Rn. 9.
10 VGH München, ZfBR 2008, 501.

Abs. 4 S. 2 BauNVO) für die Höchstgrenze enthält. In diesem Fall ist ein Vorhaben nur dann zulässig, wenn es die festgesetzte Höhe exakt einhält.

9 Die Zulässigkeit eines Vorhabens bestimmt sich auch dann maßgeblich nach den Festsetzungen des Bebauungsplans, wenn die jeweiligen Landesbauordnungen abweichende Anforderungen vorsehen.[11] Die Bauordnungen der Länder räumen dem Bauplanungsrecht den Vorrang bei der Bestimmung der Abstandsflächen ein (vgl. beispielsweise § 5 Abs. 1 S. 2 BauBW; § 6 Abs. 1 S. 2 lit. a) BauO NRW). Darüber hinaus eröffnen die meisten Bauordnungen den Gemeinden die Möglichkeit, in örtlichen Bauvorschriften von den bauordnungsrechtlichen Abstandsvorschriften abweichende Regelungen zu treffen.[12] Trifft ein Bebauungsplan beispielsweise Festsetzungen gemäß § 9 Abs. 1 Nr. 2 BauGB über die Bauweise, die überbaubaren Grundstücksflächen und die Positionierung der baulichen Anlagen auf dem Grundstück, treten, soweit planungsrechtlich eine Grenzbebauung zwingend vorgeschrieben ist, die Abstandsflächenbestimmungen der Länder zurück.[13] Wenn demgegenüber die Grenzbebauung planungsrechtlich lediglich zugelassen ist, bleiben die Abstandsflächen der Länder gültig. Der Vorrang eines Bebauungsplans reicht also nur so weit wie seine Festsetzungen.

10 Ein Bebauungsplan setzt sich grundsätzlich auch gegenüber einer ggf. abweichenden Darstellung in einem Flächennutzungsplan durch.[14] Ein Vorhaben im Geltungsbereich eines qualifizierten oder vorhabenbezogenen Bebauungsplans ist nur dann zulässig, wenn die Erschließung gesichert ist. Der Begriff der Erschließung ist ein bundesrechtlicher Begriff, der allerdings im BauGB nicht inhaltlich bestimmt wird. Die Erschließung i.S.d. § 30 muss mindestens den Anschluss der Baugrundstücke an das öffentliche Straßennetz, die Versorgung mit Elektrizität und Wasser und die Abwasserbeseitigung umfassen.[15] Die verkehrsmäßige Erschließung muss dabei grundsätzlich dem dem Bebauungsplan zu Grunde liegenden Erschließungskonzept entsprechen; eine vom Bebauungsplan abweichende privat erstellte Zufahrt zu einem Grundstück genügt für die Herstellung der Erschließung gemäß § 30 BauGB nicht.[16] Die Erschließung ist bereits dann gesichert, wenn nach objektiven Kriterien davon ausgegangen werden kann, dass die Erschließungsanlagen spätestens bis zur Fertigstellung der anzuschließenden baulichen Anlagen benutzbar sein werden. Erforderlich ist insoweit einerseits, dass die notwendigen wirtschaftlichen Mittel für die Herstellung der Erschließungsanlage bereitstehen, und andererseits aus dem Stand und dem Fortgang der Erschließungsarbeiten nach aller Erfahrung darauf geschlossen werden kann, dass die Arbeiten bis zur Fertigstellung der baulichen Anlage ebenfalls abgeschlossen sein werden.[17] Für die Zulässigkeit eines Vorhabens reicht es aus, wenn die Erschließung so weit gesichert ist, wie es für die Umsetzung dieses Vorhabens erforderlich ist; für den gesamten Geltungsbereich des Bebauungsplans muss die Erschließung nicht gesichert sein.

11 Ein Anspruch auf Erschließung besteht gemäß § 123 Abs. 3 BauGB nicht. Es ist jedoch allgemein anerkannt, dass sich die allgemeine Erschließungspflicht der Gemeinde durch die Erteilung von Baugenehmigungen und Erhebung von Vorausleistungen oder durch die von bereits vorhandenen baulichen Anlagen ausgehenden Erschließungserfordernisse zu einer auf ein konkretes Gebiet bezogenen Erschließungspflicht oder jedenfalls zur Pflicht, ein substantiiertes Erschließungsangebot eines Grundstückseigentümers oder eines Dritten anzunehmen, verdichtet.[18] Das Erschließungs-

---

11 *Jäde*, ZfBR 2006, 9, 17; Battis/Krautzberger/*Löhr*, BauGB § 30 Rn. 13.
12 *Boeddinghaus*, BauR 2003, 1664 ff.
13 Battis/Krautzberger/*Löhr*, BauGB § 30 Rn. 13.
14 Battis/Krautzberger/*Löhr*, BauGB § 30 Rn. 13.
15 *Söfker*, in: Ernst/Zinkahn/Bielenberg, BauGB § 30 Rn. 42; Battis/Krautzberger/*Löhr*, BauGB § 30 Rn. 16.
16 BVerwG, ZfBR 1986, 183; Battis/Krautzberger/*Löhr*, BauGB § 30 Rn. 15.
17 Battis/Krautzberger/*Löhr*, BauGB § 30 Rn. 17; *Söfker*, in: Ernst/Zinkahn/Bielenberg, BauGB § 30 Rn. 51.
18 BVerwG, ZfBR 2002, 503, 504; Battis/Krautzberger/*Löhr*, BauGB § 30 Rn. 21.

angebot eines Dritten ist dann zumutbar, wenn erwartet werden kann, dass der Dritte zur regelgerechten Erschließung von seiner organisatorischen Struktur und Finanzkraft her in der Lage ist und das Angebot so beschaffen ist, dass es von der Eignung, verlässlich die Erschließung zu garantieren, geprüft werden kann.[19]

Ein Anspruch auf Genehmigung für eine dem Bebauungsplan entsprechende Bebauung kann nicht mit Blick auf die Eingriffsregelungen nach § 18 BNatSchG verwehrt werden. Die Berücksichtigung des Natur- und Landschaftsschutzes erfolgt bereits auf der Ebene der Bauleitplanung und nicht im Rahmen der Vorhabengenehmigung. Dies gilt auch im Hinblick auf ggf. notwendige Befreiungsentscheidungen gemäß § 31.[20]   12

III. Gebot der Rücksichtnahme

Wichtig ist, dass zum Inhalt eines Bebauungsplans immer auch die die Festsetzungen ergänzende Regelung des § 15 BauNVO gehört. Dies bedeutet, dass ein Vorhaben ausnahmsweise trotz grundsätzlicher Übereinstimmung mit den Festsetzungen des Bebauungsplans dann unzulässig sein kann, wenn es dem Gebot der Rücksichtnahme widerspricht. Die Baugenehmigungsbehörde ist jedoch nicht befugt, durch die Anwendung des § 15 BauNVO eigene planerische Entscheidungen zu treffen. Sie kann sich mit der Anwendung des § 15 BauNVO daher nicht über planerische Festsetzungen der Gemeinde hinwegsetzen oder diese abändern. Planerische Festsetzungen können durch § 15 BauNVO nur ergänzt bzw. feingesteuert werden. Dies bedeutet, dass der Spielraum für die Anwendung des § 15 BauNVO umso geringer ist, je konkreter die im Bebauungsplan enthaltenen planerischen Festsetzungen sind. Lediglich soweit der Bebauungsplan für einen bestimmten Bereich keine abschließende planerische Entscheidung trifft, ermöglicht § 15 BauNVO eine Feinsteuerung im Baugenehmigungsverfahren.[21]   13

C. Nachbarschutz

Die Regelung des § 30 BauGB ist nicht nachbarschützend. Allerdings können bestimmte Festsetzungen des Bebauungsplans und auch die Regelung § 15 Abs. 1 BauNVO im Einzelfall drittschützenden Charakter haben.[22]   14

§ 31 Ausnahmen und Befreiungen

(1) Von den Festsetzungen des Bebauungsplans können solche Ausnahmen zugelassen werden, die in dem Bebauungsplan nach Art und Umfang ausdrücklich vorgesehen sind.

(2) Von den Festsetzungen des Bebauungsplans kann befreit werden, wenn die Grundzüge der Planung nicht berührt werden und
1. Gründe des Wohls der Allgemeinheit die Befreiung erfordern oder
2. die Abweichung städtebaulich vertretbar ist oder
3. die Durchführung des Bebauungsplans zu einer offenbar nicht beabsichtigten Härte führen würde

und wenn die Abweichung auch unter Würdigung nachbarlicher Interessen mit den öffentlichen Belangen vereinbar ist.

---

19 BVerwG, ZfBR 2002, 503, 504; VGH München, BauR 2002, 54, 56 f.; Battis/Krautzberger/*Löhr*, BauGB § 123 Rn. 8.
20 *Runkel*, UPR 1993, 203, 207.
21 BVerwG, BauR 1988, 448, 450; BVerwG, BauR 1989, 306, 307; *Roeser*, in: Berliner Kommentar zum BauGB, § 30 Rn. 7; *Rieger*, in: Schrödter, BauGB § 30 Rn. 14.
22 Battis/Krautzberger/*Löhr*, BauGB § 31 Rn. 26.

§ 31 BauGB   Ausnahmen und Befreiungen

Schrifttum
Müller-Grune Nachträgliche Änderungen des Vorhabenbereichs vorhabenbezogener Bebauungspläne-, BauR 2008, 936 ff.

Übersicht	Rdn.		Rdn.
A. Anwendungsbereich	1	3. Nachbarliche Interessen	13
B. Ausnahmen	5	4. Erforderlichkeit eines atypischen Sachverhaltes?	14
I. Regelung von Ausnahmen	5		
II. Voraussetzungen der Erteilung einer Ausnahme	7	II. Besondere Voraussetzungen einer Befreiung	15
C. Befreiung	9	1. Befreiung aus Gründen des Allgemeinwohl der Allgemeinheit	15
I. Allgemeine Voraussetzungen einer Befreiung	10	2. Städtebauliche Vertretbarkeit	17
1. Grundzüge der Planung nicht berührt	11	3. Offenbar nicht beabsichtigte Härte	18
2. Vereinbarkeit mit öffentlichen Belangen	12	III. Ermessen	21
		IV. Drittschutz	23

A. Anwendungsbereich

1   Der Anwendungsbereich des § 31 BauGB ist auf den Bereich des Bauplanungsrechts beschränkt. Grundsätzlich ist § 31 BauGB bei allen Bebauungsplänen i.S.d. § 30 Abs. 1 oder Abs. 3 BauGB anwendbar.

2   Darüber hinaus ist § 31 BauGB auch auf vorhabenbezogene Bebauungspläne anwendbar. Obwohl diese Bebauungspläne auf ein bestimmtes Vorhaben zugeschnitten sind, kann auch insoweit im Rahmen der Umsetzung des Vorhabens jederzeit das Erfordernis einer Planabweichung entstehen.[1]

3   Schließlich kann § 31 BauGB auch in den Fällen des § 33 BauGB angewendet werden. Dies ist für die Zulassung von im Bebauungsplan bereits vorgesehenen Ausnahmen – soweit ersichtlich – unstreitig, muss allerdings ebenso auch für Befreiungen nach § 31 Abs. 2 BauGB gelten. Die Regelung des § 33 BauGB ermöglicht die Erteilung einer Baugenehmigung entsprechend den Festsetzungen eines noch nicht wirksamen Bebauungsplans, wenn abgesehen werden kann, dass der Bebauungsplan in Kraft treten wird. Es ist kein durchgreifender Grund erkennbar, der die Möglichkeit zur Erteilung einer Befreiung in dieser Konstellation ausschließt. Unerheblich ist, dass § 33 BauGB lediglich ein positiver Zulassungstatbestand ist und die Versagung von Baugenehmigungen nicht rechtfertigt. Der Erteilung einer Befreiung steht ebenfalls nicht entgegen, dass ein Befreiungswunsch grundsätzlich auch in dem noch nicht vollständig abgeschlossenen Aufstellungsverfahren berücksichtigt werden könnte. Entscheidend ist insoweit, dass ein Bebauungsplan im Stadium der Planreife gemäß § 33 Abs. 1 BauGB einen solchen Planungsstand erreicht, dass Änderungen nicht mehr ohne Verzögerung des Planverfahrens eingearbeitet werden können.[2]

4   In den Fällen des § 33 Abs. 2 und 3 BauGB geht die überwiegende Auffassung davon aus, dass es dem Bauherrn zugemutet werden kann, die Berücksichtigung der die Befreiung legitimierenden Umstände im Planaufstellungsverfahren vorzubringen.[3]

---

[1] Battis/Krautzberger/*Löhr*, BauGB § 31 Rn. 9; *Müller-Grune*, BauR 2008, 936, 938 ff.
[2] Vgl. für eine Anwendbarkeit des § 31 BauGB im Rahmen des § 33 Abs. 1 BauGB: *Rieger*, in: Schrödter, BauGB § 31 Rn. 5; Battis/Krautzberger/*Löhr*, BauGB § 31 Rn. 10; *Söfker*, in: Ernst/Zinkahn/Bielenberg, BauGB § 31 Rn. 18.
[3] *Söfker*, in: Ernst/Zinkahn/Bielenberg, BauGB § 31 Rn. 18.; *Rieger*, in: Schrödter, BauGB § 31 Rn. 5.

B. Ausnahmen

I. Regelung von Ausnahmen

Ausnahmen müssen in einem Bebauungsplan ausdrücklich vorgesehen sein. Die in der Begründung des Bebauungsplans erwähnte Möglichkeit der Zulassung von Ausnahmen reicht nicht aus.[4] Möglichkeiten von Ausnahmen können auf unterschiedliche Art und Weise getroffen werden: Durch die Festsetzung eines der in den §§ 2–9 BauNVO aufgeführten Baugebieten werden grundsätzlich die in den jeweiligen Absätzen 3 vorgesehenen Ausnahmen zum Bestandteil des Bebauungsplans. Abweichendes gilt allerdings dann, wenn die Gemeinde gemäß § 1 Abs. 3 i.V.m. Abs. 6, Abs. 7 Nr. 3 oder Abs. 9 BauNVO eine abweichende Regelung getroffen hat. Die BauNVO ermöglicht es der Gemeinde ferner, bestimmte Arten von Nutzungen oder Anlagen, die nach den §§ 2–14 BauNVO regelmäßig zulässig sind, nur ausnahmsweise zuzulassen (vgl. § 1 Abs. 5, 9 BauNVO).

Die in der BauNVO vorgesehenen eigenen Ausnahmemöglichkeiten beispielsweise bezüglich der Festsetzungen über das Maß der baulichen Nutzung und der überbaubaren Grundstücksfläche (§§ 18 Abs. 2, 21a Abs. 3 2. HS. BauNVO) sind keine Ausnahmen i.S.d. § 31 Abs. 1 BauGB. Dies bedeutet, dass für ihre Zulassung durch die Baugenehmigungsbehörde nicht das für Ausnahmen gemäß § 31 Abs. 1 BauGB grundsätzlich erforderliche Einvernehmen der Gemeinde gemäß § 36 Abs. 1 S. 1 BauGB vorliegen muss.[5]

6

II. Voraussetzungen der Erteilung einer Ausnahme

Die Erteilung einer Ausnahme gemäß § 31 Abs. 1 BauGB ist nicht vom Vorliegen eines Sonderfalls abhängig.[6] Allerdings muss auch ein auf der Grundlage einer Ausnahme gemäß § 31 Abs. 1 BauGB genehmigtes Vorhaben noch mit der generellen Zweckbestimmung des betroffenen Baugebiets vereinbar sein. Dieser Aspekt steht beispielsweise der Zulassung eines Seniorenwohnheims in einem Gewerbegebiet gemäß § 8 Abs. 3 Nr. 2 BauNVO entgegen. In einem Gewerbegebiet soll nämlich grundsätzlich nicht gewohnt werden. Ein Seniorenwohnheim ist auf Grund seiner Wohn- bzw. wohnähnlichen Nutzung mit dem Charakter eines Gewerbegebiets daher unvereinbar.[7] Die Erteilung von Ausnahmen für Vorhaben, die nach Anzahl, Lage, Umfang oder Zweckbestimmung der Eigenart des Baugebiets widersprechen, ist unzulässig. Dabei ergibt sich die Eigenart des jeweiligen Baugebiets nicht nur aus den typisierenden Regelungen der BauNVO, sondern zusätzlich auch aus der konkreten örtlichen Situation.[8] Zu berücksichtigen ist allerdings, dass ein eine Ausnahme ausschließender Widerspruch zur Eigenart des Baugebiets nicht schon dadurch entsteht, dass das Vorhaben der Eigenart des jeweiligen Baugebiets lediglich nicht entspricht. Maßgeblich ist, dass das Vorhaben in einem deutlichen Gegensatz zu der planerischen Zielsetzung steht, also einen Missgriff im Verhältnis zu den die Eigenart des Baugebiets bestimmenden Vorhaben darstellt.[9]

7

Bei Vorliegen der tatbestandlichen Voraussetzungen für die Erteilung einer Ausnahme kann die Baugenehmigungsbehörde – gemäß § 36 Abs. 1 BauGB im Einvernehmen mit der Gemeinde – die begehrte Ausnahme zulassen. Die Erteilung der Ausnahmeentscheidung ist eine Ermessensentscheidung der Behörde. Die Baugenehmigungsbehörde hat bei der Erteilung einer Ausnahme im Rahmen der Ermessensentscheidung die Verwirklichung der städtebaulichen Entwicklung und Ordnung zu berücksichtigen. Obwohl die Erteilung einer Ausnahme keine atypische Sondersitua-

8

---

4 *Rieger*, in: Schrödter, BauGB § 31 Rn. 9.
5 *Rieger*, in: Schrödter, BauGB § 31 Rn. 11.
6 *Söfker*, in: Ernst/Zinkahn/Bielenberg, BauGB § 31 Rn. 25; *Rieger*, in: Schrödter, BauGB § 31 Rn. 12.
7 Vgl. BVerwG, NVwZ 2002, 1384; *Rieger*, in: Schrödter, BauGB § 31 Rn. 12.
8 BVerwG, NVwZ 1995, 899; *Rieger*, in: Schrödter, BauGB § 31 Rn. 12.
9 BVerwG, NVwZ 1985, 653; VGH Baden-Württemberg, BauR 2002, 359; *Rieger*, in: Schrödter, BauGB § 31 Rn. 12; Battis/Krautzberger/*Löhr*, BauGB § 31 Rn. 14.

tion verlangt, darf die Baugenehmigungsbehörde das im Bebauungsplan zum Ausdruck kommende Regel-Ausnahme-Verhältnis gewichten. Berücksichtigt werden müssen auch die Folgewirkungen der Erteilung einer Ausnahme. Schließlich muss die Baugenehmigungsbehörde auch die Belange der von der Erteilung einer Ausnahme ggf. betroffenen Nachbarbelange berücksichtigen. Das der Baugenehmigungsbehörde zustehende Ermessen kann durch eine ständige rechtmäßige Verwaltungspraxis eingeengt sein.[10]

C. Befreiung

9   Befreiungen sind im Gegensatz zu Ausnahmen nicht im Bebauungsplan vorgesehen. Befreiungen dienen dazu, die generalisierenden Festsetzungen eines Bebauungsplans in Fällen nachzujustieren, in denen die Festsetzungen unangemessen sind bzw. dem Sinn und Zweck der Planung zuwiderlaufen.

I. Allgemeine Voraussetzungen einer Befreiung

10 Neben den in § 31 Abs. 2 Nrn. 1–3 BauGB aufgeführten besonderen Voraussetzungen ist die Erteilung einer Befreiung auch von verschiedenen grundsätzlichen Voraussetzungen abhängig. Gemäß § 31 Abs. 2 BauGB setzt eine Befreiung grundsätzlich voraus, dass die Grundzüge der Planung nicht berührt werden und dass die Abweichung auch unter Würdigung nachbarlicher Interessen mit den öffentlichen Belangen vereinbar ist. Ob § 31 Abs. 2 BauGB darüber hinaus das ungeschriebene Tatbestandsmerkmal einer atypischen Situation, die eine Befreiung verlangt enthält, ist streitig.

1. Grundzüge der Planung nicht berührt

11 Die Grundzüge der Planung bilden die den Festsetzungen des Bebauungsplans zu Grunde liegende und in ihnen gleichzeitig zum Ausdruck kommende planerische Gesamtkonzeption.[11] Je tiefer die begehrte Ausnahme in das in den unterschiedlichen Festsetzungen zum Ausdruck kommende Interessengeflecht des Plans eingreift, umso eher sind die Grundzüge der Planung betroffen. Zu berücksichtigen sind dabei nicht nur die Auswirkungen der in Rede stehenden Befreiungen, sondern auch die Folgen, die die Erteilung von Befreiungen in gleichgelagerten zukünftigen Fällen haben könnte.[12] Die Grundzüge der Planung sind regelmäßig dann berührt, wenn sich das betroffene Vorhaben bei einer Beurteilung nach § 34 Abs. BauGB nicht in die Eigenart der näheren Umgebung einfügen würde, weil es selbst oder durch etwaige zukünftige Folgewirkungen bodenrechtlich relevante Spannungen in die Umgebung hineintragen bzw. solche Spannungen erhöhen würde.[13]

2. Vereinbarkeit mit öffentlichen Belangen

12 Die öffentlichen Belange i.S.d. § 31 Abs. 2 BauGB sind alle von der Befreiung berührten Gesichtspunkte mit bodenrechtlichem Bezug. Es handelt sich letztlich um diejenigen öffentlichen Interessen, die beispielhaft in § 1 Abs. 5 und 6 BauGB aufgeführt sind. Im Rahmen der Prüfung einer Befreiung gemäß § 31 Abs. 2 Nr. 1 BauGB ist zweifelhaft, ob das festgestellte Allgemeinwohlinteresse, das die Befreiung erfordern soll, mit einem gegen die Befreiung sprechenden bodenrechtlichen Belang abgewogen werden kann. Das BVerwG geht davon aus, dass für eine Kompensation bzw. Saldierung öffentlicher Belange im Rahmen des § 31 Abs. 2 wenig Raum ist, weil es sich in der Sache um eine Abwägung gemäß § 1 Abs. 7 handelt. Eine planerische Abwägung

---

10 Vgl. zum Ganzen *Rieger*, in: Schrödter, BauGB § 31 Rn. 13 ff.; *Söfker*, in: Ernst/Zinkahn/Bielenberg, BauGB § 31 Rn. 26; Battis/Krautzberger/*Löhr*, BauGB § 31 Rn. 17 ff.
11 BVerwG, NVwZ 1990, 556, 557; *Söfker*, in: Ernst/Zinkahn/Bielenberg, BauGB § 31 Rn. 36.
12 *Rieger*, in: Schrödter, BauGB § 31 Rn. 17.
13 BVerwGE 56, 71, 78; *Rieger*, in: Schrödter, BauGB § 31 Rn. 18.

kann nach Auffassung des BVerwG aber nach dem System des Gesetzes nicht im Zuge einer von der Baugenehmigungsbehörde auszusprechenden Befreiung vorgenommen werden, sie muss dem Plangeber selbst vorbehalten bleiben.[14] Eine Befreiungsentscheidung ist letztlich dann nicht mit öffentlichen Belangen vereinbar, wenn diese Entscheidung spürbar in das in der Planung zum Ausdruck kommende Interessengeflecht eingreift und es verändert bzw. die Befreiungsentscheidung mit dem Gebot der Rücksichtnahme nicht vereinbar ist.[15]

3. Nachbarliche Interessen

Die Würdigung nachbarlicher Interessen im Rahmen der Befreiungsentscheidung ist unabhängig davon notwendig, ob sich die zu berücksichtigenden nachbarlichen Interessen auf nachbarschützende Vorschriften stützen können oder nicht.[16] Hintergrund ist, dass mit einer Abweichungsentscheidung nicht nur die betroffene Festsetzung des Plans obsolet wird, sondern gleichzeitig an die Stelle der ursprünglich festgesetzten eine andere städtebauliche Regelung tritt, die den der ursprünglichen Planung zu Grunde liegenden Interessenausgleich modifiziert.[17] Für die Frage der Zulässigkeit einer Befreiungsentscheidung kommt es maßgeblich darauf an, ob – bei Vorliegen der übrigen Voraussetzungen des § 31 Abs. 2 – in den durch den Bebauungsplan geschaffenen nachbarlichen Interessenausgleich nicht erheblich störend eingegriffen wird.[18] Sofern mit der Befreiung von nachbarschützenden Vorschriften mit einigem Gewicht beispielsweise über die Art der baulichen Nutzung, abgewichen werden soll, liegen die Voraussetzungen für eine Befreiung regelmäßig nicht vor.[19] Die Würdigung nachbarlicher Interessen i.S.d. § 31 Abs. 2 BauGB verlangt, dass bei Vorliegen aller übrigen Befreiungsvoraussetzungen im Rahmen des auszuübenden Ermessens ein Ausgleich zwischen den Interessen des die Abweichung vom Bebauungsplan begehrenden Bauherrn einerseits und den ggf. gegenläufigen Nachbarinteressen andererseits vorgenommen wird. Sofern die von der begehrten Abweichung berührten nachbarlichen Interessen die Interessen des Bauwilligen an der Erteilung der Abweichung überwiegen, ist die Befreiung zu versagen. Zu berücksichtigen ist, dass die Würdigung der nachbarlichen Interessen nicht unbedingt zu einer Versagung führen muss. Denkbar ist auch eine Reduzierung des Umfangs der mit der Befreiung beantragten Planabweichung. Die vorgesehene Würdigung nachbarlicher Interessen stellt rechtsdogmatisch die Verankerung des nur nach der Maßgabe des Gesetzes geltenden Rücksichtnahmegebotes dar.[20] Im Rahmen der Würdigung der nachbarlichen Belange kann der Nachbar umso mehr an Rücksichtnahme verlangen, je empfindlicher seine Stellung durch eine an die Stelle der im Bebauungsplan festgesetzten Nutzung tretende andersartige Nutzung berührt werden kann. Umgekehrt braucht derjenige, der die Befreiung in Anspruch nehmen will, umso weniger Rücksicht zu nehmen, je verständlicher und unabweisbarer die von ihm verfolgten Interessen sind. Maßgeblich ist darüber hinaus, ob die durch die Befreiung eintretenden Nachteile das Maß dessen übersteigen, was dem Nachbarn billigerweise noch zugemutet werden kann.[21] Prozessuale Abwehrrechte des Nachbarn sind nur dann gegeben, wenn im Rahmen der Befreiungsentscheidung nachbarschützende Vorschriften berührt werden.[22]

---

14 BVerwGE 56, 71, 77 f.; *Rieger*, in: Schrödter, BauGB § 31 Rn. 20.
15 BVerwGE 56, 71, 77; Battis/Krautzberger/*Löhr*, BauGB § 31 Rn. 38 ff.
16 BVerwG, BauR 1998, 1206 f.; BVerwG ZfBR 1987, 47, 48; Battis/Krautzberger/*Löhr*, BauGB § 31 Rn. 41.
17 *Rieger*, in: Schrödter, BauGB § 31 Rn. 21.
18 BVerwG, BauR 1996, 518 f.
19 Battis/Krautzberger/*Löhr*, BauGB § 31 Rn. 41; *Roeser*, in: Berliner Kommentar zum BauGB, § 31 Rn. 19.
20 BVerwG, NVwZ 1987, 409.
21 *Roeser*, in: Berliner Kommentar zum BauGB, § 31 Rn. 20.
22 Battis/Krautzberger/*Löhr*, BauGB § 31 Rn. 41.

4. Erforderlichkeit eines atypischen Sachverhaltes?

14 Das BVerwG und ihm folgende die überwiegende Auffassung in der instanzgerichtlichen Rechtsprechung und Literatur hat zu einer Vorgängerfassung des § 31 Abs. 2 BauGB die Auffassung vertreten, eine Befreiung käme von vorne herein nur bei einem »atypischen« Sachverhalt in Betracht. Eine solche Atypik hat das BVerwG regelmäßig dann abgelehnt, wenn die Gründe, die für die begehrte Befreiung ins Feld geführt werden können, letztlich für jedes bzw. fast jedes andere Grundstück im betreffenden Plangebiet ebenfalls gelten würden.[23] Der Gesetzgeber hat mit dem BauGB 1998 die Worte »im Einzelfall« in § 31 Abs. 2 gestrichen. Mit der Gesetzesänderung wollte er Gesetzgeber ausweislich der Gesetzesbegründung klargestellt wissen, dass eine Atypik im Sinne des BVerwG keine notwendige Voraussetzung für eine Befreiungsentscheidung gemäß § 31 Abs. 2 ist.[24] Teilweise ist daraus geschlossen worden, eine besondere bzw. atypische Grundstückssituation sei nun nicht mehr Voraussetzung einer Befreiungsentscheidung.[25] Diese Auffassung berücksichtigt allerdings nicht ausreichend, dass das BVerwG das Erfordernis einer Atypik eigentlich nicht aus den im Rahmen der Gesetzesänderung gestrichenen Worten »im Einzelfall«, sondern aus dem grundsätzlichen Wesen der Befreiungsentscheidung und dem normativen Charakter des Bauleitplanes abgeleitet hat. Die grundsätzliche Systematik der Befreiungsentscheidungen ist durch die Gesetzesänderung unberührt geblieben; es handelt sich nach wie vor um eine administrative Einzelfallregelung zur Durchbrechung eines normativ gesetzten Rahmens. Zwar hat das BVerwG in neuerer Zeit nicht mehr auf die Atypik als ungeschriebene Voraussetzung einer Befreiung Bezug genommen und auch offen gelassen, ob dieses Kriterium nach der Neufassung des Gesetzes noch Geltung beanspruchen kann; auf Grund des für alle Konstellationen anzuwendenden Merkmals »Grundzüge der Planung nicht berührt«, erübrige sich diese Frage.[26] Festgehalten werden kann, dass der Verzicht auf das Einzelfallerfordernis jedenfalls eine gegenüber der ursprünglichen Gesetzesfassung erweiterte Befreiungsmöglichkeit gebracht hat, weil jedenfalls nicht mehr ausdrücklich eine Begrenzung der Zahl von Befreiungsvorgängen im Sinne von Einzelfällen vorgesehen und somit eine Befreiung auch dann in Betracht kommt, wenn mehr als ein Fall betroffen ist.[27] Je eher allerdings ein Dispens nicht nur für einen besonderen Einzelfall gewährt wird, sondern für zahlreiche weitere Fallkonstellationen, umso genauer ist zu prüfen, ob auf diese Weise nicht die Grundzüge der Planung berührt würden. Die Erteilung von Dispensen darf nicht den Rechtscharakter einer Ersatzplanung unterhalb einer förmlichen Änderung des Bebauungsplanes erhalten.[28]

II. Besondere Voraussetzungen einer Befreiung

1. Befreiung aus Gründen des Allgemeinwohl der Allgemeinheit

15 Die Gründe des Wohls der Allgemeinheit, die eine Befreiung gemäß § 31 Abs. 2 Nr. 1 tragen können, erfassen nicht spezifisch bodenrechtliche Belange, sondern dasjenige, was insgesamt unter öffentlichen Interessen zu verstehen ist. Das Gemeinwohl kann insbesondere durch soziale Einrichtungen oder die Behebung eines sehr dringenden Wohnbedarfs gefördert werden.[29]

16 Die Gründe des Wohls der Allgemeinheit müssen die Befreiung erfordern. Einerseits ist es nicht ausreichend, dass die Befreiung dem allgemeinen Wohl nur in irgendeiner allgemeinen Art und Weise dienlich ist. Andererseits ist allerdings auch nicht erforderlich, dass die Befreiung das einzig denkbare Mittel zur Verwirklichung der betreffenden Allgemeinwohlbelange ist. Eine Befreiung aus Gründen des Wohls der Allgemeinheit ist daher schon dann zulässig, wenn es zur Wahrneh-

---

23 BVerwGE 40, 268, 269; *Roeser*, in: Berliner Kommentar zum BauGB, § 31 Rn. 11.
24 BT-Drucks. 13/6392, 56.
25 VGH Baden-Württemberg, ZfBR 2004, 71.
26 BVerwG, ZfBR 1999, 283.
27 *Söfker*, in: Ernst/Zinkahn/Bielenberg, BauGB § 31 Rn. 31; *Rieger*, in: Schrödter, BauGB § 31 Rn. 22.
28 *Roeser*, in: Berliner Kommentar zum BauGB, § 31 Rn. 11.
29 *Rieger*, in: Schrödter, BauGB § 31 Rn. 24.

mung des jeweiligen öffentlichen Interesses vernünftigerweise geboten ist, das geplante Vorhaben an der betreffenden Stelle mit Hilfe einer Befreiungsentscheidung zu verwirklichen.[30] Die Besonderheit, die in diesen Fällen das Abweichen von der Regel rechtfertigt, liegt nach der Rechtsprechung des BVerwG darin, dass ein besonders bei der planerischen Abwägung in dieser konkreten Stärke nicht berücksichtigtes und in dieser Stärke auch nicht abschätzbares Gemeininteresse eine Randkorrektur der planerischen Festsetzungen erfordert.[31]

2. Städtebauliche Vertretbarkeit

Eine Abweichungsentscheidung ist dann städtebaulich vertretbar, wenn sie mit den Grundsätzen des § 1 Abs. 6 BauGB, insbesondere der Abwägung, vereinbar ist. Die Abweichungsentscheidung müsste in einem ordentlichen Planänderungsverfahren zum Inhalt des Bebauungsplans gemacht werden können, von dem abgewichen werden soll.[32] 17

Neben städtebaulichen bzw. öffentlichen Belangen können grundsätzlich auch private Belange als Grund für eine Rechtfertigung in Betracht kommen.[33] Die in § 31 Abs. 2 Nr. 2 vorgesehene Befreiungsmöglichkeit erscheint auf den ersten Blick sehr weit. Zu berücksichtigen ist allerdings, dass auch eine auf diese Alternative gestützte Befreiungsentscheidung nur erteilt werden kann, wenn die Grundzüge der Planung nicht berührt werden und die Abweichung auch unter Würdigung nachbarlicher Interessen mit den öffentlichen Belangen vereinbar ist.[34] Im Übrigen ergibt sich eine weitere Einschränkung der vermeintlichen Weite des Tatbestandes auch daraus, dass nach den Überlegungen zu dem Erfordernis der Atypik solche Befreiungen unzulässig sind, die letztlich dazu führen, dass die Befreiungsentscheidung an die Stelle eines förmlichen Planänderungsverfahrens tritt.

3. Offenbar nicht beabsichtigte Härte

Der Befreiungstatbestand »offenbar nicht beabsichtigte Härte« liegt vor, wenn das betroffene Baugrundstück in boden-(bebauungs-)rechtlicher Hinsicht Besonderheiten aufweist, die die Gemeinde bei der Aufstellung Bebauungsplanes nicht berücksichtigt hat und die dazu führen, dass der Eigentümer beim Festhalten an dem betreffenden Bebauungsplan in einer Weise in der baulichen Ausnutzbarkeit seines Grundstückes eingeschränkt würde, die vom Ziel geordneter städtebaulicher Entwicklung und von dem im Plan getroffenen Interessenausgleich weder beabsichtigt noch geboten ist.[35] 18

Die vom Gesetz geforderte besondere Härte ist dabei ausschließlich boden- bzw. plan und nicht personenbezogen zu ermitteln. Boden- bzw. planbezogen Härten können beispielsweise ein besonderer Grundstückszuschnitt, die Lage des Grundstücks oder die Bebauung und ihre Nutzung sein.[36] Ohne Belang ist daher, welche Folgen die Ablehnung einer begehrten Befreiung für den persönlichen Lebensbereich des Bauherrn oder die wirtschaftliche Ausnutzbarkeit des Grundstücks mit sich bringt. Ausgeschlossen ist allerdings nicht, dass auch etwaige persönliche Härten für die Ausübung des Ermessens gleichwohl Bedeutung haben können.[37] Wirtschaftliche Nachteile allein begründen keine Härte im Sinne des Gesetzes. Unerheblich ist daher beispielsweise, dass der Betroffene die dem Bebauungsplan widersprechende Anlage ohne Baugenehmigung oder un- 19

---

30 BVerwG, BauR 2004, 1124, 1125; *Rieger*, in: Schrödter, BauGB § 31 Rn. 24; *Söfker*, in: Ernst/Zinkahn/Bielenberg, BauGB § 31 Rn. 44.
31 BVerwGE 56, 71, 74.
32 BVerwG, BauR 1999, 603, 608; *Söfker*, in: Ernst/Zinkahn/Bielenberg, BauGB § 31 Rn. 47.
33 *Söfker*, in: Ernst-Zinkahn/Bielenberg, BauGB, § 31 Rn. 47.
34 *Rieger*, in: Schrödter, BauGB § 31 Rn. 27.
35 BVerwGE 80, 268; *Roeser*, in: Berliner Kommentar zum BauGB, § 31 Rn. 15.
36 BVerwG, NVwZ 1991, 264, 265.
37 *Roeser*, in: Berliner Kommentar zum BauGB, § 31 Rn. 16; Battis/Krautzberger/*Löhr*, BauGB § 31 Rn. 37.

ter Überschreitung einer ihm erteilten Genehmigung bereits ausgeführt hat und die geforderte Beseitigung mit erheblichen wirtschaftlichen Nachteilen verbunden wäre.[38]

20 Unbeabsichtigt ist die Härte dann, wenn eine bestimmte planerische Festsetzung zu einem Ergebnis führt, dass der Plangeber nicht beabsichtigt hat. Daran fehlt es, wenn der Plangeber die Festsetzung entweder trotz Kenntnis der maßgeblichen Besonderheiten oder entgegen von Anregungen der betroffenen Grundstückseigentümer in Bebauungsplanverfahren vorgenommen hat und dadurch dokumentiert hat, den Bebauungsplan genauso gewollt zu haben. Die mit dem Bebauungsplan verbundene konkrete planerische Absicht kann oft der Begründung des Bebauungsplanes oder aus dem Aufstellungsvorgang ermittelt werden.

III. Ermessen

21 Sind die vorbezeichneten gesetzlichen Voraussetzungen erfüllt, steht die Erteilung der Befreiungsentscheidung im pflichtgemäßen Ermessen der Verwaltung. Die Befreiungsentscheidung erteilt die Baugenehmigungsbehörde dabei im Einvernehmen mit der Gemeinde.[39] Die in § 31 Abs. 2 BauGB im Einzelnen definierten Befreiungsvoraussetzungen schließen weder eine Ermessensausübung aus, noch ist das behördliche Ermessen generell auf Null geschrumpft. Erforderlich für eine negative Ermessensentscheidung ist, dass der Befreiung gewichtige Interessen entgegenstehen.[40] Dabei ist die Absicht einer Gemeinde, einen existierenden Bebauungsplan zu modifizieren, grundsätzlich ausreichend, die Versagung einer Befreiung im Rahmen der Ermessensausübung zu begründen, wenn die begehrte Befreiung mit der beabsichtigten Planänderung kollidiert. Veränderungsabsichten einer Gemeinde sind im Rahmen einer Befreiungsentscheidung allerdings nur dann von Relevanz, wenn sie ernsthaft und hinreichend konkret sind. Für die Ermessensausübung kommen allerdings nicht nur Erwägungen in Betracht, die sich auf die Sphäre und das Vorfeld der öffentlichen Interessen beziehen; ein Bebauungsplan ordnet ein Geflecht von sich auf die Bodennutzung beziehenden öffentlichen und privaten Interessen. Die Regelung des § 31 Abs. 2 nennt selbst die gebotene Würdigung nachbarlicher Interessen als einen ermessensleitenden Gesichtspunkt. Auch gesetzgeberische Wertungen in anderen Fachgesetzen können im Rahmen der Befreiungsentscheidung zu berücksichtigen sein. Im Übrigen müssen die Ermessenserwägungen der Genehmigungsbehörde ebenso wie die Überlegungen der Gemeinde bezüglich der Entscheidung über das Einvernehmen sachgerecht sein. Dies bedeutet, dass die angestellten Ermessensüberlegungen mit der Abweichung vom Bebauungsplan in einem sachlichen Zusammenhang stehen müssen. Dabei ist es jedoch nicht erforderlich, dass das Ermessen ausschließlich von städtebaulichen Gründen geleitet wird. Die Befreiungen müssen allerdings einen städtebaulichen Bezug haben.

22 Die Befreiungsentscheidung kann schließlich mit Nebenbestimmungen, beispielsweise Auflagen, Befristungen oder einen Widerrufsvorbehalt, versehen werden. Das Beifügen von Nebenbestimmungen kann dabei nicht nur zur Ausräumung von Versagungsgründen auf Tatbestandsseite, sondern auch aus sachgemäßen Ermessenserwägungen heraus geschehen.[41]

IV. Drittschutz

23 Sofern eine Ausnahme zugelassen wird, die im Bebauungsplan nicht vorgesehen ist, kann sich ein Dritter gegen diese Befreiungsentscheidung wehren, wenn das Vorhaben auf Grund der erteilten Ausnahme entweder einer drittschützenden Festsetzung des Bebauungsplans widerspricht oder mit Blick mit Blick auf das bauplanungsrechtliches Gebot der Rücksichtnahme nicht hätte zugelassen werden dürfen.

---

[38] BVerwG, ZfBR 1979, 37.
[39] BVerwG, NVwZ-RR 1999, 8; *Roeser*, in: Berliner Kommentar zum BauGB, § 31 Rn. 21; Battis/Krautzberger/*Löhr*, BauGB § 31 Rn. 43.
[40] BVerwGE 74, 315, 319.
[41] *Roeser*, in: Berliner Kommentar zum BauGB, § 31 Rn. 21.

Befreiungen gemäß § 31 Abs. 2 erweitern die in einem Bebauungsplan vorgesehenen Möglichkeiten, Vorhaben bauplanungsrechtlich zuzulassen. Das Bundesverwaltungsgericht entnimmt der Regelung des § 31 Abs. 2, dass im Rahmen von Befreiungsentscheidungen auch das Gebot der Rücksichtnahme zu beachten ist. Ob eine angefochtene Befreiungsentscheidung von den Festsetzungen eines Bebauungsplans den Nachbarn in seinen Rechten verletzt, hängt entscheidend von den Umständen des Einzelfalls ab. Insoweit ist eine Würdigung der Interessen des Bauherrn an der Erteilung der Befreiung und der Interessen des betroffenen Nachbarn an der Einhaltung des Bebauungsplans geboten. Dabei kann der Nachbar umso mehr an Rücksicht verlangen, je empfindlicher seine Position durch eine an die Stelle der Festsetzung tretende Befreiung berührt wird; umgekehrt braucht der Bauherr umso weniger Rücksicht zu nehmen, je unabweisbarer seine Interessen an der Realisierung seines Bauvorhabens sind.[42] Wichtig ist, dass sich der Nachbar dabei nicht nur gegen eine zu Unrecht erteilte Befreiung wehren, sondern auch gegen eine Baugenehmigung, die zwar unter Verstoß gegen eine nicht nachbarschützende Festsetzung des Bebauungsplans, aber ohne ausdrückliche Befreiungsentscheidung erteilt worden ist. In diesem Fall hat das Gericht in entsprechender Anwendung der Grundsätze des § 31 Abs. 2 BauGB zu überprüfen, ob Rechte des Nachbarn verletzt sind. Soweit der Nachbar sich auf den Bebauungsplan berufen kann, kommt ihm dabei grundsätzlich ein gewisser Vorrang zu.[43]

24

(…)

§ 33 Zulässigkeit von Vorhaben während der Planaufstellung

(1) In Gebieten, für die ein Beschluss über die Aufstellung eines Bebauungsplanes gefasst ist, ist ein Vorhaben zulässig, wenn
1. die Öffentlichkeits- und Behördenbeteiligung nach § 3 Abs. 2, § 4 Abs. 2 und § 4a Abs. 2 bis 5 durchgeführt worden ist,
2. anzunehmen ist, dass das Vorhaben den künftigen Festsetzungen des Bebauungsplans nicht entgegensteht,
3. der Antragsteller diese Festsetzungen für sich und seine Rechtsnachfolger schriftlich anerkennt und
4. die Erschließung gesichert ist.

(2) In Fällen des § 4a Abs. 3 Satz 1 kann vor der erneuten Öffentlichkeits- und Behördenbeteiligung ein Vorhaben zugelassen werden, wenn sich die vorgenommene Änderung oder Ergänzung des Bebauungsplanentwurfs nicht auf das Vorhaben auswirkt und die in Abs. 1 Nr. 2 bis 4 bezeichneten Voraussetzungen erfüllt sind.

(3) Wird ein Vorhaben nach § 13 oder § 13a durchgeführt, kann ein Vorhaben vor Durchführung der Öffentlichkeits- und Behördenbeteiligung zugelassen werden, wenn die in Abs. 1 Nr. 2 bis 4 bezeichneten Voraussetzungen erfüllt sind. Der betroffenen Öffentlichkeit und den berührten Behörden und sonstigen Trägern öffentlicher Belange ist vor der Erteilung der Genehmigung Gelegenheit zur Stellungnahme innerhalb angemessener Frist zu geben, soweit sie dazu nicht bereits zuvor Gelegenheit hatten.

A. Zweck

Damit die Realisierung von Vorhaben möglichst zügig erfolgen kann, erlaubt § 33 bereits während des Verfahrens zur Aufstellung eines Bebauungsplanes eine Bebauung, die den Festsetzungen des noch in der Aufstellung befindlichen Planes entspricht. Die Vorschrift enthält einen subsidiä-

1

---

42 BVerwG, ZfBR 1987, 47, 48.
43 BVerwG, NJW 1990, 1192, 1193.

§ 33 BauGB Zulässigkeit von Vorhaben während der Planaufstellung

ren und ausschließlich positiven Zulässigkeitstatbestand. Sie gestattet, Vorhaben zu legalisieren, die zwar nach aktuellem Planungsrecht (geltender Bebauungsplan oder §§ 34, 35 BauGB) unzulässig sind, jedoch nach der geordneten städtebaulichen Entwicklung der Gemeinde, wie sie sich bereits aus dem in der Aufstellung befindlichen Bebauungsplan sicher ablesen lässt, künftig zulässig sein werden.[1] Keine Handhabe bietet die Vorschrift demgegenüber, um Vorhaben, die die nach bisherigem Baurecht zulässig wären, mit Blick auf den in der Aufstellung befindlichen Bebauungsplan zu versagen. Die bloße Absicht der Gemeinde, einen Bebauungsplan aufzustellen, ist als solche auf die Zulässigkeit von Vorhaben nach den §§ 30, 34 und 35 BauGB ohne Belang. Möchte die Gemeinde die Entwicklung auf der Grundlage des aktuellen Planungsrechtes bis zum Inkrafttreten eines Bebauungsplanes stoppen, muss sie zu den Sicherungsmitteln der Veränderungssperre (§ 14) oder der Zurückstellung (§ 15) greifen.

2 § 33 gilt für sämtliche denkbaren Kategorien von Bebauungsplänen.[2] In zeitlicher Hinsicht setzt eine Anwendung des § 33 voraus, dass der Plangeber die Voraussetzungen für das Inkrafttreten eines Bebauungsplanes unverzüglich schafft. § 33 darf nicht so gehandhabt werden, dass der für diese Regelung typische Vorgriff auf einen Bebauungsplan entweder ins Leere geht oder als taktisches Mittel des Plangebers zur Schaffung einer faktischen vierten planungsrechtlichen Kategorie missbraucht wird.[3]

3 Die Vorschrift des § 33 enthält drei unterschiedliche Tatbestände. Abs. 1 gewährt für den Fall, dass außer den in den Nrn. 2 bis 4 genannten Voraussetzungen die Öffentlichkeits- und Behördenbeteiligung nach den §§ 3 Abs. 2, 4 Abs. 2 und 4a Abs. 2 bis 5 durchgeführt worden ist, einen Rechtsanspruch auf Erteilung der dem Bebauungsplanentwurf entsprechenden Genehmigung. Die nach § 33 Abs. 2 in das Ermessen der Behörde gestellte Genehmigungsmöglichkeit bezieht sich auf die Fälle, dass der Entwurf des Bebauungsplanes nach Durchführung der Öffentlichkeits- und Behördenbeteiligung modifiziert wird, Abs. 3 auf Konstellationen, in denen der Bebauungsplan im vereinfachten Verfahren nach § 13 bzw. als Bebauungsplan der Innenentwicklung gemäß § 13a aufgestellt wird und der Plangeber daher die Möglichkeit hat, die Öffentlichkeits- und Behördenbeteiligung in einer von den § 3 Abs. 2, 4 Abs. 2 abweichenden Form durchzuführen.

B. Rechtsanspruch auf Zulassung nach § 33 Abs. 1

4 Erste Voraussetzung für die Anwendung des § 33 Abs. 1 ist, dass der Plangeber einen Beschluss über die Aufstellung oder Änderung bzw. Ergänzung eines Bebauungsplanes gemäß § 2 Abs. 1 gefasst hat (Aufstellungsbeschluss). Die Zuständigkeiten für einen solchen Beschluss richten sich nach den kommunalrechtlichen Vorschriften.[4] Der Aufstellungsbeschluss muss ortsüblich bekanntgemacht werden.[5] Auf welche Weise die ortsübliche Bekanntmachung zu erfolgen hat, richtet sich nach der Hauptsatzung der jeweiligen Gemeinde. Das kommunale Ortsrecht kann häufig über das Internet abgerufen werden.

5 Neben dem Aufstellungsbeschluss fordert § 33 Abs. 2 Nr. 1, dass die erforderliche Öffentlichkeits- und Behördenbeteiligung nach den §§ 3 Abs. 2, 4 Abs. 2 und 4a Abs. 2 bis 65 abgeschlossen ist. Den Abschluss dieser Verfahrensschritte bezeichnet man als formelle Planreife. Die formelle Planreife ist nicht schon dann erreicht, wenn die Auslegungsfrist verstrichen ist. Zusätzlich ist erforderlich, dass die Gemeinde die abgegebenen Stellungnahmen überprüft hat. Entbehrlich ist demgegenüber die in § 3 Abs. 2 S. 4 vorgesehene Mitteilung des Ergebnisses der Prüfung

---

1 BVerwG, 17.12.1964, I C 36.64, BVerwGE 20, 127, 132 ff.; *Rieger*, in: Schrödter, BauGB § 33 Rn. 1.
2 *Rieger*, in: Schrödter, BauGB § 33 Rn. 2; Battis/Krautzberger/*Löhr*, BauGB § 33 Rn. 1.
3 BVerwG, 01.08.2002, 4 C 5/01, NVwZ 2003, 86, 89; *Rieger*, in: Schrödter, BauGB § 33 Rn. 3.
4 BVerwG, 15.04.1988, 4 N 87, BVerwGE 79, 200, 206.
5 *Rieger*, in: Schrödter, BauGB § 33 Rn. 5; Battis/Krautzberger/*Löhr*, BauGB § 2 Rn. 2.

durch die Gemeinde.⁶ Da weder auf § 3 Abs. 1 noch auf § 4 Abs. 1 verwiesen wird, setzt der Eintritt der formellen Planreife auch nicht voraus, dass die grundsätzlich erforderliche vorgezogene Öffentlichkeits- und Behördenbeteiligung stattgefunden hat.⁷

Gemäß § 33 Abs. 1 Nr. 2 muss der Planungsstand einen hinreichend sicheren Schluss darauf zulassen, dass der Planentwurf in der Fassung, die er nach Abschuss der in Abs. 1 Nr. 1 aufgeführten Verfahrensschritte erlangt hat, als Satzung in Kraft treten wird (materielle Planreife).⁸ Dies ist dann der Fall, wenn während der durchgeführten Öffentlichkeits- und Behördenbeteiligung keine ernstzunehmenden Einwendungen erhoben worden sind.⁹ Demgegenüber mangelt es an der materiellen Planreife, wenn auf Grund zwischenzeitlich ergangener kollidierender Planungen oder auf Grund einer Verschiebung der Mehrheitsverhältnisse im Gemeinderat zweifelhaft ist, ob die im Planentwurf enthaltenen Festsetzungen noch zur Umsetzung gelangen.¹⁰ Von Relevanz ist auch, wie viel Zeit zwischen dem Abschluss der eigentlichen Planungsarbeiten und der Entscheidung über die Zulassung des Vorhabens vergangen ist. Wenn die Planung nämlich sachlich abgeschlossen ist und gleichwohl ein förmlicher Abschluss unterbleibt, kann dies nachträgliche Zweifel der Gemeinde an ihrer planerischen Konzeption indizieren.¹¹ Inhaltlich muss der Entwurf den Anforderungen des BauGB bzw. der Baunutzungsverordnung entsprechen. Die Baugenehmigungsbehörde und ein Gericht haben den Entwurf des Bebauungsplanes überschlägig einer Inzidentkontrolle zu unterwerfen, um ausreichend sicher prognostizieren zu können, ob der Entwurf rechtsverbindlich werden kann. Potentielle Korrekturmöglichkeiten bis zum Satzungsbeschluss müssen insoweit ebenfalls in Rechnung gestellt werden.¹²

Verfahrensfehler schließen die materielle Planreife dann aus, wenn sie sich nach den Regeln über die Planerhaltung (§§ 214 ff. BauGB) auf die Rechtswirksamkeit des Bebauungsplanes auswirken können. Auch nach den Regeln der §§ 214 ff. BauGB grundsätzlich unbeachtliche Verfahrens- und Formfehler können den Eintritt der materiellen Planreife dann hindern, wenn der Bebauungsplan gemäß § 10 Abs. 2 BauGB der Genehmigung der höheren Verwaltungsbehörde bedarf. Die Genehmigungsbehörde ist nämlich aufgrund der Regelung des § 216 gehalten, auch die Einhaltung von solchen Vorschriften überprüfen, die aufgrund der Regelung der §§ 214 ff. grundsätzlich ohne Rechtsfolgen für die Wirksamkeit eines Bebauungsplanes sind.¹³

Der Bauherr muss die Festsetzungen des zukünftigen Bebauungsplanes ferner schriftlich (§ 126 BGB) anerkennen. Das Anerkenntnis fingiert im Verhältnis zwischen Bauherrn und Baugenehmigungsbehörde das Inkrafttreten des Bebauungsplanes.¹⁴ Das Anerkenntnis des Bauherrn muss sich nicht nur auf die für den Bauherrn günstigen Festsetzungen des künftigen Bebauungsplanes, sondern auf dessen gesamten Inhalt beziehen. Der Bauherr hat also nicht die Möglichkeit, lediglich die gegenüber dem ursprünglichen Planungsrecht günstigeren Festsetzungen für sich in Anspruch zu nehmen und sein Vorhaben ansonsten auf das bisherige Planungsrecht zu stützen.¹⁵ Die Genehmigungsbehörde kann von dem Bauwilligen allerdings nur verlangen, diejenigen künftigen Festsetzungen insgesamt anzuerkennen, die unmittelbar sein Bauvorhaben betreffen; nicht verlangt werden kann darüber hinaus die Anerkennung auch solcher künftiger Festsetzungen, die

---

6 *Rieger*, in: Schrödter, BauGB § 33 Rn. 6; *Söfker*, in: Ernst/Zinkahn/Bielenberg, BauGB § 33 Rn. 34; *Roeser*, in: Berliner Kommentar zum BauGB, § 33 Rn. 8.
7 *Rieger*, in: Schrödter, BauGB, § 33 Rn. 6; *Söfker*, in: Ernst/Zinkahn/Bielenberg, BauGB § 33 Rn. 34; *Roeser*, in: Berliner Kommentar zum BauGB, § 33 Rn. 8.
8 OVG Münster, 14.03.2001, 7 B 355/01, ZfBR 2001, 424 f.
9 VGH Baden-Württemberg, 01.10.1996, 3 S 1904/96, NVwZ-RR 1998, 96.
10 *Rieger*, in: Schrödter, BauGB § 33 Rn. 7.
11 BVerwG, 18.04.1996, 4 C 22/94, BVerwGE 101, 58, 66.
12 *Rieger*, in: Schrödter, BauGB § 33 Rn. 8.
13 *Rieger*, in: Schrödter, BauGB § 33 Rn. 9.
14 BVerwG, 18.04.1996, 4 C 22/94, BVerwGE 101, 58, 66.
15 *Rieger*, in: Schrödter, BauGB § 33 Rn. 11.

sich auf benachbarte Grundstücke beziehen.[16] Das im Rahmen des § 33 BauGB erforderliche Anerkenntnis ist eine einseitige, empfangsbedürftige Willenserklärung mit dinglicher grundstücksbezogener Wirkung.[17] Die Bindungswirkung des Anerkenntnisses ist zeitlich nicht begrenzt. Sie entfällt allerdings dann, wenn die Gemeinde das Planverfahren entweder endgültig einstellt oder der Bebauungsplan mit Festsetzungen in Kraft tritt, die für den Bauherrn günstiger sind.

9   Schließlich verlangt § 33 Abs. 1 Nr. 4 das Vorliegen einer gesicherten Erschließung. Hier wird auf die Ausführungen von *Schiffer*, § 30 Rdn. 10 f. verwiesen.

C. Fakultative Zulassung bei Änderung des B-Plan-Entwurfes

10 Die positiven Voraussetzungen für die Möglichkeit, ein Vorhaben gemäß § 33 Abs. 2 im Ermessenswege zuzulassen, sind materielle Planreife, das schriftliche Anerkenntnis sowie die Sicherung der Erschließung.[18] Die Regelungen § 33 Abs. 2 sehen die Möglichkeit der Zulassung von Vorhaben während einer erneuten Auslegung gemäß § 4a Abs. 3 S. 1 vor. Wird ein Bebauungsplanentwurf nach Abschluss des Beteiligungsverfahrens überarbeitet, um bestimmten Einwendungen Rechnung zu tragen, sieht § 4a Abs. 3 S. 1 vor, dass der Bebauungsplan grundsätzlich erneut auszulegen und die notwendigen behördlichen Stellungnahmen erneut einzuholen sind. § 33 Abs. 2 ermöglicht bereits in dieser Phase der Planaufstellung die Zulassung eines Vorhabens dann, wenn sich die Modifikationen des Bebauungsplanentwurfs nicht auf das Vorhaben auswirken und die übrigen Voraussetzungen des § 33 Abs. 1 Nrn. 2 bis 4 vorliegen.

Die Modifikation eines Bebauungsplans wirkt sich dann nicht im Sinne des § 33 Abs. 2 auf die Zulässigkeit des Vorhabens aus, wenn die beabsichtigten Änderungen des Bebauungsplanentwurfes die planungsrechtliche Zulässigkeit des Vorhabens nicht berühren. Ob und inwieweit dies der Fall ist, bestimmt sich nach einerseits nach dem Charakter und andererseits nach dem räumlichen Geltungsbereich der in Rede stehenden Modifikation.[19]

11 Die Zulassung des Vorhabens während einer erneuten Auslegung steht zwar im Ermessen der Behörde. Wenn allerdings sicher ausgeschlossen werden kann, dass die vorgesehenen Modifikationen des Planentwurfes ohne Bedeutung für das zur Genehmigung gestellte Vorhaben sind, besteht auf Grund einer Reduktion des der Behörde zustehenden Ermessens auf Null ein Rechtsanspruch auf die Erteilung der begehrten Baugenehmigung.[20]

D. Zulässigkeit von Vorhaben nach Abs. 3

12 Die Regelung des § 33 Abs. 3 enthält Sonderregelungen für die Zulässigkeit von Vorhaben in den Fällen des vereinfachten Verfahrens gemäß §§ 13, 13a. Die Vorschrift sieht ihrem Wortlaut nach die Möglichkeit einer Zulassung des Vorhabens bereits vor dem Eintreten formeller Planreife vor.[21] Darüber hinaus greift § 33 Abs. 3 in analoger Anwendung auch dann ein, wenn in den Fällen der §§ 13, 13a formelle Planreife erreicht ist.[22] Sofern mit der öffentlichen Auslegung und der Beteiligung der Behörden und sonstiger Träger öffentlicher Belange gemäß § 4 noch nicht begonnen worden ist, ermöglicht § 33 Abs. 3 eine individuelle Anhörung der betroffenen Bürger sowie der berührten Behörden und sonstigen Träger öffentlicher Belange. Anzuhören sind die Behörden und sonstigen Träger öffentlicher Belange, die von der Zulassung des Vorhabens, soweit dieses auf die künftigen Festsetzungen des Bebauungsplans gestützt wird, betroffen bzw. berührt

---

16 *Stock*, in: Ernst/Zinkahn/Bielenberg, BauGB § 33 Rn. 56.
17 *Stock*, in: Ernst/Zinkahn/Bielenberg, BauGB § 33 Rn. 14; Krautzberger/Battis/*Löhr*, BauGB § 33 Rn. 11.
18 *Roeser*, in: Berliner Kommentar zum BauGB, § 33 Rn. 12b.
19 *Stock*, in: Ernst/Zinkahn/Bielenberg, BauGB § 33 Rn. 70.
20 *Rieger*, in: Schrödter, BauGB § 33 Rn. 20.
21 *Roeser*, in: Berliner Kommentar zum BauGB, § 33 Rn. 13.
22 *Stock*, in: Ernst/Zinkahn/Bielenberg, BauGB, § 33 Rn. 92a.

sind.²³ Gegenstand der eingeforderten Stellungnahme ist nicht das konkrete Vorhaben, sondern beabsichtigten Bebauungsplan, beschränkt auf den Teilbereich, in dem das Vorhaben liegt.²⁴

Den Betroffenen ist eine angemessene Frist zur Stellungnahme einzuräumen. Die Frage der Angemessenheit bestimmt sich dabei nach den Umständen des Einzelfalles. Aus §§ 3 Abs. 2 und 4 Abs. 2 kann abgeleitet werden, dass ein Monat in jedem Fall ausreichend ist. Vor dem Hintergrund, dass gemäß § 33 Abs. 3 regelmäßig nur einfach gelagerte Planungen realisiert werden dürften, kann in Eilfällen eine Abkürzung auf zwei Wochen statthaft sein.

Bei § 33 Abs. 3 handelt es sich ebenso wie bei § 33 Abs. 2 um eine Ermessensvorschrift. Die vorstehenden Ausführungen gelten daher entsprechend. **13**

E. Beteiligung der Gemeinde

Über die Zulässigkeit von Vorhaben gemäß § 33 entscheidet die Baugenehmigungsbehörde gemäß § 36 Abs. 1 im Einvernehmen mit der Gemeinde. Die Gemeinde erhält damit bei der für die Anwendung der Vorschrift vielfach entscheidende Frage nach der materiellen Planreife des Bebauungsplanentwurfes ein die kommunale Planungshoheit sicherndes Mitspracherecht. **14**

F. Rechtsschutz

Sowohl der Bauherr als auch der Nachbar werden bei Vorliegen der Voraussetzungen des § 33 so gestellt, als ob der Bebauungsplan bereits voll wirksam wäre. Dies bedeutet, dass sich ein Nachbar darauf berufen kann, dass die auf der Grundlage des § 33 erteilte Baugenehmigung gegen die seine Rechte schützenden Festsetzungen des künftigen Planes verstößt.²⁵ Auch das in § 15 BauNVO verankerte bauplanungsrechtliche Gebot der Rücksichtnahme greift bereits in diesem Verfahrenstadium ein. Der Nachbar kann auch geltend machen, dass das an sich zulässige Vorhaben im konkreten Einzelfall aufgrund seiner Lage, seines Umfangs oder seiner Zweckbestimmung der Eigenart des Baugebietes widerspricht.²⁶ **15**

Bestreitet der Nachbar die formelle Planreife des Bebauungsplans erfolgreich, bestimmt sich die Zulässigkeit des Vorhabens nach dem für den Bereich des Vorhabens bisher geltenden Planungsrecht. Der Erfolg seines Rechtsmittels hängt dann davon ab, ob und inwieweit der sich der Nachbar auf die Verletzung von drittschützenden Vorschriften stützten kann.²⁷ **16**

Der bloße Bebauungsplanentwurf ist trotz der Regelung des § 33 BauGB allerdings noch keine wirksame Rechtsnorm. Der Bebauungsplanentwurf kann folglich trotz formeller Planreife – unabhängig davon, ob er bereits als Satzung beschlossen, aber noch nicht bekanntgemacht worden ist – nicht mit einer Normenkontrolle angegriffen werden.²⁸ **17**

§ 34 Zulässigkeit von Vorhaben innerhalb der im Zusammenhang bebauten Ortsteile

(1) Innerhalb der im Zusammenhang bebauten Ortsteile ist ein Vorhaben zulässig, wenn es sich nach Art und Maß der baulichen Nutzung, der Bauweise und der Grundstücksfläche, die überbaut werden soll, in die Eigenart der näheren Umgebung einfügt und die Erschließung gesichert ist. Die Anforderungen an gesunde Wohn- und Arbeitsverhältnisse müssen gewahrt bleiben; das Ortsbild darf nicht beeinträchtigt werden.

---

23 *Roeser*, in: Berliner Kommentar zum BauGB, § 33 Rn. 13; *Rieger*, in: Schrödter, BauGB § 33 Rn. 23.
24 *Stock*, in: Ernst/Zinkahn/Bielenberg, BauGB § 33 Rn. 80, 81.
25 VGH Baden-Württemberg, 26.02.1992, 3 S 2026/91, BauR 1992, 494.
26 *Rieger*, in: Schrödter, BauGB § 33 Rn. 27.
27 OVG Berlin, 19.04.1991, 2 B 11/88, NVwZ 1992, 897, 898; *Rieger*, in: Schrödter, BauGB § 33 Rn. 27.
28 BayVGH, 15.12.1999, 1 NE 99.3162, NVwZ-RR 2000, 469.

(2) Entspricht die Eigenart der näheren Umgebung einem der Baugebiete, die in der auf Grund des § 9a erlassenen Verordnung bezeichnet sind, beurteilt sich die Zulässigkeit des Vorhabens nach seiner Art allein danach, ob es nach der Verordnung in dem Baugebiet allgemein zulässig wäre; auf die nach der Verordnung ausnahmsweise zulässigen Vorhaben ist § 31 Abs. 1, im Übrigen ist § 31 Abs. 2 entsprechend anzuwenden.

(3) Von Vorhaben nach Abs. 1oder 2 dürfen keine schädlichen Auswirkungen auf zentrale Versorgungsbereiche in der Gemeinde oder in anderen Gemeinden zu erwarten sein.

(3a) Vom Erfordernis des Einfügens in die Eigenart der näheren Umgebung nach Abs. 1 Satz 1 kann im Einzelfall abgewichen werden, wenn die Abweichung
1. der Erweiterung, Änderung, Nutzungsänderung oder Erneuerung eines zulässigerweise errichteten Gewerbe- oder Handwerksbetriebs oder der Erweiterung, Änderung oder Erneuerung einer zulässigerweise errichteten baulichen Anlage zu Wohnzwecken dient,
2. städtebaulich vertretbar ist und
3. auch unter Würdigung nachbarlicher Interessen mit den öffentlichen Belangen vereinbar ist.

Satz 1 findet keine auf Einzelhandelsbetriebe, die die verbrauchernahe Versorgung der Bevölkerung beeinträchtigen oder schädliche Auswirkungen auf zentrale Versorgungsbereiche in der Gemeinde oder in anderen Gemeinden haben können.

(4) Die Gemeinde kann durch Satzung
1. die Grenzen für im Zusammenhang bebaute Ortsteile festlegen,
2. bebaute Bereiche im Außenbereich als im Zusammenhang bebaute Ortsteile festlegen, wenn die Flächen im Flächennutzungsplan als Baufläche dargestellt sind,
3. einzelne Außenbereichsflächen in die im Zusammenhang bebauten Ortsteile einbeziehen, wenn die einbezogenen Flächen durch die bauliche Nutzung des angrenzenden Bereichs entsprechend geprägt sind.

Die Satzungen können miteinander verbunden werden.

(5) Voraussetzung für die Aufstellung von Satzungen nach Abs. 4 Satz 1 Nr. 2 und 3 ist, dass
1. sie mit einer geordneten städtebaulichen Entwicklung vereinbar sind,
2. die Zulässigkeit von Vorhaben, die einer Pflicht zur Durchführung einer Umweltverträglichkeitsprüfung nach Anlage 1 zum Gesetz über die Umweltverträglichkeitsprüfung oder nach Landesrecht unterliegen, nicht begründet wird und
3. keine Anhaltspunkte für eine Beeinträchtigung der in § 1 Abs. 6 Nr. 7b genannten Schutzgüter bestehen.

In den Satzungen nach Abs. 4 Satz 1 Nr. 2 und 3 können einzelne Festsetzungen nach § 9 Abs. 1 und 3 Satz 1 sowie Abs. 4 getroffen werden. § 9 Abs. 6 ist entsprechend anzuwenden. Auf die Satzung nach Abs. 4 Satz 1 Nr. 3 sind ergänzend §§ 1a Abs. 2 und 3 und 9 Abs. 1a entsprechend anzuwenden; hier ist eine Begründung mit den Angaben entsprechend § 2a Satz 2 Nr. 1 beizufügen.

(6) Bei der Aufstellungen nach Abs. 4 Satz 1 Nr. 2 und 3 sind die Vorschriften über die Öffentlichkeits- und Behördenbeteiligungen nach § 13 Abs. 2 Satz 1 Nr. 2 und 3 sowie Satz 2 entsprechend anzuwenden. Auf die Satzungen nach Abs. 4 Satz 1 Nr. 1 bis 3 ist § 10 Abs. 3 entsprechend anzuwenden.

Schrifttum
Berkemann Sport- und Freizeitaktivitäten in der gerichtlichen Auseinandersetzung, NUR 1998, 565 bis 577; *Ronellenfitsch* Umwelt und Verkehr unter dem Einfluss des Nachhaltigkeitsprinzips, NVwZ 2006, 385 ff.; *Sarnighausen* Erweiterte Nachbarrechte im Bauplanungsrecht?, NJW 1995, 502 ff.

Übersicht

		Rdn.
A.	**Zulässigkeit von Vorhaben gemäß Abs. 1**	1
I.	Im Zusammenhang bebauter Ortsteil	1
	1. Ortsteil	1
	2. Bebauungszusammenhang	4
	3. Eigenart der näheren Umgebung	7
	a) Art der baulichen Nutzung	13
	b) Maß der baulichen Nutzung	15
	c) Bauweise	19
	d) Rücksichtnahmegebot	20
	e) Überschreitung des aus der Umgebung ableitbaren Rahmens	28
	4. Weitere Zulässigkeitsvoraussetzungen	31
	a) Anforderungen an gesunde Wohn- und Arbeitsverhältnisse	32

		Rdn.
	b) Schutz des Ortsbildes	33
	5. Gesicherte Erschließung	34
B.	**Zulässigkeit von Vorhaben gemäß Abs. 2**	38
C.	**Weitere Zulässigkeitsvoraussetzungen gemäß Abs. 3**	40
D.	**Abweichungsmöglichkeiten gemäß Abs. 3a**	43
E.	**Satzungen, § 34 Abs. 4**	46
I.	Klarstellungssatzung	47
II.	Entwicklungssatzung	48
III.	Ergänzungssatzung	49
IV.	Verfahrensfragen	51
F.	**Nachbarschutz**	56

A. Zulässigkeit von Vorhaben gemäß Abs. 1

I. Im Zusammenhang bebauter Ortsteil

1. Ortsteil

Das Tatbestandsmerkmal »Innerhalb der im Zusammenhang bebauten Ortsteile« enthält zwei unterschiedliche Elemente, das Element »Ortsteil« und das Element »Bebauungszusammenhang«. 1

Ortsteil ist nach ständiger Rechtsprechung des Bundesverwaltungsgerichtes jeder Bebauungskomplex im Gebiet einer Gemeinde, der nach der Zahl der vorhandenen Bauten ein gewisses Gewicht besitzt und Ausdruck einer organischen Siedlungsstruktur ist.[1] Diese Kriterien unterscheiden einen Ortsteil im bauplanungsrechtlichen Sinn von der unerwünschten Splittersiedlung, innerhalb der gemäß § 35 eine weitere Bebauung nur sehr eingeschränkt zulässig ist.[2] 2

Für das Vorliegen eines im Zusammenhang bebauten Ortsteiles kommt es ausschließlich auf die im betreffenden Gemeindegebiet vorhandene Bebauung an.[3] Für die Abgrenzung zwischen einem zum planungsrechtlichen Innenbereich gehörenden Ortsteil und einer dem Außenbereich zuzuordnenden Splittersiedlung kommt es maßgeblich auf die konkrete Siedlungsstruktur der betreffenden Gemeinde an.[4] Aus diesem Grund ist für die Annahme eines Ortsteils i.S.d. § 34 Abs. 1 BauGB nicht maßgeblich auf die Anzahl der Gebäude, sondern insbesondere auch auf die Eigenart und Funktion der Bebauung sowie deren Verhältnis zur sonst vorhandenen Bebauung abzustellen.[5] Für die Frage, ob die vorhandene Bebauung als Ortsteil zu qualifizieren ist, ist lediglich die tatsächlich vorhandene Bebauung entscheidend. Dabei ist es grundsätzlich unerheblich, ob diese Bebauung genehmigt worden ist oder lediglich so geduldet wird, dass angenommen werden kann, die zuständigen Behörden haben sich mit ihrem Vorhandensein abgefunden.[6] Das ist dann nicht der Fall, wenn die zuständige Behörde durch den Erlass von Beseitigungsverfügungen o.ä. zu erkennen gibt, dass sie die Baulichkeiten nicht dulden wird. In diesem Fall sind die insoweit betroffenen Gebäude bei der Beurteilung des Vorliegens eines Ortsteils außen vor zu lassen.[7] 3

---

1 BVerwG, 06.11.1968, IV C 2.66, BVerwGE 31, 22, 26 f.; Battis/*Krautzberger*/Löhr, BauGB § 34 Rn. 2; *Rieger*, in: Schrödter, BauGB § 34 Rn. 18 ff.
2 *Rieger*, in: Schrödter, BauGB § 34, Rn. 18.
3 BVerwG, 03.12.1998, 4 C 7/98, NVwZ 1999, 527; *Hofherr*, in: Berliner Kommentar zum BauGB, § 34 Rn. 2.
4 *Hofherr*, in: Berliner Kommentar zum BauGB, § 34 Rn. 2; Battis/*Krautzberger*/Löhr, BauGB § 34 Rn. 5.
5 BVerwG, 19.09.2000, 4 B 49/00, BauR 2001, 79, 80.
6 BVerwG, 23.11.1988, 4 B 29/98, ZfBR 1999, 229.
7 Vgl. Battis/*Krautzberger*/Löhr, BauGB § 34 Rn. 4.

2. Bebauungszusammenhang

4 Dem Tatbestandsmerkmal »im Zusammenhang bebaut« kommt neben dem Tatbestandsmerkmal »Ortsteil« eine Abgrenzungsfunktion zu. Ein Bebauungszusammenhang i.S.d. § 34 BauGB setzt lediglich eine tatsächlich aufeinander folgende, zusammenhängende Bebauung voraus. Unerheblich ist dabei, ob die vorhandenen Baulichkeiten genehmigt worden sind oder aber in einer Weise geduldet werden, die keinen Zweifel daran lassen, dass sich die zuständigen Behörden mit ihrem Vorhandensein abgefunden haben.[8] Unbebaute Grundstücke, deren Bebauung lediglich geplant ist, sind bei der Bestimmung des Bebauungszusammenhangs außen vor zu lassen.[9] Wichtig ist, dass auch dasjenige Grundstück, für welches das beantragte Bauvorhaben erst genehmigt werden soll, für die Feststellung eines Bebauungszusammenhangs grundsätzlich unberücksichtigt bleiben muss, es sei denn es ist aus anderen Gründen schon als Bestandteil des Bebauungszusammenhangs zu bewerten. Unerheblich für die Bestimmung des Bebauungszusammenhangs sind katastermäßige Grundstücksgrenzen. Der Bebauungszusammenhang endet im Regelfall mit dem letzten Haus. Gleichwohl ist es nicht ausgeschlossen, dass sich eine an die vorhandene Bebauung anschließende Freifläche auch dann noch als Bestandteil des Bebauungszusammenhangs bewerten lässt, wenn ihr keine weitere Bebauung folgt. Maßgeblich ist insoweit, ob der Bebauungszusammenhang die Grundstücke noch als zum Innenbereich gehörend prägt. Die Prägung des vorhandenen Bebauungszusammenhangs über das letzte bebaute Grundstück hinaus hängt einerseits von der Ausdehnung und Nutzung der sich anschließenden Fläche und andererseits davon ab, ob das Landschaftsbild dem Innenbereich einer sich aus der Situation ergebende natürliche Grenze, etwa durch eine Straße, einen Fluss, einen Graben oder einen Höhenzug zieht.[10]

5 Den Schwerpunkt der Subsumtion unter das Tatbestandsmerkmal »im Zusammenhang bebaut« bildet die Frage, wie dicht die bereits vorhandenen Baulichkeiten aufeinander folgen müssen, um als ausreichend zusammenhängende Bebauung bewertet werden zu können. Von besonderer Bedeutung sind in diesem Zusammenhang unbebaute Grundstücke bzw. Baulücken. Daneben müssen allerdings auch andere freie Flächen berücksichtigt werden, die aufgrund ihrer natürlichen Beschaffenheit oder wegen einer besonderen Zweckbestimmung einer Bebauung entzogen sind. Hierzu gehören beispielsweise natürliche Geländehindernisse wie Erhebungen, Einschnitte, Flüsse, Gräben oder Sportplätze und Erholungsflächen.[11] Schwierig und nicht pauschal zu beurteilen ist auch die Frage, ob eine Straße eine trennende oder verbindende Funktion haben kann. Maßgeblich ist in erster Linie, ob und inwieweit eine aufeinander folgende Bebauung – trotz etwa vorhandener unbebauter Flächen – nach dem objektiven Verständnis der Umstände des konkreten Einzelfalls den Eindruck einer Geschlossenheit und Zusammengehörigkeit vermittelt und die zur Bebauung vorgesehene Fläche selbst diesem Zusammenhang noch angehört.[12] Über den Verlauf der Grenze des Bebauungszusammenhangs ist dabei nicht auf Grund geographisch-mathematischen Maßstäben, sondern auf Grund einer umfassenden, die gesamten örtlichen Gegebenheiten erschöpfend würdigenden Wertung und Bewertung des im Einzelfall gegebenen konkreten Sachverhaltes zu entscheiden.[13] Für die Bestimmung des Bebauungszusammenhangs ist es ohne Belang, ob für die zu beurteilende Fläche in einem Flächennutzungs- oder Landschaftsplan eine bauliche Nutzung vorgesehen ist.[14] Auch die Grenze eines Bebauungsplans markiert nicht zwangsläufig die Grenze zwischen einer bebauten Ortslage und dem Außenbereich, weil der möglicherweise in der Nichteinbeziehung einer Fläche in den Geltungsbereich eines Bebauungsplans

---

8 BVerwG, 14.09.1992, 4 C 15/90, ZfBR 1993, 86.
9 *Hofherr*, in: Berliner Kommentar zum BauGB, § 34 Rn. 6.
10 BVerwG, 12.12.1990, 4 C 80/87, DVBl. 1991, 810.
11 BVerwG, 10.07.2000, 4 B 39/00, UPR 2000, 463.
12 Vgl. BVerwG, ZfBR 1991, 126; BVerwG, 28.10.1993, 4 C 5/93, UPR 1994, 148; *Hofherr*, in: Berliner Kommentar zum BauGB, § 34 Rn. 8.
13 BVerwG, ZfBR 1997, 324.
14 BVerwG, UPR 1994, 452; *Hofherr*, in: Berliner Kommentar zum BauGB, § 34 Rn. 10.

dokumentierte planerische Wille der Gemeinde, die Zuordnung dieser Flächen zum Außenbereich vorzunehmen, nicht eine nach optisch wahrnehmbaren tatsächlichen Merkmal gegebenen Bebauungszusammenhang aufheben kann.[15] Zwischen bebauten Grundstücken liegende unbebaute Grundstücke sind einer Bebauung zugänglich, wenn sie den Bebauungszusammenhang nicht unterbrechen. Hierfür kommt es maßgeblich auf die Größe des betreffenden Grundstücks an. Mit wachsender Größe des betreffenden Grundstücks ist eine Unterbrechung des Bebauungszusammenhangs indiziert.[16] Größere Freiflächen können den Bebauungszusammenhang in der Weise unterbrechen, dass mehrere im Zusammenhang bebaute Ortsteile anzunehmen sind. Sie können aber auch dann, wenn sie allseits von Bebauung umgeben sind, gleichwohl als Außenbereich angesehen werden. Die Rechtsprechung bezeichnet entsprechende Flächen als »Außenbereich im Innenbereich«.[17] Natürliche Geländehindernisse begrenzen in der Regel einen Bebauungszusammenhang.[18] Dies gilt vor allem dann, wenn das Geländehindernis die optisch wahrnehmbare Beziehung zwischen dem Vorhaben und dem anderen für einen Bebauungszusammenhang in Betracht kommenden bebauten Grundstück unterbricht. Demgegenüber existiert hinsichtlich der abtrennenden Wirkung von Verkehrsflächen keine Regelvermutung.[19] Eine Verkehrsfläche kann je nach den Umständen des Einzelfalls einen Bebauungszusammenhang herstellen, eine trennende Funktion erfüllen oder auch ohne jegliche Aussagekraft sein. Eine Regelvermutung für eine trennende Wirkung existiert lediglich hinsichtlich einseitig angebauter Verkehrsflächen.[20]

Wichtig ist, dass auch die Lage innerhalb eines im Zusammenhang bebauten Ortsteils nicht sicher die Bebaubarkeit des Grundstücks gewährleistet. § 34 verbietet es beispielsweise nicht, im Zusammenhang bebaute Ortsteile auch in einem Überschwemmungsgebiet gemäß § 32 Abs. 1 WHG anzunehmen. § 32 Abs. 1 WHG ordnet allerdings hier ein grundsätzliches Bauverbot an. Da gemäß § 29 Abs. 2 auch durch öffentlich-rechtliche Vorschriften außerhalb des BauGB Anforderungen an die Zulässigkeit eines Vorhabens gestellt werden können, kann ein Vorhaben, das sich grundsätzlich gemäß § 34 BauGB innerhalb eines im Zusammenhang bebauten Ortsteils in die Eigenart der näheren Umgebung einfügt, gleichwohl bebauungsrechtlich unzulässig sein. Die Einbeziehung eines gemäß § 34 grundsätzlich bebaubaren Grundstücks in ein Überschwemmungsgebiet mit der Folge, dass es danach der Bebaubarkeit entzogen ist, verstößt nicht gegen die Eigentumsgarantie des Art. 14 GG.[21] 6

3. Eigenart der näheren Umgebung

Aus der Eigenart der näheren Umgebung sind die Maßstäbe abzuleiten, nach denen sich das Einfügen eines Vorhabens beurteilt. Die nähere Umgebung reicht so weit, wie sich die Ausführung des zur Genehmigung gestellten Vorhabens auswirken kann und die Umgebung ihrerseits den bodenrechtlichen Charakter des Baugrundstücks prägt oder doch beeinflusst.[22] Dabei sind prägend nur die Merkmale einer tatsächlich vorhandenen Bebauung. Grundstückseigenschaften, die in den optisch wahrnehmbaren Gegebenheiten keinen Niederschlag gefunden haben, bleiben daher 7

---

15 BVerwG, 28.10.1993, 4 C 5/93, UPR 1994, 148; *Hofherr*, in: Berliner Kommentar zum BauGB, § 34 Rn. 10.
16 BVerwG, NVwZ-RR 1999, 763.
17 BVerwG, 01.12.1972, IV C 6.71, BVerwGE 41, 227, 234; BVerwG, 17.05.2002, 4 C 6.01, ZfBR 2002, 801; *Hofherr*, in: Berliner Kommentar zum BauGB, § 34 Rn. 12.
18 BVerwG, BauR 1988, 444.
19 *Hofherr*, in: Berliner Kommentar zum BauGB, § 34 Rn. 14; Battis/*Krautzberger*/Löhr, BauGB § 34 Rn. 6, 14.
20 BVerwG, 16.02.1988, 4 B 19/88, NVwZ 1989, 6; *Hofherr*, in: Berliner Kommentar zum BauGB, § 34 Rn. 14.
21 BVerwG, 22.07.1004, 7 CN 1.04, ZfBR 2005, 66.
22 St. Rspr. des BVerwG, 20.08.1998, 4 B 79/88, BauR 1999, 32.

grundsätzlich außer Betracht.[23] Solche grundsätzlich nicht optisch wahrnehmbaren Grundstückseigenschaften sind beispielsweise bestimmte raumordnerische Standortfestlegungen. Unbeachtlich sind auch prognostische und wertende Elemente.[24]

8 Prägend ist allerdings nicht nur die Bebauung in der unmittelbaren Nachbarschaft, sondern auch diejenige der weiteren Umgebung. In aller Regel hat allerdings die Bebauung in der unmittelbaren Nachbarschaft eine stärker prägende Wirkung als eine weiter entfernt vorhandene Bebauung.[25] Zwar ist der Begriff des Ortsteils nicht mit dem Begriff der näheren Umgebung identisch, allerdings bildet der im Zusammenhang bebaute Ortsteil die Grenze, die bei der Bestimmung der näheren Umgebung nicht überschritten werden darf. Baulichkeiten, die jenseits der Grenze des Innenbereichs im Außenbereich vorhanden sind, sind für eine benachbarte Innenbereichsbebauung nicht Maßstab bildend.[26] Die Rechtsprechung zur Abgrenzung zwischen Innen- und Außenbereich kann im Übrigen sinngemäß auf die Abgrenzung der näheren Umgebung übertragen werden.[27] Danach kann beispielsweise auch eine Straße bei unterschiedlichen Nutzungen auf beiden Straßenseiten bezüglich der Bestimmung der näheren Umgebung eine trennende Funktion haben. Maßgeblich kommt es dabei auf die Art des Unterschiedes in der Nutzung an.

9 Prägende Wirkung hat die Umgebung auch dann, wenn sie unterschiedlich ist; aus der Eigenart der näheren Umgebung muss sich nämlich keine konkrete Bebauung ableiten lassen, ausreichend ist auch, wenn ein bestimmter Rahmen abgeleitet werden kann.

10 Zur Eigenart der näheren Umgebung gehört all dasjenige, was für den Charakter und die Funktion der in der Umgebung vorhandenen Bebauung objektiv von Bedeutung ist.[28] Nicht geprägt wird die Eigenart der näheren Umgebung allerdings durch solche Vorhaben, die in der näheren Umgebung als Fremdkörper erscheinen. Eine bauliche Anlage ist ein Fremdkörper, wenn sie von ihrem quantitativen Erscheinungsbild oder nach ihrer Qualität völlig aus dem Rahmen der sonst in der näheren Umgebung anzutreffenden Bebauung herausfällt. Dies ist insbesondere dann der Fall, wenn die baulichen Anlagen von ihrem Erscheinungsbild (Ausdehnung, Höhe) nicht die Kraft haben, die Eigenart der näheren Umgebung zu beeinflussen, die der Betrachter also nicht nur oder nur am Rande wahrnimmt. Ein Herausfallen aus dem Rahmen kann auch dann angenommen werden, wenn eine singuläre Anlage in einem auffälligen Kontrast zur übrigen Bebauung steht. Dies ist dann der Fall, wenn die Anlage nach ihrer Zweckbestimmung in der näheren Umgebung einzigartig ist.[29]

11 Ein Vorhaben ist zulässig, wenn es sich in die nach den gerade genannten Kriterien definierte Eigenart der näheren Umgebung einfügt. Ein Vorhaben fügt sich dann in die Eigenart der näheren Umgebung ein, wenn es sich innerhalb des aus seiner Umgebung hervorgehenden Rahmens hält.[30] Zu berücksichtigen ist, dass es ein Vorhaben trotz Einhaltung des Rahmens dann nicht einfügen, wenn es die gebotene Rücksichtnahme auf die sonstige, in seiner unmittelbaren Nähe vorhandene Bebauung fehlen lässt. Einfügen kann sich ein Vorhaben allerdings auch dann, wenn es zwar den aus seiner Umgebung abgeleiteten Rahmen überschreitet, sich aber gleichwohl im Verhältnis zu seiner Umgebung harmonisch darstellt. Das ist dann der Fall, wenn weder das Vor-

---

23 BVerwG, 11.02.1993, 4 C 15/92, ZfBR 1993, 191; *Hofherr*, in: Berliner Kommentar zum BauGB, § 34 Rn. 16.
24 BVerwG, 14.01.1993, 4 C 19/90, UPR 1993, 221.
25 BVerwG, 10.11.1994, 4 B 158/93, BRS 56 Nr. 66.
26 BVerwG, 10.02.1982, 4 C 28/91, ZfBR 1983, 95; *Hofherr*, in: Berliner Kommentar zum BauGB, § 34 Rn. 17.
27 *Hofherr*, in: Berliner Kommentar zum BauGB, § 34 Rn. 17.
28 *Hofherr*, in: Berliner Kommentar zum BauGB, § 34 Rn. 19; Battis/*Krautzberger*/Löhr, BauGB § 34 Rn. 14.
29 Vgl. *Söfker*, in: Ernst/Zinkahn/Bielenberg, BauGB § 34 Rn. 37.
30 *Hofherr*, in: Berliner Kommentar zum BauGB, § 34 Rn. 20; Battis/*Krautzberger*/Löhr, BauGB § 34 Rn. 15.

haben selbst noch in seiner nicht auszuschließenden Vorbildwirkung geeignet ist, bodenrechtlich beachtliche und damit bewältigungsbedürftige Spannungen zu begründen, auszulösen oder ggf. bereits in der Umgebung vorhandene Spannungen zu verstärken und dadurch die bereits vorhandene Situation verschlechtert, gestört, belastet oder negativ in Bewegung gebracht wird.[31] Wichtig ist in diesem Zusammenhang zu beachten, dass es aus naturschutzrechtlichen Gründen im Einzelfall geboten sein kann, den aus der Umgebungsbebauung für die Zulässigkeit eines Vorhabens ableitbaren Rahmen nicht voll auszuschöpfen.[32]

Ein Vorhaben fügt sich dann ein, wenn es sich hinsichtlich der Art der baulichen Nutzung, des Maßes der baulichen Nutzung, der Bauweise und der überbaubaren Grundstücksflächen im durch die Maßstab bildende Umgebung vorgegebenen Rahmen hält. **12**

a) Art der baulichen Nutzung

Für die Frage, ob sich ein Vorhaben nach der Art der baulichen Nutzung im Rahmen der Umgebungsbebauung hält, ist primär auf die in der BauNVO typisierten Nutzungsarten abzustellen.[33] Entscheidend für die Rahmenbildung ist dabei, welche der typisierten Nutzungsarten in der maßgeblichen Umgebung im Zeitpunkt der Beurteilung der Zulässigkeit des Vorhabens tatsächlich vorhanden sind.[34] Ist die maßgebliche Umgebung diffus, dann fügt sich ein Vorhaben nicht bereits deshalb ein, weil es einer Nutzungsart entspricht, die nach der BauNVO in einem der in Betracht kommenden Baugebiete zulässig wäre. Entscheidend ist, ob gerade diese Nutzungsart in der maßgeblichen Umgebung tatsächlich vorhanden ist. Ist dies der Fall, so hält ein Vorhaben, das die Merkmale einer solchen Nutzungsart aufweist, ohne weiteres den vorhandenen Rahmen ein.[35] Weitere Differenzierungen innerhalb der jeweilig in typisierten Nutzungsarten bezüglich der unterschiedlichen konkreten Merkmale der Ausgestaltung oder der Betriebsstruktur sind nicht vorzunehmen.[36] Der Rückgriff auf die BauNVO ermöglicht allerdings nicht, diese rechtssatzartig heranzuziehen und im Rahmen des § 34 Abs. 1 unmittelbar anzuwenden. Die BauNVO stellt für die Anwendung des § 34 Abs. 1 lediglich eine Auslegungshilfe dar. Aus diesem Grund sind Änderungen der BauNVO im Rahmen des § 34 Abs. 1 auch keine Änderung der Rechtslage.[37] Der maßgebliche Rahmen wird lediglich von der im Zeitpunkt der Zulassungsentscheidung tatsächlich vorhandenen Bebauung und deren Nutzung geprägt. Aus diesem Grund kann eine Bebauung oder bauliche Nutzung, die in früherer Zeit zwar genehmigt worden ist, jedoch in den tatsächlichen Gegebenheiten keinen sichtbaren Niederschlag mehr findet, weil sie beseitigt oder eingestellt worden ist, sowohl bei der Qualifizierung der Eigenart der näheren Umgebung als auch bei der Bestimmung des Maßstab bildenden Rahmens unbeachtlich sein.[38] Ein Altbestand, der vernichtet oder dessen Nutzung aufgegeben worden ist, verliert allerdings nicht automatisch seine prägende Kraft.[39] Vielmehr dauert die umgebende Prägung so lange fort, wie nach der Verkehrsauffassung mit einer Wiederbebauung oder einer Wiederaufnahme der Nutzung zu rechnen ist.[40] Die Verkehrsauffassung rechnet jedenfalls so lange mit der Wiederaufnahme der Nutzung, wie über die Genehmigung einer neuen Nutzung für die bauliche Anlage noch ein Verwaltungsstreitverfahren anhängig ist. **13**

---

31 BVerwG, 19.09.1986, 4 C 15/84, ZfBR 1987, 44; *Hofherr*, in: Berliner Kommentar zum BauGB, § 34 Rn. 22; Battis/*Krautzberger*/Löhr, BauGB § 34 Rn. 18.
32 BVerwG, 11.01.2001, 4 C 6/06, NVwZ 2001, 1040.
33 BVerwG, 03.04.1987, 4 C 41/87, BauR 1987, 538 f.; Battis/*Krautzberger*/Löhr, BauGB § 34 Rn. 15.
34 BVerwG, 03.04.1987, 4 C 41/87, BauR 1987, 538 f.
35 *Hofherr*, in: Berliner Kommentar zum BauGB, § 34 Rn. 24.
36 *Hofherr*, in: Berliner Kommentar zum BauGB, § 34 Rn. 25.
37 *Hofherr*, in: Berliner Kommentar zum BauGB, § 34 Rn. 26.
38 BVerwG, 14.01.1993, 4 C 19/90, NVwZ 1993, 1184.
39 BVerwG, 17.05.2002, 4 C 6/01, ZfBR 2002, 801.
40 BVerwG, 24.02.2000, 4 C 12/98, BauR 2000, 1171.

14 Bei der Bestimmung des Maßstab bildenden Rahmens ist auch eine auf dem Baugrundstück selbst bislang betriebene bauliche Nutzung dann zu berücksichtigen, wenn sie in einer Weise geduldet oder genehmigt ist, die keinen Zweifel daran lässt, dass sich die zuständigen Behörden mit dem Vorhandensein der Bebauung und der baulichen Nutzung abgefunden haben.[41] Nicht Maßstab bildend ist die Bebauung auf dem Grundstück auch dann, wenn sie sich nach den vorstehenden Maßstäben als Fremdkörper erweist.

b) Maß der baulichen Nutzung

15 Innerhalb des sich aus der Umgebung tatsächlich ergebenden und den Rahmen bildenden Maßes der baulichen Nutzung sind Vorhaben grundsätzlich zulässig. Für die Bestimmung des Maßes ist vorrangig auf die absoluten Größen von Grundfläche, Geschosszahl und Höhe sowie bei offener Bebauung zusätzlich auf das Verhältnis der Bebauung zur umgebenden Freifläche abzustellen.[42] Besondere Maßfaktoren der BauNVO, wie beispielsweise die Grundflächenzahl oder die Geschossflächenzahl, können nur in begrenzter Weise als Auslegungshilfe subsidiär hinzugezogen werden.[43] Hintergrund ist, dass Geschossflächen- und Grundflächenzahl maßgeblich von der jeweiligen Grundstücksgröße bestimmt werden. Diese Gesichtspunkte müssen im Bereich des unbeplanten Innenbereichs zurücktreten. Nach der Rechtsprechung des BVerwG kommt es für das Einfügen nach dem Maß der baulichen Nutzung daher nicht auf die Feinheiten der Berechnungsmodalitäten der BauNVO an.[44] Für das Einfügen kommt es auch nicht auf die Grundstücksgrenzen oder die Größe des Grundstücks an.[45]

16 Die im Rahmen des § 34 Abs. 1 zulässige Anlage darf die in der Umgebung vorhandenen Höhen nicht oder nur unwesentlich überschreiten. Sind in der näheren Umgebung verschiedene Höhen vorzufinden, ist grundsätzlich jede Höhe innerhalb dieses Rahmens zulässig. Hält ein Vorhaben die Höhe der Umgebungsbebauung ein, wird es auch nicht dadurch unzulässig, dass es aufgrund seiner Gebäudehöhe einem Nachbarobjekt die Aussicht in das Tal nimmt.

17 Entsprechendes gilt für das zulässige Maß der Grundfläche. Die in der Umgebung vorhandene Grundfläche der Gebäude darf nicht oder nur unwesentlich überschritten werden. Die Grundfläche des Gebäudes ist nur hinsichtlich der in der Umgebung vorhandenen absoluten Zahl als Zulässigkeitsmerkmal von Relevanz.[46] Gegebenenfalls sind zusätzlich die Merkmale im Hinblick auf die Bauweise und die bebaubare Grundstücksfläche zu überprüfen.

18 Die zulässige Geschosszahl richtet sich ebenfalls nach dem in der Umgebung vorzufindenden Rahmen. Unbeachtlich in diesem Zusammenhang sind zunächst die Feinheiten des landesrechtlichen Vollgeschossbegriffes.[47] Vorrangig kommt es auf den nach außen in Erscheinung tretenden Baukörper an, die Zahl der Vollgeschosse tritt als Zulassungsmerkmal also hinter die Höhe der baulichen Anlage zurück.[48]

c) Bauweise

19 Ein Vorhaben fügt sich nach seiner Bauweise dann in die nähere Umgebung ein, wenn es sich an die aus der Umgebung ableitbaren Vorgaben in Bezug auf die offene oder geschlossene Bauweise hält. Finden sich in einem unbeplanten Gebiet sowohl in offener Bauweise als auch in geschlosse-

---

41 *Hofherr*, in: Berliner Kommentar zum BauGB, § 34 Rn. 29.
42 *Söfker*, in: Ernst/Zinkahn/Bielenberg, BauGB § 34 Rn. 40.
43 BVerwG, 23.03.1994, 4 C 18/92, BauR 1994, 481, 482.
44 BVerwG, 23.03.1994, 4 C 18/92, BauR 1994, 481, 482.
45 BVerwG BRS 23 Nr. 44.
46 *Söfker*, in: Ernst/Zinkahn/Bielenberg, BauGB § 34 Rn. 44.
47 BVerwG, 27.02.1992, 4 C 50/89, BauR 1992, 491, 492.
48 *Söfker*, in: Ernst/Zinkahn/Bielenberg, BauGB § 34 Rn. 44.

ner Bauweise bebaute Grundstücke, sind regelmäßig beide Bauweisen zulässig.[49] Es muss nicht schon dann an die Grenze gebaut werden, wenn in der maßgeblichen Umgebung die geschlossene Bauweise überwiegt oder vorherrscht. Es kommt beim Vorhandensein beider Bauweisen für das Einfügen danach auf die konkreten Umstände des Einzelfalls an. Insoweit wird die größere Nähe eine stärker prägende Wirkung entfalten als weiter entfernte Bereiche.[50] Ein einzelnes Gebäude, das abweichend von der in der Umgebung einheitlich vorhandenen geschlossenen Bauweise in offener Bauweise errichtet worden ist, führt noch nicht dazu, dass ein Vorhandensein beider Bauweisen angenommen werden kann. Dieses Objekt kann als Fremdkörper zu bewerten sein, so dass im betreffenden Bereich nur in der geschlossenen Bauweise gebaut werden darf.[51]

d) Rücksichtnahmegebot

Das Rücksichtnahmegebot dient als Korrektiv dafür, dass eine alleinige Orientierung an dem durch die Bebauung vorgegebenen Rahmen nicht in jedem Fall zu einem angemessenen Ergebnis führt.[52] Das im Tatbestandsmerkmal des Einfügens enthaltene Gebot der Rücksichtnahme hat eine objekt-rechtliche und eine subjektiv-rechtliche Komponente. Ein Verstoß gegen die objektiv-rechtliche Komponente liegt vor, wenn ein Vorhaben im Verhältnis zu seiner Umgebung bewältigungsbedürftige Spannungen erzeugt, die potentiell ein Bedürfnis nach einer steuernden Bauleitplanung nach sich ziehen; die subjektiv-rechtliche Seite ist verletzt, wenn das Vorhaben die gebotene Rücksichtnahme speziell auf die in seiner unmittelbaren Umgebung vorhandene Bebauung vermissen lässt.[53]

20

Für die Beurteilung des Einzelfalls kommt es maßgeblich auf eine Abwägung zwischen demjenigen, was einerseits dem Rücksichtnahmebegünstigten und andererseits dem Rücksichtnahmeverpflichteten nach Lage der Dinge zuzumuten ist, an.[54] Das konkrete Maß der Rücksichtnahme, das dem Bauinteressenten abverlangt wird, bestimmt sich nach dem in der Umgebung tatsächlich Vorhandenen nach Maßgabe des rechtlich zulässigen. Zukünftige Entwicklungen werden mit Blick auf das Rücksichtnahmegebot nur insoweit berücksichtigt, wie sie im vorhandenen Bestand bereits einen Anklang gefunden haben.[55] Der Rücksichtnahmeverpflichtete braucht umso weniger Rücksicht zu nehmen, je verständlicher und unabweisbarer die mit dem Vorhaben verfolgten Interessen sind. Umgekehrt kann derjenige, dem die Rücksichtnahme im gegebenen Zusammenhang zu Gute kommt, umso mehr an Rücksichtnahme verlangen, je empfindlicher und schutzwürdiger seine Position ist. Grundvoraussetzung dafür, dass eine Abwägung überhaupt stattfindet, ist jedoch, dass derjenige, der ein bestimmtes Vorhaben abwehren will, eine abwägungserhebliche schutzwürdige Position gegenüber dem Vorhaben besitzt.[56] In die Abwägung zugunsten des Rücksichtnahmepflichtigen ist auch die Wertentscheidung des Grundgesetzes bezüglich der Gewährleistung der freien Ausübung der Religion einzustellen und bei der Anwendung des einfachen Rechts mitzuberücksichtigen.[57] Da die Regelung des § 34 eine bodenrechtliche Regelung ist, erfolgt die im Rahmen des Rücksichtnahmegebots vorzunehmende Abwägung unabhängig davon, wer zu einem bestimmten Zeitpunkt Eigentümer oder Nutzungsberechtigter des Vorhabens

21

---

49 *Hofherr*, in: Berliner Kommentar zum BauGB, § 34 Rn. 35.
50 *Hofherr*, in: Berliner Kommentar zum BauGB, § 34 Rn. 35.
51 *Hofherr*, in: Berliner Kommentar zum BauGB, § 34 Rn. 35.
52 *Hofherr*, in: Berliner Kommentar zum BauGB, § 34 Rn. 39; Battis/*Krautzberger*/Löhr, BauGB § 34 Rn. 17.
53 BVerwG, 06.11.1997, 4 B 172/97, ZfBR 1998, 166, 167.
54 BVerwG, 25.02.1977, IV C 22.75, BVerwGE 52, 122; *Hofherr*, in: Berliner Kommentar zum BauGB, § 34 Rn. 39; Battis/*Krautzberger*/Löhr, BauGB § 34 Rn. 17.
55 *Hofherr*, in: Berliner Kommentar zum BauGB, § 34 Rn. 40.
56 *Hofherr*, in: Berliner Kommentar zum BauGB, § 34 Rn. 41.
57 BVerwG, 27.02.1992, 4 C 50/89, BauR 1992, 491.

ist.⁵⁸ Ohne Relevanz im Rahmen der Abwägung ist auch eine potentielle Wertminderung des Grundstücks.⁵⁹

22 Besondere Bedeutung erlangt das Rücksichtnahmegebot vor allem dann, wenn gewerbliche, industrielle oder sportliche Nutzungen mit Wohnnutzung zusammentrifft und es um die Beurteilung von Geruchs- oder Lärmimmissionen geht.⁶⁰ Im Einzelfall ist in diesen Konstellationen der durch die zulässigen Nutzungsarten der BauNVO gesetzte Rahmen zu grob. Das Rücksichtnahmegebot ermöglicht hier eine Feinsteuerung.

23 Die Belastung der Grundstücksnutzung aufgrund besonderer örtlicher Gegebenheiten mit einer Pflicht zur Rücksichtnahme führt einerseits zu einer Pflichtigkeit desjenigen, der Emissionen verursacht, und andererseits auch zu einer Duldungspflicht desjenigen, der sich entsprechenden Immissionen aussetzt.⁶¹ Die Zumutbarkeitsgrenze bestimmt sich einerseits nach den Begriffsbestimmungen des BImSchG und andererseits anhand der materiell-rechtlichen Maßstäbe des Immissionsschutzrechts. Immissionen, die das immissionsschutzrechtlich zulässige Maß nicht überschreiten, begründen deshalb grundsätzlich keinen Verstoß gegen das Rücksichtnahmegebot.⁶²

24 Die Zumutbarkeit erheblicher Belästigungen wird durch unterschiedliche untergesetzliche Regelungen (etwa die 18. BImSchV – SportanlagenlärmschutzVO, die 16. BImSchV – VerkehrslärmschutzVO), Verwaltungsvorschriften nach § 48 BImschG (etwa TA Lärm oder TA Luft) und andere technische Regelwerke nicht hoheitlicher, aber sachkundiger Gremien (etwa VDI-Richtlinien und DIN-Normen) konkretisiert. Rechtlich verbindlich sind lediglich die Rechtsverordnungen als normative Regelwerke. Trotzdem entscheidet sich die Zulassung eines Vorhabens nicht allein und abschließend danach, ob die Richtwerte einer VO eingehalten oder überschritten werden. Das Rücksichtnahmegebot ermöglicht im Wege einer Feinabstimmung zusätzliche Differenzierungen.⁶³ Baugebietsbezogene Richtwerte sind daher je nach Lage des Einzelfalls durch situationsbezogene Zumutbarkeitskriterien – wie beispielsweise eine besondere Vorbelastung – zu modifizieren.⁶⁴

25 Den normkonkretisierenden Verwaltungsvorschriften (insbesondere TA Lärm und TA Luft) kommt nach der Rechtsprechung des BVerwG zumindest eine auch die Gerichte bindende begrenzte Außenwirkung zu.⁶⁵ Der gerichtlichen Kontrolle unterliegt insoweit, ob die festgelegten Standards den gesetzlichen Anforderungen und Wertungen entsprechen, ob sie zwischenzeitlich durch Erkenntnisfortschritte in Wissenschaft und Technik überholt sind und schließlich ob ein der Verwaltungsvorschrift nicht hinreichend erfasster, atypischer Sachverhalt vorliegt.⁶⁶

26 Technische Regelwerke privater Gremien haben nur dann eine rechtliche Bindungswirkung, wenn sich eine ausdrückliche staatliche Übernahmeentscheidung, etwa durch die Inkooperation in Rechtsverordnungen oder Verwaltungsvorschriften, nachweisen lässt.⁶⁷ Soweit es an einer konkreten Übernahmeentscheidung fehlt, werden diese Regelwerke in der Rechtsanwendungspraxis ins-

---

58 BVerwG, 23.09.1999, 4 C 6/98, DVBl. 2000, 192 f.
59 BVerwG, 06.11.1997, 4 B 172/97, NVwZ-RR 1998, 540; *Hofherr*, in: Berliner Kommentar zum BauGB, § 34 Rn. 42.
60 *Berkemann*, NUR 1998, 565, 573.
61 BVerwG, 23.09.1999, 4 C 6/98, DVBl. 2000, 192 f.
62 BVerwG, 24.04.1992, 7 C 7/92, ZfBR 1993, 132, 133.
63 *Hofherr*, in: Berliner Kommentar zum BauGB, § 34 Rn. 47.
64 BVerwG, 23.09.1999, 4 C 6/98, BVerwGE 109, 314; *Hofherr*, in: Berliner Kommentar zum BauGB, § 34 Rn. 47.
65 BVerwG, 20.12.1999, 7 C 15/98, NVwZ 2000, 440, 441.
66 BVerwG, 08.11.1994, 7 B 73/94, NVwZ 1995, 994; *Hofherr*, in: Berliner Kommentar zum BauGB, § 34 Rn. 48; Battis/*Krautzberger*/Löhr, BauGB § 34 Rn. 45.
67 *Hofherr*, in: Berliner Kommentar zum BauGB, § 34 Rn. 49.

besondere für die Ausfüllung des Begriffs »schädliche Umwelteinwirkungen« des § 3 BImSchG als Empfehlung, Indiz, Orientierungswert, Anscheinsbeweis, widerlegbare Vermutung oder antizipiertes Sachverständigengutachten bewertet.[68]

Im Übrigen beschränkt sich die Rechtswirkung des planungsrechtlichen Rücksichtnahmegebots nicht nur auf den Schutz vor Immissionen. Erfasst wird auch der Schutz vor anderen Beeinträchtigungen, beispielsweise vor der erdrückenden Wirkung einer baulichen Anlage[69] oder vor bodenrechtlich beachtlichen Spannungen, die sich aus der gewerblichen Nutzung in der Form der Ausübung der Prostitution im Hinblick auf eine benachbarte Wohnnutzung ergeben können.[70] Zu beachten ist, dass das Rücksichtnahmegebot sich lediglich zur Lösung spezifisch bebauungsrechtlicher Konflikte eignet. Dies bedeutet, dass sich aus dem Rücksichtnahmegebot beispielsweise keine Folgerungen für die bauplanungsrechtliche Zulässigkeit eines Vorhabens im Verhältnis zu einer in unmittelbarer Nähe vorhandenen Bundesstraße und deren Auswirkungen auf das betreffende Vorhaben ableiten lassen.[71]

e) Überschreitung des aus der Umgebung ableitbaren Rahmens

Auch Vorhaben, die den aus ihrer Umgebung ableitbaren Rahmen überschreiten, können sich gleichwohl in die Umgebung einfügen. Bei dem planungsrechtlichen Einfügen geht es weniger um Einheitlichkeit als vielmehr um Harmonie. Aus dem Umstand, dass ein Vorhaben in seiner Umgebung ohne ein konkretes Vorbild ist, folgt noch nicht, dass es ihm an der harmonischen Einfügung fehlt. Das Erfordernis des Einfügens schließt es also nicht schlechthin aus, etwas zu verwirklichen, was es in der Umgebung bislang nicht gibt. Das Gebot des Einfügens soll nicht als starre Festlegung auf den gegebenen Rahmen einen individuellen Ideenreichtum blockieren; es zwingt nicht zur Uniformität.[72] Das Erfordernis des Einfügens hindert nicht schlechthin daran, den vorgegebenen Rahmen zu überschreiten; aber es hindert daran, dies in einer Weise zu tun, die geeignet ist, bodenrechtlich beachtliche und erst noch ausgleichungsbedürftige Spannungen zu begründen oder die vorhandenen Spannungen zu erhöhen. Ein Vorhaben, das im Verhältnis zu seiner Umgebung bewältigungsbedürftige Spannungen begründet oder erhöht, bringt die ihm vorgegebene Situation gleichsam in Bewegung. Es stiftet eine Unruhe, die potentiell ein Planungsbedürfnis nach sich zieht. Soll es zugelassen werden, kann dies sachgerecht nur unter Einsatz der Bauleitplanung geschehen.[73]

Spannungen, die einer ausnahmsweisen Zulässigkeit entgegenstehen, können nicht daraus hergeleitet werden, dass die Durchführung des Bauvorhabens den ersten Schritt zur Überbauung des bislang noch unbebauten Grundstücks bedeuten würde. Allerdings kann das Vordringen einer gewerblichen Nutzung in einen Bereich, der bislang von einer solchen Nutzung planungsrechtlich abgeschirmt ist, im Einzelfall den Ausnahmetatbestand ausschließende Spannungen erzeugen.[74] Bodenrechtlich relevante Spannungen können insbesondere dadurch entstehen, dass aufgrund einer negativen Vorbildwirkung eines Vorhabens ein ganzes Baugebiet in Bewegung kommt.[75]

Auch wenn ausnahmsweise den aus der Umgebung ableitbaren Rahmen überschreitende Vorhaben zulässig sein können, kommt der Frage, ob ein Vorhaben den sich aus der näheren Umgebung ableitbaren Rahmen einhält oder ihn überschreitet, maßgebliche Bedeutung zu. Die Interes-

---

68 BVerwG, 29.04.1988, 7 C 33/87, BVerwGE 79, 254; *Hofherr*, in: Berliner Kommentar zum BauGB, § 34 Rn. 50; *Jarrass*, BImSchG § 48 Rn. 28 f.
69 BVerwG, 03.04.1981, 4 C 61/78, BauR 1981, 354.
70 BVerwG, 06.11.1997, 4 B 172/97, NVwZ-RR 1998, 540.
71 *Roeser*, in: Berliner Kommentar zum BauGB, § 34 Rn. 52.
72 BVerwG, 03.06.1977, IV C 37.75, BauR 1977, 398, 400 ff.
73 BVerwG, 26.05.1978, IV C 9.77, BVerwGE 55, 369.
74 BVerwG, 22.05.1987, 4 C 6/85, NVwZ 1987, 1079, 1080.
75 Vgl. *Hofherr*, in: Berliner Kommentar zum BauGB, § 34 Rn. 56.

sen der Beteiligten haben vor allem im Nachbarstreit ein unterschiedliches Gewicht je nachdem, ob es sich um ein Vorhaben handelt, das grundsätzlich zulässig und ausnahmsweise unzulässig ist, oder – umgekehrt – das grundsätzlich unzulässig und nur ausnahmsweise zulässig ist.[76] Für ein Vorhaben, das sich im Rahmen der näheren Umgebung an die vorhandene Nutzung hält, spricht die Vermutung, dass es sich einfügt. Diese Vermutung kann nur in Ausnahmefällen widerlegt werden. Innerhalb zusammenhängend bebauter, unbeplanter Ortsteile muss grundsätzlich damit gerechnet werden, dass der vorhandenen Bebauung entsprechende Vorhaben auch in Zukunft errichtet werden. Es muss allerdings nicht damit gerechnet werden, dass der sich aus der vorhandenen Bebauung ableitbare Rahmen überschritten wird.[77]

4. Weitere Zulässigkeitsvoraussetzungen

31 Die bauplanungsrechtliche Zulässigkeit eines Vorhabens setzt weiter voraus, dass sowohl die Anforderungen an gesunde Wohn- und Arbeitsverhältnisse gewahrt bleiben als auch, dass das Ortsbild nicht beeinträchtigt wird.

a) Anforderungen an gesunde Wohn- und Arbeitsverhältnisse

32 Welche Anforderungen im Einzelnen an gesunde Wohn- und Arbeitsverhältnisse zu stellen sind, ergibt sich aus den maßgeblichen bauordnungsrechtlichen Vorschriften der Länder sowie aus sonstigen öffentlich-rechtlichen Bauvorschriften.[78] Maßgeblich sind insbesondere die Anforderungen an die Belichtung, Besonnung und Belüftung von Wohnungen und Arbeitsstätten sowie an die allgemeine bauliche Beschaffenheit von Gebäuden, Wohnungen und Betriebsstätten. Hinsichtlich Betriebsstätten ist darüber hinaus auch das allgemeine Arbeitsstättenschutzrecht mit in den Blick zu nehmen. Im Zuge zunehmender Verdichtung kommt auch der Berücksichtigung von Belangen des Lärmschutzes maßgebliche Bedeutung zu. Die öffentlichen Belange des § 34 Abs. 2 BauGB begrenzen allerdings grundsätzlich die durch Art. 14 Abs. 1 S. 1 GG geschützte Baufreiheit des Eigentümers. Aus diesem Grund ist der Maßstab, bei dem auf Grund von Lärmeinwirkungen die Anforderungen an gesunde Wohnverhältnisse nicht mehr gewahrt sind, höher anzusetzen als der Geräuschpegel, der dem Eigentümer einer bestehenden baulichen Anlage bezüglich des Lärms einer neu anzulegenden oder wesentlich zu verändernden öffentlichen Straße ohne Ausgleich zugemutet werden kann.[79] Soweit durch eine Vorbelastung das Lärmschutzniveau bereits bis zur Schwelle gesunder Wohnverhältnisse gesenkt ist, kann auf einem Wohngrundstück, das nach der Eigenart der näheren Umgebung in einem allgemeinen oder reinen Wohngebiet liegt, auch ein Lärmschutzniveau, das dem Immissionsrichtwert für die Dorf- und Mischgebiet entspricht, als Vorbelastung zumutbar sein. Insoweit wird nämlich der gesetzgeberischen Wertung Rechnung getragen, dass die genannten Baugebiete neben der Unterbringung von nicht wesentlich störenden Gewerbebetrieben auch dem Wohnen dienen und die hierauf zugeschnittenen Immissionsrichtwerte für den Fall Gewähr leisten, dass die Anforderungen an gesunde Wohnverhältnisse gewahrt bleiben.[80]

b) Schutz des Ortsbildes

33 Der in § 34 Abs. 1 S. 2 eingefügte Belang des »Ortsbildes« ist in den planungsrechtlichen Grundsätzen des § 1 Abs. 6 Nr. 5 ausdrücklich aufgeführt. Auch ein Vorhaben, das sich in die Einheit der näheren Umgebung einfügt, kann das Ortsbild beeinträchtigen.[81] Dabei bedeutet »beein-

---

76 BVerwG, 06.10.1989, 4 C 14/87, BVerwGE 82, 343, 348.
77 BVerwG, 22.05.1987, 4 C 6/85, NVwZ 1987, 1079, 1080.
78 Battis/*Krautzberger*/Löhr, BauGB § 136 Rn. 15.
79 *Hofherr*, in: Berliner Kommentar zum BauGB, § 34 Rn. 59.
80 BVerwG, 23.03.1999, 4 C 6/98, BVerwGE 109, 314; *Hofherr*, in: Berliner Kommentar zum BauGB, § 34 Rn. 59.
81 BVerwG, 16.07.1990, 4 B 106/90, ZfBR 1990, 306.

trächtigen« mehr als bloß berührt sein. Ob ein Vorhaben das Ortsbild beeinträchtigt, ist dabei lediglich unter städtebaulichen, nicht aber mit Blick auf ästhetische Gesichtspunkte zu prüfen.[82] Das Ortsbild muss eine gewisse Wertigkeit für die Allgemeinheit mit Blick auf einen größeren Maßstab bildenden Bereich, als dies für das Einfügungsgebot maßgeblich ist, aufweisen. Eine besondere Einheitlichkeit oder Gleichartigkeit der Bebauung reicht nicht aus. Es ist also eine den Ortsteil aus dem Üblichen herausragende Prägung notwendig.[83] Wichtig ist, dass § 34 Abs. 1 S. 2 das Ortsbild nur in dem Umfang vor Beeinträchtigungen schützen kann, wie dies im Geltungsbereich eines Bebauungsplans durch Festsetzungen nach § 9 Abs. 1 BauGB i.V.m. den Regelungen der BauNVO möglich wäre.[84] Der Schutz des Ortsbildes ist regelmäßig nicht von einem solchen Gewicht, das die vollständige Freihaltung eines Baugrundstücks im Innenbereich bewirken kann.[85]

5. Gesicherte Erschließung

Der Begriff der »gesicherten Erschließung« im Rahmen des § 34 ist ein bundesrechtlicher Begriff. Er wird nicht durch das Landesrecht konkretisiert.[86] Für § 34 ist im Grunde diejenige Erschließung ausreichend, die der jeweilige Innenbereich bereits aufweist. Eine vorhandene Straße ist jedoch nur dann geeignet, die Erschließung zu sichern, wenn sie den durch das Vorhaben ausgelösten gewöhnlichen Verkehr bewältigen kann.[87]

Gesichert ist die Erschließung dann, wenn sie auf Dauer zur Verfügung steht.[88] Soweit die zur Erschließung gebotenen Straßenbau- bzw. -ausbaumaßnahmen erst noch ausgeführt werden müssen, gilt die Erschließung gleichwohl als gesichert, wenn sich der Bauherr bzw. ein Dritter gegenüber der Gemeinde verpflichtet, die erforderlichen Erschließungsmaßnahmen bis zu einem bestimmten Zeitpunkt durchzuführen.[89]

Sofern das Baugrundstück nicht unmittelbar an das öffentliche Straßen- und Wegenetz angrenzt, muss die Zugänglichkeit ebenfalls rechtlich abgesichert werden. Vor dem Hintergrund, dass die Erschließung dauerhaft gesichert sein muss, reicht eine rein obligatorische Vereinbarung des Bauherrn mit einem privaten Nachbarn nicht aus.[90] Planungsrechtlich ist darüber hinaus die im Bauordnungsrecht der Länder teilweise geforderte öffentlich-rechtliche Absicherung über eine Baulast (vgl. beispielsweise § 4 Abs. 1 Nr. 1 BauO NRW) erforderlich. Sofern jedoch bereits eine Sicherung durch eine öffentliche Baulast besteht, verlangt das Bauplanungsrecht nicht, dass zusätzlich auch noch eine privatrechtliche Dienstbarkeit bestellt wird.[91]

Einer besonderen rechtlichen Sicherung bedarf es dann nicht, wenn das Baugrundstück eine unmittelbare Zufahrt zum öffentlichen Straßen- und Wegenetz besitzt.[92] Allerdings ist die Erschließung auch bei bereits vorhandenen Straßen dann nicht gesichert, wenn das Vorhaben zu einer solchen Belastung der das Grundstück unmittelbar erschließenden Straßen bzw. den in wenigen 100 m entfernt liegenden weiterführenden Straßen mit Zubringerfunktion führen würde, die die

---

82 Battis/*Krautzberger*/Löhr, BauGB § 34 Rn. 24.
83 Battis/*Krautzberger*/Löhr, BauGB § 34 Rn. 25.
84 BVerwG, 11.05.2000, 4 C 14/98, NVwZ 2000, 1169.
85 BVerwG, 23.05.1980, IV C 79/77, NJW 1981, 474.
86 BVerwG, 23.08.1996, 4 C 13/94, NVwZ 1989, 353; Battis/*Krautzberger*/Löhr, BauGB § 34 Rn. 21.
87 BVerwG, 22.11.1995, 4 B 224/95, NVwZ 1997, 389; Battis/*Krautzberger*/Löhr, BauGB § 34 Rn. 22.
88 BVerwG, 22.11.1995, 4 B 224/95, NVwZ 1997, 389; *Hofherr*, in: Berliner Kommentar zum BauGB, § 34 Rn. 62.
89 BVerwG Buchholz 406.11 § 34 Nr. 122; *Hofherr*, in: Berliner Kommentar zum BauGB, § 34 Rn. 63.
90 *Hofherr*, in: Berliner Kommentar zum BauGB, § 34 Rn. 64.
91 BVerwG, NJW 1991, 713.
92 BVerwG, 22.11.1995, 4 B 224/95, NVwZ 1997, 389; *Hofherr*, in: Berliner Kommentar zum BauGB, § 34 Rn. 65.

Sicherheit und Leichtigkeit des Verkehrs nicht nur in Spitzenzeiten beeinträchtigen würde.[93] Zweifelhaft ist, ob auch Verkehrsstörungen, die an weiter entfernten Straßen, insbesondere an Kreuzungspunkten, durch das zur Genehmigung gestellte Vorhaben auftreten könnten, im Rahmen der Erschließung zu beachten sind. Grundsätzlich gilt, dass nicht jede Erhöhung der Verkehrsbelastung an Kreuzungspunkten zu weiterführenden Straßen die Sicherung der Erschließung des dafür ursächlichen Vorhabens gefährdet.[94] Eigens wird man auch nicht nur die Straße in Betracht ziehen dürfen, an die das Grundstück unmittelbar angrenzt. Die Verkehrsstörungen werden jedenfalls dann berücksichtigt werden müssen, wenn die unmittelbare Erschließungsstraße nach wenigen 100 m in eine weiterführende Bundesstraße mündet, ihr also gewissermaßen Zubringerfunktion zukommt.[95]

B. Zulässigkeit von Vorhaben gemäß Abs. 2

38 Die Anwendung des § 34 Abs. 2 setzt voraus, dass die Eigenschaft der maßgeblichen näheren Umgebung konkret einem der in der BauNVO bezeichneten Baugebiete entspricht.[96] Sofern und soweit die Eigenart der näheren Umgebung einem der Baugebiete in der BauNVO zugeordnet werden kann, ist ein Vorhaben zulässig, wenn es in dem entsprechenden Gebiet bei Anwendung der BauNVO zulässig wäre. Während also ein Vorhaben gemäß § 34 Abs. 1 BauGB grundsätzlich nur dann zulässig ist, wenn sich der maßgeblichen Umgebung bereits Vorhaben vorfinden lassen, die der gleichen Nutzungskategorie der BauNVO zugeordnet werden können, kann im Fall des Vorliegens der Voraussetzungen des § 34 Abs. 1 das Vorhaben bereits dann zulässig sein, wenn es nur insgesamt in dem der BauNVO zuzuordnen Baugebiet generell zulässig ist. Der Verweis auf die BauNVO ist dynamisch, die BauNVO kommt also in der jeweils gültigen Fassung zur Anwendung.[97] Die Anwendung der BauNVO gilt jedoch nur hinsichtlich der Art der Nutzung. Hinsichtlich des Maßes der Nutzung bestimmt sich die Zulässigkeit des Vorhabens nach wie vor nach den zu § 34 Abs. 1 entwickelten Maßstäben.[98]

39 Gemäß § 34 Abs. 2 2. HS sind die Bestimmungen des § 31 Abs. 1 und Abs. 2 entsprechend anwendbar. Zu berücksichtigen ist allerdings, dass die Voraussetzungen, dass die Grundzüge der Planung nicht berührt werden, nicht ohne weiteres auf § 34 Abs. 2 übertragen werden können, weil Grundzüge der Planung im unbeplanten Innenbereich nicht vorhanden sind.[99] Abzustellen ist insoweit auf die tatsächlich vorhandene städtebauliche Situation. Maßgeblich ist, ob durch das Vorhaben der Gebietscharakter berührt wird.[100]

C. Weitere Zulässigkeitsvoraussetzungen gemäß Abs. 3

40 Trotz des weiten Wortlauts zielt der mit dem EAG Bau neu eingefügte Abs. 3 primär auf eine Beschränkung der Zulässigkeit großflächiger Einzelhandelsbetriebe im Anwendungsbereich des Abs. 1.[101] Falls ein Vorhaben schädliche Auswirkungen auf zentrale Versorgungsbereiche in der Gemeinde oder in benachbarten Gemeinden erwarten lässt, ist es bauplanungsrechtlich nicht zulässig. Zentrale Versorgungsbereiche sind räumlich abgrenzbare Bereiche einer Gemeinde, denen

---

93 BVerwG, 19.09.1986, 4 C 15.84, BVerwGE 75, 34, 44.
94 BVerwG, 19.09.1986, 4 C 15.84, BVerwGE 75, 34, 44.
95 BVerwG, 3.12.194, 4 C 8/80, BVerwGE 68, 352, 358.
96 *Hofherr*, in: Berliner Kommentar zum BauGB, § 34 Rn. 67; Battis/*Krautzberger*/Löhr, BauGB § 34 Rn. 46.
97 *Berkemann*, NVwZ 1992, 817, 823.
98 Battis/*Krautzberger*/Löhr, BauGB § 34 Rn. 46.
99 *Hofherr*, in: Berliner Kommentar zum BauGB, § 34 Rn. 71, Battis/*Krautzberger*/Löhr, BauGB § 34 Rn. 52.
100 *Söfker*, in: Ernst/Zinkahn/Bielenberg, BauGB § 34 Rn. 82; *Hofherr*, in: Berliner Kommentar zum BauGB, § 34 Rn. 71.
101 *Roeser*, in: Berliner Kommentar zum BauGB, § 34 Rn. 71a.

auf Grund vorhandener Einzelhandelsnutzungen eine Versorgungsfunktion über den unmittelbaren Nahbereich hinaus zukommt.[102] In einer entsprechend großen Gemeinde sind auch mehrere zentrale Versorgungsbereiche denkbar, die ggf. in ein oder mehrere Haupt- und Nebenzentren systematisiert werden können.[103]

Ob und inwieweit das neue Vorhaben schädliche Auswirkungen auf zentrale Versorgungsbereiche erwarten lässt, ist insbesondere unter dem Aspekt der verbrauchernahen Versorgung der Bevölkerung nachvollziehbar zu ermitteln und zu begründen.[104] Dabei lässt ein Vorhaben schädliche Auswirkungen auf zentrale Versorgungsbereiche jedenfalls dann erwarten, wenn es deren Funktionsfähigkeit so nachhaltig stört, dass sie ihren Versorgungsauftrag generell oder hinsichtlich einzelner Branchen nicht mehr substantiell wahrnehmen können.[105] Als Maßstab zur Feststellung schädlicher Auswirkungen wird dabei primär der zu erwartende Kaufkraftabfluss herangezogen werden. Im Einzelfall können aber auch andere Beurteilungsmethoden angewendet werden.[106] Wichtig ist dabei, dass vom Antragsteller der Nachweis verlangt werden kann, dass von dem Vorhaben keine zentrenschädlichen Auswirkungen zu erwarten sind.[107]

41

Die Vermutungsregel des § 11 Abs. 3 S. 3 BauNVO gilt im Rahmen der Beurteilung der Zulässigkeit eines Vorhabens in den Fällen des § 34 Abs. 1 weder unmittelbar noch analog.[108] Im Anwendungsbereich des § 34 Abs. 2 kann demgegenüber § 11 Abs. 3 BauNVO zur Beurteilung der Zulässigkeit des Vorhabens herangezogen werden.

42

D. Abweichungsmöglichkeiten gemäß Abs. 3a

Die Genehmigung nach Abs. 3a kommt bei Vorhaben in Betracht, die nach § 34 Abs. 1 unzulässig sind, die jedoch aus qualifizierten Gründen im Einzelfall gleichwohl zugelassen werden sollen, weil das Vorhaben einem Gewerbe- oder Handwerksbetrieb oder dem Wohnen dient. Gemäß § 34 Abs. 3a sind nur Maßnahmen genehmigungsfähig, die an einen vorhandenen Bestand anknüpfen.

43

Erweiterungen von baulichen und sonstigen Anlagen sind Baumaßnahmen, die den vorhandenen Bestand ergänzen.[109] Unter Änderung ist die Änderung der Substanz einer vorhandenen baulichen Anlage zu verstehen, insbesondere der Umbau, der Ausbau oder die Modernisierung, und zwar sowohl im Inneren wie auch im Äußeren der Anlage.[110] Nutzungsänderung ist die Änderung der rechtlichen Qualität der bisherigen Nutzung, soweit die Änderung bodenrechtlich von Relevanz ist.[111] Unter Erneuerung versteht man die Beseitigung einer vorhandenen Anlage mit anschließender Neuerrichtung an gleicher Stelle.[112]

44

§ 34 Abs. 3a bezieht sich auf Fälle, in denen vor allem die Maßstäbe des Einfügens der Zulässigkeit des Vorhabens entgegenstehen. Die Vorschrift setzt voraus, dass eine planerische Abwägung i.S.d. § 1 Abs. 7 möglich und erforderlich wäre.[113] Mit § 34 Abs. 3a eröffnet der Gesetzgeber die Möglichkeit einer ansonsten der Bauleitplanung vorbehaltenen Abwägungs- und Kompensationsentscheidung im Rahmen der Beurteilung und Entscheidung über ein Vorhaben im Einzelfall.

45

---

102 Battis/*Krautzberger*/Löhr, BauGB § 34 Rn. 55.
103 BVerwG, 20.11.1986, 4 B 50/06, BRS 70 Nr. 114.
104 Battis/*Krautzberger*/Löhr, BauGB § 34 Rn. 55.
105 BVerwG, 20.11.1986, 4 B 50/06, BRS 70 Nr. 114.; Battis/*Krautzberger*/Löhr, BauGB § 34 Rn. 55.
106 Battis/*Krautzberger*/Löhr, BauGB § 34 Rn. 55.
107 Battis/*Krautzberger*/Löhr, BauGB § 34 Rn. 55.
108 BverwG, 17.02.2009, 4 B 4/09, NJW 2009, 779, 780.
109 Battis/*Krautzberger*/Löhr, BauGB § 34 Rn. 57.
110 Battis/*Krautzberger*/Löhr, BauGB § 34 Rn. 57.
111 Battis/*Krautzberger*/Löhr, BauGB § 34 Rn. 57.
112 Battis/*Krautzberger*/Löhr, BauGB § 34 Rn. 57.
113 Battis/*Krautzberger*/Löhr, BauGB § 34 Rn. 58.

Die Entscheidung nach § 34 Abs. 3a entspricht ihrer Struktur nach der Befreiung gemäß § 31 Abs. 2. Im Gegensatz zur Bauleitplanung sind bei der Anwendung des § 34 Abs. 3a jedoch verschiedene Grenzen gesetzt. Insbesondere kommt bei § 34 Abs. 3a nur bei bestimmten Maßnahmen der Fortentwicklung des Bestandes im Innenbereich, und zwar nur in Einzelfällen, in Betracht. Dabei können diese Belange einerseits bei der Bauleitplanung nur durch Maßnahme am Vorhaben selbst in der unmittelbaren Umgebung des Standortes des Vorhabens oder in sonstigem Zusammenhang mit dem Vorhaben ausgeglichen werden.[114]

E. Satzungen, § 34 Abs. 4

46 § 34 Abs. 4 räumt der Gemeinde mit drei unterschiedlichen Tatbeständen (Abgrenzungs- oder Klarstellungssatzung nach Nr. 1, Ortsteils- oder Entwicklungssatz nach Nr. 2 sowie Abrundungssatzung nach Nr. 3) unterschiedliche Möglichkeiten zur Abgrenzung der im Zusammenhang bebauten Ortsteile gemäß § 34 vom Außenbereich nach § 35 ein. Die Rechtsfolgen der Satzungen nach § 34 Abs. 1 sind unterschiedlich.

I. Klarstellungssatzung

47 Die Klarstellungssatzung nach Nr. 1 legt die Grenzen eines im Zusammenhang bebauten Ortsteils deklaratorisch fest.[115] Da die Satzung nur deklaratorische Bedeutung hat, misst das Gesetz die Klarstellungssatzung nicht an den planungsrechtlichen Mindeststandards, die gemäß § 34 Abs. 5 für die Bauland erzeugende Satzungen nach § 34 Abs. 4 S. 1 Nrn. 2 und 3 vorliegen müssen.[116] Die Gemeinde kann daher über eine Klarstellungssatzung weder planerisches Ermessen dahin gehend ausüben, dass die Einbeziehung eines an sich im Außenbereich liegenden Grundstückes in den Innenbereich städtebaulich wünschenswert wäre, noch andererseits ein Grundstück von einer an sich vorhandenen Innenbereichsqualität ausschließen.[117] Die Satzung bindet jedoch öffentliche Planungsträger und andere öffentliche Stellen, vor allem die Baugenehmigungsbehörde.

II. Entwicklungssatzung

48 Die in § 34 Abs. 4 S. 2 Nr. 2 geregelte Entwicklungssatzung erklärt Außenbereichsgrundstücke konstitutiv zum Innenbereich.[118] Dies schließt nicht aus, dass mittels einer Entwicklungssatzung zum Innenbereich gehörende Grundstücke in den Geltungsbereich der Satzung nach § 34 Abs. 4 S. 1 Nr. 2 einbezogen werden. Soweit in § 34 Abs. 1 S. 1 Nr. 2 auf »Außenbereiche« Bezug genommen wird, wäre eine entsprechende Satzung, soweit Innenbereichsgrundstücke betroffen sind, durch § 34 Abs. 1 Nr. 1 abgedeckt.[119] Der Erlass einer Entwicklungssatzung nach § 34 Abs. 4 Nr. 2 setzt voraus, dass im Außenbereich bereits bebaute Bereiche vorliegen. Hierfür kommen insbesondere Splitter- und Streusiedlungen in Betracht. Es müssen allerdings Siedlungsansätze vorhanden sein, die die Eigenart der näheren Umgebung gemäß § 34 Abs. 1 in ausreichender Weise prägen. Bebaute und bisherige Außenbereichsgrundstücke müssen als Satzungsgebiet einem Ortsteil i.S.d. § 34 Abs. 1 entsprechen können. § 34 Abs. 4 S. 1 Nr. 2 erfordert jedoch nicht, dass das Gebiet bereits mit einem der in der BauNVO geregelten Gebiete übereinstimmt.[120] Zwingen-

---

114 Battis/*Krautzberger*/Löhr, BauGB § 34 Rn. 58.
115 *Hofherr*, in: Berliner Kommentar zum BauGB, § 34 Rn. 76; Battis/*Krautzberger*/Löhr, BauGB § 34 Rn. 61.
116 Vgl. BVerwG, 18.05.1990, 4 C 37/87, NVwZ 1991, 61; *Hofherr*, in: Berliner Kommentar zum BauGB, § 34 Rn. 76.
117 *Söfker*, in: Ernst/Zinkahn/Bielenberg, BauGB § 34 Rn. 102; Battis/*Krautzberger*/Löhr, BauGB § 34 Rn. 64.
118 Battis/*Krautzberger*/Löhr, BauGB § 34 Rn. 65.
119 Battis/*Krautzberger*/Löhr, BauGB § 34 Rn. 65.
120 Battis/*Krautzberger*/Löhr, BauGB § 34 Rn. 66; *Hofherr*, in: Berliner Kommentar zum BauGB, § 34 Rn. 77.

de Voraussetzung für die Rechtmäßigkeit einer Entwicklungssatzung ist, dass die in der Satzung bezeichnete Fläche im Flächennutzungsplan als Baufläche dargestellt ist. Die konkrete Darstellung von Baugebieten gemäß § 1 Abs. 2 BauNVO ist demgegenüber nicht erforderlich.[121]

III. Ergänzungssatzung

Die in § 34 Abs. 4 S. 1 Nr. 3 geregelte Ergänzungssatzung ermöglicht es der Gemeinde, bestimmte Außenbereichsgrundstücke städtebaulich angemessen in Ortsteile nach § 34 einzubeziehen. Dies setzt voraus, dass die betreffenden Flächen unmittelbar an die im Zusammenhang bebauten Ortsteile angrenzen. Voraussetzung ist, dass die vorhandene städtebauliche Situation die einzubeziehenden Außenbereichsflächen nach Art und Maß der baulichen Nutzung prägt.[122] Die Ergänzungssatzung setzt voraus, dass sich die erforderlichen Zulässigkeitsmerkmale für die einbezogene Bebauung nach Art und Maß der baulichen Nutzung aus den bereits vorhandenen bebauten Flächen ableiten lässt.[123] Typischer Anwendungsfall einer Ergänzungssatzung sind Außenbereichsflächen, die durch eine Straße vom Ortsteil getrennt, aber im Übrigen erschlossen sind. 49

Ebenso wie die Entwicklungssatzung nach § 34 Abs. 4 S. 1 Nr. 2 verleiht auch die Ergänzungssatzung nach § 34 Abs. 1 S. 1 Nr. 3 den betroffenen Flächen konstitutiv die Qualität von Innenbereichsgrundstücken. Dies setzt allerdings voraus, dass die Einbeziehung der betreffenden Flächen mit einer geordneten städtebaulichen Entwicklung vereinbar ist. Unter einer geordneten, d.h. nachhaltigen städtebaulichen Entwicklung versteht man die Aufgabe, die sozialen, wirtschaftlichen und Umwelt schützenden Anforderungen miteinander in Einklang zu bringen.[124] Die Grundsatzfrage der Entwicklung des bebauten Bereichs im Außenbereich zum Ortsteil gemäß § 34 Abs. 1 ist in Fällen der Entwicklungssatzung bereits durch die Darstellung der betroffenen Flächen im Flächennutzungsplan als Baufläche vorbeantwortet. Sofern die Außenbereichsflächen in Fällen der Ergänzungssatzung nicht bereits als Baufläche dargestellt sind, ist es mit einer geordneten städtebaulichen Entwicklung unvereinbar, wenn für die betreffenden Grundstücke im Flächennutzungsplan eine mit der Einbeziehung in den Innenbereich nicht zu vereinbarende städtebaulich bedeutsame Funktion dargestellt ist, die im Falle der Einbeziehung der Flächen in den Innenbereich nicht mehr verwirklicht werden kann. Sofern der Flächennutzungsplan jedoch andere Nutzungsmöglichkeiten nicht gezielt ausschließt, also beispielsweise bei der bloßen Darstellung von Flächen für die Landwirtschaft, steht dies der Einbeziehung in eine Innenbereichssatzung nicht entgegen.[125] Die Vereinbarkeit mit einer geordneten städtebaulichen Entwicklung schließt auch die Einbeziehung solcher Bereiche aus, für die die Zuordnung zum Innenbereich weitere städtebauliche Regelungen erforderlich macht, die nur innerhalb eines Bauleitplanverfahrens umgesetzt werden können.[126] Schließlich scheitert auch die Einbeziehung größerer Flächen des Außenbereichs daran, dass in diesem Fall das Erfordernis einer Bauleitplanung besteht.[127] Ausgeschlossen sind Satzungen gemäß § 34 Abs. 1 S. 1 Nrn. 2 und 3 auch dann, wenn wegen eines diffusen Gebietscharakters eine geordnete städtebauliche Entwicklung, allein unter Anwendung der Maßstäbe des § 34 Abs. 1 nicht sichergestellt ist, also das Entstehen einer den städtebaulichen Zielen der Gemeinde widersprechenden inhomogenen Struktur zu befürchten ist.[128] 50

---

121 *Hofherr*, in: Berliner Kommentar zum BauGB, § 34 Rn. 77; Battis/*Krautzberger*/Löhr, BauGB § 34 Rn. 67.
122 Battis/*Krautzberger*/Löhr, BauGB § 34 Rn. 69.
123 VGH Mannheim, 27.06.2007, 3 S 128/06, DVBl. 2007, 1232; Battis/*Krautzberger*/Löhr, BauGB § 34 Rn. 70.
124 *Ronellenfitsch*, NVwZ 2006, 385, 287; Battis/*Krautzberger*/Löhr, BauGB § 1 Rn. 45.
125 Battis/*Krautzberger*/Löhr, BauGB § 34 Rn. 71.
126 OVG Saarlouis, 14.09.1981, 2 N 4/80, NVwZ 1982, 125; Battis/*Krautzberger*/Löhr, BauGB § 34 Rn. 71.
127 Battis/*Krautzberger*/Löhr, BauGB § 34 Rn. 71.
128 Battis/*Krautzberger*/Löhr, BauGB § 34 Rn. 71.

IV. Verfahrensfragen

51 Für Satzungen gemäß § 34 Abs. 4 besteht keine UVP-Pflicht. Aus diesem Grund ist es gemäß § 34 Abs. 5 S. 1 Nrn. 2 und 3 Anwendungsvoraussetzung für die Satzungen, dass die Zulässigkeit von UVP-pflichtigen Vorhaben weder nach dem UVPG noch nach Landesrecht begründet wird und Anhaltspunkte für eine Beeinträchtigung von FFH-Gebieten oder europäischen Vogelschutzgebieten nicht bestehen.[129] Die Klarstellungssatzung stellt letztlich lediglich einen Subsumtionsvorgang dar. Der Entwicklungs- und der Ergänzungssatzung liegt demgegenüber eine bodenrechtliche Planung zugrunde. Aus diesem Grund muss die Satzung auf der Grundlage einer sachgerechten Abwägung erlassen worden sein.[130]

52 Gemäß § 34 Abs. 5 S. 2 sind sowohl in einer Ergänzungs- als auch in einer Entwicklungssatzung einzelne Festsetzungen, beispielsweise Festsetzungen über Grünflächen, Verkehrsflächen oder Baulinien, zulässig.[131] Festsetzungen i.S.d. § 30 Abs. 1 sind nicht zulässig.[132] In materieller Hinsicht sind die Anforderungen, die an die Festsetzungen i.S.d. § 34 Abs. 5 S. 2 zu stellen sind, mit denjenigen, die sich aus § 1 für den Bebauungsplan ergeben, inhaltsgleich.[133]

53 Für Ergänzungssatzungen ist gemäß § 34 Abs. 5 S. 4 das Instrumentarium der naturschutzrechtlichen Eingriffsregelungen in ihrer Ausgestaltung im BauGB zu berücksichtigen.[134]

54 Während bei den Ergänzungs- und Entwicklungssatzungen die Vorschriften über die Öffentlichkeits- und Behördenbeteiligung nach § 13 Abs. 2 S. 1 Nrn. 2 und 3 S. 2 entsprechend anzuwenden sind, ist im Rahmen des Erlasses der Klarstellungssatzung eine entsprechende Beteiligung nicht vorgesehen. Eine solche Beteiligung ist in diesem Fall auch nicht erforderlich, weil die Satzung nicht in Rechte eingreift, sondern lediglich bestehende Rechte klarstellend festsetzt.[135] Zur Aufstellung der Satzungen bedarf es im Übrigen keines förmlichen Verfahrens wie bei Bauleitplänen. Insbesondere bedürfen die Satzungen keiner Genehmigung. Gemäß § 246 Abs. 1 haben die Länder jedoch die Möglichkeit, für die Satzungen das Anzeigeverfahren einzuführen. Bislang hat davon jedoch kein Land Gebrauch gemacht.

55 Satzungen gemäß § 34 Abs. 4 können gemäß § 45 VwGO im Wege der Normenkontrolle angegriffen werden. Der formelle und materielle Prüfungsmaßstab orientiert sich dabei an den für die Normenkontrolle von Bebauungsplänen geltenden Grundsätzen.

F. Nachbarschutz

56 § 34 Abs. 1 wirkt nicht generell drittschützend.[136] § 34 kommt nur dann Drittschutz zu, wenn das in § 34 Abs. 1 einfachgesetzlich in dem Begriff des »Einfügens« verankerte Rücksichtnahmegebot verletzt ist.[137]

57 § 34 Abs. 2 ist grundsätzlich nachbarschützend. Der in einem Gebiet gemäß § 34 Abs. 2 lebende Nachbar hat kraft Bundesrecht einen Schutzanspruch auf die Bewahrung des Gebietscharakters. Der Abwehranspruch des Nachbarn wird dabei grundsätzlich bereits durch die Zulassung eines

---

129 Battis/*Krautzberger*/Löhr, BauGB § 34 Rn. 71.
130 Battis/*Krautzberger*/Löhr, BauGB § 34 Rn. 72.
131 Vgl. *Söfker*, in: Ernst/Zinkahn/Bielenberg, BauGB § 34 Rn. 194.
132 Battis/*Krautzberger*/Löhr, BauGB § 34 Rn. 73.
133 Battis/*Krautzberger*/Löhr, BauGB § 34 Rn. 73.
134 Battis/*Krautzberger*/Löhr, BauGB § 34 Rn. 74.
135 Battis/*Krautzberger*/Löhr, BauGB § 34 Rn. 75.
136 BVerwG, 13.06.1969, IV C 234/05, BVerwGE 32, 173; *Hofherr*, in: Berliner Kommentar zum BauGB, § 34 Rn. 86; Battis/Krautzberger/*Löhr*, BauGB § 31 Rn. 77.
137 BVerwG, 13.03.1981, 4 C 1/78, BauR 1981, 354; *Hofherr*, in: Berliner Kommentar zum BauGB, § 34 Rn. 86.

mit der Gebietsart unvereinbaren Vorhabens ausgelöst, weil hierbei das nachbarliche Austauschverhältnis gestört und eine Verwässerung des Gebietscharakters eingeleitet wird.[138]

§ 34 Abs. 3 begründet ein gemeindenachbarliches Abwehrrecht gegenüber Vorhaben nach § 34, von denen schädliche Auswirkungen auf zentrale Versorgungsgebiete in der Nachbargemeinde zu erwarten sind.[139]

58

Die Vorschrift des § 1 Abs. 2 S. 1 BNatSchG fingiert, dass Vorhaben im unbeplanten Innenbereich gemäß § 34 BauGB keinen Eingriff darstellen. Auch die naturschutzrechtlichen Vorschriften zum Artenschutz (§§ 39 ff. BNatSchG) können baurechtlich zulässige Bebauungen nicht grundsätzlich ausschließen. Allerdings muss das Vorhaben in jedem Fall so geplant werden, dass Brut-, Wohn- und Zufluchtstätten von besonders geschützten Arten, wildlebenden Tieren nicht mehr als unvermeidbar beeinträchtigt werden. Die insoweit notwendigen Anordnungen sind von Seiten der Baugenehmigungsbehörde zu treffen.[140]

59

Gemäß § 21 Abs. 3 BNatSchG ergehen Entscheidungen über Vorhaben nach § 34 im Benehmen mit den für Naturschutz und Landschaftspflege zuständigen Behörden. Erfasst werden allerdings nur Entscheidungen über die Errichtung von baulichen Anlagen; Entscheidungen über Änderungen oder Nutzungsänderungen von baulichen Anlagen machen ein Benehmen der Naturschutzbehörden nicht erforderlich.[141] Eine Beteiligung der Naturschutzbehörden ist bei Vorhabengebieten von Ergänzungssatzungen nach § 34 Abs. 4 S. 1 Nr. 3 entbehrlich, weil in diesen Fällen die für den Naturschutz zuständigen Behörden bereits im Verfahren der Beteiligung der Träger öffentlicher Belange beteiligt worden sind.[142]

60

Mit der Benehmensregelung verfolgt der Gesetzgeber das Ziel, den für Natur- und Landschaftspflege zuständigen Behörden die Möglichkeit zur Prüfung zu eröffnen, ob sie erforderlichenfalls mit eigenen rechtlichen Mitteln eingreifen will. Äußert sich die für Natur- und Landschaftspflege zuständige Behörde nicht binnen eines Monats, kann die Baugenehmigungsbehörde davon ausgehen, dass die Belange des Naturschutzes oder der Landschaftspflege von dem Vorhaben nicht berührt werden.[143]

61

---

138 Vgl. BVerwG, 16.09.1993, 4 C 28/91, BVerwGE 94, 151; *Sarnighausen*, NJW 1995, 502; *Hofherr*, in: Berliner Kommentar zum BauGB, § 34 Rn. 88.
139 *Roeser*, in: Berliner Kommentar zum BauGB, § 34 Rn. 89a.
140 BVerwG, 11.01.2001, 4 C 6/00, BVerwGE 112, 321; Battis/*Krautzberger*/Löhr, BauGB § 34 Rn. 79.
141 Battis/*Krautzberger*/Löhr, BauGB § 34 Rn. 80.
142 Battis/*Krautzberger*/Löhr, BauGB § 34 Rn. 80.
143 Battis/*Krautzberger*/Löhr, BauGB § 34 Rn. 80.

Teil 2: Bauordnung für das Land Nordrhein-Westfalen (Landesbauordnung – BauO NRW)

i.d.F. vom 01.03.2000 (GV. NRW S. 256), zuletzt geändert durch Gesetz vom 17.12.2009 (GV. NRW S. 863, ber. S. 975)

(Auszug)

Das Bauordnungsrecht ist Landesrecht. Grundlage der Bauordnungen der Länder bildet die **Musterbauordnung**, sie geht auf einen von einer Bund-Länder-Kommission erarbeiteten Gesetzesentwurf zurück. Die jeweiligen Landesgesetzgeber sind den in der Musterbauordnung enthaltenen Vorschlägen im Wesentlichen hinsichtlich des Aufbaus und des grundsätzlichen Inhalts gefolgt; Unterschiede bestehen lediglich in den Details der einzelnen Regelungen sowie im Einzelfall auch in den Begrifflichkeiten. Die Kommentierung orientiert sich im Folgenden an den in Nordrhein-Westfalen geltenden Vorschriften.

1. Teil: Allgemeine Vorschriften

§ 1 Anwendungsbereich

(1) Dieses Gesetz gilt für bauliche Anlagen und Bauprodukte. Es gilt auch für Grundstücke sowie für andere Anlagen und Einrichtungen, an die in diesem Gesetz oder in Vorschriften auf Grund dieses Gesetzes Anforderungen gestellt werden.

(2) Dieses Gesetz gilt nicht für
1. Anlagen des öffentlichen Verkehrs einschließlich Zubehör, Nebenanlagen und Nebenbetriebe, mit Ausnahme von Gebäuden,
2. Anlagen, soweit sie der Bergaufsicht unterliegen, mit Ausnahme von Gebäuden,
3. Leitungen, die der öffentlichen Versorgung mit Wasser, Gas, Elektrizität, Wärme, der öffentlichen Abwasserbeseitigung oder dem Fernmeldewesen dienen, einschließlich ihrer Masten, Unterstützungen sowie unterirdischen Anlagen und Einrichtungen,
4. Rohrleitungen, die dem Ferntransport von Stoffen dienen, einschließlich ihrer unterirdischen Anlagen und Einrichtungen,
5. Kräne.

Schrifttum

Boeddinghaus/Hahn/Schulte Bauordnung für das Land Nordrhein-Westfalen, Loseblatt: Stand: 27.07.2009; *Erbguth/Schubert* Bauen auf dem Wasser: bauordnungs- und bauplanungsrechtliche Zulässigkeitsanforderungen an die Errichtung von schwimmenden und pfahlgestützten Häusern, BauR 2006, 454 ff.; *Finkelnburg/Ortloff* Öffentliches Baurecht, Band 2, 5. Auflage 2005; *Gädtke/Temme/Heintz/Czepuck* Bauordnung NRW, 11. Auflage 2008; *Grams/Pitschas* Bindung ausländischer Staaten bei der Grundstücksnutzung an das öffentliche (Bau-)Recht, ZfBR 1996, 75 ff.

Übersicht		Rdn.			Rdn.
A.	Aufgabenbereich der Bauordnung	1	C.	Ausnahmen	20
B.	Anwendungsbereich	2	I.	Öffentliche Verkehrsanlagen	22
I.	Sachlicher und räumlicher Geltungsbereich	5	II.	Anlagen, die der Bergaufsicht unterliegen	24
	1. Bauliche Anlagen	8	III.	Leitungen	27
	2. Grundstücke	10	IV.	Rohrleitungen für den Transport von Stoffen	28
	3. Andere Anlagen und Einrichtungen	15	V.	Kräne	29
II.	Materielle Anforderungen	17	D.	Bundesrechtliche Auswirkungen	30

§ 1 BauO NRW   Anwendungsbereich

A. Aufgabenbereich der Bauordnung

1   Das Bauordnungsrecht ist Polizei- bzw. Ordnungsrecht.[1] Das heutige Bauordnungsrecht hat sich zunächst als Baupolizeirecht entwickelt und ursprünglich lediglich die Aufgabe gehabt, Gefahren abzuwehren. Mit einem lediglich auf den Gefahrenschutz beschränkten Instrumentarium lässt sich jedoch das Baugeschehen nur unvollkommen ordnen. Aus diesem Grund haben die Bauordnungen die rein polizeirechtlichen Ziele des früheren Rechts erweitert und das Recht der Baugestaltung sowie die Verwirklichung sozialer Forderungen für ein gesundes und behindertengerechtes Wohnen und Arbeiten in die materiellrechtlichen Vorschriften aufgenommen.[2] Das aktuelle Bauordnungsrecht verfolgt die Ziele Gefahrenschutz, Verunstaltungsschutz, Verwirklichung sozialer Standards und Umweltverträglichkeit. Diese in unbestimmten Rechtsbegriffen der Generalklausel formulierten Aufgaben werden in den nachfolgenden Vorschriften der BauO im Interesse einer möglichst eindeutigen Bestimmung des Inhalts und der Schranken des Eigentums konkretisiert.[3]

B. Anwendungsbereich

2   Der in § 1 Abs. 1 bezeichnete sachliche Anwendungsbereich des Gesetzes besteht sowohl in materiellrechtlicher als auch in verfahrensrechtlicher Hinsicht. Die Regelung des § 1 Abs. 2 bestimmt Ausnahmen vom Anwendungsbereich und führt verschiedene bauliche Anlagen auf, die nach der generellen Abgrenzung des Abs. 1 ansonsten unter die BauO fallen würden.[4]

3   Der Anwendungsausschluss des Abs. 2 ist in des nicht vollständig abschließend. In § 13 Abs. 6 ist für bestimmte Werbeanlagen, Werbemittel und Anschläge sowie Auslagen und Dekorationen eine weitere Ausnahme vom Anwendungsbereich der BauO vorgesehen. § 13 Abs. 6 hat folgenden Wortlaut:

»Die Vorschriften dieses Gesetzes sind nicht anzuwenden auf
1. Anschläge und Lichtwerbung an dafür genehmigten Säulen, Tafeln und Flächen,
2. Werbemittel an Zeitungs- und Zeitschriftenverkaufsstellen,
3. Auslagen und Dekorationen in Fenstern und Schaukästen,
4. Wahlwerbung für die Dauer eines Wahlkampfes.«

4   Offenbar auf der Grundlage dieser Vorschrift werden im Rahmen von Wahlkämpfen häufig sog. »Infoboxen« ohne die Durchführung eines Baugenehmigungsverfahrens in den Fußgängerzonen aufgestellt. Bei diesen »Infoboxen« handelt es sich um regelrechte Baucontainer, die häufig nicht unerhebliche Abmessungen haben und normalerweise unproblematisch dem Anwendungsbereich der BauO unterfallen würden. Ob die Errichtung solcher Objekte tatsächlich vom Anwendungsbereich des § 13 Abs. 6 erfasst ist, ist indes zweifelhaft. Zwar spricht der Wortlaut für eine Subsumtion von »Infoboxen« unter die Ausnahmevorschrift des § 13 Abs. 6. Deutlich dagegen sprechen allerdings die Systematik und der Gesetzeszweck. Vom Anwendungsbereich des Bauordnungsrechts ausgenommen werden sollen offenbar nur solche Anlagen, die unter dem Gesichtspunkt der Gefahrenabwehr einer baupolizeilichen Überprüfung nicht bedürfen. Der Gesetzgeber hatte insoweit in erster Linie die gewöhnlichen Wahlplakate vor Augen. Da von »Infoboxen« – unabhängig davon, ob sie während des Wahlkampfes aufgestellt werden – Gefahren für die öffentliche Sicherheit und Ordnung, etwa unter dem Gesichtspunkt des Brandschutzes, ausgehen können, spricht einiges dafür, dass diese »Infoboxen« vom Anwendungsbereich des § 13 Abs. 6 ausgenommen sind und daher einer Genehmigung bedürfen. Im Übrigen ist auch ihre bauplanungsrechtliche Zulässigkeit häufig zumindest zweifelhaft, wenn sie außerhalb der überbaubaren Grundstücksflächen aufgestellt werden.

---

1 *Finkelnburg/Ortloff*, § 1 II Ziff. 1; *Heintz*, in: Gädtke/Temme/Heintz/Czepuck, BauO NRW § 1 Rn. 10.
2 *Finkelnburg/Ortloff*, § 1 II Ziff. 1.
3 *Finkelnburg/Ortloff*, § 1 II Ziff. 1.
4 *Heintz*, in: Gädtke/Temme/Heintz/Czepuck, BauO NRW § 1 Rn. 21.

I. Sachlicher und räumlicher Geltungsbereich

Die BauO und die auf ihrer Grundlage erlassenen Normen gelten räumlich in NRW, soweit nicht bestimmte Flächen oder Anlage ausnahmsweise der Hoheitsgewalt des Landes entzogen sind.[5] Auch Missionsgebäude nach dem Diplomaten- und Konsularrecht auf dem Gebiet des Landes NRW unterliegen grundsätzlich dem Anwendungsbereich der BauO. Insoweit bestehen jedoch im Hinblick auf das Übereinkommen über diplomatische Beziehungen vom 18.04.1961[6] und das Übereinkommen über konsularische Beziehungen vom 24.04.1963[7] verfahrensrechtliche Besonderheiten.[8]

Der räumliche Anwendungsbereich erstreckt sich grundsätzlich auf die gesamte Fläche des Landes einschließlich der Land- und Wasserflächen sowie des Luftraums über der Erde, soweit dieser bauordnungsrechtlich von Relevanz sein kann.[9]

Der zeitliche Anwendungsbereich der BauO beginnt mit dem Zeitpunkt des Inkrafttretens und reicht bis zu einem in der Zukunft liegenden, derzeit noch nicht bekannten Aufhebungszeitpunkt.[10] Vom Recht der aktuellen BauO werden grundsätzlich – vorbehaltlich der Regelungen des § 90 – nur diejenigen Vorhaben erfasst, die am Tage des Inkrafttretens genehmigt worden sind.[11] Infolge des Bestandsschutzes kann in bestehende rechtmäßige bauliche Anlagen nur noch sehr eingeschränkt nach Maßgabe des § 87 – etwa zur Verbesserung des Brandschutzes – eingegriffen werden. Den gleichen Anwendungsbereich haben unter sachlichen, räumlichen und zeitlichen Aspekten auch sämtliche Rechtsvorschriften (Rechtsverordnungen und Satzungen), die auf Grund einer in der aktuellen BauO enthaltenen Ermächtigungen erlassen worden sind.

1. Bauliche Anlagen

Der Anlagenbegriff findet im gesamten Bau-, Umwelt- und Technikrecht mit jeweils anderem Inhalt Anwendung. Der Begriff der baulichen Anlage geht über den Begriff des Gebäudes hinaus und ist für das Bauordnungsrecht in § 2 Abs. 1 legaldefiniert. Erfasst werden nicht nur echte bauliche Anlagen nach § 2 Abs. 1 S. 1 und 2, sondern auch fiktive bauliche Anlagen gemäß § 2 Abs. 1 S. 3.

Die BauO gilt auch für Bauprodukte gemäß § 2 Abs. 9. Der landesrechtliche Begriff des Bauprodukts ist deckungsgleich mit dem bundesrechtlichen Begriff gemäß § 2 Abs. 1 BauPG.[12]

2. Grundstücke

Das Bauordnungsrecht gilt auch für Grundstücke, unabhängig davon, ob sie bebaut oder unbebaut sind.[13] Der Grundstücksbegriff ist in der BauO nicht legaldefiniert. Nach allgemeiner Auffassung ist der Begriff des Grundstücks in der BauO im grundbuchrechtlichen Sinne gemäß §§ 2 und 3 GBO zu verstehen.[14] Ein Grundstück i.S.d. bürgerlichen Rechts ist ein räumlich abgegrenzter Teil der Erdoberfläche, der im Bestandsverzeichnis des Grundbuchblatts unter einer Nummer eingetragen ist. Unerheblich ist, wie der betreffende Teil genutzt wird und ob er eine wirtschaftliche Einheit mit anderen Grundstücken bildet. Das Buchgrundstück besteht aus einem

---

[5] *Boeddinghaus/Hahn/Schulte*, BauO NRW § 1 Rn. 1; *Grams/Pitschas*, ZfBR 1996, 75, 79.
[6] BGBl. II 1964, S. 958.
[7] BGBl. II 1969, S. 1586.
[8] Vgl. hierzu ausführlich *Grams/Pitschas*, ZfBR 1996, 75 ff.
[9] *Boeddinghaus/Hahn/Schulte*, BauO NRW § 1 Rn. 1; *Erbguth/Schubert*, BauR 2006, 454 ff.
[10] *Heintz*, in: Gädtke/Temme/Heintz/Czepuck, BauO NRW § 1 Rn. 23.
[11] *Heintz*, in: Gädtke/Temme/Heintz/Czepuck, BauO NRW § 1 Rn. 23.
[12] *Heintz*, in: Gädtke/Temme/Heintz/Czepuck, BauO NRW § 1 Rn. 26.
[13] *Heintz*, in: Gädtke/Temme/Heintz/Czepuck, BauO NRW § 1 Rn. 27.
[14] *Heintz*, in: Gädtke/Temme/Heintz/Czepuck, BauO NRW § 1 Rn. 28; *Boeddinghaus/Hahn/Schulte*, BauO NRW § 1 Rn. 10.

oder mehreren Flurstücken, deren Bezeichnung, Lage und Größe dem Liegenschaftskataster entnommen wird.[15] Das Liegenschaftskataster enthält die Flurstücke und Gebäude (Liegenschaften). Das Liegenschaftskataster erfasst im Gegensatz zum Grundbuch alle Liegenschaften im Landesgebiet. Ein Flurstück ist gemäß § 11 Abs. 2 S. 1 VermKatG NRW ein begrenzter Teil der Erdoberfläche, der im Liegenschaftskataster unter einer besonderen Bezeichnung geführt wird. Ein Grundstück im Rechtssinne kann daher zwar aus mehreren Flurstücken zusammengesetzt sein, nicht jedoch ein Flurstück aus mehreren Grundstücken im Rechtssinne bestehen. Für die Ermittlung des Grundstücks im Rechtssinne kommt es daher nur auf den unter einer Nummer im Bestandsverzeichnis erfassten Flurstücksbestand an.[16] Aus der Flurkarte allein ergibt sich also noch nicht, ob es um ein Grundstück im Rechtssinne handelt. Dies kann nur durch eine Einsichtnahme in das Grundbuch ermittelt werden.

11 Bauplanungsrechtlich ist das Grundstück Anknüpfungspunkt zahlreicher Einzelvorschriften. Gemäß § 200 Abs. 1 BauGB sind die für die Grundstücke geltenden Vorschriften auch entsprechend auf die Grundstücksteile anzuwenden. Eine Legaldefinition des Grundstücks enthält das BauGB indes nicht, weil es den Begriff jeweils unterschiedlich versteht.[17] Grundsätzlich ist auch – vorbehaltlich bestimmter Ausnahmen – im Bauplanungsrecht vom Buchgrundstücksbegriff auszugehen. Auf den Buchgrundstücksbegriff kommt es beispielsweise für die Bestimmung des Bebauungszusammenhangs im Anwendungsbereich des § 34 BauGB allerdings nicht an.[18]

12 Der Begriff der maßgebenden Grundstücksfläche i.S.d. §§ 19–21 BauNVO ist vom Grundstücksbegriff abzugrenzen. Maßgebende Grundstücksfläche ist gemäß § 19 Abs. 3 S. 1 BauNVO die Fläche des Baugrundstücks, die im Bauland und hinter der im Bebauungsplan festgelegten Straßenbegrenzungslinie liegt. Sofern eine Straßenbegrenzungslinie fehlt, ist gemäß § 19 Abs. 3 S. 2 BauNVO die Fläche maßgebend, die hinter der tatsächlichen Straßenbegrenzungslinie liegt bzw. diejenige Fläche, die als maßgebend für die Ermittlung der zulässigen Grundstücksfläche festgesetzt ist.[19]

13 Neben dem Grundstücksbegriff verwendet das Bauplanungsrecht gelegentlich den Begriff des Baugrundstücks (vgl. § 9 Abs. 1 Nr. 3 und § 32 BauGB). Das Baugrundstück wird in den vorbezeichneten Vorschriften als die Fläche bezeichnet, auf der bestimmte bauliche Nutzungen realisiert werden sollen und an die daher besondere planungsrechtliche Anforderungen gestellt werden.[20] Das Bauplanungsrecht entfernt sich in den vorbezeichneten Vorschriften deutlich vom Grundstücksbegriff i.S.d. bürgerlichen Rechts. So kann beispielsweise durch Festsetzungen gemäß § 9 Abs. 1 Nr. 3 BauGB eine Mindestgröße für ein Baugrundstück festgesetzt werden, die es zum Zwecke der Bebauung erforderlich macht, mehrere kleine Buchgrundstücke zusammenzufassen. Die Vorschrift § 19 Abs. 3 BauNVO verlangt, die nicht im Bauland liegenden Flächen bei der Ermittlung der maßgebenden Grundstücksflächen ebenso abzuziehen wie künftige Verkehrsflächenanteile.[21]

14 Nach dem Vorstehenden gilt Folgendes: Sofern die BauO ohne konkrete Bestimmung des Begriffs von Grundstück spricht, ist der bürgerlich-rechtliche Grundstücksbegriff zu Grunde zu legen. In seltenen Fällen kann der Begriff des Grundstücks in seiner bauordnungsrechtlichen Anwendung offen für Modifikationen sein, die auf Grund von spezifisch bauordnungsrechtlichen Erwägungen geboten sind. So bilden beispielsweise auf einem Grundbuchblatt unter einer Nummer des Be-

---

15 BGH, 19.12.1967, V Blw 24/67; BGH, NJW 1968, 791, 792; OVG NRW, 03.10.1968, X A 989/67, BRS 20 Nr. 39 S. 68.
16 *Heintz*, in: Gädtke/Temme/Heintz/Czepuck, BauO NRW § 1 Rn. 29.
17 Battis/Krautzberger/Löhr/*Battis*, BauGB § 200 Rn. 2.
18 BVerwG, 06.11.1968, IV C 47.68, BRS 20 Nr. 38, S. 67.
19 *Heintz*, in: Gädtke/Temme/Heintz/Czepuck, BauO NRW § 1 Rn. 33.
20 *Heintz*, in: Gädtke/Temme/Heintz/Czepuck, BauO NRW § 1 Rn. 34.
21 *Heintz*, in: Gädtke/Temme/Heintz/Czepuck, BauO NRW § 1 Rn. 35.

standsverzeichnisses stehende Flurstücke, die durch eine Straße getrennt sind, kein Grundstück im bauordnungsrechtlichen Sinne. Dies gilt selbst dann, wenn sie wirtschaftlich einheitlich genutzt werden. Es fehlt nämlich an dem für das Bauordnungsrecht maßgeblichen räumlichen Zusammenhang. Ob buchungsfreie Grundstücke auch im bauordnungsrechtlichen Sinne Grundstücke sind, ist zweifelhaft. Hier muss eine Klärung im Einzelfall unter Berücksichtigung der besonderen bauordnungsrechtlichen Aspekte (vor allem der §§ 4–11 BauO NRW) herbeigeführt werden.[22]

3. Andere Anlagen und Einrichtungen

Aus Gründen der Gefahrenabwehr findet die BauO auch auf solche Anlagen und Einrichtungen Anwendung, die nicht selbst als bauliche Anlagen i.S.d. Legaldefinition des § 2 Abs. 1 BauO NRW zu verstehen sind. Andere Anlagen und Einrichtungen in Sinne dieser Vorschrift sind selbstständige Gegenstände, die keine baulichen Anlagen oder keine Teile baulicher Anlagen sind.[23] Hierbei handelt es sich beispielsweise um Abwassergruben, Kinderspielflächen oder Stellplätze.[24] **15**

Im Zusammenhang mit anderen Anlagen und Einrichtungen können nur solche Anforderungen gemeint sein, die sich speziell und detailliert auf bestimmte andere als bauliche Anlagen und Einrichtungen beziehen. Die allgemeinen bauordnungsrechtlichen Anforderungen können allerdings zu beachten sein, wenn spezielle Anforderungen des Bauordnungsrechts gemäß § 1 Abs. 1 BauO NRW überhaupt für andere Anlagen und Einrichtungen gelten.[25] **16**

II. Materielle Anforderungen

Wichtig ist, dass die materiellrechtlichen Anforderungen im Rahmen des skizzierten Anwendungsbereichs unabhängig davon Geltung beanspruchen, ob das konkrete Vorhaben genehmigungsbedürftig ist oder nicht (vgl. § 65 Abs. 4 BauO NRW). Die Genehmigungsfreiheit entbindet nicht von der Verpflichtung zur Einhaltung der materiellen bauordnungsrechtlichen und sonstigen öffentlich-rechtlichen Anforderungen. **17**

Für die Anwendung der BauO NRW und der auf sie gestützten Vorschriften ist es ohne Belang, welche konkrete Behörde für die Erteilung einer erforderlichen Genehmigung zuständig ist. Dies bedeutet, dass beispielsweise auch für eine Industrieanlage, die auf der Grundlage einer immissionsschutzrechtlichen Genehmigung gemäß § 4 oder § 15 Abs. 1 BImSchG genehmigt wird, neben den immissionsschutzrechtlichen Vorschriften auch die materiellen Vorschriften der BauO zu beachten sind. **18**

Die materiellrechtlichen Vorschriften der BauO gelten im Übrigen in gleicher Weise für private und öffentliche Vorhaben. Das bedeutet, dass sowohl der Bund als auch die Länder und Gemeinden bei der Ausführung öffentlicher Bauvorhaben die materiellen baurechtlichen Anforderungen uneingeschränkt zu beachten haben, selbst wenn sie verfahrensrechtlich durch § 80 BauO NRW privilegiert sein mögen.[26] **19**

C. Ausnahmen

Ausnahmen für den sachlichen Geltungsbereich der BauO werden in § 1 Abs. 2 enumerativ aufgezählt. Die Ausnahmen vom Anwendungsbereich der BauO rechtfertigen sich in den für den je- **20**

---

22 Vgl. zum Ganzen: *Heintz*, in: Gädtke/Temme/Heintz/Czepuck, BauO NRW § 1 Rn. 36.
23 *Boeddinghaus/Hahn/Schulte*, BauO NRW § 1 Rn. 10.
24 *Heintz*, in: Gädtke/Temme/Heintz/Czepuck, BauO NRW § 1 Rn. 37.
25 *Heintz*, in: Gädtke/Temme/Heintz/Czepuck, BauO NRW § 1 Rn. 38.
26 *Heintz*, in: Gädtke/Temme/Heintz/Czepuck, BauO NRW § 1 Rn. 41.

weiligen Anwendungsbereich vorliegenden hinreichenden speziellen gesetzlichen Regelungen für diese Vorhaben auch unter Gefahrenabwehrgesichtspunkten.[27]

21 Vor diesem Hintergrund soll der Anwendungsausschluss der BauO dann nicht gelten, wenn es für einen der in § 1 Abs. 2 BauO geregelten Bereiche an einschlägigem Spezialrecht für den konkreten Anwendungsfall fehlt.[28]

I. Öffentliche Verkehrsanlagen

22 Unter den Begriff »öffentliche Verkehrsanlagen« werden sämtliche Arten von Verkehrsanlagen, nicht nur Straßenanlagen, sondern auch Gleiskörper oder Spureinlagen des schienengebundenen bzw. spurgeführten Verkehrs, Wasserstraßen und Flugplätze, soweit sie überhaupt dem öffentlichen Verkehr zu dienen bestimmt sind, subsumiert. Unerheblich ist, ob der Bund, das Land oder eine kommunale Gebietskörperschaft als Bauherr oder Betreiber auftritt.[29] Eine öffentliche Verkehrsanlage liegt dann vor, wenn sie nach ihrer durch das Fachrecht festgelegten Zweckbestimmung (Widmung) von jedermann benutzbar ist. Diese Zweckbestimmung wird im Straßenrecht durch eine förmliche Widmung (§ 2 Abs. 1 FStrG, § 6 Abs. 1 StrWG NRW) festgelegt. Die Widmung wird durch eine öffentlich bekannt zu machende Widmungsverfügung bewerkstelligt.[30] Öffentliche Verkehrsanlagen verlieren ihre Eigenschaft durch Entwidmung bzw. Einziehung. Kennt das jeweilige Fachgesetz das Rechtsinstitut der Entwidmung nicht, dann nur durch die für jedermann erkennbare und dauernde Außerdienststellung der jeweiligen Anlage Wichtig ist, dass der Träger der Fachplanung eine solche Außerdienststellung nur durch eine eindeutige und bekannt gemachte Erklärung (sog. Freigabeerklärung) herbeiführen kann.[31]

23 Private Verkehrsanlagen unterfallen dem Anwendungsbereich der BauO uneingeschränkt. Zu den privaten Verkehrsanlagen gehören vor allem durch Baulast gesicherte Zufahrten von öffentlichen Verkehrsflächen zu den Grundstücken, private Parkplätze, Gemeinschaftsstellplätze oder Garagen und private Tief- oder Hofgaragen. Ferner gelten auch Anschlussbahnen und Anschlussgleise, die den Verkehr eines einzelnen Unternehmens oder einer bestimmten Anzahl von Unternehmen von und zur Eisenbahn des öffentlichen Verkehrs vermitteln, als private Verkehrsanlagen.

II. Anlagen, die der Bergaufsicht unterliegen

24 Ausgenommen vom sachlichen Geltungsbereich der BauO sind auch Anlagen, soweit sie der Bergaufsicht unterliegen und keine Gebäude sind. Hiervon werden sämtliche in § 1 Abs. 1 S. 1 und 2 genannten Anlagen erfasst. Unerheblich ist die funktionelle Zuordnung der Anlagen. Maßgeblich ist allein die verfahrensrechtliche Behandlung als der Bergaufsicht unterliegend.

25 Der Bergaufsicht unterliegt gemäß § 69 Abs. 1 BBergG grundsätzlich der Bergbau. »Bergbau« ist das Aufsuchen, Gewinnen und Aufbereiten von bergfreien und grundeigenen Bodenschätzen im Rahmen des § 2 BBergG. Nicht der Bergaufsicht unterliegen Abgrabungen für die oberirdische Gewinnung von Bodenschätzen. Hierfür ist eine Abgrabungsgenehmigung nach dem Abgrabungsgesetz NRW erforderlich.

26 Die LBauO bleibt für »Gebäude« anwendbar. »Gebäude« i.S.d. § 1 Abs. 2 Nr. 2 sind die in § 2 Abs. 2 umschriebenen baulichen Anlagen.[32]

---

27 *Heintz*, in: Gädtke/Temme/Heintz/Czepuck, BauO NRW § 1 Rn. 42.
28 Vgl. OVG NRW, 03.07.1997, 11 A 1566/94, BauR 1997, 1000, 1002.
29 *Heintz*, in: Gädtke/Temme/Heintz/Czepuck, BauO NRW § 1 Rn. 44.
30 *Heintz*, in: Gädtke/Temme/Heintz/Czepuck, BauO NRW § 1 Rn. 45; *Boeddinghaus/Hahn/Schulte*, BauO NRW § 1 Rn. 16.
31 *Heintz*, in: Gädtke/Temme/Heintz/Czepuck, BauO NRW § 1 Rn. 46.
32 *Boeddinghaus/Hahn/Schulte*, BauO NRW § 1 Rn. 25.

III. Leitungen

»Leitungen« i.S.d. § 1 Abs. 2 Nr. 3 sind Anlagen zum Transport von Stoffen oder an Stoffen gebundene Energie. Die Einheit der Leitung ist ohne Belang. Unerheblich ist auch, ob die Leitung ober- oder unterirdisch verlegt wird.[33] Nicht von der Ausnahme umfasst sind die Masten und Unterstützungen der bezeichneten Leitungen. Aus diesem Grund bedarf beispielsweise ein Sendemast für eine Mobilfunkanlage – je nach seiner Dimension – einer Baugenehmigung.[34] Dem Bauordnungsrecht unterfallen darüber hinaus auch die Nebenanlagen zu einer Rohrfernleitungsanlage, beispielsweise die im Zusammenhang mit den Pump- oder Verdichterstationen stehenden oberirdischen Anlagen.

27

IV. Rohrleitungen für den Transport von Stoffen

Ausgenommen vom Anwendungsbereich der BauO sind gemäß § 1 Abs. 2 Nr. 4 auch Rohrleitungen, die dem Ferntransport von Stoffen dienen, einschließlich ihrer unterirdischen Anlagen und Einrichtungen. Ohne Belang ist, ob die Rohrleitung über oder unter der Erde verlegt ist. Das Gesetz stellt auch nicht auf die Art oder den Aggregatzustand der Stoffe ab. Maßgeblich ist lediglich, dass die Rohrleitungen dem Ferntransport, also dem Transport über die Gemeindegrenzen hinaus, dienen.[35]

28

V. Kräne

Letztlich unterfallen auch Kräne nicht der LBauO. Kräne unterfallen im Allgemeinen dem Geräte- und Produktsicherheitsgesetz. Aus diesem Grund ist eine bauaufsichtliche Prüfung entbehrlich.[36]

29

D. Bundesrechtliche Auswirkungen

Die Herausnahme der in § 1 Abs. 2 näher bezeichneten Vorhaben aus dem Geltungsbereich der BauO bewirkt, dass insoweit eine Baugenehmigung nicht erforderlich ist. Das Bundesbaurecht macht die Anwendung der §§ 30 ff. BauGB nach § 29 BauGB jedoch nicht mehr von einem landesrechtlichen Genehmigungserfordernis abhängig.[37] Die Vorschriften über die bauplanungsrechtliche Zulässigkeit von Vorhaben sind also gleichwohl einzuhalten.

30

(...)

§ 6 Abstandflächen

(1) Vor den Außenwänden von Gebäuden sind Abstandflächen von oberirdischen Gebäuden freizuhalten. Innerhalb der überbaubaren Grundstücksfläche ist eine Abstandfläche nicht erforderlich gegenüber Grundstücksgrenzen,
a) gegenüber denen nach planungsrechtlichen Vorschriften ohne Grenzabstand oder mit geringerem Grenzabstand als nach den Absätzen 5 und 6 gebaut werden muss oder
b) gegenüber denen nach planungsrechtlichen Vorschriften ohne Grenzabstand gebaut werden darf, wenn gesichert ist, dass auf dem Nachbargrundstück ohne Grenzabstand gebaut wird.

(2) Die Abstandflächen müssen auf dem Grundstück selbst liegen. Sie dürfen auch auf öffentlichen Verkehrsflächen, öffentlichen Grünflächen und öffentlichen Wasserflächen liegen, jedoch

---

33 *Boeddinghaus/Hahn/Schulte*, BauO NRW § 1 Rn. 26.
34 OVG NRW, 10.02.1999, 7 B 974/98, NVwZ-RR 1999, 714.
35 *Boeddinghaus/Hahn/Schulte*, BauO NRW § 1 Rn. 32.
36 *Boeddinghaus/Hahn/Schulte*, BauO NRW § 1 Rn. 33.
37 *Boeddinghaus/Hahn/Schulte*, BauO NRW § 1 Rn. 34.

§ 6 BauO NRW — Abstandsflächen

nur bis zu deren Mitte. Abstandsflächen dürfen sich ganz oder teilweise auf andere Grundstücke erstrecken, wenn durch Baulast gesichert ist, dass sie nur mit in der Abstandsfläche zulässigen baulichen Anlagen überbaut werden und auf die auf diesen Grundstücken erforderlichen Abstandsflächen nicht angerechnet werden.

(3) Die Abstandsflächen dürfen sich nicht überdecken; dies gilt nicht für
1. Außenwände, die in einem Winkel von mehr als 75 Grad zueinander stehen,
2. Außenwände zu einem fremder Sicht entzogenen Gartenhof bei Wohngebäuden mit nicht mehr zwei Wohnungen und
3. Gebäude und andere bauliche Anlagen, die in den Abstandsflächen zulässig sind oder gestattet werden.

(4) Die Tiefe der Abstandsflächen bemisst sich nach der Wandhöhe; sie wird senkrecht zur Wand gemessen. Als Wandhöhe gilt das Maß von der Geländeoberfläche bis zur Schnittlinie der Wand mit der Dachhaut oder bis zum oberen Anschluss der Wand. Besteht eine Außenwand aus Wandteilen unterschiedlicher Höhe, so ist die Wandhöhe je Wandteil zu ermitteln. Bei geneigter Geländeoberfläche ist die im Mittel gemessene Wandhöhe maßgebend; diese ergibt sich aus den Wandhöhen an den Gebäudekanten oder den vertikalen Begrenzungen der Wandteile. Abgrabungen, die der Belichtung oder dem Zugang oder der Zufahrt zu einem Gebäude dienen, bleiben bei der Ermittlung der Abstandsfläche außer Betracht, auch soweit sie nach § 9 Abs. 3 die Geländeoberfläche zulässigerweise verändern. Zur Wandhöhe werden hinzugerechnet:
1. voll die Höhe von
   - Dächern und Dachteilen mit einer Dachneigung von mehr als 70 Grad,
   - Giebelflächen im Bereich dieser Dächer und Dachteile, wenn beide Seiten eine Dachneigung von mehr als 70 Grad haben,
2. zu einem Drittel die Höhe von
   - Dächern und Dachteilen mit einer Dachneigung von mehr als 45 Grad,
   - Dächern mit Dachgauben oder Dachaufbauten, deren Gesamtbreite je Dachfläche mehr als die Hälfte der darunterliegenden Gebäudewand beträgt,
   - Giebelflächen im Bereich von Dächern und Dachteilen, wenn nicht beide Seiten eine Dachneigung von mehr als 70 Grad haben.

Das sich ergebende Maß ist H.

(5) Die Tiefe der Abstandsflächen beträgt, soweit in einer örtlichen Bauvorschrift nach § 86 Abs. 1 Nr. 6 nichts anderes bestimmt ist,
- 0,8 H,
- 0,5 H in Kerngebieten,
- 0,25 H in Gewerbegebieten und Industriegebieten.

Zu den örtlichen Verkehrsflächen, öffentlichen Grünflächen und öffentlichen Wasserflächen beträgt die Tiefe der Abstandsflächen
- 0,4 H,
- 0,25 H in Kerngebieten, Gewerbegebieten und Industriegebieten.

In Sondergebieten können geringere Tiefen der Abstandsflächen gestattet werden, wenn die Nutzung des Sondergebiets dies rechtfertigt. Zu angrenzenden anderen Baugebieten gilt die jeweils größere Tiefe der Abstandsfläche. In allen Fällen muss die Tiefe der Abstandsflächen mindestens 3 m betragen. Absatz 16 bleibt unberührt.

(6) Auf einer Länge der Außenwände und von Teilen der Außenwände von nicht mehr als 16 m genügt gegenüber jeder Grundstücksgrenze und gegenüber jedem Gebäude auf demselben Grundstück als Tiefe der Abstandsflächen 0,4 H, in Kerngebieten 0,25 H, mindestens jedoch 3 m. Bei hintereinander liegenden Außenwänden wird nur die Außenwand mit der größten Länge auf die Länge nach Satz 1 angerechnet.

(7) Bei der Bemessung der Abstandflächen bleiben außer Betracht, wenn sie nicht mehr als 1,50 m vor die jeweilige Außenwand vortreten,
1. das Erdgeschoss erschließende Hauseingangstreppen und Überdachungen über erdgeschossigen Hauseingängen, wenn sie von den Nachbargrenzen mindestens 1,50 m entfernt sind,
2. untergeordnete Bauteile wie Gesimse, Dachvorsprünge und Terrassenüberdachungen, wenn sie von den Nachbargrenzen mindestens 2 m entfernt sind, und
3. Vorbauten wie Erker und Balkone sowie Altane, wenn sie insgesamt nicht mehr als ein Drittel der Breite der jeweiligen Außenwand in Anspruch nehmen und sie von den Nachbargrenzen mindestens 3 m entfernt sind.

Bei der Ermittlung des Maßes nach Satz 1 bleiben Loggien außer Betracht.

(8) aufgehoben

(9) aufgehoben

(10) Gegenüber Gebäuden und Grundstücksgrenzen gelten die Absätze 1 bis 7 entsprechend für Anlagen, die nicht Gebäude sind,
1. soweit sie höher als 2 m über der Geländeoberfläche sind und von ihnen Wirkungen wie von Gebäuden ausgehen oder
2. soweit sie hoher als 1 m über der Geländeoberfläche sind und dazu geeignet sind, von Menschen betreten zu werden.

Für Windenergieanlagen geltend die Absätze 4 bis 7 nicht. Bei diesen Anlagen bemisst sich die Tiefe der Abstandfläche nach der Hälfte ihrer größten Höhe. Die größte Höhe errechnet sich bei Anlagen mit Horizontalachse aus der Höhe der Rotorachse über der geometrischen Mitte des Mastes zuzüglich des Rotorradius. Die Abstandfläche ist ein Kreis um den geometrischen Mittelpunkt des Mastes.

(11) Gebäude mit einer mittleren Wandhöhe bis zu 3 m über der Geländeoberfläche an der Grenze, die als Garage, Gewächshaus oder zu Abstellzwecken genutzt werden, sind ohne eigene Abstandflächen sowie in den Abstandflächen eines Gebäudes zulässig
– ohne Öffnungen in den der Nachbargrenze zugekehrten Wänden,
– einschließlich darauf errichteter untergeordneter Anlagen zur Gewinnung von Solarenergie und Antennenanlagen jeweils bis zu 1,5 m Höhe,
– auch, wenn sie nicht an die Grundstücksgrenze oder an ein Gebäude angebaut werden,
– auch, wenn das Gebäude über einen Zugang zu einem anderen Gebäude verfügt.

Absatz 4 gilt nicht. Die Höhe von Giebelflächen ist bei der Berechnung der mittleren Wandhöhe zu berücksichtigen. Die Höhe von Dächern und Dachteilen mit einer Dachneigung von mehr als 30 Grad werden der mittleren Wandhöhe hinzugerechnet. Die Gesamtlänge der Bebauung nach Satz 1 darf je Nachbargrenze 9 m und auf einem Grundstück zu allen Nachbargrenzen insgesamt 15 m nicht überschreiten.

(12) aufgehoben

(13) Liegen sich Wände desselben Gebäudes oder Wände von Gebäuden auf demselben Grundstück gegenüber, so können geringere Abstandflächen als nach den Absätzen 5 und 6 gestattet werden, wenn die Belichtung der Räume nicht wesentlich beeinträchtigt wird.

(14) Bei bestehenden Gebäuden ist die nachträgliche Bekleidung oder Verblendung von Außenwänden sowie die nachträgliche Anhebung der Dachhaut zulässig, wenn die Baumaßnahme der Verbesserung des Wärmeschutzes dient und wenn die Stärke der Bekleidung oder der Verblendung bzw. die Anhebung der Dachhaut nicht mehr als 0,25 m und der verbleibende Abstand zur Nachbargrenze mindestens 2,50 m beträgt. Darüber hinaus können unter Würdigung nachbarlicher Belange und der Belange des Brandschutzes geringere Tiefen der Abstandflächen gestattet werden, wenn die Baumaßnahme der Verbesserung des Wärmeschutzes dient. Die Sätze 1 und 2 gelten auch für Außenwände, deren Abstandfläche Abs. 5 nicht entspricht.

§ 6 BauO NRW   Abstandflächen

(15) Bei Gebäuden, die ohne Einhaltung von Abstandflächen oder mit geringeren Tiefen der Abstandflächen als nach den Absätzen 5 und 6 bestehen, sind zulässig
1. Änderungen innerhalb des Gebäudes,
2. Nutzungsänderungen, wenn der Abstand des Gebäudes zu den Nachbargrenzen mindestens 2,50 m beträgt,
3. Änderungen, wenn der Abstand des Gebäudes zu den Nachbargrenzen mindestens 2,50 m beträgt, ohne Veränderung von Länge und Höhe der diesen Nachbargrenzen zugekehrten Wände und Dachflächen und ohne Einrichtung neuer Öffnungen oder Vergrößerungen bestehender Öffnungen in diesen Wänden und Dachflächen.

Darüber hinaus gehende Änderungen und Nutzungsänderungen können unter Würdigung nachbarlicher Belange und der Belange des Brandschutzes gestattet werden. Die Sätze 1 und 2 gelten nicht für Gebäude nach Absatz 11.

(16) In überwiegend bebauten Gebieten können geringere Tiefen der Abstandflächen gestattet oder verlangt werden, wenn die Gestaltung des Straßenbildes oder besondere städtebauliche Verhältnisse dies auch unter Würdigung nachbarlicher Belange rechtfertigen.

Übersicht

		Rdn.
A.	Allgemeines	1
B.	**Erfordernisse von Abstandflächen, Abs. 1**	2
I.	Definition der Abstandfläche und Rechtswirkung der Regelung	3
II.	Oberirdische Gebäude	4
III.	Verzicht auf Abstandflächen nach planungsrechtlichen Vorgaben	5
	1. Planungsrechtlich zwingende Grenzbebauung bzw. Bebauung mit geringerem Abstand, § 6 Abs. 1 S. 2 lit. a)	6
	a) Zwingende Grenzbebauung	6
	b) Grenzbebauung mit geringerem Abstand	12
	2. Mögliche Grenzbebauung – § 6 Abs. 1 S. 1 lit. b)	14
	a) Planungsrechtliche Vorgaben	15
	b) Sicherung des Anbaus	17
	aa) Vertragliche Anbausicherung	18
	bb) Anbaussicherung durch vorhandene Bausubstanz	20
C.	**Lage der Abstandflächen, § 6 Abs. 2**	21
I.	Lage der Abstandflächen auf dem eigenen Grundstück	22
II.	Lage auf öffentlichen Flächen	23
III.	Baulastsicherung auf fremdem Grundstück	25
D.	**Überdeckungsverbot, § 6 Abs. 3**	28
I.	Inhalt	28
II.	Ausnahmen	30
	1. Geltung nur für gegenüberliegende Wände	31
	2. Garten und Hofhäuser	33
	3. In den Abstandflächen zulässige Gebäude	34
E.	**Bemessung der Abstandflächen?**	35
I.	Das Höhenmaß H als allgemeine Bezugsgröße	36
	1. Unterer Bezugspunkt	37
	2. Oberer Bezugspunkt	42
	3. Berücksichtigung von Dach- und Giebelfläche	45
	4. Auswirkungen baulicher Veränderungen	48
II.	Tiefe der Abstandfläche	50
F.	**Das 16-Meter-Privileg, § 6 Abs. 6**	55
G.	**Privilegierte untergeordnete Bauteile, § 6 Abs. 7**	61
I.	Das Erdgeschoss erschließende Hauseingangstreppen und Überdachungen	62
II.	Bauteile	66
III.	Vorbauten	68
IV.	Unbeachtlichkeit von Loggien	69
V.	Andere abstandrelevante Anlagen, § 6 Abs. 10	70
	1. Objekte größer als 2 m	72
	2. Objekte größer als 1 m	74
	3. Sonderregelungen für Windenergieanlagen	76
VI.	Abstandrechtlich begünstigte Gebäude	77
	1. Allgemeines	77
	a) Garage	78
	b) Gewächshaus	79
	c) Keine Anwendung von § 6 Abs. 4	81
	2. Längenbegrenzung von Grenzgebäuden	82
VII.	Abweichungsmöglichkeiten für Gebäude und Gebäudeteile auf demselben Grundstück, § 6 Abs. 13	84

	Rdn.		Rdn.
VIII. Langfristige Verbesserung des Wärmeschutzes, § 6 Abs. 14	85	2. Weitergehende Änderungen und Nutzungsänderungen	93
IX. Bauliche Änderung und Nutzungsänderung bestehender Gebäude, § 6 Abs. 15	88	X. Abweichungen in überwiegend bebauten Gebieten, § 6 Abs. 16	94
1. Genehmigung ohne Abweichungsgenehmigung	89		

A. Allgemeines

Die Vorschriften über Abstandflächen verfolgen als Teil der BauO neben bauordnungsrechtlichen Zielen auch städtebauliche Zwecke. Sie sollen für das Baugrundstück eine ausreichende Belichtung, Belüftung und Besonnung des Gebäudes, die Sicherstellung des Brandschutzes und die Anlage von Freiflächen gewährleisten.[1] Für die Nachbargrundstücke sichern sie einen Schutz vor Beengung und Einsicht.[2] Fast alle Bundesländer bis auf Niedersachsen bestimmen die Lage der Gebäude auf den Grundstücken im Verhältnis zu den Grundstücksgrenzen und den übrigen Gebäuden einheitlich durch Abstandflächen.

B. Erfordernisse von Abstandflächen, Abs. 1

Abstandflächen sind grundsätzlich von allen Außenwänden von Gebäuden freizuhalten. Ob im Einzelfall Abstandflächen einzuhalten sind, bestimmt sich gemäß § 6 Abs. 1 S. 2 vorrangig nach den Regelungen des Bauplanungsrechts über die Bauweise (vgl. § 22 BauNVO), die überbaubare Grundstücksfläche (vgl. § 23 BauNVO), über die Zahl der Vollgeschosse (§ 20 Abs. 1 BauNVO), über die Höhe baulicher Anlagen (§ 18 BauNVO) sowie über die Positionierung baulicher Anlagen (§ 9 Abs. 1 Nr. 2 BauGB).[3]

I. Definition der Abstandfläche und Rechtswirkung der Regelung

Die Regelung des § 6 Abs. 1 S. 1 enthält mit der Formulierung »Vor den Außenwänden von Gebäuden sind Flächen von oberirdischen Gebäuden freizuhalten.« die Legaldefinition der Abstandfläche und gleichzeitig die Nachbar schützende Grundforderung des Abstandflächenrechts.[4] Die Regelung über Abstandflächen gilt allerdings nur für Gebäude, die errichtet, geändert oder nutzungsgeändert werden. Der Altbestand bleibt unberührt. Bei baulichen Änderungen sind die Regeln über Abstandflächen insoweit zu beachten, wie sich die gemäß § 6 Abs. 4 für die Abstandflächentiefe maßgeblichen Merkmale, beispielsweise durch die Erhöhung der Außenwände, durch Aufsetzen eines Satteldaches anstelle eines Flachdaches oder durch den Einbau von abstandrelevanten Dachgauben, ändern.[5] Lassen die Änderungen die funktionsgerechte Nutzung unberührt, lösen die nach § 65 Abs. 1 Nr. 8 und Abs. 2 Nr. 1 BauO NRW weitgehend freigestellten Umbauten im Inneren eines Gebäudes grundsätzlich keine Verpflichtung zur Einhaltung der Abstandflächen aus.

II. Oberirdische Gebäude

Wichtig ist, dass die Abstandflächen von oberirdischen Gebäude freizuhalten sind. Von unterirdischen Gebäuden ist eine Beeinträchtigung der Schutzziele des Abstandflächenrechts nicht zu besorgen. Gebäude sind oberirdisch im abstandrechtlichen Sinne, wenn sie über die Geländeoberflä-

---

1 *Finkelnburg/Ortloff*, § 3 II 2 lit. a).
2 *Finkelnburg/Ortloff*, § 3 II 2 lit. a).
3 *Heintz*, in: Gädtke/Temme/Heintz/Czepuck, BauO NRW § 6 Rn. 69, 80.
4 Vgl. OVG NRW, 14.01.1994, 7 A 2002/92, BRS 56 Nr. 196, S. 506 f. (instruktiv auch zu den rechtlichen Möglichkeiten für das Vorgehen eines Abstandflächenverstoßes).
5 Vgl. *Heintz*, in: Gädtke/Temme/Heintz/Czepuck, BauO NRW § 6 Rn. 70.

che hinaustreten. Abstandflächen werden bereits dann ausgelöst, wenn nur ein Teil des Gebäudes über die Geländeoberfläche hinausragt.[6] Gebäude oder Gebäudeteile, die vollständig unterhalb der Geländeoberfläche liegen, wie beispielsweise Keller, Tiefgaragen etc., dürfen – abstandrechtlich – bis unmittelbar an die Grundstücksgrenze reichen, sofern sich nicht aus den bauplanungsrechtlichen Vorgaben etwas anderes ergibt. Zu beachten ist in diesem Zusammenhang, dass sich aus den landesrechtlichen Nachbargesetzen ggf. auch – zivilrechtlich – einzuhaltende Abstandvorschriften für unterirdische Bauteile ergeben können. So müssen beispielsweise gemäß § 1 Abs. 1 S. 1 NachbG NRW Außenwände von unterirdischen Gebäuden einen Abstand von mindestens 2 m zur Grundstücksgrenze einhalten.[7]

III. Verzicht auf Abstandflächen nach planungsrechtlichen Vorgaben

5 Unter den in § 6 Abs. 1 S. 2 lit. a) und b) genannten Voraussetzungen sind Abstandflächen gegenüber Grundstücksgrenzen ausnahmsweise nicht erforderlich. Die Anwendung der Abstandvorschriften setzt also zwingend voraus, dass die planungsrechtliche Frage der Bauweise entschieden ist.[8] Bevor man sich mit der bauordnungsrechtlichen Frage der Überprüfung der Abstandsflächen auseinandersetzt ist also zu prüfen, wie das betreffende Grundstück bauplanungsrechtlich zu bebauen ist. Maßgeblich sind insoweit insbesondere die Festsetzung eines Bebauungsplans über die Bauweise und die überbaubaren Grundstücksflächen gemäß § 23 Abs. 1 S. 1 BauNVO. Soweit ein Bebauungsplan nicht vorliegt, kann sich eine Verpflichtung zum grenzständigen Bauen auch aus dem in § 34 Abs. 1 BauGB verordneten Gebot des Einfügens ergeben.[9]

1. Planungsrechtlich zwingende Grenzbebauung bzw. Bebauung mit geringerem Abstand, § 6 Abs. 1 S. 2 lit. a)

a) Zwingende Grenzbebauung

6 Gemäß § 6 Abs. 1 S. 2 lit. a) entfällt die Abstandfläche, soweit nach planungsrechtlichen Vorschriften ohne oder mit geringerem Grenzabstand als in § 6 Abs. 5 und 6 vorgesehen gebaut werden muss. Neben den Festsetzungen eines Bebauungsplanes zu Bauweisen, die eine Grenzbebauung zwingend vorschreiben, wie beispielsweise die Festsetzung einer geschlossenen Bauweise nach § 22 Abs. 1, Abs. 3 BauNVO, ist als planungsrechtliche Vorschrift insoweit auch das Gebot des Einfügens gemäß § 34 Abs. 1 BauGB zu bewerten, wenn sich aus den prägenden Merkmalen der Umgebung des Vorhabens in einem Zusammenhang bebauten Ortsteil ergibt, dass ohne Grenzabstand gebaut werden muss.[10]

7 Die Vorschrift des § 22 Abs. 3 BauNVO, nach der Gebäude in der geschlossenen Bauweise ohne Grenzabstand gebaut werden müssen, ist zwingend. Wo, wie weit und wie hoch in der geschlossenen Bauweise an die Grenze gebaut werden muss, ergibt sich nicht aus den Vorschriften über die Bauweise, sondern aus den ergänzend heranzuziehenden Vorschriften über die überbaubare Grundstücksfläche und über die Höhe der baulichen Anlagen bzw. die Zahl der Vollgeschosse.[11] Eine festgesetzte geschlossene Bauweise führt auch für solche Gebäudeteile, die üblicherweise nur mit Grenzabstand errichtet werden (Dachaufbauten, Balkone, Erker oder sonstige Vorbauten), zu einem Entfallen der seitlichen Abstandfläche.[12] Sind nur Doppelhäuser oder Hausgruppen inner-

---

[6] *Heintz,* in: Gädtke/Temme/Heintz/Czepuck, BauO NRW § 6 Rn. 70; *Boeddinghaus/Hahn/Schulte,* BauO NRW § 6 Rn. 47.
[7] Vgl. *Reich,* NachbG NRW § 1 Rn. 1.
[8] OVG NRW, 28.02.1991, II B 1967/90; OVG NRW, 22.08.2005, 10 A 3611/03, BRS 69, 91, 465 (instruktiv zur Systematik des Abstandflächenrechts).
[9] *Boeddinghaus/Hahn/Schulte,* BauO NRW § 6 Rn. 54.
[10] *Boeddinghaus/Hahn/Schulte,* BauO NRW § 6 Rn. 61.
[11] *Boeddinghaus/Hahn/Schulte,* BauO NRW § 6 Rn. 77.
[12] *Heintz,* in: Gädtke/Temme/Heintz/Czepuck, BauO NRW § 6 Rn. 159.

halb von Baufenstern zulässig, ergibt sich für diese Art der zwingenden Grenzbebauung ein besonderer Anpassungszwang, der sich aus den Hausformenbegriffen ableitet. Der Zwang zur seitlichen Grenzbebauung gilt im beplanten Bereich gilt gemäß § 22 Abs. 3 BauNVO vorbehaltlich des Erfordernisses einer Abweichung auf Grund der bereits vorhandenen Bebauung. Unter welchen Voraussetzungen die vorhandene Bebauung insoweit eine Abweichung erfordert, wird in Rechtsprechung und Literatur nicht einheitlich beurteilt. Während einerseits unabweisbare Gründe für ein ausnahmsweises Abweichen verlangt werden, sollen noch anderer Auffassung bereits vernünftige Gründe ausreichend sein. Vor dem Hintergrund, dass die Fallgestaltungen regelmäßig sehr unterschiedlich sind, tragen verallgemeinernde Aussagen nicht zur Rechtsklarheit bei.[13]

Eine planungsrechtlich vorgegebene Grenzbebauung ist selbst dann als zwingend anzusehen, wenn der Bebauungsplan von den Festsetzungen Ausnahmen nach § 31 Abs. 1 BauGB ermöglicht. Berücksichtigt man bei der Auslegung des § 6 Abs. 1 S. 2 lit. a) BauO NRW die theoretisch stets gegebene Ausnahmemöglichkeit mit, hätte das ein Unterlaufen des Planungswillens der Gemeinde zur Folge. Es könnte gerade wegen der im Bebauungsplan eingeräumten Ausnahmemöglichkeit nicht von einer zwingenden Festsetzung ausgegangen werden. Greift aber § 6 Abs. 1 S. 2 lit. a) nicht ein, so sind nach dem Grundsatz des § 6 Abs. 1 S. 1 Grenzabstände einzuhalten. Dies hätte zur Folge, dass die zwingende Festsetzung nicht zu verwirklichen wäre und sich der Wille des Plangebers letztlich in sein Gegenteil verkehren würde.[14] 8

Im unbeplanten Innenbereich gemäß § 34 BauGB ergibt sich eine weniger klare Beurteilungsgrundlage. Das im Begriff des Einfügens enthaltene Gebot der Rücksichtnahme kann einer sich aus der prägenden Umgebungsbebauung grundsätzlich ableitbaren zwingenden Grenzbebauung in Ausnahmefällen entgegenstehen.[15] Auch im Außenbereich kann das Gebot der Rücksichtnahme einer an sich vorgeschriebenen Grenzbebauung ausnahmsweise entgegenstehen. Im unbeplanten Innenbereich greift die Regelung, dass ohne Abstandflächen an die Grenze gebaut werden muss, ein, wenn nach § 34 Abs. 1 BauGB ein Vorhaben ausschließlich in geschlossener Bauweise errichtet werden darf. Das ist dann der Fall, wenn das Baugrundstück nur für eine Bebauung in dieser Weise geprägt ist.[16] Sofern die Bauweise in der näheren Umgebung des Vorhabens teils als offen, teils als geschlossen bewertet werden muss, ist § 6 Abs. 1 S. 2 lit. a) unanwendbar; ggf. ist jedoch Abs. 1 S. 2 lit. b) anwendbar. Unter »Bauweise« im bauplanungsrechtlichen Sinne ist dabei die Anordnung der Gebäude auf den Baugrundstücken in Bezug auf die – von der öffentlichen Verkehrsfläche aus betrachtet – seitlichen Grundstücksgrenzen und damit in Bezug auf die Gebäude auf den insoweit benachbarten Grundstücken zu verstehen.[17] Entscheidend für die Bestimmung einer Bauweise als geschlossen, offen, halboffen o.Ä. ist die Reihung gleichartiger oder ähnlich dimensionierter Gebäude in einem größeren Bebauungszusammenhang. 9

Im nicht beplanten Innenbereich kann sich trotz grundsätzlich zwingender Grenzbebauung die Nicht-Überbaubarkeit von Grundstücksflächen in bestimmten Bereichen aus den prägenden Merkmalen der Umgebung ergeben (faktische Baugrenze).[18] Auch wenn der in Grenzanbau in der vollen planungsrechtlich zulässigen Tiefe grundsätzlich erfolgen könnte, kann eine deutliche Überschreitung der Bebauungstiefe des Nachbargebäudes in den Fällen des § 34 BauGB ausnahmsweise als rücksichtslos bewertet werden.[19] Zwar ist nicht jede Verschlechterung der Belichtungs- und Belüftungssituation, die sich aus einer planungsrechtlich grundsätzlich zulässigen Ergänzungsbebauung ergibt, von vornherein rücksichtslos. Zu berücksichtigen ist in diesem Zu- 10

---

13 *Heintz*, in: Gädtke/Temme/Heintz/Czepuck, BauO NRW § 6 Rn. 125.
14 VGH Baden-Württemberg, 01.06.1994, 5 S 1280/94, BauR 1995, 223 ff.
15 *Heintz*, in: Gädtke/Temme/Heintz/Czepuck, BauO NRW § 6 Rn. 160.
16 Vgl. OVG NRW, 14.03.1994, 7 A 3462/91; *Boeddinghaus/Hahn/Schulte*, BauO NRW § 6 Rn. 75.
17 OVG NRW, 27.03.2003, 7 B 9213/02, BRS 66 Nr. 126, 563; *Boeddinghaus/Hahn/Schulte*, BauO NRW § 6 Rn. 68.
18 OVG NRW, 10.03.1983, 7 B 1736/82, BRS 40 Nr. 118.
19 OVG NRW, 22.10.1982, 7 B 1918/82, BRS 39 Nr. 107.

sammenhang allerdings, dass die Einhaltung der Abstandflächen nach § 6 BauO NRW eine Prüfung des planungsrechtlichen Gebots der Rücksichtnahme weder grundsätzlich noch regelmäßig ausschließt.[20]

11 Weist die nähere Umgebung des Vorhabens sowohl Merkmale der offenen wie auch der geschlossenen Bauweise auf, kann keine bestimmte Bauweise i.S.d. § 22 Abs. 1 BauNVO festgestellt werden. Auch die Zuordnung der Bebauung des Gebietes zu einer abweichenden Bauweise nach § 22 Abs. 4 S. 1 BauNVO kommt nicht in Betracht, wenn ein durchgehendes Ordnungsprinzip bezüglich der Gebäudeanordnung nicht festgestellt werden kann.[21]

b) Grenzbebauung mit geringerem Abstand

12 Planungsrechtliche Vorschriften, nach denen mit geringerem Grenzabstand als nach § 6 Abs. 5 oder 6 gebaut werden muss, sind vor allem Festsetzung eines Bebauungsplans über Grenzabstände, die im Zusammenhang mit der Festsetzung einer abweichenden Bauweise nach § 22 Abs. 4 S. 2 BauNVO erfolgen.[22] Durch Festsetzungen der abweichenden Bauweise nach § 22 Abs. 4 BauNVO verbunden mit der Regelung des Abstandmaßes zur seitlichen und eventuell auch zur vorderen und rückwärtigen Grundstücksgrenze ebenso wie durch die Festsetzungen von Baulinien nach § 23 Abs. 2 BauNVO nahe zur Grundstücksgrenze kann sich im beplanten Bereich der Zwang zu einer lediglich grenznahen Bebauung ohne ausreichende Tiefe der Abstandflächen gemäß § 6 Abs. 5 und 6 ergeben. Denkbar ist beispielsweise die Festsetzung einer halboffenen Bauweise. In der halboffenen Bauweise erfolgt der Grenzanbau nicht wie in der geschlossenen Bauweise beidseitig, sondern lediglich einseitig. Zu der anderen Nachbargrenze muss in der halboffenen Bauweise ein Abstand eingehalten. Dieser Abstand zur Nachbargrenze kann gemäß § 22 Abs. 4 S. 2 BauNVO abweichend von § 6 Abs. 5 oder 6 definiert werden.[23] Schließlich kann ein geringerer Grenzabstand gemäß § 22 Abs. 4 S. 2 BauNVO auch unabhängig von der Festsetzung einer halboffenen Bauweise festgesetzt werden.

13 Die Festsetzung einer geringeren Abstandflächentiefe gemäß § 9 Abs. 1 Nr. 2a BauGB ist keine zwingende planungsrechtliche Vorgabe im Sinne des § 6.[24]

2. Mögliche Grenzbebauung – § 6 Abs. 1 S. 1 lit. b)

14 Die Vorschrift regelt Konstellationen, in denen ohne Grenzabstand gebaut werden darf, aber nicht muss; die Nachbarn haben es insoweit in der Hand, die Grenzbebauung untereinander zu regeln.

a) Planungsrechtliche Vorgaben

15 Im beplanten Bereich darf an die seitliche Nachbargrenze gebaut werden, wenn der Bebauungsplan offene Bauweise ohne Beschränkungen der Hausformen festsetzt und durch großzügig bemessene überbaubare Grundstücksflächen die Gebäudeanordnung auf den Grundstücken nicht eingeschränkt wird; oder wenn der Bebauungsplan offene Bauweise mit der Beschränkung auf Doppelhäuser oder Hausgruppen festsetzt, jedoch aufgrund großzügig bemessener überbaubarer Grundstücksflächen offen bleibt, an welchen gemeinsamen Nachbargrenzen jeweils ein Doppelhaus oder eine Hausgruppe entstehen soll; oder wenn der Bebauungsplan abweichende Bauweisen festsetzt, nach deren inhaltlicher Ausgestaltung auch das Bauen ohne Grenzabstand möglich wird,

---

20 OVG NRW, 09.02.2009, 10 B 1713/08, BauR 2009, 775, 776 f.; *Boeddinghaus/Hahn/Schulte*, BauO NRW § 6 Rn. 82.
21 *Boeddinghaus/Hahn/Schulte*, BauO NRW § 6 Rn. 69d.
22 *Boeddinghaus/Hahn/Schulte*, BauO NRW § 6 Rn. 61.
23 *Boeddinghaus/Hahn/Schulte*, BauO NRW § 6 Rn. 62.
24 *Boeddinghaus/Hahn/Schulte*, BauO NRW § 6 Rn. 65; vgl. auch *Heintz*, in: Gädtke/Temme/Heintz/Czepuck, BauO NRW § 6 Rn. 85.

jedoch nicht zwingend ist, so dass auch ohne Grenzabstand gebaut werden kann; oder wenn bei fehlender Festsetzung der Bauweise aufgrund von Festsetzungen der überbaubaren Grundstücksflächen oder der Anordnung baulicher Anlagen das Bauen ohne Grenzabstand nicht ausgeschlossen ist.[25]

Innerhalb eines im Zusammenhang bebauten Ortsteils i.S.d. § 34 Abs. 1 BauGB darf ein Vorhaben grenzständig errichtet werden, wenn dem Bauherrn auf Grund der prägenden Umgebungsbebauung die Möglichkeit eingeräumt ist, an die Grenze zu bauen oder den Grenzabstand einzuhalten.[26] In einem Gebiet mit offener und geschlossener oder jedenfalls einseitig grenzständiger Bebauung ist regelmäßig sowohl die offene als auch die einseitig grenzständige Bebauung bauplanungsrechtlich zulässig.[27] Letztlich hängt die Zulassung einer Grenzbebauung gemäß § 6 Abs. 1 S. 2 lit. b) davon ab, ob das Vorhaben mit dem in § 34 Abs. 1 BauGB enthaltenen bauplanungsrechtlichen Gebot der Rücksichtnahme vereinbar ist.[28] 16

b) Sicherung des Anbaus

Die Sicherung der Grenzbebauung auch auf dem Nachbargrundstück kann entweder eine im weitesten Sinne vertragliche Einigung zwischen den Grundstücksnachbarn sein oder durch ein auf dem Nachbargrundstücks bereits vorhandenes legales Gebäude ohne Grenzabstand, das geeignet ist, die Funktion der Grenzbebauungssicherung zu übernehmen, erfolgen.[29] 17

aa) Vertragliche Anbausicherung

Aus dem Wortlaut und auch aus der Begründung des Gesetzesentwurfs ergibt sich, dass im Falle einer fehlenden faktischen Sicherung eine zivilrechtliche Einigung zwischen dem Bauherrn und dem Nachbarn ausreichend ist.[30] Insoweit muss es sich allerdings um eine wechselseitige Verpflichtung des Nachbarn zum grenzständigen Anbau handeln. Aus der schriftlichen Vereinbarung muss sich die ausdrückliche Verpflichtung zur wechselseitigen Grenzbebauung klar und eindeutig ergeben. Eine bloße Zustimmung zur Grenzbebauung auf dem Nachbargrundstück genügt nicht. Die wechselseitige Vereinbarung der Nachbarn zur Grenzbebauung kann bis zur Entscheidung über die Baugenehmigung wieder aufgelöst werden.[31] Erst nach der Erteilung der Baugenehmigung für das zuerst entstehende grenzständige Gebäude und erst recht nach dessen Vollendung sind beiden betroffenen Grundstückseigentümer und auch deren Rechtsnachfolger an die Übereinkunft gebunden. In der schriftlichen Vereinbarung ist mindestens die wechselseitige Grenzbebauung dem Grunde nach zu regeln. Die Nachbarn können jedoch auch wechselseitig enger gefasste Verpflichtungserklärungen i.S. der früheren Anbauverpflichtung zum deckungsgleichen Bauen vereinbaren, weil die Grundstückseigentümer dann freiwillig auf die ihnen durch die Festsetzung des Bebauungsplans eingeräumte Dispositionsfreiheit verzichten.[32] Das nachbarliche Einverständnis deckt ein gegenüber der Vereinbarung zugrunde liegendes geändertes Vorhaben auch dann nicht ab, wenn durch die Änderungen nachbarliche Interessen nicht zusätzlich berührt werden.[33] Demgegenüber schließt sich eine Vereinbarung, mit der jegliche Grenzbebauung ohne Einschränkung gestattet wird, Nachbarrechte nicht nur gegen ein Vorhaben von bestimmter Dimen- 18

---

25 *Heintz*, in: Gädtke/Temme/Heintz/Czepuck, BauO NRW § 6 Rn. 162.
26 Bay. VGH, 21.07.1997, 14 B 96.3086, BRS 59, Nr. 113.
27 BVerwG, 11.03.1994, 4 B 53.94, BauR 1994, 494.
28 OVG NRW, 17.02.2000, 7 B 178/00, BRS 63, Nr. 137.
29 OVG NRW, 08.11.1984, 7 B 22/84, BRS 42 Nr. 119; OVG Rheinland-Pfalz, 22.08.2002, 1 A 1073/02, BauR 2002, 1838; *Heintz*, in: Gädtke/Temme/Heintz/Czepuck, BauO NRW § 6 Rn. 166.
30 *Heintz*, in: Gädtke/Temme/Heintz/Czepuck, BauO NRW § 6 Rn. 163.
31 *Heintz*, in: Gädtke/Temme/Heintz/Czepuck, BauO NRW § 6 Rn. 163.
32 OVG NRW, 15.11.1990, 7 B 2688/90 – unveröffentl.; *Heintz*, in: Gädtke/Temme/Heintz/Czepuck, BauO NRW § 6 Rn. 163.
33 OVG NRW, 11.06.1990, 7 B 740/90, NWVBl. 1990, 417.

sion, sondern für jede Grenzbebauung aus. Dies gilt auch dann, wenn der Anbau des Nachbars dem bereits vorhandenen Grenzanbau nicht entspricht, sondern über diesen hinausgeht.[34]

19 Wichtig ist, dass auf die Einhaltung des Grenzabstands nur dann verzichtet werden darf, wenn die wechselseitige Verpflichtung zur Grenzbebauung in einem angemessenen Zeitraum umgesetzt werden kann. An diesem Merkmal fehlt es insbesondere dann, wenn ein Bauherr ein Gebäude ohne Grenzabstand und ein anderer – etwa zeitgleich – ein Gebäude mit Grenzabstand errichtet und sich lediglich im Falle der späteren Erweiterung seines Gebäudes bzw. eines Ersatzbaus zur Auffüllung der bis dahin verbleibenden einseitigen Lücke verpflichtet.[35]

bb) Anbaussicherung durch vorhandene Bausubstanz

20 Soll ein vorhandenes Gebäude als Anbaussicherung dienen, muss es geeignet sein, die Funktion einer vertraglichen Sicherung zu ersetzen. Hierfür sind im beplanten Bereich regelmäßig nur Gebäude der Hauptnutzung in der Lage.[36] Im unbeplanten Innenbereich kann die Sicherungsfunktion auch von einer anderen hinreichend gewichtigen Bebauung übernommen werden, die selbst keine Gebäude der Hauptnutzung darstellt.[37] Letztlich können jedoch nur solche Gebäude die Funktion einer Grenzbebauungsverpflichtung übernehmen, bei denen aufgrund von faktischen Verhältnissen gewährleistet ist, dass auf Dauer keine rechtswidrigen Zustände eintreten, die der Gesetzgeber mit dem Erfordernis der Anbauverpflichtung hat verhindern wollen. Aus diesem Grund scheidet als Ersatz für die in § 6 Abs. 1 S. 2 lit. b) geforderte Sicherung daher grundsätzlich eine Grenzgarage ebenso wie eine Terrassenüberdachung oder ein Gewächshaus aus, weil diese Gebäude regelmäßig bereits aufgrund ihrer Bausubstanz keine Gewähr für eine dauernde Nutzung bieten.[38]

C. Lage der Abstandflächen, § 6 Abs. 2

21 Die Bestimmung über die Lage der Abstandflächen ist nachbarschützend.[39]

I. Lage der Abstandflächen auf dem eigenen Grundstück

22 Die Abstandsflächen müssen grundsätzlich auf dem eigenen Grundstück liegen. Unter »Grundstück« ist das Grundstück i.S.d. bürgerlichen Rechts zu verstehen. Vor diesem Hintergrund kommt es maßgeblich auf den genauen Verlauf der Grundstücksgrenzen an. Unklarheiten fallen insoweit in den Risikobereich des Eigentümers. Wichtig ist insoweit, dass das in § 6 BauO NRW enthaltene, in sich geschlossene System der Abstandsflächenvorschriften Regel- und Ausnahmetatbestände enthält, die eine zentimetergenaue Baubestimmung der Abstandsflächentiefe vorschreiben.[40]

II. Lage auf öffentlichen Flächen

23 Die Abstandsflächen dürfen in bestimmten Umfang auch auf öffentlichen Verkehrsflächen liegen. Die in § 6 Abs. 2 S. 2 erwähnten öffentlichen Flächen sind einer Bebauung entzogen und daher geeignet, die Abstandflächen angrenzender Gebäude aufzunehmen.[41] Im bauplanungsrechtlichen Außenbereich liegende Flächen auf anderen Grundstücken können zur Aufnahme von Abstand-

---

34 OVG NRW, 26.04.1990, 7 B 2836/90 – unveröffentl., *Heintz*, in: Gädtke/Temme/Heintz/Czepuck, BauO NRW § 6 Rn. 163.
35 *Heintz*, in: Gädtke/Temme/Heintz/Czepuck, BauO NRW § 6 Rn. 163.
36 *Heintz*, in: Gädtke/Temme/Heintz/Czepuck, BauO NRW § 6 Rn. 166.
37 OVG NRW, 17.08.2005, 7 B 1288/05, BRS 69, Nr. 130.
38 *Heintz*, in: Gädtke/Temme/Heintz/Czepuck, BauO NRW § 6 Rn. 166.
39 *Heintz*, in: Gädtke/Temme/Heintz/Czepuck, BauO NRW § 6 Rn. 170.
40 OVG NRW, 05.03.2007, 10 B 274/07, BauR 2007, 1031, 1032.
41 *Heintz*, in: Gädtke/Temme/Heintz/Czepuck, BauO NRW § 6 Rn. 172.

flächen angrenzender Gebäude – unabhängig von der Nutzung und der planerischen Festsetzung – nicht herangezogen werden. Auf diesen Flächen ist nämlich eine Bebauung nicht vornherein völlig ausgeschlossen.[42]

Öffentliche Verkehrsflächen Flächen, die ihrer Zweckbestimmung entsprechend für den öffentlichen Verkehr dauerhaft in der für sie vorgesehenen Form gesichert und somit grundsätzlich einer Bebauung entzogen sind.[43] Die Abstandflächen dürfen nur bis zur Mitte der öffentlichen Fläche liegen, weil diese oft zweiseitig anbaubar ist. Bei Straßen kommt es nicht auf die Mittellinie der Fahrbahn, sondern auf die Mitte der gesamten Straßenverkehrsfläche für.[44] Die Vorschrift dient i.V.m. dem in § 6 Abs. 3 enthaltenen Überdeckungsverbot auch dem Schutz der jeweils gegenüberliegenden Grundstücke. Es ist nicht ausgeschlossen, dass ein Eigentümer zu Gunsten des Eigentümers eines gegenüberliegenden Grundstücks auf die Inanspruchnahme seines Rechts durch Baulast verzichtet und sich auf diese Weise die Mittellinie einer öffentlichen Verkehrsfläche fiktiv verschiebt.[45]

III. Baulastsicherung auf fremdem Grundstück

Können die erforderlichen Abstandflächen auf Grund des Grundstückszuschnitts oder des geplanten Vorhabens nicht auf dem Baugrundstück selbst nachgewiesen werden, eröffnet § 6 Abs. 3 BauO NRW die Möglichkeit, die Abstandflächen auf einem angrenzenden Grundstück vorzuhalten. Für die abstandrechtliche Beurteilung ist dann nicht mehr die tatsächliche Grundstücksgrenze maßgebend, sondern die fiktive Grenze des um die Baulastfläche vergrößerten Grundstücks.[46] Die Übernahme der Baulast auf das Grundstück hat zur Folge, dass die mit der Baulast belastete Fläche baurechtlich nur noch zu solchen Zwecken genutzt werden darf, die innerhalb der Abstandflächen eines Gebäudes zulässig sind. Zulässig bleiben in dem mit der Baulast belasteten Grundstücksbereich u. a. Grenzgaragen und andere nach § 6 Abs. 11 BauO NRW privilegierte Grenzgebäude.[47]

Die öffentlich-rechtliche Sicherung gemäß § 6 Abs. 3 erfolgt durch die Eintragung einer Baulast in das bei den Bauordnungsbehörden geführte Baulastenverzeichnis (vgl. § 83 BauO NRW). Die Übernahme einer Baulast erfolgt durch eine schriftliche Willenserklärung des Grundstückseigentümers, dessen Grundstück belastet werden soll. Damit die Identität desjenigen, der die Baulasterklärung abgibt, rechtlich festgestellt werden kann, muss die Erklärung entweder unmittelbar vor der Bauaufsichtsbehörde – unter Vorlage des amtlichen Lichtbildausweises – oder durch Vorlage einer mit einer öffentlich beglaubigten Unterschrift unterzeichneten Erklärung erfolgen.[48]

Eine zivilrechtliche Sicherung der Freihaltung der für die Abstandflächen in Anspruch genommenen Flächen auf dem fremden Grundstück reicht nicht aus, weil Grundbucheintragungen jederzeit im Einvernehmen der Beteiligten gelöscht werden können und dadurch die Gefahr des Entstehens bauordnungswidriger Zustände besteht.

D. Überdeckungsverbot, § 6 Abs. 3

I. Inhalt

Der Regelungsbereich des § 6 Abs. 3 erfasst insbesondere Fälle, in denen verschiedene Gebäude oder Gebäudeteile einander auf demselben Grundstück gegenüberliegen. Insoweit ordnet § 6

---

42 VGH Baden-Württemberg, 13.06.2003, 3 S 938/03, BauR 2003, 1549 ff.
43 VG Düsseldorf, 05.08.2004, 9 L 1406/04, BauR 2005, 1455.
44 *Heintz*, in: Gädtke/Temme/Heintz/Czepuck, BauO NRW § 6 Rn. 177.
45 Niedersächs. OVG, 05.09.2002, 1 ME 182/02, BauR 2003, 75.
46 VGH Baden-Württemberg, 30.07.2001, 8 S 1485/09, BRS 64 Nr. 131; *Boeddinghaus/Hahn/Schulte*, BauO NRW § 6 Rn. 152a.
47 *Boeddinghaus/Hahn/Schulte*, BauO NRW § 6 Rn. 160.
48 Vgl. *Heintz*, in: Gädtke/Temme/Heintz/Czepuck, BauO NRW § 380 Rn. 55 f.

Abs. 3 an, dass die durch diese Gebäude bzw. Gebäudeteile ausgelösten Abstandflächen sich nicht überdecken dürfen. Erfasst werden auch solche Fälle, in denen Abstandflächen gemäß § 6 Abs. 2 S. 3 auf andere Grundstücke übernommen worden sind.[49]

29 Außerhalb des Anwendungsbereichs des § 6 Abs. 3 ist die Konstellation, dass ein Gebäude auf Grund älterer baurechtlicher Vorschriften oder einer zugelassenen Abweichung in einem geringeren Abstand zur Nachbargrenze errichtet worden ist, als sich dies aus den aktuellen Bemessungsregelungen des § 6 Abs. 4 ergibt und die Übertragung des fehlenden Teils der Abstandflächen auf das Nachbargrundstück nicht erfolgt ist. In dieser Konstellation überlappen nämlich die Abstandflächen nicht auf das Nachbargrundstück. Ein Nachbar muss in dieser Konstellation nur die für seinen Bau erforderlichen Abstände einhalten und nicht darüber hinaus auch den auf dem anderen Grundstück fehlenden Abstand auf sein Grundstück übernehmen.[50]

II. Ausnahmen

30 Das Überdeckungsverbot ist mit drei Ausnahmen versehen.

1. Geltung nur für gegenüberliegende Wände

31 Damit stumpfwinklige Gebäudeanschlüsse nicht auf Grund der sich im Bereich des Wandanschlusses überdeckenden Abstandflächen unzulässig sind, ordnet § 6 Abs. 3 Nr. 1 an, dass das Überdeckungsverbot für Wände, die in einem Winkel von mehr 75 Grad zueinander stehen, nicht gilt. Die Wahl des Winkelmaßes von 75 Grad lässt sich nicht auf lichttechnische Aspekte zurückführen; er ist das Ergebnis einer Abwägung zwischen den Belangen einer ausreichenden Tagesbeleuchtung auf der einen Seite und den Belangen einer freien Grundrissgestaltung von Gebäuden auf der anderen Seite. Auch Wände, die in einem Winkel von mehr als 75 Grad zueinander stehen, verschatten sich nämlich wechselseitig.[51]

32 Gebäudeabschlüsse zwischen 90 und 75 Grad führen dazu, dass sich die bei geraden Wänden als rechteckig anzunehmenden Abstandflächen mit dem jeweils anschließenden Gebäudeteil selbst überschneiden. Aus diesem Grund sind spitzwinklige Gebäudeabschlüsse gemäß § 6 Abs. 1 S. 1 i.V.m. Abs. 4 S. 1 HS. 2 unzulässig. Die Zulässigkeit kann jedoch durch eine geringfügige Korrektur im Bereich der Gebäudeinnenecke herbeigeführt werden, die dazu führt, dass die Abstandflächen der einander angrenzenden Gebäude nicht mehr auf das andere Gebäude geworfen wird.[52]

2. Garten und Hofhäuser

33 Gemäß § 6 Abs. 3 Nr. 2 dürfen sich die Abstandflächen der Außenwände eines der Einsicht Dritter entzogenen Gartenhofs bei Wohngebäuden mit nicht mehr als zwei Wohnungen ausnahmsweise überlagern. Diese Freistellung bedeutet letztlich eine Halbierung der erforderlichen Innenhofabmessungen in entsprechenden Konstellationen.[53] Die Beschränkung auf Gartenhöfe bei Wohngebäuden mit nicht mehr als zwei Wohnungen verhindert, dass die Fenster unterschiedlicher Wohnungen auf den gleichen Innenhof ausgerichtet werden; sie dient letztlich dem Wohnfrieden.[54]

---

49 *Boeddinghaus/Hahn/Schulte*, BauO NRW § 6 Rn. 161.
50 Bay. VGH, 08.12.1975, 264 I 72, BRS 29 Nr. 78; OVG NRW, 24.02.1995, 7 B 3118/94; *Boeddinghaus/Hahn/Schulte*, BauO NRW § 6 Rn. 162.
51 *Boeddinghaus/Hahn/Schulte*, BauO NRW § 6 Rn. 164.
52 Vgl. *Boeddinghaus/Hahn/Schulte*, BauO NRW § 6 Rn. 166.
53 *Boeddinghaus/Hahn/Schulte*, BauO NRW § 6 Rn. 166.
54 Vgl. *Heintz*, in: Gädtke/Temme/Heintz/Czepuck, BauO NRW § 6 Rn. 189.

3. In den Abstandflächen zulässige Gebäude

Die Regelung des § 6 Abs. 3 Nr. 3 stellt klar, dass das Überdeckungsverbot nicht für solche Gebäude und bauliche Anlagen gilt, die in den Abstandflächen generell zulässig sind oder zugelassen werden können. Dies betrifft die in § 6 Abs. 11 genannten Gebäude, vor allem Grenzgaragen.

E. Bemessung der Abstandflächen?

Die Regeln zur Bemessung der Abstandflächen gehen vom Normalfall eines Gebäudes aus. Baukörper mit ungewöhnlicher Form, wie beispielsweise Nurdachhäuser, Rundhäuser, Fernmeldetürme oder Windkraftanlagen, erfordern besondere Überlegungen.

I. Das Höhenmaß H als allgemeine Bezugsgröße

Sofern nicht von festen Werten als Mindesttiefen für die Abstandfläche auszugehen ist (3-Meter-Regelung in Abs. 5 S. 5 und Abs. 6 S. 1), bestimmt sich die Mindesttiefe einer Abstandfläche nach der Höhe des Gebäudes. Ausgangspunkt ist die eigene Wandhöhe. Die Tiefe der Abstandfläche muss für jede Außenwand eines Gebäudes separat bestimmt werden.[55] Maßgebend sind die Außenmaße der Wand. Die Tiefe der Abstandflächen ist senkrecht zur Wand zu messen. Die Abstandflächen sind danach an einem Winkel von 90 Grad zur Wandflucht zu bestimmen.

1. Unterer Bezugspunkt

Ausgangspunkt der Ermittlung der Wandhöhe ist die Schnittlinie der Geländeoberfläche mit der betreffenden Außenwand.[56] Das Maß der Wandhöhe ist nicht um eine etwaige Differenz der Geländehöhen zwischen dem Grundstück des Bauherrn und dem Grundstück des Nachbarn zu modifizieren.[57] Die Geländeoberfläche ist für alle genehmigungsbedürftigen Vorhaben grundsätzlich die Fläche, die sich aus der Baugenehmigung ergibt.[58] Für genehmigungsfreie Vorhaben im Geltungsbereich eines Bebauungsplans sind die entsprechenden Festsetzungen maßgebend. Sofern es an entsprechenden bauplanerischen Festsetzungen fehlt, ist insoweit die natürliche Geländeoberfläche maßgebend.

Der Bauherr hat die Möglichkeit, im Bauantrag die Beibehaltung oder eine Veränderung der vorgegebenen Geländeoberfläche zu beantragen. Sofern die beantragte Veränderung der Geländehöhe genehmigt wird, ist diese für die Höhenbestimmung maßgeblich.[59] Unberücksichtigt bleiben bei der Bestimmung der Wandhöhe gemäß § 6 Abs. 4 S. 5 lediglich untergeordnete bzw. unselbstständige Abgrabungen.[60] Eine untergeordnete bzw. unselbstständige Abgrabung liegt vor, wenn die Vertiefung lediglich einen Teil des Baukörpers selbst darstellt, diesem unmittelbar zugeordnet ist, technisch mit ihm in Verbindung steht und der Funktion des der Abgrabung angrenzenden Raums unmittelbar dient. Dies ist beispielsweise bei Kellerschächten oder einer Kellertreppe der Fall. Maßgeblich ist, dass durch die Abgrabung das Profil des Baugrundstücks nur punktuell und im Verhältnis zur übrigen Grundstücksfläche in einem unterordneten Umfang verändert wird. Veränderungen in einem großräumigen Zusammenhang sind nicht mehr in diesem Sinne untergeordnet. Beispielsweise kann eine Abgrabung, die sich über eine Länge von mehr als 13 m mit erheblicher Breite und Tiefe erstreckt nicht mehr als untergeordnete und lediglich punktuelle Veränderung des Niveaus des Baugrundstücks bewertet werden.[61] Gleiches gilt bei-

---

55 *Boeddinghaus/Hahn/Schulte*, BauO NRW § 6 Rn. 170; *Heintz*, in: Gädtke/Temme/Heintz/Czepuck, BauO NRW § 6 Rn. 193.
56 *Boeddinghaus/Hahn/Schulte*, BauO NRW § 6 Rn. 173.
57 *Boeddinghaus/Hahn/Schulte*, BauO NRW § 6 Rn. 173.
58 OVG NRW, 19.03.1993, 7 A 634/90; *Boeddinghaus/Hahn/Schulte*, BauO NRW § 6 Rn. 173.
59 *Boeddinghaus/Hahn/Schulte*, BauO NRW § 6 Rn. 174.
60 Hierzu instruktiv OVG NRW, 18.04.1991, 11 A 969/87, BRS 52 Nr. 180.
61 OVG NRW, 08.07.2008, 10 B 999/08.

spielsweise für eine Zufahrt, die über die gesamte Gebäudebreite geht und zu einer im Kellergeschoss vorgesehenen Garage führt. Es handelt sich insoweit um eine selbstständige Abgrabung, die bei der Ermittlung der Wandhöhe zu berücksichtigen ist.[62] § 6 Abs. 4 S. 5 bezieht sich lediglich auf Abgrabungen, Erhöhungen der Geländeoberfläche sind bei der Bestimmung der Wandhöhe zu berücksichtigen.

39   Fällt das Gelände über die Länge der Außenwand ab, ist gemäß § 6 Abs. 4 S. 3 die im Mittel gemessene Wandhöhe der Berechnung der Tiefe der Abstandfläche zu Grunde zu legen.

40   Fällt das Gelände in einzelnen Wandabschnitten zuordnenbaren Versprüngen ab, ist die Wandhöhe abschnittsweise zu bestimmen.[63]

41   Die Geländeoberfläche ist auch dann als Bezugspunkt maßgeblich, wenn die Außenwand nicht bis zum Gelände hinab reicht, wie dies beispielsweise bei Gebäude auf Stützen oder terrassierten Gebäuden der Fall ist.

2. Oberer Bezugspunkt

42   Der obere Bezugspunkt für die Berechnung der Wandhöhe ist bei geradem oberem Wandabschluss die Oberkante der Wand. Verspringt die maßgebliche Außenwand im oberen Wandabschluss, so ist die Außenwand gemäß § 6 Abs. 4 S. 3 in entsprechende Wandabschnitte zu unterteilen und die Wandhöhe und die daraus resultierende Tiefe der Abstandfläche für jeden Wandabschnitt separat zu ermitteln.

43   Sofern der obere Wandabschluss durch ein Dach bestimmt wird, ist die Außenwand bis Oberkante Dachhaut zu verlängern und bis zur Schnittlinie der Außenwand und der Dachhaut zu messen. Dies gilt sowohl für Flachdächer als auch für Steildächer. Als Dachhaut wird dabei das Deckmaterial des Daches bezeichnet; es kommt also nicht auf die tragende Dachkonstruktion an. Sofern das Deckmaterial gewellt ist, ist vom obersten Punkt der Wellung auszugehen. Die Schnittlinie der Wand mit der Dachhaut ist eine hypothetische Linie, die nicht mit der von außen sichtbaren Traufkante identisch ist. Unter der Traufe bzw. Traufkante versteht man allgemein die untere waagerechte Begrenzung der Dachfläche.[64] Die tatsächliche Traufe liegt jedoch unterhalb der Schnittlinie der Außenwand mit der Dachhaut. Die Traufkante nach dem allgemeinen Sprachgebrauch ist für die Bestimmung der Wandhöhe jedoch dann maßgeblich, wenn eine Traufhöhe im Bebauungsplan oder in Gestaltungssatzungen festgesetzt ist.[65]

44   Bei Dachterrassen ist das Terrassengeländer oberer Bezugspunkt für die Ermittlung der Wandhöhe. Eine Transparenz oder Geschlossenheit der Wand oder der Brüstung ist abstandflächenrechtlich insoweit ohne Belang.[66]

3. Berücksichtigung von Dach- und Giebelfläche

45   Die Regelungen über die Berücksichtigung von Dach- und Giebelflächen differenzieren nicht zwischen unterschiedlichen Dachformen. Gemäß § 6 Abs. 4 S. 6 wird der Wandhöhe die Höhe von Steildächern mit mehr als 45 Grad Dachneigung zugerechnet. Die Hinzurechnung erfolgt voll oder zu einem Drittel entsprechend der Dachneigung. Dächer mit einer Dachneigung von unter 45 Grad bleiben bei der Bemessung der Wandhöhe unberücksichtigt, es sei denn, sie haben größere Dachgauben und anderweitige Dachaufbauten. Bei der Ermittlung der Höhe des Daches

---

62   OVG NRW, 17.02.2009, 10 A 3416/07.
63   *Boeddinghaus/Hahn/Schulte*, BauO NRW § 6 Rn. 177.
64   OVG NRW, 12.02.1975, 10 A 352/73; BRS 29 Nr. 102.
65   *Boeddinghaus/Hahn/Schulte*, BauO NRW § 6 Rn. 180.
66   OVG NRW, 12.09.2006, 10 A 2890/05, BauR 2007, 350; *Boeddinghaus/Hahn/Schulte*, BauO NRW § 6 Rn. 182; *Heintz*, in: Gädtke/Temme/Heintz/Czepuck, BauO NRW § 6 Rn. 200.

ist von der Schnittlinie der Wand und der Dachhaut auszugehen. Ausgehend von dieser Linie ist eine Dachhöhe bis zum First zu ermitteln.

Dächer und Dachteile mit einer Neigung von mehr als 70 Grad werden bei der Berechnung der Höhe H der ermittelten Wandhöhe voll hinzugerechnet. Dies betrifft insbesondere Mansarddächer.

Dächer und Dachteile mit einer Neigung von weniger 70, aber mehr als 45 Grad sind zu einem Drittel bei der Ermittlung der Wandhöhe H zu berücksichtigen. Dies gilt auch für Dächer mit einer Dachneigung von weniger 45 Grad, die Dachgaupen oder Dachaufbauten aufweisen, deren Gesamtbreite je Dachfläche mehr als die Hälfte der darunterliegenden Gebäudewand beträgt.[67]

4. Auswirkungen baulicher Veränderungen

Der Ausbau von Dachgeschossen geht häufig mit Veränderungen der äußeren Gestaltung der Gebäude im Bereich des Daches einher. Soweit sich aus den Regelungen über die Anrechnung bzw. Nichtanrechnung von Dächern, Dachteilen und Dachaufbauten und Dachgaupen keine Änderung in der Tiefe der Abstandsfläche ergibt oder soweit eine vergrößerte Abstandsfläche den Anforderungen des § 6 Abs. 2 entspricht, hat der Nachbar die Änderungen hinzunehmen.

Zu beachten ist, dass der Dachausbau oft an Objekten vorgenommen wird, die nach zwischenzeitlich nicht mehr geltenden baurechtlichen Vorschriften genehmigt worden sind oder jedenfalls für einen namhaften Zeitraum materiell rechtmäßig waren. Insbesondere bei dieser Konstellation kann es vorkommen, dass der bauliche Bestand nicht den geltenden Abstandsflächenvorschriften entspricht. Ist das der Fall, wird mit einer nicht nur unwesentlichen baulichen Veränderung, wie beispielsweise das Aufsetzen eines Steildachs auf ein Gebäude mit einem Flachdach, die Abstandsflächenfrage für das gesamte Gebäude einschließlich der bereits bestehenden Teile neu aufgeworfen.[68]

II. Tiefe der Abstandsfläche

Die Tiefe der Abstandsfläche bestimmt sich nach den Regelungen des § 6 Abs. 4 S. 1–4, wenn sich nicht aus § 6 Abs. 6 oder einer besonderen örtlichen Bauvorschrift auf der Grundlage des § 86 Abs. 1 Nr. 6 ausnahmsweise etwas anderes ergibt.

Die Tiefe der Abstandsfläche bestimmt sich nach der Qualität des Baugebiets auf der Grundlage der maßgeblichen planungsrechtlichen Gebietsdefinitionen. Die Differenzierung nach der Art der baulichen Nutzung hat zur Folge, dass der Bestimmung der Abstandsflächen eine Analyse der planungsrechtlichen Situation vorauszugehen hat.[69]

Maßgeblich für die Bestimmung der Tiefe der Abstandsfläche ist die Zuordnung des Gebäudes zu einem der Baugebiete der BauNVO. Sofern sich das Gebäude in einem Gebiet befindet, in dem eine geringere Tiefe der Abstandsfläche als 0,8 H zulässig ist, ist in einem zweiten Schritt festzustellen, ob die betreffende Außenwand des Gebäudes zu einem Baugebiet hin orientiert ist, in dem die Tiefe der Abstandsfläche doch 0,8 H beträgt. In diesem Fall ist eine Abstandsfläche von 0,8 H einzuhalten, auch wenn das Gebäude selbst in einem MK-, GE- oder GI-Gebiet liegt.[70]

Sofern eine öffentliche Verkehrsfläche zwei Baugebiete mit unterschiedlichen Nutzungen voneinander trennt, gilt für die Bemessung der Tiefe der Abstandsfläche der Faktor 0,8 H bis zur Stra-

---

[67] Vgl. hierzu OVG NRW, 27.09.1996, 7 B 2094/1996; *Boeddinghaus/Hahn/Schulte*, BauO NRW § 6 Rn. 189.
[68] OVG NRW, 27.06.2000, 10 B 426/00; *Boeddinghaus/Hahn/Schulte*, BauO NRW § 6 Rn. 207.
[69] *Boeddinghaus/Hahn/Schulte*, BauO NRW § 6 Rn. 216.
[70] OVG NRW, 05.02.1998, 10 A 6361/95, BRS 60 Nr. 110.

54 Nutzungsänderungen bestehender Gebäude sind gemäß § 6 Abs. 15 zulässig, sofern der Abstand des Gebäudes zu den Nachbargrenzen mindestens 2,50 m beträgt. Aus der Bezugnahme auf Baugebiete der BauNVO folgt, dass bei einer Änderung des Bebauungsplans bezüglich der Art der baulichen Nutzung andere Tiefen der Abstandfläche gelten, sofern die Art der Nutzung insoweit maßgeblich geändert wird. Gleiches kann in den Fällen eines § 34 BauGB-Gebietes vorkommen, wenn beispielsweise aus einem als MI-Gebiet zu kategorisierenden Gebiet durch Zulassung verstärkter Büronutzung faktisch ein MK-Gebiet entsteht. Die Zulässigkeitsvoraussetzungen für Neu- oder Ergänzungsbauten können auf diese Weise entscheidend verändert werden.

F. Das 16-Meter-Privileg, § 6 Abs. 6

55 Die Vergünstigung des § 6 Abs. 6 kann gegenüber jeder Grundstücksgrenze und gegenüber jedem Gebäude auf demselben Grundstück in Anspruch genommen werden.[72] Dies bedeutet, dass ein Objekt, das über einen rechteckigen Grundriss mit einer Außenwandlänge von jeweils nicht mehr als 16 m **verfügt,** die in § 6 vorgesehenen reduzierten Abstandflächen gegenüber allen Grundstücksgrenzen gelten.[73] Dies bedeutet eine deutliche Reduzierung von Abstandsflächen und für den Bauherren eine deutlich verbesserte Möglichkeit der Ausnutzung des Grundstückes. Die Nachbargrenzen werden aus der Sicht des Baugrundstücks definiert.[74]

56 Ist eine Außenwand länger als 16 m, kann die Privilegierung auch für einen Wandabschnitt mit einer Länge von nicht mehr als 16 m in Anspruch genommen werden.

57 Sofern ein Baukörper gegliedert ist, kann die Vergünstigung auch für mehrere Abschnitte der Außenwand gegenüber jeder Grundstücksgrenze oder gegenüber jedem Gebäude auf demselben Grundstück in Anspruch genommen werden.[75] Auch hier ist jedoch die Länge auf insgesamt nicht mehr als 16 m beschränkt. Dadurch ist ausgeschlossen, dass die Privilegierung über die Länge von 16 m hinaus von mehreren Außenwänden eines einzelnen Gebäudes zur gleichen Seite hin in Anspruch genommen wird. Ausweislich der Begründung zum Regierungsentwurf sollte eine Aufteilung der reduzierten Abstandsflächen gegenüber einer Grundstücksgrenze in unterschiedliche Abschnitte, also beispielsweise auf drei Wandabschnitte von je 4 m Länge, ausgeschlossen sein.[76] Diesen gesetzgeberischen Willen kann man der Formulierung des § 6 Abs. 6 jedoch nicht entnehmen. Gerade die Formulierung »auf einer Länge der Außenwände und von Teilen der Außenwände« deutet eher auf das Gegenteil hin. Da es für die Auslegung von Gesetzen in erster Linie auf den Wortlaut ankommt, dürfte ein sich im Wortlaut des Gesetzes nicht widerspiegelnder gesetzgeberischer Wille unbeachtlich sein.

58 § 6 Abs. 6 gilt auch für Außenwände oder Außenwandteile, die in der Tiefe versetzt oder gestaffelt angeordnet sind.[77] Für die Anwendbarkeit des § 6 Abs. 6 ist lediglich die Breite der Abstandsfläche gegenüber einer Grundstücksgrenze oder gegenüber einer an einem anderen Gebäude auf demselben Grundstück entscheidend. Diese darf das Maß von 16 m insgesamt nicht überschreiten.[78]

---

71 *Boeddinghaus/Hahn/Schulte*, BauO NRW § 6 Rn. 219.
72 *Boeddinghaus/Hahn/Schulte*, BauO NRW § 6 Rn. 252.
73 *Boeddinghaus/Hahn/Schulte*, BauO NRW § 6 Rn. 252.
74 *Boeddinghaus/Hahn/Schulte*, BauO NRW § 6 Rn. 253; OVG Münster, 04.02.2004, 10 B 2544/03, BauR 2004, 986.
75 Vgl. *Boeddinghaus/Hahn/Schulte*, BauO NRW § 6 Rn. 254.
76 Vgl. *Boeddinghaus/Hahn/Schulte*, BauO NRW § 6 Rn. 254.
77 *Boeddinghaus/Hahn/Schulte*, BauO NRW § 6 Rn. 255.
78 *Boeddinghaus/Hahn/Schulte*, BauO NRW § 6 Rn. 256.

Die unter Anwendung des »16-Meter-Privilegs« geltenden reduzierten Abstandflächen gelten auch bei Objekten, die teilweise an den Grundstücksgrenze anbauen.⁷⁹ Das Privileg kann daher auch beispielsweise vor der Rückseite von Doppelhäusern, Hausgruppen oder Reihenhäusern in Anspruch genommen werden, sofern und soweit die einzelnen Gebäude das Höchstmaß von 16 m einhalten.⁸⁰ 59

Auch bei der Anwendung des 16-Meter-Privilegs ist die gemäß § 6 Abs. 5 S. 3 erforderliche Mindesttiefe der Abstandflächen von 3 m einzuhalten. 60

G. Privilegierte untergeordnete Bauteile, § 6 Abs. 7

Die Regelung des § 6 Abs. 7 privilegiert unter den im Einzelnen dort genannten Voraussetzungen abstandflächenrechtlich bestimmte Bauteile. Wichtig ist, dass die Regelung des § 6 Abs. 7 die bauplanungsrechtliche Zulässigkeit des betreffenden Bauteils voraussetzt.⁸¹ Im Zusammenhang mit § 6 Abs. 7 ist die Regelung des § 23 Abs. 2 S. 2 bzw. § 23 Abs. 3 S. 2 BauNVO mit in den Blick zu nehmen. Möglicherweise kann nämlich ein untergeordneter Bauteil i.S.d. § 6 Abs. 7 zugleich auch ein Gebäudeteil i.S.d. v.g. Vorschriften sein. In diesem Zusammenhang ist jedoch zu beachten, dass die Vorschriften der BauNVO über das Vortreten von Gebäudeteilen über die Baulinie oder die Baugrenze in geringfügigem Ausmaß als bloße Kann-Vorschriften ausgebildet sind und daher planungsrechtlich kein Anspruch auf die Zulassung von entsprechenden Bauteilen besteht. 61

I. Das Erdgeschoss erschließende Hauseingangstreppen und Überdachungen

§ 6 Abs. 7 Nr. 1 regelt die abstandrechtliche Unbeachtlichkeit von das Erdgeschoss erschließenden Hauseingangstreppen und Überdachungen über erdgeschossigen Hauseingängen, wenn sie von den Nachbargrenzen mindestens 1,5 m entfernt sind. Entgegen dem Wortlaut des § 6 Abs. 7 Nr. 1 sind allerdings auch Hauseingangstreppen mit Überdachungen erfasst.⁸² 62

Unter einem Hauseingang i.S.d. Gesetzes versteht man den von der Straße zum Haus führenden Zugang; unter den Begriff des Hauseingangs fallen auch Nebeneingänge.⁸³ Einem Hauseingang kommt eine maßgebliche Erschließungsfunktion für das Gebäude zu. 63

Unter einem Erdgeschoss versteht man jedes Vollgeschoss oberhalb des Kellergeschosses. Nicht erforderlich ist, dass das Erdgeschoss bündig zum Gelände liegt. Befindet sich das Objekt in stark hängigem Gelände, bestimmt sich die Bewertung eines Geschosses als Erdgeschoss nach einer natürlichen Betrachtungsweise.⁸⁴ 64

Überdachungen zeichnen sich durch die fehlende seitliche Abdeckung aus.⁸⁵ 65

II. Bauteile

Die Regelung des § 6 Abs. 7 Nr. 2 erfasst untergeordnete Bauteile. Die im Gesetz vorgefundene Aufzählung ist nicht abschließend. Der Gesetzgeber geht nämlich davon aus, dass auch andere vor die Außenwand vortretende untergeordnete Bauteile wie beispielsweise Brüstungen, Fensterbänke, Fenstergitter, Schlagläden, Blumenfenster, Regenfallrohre, Regenrinnen, Abgasrohre oder 66

---

79 Vgl. *Boeddinghaus/Hahn/Schulte*, BauO NRW § 6 Rn. 258.
80 Vgl. *Boeddinghaus/Hahn/Schulte*, BauO NRW § 6 Rn. 258.
81 OVG Münster, 22.08.2005, 10 A 3611/03, BRS 69 Nr. 91; *Boeddinghaus/Hahn/Schulte*, BauO NRW § 6 Rn. 273.
82 *Heintz*, in: Gädtke/Temme/Heintz/Czepuck, BauO NRW § 6 Rn. 262.
83 OVG Münster, 25.01.1967, 10 A 1555/65, BRS 18 Nr. 76; *Heintz*, in: Gädtke/Temme/Heintz/Czepuck, BauO NRW § 6 Rn. 262.
84 *Heintz*, in: Gädtke/Temme/Heintz/Czepuck, BauO NRW § 6 Rn. 262.
85 *Heintz*, in: Gädtke/Temme/Heintz/Czepuck, BauO NRW § 6 Rn. 263.

Lüftungsleitungen privilegierungsbedürftig sind. Ein Bauteil ist dann untergeordnet, wenn er sich nach Umfang und Größe in Grenzen hält und im Verhältnis zum gesamten Gebäude unbedeutend erscheint und in seiner Funktion sowie nach Umfang und Auswirkungen gegenüber dem Gebäude nicht nennenswert ins Gewicht fällt.[86]

67 Da die Formulierung des § 6 Abs. 7 Nr. 2 offen ist, dürfte unter den übrigen gesetzlichen Voraussetzungen auch die Überdachung vor einer Dachterrasse entgegen der teilweise in der Literatur geäußerten Auffassung grundsätzlich von der Privilegierung erfasst sein.[87]

III. Vorbauten

68 Der Gesetzeswortlaut erfasst Vorbauten und scheint diesen Begriff durch die angegebenen Beispiele Erker, Balkone und Altane einzuengen. In der Literatur wird daraus teilweise der Schluss gezogen, es seien nur solche Vorbauten privilegiert, die – wie die ausdrücklich aufgeführten – einen deutlichen Abstand zwischen Geländeoberfläche und Unterkante aufweisen.[88] Diese einschränkende Interpretation ist indes keineswegs zwingend, wie bereits die Formulierung »wie« im Gesetz andeutet. In der täglichen Beratungspraxis empfiehlt es sich angesichts des unklaren Wortlauts, vorsorglich die umfangreiche zu der aktuellen und auch schon zu den Vorgängerregelungen ergangene Kasuistik zu konsultieren.

IV. Unbeachtlichkeit von Loggien

69 Gemäß § 6 Abs. 7 S. 2 sollen Loggien bei der Bemessung des Maßes der Auskragung unberücksichtigt bleiben. Diese Regelung führt dazu, dass die gesamte jeweilige Außenwand und nicht nur der zurückspringende Teil der Außenwand im Bereich der Kombination aus Loggia und Balkon als Bezugspunkt für das abstandflächenrelevante Maß angenommen wird.[89] Unter einer Loggia versteht man sowohl eine von Pfeilern oder Säulen getragene, ein- oder mehrseitig offene Bogenhalle im Erdgeschoss als auch einen einseitig offenen, überdeckten Raum im Obergeschoss eines Hauses.[90]

V. Andere abstandrelevante Anlagen, § 6 Abs. 10

70 Bestimmte Anlagen, die keine Gebäude sind, können auf Grund und in Abhängigkeit von ihren Abmessungen oder ihren Nutzungen Wirkungen zeitigen, die denen von Gebäuden gleichen.[91] Daher ordnet § 6 Abs. 10 an, dass für die dort im Einzelnen aufgeführten Anlagen die Absätze 1 bis 7 entsprechend gelten. Dies bedeutet, dass diese Anlagen einerseits selbst Abstandflächen auslösen, andererseits nicht in den Abstandflächen von Gebäuden angeordnet werden dürfen.[92]

71 Die unter § 6 Abs. 10 fallenden Anlagen unterliegen auch den übrigen öffentlich-rechtlichen Baubeschränkungen. Insbesondere müssen diese planungsrechtlich zulässig sein.

---

[86] Bay. VGH, 27.11.1974, 54 I 73, BRS 29 Nr. 90; OVG Lüneburg, 26.11.1967, 6 A 96/85, BRS 47 Nr. 96; Hess. VGH, 12.10.1995, 4 TG 2941/95, BRS 57 Nr. 139; Hamburgisches OVG, 21.05.2003, 2 Bf 80/89, BauR 2004, 1133, BRS 66 Nr. 131.
[87] A.A. hierzu: *Heintz*, in: Gädtke/Temme/Heintz/Czepuck, BauO NRW § 6 Rn. 265.
[88] In diesem Sinne: *Heintz*, in: Gädtke/Temme/Heintz/Czepuck, BauO NRW § 6 Rn. 266; OVG Berlin, 22.05.1992, 2 B 22.90, BRS 94 Nr. 97 zu einem Außenaufzug.
[89] *Heintz*, in: Gädtke/Temme/Heintz/Czepuck, BauO NRW § 6 Rn. 261.
[90] Vgl. *Heintz*, in: Gädtke/Temme/Heintz/Czepuck, BauO NRW § 6 Rn. 261.
[91] OVG Münster, 12.12.1991, 11 A 2349/89, BRS 54, 144; *Heintz*, in: Gädtke/Temme/Heintz/Czepuck, BauO NRW § 6 Rn. 261.
[92] *Heintz*, in: Gädtke/Temme/Heintz/Czepuck, BauO NRW § 6 Rn. 270.

1. Objekte größer als 2 m

Gemäß § 6 Abs. 10 Nr. 1 lösen Anlagen, die höher als 2 m über der Geländeoberfläche angeordnet sind und (kumulativ) von denen Wirkungen wie von Gebäuden ausgehen, eigene Abstandflächen aus. Bei der Beurteilung der Anlagen ist vom Schutzziel des Abstandflächenrechts auszugehen. Dies bedeutet, dass sich die maßgebliche Höhe von 2 m an den abstandrechtlichen Wirkungen der Anlage orientiert. Bezugsebene zur Bemessung der Höhe ist die Geländeoberfläche. Oberer Bezugspunkt ist die Oberkante des Objektes in Bezug zur Geländeoberfläche.[93]

Im Einzelnen gibt es hierzu eine umfangreiche Kasuistik.[94]

2. Objekte größer als 1 m

Gemäß § 6 Abs. 10 Nr. 2 lösen auch solche Objekte Abstandflächen aus, die höher als 1 m über der Geländeoberfläche hinausragen und (kumulativ) dazu geeignet sind, von Menschen betreten zu werden. Der wesentliche Unterschied zu den Anlagen nach Nr. 1 liegt darin, dass der Gesetzgeber auf Grund der Möglichkeit des Betreten-Werdens-Könnens von Menschen eine höhere Schutzbedürftigkeit der Nachbarschaft annimmt.[95] Hintergrund ist, dass, sobald Flächen von Menschen betreten werden können, die mehr als nur geringfügig über die Geländeoberfläche hinausragen, dem Nachbarn die Möglichkeit des Selbstschutzes genommen wird. Gerade entsprechende Anlagen lösen im nachbarlichen Zusammenleben Konflikte aus, die durch das Abstandflächenrecht durch die Einhaltung von Sozialabständen gelöst werden sollen.[96] Gerade auf Grund des immer knapper werdenden Baulands und der seit der letzten Novelle des Bauordnungsrechts nur noch reduziert einzuhaltenden Abstandflächen nehmen die Nachbarkonflikte zu. Gerade bei Vorhaben in hängigem Gelände sollte daher sehr sorgfältig geprüft werden, ob die bei der Gestaltung der Außenanlagen vorgenommenen Geländemodulationen mit den Regelungen des § 6 Abs. 10 Nr. 2 BauO NRW noch vereinbar sind.

Im Zusammenhang mit Geländeaufschüttungen ist wichtig, dass die Abstandfläche vom Böschungsfuß aus gemessen wird, auch wenn der Böschungsfuß selbst abstandflächenrechtlich unbeachtlich ist.[97]

3. Sonderregelungen für Windenergieanlagen

Windenergieanlagen können regelmäßig nicht von Menschen betreten werden. Gleichwohl gehen von diesen Objekten unter abstandflächenrechtlichen Gesichtspunkten Wirkungen wie von Gebäuden aus. Aus diesem Grund hat der Gesetzgeber in § 6 Abs. 10 S. 2–5 Spezialregelungen zur Berechnung der Abstandflächen eingeführt. Diese Regelungen sind im Wesentlichen selbsterklärend und bedürfen keiner weiteren Erläuterung.

VI. Abstandrechtlich begünstigte Gebäude

1. Allgemeines

Bei den gemäß § 6 Abs. 11 ohne Abstandflächen bzw. in den Abstandflächen eines anderen Gebäudes zulässigen Vorhaben handelt es sich um bloße Nebengebäude, die keine eigenen Aufenthaltsräume enthalten dürfen. Aufenthaltsräume sind Räume, die zum nicht nur vorübergehenden Aufenthalt von Menschen bestimmt oder geeignet sind (vgl. § 3 Abs. 8 BauO NRW). Die Rege-

---

[93] Heintz, in: Gädtke/Temme/Heintz/Czepuck, BauO NRW § 6 Rn. 262.
[94] Vgl. insbes. mit zahlr. Nachweisen aus der Rspr. Heintz, in: Gädtke/Temme/Heintz/Czepuck, BauO NRW § 6 Rn. 272.
[95] Vgl. Heintz, in: Gädtke/Temme/Heintz/Czepuck, BauO NRW § 6 Rn. 273.
[96] Vgl. Heintz, in: Gädtke/Temme/Heintz/Czepuck, BauO NRW § 6 Rn. 273.
[97] OVG Saarland, 28.09.1993, 2 R 25/92, BRS 55 Nr. 113; Heintz, in: Gädtke/Temme/Heintz/Czepuck, BauO NRW § 6 Rn. 273.

lung des § 6 Abs. 11 setzt die bauplanungsrechtliche Zulässigkeit der Vorhaben an den betreffenden Stellen voraus.

a) Garage

78 Gemäß § 2 Abs. 8 BauO NRW sind Garagen ganz oder teilweise umschlossene Räume zum Abstellen von Kraftfahrzeugen. Entgegen dem Wortlaut des § 6 Abs. 11 fallen auch Carports als überdachte Stellplätze unter die Privilegierung für Garagen. Das Verbot von Öffnungen in der Nachbargrenze zugekehrten Wänden steht der Errichtung eines Carports an der Grundstücksgrenze ohne eigene Abstandflächen bzw. in den Abstandflächen eines anderen Gebäudes nicht entgegen.[98]

b) Gewächshaus

79 Ein Gewächshaus ist ein Gebäude, das der Anzucht und Unterbringung von Pflanzen dient.[99] Daneben können Gebäude nach § 6 Abs. 11 auch ganz oder teilweise zum Abstellen beliebiger Gegenstände, etwa Gartengeräte oder Fahrräder etc., genutzt werden.

80 Wichtig ist, dass eine bauordnungsrechtlich ursprünglich rechtmäßige Grenzgarage durch eine Umnutzung in eine gewerbliche Halle oder durch Aufbau einer Umwehrung sowie die Nutzung als Dachterrasse insgesamt ihre Eigenschaft als im Grenzbereich privilegiert zulässiges Vorhaben verlieren kann.[100]

c) Keine Anwendung von § 6 Abs. 4

81 Gemäß § 6 Abs. 11 S. 2 findet § 6 Abs. 4 keine Anwendung. Die Anordnung der Nichtgeltung des § 6 Abs. 4 bezieht sich zunächst auf S. 1 des Abs. 4, der für die Tiefe der Abstandfläche die Wandhöhe heranzieht. Grenzgebäude nach § 6 Abs. 11 haben keine eigenen Abstandflächen, danach haben Vorschriften, die die Tiefe der Abstandflächen aus der Wandhöhe bemessen, für diese Gebäude keine Bedeutung.[101] Trotz des entgegenstehenden Wortlauts ist § 6 Abs. 3 S. 2 mit der Maßgabe entsprechend anzuwenden, dass unterer Bezugspunkt abweichend von § 6 Abs. 4 die Geländeoberfläche an der Grenze ist. Die Regelung des § 6 Abs. 4 S. 3 findet im Bereich des § 6 Abs. 11 keine Anwendung.[102] Diese Gebäude weisen nämlich regelmäßig keine Wandteile unterschiedlicher Höhe. Anderenfalls wäre die mittlere Wandhöhe maßgebend. Insoweit ist § 6 Abs. 4 S. 4 entsprechend anzuwenden.[103] Keine Anwendung findet die Regelung des § 6 Abs. 4 S. 5. § 6 Abs. 4 S. 6 findet wegen der Spezialregelung in § 6 Abs. 11 S. 4 keine Anwendung.[104]

2. Längenbegrenzung von Grenzgebäuden

82 Privilegierte Grenzgebäude gemäß § 6 Abs. 11 sollen insgesamt das Maß von 15 m nicht überschreiten. Ist beispielsweise eine Grenzgarage einschließlich eines Abstellraums an einer Grenze in einer Länge von 9 m errichtet worden, ist an einer anderen Nachbargrenze eine weitere Garage oder ein Abstellraum in einer Länge von lediglich 6 m zulässig.

83 Die Regelung des § 6 Abs. 11 S. 5 BauO NRW ist nachbarschützend. Dabei besteht die nachbarschützende Wirkung nicht nur in Bezug auf die an der jeweiligen Grenze errichteten Gebäude,

---

98 OVG NRW, 09.10.2007, 10 A 159/07; *Boeddinghaus/Hahn/Schulte*, BauO NRW § 6 Rn. 305.
99 *Boeddinghaus/Hahn/Schulte*, BauO NRW § 6 Rn. 305.
100 OVG Münster, 30.09.2005, 10 B 972/05, BRS 69 Nr. 96; *Boeddinghaus/Hahn/Schulte*, BauO NRW § 6 Rn. 305.
101 *Boeddinghaus/Hahn/Schulte*, BauO NRW § 6 Rn. 320.
102 Vgl. zum Ganzen *Boeddinghaus/Hahn/Schulte*, BauO NRW § 6 Rn. 322.
103 Vgl. zum Ganzen *Boeddinghaus/Hahn/Schulte*, BauO NRW § 6 Rn. 322.
104 Vgl. zum Ganzen *Boeddinghaus/Hahn/Schulte*, BauO NRW § 6 Rn. 322.

deren Länge 9 m übersteigt. Die Bestimmung gewährt vielmehr allen betroffenen Nachbarn, also auch nicht direkt betroffenen Nachbarn, ein Abwehrrecht, wenn durch die Grenzbebauung insgesamt zulässigen Maße überschritten werden.[105] Die Teilung eines wirtschaftlich einheitlich genutzten Grundstücks zum Zwecke des Unterlaufens der Längenbeschränkung kommt wegen einer dadurch hervorgerufenen missbräuchlichen Inanspruchnahme von Abstandvorschriften nicht in Betracht.[106]

VII. Abweichungsmöglichkeiten für Gebäude und Gebäudeteile auf demselben Grundstück, § 6 Abs. 13

Die Regelung des § 6 Abs. 13 ermöglicht Abweichungen von den Vorschriften über die Tiefe der Abstandsflächen für Wände desselben Gebäudes sowie für Wände von Gebäuden auf demselben Grundstück. Die gemäß § 6 Abs. 13 ermöglichten Abweichungen beziehen sich also lediglich auf die Abstandsflächen der Außenwände, die zum Inneren eines Baugrundstücks ausgerichtet sind. Eine Abweichung zugunsten Abstandsflächen zu anderen Grundstücksgrenzen hin wird nicht gewährleistet.[107] Abweichungen können gestattet werden, wenn die Belichtung der Räume nicht wesentlich beeinträchtigt wird. Dies kann beispielsweise dann der Fall sein, wenn die sich gegenüberliegenden Außenwände ohnehin keine Fenster haben, wenn die sich gegenüberliegenden Außenwände keine zur ausreichenden Versorgung mit Tageslicht erforderlichen Fenster haben (beispielsweise Toilettenräume etc.), wenn sich nur Wandvorsprünge geringfügigen Ausmaßes gegenüberliegen oder wenn die sich gegenüberliegenden Wände von Aufenthaltsräumen sehr niedrig sind, wie dies beispielsweise bei Atriumhöfen oder Gartenhofhäusern der Fall ist. Wichtig ist, dass auch die übrigen Schutzziele des Abstandsflächenrechts durch die Verkürzung der Abstandsflächen nicht beeinträchtigt sein dürfen. Dies wäre nämlich dann der Fall, wenn die Außenwände keine oder zumindest keine notwendigen Fenster aufweisen.[108]

84

VIII. Langfristige Verbesserung des Wärmeschutzes, § 6 Abs. 14

Gerade vor dem Hintergrund des immer knapper werdenden Baulands kann es vorkommen, dass ein Bestandsgebäude die bislang geltenden Abstandsflächentiefen berücksichtigt, die geplante Anbringung einer Bekleidung oder Verblendung an den Außenwänden zur Verbesserung des Wärmeschutzes jedoch dann zu einer Unterschreitung der geltenden Abstandsflächentiefen führt.

85

Wegen des öffentlichen Interesses an der Verbesserung des Wärmeschutzes hat der Gesetzgeber nun feste Maße für entsprechende Maßnahmen zugunsten des Wärmeschutzes eingeführt. Wurde beispielsweise vor Aufbringung einer Wärmeschutzisolierung ein Mindestabstand von 3 m zur Nachbargrenze eingehalten, vermindert sich der erforderliche Abstand zur Nachbargrenze zur die Maßnahme auf 2,75 m. Nach § 6 Abs. 14 ist sogar ein Mindestabstand von lediglich 2,50 m ausreichend.

86

Zusätzlich kann auch eine noch stärkere Dämmung als 0,25 m zulässig sein. Auch eine weitere Unterschreitung des Mindestmaßes von 2,50 m ist möglich, wenn die Maßnahme unter Würdigung der Belange des Nachbarn als Abweichung von den Vorschriften des § 6 Abs. 5 oder 6 gestattet wird. Die Unterschreitung des Mindestabstands von 2,50 m zur Nachbargrenze hin kommt nur in Betracht, wenn die brandschutzrechtlichen Anforderungen eingehalten werden.[109] In diesem Fall müssen insbesondere die Vorschriften über Gebäudeabschlusswände gemäß § 31 BauO NRW berücksichtigt werden.

87

---

105 OVG NRW, 21.08.1985, 7 B 1257/85, BRS 44 Nr. 171; *Heintz*, in: Gädtke/Temme/Heintz/Czepuck, BauO NRW § 6 Rn. 296.
106 Niedersächs. OVG, 26.02.2004, 1 LA 210/03, BauR 2004, 1274.
107 *Heintz*, in: Gädtke/Temme/Heintz/Czepuck, BauO NRW § 6 Rn. 300.
108 Vgl. zum Ganzen ausführlich *Heintz*, in: Gädtke/Temme/Heintz/Czepuck, BauO NRW § 6 Rn. 301.
109 OVG NRW, 29.05.2008, 10 B 616/08 – nicht veröffentl.

IX. Bauliche Änderung und Nutzungsänderung bestehender Gebäude, § 6 Abs. 15

88 § 6 Abs. 15 privilegiert unter bestimmten Voraussetzungen bauliche Änderungen und Nutzungsänderungen an bereits bestehenden Gebäuden, die den aktuell geltenden Abstandvorschriften nicht (mehr) entsprechen. Anwendungsvoraussetzung für § 6 Abs. 15 ist, dass es sich um ein bestehendes Gebäude handelt, das tatsächlich vorhanden und früher entweder formell legal (mit Baugenehmigung) oder jedenfalls materiell legal (für einen namhaften Zeitpunkt in Übereinstimmung mit der früheren Rechtslage) errichtet und bestanden hat.[110] Die erstmalige Genehmigung einer bereits lange bestehenden, aber formell illegalen Bausubstanz zusammen mit einer Änderung oder Nutzungsänderung kommt daher nicht in Betracht.[111]

1. Genehmigung ohne Abweichungsgenehmigung

89 Bei Erfüllung einer der Tatbestände des § 6 Abs. 15 Nrn. 1–3 ist eine Änderung oder Nutzungsänderung zulässig, ohne dass es auf eine Beteiligung des Nachbarn ankommt.[112] Es besteht ein Rechtsanspruch auf Erteilung der Baugenehmigung.[113]

90 Die Regelung in § 6 Abs. 15 Nr. 1 erfasst Änderungen innerhalb des Gebäudes. Sie unterscheidet sich von § 6 Abs. 5 Nr. 2 und § 6 Abs. 15 Nr. 3 in erster Linie dadurch, dass nicht die Einhaltung eines Mindestabstands von 2,50 m zur Nachbargrenze erforderlich ist. Das zu verändernde Objekt kann auch näher an der Grundstücksgrenze errichtet oder sogar unmittelbar an dieser stehen. Unter den Begriff »Änderung« fällt eine nicht nur unerhebliche bauliche Umgestaltung, die sich allerdings ausschließlich innerhalb des Gebäudes abspielen darf. Außenwände und das Dach müssen für die Privilegierung des § 6 Abs. 15 Nr. 1 unverändert bleiben.

91 Die Regelung des § 6 Abs. 15 Nr. 2 erfasst Nutzungsänderungen von Gebäuden mit einem Mindestabstand von 2,50 m zur Nachbargrenze.

92 § 6 Abs. 15 Nr. 3 erfasst Änderungen von Gebäuden mit einem Mindestabstand von 2,50 m zur Nachbargrenze. Länge und Höhe der diesen Nachbargrenzen zugekehrten Wände und Dachflächen müssen unverändert bleiben.[114] Ferner dürfen keine neuen Öffnungen eingerichtet oder bestehende Öffnungen vergrößert werden.

2. Weitergehende Änderungen und Nutzungsänderungen

93 Gemäß § 6 Abs. 15 S. 2 können unter Umständen unter Berücksichtigung nachbarrechtlicher Belange und der Belange des Brandschutzes auch weitergehende Nutzungsänderungen gestattet werden. Die Bauaufsicht hat insoweit eine am Grundsatz der Verhältnismäßigkeit orientierte Abwägung der Interessen des Bauherrn mit der Schutzbedürftigkeit der nachbarlichen Belange durchzuführen. Ein Anspruch auf Erteilung der Baugenehmigung besteht insoweit nicht.[115]

X. Abweichungen in überwiegend bebauten Gebieten, § 6 Abs. 16

94 Gemäß § 6 Abs. 16 können in überwiegend bebauten Gebieten geringere Tiefen der Abstandflächen als dies nach § 6 Abs. 5 eigentlich erforderlich wäre gestattet oder sogar verlangt werden. Die Vorschrift ermöglicht also nicht den völligen Verzicht auf Abstandflächen, sondern lediglich die Zulassung geringerer Tiefen der Abstandflächen im Einzelfall.[116] Die Regelung des § 6 Abs. 16 findet keine Anwendung, wenn der Bebauungsplan abweichende Maße der Tiefe der Ab-

---

110 *Heintz*, in: Gädtke/Temme/Heintz/Czepuck, BauO NRW § 6 Rn. 313.
111 OVG Münster, 24.03.2003, 10 A 4687/02 – nicht veröffentl.
112 OVG Münster, 08.03.2007, 7 A 3782/05, BauR 2007, 1023, 1024.
113 *Heintz*, in: Gädtke/Temme/Heintz/Czepuck, BauO NRW § 6 Rn. 315.
114 OVG Münster, 06.04.2004, 7 B 223/04, BauR 2004, 1226, 1277 f.
115 *Heintz*, in: Gädtke/Temme/Heintz/Czepuck, BauO NRW § 6 Rn. 318.
116 OVG NRW, 05.10.1998, 7 B 1850/98, BRS 60, 105.

standflächen gemäß § 9 Abs. 1 Nr. 2 a) BauGB festsetzt oder eine Ortssatzung über geringere Tiefen der Abstandflächen nach § 86 Abs. 1 Nr. 6 BauO NRW besteht. Die praktische Bedeutung der Vorschrift ist gering sein. Bereits nach § 6 Abs. 5 S. 2 und § 6 Abs. 6 sind unter den dort im Einzelnen aufgeführten Voraussetzungen schon halbierte Tiefen des Normalabstands zulässig sind.[117]

(...)

§ 73 Abweichungen

(1) Soweit in diesem Gesetz oder in aufgrund dieses Gesetzes erlassenen Vorschriften nichts anderes geregelt ist, kann die Genehmigungsbehörde Abweichungen von bauaufsichtlichen Anforderungen dieses Gesetzes und der aufgrund dieses Gesetzes erlassenen Vorschriften zulassen, wenn sie unter Berücksichtigung des Zwecks der jeweiligen Anforderungen und unter Würdigung der nachbarlichen Interessen mit den öffentlichen Belangen vereinbar sind. Abweichungen von § 6 sind insbesondere zulässig, wenn durch das Vorhaben nachbarliche Interessen nicht stärker oder nur unwesentlich stärker beeinträchtigt werden als bei einer Bebauung des Grundstücks, die nach § 6 zulässig wäre. Unter den Voraussetzungen des Satzes 1 sind Abweichungen zuzulassen, wenn sie der Verwirklichung von Vorhaben zur Einsparung von Wasser oder Energie dienen. Soll von einer technischen Anforderung abgewichen werden, ist der Genehmigungsbehörde nachzuweisen, dass dem Zweck dieser Anforderung auf andere Weise entsprochen wird.

(2) Ist für bauliche Anlagen oder andere Anlagen und Einrichtungen im Sinne von § 1 Abs. 1 Satz 2, die einer Baugenehmigung bedürfen, eine Abweichung erforderlich, so ist sie schriftlich zu beantragen.

Übersicht	Rdn.			Rdn.
A. Allgemeines	1	III.	Besondere Voraussetzungen	12
B. Begriffsbestimmung	2		1. Abweichungen von § 6 (S. 2)	12
C. Anwendungsbereich	3		2. Vorhaben zur Einsparung von Wasser oder Energie (S. 3)	14
D. Voraussetzungen der Abweichung	5		3. Abweichungen von technischen Anforderungen (S. 4)	15
I. Atypik	5	E.	Die Ermessensentscheidung der Behörde	18
II. Abweichungstatbestände	8	F.	Verfahren bei selbständigen Abweichungen (Abs. 2)	20
1. Berücksichtigung des Zwecks der jeweiligen Anforderungen	8			
2. Würdigung der nachbarlichen Interessen	9			
3. Vereinbarkeit mit den öffentlichen Belangen	11			

A. Allgemeines

Bauordnungsrechtliche Vorschriften enthalten allgemein gültige Regelungen. Ihre Anwendung kann im Einzelfall zu unzweckmäßigen, und vom Gesetzgeber nicht beabsichtigten Ergebnissen führen. Um dies zu vermeiden, hat der Gesetzgeber mit dieser Vorschrift ein Korrektiv geschaffen.[1]

1

---

117 Vgl. zum Ganzen *Heintz*, in: Gädtke/Temme/Heintz/Czepuck, BauO NRW § 6 Rn. 320.
1 Vgl. zum Erfordernis BVerwG, 16.05.1991, 4 C 17/90, NJW 1991, 3293 ff.

B. Begriffsbestimmung

2 Der Gesetzgeber hat mit der Neuregelung des § 73 BauO NRW die Unterscheidung zwischen Ausnahme und Befreiung aufgegeben.[2] Erfasst werden unter den Begriff der Abweichung nunmehr alle Fälle, in denen in Form einer Sonderregelung von den allgemeinen Vorschriften abgewichen werden soll.

C. Anwendungsbereich

3 § 73 BauO NRW erlaubt nur Abweichungen von bauaufsichtlichen Anforderungen der Bauordnung und der auf Grund der Bauordnung erlassenen Vorschriften. Auf Grund der BauO NRW erlassene Vorschriften sind die auf Grund des § 85 BauO NRW erlassenen Rechtsverordnungen und die auf Grund des § 86 BauO NRW erlassenen örtlichen Bauvorschriften, die in Form einer Satzung oder als Festsetzung in einem Bebauungsplan[3] geregelt sein können. Abweichungen von bauplanerischen Festsetzungen ergehen nicht nach § 73 BauO NRW, sondern nach § 31 Abs. 1 BauGB, da der Landesgesetzgeber keine Kompetenz für die Regelungen solcher Abweichungen hat. Im Bauplanungsrecht wird zudem weiter zwischen Ausnahme und Befreiung unterschieden.

4 Abweichungen dürfen nur erteilt werden, soweit in der Bauordnung oder in auf Grund der Bauordnung erlassenen Vorschriften nichts anderes geregelt ist. Eine solche vorgehende Regelung enthält § 3 Abs. 1 S. 3 BauO NRW, nach dem von den allgemein anerkannten Regeln der Technik abgewichen werden kann. Auch die detaillierten materiellen Anforderungen im Abstandsflächenrecht (§ 6 Abs. 13 ff. BauO NRW) führen dazu, diese als in sich geschlossenes System zu bewerten.[4]

D. Voraussetzungen der Abweichung

I. Atypik

5 Ist eine Vorschrift als Soll-Vorschrift oder mit einem Ausnahmetatbestand formuliert, ist es ihr immanent, dass von ihr unter bestimmten Umständen abgewichen werden darf. Das Vorliegen eines atypischen Falles ist für eine Abweichung von diesen Vorschriften nicht erforderlich.[5]

6 Auch im Fall von zwingenden Vorschriften war es der Wille des Gesetzgebers, auf das Erfordernis einer Atypik zu verzichten.[6] Dem kann aber auf Grund des verfassungsrechtlichen Bestimmtheitsgebotes und des Prinzips der Gesetzmäßigkeit der Verwaltung nicht gefolgt werden. Für die Zulassung einer Abweichung ist das Vorliegen eines ungewöhnlichen Einzelfalls erforderlich.[7] Abweichungen vom Bauordnungsrecht dürfen nicht in das Belieben der Behörde gestellt werden und dienen nicht dazu, gewöhnliche Rechtsverletzungen zu legalisieren.[8]

7 Die Zulassung einer Abweichung bedarf daher im Einzelfall einer besonderen, d.h. atypischen Situation, die sich vom gesetzlichen Regelfall derart unterscheidet, dass die Nichtberücksichtigung oder Unterschreitung des normativ festgelegten Standards gerechtfertigt ist.[9]

---

2 *Boeddinghaus/Hahn/Schulte*, BauO NRW § 73 Rn. 6.
3 OVG NRW, 25.08.1999, 7 A 4459/96, ZfBR 2000, 56.
4 *Boeddinghaus/Hahn/Schulte*, BauO NRW § 73 Rn. 23.
5 *Boeddinghaus/Hahn/Schulte*, BauO NRW § 73 Rn. 8.
6 Vgl. Gesetzesbegründung zur BauO NRW 1995.
7 OVG NRW, 08.03.2007, 7 A 3782/05, BauR 2007, 1027; *Boeddinghaus/Hahn/Schulte*, BauO NRW § 73 Rn. 10.
8 Vgl. OVG NRW, 05.10.1995, 10 B 2445/95, BauR 1996, 85.
9 OVG NRW, 08.03.2007, 7 A 3782/05, BauR 2007, 1027.

II. Abweichungstatbestände

1. Berücksichtigung des Zwecks der jeweiligen Anforderungen

Die jeweiligen Anforderungen sind die in einer bauordnungsrechtlichen Vorschrift festgelegten Standards. Zweck dieser Standards ist der Schutz eines Rechtsguts. Ist dieses ermittelt, ist zu beurteilen, ob der Zweck durch die von der Norm abweichende Ausführung mindestens genauso gut erreicht wird oder ob auf Grund der besonderen Umstände des konkreten Einzelfalls die Einhaltung der Vorschrift unverhältnismäßig ist.

2. Würdigung der nachbarlichen Interessen

Nachbarliche Interessen sind stets zu berücksichtigen, unabhängig davon, ob eine Norm drittschützend ist oder nicht. Dies ist analog zur bauplanungsrechtlichen Befreiung darin begründet, dass stets ein nachbarlicher Interessenausgleich, also die Rücksichtnahme auf individuelle Belange, vorzunehmen ist.[10] Die Würdigung ist daher nicht als reiner Verfahrensvorgang gemeint, die nachbarlichen Interessen bestimmen vielmehr materiell die Zulässigkeit einer Abweichung mit.[11]

In einer Abwägung müssen die Interessen des Nachbarn und die für eine Abweichung sprechenden Gründe gegenübergestellt werden. Eine Abweichung von nachbarschützenden Vorschriften kommt nur in Betracht, wenn der betroffene Nachbar nicht schutzbedürftig ist oder die Gründe, die für eine Abweichung streiten, objektiv derart gewichtig sind, dass die Interessen des Nachbarn ausnahmsweise zurücktreten müssen.[12]

3. Vereinbarkeit mit den öffentlichen Belangen

Bei der Vereinbarkeit mit den öffentlichen Belangen handelt es sich um einen unbestimmten Rechtsbegriff, der verwaltungsgerichtlich uneingeschränkt überprüfbar ist. Bei der Prüfung muss analog zum Zweck der jeweiligen Anforderung zunächst geprüft werden, welches Rechtsgut geschützt werden soll, um abzugrenzen, welche öffentlichen Belange vorrangig von der Norm erfasst werden sollen. Darüber hinaus kommen jedoch auch andere öffentliche Belange in Betracht. Hierunter fallen neben den von der Bauordnung allgemein verfolgten Zielen auch alle Belange, die nicht oder nicht allein mit der Bauordnung verfolgt werden, sondern durch andere öffentlich-rechtliche Vorschriften geschützt werden sollen.[13]

III. Besondere Voraussetzungen

1. Abweichungen von § 6 (S. 2)

§ 73 Abs. 1 S. 2 BauO NRW wurde durch das »Zweite Gesetz zur Änderung der Landesbauordnung«, das am 28.12.2006 in Kraft getreten ist, eingefügt. Aus der Formulierung »insbesondere« folgt, wie es auch in der Gesetzesbegründung vorgesehen ist, dass der neue S. 2 lediglich klarstellende Wirkung hat.[14]

Abweichungen nach § 73 Abs. 1 BauO NRW sind im Bereich der Abstandsflächenregelungen des § 6 BauO NRW weiterhin restriktiv anzuwenden. § 6 BauO NRW enthält ein in sich geschlossenes System der Abstandsflächenvorschriften mit eigenen Regel- und Ausnahmetatbeständen.[15] Die Erteilung einer Abweichung kommt daher nur dann in Betracht, wenn eine von § 6 BauO NRW nicht berücksichtigte außergewöhnliche Situation, z.B. in Form eines atypischen Grund-

---

10 BVerwG, 19.09.1987, 4 C 8/84, BauR 1987, 70.
11 OVG NRW, 05.10.1995, 10 B 2445/95, BauR 1996, 85.
12 OVG Rheinland-Pfalz, 03.11.1999, 8 A 10951/99, BauR 2000, 551.
13 Vgl. *Boeddinghaus/Hahn/Schulte*, BauO NRW § 73 Rn. 27.
14 OVG NRW, 08.03.2007, 7 A 3782/05, BauR 2007, 1027.
15 OVG NRW, 08.03.2007, 7 A 3782/05, BauR 2007, 1027.

stückszuschnitts, vorliegt. Dies gilt auch dann, wenn die Abstandsfläche um wenige Zentimeter unterschritten wird, auch wenn die Gesetzesbegründung insoweit missverständlich ist.[16] Der Bauherr hat weiterhin mit der erforderlichen Sorgfalt darauf zu achten, dass Abstandsflächen zentimetergenau eingehalten werden.

2. Vorhaben zur Einsparung von Wasser oder Energie (S. 3)

14 § 73 Abs. 1 S. 3 BauO NRW gibt einen Anspruch auf Erteilung einer Befreiung, wenn das Vorhaben der Einsparung von Wasser oder Energie dient. Erforderlich ist jedoch weiterhin, dass die Voraussetzungen des S. 1 vorliegen. Der Behörde steht lediglich in einem solchen Fall kein Ermessen mehr zu.

3. Abweichungen von technischen Anforderungen (S. 4)

15 Technische Anforderungen sind nur solche Vorschriften der BauO NRW oder eine auf Grund der BauO NRW erlassenen Vorschrift, die einen konkretisierenden, technischen Inhalt haben, der sich gerade nicht nur in allgemeinen Anforderungen erschöpft.[17] Sie sind nicht mit den anerkannten Regeln der Technik aus § 3 Abs. 1 S. 3 BauO NRW zu verwechseln. Abweichungen hiervon sind allein nach dieser Vorschrift zulässig.

16 Abweichungen sind auch nur dann möglich, wenn es sich bei der Regelung nicht um einen Zulässigkeitstatbestand handelt. Der Anwendungsbereich ist daher eher gering.[18]

17 S. 4 legt die Pflicht zur Beibringung von Gutachten u.Ä. dem Bauherrn auf mit dem Ziel, die Behörde zu entlasten. Hierbei ist zu beachten, dass es sich um eine Durchbrechung des Untersuchungsgrundsatzes des § 24 VwVfG NRW handelt.

E. Die Ermessensentscheidung der Behörde

18 Liegen die tatbestandlichen Voraussetzungen des § 73 BauO NRW vor, trifft die Behörde – außer im Falle des S. 3 – nach pflichtgemäßem Ermessen eine Entscheidung über die Zulassung einer Abweichung. Ein Anspruch kann daher in der Regel nicht auf Zulassung einer Abweichung gerichtet sein, sondern lediglich auf fehlerfreie Ermessensausübung.

19 Die Zulassung einer Abweichung ist ein rechtsgestaltender Verwaltungsakt, der mit konstitutiver Wirkung die materielle Legalität des Vorhabens bewirkt. Als Ermessensentscheidung kann sie mit Nebenbestimmungen versehen werden. Die Zulassung der Abweichung ist kein eigenständiger Verwaltungsakt, sondern ein wesentlicher Bestandteil der Baugenehmigung, im Rahmen derer sie erteilt wird.

F. Verfahren bei selbständigen Abweichungen (Abs. 2)

20 Auch bei genehmigungsfreien Vorhaben bedarf die Abweichung von bauordnungsrechtlichen Vorschriften einer Zulassung nach § 73 BauO NRW. Die Zulassung muss nach Abs. 2 schriftlich beantragt werden. Daraus folgt, dass die Zulassung einer unselbständigen Abweichung keinen gesonderten schriftlichen Antrag voraussetzt.

21 Sowohl bei selbständigen als auch bei unselbständigen Abweichungen von örtlichen Bauvorschriften nach § 86 BauO NRW ist die Gemeinde nach § 87 Abs. 5 BauO NRW zu beteiligen.

(...)

---

16 OVG NRW, 08.03.2007, 7 A 3782/05, BauR 2007, 1027.
17 VGH Baden-Württemberg, 02.11.1998, 5 S 1760/98, BRS 60 Nr. 137.
18 Vgl. *Heintz*, in: Gädtke/Temme/Heintz/Czepuck, BauO NRW § 73 Rn. 22a.

§ 75 Baugenehmigung und Baubeginn

(1) Die Baugenehmigung ist zu erteilen, wenn dem Vorhaben öffentlich-rechtliche Vorschriften nicht entgegenstehen. Die Baugenehmigung bedarf der Schriftform; sie braucht nicht begründet zu werden. Eine Ausfertigung der mit einem Genehmigungsvermerk versehenen Bauvorlagen ist der Antragstellerin oder dem Antragsteller mit der Baugenehmigung zuzustellen.

(2) Die Baugenehmigung gilt auch für und gegen die Rechtsnachfolgerin oder den Rechtsnachfolger der Bauherrin oder des Bauherrn.

(3) Die Baugenehmigung wird unbeschadet der privaten Rechte Dritter erteilt. Sie lässt aufgrund anderer Vorschriften bestehende Verpflichtungen zum Einholen von Genehmigungen, Bewilligungen, Erlaubnissen und Zustimmungen oder zum Erstatten von Anzeigen unberührt.

(4) Die Bauaufsichtsbehörde hat die Gemeinde von der Erteilung, Verlängerung, Ablehnung, Rücknahme und dem Widerruf einer Baugenehmigung, Teilbaugenehmigung, eines Vorbescheides, einer Zustimmung oder einer Abweichung zu unterrichten. Eine Ausfertigung des Bescheides ist beizufügen.

(5) Vor Zugang der Baugenehmigung darf mit der Bauausführung nicht begonnen werden.

(6) Vor Baubeginn muss die Grundrissfläche und die Höhenlage der genehmigten baulichen Anlage abgesteckt sein. Baugenehmigungen und Bauvorlagen müssen an der Baustelle von Baubeginn an vorliegen.

(7) Die Bauherrin oder der Bauherr oder die Bauleiterin oder der Bauleiter hat den Ausführungsbeginn genehmigungsbedürftiger Vorhaben nach § 63 Absatz 1 mindestens eine Woche vorher der Bauaufsichtsbehörde schriftlich anzuzeigen. Die Bauaufsichtsbehörde unterrichtet das Staatliche Amt für Arbeitsschutz und das Staatliche Umweltamt, soweit es im Baugenehmigungsverfahren beteiligt wurde.

Übersicht

		Rdn.
A.	**Die Baugenehmigung (Abs. 1)**	1
I.	Der Anspruch auf die Baugenehmigung	1
II.	Die Baugenehmigung als mitwirkungsbedürftiger Verwaltungsakt	3
	1. Antragserfordernis	3
	2. Antragsgebundenheit	4
III.	Regelungsgehalt der Baugenehmigung	7
	1. Feststellender Teil	7
	2. Verfügender Teil (Abs. 5)	8
IV.	Wirkung der Baugenehmigung	9
	1. Begünstigender Verwaltungsakt	9
	2. Belastender Verwaltungsakt	11
	3. Rechtsschutz	12
V.	Prüfungsumfang	14
VI.	Aufhebung der Baugenehmigung	18
VII.	Bestandsschutz	19
VIII.	Schlusspunkttheorie/Baufreigabeschein	20
IX.	Form der Baugenehmigung (S. 2)	21
	1. Schriftform/Bauschein	21
	2. Keine Begründungspflicht	22
X.	Zustellung (S. 3)	23
B.	**Dingliche Wirkung/Rechtsnachfolge (Abs. 2)**	24
C.	**Unterrichtung der Gemeinde (Abs. 4)**	25
D.	**Absteckungs- und Vorhaltepflicht (Abs. 6)/Anzeige- und Unterrichtungspflichten (Abs. 7)**	26

A. Die Baugenehmigung (Abs. 1)

I. Der Anspruch auf die Baugenehmigung

Die Regelung des § 75 Abs. 1 S. 1 statuiert bei Übereinstimmung des Vorhabens mit öffentlich-rechtlichen Vorschriften ein Anspruch auf die Erteilung einer Baugenehmigung. Es handelt sich bei einer Baugenehmigung um einen gebundenen Verwaltungsakt. Grund für diese rechtliche Ausgestaltung ist die aus dem Eigentumsgrundrecht folgende Baufreiheit. Diese wird jedoch wegen der Sozialgebundenheit des Eigentums durch bauplanungs- und bauordnungsrechtliche Regelungen als Inhalts- und Schrankenbestimmung weiter ausgestaltet. Die Baufreiheit besteht daher

§ 75 BauO NRW   Baugenehmigung und Baubeginn

nur im Rahmen der einfachgesetzlichen Vorschriften. Die Erteilung einer Baugenehmigung unmittelbar aus Art. 14 GG und entgegen einfachrechtlicher Bestimmungen ist unzulässig.[1] Bei dem aus der Bauordnung folgenden Erfordernis der Baugenehmigung handelt es sich um ein präventives Verbot mit Erlaubnisvorbehalt. Die Baugenehmigung stellt daher lediglich deklaratorisch fest, dass ein Vorhaben durchgeführt werden kann. Konstitutiv wirkt die Baugenehmigung nur, soweit mit ihr die Erteilung einer Ausnahme oder Befreiung gemäß § 31 BauGB oder eine Abweichung gemäß § 73 BauO NRW einhergeht. Bei diesen Vorschriften spricht man von einem repressiven Verbot mit Befreiungsvorbehalt. Auch hier hat die Behörde jedoch nach pflichtgemäßem Ermessen zu entscheiden.

2 Soweit ein uneingeschränkter Rechtsanspruch auf eine Baugenehmigung besteht, darf diese nicht von einer Gegenleistung abhängig gemacht werden.[2] Die Baugenehmigungsbehörde darf sich daher nicht in einem Vertrag als Gegenleistung für die Erteilung einer Baugenehmigung die Zahlung von Folgekosten oder Erschließungsbeiträgen versprechen lassen. Erlaubt sind allerdings städtebauliche Verträge, da diese die bauplanungsrechtliche Grundlage erst herbeiführen und somit ohne den städtebaulichen Vertrag kein Anspruch auf Erteilung besteht.

II. Die Baugenehmigung als mitwirkungsbedürftiger Verwaltungsakt

1. Antragserfordernis

3 Die Erteilung einer Baugenehmigung setzt gemäß § 69 Abs. 1 S. 1 BauO NRW das Einreichen eines Bauantrags voraus. Ohne Antrag oder bei Rücknahme des Bauantrags darf eine Baugenehmigung nicht erteilt werden. Eine Baugenehmigung ist für ein konkretes Vorhaben zu erteilen. Welches Vorhaben genehmigt werden soll, bestimmt der Antragsteller durch seinen Antrag. Er legt darüber hinaus fest, wie das Vorhaben konkret ausgestaltet werden soll. Dies umfasst sowohl die bauliche Gestaltung als auch die Art und Weise der Nutzung des Vorhabens. Dieses durch den Bauherren konkretisierte Vorhaben ist Gegenstand der Prüfung der Bauaufsichtsbehörde.[3]

2. Antragsgebundenheit

4 Da der Antragsteller festlegt, worüber entschieden werden soll, darf die Baugenehmigungsbehörde hiervon grundsätzlich nicht abweichen. Die Baugenehmigung muss vom Antrag gedeckt sein.[4] Die Genehmigungsbehörde darf also nicht eigenmächtig das Vorhaben derart abändern, dass ein anderes Vorhaben als das beantragte genehmigt wird. Es ist konkret im Einzelfall zu bestimmen, ob zwischen den Vorhaben ein baurechtlich relevanter Unterschied besteht. Ein solcher ist immer dann anzunehmen, wenn sich die Frage der Genehmigungsfähigkeit wegen geänderter tatsächlicher oder rechtlicher Voraussetzungen neu stellt,[5] d.h. diese geänderten Voraussetzungen eine erneute Überprüfung der materiellen Zulässigkeitskriterien erfordern.[6] Eine solche Abweichung wird als aliud bezeichnet.

5 Zulässig ist jedoch, die Rechtmäßigkeit des Bauvorhabens dadurch herbeizuführen, dass weniger als beantragt, ein sog. Minus, genehmigt wird. Dies kann dadurch geschehen, dass das Vorhaben in geringerem Umfang genehmigt oder die Baugenehmigung mit einer Nebenbestimmung gemäß § 36 VwVfG NRW versehen wird. Voraussetzung bleibt jeweils, dass hierdurch im Verhältnis zum ursprünglichen Antrag kein aliud entsteht. Keine Nebenbestimmung, sondern eine Inhaltsbestimmung ist die modifizierende Auflage (die Erteilung einer Baugenehmigung für ein Gebäu-

---

1 *Heintz*, in: Gädtke/Temme/Heintz/Czepuck, BauO NRW § 75 Rn. 10.
2 BVerwG, 30.10.1973, IV B 127.73, BRS 27, Nr. 142.
3 BVerwG, 21.08.1991, IV B 20.91, BRS 52 Nr. 2; OVG NRW, 26.09.1991, 11 A 1604/89, NWVBl. 1992, 176.
4 *Heintz*, in: Gädtke/Temme/Heintz/Czepuck, BauO NRW § 75 Rn. 18.
5 Vgl. OVG NRW, 04.05.2004, 10 A 1476/04, BauR 2004, 1771.
6 Vgl. OVG NRW, 07.11.1996, 7 A 4820/95, n.v.

de mit einem Flachdach, wenn ein Spitzdach beantragt worden ist). Durch sie weicht die erteilte Baugenehmigung von der beantragten regelmäßig derart ab, dass die Veränderung rechtswidrig ist.

Bei geringfügigen Verstößen hat die Baugenehmigungsbehörde nach dem Grundsatz des geringstmöglichen Eingriffs dem Antragsteller Gelegenheit zur Korrektur des Antrags einzuräumen.[7] Bei Unzulässigkeit des Bauvorhabens und bei Unvollständigkeit der Unterlagen hat die Behörde den Bauantrag gemäß § 72 Abs. 1 S. 2 BauO NRW zurückzuweisen.[8]

III. Regelungsgehalt der Baugenehmigung

1. Feststellender Teil

Nach der Rechtsprechung und der h.L. enthält die Baugenehmigung die Feststellung, dass das genehmigte Vorhaben »mit dem im Zeitpunkt der Erteilung der Genehmigung geltenden öffentlichen Recht übereinstimmt«.[9] Diese Feststellung gilt nur, soweit die Behörde das öffentliche Recht zu prüfen hatte (siehe unten Rdn. 14 ff.). Die Baugenehmigung entfaltet Legalisierungswirkung bzw. Sicherungsfunktion nach ihrer Realisierung. Sie schützt das Bauvorhaben, da sich – solange die Baugenehmigung besteht – die Frage nach der materiellen Legalität des Vorhabens nicht mehr stellt.[10] Auch wenn sich später das materielle Recht ändern sollte und hierdurch das seinerzeit genehmigte Vorhaben zu einem späteren Zeitpunkt ggf. nicht mehr genehmigungsfähig wäre, sichert die einmal erteilte Baugenehmigung den weiteren Bestand des Bauwerks. Die Baugenehmigung entfaltet eine materielle Schutzfunktion.[11] Dies gilt allerdings nur eingeschränkt für die Legalisierung der Nutzung. Ob und inwieweit eine Wiederaufnahme einer Nutzung nach einer Nutzungsunterbrechung zulässig ist, beurteilt sich nach dem zum Tatbestand des § 35 Abs. 4 S. 1 Nr. 3 BauGB entwickelten Zeitmodell.[12] Danach ist im ersten Jahr nach der Nutzungsaufgabe stets mit einer Wiederaufnahme der alten Nutzung zu rechnen. Im zweiten Jahr wird eine Wiederaufnahme regelmäßig vermutet. Dies kann jedoch widerlegt werden, wenn Umstände vorliegen, nach denen mit einer Wiederaufnahme nicht mehr zu rechnen war. Im dritten Jahr wird eine Nutzungsaufgabe vermutet. Soll die alte Nutzung trotzdem wieder aufgenommen werden, so ist darzulegen, dass aus den Umständen keine dauerhafte Aufgabe der Nutzung zu folgern war.

2. Verfügender Teil (Abs. 5)

Die Baugenehmigung enthält darüber hinaus auch selbst rechtsgestaltende Bestimmungen, wenn eine Ausnahme oder Befreiung gemäß § 31 BauGB oder eine Abweichung gemäß § 73 BauO NRW erteilt wird. Darüber hinaus wird mit der Baugenehmigung auch die Baufreigabe erteilt. Hierdurch wird das Verbot des Abs. 5 überwunden, nach dem vor Zugang der Baugenehmigung mit der Bauausführung nicht begonnen werden darf.[13] Die Baufreigabe wird in zeitlicher Hinsicht durch § 77 BauO NRW beschränkt. Die Baugenehmigung berechtigt im Übrigen nur zur einmaligen Errichtung eines Gebäudes. Durch die Bauausführung wird sie insofern verbraucht. Wird das Gebäude zu einem späteren Zeitpunkt zerstört, so ist die Neuerrichtung nicht von der ursprünglichen Baugenehmigung erfasst.[14]

---

7 OVG Lüneburg, 26.06.1988, 1 A 151/85, BRS 48 Nr. 89.
8 Vgl. OVG NRW, 06.02.2003, 10 A 3464/01, BauR 2003, 1358.
9 BVerwG, 25.10.1967, IV C 129.65, BVerwGE 28, 145, 147.
10 Vgl. OVG NRW, 11.09.2003, 10 A 4694/01, BauR 2003, 1870.
11 *Heintz*, in: Gädtke/Temme/Heintz/Czepuck, BauO NRW § 75 Rn. 3; BVerwGE 58, 124.
12 Vgl. BVerwG, 18.05.1995, BauR 1995, 807.
13 Vgl. Bay. VGH, 26.02.1987 – 15 Cs 87.00142, BauR 1987, 303, 304.
14 *Heintz*, in: Gädtke/Temme/Heintz/Czepuck, BauO NRW § 75 Rn. 37; *Boeddinghaus/Hahn/Schulte*, BauO NRW § 75 Rn. 161.

IV. Wirkung der Baugenehmigung

1. Begünstigender Verwaltungsakt

9   Die Baugenehmigung ist ein begünstigender Verwaltungsakt im Sinne des § 48 Abs. 1 S. 2 VwVfG NRW. Dies ist für den rechtsgestaltenden Teil offensichtlich, da hierdurch die Baufreigabe erteilt und die Beschränkung des Abs. 5 aufgehoben wird. Aber auch der feststellende Teil enthält eine Begünstigung. Zwar wird zunächst nur die Vereinbarkeit mit den geltenden öffentlich-rechtlichen Vorschriften bestätigt, die einmal erteilte Baugenehmigung sichert das Vorhaben darüber hinaus aber auch gegen spätere Rechtsänderungen. Selbst eine Baugenehmigung, von der noch kein Gebrauch gemacht wurde, erlaubt in den zeitlichen Grenzen des § 77 BauO NRW zu einem späteren Zeitpunkt eine Errichtung des Vorhabens, auch wenn dies dann nicht mehr mit bauordnungs- oder bauplanungsrechtlichen Vorschriften vereinbar ist.[15]

10 Eine Pflicht zum Bauen folgt aus der Baugenehmigung nicht. Die Baugenehmigungsbehörde kann vom Bauherrn regelmäßig nicht verlangen, dass dieser sein Vorhaben ausführt und sich somit selbst eine Verbesserung der Eigentumslage verschafft. Eine solche Verpflichtung ist nur in begrenzten Ausnahmefällen möglich (vgl. insoweit § 176 BauGB). Macht der Bauherr von der Baugenehmigung Gebrauch, ist jedoch das Vorhaben wie genehmigt auszuführen. Eine abweichende Bauausführung ist nicht gestattet. Dies bedarf einer nachträglichen Legalisierung.[16] Auch hat der Bauherr das Gebäude vollständig zu errichten. Die Schaffung lediglich eines Gebäudetorsos ist nicht von der Baugenehmigung erfasst.[17]

2. Belastender Verwaltungsakt

11 Die Baugenehmigung kann darüber hinaus auch belastende Wirkung entfalten, wenn sie hinter dem Antrag nicht nur geringfügig zurückbleibt. Auch Nebenbestimmungen können dazu führen und dadurch selbstständig belastende Wirkung entfalten. Eine den Bauherrn begünstigende Baugenehmigung kann zugleich Dritte belasten. So können Nachbarn in ihren schutzwürdigen öffentlich-rechtlichen Interessen verletzt sein. Aufgrund des Nebeneinanders von begünstigenden und belastenden Wirkungen wird die Baugenehmigung auch als Verwaltungsakt mit Doppelwirkung bezeichnet.[18]

3. Rechtsschutz

12 Dem Bauherrn stehen unterschiedliche Rechtsbehelfe zur Verfügung. Reagiert die Baugenehmigungsbehörde auf einen Antrag des Bauherrn nicht, so kann der Bauherr ggf. unter Beachtung der Frist des § 68 Abs. 8 BauO NRW Untätigkeitsklage gemäß § 75 VwGO erheben.[19] Relevanter ist jedoch der Rechtsschutz nach einer Entscheidung der Baugenehmigungsbehörde. Wird der Antrag auf Erteilung abgelehnt oder bleibt er hinter dem Beantragten zurück, weil nur eine Teilgenehmigung erteilt wird, so hat der Bauherr eine Verpflichtungsklage auf Erteilung der beantragten Baugenehmigung zu erheben. Diese schließt die Anfechtungsklage gegen den Ablehnungsbescheid mit ein. Zu beachten ist, dass in NRW und anderen Bundesländern das Widerspruchsverfahren abgeschafft wurde. Klagebefugt ist in diesen Fällen nur der Antragsteller, der nicht mit dem Grundstückseigentümer identisch zu sein braucht, da nur er durch die Ablehnung oder eine abweichende Bescheidung in seinen Rechten verletzt wird. Eine Besonderheit besteht hinsichtlich des Rechtsschutzes gegen Nebenbestimmungen. Diese können grundsätzlich mit der Anfechtungsklage isoliert angegriffen werden.[20] Dies setzt jedoch in der Begründetheit voraus, dass die

---

15 *Heintz*, in: Gädtke/Temme/Heintz/Czepuck, BauO NRW § 75 Rn. 27.
16 *Boeddinghaus/Hahn/Schulte*, BauO NRW § 75 Rn. 47.
17 BVerwG, 22.02.1965, IV B 22.95, NJW 1965, 1195.
18 *Heintz*, in: Gädtke/Temme/Heintz/Czepuck, BauO NRW § 75 Rn. 29.
19 Siehe hierzu ausführlich: *Heintz*, in: Gädtke/Temme/Heintz/Czepuck, BauO NRW § 75 Rn. 52 f.
20 BVerwG, 10.07.1980, 3 C 136/79, NJW 1980, 2773.

Baugenehmigung mit einem Inhalt weiterbestehen kann, der der Rechtsordnung entspricht. Da es sich bei der modifizierenden Auflage nicht um eine Nebenbestimmung handelt, ist gegen diese im Wege der Verpflichtungsklage vorzugehen. Die Anfechtungsklage gegen eine Nebenbestimmung entfaltet gemäß § 80 Abs. 1 VwGO aufschiebende Wirkung und suspendiert lediglich die Nebenbestimmung.[21]

Begehrt der Nachbar Rechtsschutz gegen eine ihn in seinen Rechten verletzende Baugenehmigung, so ist zu beachten, dass ihm zustehende Rechtsmittel gemäß § 212a BauGB keine aufschiebende Wirkung entfalten. Diese nur ist im Wege eines Vorgehens nach §§ 80 Abs. 5, 80a VwGO herbeizuführen. Im Verwaltungsverfahren kann der Nachbar im Übrigen nur die Verletzung drittschützender öffentlich-rechtlicher Bestimmungen rügen, soweit diese im Baugenehmigungsverfahren zu prüfen waren. Daneben können noch private Rechte Dritter bestehen. Diese können sich entweder aus den Vorschriften des BGB oder beispielsweise des NachbG NRW ergeben. Im Baugenehmigungsverfahren sind diese Rechte jedoch gemäß Abs. 3 S. 1 nicht zu berücksichtigen. Wird eine Verletzung dieser Rechte geltend gemacht, so bestehen ggf. zivilrechtliche Abwehransprüche, die vor den ordentlichen Gerichten geltend zu machen sind. 13

V. Prüfungsumfang

Nach Abs. 1 S. 1 ist Voraussetzung für die Erteilung einer Baugenehmigung, dass dem Vorhaben öffentlich-rechtliche Vorschriften nicht entgegenstehen. Was Gegenstand der Prüfung im bauordnungsrechtlichen Baugenehmigungsverfahren ist, bestimmt das Landesrecht.[22] Welche Vorschriften konkret zu prüfen sind, ist nicht in allen Bundesländern gleich und daher im Einzelfall anhand der jeweils einschlägigen Bauordnung zu überprüfen.[23] Für das nordrhein-westfälische Recht schränkt Abs. 3 S. 2 den Prüfungsumfang ein. 14

Grundsätzlich hat die Bauordnungsbehörde das öffentliche Recht vollumfänglich zu prüfen. Dabei ist unerheblich, welchen Rang eine Norm hat. Nicht zu den öffentlichen Normen gehören jedoch Verwaltungsvorschriften. Diese können als Innenrecht lediglich unter dem Gesichtspunkt des Gleichbehandlungsgebots (Art. 3 GG) beachtlich sein. Eine Ausnahme sind die Normen konkretisierenden Verwaltungsvorschriften, denen Bindungswirkung zuerkannt wird.[24] Hierzu gehören die TA Luft und die TA Lärm. 15

Bei der Prüfung eines Bauantrags ist neben dem Bauplanungs- und Bauordnungsrecht auch das sog. Baunebenrecht zu beachten. Hierbei handelt es sich um Spezialgesetze, deren Vorschriften bei der Errichtung eines Bauvorhabens zu beachten sind.[25] In diesen Gesetzen können eigene Genehmigungsvorbehalte enthalten sein. Diese Genehmigungen sind Voraussetzung für die Erteilung einer Baugenehmigung (siehe unten Rdn. 20). 16

Nicht zu prüfen sind gemäß Abs. 3 S. 1 private Rechte Dritter. Grundsätzlich ist es Sache des Betroffenen, seine Rechte im Wege der Inanspruchnahme der ordentlichen Gerichte geltend zu machen. Nur im Rahmen des Rücksichtnahmegebots sind private Rechte ggf. ausnahmsweise zu beachten.[26] Ist auf dem Zivilrechtswege bereits ein rechtskräftiges Urteil ergangen, das eine bestimmte Bauausführung untersagt, so ist dies auch von der Bauordnungsbehörde zu beachten.[27] 17

---

21 *Heintz*, in: Gädtke/Temme/Heintz/Czepuck, BauO NRW § 75 Rn. 58.
22 BVerwG, 25.10.1995, 4 B 210/95, BauR 1996, 225.
23 Ausführlich hierzu: *Finkelnburg/Ortloff*, Bd. 2 S. 116 ff.
24 *Boeddinghaus/Hahn/Schulte*, BauO NRW § 75 Rn. 103.
25 Vgl. Reichel/Schulte/*Schulte*, Kap. 1 Rn. 433 ff.
26 OVG NRW, 17.01.2008, 10 A 2795/05 n.v.
27 BVerwG, 05.10.1965, IV C 3.65, BVerwGE 22, 129.

VI. Aufhebung der Baugenehmigung

18 In NRW ist das Verwaltungsverfahren mit Erteilung der Baugenehmigung abgeschlossen; dies ist in einigen Bundesländern ggf. anders. Eine Aufhebung im Widerspruchsverfahren kommt daher nicht mehr in Betracht. Will die Behörde die Baugenehmigung von sich aus aufheben, bleibt ihr nur das Vorgehen nach den Vorschriften über Rücknahme und Widerruf gemäß §§ 48 und 49 VwVfG NRW.[28] Zu beachten ist jedoch die Regelung des § 50 VwVfG NRW, nach der die Vorschriften für Rücknahme und Widerruf nur eingeschränkt gelten, wenn ein Dritter die Baugenehmigung angreift.[29]

VII. Bestandsschutz

19 Unter dem Oberbegriff »Bestandsschutz« wird zwischen dem aktiven und passiven Bestandsschutz unterschieden. Durch den passiven Bestandsschutz wird eine rechtmäßig errichtete bauliche Anlage gegen spätere Rechtsänderungen, die dazu führen, dass das Vorhaben nunmehr dem öffentlichen Recht nicht mehr entspricht, abgesichert. Eine einmal rechtmäßig errichtete bauliche Anlage bleibt rechtmäßig.[30] Der aktive Bestandsschutz geht über den reinen Erhalt einer Anlage hinaus. Hiernach sind in begrenztem Umfang Erweiterungen und Modernisierungen eines bestehenden Gebäudes möglich, um eine bauliche Anlage weiterhin funktionsgerecht nutzen zu können.[31] Eine bauliche Anlage soll an moderne Erfordernisse angepasst werden. Der vorhandene Rahmen darf jedoch nicht erheblich ausgeweitet werden.[32]

VIII. Schlusspunkttheorie/Baufreigabeschein

20 Wenn in der Baugenehmigung festgestellt wird, dass das Vorhaben mit dem gesamten öffentlichen Recht in Übereinstimmung steht, setzt dies voraus, dass auf Grund von Spezialgesetzen etwa zusätzlich erforderliche Genehmigungen erteilt worden sind. Hier unterscheidet sich das nordrhein-westfälische Baurecht von dem anderer Bundesländer. So sieht beispielsweise das baden-württembergische Baurecht vor, dass mit der Ausführung eines Vorhabens erst begonnen werden darf, wenn ein zusätzlicher Baufreigabeschein erteilt worden ist. Im nordrhein-westfälischen Recht wird dieser Schlusspunkt bereits durch die Baugenehmigung gesetzt; die Baugenehmigung darf erst erteilt werden, wenn alle öffentlich-rechtlich notwendigen Genehmigungen vorliegen. Eine Bedingungslösung, nach der in der Baugenehmigung bestimmt wird, dass mit der Bauausführung nur begonnen werden darf, wenn die erforderlichen Genehmigungen vorliegen, ist nach nordrhein-westfälischem Landesrecht unzulässig.[33]

IX. Form der Baugenehmigung (S. 2)

1. Schriftform/Bauschein

21 Gemäß § 75 Abs. 1 S. 3 BauO NRW bedarf die Baugenehmigung der Schriftform. Die Schriftform erfüllt zwei Funktionen. Zum einen soll hierdurch der genaue Inhalt der Baugenehmigung bestimmt und dauerhaft festgehalten werden, um einen späterer Streit über den genauen Regelungsgehalt vermieden werden soll. Zum anderen soll die Behörde davor geschützt werden, dass durch eine vorschnelle mündliche Erteilung wichtige Gesichtspunkte außer Acht gelassen werden. Die Schriftform ist Wirksamkeitsvoraussetzung der Baugenehmigung.[34] Eine Baugenehmigung kann daher weder in einer stillschweigenden Duldung noch in einer mündlichen Erklärung lie-

---

28 Vgl. *Kopp/Ramsauer*, VwVfG, §§ 48 und 49.
29 Vgl. *Boeddinghaus/Hahn/Schulte*, BauO NRW § 75 Rn. 292 ff.
30 BVerwG, 21.01.1972, IV C 212.65, BauR 1972, 152.
31 BVerwG, 17.01.1986, IV C 80/82, BauR 1986, 302.
32 Vgl. hierzu BVerwG, 12.12.1975, IV C 71.73, BauR 1976, 100.
33 *Boeddinghaus/Hahn/Schulte*, BauO NRW § 75 Rn. 135.
34 *Heintz*, in: Gädtke/Temme/Heintz/Czepuck, BauO NRW § 75 Rn. 130.

gen. Aus einer solchen kann auch nicht die Verpflichtung erfolgen, eine Baugenehmigung zu erlassen. Bauvorlagen können zum Bestandteil der Baugenehmigung gemacht werden und dadurch für die Ermittlung des Regelungsgehalts verbindlich sein.[35] Hierfür müssen sie mit einem Zugehörigkeitsvermerk versehen werden. Die Schriftform wird auch Bauschein genannt. Das Bauherrnexemplar, der dem Bauherrn zugestellte Bescheid, ist eine öffentlich-rechtliche Urkunde und beweist das Bestehen der Baugenehmigung.[36]

2. Keine Begründungspflicht

Abs. 1 S. 2 bestimmt darüber hinaus, dass die Baugenehmigung nicht begründet zu werden braucht. Hierbei handelt es sich um eine Rechtsvorschrift i.S.d. § 39 Abs. 2 Nr. 4 VwVfG NRW, die eine Ausnahme von der Begründungspflicht von Verwaltungsakten gemäß § 39 Abs. 1 VwVfG NRW zulässt. Eine Begründung ist gemäß § 39 Abs. 2 Nr. 1 VwVfG NRW auch dann entbehrlich, soweit die Behörde einem Antrag entspricht und der Verwaltungsakt nicht in Rechte eines anderen eingreift. Aus den vorgenannten Vorschriften wird gefolgert, dass eine Baugenehmigung dann begründet werden muss, wenn sie in Rechte eines Dritten eingreift,[37] sie versagt wird oder mit modifizierenden Nebenbestimmungen versehen wird.[38] Ausgenommen hiervon sind Veränderungen, mit denen sich der Bauherr zuvor einverstanden erklärt hat. Solche Änderungen werden in der Praxis häufig durch Grüneinträge vorgenommen. »Grüneinträge sind ein gesetzlich nicht geregeltes, aber in der Praxis übliches Instrument der Baurechtsbehörde, um aus Gründen der Arbeitsökonomie und der Beschleunigung des Verfahrens ohne Rückgabe der Pläne eine Baugenehmigung erteilen zu können.«[39] Dass die Baugenehmigung nicht begründet werden muss, bedeutet nicht auch, dass sie nicht begründet werden darf. Ein Begründungsverbot besteht nicht. 22

X. Zustellung (S. 3)

Als weitere Wirksamkeitsvoraussetzung sieht Abs. 1 S. 3 die Zustellung einer Ausfertigung der mit einem Genehmigungsvermerk versehenen Bauvorlagen an den Antragsteller vor. Die Zustellung erfolgt nach Maßgabe des Landeszustellungsgesetzes. Ob bei einer Personenmehrheit auf Antragstellerseite an einen nach § 69 Abs. 3 BauO NRW zu bestellenden Vertreter oder an jeden einzelnen zuzustellen ist, ist umstritten.[40] Eine noch nicht zugestellte Baugenehmigung ist, auch wenn sie ansonsten fertig gestellt ist, nicht wirksam.[41] Die Benachrichtigung mittels einer Postkarte, dass die Baugenehmigung bei der Baugenehmigungsbehörde abgeholt werden könne, ist keine wirksame Zustellung.[42] 23

B. Dingliche Wirkung/Rechtsnachfolge (Abs. 2)

Aus § 75 Abs. 2 BauO NRW, folgt, dass die Baugenehmigung kein personen-, sondern ein sachbezogener Verwaltungsakt ist.[43] Sie hat daher dingliche Wirkung. Ein Fall der Rechtsnachfolge liegt bei jedem Fall der Übernahme eines genehmigten Vorhabens vor.[44] Es ist allerdings möglich, dass bei einer Eigentumsübertragung sich der bisherige Eigentümer die Inhaberschaft an der Bau- 24

---

35 OVG Berlin, 26.01.1995, 2 S 35.94, NVwZ 1995, 1009.
36 *Heintz*, in: Gädtke/Temme/Heintz/Czepuck, BauO NRW § 75 Rn. 137.
37 *Boeddinghaus/Hahn/Schulte*, BauO NRW § 75 Rn. 232.
38 *Heintz*, in: Gädtke/Temme/Heintz/Czepuck, BauO NRW § 75 Rn. 144.
39 VGH Baden-Württemberg, 27.10.2000, BauR 2001, 759.
40 Für Vertreterlösung: *Heintz*, in: Gädtke/Temme/Heintz/Czepuck, BauO NRW § 75 Rn. 157; für Einzelzustellung: *Boeddinghaus/Hahn/Schulte*, BauO NRW § 75 Rn. 237.
41 OVG NRW, 13.11.1995, 1 B 2161/95, NWVBl. 1996, 222.
42 Bay. VGH, 14.02.2001, 26 B 97.462, BauR 2002, 67.
43 OVG NRW, 01.08.2003 – 7 B 968/03, BauR 2003, 1877.
44 *Boeddinghaus/Hahn/Schulte*, BauO NRW § 75 Rn. 243.

genehmigung durch eine besondere Vereinbarung vorbehält.[45] Der Erwerber tritt an die Stelle des bisherigen Inhabers und übernimmt die Baugenehmigung so, wie sie sich zu diesem Zeitpunkt befand. Die Rechtsnachfolge hat keine Auswirkungen auf das Bestehen von Rechten oder den Ablauf von Fristen. Die Baugenehmigung wird auch nicht dadurch personenbezogen, dass bei privilegierten Vorhaben im Außenbereich die Nutzung auf eine bestimmte Person beschränkt wird und das Nutzungsrecht nicht auf einen Dritten übergeht, der die für die Beschränkung maßgeblichen Voraussetzungen nicht erfüllt.[46] Eine Nutzung durch eine andere Person ist eine Nutzungsänderung, die durch die Baugenehmigung nicht gedeckt ist.

C. Unterrichtung der Gemeinde (Abs. 4)

25 § 75 Abs. 4 BauO NRW soll die Planungshoheit der Gemeinden schützen. Dies ist insbesondere wichtig für Gemeinden mit weniger als 25.000 Einwohnern; hier fallen jedenfalls in NRW Gemeinde und Bauaufsichtsbehörde auseinander. Die Gemeinden müssen daher über alle planungsrelevanten bauaufsichtlichen Entscheidungen unterrichtet werden. Um eine umfassende Information sicherzustellen, bestimmt S. 2, dass eine Ausfertigung des Bescheids beizufügen ist.

D. Absteckungs- und Vorhaltepflicht (Abs. 6)/Anzeige- und Unterrichtungspflichten (Abs. 7)

26 Die Abs. 6 und 7 begründen mehrere Pflichten des Bauherrn, die darauf abzielen, dass die Bauaufsichtsbehörde die Bauausführung möglichst effektiv überwachen kann. Hierzu hat der Bauherr bereits vor Baubeginn die Grundrissfläche und die Höhenlage der genehmigten baulichen Anlage abzustecken. Hierdurch soll die Bauaufsichtsbehörde überprüfen können, ob das Bauvorhaben, wie in den Planungsunterlagen angegeben, auch ausgeführt wird. Wird das Vorhaben an anderer Stelle errichtet, so ist die Ausführung nicht mehr von der Baugenehmigung gedeckt, wodurch die tatsächlich errichtete bauliche Anlage formell illegal ist.

Gemäß Abs. 6 S. 2 müssen Baugenehmigungen und Bauvorlagen an der Baustelle von Baubeginn an vorliegen. Hierzu reicht das Vorhalten von Kopien aus.[47]

27 Gemäß Abs. 7 hat der Bauherr den Ausführungsbeginn genehmigungsbedürftiger Vorhaben anzuzeigen. Da der Bauausführungsbeginn im Belieben des Bauherrn steht, müsste die Bauaufsichtsbehörde ansonsten, um ihrer Verpflichtung zur Bauüberwachung nach § 81 BauO NRW nachzukommen, ständig alle Grundstücke, für die eine Baugenehmigung erteilt wurde, überwachen. Dies kann ihr allerdings nicht zugemutet werden. Die Mitteilung muss eine Woche vor Ausführungsbeginn schriftlich erfolgen. Die Bauaufsichtsbehörde ist daraufhin verpflichtet, das Staatliche Amt für Arbeitsschutz und ggf. das Staatliche Umweltamt zu unterrichten. Diese Behörden wurden zwischenzeitlich in NRW aufgelöst. Ihre Aufgaben werden von den Bezirksregierungen bzw. den Kreisen und kreisfreien Städten wahrgenommen.[48]

---

45 VGH Baden-Württemberg, 30.03.1995 – 3 S 1106/94, BauR 1995, 671.
46 BVerwG, 23.11.1995, 4 B 209/95, BauR 1996, 374.
47 *Boeddinghaus/Hahn/Schulte*, BauO NRW § 75 Rn. 274.
48 *Heintz*, in: Gädtke/Temme/Heintz/Czepuck, BauO NRW § 75 Rn. 196.

Teil IV: Vergabeverfahren und Vergaberechtsschutz

Schrifttum
Dicks Die mangelhafte, insbesondere unvollständige Leistungsbeschreibung und die Rechtsfolgen im Vergaberecht, Langaufsatz ibr-online, 2008; *Dreher/Stockmann* Kartellvergaberecht, Auszug aus: Immenga/Mestmäcker, Wettbewerbsrecht, 4. Aufl. 2008; *Krist* Die Neuordnung des Vergaberechtsschutzes unterhalb der EU-Auftragsschwellenwerte – ein Modell de lege ferenda, Dissertation, 2000 (zitiert: Krist); *Krist* Vergaberechtsschutz unterhalb der Schwellenwerte – Bestandsaufnahme und Ausblick, VergabeR 2011, 163.

Übersicht

	Rdn.
A. Grundstrukturen des Vergaberechts einschließlich des vergaberechtlichen Rechtsschutzes nach dem Vierten Teil des Gesetzes gegen Wettbewerbsbeschränkungen (Vergabe öffentlicher Aufträge – §§ 97 ff. GWB)	1
I. Die Zweiteilung in nationales und europäisches Vergaberecht	1
1. Überblick über die Entwicklung	1
2. Wesentliche Strukturen des nationalen Vergaberechts	4
a) Schwellenwerte	4
b) Haushaltsrechtliche Vorgaben	5
c) Rechtsnatur der VOB/A im Auftragsbereich unterhalb der Schwellenwerte	9
3. Wesentliche Strukturen des Europäischen Vergaberechts	12
II. Die Grundzüge des Vergabeverfahrens nach dem vierten Teil des GWB	15
1. § 97 GWB	16
a) Wettbewerb, Transparenz und Bietergleichbehandlung – die »Magna Charta« des Vergaberechts, § 97 Abs. 1 und Abs. 2	16
b) Das Gebot der Fachlosvergabe, § 97 Abs. 3 GWB	19
c) Die Vorgaben an die Bietereignung, § 97 Abs. 4 und 4a GWB	21
d) Das Zuschlagskriterium des wirtschaftlichsten Angebotes, § 97 Abs. 5 GWB	26
e) Die Begründung subjektiver Bieter- bzw. Vergaberechte, § 97 Abs. 7 GWB	29
2. § 98 GWB	30
a) Erfasste klassische Auftraggeber, § 98 Nr. 1 und 3 GWB	31
b) Beherrschte Auftraggeber, § 98 Nr. 2 GWB	33
c) Subventionsauftraggeber, § 98 Nr. 5 GWB	38
3. § 99 GWB	40
a) Allgemeine Begriffsbestimmungen, § 99 Abs. 1 GWB	40
b) Begriff des Bauauftrags, § 99 Abs. 3 GWB	46
c) Begriff der Baukonzession, § 99 Abs. 6 GWB	48
III. Bieterrechtsschutz im Vergabeverfahren	49
1. Nationale Vergabeverfahren	49
a) Überblick über die gesetzlichen Regelungen	49
b) Bieterrechtsschutz durch gerichtliche einstweilige Verfügung nach §§ 935 ff. ZPO	50
c) Problematik des § 945 ZPO	53
2. Europaweite Vergabeverfahren	55
a) Grundlagen	55
b) Wesentliche Grundzüge des Vergaberechtsschutzes nach dem GWB	57
aa) Zuständigkeit der und Verfahrensablauf vor den Vergabekammern	57
bb) Antragsbefugnis und Rügepflichten, § 107 Abs. 2 und 3 GWB	63
cc) Zuschlagsverbot und Vorabgestattung des Zuschlags, § 115 Abs. 1 und 2 GWB	75
dd) Sofortige Beschwerde; Wirkung und Fortdauer der aufschiebenden Wirkung; § 118 Abs. 1 und 2 GWB	78
B. Vergabeverfahren und Bauvertrag	82
I. Besonderheiten des Vertragsschlusses im Vergabeverfahren	82
1. Unterschiede zum herkömmlichen Vertragsabschluss	82
2. Maßgebliche Vorgaben für den Vertragsabschluss nach der VOB/A	84
a) Vertragsarten, § 4 Abs. 1 Nr. 1 und 2 VOB/A	85
aa) Zulässige Vertragsformen	85
bb) Einheitspreisvertrag	86
cc) Pauschalpreisvertrag	88
b) Leistungsbeschreibung und Leistungsverzeichnis, § 7 VOB/A	90
aa) Allgemeine Vorgaben	90

	Rdn.		Rdn.
bb) Konstruktive Leistungsbeschreibung, § 7 Abs. 9–12 VOB/A	92	c) Nachunternehmer und Nebenangebote, § 8 Abs. 2 Nr. 2 und 3 VOB/A	105
cc) Widersprüche zwischen Leistungsverzeichnis und Baubeschreibung	93	aa) Begriff des Nachunternehmers; Abgrenzungsfragen	105
		bb) Zulässigkeit von Mindesteigenleistungsquoten	106
dd) Widersprüche zwischen Leistungsverzeichnis und Plänen	94	cc) Namentliche Benennung der Nachunternehmer	107
ee) Gebot der produktneutralen Ausschreibung; Leistungsbestimmungsrecht	95	dd) Zulässigkeit von Doppelbewerbungen	108
ff) Funktionale und teilfunktionale Leistungsbeschreibung, § 7 Abs. 13–15	99	ee) Zulässigkeit von Nebenangeboten	109
		ff) Alternative technische Nachweisführung	110
gg) Mangelhafte Leistungsbeschreibung und Rechtsfolgen	101	gg) Wertung/Gleichwertigkeit von Nebenangeboten	111

A. Grundstrukturen des Vergaberechts einschließlich des vergaberechtlichen Rechtsschutzes nach dem Vierten Teil des Gesetzes gegen Wettbewerbsbeschränkungen (Vergabe öffentlicher Aufträge – §§ 97 ff. GWB)

I. Die Zweiteilung in nationales und europäisches Vergaberecht

1. Überblick über die Entwicklung

1 Kaum ein Rechtsgebiet ist derart in Bewegung, wie das nationale und europäische Recht der Vergabe öffentlicher Aufträge. Verschafft man sich einen auch nur kurzen Überblick, so kommt, etwas überspitzt, unweigerlich die Frage auf, ob und ggf. auf welche Weise in der Zeit vor der Geltung des europäischen Vergaberechts überhaupt ein einziger öffentlicher Auftrag ordnungsgemäß vergeben worden ist. Denn ursprünglich handelte es sich bei dem Vergaberecht um eine Materie, die ausschließlicher Bestandteil des öffentlichen Haushaltsrechts war. Mit dem Ziel, öffentliche Mittel wirtschaftlich und sparsam einzusetzen, regelten und regeln bis heute die haushaltsrechtlichen Vorgaben, dass Beschaffungsmaßnahmen der öffentlichen Hand im Wettbewerb, will sagen durch öffentliche Ausschreibung der zu vergebenden Aufträge, zu erfolgen haben.[1] Mit der beständigen Fortentwicklung des europäischen Binnenmarktes, die auch die öffentlichen Märkte erfasste, geriet das derart klassisch strukturierte deutsche Vergaberecht zunehmend unter Änderungs- und Anpassungsdruck. Erstmals wurden mit §§ 57a bis c HGrG vom 01.01.1994 europäisches Richtlinienrecht betreffend die Vergabe öffentlicher Liefer- und Bauaufträge in nationales Recht umgesetzt, die von untergesetzlichen Konkretisierungsnormen der Vergabeverordnung[2] und – in Bezug auf den Rechtsschutz – von einer Nachprüfungsverordnung[3] begleitet wurden. Dieses nationale Umsetzungsrecht entsprach freilich nicht den europarechtlichen Anforderungen[4] mit der Folge, dass durch das Gesetz zur Änderung der Rechtsgrundlagen für die Vergabe öffent-

---

[1] Vgl. § 30 Haushaltsgrundsätzegesetz (HGrG) i.V.m. § 55 Abs. 1 Bundeshaushaltsordnung (BHO) und entsprechend – auf Landes- bzw. Kommunalebene – z.B. § 55 Landeshaushaltsordnung NRW (LHO NRW), § 55 Landeshaushaltsordnung Rheinland-Pfalz (LHO Rh.-Pf.) und § 31 GemHVO NRW bzw. § 22 GemHVO Rh.-Pf.
[2] VgV – Verordnung über die Vergabebestimmungen für öffentliche Aufträge vom 22.02.1994, BGBl. I S. 321.
[3] NpV – Verordnung über die Nachprüfungsverfahren für öffentliche Aufträge vom 22.02.1994, BGBl. I S. 324.
[4] Vgl. EuGH, BauR 1995, 835.

licher Aufträge (Vergaberechtsänderungsgesetz) vom 29.05.1998[5] in das Gesetz gegen Wettbewerbsbeschränkungen (GWB) ein vierter Teil betreffend die Vergabe öffentlicher Aufträge eingefügt wurde, der am 01.01.1999 in Kraft getreten ist.[6]

Nach den ausdrücklichen Vorstellungen des Gesetzgebers (§ 100 Abs. 1 GWB) erfasst der vierte Teil des GWB ausschließlich solche öffentlichen Aufträge, die aufgrund des Erreichens bzw. Überschreitens der sogenannten EU-Auftragsschwellenwerte europaweit auszuschreiben sind. Aufgrund der bisherigen traditionellen Einbettung des Rechts der öffentlichen Aufträge in das nationale Haushaltsrecht existierte auch kein effektiver Primärrechtsschutz für potentielle Auftragnehmer, deren Rechte im Zusammenhang mit einem Vergabeverfahren verletzt wurden. So gehört es zu den zentralen vergaberechtlichen Änderungen schlechthin, dass mit dem Inkrafttreten der §§ 97 ff. GWB ein besonderer, effektiver Vergaberechtsschutz begründet worden ist, effektiv deshalb, weil seither nach § 115 Abs. 1 GWB ein Zuschlag nicht erteilt werden darf, bis – jedenfalls regelmäßig – über das Rechtsschutzbegehren eines Wettbewerbsteilnehmers abschließend entschieden ist. 2

Wie erwähnt, hat der Gesetzgeber bewusst davon Abstand genommen, den Anwendungsbereich des vierten Teils des GWB auch auf nationale Vergabeverfahren, also auf solche unterhalb der EU-Auftragsschwellenwerte, zu erstrecken. Europarechtlich besteht keine entsprechende Verpflichtung. Rechtspolitisch wurde überwiegend der Standpunkt eingenommen, dass eine solche Anwendungserstreckung zu einem nicht förderlichen Ausmaß an Bieterrechtsschutz führen würde und es in Folge dessen insbesondere im Bereich kleinerer Beschaffungsmaßnahmen zu einem Erliegen des Systems kommen könnte.[7] An dieser Grundeinstellung hat sich bis heute nur wenig geändert mit Ausnahme der Erkenntnis, dass auch Vergabeverfahren unterhalb der EU-Auftragsschwellenwerte bestimmten Mindestanforderungen an Transparenz und Rechtstaatlichkeit zu folgen haben. Die aktuelle Bundesregierung plant deshalb, den Bieterrechtsschutz unterhalb der EU-Auftragsschwellenwerte neu zu ordnen.[8] Vorschläge dazu, wie dieser Rechtsschutz gestaltet werden könnte, existieren ebenfalls.[9] Eine konkrete Regelung ist freilich noch nicht absehbar; sie wird angesichts der immer noch erheblichen Widerstände namentlich aus dem kommunalen Bereich voraussichtlich auch noch auf sich warten lassen. 3

2. Wesentliche Strukturen des nationalen Vergaberechts

a) Schwellenwerte

§§ 100 Abs. 1, 127 Nr. 1 GWB i.V.m. § 2 VgV regeln, dass der vierte Teil des GWB über die Vergabe öffentlicher Aufträge nur für solche öffentliche Aufträge gilt, welche die in § 2 VgV niedergelegten EU-Auftragsschwellenwerte erreichen oder überschreiten. Wie § 127 Nr. 1 GWB zeigt, werden die durch Verordnung der Europäischen Kommission in unregelmäßigen zeitlichen Abständen veränderten Schwellenwerte jeweils durch die VgV umgesetzt. Mit Verordnung (EG) Nr. 1177/2009 der Kommission vom 30.11.2009 zur Änderung der Richtlinien 2004/17/EG, 2004/18/EG und 2009/81/EG des Europäischen Parlaments und des Rates gelten ab dem 01.01.2010 folgende Auftragsschwellenwerte für öffentliche Aufträge (jeweils ohne Umsatzsteuer, in Euro): 4
– Bauaufträge: 4,845 Mio.
– Dienstleistungs- und Lieferaufträge: 193.000

---

5 BGBl. I S. 2512.
6 BGBl. I 1998 S. 2546, 2568.
7 Vgl. die Begründung zum Regierungsentwurf zur Änderung des GWB vom 03.12.1997, BT-Drucks. 13/9340, 15.
8 Vgl. Koalitionsvereinbarung, S. 17, z.B. unter www.bundesregierung.de/Koalitionsvertrag.
9 Vgl. etwa Stellungnahme des Deutschen Anwaltvereins Nr. 17/10 zum Rechtsschutz unterhalb der Schwellenwerte vom 12. April 2010, ibr-online.

- Dienstleistungs- und Lieferaufträge im Sektorenbereich: 387.000
- Liefer- und Dienstleistungsaufträge der Obersten und der Oberen Bundesbehörden sowie vergleichbarer Bundeseinrichtungen: 125.000

Damit wurden die EU-Auftragsschwellenwerte im Vergleich zu den bis zum 31.12.2009 geltenden Werten um etwa 5 % herabgesetzt. Dies führt zu einer von der EU-Kommission gewünschten, weiteren Europäisierung der öffentlichen Aufträge in den Mitgliedsstaaten; mit der nächsten Anpassung der Schwellenwerte ist im Jahre 2012 zu rechnen. Daraus folgt spiegelbildlich, dass alle diejenigen öffentlichen Aufträge, die unterhalb dieser Schwellenwerte liegen, alleine dem nationalen Vergaberecht unterfallen. Der vierte Teil des GWB gilt für diese Aufträge folglich nicht. Mithin steht den Bietern in diesem Auftragsbereich insbesondere der vergaberechtliche Primärrechtsschutz nach §§ 97, 107 ff. GWB nicht zur Verfügung.

b) Haushaltsrechtliche Vorgaben

5   Im Bereich der nationalen Vergabeverfahren setzt das öffentliche Haushaltsrecht den rechtlichen Rahmen für die hier bestehenden Bindungen zwischen öffentlichen Auftraggebern und Bietern. So sieht § 30 des HGrG des Bundes vor, dass dem Abschluss von Verträgen über Lieferungen und Leistungen eine öffentliche Ausschreibung vorauszugehen hat, sofern nicht die Natur des Geschäfts oder besondere Umstände eine Ausnahme rechtfertigen. Nach § 1 HGrG sind der Bund und die Länder verpflichtet, entsprechendes zu regeln. Für das öffentliche Haushaltsrecht des Bundes greift § 55 BHO diese Verpflichtung auf und regelt zusätzlich in § 55 Abs. 2 BHO, dass beim Abschluss von Verträgen nach einheitlichen Richtlinien zu verfahren ist. Dem folgen die Haushaltsordnungen der Bundesländer. Beispielhaft hierfür regelt § 55 LHO NRW, dass dem Abschluss von Verträgen über Lieferungen und Leistungen eine öffentliche Ausschreibung vorauszugehen hat, sofern sich nicht eine Ausnahme rechtfertigen lässt, und dass beim Abschluss von Verträgen nach einheitlichen Richtlinien zu verfahren ist. Eine wortgleiche Bestimmung enthält für die gesamte kommunale Ebene z.B. § 31 GemHVO NRW mit der Folge, dass dergestalt alle klassischen öffentlichen Auftraggeber (Gebietskörperschaften und deren Untergliederungen) einem einheitlichen Vergaberecht unterliegen. Entsprechendes gilt für solche öffentlichen oder »halböffentlichen« Körperschaften, Anstalten oder sonstigen Einrichtungen des öffentlichen Rechts oder für solche mit überwiegender öffentlich-rechtlicher Gesellschafterbeteiligung, für die die Anwendung des öffentlichen Haushaltsrechts, sei es des Landeshaushaltsrechts oder des kommunalen Haushaltsrechts, für verbindlich erklärt ist.[10] Auch diese Auftraggeber müssen ihre Beschaffungsmaßnahmen dem nationalen Vergaberecht unterwerfen.

6   Unterhalb der gesetzlichen Ebene des Haushaltsrechts existieren regelmäßig eine Reihe von Verwaltungsvorschriften, die unter Bezugnahme auf die erläuterten haushaltsrechtlichen Vorgaben eine Art Vergabeverfahrensrecht für den Binnenbereich der Verwaltung schaffen.[11] Denn wie gezeigt, ist haushaltsrechtlich vorgesehen, dass die öffentlichen Auftraggeber im Bereich der nationalen Vergabeverfahren nach einheitlichen Regeln zu verfahren haben. Vermittels der Vorgaben aus den untergesetzlichen Verwaltungsvorschriften wird sichergestellt, welche einheitlichen Regeln dies sind. Die Verwaltungsvorschriften verpflichten die öffentlichen Auftraggeber, im jeweiligen Beschaffungssegment entweder die VOB/A oder aber die VOL/A anzuwenden. Dadurch wird gewährleistet, dass sich nicht einzelne, insbesondere kommunale Auftraggeber etwa unter Verfolgung eigener kommunalpolitischer Vorstellungen ein jeweils eigenes, gewissermaßen lokales Vergaberecht schaffen. Durch die Verpflichtung zur Anwendung des jeweils ersten Abschnitts der VOB/A respektive der VOL/A betreffend das nationale Vergabeverfahren wird vielmehr bundes-

---

10 Vgl. z.B. § 18 des Gesetzes über kommunale Gemeinschaftsarbeit NRW – Verpflichtung der Wirtschaftsführung eines Zweckverbandes nach den Vorschriften über das Gemeindehaushaltsrecht.

11 Vgl. z.B. für Rheinland-Pfalz: Verwaltungsvorschrift »Öffentliches Auftragswesen in Rheinland-Pfalz« vom 29.07.2004 (MinBl. 2004, 303); für Nordrhein-Westfalen: Verwaltungsvorschrift zur Landeshaushaltsordnung – Runderlass des Finanzministeriums vom 30.09.2003, MinBl. 2003, 1254.

weit auf jeder Ebene der Verwaltungshierarchie ein einheitlicher Vollzug der Regelungen über die Durchführung von Vergabeverfahren gewährleistet. Zuletzt mehrten sich jedoch die Bestrebungen einzelner Bundesländer, aus der bisherigen relativen Einheitlichkeit der Vergabeverfahren unterhalb der Schwellenwerte auszuscheren, um eigene politische Denkansätze vermittels des Rechts der öffentlichen Aufträge umzusetzen und dergestalt das Vergaberecht für politische Zwecke zu instrumentalisieren.[12] Diese Tendenzen bergen die Gefahr in sich, dass in den einzelnen Bundesländern abweichende Verfahrensregelungen entstehen, damit eine Rechtszersplitterung, die für die Anwenderseite besonders unübersichtlich wird und nachteilig sein kann.

Gesondert zu nennen ist der Bereich des Subventions- und Zuwendungsrechts und die hier bestehenden, engen Verknüpfungen zum Vergaberecht. Die Empfänger solcher Leistungen werden ungeachtet ihrer Rechtsnatur regelmäßig durch den Zuwendungsbescheid, also durch Verwaltungsakt, dazu verpflichtet, bei der Verwendung der Zuwendungen das Regelwerk der VOB/A bzw. der VOL/A einzuhalten. Rechtsgrundlage hierfür bilden ebenfalls haushaltsrechtliche Bestimmungen.[13] Zusätzlich existieren vielfältige untergesetzliche Regelwerke, von denen etwa die sog. Allgemeinen Nebenbestimmungen für die Projektförderung (ANBestP) von besonderer Bedeutung sind. Auf diesem Weg kann folglich auch ein Privater zum »öffentlichen Auftraggeber« im vergaberechtlichen Sinne werden und dazu verpflichtet sein, nach dem Regelwerk der VOB/A oder der VOL/A (Bau-)Leistungen öffentlich auszuschreiben. Für den Auftragsbereich oberhalb der Schwellenwerte beinhaltet § 98 Nr. 5 GWB eine explizite Sonderregelung für derartige »Subventionsauftraggeber«. 7

Besondere Fragestellungen ergeben sich hier namentlich für die Reichweite der Kontrollrechte der Rechnungsprüfungsbehörden und für die Rückforderung von Subventionen bei Verstößen gegen das Vergaberecht.[14] 8

c) Rechtsnatur der VOB/A im Auftragsbereich unterhalb der Schwellenwerte

Infolge der Zweiteilung des deutschen Vergaberechts[15] kommt den Regeln des ersten Abschnitts der VOB/A eine andere rechtliche Qualität zu, als dies im Geltungsbereich des europäischen Vergaberechts nach §§ 97 ff. GWB und damit hinsichtlich des zweiten Abschnitts der VOB/A der Fall ist. Da der erste Abschnitt der VOB/A die Einzelheiten des Verfahrens zur Vergabe rein nationaler öffentlicher Aufträge festlegt, und da sämtliche Rechtsgrundlagen hier haushaltsrechtlicher Natur sind,[16] sind diese Regelungen der Rechtsnatur nach klassische Verwaltungsvorschriften, die ihre Rechtswirkungen jedenfalls grundsätzlich nur im Innenverhältnis der Verwaltung zeitigen.[17] Unter Verweis auf frühere Rechtsprechung hat der Bundesgerichtshof in einem Urt. v. 21.11.1991[18] festgestellt, dass die Regelungen der VOB/A demzufolge keine Rechtsnormen, sondern lediglich Verwaltungsvorschriften ohne unmittelbare Rechtswirkungen nach außen sind. In der Grundsatzentscheidung des Bundesverwaltungsgerichts zur Frage der Rechtswegzuständigkeit bei Streitigkeiten in Vergabeverfahren unterhalb der EU-Auftragsschwellenwerte[19] hat das Gericht für die Zuweisung dieser Streitigkeiten zum ordentlichen Rechtsweg nach § 13 GVG ebenfalls darauf abgestellt, dass die VOB/A außerhalb des Anwendungsbereichs der §§ 97 ff. GWB keinen Rechtsnormcharakter hat und das rechtliche Außenverhältnis zwischen öffentlichem Auftraggeber und Bieter nicht berührt.[20] 9

---

12 Vgl. z.B. die Reform eines Mittelstandsgesetzes in Rheinland-Pfalz, www.mwvlw.rlp.de.
13 Vgl. z.B. § 14 HGrG des Bundes und §§ 23, 44 BHO bzw. § 44 Abs. 1 LHO NRW.
14 Vgl. zum Ganzen *Müller*, Zuwendungen und Vergaberecht, VergabeR 2006, 592.
15 Vgl. Rdn. 1, 2.
16 Vgl. Rdn. 5, 6.
17 Vgl. *Maurer*, Allgemeines Verwaltungsrecht, 623.
18 BGHZ 116, 149.
19 BVerwG, VergabeR 2007, 337.
20 BVerwG, VergabeR 2007, 337, 340.

10 Daraus folgt zugleich, dass die VOB/A, 1. Abschnitt, lediglich mittelbare Rechtswirkungen begründen kann, wenn auf dieser Grundlage eine Ausschreibung durchgeführt wird.[21] Zu nennen sind die Ansprüche aus Verschulden bei Vertragsschluss, Ansprüche auf Bietergleichbehandlung und auf Beachtung der Grundsätze von Treu und Glauben.[22] Auch das Bundesverfassungsgericht geht davon aus, dass in den Auftragsbereichen unterhalb der EU-Auftragsschwellenwerte, in denen der vierte Teil des GWB und damit der kodifizierte Vergaberechtsschutz nach §§ 107 ff. GWB keine Anwendung findet, gleichwohl Ansprüche der Teilnehmer an öffentlichen Ausschreibungen auf Gleichbehandlung und auf Unterlassung willkürlicher Maßnahmen bestehen.[23]

11 Trotz dieser nur begrenzten rechtlichen Bindungswirkung der VOB/A im Auftragsbereich unterhalb der EU-Auftragsschwellenwerte kommt diesen Vorschriften eine ganz erhebliche Bedeutung zu. Denn der Bundesgerichtshof geht in ständiger Rechtsprechung davon aus, dass durch die Teilnahme eines Bieters an einer Ausschreibung ein vorvertragliches Schuldverhältnis zwischen Bieter und Vergabestelle mit Sorgfalts- und Schutzpflichten begründet wird, zu dem alle Regelungen der VOB/A gehören, wenn auf deren Grundlage ausgeschrieben wird. In diesem Fall darf der Bieter auf die Einhaltung dieser Regeln vertrauen. Dies leitet der Bundesgerichtshof nunmehr unmittelbar aus § 311 Abs. 2 BGB her.[24] Damit kann festgehalten werden, dass im Auftragsbereich unterhalb der EU-Auftragsschwellenwerte den Regelungen der VOB/A, 1. Abschnitt, zwar kein Rechtsnormcharakter zukommt, diese aber das durch die Ausschreibung begründete vorvertragliche Schuldverhältnis konkret ausgestalten mit der Folge, dass die Teilnehmer an einer Ausschreibung auf die strikte Beachtung der Vorgaben der VOB/A vertrauen dürfen, wenn sich das Ausschreibungsverfahren explizit nach diesen richtet.

3. Wesentliche Strukturen des Europäischen Vergaberechts

12 Das so genannte europäische Vergaberecht, wie es namentlich in §§ 97 ff. GWB zum Ausdruck kommt, kann, was durchaus überraschend sein mag, bereits auf eine mehrere Jahrzehnte überspannende Rechtssetzungsgeschichte zurückblicken, die sich allmählich zu den aktuellen Vergaberichtlinien hin entwickelt hat. Es beruht dies auf der Kompetenz der Gemeinschaft, zur Harmonisierung des Binnenmarktes eine Angleichung der mitgliedstaatlichen Rechtsvorschriften herbeiführen zu können.[25] Bereits in den 1970er Jahren erließ die Gemeinschaft eine Reihe von Vergaberichtlinien, welche jeweils die Vergabe öffentlicher Aufträge im Bau-, Liefer- und Dienstleistungsbereich regelten. Hinzu traten Sonderregeln für die Versorgungssektoren. Grundlegend überarbeitet wurden diese Richtlinien durch ein umfassendes Reformwerk der Europäischen Kommission, welches zu einer Basisrichtlinie, nämlich der Vergabekoordinierungsrichtlinie als Zusammenfassung aller Vorgaben für die Vergabe von Liefer-, Dienstleistungs- und Bauaufträge führte, der lediglich noch eine Sektorenrichtlinie für den Bereich der Auftragsvergabe in der Wasser-, Energie- und Verkehrsversorgung hinzugefügt wurde. Diese »neuen« Richtlinien sind am 30.04.2004 in Kraft getreten. Sie wurden durch die aktuellen Regelungen im vierten Teil des GWB sowie im untergeordneten Regelwerk der Vergabeverordnung (VgV) und den Vergabe- und Vertragsordnungen (VOB/A und VOL/A), ferner durch die Sektorenverordnung (SektVO) in nationales Recht umgesetzt.[26] Die letzten Umsetzungsmaßnahmen und damit zugleich auch die aktuellsten Änderungen und Anpassungen sind in diesem Zusammenhang die folgenden:
– Vierter Teil des GWB in der Fassung vom 24.04.2009 (BGBl. I 2009, 790);
– Vergabeverordnung (VgV) in der Fassung vom 07.06.2010 (BGBl. I 2010, 724);

---

21 So schon BGH in BGHZ 116, 149, 151; vgl. dazu aktuell OLG Düsseldorf, VergabeR 2010, 531.
22 BGHZ 116, 149, 151.
23 BVerfG, VergabeR 2006, 871, 879.
24 BGH, NJW 2001, 3698; BGH, NZBau 2007, 523, 524; BGH, VergabeR 2007, 73; jeweils m.w.N.
25 Vgl. *Prieß*, 63 ff.
26 Vgl. zu den jeweiligen Regelwerken und deren Fassungen den Überblick bei ibr-online, Vergaberecht, Materialien.

- Sektorenverordnung (SektVO) in der Fassung vom 07.06.2010 (BGBl. I 2010, 724);
- VOB 2009, Teil A, Abschnitte 1 und 2, in Kraft getreten am 11.06.2010 (BAnz. Nr. 155a 2009, 10), geändert durch Bekanntmachung vom 19. Februar 2010 (BAnz. Nr. 36, 940)

Dass auch in den Auftragsbereichen unterhalb der Schwellenwerte die Grundfreiheiten des EG-Vertrages von besonderer Bedeutung sind, ist mittlerweile Bestandteil der von ihm als »ständige Rechtsprechung« bezeichneten Spruchpraxis des Europäischen Gerichtshofs[27] und führt ganz allmählich zu einer jedenfalls faktischen Anpassung der Rechtspflichten in Vergabeverfahren oberhalb und unterhalb der Schwellenwerte. Das gilt konkret für Aufträge mit sog. Binnenmarktrelevanz. Das sind solche Bau-, Liefer- oder Dienstleistungsaufträge, die wertmäßig zwar unterhalb der EU-Auftragsschwellenwerte liegen, gleichwohl aber von Bedeutung für den Binnenmarkt (der öffentlichen Aufträge) sind.[28] Eine solche Bedeutung wird generell dann angenommen, wenn nicht ausgeschlossen werden kann, dass auch ein ausländisches Unternehmen ein Interesse an einem Auftrag haben könnte. Das hängt etwa davon ab, wo die Leistung zu erbringen ist, so z.B. in Grenznähe, und auch davon, wie hoch der Auftragswert ist.[29] Die nationale Rechtsprechung hat sich bisher in relevanter Weise zu diesen Aufträgen der »dritten Art« noch nicht geäußert. Soweit die Binnenmarktrelevanz eines öffentlichen Auftrags nach objektiven Kriterien bemessen wird, so lässt sich hierfür zuverlässig der mutmaßliche Auftragswert heranziehen. Liegt dieser oberhalb derjenigen Wertgrenze, welche § 2 Nr. 6 VgV für die europaweite Ausschreibung von Losen von Bauaufträgen vorsieht (eine Million Euro netto), so ist richtigerweise von einer Binnenmarktrelevanz eines solchen Auftrags auszugehen. Denn für den interessierten Bieter ist es unerheblich, ob die ausgeschriebenen Bauleistungen Teil- oder Fachlose eines Gesamtauftrags sind, welcher insgesamt den einschlägigen Schwellenwert überschreitet, oder ob es sich dabei um eigenständige Aufträge ohne Einbindung in einem noch größeren Gesamtauftrag handelt. Zwar hat die Europäische Kommission eine offizielle Mitteilung zu Auslegungsfragen in Bezug auf das Gemeinschaftsrecht herausgegeben, die für öffentliche Aufträge gilt, welche nicht oder nur teilweise unter die Vergaberichtlinien fallen.[30] Diese ist aber auch nicht weiterführend, als die bisherigen noch rudimentären Aussagen des Europäischen Gerichtshofs zu diesem Komplex. Fest steht nur, dass für Aufträge mit Binnenmarktrelevanz insbesondere das Diskriminierungsverbot, das Wettbewerbsprinzip und der Grundsatz des freien Waren- und Dienstleistungsverkehrs des EG-Vertrags bzw. jetzt des Vertrags über die Arbeitsweise der Europäischen Union (AEUV) gelten. Ferner folgt aus diesen Prinzipien die Pflicht zur Bekanntmachung solcher Aufträge auf EU-Ebene.[31]

13

Es ist noch nicht vollständig zu überblicken, welchen vergaberechtlichen Weg diese Auftragskategorie letztlich gehen wird. Freilich zeichnet sich eine Sonderbehandlung der binnenmarkrelevanten Aufträge vor allem dahingehend ab, dass höhere wettbewerbliche Anforderungen insbesondere mit Blick auf die Sicherstellung einer Transparenz und einer Marktdurchlässigkeit auf dem gemeinsamen Markt gestellt werden. Dies dürfte nicht ohne Folgen für den Bieterrechtsschutz bleiben, wobei nach § 100 Abs. 1 GWB der Rechtsweg vor die Vergabekammern und die Vergabesenate der Oberlandesgerichte explizit nicht eröffnet ist. Wenn aber nur ein effektiver Rechtsschutz die Durchsetzung der Kriterien eines binnenmarktrelevanten Auftrags und der daraus sich ergebenden Rechtspositionen der Bieter sicher stellt, wird es diesbezüglich Nachbesserungsbedarf geben.

14

II. Die Grundzüge des Vergabeverfahrens nach dem vierten Teil des GWB

Die im vierten Teil des GWB geregelten Grundlagen der Vergabeverfahren betreffen zunächst alle Beschaffungs- und Leistungsarten gleichermaßen. Bereichsdifferenzierungen für Bauleistungen,

15

---

27 EuGH, VergabeR 2008, 501 und 625.
28 EuGH, VergabeR 2008, 501 und 625.
29 Kapellmann/Messerschmidt, § 2 VOB/A Rn. 2, 3.
30 Mitteilung vom 01.08.2006, ABl. EG 2006, C 179/03.
31 EuGH, VergabeR 2008, 501.

Lieferungen und Dienstleistungen und freiberufliche Leistungen ergeben sich erst durch die entsprechenden Regelungen der Vergabeverordnung (VgV), konkret aus den §§ 1–16 VgV (Vergabebestimmungen). Nach § 1 Abs. 1 VgV trifft die Verordnung nähere Bestimmungen über das einzuhaltende Verfahren bei der Vergabe öffentlicher Aufträge, deren geschätzte Auftragswerte ohne Umsatzsteuer die in § 2 VgV geregelten Schwellenwerte erreichen oder übersteigen. § 6 VgV verpflichtet die öffentlicher Auftraggeber dazu, bei der Vergabe von Bauaufträgen den 2. Abschnitt der VOB/A in der aktuellen Fassung anzuwenden. Im Folgenden wird anhand einer Kommentierung der für das Vergabeverfahren und – im Abschnitt III – der für den Bieterrechtsschutz zentralen Regelungen der §§ 97 ff. GWB das besondere Augenmerk auf einen Bezug zur Praxis der Bauvergabe gelegt. Konkret gilt dies zunächst für die Vorgaben der §§ 97, 98 und 99 GWB. Alle diesen Bestimmungen nachfolgenden gesetzlichen Regelungen betreffen im Kern den Rechtsschutz und werden daher schwerpunktmäßig dort abgehandelt.

1. § 97 GWB

§ 97 Allgemeine Grundsätze

(1) Öffentliche Auftraggeber beschaffen Waren, Bau- und Dienstleistungen nach Maßgabe der folgenden Vorschriften im Wettbewerb und im Wege transparenter Vergabeverfahren.

(2) Die Teilnehmer an einem Vergabeverfahren sind gleich zu behandeln, es sei denn, eine Benachteiligung ist auf Grund dieses Gesetzes ausdrücklich geboten oder gestattet.

(3) Mittelständische Interessen sind bei der Vergabe öffentlicher Aufträge vornehmlich zu berücksichtigen. Leistungen sind in der Menge aufgeteilt (Teillose) und getrennt nach Art oder Fachgebiet (Fachlose) zu vergeben. Mehrere Teil- oder Fachlose dürfen zusammen vergeben werden, wenn wirtschaftliche oder technische Gründe dies erfordern. Wird ein Unternehmen, das nicht öffentlicher Auftraggeber ist, mit der Wahrnehmung oder Durchführung einer öffentlichen Aufgabe betraut, verpflichtet der Auftraggeber das Unternehmen, sofern es Unteraufträge an Dritte vergibt, nach den Sätzen 1 bis 3 zu verfahren.

(4) Aufträge werden an fachkundige, leistungsfähige sowie gesetzestreue und zuverlässige Unternehmen vergeben. Für die Auftragsausführung können zusätzliche Anforderungen an Auftragnehmer gestellt werden, die insbesondere soziale, umweltbezogene oder innovative Aspekte betreffen, wenn sie im sachlichen Zusammenhang mit dem Auftragsgegenstand stehen und sich aus der Leistungsbeschreibung ergeben. Andere oder weitergehende Anforderungen dürfen an Auftragnehmer nur gestellt werden, wenn dies durch Bundes- oder Landesgesetz vorgesehen ist.

(4a) Auftraggeber können Präqualifikationssysteme einrichten oder zulassen, mit denen die Eignung von Unternehmen nachgewiesen werden kann.

(5) Der Zuschlag wird auf das wirtschaftlichste Angebot erteilt.

(6) Die Bundesregierung wird ermächtigt, durch Rechtsverordnung mit Zustimmung des Bundesrates nähere Bestimmungen über das bei der Vergabe einzuhaltende Verfahren zu treffen, insbesondere über die Bekanntmachung, den Ablauf und die Arten der Vergabe, über die Auswahl und Prüfung der Unternehmen und Angebote, über den Abschluss des Vertrages und sonstige Fragen des Vergabeverfahrens.

(7) Die Unternehmen haben Anspruch darauf, dass der Auftraggeber die Bestimmungen über das Vergabeverfahren einhält.

a) Wettbewerb, Transparenz und Bietergleichbehandlung – die »Magna Charta« des Vergaberechts, § 97 Abs. 1 und Abs. 2

16 Mit den Regelungen in § 97 Abs. 1 GWB gibt der Gesetzgeber grundlegend und mit unmittelbarer Wirkung für alle Verfahrensarten vor, nach welchen Prinzipien und Grundsätzen öffentliche Auftraggeber Waren-, Bau- und Dienstleistungen zu beschaffen haben, nämlich im Wettbewerb

und im Wege transparenter Vergabeverfahren. Gewissermaßen vor die Klammer zu ziehen ist der Begriff des **Vergabeverfahrens**. Vergaberecht findet Anwendung auf die Vergabe **öffentlicher Aufträge** im Sinne von § 99 GWB durch **öffentliche Auftraggeber** im Sinne von § 98 GWB **zu Beschaffungszwecken** im Sinne von § 97 Abs. 1 GWB **oberhalb der EU–Auftragsschwellenwerte** im Sinne von § 100 Abs. 1 GWB. Kann man in einem zweifelhaften Fall alle diese Punkte positiv beantworten, so befindet man sich im Anwendungsbereich der §§ 97 ff. GWB. Hier wird der Begriff des Vergabeverfahrens materiell verstanden, um zu verhindern, dass ein öffentlicher Auftraggeber im Einzelfall, obschon dem Vergaberecht unterliegend, dessen Vorgaben dadurch zu umgehen sucht, dass er von der förmlichen Einleitung eines Vergabeverfahrens absieht. Ein Vergabeverfahren liegt demzufolge immer dann vor, wenn der Auftraggeber organisatorisch und/oder planerisch einen Beschaffungsvorgang in die Wege leitet und dabei die Phase bloßer Markterkundungen verlässt.[32] Besondere Bedeutung erlangt der Begriff des Vergabeverfahrens im Zusammenhang mit der Neuregelung in § 101b) Abs. 1 Nr. 2 GWB. Diese Vorschrift zeigt, dass der Gesetzgeber von einem materiellen Verständnis des Begriffs des Vergabeverfahrens ausgeht und ein solches immer dann annimmt, wenn der öffentliche Auftraggeber zielgerichtet Waren oder Dienstleistungen beschafft und mit diesem Beschaffungsvorgang objektiv begonnen hat. Ab diesem Zeitpunkt gelten die vergaberechtlichen Pflichten.

Das **Wettbewerbsprinzip** unterwirft die Vergabeverfahren als solche einem geordneten Wettbewerb. Das folgt ganz unabhängig von allen europarechtlichen Einflussnahmen schon daraus, dass der Staat und seine Untergliederungen die zur Verfügung stehenden öffentlichen Mittel sparsam, wirtschaftlich und damit möglichst effektiv einzusetzen haben. Das ist ohne einen geordneten Wettbewerb, der darauf ausgerichtet ist, die Entwicklungspotentiale der Märkte möglichst sinnvoll abzuschöpfen, nicht denkbar. Die Wettbewerbsverpflichtung hat nicht nur zur Folge, dass der öffentliche Auftraggeber innerhalb der von ihm durchgeführten Vergabeverfahren wettbewerbsbeschränkende Verhaltensweisen der Bietern aktiv zu bekämpfen hat, sondern dass er selbst in zumutbarer Weise günstige Wettbewerbsbedingungen schaffen muss. So muss er beispielsweise den Geheimwettbewerb zwischen den Bietern und die Vielfalt von Angeboten durch eine möglichst offene Leistungsbeschreibung ohne produkt- oder herstellerspezifische Vorgaben sicherstellen. Einengende Regelungen, die keine zwingende sachliche Rechtfertigung haben, sind zu vermeiden. Die Möglichkeiten von sogenannten Nebenangeboten und Änderungsvorschlägen zum Amtsentwurf sind zu eröffnen, dies jedenfalls grundsätzlich. Denn § 97 Abs. 1 GWB »mahnt« nicht ohne Grund den öffentlichen Auftraggeber zur Sicherstellung des Wettbewerbs um öffentliche Aufträge, so dass sich zwar einschränkende Vorgaben in einer Ausschreibung, die faktisch zu einer Einengung des Bieterfeldes führen, nicht verbieten, jedoch nach durchschlagender sachlich-fachlicher Rechtfertigung fragen. Das Wettbewerbsprinzip ist kein Selbstzweck, kein moderner Programmsatz, der gewissermaßen in keiner guten europarechtlich verursachten Regelung fehlen darf, sondern ein Vergabegrundsatz, der in erster Linie von den öffentlichen Auftraggebern mit Leben zu füllen ist.

17

Das **Transparenzprinzip** kann in seiner Bedeutung gar nicht überschätzt werden. Der Bundesgerichtshof hat festgestellt, dass die Vorhersehbarkeit und die Transparenz staatlichen Handelns als Kernbestandteile der Rechtsstaatlichkeit gerade auch die Vergabeverfahren prägen und hier von besonderer Bedeutung sind.[33] Im Grunde lässt sich sagen, dass das Prinzip der Vergabetransparenz alles beinhaltet, was durch Gestaltungen im Vorfeld eines Vergabeverfahrens und während des Verlaufs desselben Überraschungsentscheidungen vermeidet. Vergabepraktiken, die mit dem Grundsatz der Transparenz in Konflikt geraten, sind geeignet, die Integrität staatlichen Handelns namentlich im Bereich der wirtschaftlich bedeutsamen öffentlichen Aufträge besonders in Frage zu stellen. Zu nennen sind hier vor allem folgende Verpflichtungen der öffentlichen Auftraggeber:

18

---

32 OLG Rostock, VergabeR 2003, 321, 324 m.w.N.; *Dreher/Stockmann*, § 97 Rn. 15.
33 BGH, VergabeR 2004, 604, 605.

- Bekanntmachung des anstehenden Wettbewerbs/der Vergabeabsicht (§§ 12, 12a VOB/A);
- Vorgabe einer klaren und vollständigen Leistungsbeschreibung (§ 7 Abs. 1 VOB/A);
- Bekanntmachung aller Zuschlagskriterien einschließlich der Unterkriterien (BGH VergabeR 2004, 604);
- Bekanntmachung der Gewichtung der Zuschlagskriterien (BGH VergabeR 2004, 604);
- Mitteilung der mit dem Angebot vorzulegenden Nachweise und Erklärungen (§ 12 Abs. 1 Nr. 2 lit. u) VOB/A);
- Zulassung/Nichtzulassung von Nebenangeboten (§ 12 Abs. 1 Nr. 2 lit. j) VOB/A);
- Dokumentation des Vergabeverfahrens (§ 20 VOB/A);
- Vorabmitteilung der Vergabeabsicht (§ 101a GWB);
- Belehrung über die Möglichkeiten des Vergaberechtsschutzes (OLG Celle IBR 2010, 232).

Denn der Bieter muss schon im Vorfeld seiner Teilnahme am Vergabeverfahren erkennen können, welches die grundlegenden Konditionen des Wettbewerbs sind, welche Anforderungen an den Bieter und seine Leistungen gestellt werden, anhand welcher Kriterien und mit welcher Gewichtung ein Zuschlag erteilt werden soll. Nur dann kann er sich für oder gegen eine Teilnahme am Verfahren entscheiden und seine Angebotsgestaltung und -kalkulation darauf einrichten. Letztlich sichert nur eine so verstandene, umfassende Transparenz den fairen Wettbewerb um öffentliche Aufträge.

b) Das Gebot der Fachlosvergabe, § 97 Abs. 3 GWB

19 Zumindest für mittelständische Betriebe spielt das **Gebot der Fachlosvergabe** nach § 97 Abs. 3 GWB, ebenso wie die Aufteilung von großen Aufträgen in Teillose, eine besondere Rolle. Das Regelwerk der VOB/A sieht in diesem Sinne seit jeher vor, dass Aufträge möglichst in Fach- oder Teillose aufzuteilen sind, um kleinen und mittelständischen Unternehmen eine Wettbewerbsteilnahme entweder zu ermöglichen oder aber die Wettbewerbsaussichten zu verbessern.[34] Dieser Gedanke, den das europäische Richtlinienrecht nicht kennt, hat seinen Niederschlag in § 97 Abs. 3 GWB gefunden, und zwar im Vergleich zu entsprechenden Vorgängerregelungen durchaus in »verschärfter« Form. Als konkrete Handlungsanweisung für die ausschreibenden Stellen wird hier vorgegeben, dass mittelständische Interessen bei der Vergabe von Aufträgen vornehmlich zu berücksichtigen sind. Die öffentlichen Auftraggeber werden dazu verpflichtet, Leistungen in der Menge aufgeteilt (Teillose) und getrennt nach Art oder Fachgebiet (Fachlose) zu vergeben. Damit ist die **losweise Vergabe die Regel**, während die zusammengefasste Vergabe zur Ausnahme erhoben worden ist. Nach wie vor ist es freilich zulässig, mehrere Teil- oder Fachlose zusammen zu vergeben, wenn dafür wirtschaftliche oder technische Gründe streiten. Um die dabei im Zuge der Planung einer Auftragsvergabe getroffenen Vorentscheidungen nachträglich am Maßstab des § 97 Abs. 3 GWB messen zu können, sind die Auftraggeber verpflichtet, eine unterbleibende Losaufteilung exakt zu dokumentieren. Geschieht dies nicht oder in nicht ausreichender Form, leidet das Vergabeverfahren unter einem schweren Mangel. Das ist angesichts der Gewichtsverschiebungen im neu gefassten § 97 Abs. 3 GWB die zwingende Folge. Ob und ggf. wie dieser schwere Mangel in einem bereits laufenden Vergabeverfahren noch zu beheben ist, hängt vom Gegenstand des Verfahrens ebenso ab, wie vom zeitlichen Verfahrensstand. Ist das Vergabeverfahren etwa nahezu abgeschlossen und steht nur noch die Zuschlagserteilung aus, dann ist, wenn es in diesem Stadium zu einer vergaberechtlichen Nachprüfung kommt, eine Nachholung der zuvor unterlassenen Dokumentation im Sinne einer tragfähigen Begründung für eine (angefochtene) Gesamtvergabe richtigerweise nicht mehr nachzuholen. Denn das Transparenzgebot ermöglicht es dem öffentlichen Auftraggeber gerade nicht, sich mehr oder weniger ex ante auf dann bekannte Angriffe gegen eine Gesamtvergabe durch nachgeschobene, angepasste Begründungen einzustellen, sondern fordert dies sinnvollerweise schon für den Beginn, die Planung des Vergabeverfahrens ein. Die Unterlassung einer nunmehr nach § 97 Abs. 3 GWB grundsätzlich vorzunehmenden Losauf-

---

34 Vgl. z.B. § 4 Nr. 3 VOB/A 2006, § 5 Abs. 2 VOB/A 2009.

teilung stellt eine zentrale Entscheidung des Auftraggebers mit erheblichen Auswirkungen für das Vergabeverfahren und den Wettbewerb da, die ebenso wie die Auswahlentscheidung hinsichtlich der Vergabeart frühzeitig zu treffen und zu dokumentieren ist. Die Nachholung einer dementsprechenden Begründung öffnet Manipulationsmöglichkeiten Tür und Tor und ist mit dem genannten Transparenzgebot schlicht unvereinbar.

Bisher hat sich freilich im Bereich der Losaufteilung die Umkehrung der Vorzeichen noch nicht spürbar auf die Vergabepraxis ausgewirkt. Noch zu sehr sind die Auftraggeber dem bloßen Empfehlungscharakter der Vorgängerregelung verhaftet, wonach mittelständische Interessen »vornehmlich durch Teilung der Aufträge in Fach- und Teillose angemessen zu berücksichtigen« waren. Das klingt in der Neufassung der gesetzlichen Regelung anders und beinhaltet nunmehr die Pflicht, Lose zu bilden. Die zusammengefasste Vergabe soll die (seltene) Ausnahme sein. Der Gesetzgeber hat in Kauf genommen, dass damit möglicherweise bei den öffentlichen Auftraggebern ein größerer Verwaltungsaufwand verbunden ist, und dass auch im Rahmen der Bauausführung u.U. weitergehende Koordinierungs- und Überwachungsleistungen zu erbringen sind, als dies im Falle einer GU-Vergabe der Fall sein mag. Dieser Erschwernisse wurden aber ebenso aus Gründen der Mittelstandsförderung hingenommen, wie die in diesem Zusammenhang immer behaupteten, aber nicht belegten Kostensteigerungen oder Bauzeitverzögerungen in Folge der Losaufteilung. Je deutlicher und nachhaltiger die gesetzlichen Verpflichtungen freilich in diesem Bereich ausfallen, desto größer scheint der Widerstand gegen eine entsprechende Umsetzung und Befolgung dieser Vorgaben in der Praxis zu sein.[35] Hinzu tritt, dass die neuere Rechtsprechung auch unter dem Eindruck der Änderung des § 97 Abs. 3 GWB dem öffentlichen Auftraggeber eine nur eingeschränkt gerichtlich überprüfbaren, der Sache nach weiten Beurteilungsspielraum für das Vorliegen technischer oder wirtschaftlicher Gründe einer zusammengefasste Vergabe einräumt und zur Herbeiführung dieses Ergebnisses zudem einen erheblichen Begründungsaufwand tätigt.[36] Nach dem Aufbau und dem Wortlaut der Vorschrift steht nicht in Zweifel, dass der öffentliche Auftraggeber bei Vorliegen tragfähiger wirtschaftlicher oder technischer Gründe von dem Grundsatz der losweisen Vergabe absehen kann. Allerdings führen diese Tatbestandsmerkmale nun nicht dazu, dass die Ausnahme in der Vergabepraxis doch wieder zu Regel wird, während sich zugleich die Rechtsprechung einer Nachprüfung der dafür maßgeblichen Grundlagen unter Berufung auf einen nur eingeschränkt überprüfbaren Beurteilungsspielraum des Ausschreibenden faktisch enthält. Je mehr sich hier ändert, desto mehr bleibt gleich. Denn mit dieser »Mischung« von unveränderter Vergabepraxis und ebenso unveränderter vergaberechtlicher Nachprüfung bleibt von den Absichten des Gesetzgebers im Zusammenhang mit der aktuellen, gezielten Verschärfung des Gebotes der losweisen Vergabe nichts mehr übrig. Da die Bieter nach § 97 Abs. 7 GWB einen Anspruch auf die Beachtung der Vorgaben zur losweisen Vergabe haben, ist die Rechtsprechung in Vergabesachen dazu aufgerufen, die gesetzlichen Absichten im Sinne einer Verschärfung des Gebotes der Losaufteilung auch »in die Tat« umzusetzen. Den betroffenen Bietern ist dringend zu empfehlen, unterbliebene Losaufteilungen im Zweifel einer förmlichen Vergabenachprüfung zu unterziehen. Nur dadurch können hier mittelfristig Änderungen in den Köpfen und damit in der Praxis erarbeitet werden; der Wille des Gesetzgebers allein scheint dies nicht zu bewirken.

c) Die Vorgaben an die Bietereignung, § 97 Abs. 4 und 4a GWB

§ 97 Abs. 4 und 4a GWB befassen sich mit der **Bietereignung.** § 97 Abs. 4 GWB beinhaltet den bekannten und mit der Neufassung der Vorschrift geringfügig modifizierten Leistungs-, Eignungs- und Zuverlässigkeitsgrundsatz, der sich über das gesamte Vergaberecht erstreckt bzw. erstrecken soll. Der Neufassung dieser Vorschrift wurde hinzugefügt, dass Auftragnehmer künftig

---

35 Vgl. dazu auch den Überblick bei Kulartz/Kus/Portz, § 97 Rn. 75 f.
36 Vgl. z.B. VK Münster, Beschl. v. 07.10.2009 – VK 18/09, IBR-online; ohne weitergehende Begründung bestätigt durch Entscheidung nach § 118 Abs. 1 GWB OLG Düsseldorf, Beschl. v. 30.11.2009 – Verg. 43/09, juris.

auch gesetzestreu sein müssen. Ob mit diesem Zusatz ein praktischer Gewinn verbunden sein wird, kann derzeit noch nicht gesagt werden, zumal § 2 Abs. 1 Nr. 1 VOB/A 2009 den zusätzlichen Aspekt der Gesetzestreue nicht aufgreift. Zuverlässig ist ein Bieter, der »rechtlich leistungsfähig« ist, also die ihn im besonderen Sachbereich treffenden gesetzlichen Verpflichtungen erfüllt und auch aufgrund früherer Verträge eine einwandfreie und termingerechte Ausführung des Auftrags erwarten lässt.[37] Da jedoch der Wortlaut des § 97 Abs. 4 GWB zeigt, dass der Begriff der »Gesetzestreue« künftig ein weiteres und gesondertes Zuverlässigkeitsmerkmal sein soll, kann auch unter Berücksichtigung der Gesetzesmaterialien davon ausgegangen werden, dass damit eine Bindung der Bieter insbesondere an für allgemeinverbindlich erklärte Tarifverträge im Anwendungsbereich der Entsenderichtlinie erreicht werden soll. Denn es ist nun ausreichend, dass in einem bestimmten Bereich ein Mindestlohn nach dem Arbeitnehmerentsendegesetz bundesweit für verbindlich erklärt worden ist, um ihn über die Neufassung des § 97 Abs. 4 GWB zum Eignungskriterium auf Bieterseite zu erheben.[38]

22 Die Eignungsprüfung nach § 97 Abs. 4 GWB und die diese konkretisierenden Regelungen im untergesetzlichen Regelwerk der VOB/A stellt das Kernstück eines jeden Vergabeverfahrens dar. Sie erfolgt auf der zweiten Wertungsstufe und setzt grundlegend voraus, dass die Eignungskriterien den Bietern umfassend und abschließend bekannt gemacht wurden.[39] Nur dann wird dem Transparenzprinzip entsprochen, wenn sich der interessierte Bieter bereits anhand der Bekanntmachung eines Vergabeverfahrens ein Bild von der geforderten Leistung und von den Voraussetzungen, welche an die Bieter gestellt werden, machen kann. Daraus resultiert, dass der Auftraggeber später anhand der Aufforderung zur Angebotsabgabe und anhand der Verdingungsunterlagen die in der Bekanntmachung vorgegebenen Eignungserfordernisse lediglich noch konkretisieren darf, sie aber nicht mehr abändern oder in elementarer Hinsicht erweitern oder ergänzen kann.[40]

23 Mit dieser Verpflichtung des öffentlichen Auftraggebers, sich hinsichtlich des Inhaltes der Eignungsprüfung und der Eignungsnachweise sehr frühzeitig festzulegen, korrespondiert für die Bieter die Anforderung, die Eignung exakt anhand der geforderten Nachweise in der Regel schon mit dem Angebot nachweisen zu müssen. Insoweit ist zu differenzieren zwischen der körperlich-gegenständlichen Vorlage der Eignungsnachweise, welche die Vollständigkeit des Angebotes auf der ersten Wertungsstufe betrifft, und der materiellen Bietereignung, welche anhand der vorgelegten Nachweise auf der zweiten Wertungsstufe überprüft wird. Trotz dieser klaren Ausgangssituation sind immer wieder (europaweite) Ausschreibungen anzutreffen, die keinerlei Angaben zu den geforderten Eignungsnachweisen und damit auch keine Aussagen zu gewünschten Bietereignung machen. Daraus kann jedoch nicht der Schluss gezogen werden, dass in diesen Fällen keinerlei Eignungsprüfung im Vergabeverfahren stattfindet, mit anderen Worten also von vornherein jeder Bieter als geeignet anzusehen wäre.[41] In einem solchen Fall ist es der Vergabestelle jedoch verwehrt, im Nachhinein besondere Anforderungen an die Nachweisführung zur Eignung, etwa in Gestalt fehlender Referenzen, zu stellen. Vielmehr muss sich die Vergabestelle mit denjenigen Informationen und Erkenntnissen zur Bietereignung begnügen, die sie entweder schon aus vorangegangenen Vergabeverfahren hat oder auf sonstige Weise den Angebotsunterlagen des betroffenen Bieters entnehmen kann. Es liegt auf der Hand, dass in einem solchen Fall die Möglichkeiten des Angebotsausschlusses wegen fehlender Eignung eines Bieters sehr eingeschränkt sind.

24 Was den Inhalt der materiellen Eignungskriterien anbetrifft, so steht den öffentlichen Auftraggebern bei der Festlegung derselben ein weit reichender Spielraum zur Verfügung. Dies ist die

---

37 Kulartz/Kus/Portz, § 97 Rn. 105.
38 Vgl. 3. VK Bund, Beschl. v. 09.09.2009 – VK 3 – 163/09.
39 Vgl. § 12 Abs. 1 Nr. 2 lit. u) VOB/A 2009.
40 OLG Düsseldorf, IBR 2008, 354 – auch zu der Frage, ob eine nachträgliche Änderung der Eignungskriterien zulässig ist, und wie diese in das laufende Verfahren eingebracht werden kann.
41 Vgl. OLG Koblenz, Beschl. v. 10.06.2010 – 1 Verg 3/10, ibr-online.

gleichermaßen logische wie zwingende Folge des Leistungsbestimmungsrechts des Auftraggebers. Ebenso, wie dieser vorab entscheidet, welche konkrete Bauleistung er in welcher Gestaltung und mit welcher Funktionalität zur Ausführung bringen will, ebenso legt er die Anforderungen an die mit der Leistungserbringung zu beauftragenden Bieter fest. Regelmäßig kommt dabei der Abfrage von vergleichbaren Referenzaufträgen eine ganz erhebliche Filterfunktion zu. Eine gewisse Gestaltungsgrenze mag hier im Einzelfall der Umstand ziehen, dass die Kriterien einer Bietereignung durch den Gegenstand des Auftrags zu rechtfertigen sein müssen. Nur wenn das nicht der Fall ist, käme der Vorgabe überzogener Eignungskriterien eine letztlich wettbewerbsbeschränkende Wirkung zu, die nicht mehr hinzunehmen ist.[42] Plant der öffentliche Auftraggeber beispielsweise eine Sportplatzsanierung mit einem voraussichtlichen Auftragwert von rund EUR 100.000, so wäre es im vorstehenden Sinne vergaberechtswidrig, nur solche Bieter für geeignet zu halten, die auf aktuelle Referenzen aus dem Bau von ganzen Sportstadien mit Mindestauftragswerten von mehreren Millionen Euro verweisen können.

Entsprechend verhält es sich mit der finanziellen und wirtschaftlichen Leistungsfähigkeit eines Bieters. Auch dabei geht es letztlich um die sachgerechte Ausfüllung unbestimmter Rechtsbegriffe anhand vernünftiger, von dem jeweiligen Gegenstand des Auftrags getragener Kriterien. Demgegenüber gehen die in § 97 Abs. 4 S. 2 GWB angesprochenen »zusätzlichen Anforderungen« an den Auftragnehmer nach dem klaren Wortlaut der Vorschrift über die klassische Eignungsprüfung hinaus und begründen dergestalt eine mehr oder weniger »fünfte Wertungsstufe«. Die Regelung beruht auf Art. 26 VKR, wonach Auftraggeber einer Auftragsvergabe »sonstige Faktoren« zu Grunde legen können. Ausdrücklich genannt werden soziale und ökologische Aspekte, wobei bei der Anwendung dieser zusätzlichen Kriterien die Grundsätze der Verfahrenstransparenz und der Bietergleichbehandlung zu beachten sind. Wenn und soweit ein sachlicher Zusammenhang mit dem Auftragsgegenstand besteht, können über die eigentlichen Eignungskriterien hinaus soziale, insbesondere umweltbezogene Aspekte zur Grundlage einer Auftragsentscheidung gemacht werden.[43] Abzuwarten bleibt, welche praktische Wirkung diese Vorgaben den Vergabeverfahren beigeben wird, da es auf dieser »fünften Wertungsstufe« ersichtlich um die Durchsetzung politischer, vielfach gar differierender landespolitischer Vorstellungen mit nur eingeschränkt auftragsbezogener und daher vergaberechtlicher Bedeutung geht.[44] 25

d) Das Zuschlagskriterium des wirtschaftlichsten Angebotes, § 97 Abs. 5 GWB

§ 97 Abs. 5 GWB legt in Übereinstimmung mit § 16 Abs. 6 Nr. 3 S. 2 VOB/A 2009 fest, dass der **Zuschlag auf das wirtschaftlichste Angebot** zu erteilen ist. Diese Entscheidung fällt auf der vierten Wertungsstufe eines Vergabeverfahrens, wobei die Kriterien der Zuschlagserteilung in § 16 Abs. 6 Nr. 3 S. 2 VOB/A 2009 näher spezifiziert sind. Betrachtet man diese Vorgaben, so liegt es auf der Hand, dass, wiederum zur Herstellung ausreichender Transparenz, Zuschlagskriterien im Vorhinein festzulegen und vor allem vorab bekannt zu machen sind. Das gilt auch für eine Gewichtung mehrerer Zuschlagskriterien und resultiert bereits aus Art. 53 Abs. 2 VKR. Die Regelung bezweckt, alle potenziellen Bieter vor der Bearbeitung eines Angebotes darüber zu informieren, welcher Bieter aus Sicht des Auftraggebers nicht nur als geeignet erscheint, sondern welches Angebot unter mehreren geeigneten Bietern letztlich beauftragt werden soll.[45] Daraus lassen sich zwei Gesichtspunkte ableiten, deren Missachtung als irreparable Kardinalfehler im Vergabeverfahren angesehen werden: 26

---

42 Vgl. z.B. Thüringer OLG, Beschl. v. 18.05.2009 – 9 Verg 4/09, juris.
43 Vgl. dazu beispielhaft die Runderlasse des Landes Nordrhein-Westfalen zur *Berücksichtigung von Aspekten des Umweltschutzes und der Energieeffizienz bei der Vergabe öffentlicher Aufträge* vom 12.04.2010 und zur *Behandlung von Angeboten, die im Zusammenhang mit Kinderarbeit stehen*, vom 23.03.2010, beide MinBl. 2010, 293.
44 Vgl. zum Ganzen Kulartz/Kus/Portz, § 97 Rn. 117 ff.
45 EuGH, VergabeR 2003, 141, 152.

27 Erstens ist dies die trotz mittlerweile über zehnjähriger Erfahrung mit dem EU-Vergaberecht immer noch anzutreffende Vermengung von Eignungs- und Zuschlagskriterien.[46] Denn in die vierte Wertungsstufe und damit in die Anwendbarkeit der zuvor aufgestellten Zuschlagskriterien fällt nur dasjenige Angebot, dessen Bieter zuvor, nämlich auf der zweiten Wertungsstufe, bereits anhand der dort aufgestellten Kriterien als geeignet angesehen wurde. Die Eignungsanforderungen beziehen sich auf die Person des Bieters, dessen Zuverlässigkeit und Leistungsfähigkeit, während die Zuschlagskriterien rein auftragsbezogen sind und auch nur insoweit herangezogen werden können, als sie den konkreten Auftragsgegenstand betreffen, hingegen nicht (mehr) die Person des Bieters. Folglich kann auch ein sogenanntes »Mehr an Eignung«, etwa das Kriterium besonders großer Erfahrung mit bestimmten Bauaufträgen, auf der vierten Wertungsstufe nicht in Ansatz gebracht werden.

28 Ebenso grundlegend fehlerhaft wie die Vermengung von Eignungs- und Zuschlagskriterien ist die Verwendung von Unter- oder Hilfskriterien der Zuschlagskriterien, die den Bietern nicht schon im Vergabeverfahren bekannt gemacht worden sind, mit deren Hilfe aber – mit oder ohne einer außerdem verwendeten Bewertungsmatrix – die oft etwas gröberen Zuschlagskriterien nunmehr verfeinert werden sollen. Auch das ist unzulässig und führt im Falle der Aufdeckung dieses Fehlers zur Rechtswidrigkeit des gesamten Vergabeverfahrens.[47] Nimmt man den Transparenzgrundsatz ernst, so liegt dieses Ergebnis gewissermaßen auf der Hand. Ein Vergabeverfahren ist hinsichtlich des zentralen Wertungsvorgangs nicht mehr manipulations- bzw. korruptionssicher, wenn es dem öffentlichen Auftraggeber zugestanden würde, im Nachhinein, beispielsweise nach Abgabe der Angebote, erstmals weitere Kriterien oder auch nur Unterkriterien für eine Zuschlagserteilung aufzustellen. Hier herrscht also ein strenger und in diesem Falle auch sehr sinnvoller Formalismus vor, welcher für die Vergabestellen und für die Bieter von zentraler Bedeutung ist.

e) Die Begründung subjektiver Bieter- bzw. Vergaberechte, § 97 Abs. 7 GWB

29 Mit § 97 Abs. 7 GWB wird dem klassischen deutschen Vergaberecht in seiner etwa einhundertjährigen Geschichte erstmals eine »Rechtsschutzklausel« hinzugefügt, dies in Umsetzung der Rechtsmittelrichtlinie 89/665/EWG vom 21.12.1989,[48] die einen effektiven Vergaberechtsschutz in den Mitgliedsstaaten vorschreibt. § 97 Abs. 7 GWB normiert folglich einen klassischen subjektiven Rechtsanspruch der Bieter auf Einhaltung der Bestimmungen über das Vergabeverfahren. Anspruchsberechtigt sind Unternehmen, wobei hier von einem sehr weiten Verständnis des Unternehmensbegriffes ausgegangen wird.[49] Unternehmen in diesem Sinne ist schlechthin jeder, der zulässigerweise an einem Vergabeverfahren teilnimmt bzw. teilzunehmen berechtigt ist. Unter Berücksichtigung der Schutznormlehre können indessen nur solche Vorschriften über das Vergabeverfahren subjektive Rechtswirkungen zu Gunsten der Bieter entfalten, die deren Schutz dienen oder zumindest (auch) dienen sollen. Denn auf die Einhaltung und die Durchsetzung rein objektiver Ordnungs- und Verfahrensvorschriften soll der Bieter regelmäßig keinen Anspruch haben.[50] Das ist methodisch angesichts der Zweiteilung des deutschen Vergaberechts in ein solches oberhalb und in ein anderes unterhalb der EU-Auftragsschwellenwerte problematisch,[51] wirkt sich aber in der Praxis jedenfalls bisher kaum aus. Denn nach dem Ansatz in Art. 1 Abs. 3 der Rechtsmittelrichtlinie wird ein effektiver Vergaberechtsschutz dadurch bewirkt, dass derjenige, dem durch einen behaupteten Rechtsverstoß ein Schaden entstanden ist oder zu entstehen droht, durchsetzbare Ansprüche erhält, um dieses unterbinden zu können. Soweit sich folglich eine solche Schadenskonstellation durch die Nichtbeachtung irgendeiner Vorgabe namentlich aus der

---

46 Vgl. dazu etwa OLG Düsseldorf, IBR 2009, 1261.
47 OLG Düsseldorf, VergabeR 2005, 364.
48 ABl. EG 92 Nr. L 209.
49 EuGH, VergabeR 2005, 44.
50 Vgl. die Gesetzesmaterialien, BT-Drucks. 13/9340, 14.
51 Vgl. zu den Einzelheiten *Krist*, 45 ff.

Vergabekoordinierungsrichtlinie ergeben kann, so sind diese Vorgaben über Art. 1 Abs. 3 der Rechtsmittelrichtlinie schlicht zu subjektiven Bieterrechten erhoben und damit über § 97 Abs. 7 GWB auch justiziabel.[52] In der Praxis führt dies dazu, dass in diesem Sinne nicht – subjektive Vergaberechte kaum auszumachen sind. Ein Beispiel dafür bilden derzeit noch § 16 Abs. 6 Nr. 1 und Nr. 2 VOB/A 2009. Ein Bieter soll sich nicht auf eine mögliche unauskömmliche Preisbildung in einem Wettbewerbsangebot berufen können, um dieses in einem Vergabenachprüfungsverfahren zu Fall zu bringen. Hier wird wohl überwiegend vertreten, dass die Vorgaben des § 16 Abs. 6 Nr. 1 und Nr. 2 VOB/A 2009, von Ausnahmen abgesehen, nicht bieterschützend im Sinne von § 97 Abs. 7 GWB sind.[53] Umgekehrt wird selbst ein Dokumentationsmangel im Vergabeverfahren (Verstoß gegen § 20 VOB/A 2009), der unter Umständen leicht zu beheben wäre und sich auf die Bieterrangfolge gesichert nicht auswirkt, als die Verletzung eines subjektiven Bieterrechts im Sinne von § 97 Abs. 7 GWB angesehen.[54] Unmittelbare Folge der Begründung subjektiver Rechte im Vergabeverfahren ist die Möglichkeit der förmlichen Nachprüfung nach §§ 107 ff. GWB.

2. § 98 GWB

§ 98 Auftraggeber

Öffentliche Auftraggeber im Sinne dieses Teils sind:
1. *Gebietskörperschaften sowie deren Sondervermögen,*
2. *andere juristische Personen des öffentlichen und des privaten Rechts, die zu dem besonderen Zweck gegründet wurden, im Allgemeininteresse liegende Aufgaben nichtgewerblicher Art zu erfüllen, wenn Stellen, die unter Nummer 1 oder 3 fallen, sie einzeln oder gemeinsam durch Beteiligung oder auf sonstige Weise überwiegend finanzieren oder über ihre Leitung die Aufsicht ausüben oder mehr als die Hälfte der Mitglieder eines ihrer zur Geschäftsführung oder zur Aufsicht berufenen Organe bestimmt haben. Das Gleiche gilt dann, wenn die Stelle, die einzeln oder gemeinsam mit anderen die überwiegende Finanzierung gewährt oder die Mehrheit der Mitglieder eines zur Geschäftsführung oder Aufsicht berufenen Organs bestimmt hat, unter Satz 1 fällt,*
3. *Verbände, deren Mitglieder unter Nummer 1 oder 2 fallen,*
4. *natürliche oder juristische Personen des privaten Rechts, die auf dem Gebiet der Trinkwasser- oder Energieversorgung oder des Verkehrs tätig sind, wenn diese Tätigkeiten auf der Grundlage von besonderen oder ausschließlichen Rechten ausgeübt werden, die von einer zuständigen Behörde gewährt wurden, oder wenn Auftraggeber, die unter Nummern 1 bis 3 fallen, auf diese Personen einzeln oder gemeinsam einen beherrschenden Einfluss ausüben können; besondere oder ausschließliche Rechte sind Rechte, die dazu führen, dass die Ausübung dieser Tätigkeiten einem oder mehreren Unternehmen vorbehalten wird und dass die Möglichkeit anderer Unternehmen, diese Tätigkeit auszuüben, erheblich beeinträchtigt wird. Tätigkeiten auf dem Gebiet der Trinkwasser- und Energieversorgung sowie des Verkehrs sind solche, die in der Anlage aufgeführt sind,*
5. *natürliche oder juristische Personen des privaten Rechts sowie juristische Personen des öffentlichen Rechts, soweit sie nicht unter Nummer 2 fallen, in den Fällen, in denen sie für Tiefbaumaßnahmen, für die Errichtung von Krankenhäusern, Sport-, Erholungs- oder Freizeiteinrichtungen, Schul-, Hochschul- oder Verwaltungsgebäuden oder für damit in Verbindung stehende Dienstleistungen und Auslobungsverfahren von Stellen, die unter Nummern 1 bis 3 fallen, Mittel erhalten, mit denen diese Vorhaben zu mehr als 50 vom Hundert finanziert werden,*
6. *natürliche oder juristische Personen des privaten Rechts, die mit Stellen, die unter die Nummern 1 bis 3 fallen, einen Vertrag über eine Baukonzession abgeschlossen haben, hinsichtlich der Aufträge an Dritte.*

---

52 Vgl. dazu Kulartz/Kus/Portz, § 97 Rn. 148.
53 OLG Düsseldorf, IBR 2010, 45.
54 OLG Celle, IBR 2010, 226.

30 In der Gliederung des vierten Teils des GWB legt § 98 GWB den persönlichen Anwendungsbereich des Kartellvergaberechts fest. Diese Regelung ist nur im Kontext der Entstehungsgeschichte und der daraus wiederum resultierenden Zweiteilung des deutschen Vergaberechts verständlich.[55] So spricht § 98 GWB von »öffentlichen Auftraggebern«, versteht darunter aber an mehreren Stellen auch und gerade privatrechtlich verfasste Gesellschaften oder Einrichtungen, was sich daraus begründet, dass das europäische Vergaberecht die Grenzlinien des klassischen öffentlichen Haushaltsrechts bewusst überschritten hat. Dem haushaltsrechtlichen Vergaberecht unterliegen Bund, Länder und Gemeinden sowie deren Sondervermögen einschließlich der bundes- oder landesunmittelbaren juristischen Personen des öffentlichen Rechts. Daraus ergab sich historisch ein **institutioneller Auftraggeberbegriff**. Demgegenüber unterliegen dem europäischen Vergaberecht ganz unabhängig von der Organisationsform und der im jeweiligen Einzelfall geltenden haushaltsrechtlichen Vorgaben schlechthin alle diejenigen, die öffentliche Aufträge tatsächlich vergeben. Dem liegt ein **funktionales Verständnis** des Auftraggebers zu Grunde mit dem Ziel, unabhängig von den Besonderheiten in den einzelnen Mitgliedsstaaten durch die Verstellung ansonsten gegebener Umgehungsmöglichkeiten einen möglichst weiten Anwendungsbereich für die vergaberechtlichen Verpflichtungen zu schaffen. Dem klassischen öffentlichen Auftraggeber soll es nicht ermöglicht werden, durch eine Flucht ins Privatrecht die vergaberechtlichen Verpflichtungen abzustreifen. Umgekehrt erstrecken sich die Anforderungen des Vergaberechts auch auf Private, wenn diese bei Vorliegen weiterer Voraussetzungen öffentliche Aufgaben oder solche Aufgaben, die mindestens auch im öffentlichen Interesse liegen, wahrnehmen. Dadurch ist eine Grundstruktur des öffentlichen Auftraggeberbegriffs des europäischen Vergaberechts beschrieben, die das Verständnis der Regelungen des § 98 GWB erheblich erleichtert, und die wie nachstehend namentlich in Bezug auf Bauvergaben zu verfeinern ist.

a) Erfasste klassische Auftraggeber, § 98 Nr. 1 und 3 GWB

31 **§ 98 Nr. 1 GWB** erfasst Gebietskörperschaften und deren Sondervermögen. Dabei handelt es sich um die bereits erwähnten klassischen öffentlichen Auftraggeber. Gebietskörperschaften sind die Bundesrepublik Deutschland, die Bundesländer, die Landkreise, Städte und Gemeinden, aber auch weitere Untergliederungen im Staatsaufbau, etwa Regierungspräsidien, soweit diese in eigener sachlicher Zuständigkeit bestimmte Auftragsbereiche verwalten und hier tätig werden. Nur deklaratorische Bedeutung hat in diesem Zusammenhang die Regelung in § 98 Nr. 3 GWB, wonach auch Verbände, deren Mitglieder Gebietskörperschaften oder deren Sondervermögen sind, vergaberechtlich erfasste Auftraggeber darstellen. Darunter fallen beispielsweise kommunale Zweckverbände, Landschaftsverbände, Verwaltungsgemeinschaften oder sonstige vergleichbare öffentliche Organisationsformen.

32 Mit der expliziten Nennung der Sondervermögen wird gewährleistet, dass die immer moderner werdende, haushaltsrechtliche und/oder organisatorische Verselbständigung bestimmter Aufgaben und der diversen Haushaltsbereiche einer Gebietskörperschaft nicht aus dem Vergaberecht herausführt.[56] Auf Landesebene fallen darunter klassischerweise die mittlerweile zahlreichen Bau- und Liegenschaftsbetriebe, die zunehmend privaten Rechts- und Handlungsformen angenähert werden, gleichwohl aber vollständig dem Vergaberecht unterliegen (z.B. Landesbetrieb Straßen NRW, Landesbetrieb Mobilität Rheinland-Pfalz). Nichts anderes gilt für die Eigenbetriebe der Gemeinden, für die es schon nach den Regelungen der einschlägigen Gemeindeordnungen[57] an einer rechtlichen Verselbständigung gegenüber der Gemeinde fehlt.

---

55 Vgl. I. Abschnitt, Rdn. 1 ff.
56 Vgl. dazu Kulartz/Kus/Portz, § 98 Rn. 81 ff.
57 Vgl. z.B. § 86 Abs. 1 GemO Rheinland-Pfalz.

b) Beherrschte Auftraggeber, § 98 Nr. 2 GWB

Unter dem Blickwinkel des funktionalen Auftraggeberbegriffs unternimmt § 98 Nr. 2 GWB den ersten Schritt in Richtung der vergaberechtlichen Inpflichtnahme juristischer Personen des privaten Rechts. Damit wird die immer stärker werdende Tendenz der klassischen öffentlichen Hand zur Privatisierung ehedem öffentlicher Aufgaben für den Bereich der öffentlichen Aufträge wieder deutlich relativiert. Die Regelung liest sich komplizierter, als sie mittlerweile durch die dazu ergangene Rechtsprechung zu handhaben ist. Danach unterfallen juristische Personen des öffentlichen und insbesondere auch des privaten Rechts dem vergaberechtlichen Auftraggeberbegriff, wenn sie zunächst zu dem besonderen Zweck gegründet wurden, um im Allgemeininteresse liegende Aufgaben nicht gewerblicher Art zu erfüllen. Dies beinhaltet die Feststellung einer Unternehmensausrichtung, eines Unternehmenszwecks auf eine bestimmte Tätigkeit im Allgemeininteresse und auf eine bestimmte Art der Betätigung im Wettbewerb, nämlich der sogenannten Nichtgewerblichkeit. Was die Feststellung des Unternehmenszwecks anbetrifft, so lässt sich dieser regelmäßig durch die Dokumentation des Gründungsaktes nachvollziehen. Existiert beispielsweise eine Satzung, so lässt sich dieser häufig entnehmen, ob die Gründung des Unternehmens (auch) auf öffentliche Interessen ausgerichtet war. Solches kann sich aber auch im Einzelfall aus gesetzlichen Regelungen ergeben oder aus Vereinbarungen, aus denen sich die Motive der Gründung des jeweils in Rede stehenden Unternehmens herleiten lassen. 33

Ob eine Unternehmensgründung stattgefunden hat, um im Allgemeininteresse liegende Zwecke zu verfolgen, ist Gegenstand vielfältiger Rechtsprechung u.a. des Europäischen Gerichtshofs gewesen.[58] Das deutsche Staats- und Verwaltungsrecht kennt seit jeher den Begriff des öffentlichen Interesses. Dieser kann durchaus herangezogen werden, um den in § 98 Nr. 2 GWB vorzufindenden Begriff des Allgemeininteresses auszufüllen. Verstanden werden darunter insbesondere staatliche Aufgaben, die von einem Unternehmen unmittelbar oder mittelbar übernommen werden, dies namentlich aus dem Bereich der Daseinsvorsorge. Wichtig ist, dass es im Falle der Wahrnehmung sowohl von Aufgaben im Allgemeininteresse als auch von sonstigen, rein gewerblichen Aufgaben nicht von Bedeutung ist, ob der Umfang der im öffentlichen Interesse liegenden Aufgabenerfüllungen eine Schwerpunkt der Unternehmensgründung respektive der Unternehmenstätigkeit ausmacht. Denn auch nur eine teilweise Wahrnehmung solcher Aufgaben infiziert die Gesamttätigkeit des Unternehmens im vergaberechtlichen Sinne.[59] 34

Sehr gut erschließt sich der Inhalt und das Verständnis dieser Regelung durch einen Blick in mittlerweile bestehende Listen von Auftraggebern nach § 98 Nr. 2 GWB, die anhand vergaberechtliche Nachprüfungsverfahren entstanden sind.[60] Darunter fallen beispielsweise Bädergesellschaften, Gemeindeunfallversicherer, Großmärkte, Hafengesellschaften, Lotteriegesellschaften, Messegesellschaften, privatrechtlich organisierte Stadtwerke, Stiftungen, Wirtschaftsförderungsgesellschaften. Hinzuweisen ist ferner auf den Anhang III der Vergabekoordinierungsrichtlinie und den dortigen Mitteilungen der jeweiligen Mitgliedsstaaten über die nach dem eigenen Verständnis als Einrichtungen nach § 98 Nr. 2 GWB zu qualifizierende Stellen. Die Auflistung einer Einrichtung in dem Anhang III zur Vergabekoordinierungsrichtlinie hat zwar keine konstitutive Bedeutung für die Bejahung des § 98 Nr. 2 GWB, stellt aber, da die Benennung der dortigen Einrichtungen von den Mitgliedsstaaten selbst herrührt, im Zweifel ein gewichtiges Indiz für die Annahme der gesetzlichen Voraussetzungen einer Auftraggebereigenschaft dar.[61] 35

§ 98 Nr. 2 GWB setzt weiter voraus, dass eine derartige, im Allgemeininteresse liegende Aufgabenerfüllung auch eine solche »nicht gewerblicher Art« sein muss. Für diese Begriffsbestim- 36

---

58 Vgl. den Überblick bei Kulartz/Kus/Portz, § 98 Rn. 121 ff.; vgl. grundlegend EuGH, VergabeR 2003, 420.
59 EuGH, VergabeR 2008, 632, 637.
60 Z.B. bei Kulartz/Kus/Portz, § 98 Rn. 85.
61 Vgl. dazu auch *Leinemann*, Rn. 105.

mung kommt es nicht auf den Gewebebegriff des nationalen deutschen Gewerberechts an, sondern sie dient der Konkretisierung des Tatbestandsmerkmals der Aufgabenerfüllung im allgemeinen Interesse.[62] Die Bedeutung dieses Kriteriums erschließt sich nach dem Sinn der Vergaberichtlinien, der u.a. darin besteht, die öffentlichen Auftraggeber, die nicht den Kräften des Marktes ausgesetzt sind, zu einem wettbewerblichen Verhalten zu veranlassen.[63] Das Kriterium der Nichtgewerblichkeit kann also am ehesten mit demjenigen der »Nicht-Wettbewerblichkeit« gleichgesetzt werden mit der Konsequenz, dass immer dann, wenn in einem bestimmten Aufgabenbereich ein entwickelter Wettbewerb festzustellen ist, wenn eine Konkurrenzsituation besteht, die eine an Leistungs-, Effizienz- und Wirtschaftlichkeitskriterien ausgerichtete Geschäftsführung sowie die Übernahme des wirtschaftlichen Risikos bedingt, die Annahme einer **gewerblichen** Tätigkeit im vergaberechtlichen Sinne begründet und damit die Auftraggebereigenschaft nach § 98 Nr. 2 GWB entfallen lässt. Auch das Kriterium der Gewinnerzielungsabsicht, die im Grunde genommen jede gewerbliche Tätigkeit kennzeichnet und damit eine Zuordnung zu den Regelungen des Vergaberechts entfallen ließe, hilft hier nicht weiter. Denn nicht alleine die Gewinnerzielungsabsicht als solche, sondern erst die volle Übernahme der aus einer Tätigkeit folgenden wirtschaftlichen Risiken ohne Absicherung durch einen Dritten führt dazu, dass sich ein Unternehmen innerhalb marktentsprechender Mechanismen bewegt und nicht mehr vermittels der vergaberechtlichen Regelungen zu einem solchen Verhalten gezwungen werden muss.[64] Dies belegt, dass es bei diesem Kriterium in der Tat um ein Regulativ zu dem Tatbestandsmerkmal der Aufgabenerfüllung im Allgemeininteresse geht.

37 Stehen diese Voraussetzungen im Einzelfall fest, muss außerdem noch das **Beherrschungskriterium** geprüft werden. Der betroffene Auftraggeber muss demzufolge, um öffentliche Auftraggeber im vergaberechtlichen Sinne zu sein, durch Gebietskörperschaften nach § 98 Nr. 1 GWB, deren Sondervermögen oder durch Verbände von Gebietskörperschaften durch Beteiligung oder auf sonstige Weise überwiegend finanziert oder beaufsichtigt werden, oder es müssen die Hälfte der Mitglieder der Geschäftsführung oder zur Aufsicht sonst berufener Organe durch einen öffentlichen Auftraggeber bestimmt worden sein. Kurz gefasst ist der Frage nachzugehen, ob eine staatliche Stelle einen beherrschenden Einfluss auf den konkreten Auftraggeber ausüben kann.[65] Liegt demzufolge die Mehrheitsbeteiligung bei einer staatlichen Körperschaft oder deren Sondervermögen, oder wird der konkrete Auftraggeber zu mehr als 50 % durch eine solche staatliche Stelle finanziert, dann muss von einer solchen Beherrschung ausgegangen werden.[66] Neben dieser **Finanzierungsbeherrschung** kennt das Gesetz noch die Konstellation der sogenannten **Leitungsbeherrschung** in Gestalt der Ausübung der Aufsicht über die Leitung des betroffenen Unternehmens, dessen Auftraggebereigenschaft zu prüfen ist. Von Bedeutung ist hier, ob durch die Form der Aufsicht die staatliche Stelle auch dazu in der Lage ist, den konkreten Auftraggeber im Hinblick auf öffentliche Aufträge maßgeblich zu beeinflussen.[67] Für welche organisatorischen Gestaltungsformen wiederum diese Kriterien (Finanzierungsaufsicht bzw. Leitungsaufsicht) vorliegen, lässt sich über diese allgemeinen Ansätze hinaus nur anhand einer mittlerweile breit gefächerten Kasuistik überblicken.[68] Stets herrscht die nachvollziehbare Tendenz vor, öffentlichen Auftraggebern keine Flucht in privatrechtliche Gestaltungsformen zu ermöglichen. Aktuelle Beispiele für die Erstreckung des Anwendungsbereichs der Vorgaben des § 98 Nr. 2 GWB auf bisher von dem Vergaberecht nicht erfasste Einrichtungen sind die Urteile des EuGH zur Auftraggebereigenschaft

---

62 EuGH, NVwZ 1999, 397.
63 EuGH, VergabeR 2001, 281.
64 OLG München, VergabeR 2005, 620.
65 *Leinemann*, Rn. 109.
66 EuGH, VergabeR 2001, 111; sehr instruktiv auch EuGH, Urt. v. 13.04.2010 – Rs. C 91/08, juris.
67 EuGH, VergabeR 2001, 118; vgl. zum Ganzen *Dreher/Stockmann*, § 98 Rn. 99 ff.
68 Vgl. dazu die zahlreichen Beispiele bei *Dreher/Stockmann*, § 98 Rn. 114 ff.; ebenso bei Kulartz/Kus/Portz, § 98 Rn. 185 ff.

der öffentlich-rechtlichen Rundfunkanstalten in Deutschland[69] und zu den gesetzlichen Krankenkassen.[70] Daran ist zu erkennen, dass der Anwendungsbereich des § 98 Nr. 2 GWB im Zweifel weit gefasst wird.

c) Subventionsauftraggeber, § 98 Nr. 5 GWB

Von besonderem vergaberechtlichem Interesse namentlich in der Baupraxis sind sodann noch die Auftraggeber nach **§ 98 Nr. 5 GWB**, die hier als **Subventionsauftraggeber** bezeichnet werden. Auch hier erfasst das Gesetz sowohl natürliche wie auch juristische Personen des privaten Rechts, außerdem juristische Personen des öffentlichen Rechts, soweit diese nicht bereits unter § 98 Nr. 2 GWB fallen. Es tritt hinzu, dass die Regelung über den in § 98 GWB geregelten persönlichen Anwendungsbereich des Vergaberechts hinaus noch eine Eingrenzung auf bestimmte Vorhaben und Maßnahmen vornimmt. Denn § 98 Nr. 5 GWB findet nur auf den genannten Personenkreis Anwendung in den Fällen, in denen sie für Tiefbaumaßnahmen, für Krankenhäuser, Sport-, Erholungs- oder Freizeiteinrichtungen, Schul-, Hochschul- oder Verwaltungsgebäude oder für damit in Verbindung stehende Dienstleistungen und Auslobungsverfahren von dritter Seite Mittel erhalten. Fördermittelgeber muss wiederum ein Auftraggeber im Sinne von § 98 Nr. 1, Nr. 2 oder Nr. 3 GWB sein. Außerdem müssen die zugewendeten Mittel mindestens 50 % der Finanzierung der wie beschrieben sachlich – gegenständlich eingegrenzten Baumaßnahmen ausmachen.

38

Das Gesetz regelt an dieser Stelle den Fall der sogenannten **Drittvergaben**. In diesen Fällen wird nicht ein Auftraggeber nach § 98 Nr. 1 bis Nr. 3 GWB selbst als Auftraggeber tätig, sondern er fördert durch finanzielle Zuwendungen einen anderen Auftraggeber, der wiederum diese ihm zur Verfügung gestellten Fördermittel für Maßnahmen der in § 98 Nr. 5 GWB aufgeführten Art verwendet. Damit wird es dem Staat erschwert, sich durch eine Auftragskette der unmittelbaren Anwendung der vergaberechtlichen Vorschriften zu entziehen. Das Gesetz geht von einem im Zweifel weiten Anwendungsbereich aus, wenn es formuliert, dass es alleine darauf ankommt, ob der Empfänger der Leistungen »Mittel erhält«, um Maßnahmen der beschriebenen Art umzusetzen. Es können dies folglich verlorene Zuschüsse sein, aber auch Kreditgewährungen zu marktunüblichen Konditionen (Förderkredite) oder die Bereitstellung besonderer Bürgschaften und Garantien.[71] § 98 Nr. 5 GWB erfasst also den Bereich der Umsetzung von öffentlichen Bauvorhaben im Wege der Drittmittelfinanzierung und will sicherstellen, dass auch in diesem Bereich, in dem der eigentliche Geldgeber in der zweiten Reihe steht, das Vergaberecht uneingeschränkt Anwendung findet. Zwar muss dafür die Drittmittelfinanzierung eine Quote von 50 % der Gesamtkosten erreichen. Allerdings gilt § 98 Nr. 5 GWB auch für Modernisierungs- und Instandhaltungsmaßnahmen, nicht nur für Neubauvorhaben.[72] Welche konkreten Baumaßnahmen wiederum zu den Tiefbaumaßnahmen im Sinne von § 98 Nr. 5 GWB gehören, listet Anhang II der Vergabekoordinierungsrichtlinie auf. Darauf darf verwiesen werden.

39

3. § 99 GWB

§ 99 Öffentliche Aufträge

(1) Öffentliche Aufträge sind entgeltliche Verträge von öffentlichen Auftraggebern mit Unternehmen über die Beschaffung von Leistungen, die Liefer-, Bau- oder Dienstleistungen zum Gegenstand haben, Baukonzessionen und Auslobungsverfahren, die zu Dienstleistungsaufträgen führen sollen.

(2) Lieferaufträge sind Verträge zur Beschaffung von Waren, die insbesondere Kauf oder Ratenkauf oder Leasing, Miet- oder Pachtverhältnisse mit oder ohne Kaufoption betreffen. Die Verträge können auch Nebenleistungen umfassen.

---

69 EuGH, VergabeR 2008, 42.
70 EuGH, IBR 2009, 465.
71 Vgl. dazu Kulartz/Kus/Portz, § 98 Rn. 332 ff.
72 Vgl. dazu OLG Jena, VergabeR 2002, 488.

(3) Bauaufträge sind Verträge über die Ausführung oder die gleichzeitige Planung und Ausführung eines Bauvorhabens oder eines Bauwerkes für den öffentlichen Auftraggeber, das Ergebnis von Tief- oder Hochbauarbeiten ist und eine wirtschaftliche oder technische Funktion erfüllen soll, oder einer dem Auftraggeber unmittelbar wirtschaftlich zugute kommenden Bauleistung durch Dritte gemäß den vom Auftraggeber genannten Erfordernissen.

(4) Als Dienstleistungsaufträge gelten die Verträge über die Erbringung von Leistungen, die nicht unter Absatz 2 oder Absatz 3 fallen.

(5) Auslobungsverfahren im Sinne dieses Teils sind nur solche Auslobungsverfahren, die dem Auftraggeber auf Grund vergleichender Beurteilung durch ein Preisgericht mit oder ohne Verteilung von Preisen zu einem Plan verhelfen sollen.

(6) Eine Baukonzession ist ein Vertrag über die Durchführung eines Bauauftrags, bei dem die Gegenleistung für die Bauarbeiten statt in einem Entgelt in dem befristeten Recht auf Nutzung der baulichen Anlage, gegebenenfalls zuzüglich der Zahlung eines Preises besteht.

(7) Ein öffentlicher Auftrag, der sowohl den Einkauf von Waren als auch die Beschaffung von Dienstleistungen zum Gegenstand hat, gilt als Dienstleistungsauftrag, wenn der Wert der Dienstleistungen den Wert der Waren übersteigt. Ein öffentlicher Auftrag, der neben Dienstleistungen Bauleistungen umfasst, die im Verhältnis zum Hauptgegenstand Nebenarbeiten sind, gilt als Dienstleistungsauftrag.

(8) Für einen Auftrag zur Durchführung mehrerer Tätigkeiten gelten die Bestimmungen für die Tätigkeit, die den Hauptgegenstand darstellt. Ist für einen Auftrag zur Durchführung von Tätigkeiten auf dem Gebiet der Trinkwasser- oder Energieversorgung, des Verkehrs oder des Bereichs der Auftraggeber nach dem Bundesberggesetz und von Tätigkeiten von Auftraggebern nach § 98 Nr. 1 bis 3 nicht feststellbar, welche Tätigkeit den Hauptgegenstand darstellt, ist der Auftrag nach den Bestimmungen zu vergeben, die für Auftraggeber nach § 98 Nr. 1 bis 3 gelten. Betrifft eine der Tätigkeiten, deren Durchführung der Auftrag bezweckt, sowohl eine Tätigkeit auf dem Gebiet der Trinkwasser- oder Energieversorgung, des Verkehrs oder des Bereichs der Auftraggeber nach dem Bundesberggesetz als auch eine Tätigkeit, die nicht in die Bereiche von Auftraggebern nach § 98 Nr. 1 bis 3 fällt, und ist nicht feststellbar, welche Tätigkeit den Hauptgegenstand darstellt, so ist der Auftrag nach denjenigen Bestimmungen zu vergeben, die für Auftraggeber mit einer Tätigkeit auf dem Gebiet der Trinkwasser- und Energieversorgung sowie des Verkehrs oder des Bundesberggesetzes gelten.

a) Allgemeine Begriffsbestimmungen, § 99 Abs. 1 GWB

40 **§ 99 Abs. 1 GWB** definiert, gewissermaßen vor die Klammer der vergaberechtlich erfassten Auftragskonstellationen gezogen, grundlegend den **Begriff des öffentlichen Auftrags** im vergaberechtlichen Sinne. Denn nur solche unterliegen dem EU-Vergaberecht. Die nationalen Regelungen gehen auf Art. 1 Abs. 2a) und, insbesondere für den Bauauftrag, auf Art. 1 Abs. 2d) VKR zurück. Während die Regelungen in § 99 Abs. 1 GWB noch nahezu wortgleich mit den Richtlinienvorgaben sind, hat der nationale Gesetzgeber den Begriff des Bauauftrags in § 99 Abs. 3 GWB in Folge der Auswirkungen der sogenannten Ahlhorn – Rechtsprechung des OLG Düsseldorf[73] inhaltlich etwas enger gefasst, als dies in der Richtlinie vorgesehen ist.[74] Öffentliche Aufträge sind danach entgeltliche Verträge zwischen öffentlichen Auftraggebern im Sinne von § 98 GWB und Unternehmen über die Beschaffung von Leistungen, die Liefer-, Bau- oder Dienstleistung zum Gegenstand haben. Unter die öffentlichen Aufträge im vergaberechtlichen Sinne fallen auch **Baukonzessionen**.[75] Diese Vorgaben erscheinen auf den ersten Blick allesamt recht unpro-

---

73 VergabeR 2007, 635.
74 Vgl. dazu die Einzelheiten unter Rdn. 46.
75 Vgl. dazu Rdn. 48.

blematisch, geraten aber kompliziert, wenn man die Vielfalt vertraglicher Gestaltungsmöglichkeiten einerseits und das im Gesetz geforderte Kriterium der Entgeltlichkeit (Leistungsaustauschbeziehung) andererseits betrachtet. Freilich kann es als geklärt angesehen werden, dass Entgeltlichkeit in diesem Sinne nicht die direkte Bezahlung erbrachter Leistungen durch den öffentlichen Auftraggeber an den Leistungserbringer fordert, sondern dass von einem sogenannten offenen Entgeltbegriff im vergaberechtlichen Sinne auszugehen ist.[76] Wiederum unter dem Aspekt, Umgehungstatbestände zu vermeiden, grenzt dieser Begriff die öffentlichen Aufträge in erster Linie von nicht primär wirtschaftlich intendierten, etwa wohltätigen oder rein privaten Leistungsbeziehungen ab, so dass jede geldwerte Leistung als entgeltliche im Sinne des § 99 Abs. 1 GWB anzusehen ist. Deshalb kann die Bezahlung, das Entgelt für einen Auftrag z.B. auch darin liegen, dass dem Leistungserbringer Sachmittel zur Verfügung gestellt werden, deren Verwertung wiederum zu Einnahmen führt. Entgeltlichkeit in diesem Sinne liegt also immer dann vor, wenn eine geldwerte Leistung im Austauschverhältnis erbracht wird.[77]

In einem besonderen Punkt weicht die Regelung in § 99 Abs. 1 GWB allerdings von der Vorgabe in Art. 1 Abs. 2 lit. a) VKR ab. In der Richtlinie werden öffentliche Aufträge als »geschlossene schriftliche entgeltliche Verträge« definiert, während § 99 Abs. 1 GWB auf das Kriterium der Schriftlichkeit explizit verzichtet. Das begegnet indessen deshalb keinen Bedenken, weil die Vorgabe in der Richtlinie als Mindestanforderung zu verstehen ist. Der nationale Gesetzgeber ist befugt, in Umsetzung dieser Richtlinienregelung einen weitergehenden Geltungsbereich des Auftragsbegriffs zu eröffnen, als dies mindestens durch die Vergaberichtlinien vorgesehen ist. Folglich ist es nicht möglich, einen Auftrag unter Verzicht auf das Schriftformerfordernis dem Anwendungsbereich des § 99 GWB zu entziehen. 41

Völliger Gleichklang zwischen dem Richtlinienrecht und dem nationalen Umsetzungsrecht in § 99 Abs. 1 GWB besteht wiederum bei der Betrachtung von Unteraufträgen. Die vergaberechtlichen Anforderungen aus § 99 GWB erfassen anerkanntermaßen nur das Vertragsrecht und die Leistungsbeziehung auf der ersten Stufe des Vergaberechtsverhältnisses, also nur unmittelbar zwischen dem öffentlichen Auftraggeber und dem Unternehmen. Die zweite Stufe, das Rechtsverhältnis zwischen dem Auftragnehmer und seinen Unterauftragnehmern, wird vergaberechtlich nicht beeinflusst. Soweit Auftragnehmer unter bestimmten Gesichtspunkten durch ihre öffentlichen Auftraggeber verpflichtet werden, gewisse Vergabegrundsätze auch im Verhältnis zu Unterauftragnehmern zu beachten, so hat dies keine vergaberechtliche Grundlage, sondern stellt eine rein vertragsrechtliche Besonderheit dar.[78] Etwas anderes gilt ausnahmsweise nur dann, wenn der Auftragnehmer in einem konkreten Einzelfall zugleich auch die Kriterien eines öffentlichen Auftraggebers nach § 98 GWB, vor allem eines solchen nach § 98 Nr. 5 GWB, erfüllt.[79] Für den Fall so genannter Subventionsauftraggeber nach § 98 Nr. 5 GWB ergibt sich häufig die Konstellation, dass diese durch verwaltungsrechtliche Nebenbestimmungen (Auflagen) in den Subventionsbescheiden verpflichtet werden, im Falle der Beauftragung von Nachunternehmern ebenfalls das Vergaberecht zu beachten. Dabei handelt es sich aber nicht um eine Auswirkung, die unmittelbar aus § 99 GWB herrührt, sondern um eine bloße subventionsrechtliche Besonderheit. 42

In der vergaberechtlichen Praxis sind, was den Begriff des öffentlichen Auftrags anbetrifft, zwei Konstellationen von besonderer Bedeutung. Dazu gehört zunächst das so genannte Inhousegeschäft. Seit der sogenannten Teckal-Entscheidung des EuGH vom 18.11.1999[80] wurde über die Kriterien vergaberechtsfreier Inhousegeschäfte viel gestritten und noch mehr geschrieben. Stets ging und geht es um die Frage, unter welchen objektiven Voraussetzungen eine Leistungsbeziehung zwischen rechtlich selbständigen Einrichtungen bzw. »Dienststellen« eines Auftraggebers 43

---

76 Vgl. dazu *Dreher/Stockmann*, § 99 Rn. 21.
77 Ganz h.M., vgl. die zahlreichen Nachweise bei *Dreher/Stockmann*, § 99 Rn. 20, 21.
78 Vgl. § 4 Abs. 8 Nr. 2 VOB/B 2009.
79 Vgl. dazu EuGH, VergabeR 2005, 57 – für einen Auftraggeber nach § 98 Nr. 4 GWB.
80 EuGH, NZBau 2000, 90.

den Binnenbereich der Verwaltung verlässt und damit vom öffentlichen Auftragsrecht erfasst wird. Das ist nicht problematisch, wenn der Auftrag, beispielsweise die Vergabe eines Entsorgungsvertrages, an eine Tochtergesellschaft beauftragt wird, deren Gesellschaftsanteile vollständig von dem öffentlichen Auftraggeber, z.B. einer Kommune, gehalten werden. Problematischer sind vielmehr Auftragskonstellationen im Verhältnis zu so genannten gemischt – wirtschaftlichen Unternehmen, insbesondere die Beauftragung von Gesellschaften mit Mehrheitsbeteiligungen eines öffentlichen Auftraggebers und Minderheitsbeteiligungen eines Privaten. Mit der »Stadt Halle – Entscheidung« des EuGH vom 11.01.2005[81] wurden die für eine vergaberechtsfreie Inhousevergabe maßgeblichen Kriterien klargestellt. Auftragsvergaben an gemischt-wirtschaftliche Unternehmen, an denen ein Privater beteiligt ist, sind demnach keine vergaberechtsfreien Inhousegeschäfte. Die jahrelang geführte Diskussion, welche Quote einer privaten Beteiligung an einer solchen gemischt – wirtschaftlichen Gesellschaft denn das Geschäft vergaberechtlich infiziert, haben sich erledigt, weil der EuGH schlicht jede auch noch so geringfügige Minderheitsbeteiligung eines Privaten am Kapital einer Gesellschaft, an der zugleich auch der öffentliche Auftraggeber beteiligt ist, für relevant hält. In einem solchen Fall liegt kein Inhousegeschäft mehr vor, und das Vergaberecht findet uneingeschränkt Einwendung.[82]

44 Von ähnlicher praktischer Bedeutung ist die vergaberechtliche Einordnung interkommunaler Kooperationen. Diese sind nicht per se von der Anwendung der vergaberechtlichen Vorschriften befreit.[83] Für die weit verbreiteten öffentlich-rechtlichen Zweckverbände ist entschieden, dass die Gründung derselben nicht vergaberechtlich relevant ist, wenn der Zweckverband öffentlich-rechtliche Zuständigkeiten seiner Mitglieder zur Aufgabenerfüllung übernimmt und so die Mitglieder von eigenen Handlungspflichten entlastet.[84] Die in diesem rechtlichen Zusammenhang erfolgenden »Beauftragungen« des Zweckverbandes durch die Mitgliedskommunen stellen keinen öffentlichen Auftrag im Sinne von § 99 Abs. 1 GWB dar. Das wiederum ändert sich durchgreifend, wenn ein solcher Zweckverband die ihm übertragene Aufgabe wiederum ganz oder teilweise durch Dritte ausführen lässt. In einem solchen Fall liegt ein Auftragsverhältnis vor, und zwar zwischen einem öffentlichen Auftraggeber und einem im Wettbewerb stehenden Unternehmen, so dass das Vergaberecht Anwendung findet.[85]

45 Mit einer aktuellen Grundsatzentscheidung zur »Stadtreinigung Hamburg« hat der EuGH Gerichtshof die kommunale Zusammenarbeit noch weiter von den vergaberechtlichen Prämissen abgekoppelt und gewissermaßen auf eigene Beine gestellt.[86] In dem entschiedenen Fall haben sich mehrere Kommunen zusammengeschlossen, um eine Abfallentsorgungsanlage der Stadt Hamburg gemeinsam zu nutzen. Das wurde auf vertraglicher Grundlage ausgestaltet. Da diese Vereinbarung keine Aufträge über den Bau und den Betrieb der Abfallentsorgungsanlage vorsah oder auch nur intendierte, stellte der EuGH diese Vorgehensweise von dem Vergaberecht frei mit der Erkenntnis, dass das Gemeinschaftsrecht den öffentlichen Stellen für die gemeinsame Wahrnehmung öffentlicher Aufgaben keine speziellen Rechts- bzw. Handlungsformen vorschreibe.

b) Begriff des Bauauftrags, § 99 Abs. 3 GWB

46 § 99 Abs. 3 GWB regelt die definitorischen Einzelheiten der von dem Vergaberecht erfassten **Bauaufträge**. Die Definition im nationalen Recht geht über Art. 1 Abs. 2 lit. b) VKR insoweit hinaus, als im nationalen Recht vorgesehen wird, dass die fragliche Bauleistung dem Auftraggeber unmittelbar wirtschaftlich zu Gute kommen muss. Dieses Merkmal stellt die Reaktion des Ge-

---

81 EuGH, VergabeR 2005, 44.
82 Vgl. dazu auch *Leinemann*, Rn. 155 ff.
83 EuGH, VergabeR 2005, 176.
84 OLG Düsseldorf, VergabeR 2006, 777.
85 OLG Düsseldorf, VergabeR 2004, 619, 621.
86 EuGH, IBR 2009, 466.

setzgebers auf die »Ahlhorn – Rechtsprechung« des OLG Düsseldorf[87] dar, die im praktischen Ergebnis zu einer völligen rechtlichen und wirtschaftlichen Trennung zwischen dem Besteller einer Bauleistung, dem ausführenden Unternehmen (Auftragnehmer) und dem späteren Nutznießer geführt hat. Im nicht ganz risikofreien Vorgriff auf eine erwartete Entscheidung des EuGH, die allerdings erst am 25.03.2010 erging,[88] verlangt der Gesetzgeber mit der Neuregelung des § 99 Abs. 3 GWB zwar nicht, dass der öffentliche Bauauftrag im vergaberechtlichen Sinne die Erbringung der Bauleistung durch den Auftragnehmer unmittelbar, also im körperlichen Sinne, erfordert, dass aber sehr wohl eine unmittelbare wirtschaftliche Zweckverfolgung vorliegen muss, um eine Leistungsbeziehung, die (auch) zur Erbringung einer Bauleistung führt, dem Vergaberecht zu unterwerfen. Als Musterbeispiel kann der Abschluss städtebaulicher Verträge angesehen werden. Diese haben regelmäßig zum Inhalt, dass sich der Vertragspartner (Investor) des Auftraggebers (Kommune) zur Durchführung einer bestimmten Baumaßnahme verpflichtet. Diese Verpflichtung beruht auf den Besonderheiten städtebaulicher Verträge nach §§ 11, 12 BauGB einerseits und der kommunalen Planungshoheit der Kommune andererseits und dient in erster Linie, wenn nicht gar ausschließlich dazu, städtebauliche Planungsvorstellungen mit privater Finanzierungshilfe zeitnah umzusetzen. Verpflichtet sich auf diese Art und Weise ein Investor z.B. zur Errichtung eines Supermarktes, dann war bislang aufgrund der erwähnten »Ahlhorn-Rechtsprechung« umstritten, ob nicht auch für eine solche Konstellation von einem öffentlichen Bauauftrag im vergaberechtlichen Sinne auszugehen ist. Die Neuregelung in § 99 Abs. 3 GWB und auch die genannte aktuelle Rechtsprechung des EuGH verneinen diese Frage nunmehr. Vielmehr ist zu fordern, dass eine derart vereinbarte Bauleistung dem öffentlichen Auftraggeber unmittelbar wirtschaftlich zu Gute kommen muss. Der EuGH fügt a.a.O. hinzu, dass ein öffentlicher Bauauftrag nur dann vorliegt, wenn der Auftragnehmer auch ein einklagbares Recht zur Erbringung der Bauleistungen hat bzw. der Auftragnehmer eine entsprechend einklagbare Verpflichtung übernimmt. Mit dieser Klarstellung wurden zwar nicht alle, jedoch die überwiegende Anzahl der Fälle städtebaulicher Verträge im Sinne von §§ 11, 12 BauGB dem Vergaberecht (wieder) entzogen.

Über diesen Aspekt hinaus ist für die vergaberechtliche Anwendungspraxis des § 99 Abs. 3 GWB die Abgrenzung zwischen Bauleistungen einerseits und Liefer- oder Dienstleistungen andererseits von Bedeutung. Hier kommt es im Einzelfall zu unklaren Grenzziehungen in Abhängigkeit von dem jeweiligen Auftragsgegenstand. § 99 Abs. 8 GWB stellt dazu nunmehr klar, dass es bei typengemischten Aufträgen auf den Hauptgegenstand der geschuldeten Leistung ankommt. Das entbindet jedoch im Einzelfall immer noch nicht davon, den Hauptgegenstand einer Leistung zu identifizieren und begrifflich sicher einzuordnen. Eine gute Orientierungshilfe dafür bietet zunächst der Anhang I zu Art. 1 Abs. 2 lit. b) VKR, der ein breites Spektrum von Tätigkeiten aufschlüsselt, die definitionsgemäß unter den Bauleistungsbegriff fallen. Damit im Einklang steht § 1 VOB/A. Danach sind Bauleistungen Arbeiten jeder Art, durch die eine bauliche Anlage hergestellt, geändert, beseitigt und vor allem auch instand gehalten wird. Selbst ein überwiegender Lieferanteil macht einen Bauauftrag nicht zu einem reinen Lieferauftrag, wenn mit den zu liefernden Stoffen und Bauteilen die nachgefragte Bauleistung zu erbringen ist und funktionsgerecht nur erbracht werden kann. Der Schwerpunkt der geschuldeten Leistung liegt in einem solchen Fall nicht in der Beistellung des Materials, sondern gerade in dessen funktions- und zweckgerichteter Verarbeitung zu einem Bauwerk respektive zu einer Bauleistung. Die Abgrenzung ist im Einzelfall von Bedeutung, weil für Bauaufträge einerseits bzw. für Lose von Bauaufträgen wesentlich höhere Auftragsschwellenwerte gelten, als für Dienstleistungs- und Lieferaufträge bzw. für Lose derartiger Aufträge.[89] Das ist dann auch der entscheidende Hintergrund der vergaberechtlichen Streitigkeiten um die Einordnung bestimmter Aufträge unter die eine oder andere Begriffsdefi-

---

87 VergabeR 2007, 635.
88 EuGH, IBR 2010, 284.
89 Vgl. Rdn. 4.

nition, weniger sind es die unterschiedlichen materiellen Anforderungen aus der VOB/A bzw. der VOL/A.

c) Begriff der Baukonzession, § 99 Abs. 6 GWB

48 **§ 99 Abs. 6 GWB** in der Fassung des GWB vom 24.04.2009[90] nimmt nun erstmals eine Begriffsdefinition der praktisch so bedeutsamen **Baukonzession** in das Gesetz auf, die überraschend knapp und deutlich ausfällt. Die Baukonzession stellt sich danach als ein Vertrag über die Durchführung von Bauleistungen dar, bei dem die Gegenleistung für die Bauarbeiten nicht in einem Entgelt, sondern in dem befristeten Recht auf Nutzung der baulichen Anlage, dies gegebenenfalls zuzüglich der Zahlung eines Preises, besteht. Erinnert man sich freilich an den weiten Entgeltbegriff des § 99 Abs. 1 GWB,[91] so liegt in dem Recht auf Nutzung der Bauleistung gewiss ein geldwerter Vorteil im Sinne dieser Begrifflichkeit, so dass es im Grunde genommen dieser gesetzgeberischen Klarstellung nicht bedurft hätte. Allerdings tritt hinzu, dass der Baukonzessionär im Falle des § 99 Abs. 6 GWB selbst das Betriebsrisiko aus dem Konzessionsvertrag übernimmt. Das ergibt sich aus Sinn und Zweck der Regelung; diese Risikoübernahme prägt das typische Vertragsbild einer Baukonzession. Mit dem zusätzlichen Tatbestandsmerkmal einer Befristung der vertraglichen Beziehung wird schließlich verhindert, dass die über die Neufassung des § 99 Abs. 3 GWB dem Bauvergaberecht wieder entzogenen kommunalen Grundstücksgeschäfte doch wieder vergabepflichtig werden, und zwar unter dem denkbaren Blickwinkel einer Baukonzession. Auch das ist nunmehr gesichert ausgeschlossen, weil die bloße städtebauliche Verwertung eines kommunalen Grundstücks regelmäßig keiner Befristung unterliegt. Das wäre übrigens auch bauplanungsrechtlich in aller Regel ausgeschlossen.

III. Bieterrechtsschutz im Vergabeverfahren

1. Nationale Vergabeverfahren

a) Überblick über die gesetzlichen Regelungen

49 In konsequenter Fortführung der Zweiteilung des Vergaberechts[92] ist auch die Ausgestaltung des Bieterrechtsschutzes zweigeteilt und folgt der strikten Trennung zwischen nationalen Ausschreibungen einerseits und europaweiten Vergabeverfahren andererseits. Für den Teilnehmer an einem nationalen Vergabeverfahren findet das in §§ 107 ff. GWB niedergelegte vergaberechtliche Rechtsschutzsystem explizit keine Anwendung, was unmittelbar aus § 100 Abs. 1 GWB folgt. Der aufgekommenen Kritik an der Verfassungsmäßigkeit dieser Zweiteilung ist das Bundesverfassungsgericht mittlerweile begegnet.[93] Demnach bestehen jedenfalls derzeit keine durchgreifenden Bedenken gegen das deutsche System eines zweigeteilten Bieterrechtsschutzes. Aus Sicht des Bundesverfassungsgerichts ist dies nachvollziehbar, weil es von der Prämisse ausgeht, dass es für den Rechtsschutz der Bieter in rein nationalen Vergabeverfahren bei den Möglichkeiten »im bestehende System« verbleibe, solche also vorhanden sind.[94] Die in diesem Zusammenhang außerdem umstrittene Frage, welcher Rechtsweg denn für die Durchsetzung eines Bieterrechtsschutzes im Verfahren unterhalb der Schwellenwerte eröffnet sei, hat das Bundesverwaltungsgericht »zu Gunsten« der Zivilgerichte abschließend entschieden.[95] Es hat die Rechtsbeziehungen zwischen Bieter und ausschreibender Stelle in Übereinstimmung mit der dazu bekannten zivilrechtlichen Betrachtungsweise vollständig dem mit der Eröffnung einer Ausschreibung zustande kommenden vorvertraglichen Schuldverhältnis der Beteiligten zugeordnet. Damit konzentriert sich die Rechtsschutz-

---

90 BGBl. I 2009, 790.
91 Vgl. Rdn. 40.
92 Vgl. Rdn. 2 ff.
93 BVerfG, VergabeR 2006, 871.
94 BVerfG, VergabeR 2006, 871, 873.
95 BVerwG, VergabeR 2007, 337.

problematik »nur« noch darauf, welche subjektive Anspruchspositionen in diesem Zusammenhang auf welchem prozessualen Wege im Vergabeverfahren, also vor Zuschlagserteilung, geltend gemacht werden können. Da nach wie vor über 90 % aller öffentlichen Aufträge wertmäßig unterhalb der EU-Auftragsschwellenwerte liegen, kommt dieser Frage eine ganz erhebliche praktische Bedeutung zu.

b) Bieterrechtsschutz durch gerichtliche einstweilige Verfügung nach §§ 935 ff. ZPO

Hier tritt nun eine Entscheidung des OLG Düsseldorf vom 13.01.2010 in den Mittelpunkt der Betrachtungen.[96] Das Gericht setzt sich erstmals grundlegend mit der praktischen Seite der Gewährung eines Primärrechtsschutzes unterhalb der Schwellenwerte auch in verfahrensrechtlicher Hinsicht analytisch auseinander. Während einige Instanzgerichte (immer noch) der Auffassung sind, dass ein Bieterrechtsschutz in nationalen Vergabeverfahren nur bei willkürlichen Verhalten des öffentlichen Auftraggebers oder im Falle einer bewussten Bieterdiskriminierung zum Tragen käme, folgt das OLG Düsseldorf mit bestechender, kaum zu entkräftender Begründung der bereits vorhandener Tendenz anderer Zivilgerichte,[97] wonach sich ganz generell Unterlassungsansprüche des Wettbewerbsteilnehmers in Vergabeverfahren aus §§ 241 Abs. 2, 311 Abs. 2 BGB herleiten lassen. Das Gericht begründet dies zunächst damit, dass durch die Ausschreibung ein schuldrechtliches vorvertragliches Verhältnis zwischen dem Auftraggeber und dem interessierten Unternehmen zustande kommt.[98] Die Regeln, welches dieses vorvertragliche Schuldverhältnis zwischen Bieter und ausschreibender Stelle ausformt, ergeben sich wiederum unmittelbar aus dem ersten Abschnitt der VOB/A. Denn dieser findet für nationale Ausschreibungen in nahezu allen Fällen (Ausnahmen sind bei öffentlichen Auftraggebern im klassischen Sinne nicht anzutreffen) Anwendung. Das Regelwerk der VOB/A zielt darauf ab, ein transparentes Vergabeverfahren unter Berücksichtigung der Chancengleichheit aller Bieter sicherzustellen.[99] Demzufolge hat der Bieter einen Anspruch darauf, dass alle Handlungen und vergaberechtlichen Verstöße unterlassen werden, welche gegen die Verhaltenspflichten des öffentlichen Auftraggebers aus der von ihm selbst zur Anwendung gebrachten VOB/A verstoßen.

50

Erkennt man dies an, so stellt sich die weitere Frage der prozessualen Durchsetzung eines Unterlassungsanspruchs im Vorfeld einer Zuschlagserteilung, mithin in einem laufenden Vergabeverfahren. Da der Bieterrechtsschutz im bestehenden System zu gewähren ist, kommt dafür zur Zeit einzig das Instrument der einstweiligen Verfügung nach §§ 935 ff. ZPO in Betracht.[100] Generell wird eine solche einstweilige Verfügung darauf abzielen müssen, eine (rechtswidrige) Zuschlagserteilung einstweilen zu unterbinden. Gleichwohl hängt die Stoßrichtung einer zu beantragenden einstweiligen Verfügung von dem Gegenstand des konkreten Vergabeverfahrens und der inmitten stehenden Rechtsverletzung, gegen die sich der Bieter/Antragsteller wendet, ab. Das Oberlandesgericht Düsseldorf weist in der genannten Entscheidung zutreffend darauf hin, dass das System der §§ 935 ff. ZPO gewissermaßen »Verfahrensprobleme« mit sich bringe, die wiederum den Besonderheiten des Vergaberechts geschuldet seien, und für die es, anders als nach §§ 107 ff. GWB, keine Sonderregeln gebe. Dazu regt das Gericht jedoch in gleichermaßen effektiver wie sachgerechter richterlicher Rechtsfortbildung die Anwendung besonderer prozessualer Instrumente an, um den Kautelen eines nationalen Vergabeverfahrens entsprechen zu können. Diese Vorgehensweise ist nicht zuletzt verfassungsrechtlich zu unterstützen. Denn wenn auch nach der Auffassung des Bundesverfassungsgerichts a.a.O.[101] der Primärrechtsschutz des Bieters im nationalen Ver-

51

---

96 OLG Düsseldorf, IBR 2010, 160.
97 Vgl. etwa OLG Jena, VergabeR 2009, 524; LG Frankfurt, VergabeR 2008, 513.
98 St. Rspr.; vgl. BGH, VergabeR 2006, 963.
99 Vgl. § 2 Abs. 1 Nr. 1 und Abs. 2 VOB/A 2009.
100 So auch OLG Düsseldorf IBR 2010, 160; vgl. zum Ganzen die Zusammenfassung der bisherigen Rechtsprechung von *Krist*, VergabeR 2011, 163.
101 Vgl. Rdn. 49.

gabeverfahren nach den Regeln des bestehenden Systems zu gewährleisten ist, dann kann diese Gewährleistung nicht an gegebenenfalls explizit vorzusehenden, aber fehlenden Verfahrensregeln der ZPO scheitern. Das gerichtliche Verfahrensrecht hat allgemein eine dienende Funktion und hindert nicht in Ermangelung spezieller Vorgaben die Durchsetzung bestehender materiellrechtlicher Ansprüche.

52 Besondere Schwierigkeiten bereitet in diesem Zusammenhang der Umstand, dass es im nationalen Vergabeverfahren derzeit noch keine Verpflichtung einer Vergabestelle gibt, die nicht für eine Beauftragung vorgesehener Bieter vor Zuschlagserteilung von ihrem »Scheitern« in Kenntnis zu setzen. Für das europaweite Vergabeverfahren ist eine entsprechende Vorabinformationspflicht aller Bieter nach § 101a GWB explizit geregelt, weil nur diese Vorabinformation den Bieter in die Lage versetzt, effektiven Primärrechtsschutz vor einer Vergabekammer zur Verhinderung eines Zuschlags an den Wettbewerber in Anspruch zu nehmen. Mithin läuft der Bieter im nationalen Vergabeverfahren dann, wenn er eine einstweilige Verfügung vor einem Zivilgericht mit dem Ziel der Verhinderung einer unmittelbar bevorstehenden Zuschlagserteilung beantragt, stets Gefahr, dass der entsprechende Zuschlag in der Zwischenzeit erteilt wird. Das Oberlandesgericht Düsseldorf hält es daher a.a.O. für prozessual alleine zielführend, dass das angerufene Gericht in einem solchen Fall die Möglichkeit einer befristeten vorläufigen Regelung, einhergehend mit einer umgehenden Terminbestimmung, in Erwägung zieht. Nur dadurch kann verhindert werden, dass auf Seiten der Vergabestelle irreversible Fakten geschaffen werden, die insbesondere dann nahe liegen können, wenn der Auftraggeber von der Absicht eines Bieters, im Wege der gerichtlichen einstweiligen Verfügung gegen eine bevorstehende Zuschlagserteilung vorgehen zu wollen, Kenntnis erlangt. Wohl gemerkt: Wenn der öffentliche Auftraggeber in einer solchen Konstellation umgehend den Zuschlag erteilt, verfährt er nach Lage der Dinge rechtmäßig, weil das bestehende Vergaberecht der VOB/A eine solche Vorgehensweise nicht verbietet. Gerade deshalb aber sind die Gerichte aufgefordert, den von dem Oberlandesgericht Düsseldorf vorgezeichneten Weg einzuschlagen, weil nur dadurch effektiver gerichtlicher Rechtsschutz auch und gerade unter Beachtung verfassungsrechtlicher Vorgaben zu gewährleisten ist. Im Übrigen darf, diese Gedanken konsequent weiterverfolgend, bezweifelt werden, ob den öffentlichen Auftraggeber tatsächliche keine Verpflichtung trifft, nicht zu berücksichtigende Bieter vor einer beabsichtigten Bezuschlagung eines Wettbewerbers informieren zu müssen. Denn wenn, was außer Frage steht, mit der Eröffnung eines Vergabeverfahrens ein vorvertragliches Schuldverhältnis zwischen Auftraggeber und Bieter entsteht, und wenn nach der erläuterten Rechtsprechung effektiver Rechtsschutz im bestehenden System zu gewähren ist, so ist dieser nur durch einstweiligen gerichtlichen Rechtsschutz vor Zuschlagserteilung zu bewirken. Diesen wiederum kann der Bieter nur erreichen, wenn er die tatsächlichen Voraussetzungen einer (drohenden) Rechtsverletzung nach §§ 936, 920 Abs. 2, 294 ZPO glaubhaft macht. Findet wie bisher die abschließende Entscheidung über den Zuschlag vollständig im Geheimen statt, so ist genau das nicht möglich. Der Bieter ist auf Indiskretionen aus dem Bereich der Vergabestelle, letztlich auf die Verletzung von Geheimhaltungs- und damit von Dienstpflichten in den Reihen der Mitarbeiter des Auftraggebers angewiesen, ein Zustand, der so gar nichts mit der Erfüllung vorvertraglicher wechselseitiger Pflichten aus dem vorvertraglichen Vergaberechtsverhältnis zu tun hat. Dieses legt vielmehr richtigerweise dem Auftraggeber die Pflicht auf, das schutzwürdige Vertrauen der Bieter insoweit nicht zu enttäuschen, als im Stillen abschließende Vergabeentscheidungen getroffen werden, die selbst im Falle eklatanter Rechtsverstöße irreversibel sind.

c) Problematik des § 945 ZPO

53 Aus beratender Sicht ist freilich in diesem Zusammenhang auf einen bisher nicht vertieften Aspekt hinzuweisen, der auch den von dem Oberlandesgericht Düsseldorf a.a.O. angesprochenen Rechtsschutz- und Verfahrensmöglichkeiten jedenfalls im praktischen Ergebnis weitestgehend die Effektivität zu nehmen geeignet ist. Gelingt es nämlich einem Bieter, die bevorstehende Zuschlagserteilung an einen Wettbewerber durch gerichtliche einstweilige Verfügung nach §§ 935 ZPO ff. zu verhindern, und erweist sich diese Maßnahme später als von Anfang an ungerechtfer-

tigt, so läuft der Bieter/Antragsteller ein ganz erhebliches, insbesondere verschuldensunabhängiges Schadensersatzrisiko nach § 945 ZPO. Denn als von Anfang an ungerechtfertigt erweist sich eine einstweilige Verfügung auch dann, wenn der materiellrechtliche Verfügungsanspruch tatsächlich gefehlt hat; alleine die materielle Rechtslage entscheidet dies.[102] Zwar ist im Schadensersatzprozess das dann zuständige Gericht nicht an rechtskräftige Entscheidungen aus dem Verfügungsverfahren gebunden, gleichviel, ob diese durch Urteil oder durch Beschluss ergangen sind.[103] Allerdings ist die Situation dann eine andere, wenn eine einstweilige Verfügung im Rechtfertigungsverfahren oder auf eine Berufung hin aufgehoben wird, also nicht nur nach Erlass derselben der Verfügungsgrund oder der Verfügungsanspruch tatsächlich entfallen ist.

Eine Abmilderung dieser Konsequenzen tritt jedenfalls unter Beachtung der Besonderheiten des Vergabeverfahrens nicht dadurch ein, dass Anspruchsberechtigter nach § 945 ZPO ausschließlich der Gegner eines Verfügungsverfahrens ist, nicht hingegen ein Dritter.[104] Denn spätestens seit den aktuellen Entscheidungen des Bundesgerichtshofs zur Ersatzpflicht der öffentlichen Auftraggeber für Mehrkosten in Folge verzögerter Vergabeverfahren[105] besteht just in solchen Konstellationen das Risiko, dass ein Vergabeverfahren zunächst durch eine einstweilige Zuschlagsuntersagung ggf. längerfristig angehalten wird, der Zuschlag durch spätere Aufhebung der Verfügung jedoch an den ursprünglich vorgesehenen Bieter erteilt werden kann. Auf der Grundlage der Rechtsprechung des Bundesgerichtshofs zur Anlastung der Mehrkosten bei verzögerter Zuschlagserteilung an die Auftraggeber folgt nun, dass diese in einem solchen Fall just dies möglicherweise ihnen entstandenen zusätzlichen Kosten an den Antragsteller einer später aufgehobenen einstweiligen Verfügung weitergeben können, und zwar auf der Grundlage des § 945 ZPO. Von daher ist die erläuterte Grundsatzentscheidung des Oberlandesgerichts Düsseldorf a.a.O. in ihren Kernaussagen und Konsequenzen sehr zu begrüßen. Sie bringt zumindest eine ganz erhebliche und auch überfällige Bewegung in die Diskussion um die Gewährung eines Primärrechtsschutzes in Vergabeverfahren unterhalb der Schwellenwerte. Gleichwohl wird man längerfristig ohne austarierte gesetzliche Regelung nicht auskommen können, weil ansonsten die sich aus § 945 ZPO ergebenden Risiken die Rechtsschutzmöglichkeiten nach § 935 ZPO zumindest faktisch erheblich relativieren. Insoweit ist eine Anpassung der Haftungsrisiken des Antragstellers an die Regelung des § 125 GWB erforderlich.

2. Europaweite Vergabeverfahren

a) Grundlagen

Eine der zentralen Neuerungen, wenn nicht die zentrale Änderung schlechthin, welche die europäischen Richtlinienvorgaben für das nationale Umsetzungsrecht mit sich gebracht haben, ist die Einführung eines effektiven Bieterrechtsschutzes in allen europaweiten Vergabeverfahren. Grundlage dafür bilden nicht die materiellen Vergaberichtlinien als solche, sondern die den Rechtsschutz regelnde Rechtsmittelrichtlinie 89/665/EWG.[106] Nach Art. 1 Abs. 1 dieser Richtlinie sind die Mitgliedstaaten verpflichtet, alle erforderlichen Maßnahmen zu ergreifen, um sicherzustellen, dass hinsichtlich der in den Anwendungsbereich der Vergabekoordinierungsrichtlinie fallenden Aufträge die Entscheidungen der öffentlichen Auftraggeber wirksam und vor allem möglichst rasch nach Maßgabe der Ausführungsregelung der Richtlinie auf Verstöße gegen das Gemeinschaftsrecht oder gegen die einzelstaatlichen Vorschriften, das öffentliche Auftragswesen betreffend, nachgeprüft werden können. Der Europäische Gerichtshof misst dem Gebot der Gewährung effektiven Vergaberechtsschutzes eine ganz besondere Bedeutung bei. Dazu gehört vor allem die Einräumung einer angemessenen Frist für die nicht für eine Zuschlagserteilung vorgesehenen Bieter,

---

102 BGHZ 168, 352, 357; vgl. auch Zöller/*Vollkommer*, 945 Rn. 8.
103 Zöller/*Vollkommer*, Rn. 9.
104 Zöller/*Vollkommer*, Rn. 13a.
105 BGH, IBR 2009, 310–317.
106 Derzeit in der Fassung vom 09.01.2008, ABl. EG 2007 Nr. 335, 31.

innerhalb derer diese die Rechtmäßigkeit eines Vergabeverfahrens zur Überprüfung stellen können, bevor der betroffene Auftrag an einen Wettbewerber vergeben wird.[107] Voraussetzung für einen solchen Rechtsschutz ist es ferner, dass die betroffenen Bieter über die bestehenden Rechtsschutzmöglichkeiten belehrt werden. Nach Anhang VII Teil A Nr. 24 zur VKR muss auf diese Möglichkeiten in der europaweiten Bekanntmachung eines Wettbewerbs hingewiesen werden. Explizit greift dies jetzt § 12a Abs. 2 Nr. 2 VOB/A 2009 auf.[108]

56 Es liegt auf der Hand, dass ein europäischer, grenzüberschreitender Wettbewerb um öffentliche Aufträge, wie er von den materiellen Vergaberichtlinien vorgegeben wird, letztlich nur dann gelingen kann, wenn namentlich den Bietern aus einem anderen EU-Mitgliedstaat ein effektiver Vergaberechtsschutz im EU-Ausland zur Verfügung steht. Ausgehend davon existieren in der Praxis solcher grenzüberschreitender Nachprüfungsverfahren für die Bieter noch genügend Hürden, die sie oftmals davon abhalten, in einem anderen Mitgliedstaat eine Vergabeüberprüfung zu initiieren. Auch mit Blick darauf legt der Europäische Gerichtshof in seiner Rechtsprechung stets größten Wert auf die Bereitstellung eines effektiven Bieterrechtsschutzes mit der nötigen Verfahrenstransparenz und vor allem auch ohne unzumutbare Erschwernisse im Zugang zu diesem Rechtsschutzsystem.

b) Wesentliche Grundzüge des Vergaberechtsschutzes nach dem GWB

aa) Zuständigkeit der und Verfahrenablauf vor den Vergabekammern

57 Die Nachprüfung der Vergabe öffentlicher Aufträge liegt nach § 104 Abs. 1 GWB in »erster Instanz« bei den Vergabekammern des Bundes und der Länder. Welche Vergabekammer im jeweiligen Einzelfall zuständig ist, muss bereits in der europaweiten Bekanntmachung eines Wettbewerbs zwingend angegeben werden, dies mit allen Kontaktdaten. Die Zuständigkeit der Vergabekammern ist in diesem Sinne eine ausschließliche, was unmittelbar aus § 104 Abs. 2 GWB folgt, während die Zuständigkeit der ordentlichen Gerichte für die Geltendmachung von Schadensersatzansprüchen sowie die Befugnisse der Kartellbehörden unberührt bleiben; § 104 Abs. 3 GWB.

58 Die Vergabekammern sind keine selbständigen Behörden im Sinne von § 1 Abs. 4 VwVfG, sondern landesunterschiedlich organisatorisch an eine mittlere oder auch obere Verwaltungsinstanz angegliedert. So nutzen sie deren Organisation und Ausstattung, sind aber nach § 105 Abs. 1 GWB unabhängig und nur dem Gesetz unterworfen. Aufgrund ihrer mittlerweile langjährigen Erfahrung sind die Vergabekammern längst selbstbewusst genug geworden, um diesem Anspruch vollständig gerecht werden zu können. Diese Unabhängigkeit ist ein hohes Gut. Die Vergabekammern müssen alles daran setzen, sich auch und gerade wegen der oftmals großen organisatorischen Nähe zu Landesmittel- oder -oberbehörden diese Unabhängigkeit zu erhalten. Verbesserungsbedürftig erscheint in diesem Zusammenhang die »Besetzungspolitik« der Beisitzerfunktionen in den Kammern. Nach § 105 Abs. 2 S. 4 GWB sollen die Beisitzer über gründliche Kenntnisse des Vergabewesens, die ehrenamtlichen Beisitzer auch über mehrjährige praktische Erfahrungen auf dem Gebiet des Vergabewesens verfügen. Diese Anforderung führt in der Praxis dazu, dass vielfältig die Beisitzer aus den Reihen der Bundes- oder Landesverwaltung bzw. überhaupt aus der Verwaltung rekrutiert werden. Es liegt in der Natur der Sache, dass mit dieser Herkunft notgedrungen ein größeres Verständnis für die Belange der Vergabestellen verbunden ist, als für diejenigen der im Wettbewerb stehenden Unternehmen. Es fehlt oftmals erkennbar an einem solchen Gegengewicht. Ohne dass es einer Änderung des § 104 Abs. 2 GWB bedürfte, ist es gleichermaßen wünschens- wie empfehlenswert, die Unabhängigkeit der Vergabekammern und damit auch die Akzeptanz der Entscheidungen dadurch zu erhöhen, dass von zwei Beisitzern nur einer aus den

---

107 Vgl. z.B. EuGH, VergabeR 2008, 776.
108 Vgl. zu diesem Aspekt aus der Rechtsprechung z.B. VK Südbayern, IBR 2010, 174; VK Rheinland-Pfalz, IBR 2010, 357.

Reihen der Verwaltung stammt, während der/die andere zwingend von den berufsständischen oder sonstigen Organisationen der Unternehmer und damit der Bieterseite entsandt werden müsste.

Das Nachprüfungsverfahren vor einer Vergabekammer ist im Schwerpunkt ein schriftliches. Nach § 108 Abs. 1 GWB ist der Antrag schriftlich einzureichen und auch unverzüglich zu begründen. Insoweit haben, wie § 113 Abs. 2 GWB zeigt, die Beteiligten eine Verfahrensförderungspflicht. Umgesetzt wird diese regelmäßig durch relativ kurze Fristsetzungen zum Sachvortrag, was einen Grund auch darin hat, dass die Vergabekammer regelmäßig ihre Entscheidung innerhalb einer Frist von fünf Wochen, gerechnet ab Eingang des Eintrags, zu treffen hat; § 113 Abs. 1 GWB. Deshalb muss der Nachprüfungsantrag zugleich ein bestimmtes Begehren enthalten. Er kann nicht etwa fristwahrend gestellt werden mit dem Versprechen, dass eine Begründung nachgereicht werde. Ein solcher Nachprüfungsantrag läuft Gefahr, alsbald nach § 110 Abs. 2 GWB zurückgewiesen zu werden. Hinzu tritt, dass auch an die Begründung eines solchen Nachprüfungsantrags bestimmte Anforderungen gestellt werden, wie § 108 Abs. 2 GWB zeigt. Verlangt werden eine geordnete Sachverhaltsdarstellung, die Bezeichnung verfügbarer Beweismittel sowie die Darlegung, dass (erfolglos) gerügt worden ist. Zwar besteht für das Verfahren vor der Vergabekammer kein Anwaltszwang. Die zunehmende Komplexität der Vergabeverfahren und der vergaberechtlichen Regelungen einerseits und die dargestellten »Mindestanforderungen« an einen Nachprüfungsantrag andererseits führen freilich in der Praxis regelmäßig dazu, dass sich Antragsteller bereits im Nachprüfungsverfahren vor der Vergabekammer anwaltlich vertreten lassen. Kleine und mittelgroße Unternehmen, insbesondere solche ohne eigene Rechtsabteilung oder auch nur ohne einen eigenen »Hausjuristen«, sind oftmals auch im weiteren Fortgang eines Nachprüfungsverfahrens überfordert, wenn es darauf ankommt, innerhalb sehr kurzer Fristen teilweise detailliert zu bestimmten vergaberechtlichen Gesichtspunkten Stellung nehmen zu müssen. Darüber hilft auch § 110 Abs. 1 S. 1 GWB nicht hinweg, wonach die Vergabekammer den Sachverhalt von Amts wegen erforscht. Denn der dort niedergelegte Amtsermittlungsgrundsatz hat nur eine eingeschränkte Reichweite, wie sich bereits aus § 110 Abs. 1 S. 2 GWB ergibt. Danach kann sich die Vergabekammer bei ihrer Prüfung auf dasjenige beschränken, was von den Beteiligten vorgebracht wird oder ihr sonst bekannt sein muss. Insbesondere ist die Vergabekammer nicht zu einer umfassenden Rechtmäßigkeitskontrolle des jeweiligen Vergabeverfahrens verpflichtet.

Neben dem Antragsteller des Nachprüfungsverfahrens und der Vergabestelle gibt es regelmäßig einen weiteren Verfahrensbeteiligten, bisweilen auch mehrere weitere Beteiligte, nämlich die nach § 109 GWB beigeladenen Unternehmen. Die Möglichkeit der Beiladung folgt dem bekannten und bewährten Modell des § 65 VwGO. Sobald die Vergabekammer erkennt, dass in Abhängigkeit vom Verfahrensstadium des Vergabeverfahrens, in dem ein Nachprüfungsantrag anhängig gemacht wird, Rechte anderer Unternehmen betroffen werden können, ist sie verpflichtet, diese zum Verfahren beizuladen. Durch eine solche Beiladung erhöht sich das Kostenrisiko des Antragstellers. Nach § 128 Abs. 4 GWB hat derjenige, der im Nachprüfungsverfahren unterliegt, die zur zweckentsprechenden Rechtsverfolgung notwendigen Aufwendungen des Antragsgegners zu tragen, aber auch diejenigen des oder der Beigeladenen, soweit die Vergabekammer aus Billigkeit der unterlegenen Partei auch deren Kosten auferlegt. Wie aus der Anwendung der entsprechenden Regelungen in §§ 154 ff. VwGO bekannt, erfolgt eine solche Kostenanlastung an den Unterlegenen regelmäßig dann, wenn sich der Beigeladene mit eigenem Vortrag und eigenen Schriftsätzen an dem Nachprüfungsverfahren beteiligt und auch einen Sachantrag gestellt hat. Für die Praxis bedeutet dies, dass man sich vor der Einleitung eines Nachprüfungsverfahrens auch einen Überblick über die mögliche Anzahl der Beigeladenen verschaffen muss, damit nicht im Falle des Unterliegens das Kostenrisiko aus dem Ruder läuft.

Nach regelmäßig mündlicher Verhandlung, auf die nach § 112 Abs. 1 GWB auch verzichtet werden kann, entscheidet die Vergabekammer darüber, ob der Antragsteller in seinen Rechten verletzt ist; § 114 Abs. 1 GWB. Sie ordnet zudem geeignete Maßnahmen an, um eine (weitere) Rechtsverletzung zu beseitigen und eine Schädigung der betroffenen Interessen des Antragstellers zu verhindern. Dabei ist sie an Anträge nicht gebunden und kann unabhängig von den Sachanträgen in geeigneter Form auf die Rechtmäßigkeit des Vergabeverfahrens bzw. auf die ordnungsgemäße weitere Abwicklung desselben einwirken. Diese Regelung trägt dem Umstand Rechnung, dass nicht jeder geltend gemachte Verfahrensfehler dazu führen muss, einen Wettbewerb insgesamt zu wiederholen. Vielmehr geht es darum, den Eingriff in das Vergabeverfahren in dosierter Form vorzunehmen. Macht etwa ein Bieter im Nachprüfungsverfahren eine unzulässige produktspezifische Ausschreibung geltend, und fordert er deshalb die Aufhebung der Ausschreibung, dann ist die Vergabekammer an einen solchen Antrag nicht gebunden. Vielmehr wird sie, um den Ansprüchen des Antragstellers aus § 97 Abs. 7 GWB vollkommen zu genügen, anordnen, dass entweder die Vergabestelle auf der Grundlage der beanstandeten Ausschreibung einen Zuschlag nicht erteilen darf, oder dass bestimmte Positionen des Leistungsverzeichnisses mit den produktspezifischen Vorgaben unter Beachtung der Vorgaben des § 7 VOB/A 2009 neu gefasst werden. Wie auch immer die Vergabekammer ihre Entscheidung in diesem Falle gestaltet, so wird es jedenfalls nicht nötig werden, die Ausschreibung aufzuheben und das Verfahren insgesamt zu wiederholen. Vielmehr genügt die Beseitigung des Fehlers und die Weiterführung bzw. Wiederholung des Vergabeverfahrens ab dem Zeitpunkt der Fehlerkorrektur.

62 Auch wenn also die Vergabekammer an bestimmte Anträge nicht gebunden ist und in geeigneter Weise auf das Vergabeverfahren einwirken kann, riskiert der obsiegende Bieter in einem solchen Fall gleichwohl, dass er im Sinne eines Teilunterliegens eine bestimmte Kostenquote zu tragen hat. Um dem zu entgehen ist dem Antragsteller zu empfehlen, neben seinem »punktgenauen« Sachantrag stets auch, sei es auch nur hilfsweise, zu beantragen, dass die Vergabekammer sämtliche geeignete Maßnahmen treffen mag, um eine Rechtsverletzung des Antragstellers zu beseitigen und eine Schädigung seiner Interessen zu verhindern, dies unter Hinweis auf § 114 Abs. 1 GWB. Streng genommen würde es sogar in der weit überwiegenden Zahl aller Fälle genügen, wenn der Hauptantrag sich alleine an § 114 Abs. 1 GWB anlehnt.

bb) Antragsbefugnis und Rügepflichten, § 107 Abs. 2 und 3 GWB

§ 107 Einleitung, Antrag

(1) Die Vergabekammer leitet ein Nachprüfungsverfahren nur auf Antrag ein.

(2) Antragsbefugt ist jedes Unternehmen, das ein Interesse am Auftrag hat und eine Verletzung in seinen Rechten nach § 97 Abs. 7 durch Nichtbeachtung von Vergabevorschriften geltend macht. Dabei ist darzulegen, dass dem Unternehmen durch die behauptete Verletzung der Vergabevorschriften ein Schaden entstanden ist oder zu entstehen droht.

(3) Der Antrag ist unzulässig, soweit
1. *der Antragsteller den gerügten Verstoß gegen Vergabevorschriften im Vergabeverfahren erkannt und gegenüber dem Auftraggeber nicht unverzüglich gerügt hat,*
2. *Verstöße gegen Vergabevorschriften, die aufgrund der Bekanntmachung erkennbar sind, nicht spätestens bis Ablauf der in der Bekanntmachung benannten Frist zur Angebotsabgabe oder zur Bewerbung gegenüber dem Auftraggeber gerügt werden,*
3. *Verstöße gegen Vergabevorschriften, die erst in den Vergabeunterlagen erkennbar sind, nicht spätestens bis zum Ablauf der in der Bekanntmachung benannten Frist zur Angebotsabgabe oder zur Bewerbung gegenüber dem Auftraggeber gerügt werden,*
4. *mehr als 15 Kalendertage nach Eingang der Mitteilung des Auftraggebers, einer Rüge nicht abhelfen zu wollen, vergangen sind.*

Satz 1 gilt nicht bei einem Antrag auf Feststellung der Unwirksamkeit des Vertrages nach § 101b Abs. 1 Nr. 2. § 101a Abs. 1 Satz 2 bleibt unberührt.

(1) Antragsbefugnis, § 107 Abs. 2 GWB

Die Regelung über die Antragsbefugnis im Nachprüfungsverfahren nach § 107 Abs. 2 GWB nimmt den roten Faden auf, der sich durch das gesamte nationale Rechtsschutzsystem zieht. Popularanträge oder etwa Nachprüfungsanträge berufsständischer Vertretungen und Verbände sind unstatthaft, weil nur Unternehmen antragsbefugt sind, die ein Interesse am Auftrag haben und eine Verletzung von Rechten nach § 97 Abs. 7 GWB geltend machen können. Das Tatbestandsmerkmal des Interesses am Auftrag liegt unproblematisch dann vor, wenn das den Nachprüfungsantrag stellende Unternehmen in einem bereits laufenden Vergabeverfahren ein eigenes Angebot abgegeben hat, weil es eine stärkere Dokumentation des Auftragsinteresses schlechthin kaum geben kann. Etwas anderes liegen die Dinge dann, wenn ein Unternehmen wegen der behauptet vergaberechtswidrigen Gestaltung einer Ausschreibung sich schon daran gehindert sieht, überhaupt ein eigenes Angebot in den Wettbewerb zu stellen. Das kann z.B. dann der Fall sein, wenn im Falle der Ausschreibung einer großen, regelmäßig aus mehreren Fach- oder Teillosen bestehenden Baumaßnahme gerade die übliche Losaufteilung zuwider § 97 Abs. 3 GWB unterbleibt. In einer solchen Konstellation sieht sich der Fachlosunternehmer regelmäßig schon daran gehindert, ein Angebot abzugeben, weil er nicht in der Lage ist, alle nachgefragten Leistungen als Generalunternehmer anzubieten. Hier wird der Unternehmer den Verstoß gegen das Gebot der Fachlosvergabe rügen und zu einem Zeitpunkt einen Nachprüfungsantrag stellen müssen, zu dem er gezwungenermaßen noch kein eigenes Angebot abgegeben hat. In diesem Fall muss im Rahmen der Antragsbefugnis eine Darlegung derselben anhand der eben geschilderten Umstände erfolgen. Der Antragsteller muss aufzeigen, dass und aus welchen (technischen) Gründen er sich gerade nicht zu einer Wettbewerbsteilnahme in der Lage sieht, er dazu aber bei unterstellt rechtskonformer Ausschreibung fähig und bereit wäre. Bis zu einer zu diesem Punkt sehr grundlegenden Entscheidung des Bundesverfassungsgerichts,[109] mit der die Vergabekammern und auch die Vergabesenate bei den Oberlandesgerichten wieder auf den Boden der verfassungsgemäßen Wirklichkeit zurückgeholt wurden, hatte sich eine Entscheidungspraxis breit gemacht, die alles andere als einen effektiven Bieterrechtsschutz nach den Anforderungen der Rechtmittelrichtlinie darstellte. Mit einer scharfen, aber verfassungswidrigen Logik hatten die Nachprüfungsinstanzen unter dem Prüfungspunkt der Antragsbefugnis zunächst einmal das eigene Angebot eines Antragstellers im Wege ungefragter Fehlersuche umfassend auf etwaige Unzulänglichkeiten, etwa auf fehlende Erklärungen und Nachweise hin untersucht, um herauszufinden, ob nicht dieses einem zwingenden Ausschlussgrund unterliegen könnte, mag solches von dem jeweiligen Antragsgegner, der Vergabestelle, auch gar nicht geltend gemacht worden sein. Denn ein Angebot, das zwingend auszuschließen ist, etwa weil geforderte Nachweise und Erklärungen mit dem Angebot nicht vorgelegt wurden, verursacht, so diese Logik weiter, bei den betroffenen Unternehmen keinen Schaden, weil das Unternehmen doch richtigerweise ohne jede Zuschlagsaussicht ist. Damit hat das Bundesverfassungsgericht a.a.O. aufgeräumt, in dem es, wie es alleine richtig und bereits aus dem System des verwaltungsgerichtlichen Rechtsschutzes und dem dortigen Maßstab der Klagebefugnis nach § 42 VwGO bekannt ist, auf die Möglichkeit abstellte, ob nach dem als wahr und zutreffend unterstellten Vortrag eines Antragstellers die Verletzung in Vergaberechten mit der Folge eines denkbaren Schadens in Betracht kommen kann. Eine solche Schadensdarlegung genügt den Anforderungen des § 107 Abs. 2 GWB. Buchstäblich ab dem Folgetag des Bekanntwerdens dieser Entscheidung haben die Nachprüfungsinstanzen in diesem Punkt ihre Spruchpraxis in das genaue Gegenteil verkehrt. Seither findet, was wiederum in dieser Ausgestaltung auch nicht den gesetzlichen Vorgaben entspricht, oftmals überhaupt keine Sachprüfung der Antragsbefugnis mehr statt, sondern in der Regel nur noch eine formelhafte. Stellt der Bieter einen halbwegs vernünftigen Nachprüfungsantrag, so erfüllt er quasi automatisch die Voraussetzungen des § 107 Abs. 2 GWB in Bezug auf das Schadenskriterium. Eine eigenständige Bedeutung hat diese Regelung nur noch in den Fällen, in denen ein Nachprüfungsantrag mehr oder weniger offensichtlich

---

109 VergabeR 2004, 597.

unzulässig erscheint, das Angebot des Antragstellers also ohne jeden Zweifel, und ohne dass dies noch weiterer Klärung in tatsächlicher oder rechtlicher Hinsicht bedarf, nicht zu berücksichtigen ist, sei es auf der ersten Wertungsstufe mangels Vollständigkeit, sei es auf einer anderen Wertungsstufe. Damit aber büßt § 107 Abs. 2 GWB seine Filterfunktion vollständig ein, was nicht im Sinne der Regelung sein kann.

64 Zwar findet im Rahmen der Prüfung der Antragsbefugnis keine materielle Vorprüfung des gesamten Antragvorbringens statt. Jedoch muss diese Regelung im Zusammenhang mit § 108 Abs. 2 GWB gelesen und auch verstanden werden. Danach ist der Antragsteller verpflichtet, neben einer geeigneten Sachverhaltsdarstellung den Antrag zu begründen (§ 108 Abs. 1 GWB) mit der Folge, dass der Antragsteller auch die wesentlichen rechtlichen Erwägungen, auf die er sein Vorbringen stützt, nachvollziehbar darlegen muss. Das übernimmt nicht, wie § 110 Abs. 1 GWB zeigt, die Vergabekammer; sie soll es auch nicht übernehmen. Denn die Konsequenzen eines zulässigen Nachprüfungsantrags sind weit reichend und sorgen zunächst dafür, dass das Vergabeverfahren nach § 115 Abs. 1 GWB angehalten wird, dies jedenfalls insoweit, als ein Zuschlag nicht erteilt werden darf. Deshalb ist in Zusammenschau dieser Regelungen das Antragsvorbringen nach § 107 Abs. 2 GWB daran zu messen, ob eine nachvollziehbare vergaberechtliche Schadenswahrscheinlichkeit in tatsächlicher und rechtlicher Hinsicht gegeben ist. Gelingt einem Antragsteller diese Darlegung nicht oder liegen die beschriebenen Voraussetzungen nicht vor, fehlt es an der Antragsbefugnis.

(2) Allgemeine Anforderungen an die Rügepflichten; Bedeutung

65 § 107 Abs. 3 GWB hat mit der Aufzählung der Rügetatbestände eine neue Struktur erhalten, die zu einem besseren Verständnis der Regelungen der weitreichenden Rügepflichten beitragen soll. Mit dieser Vorschrift schafft das Gesetz eine besondere Zulässigkeitsvoraussetzung für den Antrag auf Vergabenachprüfung, verbunden mit der Wirkung einer materiellen Präklusion bei Verletzung der Rügepflichten. Nach den Gesetzesmaterialien[110] soll mit dieser Zulässigkeitsvoraussetzung demjenigen Unternehmer der Rechtsschutz von vornherein versagt werden, der auf einem von ihm erkannten Fehler im Vergabeverfahren derart spekuliert, dass sich der erkannte Fehler möglicherweise noch zu seinen Gunsten auswirkt. Deshalb soll der am Vergabeverfahren teilnehmende Bieter unter dem Gesichtspunkt von Treu und Glauben dadurch zu Vermeidung unnötiger Verfahren beitragen, dass er die von ihm bereits frühzeitig erkannten Verstöße gegen Vergabevorschriften unverzüglich rügt. Erkennt beispielsweise der Bieter bei der Bearbeitung des Angebotes, dass in den Verdingungsunterlagen auf sachlich unzutreffende DIN – Normen zur technischen Beschreibung gewisser Leistungsanforderungen verwiesen wird, so soll dies nicht für ihn der Anreiz sein, durch bestimmte Gestaltungen in seinem Angebot diesen Fehler zu umgehen, während möglicherweise andere Bieter ihn nicht erkennen. Vielmehr wird der Bieter gezwungen, einen solchen Fehler zu beanstanden, um dem Auftraggeber die Gelegenheit zu geben, noch im laufenden Vergabeverfahren und ohne großen Zeitverlust für eine Korrektur sorgen zu können.

66 Die Prüfung der Erfüllung der Rügeobliegenheiten eines Bieters nimmt in der vergaberechtlichen Nachprüfungspraxis einen großen Raum ein, dies vor allem nach der Abschaffung der verfassungswidrigen Spruchpraxis zur Antragsbefugnis.[111] Aus § 108 Abs. 2 GWB folgt, dass der Antragsteller belegen muss, die von ihm im Nachprüfungsverfahren geltend gemachten vergaberechtlichen Verstöße ordnungsgemäß und vor allem rechtzeitig gerügt zu haben. Gelingt ihm dieser Nachweis nicht, so wird die Vergabekammer einen entsprechenden Nachprüfungsantrag im Zweifel schon nicht zustellen.[112] In der vergaberechtlichen Beratungspraxis kommt daher den Fragen, wann was in welcher Form und mit welchem Inhalt gerügt werden muss bzw. gerügt wor-

---

110 BT-Drucks. 13/9340, 17.
111 Vgl. Rdn. 1.
112 Vgl. § 110 Abs. 2 S. 1 GWB.

den ist, eine ganz besondere Bedeutung zu. Da eine nicht ordnungsgemäße Rüge zu einem materiellen Rechtsverlust führt,[113] wird oftmals bereits in der frühen Phase eines Vergabeverfahrens die Hinzuziehung anwaltlichen Rates nötig. Bieter versäumen es nämlich nicht selten, aus falsch verstandener Rücksichtnahme und Höflichkeit gegenüber einem Auftraggeber, mit dem oft jahrelange Geschäftsbeziehungen gepflegt werden, auf die Ernsthaftigkeit der vergaberechtlichen Lage hinzuweisen.[114] Oftmals werden deshalb vergaberechtliche Rügen mehr oder weniger als Hinweise formuliert, als Bitten um Aufklärung, als Handlungsempfehlungen. Jedoch versteht sich die Rüge als eine begründete und bestimmte Aufforderung gegenüber der Vergabestelle, einem behaupteten vergaberechtlichen Fehler unbedingt, tunlichst auch zeitnah, abzuhelfen. Diesen Anforderungen wird nur eine klare und unmissverständliche Beanstandung gerecht. Da mit der Zurückweisung einer Rüge nunmehr eine Antragsfrist für das Nachprüfungsverfahren läuft,[115] gewinnt auch die Beantwortung einer Rüge eine besondere, für das weitere Vorgehen eines Bieters ganz besondere Bedeutung. Bisweilen noch vertretene Auffassungen, dass in diesem Verfahrensstadium eine anwaltliche Beratung noch nicht nötig wäre, verkennen dies Entwicklungen und die Verschärfung der Situation durch den Gesetzgeber.[116]

(3) Pflicht zur unverzüglichen Rüge, § 107 Abs. 3 Nr. 1 GWB

Eine breit aufgestellte Rechtsprechung befasste sich bisher mit der Frage, innerhalb welchen Zeitraums noch von einer unverzüglichen Rüge im Sinne des jetzigen § 107 Abs. 3 Nr. 1 GWB gesprochen werden konnte.[117] Ähnlich, wie dies bei den verfassungswidrigen Fehltritten im Zusammenhang mit der Antragsbefugnis nach § 107 Abs. 2 GWB festzustellen war,[118] befasste sich bis dato eine schier unübersehbare Zahl von Entscheidungen mit diesem Themenkomplex. Auch hier wurde aktuell die Vergaberechtsprechung auf den Boden der Realität zurückgeholt. Mit einer weitreichenden Entscheidung hat der EuGH, wenn auch zunächst »nur« das englische Verfahrensrecht betreffend, befunden, dass der Begriff der »Unverzüglichkeit« nicht hinreichend genug bestimmt ist, um dem betroffenen Bieter im Sinne des Gebotes effektiver Rechtsschutzgewährung einen gesicherten Zeitrahmen an die Hand zu geben, innerhalb dessen er mit einem Nachprüfungsbegehren tätig werden muss.[119] Der EuGH stellt fest, dass die Auslegung dieses Begriffes im Ermessen des jeweiligen Richters liege und damit ein Stück weit »unberechenbar« sei. Teile der deutschen Vergaberechtsprechung sind dem beigepflichtet und vertreten die Auffassung, dass die Unverzüglichkeitsklausel in § 107 Abs. 3 S. 1 Nr. 1 GWB nicht mehr anwendbar sei.[120] Bis zu einer zu erwartenden gesetzlichen Klarstellung, dies wohl im Sinne einer konkreten Fristvorgabe, ist diesbezüglich also in der vergaberechtlichen Praxis ein Moment der Entspannung eingetreten. Freilich darf die aufgezeigte Rechtsprechung des EuGH nicht dahingehend überinterpretiert werden, dass, von den Sonderfällen des § 107 Abs. 3 Nr. 2 und Nr. 3 GWB abgesehen, eine Rügeverpflichtung überhaupt nicht mehr bestünde. Die Kritik an dem Kriterium der Unverzüglichkeit ändert nichts daran, dass ein Nachprüfungsantrag nur auf Umstände gestützt werden kann, die zuvor gegenüber der Vergabestelle ordnungsgemäß gerügt worden sind, mag dies auch nicht im Sinne der bisherigen Rechtsprechung zu § 107 Abs. 3 Nr. 1 GWB bzw. zur entsprechenden Vorgängerregelung unverzüglich erfolgt sein. Eine gänzlich fehlende Rüge führt daher nach wie vor

67

---

113 Vgl. z.B. VK Brandenburg, Beschl. v. 01.02.2010 – VK 1/10, juris.
114 Vgl. dazu VK Brandenburg, a.a.O.
115 Vgl. Rdn. 71.
116 Vgl. für einen solchen Standpunkt z.B. JurisPK/*Summa*, § 107 Rn. 150, 154.
117 Vgl. dazu eingehend *Summa*, a.a.O., § 107 Rn. 161 ff.
118 Vgl. Rdn. 63.
119 EuGH, IBR 2010, 159.
120 OLG Koblenz, Beschl. v. 26.05.2010 – Verg 2/10, juris; OLG Celle, IBR 2010, 349; VK Rheinland-Pfalz, Beschl. v. 20.04.2010 – VK 2-7/10, juris; VK Hamburg, IBR 2010, 295; a.A. wohl OLG Dresden, IBR 2010, 419.

zur Unzulässigkeit des Nachprüfungsantrags im Hinblick auf die behauptete, aber nicht gerügte Rechtsverletzung.

(4) Bekanntmachungsrüge, § 107 Abs. 3 Nr. 2 GWB

68 § 107 Abs. 3 Nr. 2 GWB verpflichtet den Bieter dazu, Verstöße gegen Vergabevorschriften, die aufgrund der Bekanntmachung erkennbar sind, spätestens bis zum Ablauf der in der Bekanntmachung benannten Frist zur Angebotsabgabe oder, bei Teilnahmeanträgen, zur Bewerbung gegenüber dem Auftraggeber zu rügen. Erkennbar sind solcher Verstöße, die bei üblicher Sorgfalt und gewöhnlicher Kenntnis eines durchschnittlichen, im einschlägigen Marktsegment fachlich orientierten Unternehmen erkannt werden können.[121] Entscheidend ist der Empfängerhorizont eines durchschnittlich informierten Bieters; auf rechtliche Detailkenntnisse, die beispielsweise benötigt würden, um einen Bekanntmachungsfehler in seiner Tragweite erst identifizieren zu können, kommt es indessen nicht an. Je mehr also die Erkennbarkeit eines Vergaberechtsverstoßes aus der Bekanntmachung ein vergaberechtliches Hintergrundwissen erfordert, desto höher ist der Maßstab einer Erkennbarkeit in diesem Sinne für den am Vergabeverfahren teilnehmenden Bieter. Insbesondere ist dieser nicht etwa verpflichtet, sich im Zweifel eingehend über die Bedeutung und das rechtliche Verständnis bestimmter Bekanntmachungsinhalte anwaltlich beraten zu lassen. Nur dasjenige, was aus seiner verständigen Sicht ohne weiteres als Vergaberechtsfehler ausfindig gemacht werden kann, muss er bis zu dem in der Vorschrift genannten Zeitpunkt rügen.

69 Fehlen beispielsweise im einschlägigen Bekanntmachungsmuster unter Ziff. IV. 2.1 jegliche Angaben zu Zuschlagskriterien, so löst dies eine Rügepflicht in dem beschriebenen Sinne aus. Entsprechendes gilt, wenn zwar Zuschlagskriterien mitgeteilt werden, diese aber gänzlich unverständlich oder offensichtlich fehlerhaft sind, wie beispielsweise die »Vollständigkeit der Verdingungsunterlagen«. Demgegenüber wird es bei der Rüge einer möglicherweise falsch gewählten Verfahrensart schon komplizierter, weil dies detaillierte rechtliche Kenntnisse über die Vorgaben in §§ 3, 3a VOB/A 2009 voraussetzt. Derartige Fehler sind für den Bieter nicht ohne weiteres erkennbar. Wiederum offensichtlich fehlerhaft und damit erkennbar wäre es für den durchschnittlichen Bieter, wenn für die Ausschreibung einer Bauleistung, die gewöhnlich in zahlreiche Fachlose aufgeteilt wird, bereits nach den Informationen in der Bekanntmachung eine Losaufteilung unterbleiben soll. Dies sieht und erkennt jeder mit der Materie befasste Marktteilnehmer, so dass er gehalten ist, eine entsprechende Rüge schon anhand der Bekanntmachung und spätestens bis zu den dort genannten Zeitpunkten auszubringen, wenn er sich die damit verbundenen Rechte aus § 97 Abs. 3 GWB sichern möchte.

(5) Rüge anhand der Vergabeunterlagen, § 107 Abs. 3 Nr. 3 GWB

70 Entsprechendes regelt § 107 Abs. 3 Nr. 3 GWB für mögliche Vergabefehler, die sich aus den Vergabeunterlagen (Verdingungsunterlagen) ergeben können. Diese sind spätestens bis zum Ablauf der in der Bekanntmachung benannten Frist zur Angebotsabgabe oder zur Bewerbung zu rügen. Hierfür gelten die eben dargestellten subjektiv – objektivierten Maßstäbe einer Bietererkennbarkeit.[122] Da naturgemäß die Verdingungsunterlagen wesentlich detaillierter und aussagekräftiger sind, als dies für die Auftragsbekanntmachung der Fall ist, begründet § 107 Abs. 3 Nr. 3 GWB folgerichtig einen auch entsprechend erhöhten Prüfungsaufwand beim Bieter. An dieser Stelle wird die gesetzliche Absicht, die hinter der Rügepflicht ganz allgemein steht,[123] besonders deutlich. Würde es hier und konkret in Bezug auf die Verdingungsunterlagen dem Bieter zugestanden, mit von ihm erkannten Ungenauigkeiten oder Fehlern zunächst einmal zu spekulieren und abzuwarten, ob und gegebenenfalls auf welche Weise sich der Fehler in den Verdingungsunterlagen

---

121 Vgl. JurisPK/*Summa*, § 107 Rn. 178 ff.
122 Rdn. 68, 69.
123 Vgl. Rdn. 65.

auf das weitere Vergabeverfahren, namentlich auf die Bieterrangfolge nach Angebotsabgabe, auswirkt, so wäre die Umsetzung eines transparenten Bieterwettbewerbs unter dem Maßstab der Gleichbehandlung ausgesprochen erschwert. Allerdings befreit diese Vorschrift den Auftraggeber auch nicht davon, ein in jeder Hinsicht vollständiges und aussagekräftiges, vor allem auch durchdachtes Leistungsverzeichnis (§ 7 VOB/A 2009) auszuarbeiten. Darauf gerichtete bieterseitige Hinweispflichten und Unterstützungshandlungen beinhalten die Verpflichtungen aus § 107 Abs. 3 Nr. 3 GWB explizit nicht. Der Bieter darf die Beschreibung der Leistung so hinnehmen, wie sie aufgestellt ist, ist allerdings zur Rüge verpflichtet, wenn er vergaberechtliche Verstöße erkennt oder hätte erkennen können. Dies zeigt, dass sich diese beiden Pflichtenkreise teilweise überschneiden. Auflösen lässt sich dies nur dadurch, dass Bieter nicht vermittels der Rügeverpflichtung gehalten sind, Verdingungsunterlagen zu optimieren oder gar der Vergabestelle wertvolle und weiterführende Hinweise im Sinne einer Optimierung der Ausschreibungsunterlagen zu geben. Die Pflicht des Bieters nach § 107 Abs. 3 Nr. 3 GWB endet mit dem Aufzeigen von vergaberechtlichen Verstößen, nicht mehr, aber auch nicht weniger.

(6) Folgen der Zurückweisung einer Rüge und Antragsfrist, § 107 Abs. 3 Nr. 4 GWB

Eine bis zur Novelle des vierten Teils des GWB nicht bekannte Antragsfrist beinhaltet nunmehr die Regelung in § 107 Abs. 3 Nr. 4 GWB. Diese ist im Grunde genommen nicht an der richtigen Stelle der gesetzlichen Regelungen über das Nachprüfungsverfahrens platziert. § 107 Abs. 3 Nr. 1 bis Nr. 3 GWB regelt die Rügepflichten des Bieters, während § 107 Abs. 3 Nr. 4 GWB eine Antragsfrist im Falle der Zurückweisung einer Rüge beinhaltet. Um zu verhindern, dass Bieter vorsorglich alle denkbaren Vergaberechtsverstöße rügen und die Zurückweisungen der Rüge durch den öffentlichen Auftraggerber horten, um gegebenenfalls zu einem späteren Zeitpunkt, der taktisch günstiger erscheint, doch einen Nachprüfungsantrag zu stellen, zwingt die Fristenregelung in § 107 Abs. 3 Nr. 4 GWB den Bieter nunmehr zur Handlung. Sein Nachprüfungsantrag ist unzulässig, wenn mehr als 15 Kalendertage nach Eingang der Mitteilung, dass einer Rüge nicht abgeholfen wird, vergangen sind. Diese Regelung hat Vor-, aber auch erhebliche Nachteile, und zwar nicht unbedingt für den Bieter, sondern eher für die Auftraggeber und für die Praktikabilität der Vergabeverfahren überhaupt. Sie ist nicht vollständig durchdacht und steht auch im Konflikt zur Fristenregelung in § 101a Abs. 1 GWB. Erhält beispielsweise der Bieter im Zuge der erstmaligen Lektüre einer Auftragsbekanntmachung Kenntnis davon, dass eine aus seiner Sicht notwendige Aufteilung eines Auftrags in Lose nicht stattfindet, so rügt er diesen Umstand unter Beachtung des § 107 Abs. 3 Nr. 2 GWB. Dies kann er zwar bis zum Ablauf der Angebotsfrist tun, sinnvollerweise aber wird er hier unverzüglich tätig, weil dann die Wahrscheinlichkeit, dass eine Vergabestelle in dieser frühen Phase eines Ausschreibungsverfahrens doch noch Lose bildet, wesentlich höher ist als in dem Fall, in dem der Bieter diesen Aspekt erst in einem weit fortgeschritten Verfahrensstadium anbringt. Folglich rügt der Bieter die unterbliebene Losaufteilung nach § 97 Abs. 3 GWB im Idealfall umgehend. Die Vergabestelle prüft die Rüge, weist sie aber, so der gebildete Fall, ebenso umgehend zurück. In diesem frühen Zeitpunkt eines Vergabeverfahrens ist für den betroffenen Bieter völlig unklar, ob und gegebenenfalls mit welchem Inhalt er möglicherweise ein Angebot überhaupt abgeben wird, denn er kennt bis dato nicht einmal die Verdingungsunterlagen, so dass er sich keinen Überblick über die verlangten Leistungen machen kann. Ferner hat er keinen Überblick über das Bieterfeld und kann nicht ermessen, ob er in diesem realistische Aussichten auf ein Vordringen in den Kreis der Bieter der engeren Wahl haben wird. Auch die Vergabestelle kann noch nicht überblicken, ob und gegebenenfalls welche Bieter sich an der Ausschreibung beteiligen werden. Gleichwohl muss der Bieter hier innerhalb der vorgegebenen Antragsfrist tätig werden und zur Sicherung seiner Rechte aus § 97 Abs. 3 GWB einen Nachprüfungsantrag stellen. Wie in einem solchen Fall und vor allem anhand welcher Kriterien die Vergabekammer etwa die Antragsbefugnis nach § 107 Abs. 2 GWB prüfen will, ist eine weitere offene Frage, die sich in diesem Zusammenhang stellt. Zwar kann der Bieter geltend machen, infolge unterbliebener Losaufteilung gar nicht am Wettbewerb teilnehmen zu können. Allerdings wird es ihm schlicht unmöglich sein, darüber hinaus darzulegen, dass ihm dadurch möglicherweise ein Schaden droht, denn seine potenziellen Teilnahme- und Erfolgsaussichten ihm eigentlichen Wettbewerb stehen in den Sternen. Gleichwohl muss die Vergabestelle alle relevanten Unterlagen der Vergabekammer übersenden und ein Nachprüfungsverfahren betreuen, was das zu Grunde liegende Vergabeverfahren nicht effektuiert, sondern behindert.

72 Angesichts dessen führt § 107 Abs. 3 Nr. 4 GWB bisher auch nicht etwa dazu, dass die Zahl der Nachprüfungsanträge zurückgeht. Denn wenn der Bieter, ohne seine konkreten Aussichten im Bieterfeld des jeweiligen Vergabeverfahrens auch nur ansatzweise zu kennen, über diese knappe Fristenregelung mehr oder weniger gezwungen wird, zu frühest möglicher Stunde ein Nachprüfungsverfahren einzuleiten, dann erhöht dies eher die Anzahl der Verfahren, als dass sie diese reduziert.

73 Nicht geklärt ist auch das Verhältnis der in § 107 Abs. 3 Nr. 4 GWB gesetzten Frist einerseits zu derjenigen nach § 101a Abs. 1 GWB andererseits. Erhält der Bieter nach der zuletzt genannten Vorschrift eine Vorabinformation des Inhalts, dass er für eine Bezuschlagung nicht vorgesehen ist, ordnungsgemäß begründet und mit den Namen des erfolgreichen Bieters versehen, und wird ihm diese Vorabinformation per Telefax oder elektronisch übermittelt, dann löst dies auf Seiten der Vergabestelle eine Wartefrist bis zur möglichen Zuschlagserteilung von 10 Kalendertagen aus. Der unterlegene Bieter wird allerdings, um insoweit ein zulässiges Nachprüfungsverfahren einleiten zu können, die ihm mitgeteilten Gründe der Nichtberücksichtigung prüfen und rügen müssen, so er sie nicht für tragfähig hält. Unterstellt, diese Rüge wird nun nach Maßgabe des § 107 Abs. 3 Nr. 4 GWB von der Vergabestelle zurückgewiesen, dann laufen für diesen Bieter im Grunde genommen zwei unterschiedliche Antragsfristen. So könnte er zum einen die ihm aufgrund der Zurückweisung der Rüge zustehende 15-Kalendertage-Frist des § 107 Abs. 3 Nr. 4 GWB ausnutzen, dies zumal dann, wenn er im Hinblick auf diese Frist eine förmliche Rechtsmittelbelehrung erhält. Demgegenüber könnte er jedoch mit Blick auf die um 5 Tage kürzere Wartefrist des § 101a Abs. 1 GWB gezwungen sein, bis zum Ablauf dieser Frist einen Nachprüfungsantrag zu stellen, um gesichert den Suspensiveffekt des § 115 Abs. 1 GWB auszulösen.

74 Da § 107 Abs. 3 Nr. 4 GWB nicht den Regelungszusatz enthält, dass »§ 101a GWB unberührt bleibt«, muss auch und gerade unter Berücksichtigung der hohen Anforderungen, die der EuGH an die Verlässlichkeit und Transparenz der Rechtsschutzvorgaben im Vergaberecht stellt, für den Bieter im Sinne einer Meistbegünstigungsklausel die längere Frist des § 107 Abs. 3 Nr. 4 GWB laufen. Umgekehrt wird die Vergabestelle gut beraten sein, zur Vermeidung der Unwirksamkeit einer Zuschlagserteilung trotz verkürzter Wartefrist des § 101a Abs. 1 GWB im Einzelfall den Ablauf der 15-Kalendertage-Frist des § 107 Abs. 3 Nr. 4 GWB abzuwarten. Dies zeigt, dass diese Regelungen nicht vollständig durchdacht sind und den guten Absichten, die aus Sicht des Gesetzgebers zu einer Beschleunigung der Vergabeverfahren und auch der Nachprüfungsverfahren führen sollten, schlicht nicht gerecht werden. In der Praxis ist zu empfehlen, im Zweifel den sicheren Weg zu gehen und bei einem Zusammenfallen der beiden erläuterten Fristen von dem Lauf der kürzeren Frist des § 101a Abs. 1 GWB auszugehen, dies jedenfalls so lange, bis diesbezüglich eine gerichtliche oder gesetzliche Klarstellung erfolgt ist.

cc) **Zuschlagsverbot und Vorabgestattung des Zuschlags, § 115 Abs. 1 und 2 GWB**

§ 115 Aussetzung des Vergabeverfahrens

(1) Informiert die Vergabekammer den öffentlichen Auftraggeber in Textform über den Antrag auf Nachprüfung, darf dieser vor einer Entscheidung der Vergabekammer und dem Ablauf der Beschwerdefrist nach § 117 Abs. 1 den Zuschlag nicht erteilen.

(2) Die Vergabekammer kann dem Auftraggeber auf seinen Antrag oder auf Antrag des Unternehmens, das nach § 101a vom Auftraggeber als das Unternehmen benannt ist, das den Zuschlag erhalten soll, gestatten, den Zuschlag nach Ablauf von zwei Wochen seit Bekanntgabe dieser Entscheidung zu erteilen, wenn unter Berücksichtigung aller möglicherweise geschädigten Interessen sowie des Interesses der Allgemeinheit an einem raschen Abschluss des Vergabeverfahrens die nachteiligen

Folgen einer Verzögerung der Vergabe bis zum Abschluss der Nachprüfung die damit verbundenen Vorteile überwiegen. Bei der Abwägung ist das Interesse der Allgemeinheit an einer wirtschaftlichen Erfüllung der Aufgaben des Auftraggebers zu berücksichtigen. Die Vergabekammer berücksichtigt dabei auch die allgemeinen Aussichten des Antragstellers im Vergabeverfahren, den Auftrag zu erhalten. Die Erfolgsaussichten des Nachprüfungsantrags müssen nicht in jedem Falle Gegenstand der Abwägung sein. Das Beschwerdegericht kann auf Antrag das Verbot des Zuschlags nach Absatz 1 wiederherstellen; § 114 Abs. 2 Satz 1 bleibt unberührt. Wenn die Vergabekammer den Zuschlag nicht gestattet, kann das Beschwerdegericht auf Antrag des Auftraggebers unter den Voraussetzungen der Sätze 1 bis 4 den sofortigen Zuschlag gestatten. Für das Verfahren vor dem Beschwerdegericht gilt § 121 Abs. 2 Satz 1 und 2 und Absatz 3 entsprechend. Eine sofortige Beschwerde nach § 116 Abs. 1 ist gegen Entscheidungen der Vergabekammer nach diesem Absatz nicht zulässig.

(3) Sind Rechte des Antragstellers aus § 97 Abs. 7 im Vergabeverfahren auf andere Weise als durch den drohenden Zuschlag gefährdet, kann die Kammer auf besonderen Antrag mit weiteren vorläufigen Maßnahmen in das Vergabeverfahren eingreifen. Sie legt dabei den Beurteilungsmaßstab des Absatzes 2 Satz 1 zugrunde. Diese Entscheidung ist nicht selbständig anfechtbar. Die Vergabekammer kann die von ihr getroffenen weiteren vorläufigen Maßnahmen nach den Verwaltungsvollstreckungsgesetzen des Bundes und der Länder durchsetzen; die Maßnahmen sind sofort vollziehbar. § 86a Satz 2 gilt entsprechend.

(4) Macht der Auftraggeber das Vorliegen der Voraussetzungen nach § 100 Abs. 2 Buchstabe d geltend, entfällt das Verbot des Zuschlages nach Absatz 1 zwei Kalendertage nach Zustellung eines entsprechenden Schriftsatzes an den Antragsteller; die Zustellung ist durch die Vergabekammer unverzüglich nach Eingang des Schriftsatzes vorzunehmen. Auf Antrag kann das Beschwerdegericht das Verbot des Zuschlages wiederherstellen. § 121 Abs. 1 Satz 1, Abs. 2 Satz 1 sowie Abs. 3 und 4 finden entsprechende Anwendung.

(1) Voraussetzungen und Wirkungen der Verfahrensaussetzung, § 115 Abs. 1 GWB

Die eigentliche Effektivität des Vergaberechtsschutzes kommt in § 115 Abs. 1 GWB zum Ausdruck. Geht bei der Vergabekammer ein Nachprüfungsantrag ein, so prüft sie diesen nach § 110 Abs. 2 GWB zunächst darauf, ob er (offensichtlich) unzulässig oder (offensichtlich) unbegründet ist. Sofern dies nicht der Fall ist, übermittelt sie den Antrag an den Auftraggeber und fordert die Vergabeakten an. Explizit ist nunmehr auch geregelt, dass die Vergabekammer eine gegebenenfalls vorsorglich hinterlegte Schutzschrift des Auftraggebers zu berücksichtigen hat. Dieses aus dem Recht der einstweiligen Verfügung bekannte Instrument wurde auch in Verfahren der Vergabenachprüfung genutzt, etwa dann, wenn sich aufgrund der Vorkorrespondenz abzeichnete, dass ein Antragsteller einen Nachprüfungsantrag – mit der Konsequenz des vorläufigen Zuschlagsverbotes – angekündigt hat. Der Gesetzgeber hat deshalb diese Möglichkeit in der Neufassung der Vorschrift explizit erwähnt, wobei hinzuzufügen ist, dass davon die wenigsten öffentlichen Auftraggeber Gebrauch machen. Dabei wird ihnen diese Möglichkeit im Grunde genommen durch die ebenfalls neu geschaffene Regelung des § 107 Abs. 3 Nr. 4 GWB sehr erleichtert. Denn danach ist vorgesehen, dass antragstellerseitige Rügen, wenn sie nicht für begründet erachtet werden, schriftlich zurückgewiesen werden. So besteht die konkrete Möglichkeit, anhand dieser schriftlichen Zurückweisung einer Rüge auch eine Schutzschrift zu fertigen und bei der zuständigen Vergabekammer zu hinterlegen. Freilich werden die Vergabekammern unter Berücksichtigung des Grundsatzes effektiven Rechtsschutzes von der Zustellung eines Nachprüfungsantrags aufgrund der Berücksichtigung einer Schutzschrift nur in Ausnahmefällen absehen wollen, was auch zutreffend ist. Denn der öffentliche Auftraggeber ist, worauf sogleich noch eingegangen wird, bereits hinreichend über die Möglichkeit der Vorabgestattung der Zuschlagserteilung nach § 115 Abs. 2 GWB geschützt. Maßnahmen der Verhinderung einer Verfahrensaussetzung im Vorfeld sind daher nur in eindeutigen Fällen einer unzulässigen oder ersichtlich unbegründeten Antragstellung erforderlich, wobei dann wiederum § 110 Abs. 2 S. 1 GWB zum Tragen kommt.

75

76 Im Grundsatz jedenfalls informiert die Vergabekammer nach der Eingangsprüfung des Nachprüfungsantrags den öffentlichen Auftraggeber in Textform über den Antrag mit der Folge, dass bis zu einer Entscheidung der Vergabekammer und dem Ablauf der Beschwerdefrist gegen diese Entscheidung ein Zuschlag nicht erteilt werden darf. Dieses gesetzliche Zuschlagsverbot hat die Wirkung, dass ein gleichwohl erteilter Zuschlag nach § 134 BGB nichtig ist.[124] Mit der Vorgabe, dass der Nachprüfungsantrag in Textform zu übermitteln ist, wird an § 126b BGB angeknüpft. Damit wird der Einsatz aller möglichen Techniken der Informationsübertragung wie Telefax, Computerfax oder auch E-Mail ermöglicht. Der Gesetzgeber hat damit eine bewusste Erleichterung im Vergleich zur Vorgängerregelung, in der noch die Zustellung des Nachprüfungsantrags für die Auslösung der Verfahrensaussetzung maßgeblich war, vorgenommen. Für die Praxis ist gleichwohl wichtig, dass der Vergabekammer ein gewisser Zeitraum für die Vorprüfung des Antrags nach § 110 Abs. 2 S. 1 GWB verbleiben muss, gegebenenfalls auch für die Berücksichtigung einer hinterlegten Schutzschrift. Diesen Zeitraum muss der Antragsteller bei seiner Vorgehensweise einkalkulieren, so dass davon abzuraten ist, einen Nachprüfungsantrag »in letzter Minute« zu stellen. Wenn die Wartefrist abzulaufen droht und erst kurz vor dem Ablauf ein Nachprüfungsantrag gestellt wird, ist auch zu empfehlen, vorher mit der zuständigen Vergabekammer telefonisch Kontakt aufzunehmen, um sicherzustellen, dass eine sofortige Bearbeitung des Antrags erfolgen wird, sich also hier keine unerwarteten Schwierigkeiten, etwa wegen Urlaubsabwesenheiten oder gar eines Betriebsausfluges und eines deshalb nur eingerichteten Notdienstes, ergeben.

(2) Vorabgestattung des Zuschlags, § 115 Abs. 2 GWB

77 Mit der Neufassung des § 115 Abs. 2 GWB hat der Gesetzgeber eine komplexe Regelung geschaffen, die es sowohl einer Vergabestelle, aber auch dem für den Zuschlag vorgesehenen Bieter, der sich einem Nachprüfungsverfahren des Wettbewerbers ausgesetzt sieht, ermöglicht, eine zeitnahe Zuschlagserteilung herbeizuführen. Ursprünglich war vorgesehen, eine solche Möglichkeit schon dann zu eröffnen, wenn ein überwiegendes Interesse der Allgemeinheit an einer sofortigen Zuschlagserteilung festzustellen sei, was immer dann der Fall sein sollte, wenn die wirtschaftliche Erfüllung der Aufgaben des Auftraggebers gefährdet sei.[125] Aufgrund im Gesetzgebungsverfahren geäußerter, erheblicher verfassungs- und europarechtlicher Bedenken an einer solchen Regelung[126] hat sich der Gesetzgeber dazu entschlossen, ein nur noch schwer lesbares Konstrukt von wechselseitigen Interessenabwägungen und Rücksichtnahmen aufzubauen, an dem entlang eine Vergabekammer gegebenenfalls im laufenden Nachprüfungsverfahren vorab einen Zuschlag freigeben kann. Sieht sich also die Vergabestelle im Einzelfall dazu gezwungen, möglichst umgehend einen Auftrag zu erteilen, so kann sie dies unter den Voraussetzungen des § 115 Abs. 2 GWB erreichen. Diese zeigen aber auf, dass im Grunde genommen eine allumfassende Interessenabwägung stattzufinden hat, die auch das verfassungsmäßige und von der Rechtsmittelrichtlinie geschützte Recht des Bieters vor der Schaffung vollendeter Tatsachen zu berücksichtigen hat. Denn dass der öffentliche Auftraggeber im Grunde genommen in einem jeden Vergabeverfahren ein besonderes Interesse daran hat, möglichst umgehend einen Auftrag erteilen zu können, liegt auf der Hand. Nur selten planen die Vergabestellen Beschaffungsmaßnahmen zeitlich derart durch, dass am Ende noch Zeit für ein Nachprüfungsverfahren verbleibt. Auch der Hinweis darauf, dass das Interesse der Allgemeinheit an einer wirtschaftlichen Erfüllung der Aufgaben eines Auftraggebers zu berücksichtigen ist, führt letztlich nicht weiter, weil mit diesem Argument im Grunde genommen jedweder Primärrechtsschutz im Vergabebereich versagt werden könnte. Unter dieses Kriterium kann jedenfalls nicht das aktuelle Mehrkostenrisiko durch verzögerte Auftragsvergabe fallen, denn der Bundesgerichtshof hat das sogenannte Vergabeverfahrensrisiko eindeutig dem öffent-

---

[124] Allgemeine Meinung, vgl. auch die Begründung zum Gesetzesentwurf zu § 125 Abs. 1 GWB-E, BT-Drucks. 13/9340; Kulartz/Kus/Portz, § 115 Rn. 30, 31.
[125] § 115 Abs. 2 S. 2 GWB-E, BT-Drucks. 16/10117 vom 13.08.2008.
[126] Vgl. dazu eingehend Kulartz/Kus/Portz, § 115 Rn. 8 ff.

lichen Auftraggeber und damit der Sphäre des Staates zugewiesen.[127] Wenn also die reine Verfahrensverzögerung durch ein Nachprüfungsverfahren ein typisches Auftraggeberrisiko darstellt, dann kann eine nach § 115 Abs. 2 GWB vorzunehmende Interessenabwägung nicht dazu führen, dass dieses unter dem Strich doch von dem Bieter/Antragsteller im Nachprüfungsverfahren übernommen wird. Soll folglich im Rahmen eines Verfahrens nach § 115 Abs. 2 GWB der verfassungsrechtliche Kern der Rechtsschutzgewährleistung nicht angetastet werden,[128] dann wird diese Regelung notgedrungen ein Schattendasein führen müssen und Fallkonstellationen vorbehalten bleiben, die in jeder Hinsicht, also tatsächlich wie rechtlich, ein Zuwarten auf die Entscheidung der Vergabekammer nicht einmal mehr als vertretbar erscheinen lassen. Angesichts des »Vorfilters« in § 110 Abs. 2 S. 1 GWB, der explizit vorgesehenen Möglichkeit, dass der Antragsgegner Schutzschriften zu hinterlegen berechtigt ist und unter weiterer Beachtung der Option, in klaren Fällen ohne mündliche Verhandlung entscheiden zu können (§ 112 GWB), dürfte die praktische Bedeutung der umständlichen Regelung des § 115 Abs. 2 GWB gegen Null gehen. Verloren geht damit nichts, denn sie erweist sich in der Praxis als ebenso überflüssig wie in verfassungsrechtlich bedenklicher Weise rechtsschutzverkürzend.

dd) Sofortige Beschwerde; Wirkung und Fortdauer der aufschiebenden Wirkung; § 118 Abs. 1 und 2 GWB

§ 118 Wirkung

(1) Die sofortige Beschwerde hat aufschiebende Wirkung gegenüber der Entscheidung der Vergabekammer. Die aufschiebende Wirkung entfällt zwei Wochen nach Ablauf der Beschwerdefrist. Hat die Vergabekammer den Antrag auf Nachprüfung abgelehnt, so kann das Beschwerdegericht auf Antrag des Beschwerdeführers die aufschiebende Wirkung bis zur Entscheidung über die Beschwerde verlängern.

(2) Das Gericht lehnt den Antrag nach Absatz 1 Satz 3 ab, wenn unter Berücksichtigung aller möglicherweise geschädigten Interessen die nachteiligen Folgen einer Verzögerung der Vergabe bis zur Entscheidung über die Beschwerde die damit verbundenen Vorteile überwiegen. Bei der Abwägung ist das Interesse der Allgemeinheit an einer wirtschaftlichen Erfüllung der Aufgaben des Auftraggebers zu berücksichtigen. Das Gericht berücksichtigt bei seiner Entscheidung auch die Erfolgsaussichten der Beschwerde, die allgemeinen Aussichten des Antragstellers im Vergabeverfahren, den Auftrag zu erhalten, und das Interesse der Allgemeinheit an einem raschen Abschluss des Vergabeverfahrens.

(3) Hat die Vergabekammer dem Antrag auf Nachprüfung durch Untersagung des Zuschlags stattgegeben, so unterbleibt dieser, solange nicht das Beschwerdegericht die Entscheidung der Vergabekammer nach § 121 oder § 123 aufhebt.

(1) Überblick

§ 116 Abs. 1 GWB ordnet zunächst an, dass gegen Entscheidungen der Vergabekammern die sofortige Beschwerde zulässig ist. Sie steht allen am Verfahren vor der Vergabekammer Beteiligten zu, also auch einem dort Beigeladenen. Die sofortige Beschwerde ist innerhalb einer Notfrist von zwei Wochen, die mit der Zustellung der Entscheidung der Vergabekammer beginnt, schriftlich bei dem Beschwerdegericht (Oberlandesgericht) einzulegen und zugleich zu begründen, was sich im einzelnen aus § 117 GWB ergibt. Mit Blick auf den im Vergabenachprüfungsverfahren besonders bedeutsamen Beschleunigungsgrundsatz trifft nun § 118 Abs. 1 GWB eine besondere Regelung über die aufschiebende Wirkung der sofortigen Beschwerde. Denn diese dauert nicht etwa bis zur Entscheidung des Oberlandesgerichts an, sondern sie endet zwei Wochen nach dem Ablauf

78

---

127 BGH, IBR 2009, 310, 311, 312.
128 Vgl. dazu die Nachweise bei Kulartz/Kus/Portz, § 115 Rn. 10.

der Beschwerdefrist. Diese wiederum beträgt nach § 117 Abs. 1 GWB zwei Wochen, so dass die Aussetzung des Vergabeverfahrens vier Wochen nach Zustellung der Entscheidung der Vergabekammer endet. Danach ist trotz laufenden Beschwerdeverfahrens vor dem Oberlandesgericht eine Zuschlagserteilung zulässig. Um dem entgegenwirken zu können, sieht § 118 Abs. 1 S. 3 GWB vor, dass der Beschwerdeführer das Beschwerdegericht durch einen entsprechenden Antrag darum ersuchen kann, die aufschiebende Wirkung der sofortigen Beschwerde wiederum bis zur Entscheidung des Beschwerdegerichts zu verlängern. Soweit es also in einem Nachprüfungsverfahren nicht nur um die (nachträgliche) Feststellung der Rechtswidrigkeit eines bereits erteilten Zuschlags geht (§ 114 Abs. 2 S. 2 GWB), oder soweit im Verfahren der sofortigen Beschwerde nicht nur die Kostengrundentscheidung der Vergabekammer angefochten wird, ist das Verfahren nach § 118 Abs. 1 S. 3 GWB im Grunde mit jeder sofortigen Beschwerde zu verbinden. Denn es geht dem Beschwerdeführer in aller Regel darum, den Suspensiveffekt seines Nachprüfungsantrags aus § 115 Abs. 1 GWB auch für die Dauer des sofortigen Beschwerdeverfahrens aufrecht zu erhalten. Deshalb ist für die Praxis, von den genannten Ausnahmekonstellationen einmal abgesehen, anzuraten, dass jede Beschwerdebegründung nach § 117 Abs. 2 GWB auch zugleich und explizit mit einem Antrag nach § 118 Abs. 1 S. 3 GWB verknüpft wird. Nur so ist sicherzustellen, dass nicht während des Beschwerdeverfahrens der Zuschlag doch anderweitig erteilt wird mit der Folge, dass dieser auch durch das Beschwerdegericht nicht mehr aufgehoben werden kann; § 123 S. 4 i.V.m. § 114 Abs. 2 GWB.

(2) **Eingeschränkter Suspensiveffekt, § 118 Abs. 1 GWB**

79 Die Entscheidungsmaßstäbe, die für eine solche Verlängerungsentscheidung heranzuziehen sind, finden sich in § 118 Abs. 2 GWB. Sie sind durch mittlerweile umfangreiche Rechtsprechung ausgeformt.[129] Trotz der auch hier etwas weitschweifigen und umständlich formulierten Tatbestandsvoraussetzungen tragen die Oberlandesgerichte insbesondere ihrer Verpflichtung, effektiven Rechtsschutz gewähren zu müssen, besonders Rechnung. So erfolgt in der Regel eine zweistufige Prüfung, die sich im Schwerpunkt an den Erfolgsaussichten der sofortigen Beschwerde orientiert. Zwar intendiert § 118 Abs. 2 S. 1 GWB eine zunächst von diesen Erfolgsaussichten eher unabhängige Interessenabwägung, in die nach § 118 Abs. 2 S. 3 GWB auch die Erfolgsaussichten der Beschwerde einfließen sollen. Allerdings würden sich bei einer solchen Vorgehensweise die bereits zur Regelung des § 115 Abs. 2 GWB dargestellten, letztlich auch verfassungsrechtlichen Probleme stellen, wenn das Gericht nicht explizit – und nicht nur beiläufig, wie § 118 Abs. 2 S. 3 GWB vorgibt – auf die Erfolgsaussichten des Rechtsmittels abstellen würde. Denn sind diese gut bzw. erweist sich eine sofortige Beschwerde bei nur vorläufiger Prüfung als voraussichtlich begründet, dann wäre es mit Art. 19 Abs. 4 GG schlicht unvereinbar, diese überwiegenden Erfolgsaussichten durch wirtschaftlich vorrangige Auftraggeberinteressen »wegzuwägen«. Ist der Erfolg einer sofortigen Beschwerde bereits in dieser frühen Phase des Beschwerdeverfahrens absehbar, dann müssen die dagegen geltend gemachten wirtschaftlichen Belange eines Auftraggebers zurückstehen, zumal dieser und nicht etwa der dafür gänzlich unverantwortliche Bieter die »systembedingten« Verzögerungen eines Rechtsschutzverfahrens tragen muss.

80 Erweist sich hingegen eine sofortige Beschwerde als voraussichtlich nicht begründet, so wird das Oberlandesgericht umgekehrt die Fortdauer der aufschiebenden Wirkung der sofortigen Beschwerde nicht aussprechen. Denn dann ist ein überwiegendes Interesse des Beschwerdeführers an einem weiteren Aufschub des Zuschlags (§ 115 Abs. 1 GWB) nicht festzustellen. Ist dies hingegen mit den Mitteln und Möglichkeiten des summarischen Verfahrens, in dem das Oberlandesgericht seine Entscheidung immerhin innerhalb einer Frist von zwei Wochen zu treffen hat (§ 118 Abs. 1 S. 2 GWB), nicht mit der nötigen Gewissheit festzustellen, dann überwiegen auch bei einer solchen offenen Sach- und Rechtslage nicht mehr oder weniger automatisch die stets vorhandenen wirtschaftlichen Interessen des öffentlichen Auftraggebers, wie man § 118 Abs. 2 S. 1 GWB ent-

---

129 Vgl. dazu grundlegend OLG Düsseldorf, Beschl. v. 13.11.2000 – Verg 25/00, ibr–online.

nehmen könnte. Vielmehr ist auch dann das Grundrecht des Beschwerdeführers aus Art. 19 Abs. 4 GG zu beachten, welches letztlich nur dann zurücktreten kann, wenn die fehlenden Erfolgsaussichten der sofortigen Beschwerde auf der Hand liegen. Deshalb entscheiden sich die Oberlandesgerichte auch in Zweifelsfällen zunächst für eine Anordnung der Fortdauer der aufschiebenden Wirkung, um überhaupt Raum zu schaffen für eine vertiefende Prüfung des Falles. Denn es würde dem hier zu gewährenden effektiven Rechtsschutz gerade nicht entsprochen, wenn sich das Oberlandesgericht im Zweifel für eine Zuschlagserteilung aussprechen, sich aber im weiteren Verfahrensgang die Fehlerhaftigkeit genau dieser Entscheidung herausstellen würde. Damit wäre auch das Vertrauen der Rechtsschutzsuchenden in die Gerichtsbarkeit erheblich belastet.

(3) Entscheidung des Beschwerdegerichts, § 118 Abs. 2 GWB

Hält das Oberlandesgericht die sofortige Beschwerde für begründet, so hebt es die Entscheidung der Vergabekammer auf; § 123 S. 1 GWB. Das Gericht kann die Sache auch an die Vergabekammer zurückverweisen, was allerdings im Hinblick auf das Beschleunigungsgebot nur in sehr seltenen Fällen geschieht. Regelmäßig entscheiden die Beschwerdegerichte »durch«, um nicht weitere Zeitverluste durch die Wiederholung eines Nachprüfungsverfahrens vor der Vergabekammer zu riskieren. 81

Schließlich steht auch dem Oberlandesgericht im Verfahren der sofortigen Beschwerde die Möglichkeit einer Vorabgestattung der Zuschlagserteilung zu, was aus § 121 Abs. 1 GWB folgt. Diese Vorschrift knüpft an § 115 Abs. 2 GWB an, so dass auf die entsprechende Kommentierung verwiesen werden darf.

B. Vergabeverfahren und Bauvertrag

I. Besonderheiten des Vertragsschlusses im Vergabeverfahren

1. Unterschiede zum herkömmlichen Vertragsabschluss

Das Zustandekommen eines Bauvertrages auf der Grundlage eines Vergabeverfahrens, sei es einer nationalen Ausschreibung, sei es eines europaweiten Wettbewerbs, ist durch zahlreiche Besonderheiten geprägt und weist wesentliche Unterschiede zu den allgemeinen zivilrechtlichen Regelungen des allgemeinen Vertragsrechts nach §§ 133, 145 ff. BGB und des Werkvertragsrechts nach §§ 631 ff. BGB auf. Das versteht sich vor dem Hintergrund, dass der öffentliche Auftraggeber als Besteller von Bauleistungen nach einheitlichen rechtlichen Vorgaben vorzugehen hat, sei es aus haushaltsrechtlichen, sei es aus europarechtlichen und damit rein vergaberechtlichen Gründen. Es kommt dies besonders dadurch zum Ausdruck, dass der öffentliche Auftraggeber eine möglichst abschließende, klare und auch in allen Punkten transparente Leistungsbeschreibung zu erstellen hat, auf die wiederum die Bieter anbieten können, ohne jedoch berechtigt zu sein, an diesen Vorgaben irgendwelche Änderungen vornehmen zu dürfen. Stärkster Ausdruck der in dieser Hinsicht beschränkten Vertragsfreiheit bzw. Vertragsverhandlungsfreiheit ist das Verbot der sachlichen bzw. preislichen Nachverhandlungen (§ 15 Abs. 3 VOB/A), Elemente, die für Vertragsverhandlungen außerhalb des streng formalisierten Vergaberechts geradezu typisch und unverzichtbar sind. Freilich ist ein solcher nachträglicher Eingriff in das Leistungssoll respektive in die Preisbildung nicht möglich, wenn, wie es § 2 Abs. 2 VOB/A vorsieht, kein Unternehmen im Vergabeverfahren diskriminiert werden darf. Würde also der öffentliche Auftraggeber mit einem Bieter Preis- oder Leistungsverhandlungen nach Abgabe der bindenden Angebote führen, so müsste er allen Bietern entsprechende Gelegenheiten geben mit der zwingenden Folge, dass das Vergabeverfahren im Grunde genommen hinfällig wird. Anders liegen die Dinge nur bei den freihändigen Vergaben nach § 3 Abs. 5 VOB/A bzw. im offenen europaweiten Verfahren nach § 3a Abs. 3 VOB/A. In diesen Verfahren darf auch über Preise verhandelt werden. Aufgrund der damit verbundenen Einschränkungen des Wettbewerbsprinzips kompensieren dies die Vorgaben der VOB/A durch sehr hohe Anforderungen an die Zulässigkeit solcher freihändiger Vergabeverfahren. Diese stellen seltene Ausnahmen dar, und ein Verstoß gegen die besonderen Tatbestandsvoraussetzungen freihän- 82 diger Vergabeverfahren kann wiederum durch davon negativ betroffene Bieter im Wege des primären Vergaberechtsschutzes angegriffen werden.

83 Nach dem Recht der Willenserklärungen wird der Bieter im Vergabeverfahren aufgefordert, ein Angebot abzugeben (invitatio ad offerendum). Dies geschieht durch die Übersendung der Verdingungsunterlagen, die selbst kein Angebot darstellen, jedoch die von den Bietern einzureichenden Angebote gleichsam spiegelbildlich darstellen.[130] Die in den Vergabeunterlagen den Bietern vorgegebene Zuschlagsfrist nach § 10 Abs. 7 VOB/A ist eine Annahmefrist im Sinne von § 148 BGB, welche der Bieter gegenüber der Vergabestelle setzt. Dergestalt muss die Vergabestelle das ihr vorliegende, bis zum Ablauf der Zuschlagsfrist bindende Angebot lediglich mit einem einfachen »Ja« mündlich oder schriftlich (vgl. § 18 VOB/A) annehmen. In dieser Sekunde kommt der Vertrag zu Stande. Wird demzufolge der Zuschlag mit gewissen Erweiterungen, Einschränkungen oder Änderungen vorgenommen, so gilt das als neuer Antrag der Vergabestelle gegenüber dem Bieter, welchen dieser annehmen kann, nicht aber annehmen muss; § 150 BGB i.V.m. 18 Abs. 2 VOB/A. Dieser enge Rahmen von Verfahrensvorschriften einerseits und die bindenden inhaltlichen Vorgaben an die vertraglichen Erklärungen andererseits, die Verdingungsunterlagen, kennzeichnen das Zustandekommen von Angebot und Annahme und damit den Vertragsschluss im Vergabeverfahren.

2. Maßgebliche Vorgaben für den Vertragsabschluss nach der VOB/A

84 Die das Vergabeverfahren in seinem gesamten Ablauf regelnden Vorschriften der VOB/A sind nicht allesamt für den hier interessierenden Themenkomplex des Vertragsschlusses und des vergaberechtlich determinierten Vertragsinhaltes von Bedeutung. So wirken sich z.B. die Vorgaben zu den einzelnen Verfahrensarten nach § 3 VOB/A oder zur Losaufteilung nach § 5 VOB/A nicht auf den späteren, mit der Zuschlagserteilung feststehenden Vertragsinhalt aus. Eine dafür wichtige Funktion haben nur wenige Regelungen der VOB/A. Insbesondere sind dies die Vorschriften über die Vertragsarten (§ 4 VOB/A), die Leistungsbeschreibung (§ 7 VOB/A) und (teilweise) die Vergabeunterlagen (§ 8 VOB/A), während alle Vorgaben zu den Vertragsbedingungen (§ 9 VOB/A) nicht mehr den Vertragsabschluss berühren, sondern schon die Ausführungsphase der Leistungsbeziehung betreffen und sich deshalb im Schwerpunkt auf diese auswirken bzw. diesbezügliche Vorgaben machen. Aus diesem Grunde beschränkt sich der vorliegende Überblick auf die benannten zentralen Regelungen der VOB/A zum Kern des Vertragsabschlusses im Vergabeverfahren und den Auswirkungen entsprechender Mängel oder Fehler im Vergabeverfahren.

a) Vertragsarten, § 4 Abs. 1 Nr. 1 und 2 VOB/A

§ 4 Vertragsarten

(1) Bauleistungen sind so zu vergeben, dass die Vergütung nach Leistung bemessen wird (Leistungsvertrag), und zwar:
1. *in der Regel zu Einheitspreisen für technisch und wirtschaftlich einheitliche Teilleistungen, deren Menge nach Maß, Gewicht oder Stückzahl vom Auftraggeber in den Vertragsunterlagen anzugeben ist (Einheitspreisvertrag),*
2. *in geeigneten Fällen für eine Pauschalsumme, wenn die Leistung nach Ausführungsart und Umfang genau bestimmt ist und mit einer Änderung bei der Ausführung nicht zu rechnen ist (Pauschalvertrag).*

(2) Abweichend von Absatz 1 können Bauleistungen geringeren Umfangs, die überwiegend Lohnkosten verursachen, im Stundenlohn vergeben werden (Stundenlohnvertrag).

(3) Das Angebotsverfahren ist darauf abzustellen, dass der Bieter die Preise, die er für seine Leistungen fordert, in die Leistungsbeschreibung einzusetzen oder in anderer Weise im Angebot anzugeben hat.

---

[130] Vgl. dazu grundlegend BGH, VergabeR 2008, 782, 783.

(4) Das Auf- und Abgebotsverfahren, bei dem vom Auftraggeber angegebene Preise dem Auf- und Abgebot der Bieter unterstellt werden, soll nur ausnahmsweise bei regelmäßig wiederkehrenden Unterhaltungsarbeiten, deren Umfang möglichst zu umgrenzen ist, angewandt werden.

aa) Zulässige Vertragsformen

Mit der Neufassung der Vertragsarten in § 4 VOB/A 2009 wurden diese auf zwei Varianten, die den öffentlichen Auftraggebern nunmehr zur Verfügung stehen, beschränkt, so auf den Leistungsvertrag nach § 4 Abs. 1 VOB/A (als Einheitspreisvertrag oder als Pauschalvertrag) und den Stundenlohnvertrag nach § 4 Abs. 2 VOB/A. Demgegenüber wurde der Selbstkostenerstattungsvertrag ersatzlos gestrichen. Mit dem Begriff des Leistungsvertrages nach § 4 Abs. 1 VOB/A 2009 wird nicht etwa ein eigenständiger Vertragstypus geschaffen, sondern es wird darauf abgestellt, dass die Vergütung strikt nach der erbrachten Leistung bemessen wird. Abgestellt wird auf das geschuldete Ergebnis der Bauleistungen, was sich aus der Negativabgrenzung des Stundenlohnvertrages in § 4 Abs. 2 VOB/A ergibt. Wichtig ist, dass diese grundlegende Vergütungsform[131] nicht mehr als Sollvorschrift vorgegeben wird, sondern nunmehr zwingend ist. Da der Stundenlohnvertrag die Ausnahme bleiben muss, stehen dem Auftraggeber für eine vertragliche Gestaltung nach § 4 Abs. 1 Nr. 1 VOB/A der Einheitspreisvertrag und nach § 4 Abs. 1 Nr. 2 VOB/A der Pauschalpreisvertrag zur Verfügung. Andere vertragliche Gestaltungsformen dürfen im klassischen Vergabeverfahren nicht gewählt werden.

85

bb) Einheitspreisvertrag

Der Einheitspreisvertrag ist dabei diejenige Vertragsform, die sich in öffentlichen Ausschreibungen von Bauleistungen ganz überwiegend wieder findet. Es werden zur Bemessung der auftraggeberseitig geschuldeten Vergütung im Sinne von § 4 Abs. 1 S. 1 VOB/A technische und wirtschaftliche Teilleistungen gebildet, die wiederum im Leistungsverzeichnis, aufgegliedert in Mengen, Maßeinheiten, Gewichte und Stückzahlen, vorgegeben werden. Hierfür bestimmt dann der Bieter einen Einheitspreis, der wiederum durch Vervielfältigung mit dem Mengen- oder Maßansatz zum Positionspreis wird. Letzterer stellt also das Ergebnis der Multiplikation eines Mengenvordersatzes mit einem Einheitspreis innerhalb einer Position des Leistungsverzeichnisses dar.

86

Da mit dem Einheitspreisvertrag die insgesamt geschuldete Leistung in ihren Einzelteilen und Abschnitten vergütet wird, unterliegt auch folgerichtig nicht der Gesamtangebotspreis der späteren vertraglichen Bindung, sondern konsequenterweise nur der jeweilige Einheitspreis in einer bestimmten Position. Kommt es während der Bauabwicklung zu Streitigkeiten zwischen Auftraggeber und Auftragnehmer betreffend die Leistungen aus einer bestimmten Position, so bleiben demzufolge alle anderen Einheitspreise der anderen Positionen unberührt. Auch im Rahmen der Abrechnung hat das Einheitspreismodell die Konsequenz, dass für jede Position eines Leistungsverzeichnisses die Vergütung nach der tatsächlich ausgeführten, regelmäßig am Ende einer Maßnahme durch Aufmass ermittelten Leistung und dem dafür vereinbarten Einheitspreis abgerechnet wird. Das führt in der Praxis dazu, dass bisweilen der Gesamtangebotspreis, der im Wettbewerb des Vergabeverfahrens eine bedeutende Rolle gespielt und gerade noch die Bieterrangfolge bestimmt hat, nichts mehr mit dem schlussendlich abgerechneten Preis einer Maßnahme zu tun haben muss.

87

cc) Pauschalpreisvertrag

Davon bildet bereits der Pauschalpreisvertrag nach § 4 Abs. 1 Nr. 2 VOB/A eine erste Ausnahme. Danach können die geschuldeten Bauleistungen auch pauschal vergütet werden, dies allerdings nur dann, wenn die Leistung Ausführungsart und -umfang genau bestimmt sind und mit einer Änderung im Rahmen der Ausführung nicht mehr zu rechnen ist. Wann wiederum eine genaue

88

---

131 Vgl. dazu Ingenstau/Korbion/*Schranner*, § 4 Rn. 5.

Bestimmung von Art und Umfang der Bauleistung vorliegt, lässt sich aufgrund der Vielfältigkeiten baulicher Verhältnisse und Gestaltungen nur dahingehend verallgemeinern, dass dies die genaue Festlegung aller baulichen Maßnahmen und auch deren Umfang erfordert. Dass bereits dies häufig nicht möglich ist, liegt auf der Hand. Als noch problematischer erweist sich die weitere Zulässigkeitsvoraussetzung für einen Pauschalpreisvertrag, der zu Folge nämlich mit einer Änderung weder der Ausführungsart noch des Leistungsumfangs gerechnet werden darf. Zwar reicht es aus, wenn sich darüber der Auftraggeber konkrete und auch nachvollziehbare Gedanken gemacht hat mit der Folge, dass Unvorhergesehenes nicht per se zur Unzulässigkeit des Pauschalpreisvertrages führt. Wenn allerdings Art und Inhalt der Maßnahme tendenziell dazu neigen, auch unvorhergesehene Leistungen zu erfordern, scheidet die Vergütungsgestaltung durch Pauschalpreisvertrag im Grunde schon aus. Es können dies rechtliche Unwägbarkeiten sein, wie etwa offene Fragen noch zu erteilender Baugenehmigungen oder naturschutzrechtlicher Eingriffsbefugnisse, und es können dies tatsächliche Verhältnisse vor Ort sein, etwa nicht abschließend geklärte Baugrund- oder Wasserführungsbedingungen. Dass auch in solchen Fällen der Auftraggeber in der Lage ist bzw. in der Lage sein muss, ein Leistungsverzeichnis zu erstellen, rechtfertigt nicht die Annahme, dass demzufolge auch die Art der Ausführung und deren Umfang sich voraussichtlich nicht mehr ändern werden. Aufgrund der für beide Seiten des Bauvertrages durch eine Pauschalpreisgestaltung entstehenden Risiken bleibt diese eine Vergütungsvariante, die in der Praxis sehr häufig streitbefangen ist. Darüber hilft auch eine zusätzliche Differenzierung zwischen einem sogenannten Detailpauschalvertrag und einem Globalpauschalvertrag im Ergebnis nicht hinweg.[132] Für den Detailpauschalvertrag ist eine konkrete und detaillierte Leistungsbeschreibung typisch, auf deren Grundlage alleine die Vergütung pauschaliert wird. Demgegenüber pauschaliert der Globalpauschalvertrag mehr als »nur« die Vergütung. Er beschreibt inhaltlich die zu erbringende Bauleistung und gibt lediglich die dabei zu beachtenden funktionalen Kriterien vor, die anschließend erbracht werden müssen. Das zwingt den Auftragnehmer notwendigerweise dazu, den nur grob vorgegebenen Leistungsinhalt selbst zu ergänzen und zu konkretisieren. Nicht selten neigen öffentliche Auftraggeber dazu, sehr detaillierte Leistungsvorgaben zu machen, um sich sodann zusätzlich durch eine sogenannte Kompletttheitsklausel des Inhalts abzusichern, dass sowohl die detailliert vorgegebenen wie auch alle weiteren, im Übrigen für die zu erbringende Leistung notwendigen Arbeiten für eine Pauschalsumme zu erbringen sind. Für eine solche Konstellation hat das Oberlandesgericht Koblenz[133] entschieden, dass im Zweifel die detaillierte Leistungsbeschreibung vorgeht und eine darüber hinaus gehende Pauschalierung des Leistungsumfangs nur ausnahmsweise möglich ist.[134] Damit ist es also nicht möglich, im Sinne einer Meistbegünstigungsklausel der Pauschalpreisabrede im Zweifel den Vorrang zuzuweisen; das Gegenteil ist der Fall. Der öffentliche Auftraggeber muss sich bereits im Rahmen des Vergabeverfahrens klar und eindeutig für die eine oder die andere Vertragsvariante entscheiden.

89 Ergänzend ist in diesem Zusammenhang auf eine Regelung aus dem Recht der Leistungsbeschreibung, § 7 Abs. 1 Nr. 4 VOB/A, hinzuweisen. Mit der Neufassung der VOB/A 2009 wurde vorgesehen, dass Bedarfspositionen »grundsätzlich« nicht mehr zulässig sind, und dass sogenannte angehängte Stundenlohnarbeiten nur noch in einem unbedingt erforderlichen Umfang in eine Leistungsbeschreibung aufgenommen werden dürfen. Bedarfspositionen haben seit jeher zu verzerrten Wettbewerbsergebnissen geführt. Sie gehen im Grunde genommen auf ein Defizit beim Auftraggeber in Bezug auf dessen Verpflichtung zurück, nach § 7 Abs. 1 Nr. 1 VOB/A die Leistung eindeutig und erschöpfend zu beschreiben. Oftmals wird versucht, ungewisse Bauereignisse, die gleichermaßen möglich wie unwahrscheinlich sind, rein vorsorglich durch Bedarfspositionen zu erfassen und dergestalt den Bieter an eine Preisvorgabe zu binden. Damit soll zugleich das Nachtragsrisiko minimiert werden. Diese Vorgehensweise wirkt sich insoweit wettbewerbsverzer-

---

132 Vgl. dazu den »Erfinder« dieser Differenzierung, *Kapellmann*, in: Kapellmann/Messerschmidt, § 4 Rn. 28.
133 IBR 2010, 313.
134 Vgl. dazu auch BGH, BauR 2008, 1131.

rend aus, als sich dadurch der Auftraggeber erspart, das Leistungssoll exakt und so erschöpfend, wie möglich, vorzugeben. Es würde der Klarheit und der Nachvollziehbarkeit der eben beschriebenen Vertragstypen widersprechen, hätte man im bisher üblichen Umfang auch weiterhin Bedarfspositionen zugelassen. Entsprechendes gilt für Stundenlohnarbeiten, die zwar nicht gänzlich ausgeschlossen, aber nur noch ausnahmsweise vorgesehen werden sollen. Mit anderen Worten: auch durch § 7 Abs. 1 Nr. 4 VOB/A soll der öffentliche Auftraggeber diszipliniert und dazu angehalten werden, möglichst konkrete, detaillierte und erschöpfende Leistungsvorgaben zu machen.

b) **Leistungsbeschreibung und Leistungsverzeichnis, § 7 VOB/A**

§ 7 Leistungsbeschreibung

Allgemeines

(1)
1. *Die Leistung ist eindeutig und so erschöpfend zu beschreiben, dass alle Bewerber die Beschreibung im gleichen Sinne verstehen müssen und ihre Preise sicher und ohne umfangreiche Vorarbeiten berechnen können.*
2. *Um eine einwandfreie Preisermittlung zu ermöglichen, sind alle sie beeinflussenden Umstände festzustellen und in den Vergabeunterlagen anzugeben.*
3. *Dem Auftragnehmer darf kein ungewöhnliches Wagnis aufgebürdet werden für Umstände und Ereignisse, auf die er keinen Einfluss hat und deren Einwirkung auf die Preise und Fristen er nicht im Voraus schätzen kann.*
4. *Bedarfspositionen sind grundsätzlich nicht in die Leistungsbeschreibung aufzunehmen. Angehängte Stundenlohnarbeiten dürfen nur in dem unbedingt erforderlichen Umfang in die Leistungsbeschreibung aufgenommen werden.*
5. *Erforderlichenfalls sind auch der Zweck und die vorgesehene Beanspruchung der fertigen Leistung anzugeben.*
6. *Die für die Ausführung der Leistung wesentlichen Verhältnisse der Baustelle, z.B. Boden- und Wasserverhältnisse, sind so zu beschreiben, dass der Bewerber ihre Auswirkungen auf die bauliche Anlage und die Bauausführung hinreichend beurteilen kann.*
7. *Die »Hinweise für das Aufstellen der Leistungsbeschreibung« in Abschnitt 0 der Allgemeinen Technischen Vertragsbedingungen für Bauleistungen, DIN 18299 ff., sind zu beachten.*

(2) Bei der Beschreibung der Leistung sind die verkehrsüblichen Bezeichnungen zu beachten.

Technische Spezifikationen

(3) Die technischen Anforderungen (Spezifikationen – siehe Anhang TS Nummer 1) an den Auftragsgegenstand müssen allen Bewerbern gleichermaßen zugänglich sein.

(4) Die technischen Spezifikationen sind in den Vergabeunterlagen zu formulieren:
1. *entweder unter Bezugnahme auf die in Anhang TS definierten technischen Spezifikationen in der Rangfolge*
   a) *nationale Normen, mit denen europäische Normen umgesetzt werden,*
   b) *europäische technische Zulassungen,*
   c) *gemeinsame technische Spezifikationen,*
   d) *internationale Normen und andere technische Bezugssysteme, die von den europäischen Normungsgremien erarbeitet wurden oder,*
   e) *falls solche Normen und Spezifikationen fehlen, nationale Normen, nationale technische Zulassungen oder nationale technische Spezifikationen für die Planung, Berechnung und Ausführung von Bauwerken und den Einsatz von Produkten.*
   Jede Bezugnahme ist mit dem Zusatz »oder gleichwertig« zu versehen;
2. *oder in Form von Leistungs- oder Funktionsanforderungen, die so genau zu fassen sind, dass sie den Unternehmen ein klares Bild vom Auftragsgegenstand vermitteln und dem Auftraggeber die Erteilung des Zuschlags ermöglichen;*

3. oder in Kombination von Nummer 1 und Nummer 2, d.h.
   a) in Form von Leistungs- oder Funktionsanforderungen unter Bezugnahme auf die Spezifikationen gemäß Nummer 1 als Mittel zur Vermutung der Konformität mit diesen Leistungs- oder Funktionsanforderungen;
   b) oder mit Bezugnahme auf die Spezifikationen gemäß Nummer 1 hinsichtlich bestimmter Merkmale und mit Bezugnahme auf die Leistungs- oder Funktionsanforderungen gemäß Nummer 2 hinsichtlich anderer Merkmale.

(5) Verweist der Auftraggeber in der Leistungsbeschreibung auf die in Absatz 4 Nummer 1 genannten Spezifikationen, so darf er ein Angebot nicht mit der Begründung ablehnen, die angebotene Leistung entspräche nicht den herangezogenen Spezifikationen, sofern der Bieter in seinem Angebot dem Auftraggeber nachweist, dass die von ihm vorgeschlagenen Lösungen den Anforderungen der technischen Spezifikation, auf die Bezug genommen wurde, gleichermaßen entsprechen. Als geeignetes Mittel kann eine technische Beschreibung des Herstellers oder ein Prüfbericht einer anerkannten Stelle gelten.

(6) Legt der Auftraggeber die technischen Spezifikationen in Form von Leistungs- oder Funktionsanforderungen fest, so darf er ein Angebot, das einer nationalen Norm entspricht, mit der eine europäische Norm umgesetzt wird, oder einer europäischen technischen Zulassung, einer gemeinsamen technischen Spezifikation, einer Internationalen Norm oder einem technischen Bezugssystem, das von den europäischen Normungsgremien erarbeitet wurde, entspricht, nicht zurückweisen, wenn diese Spezifikationen die geforderten Leistungs- oder Funktionsanforderungen betreffen. Der Bieter muss in seinem Angebot mit geeigneten Mitteln dem Auftraggeber nachweisen, dass die der Norm entsprechende jeweilige Leistung den Leistungs- oder Funktionsanforderungen des Auftraggebers entspricht. Als geeignetes Mittel kann eine technische Beschreibung des Herstellers oder ein Prüfbericht einer anerkannten Stelle gelten.

(7) Schreibt der Auftraggeber Umwelteigenschaften in Form von Leistungs- oder Funktionsanforderungen vor, so kann er die Spezifikationen verwenden, die in europäischen, multinationalen oder anderen Umweltzeichen definiert sind, wenn
1. sie sich zur Definition der Merkmale des Auftragsgegenstands eignen,
2. die Anforderungen des Umweltzeichens auf Grundlage von wissenschaftlich abgesicherten Informationen ausgearbeitet werden,
3. die Umweltzeichen im Rahmen eines Verfahrens erlassen werden, an dem interessierte Kreise – wie z.B. staatliche Stellen, Verbraucher, Hersteller, Händler und Umweltorganisationen – teilnehmen können, und
4. wenn das Umweltzeichen für alle Betroffenen zugänglich und verfügbar ist.

Der Auftraggeber kann in den Vergabeunterlagen angeben, dass bei Leistungen, die mit einem Umweltzeichen ausgestattet sind, vermutet wird, dass sie den in der Leistungsbeschreibung festgelegten technischen Spezifikationen genügen. Der Auftraggeber muss jedoch auch jedes andere geeignete Beweismittel, wie technische Unterlagen des Herstellers oder Prüfberichte anerkannter Stellen, akzeptieren. Anerkannte Stellen sind die Prüf- und Eichlaboratorien sowie die Inspektions- und Zertifizierungsstellen, die mit den anwendbaren europäischen Normen übereinstimmen. Der Auftraggeber erkennt Bescheinigungen von in anderen Mitgliedstaaten ansässigen anerkannten Stellen an.

(8) Soweit es nicht durch den Auftragsgegenstand gerechtfertigt ist, darf in technischen Spezifikationen nicht auf eine bestimmte Produktion oder Herkunft oder ein besonderes Verfahren oder auf Marken, Patente, Typen eines bestimmten Ursprungs oder einer bestimmten Produktion verwiesen werden, wenn dadurch bestimmte Unternehmen oder bestimmte Produkte begünstigt oder ausgeschlossen werden. Solche Verweise sind jedoch ausnahmsweise zulässig, wenn der Auftragsgegenstand nicht hinreichend genau und allgemein verständlich beschrieben werden kann; solche Verweise sind mit dem Zusatz »oder gleichwertig« zu versehen.

Leistungsbeschreibung mit Leistungsverzeichnis

(9) Die Leistung ist in der Regel durch eine allgemeine Darstellung der Bauaufgabe (Baubeschreibung) und ein in Teilleistungen gegliedertes Leistungsverzeichnis zu beschreiben.

(10) Erforderlichenfalls ist die Leistung auch zeichnerisch oder durch Probestücke darzustellen oder anders zu erklären, z.B. durch Hinweise auf ähnliche Leistungen, durch Mengen- oder statische Berechnungen. Zeichnungen und Proben, die für die Ausführung maßgebend sein sollen, sind eindeutig zu bezeichnen.

(11) Leistungen, die nach den Vertragsbedingungen, den Technischen Vertragsbedingungen oder der gewerblichen Verkehrssitte zu der geforderten Leistung gehören (§ 2 Abs. 1 VOB/B), brauchen nicht besonders aufgeführt zu werden.

(12) Im Leistungsverzeichnis ist die Leistung derart aufzugliedern, dass unter einer Ordnungszahl (Position) nur solche Leistungen aufgenommen werden, die nach ihrer technischen Beschaffenheit und für die Preisbildung als in sich gleichartig anzusehen sind. Ungleichartige Leistungen sollen unter einer Ordnungszahl (Sammelposition) nur zusammengefasst werden, wenn eine Teilleistung gegenüber einer anderen für die Bildung eines Durchschnittspreises ohne nennenswerten Einfluss ist.

Leistungsbeschreibung mit Leistungsprogramm

(13) Wenn es nach Abwägen aller Umstände zweckmäßig ist, abweichend von Abs. 9 zusammen mit der Bauausführung auch den Entwurf für die Leistung dem Wettbewerb zu unterstellen, um die technisch, wirtschaftlich und gestalterisch beste sowie funktionsgerechteste Lösung der Bauaufgabe zu ermitteln, kann die Leistung durch ein Leistungsprogramm dargestellt werden.

(14)
1. *Das Leistungsprogramm umfasst eine Beschreibung der Bauaufgabe, aus der die Bewerber alle für die Entwurfsbearbeitung und ihr Angebot maßgebenden Bedingungen und Umstände erkennen können und in der sowohl der Zweck der fertigen Leistung als auch die an sie gestellten technischen, wirtschaftlichen, gestalterischen und funktionsbedingten Anforderungen angegeben sind, sowie gegebenenfalls ein Musterleistungsverzeichnis, in dem die Mengenangaben ganz oder teilweise offen gelassen sind.*
2. *Die Absätze 10 bis 12 gelten sinngemäß.*

(15) Von dem Bieter ist ein Angebot zu verlangen, das außer der Ausführung der Leistung den Entwurf nebst eingehender Erläuterung und eine Darstellung der Bauausführung sowie eine eingehende und zweckmäßig gegliederte Beschreibung der Leistung – gegebenenfalls mit Mengen und Preisangaben für Teile der Leistung – umfasst. Bei Beschreibung der Leistung mit Mengen- und Preisangaben ist vom Bieter zu verlangen, dass er
1. *die Vollständigkeit seiner Angaben, insbesondere die von ihm selbst ermittelten Mengen, entweder ohne Einschränkung oder im Rahmen einer in den Vergabeunterlagen anzugebenden Mengentoleranz vertritt, und dass er*
2. *etwaige Annahmen, zu denen er in besonderen Fällen gezwungen ist, weil zum Zeitpunkt der Angebotsabgabe einzelne Teilleistungen nach Art und Menge noch nicht bestimmt werden können (z.B. Aushub-, Abbruch- oder Wasserhaltungsarbeiten) – erforderlichenfalls anhand von Plänen und Mengenermittlungen – begründet.*

aa) Allgemeine Vorgaben

Die Leistungsbeschreibung stellt das Herzstück einer jeden öffentlichen Ausschreibung dar, sei es einer europaweiten, sei es einer lediglich nationalen, sei es einer solchen nach der VOB/A, oder sei es einer solchen nach der VOL/A bzw. der VOF. Stets geht es an dieser Stelle darum, das Gewollte, im Bauvertrag das Bausoll, so klar und erschöpfend wie möglich zu beschreiben und für den späteren Leistungsaustausch festzuschreiben. Nur auf der Grundlage vollständiger und möglichst eindeutiger Leistungsbeschreibungen ist ein vergleichender Wettbewerb zwischen Bietern möglich. Jeder Beteiligte eines Bauvergabeverfahrens, sei es auf Auftraggeberseite, sei es auf Bieterseite, verfügt demzufolge über einschlägige Erfahrungen mit nicht diesen Vorgaben entsprechenden Leistungsbeschreibungen. Selbst wenn man sich im Vergabeverfahren noch über entsprechende Mängel irgendwie hinweg hilft, so schlagen diese doch spätestens bei der Vertragsausführung durch und benachteiligen entweder den Auftragnehmer oder aber den Auftraggeber. Mangelhafte Leistungsbeschreibungen sind die Ursachen zahlreicher Bauprozesse und Nachtragsstreitigkeiten, weshalb den Regelungen in § 7 VOB/A gar nicht genug Bedeutung beigemessen werden kann. Dabei könnte alles so einfach sein. § 7 Abs. 1 Nr. 1 VOB/A gibt in seltener Klarheit vor, dass die Leistung eindeutig und so erschöpfend zu beschreiben ist, dass alle Bewerber die Beschreibung im gleichen Sinne verstehen müssen und ihre Preise sicher und ohne umfangreiche Vorarbeiten berechnen können. Im Grunde genommen könnte sich § 7 VOB/A mit dieser Vorschrift begnügen, denn sie beinhaltet in Wahrheit all dasjenige, was in den nachfolgenden zahlreichen Absätzen noch detaillierter vorgeschrieben wird. Sonderregelungen wären vor dem Hintergrund des § 7 Abs. 1 Nr. 1 VOB/A eigentlich nur noch für funktionale Ausschreibungen vonnöten, alles andere ist bereits gesagt. Gleichwohl, als ob es den Verfassern der VOB/A ein besonderes Anliegen gewesen wäre, über die Grundvorgaben hinaus weitere Betonungen auf das Erfordernis einer klaren und erschöpfenden Leistungsbeschreibung zu legen, regeln die weiteren Absätze explizit und umfangreich Selbstverständlichkeiten. § 7 Abs. 1 Nr. 2 VOB/A hält fest, dass alle die Preisermittlung beeinflussenden Umstände in der Leistungsbeschreibung festzustellen und anzugeben sind. Diese Regelung hat neben dem Grundsatz aus § 7 Abs. 1 Nr. 1 VOB/A keine eigenständige Bedeutung. Auch § 7 Abs. 1 Nr. 3 – Nr. 6 VOB/A ergänzen die allgemeine und grundlegende Pflicht des Auftraggebers aus § 7 Abs. 1 Nr. 1 VOB/A und sind in diesem Sinne mehr oder weniger Auslegungshilfen. Denn bei den Vorgaben, eine Leistung eindeutig und erschöpfend zu beschreiben, damit sie von allen Bietern im gleichen Sinne verstanden wird, handelt es sich um auslegungsbedürftige Begriffe. Der Maßstab der Auslegung ist die Sichtweise eines verständigen, hinreichend fachkundigen und mit Leistungen der ausgeschriebenen Art vertrauten Bieters, der neben dem Text der Leistungsbeschreibung auch die übrigen relevanten Umstände des konkreten Bauvorhabens, welches verwirklicht werden soll, im Blick hat.[135] Kommt es hier und damit in einer frühen Phase des Vergabeverfahrens zu Meinungsverschiedenheiten zwischen Bietern und Auftraggebern, so ist den Bietern auch mit Blick auf die Verpflichtungen aus dem durch die Ausschreibung begründeten vorvertraglichen Schuldverhältnis zu empfehlen, durch Nachfragen bei dem Auftraggeber um Klarstellungen zu bitten. Taktieren und »auf Lücke setzen« ist riskant, denn im Falle einer späteren gerichtlichen Auseinandersetzung werden zwar die beschriebenen, hohen Anforderungen an die Leistungsbeschreibung und deren Inhalt angelegt. Allerdings wird auch geprüft, wie der hinreichend sachkundige und verständige Bieter den angeblich unklaren Inhalt einer Leistungsbeschreibung hätte verstehen müssen. Darin liegt das Risiko für denjenigen Auftraggeber, der zwar Ungenauigkeiten oder gar klare Fehler in der Leistungsbeschreibung erkennt, diese aber nicht vor Angebotsabgabe klären lässt, um anschließend gegebenenfalls Nachträge generieren zu können. Hätte er die später geltend gemachten Ungenauigkeiten oder Lücken in der Leistungsbeschreibung erkennen können, so wird er mit der gegenteiligen Behauptung scheitern müssen. Es »lohnt« sich also auch für den Auftragnehmer, rechtzeitig für Klarheit zu sorgen. Nur dann, wenn die Auslegung und das Verständnis einer Leistungsbeschreibung aus der Sicht eines fachkundigen Bieters Unklarheiten oder Widersprüche bestehen lässt, gehen diese zu Lasten des Auftraggebers.[136]

91 Aus den detaillierten Anforderungen an den Inhalt einer Leistungsbeschreibung, wie sie sich aus § 7 Abs. 1 Nr. 1 – Nr. 6 VOB/A ergeben, lässt sich auch schlussfolgern, dass es gleichermaßen weit verbreitet wie vergaberechtlich verfehlt ist, anzunehmen, Bieter seien »im Zweifel« verpflichtet, sich an Ort und Stelle der vorgesehenen Baumaßnahme einen eigenen Eindruck von den Ver-

---

135 Vgl. zur Auslegung von Verdingungsunterlagen allgemein BGH, VergabeR 2008, 782.
136 Vgl. *Dicks*, Rn. 19.

hältnissen an der Baustelle zu machen, vor Angebotsabgabe also eine Ortsbesichtigung vorzunehmen. Eine solche Verpflichtung gibt es nicht. Sie würde angesichts des Umstandes, dass die beschriebenen Pflichten für den Auftraggeber gleichermaßen nationale wie europaweite Vergabeverfahren betreffen, zu unzumutbaren Belastungen auf Bieterseite führen. Es kann von einem Bieter nicht verlangt werden, etwa durch halb Europa zu reisen, um sich die örtlichen Begebenheiten einer künftigen Autobahnbaustelle anzusehen. Die beste Ortskenntnis hat die Vergabestelle selbst, und sie muss alle Mühe obwalten lassen, um die relevanten Umstände und Verhältnisse einer Baustelle in den Verdingungsunterlagen, konkret in der Leistungsbeschreibung, abzubilden. Auch eine »salvatorische Klausel« dahingehend, dass die Bieter im Zweifel und bei Unklarheiten der Leistungsbeschreibung verpflichtet sein sollen, sich selbst an Ort und Stelle ein Bild zu machen, ist vergaberechtlich gänzlich nutzlos. Einer solchen Auffangklausel muss der Bieter keine Beachtung schenken. Schon gar nicht muss er sich darauf verweisen lassen, selbst vor Ort Aufklärung zu betreiben, wenn er Erläuterungen und Klarstellungen zu Lücken oder Widersprüchen in der Leistungsbeschreibung erbittet. Für einen in der Praxis besonders wichtigen Aspekt, nämlich die relevanten Boden- bzw. Wasserhaltungsverhältnisse, sieht § 7 Abs. 1 Nr. 6 VOB/A gar ausdrücklich vor, dass deren vollständige und erschöpfende Darlegung Sache des Auftraggebers ist. Das hat unmittelbare Auswirkungen für spätere Bauausführungsschwierigkeiten, die auf solche Erschwernisse zurückgehen. Der Bieter und spätere Auftragnehmer darf sich auf die Angaben dazu in den Verdingungsunterlagen schlicht verlassen. Er hat nicht die Pflicht, selbst vor Ort die Richtigkeit der Angaben des öffentlichen Auftraggebers zu überprüfen.

bb) Konstruktive Leistungsbeschreibung, § 7 Abs. 9–12 VOB/A

Neben diesen allgemeinen Anforderungen an die Leistungsbeschreibung differenziert § 7 VOB/A sodann zwischen zwei Arten von Leistungsbeschreibungen, nämlich der sogenannten konstruktiven Leistungsbeschreibung[137] nach § 7 Abs. 9–12 VOB/A und der funktionalen Leistungsbeschreibung nach § 7 Abs. 13–15 VOB/A. Aus § 7 Abs. 9 VOB/A ergibt sich, dass die konstruktive Leistungsbeschreibung, die in der weit überwiegenden Zahl der Bauausschreibungen zur Anwendung kommt, aus zwei Teilen besteht, nämlich aus einer allgemeinen Darstellung der Bauaufgabe (Baubeschreibung) und einem in Teilleistungen gegliederten Leistungsverzeichnis. Diese Unterlagen werden gegebenenfalls ergänzt durch Zeichnungen, statische Berechnungen oder andere Hilfsmittel. Während § 7 VOB/A keine weitergehenden Vorgaben für die Baubeschreibung macht, wird indessen in § 7 Abs. 12 VOB/A für das Leistungsverzeichnis vorgegeben, dass dieses in der bekannten Art und Weise aufzugliedern ist. Demgegenüber sind in der Baubeschreibung die allgemeinen Angaben zum Verständnis der Bauaufgabe und zu den Preisermittlungsgrundlagen zu machen. Das sind in der Regel eine genaue Beschreibung der Lage und örtlichen Gegebenheiten der Baustelle, der Verkehrsverhältnisse und der Erschließungssituation, Angaben über die gegebenenfalls gleichzeitig laufenden Arbeiten, aber auch über den Zweck und den vorgesehenen Nutzungszweck der fertigen Anlage sowie gegebenenfalls an diese besonders gestellte Anforderungen. 92

cc) Widersprüche zwischen Leistungsverzeichnis und Baubeschreibung

In der Praxis kommt es nicht selten zu Widersprüchen zwischen den jeweiligen Bestandteilen einer konstruktiven Leistungsbeschreibung, nämlich zwischen dem Leistungsverzeichnis einerseits und der textlichen Baubeschreibung andererseits. Es ist nach wie vor noch nicht abschließend geklärt, was hier im Zweifel vorgeht. § 1 Abs. 2 VOB/B gibt darauf keine befriedigende Antwort, weil dort lediglich der Vorrang der Leistungsbeschreibung vor den besonderen oder zusätzlichen (technischen) Vertragsbedingungen geregelt ist. Herrschend dürfte allerdings der Standpunkt sein, dass im Zweifel das detaillierte Leistungsverzeichnis vorgeht und eine dort niedergelegte Regelung 93

---

137 Vgl. dazu *Dicks*, Rn. 21.

vor einer gegebenenfalls anders lautenden Vorgabe in der Baubeschreibung zu beachten ist.[138] Es wird, wie so oft, letztlich auf den Einzelfall ankommen müssen. Tendenziell ist das Leistungsverzeichnis detaillierter als die Baubeschreibung mit der Folge, dass sie in der Regel die genaueren Vorgaben macht. Diese genauen Anforderungen an die Leistung sind dem Auftraggeber vollständig zuzuschreiben. Er trägt dafür die Verantwortung. Es dürfte deshalb nur in seltenen Ausnahmefällen möglich sein, abweichend von diesen detaillierten Vorgaben auf eine im Zweifel allgemeinere Baubeschreibung abzustellen, um einen Widerspruch zwischen dieser und dem detaillierten Leistungsverzeichnis aufzulösen.

dd) Widersprüche zwischen Leistungsverzeichnis und Plänen

94   Klarer liegen die Dinge bezüglich des Rangverhältnisses zwischen Leistungsverzeichnis und etwaigen Plänen, welche das Leistungsverzeichnis ergänzen sollen. Da es sich dabei nach § 7 Abs. 10 VOB/A um Hilfsmittel handelt, welche die Leistung auch zeichnerisch darstellen oder erklären sollen, gilt hier, dass dem Leistungsverzeichnis in der Regel der Vorrang zukommt.[139] Damit wird auch der praktischen Wahrnehmung dieser Unterlagen entsprochen. Der Bieter orientiert sich bei der Ermittlung des Leistungssolls in allererster Linie an den Vorgaben des Leistungsverzeichnisses und zieht beigefügte Pläne und Zeichnungen als Hilfsmittel heran, geht aber in seiner Wahrnehmung im Zweifel von der Verbindlichkeit des Leistungsverzeichnisses aus. Dies Praxis würde unnötig verkompliziert, wollte man, mit welcher Begründung auch immer, nun plötzlich für eine andere Reihenfolge der Maßgeblichkeit dieser Unterlagen zur Auflösung von Widersprüchen eintreten.

ee) Gebot der produktneutralen Ausschreibung; Leistungsbestimmungsrecht

95   Insbesondere für die konstruktive Leistungsbeschreibung ist eine weitere vergaberechtliche Anforderung von besonderer Bedeutung, nämlich diejenige der produktneutralen Ausschreibung. Die entsprechende Verpflichtung der öffentlichen Auftraggeber lässt sich aus einer ganzen Reihe von Regelungen des § 7 VOB/A entnehmen, konkret aus § 7 Abs. 2–5 und Abs. 8 VOB/A. Soweit es demnach nicht durch den Auftragsgegenstand im Einzelfall gerechtfertigt ist, darf in technischen Spezifikationen einer Ausschreibung nicht auf eine bestimmte Produktion oder Herkunft oder auf ein besonderes Verfahren, auf Marken, Patente, Typen eines bestimmten Ursprungs oder auf eine bestimmte Produktion verwiesen werden, wenn dadurch bestimmte Unternehmen oder bestimmte Produkte begünstigt oder ausgeschlossen werden; § 7 Abs. 8 S. 1 VOB/A. Ist eine solche Vorgehensweise im Ausnahmefall unumgänglich, dann sind derartige Verweise zulässig, aber zwingend mit dem den Wettbewerb öffnenden Zusatz »oder gleichwertig« zu versehen. Ein solcher Ausnahmefall, also der Hinweis auf bestimmte Produkte oder Hersteller respektive auf explizite Bezugsquellen, ist nur dann statthaft, wenn der Auftragsgegenstand nicht hinreichend genau und allgemein verständlich beschrieben werden kann.[140] Wohl gemerkt: Die Verpflichtung des öffentlichen Auftraggebers, produktneutral auszuschreiben, hat nichts mit dem Bestimmungsrecht über den gewünschten Inhalt der geforderten Leistung zu tun. Die Freiheit des öffentlichen Auftraggebers, Inhalt, Form und Ausmaß sowie die Funktionalitäten der von ihm gewünschten Leistungen entsprechend seinen Erfordernissen vorzugeben, wird bei richtiger Handhabung des Gebotes der produktneutralen Ausschreibung nicht beeinträchtigt, sondern allenfalls und in einem vertretbaren Maß beeinflusst. Denn einer jeden öffentlichen Ausschreibung geht zwingend die klare und abschließende Bedarfsfestlegung des Auftraggebers voraus. Er muss Ausschreibungsreife

---

138 So *Dicks*, Rn. 28; Ingenstau/Korbion, § 1 Abs. 2 Rn. 5; Kapellmann/Messerschmidt, § 1 Rn. 43.
139 Wie hier tendenziell auch Kapellmann/Messerschmidt, § 1 Rn. 44; a.A. wohl Ingenstau/Korbion, § 1 Abs. 2 Rn. 14.
140 Vgl. zu den Grundanforderungen einer produktneutralen Ausschreibung OLG Jena, VergabeR 2007, 220; OLG Düsseldorf, VergabeR 2010, 277; OLG Koblenz, Beschl. v. 09.07.2009 – 1 Verg 7/09, ibr-online.

herstellen und in der Lage sein, den hohen Anforderungen an die Bestimmtheit und die Konkretisierung eines Leistungsverzeichnisses zu genügen. Diesen Maßstäben kann der Auftraggeber nur gerecht werden, wenn er sich vor dem Eintritt in ein Vergabeverfahren ein klares und tunlichst abschließendes Bild von demjenigen gemacht hat, was er im Wettbewerb nachzufragen gedenkt. Es liegt auf der Hand, dass er sich in dieser Phase der Vorbereitung eines Vergabeverfahrens weitestgehend festlegen muss, weil er anderenfalls in Konflikt mit den Vorgaben einer klaren und bestimmten sowie in jeder Hinsicht eindeutigen Leistungsbeschreibung gerät. Legt er sich aber fest, so kann dies mittelbar faktisch zu einer Einschränkung auf der Nachfrageseite dahingehend führen, dass für die konkret gewünschten, sachgerecht ausgewählten und vorgegebenen Leistungsinhalte nur ein bestimmtes Bieterfeld in Betracht kommt. Entscheidet sich ein öffentlicher Auftraggeber beispielsweise unter sachlichen Gesichtspunkten für eine bestimmte Fassadengestaltung mit einem ganz bestimmten Material, etwa für eine aufwendige Keramikfassade, dann wird diese Vorentscheidung vergaberechtlich akzeptiert und nicht etwa deshalb in Zweifel gezogen, weil es auf dem durch die Vorauswahl angesprochenem Markt nur ein sehr begrenztes Bieterfeld gibt. Selbst wenn es in diesem Fallbeispiel nur noch ein Unternehmen geben würde, welches die nachgefragte Leistung entsprechend den konkreten Anforderungen erbringen könnte, so würde dies vergaberechtlich nicht dazu führen, dass der öffentliche Auftraggeber seine Gestaltungswünsche aufgeben müsste. Dies wohl gemerkt vergaberechtlich gesehen – ob der Auftraggeber in einem solchen Fall haushaltsrechtlich einwandfrei handelt, er also die ihm anvertrauten öffentlichen Mitteln sparsam und wirtschaftlich verwaltet, ist eine andere Frage, die sich aber vergaberechtlich nicht einmal ansatzweise stellt, und die insbesondere nicht von einem im Einzelfall übergangenen Wettbewerber dazu genutzt werden kann, dem öffentlichen Auftraggeber eine andere Art und Weise der Bauausführung aufzuzwingen. Nur dann, wenn es an sachgerechten oder überhaupt nachvollziehbaren Erwägungen für bestimmte Leistungsanforderungen gänzlich fehlt, kann der Schluss nahe liegen, dass es einem öffentlichen Auftraggeber um eine Wettbewerbslenkung geht, und zwar nur um eine solche. Auch wenn der Nachweis solchen Verhaltens im Einzelfall schwer fallen dürfte, so wäre doch dann die Grenze der Gestaltungsfreiheit und des Bestimmungsrechts des Auftraggebers überschritten.[141]

Dies zeigt, dass das Gebot der produktneutralen Ausschreibung einen anderen vergaberechtlichen Standort hat. Es setzt nämlich in seiner Anwendung voraus, dass sich der öffentliche Auftraggeber im Hinblick auf den gewünschten Leistungsinhalt bereits festgelegt hat und sich nicht etwa durch die Ausgestaltung des Wettbewerbs und der erwarteten Angebote noch festlegen lässt. Hat er sich festgelegt, dann treffen ihn die Verpflichtungen aus § 7 Abs. 2–5 und Abs. 8 VOB/A. Diese sehen vor, dass die nachgefragte Leistung so produkt- und wettbewerbsneutral, wie möglich, nachzufragen ist, nämlich in erster Linie anhand technischer Spezifikationen, die allen Bewerbern gleichermaßen zugänglich sind (§ 7 Abs. 3 VOB/A), wobei es auch hier eine innere Rangfolge zwischen nationalen Normen, europäischen technischen Zulassungen, gemeinsamen technischen Spezifikationen, sonstigen internationalen Normen und rein nationalen Normen und Spezifikationen bzw. technische Zulassungen gibt, deren Rangfolge freilich wiederum durch § 7 Abs. 4 Nr. 1 S. 2 VOB/A erheblich relativiert wird. Dort heißt es nämlich, dass jede Bezugnahme auf derartige Regelwerke stets mit dem Zusatz »oder gleichwertig« zu versehen ist. Das ist auch der Grund dafür, dass im Kern die Rangfolge der Vorgabe technischer Spezifikationen und Normen im Leistungsverzeichnis kaum noch als solche eine Rolle spielt, weil es dem Bieter freigestellt ist, sich auf gleichwertige technische Vorgaben zu beziehen. Die Konsequenz dieser Möglichkeit regelt § 7 Abs. 5 VOB/A. Verweist nämlich der Auftraggeber in der Leistungsbeschreibung auf die in § 7 Abs. 4 Nr. 1 VOB/A genannten (technischen) Spezifikationen, dies wohl gemerkt unter Bezugnahme auf den Zusatz »oder gleichwertig« (§ 7 Abs. 4 Nr. 1 S. 2 VOB/A), so darf er anschließend ein Angebot nicht mit der Begründung ablehnen, die angebotene Leistung entspreche nun nicht den herangezogenen Spezifikationen, wenn der Bieter nachweist, dass die von ihm vorgeschlagene

---

141 Vgl. dazu das Beispiel bei OLG Düsseldorf, VergabeR 2010, 277.

Lösung den Anforderungen der vorgegebenen technischen Spezifikationen gleichermaßen entspricht. Es handelt sich dabei um eine Fall der gleichwertigen Nachweisführung, die über jedes geeignete Mittel, z.B. durch eine technische Beschreibung des Herstellers oder den Prüfbericht einer anerkannten Stelle, geführt werden kann; § 7 Abs. 5 S. 2 VOB/A. Mit dieser vollständigen Öffnung der technischen Nachweisführung korrespondiert § 7 Abs. 6 VOB/A in Bezug auf Leistungs- oder Funktionsvorgaben nach § 7 Abs. 4 Nr. 2 und Nr. 3 VOB/A.

97 In der praktischen Konsequenz erleichtern diese Regelungen den Auftraggebern die konkrete Ausschreibung technischer Anforderungen anhand bestimmter Normen und Spezifikationen, machen also Vergabeverfahren an dieser Stelle weniger fehlerträchtig. In gleichem Maße, wie dies geschieht, wächst den Bietern die Aufgabe zu, im Falle der von ihnen nicht gewollten oder auch nicht gekonnten strikten Beachtung dieser technischen Vorgaben alternative Nachweisführungen zu erbringen, die allerdings in jeder Hinsicht gleichwertig sein müssen. Diese Gleichwertigkeit betrifft noch nicht die Leistung als solche, sondern alleine die Art und Weise der Nachweisführung. Bieter, die sich darauf einlassen, werden also sorgfältig prüfen müssen, welche Aussagen und Feststellungen die in den Verdingungsunterlagen gewünschten technischen Spezifikationen und Normen exakt aufstellen, um sicherzustellen, dass die alternativen Nachweisführungen nicht hinter diesen Aussagen und Feststellungen zurückbleiben. Dem Praktiker ist bekannt, dass Prüfzeugnis nicht gleich Prüfzeugnis ist, mag auch die Überschrift jeweils identisch sein. Wichtig ist, dass sich die Aussagekraft abweichender bzw. alternativer technischer Nachweisführungen mit derjenigen der geforderten vollständig deckt.

98 Schreibt vor diesem Hintergrund der öffentliche Auftraggeber nicht produktneutral aus, gibt es also für eine produktspezifische Nachfrage keine sachlich nachvollziehbaren Gründe, dann führt dies in aller Regel zu einem schweren Mangel der Leistungsbeschreibung, der nur durch eine grundlegende Überarbeitung derselben, oftmals nur durch eine Aufhebung nach § 17 Abs. 1 Nr. 2 VOB/A zu beheben ist.

ff) Funktionale und teilfunktionale Leistungsbeschreibung, § 7 Abs. 13–15

99 In diesem Zusammenhang stellt die ganz anderen Zwecken dienende funktionale Leistungsbeschreibung nach § 7 Abs. 13–15 VOB/A eine Alternative dar, von denen die öffentlichen Auftraggeber vergleichsweise selten Gebrauch machen. Sie ist dadurch gekennzeichnet, dass dem Bieter nicht nur durch konkrete Vorgaben die Bauausführung, sondern zugleich auch vorgelagerte Planungsleistungen aufgegeben werden. § 7 Abs. 13 VOB/A stellt eine solche Verfahrensweise in das Ermessen des Auftraggebers, indem dort formuliert wird, dass die funktionale Leistungsbeschreibung nach Abwägen aller Umstände zweckmäßig sein soll bzw. muss. Es setzt dies eine Abwägung der im Einzelfall vorliegenden Umstände voraus, wobei festzustellen sein muss, dass diese Art und Weise der Ausschreibung insbesondere auch verhältnismäßig ist.[142] Denn sie überantwortet dem Bieter konzeptionelle Planungsleistungen, die ansonsten dem Auftraggeber obliegen und von diesem auch beherrscht werden müssen. Das zeigt gerade § 7 Abs. 1 Nr. 1 VOB/A. Eine solche Ausschreibungsvariante entbindet den öffentlichen Auftraggeber jedoch nicht davon, bestimmte Mindestanforderungen an die Bestimmtheit der Vorgaben, an das Leistungsziel und der wesentlichen Funktionalitäten selbst vorzugeben. Ebenso wenig befreit ihn dies davon, eindeutige und nachweisbare Zuschlagskriterien zu bestimmen. Das folgt unmittelbar aus § 7 Abs. 14 Nr. 1 VOB/A, wonach das Leistungsprogramm eine Beschreibung der Bauaufgabe beinhalten muss, aus der sich die wesentlichen Bedingungen und Umstände der geforderten Entwurfsbearbeitung ergeben, ferner der Zweck der fertigen Leistung und die im Kern einzuhaltenden technischen, wirtschaftlichen, gestalterischen und funktionalen Anforderungen an die fertige Leistung.

100 Wichtig ist die Differenzierung dahingehend, dass § 7 Abs. 13–15 VOB/A explizit nicht den Fall einer sogenannten teilfunktionalen Leistungsbeschreibung regeln, der nämlich immer dann vor-

---

142 Vgl. *Dicks*, Rn. 35.

liegt, wenn der öffentliche Auftraggeber die Entwurfsplanung ganz oder in weiten Teilen selbst erstellt und nur die Ausführungsplanung ganz oder jedenfalls größtenteils dem Auftragnehmer überträgt.[143] Die teilfunktionale Leistungsbeschreibung ist dadurch gekennzeichnet, dass der Auftraggeber wesentliche planerische Vorarbeiten selbst leistet, insbesondere also den Entwurf selbst erstellt und auch für die Erteilung der Baugenehmigung selbst sorgt, während der Aufragnehmer die vollständige Ausführungsplanung schuldet. Diese Fälle werden regelmäßig als »Schlüsselfertigbau« bezeichnet und finden unter diesem Begriff eine weite Verbreitung.[144] Derartige Ausschreibungen stellen Mischformen zwischen der klassischen konstruktiven Leistungsbeschreibung einerseits und der funktionalen Ausschreibung nach § 7 Abs. 13–15 VOB/A andererseits dar und machen demzufolge Vorgaben für die vollständige funktionale Ausschreibung, in der der Bieter/ Auftragnehmer auch die gestalterischen Elemente durch eine komplette Entwurfsplanung übernimmt. Die Einflussnahme des Auftraggebers beschränkt sich auf die sogenannten Eckpunkte der Planung im Sinne von § 7 Abs. 14 Nr. 1 VOB/A, was dazu führt, das gerade im Bereich der öffentlichen Bauauftragsvergabe diese Gestaltungsform keine besondere Verbreitung findet. Regelmäßig sieht sich der Auftraggeber um eine ausreichende Einflussnahme gebracht, so dass er einerseits zwar auf funktionale Gestaltungselemente zurückgreifen will, andererseits aber seinen weitreichenden Einfluss auch und gerade auf gestalterische Elemente nicht verlieren möchte. Deshalb sind in der Realität wesentlich häufiger die besagten Mischformen zwischen funktionaler Ausschreibung und konstruktiver Leistungsbeschreibung vorzufinden, die bereits genannten teilfunktionalen Ausschreibungen. Welche Anforderungen für diese zu gelten haben, muss folglich der Einzelfall entscheiden. Es verbietet sich weder die blinde Übernahme aller Anforderungen für die konstruktive Leistungsbeschreibung noch diejenigen für die funktionale Ausschreibung, so dass im Einzelfall die Verpflichtungen der öffentlichen Auftraggeber an den Inhalt derartiger Leistungsbeschreibungen am konkreten Einzelfall zu messen sind.

gg) Mangelhafte Leistungsbeschreibung und Rechtsfolgen

Aufgrund dieser überragenden Bedeutung der Leistungsbeschreibung für den späteren Bauvertrag verwundert es nicht, dass fehlerbehaftete Leistungsbeschreibungen auch ein Kernbestandteil zahlreicher vergaberechtlicher Auseinandersetzungen sind. Was die Rechtsfolgen mangelhafter Leistungsbeschreibungen im Vergabeverfahren und auch in der späteren Ausführungsphase einer ausgeschriebenen Leistung anbetrifft, so hängt dies maßgeblich davon ab, zu welchem Zeitpunkt ein solcher Mangel überhaupt entdeckt wird. Im Vergabeverfahren, also in der Zeit zwischen der Übermittlung einer Leistungsbeschreibung an den interessierten Bieter und der Angebotsabgabe, ist jedenfalls für das europaweite Vergabeverfahren aus § 107 Abs. 3 Nr. 3 GWB herzuleiten, dass dem Bieter eine Verpflichtung zufällt, bis zum Ablauf der in der Bekanntmachung genannten Frist zur Angebotsabgabe auf erkennbare Fehler auch in der Leistungsbeschreibung hinzuweisen bzw. diese zu rügen.[145] Zwar folgt daraus nicht, dass ein Bieter die Leistungsbeschreibung explizit nach etwaigen Widersprüchlichkeiten oder Fehlern regelrecht zu untersuchen hat. Im Rahmen seiner Rügeverpflichtung muss er jedoch auf die genannten Umstände hinweisen, so sie ihm auffallen oder hätten auffallen müssen. Ansonsten kann er im weiteren Vergabeverfahren mit etwaigen Fehlern und Unstimmigkeiten aus der Leistungsbeschreibung nicht mehr gehört werden. Für die Vergabestelle resultiert daraus gewissermaßen spiegelbildlich die Verpflichtung, immer dann, wenn sie während des laufenden Vergabeverfahrens auf solche Fehler hingewiesen wird, den gesamten ihr bekannten Bieterkreis entsprechend zu unterrichten, etwaige Korrekturen oder Klarstellungen also nicht nur im Verhältnis zu demjenigen Bieter durchzuführen, der auf diese Umstände hingewiesen hat, sondern im Verhältnis zu allen Bietern. Das geschieht in Form sog. Bieterrundschreiben der Vergabestelle.

101

---

143 Vgl. dazu Kapellmann/Messerschmidt, § 7 Rn. 77, 78.
144 Vgl. Kapellmann/Messerschmidt, § 7 Rn. 91.
145 Vgl. § 107 GWB Rdn. 70.

102 Da jedoch § 107 Abs. 3 Nr. 3 GWB nicht für nationale Verfahren gilt, stellt sich die Frage, ob in diesem Verfahren ein ähnlicher oder ein anderer Maßstab heranzuziehen ist. Es wurde aber schon an anderer Stelle darauf hingewiesen,[146] dass spätestens mit der Eröffnung eines Ausschreibungsverfahrens und mit der Übersendung der Ausschreibungsunterlagen an den Bieter zwischen diesem und dem Auftraggeber ein vorvertragliches Schuldverhältnis entsteht, welches die (üblichen) wechselseitigen Pflichten zur Rücksichtnahme, Loyalität und zur Kooperation auslöst. Daraus ergeben sich auch vorvertragliche Hinweispflichten in Bezug auf erkannte oder jedenfalls auf erkennbare Mängel der Leistungsbeschreibung. So, wie § 4 Abs. 3 VOB/B in der Ausführungsphase eines Bauauftrags eine Hinweispflicht des Auftragnehmers für Bedenken gegen die vorgesehene Art der Ausführung normiert, gilt entsprechendes für die Phase der Angebotsvorbereitung, hier unter Berufung auf die Rechtspflichten des vorvertraglichen Schuldverhältnisses. Regelmäßig kommt dies auch in den allgemeinen Bewerbungsbedingungen für öffentliche Aufträge (BwB) zum Ausdruck. Dort findet sich der Hinweis bzw. die Aufforderung an alle Bieter, auf etwaige Unklarheiten und Widersprüche in den Verdingungsunterlagen unverzüglich hinzuweisen.

103 Es führt in der Regel nicht besonders weit, an dieser Stelle zu taktieren und derartige Hinweise zunächst zu vermeiden, um später im Auftragsfall daraus gegebenenfalls Vorteile ziehen zu können. Was zunächst mögliche Mehrkostenanmeldungen nach § 2 Nr. 5 VOB/B infolge unklarer oder fehlerhafter Leistungsbeschreibung anbetrifft, so scheidet ein solche Anspruch dann aus, wenn sich aus einer Auslegung der Leistungsbeschreibung ergibt, dass die vermeintlich zusätzlichen Leistungen bereits zum vertraglichen Leistungssoll gehören.[147] Wie im Einzelfall das Gericht derartige Auslegungsfragen entscheidet, ist schwer zu prognostizieren, so dass sich der Bieter gezielt erheblichen wirtschaftlichen Risiken aussetzt, wenn er schon im Vorfeld der Angebotsabgabe auf eine ihm günstige Auslegungsvariante setzt. Was hingegen die Geltendmachung von Schadensersatzansprüchen wegen fehlerhafter Leistungsbeschreibung anbetrifft, so sind auch diesbezüglich hohe Anspruchsvoraussetzungen zu erfüllen.[148] Als Anspruchsgrundlage kommen §§ 280 Abs. 1, 241 Abs. 2, 311 Abs. 2 BGB in Betracht, so dass die Grundsätze der culpa in contrahendo gelten. Anerkannt ist hierzu freilich, dass Vermögensnachteile infolge fehlerhafter Leistungsbeschreibung nur dann ersatzfähig sein können, wenn der Anspruchsteller sein Angebot gerade im berechtigten Vertrauen darauf abgegeben hat, dass der Auftraggeber die Vorschriften über das Vergabeverfahren, soweit sie bieterschützend sind, einhält.[149] Indessen fehlt es an einem schutzwürdigen Vertrauen, wenn der Antragsteller wusste oder hätte wissen müssen, dass der Auftraggeber eine vergaberechtliche Pflicht, etwa diejenige aus § 7 Abs. 1 VOB/A, verletzt hat.[150] In einem solchen Fall handelt der Bieter bzw. der Anspruchsteller auf eigenes Risiko und setzt gerade nicht sein Vertrauen in die Richtigkeit der Leistungsbeschreibung, sondern in den positiven Ausgang seiner spekulativen Ansätze. Wichtig ist, dass dies nicht nur dann gilt, wenn der Anspruchsteller den Vergaberechtsverstoß des Auftraggebers positiv kennt, sondern auch dann, wenn er ihn hätte erkennen können, oder wenn sich dem Anspruchsteller die »ernsthafte Gefahr eines Rechtsverstoßes« der Vergabestelle hätte aufdrängen müssen.[151] In einem solchen Fall ist es gerade entscheidend, ob der Bieter auch im Zweifel durch Nachfrage beim Auftraggeber über konkret vermutete Unklarheiten oder sonstige Mängel einer Leistungsbeschreibung aufgeklärt werden wollte, oder ob das nicht der Fall war. Dies zeigt, dass im Ergebnis nur die (rechtzeitige) Beanstandung von unklaren Leistungsbeschreibungen zu empfehlen ist, bzw. die rechtzeitige Bitte um entsprechende Klarstellungen und die Auflösung von Widersprüchen. Das sollte in schriftlicher Form geschehen, so dass der Bieter über eine entsprechende Dokumentation verfügt. Nur dann ist er, wenn es im weiteren Verlauf zu Auseinandersetzungen just um diese Unklarheiten oder Wider-

---

146 Vgl. oben Rdn. 11.
147 Vgl. z.B. BGH, BauR 1992, 759.
148 Vgl. dazu *Dicks*, Rn. 130–132.
149 BGH, BauR 2007, 120.
150 BGH, BauR 2007, 120.
151 BGH, BauR 1994, 236; BGH, VergabeR 2001, 293; BGH, VergabeR 2004, 604.

sprüchlichkeiten in einer Leistungsbeschreibung kommt, in rechtlich ausreichender Weise abgesichert.

Demgegenüber liegen die Dinge für eine Vergabestelle hier relativ einfach. In der Rechtsprechung des Bundesgerichtshofs ist seit langem geklärt, dass Fehler in den Verdingungsunterlagen, auch in der Leistungsbeschreibung, in jedem Stadium eines Vergabeverfahrens korrigiert werden können und auch im Zweifel zu korrigieren sind.[152] Die Fehlerbehebung muss freilich auf eine Art und Weise geschehen, dass alle am Wettbewerb teilnehmenden Bieter entsprechend informiert werden.[153] Ob im Einzelfall derart schwerwiegende Mängel einer Leistungsbeschreibung inmitten stehen, dass gar die Aufhebung der Ausschreibung wegen der Notwendigkeit wesentlicher Änderungen der Verdingungsunterlagen in Betracht kommt (§ 17 Abs. 1 Nr. 2 VOB/A), muss die jeweilige Vergabestelle wiederum rechtsfehlerfrei abwägen und entscheiden. Denn die Aufhebungsentscheidung ist jedenfalls in Verfahren oberhalb der Schwellenwerte in Bezug auf das Vorliegen der tatsächlichen Voraussetzungen des § 17 Abs. 1 VOB/A der Nachprüfung durch ein Vergabekammerverfahren zugänglich.[154] Dabei wird überprüft, ob ein Aufhebungsgrund vorliegt. Soweit das nicht der Fall ist, wird der öffentliche Auftraggeber angewiesen, die Aufhebung des Vergabeverfahrens wiederum aufzuheben bzw. das Vergabeverfahren nicht aus dem angegebenen Grund aufzuheben und in den Stand vor der Aufhebung zurückzuversetzen.[155]

104

c) Nachunternehmer und Nebenangebote, § 8 Abs. 2 Nr. 2 und 3 VOB/A

§ 8 Vergabeunterlagen

(1) Die Vergabeunterlagen bestehen aus
1. *dem Anschreiben (Aufforderung zur Angebotsabgabe), gegebenenfalls Bewerbungsbedingungen (§ 8 Absatz 2) und*
2. *den Vertragsunterlagen (§§ 7 und 8 Absätze 3 bis 6).*

(2)
1. *Das Anschreiben muss alle Angaben nach § 12 Absatz 1 Nummer 2 enthalten, die außer den Vertragsunterlagen für den Entschluss zur Abgabe eines Angebots notwendig sind, sofern sie nicht bereits veröffentlicht wurden.*
2. *Der Auftraggeber kann die Bieter auffordern, in ihrem Angebot die Leistungen anzugeben, die sie an Nachunternehmen zu vergeben beabsichtigen.*
3. *Der Auftraggeber hat anzugeben:*
   a) ob er Nebenangebote nicht zulässt,
   b) ob er Nebenangebote ausnahmsweise nur in Verbindung mit einem Hauptangebot zulässt.
   Von Bietern, die eine Leistung anbieten, deren Ausführung nicht in Allgemeinen Technischen Vertragsbedingungen oder in den Vergabeunterlagen geregelt ist, sind im Angebot entsprechende Angaben über Ausführung und Beschaffenheit dieser Leistung zu verlangen.
4. *Auftraggeber, die ständig Bauleistungen vergeben, sollen die Erfordernisse, die die Bewerber bei der Bearbeitung ihrer Angebote beachten müssen, in den Bewerbungsbedingungen zusammenfassen und dem Anschreiben beifügen.*

(3) In den Vergabeunterlagen ist vorzuschreiben, dass die Allgemeinen Vertragsbedingungen für die Ausführung von Bauleistungen (VOB Teil B) und die Allgemeinen Technischen Vertragsbedingungen für Bauleistungen (VOB Teil C) Bestandteile des Vertrags werden. Das gilt auch für etwaige Zusätzliche Vertragsbedingungen und etwaige Zusätzliche Technische Vertragsbedingungen, soweit sie Bestandteile des Vertrags werden sollen.

---

152 BGH, VergabeR 2007, 59/62.
153 Vgl. Rdn. 101.
154 EuGH, VergabeR 2002; BGH, VergabeR 2003, 313.
155 Vgl. *Dicks*, Rn. 152.

(4)
1. Die Allgemeinen Vertragsbedingungen bleiben grundsätzlich unverändert. Sie können von Auftraggebern, die ständig Bauleistungen vergeben, für die bei ihnen allgemein gegebenen Verhältnisse durch Zusätzliche Vertragsbedingungen ergänzt werden. Diese dürfen den Allgemeinen Vertragsbedingungen nicht widersprechen.
2. Für die Erfordernisse des Einzelfalles sind die Allgemeinen Vertragsbedingungen und etwaige Zusätzliche Vertragsbedingungen durch Besondere Vertragsbedingungen zu ergänzen. In diesen sollen sich Abweichungen von den Allgemeinen Vertragsbedingungen auf die Fälle beschränken, in denen dort besondere Vereinbarungen ausdrücklich vorgesehen sind und auch nur soweit es die Eigenart der Leistung und ihre Ausführung erfordern.

(5) Die Allgemeinen Technischen Vertragsbedingungen bleiben grundsätzlich unverändert. Sie können von Auftraggebern, die ständig Bauleistungen vergeben, für die bei ihnen allgemein gegebenen Verhältnisse durch Zusätzliche Technische Vertragsbedingungen ergänzt werden. Für die Erfordernisse des Einzelfalles sind Ergänzungen und Änderungen in der Leistungsbeschreibung festzulegen.

(6)
1. In den Zusätzlichen Vertragsbedingungen oder in den Besonderen Vertragsbedingungen sollen, soweit erforderlich, folgende Punkte geregelt werden:
    a) Unterlagen (§ 8 Abs. 9; § 3 Abs. 5 und 6 VOB/B),
    b) Benutzung von Lager- und Arbeitsplätzen, Zufahrtswegen, Anschlussgleisen, Wasser- und Energieanschlüssen (§ 4 Abs. 4 VOB/B),
    c) Weitervergabe an Nachunternehmen (§ 4 Abs. 8 VOB/B),
    d) Ausführungsfristen (§ 9 Abs. 1 bis 4; § 5 VOB/B),
    e) Haftung (§ 10 Absatz 2 VOB/B),
    f) Vertragsstrafen und Beschleunigungsvergütungen (§ 9 Abs. 5; § 11 VOB/B),
    g) Abnahme (§ 12 VOB/B),
    h) Vertragsart (§ 4), Abrechnung (§ 14 VOB/B),
    i) Stundenlohnarbeiten (§ 15 VOB/B),
    j) Zahlungen, Vorauszahlungen (§ 16 VOB/B),
    k) Sicherheitsleistung (§ 9 Abs. 7 und 8; § 17 VOB/B),
    l) Gerichtsstand (§ 18 Abs. 1 VOB/B),
    m) Lohn- und Gehaltsnebenkosten,
    n) Änderung der Vertragspreise (§ 9 Abs. 9).
2. Im Einzelfall erforderliche besondere Vereinbarungen über die Mängelansprüche sowie deren Verjährung (§ 9 Abs. 6; VOB Teil B, § 13 Abs. 1, 4 und 7 VOB/B) und über die Verteilung der Gefahr bei Schäden, die durch Hochwasser, Sturmfluten, Grundwasser, Wind, Schnee, Eis und dergleichen entstehen können (§ 7 VOB/B), sind in den Besonderen Vertragsbedingungen zu treffen. Sind für bestimmte Bauleistungen gleichgelagerte Voraussetzungen im Sinne von § 9 Abs. 6 gegeben, so dürfen die besonderen Vereinbarungen auch in Zusätzlichen Technischen Vertragsbedingungen vorgesehen werden.

(7)
1. Bei Öffentlicher Ausschreibung kann eine Erstattung der Kosten für die Vervielfältigung der Leistungsbeschreibung und der anderen Unterlagen sowie für die Kosten der postalischen Versendung verlangt werden.
2. Bei Beschränkter Ausschreibung und Freihändiger Vergabe sind alle Unterlagen unentgeltlich abzugeben.

(8)
1. Für die Bearbeitung des Angebots wird keine Entschädigung gewährt. Verlangt jedoch der Auftraggeber, dass der Bewerber Entwürfe, Pläne, Zeichnungen, statische Berechnungen, Mengenberechnungen oder andere Unterlagen ausarbeitet, insbesondere in den Fällen des § 7 Abs. 13 bis 15, so ist einheitlich für alle Bieter in der Ausschreibung eine angemessene Entschädigung

festzusetzen. Diese Entschädigung steht jedem Bieter zu, der ein der Ausschreibung entsprechendes Angebot mit den geforderten Unterlagen rechtzeitig eingereicht hat.
2. *Diese Grundsätze gelten für die Freihändige Vergabe entsprechend.*

(9) Der Auftraggeber darf Angebotsunterlagen und die in den Angeboten enthaltenen eigenen Vorschläge eines Bieters nur für die Prüfung und Wertung der Angebote (§ 16) verwenden. Eine darüber hinausgehende Verwendung bedarf der vorherigen schriftlichen Vereinbarung.

(10) Sollen Streitigkeiten aus dem Vertrag unter Ausschluss des ordentlichen Rechtswegs im schiedsrichterlichen Verfahren ausgetragen werden, so ist es in besonderer, nur das Schiedsverfahren betreffender Urkunde zu vereinbaren, soweit nicht § 1031 Abs. 2 der Zivilprozessordnung auch eine andere Form der Vereinbarung zulässt.

aa) Begriff des Nachunternehmers; Abgrenzungsfragen

§ 8 Abs. 2 Nr. 2 VOB/A spricht fasst beiläufig eine gerade im Bereich der Bauvergaben äußerst wichtige Variante der Leistungserbringung an, nämlich diejenige durch Nachunternehmer. Nachunternehmerleistungen sind alle Tätigkeiten, die ein Dritter im Auftrag und für Rechnung des Auftragnehmers, also ohne unmittelbares Vertragsverhältnis zum öffentlichen Auftraggeber, erbringt, und die dem Auftragnehmer dazu dienen, den gegenüber seinem Auftraggeber geschuldeten Erfolg herbeizuführen. Allerdings sind – inhaltlich einschränkend – davon nicht solche Teilleistungen erfasst, die sich auf reine Hilfsfunktionen beschränken, wie etwa Speditionsleistungen, Gerätemiete und Baustoff- bzw. Bauteillieferungen.[156] Diese Abgrenzung kann sich im Einzelfall als schwierig erweisen. Jedoch liegen keine Hilfstätigkeiten mehr vor, wenn der Lieferant selbst Montageleistungen erbringt und auf der Baustelle unmittelbar tätig wird. Das gilt entsprechend für Nachunternehmer auf der zweiten Stufe. Diese werden, was die Anforderungen an deren Benennung bzw. die Angabe der von diesen zu erbringenden Teilleistungen anbetrifft, ebenso behandelt, wie Nachunternehmer der ersten Stufe.[157] Für die vergaberechtliche Praxis ist daher dazu anzuraten, im Zweifel einen Dritten, der in die Leistungserbringung eingebunden werden soll, als Nachunternehmer zu benennen.[158] Dadurch lässt sich das Risiko eines insoweit unvollständigen Angebotes deutlich minimieren. Darüber hinaus ist die Angabe der von Nachunternehmen zu erbringenden Teilleistungen auch dann nicht verzichtbar, wenn die Vergabestelle es versehentlich unterlässt, den Verdingungsunterlagen die entsprechenden Formblätter, etwa aus dem Vergabehandbuch des Bundes (VHB) oder andere Nachunternehmererklärungen, beizufügen. Fehlen diese Vordrucke, so entbindet dies den Bieter nicht von den entsprechenden geforderten Angaben, so dass ein Angebot insoweit wegen Unvollständigkeit vom weiteren Verfahren ausgeschlossen werden kann.

bb) Zulässigkeit von Mindesteigenleistungsquoten

Ob in diesem Zusammenhang die Vorgabe einer bestimmten Eigenleistungsquote und damit die Beschränkung des Umfangs der Nachunternehmer (§ 4 Abs. 8 Nr. 1 S. 1 VOB/B) im nationalen Vergabeverfahren noch eine Zukunft hat, ist zumindest zweifelhaft. Für europaweite Vergabeverfahren ist geklärt, dass eine solche Forderung gegen europäisches Vergaberecht, konkret gegen Art. 47 VKR verstößt und daher unwirksam ist, den Bieter also keinerlei Eigenleistungsverpflichtungen unterwirft und ein Angebot nicht wegen des Unterschreitens einer Mindesteigenleistungsquote ausgeschlossen werden kann.[159] Für nationale Vergabewettbewerbe existiert bisher keine

---

156 OLG Naumburg, IBR 2005, 1245 und IBR 2008, 676; für einen tendenziell weiten Nachunternehmerbegriff aber OLG Düsseldorf, IBR 2009, 470.
157 OLG Düsseldorf, Beschl. v. 28.04.2008 – VII Verg 1/08, ibr-online.
158 Vgl. für die entsprechende Pflicht zur Benennung einer anerkannten Prüfstelle nach DIN 1045-3 als Nachunternehmer: OLG Düsseldorf, IBR 2009, 469.
159 OLG Frankfurt, IBR 2007, 1243.

entsprechende Vorgabe oder Rechtsprechung. Da Nachunternehmerkonstellationen jedoch zum Baualltag gehören und die Vergabestelle durch die Mitteilung, ob und ggf. welche Leistungen an welche Nachunternehmer vergeben werden sollen, vollständig in die Lage versetzt ist, die Eignung der Nachunternehmer zu prüfen, ist sie hinreichend geschützt. Sie ist außerdem befugt, die Eignung des Bieters dahingehend zu prüfen, ggf. eine ganze Reihe von Nachunternehmen anleiten und überwachen zu können. Hat sie hier Zweifel, so kann sie entsprechend reagieren und ggf. die Eignung des Bieters in Frage stellen. Das ist wesentlich effektiver, als die Vorgabe einer fixen Eigenleistungsquote, welche der Bieter möglicherweise gerade so einhält, aber nicht in der Lage sein wird, eine Vielzahl von Nachunternehmern ordnungsgemäß zu organisieren.

cc) **Namentliche Benennung der Nachunternehmer**

107 Seit der Grundsatzentscheidung des Bundesgerichtshofs zum zulässigen Zeitpunkt der Benennung der Nachunternehmer[160] ist geklärt, dass mit dem Angebot nur noch anzugeben ist, ob und ggf. welche Teilleistungen an Dritte übertragen werden sollen. Das zeichnet jetzt § 8 Abs. 2 Nr. 2 VOB/A nach, wobei selbst dies im Gestaltungsermessen des Auftraggebers steht. Demgegenüber ist es nicht erforderlich, oft auch gar nicht möglich, dass die Bieter bereits im Angebot die vorgesehenen Nachunternehmer namentlich benennen. Das ist, da der Ausgang des Vergabeverfahrens zu diesem frühen Zeitpunkt völlig offen ist, in der Regel unzumutbar, eine entsprechende Forderung daher vergaberechtlich irrelevant. Der Auftraggeber muss sich damit begnügen, ggf. vor Zuschlagserteilung den dafür vorgesehenen Bieter aufzufordern, die eingeplanten Nachunternehmer namhaft zu machen, damit diese auf ihre Eignung überprüft werden können. Der Bundesgerichtshof lässt a.a.O. wohl ausnahmsweise auch eine andere, der bisherigen gegenläufigen Gestaltung entsprechende Praxis noch zu. Allerdings dürfte es dazu in allen gewöhnlichen Ausschreibungen an stichhaltigen Gründen fehlen.

dd) **Zulässigkeit von Doppelbewerbungen**

108 Grundsätzlich zulässig ist es, dass ein Unternehmen ein Angebot als (Haupt-) Auftragnehmer abgibt und in einem weiteren Angebot als Nachunternehmen benannt ist. Dabei handelt es sich nicht um einen Fall der unzulässigen Doppelbewerbung, wie dies etwa für konkurrierende Angebote einer Bietergemeinschaft und eines Teilnehmers der Bietergemeinschaft angenommen wird.[161] Dazu wird bisher die Ansicht vertreten, dass durch eine Doppelbewerbung der aus dem Wettbewerbsgebot abgeleitete Grundsatz des Geheimwettbewerbs verletzt werde, weil den Bietern der Inhalt der beiderseitigen Angebote bekannt wäre bzw. bekannt sein müsse. Hinsichtlich der »Doppelbewerbung« eines Nachunternehmers wird jedoch differenziert. Der Nachunternehmer, angefragt für und eingebunden in einen Teil der Leistungserbringung des Hauptbieters, kennt gerade nicht das gesamte Angebot des Hauptbieters und dessen Kalkulation, so dass weitere Umstände hinzutreten müssten, um in einem solchen Fall auf eine volle Kenntnis von den Inhalten des Konkurrenzangebotes schließen und von einer unzulässigen Wettbewerbsbeschränkung im Vergabeverfahren sprechen zu können.[162] Etwas anderes kann jedoch im Falle einer so genannten Überkreuzbeteiligung gelten, die vorliegt, wenn sich zwei Bieter in ihren Angeboten wechselseitig als Nachunternehmer benennen. Hier wird zumindest »sehr genau hingesehen«. Sofern den Bietern keine nennenswerten Gestaltungsfreiräume bei der Kalkulation des jeweils eigenen Angebots verbleiben und daher davon auszugehen ist, dass die Bieter zwangsläufig das Angebot des jeweils anderen kennen müssen, sind die an der Überkreuzbeteiligung beteiligten Angebote jeweils wegen Verstoßes gegen den Geheimwettbewerb auszuschließen.[163]

---

160 BGH, VergabeR 2008, 782.
161 OLG Düsseldorf, VergabeR 2003, 690; a.A. wohl aktuell EuGH, VergabeR 2010, 469.
162 OLG Düsseldorf, NZBau 2006, 810.
163 OLG Düsseldorf, VergabeR 2008, 865.

ee) Zulässigkeit von Nebenangeboten

Von entscheidender Bedeutung für den Vertragsschluss ist aus vergaberechtlicher Sicht auch der Umstand, ob es dem Bieter im konkreten Einzelfall möglich ist, ein oder mehrere Nebenangebote zum sogenannten Amtsvorschlag abzugeben; § 8 Abs. 2 Nr. 3 VOB/A. Dadurch können sich die Wettbewerbschancen eines Bieters deutlich erhöhen, dies vor allem dann, wenn er aus irgendwelchen Gründen nicht in der Lage ist, alleine oder mit Nachunternehmern bestimmte, im Amtsvorschlag vorgesehene Leistungen zu erbringen. Diese dann durch eigene Vorschläge und Gestaltungen zu substituieren, ist nur dann möglich, wenn ein Nebenangebot statthaft ist. Nach § 8 Abs. 1 Nr. 3 VOB/A hat der Auftraggeber in den Vergabeunterlagen anzugeben, ob er Nebenangebote nicht zulässt, und ob er solche ausnahmsweise nur in Verbindung mit einem Hauptangebot gestattet. Darin kommt das Grundmodell der VOB/A zum Ausdruck, die, genau umgekehrt zu den Regelungen in der VOL/A 2009, Nebenangebote grundsätzlich zulässt, so diese nicht ausnahmsweise ausgeschlossen sind. Ferner sind danach auch sogenannte isolierte Nebenangebote zulässig, wenn nicht ausdrücklich vorgeschrieben ist, dass ein Nebenangebot nur in Verbindung mit einem Hauptangebot eingereicht werden darf. Trotz der eminent hohen praktischen Bedeutung der Nebenangebote wird der Begriff, was ganz untypisch ist, an keiner Stelle der VOB/A oder der VOB/B definiert. Zudem dürfte es nur wenige Bereiche des modernen Vergaberechts geben, in denen Theorie und Praxis der Auftragsvergabe soweit auseinanderklaffen, wie dies bei der Wertung und Berücksichtigung von Nebenangeboten der Fall ist. Vergabepolitisch, etwa unter dem Gesichtspunkt der Förderung des Mittelstandes, werden die Möglichkeiten der Wettbewerbsteilnahme durch Nebenangebote als besonders wichtig erachtet, um die besondere Innovationskraft der Wirtschaft abschöpfen und den Wettbewerb um die bessere Idee anspornen zu können. Davon soll die öffentliche Hand ebenso profitieren, wie das jeweilige Unternehmen, welches ein solches Nebenangebot konzipiert, weil es damit seine Zuschlagschancen verbessert. Trotz dieser besonderen Bedeutung der Nebenangebote für die Vergabe- und Baupraxis beinhalten die ehemaligen Verdingungsordnungen und auch die aktuellen Vergabe- und Vertragsordnungen nach der VOB/A, aber auch nach der VOL/A, nicht einmal den Versuch einer begrifflichen Definition des Nebenangebotes, was angesichts der deutschen Normierungs- und Regelungswut schon für sich genommen eine bemerkenswerte Erkenntnis ist. Aber auch in Rechtsprechung und Literatur legt sich niemand so richtig auf eine Begriffsbestimmung fest. Wenn überhaupt, finden sich Abgrenzungen von Nebenangeboten zu zulässigen Abweichungen von technischen Spezifikationen (§ 13 Abs. 2 VOB/A 2009) sowie Erläuterungen dazu, welche Formen von Nebenangeboten es gibt, und welche formelle Anforderungen Nebenangebote erfüllen müssen.[164] Soweit es Definitionen bzw. Definitionsversuche gibt, beschränken sie sich häufig darauf, festzustellen, welchen Inhalts ein Nebenangebot jedenfalls nicht sein kann oder darf, bzw. welche Abweichung von den vorgegebenen Verdingungsunterlagen jedenfalls zu einem Nebenangebot führen.[165] Berücksichtigt man die hohen Anforderungen, die seit jeher an die Klarheit, die Abgeschlossenheit und die Bestimmtheit von Leistungsbeschreibungen gestellt werden (vgl. jetzt § 7 VOB/A 2009), und nimmt man weiter zur Kenntnis, dass jegliche Abweichung von den Verdingungsunterlagen regelmäßig zum Ausschluss des Angebotes führt (§ 13 Abs. 1 Nr. 1 lit. b) VOB/A 2009), dann ist eigentlich geklärt, was begrifflich ein Nebenangebot ausmacht, nämlich schlicht und einfach jede Abweichung des Bieters von dem Gesamtinhalt der Verdingungsunterlagen. Angesichts der hohen formalen Anforderungen, die an die Berücksichtigungsfähigkeit von Nebenangeboten gestellt werden, hat dies zwar weit reichende Konsequenzen. Das ist allerdings »systembedingt«, weil es im Grunde genommen ein leichtes wäre, die Regelungen zu Nebenangeboten, insbesondere zu den formalen Anforderungen an diese, in der VOB/A oder auch in der VOL/A zu konkretisieren.

---

164 Vgl. z.B. Kapellmann/Messerschmidt, § 13 Rn. 32, 33.
165 Vgl. dazu die Beispiele bei *Schalk*, Rn. 22 ff.

ff) Alternative technische Nachweisführung

110 Eine Abgrenzung ist in diesem Zusammenhang wichtig. § 13 Abs. 2 VOB/A 2009 (vorher: § 21 Nr. 2 VOB/A 2006) sieht vor, dass eine Leistung, die von einer vorgesehenen technischen Spezifikation nach § 7 Abs. 3 VOB/A 2009 abweicht, angeboten werden kann, wenn sie mit dem geforderten Schutzniveau in Bezug auf Sicherheit, Gesundheit und Gebrauchstauglichkeit gleichwertig ist. Diese Gleichwertigkeit ist mit dem Angebot nachzuweisen. Dabei handelt es sich nicht um eine Regelung über Nebenangebote. Insbesondere ist aus dieser Vorschrift nicht der gleichermaßen weit verbreitete wie falsche Ansatz herzuleiten, dass der Bieter des Nebenangebotes dessen Gleichwertigkeit mit dem Angebot nachzuweisen habe. § 13 Abs. 2 VOB/A 2009 regelt vielmehr den Fall, dass der Bieter nicht etwa eine ganz andere bauliche Lösung vorschlagen will, sondern »lediglich« von in den Verdingungsunterlagen vorgegebenen technischen Spezifikationen (§ 7 Abs. 3 VOB/A 2009 i.V.m. Anh. TS, Nr. 1 zur VOB/A) abweichen will. Diese stets zulässige Abweichung trägt der schlichten Erkenntnis Rechnung, dass ein fairer Wettbewerb nur dann aufrecht zu erhalten ist, wenn die volle Bandbreite technisch denkbarer und zulässiger Lösungen zum Einsatz kommen kann, nicht nur eine einzige, auftraggeberseitig vorgegebene. Es handelt sich dabei, wie der Anhang TS zur VOB/A zeigt, um technische Anforderungen an das Material, an bestimmte Erzeugnisse oder Lieferungen, an Konformitätsbewertungen, Abmessungen, Versuchs- und Prüfmethoden und alle ähnlichen Parameter. Insoweit ist der Bieter nie an die Vorgaben der Vergabestelle gebunden, sondern es steht ihm im äußeren Rahmen des Hauptangebotes, also ohne dass er ein Nebenangebot abgeben muss, frei, diesbezüglich zu variieren. Allerdings muss er in diesem Fall, wie es § 13 Abs. 2 VOB/A 2009 explizit vorsieht, die Gleichwertigkeit mit dem Angebot nachweisen. Das geschieht regelmäßig unter Hinzufügung entsprechender technischer Prüfberichte, Begutachtungen oder anderweitiger sachverständiger Zeugnisse über die Konformität einer technischen Abweichung zu den Vorgaben aus dem Amtsvorschlag. Mit der Abgabe eines Nebenangebotes hat diese Fallkonstellation nichts zu tun.

gg) Wertung/Gleichwertigkeit von Nebenangeboten

111 Es verwundert zunächst nicht, dass angesichts dieser unbefriedigenden Regelungen erhebliche Unsicherheiten in der Vergabepraxis bestehen dahingehend, wie denn nun einigermaßen rechtssicher Nebenangebote zu werten sind. Der Vergabepraktiker beobachtet dabei, dass alle möglichen Theorien vertreten werden, und dass vor allem und in erster Linie Nebenangebote aufgrund formaler Mängel ausgeschlossen werden. Gewissermaßen an erster Rangstelle dieser Ausschlussgründe liegt dabei der Aspekt der Gleichwertigkeit. Immer dann, wenn die Inhalte eines Nebenangebotes auch nur mehr als spürbar vom sogenannten Amtsvorschlag abweichen, wird vorschnell geltend gemacht, es fehle an einer Gleichwertigkeit oder es sei diese nicht hinreichend mit dem Angebot nachgewiesen. Nicht wenige Vergabestellen gehen hier davon aus, dass nur gleichwertig sein kann, was mit dem Amtsvorschlag identisch ist. Gefragt nach Rechtsgrundlagen für derartige Ansichten, wird in großer Regelmäßigkeit auf § 13 Abs. 2 VOB/A 2009 bzw. § 21 Nr. 2 VOB/A 2006 verwiesen, also gerade auf Vorgaben, die nichts mit der Wertung von Nebenangeboten zu tun haben.

112 So stellt sich die Frage, wie denn nun ein Nebenangebot »richtig« zu werten ist. Das beantwortet sich ohne große Umwege nach Sinn und Zweck eines Nebenangebotes. Betrachtet man die amtsseitigen Verdingungsunterlagen als einheitliches Ganzes, dann zielt jedes Nebenangebot darauf ab, dem öffentlichen Auftraggeber zwar das ausgeschriebene bauliche Ergebnis zu liefern, dies aber, sei es in Einzelheiten, sei es in großem Umfang, auf einem anderen Wege, als er ausgeschrieben ist. Wenn beispielsweise der Neubau einer Sporthalle mit Satteldachkonstruktion vergeben werden soll, und wenn ein Nebenangebot lautet, dass anstelle der Satteldachkonstruktion eine Flachdachkonstruktion gewählt wird, dann ist dies bei gleichzeitig vorliegenden formalen Voraussetzungen ein wirksames und wie ein Hauptangebot zu wertendes Nebenangebot. Der öffentliche Bauherr erhält die Sporthalle mit allen geforderten Funktionalitäten, er erhält sie auch mit einem wetterfesten Dach, dies aber nicht als Satteldach, sondern als Flachdach. Gleichwertigkeitsfragen

stellen sich in diesem Zusammenhang überhaupt nicht; dafür gibt es schlicht keine Rechtsgrundlage. Vielmehr wird der öffentliche Auftraggeber pflichtgemäß prüfen, ob das Nebenangebot in allen technischen Parametern vollständig und nachvollziehbar ist. Er wird schlicht diejenigen Kriterien anwenden, die in § 16 Abs. 6 VOB/A vorgegeben sind. An dieser Stelle wird er prüfen und kann er prüfen, ob das Nebenangebot unter Berücksichtigung aller Gesichtspunkte, wie sie in § 16 Nr. 6 VOB/A aufgeführt sind, als das Wirtschaftlichste erscheint. In § 16 Abs. 6 Nr. 3 VOB/A 2009 kommt hingegen das Wort »Gleichwertigkeit« nicht einmal vor. So ist zugleich gesichert, dass den öffentlichen Auftraggeber kein Aliud angeboten wird, oder gar eine abgemagerte Leistung. Ein solches Nebenangebot würde schlicht an § 16 Abs. 6 Nr. 3 VOB/A scheitern.

Im Hinblick auf die Wertung von Nebenangeboten hat sich die vergaberechtliche Praxis weit von den vergaberechtlichen Vorgaben entfernt. Dies bedarf einer dringenden Korrektur. Die Prüfung und Wertung von Nebenangeboten anhand eines nicht vorgesehenen Gleichwertigkeitskriteriums ist in höchstem Maße intransparent. Der allen Wettbewerbsteilnehmers zustehende Anspruch auf Gleichbehandlung kann hierbei nicht mehr gewährleistet werden. Vergaberechtlich gefordert wird viel weniger, als dies in der Praxis üblich ist. Neben den Formalitäten zur Kenntlichmachung von Nebenangeboten und deren Erläuterung findet insbesondere keine Gleichwertigkeitsprüfung statt, sondern eine klassische Wertung anhand der Kriterien des § 16 Abs. 6 Nr. 3 VOB/A. Bei Vergabeverfahren oberhalb der Schwellenwerte kommt hinzu, dass nach Art. 24 der Vergabekoordinierungsrichtlinie Mindestbedingungen für Nebenangebote aufzustellen sind. Ob und inwieweit diese Forderung unter Berücksichtigung des Kriteriums der Vergabetransparenz auch in Verfahren unterhalb der Schwellenwerte aufzustellen ist, bedarf noch der Klärung. Zu dieser Frage ist aktuell ein Revisionsverfahren bei dem Bundesgerichtshof anhängig, in dem voraussichtlich noch im Jahre 2011 entschieden wird.[166]

---

166 BGH, X ZR 55/10.

Teil D: Verordnung über die Honorare für Architekten- und Ingenieurleistungen (Honorarordnung für Architekten und Ingenieure – HOAI)

v. 11.08.2009 (BGBl. I S. 2732)

(Auszug)

Schrifttum
Vogelheim/Najork Die Verteidigungsaussichten der HOAI vor dem EuGH, NZBau 2007, 265.

Teil 1: Allgemeine Vorschriften

§ 1 Anwendungsbereich

Diese Verordnung regelt die Berechnung der Entgelte für die Leistungen der Architekten und Architektinnen und der Ingenieure und Ingenieurinnen (Auftragnehmer oder Auftragnehmerinnen) mit Sitz im Inland, soweit die Leistungen durch diese Verordnung erfasst und vom Inland aus erbracht werden.

A. Änderungen durch die HOAI 2009

§ 1 HOAI wurde infolge der HOAI-Novelle, die zum 18.08.2009 in Kraft getreten ist, zunächst dahingehend angepasst, dass auch Architektinnen, Ingenieurinnen und Auftragnehmerinnen angesprochen werden. Im Übrigen gilt die HOAI lediglich noch für Auftragnehmer mit Sitz im Inland, soweit die Leistungen vom Inland aus erbracht werden. 1

B. Regelungscharakter der HOAI: zwingendes Preisrecht

Die Bestimmungen der HOAI stellen sog. Preisrecht dar. Dies bedeutet, dass sie weder normative Leitbilder für den Inhalt eines Architekten-/Ingenieurvertrages noch Regelungen über Rechte und Pflichten aus einem solchen Vertragsverhältnis enthält. Die HOAI gibt daher keinen Aufschluss darüber, ob ein Honoraranspruch dem Grunde nach gegeben ist oder welche Leistungen der Architekt/Ingenieur im Einzelnen erbringen soll. Die HOAI enthält lediglich Gebührentatbestände für die Berechnung des Honorars der Höhe nach. Der sonstige Vertragsinhalt regelt sich alleine nach den allgemeinen Grundsätzen des bürgerlichen Vertragsrechts. Zudem bedeutet Preisrecht, dass die in der HOAI vorgesehenen Gebührentatbestände für beide Parteien des Architekten-/Ingenieurvertrages zwingend sind. Insoweit legt die HOAI als Preisrecht die Mindest- und Höchstsätze fest, von denen lediglich bei Vorliegen besonderer Voraussetzungen (vgl. § 7 HOAI) abgewichen werden kann. Im Übrigen ist die HOAI unabdingbar. 2

C. Anwendungsbereich der HOAI

Der Anwendungsbereich der HOAI ist in § 1 HOAI geregelt. Insoweit ist zwischen dem persönlichen, räumlichen und sachlichen Anwendungsbereich zu unterscheiden. Der zeitliche Anwendungsbereich ergibt sich aus § 55 HOAI. 3

I. Persönlicher Anwendungsbereich

Der persönliche Anwendungsbereich der HOAI erstreckt sich auf Leistungen der Architekten und Ingenieure. Beide sind Auftragnehmer i.S.d. HOAI, so dass im Folgenden lediglich noch von dem »Auftragnehmer« gesprochen wird. 4

§ 1 HOAI Anwendungsbereich

5 Für die Anwendbarkeit der HOAI ist es unerheblich, ob der Auftragnehmer tatsächlich »Architekt« oder »Ingenieur« ist, d. h. tatsächlich in die Architektenrolle der Architektenkammern eingetragen oder zur Führung der Berufsbezeichnung berechtigt ist. Entscheidend ist alleine, ob die von dem Auftragnehmer geschuldete Tätigkeit einem in der HOAI und deren Anlagen aufgeführten Leistungsbild entspricht, d.h. der Auftragnehmer aufgrund der angebotenen Leistungen die typische Rolle des Architekten oder Ingenieurs wahrnimmt. Der Anwendungsbereich der HOAI ist damit leistungsbezogen und nicht personenbezogen.[1]

6 Die HOAI ist auch auf Verträge zwischen Architekten und/oder Ingenieuren anwendbar, soweit diese in einem Unabhängigkeitsverhältnis zueinander stehen,[2] was insbesondere in Vertragsverhältnissen zwischen Generalplanern und Subplanern von Bedeutung ist. Unerheblich für die Anwendbarkeit der HOAI ist auch, in welchem Tätigkeitsverhältnis der Architekt steht oder in welcher Rechtsform – beispielsweise bei einem Zusammenschluss mehrerer Architekten als GbR oder GmbH – die Leistungen erbracht werden. Demgegenüber gilt die HOAI in einem Arbeitsverhältnis oder einem arbeitnehmerähnlichen Anstellungsverhältnis nicht.[3] Entsprechendes gilt für freie Mitarbeiter, wenn das Arbeitsverhältnis arbeitnehmerähnlich ausgestaltet ist.[4]

II. Räumlicher Anwendungsbereich

7 Der räumliche Geltungsbereich der HOAI ist im Rahmen der HOAI-Novelle neu gefasst und auf Auftragnehmer mit »Sitz im Inland« beschränkt worden. Die Neuerung beruht auf den Vorgaben des Art. 16 Dienstleistungsrichtlinie[5] und der Gefahr, dass die HOAI ggf. wegen Verstoßes gegen die Niederlassungs- und Dienstleistungsfreiheit europarechtswidrig sein könnte. Die Umstellung der HOAI als reine »Inländer-HOAI« führt nunmehr zu einer möglichen Benachteiligung deutscher Auftragnehmer gegenüber ausländischen Auftragnehmern, die wirksame Honorarvereinbarungen unterhalb der HOAI-Mindestsätze anbieten können. Diese »Inländerdiskriminierung« wurde jedoch von dem Verordnungsgeber ausdrücklich bestätigt und in Kauf genommen.[6] Ob der Preis insoweit noch ein geeignetes Zuschlagskriterium in einem VOF-Verfahren sein kann, bleibt abzuwarten.

8 Für ausländische Auftragnehmer gilt die HOAI dann, wenn diese zumindest auch einen »Sitz«, d.h. insbesondere eine Niederlassung im Inland haben. Zudem liegt ein »Sitz im Inland« vor, wenn die Tätigkeit »faktisch mittels einer festen Einrichtung auf unbestimmte Zeit in Deutschland ausgeübt wird«.[7]

9 Darüber hinaus müssen die Leistungen »vom Inland aus« erbracht werden. Die Leistungen müssen von dem Büro bzw. der Niederlassung in Deutschland und nicht vom ausländischen Büro erbracht werden. Besitzt ein Auftragnehmer einen Sitz sowohl im Inland als auch im Ausland, so ist dieser, soweit die Leistungen durch das inländische Büro erbracht werden, an die HOAI gebunden; andererseits nicht. Werden die Leistungen teilweise von dem inländischen und teilweise von dem ausländischen Büro erbracht, so ist entscheidend, an welchem Ort nach der Gesamtwürdigung aller Umstände der wesentliche Teil der Leistung erbracht wird.

III. Sachlicher Anwendungsbereich

10 Die HOAI betrifft grundsätzlich Bauwerke aller Art. Insoweit kann es sich um Objekte des Tiefbaus, Hochbaus oder Ingenieurbaus handeln. Voraussetzung für die Anwendbarkeit ist jedoch,

---

1 BGH, Urt. v. 22.05.1997 – VII ZR 290/95 –, BauR 1997, 677.
2 BGH, Urt. v. 06.05.1985 – VII ZR 320/84 –, BauR 1985, 582.
3 BGH, Urt. v. 06.05.1985 – VII ZR 320/84 –, BauR 1985, 582.
4 OLG Frankfurt, Urt. v. 14.03.2002 – 15 U 180/99 –, BauR 2002, 1874.
5 Vgl. dazu: *Vogelheim/Najork*, NZBau 2007, 265 m.w.N.
6 BR-Drucks. 395/09, 148.
7 BR-Drucks. 395/09, 146.

dass die Leistungen durch die HOAI erfasst werden. Dabei ist wiederum zu berücksichtigen, dass der Anwendungsbereich des Preisrechts durch die HOAI-Novelle erheblich dereguliert wurde (vgl. dazu u. § 3 HOAI Rdn. 2). Sämtliche Preisvorschriften zu Beratungsleistungen für thermische Bauphysik, Schallschutz, Raumakustik, Bodenmechanik und vermessungstechnische Leistungen wurden aus der HOAI gestrichen. Eine staatliche Preisvorgabe gibt es nach der Neufassung der HOAI daher lediglich noch für Planungsleistungen, die in den Teilen 2–4 der HOAI mit den zugehörigen Anlagen 4–14 im Einzelnen beschrieben werden. Dies führt dazu, dass für dort nicht geregelte Leistungen wie Gutachterleistungen, Abbruchleistungen, Leistungen des Sicherheits- oder Gesundheitskoordinators (SiGeKo), Leistungen in einem Architektenwettbewerb, aber auch für Leistungen an nicht der HOAI unterfallenden Objekten wie Leistungen an nicht mit dem Erdboden verbundenen Gegenständen das Preisrecht der HOAI nicht gilt und das Honorar frei vereinbar ist.

Honorare für Besondere Leistungen (§ 3 Abs. 3 HOAI) oder andere Leistungen (§ 3 Abs. 2 S. 2 HOAI) sind nach der Neufassung der HOAI ebenfalls frei vereinbar, so dass auch diese nicht dem Anwendungsbereich der HOAI unterfallen. Die Vergütung für derartige nicht von der HOAI erfasste Leistungen ergibt sich aus den vertraglichen Vereinbarungen oder den gesetzlichen Regelungen des BGB, insbesondere § 632 Abs. 2 BGB. 11

Im Übrigen findet die HOAI keine Anwendung auf Auftragnehmer, die neben Leistungen der HOAI auch andere Leistungen erbringen, die erheblich von dem einen Architekten- oder Ingenieurvertrag prägenden Werkerfolg abweichen. Dies gilt insbesondere für Bauträger, Fertighausanbieter oder Anbieter kompletter Bauleistungen (sog. Komplett- oder Paketanbieter wie z.B. Generalunternehmer, Generalübernehmer etc.),[8] selbst dann, wenn die mit den erbrachten Planungsleistungen beabsichtigte Baumaßnahme gar nicht zur Ausführung gelangt.[9] Ob es sich bereits um Leistungen eines sog. Komplettanbieters oder noch um Architekten- oder Ingenieurleistungen handelt, ist stets im Einzelfall anhand des Schwergewichts der Tätigkeit zu überprüfen. So kann auch ein Generalunternehmer, der trotz seiner Bezeichnung tatsächlich überwiegend Architekten- und Ingenieurleistungen erbringt, der HOAI unterfallen.[10] 12

Auch auf Projektentwickler, die lediglich beiläufig Planungsleistungen erbringen, ist die HOAI nicht anwendbar. Dies gilt auch dann, wenn für einzelne – untergeordnete – Tätigkeiten die HOAI grundsätzlich Anwendung finden würde.[11] Entsprechendes gilt für die Projektsteuerung bzw. das Projektmanagement.[12] 13

IV. Zeitlicher Anwendungsbereich

Der zeitliche Anwendungsbereich der HOAI 2009 ist in § 55 HOAI geregelt. Danach gilt die HOAI 2009 nicht für Leistungen, die vor ihrem Inkrafttreten am 18.08.2009 vertraglich vereinbart wurden. Im Falle einer gestuften Beauftragung erfolgt die »vertragliche Vereinbarung« im Sinne des § 55 HOAI erst mit dem Abruf der jeweiligen Stufe durch den Auftraggeber. 14

---

8 BGH, Urt. v. 22.05.1997 – VII ZR 290/95 –, BauR 1997, 677; *Koeble*, in: Locher/Koeble/Frik, § 1 Rn. 10; a.A. *Vygen*, in: Korbion/Mantscheff/Vygen, § 1 Rn. 29 f.
9 OLG Köln, Urt. v. 10.12.1999 – 19 U 19/99 –, BauR 2000, 910.
10 OLG Jena, Urt. v. 21.05.2002 – 3 U 28/02 –, BauR 2002, 1724; OLG Oldenburg, Urt. v. 19.09.2001 – 2 U 170/01 –, BauR 2002, 332.
11 *Koeble*, in: Locher/Koeble/Frik, § 1 Rn. 7.
12 *Koeble*, in: Locher/Koeble/Frik, § 1 Rn. 8.

§ 2 Begriffsbestimmungen

Für diese Verordnung gelten folgende Begriffsbestimmungen:

1. »Objekte« sind Gebäude, raumbildende Ausbauten, Freianlagen, Ingenieurbauwerke, Verkehrsanlagen, Tragwerke und Anlagen der Technischen Ausrüstung;
2. »Gebäude« sind selbstständig benutzbare, überdeckte bauliche Anlagen, die von Menschen betreten werden können und geeignet oder bestimmt sind, dem Schutz von Menschen, Tieren oder Sachen zu dienen;
3. »Neubauten und Neuanlagen« sind Objekte, die neu errichtet oder neu hergestellt werden;
4. »Wiederaufbauten« sind vormals zerstörte Objekte, die auf vorhandenen Bau- oder Anlageteilen wiederhergestellt werden; sie gelten als Neubauten, sofern eine neue Planung erforderlich ist;
5. »Erweiterungsbauten« sind Ergänzungen eines vorhandenen Objekts;
6. »Umbauten« sind Umgestaltungen eines vorhandenen Objekts mit Eingriffen in Konstruktion oder Bestand;
7. »Modernisierungen« sind bauliche Maßnahmen zur nachhaltigen Erhöhung des Gebrauchswertes eines Objekts, soweit sie nicht unter die Nummern 5, 6 oder Nummer 9 fallen;
8. »raumbildende Ausbauten« sind die innere Gestaltung oder Erstellung von Innenräumen ohne wesentliche Eingriffe in Bestand oder Konstruktion; sie können im Zusammenhang mit Leistungen nach den Nummern 3 bis 7 anfallen;
9. »Instandsetzungen« sind Maßnahmen zur Wiederherstellung des zum bestimmungsgemäßen Gebrauch geeigneten Zustandes (Soll-Zustandes) eines Objekts, soweit sie nicht unter Nummer 4 fallen oder durch Maßnahmen nach Nummer 7 verursacht sind;
10. »Instandhaltungen« sind Maßnahmen zur Erhaltung des Soll-Zustandes eines Objekts;
11. »Freianlagen« sind planerisch gestaltete Freiflächen und Freiräume sowie entsprechend gestaltete Anlagen in Verbindung mit Bauwerken oder in Bauwerken;
12. »fachlich allgemein anerkannte Regeln der Technik« sind schriftlich fixierte technische Festlegungen für Verfahren, die nach herrschender Auffassung der beteiligten Fachleute, Verbraucher und der öffentlichen Hand geeignet sind, die Ermittlung der anrechenbaren Kosten nach dieser Verordnung zu ermöglichen und die sich in der Praxis allgemein bewährt haben oder deren Bewährung nach herrschender Auffassung in überschaubarer Zeit bevorsteht;
13. »Kostenschätzung« ist eine überschlägige Ermittlung der Kosten auf der Grundlage der Vorplanung; sie ist die vorläufige Grundlage für Finanzierungsüberlegungen; ihr liegen Vorplanungsergebnisse, Mengenschätzungen, erläuternde Angaben zu den planerischen Zusammenhängen, Vorgängen und Bedingungen sowie Angaben zum Baugrundstück und zur Erschließung zugrunde; wird die Kostenschätzung nach § 4 Absatz 1 S. 3 auf der Grundlage der DIN 276 in der Fassung vom Dezember 2008 (DIN 276-1: 2008-12) erstellt, müssen die Gesamtkosten nach Kostengruppen bis zur ersten Ebene der Kostengliederung ermittelt werden;
14. »Kostenberechnung« ist eine Ermittlung der Kosten auf der Grundlage der Entwurfsplanung; ihr liegen durchgearbeitete Entwurfszeichnungen oder auch Detailzeichnungen wiederkehrender Raumgruppen, Mengenberechnungen und für die Berechnung und Beurteilung der Kosten relevante Erläuterungen zugrunde; wird sie nach § 4 Absatz 1 S. 3 auf der Grundlage der DIN 276 erstellt, müssen die Gesamtkosten nach Kostengruppen bis zur zweiten Ebene der Kostengliederung ermittelt werden;
15. »Honorarzonen« stellen den Schwierigkeitsgrad eines Objekts oder einer Flächenplanung dar.

Übersicht	Rdn.		Rdn.
A. Änderungen durch die HOAI 2009	1	VIII. Raumbildende Ausbauten (Nr. 8)	13
B. Die einzelnen Begriffsbestimmungen...	2	IX. Instandsetzungen (Nr. 9)	14
I. Objekte (Nr. 1)	3	X. Instandhaltungen (Nr. 10)	15
II. Gebäude (Nr. 2)	5	XI. Freianlagen (Nr. 11)	16
III. Neubauten und Neuanlagen (Nr. 3)	7	XII. Fachlich allgemein anerkannte Regeln der Technik (Nr. 12).................	17
IV. Wiederaufbauten (Nr. 4)	8	XIII. Kostenschätzung (Nr. 13).............	18
V. Erweiterungsbauten (Nr. 5)	10	XIV. Kostenberechnung (Nr. 14)	19
VI. Umbauten (Nr. 6)..................	11	XV. Honorarzonen (Nr. 15)	20
VII. Modernisierungen (Nr. 7)	12		

A. Änderungen durch die HOAI 2009

Die sich nun in § 2 HOAI befindlichen Begriffsbestimmungen waren zuvor in § 3 HOAI a.F. enthalten. Die Begriffsbestimmungen wurden teilweise neu eingeführt (Nr. 2, 12, 13, 14 und 15), teilweise inhaltlich abgeändert bzw. erweitert (Nr. 1 und 6) und teilweise lediglich sprachlich angepasst (Nr. 3, 4, 5). Die Definitionen von Einrichtungsgegenständen und integrierten Werbeanlagen konnten ersatzlos entfallen. Im Übrigen sind die Begriffsbestimmungen inhaltlich gleich geblieben (Nr. 7, 8, 9, 10 und 11). 1

B. Die einzelnen Begriffsbestimmungen

Die Vorschrift enthält keinerlei Rechtssätze, sondern lediglich Begriffsbestimmungen, durch die festgelegt wird, was unter den jeweiligen Begriffen im Sinne der HOAI zu verstehen ist. 2

I. Objekte (Nr. 1)

»Objekt« ist der Oberbegriff für sämtliche in § 2 Nr. 1 aufgeführten Tätigkeitsgebiete. Er umfasst die auch vor der HOAI-Novelle aufgeführten Gebäude, raumbildenden Ausbauten und Freianlagen. Unter Objekte fallen nunmehr jedoch auch Ingenieurbauwerke, Verkehrsanlagen, Tragwerke und Anlagen der Technischen Ausrüstung, wobei diese richtigerweise keine Objekte als solche darstellen, sondern lediglich Bestandteile oder Ausrüstungen von solchen. Die einzelnen Arten von Objekten werden, sieht man einmal von den unter Ziffern 2 und 11 definierten Gebäuden und Freianlagen ab, nicht mehr besonders erläutert.[1] 3

Gemäß § 11 Abs. 1 S. 1 HOAI sind die Honorare für mehrere unterschiedliche Objekte grundsätzlich getrennt zu berechnen. 4

II. Gebäude (Nr. 2)

Das »Gebäude« wird in der Neufassung der HOAI erstmals anhand der Definition der Musterbauordnung definiert. Zudem wurden die baulichen Anlagen in den Gebäudebegriff integriert. Es muss sich somit um selbständig nutzbare überdachte bauliche Anlagen handeln, die von Menschen betreten werden können und geeignet oder bestimmt sind, dem Schutz von Menschen, Tieren oder Sachen zu dienen. Darüber hinaus müssen jedoch auch die begrifflichen Voraussetzungen für Bauwerke gegeben sein, so dass es sich um eine »unbewegliche, durch Verwendung von Arbeit und Materialien in Verbindung mit dem Erdboden hergestellte Sache« handeln muss.[2] Wohnwagen oder Zelte dürften daher nicht unter den Gebäudebegriff fallen. 5

Weiterhin nicht geklärt hat die Neufassung die Abgrenzung des Gebäudes zu Ingenieurbauwerken, da nach der derzeitigen Fassung auch Ingenieurbauwerke unter den Gebäudebegriff gefasst werden können, was aufgrund der unterschiedlichen Honorarvorschriften unglücklich erscheint. 6

---

[1] Vgl. zu den einzelnen Begriffsbestimmungen *Vygen*, in: Korbion/Mantscheff/Vygen, § 3 Rn. 8 ff.
[2] *Koeble*, in: Locher/Koeble/Frik, § 2 Rn. 5.

III. Neubauten und Neuanlagen (Nr. 3)

7 »Neubauten« und »Neuanlagen« sind neu zu errichtende oder neu herzustellende Objekte, die bisher nicht vorhanden waren und die nicht auf vorhandene Bau- oder Anlagenteile aufbauen. Charakteristisch für einen Neubau bzw. eine Neuanlage ist eine diesbezügliche Neuplanung. Gemäß § 2 Nr. 4 S. 2 HOAI gelten Wiederaufbauten als Neubauten, sofern eine neue Planung erforderlich ist.

IV. Wiederaufbauten (Nr. 4)

8 »Wiederaufbauten« erfordern, dass ein vorhandenes Objekt teilweise oder ganz zerstört wurde. Diese Voraussetzung grenzt die Wiederaufbauten von den Instandsetzungen nach § 2 Nr. 9 HOAI ab. Die Zerstörung muss daher erheblich sein und eine Funktionsfähigkeit nahezu ausschließen. Diese Abgrenzung hat jedoch nach dem Wegfall der §§ 10 Abs. 3a und 27 HOAI a.F. keine besondere Bedeutung mehr.

9 Andererseits können die Wiederaufbauten im Falle einer vollständigen Neuplanung auch als Neubau im Sinne der § 2 Nr. 2 HOAI einzuordnen sein. Letzteres ist insbesondere dann der Fall, wenn wiederverwendbare Bau- oder Anlagenteile fehlen. Im Falle einer neuen Planung ist gem. § 2 Nr. 3 S. 2 HOAI der Wiederaufbau stets als Neubau anzusehen. Bei bloßen Teilplanungen oder teilweise neuen und teilweise vorhandenen Plänen kommt es auf das Schwergewicht der Planung an.

V. Erweiterungsbauten (Nr. 5)

10 »Erweiterungsbauten« sind Ergänzungen eines vorhandenen Objekts, insbesondere eine Aufstockung oder ein Anbau. Die Erweiterung muss stets zu einer räumlichen Ausdehnung führen. Zudem ist eine unmittelbare körperliche Verbindung mit dem vorhandenen Objekt erforderlich. Soweit ein Erweiterungsbau auch den Eingriff in die Konstruktion und die Bausubstanz beinhaltet (beispielsweise Aufstockung), so wird diese nicht zwangsläufig zu einem Umbau im Sinne der Nr. 6, kann jedoch mit einem solchen zusammentreffen.[3]

VI. Umbauten (Nr. 6)

11 »Umbauten« sind Umgestaltungen eines vorhandenen Objekts mit Eingriffen in Konstruktion oder Bestand, wobei diese Eingriffe seit der HOAI-Novelle nicht mehr »wesentlich« sein müssen.[4] Es wird somit jeder Eingriff umfasst, so dass Umbaumaßnahmen auch mit Modernisierungen nach § 2 Nr. 7 HOAI zusammenfallen können. Infolge dieser Neuregelung wird nunmehr jegliches Bauen im Bestand als Umbau gelten, so dass dem Auftragnehmer ein Umbauzuschlag nach § 35 HOAI zu gewähren ist. Die Vorschrift des § 10 Abs. 3a HOAI ist demgegenüber entfallen.

VII. Modernisierungen (Nr. 7)

12 Unter »Modernisierung« sind bauliche Maßnahmen zu verstehen, die der nachhaltigen Erhöhung des Gebrauchswerts eines Objekts, d.h. insbesondere einer nachhaltigen Verbesserung der Nutzungsmöglichkeit dienen, wie beispielsweise eine verbesserte Belichtung oder die Verbesserung des Wärme- oder Schallschutzes. Die bloße Erhöhung des Verkaufswertes genügt insoweit nicht.[5] § 2 Nr. 7 HOAI stellt im Übrigen klar, dass Erweiterungsbauten (Nr. 5), Umbauten (Nr. 6) und Instandsetzungen (Nr. 9) Vorrang vor der Einordnung als Modernisierung haben.

---

3 OLG Düsseldorf, Urt. v. 20.08.2001 – 23 U 6/01 –, BauR 2002, 117.
4 Vgl. § 3 Nr. 4 HOAI a.F.
5 *Koeble*, in: Locher/Koeble/Frik, § 2 Rn. 13.

VIII. Raumbildende Ausbauten (Nr. 8)

Unter »raumbildenden Ausbauten« wird die innere Gestaltung oder Erstellung von Innenräumen ohne wesentliche Eingriffe in Konstruktion oder Bestand verstanden. Da der Umbau nach der Neufassung des § 2 Nr. 6 HOAI keinen »wesentlichen« Eingriff in Konstruktion oder Bestand erfordert, können nunmehr raumbildende Ausbauten im Bestand auch als Umbauten anzusehen sein, mit der Folge, dass ein Umbauzuschlag gemäß § 35 HOAI zu gewähren wäre.

13

IX. Instandsetzungen (Nr. 9)

Instandsetzungen sind Arbeiten zur Wiederherstellung des zum bestimmungsgemäßen Gebrauch geeigneten Zustands, des sog. Soll-Zustandes. Letzterer muss daher in Mitleidenschaft gezogen worden sein, beispielsweise durch Abnutzung, Witterungseinflüsse oder Alterung. Wiederaufbauten nach § 2 Nr. 4 HOAI und Modernisierungen nach § 2 Nr. 7 HOAI gehen den Instandsetzungen vor. Ein Wiederaufbau liegt daher vor, wenn eine vollständige Zerstörung eingetreten ist; eine Modernisierung, wenn der Soll-Zustand überschritten wird und dadurch eine Erhöhung des Gebrauchswerts eintritt.

14

X. Instandhaltungen (Nr. 10)

»Instandhaltungen« liegen vor, wenn noch keine Zerstörung oder Beeinträchtigung des Objekts vorliegt und lediglich vorbeugend der Soll-Zustand eines Objekts erhalten werden soll.

15

XI. Freianlagen (Nr. 11)

»Freianlagen« können in Verbindung mit Bauwerken geplante Anlagen wie Innenhöfe und Wintergärten darstellen. Daneben lassen sich jedoch auch Anlagen ohne Bezug zu Bauwerken wie Spielplätze, Sportplätze oder Friedhöfe unter den Begriff subsumieren, wenn es sich um selbständige, planerisch gestaltete Freiflächen oder Freiräume handelt. In Abgrenzung zu Verkehrsanlagen dürfte bei den Freianlagen nicht die Funktionalität, sondern die Gestaltung im Vordergrund stehen.[6]

16

XII. Fachlich allgemein anerkannte Regeln der Technik (Nr. 12)

In § 2 Nr. 12 HOAI werden die »allgemein anerkannten Regeln der Technik« erstmals definiert. Unverständlich erscheint jedoch, aus welchem Grund der Verordnungsgeber den Verbraucher in der Definition genannt hat. Entscheidend dürfte weiterhin die herrschende Meinung der Fachleute sein. Für die HOAI scheint die Definition jedoch ohnehin lediglich für die Abrechnungszwecke dienende DIN 276 von Bedeutung zu sein (vgl. u. § 4 HOAI Rdn. 10).

17

XIII. Kostenschätzung (Nr. 13)

In § 2 Nr. 13 HOAI wird der Begriff der »Kostenschätzung« definiert. Die Kostenschätzung stellt eine gemäß § 6 HOAI wesentliche Kostenermittlungsart dar, die grundsätzlich vom Auftragnehmer in der Leistungsphase 2 (Vorplanung) erbracht wird. Der Kostenschätzung liegt naturgemäß lediglich eine Schätzung zugrunde, nämlich eine Schätzung der jeweiligen Mengen und vergleichbarer Bezugseinheiten. Diese Schätzungen sollen nach der Definition auf einer Vorplanung basieren und eine vorläufige Grundlage für Finanzierungsüberlegungen darstellen. Wird die Kostenschätzung gem. § 4 Abs. 1 S. 3 HOAI auf der Grundlage der DIN 276 in der Fassung vom Dezember 2008 erstellt, müssen die Gesamtkosten nach Kostengruppen bis zur ersten Ebene der Kostengliederung ermittelt werden. Die Definition wurde überwiegend den Regelungen der DIN 276 in der Fassung vom Dezember 2008 entnommen (vgl. im Übrigen zur Kostenschätzung u. § 4 HOAI Rdn. 5).

18

---

6 *Koeble*, in: Locher/Koeble/Frik, § 2 Rn. 27.

XIV. Kostenberechnung (Nr. 14)

19 Auch bei der »Kostenberechnung« handelt es sich um eine gemäß § 6 HOAI für die Honorarermittlung wesentliche Kostenermittlungsart. Die Kostenberechnung wird grundsätzlich in der Leistungsphase 3 (Entwurfsplanung) erbracht. Die Kostenberechnung erfolgt dezidierter als die Kostenschätzung, da eine Kostenermittlung auf der Grundlage der Entwurfsplanung und nicht lediglich auf Vorplanungen erfolgt. Wird die Kostenberechnung gemäß § 4 Abs. 1 S. 3 HOAI auf der Grundlage der DIN 276 in der Fassung vom Dezember 2008 erstellt, müssen die Gesamtkosten nach Kostengruppen bis zur zweiten Ebene der Kostengliederung ermittelt werden. Dass in § 2 Nr. 14 HOAI der Verweis auf die Fassung von Dezember 2008 fehlt, stellt ein redaktionelles Versehen dar und dürfte unerheblich sein, da § 4 Abs. 1 S. 3 HOAI vorschreibt, dass jede Bezugnahme auf die DIN 276 die Fassung vom Dezember 2008 betrifft. Die Definition wurde im Übrigen überwiegend den Regelungen der DIN 276 in der Fassung vom Dezember 2008 entnommen (vgl. im Übrigen zur Kostenberechnung u. § 4 HOAI Rdn. 7.

XV. Honorarzonen (Nr. 15)

20 In § 2 Nr. 15 HOAI findet sich die überaus kurze Definition der »Honorarzonen«, die den Schwierigkeitsgrad eines Objekts oder einer Flächenplanung darstellen sollen. Konkrete Erläuterungen zur Honorarzone sind in den jeweiligen Leistungsbildern und in den Objektlisten der Anlage 3 der HOAI zu finden (vg. u. § 5 HOAI Rdn. 2).

§ 3 Leistungen und Leistungsbilder

(1) Die Honorare für Leistungen sind in den Teilen 2 bis 4 dieser Verordnung verbindlich geregelt. Die Honorare für Beratungsleistungen sind in der Anlage 1 zu dieser Verordnung enthalten und nicht verbindlich geregelt.

(2) Leistungen, die zur ordnungsgemäßen Erfüllung eines Auftrags im Allgemeinen erforderlich sind, sind in Leistungsbildern erfasst. Andere Leistungen, die durch eine Änderung des Leistungsziels, des Leistungsumfangs, einer Änderung des Leistungsablaufs oder anderer Anordnungen des Auftraggebers erforderlich werden, sind von den Leistungsbildern nicht erfasst und gesondert frei zu vereinbaren und zu vergüten.

(3) Besondere Leistungen sind in der Anlage 2 aufgeführt, die Aufzählung ist nicht abschließend. Die Honorare für Besondere Leistungen können frei vereinbart werden.

(4) Die Leistungsbilder nach dieser Verordnung gliedern sich in die folgenden Leistungsphasen 1 bis 9:
1. Grundlagenermittlung,
2. Vorplanung,
3. Entwurfsplanung,
4. Genehmigungsplanung,
5. Ausführungsplanung,
6. Vorbereitung der Vergabe,
7. Mitwirkung bei der Vergabe,
8. Objektüberwachung (Bauüberwachung oder Bauoberleitung),
9. Objektbetreuung und Dokumentation.

(5) Die Tragwerksplanung umfasst nur die Leistungsphasen 1 bis 6.

(6) Abweichend von Absatz 4 S. 1 sind die Leistungsbilder des Teils 2 in bis zu fünf dort angegebenen Leistungsphasen zusammengefasst. Die Wirtschaftlichkeit der Leistung ist stets zu beachten.

(7) Die Leistungsphasen in den Teilen 2 bis 4 dieser Verordnung werden in Prozentsätzen der Honorare bewertet.

(8) Das Ergebnis jeder Leistungsphase ist mit dem Auftraggeber zu erörtern.

Übersicht	Rdn.		Rdn.
A. Änderungen durch die HOAI 2009	1	III. Besondere Leistungen, § 3 Abs. 3 HOAI	14
B. »Verbindliche« und »unverbindliche« Regelungen, § 3 Abs. 1 HOAI	2	D. Leistungsbilder und Leistungsphasen, § 3 Abs. 4–6 HOAI	18
I. Verbindliches Preisrecht	3	E. Bewertung der Leistungsphasen, § 3 Abs. 7 HOAI	20
II. Sog. Beratungsleistungen	5	F. Wirtschaftlichkeit der Leistung, § 3 Abs. 6 S. 2 HOAI	22
C. Leistungsarten, § 3 Abs. 2, 3 HOAI	8	G. Erörterungsverpflichtung des Auftragnehmers, § 3 Abs. 8 HOAI	23
I. Leistungen und Leistungsbilder, Abs. 2 S. 1	9		
II. Andere Leistungen, § 3 Abs. 2 S. 2 HOAI	11		

A. Änderungen durch die HOAI 2009

§ 3 HOAI ist im Wege der HOAI-Novelle nahezu vollständig neu geschaffen worden, was aus 1
der grundsätzlichen Neuordnung der HOAI in preisrechtliche und unverbindliche Regelungen sowie »Leistungen«, »andere Leistungen« und Besondere Leistungen« resultiert. Darüber hinaus findet in § 3 Abs. 4–6 HOAI eine Aufgliederung der Leistungsphasen statt, die gemäß § 3 Abs. 7 HOAI in Prozentsätzen der Honorare bewertet werden. Neu eingeführt wurde darüber hinaus § 3 Abs. 6 S. 2 HOAI, der die Wirtschaftlichkeit der Leistung vorschreibt, sowie § 3 Abs. 8 HOAO, der eine »Erörterungspflicht« mit dem Auftraggeber normiert.

B. »Verbindliche« und »unverbindliche« Regelungen, § 3 Abs. 1 HOAI

§ 3 Abs. 1 HOAI spricht erstmals von »verbindlichen« und »unverbindlichen« Regelungen und 2
zeigt damit die geänderte Struktur der neuen HOAI. Insoweit regelt § 3 Abs. 1 S. 1 HOAI, dass Honorare für Leistungen in den Teilen 2 bis 4 »verbindlich« geregelt sind. Demgegenüber sind die in Anlage 1 der HOAI vorgesehenen Leistungsbilder der Beratungsleistungen erklärtermaßen »unverbindlich«.

I. Verbindliches Preisrecht

Verbindliches Preisrecht enthalten lediglich noch die Regelungen der Teile 2 bis 4 HOAI mit den 3
zugehörigen Anlagen 4 bis 14. Der Teil 2 der HOAI umfasst die Flächenplanung, darunter im Abschnitt 1 die Bauleitplanung mit den Leistungsbildern Flächennutzungsplan (§ 18 HOAI) und Bebauungsplan (§ 19 HOAI), im Abschnitt 2 die Landschaftsplanung mit den Leistungsbildern Landschaftsplan (§ 23 HOAI), Grünordnungsplan (§ 24 HOAI), Landschaftsrahmenplan (§ 25 HOAI), landschaftspflegerischer Begleitplan (§ 26 HOAI) und Pflege- und Entwicklungsplan (§ 27 HOAI). Teil 3 der HOAI beinhaltet die Objektplanung, wobei Abschnitt 1 die Gebäude und raumbildenden Ausbauten (§ 33 HOAI), Abschnitt 2 die Freianlagen (§ 38 HOAI), Abschnitt 3 die Ingenieurbauwerke (§ 42 HOAI) und Abschnitt 4 die Verkehrsanlagen (§ 46 HOAI) betrifft. Teil 4 behandelt die Fachplanungen, und zwar in Abschnitt 1 die Tragwerksplanung (§ 49 HOAI) und in Abschnitt 2 die Technische Ausrüstung (§ 53 HOAI).

Die Verbindlichkeit der Honorare für diese Leistungen bedeutet, dass eine Honorarvereinbarung 4
zwingend das verbindliche Preisrecht der HOAI beachten muss (vgl. dazu o. § 1 HOAI Rdn. 2). Insbesondere muss die Honorarvereinbarung gemäß § 7 HOAI bestimmte formale Vorgaben sowie die Mindest- und Höchstsatzgrenzen berücksichtigen. Fehlt eine solche Vereinbarung oder ist diese unwirksam, gelten gemäß § 7 Abs. 6 S. 1 HOAI die jeweiligen Mindestsätze als vereinbart.

II. Sog. Beratungsleistungen

5 Der sachliche Anwendungsbereich der HOAI wurde durch die HOAI-Novelle erheblich eingeschränkt. Die Neufassung beinhaltet lediglich noch solche Leistungsbilder, die zumindest auch eine geistig-schöpferische Leistung zum Inhalt haben. Leistungsbilder, die demgegenüber reine Dienst- oder Beratungsleistungen umfassen, sind aus dem Anwendungsbereich der HOAI herausgenommen worden. Dies gilt insbesondere für die in den Teilen X–XII der HOAI a.F. geregelten Leistungen der thermischen Bauphysik, des Schallschutzes und der Raumakustik, der Bodenmechanik, des Erd- und Grundbaus sowie der Vermessungstechnik. Auch aus dem verbindlichen Teil der HOAI herausgenommen wurde die Umweltverträglichkeitsstudie der §§ 48 ff. HOAI a.F.

6 Honorarvereinbarungen für diese Leistungen unterliegen keinen besonderen Bindungen mehr. Vielmehr gelten insoweit die Regelungen des Vertragsrechts des BGB ohne weitere Preisvorgaben. Anlage 1 zu § 3 Abs. 1 S. 2 HOAI enthält insoweit lediglich noch unverbindliche Vorschläge, die sich weitestgehend an der bis zum 18.08.2009 geltenden HOAI orientieren. Es gelten weder die Mindest- und Höchstsätze noch die formalen Voraussetzungen des § 7 HOAI. Das Honorar kann frei, mündlich und jederzeit vereinbart werden.

7 Soweit die Parteien keine ausdrückliche Honorarvereinbarung für sog. Beratungsleistungen getroffen haben, so greifen nicht die aus der Anlage 1 ersichtlichen Honorarvorschriften ein. Auch kann mangels Verbindlichkeit dieses Teils der HOAI das Honorar nicht als Taxe i.S.d. § 632 BGB angesehen werden. Zweifelhaft erscheint, ob die dortigen Preisempfehlungen jedenfalls als »übliche Vergütung« i.S.d. § 632 Abs. 2 BGB angesehen werden können. Dies dürfte nur dann der Fall sein, wenn sich diese in Zukunft als am Markt »üblich« durchsetzen, was ggf. sachverständig festgestellt werden müsste.[1]

C. Leistungsarten, § 3 Abs. 2, 3 HOAI

8 § 3 Abs. 2 und 3 HOAI unterscheiden nach verschiedenen Leistungsarten, nämlich den »Leistungen« gemäß § 3 Abs. 2 S. 1 HOAI, die zur ordnungsgemäßen Erfüllung eines Auftrags im Allgemeinen erforderlich sind (früher »Grundleistungen«), »anderen Leistungen« gemäß § 3 Abs. 2 S. 2 HOAI, die durch eine Änderung des Leistungsziels, des Leistungsumfangs, einer Änderung des Leistungsablaufs oder anderer Anordnungen des Auftraggebers erforderlich werden, und »Besonderen Leistungen« gemäß § 3 Abs. 3 HOAI.

I. Leistungen und Leistungsbilder, Abs. 2 S. 1

9 Der in der bisherigen Fassung der HOAI vorgesehene Begriff der »Grundleistungen« existiert in § 3 HOAI nicht mehr. Dieser wurde durch den Begriff »Leistungen« ersetzt. Die »Leistungen« sind für die jeweiligen Leistungsbilder in den Anlagen 4–14 enthalten. Diese Anlagen enthalten allesamt preisrechtliche Vorschriften. Die HOAI enthält nunmehr noch die Leistungsbilder Flächennutzungsplan (§ 18 HOAI), Bebauungsplan (§ 19 HOAI), Landschaftsplan (§ 23 HOAI), Grünordnungsplan (§ 24 HOAI), Landschaftsrahmenplan (§ 25 HOAI), landschaftspflegerischer Begleitplan (§ 26 HOAI), Pflege- und Entwicklungsplan (§ 27 HOAI), Gebäude und raumbildenden Ausbauten (§ 33 HOAI), Freianlagen (§ 38 HOAI), Ingenieurbauwerke (§ 42 HOAI), Verkehrsanlagen (§ 46 HOAI), Tragwerksplanung (§ 49 HOAI) und Technische Ausrüstung (§ 49 HOAI).

10 Die einzelnen Leistungen sind in den jeweiligen Leistungsbildern, d.h. insbesondere in den Anlagen 4–14 der HOAI abschließend aufgezählt.[2] Die in den jeweiligen Leistungsbildern aufgeführten Leistungen sind im Allgemeinen erforderlich, um ein bestimmtes Planungsziel zu verwirk-

---

[1] *Koeble*, in: Locher/Koeble/Frik, § 3 Rn. 8; *Vogelheim*, in: v. Berg/Vogelheim/Wittler, Rn. 336.
[2] *Koeble*, in: Locher/Koeble/Frik, § 3 Rn. 10.

lichen. Dass die Leistungen lediglich »im Allgemeinen erforderlich« sind, bedeutet im Umkehrschluss, dass diese nicht stets erforderlich sind. Vielmehr kann sich der werkvertraglich geschuldete Erfolg auch dann einstellen, wenn der Auftragnehmer nicht sämtliche Leistungen eines Leistungsbilds erbracht hat. Dann stellt sich zumeist die Frage, ob der Auftragnehmer trotz unvollständiger Abarbeitung von einzelnen Leistungen oder gar Leistungsphasen das volle Honorar beanspruchen kann. Dies wird vom BGH[3] honorarrechtlich bejaht. Der Honoraranspruch kann jedoch dann ganz oder teilweise entfallen, wenn der Tatbestand einer Regelung des allgemeinen Leistungsstörungsrechts des BGB oder des werkvertraglichen Gewährleistungsrechts erfüllt ist, dem Auftraggeber somit bspw. ein Minderungsrecht im Falle der Nichtabarbeitung bestimmter Grundleistungen zusteht (vgl. auch u. § 8 HOAI Rdn. 8).

II. Andere Leistungen, § 3 Abs. 2 S. 2 HOAI

Die HOAI hat in § 3 Abs. 2 S. 2 HOAI einen neuen Begriff der »anderen Leistungen« geschaffen. »Andere Leistungen« sind solche, die durch eine Änderung des Leistungsziels, des Leistungsumfangs, eine Änderung des Leistungsablaufs oder andere Anordnungen des Auftraggebers erforderlich werden. Diese sind von den Leistungsbildern nicht erfasst und gesondert frei zu vereinbaren und zu vergüten. 11

Diese Neuregelung erscheint in systematischer Hinsicht unglücklich. Nach dem Wortlaut der Regelung fallen unter den Begriff der »anderen Leistungen« auch solche Leistungen, die üblicherweise »Leistungen« i.S.d. § 3 Abs. 2 S. 1 HOAI darstellen würden, jedoch nachträglich noch angeordnet werden. Insoweit stellt sich die Frage, ob diese – preisrechtlich verbindlichen – »Leistungen« allein durch die spätere Anordnung zu – frei honorierbaren – »anderen Leistungen« werden können. Dies wird teilweise bestritten, da eine solche Regelung eine Umgehung der Mindestsatzregelung geradezu provozieren würde.[4] Aufgrund dessen könnte man »andere Leistungen« als nicht in den Leistungsbildern erfasste und nachträglich verlangte Leistungen ansehen. Dies würde den Anwendungsbereich des § 3 Abs. 2 S. 2 HOAI jedoch erheblich reduzieren, was durch die Novelle nicht bezweckt war. Vielmehr dürfte insoweit an die »ordnungsgemäße Erfüllung« in § 3 Abs. 2 S. 1 HOAI anzuknüpfen sein, so dass »andere Leistungen« stets dann vorliegen, wenn über die im Allgemeinen erforderlichen Leistungen hinaus wiederholte Leistungen aus den jeweiligen Leistungsbildern erbracht werden.[5] Voraussetzung ist insoweit jedoch stets, dass die weiteren Leistungen auf Änderungen des Leistungsziels, des Leistungsumfangs, des Leistungsablaufs oder auf anderen Anordnungen des Auftraggebers beruhen und die Änderungen der Sphäre des Auftraggebers zuzuordnen sind. Leistungen, die nicht auf derartigen Änderungen oder Anordnungen beruhen, sondern bereits vertraglich geschuldet sind, können dagegen keine »anderen Leistungen« darstellen. 12

§ 3 Abs. 2 S. 2 HOAI gewährt den Parteien nunmehr die Möglichkeit einer freien Honorarvereinbarung, die keinerlei Formvorschriften unterfällt. Keine Regelung trifft § 3 Abs. 2 S. 2 HOAI jedoch für den Fall, dass die Parteien die ermöglichte freie Honorarvereinbarung nicht treffen. In diesem Fall dürften bei Leistungen aus einem Leistungsbild der HOAI das Honorar nach den Grundsätzen der HOAI zu berechnen sein.[6] 13

III. Besondere Leistungen, § 3 Abs. 3 HOAI

Besondere Leistungen sind im Allgemeinen nicht zur ordnungsgemäßen Erfüllung des Auftrags erforderlich, können jedoch dort, wo Grundleistungen nicht ausreichen, einen vollständigen Auf- 14

---

3 BGH, Urt. v. 24.06.2004 – VII ZR 259/02 –, NJW 2004, 2588.
4 *Wirth*, in: Korbion/Mantscheff/Vygen, Aktualisierungsband, S. 32.
5 *Koeble*, in: Locher/Koeble/Frik, § 3 Rn. 15.
6 So auch *Koeble*, in: Locher/Koeble/Frik, § 3 Rn. 17.

trag zu erfüllen, notwendig werden. Die Besonderen Leistungen sind in der Anlage 2 nicht abschließend aufgezählt.[7]

15 Die Besonderen Leistungen waren vor der HOAI-Novelle in § 2 Abs. 3 HOAI a.F. definiert und in § 5 Abs. 4 und 5 HOAI a.F. preisrechtlich geregelt. Danach waren sie lediglich unter den strengen Voraussetzungen des § 5 Abs. 4 HOAI a.F. zu honorieren. Voraussetzung war insoweit für zusätzliche Besondere Leistungen, d. h. solche Besonderen Leistungen, die zu den Grundleistungen hinzutraten, eine schriftliche Vereinbarung und eine im Verhältnis zu den Grundleistungen nicht unwesentlicher Arbeits- und Zeitaufwand. Für sog. ersetzende Besondere Leistungen konnte gem. § 5 Abs. 5 HOAI a.F. ein Honorar berechnet werden, welches dem Honorar für die ersetzte Grundleistung entsprach.

16 Die Besonderen Leistungen sind nunmehr aus dem preisrechtlichen Teil der HOAI herausgenommen worden. Für die in der Anlage 2 nicht abschließend aufgeführten Besonderen Leistungen kann ein Honorar frei vereinbart werden. Ein Schriftformerfordernis, wie es § 5 Abs. 4 HOAI a.F. vorsah, gibt es nicht mehr. Auch ist es unerheblich, ob die Besondere Leistung einen wesentlichen Arbeits- bzw. Zeitaufwand verursacht. Durch die Neufassung ist daher eine erhebliche Verbesserung der Honorarsituation für Auftragnehmer eingetreten, da nunmehr auch solche Leistungen vergütungspflichtig sind, die in der Vergangenheit lediglich bei besonderer Honorarvereinbarung zu vergüten waren.

17 Fehlt eine ausdrückliche Honorarvereinbarung, so steht dem Auftragnehmer die übliche Vergütung gemäß § 632 Abs. 2 BGB zu.

D. Leistungsbilder und Leistungsphasen, § 3 Abs. 4–6 HOAI

18 § 3 Abs. 4 bis 6 HOAI regeln die Untergliederung der jeweiligen Leistungsbilder in Leistungsphasen. Die neun systematisch aufeinander aufbauenden Leistungsphasen sind die Grundlagenermittlung (Leistungsphase 1), die Vorplanung (Leistungsphase 2), die Entwurfsplanung (Leistungsphase 3), die Genehmigungsplanung (Leistungsphase 4), die Ausführungsplanung (Leistungsphase 5), die Vorbereitung der Vergabe (Leistungsphase 6), die Mitwirkung bei der Vergabe (Leistungsphase 7), die Objektüberwachung (Leistungsphase 8) und die Objektbetreuung und Dokumentation (Leistungsphase 9).

19 Die vorgenannte Gliederung der Leistungsbilder gilt für sämtliche Leistungsbilder, mit Ausnahme der in den Absätzen 5 und 6 ausdrücklich genannten Leistungsbilder der Tragwerksplanung und Flächenplanung.

E. Bewertung der Leistungsphasen, § 3 Abs. 7 HOAI

20 Gemäß § 3 Abs. 7 HOAI werden die Leistungsphasen in den preisrechtlich relevanten Teilen 2 bis 4 der HOAI in Prozentsätzen der Honorare bewertet. Diese Vorschrift entspricht den bisherigen Regelungen. Die Bewertung der jeweiligen Leistungsphasen ergibt sich aus den Regelungen zu den Leistungsbildnern, insbesondere aus §§ 18, 19, 23–27, 33, 38, 42, 46, 49 und 53 HOAI. Diese Bewertungen sind verbindlich.

21 Die Aufteilung in Prozentsätze ergibt sich lediglich für die jeweiligen Leistungsphasen. Unterhalb der Leistungsphasen, somit im Hinblick auf die einzelnen in den Anlagen 4–14 aufgeführten Leistungen enthält die HOAI keine Regelungen. Insoweit wird man zur Berechnung des Honorars eine Bewertung der von dem Auftragnehmer erbrachten Leistungen anhand der Steinfort-Tabelle oder ähnlichen Berechnungswerken vornehmen müssen.[8] Andererseits können die Parteien

---

7 Weitere Beispiele finden sich bei *Koeble*, in: Locher/Koeble/Frik, § 3 Rn. 21 ff.
8 BGH, Urt. v. 16.12.2004 – VII ZR 174/03 –, BauR 2005, 588.

die Prozentsätze für Teilleistungen auch eigenständig festlegen. Dabei sind jedoch wiederum die Mindest- und Höchstsätze zu beachten.

F. Wirtschaftlichkeit der Leistung, § 3 Abs. 6 S. 2 HOAI

Der neu und unsystematisch eingeführte § 6 Abs. 6 S. 2 HOAI normiert den Grundsatz der Wirtschaftlichkeit der Leistung. Die Bestimmung enthält mangels Ermächtigungsgrundlage keine vertragsrechtliche Verpflichtung, sondern hat lediglich honorarrechtliche Auswirkungen, da die Unwirtschaftlichkeit – wie zuvor – zu einer Mangelhaftigkeit der Architekten- oder Ingenieurleistung führen kann.[9] Die Normierung dieser Verpflichtung – die für sämtliche Leistungsbilder und nicht nur für die Flächenplanung gilt – dürfte daher keine Änderung der bisherigen Rechtslage herbeiführen. 22

G. Erörterungsverpflichtung des Auftragnehmers, § 3 Abs. 8 HOAI

Der neu eingefügte § 3 Abs. 8 HOAI sieht vor, dass das Ergebnis jeder Leistungsphase mit dem Auftraggeber erörtert werden muss. Entgegen dem ausdrücklichen Wortlaut dieser Regelung handelt es sich bei der Erörterungsverpflichtung des Auftragnehmers jedoch nicht um eine schuldrechtliche Verpflichtung. Eine solche wäre nämlich von der Ermächtigungsgrundlage nicht gedeckt. Es dürfte sich daher lediglich um eine Klarstellung handeln, dass der Auftragnehmer den Auftraggeber zu jedem Zeitpunkt eines Bauvorhabens über die jeweiligen Zwischenergebnisse zu informieren hat. Dies war in Form der Kostenkontrolle jedoch bereits Inhalt der Leistungsphasen 3, 7 und 8 des § 15 HOAI a.F., so dass auch diese Neuregelung keine Änderung der bisherigen Rechtslage herbeiführen wird. 23

§ 4 Anrechenbare Kosten

(1) Anrechenbare Kosten sind Kosten zur Herstellung, zum Umbau, zur Modernisierung, Instandhaltung oder Instandsetzung von Objekten sowie den damit zusammenhängenden Aufwendungen. Sie sind nach fachlich allgemein anerkannten Regeln der Technik oder nach Verwaltungsvorschriften (Kostenvorschriften) auf der Grundlage ortsüblicher Preise zu ermitteln. Wird in dieser Verordnung die DIN 276 in Bezug genommen, so ist diese in der Fassung vom Dezember 2008 (DIN 276-1: 2008-12) bei der Ermittlung der anrechenbaren Kosten zugrunde zu legen. Die auf die Kosten von Objekten entfallende Umsatzsteuer ist nicht Bestandteil der anrechenbaren Kosten.

(2) Als anrechenbare Kosten gelten ortsübliche Preise, wenn der Auftraggeber
1. selbst Lieferungen oder Leistungen übernimmt,
2. von bauausführenden Unternehmen oder von Lieferanten sonst nicht übliche Vergünstigungen erhält,
3. Lieferungen oder Leistungen in Gegenrechnung ausführt oder
4. vorhandene oder vorbeschaffte Baustoffe oder Bauteile einbauen lässt.

Übersicht	Rdn.		Rdn.
A. Änderungen durch die HOAI 2009	1	I. DIN 276 als allgemein anerkannte Regel der Technik	10
B. Definition der anrechenbaren Kosten, § 4 Abs. 1 HOAI	2	II. Ermittlung nach der DIN 276-1: 2008-12.........................	11
C. Kostenermittlungsarten	4	III. Andere Kostenermittlungsarten	17
I. Kostenschätzung	5	IV. Ermittlung anhand ortsüblicher Kosten .	18
II. Kostenberechnung.................	7	V. Mitverarbeitete Bausubstanz	21
D. Methode der Kostenermittlung........	9		

---

9 BGH, Urt. v. 11.11.2004 – VII ZR 128/03 –, BauR 2005, 400.

§ 4 HOAI   Anrechenbare Kosten

A. Änderungen durch die HOAI 2009

1 Die Regelungen über anrechenbare Kosten wurden nunmehr einheitlich im Allgemeinen Teil der HOAI geregelt. Sie enthalten wesentliche Änderungen im Hinblick auf die maßgebende Abrechnungsgrundlage (Kostenberechnung statt mehrstufiger Abrechnung) und die Kostenberechnungsmethode (DIN 276 in der Fassung vom Dezember 2008), was auf die mit der HOAI-Novelle beabsichtigte Abkopplung des Honorars von den tatsächlichen Kosten des Objekts zurückzuführen ist. Weitere Änderungen finden sich in den Regelungen der einzelnen Leistungsbilder, bspw. in §§ 32, 37, 41, 45, 48 und 52 HOAI. Zudem ist die Vorschrift des § 10 Abs. 3a HOAI a.F. ersatzlos entfallen.

B. Definition der anrechenbaren Kosten, § 4 Abs. 1 HOAI

2 Gemäß § 4 Abs. 1 HOAI sind anrechenbare Kosten Teil der Kosten zur Herstellung, zum Umbau, zur Modernisierung, Instandhaltung oder Instandsetzung von Objekten sowie den damit zusammenhängenden Aufwendungen. Die Vorschrift gilt für sämtliche in der HOAI enthaltenen Objekte (§ 2 Nr. 1 HOAI) sowie für sämtliche von der HOAI erfasste Vorhaben (§ 2 Nr. 1–11 HOAI).

3 Bezugsobjekt für die Ermittlung der anrechenbaren Kosten ist stets das Objekt. Im Falle einer Beauftragung des Architekten lediglich mit Teilleistungen eines Objekts, d.h. mit bestimmten Gewerken, sind nicht die Kosten des Gesamtobjekts, sondern die Kosten des jeweiligen Vertragsgegenstandes maßgeblich.[1]

C. Kostenermittlungsarten

4 Gemäß § 6 Abs. 1 Nr. 1 HOAI richtet sich das Honorar für sämtliche Leistungsphasen nach den anrechenbaren Kosten des Objekts auf der Grundlage der Kostenberechnung oder, soweit diese nicht vorliegt, auf der Grundlage der Kostenschätzung. Eine Ausnahme gilt für die Leistungsbilder des Teils 2 der HOAI, die sich nach Flächengrößen oder Verrechnungseinheiten richten. Damit ist die aus der alten Fassung der HOAI bekannte Dreiteilung der Kostenermittlung nach Kostenberechnung, Kostenanschlag und Kostenfeststellung entfallen. In § 10 Abs. 2 HOAI a.F. richtete sich die Honorarberechnung lediglich für die Leistungsphasen 1–4 nach der Kostenberechnung. Die Leistungsphasen 5–7 waren nach dem Kostenanschlag und die Leistungsphasen 8 und 9 nach der Kostenfeststellung abzurechnen. Der in der Leistungsphase 7 (Mitwirkung bei der Vergabe) zu erstellende Kostenanschlag und die in der Leistungsphase 8 (Objektüberwachung) zu erstellende Kostenfeststellung sind seit der HOAI-Novelle für die Honorarermittlung nicht mehr relevant. Die in der Neufassung noch relevanten Kostenermittlungsarten der Kostenschätzung und der Kostenberechnung werden in § 6 Abs. 1 HOAI ausdrücklich genannt und in § 2 Nr. 13 (Kostenschätzung) bzw. § 2 Nr. 14 HOAI (Kostenberechnung) legaldefiniert. Zusätzliche Regelungen finden sich in den einzelnen Leistungsbildern der Teile 3 und 4 (§§ 32, 37, 41, 45, 48 und 52 HOAI).

I. Kostenschätzung

5 Die Kostenschätzung hat der Architekt am Ende der Leistungsphase 2 (Vorplanung) zu erstellen. Gemäß § 2 Nr. 13 HOAI ist die Kostenschätzung eine überschlägige Ermittlung der Kosten auf der Grundlage der Vorplanung; sie ist die vorläufige Grundlage für Finanzierungsüberlegungen; ihr liegen Vorplanungsergebnisse, Mengenschätzungen, erläuternde Angaben zu den planerischen Zusammenhängen, Vorgängen und Bedingungen sowie Angaben zum Baugrundstück und zur Erschließung zugrunde. Die Kostenschätzung nach DIN dient somit als eine Grundlage für die Entscheidung über die Vorplanung (vgl. DIN 276, Ziff. 3.4.2). In dieser müssen die Gesamtkosten

---

1 BGH, Urt. v. 06.05.1999 – VII ZR 379/97 –, BauR 1999 1045; Urt. v. 11.12.2008 – VII ZR 235/06 –, BauR 2009, 521; a.A. *Koeble*, in: Locher/Koeble/Frik, § 4 Rn. 39 ff.

nach Kostengruppen mindestens bis zur ersten Ebene der Kostengliederung ermittelt werden. In der Kostenschätzung werden folgende Informationen zugrunde gelegt:

– Ergebnisse der Vorplanung, insbesondere Planungsunterlagen, zeichnerische Darstellungen;
– Berechnung der Mengen von Bezugseinheiten der Kostengruppen, nach DIN 277;
– erläuternde Angaben zu den planerische Zusammenhängen, Vorgängen und Bedingungen;
– Angaben zum Baugrundstück und zur Erschließung.

II. Kostenberechnung

Die Kostenberechnung wird in der Leistungsphase 3 (Entwurfsplanung) erstellt. Gemäß § 2 Nr. 14 HOAI ist die Kostenberechnung eine Ermittlung der Kosten auf der Grundlage der Entwurfsplanung; ihr liegen durchgearbeitete Entwurfszeichnungen oder auch Detailzeichnungen wiederkehrender Raumgruppen, Mengenberechnungen und für die Berechnung und Beurteilung der Kosten relevante Erläuterungen zugrunde. Die Kostenberechnung nach DIN dient als eine Grundlage für die Entscheidung über die Entwurfsplanung (vgl. DIN 276, Ziff. 3.4.3). In dieser müssen die Gesamtkosten nach Kostengruppen mindestens bis zur zweiten Ebene der Kostengliederung ermittelt werden. Dort werden insbesondere folgende Informationen zugrunde gelegt:

– Planungsunterlagen, z.B. durchgearbeitete Entwurfszeichnungen (Maßstab nach Art und Größe des Bauvorhabens), ggf. auch Detailpläne mehrfach wiederkehrender Raumgruppen;
– Berechnung der Mengen von Bezugseinheiten der Kostengruppen;
– Erläuterungen, z.B. Beschreibung der Einzelheiten in der Systematik der Kostengliederung, die aus den Zeichnungen und den Berechnungsunterlagen nicht zu ersehen, aber für die Berechnung und die Beurteilung der Kosten von Bedeutung sind.

D. Methode der Kostenermittlung

Gemäß § 4 Abs. 1 S. 2 sollen anrechenbare Kosten auf der Grundlage ortsüblicher Preise anhand der fachlich allgemein anerkannten Regeln der Technik oder Verwaltungsvorschriften ermittelt werden. Die Vorschrift enthält entgegen ihres Wortlauts kein Wahlrecht im Hinblick auf die Kostenermittlungsmethode, sondern vielmehr eine Rangfolge.[2] Lediglich für den Fall, dass keine allgemein anerkannten Regeln der Technik bestehen, können Verwaltungsvorschriften herangezogen werden. Nach der amtlichen Begründung ist dies beispielsweise dann vorgesehen, wenn »die Kosten der öffentlichen Auftraggeber im Bereich Tiefbau anhand von Verwaltungsvorschriften (Kostenvorschriften) ermittelt werden, die sich nicht unter den Begriff »nach fachlich allgemein anerkannten Regeln der Technik« subsumieren lassen«.[3]

I. DIN 276 als allgemein anerkannte Regel der Technik

§ 2 Nr. 12 HOAI definiert zwar die allgemein anerkannten Regeln der Technik, lässt jedoch offen, ob mit dieser Definition auch die DIN 276 in der Fassung vom Dezember 2008 gemeint ist. Dies gilt jedenfalls für den Hochbau, da der Teil 1 der DIN 276 als anerkannte Regel der Technik anzusehen ist. Der Gesamtkontext der Regelungen in § 2 Nr. 13 und 14 HOAI sowie § 4 Abs. 1 S. 3 HOAI lässt im Übrigen erkennen, dass es Wille des Verordnungsgebers war, dass sowohl für die Leistungen des Auftragnehmers als auch für seine Honorarermittlung die DIN in der Fassung vom Dezember 2008 entscheidend sein soll.

II. Ermittlung nach der DIN 276-1: 2008-12

Die DIN 276 in der Fassung vom Dezember 2008 (DIN 276-1: 2008-12) legt Begriffe der Kostenplanung im Bauwesen fest und stellt Grundsätze der Kostenplanung, insbesondere für die Er-

---

2 *Koeble*, in: Locher/Koeble/Frik, § 4 Rn. 11.
3 BR-Drucks. 395/09, 162.

mittlung und die Gliederung von Kosten dar. Von besonderer Relevanz für die Ermittlung der anrechenbaren Kosten ist die sich in Abschnitt 4 der DIN 276 befindliche Kostengliederung, die drei Ebenen vorsieht.

12 In der ersten Ebene der Kostengliederung werden die Gesamtkosten in sieben Kostengruppen unterteilt:
– Kostengruppe 100: Grundstück
– Kostengruppe 200: Herrichten und Erschließen
– Kostengruppe 300: Bauwerk-Baukonstruktionen
– Kostengruppe 400: Bauwerk-technische Anlagen
– Kostengruppe 500: Außenanlagen
– Kostengruppe 600: Ausstattung und Kunstwerke
– Kostengruppe 700: Baunebenkosten

13 Bei Bedarf werden diese Kostengruppen sodann in die Kostengruppen der zweiten Ebene unterteilt, beispielsweise die Kostengruppe 100 in:
– Kostengruppe 110: Grundstückswert
– Kostengruppe 120: Grundstücksnebenkosten
– Kostengruppe 130: Freimachen

14 Diese Kostengruppen der zweiten Ebene werden sodann in der dritten Ebene weiter untergliedert, beispielsweise die Kostengruppe 130 in:
– Kostengruppe 131: Abfindungen
– Kostengruppe 132: Ablösen dinglicher Rechte
– Kostengruppe 139: Freimachen, Sonstiges

15 Für die nach der HOAI maßgeblichen Kostenermittlungen der Kostenschätzung und Kostenberechnung sind lediglich noch die ersten beiden Ebenen relevant, § 2 Nr. 13 und 14 HOAI. Weitere Regelungen zu der Anwendbarkeit der jeweiligen Kostengruppen der DIN 276 finden sich in den jeweiligen Leistungsbildern der HOAI, beispielsweise für die Objektplanung Gebäude in § 32 HOAI.

16 Die Kostenermittlung des Auftragnehmers muss nicht zwingend das Formblatt nach DIN 276 enthalten, jedoch dem Gliederungssystem der DIN 276 entsprechen.[4] Voraussetzung ist vielmehr die Prüfbarkeit der Kostenermittlung. Insoweit verlangt der Bundesgerichtshof sämtliche Angaben, »die nach dem geschlossenen Vertrag und der HOAI objektiv unverzichtbar sind, um die sachliche und rechnerische Überprüfung des Honorars zu ermöglichen«. Diese unverzichtbaren Angaben ergeben sich insbesondere aus den besonderen Vorschriften der jeweiligen Leistungsbilder, beispielsweise aus § 32 HOAI.

III. Andere Kostenermittlungsarten

17 Liegen keine allgemein anerkannten Regeln der Technik vor, können Verwaltungsvorschriften zur Kostenermittlung herangezogen werden. Da jedoch für nahezu sämtliche Leistungsbereiche in den Teilen 3 und 4 der Neufassung der HOAI »fachlich allgemein anerkannte Regeln der Technik« in Form der DIN 276 – jedenfalls in Zukunft – vorliegen dürften, erscheint der Raum für die Anwendung von Verwaltungsvorschriften eher gering.

IV. Ermittlung anhand ortsüblicher Kosten

18 Allgemein sind anrechenbare Kosten auf der Grundlage ortsüblicher Preise zu ermitteln. Die bei der Honorarberechnung anzusetzenden Kosten müssen somit den ortsüblichen Preisen entsprechen, und zwar zum Zeitpunkt der jeweiligen Kostenermittlung. Ortsüblich sind Preise, wenn

---

[4] BGH, Urt. v. 24.06.1999 – VII ZR 229/98 –, BauR 1999, 1318.

diese zur Zeit der Bauleistung an dem Ort ihrer Ausführung oder in dessen engerem Bereich allgemein und üblicherweise bezahlt werden. Entscheidend sind die Vertragspreise ohne Skonti oder Nachlässe.[5]

Werden Lieferungen und Leistungen nicht zu ortsüblichen Kosten erbracht, gelten diese gemäß § 4 Abs. 3 HOAI dennoch als anrechenbare Kosten, wenn der Auftraggeber

– selbst Lieferungen oder Leistungen übernimmt,
– von bauausführenden Unternehmen oder von Lieferanten sonst nicht übliche Vergünstigungen enthält
– Lieferungen oder Leistungen entgegen Rechnung ausführt oder
– vorhandene oder vorbeschaffte Baustoffe oder Bauteile einbauen lässt.

V. Mitverarbeitete Bausubstanz

Die Vorschrift des § 10 Abs. 3a HOAI a.F. zur Berücksichtigung der Kosten für die mitverarbeitete Bausubstanz wurde mit der HOAI-Novelle gestrichen. Es muss nunmehr keine Bemessung der mitverarbeiteten Bausubstanz mehr erfolgen. Vielmehr wurde zum einen die Definition der Umbauten in § 2 Nr. 6 HOAI weitergefasst, um auch Änderungen an der vorhandenen Bausubstanz den Regelungen zum Umbauzuschlag zu unterwerfen; zum anderen wurde die Marge, in der ein Zuschlag vereinbart werden kann, auf 20 % bis 80 % statt bisher 20 % bis 33 % erweitert.

§ 5 Honorarzonen

(1) Die Objekt-, Bauleit- und Tragwerksplanung wird den folgenden Honorarzonen zugeordnet:
1. Honorarzone I: sehr geringe Planungsanforderungen,
2. Honorarzone II: geringe Planungsanforderungen,
3. Honorarzone III: durchschnittliche Planungsanforderungen,
4. Honorarzone IV: überdurchschnittliche Planungsanforderungen,
5. Honorarzone V: sehr hohe Planungsanforderungen.

(2) Abweichend von Absatz 1 werden Landschaftspläne und die Planung der technischen Ausrüstung den folgenden Honorarzonen zugeordnet:
1. Honorarzone I: geringe Planungsanforderungen,
2. Honorarzone II: durchschnittliche Planungsanforderungen,
3. Honorarzone III: hohe Planungsanforderungen.

(3) Abweichend von den Absätzen 1 und 2 werden Grünordnungspläne und Landschaftsrahmenpläne den folgenden Honorarzonen zugeordnet:
1. Honorarzone I: durchschnittliche Planungsanforderungen,
2. Honorarzone II: hohe Planungsanforderungen.

(4) Die Honorarzonen sind anhand der Bewertungsmerkmale in den Honorarregelungen der jeweiligen Leistungsbilder der Teile 2 bis 4 zu ermitteln. Die Zurechnung zu den einzelnen Honorarzonen ist nach Maßgabe der Bewertungsmerkmale, gegebenenfalls der Bewertungspunkte und anhand der Regelbeispiele in den Objektlisten der Anlage 3 vorzunehmen.

A. Änderungen durch die HOAI 2009

§ 5 HOAI wurde zwar neu in den Allgemeinen Teil der HOAI eingeführt. Inhaltliche Veränderungen sind damit jedoch nicht verbunden.

---

[5] *Koeble*, in: Locher/Koeble/Frik, § 4 Rn. 44.

§ 5 HOAI Honorarzonen

B. Ergänzende Vorschriften

2   Nach § 6 Abs. 1 Nr. 3 HOAI richtet sich das Honorar nach der Honorarzone. Honorarzonen stellen gemäß der Begriffsbestimmung in § 2 Nr. 15 HOAI den Schwierigkeitsgrad eines Objekts oder einer Flächenplanung dar. Allgemeine Bestimmungen zur Honorarzonenermittlung sind in § 5 HOAI niedergelegt. Hier finden sich für die Objekt-, Bauleit- und Tragwerksplanung fünf Honorarzonen, für die Landschaftspläne und die Technische Ausrüstung drei Honorarzonen und für die Grünordnungs- und Landschaftsrahmenpläne zwei Honorarzonen. Im Übrigen verweist § 5 Abs. 4 HOAI auf die besonderen Regelungen bei den jeweiligen Leistungsbildern. Dies sind § 20 Abs. 7 HOAI für Flächennutzungspläne, § 21 Abs. 3 HOAI für Bebauungspläne, § 28 Abs. 4, 5 HOAI für Landschaftspläne, § 28 Abs. 4, 5 HOAI für Grünordnungspläne, § 30 Abs. 3 HOAI für Landschaftsrahmenpläne, § 31 Abs. 3, 4 HOAI für Pflege- und Entwicklungspläne, § 34 Abs. 2, 3 HOAI für Gebäude und Raumbildende Ausbauten, § 39 Abs. 2–4 HOAI für Freianlagen, § 43 Abs. 2–4 HOAI für Ingenieurbauwerke, § 47 Abs. 2 HOAI für Verkehrsanlagen, § 50 Abs. 2, 3 HOAI für Tragwerksplanung und § 54 Abs. 2, 3 HOAI für Technische Anlagen. Ergänzend ist zudem gemäß § 5 Abs. 4 HOAI die Objektliste in der Anlage 3 heranzuziehen.

C. Ermittlung der Honorarzone

3   In der Praxis soll nach Auffassung des Bundesgerichtshofs[1] zunächst eine Zuordnung zu einer bestimmten Honorarzone anhand der Objektliste der Anlage 3 vorgenommen werden. Da die Anlage 3 zur HOAI jedoch lediglich eine »unverbindliche Vorauswahl für den Regelfall« ermöglicht, bedarf es stets einer Überprüfung nach Maßgabe der in den jeweiligen besonderen Vorschriften genannten Merkmale. Sofern eine Klärung insoweit nicht möglich sein sollte, ist die endgültige Zuordnung nach Maßgabe des in den besonderen Vorschriften beschriebenen Punktesystems zu treffen.

4   Daraus folgt beispielsweise für die Objektplanung Gebäude folgende Dreiteilung der Honorarzonenermittlung:
   – Zunächst ist eine Einordnung entsprechend der Objektliste der Anlage 3 zur HOAI vorzunehmen.
   – Sodann ist diese unverbindliche Einordnung anhand der Bewertungsmerkmale des § 34 Abs. 2 HOAI zu überprüfen.
   – Soweit dies nicht zu einer endgültigen Festlegung geführt hat, hat schließlich eine weitere Überprüfung anhand des Punktesystems in § 34 Abs. 4 und 5 HOAI zu erfolgen.

5   Im Streitfall muss derjenige, der eine von der Objektliste der Anlage 3 abweichende Einordnung für sich geltend machen will, dies anhand der Bewertungsmerkmale der entsprechenden Leistungsbilder darlegen und beweisen.

D. Honorarzonenvereinbarung

6   Für die Einordnung in die zutreffende Honorarzone kommt es grundsätzlich auf eine objektive Beurteilung der für die Bewertung maßgeblichen Kriterien an. Soweit die Parteien im Rahmen des ihnen durch die HOAI eröffneten Beurteilungsspielraums eine vertretbare Festlegung der Honorarzone getroffen haben, ist dies vom Gericht regelmäßig zu berücksichtigen. Vereinbarungen einer Honorarzone sind grundsätzlich zulässig. Fehlerhafte Honorarzoneneinordnungen machen eine Honorarvereinbarung auch nicht ohne Weiteres unwirksam. Etwas anderes gilt jedoch dann, wenn durch die fehlerhafte Einordnung die Mindest- bzw. Höchstsatzgrenzen umgangen werden.[2]

---

1 BGH, Urt. v. 13.11.2003 – VII ZR 362/02, BauR 2004, 354.
2 BGH, Urt. v. 13.11.2003 – VII ZR 362/02, BauR 2004, 354.

§ 6 Grundlagen des Honorars

(1) Das Honorar für Leistungen nach dieser Verordnung richtet sich
1. für die Leistungsbilder der Teile 3 und 4 nach den anrechenbaren Kosten des Objekts auf der Grundlage der Kostenberechnung oder, soweit diese nicht vorliegt, auf der Grundlage der Kostenschätzung und für die Leistungsbilder des Teils 2, nach Flächengrößen oder Verrechnungseinheiten,
2. nach dem Leistungsbild,
3. nach der Honorarzone,
4. nach der dazugehörigen Honorartafel,
5. bei Leistungen im Bestand zusätzlich nach den §§ 35 und 36.

(2) Wenn zum Zeitpunkt der Beauftragung noch keine Planungen als Voraussetzung für eine Kostenschätzung oder Kostenberechnung vorliegen, können die Vertragsparteien abweichend von Absatz 1 schriftlich vereinbaren, dass das Honorar auf der Grundlage der anrechenbaren Kosten einer Baukostenvereinbarung nach den Vorschriften dieser Verordnung berechnet wird. Dabei werden nachprüfbare Baukosten einvernehmlich festgelegt.

A. Änderungen durch die HOAI 2009

§ 6 Abs. 1 HOAI fasst die zuvor beispielsweise für die Objektplanung in § 10 Abs. 1, 2 HOAI a.F. vorhandenen Basisvorschriften für die Honorarberechnung im Allgemeinen Teil der HOAI zusammen. Zudem wurde mit § 6 Abs. 2 HOAI das zuvor in § 4a HOAI vorhandene Baukostenvereinbarungsmodell modifiziert. 1

B. Grundsätze der Honorarberechnung, § 6 Abs. 1 HOAI

§ 6 Abs. 1 HOAI regelt die Grundlagen des Honoraranspruchs, die zwingend einzuhalten und entscheidend für die Prüfbarkeit einer Abschlags- oder Schlussrechnung sind, vgl. § 15 HOAI. Danach richtet sich das Honorar für die von der HOAI umfassten Leistungen und – soweit die Parteien keine anderweitige Honorarvereinbarung innerhalb der Mindest- und Höchstsätze wirksam vereinbart haben – nach den anrechenbaren Kosten, nach dem Leistungsbild, nach der Honorarzone, nach der Honorartafel und ggf. nach den besonderen Vorschriften beim Bauen im Bestand. Liegt demgegenüber eine wirksame Honorarvereinbarung gem. § 7 Abs. 1 HOAI vor, so ist das Honorar entsprechend dieser Vereinbarung zu berechnen. 2

I. Anrechenbare Kosten

Nach § 6 Abs. 1 Nr. 1 HOAI richtet sich das Honorar für Grundleistungen der Teile 3 und 4 nach den anrechenbaren Kosten des Objekts auf Grundlage der Kostenberechnung oder, soweit diese nicht vorliegt, auf der Grundlage der Kostenschätzung und für die Leistungsbilder des Teils 2 nach Flächengrößen oder Verrechnungseinheiten. Gemäß § 4 Abs. 1 HOAI sind anrechenbare Kosten Teil der Kosten (ohne Umsatzsteuer) zur Herstellung, zum Umbau, zur Modernisierung, Instandhaltung oder Instandsetzung von Objekten sowie der damit zusammenhängenden Aufwendungen. Sie werden nach den fachlich allgemein anerkannten Regeln der Technik oder nach Verwaltungsvorschriften (Kostenvorschriften) auf der Grundlage ortsüblicher Preise ermittelt (vgl. o. § 4 HOAI Rdn. 2 ff.). 3

II. Leistungsbild

Neu eingeführt wurde in § 6 Abs. 1 Nr. 2 HOAI der Hinweis, dass sich die Berechnung des Honorars nach dem Leistungsbild richtet. Hintergrund dieses Hinweises ist, dass in den vorherigen Fassungen der HOAI eine § 6 Abs. 1 HOAI vergleichbare Regelung für jedes Leistungsbild bestand. Im Ergebnis gilt jedoch weiterhin, dass für die Ermittlung des Honorars das zutreffende Leistungsbild heranzuziehen ist (vgl. im Übrigen o. § 3 HOAI Rdn. 18). 4

5   Grundsätzlich kann auch eine parallele Honorarberechnung für verschiedene Leistungsbilder erfolgen. Die noch in der Vorfassung der HOAI vorgesehene Unzulässigkeit der parallelen Honorarberechnung für Leistungen bei Gebäude und raumbildenden Ausbauten (§ 25 Abs. 1 HOAI a.F.) ist ersatzlos entfallen.

III. Honorarzone

6   Gemäß § 6 Abs. 1 Nr. 3 richtet sich das Honorar nach der Honorarzone. Regelungen zur Honorarzone finden sich in § 5 HOAI, in der Anlage 3 sowie den diesbezüglichen Vorschriften in den jeweiligen Leistungsbildern (vgl. im Übrigen o. § 5 HOAI Rdn. 2 ff.).

IV. Honorartafel

7   Die jeweiligen Teile der HOAI enthalten Honorartafeln, aus denen sich die jeweiligen Mindest- und Höchstsätze ablesen lassen.

8   Neben den in den Honorartabellen festgelegten Mindest- (0 %) und Höchstsätzen (100 %) können die Parteien auch abweichende Honorarsätze vereinbaren. Häufig vereinbart werden insoweit der Mittelsatz (50 %), d.h. der Mittelwert zwischen dem Mindest- und den Höchstsatz, sowie der Viertel- (25 %) oder Dreiviertelsatz (75 %). Auch dazwischen ist jede Vereinbarung denkbar.

V. Leistungen im Bestand

9   Bei Leistungen im Bestand sind zudem die §§ 35 und 36 HOAI zu berücksichtigen, die verschiedene Zuschläge regeln. Gemäß § 35 HOAI kann für Leistungen bei Umbauten (§ 2 Nr. 6 HOAI) und Modernisierungen (§ 2 Nr. 7 HOAI) ein Zuschlag bis zu 80 % vereinbart werden. Sofern ein solcher nicht schriftlich vereinbart wurde, gilt ein Umbauzuschlag von 20 % für Leistungen ab der Honorarzone II. § 36 HOAI erlaubt demgegenüber für Leistungen bei Instandhaltungen (§ 2 Nr. 10 HOAI) oder Instandsetzungen (§ 2 Nr. 9 HOAI) eine Erhöhung der Prozentsätze für die Bauüberwachung um bis zu 50 %.

10 Fällt das Vorhaben unter mehrere Begriffsbestimmungen nach § 2 HOAI oder stellen nur Teile eines Vorhabens einen Umbau dar, so ist der Umbauzuschlag gesondert zu ermitteln. Der Honoraranteil, auf den der Umbauzuschlag berechnet werden kann, ist dann wertmäßig dadurch zu ermitteln, dass dieser ins Verhältnis des Anteils des Umbaus zum Gesamtbauvorhaben gesetzt wird.[1]

C. Baukostenvereinbarungsmodell, § 6 Abs. 2 HOAI

11 Mit der HOAI-Novelle neu eingeführt wurde die Regelung des § 6 Abs. 2 HOAI, der wie § 4a HOAI a.F. die Möglichkeit einer Baukostenvereinbarung zulässt. § 6 Abs. 2 HOAI ermöglicht in einem sehr frühen Stadium, in dem noch keine Planungen als Voraussetzung für eine Kostenschätzung oder Kostenberechnung vorliegen, eine Honorarvereinbarung. Eine solche muss zwingend schriftlich abgeschlossen werden. Zweifelhaft erscheint, ob eine Baukostenvereinbarung auch »bei Auftragserteilung« getroffen werden muss. Dies wird teilweise aufgrund der Formulierung, dass zum Zeitpunkt der Beauftragung noch keine Planungen vorliegen, bejaht.[2] Die vorgenannte Formulierung dürfte sich jedoch lediglich auf den Zeitpunkt der Vereinbarung, nicht jedoch auf den der Kostenberechnung beziehen. Vielmehr muss es möglich sein, dass die Parteien bei Auftragserteilung die nach § 7 Abs. 1 HOAI wirksame Vereinbarung treffen, dass sich die anrechenbaren Kosten nach § 6 Abs. 2 HOAI richten und diese zu einem späteren Zeitpunkt – beispielsweise anhand etwaiger Vorplanungsleistungen – schriftlich verifizieren.[3]

---

1 OLG Hamm, Urt. v. 24.01.2006 – 21 U 139/01 –, BauR 2006, 1766.
2 *Koeble*, in: Locher/Koeble/Frik, § 6 Rn. 43.
3 *Vogelheim*, in: v. Berg/Vogelheim/Wittler, Rn. 357.

Im Übrigen ist Voraussetzung für eine Honorarvereinbarung nach § 6 Abs. 2 HOAI, dass die vereinbarten Baukosten nachprüfbar sind. Dieser Nachweis kann anhand vergleichbarer Referenzobjekte oder einer Bedarfsplanung, z.B. auf Basis der DIN 18205, ermittelt werden. Da es sich bei der Nachprüfbarkeit der Baukosten um eine Voraussetzung für die Wirksamkeit der Baukostenvereinbarung handelt, stellt sich die Frage, ab wann eine Honorarvereinbarung infolge einer Abweichung von den realistischen Kosten unwirksam ist. Insoweit dürfte es auf die Umstände des Einzelfalls ankommen. Eine Abweichung von unter 10 % kann jedoch noch nicht erheblich sein. 12

Nach der amtlichen Begründung ist zudem Voraussetzung einer Baukostenvereinbarung, dass beide Vertragspartner über den gleichen Informationsstand und das gleiche Fachwissen verfügen,[4] ohne dass diese Voraussetzung jedoch in den Verordnungstext eingeflossen ist. Diese Voraussetzung dürfte daher für die Wirksamkeit einer Baukostenvereinbarung auch keine Rolle spielen. 13

Aufgrund der Tatsache, dass infolge der Baukostenvereinbarung das Honorar von den tatsächlichen anrechenbaren Kosten abgekoppelt wird, ist eine solche Vereinbarung auch dann wirksam, wenn dadurch der Mindestsatz unterschritten bzw. der Höchstsatz überschritten wird.[5] Mit dieser Vorschrift könnte somit erstmals die Möglichkeit geschaffen worden sein, das Honorar im Voraus zuverlässig zu ermitteln und gegebenenfalls auf dieser Basis ein wirksames Pauschalhonorar zu vereinbaren. Deshalb ist zu erwarten, dass diese Möglichkeit in der Praxis sehr gut angenommen werden wird. Wesentliche Voraussetzung für eine diesbezügliche wirksame und gerichtsfeste Vereinbarung bleibt jedoch, dass die Baukosten nachvollzieh- und überprüfbar dokumentiert werden. Welche Anforderungen die Gerichte an diese Voraussetzung stellen werden, bleibt abzuwarten. 14

§ 7 Honorarvereinbarung

(1) Das Honorar richtet sich nach der schriftlichen Vereinbarung, die die Vertragsparteien bei Auftragserteilung im Rahmen der durch diese Verordnung festgesetzten Mindest- und Höchstsätze treffen.

(2) Liegen die ermittelten anrechenbaren Kosten, Werte oder Verrechnungseinheiten außerhalb der Tafelwerte dieser Verordnung, sind die Honorare frei vereinbar.

(3) Die in dieser Verordnung festgesetzten Mindestsätze können durch schriftliche Vereinbarung in Ausnahmefällen unterschritten werden.

(4) Die in dieser Verordnung festgesetzten Höchstsätze dürfen nur bei außergewöhnlichen oder ungewöhnlich lange dauernden Leistungen durch schriftliche Vereinbarung überschritten werden. Dabei bleiben Umstände, soweit sie bereits für die Einordnung in Honorarzonen oder für die Einordnung in den Rahmen der Mindest- und Höchstsätze mitbestimmend gewesen sind, außer Betracht.

(5) Ändert sich der beauftragte Leistungsumfang auf Veranlassung des Auftraggebers während der Laufzeit des Vertrages mit der Folge von Änderungen der anrechenbaren Kosten, Werten oder Verrechnungseinheiten, ist die dem Honorar zugrunde liegende Vereinbarung durch schriftliche Vereinbarung anzupassen.

(6) Sofern nicht bei Auftragserteilung etwas anderes schriftlich vereinbart worden ist, gelten die jeweiligen Mindestsätze gemäß Absatz 1 als vereinbart. Sofern keine Honorarvereinbarung nach Absatz 1 getroffen worden ist, sind die Leistungsphasen 1 und 2 bei der Flächenplanung mit den Mindestsätzen in Prozent des jeweiligen Honorars zu bewerten.

(7) Für Kostenunterschreitungen, die unter Ausschöpfung technisch-wirtschaftlicher oder umweltverträglicher Lösungsmöglichkeiten zu einer wesentlichen Kostensenkung ohne Vermin-

---

4 BR-Drucks. 395/09, 164.
5 *Koeble*, in: Locher/Koeble/Frik, § 6 Rn. 47.

§ 7 HOAI Honorarvereinbarung

derung des vertraglich festgelegten Standards führen, kann ein Erfolgshonorar schriftlich vereinbart werden, das bis zu 20 Prozent des vereinbarten Honorars betragen kann. In Fällen des Überschreitens der einvernehmlich festgelegten anrechenbaren Kosten kann ein Malus-Honorar in Höhe von bis zu 5 Prozent des Honorars vereinbart werden.

Übersicht

		Rdn.
A.	Änderungen durch die HOAI 2009	1
B.	Anwendungsbereich und Zweck der Vorschrift	2
C.	Wirksamkeitsvoraussetzung der Honorarvereinbarung, § 7 Abs. 1 HOAI	6
I.	Schriftform	7
II.	»Bei Auftragserteilung«	9
III.	Einhaltung der Mindest- und Höchstsätze	11
IV.	Folgen des Verstoßes	12
D.	Honorare außerhalb der Tafelwerte, § 7 Abs. 2 HOAI	13
E.	Unterschreitung des Mindestsatzes im Ausnahmefall, § 7 Abs. 3 HOAI	15
F.	Überschreitung der Höchstsätze im Ausnahmefall, Art. 7 Abs. 4 HOAI	16
G.	Exkurs: Bauzeitnachträge	18
H.	Änderung von Honorarvereinbarungen, Art. 7 Abs. 5 HOAI	21
I.	Exkurs: Nachträge aufgrund von Planungsänderungen	22
J.	Bonus-/Malus-Honorar, § 7 Abs. 7 HOAI	24
I.	Bonus-Honorar	24
II.	Malus-Honorar	26

A. Änderungen durch die HOAI 2009

1 § 7 HOAI ersetzt § 4 HOAI a.F. Während § 7 Abs. 1 HOAI unverändert geblieben ist, wird in § 7 Abs. 2 HOAI nunmehr die bislang herrschende Meinung zur freien Vereinbarkeit von Honoraren außerhalb der Tafelwerte normiert. Die Ausnahmetatbestände in § 7 Abs. 3 und 4 HOAI (zuvor § 4 Abs. 2 und 3 HOAI a.F.) sind unverändert übernommen worden. § 7 Abs. 6 HOAI regelt weiterhin den Grundsatz, dass ohne eine wirksame Honorarvereinbarung der Mindestsatz als vereinbart gilt (zuvor § 4 Abs. 4 HOAI a.F.). § 7 Abs. 5 und 7 HOAI wurden neu in die HOAI eingefügt.

B. Anwendungsbereich und Zweck der Vorschrift

2 Das Honorar richtet sich gemäß § 7 Abs. 1 HOAI nach der schriftlichen Vereinbarung, welche die Vertragsparteien bei Auftragserteilung im Rahmen der durch die HOAI festgesetzten Mindest- und Höchstsätze getroffen haben. Liegt in diesem Rahmen eine wirksame Honorarvereinbarung vor, so ist das Honorar entsprechend dieser Vereinbarung zu berechnen. Lediglich dann, wenn die Parteien für die der HOAI unterfallenden Leistungen keine wirksame Honorarvereinbarung getroffen haben, ist das Honorar nach den Vorschriften der HOAI zu ermitteln. Oberstes Ziel des § 7 HOAI ist es daher, eine Berechnungsmethode im Falle des Fehlens einer wirksamen Honorarvereinbarung zu stellen.

3 § 7 HOAI gilt lediglich für die von der HOAI erfassten Sachverhalte und für die dem Preisrecht unterfallenden Leistungen. Damit ist § 7 HOAI insbesondere nicht anwendbar auf Fälle, in denen die anrechenbaren Kosten außerhalb der Tafelwerte der HOAI liegen (§ 7 Abs. 2 HOAI), auf gem. § 3 Abs. 1 S. 2 HOAI frei zu vereinbarende Beratungsleistungen, auf gemäß § 3 Abs. 3 HOAI frei zu vereinbarende Besondere Leistungen oder auf sonstige Vertragsverhältnisse, die nicht dem Anwendungsbereich des § 1 HOAI unterfallen (vgl. dazu o. § 1 HOAI Rdn. 3 ff.).

4 Die Honorarvereinbarung kann sich auf die Vereinbarung verschiedener Honorarberechnungsparameter beziehen; möglich bleibt jedoch auch nach der HOAI-Novelle die Vereinbarung eines Pauschalhonorars oder eine Stundenhonorarvereinbarung. Wirksamkeitsvoraussetzungen sind auch insoweit eine schriftliche Honorarvereinbarung bei Auftragserteilung, die weder die Höchstsätze überschreitet noch die Mindestsätze unterschreitet. Sind diese Voraussetzungen eingehalten, so ist eine Pauschalpreisvereinbarung oder eine Stundenhonorarvereinbarung stets wirksam, auch

wenn von einzelnen Honorarberechnungsparametern der HOAI abgewichen wird.[1] Eine Stundenhonorarvereinbarung dürfte insoweit jedoch nur schwer wirksam zu treffen sein, da die Anzahl der Stunden und somit die Honorarhöhe bei Vertragsschluss noch nicht bekannt sind und nur schwer ermittelbar sein dürften.[2]

§ 7 Abs. 1 HOAI ist Ausdruck des zwingenden preisrechtlichen Charakters der HOAI und regelt daher nicht, ob ein Honoraranspruch des Auftragnehmers besteht. Dies ergibt sich alleine aus den vertraglichen Vereinbarungen und den Regelungen des Bürgerlichen Gesetzbuchs (vgl. o. § 1 HOAI Rdn. 2).

C. Wirksamkeitsvoraussetzung der Honorarvereinbarung, § 7 Abs. 1 HOAI

Voraussetzung für eine wirksame Honorarvereinbarung ist nach § 7 Abs. 1 HOAI eine schriftliche Vereinbarung, welche die Vertragsparteien »bei Auftragserteilung« im Rahmen der durch die HOAI festgesetzten Mindest- und Höchstsätze treffen.

I. Schriftform

Eine Honorarvereinbarung, die von den Mindestsätzen der HOAI abweicht, bedarf gem. § 7 Abs. 1 HOAI der Schriftform. Dieses Schriftformerfordernis gilt lediglich für die Honorarvereinbarung, nicht jedoch für den Architekten- bzw. Ingenieurvertrag selbst.[3] Dies bedeutet, dass andere vertragliche Vereinbarungen, insbesondere Regelungen über die konkrete Leistungspflicht nicht schriftlich vereinbart werden müssen. Dementsprechend wirkt sich die Unwirksamkeit der Honorarvereinbarung auch nicht auf die Wirksamkeit des Vertrages aus.

Gemäß § 126 Abs. 1 BGB muss jede Vertragspartei die Vereinbarung eigenhändig unterschreiben. Zudem muss gemäß § 126 Abs. 2 S. 1 BGB die Unterzeichnung auf derselben Urkunde erfolgen. Das in der Praxis häufig vorkommende schriftliche Honorarangebot des Planers und das darauf folgende schriftliche Auftragsschreiben durch den Auftraggeber sind nicht ausreichend. Entsprechendes gilt für das kaufmännische Bestätigungsschreiben.[4] Eine andere Frage ist jedoch, ob sich der Vertragspartner in diesen Fällen auf die Unwirksamkeit der Honorarvereinbarung berufen kann.[5]

II. »Bei Auftragserteilung«

Die Vereinbarung eines von den Mindestsätzen abweichenden Honorars muss schriftlich »bei Auftragserteilung« getroffen werden. Damit ist der Zeitpunkt des Abschlusses des Architekten- und Ingenieurvertrages gemeint.[6] Das Merkmal ist eng auszulegen und stellt in der Praxis erhebliche Schwierigkeiten dar, da der Auftragnehmer häufig erst nach Erbringung einer vertrags- und honorarlosen Akquisitionstätigkeit eine formlose Beauftragung erhält, die den Formalien des § 7 Abs. 1 HOAI nicht mehr genügen kann. Ob bereits eine Beauftragung vorliegt oder Leistungen noch in der Akquisitionsphase erbracht werden, ist schwer zu beantworten und abhängig von dem konkreten Bauvorhaben. Dass vereinzelte Leistungen vor Abschluss der Honorarvereinbarung getroffen wurden, reicht jedenfalls alleine für eine Auftragserteilung nicht aus.[7] Etwas anderes dürfte jedoch spätestens dann gelten, wenn sämtliche zur Honorarberechnung erforderliche Parameter bekannt sind.[8]

---

[1] BGH, Urt. v. 17.04.2009 – VII ZR 164/07 –, BauR 2009, 1162.
[2] BGH, Urt. v. 11.10.2007 – VII ZR 25/06 –, BauR 2007, 2081.
[3] BGH, Urt. v. 12.01.2006 – VII ZR 2/04-, BauR 2006, 693.
[4] BGH, Urt. v. 24.11.1988 – VII ZR 313/87 –, BauR 1989, 222.
[5] OLG Celle, Urt. v. 22.01.2004 – 14 U 114/03 –, NZBau 2005, 470.
[6] BGH, Urt. v. 17.04.2009 – VII ZR 164/07 –, BauR 2009, 1162.
[7] BGH, Urt. v. 17.04.2009 – VII ZR 164/07 –, BauR 2009, 1162.
[8] So auch *Koeble*, in: Locher/Koeble/Frik, § 7 Rn. 59 m.w.N.

10 Eine nachträgliche Honorarvereinbarung ist lediglich dann möglich, wenn sich nach Auftragserteilung das Leistungsziel geändert hat. Dies ergibt sich aus § 7 Abs. 5 HOAI. Im Übrigen kann eine nachträgliche Honorarvereinbarung frühestens nach Beendigung der Architekten- oder Ingenieurleistungen erfolgen.[9] Bei einer gestuften Beauftragung kann eine Honorarvereinbarung sowohl im Ursprungsvertrag als auch bei Abruf erfolgen.[10]

III. Einhaltung der Mindest- und Höchstsätze

11 Innerhalb der Mindest- und Höchstsatzgrenzen sind die Parteien bei der Honorarvereinbarung frei; sie können sämtliche Möglichkeiten der Honorarvereinbarung ausschöpfen und insoweit Pauschalhonorare aber auch Zeithonorare vereinbaren.[11] Auch können die Parteien einzelne Berechnungsgrundlagen abändern oder verschiedene Leistungen abweichend von der HOAI bewerten. Voraussetzung ist jedoch stets, dass sich das Honorar noch innerhalb der Mindest- und Höchstsätze befindet. Liegt demgegenüber eine Überschreitung der Höchstwerte oder eine Unterschreitung der Mindestsätze vor, so ist die Honorarvereinbarung nicht wirksam. Maßgebend ist insoweit nicht, ob einzelne preisrechtliche Vorschriften der HOAI verletzt wurden, sondern allein, ob das gesamte nach den vertraglichen Regelungen berechnete Honorar unterhalb der fiktiv zu berechnenden Mindestsätze oder oberhalb der fiktiv zu berechnenden Höchstsätze liegt. Dabei sind die Faktoren für die Ermittlung des richtigen Mindestsatzes nach objektiven Gesichtspunkten zu ermitteln. Ein Bewertungsspielraum dürfte den Parteien insoweit nur bei der Einordnung in eine bestimmte Honorarzone zustehen.[12] In allen anderen Fällen, d.h. bei zu niedrig angesetzten anrechenbaren Kosten oder Prozentsätzen kann es dagegen stets zu einer versteckten Unterschreitung der Mindestsätze kommen.

IV. Folgen des Verstoßes

12 Im Falle eines Verstoßes gegen eine der vorgenannten Wirksamkeitserfordernisse ist die Honorarvereinbarung unwirksam, mit der Folge, dass nach der Fiktion des § 7 Abs. 6 HOAI die Mindestsätze als vereinbart gelten. Dies gilt jedenfalls dann, wenn die Honorarvereinbarung nicht schriftlich oder nicht bei Auftragserteilung erfolgt oder ein Verstoß gegen den Mindestpreischarakter vorliegt. Etwas anderes gilt jedoch dann, wenn infolge der Honorarvereinbarung die Höchstsätze überschritten werden. In diesem Fall greift § 7 Abs. 6 HOAI nicht ein, da die Honorarvereinbarung in diesem Fall in eine wirksame Honorarvereinbarung umzudeuten ist, wonach die Vertragsparteien zumindest die Höchstsätze vereinbaren wollten.[13]

D. Honorare außerhalb der Tafelwerte, § 7 Abs. 2 HOAI

13 Liegen die ermittelten anrechenbaren Kosten außerhalb der Tafelwerte der HOAI, d.h. bei der Objektplanung Gebäude unter 25.565,00 € bzw. über 25.564.594,00 €, so sind die Honorare gem. § 7 Abs. 2 HOAI frei vereinbar. Die Parteien sind frei, ob sie ein Zeithonorar, ein Pauschalhonorar oder eine lineare Fortschreibung der Honorartafeln vereinbaren. Ihnen ist es sogar gestattet, bei Überschreitung der Tafelwerte ein Honorar unterhalb der Mindestsätze zu vereinbaren. Es besteht keinerlei Bindung an die von der HOAI vorgegebenen Honorarberechnungsparameter; auch nicht an die Mindest- bzw. Höchstsätze des untersten bzw. obersten Tafelwerts. Zu berücksichtigen ist jedoch, dass beispielsweise die Fälligkeitsregelung des § 15 HOAI dennoch Anwendung findet.[14]

---

9 BGH, Urt. v. 06.05.1985 – VII ZR 320/84 –, BauR 1985, 582; Urt. v. 21.01.1988 – VII ZR 239/86 –, BauR 1988, 364.
10 BGH, Urt. v. 27.11.2008 – VII ZR 211/07 –, BauR 2009, 264.
11 BGH, Urt. v. 17.04.2009 – VII ZR 164/07 –, BauR 2009, 1162.
12 BGH, Urt. v. 13.11.2003 – VII ZR 362/02 –, BauR 2004, 354.
13 BGH, Urt. v. 11.10.2007 – VII ZR 25/06 –, BauR 2007, 2081.
14 BGH, Beschl. v. 22.12.2005 – VII ZB 84/05 –, BauR 2006, 674.

Haben die Partei keine Honorarvereinbarung getroffen, kommt eine Fortschreibung der Honorartafeln ohne ausdrückliche Vereinbarung nicht in Frage. Vielmehr ist in diesen Fällen die übliche Vergütung nach § 632 Abs. 2 BGB zu ermitteln. In der Praxis werden insoweit verschiedene erweiterte Honorartafeln verwendet, die als Anhaltspunkte für die übliche Vergütung gelten können, insbesondere von öffentlichen Auftraggebern entwickelte, fortgeschriebene Honorartafeln oder die Richtlinien der staatlichen Hochbauverwaltung Baden-Württemberg (RiFT).[15]

14

E. Unterschreitung des Mindestsatzes im Ausnahmefall, § 7 Abs. 3 HOAI

§ 7 Abs. 3 HOAI sieht vor, dass die Mindestsätze durch schriftliche Vereinbarung in Ausnahmefällen unterschritten werden dürfen. Wann ein solcher Ausnahmefall vorliegt, wird in der HOAI jedoch nicht geregelt. Nach dem Bundesgerichtshof liegt ein Ausnahmefall vor, »wenn aufgrund der besonderen Umstände des Einzelfalls unter Berücksichtigung des Zwecks der Mindestsatzregelung ein unter den Mindestsätzen liegendes Honorar angemessen ist«.[16] Dies könne beispielsweise »bei engen Beziehungen rechtlicher, wirtschaftlicher, sozialer oder persönlicher Art oder sonstigen besonderen Umständen gegeben sein«. In Betracht kommen als Beziehungen rechtlicher Art Verflechtungen des Auftraggebers mit dem Auftragnehmer, beispielsweise die Beteiligung des Auftragnehmers an der Gesellschaft des Auftraggebers,[17] als Beziehungen wirtschaftlicher Art ständige Geschäftsbeziehungen, beispielsweise ein Rahmenvertrag zwischen einem Unternehmen und einem Architekten,[18] für Beziehungen sozialer oder persönlicher Art familiäre Bindungen zwischen Auftragnehmer und Auftraggeber sowie ein sehr enges freundschaftliches Verhältnis.[19] Bloße freundschaftliche Umgangsformen oder die Mitgliedschaft in demselben Sportverein reichen für einen Ausnahmefall nicht aus.[20] Entscheidend dürfte insoweit jedoch stets der Einzelfall sein.

15

F. Überschreitung der Höchstsätze im Ausnahmefall, Art. 7 Abs. 4 HOAI

Die Höchstsätze der HOAI können lediglich in Ausnahmefällen überschritten werden. Insoweit sieht § 7 Abs. 4 HOAI vor, dass die Höchstsätze nur bei außergewöhnlichen oder ungewöhnlich lange dauernden Leistungen durch schriftliche Vereinbarung überschritten werden dürfen. Voraussetzung ist somit zunächst eine schriftliche Vereinbarung, die wegen § 7 Abs. 6 S. 1 HOAI bereits bei Auftragserteilung erfolgt sein muss.[21] Weitere Voraussetzung ist gem. § 7 Abs. 4 S. 1 HOAI das Vorliegen von außergewöhnlichen oder ungewöhnlich lang dauernden Leistungen. Beide Begriffe sind in der HOAI nicht definiert. Im Ergebnis dürfte eine außergewöhnliche Leistung als überdurchschnittliche Leistung auf künstlerischem, technischem oder wirtschaftlichem Gebiet definiert werden.[22] Ungewöhnlich lange dauernde Leistungen erfordern einen Zeitaufwand, der erheblich über das normale Maß hinausgeht. Wann dies der Fall ist, ist stets im Einzelfall zu ermitteln.

16

Die Höhe der Mehrvergütung wird in § 7 Abs. 4 HOAI nicht festgelegt. § 7 Abs. 4 S. 2 HOAI bestimmt lediglich, dass Umstände, die bereits für die Einordnung in Honorarzonen oder für die Einordnung in den Rahmen der Mindest- und Höchstsätze mitbestimmend waren, keine Berücksichtigung finden dürfen. Diese dürfen daher nicht noch einmal herangezogen werden, um eine Überschreitung der Höchstsätze zu begründen.

17

---

15 *Koeble*, in: Locher/Koeble/Frik, § 7 Rn. 89 m.w.N.
16 BGH, Urt. v. 22.05.1997 – VII ZR 290/95 –, BauR 1997, 677.
17 OLG Dresden, Urt. v. 18.09.2002 – 11 U 1132/02 –, IBR 2003, 423 m. Anm. *Schulze-Hagen*.
18 BR-Drucks. 395/09, 165.
19 OLG Celle, Urt. v. 24.07.2003 – 14 U 19/03 –, OLGR Celle 2003, 439.
20 BGH, Urt. v. 21.08.1997 – VII ZR 13/96 –, BauR 1997 1062; Urt. v. 15.04.1999 – VII ZR 309/98 –, BauR 1999, 1044.
21 BGH, Urt. v. 30.09.2004 – VII ZR 456/01 –, BauR 2005, 118.
22 Vgl. *Koeble*, in: Locher/Koeble/Frik, § 7 Rn. 158 m.w.N.

G. Exkurs: Bauzeitnachträge

18 Aufgrund der Tatsache, dass § 7 Abs. 4 HOAI eine schriftliche Honorarvereinbarung bei Auftragserteilung erfordert, kann diese für unvorhergesehene Verlängerungen oder Verkürzungen der Bauzeit nicht herangezogen werden. Aufgrund dessen wird man davon ausgehen müssen, dass ein Ausgleich für solche unvorhersehbaren Bauzeitverlängerungen im Regelfall nicht erfolgen kann, da die Honorierung nach der HOAI grundsätzlich bauzeitunabhängig erfolgt und der Auftragnehmer das Risiko seiner Honorarermittlung übernimmt.[23] Eine Anpassung der Vergütung über das Institut des Wegfalls der Geschäftsgrundlage gemäß § 313 BGB scheidet daher aus.

19 Etwas anderes gilt nach Auffassung des Bundesgerichtshofs[24] jedoch dann, wenn die Parteien in Anlehnung an Ziffer 6.1 des Einheitsarchitektenvertrages 1994 eine Vereinbarung getroffen haben, nach der bei Überschreitung einer bestimmten Bauzeit über die Erhöhung des Honorars zu verhandeln ist. In diesem Fall hätten die Parteien eine bestimmte Bauzeit zur Vertragsgrundlage gemacht, so dass relevante Abweichungen nach dem Institut des Wegfalls der Geschäftsgrundlage nach § 313 BGB zu regeln seien. Die HOAI regele lediglich das Preisrecht, nicht jedoch die Grundsätze über den Wegfall der Geschäftsgrundlage, so dass es den Parteien unbenommen bliebe, eine bestimmte Bauzeit als Geschäftsgrundlage festzulegen und bei deren Wegfall einen vertraglichen Honoraranpassungsanspruch zu begründen. Auf eine im Vertrag ggf. vorgesehene »Einigung« komme es insoweit nicht an.[25]

20 Offen gelassen hat der Bundesgerichtshof jedoch, in welcher Weise die Honoraranpassung erfolgen soll. Auch insoweit ist zu berücksichtigen, dass eine lineare Fortschreibung eines fiktiven monatlichen Honorars für den Verlängerungszeitraums aufgrund der grundsätzlichen Bauzeitunabhängigkeit des Honorars nicht in Betracht kommt. Auch müssen die von der HOAI gesetzten Höchstgrenzen berücksichtigt werden, so dass – ohne eine entsprechende Vereinbarung nach § 7 Abs. 4 HOAI – lediglich eine Anpassung bis zum Höchstsatz der Leistungsphase 8 in Betracht kommt.[26] Im Übrigen bleibt es dem Auftragnehmer unbenommen, seinen bauzeitbedingten Mehraufwand nachzuweisen und geltend zu machen.[27]

H. Änderung von Honorarvereinbarungen, Art. 7 Abs. 5 HOAI

21 § 7 Abs. 5 HOAI gibt dem Auftragnehmer die Möglichkeit, eine Anpassung der Honorarvereinbarung zu verlangen, wenn sich während der Laufzeit des Vertrages der beauftragte Leistungsumfang auf Veranlassung des Auftraggebers mit der Folge von Verschiebungen der anrechenbaren Kosten, Werten oder Verrechnungseinheiten ändert. Es handelt sich somit nicht um einen Anspruch auf Anpassung des Honorars, sondern lediglich um einen Anspruch des Auftragnehmers auf Anpassung der Honorarvereinbarung. Die Parteien haben daher wechselseitig einen Anspruch auf Anpassung der Honorarvereinbarung, die regelmäßig durch die Anpassung der Honorarberechnungsparameter erfolgen wird.

I. Exkurs: Nachträge aufgrund von Planungsänderungen

22 Trotz des nunmehr eingeführten § 7 Abs. 5 HOAI bleibt auch nach der HOAI-Novelle unbeantwortet, wie mit Planungsänderungen oder Planungswiederholungen im Rahmen eines dynamischen Planungsprozesses umzugehen ist, wenn durch diese nicht – wie bei §§ 10 und 11 HOAI – das Planungsziel als solches geändert wird. Hier hat zunächst eine Negativabgrenzung zu verschiedenen Leistungen, wie beispielsweise zur vierten Leistung der Leistungsphase 2 nach Anla-

---

23 KG, Urt. v. 31.03.2009 – 21 U 165/06 –, BauR 2009, 1189.
24 BGH, Urt. v. 30.09.2004 – VII ZR 456/01 –, BauR 2005, 46.
25 BGH, Urt. v. 10.05.2007 – VII ZR 288/05 –, BauR 2007, 1592.
26 *Vogelheim*, in: v. Berg/Vogelheim/Wittler, Rn. 411.
27 BGH, Urt. v. 30.09.2004 – VII ZR 456/01 –, BauR 2005, 118.

ge 11 »Untersuchung der alternativen Lösungsmöglichkeiten« oder zur fünften Leistung der Leistungsphase 5 nach Anlage 11 »Fortschreiben der Ausführungsplanung während der Objektausführung« zu erfolgen. Hält sich die von dem Auftraggeber gewünschte Planungsänderung im Rahmen dessen, mit dem der Auftragnehmer bei der Auftragsannahme rechnen musste, so erhält dieser für etwaige Mehrleistungen kein gesondertes Honorar. Musste der Auftragnehmer demgegenüber mit solchen Leistungen nicht rechnen und hat sich der Auftragnehmer sogar in Anlehnung an § 1 VOB/B ein Leistungsbestimmungsrecht einräumen lassen, so kann der Auftragnehmer eine geänderte oder zusätzliche Vergütung verlangen.[28]

Im Übrigen kommt es bei geänderten oder wiederholten Leistungen stets darauf an, ob die von dem Auftragnehmer vorgelegte Planung von dem Auftraggeber als Vertragserfüllung akzeptiert wurde. Lediglich dann kann eine ganz oder teilweise erfolgte Neuplanung eine vergütungspflichtige Änderungs- oder Wiederholungsplanung darstellen.

Liegt eine vergütungspflichtige Änderungs- oder Wiederholungsplanung vor, so berechnet sich das Honorar entweder nach der freien Vereinbarung der Parteien (§ 3 Abs. 2 S. 2 HOAI) oder nach § 632 Abs. 2 BGB.[29]

J. Bonus-/Malus-Honorar, § 7 Abs. 7 HOAI

I. Bonus-Honorar

Gemäß § 7 Abs. 7 S. 1 HOAI können die Parteien für Kostenunterschreitungen, die unter Ausschöpfung technisch wirtschaftlicher oder umweltverträglicher Lösungsmöglichkeiten zu einer wesentlichen Kostensenkung ohne Verminderung der vertraglich festgelegten Standards führen, ein Erfolgshonorar schriftlich vereinbaren, das bis zu 20 % des vereinbarten Honorars betragen kann. Voraussetzung für ein solches Erfolgshonorar ist daher stets eine ausdrückliche schriftliche Vereinbarung. Sie muss jedoch nicht bereits »bei Auftragserteilung« vorliegen.[30] Die mit der Vereinbarung eines Bonus-Honorars einhergehende Überschreitung der Höchstsätze ist zulässig. Die Kostensenkung – zumeist die Senkung der Baukosten und nicht der anrechenbaren Kosten – muss unter Ausschöpfung technisch-wirtschaftlicher oder umweltverträglicher Lösungsmöglichkeiten erfolgen. Notwendig ist zudem eine »wesentliche Kostensenkung«, die nicht bei jeder geringfügigen Kostensenkung von wenigen Prozent eintreten kann.

Der Höhe nach können die Parteien ein Erfolgshonorar von bis zu 20 % des Honorars vereinbaren. Eine darüber hinausgehende Vereinbarung führt zur Unwirksamkeit der Vereinbarung.

II. Malus-Honorar

Neu eingefügt wurde mit der HOAI-Novelle in § 7 Abs. 7 S. 2 HOAI die Möglichkeit der Vereinbarung eines Malus-Honorars. Danach kann in Fällen des Überschreitens der einvernehmlich festgelegten anrechenbaren Kosten ein Malus-Honorar i.H.v. bis zu 5 % des Honorars vereinbart werden. Auch das Malus-Honorar bedarf einer ausdrücklichen Vereinbarung. Im Gegensatz zum Bonus-Honorar sind nicht die Baukosten, sondern vielmehr die anrechenbaren Kosten entscheidend. Führt die Malus-Regelung zu einer Unterschreitung der Mindestsätze, so ist diese zulässig. Die Höhe des Malus-Honorars ist frei vereinbar, jedoch lediglich bis zu 5 % des Gesamthonorars. Im Falle einer Überschreitung dieser Grenze ist die Malus-Regelung unwirksam. Eine schriftliche Vereinbarung ist nach dem Wortlaut der Regelung nicht erforderlich.

---

28 BGH, Urt. v. 26.07.2007 – VII ZR 42/05 –, BauR 2007, 1761.
29 Vgl. insoweit zur Honorarberechnung: *Vogelheim*, in: v. Berg/Vogelheim/Wittler, Rn. 406.
30 *Koeble*, in: Locher/Koeble/Frik, § 7 Rn. 171.

27 Umstritten ist, ob die Malus-Regelung im bürgerlich-rechtlichen Sinne eine Vertragsstrafe[31] oder eine Verfallsklausel darstellt.[32] Da § 7 Abs. 7 HOAI nicht auf ein Verschulden oder einen sonstigen Einfluss des Auftragnehmers abstellt, dürfte es sich um eine Vertragsstrafe handeln, die in Allgemeinen Geschäftsbedingungen gem. § 307 Abs. 2 Nr. 2 BGB unwirksam wäre. Zu ihrer AGB-rechtlichen Wirksamkeit müsste die Vereinbarung eines Malus-Honorars somit grundsätzlich verschuldensabhängig ausgestaltet sein. Zudem ist die Vorschrift des § 341 BGB zu beachten.

§ 8 Berechnung des Honorars in besonderen Fällen

(1) Werden nicht alle Leistungsphasen eines Leistungsbildes übertragen, so dürfen nur die für die übertragenen Phasen vorgesehenen Prozentsätze berechnet und vertraglich vereinbart werden.

(2) Werden nicht alle Leistungen einer Leistungsphase übertragen, so darf für die übertragenen Leistungen nur ein Honorar berechnet und vereinbart werden, das dem Anteil der übertragenen Leistungen an der gesamten Leistungsphase entspricht. Das Gleiche gilt, wenn wesentliche Teile von Leistungen dem Auftragnehmer nicht übertragen werden. Ein zusätzlicher Koordinierungs- und Einarbeitungsaufwand ist zu berücksichtigen.

A. Änderungen durch die HOAI 2009

1 Die in § 8 verbliebenen Absätze 1 und 2 sind bis auf sprachliche Anpassungen unverändert geblieben (§ 5 Abs. 1, 2 HOAI a.F.). Die zuvor in § 5 Abs. 3 HOAI a.F. vorgesehene Regelung für die Erbringung von Grundleistungen durch andere fachlich Beteiligte sowie die für Besondere Leistungen geltenden Absätze 4 und 5 des § 5 HOAI a.F. sind dagegen ersatzlos entfallen. Die zuvor in § 5 Abs. 4a HOAI a.F. normierte Bonusregelung findet sich nunmehr in § 7 Abs. 7 HOAI.

B. Honorar bei Übertragung einzelner Leistungsphasen, § 8 Abs. 1 HOAI

2 § 8 Abs. 1 regelt den Fall, dass der Auftragnehmer mit Auftragserteilung lediglich mit einzelnen Leistungsphasen beauftragt wird. Der Auftragnehmer kann daher beispielsweise nur mit der Vorplanung oder der Objektüberwachung beauftragt sein. In diesem Fall dürfen auch nur die für die übertragenen Leistungsphasen in der HOAI vorgesehenen Prozentsätze berechnet und vertraglich vereinbart werden. Eine Ausnahme von § 8 Abs. 1 HOAI ist jedoch in § 9 HOAI vorgesehen.

3 Die Vereinbarung höherer Sätze ist nach § 8 Abs. 1 HOAI nicht zulässig. Soweit im Rahmen der Abarbeitung einzelner Leistungsphasen ein erhöhter Koordinierungsaufwand entsteht, so kann dieser nicht durch die Erhöhung einzelner Prozentsätze ausgeglichen werden. Vielmehr darf ein solcher erhöhter Koordinierungsaufwand lediglich im Rahmen der Mindest- und Höchstsätze berücksichtigt werden. Dafür ist es jedoch wiederum erforderlich, dass eine schriftliche Honorarvereinbarung bei Auftragserteilung getroffen wird, § 7 Abs. 1 HOAI.

C. Honorar bei Übertragung einzelner Leistungen der Leistungsphasen, § 8 Abs. 2 S. 1 HOAI

4 Werden dem Auftragnehmer nicht – wie in § 8 Abs. 1 HOAI vorgesehen – vollständige Leistungsphasen, sondern lediglich einzelne Leistungen einer bestimmten Leistungsphase übertragen, darf der Auftragnehmer gem.äß § 8 Abs. 2 S. 1 HOAI lediglich ein Honorar berechnen, das dem Anteil der übertragenen Leistung an den gesamten Leistungen der Leistungsphase entspricht. Die verminderte Leistung wird insoweit durch die Reduzierung der jeweiligen Prozentsätze der einzelnen Leistungsphasen berücksichtigt. Diese sind möglichst durch die Parteien in der jeweiligen Honorarvereinbarung zu bewerten.

---

31 *Koeble*, in: Locher/Koeble/Frik, § 7 Rn. 177.
32 *Berger/Fuchs*, Rn. 150.

Treffen die Parteien eine solche Teilleistungsbewertung nicht, so sind die einschlägigen Ermittlungstabellen als Orientierungshilfe heranzuziehen.[1] Zu nennen ist neben ähnlichen Berechnungsvorschlägen[2] insoweit insbesondere die Steinfort-Tabelle.

D. Honorar bei Übertragung von Teilen einzelner Leistungen, § 8 Abs. 2 S. 2 HOAI

Gemäß § 8 Abs. 2 S. 2 HOAI findet die in § 8 Abs. 2 S. 1 HOAI vorgesehene Reduzierung des Prozentsatzes auch Anwendung, wenn Leistungen nur zum Teil übertragen werden. Dies ist beispielsweise dann der Fall, wenn der Auftragnehmer im Rahmen der Objektüberwachung nur die Überwachung der Beseitigung der bei der Abnahme der Bauleistungen festgestellten Mängel und diese lediglich für vereinzelte Gewerke übertragen bekommt. Voraussetzung für eine Reduzierung der jeweiligen Prozentsätze ist jedoch, dass die Nichtübertragung »wesentliche« Teile von Leistungen betreffen. Ob eine Teilleistung als wesentlich anzusehen ist, kann lediglich im Einzelfall entschieden werden.

Im Gegensatz zu § 8 Abs. 1 und 8 Abs. 2 S. 1 HOAI ist ein zusätzlicher Koordinierungs- und Einarbeitungsaufwand gem. § 8 Abs. 2 S. 3 HOAI zu berücksichtigen.

E. Honorar bei beauftragten, aber nicht abgearbeiteten Leistungsphasen oder Teilen davon

Nicht unter § 8 HOAI sind die Fälle zu fassen, in denen der Auftragnehmer das Werk mangelfrei fertiggestellt hat, jedoch bestimmte Grundleistungen oder gar ganze Leistungsphasen nicht abgearbeitet hat. Dies hat honorarrechtlich zunächst keinerlei Auswirkungen. Nach dem Bundesgerichtshof entfällt der Honoraranspruch vielmehr »ganz oder teilweise nur dann, wenn der Tatbestand einer Regelung des allgemeinen Leistungsstörungsrechts des BGB oder des werkvertraglichen Gewährleistungsrechts erfüllt ist, die den Verlust oder die Minderung der Honorarforderung als Rechtsfolge vorsieht«.[3] Bei fehlender Abarbeitung bestimmter – vertraglich geschuldeter – Leistungen kommt der Bundesgerichtshof daher über das Gewährleistungsrecht des BGB zu einem Minderungsrecht. Dies gilt jedoch nicht für Leistungen, die für die Erbringung des werkvertraglichen Erfolges nicht erforderlich waren und nicht vereinbart wurden, sondern lediglich für ausdrücklich zum Vertragsgegenstand gemachte oder all diejenigen Leistungen, die – auch ohne ausdrückliche Vereinbarung – zur ordnungsgemäßen Erfüllung des Auftrags des Auftragnehmers erforderlich sind.[4] Nach § 638 Abs. 3 BGB ist bei der Minderung sodann die Vergütung im Verhältnis herabzusetzen, in welchem zur Zeit des Vertragsschlusses der Wert des Werkes in mangelfreiem Zustand zu dem wirklichen Wert gestanden haben würde. Hätten die Vertragsparteien somit zum Zeitpunkt des Vertragsschlusses ein Werk mit dem wirklichen Wert vereinbart, d. h. eine Leistung ohne die nicht erbrachten Leistungen, hätte sich die Vergütung gem. § 8 HOAI entsprechend gemindert. Insoweit gelangt der Bundesgerichtshof über das Gewährleistungsrecht des BGB im Ergebnis wiederum zu einer Honorarkürzung nach Maßgabe des § 8 HOAI.

§ 9 Berechnung des Honorars bei Beauftragung von Einzelleistungen

(1) Wird bei Bauleitplänen, Gebäuden und raumbildenden Ausbauten, Freianlagen, Ingenieurbauwerken, Verkehrsanlagen und technischer Ausrüstung die Vorplanung oder Entwurfsplanung als Einzelleistung in Auftrag gegeben, können die entsprechenden Leistungsbewertungen der jeweiligen Leistungsphase
1. für die Vorplanung den Prozentsatz der Vorplanung zuzüglich der Anteile bis zum Höchstsatz des Prozentsatzes der vorangegangenen Leistungsphase und

---

1 BGH, Urt. v. 16.12.2004 – VII ZR 174/03 –, BauR 2005, 588.
2 Vgl. auch *Koeble*, in: Locher/Koeble/Frik, § 8 Rn. 30 ff.
3 BGH, Urt. v. 24.06.2004 – VII ZR 259/02 –, BauR 2004, 1640.
4 BGH, Urt. v. 24.10.1996 – VII ZR 283/95 –, BauR 1997, 154.

§ 9 HOAI Berechnung des Honorars bei Beauftragung von Einzelleistungen

2. für die Entwurfsplanung den Prozentsatz der Entwurfsplanung zuzüglich der Anteile bis zum Höchstsatz des Prozentsatzes der vorangegangenen Leistungsphase betragen.

(2) Wird bei Gebäuden oder der Technischen Ausrüstung die Objektüberwachung als Einzelleistung in Auftrag gegeben, können die entsprechenden Leistungsbewertungen der Objektüberwachung
1. für die Technische Ausrüstung den Prozentsatz der Objektüberwachung zuzüglich Anteile bis zum Höchstsatz des Prozentsatzes der vorangegangenen Leistungsphase betragen und
2. für Gebäude anstelle der Mindestsätze nach den §§ 33 und 34 folgende Prozentsätze der anrechenbaren Kosten nach § 32 berechnet werden:
    a) 2,3 Prozent bei Gebäuden der Honorarzone II,
    b) 2,5 Prozent bei Gebäuden der Honorarzone III,
    c) 2,7 Prozent bei Gebäuden der Honorarzone IV,
    d) 3,0 Prozent bei Gebäuden der Honorarzone V.

(3) Wird die Vorläufige Planfassung bei Landschaftsplänen oder Grünordnungsplänen als Einzelleistung in Auftrag gegeben, können abweichend von den Leistungsbewertungen in Teil 2 Abschnitt 2 bis zu 60 % für die Vorplanung vereinbart werden.

A. Änderungen durch die HOAI 2009

1   § 9 HOAI ersetzt als allgemeine Vorschrift die bislang für die jeweiligen Leistungsbilder geltenden Regelungen, beispielsweise die §§ 19 oder 37 Abs. 4 HOAI a.F.

B. Beauftragung von Einzelleistungen

2   Von der Beauftragung von Teilleistungen nach § 8 HOAI ist die Beauftragung von Einzelleistungen nach § 9 HOAI zu unterscheiden. § 9 Abs. 1 HOAI erlaubt es, bei der Beauftragung als Einzelleistung die Vomhundertsätze für die Vor- und Entwurfsplanung anzuheben. § 9 Abs. 2 HOAI erlaubt eine Höherbewertung des Prozentsätze für die Objektüberwachung.

I. Vorplanung oder Entwurfsplanung als Einzelleistung, § 9 Abs. 1 HOAI

3   § 9 Abs. 1 HOAI regelt den Fall, dass die Vorplanung oder Entwurfsplanung bei Bauleitplänen, Gebäude, raumbildenden Ausbauten, Freianlagen, Ingenieurbauwerken und Verkehrsanlagen sowie der Technischen Ausrüstung als Einzelleistung in Auftrag gegeben wird. In diesem Fall können die entsprechenden Leistungsbewertungen der jeweiligen Leistungsphase deren Prozentsatz zzgl. der Anteile bis zum Höchstsatz des Prozentsatzes der jeweils vorangegangenen Leistungsphase betragen. Dies lässt beispielsweise im Leistungsbild des § 33 Abs. 1 HOAI eine Erhöhung der mit 7 % der Gesamtleistung bewerteten Vorplanung auf 10 % zu, nämlich um den Prozentsatz der vorangehenden Leistungsphase 1.

4   Aufgrund der Tatsache, dass durch § 9 Abs. 1 HOAI die Mindestsätze überschritten werden, ist gem. § 7 Abs. 1 HOAI eine schriftliche Vereinbarung bei Auftragserteilung erforderlich.

II. Objektüberwachung

5   In § 9 Abs. 2 HOAI ist die Beauftragung der Objektüberwachung als Einzelleistung in den Leistungsbildnern der Gebäude und Technischen Ausrüstung geregelt. Die Honorarerhöhung erfolgt für die Technische Ausrüstung analog § 9 Abs. 1 HOAI, so dass eine Honorarerhöhung gegenüber der im Leistungsbild Technische Ausrüstung vorgesehenen 30 % um den Prozentsatz der Leistungsphase 7 auf 38 % vereinbart werden kann. Im Leistungsbild der Gebäude kann gemäß § 9 Abs. 2 Nr. 2 HOAI ein höheres Honorar nach den §§ 33 und 34 HOAI berechnet werden.

Auch im Rahmen des § 9 Abs. 2 Nr. 1 HOAI ist im Falle der Überschreitung der Mindestsätze eine schriftliche Vereinbarung bei Auftragserteilung erforderlich. 6

C. Besonderheiten in der Landschaftsplanung

§ 9 Abs. 3 HOAI enthält eine besondere Regelung für die Beauftragung von Einzelleistungen bei der Landschaftsplanung. Sie gewährt dem Auftragnehmer bei einer ausschließlichen Beauftragung mit der Leistungsphase 3 einen erhöhten Satz von bis 60 % statt des vorgesehenen Satzes von 50 %. 7

§ 10 Mehrere Vorentwurfs- oder Entwurfsplanungen

Werden auf Veranlassung des Auftraggebers mehrere Vorentwurfs- oder Entwurfsplanungen für dasselbe Objekt nach grundsätzlich verschiedenen Anforderungen gefertigt, so sind für die vollständige Vorentwurfs- oder Entwurfsplanung die vollen Prozentsätze dieser Leistungsphasen nach § 3 Absatz 4 vertraglich zu vereinbaren. Bei der Berechnung des Honorars für jede weitere Vorentwurfs- oder Entwurfsplanung sind die anteiligen Prozentsätze der entsprechenden Leistungen vertraglich zu vereinbaren.

A. Änderungen durch die HOAI 2009

Die Honorarbegrenzungsvorschrift des § 10 HOAI entspricht § 20 HOAI a.F. Die Regelung gilt jedoch nicht mehr alleine für die Objektplanung Gebäude, sondern für sämtliche Objekte und Leistungen. Im Übrigen sind die vorgeschriebenen Prozentsätze für die weiteren Vorentwurfs- oder Entwurfsplanungen entfallen. Diese können nunmehr frei vereinbart werden. 1

B. Mehrere Vorentwurfs- oder Entwurfsplanungen

Fertigt der Auftragnehmer auf Veranlassung des Bauherrn mehrere Vorentwurfs- oder Entwurfsplanungen für dasselbe Gebäude nach grundsätzlich verschiedenen Anforderungen an, so sind für die vollständige Vor- oder Entwurfsplanung die vollen Prozentsätze dieser Leistungsphasen zu vereinbaren. Darüber hinaus sind für jede weitere Vorentwurfs- oder Entwurfsplanung anteilige Prozentsätze, über deren Höhe die HOAI keine Vorgaben macht, zu vereinbaren. 2

§ 10 HOAI gilt grundsätzlich nur für die Vorentwurfs- und Entwurfsplanung. Es handelt sich um eine Honorarbegrenzungsvorschrift, die auf mehrere Genehmigungs- und/oder Ausführungsplanungen nach grundsätzlich verschiedenen Anforderungen keine Anwendung findet. Diese Leistungen können vom Auftragnehmer stets gesondert in voller Höhe berechnet werden, da insoweit eine § 10 HOAI entsprechende Honorarbegrenzungsvorschrift nicht existiert. 3

I. Planung »für dasselbe Objekt«

Der Auftragnehmer muss »für dasselbe Objekt« mehrere Planungen erbringen. Bezieht sich der Auftrag demgegenüber auf ein anderes Objekt oder auf mehrere Objekte, so gilt § 11 Abs. 1 HOAI mit der Folge, dass die Honorierung für die jeweiligen Bauvorhaben gesondert erfolgt. Um »dasselbe Objekt« handelt es sich insbesondere dann nicht mehr, wenn sich die weitere Vorentwurfs- oder Entwurfsplanung auf ein anderes Grundstück bezieht[1] oder sich infolge der weiteren Vorentwurfs- oder Entwurfsplanung die Nutzung, die Funktion oder die baulichen Anforderungen des Gebäudes wesentlich verändert.[2] Dies kann beispielsweise der Fall sein, wenn statt des ursprünglich geplanten Wohngebäudes nunmehr ein Geschäftshaus geplant werden soll. 4

---

1 OLG Düsseldorf, Urt. v. 13.08.1996 – 22 U 212/95 –, BauR 1998, 407.
2 OLG Düsseldorf, Urt. v. 22.03.1994 – 21 U 172/93 –, BauR 1994, 534; OLG Koblenz, Urt. v. 27.05.1999 – 5 U 1273/98 –, NZBau 2000, 256.

II. Planung nach grundsätzlich verschiedenen Anforderungen

5   Zudem muss der Auftragnehmer mehrere Vorentwurfs- oder Entwurfsplanungen nach grundsätzlich verschiedenen Anforderungen planen. Die Entwurfsplanungen müssen daher in sich abgeschlossen sein. Die bloße Erarbeitung verschiedener Planungsvarianten, d.h. solchen Planungen, denen keine geänderte Aufgabenstellung oder kein geändertes Planungsziel zugrunde liegt, genügt nicht. Derartige Planungsalternativen werden vielmehr bereits innerhalb der vierten Grundleistung der Leistungsphase 2 nach Anlage 11 zur HOAI geschuldet, so dass der Auftragnehmer kein zusätzliches Honorar verlangen kann. Im Einzelfall wird sich die Abgrenzung zwischen bloßen Planungsalternativen und solchen mit grundsätzlich verschiedenen Anforderungen lediglich anhand des werkvertraglichen Erfolges ermitteln lassen. Nach der Rechtsprechung ist insoweit eine »grundlegende neue geistige Leistung des Architekten in Bezug auf die Lösung der ihm gestellten Aufgabe« erforderlich.[3] Die Pläne müssen wesentliche Unterschiede aufweisen und nicht lediglich geringfügige Änderungen oder Verschiebungen. Auch kann es entscheidend sein, ob dem Auftragnehmer eine konkrete Aufgabe gestellt oder diese lediglich global beschrieben wurde. In letzterem Fall kann es durchaus sein, dass der Auftragnehmer diverse Planungsvarianten im Rahmen der Vorplanung vorzunehmen hat, ohne dass sich die (globale) Aufgabenstellung in irgendeiner Weise geändert hat.

III. Formvorschriften

6   § 10 gibt den Parteien die Möglichkeit einer freien Honorarvereinbarung. Eine bestimmte Form für die Vereinbarung ist nicht vorgeschrieben. Soweit die Parteien keine Vereinbarung getroffen haben, so steht dem Auftragnehmer ein Anspruch auf Abschluss einer Honorarvereinbarung zu. Im Falle der Verweigerung einer solchen muss dem Auftragnehmer ein unmittelbarer Zahlungsanspruch zugestanden werden.

§ 11 Auftrag für mehrere Objekte

(1) Umfasst ein Auftrag mehrere Objekte, so sind die Honorare vorbehaltlich der folgenden Absätze für jedes Objekt getrennt zu berechnen. Dies gilt nicht für Objekte mit weitgehend vergleichbaren Objektbedingungen derselben Honorarzone, die im zeitlichen und örtlichen Zusammenhang als Teil einer Gesamtmaßnahme geplant, betrieben und genutzt werden. Das Honorar ist dann nach der Summe der anrechenbaren Kosten zu berechnen.

(2) Umfasst ein Auftrag mehrere im Wesentlichen gleichartige Objekte, die im zeitlichen oder örtlichen Zusammenhang unter gleichen baulichen Verhältnissen geplant und errichtet werden sollen, oder Objekte nach Typenplanung oder Serienbauten, so sind für die erste bis vierte Wiederholung die Prozentsätze der Leistungsphase 1 bis 7 um 50 Prozent, von der fünften bis siebten Wiederholung um 60 Prozent und ab der achten Wiederholung um 90 Prozent zu mindern.

(3) Umfasst ein Auftrag Leistungen, die bereits Gegenstand eines anderen Auftrages zwischen den Vertragsparteien waren, so findet Absatz 2 für die Prozentsätze der beauftragten Leistungsphasen in Bezug auf den neuen Auftrag auch dann Anwendung, wenn die Leistungen nicht im zeitlichen oder örtlichen Zusammenhang erbracht werden sollen.

(4) Die Absätze 1 bis 3 gelten nicht bei der Flächenplanung. Soweit bei bauleitplanerischen Leistungen im Sinne der §§ 17 bis 21 die Festlegungen, Ergebnisse oder Erkenntnisse anderer Pläne, insbesondere die Bestandsaufnahme und Bewertungen von Landschaftsplänen und sonstigen Plänen herangezogen werden, ist das Honorar angemessen zu reduzieren; dies gilt auch, wenn mit der Aufstellung dieser Pläne andere Auftragnehmer betraut waren.

---

[3] OLG Köln, Urt. v. 24.05.1993 – 7 U 154/91 –, BauR 1995, 576; OLG Düsseldorf, Urt. v. 19.09.2008 – 22 U 52/08 –, BauR 2009, 1635.

A. Änderungen durch die HOAI 2009

Vor der HOAI-Novelle befand sich eine Regelung über die Honorierung für einen Auftrag über mehrere Gebäude in § 22 HOAI a.F. Zusätzliche Regelungen fanden sich in den jeweiligen Leistungsbildern, die überwiegend auf § 22 HOAI a.F. verwiesen. Insoweit galt beispielsweise für die Mehrfachbeauftragung bei der Tragwerksplanung die eigenständige Regelung des § 66 HOAI a.F.

Der vor der HOAI-Novelle für die Technische Ausrüstung vorhandene Widerspruch zwischen § 22 HOAI a.F. und § 69 Abs. 1 HOAI a.F., der die Zusammenfassung der Kosten einer Anlagengruppe vorsah, ist nunmehr durch die Neufassung des § 52 Abs. 2 HOAI behoben. Mit dieser Vorschrift wird die Anwendbarkeit des § 11 Abs. 1 HOAI für Anlagen einer Anlagengruppe ausdrücklich ausgeschlossen, wenn diese im zeitlichen und örtlichen Zusammenhang geplant, betrieben und genutzt werden.

B. Grundsatz der getrennten Honorarberechnung, § 11 Abs. 1 S. 1 HOAI

§ 11 Abs. 1 S. 1 HOAI normiert den Grundsatz, dass bei einem Auftrag für mehrere Objekte ein Honorar für jedes Objekt getrennt berechnet werden kann. Nach der Systematik des § 11 Abs. 1 HOAI ist die getrennte Honorierung die Regel, so dass der Auftraggeber die Beweislast für das Vorliegen der Voraussetzungen für eine Honorarminderung nach § 11 Abs. 1 S. 2, 3 HOAI trifft.

Wann noch ein einheitliches Objekt und wann mehrere Objekte vorliegen, ist im Einzelfall zu überprüfen. Von mehreren Gebäuden muss jedenfalls dann gesprochen werden, wenn die jeweiligen Gebäude durch einen Zwischenraum oder ggf. auch durch Brandmauern voneinander getrennt sind. Im Übrigen ist entscheidend, ob die Bauteile nach funktionalen und technischen Kriterien zu einer Einheit zusammengefasst sind.[1] Danach liegen mehrere Gebäude dann vor, wenn diese verschiedenen Funktionen zu dienen bestimmt sind und sie unter Aufrechterhaltung ihrer Funktionsfähigkeit je für sich genommen betrieben werden könnten. Diese konstruktive und funktionelle Selbstständigkeit ist anhand sämtlicher Merkmale zu ermitteln. Anhaltspunkte können sich insoweit bei Gebäuden anhand der gemeinsamen bzw. getrennten Heizungs- oder Versorgungsanlagen, etwaige Verbindungen durch Treppenhäuser oder Verbindungsgänge etc.[2]

C. Einheitliche Berechnung bei vergleichbaren Objektbedingungen, § 11 Abs. 1 S. 2, 3 HOAI

§ 11 Abs. 1 S. 2 HOAI stellt eine Ausnahmeregelung für Objekte mit weitgehend vergleichbaren Objektbedingungen derselben Honorarzone dar, wenn diese im zeitlichen und örtlichen Zusammenhang als Teil einer Gesamtmaßnahme geplant werden. In diesem Fall ist abweichend von dem Grundsatz des § 11 Abs. 1 S. 1 HOAI das Honorar gemäß § 11 Abs. 1 S. 3 HOAI nach der Summe der anrechenbaren Kosten zu berechnen. § 11 Abs. 1 S. 2, 3 HOAI ist subsidiär zu dem im Hinblick auf die Tatbestandsvoraussetzung nahezu deckungsgleichen, jedoch etwas engeren § 11 Abs. 2 HOAI. § 11 Abs. 1 S. 2, 3 HOAI ist somit lediglich anwendbar, wenn die Voraussetzungen des § 11 Abs. 2 HOAI nicht gegeben sind. Dies ist dann der Fall, wenn nicht nur völlig nebensächliche Veränderungen vorliegen, d.h. insbesondere die Konstruktion bzw. das äußere Erscheinungsbild nur im Wesentlichen vergleichbar sind.[3]

---

[1] BGH, Urt. v. 24.01.2002 – VII ZR 461/00 –, BauR 2002, 817; Urt. v. 16.12.2004 – VII ZR 16/03 –, BauR 2005, 735.
[2] OLG Köln, Urt. v. 29.05.1979 – 15 U 6/79 –, BauR 1980, 282; OLG Hamm, Urt. v. 08.12.1989 – 26 U 219/88 –, NJW-RR 1990, 522; OLG Düsseldorf, Urt. v. 26.10.2006 – 5 U 100/02 –, BauR 2007, 1270.
[3] *Koeble*, in: Locher/Koeble/Frik, § 11 Rn. 23.

D. Wiederholungshonorar, § 11 Abs. 2 HOAI

6 § 11 Abs. 2 HOAI regelt, dass für Wiederholungen lediglich ein vermindertes Honorar geltend gemacht werden kann. Entscheidend ist alleine, dass verschiedene Typenplanungen für mehrere Gebäude innerhalb eines Auftrags in örtlichem Zusammenhang unter gleichen baulichen Verhältnissen geplant und errichtet werden sollen. Dass die Gebäude auch tatsächlich errichtet wurden, ist nicht erforderlich.

7 Objekte sind im Wesentlichen gleichartig, wenn nur bei ganz nebensächlichen und für die Konstruktion sowie das sonstige äußere Erscheinungsbild unerhebliche Veränderungen vorliegen.[4] Dadurch grenzt sich die Vorschrift des § 11 Abs. 2 HOAI von § 11 Abs. 1 S. 2, 3 HOAI ab. Die Abgrenzung ist fließend und muss für jeden Einzelfall gesondert getroffen werden.

8 Liegen die Voraussetzungen des § 11 Abs. 2 HOAI vor, ist das Honorar für die erste bis vierte Wiederholung für die Leistungsphasen 1–7 um 50 % zu mindern. Von der fünften bis zur siebten Wiederholung tritt eine Minderung von 60 %, ab der achten Wiederholung um 90 % ein. Die Prozentsätze ab der Leistungsphase 8 bleiben demgegenüber unberührt.

E. Honorarbegrenzung bei sich wiederholenden Aufträgen, § 11 Abs. 3 HOAI

9 Die Honorarbegrenzungsvorschrift des § 11 Abs. 2 HOAI gilt nach § 11 Abs. 3 HOAI analog für Leistungen, die bereits Gegenstand eines anderen Auftrags zwischen den Vertragsparteien waren, selbst wenn die Leistungen nicht im zeitlichen und örtlichen Zusammenhang erbracht werden sollen. Daraus ergibt sich, dass innerhalb eines Auftrages eine Honorarreduzierung nur dann stattfindet, wenn in zeitlichem oder örtlichem Zusammenhang gebaut wird, bei mehreren Aufträgen auch unabhängig davon. Für die Honorarberechnung des Architekten ist es daher stets von Bedeutung, ob er die Leistungen innerhalb eines oder in mehreren Aufträgen erbringt.

F. Flächenplanung, § 11 Abs. 4 HOAI

10 In § 11 Abs. 4 HOAI wird klargestellt, dass § 11 Abs. 1–3 HOAI nicht für die Flächenplanung gilt. Für bauleitplanerischen Leistungen sollen vielmehr angemessene Reduzierungen des Honorars vorgenommen werden, ohne dass näher erläutert wird, woran sich die Parteien diesbezüglich orientieren können und sollen. Insoweit müssen die Parteien die anteiligen Prozente für die ggf. nicht wiederholten Teilleistungen bewerten und insoweit das Honorar für die wiederholt erbrachten Grundleistungen entsprechend reduzieren.

§ 12 Planausschnitte

Werden Teilflächen bereits aufgestellter Bauleitpläne (Planausschnitte) geändert oder überarbeitet, so sind bei der Berechnung des Honorars nur die Ansätze des zu bearbeitenden Planausschnitts anzusetzen.

1 § 12 HOAI enthält eine Sonderregelung für Änderungen oder Überarbeitungen bereits aufgestellter Bauleitpläne. Die Vorschrift ist nur auf den Teil 2 der HOAI, d.h. auf die Flächenplanung anwendbar und setzt voraus, dass lediglich Teilflächen geändert oder überarbeitet werden. Im Falle einer Überarbeitung des gesamten Plans ergibt sich das Honorar aus den jeweiligen Leistungsbildern.

2 Für die Änderung oder Überarbeitung von Teilflächen ist das Honorar aus den teilweisen Ansätzen des § 20 Abs. 3 bzw. 21 Abs. 2 HOAI zu berechnen.

---

4 OLG Düsseldorf, Urt. v. 15.06.1982 – 21 U 196/81 –, BauR 1983, 283; OLG Braunschweig, Urt. v. 24.08.2006 – 8 U 154/05 –, BauR 2007, 903.

§ 13 Interpolation

Die Mindest- und Höchstsätze für Zwischenstufen der in den Honorartafeln angegebenen anrechenbaren Kosten, Werte und Verrechnungseinheiten sind durch lineare Interpolation zu ermitteln.

§ 13 entspricht der bisherigen Regelung des § 5a HOAI a.F. und regelt, dass das Architektenhonorar unter Anwendung der Honorartafeln der HOAI zu interpolieren ist, d.h. bei sämtlichen Honorartafeln die Zwischenwerte zwischen den ausdrücklich genannten anrechenbaren Kosten durch lineare Interpolation zu ermitteln sind. Dies geschieht grundsätzlich durch die Anwendung folgender Formel:

$x = a + ((e - c)*(b - a))/(d - c)$

In dieser Formel bedeuten:
x = das gesuchte, durch Interpolation zu ermittelnde Honorar;
a = Honorar für die nächst niedrigere Stufe der anrechenbaren Kosten;
b = Honorar für die nächst höhere Stufe der anrechenbaren Kosten;
c = Betrag der nächst niedrigeren Stufe der anrechenbaren Kosten;
d = Betrag der nächst höheren Stufe der anrechenbaren Kosten;
e = die anrechenbaren Kosten.

Die jeweiligen Honorartafeln gelten lediglich im Rahmen der jeweils niedrigsten und höchsten Zahl der anrechenbaren Kosten, Verrechnungseinheiten bzw. Flächen; im Falle des § 34 Abs. 1 HOAI somit zwischen 25.565,00 € und 25.564.594,00 €. Eine lineare Fortschreibung der Honorartafeln nach unten oder nach oben findet ohne ausdrückliche Vereinbarung zwischen den Parteien nicht statt. Vielmehr ist das Honorar gem. § 7 Abs. 2 HOAI frei vereinbar.

§ 14 Nebenkosten

(1) Die bei der Ausführung des Auftrags entstehenden Nebenkosten des Auftragnehmers können, soweit sie erforderlich sind, abzüglich der nach § 15 Absatz 1 des Umsatzsteuergesetzes abziehbaren Vorsteuern neben den Honoraren dieser Verordnung berechnet werden. Die Vertragsparteien können bei Auftragserteilung schriftlich vereinbaren, dass abweichend von Satz 1 eine Erstattung ganz oder teilweise ausgeschlossen ist.

(2) Zu den Nebenkosten gehören insbesondere:
1. Versandkosten, Kosten für Datenübertragungen,
2. Kosten für Vervielfältigungen von Zeichnungen und schriftlichen Unterlagen sowie Anfertigung von Filmen und Fotos,
3. Kosten für ein Baustellenbüro einschließlich der Einrichtung, Beleuchtung und Beheizung,
4. Fahrtkosten für Reisen, die über einen Umkreis von 15 Kilometern um den Geschäftssitz des Auftragnehmers hinausgehen, in Höhe der steuerlich zulässigen Pauschalsätze, sofern nicht höhere Aufwendungen nachgewiesen werden,
5. Trennungsentschädigungen und Kosten für Familienheimfahrten nach den steuerlich zulässigen Pauschalsätzen, sofern nicht höhere Aufwendungen an Mitarbeiter oder Mitarbeiterinnen des Auftragnehmers auf Grund von tariflichen Vereinbarungen bezahlt werden,
6. Entschädigungen für den sonstigen Aufwand bei längeren Reisen nach Nummer 4, sofern die Entschädigungen vor der Geschäftsreise schriftlich vereinbart worden sind,
7. Entgelte für nicht dem Auftragnehmer obliegende Leistungen, die von ihm im Einvernehmen mit dem Auftraggeber Dritten übertragen worden sind.

(3) Nebenkosten können pauschal oder nach Einzelnachweis abgerechnet werden. Sie sind nach Einzelnachweis abzurechnen, sofern bei Auftragserteilung keine pauschale Abrechnung schriftlich vereinbart worden ist.

§ 15 HOAI Zahlungen

1 § 14 HOAI ersetzt § 7 HOAI a.F., der bereits eine Regelung über Nebenkosten bzw. Auslagen enthielt. § 14 Abs. 1 HOAI gibt dem Auftragnehmer, auch wenn dies nicht ausdrücklich vertraglich vereinbart wurde, einen Anspruch auf Ausgleich der ihm entstandenen erforderlichen Nebenkosten. Die von dem Auftragnehmer insoweit abzurechnenden Nebenkosten müssen jedoch tatsächlich entstanden, durch die konkrete Aufgabe veranlasst und darüber hinaus erforderlich sein. Soweit bei Auftragserteilung keine pauschale Abrechnung schriftlich vereinbart wurde, sind die Nebenkosten nach Einzelnachweis abzurechnen, § 14 Abs. 3 HOAI. § 14 Abs. 2 zählt einzelne Nebenkosten beispielhaft auf. Die Aufstellung ist nicht abschließend.

2 Die Fälligkeit der Nebenkostenforderung ist von einer geordneten Zusammenstellung der Nebenkosten unter Vorlage geordneter Belege abhängig.[1] Wollen sich die Parteien diesen Darlegungs- und Prüfungsaufwand ersparen, so werden diese häufig bei Auftragserteilung schriftlich eine pauschale Abrechnung der Nebenkosten vereinbaren. Denkbar ist insoweit auch eine Vereinbarung dahingehend, dass eine Abrechnung von Nebenkosten ganz oder jedenfalls teilweise entfällt. Für sämtliche diesbezügliche Vereinbarungen ist stets eine schriftliche Vereinbarung bei Auftragserteilung erforderlich.

3 Preisrechtliche Bestimmungen gelten im Hinblick auf die Nebenkosten nicht. Dennoch wird teilweise eine Umgehung des Höchstpreischarakters bei einem krassen Missverhältnis zwischen den pauschal vereinbarten und den tatsächlich entstandenen Nebenkosten angenommen.[2] Der Bundesgerichtshof hat in diesem Zusammenhang jedoch klar festgestellt, dass alleiniger Maßstab der Wirksamkeit einer Nebenkostenvereinbarung die Sittenwidrigkeit nach § 138 BGB sein kann.[3]

§ 15 Zahlungen

(1) Das Honorar wird fällig, soweit nichts anderes vertraglich vereinbart ist, wenn die Leistung vertragsgemäß erbracht und eine prüffähige Honorarschlussrechnung überreicht worden ist.

(2) Abschlagszahlungen können zu den vereinbarten Zeitpunkten oder in angemessenen zeitlichen Abständen für nachgewiesene Leistungen gefordert werden.

(3) Die Nebenkosten sind auf Nachweis fällig, sofern bei Auftragserteilung nicht etwas anderes vereinbart worden ist.

(4) Andere Zahlungsweisen können schriftlich vereinbart werden.

A. Änderungen durch die HOAI 2009

1 § 15 HOAI übernimmt weitgehend die Regelungen aus § 8 HOAI a.F. Änderungen haben sich jedoch daraus ergeben, dass § 15 Abs. 1 HOAI nunmehr eine vertragliche Fälligkeitsregelung zulässt und diese für vorrangig erklärt.

B. Fälligkeit des Honorars, § 15 Abs. 1 HOAI

2 Gemäß § 15 Abs. 1 HOAI setzt die Fälligkeit des Honoraranspruchs für die Schlussrechnung voraus, dass der Auftragnehmer die Leistung vertragsgemäß erbracht, eine prüffähige Honorarschlussrechnung erstellt und diese überreicht hat. Aufgrund der Tatsache, dass § 15 HOAI im Gegensatz zu § 8 HOAI a.F. nunmehr jedoch vertragliche Fälligkeitsvereinbarungen für vorrangig erklärt, ist zunächst stets zu prüfen, ob eine abweichende Fälligkeitsvoraussetzung vertraglich vereinbart wurde. Diese können grundsätzlich formlos vereinbart werden.

---

[1] BGH, Urt. v. 10.05.1990 – VII ZR 45/89 –, BauR 1990, 632.
[2] *Koeble*, in: Locher/Koeble/Frik, § 14 Rn. 15.
[3] BGH, Urt. v. 25.09.2003 – VII ZR 13/02 –, BauR 2004, 356.

Für den Fall, dass eine solche vertragliche Vereinbarung nicht zu Stande gekommen ist, gilt für die Fälligkeit des Honorars Folgendes: 3

I. Leistung vertragsgemäß erbracht

Der Auftragnehmer kann ein Honorar lediglich dann verlangen, wenn er die Leistungen vertragsgemäß erbracht hat. Dies entspricht dem gesetzlichen Leitbild und der Vorleistungspflicht des Werkunternehmers. Zahlungen können daher lediglich für bereits erbrachte und vertragsgemäße Leistungen verlangt werden. Die vertragsgemäße Leistungserbringung setzt die Fertigstellung der geschuldeten Leistungen voraus, nicht eine Abnahme.[1] Voraussetzung ist jedoch, dass die Leistung zumindest abnahmefähig ist. Dies setzt wiederum voraus, dass das Werk nicht mit wesentlichen Mängeln behaftet ist. 4

II. Prüffähige Honorarschlussrechnung

Nach § 15 Abs. 1 HOAI wird das Honorar fällig, wenn eine prüffähige Honorarschlussrechnung überreicht worden ist. Voraussetzung ist daher, dass eine Schlussrechnung auch tatsächlich vorliegt. Dabei kommt es nicht entscheidend auf deren Bezeichnung als Schlussrechnung an, sondern vielmehr auf die Frage, ob aus der Sicht des Auftraggebers nunmehr eine abschließende Abrechnung erfolgen soll.[2] Geht somit trotz der Bezeichnung der Rechnung als Schlussrechnung aus einer Passage oder Formulierung der Rechnung hervor, dass diese noch keinen endgültigen Charakter haben soll, so wird es sich eher um eine Abschlagsrechnung handeln. Auch bei einer Teilschlussrechnung oder Zwischenrechnung kann es sich sowohl um eine bloße Abschlagsrechnung als auch um eine Schlussrechnung handeln. Insoweit ist stets der Sinn und Zweck der Rechnung im Einzelfall zu ermitteln. 5

Wichtigste Voraussetzung ist, dass die Honorarschlussrechnung prüffähig erstellt wird. Welche Anforderungen an die Prüffähigkeit einer Honorarschlussrechnung zu stellen sind, hat der Bundesgerichtshof mit Urt. v. 27.11.2003[3] klargestellt. Danach muss eine prüffähige Honorarschlussrechnung diejenigen Angaben enthalten, die nach dem geschlossenen Vertrag und der HOAI objektiv unverzichtbar sind, um die sachliche und rechnerische Überprüfung des Honorars zu ermöglichen. Insoweit führt der BGH wörtlich aus: 6

> »Demgemäß ist eine Rechnung über eine nach der HOAI abzurechnende Architektenleistung grundsätzlich nur dann prüffähig, wenn sie diejenigen Angaben enthält, die nach der HOAI notwendig sind, um die Vergütung zu berechnen. Das sind z.B. bei einem Honorar für Grundleistungen bei Gebäuden, Freianlagen und raumbildenden Ausbauten gem. § 10 HOAI die Angaben zu den unter Zugrundelegung der Kostenermittlungsart nach DIN 276 i.d.F. von April 1981 (DIN 276) ermittelten anrechenbaren Kosten des Objekts, zum Umfang der Leistung und der Bewertung, zur Honorarzone, der das Objekt angehört, sowie zum nach dem anwendbaren Honorarsatz berechneten Tafelwert nach §§ 16 oder 17 HOAI.«

Folgt man diesen Vorgaben des Bundesgerichtshofs, so müsste der Auftragnehmer grundsätzlich Angaben zu sämtlichen in § 6 Abs. 1 HOAI aufgezählten Honorarberechnungsparametern machen. 7

Der Bundesgerichtshof hat jedoch in zahlreichen Entscheidungen darauf hingewiesen, dass die Prüfbarkeit der Rechnung kein Selbstzweck ist und das Gericht von Amts wegen nicht höhere Anforderungen stellen darf als die Parteien. Allein entscheidender Maßstab für die Prüfbarkeit der Rechnung sind vielmehr die Informations- und Kontrollinteressen des Auftraggebers.[4] Diese kön- 8

---

[1] BGH, Urt. v. 19.06.1986 – VII ZR 221/85 –, BauR 1986, 596.
[2] BGH, Urt. v. 12.10.1995 – VII ZR 195/94 –, BauR 1996, 138.
[3] BGH, Urt. v. 27.11.2003 – VII ZR 288/02 –, BauR 2004, 316.
[4] BGH, Urt. v. 18.06.1998 – VII ZR 189/97 –, BauR 1998, 1108.

nen insbesondere dann erfüllt sein, wenn der Auftraggeber die Rechnung geprüft hat, die sachliche und rechnerische Richtigkeit der Schlussrechnung jedoch nicht bestreitet, Angaben zu anrechenbaren Kosten fehlen, der Auftraggeber diese Kosten jedoch nicht in Zweifel zieht[5] oder dem Auftraggeber von Vornherein die Überprüfung der Rechnung trotz einzelner fehlender Angaben zumindest möglich war.[6] Auch kann die Prüfbarkeit nicht in Zweifel gezogen werden, wenn dem Auftraggeber die zur Prüfung erforderlichen Informationen aus anderen Gründen vorliegen und deren Aufnahme in die Schlussrechnung reine Förmelei wäre.[7]

9   Liegt ein Fall der fehlenden Prüffähigkeit vor, so hat der Auftraggeber diesen Einwand rechtzeitig, d.h. binnen einer angemessenen Frist zu erheben. Welcher Zeitraum angemessen ist, hängt vom Umfang der Rechnung und deren Schwierigkeitsgrad ab. Insoweit hat der Bundesgerichtshof im Rahmen einer generalisierenden Betrachtungsweise einen Prüfungszeitraum entsprechend § 16 Nr. 3 Abs. 1 VOB/B von zwei Monaten seit Zugang der Schlussrechnung angenommen.[8] Innerhalb der angemessenen Frist muss zudem substantiiert die fehlende Prüffähigkeit dargelegt werden. Der Auftraggeber muss somit substantiiert rügen, was er beanstandet.

10 Ergibt die Kontrolle, dass die Abrechnung keine ausreichenden Angaben zur Prüffähigkeit enthält, kann der Auftraggeber die Rechnung zurückweisen. Der Auftragnehmer ist in diesem Fall gehalten, zur Herbeiführung der Fälligkeit seiner Forderung eine neue Schlussrechnung zu übergeben, die die Anforderung erfüllt. Mängel der Prüfbarkeit können daher auch noch nachträglich behoben werden.

11 Für den Fall, dass die Prüffähigkeit nicht innerhalb angemessener Frist gerügt wird, ist der Auftraggeber nach Treu und Glauben mit den Einwendungen gegen die Prüffähigkeit ausgeschlossen. Die Schlussrechnung wird in diesem Fall zwar nicht prüffähig; der Auftraggeber kann sich jedoch nicht auf die fehlende Fälligkeit berufen.[9] In diesem Fall beginnt mit Ablauf der Prüffrist auch die Verjährungsfrist. Die Darlegungs- und Beweislast für die Forderung ändert sich jedoch nicht.[10]

12 Die Prüffähigkeit ist von der sachlichen Richtigkeit der Schlussrechnung oder der Berechtigung der Forderung zu unterscheiden. Eine Zuviel-Forderung ist daher im Rahmen der Prüffähigkeit ebenso unbeachtlich wie die sachliche und rechnerische Richtigkeit einer Kostenermittlung oder der unberechtigte Ansatz eines Umbauzuschlags. Lediglich dann, wenn die im Rahmen der Richtigkeit der Schlussrechnung zu diskutierenden Fragen auch die Prüfbarkeit der Schlussrechnung betreffen, sind diese innerhalb angemessener Frist zu rügen.

C. Abschlagszahlungen, § 15 Abs. 2 HOAI

13 § 15 Abs. 2 HOAI gibt dem Auftragnehmer das Recht, Abschlagszahlungen zu verlangen. Die Abschlagszahlungen können nunmehr vorrangig nach entsprechender Parteivereinbarung geleistet werden. Im Falle des Fehlens einer solchen Vereinbarung können Abschlagszahlungen in angemessenen zeitlichen Abständen für nachgewiesene Leistungen gefordert werden.

14 Nach dem Wortlaut der HOAI müssen Abschlagsforderungen scheinbar nicht durch eine prüffähige Abschlagsrechnung untersetzt sein. Der Bundesgerichtshof hat jedoch mit Urt. v. 05.11.1998[11]

---

5   BGH, Urt. v. 25.11.1999 – VII ZR 388/97 –, BauR 2000, 591.
6   BGH, Urt. v. 08.10.1998 – VII ZR 296/97-, BauR 1999, 63; Urt. v. 22.11.2001 – VII ZR 168/00 –, BauR 2002, 468.
7   BGH, Urt. v. 27.11.2003 – VII ZR 288/02 –, BauR 2004, 316.
8   BGH, Urt. v. 27.11.2003 – VII ZR 288/02 –, BauR 2004, 316.
9   BGH, Urt. v. 27.11.2003 – VII ZR 288/02 –, BauR 2004, 316.
10 OLG Dresden, Urt. v. 29.06.2004 – 9 U 2220/03 –, BauR 2005, 1500.
11 BGH, Urt. v. 05.11.1998 – VII ZR 191/97 –, BauR 1999, 267.

entschieden, dass auch eine Abschlagsforderung erst fällig wird, wenn dem Auftraggeber eine prüffähige Abschlagsrechnung zugegangen ist.

D. Fälligkeit von Nebenkosten, § 15 Abs. 3 HOAI

Gemäß § 15 Abs. 3 HOAI sind die Nebenkosten des § 14 HOAI auf Nachweis fällig, soweit keine anderweitige Vereinbarung bei Auftragserteilung getroffen wurde. Auch insoweit sind abweichende Vereinbarungen möglich. Im Falle des Fehlens einer Vereinbarung kann der Auftraggeber die Nebenkosten stets auf Nachweis geltend machen. Gemäß § 242 BGB wird jedoch zu verlangen sein, dass dieser die Nebenkosten nicht in zahlreichen Kleinstbeträgen, sondern in einem bestimmten zeitlichen Abstand gesammelt geltend macht. 15

§ 16 Umsatzsteuer

(1) Der Auftragnehmer hat Anspruch auf Ersatz der gesetzlich geschuldeten Umsatzsteuer für nach dieser Verordnung abrechenbare Leistungen, sofern nicht die Kleinunternehmerregelung nach § 19 des Umsatzsteuergesetzes angewendet wird. Satz 1 gilt auch hinsichtlich der um die nach § 15 des Umsatzsteuergesetzes abziehbare Vorsteuer gekürzten Nebenkosten, die nach § 14 dieser Verordnung weiterberechenbar sind.

(2) Auslagen gehören nicht zum Entgelt für die Leistung des Auftragnehmers. Sie sind als durchlaufende Posten im umsatzsteuerrechtlichen Sinn einschließlich einer gegebenenfalls enthaltenen Umsatzsteuer weiter zu berechnen.

A. Änderungen durch die HOAI 2009

§ 16 HOAI ist aus § 9 HOAI a.F. entstanden, wobei § 9 Abs. 2 HOAI a.F. nunmehr in § 4 Abs. 1 Satz 4 HOAI zu finden ist. 1

B. Gesetzlich geschuldete Umsatzsteuer

Der in § 16 Abs. 1 HOAI normierte Anspruch des Auftragnehmers auf Ersatz der gesetzlich geschuldeten Umsatzsteuer bezieht sich naturgemäß lediglich auf die gesetzlich geschuldete Umsatzsteuer, die derzeit 19 % beträgt. Zudem ist darauf hinzuweisen, dass auch der Auftraggeber einen Anspruch auf Rechnungsstellung mit gesondertem Ausweis der Mehrwertsteuer hat.[1] 2

Im Falle der erfolgten Kündigung ist darauf hinzuweisen, dass für etwaige Ansprüche aus § 649 BGB keine Umsatzsteuer verlangt werden kann.[2] 3

---

[1] BGH, Urt. v. 10.11.1988 – VII ZR 137/87 –, BauR 1989, 83.
[2] BGH, Urt. v. 22.11.2007 – VII ZR 83/05 –, BauR 2008, 506.

Stichwortverzeichnis

Abbruch von Vertragsverhandlungen *siehe Verschulden bei Vertragsverhandlungen*
Abgeschlossenheit VOB/B § 8 48
Abgestimmte Verhaltensweisen VOB/B § 8 65
Abgrabung BauGB § 29 16 ff.
Abgrenzung
– zum Auftrag BGB Vor. zu §§ 631 ff. 24 ff.
– zum Dienstvertrag BGB Vor. zu §§ 631 ff. 22 f.
– zum Kaufvertrag BGB Vor. zu §§ 631 ff. 20 f.
– zur Miete BGB Vor. zu §§ 631 ff. 30
– zur Verwahrung BGB Vor. zu §§ 631 ff. 29
Abhilfeverlangen
– des Auftraggebers VOB/B § 5 38 ff.
Abkommen über den Europäischen Mitgliedsraum Einl. II 38
Ablagerung BauGB § 29 16 ff.
Ablehnung des Angebots
– Vorinformation nach § 101a GWB BGB § 146 5
Abmahnung Einl. V 30; BGB § 180 2; § 323 4; § 324 5
– Nebenpflichtverletzung BGB § 282 10
– Unterlassung BGB § 281 24
Abnahme Einl. II 24; BGB § 631 137; § 639 4, 5; § 640 1 f.; § 651 32, 41; Vor. § 631 2; VOB/B § 12 1 ff.; § 4 60
– Abnahmeprotokoll VOB/B § 12 39 ff.
– Abnahmeverlangen VOB/B § 12 13 ff.
– Abnahmeverweigerung VOB/B § 12 23
– Abschlagsrechnung BGB § 640 89
– und AGB VOB/B § 12 6 ff., 47 ff., 50 ff.
– Anfechtbarkeit BGB § 640 26 f.
– Architekt BGB § 640 10, 30, 36, 74, 82
– ausdrückliche BGB § 640 42 ff.
– Bedingungsfeindlichkeit BGB § 640 29 f.
– der Begriff BGB § 640 8
– Beweislastumkehr VOB/B § 12 1
– Bürgschaft BGB § 640 124
– Darlegungs- und Beweislast BGB § 640 132 f.
– durch Dritte BGB § 640 32 ff.
– einseitige VOB/B § 12 42 ff.
– Erfüllungsstadium VOB/B § 12 1
– erklärte BGB § 640 40 ff., 71, 79, 100
– Erklärung der VOB/B § 12 20 f.
– Fälligkeit der Abnahme VOB/B § 12 14
– Fälligkeit der Vergütung VOB/B § 12 1
– fiktive BGB § 640 5, 54, 73, 81, 101, 117; VOB/B § 12 45 ff.
– förmliche BGB § 640 44 ff.; VOB/B § 12 36 ff.
– formlose BGB § 640 43
– Formvereinbarung BGB § 640 46
– Gebrauchsabnahme BGB § 640 14
– Gefahrübergang VOB/B § 12 1, 78

– Gemeinschafts-/Teileigentum VOB/B § 12 29
– Gemeinschaftseigentum BGB § 640 38
– Hauptpflicht BGB § 640 17; VOB/B § 12 1
– Insolvenz BGB § 640 126
– im Insolvenzverfahren InsO § 103 34 f., 40, 87 f., 112 ff., 131
– Klage auf BGB § 640 129 ff.
– konkludente BGB § 640 50 ff., 72, 116
– bei Kündigung BGB § 640 70 ff., 84
– Mängelvorbehalt VOB/B § 12 39
– Mitwirkungsobliegenheit BGB § 640 7
– Nachabnahme BGB § 640 16
– Nachzüglerfälle BGB § 640 38 f.
– öffentlich-rechtliche BGB § 640 14
– öffentlicher Auftraggeber BGB § 640 37
– rechtsgeschäftliche BGB § 640 8, 15
– schlüssige *siehe konkludente*
– technische BGB § 640 8, 10 f., 68
– Teilabnahme BGB § 640 66
– der Teilleistung VOB/B § 12 25
– Übergabe BGB § 640 20 ff.
– Verjährungsbeginn VOB/B § 12 1
– Vertragsstrafe BGB § 640 123; VOB/B § 12 2, 40
– Vertretung BGB § 640 30 ff.
– Verweigerung BGB § 640 69, 95, 102; VOB/B § 12 23
– Vorbehalt BGB § 640 110 ff.
– wesentlicher Mangel VOB/B § 12 33 f.
– Zustandsfeststellung VOB/B § 12 12
Abnahmeangebot BGB § 634 25
Abnahmeprotokoll BGB § 640 30, 42, 45, 112; VOB/B § 12 39 ff.
– Mängelvorbehalt VOB/B § 12 39
Abnahmeverweigerung BGB § 640 120; VOB/B § 12 23, 35; § 8 77
– grundlose VOB/B § 12 24
– Recht zur VOB/B § 12 32
Abrechnung VOB/B § 9 11
– erbrachte Leistungen VOB/B § 9 11
– Fälligkeit VOB/B § 9 13
– des Kostenvorschusses BGB § 637 42 ff.
– nicht mehr zu erbringende Leistung VOB/B § 9 12
– Stundenlohnarbeiten VOB/B § 15 60 ff.
Abrechnungsverhältnis BGB § 641 13 ff.
– nach Kündigung VOB/B § 8 81
Abschlagsrechnung BGB § 241 24; § 640 89
Abschlagszahlung BGB § 309 8; § 651 33
– Abgrenzung zu Schlusszahlung BGB § 632a 5
– Abgrenzung zu Vorauszahlung BGB § 632a 4
– Anspruch auf BGB § 641 1
– Antrag VOB/B § 16 2
– Architektenhonorar HOAI § 15 13

Stichwortverzeichnis

- Auswirkung von Leistungsmängeln BGB § 632a 13 ff., 16 f., 63 ff.
- Auswirkung von Schlussabrechnungsreife BGB § 632a 45 ff.
- bei Bauträgervertrag BGB § 632a 54 ff., 70 f.
- Eigentumsübertragung oder Sicherheitsleistung VOB/B § 16 16 ff.
- Einbehalte des Bestellers VOB/B § 16 22 ff.
- Fälligkeit BGB § 632a 37 ff., 67 f.; § 641 42; VOB/B § 16 26 ff.
- Gegenstand VOB/B § 16 5 ff., 12 ff.
- Höhe VOB/B § 16 4
- für in sich abgeschlossene Teile des Werkes BGB § 632a 7 ff.
- prozessuale Behandlung BGB § 632a 53
- Sicherstellung des Bestellers BGB § 632a 24 ff., 69 f.
- für Stoffe und Bauteile BGB § 632a 18 ff.
- Umsatzsteuer VOB/B § 16 8 ff.
- Vereinbarungen VOB/B § 16 20 f.
- vergütungsähnliche Zahlung BGB § 632a 6
- Verhältnis zu Schlusszahlung BGB § 632a 40 ff.
- Vertragserfüllungssicherheit BGB § 632a 73 f.
- vertragsgemäße Leistungen VOB/B § 16 5 ff.
- Vorläufigkeit VOB/B § 16 29 ff.
- Zahlungshöhe BGB § 632a 32 ff., 61 f.
- Zeitpunkt VOB/B § 16 3

Abschlussfreiheit BGB Vor. zu §§ 145–163 2
- Beschränkung BGB Vor. zu §§ 145–163 18 ff.

Abschlussmängel
- beim Gesellschaftsvertrag BGB § 705 40

Abschlusszwang
- mittelbarer BGB Vor. zu §§ 145–163 18

Abstandflächen BauO NRW § 6 1 ff.
- Bemessung BauO NRW § 6 35 ff.
- Lage BauO NRW § 6 21 ff.
- privilegierte, untergeordnete Bauteile BauO NRW § 6 61 ff.

Absteckung VOB/B § 7 9

Abstrakte Schadensberechnung BGB § 280 92

Abtretung BGB § 637 20
- Abtretungsverbot BGB § 398 16 f., 66, 67
- Abtretungsvertrag BGB § 398 2, 3
- bedingte BGB § 398 55
- Bestand des Rechtsverhältnisses BGB § 634 54
- Bürgschaftsfalle BGB § 398 58, 61
- Einschränkungen durch Treu und Glauben BGB § 398 8
- von einzelnen Positionen einer Schlussrechnung BGB § 398 6
- erfüllungshalber BGB § 398 69, 72
- des Erlöses aus Weiterveräußerung BGB § 398 21
- von Forderungen aus Handelsgeschäften BGB § 398 13

- bei Freizeichnungsklausel BGB § 398 36, 45, 47, 51, 52
- Geldansprüche BGB § 634 55
- von Gewährleistungsansprüchen BGB § 398 29, 42
- Gläubigerbenachteiligungsabsicht BGB § 398 69, 70
- Globalzession BGB § 398 24, 25
- Insolvenz BGB § 398 53, 56, 69, 71
- von Kündigungsrechten BGB § 398 32
- Leistungsverweigerungsrecht BGB § 398 43, 63
- von Mängelrechten BGB § 634 51 ff.
- von Minderungsansprüchen BGB § 398 31
- Mitwirkungspflichten BGB § 398 38, 65
- von Nacherfüllungsansprüchen BGB § 398 30
- Pfändbarkeit BGB § 398 68
- von Rücktrittsrechten BGB § 398 32 f.
- von Schadensersatzansprüchen BGB § 398 32
- nach Schluss der mündlichen Verhandlung BGB § 398 34
- Sicherungszession BGB § 634 56
- Subsidiaritätsvereinbarung BGB § 634 56
- Übersicht BGB § 398 26
- unbedingte BGB § 398 54
- von Vergütungsansprüchen BGB § 398 5
- Verjährungsbeginn BGB § 398 39 f.
- Verjährungshemmung BGB § 398 73 f.
- Verlust der Verfügungsbefugnis BGB § 398 54
- Vorschussanspruch BGB § 398 64
- von zukünftigen Forderungen BGB § 398 4
- mit Zustimmung BGB § 398 18 f.

Abweisung mangels Masse VOB/B § 8 8, 29

acquis communautaire Einl. II 38

Adäquanztheorie BGB §§ 249–255 22

AGB BGB § 119 18
- Sicherungshypothek BGB § 648 7 f.

AGB-Kontrolle Einl. V 18, 40

Ähnliche geschäftliche Kontakte siehe Verschulden bei Vertragsverhandlungen

AHO BGB § 631 124

Akquisition BGB § 146 30 ff.
- Abgrenzung zu Werkvertragsabschluss BGB § 632 18 ff.

Akzessorische Sicherheiten BGB § 426 13

Alleinhaftung Auftragnehmer
- Anerkenntnis VOB/B § 10 28
- Erfüllungsgehilfen VOB/B § 10 23
- Freistellungsanspruch VOB/B § 10 26
- gesetzliche Vertreter VOB/B § 10 23
- gewerbliche Schutzrechte VOB/B § 10 21
- haftungsbefreit VOB/B § 10 25
- unerlaubte Handlung VOB/B § 10 19

Alleinunternehmer BGB Vor. zu §§ 705 ff. 4
- Begriff BGB Vor. zu §§ 631 ff. 33

Allgemein anerkannte Regeln der Technik
- Abbedingung BGB § 276 40

Stichwortverzeichnis

- Bauvertrag **BGB § 276** 36, 40
- Bedeutung **BGB § 276** 44
- Begriff **BGB § 276** 35
- Beurteilungszeitpunkt **BGB § 276** 42
- Definition **HOAI § 2** 17
- DIN 276 **HOAI § 4** 10
- grobe Fahrlässigkeit *siehe dort*
- Verkehrssicherungspflicht *siehe dort*
- vertragliche Einbeziehung **BGB § 276** 36
- Vorrang vertraglicher Vereinbarungen **BGB § 276** 38

Allgemeine Geschäftsbedingung BGB § 631 52, 61, 115, 126
Allgemeine Schutzpflicht *siehe Verschulden bei Vertragsverhandlungen*
Allgemeininteressen Einl. IV 1
Alternativpositionen BGB § 631 71; **VOB/B § 2** 26
Altlasten BGB § 639 8
Anbahnung eines Vertrages *siehe Verschulden bei Vertragsverhandlungen*
Andere Leistungen
 – i.S.d. HOAI **HOAI § 3** 11
Änderung
 – des Bauentwurfes **VOB/B § 2** 75
Änderungen
 – der Preisgrundlagen **VOB/B § 2** 75
Änderungsvorbehalt BGB § 308 13
 – Klauselrichtlinie **BGB Vor. zu § 631** 15
Anerkannte Regeln der Technik BGB § 633 15 ff., 20 ff., 28 ff.
Anerkenntnis
 – Aufmass **BGB § 632** 91 ff.
 – Rechnungsbetrag **BGB § 632** 244 ff.
Anerkenntnisfiktion VOB/B § 15 47, 54 ff.
Anfechtbarkeit BGB § 119 1, 29 ff.
Anfechtung BGB § 119 ff.
 – Abdingbarkeit **BGB § 119** 3
 – der Abnahme **BGB § 640** 26 f.
 – unter Abwesenden **BGB § 121** 5
 – von AGB **BGB § 119** 18
 – Anwendungsbereich **BGB § 119** 4
 – im Arbeitsrecht **BGB § 119** 9; **§ 121** 4; **§ 123** 3
 – Aufklärungspflicht *siehe Aufklärungspflicht*
 – Ausschluss **BGB § 119** 5, 20
 – bei bewusster Unkenntnis **BGB § 119** 16
 – der Blankounterschrift **BGB § 119** 19, 24
 – bei Dissens **BGB § 119** 15
 – bei falsa demonstratio **BGB § 119** 14
 – wegen falscher Übermittlung **BGB § 120** 1
 – Frist **BGB § 121** 1, 6; **§ 124** 1 ff.
 – des Gesellschaftsvertrags **BGB § 119** 10
 – öffentlich-rechtlicher Verträge **BGB § 119** 12
 – von Prozesshandlungen **BGB § 119** 11
 – Schadensersatzpflicht **BGB § 122** 1
 – wegen Täuschung oder Drohung **BGB § 123** 1 ff.
 – Teilanfechtung **BGB § 123** 39
 – bei Unterzeichnung ungelesener Urkunden **BGB § 119** 17, 24
 – innerhalb der Verdingungsordnung **BGB § 119** 7
 – Voraussetzungen **BGB § 119** 21

Anfechtungsfrist BGB § 121 1; **§ 124** 1
Anfechtungsgründe BGB § 119 2
Angebot BGB § 145 1 ff.; **§ 631** 17
 – Annahme **BGB § 146** 10
 – Bestimmtheit **BGB § 145** 2 f.
 – Bindung **BGB § 145** 6 f.
 – Freiklauseln **BGB § 145** 8
 – Kosten **BGB § 145** 12
 – tatsächliches **BGB §§ 293–299** 9
 – VOB/A **BGB § 145** 3
 – Widerruf vor Annahme **BGB § 146** 7
 – wörtliches **BGB §§ 293–299** 13
 – wörtliches als rechtsgeschäftsähnliche Handlung **BGB §§ 293–299** 14

Angebotsbearbeitung
 – Entschädigung **BGB § 145** 14
 – Vergütung **BGB § 145** 13 f.
Angebotsbindung
 – Vergabeverfahren **BGB § 145** 10
Angebotserstellung
 – Aufwand **BGB § 145** 12
Angebotsfrist
 – Ablauf **BGB § 145** 7
Angemessene Vergütung VOB/B § 8 63
Angriffs- und Verteidigungsmittel ZPO § 62 6
 – erstinstanzlich zurückgewiesene **ZPO § 531** 2
 – neue **ZPO § 530** 3
 – verspätete **ZPO § 530**
 – zurückgewiesene **ZPO § 531**
Ankündigungspflicht VOB/B § 2 148
 – Ausnahme **VOB/B § 2** 149
Anlagenbau BGB § 639 9
Anlagenvertrag
 – anwendbares Recht **Rom I-VO**
 – Überblick **BGB Vor. zu §§ 631 ff.** 48 f.
Annahme BGB § 631 17
 – abändernde **BGB § 150** 6
 – ohne Erklärung gegenüber dem Antragenden **BGB § 151** 1
 – konkludent **BGB § 146** 13 ff.
 – bei notarieller Beurkundung **BGB § 151** 1
 – rechtzeitige **BGB § 147** 1
 – schlüssiges Verhalten **BGB § 146** 13 ff.
 – uneingeschränkte **BGB § 150** 13
 – verspätete **BGB § 150** 2
Annahmefrist BGB § 308 2
 – gesetzliche **BGB § 147** 4
 – Verlängerung **BGB § 146** 2
Annahmeverhinderung
 – vorübergehende **BGB §§ 293–299** 24
Annahmeverweigerung BGB §§ 293–299 15; **§§ 320–322** 9

2051

Stichwortverzeichnis

Annahmeverzug BGB § 323 22; § 326 22; § 635 25; § 638 9; § 640 120; § 644 11; § 651 27; VOB/B § 12 23
– Baustellenverbot BGB § 642 27
– Baustopp BGB § 642 41
– Behinderungsanzeige BGB § 642 34
– des Bestellers BGB § 642 21
– Beweislast BGB § 642 39
– Entbehrlichkeit des Angebots BGB § 642 31 ff.
– fehlende Leistungsbereitschaft BGB § 642 38 ff.
– tatsächliches Angebot BGB § 642 23 f.
– Unmöglichkeit BGB § 642 38 ff.
– vorübergehende Verhinderung BGB § 642 44 ff.
– Witterungseinflüsse BGB § 642 42
– wörtliches Angebot BGB § 642 25 ff.
– Zug-um-Zug-Leistungen BGB § 642 47 ff.

Annahmezeitpunkt
– kalendarisch bestimmt BGB §§ 293–299 19

Anordnung BGB § 241 6; VOB/B § 2 76; § 4 6
– Anordnungsbegriff BGB § 645 8 ff.
– Anordnungskompetenz BGB § 645 11
– Anordnungszeitpunkt BGB § 645 9 f.
– Bauentwurf VOB/B § 2 79
– bauordnungsrechtliche- u.a. hoheitsrechtliche VOB/B § 2 107
– zur Bauzeit VOB/B § 2 85
– Begriff VOB/B § 2 76
– behördliche VOB/B § 4 11
– leistungsändernde BGB § 241 6
– Leistungsänderung VOB/B § 2 75
– leistungsbestätigende BGB § 241 6
– Mängelgewährleistung BGB § 645 12 ff.
– der Urkundsvorlegung ZPO § 142

Anordnungsrecht VOB/B § 1 13 ff.; § 4 6
– Grenzen VOB/B § 1 30 ff.
– Inhaltskontrolle/AGB VOB/B § 1 34 ff.

Anpassung BGB § 275 53; § 313 26

Anrechenbare Kosten HOAI § 4
– Baukostenvereinbarungsmodell HOAI § 6 11
– Definition HOAI § 4 2
– DIN 276 HOAI § 4 10
– Kostenberechnung HOAI § 4 7
– Kostenermittlungsarten HOAI § 4 4
– Kostenschätzung HOAI § 4 5
– mitverarbeitete Bausubstanz HOAI § 4 21

Anschein
– Außenwirkung BGB § 167 17
– Beweislast BGB § 167 21
– Rechtscheintatbestand BGB § 167 14
– Scheinvertreter BGB § 167 14

Anscheins-, Duldungsvollmacht BGB § 167 14 ff.

Anscheinsbeweis BGB § 280 63; § 640 107
– typischer Geschehensablauf BGB § 280 63

Anscheinsvollmacht
– des Architekten BGB Vor. zu §§ 631 ff. 76

Anspruch auf Bauzeitverlängerung
– Adressat VOB/B § 6 20
– angeordneten Baustopp VOB/B § 6 22
– Anordnung VOB/B § 6 5
– Anzeigepflicht VOB/B § 6 19
– außergewöhnliches Ereignis VOB/B § 6 10
– Aussperrung VOB/B § 6 7
– Auswirkungen VOB/B § 6 21
– Baubesprechungsprotokolle VOB/B § 6 21
– Bautagebuch VOB/B § 6 21
– bauzeitliche Gutachten VOB/B § 6 24
– Behinderungsanzeige VOB/B § 6 19
– Behinderungstatbestände VOB/B § 6 3
– Brandstiftung VOB/B § 6 14
– Dauer VOB/B § 6 24
– Detailterminplans VOB/B § 6 24
– Diebstahl VOB/B § 6 14
– eigenes Verschulden VOB/B § 6 12
– Erdbeben VOB/B § 6 11
– Fristverkürzung VOB/B § 6 26
– Fristverlängerung VOB/B § 6 23
– Großbrände VOB/B § 6 11
– Hochwasser VOB/B § 6 11, 17
– Jahreszeitlich übliche VOB/B § 6 16
– Jahrhundertwinter VOB/B § 6 17
– Materialknappheit VOB/B § 6 14
– Mitwirkungspflichten VOB/B § 6 5
– mündliche Behinderungsanzeige VOB/B § 6 21
– Nachunternehmer VOB/B § 6 8
– Naturkatastrophen VOB/B § 6 14
– Nebenpflicht VOB/B § 6 19
– Ort der Baustelle VOB/B § 6 16
– Pflichtenkreis des Auftraggebers VOB/B § 6 5
– Risikosphäre des Auftraggebers VOB/B § 6 4
– Sachbeschädigung VOB/B § 6 14
– Schriftform VOB/B § 6 21
– Streik VOB/B § 6 7, 22
– Sturmfluten VOB/B § 6 17
– Tatsachen VOB/B § 6 21
– Überschwemmungen VOB/B § 6 11
– unerlaubte Handlungen Dritter VOB/B § 6 14
– ungünstige Jahreszeit VOB/B § 6 26
– unvorhersehbare Witterungsverhältnisse VOB/B § 6 22
– Verschiebung VOB/B § 6 26
– Verschulden VOB/B § 6 6
– vertragliche Regelungen VOB/B § 6 5
– Vertragsgrundlagen VOB/B § 6 5
– Weiterführung der Arbeiten VOB/B § 6 27
– Witterungseinflüsse VOB/B § 6 16
– Wolkenbruchartige Regelfälle VOB/B § 6 17
– Zuschlag VOB/B § 6 25

Anspruchsgrundlage
– für vertraglichen Schadensersatz BGB § 280 3

Stichwortverzeichnis

Anspruchskonkurrenz
– Zuständigkeit, internationale **IntZust** 35 f.
Anteilsvereinigung
– als Auflösungsgrund **BGB** § 729 5
Antizipierter Vertragsbruch BGB § 323 11
Antrag
– Ablehnung **BGB** § 146 1 ff.
– Annahme **BGB** § 146 10
– Klageschrift **ZPO** § 253 3
– Rechtsfolgen **BGB** § 145 6
– auf Vornahme einer Handlung **ZPO** § 253 6
– Widerruf vor Annahme **BGB** § 146 7
Antragsbefugnis VergabeR 63
Anwaltskosten BGB §§ 249–255 80
Anweisung BGB § 634 67; § 645 19 ff.; *siehe Anordnung*
Anweisungsrecht Einl. II 20
Anwendbares Recht Einl. II 7
Anwendung des Kaufrechts
– Abgrenzung **BGB** § 651 17
– Ausnahmen **BGB** § 651 26
– Baukaufrecht **BGB** § 651 16
– Bearbeitungsverträge **BGB** § 651 19
– bewegliche Sache **BGB** § 651 9
– bewegliche Sachen **BGB** § 651 6 f.
– Einbauverpflichtung **BGB** § 651 21, 22
– Erzeugung **BGB** § 651 12
– geistige Leistungen **BGB** § 651 24
– Herstellung **BGB** § 651 11
– herzustellende oder zu erzeugende Sachen **BGB** § 651 10
– Lieferung **BGB** § 651 13
– Montageleistung **BGB** § 651 16
– Richtlinienkonforme Auslegung **BGB** § 651 8
– Sanierungsarbeiten **BGB** § 651 19
– unbewegliche Sachen **BGB** § 651 7, 18
– Verträge mit Herstellungsverpflichtung **BGB** § 651 18
– Verträge mit Liefer- und Herstellungsverpflichtung **BGB** § 651 23
– Verträge ohne Herstellungsverpflichtung **BGB** § 651 15
– vertretbare Sache **BGB** § 651 14
– Werklieferungsvertrag **BGB** § 651 1
Anzeige der Unmöglichkeit BGB § 275 87
Anzeige- und Ablieferungspflicht bei Fund VOB/B § 4 56
– Begriffsbestimmung **VOB/B** § 4 55
– Pflichtverletzung **VOB/B** § 4 57
– Rechte des Entdeckers **VOB/B** § 4 59
– Vergütung entstehender Mehrkosten **VOB/B** § 4 58
Anzeigepflicht BGB § 681 1; § 683 10; **VOB/B** § 15 25 ff.
– allgemeine Pflichten bezüglich Kostenentwicklung **BGB** § 650 45 ff.
– Verstoß gegen **VOB/B** § 15 30 ff.

– wesentliche Überschreitung Kostenanschlag **BGB** § 650 24 ff.
Äquivalenzbestimmung BGB § 307 10
Äquivalenzprinzip BGB § 307 25; § 309 3
Äquivalenztheorie BGB §§ 249–255 21
Äquivalenzverhältnis BGB § 306 19; § 313 3
Arbeitnehmer-Entsende-Richtlinie Einl. II 36
Arbeitseinstellung BGB § 241 2
– Voraussetzungen **VOB/B** § 16 143 ff.
Arbeitsgemeinschaft BGB §§ 422–425 32
Arbeitsrecht BGB § 119 9
Architekt BGB § 631 9; **VOB/B** § 2 79
– Architektenvertrag **BGB** § 276 29
– Aufgaben **BGB Vor. zu** §§ 631 ff. 72
– Erfüllungsgehilfe *siehe dort*
– Genehmigung **BGB** § 276 20, 22 ff., 33
– gestufte Beauftragung **BGB** § 276 29
– Haftung **BGB Vor. zu** §§ 631 ff. 78
– Haftungsausschluss **BGB** § 276 24
– Haftungsbegrenzung **BGB** § 276 27
– Honorar **BGB** § 276 29
– Pflichten **BGB Vor. zu** §§ 631 ff. 72
– Planung **BGB** § 276 22 ff.
– Rechtsfrage **BGB** § 276 31 f.
– Rechtskenntnisse **BGB** § 276 20 f., 33
– Sekundärhaftung **BGB Vor. zu** §§ 631 ff. 79
– Vergütung **BGB** § 276 23; **Vor. zu** §§ 631 ff. 77
– Verkehrssicherungspflicht *siehe dort*
– Vertretenmüssen **BGB** § 276 30
– Vollmacht **BGB Vor. zu** §§ 631 ff. 74; **VOB/B** § 2 108
Architektenhaftung BGB § 306 17
– Überblick **BGB Vor. zu** §§ 631 ff. 78
Architektenhonorar
– Europarecht **BGB Vor. zu** §§ 631 ff. 11 f.
Architektenvertrag BGB § 305c 15; § 309 31
– anwendbares Recht **Rom I-VO** ff., ff.
– Eingriffsnormen **Rom I-VO** ff.
– Form **BGB Vor. zu** §§ 631 ff. 70
– Haftung **BGB Vor. zu** §§ 631 ff. 78 f.
– Koppelungsverbot **BGB Vor. zu** §§ 631 ff. 71
– Rechtsnatur **BGB Vor. zu** §§ 631 ff. 68 f.
– Überblick **BGB Vor. zu** §§ 631 ff. 68 ff.
– Vergütung **BGB Vor. zu** §§ 631 ff. 77
– Vollmacht **BGB Vor. zu** §§ 631 ff. 74 ff.
– Zustandekommen **BGB Vor. zu** §§ 631 ff. 70
– Zuständigkeit, internationale **IntZust** 21 ff.
Architektenvollmacht
– originäre Vollmacht **BGB** § 167 11 f.
ARGE BGB §§ 422–425 32; **ZPO** § 17 2; § 29 5; § 50 1
– im Insolvenzverfahren **VOB/B** § 8 12
– Rechtsform **BGB Vor. zu** §§ 631 ff. 34
ARGE-Vertragsschluss BGB § 705 37
Arglist BGB § 123 23

2053

Arglistige Täuschung BGB § 123 4; siehe Täuschung
– Erklärung ins Blaue BGB § 123 23
– positives Tun BGB § 123 5 ff.
– Täuschungshandlung BGB § 123 4
– Unterlassen BGB § 123 8 ff.
Arglistiges Verschweigen BGB § 639 4
Aufdrängen
– von Geschäftsführungsmaßnahmen BGB § 683 3
Aufforderung zur Angebotsabgabe BGB § 145 4 f.
Aufforderungserklärung BGB § 177 23
Aufgreifbefugnis BGB § 305c 3
Aufhebung der Ausschreibung BGB § 146 4
Aufhebungsvertrag
– bei Gesamtschuld BGB §§ 422–425 11
Aufklärung BGB § 241 12 f.
– Provisionen BGB § 241 21
Aufklärung über das Honorar der Architekten und/oder Ingenieure siehe Verschulden bei Vertragsverhandlungen
Aufklärung über Formvorschriften beim Vertragsabschluss siehe Verschulden bei Vertragsverhandlungen
Aufklärungspflicht BGB § 123 8
– beim Architektenvertrag BGB § 123 13
– bei der Bürgschaft BGB § 123 14
– betreffend den Sitz und den Ort der Leistungserbringung beim Abschluss von Architekten- und Ingenieurverträgen BGB § 311 16
– betreffend die Berechtigung die Bezeichnung Architekt oder Ingenieur zu führen BGB § 311 12
– betreffend die Honorierung werkvertraglicher Leistungen BGB § 311 20
– betreffend Formvorschriften beim Vertragsabschluss BGB § 311 24
– bei Immobilien BGB § 123 16
– bei Immobilienfonds BGB § 123 17
– beim Kaufvertrag BGB § 123 15
– beim Maklervertrag BGB § 123 18
– beim Mietvertrag BGB § 123 18
– betreffend Provisionsabsprachen BGB § 311 19
– beim Vergleich BGB § 123 18
– und Vermutung aufklärungsrichtigen Verhaltens BGB § 311 59
– beim Versicherungsvertrag BGB § 123 18
– bei Werk- und Werklieferungsverträgen / Bauvertrag BGB § 123 19
Auflassungsvormerkung
– MaBV MaBV § 3 8 ff.
Auflösung
– der Bau-ARGE BGB § 729 4
Auflösungsbeschluss
– Bau-ARGE BGB § 729 10

Aufmaß VOB/B § 14 28 ff.; § 8 82
– einseitig BGB § 241 8
– gemeinsames BGB § 241 8; VOB/B § 4 60
– Mitwirkung BGB § 241 8
Aufnahme von Vertragsverhandlungen siehe Verschulden bei Vertragsverhandlungen
Aufrechnung ZPO § 511 7
– bei Gesamtschuld BGB §§ 422–425 9
– Insolvenz VOB/B § 8 40 ff.
– im Insolvenzverfahren InsO § 103 37, 93, 101, 108, 122 ff.
– mit Kostenvorschuss BGB § 637 36
– Wirksamkeit InsO § 103 37
– in zweiter Instanz ZPO § 533
Aufrechnungsverbot BGB § 309 11
Aufruhr VOB/B § 7 4, 10
Aufschüttung BauGB § 29 16 ff.
Aufsichtsstelle BGB § 713 2
Aufsichtsvergütung VOB/B § 15 23
Aufsichtsverschulden BGB § 309 31
Auftrag
– Abgrenzung zum Werkvertrag BGB Vor. zu §§ 631 ff. 24 ff.
– ohne BGB § 677 4 f.
Auftraggeber BGB § 631 16
– öffentliche VergabeR 31 ff.
– öffentlicher BGB § 631 18, 42, 126, 129
Auftraglose Geschäftsführung BGB §§ 420–421 40; § 426 2
Auftragnehmer BGB § 631 6
Auftragsentziehung VOB/B § 5 60 ff.
– Androhung VOB/B § 5 69
– Ausnahmen VOB/B § 5 73
– Entbehrlichkeit der Androhung VOB/B § 5 71
– Fristsetzung VOB/B § 5 62
– Kündigung VOB/B § 5 69
– als Kündigung VOB/B § 8 47
– Mehrkosten der Ersatzvornahme VOB/B § 8 51 ff.
– Rechtsfolgen VOB/B § 8 50
– Teilkündigung VOB/B § 8 48 f.
– Verschulden VOB/B § 5 61
– weiterer Schaden VOB/B § 8 54 f.
– zeitliche Schranken VOB/B § 8 46
Aufwand
– unverhältnismäßiger BGB § 635 43
Aufwendungen BGB § 280 89, 98; § 683 7
– erforderliche BGB § 637 14
– ersparte BGB § 644 11
– bei Nacherfüllung BGB § 309 39
– notwendige BGB § 637 19
Aufwendungsersatz BGB § 634 4; § 637 35; § 683 6 ff.
– Abbedingung BGB § 284 5
– Alternativität von Aufwendungsersatz und Schadensersatz BGB § 284 25
– Anwendungsbereich BGB § 284 4

Stichwortverzeichnis

- Aufwendungen BGB § 284 12 ff.
- Beweislast BGB § 284 33 f.
- Billigkeit BGB § 284 19 f.
- Eigenleistung als Aufwendung BGB § 284 15
- Einbaukosten BGB § 284 14
- Eintragungsgebühren BGB § 284 14
- Erschließungskosten BGB § 284 14
- Erwerbsaufwendungen BGB § 284 13
- Finanzierungskosten BGB § 284 14
- Frustrationsthese BGB § 284 2
- frustrierte Aufwendungen BGB § 284 1
- Grunderwerbsteuer BGB § 284 14
- hypothetische Reserveursachen BGB § 284 21
- Kardinalpflichtenrechtsprechung BGB § 284 5
- Konkurrenzen BGB § 284 6, 7
- Maklerkosten BGB § 284 14
- Mangelfolgeaufwendungen BGB § 284 10
- Mitverschulden BGB § 284 30 f.
- Montagekosten BGB § 284 14
- nachträgliche Umwidmung BGB § 284 31
- Notarkosten BGB § 284 14
- Planungskosten BGB § 284 14
- Rechtsfolgen BGB § 284 24
- Rentabilitätsvermutung BGB § 284 1
- Rücktritt BGB § 284 7
- Schäden, entgangener Gewinn und Vergütung BGB § 284 16
- Schadensminderungspflicht BGB § 284 31
- schutzwürdiges Vertrauen BGB § 284 17 f.
- Spezialregelung BGB § 284 7
- Systematik BGB § 284 2 f.
- Transportkosten BGB § 284 14
- Verhältnis zum Schadensersatz BGB § 284 29
- Verhältnis zum Schadensersatz statt der Leistung BGB § 284 25 f., 27 f.
- Verjährung BGB § 284 32
- Vertragskosten BGB § 284 14
- Vertretenmüssen und Schaden BGB § 284 11
- Verwendungsinvestitionen BGB § 284 13
- Verzögerung der Leistung BGB § 284 9
- Voraussetzungen BGB § 284 8
- Zweckverfehlung BGB § 284 21 ff.

Aufwendungsersatzanspruch BGB § 635 28, 30; § 637 13; § 687 3

Auseinandersetzung
- Ausscheiden BGB § 740 5
- Geschäftsführung BGB § 740 1

Auseinandersetzungsbilanz BGB § 722 7; § 740 6

Ausführungsbeginn VOB/B § 5 17
- Anzeigepflicht VOB/B § 5 32
- Auskunftspflicht des AN VOB/B § 5 28 ff.

Ausführungsfrist
- offenbare Nichteinhaltung VOB/B § 5 42 ff.
- Verbindlichkeit VOB/B § 5 8 ff.

Ausführungsplanung BGB § 631 69

Ausführungsunterlagen
- Nebenpflicht VOB/B § 3 1
- notwendige VOB/B § 3 2
- Übergabe VOB/B § 3 4

Ausführungsverschulden BGB § 677 7
Ausführungsweise BGB § 241 6

Ausgeschiedener Gesellschafter
- Haftung BGB § 705 48

Ausgestaltungen
- der Bau-ARGE BGB § 705 17 f.

Ausgleichsanspruch BGB § 426 5
- gesamtschuldnerischer BGB § 426 2

Aushandeln BGB § 305 25; § 305b 3
- von Bauverträgen BGB § 310 46

Aushandelsklausel BGB § 309 56
- AGB BGB § 305 27

Auskunftsanspruch ZPO § 254 1

Auslegung BGB § 305c 11, 13; § 631 110; § 639 9; siehe auch ergänzende Vertragsauslegung
- AHO BGB § 631 124
- Begleitumstände BGB § 157 9
- ergänzende Vertragsauslegung BGB § 157 21 ff.
- geschuldeter Werkerfolg BGB § 157 20
- HOAI BGB § 631 120
- Leistungsbilder BGB § 631 121
- Leistungsphasen BGB § 631 121
- objektiver Empfängerhorizont BGB § 157 14
- Richtlinienkonform BGB § 305 1
- sinnvolles Ganzes BGB § 631 113
- vergaberechtskonforme BGB § 631 129
- von Verträgen BGB § 157 2 ff.
- VOB/A-konforme BGB § 157 15
- Widersprüche BGB § 157 13
- Wortlaut BGB § 157 5; § 631 117

Auslegungsregel BGB § 305c 10
Ausreißerfälle siehe Prüfungs- und Hinweispflicht
Ausschachtung BauGB § 29 16 ff.

Ausschluss
- der Anfechtung BGB § 119 5, 20

Ausschluss aus einem Architektenwettbewerb siehe Verschulden bei Vertragsverhandlungen

Ausschluss der Mängelhaftung
- Anordnungen VOB/B § 13 13
- Baustoffe/-teile VOB/B § 13 14
- Bedenkenanzeige VOB/B § 13 12, 18
- Fachkenntnisse des Auftraggebers VOB/B § 13 24
- Folgeunternehmen VOB/B § 13 15
- Mitverschulden VOB/B § 13 24
- Schriftform VOB/B § 13 20
- Verursachungsbeiträgen VOB/B § 13 25
- Vorleistungen anderer Unternehmer VOB/B § 13 15
- Vorunternehmer VOB/B § 13 15

Ausschlussfrist
- Anfechtung BGB § 121 2, 6
- für die Anfechtung BGB § 121 6

Stichwortverzeichnis

- Anfechtung BGB § 123 3; § 124 2 f.
- für Mangelanzeige BGB § 309 42

Ausschreibung Einl. IV 3

Ausschreibung nach VOB/A
- Leistungsbeschreibung BGB § 632 43, 57 f.

Ausschreibungs-Software
- AGB BGB § 305 17

Ausschüttung
- Überschüsse BGB § 722 3

Außergerichtliche Streitbeilegung VOB/B § 18 1 ff., 10 ff.

Aussperrung VOB/B § 7 12
- Aussperrung VOB/B § 6 7
- Nachunternehmer VOB/B § 6 8
- Streik VOB/B § 6 7

Ausweispflicht Einl. II 31

Babauungszusammenhang BauGB § 34 4 ff.
Banken BGB § 310 6
Basiszinssatz BGB §§ 287–292 7
Bau-ARGE-Mustervertrag BGB § 705 32
Bauabzugssteuer BGB § 632 264 ff.
Bauaufsicht BGB § 241 19; § 639 7
Bauauftrag
- Begriff VergabeR 46

Bauausführung
- grob fehlerhaft BGB § 637 33

Baubeschreibung Einl. V 34
Baubetreuer BGB Vor. zu §§ 705 ff. 10; MaBV § 1 4
- Vollmacht BGB Vor. zu §§ 631 ff. 51

Baubetreuungsvertrag
- Formbedürftigkeit BGB Vor. zu §§ 631 ff. 51
- rechtliche Einordnung BGB Vor. zu §§ 631 ff. 28
- Überblick BGB Vor. zu §§ 631 ff. 50 ff.

Bauen aus einer Hand Einl. V 19

Bauentwurf
- Änderung VOB/B § 1 14 ff.
- Ausführungsdaten VOB/B § 1 4
- Begriff VOB/B § 1 16
- Rahmendaten VOB/B § 1 5
- Zieldaten VOB/B § 1 3

Bauentwurfsänderung BGB § 677 6
Bauforderungssicherungsgesetz BGB Vor. zu §§ 631 ff. 38; siehe BauFordSiG
BauFordSiG BauFordSiG § 1 1 ff.
- Mitverschulden BauFordSiG § 1 56
- Schaden BauFordSiG § 1 51 ff.

Baugeld BauFordSiG § 1 2, 4 ff.; BGB Vor. zu §§ 631 ff. 38
- Ratenzahlung BauFordSiG § 1 35
- Veruntreuung BauFordSiG § 1 19, 21 ff.
- Verwendungspflicht BauFordSiG § 1 26 ff.
- Zahlungseinstellung BauFordSiG § 1 45
- Zweckabrede BauFordSiG § 1 15 ff.

Baugeldempfänger BauFordSiG § 2 5
Baugeldveruntreuung BauFordSiG § 1 3

Baugeldverwendungspflicht
- Verstoß BauFordSiG § 1 37 f.

Baugenehmigung BauO NRW § 75 1 ff.
- Aufhebung BauO NRW § 75 18
- Form BauO NRW § 75 21 f.
- MaBV MaBV § 3 25 ff.
- Wirkung BauO NRW § 75 9 ff.

Baugerüst
- vertragsrechtliche Einordnung BGB Vor. zu §§ 631 ff. 30

Baugrund BGB § 631 83
- Sondervorschläge VOB/B § 2 96

Baugrundrisiko BGB § 631 91; VOB/B § 2 96
- Begriff VOB/B § 2 97
- Bodengutachten VOB/B § 2 100
- Bodenverhältnisse VOB/B § 2 96
- Leistungsbeschreibung VOB/B § 2 99
- Mehrvergütung VOB/B § 2 100
- im Vertrag VOB/B § 2 99

Baugrundstück
- Verschaffung VOB/B § 4 1

Bauhandwerkerhypothek BGB § 651 40
Bauhandwerkersicherung BGB § 648a 1 ff.
- Anwendungsbereich BGB § 648a 34 f.
- Arten der Sicherheitsleistung BGB § 648a 43 ff.
- Forderungssicherungsgesetz BGB § 648a 6 ff.
- Kosten BGB § 648a 45
- nicht geleistete Sicherheit BGB § 648a 48 ff.
- privilegierte Auftraggeber BGB § 648a 65 f.
- prozessuale Durchsetzung BGB § 648a 29 ff.
- Sicherheitsverlangen BGB § 648a 53 ff.
- Vollstreckung BGB § 648a 33
- Zusatzauftrag BGB § 648a 36 f.

Bauherr
- Bauherrengemeinschaft BGB § 164 10; § 177 7
- Bauherrenmodell BGB § 164 8
- Generalunternehmer BGB Vor. zu §§ 164 ff. 3
- Verkehrssicherungspflicht siehe dort

Bauherrenmodell BGB Vor. zu §§ 705 ff. 12
Bauhilfsmaßnahmen VOB/B § 4 3

Baukonzession
- Begriff VergabeR 48

Baukosten BauFordSiG § 1 10 ff.

Bauleistungen
- Begriff BGB Vor. zu §§ 631 ff. 31

Bauleistungsversicherung BGB § 241 18
Bauleiter BGB § 639 5
Bauleitung BGB § 713 16
Bauliche Anlage BauGB § 29 3 ff.
- Bauordnung BauO NRW § 1 8 f.

Bauliche Nutzung BauGB § 34 13 ff.

Baumängel
- Sicherungshypothek BGB § 648 46 f.

Bauordnung BauO NRW § 1
- Abweichung BauO NRW § 73 1 ff.

Stichwortverzeichnis

– Anwendungsbereich **BauO NRW** § 1 2 ff.
Bauordnungsrecht Einl. IV 1; *siehe auch Bauordnung*
Bauplanungsrecht Einl. IV 1
Bauprozess
– Zuständigkeit, internationale **IntZust** 1 ff.
Baurecht Einl. I 3 ff.
– öffentliches Einl. I 4
– privates Einl. I 5 f.
Baureinigungsklausel **BGB** § 307 8
Bausatzvertrag **BGB** Vor. zu §§ 631 ff. 21
Bausoll **BGB** § 631 20, 28, 31
Baustelle **VOB/B** § 4 24
Baustelleneinrichtung **BGB** § 631 80; **VOB/B** § 7 9
– Kontrolle **BGB** § 241 17
Baustellenräumung **VOB/B** § 5 24; § 7 16
Baustellenverbot **BGB** § 635 25
Baustellenverordnung **VOB/B** § 4 13
Baustopp **VOB/B** § 4 58
Baustromklausel **BGB** § 307 8
Bauteilöffnung
– selbständiges Beweisverfahren **ZPO** § 492 7 ff.
Bauträger Einl. II 30; Einl. V 22; **BGB** § 308 4; § 310 43, 45, 46; § 631 43, 142; § 639 8; Vor. zu §§ 705 ff. 11; **MaBV** § 1 3
– Sicherungspflicht **MaBV** § 3 1 ff.
Bauträgerrecht Einl. IV 2
Bauträgervertrag **BGB** § 307 12, 32; § 308 14; § 309 9, 31
– Abschlagszahlung **BGB** § 632a 54 ff., 70 f.
– AGB **BGB** § 305 2
– anwendbares Recht **Rom I-VO** f.
– Anwendbarkeit der MaBV **BGB** Vor. zu §§ 631 ff. 57 f.
– Form **BGB** Vor. zu §§ 631 ff. 53
– im Insolvenzverfahren **InsO** § 103 29
– Mängelansprüche **BGB** § 634 28
– rechtliche Einordnung **BGB** Vor. zu §§ 631 ff. 21
– Rechtsnatur **BGB** Vor. zu §§ 631 ff. 53
– Überblick **BGB** Vor. zu §§ 631 ff. 53 ff.
– Vertragserfüllungssicherheit **BGB** § 632a 86 f.
Bautreuhandschaft **BGB** Vor. zu §§ 164 ff. 5
Bauunternehmer
– Mängelhaftung **BGB** § 166 8
– Prüf-, Bedenkenhinweispflicht **BGB** § 166 8
– Risikoübernahme **BGB** § 166 8
Bauvertrag Einl. II 18; **BGB** § 631 1, 2
– Abschluss **VOB/B** § 1 9
– anwendbares Recht **Rom I-VO** ff., ff.
– Eingriffsnormen **Rom I-VO** , ff.
– Form **BGB** § 631 18; Vor. zu §§ 631 ff. 32
– objektive Anknüpfung **Rom I-VO** , ff.
– Rechtswahl **Rom I-VO**
– Reichweite des Vertragsstatuts **Rom I-VO**
Bauvertragsrecht Einl. I 15

Bauwasserklausel **BGB** § 307 8
– AGB **BGB** § 305 5
Bauzeit **VOB/B** § 5 4
Bauzeitbezogene Anordnungen **VOB/B** § 2 86
– Beschleunigungsanordnung **VOB/B** § 2 86
– Nachprüfungsverfahren **VOB/B** § 2 95
– Zuschlagsverspätung **VOB/B** § 2 95
Bauzeitennachträge **VOB/B** § 2 93
Bauzeitüberschreitung **BGB** § 313 9
Bearbeitungsvertrag **BGB** § 651 19
Bebauungsplan
– Ausnahmen **BauGB** § 31 1 ff., 5 ff.
– Befreiung **BauGB** § 31 1 ff., 9 ff.; *siehe auch Befreiung von Bebauungsplan*
– einfacher **BauGB** § 30 6
– qualifizierter **BauGB** § 30 1 ff.
– vorhabenbezogen **BauGB** § 12 10 f.
– vorhabenbezogener **BauGB** § 30 5
Bedarfsposition **BGB** § 631 69; **VOB/B** § 2 29
Bedenken **BGB** § 631 34; **VOB/B** § 4 7
Bedenkenhinweispflicht Einl. V 15
Bedingung **BGB** § 158 1 ff.; § 183 4
Bedingung(svereinbarung)
– zu Bauvertragsabschluss **BGB** § 632 16 ff.
– zu Vergütung(spflicht) **BGB** § 632 16, 308 ff.
Bedingung(svereinbarung)/-eintritt
– Darlegungs- und Beweislast **BGB** § 632 28 ff., 310 f.
Bedingungseintritt
– treuwidrige Verhinderung **BGB** § 162 1 ff.
Befreiung von Bebauungsplan
– Allgemeinwohl **BauGB** § 31 15 f.
– Drittschutz **BauGB** § 31 23 f.
– Ermessen **BauGB** § 31 21 f.
– nachbarliche Interessen **BauGB** § 31 13
– offenbar nicht beabsichtigte Härte **BauGB** § 31 18 ff.
– öffentliche Belange **BauGB** § 31 12
– städtebauliche Vertretbarkeit **BauGB** § 31 17
Befugnisse
– des Nebenintervenienten **ZPO** § 67 3
Begründungslast **BGB** § 310 12
Behinderung **BGB** § 631 99
– Adressat **VOB/B** § 6 20
– Anzeigepflicht **VOB/B** § 6 19
– Auswirkungen **VOB/B** § 6 21
– Baubesprechungsprotokolle **VOB/B** § 6 21
– Bautagebuch **VOB/B** § 6 21
– Behinderungsanzeige **VOB/B** § 6 19
– mündliche Behinderungsanzeige **VOB/B** § 6 21
– Nebenpflicht **VOB/B** § 6 19
– Schriftform **VOB/B** § 6 21
– Tatsachen **VOB/B** § 6 21
Behinderungsanzeige **BGB** §§ 293–299 17
Beitritt
– des Nebenintervenienten **ZPO** § 70 1 ff.
Benachrichtigungspflicht **VOB/B** § 7 15

2057

Benachteiligung
- unangemessene VOB/B § 7 7
Beratungsleistungen HOAI § 3 5
Berechnung der Minderung
- Differenzmethode BGB § 638 23
- Ist-Zustand BGB § 638 22
- Mängelbeseitigungskosten BGB § 638 23
- maßgeblicher Zeitpunkt BGB § 638 15 ff.
- merkantiler Minderwert BGB § 638 25
- Methode BGB § 638 20
- Minderung auf Null BGB § 638 27
- Mitverschulden des Bestellers BGB § 638 28
- Schätzung BGB § 638 14, 26
- Soll-Zustand BGB § 638 21
- Sollwert BGB § 638 21
- technischer Minderwert BGB § 638 24
- Umsatzsteuer BGB § 638 23
Berechnungen BGB § 631 27
Berechtigung
- sonstige BGB § 677 4
Berechtigung und Verpflichtung
- wirklicher Geschäftsherr BGB § 686 2
Bereicherung BGB § 684 3
Bereicherungsanspruch BGB § 684 2
- Zuständigkeit, internationale IntZust 30
Bereicherungsrecht BGB §§ 420–421 40; § 426 2
Berufsanerkennungsrichtlinie Einl. II 37
Berufshaftpflichtversicherung BGB § 179 13
Beschädigung VOB/B § 4 16, 19
Beschädigung der Leistung VOB/B § 7 14
Beschaffenheitsgarantie BGB § 639 8
Beschaffenheitsmerkmal BGB § 307 36
Beschaffungspflicht BGB § 631 149
Beschaffungsrisiko siehe Vertretenmüssen
Beschränkte Gesamtwirkung BGB §§ 422–425 12, 16
Beschränkte Geschäftsfähigkeit BGB § 165 1
Beschränkung
- normengebunden BGB § 684 5
Beschwer ZPO § 511 4
Beschwerde
- sofortige VergabeR 78
Beschwerdegegenstand ZPO § 511 3
Beseitigungsanspruch VOB/B § 4 25
Besicherung
- vorläufige Gewinnausschüttungen BGB § 722 5
Besitzaufgabe BGB §§ 300–304 8
Besondere Leistungen BGB § 631 57, 125
- i.S.d HOAI HOAI § 3 14
Besonderes persönliches Vertrauen siehe Verschulden bei Vertragsverhandlungen
Bestätigungsschreiben
- Besprechungsprotokoll BGB § 146 25
- kaufmännisches BGB § 146 17 ff.
Besteller BGB § 631 16

Bestellerverantwortlichkeit
- analoge Anwendung BGB § 645 43 ff.
Bestimmtheitsgebot BGB § 307 30; § 308 5
Bestimmung
- des Gerichtsstands ZPO § 36 1 ff.
- der Zuständigkeit ZPO § 36
Bestimmungen
- behördliche VOB/B § 4 10
- gesetzliche VOB/B § 4 10
Beteiligungsverhältnisse
- der Gesellschafter BGB § 705 44
Betreuungsvertrag BGB Vor. zu §§ 164 ff. 2, 5
Betriebsausfallschaden BGB § 280 16, 78
Betriebsfremde Leistungen VOB/B § 4 51
Beurkundung
- § 29 GBO BGB § 311b 35
- Änderung des Vertrages BGB § 311b 49 ff.
- Andeutungsformel BGB § 311b 37 f.
- Anteile an Gesellschaft BGB § 311b 6 ff.
- Anwartschaftsrechte BGB § 311b 5
- Asset Deal BGB § 311b 45
- Aufhebung des Vertrages BGB § 311b 48
- Auflassung BGB § 311b 55
- Auftrag BGB § 311b 31, 60
- Baubeschreibung BGB § 311b 41
- Baubetreuungsvertrag BGB § 311b 44 f.
- Bauherrenmodell BGB § 311b 21, 45
- Bauträgervertrag BGB § 311b 67
- Bauvertrag BGB § 311b 45
- bedingte Verpflichtung BGB § 311b 15 ff.
- Belehrungspflichten des Notars BGB § 311b 69 ff.
- Bemühungsentgelt BGB § 311b 22
- Beurkundungsverfahren BGB § 311b 62 ff.
- Bezugsurkunden BGB § 311b 67
- Bindungsentgelte BGB § 311b 22
- Bodengutachten BGB § 311b 41
- DIN-Vorschriften BGB § 311b 41
- einseitige Abhängigkeit des Grundstückkaufvertrages BGB § 311b 46
- einseitige Rechtsgeschäfte BGB § 311b 28
- Erwerb von Grundstücken BGB § 311b 10 ff.
- falsa demonstratio BGB § 311b 59
- Finanzierungsvertrag BGB § 311b 45
- formlose Gültigkeit BGB § 311b 32 ff.
- Formmangel BGB § 311b 54
- Gegenleistung BGB § 311b 42
- Gemeinschaftsordnung BGB § 311b 41, 67
- Geschäftsbesorgungsvertrag BGB § 311b 45
- Gesellschaftsvertrag BGB § 311b 27, 45
- Gestaltungsrechte BGB § 311b 29 ff.
- Grundbucheintrag BGB § 311b 59
- Grundlagenurkunden BGB § 311b 67
- Grundstück BGB § 311b 3 ff.
- Grundstück und gleichgestellte Recht BGB § 311b 4
- Grundstücksbezeichnung BGB § 311b 39 ff.
- Gründung einer Gesellschaft BGB § 311b 11

Stichwortverzeichnis

- Heilung des Formmangels BGB § 311b 56 ff.
- Heilungswirkung BGB § 311b 61
- Inventarlisten BGB § 311b 67
- irrtümliche Falschbezeichnung (falsa demonstratio) BGB § 311b 38
- Mietkaufmodell BGB § 311b 45
- Mietvertrag BGB § 311b 67
- mittelbarer Zwang BGB § 311b 18 ff.
- Mutterurkunden BGB § 311b 67
- Nichtigkeit als Rechtsfolge BGB § 311b 54 f.
- Optionsvertrag BGB § 311b 16
- Pachtvertrag BGB § 311b 45
- Prozessvergleich BGB § 311b 39
- Prüfungspflichten des Notars BGB § 311b 69–72
- rechtlicher Zusammenhang BGB § 311b 25, 44 f.
- Reichweite des Formzwangs BGB § 311b 36 ff.
- Reservierungsvereinbarungen BGB § 311b 22
- Sale-and-Lease-back-Vertrag BGB § 311b 45
- Scheinvertrag BGB § 311b 54
- Schuldanerkenntnis BGB § 311b 45
- Sicherungsvertrag BGB § 311b 45
- Stammurkunden BGB § 311b 67
- Stellung des Notars BGB § 311b 62 f.
- Teilstück BGB § 311b 40
- Teilungserklärung BGB § 311b 41, 67
- Trennstück BGB § 311b 40
- Treuhandvertrag BGB § 311b 45
- Übertragung von Grundstücken BGB § 311b 10 ff.
- ungesicherte Vorleistung BGB § 311b 72
- Unterlassungsverpflichtung BGB § 311b 14
- Unterverbriefung BGB § 311b 54
- unvermessene Grundstücksteile BGB § 311b 40
- Vereinbarung mit Dritten BGB § 311b 47
- Verkaufs- oder Kaufangebots BGB § 311b 15
- vertragliche Verpflichtung BGB § 311b 26 ff.
- Vertragsparteien BGB § 311b 43
- Vertragsstrafe BGB § 311b 20
- VOB/B BGB § 311b 41
- Vollmacht BGB § 311b 32 ff.
- Vorleistung BGB § 311b 72
- Vorverträge BGB § 311b 15 ff., 60

Beurkundungsgebühr Einl. V 50
Beurkundungspflicht BGB Vor. zu §§ 145–163 5
Bewegliche Sachen BGB § 651 6
Bewehrung BGB § 631 82
Beweisaufnahme
- selbständiges Beweisverfahren ZPO § 491 1 ff.

Beweiskraft
- von Privaturkunden ZPO § 416

Beweislast BGB § 280 54; § 281 42; § 308 4, 22; § 309 54, 56; § 310 40, 45, 47; § 678 4; § 685 1 f.
- AGB BGB § 305 13
- Anscheinsbeweis BGB § 280 63
- für aufschiebende Bedingung BGB § 158 8 f.
- für Individualabrede BGB § 305b 2
- für Individualvereinbarung BGB § 305 15
- nach Art der Pflichtverletzung BGB § 280 61 f.
- nach Verantwortungs- und Gefahrenbereichen BGB § 280 60
- Nichtleistung BGB § 280 55 f.
- objektive Pflichtverletzung BGB § 280 54
- Schaden und Kausalität BGB § 280 65, 66
- Schlechtleistung BGB § 280 57 f.
- sonstige Pflichtverletzungen BGB § 280 59
- Umkehr VOB/B § 4 63
- für Vertragsabschluss trotz Dissens BGB § 154 12
- Vertretenmüssen BGB § 280 64

Beweislastumkehr BGB § 179 17; VOB/B § 12 1; § 15 48; § 4 63
- Abnahme BGB § 640 2, 92
- durch Abnahme VOB/B § 12 1

Beweislastverteilung
- nach Verantwortungs- und Gefahrenbereich BGB § 280 60

Beweissicherung
- Kosten VOB/B § 3 12
- Mitwirkung VOB/B § 3 11

Bewusste Unkenntnis BGB § 119 16
BGB-Gesellschaft ZPO § 17 2; § 36 1; § 38 4; § 50 2; § 51 2
Bietereignung VergabeR 21
Bietergemeinschaft BGB § 705 29
Bietergleichbehandlung VergabeR 16
Bieterrechte
- subjektive VergabeR 29

Bieterrechtsschutz VergabeR 49 ff.
Bilaterale Abkommen Einl. II 39
Bindefrist BGB § 148 1, 5, 7; § 308 3
- Angemessenheit BGB § 148 7 f.

Bindefristverlängerung BGB § 148 10 f.
Bindungswirkung
- Ausschluss BGB § 145 8

Binnenmarkt Einl. V 5
Blankett BGB § 119 16
Blankounterschrift BGB § 119 19, 24
Blockhäuser BGB § 651 7
Bodengutachten VOB/B § 2 99
Bösgläubigkeit BGB § 166 4
Botenerklärung BGB § 174 2
boxed values Einl. II 16
Brüssel-Verordnung Einl. II 6
Bürge BGB § 631 13
- Inanspruchnahme VOB/B § 17 28 ff.
- selbstschuldnerisch BGB § 631 13

– Tauglichkeit VOB/B § 17 18 f.
Bürgschaft BGB § 309 12; § 640 124 f.; § 765 1 ff.; VOB/B § 17 16 ff.
– für Abschlagszahlungen BGB § 765 31 f.
– Akzessorietät BGB § 765 2, 18; § 767 1 ff.
– Aufgabe von Sicherheiten BGB § 776 1 ff.
– Aufwendungsersatzanspruch des Bürgen BGB § 765 7; § 774 1
– Avalverhältnis BGB § 765 6
– der Bau-ARGE BGB § 707 9
– als Bauhandwerkersicherung nach § 648a BGB BGB § 765 35 ff.
– Befreiungsanspruch des Bürgen BGB § 775 1 ff.
– Einrede der Anfechtbarkeit BGB § 770 2
– Einrede der Aufrechenbarkeit BGB § 770 3
– Einrede der Vorausklage BGB §§ 771–773 1 ff.
– Einreden des Bürgen BGB § 768 1 ff.
– auf erstes Anfordern BGB § 765 33, 39 f.
– Forderungsübergang BGB § 765 8; § 774 2 ff.
– Insolvenz des Hauptschuldners BGB § 765 21
– internationales Privatrecht BGB § 765 9 ff.
– Kündigung BGB § 765 20
– nach MaBV BGB § 765 34
– für Mängelansprüche BGB § 765 29 ff.
– Mitbürgschaft BGB § 769 1 f.
– Schriftform BGB § 765 13; § 766 1 ff.
– Subsidiaritätsgrundsatz BGB § 770 1
– Verjährung BGB § 765 22 f.; VOB/B § 17 32 f.
– Vertragserfüllungsbürgschaft BGB § 765 24 ff.
– für Vorauszahlungen BGB § 765 33 f.
– auf Zeit BGB § 777 1 ff.
– Zustandekommen BGB § 765 12
Bürgschaft auf erstes Anfordern VOB/B § 17 27
Bürgschaftserklärung
– Form VOB/B § 17 20 ff.
Bürgschaftsurkunden ZPO § 592 7
BVB BGB § 631 5, 14

car trim Einl. II 11
CEN Einl. II 13
CISG BGB § 651 1
Common Frame of Reference Einl. II 20, 26
– allgemeine Regeln Einl. II 19
– Bauverträge Einl. II 21
– Dienstverträge Einl. II 18
– Einschränkung der Erfolgshaftung Einl. II 25
– Entlastung des Bauunternehmers Einl. II 22
– Erfolgsbezogenheit Einl. II 19
– Inspektionsrecht des Kunden Einl. II 23
– Übergabe der Kontrolle (transfer of control) Einl. II 24
– Warnpflicht Einl. II 25
Consumer confidence Einl. V 5

Culpa in Contrahendo *siehe Verschulden bei Vertragsverhandlungen*
– Abbruch von Vertragsverhandlungen BGB Vor. zu §§ 145–163 12, 15
– Zuständigkeit, internationale IntZust 31

Darlegungs- und Beweislast BGB § 241 8
– Sicherheitsleistung VOB/B § 17 61
Darlegungslast BGB § 310 45
Darlehen
– BauFordSiG BauFordSiG § 1 6 ff.
Dauer-ARGE BGB § 705 22
Dauerschuldverhältnis BGB § 308 9; § 309 2, 49; § 323 1; VOB/B § 8 3
de-facto-Vergabe Einl. IV 3; BGB Vor. zu §§ 145–163 23
Deckungsgeschäft BGB § 275 41; § 280 89
– vorübergehendes BGB § 280 75
– vorübergehendes und Hotelkosten BGB § 280 75
– vorübergehendes und Mietkosten BGB § 280 75
Demokratieprinzip BGB § 310 25
Detailpauschalvertrag VOB/B § 2 34
Detailplanungspflicht Einl. V 16
Diebstahl VOB/B § 4 16, 19; § 7 13
Diensteanbieter BGB § 120 3
Dienstleistungen i.S.v. Art. 56 AEUV Einl. II 3
Dienstleistungsfreiheit Einl. II 3 ff.
– aktive Einl. II 4
– passive Einl. II 4
Dienstleistungsrichtlinie Einl. II 30
– Gebhard-Formel Einl. II 33
– notarielle Mitwirkung Einl. II 32
– unzulässige Anforderungen Einl. II 31
– unzulässige Anknüpfung Einl. II 34
– Verfahrensvereinfachung Einl. II 35
Dienstleistungsvertrag
– Zuständigkeit, internationale IntZust 40 ff.
Dienstvertrag
– Abgrenzung zum Werkvertrag BGB Vor. zu §§ 631 ff. 22 f.
Differenzhypothese BGB §§ 249–255 5
Differenzmethode BGB § 325 3
Differenztheorie BGB § 280 85
DIN 18299 *siehe VOB/C*
DIN 276 HOAI § 4 10
DIN-Normen BGB § 633 23 ff., 51
Direktanspruch BGB §§ 420–421 7
Dispositives Gesetzesrecht BGB § 306 7
Dispositives Recht BGB § 307 29
Dissens BGB § 119 15
– offener BGB § 154 1 ff.
– zu Vergütung(spflicht) BGB § 632 7 ff.
Dokumentation BGB § 241 27
Doppelbewerbung VergabeR 108
Doppelkausalität BGB §§ 420–421 44
Doppelkontrollen Einl. II 33

Drittfinanzierte Immobilienerwerbsvertrags-
  typen Einl. V 46
Drittfinanziertes Geschäft Einl. V 19
Drittschadensliquidation BGB §§ 249–255 15
Drittwiderklage ZPO § 33 7 f.; § 36 1
– isolierte ZPO § 33 9, 10, 11
Drohung BGB § 123 1, 30
– Rechtsfolgen BGB § 123 39
– Widerrechtlichkeit BGB § 123 30, 34
Druckmittel BGB §§ 320–322 1
Duldungsvollmacht
– des Architekten BGB Vor. zu §§ 631 ff. 76
Durchführungsvertrag BauGB § 12 21 ff.
– Form BauGB § 12 31
Durchgriffsfälligkeit BGB § 631 12; § 641 4, 40 ff.
– Leistungsverweigerungsrecht BGB § 641 48
Dynamische Verweisung BGB § 310 25

Eigenart der näheren Umgebung BauGB § 34 7 ff.
Eigene Vertragstreue BGB §§ 320–322 6
Eigengeschäftsführung
– angemaßt BGB § 687 2
– irrtümlich BGB § 678 1; § 687 1
Eigenhaftung BGB § 309 33
– der ARGE BGB § 705 45
Eigenleistungen
– des Bestellers BGB § 637 18
Eigenleistungsquote VergabeR 106
Eigenmächtige Abweichung VOB/B § 2 171
– Geschäftsführung ohne Auftrag VOB/B § 2 183
– Leistung ohne Auftrag VOB/B § 2 174
– mutmaßlicher Wille VOB/B § 2 181
– nachträgliches Anerkenntnis VOB/B § 2 179
– Notwendigkeit der Leistung VOB/B § 2 180
– Qualitätsabweichung VOB/B § 2 175
– Schadensersatz VOB/B § 2 177
– unverzügliche Anzeige VOB/B § 2 182
Eigenschaft
– des Werks BGB § 639 8
Eigenschaftsirrtum BGB § 119 33, 37 f.; § 634 57; *siehe Irrtum*
Eigentumsverletzung BGB §§ 823, 831 11
– Äquivalenzinteresse BGB §§ 823, 831 15
– ausgeschlossen BGB §§ 823, 831 17
– durch Einbau BGB §§ 823, 831 19, 29
– Integritätsinteresse BGB §§ 823, 831 15
– möglich BGB §§ 823, 831 23
– bei Sanierung BGB §§ 823, 831 21, 26
– Stoffgleichheit BGB §§ 823, 831 14
– Weiterfresserschäden BGB §§ 823, 831 13
Eigentumsvorbehalt BGB § 651 40
Eigenverwaltung InsO § 103 28
Einbauverpflichtung BGB § 651 22
Einbehalt VOB/B § 17 40 ff.

Einbeziehung
– der VOB/B BGB § 310 43
– VOB/C BGB § 305 19
Einbeziehungserfordernisse
– AGB BGB § 305 28
Einfache Fahrlässigkeit
– allgemein anerkannte Regeln der Technik *siehe dort*
– Erkennbarkeit BGB § 276 80
– Fachkenntnisse BGB § 276 15
– Rechtskenntnisse BGB § 276 20
– Sorgfaltsmaßstab BGB § 276 9, 11, 13 ff., 48
– Verkehrssicherungspflicht *siehe dort*
– Vermeidbarkeit BGB § 276 82
Eingriffsnormen
– Architektenvertrag Rom I-VO ff.
– Bauträgervertrag Rom I-VO
– Bauvertrag Rom I-VO ff.
– Subunternehmervertrag Rom I-VO
Eingriffsrecht
– des Auftraggebers VOB/B § 5 37
Einheitlichkeit der Erklärung BGB § 638 11
Einheitspreis VOB/B § 2 17
– Darlegungs- und Beweislast VOB/B § 2 18
Einheitspreisvertrag BGB § 305c 7; § 313 29; § 631 30, 72, 86; VergabeR
– Alternativ- bzw. Wahlposition BGB § 632 77 f.
– Anspruch auf Preisanpassung BGB § 632 84 ff.
– Darlegungs- und Beweislast BGB § 632 95 ff.
– Eventual- bzw. Bedarfsposition BGB § 632 75 f.
– Festpreis VOB/B § 2 19
– Grundposition BGB § 632 74
– im Insolvenzverfahren InsO § 103 68, 103, 118
– Leistungsverzeichnis VOB/B § 2 17
– Lohn- und Materialpreisgleitklauseln VOB/B § 2 20
– Mengenabweichungen VOB/B § 2 45
– Mengenermittlung (Aufmaß) BGB § 632 87 ff., 99 ff.
– Preisänderungsvorbehalt BGB § 632 81 ff.
Einigungsmangel
– offener BGB § 154 1 ff.
– versteckter BGB § 155 1 ff.
Einmalige Verwendung
– von AGB BGB § 310 46
Einmann-Unternehmer BGB § 275 37
Einrede VOB/B § 15 68 ff.
– dilatorische BGB §§ 320–322 17
– peremptorische BGB §§ 320–322 22
Einrede des nicht erfüllten Vertrages
– Beteiligung mehrerer BGB §§ 320–322 12 ff.
– Erfüllung der Gegenforderung BGB §§ 320–322 7

2061

Stichwortverzeichnis

- Fälligkeit der Gegenforderung BGB §§ 320–322 3 ff.
- Gegenseitigkeit der Gegenforderung BGB §§ 320–322 2
- Schlechtleistung BGB §§ 320–322 11
- Synallagma BGB §§ 320–322 1
- Teilleistungen BGB §§ 320–322 9 f.
- Teilunmöglichkeit BGB §§ 320–322 8
- Vertragstreue BGB §§ 320–322 6

Einschaltung eines Dritten BGB § 275 35
Einseitige Erledigungserklärung BGB § 275 88
Einseitiges
- Preisänderungsrecht BGB § 309 3

Einspruch
- gegen Auseinandersetzungsbilanz BGB § 740 9

Einstandspflicht BGB § 639 9
Einweisung BGB § 241 25
Einwendungen BGB § 241 5
Einwendungsausschluss VOB/B § 15 59
Einwilligung BGB § 182 1; VOB/B § 4 48
- rechtfertigende BauFordSiG § 2 28

Einzelkündigung BGB §§ 422–425 28
Einzelwirkung BGB §§ 320–322 12; §§ 422–425 12, 14, 22
Elektronische Auktion BGB § 156 10
Elektronische Signatur VOB/B § 8 79
Empfängerhorizont
- sale-and-lease-back BGB § 164 6
- Treu und Glauben BGB § 164 6
- Verkehrssitte BGB § 164 6

Empfängerirrtum BGB § 119 19 f.; *siehe Irrtum*
Empfangsbote BGB § 637 11
Endurteil ZPO § 300
Energielieferungsvertrag BGB § 164 12
Entbehrlichkeit der Fristsetzung
- Allgemeines BGB § 636 1, 4 f.
- Erfüllungsgefährdung BGB § 281 34
- Erfüllungsverweigerung BGB § 281 25 f.
- Erfüllungsverweigerung vor Fälligkeit BGB § 281 27
- Fehlschlagen der Nacherfüllung BGB § 636 8 ff.
- Gefahr im Verzug BGB § 281 31
- Just-in-time-Vertrag BGB § 281 32
- Rechtsfolgen BGB § 281 37
- relatives Fixgeschäft BGB § 281 36
- Selbstmahnung BGB § 281 35
- Unverhältnismäßigkeit BGB § 636 6 f.
- Unzumutbarkeit der Nacherfüllung BGB § 636 11 ff.
- Vertrauensgrundlage BGB § 281 33
- Vertrauensverlust BGB § 281 33
- Vorliegen besonderer Umstände BGB § 281 30

Entgangener Gewinn BGB § 275 41; § 280 76; VOB/B § 4 38
Entgeltabrede BGB § 307 8

Entschädigung VOB/B § 4 58
- allgemeine Geschäftskosten VOB/B § 6 69
- Annahmeverzug VOB/B § 6 65
- Baustellengemeinkosten VOB/B § 6 69
- Behinderung VOB/B § 6 65
- Behinderungsanzeige/Offenkundigkeit VOB/B § 6 66
- Höhe VOB/B § 6 68
- Leistungsbereitschaft VOB/B § 6 65
- Wagnis und Gewinn VOB/B § 6 69

Entschädigungsanspruch VOB/B § 2 22
- Allgemeines BGB § 642 50 ff.
- anderweitiger Erwerb BGB § 642 61
- Beschleunigungskosten BGB § 642 64
- Darlegungs- und Beweislast BGB § 642 65 f.
- Ermittlungsgrundlagen BGB § 642 58
- ersparte Aufwendungen BGB § 642 60
- Schadensminderung BGB § 642 62 f.
- Umsatzsteuer BGB § 642 57
- Vergütungshöhe BGB § 642 57 ff.
- Verjährung BGB § 642 67
- Verzugsdauer BGB § 642 54 ff.
- Wagnis- und Gewinn BGB § 642 59

Entscheidungsgründe ZPO § 529 2
Entwicklung
- des Werkvertragsrechts BGB Vor. zu §§ 631 ff. 5 ff.

Entwicklungsleistungen BGB § 631 86
Entwicklungssatzung BauGB § 34 48
ENV Einl. II 16
Erbbaurecht BGB § 651 7
Erfolg
- werkvertraglich geschuldeter BGB § 631 20 f., 27, 31

Erfolgsbezogenheit BGB § 280 8; VOB/B § 7 6
Erfolgsgarantie BGB § 309 26; § 639 8
Erfolgsverschaffungspflicht Einl. V 12
Erfüllung BGB § 275 1; §§ 422–425 4
- nicht rechtzeitig BGB § 679 4

Erfüllungsablehnung *siehe Wahlrecht des Insolvenzverwalters*
Erfüllungsanspruch VOB/B § 4 30
- Primärer BGB § 634 8

Erfüllungsautonomie BGB §§ 420–421 41
Erfüllungsgefährdung BGB § 281 11; § 323 11; § 634 18, 21
Erfüllungsgehilfe BGB § 639 5
- Architekt BGB § 278 5 f.
- Auftraggeber BGB § 278 5
- Bauherr BGB § 278 8
- Begriff BGB § 278 4
- Ingenieur BGB § 278 5 f.
- Nachunternehmer BGB § 278 5, 7
- Planer BGB § 278 5 ff.
- Projektsteuerer BGB § 278 6
- Sonderfachleute BGB § 278 5
- Vorunternehmer BGB § 278 10 ff.
- Zurechnung BGB § 278 1, 9

Erfüllungsinteresse BGB § 637 28
Erfüllungsort ZPO § 29 1
Erfüllungspflicht BGB § 280 8
Erfüllungsrisiko Einl. V 45
Erfüllungsverlangen BGB § 323 5
Erfüllungsversuch BGB § 636 9
Erfüllungsverweigerung BGB § 280 29; § 281 28 f.; § 323 11
Erfüllungswahl *siehe Wahlrecht des Insolvenzverwalters*
Erfüllungswirkung BGB §§ 420–421 22; §§ 422–425 4
Ergänzende Vertragsauslegung BGB § 306 9, 11; § 631 103
– Bauzeit BGB § 631 104
– Vergütung BGB § 631 105
Ergänzungsgutachten
– selbständiges Beweisverfahren ZPO § 492 13 ff.
Ergänzungssatzung BauGB § 34 49 f.
Erhaltungs- und Schutzpflichten des Auftragnehmers VOB/B § 4 16
– BGB-Werkvertrag VOB/B § 4 18
– nicht leistungsbezogene Schutzpflicht VOB/B § 4 17
Erhöhungen der Mehrwertsteuer VOB/B § 2 15
Erkennenmüssen
– des Geschäftsführers BGB § 678 3
Erklärungsbewusstsein BGB § 119 22 f.
Erklärungsbote BGB § 637 11
Erklärungsirrtum BGB § 119 23; § 634 57; *siehe Irrtum*
Erlass
– bei Gesamtschuld BGB §§ 422–425 11
Erlaubnis VOB/B § 4 3
Erledigendes Ereignis
– nachträgliches BGB § 275 83
Erledigungserklärung BGB § 275 87
Erlöschen
– des Leistungsanspruchs BGB § 281 39 f.
Erlöschen d. Vollmacht BGB § 168 1 ff.
– Zweckerreichung BGB § 168 7
Errichtung BauGB § 29 9
Errichtung von Bauwerken BGB § 651 3
Ersatzunternehmer BGB § 637 19
Ersatzvornahme BGB § 640 96; VOB/B § 13 53 ff.; § 8 2, 51
– Angemessenheit der Kosten der Ersatzvornahme VOB/B § 13 62
– Aufstellung der Kosten VOB/B § 8 64
– Drittunternehmen VOB/B § 13 53
– Endgültige Erfüllungsverweigerung VOB/B § 13 57
– Entbehrlichkeit der Fristsetzung VOB/B § 13 57
– Frist VOB/B § 13 54
– Fruchtloser Fristablauf VOB/B § 13 56
– fruchtloser Fristablauf VOB/B § 13 56

– Gemeinkosten VOB/B § 13 63
– Kostenerstattungsanspruch VOB/B § 13 53, 60 ff.
– Kostenvorschussanspruch VOB/B § 13 65
– Leistungsfähigkeit des Auftragnehmers VOB/B § 13 58
– Mangelbeseitigungsaufforderung VOB/B § 13 53
– Nachbesserungskosten VOB/B § 13 65
– Personal- und Materialaufwand VOB/B § 13 63
– Selbsthilfe des Auftraggebers VOB/B § 13 63
– Vertrauensverlust VOB/B § 13 58
Ersatzvornahme durch Auftraggeber VOB/B § 13 53
– Angemessenheit der Kosten der Ersatzvornahme VOB/B § 13 62
– Beauftragung eines Ersatzunternehmers VOB/B § 13 61
– endgültige Erfüllungsverweigerung des Auftragnehmers VOB/B § 13 57
– endgültiger Vertrauensverlust in die Leistungsfähigkeit des Auftragnehmers VOB/B § 13 58
– Entbehrlichkeit der Fristsetzung VOB/B § 13 57
– Frist VOB/B § 13 54
– fruchtloser Fristablauf VOB/B § 13 56
– gerügte Mängel VOB/B § 13 53
– Inhalt und Höhe des Kostenerstattungsanspruchs VOB/B § 13 64
– Kostenerstattungsanspruch VOB/B § 13 60
– Kostenvorschussanspruch VOB/B § 13 65
– Mangelbeseitigungsaufforderung VOB/B § 13 53
– Rechtsfolgen bei Fehlen der Voraussetzungen VOB/B § 13 59
– Selbsthilfe des Auftraggebers VOB/B § 13 63
Ersatzvornahme in der Zwangsvollstreckung *siehe Vertretbare Handlungen*
Erscheinungsbild
– eines Mangels BGB § 635 21
Ersetzungsanspruch VOB/B § 4 28
Erstattung nicht geschuldeter Vergütung BGB § 638 29
Erstattungspflicht BGB § 637 38
Erweiterungsarbeiten BGB § 651 19
Erweiterungsbauten
– Definition HOAI § 2 10
Erzeugungsverpflichtung BGB § 651 10
essentialia negotii BGB § 154 2
EuGVVO
– Allg. IntZust 2
– Anwendungsbereich IntZust 6 ff.
– Zuständigkeit, internationale IntZust 21 ff.
Europäische Vornormen Einl. II 16
Europäisches Komitee für Normung Einl. II 13
Europäisches Verbraucherrecht Einl. V 5

2063

Stichwortverzeichnis

Europarecht BGB Vor. zu §§ 631 ff. 10, 10 ff.
– AGB BGB Vor. zu §§ 631 ff. 14 ff.
– Architektenhonorar BGB Vor. zu §§ 631 ff. 11
– Umsatzsteuer BGB Vor. zu §§ 631 ff. 18
Europarechtliche Grundlagen Einl. II 1 f.
Eventualposition BGB § 307 36; § 631 69
Eventualpositionen VOB/B § 2 29
Eventualwiderklage ZPO § 253 1; § 33 6
EWR-Anerkennung Einl. II 37
ExposÖ Einl. V 34

Fachkompetenz BGB § 275 37
Fachlosvergabe VergabeR 19
Fachsprache BGB § 305c 13
Fahrlässigkeit
– Definition BGB § 276 8
– einfache Fahrlässigkeit *siehe dort*
– grobe Fahrlässigkeit *siehe dort*
– Voraussetzungen BGB § 276 8
Fälligkeit
– Abnahme BGB § 641 5
– Abschlagszahlung BGB § 641 42
– und AGB BGB § 641 36 ff.
– Architektenhonorar BGB § 640 91; § 641 5
– des Erfüllungsanspruchs BGB § 637 8
– Erfüllungsverweigerung BGB § 641 11
– Hinausschieben BGB § 641 37
– bei Kündigung BGB § 641 18
– ohne Abnahme BGB § 641 9 ff., 39, 49
– Prüffähigkeit BGB § 641 25 ff.
– Rechnung BGB § 641 19 ff.
– Rechnungsstellung BGB § 641 38
– des Rückforderungsanspruches BGB § 637 44, 46
– Sicherheitsleistung BGB § 641 51
– Teilfälligkeit BGB § 641 45
– der Vergütung BGB § 640 88 ff.; § 641 1
– Zurückbehaltungsrecht BGB § 641 47
Fälligkeit Vergütung
– Voraussetzung prüfbare Abrechnung VOB/B § 14 16 f.
Fälligkeitsklausel BGB § 307 9
Falsa demonstratio BGB § 119 14; § 120 5
Falsche Übermittlung BGB § 120 1 ff.
Fehlende Prüfbarkeit Rechnung
– prozessuale Behandlung VOB/B § 14 18 ff.
– rechtsmissbräuchliche Berufung VOB/B § 14 9 ff.
Fehlerhafte Baubeschreibung BGB § 313 40
Fehleridentität BGB § 123 39
Fertiggaragen BGB § 651 7
Fertighäuser BGB § 651 7
Fertighaushersteller BGB § 308 15
Fertighausvertrag
– rechtliche Einordnung BGB Vor. zu §§ 631 ff. 21
– Überblick BGB Vor. zu §§ 631 ff. 59

Fertigstellung VOB/B § 5 22
Fertigstellungsfrist VOB/B § 5 21 ff.
Fertigstellungszeitpunkt BGB § 634 17; § 637 27
Feste Verbindung BGB § 651 22
Festpreis BGB § 309 3; VOB/B § 2 19
Feststellungsantrag BGB § 635 25; ZPO § 253 7
Feststellungsinteresse ZPO § 256 3
Feststellungsklage BGB § 426 7; ZPO § 256; § 511 8
Feststellungsurteil BGB § 637 37
Feststellungsverfahren ZPO § 485 11 ff.
Feststellungswiderklage ZPO § 33 6
FIDIC-Bedingungen Rom I-VO
FIDIC-Verträge
– AGB BGB § 305 3
Fiktion BGB § 308 22; § 310 43
– von Tatsachen BGB § 308 19
Fiktive Abnahme VOB/B § 12 45 ff.
– Abbedingen der VOB/B § 12 50 ff.
– und Abnahmeverweigerung VOB/B § 12 54
– und AGB VOB/B § 12 47 ff.
– Fertigstellungsmitteilung VOB/B § 12 67 f.
– durch Inbenutzungnahme VOB/B § 12 71 ff.
– und Kündigung VOB/B § 12 49
– Mängelvorbehalt VOB/B § 12 77
– Vertragsstrafenvorbehalt VOB/B § 12 77
– und Verzicht VOB/B § 12 52, 65
– und wesentliche Mängel VOB/B § 12 55 ff.
Finanzierbarkeit BGB § 241 13
Finanzierungsvermittler BGB § 166 5
Fingierte
– Erklärung BGB § 308 17
Firma
– der Bau-ARGE BGB § 705 43
Fixgeschäft BGB § 637 28
– relatives BGB § 323 9; VOB/B § 8 59
Folgekostenvertrag BauGB § 11 15 ff.
Folgen des Schuldnerverzuges
– Verzugszinsen BGB §§ 287–292 9
Folgeschäden BGB § 275 41
– innerhalb des Werks BGB § 280 70
– innerhalb des Werks und Nacherfüllungsanspruch BGB § 280 69
Folgeverträge VOB/B § 8 67
Förderung
– der Ausführung VOB/B § 5 36
Forderungssicherungsgesetz
– Bauhandwerkersicherung BGB § 648a 6 ff.
Forderungsübergang
– gesetzlicher BGB § 426 2
Form
– anwendbares Recht Rom I-VO ff.
– von Anzeigen BGB § 309 58
– von Erklärungen BGB § 309 58
– der Streitverkündung ZPO § 73

2064

Formbedürftigkeit
– des Werkvertrags BGB Vor. zu §§ 631 ff. 32
Förmelei VOB/B § 4 43
– nutzlose BGB § 637 25
Formerfordernis BGB § 177 9; VOB/B § 9 9
– Kündigungsandrohung VOB/B § 9 10
– Nachfristsetzung VOB/B § 9 10
– notarielle Beurkundung BGB § 177 9
– öffentliche Beglaubigung BGB § 177 9
– Schriftform VOB/B § 9 9
– Zugang VOB/B § 9 9
Formfreiheit BGB Vor. zu §§ 145–163 5
Formularbuch
– AGB BGB § 305 17
Formvorschriften BGB Vor. zu §§ 145–163 25
Freianalagen
– Definition HOAI § 2 16
Freier Beruf BGB § 310 3
Freigabeversprechen BGB § 309 9
Freistellungs- oder Regressanspruch
– des Gesellschafters BGB § 705 47
Freizügigkeitsabkommen Einl. II 45
Freizügigkeitsabkommen Schweiz-EU Einl. II 39 f.
– freier Personenverkehr Einl. II 41
– Lohn- und Sozialdumping Einl. II 43
– Übergangsfristen Einl. II 42
Fremdenrecht Einl. II 2, 27
Fremdgeschäftsführung
– unberechtigt BGB § 678 1
Fremdgeschäftsführungsbewusstsein BGB § 686 1
Fremdgeschäftsführungswille BGB § 677 2; § 686 1; § 687 1
Fremdnachbesserungskosten VOB/B § 4 38
Fremdtilgungswille BGB §§ 422–425 4
Frist
– Anfechtungsfrist BGB § 121 1, 6; § 124 1 ff.
– angemessene BGB § 637 10
– Hemmung BGB § 124 6
Fristablauf VOB/B § 4 44
Fristsetzung BGB § 275 80; § 281 12; § 323 4
– Ablehnungsandrohung BGB § 281 19
– Angemessenheit BGB § 281 22; VOB/B § 4 42
– Entbehrlich BGB § 637 23
– Erfolglosigkeit BGB § 281 23
– Fristbeginn BGB § 281 16 f.
– geschäftsähnliche Handlung BGB § 281 13
– Inhalt der Leistungsaufforderung BGB § 281 15
– im Insolvenzverfahren InsO § 103 54 ff., 76 f.
– Leistungshandlung BGB § 281 23
– Mahnung BGB § 281 14
– zur Mängelbeseitigung BGB § 637 2, 7
– Nachfrist BGB § 281 21
– Rechtsgeschäft BGB § 281 13
– Rechtsnatur BGB § 281 13

– Schriftform BGB § 281 12
– Zeitpunkt BGB § 281 20
– Zuvielforderung BGB § 281 18
Fristsetzungserfordernis BGB § 280 5
Fristverkürzung BGB § 309 46
Fristverlängerung
– bauzeitliche Gutachten VOB/B § 6 24
– Dauer VOB/B § 6 24
– Detailterminplans VOB/B § 6 24
– Fristverkürzung VOB/B § 6 26
– Fristverlängerung VOB/B § 6 23
– ungünstige Jahreszeit VOB/B § 6 26
– Verschiebung VOB/B § 6 26
– Weiterführung der Arbeiten VOB/B § 6 27
– Zuschlag VOB/B § 6 25
Fristversäumung BGB § 124 8
Fund VOB/B § 4 56
Funktional definierte Werke Einl. V 38
Funktionalausschreibung siehe Leistungsbeschreibung mit Leistungsprogramm
Fürsorgepflicht siehe Verschulden bei Vertragsverhandlungen

Garantie BGB § 639 1, 8; siehe Vertretenmüssen
– beschränkte für die Leistungsfähigkeit BGB § 280 6
Garantiehaftung BGB § 179 1 ff.
Gattungsschuld BGB § 631 147
– Konkretisierung BGB § 631 149, 151
Gebäude
– Definition HOAI § 2 5
Gebhard Einl. II 28
Gebietskörperschaft BGB § 310 6
Gebrauchsüberlassungsverhältnis VOB/B § 8 63
Gefahr BGB § 241 18
– dringende BGB § 680 1
Gefahrenabwehr BGB § 680 1
Gefahrtragung VOB/B § 7 1
– Abdingbarkeit BGB § 644 17
– Abnahme BGB § 644 6 f.
– vor Abnahme VOB/B § 7 4
– Annahmeverzug BGB § 644 8 ff.
– Leistungsgefahr BGB § 644 3 f.; VOB/B § 7 2
– Leitbild VOB/B § 7 6
– Stoffe des Bestellers BGB § 644 13 f., 15
– unangemessene Benachteiligung VOB/B § 7 5
– Vergütungsgefahr BGB § 644 1, 5; VOB/B § 7 3
– Verschulden BGB § 644 2, 16
– Versendung BGB § 644 12
Gefahrtragungsnorm BGB § 275 4
Gefahrtragungsregeln
– gesetzliche VOB/B § 7 1
Gefahrübergang BGB § 651 32
– Abnahme BGB § 640 2, 87
– mit Abnahme VOB/B § 12 78

2065

Stichwortverzeichnis

Gefälligkeitsverhältnis BGB § 146 34; § 280 19; Vor. zu §§ 631 ff. 26
– Gefälligkeitsleistung BGB § 280 22
– mit rechtsgeschäftlichem Charakter BGB § 280 20
Gegenforderung BGB §§ 320–322 5; ZPO § 302 3
Gegenkündigung VOB/B § 9 2
Gegenleistung BGB § 631 1
Gegenleistungsgefahr BGB § 326 6
Gegenseitiger Vertrag
– Rechtsfolgen BGB §§ 320–322 18 ff.
Gegenseitigkeitsverhältnis BGB §§ 320–322 12; § 326 8
– Synallagma BGB §§ 320–322 1
Geistige Leistungen BGB § 651 3, 24
Geld- und Sachleistungen
– der Bau-ARGE Gesellschafter BGB § 707 5
Geldersatz BGB §§ 249–255 10
Geldschuld
– und Verzug BGB §§ 287–292 10
Geltungserhaltende Reduktion BGB § 306 8
Gemeines Recht BGB §§ 420–421 8
Gemeinschaftseigentum
– Abnahme BGB § 640 38
Gemeinschaftsrecht BGB § 307 12
– Vorrang BGB § 306 20
Genehmigung BGB § 177 11 ff.; VOB/B § 4 3, 48
– Genehmigungserklärung BGB § 178 3
– Teilgenehmigung BGB § 177 15
Genehmigungsaufforderungsfrist BGB § 177 14
Genehmigungserfordernisse Einl. II 33
General Procurement Agreement Einl. II 46
Generalübernehmer BGB Vor. zu §§ 705 ff. 7
– Begriff BGB Vor. zu §§ 631 ff. 33
Generalunternehmer BGB § 164 11; § 308 6; Vor. zu §§ 705 ff. 8
– anwendbares Recht Rom I-VO f.
– Begriff BGB Vor. zu §§ 631 ff. 33
– Generalunternehmervertrag BGB § 164 11
– Haupt- und Nebenunternehmer BGB Vor. zu §§ 164 ff. 4
– im Insolvenzverfahren InsO § 103 116 f.
Geräte VOB/B § 4 21
Gerichtsstand VOB/B § 18 1
– allgemeiner IntZust 21 ff.
– Erfüllungsort IntZust 26 ff.
– Niederlassung IntZust 77 ff.
– Sachzusammenhang IntZust 84 ff.
Gerichtsstandsvereinbarung ZPO § 38
– allg. IntZust 93 ff.
– Anwendungsbereich IntZust 95
– Form IntZust 97 ff.
– Wirkungen IntZust 106
– Zulässigkeit IntZust 103 ff.; ZPO § 38 10
Gerüst VOB/B § 7 9

Gerüstbauvertrag
– Überblick BGB Vor. zu §§ 631 ff. 60
Gesamterfüllungswirkung BGB §§ 422–425 7
Gesamtkausalität BGB §§ 420–421 44
Gesamtliquidation BGB § 326 30
Gesamtschuld Einl. I 5
– Allgemeines BGB §§ 420–421 1 f.
– Ausschluss der Teilschuld BGB §§ 420–421 18
– Beweislast BGB §§ 422–425 18
– Einzelwirkung BGB §§ 422–425 22, 26
– Erfüllungswirkung BGB §§ 420–421 22
– Erfüllungswirkung und Nacherfüllung BGB §§ 422–425 7
– Erlassvertrag BGB §§ 422–425 11 ff.
– Erlassvertrag und Prozessvergleich BGB §§ 422–425 15 ff.
– fingierte BGB § 426 35
– Gesamtwirkung BGB §§ 422–425 1 ff., 23 ff.
– gestörte BGB § 426 33
– Gläubigerverzug BGB §§ 422–425 19 ff.
– Gleichstufigkeit BGB §§ 420–421 16 f.
– Grenzen BGB §§ 420–421 21
– Konfusion BGB §§ 422–425 36
– Kündigung BGB §§ 422–425 27 f.
– Rechtskraft BGB §§ 422–425 37
– Reichweite der Gesamtwirkung BGB §§ 422–425 8 ff.
– Rückgriffsanspruch BGB §§ 420–421 23
– Schuldnerverzug BGB §§ 422–425 29 f.
– Struktur des § 421 BGB BGB §§ 420–421 3
– unechte BGB §§ 420–421 15
– Unmöglichkeit BGB §§ 422–425 34
– Verhältnis zur Interzession BGB §§ 420–421 6 f.
– Verhältnis zur kumulierten Schuld BGB §§ 420–421 5
– Verhältnis zur Teilschuld BGB §§ 420–421 4
– Verjährung BGB §§ 420–421 20; §§ 422–425 35
– Verschulden BGB §§ 422–425 31 ff.
– Vor- und Nachunternehmer BGB § 633 103
– Voraussetzungen der BGB §§ 420–421 8 ff.
– Wahlfreiheit des Gläubigers BGB §§ 420–421 19
Gesamtschuld im Bauvertrag
– Architekt - Fachplaner BGB §§ 420–421 30 f.
– Architekt - Sonderfachmann BGB §§ 420–421 46 f.
– Architekt - Unternehmer BGB §§ 420–421 28, 36
– bauplanender Architekt - bauleitender Architekt BGB §§ 420–421 29, 45
– bauplanender Architekt - Unternehmer BGB §§ 420–421 25 ff.
– Erfüllungsgehilfenstellung BGB §§ 420–421 24
– Fachplaner - Architekt BGB §§ 420–421 33

- Fachplaner-Besteller-Architekt **BGB §§ 420–421** 32
- Sonderfachmann - Sonderfachmann **BGB §§ 420–421** 48
- Unternehmer - Unternehmer: Bedenkenhinweispflicht **BGB §§ 420–421** 42 f.
- Unternehmer - Unternehmer: Mängelansprüche **BGB §§ 420–421** 37 ff.
- Unternehmer - Unternehmer: Verzögerungsschaden **BGB §§ 420–421** 44
- Vorunternehmer - Nachfolgeunternehmer **BGB §§ 420–421** 34, 35

Gesamtschuldner **BGB § 309** 31; **§§ 320–322** 12; **ZPO § 29** 6

Gesamtschuldnerische Haftung
- der ARGE-Gesellschafter **BGB § 705** 46
- Grenzen **BGB §§ 420–421** 13
- Höchstbeträge **BGB §§ 420–421** 13
- Mitverschulden **BGB §§ 420–421** 14

Gesamtschuldnerischer Ausgleichsanspruch
- ausgleichende Gerechtigkeit **BGB § 426** 17
- Fiktion des Gesamtschuldverhältnisses **BGB § 426** 35
- Fremdgeschäft **BGB § 426** 38
- gesetzlicher Forderungsübergang **BGB § 426** 12 f.
- als gesetzliches Schuldverhältnis **BGB § 426** 3
- Gestörte Gesamtschuld **BGB § 426** 33 ff.
- Haftpflichtige **BGB § 426** 20, 22 f.
- Haftungsrisiko **BGB § 426** 15, 19
- Höchstbeträge **BGB § 426** 15
- Konkurrenzen **BGB § 426** 37 ff.
- nach Kopfteilen **BGB § 426** 15
- Kumulation **BGB § 426** 31
- Mitwirkungs- und Zahlungsanspruch **BGB § 426** 4
- und Mitwirkungspflicht **BGB § 426** 3
- nachträgliche Einwirkungen **BGB § 426** 32
- Rechtsfrieden **BGB § 426** 34
- Regresskreisel **BGB § 426** 28, 35
- Rückgriffsanspruch **BGB § 426** 35
- selbstständiger Anspruch **BGB § 426** 9 f.
- Sicherungsgeber: Bürgen **BGB § 426** 15
- Sicherungsgeber: Bürgen und Gesamtschuldner **BGB § 426** 16 ff.
- Störungen **BGB § 426** 26
- Struktur **BGB § 426** 1 f.
- Tilgungsbestimmung **BGB § 426** 38
- Treuwidrigkeit **BGB § 426** 28
- Umfang **BGB § 426** 14
- Verjährung **BGB § 426** 5 ff., 11
- Verlust der Nacherfüllungsbefugnis **BGB § 426** 28 ff.
- Verlust der Verjährungseinrede **BGB § 426** 27
- Verschulden **BGB § 426** 25

Gesamtvermögen **Einl. V** 10
Gesamtvertretungsverhältnis **BGB § 180** 7
Gesamtwirkung **BGB §§ 422–425** 5, 12, 14

Geschäftsähnliche Handlungen **BGB § 119** 21
Geschäftsbedingungen
- Allgemeine **BGB § 305** 1

Geschäftsbesorgung **BGB § 677** 1; **§ 683** 1
- unberechtigt **BGB § 684** 1

Geschäftsbesorgungsvertrag **BGB §§ 170–173** 18
- Abgrenzung zum Werkvertrag **BGB Vor. zu §§ 631 ff.** 27

Geschäftsführer
- faktischer **BauFordSiG § 2** 31
- Geschäftsunfähig oder beschränkt geschäftsfähig **BGB § 682** 1
- Pflicht **BGB § 677** 7

Geschäftsführung
- berechtigt **BGB § 679** 1
- Übernahme **BGB § 678** 1

Geschäftsführung ohne Auftrag **BGB § 177** 13
Geschäftsgrundlage **BGB § 631** 84
- Störung **BGB § 677** 6

Geschäftsherr
- Gefährdung **BGB § 680** 2
- wirklicher **BGB § 677** 3

Geschäftswille **BGB § 313** 4
Gesellschaft bürgerlichen Rechts **BGB § 310** 4, 39

Gesellschafter
- nachträglich beigetretener, Haftung **BGB § 705** 48

Gesellschafterleistungen **BGB § 707** 2
Gesellschafterversammlung **BGB § 713** 2
Gesellschaftsverhältnis **BGB § 169** 1
Gesetzlicher Forderungsübergang **BGB § 426** 2
Gesetzliches Leitbild **BGB § 307** 13
Gesicherte Erschließung **BauGB § 34** 34 ff.
Gestaltungsrecht **BGB § 638** 2
Gestörte Gesamtschuld **BGB § 426** 33
Getrennte Vermögensverwaltung
- MaBV **MaBV §§ 4–6** 10 f.

Gewährleistung **VOB/B § 4** 7
Gewährleistungsansprüche
- im Insolvenzverfahren **InsO § 103** 81, 130

Gewährleistungsbürgschaft
- auf erstes Anfordern **BGB § 306** 10

Gewährleistungseinbehalt **BGB § 309** 12
Gewährleistungsklage
- Zuständigkeit, internationale **IntZust** 92

Gewährleistungsrecht **BGB § 123** 44; **§ 309** 31
Gewerbe **BGB § 310** 2, 37, 41, 45
Gewerbetreibender **BGB § 310** 2
Gewerbliches Immobilienrecht **Einl. IV** 2
Gläubigerverzug
- § 302 BGB **BGB §§ 300–304** 7
- Abgrenzung **BGB §§ 293–299** 3
- Abholung **BGB §§ 293–299** 16
- Anleistung **BGB §§ 293–299** 9
- Annahmeverweigerung **BGB §§ 293–299** 15

Stichwortverzeichnis

- Annahmeverweigerungsrecht BGB §§ 293–299 12
- Anwendungsbereich BGB §§ 293–299 1
- Beginn und Ende BGB §§ 293–299 6 f.
- Behinderungsanzeige BGB §§ 293–299 17
- Entbehrlichkeit BGB §§ 293–299 19
- Entbehrlichkeit des wörtlichen Angebots BGB §§ 293–299 15
- Entschädigungsanspruch BGB §§ 300–304 1
- bei Gesamtschuld BGB §§ 422–425 19
- Geschäftsführung ohne Auftrag BGB §§ 300–304 10
- Grundstückskaufvertrag BGB §§ 293–299 9
- Haftungsmilderung BGB §§ 300–304 2
- Herausgabe von Nutzungen BGB §§ 300–304 7
- kalendarisch bestimmte Annahmezeitpunkte BGB §§ 293–299 19
- Konkretisierung BGB §§ 300–304 4
- Lagergeld BGB §§ 300–304 10
- Lagerung und Aufbewahrung BGB §§ 300–304 8
- Mehraufwendungen BGB §§ 300–304 10
- Mitwirkungshandlung BGB §§ 293–299 4, 16
- Mitwirkungsobliegenheit BGB §§ 293–299 2
- Nachholbarkeit der Leistung BGB §§ 293–299 3
- Nichtannahme BGB §§ 293–299 4
- Notartermin BGB §§ 293–299 9
- Obliegenheit BGB §§ 293–299 5
- Realakt BGB §§ 293–299 10
- Realoblation BGB §§ 293–299 8
- Recht zur Besitzaufgabe BGB §§ 300–304 8 f.
- Rechtsfolgen BGB §§ 300–304 11
- tatsächliches Angebot BGB §§ 293–299 8 ff.
- Teilleistung BGB §§ 293–299 10
- Transportkosten BGB §§ 300–304 10
- Übergang der Leistungsgefahr BGB §§ 300–304 3 ff.
- und vorübergehendes Unvermögen BGB §§ 293–299 20
- Versicherungsprämien BGB §§ 300–304 10
- Verzugszinsen BGB §§ 300–304 6
- Voraussetzungen BGB §§ 293–299 4 f.
- vorübergehende Annahmeverhinderung BGB §§ 293–299 24 f.
- vorübergehendes Unvermögen BGB §§ 293–299 21
- Wahlrecht BGB §§ 293–299 2
- Wegfall der Verzinsung BGB §§ 300–304 6
- wörtliches Angebot BGB §§ 293–299 13 ff.
- Zug-um-Zug-Leistungen BGB §§ 293–299 22 f.
- Zusammentreffen von Schuldner- und Gläubigerverzug BGB §§ 300–304 12 ff.

Gleichstufigkeit BGB §§ 420–421 2, 15

Gleitklauseln VOB/B § 2 20
- Höchstpreisklausel VOB/B § 2 23
- Lohn- und Materialpreisgleitung VOB/B § 2 20

Global-Pauschalvertrag BGB § 313 34
Globale Leistungsbeschreibung Einl. V 38
Globalpauschalvertrag VOB/B § 2 37 ff.
GMP-Vertrag BGB § 632 177
Grenzbebauung
- Abstandflächen BauO NRW § 6 6 ff.
- mögliche BauO NRW § 6 14 ff.
- zwingende BauO NRW § 6 6 ff.

Grobe Fahrlässigkeit
- allgemein anerkannte Regeln der Technik BGB § 276 84
- Anwendungsfälle BGB § 276 87
- Arbeitnehmer BGB § 276 87
- Bauherr BGB § 276 85
- Bauunternehmer BGB § 276 85
- DIN-Norm BGB § 276 84
- eigenübliche Sorgfalt BGB § 276 87
- Nacherfüllung BGB § 276 88
- bei unentgeltlicher Leistung BGB § 276 86
- Unfallverhütungsvorschrift BGB § 276 84
- Voraussetzung BGB § 276 83

Große Lösung Einl. II 10
Großer Schadensersatzanspruch BGB § 283 8; VOB/B § 13 97
- Beschädigungen anderer Rechtsgüter VOB/B § 13 103
- entfernte Mangelfolgeschäden VOB/B § 13 97
- Fehlen einer vertraglich vereinbarten Beschaffenheit VOB/B § 13 100
- Inhalt des Schadensersatzanspruchs VOB/B § 13 103
- leichte Fahrlässigkeit VOB/B § 13 99
- positive Vertragsverletzung VOB/B § 13 97
- Umfang VOB/B § 13 97
- Unwesentlichkeit des Mangels VOB/B § 13 101
- Verschulden VOB/B § 13 98
- versicherte oder versicherbare Leistung VOB/B § 13 102
- Verstoß gegen anerkannte Regeln der Technik VOB/B § 13 99
- Wahlrecht VOB/B § 13 103
- Wesentlichkeit des Mangels VOB/B § 13 98
- zusätzliche Voraussetzungen VOB/B § 13 98

Grunderwerbssteuer Einl. V 50
Grundrechtsbindung Einl. IV 3
Grundstrukturen
- des Vergaberechts VergabeR 4 ff.

Grundstück BGB § 651 7
- Bauordnung BauO NRW § 1 10 ff.
- Wertsteigerung BGB § 684 4

Grundstücksbestandteile BGB § 651 7

Stichwortverzeichnis

Gründung
- der Bau-ARGE BGB § 705 28

Grundwasser VOB/B § 4 16, 22
Gutachterkosten BGB § 638 30
Gutachtervertrag
- Überblick BGB Vor. zu §§ 631 ff. 61 ff.

Haftung
- neben Auseinandersetzungsbilanz BGB § 740 10
- Sachvesständiger ZPO § 492 21

Haftung für Erfüllungsgehilfen
- Bau-ARGE BGB § 705 49

Haftung für Verrichtungsgehilfen
- Bau-ARGE BGB § 705 49

Haftungsausschluss BGB § 309 22, 27; § 639 1
Haftungsbegrenzung BGB § 179 4
- Haftungsausschlussgrund BGB § 179 5

Haftungsbeschränkung BGB § 309 26; § 682 2
Haftungsminderung BGB § 680 3
Handeln in fremdem Namen
- Beweislast BGB § 164 23

Handelsbrauch BGB § 310 12 f.
- VOB/B BGB § 305 18; § 310 13

Handelsgewerbe BGB § 310 3
Handelskauf BGB § 651 34
Handelsrechtsreform BGB § 705 6
Handelsverkehr BGB § 310 12
Handwerksbetrieb BGB § 310 3
Haupt- und Nebenunternehmerschaft BGB Vor. zu §§ 705 ff. 5
Hauptleistungsklausel BGB § 307 28
Hauptleistungspflicht BGB § 307 14; § 308 14
Hauptpflicht BGB § 307 17; VOB/B § 12 1
- der Parteien, vertragliche BGB § 631 136

Hauptunternehmer BGB Vor. zu §§ 705 ff. 5
- Begriff BGB Vor. zu §§ 631 ff. 33

Haustürgeschäft Einl. V 20
Haustürsituation Einl. V 21
Hausverwalter BGB § 164 12
Heilung ZPO § 73 5
Hemmung
- der Verjährung BGB § 637 37; ZPO § 62 5

Herabsetzung des Vergütungsanspruches BGB § 638 14
Herausgabepflichten BGB § 681 2
Herkunftslandprinzip Einl. II 30
Herstellung BGB § 631 1, 136; § 651 11
Herstellungsverpflichtung BGB § 651 10, 18; VOB/B § 7 17
Hilfskonstruktion VOB/B § 7 9
Hilfswiderklage ZPO § 253 1; § 33 6
Hinterlegung VOB/B § 17 34 ff.
Hinweispflicht *siehe Verschulden bei Vertragsverhandlungen*
- Unterlagen VOB/B § 3 6 ff.

HOAI BGB § 307 9; § 631 120
- Anwendungsbereich HOAI § 1 3

- Leistungsphasen BGB Vor. zu §§ 631 ff. 73
- Preisrecht HOAI § 1 2; § 3 3

Hochschule BGB § 310 6
Höchstpreisklausel VOB/B § 2 23
Höchstsatz HOAI § 3 4
- Höchstsatzüberschreitung HOAI § 7 16

Höhere Gewalt VOB/B § 7 4, 10
- außergewöhnliches Ereignis VOB/B § 6 10
- eigenes Verschulden VOB/B § 6 12
- Erdbeben VOB/B § 6 11
- Großbrände VOB/B § 6 11
- Hochwasser VOB/B § 6 11
- Überschwemmungen VOB/B § 6 11

Holzschutznachweis BGB § 241 26
Honorartafel
- der HOAI HOAI § 6 7
- Tafelwerte HOAI § 7 13

Honorarvereinbarung
- bei Auftragserteilung HOAI § 7 9
- Bonus-/Malus-Honorar HOAI § 7 24
- Mindest- und Höchstsätze HOAI § 7 11
- Schriftform HOAI § 7 7
- Wirksamkeit HOAI § 7 6

Honorarzone
- Definition HOAI § 2 20
- Einordnung HOAI § 5
- Vereinbarung HOAI § 5 6

Horizontale ARGE BGB § 705 19

Ideelle Motive BGB § 275 41
Identitätsirrtum BGB § 119 26; *siehe Irrtum*
Immaterielle Schäden BGB § 275 41
Immobilienfonds BGB § 123 17
In dubio pro reo BauFordSiG § 2 8
In sich abgeschlossene Teile des Werkes
- Abschlagszahlungsfähigkeit BGB § 632a 9 f., 23
- Teilabnahmefähigkeit BGB § 632a 8

Inanspruchnahme Bürgschaften
- der Bau-ARGE BGB § 707 12

Indirekte Tilgungswirkung BGB §§ 422–425 4
Individualabrede BGB § 305a 1
Individualinteressen Einl. IV 1
Individualvereinbarung BGB § 305 24; § 307 9
Individualvertrag BGB § 310 46; § 639 2
Indizwirkung BGB § 310 12
information overload Einl. V 36
Informations- und Wartepflicht
- Verstoß BGB § 146 12; Vor. zu §§ 145–163 23

Informationsassymetrie Einl. V 15
Informationsgebot Einl. V 8
Informationsökonomik Einl. V 15
Informationspflichten Einl. V 7, 31, 32, 35; BGB § 681 2
- allgemein Einl. V 28 f.
- Aufforderung zum Kauf Einl. V 34
- bei Bauträgerverträgen Einl. V 36, 39

2069

- Konkretisierung Einl. V 33
- Konkretisierung der geschuldeten Leistung Einl. V 38
- Koppelungsangebote Einl. V 37
- Unterlassen wesentlicher Informationen Einl. V 31
- vorvertragliche BGB § 280 6
- in der Werbung Einl. V 30

Informationsverschaffung Einl. V 7
Ingenieur BGB § 631 9
Ingenieurvertrag
- Überblick BGB Vor. zu §§ 631 ff. 68, 80

Ingerenzgedanke Einl. V 37
Inhabilität BauFordSiG § 2 39
Inhalt
- der Klageschrift ZPO § 253 2

Inhaltsfreiheit BGB Vor. zu §§ 145–163 4
Inhaltsirrtum BGB § 119 24; § 634 57; siehe Irrtum
Inhaltskontrolle Einl. II 12; BGB § 307 2; § 310 14, 16, 46
Innen-ARGE BGB § 705 23
Innenverhältnis BGB § 680 3
Insichgeschäft BGB § 181 1 ff.
Insolvenz BGB § 640 126
- Bau-ARGE BGB § 729 13
- Gesellschafter BGB § 729 15

Insolvenz Bau-ARGE-Gesellschafter
- prozessuale Auswirkung BGB § 740 11

Insolvenzabnahme BGB § 640 126
Insolvenzantrag InsO § 103 2; VOB/B § 8 8, 14, 27
- des Auftragnehmers BGB § 637 34

Insolvenzausfallversicherung Einl. V 45
Insolvenzbekanntmachungen InsO § 103 5
Insolvenzeröffnung InsO § 103 32; VOB/B § 8 8, 16, 28
Insolvenzforderung BGB § 637 34; InsO § 103 65 ff.
Insolvenzgutachter InsO § 103 3
Insolvenzrisiko Einl. V 22; BGB §§ 420–421 14
Insolvenzverwalter
- vorläufiger InsO § 103 4, 27, 50

Instandsetzungen
- Definition HOAI § 2 14 f.

Integritätsinteresse BGB § 280 37
Interesse
- des Geschäftsherrn BGB § 677 7; § 683 5
- negatives BGB §§ 249–255 8
- öffentliches BGB § 678 2; § 679 2
- positives BGB §§ 249–255 8

Interessenabwägung BGB § 306 19; § 307 20, 24
Interessenbeachtung BGB § 677 7
Interessewegfall VOB/B § 8 58
Internationale Zuständigkeit Einl. II 6

Internationales Vertragsrecht
- Anlagenvertrag Rom I-VO
- Architektenvertrag Rom I-VO ff., ff.
- Bauträgervertrag Rom I-VO f.
- Bauvertrag Rom I-VO ff., ff.
- Generalunternehmervertrag Rom I-VO f.
- Subunternehmervertrag Rom I-VO f.

Interner Kalkulationsirrtum BGB § 313 12
Internet-Auktion BGB § 156 6 ff.
Interzession BGB §§ 420–421 6
Intransparenz Einl. V 37; BGB § 307 30
- AGB § 305 23

invitatio ad offerendum BGB § 145 4 f.
Irrtum BGB § 119 1, 2; § 123 21; § 241 12
- aufgrund arglistiger Täuschung oder widerrechtlicher Drohung BGB § 119 2
- Eigenschaftsirrtum BGB § 119 2, 37
- Empfängerirrtum BGB § 119 20
- Erklärungsirrtum BGB § 119 2, 24
- über Geschäftsherr BGB § 686 1
- Identitätsirrtum BGB § 119 27
- Inhaltsirrtum BGB § 119 2, 25
- Kalkulationsirrtum BGB § 119 24
- Motivirrtum BGB § 119 2, 44
- offener Kalkulationsirrtum BGB § 119 33
- Rechtsfolgeirrtum BGB § 119 28
- Tatbestandsirrtum BauFordSiG § 2 13
- Übermittlungsirrtum BGB § 119 2; § 120 1
- unbeachtlicher Motivirrtum BGB § 119 30
- Verbotsirrtum BauFordSiG § 2 13
- verdeckter Kalkulationsirrtum BGB § 119 32
- Verlautbarungsirrtum BGB § 119 26

Irrtumsanfechtung BGB § 119 1 ff.
Isolierte Inhaltskontrolle BGB § 310 14
Ius cogens Einl. V 40

John F. Kennedy Einl. V 3
Juristische Person BGB § 310 39; ZPO § 17 1

Kalkulation BGB § 275 37; § 631 83
- Annahmen BGB § 631 83, 84
- Geschäftsgrundlage BGB § 631 84
- Irrtum BGB § 241 12

Kalkulationsirrtum BGB § 119 30; siehe Irrtum; siehe Kalkulation
- offener Kalkulationsirrtum BGB § 119 32
- verdeckter Kalkulationsirrtum BGB § 119 31

Kardinalpflicht BGB § 307 17; § 309 23
Kaufmännische Geschäftsführung BGB § 713 14
Kaufmännischer Geschäftsverkehr BGB § 305 27; § 308 19, 24; § 309 1, 10, 12, 20, 38, 40; § 639 9
Kaufmännisches Bestätigungsschreiben BGB § 305 20; § 308 20
- Anfechtung BGB § 119 22

Kaufrecht BGB § 639 8; § 651 2, 25
- Abgrenzungskriterien BGB § 651 3

– abweichende Vereinbarungen BGB § 651 5
– und VOB/B BGB § 651 4
Kaufvertrag
– Abgrenzung zum Werkvertrag BGB Vor. zu §§ 631 ff. 20 f.
Kausalität BGB §§ 249–255 20; §§ 823, 831 35
– adäquate BGB §§ 249–255 22
– äquivalente BGB §§ 249–255 21
– Doppelkausalität BGB §§ 420–421 44; §§ 823, 831 35
– Gesamtkausalität BGB §§ 420–421 44
– haftungsausfüllende ZPO § 287 6
– haftungsbegründende ZPO § 287 5
– kumulative BGB §§ 420–421 44; §§ 823, 831 35
– Schutzweck der Norm BGB §§ 249–255 24
– Verletzung einer Aufklärungspflicht BGB § 280 66
– Vermutung aufklärungskonformen Verhaltens BGB § 280 66
– der Verzögerungen BGB §§ 420–421 44
Kenntnisnahme
– von AGB BGB § 305 30
Kernbereichsrechtsprechung BGB § 310 15
Klage
– auf Nacherfüllung BGB § 635 22
Klageänderung BGB § 275 86, 88; § 634 70; § 637 38; § 640 89; ZPO § 263; § 533 4
– keine ZPO § 264
– objektive ZPO § 264 2
– subjektive ZPO § 264 4
Klageerhebung
– selbständiges Beweisverfahren ZPO § 494a 10
Klageforderung
– entscheidungsreife ZPO § 302 2
Klageschrift ZPO § 253
Klarstellungssatzung BauGB § 34 47
Klauselrichtlinie Einl. II 12; BGB § 310 36; Vor. zu §§ 631 ff. 14 ff.
Klauselverbot BGB § 308 1; § 309 1
– mit Wertungsmöglichkeit BGB § 307 2
– ohne Wertungsmöglichkeit BGB § 307 2
Kleiner Schadensersatzanspruch VOB/B § 13 93
– Bauliche Anlage selbst VOB/B § 13 93
– Begrenzung des Umfangs VOB/B § 13 93
– Inhalt des Schadensersatzanspruchs VOB/B § 13 95
– Mangelbeseitigungskosten VOB/B § 13 95
– Mangelfolgeschäden VOB/B § 13 93
Kleingewerbe BGB § 310 3
Kommanditgesellschaft BGB § 310 4, 39
Komplettheitsklausel BGB § 307 18
Konfusion
– bei Gesamtschuld BGB §§ 422–425 36
Konkrete Schadensberechnung BGB § 280 88

Konkurrenzen BGB Vor. zu §§ 677 ff 3
– bei Anfechtung BGB § 123 41 ff.
Konsensprinzip BGB Vor. zu §§ 145–163 7
Konsortium BGB § 705 24 f.
Kontrahierungszwang BGB § 146 4; Vor. zu §§ 145–163 18
Kontrollfähigkeit
– von AGB BGB § 307 7
Kooperationsgebot BGB § 241 2; VOB/B § 4 2, 64
Kooperationspflicht Einl. I 2; Einl. II 21; BGB § 310 32; VOB/B § 4 46
Kooperationsverhältnis VOB/B § 8 6
Kopplungsverbot BGB Vor. zu §§ 631 ff. 71
Körperschaden BGB § 309 22
Korrealverbindlichkeit BGB §§ 420–421 8
Korrespondenzdienstleistung Einl. II 4
Kosten
– eigener Mitarbeiter BGB § 637 18
– Nebenintervention ZPO § 101
– Streitgenossen ZPO § 100
– unverhältnismäßig BGB § 635 43
– voraussichtliche oder mutmaßliche BGB § 637 41
Kostenanschlag BGB § 145 13; § 313 7
– Abgrenzung unverbindlicher/verbindlicher Kostenanschlag BGB § 650 9 ff.
– Anzeigepflicht bei wesentlicher Überschreitung BGB § 650 24 ff.
– Begriff BGB § 632 333; § 650 3
– besonderes Kündigungsrecht BGB § 650 1 f., 14 ff.
– Gegenstand BGB § 650 4 f.
– Geschäftsgrundlage BGB § 650 2; *siehe Kostenanschlag*
– Regelvermutung Unentgeltlichkeit BGB § 632 334
– Schadensersatz bei Verletzung Anzeigepflicht BGB § 650 30 ff.
– Vereinbarung Entgeltlichkeit BGB § 632 335 ff.
– wesentliche Überschreitung BGB § 650 12 f.
Kostenaufstellung
– Ersatzvornahme VOB/B § 8 64
Kostenausgleich VOB/B § 4 58
Kostenberechnung
– Berechnungsgrundlagen HOAI § 4 7
– Definition HOAI § 2 19
Kosteninteresse BGB § 275 87
Kostenkontrolle Einl. V 25
Kostenschätzung
– Berechnungsgrundlagen HOAI § 4 5
– Definition HOAI § 2 18
Kostensteigerungen BGB § 637 37
Kostenvorschuss BGB § 637 35
kein Kostenvorschuss
– bei zurückbehaltenem Werklohn BGB § 637 40

2071

Stichwortverzeichnis

Kostenvorschussanspruch BGB § 634 4;
§ 637 35, 39 ff.; VOB/B § 13 65
– mutmaßliche Nachbesserungskoten VOB/B
§ 13 65
Krieg VOB/B § 7 4, 10
Kumulierte Schuld BGB §§ 420–421 5
Kündigung BGB § 180 1 ff.; § 241 2, 5;
§ 308 24; VOB/B § 8 2, 70, 73; § 9 1
– 0,05 BGB § 649 50 f.
– abgestimmte Verhaltensweisen VOB/B § 8 65
– Abnahme BGB § 649 17
– Abschlagsrechnung BGB § 649 20
– bei Abweisung mangels Masse VOB/B § 8 8, 29
– AGB VOB/B § 9 2
– Allgemeines BGB § 643 1 f.
– anderweitiger Erwerb BGB § 649 47 ff.
– Androhung BGB § 643 8 f.
– bei Annahmeverzug BGB § 643 3
– Annahmeverzug bei Mitwirkungsverpflichtung VOB/B § 9 1, 3
– Aufmaß BGB § 649 18
– und Aufrechnung VOB/B § 8 40 ff.
– aus wichtigem Grund VOB/B § 8 1, 5, 75
– der Bau-ARGE BGB § 729 1
– Bauträgervertrag BGB § 649 3
– nach Bedenkenanzeige VOB/B § 9 1
– Beschränkung der Leistungspflicht BGB § 649 17
– besonderes Kündigungsrecht BGB § 650 1 f., 14 ff.
– Beweislast BGB § 649 38
– Darlegungs- und Beweislast VOB/B § 9 4
– durch den Auftraggeber VOB/B § 8 1, 3 ff.
– Einheitspreisvertrag BGB § 649 25
– erbrachte Leistung VOB/B § 9 11
– Erklärung BGB § 649 6 f.
– Ersparnis, Beispiele BGB § 649 40 ff.
– ersparte Aufwendungen BGB § 649 35 ff.
– Fälligkeit VOB/B § 9 13
– Folgeverträge VOB/B § 8 67 ff.
– Form BGB § 649 13
– Formerfordernisse VOB/B § 9 9
– freie BGB § 649 1; VOB/B § 8 7, 75, 77
– Fristsetzung BGB § 643 4 ff.
– Fristsetzung entbehrlich BGB § 643 7
– Füllauftrag BGB § 649 47
– durch Gesellschafter BGB § 729 1 f.
– Gewinn BGB § 649 45
– Informationsbedürfnis BGB § 649 31
– Inhaltskontrolle VOB/B § 8 21 ff.
– bei Insolvenzantrag VOB/B § 8 8, 14, 27
– bei Insolvenzeröffnung VOB/B § 8 8, 16, 28
– Klausel BGB § 649 4
– Kündigungsandrohung BGB § 180 4
– Kündigungsfrist VOB/B § 8 71
– Mängel BGB § 643 12; § 649 52 f.
– Nachkalkulation BGB § 649 30

– negative Vergütung BGB § 649 37
– Nichtigkeit VOB/B § 8 66
– ordentliche VOB/B § 8 1
– Pauschalpreisvertrag BGB § 649 26 ff.
– durch Pfandgläubiger BGB § 729 3
– Ratenzahlung BGB § 649 27
– Rechtsfolgen BGB § 643 10 ff.; VOB/B § 8 72
– Rücknahme BGB § 643 9
– Schadensersatzanspruch VOB/B § 8 37 ff.
– Skonto BGB § 649 46
– Submissionsabsprachen VOB/B § 8 65
– Teilkündigung BGB § 649 11 f.
– bei unterlassener Mitwirkung BGB § 643 1
– Vereinbarung BGB § 649 8 f.
– Vergütung BGB § 643 11
– Vergütung, erbrachte Leistungen BGB § 649 21 ff.
– Vergütung, nicht erbrachte Leistungen BGB § 649 33 ff.
– Verhältnis zu anderen Rechtsbehelfen VOB/B § 8 1
– Verjährung VOB/B § 9 13
– Verlust BGB § 649 29
– vertikale Preisbindung VOB/B § 8 65
– Vollmacht BGB § 649 5
– Voraussetzungen BGB § 643 3 ff.
– Wahlrecht des Insolvenzverwalters VOB/B § 8 19
– wegen Fristablaufs VOB/B § 8 45
– wichtiger Grund BGB § 649 15 f.
– wichtiger Grund, Vergütung BGB § 649 54
– Wirksamkeit VOB/B § 8 17 ff.
– Zahlung von Schmiergeldern VOB/B § 8 65
– Zahlungs- und sonstiger Schuldnerverzug VOB/B § 9 5 f.
– bei Zahlungseinstellung VOB/B § 8 8, 26
– Zeitpunkt BGB § 649 14
– Zugang VOB/B § 9 9
Kündigungsandrohung BGB § 177 18
Kündigungserklärung
– Aufhebung des Schriftformerfordernisses VOB/B § 8 80
– Bestimmtheit VOB/B § 8 75
– empfangsbedürftige Willenserklärung VOB/B § 8 73
– Schriftform VOB/B § 8 79 f.
– Umdeutung VOB/B § 8 76
– Weiterarbeit VOB/B § 8 74
– Zeitpunkt VOB/B § 8 77 f.
Kündigungsgrund VOB/B § 8 45; § 9 1
– Abnahmeverzug VOB/B § 9 6
– Annahmeverzug bei Mitwirkungsverpflichtung VOB/B § 9 1
– Auskunft VOB/B § 9 1
– Baufreiheit VOB/B § 9 1
– Baugenehmigung VOB/B § 9 1
– Darlegungs- und Beweislast VOB/B § 9 4

Stichwortverzeichnis

- Gläubigerverzug VOB/B § 9 1
- Nachtragsforderung VOB/B § 9 1
- Pläne und Unterlagen VOB/B § 9 1
- sonstige Kündigungsgründe VOB/B § 9 7
- sonstiger Schuldnerverzug VOB/B § 9 6
- Verzug mit Abschlagszahlungen VOB/B § 9 5

Kündigungsmöglichkeit
- des Auftragnehmers VOB/B § 9 8

Kündigungsrecht Einl. II 20; VOB/B § 8 3
- Androhung der Auftragsentziehung VOB/B § 4 44
- Fristsetzung VOB/B § 4 44
- Schriftform VOB/B § 4 45
- Unmöglichkeit VOB/B § 4 43
- wegen Nichtbefolgens der Ersetzungspflicht VOB/B § 4 41, 42

Ladung
- selbständiges Beweisverfahren ZPO § 491 1 ff.

Lagerstätte BauGB § 29 16 ff.
Landwirtschaftliche Erzeugnisse BGB § 651 12
Langzeitcharakter VOB/B § 4 46
Langzeitvertrag VOB/B § 4 29
Lasten der Nacherfüllung BGB § 636 13
Lastenfreiheit BGB § 639 8
Lastenfreistellung
- MaBV MaBV § 3 11 ff.

Leidensgrenze BGB § 275 54
Leistung BGB § 631 1
- ganz oder teilweise erbrachte VOB/B § 7 9
- i.S.d HOAI HOAI § 3 9
- Im Bestand HOAI § 6 9
- mangelhaft BGB § 683 9; § 684 5

Leistungsänderungsrecht BGB § 308 14
Leistungsanspruch
- Erlöschen BGB § 281 39

Leistungsaufforderung BGB § 323 6
Leistungsbegriff VOB/B § 2 3
Leistungsbereitschaft BGB § 636 12
Leistungsbeschreibung Einl. IV 3; BGB § 307 4; § 631 39, 46, 90; VergabeR; VOB/B § 2 6; § 4 25
- AGB BGB § 305 9
- Auslegung BGB § 633 38; VOB/B § 2 8
- besondere Leistungen BGB § 631 57
- detailliert BGB § 632 52, 106, 109 ff.
- Erstellen der BGB § 631 40, 141
- fehlerhafte *siehe Verschulden bei Vertragsverhandlungen*
- funktional BGB § 632 53 f., 106 ff., 134 ff.; § 633 32, 48, 99; VergabeR; VOB/B § 2 7
- kalkulatorische Risikoübernahme BGB § 632 55 f., 60 f., 136 f., 143 f.
- konstruktiv VergabeR 92
- Leistungsprogramm BGB § 631 29, 64, 73
- Leistungsverzeichnis BGB § 631 64 f., 65
- lückenhaft BGB § 633 48 ff., 70; VOB/B § 2 83
- mangelhaft VergabeR 101
- Nebenleistungen BGB § 631 56
- offene BGB § 631 145
- Prüfung BGB § 631 61
- Schadensersatzansprüche wegen Unzulänglichkeit BGB § 632 64, 67, 69
- ungewöhnliches Wagnis BGB § 631 46
- unklar BGB § 631 61
- unverständlich BGB § 631 61
- unvollständige VOB/B § 2 37, 164
- Unzulänglichkeit BGB § 632 59 ff., 132, 146
- Widerspruch VergabeR 93
- Widersprüche VOB/B § 2 82

Leistungsbestimmungsrecht BGB § 631 116, 150, 153
- zeitlich BGB § 631 155

Leistungsbewirkung BGB § 275 18
Leistungsbezogene Pflicht VOB/B § 4 16, 47
Leistungsbild BGB § 631 121
- i.S.d HOAI HOAI § 3 9

Leistungsfähigkeit BGB § 636 12
Leistungsfrist BGB § 308 2
Leistungsgefahr Einl. II 25; BGB § 644 3; § 651 31; VOB/B § 7 1
Leistungshindernis
- beiderseitig zu vertreten BGB § 326 16
- zeitweiliges BGB § 275 57

Leistungshindernis bei Vertragsschluss
- anfängliche objektive Unmöglichkeit BGB § 311a 1
- Anwendungsbereich BGB § 311a 3 f.
- Aufwendungsersatz BGB § 311a 2
- Aufwendungsersatzanspruch BGB § 311a 17
- Beweislast BGB § 311a 20
- dauernde Unmöglichkeit BGB § 311a 8
- Exkulpationsmöglichkeit BGB § 311a 9
- Garantie für die Erfüllbarkeit BGB § 311a 2
- Garantiehaftung BGB § 311a 2
- Kenntnisstand BGB § 311a 14
- Konkurrenzen BGB § 311a 21 f.
- Leistungspflichten BGB § 311a 3
- Mietrecht BGB § 311a 3
- negatives Interesse BGB § 311a 2
- Nichtigkeitsfolge BGB § 311a 1
- Normzweck BGB § 311a 1 f.
- primäre Leistungspflicht BGB § 311a 12
- qualitative Unmöglichkeit BGB § 311a 7, 15
- Rechtsfolgen BGB § 311a 12 f.
- Rentabilitätsvermutung BGB § 311a 17
- Schadensersatz statt der Leistung BGB § 311a 2, 16
- Tatbestandsvoraussetzungen BGB § 311a 5
- Unvermögen BGB § 311a 6
- Unzumutbarkeit der Nacherfüllung BGB § 311a 9
- Verjährung BGB § 311a 19
- verschuldensabhängige Rechtsfolgen BGB § 311a 15 ff.

2073

Stichwortverzeichnis

- verschuldensunabhängige Rechtsfolgen BGB § 311a 14
- vorübergehende Unmöglichkeit BGB § 311a 8
- vorübergehendes Leistungshindernis BGB § 311a 8
- vorvertragliche Aufklärungspflicht BGB § 311a 21
- Zeitpunkt BGB § 311a 10 f.

Leistungsklage BGB § 426 7
- unbezifferte ZPO § 253 8

Leistungspflicht BGB § 280 40; § 631 1
- Umfang BGB § 275 37

Leistungsphase BGB § 631 121
- Bewertung HOAI § 3 20
- i.S.d HOAI HOAI § 3 18
- Überblick BGB Vor. zu §§ 631 ff. 73

Leistungsprogramm des Vertrages BGB § 638 12

Leistungssoll
- Auslegungsgrundsätze BGB § 632 36 ff., 44 ff.
- Bezugspunkte BGB § 632 34
- Einschränkung BGB § 632 219 ff.
- maßgeblicher Empfängerhorizont BGB § 632 39 ff.
- Rangfolgevereinbarung BGB § 632 70 f.
- Verhältnis zu Erfolgssoll BGB § 632 33

Leistungsstörungen
- bei Gesellschafterleistungen BGB § 707 13

Leistungsstörungsrecht
- Grundtatbestand BGB § 280 1

Leistungssurrogate
- bei Gesamtschuld BGB §§ 422–425 8

Leistungsverweigerung
- ernsthafte und endgültige BGB § 637 25

Leistungsverweigerungsrecht BGB § 241 2, 4 f.; § 275 1, 7; § 309 7; §§ 320–322 1; § 635 57; § 641 52 ff.; VOB/B § 2 126, 134, 135
- § 648a BGB BGB § 641 65 f.
- Annahmeverzug BGB § 641 62
- Durchgriffsfälligkeit BGB § 641 48
- Konnexität BGB § 641 63
- nach Abnahme BGB § 641 56
- Sicherheitseinbehalt BGB § 641 64
- vor Abnahme BGB § 641 54 f.
- wegen Mängeln BGB § 641 52 ff.
- Wirkung BGB § 641 58 ff.

Leistungsverzeichnis VergabeR 90; siehe Leistungsbeschreibung; siehe Leistungsbeschreibung mit Leistungsverzeichnis

Leistungszeit BGB § 631 96

Leitbild BGB § 275 78
- des Gesetzes BGB § 307 13

Leitbildcharakter BGB § 307 14

Leitfabrikat BGB § 308 21

Letter of Intent BGB Vor. zu §§ 145–163 10

Lieferfrist BGB § 308 7

Lieferung BGB § 651 13
Lohnklausel VOB/B § 2 20
Los-ARGE BGB § 705 21
Lösungsklausel InsO § 103 23
Lückenhafte Leistungsbeschreibung VOB/B § 2 167
Luganer Übereinkommen IntZust 3

MaBV Einl. IV 2; Einl. V 22, 23; MaBV § 1 1 ff.
- Anzeigepflicht MaBV §§ 8–19 3
- Ausnahmen MaBV § 7 1 ff.
- Buchführungs- und Informationspflicht MaBV §§ 8–19 4 f.
- Bürgschaft BGB Vor. zu §§ 631 ff. 14
- Lastenfreistellung MaBV § 3 11 ff.
- Ratenplan MaBV § 3 28 ff.

Machtgefälle Einl. V 6
Mahnung BGB § 309 14
Makler- und Bauträgerverordnung BGB Vor. zu §§ 631 ff. 57; siehe MaBV
Maklerkosten Einl. V 50
Mangel BGB § 639 6
- Aliud BGB § 633 54
- Allgemeine Geschäftsbedingungen BGB § 633 40 ff.
- Architektenvertrag BGB § 633 63 ff.
- Bausummenüberschreitung BGB § 633 76 ff.
- Beschaffenheit BGB § 633 19
- Beschaffenheitsgarantie BGB § 633 43 ff.
- Beschaffenheitsvereinbarung BGB § 633 32 ff.
- Beurteilungszeitpunkt BGB § 633 60 ff.
- funktionaler Mangelbegriff BGB § 633 47 ff.
- Kenntnis BGB § 640 104 ff.
- Kooperationspflicht BGB § 633 86
- Mindermenge BGB § 633 55
- Objektbetreuung und Dokumentation BGB § 633 82
- objektiver Mangelbegriff BGB § 633 51 ff.
- Objektüberwachungsfehler BGB § 633 72 ff.
- Planungsfehler BGB § 633 66 ff.
- Rechtsmangel BGB § 633 56 ff.
- Schallschutz BGB § 633 25
- schlüsselfertig BGB § 633 33
- Stand der Technik BGB § 633 22
- Unerheblichkeit BGB § 633 59
- unfertiges Werk BGB § 633 55
- unwesentlich BGB § 323 15
- Verarbeitungsrichtlinien BGB § 633 22
- vermutet VOB/B § 3 8
- Verschaffungspflicht BGB § 633 4
- Vielzahl BGB § 637 33
- wesentlicher VOB/B § 12 33 f.

Mängelansprüche Einl. II 25; BGB § 280 10; § 634 2; VOB/B § 4 28; § 8 85
- Altbau BGB § 634 28
- Bauträgervertrag BGB § 634 28
- werkvertragliche BGB § 280 10, 13

– werkvertragliche und allgemeine Haftung **BGB § 280** 7 ff.
– werkvertragliche und Betriebsausfallschaden **BGB § 280** 16
– werkvertragliche und Mangelfolgeschäden **BGB § 280** 15, 17
– werkvertragliche und Verjährung **BGB § 280** 12
– werkvertragliche und Verzögerungsschaden **BGB § 280** 14
– werkvertragliche vor Abnahme **BGB § 280** 11
Mängelbegriff
– funktionaler **Einl. V** 13
Mängelbeseitigung BGB § 641 15; **VOB/B § 8** 2
Mangelbeseitigung und Schadensersatz vor der Abnahme
– Ersetzungsanspruch **VOB/B § 4** 28
– Normzweck **VOB/B § 4** 29
– Schadensersatzanspruch **VOB/B § 4** 28
Mangelbeseitigungsangebot BGB § 637 26
Mangelbeseitigungsanspruch
– im Insolvenzverfahren **InsO § 103** 40 f., 78 ff., 94 ff., 129
– vorweggenommener **VOB/B § 4** 23
Mangelbeseitigungsanspruch vor Abnahme VOB/B § 4 30
– nicht fertig gestellte Leistungen **VOB/B § 4** 33
– Umfang **VOB/B § 4** 35
– Verschulden **VOB/B § 4** 34
– Vertragswidrigkeit der Leistung **VOB/B § 4** 32
– Voraussetzungen **VOB/B § 4** 31
Mangelbeseitigungskosten BGB § 280 10, 13
– fiktive **BGB § 280** 10
Mangelbeseitigungspflicht VOB/B § 13 51
– Nebenkosten **VOB/B § 13** 51
– Neuherstellung **VOB/B § 13** 51
– Wahlrecht **VOB/B § 13** 52
Mangelbeseitigungspflicht des Auftragnehmers VOB/B § 13 51
– eigene Verantwortung des Auftragnehmers für Art und Weise der Mangelbeseitigung **VOB/B § 13** 52
– eigentliche Kosten der Mangelbeseitigung **VOB/B § 13** 51
– Nebenkosten **VOB/B § 13** 51
– Umfang der Beseitigungspflicht **VOB/B § 13** 51
Mangelbeseitigungsprozess BGB § 634 65
– Substantiierung **BGB § 634** 66
– Symptomrechtsprechung **BGB § 634** 65
Mangelfolgeschäden BGB §§ 249–255 66; **§ 280** 15; **§ 309** 26; **VOB/B § 4** 38
– Anwaltskosten **BGB §§ 249–255** 80
– entgangener Gewinn **BGB § 280** 73
– Feuchtigkeitsschaden **BGB § 280** 72

– Gutachterkosten **BGB § 280** 73
– merkantiler Minderwert **BGB §§ 249–255** 84; **§ 280** 73
– Mietausfallschaden **BGB §§ 249–255** 77
– Nutzungsausfall **BGB §§ 249–255** 70
– Personenschäden **BGB §§ 249–255** 86
– Personenschaden **BGB § 280** 72
– Sachverständigenkosten **BGB §§ 249–255** 80
– technischer Minderwert **BGB §§ 249–255** 84; **§ 280** 73
– Zinsverlust **BGB § 280** 73
Mangelfreie Herstellung BGB § 280 8
Mängelhaftung BGB § 166 8 f.
Mängelrechte BGB § 639 9
– Abnahme **BGB § 634** 10, 12
– und allgemeines Leistungsstörungsrecht **BGB § 634** 8 ff.
– angemessene Frist **BGB § 634** 34
– des Bestellers **BGB § 634** 1 ff.
– bestimmter Mangel **BGB § 634** 34
– Beweislast **BGB § 634** 64 ff.
– und Eigentumsverletzung **BGB § 634** 62
– Gefahrübergang **BGB § 634** 10
– Gemeinschaftseigentum **BGB § 634** 50
– Gesamtschuldner **BGB § 634** 47
– und Geschäftsführung ohne Auftrag **BGB § 634** 60
– Gestaltungsrechte **BGB § 634** 47 f.
– gewillkürte Prozessstandschaft **BGB § 634** 49
– im Keim angelegter Mangel **BGB § 634** 11
– Kostenvorschuss **BGB § 634** 38
– Leistungsgefahr **BGB § 634** 10, 12
– Mängel am Sondereigentum **BGB § 634** 49
– Mangelunwert **BGB § 634** 62
– Mehrheit von Bestellern **BGB § 634** 47 ff.
– Mehrheit von Unternehmern **BGB § 634** 44 ff.
– Nacherfüllung **BGB § 634** 29 ff.
– Preisgefahr **BGB § 634** 12
– Prozessuales **BGB § 634** 70
– Rückgewährschuldverhältnis **BGB § 634** 40
– Selbstvornahme **BGB § 634** 38
– Spezialität **BGB § 634** 9
– Stoffe oder Anweisungen des Bauherrn **BGB § 634** 29
– Stoffgleichheit **BGB § 634** 62
– und Störung der Geschäftsgrundlage **BGB § 634** 58
– Subunternehmer **BGB § 634** 44
– Symptomrechtsprechung **BGB § 634** 34
– Teilleistungen **BGB § 634** 45
– und unerlaubte Handlung **BGB § 634** 61 ff.
– und ungerechtfertigte Bereicherung **BGB § 634** 60
– Unwahlrecht **BGB § 634** 30
– Vergütungsgefahr **BGB § 634** 10
– Verhältnis **BGB § 634** 32 ff.
– Verhältnis zur Anfechtung **BGB § 634** 57

- und Verschulden bei Vertragsverhandlungen **BGB § 634** 59
- Vertragsanpassung **BGB § 634** 40
- Vollendung **BGB § 634** 10
- Vor- und Nachunternehmer **BGB § 634** 46
- Wohnungseigentümergemeinschaften **BGB § 634** 49 f.

Mängelrechte des Bestellers
- Allgemeines **BGB § 634** 5 f.

Mängelrüge BGB § 241 14; **VOB/B § 13** 46 ff.
- Benennung der Mängelsymptome **VOB/B § 13** 49
- Bestimmtheitsgebot **VOB/B § 13** 48
- Folgen fehlender Mangelbeseitigungsaufforderung **VOB/B § 13** 50
- Mangelbeseitigungsverlangen **VOB/B § 13** 48
- Nebenkosten **VOB/B § 13** 51
- Symptom-Rechtsprechung **VOB/B § 13** 49
- unberechtigt **BGB § 241** 14, 15
- unberechtigte **BGB § 635** 40

Mangelrügefrist BGB § 309 44
Mangelschaden VOB/B § 8 55
Mangelursache
- Ermittlung **BGB § 637** 15

Mangelvorbehalt BGB § 640 92
Mängelvortrag
- substantiierter **BGB § 635** 21

Marktentwicklung Einl. V 47
Marktintegration innerhalb der EU
- Anwendungsvorrang der Dienstleistungsfreiheit **Einl. II** 29
- Beschränkungsverbot **Einl. II** 28

Marktkompensatorische Maßnahmen Einl. V 6
Marktkompensatorischer Verbraucherschutz Einl. V 9
Marktkomplementäre Maßnahmen Einl. V 6
Marktkomplementärer Verbraucherschutz
- Informationsgebot **Einl. V** 7

Markttransparenz Einl. V 8
Masseunzulänglichkeit InsO § 103 8, 19, 59, 72 ff.
Masseverbindlichkeiten InsO § 103 8, 72
Maßnahmenvertrag BauGB § 11 3 ff.
Materiale Vertragsfreiheit Einl. V 6
Materialien VOB/B § 4 21
Materialpreisgleitklauseln VOB/B § 2 20
Mehraufwendungen BGB §§ 300–304 10
Mehrfachversicherung BGB §§ 420–421 5
Mehrfachverwendung
- von AGB **BGB § 310** 46

Mehrfachverwendungsabsicht
- AGB **BGB § 305** 6
- beim Bauträgervertrag **BGB § 305** 4

Mehrkosten VOB/B § 4 58
Mehrvergütungsanspruch VOB/B § 2 140
- Abgrenzung § 2 Abs. 5 und 6 VOB/B **VOB/B § 2** 144
- Berechnung **VOB/B § 2** 111, 154
- fehlerhafte Berechnung **VOB/B § 2** 125
- Gegenüberstellung **VOB/B § 2** 122
- Nachforderungen **VOB/B § 2** 129
- Nachlass **VOB/B § 2** 126
- Prüffähigkeit **VOB/B § 2** 122
- Vereinbarung **VOB/B § 2** 127

Mehrverwendungsabsicht
- beim Verbrauchervertrag **BGB § 305** 12

Mehrwertsteuer VOB/B § 2 15
Mengenabweichungen BGB § 313 29; **VOB/B § 2** 45
- Abrechnung **VOB/B § 2** 53
- Ausgleich in anderer Weise **VOB/B § 2** 62
- Berechnung der neuen Einheitspreise **VOB/B § 2** 54
- Eingriffe des Auftraggebers **VOB/B § 2** 48
- beim Einheitspreisvertrag **VOB/B § 2** 45
- erhebliche **VOB/B § 2** 161
- Mengenreduzierung auf Null **VOB/B § 2** 63
- Mengenüberschreitung **VOB/B § 2** 49
- Mengenunterschreitung **VOB/B § 2** 58
- Selbstübernahme **VOB/B § 2** 63
- Toleranzrahmen **VOB/B § 2** 49
- Verlangen **VOB/B § 2** 50

Mengenermittlungsrisiko BGB § 313 35
Mengenmehrung BGB § 313 9
Mengenrisiko VOB/B § 2 164
Merkantiler Minderwert BGB §§ 249–255 84
Mietausfallschaden BGB §§ 249–255 66, 77
Miete
- Abgrenzung zum Werkvertrag **BGB Vor. zu §§ 631 ff.** 30

Minderung BGB § 635 55; **§ 640** 96; **VOB/B § 13** 66 ff.
- Allgemeines **BGB § 638** 1 ff.
- Ausschluss **BGB § 638** 8; **VOB/B § 13** 77
- Berechnungsmethode **BGB § 638** 2
- besondere persönliche bzw. wirtschaftliche Opfer **VOB/B § 13** 67
- Beteiligung mehrerer Personen **BGB § 638** 10 f.
- Beweislast **BGB § 638** 34
- Durchführung der Minderung **VOB/B § 13** 74
- einfache Erklärung **VOB/B § 13** 66
- einvernehmliche Vereinbarung **VOB/B § 13** 78
- Einwand des Auftragnehmers **VOB/B § 13** 76
- Erklärung des Auftraggebers **VOB/B § 13** 75
- Fristsetzungserfordernis **BGB § 638** 4
- Funktionsfähigkeit **VOB/B § 13** 72
- als Gestaltungsrecht **BGB § 638** 2
- Höhe der Minderung **VOB/B § 13** 79 f.
- im Prozess **BGB § 638** 32 f.
- Rechtsfolgen **BGB § 638** 12 ff.
- Unmöglichkeit der Mängelbeseitigung **VOB/B § 13** 68 f.

– Unverhältnismäßig hoher Aufwand **VOB/B § 13** 70 ff.
– Unzumutbarkeit **VOB/B § 13** 67
– Verantwortlichkeit des Bestellers **BGB § 638** 9
– Verjährung **BGB § 638** 31
– Voraussetzungen **BGB § 638** 4
– Weigerung des Auftragnehmers **VOB/B § 13** 73
Minderungserklärung BGB § 638 6 f.
Minderwert
– merkantiler **BGB § 635** 55; **§ 637** 41
– technischer **BGB § 635** 55
Mindestsatz HOAI § 3 4
– Mindestsatzunterschreitung **HOAI § 7** 15
Mischkalkulation VOB/B § 2 119
Missbrauch der Vertretungsmacht
– bei Schmiergeldzahlung **VOB/B § 8** 69
Missverhältnis
– grobes **BGB § 635** 57
Mittelbare Bauzeitauswirkung VOB/B § 2 87
Mittelbarer Schaden BGB §§ 249–255 6
Mittlere Art und Güte BGB § 631 148
Mitverantwortung des Bestellers BGB § 638 28
Mitverschulden BGB §§ 249–255 104, 122; **§ 309** 56; **§ 635** 24, 37; **VOB/B § 4** 4
– bei Gesamtschuld **BGB §§ 422–425** 33
– bei gesamtschuldnerischer Haftung **BGB §§ 420–421** 14
Mitverursachungsbeitrag
– des Bestellers **BGB § 637** 22
Mitverursachungsquote BGB § 635 9
Mitwirkung BGB § 241 11; **§ 631** 139
– äußere Einflüsse **BGB § 642** 8
– Beispiele **BGB § 642** 11 ff.
– des Bestellers **BGB § 642** 1
– erforderliche Handlung **BGB § 642** 5 ff.
– Erfüllungsverweigerung **BGB § 642** 9
– Ersatzvornahme **BGB § 642** 19 f.
– fehlende **BGB § 642** 2
– Obliegenheit **BGB § 642** 3 f.
– Unmöglichkeit **BGB § 642** 10
– Vorunternehmer **BGB § 642** 7
Mitwirkungshandlung BGB § 635 7; **§ 644** 9
– Sicherheitsleistung **BGB § 635** 9
– Übergabe geeigneter Pläne **BGB § 635** 7
– Vorunternehmerleistung **BGB § 635** 7
Mitwirkungspflichten BGB § 651 26; **VOB/B § 9** 1, 3
Modernisierungen
– Definition **HOAI § 2** 12
Modifizierter Erfüllungsanspruch BGB § 634 29
Montageverpflichtung BGB § 651 16
Montagevertrag
– Überblick **BGB Vor. zu §§ 631 ff.** 64
Motivirrtum BGB § 119 43; **§ 313** 12; *siehe Irrtum*
Musterverträge Einl. II 12

Mutmaßliche Einwilligung BGB § 280 44
Nachbarschutz
– Bebauungsplan **BauGB § 30** 14
Nachbesserung BGB § 309 36; **VOB/B § 4** 35
– nur am eigenen Werk **BGB § 635** 19
Nachbesserungsarbeiten
– eines Drittunternehmers **BGB § 637** 16
Nachbesserungsmaßnahmen
– untaugliche **BGB § 635** 17
Nachbesserungsvereinbarung BGB § 635 17
Nachbesserungsversuche
– Anzahl **BGB § 637** 31
Nacherfüllung BGB § 280 4; **§ 309** 35; **§ 635** 16
– bestimmte Art **BGB § 635** 16
– fehlgeschlagene **BGB § 636** 8; **§ 637** 31
Nacherfüllungsanspruch BGB § 275 2; **§ 635** 2 ff.; **§ 637** 6
– des Bestellers erlischt **BGB § 635** 27
– nach Abnahme **BGB § 275** 78
– Verlust **BGB § 640** 96 ff.
– vor der Abnahme **BGB § 635** 2
Nacherfüllungsarbeiten
– aus Kulanz **BGB § 635** 5
Nacherfüllungsbefugnis BGB § 634 32
Nacherfüllungsverlangen
– Zuvielforderung **BGB § 637** 8
Nachfrist BGB § 308 8
Nachlass VOB/B § 2 117
Nachlässigkeit ZPO § 531 7
Nachprüfungsverfahren Einl. IV 3; **VOB/B § 2** 95
Nachschuss BGB § 637 42
Nachschusspflicht BGB § 637 42
Nachtrag BGB § 241 2, 4, 5; **§ 307** 9
Nachträglich beigetretener Gesellschafter
– Haftung **BGB § 705** 48
Nachtragsangebot VOB/B § 2 122
– konkludente Annahme **BGB § 151** 7
Nachunternehmer BGB Vor. zu §§ 705 ff. 9, 105; **VergabeR**; **VOB/B § 4** 47 f.; *siehe Subunternehmer*
– Begriff **BGB Vor. zu §§ 631 ff.** 33
– Benennung **VergabeR** 107
Nachverfahren ZPO § 302 10
Nachzahlung BGB § 637 37
Nachzahlungspflicht BGB § 637 38
Nähebeziehung BGB § 280 37
Name
– der Bau-ARGE **BGB § 705** 43
Nationale Anwendungsdokumente Einl. II 16
Nationales Recht BGB § 310 5
Naturalandienung BGB § 280 5
Naturalrestitution BGB §§ 249–255 10
Nebenangebot BGB § 631 89, 93, 109; **VergabeR**; **VOB/B § 2** 16
– Gleichwertigkeit **VergabeR** 111

Nebenintervention ZPO § 66
Nebenkosten Einl. V 50
– i.S.d HOAI HOAI § 14
Nebenleistungen BGB § 631 56, 111, 125
Nebenpflicht BGB § 241 1 f.; § 631 140; VOB/B § 4 1
– leistungsbezogen BGB § 241 9; § 280 32, 40
– nicht leistungsbezogen BGB § 241 9 f.; § 280 37
– Verletzung BGB § 241 14
– leistungsbezogene und Aufklärungspflichten BGB § 280 40
– leistungsbezogene und Beratungspflichten BGB § 280 33, 40
– leistungsbezogene und Mitwirkungspflichten BGB § 280 35
– leistungsbezogene und Obliegenheiten BGB § 280 35
– leistungsbezogene und Prüfungspflichten BGB § 280 34
– leistungsbezogene und Verpackungspflichten BGB § 280 33
Nebenpflichtverletzung BGB § 241 14
Nebenunternehmer
– Begriff BGB Vor. zu §§ 631 ff. 33
Negatives Interesse BGB § 122 5
Negativintegration Einl. II 29
Neuanlagen
– Definition HOAI § 2 7
Neubauten
– Definition HOAI § 2 7
Neue Sache BGB § 651 11
Neufeststellung
– von Tatsachen ZPO § 529 7
Neuherstellung BGB § 637 14; VOB/B § 4 35
Nicht vertretbare Sachen BGB § 651 14
Nichtbeauftragung siehe Verschulden bei Vertragsverhandlungen
Niederlassung Einl. II 31
– Zuständigkeit, internationale IntZust 77 ff.
Niederlassungsfreiheit Einl. II 30, 33
Notarielle Belehrung Einl. V 29
Nutzung und Ablöse
– Befugnis des Auftraggebers VOB/B § 8 60
– Gebrauchsüberlassungsverhältnis VOB/B § 8 63
– Schadensminderungsobliegenheit VOB/B § 8 62
– Weiterführung der Arbeiten VOB/B § 8 61
Nutzungen
– gezogene BGB § 635 63
Nutzungsänderung BauGB § 29 11 ff.
Nutzungsausfall BGB §§ 249–255 70
Nutzungsersatz BGB § 635 63

Obhutpflicht siehe Verschulden bei Vertragsverhandlungen

Objekt
– Definition HOAI § 2 3
Objektive Anknüpfung
– Ausweichklausel Rom I-VO f.
– Bau-/Architektenvertrag Rom I-VO ff.,
– gewöhnlicher Aufenthalt Rom I-VO ff.
– Verbrauchervertrag Rom I-VO
Objektive Zweckgemeinschaft BGB §§ 420–421 37
Objektives Leistungsinteresse BGB § 275 40
Obliegenheit BGB § 241 9, 11; § 644 15
Offenbarungspflicht BGB § 241 13; § 639 7; siehe Verschulden bei Vertragsverhandlungen
Offenkundigkeit
– angeordneter Baustopp VOB/B § 6 22
– Streik VOB/B § 6 22
– unvorhersehbare Witterungsverhältnisse VOB/B § 6 22
Offenkundigkeitsprinzip
– Geschäft für den, den es angeht BGB § 164 5
– Handeln in fremdem Namen BGB § 164 5
– Vollmachtstreuhand BGB § 164 2
Öffentliche Aufträge Einl. II 46
Öffentliche Auftraggeber VOB/B § 2 109
Öffnungsklausel BGB § 310 21
OHG BGB § 310 4, 39; § 705 3
Ohne-Rechnung-Abrede BGB Vor. zu §§ 631 ff. 37
Online-Vergabe BGB § 156 12
Online-Versteigerung BGB § 156 8
Ordnung
– Allgemeine VOB/B § 4 2
Ordnungsfunktion Einl. V 8
Ort
– des Bauvorhabens ZPO § 29 2

Parallelwertung BGB § 310 9
Parteifähigkeit ZPO § 50
Partnerausschüttungsbürgschaft BGB § 722 8
Partnerschaftsgesellschaft BGB § 310 4
Pauschalierung
– von Schadensersatzansprüchen BGB § 309 15
Pauschalpreis BGB § 313 18; VOB/B § 2 32
Pauschalpreisvertrag BGB § 313 33; § 631 72, 78, 88; VergabeR
– Darlegungs- und Beweislast BGB § 632 148 ff.
– Detailpauschalvertrag BGB § 632 109 ff.
– Globalpauschalvertrag BGB § 632 134 ff.; VOB/B § 2 37
– Grundsätze der Pauschalierung VOB/B § 2 32
– im Insolvenzverfahren InsO § 103 68, 103, 118
– Komplettheitsklauseln VOB/B § 2 37 f.
– Komplettheitsklauseln in AGB BGB § 632 122 ff., 140
– Komplettheitsvereinbarung BGB § 632 117 ff., 131 ff.

– Mehrvergütungsansprüche VOB/B § 2 37
– Mengenrisiko VOB/B § 2 35
– Schlüsselfertigbauvertrag VOB/B § 2 39
– Störung der Geschäftsgrundlage VOB/B § 2 161
– Total-Pauschalvertrag BGB § 632 142 ff.
Pauschalvereinbarung VOB/B § 2 36
Personenfreizügigkeit Einl. II 39
Personengemeinschaft BGB § 310 4
Personengesellschaft BGB § 310 39
Personenhandelsgesellschaften BGB § 705 2
Personenschäden BGB §§ 249–255 86
Persönlich geprägte Leistung BGB § 275 37
Persönliche Leistungserbringungspflicht VOB/B § 4 46
Pfandrecht
– Entstehung BGB § 647 24 f.
– Erlöschen BGB § 647 26 f.
– Insolvenz des Bestellers BGB § 647 30 f.
Pflicht
– des Geschäftsherrn BGB § 679 1
Pflicht zur Beseitigung vertragswidriger Stoffe oder Bauteile
– Anordnung durch Auftraggeber VOB/B § 4 23
– Fristsetzung VOB/B § 4 26
– probewidrig VOB/B § 4 25
– Selbsthilferecht des Auftraggebers VOB/B § 4 27
– Umfang VOB/B § 4 24
– vertragswidrig VOB/B § 4 25
Pflicht-Haftpflichtversicherung BGB §§ 420–421 7
Pflichten
– des Geschäftsführers BGB § 677 1
Pflichtenkollision BauFordSiG § 2 27; BGB § 280 44
Pflichtverletzung BGB § 280 24 ff.
– leistungsbezogene Nebenpflichten BGB § 280 32, 33 ff.
– Nichterfüllung BGB § 280 27 ff.
– Normzweck BGB § 280 1
– objektive BGB § 280 54
– Rechtfertigung BGB § 280 44
– Schlechterfüllung BGB § 280 31
– Verzögerung der Leistung BGB § 280 30
– Zurechnungszusammenhang BGB § 280 49 f.
Pflichtwidrigkeit BGB § 123 20
piecemeal approach Einl. II 8
Pläne BGB § 241 27
Planungsleistungen BGB § 631 86; VOB/B § 2 184
– Höhe der zusätzlichen Vergütung VOB/B § 2 185
Polier BGB § 639 5
Preisabsprachen BGB § 631 106
Preisänderungsrecht BGB § 309 3
Preisargument BGB § 307 23; § 310 48

Preiserhöhung BGB § 309 2
Preisermittlung
– durch das Gericht BGB § 307 23
Preisgefahr BGB § 326 5
Preisgestaltungsregelungen Einl. V 44
Preisgleitklauseln VOB/B § 2 20
Preiskontrolle BGB § 307 8; § 310 48
Preislimitvereinbarung BGB § 632 172 ff.
Preisnebenabrede BGB § 307 11
Preisrisiko BGB § 313 33
Preisvereinbarung BGB § 307 4
Primärleistung BGB § 275 79
Primärleistungspflicht BGB § 275 2
Primärverbindlichkeit BGB §§ 420–421 9
Prinzipal VOB/B § 8 66
Privatautonomie Einl. V 6
Privatgutachten BGB § 635 21; ZPO § 416 3; § 529 5
Privatsachverständiger ZPO Vor. zu §§ 485 ff. 3 ff.
Privilegierung
– VOB/B BGB § 307 27; § 308 18; § 310 14, 19
– VOB/C BGB § 310 28
Probe VOB/B § 4 25
Produktfreiheit Einl. II 4
Produkthaftung Einl. V 1; BGB §§ 823, 831 52
– deliktische Produkthaftung BGB §§ 823, 831 10
– Zuständigkeit, internationale IntZust 32
Prognoseentscheidung BGB § 323 14
Projektentwicklung Einl. IV 2
Projektgesellschaft
– AGB BGB § 305b 4
Projektmanagement BGB § 631 124
Projektsteuerer BGB § 631 9
– Begriff BGB Vor. zu §§ 631 ff. 33
Projektsteuerungsvertrag BGB Vor. zu §§ 631 ff. 28, 33, 65, 65 f.
– Haftung BGB Vor. zu §§ 631 ff. 66
– rechtliche Einordnung BGB Vor. zu §§ 631 ff. 28
– Vergütung BGB Vor. zu §§ 631 ff. 66
Projektunternehmer
– Begriff BGB Vor. zu §§ 631 ff. 33
Prokurist BauFordSiG § 2 32
Prorogation ZPO § 38 1
Prorogationsbefugnis ZPO § 38 2, 5
Provisionsabsprachen ("Schmiergeldzahlung")
siehe Verschulden bei Vertragsverhandlungen
Provisionszusagen VOB/B § 8 66
Prozessfähigkeit ZPO § 51
Prozessführung ZPO § 51
Prozessführungsbefugnis ZPO § 50 5
Prozesshandlungen ZPO § 62 7
Prozesslasten BGB § 280 25
Prozessstandschaft
– gewillkürte ZPO § 50 5

2079

Prozessvergleich
– bei Gesamtschuld BGB §§ 422–425 15
Prozesszinsen BGB §§ 287–292 11
Prüfbare Rechnung
– Fälligkeitsvoraussetzung VOB/B § 14 16 f.
Prüfbarkeit
– Abschlagsrechnung VOB/B § 14 2 ff.
– Schlussrechnung VOB/B § 14 1, 8, 22 ff.
– teilweise Prüffähigkeit Rechnung VOB/B § 14 12
Prüfbarkeit Rechnung BGB § 632 235 ff.
– Pflicht zur prüfbaren Abrechnung BGB § 632 241 ff.
Prüfbarkeit Schlussrechnung
– Rügefrist VOB/B § 16 68 ff.
Prüffähigkeit BGB § 641 25 ff.
– Architektenvertrag BGB § 641 30 ff.
– Einheitspreisvertrag BGB § 641 26
– Pauschalpreisvertrag BGB § 641 29
– Stundenlohnvertrag BGB § 641 27 f.
Prüfingenieur VOB/B § 2 107
Prüfpflicht BGB § 631 34
Prüfung
– der Stundenlohnzettel VOB/B § 15 42 f.
Prüfungs- und Hinweispflicht Einl. II 25; BGB §§ 420–421 42; § 633 86 ff.; § 634 29, 67
– Absender BGB § 633 111
– Adressat BGB § 633 112
– Ausreißer BGB § 633 101
– Form, Frist BGB § 633 108 f.
– Gegenstand BGB § 633 99 f.
– Prüfungspflicht BGB § 633 88 f.
– Umfang BGB § 633 90 ff.
– Vorleistung BGB § 633 103 f.
Prüfungsmuster
– für überraschende Klauseln BGB § 305c 5
Prüfungspflicht Einl. V 16
Prüfungsumfang
– des Berufungsgerichts ZPO § 529
Publikationsgebot BGB § 310 25

Qualifikation
– Ablehnung bei geringfügigen Abweichungen BGB § 651 28
– Abnahme BGB § 651 32
– Erfüllungsort der Nacherfüllung BGB § 651 37
– Fälligkeit der Gegenleistung BGB § 651 33
– Gefahrtragung BGB § 651 31
– Haftung für Werbeaussagen des Herstellers BGB § 651 35
– kaufmännische Rügepflicht BGB § 651 34
– Nebenkosten der Nachlieferung BGB § 651 38
– Obliegenheitsverletzung BGB § 651 27
– Selbstvornahme BGB § 651 39
– Sicherheiten BGB § 651 40

– Verantwortung für die zur Verfügung gestellten Stoffe BGB § 651 29 f.
– Verjährung BGB § 651 41
– Wahlrecht des Käufers hinsichtlich der Art der Nacherfüllung BGB § 651 36
Qualitätswettbewerb BGB § 631 77
Quotenhaftungsklausel BGB § 309 31

Rangfolgeregelung BGB § 631 113
Ratenplan
– MaBV MaBV § 3 28 ff.
Rationale Apathie Einl. V 28
Raumbildende Ausbauten
– Definition HOAI § 2 13
Realkreditverträge Einl. V 46
Realoblation BGB §§ 293–299 8
Rechnung BGB § 241 7; § 641 19 ff.
– Anspruch auf BGB § 641 34 f.
– Architektenvertrag BGB § 641 30 ff.
– BGB-Vertrag BGB § 641 19 ff.
– Einheitspreisvertrag BGB § 641 26
– Einwände BGB § 241 7
– Pauschalpreisvertrag BGB § 641 29
– Prüfbarkeit VOB/B § 14 8
– prüffähig BGB § 241 7
– Prüffrist BGB § 241 7
– Prüfung BGB § 241 7
– Rechnungsaufbau VOB/B § 14 22 ff.
– Rechnungsaufstellung durch Besteller VOB/B § 14 38 ff.
– Stundenlohnvertrag BGB § 641 27 f.
– Treu und Glauben BGB § 241 7
– VOB/B-Vertrag BGB § 641 23 ff.
Rechnungslegung
– MaBV MaBV §§ 8–19 1 f.
Rechnungsprüfungsvorgänge BGB § 177 20
Rechtfertigungsgründe BGB § 280 44
Rechtliche Untrennbarkeit BGB §§ 420–421 40
Rechtliches Gehör BGB § 310 32
Rechtsbehelfe
– des Bestellers BGB § 634 1
– nach Gefahrübergang BGB § 634 14 ff.
– vor Gefahrübergang BGB § 634 17 ff.
Rechtsbindungswille BGB § 145 4
Rechtsdienstleistungsgesetz
– Nebenleistung BGB § 276 34
Rechtsfähigkeit ZPO § 50 1
Rechtsfolgen BGB § 687 3
– der Anwendung des Kaufrechts BGB § 651 25
Rechtsfolgenirrtum BGB § 119 28 f.; siehe Irrtum
Rechtsform
– der Bau-ARGE BGB § 705 1
Rechtsgemeinschaften ZPO § 60 3
Rechtsgrundverweisung BGB § 280 2
Rechtshängigkeit BGB §§ 287–292 11

Rechtsnatur
- der Bau-ARGE BGB § 705 5
- des Werkvertrags BGB Vor. zu §§ 631 ff. 2 f.
Rechtspflicht
- des Geschäftsherrn BGB § 679 1
Rechtsstellung
- des Nebenintervenienten ZPO § 67
Rechtsverfolgungskosten BGB § 275 87; § 280 80
- Inkassobüro BGB § 280 80
- Kostenerstattungsanspruch BGB § 280 80
- verzugsbegründende Mahnung BGB § 280 80
Rechtswahl
- Bau-/Architektenvertrag Rom I-VO ff.,
- Modalitäten Rom I-VO ff., ff.
- Schranken Rom I-VO ff.
- Verbrauchervertrag Rom I-VO
Rechtswidrigkeit BGB § 280 44; §§ 823, 831 34
- Einwilligung BGB §§ 823, 831 34
Rechungslegung BGB § 241 22
Reform
- des Werkvertragsrechts BGB Vor. zu §§ 631 ff. 9
Regeln der Technik BGB § 631 45, 52, 109; VOB/B § 4 9, 25
Regiearbeiten siehe Stundenlohnarbeiten
Registerpflicht Einl. II 31
Regresskarussell BGB §§ 422–425 36
Regresskreisel BGB §§ 422–425 16
Religionsgemeinschaft BGB § 310 6
Rentabilitätsvermutung BGB § 280 94; § 311a 17
Reparatur BGB § 651 11
Reparaturarbeiten BGB § 651 3
Repräsentationsprinzip
- Baubetreuer BGB § 164 8, 9
- Offenkundigkeitsprinzip BGB § 164 1, 5
- Vertretungswille BGB § 164 9
Reserveursache BGB §§ 287–292 4
Residenzpflichten Einl. II 34
Restabwicklung
- Aufmaß und Abnahme VOB/B § 8 82, 83, 84
Resterfüllungsanspruch VOB/B § 8 51
Restfertigstellung VOB/B § 8 4
Restvergütungsanspruch VOB/B § 8 51
Richterrecht BGB § 307 16
Richtlinie 93/13/EWG BGB § 305 1; § 305c 11; § 307 28; § 310 36, 46, 48
Richtlinie über unlautere Geschäftspraktiken Einl. V 31
Richtlinienkonforme Auslegung BGB § 275 50; § 307 28, 33; § 310 36, 38; § 651 8
Risikofaktoren VOB/B § 7 8
Risikoübernahme
- vertragliche BGB § 313 1
Risikoverlagerung BGB § 306 17; § 307 28
Rohstoffe BGB § 651 12

Rom-I-Verordnung Einl. II 7
Rom-II-Verordnung Einl. II 7
Rückabwicklung VOB/B § 8 3
Rückbau
- Überblick BGB Vor. zu §§ 631 ff. 67
Rückerstattung
- Kostenvorschuss BGB § 637 42
Rückforderungsanspruch
- des Auftragnehmers BGB § 637 44
- fällig BGB § 637 44
- Verjährung BGB § 637 46
Rückgabe
- Fristen VOB/B § 15 45
- der Stundenlohnzettel VOB/B § 15 42 ff.
Rückgewähr
- des mangelhaften Werks BGB § 635 62
Rückgewährpflichten BGB § 323 25
Rückgewährschuldverhältnis BGB § 324 7; § 636 3
Rücksichtnahmegebot
- Vorhaben im Zusammenhang bebauter Ortsteile BauGB § 34 20 ff.
Rücksichtnahmepflicht BGB § 241 1
Rückstreitverkündung ZPO § 72 10
Rücktritt BGB § 326 13; § 635 54; § 640 96
- abweichende Vereinbarungen BGB § 326 35 f.
- Annahmeverzug des Gläubigers BGB § 326 22
- Anrechnung der Gegenleistung BGB § 326 23
- Anspruch auf das Surrogat BGB § 326 25
- Anwendungsbereich BGB § 323 1
- Ausschluss BGB § 323 20 ff.
- Beeinträchtigung der Gebrauchsfähigkeit VOB/B § 13 90
- Befreiung von der Gegenleistungspflicht BGB § 326 5 ff.
- Beweislast BGB § 323 26 ff.; § 326 37 ff.
- eingeschränkte Schadensersatzpflicht VOB/B § 13 87
- Entbehrlichkeit der Fristsetzung BGB § 323 8 ff.
- vor Fälligkeit BGB § 323 11 ff.
- Fristsetzung BGB § 323 4 ff.
- grobe Fahrlässigkeit VOB/B § 13 86
- höchstpersönliche Rechtsgüter VOB/B § 13 85
- Rechtsfolgen BGB § 323 25
- Rückgewähranspruch BGB § 326 26 ff.
- und Schadensersatz BGB § 325 1
- Schlechtleistung BGB § 323 18 f.
- Selbstvornahme ohne Fristsetzung BGB § 326 24
- Struktur BGB § 326 1 ff.
- Teilleistung BGB § 323 17
- wegen Unmöglichkeit BGB § 326 29 ff.
- Verschulden des Auftragnehmers VOB/B § 13 91

2081

Stichwortverzeichnis

- Vertragsverletzung BGB § 323 2 f.
- Vertretenmüssen des Gläubigers BGB § 326 14 f.
- Verwirkung BGB § 323 24
- von beiden Parteien zu vertretende Leistungshindernisse BGB § 326 16 ff.
- Vorsatz VOB/B § 13 86
- wesentlicher Mangel VOB/B § 13 88

Rücktritt wegen Verletzung einer Nebenpflicht
- Allgemeines BGB § 324 1
- Beweislast BGB § 324 10
- gegenseitiger Vertrag BGB § 324 2
- Pflichtverletzung BGB § 324 3
- Rechtsfolgen BGB § 324 7 ff.
- Unzumutbarkeit BGB § 324 4, 5 f.

Rücktrittserklärung BGB § 638 10
Rücktrittsgrund BGB § 638 10
Rücktrittsrecht BGB § 309 28; § 636 3
Rücktrittsvorbehalt BGB § 308 9
Rückwirkung BGB § 275 88
- von Einreden BGB § 275 83

Rückzahlung
- des Kostenvorschusses BGB § 637 43

Rückzahlungsanspruch
- Auseinandersetzungsbilanz BGB § 722 8

Rüge
- unverzügliche VergabeR 67

Rügepflichten VergabeR 65
Rundfunkanstalt BGB § 310 6

Sachgefahr BGB § 644 13
Sachrechtsharmonisierung Einl. II 8
Sachverständigenablehnung ZPO § 491 7 ff.

Sachverständigengutachten
- Kosten BGB § 635 32

Sachverständigenkosten BGB §§ 249–255 80
Sachverständigenvertrag BGB Vor. zu §§ 631 ff. 63

Sachverständiger
- Ablehnung ZPO § 491 7 ff.; § 492 17 ff.
- Haftung BGB Vor. zu §§ 631 ff. 63; ZPO § 492 21
- selbständiges Beweisverfahren ZPO Vor. zu §§ 485 ff. 13 ff.

Sachwalter VOB/B § 8 66
Saldierung BGB § 326 21
Salvatorische Klausel BGB § 309 24
Sanierungsarbeiten BGB § 651 11, 19
Sanierungsplanung BGB § 635 20

Satzungen
- Vorhaben im Zusammenhang bebauter Ortsteile BauGB § 34 46 ff.

Schaden BGB §§ 249–255 4
- BauFordSiG BauFordSiG § 1 51 ff.
- Beweis des ersten Anscheins BGB §§ 249–255 125
- Beweislast BGB §§ 249–255 120
- Differenzhypothese BGB §§ 249–255 5
- mittelbarer/unmittelbarer BGB §§ 249–255 6
- negatives Interesse BGB §§ 249–255 8
- positives Interesse BGB §§ 249–255 8

Schadenersatzverpflichtung
- der ARGE-Mustervertrag BGB § 707 1

Schadensausgleich
- §§ 823 ff. BGB VOB/B § 10 10
- Anordnung VOB/B § 10 14
- Bedenken VOB/B § 10 14
- Freistellung VOB/B § 10 17
- grobe Fahrlässigkeit VOB/B § 10 17
- Haftungsbefreiung VOB/B § 10 17
- Inhalt VOB/B § 10 9
- Integritätsinteresse VOB/B § 10 12
- Schutzgesetze VOB/B § 10 10
- Versicherbarkeit des Schadens VOB/B § 10 16
- Vorsatz VOB/B § 10 17

Schadensberechnung BGB §§ 249–255 33
- abstrakte BGB §§ 249–255 37; § 280 92
- bei gegenseitigen Verträgen BGB § 280 83
- bei gegenseitigen Verträgen und Differenztheorie BGB § 280 85
- bei gegenseitigen Verträgen und Surrogationstheorie BGB § 280 85
- bei gegenseitigen Verträgen und Wahlrecht BGB § 280 87
- konkrete BGB §§ 249–255 33; § 280 88
- maßgeblicher Zeitpunkt für die Bemessung BGB §§ 249–255 127

Schadensermittlung ZPO § 287
Schadensersatz BGB §§ 249–255 38; § 635 56; § 636 2; § 640 96; § 678 4, 53; VergabeR; VOB/B § 4 28
- allgemeine Geschäftskosten VOB/B § 6 61
- Änderung des Bauentwurfs VOB/B § 6 46
- bauablaufbezogene Darstellung VOB/B § 6 58
- Behinderungsanzeige VOB/B § 6 54
- Differenztheorie VOB/B § 6 59
- Eintritt des Verzuges VOB/B § 6 52
- entgangener Gewinn VOB/B § 6 62
- Erfüllungsgehilfen VOB/B § 6 50
- großer BGB §§ 249–255 47
- hindernde Umstände VOB/B § 6 47
- Kausalität VOB/B § 6 48
- kleiner BGB §§ 249–255 39
- Mahnung VOB/B § 6 52
- maßgeblicher Zeitpunkt für die Bemessung BGB §§ 249–255 127
- negatives Interesse BGB §§ 249–255 8
- Offenkundigkeit VOB/B § 6 54
- positives Interesse BGB §§ 249–255 8
- und Rücktritt BGB § 325 1 ff.
- Schadensermittlung VOB/B § 6 57
- Schadenshöhe VOB/B § 6 55
- Vergütungsansprüche VOB/B § 6 46
- Verjährung VOB/B § 6 63
- Verschulden VOB/B § 6 50

Schadensersatz neben der Leistung BGB § 280 3
- Allgemeines BGB § 280 67
- Mangelfolgeschäden BGB § 280 68 ff.

Schadensersatz statt der ganzen Leistung
- Grenzen BGB § 280 112
- großer Schadensersatz BGB § 280 107 f.
- Interessenwegfall BGB § 280 107
- kleiner Schadensersatz BGB § 280 101 f.
- Mangelbeseitigungskosten BGB § 280 103 ff.
- Nichterfüllungsschaden BGB § 280 111
- Rückabwicklungsschaden BGB § 280 109 f.
- Schlechtleistung BGB § 280 107
- Teilleistung BGB § 280 107
- Transaktionskosten BGB § 280 107

Schadensersatz statt der Leistung BGB § 280 3, 27, 101; § 636 7
- Ablaufplan BGB § 281 3
- Abschlagszahlungen BGB § 281 3
- abstrakte Schadensberechnung BGB § 280 92 f.
- Anwendungsbereich BGB § 281 1; § 283 3
- Äquivalenzinteresse BGB § 280 82
- Beweislast BGB § 283 10 ff.
- dauernde oder aufschiebende Einrede BGB § 281 5
- Differenztheorie BGB § 280 86, 101
- Durchsetzbarkeit BGB § 281 5
- Erfüllungsgefährdung BGB § 281 4
- Fälligkeit BGB § 281 3 f.
- Fälligkeitszeitpunkte BGB § 281 3
- großer Schadensersatz BGB § 283 8
- konkrete Schadensberechnung BGB § 280 88 ff.
- leistungsbezogene Nebenpflichten BGB § 281 2
- Leistungspflichten BGB § 281 2
- Mangelbeseitigungskosten BGB § 280 101
- Minderwert BGB § 280 101
- Pflichtverletzung BGB § 281 2
- qualitative Unmöglichkeit BGB § 283 7
- quantitative Unmöglichkeit BGB § 283 6
- Rechtsfolgen BGB § 283 9
- Regelungsgehalt BGB § 283 1 f.
- Rentabilitätsvermutung BGB § 280 94 ff.
- Schadensberechnung BGB § 280 84
- Schadensersatz neben der Leistung BGB § 280 83
- selbstständig durchsetzbare Pflichten BGB § 281 2
- selbstwidersprüchliches Verhalten BGB § 283 11
- Struktur BGB § 280 81
- Surrogationstheorie BGB § 280 85
- Teilleistung BGB § 283 8
- Umfang BGB § 280 82
- Vertretenmüssen BGB § 283 5
- Voraussetzungen BGB § 283 4, 5
- Wahlrecht der Schadensberechnung BGB § 280 87
- wegen einer Nebenpflichtverletzung BGB § 282 1 ff.
- wegen einer Nebenpflichtverletzung und Abmahnung BGB § 282 10
- wegen einer Nebenpflichtverletzung und Beweislast BGB § 282 14
- wegen einer Nebenpflichtverletzung und Erfüllungsverweigerung BGB § 282 8
- wegen einer Nebenpflichtverletzung und Leistungsnähe der Pflicht BGB § 282 7
- wegen einer Nebenpflichtverletzung und Rechtsfolgen BGB § 282 13
- wegen einer Nebenpflichtverletzung und Unzumutbarkeit BGB § 282 9, 10 ff.
- wegen einer Nebenpflichtverletzung, Anwendungsbereich BGB § 282 4 ff.

Schadensersatz wegen Pflichtverletzung
- Normzweck BGB § 280 2
- Überblick BGB § 280 3 ff.

Schadensersatzanspruch BGB § 309 15, 22; § 681 3; VOB/B § 13 81 ff.
- Anwendbarkeit neben den Ansprüchen auf Nacherfüllung und Minderung VOB/B § 13 83
- Ausschluss des Rücktritts VOB/B § 13 84
- Beeinträchtigung der Gebrauchsfähigkeit VOB/B § 13 90
- eingeschränkte Schadensersatzpflicht VOB/B § 13 87
- großer Schadensersatzanspruch VOB/B § 13 87, 97, 97 ff.
- Haftpflichtversicherung VOB/B § 13 102
- höchstpersönlicher Rechtsgüter VOB/B § 13 85
- Inhalt VOB/B § 13 95
- und Insolvenz VOB/B § 8 37 ff.
- im Insolvenzverfahren InsO § 103 102, 105 ff., 119 ff.
- Kenntnis eines Mangels VOB/B § 13 84
- kleiner Schadensersatzanspruch VOB/B § 13 93
- Schuldrechtsmodernisierung VOB/B § 13 81
- Verletzung bestimmter höchstpersönlicher Rechtsgüter VOB/B § 13 85
- Verschulden VOB/B § 13 91
- Verschulden des Auftragnehmers VOB/B § 13 91
- Versicherungsschutz VOB/B § 13 102
- Vorbehaltlose Abnahme VOB/B § 13 84
- Vorsatz und grober Fahrlässigkeit VOB/B § 13 86
- wesentlicher Mangel VOB/B § 13 88

Schadensersatzanspruch bei Ausschreibungen
- negatives Interesse BGB Vor. zu §§ 145–163 16

Stichwortverzeichnis

- positives Interesse BGB Vor. zu §§ 145–163 16
Schadensersatzanspruch vor Abnahme VOB/B § 4 36
- Beweislast VOB/B § 4 40
- Umfang VOB/B § 4 38 f.
- Voraussetzungen VOB/B § 4 37
Schadensersatzpflicht
- des Anfechtenden BGB § 122 1 ff.
Schadensminderung BGB §§ 249–255 87
- Mitverschulden BGB §§ 249–255 104, 122
- Sowiesokosten BGB §§ 249–255 98
- Vorteilsausgleichung BGB §§ 249–255 88
Schadensminderungspflicht BGB §§ 249–255 106; VOB/B § 8 61
- Erfüllungsgehilfen des Bestellers BGB §§ 249–255 113
- Erfüllungsgehilfen des Unternehmers BGB §§ 249–255 117
- Erfüllungsgehilfen, § 278 BGB BGB §§ 249–255 112
Schadenspauschale BGB § 308 24
Schätzung
- der erforderlichen Kosten BGB § 637 41
Scheinbestandteil BGB § 651 7
Schenkungsabsicht BGB § 685 1
Schiedsgerichtsverfahren ZPO § 74 9
Schiedsgutachten ZPO Vor. zu §§ 485 ff. 22 ff.
Schiedsgutachterabrede VOB/B § 18 27 ff.
Schlechterfüllung BGB § 280 31
Schlechtleistung BGB § 323 18
- Erheblichkeit BGB § 281 10
- Schadensersatz statt der ganzen Leistung BGB § 281 9
Schlüsselfertigbau VOB/B § 2 39
Schlussrechnung BGB § 241 23; VOB/B § 16 57 f.
- Architektenhonorar HOAI § 15 5
- Fälligkeit VOB/B § 14 17
- Frist zur Einreichung VOB/B § 14 35 ff.
- Pflicht zur Erstellung BGB § 241 23
- Prüffähigkeit HOAI § 15 5; ZPO § 531 7
- Teilschlussrechnung VOB/B § 16 120
Schlusszahlung BGB § 641 42; VOB/B § 16 53 ff.
- Fälligkeit VOB/B § 16 59 ff.
- Teilschlusszahlung VOB/B § 16 120
Schlusszahlungseinrede BGB § 308 19
Schlusszahlungserklärung VOB/B § 16 82 ff.
Schlusszahlungsgleiche Erklärung VOB/B § 16 93 ff.
Schmiergelder VOB/B § 8 65 f.
Schriftform VOB/B § 4 45, 50; § 8 79
- AGB BGB § 305 4
Schrottimmobilien Einl. V 46; BGB § 123 16
- Finanzierungsgefahr Einl. V 47
- Verwendungsgefahr Einl. V 47

Schuldanerkenntnis BGB § 164 7; § 166 4
- deklaratorisches BGB § 640 12; VOB/B § 15 47
- bei Gesamtschuld BGB §§ 422–425 11
Schuldnermehrheit BGB §§ 420–421 8
Schuldnerverzug BGB § 640 121
- Anfechtung BGB § 286 6
- angemessene Frist BGB § 286 31
- Anlagezinsen BGB §§ 287–292 8
- Anwendungsbereich BGB § 286 1 ff.
- automatischer Verzugseintritt BGB § 286 25
- bedingte Mahnung BGB § 286 12
- Basiszinssatz BGB §§ 287–292 7
- Beendigung des Verzugs BGB § 286 35
- Bereicherungsansprüche BGB §§ 287–292 12
- Beweislast BGB § 286 28, 36
- Eigentümer-Besitzer-Verhältnis BGB §§ 287–292 14
- Einredefreiheit BGB § 286 6 f.
- Entbehrlichkeit der Mahnung BGB § 286 17 ff.
- Entgeltforderungen BGB § 286 22 ff.
- Erfüllungsverweigerung BGB § 286 4, 20
- Erkrankung des Schuldners BGB § 286 29
- Erlassvertrag BGB § 286 10
- Fälligkeit BGB § 286 4 f.
- Fristbeginn BGB § 286 22
- Geldschuld BGB §§ 287–292 10
- Genehmigung BGB § 286 29
- Haftungsverschärfung BGB §§ 287–292 2 ff.
- Herausgabepflicht BGB §§ 287–292 12 ff.
- hypothetisches Schadensereignis BGB §§ 287–292 4
- Insolvenzverfahren BGB § 286 16
- Klage auf künftige Leistung BGB § 286 16
- konkludente Mahnung BGB § 286 9
- Leistungsaufforderung BGB § 286 13
- Leistungsbereitschaft BGB § 286 12
- Leistungsklage, Mahnbescheid BGB § 286 16
- Leistungszeitbestimmung BGB § 286 17
- Leistungszeitpunkt BGB § 286 13
- Mahnung BGB § 286 9 f., 11 ff.
- Mahnung vor Fälligkeit BGB § 286 11
- Mitwirkung des Gläubigers BGB § 286 15
- Neubauverbot BGB § 286 29
- Prozesszinsen BGB §§ 287–292 11
- Rechnung BGB § 286 24
- Rechnungserstellung BGB § 286 11
- Rechtsfolgen BGB § 286 32 ff.
- Rechtshängigkeit BGB §§ 287–292 11
- Rechtsirrtum BGB § 286 28
- Reserveursachen BGB §§ 287–292 6
- rückwirkendes Entfallen des Schuldnerverzugs BGB § 286 6
- Schutzzweck BGB §§ 287–292 6
- Struktur BGB § 286 3
- Stundung BGB § 286 9, 12
- Sukzessivlieferungsvertrag BGB § 286 11

2084

Stichwortverzeichnis

– Unmöglichkeit **BGB § 286** 8
– Verbraucherdarlehensverträge **BGB §§ 287–292** 8
– Vertragsaufsage **BGB § 286** 4
– Vertretenmüssen **BGB § 286** 27 ff.
– Verzögerungsschaden **BGB § 286** 3; **§§ 287–292** 1
– Verzugszinsen **BGB §§ 287–292** 7 f., 10
– vorausgehendes Ereignis **BGB § 286** 18
– Zahlungsaufstellung **BGB § 286** 25
– Zahlungstermin **BGB § 286** 9
– Zinseszinsverbot **BGB § 286** 35
– Zinsschulden **BGB §§ 287–292** 9
– Zufallshaftung **BGB §§ 287–292** 3
– Zugang der Mahnung **BGB § 286** 10, 34
– Zurechnungszusammenhang **BGB §§ 287–292** 6
– Zustellung **BGB § 286** 16
Schuldrechtsmodernisierung **Einl. II** 10; **BGB § 280** 1; **§ 651** 1
Schuldverhältnis **BGB § 275** 2; **§ 280** 18
– durch ähnliche geschäftliche Kontakte **BGB § 311** 44
– durch Anbahnung eines Vertrages **BGB § 311** 43
– durch Aufnahme von Vertragsverhandlungen **BGB § 311** 41
– zu Dritten **BGB § 311** 47
– Gefälligkeitsverhältnis **BGB § 280** 19 ff.
– Umfang **BGB § 280** 18
– und Verschulden bei Vertragsverhandlungen *siehe Verschulden bei Vertragsverhandlungen*
Schutz vor Beschädigung und Diebstahl **VOB/B § 4** 19 ff.
Schutz vor Übereilung **Einl. V** 41
Schutz vor Winterschäden, Grundwasser, Beseitigung von Eis und Schnee **VOB/B § 4** 22
Schutzlücke
– Intransparenz **Einl. V** 42
Schutzmaßnahme **VOB/B § 4** 20
Schutzpflicht
– Allgemeine **BGB § 241** 20
Schutzwürdiges Interesse **BGB § 307** 20
Schutzzwecklehre **BGB §§ 249–255** 24
Schwarzarbeit **BGB Vor. zu §§ 631 ff.** 36 f.
Schwebende Unwirksamkeit **BGB § 177** 22; **§ 178** 1
Schwebezustand **BGB § 158** 4
Schweigen **BGB § 119** 21; **§ 308** 17
– auf geändertes Angebot **BGB § 150** 17
– auf verspätete Annahmeerklärung **BGB § 150** 16
Schweiz
– grenzüberschreitende Dienstleistungen **Einl. II** 45
– Liberalisierung des Grundverkehrs **Einl. II** 44
Sekundäre Darlegungslast **BGB § 275** 79
Sekundärhaftung **BGB Vor. § 631** 79

Sekundärverbindlichkeit **BGB §§ 420–421** 9
Selbständige Ergänzungen
– AGB **BGB § 305** 5
Selbständiges Beweisverfahren **ZPO Vor. zu §§ 485 ff.** 1 ff.
– Antrag **ZPO § 487** 1 ff.
– Antrag, Entscheidung über **ZPO § 490** 1 ff.
– Bauteilöffnung **ZPO § 492** 7 ff.
– Beendigung **ZPO § 492** 22 ff.
– Beschluss des Gerichts **ZPO § 490** 7 ff.
– Beweisaufnahme **ZPO § 492** 1 ff.
– Eilzuständigkeit **ZPO § 485** 12 ff.
– Ergänzungsantrag **ZPO § 491** 14 ff.
– Ergänzungsgutachten **ZPO § 492** 13 ff.
– Erörterungstermin **ZPO § 492** 28
– isolierte Kostenentscheidung **ZPO § 494a** 15 ff.
– Klageerhebung, Frist zur **ZPO § 494a** 1 ff.
– Kostenentscheidung im Hauptsacheverfahren **ZPO § 494a** 21 ff.
– Kostenerstattungsanspruch **ZPO § 494a** 2 ff.
– Ladung des Gegners **ZPO § 491** 1 ff.
– materiell-rechtlicher Kostenerstattungsanspruch **ZPO § 494a** 28 ff.
– Ortstermin **ZPO § 492** 5 ff.
– Sachverständigenablehnung **ZPO § 491** 7 ff.
– Sachverständigenbeweis **ZPO § 492** 1 ff.
– Sachverständiger **ZPO Vor. zu §§ 485 ff.** 13 ff.
– unbekannter Gegner **ZPO § 494** 1 ff.
– Verfahrensfehler **ZPO § 492** 13 ff.
– Verwertung der Ergebnisse **ZPO § 493** 1 ff., 16 ff.
– Zulässigkeit **ZPO § 485** 1 ff.
– zuständiges Gericht **ZPO § 486** 1 ff.
Selbstausführung
– Ausnahmen **VOB/B § 4** 48
– betriebsfremde Leistungen **VOB/B § 4** 51
– Kündigungsrecht des Auftraggebers **VOB/B § 4** 52
– Leistungserbringungspflicht des Auftragnehmers **VOB/B § 4** 46
– Mitteilungspflicht des Auftragnehmers **VOB/B § 4** 54
– Nachunternehmer **VOB/B § 4** 47
– Schriftform **VOB/B § 4** 50
– Vereinbarung der VOB/B mit Nachunternehmern **VOB/B § 4** 53
– Zustimmung **VOB/B § 4** 49
Selbstbestimmung **Einl. V** 6
Selbsthilferecht **VOB/B § 4** 27
Selbstkostenerstattungsvertrag **BGB § 632** 170 ff.
Selbstmahnung **BGB § 323** 7
Selbstübernahme **BGB § 631** 144
Selbstvornahme **BGB § 326** 24; **§ 634** 1
– Recht zur **BGB § 634** 4
Selbstvornahmerecht **BGB § 651** 39

2085

Serienkaufverträge BGB § 310 43
Sicherheit BGB § 631 138
– Wahlrecht BGB § 648 11
– der Bau-ARGE BGB § 707 8
– im Insolvenzverfahren InsO § 103 84 f., 109 ff., 127 f.
Sicherheits- und Gesundheitskoordinator BGB § 631 124
Sicherheitseinbehalt
– im Insolvenzverfahren InsO § 103 38, 86, 97 f., 130
Sicherheitsleistung BGB § 635 9; § 641 51; § 651 40; VOB/B § 17 1 ff.
– Darlegungs- und Beweislast VOB/B § 17 61
– Frist VOB/B § 17 52 f.
– MaBV MaBV § 2 1 ff.
– für Mängelansprüche VOB/B § 17 12
– Rückgabe VOB/B § 17 54 ff.
– Vereinbarung VOB/B § 17 4 ff.
Sicherungsabrede BGB § 309 12
Sicherungsgegenstand
– Sicherungshypothek BGB § 648 40 f.
Sicherungshypothek BGB § 631 138
– AGB BGB § 305b 3; § 648 7 f.
– Bauleistungen BGB § 648 24 ff.
– Baumängel BGB § 648 46 f.
– des Bauunternehmers BGB § 648 1 ff.
– Besteller BGB § 648 34 ff.
– prozessuale Durchsetzung BGB § 648 50 ff.
– Sicherungsgegenstand BGB § 648 40 f.
Sicherungspflicht
– Bauträger MaBV § 3 1 ff.
Sicherungsvereinbarung BGB § 306 11
Sinnvolles Ganzes BGB § 631 113
Sittenwidrigkeit BGB § 123 42; VOB/B § 8 66
Skonto VOB/B § 16 128
– rechtzeitige Zahlung VOB/B § 16 132
– Vereinbarung VOB/B § 16 129 ff.
Skontoabzug BGB § 632 277 ff.
– Skontoregelungen in AGB BGB § 632 283
Skontovereinbarung BGB § 158 5 ff.
Sonderregelung
– gesetzlich BGB Vor. zu §§ 677 ff 3 f.
Sonderverbindung
– durch Gesamtschuld BGB § 426 2
Sondervermögen BGB § 307 19; § 310 2, 7
Sondervorschlag siehe Nebenangebot
Sowiesokosten Einl. V 14; BGB §§ 249–255 98; § 313 35; §§ 420–421 43; § 631 35; § 635 9, 36; § 637 16; § 638 28; VOB/B § 8 64
Sozialversicherungsträger BGB § 310 6
Sparkassen BGB § 310 6
Spezialtiefbau BGB § 631 86
Spezialvollmacht BGB § 167 6 ff.
– Architektenvollmacht BGB § 167 7 ff.
Spezielle Informationspflichten Einl. V 43
Spillover-Effekt Einl. II 1

Staat BGB § 310 6
Staatsangehörigkeit Einl. II 34
Städtebaulicher Vertrag Einl. IV 2; BauGB § 11 1 ff.
– Form BauGB § 11 26 f.
Staffelverweisung BGB § 305 32
Stahlpreise VOB/B § 2 19
Stand der Technik Einl. II 13, 17
Standardisierung Einl. V 43
Standardleistungskatalog BGB § 307 6
Statthaftigkeit
– der Berufung ZPO § 511
Stellen
– von AGB BGB § 305 20
Stellvertretendes commodum
– Abbedingung BGB § 285 4
– Anwendungsbereich BGB § 285 2 f.
– Beweislast BGB § 285 15
– commodum ex negotiatione BGB § 285 8
– dingliche Surrogation BGB § 285 11
– Doppelvermietung BGB § 285 10
– elektive Konkurrenz BGB § 285 13
– Empfang eines Surrogats BGB § 285 8 f.
– ergänzende Vertragsauslegung BGB § 285 6
– Ersatzanspruch BGB § 285 8
– Leistung eines Gegenstandes BGB § 285 5 f.
– Normzweck BGB § 285 1
– Rechtsfolgen BGB § 285 11 f.
– schuldrechtliche Surrogation BGB § 285 11
– Veräußerungserlös BGB § 285 12
– Verhältnis zum Schadensersatzanspruch BGB § 285 13
– Verjährung BGB § 285 14
– Versicherungssumme BGB § 285 12
– Wahlrecht (ius variandi) BGB § 285 13
– Wegfall der Leistungspflicht BGB § 285 7
– wirtschaftliche Identität BGB § 285 10
Stellvertretung
– Bauträgerschaft BGB Vor. zu §§ 164 ff. 2
– Bautreuhandschaft BGB Vor. zu §§ 164 ff. 5
– Betreuungsvertrag BGB Vor. zu §§ 164 ff. 2
– Eigengeschäft d. Stellvertretung BGB § 164 21
– Mehrfachvertretung BGB § 181 2
– passive Stellvertretung BGB § 164 22
– Rechtsfolgen BGB § 164 19
– Repräsentationsprinzip BGB § 164 1
– Vertretungsmacht BGB § 164 15
– Wissensvertreter BGB § 166 5
Stoff BGB § 645 7
Stoffverantwortung
– des Käufers BGB § 651 29
Störung der Geschäftsgrundlage
– Abgrenzung BGB § 313 9 ff.
– abstraktes Schuldversprechen BGB § 313 6
– Anfechtung BGB § 313 12
– als Angriffsmittel BGB § 313 46 ff.
– Anpassung BGB § 313 45

Stichwortverzeichnis

- Anpassung der Vergütung BGB § 313 28
- Anspruch auf Anpassung BGB § 313 26
- Anwendungsbereich BGB § 313 6
- Äquivalenzverhältnis BGB § 313 3
- Austauschverträge BGB § 313 6
- Bauzeitüberschreitung BGB § 313 9
- Beweislast BGB § 313 43
- Bürgschaft BGB § 313 6
- Darlehen BGB § 313 6
- Dispositivität BGB § 313 8
- Einheitspreisvertrag BGB § 313 29 ff.
- ergänzende Vertragsauslegung BGB § 313 9
- externe Kalkulationsirrtümer BGB § 313 37
- fehlerhafte Baubeschreibung BGB § 313 38 ff.
- galoppierende Inflation BGB § 313 19
- gemeinsame Fehlvorstellungen BGB § 313 22 f.
- Geschäftsgrundlage BGB § 313 15 f.
- Geschäftswille BGB § 313 4
- Global-Pauschalvertrag BGB § 313 34
- Grundlagen der Kalkulation BGB § 313 36
- interner Kalkulationsirrtum BGB § 313 12
- Kalkulation BGB § 313 36
- Kalkulationsirrtum BGB § 313 31, 37
- Konkurrenzen BGB § 313 7
- Kostenanschlag BGB § 313 7
- Kündigung BGB § 313 44
- Leistungserschwerung BGB § 313 3
- Leistungsklage BGB § 313 46
- Mängelansprüche BGB § 313 10
- Mengenabweichungen BGB § 313 29
- Mengenermittlungsrisiko BGB § 313 35
- Mengenmehrung BGB § 313 9
- Motivirrtum BGB § 313 12
- Pauschalpreis BGB § 313 18
- Pauschalpreisvertrag BGB § 313 33 ff.
- Preisrecht BGB § 313 7
- Preisrisiken BGB § 313 33
- Rechtsgeschäftslehre BGB § 313 4
- Risikoverteilung BGB § 313 18 ff.
- Rücktritt BGB § 313 44
- Schenkung BGB § 313 6
- Sowiesokosten BGB § 313 35
- Struktur BGB § 313 2 ff.
- Subsidiarität BGB § 313 11
- unzumutbare Härte BGB § 313 1
- Unzumutbarkeit BGB § 313 21
- Vergleich BGB § 313 6
- Verjährung BGB § 313 49
- als Verteidigungsmittel BGB § 313 44, 45
- vertragliche Risikoübernahme BGB § 313 1
- Vertragsauflösung BGB § 313 27
- Vertragsinhalt BGB § 313 9
- Verwendungszweckstörung BGB § 313 24
- Voraussetzungen BGB § 313 1, 14
- Vorteilsausgleichung BGB § 313 38
- Vorvertrag BGB § 313 6
- Wegfall der Geschäftsgrundlage BGB § 313 1, 17
- wirtschaftliche Unmöglichkeit BGB § 313 11
- Zumutbarkeitsgrenze BGB § 313 21
- Zweckverfehlungskondiktion BGB § 313 13

Strafmilderung BauFordSiG § 2 41
Streik VOB/B § 7 12
- Aussperrung VOB/B § 6 7
- Nachunternehmer VOB/B § 6 8
- Streik VOB/B § 6 7

Streitgegenstand BGB § 634 70; ZPO § 264 2; § 33 2; § 511 9
Streitgenossen ZPO § 63
Streitgenossenschaft ZPO § 59; § 60
- notwendige ZPO § 62
- Zuständigkeit, internationale IntZust 86 ff.

Streitigkeiten
- Begriff VOB/B § 18 6

Streitverkündung
- gegenüber Bürgen ZPO § 72 5
- Grund ZPO § 73 3
- im Mahnverfahren ZPO § 72 7
- gegenüber Sachverständigen ZPO § 72 6
- im selbstständigen Beweisverfahren ZPO § 72 8
- weitere ZPO § 72 9

Strukturelle Unterlegenheit Einl. V 28
Stufenklage ZPO § 254
Stundenlohnarbeiten VOB/B § 15 1; § 2 189
- Abrechnung VOB/B § 15 60 ff.; § 2 192
- angemessene Vergütung VOB/B § 15 70
- Ankerkenntnisfiktion VOB/B § 15 47, 54 ff.
- Anzeigepflicht VOB/B § 15 25 ff.
- Architekt/Bauleiter VOB/B § 15 8, 49 ff.
- Aufsichtsvergütung VOB/B § 15 20
- Bauleiter VOB/B § 2 189
- Beweislastumkehr VOB/B § 15 48
- Einrede VOB/B § 15 68 f.
- Einwendungsausschluss VOB/B § 15 59
- Fälligkeit der Rechnung VOB/B § 15 65
- Material/Maschinen VOB/B § 15 17 ff.
- ortsübliche Vergütung VOB/B § 15 20
- Unfallverhütungsvorschriften VOB/B § 15 24
- Vereinbarung VOB/B § 15 15 ff.; § 2 189 ff.
- Vergütung VOB/B § 2 188 ff.
- Vollmacht VOB/B § 2 189
- Zeitpunkt der Vereinbarung VOB/B § 2 191
- Zweifel über den Umfang VOB/B § 15 66 ff.

Stundenlohnvertrag BGB § 632 154 ff.
- Darlegungs- und Beweislast BGB § 632 163 ff.
- Erforderlichkeit des Stundenaufwandes BGB § 632 168 f.
- Stundenlohnzettel BGB § 632 160 ff.

Stundenlohnzettel
- Architekt/Bauleiter VOB/B § 15 49
- Beweislastumkehr VOB/B § 15 48, 54
- Einwendungen VOB/B § 15 52 ff.

2087

- notwendiger Inhalt **VOB/B § 15** 36 ff.
- Vorlagepflicht **VOB/B § 15** 39 ff.

Submissionsabsprache VOB/B § 8 65

Subsidiäre
- Eigenhaftung **BGB § 309** 33

Subsidiaritätsklausel BGB § 309 33

Subunternehmer BGB § 166 6; **§ 275** 37; **§ 631** 11
- Begriff **BGB Vor. zu §§ 631 ff.** 33
- Direktzahlung **BGB § 631** 15
- Zustimmung **BGB § 631** 15

Sukzessivbeurkundung
- AGB **BGB § 305** 17

Sukzessivlieferungsvertrag BGB § 651 33

Surrogationstheorie BGB § 280 85

Symptomrechtsprechung BGB § 635 10; **§ 637** 8; **§ 638** 6; **VOB/B § 13** 49

Synallagma BGB §§ 320–322 1; **§ 631** 26; **Vor. zu §§ 631 ff.** 2
- funktionelles **BGB §§ 320–322** 15
- konditionelles **BGB § 326** 1

Systemrisiko BGB § 631 91; **VOB/B § 2** 101

Tagelohnarbeiten *siehe Stundenlohnarbeiten*

Tatbestand ZPO § 529 2

Tatsachen
- festgestellte **ZPO § 529** 1

Täuschung BGB § 123 1
- durch Dritte **BGB § 123** 24 ff.
- Pflichtwidrigkeit **BGB § 123** 20

Täuschungshandlung BGB § 123 4
- konkludent **BGB § 123** 7
- positives Tun **BGB § 123** 5
- Unterlassen **BGB § 123** 8 ff.

Technische Geschäftsführung BGB § 713 10

Technische Rahmenbedingungen Einl. II 17
- Bauprodukte Richtlinie **Einl. II** 13
- Entwicklung **Einl. II** 16
- Eurocodes **Einl. II** 14 f.

Technischer Minderwert BGB §§ 249–255 84

Teilabnahme BGB § 640 66, 82; **§ 641** 8
- Architekturwerk **BGB § 640** 82

Teilbarkeit
- der Leistungen **InsO § 103** 45, 60 ff., 91 f.

Teilgesamtschuld BGB §§ 420–421 14

Teilgläubigerschaft BGB §§ 320–322 14

Teilklage BGB § 637 37

Teilkündigung VOB/B § 8 49

Teilleistung BGB § 323 17; **§ 326** 11; **§ 651** 33; **VOB/B § 12** 25; **§ 7** 16
- Abnahme **BGB § 640** 66 ff.
- Abnahmefähige **VOB/B § 8** 3
- Begriff der **VOB/B § 12** 26 f.
- Einrede des nicht erfüllten Vertrages **BGB §§ 320–322** 9
- Interessefortfall **BGB § 281** 8
- Sachmangel **BGB § 281** 6

- Schadensersatz statt der ganzen Leistung **BGB § 281** 7
- Umsatzsteuer **BGB § 640** 128

Teilnahme
- notwendige **BauFordSiG § 2** 38

Teilrechtsfähigkeit BGB § 705 11 ff.

Teilschlussrechnung VOB/B § 16 120

Teilschlusszahlung VOB/B § 16 120
- Rechtsfolgen **VOB/B § 16** 126
- Voraussetzungen **VOB/B § 16** 123 ff.

Teilschuld BGB §§ 320–322 13; **§§ 420–421** 4

Teilung
- einer Bauvertragsklausel **BGB § 306** 13

Teilungserklärung
- AGB **BGB § 305** 3

Teilunmöglichkeit BGB § 275 62, 64; **§ 326** 11
- anfängliche qualitative Unmöglichkeit im Werkvertrag **BGB § 275** 73
- Einrede des nicht erfüllten Vertrages **BGB §§ 320–322** 8
- Gesamtunmöglichkeit **BGB § 275** 72
- qualitative Unmöglichkeit **BGB § 275** 65, 67, 69 ff.
- Rechtsfolgen **BGB § 275** 74
- teilbare Leistung **BGB § 275** 63
- Transaktionskosten **BGB § 275** 75
- unbehebbare Schlechtleistung **BGB § 275** 66
- Unterfall teilweiser Unmöglichkeit **BGB § 275** 68

Teilvergütungsanspruch BGB § 645 37 ff.

Teilzahlung BGB § 641 45

Telefax VOB/B § 8 79

Teleologische Reduktion BGB § 651 23

Textform VOB/B § 8 79

Theorie gestufter Informationspflichten Einl. V 31

Tod eines Gesellschafters
- Auflösung **BGB § 729** 11

Totalreparation BGB §§ 420–421 1

Totalübernehmer BGB Vor. zu §§ 705 ff. 6

Transaktionsaufwand VOB/B § 8 60

Transaktionskosten Einl. II 46; **Einl. V** 8

Transparenz Einl. IV 3

Transparenzgebot Einl. V 7; **BGB § 305** 32; **§ 307** 12, 28; **§ 310** 31; **§ 639** 8
- VOB/B **BGB § 307** 34

Transparenzprinzip VergabeR 18

Treu und Glauben BGB § 123 12; **§ 241** 5; **§ 631** 37, 152; **§ 639** 4

Treuhänder
- Basistreuhänder **BGB Vor. zu §§ 164 ff.** 5
- Bautreuhänder **BGB Vor. zu §§ 164 ff.** 5
- Kontotreuhänder **BGB Vor. zu §§ 164 ff.** 5
- Mittelverwendungstreuhänder **BGB Vor. zu §§ 164 ff.** 5
- Treuhandkommanditist **BGB Vor. zu §§ 164 ff.** 5

Treuhandkonto BauFordSiG § 2 38

Stichwortverzeichnis

Tunnelbau BGB § 631 86
Typisiertes Vertrauen *siehe Verschulden bei Vertragsverhandlungen*

Übel BGB § 123 31
Überdeckungsverbot BauO NRW § 6 28 ff.
Übergabe BGB § 651 32, 41
Übermittlungseinrichtung BGB § 120 3
Übermittlungsirrtum *siehe Irrtum; siehe Irrtum*
Übermittlungsperson BGB § 120 3
Übernahmeverschulden BGB § 678 1
Überobligationsmäßige Leistungen BGB § 275 7
Überprüfungsplicht
– Unterlagen VOB/B § 3 6 ff.
Überraschende Klausel BGB § 305c 2
Überrumpelungsschutz BGB § 305c 3
Überschießende Umsetzung Einl. II 10
Übertölpelung BGB § 305c 4
Überwachung VOB/B § 4 4
Übliche Vergütung VOB/B § 2 118
Umbauarbeiten BGB § 651 19
Umbauten
– Definition HOAI § 2 11
Umdeutung
– der Kündigung VOB/B § 8 76
Umfang des gesamtschuldnerischen Ausgleichsanspruches
– Haftpflichtige BGB § 426 21, 24
– Sicherungsgeber: Bürgen und Gesamtschuldner BGB § 426 18
Umgehung BGB § 306a 3; § 309 11
Umgehungsverbot BGB § 306a 1
Umsatzsteuer BGB § 309 2; § 632 251 ff.; § 640 127; Vor. zu §§ 631 ff. 18; VOB/B § 2 15, 91, 123
– Architektenhonorar HOAI § 16
– gesetzlicher Ausgleichsanspruch BGB § 632 255, 257 f.
– Gleitklauseln BGB § 632 256
– Steuererstattung BGB § 632 254 ff.
– Umkehrsteuer BGB § 632 260 ff.
Umstände
– besondere BGB § 637 29
Umwandlung in Abrechnungsverhältnis
– nach Kündigung VOB/B § 8 81
Unabwendbare Umstände VOB/B § 7 10
– Brandstiftung VOB/B § 6 14
– Diebstahl VOB/B § 6 14
– Materialknappheit VOB/B § 6 14
– Naturkatastrophen VOB/B § 6 14
– Sachbeschädigung VOB/B § 6 14
– unerlaubte Handlungen Dritter VOB/B § 6 14
Unangemessene Benachteiligung VOB/B § 7 8
Unechte Gesamtschuld BGB §§ 420–421 15

Unerlaubte Handlung BGB § 123 45; §§ 823, 831 1
– Darlegungs- und Beweislast BGB §§ 823, 831 54
– deliktische Produkthaftung BGB §§ 823, 831 10
– Eigentumsverletzung BGB §§ 823, 831 11
– Kausalität BGB §§ 823, 831 35
– Rechtswidrigkeit BGB §§ 823, 831 34
– Schadensersatz BGB §§ 823, 831 1
– Verhältnis zu anderen Ansprüchen BGB §§ 823, 831 1
– Verletzung des Lebens und des Körpers BGB §§ 823, 831 32
– Verletzung eines Anwartschaftsrechtes BGB §§ 823, 831 33
– Verletzung von Verkehrssicherungspflichten BGB §§ 823, 831 3
– Verrichtungsgehilfe BGB §§ 823, 831 51
– Verschulden BGB §§ 823, 831 36
– Verstoß gegen Schutzgesetz (§ 823 Abs.2 BGB) BGB §§ 823, 831 38
Unfallverhütungsvorschriften VOB/B § 15 24
Ungerechtfertigte Bereicherung BGB § 177 13
Unklarheitenregelung BGB § 305c 16; § 310 47
Unmittelbarer Schaden BGB §§ 249–255 6
Unmöglichkeit BGB § 631 88; § 635 57
– absolutes Fixgeschäft BGB § 275 22, 24 f.
– anfängliche BGB § 275 11
– Anwendungsbereich BGB § 275 2 f.
– behördliche Genehmigung BGB § 275 20
– Beweislast BGB § 275 79 f.
– dauerndes Rechtshindernis BGB § 275 19
– Einrede BGB § 275 8, 83
– Einrede nach Klageerhebung BGB § 275 88
– Einwendungen nach Klageerhebung BGB § 275 86 f.
– faktische BGB § 275 38
– Flucht in die BGB § 275 53
– Gegenleistungspflicht BGB § 275 9
– Gleichbehandlung der objektiven BGB § 275 11
– Insolvenzverfahren BGB § 275 21
– juristische BGB § 275 18
– Klageabweisung BGB § 275 85
– Klagerücknahme BGB § 275 89
– Leistungsgefahr BGB § 275 4
– Leistungsinteresse des Gläubigers BGB § 275 41
– Leistungsverweigerungsrecht BGB § 275 82
– der Mangelbeseitigung VOB/B § 13 68
– moralische BGB § 635 61
– der Nacherfüllung BGB § 309 36
– nachträgliche BGB § 275 11
– naturgesetzliche BGB § 275 14
– nicht zu vertretende BGB § 275 11
– objektive BGB § 275 11 ff.; §§ 422–425 23

2089

Stichwortverzeichnis

- perpetuum mobile BGB § 275 16
- physikalische BGB § 275 14, 17
- praktische BGB § 275 12, 38
- praktische und Aufwand des Schuldners BGB § 275 42
- praktische und grobes Missverhältnis BGB § 275 43 ff.
- praktische und Verbrauchsgüterkaufrichtlinie BGB § 275 50
- praktische, Abgrenzung BGB § 275 46, 48 f.
- Prozess BGB § 275 84
- qualitative BGB § 275 15; § 326 12, 31
- qualitative und Leistungshindernis bei Vertragsschluss BGB § 311a 15
- Rechtsfolgen BGB § 275 5 ff.
- rechtsvernichtende Einwendung BGB § 275 81
- Rücktrittsrecht BGB § 275 23
- Sekundäransprüche BGB § 275 10
- subjektive BGB § 275 32
- subjektive und Erfolgsverschaffungspflicht BGB § 275 35 ff.
- subjektive und Geldherausgabeschulden BGB § 275 34
- subjektive und Geldsummenschulden BGB § 275 33
- Überblick BGB § 275 1
- unverhältnismäßige Kosten BGB § 275 47
- beim VOB/B-Vertrag BGB § 275 76 ff.
- Voraussetzungen der praktischen BGB § 275 39 f.
- vorübergehende BGB § 275 56, 58 ff.
- vorübergehende und Abgrenzung zur dauernden Unmöglichkeit BGB § 275 57
- vorübergehende und Erfüllungsgefährdung BGB § 275 61
- Wegfall des Leistungssubstrats BGB § 275 29
- wirtschaftliche BGB § 313 11
- wirtschaftliche und Äquivalenzinteresse BGB § 275 51
- wirtschaftliche, Abgrenzung BGB § 275 52 ff.
- zu vertretende BGB § 275 11
- Zweckerreichung BGB § 275 26 f.
- Zweckfortfall BGB § 275 28, 30
- Zweckstörung BGB § 275 31

Unmöglichwerden
- des Gesellschaftszwecks BGB § 729 4

Unselbständige Ergänzungen
- AGB BGB § 305 5

Unselbständige Garantie BGB § 639 8

Unsicherheitseinrede InsO § 103 16 ff., 59
- prozessuale Gestaltung BGB §§ 320–322 17
- Vorleistungspflicht BGB §§ 320–322 15 f.

Unterbevollmächtigte BGB § 166 2

Unterbrechung BGB § 631 99
- Abnahme VOB/B § 6 43
- Abrechnung VOB/B § 6 31
- Ausschluss des Kündigungsrechts VOB/B § 6 39
- Baustelleneinrichtung VOB/B § 6 34
- dauernde Unmöglichkeit VOB/B § 6 29
- Erstattung der Kosten VOB/B § 6 34
- Fälligkeitsvoraussetzung VOB/B § 6 43
- Form VOB/B § 6 40
- Kündigung VOB/B § 6 35
- länger als drei Monate VOB/B § 6 35
- längere Dauer VOB/B § 6 29
- Lieferleistungen VOB/B § 6 34
- prüfbare Schlussrechnung VOB/B § 6 43
- Schadensersatz VOB/B § 6 42
- Sicherungsmaßnahmen VOB/B § 6 34
- Stillstand der Arbeiten VOB/B § 6 29
- Treu und Glauben VOB/B § 6 39

Untergang
- im Insolvenzverfahren InsO § 103 43

Unterhaltsgewährung BGB § 685 2

Unterhaltsleistungen BGB § 685 2

Unterhaltspflicht
- gesetzliche BGB § 678 2; § 679 3

Unterlagen
- Beschaffung VOB/B § 3 13

Unterlassungsantrag ZPO § 253 5

Unterlassungspflicht BGB § 241 1; § 323 4

Unternehmer BGB § 305 28; § 307 19, 33; § 310 2, 3, 37, 39, 45; § 631 6, 7, 8
- Alleinunternehmer BGB § 631 8
- Generalübernehmer BGB § 631 8
- Generalunternehmer BGB § 631 8
- Hauptunternehmer BGB § 631 8
- Lieferant BGB § 631 8
- Nebenunternehmer BGB § 631 8
- Projektunternehmer BGB § 631 8

Unternehmerbescheinigungen BGB § 241 26

Unternehmereinsatzformen BGB Vor. zu §§ 705 ff. 3, 13
- Übersicht BGB Vor. zu §§ 631 ff. 33

Unternehmerpfandrecht BGB § 647 1 ff.

Unternehmerrisiko VOB/B § 7 6

Untersuchungs- und Rügepflichten
- kaufmännische BGB § 651 34

Unterwerfungserklärungen
- Rechtsschutz ZPO § 767 7 ff.
- Wirksamkeit ZPO § 767 8 ff.

Untreue
- Vermögensbetreuungspflicht BauFordSiG § 2 40

Unverhältnismäßige Kosten BGB § 636 6

Unverhältnismäßigkeit BGB § 275 40; § 635 43
- Aufwand BGB § 635 43
- der Aufwendungen BGB § 635 56
- der Kosten BGB § 635 14
- Kosten BGB § 635 43
- der Kosten BGB § 635 47

Stichwortverzeichnis

Unvermögen
– vorübergehendes und Gläubigerverzug BGB §§ 293–299 20
Unverzüglich BGB § 121 3 f.
Unwesentlicher Mangel BGB § 323 15; § 651 28
Unwirksame Klausel BGB § 306 4
Unzulässige Umgehung BGB § 306 18
Unzumutbare Härte BGB § 306 1, 19; § 313 1
Unzumutbarkeit BGB § 324 4; § 635 14; § 637 29
– für den Besteller BGB § 637 32
– der Nachbesserung BGB § 637 32
– persönliche BGB § 275 55
Unzuverlässigkeit BGB § 636 12
Urkalkulation VOB/B § 2 112
– allgemeine Geschäftskosten (AGK) VOB/B § 2 115
– baustellenbezogene Gemeinkosten (BGK) VOB/B § 2 114
– Einzelkosten der Teilleistung (EKT) VOB/B § 2 113
– Gewinn VOB/B § 2 116
– Wagnis VOB/B § 2 116
Urkunden ZPO § 593 1
Urkundennachweis ZPO § 592 1
Urproduktion BGB § 651 12
Ursächlichkeitszusammenhang BauFordSiG § 2 20 ff.

Verantwortungsbereich VOB/B § 4 34
Verbandsklageverfahren BGB § 305c 3, 11
Verbindlichkeit
– der Ausführungsfrist VOB/B § 5 8 ff.
Verbraucher BGB § 305 30, 33; § 307 32; § 310 36, 40; § 631 7, 43
– Begriff/EuGVVO IntZust 58 ff.
– Vertragserfüllungssicherheit für Abschlagszahlung BGB § 632a 73 f.
Verbraucherbotschaft Einl. V 3
Verbraucherdarlehensvertrag Einl. V 19
Verbraucherinformation Einl. V 7
Verbraucherkredit Einl. V 19
Verbraucherrecht
– europäisches Einl. V 5
Verbraucherschutz BGB § 310 2
– Entwicklung Einl. V 1 ff.
– Erfüllungsrisiko Einl. V 24 ff.
– Finanzierungsrisiko Einl. V 24 ff.
– Frühformen Einl. V 2
– Fundament Einl. V 12
– kompensatorisch Einl. V 40
– komplementär Einl. V 28
– konstitutiver Einl. V 6
– marktkompensierender Einl. V 6
– marktkomplementärer Einl. V 6
– notarielle Beurkundung Einl. V 52
– Transaktionskosten Einl. V 50 f.

Verbraucherschutz bei Bauverträgen Einl. V 10 ff.
– Erfolgsverschaffungspflicht des Unternehmers Einl. V 12, 14
Verbrauchervertrag BGB § 307 21; § 308 14; § 310 34, 44, 48
– Zuständigkeit, internationale IntZust 56 ff.
Verbrauchsgüterkaufrichtlinie Einl. II 9; BGB § 651 1; Vor. zu §§ 631 ff. 17
– Annäherung Kauf- und Werkvertragsrecht Einl. II 10
– Anwendung des Kaufrechts Einl. II 11
Verbundene Geschäfte Einl. V 46
Verdingungsordnung BGB § 119 7
Vereinigung
– bei Gesamtschuld BGB §§ 422–425 36
Verfügung
– einstweilige VergabeR 50
Vergabe BGB § 631 101
Vergabekammer
– Verfahren VergabeR 57
Vergaberecht Einl. I 7; Einl. II 46; Einl. IV 3
– Bedeutung für Vertragsauslegung BGB Vor. zu §§ 145–163 22
– Bedeutung für Vertragsschluss BGB Vor. zu §§ 145–163 22
– Verstoß gegen BGB § 631 132
Vergabestellen Einl. IV 3
Vergabeverfahren
– fehlerhaftes *siehe Verschulden bei Vertragsverhandlungen*
– rechtwidrige Aufhebung *siehe Verschulden bei Vertragsverhandlungen*
Vergabeverhandlungsprotokoll
– AGB BGB § 305 26
Vergleichsvertrag
– bei Gesamtschuld BGB §§ 422–425 11, 15
Vergütung BGB § 310 48; § 631 137
– Abnahme BGB § 641 5
– angemessene VOB/B § 8 63
– Ergänzende Vertragsauslegung BGB § 632 316 f.
– Fälligkeit BGB § 640 2, 88 ff.; § 641 1
– Gesamtwerk BGB § 641 6 f.
– Leistungsbestimmungsrecht BGB § 632 318 f.
– taxmäßige Vergütung BGB § 632 322 f.
– Teilwerk BGB § 641 8
– übliche Vergütung BGB § 632 324 ff.
– Vereinbarung VOB/B § 2 127
– zusätzlicher Leistungen VOB/B § 2 140
Vergütung(spflicht)
– Bedingung(svereinbarung) BGB § 632 16, 308 ff.
– Dissens BGB § 632 7 ff.
– Erwartbarkeit einer Vergütungspflicht BGB § 632 297 ff.
– für Leistungen vor Vertragsabschluss BGB § 632 339, 342 ff.

2091

Stichwortverzeichnis

- für Mängeluntersuchung/-beseitigung BGB § 632 4, 29 ff.
- Unentgeltlichkeitsvereinbarung BGB § 632 307, 309
- Vermutungsregel BGB § 632 1 f., 306
- für Vorarbeiten ohne nachfolgenden Vertragsabschluss BGB § 632 340 ff.
- für Zusatzunterlagen nach Vertragsabschluss BGB § 632 344

Vergütung(svereinbarung)
- Fehlen BGB § 632 31, 292 f.
- Ohne-Rechnung-Abrede BGB § 632 287 ff.
- Unwirksamkeit BGB § 632 295 f.

Vergütungsanspruch VOB/B § 4 20; § 8 50
Vergütungserhöhung BGB § 309 2
Vergütungsfälligkeit BGB § 632 226 ff.
Vergütungsgefahr BGB § 326 6; § 644 1, 5; VOB/B § 7 1
Vergütungsnebenabrede BGB § 307 11
Vergütungsvereinbarung BGB § 307 9
Verhältnis privates und öffentliches Baurecht Einl. IV 1, 2, 4
Verhandlung BGB § 241 2
- Verhandlungsbereitschaft BGB § 241 3, 6

Verhandlungsverbot BGB § 631 107
Verjährung BauFordSiG § 2 42; BGB § 280 12, 51 ff.; § 309 46; §§ 320–322 5; § 678 4; Vor. zu §§ 677 ff 5
- absolute Rechte BGB § 194 7
- akzessorischen Sicherungsrechte BGB § 217 1
- Aufrechnung BGB § 215 1
- Ausschluss der Rückforderung BGB § 214 4
- BauFordSiG BauFordSiG § 1 58
- Beginn BGB § 640 2, 83, 93 f.
- Beweislast BGB § 194 10
- Einrede der Verjährung BGB § 194 6; § 214 2
- einseitige Rechtsgeschäfte/Verzicht auf die Einrede der Verjährung BGB § 202 2 ff.
- Fristberechnung BGB § 634a 21 f.
- fünfjährige Verjährungsfrist BGB § 634a 3 ff.
- Gestaltungsrecht BGB § 194 5
- Grundsätze des Organisationsverschulden BGB § 634a 33 f.
- Hemmung BGB § 637 37
- Leistungsverweigerungsrecht BGB § 214 1 ff.; § 634a 45
- materiell-rechtliche Ansprüche BGB § 194 2
- Minderung BGB § 218 2; § 634a 47
- Nebenleistungen BGB § 217 2
- Obliegenheiten BGB § 194 8
- öffentlich-rechtliche Ansprüche BGB § 194 9
- Pflichtverletzung der Architekten BGB § 634a 42
- der prozessuale Anspruch BGB § 194 3
- regelmäßige Verjährungsfristen BGB § 634a 18
- Rücktritt BGB § 218 1; § 634a 44
- Übergangsregelung BGB § 194 1
- unverjährbare Ansprüche BGB § 194 4
- unzulässige Rechtsausübung BGB § 214 3
- Vereinbarung über die Verjährung BGB § 202 1
- Verkürzung der Verjährungsfristen BGB § 202 5 ff.
- Verlängerung der Verjährung BGB § 202 8
- Zurückbehaltungsrecht BGB § 215 2
- Zweck BGB § 194 1
- zweijährige Verjährungsfrist BGB § 634a 16 f.

Verjährung der Mängelrechte
- Anerkenntnis durch Haftpflichtversicherung BGB § 212 4
- Arbeiten an einem Bauwerk BGB § 634a 8, 11
- Arglist des Architekten BGB § 634a 28
- Arglist von Erfüllungsgehilfen BGB § 634a 29 f.
- arglistiges Verschweigen BGB § 634a 23 ff.
- Aufrechnung BGB § 215 1
- Bauwerk BGB § 634a 4 ff.
- Beginn der Verjährung BGB § 634a 19 ff.
- bestehende Bauwerke BGB § 634a 9 ff.
- Darlegungs- und Beweislast BGB § 634a 31 f., 41
- Dauer der Verjährung BGB § 634a 2 ff., 35
- Gewährleistungsklage BGB § 213 2
- Gutachten BGB § 634a 18
- Lieferung einer vertretbaren oder nicht vertretbaren beweglichen Sache BGB § 634a 16
- Minderung BGB § 634a 47 ff.
- Nacherfüllung BGB § 212 2 f.
- Offenbarungspflicht BGB § 634a 25, 28
- Organisationsobliegenheit BGB § 634a 36 ff.
- Organisationspflichten der Architekten/Ingenieure BGB § 634a 40
- Organisationsverschulden BGB § 634a 33 ff.
- Planungs- und Überwachungsleistungen BGB § 634a 13 ff.
- Rücktritt BGB § 634a 43 ff.
- Sekundärhaftung BGB § 634a 42
- technische Anlagen BGB § 634a 12
- Zurückbehaltungsrecht BGB § 215 2

Verjährungsbeginn
- Abnahme BGB § 634a 19
- Abnahmefiktion BGB § 634a 20
- Anerkenntnis BGB § 212 1
- Ansprüche aus Bürgschaften BGB § 199 9 ff.
- Beginn der Verjährungsfrist von festgestellten Ansprüchen BGB § 201 3
- Entstehen der Ansprüche BGB § 199 1 ff.
- Fristberechnung BGB § 634a 21
- Gesamtschuldnerausgleichsanspruch § 426 Abs. 1 BGB BGB § 199 12
- Höchstfristen BGB § 199 24
- Honoraransprüche der Architekten/Ingenieure/ Projektsteuerer BGB § 199 8

Stichwortverzeichnis

- Kenntnis der den Anspruch begründenden Umstände und der Person des Schuldners **BGB § 199** 14 ff.
- mehrere Anspruchsgrundlagen **BGB § 213** 1
- Nacherfüllung **BGB § 212** 2
- Neubeginn der Verjährungsfrist **BGB § 212** 1
- Organisationsmangel **BGB § 634a** 35
- regelmäßige Verjährungsfrist **BGB § 634a** 22
- Vergütungsanspruch des Bauträgers **BGB § 199** 6 f.
- Zeitpunkt des Neubeginns **BGB § 212** 5

Verjährungsfrist für Mängelansprüche VOB/B § 13 28 ff.
- Arglistiges Verschweigen **VOB/B § 13** 33
- Hemmung der Verjährung **VOB/B § 13** 38
- Kontrollmaßnahmen **VOB/B § 13** 34
- Organisationsverschulden **VOB/B § 13** 34
- Überwachungspflicht **VOB/B § 13** 34
- versteckter Mangel **VOB/B § 13** 37
- vom Feuer berührte Teile von Feuerungsanlagen **VOB/B § 13** 33

Verjährungsfrist BGB § 309 22
- Anerkenntnis **BGB § 212** 1
- aus Anspruch des Bestellers bei Überzahlung nach § 638 Abs.4 BGB **BGB § 195** 1
- Ansprüche auf Besitzübertragung **BGB § 197** 3
- Ansprüche auf Erstattung der Kosten der Zwangsvollstreckung **BGB § 197** 11
- aus Ansprüche aus gesetzlichen Schuldverhältnissen **BGB § 195** 2
- Ansprüche aus vollstreckbaren Vergleichen oder vollstreckbaren Urkunden **BGB § 197** 5
- aus Ansprüche des Gläubigers **BGB § 195** 1
- aus Ansprüche einer Bürgschaft **BGB § 195** 1
- Ansprüche, die durch die im Insolvenzverfahren erfolgte Feststellung vollstreckbar geworden sind **BGB § 197** 10
- aus Ansprüchen aus unerlaubter Handlung **BGB § 195** 1
- Ausführung von Nacherfüllungsarbeiten **BGB § 212** 3
- außergerichtliche Vergleiche **BGB § 197** 9
- Beratungsleistungen **BGB § 634a** 18
- aus bereicherungsrechtlichen Rückzahlungsansprüche **BGB § 195** 1
- Garantie **BGB § 202** 9
- gemischte Verträge **BGB § 634a** 17
- aus hängengebliebenem Architektenvertrag **BGB § 195** 1
- Herausgabeansprüche aus Eigentum und anderen dinglichen Rechten **BGB § 197** 1
- bei konkurrierenden Ansprüchen **BGB § 195** 3
- Organisationsverschulden **BGB § 634a** 35
- bei Rechten an einem Grundstück **BGB § 196** 1 ff.
- rechtskräftig festgestellten Ansprüche **BGB § 197** 2 ff.
- Rückforderungsanspruch **BGB § 637** 46
- aus Rückgewährschuldverhältnis **BGB § 195** 1
- aus Rückzahlung des Vorschusses auf Mängelbeseitigungskosten **BGB § 195** 1
- Sekundärhaftung **BGB § 634a** 42
- Sonderregelungen **BGB § 196** 1 ff.
- Umfang des Neubeginns der Verjährung **BGB § 212** 6
- Vergütungsanspruch des Bauträgers **BGB § 197** 2
- Verjährung von Nebenleistungen **BGB § 217** 1 f.
- Verkürzung der Verjährungsfristen **BGB § 202** 5 ff.
- Verlängerung der Verjährung **BGB § 202** 8
- aus Verletzung von Nebenpflichten **BGB § 195** 1
- vertragliche Ansprüche **BGB § 195** 1
- Vertragsstrafenanspruch **BGB § 217** 2
- VOB/B **BGB § 635** 50
- Vollstreckungshandlung **BGB § 212** 7
- aus werkvertraglichen Mängelansprüchen
- wiederkehrende Leistung **BGB § 197** 12

Verjährungshemmung BGB § 637 37
- Ablaufhemmung **BGB § 203** 18
- Antragsrücknahme **BGB § 204** 59
- Aufnahme neuer Verhandlungen **BGB § 203** 17
- Aufrechnung **BGB § 204** 14 f., 50
- Begutachtung **BGB § 204** 28 ff.
- Beweisverfahren **BGB § 203** 12
- Dauer der Hemmung **BGB § 204** 45 ff.
- Einrede der Vorausklage **BGB § 204** 72
- Einschlafen der Verhandlung **BGB § 203** 15 f.
- einstweiliger Rechtsschutz **BGB § 204** 31 f.
- Eintragung der Bauhandwerkersicherungshypothek **BGB § 204** 31
- Ende der Hemmung durch Verfahrensstillstand **BGB § 204** 66 ff.
- Ende der Verhandlungen **BGB § 203** 14 ff.
- Erhebung der Klage **BGB § 204** 1 ff.
- erneute Hemmung **BGB § 204** 70 f.
- Forderungsanmeldeverfahren **BGB § 204** 63
- Forderungsanmeldung **BGB § 204** 35
- Gewährleistungsklage **BGB § 213** 2
- Güteantrag **BGB § 204** 10 ff., 49
- höhere Gewalt **BGB § 206** 4 f.
- Insolvenzverfahren **BGB § 204** 33 ff.
- Klage **BGB § 204** 46 f.
- Mahnbescheid **BGB § 204** 5 ff.
- Mahnverfahren **BGB § 204** 48
- Meinungsaustausch **BGB § 203** 2 f.
- Parteien der Verhandlung **BGB § 203** 8 ff.
- Prozesskostenhilfe **BGB § 204** 42 ff.
- prozessualer Anspruch **BGB § 213** 1

2093

Stichwortverzeichnis

- Ruhen des Verfahrens BGB § 204 67 f.
- schiedsrichterliches Verfahren BGB § 204 36 ff.
- selbstständiges Beweisverfahren BGB § 204 21 ff., 52 ff.
- Streitverkündung BGB § 204 16 ff., 51
- Symptomtheorie BGB § 203 2
- Unbrauchbarkeit des Gutachtens BGB § 204 56
- Vereinbarung BGB § 206 2 f.
- Verhandlungen BGB § 203 1 ff.
- Verjährungsverzichtserklärung BGB § 203 4 ff.
- verschiedene Mängel BGB § 204 58
- Wirkung der Hemmung BGB § 209 1 f.

Verkehrspflichtverletzung
- Bauunternehmer BGB § 276 60

Verkehrssicherung BGB § 241 17

Verkehrssicherungspflicht BGB §§ 823, 831 3
- allgemein anerkannte Regeln der Technik BGB § 276 62
- Arbeitsschutzgesetz BGB § 276 71, 76
- Arbeitsstättenverordnung BGB § 276 76
- Architekt BGB § 276 48, 78, 79
- Auswahlpflicht BGB § 276 63, 65
- Bauherr BGB § 276 48, 52 ff., 62 ff., 77 ff.; §§ 823, 831 3
- Bauleiter BGB §§ 823, 831 8
- Baustelle BGB § 276 48
- Baustellenverordnung BGB § 276 71, 76
- bauüberwachenden Architekten BGB §§ 823, 831 10
- Bauunternehmer BGB § 276 48, 64 ff., 68, 70 ff.
- Einschränkung BGB § 276 49, 51
- Instruktionspflicht BGB § 276 63
- des planenden Architekten BGB §§ 823, 831 9
- Übertragung BGB § 276 64
- Überwachungspflicht BGB § 276 63 ff.
- Unfallverhütungsvorschriften BGB § 276 76 f.
- Unternehmer BGB §§ 823, 831 7

Verkehrssitte BGB § 631 108
- gewerbliche VOB/B § 2 2, 14

Verkehrswesentliche Eigenschaft
- einer Person BGB § 119 39, 40
- einer Sache BGB § 119 41 f.

Verlangen einer zusätzlichen Leistung VOB/B § 2 127, 142, 147
- Abgrenzung zur geänderten Leistung VOB/B § 2 144
- Ankündigungspflicht VOB/B § 2 148
- Ausnahmen von der Ankündigungspflicht VOB/B § 2 149
- hoheitliche Anordnungen VOB/B § 2 107
- Zurechnen des Handelns Dritter VOB/B § 2 107
- zusätzliche Leistungen, Begriff VOB/B § 2 143

Verlängerung der Verjährungsfrist
- »Quasi-Unterbrechung« VOB/B § 13 40

Verlautbarungsirrtum BGB § 119 25; siehe Irrtum

Verlust des Beweismittels ZPO § 485 6 ff.

Vermögensverluste BGB § 637 17

Vermögensvermehrung BGB § 684 2

Vermögensverschlechterung InsO § 103 16 ff., 59

Vermögensverwendung
- MaBV MaBV §§ 4–6 1 ff.

Vermutung aufklärungsrichtigen Verhaltens
- bei Verletzung von Aufklärungspflichten BGB § 311 59
- Verschulden bei Vertragsverhandlungen BGB § 311 59

Verpflichtung
- irrtümliche Annahme BGB § 677 3

Verrichtungsgehilfe BGB §§ 823, 831 51
- Baustofflieferant BGB §§ 823, 831 51
- Nachunternehmer / Subunternehmer BGB §§ 823, 831 51

Verschaffung BGB § 631 1, 136

Verschulden bei Vertragsverhandlungen
- und § 126 GWB BGB § 311 7
- und § 13 Abs.3 VOB/B BGB § 311 9
- durch Abbruch von Vertragsverhandlungen BGB § 311 35
- bei ähnlichen geschäftliche Kontakte BGB § 311 44
- bei Anbahnung eines Vertrages BGB § 311 43
- und Anfechtung BGB § 311 3
- Aufklärung über das Honorar der Architekten und/oder Ingenieure BGB § 311 20
- Aufklärung über Formvorschriften beim Vertragsabschluss BGB § 311 24
- bei Aufnahme von Vertragsverhandlungen BGB § 311 41
- durch Ausschluss aus einem Architektenwettbewerb BGB § 311 39
- besonderes persönliches Vertrauen BGB § 311 48
- Beweislast BGB § 311 71
- und das Führen der Bezeichnung Architekt oder Ingenieur BGB § 311 12
- bei der Durchführung von Vergabeverfahren BGB § 311 29
- bei der Erstellung von Leistungsbeschreibungen BGB § 311 27
- durch Dritte BGB § 311 47
- Erfüllungsinteresse BGB § 311 56
- Erstellen von Leistungsbeschreibungen BGB § 311 27
- und Mängelrechte BGB § 311 4
- durch Nichtbeauftragung BGB § 311 38
- Pflichtverletzung BGB § 311 9

Stichwortverzeichnis

- Pflichtverletzung durch Dritte (§ 311 Abs.3 BGB) **BGB § 311** 47
- und Provisionsabsprachen ("Schmiergeldzahlung") **BGB § 311** 19
- Schadensersatz **BGB § 311** 57
- Schadensersatz bei Verletzung vergaberechtlicher Vorschriften **BGB § 311** 64
- Schadensersatz bei Verletzung von Aufklärungspflichten **BGB § 311** 58
- und Sitz des Büros und Ort der Leistungserbringung bei Architekten- und Ingenieurverträgen **BGB § 311** 16
- typisiertes Vertrauen **BGB § 311** 49
- Vergabeverfahren des öffentlichen Auftraggebers **BGB § 311** 29
- Vergabeverfahren des privaten Auftraggebers **BGB § 311** 34
- durch Verletzung allgemeiner Schutzpflichten **BGB § 311** 40
- durch Verletzung einer Aufklärungspflicht **BGB § 311** 11
- durch Verletzung einer Fürsorgepflicht **BGB § 311** 40
- durch Verletzung einer Hinweispflicht **BGB § 311** 11
- durch Verletzung einer Obhutspflicht **BGB § 311** 40
- durch Verletzung einer Offenbarungspflicht **BGB § 311** 11
- Vermutung aufklärungsrichtigen Verhaltens **BGB § 311** 59
- Vertragsanpassung **BGB § 311** 70
- Vertragsaufhebung **BGB § 311** 69
- Vertrauensschaden **BGB § 311** 56
- Vertretenmüssen **BGB § 311** 45
- wirtschaftliches Eigeninteresse **BGB § 311** 55

Versicherbarkeit **VOB/B § 7** 7

Versicherung
- MaBV **MaBV § 2** 1 ff.

Versorgungsvertrag **BGB § 164** 12

Versteigerung **BGB § 156** 1 ff.

Verstoß gegen Schutzgesetz **BGB §§ 823, 831** 38
- § 1 BauFordSiG **BGB §§ 823, 831** 40
- § 319 StGB **BGB §§ 823, 831** 39
- § 909 BGB **BGB §§ 823, 831** 47
- Arbeitsschutzbestimmungen **BGB §§ 823, 831** 48
- Baustellenverordnung **BGB §§ 823, 831** 48
- sonstige **BGB §§ 823, 831** 50

Vertikale ARGE **BGB § 705** 20

Vertikale Preisbindung **VOB/B § 8** 65

Vertrag
- Begriff/EuGVVO **IntZust** 29 ff.
- gegenseitiger **BGB §§ 320–322** 18

Vertragliche Haftung
- Fahrlässig **VOB/B § 10** 3
- Haftungsbeschränkung **VOB/B § 10** 4

- Haftungsmilderung **VOB/B § 10** 4
- Kündigung **VOB/B § 10** 2
- Mängelhaftung **VOB/B § 10** 2
- Schadensersatz **VOB/B § 10** 2
- Verschulden **VOB/B § 10** 3
- vertragliche Nebenpflichten **VOB/B § 10** 2
- Vertragspflicht **VOB/B § 10** 2
- Verzug **VOB/B § 10** 2
- Vorsatz **VOB/B § 10** 3

Vertragsabschluss **VergabeR** 82
Vertragsarten **VergabeR** 85
Vertragsaufsage **BGB § 280** 29
Vertragsbestandteile **BGB § 631** 94
- Widersprüche **BGB § 631** 95

Vertragsbruch
- antizipierter **BGB § 323** 11

Vertragserfüllungssicherheit
- bei Abschlagszahlung **BGB § 632a** 73 f.
- Geltung bei Bauträgerverträgen **BGB § 632a** 86 f.

Vertragsfreiheit **BGB Vor. zu §§ 145–163** 1
- AGB **BGB § 305** 7

Vertragsfrist **VOB/B § 5** 9 f., 14 ff., 20, 25, 28, 32, 41, 83

Vertragsgemäß erbrachte Leistung
- als Voraussetzung für Abschlagszahlung **BGB § 632a** 11 ff.

Vertragsgemäße Beschaffenheit **Einl. II** 22

Vertragskosten
- Erschließungskosten **BGB § 280** 99
- Grundsteuer **BGB § 280** 99
- Maklerkosten **BGB § 280** 99
- Notargebühren **BGB § 280** 99
- Transportkosten **BGB § 280** 99
- Unterbringungskosten **BGB § 280** 99
- Vermessungskosten **BGB § 280** 99

Vertragspartner
- Ehegatte **BGB § 164** 13

Vertragsschluss
- beim Architektenvertrag **BGB Vor. zu §§ 631 ff.** 70

Vertragsstrafe **BGB § 280** 89; **§ 309** 17; **§ 640** 3, 123; **VOB/B § 12** 2, 40, 44; **§ 8** 86
- AGB **BGB § 339** 7 ff.
- Bauablaufstörung **BGB § 339** 24 f., 31 ff.
- Berechnung **VOB/B § 11** 4 f.
- Herabsetzung **BGB § 339** 57 f.
- Höhe **BGB § 339** 16 ff.
- im Insolvenzverfahren **InsO § 103** 82 f., 99 f., 119
- Mahnung **BGB § 339** 44 f.
- neu vereinbarte Ausführungsfristen **BGB § 339** 26 ff.
- Nichtigkeit **BGB § 339** 4 ff.
- Sicherheiten **BGB § 339** 63 f.
- Verjährung **BGB § 339** 59 f.
- Verschulden **BGB § 339** 12 f., 46; **VOB/B § 11** 3

2095

Stichwortverzeichnis

- Verzug BGB § 339 37 ff.
- Vorbehalt BGB § 339 14 f., 47 ff.; VOB/B § 11 6; § 12 40, 44
- Zwischenfristen BGB § 339 9 ff.

Vertragsübernahme BGB § 309 50
Vertragsuntreue BGB § 323 23
Vertragsverhältnis
- nichtig BGB § 677 3

Vertragsverhandlungen
- Abbruch BGB Vor. zu §§ 145–163 12

Vertragswahlvereinbarung BGB § 651 4
Vertrauen
- zerstörtes BGB § 637 32

Vertrauen des Bestellers BGB § 636 12
Vertrauensgrundlage BGB § 324 4
Vertrauenshaftung BGB § 179 1
Vertrauensschaden BGB § 122 5
Vertrauensschutz
- AGB BGB § 305c 1

Vertrauensverhältnis BGB § 123 10
- vertragsähnliches BGB Vor. zu §§ 145–163 15
- Vorvertragliches BGB § 145 11

Vertretbare Handlungen ZPO § 887 1 ff.
- Begriff ZPO § 887 2 ff.
- Bestimmtheitsanforderungen an den Antrag ZPO § 887 7 ff.
- Drittmitwirkung ZPO § 887 5
- Erfüllungseinwand ZPO § 887 15 f.
- Gebühren ZPO § 887 30 f.
- Kosten der Ersatzvornahme ZPO § 887 22 f.
- Recht zu Selbstvornahme durch den Unternehmer ZPO § 887 20
- Rechtsbehelfe ZPO § 887 29
- Rechtsfolgen der Anordnung der Ersatzvornahmeberechtigung ZPO § 887 18 f.
- Vorschuss Kosten der Ersatzvornahme ZPO § 887 24 ff.
- Zuständigkeit für den Beschluss ZPO § 887 6

Vertretbare Sachen BGB § 651 14
Vertretenmüssen BGB § 280 45 ff.; § 281 38
- Architekt BGB § 276 30
- Beschaffungsrisiko BGB § 276 93, 101 ff.
- Fahrlässigkeit siehe dort
- Garantie BGB § 276 93, 96 ff.
- Gläubiger BGB § 276 1
- Haftungsverschärfung BGB § 276 89, 92 ff.
- Schuldner BGB § 276 1
- Verschulden BGB § 276 2 f.
- Vorsatz siehe dort
- Zeitpunkt BGB § 280 48
- Zufall BGB § 276 91

Vertretung
- gesetzliche ZPO § 51

Vertretungsmacht
- Anscheins-, Duldungsvollmacht BGB § 164 15; § 167 5
- Geschäftsführungsbefugnis BGB § 164 18

- gesetzliche BGB § 164 16
- Missbrauch der BGB § 164 18
- rechtsgeschäftliche BGB § 164 16

Vertretungsordnung BGB § 177 5
Vertretungsrecht
- Geschäftsführung BGB § 717 1

Vertretungsregelungen BGB § 177 6
Veruntreuung
- Baugeld BauFordSiG § 1 21 ff.

Verwahrung
- Abgrenzung zum Werkvertrag BGB Vor. zu §§ 631 ff. 29

Verwaltungsort ZPO § 17 2
Verweigerungsfiktion BGB § 177 13
Verweisungsnorm BGB § 280 3
Verwender
- AGB BGB § 305 17; § 639 8
- Auftraggeber BGB § 305 18

Verwendung
- von AGB BGB § 310 46
- Unterlagen VOB/B § 3 14

Verwendungszweck (fitness of purpose) Einl. II 22
Verwirkung BGB § 323 24; § 634 42
Verzicht auf Fertigstellung VOB/B § 8 56, 57 ff.
Verzichtsabsicht BGB § 685 1
Verzichtswille BGB § 685 1
Verzinslichkeit
- des Kostenvorschussanspruches BGB § 637 36

Verzinsungspflicht BGB § 640 91; § 641 67 ff.
Verzögerung
- beim Vertragsschluss BGB § 631 100

Verzögerungsschaden BGB § 280 14, 30, 74; VOB/B § 4 38
- entgangener Gewinn BGB § 280 76
- Mangelfolgeschaden BGB § 280 78 f.
- Nutzungsausfall BGB § 280 77
- Rechtsverfolgungskosten BGB § 280 80
- vorübergehendes Deckungsgeschäft BGB § 280 75

Verzug BGB § 641 15
- im Insolvenzverfahren InsO § 103 99 f.
- der Vollendung VOB/B § 5 50

Verzugszinsen BGB §§ 287–292 7; VOB/B § 16 140

VHB/Bund
- als AGB BGB § 305 2

VOB BGB § 631 5
- als Ganzes BGB § 310 15
- historische Entwicklung BGB Vor. zu §§ 631 ff. 39

VOB/A
- Rechtsnatur VergabeR 9
- Überblick BGB Vor. zu §§ 631 ff. 41 f.

VOB/B BGB § 631 5
- als AGB BGB § 305 2; Vor. zu §§ 631 ff. 43 ff.
- Auslegung BGB Vor. zu §§ 631 ff. 43

Stichwortverzeichnis

- Einbeziehung **VOB/B § 1** 11
- Klauselrichtlinie **BGB Vor. zu §§ 631 ff.** 16
- Rechtsnatur **BGB Vor. zu §§ 631 ff.** 43
- Überblick **BGB Vor. zu §§ 631 ff.** 46
- Verwendung gegenüber Verbraucher **BGB Vor. zu §§ 631 ff.** 45
- vorformuliert **BGB § 305** 8

VOB/B-Vertrag Einl. III 1, 11; **BGB § 651** 4
- Allgemeine Geschäftsbedingung **Einl. III** 7 ff.
- Ausfüllungsbedürftigkeit **Einl. III** 15 f.
- Entstehungsgeschichte **Einl. III** 2 ff.
- Hinweispflicht **Einl. III** 14
- Kooperationspflicht **Einl. III** 13
- Privilegierung **Einl. III** 8
- Prüfungspflicht **Einl. III** 14
- Rechtsnatur **Einl. III** 5
- Verbraucher **Einl. III** 10

VOB/C BGB § 631 5, 44 f., 50, 125
- als AGB **BGB § 305** 2
- Überblick **BGB Vor. zu §§ 631 ff.** 47
- vorformuliert **BGB § 305** 8

Vollendung BGB § 644 7; **§ 646** 1; **VOB/B § 5** 21 f.; **§ 8** 77

Vollmacht BGB § 167 1 ff.
- Abwicklungsvollmacht **BGB § 167** 19
- Anscheinsvollmacht **BGB § 640** 36
- des Architekten **BGB Vor. zu §§ 631 ff.** 74 ff.
- Außenvollmacht **BGB § 167** 2 ff.
- Blankettvollmacht **BGB §§ 170–173** 20
- Duldungsvollmacht **BGB § 640** 36
- Erlöschen **BGB § 168** 1 ff.
- Gattungsvollmacht **BGB § 167** 6
- Generalvollmacht **BGB § 167** 6
- Innenvollmacht **BGB § 167** 2 ff.
- Insolvenz **BGB § 640** 35
- Rechtsscheinhaftung **BGB § 167** 4
- Rechtsscheinvollmacht **BGB § 167** 15
- Spezialvollmacht **BGB § 167** 6
- Vollmachtgeber **BGB § 167** 6
- Vollmachtserteilung **BGB § 167** 2 ff.
- Vollmachtsüberschreitung **BGB § 177** 4
- Wirkungsdauer **BGB §§ 170–173** 1 ff.

Vollständigkeit Einl. V 37
Vollstreckbare Ausfertigung BGB § 309 55
Vollstreckungsabwehrklage ZPO § 767 1 ff.
- Beweislast **ZPO § 767** 4 f.
- Einwendungen des Auftragnehmers **ZPO § 767** 15
- Einwendungen des Bauherrn **ZPO § 767** 4
- Präklusion **ZPO § 767** 5 f.
- Präklusion im wiederholten Vollstreckungsabwehr-verfahren **ZPO § 767** 2
- Unterwerfungserklärung **ZPO § 767** 7 ff.

Vollstreckungsgegenklage *siehe Vollstreckungsabwehrklage*
Vollstreckungsverfahren BGB § 635 23
Vor- und Nacharbeiten BGB §§ 420–421 39
- erforderliche **BGB § 637** 15

Vor- und Nacharbeitsdogma BGB §§ 420–421 40
Voraussetzungen der Anwendung des Kaufrechts
- Einbau von beweglichen Sachen in ein Bauwerk **BGB § 651** 20

Voraussetzungen der Gesamtschuld
- Gleichstufigkeit **BGB §§ 420–421** 15

Vorauszahlung VOB/B § 16 33 ff.
- Anrechnung **VOB/B § 16** 50 ff.
- Sicherheitsleistung **VOB/B § 16** 37 ff.
- Verzinsung **VOB/B § 16** 48 f.

Vorbehaltlose Annahme Schlusszahlung
- Ausschluss weitergehender Ansprüche **VOB/B § 16** 78 ff.
- Vorbehaltserklärung und –begründung **VOB/B § 16** 107 ff.

Vorbehaltsurteil ZPO § 302
Vorbereitungshandlungen VOB/B § 3 5
Vorbringen
- unstreitiges **ZPO § 531** 4

Vorenthalten
- der Nacherfüllung **BGB § 309** 41

Vorfinanzierung BGB §§ 320–322 16; **§ 651** 33
Vorformulierte Vertragsbedingungen BGB § 305 2
Vorhaben
- Begriff **BauGB § 29** 2

Vorhaben im Zusammenhang bebauter Ortsteile
- Nachbarschutz **BauGB § 34** 56 ff.
- Satzungen **BauGB § 34** 46 ff.
- Zulässigkeit **BauGB § 34** 1 ff.

Vorhaben während Planaufstellung BauGB § 33 1 ff.
- Rechtsschutz **BauGB § 33** 15 ff.

Vorhaben-, Erschließungsplan BauGB § 12 1 ff.
- Rechtsschutz **BauGB § 12** 36

Vorhabenbezogener Bebauungsplan BauGB § 12 10 f.
- Rechtsschutz **BauGB § 12** 36

Vorlagepflicht VOB/B § 15 39 ff.
- Verstoß gegen **VOB/B § 15** 41

Vorlagerecht VOB/B § 4 5
Vorleistungen BGB § 634 67; **VOB/B § 4** 21
Vorleistungspflicht BGB § 241 4; **§ 307** 15; **§ 309** 7; **§§ 320–322** 15; **§ 641** 1; **§ 644** 5
- und Unsicherheitseinrede **BGB §§ 320–322** 15

Vorrang
- der Individualabrede **BGB § 305a** 1

Vorsatz
- Bedeutung **BGB § 276** 4 ff.
- Definition **BGB § 276** 6
- Haftungsausschluss **BGB § 276** 95

Vorschuss BGB § 640 96
- zurückerstatten **BGB § 637** 42

Vorschussforderung BGB § 637 37
- Kostensteigerungen **BGB § 637** 37
- Verjährungshemmung **BGB § 637** 37

2097

Vorschussklage BGB § 637 37
Vorschussrechnung BGB § 241 24
Vorteilsanrechnung BGB § 635 9
Vorteilsausgleich BGB §§ 249–255 88; §§ 422–425 7; § 635 38; § 637 22, 41
– Abzug alt für neu BGB §§ 249–255 91
– Durchführung BGB §§ 249–255 96
– in einer bauvertraglichen Leistungskette BGB §§ 249–255 94
– Nutzungen BGB §§ 249–255 90
– steuerliche Vorteile BGB §§ 249–255 95
Vorvertrag BGB Vor. zu §§ 145–163 10
Vorvertragliche Pflichten
– betreffend den Vertragsgegenstand BGB § 311 26
– bei der Durchführung von Vergabeverfahren BGB § 311 29
– bei der Erstellung von Leistungsbeschreibungen BGB § 311 27
Vorvertragliche Pflichtverletzung BGB § 123 43

Wahlfreiheit
– des Gläubigers BGB §§ 420–421 19
Wahlposition BGB § 631 71; VOB/B § 2 26
Wahlrecht BGB § 651 36
– des Geschäftsherrn BGB § 687 3
– des Unternehmers BGB § 635 13
– vierfaches BGB § 325 6
Wahlrecht des Insolvenzverwalters
– Abdingbarkeit InsO § 103 22
– und Abnahme InsO § 103 34 f., 40, 87 f., 112 ff., 131
– Bauträgervertrag InsO § 103 29
– Erklärung InsO § 103 46 ff.
– Erlöschenstheorie InsO § 103 44
– Fristsetzung InsO § 103 54 ff., 76 f.
– gegenseitiger Vertrag InsO § 103 29 ff.
– Kündigung VOB/B § 8 19 f.
– Kündigung nach § 6 Abs. 7 VOB/B InsO § 103 21 ff.
– Kündigung nach § 649 BGB InsO § 103 13
– Kündigung nach § 8 Abs. 1 VOB/B InsO § 103 13
– Kündigung nach § 8 Abs. 2 VOB/B InsO § 103 15, 23
– Rechtsnatur InsO § 103 44 f.
– und Rückgewährschuldverhältnisse InsO § 103 25
– Rücktritt InsO § 103 16 ff., 24, 30
– und Sicherungsabtretung InsO § 103 26
– Unmöglichkeit InsO § 103 70
Wahlschuldverhältnis BGB § 179 16
Wasserhaltung BGB § 631 81
Wechsel
– des Vertragspartners BGB § 309 50
Wegfall der Geschäftsgrundlage BGB § 313 1; VOB/B § 2 55

Weiterfressender Schaden BGB § 280 17; § 634 62
Werbeaussagen BGB § 651 35
Werklieferungsvertrag BGB § 640 18 f., 97; § 651 1, 25; Vor. zu §§ 631 ff. 20
Werklohn BGB § 309 3
Werklohnabrede BGB § 307 9
Werklohnforderung
– im Insolvenzverfahren InsO § 103 36 ff., 60 ff., 65 ff., 72 ff., 81, 90 ff., 118
Werkvertrag BGB § 631 1
– Abgrenzung BGB Vor. zu §§ 631 ff. 19 ff.
– Abgrenzung zum Auftrag BGB Vor. zu §§ 631 ff. 24
– Abgrenzung zum Dienstvertrag BGB Vor. zu §§ 631 ff. 22
– Abgrenzung zum Geschäftsbesorgungsvertrag BGB Vor. zu §§ 631 ff. 27
– Abgrenzung zum Kaufrecht BGB Vor. zu §§ 631 ff. 20
– Abgrenzung zum Mietvertrag BGB Vor. zu §§ 631 ff. 30
– Abgrenzung zum Verwahrungsvertrag BGB Vor. zu §§ 631 ff. 29
– Bedeutung BGB Vor. zu §§ 631 ff. 1
– historische Entwicklung BGB Vor. zu §§ 631 ff. 5
– Rechtsnatur BGB Vor. zu §§ 631 ff. 2 f.
Werkvertragliche Qualifikation Einl. II 19; Einl. V 12
Werkzeug VOB/B § 4 21
Wertausgleich BGB § 426 4
Wertersatz BGB § 635 62; § 684 5
Wertverhältnis BGB § 651 17
Wesentliche Informationen Einl. V 31
Wesentliche Merkmale des Produkts Einl. V 34
Wettbewerb
– funktionsfähiger Einl. V 6
Wettbewerbsfreiheit Einl. V 6
Wettbewerbsordnung Einl. V 6
Wettbewerbsprinzip VergabeR 17
Wider-Widerklage ZPO § 33 6
Widerklage ZPO § 33; § 533 6
Widerrechtliche Drohung BGB § 123 30
– Übel BGB § 123 31
– Widerrechtlichkeit BGB § 123 34
Widerruf BGB § 168 3 ff.
– Widerrufserklärung BGB § 168 5
Widerrufsrecht Einl. V 21, 41; BGB § 178 1 ff.; § 180 6
Widerspruch
– mit Willen des Geschäftsherrn BGB § 678 2
Wiederaufbauten
– Definition HOAI § 2 8
Wiederbegründung des Schuldverhältnisses BGB § 275 6
Wille
– entgegenstehend BGB § 679 1

Stichwortverzeichnis

- mutmaßlicher BGB § 683 4
- wirklich oder mutmaßlich BGB § 677 7
- wirklicher BGB § 683 3

Willenserklärung BGB § 119 21; § 120 2
- empfangsbedürftig BGB § 124 4
- nicht empfangsbedürftig BGB § 124 5

Willensmängel BGB § 166 1 ff.
Winterschäden VOB/B § 4 22
Wirksamkeit
- der Vereinbarung VOB/B § 7 5

Wirkung
- materielle ZPO § 74 7
- der Nebenintervention ZPO § 68
- prozessuale ZPO § 74 2
- der Streitgenossenschaft ZPO § 61
- der Streitverkündung ZPO § 74
- des Vorbehaltsurteils ZPO § 302 9

Wirtschaftliche Schieflage BGB § 323 16
Wirtschaftliches Eigeninteresse *siehe Verschulden bei Vertragsverhandlungen*
Witterungseinflüsse VOB/B § 7 11
- Hochwasser VOB/B § 6 17
- jahreszeitlich übliche VOB/B § 6 16
- Jahrhundertwinter VOB/B § 6 17
- Ort der Baustelle VOB/B § 6 16
- Sturmfluten VOB/B § 6 17
- Witterungseinflüsse VOB/B § 6 16
- wolkenbruchartige Regelfälle VOB/B § 6 17

Witterungsschäden VOB/B § 4 16
Wohlstandsmehrung Einl. V 8
Wohnhäuser BGB § 651 7
Wohnungseigentümergemeinschaft BGB § 310 4; ZPO § 17 1; § 50 4; § 51 2
WTO-Abkommen Einl. II 46

Zahlung
- Beschleunigung VOB/B § 16 127
- Direktzahlung an Dritte VOB/B § 16 146

Zahlungsanspruch BGB § 426 4
Zahlungseinstellung BauFordSiG § 2 16; VOB/B § 8 8, 26
Zahlungsverzug VOB/B § 16 135 ff.
- Verzugsfolgen VOB/B VOB/B § 16 140 ff.
- Voraussetzungen VOB/B VOB/B § 16 137 ff.

Zeitpunkt
- des Beitritts ZPO § 66 5
- der Streitverkündung ZPO § 72 2

Zerstörung der Leistung VOB/B § 7 14
Zielbindungsvertrag BauGB § 11 8 ff.
Zinsen BGB § 632 285 f.
- auf Kostenvorschuss BGB § 637 42

Zinseszinsverbot BGB § 286 35
Zinsregelung BGB § 309 15
Zivil- und Handelssache
- Begriff/EuGVVO IntZust 6 ff.

ZTV BGB § 631 5
ZTV-Asphalt
- als AGB BGB § 305 2

Zufällige Verschlechterung BGB § 644 1
Zufälliger Untergang BGB § 644 1
Zufallshaftung BGB §§ 287–292
Zug-um-Zug
- Antrag ZPO § 253 4

Zug-um-Zug-Leistungen
- und Gläubigerverzug BGB §§ 293–299 22

Zug-um-Zug-Verurteilung ZPO § 756 1 ff.
- Annahmeverzug ZPO § 756 7 ff.
- Auslegung ZPO § 756 3
- doppelte BGB § 635 25
- Klauselerteilung ZPO § 756 4
- (typische) Konstellationen ZPO § 756 2 f.
- Pflichten des Gerichtsvollziehers ZPO § 756 6
- Rechtsschutz des Auftragsgebers ZPO § 756 20
- Rechtsschutz des Bauunternehmers ZPO § 756 19
- Sachkunde ZPO § 756 6
- Tenorierung ZPO § 756 16 ff.

Zugesicherte Eigenschaft BGB § 639 8
Zulagepositionen VOB/B § 2 25
Zulässigkeit
- der Streitverkündung ZPO § 72

Zulässigkeit von Vorhaben
- Geltungsbereich Bebauungsplan BauGB § 30 1 ff.

Zulassung
- der Nebenintervention ZPO § 71 1

Zumutbarkeitsgrenze
- bei Nacherfüllung BGB § 636 11

Zurechnungszusammenhang BGB §§ 249–255 26
Zurückbehaltung BGB §§ 422–425 7
Zurückbehaltungsrecht BGB § 241 24; § 309 7; § 641 3
- im Insolvenzverfahren InsO § 103 39

Zurückweisungsrecht BGB § 174 7
Zusatzleistung VOB/B § 1 26 ff.
- notwendig BGB § 677 6
- nicht vergütungspflichtig BGB § 677 5

Zusatzleistungen/Leistungsänderungen
- bei Änderungen/Erweiterungen des Leistungserfolges BGB § 632 179 ff.
- zur Erreichung des Leistungserfolges BGB § 632 188 ff.
- Höhe der Zusatz/Nachtragsvergütung BGB § 632 181, 184 ff., 209 ff.
- Nachtragsbeauftragung von Ursprungsleistungen BGB § 632 214
- Vereinbarung Ausschluss von Zusatzvergütungsansprüchen BGB § 632 215 ff.

Zusatzvergütung VOB/B § 8 64
Zusatzvergütungsanspruch VOB/B § 7 16
Zuschlag BGB § 631 17
- Anspruch auf BGB § 146 4
- modifizierter BGB § 150 7 ff., 11, 12

2099

- nach verzögertem Vergabeverfahren **BGB § 157** 16 ff.
- nichtig **BGB Vor. zu §§ 145–163** 24
- schwebend wirksam **BGB Vor. zu §§ 145–163** 23
- verzögerter **BGB Vor. zu §§ 145–163** 22

Zuschlagserteilung
- Anspruch **BGB Vor. zu §§ 145–163** 19, 20

Zuschlagsfrist BGB § 308 4
Zuschlagskalkulation VOB/B § 2 59
Zuschlagsposition VOB/B § 2 25
Zuschlagsverbot BGB Vor. zu §§ 145–163 24, 75; **VergabeR**

Zuständigkeit
- internationale **ZPO § 38** 1

Zuständigkeit, internationale
- allg. **IntZust** 1 ff.
- allg. Gerichtsstand **IntZust** 21 ff.
- Erfüllungsort **IntZust** 25 ff.
- Gerichtsstandsvereinbarung **IntZust** 93 ff.
- Niederlassung **IntZust** 77 ff.
- Sachzusammenhang **IntZust** 84 ff.
- Verbrauchervertrag **IntZust** 56 ff.

Zustandsfeststellung VOB/B § 12 12; **§ 4** 60, 62
- Kosten **VOB/B § 4** 64

Zustimmung BGB § 177 12; **§ 182** 1 ff.; **VOB/B § 4** 48
- des Bestellers **BGB § 637** 36
- Verweigerung der **BGB § 182** 5 f.
- Zustimmungserklärung **BGB § 182** 2

Zutrittsrecht VOB/B § 4 5
ZVB BGB § 631 5
Zwangsmitgliedschaft Einl. II 31
Zwangsvollstreckung BGB § 309 55
- gegen Bau-ARGE **BGB § 705** 51
- gegen Bau-ARGE Gesellschafter **BGB § 705** 52 f.

Zweckerreichung BGB § 275 18; **§§ 422–425** 4
Zweckgemeinschaft BGB §§ 420–421 15
Zweckverbundenheit BGB §§ 420–421 2
Zweckvereitelung BGB § 275 31
Zweckverfehlungskondiktion BGB § 313 13
Zweistufentheorie Einl. IV 3

Zweiteilung
- des Vergaberechts **VergabeR** 1 ff.

Zwischenfeststellungswiderklage ZPO § 33 6
Zwischenfrist VOB/B § 5 18 ff.

Zwischenstreit
- über Nebenintervention **ZPO § 71**

Zwischenurteil ZPO § 71 5

Das Architektenrecht.
Alles, was Sie wissen müssen!

Der neue *Löffelmann/Fleischmann* behandelt das gesamte Architektenrecht anhand der HOAI. Das Werk ist für seine genaue und umfassende Auswertung von Rechtsprechung und Literatur sowie die verständliche Aufarbeitung auch der schwierigsten Probleme bekannt.

Den Autoren ist es erneut gelungen, das gesamte Architektenrecht verständlich und praxisnah darzustellen.

Aus dem Inhalt:
Zustandekommen des Architektenvertrages ▪ Die Leistungsphasen ▪ Honorarvereinbarung ▪ Mindestsatzunterschreitung – Höchstsatzüberschreitung ▪ Zeithonorar ▪ Honorarzonen ▪ Nebenkosten ▪ Fälligkeit ▪ Abnahme ▪ Beendigung des Vertrages ▪ Haftung mit Haftungsbeschränkungsklauseln ▪ Bausummenüberschreitung

Löffelmann/Fleischmann
Architektenrecht
6. Auflage 2012, ca. 1.220 Seiten, gebunden, ca. € 149,–
ISBN 978-3-8041-4770-6
Erscheint voraussichtlich im November 2011

Online im Shop bestellen:
www.werner-verlag.de
Gebührenfreie Bestellhotline:
0800 7763665
Im Buchhandel erhältlich.

Wolters Kluwer Deutschland GmbH ▪ Postfach 2352 ▪ 56513 Neuwied
Telefon 02631 8012222 ▪ Fax 02631 8012223 ▪ info@wolterskluwer.de
www.wolterskluwer.de

eine Marke von Wolters Kluwer Deutschland